Claude **Fineli**

GRAND PRIX DE ROME

7 COLLINES - MÉDAILLE D'OR

"La folie des hommes"

Les œuvres de Claude FINELI sont présentes dans de nombreuses collections privées en France et à l'Etranger, ainsi que dans divers musées internationaux.

LES GALERIES
CLUB ART ET INVESTISSEMENT

GALERIE DU DAUPHIN
43, rue du Dauphin
14600 Honfleur
Tél : 02 31 89 94 23
Fax : 02 31 89 94 24

GALERIE DE L'ALPAGE II 34
Portes du Soleil
74110 Avoriaz
Tél : 04 50 74 12 88
Fax : 04 50 74 04 58

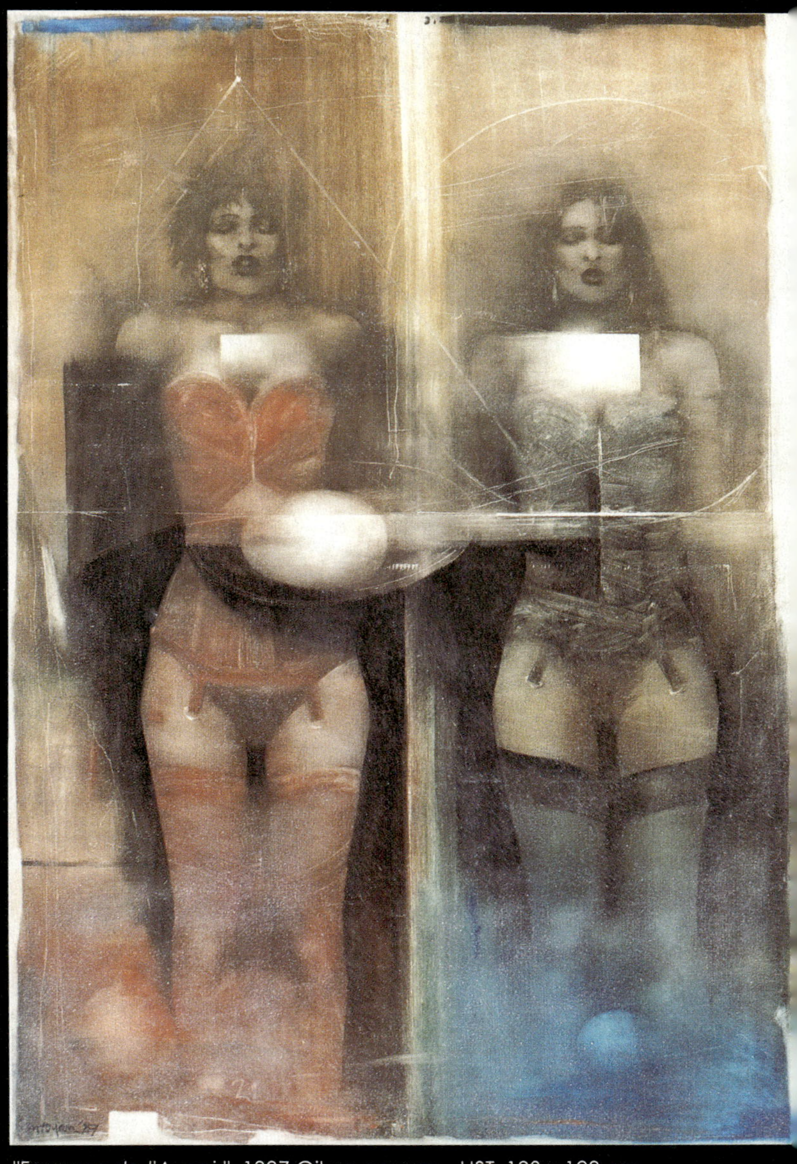

"Femmes de l'Avenir" 1987 Oil on canvas - HST. 193 x 128 cm.
Collection privée

www.antoyan-ares.com

You are here, there and everywhere
Vous êtes ici, vous êtes partout

Net Server® is the digital publisher of ADEC/Art Price Annual® on Internet. European specialist of web servers for auctioneers, auction houses, appraisers, art galleries, museums, art dealers, art bookshops.

Le Serveur Internet® Editeur numérique sur Internet de ADEC/Art Price Annual®. Spécialiste européen des serveurs web pour les auctioneers et Commissaires-Priseurs, firmes de ventes, experts, galeries, musées, marchands d'art, librairies d'art.

To appear everywhere, contact us +33 4 78 22 00 00

Secured payment systems Systèmes de paiement sécurisés : Netbank®, Cyberbank®, Virtual Money®

ATELIER CHARLEMAGNE
Restauration de Tableaux

16, rue Charlemagne 75004 Paris
Tél. 01 42 72 49 22 - Fax 01 42 72 49 31

La passion d'un métier, la performance d'un diagnostic

L'Atelier Charlemagne propose un travail, une étude en profondeur de chaque oeuvre qui lui est confiée. L'amour des tableaux, la passion des grands maîtres anciens qui inspirent le respect sont nos valeurs initiales.

Capter, analyser, comprendre une oeuvre au travers de nos sens d'abord, notre réflexion et notre savoir ensuite, permettent d'apporter au tableau et à son propriétaire un maximum de garantie quant au travail fini.

L'Atelier Charlemagne est une équipe motivée au service des oeuvres les plus variées.

Chaque tableau est étudié par l'ensemble des restaurateurs avant toute intervention. La diversité des expériences de chacun est la richesse de notre entreprise.

Une technologie de pointe au service de vos œuvres

WELTKUNST

Aktuelle Zeitschrift für Kunst und Antiquitäten · Vereinigt mit **kunst** UND ANTIQUITÄTEN

Weltkunst paraît 24 fois par an. Elle est la publication officielle des associations des marchands d'art en Allemagne, Suisse, Autriche et aux Pays-Bas. Elle représente aussi la CINOA aux pays de langue allemande. Les abonnés et les lecteurs sont les amateurs et marchands d'objets d'art, les musées, les maisons des ventes et commissaires-priseurs ainsi que les bibliothèques. WELTKUNST vous donne accès au monde des arts européen et international qui ne connaît pas de frontières.

Le prix de l'abonnement annuel (15 numéros) est DM 240 (port exclus). Pour un numéro spécimen veuillez vous adresser à:

M. G. Publicité, 22, rue Drouot, F-75009 Paris, Tél. 01/48 01 86 86, Fax 01/47 70 15 56

Antiquitäten Zeitung

ANTIQUITÄTEN-ZEITUNG est le journal pour les marchands d'art et des antiquités, les collectionneurs, les maisons des ventes et commissaires-priseurs, les experts et les amateurs. Tous les quinze jours, avec 26 numéros par an, ANTIQUITÄTEN-ZEITUNG publie des rapports sur le marché d'art et des antiquités en Allemagne et à l'étranger, sur les expositions en cours et sur les foires importantes d'art et des antiquités. L'analyse exacte du marché d'art et des antiquités, les calendriers vastes des ventes aux enchères et des expositions, les comptes rendus de livres et encore beaucoup plus font que l'ANTIQUITÄTEN-ZEITUNG est essentiel pour tous ceux qui sont interessés dans le monde d'art et des antiquités.

Le prix de l'abonnement annuel (24 numéros) est DM 127,40 (port inclus). Pour un numéro spécimen veuillez vous adresser à:
M. G. Publicité, 22, rue Drouot, F-75009 Paris, Tél. 01/48 01 86 86, Fax 01/47 70 15 56

DOBIASCHOFSKY

Hermann Scherer

Ferdinand Hodler

TABLEAUX DU XIXe
TABLEAUX ANCIENS ET MODERNES
DESSINS · ESTAMPES ORIGINALES
SCULPTURES · ARGENTERIE
BIJOUX · ANTIQUITES

Nos experts seront heureux de vous donner tout
conseil ou estimation en vue de vente dans notre maison.

Catalogue illustré sur demande.

DOBIASCHOFSKY AUKTIONEN AG

Monbijoustrasse 30/32 · Case postale · 3001 Berne (Suisse)
Téléphone: (0041) 31 381 23 72 · Fax: (0041) 31 381 23 74
Maison fondée en 1923

DROUOT : *LA VENTE AUX ENCHERES A VOTRE SERVICE*

- **6.000 visiteurs par jour**

- **108 commissaires - priseurs**

- **600.000 objets vendus par an**

- **2.000 ventes cataloguées par an**

- **23 salles de vente et d'exposition**

- **sécurité et transparence des transactions**

- **Services culturels : Association Drouot-Mécénat Drouot formation, les jeudis de Drouot**

**Information sur les ventes :
dans la «Gazette de l'Hôtel Drouot».
ou sur internet http://www.gazette-drouot.com**

OUVERT DU LUNDI AU SAMEDI DE 11H A 18H

DROUOT-COMMISSAIRES PRISEURS DE PARIS

9 RUE DROUOT, 75009 PARIS - TEL. : 01 48 00 20 20

Ares Antoyan

American painter

TITRE: *Les Femmes en Robes Noires*
DATE création : 1995
Huile sur toile - signée bas à droite
DIM. : 114 cm. x 195 cm.

VENTE :
DATE : 26.01.97   Prix : 45 000 FF.
LIEU : Bourg en Bresse
COMM. PRIS. B. Girard-Claudon

internet: www.antoyan-ares.com

Fax : 33 - 478.226.011
Fax from France : 04.78.22.60.11

GALERIE ZABBENI

ART CONTEMPORAIN, ANCIEN & MODERNE

TAPISSERIE D'AUBUSSON - PEINTURE - SCULPTURE

Nico de Sanctis " *Memoria di un totem* "
Huile sur toile 110 x 110

ANDRÉ ZABBENI

CONSEILLER EN ART & COURTIER

Place de l'Ancien-Port 2.   CH - 1800 Vevey
Tél. 41 21-921 00 00   Fax 41 21- 963 10 00
E-mail : zabbeni@zabbeni.ch   http://www.zabbeni.ch

investissement en art - expertises - mandats d'achat & de vente

MARYEM-ROYER

" Paysage d'automne "

Atelier : 36, rue Chardon Lagache
75016 Paris
Tél. : 01 45 24 37 22

Oeuvres exposées également à la Galerie de l'Hôtel Ritz à Paris

Cathelin

http://www.cathelin.com

Tapisserie

Lithographie

Peinture

**Nous achetons les œuvres
de Bernard Cathelin passant en vente aux enchères**

Adresser offres par e-mail : artconta@dtr.fr
ou écrire : Case Postale 1354 – 1001 Lausanne (Suisse)

AA van der Cornelis Johannes 1883-1950 **[4]**
 $10 156 FF61 000 £6 063 Lavardin Huile/toile 65x81cm/*25x31in* Paris 98
AA van der Dirk 1731-1809 **[1]**
 $10 808 FF63 949 £6 503 An Overdoor, Putti Desporting on Clouds by a Vase on Pedestral Oil/canvas 45,5x120cm/*17x47in* Amsterdam 98
AACHEN von Johann Hans (Attrib) 1552-1616 **[13]**
 $8 467 FF52 013 £5 079 Judith zeigt dem Volk das Haupt des Holofernes Oil/copper 36,5x27cm/*14x10in* Stuttgart 98
 $23 507 FF140 750 £14 439 Die Hl. Katarina Oil/canvas 66x56cm/*25x22in* Köln 98
 $24 578 FF152 000 £14 637 La Vierge et l'Enfant avec Dieu Le Père, le Saint-Esprit et des anges Huile/panneau 180x128cm/*70x50in* Paris 98
 $2 715 FF16 500 £1 635 Le christ aux Limbes Encre 55x32,5cm/*21x12in* Paris 98
AAGAARD Carl Frederik 1833-1895 **[111]**
 $359 FF2 196 £218 Skovstudie Oil/canvas 34x26cm/*13x10in* København 98
 $2 184 FF11 400 £1 445 Aløb gennem skov, sommerdag Oil/canvas 66x51cm/*25x20in* København 96
 $8 020 FF40 100 £5 190 En dansk bøgeskov Oil/canvas 166x245cm/*65x96in* København 96
AAGAARD Martin 1863-1913 **[13]**
 $1 038 FF6 150 £621 Bygd ved en norsk fjord Oil/canvas 40x60cm/*15x23in* København 97
AALTO Ilmari 1891-1934 **[19]**
 $1 437 FF8 528 £880 Stilleben Oil/canvas 50x48cm/*19x18in* Helsinki 97
AALTONEN Aarre 1889-1980 **[3]**
 $889 FF5 520 £533 Mor och barn Bronze H30cm/*H11in* Helsinki 98
AALTONEN Wäinö 1894-1966 **[39]**
 $1 220 FF7 203 £722 Aftonrodnad Oil/canvas 33x24cm/*12x9in* Helsinki 97
 $6 259 FF37 597 £3 753 Sommmarnatt Oil/canvas 110x96cm/*43x37in* Helsinki 98
 $462 FF2 870 £277 Untitled Bronze H37cm/*H14in* Helsinki 98
AARTMAN Nicolaes Matthijsz. 1713-1793 **[8]**
 $1 037 FF5 940 £613 A River Landscape Wash 19,5x29cm/*7x11in* Amsterdam 97
AARTS Johannes J. 1871-? **[3]**
 $1 800 FF10 727 £1 079 "Nationale Tentoonsteling van Nijverheid & Kunst" Poster 147,5x88cm/*58x34in* New-York 98
ABADIE-LANDEL Pierre XX **[11]**
 $1 366 FF7 000 £830 Le ramassage du goémon Pastel 39x35cm/*15x13in* Quimper 96
ABAKANOWICZ Magdalena 1930 **[20]**
 $1 500 FF8 665 £924 Untitled Soft ground 49x64,5cm/*19x25in* San Francisco 97
 $8 500 FF49 419 £5 189 Portret Anonim Sculpture 69x21,5x20cm/*27x8x7in* New-York 97
 $35 000 FF178 300 £21 000 Standing Figure I, II, III Sculpture H162cm/*H63in* New-York 96
ABASCAL Carlos XIX-XX **[6]**
 $2 340 FF14 000 £1 421 Portrait de jeune marocain au burnous Huile/panneau 36x23cm/*14x9in* Paris 97
ABBATI Giuseppe 1836-1868 **[1]**
 $79 200 FF448 800 £52 800 Loggiato con armigero (Bargello) Olio/tavola 46x72cm/*18x28in* Prato 97
ABBATI Vincenzo 1803-1866 **[3]**
 $3 300 FF18 700 £2 200 Interno di chiesa Olio/tela 80x64cm/*31x25in* Firenze 98
ABBATINI Guidobaldo 1600-1656 **[1]**
 $2 806 FF14 470 £1 800 Angel adoring the Cross Ink 25,3x17,1cm/*9x6in* London 96
ABBÉ van Salomon 1883-1955 **[10]**
 $436 FF2 653 £260 The Judge Etching 26x26cm/*10x10in* London 97
ABBÉMA Louise 1858-1927 **[59]**
 $1 000 FF5 934 £612 Portrait of a Young Lady Wearing a Ruff Oil/panel 22x16cm/*8x6in* San Francisco 98
 $4 500 FF26 706 £2 756 Still Life with Geraniums in a Procelain Planter and Gladiolas Oil/canvas/board 50x85cm/*19x33in* San Francisco 98
 $42 000 FF239 316 £25 725 Matin d'Avril, place de la Concorde, Paris Oil/canvas 105,5x129,5cm/*41x50in* New-York 97
 $748 FF3 800 £492 Portrait de Jean Marx, enfant Pastel 44x31,5cm/*17x12in* Paris 96

ABBETT Robert 1926 **[8]**
$2 300 FF10 971 £1 446 Two Labs Oil/board 12x9cm/*4x3in* Hayden 95
$17 600 FF105 388 £10 813 The Roper Oil/canvas 60x76cm/*24x30in* Dallas, Texas 98

ABBEY Edwin Austin 1852-1911 **[24]**
$1 049 FF6 195 £621 To His Girls Who Would Have Ink 38x41cm/*15x16in* Elgin, Illinois 97

ABBIATI Filippo 1640-1715 **[2]**
$128 700 FF673 140 £78 000 Coriolanus persuaded by his Family to raise the Siege of Rome Oil/canvas 202x305,5cm/*79x120in* London 96

ABBIATI Julius XIX **[3]**
$2 480 FF12 240 £1 613 Partie am Waldbach Strub Öl/Leinwand 50x40,5cm/*19x15in* Wien 95

ABBO Jussuf 1888-1953 **[18]**
$141 FF836 £83 Ohne Titel Lithographie 55,5x41,5cm/*21x16in* Berlin 97

ABBOT Agnes Anne 1897-? **[3]**
$649 FF3 794 £384 Figures by the shore Watercolour/paper 33x48cm/*12x18in* Boston, Mass. 97

ABBOTT Arthur 1804-1843 **[8]**
$11 000 FF56 800 £7 040 "New York" Silver print 11x16cm/*4x6in* New-York 96
$479 FF2 323 £300 Rome Watercolour 26,5x19cm/*10x7in* London 95

ABBOTT Berenice 1898-1991 **[457]**
$35 000 FF205 159 £21 542 New-York at Night Gelatin silver print 18x12,5cm/*7x4in* New-York 97

ABBOTT John White 1763-1851 **[99]**
$1 298 FF7 504 £800 Rustics at Fordland, near Exeter, Devon Wash 22x27cm/*8x10in* London 97

ABBOTT Lemuel F. (Attrib.) 1760-1803 **[4]**
$8 163 FF48 733 £5 000 Portrait of Augustin Prevost/Portrait of His Wife, Anne Francis Oil/canvas 76x63,5cm/*29x25in* London 97

ABBOTT Lemuel Francis 1760-1803 **[10]**
$3 500 FF20 455 £2 135 Portrait of Mrs. Mac Donald Oil/canvas 76x63,5cm/*29x25in* San Francisco 97

ABBOUD Chafik 1926 **[35]**
$599 FF3 500 £354 Composition No. 87 Huile/toile 14x17,5cm/*5x6in* Paris 97
$1 527 FF8 000 £918 Terre II Huile/toile 100x81cm/*39x31in* Paris 96
$211 FF1 300 £126 Départ Monotype 49x37cm/*19x14in* Paris 98
$584 FF3 500 £359 Composition Tempera/papier 33x28cm/*12x11in* Paris 98

ABDULLAH Raden Basoeki 1915-1993 **[37]**
$654 FF3 795 £401 A Pasar/Indonesians working in a sawah Oil/canvas 45,5x60,5cm/*17x23in* Amsterdam 97
$17 981 FF101 483 £11 021 A Lady in Sari Oil/canvas 157x96cm/*61x37in* Singapore 97
$416 FF2 415 £255 Kerbaus Watercolour 24,5x33cm/*9x12in* Amsterdam 97

ABDULLAH Sudjono 1911-1991 **[22]**
$698 FF4 181 £429 Landscape Oil/canvas 71x110cm/*27x43in* Singapore 98

ABDULLAH Surjosoebroto 1878-1941 **[8]**
$1 134 FF6 578 £699 Indonesian landscape with a volcano in the background Oil/canvas 43x95cm/*16x37in* Den Haag 97

ABDÜLMECID EFENDI Halife 1868-1944 **[1]**
$16 190 FF100 000 £9 730 Portrait du Sultan Abdulhamid II Huile/toile 54,5x45,5cm/*21x17in* Paris 98

ABDY Rowena Meeks 1887-1945 **[3]**
$3 000 FF17 411 £1 831 Village in Spring Oil/canvas 56x76cm/*22x29in* Los Angeles 97

ABEELE van den Albijn Binus 1835-1918 **[3]**
$9 141 FF53 691 £5 643 Nabij de Brug Huile/carton 31,5x39cm/*12x15in* Lokeren 97

ABEILLE Jack 1873-? **[9]**
$334 FF2 011 £200 "Biscuits Pernot, petit beurre Gamin, le plus fin, le plus léger..." Poster 208x100cm/*81x39in* London 98

ABEILLE Jacques 1906-? **[2]**
$646 FF3 857 £390 "Biscuit Pernot, Petit-Beurre Gamin" Affiche 138,5x96,5cm/*54x37in* London 97

ABEL Josef 1764-1818 **[4]**
$1 711 FF10 485 £1 034 Gantmed Indian ink/paper 49x36cm/*19x14in* Wien 98

ABEL-TRUCHET Louis Abel Truchet 1857-1918 **[70]**
$2 676 FF13 500 £1 737 Le marché aux fleurs Huile/toile 32,5x41cm/*12x16in* Soissons 96
$5 000 FF30 618 £2 992 The 1889 or 1900 Exposition Universelle, Paris Oil/canvas 35x55,5cm/*13x21in* New-York 98

$196 FF1 129 £120 "Et maintenant tressons des Couronnes..." Affiche 113,5x79cm/*44x31in* London 97
$326 FF2 000 £199 Venise, le Grand Canal Aquarelle 18,5x26,5cm/*7x10in* Paris 98

ABEL-TRUCHET Louis Abel-T.(Attr.) 1857-1918 [1]
$4 232 FF26 000 £2 631 Quai de Paris Huile/toile 34x57cm/*13x22in* Nîmes 97

ABELA Eduardo 1892-1966 [24]
$5 000 FF28 702 £3 048 Bandoleros a caballo Oil/canvas 30x39,5cm/*11x15in* New-York 97
$30 800 FF187 689 £19 049 Las lavanderas Oil/canvas 59,5x76cm/*23x29in* Miami, Florida 98
$7 000 FF40 183 £4 267 La Novia del Pescador Watercolour 59x44cm/*23x17in* New-York 97

ABELLO PRAT Joan 1922 [9]
$1 503 FF9 000 £923 Nuages sur le champ de blé Huile/toile 81x100cm/*31x39in* Grenoble 98

ABELOOS Victor 1881-1965 [30]
$487 FF2 926 £293 Le chasseur Huile/toile 90x60cm/*35x23in* Bruxelles 98

ABELS Jacobus Theodorus 1803-1866 [15]
$2 452 FF14 260 £1 461 Opkommende maan Oil/panel 25x33,5cm/*9x13in* Den Haag 97
$3 321 FF19 310 £1 979 Riviergezicht bij maanlicht Oil/panel 58,5x79,5cm/*23x31in* Den Haag 97
$2 214 FF13 563 £1 319 Boats on a river by a country home in a moonlit landscape Watercolour/paper 20,5x30,5cm/*8x12in* Amsterdam 98

ABERDAM Alfred 1894-1963 [78]
$732 FF4 500 £439 Maison et personnages Huile/panneau 27,5x37cm/*10x14in* Paris 98
$1 000 FF6 079 £615 Nymphs Oil/canvas 81x65cm/*31x25in* Tel Aviv 98
$158 FF800 £104 Étude de nu Crayon 26x33cm/*10x12in* Paris 96

ÅBERG Emil 1864-1940 [12]
$453 FF2 290 £297 Gårdsinteriör Mixed media 39x50cm/*15x19in* Stockholm 96

ÅBERG Gunnar 1869-1894 [2]
$2 778 FF16 140 £1 640 River landscape, France Oil/canvas 20x29cm/*7x11in* Stockholm 97

ÅBERG Pelle 1909-1964 [162]
$1 508 FF9 063 £912 Clown Oil/panel 27x22cm/*10x8in* Stockholm 98
$2 280 FF11 630 £1 508 Clown med paraply Oil/panel 65x27cm/*25x10in* Malmö 96

ABERLI Johann Ludwig 1723-1786 [77]
$13 956 FF82 678 £8 424 Wagmühle bei Bern Oil 26,5x36,5cm/*10x14in* Zürich 97
$396 FF2 037 £247 "La Ville de Berne du côté Nord" Eau-forte 25x37,4cm/*9x14in* Bern 96
$7 610 FF39 740 £4 600 Vue dessinée sur les remparts à Berne Aquarelle 19,5x31,5cm/*7x12in* Zürich 96

ABESCH Anna Barbara 1706-c.1760 [3]
$5 154 FF26 715 £3 347 Esther von Ahasver Painting 40,5x52,7cm/*15x20in* Luzern 96

ABIDINE Dino 1913 [21]
$1 050 FF5 500 £632 Composition: la mer Huile/toile 54x65cm/*21x25in* Paris 96

ABILDGAARD Nicolai Abraham 1743-1809 [21]
$800 FF4 841 £479 Ridderscene Oil/canvas 24x30cm/*9x11in* Viby J, Århus 98
$233 FF1 327 £141 Standing man Ink/paper 13x11cm/*5x4in* København 97

ABLETT William 1877-1937 [69]
$2 713 FF16 236 £1 700 Society Girl Oil/canvas 61,5x50cm/*24x19in* London 97
$236 FF1 400 £144 Jeune femme à l'oiseau Lithographie couleurs 53x42cm/*20x16in* Grenoble 97
$308 FF1 500 £197 Élégante, épaule dévoilée Pastel 53x40cm/*20x15in* Paris 95

ABNEY Hephzibah XVIII-XIX [1]
$1 300 FF6 420 £840 A butterfly among raspberries and flowers Bodycolour 1,8x11,4cm/*x4in* New-York 96

ABRAHAMS Ivor 1935 [17]
$621 FF3 884 £390 E.A Poe Tales and Poems Screenprint 38,5x26,5cm/*15x10in* London 97

ABRAHAMSON Erik 1871-1907 [18]
$553 FF3 356 £328 Månsken över skånskt vinterlandskap Oil/canvas 48x93cm/*18x36in* Malmö 98

ABRAM Paul 1854-1925 [36]
$5 894 FF35 000 £3 598 Deux jeunes femmes de Douarnenez devant l'Ile Tristan Huile/toile 115x145cm/*45x57in* Brest 98
$576 FF2 900 £371 Douarnenez, retour de pêche près de la fontaine Aquarelle 52x35cm/*20x13in* Douarnenez 96

ABRAMI Felice 1872-1919 [3]
$9 442 FF58 000 £5 660 "Ami entends-tu?" Huile/toile 61x61cm/*24x24in* Paris 98

ABRAMOVICH Pinchas 1909-1986 **[14]**
$4 500 FF26 706 £2 756 Still life with Fish and Lamp Oil/canvas 60x72,5cm/*23x28in* Tel Aviv 97
$330 FF1 824 £206 Moshava in Galilee Gouache/paper 23x40cm/*9x15in* Tel Aviv 97
ABRAMOWICZ Leon, Leo 1889-1978 **[41]**
$1 032 FF6 188 £616 Landschaft Öl/Karton 25x38,5cm/*9x15in* Wien 98
$2 310 FF12 070 £1 376 Flowers in a jug Oil/paper/canvas 63,5x46cm/*25x18in* Wien 96
ABRASSART G. XIX-XX **[2]**
$964 FF5 500 £587 Etretat Huile/toile 65x54cm/*25x21in* Paris 97
ABRATE Angelo 1900-1985 **[15]**
$377 FF2 200 £230 Près Saint-Didier Huile/panneau 33x41cm/*12x16in* Paris 97
ABRIL Y BLASCO Salvador 1862-1924 **[3]**
$5 130 FF26 400 £3 200 Blumenstilleben mit Schmetterling Oil/panel 26x34cm/*10x13in* Wien 96
ABRY Léon 1857-1905 **[8]**
$2 583 FF14 715 £1 575 Travail au port Pastel 77x109cm/*30x42in* Antwerpen 97
ABSOLON John 1815-1895 **[42]**
$670 FF3 406 £400 The Wishing Well Watercolour/paper 28x41cm/*11x16in* London 96
ABSOLON Kurt 1925-1958 **[18]**
$9 400 FF48 100 £6 030 Stilleben Mischtechnik/Karton 38x47,5cm/*14x18in* Wien 96
$2 774 FF14 480 £1 650 Weiblicher Akt Ink/paper 48x32,5cm/*18x12in* Wien 96
ABT Otto 1903-1982 **[20]**
$2 681 FF16 077 £1 614 Fleurs au printemps Öl/Karton 31x23cm/*12x9in* Zürich 98
ABU SHAKRA Asim 1961-1990 **[2]**
$20 000 FF116 550 £12 320 Portrait II Oil/paper 100x70cm/*39x27in* Tel Aviv 97
AC d' Rob XIX-XX **[2]**
$949 FF6 029 £593 "Au comptoir des viandes" Poster 118x159cm/*46x62in* New-York 97
ACCARDI Carla 1924 **[59]**
$1 440 FF8 160 £720 Senza titolo Tecnica mista/tela 20x30cm/*7x11in* Vercelli 98
$2 441 FF13 836 £1 220 Bianco-bianco Tecnica mista 116x89cm/*45x35in* Milano 97
$2 760 FF15 640 £1 380 Biaconero Tempera/carta 49,5x70cm/*19x27in* Prato 98
ACCONCI Vito 1940 **[25]**
$12 000 FF71 006 £7 321 Two Point Piece Collage/panel 129,5x104cm/*50x40in* New-York 98
$1 100 FF5 665 £728 Wavering Flag Color lithograph 46x61cm/*18x24in* San Francisco 96
$7 000 FF40 698 £4 273 Light Stop Photograph 244x142cm/*96x55in* New-York 97
$8 000 FF40 000 £5 180 Face of the Earth (Videotape; 20 min.) Coloured chalks 101,6x135,8cm/*40x53in*
New-York 96
ACERES T. XIX **[2]**
$5 500 FF32 699 £3 312 Patio del Alcazar de Sevilla Oil/canvas 59,5x45cm/*23x17in* New-York 98
ACEVES T. XIX-XX **[3]**
$1 500 FF8 902 £918 The Courtyard at the Alhambra, Spain Oil/canvas 30,5x24cm/*12x9in* San Francisco 98
ACHARD Jean Alexis 1807-1884 **[92]**
$2 529 FF15 000 £1 546 Fenêtre éclairée derrière les arbres Huile/toile 25x33cm/*9x12in* Grenoble 97
$3 590 FF18 500 £2 300 Une rue au Caire Huile/toile 48,5x58,5cm/*19x23in* Marseille 96
$1 420 FF7 000 £922 Arbres et rochers Crayon 18,5x15cm/*7x5in* Grenoble 95
ACHEFF William 1947 **[13]**
$14 300 FF85 628 £8 785 Black and White Oil/canvas 35x76cm/*14x30in* Dallas, Texas 98
$27 500 FF131 175 £17 294 Peace Oil/canvas 30x24cm/*11x9in* Hayden 95
ACHEN Georg Nikolaj 1860-1912 **[17]**
$1 782 FF10 581 £1 094 Landskab med stråtaekt bondehus og personer Oil/canvas 41x62cm/*16x24in*
Vejle 97
ACHENBACH Andreas 1815-1910 **[90]**
$2 535 FF13 040 £1 580 Gewitterlandschaft Oil/panel 15,5x24,5cm/*6x9in* Bern 96
$7 100 FF36 000 £4 650 Fischer im Boot auf bewegter See Oil/panel 49,5x60,5cm/*19x23in* Frankfurt 96
$14 191 FF80 863 £8 692 Seesturm an der Küste Öl/Leinwand 107x156cm/*42x61in* Köln 97
$440 FF2 681 £270 Zwei Fischer am Quai Pencil 29x23,5cm/*11x9in* Hamburg 98
ACHENBACH Oswald 1827-1905 **[77]**
$1 912 FF11 745 £1 146 Wanderer im norwegischen Hochland Painting 34x43cm/*13x16in* Köln 98
$17 746 FF107 288 £10 628 Italienische Frauen am Ufer bei Nacht Öl/Leinwand 61x53cm/*24x20in*
München 98

$37 370 FF219 047 £23 000 Am Golf von Neapel mit Blick auf den Vesuv Oil/canvas 121,5x150cm/*47x59in* London 97

$448 FF2 677 £270 Studie einer sich nach hinten lehnenden Frau Pencil/paper 23,3x23cm/*9x9in* Köln 97

ACHENBACH Oswald (Attrib.) 1827-1905 **[5]**

$6 440 FF33 100 £4 014 Figures in an Italian landscape Oil/canvas 48x66cm/*18x25in* Wien 96

ACHILLEOS Chris 1947 **[1]**

$1 248 FF7 221 £749 Dr. Who and the Monsters Ink 50x45cm/*19x17in* London 97

ACHTERBERG van Gerard 1872-1953 **[6]**

$4 190 FF20 800 £2 650 On a jungle road, Indonesia Oil/canvas 72x54cm/*28x21in* Singapore 95

ACHTSCHELLINCK Lucas 1629-1699 **[6]**

$11 660 FF60 000 £7 270 Cavalier dans un paysage animé Huile/panneau 42x60cm/*16x23in* Paris 96

ACHTSCHELLINCK Lucas (Attrib.) 1629-1699 **[1]**

$7 672 FF45 528 £4 676 Carosse dans un paysage Huile/panneau 50x70cm/*19x27in* Antwerpen 98

ACKE Johan Axel G. (Jag) 1859-1924 **[19]**

$487 FF2 911 £297 Ansikte Oil/canvas 24x20cm/*9x7in* Stockholm 98

$1 309 FF7 479 £802 Spanska sjörn 23 Juni Oil/canvas 55x91cm/*21x35in* Stockholm 97

$3 980 FF19 600 £2 564 Woman near the window Pastel 67x53cm/*26x20in* Stockholm 95

ACKEIN Marcelle 1882-1952 **[9]**

$3 861 FF21 000 £2 312 Le patio de la mosquée Huile/toile 101x73cm/*39x28in* Arles 97

ACKER van Flori-Marie 1858-1940 **[17]**

$817 FF4 557 £500 "Die Belgischen Seebader" Poster 103x74cm/*40x29in* London 97

ACKERMAN Paul 1908-1981 **[135]**

$268 FF1 600 £161 Composition abstraite Huile/papier 44,5x41cm/*17x16in* Paris 97

$101 FF600 £62 Composition Technique mixte/papier 60x73cm/*23x28in* Paris 97

ACKERMANN Gerald Arthur 1876-1960 **[61]**

$48 FF285 £30 Glastonbury Tor from the Levels Watercolour 11,3x17cm/*4x6in* Bristol, Avon 97

ACKERMANN Johann Adam 1780-1853 **[2]**

$4 530 FF22 900 £2 970 Winterlandschaft Öl/Leinwand 66x81cm/*25x31in* Wien 96

ACKERMANN Max 1887-1975 **[247]**

$5 537 FF32 768 £3 401 Frau im Profil Oil 33,5x24,2cm/*13x9in* München 98

$9 929 FF57 296 £6 084 Ohne Titel Tempera/canvas 66x50cm/*25x19in* Stuttgart 97

$405 FF2 363 £249 Abstrakte Komposition in Blau Silkscreen 48x27cm/*18x10in* Köln 97

$3 045 FF17 483 £1 856 Ohne Titel Pastell/Papier 32x24,5cm/*12x9in* Berlin 97

ACKERMANN Peter 1939 **[41]**

$6 175 FF32 205 £3 610 Stadlandschaft Acrylic 95x100,5cm/*37x39in* Köln 96

$122 FF616 £80 Die Kulisse Etching 49,5x69,5cm/*19x27in* München 96

$121 FF719 £72 Prozession in einer phantastischen Architektur Ink 59x30cm/*23x11in* Köln 97

ACKROYD Norman 1938 **[11]**

$109 FF562 £70 St. Mary's Swinbrook Aquatint 10x12,5cm/*3x4in* London 96

ACOSTA de Pedro XVIII **[1]**

$9 900 FF59 250 £6 150 Trampantojo Oleo/tabla 36x48cm/*14x18in* Madrid 98

ACOSTA LEON Angel 1930-1963 **[20]**

$8 800 FF53 625 £5 442 La cafetera Oil/masonite 27x19,5cm/*10x7in* Miami, Florida 98

$22 000 FF131 421 £13 457 Ave móvil Oil/panel 63,5x80cm/*25x31in* New-York 98

$48 000 FF275 544 £29 260 La Grúa Oil/masonite 119,5x242cm/*47x95in* New-York 97

$5 500 FF33 515 £3 401 Untitled Mixed media/paper 32x49cm/*12x19in* Miami, Florida 98

ACQUA dell' Cesare 1821-1905 **[7]**

$1 477 FF8 568 £873 Zirkusszene mit Reiter, Harlekin Aquarell/Papier 35x50cm/*13x19in* Wien 97

ACS Agoston 1889-1947 **[13]**

$1 446 FF7 310 £948 Sonntagsspaziergang Öl/Leinwand 60x80cm/*23x31in* Wien 96

ADAM Albert 1833-? **[6]**

$211 FF1 100 £125 Chasse au cerf/Chasse au sanglier Lithographie 55x70cm/*21x27in* Orléans 96

ADAM Albrecht 1786-1862 **[21]**

$50 886 FF294 984 £30 000 Napoleon and His Troops at Beshenkovici, 24th July 1812 Oil/canvas 123x176cm/*48x69in* London 97

$85 046 FF520 156 £52 000 Portrait of Count Eugenio Alari with Moscow Burning in the background

---

Oil/panel 54,5x68cm/*21x26in* London 98

$841 FF5 020 £507 Uferböschung mit Birken, Büschen und Farn Aquarell/Papier 40,8x30,6cm/*16x12in* Köln 97

ADAM Benno Raffael 1812-1892 **[18]**

$5 878 FF33 213 £3 700 Donkeys in a stable interior Oil/canvas 61x90,5cm/*24x35in* London 97

ADAM Edmond XIX-XX **[10]**

$2 675 FF16 628 £1 600 The Ship, Menai Straits Oil/canvas 56x88cm/*22x34in* London 98

ADAM Edouard 1847-1929 **[49]**

$5 244 FF31 500 £3 146 Les Andes (portrait de bateau) Huile/toile 62x92cm/*24x36in* La Grand'Combe 98

ADAM Edouard II 1868-1938 **[17]**

$3 496 FF20 000 £2 182 Vapeur mixte "Ariadne" Huile/toile 62x92cm/*24x36in* Paris 97

ADAM Emil 1843-1924 **[29]**

$3 305 FF16 900 £2 180 "Royal Meath" Öl/Leinwand 31x25cm/*12x9in* Wien 96

$6 814 FF39 370 £4 000 The Stallion Royal Hampton Oil/canvas 71,5x91cm/*28x35in* London 97

$340 FF1 760 £218 Hügelige Landschaft Drawing 8,3x11,5cm/*3x4in* Heidelberg 96

ADAM Eugen 1817-1880 **[9]**

$4 519 FF26 995 £2 766 Der Münchner Karolinenplatz mit figürlicher Staffage Watercolour 24,5x28,5cm/*9x11in* München 98

ADAM Franz 1815-1886 **[10]**

$6 440 FF33 100 £4 014 The Transport of French Prisoners during the war of 1870 Oil/canvas 52,5x91cm/*20x35in* Wien 96

ADAM Heinrich 1787-1862 **[8]**

$1 866 FF9 600 £1 164 Überfuhr bei Burg Hohenschwanstein bei Mondlicht Öl/Karton 21x16cm/*8x6in* Wien 96

$1 094 FF6 704 £653 Gotische Kirche Watercolour 18x25,5cm/*7x10in* Dresden 98

ADAM Henri-Georges 1904-1967 **[6]**

$6 120 FF32 000 £3 650 Les oiseaux de mer Tapisserie 260x220cm/*102x86in* Paris 96

ADAM Joseph 1824-1895 **[12]**

$5 648 FF34 213 £3 500 Highland cattle watering Oil/canvas 76x127cm/*29x50in* Perthshire 97

ADAM Joseph Donovan 1842-1896 **[35]**

$1 268 FF7 393 £780 Wedding blues Oil/canvas 30,5x40,5cm/*12x15in* West Lothian 97

$3 565 FF18 101 £2 300 Highland Cattle Oil/canvas 69x102cm/*27x40in* Auchterarder, Perthshire 96

$4 693 FF28 308 £2 800 Unaware Watercolour 58,5x86,5cm/*23x34in* West Lothian 98

ADAM Julius II 1852-1913 **[40]**

$10 693 FF60 728 £6 692 Drei junge Kätzchen vor einer Draperie Öl/Leinwand 22x35,5cm/*8x13in* München 97

$56 688 FF348 217 £34 000 The Proud Mother Oil/canvas 57x90cm/*22x35in* London 98

$1 219 FF7 387 £747 Studienblatt mit Katzen Pencil/paper 34x21cm/*13x8in* Berlin 98

ADAM Julius II (Attrib.) 1852-1913 **[1]**

$1 682 FF10 040 £1 015 Vier Katzenkinder Oil/panel 32x47cm/*12x18in* Stuttgart 97

ADAM Otto 1901-1973 **[3]**

$532 FF3 036 £332 Vögel Woodcut in colors 60x41cm/*23x16in* Konstanz 97

ADAM Patrick William 1854-1929 **[43]**

$165 FF986 £100 "The Memorial of Sir Richard de Stapledon, Exeter Cathedral" Oil/board 70x49,5cm/*27x19in* Glasgow 97

$8 392 FF50 831 £5 200 Little Figure Oil/canvas 32x46cm/*12x18in* Perthshire 97

$968 FF5 865 £600 Flash on the Bass, North Berwick Coloured chalks 26x44cm/*10x17in* Perthshire 97

ADAM Richard Benno 1873-1936 **[14]**

$7 613 FF44 160 £4 500 The Horse Dorian Grey Oil/canvas 93x48cm/*36x18in* London 97

$20 000 FF101 800 £12 000 A. Dreger's Filly "Va banque" with B. Carslake up/His bay "Lappalie" Oil/panel 31x38cm/*12x14in* London 96

ADAM Robert 1728-1792 **[13]**

$5 106 FF29 411 £3 000 A Shepherd an his Flock by classical Ruins Ink 39x50,5cm/*15x19in* London 97

ADAM Ted XIX-XX **[2]**

$3 592 FF21 890 £2 200 The Steamship Cape Breton/The Steamship "Normam" Oil/canvas 62x92cm/*24x36in* London 98

ADAM Victor 1801-1866 **[24]**

$4 312 FF25 000 £2 657 Lanciers polonais et l'Enfant en Espagne Huile/toile 60,5x73cm/*23x28in* Saint-

Étienne 97
- *$57 FF350 £34* Malle poste à cinq chevaux Gravure 40x56cm/15x22in Paris 98
- *$440 FF2 500 £275* Croquis Aqurrelle 20x27cm/7x10in Paris 97

ADAM Victor (Attrib.) 1801-1866 [2]
- *$1 770 FF8 800 £1 127* Retour de chasse à Fontainebleau Aquarelle, gouache 4x60cm/1x23in Paris 95

ADAM Victor Ch. (Attrib.) 1868-1938 [1]
- *$3 726 FF22 000 £2 206* Le cargo mixte "Général-Gallieni" vu par le travers babord Huile/toile 62x92cm/24x36in Paris 97

ADAM-SALOMON Antoine Samuel 1817-1881 [6]
- *$633 FF3 500 £395* Portrait de Littré Tirage albuminé 26x20cm/10x7in Paris 97

ADAMI Franco 1933 [9]
- *$20 500 FF107 200 £13 440* "Romantica" Olio/tela 146x114cm/57x44in Prato 96

ADAMI Valerio 1935 [375]
- *$9 600 FF54 400 £6 400* "Attentato" Acrilico/tela 92x73cm/36x28in Milano 97
- *$18 140 FF94 200 £12 000* Finlande Acrylic/canvas 195x260cm/76x102in London 96
- *$3 418 FF19 500 £2 082* En solitaire Lithographie couleurs 76x56cm/29x22in Paris 97
- *$1 684 FF10 000 £1 028* Lo Specchio Fusain/papier 49x67cm/19x26in Le Touquet 98

ADAMS Ansel 1902-1984 [468]
- *$4 500 FF26 102 £2 758* Frozen Lake ans Cliffs, Sierra Nevada, California Gelatin silver print 24x31cm/9x12in New-York 97

ADAMS Charles James 1857-1931 [37]
- *$1 872 FF11 285 £1 150* The Cottage on the Common Watercolour/paper 28x39,5cm/11x15in London 98

ADAMS Charles Partridge 1858-1942 [46]
- *$3 500 FF21 341 £2 100* The River Shoal Oil/canvas/board 30,5x45,5cm/12x17in Boston, Mass. 98
- *$7 000 FF41 841 £4 242* Ocean Shore, Santa Cruz Oil/canvas 76,2x106,7cm/29x42in San Francisco-Los Angeles 97
- *$1 400 FF8 149 £849* Western Mountains Watercolour/paper 18x26cm/7x10in Mystic, Connecticut 97

ADAMS Douglas 1853-1920 [12]
- *$774 FF4 607 £460* Highland Loch landscape Oil/canvas 44x75cm/17x29in Billingshurst, West Sussex 97

ADAMS Eddie 1934 [5]
- *$2 500 FF12 900 £1 600* New York, New York Gelatin silver print 35x28cm/13x11in New-York 96

ADAMS Hank Murta XX [2]
- *$5 500 FF28 700 £3 324* Bottle Head Sculpture, glass H68,6cm/H27in New-York 96

ADAMS Herbert 1858-1945 [3]
- *$2 400 FF13 864 £1 479* Gilt-Bronze Figure of a Nymph Bronze H43cm/H16in New-York 97

ADAMS John Clayton 1840-1906 [43]
- *$359 FF2 189 £220* "Evening in Surrey" Oil/canvas 51x76,5cm/20x30in London 98
- *$931 FF4 460 £580* Reapers at work Oil/canvas 31x46cm/12x18in London 95

ADAMS John Quincy 1874-1933 [13]
- *$1 405 FF8 571 £844* Kapuziner im Schützengraben bei Folgaria Öl/Leinwand 62x88cm/24x34in Wien 98
- *$6 560 FF34 000 £4 200* Portrait of Madame de Portas Oil/canvas 214x135cm/84x53in London 96

ADAMS John Wolcott 1874-1925 [3]
- *$770 FF4 440 £458* Street Scene With Carriages Ink 6x26cm/2x10in New-York 97

ADAMS Kenneth M. 1897-1966 [3]
- *$23 500 FF112 095 £14 779* Racita Oil/canvas 17x13cm/6x5in Hayden 95
- *$949 FF5 645 £580* Adobe Builders Lithograph 34x25cm/13x10in Shaker Heights, Ohio 97

ADAMS Robert 1917-1984 [19]
- *$1 720 FF10 050 £1 018* Ohne Titel Bronze 25x3,5x3cm/9x1x1in Köln 97
- *$3 249 FF18 505 £2 017* Thorn Bronze 156,2x68,6x43,2cm/61x27x17in New-York 97

ADAMS Sarah 1958 [1]
- *$3 668 FF22 030 £2 200* "Blue and Yellow Macaws" Acrylic/board 79x53cm/31x20in London 98

ADAMS Wayman E. 1883-1959 [10]
- *$3 249 FF19 285 £2 015* The Mexican Oil/canvas 76x56cm/29x22in New-York 97

ADAMSON David Comba 1859-1926 [4]
- *$954 FF5 839 £580* Portrait of a Young Girl with Flowers in Her Hair Pastel/paper 54,5x37cm/21x14in London 98

ADAMSON Dorothy c. 1900-1934 **[7]**
$527 FF2 709 £340 Spaniel Friends Watercolour 31,5x35,5cm/12x13in London 96

ADAMSON Harry XX **[2]**
$25 000 FF126 000 £16 130 Morning Flight Oil/canvas 63x76cm/25x30in Hayden 96

ADAMSON Harry Curieux XX **[2]**
$5 500 FF26 235 £3 458 The Wester Valley Snow Geese Oil/canvas 20x30cm/7x11in Hayden 95

ADAMSON Robert 1821-1898 **[24]**
$5 515 FF32 105 £3 400 Group of Men, Dumbarton Presbetry Free Church, 29th March Calotype
15x20cm/5x7in London 97

ADAMSSON Bo Åke 1941 **[20]**
$208 FF1 208 £128 Idrottsfigurer Color lithograph 63x47cm/24x18in Göteborg 97

ADAN Louis, Émile 1839-1937 **[18]**
$792 FF4 100 £512 Jeunes femmes assises au bord de la mer Aquarelle 28x41cm/11x16in Barbizon 96

ADDAMS Charles 1912-1988 **[24]**
$700 FF3 993 £425 Humorous Self-Portrait of Addams turning red in the Face Watercolour 21x13cm/8x5in
New-York 97

ADDERTON Charles William 1866-? **[14]**
$296 FF1 671 £180 A Lakeside Cottage Watercolour/paper 21,5x26cm/8x10in Billingshurst, West Sussex 97

ADELBORG Ottilia Eva 1855-1936 **[5]**
$389 FF2 331 £232 Flicka/Pojke i folkdräkt Watercolour/paper 22x14cm/8x5in Stockholm 98

ADELO van R. (Attrib.) XVII **[1]**
$4 000 FF20 700 £2 560 The Sacrifice of Isaac Oil/canvas 9x50cm/3x19in New-York 96

ADELSWÄRD Gustaf 1843-1895 **[2]**
$23 347 FF144 928 £14 000 Tea on the Terrace in Algiers Oil/canvas 140x200cm/55x78in London 98

ADEMOLLO Carlo 1825-1911 **[3]**
$3 249 FF19 047 £2 000 Admiring the Picture Oil/canvas 54x26cm/21x10in London 97

ADEMOLLO Luigi 1764-1849 **[8]**
$2 514 FF15 067 £1 500 Chariot Race in a Roman Arena: Design for a Safety Curtain, Florence Black chalk
49x49cm/19x19in London 98

ADGAMOV Rachid 1948 **[19]**
$172 FF1 000 £101 Mois de mars Huile/toile 44x35cm/17x13in Auxerre 97
$359 FF1 800 £227 Yachts amarrés Huile/toile 50x40cm/19x15in Paris 95

ADICKES David Pryor 1927 **[4]**
$850 FF5 047 £514 Portrait of a bearded man Oil/panel 50x40cm/20x16in Houston, Texas 97

ADIE Edith Helena XIX-XX **[10]**
$1 241 FF6 400 £800 Lake Como from the Chapel of Nobiallo Watercolour 35x53,5cm/13x21in London 96

ADLER Adolf 1917 **[5]**
$828 FF4 723 £517 Zügele bai der Waldsiedlung Öl/Karton 21x33cm/8x12in Konstanz 97

ADLER Christian 1786-1842 **[1]**
$3 089 FF17 543 £1 933 König Ludwig I von bayern Öl/Leinwand 73x57,5cm/28x22in München 97

ADLER Edmund 1871-1957 **[65]**
$4 750 FF28 040 £2 812 Young Boy Holding a Dog Oil/canvas 48x31cm/19x12in St. Louis, Miss. 97
$9 500 FF58 175 £5 685 "Who's the Fairest of Them All?" Oil/canvas 53,5x101,5cm/21x39in New-York 98

ADLER Jankel 1895-1949 **[120]**
$274 FF1 384 £180 Horse and cart Oil/canvas 63x76cm/24x29in London 96
$5 000 FF30 157 £2 968 Uncle Moshe Oil/cardboard 30x21,5cm/11x8in Tel Aviv 98
$700 FF4 159 £427 Figures in the Kitchen Monotype 24,5x25cm/9x9in Tel Aviv 98
$1 700 FF9 125 £1 016 Woman Sitting at the Table Pencil 32x26,5cm/12x10in Tel Aviv 97

ADLER Jules 1865-1952 **[72]**
$327 FF2 000 £195 Le village animé Huile/toile 18x13cm/7x5in Deauville 98
$1 523 FF9 000 £920 Le cheminot Huile/toile 46x54cm/18x21in Paris 97
$502 FF2 600 £326 Vieil homme assis sur un rocher Fusain 37x28cm/14x11in Besançon 96

ADLER Oscar F. 1868-1932 **[1]**
$4 500 FF23 500 £2 720 Clam Shell Pond, Clinton, Mass. Oil/canvas 54x71cm/21x27in New-York 96

ADLIVANKIN Samuel Jakovlevic 1897-1966 **[3]**
$7 607 FF45 226 £4 712 Mandolinenspieler Tempera 38x27cm/14x10in München 97

ADNET Françoise 1924 **[41]**
$1 110 FF5 600 £721 Jeune fille Huile/toile 92x73cm/36x28in Paris 96

ADOLFS Gerard Pieter, Ger 1897-1968 [88]
- *$2 682 FF15 550 £1 653* Marktvrouw Madoera Oil/canvas 40x30cm/*15x11in* Den Haag 97
- *$6 545 FF37 967 £4 013* Rijstplukster Besoeki Oil/canvas 46x38cm/*18x14in* Amsterdam 97
- *$642 FF3 300 £401* Waterkasteel Etching 40x31cm/*15x12in* Amsterdam 96
- *$3 094 FF17 942 £1 907* Procession at the entrance of the Kraton Watercolour 70x57cm/*27x22in* Den Haag 97

ADOMEIT George G. 1879-1967 [15]
- *$180 FF1 094 £109* First Snow Linocut in colors 15x18cm/*6x7in* Shaker Heights, Ohio 98

ADRIAENSSEN Alexander 1587-1661 [22]
- *$3 027 FF17 581 £1 849* A dead pheasant and a dead partridge with songbirds on wooden ledge Oil/panel 35x45,5cm/*13x17in* Amsterdam 97
- *$9 350 FF48 200 £6 000* A still life of roses and carnations in a glass vase on a marble ledge Oil/panel 54,5x43cm/*21x16in* London 96
- *$32 560 FF165 700 £19 520* A market stall Oil/canvas 136x166cm/*53x65in* Amsterdam 96

ADRIAENSSEN Vincent 1595-1675 [2]
- *$14 652 FF90 000 £8 784* Le martyre de Sainte-Agnès Huile/cuivre 51x65cm/*20x25in* Lille 98

ADRIAN Marc 1930 [3]
- *$10 413 FF61 841 £6 188* Maquette zu a2 Mixed media/panel 69x45cm/*27x17in* Wien 97

ADRIAN-NILSSON Gösta GAN 1885-1965 [193]
- *$2 356 FF13 462 £1 443* Huvud Mixed media/panel 35x25cm/*13x9in* Stockholm 97
- *$14 858 FF88 941 £9 131* Boxare Oil/panel 47x39cm/*18x15in* Stockholm 98
- *$151 000 FF768 000 £90 200* "Indianer på krigsstigen" Oil/canvas 105x131cm/*41x51in* Stockholm 96
- *$1 207 FF5 900 £766* Fiskebåtar på land Gouache 23x31cm/*9x12in* Stockholm 95

ADRIANI Camillo XX [5]
- *$1 200 FF7 448 £719* Rockport Street Scene Oil/canvas 63x76cm/*25x30in* Mystic, Connecticut 98

ADRION Lucien 1889-1953 [189]
- *$800 FF4 833 £503* The Quarry Oil/canvas 53x79cm/*21x31in* New-York 97
- *$1 146 FF7 000 £687* Knocke-sur-Mer Huile/carton 24x34,5cm/*9x13in* Paris 98
- *$9 750 FF48 050 £6 290* Le port de Deauville Huile/toile 465x55cm/*183x21in* Köln 95
- *$1 616 FF9 628 £960* Brücke Pastell/Papier 21,5x29,5cm/*8x11in* München 97

ADRION Lucien (Attrib.) 1889-1953 [3]
- *$2 265 FF13 500 £1 358* Notre-Dame Huile/toile 92x73,5cm/*36x28in* Dax 98

ADUATZ Fritz 1907 [12]
- *$265 FF1 534 £163* Umbrien Acryl/Papier 29,5x42,7cm/*11x16in* Wien 97
- *$1 429 FF8 568 £853* Ohne Titel Öl/Leinwand 48x72cm/*18x28in* Wien 98

ADVOCAAT Gunnvor 1912 [3]
- *$1 948 FF11 848 £1 194* Komposisjon Oil/canvas 65x100cm/*25x39in* Oslo 98

ADZAK Roy 1927-1987 [31]
- *$408 FF2 100 £262* Verres Huile/toile 81x100cm/*31x39in* Paris 96
- *$1 005 FF6 000 £606* Variation "b" en gris Multiple 51x51cm/*20x20in* Paris 97
- *$784 FF4 700 £468* "Le sexe rouge" Relief 27x22cm/*10x8in* Paris 98

AELST van Willem Jansz. 1627-1686 [11]
- *$7 358 FF43 568 £4 370* Stilleben mit Hummer, Römer und Trauben Öl/Leinwand 49x38cm/*19x14in* Zürich 97
- *$9 994 FF60 356 £6 000* Still Life of Peaches and Grapes, with a Snail Oil/canvas 31x25,5cm/*12x10in* London 98

AENVANCK van Theodor 1633-1690 [2]
- *$55 000 FF303 869 £34 182* Still Life of Fruit, a Blue and White covered Pitcher, a Wine flute Oil/canvas 58x79cm/*22x31in* New-York 97

AEPPLI Eva 1925 [5]
- *$18 500 FF95 700 £12 000* La sorcière Iron 154x103x86cm/*60x40x33in* London 96

AEREBOE Albert 1889-1970 [6]
- *$8 740 FF53 691 £5 243* "Fräulein Pickenpack" Oil/canvas 45,5x42cm/*17x16in* Bremen 98
- *$2 458 FF15 100 £1 474* "Innenansicht des Lübecker Doms" Watercolour 35x24cm/*13x9in* Bremen 98

AERNI Franz Theodor 1853-1918 [13]
- *$2 750 FF13 450 £1 740* Busy Mediterranean street scene Oil/panel 38x24cm/*14x9in* San Francisco-Los

Angeles 95
$5 698 FF34 164 £3 429 Markt in Rom Öl/Leinwand 49x79cm/*19x31in* Zürich 98

AERS Marguerite, Marg 1918-1995 **[39]**
$539 FF2 800 £356 Petit pêcheur Huile/panneau 23,5x30cm/*9x11in* Bruxelles 96
$487 FF2 921 £297 Élégante à l'ombrelle Huile/toile 60x50cm/*23x19in* Bruxelles 97

AERTSEN Pieter 1509-1575 **[7]**
$38 525 FF226 125 £23 562 The Evangelists Oil/canvas 91x122cm/*35x48in* Warszawa 97

AERTSEN Pieter (Attrib.) 1509-1575 **[4]**
$13 040 FF74 680 £7 960 Värdshusinteriör Oil/panel 80x110cm/*31x43in* Stockholm 97
$18 000 FF110 496 £11 028 Nativity/Circumcision Oil/panel 16,5x11,5cm/*6x4in* New-York 98

AERTTINGER Karl August 1803-1876 **[5]**
$8 822 FF53 601 £5 312 Prozession zum Tegernsee Oil/panel 38x27cm/*14x10in* Stuttgart 98
$25 849 FF160 456 £15 500 Die krakusenhochzeit Oil/canvas 106,5x146,5cm/*41x57in* London 98

AERTVELT van Andries 1590-1652 **[1]**
$27 408 FF160 000 £16 576 Marine par temps de tempête Huile/panneau 44,5x62cm/*17x24in* Paris 97

AESCHBACHER Arthur 1923 **[40]**
$681 FF3 500 £425 Sans titre Decollage 72x22cm/*28x8in* Toulouse 96
$571 FF3 500 £340 Théâtre déchiré 3 Collage 65x50cm/*25x19in* Paris 98

AESCHBACHER Hans 1906-1980 **[11]**
$635 FF3 709 £375 Weiblicher Akt Red chalk/paper 29x20cm/*11x7in* Luzern 97

AFANASEV Alekseij Fedorovitch 1850-1920 **[2]**
$2 736 FF13 680 £1 800 Holiday Relaxation Oil/board 42x33cm/*16x12in* London 95

AFFANDI Kusuma 1907-1990 **[44]**
$13 960 FF69 200 £8 830 Farmers feeding ducks: Bebek, Bali Oil/canvas/board 76x62cm/*29x24in* Singapore 95
$20 748 FF117 096 £12 717 Nelayan Astrihat Oil/canvas 120x135cm/*47x53in* Singapore 97

AFFANDI-KÖBERL Kartika 1934 **[4]**
$1 307 FF7 728 £809 Still life with flowers Acrylic/canvas 100x100cm/*39x39in* Singapore 97

AFFLECK William 1869-1909 **[29]**
$3 294 FF20 273 £2 000 A Pensive Moment Watercolour 29,5x42cm/*11x16in* London 98

AFONG LAI, Photographer Hong Kong c.1859-1941 **[4]**
$4 537 FF26 490 £2 800 Chinese Landscapes and Costumes Studies 1870s Albumen print 15x20cm/*6x8in* London 97

AFRICANOS Nicholas 1948 **[22]**
$6 000 FF34 843 £3 665 Insulin Mixed media/canvas 171,5x213cm/*67x83in* New-York 97
$2 000 FF11 834 £1 220 Remorse and Gratitude Mixed media/paper 156x207cm/*61x81in* New-York 98

AFRO Afro Basaldella 1912-1976 **[172]**
$15 378 FF87 142 £7 689 Rittrato di Maria I Olio/tela 40x30cm/*15x11in* Roma 98
$26 400 FF149 600 £17 600 Senza titolo Olio/carta/tela 45x59cm/*17x23in* Milano 98
$192 000 FF1 088 000 £128 000 L'uccello del tuono Olio/tela 149,5x200cm/*58x78in* Milano 98
$600 FF3 400 £300 Composizione, Monaco Litografia a colori 55x71,5cm/*21x28in* Milano 97
$7 800 FF44 200 £5 200 Autobiografia Acquarello 21,5x27cm/*8x10in* Milano 98

AFSARY Cyrus 1941 **[9]**
$3 500 FF17 115 £2 215 San Juan Capistrano Oil/canvas 40x30cm/*16x12in* Santa Fe, New Mexico 95
$4 730 FF28 323 £2 906 Ambush Oil/canvas 45x40cm/*18x16in* Dallas, Texas 98

AGAATSZ James Rudolf 1935 **[2]**
$1 287 FF6 622 £803 "Een Zonnig Hoekje Van De Binnenstad, Batavia" Oil/canvas 30x40,5cm/*11x15in* Amsterdam 96

AGACHE Alfred P. 1843-1915 **[1]**
$50 000 FF259 600 £33 100 La Diseuse de bonne aventure Oil/canvas 127x50cm/*50x19in* New-York 96

AGAM Yaacov Gipstein 1928 **[162]**
$6 000 FF36 231 £3 595 Composition Oil/panel 44x55cm/*17x21in* New-York 98
$8 000 FF46 376 £4 716 Tableau Metapolymorphique - Petit Secret Oil/copper 33x35,6cm/*12x14in* New-York 97
$18 000 FF88 000 £11 380 Tableau tactile: la Vérité Oil 108x143cm/*42x56in* Tel Aviv 95
$252 FF1 531 £151 Abstract Silkscreen 76x68cm/*30x27in* Philadelphia 98
$2 600 FF12 700 £1 645 Relief Bronze 18,8x26,2cm/*7x10in* Tel Aviv 95
$14 695 FF87 209 £9 000 Triangle Volande Sculpture 116x99x99cm/*45x38x38in* London 97

AGAPI Ivan Karlovich 1838-? **[1]**
 $12 370 FF62 400 £8 000 The Malaya Nevka from the Petrovsky in St. Petersburg Oil/canvas 69x100cm/*27x39in* London 96
AGAR d' Charles 1669-1723 **[5]**
 $4 670 FF23 770 £2 800 Portrait of Elizabeth, Duchess of Dorset (1688-1765) Oil/canvas 12x96,5cm/*4x37in* London 96
 $6 398 FF38 064 £3 800 Portrait of Lucy, Duchess of Rutland Oil/canvas 125,5x101cm/*49x39in* London 97
AGAR d' Charles (Attrib.) 1699-1723 **[1]**
 $4 032 FF23 105 £2 500 Portrait of a Lady Oil/canvas 119,5x96,5cm/*47x37in* London 97
AGAR Eileen 1901-1985 **[41]**
 $2 952 FF16 949 £1 800 Untitled Oil/canvas 91x121cm/*35x47in* London 97
AGARD Charles J. 1866-1950 **[76]**
 $382 FF2 300 £229 Pêcheur au bord de la rivière Huile/toile 33x46cm/*12x18in* Paris 98
 $465 FF2 800 £279 Paysage fleuri Huile/toile/carton 33x50cm/*12x19in* Paris 98
AGASSE Jacques L. (Attrib.) 1767-1849 **[2]**
 $2 283 FF11 920 £1 380 Aufbruch zur Jagd Encre 38x54cm/*14x21in* Zürich 96
AGASSE Jacques Laurent 1767-1849 **[28]**
 $14 181 FF86 523 £8 500 A Liver Pointer in a Landscape Oil/panel 11x14,5cm/*4x5in* London 98
 $88 400 FF433 000 £56 000 A grey mare in a landscape Oil/canvas 62x75cm/*24x29in* London 95
 $1 764 FF10 305 £1 044 Deux chevaux Crayon/papier 19x20,5cm/*7x8in* Genève 97
AGAZZI Ermenegildo 1866-1945 **[9]**
 $2 400 FF13 600 £1 600 Veduta di Venezia Olio/tavola 20x22cm/*7x8in* Milano 97
 $3 276 FF16 070 £2 132 Paesaggio lacustre Olio/tavola 35,5x50cm/*13x19in* Milano 95
AGAZZI Rinaldo 1857-1939 **[4]**
 $9 000 FF51 000 £6 000 Ritratto di fanciulla Olio/tela 135x82cm/*53x32in* Milano 97
AGERBEEK Ernst Ch. L. XIX-XX **[1]**
 $9 940 FF51 200 £6 200 Chinese cafe Oil/canvas 65x51cm/*25x20in* Amsterdam 96
AGERSNAP Hans 1857-1925 **[73]**
 $131 FF792 £78 Hedelandskab Oil/canvas 36x56cm/*14x22in* Viby J, Århus 98
 $222 FF1 319 £132 Udsigt fra Munkebjerg mod Vejle Oil/canvas 32x47cm/*12x18in* Köbenhavn 97
AGGER Knud 1895-1973 **[56]**
 $568 FF3 518 £339 Jernbaneoverskaering i landskab Oil/canvas 67x90cm/*26x35in* Köbenhavn 98
AGGER Poul 1936 **[22]**
 $710 FF4 393 £423 Figurkompositioner Linocut 123x185cm/*48x72in* Köbenhavn 98
AGLIO Agostino Mario 1777-1857 **[9]**
 $570 FF3 405 £350 View in a Park Watercolour 18x44,5cm/*7x17in* London 98
AGNETTI Vincenzo 1926-1981 **[21]**
 $4 499 FF25 498 £2 249 "Assiomi" Tecnica mista 80x80cm/*31x31in* Milano 98
 $6 000 FF34 000 £4 000 Dente di Leone/Cinque Piante Tecnica mista/carta 50x30cm/*19x11in* Milano 98
AGOSTINI Guido XIX **[35]**
 $750 FF4 499 £453 Chalet in the Alps Oil/canvas 44x34cm/*17x13in* Chicago, Illinois 97
AGOSTINI Max 1914 **[29]**
 $1 379 FF8 000 £848 Jeune femme à sa couture Huile/toile 61x46cm/*24x18in* Arles 97
AGOSTINI Peter 1913 **[5]**
 $1 700 FF9 901 £1 038 Shelf Still Life Plaster 40,5x135x24cm/*15x53x9in* New-York 97
AGOSTINI Tony 1916-1990 **[131]**
 $134 FF700 £81 Fresne, le cinéma Huile/toile 22x28cm/*8x11in* Paris 96
 $895 FF5 500 £536 Nature morte Huile/toile 45,5x55,5cm/*17x21in* Paris 98
 $134 FF804 £82 Stilleben mit Blumenvase, Traube und Apfeln Color lithograph 56x75,5cm/*22x29in* Bern 98
 $437 FF2 600 £270 Vase de fleurs bleues Pastel 47,5x38,5cm/*18x15in* Paris 97
AGOSTINO DA VAPRIO c.1450-c.1510 **[1]**
 $31 200 FF176 800 £15 600 S. Stefano Olio/tavola 72x24cm/*28x9in* Roma 98
AGRASOT Y JUAN Joaquin 1837-1919 **[30]**
 $5 610 FF27 160 £3 600 The Collector's cabinet Oil/canvas 40x28cm/*15x11in* London 95
 $7 746 FF46 000 £4 728 Musiciennes et danseuse dans le harem du Sultan Huile/toile 33x53cm/*12x20in* Le Touquet 98

AGRICOLA Carl J. A. (Attrib.) 1779-1852 **[4]**
 $1 927 FF9 740 £1 265 Zeus und Antiope Oil/panel 21x26cm/*8x10in* Wien 96
 $23 600 FF121 400 £14 720 Flora Oil/canvas 95x79,5cm/*37x31in* Wien 96
AGRICOLA Christoph-L.(Attrib) 1667-1719 **[5]**
 $1 415 FF8 370 £849 A pair of landscapes Gouache/paper 8,5x10,5cm/*3x4in* London 97
AGRICOLA Christophe-Ludwig 1667-1719 **[39]**
 $10 870 FF64 356 £6 500 A rocky river Indscape with figures/A wooded river landscape Oil/copper 20x28,5cm/*7x11in* London 97
 $1 637 FF8 440 £1 050 A kingfisher perched on a branch in a wintry landscape Gouache 28x20cm/*11x7in* London 96
AGRICOLA Eduard 1800-? **[5]**
 $2 759 FF15 723 £1 731 Segelschiffe bei Sonnenuntergang an der Küste Öl/Leinwand 74x100cm/*29x39in* Zürich 97
AGRICOLA Eduard (Attrib.) 1800-? **[2]**
 $4 224 FF24 761 £2 600 The Gulf of Baia from Taormina, Sicily Oil/canvas 79x116cm/*31x45in* London 97
AGTERBERG Chris XIX-XX **[2]**
 $6 806 FF40 754 £4 189 Female Head Bronze H24cm/*H9in* Amsterdam 98
AGUADO Y SERRA José ?-1905 **[1]**
 $6 000 FF31 021 £3 846 Caballería Abrevando Oleo/tabla 45x65cm/*17x25in* Montevideo 96
AGUAYO Fermin 1926-1977 **[5]**
 $2 437 FF14 812 £1 462 Iglesia Oleo/lienzo 20x39cm/*7x15in* Madrid 98
 $2 990 FF18 170 £1 840 Composición Oleo/lienzo 73x55cm/*28x21in* Madrid 98
AGUÉLI Ivan 1869-1917 **[35]**
 $8 340 FF43 600 £4 970 Sittande modell Oil/canvas/panel 62x43,5cm/*24x17in* Stockholm 96
 $17 870 FF93 300 £10 640 "Kupolhus" Oil/paper 19,5x25cm/*7x9in* Stockholm 96
AGUIAR GARCIA José 1898-1976 **[5]**
 $5 525 FF33 575 £3 315 Pan, vino y frutas Oleo/lienzo 60,5x83cm/*23x32in* Madrid 98
AGUILAR José Cicilio XVIII **[1]**
 $7 000 FF41 249 £4 182 "San Isidro Labrador" Oil/canvas 90,5x65,5cm/*35x25in* New-York 97
AGUILAR MORE Ramón 1924 **[13]**
 $2 112 FF12 837 £1 300 "Carrera de caballos" Oleo/lienzo 60x80cm/*23x31in* Barcelona 98
 $660 FF3 950 £390 Bañistas en la playa Técnica mixta/papel 32,5x41cm/*12x16in* Barcelona 98
AGUJARI Tito 1834-1908 **[7]**
 $2 190 FF10 980 £1 386 Sommertag Aquarell/Papier 72x105cm/*28x41in* Wien 95
AGUTTE Georgette 1867-1922 **[25]**
 $311 FF1 800 £192 Vaches au pâturage, l'Ile Huile/carton 29,5x40,5cm/*11x15in* Paris 97
 $380 FF2 200 £234 L'Odalisque au perroquet d'après Delacroix Gouache/papier 22x31,5cm/*8x12in* Paris 97
AHARON Kahana XX **[2]**
 $1 800 FF10 507 £1 088 Sea Scape Watercolour/paper 41x33cm/*16x12in* Tel Aviv 97
AHBENG Raphael Scott 1939 **[1]**
 $3 550 FF17 900 £2 330 The Polo Player Oil/canvas 90,5x119,5cm/*35x47in* Singapore 96
AHEARN John 1951 **[10]**
 $4 500 FF21 800 £2 890 Pat Plaster H72,5cm/*H28in* New-York 95
AHL Henry Hammond 1869-1953 **[8]**
 $12 000 FF61 400 £7 760 Landscape with irises Oil/canvas 64x77cm/*25x30in* New-York 95
AHLBERG Olof 1876-? **[5]**
 $876 FF4 460 £526 Innerlighet Marble H47cm/*H18in* Stockholm 96
AHLBORN August Wilhelm J. 1796-1857 **[2]**
 $16 780 FF84 700 £10 960 Blick auf den Comersee Öl/Leinwand 100x138cm/*39x54in* Zürich 96
AHLERS-HESTERMANN Friedrich, Fritz 1883-1973 **[27]**
 $1 980 FF10 140 £1 170 Birkengruppe im Bruch bei Bardowick Öl/Karton 40x31cm/*15x12in* Hamburg 96
 $14 960 FF90 666 £9 174 Dorf Oil/canvas 59,5x70,5cm/*23x27in* Hamburg 98
AHLGRENSSON Björn 1872-1918 **[2]**
 $1 188 FF6 150 £767 Flickan och häxan Watercolour 32x23,5cm/*12x9in* Stockholm 96
AHLSTEDT Fredrik 1839-1901 **[18]**
 $3 129 FF18 798 £1 876 Aftonrodnad Oil/panel 21,5x37,5cm/*8x14in* Helsinki 98
 $3 566 FF21 055 £2 110 Saint Matthew Oil/canvas 74x53cm/*29x20in* Helsinki 97

AHLSTEDT Nina 1853-1907 **[3]**
$1 446 FF8 433 £891 Solnedgång i pargas Oil/canvas 32x40,5cm/*12x15in* Helsinki 97
AHMET ALI Seker (Attrib.) 1841-1907 **[1]**
$42 200 FF218 500 £27 000 Mountain scene with peasants Oil/canvas 112x159cm/*44x62in* London 96
AHRENDTS Carl Eduard 1822-1898 **[18]**
$1 330 FF6 790 £880 Vorgebirgslandschaft Öl/Leinwand 32x41cm/*12x16in* Kempten 96
AHUJA Ameena XX **[1]**
$1 720 FF8 900 £1 100 Tiger in search Ink 68x98cm/*26x38in* London 96
AI XUAN 1947 **[17]**
$16 800 FF86 100 £10 210 Virgin Snow Oil/canvas 89x89cm/*35x35in* Hong Kong 96
AIGEN Karl 1684-1762 **[3]**
$3 536 FF18 300 £2 282 Flösser auf der Donau Öl/Leinwand 35,5x47,5cm/*13x18in* Wien 96
AIGNER Joseph Mathäus 1818-1886 **[3]**
$11 800 FF60 700 £7 360 Portrait of a young Boy wearing a coloured Sash Oil/canvas 152x84cm/*59x33in* Wien 96
AIGNER Robert 1901-1966 **[6]**
$1 206 FF7 156 £748 "Fischer" Oil/panel 32x28cm/*12x11in* Wien 97
AIGUIER Auguste 1814-1865 **[2]**
$4 810 FF23 500 £3 040 La vieille chapelle de Montredon Huile/toile 21x45cm/*8x17in* Aix-en-Provence 95
AIKES Jan Hendrik 1790-1846 **[1]**
$2 200 FF12 842 £1 308 Still Life with Apples and Pears/Still Life with Grapes Oil/panel 21x28cm/*8x11in* New-York 97
AIKMAN George 1831-1906 **[11]**
$1 380 FF8 151 £857 Landscape of Kelp Gathering Oil/canvas 49x74cm/*19x29in* Elgin, Illinois 97
AIKMAN William (Attrib.) 1682-1731 **[3]**
$3 000 FF17 825 £1 830 Portrait of a Lady, said to be the Countess of Dorchester Oil/canvas 74,5x63cm/*29x24in* New-York 98
AILLAUD Gilles 1928 **[16]**
$9 530 FF50 000 £5 740 Sans titre Huile/toile 150x200cm/*59x78in* Versailles 96
AIRAGHI Leonardo 1871-1900 **[1]**
$4 800 FF27 200 £3 200 Autunno Olio/tela 80x145cm/*31x57in* Milano 97
AIRY Anna 1882-1964 **[28]**
$11 500 FF56 800 £7 500 On the Borderline Oil/canvas 127x153cm/*50x60in* London 95
$13 054 FF76 922 £7 800 Through My Litchen Window Oil/canvas 91,5x71cm/*36x27in* London 97
$1 140 FF6 903 £700 Street Entertainers Watercolour 35,5x71cm/*13x27in* London 98
AITCHISON Craigie 1926 **[28]**
$5 770 FF29 700 £3 600 Camel still life Oil/canvas/board 20,5x15cm/*8x5in* London 96
$11 595 FF68 694 £7 000 Foxglove Still-Life Oil/canvas 51x40,5cm/*20x15in* London 97
$29 347 FF177 865 £18 000 Crucifixion Oil/canvas 178x147cm/*70x57in* London 98
AITKEN Emily XX **[2]**
$1 193 FF7 121 £720 Fishing Boat and Steamer in a Choppy Sea Watercolour 33x48cm/*13x19in* Isle of Man 97
AITKEN James Alfred 1846-1897 **[28]**
$663 FF3 956 £400 Saiing Boat in a Choppy Sea Watercolour 16x25cm/*6x10in* Isle of Man 97
AITKEN John Ernest 1881-1957 **[38]**
$495 FF2 938 £300 Castle on a Hill with River and Water Meadows Watercolour/paper 35x49cm/*14x19in* Oxford 97
AITKEN Robert Ingersoll 1878-1949 **[7]**
$3 500 FF20 907 £2 143 A Creature of God Marble H66cm/*H25in* New-York 98
AIVAZOVSKY Ivan C. (Attrib.) 1817-1900 **[16]**
$12 000 FF61 700 £7 480 Harbor at sunset Oil/panel 19x32cm/*7x12in* New-York 96
$317 262 FF1 906 669 £190 000 Dusk on the Golden Horn with the Blue Mosque and Constantinople beyond Oil/canvas 56x81,5cm/*22x32in* London 98
$1 186 FF6 160 £784 Svartahavsvy med segelbåtar Akvarell 2x39,5cm/*x15in* Stockholm 96
AIVAZOVSKY Ivan Constantinovich 1817-1900 **[191]**
$2 153 FF12 285 £1 315 The storm Oil/board 21x31cm/*8x12in* Helsinki 97

$42 900 FF242 370 £27 000 A troika before a cottage in a winter landscape, a town in the... Oil/canvas 36x45,5cm/*14x17in* London 97

$228 000 FF1 140 000 £150 000 Moonlight Oil/canvas 102x168cm/*40x66in* London 95

$2 280 FF11 400 £1 500 Sailing ship off shore in a calm sea Pencil 8x14cm/*3x5in* London 95

AIZELIN Eugène 1821-1902 **[42]**

$308 FF1 800 £182 Le chasseur Bronze H45cm/*H17in* Dijon 97

AIZENBERG Nina XIX-XX **[3]**

$2 800 FF16 317 £1 724 First in May Demonstration in red Square Celebrating the Third year.. Gouache 31x48cm/*12x18in* Tel Aviv 97

AïZPIRI Paul 1919 **[261]**

$5 000 FF28 620 £2 953 Still Life Oil/canvas 34,5x26cm/*13x10in* New-York 97

$9 270 FF48 000 £5 980 Nature morte au parapluie Huile/carton 91x63cm/*35x24in* Lyon 96

$11 186 FF63 520 £7 000 Bouquet de fleurs Oil/canvas 735,5x54,5cm/*289x21in* London 97

$199 FF1 200 £122 Les voiliers dans le midi Lithographie 51x65cm/*20x25in* Paris 98

$1 405 FF7 200 £854 Le pardon Aquarelle, gouache 31x55cm/*12x21in* Le Touquet 96

AJDUKIEWICZ Sigismund 1861-1917 **[14]**

$3 730 FF19 200 £2 327 Studie aus Schönbrunn Öl/Leinwand 60,5x110,5cm/*23x43in* Wien 96

$1 067 FF6 188 £630 Portrait des polnischen Nationalhelden Tadeusz Koszinszko Charcoal/paper 38x31cm/*14x12in* Wien 97

AJDUKIEWICZ Tadeusz 1852-1916 **[9]**

$5 584 FF33 538 £3 334 Portret arcyksiecia Karola Stefana Habsburga z Zywca Oil/panel 25x20cm/*9x7in* Warszawa 98

$8 968 FF53 385 £5 483 Na stepie Oil/canvas 45,5x66cm/*17x25in* Warszawa 98

AJMONE Giuseppe 1923 **[58]**

$2 400 FF13 600 £1 600 Torso Olio/tela 73x60cm/*28x23in* Vercelli 97

$480 FF2 720 £240 Nudo di donna Gouache/carta 70x50cm/*27x19in* Milano 98

AJMONE Lidio 1884-1945 **[3]**

$2 160 FF12 240 £1 080 Lo studio dell'artista Olio/tavola 34x48cm/*13x18in* Roma 98

$2 340 FF13 260 £1 560 Nel bosco Olio/tavola 35x45cm/*13x17in* Vercelli 98

AKELEY Carl Ethan 1864-1926 **[4]**

$45 000 FF226 800 £29 034 The Wounded Comrade Bronze 30x50cm/*12x20in* Hayden 96

AKEN van Josef 1709-1749 **[8]**

$20 000 FF123 228 £12 288 Portrait of M.Sharington Davenport/Portrait of Mrs.Sharigton Davenport Oil/canvas 74x62cm/*29x24in* New-York 98

AKERBLOM Rudolf 1849-1925 **[18]**

$2 577 FF15 481 £1 545 Månsken Oil/panel 23,5x33cm/*9x12in* Helsinki 98

$636 FF3 869 £387 Minnen från Skatudden Lithograph 15,5x22cm/*6x8in* Helsinki 98

AKERS Vivian Milner 1886-1966 **[24]**

$900 FF4 545 £584 "Trail Through Ordway's Grove, March Sunlight, Norway, Maine" Oil/board 20x15cm/*8x6in* Portland, Maine 96

AKERSTRÖM Jonas 1759-1795 **[21]**

$806 FF4 120 £531 Palazzo Lanti Wash 31x22,5cm/*12x8in* Stockholm 96

AKESUK Latcholassie 1919 **[2]**

$11 997 FF70 034 £7 367 A standing Owl Sculpture H53,5cm/*H21in* Toronto 97

AKKERINGA Johannes Evert 1861-1942 **[67]**

$5 949 FF35 778 £3 567 Mending the Nets Oil/canvas 40,5x50,5cm/*15x19in* Amsterdam 98

$6 684 FF38 957 £4 118 Bloemstilleven met floxen in een witte kom Oil/canvas 29,5x40,5cm/*11x15in* Den Haag 97

$1 533 FF8 912 £913 Houthakkers op een open plek Watercolour/paper 30x44cm/*11x17in* Den Haag 97

AKKERSDYK Jacob 1815-1862 **[10]**

$1 872 FF9 632 £1 168 A Man and a Woman in a Doorway Oil/panel 26x22cm/*10x8in* Amsterdam 96

$5 188 FF30 021 £3 170 Elegant Figures in an Interior Oil/panel 49x61,5cm/*19x24in* Amsterdam 97

ÄKKIJYRKKÄ Miina 1949 **[6]**

$258 FF1 544 £158 Kor Drawing 42x62cm/*16x24in* Helsinki 98

AKREL Fredrik 1748-1804 **[1]**

$1 764 FF9 200 £1 167 Gustav III/Sophia Magdalena, after Pasch Engraving 22x15,5cm/*8x6in* Köbenhavn 96

AKRITHAKIS Alexis 1939-1994 **[11]**
$16 430 FF85 700 £9 920 Four Stories Acrylic/panel 122x122cm/*48x48in* Athens 96
$18 430 FF95 400 £12 310 Untitled Oil/canvas 80x100cm/*31x39in* Athens 96
$4 244 FF25 341 £2 600 A Suitcase Construction 43x49x11cm/*16x19x4in* London 97
$2 663 FF13 780 £1 780 Untitled Felt pen 50x65cm/*19x25in* Athens 96
ALAJALOV Constantin 1900-1987 **[5]**
$7 500 FF45 843 £4 579 Still Life with White Carnation in a Vase, Playing Cards, Red Book Oil/panel 34,5x13cm/*13x5in* New-York 98
$5 000 FF30 175 £3 035 The Duchess is Shopping Watercolour/paper 29x32cm/*11x12in* New-York 98
ALANKO Aarne 1896-1968 **[32]**
$296 FF1 765 £181 Kuhilaat Oil/canvas 32x48cm/*12x18in* Helsinki 98
$400 FF2 432 £243 Gårdsvy Oil/canvas 45x58cm/*17x22in* Helsinki 98
ALARCON Félix XIX-XX **[8]**
$513 FF3 000 £303 Bateau au port Huile/panneau 16x22cm/*6x8in* Paris 97
ALARCON Y CACERES José María ?-1904 **[8]**
$1 725 FF9 925 £1 075 En la taberna Oleo/lienzo 82x53cm/*32x20in* Madrid 97
ALARIESTO Andreas 1900 **[2]**
$4 326 FF25 986 £2 594 Lappland Oil/panel 50x60cm/*19x23in* Helsinki 98
ALASTAIR Hans H. Baron Voigt 1887-1969 **[4]**
$2 352 FF13 474 £1 391 Märchen Illustrationen Ink/paper 53x39cm/*20x15in* München 97
ALAUX Gustave 1887-1965 **[26]**
$6 050 FF29 500 £3 800 "La Recherche d'une Aiguade" Oil/canvas 54x74cm/*21x29in* London 95
$16 400 FF85 000 £10 600 Départ des corsaires de Saint-Malo au XVIIe siècle Huile/toile 130x110cm/*51x43in* Paris 96
ALAUX Jean, le Romain 1786-1864 **[5]**
$773 FF4 800 £463 Vue de Rome Lavis 27x45cm/*10x17in* Paris 98
ALAUX Jean-Paul, Gentil 1788-1858 **[1]**
$6 406 FF38 000 £3 917 Portrait de chasseur sur fond de paysage Huile/toile 60,5x49cm/*23x19in* Paris 97
ALAUX Jean-Pierre 1925 **[23]**
$678 FF3 500 £437 Le jour de marché Huile/panneau 16x22cm/*6x8in* Calais 96
$901 FF4 500 £589 L'ennui Huile/toile 100x73cm/*39x28in* Rouen 95
ALBANI Francesco (Attrib.) 1578-1660 **[11]**
$4 641 FF27 695 £2 800 The Triumph of Galatea Oil/copper 32x42cm/*12x16in* London 97
$9 000 FF49 724 £5 593 Cupid playing with the Arms of Mars Oil/canvas 106,5x79cm/*41x31in* New-York 97
ALBANI Francesco (Studio) 1578-1660 **[1]**
$11 000 FF60 739 £6 864 Christ displaying his Wounds, with the Virgin Mary, Saint-Joseph.. Oil/canvas 118x151,5cm/*46x59in* New-York 97
ALBANI Francesco l'Albane 1578-1660 **[8]**
$240 000 FF1 248 000 £158 700 Dancing Amorini in a Landscape with Venus Oil/copper 114x93cm/*44x36in* New-York 96
$479 FF2 838 £294 Escena Mitológica Dibujo 37x21cm/*14x8in* Montevideo 98
ALBANO Fabio XIX **[1]**
$45 000 FF225 000 £29 100 A woman with bound hands and feet Marble H51cm/*H20in* New-York 96
ALBANO Salvatore 1841-1893 **[1]**
$34 600 FF172 000 £22 000 A nude slave girl Marble H205cm/*H80in* London 95
ALBERELLI Jean XX **[43]**
$202 FF1 200 £123 Vase de roses Huile/panneau 22x17cm/*8x6in* Grenoble 97
ALBERICI Augusto 1846-? **[3]**
$32 500 FF167 050 £20 312 The Race of the Riderless Horses, Rome Oil/canvas 85x125cm/*33x49in* New-York 96
ALBEROLA Jean-Michel 1953 **[38]**
$1 684 FF10 000 £1 020 "Se cacher pour se montrer" Pastel 48,5x63,5cm/*19x25in* Paris 97
ALBERS Anni 1899 **[7]**
$600 FF3 603 £358 Triangulated Intaglio II/Triangulated IV Etching, aquatint 33x30cm/*12x11in* Los Angeles 98

ALBERS Antoine 1765-1844 **[2]**
$2 511 FF15 086 £1 500 Hunstsmen Resting at the Mouth of a Grotto Oil/canvas 15x18,5cm/*5x7in* London 98
ALBERS Josef 1888-1976 **[269]**
$16 000 FF82 800 £10 700 Study for Homage to the Square: Green Oil/board 30,5x33cm/*12x12in* New-York 96
$33 600 FF190 400 £16 800 Study for Homage to the Square Olio/tavola 61,5x61,5cm/*24x24in* Prato 98
$600 000 FF3 056 000 £360 000 Study for Homage to the Square: Despite Mist Oil/masonite 101,5x203cm/*39x79in* New-York 96
$551 FF3 219 £338 Homage to the Square I-S V V I Screenprint in colors 47x80cm/*18x31in* Amsterdam 97
$3 257 FF19 275 £2 001 Structural constellation Ink/paper 20,2x27,9cm/*7x10in* München 98
ALBERT Arthur 1919-1987 **[3]**
$3 508 FF20 959 £2 148 Study for "Sin" Oil/canvas 71x101,5cm/*27x39in* New-York 98
$2 250 FF13 443 £1 377 Study for "Sin" Ink 54,5x71cm/*21x27in* New-York 98
ALBERT Ernest 1900-1976 **[9]**
$3 600 FF20 983 £2 200 Still life with flowers Oil/canvas 70x60cm/*27x23in* Amsterdam 97
$1 620 FF9 744 £972 Zittend naakt Gouache/papier 68x50cm/*26x19in* Antwerpen 98
ALBERT Ernest 1857-1946 **[32]**
$3 000 FF14 770 £1 933 Strem in winter twilight Oil/canvas 66x71cm/*25x27in* New-York 95
$4 500 FF26 643 £2 691 Mill Dam in Winter Oil/board 30x40cm/*12x16in* New-York 97
ALBERT Gustav Albert A. 1866-1905 **[9]**
$3 684 FF18 200 £2 403 Paysage dans l'Oise Oil/canvas 63x77cm/*24x30in* Stockholm 95
ALBERT Hermann 1937 **[7]**
$5 551 FF32 852 £3 410 Südliches Zimmer mit Waschbecken Tempera/canvas 231x170,5cm/*90x67in* München 98
ALBERT Joseph 1886-1981 **[52]**
$5 170 FF27 060 £3 105 Village Oil/cardboard 30x36cm/*11x14in* Amsterdam 96
$6 094 FF35 794 £3 762 Stilleven met brood Huile/toile 55x65cm/*21x25in* Lokeren 97
$4 249 FF24 339 £2 514 Homage to the Square: Soft Edge - Hard Edge Silkscreen in colors 43x43cm/*16x16in* New-York 97
ALBERT Karl 1911 **[5]**
$900 FF5 424 £544 Landscape "Golden Growth" Oil/board 35x45cm/*14x18in* Pasadena, California 98
ALBERT-LASARD Lou 1885-1969 **[22]**
$613 FF3 023 £400 Montmartre Lithographie 38,5x49cm/*15x19in* Hamburg 95
$434 FF2 534 £266 Dialogue Aquarelle/papier 29x33,5cm/*11x13in* Köln 97
ALBERTI Cherubino 1553-1615 **[26]**
$283 FF1 673 £167 Die heilige Familie Kupferstich 22,5x16cm/*8x6in* Berlin 97
$2 665 FF15 763 £1 600 A dancing Female figure, part of a grotesque decoration Red chalk 20x13,5cm/*7x5in* London 97
ALBERTI Cherubino (Attrib.) 1553-1615 **[3]**
$2 275 FF13 220 £1 400 Three Angels playing the Hart, the Lute and the Alto Ink 16x25cm/*6x9in* London 97
ALBERTI Giovanni 1558-1601 **[3]**
$1 660 FF9 908 £1 001 Putti in flight holding the Cross Black chalk 30,3x22cm/*11x8in* London 97
ALBERTI Giovanni (Attrib.) 1558-1601 **[2]**
$3 374 FF20 500 £2 031 La charité Sanguine 41x26,5cm/*16x10in* Paris 98
ALBERTI Rafael 1903 **[6]**
$858 FF5 161 £533 Composición taurina Litografía 69x50cm/*27x19in* Madrid 97
ALBERTINI Oreste 1887-1953 **[11]**
$1 979 FF11 218 £1 319 Lago alpino Olio/tavola 34x44,5cm/*13x17in* Milano 97
$4 800 FF27 200 £3 200 Bimbi nel prato Olio/tela 48x58cm/*18x22in* Milano 97
$21 669 FF122 791 £10 834 Panorama invernale di Viconago Olio/tela 100x200cm/*39x78in* Milano 98
ALBERTIS de Sebastiano 1828-1897 **[12]**
$5 360 FF26 260 £3 485 Episodio di guerra coloniale Olio/tavola 14x23cm/*5x9in* Milano 95
$2 925 FF15 030 £1 742 Carica di cavalleria Acquarello/cartone 20x16cm/*7x6in* Roma 96
ALBIN Eleazar Weiss ?-c.1740 **[4]**
$200 FF1 148 £121 Roach/Mackarel/Perch/Pike Engraving 15x27cm/*6x11in* Pittsburgh, PA 97
ALBIN-GUILLOT Laure 1892-1962 **[68]**

⊞ *$1 176 FF5 800 £764* Portraits de Paul Valéry Affiche 24x16cm/*9x6in* Paris 95
📷 *$1 016 FF6 200 £610* Nu féminin allongé, de dos Tirage argentique 22x16,5cm/*8x6in* Paris 98
ALBINO Luca 1884-1952 **[6]**
⌣ *$800 FF4 656 £485* Fishing in the Bay Oil/board 33x48cm/*13x19in* Mystic, Connecticut 97
ALBIZU Olga 1924 **[2]**
⌣ *$8 500 FF50 088 £5 078* Untitled Oil/canvas 106,5x101,5cm/*41x39in* New-York 97
ALBIZU PERURENA Enrique 1926 **[1]**
⌣ *$3 450 FF17 150 £2 193* "Aitona, el abuelo" Oleo/lienzo 86x75cm/*33x29in* Madrid 95
ALBOTTO Francesco 1721-1753 **[18]**
⌣ *$62 300 FF321 500 £40 000* Venice, the Doge's Palace and the Bacino di San Marco Oil/canvas 57x97cm/*22x38in* London 96
ALBOTTO Francesco (Attrib.) 1721-1753 **[6]**
⌣ *$84 084 FF520 000 £50 076* Vues: San Giorgio Maggiore/Place Saint Marc/Salute/Pont du Rialto Huile/toile 55x72cm/*21x28in* Paris 98
ALBOTTO Francesco (Studio) 1721-1753 **[1]**
⌣ *$76 200 FF400 000 £45 700* Le palais Surian, Cannareggio, Venise Huile/toile 805x58,5cm/*316x23in* Paris 96
ALBRECHT Karl 1862-1926 **[4]**
⌣ *$3 830 FF20 000 £2 280* Alter Bauer Öl/Leinwand 64x86cm/*25x33in* Hamburg 96
ALBRIER Joseph 1791-1863 **[3]**
⌣ *$5 058 FF30 000 £3 093* Narcisse et Cyparisse Huile/toile 40,5x32,5cm/*15x12in* Paris 97
ALBRIGHT Adam Emory 1862-1957 **[35]**
⌣ *$6 500 FF37 945 £3 931* Young Boy at the Harbor Oil/canvas 66x91cm/*26x36in* Chicago, Illinois 97
ALBRIGHT Ivan Le Lorraine 1897-1983 **[27]**
⊞ *$749 FF4 275 £460* "Follow me"/Monique Lithograph 35,3x22,8cm/*13x8in* New-York 97
✎ *$1 000 FF5 995 £604* "Tangiers, Morocco" Gouache/paper 30x40cm/*12x16in* Chicago, Illinois 97
ALCADE Juan 1918 **[13]**
⌣ *$966 FF5 558 £560* Calle de Paris 4 Oleo/papel 31x24cm/*12x9in* Madrid 97
⌣ *$2 640 FF15 800 £1 600* "El Sena" Oleo/lienzo 60x73cm/*23x28in* Madrid 97
ALCALA GALIANO Y VILDOSOLA Alvaro 1873-1936 **[3]**
⌣ *$3 250 FF19 750 £1 950* Bañista Oleo/lienzo 119x97,5cm/*46x38in* Madrid 98
ALCALDE Juan 1918 **[5]**
⌣ *$510 FF2 977 £300* Paisaje con viñedo Oleo/tabla 34x47cm/*13x18in* Barcelona 97
ALCAYDE XIX **[1]**
⌣ *$3 960 FF23 700 £2 400* Retrato de caballero/Retrato de militar Oleo/cobre 15x12cm/*5x4in* Madrid 98
ALCHIMOWICZ Kaminierz 1840-1916 **[5]**
⌣ *$3 560 FF17 830 £2 250* Waterfall in a mountainous landscape Oil/canvas 41,5x31,5cm/*16x12in* Warszawa 95
ALCIATI Ambrogio A. 1878-1929 **[10]**
⌣ *$5 699 FF32 298 £2 849* Paesaggio montano, effetto di sole/Paesaggio montano, effetto di luna Olio/tavola 60x61cm/*23x24in* Milano 97
ALCOLEA Carlos 1949 **[2]**
✎ *$1 173 FF7 128 £703* Sin título Tinta/papel 29,5x21cm/*11x8in* Madrid 98
ALDE Yvette 1911-1967 **[47]**
✎ *$140 FF800 £86* Coupe de fleurs Gouache/papier 49x65cm/*19x25in* Paris 97
ALDEGREVER Heinrich 1502-1561 **[120]**
⊞ *$5 844 FF35 332 £3 500* Jan van Leyden/William, Duke of Julich, Cleve and Berg Engraving 32x22,5cm/*12x8in* London 98
ALDERWERELT VAN ROSENBURGH Pieter Adriaan Gasp. 1870-1934 **[1]**
⌣ *$3 595 FF21 252 £2 225* Junk in a Bay, a Volcano in the Distance Oil/canvas 48x71cm/*18x27in* Singapore 97
ALDIN Cecil Ch. Windsor 1870-1935 **[181]**
⊞ *$433 FF2 200 £259* Here's to the Hound Lithographie couleurs 46x60cm/*18x23in* Soissons 96
✎ *$263 FF1 485 £160* On the Scent Coloured chalks/paper 19x14,5cm/*7x5in* Billingshurst, West Sussex 97
ALDINE Marc 1917-1956 **[50]**
⌣ *$8 055 FF48 030 £5 000* Canal Scene in Venice Oil/canvas 54x44,5cm/*21x17in* London 97

$9 598 FF57 000 £5 814 Vues de Venise Huile/toile 41x33cm/*16x12in* Saint-Dié 97
ALDOR Janos, Laszlo 1895-? **[5]**
$1 354 FF7 716 £849 The Artsit's model Oil/canvas/board 51x41cm/*20x16in* London 97
ALDRICH Clarence N. 1893-1953 **[7]**
$275 FF1 555 £167 Sam Talberts Barn Watercolour/paper 47x63cm/*18x25in* Altadena, CA 97
ALDRICH George Ames 1872-1941 **[31]**
$380 FF2 218 £226 Farmyard Scene Oil/canvas 49x64cm/*19x25in* New-York 97
$2 600 FF13 150 £1 705 Houses by river, Brittany Oil/canvas/board 34,4x29cm/*13x11in* Chicago, Illinois 96
ALDRIDGE Frederick James 1850-1933 **[184]**
$815 FF5 000 £500 At Anchor Oil/canvas 32x25,5cm/*12x10in* London 98
$1 375 FF6 850 £900 Dutch fishing pinks coming into harbour Oil/canvas 76x63,5cm/*29x25in* London 95
$111 FF690 £70 Shipping off Funchal, Madeira Watercolour/paper 14x33cm/*5x12in* London 97
ALDRIDGE John A. Malcolm 1905-1984 **[26]**
$322 FF1 947 £200 Tree in the stream Oil/board 21x14cm/*8x5in* London 97
$1 110 FF6 278 £680 "Watermill Great Bardfield" Oil/board 47x59cm/*18x23in* London 97
ALDROVANDINI Pompeo 1677-1735 **[1]**
$1 367 FF6 980 £900 An escutcheon, with vase in a niche beneath Ink 26,2x11,6cm/*10x4in* London 96
ALECHINSKY Pierre 1927 **[840]**
$5 823 FF34 891 £3 473 Composition Acrylic 100x60cm/*39x23in* Amsterdam 98
$13 880 FF71 800 £9 000 Vieux thème Oil/canvas 33x40,5cm/*12x15in* London 96
$57 800 FF352 120 £35 400 "Feux et glace" Acrylic/paper/canvas 114x154cm/*44x60in* København 98
$424 FF2 420 £260 Droit de regard/"Face"/Standing nude/Still-life Etching, aquatint in colors 49x64,5cm/*19x25in* New-York 97
$1 875 FF11 313 £1 119 Untitled Ceramic 27,5x27,5cm/*10x10in* Amsterdam 98
$735 FF4 253 £449 Composition Lavis 45x68cm/*17x26in* Antwerpen 97
ALEF Thorwald 1896-1974 **[10]**
$1 452 FF7 250 £948 Applet Marble H34cm/*H13in* Stockholm 95
ALEIJADINHO Antonio Fr. Lisboa 1730-1814 **[1]**
$380 000 FF2 268 638 £233 434 Nossa Senhora das Dores, The Virgin of Sorrows Sculpture, wood H68cm/*H26in* New-York 98
ALEJANDRO Ramón 1943 **[6]**
$14 000 FF81 727 £8 328 Allá Va Eso Oil/canvas 89x116cm/*35x45in* New-York 97
$7 000 FF40 183 £4 267 Osán quiriñan Pastel/paper 75x110cm/*29x43in* New-York 97
ALENZA Y NIETO Leonardo 1807-1845 **[19]**
$2 700 FF16 090 £1 676 Portrait of a Woman Holding a Pink Rose Oil/canvas 63,5x52cm/*25x20in* Washington 97
$6 210 FF32 130 £4 010 Le ata el corsé Oleo/tabla 21x18cm/*8x7in* Madrid 96
$1 110 FF6 045 £660 Caprichos Grabado 34x24cm/*13x9in* Madrid 97
$1 340 FF7 900 £800 Capricho musical Tinta/papel 15,5x11cm/*6x4in* Madrid 97
ALÉSI d' Hugo, Fred. Alexianu 1849-1906 **[103]**
$344 FF2 000 £203 "P.L.M, le Mont Rose, vallée de Zermatt" Affiche 106x75cm/*41x29in* Paris 97
ALEX Kosta 1925 **[9]**
$2 194 FF11 000 £1 388 Manwith his head in the clouds Aquarelle 57x54x15cm/*22x21x5in* Paris 95
ALEXANCO José Luis XX **[3]**
$1 292 FF7 562 £798 "Collage I" Collage 38x54,5cm/*14x21in* Madrid 97
ALEXANDER Cosmo 1724-1772 **[7]**
$5 920 FF30 240 £3 900 Portrait of William Maxwell of Kirkconnell/Portrait of a Lady Oil/canvas 76x63,5cm/*29x25in* London 96
ALEXANDER Edwin J. 1870-1926 **[17]**
$2 695 FF16 348 £1 600 Laburnum/Honesty and Poppy Watercolour 20x13cm/*7x5in* Glasgow 98
ALEXANDER Herbert 1874-1946 **[5]**
$2 463 FF12 140 £1 600 Scotney Castle, Kent Mixed media/paper 53x71cm/*20x27in* London 95
ALEXANDER John 1945 **[18]**
$8 000 FF40 750 £4 800 Hillbilly Haven Oil/canvas 195,5x211,5cm/*76x83in* New-York 96
$2 500 FF14 535 £1 526 Untitled Coloured chalks/paper 56,5x76cm/*22x29in* New-York 97
ALEXANDER John White 1856-1915 **[18]**

⊝ *$45 000 FF233 700 £29 760* The Green Gown Oil/canvas 102x55cm/*40x21in* New-York 96
⊝ *$280 000 FF1 382 000 £182 500* Onteora Oil/canvas 203x109cm/*79x42in* New-York 95
✐ *$275 FF1 633 £166* Farmhouse of the Lynch Family, Gateway City, Ireland Pencil 35x25cm/*14x10in* Bethesda, Maryland 97
ALEXANDER Lena L. Duncan XIX-XX **[6]**
✐ *$1 385 FF7 030 £900* Flowers in a lustre jug Pastel 39x49cm/*15x19in* Auchterarder, Perthshire 95
ALEXANDER Peter 1939 **[8]**
▥ *$600 FF3 130 £363* LA City Series Color lithograph 76x101cm/*30x40in* Tarzana, CA 96
ALEXANDER Richard Dykes 1788-1865 **[3]**
▣ *$7 292 FF42 573 £4 500* "Photogtraphic Portraits" Photograph 17x15cm/*7x6in* London 97
ALEXANDER William 1767-1816 **[12]**
✐ *$2 965 FF16 885 £1 800* A Chinese peasant at Chusan Watercolour 38,5x24cm/*15x9in* London 97
ALEXANDRE Albert Edouard XIX-XX **[1]**
▣ *$3 603 FF21 400 £2 200* "En écoutant Schumann" Photograph 13x16cm/*5x6in* London 98
ALEXANDRE Léon Désiré 1819-1889 **[2]**
⊝ *$4 225 FF21 760 £2 724* Mother and child Öl/Leinwand 41x32cm/*16x12in* Wien 96
ALEXANDRINE XX **[2]**
⊝ *$1 457 FF8 923 £868* Cat in the Garden Oil/cardboard 38x46cm/*14x18in* Amsterdam 98
ALFELT Else 1910-1974 **[48]**
⊝ *$8 664 FF52 866 £5 286* "Gult-okker" Oil/panel 80x59cm/*31x23in* Köbenhavn 98
✐ *$152 FF883 £93* Komposition Gouache 20x25cm/*7x9in* Köbenhavn 97
ALFEREZ Enrique 1901 **[5]**
✐ *$950 FF5 575 £580* Guitar Player Watercolour 56x44cm/*22x17in* New Orleans, Louisiana 97
ALFONS Sven 1918 **[15]**
⊝ *$1 132 FF5 530 £718* Höstspel Oil/canvas 80x100cm/*31x39in* Stockholm 95
ALFONSO Carlos José 1950-1991 **[1]**
⊝ *$1 700 FF10 552 £1 025* Untitled Abstraction Acrylic/canvas 30x22cm/*12x9in* Miami, Florida 98
ALFONZO Carlos 1950-1991 **[30]**
⊝ *$5 000 FF28 490 £3 122* Untitled Acrylic/canvas 79x120cm/*31x47in* Bethesda, Maryland 97
⊝ *$20 000 FF119 402 £12 286* Sin título Oil/canvas 214,5x215,5cm/*84x84in* New-York 98
✐ *$3 000 FF17 513 £1 784* Sin Titulo Watercolour 45,5x61cm/*17x24in* New-York 97
ALGARDI Alessandro 1595/1602-1654 **[12]**
✐ *$16 000 FF98 219 £9 803* God the Father on a Cloud with two Putti Ink 9x12cm/*3x4in* New-York 98
ALHAZIAN Ohannès XIX-XX **[4]**
⊝ *$5 165 FF30 710 £3 200* Salome Oil/canvas 116x73cm/*45x28in* London 97
ALIBASYAH Abas 1928 **[5]**
⊝ *$3 595 FF21 252 £2 225* Tourists on Bali Oil/canvas 41x46cm/*16x18in* Singapore 97
ALINARI Fratelli Edizione, Firenze c.1855-XX **[6]**
▣ *$1 216 FF7 078 £749* Italy, two Studies Albumen print 26,5x34cm/*10x13in* London 97
ALINARI Luca 1943 **[108]**
⊝ *$780 FF4 420 £390* Senza titolo Olio/tela/tavola 13x39,5cm/*5x15in* Vercelli 97
⊝ *$1 020 FF5 780 £510* Senza titolo Tecnica mista/cartone 60x50cm/*23x19in* Vercelli 97
▥ *$120 FF680 £80* Paesaggio fantastico Litografia 70x70cm/*27x27in* Vercelli 97
✐ *$1 440 FF8 160 £960* Figure Matite colorate 80x80cm/*31x31in* Prato 97
ALISON David 1882-1955 **[7]**
⊝ *$4 591 FF26 266 £2 800* Roses Oil/canvas 73,5x58,5cm/*28x23in* Glasgow 97
ALIX Pierre Michel 1762-1817 **[12]**
▥ *$569 FF2 944 £380* "Vue Unanime des Français", after Genillon Etching, aquatint in colors 38,5x61cm/*15x24in* London 96
ALKEMA Wobbe 1900-1984 **[7]**
⊝ *$4 991 FF29 727 £2 967* Composite 1960 No. 1 Oil/board 80x60cm/*31x23in* Amsterdam 97
▥ *$574 FF3 010 £345* Composition/Composition Linocut in colors 25x25cm/*9x9in* Amsterdam 96
ALKEN Henry (Attrib.) 1774/85-1850/51 **[8]**
⊝ *$3 249 FF18 849 £1 999* Getting away Oil/canvas 25x30,5cm/*9x12in* New-York 97
✐ *$653 FF3 913 £400* Falconing Watercolour 23x34cm/*9x13in* Billingshurst, West Sussex 97
ALKEN Henry Thomas I 1774/85-1850/51 **[93]**

👆 *$10 222 FF59 055 £6 000* The Post Office Stage Coach Oil/board 33x45,5cm/*12x17in* London 97
👆 *$16 249 FF94 251 £10 000* The Kill Oil/canvas 60,5x91,5cm/*23x36in* London 97
📜 *$375 FF2 234 £224* Hunting Recollections Aquatint in colors 20x27cm/*8x11in* Bethesda, Maryland 98
✏ *$724 FF4 318 £449* A Huntsman and a Hound Watercolour 21,5x32,5cm/*8x12in* London 97

ALKEN Samuel Henry G. II 1810-1894 **[66]**
👆 *$580 FF3 327 £360* Setting Out Oil/panel 28,5x42cm/*11x16in* London 97
👆 *$5 000 FF26 100 £3 020* Warwick Steeplechase Oil/canvas 35,5x48,5cm/*13x19in* New-York 96
📜 *$768 FF4 740 £456* The first steeple-chace on record: La Salida, Whoop and away, La Valla Aquatinte 34x42cm/*13x16in* Madrid 98
✏ *$2 044 FF11 811 £1 200* Jumping a Fence/Crossing the Ditch Watercolour 21x37,5cm/*8x14in* London 97

ALKEN Samuel Henry I 1750/56-1815 **[17]**
👆 *$13 000 FF75 406 £8 000* A set of four hunt scenes: Full cry/The leap/Cover/The death Oil/canvas 30,5x51cm/*12x20in* New-York 97
📜 *$5 786 FF33 333 £3 400* Four Sporting Scenes Aquatint 27,5x38,5cm/*10x15in* London 97
✏ *$3 271 FF19 474 £2 000* Pheasant Shooting/Hare Coursing/The Run/The Death/Spaniels/Stag Watercolour 26,5x39,5cm/*10x15in* London 98

ALKEN Samuel, Jr. 1784-c.1825 **[10]**
👆 *$5 897 FF35 761 £3 500* Fox Hunting Scene with Gentlemen taking a Cut and Laid Hedge Oil/canvas 44x60cm/*17x24in* Leicester 98
✏ *$5 500 FF33 293 £3 251* Scenes of the hunt Pencil 35x45cm/*13x17in* New-York 98

ALLAIN Patrick [18]
🗿 *$428 FF2 600 £259* L'Amazone Bronze 11x11cm/*4x4in* Paris 98

ALLAIS Pierre c.1700-1782 **[3]**
👆 *$11 440 FF60 000 £6 890* Jeune fille à la robe brodée de tissu tenant une boîte de marmottes Huile/toile 64x54cm/*25x21in* Paris 96

ALLAN Alexander 1764-1820 **[2]**
✏ *$1 210 FF6 310 £800* Two Sepoys beneath a hill fort/Two natives and a water buffalo Ink 34x49cm/*13x19in* Hadspen 96

ALLAN Archibald Russell W. 1878-1959 **[14]**
👆 *$3 873 FF23 460 £2 400* Winter Sunshine Oil/canvas 41x61,5cm/*16x24in* Perthshire 97
👆 *$19 366 FF117 302 £12 000* The Aeroplane Oil/canvas 183x183cm/*72x72in* Perthshire 97
✏ *$1 157 FF6 937 £700* A Cockerel Coloured chalks/paper 40,5x60,5cm/*15x23in* Glasgow 97

ALLAN David (Attrib.) 1744-1796 **[1]**
👆 *$10 830 FF55 200 £6 500* Portrait of James Ferguson (1710-1776), astronomer Oil/canvas 75x62cm/*29x24in* London 96

ALLAN Robert Weir 1851-1942 **[41]**
👆 *$2 179 FF13 143 £1 300* On the Nile Oil/board 27,5x36cm/*10x14in* West Lothian 98
✏ *$2 330 FF12 140 £1 540* A Cornish village Watercolour 31x44cm/*12x17in* Toronto 96

ALLAN William 1782-1850 **[6]**
👆 *$14 000 FF81 207 £8 275* A Circassian Chief Preparing his Stallion Oil/canvas 77x64cm/*30x25in* San Francisco 97
✏ *$2 998 FF18 497 £1 800* Tartar Robbers Dividing Spoil Watercolour 44,5x37cm/*17x14in* London 98

ALLAR André J. 1845-1926 **[3]**
🗿 *$7 800 FF40 000 £4 740* "Eve" Marbre H94cm/*H37in* Saumur 96

ALLARD André Joseph 1845-1926 **[1]**
🗿 *$2 385 FF15 000 £1 512* Une femme pensant, assise sur un rocher Bronze H54cm/*H21in* Cannes 97

ALLARD L'OLIVIER Fernand 1883-1933 **[82]**
👆 *$587 FF3 575 £360* Ballade en barque Huile/panneau 22x27cm/*8x10in* Bruxelles 98
👆 *$955 FF5 691 £584* Les Naïades Huile/toile 63x87cm/*24x34in* Bruxelles 98

ALLBON Charles Frederick 1856-1926 **[34]**
✏ *$424 FF2 534 £260* Off Whitby Watercolour 47,5x70,5cm/*18x27in* London 98

ALLCOT John C. 1888-1973 **[39]**
👆 *$1 141 FF6 730 £700* Entering Harbour Oil/canvas/board 50x60cm/*19x23in* Billingshurst, West Sussex 98
👆 *$1 329 FF7 704 £783* The Glebe Island Bridge Oil/canvas/board 30,5x47cm/*12x18in* Sydney 97
✏ *$512 FF2 986 £315* The Harbour from the North Shore Gouache/paper 36x55cm/*14x21in* Sydney 97

ALLDRIDGE Richard L. c.1840-c.1900 **[1]**
✏ *$3 350 FF16 900 £2 200* A Ministering Angel Watercolour 34x29cm/*13x11in* London 96

ALLEAUME Ludovic 1859-1941 [13]
$952 FF4 600 £596 Départ pour la chasse Huile/toile 41x33cm/*16x12in* Paris 95
ALLEBÉ Augustus 1838-1927 [12]
$332 FF2 031 £204 A Male Nude Pencil 46x30cm/*18x11in* Amsterdam 98
ALLEGRAIN Étienne 1644-1736 [12]
$15 020 FF77 200 £9 360 A classical Italianate Landscape with Water Carriers on a Track ... Oil/canvas 86x75cm/*33x29in* Wien 96
$8 300 FF42 000 £5 450 Paysage classique Gouache 61x1cm/*24xin* Paris 96
ALLEGRAIN Étienne (Attrib.) 1644-1736 [5]
$5 560 FF29 000 £3 500 Paysage à la fontaine surplombée d'un temple antique Huile/toile 79,5x66cm/*31x25in* Saint-Omer 96
ALLEGRE Raymond 1857-1933 [23]
$881 FF4 500 £580 En vue de Murano, Venise Huile/panneau 26x33cm/*10x12in* Paris 96
$2 477 FF12 500 £1 627 Canal à Venise Huile/toile 75x60cm/*29x23in* Paris 96
$7 720 FF40 000 £4 990 Venise Huile/toile 150x100cm/*59x39in* Paris 96
ALLEGRI DA CARPI Antonio (Attrib.) 1489/94-1534 [1]
$41 088 FF240 000 £24 312 Vierge à l'Enfant entourée de deux Anges Lavis 36x39cm/*14x15in* Paris 97
ALLEGRINI Francesco 1587-1663 [26]
$10 840 FF52 500 £6 800 A cavalry engagement Oil/copper 29,5x40cm/*11x15in* London 95
$23 920 FF115 700 £15 000 Scenes from Classical military history Oil/panel 70x56cm/*27x22in* London 95
$825 FF4 315 £500 The Holy Family/Woman asleep Wash 18x13cm/*7x5in* London 96
ALLEGRINI Francesco (Attrib.) 1587-1663 [5]
$483 FF2 800 £297 Scène de marthyr Crayon 7x12cm/*2x4in* Paris 97
ALLEMAND Hector 1809-1886 [11]
$1 466 FF7 600 £967 Promeneurs au bord de l'étang Huile/toile 24x31cm/*9x12in* Pontoise 96
$2 034 FF12 008 £1 204 Sommerliche Rhonelandschaft Öl/Leinwand 45x65cm/*17x25in* Zofingen 97
ALLEN Albert Arthur XIX-XX [6]
$1 400 FF8 078 £857 Ziegfeld Follies Models/Line of Ziegfeld Dancers 1920s Silver print 16x23cm/*6x9in* New-York 97
ALLEN Charles Curtis 1886-1950 [13]
$300 FF1 751 £178 On the Farm Oil/canvas/board 30x41cm/*11x16in* New-York 97
$1 100 FF6 732 £668 Birches by the Riverside Oil/canvas 60x106cm/*24x42in* Milford, Conn. 98
ALLEN Charles John 1863-1956 [4]
$16 630 FF86 300 £11 000 "The Woman that thou Gavest to be with me", two Lovers Bronze H51cm/*H20in* London 96
ALLEN Daphne Constance 1899-? [6]
$3 212 FF18 450 £2 000 Fairies and Pixies dancing an a woodland glade Watercolour 37,5x31,5cm/*14x12in* London 97
ALLEN Davida 1951 [10]
$3 937 FF20 176 £2 512 "The Rude Painting or Michael and Me" Oil/canvas 164,5x250,5cm/*64x98in* Brisbane 96
$354 FF1 815 £226 "Chair" Lithograph 38x57cm/*14x22in* Brisbane 96
$413 FF2 560 £246 Study for a Mum Ink 30,5x23cm/*12x9in* Sydney 98
ALLEN Harry Epworth 1894-1958 [32]
$2 609 FF15 384 £1 600 Irish Road Tempera/board 27x37,5cm/*10x14in* London 98
$1 468 FF8 771 £900 Village y a Strand Pastel/paper 33x48cm/*12x18in* London 98
ALLEN James 1894-1964 [13]
$449 FF2 672 £275 Parachutists Lithograph 28x37cm/*11x14in* Shaker Heights, Ohio 97
ALLEN Joseph William 1803-1852 [8]
$7 000 FF39 863 £4 249 A Country Road Winding through an expansive Landscape Oil/canvas 81x122cm/*31x48in* New-York 97
$1 121 FF6 706 £680 Figures in a Rowing Boats on the Thames Bodycolour 12x19,5cm/*4x7in* London 97
ALLEN Junius 1896-1962 [8]
$2 794 FF17 134 £1 713 Provincetown along the Waterfront Oil/board 22x30cm/*9x12in* Mystic, Connecticut 98
ALLEN Marion Boyd 1864-1941 [13]

 $2 000 FF11 641 £1 232 Mountain Lake Oil/canvas 101x76cm/*40x30in* Cincinnati, Ohio 97
ALLEN Neil 1971 **[7]**
 $1 333 FF8 011 £800 Cock Pheasant Amongst Blackberries with a Butterfly Acrylic/paper
30,5x39,5cm/*12x15in* London 98
 $1 333 FF8 011 £800 Black Stork Study Watercolour/paper 38,5x29cm/*15x11in* London 98
ALLEN Thomas 1849-1924 **[7]**
 $949 FF5 546 £561 Cows in a Summer Pasture Oil/canvas/board 26,5x49cm/*10x19in* Boston, Mass. 97
 $4 125 FF24 365 £2 563 Spring landscape with deer Oil/canvas 45x60cm/*18x24in* Felton, CA 97
ALLERT Henrik 1937 **[26]**
 $910 FF4 680 £567 Hästhuvud Ceramic H50cm/*H19in* Stockholm 96
ALLEYNE Francis XVIII **[11]**
 $3 917 FF22 857 £2 400 Portrait of a Gentleman, three-quarter-lenght, in a brown coat Oil/panel
28x21,5cm/*11x8in* London 97
ALLINGHAM Helen, née Paterson 1848-1926 **[233]**
 $1 634 FF9 784 £1 000 Deer in a Park Watercolour/paper 17x13,5cm/*6x5in* Billingshurst, West Sussex 97
ALLINGHAM William J. XIX-XX **[3]**
 $794 FF4 840 £500 Rustic Scenes Engraving 40x32,5cm/*15x12in* Billingshurst, West Sussex 97
ALLINSON Adrian Paul 1890-1959 **[52]**
 $1 390 FF7 110 £900 Flower Piece Oil/canvas 91x76cm/*35x29in* London 95
 $1 537 FF7 800 £1 000 "Jersey, The Sunny Channel Island" Poster 102x127cm/*40x50in* London 96
 $326 FF1 990 £200 Self-Portrait Charcoal/paper 33x20cm/*12x7in* London 98
ALLIOT Lucien 1877-1967 **[26]**
 $1 500 FF7 760 £968 A maiden Bronze H41cm/*H16in* New-York 96
ALLIS Peter 1944 **[4]**
 $917 FF5 512 £550 Mallards Rising Watercolour/paper 53x75cm/*20x29in* London 98
ALLOM Thomas 1804-1872 **[31]**
 $7 500 FF38 200 £4 500 Derwent Water from the Castle Head, Cumberland Oil/canvas
33,5x48,5cm/*13x19in* London 96
 $17 500 FF107 164 £10 473 The Destruction of Corinth Oil/canvas 112x204,5cm/*44x80in* New-York 98
 $1 302 FF7 774 £800 The Temples at Pergamus (Bergama), Turkey Watercolour 28,5x46cm/*11x18in*
London 98
ALLONGÉ Auguste 1833-1898 **[104]**
 $2 775 FF15 858 £1 700 A Beach Scene Oil/canvas 34,5x53,5cm/*13x21in* London 97
 $675 FF3 700 £406 Bord de rivière Aquarelle 33x49cm/*12x19in* Paris 97
ALLORI Cristofano Bronzino 1577-1621 **[9]**
 $5 960 FF31 100 £3 600 Atalanta and Hippomenes (bozzeto) Oil/canvas 18x26cm/*7x10in* London 96
 $40 500 FF209 000 £26 000 Study of the head of a boy wearing a hat Red chalk 25x18,5cm/*9x7in*
London 96
ALLORI IL BRONZINO Agnolo di Cosimo All 1503-1572 **[1]**
 $3 800 FF23 327 £2 328 A Young with His Arms Outstretched Looking Down/Study of a Hand Chalks/paper
15,5x31cm/*6x12in* New-York 98
ALLORI IL BRONZINO Alessandro 1535-1607 **[15]**
 $4 996 FF29 354 £3 000 A Bishop bearing a Pall Black chalk 42x23cm/*16x9in* London 97
ALLOU Gilles (Attrib.) 1670-1751 **[1]**
 $2 600 FF12 830 £1 680 Portrait of a Lady, three-quarter length, seated Red chalk 31,5x26cm/*12x10in*
New-York 96
ALLOUARD Henri 1844-1929 **[18]**
 $3 424 FF20 408 £2 100 A Pierrette Bronze H46cm/*H18in* London 98
 $50 000 FF291 885 £30 850 An assyrian princess Marble 175x97cm/*68x38in* New-York 97
 $1 500 FF8 896 £908 Dead Game Watercolour/paper 76x54cm/*30x21in* New-York 97
ALLUAUD Eugène 1866-1947 **[10]**
 $4 076 FF24 648 £2 441 Et sydlandsk landskab med en flod Oil/canvas 81x100cm/*31x39in* Viby J,
Århus 98
ALLUSTANTE Y PALLARES Joaquin 1853-1935 **[3]**
 $6 950 FF35 760 £4 200 The Flower Seller, Paris Oil/canvas 26x40cm/*10x15in* London 96
ALMA-TADEMA Anna 1865-1943 **[2]**
 $3 271 FF19 065 £2 000 Study for "Coaxing The Parrot" Oil/canvas 40,5x22cm/*15x8in* London 97

ALMA-TADEMA Laura Theresa Epps 1852-1909 **[13]**
- *$22 817 FF130 686 £13 500* Winter, a Study of a Sleigh Oil/panel 28x20,5cm/*11x8in* London 97
- *$31 600 FF154 600 £20 000* Winter Oil/canvas 91x72cm/*35x28in* London 95

ALMA-TADEMA Lawrence 1836-1912 **[75]**
- *$18 000 FF110 226 £10 773* Preparing The Barge Oil/panel 45x60cm/*17x23in* New-York 98
- *$55 776 FF319 456 £33 000* An Audience Oil/panel 24x15cm/*9x5in* London 97
- *$506 FF2 978 £312* Oosterse man met pijl en boog Etching 18,5x13,5cm/*7x5in* Den Haag 97
- *$3 476 FF17 000 £2 200* Aeneas Pencil 18x15cm/*7x5in* London 95

ALMARAZ Carlos 1941 **[22]**
- *$1 460 FF7 400 £956* Car Crash Screenprint in colors 45x139cm/*18x55in* Tarzana, CA 96

ALMELKAR Abdulrahim Apabhai 1920-1982 **[2]**
- *$2 492 FF14 940 £1 500* Shehnai Oil/cardboard 32x31,5cm/*12x12in* London 98

ALMONI Victor XIX-XX **[1]**
- *$8 320 FF43 400 £5 500* Mother and child Marble H75cm/*H29in* London 96

ALO Charles Jean Hallo 1882-1969 **[95]**
- *$333 FF1 700 £219* "Limoges, 2ème Grande Semaine du Limousin" Affiche 78x117,5cm/*30x46in* Neuilly 96
- *$590 FF3 000 £353* L'envol des Canards Mine plomb 24,5x18cm/*9x7in* Soissons 96

ALONSO EUGENIA Carlos 1929 **[7]**
- *$4 500 FF25 996 £2 672* Vaso con flores Oleo 10x7cm/*3x2in* Buenos Aires 97

ALONSO FERNANDEZ Rafael 1924 **[3]**
- *$1 215 FF6 050 £795* La Lanzada Acuarela 50x70cm/*19x27in* Madrid 95

ALONSO PEREZ Y VILLAGROSA Mariano 1857-1930 **[13]**
- *$3 440 FF18 040 £2 066* La salida de la novia Oleo/tabla 38x46cm/*14x18in* Madrid 96
- *$3 135 FF18 857 £1 947* Galantería Oleo/lienzo 40x32cm/*15x12in* Madrid 97

ALONZO Dominique XIX-XX **[29]**
- *$1 575 FF9 000 £967* Alegoría de la Primavera Sculpture H23,5cm/*H9in* Madrid 97

ALOPHE Marie A. Menut 1812-1883 **[4]**
- *$9 385 FF56 000 £5 661* Portrait d'un gentilhomme Huile/toile 203x129cm/*79x50in* Neuilly-sur-Seine 97

ALOTT Robert 1850-1910 **[24]**
- *$1 773 FF10 472 £1 071* Mühle bei B., Oberrhein Oil/panel 31x26cm/*12x10in* Wien 97
- *$3 351 FF20 525 £2 000* The Road to Market Oil/canvas 74x100,5cm/*29x39in* London 98

ALPERT Max Vladimirovitch 1899-1980 **[12]**
- *$1 200 FF7 071 £741* "All Union PHysical Culture Parade, Red Square, Moscow" Silver print 15x21cm/*6x8in* New-York 97

ALPUY Julio 1919 **[24]**
- *$200 FF1 040 £130* Retrato de la Sra. del Artista Oleo/cartón 81x62cm/*31x24in* Montevideo 96
- *$29 000 FF173 237 £17 756* Café Oil/board 98,5x131,5cm/*38x51in* New-York 98
- *$900 FF4 663 £584* Dios creador Acuarela/papel 47x59cm/*18x23in* Montevideo 96

ALQUIN Nicolas 1958 **[2]**
- *$3 342 FF19 500 £2 047* Éveil en ville Bronze 50x35x35cm/*19x13x13in* Paris 97

ALS Peder 1726-1776 **[7]**
- *$5 930 FF30 700 £3 826* Portrait of Frederik V Oil/canvas 80x62cm/*31x24in* Köbenhavn 96

ALSINA Jacques XIX-XX **[9]**
- *$2 042 FF10 230 £1 291* Graanoogst Huile/panneau 32x18,5cm/*12x7in* Lokeren 95
- *$11 786 FF72 000 £6 991* Halte de Chameliers au bord de l'Oued Huile/toile 61,5x46,5cm/*24x18in* Paris 98

ALSLOOT van Denijs c.1570-c.1626 **[10]**
- *$42 600 FF250 000 £26 050* Vénus etAdonis dans un paysage Huile/cuivre 36,5x27,5cm/*14x10in* Paris 97
- *$85 000 FF469 353 £53 040* Venus and Adonis in a Wooded Landscape Oil/panel 88x124cm/*34x48in* New-York 97

ALSLOOT van Denijs (Attrib.) c.1570-c.1626 **[3]**
- *$11 505 FF65 000 £7 241* Retour d'une chasseur dans un paysage boisé Huile/panneau 24,5x18,5cm/*9x7in* Paris 97

ALT Duane 1935 **[2]**
- *$4 620 FF28 153 £2 829* Bouquet in the Garden Oil/canvas 40x50cm/*16x20in* Houston, Texas 98

ALT Franz 1821-1914 **[98]**

 $12 900 FF63 700 £8 380 Strasse in einer südlicher Stadt Öl/Leinwand 22x16,5cm/*8x6in* Wien 95
 $2 326 FF12 040 £1 502 Die Bucht von La Spezia Aquarell/Papier 19x27cm/*7x10in* Wien 96
ALT Jacob 1789-1872 **[29]**
 $38 500 FF195 000 £25 300 Segelschiff im Hafen (Motiv aus Istrien) Oil/panel 32x39,5cm/*12x15in* Wien 96
 $1 678 FF10 027 £1 027 Blick auf "Donaueschingen" Pencil 19x28,5cm/*7x11in* München 98
ALT Otmar 1940 **[144]**
 $5 075 FF29 138 £3 094 Ein komischer Vogel Mixed media/canvas 97,5x70,5cm/*38x27in* Berlin 97
 $882 FF5 047 £550 Die grosse Veränderung Serigraph in colors 43x39,5cm/*16x15in* München 97
 $758 FF3 790 £491 Hausgötze Sculpture, wood H24cm/*H9in* Düsseldorf 96
ALT Theodor 1846-1937 **[6]**
 $12 912 FF77 130 £7 905 Altes Bauernpaar bei der Brotzeit Öl/Leinwand 51x40cm/*20x15in* München 98
ALT von Rudolf 1812-1905 **[131]**
 $324 960 FF1 904 760 £200 000 Die Eisengiesserei in der Skodagasse, Wien Pencil 55,5x73,5cm/*21x28in* London 97
ALT von Rudolf (Attrib.) 1812-1905 **[5]**
 $1 992 FF9 800 £1 270 Salzburg, Nonnberg Aquarell/Papier 27x19cm/*10x7in* Wien 95
ALTAMURA Saverio Francesco 1826-1897 **[5]**
 $3 600 FF20 400 £1 800 Scena storica Olio/tela 27,5x20,5cm/*10x8in* Roma 97
ALTDORFER Albrecht 1480-1538 **[63]**
 $740 FF3 830 £480 The Annunciation Woodcut 12,5x10cm/*4x3in* London 96
ALTEN Mathias Joseph 1871-1938 **[12]**
 $1 847 FF6 070 £806 Summer landscape with a winding stream Oil/canvas/board 33x43cm/*13x17in* Detroit, Michigan 95
 $2 155 FF7 090 £940 Landscape with pond Oil/canvas/board 36x45cm/*14x18in* Detroit, Michigan 95
ALTENBOURG Gerhard 1926-1989 **[103]**
 $709 FF4 043 £434 In den Gefilden von Nysa Woodcut in colors 11x18cm/*4x7in* Hamburg 97
 $5 801 FF33 456 £3 456 Raune, Schlange, raune Pencil 35,5x29,5cm/*13x11in* München 97
ALTENKIRCH Otto 1875-1945 **[13]**
 $578 FF3 379 £355 Waldwiese Öl/Leinwand 30,5x40,5cm/*12x15in* Berlin 97
 $1 960 FF11 133 £1 226 An der Tonnenbrücke in Ziesar im Winter Öl/Leinwand 41x60cm/*16x23in* München 97
ALTINK Jan 1885-1976 **[30]**
 $3 400 FF16 970 £2 222 Flower still life Oil/canvas 60x49cm/*23x19in* Amsterdam 95
 $3 760 FF19 600 £2 270 Drents landschap Oil/canvas 66x8cm/*25x3in* Amsterdam 96
 $1 815 FF9 200 £1 182 A view of a village Pastel/paper 44x59cm/*17x23in* Amsterdam 96
ALTMAN Harold 1924 **[21]**
 $175 FF1 002 £107 "Allée de l'Observatoire" Color lithograph 40,5x60cm/*15x23in* Washington 97
ALTMAN Natan Isaevich 1889-1970 **[14]**
 $21 280 FF106 400 £14 000 Cubist still life with a violin Oil/canvas 60x51cm/*23x20in* London 95
ALTMANN Alexandre 1885-1950 **[98]**
 $2 281 FF13 000 £1 424 L'Automne sur les bords de Seine Huile/toile 73x92cm/*28x36in* Paris 97
 $4 000 FF23 350 £2 419 Landscape of Houses and Mountains Oil/canvas 20x73,5cm/*7x28in* Tel Aviv 97
ALTMANN Anton II 1808-1871 **[6]**
 $839 FF4 785 £510 Dorf am Fluss Aquarell/Papier 16x19cm/*6x7in* Wien 97
ALTMANN Gerhard 1877-1940 **[23]**
 $742 FF4 392 £445 A polder landscape at dusk Oil/panel 25x31,5cm/*9x12in* Amsterdam 97
 $1 694 FF8 600 £1 103 Cows on a riverbank Oil/canvas 102x82cm/*40x32in* Amsterdam 96
ALTOMONTE Martino Hohenberg 1657-1745 **[8]**
 $14 940 FF74 900 £9 450 Die Auffindung des heiligen Kreuzes durch die Kaiserin Helena Öl/Leinwand 3x80cm/*1x31in* Wien 95
 $1 360 FF8 032 £805 Brustbild Christi/Studie eines Puttenkopfes Coloured chalks/paper 24x18cm/*9x7in* Berlin 97
ALTOON John 1925-1969 **[22]**
 $600 FF3 502 £356 Robert Creeley, About Women, Los Angeles Color lithograph 51x50,5cm/*20x19in* New-York 97
 $2 250 FF13 355 £1 378 Hyperion Series Pastel 76x101,5cm/*29x39in* San Francisco-Los Angeles 97

ALTORF Johan Coenraad 1876-1955 **[5]**
$1 882 FF11 131 £1 130 Fish Relief 40x25cm/*15x9in* Amsterdam 97
ALTRIPP Alo 1906 **[4]**
$867 FF5 069 £532 Kompositionen Aquarell/Papier 24x16,5cm/*9x6in* Köln 97
ALTSON Abbey 1864-c.1950 **[22]**
$3 100 FF17 908 £1 841 Portrait of a young lady Oleo/lienzo 6x5cm/*2x1in* Buenos Aires 97
$12 000 FF61 700 £7 480 The young beauty Oil/canvas 101,5x66cm/*39x25in* New-York 96
ALUMA Jordi 1926 **[3]**
$3 244 FF16 140 £2 064 Virgen con Niño Acrílico/papel 55x120cm/*21x47in* Madrid 95
ALUNNO Niccolo da Foligno 1425/30-c.1502 **[2]**
$86 000 FF490 587 £52 881 Saint Gregory the Great Blowing on his Quill Tempera/panel 42x25cm/*16x9in* New-York 97
ALVARADO Hugo 1948 **[2]**
$710 FF3 616 £426 Strolling Mixed media/paper 54x40cm/*21x15in* Calgary, Alberta 96
ALVARADO Pedro Diego 1956 **[1]**
$4 000 FF22 962 £2 438 Naturaleza Muerta con Gladiolas Oil/canvas 105x73cm/*41x28in* New-York 97
ALVARD 1945 **[25]**
$1 019 FF5 800 £628 Andante Huile/toile 33x41cm/*12x16in* Vannes 97
$1 458 FF7 100 £933 Adagio Huile/toile 65x54cm/*25x21in* Epernay 95
ALVAREZ AYLON Emilio XIX-XX **[11]**
$1 610 FF8 140 £1 056 Beduinos acampados en un oasis Oleo/tabla 16,5x31,5cm/*6x12in* Madrid 96
$2 970 FF17 775 £1 800 "Vista de la Alhambra" Oleo/lienzo 76x40cm/*29x15in* Madrid 97
ALVAREZ BRAVO Manuel 1902 **[111]**
$2 500 FF14 723 £1 543 "La buena fama durmiendo" Silver print 18,5x24cm/*7x9in* New-York 97
ALVAREZ CATALA Luis 1836-1901 **[24]**
$12 000 FF73 484 £7 182 Naples Oil/panel 28,5x18cm/*11x7in* New-York 98
$32 000 FF166 200 £21 160 A visit to the new baby Oil/canvas 47x68cm/*18x26in* New-York 96
ALVAREZ Luis XIX-XX **[9]**
$2 574 FF15 000 £1 585 Femme à la coiffe Huile/toile 73x60cm/*28x23in* Entzheim 97
ALVAREZ Mabel 1891-1985 **[20]**
$3 217 FF19 231 £1 950 Young Woman Oil/canvas 51x40,5cm/*20x15in* San Francisco-Los Angeles 97
$4 249 FF25 400 £2 575 Small Seated Figure Oil/canvas/board 35,5x25,5cm/*13x10in* San Francisco-Los Angeles 97
ALVEAR Y AGUIRRE de Gerardo 1887-1964 **[3]**
$1 966 FF11 314 £1 140 Playa de Somo Oleo/tablex 23,5x30cm/*9x11in* Madrid 97
ALVIANI Getulio 1939 **[47]**
$555 FF3 285 £341 Superficie a testura vibratile (Quadrat) Metal 41,5x38,5x4cm/*16x15x1in* München 98
$1 625 FF8 475 £950 Superficia a testatura vibratile opera programmata 5022 Collage 70x70cm/*27x27in* Köln 96
ALVINO IL SOZZO Giuseppe c.1550-1611 **[1]**
$3 330 FF19 569 £2 000 A Saint kneeling before an Altar with Crucifix Ink 40,5x22,5cm/*15x8in* London 97
AMADO Y BERNARDET Ramón 1844-1888 **[6]**
$63 452 FF381 333 £38 000 The Odalisque and her Attendant in the Harem Oil/canvas 62x88cm/*24x34in* London 98
AMALTEO Pomponio (Cercle) 1505-1588 **[2]**
$1 076 FF6 425 £649 God-the-Father in clouds, supported by putti Ink 21,6x30,1cm/*8x11in* London 97
AMALVY Louis 1918 **[14]**
$944 FF5 800 £566 Valence-les-Combeaux Huile/toile 54x73cm/*21x28in* Valence 98
AMAN-JEAN Edmond François 1860-1936 **[66]**
$4 673 FF27 000 £2 775 Venise, trois personnages Huile/toile 65x54cm/*25x21in* Paris 97
$604 FF3 000 £384 La Rieuse Lithographie couleurs 44x36cm/*17x14in* Paris 95
$2 000 FF11 454 £1 183 Portrait of a Young Woman Pastel/paper 59x44cm/*23x17in* Milford, Conn. 97
AMAND Jean-Fr. (Attrib.) 1730-1769 **[1]**
$2 960 FF15 270 £1 900 Study of a tree Red chalk 37,7x25cm/*14x9in* London 96
AMANS Jacques Guillaume L. 1801-1888 **[2]**
$5 750 FF29 900 £3 800 Portrait of Daniel Stewart Oil/canvas 91x73cm/*36x29in* New Orleans,

---

AMAR Joseph 1954 **[8]**
  $1 700 FF10 059 £1 037 Untitled Mixed media/panel 84x68cm/*33x26in* New-York 98

AMARAL Antonio Henrique 1935 **[15]**
  $12 000 FF71 641 £7 371 Sin título Mixed media/canvas 91,5x121cm/*36x47in* New-York 98
  $14 000 FF83 631 £8 563 "Bamboo and Weapons" Oil/canvas 150x150cm/*59x59in* New-York 98
  $2 000 FF11 904 £1 241 Fruit Tree Pastel/paper 34x26cm/*13x10in* Miami, Florida 97

AMAT Frederic 1952 **[6]**
  $3 575 FF21 725 £2 200 Sin título Técnica mixta/papel 71x102cm/*27x40in* Madrid 98

AMAT José 1843-1911 **[2]**
  $1 485 FF8 887 £922 "Marina" Oleo/tabla 24x33cm/*9x12in* Madrid 97

AMAT José 1901-1991 **[12]**
  $3 500 FF19 900 £2 150 Paisaje con pinos Oleo/lienzo 27x41cm/*10x16in* Barcelona 97
  $14 000 FF80 000 £8 600 Playa de San Feliu de Guixols Oleo/lienzo 50x65cm/*19x25in* Madrid 97
  $1 575 FF8 955 £945 Carrera de caballos Acuarela 18x27cm/*7x10in* Madrid 97

AMATEIS Edmond Romulus 1897-1981 **[1]**
  $2 749 FF15 684 £1 672 Bust of Franklin D. Roosevelet Bronze H25,5cm/*H10in* New-York 97

AMAYA Armando 1935 **[6]**
  $1 000 FF5 220 £605 Woman seated on legs Bronze H28cm/*H11in* Tarzana, CA 96

AMBELLAN Harold 1912 **[27]**
  $6 780 FF34 000 £4 290 L'Embrasée Bronze H50cm/*H19in* Paris 95

AMBERG Adolph 1874-? **[2]**
  $2 016 FF11 549 £1 193 Europa auf dem Stier Porcelain H40cm/*H15in* München 97

AMBERG Wilhelm A. Lebrecht 1822-1899 **[10]**
  $3 250 FF16 414 £2 110 The Letter Oil/canvas 46x63cm/*18x25in* Portland, Maine 96

AMBERGER Christoph (Attrib.) 1490/1510-1562/63 **[1]**
  $76 300 FF380 400 £50 000 Portrait of a lady, probably Ursula Harrach Oil/panel 50x42cm/*19x16in* London 95

AMBILLE Paul 1930 **[38]**
  $1 178 FF7 000 £719 Les voiliers Huile/toile 55x46cm/*21x18in* Le Touquet 98

AMBROGIANI Pierre 1907-1985 **[764]**
  $1 015 FF5 300 £604 Trois personnages et un arbre Huile/papier 26x39cm/*10x15in* Paris 96
  $3 360 FF20 000 £2 086 Les matadors Huile/toile 46x38cm/*18x14in* Arles 97
  $9 010 FF46 000 £5 970 "Pain et vin" Huile/toile 195x130cm/*76x51in* Paris 96
  $6 620 FF40 000 £3 944 Paysage de montagne Gouache/papier 48x63cm/*18x24in* Arles 97

AMBROGIO DE PREDIS (Attrib.) XV-XVI **[2]**
  $21 650 FF127 201 £13 000 Portrait of a Young Man in Profile, Bust Length, Wearing a Red Hat Oil/canvas/panel 35x29cm/*13x11in* London 97

AMBROS von Raphael XIX-XX **[6]**
  $13 720 FF69 300 £9 000 The fruit Seller Oil/panel 48,5x61cm/*19x24in* London 96
  $14 900 FF76 600 £9 000 The flower seller Oil/panel 41x31cm/*16x12in* London 96

AMBROSI Gustinus 1893-1975 **[15]**
  $5 701 FF33 301 £3 500 Eve after the Fall Bronze H46cm/*H18in* London 97
  $695 FF3 430 £452 Nude Red chalk 57x43cm/*22x16in* Wien 95

AMÉGLIO Mério 1897-1970 **[234]**
  $384 FF2 000 £241 Voiliers Huile/toile 50x100cm/*19x39in* Saint-Dié 96
  $598 FF3 474 £368 Grande barque sous voile Oil/canvas 22x27cm/*8x10in* Malmö 97

AMELIN Albin 1902-1975 **[131]**
  $1 068 FF6 381 £641 Framför fabriken Mixed media 46x60,5cm/*18x23in* Stockholm 98
  $15 350 FF75 700 £10 010 Gladiolus och solrosor Oil/canvas 129x113cm/*50x44in* Stockholm 95
  $182 FF1 057 £112 Hamnarbetare Color lithograph 58x77cm/*22x30in* Malmö 97
  $221 FF1 269 £135 Seated woman Coloured pencils/paper 47x27cm/*18x10in* Göteborg 97

AMELL Y JORDA Manuel 1843-1902 **[5]**
  $2 640 FF15 880 £1 640 La costura Oleo/lienzo 68x49cm/*26x19in* Madrid 97

AMENDOLA Giovanni Battista 1848-1887 **[4]**
  $4 225 FF20 500 £2 723 Homme au tricone, marchant Bronze H52cm/*H20in* Bordeaux 95

AMENOFF Gregory 1948 **[24]**
  $2 500 FF14 318 £1 479 Hydra Oil/canvas 203x203cm/*79x79in* New-York 97

$3 249 FF18 611 £1 922 Slow burn Oil/canvas 96,5x112cm/*37x44in* New-York 97
$2 249 FF13 101 £1 374 In the Fifth Season Mixed media/paper 97x118cm/*38x46in* New-York 97
AMERLING von Friedrich Ritter 1803-1887 **[29]**
$2 613 FF13 440 £1 630 Engelskopf Öl/Leinwand 42,5x35,5cm/*16x13in* Wien 96
$7 000 FF36 000 £4 360 Franz von Liszt (1811-1886) Öl/Leinwand 52,5x43,5cm/*20x17in* Wien 96
$6 767 FF39 254 £4 000 Orthodox Metropolitan Oil/canvas 135x106cm/*53x41in* London 97
AMES Ezra 1768-1836 **[5]**
$22 000 FF112 600 £14 640 Portrait of Governor George Clinton (1739-1812) Oil/canvas 77x61cm/*30x24in* New-York 96
AMESEDER Eduard 1856-1938 **[13]**
$2 347 FF12 100 £1 514 Das kleine Gässchen Oil/panel 26x17cm/*10x6in* Wien 96
$3 190 FF15 670 £2 030 Am Mühlbach Öl/Leinwand 54,5x80,5cm/*21x31in* Wien 95
AMEZAGA Eduardo XX **[8]**
$976 FF5 754 £577 Paisaje Oleo/tabla 34,5x43,5cm/*13x17in* Montevideo 97
AMICIS de Cristoforo 1902-1987 **[29]**
$1 200 FF6 800 £800 Figure Olio/tela 24x30cm/*9x11in* Milano 97
$2 649 FF13 869 £1 738 Natura morta Olio/tela 35x50cm/*13x19in* Milano 96
AMICK Robert Wesley 1879-1969 **[12]**
$1 000 FF6 184 £600 Autumn Trees at Streamside Oil/canvas 53x81cm/*21x32in* East Dennis, Mass. 97
AMICONI Bernardo XIX **[3]**
$4 593 FF26 550 £2 850 Ung pige, der laeser et kaerestebrev... Oil/canvas 60x50cm/*23x19in* Köbenhavn 97
AMIET Cuno 1868-1961 **[322]**
$5 960 FF29 800 £3 890 Geranien Öl/Leinwand 22x16cm/*8x6in* Zofingen 95
$20 130 FF101 800 £13 200 Landschaft Öl/Karton 65x54cm/*25x21in* Zürich 96
$55 896 FF345 669 £33 303 Paradis Tempera 145x104cm/*57x40in* Zürich 98
$222 FF1 141 £138 Der Künstler malend Lithographie 44,5x33,5cm/*17x13in* Bern 96
$2 432 FF14 404 £1 454 "Von Riffelberg aus" Aquarell/Papier 15,5x20,5cm/*6x8in* Zürich 97
AMIGONI Jacopo 1675/82-1752 **[36]**
$15 840 FF81 600 £10 080 Allegoria del Tatto/Allegoria dell'Olfatto Olio/tela 32x25cm/*12x9in* Venezia 96
$23 247 FF132 541 £14 500 Three putti playing with a greyhound Oil/canvas 67x89cm/*26x35in* London 97
$174 000 FF986 000 £87 000 La clemenza di Scipione Olio/tela 147x182cm/*57x71in* Venezia 97
$566 FF3 346 £335 Die vier Elemente Kupferstich 29x19cm/*11x7in* Berlin 97
AMIGONI Jacopo (Attrib.) 1675/82-1752 **[11]**
$15 000 FF85 000 £10 000 Il trionfo di Bacco/Bacco e Arianna Olio/tavola 45x56cm/*17x22in* Prato 98
$36 650 FF182 600 £24 000 Alexander presenting Campaspe to Apelles Oil/canvas 158x122cm/*62x48in* London 95
AMIR OF KARRAYA Shaikh Muhammad c.1800-c.1850 **[5]**
$6 313 FF37 848 £3 800 A Nurse/A Financial Minister/A Secretary/A Messenger Watercolour 28,5x20cm/*11x7in* London 98
AMISANI Giuseppe 1881-1941 **[16]**
$2 160 FF12 240 £1 080 Campo di Fiori Olio/tavoletta 31x40cm/*12x15in* Milano 97
$7 800 FF40 100 £4 640 L'ombrellino rosso Olio/tela 50x70cm/*19x27in* Roma 96
AMLING Karl Gustav 1651-1702 **[4]**
$2 120 FF12 298 £1 300 An allegory of night Ink 12x8cm/*4x3in* London 97
AMMAN Jost 1539-1591 **[11]**
$240 FF1 387 £141 Bernhardus, Italiae Etching 20x15cm/*7x5in* New-York 97
AMMIRATO Domenico 1833-? **[8]**
$1 171 FF7 017 £700 View of Naples with Vesuvius Beyond/View From Sorrento Oil/panel 8x13cm/*3x5in* Bath 98
AMON Rosalia 1825-? **[1]**
$5 390 FF26 950 £3 490 Grosses Stilleben mit Früchten und einem Blumenstrauss Öl/Leinwand 60x76cm/*23x29in* Wien 96
AMORETTI Gabriel 1861-1947 **[1]**
$5 000 FF29 886 £3 060 Le Pont Neuf à Paris Oil/canvas 73x116,5cm/*28x45in* New-York 97
AMORGASTI Antonio 1880-1942 **[14]**

$733 FF4 547 £439 Éléphant Bronze H42cm/*H16in* Antwerpen 98

AMOROSI Antonio M. (Attrib.) 1660-1738 **[9]**

$5 520 FF31 280 £2 760 Ritratto di giovane flautista Olio/tela 47x35cm/*18x13in* Milano 98

$8 910 FF52 426 £5 500 Sitzende alte Frau mit einem Spinnrocken Öl/Leinwand 40,5x32,5cm/*15x12in* Wien 97

AMOROSI Antonio Mercurio 1660-1738 **[27]**

$7 590 FF38 800 £5 000 A Child, half length, wearing a feathered cap Oil/canvas 42x35cm/*16x13in* London 96

$13 800 FF78 200 £9 200 Giovane popolana che suona un tamburello Olio/tela 99x74cm/*38x29in* Milano 97

$30 000 FF176 886 £18 396 A Peasant Boy with a Girl holding a Bird's Nest Oil/canvas 130x155cm/*51x61in* New-York 98

AMORSOLO Y CUETO Fernando 1892-1972 **[64]**

$3 500 FF20 771 £2 143 Portrait of Dr. Samuel Hall Oil/canvas 50,5x38cm/*19x14in* San Francisco-Los Angeles 97

$33 196 FF187 353 £20 347 Girl Bathing by the Stream Oil/canvas 33x40,5cm/*12x15in* Singapore 97

$1 600 FF9 259 £984 Studies of Head of a Male in Native Costume Pencil/paper 14x23cm/*5x9in* Los Angeles 97

AMRHEIN Wilhelm 1873-1926 **[2]**

$2 139 FF12 922 £1 300 "Winter in Engleberg" Poster 95x66cm/*37x25in* London 98

AMSEL Richard 1947-1985 **[4]**

$2 750 FF16 330 £1 678 Duke of Windsor and Mrs. Simpson, cover for TV Guide Mixed media/paper 51x36cm/*20x14in* New-York 98

AMSHEWITZ John Henry 1882-1942 **[25]**

$560 FF3 219 £345 The Circus Oil/canvas/board 64,5x34,5cm/*25x13in* Johannesburg 97

$672 FF3 863 £414 Young Boy Charcoal/paper 42,5x27,5cm/*16x10in* Johannesburg 97

AMSLER Samuel 1791-1849 **[2]**

$680 FF4 016 £402 Bildnis des Malers Carl Philipp Fohr Radierung 15x11,5cm/*5x4in* Berlin 97

AMSTEL van Cornelis Ploos 1726-1798 **[19]**

$143 FF745 £83 Brustbildnis eines Mannes an einer Balustrade, nach Govert Flinck Etching 25x18,6cm/*9x7in* Berlin 96

AMSTEL van Jan (Attrib.) c.1500-1540 **[1]**

$25 695 FF150 000 £15 540 Scène de banquet Huile/panneau 48x79cm/*18x31in* Paris 97

AMUCHASTEGUI Axel 1921 **[6]**

$5 203 FF29 684 £3 200 White faced tree ducks Watercolour/paper 73x49cm/*28x19in* Billingshurst, West Sussex 97

ANACKER Jean 1878-1955 **[8]**

$1 007 FF6 032 £618 Das goldene Kalb/Das Reservatrecht/Das Rahm-Massel/Das falsche Maass Indian ink 30x20cm/*11x7in* München 98

ANASTASI Auguste 1820-1889 **[32]**

$2 345 FF12 140 £1 500 An angler on a track Oil/panel 50x31cm/*19x12in* London 96

$48 000 FF249 300 £31 740 Sunset landscape Oil/canvas 136x185cm/*53x72in* New-York 96

$99 FF600 £61 La rentrée des fenaisons Crayon 9,5x22,9cm/*3x9in* Paris 98

ANATOL Anatol Herzfeld 1931 **[17]**

$213 FF1 271 £128 Frühling am Niederrhein Pencil 25x33cm/*9x12in* Düsseldorf 97

ANCEL Christiane 1936 **[29]**

$438 FF2 500 £274 Coupe de fraises Huile/toile 27x16cm/*10x6in* Saint-Dié 97

ANCELET Gabriel Auguste XIX **[3]**

$1 700 FF9 454 £1 052 Santa Maria Maggiore, Tuscanella Watercolour 27x38cm/*10x14in* New-York 97

ANCHER Anna 1859-1935 **[49]**

$4 351 FF24 780 £2 702 Moder med sit barn på ryggen ved Skagen Strand Oil/canvas 39x30cm/*15x11in* Vejle 97

$15 220 FF78 800 £10 170 Mother and child Oil/canvas 77x62cm/*30x24in* Viby J, Århus 96

ANCHER Helga 1883-1964 **[11]**

$1 399 FF8 377 £861 Parti fra Skagen fyr med börn på vejen Oil/canvas 30x41cm/*11x16in* Vejle 98

ANCHER Michael 1849-1927 **[253]**

$357 FF1 782 £231 A peasant walking Oil/panel 46x33cm/*18x12in* Köbenhavn 96

  $6 480 FF31 900 £4 180 Fisherfolk on the beach, rainy day Oil/canvas 42x55cm/*16x21in* København 95

  $29 200 FF149 500 £17 730 Fisherfolk on the shore at sunset Oil/canvas 100x130cm/*39x51in* Viby J, Århus 96

ANCKERMANN Ricardo 1842-1907 **[3]**

  $20 010 FF115 130 £11 600 Niña con parajito Oleo/lienzo 120x87cm/*47x34in* Madrid 97

ANCONA d' Vito 1825-1884 **[3]**

  $31 700 FF161 700 £19 200 Le belle e la scimmia Olio/tela 35x49cm/*13x19in* Prato 96

ANDENMATTEN Leo 1922-1979 **[6]**

  $2 046 FF12 437 £1 241 Blumenstilleben mit weissen Lilien und Rittersporn Oil/panel 40x32cm/*15x12in* Rorschach 98

ANDERLE Jiri 1936 **[8]**

  $150 FF875 £92 Tocatta Etching in colors 49x33,8cm/*19x13in* Amsterdam 97

ANDERLECHT van Engelbert 1918-1961 **[19]**

  $1 904 FF11 361 £1 148 Compositie N. 20 Aquarelle 50x65cm/*19x25in* Lokeren 97

ANDERSEN Alfred E., Alfredo 1860-1935 **[2]**

  $4 106 FF23 829 £2 424 I Soevn, svaledören, Saetesdal Oil/canvas 46x38cm/*18x14in* Oslo 97

ANDERSEN Carl Christian 1849-1906 **[14]**

  $2 602 FF15 901 £1 641 Interiör med to maend Oil/canvas 82x68cm/*32x26in* København 97

ANDERSEN Cilius 1865-1913 **[30]**

  $742 FF4 393 £444 Gammel piberygene mand i en stalddör Oil/canvas 65x46cm/*25x18in* København 97

ANDERSEN Ib XX **[9]**

  $3 220 FF18 442 £1 905 "Bygge og Bolig" Poster 62,5x84,5cm/*24x33in* New-York 97

ANDERSEN Mogens 1916 **[106]**

  $330 FF1 943 £203 Udsigt mod gårdsplads med sommerlandskab i baggrunden Oil/canvas 73x95cm/*28x37in* København 97

  $962 FF5 716 £572 Komposition Oil/canvas 41x33cm/*16x12in* København 97

  $5 420 FF26 600 £3 450 Stor komposition Oil/canvas 163x230cm/*64x90in* København 95

  $296 FF1 760 £181 Komposition Collage 42x31cm/*16x12in* København 98

ANDERSEN Robin Christian 1890-1969 **[53]**

  $2 700 FF13 640 £1 770 Urwaldmotiv Öl/Papier 35,5x28cm/*13x11in* Wien 96

  $2 412 FF14 313 £1 497 Früchtestilleben Öl/Leinwand 41,5x69,5cm/*16x27in* Wien 97

  $714 FF4 285 £433 "Orchideen" Woodcut in colors 49x37cm/*19x14in* Wien 98

  $79 FF476 £47 Rückenakt Pencil/paper 45,5x30,3cm/*17x11in* Wien 98

ANDERSEN Roy 1930 **[10]**

  $48 000 FF228 960 £30 187 When Ponies Need Grass Oil/canvas 30x50cm/*11x19in* Hayden 95

  $47 500 FF239 400 £30 647 Watch on Ten Sleep Pass Oil/canvas 81x121cm/*32x48in* Hayden 96

ANDERSEN Valdemar 1875-1928 **[12]**

  $4 600 FF26 346 £2 721 "Chr. Hostmann, Steinberg'sche Farbenfabriken" Poster 133,5x49cm/*52x19in* New-York 97

ANDERSEN Wilhelm 1867-1945 **[26]**

  $1 124 FF6 234 £694 Stilleben Öl/Leinwand 71x55cm/*27x21in* Wien 97

ANDERSEN-LUNDBY Anders 1841-1923 **[75]**

  $450 FF2 216 £290 Landscape, Mølleåen Oil/canvas 34x48cm/*13x18in* København 95

  $777 FF4 425 £482 Dansk sommerlandskab med herregaard i baggrunden Oil/canvas 27x33cm/*10x12in* Vejle 97

  $3 056 FF15 960 £1 820 Kanal, München Watercolour/paper 37x54cm/*14x21in* København 96

ANDERSON Abraham Archibald 1847-? **[2]**

  $3 200 FF18 306 £1 997 Girl in a plumed hat Oil/canvas 51x42cm/*20x16in* Boston, Mass. 97

ANDERSON Douglas XX **[6]**

  $8 320 FF43 400 £5 500 A dog fox on the Vixen's scent Oil/board 74x59cm/*29x23in* London 96

ANDERSON Florence XIX-XX **[1]**

  $6 592 FF38 986 £4 000 Moonbeam Fairies Ink 26,7x16,5cm/*10x6in* London 98

ANDERSON Harry 1906 **[12]**

  $2 420 FF14 801 £1 436 First Roadside Campers, 1916, Ford Gouache/paper 50x64cm/*20x25in* Houston, Texas 98

ANDERSON J.W., Captain XIX **[2]**

$4 972 FF28 525 £3 052 The Anglo-American yacht race Oil/board 26,5x35,5cm/*10x13in* London 97

ANDERSON James Bell 1886-1938 **[6]**

$1 789 FF10 426 £1 100 Interior with a green Vase Oil/canvas 76x63,5cm/*29x25in* West Lothian 97

ANDERSON Karl J. 1874-1956 **[7]**

$5 250 FF31 477 £3 160 "Children at an Abandoned Well" Oil/canvas 73x68cm/*29x27in* New-York 98

$11 000 FF67 985 £6 743 "During the Storm" Oil/canvas 29x35cm/*11x13in* Amesbury, Massachusetts 97

ANDERSON Robert 1842-1885 **[8]**

$847 FF4 873 £500 Fisherfolk of Auchmithie Watercolour 44,5x67cm/*17x26in* London 97

ANDERSON Sophia Gengembre 1823-1903 **[23]**

$10 069 FF58 139 £6 000 "I Trump Hearts" Oil/canvas 37,5x32cm/*14x12in* London 97

$18 592 FF106 485 £11 000 The Last of the Day Oil/canvas 81,5x51cm/*32x20in* London 97

$36 053 FF214 216 £22 000 Birdsong Oil/canvas 111x116,5cm/*43x45in* London 98

ANDERSON Stanley 1884-1966 **[30]**

$199 FF1 233 £120 Toledo Cathedral/Streets Scene Caen Etching 27,5x32,5cm/*10x12in* Billingshurst, West Sussex 98

$1 516 FF7 350 £950 The Day's Work ended Watercolour 23x30cm/*9x12in* London 95

ANDERSON Victor C. 1882-1973 **[3]**

$16 500 FF97 980 £10 073 "Barn Swallows", children playing in hay loft Oil/canvas 76x64cm/*30x25in* New-York 98

ANDERSON Wayne 1946 **[2]**

$1 499 FF8 670 £900 George and the Red Dragon Pencil/paper 29,4x44,3cm/*11x17in* London 97

ANDERSON William 1757-1837 **[50]**

$6 000 FF30 560 £3 600 Flat calm on the Scheldt Oil/panel 20x28cm/*7x11in* London 96

$7 378 FF39 711 £4 400 Greenwich Reach Oil/canvas 41x53,5cm/*16x21in* London 97

$2 670 FF13 580 £1 600 Careening at low tide Watercolour 20x25,5cm/*7x10in* London 96

ANDERSON William (Attrib.) 1757-1837 **[7]**

$4 115 FF21 400 £2 720 Avant l'accostage Huile/panneau 16,8x21,8cm/*6x8in* Bruxelles 96

$7 890 FF38 800 £5 000 The Capture of Fort Louis, Martinique, 20 March 1794 Oil/canvas/board 44,5x65cm/*17x25in* London 95

ANDERSSON Mårten 1934 **[22]**

$22 700 FF110 500 £14 370 Kaffedrickarna Oil/canvas 197x205cm/*77x80in* Stockholm 95

$755 FF3 840 £451 Sommardag Watercolour, gouache/paper 34x26cm/*13x10in* Stockholm 96

ANDERSSON Nils 1817-1865 **[13]**

$730 FF4 517 £435 Rättvikskulla och mas vid kor i landskap Oil/canvas 29x38cm/*11x14in* Stockholm 98

$1 918 FF11 458 £1 174 Landskap med kor och flicka Oil/canvas 44x62cm/*17x24in* Stockholm 98

ANDERSSON Torsten 1926 **[7]**

$4 755 FF27 777 £2 815 "Studie III" Oil/canvas 106x70,5cm/*41x27in* Stockholm 97

$7 030 FF40 694 £4 325 Utan titel Oil/canvas 126x96cm/*49x37in* Stockholm 97

ANDERTON Francis Swithin 1868-1909 **[3]**

$3 439 FF21 127 £2 064 Skovparti med festkaeldte unge maend og kvinder Oil/canvas 94x200cm/*37x78in* Vejle 98

ANDOE Joe 1955 **[33]**

$1 100 FF6 421 £654 Untitled Painting 51x61cm/*20x24in* New-York 97

$3 000 FF15 000 £1 942 Untitled Oil/canvas 30,5x35,5cm/*12x13in* New-York 96

$4 800 FF24 600 £2 916 Untitled (Violet) Oil/canvas 101x122cm/*39x48in* New-York 96

ANDORFF Paul 1849-1920 **[2]**

$4 833 FF28 818 £3 000 Die Papenstrasse in Berlin Oil/panel 18x13cm/*7x5in* London 97

ANDRADE BLASQUEZ Angel 1866-1932 **[6]**

$3 698 FF21 589 £2 200 Children Playing with Pigeons Oil/canvas 31x45,5cm/*12x17in* London 97

$195 FF1 185 £120 Paisaje Dibujo 23x34cm/*9x13in* Madrid 98

ANDRÉ Albert 1869-1954 **[117]**

$3 016 FF18 472 £1 800 Paysage Oil/canvas 26x36,5cm/*10x14in* London 98

$15 000 FF86 305 £8 854 Les chrysanthèmes Oil/canvas 73x60,5cm/*28x23in* New-York 97

$30 000 FF146 800 £19 000 Baigneuses dans un paysage Oil/canvas 121x131cm/*47x51in* New-York 95

$664 FF3 800 £414 Nu dans un intérieur Encre Chine/papier 18x25cm/*7x9in* Paris 97

ANDRE Carl 1935 **[68]**

$30 000 FF174 015 £17 733 Entablature Construction 91,5x213,5x61cm/*36x84x24in* New-York 97

$44 000 FF228 000 £29 400 Seven Steel Row Installation 1,3x61,2x318cm/x24x125in New-York 96
ANDRE Pierre 1964 **[8]**
$5 890 FF30 000 £3 880 Maîtresse Erzulie Huile/toile 80x60cm/31x23in Paris 96
ANDREA DI NICCOLO DA VITERBO c.1450-c.1515 **[3]**
$99 000 FF561 000 £49 500 Sant'Agostino e San Giovanni Battista/San Biagio e San Sebastiano Tempera/tavola 158x53cm/62x20in Milano 98
ANDREA Kees 1914 **[25]**
$669 FF3 814 £415 Familie van de matador II Oil/canvas/board 30x40cm/11x15in Amsterdam 97
$913 FF5 201 £566 A parade Oil/canvas 60,5x80,5cm/23x31in Amsterdam 97
$426 FF2 427 £264 A still life Watercolour 49x64cm/19x25in Amsterdam 97
ANDREA Pat 1942 **[17]**
$1 643 FF9 400 £1 025 Speelse hond (jeune chien joueur) Technique mixte/carton 35x39cm/13x15in Paris 97
$4 773 FF29 000 £2 873 Sans titre Huile/toile 100x119cm/39x46in Versailles 98
$1 180 FF7 000 £721 "Femme en Déséquilibre" Aquarelle 100x66cm/39x25in Paris 98
ANDREANI Andrea c.1546-1623 **[10]**
$650 FF3 390 £380 Die Anbetung der Könige Woodcut 39x27,9cm/15x10in Berlin 96
ANDREAS Krystallis 1901-1951 **[1]**
$2 870 FF14 840 £1 916 Drinking in the tavern Oil/cardboard 30x38cm/11x14in Athens 96
ANDREAS VON GRIECHENLAND Prinz von Dänemark 1882-1944 **[1]**
$1 413 FF6 880 £895 Die Akropolis, Athen Aquarell 26,5x44,5cm/10x17in Bern 95
ANDREASI Ippolito 1548-1608 **[2]**
$1 631 FF9 460 £1 000 A man ploughing a field with oxen/october Ink 14x27cm/5x10in London 97
ANDREASSON Folke 1902-1948 **[19]**
$1 680 FF8 700 £1 124 Costal landscape, Strömsund Oil/canvas 41x33cm/16x12in Göteborg 96
$3 046 FF14 780 £1 962 Landskap, Auvers-sur-Oise Oil/canvas 49x59cm/19x23in Göteborg 95
ANDREENKO Mikhail 1895-1982 **[40]**
$1 168 FF6 981 £715 Hope for a better life Mixed media/paper 14,5x10cm/5x3in Amsterdam 98
ANDREIS de Alex XIX-XX **[40]**
$2 128 FF12 992 £1 304 Le duel Huile/toile 60x73cm/23x28in Bruxelles 98
ANDREN Vicke 1856-1930 **[3]**
$526 FF3 122 £322 "Industrihallen, Allmänna Konst o. Industri Utställningen i Stockholm" Poster 87x67cm/34x26in Stockholm 97
ANDREONI Cesare 1903-1961 **[7]**
$1 560 FF8 840 £1 040 Scacchiere No.2 China 24x35cm/9x13in Milano 97
ANDREONI Francesco XIX **[1]**
$25 000 FF142 450 £15 312 Ti Amo Marble H104cm/H40in New-York 97
ANDREONI Orazzio XIX-XX **[3]**
$3 257 FF18 552 £2 000 Bust of Caesar Marble H76cm/H29in London 97
$11 010 FF63 976 £6 500 The Spanish Bride Marble H140cm/H55in London 97
ANDREOTTI Federico 1847-1930 **[52]**
$7 000 FF40 603 £4 307 The Flower Seller Oil/canvas 28x23cm/11x9in New-York 97
$23 470 FF118 500 £15 320 Conversation galante sur un banc Huile/toile 47,5x73cm/18x28in Paris 96
ANDREOTTI Libero 1875-1933 **[3]**
$8 400 FF47 600 £4 200 Maternita' Terracotta H76cm/H29in Milano 97
ANDREPETIT Henri XX **[10]**
$1 322 FF6 500 £837 Marais-salants Huile/toile 65x54cm/25x21in Châlons-sur-Marne 95
ANDREU Mariano 1888-1977 **[39]**
$5 211 FF31 167 £3 163 La fiesta de Baco Oil/panel 26x35,5cm/10x13in London 97
$7 412 FF44 334 £4 500 Bodegon con higos, membrillos, jamon y un sobrero de paja Oil/masonite 40,5x109,5cm/15x43in London 97
$831 FF4 300 £540 Les Trois Grâces Dessin 16x20cm/6x7in Paris 96
ANDREU Y SENTAMANS Teodoro 1870-1934 **[3]**
$1 650 FF9 925 £1 025 Toro y torero Acuarela/papel 22x29cm/8x11in Madrid 97
ANDREW Paul Sinclair 1908 **[2]**
$2 609 FF15 449 £1 549 "Mackay and Ste Catherine St., Montreal" Oil/canvas 61x40,5cm/24x15in

---

Toronto 97
ANDREWS Alpha 1932 **[3]**
 $900 FF5 518 £550 Untitled Oil/canvas 61x91,5cm/*24x36in* New-York 98
ANDREWS Ambrose 1824-1859 **[3]**
 $4 500 FF27 043 £2 695 Valley Landscape in Connecticut Oil/canvas 35,5x51cm/*13x20in* New-York 98
ANDREWS C.W. c.1830-c.1870 **[8]**
 $9 300 FF48 100 £6 000 Manila and its environ Lithograph 35x46cm/*13x18in* London 96
 $6 249 FF35 647 £3 800 The Spring, Luzon (Philippines) Watercolour/paper 12x12cm/*4x4in* London 97
ANDREWS George Henry 1816-1898 **[14]**
 $13 183 FF75 507 £7 800 Trafalgar Square, with Nelson's Column Oil/panel 145x112,5cm/*57x44in* London 97
 $3 212 FF18 450 £2 000 Yarmouth Harbour Watercolour 35,5x81cm/*13x31in* London 97
ANDREWS Henry 1794-1868 **[17]**
 $4 249 FF25 677 £2 531 Blind Man's Buff/Taking Coffee Oil/canvas 46x46cm/*18x18in* New-York 97
 $9 540 FF48 900 £5 800 Fete Galante Oil/canvas 130,5x192,5cm/*51x75in* London 96
ANDREWS Michael 1928 **[10]**
 $5 416 FF31 434 £3 200 Moonnlit Pond Watercolour/paper 21,5x32cm/*8x12in* London 97
ANDREWS Sybil 1898-1992 **[118]**
 $1 707 FF9 967 £1 015 Indian Dance Linocut in colors 22x21cm/*8x8in* Calgary, Alberta 97
 $659 FF3 850 £392 Forest Interior Watercolour/paper 28,5x46,5cm/*11x18in* Calgary, Alberta 97
ANDRI Ferdinand 1871-1956 **[47]**
 $824 FF4 760 £489 An einem See Öl/Karton 33,5x46cm/*13x18in* Wien 97
 $4 620 FF24 140 £2 750 Wanderer im Schnee Öl/Leinwand 50,5x70,5cm/*19x27in* Wien 96
 $238 FF1 428 £142 "Die Butterbäuerin" Farblithographie 28x36cm/*11x14in* Wien 98
 $1 985 FF11 905 £1 205 Feldarbeit Watercolour, gouache 42x60cm/*16x23in* Wien 98
ANDRIEN Mady 1941 **[2]**
 $783 FF4 875 £468 Rassemblement Terracotta 20x40cm/*7x15in* Liège 98
ANDRIESSE Emmy 1914-1953 **[2]**
 $3 000 FF17 585 £1 846 Hunger Winter and Liberation Day Views, WWII, Holland Gelatin silver print 18x18cm/*7x7in* New-York 97
ANDRIESSE Erik 1957-1993 **[1]**
 $2 472 FF12 340 £1 616 A skull Coloured crayons 62,5x48cm/*24x18in* Amsterdam 95
ANDRIESSEN Anthony 1746-1813 **[9]**
 $405 FF2 320 £239 A wooded landscape with two travellers and a boy with a dog resting Watercolour 20x14,5cm/*7x5in* Amsterdam 97
ANDRIESSEN Juriaan 1742-1819 **[17]**
 $4 500 FF22 160 £2 900 Allegory of Architecture/Allegory of Painting Oil/panel 28x87cm/*11x34in* Köbenhavn 95
 $24 900 FF130 000 £15 050 Rencontre près de la rivière/Repos des bergers Huile/toile 194x110cm/*76x43in* Paris 96
 $536 FF3 214 £320 Mother holding her Child on her Lap Black chalk 11,5x9cm/*4x3in* London 98
ANDRIESSEN Mari 1897-1979 **[22]**
 $1 704 FF10 182 £1 042 A couple Stone H36cm/*H14in* Amsterdam 98
ANDRIEU Pierre (Attrib.) 1821-1892 **[2]**
 $8 350 FF50 000 £4 990 Demosthène harangue les flots de la mer, d'après Eugène Delacroix Huile/toile 49x60cm/*19x23in* Paris 98
ANDRIEUX Auguste Clément 1829-c.1890 **[13]**
 $603 FF3 616 £360 Cavalry Skirmish/Seated female Nude Pencil/paper 15x25cm/*5x9in* London 98
ANDRIOLLI Michal Elwiro 1836-1893 **[8]**
 $2 335 FF12 130 £1 533 Pawlik Watercolour, gouache/paper 55,5x42cm/*21x16in* Warszawa 96
ANDRIQUE Georges XX **[3]**
 $2 187 FF12 881 £1 350 Bringing Home the Catch Oil/canvas 73x92cm/*28x36in* Newbury, Berkshire 97
ANDROUSSOV Vadime 1895-? **[1]**
 $6 175 FF37 000 £3 685 Jeune homme nu, debout et bras levés Terracotta H67,5cm/*H26in* Toulouse 98
ANDRY-FARCY Pierre 1882-1950 **[7]**
 $761 FF4 300 £479 "Moto Magnat-Debon, Grenoble, Médaille d'or du T.F.C." Affiche 120x160cm/*47x62in* Paris 97
ANDSELL Richard 1815-1885 **[2]**

$22 140 FF110 300 £14 500 Scotch Gilly Boy Oil/panel 27x38cm/*10x14in* London 95

ANENKOV Yuri Pavlovich 1889-1974 **[4]**
$12 920 FF64 600 £8 500 Self-portrait Pencil/paper 37x33cm/*14x12in* London 95

ANESI Paolo 1697-1773 **[26]**
$17 000 FF96 976 £10 453 Landscape with an Inlet with Manned Boats and Figures along shore Oil/canvas 17x35cm/*6x13in* New-York 97
$35 880 FF203 320 £17 940 Paesaggio costiero mediterraneo Olio/tela 39x63,5cm/*15x25in* Milano 98

ANESI Paolo (Attrib.) 1697-1773 **[8]**
$5 460 FF28 130 £3 500 A coastal landscape with fisherfolk by a ruined tower Oil/canvas 42,5x53,5cm/*16x21in* London 96

ANFRIE Charles 1833-? **[15]**
$651 FF4 000 £390 L'haltérophile Bronze H42cm/*H16in* Paris 98

ANG KIUKOK 1931 **[3]**
$61 064 FF365 640 £37 515 Blind Musicians Oil/canvas 63,5x91,5cm/*25x36in* Singapore 98
$3 352 FF20 072 £2 059 Figure #4 Tempera/paper 44,5x30cm/*17x11in* Singapore 98

ANGANUZZI Mario Nicolás 1888-1975 **[3]**
$5 500 FF33 475 £3 279 Estio Oleo 10x12cm/*3x4in* Buenos Aires 97

ANGAS George French 1822-1886 **[7]**
$8 125 FF46 511 £4 800 Hemi, Gradson of Pomara, Chief of the Chatham Island Watercolour/paper 16x10cm/*6x3in* London 97

ANGEL Philip de Middelburg c.1616-ap.1683 **[3]**
$17 640 FF90 700 £11 000 Kitchen interior Oil/panel 50x69cm/*19x27in* London 96

ANGELES ORTIZ Manuel 1912-1984 **[10]**
$1 950 FF11 850 £1 200 "Puesta del Sol Granadina" Oleo/lienzo 27x35cm/*10x13in* Madrid 98
$1 040 FF6 320 £624 Vista de Valparaiso Tinta/papel 38x27cm/*14x10in* Madrid 98

ANGELI d' Giovanni Battista XVI **[1]**
$1 669 FF10 094 £1 000 The Corrupt Judge Engraving 32x43,5cm/*12x17in* London 98

ANGELI Eduard 1942 **[40]**
$1 191 FF7 140 £711 Ohne Titel Öl/Karton 77x57cm/*30x22in* Wien 98
$479 FF2 444 £318 Grüne Tür Mischtechnik/Papier 51,5x60,5cm/*20x23in* Wien 96

ANGELI Franco 1935-1988 **[207]**
$3 000 FF17 000 £2 000 Souvenir Smalto/tela 100x150cm/*39x59in* Vercelli 97
$7 260 FF37 950 £4 290 Che disastro Olio/tela 60x100cm/*23x39in* Prato 96
$1 080 FF6 120 £540 United States of America Tecnica mista/carta 70x100cm/*27x39in* Roma 98

ANGELI Giuseppe 1712-1798 **[6]**
$18 000 FF109 688 £10 965 Woman holding a Glass of red Wine, her Companion asleep Oil/canvas 66x53,5cm/*25x21in* New-York 98

ANGELI Giuseppe (Attrib.) 1712-1798 **[2]**
$2 400 FF11 840 £1 552 Saint John the Evangelist Oil/canvas 37x30cm/*14x11in* New-York 96

ANGELI von Heinrich 1840-1925 **[10]**
$2 513 FF15 394 £1 500 Portrait of the Artist's Son, Gustav Oil/canvas 55,5x47cm/*21x18in* London 98
$3 490 FF17 140 £2 220 Erzherzogin Maria Theresia Oil/panel 45x30cm/*17x11in* Wien 95

ANGELIS de Salvatore 1856-? **[1]**
$4 743 FF27 290 £2 800 The Bombardment of Alexandria, 11 July 1882 Bodycolour 54x120cm/*21x47in* London 97

ANGELIS Pierre 1685-1734 **[13]**
$6 870 FF34 240 £4 500 A fisherman at a stall/A woman displaying vegetables Oil/copper 25,4x20,3cm/*10x7in* London 95
$23 340 FF118 800 £14 000 The Tryal of the King Oil/canvas 63,5x76,5cm/*25x30in* London 96

ANGELL COLEMAN Helen Cordelia 1847-1884 **[14]**
$741 FF4 499 £450 Chaffinch Watercolour 12x17cm/*4x6in* London 98

ANGELO d' Jean-Claude 1946 **[6]**
$984 FF5 000 £647 Brigitte Bronze H49cm/*H19in* Lille 96

ANGELO Valenti XX **[3]**
$100 FF594 £61 "Cactus" Woodcut in colors 19x12cm/*7x5in* Shaker Heights, Ohio 97

ANGELUCCIO (Attrib.) c.1620-1650 **[2]**

🎨 *$3 353 FF20 090* £2 000 St. Francis of Assisi Receiving The Stigmata Oil/copper 37x46cm/*14x18in* London 98

ANGERER Ludwig 1827-1879 **[4]**
📷 *$1 522 FF9 000* £942 Bucarest: habitations au bord de l'eau Tirage papier salé 20,5x26,5cm/*8x10in* Paris 97

ANGERER Max 1877-1955 **[2]**
🎨 *$2 531 FF15 289* £1 593 Almlandschaft Öl/Leinwand 51,5x67cm/*20x26in* Wien 97

ANGERER Walter Andreas 1940 **[4]**
🎨 *$2 149 FF12 722* £1 320 Peluschkas Tod und Verwandlung Oil/panel 42,7x31,8cm/*16x12in* München 98

ANGILLIS Pieter (Attrib.) 1685-c.1734 **[8]**
🎨 *$10 449 FF61 000* £6 319 La partie de tric-trac/La collation dans la cour de l'auberge Huile/toile 50x61cm/*19x24in* Paris 97

ANGLADA CAMARASA Hermen 1873-1959 **[15]**
🎨 *$39 900 FF228 000* £24 510 Paisaje Oleo/tabla 53x46cm/*20x18in* Madrid 97
🖼 *$860 FF5 000* £525 Femme accoudée au chapeau à plumes Lithographie 54,5x47cm/*21x18in* Paris 97

ANGLADE Gaston 1854-1919 **[87]**
🎨 *$420 FF2 500* £257 La bruyère Huile/toile 33x46,5cm/*12x18in* La Varenne Saint-Hilaire 97
🎨 *$850 FF4 800* £521 Bruyères en fleurs, Corrèze Huile/toile 46x55cm/*18x21in* Paris 97

ANGLES Joaquín XIX-XX **[10]**
🗿 *$4 755 FF24 000* £3 104 Sentinelle arabe Bronze H88,5cm/*H34in* Paris 96

ANGO Jean-Robert ?-1773 **[33]**
✏ *$503 FF3 013* £300 Diana and Callisto, sfter Carlo Maratta Red chalk/paper 27x37cm/*10x14in* London 98

ANGRAND Charles 1854-1926 **[33]**
🎨 *$2 472 FF12 340* £1 616 A tree in a landscape Oil/panel 24x19cm/*9x7in* Amsterdam 95
🎨 *$43 784 FF260 000* £26 520 Mère et enfants Huile/toile 81x100cm/*31x39in* Paris 97
✏ *$1 369 FF8 200* £841 Paysage Fusain 19,5x24,5cm/*7x9in* Paris 98

ANGRAVE Bruce ?-1983 **[1]**
🖼 *$982 FF5 100* £650 "Bognor Regis" Poster 76x51cm/*29x20in* London 96

ANGUIANO Raúl 1915 **[35]**
🎨 *$6 308 FF37 416* £3 855 Sin título Oleo/lienzo 130x85cm/*51x33in* México 98
🎨 *$40 000 FF194 000* £25 770 El matapalo Oil/masonite 160x121cm/*62x47in* New-York 95
🖼 *$229 FF1 360* £140 Mestiza Serigrafia 80x60cm/*31x23in* México 98
✏ *$1 500 FF8 680* £922 "Joven Lacandona" Red chalk 51x66cm/*20x25in* Los Angeles 97

ANGUIER Michel 1612/14-1686 **[6]**
🗿 *$18 370 FF91 700* £12 000 Ariadne Bronze H47cm/*H18in* London 95

ANGUISCIOLA Sofonisba 1530-c.1626 **[2]**
🎨 *$12 600 FF61 000* £8 000 Ritratto di dama in abito nero con bottoni di perle Olio/tela 116x82cm/*45x32in* Roma 95

ANGUISCIOLA Sofonisba (Attrib.) 1530-c.1626 **[5]**
🎨 *$3 685 FF19 000* £2 364 Saint Marguerite enfant filant une quenouille Huile/panneau 4,5x34cm/*1x13in* Paris 96
🎨 *$28 060 FF144 700* £18 000 Portrait of a Lady wearing an embroidered black dress and a gold chain Oil/canvas 91x75,5cm/*35x29in* London 96

ANGUS John 1821-? **[3]**
🎨 *$4 212 FF21 672* £2 628 A Gipsy-Woman Dancing for the Princess Oil/panel 73x95,5cm/*28x37in* Amsterdam 96

ANISFELD Boris Israelovich 1878-1973 **[11]**
🎨 *$6 840 FF34 200* £4 500 Hispania Oil/canvas 60x73cm/*23x28in* London 95
✏ *$5 420 FF28 400* £3 250 Costume design for a female dancer in Islamei Gouache 44x31cm/*17x12in* London 96

ANIVITTI Filippo 1876-1955 **[42]**
🎨 *$1 173 FF6 647* £586 Scorcio di Roma Olio/cartone 20x30cm/*7x11in* Roma 98
🎨 *$3 256 FF19 627* £2 000 The Spanish Steps Oil/canvas/board 39,5x43cm/*15x16in* London 98
✏ *$1 100 FF6 555* £683 A Flower Seller by the Spanish Steps, Rome Watercolour/paper 61x42cm/*24x16in* Washington 97

ANKARCRONA Alexis 1825-1901 **[8]**
🎨 *$1 195 FF6 939* £706 Sundby Gård Oil/canvas 51x80cm/*20x31in* Malmö 97

ANKARCRONA Gustav 1869-1933 **[13]**
$462 FF2 758 £281 Vinterlandskap Oil/canvas 64x82cm/*25x32in* Stockholm 98
$1 832 FF10 589 £1 129 Dalamotiv med fäbodar Oil/canvas 27x35cm/*10x13in* Stockholm 97
ANKARCRONA Henrik 1831-1917 **[30]**
$3 550 FF18 200 £2 155 Beduiner vid oas Oil/panel 27x44cm/*10x17in* Malmö 96
$6 250 FF32 700 £3 726 Ökenkaravan Oil/canvas 59x102cm/*23x40in* Stockholm 96
$66 792 FF401 404 £40 000 The Advancing Army Oil/canvas 102x194cm/*40x76in* London 98
ANKER Albert 1831-1910 **[259]**
$7 930 FF41 100 £5 150 Gewitterhimmel im Gebirge Öl/Papier 11,2x31cm/*4x12in* Zürich 96
$13 979 FF85 714 £8 379 Der Genius des Todes Öl/Leinwand 83x45,5cm/*32x17in* Zürich 98
$245 FF1 449 £145 Büste Lavaters Pencil/paper 10x16,5cm/*3x6in* Zürich 97
ANKER Hanns 1897-? **[16]**
$133 FF814 £80 "Samson" Etching 28x23cm/*11x9in* Glasgow 98
ANNELER Karl 1886-1957 **[31]**
$357 FF1 833 £223 Frühlingsahnen bei Grindelwald Öl/Leinwand 33,5x46cm/*13x18in* Bern 96
$537 FF3 218 £330 Mohnblumenstrauss vor Alpenkette Oil/canvas 76x76cm/*29x29in* Bern 98
ANNENKOF Georges 1890/94-1971 **[8]**
$5 828 FF36 000 £3 502 Les maisons rouges Huile/toile 54x81cm/*21x31in* Paris 98
ANNENKOV Youri Pavlovitch 1889-1974 **[16]**
$7 370 FF42 775 £4 500 Portrait of a revolutionary Pencil/paper 54x45cm/*21x17in* London 97
ANNIGONI Pietro 1910-1988 **[97]**
$3 630 FF18 530 £2 200 Paesaggio Olio/tela/cartone 17,4x26,5cm/*6x10in* Prato 96
$3 600 FF20 400 £2 400 Paesaggio Olio/tela 40x60cm/*15x23in* Firenze 97
$36 135 FF211 060 £22 180 Comtemplazione del Vuoto Mixed media/board 129,5x109cm/*50x42in* Toronto 97
$300 FF1 700 £150 Paesaggio invernale Acquaforte 29x39cm/*11x15in* Firenze 98
$1 140 FF6 460 £760 Testa maschile Sanguina 28,9x19,4cm/*11x7in* Prato 97
ANNUNCIACAO Toma José 1818-1879 **[4]**
$4 070 FF23 598 £2 400 Fisherfolk on a Beach Sérigraphie/toile 37,5x30cm/*14x11in* London 97
$34 760 FF178 800 £21 000 Figures and cattle on a street before a harbour town Oil/canvas/board 41x61,5cm/*16x24in* London 96
ANQUETIN Louis 1861-1932 **[82]**
$1 672 FF8 500 £998 Satyre et Nymphe endormie Huile/toile 33x41cm/*12x16in* Paris 96
$6 100 FF31 000 £3 640 Nymphe et Bacchus Huile/toile 79,5x108cm/*31x42in* Paris 96
$3 200 FF18 327 £1 893 "Marguerite Dufay, dans son répertoire" Poster 127x94cm/*50x37in* New-York 97
$884 FF4 500 £530 Portrait de petite fille Fusain 60x45cm/*23x17in* Neuilly 96
ANRAEDT van Pieter c.1610-1678 **[2]**
$6 000 FF35 128 £3 709 Portrait of Margaretha Barbara de Sandra Oil/canvas 107x78cm/*42x30in* New-York 97
ANREITER von Alois 1803-1882 **[10]**
$8 822 FF52 459 £5 313 Schwesternpaar in ganzer Figur, in einer Landschaft sitzend Watercolour 17x13cm/*6x5in* Wien 98
ANSCHUTZ Thomas P. 1851-1912 **[2]**
$6 500 FF39 682 £3 885 Sewing by the Heath Oil/canvas 30,5x46cm/*12x18in* New-York 98
ANSDELL Richard 1815-1885 **[74]**
$7 423 FF44 965 £4 600 Sketch for a Figure in "The Caledonian Coursing Meeting" Oil/canvas 44x32,5cm/*17x12in* Perthshire 97
$13 845 FF80 875 £8 500 A Hawk attaching a Pheasant, with Huntsmen and Spaniels beyond Oil/canvas 75x107,5x107,5cm/*29x42x42in* London 97
$21 689 FF132 329 £13 000 Exotic Fowl by Lake in a Landscape Oil/canvas 98x143,5cm/*38x56in* London 98
ANSDELL Richard (Attrib.) 1815-1885 **[8]**
$3 337 FF20 151 £2 000 Coming Off the Hill Oil/panel 38x76cm/*14x29in* London 98
ANSELL Charles c.1752-? **[1]**
$935 FF5 387 £549 The Life and Death of a racehorse Aquatint 30x34cm/*11x13in* London 97
ANSELMI Michelangelo (Attr.) 1491-1554 **[4]**

✏ *$254 FF1 500 £157* Apparition de la Vierge/Esquisse pour une apparition Sanguine/papier 11x14cm/*4x5in* Paris 97

ANSHUTZ Thomas Pollock 1851-1912 **[29]**
🎨 *$18 000 FF92 700 £11 500* Port of Philadelphia, Delaware River Oil/canvas/board 33,5x44,5cm/*13x17in* New-York 96
🎨 *$21 000 FF125 523 £12 728* Interior, Mother with Cradle Oil/canvas 40,6x50,8cm/*15x20in* San Francisco-Los Angeles 97

ANSIAUX Jean-Joseph 1764-1840 **[7]**
🎨 *$5 901 FF35 000 £3 608* Portrait d'un officier pendant une bataille Huile/toile 41x32,5cm/*16x12in* Paris 97

ANSIEAU Roland 1901-1987 **[4]**
📜 *$303 FF1 794 £180* "Picon Chaud, le bon grog en Hiver" Affiche 160x115cm/*62x45in* London 97

ANSINGH Lizzy 1875-1959 **[53]**
🎨 *$2 420 FF12 270 £1 576* De favourite Oil/canvas/panel 35x27,5cm/*13x10in* Amsterdam 96
🎨 *$3 300 FF16 900 £2 140* Vrijmoedig kind Oil/canvas 61x56cm/*24x22in* Amsterdam 95
🎨 *$7 726 FF44 950 £4 732* Rustelozen Oil/canvas 115x129,5cm/*45x50in* Amsterdam 97
✏ *$569 FF3 480 £349* Dressing Up Watercolour 38x29cm/*14x11in* Amsterdam 98

ANSPACH Johannes 1752-1823 **[2]**
✏ *$1 165 FF6 070 £770* Portrait profile of a gentleman/.. of a woman Pastel 13,4x10,8cm/*5x4in* Toronto 96

ANTCHER Isaac 1899-1992 **[52]**
🎨 *$699 FF4 000 £436* Bois de bouleaux Huile/toile 65x54cm/*25x21in* Paris 97

ANTES Horst 1936 **[475]**
🎨 *$7 520 FF43 956 £4 588* Blaues Haus ohne Dach Mixed media 30x40cm/*11x15in* Amsterdam 97
🎨 *$16 203 FF96 444 £9 904* Graubeige Halbfigur Mixed media 96,5x67,5cm/*37x26in* Berlin 98
🎨 *$69 700 FF343 000 £44 900* Das Rote Zelt Mixed media 120,5x101,5cm/*47x39in* Berlin 95
📜 *$338 FF1 942 £206* "Kopf" Lithograph 36x30cm/*14x11in* Berlin 97
🔨 *$6 273 FF37 254 £3 800* Untitled Sculpture 45x45,5x13cm/*17x17x5in* London 97
✏ *$57 823 FF341 363 £34 241* Figur und Mühlstein Aquarell 120x100cm/*47x39in* Berlin 97

ANTHING Johann F. 1760-1805 **[1]**
✏ *$2 470 FF12 900 £1 470* Die Familie des Friedrich Wilhelm von Bauer Ink 38x61,5cm/*14x24in* Hamburg 96

ANTHONISSEN van Arnoldus 1662-1669 **[3]**
🎨 *$14 100 FF72 100 £9 040* Ein Segelboot auf bewegter See vor der Küste Oil/panel 24x36cm/*9x14in* Wien 96

ANTHONISSEN van Hendrick c.1606-1654/60 **[7]**
🎨 *$13 153 FF77 922 £7 800* Sailing Boats at a jetty at low Tide Oil/panel 76x75cm/*29x29in* London 97

ANTHONISSEN van Hendrick (Attrib.) c.1606-1654/60 **[2]**
🎨 *$18 549 FF109 890 £11 000* A Boyer, a Warship and other Shipping on the River Ij, off Amsterdam Oil/panel 50x97,5cm/*19x38in* London 97

ANTHONY Jean-Baptiste 1854-1930 **[3]**
✏ *$1 512 FF8 965 £940* Elégante fleurie Pastel/carton 81x61cm/*31x24in* Bruxelles 97

ANTHOONS Willy 1911-1982 **[12]**
✏ *$356 FF1 800 £234* "Espace-1959" Collage 25x45cm/*9x17in* Paris 96

ANTIGNA Alexandre 1817-1878 **[9]**
🎨 *$2 145 FF13 000 £1 315* Jeune femme rêveuse Huile/toile 103x68cm/*40x26in* Orléans 98

ANTOLINEZ Y SARABIA Francisco 1644-1700 **[16]**
🎨 *$2 702 FF16 174 £1 597* Sacrificio de Isaac Oleo/lienzo 49x76cm/*19x29in* Madrid 98
🎨 *$6 258 FF37 457 £3 698* Jacob y Raquel en el pozo/La huida a Egipto Oleo/tabla 24,5x33cm/*9x12in* Madrid 98

ANTON Ottomar 1895-1976 **[8]**
📜 *$1 897 FF9 410 £1 200* "Hamburg-Amerika Linie" Poster 83x60cm/*32x23in* London 95

ANTONELLI Severo 1907-? **[2]**
📷 *$4 500 FF27 455 £2 697* Untitled Gelatin silver print 8,5x6cm/*3x2in* New-York 98

ANTONIANI Pietro c.1740/50-1805 **[13]**
🎨 *$27 000 FF159 197 £16 556* View of the Strada di Santa Lucia, Naples Oil/canvas 30,5x41,5cm/*12x16in* New-York 98

ANTONINI Carlo XVIII **[1]**
📜 *$740 FF3 830 £480* The Figurine Series, after S. Rosa Etching 24x17cm/*9x6in* London 96

ANTONIO d' Biagio vers 1445-1510 **[1]**

$102 000 FF578 000 £51 000 Madonna col Bambino Tempera/tavola 71x46cm/*27x18in* Milano 97

ANTONIO DA TRENTO Antonio Fantuzzi c.1508-c.1560 **[14]**

$498 FF3 022 £305 Herkules lässt sich als Frau verkleiden Radierung 25,6x41,8cm/*10x16in* Berlin 98

ANTONIO de Cristobal XIX-XX **[5]**

$2 382 FF12 160 £1 580 Caballeros en el estudio del pintor Oleo/lienzo 36x28cm/*14x11in* Madrid 96

ANTONISSEN Henri Joseph 1737-1794 **[7]**

$93 344 FF552 303 £56 169 Dawn, a Shepherdess Conversing with an Angler/Sunset, a Peasant Woman Oil/canvas 71x88cm/*27x34in* Amsterdam 98

$1 192 FF7 154 £717 Paysage avec couple de bergers et bétail Lavis 27,5x39,5cm/*10x15in* Bruxelles 98

ANTONOV Sergey Nicolayevich 1884-1956 **[1]**

$2 432 FF12 160 £1 600 Design for a stage set: a procession circumbulating a church Gouache/paper 67x67cm/*26x26in* London 95

ANTOYAN Arès 1955 **[39]**

$6 280 FF35 000 £3 900 "Roxane II" Huile/toile 114x146cm/*44x57in* Bourg-en-Bresse 97

ANTRAL Louis Robert 1895-1940 **[86]**

$768 FF4 000 £483 Remorqueur sur la Seine Huile/panneau 32,5x41cm/*12x16in* Paris 96

$1 186 FF6 500 £714 Paris, le canal Saint-Martin Huile/toile 54x65cm/*21x25in* Paris 97

$433 FF2 500 £258 Paysage de banlieue Aquarelle 30,5x45,5cm/*12x17in* Paris 97

ANTRANIK XIX **[4]**

$30 669 FF182 341 £19 000 Abdul Hamid II presiding at the Ceremony of Bayram at yildiz, Istanbul Gouache/paper 12x16cm/*4x6in* London 97

ANTRO van Alexandre XIX-XX **[3]**

$26 800 FF136 200 £16 000 Peonies, irises, tulips, hyacinths in a vase Oil/panel 96x74cm/*37x29in* London 96

ANTUM van Aert 1580-1620 **[8]**

$18 494 FF109 890 £11 000 Dutch merchant vessels and a smalschip accompanied by Dolphins Oil/panel 39x66cm/*15x25in* London 97

ANTUM van Aert (Attrib.) 1580-1620 **[1]**

$8 960 FF44 950 £5 670 Zwei Dreimaster auf bewegter See Oil/panel 41x67cm/*16x26in* Wien 95

ANTUNEZ Nemesio 1918-1993 **[3]**

$6 000 FF35 842 £3 670 Vi el entierro pasar Oil/canvas 64x92cm/*25x36in* New-York 98

ANTY d' Henry 1910 **[489]**

$167 FF1 000 £101 Fleurs Huile/toile 54x45cm/*21x17in* Paris 97

$364 FF2 159 £225 Fleurs Huile/toile 27x22cm/*10x8in* Montréal 97

$349 FF1 800 £231 Port de plaisance Technique mixte/papier 56x48cm/*22x18in* Arles 96

ANUSZKIEWICZ Richard 1930 **[42]**

$1 700 FF9 681 £1 055 Untitled Oil/canvas 40,6x35,6cm/*15x14in* New-York 97

$2 400 FF14 492 £1 438 Untitled Oil/canvas 71x66cm/*27x25in* New-York 98

$6 500 FF33 300 £3 950 Translumina with purple, blue, greens and oranger Acrylic/wood 107x122cm/*42x48in* New-York 96

$207 FF1 179 £126 Splender of Orange Farbserigraphie 69,5x69,5cm/*27x27in* Hamburg 97

ANVITTI Filippo 1876-? **[2]**

$1 800 FF10 200 £900 La Via Appia Antica Acquarello/cartone 41x63cm/*16x24in* Roma 97

ANZIL Giovanni Toffolo 1911 **[7]**

$1 680 FF9 520 £840 Fiori di campo Olio 44x34cm/*17x13in* Trieste 97

$3 180 FF18 020 £2 120 "Nevicata in via S. Francesco" Olio/masonite 40x50cm/*15x19in* Trieste 98

ANZINGER Siegfried 1952 **[266]**

$1 542 FF7 800 £1 012 Ohne Titel Öl/Papier 48,5x34cm/*19x13in* Wien 96

$8 040 FF47 570 £4 770 Ohne Titel Acryl/Papier 237x214cm/*93x84in* Wien 97

$776 FF4 766 £474 "Ateliersitzer" Pencil/paper 42x29,5cm/*16x11in* Wien 98

AOSHIMA Kazushige 1968 **[4]**

$1 000 FF6 093 £609 Toy Pumkings Mixed media/paper 70x70cm/*27x27in* Tel Aviv 98

AOUAD Farid XX **[14]**

$501 FF3 000 £307 Scène de café Pastel/papier 23x31cm/*9x12in* Paris 98

AOYAMA Yoshio 1894-? **[7]**

$650 FF3 707 £397 "Pêchers en fleur" Oil/canvas 45x37cm/*18x14in* Bethesda, Maryland 97

APELLANIZ Jesús 1898-1969 **[14]**
$2 104 FF11 020 £1 265 Plaza de España, Roma Oleo/cartón 24x33cm/*9x12in* Madrid 96
$3 575 FF21 725 £2 145 Peña Urquiola Oleo/lienzo 60x73cm/*23x28in* Madrid 98
APIN Mochtar 1923-1994 **[5]**
$6 285 FF37 636 £3 861 Standing Nude Oil/canvas 115x80cm/*45x31in* Singapore 98
APOL Adrianus 1780-1862 **[2]**
$2 439 FF14 634 £1 467 Nature morte de fruits et raisins Huile/panneau 34x27cm/*13x10in* Bruxelles 98
APOL Armand 1878-1950 **[89]**
$449 FF2 616 £275 Maisons au bord de l'eau Huile/panneau 20x23cm/*7x9in* Antwerpen 97
$861 FF4 902 £528 Maison le long d'un canal Huile/panneau 41x50cm/*16x19in* Bruxelles 97
APOL Louis 1850-1936 **[153]**
$24 960 FF12 280 £1 600 Winterlandschap met een boerderij aan een vaart Oil/panel 20x26cm/*7x10in* Den Haag 96
$14 084 FF83 185 £8 509 The "Haagse Bos" in the snow Oil/canvas 80,5x60,5cm/*31x23in* Amsterdam 97
$88 FF454 £57 Studies of duyck-decoy/Landscape/A cartoon Pencil/paper 10x15,5cm/*3x6in* Amsterdam 96
APOLLINAIRE Guillaume 1880-1918 **[14]**
$4 440 FF23 000 £2 880 "Camille. XV Novembre MCMIV" Aquarelle 10,4x22cm/*4x8in* Paris 96
APOSTOOL Cornelis 1762-1844 **[5]**
$23 315 FF136 985 £14 000 The Bay of Naples from the Margellina/Villa Reale at Chiaia, Naples Watercolour 40x61cm/*15x24in* London 97
APPEL Charles P. 1857-1928 **[26]**
$949 FF5 432 £592 Twilight landscape Oil/canvas 20x25,5cm/*7x10in* Boston, Mass. 97
$2 000 FF11 904 £1 241 Late Afternoon Oil/canvas 76x60cm/*30x24in* St. Louis, Miss. 97
$19 744 FF119 084 £11 780 Untitled Wax crayon 46x30,5cm/*18x12in* Amsterdam 98
APPEL Karel 1921 **[1645]**
$6 354 FF37 754 £3 779 A Figure Oil/paper/canvas 50x30,5cm/*19x12in* Amsterdam 97
$7 500 FF38 840 £5 010 Étude pour un moulin Oil/canvas 195x190cm/*76x74in* New-York 96
$12 962 FF77 155 £7 923 Ohne Titel Acryl/Karton 57x77cm/*22x30in* Berlin 98
$424 FF2 638 £253 Koposition i röd, sort og grå Color lithograph 74x53cm/*29x20in* København 98
$9 000 FF44 000 £5 700 Close Together Sculpture, wood H79cm/*H31in* New-York 95
$13 327 FF80 381 £7 951 Personage Gay Sculpture, wood H126cm/*H49in* Amsterdam 98
$6 360 FF33 200 £3 840 Birdbeast Watercolour 34x44cm/*13x17in* Amsterdam 96
APPEL Karl 1866-? **[4]**
$4 433 FF26 499 £2 713 Untitled Acrylic/canvas/board 33x48cm/*12x18in* Stockholm 97
APPEL Madeleine [1]
$1 974 FF11 908 £1 178 "Je peignais leurs animaux" Woodcut in colors 76x56cm/*29x22in* Amsterdam 98
APPELMAN Barend (Attrib.) 1640-1686 **[1]**
$1 662 FF8 480 £1 100 Horses standing in a river before a walled town Oil/canvas 36x41cm/*14x16in* London 96
APPELT Dieter 1935 **[18]**
$517 FF3 100 £316 La mariée Tirage argentique 40x30cm/*15x11in* Paris 97
APPERLEY George Owen Wynne 1884-1960 **[45]**
$3 681 FF21 696 £2 200 Spanish Street at Night Oil/canvas 81,5x56cm/*32x22in* London 97
$3 858 FF23 385 £2 300 Bodiam Castle Oil/canvas 100x150cm/*39x59in* Bath 97
$723 FF4 085 £440 A Dutch canal Watercolour/paper 24,7x34,9cm/*9x13in* London 97
APPERT Eugène 1814-1867 **[7]**
$1 987 FF12 000 £1 207 Scènes de genre Huile/toile 47x56cm/*18x22in* Saint-Dié 98
APPERT Georges XIX-XX **[10]**
$1 484 FF7 200 £956 Le tour de cartes Huile/toile 60x45cm/*23x17in* Bordeaux 95
APPIA DABIT Béatrice 1899-? **[20]**
$436 FF2 100 £274 Paysage du Midi Pastel 25x20cm/*9x7in* Douarnenez 95
APPIA Dominique 1926 **[1]**
$3 805 FF19 870 £2 300 Les Barricades Mystérieuses Huile/toile 88x46cm/*34x18in* Genève 96
APPIAN Adolphe Jac. Barth. 1818-1898 **[149]**
$1 362 FF6 800 £890 Une mare à Fontainebleau Huile/toile 42x59cm/*16x23in* Paris 95
$2 192 FF12 500 £1 346 Petite fille et chien au bord de l'eau Huile/toile 20x29cm/*7x11in* Lyon 97
$185 FF1 100 £113 Pont de Hauteville Eau-forte 34,5x44cm/*13x17in* Paris 97
$638 FF3 800 £390 Pêcheurs en barque au bord de la rivière Fusain 25x45cm/*9x17in* Barbizon 98

APPIAN Louis 1862-1896 **[25]**
$585 FF3 500 £354 Village de montagne Huile/toile 38,5x57cm/*15x22in* Paris 97
$2 555 FF15 500 £1 517 Scène de marché Orientale Huile/toile 34x44cm/*13x17in* Moulins 98
APPIANI Andrea I 1754-1817 **[17]**
$9 000 FF51 000 £6 000 Venere e Adone morente Olio/tela 35x27,5cm/*13x10in* Prato 98
$29 000 FF151 000 £19 180 Venus Holding an Amphora and Cupid Weeping Oil/canvas 74x58cm/*29x22in* New-York 96
$1 062 FF6 200 £652 "Bonaparte 1er Consul" Gravure 63x52cm/*24x20in* Paris 97
$900 FF5 100 £450 Caricatura di monaca Matita/carta 24x18,5cm/*9x7in* Milano 98
APPIANI Andrea I (Attrib.) 1754-1817 **[4]**
$8 388 FF47 532 £5 592 Ritratto di signora con cane Olio/tela 89x63,5cm/*35x25in* Milano 98
$9 568 FF50 082 £6 279 Due figure allegoriche Olio/carta 41x27,5cm/*16x10in* Milano 96
APPLEBEE Leonard XX **[5]**
$1 961 FF11 661 £1 200 Potted Pansies Oil/canvas 56x71cm/*22x27in* London 97
APPLEBROOG Ida 1929 **[6]**
$14 000 FF81 348 £8 265 You Still Here? Oil/canvas 108x168cm/*42x66in* New-York 97
APPLEGATE Frank 1882-1934 **[2]**
$4 500 FF25 773 £2 662 Untitled (Landscape/Adobes/Trees) Watercolour/paper 12x18cm/*5x7in* Santa Fe, New Mexico 97
APPLETON George A. XIX **[1]**
$3 257 FF20 143 £2 000 An Australian Chief Foretelling the Fate of his Race Oil/canvas 60x84,5cm/*23x33in* Billingshurst, West Sussex 97
APPLETON Honor Charlotte 1879-1951 **[12]**
$742 FF4 407 £449 Downdilly descends with the mix, to the land of the still folk Watercolour 30x23cm/*11x9in* London 97
APPLETON Jean 1911 **[6]**
$3 738 FF22 645 £2 316 Flower Study Oil/board 110x90,5cm/*43x35in* Melbourne 97
APPLEYARD Frederick, Fred 1874-1963 **[14]**
$1 979 FF11 834 £1 200 "A Hampshire Trout Stream" Oil/canvas 53,5x63,5cm/*21x25in* Glasgow 97
APPLEYARD Joseph 1908-1960 **[5]**
$664 FF3 952 £400 The Ayre Dale Beagles Watercolour 37x56cm/*14x22in* London 97
APPS Paul 1958 **[11]**
$6 669 FF40 056 £4 000 Elephants in a Clearing Bull, Cow and Calf Oil/canvas 68,5x101,5cm/*26x39in* London 98
APREA Giuseppe 1876-1946 **[6]**
$1 170 FF6 010 £697 Pescatori in mare Olio/tela/tavola 50x80cm/*19x31in* Roma 96
APSHOVEN van Thomas 1622-1664 **[22]**
$10 130 FF52 200 £6 500 Peasants merrymaking outside an inn/Peasants conversing in an inn Oil/canvas 59x87cm/*23x34in* London 96
$9 924 FF57 696 £6 060 Vier Bauern vor einem Bauernhof Oil/wood 19x22cm/*7x8in* Wien 97
APSHOVEN van Thomas (Attrib.) 1622-1664 **[13]**
$3 408 FF20 000 £2 084 Scène paysanne avec retour du marché Huile/toile 64x82cm/*25x32in* Paris 97
$5 110 FF25 000 £3 234 Les joueurs de quilles Huile/toile 2x36cm/*x14in* Paris 95
APSITIS Aleksander Petrovich 1880-1944 **[3]**
$5 330 FF28 000 £3 200 Satyre and Nymphs in woodland revelry Watercolour/paper 58x47cm/*22x18in* London 96
APTHORP Louise L. 1878-? **[1]**
$4 000 FF24 390 £2 400 Spring Planting Oil/canvas 61x122cm/*24x48in* Boston, Mass. 98
APVRIL d' Edouard 1843-1928 **[38]**
$609 FF3 000 £396 Le forgeron Huile/carton 14x11cm/*5x4in* Grenoble 95
$3 660 FF19 000 £2 420 Mère et sa fille à la lessive Huile/toile 74x60cm/*29x23in* Grenoble 96
AQUILA Francesco Faraone 1676-1740 **[4]**
$1 141 FF5 900 £740 Raccolta di Vasi Diversi e di Varie Targhe Etching 39x52,5cm/*15x20in* London 96
AQUINAS DALY Thomas XX **[3]**
$4 500 FF22 680 £2 903 Burnt Island Oil/board 35x50cm/*14x20in* Hayden 96
$2 250 FF11 340 £1 451 Canoe in the Woods Watercolour/paper 16x23cm/*6x9in* Hayden 96

ARA Krishna Hawlaji 1914-1984 **[14]**
$11 297 FF67 729 £6 800 Village Scene Oil/board 68x52cm/*26x20in* London 98
$3 605 FF21 526 £2 200 Still life Watercolour 73x55cm/*28x21in* London 98
ARAGO Jacques Étienne Vic. 1790-1855 **[26]**
$1 560 FF7 980 £1 000 "Timor, sabres malais, razoir chinois, jeu qu'ils appellent Tjonka" Ink 37x28cm/*14x11in* London 96
ARAGON Louis 1897-1982 **[1]**
$5 350 FF32 000 £3 248 Portrait de Jacques Vache Collage 24,5x19cm/*9x7in* Paris 97
ARAKAWA Shusaku 1936 **[75]**
$20 000 FF116 212 £11 808 Untitled Mixed media/canvas 201,5x159cm/*79x62in* New-York 97
$561 FF3 200 £344 Use the Fact that Color lithograph 76,5x57cm/*30x22in* Hamburg 97
$4 014 FF23 450 £2 375 Ohne Titel Indian ink 75x60cm/*29x23in* Köln 97
ARAKKAL Yusuf 1945 **[4]**
$2 830 FF14 080 £1 800 Construction Site Oil/canvas 152x152cm/*59x59in* London 95
ARAMOFF Serge XX **[7]**
$8 016 FF48 000 £4 790 Nu aux raisins Bronze H142cm/*H55in* Enghien 98
ARANA Alfonso 1927 **[4]**
$1 000 FF5 698 £612 Adan y Eva Color lithograph 89x60cm/*35x24in* Bethesda, Maryland 97
$10 000 FF59 701 £6 143 Pareja clásica Pastel/paper 65x50cm/*25x19in* New-York 98
ARANOA de Juan 1901-1973 **[2]**
$3 116 FF16 240 £2 060 El Magistrado Oleo/lienzo 115x100cm/*45x39in* Madrid 96
ARATYM Hubert 1936 **[9]**
$1 850 FF9 650 £1 100 Ohne Titel Watercolour 26x34cm/*10x13in* Wien 96
ARAUJO Carlos 1950 **[8]**
$885 FF4 500 £529 Tête d'homme Huile/panneau 60x53cm/*23x20in* Paris 96
ARAUJO Emanoel 1940 **[2]**
$1 239 FF7 370 £768 Pegi Print in colors 226x153cm/*88x60in* Stuttgart 97
ARAUJO Y RUANO Joaquín 1851-1894 **[30]**
$1 254 FF7 505 £779 "La Japonesa" Oleo/lienzo 65x46cm/*25x18in* Madrid 97
$1 968 FF12 000 £1 180 Jeune espagnole au spectacle Huile/panneau 40x30cm/*15x11in* Calais 98
$204 FF1 226 £127 Estudios para El ángel caído Dibujo 21x30cm/*8x11in* Madrid 98
ARBANT Louis XIX **[4]**
$5 500 FF32 699 £3 364 Floral Still Life with a Book at the Foot of a Tree Oil/canvas 80x99cm/*31x38in* New-York 97
ARBEY Mathilde 1890-? **[2]**
$1 245 FF6 500 £753 "Les cyprès du Général", scène d'Afrique du Nord Pastel 44x53cm/*17x20in* Paris 96
ARBORELIUS Olof 1842-1915 **[73]**
$688 FF3 434 £450 Hölass i sommargrönska Oil/panel 24x18cm/*9x7in* Stockholm 95
$2 170 FF12 957 £1 331 Landskap med kreatur Oil/canvas 43x73cm/*16x28in* Stockholm 98
$7 592 FF43 871 £4 680 Pastoralt landskap, motiv från Nacka Oil/canvas 99x148cm/*38x58in* Stockholm 97
ARBUCKLE George Franklin 1909 **[27]**
$591 FF3 391 £365 Mansonville, Que. Huile/panneau 30,5x40,5cm/*12x15in* Montréal 97
$2 284 FF13 645 £1 400 The ferry Man Oil/canvas 61x81cm/*24x31in* London 98
ARBUS André 1903-1969 **[16]**
$168 FF1 000 £102 Chambre à coucher Gouache/papier 35x50cm/*13x19in* Paris 97
ARBUS Diane 1923-1971 **[121]**
$2 800 FF16 241 £1 716 Topless Dancer in Her Dressing Room, San Franscisco, Cal Gelatin silver print 37,5x37,5cm/*14x14in* New-York 97
ARBUTHNOT Malcolm 1874-1967 **[13]**
$402 FF2 055 £260 Landscape with barn/Hedges, hills and trees Watercolour 36x46cm/*14x18in* London 95
ARCHE Jorge 1905-1956 **[3]**
$10 450 FF63 680 £6 463 Retrato Oil/canvas 67,5x56cm/*26x22in* Miami, Florida 98
ARCHER Charles 1855-1931 **[13]**
$1 563 FF8 100 £1 000 Still Life with Blossom and a Bird's nest Oil/panel 35,5x46cm/*13x18in* London 96
ARCHER Fred R. 1889-1963 **[2]**
$2 500 FF15 460 £1 489 Design "Glass" Gelatin silver print 33,5x31,5cm/*13x12in* San Francisco 98
ARCHER James 1824-1904 **[10]**

$6 200 FF31 480 £4 000 Rose Bradwardine Oil/canvas 92x61cm/*36x24in* Auchterarder, Perthshire 96
$5 839 FF35 805 £3 500 Sing Me a Sweet Song Oil/board 38x25,5cm/*14x10in* London 98
$2 080 FF10 760 £1 343 Portrait of a woman with bonnet Pastel 50x60cm/*19x23in* Stockholm 96

ARCHIGUILLE François 1933 **[18]**
$609 FF3 000 £396 Transfiguration d'un bateau dans la nuit Acrylique/toile 81x100cm/*31x39in* Paris 95

ARCHIPENKO Alexander 1887-1964 **[253]**
$7 802 FF46 278 £4 766 Reclining Figure Mischtechnik/Karton 30,5x48,5cm/*12x19in* München 98
$884 941 FF5 350 297 £530 000 Nature morte, nu à la table Mixed media 44x48cm/*17x18in* London 98
$700 FF4 194 £417 Coquette Color lithograph 44x32cm/*17x12in* Los Angeles 98
$3 477 FF20 086 £2 040 Flacher Torso Bronze H37cm/*H14in* Köln 97
$450 000 FF2 599 650 £264 105 Gondolier Bronze H160cm/*H62in* New-York 97
$6 500 FF38 644 £3 976 Standing Woman Pencil/paper 32x25cm/*12x9in* Tel Aviv 97

ARCIERI Charles F. 1885-? **[7]**
$400 FF2 291 £236 Tea Time Oil/board 19x18cm/*7x7in* Milford, Conn. 97

ARCOS Y MEGALDE Santiago 1865-1912 **[7]**
$9 136 FF52 992 £5 400 An Arab Musician Oil/canvas 113x87cm/*44x34in* London 97
$2 441 FF14 500 £1 479 Le lavoir de Sazos, Hautes-Pyrénées Aquarelle/papier 28x36cm/*11x14in* Tarbes 97

ARDEN Henri 1858-1917 **[25]**
$570 FF2 963 £377 Marée basse Huile/toile 22,5x39cm/*8x15in* Bruxelles 96

ARDEN-QUIN Carmelo 1913 **[16]**
$3 083 FF18 000 £1 864 Art déco Acrylique/panneau 59,5x62cm/*23x24in* Paris 97
$947 FF5 800 £564 Composition géométrique Collage 26x20cm/*10x7in* Paris 98

ARDISSONE Yolande 1927 **[27]**
$1 600 FF7 888 £1 039 Paysage breton Oil/canvas 59x92cm/*23x36in* Bloomington, Illinois 96

ARDITI Georges 1907-1985 **[20]**
$1 060 FF6 000 £647 Vue de Provence Huile/toile 54x65cm/*21x25in* Saint-Germain-en-Laye 97

ARDIZZONE Edward 1900-1978 **[108]**
$907 FF5 364 £550 Italian boy Ink/paper 12,6x16,3cm/*4x6in* London 98

ARDON Mordechai 1896-1992 **[82]**
$9 500 FF54 976 £5 844 Still life with Vase, Bottle and Book Oil/panel 34x48,5cm/*13x19in* Tel Aviv 97
$220 000 FF1 074 000 £139 100 Kidron Valley Oil/canvas 114x148cm/*44x58in* Tel Aviv 95
$340 FF1 984 £205 Composition Color lithograph 47x42cm/*18x16in* Tel Aviv 97
$10 500 FF61 153 £6 414 The Monastery of the Cross Ink 47,5x54,5cm/*18x21in* New-York 97

ARELLANO Y FRANCISCO CAMILO de Juan 1614-1676 **[16]**
$360 000 FF2 209 932 £220 572 Still Life of Roses, Variegated Tulips, other Flowers in a Glass Vase Oil/canvas 81,5x61cm/*32x24in* New-York 98

ARENDS Jan 1738-1805 **[7]**
$6 510 FF33 140 £3 905 View of De Dolphyn, near Middelburg, on the Isle of Walcheren Ink 26,4x36,6cm/*10x14in* Amsterdam 96

ARENIUS Olof 1700-1766 **[5]**
$2 080 FF10 760 £1 343 Porträtt av Anders Reinhold Wrangel (1700-1766) Oil/canvas 73x59cm/*28x23in* Stockholm 96

ARENIUS Olof (Attrib.) 1700-1766 **[1]**
$2 910 FF16 909 £1 718 Porträtt af baronessan Anna Regina Horn af Åminne Oil/canvas 84x65cm/*33x25in* Stockholm 97

ARENTSZ Arent Cabel 1586-1635 **[7]**
$8 073 FF46 885 £4 931 Fisherboy seated in a moored rowing boat by a river bank Oil/panel 42,5x36cm/*16x14in* Amsterdam 97
$143 131 FF847 458 £85 000 Fishermen on the Banks of a River Estuary, with Rowing Oil/panel 47,5x96,5cm/*18x37in* London 97
$1 250 FF7 507 £749 Trompe l'oeil Watercolour/paper 32x21cm/*12x8in* Philadelphia 98

ARETUSI Cesare 1549-1612 **[1]**
$21 040 FF108 500 £13 500 The Procession of Gregory the Great during the Plague of Rome Oil/canvas 50x30cm/*19x11in* London 96

ARGENCE d' Eugène 1853-1920 **[7]**
$1 550 FF9 000 £915 "Compagnie Générale Transatlantique French Line France" Affiche

78,5x152cm/*30x59in* Paris 97

ARGENT d' Yann 1824-1889 **[2]**
  $525 FF3 000 £321 Sous-bois en automne Aquarelle/papier 24x36cm/*9x14in* Quimper 97

ARGENTI Antonio 1850-? **[3]**
  $1 383 FF8 500 £829 Bustre de jeune enfant Marbre Carrare H49cm/*H19in* Lille 98

ARGOV Michael 1920-1982 **[9]**
  $3 200 FF19 025 £1 957 Nature morte Oil/canvas 61x46cm/*24x18in* Tel Aviv 97

ARGY-ROUSSEAU Gabriel 1885-1953 **[19]**
  $14 860 FF91 000 £8 863 Fleurs tropicales Sculpture H40,5cm/*H15in* Paris 98

ARGYROS Oumbertos 1882-1967 **[22]**
  $3 288 FF20 000 £2 000 Before the Dance Oil/panel 35,5x24cm/*13x9in* London 98
  $4 100 FF21 200 £2 740 The Wife of the Artist Oil/canvas 60x51cm/*23x20in* Athens 96

ARHARDT Johann Jakob 1613-1674 **[2]**
  $1 587 FF9 370 £940 Innenansicht der Basler Barfüsserkirche mit Blick durch das Langhaus Ink/paper 73,7x41,3cm/*29x16in* Berlin 97

ARIAS ÁLVAREZ Francisco 1911-1977 **[9]**
  $2 600 FF15 800 £1 600 Paisaje en ocres Oleo/lienzo 60x73cm/*23x28in* Madrid 98

ARIAS Francisco 1911-1976 **[19]**
  $4 140 FF23 820 £2 460 Bodegon de copas Oleo/lienzo 50x70cm/*19x27in* Madrid 97

ARIAS-MISSON Alain 1938 **[2]**
  $2 700 FF15 300 £1 350 Sagome Assemblage 76x86x7cm/*29x33x2in* Prato 98

ARICO Rodolfo 1930 **[26]**
  $726 FF3 700 £429 Dittico Olio/tela 80x64cm/*31x25in* Milano 96
  $414 FF2 346 £207 Senza titolo Tecnica mista/carta 50x72,5cm/*19x28in* Milano 98

ARIELI Mordechai 1909-1993 **[3]**
  $5 000 FF29 137 £3 080 Two Birds Oil/canvas 88x116cm/*34x45in* Tel Aviv 97

ARIETA Félix 1890-1986 **[1]**
  $1 182 FF6 020 £710 Personajes Acuarela/papel 49x39cm/*19x15in* Madrid 96

ARIKHA Avigdor 1929 **[146]**
  $11 500 FF69 361 £6 827 Self Portrait through a Keyhole Oil/canvas 22,5x27cm/*8x10in* Tel Aviv 98
  $24 000 FF117 200 £15 180 Synchrone (L'Appel du Vide II) Oil/canvas 161x195cm/*63x76in* Tel Aviv 95
  $70 000 FF423 472 £41 552 Nude Before a Mirror Oil/canvas 80,5x64,5cm/*31x25in* Tel Aviv 98
  $400 FF2 335 £241 "Sacrifice of Abel" Lithograph 25,5x17,5cm/*10x6in* Tel Aviv 97
  $1 800 FF9 661 £1 076 Portait of Emil Najar Ink 29,5x23,5cm/*11x9in* Tel Aviv 97

ARKLEY Howard 1951 **[3]**
  $6 282 FF35 956 £3 710 Modern Agriculture Synthetic polymer silkscreened/canvas 160x120cm/*62x47in* Melbourne 97

ARLE Asmund 1918-1990 **[11]**
  $2 148 FF12 434 £1 321 Häst Bronze H30cm/*H11in* Stockholm 97

ARLES d' Jean Henry (Attrib.) 1734-1784 **[5]**
  $8 400 FF47 600 £5 600 Paesaggio marino con vascello e luna Olio/tela 58,5x84cm/*23x33in* Prato 98

ÄRLINGSSON Erling 1904-1982 **[92]**
  $1 717 FF10 030 £1 016 Höstlandskap med sjö Oil/cardboard 38x46cm/*14x18in* Stockholm 97

ARLUK George 1949 **[3]**
  $581 FF3 395 £357 An Inuit Woman and her Child Sculpture H20,5cm/*H8in* Toronto 97

ARMALY Fareed 1957 **[2]**
  $2 770 FF16 790 £1 699 Tribune Installation 66x89x3cm/*25x35x1in* Hamburg 98
  $9 142 FF55 407 £5 606 Wechselkurse Installation 112x27x27cm/*44x10x10in* Hamburg 98

ARMAN Fernandez 1928 **[1225]**
  $1 400 FF7 168 £853 Untitled Miniature 36,5x25x10cm/*14x9x3in* New-York 96
  $2 145 FF13 000 £1 315 Colère des violons Sérigraphie/toile 217x165cm/*85x64in* Saint-Germain-en-Laye 98
  $5 824 FF35 000 £3 489 Colère de violon Technique mixte/toile 91x63,5cm/*35x25in* Paris 98
  $249 FF1 486 £148 Violins Screenprint in colors 75x52cm/*29x20in* Amsterdam 97
  $3 663 FF22 500 £2 196 Violon découpé Bronze 59x1x10cm/*23xx3in* Paris 98
  $18 000 FF91 700 £10 800 Tranche de Lagoya Sculpture 100,5x94x56cm/*39x37x22in* New-York 96
  $422 FF2 100 £276 Man Ray, Paris Photo 30x40cm/*11x15in* Paris 95
  $49 320 FF300 000 £30 240 Allure d'objet Mixed media/paper 120x312cm/*47x122in* Paris 98

ARMANDO Herman van Dodeveert 1929 [32]
$3 419 FF20 316 £2 033 Fahne Oil/canvas 70x50cm/*27x19in* Amsterdam 97
$8 744 FF50 959 £5 344 Six Times red Mixed media 42,1x33cm/*16x12in* Amsterdam 97
$18 200 FF95 100 £10 830 "Preussich" Öl/Leinwand 200x200cm/*78x78in* Berlin 96
$249 FF1 486 £148 Der Kopf Lithograph 19x14,5cm/*7x5in* Amsterdam 97
$6 800 FF33 950 £4 444 White rekief Metal 32x24cm/*12x9in* Amsterdam 95
$1 503 FF7 840 £907 Untitled Ink 43,5x56cm/*17x22in* Amsterdam 96
ARMBRUST Karl 1867-1928 [3]
$1 586 FF9 386 £954 Bauernhaus mit Hühnerhof und Garten im sonnigen Licht Öl/Leinwand 24x30cm/*9x11in* Lindau 98
ARMENISE Raffaele 1852-1925 [11]
$11 400 FF64 600 £5 700 La passeggiata del cardinale Olio/tela 97x71cm/*38x27in* Milano 98
ARMES Thomas W., Tom XX [17]
$243 FF1 383 £150 River Estuary Scene with Moored Boats and Distant View of Village Watercolour 38x50cm/*15x20in* Aylsham, Norfolk 97
ARMET Y PORTANELL José 1843-1911 [7]
$1 948 FF10 130 £1 288 Arboles junto al río Oleo/lienzo 32x48cm/*12x18in* Madrid 96
ARMFIELD Diana Maxwell 1920 [21]
$659 FF3 375 £400 Anghiari Oil/board 16x20,5cm/*6x8in* London 96
$492 FF3 055 £300 Afternoon across the Grand Canal, Venice Pastel/paper 15x15cm/*5x5in* London 97
ARMFIELD Edward 1817-1896 [90]
$1 032 FF5 270 £680 Chained terriers sensing a rat/Three dogs in a barn Oil/canvas 27x38cm/*11x15in* Aylsham, Norfolk 96
$1 110 FF6 470 £682 The End of the Day Oil/canvas 90x70cm/*35x27in* Sydney 97
ARMFIELD Edward (Attrib.) 1817-1896 [7]
$3 656 FF21 739 £2 200 Terriers rabbiting Oil/canvas 51x76cm/*20x29in* London 97
ARMFIELD George 1808-1893 [106]
$245 FF1 491 £150 Terrier Rabbiting Oil/board 25x18cm/*10x7in* Par, Cornwall 98
$2 480 FF13 698 £1 500 An Ambush Oil/canvas 51x61cm/*20x24in* London 97
ARMFIELD George (Attrib.) 1808-1893 [18]
$946 FF5 515 £578 Terriers with Caged Rat Oil/canvas 34,5x40cm/*13x15in* Toronto 97
ARMFIELD George Smith 1840-1875 [44]
$1 070 FF6 497 £650 Terriers Fighting over a Turnip Oil/board 20x25,5cm/*7x10in* London 98
$2 197 FF13 592 £1 349 Caught Oil/canvas 49x74,5cm/*19x29in* Billingshurst, West Sussex 97
ARMFIELD Maxwell Ashby 1882-1972 [80]
$2 794 FF13 550 £1 800 Flowers in a niche Tempera/board 28x20cm/*11x7in* London 95
$13 440 FF70 200 £8 000 Wind Tempera 94x54cm/*37x21in* London 96
$673 FF3 903 £420 The Citadel, Pisa Pencil 29x23cm/*11x9in* London 97
ARMFIELD Stuart Maxwell 1916 [33]
$840 FF4 185 £550 Baroness Ingeborg Linzer of Viti Oil/canvas 76x53cm/*29x20in* London 95
ARMINGTON Caroline Helena 1875-1939 [19]
$1 266 FF7 702 £770 La llutenance à Honfleur, Normandy Oil/panel 26x21,5cm/*10x8in* Toronto 98
$122 FF734 £73 Island of San Giorgio, Verice Etching 22x31cm/*8x12in* Toronto 98
ARMINGTON Frank Milton 1876-1941 [24]
$3 564 FF18 450 £2 300 La Seine au Pont-Marie, Paris Oil/canvas 92x73cm/*36x28in* Stockholm 96
$176 FF1 071 £107 La pluie, Place de la Concorde, Paris Drypoint 33x37cm/*12x14in* Toronto 98
$305 FF1 829 £191 "Quai aux Fleurs, Paris/A Venetian Canal Pastel 29x23,5cm/*11x9in* Toronto 97
ARMITAGE Kenneth 1916 [50]
$18 050 FF88 700 £11 500 Standing figure Bronze H50cm/*H19in* Köbenhavn 95
$18 900 FF98 100 £12 500 Figure on its Back Bronze 102x165x51cm/*40x64x20in* London 96
$648 FF3 777 £400 Study for Sculpture Charcoal/paper 40,5x23cm/*15x9in* London 97
ARMLEDER John 1948 [27]
$584 FF3 489 £357 Pour painting Mixed media/canvas 31x29,5cm/*12x11in* Amsterdam 98
$3 644 FF21 589 £2 200 Untitled Acrylic/canvas 73x116cm/*28x45in* London 97
ARMODIO 1938 [8]
$2 400 FF13 600 £1 200 "Duello" Tecnica mista/tavola 50x60cm/*19x23in* Prato 98

ARMOUR George Denholm 1864-1949 **[57]**
$2 500 FF15 133 £1 491 The Whip Oil/canvas 60x100cm/*23x39in* New-York 97
$584 FF2 970 £350 The Finishing Post Watercolour 35x49,5cm/*13x19in* London 96
ARMOUR Mary Nicol Neil 1902-? **[39]**
$6 294 FF38 123 £3 900 Cactus in a Clinton Jug Oil/canvas 40,5x25,5cm/*15x10in* Perthshire 97
$10 490 FF63 538 £6 500 Still Life with Amaryllis Oil/board 60,5x51,5cm/*23x20in* Perthshire 97
ARMS John Taylor 1887-1953 **[112]**
$400 FF2 375 £242 Bourges or the Cathedral of St. Etienne Engraving 36x23cm/*14x9in* Washington 97
ARMSTRONG Arthur 1924 **[4]**
$1 839 FF10 989 £1 126 Sun Breaking Through Oil/board 50x60cm/*20x24in* Dublin 98
ARMSTRONG Augustus (Attrib.) c.1700-1730 **[1]**
$14 800 FF76 000 £9 000 Portrait of Mrs. Fountain, half length Pastel 26x18,4cm/*10x7in* London 96
ARMSTRONG Bruce 1957 **[4]**
$866 FF4 438 £552 "Go All The Way"/"Dreamtime"/"Chance" Drawing 70x50cm/*27x19in* Brisbane 96
ARMSTRONG Ian 1923 **[8]**
$315 FF1 614 £201 Et the Waterhole Watercolour/paper 25x40cm/*9x15in* Melbourne 95
ARMSTRONG John 1893-1973 **[89]**
$2 808 FF17 034 £1 700 Still Life with Oranges and Leeks Oil/board 43,5x31cm/*17x12in* London 98
$6 980 FF33 900 £4 500 Spring Tempera/board 59x80cm/*23x31in* London 95
$831 FF4 320 £550 "You Can be Sure of Shell, Farmers" Poster 76x114cm/*29x44in* London 96
$2 894 FF14 600 £1 900 Shells on Pebbles on the Beach Tempera/paper 96x137cm/*38x54in* London 96
ARMSTRONG Rolf 1890-1960 **[3]**
$10 450 FF62 054 £6 379 Magazine cover : Head of Lillian Gish wearing hat and scarf Pastel/board 46x30cm/*18x12in* New-York 98
ARMSTRONG William 1822-1914 **[33]**
$583 FF3 040 £385 Coastal view Oil/board 51x76cm/*20x29in* Toronto 96
$3 184 FF15 540 £2 000 A Dakota Indian woman Oil/board 45x35cm/*17x13in* London 95
$1 260 FF6 570 £832 Prince Arthur's Landing Shores of Thunder Bay Watercolour/paper 20x40cm/*7x15in* Calgary, Alberta 96
ARNAL François 1924 **[139]**
$1 206 FF7 200 £727 Panier de crabes Huile/toile 80x40cm/*31x15in* Paris 97
$3 566 FF18 000 £2 330 Composition Huile/carton 33x40,5cm/*12x15in* Saint-Germain-en-Laye 96
$4 790 FF28 000 £2 923 "Grande toile rouge" Huile/toile 195x114cm/*76x44in* Paris 97
$801 FF4 200 £483 Sans titre Sculpture bois 39,5x39x19cm/*15x15x7in* Monaco 96
$10 500 FF55 000 £6 310 Console "Hélice" Sculpture H118cm/*H46in* Monaco 96
$495 FF2 500 £324 Composition Aquarelle 48x63cm/*18x24in* Paris 96
ARNALD George 1763-1841 **[16]**
$6 320 FF30 900 £4 000 Landscape at sunset Oil/canvas 70x95cm/*27x37in* London 95
ARNASUNGAAQ Barnabas 1924 **[6]**
$1 381 FF8 064 £848 A crouching Inuk holding a snow Knife, his Child climbing on his back Sculpture H28cm/*H11in* Toronto 97
ARNAUD Marcel 1877-1956 **[49]**
$897 FF5 500 £548 Paysage au Cabanon Huile/toile 19x33cm/*7x12in* Arles 98
$2 781 FF17 000 £1 701 Nature morte Huile/toile 38x55cm/*14x21in* Saint-Christol-les-Alès 98
$430 FF2 100 £272 Paysage Aquarelle 22x31cm/*8x12in* Arles 95
ARNAUTOFF Victor 1896-1979 **[4]**
$1 000 FF5 977 £606 Monterey Docks Oil/canvas/board 38x51cm/*14x20in* San Francisco-Los Angeles 97
ARNE Gustav 1925 **[28]**
$391 FF2 240 £238 Landskap med hus Oil/canvas 68x86cm/*26x33in* Göteborg 97
$358 FF1 824 £237 Skåne Serigraph 52x70cm/*20x27in* Malmö 96
ARNEGGER Aloïs 1879-1963 **[159]**
$700 FF4 171 £434 Village Along Lake Como Oil/panel 33x44,5cm/*12x17in* Washington 97
$1 602 FF9 514 £952 Abendröte in Kitzbühel Öl/Leinwand 68,8x99,2cm/*27x39in* Wien 97
$4 800 FF28 537 £2 936 Work Among the Cherry Blossoms Oil/canvas/board 143x99cm/*56x38in* New-York 97
ARNEGGER Alwin 1883-1916 **[16]**
$1 617 FF8 010 £1 028 Baumblüte Öl/Leinwand 73,5x99cm/*28x38in* Heidelberg 95
ARNEGGER Gottfried 1905 **[9]**

☞ *$4 549 FF26 666* £2 800 A Villa overlooking an Italian coastal Landscape Oil/canvas 69x100,5cm/*27x39in* London 97

ARNESEN Wilhelm Karl Ferd. 1865-1948 **[96]**
☞ *$506 FF3 083* £307 Marine med skibe i Sundet ved Kronborg Oil/canvas 30x43cm/*11x16in* København 98
☞ *$1 783 FF9 310* £1 062 Marine Oil/canvas 63x96cm/*24x37in* København 96
☞ *$4 570 FF23 700* £2 950 Copenhagen Harbour Oil/canvas 96x150cm/*37x59in* København 96
✑ *$1 451 FF8 842* £901 Skibsportraet af skonnertbriggen "Hortensia" af Aalborg Watercolour/paper 32x47cm/*12x18in* Viby J, Århus 97

ARNESON Robert 1930-1993 **[32]**
▥ *$400 FF2 402* £238 New Brick/Old Stone, Moby Brick Color lithograph 41x42cm/*16x16in* Los Angeles 98
◿ *$6 000 FF35 608* £3 675 Vase with Brick Sculpture H51cm/*H20in* San Francisco-Los Angeles 97
◿ *$47 500 FF281 898* £29 093 Bench Head Bronze 92,5x193cm/*36x75in* San Francisco-Los Angeles 97
✑ *$3 000 FF18 115* £1 797 "Global Death and Destruction" Mixed media/paper 106,5x76cm/*41x29in* New-York 98

ARNHOLD Johann Samuel 1766-1827 **[1]**
✑ *$1 354 FF7 751* £800 Study of Irises Gouache/paper 32,5x24cm/*12x9in* London 97

ARNING Eddie 1898-1993 **[7]**
✑ *$1 750 FF10 732* £1 070 Lazy Bones Pastel/paper 49x62,5cm/*19x24in* New-York 98

ARNO Peter 1904-1968 **[8]**
✑ *$2 100 FF10 760* £1 276 Confronting the bearded lady (gag cartoon) Ink 33x23cm/*13x9in* New-York 96

ARNOLD Christian 1889-1960 **[50]**
▥ *$258 FF1 540* £153 Kopf Woodcut 30,2x25cm/*11x9in* München 97
✑ *$844 FF4 969* £521 Selbstbildnis mit blauem Tuch Aquarell 35,5x50cm/*13x19in* Heidelberg 97

ARNOLD Eve 1913 **[25]**
⦿ *$850 FF5 211* £509 Marilyn Monroe Seated in a Wire-Backed Chair Silver print 49x33cm/*19x13in* Philadelphia 98

ARNOLD Heinrich, Gotthold 1785-1854 **[2]**
☞ *$2 664 FF15 182* £1 664 Teplitz an der Elbe Öl/Leinwand 27x37cm/*10x14in* Dresden 97

ARNOLD Henry XIX-XX **[3]**
◿ *$3 000 FF18 281* £1 861 Woman with Lyre Bronze H48cm/*H18in* New-York 98

ARNOLD Samuel Benedikt 1744-1817 **[1]**
✑ *$2 019 FF12 048* £1 218 Putten bei der Porzellanherstellung Aquarell/Papier 20x30cm/*7x11in* Köln 97

ARNOLD-GRABONÉ Georg 1898-1981 **[125]**
☞ *$2 820 FF14 430* £1 810 Wilder Kaiser bei Going Öl/Leinwand 80x90cm/*31x35in* Wien 96

ARNOLDI Charles 1946 **[35]**
☞ *$350 FF2 045* £208 Untitled Oil/paper 78x58,5cm/*30x23in* New-York 97
☞ *$700 FF4 086* £416 Untitled Oil/paper 127x101,5cm/*50x39in* New-York 97
▥ *$1 120 FF6 692* £672 Untitled Monotype 138x102cm/*54x40in* Stockholm 98
◿ *$2 250 FF11 000* £1 424 Venice #12 Bronze H64cm/*H25in* San Francisco-Los Angeles 95

ARNOLDI Per 1941 **[44]**
☞ *$687 FF3 975* £423 Badebold Oil/canvas 75x75cm/*29x29in* København 97
▥ *$198 FF1 231* £118 Bowlerhatte Serigraph in colors 100x70cm/*39x27in* København 98

ARNOTT Graeme 1941 **[3]**
✑ *$1 112 FF5 370* £700 African fish eagle/A martial eagle Watercolour 53x41cm/*20x16in* London 95

ARNOULD Marcel 1928-1974 **[2]**
◿ *$3 601 FF21 151* £2 223 S 45 Bronze poli 48x93cm/*18x36in* Lokeren 97

ARNOUX Guy 1890-1951 **[14]**
▥ *$450 FF2 275* £291 "Les Vins de Bourgogne de Henri de Bahèzre" Poster 117x78cm/*46x31in* New-York 96

ARNOUX Michel 1833-1877 **[4]**
☞ *$6 371 FF36 245* £3 900 His first pipe Oil/panel 26x22cm/*10x8in* London 97

ARNTZ Gerd 1900-1989 **[58]**
▥ *$142 FF839* £88 "Wohnhaus" Farbserigraphie 30x19cm/*11x7in* Heidelberg 97

ARNTZENIUS Elise Claudine 1902-1982 **[4]**
☞ *$1 044 FF6 385* £641 A Still Life of Pears on a Ledge Oil/cardboard 21,5x31cm/*8x12in* Amsterdam 98

ARNTZENIUS Floris 1864-1925 **[65]**
☞ *$14 034 FF81 365* £8 381 A Market Oil/canvas 69x94,5cm/*27x37in* Amsterdam 97

🖰 *$19 047 FF110 425 £11 374* Window Shopping at Dusk Oil/canvas 32,5x41cm/*12x16in* Amsterdam 97
🖰 *$207 974 FF1 251 461 £124 515* The Bierkade, The Hague Oil/canvas 127x202cm/*50x79in* Amsterdam 98
✏ *$6 132 FF35 650 £3 654* Haags grachtje Watercolour 13x19cm/*5x7in* Den Haag 97

ARNZ Albert 1832-1914 **[12]**
🖰 *$14 087 FF84 005 £8 745* Der Peterplatz in Rom Öl/Leinwand 99x147cm/*38x57in* Dresden 97

AROCH Arie 1908-1974 **[33]**
🖰 *$18 000 FF96 256 £10 704* Zichron Yaacov Oil/paper 48x37,5cm/*18x14in* Tel Aviv 97
🖾 *$1 600 FF8 290 £1 040* "Sketch Hametsayer" Color lithograph 70x57cm/*27x22in* Tel Aviv 96
✏ *$10 000 FF51 800 £6 400* Yesterday and today Collage 40,5x47cm/*15x18in* Tel Aviv 96

ARØE Jacob 1803-1870 **[2]**
✏ *$5 169 FF31 633 £3 142* Prospekt over "Colonien Julianehaab" Watercolour 32,5x44,5cm/*12x17in* København 98

AROSENIUS Ivar 1878-1909 **[78]**
🖰 *$6 440 FF38 550 £3 965* Kärlekspar Oil/canvas 21x25,5cm/*8x10in* Stockholm 98
🖰 *$13 360 FF69 200 £8 630* Eva, konstnärens hustru Oil/canvas/panel 52x42cm/*20x16in* Stockholm 96
✏ *$260 FF1 493 £159* "Den förlorade sonen" Ink 15x18cm/*5x7in* Stockholm 97

AROU Georges XX **[3]**
🖾 *$2 658 FF16 500 £1 602* "La tempête" Affiche couleur 80x60cm/*31x23in* Paris 98

ARP Carl 1867-1913 **[16]**
🖰 *$1 093 FF6 501 £669* Blick von Samedan gegen St.Moritz Öl/Karton 36x50,5cm/*14x19in* Bern 97
🖰 *$1 884 FF11 081 £1 162* Buchengruppe Öl/Karton 28x33cm/*11x12in* Bremen 97

ARP Jean, Hans 1887-1966 **[485]**
🖰 *$9 991 FF58 158 £6 111* Noir sur Noir Collage/Karton 35x28cm/*13x11in* München 97
🖰 *$20 832 FF121 605 £12 597* Ronde végétale Öl/Leinwand 65x55cm/*25x21in* Bern 97
🖾 *$75 FF469 £45* Composition Farblithographie 31,5x24cm/*12x9in* Heidelberg 98
🖾 *$493 FF2 554 £320* Oiseau-chute Bronze 25,5x23,5cm/*10x9in* London 96
🖾 *$48 000 FF277 296 £28 171* Torse de chorée Bronze H86,5cm/*H34in* New-York 97
✏ *$3 766 FF22 000 £2 228* Abstraction circulaire Collage 32x24,5cm/*12x9in* Paris 97

ARPAD Romek 1883-? **[8]**
🖰 *$500 FF2 913 £308* "Collector's Treasure" Oil/canvas 50x60cm/*20x24in* Bloomfield Hills, Michigan 97

ARPS Bernardus 1865-1938 **[12]**
🖰 *$495 FF2 929 £297* A still life with a box, a fan, a Japanese statuette and a vase Oil/panel 56x40,5cm/*22x15in* Amsterdam 97

ARRABAL Fernando XX **[3]**
✏ *$325 FF2 000 £195* Anticristo Feutre 17x20cm/*6x7in* Paris 98

ARRANZ BRAVO Eduardo 1941 **[7]**
🖰 *$1 386 FF8 295 £819* "Fábrica-camp dona" Acrílico/lienzo 100x81cm/*39x31in* Barcelona 98

ARREDONDO Y CALMACHE Ricardo 1850-1911 **[7]**
🖰 *$2 180 FF11 370 £1 442* Vista de Toledo Oleo/tabla 22x45cm/*8x17in* Madrid 96
🖰 *$5 043 FF25 926 £3 103* Paisaje Oleo/lienzo 50x85cm/*19x33in* Madrid 96

ARREGUI Roman 1875-1932 **[8]**
🖰 *$820 FF5 000 £492* Portrait de Gentilhomme du XVIIe. Siècle Huile/panneau 18x14cm/*7x5in* Calais 98

ARRIDE Louis XX **[2]**
✏ *$2 279 FF14 000 £1 366* Enracinement dans le Temps Technique mixte/papier 81x60cm/*31x23in* Aubagne 98

ARROWSMITH Thomas 1772-c.1830 **[5]**
🖰 *$5 111 FF29 527 £3 000* Portrait of Frank Buckle Oil/canvas 71x53,5cm/*27x21in* London 97

ARROYO Eduardo 1937 **[236]**
🖰 *$1 787 FF10 862 £1 072* "La petit matin de Henry IV" Oleo/lienzo 22x33cm/*8x12in* Madrid 98
🖰 *$6 720 FF34 000 £4 410* Le Général Huile/toile 81x100cm/*31x39in* Paris 96
🖰 *$11 802 FF70 000 £7 217* Notes pour Guernica Huile/toile 146x112cm/*57x44in* Paris 97
🖾 *$264 FF1 580 £160* Personaje con sombrero Litografia 38x28cm/*14x11in* Madrid 98
🖾 *$2 164 FF10 500 £1 833* Grazia Eminente Bronze H32cm/*H12in* Paris 95
✏ *$2 115 FF12 500 £1 310* Ramoneur Fusain 105x74,5cm/*41x29in* Paris 97

ARROYO Y LORENZO Manuel 1854-1902 **[2]**
🖰 *$2 925 FF17 775 £1 755* "La lectura" Oleo/lienzo 46x30cm/*18x11in* Madrid 98

ARRUE Ramiro 1892-1971 **[228]**

  $3 043 FF18 000 £1 827 La porteuse d'eau Huile/papier 42,5x32cm/*16x12in* Paris 97
  $6 062 FF36 000 £3 672 Paysage Basque Huile/panneau 38x46cm/*14x18in* Biarritz 97
  $4 225 FF26 000 £2 587 Les pêcheurs Aquarelle/papier 25x22,5cm/*9x8in* Biarritz 98

ARRUE Y VALLE José 1885-1977 **[6]**
  $2 475 FF14 812 £1 500 Escenas de vascos Tinta/papel 15x20cm/*5x7in* Madrid 98

ARSENIUS Carl Georg 1855-1908 **[19]**
  $429 FF2 492 £264 Hästporträtt Oil/canvas/panel 42x46cm/*16x18in* Malmö 97
  $2 964 FF15 400 £1 960 Häst Bronze H23cm/*H9in* Stockholm 96

ARSENIUS John 1818-1903 **[24]**
  $484 FF2 460 £290 Häst på stallbacken Oil/canvas/panel 25x34cm/*9x13in* Stockholm 96
  $1 570 FF9 076 £968 Ryttarporträtt Oil/canvas 47x49cm/*18x19in* Stockholm 97

ARSON Alphonse 1822-1882 **[10]**
  $1 093 FF6 500 £657 Volatiles et coquillages sur une terrasse Bronze H23,7cm/*H9in* Paris 97

ARSON Olympe 1814-? **[1]**
  $11 500 FF57 000 £7 260 Vase de fleurs et fruist sur un entablement Aquarelle/vélin 82x64cm/*32x25in* Paris 95

ART & LANGUAGE: Atkinson / Rushton / Baldwin 1966 **[6]**
  $614 FF3 000 £395 Map of a Thirty Square... Print 51,5x61cm/*20x24in* Paris 95

ART Berthe 1857-1934 **[43]**
  $758 FF3 840 £493 Vase de roses Pastel/toile 78x59cm/*30x23in* Bruxelles 96

ART Raymond 1919 **[14]**
  $1 205 FF7 475 £722 Composition abstraite Huile/toile 50x70cm/*19x27in* Liège 98
  $786 FF4 875 £471 Composition abstraite Aquarelle, gouache/papier 40x30cm/*15x11in* Liège 98

ARTAN DE SAINT-MARTIN Louis 1837-1890 **[72]**
  $238 FF1 400 £146 Bateau au crépuscule Huile/toile 34x49cm/*13x19in* Anglet 97
  $818 FF4 235 £531 Marine Oil/canvas 21x35cm/*8x13in* Amsterdam 96

ARTEMOFF Georges 1892-1965 **[12]**
  $8 094 FF49 000 £4 968 "La Pêche" Bas-relief 111x167,5cm/*43x65in* Orléans 98

ARTENS von Peter 1937 **[7]**
  $11 000 FF65 671 £6 757 Cajas Redondas Oil/canvas 90x100cm/*35x39in* New-York 98
  $18 000 FF105 078 £10 708 Naturaleza Muerta con Canasto Oil/canvas 147,5x137cm/*58x53in* New-York 97

ARTER John Charles 1860-1923 **[6]**
  $4 200 FF21 800 £2 780 Peasant girl leaning against a fence Oil/canvas 81x63cm/*31x24in* New-York 96

ARTER Raoul XIX-XX **[3]**
  $1 093 FF6 500 £677 "Cirque Médrano: Cairoli & Porto C." Affiche 157x117cm/*61x46in* Paris 97

ARTETA Y ERRASTI Aurelio 1879-1940 **[15]**
  $350 FF1 929 £211 Pescadores Lápiz/papel 19x22cm/*7x8in* Madrid 97

ARTHOIS d' Jacques 1613-c.1690 **[30]**
  $10 650 FF52 100 £6 740 Paysage animé Huile/toile 63x73cm/*24x28in* Bruxelles 95
  $11 000 FF65 554 £6 594 Extensive Landscape with Figure and Dog Oil/canvas 102x151cm/*40x59in* Bethesda, Maryland 98
  $70 824 FF419 580 £42 000 A rocky Cove with Fisherfolk on the Shore, an artist sketching Oil/panel 33,5x45,5cm/*13x17in* London 97
  $336 FF2 008 £203 Blick über weite von Hügeln begrenzte Landschaft Indian ink/paper 14,1x26,3cm/*5x10in* Köln 97

ARTHOIS d' Jacques (Attrib.) 1613-c.1690 **[12]**
  $5 770 FF29 460 £3 800 Landscape with a huntsman at the edge of a forest Oil/canvas 6x75cm/*2x29in* London 96
  $6 406 FF38 000 £3 917 Scène de chasse à courre Huile/toile 71x96cm/*27x37in* Paris 97

ARTHUR Reginald c.1881-1896 **[8]**
  $6 000 FF29 400 £3 800 Waiting Oil/canvas 76x51cm/*29x20in* London 95

ARTHUR-BERTRAND Huguette 1922 **[44]**
  $844 FF5 000 £505 Iguala Huile/toile 61x50cm/*24x19in* Versailles 97

ARTHURS Stanley Massey 1877-1950 **[6]**
  $4 400 FF25 374 £2 621 Mayflower Pilgrims Enjoying Christmas Dinner Oil/board 27x20cm/*11x8in* New-

---

York 97

$10 450 FF62 054 £6 379 Four colonial men in seaside tavern Oil/canvas 71x81cm/*28x32in* New-York 98

ARTIGAS Joan Gairdy 1938 **[15]**

$1 496 FF7 500 £946 Sans titre Mine plomb 148x180cm/*58x70in* Paris 95

ARTIGAU Francesc 1940 **[9]**

$396 FF2 370 £234 Escaleras mecánicas Acuarela/papel 76x58cm/*29x22in* Barcelona 98

ARTIGUE Albert E. XIX-XX **[9]**

$13 000 FF77 196 £7 936 "Who's the Fairest of Them All?" Oil/canvas 61x40cm/*24x15in* New-York 98

ARTIGUE Bernard Joseph XIX-XX **[4]**

$1 500 FF7 640 £900 "Feuillantine, Grande Liqueur du Monastère de Limoges" Poster 70,5x33cm/*27x12in* New-York 96

ARTSCHWAGER Richard 1924 **[130]**

$6 000 FF34 863 £3 542 The Organ of Cause and Effect #2 Mixed media 239x64x15cm/*94x25x5in* New-York 97

$7 500 FF38 200 £4 500 Untitled (Triangle) Acrylic 28x33cm/*11x12in* New-York 96

$14 000 FF86 153 £8 499 Clothes Closet Mixed media/canvas 71x67cm/*27x26in* New-York 98

$600 FF3 692 £367 Interior #3 Etching 30x25cm/*11x9in* New-York 98

$3 000 FF15 540 £2 005 Fractal Sculpture 43x43x15cm/*16x16x5in* New-York 96

$28 000 FF161 291 £17 273 Console Sculpture 95xx30,5cm/*37xx12in* New-York 97

$4 000 FF23 188 £2 358 Untitled Charcoal 96,5x62cm/*37x24in* New-York 97

ARTZ Constant 1870-1951 **[138]**

$383 FF1 944 £244 Ducks and ducklings Oil/canvas 50x40cm/*19x15in* Amsterdam 96

$605 FF3 070 £394 Ducks on a riverbank Oil/panel 14x18cm/*5x7in* Amsterdam 96

$1 168 FF6 050 £758 Landscape with moored barges by a barn Watercolour/paper 27x44cm/*10x17in* Amsterdam 96

ARTZ David Adolf Constant 1837-1890 **[32]**

$3 856 FF22 475 £2 376 Eendenfamilie aan de waterkant Oil/panel 30x40cm/*11x15in* Den Haag 97

ARUNDALE Francis Vyvyan Jago 1807-1853 **[3]**

$5 714 FF34 113 £3 500 A Recreation of the Parthenon with a Procession Watercolour, gouache 64x96cm/*25x37in* London 97

ARZADUN de Carmelo 1888-1968 **[16]**

$1 600 FF8 275 £1 039 Playa Oleo/cartón 37x46cm/*14x18in* Montevideo 96

$1 800 FF9 327 £1 169 Playa Ramírez Oleo/cartón 32x46cm/*12x18in* Montevideo 96

ASAM Cosma Damian 1686-1739 **[2]**

$3 098 FF18 511 £1 897 Maria Himmelfahrt Ink/paper 32x18cm/*12x7in* München 98

ASCENZI E. XIX-XX **[6]**

$1 265 FF7 588 £765 The Cartographers Aquarelle/papier 56x71cm/*22x27in* Montréal 97

ASCENZO d' Nicola 1871-1954 **[10]**

$80 FF482 £48 Portrait of Woman in Straw Hat Oil/board 50x40cm/*20x16in* Philadelphia 98

ASCH van Pieter J. (Attrib.) 1603-1678 **[9]**

$7 910 FF40 000 £5 190 Paysage d'un estuaire de Hollande Huile/panneau 46x71cm/*18x27in* Paris 96

ASCH van Pieter Jansz. 1603-1678 **[11]**

$4 500 FF23 300 £2 880 A river landscape with fishermen in a boat and travellers Oil/panel 66x50cm/*25x19in* New-York 96

$8 000 FF44 199 £4 972 A Wooded Landscape with a Traveller Watering his Horse by the Edge Oil/panel 39x33,5cm/*15x13in* New-York 97

ASCHENBRENNER Lennart 1943 **[43]**

$1 376 FF6 870 £898 Stilleben Oil/canvas 81x100cm/*31x39in* Stockholm 95

ASCHER Georges 1884-1943 **[2]**

$12 500 FF61 100 £7 900 Portrait of a woman, seated Oil/canvas 94x52cm/*37x20in* Tel Aviv 95

ASCHMANN Johann Jakob 1747-1809 **[9]**

$6 466 FF37 639 £3 986 "Prospect der Stadt Zofingen im Canton Aargau" Eau-forte 28,5x44,5cm/*11x17in* Bern 97

$1 774 FF10 300 £1 047 "Vorstellung der Expedition zu Affholtern..." Encre 30x46cm/*11x18in* Bern 97

ASCIONE Aniello 1680-1708 **[7]**

$27 300 FF139 600 £18 000 Pomegranates, Peaches, Plums, a Vase of Flowers Oil/canvas 98,5x133cm/*38x52in* London 96

ASCIONE Aniello (Attrib.) 1680-1708 **[4]**

👆 *$6 288 FF37 145 £3 800* Still Life of a Pomegrnate, Apples and Grapes scattered on the Ground Oil/canvas 37,5x48cm/*14x18in* London 97
ASHBURNER William F. XIX-XX [10]
✏ *$550 FF3 213 £327* Feeding Her Pets Watercolour 27,5x19cm/*10x7in* New-York 97
ASHEVAK Karoo 1940-1974 [3]
🔨 *$7 271 FF42 445 £4 465* A standing Inuit Figure, with inset eye Sculpture H54,5cm/*H21in* Toronto 97
ASHEVAK Kenojuak 1927 [22]
🖐 *$363 FF2 122 £223* Birds near the Sun Print 33x51cm/*12x20in* Toronto 97
ASHFIELD Edmund XVII [3]
✏ *$7 900 FF38 650 £5 000* Portrait of Sir James Oxenden/ Portrait of Lady Arabella Oxenden Coloured chalks 27x22cm/*10x8in* London 95
ASHFORD William c.1746-1824 [9]
👆 *$7 260 FF37 750 £4 800* Landscape with drover and shepherdess at dusk Oil/canvas 50x60cm/*19x23in* London 96
👆 *$6 523 FF38 461 £4 000* A Church by a River, Ireland Mixed media 16,5x25cm/*6x9in* London 98
ASHKENAZI Limor 1969 [4]
🖐 *$150 FF914 £91* Untitled 1 Print 26,5x33cm/*10x12in* Tel Aviv 98
ASHMORE Charles XIX-XX [2]
👆 *$1 196 FF7 159 £749* Pet Rabbits Oil/board 30,5x23cm/*12x9in* London 97
ASHOONA Kiawak 1933 [3]
🔨 *$1 931 FF11 565 £1 188* Ours Sculpture 47x38cm/*18x14in* Montréal 98
ASHOONA Koomwartok 1930-1984 [4]
🔨 *$872 FF5 093 £535* A Squatting Bird spirit Sculpture H23cm/*H9in* Toronto 97
ASHOONA Pitseolak 1904-1983 [12]
🖐 *$200 FF1 167 £122* Night Owl Print 42x51cm/*16x20in* Toronto 97
ASHTON John William, Will. 1881-1963 [70]
👆 *$433 FF2 219 £276* Seascape Oil/canvas 26,5x37cm/*10x14in* Melbourne 95
👆 *$2 935 FF17 142 £1 736* Horse drinking from a Steam Oil/canvas 72x58,5cm/*28x23in* Melbourne 97
👆 *$25 418 FF152 672 £15 420* The River Seine with Barges and Buildings Oil/canvas 94x145cm/*37x57in* Melbourne 98
✏ *$650 FF3 762 £400* Feluccas on a River with Palm Trees beyond Watercolour 20x28cm/*7x11in* London 97
ASHTON Julian Rossi 1851-1942 [21]
🖐 *$176 FF1 064 £108* Gloucester Street Etching 23,5x15,5cm/*9x6in* Sydney 98
✏ *$3 907 FF22 727 £2 393* Mosman Watercolour/paper 24x35cm/*9x13in* Melbourne 97
ASHTON William. 1881-1963 [17]
✏ *$1 053 FF5 450 £680* The Harvest/Cattle watering Bodycolour 30,5x42,5cm/*12x16in* London 96
ASKENAZY Mischa 1888-1961 [31]
👆 *$3 000 FF18 061 £1 794* Winter Scene with Cabin Oil/canvas 51x61cm/*20x24in* San Francisco 98
✏ *$1 800 FF9 400 £1 088* Nude Ascending Staircase Pastel/paper 71x59cm/*27x23in* San Francisco-Los Angeles 96
ASKEVOLD Anders 1834-1900 [48]
👆 *$9 062 FF52 588 £5 350* Watering cows Oil/canvas 42x59cm/*16x23in* Oslo 97
👆 *$43 704 FF268 456 £26 216* "Nach der Scene" Öl/Leinwand 97x175cm/*38x68in* Stuttgart 98
ASLAN Alain Gourdon, dit 1930 [14]
🖐 *$74 FF450 £45* "Folies Bergères" Affiche 101,5x148cm/*39x58in* Paris 98
ÅSLUND Acke 1881-1958 [62]
👆 *$1 064 FF5 320 £689* Höstbruk i Jämtland Oil/panel 28x35cm/*11x13in* Stockholm 96
👆 *$1 378 FF6 780 £888* Hästar Södermaln Oil/canvas/panel 60x67cm/*23x26in* Stockholm 95
✏ *$524 FF2 985 £323* "Frej", häst i spilta Chalks 43x51cm/*16x20in* Uppsala 97
ASOMA Tadashi 1923 [5]
👆 *$350 FF2 004 £207* "Yoshiko at Reid State Park" Oil/canvas 111x101cm/*44x40in* Milford, Conn. 97
ASPELL Peter N. Lawson 1918 [9]
👆 *$1 284 FF7 389 £758* White Girl Oil/canvas 84x63,5cm/*33x25in* Vancouver, BC. 97
ASPERTINI Amico 1475-1552 [4]
👆 *$65 600 FF327 000 £43 000* Portrait of a man, bust length, in a black costume, a landscape beyond Oil/panel 46x36cm/*18x14in* London 95

ASPETTI Tiziano c.1565-1607 **[2]**
$42 150 FF250 000 £25 775 Mars/La Paix Bronze H55cm/*H21in* Paris 97
ASPETTI Tiziano (Attrib.) c.1565-1607 **[2]**
$107 500 FF561 000 £65 000 Andirons (firedogs) Bronze H116cm/*H45in* London 96
ASPEVIG Clyde XX **[4]**
$7 500 FF44 802 £4 592 "Lake Isabelle, Indian Peaks Wilderness, Colorado" Oil/canvas/board
61x76cm/*24x29in* New-York 98
ASPINWALL Reginald 1858-1921 **[8]**
$511 FF2 903 £320 Afternoon Colour at the Crook of Lune, Nr. Lancaster Watercolour 33x56cm/*12x22in*
London 97
ASSCHE van Henri 1774-1841 **[10]**
$163 FF973 £97 Rivière dans un paysage Huile/cuivre 19x23cm/*7x9in* Antwerpen 97
$3 850 FF22 820 £2 394 Pâturage au bord de la cascade Huile/panneau 45,5x37,5cm/*17x14in*
Bruxelles 97
$9 473 FF53 980 £5 916 Landschaft mit Wassermühle Oil/wood 94x132cm/*37x51in* Bremen 97
ASSE Geneviève 1923 **[54]**
$834 FF5 000 £498 Rhys II Huile/toile 16x22cm/*6x8in* Paris 98
$1 945 FF9 600 £1 268 Composition Huile/papier 50x65cm/*19x25in* Toulouse 95
ASSELBERGS Gustave 1938-1967 **[8]**
$3 908 FF23 218 £2 324 The World you Left Mixed media/canvas 200x120cm/*78x47in* Amsterdam 97
$8 100 FF42 200 £4 890 The Quick Shot Acrylic/canvas 120x90cm/*47x35in* Amsterdam 96
$1 445 FF7 540 £873 Untitled Collage/paper 36x27,5cm/*14x10in* Amsterdam 96
ASSELBERGS Jan 1937 **[10]**
$1 543 FF8 992 £943 Borsten/Handen Black chalk 29x46cm/*11x18in* Amsterdam 97
ASSELIJN Jan c.1610-1652 **[25]**
$3 698 FF21 978 £2 200 Rocky landscape with cattle and herdsmen resting beneath ruins Oil/canvas
28x34cm/*11x13in* London 97
$9 350 FF48 200 £6 000 An Italianate landscape with travellers resting by a pond by a ruin Oil/canvas
49,5x66cm/*19x25in* London 96
$1 400 FF6 780 £902 Figures by the entrance to a Grotto Black chalk 28,4x22,5cm/*11x8in* Amsterdam 95
ASSELIN Maurice 1882-1947 **[106]**
$570 FF2 900 £376 Bouquet aux pensées Huile/toile 33x24cm/*12x9in* Paris 96
$993 FF6 000 £603 Bouquet de fleurs dans un vase Huile/toile 73x60cm/*28x23in* Senlis 98
$238 FF1 465 £148 Barques sur la rivière Watercolour 22,5x35cm/*8x13in* Melbourne 97
ASSELINEAU Antoinette 1811-? **[1]**
$23 200 FF120 000 £15 040 Intérieur d'une classe de jeune fille Huile/toile 74,5x100cm/*29x39in* Paris 96
ASSELINEAU Léon Aug. 1808-1889 **[5]**
$22 000 FF125 356 £13 475 Le départ du paquebot/En attendant le bateau Oil/canvas 34x54cm/*13x21in*
New-York 97
ASSEN van Benedictus Antonio XVIII-XIX **[1]**
$1 140 FF5 820 £750 A Knight in armour on horseback Ink 7,8x10,8cm/*3x4in* London 96
ASSENBAUM Fanny 1848-1901 **[2]**
$2 702 FF16 667 £1 620 Waldpartie auf der Insel Rügen Öl/Leinwand 63x83cm/*24x32in* Wien 98
ASSENDELFT van Cornelis Albert 1870-1945 **[11]**
$3 715 FF21 971 £2 230 Farmers and wheel-barrows Oil/canvas 70x80cm/*27x31in* Amsterdam 97
ASSERETO Gioacchino 1600-1649 **[6]**
$13 000 FF76 112 £8 037 Saint Sebastian tended by Saint Irene Oil/canvas 161x125,5cm/*63x49in* New-
York 97
$13 764 FF79 380 £8 200 Lot and his Daughters fleeing the Destruction of Sodomand Gomorrah Oil/canvas
49x85,5cm/*19x33in* London 97
ASSERETO Gioacchino (Attrib.) 1600-1649 **[3]**
$30 000 FF178 359 £18 585 Tancred and Clorinda Oil/canvas 148,5x194cm/*58x76in* New-York 97
ASSEZAT DE BOUTEYRE Eugène 1864-? **[2]**
$7 000 FF40 000 £4 288 La cueillette des oranges Huile/toile 116x81cm/*45x31in* Paris 97
ASSIG Martin 1959 **[2]**
$3 210 FF16 500 £2 000 Kathedrale Sculpture H72cm/*H28in* London 96
ASSMUS Robert 1837-? **[3]**
$550 FF3 213 £327 A Winter Playground Oil/panel 12x23,5cm/*4x9in* New-York 97

ASSTEYN Bartholomeus 1607-1668 **[9]**
  $19 800 FF103 560 £12 000 A Basket of Grapes, Peaches, Cherries and a Roemer on a draped Table
Oil/panel 54x44cm/*21x17in* London 96
  $14 200 FF72 300 £8 520 A tulip Watercolour 29,9x19,7cm/*11x7in* Amsterdam 96
ASSTEYN Bartholomeus (Attr.) 1607-1668 **[3]**
  $14 484 FF85 000 £8 857 Nature morte aux raisins et aux coings Huile/toile 63x90cm/*24x35in* Paris 97
ASSUS Maurice 1880-1955 **[2]**
  $2 610 FF13 000 £1 710 Portrait de jeune algérienne Huile/panneau 24x19cm/*9x7in* Paris 95
AST van der Balthasar 1593/94-1657 **[21]**
  $290 000 FF1 446 000 £190 000 Fruit on a dish, flowers in a Wanli kraak porselein vase, cherries Oil/panel
46x84cm/*18x33in* London 95
  $429 901 FF2 534 871 £254 500 Still life of fruit with 2 parrots on a branch Oil/copper 17x23,5cm/*6x9in*
London 97
AST van der Balthasar (Attrib.) 1593/94-1657 **[5]**
  $7 306 FF42 198 £4 290 Nature morte de fruits et coquillages Huile/panneau 48x67cm/*18x26in*
Bruxelles 97
  $140 760 FF850 000 £84 405 Bouquet de fleurs dans un vase en verre Huile/panneau 28x18,5cm/*11x7in*
Paris 98
ASTÉ d' Joseph XIX-XX **[22]**
  $1 383 FF8 500 £829 Faune poursuivi par les oies Bronze 60x33cm/*23x12in* Lille 98
ASTERIADIS Agenor 1898-1977 **[5]**
  $7 400 FF38 600 £4 470 Fig trees and a fence Tempera/panel 47,5x61cm/*18x24in* Athens 96
  $1 640 FF8 480 £1 095 Olive Grove Watercolour/paper 31x48cm/*12x18in* Athens 96
ASTI Angelo 1847-1903 **[16]**
  $800 FF4 965 £479 Portrait of a Female Oil/canvas 50x40cm/*20x16in* Bloomfield Hills, Michigan 98
  $1 700 FF9 860 £1 046 Portrait of a Lady Oil/canvas 46x33cm/*18x13in* Bethesda, Maryland 97
ASTLEY John 1724-1787 **[5]**
  $6 070 FF30 900 £4 000 Portrait of Mrs Penning Oil/canvas 75x62cm/*29x24in* London 96
ASTLEY John (Attrib.) 1724-1787 **[4]**
  $7 000 FF38 674 £4 350 Portrait of a Lady Reading a Book Oil/canvas 64,5x53,5cm/*25x21in* New-York 97
ASTOIN Marie 1923 **[89]**
  $1 033 FF6 000 £610 Paysage Huile/toile 33x46cm/*12x18in* Dijon 97
  $2 652 FF15 000 £1 624 Port breton Huile/toile 46x61cm/*18x24in* Cannes 97
ASTON Charles Reginald 1832-1908 **[5]**
  $1 299 FF7 782 £800 The Bolt Head, Devonshire Watercolour 47x73cm/*18x28in* London 98
ASTOR Mary XX **[1]**
  $11 330 FF57 700 £6 800 "Old Vic", head of a horse Bronze H37cm/*H14in* London 96
ÅSTRÖM Werner 1885-1979 **[16]**
  $1 067 FF6 624 £640 Stilleben Oil/canvas 66x46cm/*25x18in* Helsinki 98
ASTRUP Nikolai 1880-1928 **[17]**
  $61 870 FF370 668 £36 984 Vårnatt med fullmåne Oil/canvas 61,5x56,5cm/*24x22in* Oslo 98
  $13 593 FF78 883 £8 025 Hjem fra arbeid Etching in colors 15x22cm/*5x8in* Oslo 97
ASTUDIN von Nicolai 1848-1925 **[5]**
  $1 514 FF8 846 £929 Küstendorf Öl/Leinwand 25x37cm/*9x14in* Zofingen 97
ATAEV Valery 1966 **[5]**
  $850 FF5 179 £517 Bird Oil/canvas 40x50cm/*15x19in* Tel Aviv 98
ATALAYA Enrique c.1850-1914 **[37]**
  $924 FF4 500 £587 Conversation galante sur un ferry Huile/carton 11x7cm/*4x2in* Paris 95
  $2 020 FF12 000 £1 224 Paris, Scènes de rues Gouache/papier 11x7cm/*4x2in* Calais 97
ATAMIAN Charles Garabed 1872-1947 **[42]**
  $13 216 FF80 000 £8 112 La plage Huile/toile 80x99cm/*31x38in* Bordeaux 98
  $1 203 FF7 000 £737 Femme à sa toilette Lavis 34x25cm/*13x9in* Paris 97
ATCHÉ Jane 1880-? **[6]**
  $2 000 FF11 919 £1 199 "Chocolat Vincent" Poster 143,5x104,5cm/*56x41in* New-York 98
ATCHERLEY Ethel XIX-XX **[2]**
  $1 065 FF6 500 £650 Lake District View with Figures by a Cottage Watercolour/paper 58x93cm/*23x37in*

London 98
ATGET Eugène 1857-1927 **[291]**
$3 625 FF21 442 £2 200 "Ancien Charnier, Saint-Gervais, rue François Miron" Acrylique/bois 22x17cm/*8x6in* London 98
$2 400 FF11 900 £1 520 A l'Homme Armé, rue des Blancs-Manteaux Photograph 16x21cm/*6x8in* New-York 95
ATHERTON John 1900-1952 **[6]**
$4 950 FF28 546 £2 948 Still Life of Western Gear and Letter Oil/panel 60x44cm/*24x17in* New-York 97
$949 FF6 029 £593 "New York World's Fair" Poster 76x50cm/*30x20in* New-York 97
ATILA Attila Biro 1931-1987 **[40]**
$708 FF4 200 £433 Fuite Huile/toile 81x65cm/*31x25in* Paris 97
$2 013 FF12 500 £1 213 Master Mind Huile/toile 195x114cm/*76x44in* Paris 98
$622 FF3 597 £382 Sans titre Gouache/papier 60x90cm/*23x35in* Bruxelles 97
ATKINS Anna 1799-1871 **[2]**
$116 440 FF710 000 £69 864 "Photographs of British Algoe, Cyanotype Impressions" Photo 25,3x20cm/*9x7in* Paris 98
ATKINS Samuel c.1787-1808 **[30]**
$1 240 FF6 376 £800 Shipping Off the South Coast Watercolour 16,5x22,5cm/*6x8in* London 96
ATKINS William Edward 1842-1910 **[25]**
$757 FF3 946 £500 H.M.S. "Majectic" anchored at Spithead, Portsmouth, June Watercolour 41x73cm/*16x28in* London 96
ATKINSON Christopher 1754-1795 **[18]**
$1 966 FF10 220 £1 300 A diver/A ringed plover/A corncrake Watercolour 29x22cm/*11x8in* London 96
ATKINSON George M. Wheatley 1806-1884 **[4]**
$29 392 FF173 410 £18 000 Evening on the River Lee, below Blackrock Castle, Co. Cork Oil/canvas 61x91,5cm/*24x36in* London 98
ATKINSON James 1780-1852 **[5]**
$2 943 FF15 240 £1 900 Sketches in Afghaunistan Lithograph 53,5x36cm/*21x14in* London 96
$9 828 FF57 142 £6 000 A collection of watercolours taken on the way to Afghanistan Watercolour 31x23cm/*12x9in* London 97
ATKINSON John 1863-1924 **[67]**
$1 487 FF8 919 £900 Workers in a filed loading corn sheaves into a wagon Watercolour/paper 27x38cm/*10x14in* Newcastle-upon-Tyne 97
ATKINSON John Augustus 1775-1833 **[8]**
$1 834 FF9 340 £1 100 Laplanders drawn by reindeer Watercolour 13x18cm/*5x7in* London 96
ATKINSON Maud Tindal XIX-XX **[5]**
$26 651 FF154 142 £16 000 Before the Coming of the Sinsul Queen Watercolour/paper 44x28cm/*17x11in* London 97
ATKINSON William Edwin 1862-1926 **[16]**
$411 FF2 093 £247 Old Street in St. Brieuc, Brittany Oil/board 26x30cm/*10x11in* Calgary, Alberta 96
ATL Doctor 1875-1964 **[51]**
$95 000 FF494 000 £62 800 Paricutín en erupción Oil/canvas 75x110cm/*29x43in* New-York 96
$180 000 FF873 000 £116 000 La Ciudad de México desde la Carretera a Cuernavaca Oil/masonite 90x161cm/*35x63in* New-York 95
$3 000 FF17 678 £1 792 Paisajes Charcoal 19,5x28,5cm/*7x11in* New-York 97
ATLAN Jean-Michel 1913-1960 **[284]**
$3 925 FF20 000 £2 590 Visage Huile/papier 33x41cm/*12x16in* Paris 96
$34 132 FF205 000 £20 479 Sans titre Huile/toile 65x100cm/*25x39in* Versailles 98
$48 984 FF290 697 £30 000 Untitled Oil/canvas 146x89cm/*57x35in* London 97
$585 FF3 060 £349 L'Astarté Color lithograph 66,5x47cm/*26x18in* München 96
$1 606 FF9 500 £964 Sans titre Pastel/papier 23,5x30,5cm/*9x12in* Paris 97
ATTANASIO Dino 1925 **[19]**
$159 FF950 £97 "Modeste et Pompon" Encre Chine/papier 34x25cm/*13x9in* Rouen 97
ATTARDI Ugo 1923 **[74]**
$2 400 FF13 600 £1 200 Paesaggio Tecnica mista/tavola 30x40cm/*11x15in* Vercelli 98
$5 175 FF29 325 £2 587 Nudo allo specchio Olio/tela 100x73cm/*39x28in* Milano 98
$960 FF5 440 £640 Annucizione Tempera/carta 25x36cm/*9x14in* Vercelli 97
ATTERSEE Christian Ludwig 1941 **[152]**

  $555 FF3 333 £337 "Sektjolle" Mischtechnik/Karton 29x20,5cm/*11x8in* Wien 98

  $9 840 FF57 336 £6 048 Mauseier Acryl/Leinwand 71x94cm/*27x37in* Wien 97

  $23 330 FF120 000 £14 540 "Wasserlicht" Acrylic/canvas 118x118cm/*46x46in* Wien 96

  $648 FF3 822 £400 Paradeistürmchen/Schinkenschuppe, Fleischkomet/Pflaumenbürste... Lithograph 34x34cm/*13x13in* Wien 97

  $2 460 FF14 334 £1 512 Rehpfad-Fjordhild Mischtechnik/Papier 31x44cm/*12x17in* Wien 97

ATTWELL Mabel Lucie 1879-1964 **[15]**

  $981 FF5 469 £600 "Underground, The Only Way" Poster 102x64cm/*40x25in* London 97

  $2 641 FF15 686 £1 600 Friends for life Watercolour 18x33,5cm/*7x13in* London 97

AUBERJONOIS René 1872-1957 **[108]**

  $13 537 FF78 479 £7 981 La zouave Öl/Leinwand 53x40cm/*20x15in* Zürich 97

  $13 408 FF80 386 £8 070 Tamise Öl/Leinwand/Karton 34x30,5cm/*13x12in* Zürich 98

  $109 FF646 £66 Stehende Frau in Abendgarderobe Lithographie 30x24cm/*11x9in* Bern 97

  $1 089 FF6 316 £671 Stilleben Crayon/papier 29x24cm/*11x9in* Zürich 97

AUBERT Gaston [5]

  $1 213 FF7 000 £723 Bateaux dans le port Huile/toile 50x60cm/*19x23in* Pontivy 97

AUBERT Georges 1886-1961 **[9]**

  $7 510 FF38 600 £4 680 Dessins de Victor Hugo Engraving 65,5x51cm/*25x20in* Wien 96

AUBERT Louis c.1720-c.1790 **[4]**

  $17 105 FF102 000 £10 618 Jeune homme éclairé à la bougie Huile/panneau 26,5x18cm/*10x7in* Paris 97

AUBERT Michel 1700/04-1757 **[5]**

  $1 831 FF10 763 £1 100 A Gardener resting by a Tree Chalks/paper 22x19,5cm/*8x7in* London 97

AUBERTIN Bernard 1934 **[89]**

  $147 FF900 £87 Dessin de feu Technique mixte/carton 64x49,5cm/*25x19in* Paris 98

  $654 FF4 000 £388 Structure monochrome rouge Huile/toile 33x46cm/*12x18in* Paris 98

  $2 010 FF10 520 £1 208 Tableau-clous No. 0 Relief 17,5x22cm/*6x8in* Amsterdam 96

  $376 FF2 200 £222 Rouge 84 Gouache 31x23cm/*12x9in* Douai 97

AUBIGNY d' Amélie (Attrib.) 1795/96-1861 **[1]**

  $1 565 FF9 500 £951 Jeune femme de trois-quarts en robe blanche vaporeuse, écharpe bleue Miniature 9,6x7,2cm/*3x2in* Paris 98

AUBIGNY d' Amélie, née d'Autel 1795/96-1861 **[3]**

  $1 895 FF11 500 £1 151 Femme en robe gris-bleu, col de dentelle fleurie, chapeau "en capote" Miniature 9,6x7,2cm/*3x2in* Paris 98

AUBLET Albert 1851-1938 **[39]**

  $3 795 FF23 000 £2 327 Femmes tunisiennes sur la terrasse Huile/carton 34,7x26,7cm/*13x10in* Paris 98

  $14 850 FF74 000 £9 720 Portrait d'une tunisienne Huile/toile 130x83cm/*51x32in* Paris 95

  $3 446 FF20 000 £2 104 La rue Halfaouine, Tunis Aquarelle/papier 30x44cm/*11x17in* Paris 97

AUBRY Charles XVIII-XIX **[9]**

  $1 400 FF6 800 £879 Études de fleurs Tirage albuminé 37,5x24cm/*14x9in* Arles 95

AUBRY Charles XIX **[5]**

  $7 560 FF45 000 £4 621 Crâne humain Tirage albuminé 34x35cm/*13x13in* Paris 98

AUBRY Émile 1880-1964 **[162]**

  $392 FF2 400 £239 Femme assise sur la plage Huile/carton 12,5x16,5cm/*4x6in* Auxerre 98

  $490 FF3 000 £299 Le jardin des Hespérides Huile/carton 64x73cm/*25x28in* Auxerre 98

  $10 715 FF65 500 £6 543 Grande scène orientale Huile/toile 128x232cm/*50x91in* Auxerre 98

  $196 FF1 200 £119 Montagne et prairie Aquarelle/papier 11x20cm/*4x7in* Auxerre 98

AUBRY Etienne 1745-1781 **[15]**

  $3 760 FF19 240 £2 410 L'heureuse famille Huile/panneau 17x13cm/*6x5in* Wien 96

  $24 000 FF125 000 £15 070 La Confidence, ou Les Deux Soeurs Huile/toile 58x72cm/*22x28in* Lyon 96

AUBRY Étienne (Attrib.) 1745-1781 **[5]**

  $2 962 FF18 000 £1 783 Le goûter Huile/papier 15,5x23cm/*6x9in* Paris 98

  $6 628 FF40 000 £3 920 Le courtisan rejoignant sa bien-aimée Huile/toile 96x87cm/*37x34in* Bayeux 97

  $548 FF3 200 £326 L'étal des poissons Encre 16,5x13,7cm/*6x5in* Paris 97

AUBRY Louis François 1767-1851 **[7]**

  $1 884 FF11 000 £1 139 Portrait de femme Fusain/papier 67x52cm/*26x20in* Lille 97

AUDEBERT Jean-Baptiste 1759-1800 **[1]**

$863 FF4 500 £543 La Fontaine d'Amour/Le Serment d'Amour, d'après Honoré Fragonard Gravure 24x20,5cm/*9x8in* Paris 96

AUDIBERT Louis 1880-1983 **[39]**
$551 FF3 304 £339 Village en Provence Huile/toile 53x63cm/*20x24in* Montréal 98
$179 FF1 050 £110 Vue de Provence Aquarelle/papier 21x28cm/*8x11in* Paris 97

AUDRA Paul 1869-1947 **[3]**
$1 498 FF8 873 £890 "Valence-sur-Rhône, Fêtes Émile Augier, 31 juillet et 2 août 1897" Affiche 158x109,5cm/*62x43in* London 97

AUDRAN Claude II 1639-1684 **[3]**
$230 360 FF1 300 000 £140 270 Le Passage du Granique, d'après l'histoire d'Alexandre le Grand Huile/toile 113x147cm/*44x57in* Paris 97
$5 329 FF31 311 £3 200 "The Judgment of Paris" Wash 30,5x19cm/*12x7in* London 97

AUDUBON John James 1785-1851 **[192]**
$150 000 FF888 105 £89 070 Otter in a Trap Oil/canvas 71x104cm/*27x40in* New-York 97
$1 300 FF6 357 £822 Pl. 88 Wormwood Hare Lithograph 77x92cm/*30x36in* Santa Fe, New Mexico 95
$65 100 FF335 000 £42 000 A brown thrasher Watercolour 49x30,5cm/*19x12in* London 96

AUDUBON John Woodhouse 1812-1868 **[10]**
$500 FF2 850 £309 Ring Tail Bassaris Lithograph 63x50cm/*25x20in* San Rafael, CA 97

AUDY Jonny XIX **[28]**
$609 FF3 000 £396 Le saut de la rivière Gouache 33x51cm/*12x20in* Paris 95

AUERBACH Ellen Rosenberg 1906 **[4]**
$2 138 FF12 730 £1 307 Tänzerin Renate Schottelius Gelatin silver print 27x35cm/*10x13in* Berlin 98

AUERBACH Frank 1931 **[108]**
$39 000 FF233 532 £23 961 Head of Gerda Boehm Oil/board 38,5x38,5cm/*15x15in* New-York 98
$66 980 FF410 424 £40 000 Head of E.O.W IV Oil/canvas 51x47cm/*20x18in* London 98
$240 000 FF1 391 304 £141 504 To the Studios II Oil/canvas 122x122cm/*48x48in* New-York 97
$1 653 FF9 910 £1 000 "Lucian Freud" Etching 38,5x33cm/*15x12in* London 97
$1 322 FF7 722 £800 Head Pencil/paper 25,5x15cm/*10x5in* London 97

AUFDENBLATTEN Emil ?-1959 **[7]**
$4 860 FF23 660 £3 075 General Guisan bei seiner Vereidigung Oil/panel 81x61cm/*31x24in* Bern 95

AUFRAY Joseph Athanase 1836-? **[12]**
$4 500 FF25 891 £2 656 The End of the Ride Oil/panel 35x26cm/*13x10in* New-York 97
$15 062 FF88 757 £9 000 A cold Surprise Oil/panel 53x38cm/*20x14in* Glasgow 97

AUGÉ Philippe 1935 **[26]**
$1 227 FF6 060 £800 Très doucement Oil/canvas 102x81cm/*40x31in* London 95

AUGER Lucas 1685-1765 **[1]**
$31 274 FF190 000 £18 829 Allégorie de la Saône, du Rhône et de l'Ain Huile/panneau 94x120cm/*37x47in* Paris 98

AUGUIN Louis Auguste 1824-1903 **[13]**
$1 170 FF6 100 £706 Paysage des Landes Huile/toile 51x73cm/*20x28in* Lyon 96

AUGUSTE Henry 1759-1816 **[2]**
$14 000 FF69 100 £9 050 Design for a "Pot à Oille ou Soupière" Watercolour 47,5x38cm/*18x14in* New-York 96

AUGUSTIN Edgar 1936-1996 **[19]**
$236 FF1 220 £152 Torsi im Atelier Etching 31x23cm/*12x9in* Hamburg 96
$1 419 FF8 086 £869 Figürliches Relief Relief 26,5x15x5cm/*10x5x1in* Hamburg 97
$1 605 FF9 380 £950 Kopf Indian ink/paper 30x21cm/*11x8in* Köln 97

AUGUSTIN Jean-Baptiste 1759-1832 **[28]**
$23 400 FF120 500 £15 000 Portrait of a man, bust length Ink 23,8x19,8cm/*9x7in* London 96

AUGUSTINER Werner 1922-1986 **[6]**
$439 FF2 613 £272 Häuser in blühender Landschaft Öl/Leinwand 54x77cm/*21x30in* Stuttgart 97

AUGUSTINUS Paul 1952 **[11]**
$7 502 FF45 063 £4 500 Two Lions Resting Oil/canvas 81x122cm/*31x48in* London 98
$1 153 FF6 958 £700 Leopard Rock Watercolour/paper 50x71cm/*19x27in* Billingshurst, West Sussex 98

AUGUSTSON Göran 1936 **[24]**
$180 FF1 104 £107 Lido Color lithograph 87x68cm/*34x26in* Helsinki 98
$226 FF1 346 £139 Tederico Gouache/paper 29x40cm/*11x15in* Helsinki 97

AUJAME Jean 1905-1965 **[104]**
$1 104 FF5 500 £723 Rivière Huile/toile 33x41cm/*12x16in* Paris 95
$1 490 FF8 500 £910 Paysage Huile/toile 60x73cm/*23x28in* Calais 97
$413 FF2 000 £266 Oliviers en Provence Aquarelle 44x55cm/*17x21in* Paris 95
AULD James Muir 1879-1942 **[15]**
$1 818 FF10 543 £1 072 Old Books Ink 25x20,5cm/*9x8in* Sydney 97
AULIE Reidar 1904-1977 **[37]**
$1 165 FF6 080 £704 Marseille havn Oil/panel 33x41cm/*12x16in* Oslo 96
$2 640 FF13 780 £1 595 Fra et skibsverft Oil/canvas 53x96cm/*20x37in* Oslo 96
$6 235 FF37 915 £3 820 Lasterom Oil/canvas 99x135cm/*38x53in* Oslo 98
AULT George Copeland 1891-1948 **[22]**
$1 473 FF8 575 £893 Connecticut Cottage Oil/canvas 30x40cm/*12x16in* Mystic, Connecticut 97
$2 249 FF13 438 £1 377 Tree on the Square Graphite 30,5x23cm/*12x9in* New-York 98
AUMONIER James 1832-1911 **[39]**
$956 FF5 449 £600 Near Cookham, berks Oil/canvas/board 12x46cm/*4x18in* London 97
$1 850 FF9 570 £1 200 A Sussex Hayfield Oil/canvas 53x76cm/*20x29in* London 96
$511 FF2 903 £320 The Harvesters Watercolour/paper 21,5x34,5cm/*8x13in* London 97
AUMONT Louis 1805-1879 **[9]**
$2 899 FF17 291 £1 800 Portrait of a Lady Oil/canvas 70x55,5cm/*27x21in* London 97
AURELI Giuseppe 1858-1929 **[49]**
$4 500 FF23 949 £2 653 Contemplation Oil/canvas 81,9x60cm/*32x23in* New-York 97
$2 185 FF12 757 £1 300 Lover's Game Watercolour/paper 38,5x27,5cm/*15x10in* London 97
AURIA d' V. XIX-XX **[4]**
$1 526 FF8 849 £900 Returning from Fishing at Sunset Oil/canvas 61x119,5cm/*24x47in* London 97
AURIAC Jacques XX **[7]**
$253 FF1 400 £157 "Rhum Négrita, Plus parfumé donc plus actif- Barbinet, Bordeaux.." Affiche 116x154cm/*45x60in* Boulogne-sur-Seine 97
AURIC Nora c.1900-1982 **[11]**
$4 740 FF23 170 £3 000 Portrait d'Olivier Larronde Oil/canvas 26x21cm/*10x8in* London 95
AURIOL Georges 1863-1938 **[7]**
$660 FF3 200 £425 Bois frissonnats, ciel étoilé Lithographie couleurs 49,5x32,5cm/*19x12in* Paris 95
$1 261 FF7 500 £771 Eventail aux iris Aquarelle/papier 21x57cm/*8x22in* Paris 97
AUSLEGER Rudolf 1897-1974 **[21]**
$2 600 FF13 600 £1 550 Stilleben Oil/cardboard 35x31,5cm/*13x12in* Berlin 96
$650 FF3 400 £387 Interieur Ink 37,6x25,4cm/*14x10in* Berlin 96
AUSSANDON Hippolyte Joseph N. 1836-? **[5]**
$29 000 FF177 587 £17 356 Christmas Clogs Oil/canvas 60x81cm/*23x31in* New-York 98
AUSTEN Alexander XIX-XX **[6]**
$1 011 FF5 110 £650 A Good Smoke/Peeling Vegetables Oil/canvas 41x31cm/*16x12in* London 96
AUSTEN Winifred Marie L. 1876-1964 **[82]**
$41 FF239 £25 Ducks in flight Etching 22,2x26,6cm/*8x10in* London 97
$2 270 FF11 800 £1 500 Tufted duck taking off from the shore in winter Watercolour 24x34cm/*9x13in* London 96
AUSTIN Alexander XIX-XX **[1]**
$4 669 FF28 985 £2 800 The Recital Oil/canvas 41,5x58cm/*16x22in* London 98
AUSTIN Darrel 1907 **[10]**
$800 FF4 670 £475 Balancing Lady Oil/canvas 77x91,5cm/*30x36in* New-York 97
AUSTIN John Gardiner XIX **[1]**
$5 590 FF32 652 £3 308 Sydney and Its Environs Color lithograph 16x24cm/*6x9in* Melbourne 97
AUSTIN Robert Sargent 1884-1966 **[19]**
$280 FF1 674 £170 The Angel of St. Mathew Engraving 11,5x9,5cm/*4x3in* London 97
AUSTIN Samuel 1796-1834 **[21]**
$1 772 FF10 495 £1 049 An Overshot Mill Mixed media/paper 34x49,5cm/*13x19in* London 97
AUSTIN Samuel (Attrib.) 1796-1834 **[1]**
$2 129 FF12 357 £1 300 Sorting the Catch Watercolour/paper 40x66cm/*15x25in* London 97
AUSTIN William Frederick XIX **[21]**

✏ *$423 FF2 411 £260* 'The Bridge Clare College"/"The Bridge Kings' College Cambridge" Watercolour 28x43cm/*11x16in* London 97

AUSTRIAN Ben 1870-1921 **[15]**
✎ *$1 901 FF11 660 £1 166* Florida ever-glades Oil/canvas 40x50cm/*16x20in* Mystic, Connecticut 98
✎ *$5 181 FF30 607 £3 220* Five Chicks Feeding near a Rusty Can Oil/canvas 30x25cm/*12x10in* Downington, PA 97

AUTERE Hannes 1888-1967 **[7]**
✎ *$1 350 FF7 870 £831* Stämning Oil/board 20x29cm/*7x11in* Helsinki 97
⚒ *$938 FF5 541 £555* Män Sculpture, wood 24x35cm/*9x13in* Helsinki 97

AUTIO Rudy 1926 **[5]**
⚒ *$6 000 FF36 585 £3 600* Untitled Covered Jar Sculpture 63,5x58,5cm/*25x23in* New-York 98

AUTISSIER Louis Marie 1772-1830 **[10]**
✎ *$15 000 FF85 275 £9 184* Self-Portrait Oil/panel 19,5x13cm/*7x5in* New-York 97

AUTREAU Jacques 1657-1745 **[4]**
✎ *$9 340 FF47 500 £5 580* Un déjeuner entre amis Huile/toile 53,5x64,5cm/*21x25in* Versailles 96
✎ *$32 400 FF170 000 £19 500* Portrait de la famille Hornbostel dans un intérieur régence Huile/toile 106,5x138,5cm/*41x54in* Paris 96

AUTREAU Jacques (Attrib.) 1657-1745 **[1]**
✎ *$50 000 FF276 245 £31 075* Two Ladies in an interior Oil/canvas 71x90cm/*27x35in* New-York 97

AUTY Charles XIX-XX **[3]**
✏ *$1 219 FF7 104 £749* Watchful Mother Watercolour 38x30cm/*14x11in* Billingshurst, West Sussex 97

AUVIGNÉ Jan XX **[2]**
▭ *$621 FF3 622 £380* "C.G.T, French Line" Affiche 100x62,5cm/*39x24in* London 97

AUVRAY Félix 1800-1833 **[1]**
✎ *$3 898 FF23 000 £2 387* La toilette d'Esther Huile/toile 65x54,5cm/*25x21in* Cheverny 98

AUZOLLE Marcellin 1862-1942 **[26]**
▭ *$509 FF2 900 £311* "Nippon, poudre et cigarettes anti-asthmatiques" Affiche 140x100cm/*55x39in* Orléans 97

AUZOU Pauline Desmarquêts 1775-1835 **[3]**
✎ *$8 200 FF49 101 £5 018* Portrait of a Gentleman and his Dauther reading in an Interior Oil/panel 49x41cm/*19x16in* New-York 97

AVANZI Vittorio 1850-1913 **[6]**
✎ *$6 299 FF35 698 £4 199* Veduta di Campofontana Olio/tela 76x80cm/*29x31in* Milano 97

AVATI Mario 1921 **[149]**
▭ *$41 FF250 £24* Manière noire à la branche d'avocat Gravure 22x27cm/*8x10in* Neuilly-sur-Seine 98
✏ *$385 FF2 300 £236* Nature morte Encre 10x12cm/*3x4in* Paris 98

AVEDON Richard 1923 **[113]**
📷 *$6 500 FF38 280 £4 011* Dovima with elephants, Evening Dress by Dior, Cirque d'Hiver, Paris Photograph 25x20cm/*9x7in* New-York 97

AVELINE Pierre 1656-1722 **[3]**
▭ *$920 FF5 600 £560* Vénus jalouse, d'après Torelli Eau-forte 21x32cm/*8x12in* Paris 98

AVENALI Marcello 1912-1981 **[17]**
✎ *$3 000 FF17 000 £1 500* Composizione n.2 Olio/tavola 62x93,5cm/*24x36in* Roma 98

AVERBUCH Ilan 1953 **[3]**
✏ *$1 123 FF5 770 £700* The First Woman Ink 220x152cm/*86x59in* London 96

AVERCAMP Barent Pietersz. 1612-1679 **[7]**
✏ *$2 120 FF12 298 £1 300* Two rows of standing figures Ink 18x30cm/*7x11in* London 97

AVERCAMP Hendrick 1585-1634 **[7]**
✏ *$26 646 FF156 555 £16 000* A Winter Landscape with Farm Buildings and Figures Skating on a Canal Ink 15x29,5cm/*5x11in* London 97

AVERY Milton 1893-1965 **[268]**
✎ *$3 900 FF19 656 £2 565* Mother and Child Oil/masonite 60x44cm/*24x17in* Baton Rouge, Louisiana 96
✎ *$18 000 FF108 694 £10 805* Cerise Blouse Oil/canvas 30,5x23cm/*12x9in* New-York 98
✎ *$120 000 FF707 544 £73 584* "The Waders" Oil/canvas 127x101,5cm/*50x39in* New-York 98
▭ *$1 800 FF8 800 £1 140* Window by the sea Drypoint 19x12cm/*7x4in* New-York 95
✏ *$359 FF2 246 £225* Surf and Water Encre/papier 20,5x9,5cm/*8x3in* Montréal 97

AVIA PEÑA Amalia 1930 **[15]**

$2 617 FF13 230 £1 716 Calle de la Salvia Oleo/tabla 73x92cm/*28x36in* Madrid 96

AVIAT Jules 1844-? **[5]**
$2 922 FF17 509 £1 743 Woman in a Doorway Oil/canvas 53,5x37,5cm/*21x14in* Melbourne 98

AVILOV Mikhail 1927 **[2]**
$2 521 FF12 963 £1 551 Dos jovenes pescadores Oleo/lienzo 39x34cm/*15x13in* Madrid 96

AVLOS P. Dionyssopoulos 1930 **[1]**
$3 215 FF18 500 £1 898 Nature morte à la bouteille Collage 40x31x17cm/*15x12x6in* Paris 97

AVNER Hervé 1954 **[87]**
$1 746 FF8 800 £1 125 Barques sardinières au mouillage Pastel 48x62cm/*18x24in* Douarnenez 96

AVNI Aharon 1906-1951 **[20]**
$1 200 FF6 220 £780 The flower vendors Oil/canvas 49x64cm/*19x25in* Tel Aviv 96
$400 FF2 431 £246 Nude Watercolour/paper 66x46,5cm/*25x18in* Tel Aviv 98

AVNI Shimon 1932 **[14]**
$900 FF5 471 £554 Figure in Landscape Oil/canvas 116,5x89cm/*45x35in* Tel Aviv 98

AVON Emile 1847-1914 **[3]**
$1 594 FF9 082 £1 000 Washer women on the banks of a river Oil/panel 17x32cm/*6x12in* London 97

AVONDO Vittorio 1836-1910 **[5]**
$1 200 FF6 800 £800 Paesaggio fluviale Olio/tela/cartone 10x20cm/*3x7in* Roma 97

AVONT van Pieter 1600-1632 **[13]**
$15 000 FF91 407 £9 138 The Rest on the Flight into Egypt Oil/copper 25x38cm/*9x14in* New-York 98
$20 224 FF106 000 £12 126 Allégorie de l'automne Huile/panneau 55x82cm/*21x32in* Beaune 96

AVONT van Pieter (Attrib.) 1600-1632 **[10]**
$10 267 FF62 000 £6 237 Vierge à l'enfant, Saint Jean Baptiste, Saint Joseph et Anges Huile/panneau 48x71cm/*18x27in* Lyon 98
$38 851 FF229 084 £23 000 Banquet of the Gods Oil/canvas 115,5x169cm/*45x66in* London 97

AVRAMIDIS Johannis 1922 **[23]**
$3 192 FF19 048 £1 960 Ohne Titel Oil/hardboard 41x59,5cm/*16x23in* Wien 98
$455 FF2 699 £278 Drei schreitende männliche Figuren nach rechts Lithographie 53,5x77cm/*21x30in* München 98
$2 376 FF12 168 £1 404 Drei Figuren Bronze 40x25,5x5cm/*15x10x1in* Hamburg 96
$917 FF4 750 £593 Männlicher Torso Pencil/paper 28,8x39,9cm/*11x15in* Berlin 96

AWCHAT Subhash XX **[4]**
$2 658 FF15 936 £1 600 Man Oil/canvas 101,5x76cm/*39x29in* London 98
$3 655 FF21 912 £2 200 Man Oil/canvas 155x91cm/*61x35in* London 98

AXELSON Axel 1854-1892 **[10]**
$1 037 FF5 390 £686 Kairouan, Tunis Oil/canvas 60x30cm/*23x11in* Stockholm 96
$1 832 FF10 589 £1 129 Gårdsinteriör, Venedig Oil/canvas 23,5x14cm/*9x5in* Stockholm 97

AXELSSON Victor 1883-1954 **[4]**
$1 439 FF8 226 £882 Mot Kornhamnstorg Oil/panel 50x65cm/*19x25in* Stockholm 97

AXENTOWICZ Teodor 1859-1938 **[47]**
$2 923 FF16 654 £1 825 Swieto Jordanu Oil/canvas 37x43cm/*14x16in* Warszawa 97
$5 584 FF33 538 £3 334 Hucul z dziewczyna (winter landscape) Oil/canvas 50x40cm/*19x15in* Warszawa 98
$39 636 FF236 925 £24 259 Landscape with a ruined castle Oil/canvas 97,5x136cm/*38x53in* Warszawa 97
$5 400 FF27 970 £3 490 Bust portrait of a woman Pastel/paper 63x47,5cm/*24x18in* Warszawa 96

AXILETTE Alexis Axilète c.1860-1931 **[2]**
$2 193 FF12 500 £1 370 Femme à sa toilette Pastel 55x46cm/*21x18in* Aubagne 97

AXSTER-HEÜDTLASS von Werner XIX-XX **[6]**
$475 FF2 400 £307 "Autoschau, Berlin" Poster 101x63cm/*40x25in* New-York 96

AYCOCK Alice 1946 **[6]**
$1 300 FF7 850 £779 History of a Beautiful May Rose Garden in the Month of January Pencil 61x172,5cm/*24x67in* New-York 98

AYE MIN 1969 **[3]**
$392 FF2 318 £242 The Main Hall of Shwedagon Pagoda Watercolour/paper 52x38cm/*20x14in* Singapore 97

AYERS Dick XX **[2]**

✎ *$1 100 FF5 640 £669* Fantastic Four Mixed media/paper 38x25cm/*15x10in* New-York 96
AYLING George 1887-1960 **[46]**
☞ *$522 FF3 118 £320* Shipping on the Thames Oil/canvas 35,5x48,5cm/*13x19in* London 97
AYLWARD James DeVine ?-1917 **[6]**
☞ *$4 248 FF25 440 £2 600* The Passing Show Oil/panel 25x18,5cm/*9x7in* Billingshurst, West Sussex 97
AYMÉ Alix 1894-1989 **[15]**
☞ *$2 837 FF17 000 £1 694* Personnages sur un marché au Laos Huile/carton 69x45,5cm/*27x17in* Paris 98
⊞ *$499 FF3 000 £298* "Portrait d'enfant" Pointe sèche 33x25cm/*12x9in* Paris 98
✎ *$915 FF5 500 £546* "Deux enfants de Hué" Pastel 17x23cm/*6x9in* Paris 98
AYOTTE Léo 1909-1979 **[98]**
☞ *$604 FF3 513 £360* Petit lac St. Louis Huile/panneau 20,5x25,5cm/*8x10in* Montréal 97
☞ *$1 020 FF6 150 £617* Paysage d'été Huile/toile 40,5x50,5cm/*15x19in* Montréal 98
AYRES Gillian 1930 **[38]**
☞ *$498 FF2 622 £300* Upright Squares Oil/paper 75x51cm/*29x20in* London 96
☞ *$3 170 FF16 600 £1 900* Scarba Oil/canvas 122x122cm/*48x48in* London 96
☞ *$4 902 FF30 165 £3 000* Abstract Composition Oil/board 19x61cm/*7x24in* London 98
AYRTON Michael 1921-1975 **[159]**
☞ *$2 690 FF14 040 £1 600* Low Tide Oil/canvas 48x71cm/*18x27in* London 96
☞ *$7 940 FF40 240 £5 200* Harvest Oil/board 32x41cm/*12x16in* London 96
⊞ *$428 FF2 561 £260* Rising Minotaur Etching, aquatint 7,5x20,5cm/*2x8in* London 97
⚒ *$3 480 FF17 260 £2 200* Icarus Fallen Bronze H37cm/*H14in* London 95
⚒ *$6 250 FF32 400 £4 000* Icarus rising, Variant III Bronze H101cm/*H39in* London 96
✎ *$1 070 FF5 420 £700* Mogador Ink 39x48cm/*15x18in* London 96
AZACETA Luis Cruz 1942 **[4]**
☞ *$8 000 FF47 789 £4 893* Journey IX Acrylic/canvas 76x51cm/*29x20in* New-York 98
AZE Adolphe 1823-1884 **[3]**
☞ *$4 125 FF25 000 £2 530* Café en Algérie Huile/toile 40x61cm/*15x24in* Paris 98
AZEGLIO d' Massimo 1798-1866 **[8]**
☞ *$2 400 FF13 600 £1 600* Notturno Olio/tela 34,5x29cm/*13x11in* Prato 97
☞ *$9 930 FF51 100 £6 000* A Villa on Lake Como Oil/board 45x54cm/*17x21in* London 96
AZEMA Ernest XIX-XX **[4]**
☞ *$767 FF4 000 £507* Plaza de Toros Huile/toile 81x65cm/*31x25in* Paris 96
AZEMA Louis 1876-1963 **[18]**
☞ *$776 FF4 500 £484* Les lavandières Huile/toile 43x57cm/*16x22in* Mayenne 97
AZIZ Abdul 1928 **[6]**
☞ *$2 092 FF12 364 £1 294* Portrait of a girl Oil/canvas 36x30cm/*14x11in* Singapore 97
AZUMA Kenjiro 1926 **[2]**
⚒ *$5 100 FF28 900 £2 550* Senza titolo Bronzo 34x20x44cm/*13x7x17in* Prato 97
AZUZ David 1942 **[104]**
☞ *$931 FF4 800 £618* Le cabaret Huile/papier 64x49cm/*25x19in* Sceaux 96
✎ *$213 FF1 100 £138* Chez Ali à Paris Aquarelle 30x23,5cm/*11x9in* Paris 96

B

BAADE Knud Andreassen 1808-1879 **[10]**
☞ *$3 282 FF20 113 £1 960* Fischerboot bei Mondschein an der Küste Oil/canvas 57x80cm/*22x31in* Dresden 98
BAADER Louis 1828-c.1919 **[9]**
☞ *$7 000 FF35 980 £4 375* Cléopâtre Reine d'Egypte, au tombeau d'Antoine Oil/canvas 89x124cm/*35x48in* New-York 96
BAADSGAARD Alfrida V. Ludovica 1839-1912 **[16]**
☞ *$1 668 FF10 230 £1 000* Black Grapes on a Vine with Plums on a Wooden Ledge Oil/canvas 38,5x46cm/*15x18in* London 98
☞ *$1 997 FF11 764 £1 233* Stilleben mit blauen Trauben auf weisser Tischplatte Öl/Karton 34x43cm/*13x16in* Lindau 97
BAAGØE Carl Erik 1829-1902 **[38]**
☞ *$1 401 FF7 971 £864* Marine med motor- og sejlskib Oil/canvas 24x34cm/*9x13in* Vejle 97

$4 840 FF25 250 £3 200 A man of war on the open sea Oil/canvas 78x126cm/*30x49in* Hadspen 96
$493 FF2 570 £293 Projekt til en bro i København Pencil/paper 16x23,5cm/*6x9in* Köbenhavn 96
BAAR Hugo 1873-1912 **[2]**
$7 475 FF38 985 £4 370 Wintertag in Sommerholz-Neumarkt Öl/Leinwand 100x110cm/*39x43in* München 96
BAARTMANS Johannes, Jan 1898-? **[6]**
$415 FF2 132 £259 Arbres en fleurs Huile/panneau 60x65cm/*23x25in* Antwerpen 96
BAASCH Kurt 1891-1964 **[1]**
$3 000 FF17 310 £1 838 "Rebecca Salsbury Strand" Photograph 16,5x11,5cm/*6x4in* New-York 97
BABB Charlotte E. c.1830-1906 **[1]**
$4 280 FF21 930 £2 600 The Shepherd's Love Oil/canvas 124,5x64cm/*49x25in* London 96
BABBERGER August 1885-1936 **[12]**
$481 FF2 814 £295 Jag=hreszeiten-Bilderbücher Woodcut 70,5x52cm/*27x20in* Luzern 97
$226 FF1 408 £136 Berglandschaft Indian ink 32,5x32cm/*12x12in* Heidelberg 98
BABIJ Ivan 1896-? **[3]**
$10 154 FF58 935 £6 200 Les joueuses de cartes Oil/canvas 92,5x65cm/*36x25in* London 97
BABOULENE Eugène 1905-1994 **[219]**
$781 FF4 643 £464 Nude in an Interior Oil/board 26x45cm/*10x17in* Amsterdam 97
$4 740 FF23 000 £2 970 "Provence sèche" Huile/toile 50x61cm/*19x24in* Les Baux-de-Provence 95
$165 FF800 £106 Paysage Lithographie couleurs 33x48cm/*12x18in* Paris 95
$2 193 FF13 500 £1 343 Les Restanques au Revect Gouache/papier 39x52cm/*15x20in* Bagnols-sur-Cèze 98
BABUREN van Dirck (Attrib.) c.1590-1623 **[3]**
$28 087 FF159 164 £14 043 Vecchio che legge al lume di candela Olio/tela 74x98cm/*29x38in* Roma 97
BAC Ferdinand 1859-1952 **[43]**
$1 106 FF6 600 £667 "La Loïe Fuler aux Folies-Bergères" Affiche 163x110cm/*64x43in* Paris 97
$210 FF1 200 £129 Elégante au piano Mine plomb 42x32cm/*16x12in* La Varenne Saint-Hilaire 97
BACARISAS PODESTA Gustavo 1873-1971 **[4]**
$9 030 FF43 800 £5 800 Santa Maria di Loreto/Piazza San Pietro, Roma Oil/canvas 69x48cm/*27x18in* London 95
$17 250 FF99 250 £10 250 Tossa de mar Oleo/lienzo 127x140,5cm/*50x55in* Madrid 97
BACCANI Attilio XIX-XX **[4]**
$6 499 FF38 095 £4 000 Two sisters with wild flowers Oil/canvas 112x86,5cm/*44x34in* London 97
BACCARINI Lino 1893-? **[5]**
$3 120 FF17 680 £1 560 Rittrato di signora Olio/tela 115x84cm/*45x33in* Venezia 97
BACCHI Cesare XIX-XX **[9]**
$3 766 FF22 000 £2 312 Terrasse sur la Promenade des Anglais à Nice Huile/toile 82x113cm/*32x44in* Paris 97
BACCI Baccio Maria 1888-1974 **[16]**
$1 500 FF8 500 £1 000 Gardenie Olio/tela 33x24cm/*12x9in* Firenze 98
$3 600 FF20 400 £2 400 Natura morta con bottiglie, fiori e limoni Olio/tela 53,5x42,5cm/*21x16in* Firenze 98
BACCI Edmondo 1913-1989 **[18]**
$2 432 FF12 730 £1 596 "Fabbrica" Tempera/tela 40x60cm/*15x23in* Milano 96
BACCIARELLI Marcello 1731-1818 **[2]**
$17 000 FF101 070 £10 531 Portrait of Stanislaw II Augustus Poniatowski Oil/canvas 124,5x94,5cm/*49x37in* New-York 97
BACCIARELLI Marcello (Attrib.) 1731-1818 **[1]**
$5 010 FF30 000 £2 994 Portrait de militaire portant l'Ordre de Malte Huile/toile 78x83cm/*30x32in* Paris 98
BACH Alois 1809-1893 **[3]**
$1 979 FF11 717 £1 175 Zigeunerlager mit Zelten Oil/wood 16,5x34cm/*6x13in* Dresden 97
BACH Elvira 1951 **[73]**
$4 537 FF27 004 £2 773 Frau mit Hanteln Acryl/Leinwand 80,5x100,5cm/*31x39in* Berlin 98
$6 882 FF40 201 £4 072 Weibliche Akte Acryl/Papier 30x19cm/*11x7in* Köln 97
$9 750 FF48 050 £6 290 Ohne Title Acrylic/panel 190x70cm/*74x27in* Köln 95
$390 FF2 040 £232 Frau mit Zigarette Offset 76x60cm/*29x23in* Berlin 96

Calendar & auction results: Internet **www.artprice.com**   Minitel **3617 ARTPRICE**

    $1 914 FF11 040 £1 140 Schwarzer Akt Gouache 74,5x55,5cm/*29x21in* München 97
BACH Guido 1828-1905 **[28]**
    $6 775 FF39 370 £4 000 The game of chess Oil/panel 63,6x48,2cm/*25x18in* London 97
    $1 002 FF5 871 £620 The drawing lesson Watercolour 30,5x35,5cm/*12x13in* London 97
BACHARDY Don 1934 **[3]**
    $1 223 FF6 190 £800 Portrait of W.H. Auden Ink 76x51cm/*29x20in* London 96
BACHE Otto 1839-1927 **[86]**
    $904 FF5 281 £535 Exteriör med heste, hunde og personer antagelig Kong Chr. IX... Oil/canvas 27,5x18cm/*10x7in* Vejle 97
    $2 048 FF12 301 £1 223 Husar til hest Oil/canvas 62x47cm/*24x18in* København 98
    $22 275 FF131 925 £13 230 Portraetgruppe af familien Raeder Oil/canvas 100x130cm/*39x51in* København 97
BACHELIER Jean-Jacques 1724-1806 **[11]**
    $35 000 FF214 854 £21 444 Two Pugs playing in a Park Oil/canvas 61,5x86,5cm/*24x34in* New-York 98
BACHELIER Jean-Jacques (Attr.) 1724-1806 **[5]**
    $42 500 FF234 808 £26 413 Still life of a Sheaf of Wheat, a Basket of Apples, a Bunch of Flowers Oil/canvas 77x142cm/*30x55in* New-York 97
BACHELIN Auguste 1830-1890 **[31]**
    $1 753 FF10 352 £1 038 Schlafender Soldat der Bourbakiarmee Öl/Leinwand 50x65cm/*19x25in* Zofingen 97
BACHEM Bele 1916 **[67]**
    $2 723 FF13 900 £1 796 3 Kaffeehausdamen und der Apfel des Paris Tempera/panel 81x54,5cm/*31x21in* Heidelberg 96
    $97 FF508 £57 Sonntag der Vampyrinnen Farblithographie 58x69cm/*22x27in* Berlin 96
    $399 FF2 350 £246 Susanna im Bade/Nina serviert Indian ink 28,5x34cm/*11x13in* Heidelberg 97
BACHER Otto Henry 1856-1909 **[7]**
    $120 FF744 £72 The bridge, Schleissheim Etching 15x21cm/*6x8in* Chester, NY 98
BACHER Rudolf 1862-1945 **[2]**
    $2 190 FF10 770 £1 396 Nähendes Mädchen Oil/panel 33x21cm/*12x8in* Wien 95
BACHEREAU-REVERCHON Victor 1842-? **[8]**
    $5 249 FF30 989 £3 108 The Letter Oil/panel 46x37cm/*18x14in* Elgin, Illinois 97
BACHES Jean Noël 1949 **[3]**
    $684 FF3 520 £438 "Soirée chez Miró" Mixed media/paper 155x161cm/*61x63in* København 96
BACHINSKI Walter Joseph Gerard 1939 **[7]**
    $511 FF2 674 £329 Torben in costume Pastel/paper 47x34cm/*18x13in* Toronto 96
BACHIROV Andreï 1957 **[21]**
    $320 FF1 900 £193 St Petersbourg après la pluie Huile/toile 41x33cm/*16x12in* Boulogne-sur-Seine 97
BACHMAN Adolphe c.1880-? **[13]**
    $2 500 FF12 975 £1 655 "Venetian canal Scene" Oil/canvas 63x83cm/*25x33in* Cincinnati, Ohio 96
BACHMANN Alfred August Felix 1863-1956 **[38]**
    $1 240 FF6 500 £746 Venise Huile/panneau 17,5x29cm/*6x11in* Reims 96
    $2 266 FF14 000 £1 362 Taormine Huile/toile 81x65cm/*31x25in* Paris 98
BACHMANN Edwin Karl 1900-? **[7]**
    $413 FF2 412 £253 Sommer am Walensee Öl/Leinwand 40x50cm/*15x19in* Zofingen 97
BACHMANN Hans 1852-1917 **[36]**
    $1 421 FF8 250 £840 Dorf im Winter Öl/Leinwand 42x37cm/*16x14in* Bern 97
    $11 480 FF59 100 £7 160 Kinder beim Schlittenfahren Öl/Leinwand 52,5x71cm/*20x27in* Bern 96
    $1 437 FF7 440 £927 Bauer mit Ochsenfuhrwerk Aquarell 14x21cm/*5x8in* Zofingen 96
BACHMANN Jacob Edwin 1873-1957 **[5]**
    $2 681 FF16 077 £1 614 Walensee Öl/Leinwand 60x80cm/*23x31in* Zürich 98
BACHMANN John XIX **[9]**
    $15 000 FF91 968 £9 177 The Quadrupeds of North America Lithograph 26,5x18cm/*10x7in* New-York 98
BACHMANN Karoly, Karl 1874-1924 **[15]**
    $589 FF3 497 £370 Still Life Study of a Satsuma Vase, Pipe, Book and other Objects Oil/panel 18,5x14cm/*7x5in* Newcastle-upon-Tyne 97
BACHMANN Max 1862-1921 **[3]**
    $5 800 FF35 409 £3 466 Bust of Abraham Lincoln Bronze H68,5cm/*H26in* New-York 98

BACHMANN Otto 1915-1996 **[111]**
- *$1 580 FF8 140 £980* Kopfstudie einer jungen Frau Öl/Karton 78x47cm/*30x18in* Wetzikon 96
- *$8 390 FF42 400 £5 500* Les Saltimbanques Huile/panneau 110x180cm/*43x70in* Zürich 96
- *$177 FF1 050 £108* Harlekin und tanzende Nackte Farblithographie 57x40cm/*22x15in* Bern 97
- *$352 FF1 782 £231* Toilette der Venus Gouache 32x27cm/*12x10in* Bern 96

BACHRACH-BARÉE Emmanuel 1863-1943 **[10]**
- *$765 FF4 693 £457* Galoppierende Wildpferde in weiter Landschaft Oil/canvas 56x73cm/*22x28in* Dresden 98

BACHTA Johann 1782-1856 **[1]**
- *$15 280 FF76 300 £9 980* Vy över Koblenz Oil/canvas 37x46cm/*14x18in* Stockholm 95

BACK George, Admiral 1786-1878 **[3]**
- *$5 450 FF27 900 £3 500* Island Portage Watercolour 15x20cm/*5x7in* London 96

BÄCK Yngve 1904-1990 **[12]**
- *$902 FF5 521 £535* Huset i trädgården Oil/canvas 65x80cm/*25x31in* Helsinki 98

BACKER Adriaen 1635-1684 **[3]**
- *$12 410 FF64 800 £7 500* Portrait of a Cleric, three-quarter length Oil/canvas 118x99cm/*46x38in* London 96

BACKER de Jacob I 1560-c.1590/91 **[12]**
- *$49 700 FF259 000 £30 000* Diana and Actaeon Oil/canvas 146x186,5cm/*57x73in* London 96
- *$180 000 FF1 104 966 £110 286* Venus and Cupid with Aeneas Fleeing the Burning Troy Beyond Oil/canvas 116x96cm/*45x37in* New-York 98

BACKER Harriet 1845-1932 **[2]**
- *$2 017 FF12 087 £1 206* Mannsportrett Oil/canvas 53x44cm/*20x17in* Oslo 98

BACKER Jacob Adr. (Attrib.) 1608-1651 **[5]**
- *$5 000 FF29 481 £3 066* Self-Portrait Oil/canvas 55,5x48,5cm/*21x19in* New-York 98

BACKER Jacob Adriaensz 1608-1651 **[11]**
- *$30 000 FF171 135 £18 447* Portrait of a Girl Oil/panel 72x52,5cm/*28x20in* New-York 97
- *$107 250 FF560 950 £65 000* Christ and the Woman taken in Adultery Oil/canvas 136x202,5cm/*53x79in* London 96
- *$7 100 FF36 160 £4 260* Study of a man/Studies of women Wash 27,6x21,6cm/*10x8in* Amsterdam 96

BACKMANSSON Hugo 1860-1953 **[45]**
- *$541 FF3 312 £321* Arabsoldat Oil/çanvas 52,5x40cm/*20x15in* Helsinki 98
- *$813 FF4 855 £499* Klosterbacken, Åbo Oil/canvas 30x47cm/*11x18in* Helsinki 98

BÄCKSTRÖM Barbro 1939-1990 **[34]**
- *$785 FF4 487 £481* Didufri Sculpture H20cm/*H7in* Stockholm 97
- *$10 336 FF61 872 £6 352* Svart relief Relief 125x195cm/*49x76in* Stockholm 98

BACKUS Albert E. 1916-1996 **[4]**
- *$5 300 FF32 004 £3 219* Indian River Oil/canvas 50x76cm/*20x30in* New Orleans, Louisiana 98

BACKUS Standish 1910 **[2]**
- *$2 750 FF14 080 £1 676* Mining Stop, train Cars loading High Sierra Watercolour 36x55cm/*14x22in* Altadena, CA 96

BACLER D'ALBE Louis, baron 1761-1824 **[21]**
- *$12 139 FF73 000 £7 263* Rochers près de Lausanne avec des baigneuses Huile/panneau 32,3x46,5cm/*12x18in* Paris 98
- *$13 152 FF81 334 £7 836* Le Mont-Blanc, vu au dessus de la vallée de Salanches Öl/Leinwand 40x56cm/*15x22in* Zürich 98
- *$251 FF1 500 £154* Vue de Grenoble, rive gauche de l'Isère Lithographie couleurs 24,5x32,5cm/*9x12in* Grenoble 98
- *$34 300 FF177 000 £22 000* Seascape at dawn with fishermen unloading boats by a villa Bodycolour 40x54cm/*15x21in* London 96

BACON Francis 1909-1992 **[250]**
- *$280 000 FF1 426 000 £168 000* Study for Portrait Oil/canvas 35,5x30,5cm/*13x12in* New-York 96
- *$658 093 FF3 841 695 £398 000* Reclining Figure Oil/canvas 198x142cm/*77x55in* London 97
- *$777 145 FF4 536 675 £470 000* Man in a Chair Oil/canvas 60,5x50cm/*23x19in* London 97
- *$2 578 FF15 000 £1 579* Sans titre Lithographie couleurs 127x90cm/*50x35in* Paris 97
- *$22 700 FF117 700 £15 000* Watercolour 1929 Watercolour 21x14cm/*8x5in* London 96

BACON Henry 1839-1912 **[43]**
$5 750 FF34 956 £3 489 Landscape with Hay Stacks Oil/canvas 49x71cm/*19x28in* Elgin, Illinois 98
$8 500 FF41 850 £5 480 The Tearful Schoolboy Oil/panel 33x24cm/*12x9in* New-York 95
$544 FF3 137 £320 A Felucca on the Nile with Mountains beyond Watercolour 33x49cm/*12x19in* London 97
BACON Irving Lewis 1853-1910 **[2]**
$2 900 FF16 514 £1 788 Still Life with Melons, Grapes, Plums and Pears Oil/canvas 51x61cm/*20x24in* Boston, Mass. 97
BACON John Henry Fred. 1865-1914 **[12]**
$6 421 FF38 961 £3 900 Ivy and Jamie, Children of C.W. Bartholemew Esq. Oil/canvas 143x117cm/*56x46in* London 98
$12 940 FF65 300 £8 500 The relief of Ladysmith Oil/canvas 76x114cm/*29x44in* London 96
BACON Peggy 1895-1987 **[52]**
$749 FF4 317 £440 Greed/Planting the Other in the Poached Eggs Drypoint 13,5x23cm/*5x9in* New-York 97
$349 FF2 075 £213 Portrait of F.D.R. Charcoal 42,5x35cm/*16x13in* Boston, Mass. 98
BACQUÉ Daniel J. 1874-1947 **[5]**
$4 750 FF28 703 £2 854 Heroic Group Gilded bronze H50cm/*H19in* San Francisco 98
BACZKO von Margaret 1842-1924 **[2]**
$1 472 FF8 716 £886 Blick auf Goethes Gartenhaus Öl/Leinwand 22x29cm/*8x11in* Lindau 98
BADAROCCO Giovanni Raffaelo 1648-1726 **[2]**
$62 300 FF321 500 £40 000 The Holy Family with the Infant Saint John the Baptist and Saint Anne Oil/canvas 127x171cm/*50x67in* London 96
BADAROCCO IL SORDO Giuseppe 1588-1657 **[1]**
$69 500 FF363 000 £42 000 The Finding of Moses Oil/canvas 203x156cm/*79x61in* London 96
BADEN von Hans Jurriaensz c.1604-1663 **[7]**
$11 000 FF64 858 £6 745 Church Interior with Christ and the Woman taken in Adultery Oil/panel 39,5x52,5cm/*15x20in* New-York 98
BADENS Franz 1571-1618 **[1]**
$8 000 FF39 500 £5 170 Apelles painting Campaspe Black chalk 16,4x22,2cm/*6x8in* New-York 96
BADENS Franz (Attrib.) 1571-1618 **[1]**
$17 460 FF89 100 £11 500 Landscape with the Penitent Magdalen Oil/panel 51x41cm/*20x16in* London 96
BADGER Joseph (Attrib.) 1708-1765 **[2]**
$9 000 FF48 939 £5 388 Portrait of a Dark-Haired Woman Wearing a Blue Gown Oil/canvas 76x63,5cm/*29x25in* New-York 97
BADGER Samuel Finley Morse XIX-XX **[3]**
$4 590 FF15 180 £2 013 The four masted schooner "Gracie D. Buchanan" in a stormy sea Oil/canvas 55x91cm/*22x36in* Fairfield, ME. 95
BADI Aquiles 1894-1976 **[1]**
$500 FF3 043 £298 El Descenso de la Cruz Aquatinta 28x39cm/*11x15in* Buenos Aires 97
BADIN Jean Victor XIX-XX **[1]**
$8 055 FF48 030 £5 000 An Elephant Bronze 18x17cm/*7x6in* London 97
BADMIN Stanley Roy 1906-1989 **[30]**
$425 FF2 558 £254 Wells, Somerset Etching 14x18cm/*5x7in* New-York 98
$1 274 FF7 632 £780 Beggining The Burn, Tuppers Farm, Bignor Watercolour/paper 11x21cm/*4x8in* Billingshurst, West Sussex 97
BADODI Arnaldo 1913-? **[2]**
$6 000 FF34 000 £3 000 Natura morta con frutta Olio/tavola 40x50cm/*15x19in* Milano 98
BADRINARAYAN 1929 **[5]**
$1 196 FF7 171 £720 The Infant Buddha Watercolour 56,5x76cm/*22x29in* London 98
BAECHLER Christian 1947 **[45]**
$315 FF1 800 £197 Pêcheurs à pieds Huile/toile 24x19cm/*9x7in* Le Havre 97
BAECHLER Donald 1956 **[82]**
$7 000 FF40 579 £4 127 Small Coney Island Mixed media/canvas 46x46cm/*18x18in* New-York 97
$900 FF5 538 £550 Tree Woodcut in colors 87x86,5cm/*34x34in* New-York 98
$10 000 FF57 971 £5 896 Untitled Bronze 63,5x33x18cm/*25x12x7in* New-York 97
$491 FF2 423 £320 Untitled Wash/paper 26,5x20cm/*10x7in* London 95
BAECK Johan c.1600-1655 **[2]**
$75 028 FF450 630 £45 000 A Shepherd Playing The Pipes Oil/canvas 76,5x64cm/*30x25in* London 98
BAEDER John 1938 **[5]**

🖌 *$3 250 FF19 628 £1 948* "Ok Lunch, Jersey City, N.J" Watercolour/paper 58,5x75,5cm/*23x29in* New-York 98

BAEGERT Jan actif 1476-1515 **[1]**
🖼 *$38 059 FF227 881 £23 378* Stifterin mit ihren acht Töchtern Oil/wood 48x58cm/*18x22in* Köln 98

BAEN de Jan 1633-1702 **[5]**
🖼 *$10 000 FF60 938 £6 204* Portrait of a Lady, said to be the Countess of Rothes Oil/canvas 117x94,5cm/*46x37in* New-York 98

BAEN de Jan (Attrib.) 1633-1702 **[1]**
🖼 *$12 800 FF61 800 £8 000* Portrait of a gentleman said to be Rochus Kien Oil/canvas 124,5x88cm/*49x34in* London 95

BAERDEMAECKER de Felix 1836-1878 **[5]**
🖼 *$918 FF5 228 £563* Paysage marécageux et cigogne Huile/panneau 18x29cm/*7x11in* Bruxelles 97

BAERENTZEN Emilius 1799-1868 **[5]**
🖼 *$297 FF1 763 £182* Portraet af ung herre i uniform Oil/canvas 24x21cm/*9x8in* Vejle 97

BAERTLING Olle 1911-1981 **[152]**
🖼 *$4 350 FF25 092 £2 592* Intrepidité Oil/canvas 73x100cm/*28x39in* München 97
🖼 *$19 530 FF113 040 £12 015* "Durga" Oil/canvas 130x244cm/*51x96in* Stockholm 97
📜 *$453 FF2 290 £297* Öppna vinklar Serigraph 94x46,5cm/*37x18in* Stockholm 96
🔧 *$12 130 FF62 400 £7 560* "Yzy" Metal H312cm/*H122in* Stockholm 96

BAERTSOEN Albert 1866-1922 **[45]**
🖼 *$8 240 FF40 340 £5 220* Brouillard Huile/toile 60x85cm/*23x33in* Bruxelles 95
🖌 *$728 FF3 790 £482* L'écluse Fusain 65x75cm/*25x29in* Bruxelles 96

BAERWIND Rudolf 1910-1982 **[64]**
🖼 *$1 278 FF7 908 £762* Komosition Acrylic/paper 32x52cm/*12x20in* Köbenhavn 98
🖌 *$313 FF1 945 £189* Landschaft Watercolour 43x61,5cm/*16x24in* Heidelberg 98

BAES Emile 1889-1954 **[137]**
🖼 *$163 FF973 £97* Intérieur de ferme Huile/toile 77x47cm/*30x18in* Antwerpen 97
🖼 *$2 720 FF16 280 £1 670* Femme au miroir à main Huile/toile 150x120cm/*59x47in* Bruxelles 98

BAES Firmin 1874-1945 **[88]**
🖼 *$1 365 FF8 130 £835* Femme au bonnet Technique mixte 46x36cm/*18x14in* Bruxelles 98
🖼 *$8 430 FF48 690 £4 950* Le moissonneur Huile/toile 120x170cm/*47x66in* Bruxelles 97
🖌 *$70 000 FF344 000 £44 400* The Center of Attention Pastel/paper 140x201cm/*55x79in* New-York 95

BAES Rachel 1912-1983 **[65]**
🖼 *$652 FF3 895 £400* Le Piège Huile/toile 65x54cm/*25x21in* Bruxelles 97

BAETS Marc XVI-XVII **[20]**
🖼 *$4 019 FF23 300 £2 400* A wooded Landscape with Peasants and a Cart before a Cottage Oil/canvas 36x45cm/*14x17in* London 97
🖼 *$7 081 FF42 000 £4 330* Paysage de rivière dans la campagne flamande Huile/panneau 26,5x32cm/*10x12in* Paris 97

BAETS Marc (Attrib.) XVI-XVII **[9]**
🖼 *$1 399 FF8 500 £842* Paysage fluvial de la campagne flamande avec des personnages Huile/toile 34x44,5cm/*13x17in* Paris 98
🖼 *$2 025 FF11 915 £1 250* Flusslandschaft mit hölzener Brücke und Hirtenszene Öl/Leinwand 56x87cm/*22x34in* Wien 97

BAGDATOPOULOS William Spencer 1888-? **[14]**
📜 *$657 FF3 400 £420* "Visit India, Indian State Railways" Poster 100x64cm/*39x25in* London 96

BAGETTI Giuseppe 1764-1831 **[3]**
🖌 *$8 260 FF42 000 £4 930* Paysage rocheux Lavis 35x52cm/*13x20in* Paris 96

BAGG Henry Howard 1852-1928 **[8]**
🖼 *$749 FF4 652 £456* Still Life with Watermelon Oil/canvas 40x60cm/*16x24in* Boston, Mass. 97

BAGGE Eva 1871-1964 **[29]**
🖼 *$1 040 FF5 380 £672* "Patience" Oil/panel 29x26cm/*11x10in* Stockholm 96
🖼 *$1 309 FF7 479 £802* Interiör med två kvinnor Oil/canvas 55x47cm/*21x18in* Stockholm 97

BAGLEY Samuel c.1830-c.1900 **[3]**
🖼 *$3 564 FF18 580 £2 240* Biedermeierliches Blumenstilleben Öl/Leinwand 60,5x45cm/*23x17in* Lindau 96

BAGLIONE Giovanni c.1570-1643/44 **[13]**

$10 350 FF58 650 £6 900 Angelo con fiori in un cesto Olio/tela 113,5x91cm/*44x35in* Roma 98

BAGLIONE Giovanni (Attrib.) c.1570-1643/44 **[3]**

$2 622 FF14 858 £1 748 Maddalena Olio/tela 43x35cm/*16x13in* Roma 98

$987 FF6 000 £594 Scène de martyr Encre 19,5x13,5cm/*7x5in* Paris 98

BAGNARA Francesco (Attrib.) 1784-1866 **[1]**

$4 663 FF27 397 £2 800 A View of the Bacino with Ships and Boats, Venice Ink 23x44,5cm/*9x17in* London 97

BAHARIAN Asandour 1924-1990 **[1]**

$1 310 FF6 780 £876 Coastal landscape at dusk Watercolour/paper 60x45cm/*23x17in* Athens 96

BAHIEU Jules G. c.1860-? **[24]**

$1 700 FF10 143 £1 025 Barnyard Scene with Chickens and Sheep Oil/canvas 26x41cm/*10x16in* Downington, PA 97

$2 576 FF15 420 £1 586 Ladugårdsinteriör med får Oil/canvas 64x91cm/*25x35in* Stockholm 98

BAI XUESHI 1915 **[4]**

$5 164 FF30 096 £3 180 Landscape Ink 68,5x135cm/*26x53in* Hong Kong 97

BAIER Jean 1932 **[27]**

$54 FF323 £33 Komposition mit rotem Dreieck zwischen Schwarz und Blau Farbserigraphie 46,5x57cm/*18x22in* Bern 97

BAIERL Theodor 1881-1932 **[16]**

$974 FF5 080 £644 Schlafendes Mädchen Oil/panel 32x46cm/*12x18in* Düsseldorf 96

$2 000 FF11 869 £1 225 Dancing Girls Oil/panel 53x46cm/*20x18in* New-York 98

BAIGRIE Lt. Colonel R. c.1840-c.1880 **[1]**

$1 460 FF8 442 £900 Reconnoitering up the Kadada Pass leading up to the Abyssinian Table Ink 25,4x34,9cm/*10x13in* London 97

BAIKOFF Feodor, Theodor 1818-1890 **[1]**

$11 375 FF65 068 £7 098 Snowy landscape with a caravan Oil/canvas 71,5x120cm/*28x47in* Warszawa 97

BAIL Franck Antoine 1858-1924 **[11]**

$8 000 FF47 818 £4 896 La récureuse de cuivres Oil/canvas 55x46,5cm/*21x18in* New-York 97

BAIL Jean-Antoine 1830-1919 **[7]**

$6 680 FF38 000 £4 119 Femme tricotant près de la cuisinière Huile/toile 78x56cm/*30x22in* Lyon 97

BAIL Joseph 1862-1921 **[89]**

$4 535 FF23 500 £2 945 Fleurs et argenterie Huile/toile/carton 32,5x24,5cm/*12x9in* Lyon 96

$9 882 FF56 312 £6 200 A Young Woman at her Worktable before a Window Oil/canvas 55x46cm/*21x18in* London 97

$37 000 FF226 576 £22 144 Sister of Charity Saying Grace Before a Meal at The Hospice in Beaune Oil/canvas 151x227,5cm/*59x89in* New-York 98

BAILE Joseph 1819-1856 **[3]**

$4 833 FF28 818 £3 000 A Girl Reading a Letter Oil/canvas 31x23,5cm/*12x9in* London 97

BAILEY David Royston 1938 **[21]**

$1 309 FF7 642 £807 Mick Jagger Gelatin silver print 36x28cm/*14x11in* London 97

BAILEY Frederick Victor ?-1997 **[28]**

$1 632 FF9 746 £1 000 Lute Guitar/Lute Guitar, Chordophone Oil/panel 78x60cm/*30x23in* Billingshurst, West Sussex 97

BAILEY Henrietta Davidson 1874-1950 **[2]**

$600 FF3 575 £372 Moorise Over the Louisiana Pines Engraving 41x25cm/*16x10in* New Orleans, Louisiana 97

BAILEY John W. ?-1914 **[5]**

$2 255 FF11 540 £1 500 Portraits of dogs Miniature 5,5x8,5cm/*2x3in* London 96

BAILEY William 1930 **[31]**

$60 000 FF348 636 £35 424 Still Life Verona Oil/canvas 101,5x127cm/*39x50in* New-York 97

$75 000 FF436 050 £45 787 Monestevole Oil/canvas 99x89cm/*38x35in* New-York 97

$1 100 FF6 555 £659 Untitled Etching, aquatint 22,5x30cm/*8x11in* New-York 98

$3 000 FF15 540 £2 005 Untitled Graphite 38x28cm/*14x11in* New-York 96

BAILLE Édouard 1814-1888 **[2]**

$3 280 FF20 000 £1 968 Portrait d'homme/Portrait de femme Huile/toile 110x91cm/*43x35in* Dijon 98

BAILLE Hervé 1896-1974 **[8]**

$202 FF1 196 £120 "Côte d'Azur, S.N.C.F. 1949" Affiche 99,5x61,5cm/*39x24in* London 97

BAILLET Ernest 1853-1902 **[5]**
$4 535 FF26 773 £2 685 Dame vor weiter Flusslandschaft Öl/Leinwand 78,5x130cm/*30x51in* Berlin 97
BAILLEUR Cornelis 1607-1671 **[2]**
$5 189 FF31 879 £3 113 Drei Engel bei Abraham Oil/wood 38x35cm/*14x13in* Köln 98
$32 980 FF200 000 £19 580 Vierge à l'Enfant/Scènes de l'enfance du Christ dans des guirlandes Huile/panneau 123x93cm/*48x36in* Clermont-Ferrand 98
BAILLIE William, Captain 1723-1792 **[6]**
$549 FF3 210 £337 Landschaft Radierung 21,1x28,1cm/*8x11in* Berlin 97
BAILLY Alexandre 1764-1835 **[1]**
$3 099 FF18 981 £1 900 Portrait of a Gentleman, wearing a black Jacquet Oil/canvas 57x49,5cm/*22x19in* London 98
BAILLY Alice 1879-1938 **[30]**
$7 233 FF44 733 £4 309 Im Park Tapestry 62,5x78cm/*24x30in* Zürich 98
BAILLY David 1584-1657 **[1]**
$19 152 FF112 524 £11 500 Portrait of a Lady, Bust Length, Wearing a Burgundy Velvet Dress Oil/panel 23x18cm/*9x7in* London 97
BAILY Edward Hodges 1788-1867 **[11]**
$3 896 FF22 637 £2 300 The Duke of Wellington on "Copenhagen" Bronze 54x48cm/*21x18in* London 97
$48 867 FF285 441 £30 000 Eve Listening to the Voice Marble 90x125cm/*35x49in* London 97
BAIN Donald 1904-1979 **[12]**
$1 258 FF7 587 £750 East Princes Street Gardens Oil/canvas 27,5x35cm/*10x13in* West Lothian 98
$3 017 FF18 198 £1 800 "Arran" Oil/canvas 51x61cm/*20x24in* West Lothian 98
BAIN Marcel Adolphe 1878-1937 **[12]**
$630 FF3 734 £374 Interieur Öl/Leinwand 60,5x50cm/*23x19in* Zürich 97
BAINES Thomas John 1822-1875 **[30]**
$3 980 FF19 420 £2 500 "Kaffirs returning with their Dead and Wounded" Oil/board 24,5x31cm/*9x12in* London 95
$31 454 FF188 372 £19 333 The artist with 'The liddle expedition" crossing the Orange River... Oil/paper/board 46x65cm/*18x25in* Johannesburg 98
$4 240 FF22 100 £2 800 Victoria Falls, Zambesi River Lithograph 37x56cm/*14x22in* London 96
$13 794 FF79 737 £8 500 Damera men and women at a cattle post Watercolour 25,5x36cm/*10x14in* London 97
BAIRD Nathaniel Hughes J. 1865-1936 **[29]**
$1 950 FF11 384 £1 203 Rosanna Oil/canvas 23x18cm/*9x7in* Melbourne 97
$3 830 FF22 922 £2 400 Awainting the Fisherman's return Oil/canvas 76,5x51cm/*30x20in* London 97
$47 525 FF282 375 £29 000 Golden Days Oil/canvas 183x92,5cm/*72x36in* London 98
$847 FF4 180 £550 The Harvesters Watercolour 37x54cm/*14x21in* London 95
BAIRD William Baptiste 1847-1899 **[59]**
$1 400 FF7 270 £926 At the gate, Brittany cattle Oil/canvas 46x38cm/*18x14in* New-York 96
$1 696 FF10 401 £1 040 Mother hen with Her Chicks Oil/board 21x15cm/*8x6in* Mystic, Connecticut 98
$1 364 FF7 013 £880 Chickens by a Watering Can Watercolour/paper 15x24cm/*5x9in* London 96
BAISCH Hermann 1846-1894 **[34]**
$1 022 FF6 042 £635 Ochsen am Pflug Oil/panel 29,5x33,5cm/*11x13in* Stuttgart 97
$3 810 FF19 000 £2 486 Eine Kuhherde drängt an ein Wasserloch Öl/Leinwand 46x95cm/*18x37in* Stuttgart 95
BAITLER Zoma XX **[38]**
$355 FF1 838 £238 Jerusalem Oleo/tabla 20x30cm/*7x11in* Montevideo 96
$400 FF2 415 £239 Parisian Landscape with Bridge Oil/board 76x61cm/*29x24in* New-York 98
BAIXERAS Dionis Verdaguer 1862-1943 **[23]**
$4 285 FF22 300 £2 833 Pesacdores junto a las barcas varadas Oleo/lienzo 58,5x86,5cm/*23x34in* Madrid 96
$4 290 FF25 675 £2 600 Marina con veleros al atardecer Oleo/lienzo 20,5x30cm/*8x11in* Madrid 98
$42 000 FF254 700 £25 624 The Boamen of Barcelona Oil/canvas 119,5x175cm/*47x68in* New-York 98
BAIZE Wayne 1943 **[3]**
$4 400 FF26 347 £2 703 Pushing up the Drag Pastel/paper 33x63cm/*13x25in* Dallas, Texas 98
BAJ Enrico 1924 **[340]**

  $1 710 FF8 800 £1 093 Little Portrait Mixed media/canvas 33x41cm/*12x16in* København 96
  $6 200 FF30 200 £3 900 Giuda ! Giuda ! Tecnica mista/tela 60x50cm/*23x19in* Milano 95
  $22 050 FF108 100 £14 000 Sama dell'ordine di San Maurizio Tecnica mista/tela 97x130,5cm/*38x51in* Prato 95
  $4 770 FF27 559 £2 800 Il Paradisio Perduto Aquatint 29,5x39cm/*11x15in* London 97
  $4 048 FF21 188 £2 656 "La nuit est mon délice" Terracotta 43x24,5cm/*16x9in* Milano 96
  $5 400 FF30 600 £2 700 I Like Sex" Plastique 91x68cm/*35x26in* Prato 97
  $2 060 FF10 787 £1 352 La lune où tu te regarde Collage 53x68cm/*20x26in* Milano 96

BAK Samuel 1933 **[67]**
  $4 000 FF22 831 £2 472 Man Made Hats Oil/canvas 41x27cm/*16x10in* Herzelia Pituah 97
  $12 000 FF58 600 £7 590 Chess Game Oil/canvas 61x50cm/*24x19in* Tel Aviv 95
  $18 000 FF93 200 £11 510 Melancholia Oil/canvas 162x130cm/*63x51in* Tel Aviv 96
  $1 800 FF9 210 £1 165 Jugs in landscape Pastel 61x46,5cm/*24x18in* Tel Aviv 95

BAKALOWICZ Ladislaus 1833-1903 **[39]**
  $2 360 FF14 500 £1 415 Richelieu, Louis XIII et sa cour Huile/panneau 20x27cm/*7x10in* Pontoise 98
  $6 280 FF31 000 £4 080 La Noblesse hongroise prêtant allégeance au futur Empereur d'Autriche Huile/toile 70x100cm/*27x39in* Paris 95
  $4 357 FF26 000 £2 628 La Leçon du Dessin Pastel/papier 60x50cm/*23x19in* Paris 97

BAKALOWICZ Stefan W. 1857-1947 **[6]**
  $10 150 FF58 000 £6 217 Deux praticiennes dans un jardin antique Huile/toile 65x48cm/*25x18in* Paris 97

BAKELS Reinier Sybrand 1873-1956 **[7]**
  $2 741 FF15 610 £1 701 Sailingboats in a wharf Oil/canvas 44,5x63cm/*17x24in* Amsterdam 97

BAKER Alan Douglas 1914-1987 **[39]**
  $1 259 FF6 456 £804 Autumn Rainsford Creek, Taraga Oil/board 39,5x59,5cm/*15x23in* Melbourne 95
  $1 560 FF9 107 £962 Wattle Oil/board 19x39cm/*7x15in* Melbourne 97

BAKER Alfred Rawlings 1865-? **[2]**
  $289 FF1 660 £180 A Shepherds and His Flock Crossing a Bridge Watercolour/paper 30,5x46cm/*12x18in* Billingshurst, West Sussex 97

BAKER Bryant 1881-1970 **[4]**
  $5 000 FF25 750 £3 200 "The Pioneer Woman", a bronze group Bronze H26cm/*H10in* New-York 96

BAKER Elisha T. (Attrib.) 1827-1890 **[1]**
  $4 000 FF21 390 £2 378 Portrait of a Paddle Wheel Bark Oil/canvas 50x76cm/*20x30in* Boston, Mass. 97

BAKER Elisha Taylor 1827-1890 **[5]**
  $3 000 FF15 660 £1 813 The Steam Sailing Ship "Egypt" in Choppy Seas Oil/canvas 56x69cm/*22x27in* San Francisco-Los Angeles 96

BAKER Ernest Hamlin 1889-1975 **[5]**
  $900 FF5 238 £554 Howard Hughes, Airplane, Cameraman Watercolour 23x21cm/*9x8in* New-York 97

BAKER George H. 1878-1943 **[6]**
  $220 FF1 285 £130 Winter Landscape Pastel/paper 15x22cm/*6x9in* Cincinnati, Ohio 97

BAKER John 1736-1771 **[3]**
  $15 000 FF76 400 £9 000 Still life of flowers in an urn Oil/canvas 111x88cm/*43x34in* London 96

BAKER OF LEAMINGTON Thomas 1809-1869 **[32]**
  $7 900 FF38 540 £5 000 Wooded river landscape Oil/canvas 84x122cm/*33x48in* London 95
  $6 713 FF38 759 £4 000 On the Leam Oil/canvas 33x48cm/*12x18in* London 97
  $609 FF3 488 £360 The Old Oak, Leamington beyond? Watercolour/paper 25,5x35,5cm/*10x13in* London 97

BAKER Oliver 1856-1939 **[10]**
  $1 740 FF8 500 £1 100 Offenham Mill near Evesham Watercolour 60x50cm/*23x19in* London 95

BAKER Samuel Henry 1824-1909 **[14]**
  $1 500 FF7 830 £906 Binton Church, Warwickshire Oil/canvas 106x91cm/*42x36in* Bloomfield Hills, Michigan 96

BAKER Thomas 1809-1869 **[14]**
  $4 790 FF27 548 £3 000 Cattle grazing by a River Oil/canvas 33x48,5cm/*12x19in* London 97
  $6 062 FF35 892 £3 600 Tachbrook, Warwickshire Oil/panel 23x35,5cm/*9x13in* Salisbury, Wiltshire 97
  $1 270 FF7 310 £750 Farm Scene with Standing Figures Watercolour/paper 26x35cm/*10x13in* Leamington Spa, Warwickshire 97

BAKER-CLACK Arthur ?-1955 **[13]**
  $4 250 FF22 000 £2 760 Village Huile/toile 65x81cm/*25x31in* Paris 96

BAKHUIJZEN Alexander Hieronymus 1826-1878 **[14]**
 $1 399 FF8 380 £836 Holländische Landschaft mit Dorf hinter Bäumen, Abendsonne Oil/panel 23x28,5cm/*9x11in* Köln 98
BAKHUIJZEN VAN DE SANDE Geraldine Jacoba 1826-1895 **[17]**
 $51 166 FF307 690 £30 681 A Still Life of yellow and pink Roses Oil/panel 28,5x39cm/*11x15in* Amsterdam 98
 $2 574 FF13 244 £1 606 A Still Life with Roses on a Floor Watercolour/paper 35x45,5cm/*13x17in* Amsterdam 96
BAKHUIJZEN VAN DE SANDE Hendrik 1795-1860 **[29]**
 $2 757 FF16 324 £1 648 Gebirsbach Oil/panel 34x29cm/*13x11in* Zürich 97
 $12 072 FF71 301 £7 293 Cows and Sheep near a Mountainstream Oil/panel 50x37cm/*19x14in* Amsterdam 97
 $26 800 FF136 200 £16 000 Countryfolk with cows and sheep by an estuary Oil/canvas 152x192cm/*59x75in* London 96
BAKHUIJZEN VAN DE SANDE Hendrik (Attrib.) 1795-1860 **[1]**
 $12 020 FF62 500 £7 950 Vaches et moutons dans un paysage Huile/toile/panneau 75x95cm/*29x37in* Bruxelles 96
BAKHUIJZEN VAN DE SANDE Julius Jacobus 1835-1925 **[34]**
 $605 FF3 070 £394 Winter, a peasantwoman by a cottage at night Oil/panel 34,5x25cm/*13x9in* Amsterdam 96
 $2 331 FF14 277 £1 389 Two figures near a barn in the forest Oil/canvas/board 38,5x46,5cm/*15x18in* Amsterdam 98
BAKHUYSEN Ludolf 1631-1708 **[55]**
 $4 670 FF23 770 £2 800 Becalmed off the Dutch coast/Fishing smacks passing in the Channel Oil/panel 11x23cm/*4x9in* London 96
 $22 109 FF130 815 £13 304 An Amsterdam Merchant Man and a Wijdschip Foundering Off a Coast Oil/canvas 70,5x96cm/*27x37in* Amsterdam 98
 $91 000 FF465 000 £60 000 Shipping in a Storm off a rocky Mediterranean Coast Oil/canvas 98x128,5cm/*38x50in* London 96
 $623 FF3 681 £369 Galeone in stürmischer See/Auslaufende Schiffe vor dem Hafen Radierung 17x23cm/*6x9in* Berlin 97
 $3 372 FF19 305 £1 992 A Coastal Scene with Dutch Vessels in a Breeze Ink 9,5x15cm/*3x5in* Amsterdam 97
BAKHUYSEN Ludolf (Attrib.) 1631-1708 **[12]**
 $12 000 FF70 754 £7 358 Shipping in Rough Seas Oil/canvas 73,5x96cm/*28x37in* New-York 98
BAKK Dominique 1953 **[15]**
 $235 FF1 400 £144 Les deux cyprés Huile/toile 14x18cm/*5x7in* Thonon-les-Bains 97
BAKOF Julius 1819-1857 **[2]**
 $4 793 FF28 494 £2 932 Sommertag am Vierwaldstätter See mit Blick auf Eiger... Öl/Leinwand 90x120cm/*35x47in* Köln 97
BAKOS Jozef G. 1891-1976 **[3]**
 $10 000 FF57 274 £5 916 Placita Chamita Oil/board 45x60cm/*18x24in* Santa Fe, New Mexico 97
BAKST Léon 1866-1924 **[121]**
 $7 730 FF39 000 £5 000 Informal portrait of the distinguished painter Alexander Benois Oil/canvas 27x20cm/*10x7in* London 96
 $5 010 FF30 000 £2 994 Étude de costume de N. Trushanova pour Peri Lithographie 61x43,5cm/*24x17in* Monte-Carlo 98
 $383 FF2 000 £228 Étude de costume Aquarelle 34x22cm/*13x8in* Saint-Germain-en-Laye 96
BAKSTEEN Dirk 1886-1971 **[63]**
 $9 214 FF55 284 £5 542 Village campinois sous la neige Huile/toile 60x76cm/*23x29in* Bruxelles 98
 $940 FF4 685 £616 De hut bij nacht Etching 42x55,5cm/*16x21in* Lokeren 95
BALACA Y OREJAS-CANSECO Eduardo 1840-1914 **[4]**
 $1 980 FF11 850 £1 230 Bodegón de frutas Oleo/lienzo 42,5x50,5cm/*16x19in* Madrid 98
BALAKCHINE Evgueni 1961 **[6]**
 $696 FF3 600 £449 Matin au réveil Huile/toile 100x81cm/*39x31in* Grenoble 96
BALANDE Gaston 1880-1971 **[378]**
 $660 FF4 100 £398 Plage à la Rochelle Huile/toile 37x42cm/*14x16in* Le Havre 98

 $2 395 FF14 000 £1 461 Le Pont de Cahors Huile/toile 60x73cm/*23x28in* Lyon 97
 $8 257 FF46 000 £5 133 Déjeuner sur l'herbe Huile/toile 148x178cm/*58x70in* Vinca 97
 $376 FF1 900 £247 Personnages dominant la vallée Aquarelle 24x31cm/*9x12in* Paris 96
BALASHOV Piotr Ivanovich c.1835-1888 **[4]**
 $4 864 FF24 320 £3 200 A group of the Emperor lancers Gouache 41,5x34cm/*16x13in* London 95
BALDASSINI Guglielmo 1885-1952 **[3]**
 $6 000 FF34 000 £4 000 Scorcio, Chioggiotto Olio/cartone 34x44cm/*13x17in* Vercelli 98
BALDENBECK Georges XIX-XX **[5]**
 $165 FF1 000 £101 La place Terre au Duc à Quimper Eau-forte 34x39cm/*13x15in* Quimper 98
BALDESSARI John 1931 **[54]**
 $3 000 FF17 751 £1 830 Sketch for Fragment Acrylic/paper 30,5x23cm/*12x9in* New-York 98
 $4 800 FF28 402 £2 928 Embed Series: Cigarette Dreams (Raw/Pink/Wit)-Sketch to Wit Blue Humor Mixed media/board 56,5x76cm/*22x29in* New-York 98
 $39 000 FF226 480 £23 825 Hanging man Mixed media 243,8x129,5cm/*95x50in* New-York 97
 $750 FF4 380 £446 Two Boats Aquatint in colors 49,5x67,5cm/*19x26in* New-York 97
 $7 000 FF36 250 £4 480 Life's Balance (With Brushes) Photograph 91x38cm/*36x15in* New-York 96
BALDESSARI Roberto Iras 1894-1965 **[10]**
 $17 000 FF84 700 £11 070 Banco di cocomeri Tecnica mista/cartone 42x50cm/*16x19in* Milano 95
BALDESSIN George Joseph Victor 1939-1978 **[16]**
 $1 814 FF10 387 £1 072 Personnage and Emblems Etching in colors 101x50,5cm/*39x19in* Melbourne 97
 $6 240 FF36 364 £3 844 Reclining nude Charcoal/paper 117x77cm/*46x30in* Melbourne 97
BALDI Lazzaro c.1623-1703 **[5]**
 $6 080 FF31 825 £4 085 Maddalena e angeli Olio/tela 62x48cm/*24x18in* Roma 96
BALDI Lazzaro (Attrib.) c.1623-1703 **[3]**
 $4 290 FF22 000 £2 610 Naissance de Saint Jean-Baptiste Huile/toile 67x50cm/*26x19in* Bayeux 96
BALDI Raffaele 1905-? **[1]**
 $8 500 FF51 861 £5 094 Linear Harmonies Gelatin silver print 20x26cm/*7x10in* New-York 98
BALDOCK Charles E. XIX-XX **[4]**
 $6 050 FF34 735 £3 800 "Viscountess Oxford"/"Thorndale"/"Duchess"/"Heiress"/"Marengo" Oil/canvas 77x147,5cm/*30x58in* London 97
BALDOCK James Walsham 1825-1898 **[22]**
 $4 335 FF22 070 £2 600 The finish, The Lancashire Plate (1888) Oil/canvas 46x68cm/*18x26in* London 96
 $8 000 FF46 136 £4 765 Portrait of a Pointer in a Landscape Oil/board 25x35cm/*10x14in* Cleveland, Ohio 97
BALDRIDGE Cyrus Leroy 1889-? **[1]**
 $650 FF3 885 £398 "Korean Dancing Girl" Print 35,5x27cm/*13x10in* San Francisco 98
BALDRIGHI Giuseppe (Attrib.) 1723-1802 **[5]**
 $3 199 FF19 000 £1 938 La Lettre Huile/toile 73,5x98cm/*28x38in* Aubagne 97
 $1 443 FF7 360 £950 Three Women on a Balcony Pastel 91x72cm/*35x28in* London 96
BALDUCCI IL COSCI Giovanni c.1560-1603/31 **[11]**
 $1 666 FF9 852 £1 000 A Soldier (Don Juan of Austria) presenting Himself to a Nobleman Ink 20,5x33,5cm/*8x13in* London 97
BALDUCCI IL COSCI Giovanni (Attrib.) c.1560-1603/31 **[8]**
 $24 000 FF136 000 £16 000 Sacra Famiglia con San Giovannino Olio/tavola 70x60cm/*27x23in* Prato 97
 $200 FF1 182 £120 St Dominic Converting the Heretical Women Wash 20x22cm/*7x8in* New-York 97
BALDUNG GRIEN Hans Gmünd 1484/85-1545 **[19]**
 $775 FF4 701 £475 Die Madonna auf der Rasenbank Woodcut 23,3x16cm/*9x6in* Berlin 98
BALDUNG GRIEN Hans Gmünd (Attrib.) 1484/85-1545 **[3]**
 $65 600 FF400 000 £39 360 Vierge de l'Immaculée Conception Huile/panneau 40x112cm/*15x44in* Poitiers 98
BALDUS Edouard Denis 1813-1882 **[71]**
 $1 090 FF5 500 £716 Abside de l'église d'Issoire Tirage papier salé 44,2x33,4cm/*17x13in* Chartres 96
BALDWIN Gordon 1932 **[1]**
 $2 656 FF13 584 £1 600 A large "Monad" stoneware sculptural vessel Ceramic H73cm/*H28in* London 96
BALDWYN Charles Henry C. 1859-1943 **[15]**
 $582 FF2 910 £380 In the nest Watercolour 17,5x24cm/*6x9in* Billingshurst, West Sussex 96
BALE Alice Marian Ellen 1875-1955 **[15]**

  $275 FF1 412 £175 Still Life Oil/canvas 24x28,5cm/*9x11in* Melbourne 95
BALE Charles Thomas c.1840-c.1890 **[125]**
  $1 000 FF5 800 £591 A Still Life with Mallards, Fruit and a Jug/Companion Still Life Oil/canvas 20x30,5cm/*7x12in* San Francisco 97
  $1 839 FF11 061 £1 100 Grapes, Pears, Apples, a Pumpkin and a stonewaer Jug on a wooden Table Oil/canvas 45,5x35,5cm/*17x13in* London 98
BALEN Matthys 1684-1766 **[8]**
  $8 740 FF45 000 £5 640 Paysage fluvial animé Huile/toile 30x8cm/*11x3in* Paris 96
BALEN van Hendrik I 1575-1632 **[28]**
  $13 325 FF77 071 £8 000 Wooded Landscape with Dancing Putti Oil/copper 24,5x32cm/*9x12in* London 97
  $55 000 FF313 390 £33 687 Saints Paul and Barnabus at Lystra Oil/panel 58,5x85cm/*23x33in* New-York 97
BALEN van Hendrik I (Attrib.) 1575-1632 **[10]**
  $3 645 FF21 753 £2 199 Die Auferweckung des Lazarus Oil/copper 23x18cm/*9x7in* Stuttgart 97
BALEN van Hendrik II 1623-1661 **[1]**
  $40 600 FF200 000 £26 170 Allégorie de la Nature avec Diane et Cérès Huile/panneau 59x91cm/*23x35in* Lille 95
BALEN van Jan 1611-1654 **[12]**
  $8 947 FF54 809 £5 405 Maria mit dem Kind und Johannesknaben Oil/panel 107,5x75cm/*42x29in* Wien 98
  $23 500 FF117 000 £15 400 Bacchanale Huile/toile 150x166cm/*59x65in* Antwerpen 95
BALEN van Jan (Attrib.) 1611-1654 **[3]**
  $3 000 FF17 835 £1 858 Virgin and Child with the Infant Saint John Oil/panel 66x51cm/*25x20in* New-York 97
BALESTRA Antonio 1666-1740 **[16]**
  $5 527 FF33 197 £3 300 The Virgin and Child in Glory Ink 27,3x16cm/*10x6in* London 98
BALESTRA Antonio (Attrib.) 1666-1740 **[10]**
  $3 450 FF20 883 £2 101 Madonna and Child with Angels Oil/canvas 83x71cm/*33x28in* New-York 98
  $15 000 FF91 407 £9 306 Saint Sebastian Oil/canvas 146x116cm/*57x45in* New-York 98
BALESTRIERI Lionello 1874-1958 **[72]**
  $960 FF5 440 £480 Rittrato di uomo Olio/tela 37x26cm/*14x10in* Roma 97
  $1 690 FF8 680 £1 006 Luci nella città Olio/cartone 60,5x81cm/*23x31in* Roma 96
  $9 750 FF50 100 £5 800 La lettura Olio/tela 118x118cm/*46x46in* Roma 96
  $1 235 FF6 340 £736 Il traino sulla neve Acquarello/cartone 45,5x67cm/*17x26in* Roma 96
BALET Jan 1913 **[22]**
  $200 FF986 £129 Three Beach Fleas Color lithograph 60x66cm/*24x26in* Bloomington, Illinois 96
BALFOUR Helen J. 1857-1925 **[2]**
  $800 FF4 822 £484 California landscape Watercolour/panel 36x40cm/*14x16in* Pasadena, California 98
BALFOUR James Lawson 1870-1966 **[6]**
  $25 740 FF150 001 £15 856 Sunday Morning Oil/canvas 31x36cm/*12x14in* Melbourne 97
BALFOURIER Adolphe Paul E. 1816-1876 **[5]**
  $6 634 FF38 000 £3 925 Majorque Huile/toile 40,5x55cm/*15x21in* Paris 97
BALINK Hendricus Cornelius 1882-1963 **[5]**
  $7 000 FF33 390 £4 402 Kiva Oil/board 21x15cm/*8x5in* Hayden 95
  $75 000 FF445 102 £45 937 Mending a Moccasin Oil/canvas 76x63,5cm/*29x25in* New-York 98
BALKE Peder 1804-1887 **[9]**
  $6 440 FF33 100 £4 014 A Ship off a Coast in stormy Seas Oil/canvas/board 12x16,5cm/*4x6in* Wien 96
BALKE Théodore Charles 1875-1951 **[3]**
  $2 508 FF15 000 £1 522 Mosquée Hamoud Pacha Huile/toile 45x30cm/*17x11in* Paris 97
BALKENHOL Stephan 1958 **[12]**
  $159 FF939 £98 Vampir Lithographie 76x64cm/*29x25in* Bielefeld 97
  $31 815 FF191 088 £19 000 Wandfigur Sculpture, wood 58x83x12cm/*22x32x4in* London 98
BALL Thomas 1819-1911 **[11]**
  $7 750 FF39 600 £5 110 La petite pensée Marble H51cm/*H20in* Dedham, Mass. 96
  $38 000 FF198 300 £22 960 "Christmas Morning" and "Saint Valentines day" Marble H115cm/*H45in* New-York 96

BALL Wilfred Williams 1853-1917 **[47]**
$485 FF2 840 £300 Lyminster Watercolour 14,5x27,2cm/*5x10in* London 97
BALLA Giacomo 1871-1958 **[252]**
$11 184 FF63 376 £5 592 Testa di Elica di sera Olio/tavola 29x40cm/*11x15in* Roma 98
$36 000 FF204 000 £18 000 Ritratto della contessa Frontoni Olio/tavola 93x67cm/*36x26in* Prato 98
$462 FF2 415 £273 Intreccio di colori Serigrafia a colori 49x63cm/*19x24in* Trieste 96
$2 796 FF15 844 £1 398 "Balla Pittor" Sculpture 30x12x2,5cm/*11x4xin* Roma 98
$9 000 FF51 783 £5 312 Ine of Speed Vortex Sculpture H205,5cm/*H80in* New-York 97
$14 520 FF73 900 £8 580 Morbidezze di primavera Pastelli/carta 31,5x41,5cm/*12x16in* Milano 96
BALLABENE Rudolf Raimund 1890-1968 **[22]**
$2 490 FF14 382 £1 536 Feldarbeit Ol/Leinwand 99x109cm/*38x42in* Wien 97
BALLANTYNE John 1815-1897 **[5]**
$15 500 FF80 200 £10 000 Erskine Nicol in his Studio Oil/canvas 63,5x76cm/*25x29in* London 96
BALLANTYNE Robert Michael 1852-1894 **[6]**
$178 FF1 090 £109 Heron by a Lake, Canada/Indian in a Canoe Watercolour 32x59,5cm/*12x23in* Billingshurst, West Sussex 98
BALLARINI Enea 1853-1938 **[3]**
$900 FF5 100 £600 Nell'aia/Sera/Colombi a Venezia Acquarello/carta 32x22cm/*12x8in* Trieste 98
BALLAVOINE Jules Frédéric c.1855-1901 **[50]**
$997 FF5 928 £600 "Mouta", un roquet Oil/panel 27x18cm/*10x7in* London 97
$9 607 FF54 744 £6 000 An Auburn Beauty Oil/canvas 46,5x38cm/*18x14in* London 97
BALLE Grete 1936 **[13]**
$91 FF531 £56 Figurkomposition Color lithograph 46x66cm/*18x25in* Viby J, Århus 97
BALLE Mogems 1921-1988 **[257]**
$508 FF2 630 £339 Komposition Oil/canvas 47x55cm/*18x21in* Viby J, Århus 96
$684 FF3 975 £422 Komposition Oil/canvas 25x33cm/*9x12in* København 97
$7 508 FF45 817 £4 581 "Cortège" Oil/canvas 98x130cm/*38x51in* København 98
$260 FF1 296 £170 Smäfiksstjerner Color lithograph 47,5x67cm/*18x26in* Amsterdam 95
$526 FF2 653 £345 Komposition Gouache 22,5x30cm/*8x11in* København 96
BALLE Otto Petersen 1865-1916 **[17]**
$541 FF3 105 £329 Udsigt mod Jaegerspris og Kregme Oil/canvas 36x55cm/*14x21in* Köbenhavn 97
BALLESIO Federico XIX-XX **[25]**
$5 500 FF31 920 £3 249 An Audience with the Cardinals Oil/canvas 30x49cm/*12x19in* Bethesda, Maryland 97
$8 000 FF45 636 £4 919 The shoe seller Watercolour/paper 76x54,5cm/*29x21in* New-York 97
BALLESTER Anselmo 1897-1974 **[2]**
$6 860 FF34 700 £4 500 "Salomé in Technicolor con Charles Laughton" Poster 201x140cm/*79x55in* London 96
BALLESTER Rosalie 1949 **[31]**
$553 FF3 300 £338 Composition No.7 Technique mixte 72x92cm/*28x36in* Paris 98
$327 FF2 000 £200 Composition Technique mixte/papier 27x22cm/*10x8in* Paris 98
BALLESTRIERI Lionello XIX-XX **[3]**
$252 FF1 246 £160 Tristan and Isolde Engraving 50x76cm/*19x29in* London 95
BALLIN Auguste 1842-? **[11]**
$3 258 FF18 691 £2 000 Tsar Nicholas' statevisit, 7th march 1874 Oil/canvas 26x46cm/*10x18in* London 97
BALLINGALL Alexander XIX-XX **[16]**
$1 157 FF6 937 £700 A View of the Bass Rock Watercolour 33x30,5cm/*12x12in* Glasgow 97
BALLMER Karl 1891-1958 **[4]**
$1 362 FF7 895 £839 Ohne Titel Gouache/Karton 49x68cm/*19x26in* Zürich 97
BALLMER Theo XIX-XX **[2]**
$4 600 FF26 775 £2 835 "Neues Bauen" Poster 90x127cm/*35x50in* New-York 97
BALLOT Clémentine XIX-XX **[3]**
$3 141 FF18 339 £1 900 Paysage avec maisons en bordure de rivière Oil/canvas 54,5x65,5cm/*21x25in* London 97
BALLUE Pierre 1882-1932 **[4]**
$1 501 FF8 500 £917 Le train du matin (La Roche Posay) Huile/panneau 27x21cm/*10x8in* Évreux 97
BALLUE Pierre Ernest 1855-1928 **[41]**
$1 049 FF6 200 £649 Paysage à la chaumière Huile/toile 55x46cm/*21x18in* Soissons 97

$2 400 FF13 864 £1 425 Le ruisseau en Novembre Oleo/cartón 3,5x4,5cm/*1x1in* Buenos Aires 97
BALLUF Ernst 1921 **[7]**
$635 FF3 809 £385 "Der Weg" Aquarell/Papier 28,5x40cm/*11x15in* Wien 98
BALLURIAU Paul 1860-1917 **[24]**
$298 FF1 800 £181 "Victime d'Amour" Affiche 115x158cm/*45x62in* Paris 98
BALMER George 1806-1846 **[5]**
$2 643 FF15 936 £1 600 "The Salmon Leap at Bywell, Northumberland" Oil/canvas 16,5x45,5cm/*6x17in* Oakwellgate, Gateshead 98
$575 FF3 492 £349 Beachy Head Watercolour 17,5x29cm/*6x11in* London 98
BALMIGERE Paul Marcel XX **[20]**
$1 546 FF9 000 £945 L'Arc de Triomphe et les Champs-Élysées Huile/toile 46x55cm/*18x21in* Paris 97
BALOUZET Armand Auguste 1858-1905 **[7]**
$1 980 FF12 000 £1 214 Paysage Huile/toile 63x100cm/*24x39in* Dijon 98
BALS Hilaire 1940 **[14]**
$424 FF2 598 £252 Poules dans l'étable Huile/panneau 20x25cm/*7x9in* Antwerpen 98
$826 FF4 280 £537 Berger et moutons dans un paysage Huile/panneau 60x40cm/*23x15in* Antwerpen 96
BALSAMO Salvatore 1894-1922 **[6]**
$2 086 FF11 948 £1 273 Kvinna vid källan Oil/canvas 104x64cm/*40x25in* Stockholm 97
BALSAMO Vincenzo 1935 **[5]**
$1 440 FF8 160 £720 Composizione Olio/tela 25x40cm/*9x15in* Vercelli 98
BALSGAARD Carl Vilhelm 1811-1893 **[20]**
$1 900 FF11 585 £1 140 Still Life with Grapes Oil/canvas 21,5x30,5cm/*8x12in* Boston, Mass. 98
BALSON Ralph 1890-1964 **[4]**
$7 686 FF44 897 £4 548 Non-Objective Painting Oil/board 55x61,5cm/*21x24in* Melbourne 97
BALTARD Louis Pierre 1764-1846 **[8]**
$3 424 FF20 000 £2 026 Perspective intérieure de l'église Saint-Sauveur à Paris Aquarelle 43x36,5cm/*16x14in* Paris 97
BALTARD Louis Pierre (Attr.) 1764-1846 **[2]**
$1 900 FF11 501 £1 157 View of the Louvre Wash 37x28,5cm/*14x11in* New-York 98
BALTARD Victor 1805-1874 **[6]**
$1 127 FF7 000 £679 Vues de Sceaux, Fontenay aux roses, deux vues du château de Vauxelles Crayon/papier 18x27cm/*7x10in* Paris 98
BALTEN Pieter c.1525-1598 **[10]**
$23 581 FF139 529 £14 190 A Vegetable Market on a Quay in a Town Oil/panel 31,5x46cm/*12x18in* Amsterdam 98
$53 300 FF271 000 £31 950 Kermis of Saint George Oil/panel 44x66cm/*17x25in* Amsterdam 96
BALTEN Pieter (Attrib.) c.1525-1598 **[4]**
$4 357 FF26 000 £2 670 Fileuse Huile/panneau 28x21cm/*11x8in* Lyon 98
$16 560 FF100 000 £9 930 Scène de marché en hiver Huile/panneau 74x107cm/*29x42in* Paris 98
BALTERMANTS Dmitri 1912-1990 **[40]**
$2 000 FF11 601 £1 226 The War Came to Germany Gelatin silver print 39,5x27,5cm/*15x10in* New-York 97
BALTHUS B. Klossowski Rola 1908 **[166]**
$47 908 FF280 000 £29 232 Les volubilis Huile/isorel 27x35cm/*10x13in* Paris 97
$136 800 FF800 000 £83 440 Cour de ferme à Chassy Huile/toile 90x97cm/*35x38in* Paris 97
$649 800 FF3 800 000 £396 340 Grand paysage Huile/papier/toile 140x156cm/*55x61in* Paris 97
$938 FF4 900 £559 "Wuthering Heights" Lithographie 39,5x30cm/*15x11in* Versailles 96
$192 FF1 000 £127 Amandier dans les Alpilles Encre 34,5x44cm/*13x17in* Paris 96
BALUSCHEK Hans 1870-1935 **[32]**
$507 FF2 510 £322 "Proletarier" Lithographie 34x27cm/*13x10in* Heidelberg 95
$3 255 FF19 443 £1 994 Nachkriegsunruhen in Berlin Ink 22x17cm/*8x6in* München 98
BALWE Arnold 1898-1983 **[61]**
$8 840 FF45 800 £5 710 Kartoffelernte hinter den Dünen Öl/Leinwand 70,5x100cm/*27x39in* Hamburg 96
BALWE-STAIMMER Elisabeth 1896-1973 **[11]**
$3 037 FF17 526 £1 861 Markt auf Ibiza Aquarell 58x78cm/*22x30in* Stuttgart 97
BALZE Raymond 1818-1909 **[54]**
$490 FF3 000 £300 La Fuite en Égypte Huile/carton 26,5x35cm/*10x13in* Vendôme 98

🦪 *$1 063 FF6 500 £650* Sainte Catherine en Prière Huile/toile 52x42cm/*20x16in* Vendôme 98
✏️ *$196 FF1 200 £120* Ulysse et Nausicaa Pastel 42x62cm/*16x24in* Vendôme 98
BALZER Ferdinand 1872-1916 **[14]**
✏️ *$283 FF1 673 £167* Kinderumzug im März Watercolour 7x10cm/*2x3in* Berlin 97
BALZER Johann 1738-1799 **[2]**
🖾 *$4 708 FF27 027 £2 870* Landschaften Radierung 11,5x17,5cm/*4x6in* Berlin 97
BAMA James 1926 **[18]**
🦪 *$1 650 FF10 091 £979* Cowboy with Saddle Oil/canvas 18x18cm/*7x7in* Houston, Texas 98
🦪 *$2 600 FF12 720 £1 646* Man listening to portable radio, for Midnight Cowboy Oil/board 60x43cm/*24x17in* New-York 95
✏️ *$880 FF5 382 £522* Cowboy with Snow Shoes Pencil/paper 25x27cm/*10x11in* Houston, Texas 98
BAMBER Bessie XIX-XX **[23]**
🦪 *$1 467 FF8 653 £900* Kittens in a Basket/Kittens Sitting on Books Oil/panel 14x19,5cm/*5x7in* Billingshurst, West Sussex 98
🦪 *$6 045 FF34 386 £3 700* Kittens Oil/panel 30x102cm/*11x40in* London 97
BAMBERGER Fritz 1814-1873 **[26]**
🦪 *$3 280 FF16 900 £2 100* Gebirgslandschaft mit Fluss Öl/Papier 18,7x25,6cm/*7x10in* Bielefeld 96
🦪 *$18 765 FF113 313 £11 264* Spanische Küstenlandschaft zwischen Murcia und Almeria Öl/Leinwand 51,5x82,5cm/*20x32in* Luzern 98
🦪 *$48 300 FF248 300 £30 100* Extensive river Landscape with the Escorial and the Sierra ... Oil/canvas 131x177cm/*51x69in* Wien 96
✏️ *$1 094 FF6 704 £653* Palacio Real, das Königliche Schloss, in Madrid Pencil 25,5x40,5cm/*10x15in* Dresden 98
BAMBERGER Gustav 1860-1936 **[17]**
🦪 *$4 894 FF29 298 £3 013* Stadsvy med folkliv Oil/canvas 84x100cm/*33x39in* Stockholm 98
✏️ *$562 FF3 333 £343* Weiden im Frühling Mischtechnik/Papier 29x22cm/*11x8in* Wien 97
BAMBERGER Walter 1903-? **[1]**
✏️ *$2 080 FF10 870 £1 240* Postdam Watercolour, gouache/paper 39x54cm/*15x21in* Berlin 96
BAMBINI Nicolo 1651-c.1736 **[2]**
🦪 *$3 460 FF20 000 £2 148* Vierge à l'Enfant Huile/toile 80x64cm/*31x25in* Paris 97
✏️ *$2 081 FF12 319 £1 235* Die vier Evangelisten Indian ink/paper 8x16cm/*3x6in* München 97
BAMBOCCIO VAN LAER Pieter Bodding 1599-1650 **[7]**
🦪 *$17 749 FF101 589 £10 483* Vagabonds playing Skittle, among classical Ruins Oil/canvas 51x68,5cm/*20x26in* Amsterdam 97
🖾 *$121 FF723 £74* Pferdestudie Etching 8x9,7cm/*3x3in* Bern 98
BAMPFYLDE Coplestone Warre 1720-1791 **[8]**
✏️ *$740 FF4 217 £449* "The High Tor above Matlock Bath" Watercolour 25,4x35,7cm/*10x14in* London 97
BAMRAH Dharbinder Singh 1965 **[15]**
🦪 *$2 470 FF14 910 £1 500* I'm Trying to Sleep Oil/canvas 30x44,5cm/*11x17in* Billingshurst, West Sussex 98
🦪 *$5 554 FF31 598 £3 400* A look into the glittering eye Oil/canvas 68,5x141cm/*26x55in* London 97
🦪 *$10 619 FF60 409 £6 500* African lagoon, something stirred Oil/canvas 85x181,5cm/*33x71in* London 97
BANCE J.-L. XVIII-XIX **[1]**
✏️ *$8 470 FF44 200 £5 600* "Le Mont Esquilin l'une des collines de Rome" Watercolour 70x94cm/*27x37in* Hadspen 96
BANCHIERI Giuseppe 1927-1994 **[33]**
🦪 *$1 200 FF6 800 £800* Paesaggio di neve Olio/tavola 30x46cm/*11x18in* Prato 97
🦪 *$1 980 FF11 220 £1 320* Specchio e Finestra Olio/tela 40x50cm/*15x19in* Milano 97
BANCROFT Elias ?-1924 **[12]**
✏️ *$4 140 FF23 766 £2 600* The Pet Canary, Clovelly Watercolour 76x54,5cm/*29x21in* London 97
BAND Max 1900-1974 **[20]**
🦪 *$425 FF2 552 £254* Fruit on a Table Oil/canvas 38x45cm/*15x18in* North Berwick, Maine 98
BANDEIRA Antonio 1922-1967 **[29]**
🦪 *$60 000 FF350 466 £35 502* Twilight Time Oil/canvas 73x60cm/*28x23in* New-York 97
🦪 *$85 000 FF507 764 £52 045* "Flore Nocturne" Oil/canvas 162x97cm/*63x38in* New-York 98
✏️ *$2 650 FF15 701 £1 600* Untitled Watercolour/paper 24,5x17cm/*9x6in* London 97
BANDELL Eugenie 1858-1918 **[6]**
🦪 *$1 072 FF6 392 £666* Ballerina mit Reif Öl/Leinwand 92x80,5cm/*36x31in* Frankfurt 97

BANDINELLI Baccio 1493-1560 **[14]**

✎ *$15 827 FF93 595 £9 500* A Series of Saints in Niches, flanked by two Female Figures Ink 11,5x31cm/*4x12in* London 97

BANDINELLI Baccio (Attrib.) 1493-1560 **[9]**

✎ *$1 508 FF9 040 £900* Three Philosophers disputing by a Niche Ink 25,5x18cm/*10x7in* London 98

BANDO Toshio 1890-1973 **[38]**

◔ *$1 586 FF9 500 £974* Bouledogue français Oil/canvas 33x24cm/*12x9in* Douai 98

◔ *$2 895 FF16 500 £1 773* Femme nue étendue Huile/toile 38x55cm/*14x21in* Paris 97

✎ *$394 FF2 300 £238* Chien assis Pastel/papier 32x47cm/*12x18in* Paris 97

BANET Rodolf 1901-1993 **[7]**

◔ *$355 FF2 174 £218* A Church in Spain Oil/board 9,5x14cm/*3x5in* Amsterdam 98

BANKA Maruyama 1867-1942 **[2]**

✎ *$1 202 FF7 375 £734* Entrée au Temple à Nikkô Aquarelle/papier 25x33cm/*9x12in* Montréal 98

BANKS John D. 1883-1945 **[5]**

◔ *$3 433 FF21 062 £2 137* Beach Belles Oil/cardboard 17,5x23cm/*6x9in* Melbourne 97

BANKS Marcia 1934 **[4]**

◔ *$2 375 FF12 150 £1 538* Central Park Oil/canvas 60x76cm/*24x30in* Dallas, Texas 95

BANKS Robert XX **[6]**

✎ *$599 FF2 920 £380* The Courtyard Watercolour 67x49cm/*26x19in* London 95

BANKS Thomas (Attrib.) 1735-1805 **[2]**

✎ *$33 100 FF172 800 £20 000* The Sacrifice of Iphigenia/The Judgement of Paris Marble 70x37cm/*27x14in* London 96

BANKS Thomas John XIX **[8]**

◔ *$2 469 FF14 985 £1 500* A Country Path Oil/canvas 41x45,5cm/*16x17in* London 98

BANNATYNE John James 1835-1911 **[22]**

◔ *$2 790 FF14 166 £1 800* A Bright Brezzy Day, Ayrshire Coast Oil/canvas 46x61cm/*18x24in* Auchterarder, Perthshire 96

BANNER Fiona 1966 **[1]**

✎ *$1 322 FF7 722 £800* Helicopter Pencil/paper 57,5x82cm/*22x32in* London 97

BÄNNINGER Otto Charles 1897-1976 **[12]**

◔ *$1 343 FF6 919 £833* Büste einer frau mit Halskette Bronze H50cm/*H19in* Zürich 96

BANNISTER Edward Mitchell 1828-1901 **[10]**

◔ *$7 840 FF40 727 £4 646* Crows In The Cornfield Oil/canvas 17x27cm/*7x11in* Mystic, Connecticut 97

◔ *$11 000 FF67 155 £6 749* Two Women in a Wooded Landscape Oil/canvas 32x51cm/*12x20in* New-York 98

BANTING Frederick Grant 1891-1941 **[8]**

◔ *$4 081 FF24 600 £2 469* Village scene in winter Oil/panel 21,5x26,5cm/*8x10in* Toronto 98

◔ *$14 100 FF73 600 £8 830* Quebec barns, St. Tite des Cap Oil/canvas 53x66cm/*20x25in* Toronto 96

BANTING John 1902-1970 **[79]**

◔ *$1 223 FF7 310 £750* Morning Encounter Oil/canvas 54x65cm/*21x25in* London 98

◔ *$1 305 FF7 797 £800* Self Portrait Oil/canvas/board 37x22cm/*14x8in* London 98

▥ *$635 FF3 949 £380* "A Short History of Literary Criticism" Linocut 40x37,5cm/*15x14in* London 98

✎ *$434 FF2 702 £260* A Bonehead Watercolour/paper 21,5x18cm/*8x7in* London 98

BAO SHAOYOU 1892-1985 **[1]**

✎ *$2 227 FF13 341 £1 330* Peony and Bird Coloured inks/paper 107,5x34cm/*42x13in* Hong Kong 98

BAQUIÉ Richard 1952 **[2]**

▧ *$7 010 FF35 000 £4 580* Sans titre Assemblage 62x207x27cm/*24x81x10in* Versailles 95

BAR de Bonaventure 1700-1729 **[6]**

◔ *$2 600 FF15 448 £1 586* Amorous Couples in Landscapes Oil/copper 9x8cm/*3x3in* New-York 98

◔ *$48 820 FF285 000 £29 526* Un bal champêtre Huile/toile 59x80cm/*23x31in* Paris 97

BAR de Bonaventure (Attr.) 1700-1729 **[4]**

◔ *$17 000 FF100 235 £10 424* Fête Champêtre Oil/canvas 70x86,5cm/*27x34in* New-York 98

BARA Leopold 1846-? **[1]**

◔ *$3 176 FF19 040 £1 896* "Der Schiedsrichter" Oil/panel 46x61,5cm/*18x24in* Wien 98

BARA Pierre E. Baranowski XIX-XX **[5]**

◔ *$1 009 FF6 000 £625* Portrait de femme en rouge Huile/toile 58x42cm/*22x16in* Paris 97

BARABAS Miklós 1810-1898 **[2]**

✏ *$625 FF3 357 £372* Fräulein Ilka von Kovacs in blauem Kleid an einem Tisch sitzend Aquarell/Papier 29x21cm/*11x8in* Wien 97

BARABINO Angelo 1883-1950 **[4]**
✏ *$21 000 FF119 000 £10 500* Il lavoro/Il lavoro Matita 38x27cm/*14x10in* Milano 97

BARABINO Nicoló 1832-1891 **[5]**
$6 990 FF39 610 £3 495 Figura di antico romano seduto Olio/tavola 19,5x25,5cm/*7x10in* Milano 98

BARAÑANO Leonardo XIX **[1]**
$2 869 FF16 348 £1 800 Isla de Cuba pintoresca: Cardenas, Vista General Tomada Desde la Bahia Lithographie couleurs 39,5x68cm/*15x26in* London 97

BARANOFF-ROSSINE Vladimir 1888-1944 **[53]**
$2 912 FF17 000 £1 761 Le repos devant la maison, Corse Huile/toile 65x80cm/*25x31in* Paris 97
$85 000 FF440 000 £56 800 Adam et Eve Oil/canvas 155x220cm/*61x86in* New-York 96
✏ *$516 FF3 000 £304* Le lancier Gouache/papier 21x27cm/*8x10in* Paris 97

BARANOV Andrey Vasileyvich 1948 **[6]**
$688 FF4 085 £420 Flowers on the Window-sill and sleeping Cat Oil/canvas 59,5x49,5cm/*23x19in* London 98

BARANOVSKY Fyodor Mikhailovich 1924 **[10]**
$688 FF4 085 £420 Still Life with flowers and Berries by a Window Oil/board 30x36cm/*11x14in* London 98
$901 FF5 354 £550 Man with a red Handkerchief Oil/canvas 83,5x68cm/*32x26in* London 98

BARASCUDTS Max 1869-1927 **[8]**
$3 000 FF18 159 £1 790 Gentleman playing cards in an Elegant Interior Oil/board 40x50cm/*15x19in* New-York 97

BARATELLA Paolo 1935 **[23]**
$1 560 FF8 840 £780 "Omaggio a una bandiera" Olio/tela 95x95cm/*37x37in* Prato 98

BARATTI Filippo 1868-1901 **[12]**
$4 188 FF23 932 £2 566 Horses in a landscape Oil/canvas 33x41cm/*12x16in* Stockholm 97
$23 170 FF119 200 £14 000 A Harem Scene Oil/canvas 44x56cm/*17x22in* London 96

BARBAGLIA Giuseppe 1841-1910 **[3]**
$10 114 FF60 822 £6 064 The Church and the Army Oil/canvas 117x75cm/*46x29in* Amsterdam 98

BARBALONGA ALBERTI Antonio 1600-1649 **[1]**
$14 350 FF69 400 £9 000 Portrait of a Prelate, said to be Cardinal Jean de Bonsi Oil/canvas 143x112cm/*56x44in* London 95

BARBANÇON Christian 1940-1993 **[27]**
$559 FF3 200 £349 Page 605 Acrylique/toile 92x65cm/*36x25in* Paris 97

BARBARIGO Ida 1925 **[6]**
$3 434 FF18 000 £2 066 Jeu nuancé Huile/toile 73,5x100cm/*28x39in* Versailles 96

BARBARINI Emil 1855-1930 **[85]**
$4 205 FF23 980 £2 560 Jäger im verschneiten Winterwald Öl/Leinwand 52x42cm/*20x16in* Wien 97
$8 000 FF41 140 £4 990 Flower market Oil/panel 27x40cm/*10x15in* New-York 96

BARBARINI Franz 1804-1873 **[52]**
$3 370 FF17 050 £2 213 Alpine mountainous landscape Öl/Leinwand 55x68cm/*21x26in* Wien 96
$3 582 FF21 406 £2 169 Die Donauauen bei Schwechat Öl/Leinwand 34x43cm/*13x16in* Wien 97
✏ *$1 283 FF7 630 £772* Landschaft mit Weiher, Kirchlein und Staffage Watercolour 21x27cm/*8x10in* Wien 98

BARBARINI Gustav 1840-1909 **[39]**
$1 735 FF10 480 £1 053 Ein Wintertag Öl/Karton 25x20cm/*9x7in* Wien 98
$4 670 FF24 000 £2 910 Dorf in den Bergen Öl/Leinwand 69x55cm/*27x21in* Wien 96
✏ *$350 FF2 082 £214* Attersee Watercolour/paper 23x29cm/*9x11in* St. Louis, Miss. 98

BARBARO Giovanni XIX **[81]**
✏ *$49 FF290 £30* Camel Train in the Desert at Sunset, a City Beyond Watercolour/paper 17,5x51cm/*6x20in* Solihull, West Midlands 98

BARBASAN LAGUERUELA Mariano 1864-1924 **[37]**
$5 500 FF28 438 £3 525 Paisaje de Anticoli Oleo/papel 23x68cm/*9x26in* Montevideo 96
$32 850 FF172 400 £19 730 Paisaje de primavera Oleo/lienzo 67x96cm/*26x37in* Madrid 96
✏ *$2 210 FF12 935 £1 365* Espiando a la modelo Pastel 58x43,5cm/*22x17in* Madrid 97

BARBATELLI IL POCCETTI Bernardino 1548-1612 **[10]**
✏ *$7 500 FF41 436 £4 661* A kneeling Angel (recto and verso) Black chalk/paper 30x20,4cm/*11x8in* New-York 97

BARBATELLI IL POCCETTI Bernardino (Attrib.) 1548-1612 [3]
✏ *$4 191   FF25 113   £2 500* Monstrance surrounded by an Angelic Host Black chalk 11,5x11,5cm/*4x4in* London 98

BARBAUD-KOCH Marthe Élisabeth XIX-XX [11]
⌘ *$6 000   FF35 863   £3 672* Vase de roses Oil/canvas 80x100cm/*31x39in* New-York 97

BARBAULT Jean 1718-1766 [5]
▥ *$566   FF3 346   £335* "Spaccato interno della Basilica di S. Paolo"/"Veduta della Basilica" Radierung 38,5x53,5cm/*15x21in* Berlin 97

BARBEDIENNE Ferdinand 1810-1892 [13]
⬒ *$1 130   FF6 634   £691* Bust of William Shakespeare Bronze H45cm/*H18in* Detroit, Michigan 97
⬒ *$18 000   FF108 302   £10 774* Allegorical Figures Gilded bronze H1220cm/*H480in* New-York 98

BARBELLI Giangiacomo (Attrib) 1590-1656 [1]
⌘ *$14 930   FF74 300   £9 500* The Infancy of Christ Oil/canvas 310x150cm/*122x59in* London 95

BARBER Alfred Richardson c.1850-c.1900 [11]
⌘ *$2 175   FF13 414   £1 300* Peeping Tom Oil/canvas 51x61cm/*20x24in* London 97
⌘ *$6 514   FF40 286   £4 000* Meal-Time, A Study of four Rabbits Oil/canvas 33,5x44,5cm/*13x17in* Billingshurst, West Sussex 97

BARBER Charles Burton 1845-1894 [11]
⌘ *$63 692   FF365 632   £40 000* A Monster Oil/canvas 57x82,5cm/*22x32in* London 97

BARBER Reginald 1851-1928 [5]
✏ *$1 196   FF5 810   £750* Sweet as Spring-time Flowers Watercolour 63x49cm/*25x19in* London 95

BARBER Thomas Stanley XIX-XX [12]
⌘ *$3 916   FF22 598   £2 400* Mountainous River Landscape with Angler and Lone Figure Oil/canvas 27x58cm/*11x23in* Aylsham, Norfolk 97

BARBERI Giuseppe 1746-1809 [1]
✏ *$5 329   FF31 311   £3 200* Design for a Stage Set: A Monumental Stairway leading to Colonnades Ink 42x56cm/*16x22in* London 97

BARBERIIS de Eugène 1851-1937 [5]
⌘ *$9 030   FF46 000   £5 420* Le port de Marseille Huile/toile 54x73cm/*21x28in* Marseille 96

BARBERINI Gustav XIX [1]
⌘ *$4 930   FF25 540   £3 200* Mountainous Italianate landscapes Oil/canvas 68x56cm/*26x22in* London 96

BARBERIS Franco 1905-? [3]
▥ *$412   FF2 489   £250* "Dolder Eisbahn, Zurich, Täglich geöffnet" Poster 102x64cm/*40x25in* London 98

BARBEY Maurice XIX-XX [8]
⌘ *$1 500   FF8 736   £916* Quai Montebello, Notre Dame Oil/canvas 30,5x40,5cm/*12x15in* New-York 97
▥ *$258   FF1 500   £152* "P.L.M, Grenoble, plaque tournante du tourisme" Affiche 108x73cm/*42x28in* Paris 97

BARBIER André 1883-1970 [148]
⌘ *$1 654   FF8 500   £1 095* Étretat Huile/toile 33x55cm/*12x21in* Paris 96
✏ *$335   FF1 700   £200* Paysage à l'aurore Pastel 32x45cm/*12x17in* Le Havre 96

BARBIER Antoine 1859-1948 [7]
⌘ *$7 263   FF45 000   £4 338* Plate, Quai Jules Courmont sous la neige Huile/panneau 110x166cm/*43x65in* Lyon 98

BARBIER Georges 1882-1932 [251]
⌘ *$3 400   FF20 214   £2 106* Still life with Pitcher Oil/board 64x41cm/*25x16in* Philadelphia 97
▥ *$272   FF1 600   £163* "Laissez-moi seule" Pochoir 25,5x18cm/*10x7in* Paris 97
✏ *$670   FF3 406   £400* A couple dancing Ink 35x20,5cm/*13x8in* London 96

BARBIER L'AINÉ XVIII [3]
✏ *$1 339   FF8 045   £800* Two allegorical Figures Ink 34x26,5cm/*13x10in* London 98

BARBIERI Contardo 1900-1966 [13]
⌘ *$2 236   FF12 675   £1 118* Lezione di pittura Olio/tela 55x115,5cm/*21x45in* Milano 98
✏ *$1 008   FF4 940   £656* Porto di Massana/Dessiè Acquarello/carta 16x20cm/*6x7in* Milano 95

BARBIERI IL GUERCINO Giovan Fr. (Attrib.) 1591-1666 [17]
⌘ *$30 000   FF170 000   £20 000* Testa di Elia Olio/tavola 47x36cm/*18x14in* Prato 97
✏ *$1 288   FF8 000   £772* Buste de jeune homme Sanguine/papier 15x11,5cm/*5x4in* Paris 98

BARBIERI IL GUERCINO Giovan Francesco 1591-1666 [116]
⌘ *$120 000   FF736 644   £73 524* Mezza figura of Diana holding a arrow Oil/canvas 57x49cm/*22x19in* New-

---

York 98

✐ *$701 FF4 100 £428* Pâtres dans un paysage boisé Dessin 15,5x23cm/*6x9in* Paris 97

BARBIERS Pieter I 1717-1780 **[6]**

✎ *$19 000 FF117 066 £11 673* The Sower/The Angler/The Archer Oil/board 172x122cm/*67x48in* New-York 98

BARBIERS Pieter II 1798-1848 **[3]**

✎ *$3 630 FF18 400 £2 364* Travellers on a sandy path along a farmhouse Oil/canvas 59x81cm/*23x31in* Amsterdam 96

✐ *$1 693 FF10 094 £1 051* Bauernhof am Stadtrand mit Staffagen Aquarell/Papier 33,2x46,7cm/*13x18in* Frankfurt 97

BARBIERS Pieter III Pietersz. 1749-1842 **[12]**

✎ *$4 998 FF29 556 £3 000* A Traveller returning to a Cottage in a Wood Oil/canvas 74,5x88cm/*29x34in* London 97

✐ *$2 370 FF12 050 £1 420* Views of dilapidated farm buildings Ink 21,9x30,2cm/*8x11in* Amsterdam 96

BARBISAN Giovanni 1914-1988 **[2]**

▱ *$736 FF3 840 £483* Donna che legge Acquaforte 30x39,4cm/*11x15in* Venezia 96

BARBOT Prosper 1798-1878 **[1]**

✎ *$1 557 FF9 214 £950* The Convent of St. Catherine, the Sinai, Egypt Oil/canvas 28x51cm/*11x20in* London 98

BARCAGLIA Donato 1849-1930 **[8]**

⚒ *$14 398 FF83 661 £8 500* A Young Girl picking Flowers Marble H146cm/*H57in* London 97

BARCALA Washington 1920-1993 **[6]**

✎ *$4 485 FF25 805 £2 665* Sin título Mixed media/paper 50,5x65cm/*19x25in* Madrid 97

BARCELO Miguel 1957 **[78]**

✎ *$18 150 FF108 625 £10 725* Zapatos Técnica mixta 70x100cm/*27x39in* Madrid 98

✎ *$67 400 FF346 500 £42 000* Taule Amb Productes Europeus Mixed media/canvas 299x354cm/*117x139in* London 96

▱ *$551 FF3 219 £338* Untitled Lithograph 50x33cm/*19x12in* Amsterdam 97

⚒ *$22 859 FF135 658 £14 000* Cabra Bronze 71x28x27,5cm/*27x11x10in* London 97

✐ *$7 673 FF46 628 £4 603* Demi coco Tinta 50,5x70cm/*19x27in* Madrid 98

BARCHI Annunzio 1869-1897 **[2]**

✎ *$193 FF1 200 £115* Paris, les autobus, gare Saint-Lazarre Huile/toile 38x46cm/*14x18in* Paris 98

BARCHUS Eliza R. 1857-1959 **[18]**

✎ *$700 FF4 176 £422* Mt. Hood Sunset Oil/board 25x30cm/*10x12in* Cedar Falls, Iowa 97

✎ *$1 200 FF6 956 £716* "Mt. Hood at Sunset" Oil/canvas 38x91cm/*15x36in* Portland, OR 97

BARCLAY Colville 1913 **[7]**

✎ *$1 076 FF6 374 £649* The Table Oil/canvas 71x91,5cm/*27x36in* London 97

BARCLAY Edgar 1842-c.1915 **[9]**

✎ *$3 257 FF20 143 £2 000* A Nude by a Riverbank Oil/canvas/board 30x44cm/*11x17in* Billingshurst, West Sussex 97

✎ *$15 701 FF90 139 £9 674* The Wood Gatherers Oil/canvas 91x154cm/*35x60in* Johannesburg 97

BARCLAY John Rankin 1884-1962 **[19]**

✎ *$2 790 FF14 166 £1 800* A Spanish Fairground Oil/canvas 41x61cm/*16x24in* Auchterarder, Perthshire 96

BARCLAY McClelland 1891-1943 **[38]**

✎ *$5 500 FF33 434 £3 337* "Holeproof Hosiery" Huile/toile 93x68cm/*37x27in* Elgin, Illinois 98

⚒ *$2 420 FF13 956 £1 441* Head of Tranquill Woman Sculpture 20x13x13cm/*8x5x5in* New-York 97

BARCLAY Stephen 1961 **[6]**

✐ *$278 FF1 423 £180* The Trailor Gouache 46x58cm/*18x22in* London 95

BARD James 1815-1897 **[11]**

✎ *$32 500 FF199 264 £19 883* The Cuba Oil/canvas 79,5x137cm/*31x53in* New-York 98

✎ *$75 000 FF407 827 £44 902* Horse Jack of Woodbridge, New Jersey Oil/board 21,5x30cm/*8x11in* New-York 97

✐ *$20 000 FF122 624 £12 236* The Minnie Cornell Mixed media/paper 43x70cm/*16x27in* New-York 98

BARD John 1815-1856 **[1]**

✎ *$75 000 FF407 827 £44 902* Steamboat Alida Oil/canvas 73,5x124,5cm/*28x49in* New-York 97

BARDASANO Y BAOS José 1910-1979 **[25]**

✎ *$4 200 FF24 000 £2 580* Paisaje urbana, Paris Oleo/lienzo 70x60cm/*27x23in* Madrid 97

▱ *$981 FF5 469 £600* "Al frente...!" Poster 99x70cm/*38x27in* London 97

BARDELLINO Pietro 1728-1810 **[15]**

$6 210 FF35 190 £4 140 Ritratto di giovinetto Olio/tela/tavola 35x23,5cm/*13x9in* Roma 97

$14 025 FF73 355 £8 500 Diana and Pan Oil/canvas 102x76,5cm/*40x30in* London 96

$55 889 FF316 707 £27 944 Adorazione dei pastori Olio/tela 186x99cm/*73x38in* Roma 97

BARDELLINO Pietro (Attrib.) 1728-1810 **[6]**

$4 680 FF26 520 £2 340 San Giuseppe col bambino Olio/tela 46x62cm/*18x24in* Firenze 98

BARDIN Ambroise-Marguerite 1768-? **[1]**

$8 770 FF46 000 £5 280 Panthère Gouache/papier 25,5x35,5cm/*10x13in* Paris 96

BARDON Henry XX **[1]**

$2 010 FF10 270 £1 300 Set design for Miami Production of Rigoletto Watercolour 36,5x56cm/*14x22in* London 95

BARDONE Guy 1927 **[96]**

$1 336 FF8 000 £798 Neige de printemps La Serra Huile/toile 73x60cm/*28x23in* Pontoise 98

$310 FF1 600 £198 Trinidad, forêt tropicale Aquarelle 38x46cm/*14x18in* Paris 96

BARDWELL Thomas 1704-1767 **[13]**

$27 000 FF154 021 £16 602 Portrait of the Brewster family in an Interior Oil/canvas 100,5x125,5cm/*39x49in* New-York 97

BARDWELL Thomas (Attrib.) 1704-1767 **[6]**

$2 156 FF11 228 £1 400 Portrait of Mary, Queen of Scots Mezzotint 53x43cm/*20x16in* London 96

BAREAU Georges Marie 1866-1931 **[11]**

$1 887 FF9 850 £1 140 Muse assise Bronze H60cm/*H23in* Bruxelles 96

BARELIER André 1934 **[7]**

$2 400 FF13 600 £1 200 Christianne Bronzo 40x38x38cm/*15x14x14in* Roma 97

BARENGER James I (Attrib.) 1745-1813 **[2]**

$3 500 FF18 000 £2 182 Taking the ditch Oil/canvas 63x77cm/*24x30in* New-York 96

BARENGER James II 1780-1831 **[9]**

$14 400 FF73 400 £9 500 Hunting scene Oil/canvas 100x125cm/*39x49in* London 96

$89 969 FF535 540 £55 000 Over the Dich/The Kill Oil/canvas 71x91,5cm/*27x36in* London 98

BARÉTY Henriette 1934 **[6]**

$178 FF1 060 £110 Ange brandissant son masque Pastel/papier 23x32cm/*9x12in* Genève 97

BARFUSS Ina 1949 **[21]**

$142 FF839 £88 Figürliche Kompositionen Linocut 59,5x49,5cm/*23x19in* Bielefeld 97

$898 FF5 365 £549 Öffnung nach Westen Gouache/Karton 128,5x98,5cm/*50x38in* Hamburg 98

BARGER John 1953 **[1]**

$3 300 FF19 760 £2 027 Gentle Spring Oil/canvas 60x91cm/*24x36in* Dallas, Texas 98

BARGHEER Eduard 1901-1979 **[494]**

$2 200 FF12 842 £1 308 "Beherbergen" Oil/canvas 58,5x73,5cm/*23x28in* New-York 97

$6 882 FF40 201 £4 072 Stadt in der Wüste Öl/Leinwand 28,3x52,7cm/*11x20in* Köln 97

$195 FF1 017 £114 Athen Etching, aquatint 30,2x42,3cm/*11x16in* Berlin 96

$595 FF3 570 £355 "Ischia Landschaft I"/"Ischia Landschaft II" Pencil/paper 17x23cm/*6x9in* Wien 98

BARGUE Charles 1825-1883 **[14]**

$110 000 FF626 780 £67 375 Le jeu d'échecs sur la terrasse Oil/panel 28,5x43cm/*11x16in* New-York 97

BARILE Xavier J. 1891-1981 **[36]**

$400 FF2 381 £248 Bathing Girl Among the Rocks Oil/board 9x12cm/*3x4in* North Berwick, Maine 97

$600 FF3 541 £355 "Yacht Avocet, Front Wharf, Gloucester" Oil/board 40x50cm/*16x20in* North Berwick, Maine 97

BARILLI Cecrope XIX **[1]**

$20 232 FF120 000 £12 372 Le Retour du printemps, ou Le Départ de l'Amour Huile/toile 81,5x65cm/*32x25in* Paris 97

BARILLOT Léon 1844-1929 **[17]**

$383 FF1 900 £243 Voiliers au large Huile/toile 24,5x32,5cm/*9x12in* Orléans 95

BARISON Giuseppe 1853-1930 **[17]**

$3 236 FF16 900 £1 926 "Aussicht aus meinem Fenster im Torre des Pal. Venezia" Öl/Leinwand 36x47cm/*14x18in* Wien 96

$13 200 FF74 800 £6 600 Quattro ciacole con le tose Olio/cartone 47,5x26,5cm/*18x10in* Milano 98

BARISON Giuseppe (Attrib.) 1853-1930 **[1]**

$8 000 FF48 338 £4 765 A Visit to the Blacksmith Oil/canvas 44x55cm/17x21in New-York 97

BARITEAU Alcide XIX-XX **[1]**
$3 260 FF17 000 £1 970 Scène familiale en Afrique du Nord Huile/toile 57x71cm/22x27in Paris 96

BARJOLA Juan 1919 **[25]**
$6 555 FF37 715 £3 800 Composición Oleo/lienzo 54x66cm/21x25in Madrid 97
$31 500 FF160 500 £18 920 Tauromaquia Oleo/lienzo 160x113cm/62x44in Madrid 96
$792 FF4 740 £480 Dibujo erótico Acuarela/papel 53x36cm/20x14in Madrid 98

BARKER Anthony Raine 1880-1963 **[5]**
$686 FF3 828 £420 "See Ireland First - On Shell, Killarney Devil's Island" Poster 76x112cm/29x44in London 97

BARKER Clive 1940 **[19]**
$1 232 FF6 380 £800 Yardstick I/Yardstick II Metal 2,5x91,5cm/x36in London 96

BARKER John 1811-1886 **[8]**
$917 FF4 670 £550 An Angler fishing with a Traveller and Donkeys Oil/canvas 40,5x61cm/15x24in London 96
$9 037 FF54 741 £5 600 Guarding the Flock Oil/canvas 127x101,5cm/50x39in Perthshire 97

BARKER John Joseph 1824-1904 **[14]**
$771 FF4 677 £460 An Upland Landscape with Figure and Sheep in the Foreground Oil/canvas 31x26cm/12x10in Bath 97
$5 500 FF31 902 £3 384 Milkmaid and stable boy on a village lane Oil/canvas 71x102cm/27x40in New-York 97

BARKER Joseph XIX **[4]**
$2 749 FF15 684 £1 672 Coutnry Lane with a cowherd and cattle in the foreground Oil/canvas 76x63,5cm/29x25in San Francisco 97

BARKER OF BATH Benjamin 1776-1838 **[13]**
$1 037 FF5 964 £649 Travellers on a rocky Path Oil/panel 23,5x18,5cm/9x7in London 97
$9 661 FF58 344 £5 800 An Extensive Italianate River Landscape Oil/canvas 92x138cm/36x54in Leyburn, North Yorkshire 98

BARKER OF BATH John Joseph 1824-1904 **[8]**
$2 873 FF13 880 £1 800 The Donkey Ride Oil/canvas 49,5x60cm/19x23in London 95

BARKER OF BATH Thomas 1769-1847 **[39]**
$916 FF5 298 £550 View of Castel Gandolfo with Peasants and Farm Animals Oil/panel 32,5x40,5cm/12x15in London 97
$4 855 FF24 740 £3 200 Countrymen in a woodland clearing Oil/canvas 59x71,5cm/23x28in London 96
$116 FF628 £70 Horse and cart in a woodland clearing Wash 23x29cm/9x11in London 97

BARKER OF BATH Thomas (Attrib.) 1769-1847 **[10]**
$1 200 FF7 125 £726 Romantic Landscame Oil/canvas 71x88cm/28x35in Detroit, Michigan 97

BARKER Robert 1739-1806 **[2]**
$2 420 FF12 560 £1 600 The City of Edinburgh/Edinburgh Castle/The Firth of Forth/Calton Hill/ Aquatinte couleurs 42,5x54,5cm/16x21in Edinburgh 96

BARKER Thomas Jones 1815-1882 **[19]**
$487 FF2 775 £300 The Wounded Drummer Boy Oil/board 24x24cm/9x9in London 97
$25 174 FF145 348 £15 000 The Allied Generals with the Officers of their respective Staffs Oil/canvas 64,5x141cm/25x55in London 97
$48 066 FF274 977 £30 000 Il Sorso Oil/canvas 103x173,5cm/40x68in London 97

BARKER Wright 1864-1941 **[50]**
$4 653 FF27 667 £2 800 "The Weakest Go To The Wall" Oil/canvas 53,5x43cm/21x16in London 97
$13 940 FF72 200 £9 000 A Passing Shower Oil/canvas 142x194cm/55x76in London 96

BARKS Carl 1901 **[25]**
$1 700 FF10 107 £1 022 Mountains, animals and farmhouses Oil/board 40x30cm/16x12in New-York 97
$1 500 FF8 918 £902 A farmhouse and a silo Watercolour/board 35x27cm/14x11in New-York 97

BARLACH Ernst 1870-1938 **[407]**
$15 144 FF90 360 £9 136 Der arme Vetter Lithographie 49x40,6cm/19x15in Hamburg 97
$1 157 FF6 759 £710 Sitzendes Mädchen Porcelain 23,5x22x23cm/9x8x9in Frankfurt 97
$380 305 FF2 220 075 £230 000 Tod im Leben Sculpture, wood H83,5cm/H32in London 97
$7 757 FF47 012 £4 757 Tanzendes Paar Charcoal 34,9x26cm/13x10in Hamburg 98

BARLAG Philip 1840-1913 **[6]**

👝 *$4 688 FF27 778 £2 808* Höyfjell Oil/canvas 87x130cm/*34x51in* Oslo 97
BARLAND Adam c.1843-c.1875 **[20]**
👝 *$1 290 FF6 590 £850* Figures resting by a river/Cattle watering Oil/canvas 18x34cm/*7x13in* London 96
👝 *$2 800 FF14 400 £1 746* Children on a country path Oil/canvas 51x81cm/*20x31in* New-York 96
BARLOW Francis 1626-1702 **[12]**
✏ *$3 955 FF20 270 £2 403* Angling Pencil 15x21,5cm/*5x8in* London 96
BARLOW Indigo XVIII-XIX **[2]**
▥ *$900 FF5 253 £552* "Encampment of the Convention Army at Charlotte Ville in Virginia..." Engraving 1x39cm/*x15in* New-York 97
BARLOW Myron G. 1873-1937 **[33]**
👝 *$5 250 FF31 175 £3 179* Portrait of a Woman Seated at a Table adjusting a Vase of Flowers Oil/canvas 63x81cm/*25x32in* Detroit, Michigan 97
BARNABE Duilio 1914-1961 **[103]**
👝 *$1 500 FF7 485 £980* Natura morta Oil/canvas 5x99cm/*2x39in* Cincinnati, Ohio 95
👝 *$1 506 FF8 500 £923* Nu Huile/toile 103x67cm/*40x26in* Paris 97
👝 *$4 000 FF23 148 £2 460* Gilles Seated Oil/canvas 141x99,5cm/*55x39in* Los Angeles 97
✏ *$283 FF1 600 £173* Fleurs Gouache/papier 65,5x50cm/*25x19in* Paris 97
BARNADAS Ramón 1909-1981 **[4]**
👝 *$3 620 FF18 320 £2 376* Barcelona de noche en los años veinte Oleo/lienzo 56x81cm/*22x31in* Madrid 96
BARNARD Edward Herbert 1855-1909 **[3]**
👝 *$353 FF2 145 £210* Still life study of fruit on a wooden ledge with tapestry behind Oil/canvas 25x35cm/*10x14in* Aylsham, Norfolk 98
BARNARD Frank XIX-XX **[3]**
✏ *$817 FF4 882 £500* "The Ice Season near London" Watercolour 43x59,5cm/*16x23in* Billingshurst, West Sussex 98
BARNARD Frederick 1846-1896 **[3]**
👝 *$9 820 FF57 197 £6 000* Duck and green peas is off Oil/canvas 66x49,5cm/*25x19in* London 97
BARNARD George 1832-1890 **[8]**
▥ *$675 FF4 017 £413* "Lucerne" Lithograph 27x39cm/*10x15in* Bern 98
✏ *$1 340 FF8 000 £821* Promenade après dîner dans la station Thermale de Ems Aquarelle/papier 27,3x38cm/*10x14in* Paris 98
BARNARD George N. 1819-1902 **[5]**
📷 *$36 000 FF186 000 £23 030* Photographic Views of Sherman's Campaign Photograph 28x36cm/*11x14in* New-York 96
BARNARD J. Langton 1853-? **[1]**
👝 *$3 020 FF17 441 £1 800* On the River Oil/panel 35x51cm/*13x20in* London 97
BARNES Edward Ch. (Attrib.) c.1830-c.1890 **[3]**
👝 *$3 930 FF20 250 £2 600* The New Breeches Oil/canvas 71x91cm/*27x35in* London 96
BARNES Edward Charles c.1830-c.1890 **[31]**
👝 *$2 400 FF14 268 £1 445* An Elegant Lady in Spanish Dress Oil/canvas 91,5x71cm/*36x27in* New-York 98
👝 *$2 831 FF17 101 £1 700* Pangs of Poverty Oil/canvas 30x23cm/*11x9in* Leyburn, North Yorkshire 98
BARNES Edward Herbert XIX-XX **[2]**
👝 *$13 177 FF81 094 £8 000* A Gift From Market Oil/canvas 71x91,5cm/*27x36in* London 98
BARNES Ernest Harrison 1873-1955 **[16]**
👝 *$850 FF4 414 £563* The trap Oil/canvas 45,5x56cm/*17x22in* San Francisco-Los Angeles 96
BARNES Gertrude Jameson 1865-? **[6]**
👝 *$1 900 FF11 323 £1 139* Ourdoor Still Lifes of Apples and Grapes Oil/canvas 17x25cm/*7x10in* Bethesda, Maryland 98
BARNES James XIX-XX **[5]**
✏ *$856 FF5 133 £520* Landscape with Children on a Path Watercolour/paper 17x24,5cm/*6x9in* Oakwellgate, Gateshead 98
BARNES Matthews 1880-1951 **[2]**
👝 *$5 500 FF33 112 £3 290* Ingleside, California (No.134) Huile/panneau 51x61cm/*20x24in* San Francisco 98
BARNES Robert 1840-1895 **[2]**
✏ *$26 650 FF134 500 £17 500* A Merry-Go Round on the Ice Watercolour 35x57cm/*13x22in* London 96
BARNES Robert M. 1934 **[7]**

BARON Théodore 1840-1899 **[48]**

 $654 FF3 346 £424 Village au bord de la rivière Huile/panneau 26,5x32cm/*10x12in* Bruxelles 95

 $1 266 FF6 580 £837 La pêche aux crevettes Huile/toile 50x75cm/*19x29in* Bruxelles 96

BARONE Antonio 1889-1971 **[21]**

 $2 500 FF15 460 £1 501 Portrait of Grazia in a Green Dress Oil/canvas 121x76cm/*48x30in* East Dennis, Mass. 97

 $5 249 FF31 989 £3 256 "Portrait of the Misses Helen and Nan Hubbard" Oil/canvas 127x101,5cm/*50x39in* New-York 98

BARONI Eugenio 1880-1935 **[1]**

 $4 800 FF27 200 £2 400 Alpino Bronzo H72cm/*H28in* Milano 97

BAROTTE Léon 1866-1933 **[15]**

 $496 FF2 800 £304 Le ramassage des Fagots Huile/toile/panneau 25x23,5cm/*9x9in* Soissons 97

BARR William 1867-1933 **[14]**

 $731 FF4 261 £449 Still life with Pink Roses Oil/canvas 25,5x35,5cm/*10x13in* West Lothian 97

 $1 700 FF8 870 £1 027 Mount Tamalpais Oil/canvas 45,5x61cm/*17x24in* San Francisco-Los Angeles 96

BARRA, MONSU DESIDERIO Didier 1590-1650 **[1]**

 $30 153 FF190 000 £19 000 Vue imaginaire de Venise Huile/toile 74x126cm/*29x49in* Cannes 97

BARRA, MONSU DESIDERIO Didier (Attrib.) 1590-1650 **[2]**

 $20 500 FF107 200 £13 440 Il martirio di San Gennaro Olio/tela 63x101,5cm/*24x39in* Roma 96

BARRABAND Jacques 1767-1803 **[73]**

 $640 FF3 860 £380 Histoire naturelle des perroquets:Ara militaire/Variété de la perruch Engraving 30,5x23cm/*12x9in* London 98

 $6 950 FF36 300 £4 200 Eurasian Jay (Albino) Watercolour, gouache 52x38cm/*20x14in* London 96

BARRAL Emiliano 1896-1936 **[2]**

 $2 415 FF13 930 £1 470 Cabeza de Shiva Bronze 40x18x18cm/*15x7x7in* Madrid 97

BARRATT OF STOCKBRIDGE Thomas XIX-XX **[3]**

 $5 830 FF29 700 £3 500 A bay racehorse in a stable Oil/canvas 55x70cm/*21x27in* London 96

BARRATT Reginald 1861-1917 **[9]**

 $674 FF3 370 £440 Piazza San Marco, Venezia Watercolour 53x37cm/*20x14in* Billingshurst, West Sussex 96

BARRAU BUNOL Laureano 1864-1957 **[45]**

 $455 FF2 580 £286 Personaje de Levante Oleo/tabla 7x10cm/*2x3in* Madrid 97

 $10 820 FF55 000 £6 470 La ibicenca del cántaro Oleo/lienzo 73x60cm/*28x23in* Madrid 96

 $23 450 FF138 250 £14 350 Aguadoras Oleo/lienzo 124x98cm/*48x38in* Madrid 98

 $3 630 FF21 725 £2 200 Antes del sermón Acuarela/papel 53x36cm/*20x14in* Madrid 98

BARRAUD Aimé 1902-1954 **[30]**

 $2 604 FF12 800 £1 660 "Jvoire" Öl/Leinwand 65x81cm/*25x31in* Zürich 95

BARRAUD Charles 1897-? **[6]**

 $1 766 FF8 600 £1 118 Porträt einer Frau Öl/Leinwand 29,5x26cm/*11x10in* Bern 95

 $4 063 FF23 584 £2 506 Femme nue de dos Öl/Leinwand 53x32cm/*20x12in* Zürich 97

 $609 FF3 537 £376 Femme qui s'habille Radierung 24,5x21cm/*9x8in* Zürich 97

BARRAUD Charles Decimus 1822-1897 **[7]**

 $387 FF2 350 £230 "New Zealand Lake" Watercolour/paper 30x35cm/*12x14in* Aylsham, Norfolk 98

BARRAUD Charles James XIX-XX **[4]**

 $912 FF5 290 £539 An Old Man crossing a Bridge/Steam with Ducks Watercolour/paper 34x54cm/*13x21in* West Midlands 97

BARRAUD Francis Philip 1824-1901 **[6]**

 $294 FF1 714 £180 Stadt leihaus: a continental market square Watercolour/paper 33,5x52,5cm/*13x20in* Billingshurst, West Sussex 97

BARRAUD François Émile 1899-1934 **[34]**

 $2 724 FF15 791 £1 678 Stilleben mit Birnen Öl 33x38,5cm/*12x15in* Zürich 97

 $3 007 FF17 879 £1 839 Feldweg mit Bäumen im Sommer Ol/Leinwand 46x48cm/*18x18in* Bern 97

 $478 FF2 844 £292 Porzellanmalerin Red chalk/paper 32,5x28,5cm/*12x11in* Bern 97

BARRAUD Gustave François 1883-1964 **[31]**

 $594 FF3 056 £371 Weiblicher Akt Gouache 47x40cm/*18x15in* Bern 96

BARRAUD Henry 1811-1874 **[31]**

 $6 380 FF30 960 £4 000 Preparing the team Oil/panel 29x46cm/*11x18in* London 95

  $5 772 FF33 690 £3 432 Sir Charles Booth till häst Oil/canvas 47x60cm/*18x23in* Stockholm 97
  $42 100 FF217 000 £27 000 Group portrait of members of the Denniston family of Pinnacle Hill Oil/canvas 130x97cm/*51x38in* London 96

BARRAUD Maurice 1889-1955 **[193]**
  $4 325 FF25 681 £2 640 "Maisons rouges à Biskra" Oil/canvas 35x45cm/*13x17in* Bern 98
  $11 728 FF70 820 £7 040 Ansicht von Venedig - San Giorgio Maggiore Öl/Leinwand 46x65cm/*18x25in* Luzern 98
  $238 FF1 414 £146 Zwei Orientalinnen mit Körben auf dem Kopf Lithographie 37x29cm/*14x11in* Bern 97
  $5 710 FF29 600 £3 710 Liegender weiblicher Akt Bronze H29,5cm/*H11in* Zürich 96
  $872 FF4 520 £567 Nu couché Crayon/papier 35,5x49cm/*13x19in* Zürich 96

BARRAUD William 1810-1850 **[25]**
  $4 500 FF22 970 £2 980 A Chestnut Horse with Spaniel in a Landscape Oil/canvas 30,5x41cm/*12x16in* New-York 96
  $5 772 FF33 690 £3 432 Sir Charles Booth till häst Oil/canvas 47x60cm/*18x23in* Stockholm 97
  $113 463 FF658 511 £70 000 The North Warwickshire Hunt with William Wilson Master 1844 Oil/canvas 96,5x181cm/*37x71in* London 97

BARRE Auguste J. 1811-1896 **[10]**
  $2 270 FF11 830 £1 500 "Amany", an Eastern dancing girl Bronze H45cm/*H17in* London 96

BARRE Jean-Benoît V. 1734-1824 **[1]**
  $1 352 FF7 000 £873 Plan du Château de Chessy Encre Chine 31,5x44cm/*12x17in* Paris 96

BARRE Martin 1924-1993 **[45]**
  $6 847 FF41 500 £4 199 60 T 47 diptyque Huile/toile 73x120cm/*28x47in* Saint-Germain-en-Laye 98
  $10 152 FF60 000 £6 288 59/140/130/A Acrylique/toile 130x140cm/*51x55in* Paris 97
  $2 631 FF15 000 £1 629 Composition Gouache/papier 60x54,5cm/*23x21in* Paris 97

BARRERA Francisco 1625-1657 **[2]**
  $10 000 FF49 400 £6 460 A Bodegon, Breads on a pewter Plate with Napkins, a Spoon Oil/canvas 28x36,5cm/*11x14in* New-York 96

BARRERE Adrien 1877-1931 **[28]**
  $1 200 FF7 151 £719 "La Revue des Folies-Bergère" Poster 52,5x79cm/*20x31in* New-York 98

BARRERE André 1918-1975 **[4]**
  $655 FF3 800 £408 "Une Date à retenir, scène comique jouée par Girier" Affiche 113x147cm/*44x57in* Paris 97

BARRET Gaston ?-1991 **[8]**
  $2 290 FF11 800 £1 518 Paysage de neige Aquarelle 47x62cm/*18x24in* Brest 96

BARRET George I 1728/32-1784 **[32]**
  $24 200 FF125 800 £16 000 Landscape with a distant view of a castle and gentlemen resting Oil/canvas 60x75cm/*23x29in* London 96
  $39 185 FF226 377 £23 000 Italianate Landscape with Figures by a River Oil/canvas 97x135cm/*38x53in* London 97
  $2 335 FF14 250 £1 400 The Garden at Hewell Grange, Worcestershire Watercolour 28x38,5cm/*11x15in* London 98

BARRET George I (Attrib.) 1728/32-1784 **[4]**
  $6 000 FF35 671 £3 717 Extensive Landscape with Animals Fording a Stream, a Castle Beyond Oil/canvas 59,5x96cm/*23x37in* New-York 97

BARRET George II c.1767-1842 **[42]**
  $1 253 FF7 673 £750 A View of the West of Hereford from Credenhill Watercolour/paper 20x37cm/*7x14in* London 98

BARRET Marius 1865-? **[7]**
  $1 723 FF10 000 £1 017 Le gardien du harem Huile/toile 46x27cm/*18x10in* Paris 97

BARRETT Angela XIX-XX **[1]**
  $3 800 FF22 592 £2 324 A Water Garden Watercolour 24x34,5cm/*9x13in* New-York 97

BARRETT G.C. XIX-XX **[1]**
  $3 700 FF19 150 £2 400 Setting out to sea/The day's haul Oil/canvas 51x81cm/*20x31in* London 96

BARRETT George, Jnr. c.1767-1842 **[5]**
  $543 FF2 755 £350 Arcadian landscape Watercolour 30x36cm/*11x14in* London 96

BARRETT Jerry 1814-1906 **[13]**
  $5 271 FF32 437 £3 200 The Untrodden Path Oil/canvas 35,5x25,5cm/*13x10in* London 98

$7 475 FF45 413 £4 500 The Forbidden Missive Oil/canvas 60,5x43cm/*23x16in* London 98

$2 938 FF17 754 £1 850 The untrodden path; lady in a pink dress in a garden Watercolour 34x24cm/*13x9in* West Midlands 97

BARRETT Thomas 1845-1924 **[1]**

$8 170 FF50 276 £5 000 At the quayside Oil/canvas 68x99cm/*26x38in* London 98

BARRIAS Félix Joseph 1822-1907 **[12]**

$1 094 FF6 500 £663 Les deux soeurs Huile/toile 20x17,5cm/*7x6in* Paris 97

BARRIAS Louis Ernest 1841-1905 **[88]**

$5 249 FF32 245 £3 148 "Nature Revealing Herself to the Science" Bronze H24cm/*H9in* New-York 98

$81 307 FF472 440 £48 000 "La Nature se dévoilant devant la Science" Marble H210,5cm/*H82in* London 97

BARRIBAL William H. XIX-XX **[26]**

$488 FF2 958 £300 A Young Lady with Tulips and a Canary Mixed media 46x39cm/*18x15in* Par, Cornwall 98

$212 FF1 302 £130 Grace Watercolour 17x25cm/*7x10in* Lenton Lane, Nottingham 98

BARRIER Gustave 1870-1953 **[16]**

$984 FF5 000 £647 Nature morte aux citrons Huile/toile 41x27cm/*16x10in* Paris 96

BARRIERE Dominique c.1618-1678 **[1]**

$1 360 FF8 032 £805 Seeschlacht Indian ink/paper 13x22cm/*5x8in* Berlin 97

BARRINGTON-BROWNE William E. 1908-1985 **[6]**

$1 335 FF8 258 £820 The Rock Pool Oil/canvas 44,5x59,5cm/*17x23in* Billingshurst, West Sussex 97

BARRIOS Rafael XX **[1]**

$8 000 FF47 789 £4 893 Movimiento vertical rojo vermillion Metal 195x77x8cm/*76x30x3in* New-York 98

BARRON Howard 1900-1991 **[11]**

$512 FF2 986 £315 Old Gums Oil/canvas 62x76cm/*24x29in* Sydney 97

BARRON Y CARRILLO Manuel 1814-1884 **[13]**

$22 400 FF138 250 £13 300 Vista de la Cueva llamada del Gato Oleo/lienzo 72x105cm/*28x41in* Madrid 98

BARROW Edith Isabel ?-1930 **[9]**

$563 FF3 367 £349 Figures beside the Harbour at Sunset Watercolour/paper 25x44,5cm/*9x17in* London 97

BARROW Joseph Ch. (Attrib.) XVIII-XIX **[1]**

$3 474 FF16 960 £2 200 View in a Valley in parkland at dusk Watercolour 25,5x35,5cm/*10x13in* London 95

BARROW Joseph Charles XVIII-XIX **[5]**

$5 270 FF27 000 £3 202 Peterborough, Northamptonshire Pencil 40,5x56,5cm/*15x22in* London 96

BARROW Julian 1939 **[12]**

$310 FF1 850 £190 A Cotswold Landscape with a Farmstead in the Distance Oil/canvas 31x46cm/*12x18in* Bath 98

BARRY Charles 1795-1860 **[4]**

$1 210 FF6 310 £800 Mosque of Bajazet, Constantinople Ink 16,5x23cm/*6x9in* London 96

BARRY Claude Francis 1883-1970 **[13]**

$2 794 FF13 550 £1 800 Windsor Castle and Wartime Nocturne Oil/canvas 65x81cm/*25x31in* London 95

BARRY Francis XX **[2]**

$3 341 FF20 462 £2 000 Mont Orgueil Oil/canvas 70x90cm/*27x35in* St. Helier, Jersey 98

BARRY François 1813-1905 **[15]**

$6 900 FF41 000 £4 104 Bord du Nil près du Caire Huile/panneau 24x37cm/*9x14in* Toulouse 97

$8 216 FF51 000 £4 952 Voiliers au port Huile/toile 50x80cm/*19x31in* Marseille 98

$35 343 FF210 000 £21 567 Le débarquement du Sultan Abd-ul-Aziz à Ras el-Tyn, palais du Kédive Huile/toile 94x140cm/*37x55in* Paris 98

BARRY James 1741-1806 **[6]**

$897 FF5 366 £549 Jupiter and June on Mount Ida Etching 25,5x19cm/*10x7in* London 97

BARRY Robert 1936 **[27]**

$1 802 FF11 000 £1 080 Sans titre Huile/papier 66x66cm/*25x25in* Paris 98

$22 000 FF130 178 £13 422 Four Corner Piece Installation 220x220cm/*86x86in* New-York 98

$2 368 FF14 000 £1 467 It is wholly indeterminate Dessin 28x21,5cm/*11x8in* Paris 97

BARSTOW Montague XIX-XX **[4]**

$9 000 FF46 700 £5 950 Curiosity Oil/canvas 51x41cm/*20x16in* New-York 96

BARTELS von Hans 1856-1913 **[50]**

$1 247 FF7 431 £741 Woman in Traditional Nunspeet Costume Oil/canvas 45,5x32cm/*17x12in*

Amsterdam 97

☞ *$2 190 FF11 140 £1 314* Bretonische Fischermädchen Öl/Leinwand 33,5x48cm/*13x18in* Frankfurt 96

✐ *$656 FF3 380 £420* In Hafen liegendes Fischerboot Aquarell/Papier 23x31cm/*9x12in* Bielefeld 96

BARTEZAGO Enrico XIX **[4]**

☞ *$1 501 FF9 207 £900* "Una partita alle pale" Oil/board 40,5x17,5cm/*15x6in* London 98

BARTH Carl 1896-1976 **[21]**

☞ *$2 064 FF12 060 £1 221* Zerstörtes Idol Oil/panel 87x65cm/*34x25in* Köln 97

BARTH Carl Wilhelm 1847-1919 **[12]**

☞ *$1 430 FF7 470 £852* Drei Segelschiffe auf bewegter See Oil/panel 24x18cm/*9x7in* Hamburg 96

BARTH Paul Basilius 1881-1955 **[53]**

☞ *$1 278 FF6 380 £834* Blumenstrauss in blauer Vase Öl/Karton 28x23cm/*11x9in* Zofingen 95

☞ *$2 222 FF12 971 £1 343* Uferlandschaft Öl/Leinwand 73x91cm/*28x35in* Zürich 97

BARTH Signe 1895-1982 **[11]**

☞ *$775 FF4 050 £462* Vit kanna och frulter Oil/canvas 54x64cm/*21x25in* Göteborg 96

BARTH Wolf 1926 **[7]**

✐ *$3 881 FF22 671 £2 296* Versal Tempera/paper 100x70cm/*39x27in* Luzern 97

BARTHE Xavier ?-1908 **[1]**

⚒ *$2 529 FF15 500 £1 511* "Féral Banga", danseur aux Folies-Bergères Bronze H47cm/*H18in* Paris 98

BARTHELEMY Camille 1890-1961 **[26]**

☞ *$4 225 FF20 960 £2 673* Entrée de ville au Maroc Huile/toile 80x100cm/*31x39in* Liège 95

BARTHELEMY Gérard 1938 **[41]**

☞ *$530 FF3 000 £323* Le chemin de halage Huile/toile 41x33cm/*16x12in* La Flèche 97

☞ *$985 FF4 800 £631* Clocher en Ile-de-France Huile/toile 55x46cm/*21x18in* La Varenne Saint-Hilaire 95

BARTHOLDI Frédéric Auguste 1834-1904 **[25]**

⚒ *$800 FF4 714 £494* Liberty Enlightening the World, the french Committee Model Terracotta H97cm/*H38in* New-York 97

⚒ *$3 093 FF16 000 £2 006* Étude pour Le Lion de Belfort Sculpture H15cm/*H5in* Paris 96

✐ *$3 190 FF16 500 £2 070* Le Lion de Belfort Fusain 27x46cm/*10x18in* Paris 96

BARTHOLOME Albert 1848-1928 **[29]**

☞ *$11 704 FF70 000 £7 105* Le pain Huile/toile 100x81cm/*39x31in* Paris 97

⚒ *$2 688 FF16 000 £1 643* Allégorie Bronze H64cm/*H25in* Reims 98

⚒ *$13 000 FF75 449 £7 937* Jeune fille se coiffant Bronze H99cm/*H38in* New-York 97

BARTHOLOMEW James 1970 **[2]**

✐ *$2 000 FF12 016 £1 200* Artic Terns, Flight Watercolour, gouache/paper 70x53cm/*27x20in* London 98

BARTHOLOMEW Valentin 1799-1879 **[11]**

✐ *$1 860 FF9 440 £1 200* Spring flowres on a ledge Watercolour 38x49,5cm/*14x19in* London 96

BARTLETT Charles William 1860-1940 **[24]**

▥ *$225 FF1 158 £145* Pearl of the Orient Engraving 14x19cm/*5x7in* Bolton, Mass. 96

BARTLETT Dana 1878-1957 **[24]**

☞ *$1 900 FF9 899 £1 194* "Autumn Trees" Oil/board 30x40cm/*12x16in* Altadena, CA 96

☞ *$3 250 FF16 960 £1 964* A Bend in the River Oil/canvas 40,5x51cm/*15x20in* San Francisco-Los Angeles 96

BARTLETT Gray 1885-1951 **[3]**

☞ *$4 400 FF26 347 £2 703* The Borrowed Horse Oil/canvas 60x76cm/*24x30in* Dallas, Texas 98

BARTLETT Jennifer 1941 **[57]**

☞ *$4 500 FF26 627 £2 745* Untitled Enamel 91x91cm/*35x35in* New-York 98

☞ *$60 000 FF348 030 £35 466* 27 Howards Street, Day and Night, 96 parts Mixed media 394x262cm/*155x103in* New-York 97

▥ *$1 700 FF10 131 £1 019* Air: 24 Hours Aquatint in colors 42,5x42,5cm/*16x16in* New-York 98

✐ *$47 500 FF242 000 £28 500* Old House Lane #26 Pastel/paper 112x178cm/*44x70in* New-York 96

BARTLETT Paul Wayland 1865-1925 **[13]**

⚒ *$1 800 FF10 274 £1 112* Crocodile and medaillon of Walt Whitman Bronze 28x24cm/*11x9in* New-York 97

BARTLETT William Henry 1858-1932 **[16]**

☞ *$1 070 FF5 420 £700* Wash Day by the river Oil/board 23x38cm/*9x14in* London 96

☞ *$41 150 FF211 000 £25 000* Off ot the Fair, Connemara Oil/canvas 84x127,5cm/*33x50in* London 96

BARTLETT William Henry 1809-1854 **[34]**

☞ *$4 500 FF27 043 £2 695* View of New York Oil/canvas 35,5x45,5cm/*13x17in* New-York 98

✐ *$685 FF4 093 £420* The Knight's Street, Rhodes Watercolour 15x22,5cm/*5x8in* London 98

BARTOLENA Giovanni 1866-1942 **[50]**

⚲ *$5 100 FF28 900 £2 550* Natura morta con rapanelli e asparagi Olio/tavola 32,5x61cm/*12x24in* Milano 97
⚲ *$5 400 FF30 600 £2 700* La villeggiante Olio/tavola 20x14,5cm/*7x5in* Milano 98
BARTOLINI Filippo 1861-1908 **[1]**
✎ *$15 940 FF78 000 £10 080* Achat d'un tapis Aquarelle 53x36cm/*20x14in* Paris 95
BARTOLINI Frederico XIX-XX **[14]**
✎ *$1 594 FF9 082 £1 000* The Forge Watercolour/paper 54,5x38cm/*21x14in* London 97
BARTOLINI Lorenzo 1777-1850 **[9]**
✂ *$26 340 FF129 400 £16 680* Buste d'Elisa Bonaparte Baciocchi (1777-1820) Marbre H60cm/*H23in* Zürich 95
BARTOLINI Lorenzo (Attrib.) 1777-1850 **[3]**
✂ *$26 340 FF129 400 £16 680* Amor und Psyche Marbre H73cm/*H28in* Zürich 95
BARTOLINI Luciano 1948 **[17]**
✎ *$2 700 FF15 300 £1 800* Emblematische blumen Tecnica mista/carta 150x100cm/*59x39in* Milano 97
BARTOLINI Luigi 1892-1963 **[162]**
⚲ *$1 680 FF9 520 £840* Volto di fanciulla Olio/cartone 34x23,5cm/*13x9in* Roma 97
⚲ *$3 750 FF19 540 £2 357* ouple embracing in a landscape Oil/board 60x94cm/*23x37in* New-York 96
⛰ *$1 200 FF6 800 £600* "Il garofano, il vaso dei garofani" Acquaforte 32,5x21cm/*12x8in* Roma 97
✎ *$1 980 FF11 220 £1 320* Il piatto del pesce Acquarello/carta 30,5x35,5cm/*12x13in* Prato 97
BARTOLO di Andrea (Attrib.) 1389-1428 **[1]**
⚲ *$22 770 FF116 300 £15 000* The Madonna and Child Tempera/panel 53x40cm/*20x15in* London 96
BARTOLO di Francesco 1826/34-1913 **[3]**
⛰ *$253 FF1 255 £160* Lady Smythe, after Joshua Reynolds Engraving 28,5x23cm/*11x9in* London 95
BARTOLO di Taddeo 1362/63-1422 **[3]**
⚲ *$125 000 FF737 025 £76 650* The Betrayal of Christ Tempera/panel 33,5x38,5cm/*13x15in* New-York 98
BARTOLO di Taddeo (Attrib.) 1362/63-1422 **[1]**
⚲ *$19 320 FF109 480 £12 880* Vergine Annunciata Tempera/tavola 43x34cm/*16x13in* Roma 98
BARTOLOMMEO DELLA PORTA Fra Baccio (Attrib.) 1475-1517 **[1]**
✎ *$28 000 FF145 000 £18 070* Etude pour un enfant Pierre noire 23,5x11cm/*9x4in* Paris 96
BARTOLOMMEO DELLA PORTA Fra Baccio della P. 1472-1517 **[8]**
⚲ *$320 000 FF1 580 000 £207 000* The Crucifixion Oil/panel 19,5x14cm/*7x5in* New-York 96
✎ *$22 000 FF133 172 £13 398* Study of a Monk Holding a Sack Black chalk 27x16,5cm/*10x6in* New-York 98
BARTOLOZZI Francesco 1727-1815 **[96]**
⛰ *$3 063 FF17 647 £1 800* A Stranger at Sparta Etching, aquatint 38,5x34,5cm/*15x13in* London 97
✎ *$1 414 FF8 312 £849* Portrait of Queen Charlotte of Portugal Black chalk 46x33,5cm/*18x13in* London 97
BARTOLOZZI Francesco (Attrib.) 1727-1815 **[4]**
✎ *$431 FF2 571 £260* Portrait of a lady, bust-length, wearing a hat Black chalk 24,4x20,5cm/*9x8in* London 97
BARTON Donald Blagge 1903-1990 **[20]**
⚲ *$750 FF4 575 £450* Moroccan Flower Market Oil/canvas 51x40,5cm/*20x15in* Boston, Mass. 98
BARTON Ralph 1891-1931 **[1]**
✎ *$2 500 FF12 950 £1 670* Pianist inspired by portraits of Liszt and Chopin Watercolour 54x40cm/*21x16in* New-York 96
BARTON Rose Maynard 1856-1929 **[44]**
✎ *$1 156 FF6 642 £720* Pink carnations in a Summer garden Watercolour/paper 19x13cm/*7x5in* London 97
BARTSCH Carl Frederick 1829-1908 **[29]**
⚲ *$876 FF4 430 £563* Cows in a landscape Oil/canvas 39x51cm/*15x20in* Viby J, Århus 96
⚲ *$1 070 FF5 350 £693* Udkanten af Gribskov Oil/canvas 33x41cm/*12x16in* København 96
BARTSCH von Adam 1757-1821 **[10]**
⛰ *$170 FF1 004 £100* Bildnis eines jungen Mädchens mit Haarband Radierung 17x13cm/*6x5in* Berlin 97
BARTSCH Wilhelm 1871-1953 **[12]**
⚲ *$1 529 FF9 396 £917* "Moorgraben mit Birken" Oil/canvas 67x79cm/*26x31in* Bremen 98
BARTSIUS Willem c.1612-c.1650 **[2]**
⚲ *$20 883 FF121 557 £12 666* Esthers Gastmahl Oil/canvas 88x112cm/*34x44in* Luzern 97
BARUCCI Pietro 1845-1917 **[78]**
⚲ *$1 600 FF8 352 £969* The Haymakers Oil/canvas/panel 66x119cm/*26x47in* New Orleans, Louisiana 96
BARWE Prabhakar 1936 **[5]**
⚲ *$3 770 FF18 760 £2 400* Many Identifies of the Self Enamel/canvas 102x152cm/*40x59in* London 95

BARWELL Frederick Bacon ?-1897 **[7]**
   $23 662 FF135 527 £14 000 The Hero of the Day Oil/canvas 122,5x92cm/*48x36in* London 97
BARWIG Franz 1868-1931 **[24]**
   $1 586 FF9 528 £948 Bär Ceramic H32,5cm/*H12in* Wien 98
BARYE Alfred 1839-1882 **[65]**
   $1 600 FF9 445 £947 Mounted Desert Sheik Sculpture 66x50cm/*26x20in* Elgin, Illinois 97
   $4 000 FF24 829 £2 412 Ottoman Soldier on Horseback with Maiden Bronze H83cm/*H33in* Miami, Florida 98
BARYE Antoine-Louis 1796-1875 **[1069]**
   $15 000 FF88 705 £9 100 The Forest of Fontainebleau Oil/canvas 16x32cm/*6x12in* New-York 98
   $423 FF2 500 £262 Étude de chats/Ours du Mississippi Lithographie 21x13,4cm/*8x5in* Rouen 97
   $4 350 FF21 100 £2 800 Chimère Bronze H6cm/*H2in* London 95
   $3 643 FF22 000 £2 213 Lapithe combattant le Centaure Bronze H86cm/*H34in* Neuilly-sur-Seine 98
   $6 500 FF36 973 £3 978 A study of a Horse Wash 34,5x47cm/*13x18in* New-York 97
BARZAGHI Francesco 1839-1892 **[10]**
   $80 000 FF415 400 £52 900 Egyptian mother and child Marble H100cm/*H39in* New-York 96
BARZAGHI-CATTANEO Antonio 1835-1922 **[3]**
   $11 610 FF60 100 £7 500 Lady Jane Grey Oil/canvas 195x67cm/*76x26in* London 96
BARZAGLI Massimo 1960 **[7]**
   $2 280 FF12 920 £1 140 "Fiorile" Olio/tela 50x50cm/*19x19in* Prato 97
   $2 970 FF15 520 £1 755 Fiori Olio/carta/tela 149x100cm/*58x39in* Prato 96
   $1 680 FF9 520 £840 Senza titolo Tecnica mista/carta 70x100cm/*27x39in* Prato 98
BARZANTI Licinio 1857-1944 **[6]**
   $1 777 FF10 564 £1 087 Seelandschaft im Gebirge Öl/Leinwand 90x118cm/*35x46in* Bern 97
BARZANTI Pietro XIX-XX **[12]**
   $21 210 FF126 705 £13 000 Figures of a young boy and girl Marble H87cm/*H34in* London 98
BAS Adrien 1890-1926 **[16]**
   $653 FF4 000 £389 Les péniches en hiver Huile/panneau 54x51cm/*21x20in* Lyon 98
   $359 FF2 200 £214 Village de montagne Pastel/papier 27,5x34,5cm/*10x13in* Lyon 98
BASAITI Marco c.1470-c.1535 **[2]**
   $26 300 FF134 700 £16 880 Madonna col Bambino Tempera/panel 59x52cm/*23x20in* Wien 96
BASALDELLA Mirko 1910-1969 **[22]**
   $1 440 FF8 160 £960 Evocazioni Tecnica mista 113x60cm/*44x23in* Prato 97
   $3 600 FF20 400 £2 400 Concerto Monotype 55,5x43,5cm/*21x17in* Milano 98
   $2 400 FF13 600 £1 200 Suonatore di corno Scultura H21cm/*H8in* Prato 97
   $27 000 FF153 000 £18 000 Motivo ancestrale Bronzo H186cm/*H73in* Milano 98
   $1 920 FF10 050 £1 290 Suonatore Tempera/carta 72x50cm/*28x19in* Milano 96
BASCHENIS Evaristo 1617-1677 **[3]**
   $26 699 FF151 298 £13 349 Natura morta con melograni, noci e castagne Olio/tela 61x76cm/*24x29in* Milano 97
BASCHNY Emanuel 1873-1932 **[5]**
   $4 620 FF24 140 £2 750 "Am Balkon" Öl/Leinwand 92x78cm/*36x30in* Wien 96
BASCOM Ruth Henshaw 1772-1848 **[5]**
   $1 800 FF10 440 £1 064 Portrait Profiles of Children Pastel 28x19cm/*11x7in* New-York 97
BASEBE Henry XIX-XX **[1]**
   $5 852 FF30 476 £3 800 "Diadem" with jockey up, Clarence Hailey Newmarket Oil/canvas 67x56cm/*26x22in* London 96
BASEL Alfred 1876-1920 **[2]**
   $1 664 FF8 690 £990 Im albanischen Gebirge Mischtechnik/Papier 100x101cm/*39x39in* Wien 96
BASELEER Richard 1867-1951 **[33]**
   $1 104 FF6 504 £684 Rade d'Anvers Huile/toile 51x97cm/*20x38in* Antwerpen 97
BASELITZ George 1938 **[359]**
   $44 087 FF254 265 £26 265 Without title Mixed media/board 85,5x61,5cm/*33x24in* München 97
   $191 700 FF946 000 £125 000 Die Frau in der Tür Oil/canvas 330x250cm/*129x98in* London 95
   $12 000 FF71 514 £7 194 Kopf Linocut 204x150,5cm/*80x59in* New-York 98
   $11 050 FF57 800 £6 580 Ohne Titel Watercolour 76x56cm/*29x22in* Berlin 96
BASER Robert 1908 **[9]**
   $380 FF2 039 £227 Landscape in Brittany Watercolour 23x32,5cm/*9x12in* Tel Aviv 97

BASHINDJIAGAN Georgii Zakharovich 1857-1925 **[1]**
   ☞ *$16 240 FF81 900* £10 500 A calm day on Lake Sevan in Armenia Oil/canvas 82x125cm/*32x49in* London 96
BASIANO MARTINEZ PEREZ Jesús 1889-1966 **[3]**
   ☞ *$1 890 FF10 719* £1 188 Vista urbana Oleo/lienzo 31x29,5cm/*12x11in* Madrid 97
BASILETTI Luigi 1780-1859 **[1]**
   ☞ *$19 840 FF96 600* £12 480 Il Tempio della Sibilla, Tivoli Olio/tela 75x62cm/*29x24in* Milano 95
BASING Charles 1865-1933 **[9]**
   ☞ *$750 FF4 638* £450 New York Harbor Oil/board 21x26cm/*8x10in* East Dennis, Mass. 97
BASIRE James I 1730-1802 **[5]**
   ☞ *$800 FF4 640* £492 Embarkation of King Henry VIII at Dover Engraving 67x124cm/*26x49in* Bethesda, Maryland 97
BASKERVILLE Charles 1896-1994 **[17]**
   ☞ *$1 100 FF5 370* £691 The young huntsman Oil/canvas 81x101cm/*32x40in* Delray Beach, Florida 95
   ✐ *$320 FF1 868* £190 "Life on Bora Bora"/"Procession in Bali" Watercolour/paper 28x35,5cm/*11x13in* New-York 97
BASKETT Charles Henry 1872-1953 **[6]**
   ☞ *$5 915 FF33 881* £3 500 Grapes, plums and a glass on a stone ledge Oil/canvas 27x27cm/*10x10in* London 97
BASKIN Leonard 1922 **[105]**
   ☞ *$168 FF1 020* £101 "Icarus" Etching 15x10cm/*6x4in* Philadelphia 98
   ☞ *$1 600 FF9 132* £989 Oval birdman Bronze H35,5cm/*H13in* New-York 97
   ☞ *$7 500 FF44 510* £4 651 Man with Helmet Sculpture, wood H183cm/*H72in* New-York 97
   ✐ *$750 FF3 895* £497 Bird Ink 29x15cm/*11x5in* New-York 96
BASOLI Antonio 1774-1843 **[13]**
   ✐ *$1 600 FF7 900* £1 034 Stage design with pyramids in an Egyptian landscape Ink 20x29cm/*7x11in* New-York 96
BASQUIAT Jean-Michel 1960-1988 **[452]**
   ☞ *$5 000 FF28 474* £3 103 Untitled "APR29611 B'WAY" Oil/paper 76,2x55,9cm/*29x22in* New-York 97
   ☞ *$15 000 FF88 758* £9 151 Untitled Oil/paper 45,5x30cm/*17x11in* New-York 98
   ☞ *$165 000 FF958 188* £100 798 Untitled (Spermatozoon) Mixed media/canvas 168x152cm/*66x59in* New-York 97
   ☞ *$28 000 FF166 866* £16 786 Back of the Neck Silkscreen in colors 127,5x256,5cm/*50x100in* New-York 98
   ✐ *$230 000 FF1 334 115* £135 953 Untitled Drawing 152,5x101,5cm/*60x39in* New-York 97
BASS Saul 1921 **[7]**
   ☞ *$550 FF3 416* £331 "Bonjour tristesse" Poster 104x68,5cm/*40x26in* New-York 98
BASSANO Frances. Giov.(Att.) 1549-1592 **[4]**
   ☞ *$7 500 FF44 221* £4 599 Deposition Oil/canvas 46,5x46,5cm/*18x18in* New-York 98
BASSANO Francesco il Giovane 1549-1592 **[16]**
   ☞ *$11 880 FF71 100* £7 200 Esquilando ovejas Oleo/lienzo 86,5x120cm/*34x47in* Madrid 98
   ☞ *$28 448 FF170 258* £16 810 Adoración de los pastores Oleo/lienzo 117x164cm/*46x64in* Madrid 98
BASSANO Francesco il Vecchio c.1470-c.1540 **[2]**
   ☞ *$24 000 FF146 251* £14 620 The Nativity Oil/canvas 79,5x103cm/*31x40in* New-York 98
   ☞ *$56 633 FF327 552* £34 000 The Adoration of the Magi Oil/canvas 121,5x148,5cm/*47x58in* London 97
BASSANO Gerolamo (Attrib.) 1566-1621 **[2]**
   ☞ *$10 392 FF61 488* £6 384 Herdanas tillbedjan Oil/canvas 78x94cm/*30x37in* Stockholm 98
BASSANO Gerolamo da Ponte 1566-1621 **[9]**
   ☞ *$8 900 FF46 000* £5 770 Le Christ chez Marthe et Marie Huile/toile 89,5x148cm/*35x58in* Paris 96
   ☞ *$23 604 FF140 000* £14 294 Jésus chez Marthe et Marie/Le Repas d'Emmaüs Huile/toile 80x114cm/*31x44in* Paris 97
BASSANO Giambattista (Attr.) 1553-1613 **[1]**
   ☞ *$57 750 FF302 050* £35 000 The Adoration of the Shepherds Oil/canvas 153x221cm/*60x87in* London 96
BASSANO Jacopo da Ponte 1510/18-1592 **[12]**
   ☞ *$60 000 FF312 000* £39 700 Annunciation to the Shepherds Oil/canvas 110x90,5cm/*43x35in* New-York 96
   ☞ *$220 000 FF1 297 164* £134 904 The Adoration of the Magi Oil/canvas 96,5x129,5cm/*37x50in* New-York 98

*$6 292 FF38 000 £3 773 Tête d'homme coiffé d'un bonnet Pierre noire 14,7x11,4cm/*5x4in* Paris 98*
BASSANO Leandro (Attrib.) 1557-1622 **[8]**
*$14 000 FF83 234 £8 673 Portrait of a Doge Oil/canvas 110x91cm/*43x35in* New-York 97*
BASSANO Leandro da Ponte 1557-1622 **[20]**
*$3 078 FF18 110 £1 900 Christus im Hause von Maria und Martha Öl/Metall 20,5x29cm/*8x11in* Wien 97*
*$7 108 FF41 254 £4 200 Bildnis eines Würdenträgers Öl/Leinwand 64x51,5cm/*25x20in* Bern 97*
*$57 900 FF302 300 £35 000 Water Oil/canvas 135x158cm/*53x62in* London 96*
*$1 823 FF10 880 £1 100 Mercury stealing Argus's Flock Black, red & white chalks/paper 25,2x40,6cm/*9x15in* London 97*
BASSEN van Bartolomeus c.1590-1652 **[12]**
*$8 500 FF43 000 £5 570 Intérieur d'église Huile/cuivre 21x27cm/*8x10in* Paris 96*
*$13 660 FF69 800 £9 000 Capriccio of a Classical church interior Oil/panel 59x67,5cm/*23x26in* London 96*
*$34 340 FF176 600 £21 400 The Interior of a Baroque Cathedral with a Friar and Peasants Oil/canvas 114,5x125,5cm/*45x49in* Wien 96*
BASSEN van Bartolomeus (Attr.) c.1590-1652 **[2]**
*$20 800 FF105 000 £13 660 Scène de festin, fête vénitienne Huile/panneau 64x79cm/*25x31in* Paris 96*
BASSETT Reveau 1897-1979 **[2]**
*$7 600 FF43 280 £4 686 On the Bay Oil/canvas 76x91cm/*30x36in* Dallas, Texas 97*
*$15 000 FF85 422 £9 250 Mallard Ducks Landing, Hunting Dogs in the Field Oil/canvas 66x360cm/*26x142in* Dallas, Texas 97*
BASSETTI Marcantonio 1586-1630 **[8]**
*$13 000 FF67 600 £8 600 The dead Christ seated on a rock Oil/panel 34x19cm/*13x7in* New-York 96*
*$3 998 FF23 645 £2 400 The Massacre of the Innocents Ink 29x20cm/*11x7in* London 97*
BASSFORD Wallace 1900-? **[11]**
*$550 FF3 327 £326 "Kathy" Oil/canvas 60x50cm/*24x20in* Delray Beach, Florida 98*
BASSO Dário Alvarez 1966 **[4]**
*$2 112 FF12 837 £1 267 Sin título II Técnica mixta 75x36cm/*29x14in* Madrid 98*
BAST de Dominique 1781-1842 **[5]**
*$4 422 FF25 714 £2 700 Shipping Off a Coast in a Calm Oil/panel 33x45,5cm/*12x17in* London 97*
*$6 784 FF39 331 £4 000 Shipping in a Stiff Breeze Oil/panel 44,5x60cm/*17x23in* London 97*
BAST Ørnulf 1907-1974 **[7]**
*$248 FF1 470 £148 Knelende kvinneakt Plaster H24cm/*H9in* Oslo 97*
BASTARD Marc Auguste 1863-1926 **[5]**
*$2 000 FF10 180 £1 200 "Bière de la Meuse" Poster 152x97cm/*59x38in* New-York 96*
BASTERRETXEA ARZADUN Néstor 1924 **[2]**
*$2 600 FF15 800 £1 520 Deidad vasca Bronze H54cm/*H21in* Madrid 98*
BASTERT Nicolaas 1854-1939 **[36]**
*$1 403 FF8 134 £837 A Wooded River Landscape with a Draw Bridge and a Village nearby Oil/canvas/panel 31,5x48cm/*12x18in* Amsterdam 97*
*$1 755 FF9 030 £1 095 The Ferry Oil/canvas/panel 35x59cm/*13x23in* Amsterdam 96*
BASTET Jean, dit Tancrède 1858-1942 **[19]**
*$998 FF6 000 £598 Portrait de Jules Jean Massé à son chevalet Huile/toile 38x54cm/*14x21in* Paris 98*
*$1 513 FF8 832 £900 An Arab Lady Beside a Harbour Oil/panel 33,5x22,5cm/*13x8in* London 97*
BASTIANI Ildebrando 1867-? **[2]**
*$20 000 FF102 800 £12 500 Il Segreto Marble H216cm/*H85in* New-York 96*
BASTIEN Alfred 1873-1955 **[210]**
*$569 FF3 486 £340 A Coach in a Rocky Landscape Oil/panel 31x45cm/*12x17in* Amsterdam 98*
*$1 365 FF8 145 £845 Nature morte au Homard Huile/toile 80x100cm/*31x39in* Bruxelles 97*
*$217 FF1 300 £132 Plage Dessin 18x27cm/*7x10in* Antwerpen 98*
BASTIEN-LEPAGE Jules 1848-1884 **[32]**
*$2 625 FF13 000 £1 670 Paysage à la rade Huile/toile 21x30,5cm/*8x12in* Paris 95*
*$687 FF3 400 £437 Femme en coiffe, assise Crayon 28,5x22,5cm/*11x8in* Paris 95*
BASTIN Ernest XIX-XX **[5]**
*$1 381 FF7 211 £840 "Avenir d'Herse, 4 ans, Champion" Bronze H37cm/*H14in* Lokeren 96*
BASTIN Henri 1896-1979 **[18]**
*$349 FF2 027 £206 The Diver Gouache/paper 37x55cm/*14x21in* Sydney 97*
BASTOW Michael 1943 **[4]**

🖌 *$2 208 FF13 190 £1 350* Three nudes Mixed media/paper 120x97cm/*47x38in* Amsterdam 98
BATAILLE Willem 1867-1933 **[14]**
🎨 *$738 FF4 225 £436* Barque de pêche échouée Huile/toile 50x35cm/*19x13in* Bruxelles 97
BATARD Victor Dominique XIX-XX **[1]**
🖌 *$2 164 FF11 000 £1 292* Scènes de la vie maritime Encre Chine 15x24cm/*5x9in* Paris 96
BATBEDAT Vincent 1932 **[3]**
🗿 *$4 025 FF23 500 £2 458* Le 8è ciel Bronze 72x19x10cm/*28x7x3in* Paris 97
BATCHELDER Stephen John 1849-1932 **[134]**
🎨 *$5 720 FF34 965 £3 500* A Broadland Landscape/A Summer Broadland River Oil/canvas 35x50cm/*14x20in* Aylsham, Norfolk 98
🖌 *$6 180 FF37 189 £3 700* A Wherry on the Norfolk Broads Watercolour/paper 47x83cm/*18x32in* Newbury, Berkshire 98
BATCHELLER Frederick S. 1837-1889 **[7]**
🎨 *$2 240 FF11 636 £1 327* Chestnuts in a Landscape Oil/board 21x25cm/*8x10in* Mystic, Connecticut 97
🎨 *$2 240 FF12 641 £1 372* Goldenrod Oil/canvas 121x76cm/*48x30in* Mystic, Connecticut 97
BATCHELOR Roland XX **[17]**
🖌 *$850 FF4 350 £550* Boulogne, on the quayside Watercolour 16,5x21cm/*6x8in* London 95
BATEMAN Henry Mayo 1887-1970 **[28]**
🖌 *$907 FF5 364 £550* Time to join the ladies ! Watercolour 31,8x24,6cm/*12x9in* London 98
BATEMAN James 1815-1849 **[8]**
🎨 *$2 464 FF14 763 £1 472* Rökande apa med kattungar Oil/canvas 42x52cm/*16x20in* Stockholm 98
BATEMAN Robert 1930 **[15]**
🎨 *$8 320 FF43 400 £5 500* Bengal tiger Acrylic 32x45,5cm/*12x17in* London 96
🎨 *$36 680 FF220 308 £22 000* Giant Panda Acrylic/masonite 91,5x123cm/*36x48in* London 98
🖌 *$2 560 FF13 300 £1 694* Mallard Family Watercolour 38x51cm/*14x20in* Toronto 96
BATEMAN Robert XX **[4]**
🎨 *$4 000 FF20 160 £2 580* Lion Study Mixed media 16x23cm/*6x9in* Hayden 96
🎨 *$75 000 FF378 000 £48 390* Wildebeest At Sunset Acrylic/board 99x73cm/*39x29in* Hayden 96
BATEMAN Robert 1842-1922 **[2]**
🎨 *$10 986 FF62 923 £6 500* At Romsey Abbey Oil/panel 41x31cm/*16x12in* London 97
BATES David 1952 **[4]**
🎨 *$19 500 FF113 240 £11 912* Blue Coast Blue Crab Oil/canvas 183x152cm/*72x59in* New-York 97
BATES David 1840-1921 **[152]**
🎨 *$2 740 FF13 830 £1 800* A rustic bridge, Capel Curig Oil/canvas/board 29x39cm/*11x15in* London 96
🎨 *$4 190 FF25 275 £2 500* "In Glen Malin, Dumartonshire, Rising Mists" Oil/canvas 40,5x61cm/*15x24in* West Lothian 98
🖌 *$1 104 FF6 476 £680* Bringing Home the Cows Watercolour/paper 36x53cm/*14x21in* Par, Cornwall 97
BATES Frederick Davenport 1867-? **[8]**
🎨 *$2 450 FF13 940 £1 500* Sewing/New Music Oil/panel 40x33cm/*15x12in* London 97
BATES George c.1885-? **[3]**
🖌 *$1 667 FF10 076 £1 050* A peaceful river landscape Watercolour/paper 49x75cm/*19x29in* West Midlands 97
BATES Harry 1850-1899 **[4]**
🗿 *$16 300 FF79 000 £10 500* The Form of the God.../Whither Does He Fly Bronze 22,5x48,5cm/*8x19in* London 95
🖊 *$2 443 FF14 272 £1 500* Homer Pencil 32x68,5cm/*12x26in* London 97
BATES Maxwell Bennett 1906-1980 **[73]**
🎨 *$2 193 FF11 400 £1 452* Farm Landscape Oil/board 30,5x40,5cm/*12x15in* Toronto 96
🎨 *$5 150 FF26 260 £3 090* The Grove Oil/canvas 61x76cm/*24x29in* Calgary, Alberta 96
🗔 *$182 FF950 £120* Beggar 3 Lithograph 45x35,5cm/*17x13in* Calgary, Alberta 96
🖌 *$429 FF2 476 £255* Abstract 1960's Watercolour/paper 35x42cm/*13x16in* Calgary, Alberta 97
BATET François 1923 **[72]**
🎨 *$1 176 FF6 140 £700* Automne à Paris Oil/canvas 33x41cm/*12x16in* London 96
🎨 *$1 404 FF8 000 £862* La loge Huile/toile 61x50cm/*24x19in* L'Isle-Adam 97
BATONI Pompeo Girolamo 1708-1787 **[32]**
🎨 *$25 200 FF142 800 £16 800* Ritratto di Cardinale Olio/tela 47x37cm/*18x14in* Prato 97
🎨 *$404 136 FF2 392 824 £240 000* Portrait of Princess Giacinta Orsini Buoncampagni Ludovisi, Duchessa

Oil/canvas 137x100,5cm/*53x39in* London 97

🖋 *$3 250 FF16 040 £2 100* Seated male nude Black & white chalks 54x40cm/*21x15in* New-York 96

BATOWSKI-KACZOR Stanislaw 1866-1946 **[8]**

👁 *$975 FF5 577 £608* "Spotkanie ranionego Kmicica" Oil/canvas/panel 31x46,5cm/*12x18in* Warszawa 97

BATT Arthur 1846-1911 **[23]**

👁 *$443 FF2 207 £290* "The Mices Xmas Feast" Oil/canvas 20x27cm/*8x11in* Aylsham, Norfolk 96

👁 *$1 626 FF9 950 £1 000* "Mac" Oil/canvas 46x38cm/*18x14in* London 98

BATTAGLIA Clelia Bompiani 1848-1927 **[8]**

🖋 *$1 900 FF11 282 £1 159* A Secret Shared in Confidence Watercolour/paper 78x49cm/*30x19in* Boston, Mass. 98

BATTAGLIOLI Francesco c.1722-c.1790 **[5]**

👁 *$26 000 FF158 438 £15 839* Capriccio of a Mediterranean Port with elegant Figures promenading Oil/canvas 79x104,5cm/*31x41in* New-York 98

BATTAGLIOLI Francesco (Attrib.) c.1722-c.1790 **[5]**

👁 *$31 014 FF180 000 £18 936* Architettura immaginaria Olio/tela 134x165cm/*52x64in* Paris-Trieste 97

👁 *$42 000 FF247 640 £25 754* View of an Imaginary Palace Oil/canvas 81x129cm/*31x50in* New-York 98

BATTAILLE Eugène 1817-c.1880 **[1]**

👁 *$2 910 FF15 000 £1 866* Portrait du jeune duc d'Aumale Huile/toile 38x32,5cm/*14x12in* Paris 96

BATTARBEE Rex 1893-1969 **[8]**

🖋 *$342 FF2 057 £204* Macdonnell Ranges Watercolour/paper 29x35,5cm/*11x13in* Melbourne 98

BATTELLI Rafaello XIX-XX **[1]**

🗿 *$7 500 FF41 712 £4 642* Classical Seated Male and Reclining Maiden Sculpture 45x74x30cm/*18x29x12in* Miami, Florida 97

BATTEM Gerrit (Attrib.) c.1636-1684 **[7]**

🖋 *$2 059 FF11 824 £1 255* Hl. Irene und einige Gefährten pflegen die Wunden des hl. Sebastian Ink/paper 32,3x20,7cm/*12x8in* Berlin 97

BATTEM Gerrit, Gerard c.1636-1684 **[9]**

👁 *$5 270 FF26 230 £3 355* La saignée Huile/panneau 26x20cm/*10x7in* Bruxelles 95

🖋 *$11 156 FF63 855 £6 589* A market scene by a canal in a city Watercolour 27x24cm/*10x9in* Amsterdam 97

BATTERSBY Martin 1916-1982 **[11]**

👁 *$962 FF5 069 £580* Bouquet des dames Oil/canvas 51x31cm/*20x12in* London 96

🖋 *$1 449 FF8 833 £899* Augsberg Gouache/board 17x18,5cm/*6x7in* New-York 98

BATTISS Walter 1906-1982 **[70]**

👁 *$1 235 FF7 185 £736* Still Life of a Green Glass Bottle and Fruit Oil/board 34x46cm/*13x18in* Johannesburg 97

👁 *$1 967 FF11 440 £1 172* The Meeting Oil/canvas 45x39cm/*17x15in* Johannesburg 97

👁 *$7 927 FF46 091 £4 723* Figures in the Karoo Oil/canvas 182x182cm/*71x71in* Johannesburg 97

🖾 *$255 FF1 531 £157* Two figures Screenprint in colors 40x54cm/*15x21in* Johannesburg 98

🖋 *$253 FF1 517 £155* Figure in a Pathway Watercolour/paper 15,5x21,5cm/*6x8in* Cape Town 97

BATTISTA Eric 1933 **[115]**

👁 *$551 FF3 000 £330* La Pointe Courte à Sète Huile/papier/panneau 38x46cm/*14x18in* Arles 97

BATTISTA Giovanni 1858-1925 **[34]**

👁 *$8 684 FF52 631 £5 326* Oase Oil/canvas 67x115cm/*26x45in* Zofingen 98

🖋 *$657 FF3 714 £400* A Coastal view with Boats Watercolour, gouache/paper 53x35cm/*20x13in* Billingshurst, West Sussex 97

BATTUT Michèle 1946 **[31]**

👁 *$250 FF1 300 £157* Echec et mat Huile/toile 65x81cm/*25x31in* Paris 96

BATTY Robert 1789-1848 **[7]**

👁 *$2 371 FF13 779 £1 400* Edinburgh from the Calton Hill Oil/board 24,5x35,5cm/*9x13in* London 97

🖋 *$1 104 FF5 500 £723* Le château de Saint-Germain-en-Laye Crayon 12,5x20,6cm/*4x8in* Paris 95

BATUAN Ida Bagus Nyoman XX **[1]**

🖋 *$7 010 FF36 200 £4 640* Tantri Story Watercolour 63x49cm/*24x19in* Amsterdam 96

BATURIN Viktor Pavlovich 1863-1938 **[5]**

👁 *$3 328 FF18 987 £2 033* Autumnn Oil/canvas 47x65cm/*18x25in* Helsinki 97

BATZ de Marthe XIX **[1]**

🖋 *$3 353 FF20 090 £2 000* Peonies and Flowers Bodycolour 38,5x30,5cm/*15x12in* London 98

BATZ Eugen 1905-1984 **[11]**

👁 *$1 792 FF8 960 £1 160* Abstrakte Komposition Oil/canvas/panel 22x25cm/*8x9in* Düsseldorf 96

✏ *$1 116 FF6 704 £669* "Oase" Watercolour 51,5x39cm/*20x15in* Stuttgart 98
BAUCHANT André 1873-1958 **[286]**
☞ *$3 190 FF16 500 £2 057* La partie de pêche Huile/papier 29x35cm/*11x13in* Paris 96
☞ *$8 120 FF42 000 £5 190* Bouquet de fleurs aux trois arbres Huile/toile 48x59cm/*18x23in* Vendôme 96
☞ *$25 155 FF146 000 £15 359* Neptune Huile/toile 98x130cm/*38x51in* Paris 97
✏ *$985 FF4 800 £631* Voilier près d'une île Aquarelle 26x37cm/*10x14in* Paris 95
BAUDE François Charles 1880-1953 **[13]**
☞ *$4 300 FF22 140 £2 600* Along The Beach In Frejus Oil/canvas 54x65cm/*21x25in* London 96
BAUDELAIRE Charles 1821-1867 **[6]**
✏ *$52 700 FF310 000 £32 519* L'auteur, Champfleury, Asselineau Encre Chine 19,5x15cm/*7x5in* Paris 97
BAUDELAIRE Joseph François 1759-1827 **[2]**
✏ *$7 230 FF36 000 £4 600* Vestale et colombes Gouache 31x23cm/*12x9in* Paris 95
BAUDESSON Nicolas 1611-1680 **[33]**
☞ *$14 470 FF70 000 £9 070* Corbeille de fleurs sur un entablement de pierre Huile/toile 52x68cm/*20x26in* Paris 95
☞ *$14 450 FF87 000 £8 647* Vase de fleurs sur un entablement Huile/toile 41x33,5cm/*16x13in* Paris 98
BAUDESSON Nicolas (Attrib.) 1611-1680 **[6]**
☞ *$22 330 FF116 700 £13 300* Corbeille de fleurs sur un entablement Oil/canvas/panel 74x62cm/*29x24in* Stockholm 96
BAUDICHON René 1878-? **[1]**
▭ *$1 840 FF10 710 £1 134* "Olympiade VIIIe, souscription Nationale" Poster 42x54cm/*16x21in* New-York 97
BAUDIN Eugène 1843-1907 **[31]**
☞ *$1 227 FF7 000 £753* Soir d'orage Huile/carton 17x24cm/*6x9in* Lyon 97
☞ *$2 603 FF15 200 £1 574* Natur emorte aux cerises et aux oeillets Huile/toile 65x50cm/*25x19in* Nîmes 97
BAUDIN Jean-Baptiste ?-1922 **[3]**
☞ *$16 000 FF97 979 £9 576* Still Life of Flowers Oil/canvas 65x100cm/*25x39in* New-York 98
BAUDISCH Gudrun 1907-1982 **[13]**
⬧ *$2 634 FF13 500 £1 600* A figure wearing an orange hat and drape Terracotta H26cm/*H10in* London 96
BAUDISSIN Ulrik 1816-1893 **[2]**
☞ *$5 194 FF30 810 £3 174* Udsigt mod Frederiksborg Slot Oil/canvas 62x90cm/*24x35in* Köbenhavn 98
BAUDIT Amédée 1825-1890 **[16]**
☞ *$1 600 FF9 756 £975* "Rural Scene with Cottages" Oil/canvas 30x54cm/*12x21in* New-York 98
BAUDIT Louis Amédée 1870-1960 **[10]**
☞ *$538 FF3 200 £333* Vue du lac Léman Huile/toile 37x27cm/*14x10in* Paris 97
BAUDOIN Pierre A. (Attrib.) 1723-1769 **[1]**
☞ *$10 303 FF54 000 £6 199* Jeune femme à sa toilette Huile/toile 44x36,5cm/*17x14in* Angers 96
BAUDOUIN Eugène 1842-1893 **[6]**
☞ *$21 000 FF119 658 £12 862* Les mûriers du pont Junénal, près Montpellier (Hérault) Oil/canvas 121x195,5cm/*47x76in* New-York 97
BAUDOUIN Paul A. 1844-1931 **[4]**
☞ *$5 500 FF32 875 £3 366* Les quais de Seine à Paris Oil/panel 46x35cm/*18x13in* New-York 97
BAUDOUX Robert W. (Attrib.) c.1575-c.1650 **[1]**
☞ *$17 080 FF88 400 £11 030* Still life of fruit and vegetables Oil/panel 52x102cm/*20x40in* Stockholm 96
BAUDOUX Robert Willemsz c.1575-c.1650 **[1]**
☞ *$36 300 FF189 860 £22 000* Bowls of Cherries and Blackberries, a Basket of Grapes, Apples Oil/panel 52x102cm/*20x40in* London 96
BAUDRY Paul 1828-1886 **[32]**
☞ *$6 500 FF38 644 £3,976* Florence Oil/canvas 109x153,5cm/*42x60in* New-York 97
✏ *$630 FF3 300 £379* Étude de nu pour une scène mythologique Fusain 42x28,5cm/*16x11in* Paris 96
BAUER Carl Franz 1879-1954 **[45]**
☞ *$1 006 FF6 000 £603* "As d'atout" Huile/toile 39x45cm/*15x17in* Soissons 98
☞ *$2 490 FF12 240 £1 586* Galopprenen Öl/Leinwand 21,5x26cm/*8x10in* Wien 95
✏ *$446 FF2 627 £275* "Preis der Stadt Wien 1934" Mischtechnik/Papier 44x63,5cm/*17x25in* Wien 97
BAÜER Félix Aug. 1854-1934 **[6]**
☞ *$2 577 FF15 000 £1 576* L'atelier du peintre, fillette devant la statue de Saint Martin Huile/toile 54x45cm/*21x17in* Paris 97

---

*$12 000 FF61 680 £7 500 La leçon de chant du perroquet Oil/canvas 130x102cm/*51x40in* New-York 96
BAUER Gérard 1947 **[24]**
*$636 FF3 800 £381 La Delahaye du Sacré-Coeur Acrylique/toile 61x50cm/*24x19in* Paris 98
BAUER Herbert 1935-1986 **[2]**
*$22 328 FF134 092 £13 392 "In endloser Weite" Oil/canvas 170x135cm/*66x53in* Stuttgart 98
BAUER Johann Balthazar 1811-1883 **[6]**
*$8 450 FF43 300 £5 430 Blumenstrauss in einem Korb Öl/Leinwand 60x50cm/*23x19in* Wien 96
*$6 545 FF37 820 £4 035 Pojken på bocken Installation 25,5x24,5cm/*10x9in* Stockholm 97
BAUER Johann Gottlieb 1822-1882 **[3]**
*$15 900 FF78 300 £10 320 Kaiser Franz Joseph I./Kaiserin Elisabeth Öl/Leinwand 73x58cm/*28x22in* Wien 95
*$4 160 FF21 530 £2 686 Herr Birre och Trollen Mixed media/paper 26,5x25cm/*10x9in* Stockholm 96
BAUER John 1882-1918 **[57]**
*$2 334 FF13 986 £1 395 Sammer på klippblock Mixed media 31x23cm/*12x9in* Stockholm 98
*$230 FF1 299 £141 Sagoillustration Lithographie 9x10,5cm/*3x4in* Stockholm 97
*$2 910 FF16 909 £1 718 Det var en gång en prins, som var ute och red i månskenet Akvarell/papper 11,5x13,5cm/*4x5in* Stockholm 97
BAUER Josef 1869-? **[1]**
*$1 733 FF10 121 £1 048 Frühling Oil/panel 27,5x36cm/*10x14in* München 97
BAUER Marius Alexander J. 1867-1932 **[158]**
*$2 925 FF15 050 £1 825 Versailles Oil/canvas 41x51cm/*16x20in* Amsterdam 96
*$4 009 FF23 246 £2 394 Horses and Carriages at the Staatsspoor, the Hague Oil/canvas/panel 20,5x28cm/*8x11in* Amsterdam 97
*$12 285 FF63 210 £7 665 Bedouins on Donkey's in the Dessert Oil/canvas 100x130cm/*39x51in* Amsterdam 96
*$284 FF1 741 £170 The Portal of a Mosque Etching 45x34,5cm/*17x13in* Amsterdam 98
*$1 070 FF6 440 £642 "De Koningin van Sheba Bij Salomon" Wash/paper 18,5x28,5cm/*7x11in* Amsterdam 98
BAUER Rudolf 1889-1953 **[87]**
*$18 000 FF88 000 £11 400 Tempo Oil/board 74x104cm/*29x40in* New-York 95
*$104 600 FF542 000 £68 000 Symphonie 21 Öl/Leinwand 120,5x150,5cm/*47x59in* München 96
*$2 000 FF12 077 £1 198 Composition Gouache 20x12cm/*7x4in* New-York 98
BAUER-STUMPFF Jo 1873-1964 **[11]**
*$2 477 FF12 600 £1 582 Still life Oil/canvas 45,5x43cm/*17x16in* Amsterdam 96
BAUERLE Karl Wilhelm Friedr. 1831-1912 **[11]**
*$6 669 FF40 966 £4 000 "Singing Children" Oil/canvas 60x47cm/*23x18in* London 98
BAUERNFEIND Gustav 1848-1904 **[19]**
*$80 000 FF391 000 £50 600 Strassenszene in Jerusalem Oil/panel 26,5x20cm/*10x7in* Tel Aviv 95
*$142 000 FF725 000 £94 000 Davidstrasse, Jerusalem Oil/canvas 129x90cm/*50x35in* Tel Aviv 96
*$851 489 FF5 061 973 £520 950 Im Hafen von Jaffa Öl/Leinwand 148x281cm/*58x110in* Köln 97
*$3 700 FF19 150 £2 400 Gentleman on a grey horse at the Mount of Olives with jerusalem beyond Watercolour 75x56cm/*29x22in* London 96
BAUERNFEIND Moritz 1870-1947 **[3]**
*$1 731 FF10 050 £1 023 Sommerlich Mussestunde Öl/Karton 53,5x41,5cm/*21x16in* Dresden 97
BAUFFE Victor 1849-1921 **[25]**
*$383 FF1 944 £244 A polder landscape, Kortenhoef Oil/canvas 38x51cm/*14x20in* Amsterdam 96
*$514 FF2 996 £316 Poldervaart met gemeerde roeiboot Watercolour/paper 38,5x58,5cm/*15x23in* Den Haag 97
BAUGIN Lubin 1612/13-1663 **[4]**
*$8 565 FF50 000 £5 180 La Vierge à l'Enfant Huile/panneau 33x25,5cm/*12x10in* Paris 97
BAUGNIES de René 1869-1962 **[69]**
*$411 FF2 440 £258 Le lac de Lugano Huile/toile 33x43cm/*12x16in* Bruxelles 97
*$457 FF2 609 £278 Paysage avec bétail Huile/toile 51x72cm/*20x28in* Bruxelles 97
BAUGNIET Charles 1814-1886 **[12]**
*$18 000 FF90 000 £11 650 The bride Oil/panel 56x44cm/*22x17in* New-York 96
BAUGNIET Marcel Louis 1896-1995 **[54]**
*$1 362 FF6 820 £861 Points d'orgue Huile/papier 42x30cm/*16x11in* Lokeren 95

$3 794 FF22 750 £2 338 La clé Huile/papier/toile 75x62,5cm/*29x24in* Bruxelles 98

$1 123 FF5 490 £711 Le lanceur de poids Aquarelle 29x18cm/*11x7in* Antwerpen 95

BAUKNECHT Philipp 1884-1933 **[26]**

$26 570 FF137 600 £17 000 Stilleben mit Topfpflanze, Früchten und kleiner Skulptur Oil/canvas 80,5x70,5cm/*31x27in* London 96

$228 FF1 345 £135 Mondnacht Woodcut 30x33cm/*11x12in* Zofingen 97

BAUM Charles 1812-1878 **[4]**

$7 500 FF39 150 £4 530 Still Life with Fruit and Bird's Nest Oil/canvas 67x55cm/*26x21in* New-York 96

BAUM Paul 1859-1932 **[34]**

$9 110 FF44 800 £5 800 Norddeutsche Flusslandschaft mit Fischerboot Oil/panel 19x32cm/*7x12in* Bielefeld 95

$13 240 FF65 200 £8 530 Vorfrühling bei Weimar Öl/Leinwand 92x142cm/*36x55in* Berlin 95

$17 655 FF101 352 £10 764 Der Vesuv Öl/Leinwand 66x90cm/*25x35in* Berlin 97

$59 FF368 £35 Aus Sluis Radierung 10x15cm/*3x5in* Heidelberg 98

$1 296 FF7 409 £794 Sommerlandschaft in Vlandern, Nr. 6 Indian ink/paper 38,5x48,5cm/*15x19in* München 97

BAUM Walter Emerson 1884-1956 **[118]**

$550 FF3 370 £332 Portrait of a Dutch Girl Oil/board 33x23cm/*13x9in* Hatfield, Pennsylvania 98

$2 475 FF15 165 £1 494 Quakertown, PA, Winter Town Scene Oil/canvas 40x50cm/*16x20in* Hatfield, Pennsylvania 98

$8 000 FF44 174 £4 992 "River View" Oil/canvas 101x127cm/*40x50in* Downington, PA 97

$850 FF5 105 £509 Over Shot Mill Wheel Watercolour/paper 48x60cm/*19x24in* Philadelphia 98

BAUMANN Fritz Casar 1886-1942 **[9]**

$479 FF2 480 £309 Paar Woodcut 27,5x41,5cm/*10x16in* Zofingen 96

$196 FF1 159 £116 Tessiner Dorfgasse im Sommer Aquarell/Papier 21x29cm/*8x11in* Zofingen 97

BAUMANN Gustave 1881-1971 **[85]**

$600 FF3 586 £367 All the Year Round Woodcut in colors 27x22,5cm/*10x8in* San Francisco-Los Angeles 97

$4 000 FF20 480 £2 439 Pine and Aspen Mixed media/paper 32x32cm/*12x12in* Altadena, CA 96

BAUMANN Jan, Johannes 1601-c.1660 **[3]**

$23 400 FF120 500 £15 000 A roemer, fruit and prigs of redcurrants on a stone ledge Oil/panel 49,5x40cm/*19x15in* London 96

BAUMANN Karl Herman 1911-1984 **[4]**

$2 749 FF16 553 £1 645 Seascape with Mountains Oil/canvas 61x76cm/*24x29in* San Francisco 98

BAUMBERGER Otto 1889-1961 **[55]**

$750 FF3 790 £485 "Hotel St. Gotthard, Zürich" Poster 125x88cm/*49x35in* New-York 96

BAUMEISTER Hermann 1867-? **[6]**

$4 110 FF21 430 £2 480 The Acropolis Oil/cardboard 72x102,5cm/*28x40in* Athens 96

BAUMEISTER Samuel 1720-1800 **[1]**

$3 578 FF20 853 £2 200 Portrait of two young girls Miniature 5,5x7,5cm/*2x2in* London 97

BAUMEISTER Willi 1889-1955 **[370]**

$52 965 FF304 056 £32 292 Afrikanisch Öl/Karton 27x43cm/*10x16in* Düsseldorf 97

$73 645 FF435 799 £44 928 Sol (Sonnen-Figuren) Oil/panel 54x65cm/*21x25in* Köln 98

$454 944 FF2 666 664 £280 000 Metaphysische Landschaft, Vitale Landschaft V Oil/board 100x130,5cm/*39x51in* London 97

$281 FF1 675 £174 Linien auf blauem Grund Sérigraphie 38,5x28,5cm/*15x11in* Stuttgart 97

$5 328 FF31 793 £3 214 Goyescas Charcoal 44,4x34,7cm/*17x13in* Hamburg 97

BÄUMER Eduard 1892-1977 **[11]**

$7 182 FF42 858 £4 410 Südliche Landschaft Öl/Papier 48x70,5cm/*18x27in* Wien 98

BAUMER Lewis Christ. Edward 1870-1963 **[19]**

$393 FF2 400 £240 The Ballet Dancer Gouache/paper 38x28cm/*14x11in* London 98

BAUMGARTNER Adolf 1850-1924 **[56]**

$629 FF3 130 £400 Going to the horse fair Oil/canvas 49,5x68cm/*19x26in* London 95

$1 682 FF10 040 £1 015 Ein Trupp Kosaken in verschneiter Landschaft Oil/panel 31x47,5cm/*12x18in* Köln 97

BAUMGARTNER Christian 1855-1942 **[37]**

$206 FF1 060 £129 Ansicht des Thunersees Aquarell 25,5x39,5cm/*10x15in* Bern 96

BAUMGARTNER Fritz 1929 **[7]**
_$2 730_ _FF16 197_ £1 668 Komposition Collage 100x120cm/_39x47in_ München 98
BAUMGARTNER Johann Wolf.(Attrib) 1712-1761 **[4]**
_$1 885_ _FF10 824_ £1 149 Christ calling Saint Peter Oil/canvas 32x23cm/_12x9in_ London 97
BAUMGARTNER Johann Wolfgang 1712-1761 **[12]**
_$504_ _FF3 012_ £304 Der Tod des Absalom Indian ink/paper 11x10,4cm/_4x4in_ Köln 97
BAUMGARTNER Peter 1834-1911 **[13]**
_$16 000_ _FF80 000_ £10 350 Figures in an interior Oil/panel 25x31cm/_9x12in_ New-York 96
_$32 000_ _FF164 600_ £19 950 An invitation to dance Oil/canvas 96,5x117cm/_37x46in_ New-York 96
BAUMGARTNER Warren W. 1894-1963 **[8]**
_$990_ _FF5 878_ £604 Couple with horses approaching hunter and dog Watercolour/paper 38x53cm/_15x21in_ New-York 98
BAUMGARTNER-STOILOFF Adolf Konstantin 1850-1924 **[18]**
_$1 610_ _FF9 211_ £1 005 Kosacker i snö Oil/canvas 74x110cm/_29x43in_ Göteborg 97
BAUMGRAS Peter 1827-1904 **[2]**
_$38 000_ _FF231 990_ £22 712 Still Life with Apples and Fly Oil/board 20x30,5cm/_7x12in_ New-York 98
BAUMHOFER Walter Martin 1904-1986 **[6]**
_$3 300_ _FF19 596_ £2 014 "Flapjacks anyone", bear invades a campsite, calendar ill. Oil/canvas 63x88cm/_25x35in_ New-York 98
BAUR Johann W. (Attrib.) 1607-1641 **[4]**
_$6 055_ _FF35 000_ £3 759 Vue de port méditerranéen Huile/cuivre 16x22cm/_6x8in_ Paris 97
BAUR Johann Wilhelm 1607-1641 **[19]**
_$3 586_ _FF18 500_ £2 300 View of a sheltered bay with ships unloading Gouache 6x13cm/_2x5in_ London 96
BAUR Nicolaus Bauer 1767-1820 **[4]**
_$74 200_ _FF381 500_ £46 200 The ice-skating Competition Oil/canvas 59,5x75cm/_23x29in_ Wien 96
_$1 302_ _FF8 000_ £780 Vue de la Heegermeer sur le village de Woudsend Encre 30,5x38,5cm/_12x15in_ Lille 98
BAUR Theodore 1835-1898 **[5]**
_$8 000_ _FF45 819_ £4 732 Bust of an Indian Chief Bronze H46cm/_H18in_ Santa Fe, New Mexico 97
BAUSE Johann Friedrich 1738-1814 **[3]**
_$510_ _FF3 012_ £302 Der Todtenkopf eines Kindes Print 12,5x18,5cm/_4x7in_ Berlin 97
BAWA Manjit 1941 **[4]**
_$13 360_ _FF66 500_ £8 500 Heer & the Goat Oil/canvas 137x71cm/_53x27in_ London 95
_$3 770_ _FF18 760_ £2 400 Man With a Mythical Crow Mixed media/paper 11,5x14cm/_4x5in_ London 95
BAWDEN Edward 1903-1989 **[78]**
_$734_ _FF4 369_ £449 The Guildhall Linocut in colors 69x51cm/_27x20in_ London 97
_$3 523_ _FF21 352_ £2 100 A Cow in a Paddock Watercolour/paper 45x57,5cm/_17x22in_ Bath 97
BAXENDALE John 1919-1982 **[20]**
_$588_ _FF3 596_ £360 Coat tits eating pine cones/Gold Finches on thistles Watercolour/paper 38x27cm/_15x11in_ Hove, Sussex 98
BAXTER Charles 1809-1879 **[22]**
_$3 089_ _FF17 920_ £1 826 "The Rose of England" Oil/canvas 70x58cm/_27x22in_ West Midlands 97
_$4 884_ _FF28 517_ £3 000 Knitting Oil/canvas 44x35,5cm/_17x13in_ London 97
BAXTER Charles (Attrib.) 1809-1879 **[10]**
_$1 004_ _FF5 917_ £600 A Mother and Child Oil/canvas 75,5x63cm/_29x24in_ Glasgow 97
BAXTER David A. XIX-XX **[4]**
_$465_ _FF2 407_ £300 Sheep grazing Watercolour 21x28cm/_8x11in_ London 96
BAXTER George 1804-1867 **[33]**
_$148_ _FF844_ £90 Still Life of Flowers and Fruit Print 36x26,5cm/_14x10in_ London 97
BAXTER Thomas 1782-1821 **[1]**
_$3 438_ _FF20 978_ £2 060 Orpheus Charming the Animals with his Music Watercolour 40,5x52,5cm/_15x20in_ London 98
BAY Hanny 1885-1978 **[21]**
_$359_ _FF1 860_ £232 Sommerliche Landschaft Öl/Karton 27x35cm/_10x13in_ Zofingen 96
BAYA 1931 **[3]**
_$3 496_ _FF21 000_ £2 097 Femme sous un arbre Gouache/carton 63x48cm/_24x18in_ Versailles 98
BAYARD Emile Antoine 1837-1891 **[20]**
_$35 000_ _FF206 979_ £21 234 The Duel/Reconciliation Oil/canvas 100,5x130cm/_39x51in_ New-York 98

BAYARD Hippolyte 1801-1887 **[10]**

$3 803 FF21 000 £2 373 Vue prise à Évreux Tirage papier salé 19x25,5cm/*7x10in* Paris 97

BAYENS Hans 1924 **[4]**

$13 638 FF81 464 £8 343 The family Bronze H132cm/*H51in* Amsterdam 98

BAYER Anton 1767-1833 **[6]**

$5 120 FF26 500 £3 303 Winterlandschaft Öl/Leinwand 47,5x61cm/*18x24in* Wien 96

BAYER Herbert 1900-1985 **[82]**

$426 FF2 418 £213 Senza titolo Tempera/tavola 20x16cm/*7x6in* Milano 97

$422 FF2 090 £268 "Bauhaus" Serigraph 84x59,5cm/*33x23in* Heidelberg 95

$427 FF2 494 £262 Projection 48 Photograph 20x17,5cm/*7x6in* Hamburg 97

$578 FF2 923 £380 Ohne Titel Aquarelle, gouache/papier 50x34,5cm/*19x13in* Wien 96

BAYERLEIN Fritz 1872-1955 **[18]**

$1 826 FF10 814 £1 081 Am Main Öl/Karton 48x68cm/*18x26in* München 97

BAYERN von Ludwig I, König 1786-1868 **[1]**

$5 600 FF28 800 £3 490 Die Wasserfälle von Tivoli Watercolour 79x60cm/*31x23in* Wien 96

BAYES Alfred Walter 1832-1909 **[8]**

$1 059 FF6 145 £649 A Woodland Toilet Oil/canvas 35,5x25,5cm/*13x10in* Glasgow 97

$1 319 FF7 654 £780 Somebody's coming Watercolour/paper 27x36cm/*10x14in* London 97

BAYES Gilbert William 1872-1953 **[8]**

$2 745 FF15 037 £1 649 Study of a nude Bronze H18,5cm/*H7in* Billingshurst, West Sussex 97

BAYES Jessie XIX-XX **[8]**

$556 FF3 370 £349 The crucifixion Tempera 38,5x15cm/*15x5in* London 97

$1 106 FF5 410 £700 St. Francis and the Wolf of Gubbio Bodycolour 13x11cm/*5x4in* London 95

BAYES Walter John 1869-1956 **[41]**

$533 FF3 219 £320 The Slope of the wood Oil/canvas/board 36x32cm/*14x12in* Leyburn, North Yorkshire 98

$826 FF5 010 £500 Fishing Boats in Toulon Harbour Oil/canvas/board 39,5x53,5cm/*15x21in* London 98

$922 FF4 680 £600 "Walton-on-Naze, LNER" Poster 102x64cm/*40x25in* London 96

$304 FF1 544 £194 Italienische Frauen am Brunnen Aquarell 39x27cm/*15x10in* Frankfurt 96

BAYEU Y SUBIAS Francisco 1734-1795 **[5]**

$35 010 FF214 470 £21 150 Madonna mit Kind Oil/panel 63,5x59cm/*25x23in* Wien 98

BAYEU Y SUBIAS Francisco (Attrib.) 1734-1795 **[1]**

$11 304 FF62 455 £7 025 The Virgin and Child in Glory with Bishop Saint, Saint-Thomas Oil/canvas 50x39,5cm/*19x15in* New-York 97

BAYEU Y SUBIAS Ramón 1746-1793 **[3]**

$183 403 FF1 101 540 £110 000 A Youth Seated with a Basket/A Seated Majo and Maja in Conversation Oil/canvas 14x21cm/*5x8in* London 98

BAYLAC Lucien 1851-1913 **[14]**

$1 047 FF6 200 £626 "Bayliss Thomas" Affiche 94x130cm/*37x51in* Paris 97

BAYLISS Wyke 1835-1906 **[10]**

$5 735 FF34 079 £3 500 Cathedral Interior Oil/canvas 76,5x114,5cm/*30x45in* London 98

$814 FF4 638 £500 Figures praying in a Cathedral Interior Watercolour 28x52,5cm/*11x20in* London 97

BAYNARD Ed 1940 **[19]**

$1 200 FF6 144 £731 The Sunflower Lithograph 146x102cm/*57x40in* New-York 96

BAYNES E. Frédéric 1883-1964 **[1]**

$1 267 FF7 000 £791 Nature morte aux fruits Gouache/papier 23,5x19,5cm/*9x7in* Saint-Dié 97

BAYNES Frederick Thomas 1824-1874 **[9]**

$1 904 FF11 834 £1 200 Still life with an Apple,Grapes, Bird's Eggs and Shell on a mossy Bank Watercolour 24x19cm/*9x7in* London 97

BAYNES James 1766-1837 **[2]**

$3 118 FF19 005 £1 900 Derwent Water, Cumberland Watercolour 22x34cm/*8x13in* London 98

BAYNES Keith Stuart 1887-1977 **[9]**

$898 FF5 364 £550 The Herzogin Cecilie in a Bay Gouache/paper 37x48cm/*14x18in* London 98

BAYNES Thomas Mann 1794-1854 **[2]**

$9 450 FF46 100 £6 000 A drawing room in the Gothic style Watercolour 39x51,5cm/*15x20in* London 95

BAYON SALADO Juan, Bay Sala 1912 **[4]**

Calendar & auction results: Internet www.artprice.com Minitel 3617 ARTPRICE

$1 496 FF8 800 £902 Vista de Paris Oleo/lienzo 28x35cm/*11x13in* Madrid 97
$1 815 FF10 862 £1 100 "Notre Dame et les Bouquinistes" Oleo/cartón 37x45cm/*14x17in* Madrid 98
BAYRLE Thomas 1937 **[18]**
$79 FF438 £49 Rosenkavalier Color lithograph 58x42cm/*22x16in* Pforzheim 97
BAYROS von Franz 1866-1924 **[39]**
$452 FF2 695 £269 Damenportrait Aquarell/Karton 14x9cm/*5x3in* München 97
BAYSER-GRATY de Marguerite 1881-1975 **[2]**
$3 669 FF22 000 £2 208 Sole Bronze 23x39cm/*9x15in* Paris 98
BAZAINE Jean René 1904-1995 **[192]**
$1 604 FF8 250 £1 000 Paysage du Midi Oil/paper 9,5x23,5cm/*3x9in* London 96
$11 816 FF70 000 £7 077 Dans l'herbe profonde Huile/toile 150x130cm/*59x51in* Versailles 97
$115 FF674 £70 Composition Farblithographie 12,5x15,5cm/*4x6in* München 97
$167 FF1 000 £101 Portrait Mine plomb 37x26cm/*14x10in* Paris 97
BAZÉ Paul R. XX **[43]**
$527 FF3 100 £325 "Anémones" Huile/toile 27x35cm/*10x13in* Anglet 97
$1 360 FF8 000 £839 Jeune fille dansant le flamenco Huile/panneau 65x54cm/*25x21in* Anglet 97
$1 597 FF9 500 £977 Les gitans Aquarelle/papier 53x74cm/*20x29in* Biarritz 97
BAZILLE Frédéric 1841-1870 **[3]**
$55 000 FF313 390 £33 687 Vallon en forêt de Fontainebleau Oil/canvas 52x65cm/*20x25in* New-York 97
BAZIOTES William 1912-1963 **[46]**
$3 000 FF15 540 £2 005 Untitled Oil/canvas/board 31x41cm/*12x16in* New-York 96
$30 000 FF172 812 £18 507 "Chameleon" Oil/canvas 45,5x35,5cm/*17x13in* New-York 97
$130 000 FF662 000 £78 000 Tropical Oil/canvas 127x101,5cm/*50x39in* New-York 96
$3 500 FF18 120 £2 340 Untitled Gouache/board 59x84cm/*23x33in* New-York 96
BAZZANI Giuseppe 1690-1769 **[4]**
$50 000 FF276 245 £31 075 Return of the Prodigal Son Oil/canvas 97x125cm/*38x49in* New-York 97
$5 700 FF32 300 £2 850 Cristo fra i dottori Inchiostro 15,5x22cm/*6x8in* Milano 98
BAZZANI Luigi 1836-1927 **[12]**
$8 500 FF43 690 £5 312 The Atrium Garden Oil/panel 40,5x29cm/*15x11in* New-York 96
$9 015 FF54 672 £5 500 Roman Interior with Figures Oil/panel 64x45cm/*25x17in* Crewkerne, Somerset 98
BAZZANTI Pietro XIX **[16]**
$1 100 FF6 828 £663 Gypsy Maiden Marble H77cm/*H30in* Miami, Florida 98
$27 000 FF153 495 £16 532 Female Nude Sculpture H203,2cm/*H80in* New-York 97
BAZZARO Ernesto 1859-1937 **[14]**
$2 270 FF11 780 £1 500 Self-Portrait, a Bust Bronze H50cm/*H19in* London 96
BAZZARO Leonardo 1853-1937 **[34]**
$1 093 FF6 501 £669 Magd mit Kalb vor Bauernhaus im Gebirge Oil/panel 24,5x33cm/*9x12in* Bern 97
$6 300 FF35 700 £4 200 Canale a Chioggia Olio/tavola 60x40cm/*23x15in* Trieste 98
$12 000 FF68 000 £6 000 Paesaggio con oche nello stagno Olio/tela 92x146cm/*36x57in* Milano 98
BAZZICALUVA Ercole (Attrib.) c.1600-c.1640 **[5]**
$720 FF4 080 £360 Foglio con varie vignette/Studi di figure e drappeggi Inchiostro 27x19,5cm/*10x7in* Milano 98
BEACH Ernest George 1865-? **[9]**
$333 FF1 885 £210 Katwyk, Holland Watercolour/paper 24x35cm/*9x13in* Newcastle-upon-Tyne 97
BEACH Thomas 1738-1806 **[26]**
$2 596 FF12 930 £1 700 Portrait of a young man Oil/canvas/board 73x61cm/*28x24in* London 95
$22 770 FF116 300 £15 000 Group portrait of the Craven Children, full-length Oil/canvas 241x305cm/*94x120in* London 96
BEACH Thomas (Attrib.) 1738-1806 **[3]**
$10 789 FF65 671 £6 600 Portrait of Fashionable young Gentleman Oil/canvas 61x51cm/*24x20in* Bath 98
BEADLE James Prinsep Barnes 1863-1947 **[6]**
$21 700 FF112 300 £14 000 "Masquerade", outside the Opera house, Paris, in carnival time Oil/canvas 153x132cm/*60x51in* London 96
$549 FF3 036 £341 "We Risk Our Lives to Bring You Food" Poster 76x50cm/*30x20in* New-York 97
BEAKIN Edwin XX **[1]**
$6 250 FF38 628 £3 831 "Ross Alley, Chinatown, San Francisco" Oil/canvas 17,4x11,4cm/*6x4in* Amesbury, Massachusetts 97

BEAL Gifford 1879-1956 **[46]**
$5 249 FF29 963 £3 245 Ballroom Oil/board 76x56cm/*29x22in* New-York 97
$425 FF2 558 £254 Bass Fisherman/Harvest of the Sea Drypoint 18x30,5cm/*7x12in* New-York 98
$4 000 FF22 779 £2 466 Equestrian Act Gouache 26,5x33,5cm/*10x13in* Boston, Mass. 97
BEAL Jack 1931 **[25]**
$1 300 FF6 730 £870 Self-portrait with lenses Coloured chalks/paper 50x65cm/*19x25in* New-York 96
BEAL Reynolds 1867-1951 **[93]**
$8 000 FF40 450 £5 250 Low Tide, Provincetown Oil/board 74x70cm/*29x27in* New-York 96
$200 FF1 190 £124 Bridgeport Oyster Sloops Etching 22x29cm/*9x11in* Provincetown, MA. 97
$1 000 FF5 070 £655 At the Circus Coloured pencils 36x42cm/*14x16in* New-York 96
BEALE Charles (Attrib. 1660-c.1714 **[2]**
$2 054 FF10 050 £1 300 Portrait of Sir William Temple, Bt. Pastel 28x22,5cm/*11x8in* London 95
BEALE Mary (Attrib.) 1632-1697 **[12]**
$1 049 FF6 026 £640 Portrait of a Lady Oil/canvas 74x61cm/*29x24in* London 97
$3 000 FF14 650 £1 900 Portrait of a Lady, half-length Oil/panel 30,5x25cm/*12x9in* London 95
BEALE Mary, née Cradock 1632-1697 **[15]**
$3 334 FF16 980 £2 000 Portrait of a Lady Oil/canvas 75x62cm/*29x24in* London 96
$9 796 FF58 000 £5 800 Self-Portrait Red chalk/paper 24,5x19,5cm/*9x7in* London 97
BEALS Jessie Tarbox 1870-1942 **[17]**
$649 FF3 748 £398 "Physically Defective" Silver print 18x23cm/*7x9in* New-York 97
BEAN van Caroline H. 1880-? **[1]**
$7 500 FF37 450 £4 900 Fifth Avenue at 48th Street Watercolour, gouache 45x30cm/*17x11in* New-York 95
BEAR George Telfer 1874-? **[5]**
$1 395 FF7 083 £900 Still Life with Roses and Oranges Oil/canvas 76,5x63,5cm/*30x25in* Auchterarder,
Perthshire 96
BEARD Daniel Carter 1850-1941 **[1]**
$1 600 FF8 280 £1 070 Editorial cartoon: Chimps behaving like humans Ink 72x56cm/*28x22in* New-York 96
BEARD James Henry 1814-1893 **[8]**
$2 550 FF14 842 £1 571 Playing kittens Oil/board 28x43cm/*11x17in* Cedar Falls, Iowa 97
$3 500 FF18 130 £2 273 A Greyhound in a Highland Landscape Oil/canvas 56x76cm/*22x29in* San
Francisco-Los Angeles 96
BEARD Peter 1938 **[7]**
$2 400 FF12 380 £1 590 Lake Rudolf Gelatin silver print 49x58cm/*19x23in* New-York 96
BEARD William Holdbrook 1823-1900 **[14]**
$6 000 FF31 300 £3 626 Elf and Fairies Oil/canvas 41x51cm/*16x20in* New-York 96
BEARDEN Romare 1914-1988 **[140]**
$11 500 FF58 600 £6 900 The Burial Mixed media/board 27x9,2cm/*10x3in* New-York 96
$24 000 FF138 249 £14 805 The Uncoupling of the Hounds Oil/masonite 63x81cm/*24x31in* New-York 97
$70 000 FF406 742 £41 328 Sunday Morning Breakfast Mixed media/panel 112,5x143cm/*44x56in* New-
York 97
$1 600 FF9 535 £959 "Two Women" Silkscreen in colors 50x65cm/*19x25in* New-York 98
$8 500 FF52 827 £5 083 Autumn Harvest Watercolour 25x35cm/*9x13in* New-York 98
BEARDSLEY Aubrey 1872-1898 **[26]**
$8 500 FF44 370 £5 151 Illustration for the cover of "The Woman Who Did", by Grant Allen Ink/paper
19x11,4cm/*7x4in* New-York 96
BEARE George XVIII **[4]**
$6 000 FF34 227 £3 648 Portrait of a lady as a shepherdess with a staff and a lamb Oil/canvas
91,5x70cm/*36x27in* San Francisco 97
BEARNE Edward H. XIX-XX **[9]**
$428 FF2 609 £269 Near Santa Maria della Salute Watercolour 31x45cm/*12x17in* Billingshurst, West
Sussex 97
BEARS Orlando Hand 1811-1851 **[1]**
$26 000 FF159 411 £15 906 Portrait of Two Dark-Haired Sisters in Blue Dresses Seated Oil/canvas
89x145cm/*35x57in* New-York 98
BEATO Felice A. 1830-1906 **[38]**
$4 490 FF23 240 £3 000 "Views of Japan" Albumen print 27x22cm/*11x9in* London 96

BEATON Cecil 1904-1980 **[216]**
$6 320 FF31 400 £4 000 The red drawing room Oil/canvas 91x72cm/*35x28in* London 95
$1 296 FF7 568 £800 Andy Warhol and Candy Darling Gelatin silver print 35x17cm/*14x7in* London 97
$1 239 FF7 515 £750 Costume Design for Zena Dare as Mrs Higgins in "My Fair Lady" Ink 41,5x32,5cm/*16x12in* London 98
BEATON Penelope 1886-1963 **[6]**
$5 247 FF30 018 £3 200 Spring Flowers Oil/board 76x63,5cm/*29x25in* Glasgow 97
BEATRIZET Nicolaus Beatricius 1515-c.1570 **[18]**
$471 FF2 854 £288 Der bethlehemitische Kindermord, nach Marco Dente Kupferstich 40,5x57,3cm/*15x22in* Berlin 98
BEATTIE-BROWN William 1831-1909 **[5]**
$1 546 FF9 307 £926 Autumn-evening, The Young Woodgatherer Oil/canvas 50,5x76cm/*19x29in* Amsterdam 98
BEATTY Frank XX **[9]**
$686 FF3 828 £420 "No Room for Gloom..." Poster 112x92cm/*44x36in* London 97
BEATTY John William 1869-1941 **[35]**
$880 FF4 390 £574 Aurora Valley Oil/panel 19x27cm/*7x10in* Toronto 95
$6 940 FF36 100 £4 600 Laurentian Winter Oil/canvas 76x89cm/*29x35in* Toronto 96
BEAU Henri 1865-1949 **[25]**
$1 020 FF5 080 £668 Jaujac, Ardèche Huile/panneau 24x32cm/*9x12in* Montréal 95
$3 710 FF19 370 £2 325 Village en France Oil/canvas 48x38cm/*18x14in* Toronto 96
BEAUBRUN Charles (Attrib.) 1604-1692 **[7]**
$6 490 FF38 000 £4 012 Portrait de Madame d'Heudicourt Huile/toile 92x85cm/*36x33in* Paris 97
$15 000 FF89 820 £9 180 Portrait of a young Noblewoman, bust length, wearing a green Dress Oil/panel 31,5x25,5cm/*12x10in* New-York 97
$25 050 FF126 600 £16 440 König Ludwig XIV. als Kind mit seinem Bruder, dem Herzog von Orléans Öl/Leinwand 134x98cm/*52x38in* Wien 96
BEAUBRUN Charles Bobrun 1604-1692 **[5]**
$14 230 FF72 000 £9 330 Portrait en buste de la Grande Mademoiselle (1627-1693), en Athéna Huile/toile 75,5x63cm/*29x24in* Paris 96
BEAUCE Jean-Adolphe 1818-1875 **[3]**
$3 000 FF17 835 £1 835 La Terrasse à Khanga-Sidi-Nadji, Province de Constantine Oil/panel 33x24cm/*12x9in* New-York 97
BEAUCHAMP Robert 1923 **[11]**
$3 500 FF21 752 £2 093 Melting Butter Oil/canvas 172,5x174cm/*67x68in* New-York 98
$1 700 FF10 265 £1 018 Harpies with Two White Dogs Mixed media/paper 71x100,5cm/*27x39in* New-York 98
BEAUCORPS de Gustave XIX **[35]**
$6 590 FF32 000 £4 135 Saint-Maclou de Rouen, la façade Tirage albuminé 36x27cm/*14x10in* Arles 95
BEAUDIN André 1895-1979 **[168]**
$1 930 FF11 000 £1 182 La Dame en échec du cheval blanc Huile/toile 35x27cm/*13x10in* Paris 97
$3 424 FF20 000 £2 026 Nu au repos Huile/toile 43x61cm/*16x24in* Paris 97
$10 104 FF60 000 £6 120 Les vaches et les cygnes Huile/toile 130x161cm/*51x63in* Paris 97
$609 FF3 000 £396 Composition Sanguine 30x21cm/*11x8in* Paris 95
BEAUDUIN Jean 1851-1916 **[30]**
$3 080 FF15 960 £2 000 A Summer afternoon Oil/canvas 61x74cm/*24x29in* London 96
BEAUFILS Armel 1882-? **[5]**
$675 FF4 000 £404 Femme de Saint-Cast Plâtre H40,5cm/*H15in* Brest 97
BEAUFORT-DELANEY 1910 **[6]**
$1 817 FF10 500 £1 120 Composition jaune Huile/toile 41x24cm/*16x9in* Paris 97
$2 171 FF13 000 £1 297 Personnages Gouache/papier 65x50cm/*25x19in* Pontoise 98
BEAUFRERE Adolphe-Marie 1876-1960 **[287]**
$1 190 FF6 160 £773 Küstenlandschaft Öl/Leinwand 46x55cm/*18x21in* Zürich 96
$3 590 FF18 500 £2 380 Paysage à Châteauneuf Huile/papier/toile 35x23cm/*13x9in* Brest 96
$59 FF300 £36 La fontaine Estampe 14,5x10,5cm/*5x4in* Quimper 96
$763 FF4 000 £460 Fermes dans les arbres Aquarelle 16x20cm/*6x7in* Brest 96
BEAUGUREAU Francis Henry 1920 **[4]**
$7 000 FF40 626 £4 274 The Snake Charmer Oil/canvas 66x101,5cm/*25x39in* Los Angeles 97

BEAUJOUR Claude 1934 **[97]**
 $229 FF1 400 £140 Sans titre Aquarelle/papier 58x50cm/22x19in Paris 98
BEAULIEU de Anatole Henri 1819-1884 **[10]**
 $4 880 FF25 000 £2 964 Beauté masquée et marchandage Huile/toile 125x87cm/49x34in Paris 96
BEAULIEU Paul-Vanier 1910-1995 **[96]**
 $654 FF3 732 £397 "Bateaux" Huile/toile 8x13cm/3x5in Montréal 97
 $3 878 FF22 964 £2 303 Nature morte aux dés Oil/canvas 54,5x45,5cm/21x17in Toronto 97
 $292 FF1 665 £183 Série Laurentides Aquarelle/papier 28x37cm/11x14in Montréal 97
BEAUME Joseph 1797-1885 **[7]**
 $6 213 FF38 095 £3 724 Die Hirschjagd Öl/Leinwand 52x73cm/20x28in Zürich 98
BEAUMONT Authur Edwaine 1890-1978 **[3]**
 $3 000 FF18 083 £1 815 Battleship Iowa Docked Watercolour/panel 36x53cm/14x21in Pasadena, California 98
BEAUMONT de Edouard Charles 1812-1888 **[26]**
 $27 500 FF156 337 £16 838 "Les femmes sont chères" Oil/canvas 58,5x94cm/23x37in New-York 97
 $293 FF1 485 £192 Karnevalsszene Pencil 16,5x12cm/6x4in Bern 96
BEAUMONT Frederick XIX-XX **[4]**
 $5 362 FF32 460 £3 200 A Portrait of Penelope and Isobel Fullarton James, aged 4 Watercolour 73,5x61cm/28x24in London 97
BEAUQUESNE Wilfred Constant 1847-1913 **[43]**
 $1 400 FF8 510 £862 A Zouave/An Officer Oil/panel 11,5x8cm/4x3in New-York 98
 $2 168 FF13 000 £1 305 "A Montereau" Huile/toile 54x45cm/21x17in Paris 98
BEAUSSIER Émile 1874-? **[9]**
 $261 FF1 500 £159 "Grand Théâtre de Lyon, Les Maîtres-Chanteurs, de Wagner" Affiche 100x202cm/39x79in Nice 97
BEAUVARLET Jacques Firmin 1731-1797 **[6]**
 $276 FF1 588 £172 La partida/LLegada del correo Grabado 43x32cm/16x12in Madrid 97
BEAUVERIE Charles 1839-1924 **[37]**
 $1 186 FF7 267 £710 A Summer Day on the Loire Oil/panel 18,5x36,5cm/7x14in Amsterdam 98
 $2 320 FF13 700 £1 374 Vallée du Mont Doré Huile/toile 44x65cm/17x25in Clermont-Ferrand 97
BEAUX Cecilia 1855-1942 **[11]**
 $2 400 FF12 530 £1 450 Portrait of a Man Oil/canvas 74x56cm/29x22in New-York 96
 $30 000 FF177 621 £17 940 The Velie boys (Craig Combes Velie and John Deere Velie) Oil/canvas 195,6x119,4cm/77x47in New-York 97
BEAVIS Richard 1824-1896 **[51]**
 $832 FF4 892 £500 The King's Messenger Oil/canvas 25,5x37cm/10x14in London 97
 $11 799 FF70 107 £7 200 Bay of Cancale, Brittany Oil/canvas 61x91,5cm/24x36in London 98
 $130 784 FF781 248 £80 000 Pilgrims "en route" to Mecca Oil/canvas 112,5x178,5cm/44x70in London 98
 $815 FF4 995 £500 Harvesting with Figures Watercolour/paper 24x37cm/9x14in Manchester 98
BÉCAT Paul-Émile 1885-1960 **[23]**
 $2 907 FF16 853 £1 736 A Park Scene Oil/canvas/board 16x22cm/6x8in Amsterdam 97
BECCADELLI Antonio 1718-1803 **[2]**
 $6 500 FF39 609 £4 032 A Street Musician and His Family Oil/canvas 62x47cm/24x18in New-York 98
BECCAFUMI IL MECARINO Domenico 1486-1551 **[9]**
 $598 FF3 500 £365 Etude pour la résurection Dessin 26,5x19cm/10x7in Paris 97
BECCAFUMI IL MECARINO Domenico (Attrib.) 1486-1551 **[4]**
 $3 500 FF17 270 £2 263 Seated nude with two Putti/Standing nude Black chalk 24,8x19cm/9x7in New-York 96
BECCARIA Angelo 1820-1897 **[4]**
 $2 976 FF14 980 £1 970 Paesaggio con figure Olio/tela 24,5x32cm/9x12in Roma 95
BECCHI Luigi 1830-1919 **[4]**
 $22 860 FF115 600 £15 000 Blowing bubbles Oil/canvas 52x67cm/20x26in London 96
BECHER Arthur E. 1877-1960 **[11]**
 $2 600 FF12 720 £1 646 General Washington awarding medal to soldier Oil/canvas 71x101cm/28x40in New-York 95
BECHER Bernd 1931 **[8]**

$22 000 FF127 611 £13 488 Industrial Buildings Gelatin silver print 40x30cm/*15x11in* New-York 97
BECHER Hilla 1934 **[3]**
$22 000 FF127 908 £13 431 Watertowers-D Photograph 40,3x30,8cm/*15x12in* New-York 97
BECHER Hilla W. & Bernd 1934/1931 **[73]**
$189 FF1 078 £115 Transformator-Silo Lithograph 34,5x40cm/*13x15in* Hamburg 97
$338 FF2 010 £209 Fachwerkhäuser Photo 65x48,5cm/*25x19in* München 97
BECHI Luigi 1830-1919 **[36]**
$9 000 FF51 000 £4 500 Giovani ciociare Olio/tela 45x33,5cm/*17x13in* Prato 98
$30 500 FF154 000 £20 000 Il primo Rimprovero Oil/canvas 77x100cm/*30x39in* London 96
$60 000 FF340 000 £30 000 Giovani modelli nello studio Olio/tela 145x104cm/*57x40in* Milano 98
BECHLER Gustav 1870-1959 **[4]**
$1 619 FF9 621 £963 Am Achensee Öl/Leinwand 39x60,5cm/*15x23in* München 97
BECHTLE Robert Alan 1932 **[14]**
$8 000 FF40 750 £4 800 Max Piggy-Back Oil/canvas 91,5x101,5cm/*36x39in* New-York 96
$518 FF3 086 £316 Ohne Titel Farblithographie 61x86cm/*24x33in* Berlin 98
$1 500 FF8 721 £915 Untitled Gouache 45x38cm/*17x14in* New-York 97
BECHTOLD Erwin 1925 **[5]**
$1 625 FF8 475 £950 Zeichnungen Pencil 90x69cm/*35x27in* Köln 96
BECHTOLSHEIM von Gustav Freiherr 1842-1924 **[14]**
$492 FF2 543 £318 Bäuerin mit Kuh Oil/canvas/board 19,5x33cm/*7x12in* Hamburg 96
$336 FF2 008 £203 Am Fernpass Aquarell/Papier 20x28cm/*7x11in* München 97
BECK Jacob Samuel 1715-1778 **[12]**
$7 800 FF45 325 £4 800 Still life of cabbage, artichokes, asparagus and onions Oil/canvas 45,5x57cm/*17x22in* London 97
BECK Julia 1853-1935 **[13]**
$2 900 FF15 130 £1 956 Coucher de soleil Oil/canvas 82x130cm/*32x51in* Stockholm 96
$3 439 FF20 329 £2 129 Grèz-sur-Loing Oil/panel 22x49cm/*8x19in* Stockholm 97
BECK Leonhardt c.1480-1542 **[9]**
$56 400 FF288 600 £36 200 Acht Szenen aus dem Leben des heiligen Georg Oil/panel 117,5x36cm/*46x14in* Wien 96
$529 FF3 040 £322 Die hl. Ermelindis Woodcut 23,7x20,8cm/*9x8in* Berlin 97
BECK Sidney 1936 **[4]**
$334 FF2 002 £205 Huddled figures Charcoal 65x98cm/*25x38in* Johannesburg 98
BECKER August H. 1840-1903 **[2]**
$6 500 FF40 347 £3 897 Herd of Buffalo Oil/canvas 50x76cm/*20x30in* Mystic, Connecticut 98
BECKER Carl Ludwig Fried. 1820-1900 **[14]**
$5 003 FF31 056 £3 000 A Tambourine Girl Oil/canvas 111,5x80cm/*43x31in* London 98
$27 885 FF162 883 £16 500 The introduction Oil/canvas 146,7x196,6cm/*57x77in* London 97
BECKER Curt Georg 1904-1972 **[14]**
$3 848 FF21 929 £2 403 Paar am Ufer Oil/canvas 40x31cm/*15x12in* Bremen 97
$5 220 FF30 282 £3 213 Häuser in Landschaft Öl/Karton 80x98cm/*31x38in* Radolfzell 97
BECKER Edwin XX **[1]**
$1 600 FF9 127 £977 Executive Mansion, Albany Watercolour 41x53cm/*16x20in* New-York 97
BECKER F. Otto 1854-1945 **[2]**
$850 FF5 169 £523 Custer's Last Fight, after Cassily Adams Color lithograph 60x95cm/*24x37in* San Francisco 98
BECKER Frederick W. 1888-1974 **[7]**
$1 750 FF10 023 £1 035 Night Flower Oil/board 50x40cm/*20x16in* Santa Fe, New Mexico 97
$600 FF3 422 £368 Insectivore Carborandum 40x30,5cm/*15x12in* New-York 97
BECKER Harry 1865-1928 **[13]**
$253 FF1 255 £160 The Plough Etching 10x28cm/*3x11in* London 95
$452 FF2 515 £280 Horse and Cart Charcoal 14x25cm/*5x9in* London 97
BECKER Jacob (Attrib.) 1810-1872 **[1]**
$6 210 FF30 960 £4 070 Heuernte, Männer, Frauen und Kinder Öl/Leinwand 85x114cm/*33x44in* Bremen 95
BECKER Oskar XX **[8]**
$455 FF2 370 £301 Idyllische Dorf mit Pferdekarren Oil/panel 30x24cm/*11x9in* Düsseldorf 96

BECKER Philipp Jacob 1759-1829 **[1]**

 $1 616 FF9 658 £989 Halbfigurenbildnis Pastell 75x60cm/*29x23in* Düsseldorf 98

BECKER von Adolf 1831-1909 **[3]**

 $6 443 FF38 703 £3 864 Husmors vilostund Oil/canvas 38x46cm/*14x18in* Helsinki 98

BECKER VON WORMS Jakob 1810-1872 **[1]**

 $9 810 FF50 800 £6 270 Der Künstler und seine Frau Öl/Leinwand 22,5x18,5cm/*8x7in* Düsseldorf 96

BECKERT Fritz 1877-1962 **[30]**

 $1 065 FF6 072 £665 Freiberg Oil/panel 41x56cm/*16x22in* Dresden 97

 $23 684 FF134 952 £14 792 Dresden, Die Frauenkirche vom Schlossturm Öl/Leinwand 152x117cm/*59x46in* Dresden 97

 $116 FF672 £71 In einem alten Städtchen Farblithographie 55,4x75,8cm/*21x29in* Heidelberg 97

 $431 FF2 531 £263 Regensburg Aquarell/Papier 26,5x38cm/*10x14in* Dresden 97

BECKETT Clarice Marjoribanks 1887-1935 **[13]**

 $3 900 FF22 727 £2 402 River Landscape Oil/board 39x27cm/*15x10in* Melbourne 97

BECKHOFF Harry 1901-1979 **[7]**

 $935 FF5 552 £570 Shopkeeper reading newspaper to two boys and a man Watercolour/paper 39x33cm/*15x13in* New-York 98

BECKMAN Ford 1952 **[11]**

 $7 150 FF37 400 £4 260 Untitled Mixed media/panel 224x178cm/*88x70in* München 96

BECKMANN Johann, Hans 1809-1882 **[6]**

 $2 943 FF15 250 £1 913 Gebirgsdorf mit Brunnen Oil/panel 31x40cm/*12x15in* München 96

 $9 819 FF58 338 £5 839 Fischer am Seeufer Öl/Leinwand 44x60,5cm/*17x23in* München 97

BECKMANN Ludwig 1822-1902 **[8]**

 $30 000 FF153 000 £19 850 Assembling the Hounds Oil/canvas 96x155,5cm/*37x61in* New-York 96

BECKMANN Max 1884-1950 **[591]**

 $364 000 FF1 902 000 £216 700 Interieur violett (Der grüne Sessel) Öl/Leinwand 61x45,5cm/*24x17in* München 96

 $2 309 FF13 806 £1 400 Theaterloge Drypoint 30x24cm/*11x9in* London 97

 $17 200 FF89 000 £11 000 Toilette Sculpture, wood 22x15cm/*8x5in* London 96

 $12 000 FF69 124 £7 051 Bildnis Frau Lena Hofstaedter Crayon 21x17,5cm/*8x6in* New-York 97

BECKMANN Otto 1908-1997 **[2]**

 $2 563 FF15 222 £1 523 Idol Bronze H23,5cm/*H9in* Wien 97

BECKWITH James Carroll 1852-1917 **[23]**

 $3 200 FF16 700 £1 934 Miss Sophie and Miss Helen Langdon Oil/canvas 117x96,5cm/*46x37in* New-York 96

 $5 000 FF29 464 £3 088 Statues in the Fountain Oil/panel 35x26cm/*13x10in* New-York 97

 $47 500 FF281 898 £29 093 A Study with Sunlight Pastel/paper 21,5x16,5cm/*8x6in* New-York 98

BECON Yves 1907 **[10]**

 $661 FF3 300 £432 Le petit port Huile/toile 54x65cm/*21x25in* Le Havre 95

BECQUEREL André Vincent XIX-XX **[34]**

 $1 473 FF9 000 £873 Jeune fille jouant avec un chien Chryséléphantine H25cm/*H9in* Paris 98

BEDA Francesco 1840-1900 **[14]**

 $5 200 FF31 600 £3 120 El trabajo del artista Oleo/lienzo 42x33cm/*16x12in* Madrid 98

 $30 000 FF170 940 £18 375 Finisching touches Oil/canvas 82,5x58,5cm/*32x23in* New-York 97

BEDA Giulio 1879-1954 **[6]**

 $6 169 FF36 813 £3 722 Sommerlandschaft Öl/Leinwand 51x61cm/*20x24in* Düsseldorf 97

BEDIA VALDÉS José 1959 **[13]**

 $12 000 FF70 713 £7 170 Isla Jibara Acrylic/canvas 61x122cm/*24x48in* New-York 97

 $20 000 FF119 474 £12 246 "Dondequiera que vaya asia será" Oil/canvas 158,5x195,5cm/*62x76in* New-York 98

 $10 000 FF58 377 £5 949 Ahí va Papa-Lembo Ink 120x238,5cm/*47x93in* New-York 97

BEDIL Dewil Putu 1921 **[5]**

 $4 903 FF28 980 £3 034 Pasar scene Tempera/canvas 130x89cm/*51x35in* Singapore 97

 $7 600 FF39 100 £4 750 Stone masons Ink 50x40cm/*19x15in* Amsterdam 96

BEDINI Paolo 1844-? **[3]**

 $5 537 FF33 075 £3 433 Das Hauskonzert Oil/panel 41,5x30,5cm/*16x12in* Zürich 97

BEDINI Policarpo 1818-1883 **[2]**
 $14 510 FF87 316 £8 687 An Amusing Encounter Oil/canvas 37x51,5cm/*14x20in* Amsterdam 98
BEDNARSKI Jan 1891-1956 **[1]**
 $1 429 FF8 793 £874 Pejzaz z rozewia Oil/canvas/panel 26,3x39cm/*10x15in* Warszawa 98
BEECHEY George 1798-1852 **[3]**
 $11 050 FF54 000 £7 000 Portrait of Queen Charlotte (1744-1818) Oil/canvas 13x104cm/*5x40in* London 95
BEECHEY Richard Brydges 1808-1895 **[11]**
 $26 244 FF150 659 £16 000 The rescue Oil/canvas 90x136cm/*35x53in* London 97
 $29 392 FF173 410 £18 000 Glenbeg, near the Kenmare River, West of Ireland Oil/canvas 80x130cm/*31x51in* London 98
BEECHEY William 1753-1839 **[52]**
 $10 260 FF50 100 £6 500 Portrait of Elizabeth Townshend (d.1816) Oil/canvas 6x54cm/*2x21in* London 95
 $10 561 FF61 263 £6 500 Portrait of Mrs. Desborough Oil/canvas 76x65cm/*29x25in* London 97
 $24 000 FF146 251 £14 620 Portrait of Felix Ladbroke, standing full length in a Landscape Oil/canvas 240x146,5cm/*94x57in* New-York 98
 $4 620 FF24 060 £3 000 Queen Adelaide Engraving 64x42cm/*25x16in* London 96
BEECHEY William (Attrib.) 1753-1839 **[13]**
 $1 365 FF6 930 £880 Portrait of a young man with dog on seashore Oil/canvas 40x27cm/*16x11in* Aylsham, Norfolk 96
 $2 741 FF15 711 £1 700 Portrait of Princess Elizabeth (1770-1840) Oil/canvas 59,5x48,5cm/*23x19in* London 97
BEECK Franz Xaver (Attrib) XVIII **[1]**
 $5 398 FF31 889 £3 354 Musizierende Gesellschaft mit Lautenspieler/..mit Sängerin Oil/panel 30,5x40cm/*12x15in* Stuttgart 97
BEECQ van Jan Karel Donatus 1638-1722 **[2]**
 $16 251 FF94 429 £10 000 A capriccio view of the port of antwerp Oil/canvas 58,5x91cm/*23x35in* London 97
BEEH René 1886-1922 **[21]**
 $189 FF930 £121 Kaschemme/Robinson Lithographie 36x29cm/*14x11in* Hamburg 95
BEEK van Bernard Antoine 1875-1941 **[21]**
 $546 FF3 272 £325 Poderlandschap met personen Oil/canvas 69x99cm/*27x38in* Rotterdam 98
 $720 FF3 690 £467 Milking time Oil/canvas/board 26x49cm/*10x19in* Amsterdam 95
BEEKE Anthon 1940 **[5]**
 $204 FF1 189 £121 "Troilus en Cressida" Poster 58x80,5cm/*22x31in* Oostwoud 97
BEELAERTS VAN BOCKLAND Maria Johanna J. G. 1848-1915 **[5]**
 $2 852 FF16 596 £1 747 Roses Oil/canvas 24x42cm/*9x16in* Amsterdam 97
BEELDEMAKER Adriaen C. (Attrib.) 1618-1709 **[4]**
 $4 833 FF27 522 £3 000 Spaniels and Greyhounds by a Ruined Folly/Spaniels and Greyhounds Oil/canvas 44,5x58cm/*17x22in* London 97
BEELDEMAKER Adriaen Cornelisz. 1618-1709 **[27]**
 $2 157 FF12 713 £1 289 Rebekka und Elieser am Brunnen Oil/panel 42,5x34cm/*16x13in* München 97
 $4 524 FF26 769 £2 722 Hunting Scene with a boy presenting a Hare to an old Man Oil/canvas 45,5x60cm/*17x23in* Amsterdam 98
 $34 966 FF206 176 £20 700 Hounds in a landscape Oil/canvas 152x104cm/*59x40in* London 97
BEELER Joe Neil 1931 **[17]**
 $2 300 FF11 983 £1 446 "Blackbird" Oil/canvas 40x30cm/*16x12in* Scottsdale, Arizona 96
 $4 000 FF20 840 £2 515 Bandidos Oil/canvas 50x76cm/*20x30in* Scottsdale, Arizona 96
 $3 000 FF15 120 £1 935 Up the Trail Bronze 45x71cm/*18x28in* Hayden 96
 $3 630 FF22 201 £2 154 Almost a Goner Pencil/paper 50x73cm/*20x29in* Houston, Texas 98
BEELT Cornelis c.1660-c.1700 **[11]**
 $21 255 FF130 000 £12 610 La plage de Sheveningen Huile/toile 88x129cm/*34x50in* Lyon 98
BEER Andrew 1862-1954 **[8]**
 $645 FF3 838 £400 Bluebell Oil/canvas 30x38cm/*12x15in* Aylsham, Norfolk 97
BEER de Cornelis c.1590-c.1650 **[1]**
 $24 750 FF129 450 £15 000 Saint Sebastian tended by Irene Oil/canvas 107x147cm/*42x57in* London 96
BEER de Jan (Attrib.) c.1480-c.1536 **[3]**
 $10 400 FF53 000 £6 860 Crucifixion Huile/bois 88x59cm/*34x23in* Bayeux 96

BEER John 1885-1915 **[18]**
$1 022 FF5 905 £600 "Golden Gleam" wins - The Wokingham Stakes, Ascot 1906 Watercolour 25x35cm/*9x13in* London 97
BEER Wilhelm Amandeus 1837-1907 **[10]**
$1 290 FF7 697 £778 Russische Zigeuner im Zeltlager Oil/panel 22x39cm/*8x15in* Düsseldorf 97
BEERBOHM Max 1872-1956 **[66]**
$6 195 FF37 549 £3 800 "W.W Russell" Watercolour 31x16,5cm/*12x6in* London 98
BEERMAN John XX **[2]**
$1 500 FF8 939 £899 Desert Landscape with Gold Leaf Etching, aquatint in colors 31x31,5cm/*12x12in* New-York 98
BEERNAERT Euphrosine 1831-1901 **[8]**
$1 142 FF5 690 £748 Environs de Tervuren Huile/toile 39x55cm/*15x21in* Antwerpen 95
BEERS Jules Hart 1835-1913 **[2]**
$3 000 FF17 809 £1 861 Cows in a Landscape Oil/canvas 24,5x38cm/*9x14in* New-York 97
BEERS van Jan 1852-1927 **[46]**
$950 FF4 940 £628 Portrait de Jeune Femme Huile/panneau 32x23,5cm/*12x9in* Bruxelles 96
BEERSTRATEN Abraham c.1625-c.1665 **[5]**
$30 540 FF152 200 £20 000 Winter landscape with a city gate and a bridge Oil/canvas 90x127cm/*35x50in* London 95
$35 498 FF203 178 £20 967 Winter Landscape with a Horse-drawn Sledge, Skaters an Golfers Oil/canvas 104,5x126cm/*41x49in* Amsterdam 97
BEERSTRATEN Anthonie XVII **[4]**
$28 626 FF169 491 £17 000 A View of Egmond-aan-Zee with Fisherfolk on the Beach Oil/canvas 84x117cm/*33x46in* London 97
$41 100 FF205 000 £26 940 Patineurs sur une rivière gelée Huile/panneau 6x107cm/*2x42in* Paris 95
BEERSTRATEN Anthonie (Attrib.) XVII **[3]**
$14 850 FF88 875 £9 000 Paisaje de invierno con patinadores Oleo/lienzo 104x193cm/*40x75in* Madrid 98
BEERSTRATEN Jan Abraham 1622-1666 **[17]**
$16 840 FF84 100 £11 000 Choppy seas off the Dutch coast Oil/panel 38x52cm/*14x20in* London 95
$30 000 FF176 991 £18 372 Winter Landsdcape with Skaters on a frozen Waterway by a Sutler's tent Oil/panel 23,5x35cm/*9x13in* New-York 98
$84 000 FF418 500 £55 000 Dutch shipping on a river by a castle Oil/canvas 106x144cm/*41x56in* London 95
BEERT Osias I c.1570-1623/24 **[12]**
$794 000 FF4 150 000 £480 000 Still life of oysters, sweetmeats and dried fruit in a niche Oil/copper 51x45cm/*20x17in* London 96
BEESON Charles Richard 1909-? **[1]**
$2 713 FF16 236 £1 700 Grapes, Strawberries, Peaches, Roses, straw Basket, glass Vase... Oil/canvas 61x73,5cm/*24x28in* London 97
BEEST van Albert 1820-1860 **[12]**
$2 925 FF15 050 £1 825 Sailors in a rowing boat near a jetty, a sailing barge beyond Oil/canvas 42x54,5cm/*16x21in* Amsterdam 96
$252 FF1 506 £152 Fischerboote Indian ink/paper 18,5x26,5cm/*7x10in* Köln 97
BEEST van Sybrand 1610-1674 **[5]**
$18 074 FF105 073 £11 032 A vegetable Market Oil/canvas 40x62cm/*15x24in* Amsterdam 97
BEESTEN van Abraham Hendrick c.1696-1773 **[2]**
$5 894 FF34 876 £3 546 A Lady at Her Toilet in an Interior Oil/canvas 42x55cm/*16x21in* Amsterdam 98
BEETHOLME George Law c.1830-c.1880 **[6]**
$1 095 FF6 515 £660 A Highland Landscape with River in Spate Oil/canvas 49,5x75cm/*19x29in* Billingshurst, West Sussex 98
BEETZ Carl Hugo 1911-1974 **[4]**
$325 FF1 912 £195 Figures, Interior Lithograph 45x36cm/*18x14in* Altadena, CA 97
$2 500 FF14 688 £1 501 Pitcher and Coach Mixed media/paper 58x49cm/*23x19in* Altadena, CA 97
BEEVER van Emanuelus Samson 1876-1912 **[8]**
$768 FF3 904 £491 A peasant woman knitting in an interior Oil/panel 31,5x26cm/*12x10in* Amsterdam 96
BEFANI Gennaro 1866-1938 **[4]**

B

$8 000 FF45 636 £4 919 A seated nude Oil/canvas 77x65cm/*30x25in* New-York 97
BEFORTI Mathieu, Jeune 1813-c.1885 **[1]**
$32 000 FF158 000 £20 700 A young Woman from Thebes tending her wounded Father Oil/canvas 194x154cm/*76x60in* New-York 96
BEGA Cornelis P. (Attr.) 1631-1664 **[10]**
$5 659 FF35 000 £3 370 La Nourrice Huile/panneau 24x31,5cm/*9x12in* Paris 98
$7 783 FF44 550 £4 597 A Couple making Music in an Interior Oil/canvas 47,5x42cm/*18x16in* Amsterdam 97
$1 400 FF6 780 £902 A woman standing Red chalk 25x12,2cm/*9x4in* Amsterdam 95
BEGA Cornelis Pietersz 1631-1664 **[30]**
$132 594 FF820 000 £78 966 Jeune femme assise jouant de la mandoline Huile/panneau 38,5x32,5cm/*15x12in* Paris 98
$529 FF3 040 £322 Mutter und Kind in einer Schenke Radierung 15,7x21,1cm/*6x8in* Berlin 97
$7 800 FF40 200 £5 000 "The old hostess" Black, red & white chalks 18x14cm/*7x5in* London 96
BEGARAT Eugène 1943 **[191]**
$666 FF4 000 £399 Grève en Bretagne Huile/toile 41x33cm/*16x12in* Provins 98
$1 586 FF8 000 £1 041 La terrasse Huile/toile 73x92cm/*28x36in* Saint-Dié 96
BEGAS Adalbert Franz Eugen 1836-1888 **[6]**
$2 004 FF12 315 £1 202 Mutter und Kind Oil/canvas 75x62cm/*29x24in* Zürich 98
BEGAS Karl Joseph 1794-1854 **[5]**
$10 980 FF56 900 £7 140 Selbstporträt Öl/Leinwand 58x47,5cm/*22x18in* München 96
BEGAS Reinhold 1831-1911 **[5]**
$3 947 FF23 466 £2 415 Die Verschämte Bronze 77x21x27cm/*30x8x10in* Köln 97
BEGAS-PARMENTIER von Luise 1850-1920 **[5]**
$1 209 FF7 140 £730 Abendliche Strassenansicht Öl/Leinwand 40x50cm/*15x19in* Wien 97
BEGEER Jan 1921 **[1]**
$1 200 FF6 110 £720 "Frank Lloyd Wright" Poster 112x84cm/*44x33in* New-York 96
BEGEYN Abraham Jansz. 1637-1697 **[29]**
$5 761 FF35 000 £3 468 Volatiles et chèvre au pied de l'escalier d'un parc Huile/toile 93x77cm/*36x30in* Paris 98
$9 940 FF51 100 £6 200 Wooded landscapes Oil/canvas 36x31cm/*14x12in* London 96
BEGGARSTAFF BROTHERS J. Pryde/W.Nicholson XIX-XX **[3]**
$938 FF4 860 £600 "The Black and White Gallery" Poster 48x66cm/*18x25in* London 96
BEGGROV Alexander Pavlovich 1841-1914 **[9]**
$21 280 FF106 400 £14 000 View of the Anichov Palace, St. Petersburg Oil/canvas 33x46cm/*12x18in* London 95
$4 422 FF25 665 £2 700 The Lubyanka Square in Moscow Watercolour 26x35,5cm/*10x13in* London 97
BÉGO Charles 1918-1983 **[27]**
$430 FF2 200 £279 "La célèbre Place Pigalle" Gouache 24x32cm/*9x12in* Deauville 95
BÉGUYER DE CHANCOURTOIS René Louis Maurice 1757-1817 **[8]**
$5 163 FF30 000 £3 048 Vue de l'Arc d'Aurélien à Tripoli de Barbarie Crayon/papier 66x66cm/*25x25in* Bourges 97
BEHAM Barthel 1502-1540 **[24]**
$510 FF3 012 £302 Judith mit dem Haupt des Holofernes Kupferstich 8,5x7cm/*3x2in* Berlin 97
BEHAM Hans Sebald 1500-1550 **[132]**
$340 FF2 008 £201 Herkules tötet den namäischen löwen Kupferstich 5x8cm/*1x3in* Berlin 97
$11 600 FF60 030 £7 395 Portrait des Kaisers Maximilian Charcoal/paper 22,2x22,8cm/*8x8in* Zürich 96
BEHEL Henri XIX-XX **[2]**
$1 533 FF8 000 £926 "Georges Richard, Automobiles & Cycles" Affiche 122x190cm/*48x74in* Paris 96
BEHM Wilhelm 1859-1934 **[36]**
$574 FF3 429 £352 Höstlandskap med räv och skator Oil/canvas 25x37cm/*9x14in* Stockholm 98
$1 207 FF6 120 £779 Skator på gren Oil/canvas 122x52cm/*48x20in* Stockholm 96
BEHMER Marcus 1879-1958 **[19]**
$194 FF1 157 £118 Fünf Exlibris, u.a. für Ludwig von Hofmann, und eine Titelradierung Radierung 8x12cm/*3x4in* Berlin 98
BEHN Fritz 1878-1972 **[14]**
$5 173 FF30 810 £3 074 Angreifender Leopard Bronze 29,5x11x30cm/*11x4x11in* München 97

BEHNES William 1795-1864 **[3]**
🔨 *$6 775 FF39 370* £4 000 A Bust of Martin Tupper Marble H73cm/*H28in* London 97
BEHNKEN William 1943 **[1]**
▨ *$600 FF3 658* £360 "Bronx Icon"/"Opening Soon"/"Radiance" Etching 19,5x25cm/*7x9in* Boston, Mass. 98
BEHR Carel Jacobus 1812-1895 **[5]**
👌 *$4 120 FF20 170* £2 610 L'Hôtel de Ville de Middelburg Huile/toile 68x88cm/*26x34in* Bruxelles 95
BEHRENS Peter 1868-1940 **[22]**
▨ *$1 395 FF7 120* £920 Sturm Woodcut 50x65cm/*19x25in* Heidelberg 96
BEHRINGER Ludwig c.1824-1903 **[1]**
👌 *$3 183 FF15 900* £2 080 Episode aus dem Deutsch-Französischen Krieg 1870/71 Öl/Leinwand 63x87cm/*24x34in* Stuttgart 95
BEHRMANN Adolf, Abraham 1876-1942 **[6]**
👌 *$2 228 FF13 169* £1 380 Nature morte Oil/cardboard 37x52cm/*14x20in* Warszawa 97
BEICH Joachim Fr. (Attrib) 1665-1748 **[6]**
👌 *$2 739 FF16 221* £1 622 Hügelige Baumlandschaft Öl/Leinwand 58x81cm/*22x31in* München 97
BEICH Joachim Franz 1665-1748 **[34]**
👌 *$1 940 FF9 370* £1 266 Landschaft Oil/panel 26,5x40,5cm/*10x15in* Lindau 95
👌 *$3 958 FF23 434* £2 350 Moses errichtet die eherne Schlange... Öl/Leinwand 78x120cm/*30x47in* Dresden 97
👌 *$10 777 FF62 322* £6 669 Weite bewaldete Landschaft mit der Predigt Johannes des Täufers Öl/Leinwand 121x169,5cm/*47x66in* Wien 97
BEIJER de Jan 1703-c.1780 **[7]**
✏ *$311 FF1 782* £183 View of the Mill and Chapel at Viller, near Cleves Ink 14,5x24cm/*5x9in* Amsterdam 97
BEIL Charlie A. 1894-1976 **[6]**
🔨 *$1 345 FF6 850* £807 Buffalo Family Bronze 14,5x24x18cm/*5x9x7in* Calgary, Alberta 96
BEIL Karin 1946 **[6]**
👌 *$714 FF4 353* £441 Eisvergnügen mit winterlicher Dorfansicht Öl/Leinwand 18x24cm/*7x9in* Kempten 98
BEINASCHI Giovan B. (Attrib.) 1636-1688 **[6]**
👌 *$4 730 FF22 870* £3 000 Filosofo Olio/tela 93x72cm/*36x28in* Roma 95
👌 *$19 000 FF112 027* £11 650 The Doubting Thomas Oil/canvas 99x134,5cm/*38x52in* New-York 98
BEINASCHI Giovan Battista 1636-1688 **[19]**
👌 *$10 499 FF59 498* £5 249 Scena di sacrificio Olio/tela 96x136cm/*37x53in* Milano 97
👌 *$29 000 FF165 430* £17 832 The Assumption of the Virgin Oil/canvas 115x94,5cm/*45x37in* New-York 97
✏ *$800 FF4 842* £487 Study for a Reclining Figure Black chalk 37,5x56cm/*14x22in* New-York 98
BEINKE Fritz 1842-1907 **[23]**
👌 *$1 240 FF7 375* £759 Ansicht von Oberwesel am Rhein Oil/panel 26x34,5cm/*10x13in* Köln 97
👌 *$5 845 FF33 478* £3 458 Der Lumpenhändler Amandus Hegerle aus Reutlingen Öl/Leinwand 69x52cm/*27x20in* Kempten 97
BEISCHLÄGER Emil 1897-c.1976 **[27]**
👌 *$834 FF4 792* £519 Am Wolfgangsee Öl/Leinwand 58x72cm/*22x28in* Wien 97
👌 *$1 746 FF10 476* £1 060 Gebirgssee Oil/panel 32x40cm/*12x15in* Wien 98
✏ *$465 FF2 859* £284 Blumenstrauss Tempera/papier 61,5x47cm/*24x18in* Wien 98
BÉJOT Eugène 1867-1931 **[42]**
▨ *$131 FF800* £78 Le Château de Vivière Eau-forte 17,8x21,8cm/*7x8in* Paris 98
BEKAERT Piet 1939 **[4]**
👌 *$4 216 FF25 156* £2 542 Opschik Huile/toile 100x100cm/*39x39in* Lokeren 97
BEKSINSKI Zdzislaw 1929 **[4]**
👌 *$4 733 FF28 277* £2 895 Untitled Oil/panel 72,5x61cm/*28x24in* Warszawa 98
BELANGER Francois Joseph 1744-1818 **[3]**
✏ *$3 200 FF19 643* £1 960 Design for an elaborate Fireplace at the Château de Maisons, France Ink 44x63cm/*17x24in* New-York 98
BELANGER Louis 1736-1816 **[29]**
👌 *$5 360 FF28 000* £3 193 Bergslandskap Oil/panel 48x70cm/*18x27in* Stockholm 96
▨ *$1 701 FF9 722* £1 042 Interiör från Persbergs gruvor Etching 40x58cm/*15x22in* Stockholm 97
✏ *$2 925 FF16 997* £1 800 A River Landscape with Figures in a Boat in front of a House Bodycolour 45,5x62,5cm/*17x24in* London 97

BELANGER Louis (Attrib.) 1736-1816 **[5]**
✏ *$1 180 FF6 000 £705* Personnages le long d'une rivière Gouache/papier 202x27,3cm/*79x10in* Paris 96
BELAU Nikolaus Bruno 1684-1747 **[1]**
✏ *$4 890 FF24 350 £3 200* Self-portrait, full lentgh, holding a palette Ink/paper 26,8x21cm/*10x8in* London 95
BELAUBRE Jacques 1906 **[2]**
👝 *$1 810 FF10 500 £1 069* Gitane au bouquet Huile/toile 81x100cm/*31x39in* Bordeaux 97
BELAWA Ida Bagus (Attrib.) 1917 **[1]**
✏ *$2 457 FF12 640 £1 533* Constructing a bamboo house Ink/paper 60x49cm/*23x19in* Amsterdam 96
BELAY de Pierre 1890-1947 **[708]**
👝 *$2 822 FF16 100 £1 724* La coupole Huile/panneau 33x42cm/*12x16in* Calais 97
👝 *$6 612 FF39 500 £4 044* Audienne Huile/toile 38x46cm/*14x18in* Paris 98
👝 *$32 800 FF200 000 £19 680* Le départ des pêcheurs Huile/toile 175x212cm/*68x83in* Calais 98
🖾 *$456 FF2 600 £281* La plaidoirie Lithographie couleurs 45x37cm/*17x14in* Brest 97
✏ *$737 FF4 200 £454* Scène de Palais Fusain 26x34cm/*10x13in* Brest 97
BELCHER Hilda 1881-1963 **[2]**
✏ *$6 000 FF35 026 £3 569* "Winifred" Watercolour/paper 51x40,5cm/*20x15in* New-York 97
BELDER de Jozef, Jef 1871-1927 **[9]**
👝 *$2 992 FF17 853 £1 804* Bloemenboeket Huile/toile 63x76cm/*24x29in* Lokeren 97
BELENOG Anatoli 1946 **[1]**
👝 *$3 488 FF20 563 £2 084* Summer Oil/canvas 66x50cm/*25x19in* Stockholm 97
BELIMBAU Adolfo 1845-1938 **[10]**
👝 *$8 000 FF47 562 £4 894* Le Farfalle Oil/canvas 61x43cm/*24x16in* New-York 97
BELIN Claude XX **[3]**
🖾 *$2 013 FF12 500 £1 213* "La dame de Shanghaï" Affiche couleur 160x120cm/*62x47in* Paris 98
BELKIN Arnold 1930 **[6]**
👝 *$1 800 FF10 682 £1 102* Hombre II Oil/canvas 40x30cm/*15x11in* San Francisco-Los Angeles 97
BELKNAP Zedekiah 1781-1858 **[3]**
👝 *$60 000 FF348 030 £35 466* Mother and Child Holding Watch and Waterlilies Oil/canvas 71x60cm/*28x24in* New-York 97
BELKNAP Zedekiah (Attrib.) 1781-1858 **[6]**
👝 *$2 000 FF11 601 £1 182* Young Woman in White Dress Holding a Dress Oil/canvas 68x54cm/*27x21in* New-York 97
BELL A.D. XIX-XX **[39]**
✏ *$688 FF3 954 £420* Off Falmouth/The Cutty Sark Watercolour 25x35,5cm/*9x13in* London 97
BELL Arthur George 1849-1916 **[16]**
✏ *$414 FF2 507 £260* The Morning of the Boat Race, Putney Watercolour/paper 16x23cm/*6x9in* Birmingham 97
BELL Cecil Crosley 1906-1970 **[19]**
👝 *$1 200 FF7 384 £734* Digging for Clams Oil/board 66x50cm/*26x20in* Oakland, Ca 98
✏ *$1 700 FF9 670 £1 048* The Magician Pastel/paper 38x48cm/*15x19in* Detroit, Michigan 97
BELL Charles 1935-1995 **[6]**
👝 *$53 584 FF328 339 £32 000* Crossing Oil/canvas 213x110cm/*83x43in* London 98
BELL Charles D. (Attrib.) 1813-1882 **[2]**
👝 *$11 201 FF63 790 £6 800* Van Riebeck can't get Cattle from Strand Loopers Oil/canvas 46x61cm/*18x24in* London 97
BELL Edward August 1862-1953 **[7]**
👝 *$1 800 FF10 309 £1 064* "Portrait of Betty" Oil/panel 40x30cm/*16x12in* Milford, Conn. 97
👝 *$12 000 FF71 258 £7 268* Woodland Nymphs Oil/canvas 63x116cm/*25x46in* Bethesda, Maryland 97
BELL George Henry Fred. 1878-1966 **[28]**
👝 *$1 484 FF8 636 £909* Roses Oil/canvas 39x32cm/*15x12in* Melbourne 97
✏ *$1 482 FF8 652 £914* Study of four figures Pencil 25,5x28cm/*10x11in* Melbourne 97
BELL John Clement 1860-? **[4]**
👝 *$5 380 FF27 350 £3 500* Blackgame in the Highlands Oil/canvas 58x79,5cm/*22x31in* Auchterarder, Perthshire 95
BELL John, sculpt. 1811-1895 **[11]**
⚒ *$40 000 FF233 508 £24 680* "The eagle slayer" Marble 248,9x127x68,6cm/*97x50x27in* New-York 97
BELL Larry 1939 **[19]**

$3 000 FF15 280 £1 800 Glass Cube Sculpture, glass 10,2x10,2x10,2cm/4x4x4in New-York 96
$275 FF1 698 £165 "#2 PCFBK" Drawing 99x81cm/39x32in Plainville, Conn. 98

BELL Robert Anning 1863-1933 **[32]**
$6 687 FF39 525 £4 000 Little Girl Lost Oil/canvas 31x37cm/12x14in London 97
$9 068 FF52 782 £5 500 In the Doorway Oil/canvas 61x51cm/24x20in London 97
$8 968 FF53 450 £5 500 Mother and Children Relief 41x50cm/16x19in London 98
$467 FF2 814 £280 An offering to Ceres Pencil 23x45cm/9x17in Newbury, Berkshire 98

BELL Trevor 1930 **[20]**
$1 311 FF7 670 £800 "Silver Black With Green" Oil/canvas 91,5x61cm/36x24in London 97

BELL Vanessa 1879-1961 **[70]**
$6 210 FF30 100 £4 000 Tulips and daffodils in an Oriental jar Oil/canvas 41x31cm/16x12in London 95
$6 980 FF33 900 £4 500 Pinks in an Oriental jar Oil/canvas 46x38cm/18x14in London 95

BELL-SMITH Frederic Marlett 1846-1923 **[123]**
$862 FF5 159 £540 View of Treed Montain Valley Oil/canvas 53x38cm/20x14in Toronto 97
$1 190 FF5 820 £754 Hermit Range, B.C. Oil/board 23x31cm/9x12in Calgary, Alberta 95
$387 FF2 355 £235 Snowy Peak Watercolour/paper 14x15cm/5x5in Toronto 98

BELLA Edward XIX-XX **[1]**
$769 FF3 900 £500 "Globe Type Writer" Poster 69x48cm/27x18in London 96

BELLANGE Hippolyte 1800-1866 **[46]**
$9 256 FF55 000 £5 648 Scène de la campagne de France Huile/toile 54x73cm/21x28in Paris 98
$502 FF3 000 £308 Le retour du soldat Mine plomb 16,5x12,5cm/6x4in Paris 98

BELLANGE Jacques 1580-1638 **[11]**
$81 000 FF418 000 £52 000 Saint Sebastian tied to a tree by three men Ink 33,3x21,5cm/13x8in London 96

BELLANGE Jacques (Attrib.) c.1575-1616 **[3]**
$5 500 FF33 762 £3 369 Woman in Profile to the Right wearing a plumed Head-dress Ink 17,5x11cm/6x4in New-York 98

BELLANGE Michel Bruno 1726-1793 **[4]**
$4 080 FF21 000 £2 546 Bouquet de fleurs sur un entablement Huile/toile 43x34,5cm/16x13in Paris 96
$10 870 FF64 356 £6 500 A still life of flowers and fruit in basket, resting on a plinth Oil/canvas 87x94cm/34x37in London 97

BELLANGE Thierry 1594-1638 **[6]**
$887 FF5 300 £543 Selim II, Empereur des Turcs, Jean d'Autriche, Rodolphe I Mine plomb 13x11cm/5x4in Paris 98

BELLANGER Louis (Attrib.) 1736-1816 **[2]**
$3 785 FF23 000 £2 279 Couples près d'un moulin en ruine/Couple près d'un escalier (paysage) Gouache 16x24cm/6x9in Paris 98

BELLANY John 1942 **[45]**
$2 479 FF14 866 £1 500 Haunted Woman Oil/canvas 67,5x40cm/26x15in Glasgow 97
$6 350 FF33 000 £4 200 Fortunatus Oil/canvas 173x152,5cm/68x60in London 96
$2 016 FF10 400 £1 300 Self portrait Watercolour 75x54cm/29x21in London 96

BELLE Alexis Simon (Attr.) 1674-1734 **[7]**
$17 483 FF103 088 £10 350 Portrait of King Louis XV as a child Oil/canvas 82x61cm/32x24in London 97

BELLE Clément L. 1722-1806 **[1]**
$10 476 FF60 000 £6 198 Zaïre, Fatime et Orosmane, "Donnez-moi votre main, daignez Zaïre.." Huile/toile 42,5x32,5cm/16x12in Paris 97

BELLE Marcel 1871-1948 **[148]**
$249 FF1 500 £149 Paysage de France Huile/panneau 21x27cm/8x10in Paris 98
$432 FF2 600 £259 Paysage aux nuages Huile/toile 46x61cm/18x24in Paris 98
$34 944 FF210 000 £20 937 Jeune fille et enfant à la Ferté Gaucher sur le Grand Morin Huile/toile 160x190cm/62x74in Paris 98

BELLE van Charles, Karel 1884-1959 **[28]**
$655 FF3 902 £400 Le salon rouge Huile/toile 80x100cm/31x39in Antwerpen 98

BELLÉE de Léon Le Goabe 1846-1891 **[3]**
$7 249 FF43 227 £4 500 Chickens in a Field Oil/canvas 94x126cm/37x49in London 97

BELLEFLEUR Léon 1910 **[68]**

🖐 *$1 265 FF7 588 £765* Les Cyprès, Aix en Provence Huile/panneau 19,5x15,5cm/*7x6in* Montréal 97
🖐 *$2 196 FF11 380 £1 425* "Chinoiseries jouant dans le vide" Huile/carton 60x80cm/*23x31in* Montréal 96
✏ *$1 045 FF6 239 £627* Untitled, Abstract Composition Gouache/paper 48x65cm/*18x25in* Calgary, Alberta 98
BELLEGARDE Claude 1927 **[37]**
🖐 *$410 FF2 000 £260* L'Homme sacrifié Huile/toile 81x65cm/*31x25in* Paris 95
BELLEI Gaetano 1857-1922 **[28]**
🖐 *$27 000 FF165 339 £16 159* Grandmother's Gift Oil/canvas 70x93cm/*27x36in* New-York 98
BELLEMONT Léon 1866-1961 **[5]**
🖐 *$1 783 FF9 000 £1 171* Le Port d'Audierne (retour de pêche) Huile/panneau 33x40cm/*12x15in* Soissons 96
BELLENFANT Charles Robert XX **[1]**
🖐 *$7 000 FF40 509 £4 306* Nu Cubiste Oil/canvas 61x45,5cm/*24x17in* Los Angeles 97
BELLENGE de Bruno Michel 1726-1793 **[4]**
🖐 *$22 000 FF112 000 £14 500* Fleurs dans un vase de verre sur un entablement Huile/panneau 29x35,5cm/*11x13in* Paris 96
🖐 *$37 500 FF221 107 £22 995* Flowers in Hanging Baskets Oil/canvas 78x61cm/*30x24in* New-York 98
BELLERMAN Ferdinand Konrad 1814-1889 **[9]**
🖐 *$33 260 FF171 000 £20 730* A tropical Forest in Venezuela Oil/canvas/panel 44,5x55,5cm/*17x21in* Wien 96
🖐 *$420 000 FF2 453 262 £248 514* En el Trapiche (Hacienda de San Esteban de Puerto Cabello) Oil/canvas 140x180cm/*55x70in* New-York 97
BELLEROCHE de Albert 1864-1944 **[42]**
🖐 *$898 FF5 476 £550* Le Père Adolphe Oil/canvas 78,5x64,5cm/*30x25in* London 98
🖐 *$7 014 FF42 000 £4 191* Le garçon au billard Huile/toile 41x33cm/*16x12in* Soissons 98
🖼 *$394 FF2 385 £240* Female Nude/Young Girl Lithograph 46x35,5cm/*18x13in* London 98
BELLERY-DESFONTAINES Henri Jules Ferd. 1867-1910 **[14]**
🖼 *$338 FF2 009 £210* L'avenir artistique et litteraire Lithograph 54,5x75cm/*21x29in* London 97
BELLEVOIS Jacob Adriaensz 1621-1675 **[10]**
🖐 *$9 661 FF55 876 £5 800* Rocky Coast with Stormy Seas, Shipwreck, other Boats Oil/canvas 41x77cm/*16x30in* London 97
🖐 *$41 394 FF235 848 £25 968* Zahlreiche Segelschiffe vor der Küste Huile/panneau 32x47cm/*12x18in* Zürich 97
BELLEW Francis John 1799-1868 **[1]**
✏ *$4 960 FF25 670 £3 200* A Cadet's First Year in India Watercolour 18x26cm/*7x10in* London 96
BELLI Domenico 1909-1983 **[4]**
🖐 *$6 600 FF37 400 £4 400* Volo introspettivo Olio/tela 120x80cm/*47x31in* Prato 97
BELLI Enrico XIX **[4]**
🖐 *$5 046 FF30 000 £3 126* L'Ovation Huile/toile 84x63cm/*33x24in* Lyon 97
BELLIER Charles 1796-? **[5]**
🖐 *$2 376 FF14 600 £1 425* Scène de chasse à courre dans le Devon Huile/panneau 20,5x23,5cm/*8x9in* Bordeaux 98
BELLIER Jean François Marie 1745-1836 **[2]**
🖐 *$5 267 FF32 000 £3 171* Homme à la redingote bleue/Jeune femme portant un châle blanc Huile/toile 64x54,5cm/*25x21in* Paris 98
BELLIN DE FONTENAY Jean-Bapt. (Attrib.) 1653-1715 **[1]**
🖐 *$4 216 FF24 000 £2 608* Portrait de jeune femme tenant une corbeille de fleurs Huile/toile 73x59,5cm/*28x23in* Paris 97
BELLIN DE FONTENAY Jean-Baptiste 1653-1715 **[4]**
🖐 *$18 441 FF110 497 £11 000* A Still Life of Roses, a Tulip/A Still Life of Mock Orange, Anemones Oil/canvas 47x38cm/*18x14in* London 98
BELLING Rudolf 1886-1972 **[20]**
🗿 *$7 505 FF44 834 £4 600* Cubist Figure Bronze H49,5cm/*H19in* London 98
BELLINGHAM-SMITH Elinor 1906-1988 **[22]**
🖐 *$950 FF4 640 £600* The Serpentine Oil/panel 14,5x23cm/*5x9in* London 95
🖐 *$6 561 FF37 664 £4 000* The Reservoir Oil/canvas 61x74cm/*24x29in* London 97
✏ *$100 FF612 £60* The Catch Pencil 12x17cm/*4x6in* London 97
BELLINI Emmanuel 1904-1989 **[34]**
🖐 *$2 441 FF14 500 £1 490* Paris, les quais de Seine Huile/toile 65x81cm/*25x31in* Le Touquet 98

BELLINI Filippo 1550/55-1604 **[4]**
  🖊 *$333 FF1 970 £200* The Virgin in glory with SS. Nicholas and Anthony Wash 29x23cm/*11x9in* London 97
BELLIS de Antonio c.1635-1656 **[4]**
  👝 *$55 000 FF271 500 £35 550* The Mocking of Christ Oil/canvas 129x96,5cm/*50x37in* New-York 96
BELLIS Hubert 1831-1902 **[89]**
  👝 *$694 FF4 225 £413* Nature morte aux roses Huile/panneau 21,5x30cm/*8x11in* Bruxelles 98
  👝 *$1 904 FF11 118 £1 149* Nature morte au bouquet Huile/toile 66x54cm/*25x21in* Liège 97
BELLMER Hans 1902-1975 **[439]**
  📜 *$266 FF1 600 £159* Scène érotique Eau-forte 32x25cm/*12x9in* Paris 98
  ✏ *$24 802 FF144 787 £15 000* La Poupée Sculpture H46cm/*H18in* London 97
  📷 *$483 FF2 500 £312* La poupée Tirage argentique 25,7x26cm/*10x10in* Paris 96
  ✏ *$1 961 FF11 100 £1 197* Femmes Mine plomb 20x31cm/*7x12in* Saint-Germain-en-Laye 97
BELLOC Auguste c.1815-c.1870 **[12]**
  📷 *$710 FF4 200 £439* Jeune fille accoudée à sa boîte à ouvrage Daguerreotype 72x58cm/*28x22in* Paris 97
BELLOCQ Ernest James 1873-1949 **[13]**
  📷 *$1 458 FF8 500 £898* "Nu féminin allongé" Tirage papier salé 15,7x21,4cm/*6x8in* Paris 97
BELLON Denise 1902 **[10]**
  📷 *$419 FF2 514 £250* Mannequin mit Fledermaus Photograph 30x23cm/*11x9in* München 98
BELLONI Giorgio 1861-1944 **[38]**
  👝 *$990 FF5 180 £585* Barche nel porto Olio/tavola 14,5x17cm/*5x6in* Trieste 96
  👝 *$8 970 FF50 830 £4 485* Vele al tramonto Olio/cartone 51x61cm/*20x24in* Roma 98
BELLONI José 1882-1965 **[2]**
  ✏ *$10 500 FF54 390 £6 818* La Juventud Marble H165cm/*H64in* Montevideo 96
BELLONI Serge 1925 **[38]**
  👝 *$200 FF1 000 £126* Bouquets de fleurs Huile/carton 8x4,5cm/*3x1in* La Varenne Saint-Hilaire 95
  👝 *$3 176 FF15 500 £1 995* Le Palais des Doges Huile/toile 60x79cm/*23x31in* Paris 95
BELLOTTI Giuseppe Ma. (Attr.) 1714-1789 **[1]**
  👝 *$5 520 FF31 280 £3 680* L'Immacolata Olio/tela 59x45cm/*23x17in* Roma 97
BELLOTTI Pietro 1625-1700 **[5]**
  👝 *$15 640 FF92 000 £9 650* Bacchus à la fiasque de vin Huile/toile 99,5x86cm/*39x33in* Paris 97
  ✏ *$10 829 FF64 039 £6 500* Study of an old Woman with three Spindles and a pair of Shears Ink
32x24cm/*12x9in* London 97
BELLOTTO Bernardo Canaletto 1720/24-1780 **[48]**
  👝 *$1 515 510 FF8 973 090 £900 000* A View of Vaprio and Canonica, looking North-West from the West Bank
Oil/canvas 64x98cm/*25x38in* London 97
  📜 *$5 400 FF30 600 £2 700* La chiesa cattolica a Dresda Acquaforte 48,5x82cm/*19x32in* Milano 98
BELLOWS Albert Fitch 1829-1883 **[20]**
  👝 *$3 100 FF17 683 £1 894* Figure in a Landscape Oil/canvas 18x28cm/*7x11in* Bethesda, Maryland 97
  👝 *$5 500 FF33 212 £3 301* The Ferry Landing Oil/canvas 46x76cm/*18x29in* New-York 98
  ✏ *$2 000 FF11 813 £1 242* Sunday in Devonshire Watercolour, gouache/paper 47x75,5cm/*18x29in* Boston,
Mass. 97
BELLOWS George Wesley 1882-1925 **[152]**
  👝 *$65 000 FF383 253 £39 858* "The Blue Pool" Oil/panel 38x49,5cm/*14x19in* New-York 98
  📜 *$1 700 FF9 866 £1 004* Benediction in Georgia Lithograph 40x50cm/*16x20in* Bethesda, Maryland 97
  ✏ *$3 249 FF19 285 £2 015* Head Elsie, Speicher from the reverse Graphite 22x16cm/*8x6in* New-York 97
BELLUCCI Antonio 1654-1726 **[11]**
  👝 *$6 120 FF30 600 £4 000* A Classical maiden holding a water vase Oil/canvas 12x107cm/*4x42in* London 95
  👝 *$18 953 FF110 000 £11 572* Ercole che scaccia i vizzi Olio/tela 129x66cm/*50x25in* Paris-Trieste 97
BELLUCCI Antonio (Attrib.) 1654-1726 **[5]**
  👝 *$7 920 FF41 424 £4 800* The Rape of Proserpine, a modello Oil/canvas 50x40,5cm/*19x15in* London 96
  👝 *$9 788 FF59 940 £6 000* A Soldier surrendering his Arms before a King Oil/canvas 126,5x167,5cm/*49x65in*
London 98
BELLY Léon Adolphe 1827-1877 **[6]**
  👝 *$12 110 FF70 000 £7 462* L'Allée de Choubreah au Caire Huile/toile 32,5x46cm/*12x18in* Paris 97
BELMIRO BARBOSA DE ALMEIDA 1858-1935 **[1]**
  👝 *$6 370 FF31 100 £4 000* A boy peering into a well Oil/panel 13x21cm/*5x8in* London 95

BELMONDO Paul 1898-1982 **[36]**
$723 FF4 300 £448 L'hiver Sculpture H17cm/*H6in* Paris 97
$1 577 FF9 000 £963 Le modèle Aquarelle 31x21cm/*12x8in* Quimper 97
BELOBORODOFF André XIX-XX **[1]**
$8 894 FF51 800 £5 433 Rovine antiche Acquarello 50x68cm/*19x26in* Paris-Trieste 97
BELOFF Angelina 1879-1969 **[5]**
$16 000 FF77 600 £10 300 Los Ahuehuetes Oil/canvas 63x74cm/*24x29in* New-York 95
$1 600 FF9 184 £975 Rocas de tepoztlan Watercolour 29x35,5cm/*11x13in* New-York 97
BELON José c.1875-1927 **[7]**
$5 922 FF35 000 £3 668 Départ de la chasse à courre/La chasse à courre Huile/toile 85x120cm/*33x47in* Verdun 97
BELONOG Anatoli 1946 **[32]**
$1 981 FF11 574 £1 173 "Picknick" Oil/canvas 43x65cm/*16x25in* Stockholm 97
BELSKY Anatoly 1896-1970 **[1]**
$3 600 FF18 640 £2 407 "Ovod" Poster 140x108cm/*55x42in* New-York 96
BELTRAME Achille 1871-1945 **[16]**
$1 320 FF7 480 £880 Paesaggio montano con casolari e torrente Olio/tavola 22x30,5cm/*8x12in* Milano 97
$4 600 FF23 820 £3 075 "E. & A. Mele" Poster 322x220cm/*126x86in* New-York 96
BELTRAN-MASSES Federico 1885-1949 **[46]**
$1 020 FF6 000 £615 Figuras de noche Oleo/tabla 29x32cm/*11x12in* Madrid 97
$3 000 FF14 600 £1 900 Valencia Oil/board 61x74cm/*24x29in* New-York 95
$7 879 FF46 000 £4 765 Odalisque au masque Huile/toile 130x200cm/*51x78in* Neuilly-sur-Seine 97
BELTRANO Agostino 1607-c.1665 **[3]**
$15 560 FF95 320 £9 400 I Santi Biagio, Raimonde e Antonio Öl/Leinwand 76,5x55,5cm/*30x21in* Wien 98
BELVEDERE Abate And. (Attrib.) 1642-1732 **[3]**
$50 000 FF276 245 £31 075 Still Life of Flowers in an Ornate Vase Oil/canvas 58x45cm/*22x17in* New-York 97
BELVEDERE Abate Andrea 1642-1732 **[4]**
$32 560 FF168 600 £21 000 Assorterd flowers in ornamental copper vases Oil/canvas 7x53cm/*2x20in* Wien 96
BEMEL von Karl Sebastian 1743-1796 **[2]**
$1 004 FF6 034 £600 View of a burning Farm at Night Gouache 17x22,5cm/*6x8in* London 98
BEMELMANS Ludwig 1898-1962 **[37]**
$3 800 FF22 836 £2 275 "Low Tide, Honfleur" Oil/canvas 59,5x81cm/*23x31in* New-York 98
$2 250 FF11 570 £1 403 Woman and Dog, Rôtisserie Périgourdine, Paris Gouache/paper 62x44,5cm/*24x17in* San Francisco-Los Angeles 96
BEMMEL van Jacob Gerritz (Attr) 1628-1673 **[1]**
$8 740 FF45 300 £5 850 Peasants returning from market on a rocky path in Italianate landscape Oil/panel 51x63cm/*20x24in* Amsterdam 96
BEMMEL van Peter 1685-1754 **[18]**
$4 320 FF20 860 £2 700 Extensive landscapes Oil/panel 14x20cm/*5x7in* London 95
$11 128 FF67 000 £6 659 Villageois et cavaliers près de ruines ombragées dans un paysage Huile/toile 83x112cm/*32x44in* Paris 98
BEMMEL van Peter (Attrib.) 1685-1754 **[5]**
$2 260 FF11 500 £1 350 Gewitterlandschaft Oil/panel 14x22cm/*5x8in* Köln 96
BEMMEL van Willem 1630-1708 **[9]**
$4 454 FF26 818 £2 665 Südliche Architekturlandschaft an einem See Öl/Leinwand 67x92cm/*26x36in* München 98
$1 020 FF6 024 £604 Weites Flusstal mit Kastell und Pyramide am Hang Red chalk/paper 31x43,9cm/*12x17in* Berlin 97
BEMMEL von Georg Christoph Got. 1738-1794 **[3]**
$1 402 FF8 366 £846 Winterlandschaft Gouache/papier 17,5x22,6cm/*6x8in* Köln 97
BEMMEL von Johann Christoph c.1707-1778 **[8]**
$3 600 FF18 620 £2 300 Ideale Flusslandschaft Öl/Leinwand 47,5x69cm/*18x27in* Heidelberg 96
BEMMEL von Johann Georg 1669-1723 **[4]**
$223 FF1 080 £144 Hussars in a landscape/Study of a Hussar Red chalk 20x28cm/*7x11in* Amsterdam 95
BEN Ben Vautier, dit 1935 **[188]**
$1 063 FF6 200 £655 "Around 200 grames" Huile/panneau 24,7x33,5cm/*9x13in* Paris 97

⏏ *$2 700 FF14 000* £1 754 "Parfois l'Art me fait pleurer" Acrylique/toile 100x100cm/*39x39in* Paris 96
⏏ *$6 105 FF34 597* £3 052 "Io Firmo Tutto" Olio/tela 114x146cm/*44x57in* Milano 97
⏏ *$266 FF1 300* £168 Regardez ailleurs Sérigraphie 54x66,5cm/*21x26in* Paris 95
⏏ *$787 FF4 000* £470 "A bas le Sida" Gouache 28x20cm/*11x7in* Paris 96
BEN MOSHE Eitan 1971 [4]
⏏ *$900 FF5 484* £548 Self Portrait Oil/canvas 20x20cm/*7x7in* Tel Aviv 98
BEN TRÉ Howard 1949 [4]
⏏ *$22 000 FF114 800* £13 300 "Structure 34" Sculpture H104cm/*H40in* New-York 96
BEN ZION 1897-? [2]
⏏ *$849 FF4 846* £522 The book of Ruth, Job and Song of Songs Etching, aquatint 56x45cm/*22x17in* New-York 97
BENAGLIA Enrico 1938 [9]
⏏ *$779 FF4 418* £389 "Il pescatore" Olio/tela 30x25cm/*11x9in* Roma 97
BENANTEUR Abdallah 1931 [8]
⏏ *$3 722 FF22 000* £2 305 Entre les rochers Huile/toile 50x50cm/*19x19in* Paris 97
BÉNARD Jean-Bapt. (Attrib.) ?-c.1790 [1]
⏏ *$1 399 FF8 500* £842 Repos de la bergère et de son troupeau Huile/cuivre 10,5x14cm/*4x5in* Paris 98
BÉNARD Jean-Baptiste ?-c.1790 [16]
⏏ *$3 749 FF20 900* £2 292 A young girl seated in the out-of-doors with a basket of broken eggs Oil/canvas 46x38,1cm/*18x14in* New-York 97
⏏ *$12 000 FF59 200* £7 750 A Shepherd Boy seated with his Dog at the foot of a tree Oil/canvas 41x33cm/*16x12in* New-York 96
BENASSIT Louis Émile 1833-1902 [7]
⏏ *$926 FF5 500* £561 Le renseignement Huile/panneau 24x19cm/*9x7in* Calais 97
BENBRIDGE Henry 1743-1812 [1]
⏏ *$85 000 FF521 152* £52 003 Gentleman Wearing a Gold-Buttoned Red Jacket over a Salmon Waistcoat Oil/canvas 75x62cm/*29x24in* New-York 98
BENCZUR von Gyula 1844-1920 [5]
⏏ *$7 461 FF43 146* £4 635 Aufbruch zur Jagd Öl/Leinwand 127x185cm/*50x72in* Wien 97
⏏ *$80 000 FF473 096* £48 536 A Ssummer Picnic in a Field of Wild Flowers Oil/canvas 87,5x115,5cm/*34x45in* New-York 98
BENDA G.K., Georges Kugel. XIX-XX [21]
⏏ *$1 722 FF9 887* £1 050 "Mistinguett" Poster 153,5x117cm/*60x46in* London 97
BENDA Wladyslaw Theodor 1873-1948 [6]
⏏ *$2 600 FF15 719* £1 609 Women Conversing Watercolour, gouache 67x44cm/*26x17in* Mystic, Connecticut 97
BENDALL Mildred 1891-1977 [14]
⏏ *$1 590 FF9 066* £1 000 La Rochelle Oil/board 50x63,5cm/*19x25in* London 97
BENDEMANN Eduard Julius Fr. 1811-1889 [10]
⏏ *$16 000 FF97 979* £9 576 Mourning Zion Oil/canvas 70x103cm/*27x40in* New-York 98
⏏ *$283 FF1 673* £167 Weibliche Kopf- und Armstudien Charcoal 36x25cm/*14x9in* Berlin 97
BENDER Gretchen 1951 [3]
⏏ *$755 FF3 840* £451 Untitled, from "The Pleasure is Back" Series Serigraph 183x183cm/*72x72in* Stockholm 96
BENDER Stanislaus 1882-? [2]
⏏ *$10 000 FF60 314* £5 937 Tying the Tallis Fringes Oil/canvas 50x71cm/*19x27in* Tel Aviv 98
BENDI Ida Wayan 1950 [1]
⏏ *$2 336 FF12 050* £1 550 40 Years Freedom Watercolour 50x70cm/*19x27in* Amsterdam 96
BENDIX Hans 1898-1984 [15]
⏏ *$293 FF1 496* £193 "Favntag" Watercolour 29x39cm/*11x15in* København 96
BENDRE Narayan Shridhar 1910-1992 [6]
⏏ *$21 305 FF127 201* £13 000 The Big Haul Oil/canvas 114,5x107,5cm/*45x42in* London 98
⏏ *$5 940 FF30 760* £3 800 Mother and child Wash/paper 50x67cm/*19x26in* London 96
BENDTSEN Folmer 1907-1993 [90]
⏏ *$825 FF4 858* £509 Alexandravej Oil/canvas 91x118cm/*35x46in* København 97
BENDZ Wilhelm F. (Attrib.) 1804-1832 [2]
⏏ *$17 470 FF91 100* £11 550 Vinterlandskab med jaegere Oil/canvas 42x48cm/*16x18in* København 96

BENDZ Wilhelm Ferdinand 1804-1832 **[13]**

$736 FF4 409 £453 Slagsmål i en krostue, after Adrian Brouwer Oil/canvas 22x38cm/*8x14in* Vejle 98

$384 800 FF2 286 700 £228 800 Det waagepetersenske familiebillede Oil/canvas 99x88cm/*38x34in* København 97

BENEDETTI Andries 1620-? **[2]**

$16 000 FF83 200 £10 580 Fruit displaied on a table, a carafe, a goblet, a glass pokal Oil/canvas 90x155cm/*35x61in* New-York 96

BENEDIT Luis Fernando 1937 **[10]**

$6 000 FF35 842 £3 670 "Tanque" Mixed media/canvas 54,5x75cm/*21x29in* New-York 98

$18 000 FF107 526 £11 021 "Margaritas a los chanchos" Mixed media/canvas 146x114cm/*57x44in* New-York 98

$22 000 FF128 429 £13 087 In Memoria Rudesindo Watercolour/paper 150x100cm/*59x39in* New-York 97

BENEDITO VIVES Manuel 1875-1963 **[24]**

$9 240 FF55 300 £5 600 Mujer con mantilla Oleo/lienzo 68x49,5cm/*26x19in* Madrid 97

$665 FF3 781 £408 Rostro Acuarela/papel 10x8cm/*3x3in* Madrid 97

BENEFIAL Marco 1684-1764 **[7]**

$502 FF3 017 £300 Study of the Head of a Man Black chalk/paper 9x9cm/*3x3in* London 98

BENEKER Gerrit A. 1882-1934 **[13]**

$1 800 FF10 882 £1 114 Boats at the Pier Oil/canvas 40x30cm/*16x12in* Mystic, Connecticut 97

$7 250 FF37 550 £4 640 Provincetown in winter Oil/canvas 50x40cm/*20x16in* Mystic, Connecticut 96

BENES Vincenc 1883-1979 **[17]**

$2 490 FF12 480 £1 576 Still life with fruit Oil/canvas 24x33cm/*9x12in* Wien 95

$2 870 FF17 066 £1 756 Blumenstilleben Öl/Leinwand 65,5x55,5cm/*25x21in* Bern 97

$558 FF3 172 £349 Figurative Composition Pencil 21x17cm/*8x6in* London 97

BENESCH Gustav XIX **[5]**

$426 FF2 621 £260 Weitenegg, in der Wachau Gouache/Karton 39x28,5cm/*15x11in* Wien 98

BENET VANCELLS Rafael 1889-1979 **[3]**

$3 675 FF20 895 £2 257 Marina, Costa Brava Oleo/lienzo 54x81cm/*21x31in* Barcelona 97

BENETT A. Newton 1854-1914 **[4]**

$653 FF3 913 £400 Christchurch, Dorset Watercolour 33x43,5cm/*12x17in* Billingshurst, West Sussex 97

BENEZIT Emmanuel Charles 1887-1975 **[145]**

$1 384 FF7 000 £908 La route au soleil Huile/toile 54,5x65cm/*21x25in* Paris 96

$1 381 FF7 880 £849 Villa des roses à Hyères Oil/canvas 36x43cm/*14x16in* Billingshurst, West Sussex 97

$633 FF3 861 £380 Mother and Child with Sunset in Distance Charcoal 26,5x34cm/*10x13in* West Sussex 98

BENFIELD Andrew Charles I. 1941 **[2]**

$2 223 FF10 740 £1 400 A red and green macaw Watercolour 71x52cm/*27x20in* London 95

BENGELSDORF Rosalind Browne 1916 **[1]**

$11 000 FF65 281 £6 822 Mural Study Gouache/paper 12x33cm/*4x12in* New-York 97

BENGER Berenger 1868-1935 **[24]**

$560 FF3 097 £350 Stone Roofs of Florence Watercolour/paper 27x42cm/*10x16in* London 97

BENGLIS Lynda 1941 **[32]**

$680 FF3 534 £450 "Los Angeles 1984 Olympic Games" Poster 61x92cm/*24x36in* London 96

$2 500 FF14 560 £1 527 Gold Luster Ceramic 43x66x10cm/*16x25x3in* New-York 97

$3 000 FF17 182 £1 774 Fan Sculpture H145cm/*H57in* New-York 97

BENGSTON Billy Al 1934 **[14]**

$3 162 FF18 991 £1 888 Untitled Acrylic/canvas 20x20cm/*7x7in* San Francisco 98

$650 FF3 764 £400 Untitled Watercolour/paper 47x29cm/*18x11in* Los Angeles 97

BENGTSSON Dick 1936-1989 **[11]**

$24 160 FF122 800 £14 430 Sjuk hund Oil/panel 61x50cm/*24x19in* Stockholm 96

$1 485 FF7 690 £960 Människor i kvadrat Collage/paper 59x80cm/*23x31in* Stockholm 96

BENIGNI Léon 1892-? **[4]**

$2 145 FF12 800 £1 294 "P.L.M Brides-Les-Bains" Affiche 100x61,5cm/*39x24in* Orléans 97

BENINGFIELD Gordon 1936 **[1]**

$2 141 FF12 922 £1 300 A Nuthatch Watercolour 34x27,5cm/*13x10in* Billingshurst, West Sussex 98

BENJAMIN Karl S. 1925 **[5]**

$750 FF4 453 £459 Untitled Oil/canvas 91x106,5cm/*35x41in* San Francisco-Los Angeles 97

BENK Johannes 1844-1914 **[5]**

$3 124 FF19 048 £1 876 Brunnenmodell Ceramic 68x84cm/*26x33in* Wien 98

BENLLIURE Y GIL Blas 1852-1936 **[3]**
  $2 242 FF12 902 £1 397 Paisaje con pintor junto al río Oleo/tabla 32x46cm/*12x18in* Madrid 97
BENLLIURE Y GIL José 1855-1937 **[40]**
  $17 500 FF100 000 £10 750 En un poblado magrebi Oleo/tabla 13x20cm/*5x7in* Madrid 97
  $28 730 FF167 818 £17 000 The altar boy Oil/canvas 90,2x61cm/*35x24in* London 97
  $2 484 FF14 292 £1 440 La noticia Acuarela/papel 24,5x20cm/*9x7in* Madrid 97
BENLLIURE Y GIL Juan Antonio 1860-1930 **[10]**
  $10 121 FF57 836 £6 200 Young Peasants with their Flock of Geese Oil/canvas 46x74,5cm/*18x29in* London 97
BENLLIURE Y GIL Mariano 1862-1947 **[55]**
  $2 340 FF12 935 £1 430 Toro bravo. De salida Bronze 50x39x74cm/*19x15x29in* Madrid 97
  $385 FF2 183 £242 Retrato de intelectual Tinta/papel 65x46cm/*25x18in* Madrid 97
BENN Ben, Benejou R. 1884-1983 **[60]**
  $706 FF4 200 £437 Bouquet de fleurs sur une table Huile/panneau 35x27cm/*13x10in* Paris 97
  $1 483 FF7 500 £972 Le jeune modèle Huile/toile/carton 55x38cm/*21x14in* Paris 96
  $1 352 FF7 000 £873 Landscape in the desert near Sde-Boker Aquarelle/papier 50x65cm/*19x25in* Paris 96
BENNEDSEN Jens Christian 1893-1967 **[43]**
  $388 FF2 212 £238 Vinterparti fra Jyderup Oil/canvas 66x96cm/*25x37in* Viby J, Århus 97
BENNER Emmanuel 1836-1896 **[25]**
  $750 FF4 500 £451 Négresse au plateau Huile/toile 36x23,5cm/*14x9in* Paris 98
  $3 252 FF19 500 £1 957 Village en Tunisie Huile/toile 91x66cm/*35x25in* Paris 98
  $10 675 FF64 000 £6 425 La loge de la danseuse Huile/toile 145x100cm/*57x39in* Paris 98
BENNER Emmanuel, Many 1873-1965 **[8]**
  $2 262 FF11 500 £1 350 Nu allongé Huile/toile 46x65cm/*18x25in* Paris 96
BENNER Gerrit 1897-1981 **[87]**
  $6 360 FF33 200 £3 840 Havengezicht Oil/paper/canvas 57x76cm/*22x29in* Amsterdam 96
  $4 590 FF24 060 £2 760 Untitled Watercolour, gouache/paper 6x49,5cm/*2x19in* Amsterdam 96
BENNER Jean 1796-1849 **[3]**
  $12 764 FF76 427 £7 841 Blumen im Wind Oil/canvas 81x64cm/*31x25in* Bern 98
BENNER Jean 1836-1909 **[27]**
  $1 000 FF6 000 £602 Capri : la villa sous la treille Huile/toile 98x72cm/*38x28in* Paris 98
  $2 018 FF11 500 £1 260 Elégante au collier de perles Huile/panneau 35x27cm/*13x10in* Saint-Dié 97
  $23 018 FF138 000 £13 855 Les jeunes pêcheuses Huile/toile 115x147cm/*45x57in* Paris 98
  $1 084 FF6 500 £652 Nature morte au vase de fleurs Aquarelle/papier 51x39cm/*20x15in* Paris 98
BENNET Carl Stephan 1800-1878 **[6]**
  $1 114 FF5 770 £720 Wooded landscape Oil/paper 26x36cm/*10x14in* Stockholm 96
  $16 340 FF85 300 £9 870 View of the Roman campagna Oil/canvas 77x106cm/*30x41in* Stockholm 96
BENNETT Alfred 1861-1916 **[13]**
  $2 448 FF14 285 £1 500 Harvesters and Cattle in an extensive Landscape, a Windmill beyond Oil/canvas 51,5x76cm/*20x29in* London 97
BENNETT Elton 1911-1974 **[8]**
  $100 FF596 £60 Sea Hostage Screenprint in colors 41x56cm/*16x22in* Bethesda, Maryland 98
BENNETT Frank Moss 1874-1953 **[160]**
  $113 FF692 £69 The old Willow Oil/canvas 25x34,5cm/*9x13in* Billingshurst, West Sussex 98
  $397 FF2 304 £234 Portrait of "Penrose de Hochepied Larpent" Oil/canvas 81,5x58,5cm/*32x23in* West Midlands 97
BENNETT Harriet M. XIX-XX **[2]**
  $1 131 FF5 770 £750 The New Kitten Watercolour 18x13cm/*7x5in* Billingshurst, West Sussex 96
BENNETT William 1811-1871 **[24]**
  $805 FF4 803 £500 Castelmur in Val Bregaglia near Castasegna, Switzerland Watercolour 38x54cm/*14x21in* London 97
BENNETT William (Attrib.) 1811-1871 **[3]**
  $1 486 FF8 814 £900 "Windsor Park and Castle" Watercolour/paper 44x67cm/*17x26in* Oxford 97
BENNETT William James 1786-1844 **[11]**
  $683 FF3 520 £440 Niagara Falls from the American Side, after J.R. Murray Aquatint 40,5x58,5cm/*15x23in* London 96

BENNETT William Rubery 1893-1987 **[41]**
$3 076 FF18 481 £1 866 Boiling the Billy Oil/board 14,5x19cm/*5x7in* Melbourne 98
$8 580 FF50 000 £5 285 Country Road Oil/canvas 50x60cm/*19x23in* Melbourne 97
BENNETTER Johan Jacob 1822-1904 **[13]**
$1 654 FF9 804 £991 Skibsforlis Oil/panel 16x29cm/*6x11in* Oslo 97
$15 865 FF95 000 £9 747 Scène de naufrage devant Oslo Huile/toile 95x136cm/*37x53in* Paris 98
BENNEWITZ VON LÖFEN Karl II 1856-1931 **[4]**
$1 640 FF8 000 £1 038 Yvette Guilbert Pastel 105x71cm/*41x27in* Paris 95
BENNIFEK Theodor 1784-1845 **[1]**
$1 343 FF8 045 £802 Griechischer Freiheitskämpfer mit seiner Familie Pencil/paper 20x26cm/*7x10in*
Köln 98
BENNINGFIELD Gordon XX **[3]**
$976 FF5 782 £580 A Brahma Cockerel and Two Hens Watercolour/paper 23x31cm/*9x12in* Salisbury,
Wiltshire 97
BENOIS Albert Nikolaïevich 1852-1936 **[17]**
$2 118 FF12 820 £1 300 The Mouth of the Neva Watercolour/paper 25,5x19cm/*10x7in* London 98
BENOIS Alexander Nikolaïev. 1870-1960 **[169]**
$2 053 FF11 886 £1 263 Salongespräch Gouache/paper 42x55cm/*16x21in* Wetzikon 97
BENOIS DI STETTO Alexandre A. 1888-? **[5]**
$2 139 FF12 922 £1 300 "Grindelwald" Poster 100x70cm/*39x27in* London 98
$3 834 FF20 100 £2 300 The Synagogue in Riga Watercolour 36,5x43cm/*14x16in* London 96
BENOIS Nadia 1896-1975 **[20]**
$677 FF3 929 £400 Still life with Dahlias Oil/canvas 56x40,5cm/*22x15in* London 97
BENOIS Nikolai Alexandrov. 1901-1988 **[4]**
$150 FF894 £93 Prince Igor, Act II, Camp of the Polovsti Watercolour, gouache/paper 31x48cm/*12x19in*
Portland, OR 97
BENOIST Félix 1818-? **[3]**
$600 FF3 422 £364 "Palais et Jardin des Tuileries" Lithograph 35,5x46cm/*13x18in* New-York 97
BENOIST J.L. XVIII-XIX **[1]**
$3 260 FF17 000 £2 155 Les Aventures de Télémaque Gravure 34x45,5cm/*13x17in* Paris 96
BENOIST Philippe 1813-c.1880 **[5]**
$284 FF1 700 £171 Palais du Luxembourg/Château d'eau Lithographie 29x37,5cm/*11x14in* Paris 97
BENOIT Jacqueline 1928 **[10]**
$2 695 FF13 600 £1 770 Le chat à la rose Huile/toile 55x46cm/*21x18in* Orléans 96
BENOIT Rigaud 1911-1987 **[8]**
$8 000 FF47 789 £4 893 Dream of Marriage Oil/masonite 50,5x61cm/*19x24in* New-York 98
BENOIT-LÉVY Jules 1866-1952 **[14]**
$370 FF2 122 £227 Repus Pastel/papier 40x30cm/*15x11in* Bruxelles 97
BENOUVILLE Achille 1815-1891 **[33]**
$5 084 FF31 000 £3 050 Le repos dans la clairière Huile/toile 57x47cm/*22x18in* Dijon 98
$5 030 FF25 540 £3 000 Santa Croce in Gerusalemme with the Claudian Aquaduct Watercolour
26x45,5cm/*10x17in* London 96
BENOUVILLE Achille (Attrib.) 1815-1891 **[3]**
$196 FF1 200 £116 Chèvres et paysans dans un sous-bois Huile/toile 61x50cm/*24x19in* Lyon 98
BÉNOUVILLE Léon 1860-1903 **[2]**
$3 592 FF22 000 £2 142 Arums d'eau, 8 plaques composant des motifs à 2 plaques Grès 79x48cm/*31x18in*
Paris 98
BÉNOUVILLE Léon Fr. 1821-1859 **[20]**
$8 588 FF51 000 £5 202 Saint François d'Assise transporté mourant à Sainte-Marie des Anges Huile/toile
48x118cm/*18x46in* Paris 97
$33 627 FF191 606 £21 000 Portrait de Leconte de Floris en uniforme de l'Armée égyptienne Oil/canvas
134x90cm/*52x35in* London 97
$620 FF3 500 £380 Villa Doria Lavis/papier 28,5x42cm/*11x16in* Paris 97
BENOZZO di Alesso 1473-? **[1]**
$33 100 FF172 800 £20 000 The Madonna and Child being crowned by Angels Oil/panel
58,5x46cm/*23x18in* London 96
BENRATH Frédéric 1930 **[58]**
$514 FF3 000 £317 L'errance et le retour Huile/toile 100x81cm/*39x31in* Paris 97

BENSA Ernesto XIX-XX **[10]**

✎ *$1 800 FF10 200 £1 200* Cortile del bargello Acquarello/carta 68x41cm/*26x16in* Firenze 98

BENSA Francesco c.1830-? **[8]**

◠ *$5 197 FF27 000 £3 080* Le Cap Ferrat Huile/toile 78x137cm/*30x53in* Cannes 97

BENSA von Alexander Ritter 1820-1902 **[36]**

◠ *$1 704 FF8 820 £1 100* The riding party Oil/panel 18x25cm/*7x9in* London 96

◠ *$9 920 FF49 000 £6 450* Der Einnahme der Stadt Omduram (Karthum) durch Lord Kitchener (1898) Oil/panel 37x58cm/*14x22in* Wien 95

BENSING Frank 1893-1983 **[9]**

◠ *$175 FF1 067 £106* "North Point Lighthouse" Oil/board 45x35cm/*18x14in* Elgin, Illinois 98

◠ *$275 FF1 646 £164* Port Clyde, Maine Oil/canvas 30x40cm/*12x16in* Bethesda, Maryland 98

BENSO Giulio 1592-1668 **[5]**

✎ *$7 000 FF38 674 £4 350* The Beheading of Saint John the Baptist Ink 47x36,5cm/*18x14in* New-York 97

BENSON Ambrosius 1495-1550 **[11]**

◠ *$38 347 FF230 322 £23 000* The Deposition Oil/panel 95x63cm/*37x24in* London 98

BENSON Ambrosius (Attrib.) 1495-1550 **[6]**

◠ *$27 500 FF137 000 £18 000* The penitent Saint Jerome in a landscape Oil/panel 72x48,6cm/*28x19in* London 95

BENSON Frank Weston 1862-1951 **[168]**

◠ *$40 000 FF233 644 £24 556* Lady with red Shawl Oil/canvas 46x30,5cm/*18x12in* New-York 97

◠ *$45 000 FF266 431 £26 721* Mrs. Henry Harrison Proctor with Barbara and Frances Oil/canvas 127,5x112,5cm/*50x44in* New-York 97

◠ *$170 000 FF856 800 £109 684* Flying Pintails Oil/canvas 81x104cm/*32x41in* Hayden 96

▨ *$649 FF3 836 £403* Cloudy Dawn Etching 25x30cm/*9x11in* Boston, Mass. 97

✎ *$18 000 FF90 720 £11 613* Peaceful Waters Watercolour/paper 50x34cm/*20x13in* Hayden 96

BENSON John P. 1865-1947 **[12]**

◠ *$2 800 FF16 499 £1 729* Summer on the Cape Oil/canvas/board 50x61cm/*19x24in* New-York 97

BENT van der Johannes c.1650-1690 **[14]**

◠ *$3 425 FF20 148 £2 113* Hirtenfamilie mit Kühen und Schafen an der Furth Öl/Leinwand 45x37cm/*17x14in* Bremen 97

BENTABOLE Louis ?-1880 **[11]**

◠ *$4 840 FF23 500 £3 120* Bateau échoué près des falaises Huile/panneau 23,5x31cm/*9x12in* Pontoise 95

BENTELI Wilhelm Bernhard 1839-1924 **[17]**

✎ *$530 FF2 580 £336* Alpleridylle Aquarell 30x23cm/*11x9in* Bern 95

BENTELY Louis 1760-1839 **[1]**

✎ *$1 950 FF9 500 £1 248* Tombeau de Jean-Jacques Rousseau à Ermenonville Aquarelle, gouache 27x37cm/*10x14in* Pontoise 95

BENTLEY Alfred ?-1923 **[8]**

◠ *$543 FF3 313 £330* A Continental Street Scene Oil/canvas 39x29cm/*15x11in* Exeter, Devon 98

BENTLEY Charles 1806-1854 **[49]**

◠ *$3 800 FF19 000 £2 460* Busy harbour Oil/canvas 73x95cm/*28x37in* New-York 96

✎ *$1 480 FF8 325 £900* A Washerwoman by an Overshot Mill Watercolour 51,5x70,5cm/*20x27in* London 97

BENTLEY John William 1880-1951 **[32]**

◠ *$650 FF3 370 £416* Landscape Oil/board 30x40cm/*12x16in* Mystic, Connecticut 96

◠ *$4 200 FF24 749 £2 593* Lasher's Farm in Winter Oil/canvas 71x92cm/*27x36in* New-York 97

BENTON Thomas Hart 1889-1975 **[415]**

◠ *$17 000 FF102 163 £10 278* Two Hay Workers with a Mule Oil/board 25,5x19cm/*10x7in* New-York 98

◠ *$80 000 FF473 656 £47 504* The Harvest Oil/canvas 76x91,5cm/*29x36in* New-York 97

◠ *$190 000 FF1 124 933 £112 822* Garden Scene (Figure Composition) Oil/canvas 106,5x152,5cm/*41x60in* New-York 97

▨ *$1 300 FF7 728 £795* "Farmer's Daughter" Lithograph 25x33cm/*10x13in* Shaker Heights, Ohio 97

✎ *$4 000 FF20 720 £2 600* Industrial Harbor Scene Ink 23x30cm/*9x11in* San Francisco-Los Angeles 96

BENTZEN Axel 1893-1952 **[62]**

◠ *$186 FF906 £117* Flowers Oil/canvas 55x46cm/*21x18in* Köbenhavn 95

BENVENUTI Benvenuto 1881-1959 **[23]**

◠ *$5 280 FF26 960 £3 200* Campagna Olio/cartone 21,5x31,5cm/*8x12in* Prato 96

$8 400 FF47 600 £5 600 Entrata del villaggio di Kloster Nendorf Gardelagen, Germania Olio/tela 50x73cm/*19x28in* Milano 97

$600 FF3 400 £400 Casa sul mare all'Antignano, Livorno Inchiostro/carta 29,5x44cm/*11x17in* Milano 97

BENVENUTI Eugenio XIX-XX **[28]**

$448 FF2 528 £274 Venetian Scene Watercolour/paper 71x40cm/*28x16in* Mystic, Connecticut 97

BENVENUTI L'ORTOLANO Giovanni Battista c.1487-c.1530 **[4]**

$58 000 FF289 000 £38 000 The Madonna and Child with Saints Sebastian and James the Greater Oil/panel 42,5x60cm/*16x23in* London 95

BENVENUTI Pietro 1769-1844 **[2]**

$4 000 FF21 990 £2 456 Perseus Holding the Head of Medusa Graphite 57x42cm/*22x16in* New-York 97

BENVENUTO DI GIOVANNI di Meo di Guasta 1436-c.1517 **[1]**

$156 000 FF803 000 £100 000 The Lamentation Tempera/panel 47,7x101cm/*18x39in* London 96

BENWELL Joseph Austin c.1830-1890 **[22]**

$5 765 FF32 833 £3 500 An Arab Caravan by ruins near the Nile Watercolour 17,5x42cm/*6x16in* London 97

BENZONI Giovanni Maria 1809-1873 **[15]**

$3 278 FF19 398 £2 000 Bust of a Lady Marble H69cm/*H27in* London 98

$73 422 FF438 597 £45 000 "La Dansa di Zefiro e Flora" Marble H173cm/*H68in* London 98

BEÖTHY Étienne 1897-1961 **[24]**

$3 666 FF20 889 £2 245 Monument pour Aviateur Bronze 50,5x26x14cm/*19x10x5in* Hamburg 97

BEÖTHY-STEINER Anne 1902-1985 **[3]**

$2 034 FF10 460 £1 268 Geometrisk Komposition Gouache/papier 24x22,5cm/*9x8in* Hamburg 96

BERAIN Jean I (Attrib.) 1639-1711 **[4]**

$4 000 FF24 554 £2 450 Four Costume Designs: Chinese Priest, Dutch Man, English Gentleman Watercolour 35,5x24,5cm/*13x9in* New-York 98

BERANGER Charles 1816-1853 **[1]**

$5 450 FF26 400 £3 500 Reading the News Oil/canvas 47x48cm/*18x18in* London 95

BERANGER Emmanuel XIX **[3]**

$4 630 FF23 840 £2 800 The flower girl Oil/panel 27,5x21cm/*10x8in* London 96

BERANGER-APOIL Suzanne Estelle 1825-ap.1874 **[1]**

$8 000 FF41 540 £5 290 Panier de fleurs, nid, baies et oiseau au bord d'une rivière Oil/canvas 65x54cm/*25x21in* New-York 96

BERANN Heinrich 1915 **[3]**

$411 FF2 394 £253 "Zell-See" Poster 49x69cm/*19x27in* Wien 97

BÉRARD Christian 1902-1949 **[332]**

$4 000 FF20 600 £2 649 Etude Oil/canvas/board 43x29cm/*16x11in* New-York 96

$12 600 FF65 800 £7 500 Melpomène Oil/canvas 61x51cm/*24x20in* London 96

$5 992 FF35 000 £3 545 Penn Lewis Photo 26,5x27cm/*10x10in* Paris 97

$821 FF4 800 £486 "La Princesse" Lavis/papier 72x93cm/*28x36in* Paris 97

BERARD Désiré Honoré 1845-? **[2]**

$2 862 FF15 000 £1 722 Portrait de jeune fille Huile/panneau 34x24cm/*13x9in* Amiens 96

BÉRAUD Jean 1849-1936 **[76]**

$24 529 FF143 953 £15 000 Le bal public Oil/panel 16,5x25,5cm/*6x10in* London 97

$100 000 FF569 800 £61 250 Le Rêve du dandy Oil/canvas 67x90cm/*26x35in* New-York 97

$222 FF1 343 £140 Two elegant young ladies in fencing attire, with accoutrements Watercolour 47x29cm/*18x11in* West Midlands 97

BERCHEM Claes N.P. (Attrib.) 1620-1683 **[7]**

$2 370 FF12 210 £1 470 Männerportrait, nach Franz Hals Oil/panel 36,5x28cm/*14x11in* Wetzikon 96

$22 000 FF134 063 £13 402 Forest with Deer Hunters in the foreground Oil/panel 47x66cm/*18x25in* New-York 98

BERCHEM Claes Nicolas P. 1620-1683 **[53]**

$4 996 FF29 354 £3 000 An Evening Landscape with a Milkmaid and Cowherd Oil/panel 24x31,5cm/*9x12in* London 97

$84 195 FF498 505 £50 000 A river landscape with cattle, peasants and their horses. Oil/panel 37x50cm/*14x19in* London 97

$245 FF1 507 £150 Der stehende Hirte Radierung 18,5x14cm/*7x5in* Stuttgart 98

$4 450 FF21 600 £2 870 Travellers with a mule in an Italianate coastal landscape Black chalk 15,6x20,6cm/*6x8in* Amsterdam 95

BERCHERE Narcisse 1819-1891 **[64]**

$781 FF4 800 £468 Nature morte aux poissons Huile/panneau 40x19cm/*15x7in* Paris 98

$2 175 FF13 090 £1 302 Water-carriers Along the Nile at Dusk Oil/canvas 34x54cm/*13x21in* Amsterdam 98

$11 880 FF72 000 £7 286 "Dabahieh. Barque sur le Nil (Egypte)" Huile/toile 134x107cm/*52x42in* Paris 98

$599 FF3 500 £362 La halte au puits Aquarelle 20x38cm/*7x14in* Rouen 97

BERCHMANS Emile 1867-1947 **[49]**

$571 FF2 960 £366 Bouquet de dahlias Huile/panneau 27,5x43cm/*10x16in* Liège 96

$500 FF3 046 £304 "The Fine Art And General Insurance Company Limited" Poster 71x51cm/*28x20in* New-York 98

$127 FF658 £83 Portrait de femme Mine plomb 20x14cm/*7x5in* Liège 96

BERCHMANS Oscar 1869-? **[2]**

$2 520 FF12 550 £1 650 La honte Bronze H40,5cm/*H15in* Liège 95

BERCKHEYDE Gerrit Ad. (Attrib.) 1638-1698 **[3]**

$4 833 FF30 000 £2 913 Cavalier demandant son chemin devant Haarlem Huile/toile 47x64cm/*18x25in* Rouen 98

$363 FF2 079 £214 Study of a Young Boy/Fragment of the Head of a Young Man Black chalk 20x27cm/*7x10in* Amsterdam 97

BERCKHEYDE Gerrit Adriaensz 1638-1698 **[16]**

$8 113 FF46 440 £4 792 Shepherd and a Shepherdess Watering Cattle and Sheep Oil/panel 60,5x85cm/*23x33in* Amsterdam 97

$13 328 FF78 817 £8 000 A Dutch Estuary at Sunset with Anglers an a Quay Oil/panel 26,5x45cm/*10x17in* London 97

$8 270 FF40 100 £5 330 A man wearing a hat Red chalk 23,2x12,7cm/*9x5in* Amsterdam 95

BERCKHEYDE Job Adriaensz. 1630-1693 **[12]**

$3 531 FF20 511 £2 157 Peasants smoking and drinking in a tavern Oil/canvas 32,5x39,5cm/*12x15in* Amsterdam 97

$6 662 FF38 535 £4 000 Interior with Cavaliers Smoking Oil/canvas 44x38cm/*17x14in* London 97

$4 000 FF24 554 £2 450 Peasant Boy seated on a Barrel looking to the Left Red chalk 14x10,5cm/*5x4in* New-York 98

BERCKMANS Matheus c.1635-c.1675 **[2]**

$46 671 FF276 145 £28 084 Peasants Merrymaking in a Farmyard Oil/panel 41x53cm/*16x20in* Amsterdam 98

BERDAL Alex 1945 **[63]**

$290 FF1 500 £188 Printemps Huile/toile 46x61cm/*18x24in* Paris 96

$892 FF4 500 £586 Maya Bronze H12,5cm/*H4in* Pontoise 96

BEREA de Demetre 1908-1975 **[40]**

$1 518 FF8 602 £759 Venezia, Palazzo Grassi Olio/tela 60x73cm/*23x28in* Milano 98

BEREND-CORINTH Charlotte 1880-1967 **[17]**

$183 FF948 £117 Tänzerin Lithographie 38,5x18,5cm/*15x7in* Heidelberg 96

BERENTZ Christian 1658-1722 **[13]**

$1 696 FF10 043 £1 007 Stilleben mit Papagei, Fliegen, venezianischen Weingläsern... Öl/Leinwand 48x64cm/*18x25in* Dresden 97

$32 000 FF155 000 £20 100 Nature morte aux fruits Huile/toile 57x8cm/*22x3in* Paris 95

BERENTZ Christian (Attr.) 1658-1722 **[2]**

$27 196 FF160 359 £16 100 Still life with Façon de Venise Glasses, a parrot and a peach Oil/canvas 75x62,5cm/*29x24in* London 97

BERESFORD George de La Poer XIX **[1]**

$606 FF3 160 £400 Scenes in Southern Albania Color lithograph 37,2x44,8cm/*14x17in* London 96

BERETTA Petrus Augustus 1805-1866 **[3]**

$1 287 FF6 622 £803 Figures Loading a Boat near a Town Oil/panel 27x34,5cm/*10x13in* Amsterdam 96

BEREZOWSKA Maja 1901-1985 **[25]**

$317 FF1 640 £205 "Hellada" Ink 39,7x29,6cm/*15x11in* Warszawa 96

BERG Albert 1828-1884 **[8]**

$1 501 FF9 161 £900 Palms, Bamboo and Tropical Foliage, Colombia Wash 40x30cm/*15x11in* London 98

BERG Christian 1893-1976 **[50]**

$8 150 FF41 500 £4 870 Torso-45 II Bronze H30cm/*H11in* Stockholm 96

✏ *$594 FF3 472* £351 Skulpturestudie Pencil/paper 40,5x24cm/*15x9in* Stockholm 97
BERG Else 1877-1942 **[28]**
👁 *$2 132 FF12 141* £1 323 A portrait of a young girl Oil/board 32x27,5cm/*12x10in* Amsterdam 97
👁 *$7 860 FF44 910* £4 815 Bloemstilleven Oil/canvas 81x68,5cm/*31x26in* Den Haag 97
✏ *$617 FF3 778* £369 Portrait of a Young Girl Pastel/paper 38x28cm/*14x11in* Amsterdam 98
BERG Gunhar 1853-1893 **[6]**
👁 *$10 478 FF60 805* £6 186 Svolvaer (landscape) Oil/canvas/panel 33x46cm/*12x18in* Oslo 97
BERG Richard 1858-1919 **[2]**
👁 *$4 500 FF22 500* £2 913 Moonlit landscape Oil/canvas 81x74cm/*31x29in* New-York 96
BERG van den Andries 1852-1944 **[9]**
👁 *$2 373 FF14 534* £1 420 New Clothes for the Doll Oil/canvas 48x39cm/*18x15in* Amsterdam 98
BERG van den Ans C. 1873-1942 **[18]**
👁 *$3 018 FF17 825* £1 823 A still life with green vase Oil/canvas 74x90cm/*29x35in* Amsterdam 97
✏ *$2 156 FF13 206* £1 284 Flowers in a vase Pastel/paper 81x65cm/*31x25in* Amsterdam 98
BERG van den Freek 1918 **[14]**
👁 *$1 210 FF6 140* £788 A nude Oil/canvas 49x39cm/*19x15in* Amsterdam 96
BERG van den Gijsbertus Johannes 1769-1817 **[2]**
✏ *$2 798 FF17 000* £1 684 Portrait d'un homme en pied/Portrait d'un homme en pied Aquarelle 24x17,5cm/*9x6in* Paris 98
BERG van den Simon 1812-1891 **[9]**
👁 *$2 110 FF12 518* £1 324 Vee bij een hekje Oil/panel 21x30cm/*8x11in* Den Haag 97
BERG van der Willem 1886-1970 **[55]**
👁 *$1 423 FF8 706* £875 A Fisherman From Volendam Oil/panel 48x31cm/*18x12in* Amsterdam 98
👁 *$5 862 FF34 829* £3 486 Visshers - Fishermen Oil/panel 52,5x50cm/*20x19in* Amsterdam 97
✏ *$333 FF1 690* £217 A portrait of Hildo Krop Ink 22x17cm/*8x6in* Amsterdam 96
BERG Werner 1904-1981 **[36]**
👁 *$41 000 FF238 900* £25 200 Bäuerin Öl/Leinwand 94x75cm/*37x29in* Wien 97
🗔 *$2 523 FF14 740* £1 493 Herschauende Woodcut 56,5x43,2cm/*22x17in* Köln 97
✏ *$1 880 FF9 620* £1 206 Frau und Mann unterwegs Pencil/paper 14,5x20cm/*5x7in* Wien 96
BERGAGNA Vittorio 1884-1965 **[4]**
👁 *$4 800 FF25 050* £3 150 Ventaglio e rose Olio/cartone 71x78cm/*27x30in* Trieste 96
BERGAMINI Francesco 1815-1883 **[40]**
👁 *$7 046 FF42 276* £4 238 L'école du dimanche Huile/toile 51x81,5cm/*20x32in* Bruxelles 98
BERGE Edward H. 1876-1924 **[32]**
⚒ *$1 400 FF7 310* £846 Lily Pad Girl Bronze H25,5cm/*H10in* New-York 96
BERGEN Claus 1885-1964 **[21]**
👁 *$2 480 FF12 080* £1 572 Fischerhafen in Cornwall Öl/Leinwand 80x100cm/*31x39in* Köln 95
👁 *$10 470 FF54 200* £7 000 Fishermen on the quay at Polperro Oil/canvas 128x169cm/*50x66in* London 96
BERGEN George XX **[2]**
👁 *$3 700 FF19 150* £2 400 Cassis Oil/panel 33x15cm/*12x5in* London 96
BERGEN van Dirck c.1640-1690 **[14]**
👁 *$5 610 FF28 900* £3 500 Italianate landscape Oil/canvas 41x53cm/*16x20in* London 96
BERGEN van Dirck (Attrib.) c.1640-1690 **[3]**
👁 *$3 500 FF21 186* £2 088 Italianate Landscape with Figures and Cattle Oil/canvas 37x47,5cm/*14x18in* New-York 97
BERGEN von Carl 1853-1930 **[6]**
👁 *$6 559 FF40 214* £3 931 "Entenfütterung" Oil/canvas 56x76cm/*22x29in* München 98
BERGER Daniel 1744-1824 **[4]**
🗔 *$711 FF4 050* £436 Friedrich II in Nimburg/...vor der Liegnitzer Schlacht Engraving 51x39cm/*20x15in* Frankfurt 97
BERGER Georg XIX-XX **[7]**
👁 *$580 FF2 980* £374 Zwei röhende Hirsche in Voralpenlandschaft Öl/Leinwand 75x98cm/*29x38in* Kempten 96
BERGER Hans 1882-1977 **[37]**
👁 *$11 056 FF64 542* £6 790 Champ jaune et pêchers en fleur Öl/Leinwand 60,5x49cm/*23x19in* Zürich 97
✏ *$683 FF4 063* £418 Ebene mit schwarzer Baumgruppe Aquarell/Papier 23,1x32,7cm/*9x12in* Bern 97
BERGER Joe 1939-1991 **[7]**

✎ *$575 FF2 930 £381* "Der Herren Fluchpunkt" Collage 49x64cm/*19x25in* Wien 96
BERGER Johan Christian 1803-1871 **[7]**
✑ *$1 574 FF9 188 £936* Stockholm i månsken, utsikt från Galärvarvet Oil/panel 22x33cm/*8x12in* Stockholm 97
✑ *$6 240 FF32 300 £4 030* Vinterdag på Stockholms ström Oil/canvas 49,5x75cm/*19x29in* Stockholm 96
BERGER Joseph 1798-1870 **[2]**
✑ *$25 000 FF148 367 £15 312* Psyché et Cupidon Oil/canvas 150x122cm/*59x48in* New-York 97
BERGERET Denis Pierre 1846-1910 **[21]**
✑ *$860 FF5 025 £509* Kücheninterieur Öl/Leinwand 17x41cm/*6x16in* St.Gallen 97
✑ *$3 270 FF20 000 £1 940* Homard et fruits de mer Huile/toile 61,5x83,5cm/*24x32in* Coutances 98
BERGERET Pierre Nolasque 1782-1863 **[12]**
✑ *$15 245 FF89 000 £9 220* Le Maréchal Marulaz (1769-1842) à la bataille de Wagram Huile/toile 81x120cm/*31x47in* Nice 97
✎ *$2 500 FF15 133 £1 522* The Meeting of Henry VIII and François I at the Field of the Cloth Ink 10x25,5cm/*3x10in* New-York 98
BERGEVIN Albert J.-P. 1887-1974 **[12]**
▥ *$1 255 FF7 500 £768* "Baie du Mont St Michel" Affiche 107x80cm/*42x31in* Orléans 98
BERGGREN Kalle XX **[12]**
✑ *$587 FF2 980 £380* Utsikt Oil/canvas 50x70cm/*19x27in* Stockholm 95
BERGH de Gillis G. (Attrib.) c.1600-1669 **[1]**
✑ *$2 495 FF12 860 £1 600* Assorted fruit in a basket on a table with a pink rose Oil/panel 3,5x48cm/*1x18in* London 96
BERGH de Gillis Gillisz. c.1600-1669 **[2]**
✑ *$15 560 FF95 320 £9 400* Stilleben von Weintrauben und einem Pfirsich Öl/Leinwand 47x54cm/*18x21in* Wien 98
BERGH Edward 1828-1880 **[33]**
✑ *$5 371 FF32 083 £3 288* Fiskarpojke vid fors Oil/canvas 65x95cm/*25x37in* Stockholm 98
✑ *$11 610 FF60 700 £6 920* River landscape with cattle Oil/canvas 92x141cm/*36x55in* Stockholm 96
✎ *$3 276 FF17 100 £1 950* Stockholm från Söder Akvarell 35x50cm/*13x19in* Stockholm 96
BERGH Richard 1858-1919 **[14]**
✑ *$1 162 FF6 854 £694* Riddaren Oil/canvas 55x38cm/*21x14in* Stockholm 97
✑ *$3 735 FF22 359 £2 299* Ofelia Oil/panel 17,5x27cm/*6x10in* Stockholm 98
✎ *$5 050 FF24 870 £3 254* Två kvinnor vir härden Akvarell 117x126cm/*46x49in* Stockholm 95
BERGH Svante 1885-1946 **[40]**
✑ *$596 FF3 040 £394* Vase of flowers Oil/canvas 105x65cm/*41x25in* Malmö 96
BERGHE van den Christoffel 1590-1642 **[8]**
✑ *$12 600 FF62 000 £8 110* Entrée du village Huile/panneau 40,5x50cm/*15x19in* Lille 95
BERGHE van den Frits 1883-1939 **[51]**
✑ *$18 100 FF91 600 £11 840* Het gesprek Huile/papier/panneau 24x31,5cm/*9x12in* Lokeren 96
✑ *$25 077 FF146 388 £15 402* Le Givre - Rijp (Frost) Oil/paper/panel 49x55cm/*19x21in* Amsterdam 97
✎ *$10 600 FF65 000 £6 320* Le couple Gouache/papier 22x17cm/*8x6in* Bruxelles 98
BERGLUND Frithiof 1905-1973 **[19]**
✑ *$426 FF2 558 £258* Blomsterstilleben Oil/panel 47x38cm/*18x14in* Stockholm 98
BERGMAN Anna-Eva 1909-1987 **[34]**
✑ *$3 507 FF21 327 £2 149* Une Petite Barque Oil/canvas/panel 33x55cm/*12x21in* Oslo 98
✎ *$974 FF5 924 £597* Komposisjon Mixed media/paper 27x36cm/*10x14in* Oslo 98
BERGMAN Franz 1838-1894 **[26]**
⚒ *$228 FF1 410 £140* A Pair of Blue Tits, Perched on a Branch Bronze H7cm/*H3in* Billingshurst, West Sussex 97
BERGMAN Henry Eric 1893-1958 **[23]**
▥ *$208 FF1 254 £125* Three Floral Studies Woodcut 13x7,5cm/*5x2in* Toronto 98
BERGMAN Karl 1891-1965 **[40]**
✑ *$695 FF4 215 £412* Skärgårdslandskap med tallar Oil/canvas 55x70cm/*21x27in* Malmö 98
BERGMAN Oskar 1879-1963 **[225]**
✑ *$703 FF4 201 £430* Björk under natthimmel Mixed media 36x24cm/*14x9in* Stockholm 98
✑ *$1 927 FF10 000 £1 274* Sommardag Oil/panel 45x66cm/*17x25in* Stockholm 96
✎ *$361 FF2 142 £220* Snötäckt skogsbacke Pencil/paper 18x26,5cm/*7x10in* Stockholm 97

BERGMANN Georg 1819-1870 **[1]**
$50 000 FF296 735 £30 625 Der Erzähler Oil/canvas 122x155cm/*48x61in* New-York 97
BERGMANN Julius Hugo 1861-1940 **[8]**
$3 325 FF16 970 £2 200 Ruhende Kühe an den Flussauen des Rheins Öl/Leinwand 88x134cm/*34x52in* Kempten 96
BERGMANN Max 1884-1955 **[48]**
$2 817 FF16 750 £1 745 Liegender Akt mit rotem Tuch Öl/Leinwand 65x80cm/*25x31in* Stuttgart 97
BERGMANN-MICHEL Ella 1895-1971 **[7]**
$10 993 FF64 210 £6 748 Ohne Titel Ink 69x50cm/*27x19in* Köln 97
BERGMÜLLER Johann Georg 1688-1762 **[8]**
$272 FF1 606 £161 Tumultum adduxit Tempus Radierung 27x21cm/*10x8in* Berlin 97
$867 FF5 057 £530 Justitia mit einem Putto in einer Nische Ink 19,5x15cm/*7x5in* München 97
BERGNER Vladimir Jossif Josl 1920 **[163]**
$2 200 FF12 842 £1 330 Vase of Flowers Oil/canvas 36,5x26cm/*14x10in* Tel Aviv 97
$7 000 FF42 656 £4 329 Presents Oil/canvas 65,5x81,5cm/*25x32in* Tel Aviv 98
$550 FF2 954 £329 Birds Crayon 44x58cm/*17x22in* Tel Aviv 97
BERGOLLI Aldo 1916-1972 **[11]**
$1 260 FF6 280 £820 Giornata di pioggia Olio/tela 100x80cm/*39x31in* Milano 95
BERGSLIEN Nils Nilsen 1853-1928 **[10]**
$3 197 FF19 097 £1 957 I trollskogen Mixed media 35x27cm/*13x10in* Stockholm 98
$3 585 FF21 242 £2 147 Fra Hardangervidda Oil/canvas 70x142cm/*27x55in* Oslo 97
BERGSTRÖM Alfred 1869-1930 **[17]**
$591 FF2 954 £383 Sommarlandskap Oil/canvas 50x59cm/*19x23in* Stockholm 96
BERGUE de Tony 1820-1890 **[13]**
$1 946 FF9 680 £1 240 Marine napolitaine Oleo/lienzo 73x96cm/*28x37in* Madrid 95
$1 584 FF9 800 £943 Voiliers au mouillage à l'entrée Huile/panneau 23x37cm/*9x14in* Tours 98
BÉRILLARD Édouard XIX-XX **[1]**
$2 283 FF13 461 £1 400 "Grand Hotel, Cabourg" Poster 140x109cm/*55x42in* London 98
BÉRILLE Francis XX **[14]**
$1 642 FF8 500 £1 097 Envol de canards pilets Bronze H30cm/*H11in* Paris 96
$451 FF2 600 £265 Bécasse rentrant au bois Lavis 33x49cm/*12x19in* Paris 97
BERINGER Gérard 1947 **[10]**
$257 FF1 500 £158 Portrait de femme Fusain/papier 114x77cm/*44x30in* Paris 97
BERJOLE Charles XX **[1]**
$1 231 FF7 200 £751 "Morbihan" Gouache/carton 48x105cm/*18x41in* Angers 97
BERJON Antoine 1754-1843 **[25]**
$4 280 FF25 000 £2 532 Nature morte aux raisins Crayon 21x28cm/*8x11in* Paris 97
BERK Robert XX **[5]**
$3 500 FF19 931 £2 124 Portrait bust of John F. Kennedy (1917-1963) Plaster H24cm/*H9in* New-York 97
BERKBORGH van Gillis c.1610-c.1670 **[2]**
$26 451 FF153 972 £16 043 Stilleben mit Früchten und Römer Oil/canvas 66x75,5cm/*25x29in* Luzern 97
BERKE Ernest 1921 **[14]**
$800 FF4 833 £484 "Rallying His Warriors" Bronze H28cm/*H11in* Florida 98
$2 500 FF12 600 £1 613 Smoke Signals Ink 20x25cm/*8x10in* Hayden 96
BERKE Hubert 1908-1979 **[89]**
$1 491 FF8 710 £882 Komposition Öl/Karton 47,5x31cm/*18x12in* Köln 97
$1 950 FF10 170 £1 140 Masken im Sumpf Öl/Leinwand 50,5x71cm/*19x27in* Berlin 96
$143 FF745 £83 Bildnis einer jungen Frau Woodcut 27,2x19,4cm/*10x7in* Berlin 96
$579 FF3 376 £356 Holland Watercolour 51x38cm/*20x14in* Köln 97
BERKELEY Edith XIX-XX **[1]**
$2 466 FF15 000 £1 500 By the Lake/In a Punt Watercolour 17x24cm/*6x9in* London 98
BERKELEY Stanley 1855-1909 **[6]**
$9 867 FF56 285 £6 000 An Australian Bush Fire Oil/canvas 137x215cm/*53x84in* London 97
BERKES Antal 1874-1938 **[117]**
$539 FF3 087 £319 Boulevard Parisien animé Huile/carton 24x34cm/*9x13in* Bruxelles 97
$588 FF3 522 £360 Continental Street Scene Oil/canvas 40,5x51cm/*15x20in* London 97
BERKO Ferenc 1928 **[7]**
$2 000 FF11 723 £1 231 Chicago Gelatin silver print 20x20cm/*7x7in* New-York 97

BERLEBORCH van Gerard c.1610-c.1660 **[1]**
- 🎨 *$29 000 FF144 600 £19 000* Fruit in a Wanli porcelain dish Oil/panel 55x73,5cm/*21x28in* London 95
BERLEBORCH van Gerard (Attrib.) c.1610-c.1660 **[1]**
- 🎨 *$15 160 FF78 500 £10 140* A peeled lemon in a Roemer on a stone ledge Oil/canvas/panel 41x35cm/*16x13in* Amsterdam 96
BERLEWI Henryk 1894-1967 **[26]**
- 🎨 *$6 024 FF35 989 £3 685* Still Life Tempera/canvas 38x46cm/*14x18in* Warszawa 98
- ▥ *$187 FF950 £112* Mechano-Faktura: Blanc-rouge-noir Lithographie 58,5x48,5cm/*23x19in* Paris 96
- ✏ *$11 700 FF66 927 £7 300* Autoportret Watercolour, gouache/paper 44x33cm/*17x12in* Warszawa 97
BERLIT Rüdiger 1883-1939 **[19]**
- 🎨 *$3 236 FF18 581 £1 973* Stilleben mit Alpenveilchen Öl/Leinwand 51,5x48,5cm/*20x19in* Berlin 97
BERLY DE VLAMINCK Madeleine 1896-1953 **[15]**
- 🎨 *$1 276 FF6 500 £766* Le panier de fruits Huile/toile 24x36cm/*9x14in* Paris 96
- ✏ *$1 557 FF9 000 £925* La précieuse Aquarelle/papier 49x28cm/*19x11in* Paris 97
BERMAN Eugene 1899-1972 **[120]**
- 🎨 *$1 700 FF9 901 £1 038* View of the Coliseum Mixed media/board 22x30,5cm/*8x12in* New-York 97
- 🎨 *$6 000 FF36 231 £3 645* Zebeulon Oil/canvas 101x81cm/*40x32in* Bethesda, Maryland 98
- 🎨 *$11 000 FF63 290 £6 493* Esmeralda (The Hunchback of Notre Dame) Oil/canvas 129,5x96,5cm/*50x37in* New-York 97
- ✏ *$200 FF1 164 £121* Rigoletto Watercolour/paper 43x36cm/*17x14in* Mystic, Connecticut 97
BERMAN Harry 1900-1932 **[1]**
- 🎨 *$2 700 FF13 450 £1 770* Meandering Stream in a Winter Landscape Oil/canvas 20x24cm/*7x9in* Philadelphia 95
BERMAN Leonid 1898-1976 **[18]**
- 🎨 *$550 FF3 200 £325* Huîtres Huile/papier 18x27,5cm/*7x10in* Paris 97
- 🎨 *$900 FF4 690 £566* Clam diggers, watermill, Long Island Oil/canvas 127x81cm/*50x31in* New-York 96
BERMAN Wallace 1926-1976 **[8]**
- 🎨 *$4 000 FF23 738 £2 450* Untitled Collage/board 30,5x33,5cm/*12x13in* San Francisco-Los Angeles 97
- ✏ *$11 000 FF63 879 £6 719* Untitled Collage/paper 76x83cm/*29x32in* New-York 97
BERMEJO Bartolomeo c.1425-c.1498 **[2]**
- 🎨 *$268 000 FF1 580 000 £164 000* Virgen con el Niño Oleo/tabla 48,5x36cm/*19x14in* Madrid 98
BERMOND Marie 1859-1941 **[14]**
- 🎨 *$314 FF1 600 £208* L'inquiétude gagne Irma la Brune Huile/toile 61x46cm/*24x18in* Paris 96
BERMUDEZ Cundo 1914 **[57]**
- 🎨 *$4 250 FF24 341 £2 514* Harlequins Oil/canvas 35x27cm/*14x11in* Miami, Florida 97
- 🎨 *$30 000 FF145 600 £19 330* Saltimbanquis Oil/board 51x41cm/*20x16in* New-York 95
- ✏ *$250 FF1 424 £153* Obra Puertorrique Oa de artistas Cubanos Pencil/paper 73x50cm/*29x20in* Bethesda, Maryland 97
BERNADSKY Valentin Danilovitch 1917 **[63]**
- 🎨 *$301 FF1 870 £180* A Grandmother with her Grandchild Oil/canvas 23x28cm/*9x11in* London 98
BERNAERTS Nicasius (Attrib.) 1620-1678 **[1]**
- 🎨 *$3 616 FF18 500 £2 340* Dindons et gallinacés se disputant un chou Huile/toile 60x80cm/*23x31in* Chaumont 95
BERNAL Gonzalés 1908-? **[2]**
- ✏ *$993 FF5 800 £587* Portrait d'homme en buste Crayon/papier 39x51cm/*15x20in* Paris 97
BERNALDO Allan Thomas 1900-1988 **[41]**
- ✏ *$481 FF2 810 £286* Flowers in Vase Watercolour/paper 37x41cm/*14x16in* Melbourne 97
BERNARD Ch. XIX-XX **[9]**
- ✏ *$1 178 FF7 000 £735* Moulin à vent au bord de l'eau Aquarelle/papier 49,5x23,5cm/*19x9in* Bruxelles 97
BERNARD Edouard Alexandre 1879-1950 **[10]**
- ▥ *$262 FF1 506 £160* "Le Franc monte...Le Mark descend..." Affiche 37x55,5cm/*14x21in* London 97
BERNARD Émile 1868-1941 **[421]**
- 🎨 *$4 590 FF22 600 £2 960* Nature morte aux rougets Oil/canvas 33x41cm/*12x16in* Stockholm 95
- 🎨 *$19 500 FF100 000 £11 850* Moïse et les filles de Madian Huile/toile 170x195cm/*66x76in* Paris 96
- 🎨 *$241 700 FF1 220 000 £157 800* Bretonnes étendant leur linge Huile/toile 89x116cm/*35x45in* Paris 96
- ▥ *$344 FF1 800 £207* Bretonne ramassant les pommes Print 22x24cm/*8x9in* Brest 96

🐚 *$11 550 FF70 000 £7 084* "Le Kaire" Bas-relief 51x47cm/*20x18in* Saint-Germain-en-Laye 98

✏ *$4 042 FF24 500 £2 479* Femmes voilées au bord de l'eau Aquarelle 38,5x26cm/*15x10in* Rouen 98

BERNARD Francis 1900-1979 **[7]**

▥ *$2 935 FF17 307 £1 800* "Gaz" Poster 157x118cm/*61x46in* London 98

BERNARD Jacques Samuel 1615-1687 **[5]**

🐚 *$5 770 FF29 460 £3 800* Village winter landscape Oil/panel 18x27,5cm/*7x10in* London 96

🐚 *$52 455 FF325 000 £31 330* Bouquet de fleurs dans un vase sur un entablement Huile/toile 80,5x68,5cm/*31x26in* Paris 98

BERNARD Jean-Joseph 1740-1809 **[8]**

✏ *$334 FF2 011 £200* Calligraphic Profile Portrait of the Pope Ink 31x18cm/*12x7in* London 98

BERNARD Joseph 1864-1933 **[37]**

🐚 *$303 FF1 800 £182* Portrait d'une élégante Huile/toile 70x58cm/*27x22in* Paris 97

🐚 *$1 241 FF7 444 £750* Portrait of a Lady, Standing full-length, in a black Dress Oil/canvas 169x87,5cm/*66x34in* London 98

🐚 *$4 620 FF24 100 £2 750* Woman with flowers and kakadoo Oil/panel 52x26cm/*20x10in* Stockholm 96

🗿 *$8 650 FF44 000 £5 170* Torse de femme Bronze H28cm/*H11in* Paris 96

🗿 *$11 134 FF65 000 £6 734* Jeune fille à sa toilette Sculpture 157x53x44cm/*61x20x17in* Paris 97

BERNARD Joseph A., sculpt. 1866-1931 **[23]**

🗿 *$7 449 FF44 000 £4 501* La jeunesse charmée par l'Amour, étude Bronze H33cm/*H12in* Paris 97

🗿 *$8 126 FF48 000 £4 910* Torse de la jeune fille à la cruche, avec tête, sans bras ni jambes Bronze H102,5cm/*H40in* Paris 97

BERNARD Jules 1849-1917 **[2]**

🐚 *$3 913 FF23 077 £2 400* Maiden Gathering Fruit Oil/panel 54x33,5cm/*21x13in* Billingshurst, West Sussex 98

BERNARD L., sculpt. XIX **[1]**

🗿 *$5 200 FF30 217 £3 200* Figures of the characters Ruy-Blas and Don Saluste Bronze H49,5cm/*H19in* London 97

BERNARD Samuel 1615-1687 **[1]**

🐚 *$4 330 FF25 048 £2 600* A Village Winter Landscape with Travellers Oil/canvas/panel 18x27,5cm/*7x10in* London 97

BERNARD Valère 1860-1936 **[4]**

🐚 *$3 594 FF20 446 £2 200* Jeune fille aux fleurs rouges avec un portique antique à l'arrière... Oil/canvas 55x38cm/*21x14in* London 97

BERNARDI de Domenico 1892-1936 **[3]**

🐚 *$1 860 FF9 060 £1 170* Cascine in campagna Olio/tavola 26x35cm/*10x13in* Milano 95

BERNARDI Joseph 1826-1907 **[10]**

🐚 *$1 800 FF8 800 £1 140* Extensive mountainous landscape Oil/canvas/board 40x60cm/*15x23in* San Francisco-Los Angeles 95

BERNARDI Romolo 1876-1956 **[2]**

▥ *$3 400 FF20 262 £2 038* "Barbavara & Fabbrica di Solfato di Rame = Torino" Poster 188x98,5cm/*74x38in* New-York 98

BERNARDO DA SANTACROCE di Francesco c.1505-c.1545 **[1]**

🐚 *$18 200 FF93 000 £12 000* The Madonna and Child with Saints Oil/panel 65,5x83cm/*25x32in* London 96

BERNATH Sandor 1892-? **[7]**

✏ *$700 FF4 345 £426* Backyards, Factory and Houses Watercolour/paper 33x40cm/*13x16in* Boston, Mass. 97

BERNAUS Jordi 1929 **[9]**

🐚 *$660 FF3 950 £400* Mujer desnudándose Oleo/lienzo 73x60cm/*28x23in* Barcelona 97

BERNDT Carl XIX-XX **[1]**

✏ *$1 706 FF8 780 £1 092* Vase of flowers with fruit on a draped table Gouache 95x70cm/*37x27in* Stuttgart 96

BERNDTSON Gunnar 1854-1895 **[12]**

🐚 *$15 432 FF89 952 £9 504* I tankarna Oil/panel 24x19cm/*9x7in* Helsinki 97

🐚 *$29 456 FF176 928 £17 664* Ung flicka med ros Oil/panel 46x37cm/*18x14in* Helsinki 98

BERNE-BELLECOURT Étienne Prosper 1838-1910 **[60]**

🐚 *$2 413 FF12 310 £1 596* Cavaliers de l'Armée française Oil/panel 30x40cm/*11x15in* Malmö 96

🐚 *$7 000 FF41 841 £4 284* Grenadier, temps d'hiver Oil/panel 48x37cm/*18x14in* New-York 97

BERNEKER Louis Frederick 1872-1937 **[13]**

🐚 *$1 232 FF6 952 £755* Gloucester Oil/board 20x25cm/*8x10in* Mystic, Connecticut 97

BERNEKER Maud F. 1882-? **[1]**
 $3 000 FF17 084 £1 850 Still Life with vases of flowers Oil/canvas 68,5x56cm/*26x22in* Boston, Mass. 97
BERNER Bernd 1930 **[17]**
 $260 FF1 300 £164 Menschen ohne Waffen Etching in colors 39x29,3cm/*15x11in* München 95
 $362 FF2 179 £217 Ohne Titel Mixed media/paper 18x13,5cm/*7x5in* Stuttgart 98
BERNHARD Franz 1934 **[13]**
 $162 FF966 £99 "Nr. 77" Radierung 12x10cm/*4x3in* Berlin 98
 $3 899 FF22 780 £2 307 Kopf Sculpture, wood 36x34x26cm/*14x13x10in* Köln 97
 $715 FF3 740 £426 Entwurf für eine Plastik Ink 41,5x59,5cm/*16x23in* München 96
BERNHARD Lucian 1883-1972 **[11]**
 $2 024 FF11 747 £1 235 "Kaffee Hag" Poster 69x95cm/*27x37in* Amsterdam 97
BERNHARD Ruth 1905 **[65]**
 $800 FF3 990 £520 Veiled Black Gelatin silver print 26x20cm/*10x7in* San Francisco-Los Angeles 95
BERNHARDT Joseph 1805-1885 **[9]**
 $273 FF1 676 £163 Herrenporträt Oil/wood 20,5x16,3cm/*8x6in* Dresden 98
 $2 680 FF13 180 £1 695 Freifrau Constanzia von Ponickau, geb. Krafft von Festenberg Öl/Leinwand 72x59cm/*28x23in* Schloss Osterberg 95
BERNHARDT Sarah 1844-1923 **[23]**
 $15 000 FF73 700 £9 500 Autoportrait en Pierrot Oil/canvas 56,5x42,5cm/*22x16in* New-York 95
 $1 298 FF7 500 £800 Autoportrait Plâtre H42cm/*H16in* Paris 97
BERNI Antonio 1905-1981 **[24]**
 $104 500 FF636 802 £64 633 La niña del vestido azul Oil/canvas 100x74cm/*39x29in* Miami, Florida 98
 $500 000 FF2 610 000 £297 600 Los Emigrantes Tempera/canvas 300x190cm/*118x74in* New-York 96
 $14 000 FF73 100 £8 330 La Comida Gouache/paper 40,5x60,5cm/*15x23in* New-York 96
BERNIER Camille 1823-1903 **[7]**
 $4 105 FF20 500 £2 680 Troupeau sous les ombrages Huile/toile 94x56cm/*37x22in* Barbizon 95
BERNIER Georges, Géo 1862-1918 **[39]**
 $382 FF1 975 £246 Le Laboureur Huile/panneau 22x29cm/*8x11in* Bruxelles 96
 $631 FF3 594 £387 Le verger Huile/toile 36x51cm/*14x20in* Bruxelles 97
BERNIER-HAPPE Jenny XIX-XX **[5]**
 $803 FF4 578 £495 Fleurs Huile/toile 74x50cm/*29x19in* Antwerpen 97
BERNINGER Edmund 1843-1909 **[23]**
 $733 FF4 358 £448 Küste bei Porto d'Anzio in der Nähe von Rom Öl/Papier 30x43cm/*11x16in* Köln 97
 $18 810 FF112 630 £11 555 Blick gegen Salerno bei Abendlicht Oil/canvas 121x179cm/*47x70in* Bern 98
BERNINGHAUS Charles 1905-1971 **[4]**
 $2 090 FF12 782 £1 240 Snow in Hondo Canyon Oil/canvas 50x60cm/*20x24in* Houston, Texas 98
BERNINGHAUS Oscar Edmund 1874-1952 **[40]**
 $24 000 FF123 600 £15 350 Pueblo Indians on their reservation Oil/masonite 40,5x30,5cm/*15x12in* New-York 96
 $105 000 FF529 200 £67 746 Homesteaders Seeking Greener Pastures Oil/canvas 63x76cm/*25x30in* Hayden 96
 $5 250 FF30 068 £3 105 Indian at his Hogan Monotype 17x21cm/*7x8in* Santa Fe, New Mexico 97
 $10 000 FF57 274 £5 916 Covered Wagon Pastel 30x44cm/*12x17in* Santa Fe, New Mexico 97
BERNINI Giovanni Lorenzo 1598-1680 **[5]**
 $12 629 FF74 775 £7 500 A Standing Male Nude Draped with a Cloak Red chalk 40,5x24cm/*15x9in* London 97
BERNSTAMM Léopold Bernard 1859-1939 **[5]**
 $8 060 FF42 100 £4 800 An Egyptian woman seated on a lion Alabaster H54cm/*H21in* London 96
BERNSTEIN Theresa Ferber 1890-? **[35]**
 $1 200 FF7 246 £729 Jazz Combo Oil/canvas/board 50x60cm/*20x24in* Bethesda, Maryland 98
BERNT Rudolf 1844-1914 **[18]**
 $1 680 FF8 640 £1 047 Der alte Naschmarkt, Wien Aquarell/Papier 26x40cm/*10x15in* Wien 96
BERNUTH von Ernst 1833-1923 **[8]**
 $1 422 FF8 716 £849 Alte Mühle am Waldbach in der Gegend des Hintersees Oil/canvas/panel 50x55cm/*19x21in* Dresden 98
BERNY D'OUVILLE Claude Charles Ant. 1775-1842 **[10]**

☞ *$1 638 FF8 000 £1 036* Jeune fille en robe blanche Miniature 10x8,5cm/*3x3in* Paris 95
BERONNEAU André 1896-1973 **[40]**
✐ *$354 FF1 800 £212* Voiliers à l'ancre Fusain 32x41,6cm/*12x16in* Paris 96
BÉROUD Louis 1852-1930 **[23]**
☞ *$10 020 FF60 000 £6 156* A L'exposition Universelle Huile/toile 46x48cm/*18x18in* Paris 98
☞ *$60 000 FF356 082 £36 750* Au musée du Louvre, les Murillo Oil/canvas 131x161,5cm/*51x63in* New-York 97
BERRE Jean-Baptiste 1777-1838 **[9]**
☞ *$1 544 FF8 771 £966* Löwin mit Jungen vor einer Felshöhle Öl/Leinwand 24,5x33cm/*9x12in* München 97
☞ *$4 800 FF27 200 £3 200* Natura morta con cacciagione Olio/tavola 61,5x50,5cm/*24x19in* Milano 97
BERRIE John Archibald Alex. 1887-1962 **[2]**
☞ *$1 969 FF12 003 £1 200* Portrait of Sir Winston Churchill Sporting a Spotted Bow tie Oil/canvas 25x62cm/*9x24in* Leamington Spa, Warwickshire 98
BERROCAL Miguel Ortiz 1933 **[296]**
✍ *$1 000 FF5 727 £591* Mini-Maria Bronze H7,5cm/*H2in* New-York 97
✍ *$13 588 FF80 500 £8 138* Caballero Bronze 152x71x30cm/*59x27x11in* Versailles 97
BERROD Sylvie XX **[7]**
✍ *$4 500 FF26 849 £2 714* Puzzle Bronze 15x25x12cm/*6x10x5in* New Orleans, Louisiana 97
BERROETA de Pierre 1914 **[84]**
☞ *$990 FF5 000 £649* Composition Huile/toile 92x73cm/*36x28in* Paris 96
✐ *$302 FF1 800 £187* Composition Gouache/papier 50x65cm/*19x25in* Paris 97
BERRUECO Luis (Attrib.) XVII-XVIII **[3]**
☞ *$32 500 FF157 700 £20 940* Inmaculada Oil/copper 88x65cm/*34x25in* New-York 95
BERRUGUETE Pedro c.1450-c.1503 **[1]**
☞ *$240 000 FF1 462 512 £146 208* The Adoration of the Magi Oil/panel 104x75cm/*40x29in* New-York 98
BERRY Carroll Thayer 1886-1978 **[14]**
▥ *$175 FF1 041 £108* "Rockport Harbor, Maine" Woodcut 9x12cm/*3x4in* North Berwick, Maine 97
BERSERIK Herman 1921 **[28]**
☞ *$1 953 FF11 608 £1 162* Avondrood Acrylic/panel 19x24,5cm/*7x9in* Amsterdam 97
☞ *$6 102 FF35 640 £3 610* Varen op de Oosterschelde Acrylic/canvas 103x113cm/*40x44in* Den Haag 97
▥ *$114 FF684 £70* "Speel geen verstoppertje" Poster 83,5x61cm/*32x24in* Oostwoud 98
BERTALL Albert d'Arnoux 1820-1882 **[1]**
▥ *$599 FF3 500 £354* "Petites misères de la vie conjugale" (Balzac) Lithographie 69,5x53cm/*27x20in* Paris 97
BERTANI Giovanni B. (Attrib) 1516-1576 **[1]**
✐ *$6 661 FF39 138 £4 000* Gifts brought to a Queen Ink 26x34,5cm/*10x13in* London 97
BERTAULT Charles XIX-XX **[1]**
✍ *$3 094 FF15 600 £2 000* Nicholas II Bronze H25cm/*H9in* London 96
BERTEAUX Hippolyte D. 1843-1928 **[7]**
☞ *$27 700 FF143 700 £18 000* A Bacchalian procession Oil/canvas 120x172cm/*47x67in* London 96
BERTEL-NORSTRÖM Engelbert 1884-1967 **[26]**
☞ *$615 FF3 224 £370* Nattbild, Stockholm Oil/canvas 60x73cm/*23x28in* Stockholm 96
BERTELLI Flavio 1865-1941 **[4]**
☞ *$1 664 FF8 680 £1 092* Mattino invernale Olio/tavola 25x35cm/*9x13in* Trieste 96
☞ *$3 840 FF20 100 £2 520* Ritratto di signora Olio/tela 70x42cm/*27x16in* Roma 96
BERTELLI Luigi 1833-1916 **[11]**
☞ *$6 600 FF37 400 £3 300* Donne in giardino Olio/tela/cartone 40x29,5cm/*15x11in* Milano 98
☞ *$17 475 FF99 025 £8 737* San Luca all'alba, Bologna Olio/tavola 44x71cm/*17x27in* Milano 98
BERTELSEN Aage 1873-1945 **[14]**
☞ *$1 280 FF7 482 £758* Interiör med kvinder, aften Oil/canvas 33x47cm/*12x18in* Vejle 97
BERTELSEN Albert 1921 **[26]**
☞ *$2 050 FF10 560 £1 312* "Undulaten" Oil/masonite 130x42cm/*51x16in* København 96
BERTELSEN Rudolf 1828-1921 **[8]**
☞ *$578 FF3 518 £351* Susaaen ved lille Naetved Oil/canvas 63x55cm/*24x21in* Viby J, Århus 98
BERTELSMANN Walter 1877-1963 **[9]**
☞ *$874 FF5 369 £524* Worpsweder Wiesen unter hohem Himmelsausschnitt Oil/wood 38x56cm/*14x22in* Bremen 98
✐ *$1 737 FF10 128 £1 070* Winterlandschaft im Schneesturm Gouache/paper 33,5x50,5cm/*13x19in* Köln 97

BERTHAULT Lucien 1854-1921 **[1]**
  $6 556 FF39 761 £4 000 Awakening Oil/canvas 159,5x116cm/*62x45in* London 98
BERTHAULT Pierre Gabriel 1737-1831 **[3]**
  $510 FF3 012 £302 Le Marchand de Ptisane, nach Wille Johann Georg Print in colors 27,5x22,5cm/*10x8in* Berlin 97
BERTHÉLEMY Jean Simon 1742/43-1811 **[12]**
  $8 000 FF48 750 £4 873 Victory saluting Apollo Oil/canvas 65x52,5cm/*25x20in* New-York 98
BERTHÉLEMY Jean Simon (Attrib.) 1742/43-1811 **[10]**
  $2 630 FF16 000 £1 600 Portrait of a Young Girl Oil/canvas 76x66cm/*29x25in* London 98
  $5 995 FF35 000 £3 626 Le jugement de salomon Huile/papier 32,5x24,5cm/*12x9in* Lille 97
BERTHELIER Jean-Marie 1834-? **[1]**
  $17 000 FF87 380 £10 625 Bouquet aux lilas/Bouquet à l'iris bleu Oil/canvas 144x83cm/*56x32in* New-York 96
BERTHELON Eugène 1829-1924 **[20]**
  $1 500 FF8 918 £903 Au Cap du Finistère Oil/panel 35,5x26cm/*13x10in* New-York 98
  $13 520 FF78 973 £8 000 A wooded landscape with a donkey Oil/canvas 122,4x165,1cm/*48x65in* London 97
  $3 500 FF18 000 £2 182 Beach scene Watercolour, gouache/paper 35x58cm/*13x22in* New-York 96
BERTHELSEN Christian 1839-1909 **[43]**
  $501 FF3 081 £301 Skovparti med ålöb Oil/canvas 48x68,5cm/*18x26in* Vejle 98
  $1 593 FF9 252 £942 Jägare med hund i allé, vinter Oil/canvas 35x45cm/*13x17in* Malmö 97
BERTHELSEN Johann 1883-1969 **[96]**
  $549 FF3 411 £335 Still Life with Flowers in a Vase Oil/canvas/board 50x40cm/*20x16in* Boston, Mass. 97
  $1 600 FF8 310 £1 058 Winter on Fifth Avenue Oil/canvas/board 23x31cm/*9x12in* New-York 96
BERTHOLD Joachim XX **[4]**
  $710 FF4 362 £426 Zwei Figuren in Bewegung Chalks 70x50cm/*27x19in* Bielefeld 98
BERTHOLLE Jean 1909 **[43]**
  $852 FF5 000 £521 Composition Huile/panneau 20x65cm/*7x25in* Douai 97
  $1 602 FF8 000 £1 046 Venise Huile/toile 65x50cm/*25x19in* Saumur 95
  $489 FF2 800 £305 La table Pastel/papier 46x20cm/*18x7in* Paris 97
BERTHOLO René 1935 **[12]**
  $1 049 FF6 303 £629 La Therière verte Oil/canvas 61x46cm/*24x18in* Helsinki 98
BERTHOMMÉ-SAINT-ANDRÉ Louis 1905-1977 **[156]**
  $363 FF2 200 £222 Nu assis, de dos, bas noirs Huile/toile 55x33cm/*21x12in* Orléans 98
  $702 FF4 000 £431 Paysage fauve Huile/toile 25x34cm/*9x13in* Pontoise 97
BERTHON Paul 1872-1909 **[61]**
  $653 FF4 000 £389 "Iris" Lithographie couleurs 60x48cm/*23x18in* Paris 98
BERTHON René Théodore 1776-1859 **[5]**
  $13 447 FF78 000 £7 948 Portrait de l'Empereur Napoléon 1er Huile/toile 62x51cm/*24x20in* Paris 97
  $140 000 FF830 858 £85 750 Le départ d'Angélique et Médor Oil/canvas 267x228,5cm/*105x89in* New-York 97
BERTHOT Jake 1939 **[13]**
  $2 587 FF15 537 £1 545 Dragon, Kites Oil/canvas 51x46cm/*20x18in* San Francisco 98
BERTHOUD Alfred Henri 1848-1906 **[6]**
  $3 559 FF21 262 £2 207 Zwei Mädchen mit Vögeln Oil/panel 48x64cm/*18x25in* Zürich 97
BERTHOUD Auguste Henri 1829-1887 **[13]**
  $886 FF5 000 £539 Vue des Alpes Huile/panneau 21x50cm/*8x19in* Paris 97
BERTHOUD Léon Rodolphe 1822-1892 **[15]**
  $3 852 FF22 873 £2 351 Italienische Gebirgslandschaft mit Brunnen Oil/canvas 45x56,5cm/*17x22in* Bern 98
BERTHOUD Paul François 1870-1939 **[3]**
  $5 370 FF26 500 £3 500 Portrait de Sarah Bernhardt dans Francesca de Rimini Bronze H44,5cm/*H17in* Paris 95
  $8 875 FF53 500 £5 371 Danseuse aux cymbales Bronze H110cm/*H43in* Angers 98
BERTI Vinicio 1921-1991 **[33]**
  $540 FF3 060 £270 "Quantità antagoniste AH-3H" Acrilico/tela 61x80cm/*24x31in* Firenze 97

BERTIER Charles Alexandre 1860-1924 **[46]**
$502 FF3 000 £308 Flegère à Chamonix Huile/carton 35x27cm/*13x10in* Grenoble 98
$2 116 FF12 500 £1 315 Bord de mer animé Huile/toile 81x101,5cm/*31x39in* Paris 97
$5 510 FF28 000 £3 290 Le Grand Lac des Sept-Laux Huile/toile 97x130cm/*38x51in* Grenoble 96
BERTIN Jean Victor 1775-1842 **[39]**
$8 690 FF51 000 £5 314 Paysage arcadien au cours d'eau Huile/toile 41x32,5cm/*16x12in* Saint-Brieuc 97
$9 408 FF56 000 £5 751 Le Gué Huile/toile 38x51cm/*14x20in* Barbizon 98
$74 754 FF434 373 £46 000 The Cascades at Tivoli Oil/canvas 204,5x159cm/*80x62in* London 97
$2 080 FF10 800 £1 376 Aqueduc en ruine Crayon 34,5x54,5cm/*13x21in* Paris 96
BERTIN Jean Victor (Attrib) 1775-1842 **[15]**
$2 087 FF12 500 £1 282 Jeune bergère traversant un gué Huile/toile 32,5x40,5cm/*12x15in* Paris 98
BERTIN Nicolas 1668-1736 **[12]**
$9 600 FF46 400 £6 000 The Building of Noah's Ark Oil/canvas 98x133cm/*38x52in* London 95
$12 982 FF75 000 £8 002 Psyché et l'Amour Huile/toile 104x88cm/*40x34in* Paris 97
$20 448 FF120 000 £12 504 Vénus et Adonis Huile/toile 43x36cm/*16x14in* Paris 97
$2 806 FF14 470 £1 800 Bacchus and Ariadne Black, red & white chalks 29,5x20,5cm/*11x8in* London 96
BERTIN Nicolas (Attrib.) 1668-1736 **[3]**
$4 500 FF25 500 £3 000 Le gland et la citrouille Olio/tela 57x46,5cm/*22x18in* Prato 97
BERTIN Roger 1915 **[76]**
$1 615 FF9 000 £1 004 Gare de Neuville-aux-Bois Huile/toile 60x73cm/*23x28in* Vinca 97
$392 FF2 000 £258 Rue des Saules, Montmartre Aquarelle 50x64cm/*19x25in* La Varenne Saint-Hilaire 96
BERTINI Gianni 1922 **[248]**
$537 FF3 300 £322 Mec-Art, thème à première impression Technique mixte/toile 92x73cm/*36x28in* Paris 98
$1 022 FF5 000 £657 Sumos Sérigraphie 27x22cm/*10x8in* Paris 95
$390 FF2 210 £195 Composizione Tecnica mista/carta 30x23cm/*11x9in* Vercelli 97
BERTINI Giuseppe 1825-1898 **[7]**
$8 400 FF47 600 £4 200 Paesaggio della campagna romana con Giovane Ciociara Olio/cartone 73,5x50,5cm/*28x19in* Milano 97
BERTINI Joseph XIX **[2]**
$2 126 FF12 734 £1 306 Pilgergruppe vor einem Bildstock Oil/wood 42,5x34cm/*16x13in* Köln 98
BERTLE Hans 1880-1943 **[2]**
$2 253 FF13 386 £1 340 Mädchen bei der Handarbeit Öl/Leinwand 44x35cm/*17x13in* München 97
BERTOIA Harry 1915-1978 **[128]**
$1 000 FF6 016 £598 Untitled I/Untitled II Monotype 23x16cm/*9x6in* New-York 98
$3 500 FF20 349 £2 136 Sounding Tower Sculpture 74x20x20cm/*29x7x7in* New-York 97
$6 000 FF36 253 £3 777 Untitled Metal 94x68x21cm/*37x27x8in* Bloomfield Hills, Michigan 97
BERTOIN Marcel 1897-1983 **[23]**
$81 FF400 £53 L'église de Rieux Huile/panneau 33x41cm/*12x16in* Toulouse 95
BERTOLO Alejandro 1954 **[4]**
$1 667 FF10 014 £1 000 "American Kestrels" Watercolour 63,5x39cm/*25x15in* London 98
BERTON Armand 1854-1927 **[24]**
$539 FF3 058 £269 Nudo femminile dopo il bagno Olio/tela 45,5x38cm/*17x14in* Milano 98
$5 700 FF29 600 £3 770 Adolescente à sa toilette Pastel 103x67cm/*40x26in* Bruxelles 96
BERTON Paul Emile ?-1909 **[4]**
$7 500 FF44 829 £4 590 Promenade au jardin Oil/canvas 42x50cm/*16x19in* New-York 97
BERTONI Wander 1925 **[4]**
$7 236 FF42 813 £4 293 Kopf Sculpture H21cm/*H8in* Wien 97
$17 688 FF104 962 £10 978 Bewegung II Sculpture H86cm/*H33in* Wien 97
BERTOS Francesco XVII-XVIII **[2]**
$55 800 FF288 000 £35 700 Le Taureau Farnèse/Marcus Curtius Bronze H80cm/*H31in* Villa Diodati, Cologny 96
BERTOS Francesco (Attrib.) XVII-XVIII **[2]**
$24 000 FF118 400 £15 500 Inkstand supported by slaves Bronze H26,5cm/*H10in* New-York 96
BERTOUNESQUE André 1937 **[19]**
$219 FF1 113 £140 Joueurs de baseball Huile/toile 61x76cm/*24x29in* Montréal 96
BERTRAM Abel 1871-1954 **[205]**
$1 135 FF5 800 £748 Fleurs dans un vase Huile/carton 41x33cm/*16x12in* Paris 96

$2 670 FF14 000 £1 607 Maison dans les marais de Saint-Omer Huile/toile 46x55cm/*18x21in* Calais 96

$315 FF1 800 £195 Paysage à la barque Aquarelle/papier 20x30cm/*7x11in* Paris 97

BERTRAM Robert John Scott XIX-XX **[4]**

$1 212 FF7 047 £740 Proctors House, The Side/Broad Chare and Trinity House/Butcher Bank Pencil/paper 35x25cm/*13x9in* Newcastle-upon-Tyne 97

BERTRAN 1929 **[26]**

$1 567 FF9 000 £955 Rêverie Huile/toile 65x100cm/*25x39in* Dole 97

BERTRAND Claire 1890-1969 **[4]**

$3 900 FF20 440 £2 346 Woman reading Oil/canvas 54x64cm/*21x25in* Amsterdam 96

BERTRAND Émile **[4]**

$5 799 FF34 582 £3 600 Landscape at M'Sila Oil/canvas 53x93cm/*20x36in* London 97

$549 FF3 489 £343 "Cendrillon" Poster 79x59cm/*31x23in* New-York 97

BERTRAND Eugène XIX-XX **[3]**

$7 020 FF36 000 £4 270 Campement à M'sila Huile/toile 58x100cm/*22x39in* Paris 96

BERTRAND Fred 1915 **[24]**

$309 FF1 500 £199 Le Quai aux Fleurs Gouache 33x22cm/*12x8in* Grenoble 95

BERTRAND Gaston 1910-1994 **[56]**

$4 986 FF29 286 £3 078 Invention Huile/panneau 33x24cm/*12x9in* Lokeren 97

$6 980 FF36 150 £4 660 Autoportrait au chapeau haut de forme Huile/toile 81x65cm/*31x25in* Antwerpen 96

$108 FF649 £64 Composition Crayon/papier 53x40cm/*20x15in* Antwerpen 98

BERTRAND Jean-Bapt., James 1823-1887 **[7]**

$3 000 FF17 482 £1 848 Woman on beach Oil/canvas 55x117cm/*22x46in* Saugerties, New York 97

BERTRAND Paulin 1852-1940 **[13]**

$2 795 FF14 470 £1 804 Fisherfolk on a jetty, Normandy Oil/canvas 54x65cm/*21x25in* Warszawa 96

BERTRAND Pierre Ph. 1884-1975 **[13]**

$600 FF3 095 £398 "Fleurs des champs" Oil/canvas 74x49cm/*29x19in* Delray Beach, Florida 96

BERTUCHI NIETO Mariano 1885-1955 **[22]**

$700 FF4 000 £430 Caballería árabe en emboscada Oleo/tabla 10,5x18cm/*4x7in* Madrid 97

$19 600 FF112 000 £12 040 La corrida de la pólvora. Murrueccos Oleo/lienzo 120x206cm/*47x81in* Madrid 97

$115 FF711 £68 Alcazarquivir Grabado 56x40cm/*22x15in* Madrid 98

$160 FF960 £96 Boceto Lápiz/papel 33x24cm/*12x9in* Madrid 97

BERTUZZI L'ANCONITANO Nicolas 1710-1777 **[2]**

$2 646 FF12 800 £1 680 Adorazione dei Magi Olio/tavola 18,7x13,7cm/*7x5in* Roma 95

$4 500 FF25 597 £2 754 Christ and the Woman taken in Adultery Oil/canvas 74x102cm/*29x40in* New-York 97

BERUETE Y MORET Aureliano 1845-1912 **[14]**

$5 280 FF31 760 £3 280 Paisaje Oleo/lienzo 17x27cm/*6x10in* Madrid 97

$33 000 FF197 500 £20 000 Paisaje de Toledo Oleo/lienzo 43x81cm/*16x31in* Madrid 97

BERVIC Charles Clément 1756-1822 **[7]**

$101 FF600 £61 Portrait de Charles Linné, d'après Roslin Gravure 24,5x18cm/*9x7in* Paris 97

BERVOETS Fred 1942 **[100]**

$1 021 FF5 120 £646 Figuur Acrylique/papier/toile 74x108cm/*29x42in* Lokeren 95

$5 690 FF29 500 £3 575 Café Dolf Huile/papier 198x138cm/*77x54in* Antwerpen 96

$1 084 FF6 500 £668 Wimpels en sikkels. de boer en de zeis Eau-forte 40x40cm/*15x15in* Lokeren 98

$598 FF3 570 £360 Liggend Naakt/Naakt in een zetel Sanguine 30x46cm/*11x18in* Lokeren 97

BERVOETS Leo 1892-1978 **[69]**

$540 FF3 248 £324 Gezicht op de Monico, Meir te Antwerpen Huile/toile 56x41cm/*22x16in* Antwerpen 98

$580 FF3 272 £364 Fête foraine Huile/panneau 16x25cm/*6x9in* Antwerpen 97

BERZEVICZY-PALLAVICINI Friedrich 1909-1989 **[11]**

$329 FF1 684 £211 "Mai" Aquarell/Papier 46x37cm/*18x14in* Wien 96

BESAREL Valentino 1829-1902 **[2]**

$3 671 FF22 000 £2 191 Amour Bronze H52cm/*H20in* Toulouse 98

BESCHEY Balthasar 1708-1776 **[50]**

$6 744 FF40 000 £4 124 Le Christ et la Samaritaine Huile/panneau 57,5x43cm/*22x16in* Paris 97

⊙ *$9 100 FF46 500 £6 000* The Holy Family, after Rubens Oil/panel 44x36cm/*17x14in* London 96
⊙ *$18 000 FF109 688 £10 965* Jacob and Rachel at the Well Oil/canvas 160x94cm/*62x37in* New-York 98
BESCHEY Balthazar (Attrib.) 1708-1776 **[22]**
⊙ *$4 140 FF23 820 £2 580* Descendimiento Oleo/tabla 62x47cm/*24x18in* Madrid 97
⊙ *$8 540 FF44 400 £5 650* Paysage côtier/Le moulin à eau Huile/panneau 20x25,5cm/*7x10in* Bruxelles 96
BESCHEY Karel, Charles 1706-c.1770 **[22]**
⊙ *$26 050 FF134 800 £16 800* Dorf an einem Fluss mit Booten Oil/panel 30x55,5cm/*11x21in* Wien 96
⊙ *$26 100 FF150 000 £15 960* Paysage fluvial animé de cavaliers Huile/toile 30x39cm/*11x15in* Paris 97
BESKOW Bo 1906-1989 **[35]**
⊙ *$1 546 FF8 070 £935* Marocko Oil/panel 46x55cm/*18x21in* Uppsala 96
⊙ *$14 550 FF74 800 £9 070* Rörelse i Rymden Oil/canvas 272x205cm/*107x80in* Stockholm 96
✎ *$2 604 FF15 072 £1 602* Förlaga till Utsmyckning i Fn:s Dag Hammarskiölds Bibliotek, New York Akvarell 35x67cm/*13x26in* Stockholm 97
BESKOW Elsa 1874-1953 **[15]**
✎ *$1 990 FF9 800 £1 282* Vinjettbild till "Mors Lilla Olle" Ink 7x22cm/*2x8in* Stockholm 95
BESNARD Paul Albert 1849-1934 **[123]**
⊙ *$1 141 FF6 604 £697* A View of the Bridge by Orleans Oil/canvas 21x47,5cm/*8x18in* Amsterdam 97
⊙ *$2 212 FF13 500 £1 350* Femme lisant Huile/toile 38x46cm/*14x18in* Paris 98
▭ *$86 FF527 £54* La maladie Eau-forte 23x14,5cm/*9x5in* Montréal 97
✎ *$69 FF400 £42* Tête de femme Crayon/papier 24,5x20,5cm/*9x8in* Paris 97
BESNARD-FORTIN Jeanne 1892-1978 **[139]**
✎ *$202 FF1 250 £124* Mère et enfant Aquarelle/papier 52x36cm/*20x14in* Quimper 97
BESPERSTOV Iakov 1938 **[98]**
⊙ *$816 FF4 800 £504* Calle de Argel Oleo/lienzo 38x46cm/*14x18in* Madrid 97
BESSA Pancrace (Attrib.) 1772-1835 **[1]**
✎ *$9 078 FF53 000 £5 490* Fleurs dans un panier sur un arbre Aquarelle/vélin 54x44cm/*21x17in* Paris 97
BESSE Raymond 1899-1969 **[96]**
⊙ *$499 FF2 900 £294* Vanal et péniches Huile/toile 50x61cm/*19x24in* Paris 97
BESSERER Hans Jacob c.1610-c.1660 **[1]**
✎ *$2 834 FF16 733 £1 678* Diana und Kallisto Gouache 9,8x14,1cm/*3x5in* Berlin 97
BESSERVE René 1883-1959 **[53]**
▭ *$1 433 FF7 000 £906* "Mont-Revard, à 20 mn d'Aix-les-Bains" Affiche 99,5x62cm/*39x24in* Boulogne 95
BESSON Faustin 1821-1882 **[5]**
⊙ *$2 526 FF15 000 £1 530* Baignade en sous-bois Huile/toile 41x32,5cm/*16x12in* Paris 97
⊙ *$17 069 FF102 155 £10 086* Recogiendo cerezas Oleo/lienzo 111x82,5cm/*43x32in* Madrid 98
BESSONAT Louis XX **[2]**
⊙ *$14 195 FF85 000 £8 721* Jeunes filles sur la terrasse Huile/toile 200x198cm/*78x77in* Paris 98
BEST Arthur William 1859-1935 **[10]**
⊙ *$400 FF2 084 £251* "Mt. Tamalpias" Oil/canvas 27x35cm/*11x14in* Altadena, CA 96
⊙ *$3 250 FF19 590 £1 966* Grand Canyon Oil/canvas 66x50cm/*26x20in* Pasadena, California 98
BEST Fritz 1894-1980 **[6]**
⟁ *$578 FF3 379 £355* Die Strebende Bronze H29cm/*H11in* Frankfurt 97
BEST Hans 1874-1942 **[41]**
⊙ *$656 FF4 022 £392* Bayerischer junger Bauer in Trachtenjacke und mit Gamsbart am Hut Oil/cardboard 31,5x23cm/*12x9in* Dresden 98
⊙ *$1 504 FF9 218 £898* "Traute Zweisamkeit" Oil/wood 71x74,5cm/*27x29in* Dresden 98
✎ *$1 392 FF8 380 £833* "Das Kuhportrtät" Pastel/paper 47x38cm/*18x14in* München 98
BEST Harry Cassie 1863-1936 **[12]**
⊙ *$4 249 FF25 584 £2 542* High Sierras Oil/canvas 50x75cm/*19x29in* San Francisco 98
BEST John c.1720-c.1795 **[5]**
⊙ *$6 500 FF38 644 £3 914* Little Anthony, A Bay Horse in a Landscape Oil/canvas 63,5x76cm/*25x29in* New-York 98
BEST Kevin 1932 **[6]**
⊙ *$1 428 FF7 331 £942* The Roundup Oil/board 75x101cm/*29x39in* Sydney 96
BEST Mary Ellen 1809-1891 **[8]**
✎ *$2 467 FF13 876 £1 500* A Group of Portrait of girls Watercolour 17,5x12cm/*6x4in* London 97
BESTÄNDIG Ludwig 1860-1915 **[4]**

$2 707 FF15 540 £1 650 Am Hallstädter See Öl/Leinwand 94x125cm/*37x49in* Düsseldorf 97
BESTARD Miguel c.1590-1633 **[1]**
$24 750 FF148 125 £15 000 Immaculada Oleo/lienzo 213x158cm/*83x62in* Madrid 98
BESWICK Frank XIX-XX **[6]**
$454 FF2 315 £300 A young girl guiding her geese Watercolour 51x83cm/*20x32in* London 96
BETETA GONZALEZ Pablo 1953 **[1]**
$3 250 FF18 518 £1 990 Levantando la produccion Oil/canvas 75x101cm/*29x40in* Bethesda, Maryland 97
BETHEL Charles Worden 1899-1951 **[3]**
$3 250 FF16 960 £1 964 Taos Pueblo Oil/canvas 76x91,5cm/*29x36in* San Francisco-Los Angeles 96
BETHKE Hermann 1825-1895 **[4]**
$3 750 FF22 935 £2 225 The Midday Meal Oil/panel 49x39cm/*19x15in* Washington 98
BETIGNY Ernest 1873-1960 **[26]**
$532 FF3 246 £324 Bord de rivière Huile/toile 40x50cm/*15x19in* Bruxelles 98
BETTANIER Albert 1851-1932 **[6]**
$21 000 FF128 597 £12 568 The Geography Lesson Oil/canvas 110,5x150,5cm/*43x59in* New-York 98
$25 000 FF129 800 £16 530 An auction at the Hôtel Drouot, Paris Oil/canvas 80x100cm/*31x39in* New-York 96
BETTENCOURT Pierre 1917 **[41]**
$4 383 FF26 000 £2 680 L'armoire à glac Collage/panneau 104x73cm/*40x28in* Paris 97
$5 362 FF33 000 £3 257 La télévision en couleur Collage/panneau 154x80cm/*60x31in* Paris 98
$5 544 FF33 000 £3 389 La fenêtre Collage 124x122cm/*48x48in* Paris 98
BETTERIDGE H.W.G. XIX-XX **[2]**
$252 FF1 317 £150 The Fishermen's Quater, Hastings Watercolour 13x18cm/*5x7in* London 96
BETTI Sigismondo (Attrib.) c.1700-c.1775 **[1]**
$8 680 FF42 800 £5 460 L'Oracolo communica ad Agamemmone l'ira di Artemide Tempera/tavola 65x79cm/*25x31in* Firenze 95
BETTINELLI Mario Giuseppe 1880-1953 **[36]**
$899 FF5 098 £599 Ritratto di giovane donna Olio/cartone 46x38cm/*18x14in* Milano 97
BETTINGER Gustave 1857-1934 **[10]**
$3 803 FF21 467 £2 331 Country Road Oil/canvas 59x79,5cm/*23x31in* Singapore 97
BETTS Harold Harington 1881-? **[14]**
$600 FF3 592 £368 "Woodland Stream" Oil/canvas 33x53cm/*13x21in* Cincinnati, Ohio 98
BETTS Louis 1873-1961 **[21]**
$950 FF5 529 £576 Female Nude Oil/canvas 27x22cm/*11x9in* Mystic, Connecticut 97
$2 100 FF12 544 £1 285 Portrait of Walter Biggs Oil/canvas 76x61cm/*29x24in* New-York 98
$5 000 FF29 222 £3 051 Portrait of a lady thought to be Alma Sevening Oil/canvas 152x91,5cm/*59x36in* San Francisco 97
BETYNA Paul 1887-1967 **[1]**
$7 777 FF46 293 £4 754 Ansicht des Berliner Stadtschlosses vom Dach des Zeughauses Öl/Leinwand 75x90cm/*29x35in* Berlin 98
BETZLER Emil 1892-1974 **[6]**
$252 FF1 506 £152 Selbsporträt Etching 19x15,3cm/*7x6in* Berlin 97
BEUCKELAER Joachim c.1535-1574 **[6]**
$15 050 FF89 109 £9 000 A market stall with a man selling game Oil/panel 113x80,5cm/*44x31in* London 97
$20 108 FF118 976 £12 100 The poultry Vendors Oil/canvas 118x172cm/*46x67in* Amsterdam 98
BEUCKELAER Joachim (Attrib.) c.1535-1574 **[3]**
$275 104 FF1 652 310 £165 000 Peasants at a Poultry Stall Oil/panel 108,5x161cm/*42x63in* London 98
BEUCKER de Pascal 1861-1945 **[8]**
$1 179 FF7 308 £706 Nature morte aux fleurs Huile/toile 40x45cm/*15x17in* Antwerpen 98
BEUGELINCK Johann XIX **[1]**
$7 810 FF40 500 £5 000 Ali Pasha with a parrot Oil/canvas 100x130cm/*39x51in* London 96
BEUL de Frans 1849-1919 **[28]**
$1 911 FF11 382 £1 169 Vaches au pâturage Huile/toile 80x108cm/*31x42in* Bruxelles 98
BEUL de Henri 1845-1900 **[24]**
$2 650 FF16 240 £1 580 Fillette donnant à manger aux poules Huile/panneau 60x45cm/*23x17in*

Antwerpen 98
BEULAS RECASENS José 1921 **[75]**
 $1 825 FF9 080 £1 161 Toledo Oleo/lienzo 33x41cm/*12x16in* Madrid 95
 $3 850 FF19 160 £2 450 Vista de Avila Oleo/lienzo 60x81cm/*23x31in* Madrid 95
 $14 850 FF89 325 £9 225 Paisaje Oleo/lienzo 115x146cm/*45x57in* Madrid 97
 $594 FF3 573 £369 Paisaje Acuarela/papel 16x26cm/*6x10in* Madrid 97
BEURDEN van Alfons, Jnr. 1878-1962 **[49]**
 $607 FF3 577 £376 Petit port Huile/toile 42x55cm/*16x21in* Antwerpen 97
 $159 FF822 £106 Kermesse sur la Place Verte à Anvers Technique mixte/papier 21x28cm/*8x11in*
Antwerpen 96
BEURMANN Emil 1862-1951 **[18]**
 $2 211 FF13 354 £1 327 Tänzerin Öl/Leinwand 40x27cm/*15x10in* Luzern 98
 $5 028 FF30 144 £3 026 Evolenarde pensive Öl/Leinwand 47x39cm/*18x15in* Zürich 98
 $682 FF3 400 £445 Mädchenportrait Pastel 44x37cm/*17x14in* Zofingen 95
BEUVILLE Georges 1902-1982 **[6]**
 $474 FF3 014 £296 "Botot" Poster 157x108cm/*62x42in* New-York 97
BEUYS Joseph 1921-1986 **[844]**
 $1 216 FF6 300 £790 "94/3T" Technique mixte 46x46cm/*18x18in* Versailles 96
 $3 103 FF18 804 £1 902 Kunst = Kapital Mixed media/panel 32x43x1cm/*12x16xin* Hamburg 98
 $688 FF4 020 £407 Hauptstrom Fluxus Serigraph 20,5x15,5cm/*8x6in* Köln 97
 $25 488 FF154 468 £15 630 Filzanzug Installation 170x60cm/*66x23in* Hamburg 98
 $138 525 FF839 500 £84 950 Das Kapital Installation 13,1x30x26cm/*5x11x10in* Hamburg 98
 $4 500 FF23 060 £2 734 Three Photographs of a Conversation Photograph 71x61cm/*27x24in* New-York 96
 $5 636 FF33 546 £3 445 "Face (Moon)" Collage 42x45,5cm/*16x17in* Köln 98
BEVAN Robert (Attrib.) 1865-1925 **[12]**
 $3 100 FF18 518 £1 900 Tapster Water Chalks/paper 21x25,5cm/*8x10in* London 98
BEVAN Robert Polhill 1865-1925 **[30]**
 $20 160 FF105 300 £12 000 An Outhouse, Devon Oil/canvas 58x71cm/*22x27in* London 96
 $30 240 FF158 000 £18 000 Winter landscape, Poland Oil/canvas 48x6cm/*18x2in* London 96
 $686 FF4 101 £420 The Farmyard Lithograph 22x27,5cm/*8x10in* Billingshurst, West Sussex 98
 $921 FF5 516 £550 Cumberland Market Charcoal/paper 25x34cm/*9x13in* London 98
BEVEREN van Charles, Christian 1808-1850 **[6]**
 $8 008 FF48 362 £4 800 A Young Boy Seated Outside a House Oil/panel 30,5x24cm/*12x9in* London 98
BEVERLEY William Roxby 1824-1889 **[42]**
 $714 FF3 620 £460 Shipping heading for home Oil/canvas 31x56cm/*12x22in* London 96
 $522 FF2 974 £320 Unloading the catch Watercolour 12x25cm/*4x9in* London 97
BEWICK Pauline 1935 **[8]**
 $3 953 FF22 514 £2 400 Donkey Watercolour 76x56cm/*29x22in* London 97
BEYER de Jan 1703-c.1785 **[11]**
 $6 085 FF34 829 £3 594 A landscape with the Montpoort at Kalkar, the Monterberg Watercolour
19x21cm/*7x8in* Amsterdam 97
BEYER Eugène 1817-1893 **[4]**
 $3 773 FF21 500 £2 356 Alsaciennes dans un paysage Huile/toile 56x70cm/*22x27in* Saint-Dié 97
BEYER Leopold 1784-c.1870 **[1]**
 $2 436 FF14 500 £1 489 "Vue de la Ville de Vienne du côté du papais impérial" Gravure 53x75cm/*20x29in*
Marseille 98
BEYER Otto 1885-1962 **[12]**
 $1 417 FF8 366 £839 Weiblicher Akt vorm Spiegel Öl/Leinwand 70,5x80cm/*27x31in* Berlin 97
BEYER Sigurd 1953 **[1]**
 $4 920 FF24 400 £3 130 Nachbarhäuser Mixed media/canvas 65,5x50,5cm/*25x19in* Heidelberg 95
BEYEREN van Abraham H. (Attrib.) c.1620-1690 **[4]**
 $5 139 FF30 000 £3 108 Navires hollandais au bord du rivage Huile/panneau 20,5x34,5cm/*8x13in*
Paris 97
 $5 850 FF30 450 £3 870 Marine Huile/panneau 30,5x55cm/*12x21in* Bruxelles 96
BEYEREN van Abraham Hendricksz c.1620-1690 **[16]**
 $129 800 FF647 000 £85 000 A lobster, a nautilus shell, grapes, a goblet on a draped table Oil/panel
89x116cm/*35x45in* London 95
BEYLE Pierre Marie 1838-1902 **[11]**

$9 000 FF44 240 £5 700 "Fleur des Grèves" Oil/canvas 100x70cm/*39x27in* New-York 95

BEYNON Jan Daniël 1830-1877 **[4]**
$13 076 FF77 280 £8 092 Portrait of Margaretha Martherus, leaning on a flowered Oil/canvas 78x67,5cm/*30x26in* Singapore 97

BEYSCHLAG Robert 1838-1903 **[11]**
$9 500 FF56 379 £5 818 "Motherly Affection" Oil/canvas 70,5x58cm/*27x22in* San Francisco 98

BEYSSON Louis 1856-1912 **[2]**
$7 438 FF46 000 £4 466 Sans titre Huile/toile 58x38cm/*22x14in* Bergerac 97

BEZARD Jean-Louis 1799-c.1861 **[5]**
$5 058 FF30 000 £3 093 Portrait de la marquise de Massingy Huile/toile 122x90cm/*48x35in* Paris 97

BEZEM Naphtali 1924 **[53]**
$7 500 FF45 235 £4 452 Seated Nude Oil/canvas 76,5x56cm/*30x22in* Tel Aviv 98
$14 000 FF81 727 £8 467 Interior with a Couple in the Kibbutz; The 50s Linocut 88x114cm/*34x44in* Tel Aviv 97
$550 FF3 346 £339 Figure in a Boat Watercolour/paper 18x22cm/*7x8in* Tel Aviv 98

BEZOMBES Roger 1913-1994 **[62]**
$926 FF5 664 £549 "Le Printemps" Oil/canvas 45,5x33cm/*17x12in* London 98
$959 FF5 700 £586 L'autoroute de l'Ouest au printemps Huile/panneau 53x72cm/*20x28in* Le Touquet 98
$745 FF4 463 £458 "Vie du Monde, Air France" Poster 100x60cm/*39x23in* Oostwoud 98
$190 FF1 100 £113 Montherlant et Hébertot assis à une table Aquarelle, gouache/papier 23,5x11cm/*9x4in* Paris 97

BEZZI Bartolomeo 1851-1923 **[8]**
$2 580 FF14 620 £1 290 Case sul fiume Olio/tela 15,5x25cm/*6x9in* Firenze 97
$84 000 FF476 000 £42 000 Paesaggio trentino Olio/tela 96,5x155,5cm/*37x61in* Milano 98

BEZZOLA Mario 1881-1968 **[2]**
$820 FF4 020 £533 Lago Pastelli/carta 34,5x53,5cm/*13x21in* Milano 95

BEZZUOLI Giuseppe 1784-1855 **[32]**
$900 FF5 100 £600 Frate Bernardo da Foiano Olio/tela 21x30cm/*8x11in* Prato 97
$8 700 FF49 300 £5 800 Ercole e Deianina Olio/tela 58x103,5cm/*22x40in* Prato 97
$720 FF4 080 £360 Battaglia di Benevento Matita/carta 20x30cm/*7x11in* Firenze 97

BHATTACHARJEE Bikash 1940 **[11]**
$5 244 FF31 311 £3 200 Santu the Penciler Oil/canvas 120,5x122cm/*47x48in* London 98
$7 375 FF44 031 £4 500 Monu the Bottle Seller Oil/canvas 105x100cm/*41x39in* London 98
$4 530 FF23 470 £2 900 Impressions II, III, & IV Black chalk/paper 76x56cm/*29x22in* London 96

BHENGU Gerard 1910-1990 **[8]**
$414 FF2 484 £255 An old man in traditional dress Watercolour/paper 38x25cm/*14x9in* Johannesburg 98

BIAIS Maurice c.1875-1926 **[9]**
$1 386 FF7 180 £900 The Tennis Game Poster 56x66cm/*22x25in* London 96

BIALINTZKI-BIRULIJA Vitold Kaetanovitch 1872-1957 **[5]**
$2 542 FF15 504 £1 550 Winter Snowscape Oil/board 58x61,5cm/*22x24in* London 98

BIAN SHOUMIN c.1720-c.1750 **[7]**
$2 200 FF12 429 £1 384 Cockscomb in a Vase Ink 142x37,5cm/*55x14in* New-York 97

BIAN WENYU c.1620-1670 **[3]**
$3 870 FF19 900 £2 360 Landscape Ink 100x32cm/*39x12in* Hong Kong 96

BIANCHI Alberto 1882-1969 **[12]**
$1 200 FF6 800 £600 Anemoni Olio/tela 40x50cm/*15x19in* Milano 98
$1 407 FF7 280 £900 "Ardita, Fiat" Poster 196x140cm/*77x55in* London 96

BIANCHI Domenico 1955 **[6]**
$3 000 FF17 472 £1 832 Untitled, Siena Oil 79,5x61,5cm/*31x24in* New-York 97
$6 000 FF34 000 £3 000 Senza titolo Olio/tela 163x203cm/*64x79in* Milano 97

BIANCHI Isidoro 1602-1690 **[3]**
$7 010 FF36 200 £4 500 The presentation in the Temple Ink 47,5x36cm/*18x14in* London 96

BIANCHI Luigi 1827-1914 **[3]**
$13 000 FF74 798 £7 673 Convincing the Client Oil/canvas 82,5x113cm/*32x44in* New-York 97

BIANCHI Mosè di Giosuè 1840-1904 **[37]**
$8 400 FF47 600 £4 200 Pastorella di gignese Olio/cartone 14x18cm/*5x7in* Milano 98

  $14 000 FF72 000 £8 720 By the sea Oil/canvas 90x54,5cm/*35x21in* New-York 96

  $90 000 FF510 000 £45 000 La vigilia della sagra Olio/tela 139,5x95,5cm/*54x37in* Milano 97

  $2 040 FF11 560 £1 360 Mosè Bianchi opera grafica, cartella con 35 grafiche Acquaforte 59x41,5cm/*23x16in* Prato 97

  $6 600 FF37 400 £3 300 Ritratto di giovane donna di profilo con scialle rosso Acquarello/carta 48x38cm/*18x14in* Milano 97

BIANCHI Pietro 1694-1740 **[2]**

  $24 300 FF124 000 £16 000 Rocky River Landscape with a Shepherd and his Flock resting Oil/canvas 219x149cm/*86x58in* London 96

BIANCHI Pietro (Attrib.) 1694-1740 **[2]**

  $5 322 FF31 000 £3 251 San Giovanni Battista Olio/tela 116x85cm/*45x33in* Paris-Trieste 97

BIANCHI Tom 1945 **[4]**

  $3 249 FF17 864 £1 995 Splash, Nude Diver/Palm Tree/Bayside Handstand Silver print 56x37,5cm/*22x14in* New-York 97

BIANCHINI Artur 1869-1955 **[25]**

  $1 107 FF6 853 £660 Tall på stranden i Sandhamn Oil/canvas 40x33cm/*15x12in* Stockholm 98

BIANCO del Baccio (Attrib.) 1604-1656 **[2]**

  $16 654 FF97 847 £10 000 A Commedia Dell'Arte Troupe Before a Renaissance Town Oil/panel 26x148,5cm/*10x58in* London 97

BIANCO Pieretto Bortoluzzi 1875-1937 **[14]**

  $1 512 FF7 370 £960 Aia sul lago Olio/tavola 31x42cm/*12x16in* Prato 95

BIANCO Remo 1922-1988 **[12]**

  $1 980 FF10 080 £1 170 Impronta di Tabriz Tecnica mista/tela 100x79,5cm/*39x31in* Milano 96

BIANCONI Luigi 1838-1909 **[2]**

  $2 544 FF15 090 £1 554 Mediterrane Küstenlandschaft mit Booten vor Felsenlandschaft Öl/Leinwand 27x43,5cm/*10x17in* Hamburg 98

  $4 758 FF28 494 £2 843 Eifellandschaft mit Blick auf Burg Eltz Öl/Leinwand 79x106cm/*31x41in* Köln 98

BIANQUI Octavio XIX-XX **[2]**

  $1 035 FF5 955 £600 Casa de pescadores, Mallorca Oleo/lienzo 50x61cm/*19x24in* Madrid 97

BIARD François-Auguste 1798-1882 **[27]**

  $5 632 FF33 269 £3 500 A Laplander Oil/paper/board 39x30cm/*15x11in* London 97

  $8 500 FF43 000 £5 570 "Le compartiment des dames seules" Huile/toile 60x72cm/*23x28in* Chartres 96

  $32 450 FF165 000 £20 000 Le contrebandier Huile/toile 98,5x131cm/*38x51in* Paris 96

  $954 FF5 000 £574 Louis-Philippe et l'architecte Fontaine au Jardin des Tuileries Mine plomb 31,7x23,8cm/*12x9in* Monaco 96

BIASI DA TEULADA Giuseppe 1885-1945 **[3]**

  $9 000 FF51 000 £6 000 Paesaggio sardo con figura femminile Olio/tavola 105,5x135cm/*41x53in* Milano 97

  $11 780 FF57 400 £7 410 Mercato Olio/tela 95x74cm/*37x29in* Milano 95

BIASI Guido 1933-1982 **[33]**

  $506 FF2 624 £318 La vieille Europe Huile/toile 60x50cm/*23x19in* Antwerpen 96

BIBERSTEIN Franz 1850-1930 **[5]**

  $30 000 FF154 500 £19 200 World's Columbian Exposition, Chicago Oil/canvas 91,5x37cm/*36x14in* New-York 96

BIBIENA Carlo Galli 1728-1787 **[3]**

  $8 500 FF52 178 £5 208 View of the Terraced Colonnade of a Palace Wash 24x15,5cm/*9x6in* New-York 98

BIBIENA Ferdinando G.(Attr.) 1657-1743 **[9]**

  $8 167 FF48 372 £4 851 Kirkeinteriör Oil/canvas 75x74cm/*29x29in* Köbenhavn 97

  $1 440 FF8 160 £720 Architettura Acquarello 28x33cm/*11x12in* Firenze 98

BIBIENA Giuseppe Galli 1696-1757 **[11]**

  $1 519 FF9 237 £913 Architectural Designs Engraving 52x35cm/*20x13in* London 98

  $8 570 FF44 200 £5 500 Stage designs: colonnades of palaces Ink 21x18,8cm/*8x7in* London 96

BICCHI Silvio 1874-1948 **[11]**

  $2 760 FF15 640 £1 840 Maniscalchi Olio/tavola 22x30cm/*8x11in* Milano 97

  $2 400 FF13 600 £1 200 Mucca Pastelli/cartone 29x34cm/*11x13in* Firenze 97

BICCI DI LORENZO 1368-1452 **[6]**

  $7 002 FF42 058 £4 200 The Flaying and Execution of Saint Bartholomew Tempera/panel

28,5x74cm/*11x29in* London 98

👁 *$35 100 FF175 000* £23 000 Saint Bartholomew healing the Princesse of Armenia Tempera/panel 21x66cm/*8x25in* London 95

BICCI di Lorenzo. c.1373-1452 **[1]**

👁 *$34 966 FF206 176* £20 700 The Madonna and Child enthroned with St.John the Baptist, ... Tempera/panel 84x33,5cm/*33x13in* London 97

BICCI di Neri 1419-1491 **[5]**

👁 *$17 150 FF88 400* £11 000 The Madonna and Child Oil/panel 73,5x49,5cm/*28x19in* London 96

BICHET Charles Théodore 1863-1929 **[29]**

👁 *$621 FF3 800* £380 Nature morte aux pommes, raisins et pot de confiture Huile/panneau 27x35cm/*10x13in* Limoges 98

✏ *$150 FF920* £92 Buste de militaire de dos au képi rouge Gouache/papier 31x25cm/*12x9in* Limoges 98

BICKEL Karl 1886-1982 **[14]**

▦ *$1 800 FF8 770* £1 143 "Chocolat Nestlé" Poster 127x91cm/*50x35in* New-York 95

BICKERSTAFF George 1893-1954 **[9]**

👁 *$424 FF2 542* £259 Landscape Oil/canvas 59x69cm/*23x27in* Altadena, CA 97

BICKERTON Ashley 1959 **[15]**

👁 *$16 000 FF92 166* £9 870 Seascape: Transporter for Waste of its Own Construction #1 Mixed media 57x209x76cm/*22x82x29in* New-York 97

🛠 *$24 000 FF116 200* £15 400 Landscape #5 Sculpture, wood 87,6x204x91,4cm/*34x80x35in* New-York 95

🛠 *$30 000 FF174 015* £17 733 The Ideal Collection Construction 75,5x304,5x35cm/*29x119x13in* New-York 97

BICKNELL Albion Harris 1837-1915 **[10]**

👁 *$4 500 FF26 284* £2 662 Seashore at Annisquam Oil/canvas 22x63cm/*9x25in* Boston, Mass. 97

BICKNELL Frank Alfred 1866-1943 **[13]**

👁 *$2 750 FF15 960* £1 624 Boats at Low Tide Oil/canvas 30x40cm/*12x16in* Bethesda, Maryland 97

👁 *$2 900 FF18 001* £1 767 Figures on a Country Road, Autumn Oil/masonite 40x50cm/*16x20in* Boston, Mass. 97

BICKNELL William Henry Warren 1860-? **[6]**

▦ *$250 FF1 518* £152 "Doc"/Lighthouse/Artist Drawing by the Sea/Portrait Etching 21x29cm/*8x11in* Boston, Mass. 98

BIDAU Eugène XIX-XX **[3]**

👁 *$75 000 FF443 527* £45 502 A Peacock and Doves in a Garden Oil/canvas 251x160cm/*98x62in* New-York 98

BIDAULD Henri 1839-1898 **[1]**

👁 *$13 830 FF68 000* £8 750 Le Cours du Lignon Huile/toile 127x196cm/*50x77in* Blois 95

BIDAULD Joseph J. (Attrib.) 1758-1846 **[2]**

👁 *$5 000 FF30 693* £3 063 Landscape with a brook Oil/canvas 20x27,5cm/*7x10in* New-York 98

👁 *$7 024 FF40 000* £4 264 Femmes conversant dans un paysage de la Campagne italienne Huile/toile 43x61cm/*16x24in* Paris 97

BIDAULD Joseph J. Xavier 1758-1846 **[12]**

👁 *$3 400 FF18 488* £2 035 Figures by an estuary Oil/panel 34x67cm/*13x26in* Bethesda, Maryland 97

👁 *$101 178 FF599 400* £60 000 A View of the Roman Campagna, with Lake Nemi (?) Oil/canvas 29,5x35cm/*11x13in* London 97

BIDDER Joyce 1906 **[2]**

🛠 *$7 700 FF39 900* £5 000 The Croziers of Spring Marble H48cm/*H18in* London 96

BIDDLE Laurence 1888-? **[32]**

👁 *$843 FF5 195* £518 Geraniums, Jonquils and Primulas in an Oriental Vase Oil/board 36x54cm/*14x21in* London 98

👁 *$978 FF5 676* £600 Geraniums, Primulas, Forget-menots in a Chine Bowl Oil/canvas 30,5x45,5cm/*12x17in* Glasgow 97

BIDDLECOMBE Walter XIX-XX **[4]**

👁 *$8 500 FF48 405* £5 232 Reminiscing by the Sea Oil/canvas 76x135cm/*29x53in* New-York 97

BIDEAULT François (Attrib.) 1817-c.1860 **[1]**

👁 *$1 646 FF10 000* £991 Nature morte aux oiseaux Huile/carton 27x21,5cm/*10x8in* Paris 98

BIDERMANN Johann Jacob 1763-1830 **[1]**

$5 552 FF32 336 £3 392 Hofplatz mit Ausblick auf Horgen Aquarelle 60x48cm/*23x18in* Zürich 97

BIDLO Mike 1953 **[20]**

$3 473 FF17 660 £2 075 Woman's head in black & white Oil/canvas 82x65cm/*32x25in* Stockholm 96

$12 558 FF75 429 £7 500 Not Warhol (Before & After 1962) Acrylic/canvas 183x254cm/*72x100in* London 98

BIEBER Armin 1892-1970 **[17]**

$1 380 FF7 903 £816 "V. Grosser Preis der Schweiz" Poster 87,5x126,5cm/*34x49in* New-York 97

BIEDERMAN Charles 1906 **[1]**

$8 000 FF45 819 £4 732 #34 Aix, 1973 Construction H106,5cm/*H41in* New-York 97

BIEDERMANN Johann Jakob 1763-1830 **[23]**

$12 438 FF72 610 £7 639 Die Rhonebrücke bei St. Maurice mit der Kapelle St. Theodule Öl/Leinwand 18,5x25,5cm/*7x10in* Zürich 97

$73 343 FF449 713 £43 962 Balm bei Meiringen mit dem Reichenbachfall Öl/Leinwand 73x97cm/*28x38in* Zürich 98

$5 495 FF33 184 £3 298 Ansicht von Schloss Wildegg Radierung 48x75cm/*18x29in* Luzern 98

BIEDERMANN Johann Jakob (Attr.) 1763-1830 **[1]**

$24 162 FF139 665 £15 000 An Alpine Waterfall Oil/canvas 97x135cm/*38x53in* Exeter, Devon 97

BIEGAS Boleslas 1877-1954 **[97]**

$2 303 FF13 000 £1 402 Le regard Huile/panneau 73x57cm/*28x22in* Paris 97

$5 200 FF26 000 £3 366 Le Roi des Péchés Bronze H64cm/*H25in* Paris 96

$10 230 FF50 000 £6 470 "Eve" Bronze H117cm/*H46in* L'Isle-Adam 95

BIEGEL Peter 1913-1988 **[61]**

$1 472 FF8 763 £900 Otterthunting Oil/panel 27x24cm/*10x9in* London 98

$6 102 FF37 438 £3 800 The First Fence, Mackeson Gold Cup Oil/canvas 51x61cm/*20x24in* Glasgow 97

$1 799 FF10 710 £1 100 The Muskerry, Derry, Co. Cork Watercolour, gouache 36x49,5cm/*14x19in* London 98

BIEHLE August 1885-1979 **[11]**

$260 FF1 487 £162 "The Swimming Hole" Graphite 20x15cm/*8x6in* Shaker Heights, Ohio 97

BIELER André Charles 1896-1989 **[39]**

$1 515 FF8 864 £924 Madame Girard Huile/toile 50,5x40,5cm/*19x15in* Montréal 97

$126 FF758 £76 La Toilette du Samedi Sérigraphie 25,5x51cm/*10x20in* Montréal 97

$1 269 FF7 515 £753 Sunday Mass Watercolour/paper 18x20cm/*7x7in* Toronto 97

BIÉLER Ernest 1863-1948 **[65]**

$14 831 FF86 173 £8 755 Jeune fille et pommier en fleurs Öl/Leinwand 136x60cm/*53x23in* Luzern 97

$19 800 FF103 300 £11 960 Paysage de la Plaine du Rhône Tempera/panneau 15x81cm/*5x31in* Zürich 96

$29 956 FF177 360 £17 911 Femme jaune Öl/Leinwand 120x112cm/*47x44in* Zürich 97

$634 FF3 899 £380 Dorfansicht Pencil 15x31,5cm/*5x12in* Zürich 98

BIELI Alexeï 1927 **[19]**

$674 FF3 874 £420 Feeding the chicks Oil/canvas/board 26,7x21,6cm/*10x8in* London 97

BIELING Herman Frederik 1887-1964 **[77]**

$779 FF4 654 £476 A still life with apples and pears Oil/canvas 30x40,5cm/*11x15in* Amsterdam 98

$1 483 FF8 918 £887 Farm nearby Renkum Oil/canvas 36,2x54,5cm/*14x21in* Amsterdam 98

$4 696 FF28 240 £2 809 "Johannes de Dooper" Bronze H36cm/*H14in* Amsterdam 98

$1 236 FF7 431 £739 Long island Watercolour/paper 72,5x54,5cm/*28x21in* Amsterdam 98

BIENABE ARTIA Bernardino 1899-1987 **[7]**

$1 122 FF6 715 £697 Pueblo costero Oleo/lienzo 48x62cm/*18x24in* Madrid 97

BIENNOURY Victor François 1823-1893 **[9]**

$400 FF2 128 £235 The Temper Tantrum Pencil/paper 46x33,7cm/*18x13in* New-York 97

BIENVETU Gustave XIX-XX **[13]**

$2 604 FF13 000 £1 700 Nature morte aux oeillets Huile/toile 38x55cm/*14x21in* Le Havre 95

BIERAND Georges, Géo 1895-? **[6]**

$650 FF3 900 £398 Scène de plage Huile/panneau 33x41cm/*12x16in* Bruxelles 97

BIERGE Roland 1922-1991 **[48]**

$561 FF2 800 £367 Sans titre #1216 (13 août 1973) Huile/papier/toile 31x31cm/*12x12in* Saumur 95

$780 FF3 800 £500 Composition No. 1578, 6-7 Déc. Huile/toile 46x55cm/*18x21in* Paris 95

BIERHALS Otto 1879-1944 **[12]**

$850 FF5 256 £510 Portrait of Mrs Norton Shipman Oil/masonite 76x60cm/*30x24in* Bethesda, Maryland 97

BIERI Carl 1894-1962 **[14]**
☞ *$950 FF4 890 £593* Juralandschaft im Herbst Öl/Leinwand 69x95cm/*27x37in* Bern 96
BIERMANN Aenne Sternefeld 1898-1933 **[5]**
📷 *$11 680 FF67 988 £7 200* "Betrachtung", Contemplation Silver print 58x42cm/*22x16in* London 97
BIERMANN Karl Eduard 1803-1892 **[4]**
☞ *$3 240 FF19 064 £2 000* Rheinlandschaft Öl/Karton 33x40cm/*12x15in* Wien 97
BIERSTADT Albert 1830-1902 **[158]**
☞ *$17 000 FF102 348 £10 171* Fishermen by Campfire Oil/board 34,5x45,5cm/*13x17in* San Francisco 98
☞ *$75 000 FF389 400 £49 600* Sailboats on the Hudson at Irvington Oil/canvas 38x53cm/*14x20in* New-York 96
▥ *$4 400 FF25 345 £2 585* The Rocky Mountains Engraving 42,5x71,5cm/*16x28in* New-York 97
✎ *$17 000 FF100 177 £10 499* Butterfly Gouache 16,5x25cm/*6x9in* New-York 97
BIERUMA-OOSTING Jeanne 1898-1995 **[29]**
☞ *$1 048 FF5 988 £642* Boomgaard Oil/canvas 64x80cm/*25x31in* Den Haag 97
▥ *$390 FF1 997 £253* Zomer uitzicht Color lithograph 71x54cm/*27x21in* Amsterdam 95
BIESBROECK van Jules 1848-1920 **[12]**
☞ *$342 FF1 959 £210* Au jardin Huile/carton 54x26,5cm/*21x10in* Bruxelles 97
☞ *$791 FF4 509 £491* A gypsy girl holding a tambourine Oil/canvas 76x62,5cm/*29x24in* Amsterdam 97
▥ *$804 FF4 800 £485* "Parti ouvrier Belge, nouvelle maison du peuple" Affiche 124x88cm/*48x34in* Orléans 97
✎ *$4 215 FF22 000 £2 547* Musulmans en prière Pastel 65x50cm/*25x19in* Paris 96
BIESBROECK van Pierre Jules 1873-1965 **[39]**
☞ *$421 FF2 146 £277* La Villa Borghèse Huile/panneau 26x30cm/*10x11in* Bruxelles 96
☞ *$1 550 FF9 000 £946* Récolte des olives Huile/toile 50x65cm/*19x25in* Paris 97
BIESE Helmi 1867-1933 **[17]**
☞ *$2 627 FF15 514 £1 555* Rocky coastal landscape, Villinge Oil/canvas 55x75cm/*21x29in* Helsinki 97
BIESE Karl 1863-1926 **[17]**
▥ *$205 FF1 274 £123* Verschneiter Schwarzwaldhof Farblithographie 60x43cm/*23x16in* Heidelberg 98
BIESSY Gabriel M. 1854-1935 **[7]**
☞ *$5 414 FF31 403 £3 200* Sewing by a Window Oil/canvas 54x45cm/*21x17in* London 97
BIESZCZAD Seweryn 1852-1923 **[8]**
☞ *$1 862 FF11 046 £1 127* Scena rodzajowa Oil/canvas 21,5x16,5cm/*8x6in* Warszawa 97
☞ *$4 100 FF21 200 £2 646* The fair Oil/canvas 48x63,5cm/*18x25in* Warszawa 96
BIEVRE de Marie 1865-1940 **[22]**
☞ *$2 249 FF13 708 £1 395* Flowers/A Triptych Oil/board 26,5x35,5cm/*10x13in* New-York 98
☞ *$9 800 FF49 000 £6 340* Rosen am Brunnen Öl/Leinwand 91x72cm/*35x28in* Wien 96
✎ *$1 583 FF8 230 £1 047* Réflexion Pastel/papier 79x54cm/*31x21in* Bruxelles 96
BIGARI Vittorio M. (Attrib) 1692-1776 **[6]**
☞ *$10 630 FF55 000 £6 900* Le Festin de Balthazar Huile/toile 11x63cm/*4x24in* Paris 96
☞ *$15 000 FF88 443 £9 198* Architectural Capriccio with Elegant Figures Oil/canvas 96,5x73,5cm/*37x28in* New-York 98
BIGAUD Wilson 1931 **[33]**
☞ *$800 FF4 694 £489* Harvest Scene Oil/masonite 51x72cm/*20x28in* New Orleans, Louisiana 97
BIGAZZI Luigi 1814-? **[1]**
☞ *$5 400 FF30 600 £3 600* Autoritratti di celebri pittori Miniature 14x12cm/*5x4in* Prato 98
BIGEE Charles XVIII **[3]**
☞ *$12 210 FF62 500 £7 840* Winterlandschaft Oil/panel 19x27cm/*7x10in* Wien 96
BIGG William Redmore 1755-1828 **[15]**
☞ *$2 600 FF15 587 £1 572* Old Woman and Children Oil/board 56x50cm/*22x20in* Chicago, Illinois 97
BIGGI DEI FIORI Felice F. (Attrib.) c.1680-c.1750 **[3]**
☞ *$7 648 FF46 979 £4 587* Blumenstilleben Oil/canvas 59,5x76cm/*23x29in* Köln 98
☞ *$14 426 FF81 749 £7 213* Rose, Narcisi, Tulipani, un anemone e altri fiori in un cestino Olio/tavola 29x38cm/*11x14in* Milano 97
BIGGI DEI FIORI Felice Fortunato c.1680-c.1750 **[7]**
☞ *$19 581 FF112 994 £12 000* Tulips, carnations and other flowers in an urn Oil/canvas 66x48cm/*25x18in* London 97
☞ *$24 985 FF144 508 £15 000* Still Life of Flowers in an Elaborate Urn with Cupid Oil/canvas

---

101x135,5cm/*39x53in* London 97
BIGGS Walter 1886-1968 **[8]**
 $9 000 FF44 000 £5 700 Couple met at a gate at night, for Ladies' Home Journal Oil/canvas
101x76cm/*40x30in* New-York 95
BIGNAMI Vespasiano 1841-1929 **[4]**
 $6 000 FF34 000 £3 000 "Sul sagrato" Olio/tavola 22x35cm/*8x13in* Milano 98
BIGNOLI Antonio 1812-1886 **[4]**
 $1 000 FF5 250 £600 A peasant girl and a child in an Alpine landscape Watercolour/paper
65x40cm/*25x15in* London 96
BIGOT Alexandre 1862-1927 **[14]**
 $3 592 FF22 000 £2 142 Le mouflon, d'après Paul Jouve (1880-1973) Bas-relief 49,5x74,5cm/*19x29in*
Paris 98
 $7 511 FF46 000 £4 480 Le tigre, d'après Paul Jouve (1880-1973) Bas-relief 95x49cm/*37x19in* Paris 98
BIGOT Georges Ferdinand 1860-1927 **[17]**
 $875 FF5 195 £530 "Sur le Musoir le Treport" Oil/board 18x23cm/*7x9in* Philadelphia 97
 $1 142 FF6 822 £700 Idzou no kouni/Japanese Figure by a Waterfall Watercolour/paper 26x19cm/*10x7in*
London 98
BIGOT Jean-Louis XX **[10]**
 $333 FF1 600 £209 Coucher de soleil sur l'Aven Aquarelle, gouache 50x60cm/*19x23in* Douarnenez 95
BIGOT Raymond 1872-1953 **[51]**
 $2 840 FF17 100 £1 728 La chouette Sculpture bois H46cm/*H18in* Honfleur 98
 $84 FF500 £50 Canard Aquarelle, gouache 31,5x49cm/*12x19in* Orléans 97
BIGOT Trophime 1579-c.1650 **[7]**
 $30 000 FF176 991 £18 372 Saint Joseph and the young Christ in the Carpenter's Shop Oil/canvas
73x98cm/*28x38in* New-York 98
BILAL Enki 1951 **[4]**
 $2 653 FF15 500 £1 570 "Bleu sang" Crayon 56x69cm/*22x27in* Paris 97
BILAS Peter 1952 **[2]**
 $6 670 FF33 960 £4 000 The action between the "Constitution" and H.M.S. "Guerrière" (1812). Oil/canvas
61x92cm/*24x36in* London 96
BILBAO MARTINEZ Gonzalo 1860-1938 **[22]**
 $2 100 FF11 940 £1 290 Palmero de Elche Oleo/cartón 33x23cm/*12x9in* Madrid 97
 $12 420 FF71 460 £7 380 Puente de San Martin, Toledo. Oleo/lienzo 42,5x65,5cm/*16x25in* Madrid 97
 $34 263 FF208 218 £20 558 Romería Oleo/lienzo 108x168cm/*42x66in* Madrid 98
BILCOQ Marc-Antoine 1755-1838 **[14]**
 $3 038 FF18 000 £1 819 Intérieur d'estaminet Huile/panneau 18x22,5cm/*7x8in* Lille 97
BILDERS Albertus Gerardus 1838-1865 **[2]**
 $6 701 FF38 161 £4 159 A fence at the edge of a forest Oil/paper/panel 35x46cm/*13x18in* Amsterdam 97
BILDERS Johannes Wernardus 1811-1890 **[29]**
 $1 782 FF10 371 £1 092 A backyard with a haystack Oil/canvas/board 31x51cm/*12x20in* Amsterdam 97
 $7 263 FF42 029 £4 438 Woodgatherers in the snow Oil/canvas 80x110cm/*31x43in* Amsterdam 97
 $617 FF3 778 £369 A Marshland Charcoal 89x70,5cm/*35x27in* Amsterdam 98
BILGER Margret 1904-1971 **[3]**
 $1 323 FF7 692 £808 "Lappenmärchen" Woodcut 42x60cm/*16x23in* Wien 97
BILIBINE Ivan Iakovlevich 1876-1942 **[14]**
 $4 020 FF20 300 £2 600 Sainted Prince A. Bogoliubsky holding the icon of the Vladimir Virgin Watercolour
18,5x12,5cm/*7x4in* London 96
BILIVERTI Giovanni 1576-1644 **[9]**
 $4 800 FF29 465 £2 941 The Archangel Gabriel Pointing the Madonna and Child Wash 35x23,5cm/*13x9in*
New-York 98
BILIVERTI Giovanni (Attrib.) 1576-1644 **[3]**
 $13 680 FF80 000 £8 344 Sainte Cécile Huile/toile 155x109cm/*61x42in* Paris 97
 $1 713 FF10 000 £1 019 Le jugement de Salomon Encre 26,5x21,7cm/*10x8in* Paris 97
BILKO Franz 1894-1968 **[6]**
 $892 FF5 255 £551 Rathaus in Baden Aquarell/Papier 46x36,5cm/*18x14in* Wien 97
BILL Jakob 1942 **[11]**
 $104 FF512 £67 Compositionen Sérigraphie couleurs 75x55cm/*29x21in* Zürich 95
BILL Lina, Louis Bonnot 1855-1939 **[10]**

$4 000 FF23 909 £2 448 Jardinier et son chien Oil/canvas 50x73cm/*19x28in* New-York 97
BILL Max 1908-1994 **[188]**
$12 391 FF72 376 £7 606 Verdichtung aus Gelb Öl/Leinwand 33x33cm/*12x12in* Luzern 97
$22 240 FF109 700 £14 500 Akt Komplemental-Farb-Paare Oil/canvas 48,5x36cm/*19x14in* London 95
$392 FF2 273 £231 Komposition Farblithographie 64,5x49cm/*25x19in* Zürich 97
$3 924 FF20 330 £2 550 Halber Kubus Marble H15cm/*H5in* München 96
$131 520 FF813 340 £78 360 Rhytmus im Raum Sculpture H195cm/*H76in* Zürich 98
$816 FF4 698 £503 Entwurf für die Mappe "4 Zürcher Konstruktivisten" Crayon/papier 58,5x39cm/*23x15in* Zürich 97
BILLE Carl Ludvig 1815-1898 **[96]**
$979 FF5 722 £579 Marine med sejlskibe og jolle Oil/canvas 32x46cm/*12x18in* Vejle 97
$1 545 FF9 252 £951 Marin med segelfartyg Oil/canvas 63x94cm/*24x37in* Stockholm 98
BILLE Edmond 1878-1959 **[34]**
$4 130 FF24 125 £2 535 Walliser Quitten Öl/Leinwand 54x43cm/*21x16in* Zofingen 97
$161 FF1 000 £96 "C.F.F, Suisse, Linthal (Glaris)" Affiche 105x74,5cm/*41x29in* Paris 98
BILLE Ejler 1910 **[110]**
$12 274 FF74 893 £7 488 "Dyrekreds II" Oil/canvas 71x60cm/*27x23in* Köbenhavn 98
$289 FF1 760 £176 Mappe Color lithograph 36x26cm/*14x10in* Köbenhavn 98
$2 745 FF16 725 £1 681 "Ogle" Stone H40cm/*H15in* Köbenhavn 98
$1 052 FF5 320 £691 Komposition Ink 26x25cm/*10x9in* Köbenhavn 96
BILLE Vilhelm 1864-1908 **[80]**
$267 FF1 619 £163 Fischerboote und Dreimaster vor Küstenlandschaft Oil/canvas 20x40cm/*7x15in* Zofingen 98
$1 070 FF5 350 £693 Marine Oil/canvas 42x54cm/*16x21in* Köbenhavn 96
$3 210 FF16 040 £2 077 Marine Oil/canvas 95x140cm/*37x55in* Köbenhavn 96
BILLE Willy 1889-1944 **[14]**
$1 783 FF9 310 £1 062 Marine Oil/canvas 26x37cm/*10x14in* Köbenhavn 96
BILLET Pierre 1837-1922 **[9]**
$576 FF3 424 £349 Die Krabbenfischerinnen Öl/Leinwand 39x47cm/*15x18in* Zürich 97
BILLGREN Ernst 1957 **[34]**
$1 808 FF10 827 £1 111 Landskap Mixed media 40x17,5cm/*15x6in* Stockholm 98
$5 085 FF30 396 £3 112 Salamandrar Mixed media/panel 60x46cm/*23x18in* Stockholm 97
$4 188 FF23 932 £2 566 Vildsvin Sculpture 33x34cm/*12x13in* Stockholm 97
BILLGREN Ola 1940 **[46]**
$4 286 FF25 363 £2 633 Nature morte II Oil/canvas 58x75cm/*22x29in* Stockholm 98
$9 850 FF50 700 £6 140 Arkad med skuggor Oil/canvas 132x96cm/*51x37in* Stockholm 96
$1 364 FF6 930 £883 Landskap Akvarell 21x32cm/*8x12in* Stockholm 95
BILLING Anna Svenborg 1849-1927 **[8]**
$847 FF4 854 £517 Skogsmotiv med promenerande par Oil/canvas 74x104cm/*29x40in* Göteborg 97
$1 434 FF8 214 £875 Stockholms Slott Akvarell 15x36cm/*5x14in* Stockholm 97
BILLING Frederick W. 1835-1914 **[6]**
$2 500 FF14 916 £1 508 Cabin in Mountain Landscape Oil/canvas 35x50cm/*14x20in* Cedar Falls, Iowa 97
$3 750 FF21 766 £2 290 Rockaway Beach, July 4 Oil/board 22x31cm/*8x12in* Los Angeles 97
BILLINGHAM Richard 1970 **[1]**
$2 810 FF16 409 £1 700 Untitled Photograph in colour 50x75cm/*19x29in* London 97
BILLINGHURST Alfred John 1880-1963 **[35]**
$214 FF1 313 £130 Figures Before The Thames in Richmond Watercolour 24x35cm/*9x13in* London 98
BILLOTEY Louis Léon Eugène XIX-XX **[5]**
$6 870 FF35 000 £4 120 Femmes nues au pied des rochers Huile/toile 65x92cm/*25x36in* Paris 96
$1 128 FF6 743 £700 Still life with Roses and Hydrangeas Bodycolour 59x96,5cm/*23x37in* London 97
BILLOU Paul L. 1821-? **[5]**
$2 483 FF12 770 £1 500 Making Posies Oil/canvas 41x32,5cm/*16x12in* London 96
BILQUIN Jean 1938 **[28]**
$1 124 FF6 540 £688 L'homme à la casquette Huile/panneau 74x60cm/*29x23in* Antwerpen 97
$2 346 FF13 821 £1 453 Figure divisée Bronze H79cm/*H31in* Antwerpen 97
BILS Claude 1884-1968 **[146]**

⌣ *$2 360 FF14 000 £1 443* Port breton Huile/toile 54,5x65cm/*21x25in* Grenoble 97
BILTIUS Cornelis v. der Bilt 1653-c. 1690 **[4]**
⌣ *$7 872 FF48 000 £4 800* Trompe-l'oeil of a Blackcock from a Nail Oil/canvas 63x47cm/*24x18in* London 98
BILTIUS Jacobus 1633-1681 **[3]**
⌣ *$4 615 FF26 450 £2 861* A dead hare, a dead pigeon and a hunting horn suspended above a.... Oil/canvas 91,4x120,1cm/*35x47in* Amsterdam 97
BIMMERMANN Caesar XIX **[5]**
⌣ *$14 381 FF83 414 £8 500* Skating on a Frozen River Oil/canvas 65x95,5cm/*25x37in* London 97
BINCK Jakob c.1500-1569 **[4]**
▭ *$950 FF5 677 £582* The Virgin Crowned by An Angle Engraving 10x7cm/*3x2in* New-York 98
BINDER Carl 1887-? **[2]**
⌣ *$2 749 FF16 553 £1 645* Composition with Guitar, Flowers and Figures Oil/canvas 61x71cm/*24x27in* San Francisco 98
BINDER Josef 1805-1963 **[2]**
▭ *$2 000 FF12 698 £1 249* "New York World's Fair" Poster 76x50cm/*30x20in* New-York 97
BINDER Tony 1868-1944 **[15]**
⌣ *$1 600 FF9 523 £993* Moor Oil/board 28x23cm/*11x9in* Miami, Florida 97
✎ *$600 FF2 960 £388* Cairo Watercolour/paper 35x40cm/*14x16in* Mystic, Connecticut 96
BINDESBØLL Thorvald 1846-1908 **[21]**
⌖ *$4 612 FF27 289 £2 814* Fad med drage Glazed ceramic H35cm/*H13in* Köbenhavn 98
BINDL Andreas 1926 **[4]**
✎ *$678 FF3 882 £423* Ohne Titel Mixed media/paper 45x62,5cm/*17x24in* München 97
BINET Adolphe 1854-1897 **[8]**
⌣ *$47 500 FF246 700 £31 400* Sur les quais près de la Tour Eiffel, automne Oil/canvas 73x100cm/*28x39in* New-York 96
BINET Georges 1865-1949 **[129]**
⌣ *$654 FF4 000 £402* Bord de mer Huile/toile 33x46cm/*12x18in* Paris 98
⌣ *$4 197 FF25 500 £2 527* Vue des Andelys Huile/toile 44x60cm/*17x23in* Menton 98
✎ *$420 FF2 200 £253* Le Havre Aquarelle 8,5x12cm/*3x4in* Deauville 96
BINET Louis 1744-1800 **[9]**
✎ *$2 998 FF17 734 £1 800* The interval at the Montausier Theatre in Paris Wash 10x13cm/*3x5in* London 97
BINET Victor 1849-1924 **[18]**
⌣ *$2 910 FF17 000 £1 722* Troupeau de vaches près de la Touques, Normandie Huile/toile 35x65cm/*13x25in* Barbizon 97
BING Ilse 1899 **[31]**
▣ *$3 200 FF16 500 £2 120* Self-portrait Silver print 15x10cm/*6x4in* New-York 96
BINGHAM George Caleb 1811-1879 **[8]**
⌣ *$2 500 FF12 640 £1 640* Portrait of Henry Watkins Ewing Oil/canvas 27x22cm/*10x8in* Chicago, Illinois 96
▭ *$1 500 FF9 180 £911* Canvassing for a Vote Color lithograph 30x46cm/*12x18in* Milford, Conn. 98
BINGLEY James Georges c.1841-1920 **[18]**
✎ *$1 158 FF6 936 £713* Cottage at Plaistowe, Sussex Watercolour 30,5x26cm/*12x10in* London 98
BINJÉ François, Frantz 1835-1900 **[36]**
⌣ *$403 FF2 010 £264* Moulin dans un paysage nocturne Huile/panneau 29x42cm/*11x16in* Antwerpen 95
✎ *$285 FF1 636 £174* Vue de l'Escaut/Paysage hivernal Aquarelle/papier 24x35cm/*9x13in* Bruxelles 97
BINKS Reuben Ward 1860-c.1950 **[64]**
⌣ *$12 320 FF60 300 £7 800* Bulldogs on a beach Oil/canvas 61x92cm/*24x36in* London 95
✎ *$211 FF1 078 £140* The Bulldog "Lord Alfred" Coloured chalks 48x51cm/*18x20in* London 96
BINNING Bertram Charles 1909-1976 **[5]**
⌣ *$4 070 FF19 965 £2 585* Celestial Directions Oil/panel 30,5x45cm/*12x17in* Vancouver, BC. 95
⌣ *$12 129 FF69 786 £7 160* Triptych of Nautical Symbols Mixed media 59x69x5cm/*23x27x1in* Vancouver, BC. 97
▭ *$139 FF831 £83* Untitled, Boats at Harbour Silkscreen 40x75cm/*15x29in* Calgary, Alberta 98
✎ *$1 355 FF7 799 £800* Portrait of Jessie Pencil/paper 37x25,5cm/*14x10in* Vancouver, BC. 97
BINNS David XX **[1]**
✎ *$3 047 FF18 394 £1 850* Mereside Companions Watercolour 73x52cm/*28x20in* Billingshurst, West Sussex 98
BINOIT Peter 1590-1639 **[6]**
⌣ *$52 200 FF300 000 £31 920* Vase de fleurs sur un entablement Huile/panneau 28x20cm/*11x7in* Paris 97

$111 376 FF648 304 £67 552 Stilleben mit Trauben, Pfirsischen und Melone Oil/copper 54,2x76,2cm/*21x29in* Luzern 97
BIONDA Mario 1913-1985 **[28]**
$1 800 FF10 200 £1 200 "Città sommersa" Olio/carta/tela 70x100cm/*27x39in* Milano 97
BIONDETTI A. XIX-XX **[12]**
$210 FF1 194 £129 Venecia Acuarela/papel 16,5x30cm/*6x11in* Madrid 97
BIONDI Ernesto 1855-1917 **[2]**
$3 075 FF17 428 £1 537 Allegra compagnia Bronzo 45x43x21cm/*17x16x8in* Milano 98
BIONDI Nicola 1866-1929 **[12]**
$720 FF4 080 £480 Fanciullo che canta Olio/tela/cartone 22x11,5cm/*8x4in* Milano 97
$12 000 FF68 454 £7 378 Children at Play Oil/canvas 135x85cm/*53x33in* New-York 97
BIONDO del Giovanni (Attrib.) c.1340-c.1400 **[1]**
$137 400 FF685 000 £90 000 The Coronation of the Virgin Tempera/panel 89,5x48cm/*35x18in* London 95
BIOT Charles 1754-1838 **[5]**
$3 287 FF19 500 £2 010 Pêcheurs au bord d'un estuaire Huile/panneau 18x23,5cm/*7x9in* Paris 97
BIOULES Vincent 1938 **[38]**
$1 255 FF6 500 £840 Les Iris Huile/toile 100x65cm/*39x25in* Paris 96
$1 546 FF7 500 £996 Esfournet Huile/toile 19x24cm/*7x9in* Paris 95
$6 390 FF31 000 £4 120 Bandes verticales Huile/toile 195x130cm/*76x51in* Paris 95
BIRCH Charles Bell 1838-1893 **[1]**
$5 040 FF26 330 £3 000 Bust of Benjamin Disraeli Marble H67cm/*H26in* London 96
BIRCH David 1895-? **[5]**
$494 FF2 530 £300 Interested Audience Oil/canvas/board 61x51cm/*24x20in* London 96
BIRCH Reginald Bathurst 1856-1943 **[4]**
$2 600 FF15 873 £1 554 Cherries in a Basket Oil/canvas 30,5x40,5cm/*12x15in* New-York 98
BIRCH Samuel John Lamorna 1869-1955 **[266]**
$487 FF2 782 £300 A Woodland scene Oil/canvas 25x35,5cm/*9x13in* Billingshurst, West Sussex 97
$1 168 FF5 930 £760 Hignetts Wood, Lamorna Oil/canvas 40x60cm/*15x23in* Bristol, Avon 96
$40 125 FF237 153 £24 000 "June Morning, Shaugh Bridge, Devon" Oil/canvas 103x127,5cm/*40x50in* London 97
$786 FF4 771 £480 Rowboat on a Rocky Pool Watercolour/paper 25x35cm/*10x14in* Par, Cornwall 98
BIRCH Thomas 1779-1851 **[22]**
$30 000 FF177 621 £17 940 Out to sea Oil/panel 47,6x75,8cm/*18x29in* New-York 97
$475 FF2 465 £314 "View of the Water Gap and Columbia Glass Works" Engraving 36x49cm/*14x19in* Downington, PA 96
BIRCH William Russel 1755-1834 **[4]**
$4 300 FF22 016 £2 866 The United States Mint in the City of Philadelphia Gouache 38x55cm/*15x22in* New Orleans, Louisiana 96
BIRCHALL William Minshall 1884-1941 **[104]**
$488 FF2 803 £300 En route for the Argentine Watercolour/paper 22x38cm/*8x14in* London 97
BIRCK A. XIX-XX **[3]**
$868 FF5 000 £510 "Fêtes de Ghezireh au Caire" Affiche 144x112cm/*56x44in* London 97
BIRCK Alphonse 1859-? **[39]**
$1 800 FF10 876 £1 072 A Narrow Street in Algeria Oil/canvas 61x46cm/*24x18in* New-York 97
$1 120 FF5 800 £727 Jeune femme aux mimosas Aquarelle 54x39cm/*21x15in* Paris 96
BIRD Edward 1772-1819 **[10]**
$5 423 FF32 418 £3 200 A Tale of Waterloo Oil/panel 36x45cm/*14x17in* London 97
BIRD Elisha Brown 1867-1943 **[2]**
$2 400 FF12 220 £1 440 "Poster Exhibit, Mechanics Fair" Poster 57x36cm/*22x14in* New-York 96
BIRD Harrington 1846-? **[17]**
$1 266 FF7 495 £749 A Schooling Lesson, The Spanish Riding School Watercolour/paper 37,5x52,5cm/*14x20in* London 97
BIRD John Alex. Harington 1846-1936 **[17]**
$5 800 FF34 482 £3 493 Over the Fence Oil/canvas 61x91,5cm/*24x36in* New-York 98
$25 047 FF150 526 £15 000 The Captured Stallion Watercolour/paper 44x73cm/*17x28in* London 98
BIRD Margaret XIX-XX **[1]**

☞ *$4 280 FF21 670* £2 800 The Song of the Shirt Oil/canvas 85x66cm/*33x25in* London 96
BIRD Mary Holden ?-1978 **[8]**
✎ *$535 FF3 283* £320 Still Day Watercolour/paper 35,5x52cm/*13x20in* London 98
BIRGER Birger Ericson 1904 **[53]**
☞ *$797 FF4 839* £473 Presentboutiquen Oil/panel 50x61cm/*19x24in* Malmö 98
BIRGER Hugo 1854-1887 **[21]**
☞ *$5 050 FF26 150* £3 260 Demaskeringen Oil/canvas 75x61cm/*29x24in* Stockholm 96
✎ *$1 354 FF8 033* £828 "Spanjorskan" Charcoal/paper 80x86cm/*31x33in* Stockholm 97
BIRKBECK Geoffrey 1875-1954 **[8]**
✎ *$354 FF1 794* £230 Stokesby Mill Watercolour 43x35cm/*17x14in* Aylsham, Norfolk 96
BIRKEMOSE Jens 1943 **[98]**
☞ *$427 FF2 482* £263 Komposition med to figurer Mixed media 32x21cm/*12x8in* Viby J, Århus 97
☞ *$1 302 FF7 710* £800 Komposition Mixed media 49,5x67cm/*19x26in* München 98
☞ *$3 820 FF22 085* £2 355 Komposition Oil/canvas 130x97cm/*51x38in* Köbenhavn 97
▥ *$742 FF4 248* £463 Komposition Color lithograph 110x102cm/*43x40in* Köbenhavn 97
✎ *$235 FF1 408* £144 Figurkomposition Watercolour/paper 33x22cm/*12x8in* Köbenhavn 97
BIRKHAMMER Axel 1874-1936 **[34]**
☞ *$432 FF2 127* £279 Landscape Oil/canvas 52x67cm/*20x26in* Köbenhavn 95
BIRKHÄUSER Peter 1911-1976 **[3]**
▥ *$600 FF3 809* £374 "Globus" Poster 127x89cm/*50x35in* New-York 97
BIRKINGER Franz Xaver 1822-1906 **[4]**
☞ *$2 202 FF12 866* £1 352 Tieridylle vor dem Bauernhaus Öl/Leinwand 18x12cm/*7x4in* Zofingen 97
BIRKLE Albert 1900-1986 **[45]**
☞ *$5 211 FF30 841* £3 201 Bozener Tal Öl/Karton 52x71,5cm/*20x28in* München 98
▥ *$81 FF471* £50 Der Aufruhr Lithographie 36,5x53,3cm/*14x20in* Heidelberg 97
✎ *$1 195 FF5 990* £756 Apokalypse Black chalk 38,5x52cm/*15x20in* Wien 95
BIRLEY Oswald Hornby J. 1880-1952 **[17]**
☞ *$489 FF2 770* £300 Interior of a Thai Temple Oil/canvas 102x76cm/*40x29in* London 97
☞ *$30 000 FF171 135* £18 447 A Thai dancer Oil/canvas 204x131cm/*80x51in* New-York 97
BIRMANN Peter 1758-1844 **[27]**
▥ *$461 FF2 333* £302 Le bain près du Reichenbach Aquatinta 25x31cm/*9x12in* Bern 96
✎ *$5 434 FF31 000* £3 320 Vue prise derrière la villa Albani Pierre noire 47,5x69cm/*18x27in* Paris 97
BIRMANN Samuel 1793-1847 **[14]**
✎ *$4 692 FF28 135* £2 824 Vue du couvent des capucins à Taormina, Sicile Aquarell/Papier 30x43,5cm/*11x17in* Zürich 98
BIRNBAUM Uriel 1894-1956 **[4]**
✎ *$3 705 FF19 230* £2 450 Lauchttürme Watercolour 45x61cm/*17x24in* Wien 96
BIRNEY William Verplanck 1858-1909 **[11]**
☞ *$3 500 FF17 230* £2 255 After the hunt Oil/canvas 31x36cm/*12x14in* New-York 95
☞ *$10 500 FF54 000* £6 550 An Old Song Without Words Oil/canvas 83x109cm/*33x43in* Chicago, Illinois 96
BIRO Mihaly 1886-1948 **[2]**
▥ *$1 100 FF6 555* £659 "Hadüzenet" Poster 95,5x63,5cm/*37x25in* New-York 98
BIROLLI Renato 1905-1959 **[72]**
☞ *$4 499 FF25 498* £2 249 Composizione in rosso Olio/cartone/tela 30x20cm/*11x7in* Milano 98
☞ *$12 000 FF68 000* £8 000 Composizione Olio/tela 50x67cm/*19x26in* Milano 97
☞ *$66 000 FF374 000* £44 000 "Incendio nelle Cinque Terre" Olio/tela 115x145cm/*45x57in* Milano 98
✎ *$960 FF5 600* £640 Paesaggio Tecnica mista/carta 36x25,5cm/*14x10in* Vercelli 97
BIROTHEAU Ferdinand 1819-1892 **[2]**
☞ *$1 118 FF6 800* £678 Portrait d'une jeune femme avec anglaises et fleurs dans la chevelure Huile/toile 65x54cm/*25x21in* Angers 98
BIRREN Joseph Pierre 1864-1933 **[5]**
☞ *$3 500 FF20 443* £2 070 Spring Landscape Oil/board 81x96cm/*32x38in* Cincinnati, Ohio 97
BIRSTINGER Leopold 1903-1983 **[5]**
☞ *$4 367 FF26 180* £2 607 Haus mit Garten Tempera 56x83cm/*22x32in* Wien 98
BIRTLES Harry 1839-1907 **[4]**
✎ *$1 353 FF7 850* £800 Carting Fern, Cannock Chase, Staffs Watercolour/paper 46x70,5cm/*18x27in* London 97

BIRZA Rob 1962 [4]

  $6 737 FF40 131 £4 005 Sotheby's up Oil/canvas 310x400cm/*122x157in* Amsterdam 97

BISBING Henry Singlewood 1849-1933 [5]

  $2 750 FF16 830 £1 671 Silver Reach of River Calms Oil/canvas 50x100cm/*20x39in* Milford, Conn. 98

BISCAINO Bartolommeo 1632-1657 [18]

  $412 FF2 364 £251 Der hl. Hieronymus in der Wüste Radierung 20,3x13,1cm/*7x5in* Berlin 97

  $12 000 FF73 664 £7 352 The Madonna and Child appearing to Female Saints Red chalk 40,5x27,5cm/*15x10in* New-York 98

BISCAINO Bartolommeo (Attr.) 1632-1657 [3]

  $3 683 FF22 126 £2 200 The Nativity Ink 12x9cm/*4x3in* London 98

BISCARETTI DI RUFFIA Carlo 1879-1959 [7]

  $650 FF3 777 £397 Anisetta evangelista, liquora da dessert Poster 141x100cm/*55x39in* New-York 97

BISCHOF Werner 1916-1954 [14]

  $1 235 FF7 459 £750 "St. Moritz" Poster 102x64cm/*40x25in* London 98

  $1 296 FF7 568 £800 Portrait of a Crying Child, Hungary Gelatin silver print 29x22cm/*11x9in* London 97

BISCHOFF Elmer 1916-1991 [9]

  $2 500 FF14 836 £1 531 Untitled Acrylic/board 121,5x156cm/*47x61in* San Francisco-Los Angeles 97

  $18 000 FF87 100 £11 550 Untitled Oil/canvas 51x51cm/*20x20in* New-York 95

BISCHOFF Franz Arthur 1864-1929 [86]

  $4 000 FF19 930 £2 620 In the garden Oil/board 17x25cm/*6x9in* San Francisco-Los Angeles 95

  $27 000 FF134 500 £17 680 Sycamores, Autumn Oil/canvas 61x76cm/*24x29in* San Francisco-Los Angeles 95

  $600 FF3 612 £359 Sea Shalls Porcelain H21,5cm/*H8in* San Francisco 98

  $1 300 FF6 780 £786 The Three Muses Wading in the Water Watercolour/paper 20x30cm/*7x11in* San Francisco-Los Angeles 96

BISCHOFF Friedrich 1819-1873 [2]

  $7 164 FF42 813 £4 338 Bei der Wahrsagerin Öl/Leinwand 103x90cm/*40x35in* Wien 97

BISCHOFFSHAUSEN Hans 1927-1987 [48]

  $2 055 FF11 980 £1 257 Ohne Titel Mischtechnik/Karton 25,2x31cm/*9x12in* Wien 97

  $4 824 FF28 542 £2 862 Apparition Öl/Leinwand 91,5x64,5cm/*36x25in* Wien 97

  $11 560 FF58 500 £7 580 "Schrift" Mixed media/panel 100x122cm/*39x48in* Wien 96

  $5 796 FF33 656 £3 542 "Espace comprimé" Assemblage 67,5x78cm/*26x30in* Wien 97

  $1 350 FF6 820 £885 "Helene beginnt das Versteckspiel" Mischtechnik/Papier 40x30cm/*15x11in* Wien 96

BISET Charles Em. (Attrib) 1633-c.1690 [2]

  $10 827 FF65 386 £6 500 Portrait of a Family in an Elegant Interior Oil/canvas 93x119,5cm/*36x47in* London 98

BISET Charles Emmanuel 1633-c.1690 [3]

  $6 432 FF38 168 £3 992 Familienbild Öl/Leinwand 93x119,5cm/*36x47in* Wien 97

  $10 378 FF59 400 £6 130 A Scene of Witchcraft Oil/panel 33,5x47,5cm/*13x18in* Amsterdam 97

BISHOF Werner XX [2]

  $2 750 FF16 967 £1 651 Photo Classics II Photograph 30x38cm/*11x14in* New-York 98

BISHOP Isabel 1902-1988 [48]

  $16 000 FF83 500 £9 660 14th Street Oil/canvas 43x51cm/*16x20in* New-York 96

  $549 FF3 165 £322 Double Date Delayed Etching 12,5x9cm/*4x3in* New-York 97

  $949 FF5 419 £587 The note/The sketch for interlude Ink 23x15cm/*9x5in* New-York 97

BISHOP Richard Evett 1887-1975 [13]

  $10 000 FF50 400 £6 452 Canadian Geese Oil/canvas 60x76cm/*24x30in* Hayden 96

BISHOP Walter Follen 1856-1936 [11]

  $7 357 FF44 194 £4 463 Hawthorn Blossom Watercolour/paper 75x123cm/*29x48in* Melbourne 98

BISI Fulvia 1818-1911 [2]

  $12 899 FF73 098 £6 449 Villa a Carate Urio Olio/tela 48x64cm/*18x25in* Milano 98

BISI Giuseppe (Attrib.) 1787-1869 [2]

  $2 226 FF13 000 £1 324 Départ pour la chasse Aquarelle, gouache 19x29cm/*7x11in* Paris 97

BISI Luigi 1814-1886 [4]

  $9 450 FF46 350 £6 150 Interno di chiesa con figure in preghiera Olio/tela 41,5x55cm/*16x21in* Milano 95

BISMAN Paule 1897-1973 [13]

$493 FF2 928 £309 Jeune enfant Bronze H26cm/*H10in* Bruxelles 97
BISMOUTH Maurice 1891-1965 **[44]**
$1 023 FF5 200 £611 Femme au turban rouge Huile/carton 20x17,5cm/*7x6in* Paris 96
$4 830 FF25 000 £3 120 Rabbins dans une synagogue Huile/toile 50x61cm/*19x24in* Paris 96
$4 407 FF26 000 £2 698 Personnage de souks de Tunis Pastel/papier 50x38cm/*19x14in* Villeneuve-lès-Avignon 98
BISMUTH Henri 1961 **[3]**
$1 665 FF8 680 £1 100 White wings Watercolour 72,5x103cm/*28x40in* London 96
BISON Giuseppe B. (Attrib) 1762-1844 **[9]**
$10 560 FF54 400 £6 720 Adorazione dei Magi, da Giambattista Tiepolo Olio/tela 74x56cm/*29x22in* Venezia 96
$3 570 FF18 280 £2 290 Ragazzino su un mulo Tempera/carta 47,5x88cm/*18x34in* Wien 96
BISON Giuseppe Bernardino 1762-1844 **[124]**
$13 000 FF79 803 £7 965 Ladies in an Elegant Bath House on a Lake Oil/canvas/board 17x22cm/*6x8in* New-York 98
$56 376 FF319 464 £37 584 Capriccio con un edificio a pianta centrale con cupola Olio/tela 49x44cm/*19x17in* Roma 97
$2 412 FF14 568 £1 448 Puttenstudien Indian ink/paper 26,5x19,5cm/*10x7in* Luzern 98
BISPHAM Henry Collins 1841-1882 **[6]**
$1 800 FF9 340 £1 190 Defending the Family Oil/canvas 63x76cm/*24x29in* New-York 96
BISSCHOP Abraham 1670-1730 **[9]**
$65 272 FF376 648 £40 000 A peacock on a fallen vase, with a turkey, poultry and sunflowers Oil/canvas 228x170cm/*89x66in* London 97
BISSCHOP Christoffel 1828-1904 **[10]**
$2 080 FF12 302 £1 248 A young girl in Hindeloopen costume reading Oil/canvas 56x45,5cm/*22x17in* Amsterdam 97
$3 385 FF20 371 £2 026 Charity Oil/panel 31,5x27,5cm/*12x10in* Amsterdam 98
BISSCHOP Suze Robertson 1856-1922 **[47]**
$2 044 FF11 883 £1 218 Interieur met een oude vrouw achter een spinnewiel Oil/canvas 41,5x51cm/*16x20in* Den Haag 97
$3 322 FF20 346 £1 988 After the Bath Oil/canvas/board 38x26,5cm/*14x10in* Amsterdam 98
$1 423 FF8 706 £875 Girl with a Jug Pastel/paper 34x28cm/*13x11in* Amsterdam 98
BISSCHOPS Charles L. 1894-1975 **[77]**
$819 FF4 214 £511 Venetië Oil/panel 44x36cm/*17x14in* Den Haag 96
$2 032 FF12 187 £1 252 Vue méditerranéenne Huile/toile 90x100cm/*35x39in* Bruxelles 98
BISSELL George Edwin 1839-1920 **[12]**
$4 200 FF21 800 £2 780 Bust of Abraham Lincoln Bronze H60cm/*H23in* New-York 96
BISSEN Rudolf 1846-1911 **[21]**
$308 FF1 770 £189 Dreng der fisker i en å Oil/canvas 95x78cm/*37x30in* København 97
BISSIER Julius 1893-1965 **[178]**
$5 505 FF31 804 £3 230 Weibliche Aktfigur Öl/Leinwand 80x60cm/*31x23in* Köln 97
$12 000 FF61 100 £7 200 Untitled Tempera 21,5x20,5cm/*8x8in* New-York 96
$1 157 FF6 743 £707 Komposition Monotype 16x24cm/*6x9in* München 97
$7 700 FF39 600 £4 800 Untitled Watercolour/paper 16x18cm/*6x7in* London 96
BISSIERE Roger 1886-1964 **[138]**
$3 157 FF18 000 £1 954 Jeune femme au repos Huile/papier/toile 33x46,5cm/*12x18in* Paris 97
$11 960 FF60 000 £7 570 La musique Huile/toile 46x92cm/*18x36in* Paris 95
$30 480 FF181 000 £18 462 Concert Champêtre Huile/toile 146x114cm/*57x44in* Saint-Germain-en-Laye 97
$221 FF1 343 £135 Composition Farbradierung 31,7x36,6cm/*12x14in* Hamburg 98
$2 806 FF16 000 £1 737 Etude pour le portrait de Mme. Lhote et de Mme. Buissiere Aquarelle 24x19cm/*9x7in* Paris 97
BISSILL George W. 1896-1973 **[25]**
$371 FF2 126 £232 Komposition Farblithographie 36x46cm/*14x18in* München 97
$489 FF2 985 £300 In the Trenches Watercolour 38x28cm/*14x11in* London 98
BISSON Édouard 1856-? **[11]**
$21 000 FF109 000 £13 900 Les Fleurs du Matin Oil/canvas 82x111cm/*32x43in* New-York 96
$33 000 FF195 960 £20 146 Spring Oil/canvas 161,5x98cm/*63x38in* New-York 98

BISSON Frères Louis A./Auguste R. 1814/26-1876/1900 **[40]**
📷 *$739 FF4 400 £451* Cathédrale de Chartres Tirage papier salé 43x37cm/*16x14in* Bièvres 98
BISTAGNÉ Paul 1850-1886 **[15]**
 $6 852 FF40 000 £4 144 Rivage méditerranéen Huile/toile 90x57cm/*35x22in* Lille 97
BISTOLFI Leonardo 1859-1933 **[10]**
 $2 790 FF13 600 £1 755 Paesaggio/Capo Albissola Olio/tavola 17x27cm/*6x10in* Milano 95
 $3 105 FF18 464 £1 900 Il Profumo, a Standing Nude Bronze H49cm/*H19in* London 97
BISTTRAM Emil J. 1895-1976 **[45]**
 $6 000 FF35 863 £3 636 Moon Magic, Things to Come Tempera/board 91,4x81,3cm/*35x32in* San Francisco-Los Angeles 97
 $2 750 FF15 750 £1 626 The Aspens Multiple 121x75cm/*48x29in* Santa Fe, New Mexico 97
 $1 600 FF9 580 £983 "Non-Objective" Charcoal 50x40cm/*20x16in* Cincinnati, Ohio 98
BITRAN Albert 1929 **[110]**
 $422 FF2 200 £266 Composition Huile/toile 41x33cm/*16x12in* Paris 96
 $1 028 FF6 200 £631 Composition Huile/toile 65x54cm/*25x21in* Paris 98
 $422 FF2 200 £266 Composition Gouache 31x48cm/*12x18in* Paris 96
BITTAR Pierre 1934 **[5]**
 $1 650 FF10 091 £979 Le Viel Antibes Oil/canvas 38x45cm/*15x18in* Houston, Texas 98
BITTER Ary Jean L. 1883-1973 **[45]**
 $1 370 FF8 000 £828 La faune à la biche Bronze H69cm/*H27in* Laon 97
BITTER Theo 1916 **[24]**
 $409 FF2 107 £255 Abstracte compositie Gouache 40x80cm/*15x31in* Den Haag 96
BITTERLICH Hans, sculpt. 1860-1949 **[3]**
 $2 733 FF16 667 £1 641 Kaiserin Elisabeth von Österreich Bronze H41,5cm/*H16in* Wien 98
BIVA Henri 1848-1928 **[48]**
 $4 215 FF22 000 £2 547 Bouquet de fleurs Huile/toile 65x93cm/*25x36in* Paris 96
 $7 682 FF46 000 £4 590 Bord de rivière en sous-bois Huile/toile 120x161cm/*47x63in* Dunkerque 98
 $1 860 FF9 620 £1 200 Through trees across a lake Watercolour 63x53cm/*25x21in* Penzance, Cornwall 96
BIVA Paul 1851-1900 **[9]**
 $3 808 FF23 153 £2 345 Cow on a Country Road Oil/canvas 45,5x61cm/*17x24in* New-York 98
BIVEL Fernand 1888-1950 **[16]**
 $1 791 FF10 800 £1 100 Goûter d'automne Huile/toile 52x38cm/*20x14in* Paris 98
BIZAMANO Donato XVI **[1]**
 $18 000 FF92 200 £10 930 The Nativity Oil/panel 43x36cm/*16x14in* New-York 96
BIZER Emil 1881-1957 **[10]**
 $3 125 FF18 462 £1 942 Weinberge bei Badenweiler im Winter Öl/Leinwand 45x60cm/*17x23in* Staufen 97
 $3 693 FF21 819 £2 295 Partie im Markgräflerland Öl/Papier 31x46cm/*12x18in* Staufen 97
BIZET Andrée 1888-1970 **[11]**
 $4 256 FF26 000 £2 524 Marché au fleurs à Tunis Huile/toile 73x92cm/*28x36in* Paris 98
BJERG Johannes C. 1886-1955 **[15]**
 $2 453 FF12 380 £1 610 "Abessineren" Bronze H56cm/*H22in* København 96
BJERKE-PETERSEN Wilhelm 1909-1957 **[174]**
 $710 FF4 393 £423 Formutveckling Oil/canvas 33x41cm/*12x16in* København 98
 $923 FF5 711 £550 Stilhedens drömmeflugt Oil/canvas 60,5x45,5cm/*23x17in* København 98
 $10 570 FF53 700 £6 310 Livscykel Oil/canvas 160x150cm/*62x59in* Stockholm 96
 $427 FF2 482 £260 Komposition Watercolour/paper 36x25cm/*14x9in* København 97
BJERRE Niels 1864-1942 **[35]**
 $539 FF3 177 £333 "Bovbjerghuse under Uvejr" Oil/canvas 57x78cm/*22x30in* København 97
BJÖRCK Gustav Oscar 1860-1929 **[30]**
 $3 515 FF17 550 £2 296 Sparkåkare Oil/canvas 54x46cm/*21x18in* Stockholm 95
 $55 900 FF292 000 £33 800 Putting the boat out into the sea, Skagen Oil/canvas 192x222cm/*75x87in* Stockholm 96
BJÖRK Jakob 1726-1793 **[5]**
 $6 570 FF32 800 £4 290 Porträtt av Sophia Magdalena Oil/canvas 73x55cm/*28x21in* Stockholm 95
BJÖRKLUND Lorence F. 1915 **[18]**
 $150 FF914 £92 "Charge of Two Moon and Crazy Horse" Pencil/paper 43x60cm/*17x24in* San Francisco 98

BJÖRKLUND Richard 1897-1974 **[37]**
  $239 FF1 387 £141 Slottsparken i Malmö, med slottsmöllan och mölleträdgården Oil/panel 32x40cm/*12x15in* Malmö 97
  $325 FF1 888 £200 Hamnen, Brantevik Oil/canvas 46x55cm/*18x21in* Malmö 97
BJØRN Christian Aleth 1859-1945 **[4]**
  $1 446 FF7 310 £948 Marseille Öl/Leinwand 30x40cm/*11x15in* Wien 96
BJULF Søren Christian 1890-1958 **[138]**
  $859 FF5 300 £540 Hos fiskekonerne på Gl. Strand Oil/canvas 70x90cm/*27x35in* København 97
BJURSTRÖM Tor 1888-1966 **[114]**
  $3 056 FF15 260 £1 996 Landscape Oil/canvas 59x72cm/*23x28in* Stockholm 95
BLAADEREN van Gerrit Willem 1873-1935 **[7]**
  $1 856 FF11 029 £1 104 Still Life with a Copper dish, Stoneware Juge, Bread on a Table Oil/canvas 54x65cm/*21x25in* Amsterdam 97
  $3 409 FF20 365 £2 085 A mother and child strolling through a village Charcoal/paper 120x120cm/*47x47in* Amsterdam 98
BLAAS de Eugenio 1843-1931 **[92]**
  $6 368 FF38 056 £3 856 Portrait einer jungen Frau Öl/Leinwand 57x43cm/*22x16in* Wien 97
  $9 660 FF54 740 £4 830 Il ventaglio rosso Olio/tavola 39x25cm/*15x9in* Roma 98
  $335 000 FF1 981 089 £203 244 Awaiting the Return Oil/canvas 163,5x110,5cm/*64x43in* New-York 98
  $1 640 FF9 556 £1 008 Junge Frau mit Korallenkette Aquarell/Papier 15x10,5cm/*5x4in* Wien 97
BLAAS de Eugenio (Attrib.) 1843-1931 **[5]**
  $2 310 FF14 365 £1 456 Three Beauties on a Balcony Oil/panel 25x36cm/*10x14in* New Orleans, Louisiana 97
BLAAS von Carl 1815-1894 **[20]**
  $7 223 FF42 172 £4 368 Portrait eines jungen Mädchens mit schulterlangem, lockigem Haar Öl/Leinwand 45,5x35cm/*17x13in* Lindau 97
BLAAS von Carl Theodor 1886-1960 **[1]**
  $4 410 FF22 050 £2 854 In einer Tiroler Bauernstube Öl/Leinwand 56x70cm/*22x27in* Wien 96
BLAAS von Julius 1845-1922 **[60]**
  $791 FF4 778 £498 Beim Pflügen Öl/Leinwand/Karton 23x32cm/*9x12in* Wien 97
  $4 140 FF21 560 £2 600 A Mare and Foal in a Stable Oil/canvas 61x77,5cm/*24x30in* London 96
  $3 266 FF16 800 £2 036 "Attacke" Chalks/paper 64,5x107cm/*25x42in* Wien 96
BLAAUW Anna Maria 1865-1944 **[1]**
  $1 168 FF6 050 £758 Still life with flowers Watercolour/paper 63x42cm/*24x16in* Amsterdam 96
BLACHE Christian Vigilius 1838-1920 **[132]**
  $312 FF1 812 £192 Marine, Nyborg Oil/canvas 40x60cm/*15x23in* Malmö 97
  $592 FF3 518 £352 Marine med fiskekutter på havet, antagelig ved Faeröerne Oil/canvas 23x46cm/*9x18in* København 97
  $3 674 FF21 240 £2 272 Marine med fiskekuttere ved mollen Oil/canvas 190x135cm/*74x53in* København 97
BLACK Andrew 1850-1916 **[15]**
  $1 613 FF9 775 £1 000 Waiting by the Shore Oil/canvas 43x62cm/*16x24in* Perthshire 97
BLACK Dorothea F., Dorrit 1891-1951 **[10]**
  $18 720 FF109 092 £11 532 Interior, Roland Wakelin's sitting room Oil/canvas/board 54,5x45cm/*21x17in* Melbourne 97
  $176 FF1 064 £108 The Leg Action Conductor Linocut 15,5x9,5cm/*6x3in* Sydney 98
BLACK James ?-1829 **[1]**
  $15 120 FF78 600 £10 000 Landscape with a distant view of a town in County Armagh Oil/canvas 86x120cm/*33x47in* London 96
BLACK LaVerne Nelson 1887-1938 **[13]**
  $2 749 FF16 553 £1 645 Park Mules and People Outside of Adobes Oil/paper 33,5x49cm/*13x19in* San Francisco 98
  $11 000 FF63 001 £6 507 Taos Indians Oil/board 20x25cm/*8x10in* Santa Fe, New Mexico 97
BLACK Olive Parker 1868-1948 **[33]**
  $1 000 FF5 180 £640 River landscape Oil/board 22x17cm/*9x7in* Mystic, Connecticut 96
  $3 000 FF14 770 £1 933 Landscape with stream Oil/canvas 41x61cm/*16x24in* New-York 95
BLACK William XIX-XX **[1]**
  $6 778 FF41 055 £4 200 Pelham, Harry and Jim, Sons of C.M. Pelham burn Esq. Prestonfield Oil/canvas

138x129cm/*54x50in* Perthshire 97
BLACKADDER Elizabeth Violet 1931 [61]
$1 126 FF5 870 £680 Seated girl Mixed media/board 24x34cm/*9x13in* Glasgow 96
$4 230 FF22 000 £2 800 Spanish Still Life Oil/canvas 54,5x67,5cm/*21x26in* London 96
$353 FF1 843 £210 Iris Ensata Etching 19x24cm/*7x9in* London 96
$4 910 FF24 230 £3 200 Shirley Poppies Watercolour 61x81cm/*24x31in* London 95
BLACKBURN Morris Atkinson 1902-1979 [10]
$425 FF2 130 £269 Landscape Watercolour 55x74cm/*22x29in* Philadelphia 95
BLACKBURNE Ernest R. Ireland XIX-XX [1]
$8 906 FF52 481 £5 500 The Song of the Sea Birds Oil/canvas 92,5x154cm/*36x60in* London 97
BLACKER Colonel L.V.S. XX [6]
$1 296 FF7 568 £800 "Returning from the Successful Aerial Conquest..."/"The Other Plane" Gelatin silver print 33x40cm/*13x16in* London 97
BLACKLOCK Thomas Bromley 1863-1903 [15]
$2 204 FF13 432 £1 350 "By the Riverside" Oil/panel 25,5x35,5cm/*10x13in* London 98
$6 778 FF41 055 £4 200 Red Riding Hood Oil/canvas 66x91,5cm/*25x36in* Perthshire 97
BLACKLOCK William Kay 1872-c.1930 [65]
$2 134 FF10 800 £1 400 The Ouse at St Ives Oil/panel 20x28cm/*7x11in* London 96
$22 430 FF128 322 £14 000 The Midday Rest Oil/canvas 68,5x122cm/*26x48in* London 97
$1 447 FF7 300 £950 A busy Street, with the Campanile of the Badia, Florence Watercolour 30x23cm/*11x9in* London 96
BLACKMAN Charles 1928 [245]
$4 014 FF23 393 £2 468 Still Life, Flowers by a Window Oil/canvas/board 35x25cm/*13x9in* Sydney 97
$10 249 FF59 728 £6 301 The Red Scarf Oil/board 74x59cm/*29x23in* Sydney 97
$16 771 FF97 958 £9 924 Nude with Black Kitten Oil/canvas 203,5x76cm/*80x29in* Melbourne 97
$8 955 FF54 945 £5 576 Blue Bouquet Monotype 183x122cm/*72x48in* Melbourne 97
$1 237 FF7 226 £736 Black Cat Face Ink/paper 34,5x26,5cm/*13x10in* Melbourne 97
BLACKMAN Walter 1847-1928 [8]
$4 000 FF22 831 £2 472 Venetian flower girl Oil/masonite 51,5x103cm/*20x40in* New-York 97
BLACKMORE Katie XIX-XX [15]
$499 FF2 890 £300 Cherubs and Birds Ink 41x32,5cm/*16x12in* London 97
BLACKSHAW Basil XX [5]
$2 830 FF16 906 £1 732 Antrim Landscape Gouache/paper 53x76cm/*21x30in* Dublin 98
BLACKWOOD David Lloyd 1941 [89]
$374 FF1 903 £224 Study for Bax Ford Etching 25,5x20cm/*10x7in* Calgary, Alberta 96
$510 FF2 660 £337 Newfoundlands village with white church, possibly Wesleyville Watercolour 38x49cm/*14x19in* Toronto 96
BLAEU Willem 1571-1638 [3]
$650 FF4 000 £394 Americae Nova Tabula Engraving 41x55cm/*16x22in* New-York 98
BLAIKLEY Alexander 1816-1903 [4]
$329 FF1 876 £200 Portrait of a lady, seated beside a pillar reading a book/Portrait... Pastel/paper 97,7x73,6cm/*38x28in* London 97
BLAIN DE FONTENAY Jean-Baptiste 1653-1715 [4]
$6 920 FF35 000 £4 540 Vase de fleurs sur un entablement Huile/toile 64,5x75cm/*25x29in* Paris 96
$9 950 FF49 700 £6 500 Assorted flowers in a silver vase Oil/canvas 6x50cm/*2x19in* London 95
BLAIN Roland 1934 [1]
$5 690 FF29 000 £3 750 Eve au bain Huile/toile 124x92cm/*48x36in* Paris 96
BLAINE Nell 1922 [16]
$3 200 FF16 570 £2 140 Anse Galet Valley Acrylic/canvas 56x102cm/*22x40in* New-York 96
$2 200 FF13 284 £1 318 "Round Table and Easel" Watercolour 35x50cm/*13x19in* New-York 98
BLAIR Gabriel XIX-XX [3]
$3 904 FF23 880 £2 400 "Tonguin Chinkie", A Pekinese Oil/canvas 25,5x36cm/*10x14in* London 98
BLAIR John 1850-1934 [23]
$1 166 FF6 743 £700 Edinburgh from Corstorphine Hill, Dawn Watercolour 20x25cm/*7x9in* Glasgow 97
BLAIR Lee Everett 1911-1993 [5]
$5 000 FF26 100 £3 020 17th Green at the Riviera Club Oil/canvas 61x91,5cm/*24x36in* San Francisco-Los

Angeles 96

*$400 FF2 437 £238 Circus Dogs Performing in Costumes Mixed media/paper 25x36cm/*10x14in* Pasadena, California 98

BLAIRAT Marcel J. 1849-? [17]

*$838 FF4 200 £530 Caravane/Halte près du Nil Aquarelle 18x23cm/*7x9in* La Varenne Saint-Hilaire 95

BLAIS Jean-Charles 1956 [223]

*$2 454 FF14 694 £1 508 Figurkomposition Mixed media 77x83cm/*30x32in* Stockholm 98

*$3 122 FF18 500 £1 870 Sans titre Huile/papier 47x33cm/*18x12in* Versailles 97

*$7 924 FF47 058 £4 800 Du Haut en Bas Oil/paper/canvas 418x191,5cm/*164x75in* London 97

*$438 FF2 500 £269 Mai 1994 Lithographie 37x57,8cm/*14x22in* Paris 97

*$2 367 FF14 000 £1 421 Le porte-drapeau Pastel 65x50cm/*25x19in* Paris 97

BLAISE Saint-Louis 1945-1993 [4]

*$11 000 FF56 000 £7 240 Le bourgeois Huile/isorel 24x20cm/*9x7in* Paris 96

*$13 740 FF70 000 £9 050 Les trois grâces Huile/toile 76x55cm/*29x21in* Paris 96

BLAIZE Candide 1795-1885 [7]

*$1 603 FF9 509 £949 Portrait of a Lady/Portrait of a Gentleman Watercolour/paper 17,5x14cm/*6x5in* Billingshurst, West Sussex 97

BLAKE Benjamin 1807-1830 [26]

*$1 505 FF9 050 £900 Spaniels in a Game Larder Oil/canvas 51x51cm/*20x20in* London 98

*$1 567 FF9 368 £950 A Larder Still Life with Turbot, Lobster/A Larder Still Life with Hare Oil/canvas 30,5x35,5cm/*12x13in* Glasgow 97

BLAKE Benjamin (Attrib.) 1807-1830 [14]

*$1 185 FF6 822 £700 Pheasants, Snipes and a Hare in a Larder Oil/canvas 25,5x30,5cm/*10x12in* London 97

*$2 665 FF16 442 £1 600 Dead Game in a Kitchen Oil/panel 50x59,5cm/*19x23in* Salisbury, Wiltshire 98

BLAKE Frederick Donald 1908 [15]

*$1 600 FF8 280 £1 070 "London, British Railways" Poster 102x126cm/*40x49in* New-York 96

*$318 FF1 939 £190 A Cornish Harbour Watercolour/paper 33x47cm/*12x18in* London 97

BLAKE Nayland 1960 [8]

*$3 800 FF19 470 £2 310 Work Station #2 (Restraint) Sculpture H76cm/*H29in* New-York 96

BLAKE Peter 1932 [53]

*$11 482 FF65 913 £7 000 Déjà Vu, "A Boy" Oil/board 37x25cm/*14x9in* London 97

*$244 FF1 456 £148 "James Joyes in Paris" Etching 33x25cm/*12x9in* Stockholm 98

*$966 FF5 586 £600 "Soon they were all Wearing Paper Hats" Pencil/paper 17,5x11cm/*6x4in* London 97

BLAKE William 1757-1827 [47]

*$9 094 FF53 088 £5 500 Illustrations to the Book of Job Engraving 21,5x16,5cm/*8x6in* London 97

*$51 000 FF247 700 £32 000 O Revolving Serpent, O the Ocean of Time & Space Watercolour 5,5x10,5cm/*2x4in* London 95

BLAKELOCK Ralph Alb. (Attrib.) 1847-1919 [6]

*$1 200 FF7 277 £732 "An Indian Encampment" Oil/panel 18x33cm/*7x13in* Boston, Mass. 98

BLAKELOCK Ralph Albert 1847-1919 [51]

*$75 FF436 £45 Artist's Palette Oil/board 28x38cm/*11x15in* Mystic, Connecticut 97

*$10 000 FF58 962 £6 132 Autumn in the Adirondacks Oil/canvas 45,5x81,5cm/*17x32in* New-York 98

BLAKESLEE Frederick XX [2]

*$5 000 FF29 103 £3 082 German Plan Disintegrating, British Plane Speeding Off Oil/canvas 76x53cm/*30x21in* New-York 97

BLAMPIED Clifford George 1875-? [20]

*$268 FF1 623 £160 A Coastal View of the Channel Islands Watercolour 25,5x43cm/*10x16in* London 97

BLAMPIED Edmund 1886-1966 [256]

*$3 341 FF20 462 £2 000 Vraicing Scene with Two Horses and Figures Oil/panel 33x24cm/*12x9in* St. Helier, Jersey 98

*$5 750 FF29 830 £3 800 Horseplay Oil/board 50x76cm/*19x29in* Edinburgh 96

*$100 FF603 £60 Drink Song Lithograph 23x25cm/*9x10in* Chicago, Illinois 98

*$1 086 FF6 650 £650 Vraic Cart Leaving Beach Charcoal 20,5x26cm/*8x10in* St. Helier, Jersey 98

BLANC & DEMILLY Théo & Antoine XIX-XX [84]

*$5 249 FF30 916 £3 240 Scandale en tulle élastique, 1930s Silver print 26x17,5cm/*10x6in* New-York 97

BLANC Alphonse 1796-1867 [1]

*$2 943 FF18 000 £1 809 Les musiciens des rues Huile/toile 63x93cm/*24x36in* Paris 98

BLANC Charles 1896-? **[9]**
  $267 FF1 600 £159 Pygmalison Huile/toile 60,5x73cm/*23x28in* Pontoise 98
BLANC René 1906-1987 **[13]**
  $783 FF3 800 £505 Marché place du Martroy, Pontoise Aquarelle 49x34cm/*19x13in* Pontoise 95
BLANCA Paul 1954 **[17]**
  $1 197 FF7 134 £712 Sangre de Toron Novillos-Novilleros Silkscreen 94x73cm/*37x28in* Amsterdam 97
  $689 FF3 610 £414 Sueno Photograph 21x22cm/*8x8in* Amsterdam 96
BLANCH Arnold 1896-1968 **[13]**
  $1 100 FF5 420 £709 The White Whale Gouache/paper 29x48cm/*11x18in* New-York 95
BLANCH Lucille 1895-? **[4]**
  $3 249 FF18 547 £2 008 Florida wild flowers Oil/canvas 56x46cm/*22x18in* New-York 97
BLANCHARD Antoine 1910-1988 **[143]**
  $1 500 FF9 118 £910 Notre Dame Oil/canvas 33x45cm/*13x18in* Chicago, Illinois 98
  $5 000 FF28 522 £3 040 L'aventure de l'Opéra Oil/canvas 61,5x76cm/*24x29in* San Francisco 97
BLANCHARD Auguste III Thomas M 1819-1898 **[6]**
  $697 FF3 610 £450 The Derby Day, after William Powell Frith Engraving 62x122cm/*24x48in* London 96
BLANCHARD Édouard Théophile 1844-1879 **[1]**
  $57 460 FF335 637 £34 000 Le bouffon Oil/canvas 146,5x241cm/*57x94in* London 97
BLANCHARD Émile Théophile 1795-? **[1]**
  $7 140 FF37 000 £4 610 Nature morte aux fruits et fleurs Huile/toile 55,5x46cm/*21x18in* Paris 96
BLANCHARD Evelyne XX **[7]**
  $886 FF5 000 £543 "Place de la Madeleine à Paris en 1900" Huile/toile 33x46cm/*12x18in* Provins 97
BLANCHARD Jacques 1912 **[23]**
  $541 FF3 143 £320 Still life with Vase, Cup and Eggs Oil/board 21,5x26,5cm/*8x10in* London 97
BLANCHARD Jacques (Attrib.) 1600-1638 **[3]**
  $106 407 FF630 000 £63 630 La Charité Huile/toile 105x127cm/*41x50in* Bordeaux 97
BLANCHARD María 1881-1932 **[35]**
  $59 800 FF310 000 £38 840 Nature morte à la bouteille Huile/toile 46x27cm/*18x10in* Paris 96
  $59 400 FF355 500 £36 900 Niño leyendo Oleo/lienzo 73x60cm/*28x23in* Madrid 97
  $17 472 FF102 000 £10 669 Nature morte à la guitare Gouache/papier 28x35cm/*11x13in* Paris 97
BLANCHARD Pharamond 1805-1875 **[6]**
  $14 666 FF83 000 £8 955 Les contrebandiers Huile/toile 45,5x65,5cm/*17x25in* Paris 97
  $4 913 FF28 517 £3 000 Une soirée à bord de l'Astara Watercolour/paper 22,5x35,5cm/*8x13in* London 97
BLANCHARD Rémy 1958 **[53]**
  $586 FF3 500 £353 La cage Acrylique 72,5x102,5cm/*28x40in* Paris 97
  $820 FF4 000 £520 Personnage Acrylique/toile 168x127cm/*66x50in* Paris 95
BLANCHE Jacques Émile 1861-1942 **[125]**
  $1 693 FF10 000 £1 023 Portrait de la Comtesse Bavarovska Huile/papier 40x32cm/*15x12in* Paris 97
  $7 374 FF44 000 £4 448 London Bridge Huile/toile 38x55cm/*14x21in* Neuilly-sur-Seine 97
  $1 927 FF11 500 £1 181 La lettre Encre 32,2x23,2cm/*12x9in* Paris 98
BLANCHE Lucille 1895-? **[3]**
  $2 600 FF13 570 £1 570 Lower Manhattan From Canal Street South Oil/canvas 51x76cm/*20x29in* New-York 96
BLANCHET Alexandre 1882-1961 **[47]**
  $2 429 FF14 147 £1 484 Bildnis M. Blanchet, Sohn des Künstlers Öl/Leinwand 90x75cm/*35x29in* Zürich 97
BLANCHET Louis Gabriel 1705-1772 **[15]**
  $7 330 FF38 000 £4 730 Portrait d'un gentilhomme dans sa bibliothèque Huile/toile 9x7cm/*3x2in* Paris 96
  $271 000 FF1 312 000 £170 000 Portrait of Giovanni Paolo Panini, "peintre d'architecture" Oil/canvas 96,5x76cm/*37x29in* London 95
BLANCHET Louis Gabriel (Attr) 1705-1772 **[2]**
  $5 925 FF36 000 £3 567 Portrait d'un couple avec leur petit chien Huile/toile 72x99,5cm/*28x39in* Paris 98
BLANCHET Thomas 1614/17-1689 **[11]**
  $13 740 FF68 500 £9 000 Italianate landscape Oil/canvas 73x94cm/*28x37in* London 95
BLANCHI Pio 1848-? **[2]**
  $2 677 FF16 510 £1 600 A young Beauty Oil/panel 37,5x23cm/*14x9in* London 97
BLANCHOT Jean XX **[2]**

〰 *$1 700 FF10 131 £1 019* "Nancy, Fernand Malinvaud, Virtuose de haute école aérienne..." Poster 160x119cm/*62x46in* New-York 98

BLANCKERHOFF Jan Theunisz Blankof 1628-1669 **[2]**
👌 *$40 365 FF234 431 £24 658* Amsterdam man-of-war setting out from a Mediterranean harbour Oil/canvas 78,5x130cm/*30x51in* Amsterdam 97

BLANCO Antonio Maria 1927 **[9]**
👌 *$11 360 FF57 300 £7 450* A Bali girl bathing Oil/canvas 31x41,5cm/*12x16in* Singapore 96
〰 *$980 FF5 681 £604* Goona - Gonna Monotype 28x31,5cm/*11x12in* Den Haag 97
✏ *$11 065 FF62 451 £6 782* Blue Rhapsody Pastel/paper 30,5x50,5cm/*12x19in* Singapore 97

BLANCPAIN Jules 1860-1914 **[5]**
👌 *$1 015 FF5 200 £617* Le port d'Alger Huile/toile 22x55cm/*8x21in* Le Touquet 96

BLAND Emily Beatrice 1864-1951 **[31]**
👌 *$488 FF2 460 £320* Nasturtium, Snapdragons, Sweet William and Tobacco Flowers Oil/panel 34,5x30,5cm/*13x12in* London 96

BLANES Juan Manuel 1830-1901 **[4]**
👌 *$25 000 FF130 600 £14 880* Grupo de Indios ha sido detenido y se les da entrada en la Ciudadela Oil/canvas 96x136,5cm/*37x53in* New-York 96
👌 *$70 000 FF417 907 £43 001* Gaucho Oil/canvas/panel 45,5x29,5cm/*17x11in* New-York 98
〰 *$1 250 FF6 463 £811* Juramente de los 33 Litografia 17,5x32cm/*6x12in* Montevideo 96

BLANES VIALE Pedro 1879-1926 **[16]**
👌 *$2 400 FF12 121 £1 548* Paisaje Oleo/lienzo 23x29cm/*9x11in* Montevideo 96
👌 *$16 000 FF83 814 £9 622* Bahia de Andaixt Oleo/lienzo 80x100cm/*31x39in* Montevideo 96

BLANEY Dwight 1865-1944 **[6]**
✏ *$1 800 FF10 752 £1 101* Lowtide Watercolour/paper 36x50cm/*14x20in* Dedham, Mass. 98

BLANKENBURG Adolf 1830-1870 **[5]**
👌 *$8 000 FF40 000 £5 180* The Swimming Party Oil/canvas 63x74cm/*24x29in* New-York 96

BLANKERHOFF Jan Theunisz 1628-1669 **[4]**
👌 *$19 984 FF117 416 £12 000* A dutch Smalschip Letting Down Her Sails in Choppy Seas Oil/canvas 47x60cm/*18x23in* London 97

BLANKERT Barend 1941 **[7]**
👌 *$861 FF4 510 £518* Sluiswachtershuis in de Lemmer Oil/panel 61x91cm/*24x35in* Amsterdam 96

BLANPAIN Jean-Luc 1947 **[20]**
👌 *$517 FF3 000 £318* La Lieutenance Huile/toile 32x24cm/*12x9in* Honfleur 97

BLANQUART-EVRARD Louis Désiré 1802-1872 **[4]**
📷 *$1 197 FF6 200 £800* Tree study, 1850s Photograph 26,5x20,4cm/*10x8in* London 96

BLARENBERGHE van Henri J. (Attrib.) 1741-1826 **[5]**
✏ *$975 FF5 665 £600* An exttensive Landscame with Figures eating and making Music Bodycolour 38x50,5cm/*14x19in* London 97

BLARENBERGHE van Henri Joseph 1741-1826 **[11]**
✏ *$6 475 FF38 000 £3 959* Paysages animés Gouache/papier 17x22cm/*6x8in* Versailles 97

BLARENBERGHE van Louis-N. (Attrib.) 1716-1794 **[5]**
✏ *$4 566 FF26 490 £2 800* Diana hunting with her nymphs Gouache/papier 27x41cm/*10x16in* London 97

BLARENBERGHE van Louis-Nicolas 1716-1794 **[23]**
👌 *$6 224 FF38 128 £3 760* Gesellschaft bei Musik und Tanz am Abend Oil/panel 9x13cm/*3x5in* Wien 98
👌 *$28 662 FF170 000 £17 357* La kermesse Huile/toile 58,5x75cm/*23x29in* Paris 97
✏ *$2 526 FF15 000 £1 530* Paysage avec l'entrée d'un village animée de personnages Gouache/papier 15x19cm/*5x7in* Paris 97

BLASER Hermann XIX-XX **[3]**
〰 *$1 150 FF6 693 £708* "P.K.Z" Poster 90,5x128cm/*35x50in* New-York 97

BLASHFIELD Edwin Howland 1848-1936 **[11]**
👌 *$1 900 FF10 567 £1 176* Young Girl with Servants Oil/canvas 45,5x33,5cm/*17x13in* New-York 97
👌 *$20 000 FF116 822 £12 278* Suspence: The Boston People watching from the House Tops the Firing Oil/canvas 65,5x91,5cm/*25x36in* New-York 97

BLASS von Eugene 1843-1932 **[2]**
👌 *$2 500 FF12 210 £1 560* Portrait of a beautiful French girl Oil/panel 30x23cm/*12x9in* New Orleans, Louisiana 95
👌 *$126 892 FF736 012 £75 000* The Water Carrier Oil/canvas 92x44cm/*36x17in* London 97

BLATAS Arbit 1908 **[36]**

☞ *$950 FF4 650 £602* Nature morte Oil/canvas 75x54cm/*29x21in* New-York 95

☞ *$2 100 FF10 460 £1 376* Still life Oil/panel 48,2x30,4cm/*18x11in* Philadelphia 95

BLÄTTERBAUER Theodor 1823-? **[7]**

☞ *$2 688 FF16 105 £1 606* "Unter der..." Oil/canvas 42x56cm/*16x22in* Den Haag 98

BLAU Tina 1845-1937 **[29]**

☞ *$28 330 FF144 700 £18 660* Wiener Prater Oil/panel 23,5x31cm/*9x12in* Wien 96

BLAU-LANG Tina 1844-1916 **[29]**

☞ *$14 760 FF86 004 £9 072* Herbstliche Landschaft Öl/Leinwand/Karton 17x30,5cm/*6x12in* Wien 97

☞ *$47 100 FF244 000 £30 600* Spätsommer in Prater Öl/Leinwand 63x79cm/*24x31in* München 96

✏ *$897 FF4 495 £567* Baumgruppe Pencil/paper 37x28cm/*14x11in* Wien 95

BLAUENSTEINER Leopold 1880-1947 **[17]**

☞ *$1 866 FF9 600 £1 164* Stilleben mit Echse Öl/Leinwand 36,5x51cm/*14x20in* Wien 96

☞ *$4 820 FF24 360 £3 160* "Herbst" Tempera/canvas 38x36cm/*14x14in* Wien 96

☞ *$18 600 FF96 200 £12 000* The Hunt Oil/canvas 206x201cm/*81x79in* London 96

BLAUVELT Charles F. 1824-1900 **[3]**

☞ *$2 200 FF13 555 £1 351* "Snowed In" Oil/canvas 30x22cm/*12x9in* Concorville, Penn. 98

BLAVIER Emile V. XIX-XX **[4]**

⬧ *$3 249 FF17 294 £1 916* "Dante" Bronze H53,3cm/*H20in* New-York 97

BLAZEK Frantisek 1879-? **[2]**

✏ *$2 780 FF14 400 £1 860* Wiesenstück mit Sommerblumen Mischtechnik/Papier 51x70cm/*20x27in* Wien 96

BLECHEN Karl 1798-1840 **[13]**

☞ *$16 556 FF94 340 £10 141* Unterirdisches Gewölbe Öl/Papier 16,5x24cm/*6x9in* Köln 97

✏ *$1 231 FF6 420 £774* Flusslandschaft mit Wäscherin Ink 21x25cm/*8x9in* Lindau 96

BLECHEN Karl (Attrib.) 1798-1840 **[3]**

☞ *$5 749 FF34 803 £3 430* Diana the Huntress Oil/canvas 29x38cm/*11x14in* New-York 97

BLECKMANN Elisabeth Françoise 1877-? **[2]**

☞ *$1 989 FF10 234 £1 241* Kippen in boomgaard Oil/canvas/panel 23x28cm/*9x11in* Den Haag 96

BLECKMANN Wilhelm Ch. Constant 1853-1942 **[4]**

☞ *$2 628 FF14 832 £1 610* Fallow Land near Batavia Oil/canvas/board 41x59cm/*16x23in* Singapore 97

BLECKNER Ross 1949 **[102]**

☞ *$1 200 FF5 810 £770* The River was the Emblem of All Beauty Acrylic/canvas 165x175cm/*64x68in* New-York 95

☞ *$1 404 FF8 000 £860* From "Pieces of a Month" Huile/bois 30x30cm/*11x11in* Paris 97

☞ *$11 000 FF53 300 £7 060* Untitled Oil/canvas 61x61cm/*24x24in* New-York 95

▥ *$750 FF4 472 £449* Untitled Silkscreen in colors 89x74cm/*35x29in* New-York 98

✏ *$3 749 FF20 613 £2 302* Untitled Mixed media/paper 14,5x11,5cm/*5x4in* New-York 97

BLEECK van Pieter (Attrib.) 1670-1727 **[2]**

☞ *$3 730 FF19 000 £2 200* Portrait of a man, half-length, holding an oar Oil/canvas 76x64cm/*29x25in* London 96

BLEECK van Richard c.1670-1733 **[3]**

✏ *$1 178 FF6 979 £700* Six Portraits Ink/paper 9x8cm/*3x3in* London 97

BLEECK van Richard (Attrib.) c.1670-1733 **[8]**

☞ *$6 182 FF37 008 £3 806* Europa och tjuren Oil/canvas 3x126cm/*1x49in* Stockholm 98

BLÉGER Paul Léon 1889-1981 **[7]**

☞ *$1 505 FF7 740 £940* Walliser Trachtenmädchen auf einem Maultier reitend Öl/Leinwand 61x50cm/*24x19in* Bern 96

BLEK Xavier Prou, dit 1951 **[18]**

✏ *$416 FF2 500 £249* Sans titre Collage 201x105cm/*79x41in* Versailles 98

BLEKER Gerrit Claesz c.1610-1656 **[7]**

▥ *$1 020 FF6 024 £604* Der Kuhhirte Radierung 14x21cm/*5x8in* Berlin 97

BLENNER Carl John 1864-1952 **[22]**

☞ *$400 FF2 482 £243* Old Canal, Venice Oil/canvas/board 25x20cm/*10x8in* Boston, Mass. 97

☞ *$2 250 FF13 061 £1 374* Floral Still Life Oil/canvas 61x76cm/*24x29in* Los Angeles 97

BLES David Joseph 1821-1899 **[45]**

☞ *$1 485 FF8 787 £892* A waiting company Oil/panel 24x33,5cm/*9x13in* Amsterdam 97

*$6 440 FF32 800 £3 860 Le tricheur Huile/panneau 43x50cm/*16x19in* Bruxelles 96*

*$346 FF2 050 £208 Four studies of musicians Ink 14x11cm/*5x4in* Amsterdam 97*

BLES Herri met de 1485/90-c.1560 [9]

*$202 068 FF1 196 412 £120 000 An Extensive Rocky Landscape with The Flight into Egypt Oil/panel 44x74,5cm/*17x29in* London 97*

BLES Joseph 1825-1875 [11]

*$2 650 FF13 620 £1 600 Hay barge by a wharf Oil/panel 21x26cm/*8x10in* London 96*

BLESER August, Jr. 1898-1966 [5]

*$1 000 FF5 820 £616 Couple at Water's Edge, Flamingoes in Background Oil/canvas 101x76cm/*40x30in* New-York 97*

BLESS Johann Peter 1825-1880 [4]

*$1 710 FF8 420 £1 102 Birds and nest Oil/canvas 28x31cm/*11x12in* Köbenhavn 95*

BLEULER Johann Heinrich 1758-1823 [34]

*$1 206 FF7 234 £726 Lungernsee Radierung 36,5x51cm/*14x20in* Zürich 98*

*$3 106 FF18 481 £1 899 "Aussicht von der Terrasse St. Martin bei Vivis über den Genfersee" Gouache 41,4x59,7cm/*16x23in* Bern 98*

BLEULER Johann Heinrich, Jr. 1787-1857 [7]

*$3 745 FF21 713 £2 308 Der Reichenbach bei Meirigen Gouache/papier 42x59,5cm/*16x23in* Zürich 97*

BLEULER Johann L. (Attrib.) 1792-1850 [3]

*$267 FF1 611 £161 Le bain de Rosenlaui sur la route de Meiringen, canton Berne Gouache/paper 31,5x48,5cm/*12x19in* Zürich 98*

BLEULER Johann Ludwig, Louis 1792-1850 [55]

*$650 FF3 850 £386 "Le cours du Rhin"/"Vue de la Ville et du Lac de Constance" Aquatint in colors 26,5x36cm/*10x14in* München 97*

*$2 760 FF16 135 £1 684 La vallée de Meiringen et le Reichenbach, Ct. de bern Gouache 44,7x59,4cm/*17x23in* Bern 97*

BLEUMNER Oscar Florianus 1867-1938 [2]

*$1 300 FF7 589 £773 Silver Lake/Bloomfield/Acqueduct Third River-Canal Drawing 14x16cm/*5x6in* New-York 97*

BLEYL Fritz 1880-1966 [21]

*$168 FF1 006 £103 "Plauer See" Coloured chalks 5x14,5cm/*1x5in* Hamburg 98*

BLIECK de Daniel c.1620-1673 [9]

*$35 784 FF210 000 £21 882 Intérieur d'une église Hollandaise Huile/panneau 49x37cm/*19x14in* Paris 97*

BLIECK Maurice 1876-1922 [29]

*$3 460 FF17 300 £2 260 Gehisste Fischerboote in südlichen Hafen Öl/Leinwand 44x56,5cm/*17x22in* Stuttgart 95*

BLIGNY Albert 1849-1908 [16]

*$1 600 FF9 243 £950 Scène de bataille Oleo/tabla 26x41cm/*10x16in* Buenos Aires 97*

*$6 000 FF36 562 £3 722 Soldiers and Showmen Oil/canvas 81,5x65cm/*32x25in* New-York 98*

BLIJK van den Frans Jacobus 1806-1876 [7]

*$9 523 FF55 211 £5 687 An Estuary with Sailing Vessels and Fisherman in a Rowing Boat Oil/panel 42x57,5cm/*16x22in* Amsterdam 97*

BLIN DE FONTENAY Jean-Baptiste 1653-1715 [7]

*$21 000 FF107 600 £12 760 Still life of flowers in a sculpted gilt urn on a ledge Oil/canvas 78,5x76cm/*30x29in* New-York 96*

BLIN DE FONTENAY Jean-Baptiste (Attr) 1653-1715 [8]

*$17 930 FF92 400 £11 500 Flowers in a vase with fruit on a ledge Oil/canvas 89,5x117,5cm/*35x46in* London 96*

BLIND Rudolf 1846-1889 [2]

*$1 600 FF9 931 £964 Three Generations Oil/canvas 76x114cm/*30x45in* Miami, Florida 98*

BLINKS Thomas 1860-1912 [53]

*$2 991 FF17 786 £1 800 A Foxhound Oil/panel 20,5x28cm/*8x11in* London 97*

*$22 608 FF131 598 £13 936 Two sisters Oil/canvas 35x45cm/*14x18in* St. Louis, Miss. 97*

BLISS Douglas Percy 1900-1984 [10]

*$11 472 FF67 049 £7 000 Under The Railway Arch, Lambeth Oil/canvas 47,5x35,5cm/*18x13in* London 97*

BLISS Lucia Smith Carp. 1823-1912 [8]

*$1 100 FF6 117 £680 Bittersweet Watercolour/paper 34x25cm/*13x9in* New-York 97*

BLISS Robert R. 1925-1981 **[5]**
  $650 FF3 393 £394 Couple by the Sea Oil/masonite 58x86cm/*23x34in* Bolton, Mass. 96
BLIX Ragnvald 1882-? **[3]**
  $2 607 FF15 394 £1 544 Karikatur Karl Kraus Indian ink/paper 27x32cm/*10x12in* Berlin 97
BLIXEN Karen 1885-1962 **[2]**
  $2 880 FF14 900 £1 860 A glass of flowers Coloured crayons/paper 37x29,5cm/*14x11in* Köbenhavn 96
BLOC André 1896-1966 **[92]**
  $198 FF1 000 £130 Composition Aquarelle 50x65cm/*19x25in* Paris 96
BLOCH Albert 1882-1951 **[8]**
  $55 000 FF328 553 £33 709 Portrait of Raimund Geiger Oil/canvas 67x57,5cm/*26x22in* New-York 98
BLOCH Alexandre XIX-XX **[7]**
  $3 750 FF22 257 £2 297 "On Sentry Duty" Oil/canvas 45,5x37,5cm/*17x14in* San Francisco 98
BLOCH Carl 1834-1890 **[38]**
  $695 FF3 992 £423 En kone der binder hoser på heden Oil/canvas 40x30cm/*15x11in* Köbenhavn 97
  $4 415 FF23 060 £2 630 Prometeus Oil/canvas 46x37cm/*18x14in* Köbenhavn 96
  $39 000 FF201 700 £25 140 Fiskere fra Jyllands Vestkyst Oil/canvas 115x168cm/*45x66in* Köbenhavn 96
BLOCH Julius Thlengen 1899-1966 **[30]**
  $775 FF3 890 £491 Portrait of a girl Oil/canvas 26x21cm/*10x8in* Philadelphia 95
  $1 600 FF9 132 £989 Deacon William Mann Oil/canvas 107x87cm/*42x34in* New-York 97
  $224 FF1 360 £134 "The copyist" Lithograph 22x35cm/*9x14in* Philadelphia 98
  $275 FF1 651 £164 Landscape Pastel/paper 27x35cm/*11x14in* Philadelphia 98
BLOCH Marcel 1884-? **[18]**
  $358 FF2 115 £220 "Deville" Poster 114x74cm/*44x29in* London 98
BLOCH Martin 1883-1954 **[2]**
  $4 660 FF22 600 £3 000 Survival Oil/canvas 74x94cm/*29x37in* London 95
BLOCHERER Karl 1889-? **[2]**
  $650 FF3 100 £407 "Spezial Ausstelung Orientalischer Teppiche" Poster 77x109cm/*30x43in* New-York 95
BLOCK de Eugène 1812-1893 **[13]**
  $287 FF1 635 £180 Paysage à la ferme Huile/panneau 19x21cm/*7x8in* Antwerpen 97
  $3 877 FF22 983 £2 411 L'heure de la leçon Huile/panneau 47x38cm/*18x14in* Bruxelles 97
BLOCK Joseph 1863-? **[1]**
  $4 537 FF27 004 £2 773 Von einander abgewandtes Paar Öl/Leinwand 59,5x73cm/*23x28in* Berlin 98
BLOCK Louis 1879-1909 **[4]**
  $4 331 FF26 718 £2 600 A Still Life of Antiquarian Books Watercolour 31x50,5cm/*12x19in* London 98
BLOCKI Wlodzimierz 1885-1921 **[1]**
  $3 760 FF22 387 £2 299 Nature morte aux fruits Oil/canvas 42,5x34cm/*16x13in* Warszawa 98
BLOCKLANDT van Anthonis 1532-1583 **[2]**
  $1 256 FF7 387 £775 Loth und seine Tochter Indian ink/paper 20x17cm/*7x6in* Heidelberg 97
BLOCKLANDT van Anthonis (Attrib.) 1532-1583 **[5]**
  $5 100 FF30 000 £3 147 La naissance de la Vierge Huile/panneau 33,5x56,5cm/*13x22in* Paris 97
  $889 FF5 200 £542 Femmes à leur toilette Sanguine 31x20cm/*12x7in* Paris 97
BLOEMAERT Abraham 1564-1651 **[80]**
  $92 100 FF475 000 £59 100 Christ and the Samaritan woman Oil/canvas 214,5x166,5cm/*84x65in* London 96
  $1 660 FF9 504 £980 An Allegorical Figure of Fame, with Putti Hoding Artistic Attributes Black chalk 18x16cm/*7x6in* Amsterdam 97
BLOEMAERT Abraham (Attrib.) 1564-1651 **[10]**
  $599 FF3 500 £362 Figures de Saints en prière Pierre noire 21x19,5cm/*8x7in* Paris 97
BLOEMAERT Adriaen 1609-1666 **[7]**
  $10 300 FF50 400 £6 520 Paysage animé Huile/panneau 39x65cm/*15x25in* Bruxelles 95
  $11 671 FF70 098 £7 000 An Extensive River Landscape Oil/panel 17x22,5cm/*6x8in* London 98
BLOEMAERT Hendrick 1601-1672 **[14]**
  $6 716 FF40 214 £4 125 Die Versöhnung Jakob und Esaus Oil/canvas 73x111cm/*28x43in* Köln 98
  $1 783 FF9 000 £1 171 Étude de deux personnages et chien Pierre noire 1,5x15,5cm/*x6in* Paris 96
BLOEMEN van Jan Franz (Attrib.) 1662-1749 **[22]**
  $4 455 FF26 213 £2 750 Waldlandschaft mit antiken Ruinen sowie Cephalus und Procris Öl/Leinwand

---

33x42cm/*12x16in* Wien 97

  $8 400 FF47 600 £5 600 Paesaggio fluviale con Figure Olio/tela 74x97cm/*29x38in* Milano 97

  $1 820 FF9 500 £1 083 Paysages Italiens Sanguine 35,5x23cm/*13x9in* Paris 96

BLOEMEN van Jan Franz Orizzonte 1662-1749 **[66]**

  $21 040 FF108 500 £13 500 Arcadian landscapes with figures Oil/copper 25,5x20,5cm/*10x8in* London 96

  $31 200 FF160 700 £20 000 Classical landscape with figures conversing on a path Oil/canvas 60x94cm/*23x37in* London 96

  $53 099 FF300 895 £26 549 Paesaggio fluviale con montagne, pescatori e viandanti Olio/tela 150x226cm/*59x88in* Milano 97

  $3 803 FF21 769 £2 246 An extensive mountainous landscape with a lake/..with farm buildings Bodycolour 8,5x21,5cm/*3x8in* Amsterdam 97

BLOEMEN van Pieter (Attrib.) 1657-1720 **[22]**

  $2 415 FF13 685 £1 610 Paesaggio fluviale Olio/tela 36x43,5cm/*14x17in* Roma 98

  $6 753 FF42 000 £4 258 Cour de ferme avec couple déchargeant une charette Huile/toile 53,5x65,5cm/*21x25in* Biarritz 97

  $25 110 FF150 000 £15 360 Scène de marché sur fond d'architecture Huile/toile 148x217cm/*58x85in* Versailles 98

  $886 FF5 500 £534 Cheval harnaché Lavis 19,5x23cm/*7x9in* Paris 98

BLOEMEN van Pieter Standard 1657-1720 **[44]**

  $4 790 FF25 000 £2 850 Pâtre endormi près de son troupeau Huile/panneau 24,5x29cm/*9x11in* Paris 96

  $11 660 FF70 415 £7 000 Wounded Soldiers in a Cart Oil/canvas 64x94cm/*25x37in* London 98

  $53 099 FF300 895 £26 549 Paesaggio fluviale con montagne, pescatori e viandanti Olio/tela 150x226cm/*59x88in* Milano 97

BLOEMERS Arnoldus 1786-1844 **[17]**

  $56 984 FF349 792 £34 773 Bouquet de fleurs et fruits Huile/toile 82x73cm/*32x28in* Genève 98

BLOM Ansuya 1956 **[4]**

  $1 722 FF9 020 £1 035 Untitled Coloured chalks 152x107,5cm/*59x42in* Amsterdam 96

BLOM Gerhard Lichtenberg 1867-? **[3]**

  $3 080 FF15 960 £2 000 A mansion by the sea Oil/canvas 66x109cm/*25x42in* London 96

BLOM Gerhard Vilhelm 1866-1930 **[27]**

  $573 FF3 521 £344 Italiensk landsbygade med figurer Oil/canvas 60x74cm/*23x29in* Vejle 98

BLOM Gustav Vilhelm 1853-1942 **[11]**

  $3 026 FF17 664 £1 800 In the Litchen Oil/canvas 45x37cm/*17x14in* London 97

BLOMAERT Adriaen 1609-1666 **[5]**

  $2 160 FF12 500 £1 328 Paysage de colline Huile/panneau 32,5x28cm/*12x11in* Bordeaux 97

BLOMBERG Stig 1901-1970 **[27]**

  $648 FF3 885 £387 Flicka på snäckskal med snäcka i handen Bronze H22,5cm/*H8in* Stockholm 98

BLOMFIELD Charles 1848-1926 **[8]**

  $1 143 FF6 965 £700 "Waipoua Kauri Park, Northland, New Zealand" Oil/board 34x25cm/*13x9in* Newbury, Berkshire 98

  $3 592 FF21 890 £2 200 The White Terraces, New Zealand Oil/canvas 46x61cm/*18x24in* Newbury, Berkshire 98

BLOMMAERDT Maximilian XVII **[12]**

  $9 060 FF46 300 £6 000 Elegant couple dancing in an interior/Tavern interior Oil/canvas 49x58cm/*19x22in* London 96

  $12 140 FF62 000 £8 000 Landscapes with figures Oil/copper 18x22,5cm/*7x8in* London 96

BLOMMAERDT Maximilian (Attrib.) XVII **[3]**

  $3 091 FF17 853 £1 815 Paysage animé Huile/panneau 22,5x33cm/*8x12in* Bruxelles 97

BLOMME Alphons 1845-1923 **[6]**

  $952 FF4 930 £610 Vue de Bretagne Huile/panneau 40x47cm/*15x18in* Lokeren 96

BLOMME Alphonse Joseph 1889-1979 **[67]**

  $518 FF3 089 £317 Canal à Venise Huile/carton 32,5x34,5cm/*12x13in* Bruxelles 98

  $858 FF4 893 £522 Portrait of Woman, bust length Oil/canvas 68x65cm/*26x25in* Rumbeke (Kortrijk) 97

BLOMMERS Bernardus Johannes 1845-1914 **[70]**

  $15 037 FF87 179 £8 980 Mother's Return Oil/panel 42,5x32cm/*16x12in* Amsterdam 97

  $22 585 FF131 397 £13 834 A girl knitting and a baby in a cottage interior Oil/canvas 36,5x50,5cm/*14x19in* Amsterdam 97

  $230 FF1 166 £150 A safe return Ink 34x21cm/*13x8in* Amsterdam 96

BLOMSHIELD John c.1890-c.1950 **[1]**
  $12 070 FF60 900 £7 920 Virgin Oil/canvas 61x51cm/*24x20in* Singapore 96
BLOND Maurice 1899-1974 **[92]**
  $496 FF2 895 £300 Vase de fleurs Oil/canvas 19x12,5cm/*7x4in* London 97
BLØNDAHL Gunnlaugur 1893-1962 **[12]**
  $5 421 FF31 773 £3 337 Parisermodel Oil/canvas 47x40cm/*18x15in* Köbenhavn 97
BLONDAT Max 1879-1926 **[16]**
  $5 292 FF31 500 £3 235 Coupe, décor d'enfants Bronze 15x61cm/*5x24in* Reims 98
BLONDEAU Paul XIX-XX **[4]**
  $4 489 FF26 644 £2 749 "Under the Apple Tree" Oil/canvas 45,5x55cm/*17x21in* San Francisco 98
BLONDEEL Lancelot 1496-1561 **[1]**
  $10 096 FF60 240 £6 091 Maria mit Kind Oil/panel 46x36cm/*18x14in* Köln 97
BLONDEL André 1909-1949 **[5]**
  $2 856 FF16 648 £1 759 Landscape Oil/cardboard 25,5x33,5cm/*10x13in* Warszawa 97
BLONDEL Émile 1893-1970 **[7]**
  $1 101 FF5 500 £720 Le boulevard Saint-Martin Huile/toile 54x74cm/*21x29in* Paris 95
BLONDEL Georges François 1730-1791 **[3]**
  $1 326 FF7 913 £800 A ruined temple with two female figures Red chalk/paper 26,1x20,3cm/*10x7in* London 97
BLONDEL Merry-Joseph 1781-1859 **[11]**
  $2 657 FF16 146 £1 600 Portait of a Lady, said to be Mademoiselle Viollet, seated bust-length Oil/canvas 61,5x51cm/*24x20in* London 98
BLONDIN Charles XX **[19]**
  $550 FF3 037 £343 Parisian Street Scenes Oil/canvas 33x45cm/*13x18in* Downington, PA 97
  $1 536 FF9 200 £918 Femme à l'écriture Pastel/papier 40x32cm/*15x12in* Nancy 98
BLOOM Barbara 1951 **[6]**
  $6 970 FF34 300 £4 490 Pre-Adolescent Girl Horse Art (Black Beauty) Mixed media 69,5x90x10cm/*27x35x3in* Köln 95
BLOOMER Hiram Reynolds 1845-1910 **[11]**
  $2 500 FF15 069 £1 513 Pastoral Landscape with a cow and a figure Oil/canvas 45x71cm/*18x28in* Pasadena, California 98
BLOOMERS Bernadus-Johannes 1845-1914 **[3]**
  $12 029 FF69 741 £7 184 The Arrival of the Fishing Fleet Pencil 43x64,5cm/*16x25in* Amsterdam 97
BLOOMFIELD Harry c.1870-? **[18]**
  $654 FF4 000 £399 Portrait d'Élégante assise Huile/toile 74x59cm/*29x23in* Enghien 98
BLOORE Ronald Langley 1925 **[10]**
  $627 FF3 743 £376 Untitled Ink/paper 49x64cm/*19x25in* Calgary, Alberta 98
BLOOS Richard 1878-1956 **[29]**
  $5 170 FF25 840 £3 345 Im Düsseldorfer Zoo Öl/Leinwand 73x50cm/*28x19in* Düsseldorf 96
  $177 FF914 £113 Gross-St. Martin Etching 49x32cm/*19x12in* Heidelberg 96
BLOOT de Pieter 1601-1658 **[26]**
  $18 370 FF91 700 £12 000 Interior of a tavern Oil/panel 51,5x82,5cm/*20x32in* London 95
  $23 446 FF145 000 £13 963 Scène d'intérieur paysan Huile/panneau 24,5x35,5cm/*9x13in* Paris 98
BLOOTELING Abraham Bloteling 1640-1690 **[4]**
  $1 040 FF5 424 £608 Die Versuchung des hl. Antonius Etching 37,5x23,3cm/*14x9in* Berlin 96
BLOS Carl 1860-1941 **[4]**
  $1 209 FF7 240 £742 Eleganter junger Herr vor Himmelshintergrund Oil/canvas 100x90cm/*39x35in* Bern 98
BLOSS Richard 1878-1957 **[2]**
  $45 000 FF233 700 £29 760 Au Jardin du Luxembourg, Paris Oil/canvas 65,5x100cm/*25x39in* New-York 96
BLOSSFELDT Karl 1865-1932 **[25]**
  $4 249 FF25 027 £2 622 "Karl Blossfeldt: 12 Fotografien" Photograph 18,5x27cm/*7x10in* New-York 97
BLOTT Géo XIX-XX **[12]**
  $855 FF4 900 £522 "Prunelle-Latapie, Gde. Distillerie du Berry" Affiche 116x156cm/*45x61in* Nice 97
BLOW Sandra 1925 **[34]**

🗞 *$3 160 FF15 450 £2 000* Composition Mixed media/canvas 152x168cm/*59x66in* London 95

🗞 *$317 FF1 974 £190* Untitled Lithograph 44x42cm/*17x16in* London 98

🗞 *$217 FF1 107 £140* Abstract Collage 16,5x15cm/*6x5in* London 95

BLUEMNER Oscar Florianus 1867-1938 **[73]**

🗞 *$1 800 FF9 110 £1 178* Paterson/Bloomfield Plane/Bloomfield Bridge Pencil/paper 13x20cm/*5x7in* New-York 96

BLUHM A. [1]

🗞 *$3 890 FF20 000 £2 425* Paysage Huile/toile 84x120cm/*33x47in* Dijon 96

BLUHM Norman 1920 **[44]**

🗞 *$2 220 FF12 580 £1 480* "Ingot" Tecnica mista/tela 62x92cm/*24x36in* Roma 97

🗞 *$4 800 FF27 200 £3 200* "Cold Steel" Tecnica mista/tela 152x181cm/*59x71in* Roma 97

🗞 *$1 500 FF7 820 £943* Untitled Gouache 100x123cm/*39x48in* New-York 96

BLUHM Oskar 1867-1912 **[9]**

🗞 *$2 481 FF15 075 £1 494* Junge Dame mit ihren Fahrrädern im Park/Ein verliebtes junges Paar Aquarell/Papier 40x29cm/*15x11in* Stuttgart 98

BLUHM Ursula XX **[1]**

🗞 *$2 765 FF16 500 £1 668* "Maison à la campagne du grand ravil" Huile/toile 81x100cm/*31x39in* Paris 97

BLUM Felix XIX-XX **[1]**

🗞 *$2 800 FF16 355 £1 656* Before the mosque Watercolour, gouache/paper 115x75cm/*45x29in* Boston, Mass. 97

BLUM Günter 1949-1997 **[2]**

📷 *$1 636 FF9 373 £968* Netztorso 1 Gelatin silver print 19x25,5cm/*7x10in* Köln 97

BLUM Jerome 1884-1956 **[3]**

🗞 *$3 200 FF17 797 £1 980* Along the Avenue Oil/canvas 45x38cm/*18x15in* Miami, Florida 97

BLUM Ludwig 1891-1974 **[50]**

🗞 *$4 000 FF20 720 £2 600* Solomon's Pillars Oil/canvas 61x50cm/*24x19in* Tel Aviv 96

🗞 *$4 314 FF24 500 £2 700* A View of Jerusalem from the Vale of Kidron Oil/canvas 27,5x45,5cm/*10x17in* London 97

BLUM Maurice 1832-1909 **[18]**

🗞 *$1 029 FF6 000 £634* La lettre Huile/panneau 33x23cm/*12x9in* Saint-Dié 97

🗞 *$8 469 FF49 212 £5 000* The Reception Oil/canvas 65,5x81,5cm/*25x32in* London 97

BLUM Robert Frederick 1857-1903 **[16]**

🗞 *$4 250 FF25 225 £2 603* Sketch for Spanish Street Oil/panel 25x34cm/*10x13in* New-York 98

BLUMANN Sigismund 1872-1956 **[2]**

🗞 *$1 200 FF6 924 £735* "Fashion on Art" 1920s Print 24x19cm/*9x7in* New-York 97

BLUME Bernhard Johannes 1937 **[25]**

📷 *$2 424 FF14 070 £1 432* Foto Nr. 12 aus der Serie im Wahnzimmer Gelatin silver print 204x126,5cm/*80x49in* Köln 97

BLUME Eduard 1844-1910 **[2]**

🗞 *$3 003 FF18 414 £1 800* A Farm Girl Oil/canvas 58x42cm/*22x16in* London 98

BLUME-SIEBERT Ludwig 1843-1929 **[10]**

🗞 *$3 943 FF23 426 £2 345* Mutter mit Kind am Chiemsee Oil/panel 27x21cm/*10x8in* München 97

🗞 *$4 670 FF24 300 £2 930* Heimkehrende Holzleserinnen Mutter mit Kind Öl/Leinwand 62x49,5cm/*24x19in* Lindau 96

BLUMENFELD Erwin 1897-1969 **[38]**

📷 *$2 800 FF13 900 £1 770* Portrait of a young woman Gelatin silver print 29x23cm/*11x9in* New-York 95

BLUMENSCHEIN Ernest L. 1874-1960 **[10]**

🗞 *$20 910 FF108 941 £13 150* View of Roosevelt Dam Oil/canvas 40x30cm/*16x12in* Scottsdale, Arizona 96

🗞 *$360 000 FF2 136 492 £220 500* Rockfire Afternoon Oil/canvas 61x69cm/*24x27in* New-York 98

🗞 *$2 800 FF13 800 £1 804* Capulain Mountains Watercolour/paper 25x25cm/*9x9in* New-York 95

BLUMENTHAL Hermann 1905-1942 **[19]**

🗞 *$5 669 FF33 467 £3 357* Sitzende mit ausgestreckten Beinen Bronze H23,5cm/*H9in* Berlin 97

BLUMER Lucien Charles 1871-1947 **[5]**

🗞 *$161 FF1 000 £96* "Chemin de fer d'Alsace et de Lorraine, Strasbourg" Affiche 104x73,5cm/*40x28in* Paris 98

BLUNDEN Anna E. Martino 1830-1915 **[6]**

🗞 *$704 FF4 270 £420* On Lago da Guarda Watercolour/paper 40x73cm/*15x28in* Bath 97

BLUNDSTONE Ferdinand Victor 1882-1951 **[2]**
$14 398 FF83 661 £8 500 Atalanta Bronze H46cm/*H18in* London 97
BLUNT John Silvester 1798-1835/37 **[3]**
$13 000 FF63 500 £8 220 Portrait of a man/Portrait of a woman Oil/canvas 75x62cm/*29x24in* New-York 95
BLYHOOFT Zacharias c.1610-c.1685 **[7]**
$1 404 FF7 230 £900 A panoramic italianate landscape with ruins Pencil 14,5x19,5cm/*5x7in* London 96
BLYTHE David Gilmore 1815-1865 **[3]**
$45 000 FF235 000 £27 200 Land of Liberty Oil/canvas 61x51cm/*24x20in* New-York 96
BO Giacinto 1850-1912 **[11]**
$840 FF4 760 £420 Paesaggio ligure Olio/tavola 15,5x21cm/*6x8in* Vercelli 98
$3 600 FF20 400 £2 400 Marina a Capo Noli Olio/tela 35x85cm/*13x33in* Vercelli 98
BOARDMAN William G. 1815-1895 **[4]**
$5 000 FF28 637 £2 958 Young Girl with Hudson River Vista Oil/canvas 101x83cm/*40x33in* Milford, Conn. 97
BOBAK Bruno J. 1923 **[24]**
$1 763 FF10 438 £1 047 "Beach On Prince Edward Island" Oil/canvas 76x122cm/*29x48in* Toronto 97
$258 FF1 511 £159 Untitled, landscape Watercolour 48x63cm/*18x24in* Calgary, Alberta 97
BOBAK Molly Joan Lamb 1922 **[23]**
$1 269 FF7 515 £753 "Grain Boats and Walkers" Oil/canvas 40,5x61cm/*15x24in* Toronto 97
$9 339 FF55 889 £5 851 "Skaters on The St. John" Oil/canvas 101,5x122cm/*39x48in* Toronto 97
$707 FF3 460 £448 Tulips Watercolour/paper 57,5x36cm/*22x14in* Calgary, Alberta 95
BOBELDIJK Felicien 1876-1964 **[12]**
$1 661 FF10 173 £994 Horses and Carriages Oil/canvas 14,5x22cm/*5x8in* Amsterdam 98
$2 904 FF14 730 £1 890 Shipping on the Singel, Amsterdam Ink 43,5x65cm/*17x25in* Amsterdam 96
BOBERG Jörgen 1940 **[23]**
$3 707 FF22 007 £2 270 "Renaissance dröm" Oil/panel 41x30cm/*16x11in* København 97
$1 067 FF6 205 £651 Dobbelt landskab/Komposition Watercolour/paper 20x24cm/*7x9in* København 97
BOBLETER Franz Xaver (Attrib) 1800-1869 **[1]**
$7 040 FF36 300 £4 540 Stadtansicht Öl/Leinwand 40x50cm/*15x19in* Wien 96
BOBROV Vasilii Dmitrievich XIX-XX **[4]**
$2 985 FF14 670 £1 890 Abstrakte Komposition Öl/Karton 16x21cm/*6x8in* Zürich 95
BOCCACCI Marcello 1914-1996 **[17]**
$540 FF3 060 £270 Vaso con fiori Olio/tavoletta 25x20cm/*9x7in* Firenze 97
$900 FF5 100 £600 Figura Olio/tavola 60x39,6cm/*23x15in* Prato 97
BOCCACCINO Camillo 1501-1546 **[2]**
$2 762 FF16 052 £1 700 Study for two Angels/Study for decorative scheme: Putti with trophies Red chalk/paper 18,6x10,7cm/*7x4in* London 97
BOCCASILE Gino 1901-1952 **[17]**
$298 FF1 785 £183 "Cappello Bantam" Poster 140x100cm/*55x39in* Oostwoud 98
BOCCHECIAMPE Vikentios 1856-1933 **[5]**
$3 480 FF18 020 £2 327 Landscape by a river Oil/canvas 32x60,5cm/*12x23in* Athens 96
$2 054 FF10 720 £1 241 Girl with traditional costume Watercolour/paper 22x13,5cm/*8x5in* Athens 96
BOCCHI Amedeo 1883-1976 **[4]**
$2 080 FF10 680 £1 240 Per la strada, a Roma Olio/cartone 19x24cm/*7x9in* Roma 96
BOCCIONI Umberto 1882-1916 **[100]**
$116 500 FF572 000 £74 000 Impressione di paesaggio Olio/tavola 24x34,5cm/*9x13in* Prato 95
$5 331 FF30 209 £3 554 La madre con l'uncinetto Acquaforte 37x31cm/*14x12in* Milano 97
$108 000 FF612 000 £54 000 Ritratto di Innocenzo Massimo Pastelli/carta 100,5x70cm/*39x27in* Prato 97
BOCH Anna 1848-1933 **[30]**
$1 523 FF8 948 £940 Dans la dune Huile/toile 24x32cm/*9x12in* Bruxelles 97
$6 390 FF31 000 £4 120 Les genêts, Belle-Ile-en-Mer Huile/toile 80x66cm/*31x25in* Paris 95
$339 FF1 963 £207 Vue Méditerranéenne Aquarelle/papier 20x29,5cm/*7x11in* Bruxelles 97
BOCH Eugène 1855-1941 **[4]**
$5 450 FF27 500 £3 560 Bord de rivière Huile/toile 81x116cm/*31x45in* Paris 96
BOCHERO Peter Charlie c.1895-1962 **[2]**

$3 500 FF21 459 £2 141 Planetary Scene Mixed media/canvas 61,5x92cm/*24x36in* New-York 98
BOCHMANN von Gregor 1850-1930 **[28]**
$2 500 FF12 860 £1 560 A rocky coastline Oil/canvas 48x73cm/*18x28in* New-York 96
$3 540 FF17 260 £2 245 Fischerboot und Pferdekarren am Strand Oil/panel 15,5x23cm/*6x9in* Köln 95
$1 463 FF7 440 £874 Ein Schäfer mit seiner Herde auf der Dorfstrasse Aquarell/Papier 9,4x13,6cm/*3x5in* Köln 96
BOCHNER Mel 1940 **[32]**
$4 000 FF23 668 £2 440 "New Ground" Oil/canvas 106,5x112cm/*41x44in* New-York 98
$650 FF3 326 £421 First Prelude Aquatint 89x71cm/*35x28in* Tarzana, CA 95
$4 000 FF23 202 £2 364 Pitch Charcoal/paper 96,5x127cm/*37x50in* New-York 97
BOCION François Louis David 1828-1890 **[36]**
$5 260 FF32 533 £3 134 Autoportrait Öl/Leinwand 21x19cm/*8x7in* Zürich 98
$34 050 FF197 395 £20 985 Genfersee bei Ouchy Öl/Leinwand 45x72cm/*17x28in* Zürich 97
$1 142 FF5 960 £690 Valaisanne Gouache/papier 32,5x23cm/*12x9in* Zürich 96
BOCK Adolf 1890-1968 **[29]**
$4 050 FF24 327 £2 428 Vid Sveaborg Oil/canvas 61x81cm/*24x31in* Helsinki 98
$402 FF2 431 £244 I Medvind Gouache/paper 15,5x24cm/*6x9in* Helsinki 98
BOCK de Theophile Emile A. 1851-1904 **[104]**
$772 FF4 461 £458 Duinlandschap Oil/panel 20x38cm/*7x14in* Rotterdam 97
$4 500 FF27 439 £2 700 Figures on a Raod at Twilight Oil/canvas 51,5x75cm/*20x29in* Boston, Mass. 98
$17 000 FF87 400 £10 600 River landscape with village at sunset Oil/canvas 109x127cm/*42x50in* New-York 96
$1 000 FF5 070 £650 Beach scene at low tide Watercolour 34x49cm/*13x19in* Billingshurst, West Sussex 96
BOCK Hans I c.1550-c.1624 **[3]**
$14 000 FF84 746 £8 526 The fall of Phaeton Wash 31,5x21cm/*12x8in* New-York 98
BOCK Ludwig 1886-1971 **[9]**
$878 FF5 363 £520 Badende am Starnberger See Öl/Papier 29x39,5cm/*11x15in* Dresden 98
$2 661 FF15 545 £1 633 Blumenstilleben mit Krug Öl/Leinwand 70x59cm/*27x23in* Köln 97
BÖCKER Hermann 1890-1978 **[10]**
$1 639 FF10 053 £982 "Im stillen Moor" Watercolour 48x62cm/*18x24in* München 98
BOCKHORNI Felix 1801-1878 **[1]**
$3 550 FF21 169 £2 203 Wolfrathausen Öl/Leinwand 42,5x54,5cm/*16x21in* Dresden 97
BÖCKLIN Arnold 1827-1901 **[23]**
$2 412 FF14 568 £1 448 Felsblöcke im Wald Oil/board 24x34cm/*9x13in* Luzern 98
$46 928 FF281 351 £28 245 Auterpe Huile/panneau 150x104,5cm/*59x41in* Zürich 98
BÖCKLIN Arnold (Attrib.) 1827-1901 **[1]**
$4 060 FF20 470 £2 664 "Olevanno", Apenninlandschaft Öl/Karton 40x50cm/*15x19in* Stuttgart 96
BÖCKSTIEGEL Peter August 1889-1951 **[78]**
$25 807 FF150 754 £15 273 Blumenstillebent mit Tulpensträussen Öl/Leinwand 100,5x90cm/*39x35in* Köln 97
$516 FF3 015 £305 Westfälisches Land Lithographie 64,5x50cm/*25x19in* Köln 97
$5 410 FF27 300 £3 550 Wiesen bei Werther mit Blick auf Heiningshof Aquarell/Karton 52x73cm/*20x28in* Bielefeld 96
BOCQUET Paul 1868-1947 **[29]**
$2 230 FF11 000 £1 450 L'église de Villers-Franqueux au travers les arbres Huile/toile/panneau 36x45cm/*14x17in* Reims 95
BODAAN Johan Jacob 1881-1954 **[2]**
$563 FF3 270 £333 "Jubileum Tentoonstelling Haagsche Schetsclub" Poster 73x88,5cm/*28x34in* Oostwoud 97
BODAN Andreas II 1656-1696 **[1]**
$1 663 FF8 450 £993 Susanna und die beiden Alten Ink 16x20cm/*6x7in* Köln 96
BODARD Pierre 1881-1937 **[7]**
$209 FF1 200 £127 Le jardin Huile/toile 81x54cm/*31x21in* Paris 97
BODDE Carol A. 1942 **[4]**
$2 834 FF14 430 £1 700 Crossing the Line Bronze H18cm/*H7in* London 96
BODDIEN von Georg 1850-? **[1]**
$4 000 FF23 202 £2 461 Soldier's Encampment Evening Oil/canvas 76x92cm/*30x36in* Bethesda,

BODDINGTON Edwin H. Jnr. 1836-1905 **[56]**
- *$1 504 FF8 893* £900 Figures on a Wooded Track/A Wayside Rest Oil/canvas 20x40,5cm/*7x15in* London 97
- *$2 464 FF12 770* £1 600 Dusk on the Thames Oil/canvas 61x91,5cm/*24x36in* London 96

BODDINGTON Edwin H. Jnr. (Att.) 1836-1905 **[3]**
- *$1 810 FF9 240* £1 200 River landscapes with anfglers Oil/panel 20x36cm/*7x14in* Billingshurst, West Sussex 96

BODDINGTON Henry John 1811-1865 **[37]**
- *$800 FF4 790* £478 Chesterton, Cambridge Oil/panel 18x23cm/*7x9in* Bethesda, Maryland 98
- *$6 187 FF36 121* £3 800 In the Welsh Oil/canvas 77x122cm/*30x48in* London 97
- *$11 000 FF55 000* £7 120 Anglers by a stream with a watermill Oil/canvas 92x137cm/*36x53in* New-York 96

BÖDECKER Erich 1904-1971 **[7]**
- *$2 867 FF16 750* £1 697 Hund Stone 34x57x28cm/*13x22x11in* Köln 97
- *$4 874 FF28 475* £2 884 Negerin Stone H162cm/*H63in* Köln 97

BODEM André Joseph 1791-? **[2]**
- *$14 420 FF70 000* £9 040 Portrait de deux jeunes gens dans un paysage Huile/toile 98x82cm/*38x32in* Paris 95

BODEMANN Willem 1806-1880 **[14]**
- *$13 500 FF76 747* £8 266 An Approching Storm Oil/panel 38x50cm/*14x19in* New-York 97

BODENMÜLLER Alphons 1847-1886 **[2]**
- *$23 600 FF116 800* £15 000 Der erste Schäfflertanz Oil/canvas 111x96cm/*43x37in* London 95

BODENMÜLLER Friedrich 1845-1913 **[7]**
- *$4 445 FF26 653* £2 700 A Walk in the Rose Garden Oil/canvas 89x70cm/*35x27in* Billingshurst, West Sussex 98

BODIFEE Paul J.P. 1866-1939 **[31]**
- *$450 FF2 756* £277 A Birch Oil/cardboard 32x20,5cm/*12x8in* Amsterdam 98
- *$1 503 FF8 716* £897 Snow-Capped Pollard-Willows Oil/canvas 46x74,5cm/*18x29in* Amsterdam 97

BODINE A. Aubrey 1906-1970 **[32]**
- *$2 500 FF12 770* £1 647 Curving Steps Photograph 34,6x27cm/*13x10in* New-York 96

BODINGTON Henry J. XIX **[2]**
- *$9 790 FF56 497* £6 000 The Young Anglers/Eel Traps on the Ouse Oil/canvas 43x58cm/*17x23in* Aylsham, Norfolk 97

BODINI Floriano 1933 **[18]**
- *$2 699 FF15 298* £1 349 Lamento sull'ucciso Bronze 50,5x45x38cm/*19x17x14in* Milano 97

BODLEY Josselin 1893-1974 **[16]**
- *$777 FF4 800* £467 Le château Huile/toile 46x38cm/*18x14in* Paris 98
- *$1 692 FF9 823* £1 000 Abstract Still life Oil/canvas 41,5x33,5cm/*16x13in* London 97

BODMER Karl 1809-1893 **[84]**
- *$1 977 FF11 915* £1 197 Hühner im Hof Oil/panel 27,5x22cm/*10x8in* Wien 98
- *$5 250 FF31 364* £3 214 A Fawn by a Stream Oil/canvas 65x40,5cm/*25x15in* New-York 98
- *$950 FF5 722* £568 Punka Indians Encampment on the Banks of the Missouri Etching, aquatint 23,5x32cm/*9x12in* New-York 98
- *$1 814 FF10 709* £1 074 Burg Fürstenberg bei Bacharach am Rhein Aquarell/Papier 26x34cm/*10x13in* Berlin 97

BODMER Karl (Attrib.) 1809-1893 **[5]**
- *$3 420 FF16 723* £2 164 Blackfoot Indian on Horseback Aquatint 22x30cm/*9x12in* Santa Fe, New Mexico 95

BODMER Paul 1886-1983 **[26]**
- *$468 FF2 812* £280 Weisse Christrosen in einer Vase Öl/Karton 15x23cm/*5x9in* Zürich 98
- *$1 995 FF10 330* £1 288 Die Königstöchter Huile/panneau 52x40cm/*20x15in* Zofingen 96
- *$802 FF4 821* £480 Konfrontation IV Pastell/Karton 42x60cm/*16x23in* Zürich 98

BODMER Walter 1903-1973 **[20]**
- *$13 620 FF78 958* £8 394 Metallplastik mit farbigem Glas Fer H21cm/*H8in* Zürich 97

BODOY Ernest Alexandre XIX **[13]**
- *$1 644 FF10 000* £1 000 L'Amazone pensive Oil/panel 40,5x29,5cm/*15x11in* London 98

☞ *$40 000 FF233 508* £24 680 Le fiacre Oil/canvas 99,7x149,8cm/*39x58in* New-York 97
BØE Frants Diderik 1820-1891 **[12]**
☞ *$3 093 FF18 533* £1 849 Fugler ved Hestmandö Oil/panel 19x26cm/*7x10in* Oslo 98
☞ *$14 160 FF82 170* £8 360 Flowers on a draped marble ledge Oil/canvas 46x55cm/*18x21in* Oslo 97
BOECK de Félix 1898-1995 **[174]**
☞ *$3 601 FF21 151* £2 223 Portret van een man Huile/toile 60x50cm/*23x19in* Lokeren 97
☞ *$6 864 FF42 250* £4 212 Compositie Huile/panneau 21x61cm/*8x24in* Lokeren 98
▦ *$319 FF1 799* £200 Les mains Lithographie 30,5x46,5cm/*12x18in* Bruxelles 97
✎ *$508 FF2 630* £340 Composition Dessin 16x10cm/*6x3in* Antwerpen 96
BOECKHORST Johan (Attrib.) 1605-1668 **[15]**
☞ *$1 844 FF11 049* £1 100 The Supper at Emmaus Oil/paper/panel 15x20cm/*5x7in* London 98
☞ *$5 200 FF30 217* £3 200 The European Sibyl Oil/canvas 104,5x77,5cm/*41x30in* London 97
☞ *$32 560 FF165 700* £19 520 A market stall Oil/canvas 136x166cm/*53x65in* Amsterdam 96
✎ *$2 129 FF12 189* £1 257 Nymphs surprised by two satyrs Black chalk 18x20,5cm/*7x8in* Amsterdam 97
BOECKHORST Johan, Lange Jan 1605-1668 **[8]**
☞ *$9 209 FF54 303* £5 647 Le triomphe du héros Huile/toile 60x84cm/*23x33in* Genève 98
☞ *$15 270 FF76 100* £10 000 "Rhetorica" Oil/canvas 141x160cm/*55x62in* London 95
✎ *$2 535 FF14 512* £1 497 The martyrdom of Saint Lawrence Ink 19x16,5cm/*7x6in* Amsterdam 97
BOECKL Herbert 1894-1966 **[65]**
☞ *$130 000 FF771 966* £78 741 Landschaft Oil/canvas 98x120cm/*38x47in* Bethesda, Maryland 97
☞ *$224 280 FF1 335 320* £137 200 Ansicht von Nikolsburg I Oil/canvas 99,3x122cm/*39x48in* Wien 98
▦ *$1 850 FF9 650* £1 100 "Dominikaner" Etching 49,5x34cm/*19x13in* Wien 96
✎ *$3 204 FF19 028* £1 904 Der Erzberg Charcoal/paper 38,5x51,5cm/*15x20in* Wien 97
BOEHLER Hans 1884-1961 **[10]**
☞ *$17 556 FF104 764* £10 780 Abend Öl/Leinwand 65x100cm/*25x39in* Wien 98
✎ *$291 FF1 677* £181 Weiblicher Akt Pencil/paper 29,5x38cm/*11x14in* Wien 97
BOEHM Eduard 1830-1890 **[47]**
☞ *$2 327 FF11 440* £1 472 "Partie in Tirol" Öl/Leinwand 80x64cm/*31x25in* Schloss Osterberg 95
BOEHM Joseph Edgar 1834-1890 **[16]**
⬟ *$2 420 FF14 662* £1 500 Huntsman with his Horse and Two Hounds Bronze 21,7x27,5cm/*8x10in* Perthshire 97
BOEHM von Tuomas 1916 **[7]**
☞ *$1 032 FF6 095* £611 Nature morte Oil/panel 27x22cm/*10x8in* Helsinki 97
BOEHM Wolfgang XIX **[1]**
☞ *$2 210 FF10 800* £1 400 A young Novice Oil/canvas 44x35cm/*17x13in* London 95
BOEHME Karl Theodor 1866-1939 **[13]**
☞ *$3 082 FF18 151* £1 902 Blick auf den Hafen von La Valetta auf Malta und Fort Sant'Elmo Öl/Leinwand 76x101cm/*29x39in* Lindau 97
BOEL John Henry XIX-XX **[25]**
☞ *$794 FF4 761* £480 Anglers Fishing off the Banks of a Lake, with a Cottage beyond Oil/canvas 51x76cm/*20x29in* London 98
BOEL Pieter 1622-1674 **[9]**
☞ *$4 974 FF28 764* £3 078 Hirschjagd Öl/Leinwand 58,5x82cm/*23x32in* Wien 97
☞ *$32 331 FF186 966* £20 007 Hunde jagen einen Eber Öl/Leinwand 167x239cm/*65x94in* Wien 97
BOEL Pieter (Attrib.) 1622-1674 **[7]**
☞ *$1 665 FF10 000* £1 010 Étude de chien Huile/papier/panneau 24,5x32,5cm/*9x12in* Paris 98
BOEMM Rita 1868-1948 **[14]**
☞ *$1 020 FF5 780* £510 Interno co scialle blu Tempera 70x50cm/*27x19in* Trieste 98
BOENDERMAKER Kees 1904-? **[6]**
☞ *$889 FF5 350* £532 Still life with flowers and a sculpture by Tjipke Visser Oil/canvas 100x80cm/*39x31in* Amsterdam 98
BOENISCH Gustav Adolf 1802-1887 **[3]**
☞ *$1 059 FF6 145* £649 A German wooded Landscape with a Woman crossing a Bridge Oil/canvas 16x22,5cm/*6x8in* Glasgow 97
BOER de Hessel 1921 **[4]**
☞ *$5 593 FF32 670* £3 309 Een boomgaard in bloei Oil/canvas 46x55,5cm/*18x21in* Den Haag 97
BOEREWAARD Isidoor 1893-1973 **[27]**

$686 FF3 916 £420 Bloemenstilleven Oil/panel 70x49,5cm/*27x19in* Lokeren 97
BOERS Willy 1905-1978 **[19]**
$494 FF2 972 £295 Untitled Gouache/paper 28,2x37cm/*11x14in* Amsterdam 98
BOESE Henry c.1800-1863 **[9]**
$1 400 FF8 064 £822 Winter Coaching Scene Oil/canvas 91x55cm/*36x22in* Mystic, Connecticut 97
$2 250 FF12 234 £1 347 Afternoon at the Shore Oil/canvas 20x35cm/*8x14in* Portsmouth, NH. 97
BOESE Johannes 1856-? **[2]**
$4 886 FF28 544 £3 000 Andromeda Bronze H52cm/*H20in* London 97
BOESEN Johannes 1847-1916 **[60]**
$292 FF1 757 £174 Husmandssted ved sö Oil/canvas 27x37cm/*10x14in* Köbenhavn 98
$1 015 FF6 156 £614 Efterår, motiv fra Skipperalléen ved Fredensborg Oil/canvas 21x88cm/*8x34in* Köbenhavn 98
BOETS Jan XVII **[1]**
$34 260 FF200 000 £20 720 Allégorie de l'Eau Huile/panneau 48x80cm/*18x31in* Paris 97
BOETTCHER Christian Eduard 1818-1889 **[7]**
$13 450 FF65 600 £8 530 Die Heimkehr vom Felde Öl/Leinwand 51x67cm/*20x26in* Köln 95
BOETTI Alighiero 1940-1994 **[225]**
$960 FF5 440 £640 Tra l'incudine e il martello Tecnica mista 21,5x22,5cm/*8x8in* Prato 97
$4 638 FF27 477 £2 800 Una parola al vento due parole al vento tre parole al vento 100... Mixed media 89x25,5cm/*35x10in* London 97
$82 050 FF502 769 £49 000 La mappa del Mondo Tapestry 137x246cm/*53x96in* London 98
$3 200 FF18 604 £1 953 La Natura, una faccenta ottusa Watercolour 152x100cm/*59x39in* New-York 97
BOETTINGER Hugo 1880-1934 **[3]**
$5 000 FF26 060 £3 143 Bathing nude boys watching a train on a bridge Oil/canvas 61x85cm/*24x33in* New-York 96
BOEVER de Jan Frans 1872-1949 **[39]**
$1 269 FF7 267 £750 Jason and the Argonauts Oil/board 69x97cm/*27x38in* London 97
$1 383 FF8 450 £832 Météore Huile/carton 53x25cm/*20x9in* Bruxelles 98
BOEYERMANS Theodore 1620-1678 **[6]**
$33 346 FF200 280 £20 000 Saint ambrose, Bishop of Milan, Refusing Emperor Theodosius Admission Oil/canvas 186x281,5cm/*73x110in* London 98
BOFA Gus Gustave Blanchot,dit 1883-1968 **[21]**
$192 FF1 100 £117 "C'est une lampe Sirius qui éclaire mieux que le jour" Affiche 135x190cm/*53x74in* Nice 97
BOFILL Antoine 1895-1921 **[29]**
$1 100 FF6 547 £682 "En Triomphe" Bronze H78cm/*H31in* St. Louis, Miss. 97
BOFILL Beltran XX **[1]**
$12 160 FF60 500 £7 740 Mujeres en la playa Oleo/lienzo 90x116cm/*35x45in* Madrid 95
BOGAERT Albert 1838-? **[2]**
$2 340 FF12 040 £1 460 The Lake Maninjau, Sumatra Oil/panel 26,5x35cm/*10x13in* Amsterdam 96
BOGAERT Gaston 1918 **[71]**
$1 490 FF8 926 £907 Entre chien et loup Huile/panneau 41x33cm/*16x12in* Bruxelles 97
$1 887 FF9 830 £1 186 Océanide Huile/panneau 55x46cm/*21x18in* Bruxelles 96
$699 FF3 600 £448 "Sabena" Affiche 99x65cm/*38x25in* Boulogne 96
BOGAERT van den Jacques G.L. 1867-1950 **[17]**
$1 306 FF7 749 £819 Landschap met het kasteel van Regteren Oil/panel 25x32cm/*9x12in* Den Haag 97
BOGAERTS Jan 1878-1962 **[10]**
$5 280 FF27 660 £3 174 Still life of roses Oil/canvas 41x31cm/*16x12in* Amsterdam 96
$6 225 FF36 025 £3 804 A still Life with eggs in a cup Oil/canvas 33x55cm/*12x21in* Amsterdam 97
BOGAILEI Kleophas XX **[3]**
$2 779 FF16 667 £1 687 "Der Naturalist" Oil/panel 24,5x19,8cm/*9x7in* Wien 98
BOGAJEWSKI Konstantin Fedorov. 1872-1943 **[3]**
$1 841 FF11 058 £1 104 Läsestund Oil/panel 27x19cm/*10x7in* Helsinki 98
BOGART Bram van den Boogart 1921 **[303]**
$299 FF1 785 £180 Compositie Technique mixte/toile 18x11cm/*7x4in* Lokeren 97
$4 218 FF24 580 £2 578 Les montagnes du bod du gouffre Mixed media 36x89cm/*14x35in* Amsterdam 97

⌣ *$9 947 FF61 509 £5 929* "Blauwuitzwart 3" Mixed media/panel 154x160cm/*60x62in* København 98

⌣ *$664 FF3 904 £410* Hommage aan Bart van der Leck Aquatint in colors 82x118cm/*32x46in* Lokeren 97

⌣ *$3 409 FF20 365 £2 085* Jaune Relief 41x44cm/*16x17in* Amsterdam 98

⌣ *$916 FF5 235 £561* Rödgul koposition Mixed media/paper 48x61cm/*18x24in* Stockholm 97

BOGDANI Jacob 1660-1724 **[36]**

⌣ *$24 906 FF142 000 £15 421* Nature morte aux fruits et à la corbeille de fleurs Huile/toile 73x119cm/*28x46in* Louviers 97

⌣ *$151 800 FF775 000 £100 000* Domestic Fowl in a Garden, Peacocks by a classical Fountain Oil/canvas 145,5x207cm/*57x81in* London 96

BOGDANI Jacob (Attrib.) 1660-1724 **[5]**

⌣ *$21 500 FF109 100 £14 000* Assorted flowers in an urn on a stone ledge Oil/canvas 47x99cm/*18x38in* London 96

⌣ *$41 807 FF247 525 £25 000* A muscovy duck, a scarlet ibis and other birds by a Willow Oil/canvas 89x178,5cm/*35x70in* London 97

BOGDANOV Abraham Jacobi 1888-1946 **[6]**

⌣ *$800 FF4 140 £512* Monhegan scene Oil/board 30x38cm/*12x15in* Mystic, Connecticut 96

⌣ *$15 000 FF90 688 £9 286* Off Monhegan Oil/canvas 63x91cm/*25x36in* Mystic, Connecticut 97

BOGDANOV-BJELSKY Nikolai Petrowitch 1868-1945 **[33]**

⌣ *$2 790 FF14 440 £1 800* In the classroom Oil/canvas/board 33,5x18,5cm/*13x7in* London 96

⌣ *$7 674 FF45 834 £4 698* Cittraspelaren Oil/canvas 70x88cm/*27x34in* Stockholm 98

⌣ *$30 000 FF157 400 £18 000* Summer tea party Oil/canvas 109x137cm/*42x53in* London 96

BOGERT George Henry 1864-1944 **[14]**

⌣ *$1 800 FF8 586 £1 132* Venice Oil/canvas 50x76cm/*20x30in* Portland, Maine 95

BOGERT George Hirst 1864-1923 **[10]**

⌣ *$2 185 FF12 906 £1 357* Sunset Glory Oil/canvas 40x60cm/*16x24in* Elgin, Illinois 97

BOGGIO Emilio, Emile 1857-1920 **[43]**

⌣ *$5 000 FF26 100 £2 976* Péniche sur la rive Oil/board 22x27cm/*8x10in* New-York 96

⌣ *$6 387 FF35 000 £3 846* "La campagne de Fiésole" Huile/toile 65x50cm/*25x19in* Paris 97

⌣ *$65 000 FF379 450 £38 668* Le départ pour les champs Oil/canvas 132x105,5cm/*51x41in* New-York 97

BØGH Carl Henrik 1827-1893 **[54]**

⌣ *$1 031 FF6 172 £634* Ude at köre med grisen Oil/canvas 27x19,5cm/*10x7in* Vejle 98

⌣ *$1 356 FF7 020 £875* Sommeridyl i haven Oil/canvas 40x63cm/*15x24in* København 96

⌣ *$6 216 FF36 939 £3 696* Kronhjort med sin rudel i lyngkleadt landskab, i baggrunden Oresund Oil/canvas 117x158cm/*46x62in* København 97

BØGH Ole Mathiasen 1811-1838 **[3]**

⌣ *$1 748 FF10 554 £1 062* Putti om en nögen kvinde Oil/canvas/panel 24x18cm/*9x7in* Viby J, Århus 98

BOGHOSIAN Varujan 1926 **[9]**

⌣ *$5 500 FF32 032 £3 359* The key to the Kingdom Construction 94x61x5cm/*37x24x1in* New-York 97

BÖGLER Karl 1837-1866 **[1]**

⌣ *$1 620 FF8 440 £1 018* Romantische Ecke in Schwabing Sonniger Lichteinfall Oil/canvas/panel 18,5x15cm/*7x5in* Lindau 96

BOGMAN Herman, Jnr. 1890-1975 **[16]**

⌣ *$450 FF2 756 £277* A Canal in Amsterdam Oil/board 38x31,5cm/*14x12in* Amsterdam 98

BOGMAN Hermanus Charles Ch. 1861-1921 **[17]**

⌣ *$1 138 FF6 964 £700* Cows Grazing in a Polder Landscape Oil/canvas/panel 24,5x47cm/*9x18in* Amsterdam 98

BOGOLJUBOFF Alexei Petrovich 1824-1896 **[13]**

⌣ *$1 804 FF11 000 £1 100* The Harbour at Palermo Oil/canvas 22x35cm/*8x13in* London 98

⌣ *$33 138 FF199 044 £19 872* Bátbyggare Oil/canvas 71x109cm/*27x42in* Helsinki 98

⌣ *$1 910 FF9 480 £1 210* Hügelige Passlandschaft Gouache 21,5x30cm/*8x11in* Lindau 95

BOGUET Didier Nicolas 1755-1839 **[5]**

⌣ *$9 000 FF55 248 £5 514* View of the Roman Walls in the Gardens of the Villa Borghese Wash 23x47cm/*9x18in* New-York 98

BOHATSCH Erwin 1951 **[35]**

⌣ *$1 808 FF10 542 £1 106* "Versuch... zu umarmen" Mischtechnik 42,5x58,5cm/*16x23in* Wien 97

⌣ *$3 700 FF19 300 £2 200* Rote Landschaft Acrylic/canvas 130x240cm/*51x94in* Wien 96

⌣ *$794 FF4 760 £474* Ohne Titel Mischtechnik/Papier 36x51cm/*14x20in* Wien 98

BOHEMEN van Kees 1929-1986 **[77]**
  $4 590 FF24 060 £2 760 Compositie met vogels en vissen Oil/canvas 68x88cm/*26x34in* Amsterdam 96
  $12 710 FF66 400 £7 680 "Tethuis" Oil/canvas 150x150cm/*59x59in* Amsterdam 96
  $1 504 FF8 781 £924 A Landscape with a lying Nude Watercolour, gouache/paper 48x59cm/*18x23in* Amsterdam 97
BÖHLEN Max 1902-1971 **[13]**
  $18 520 FF96 100 £12 250 Die Gärtnersfrau Öl/Leinwand 58x70cm/*22x27in* Wien 96
BÖHLER Hans 1884-1961 **[15]**
  $6 560 FF38 224 £4 032 Die alte Mühle Öl/Leinwand 66x92cm/*25x36in* Wien 97
  $867 FF4 385 £570 Liegender Akt Watercolour 30x43cm/*11x16in* Wien 96
BOHM Max 1868-1923 **[7]**
  $5 000 FF24 430 £3 160 With The Wind Oil/canvas 54x58cm/*21x23in* Detroit, Michigan 95
BÖHM Pál, Paul 1839-1905 **[13]**
  $3 236 FF16 900 £1 926 Pusztalandschaft Oil/panel 17x27cm/*6x10in* Wien 96
  $8 000 FF47 818 £4 896 Die mittagspause Oil/canvas 51,5x77cm/*20x30in* New-York 97
BÖHMER Heinrich 1852-? **[12]**
  $1 944 FF10 130 £1 221 Sommerliche Eifel-Landschaft Öl/Leinwand 86,5x115cm/*34x45in* Lindau 96
BÖHMER Marga 1887-1969 **[2]**
  $3 240 FF19 288 £1 980 Totenmaske Ernst Barlach Plaster 29x19,5x12,5cm/*11x7x4in* Berlin 98
BOHNHORST August John Paul 1849-1919 **[3]**
  $2 755 FF15 930 £1 704 Marine med sejlskibe og hjuldampere Oil/canvas 49x80cm/*19x31in* København 97
BOHRDT Hans 1857-1945 **[20]**
  $1 782 FF10 121 £1 115 Fischerboote am Strand des Hafenstädtchens Öl/Leinwand 47,5x39,5cm/*18x15in* München 97
  $1 673 FF10 022 £1 000 Ruins at Capri Watercolour 70x100cm/*27x39in* London 98
BOHRMANN Karl 1928 **[26]**
  $195 FF1 157 £119 Kompositionen Radierung 19x37cm/*7x14in* München 98
  $1 430 FF7 470 £852 Komposition mit Kubus/ Am Nordkap Mixed media/paper 38x32cm/*14x12in* München 96
BOHROD Aaron 1907-1992 **[77]**
  $1 300 FF7 807 £779 Railroad Station Oil/canvas 34x43cm/*13x17in* Philadelphia 98
  $2 400 FF14 336 £1 468 Cityscape Oil/board 41x49cm/*16x19in* Milwaukee, Wisconsin 98
  $140 FF858 £85 Church in Luxembourg Lithograph 23x32cm/*9x12in* Chicago, Illinois 98
  $350 FF1 743 £230 Church with one figure Watercolour/paper 22x30cm/*9x12in* Baton Rouge, Louisiana 95
BOHUS Zoltan 1941 **[2]**
  $4 000 FF20 900 £2 417 "Formula 83" Sculpture H13,3cm/*H5in* New-York 96
BOHUSZ-SIESTRZENCEWICZ Stanislaw 1869-1927 **[5]**
  $6 188 FF36 753 £3 748 Young Faune by a river Oil/canvas 49x33cm/*19x12in* Warszawa 97
  $641 FF3 815 £386 Wildprethändler am Markt Ink/paper 26x36cm/*10x14in* Wien 98
BOICHARD G.L. XIX-XX **[2]**
  $1 966 FF12 080 £1 179 Porträt eines elegant gekleideten Mädchens mit rotem Schal und Hut Oil/wood 35x21cm/*13x8in* Köln 98
BOICHARD Henri Joseph 1783-c.1850 **[2]**
  $5 500 FF31 374 £3 344 Extensive landscape with a grape vendor and young peasant girls Oil/canvas 59x72,5cm/*23x28in* San Francisco 97
BOICHARD Jean Alcide Henri 1817-? **[2]**
  $3 426 FF20 000 £2 072 Portrait d'une jeune femme portant une robe rose Huile/toile 104,5x76cm/*41x29in* Paris 97
BOICHOT Guillaume 1735-1814 **[4]**
  $2 495 FF12 860 £1 600 A Bacchanalian frieze Ink 18x31cm/*7x12in* London 96
BOILAUGES Fernand 1891-? **[12]**
  $400 FF2 416 £251 Musicians of the Grand Brasserie de la Gare Oil/board 25x40cm/*10x16in* New-York 97
  $2 675 FF16 085 £1 600 Famille sur la plage Oil/board 31,5x53cm/*12x20in* West Wycombe, Buckinghamshire 98
BOILLY Julien-L., Jules 1796-1874 **[29]**

✎ *$504 FF3 000 £308* Portrait d'homme en buste Pierre noire 20,5x14,5cm/*8x5in* Paris 98
BOILLY Louis L. (Attrib.) 1761-1845 **[18]**
✎ *$1 140 FF6 500 £712* Portrait d'un gentilhomme Huile/panneau 20,5x15,5cm/*8x6in* Lille 97
✎ *$5 220 FF27 000 £3 336* Couple enlacé vu de dos Crayon 26,2x15,5cm/*10x6in* Paris 96
BOILLY Louis Léopold 1761-1845 **[157]**
✎ *$4 715 FF28 000 £2 856* Portrait d'une jeune femme à la robe blanche Huile/toile 22,5x17cm/*8x6in* Paris 97
✎ *$120 400 FF600 000 £78 800* "La lutte galante", ou "Ça ira" Huile/toile 61x49,5cm/*24x19in* Paris 95
✎ *$3 220 FF19 000 £1 972* Les cinq sens Crayon/papier 27,5x20cm/*10x7in* Cheverny 98
BOILVIN Émile 1845-1899 **[4]**
✎ *$2 535 FF14 520 £1 500* Vespertina Quies, after Edward Coley Burne-Jones Etching 39,5x23cm/*15x9in* London 97
BOIS-VIVES Anselme 1899-1969 **[22]**
✎ *$2 440 FF12 500 £1 482* Les Amoureux des bancs publics Mixed media 52x49cm/*20x19in* Paris 96
✎ *$1 682 FF10 000 £1 042* Jardin de fleurs Gouache/papier 68,5x46,5cm/*26x18in* Paris 97
BOISGONTIER Henri XIX-XX **[4]**
✎ *$1 980 FF11 850 £1 200* Al borde del Sena Oleo/lienzo 47x61cm/*18x24in* Madrid 98
BOISROND François 1959 **[128]**
✎ *$1 545 FF8 000 £997* La lecture Huile/toile 65x54cm/*25x21in* Lyon 96
✎ *$1 831 FF11 000 £1 098* Composition Huile/toile 209x120cm/*82x47in* Paris 98
✎ *$151 FF897 £90* "Le Club 55, Saint-tropez, Plage de Pampelone 1996" Affiche 65,5x100cm/*25x39in* London 97
✎ *$267 FF1 600 £164* Sans titre Gouache/papier 20,5x29cm/*8x11in* Douai 98
BOISSEAU Catherine 1952 **[15]**
✎ *$420 FF2 500 £257* Chevreuil couché Bronze H10cm/*H3in* Soissons 97
BOISSEAU Émile 1842-1923 **[26]**
✎ *$5 683 FF33 568 £3 531* La Défense du foyer Bronze H172cm/*H67in* Stuttgart 97
✎ *$6 775 FF39 370 £4 000* Le Crépuscule Bronze H58,5cm/*H23in* London 97
BOISSELIER Antoine Félix 1790-1857 **[7]**
✎ *$3 315 FF19 500 £2 045* Pêcheurs au pied d'une cascade Huile/toile 41x32,5cm/*16x12in* Melun 97
BOISSELIER Félix 1776-1811 **[3]**
✎ *$9 000 FF44 400 £5 820* Ulysses giving Orders to the women Ink 45,5x68,5cm/*17x26in* New-York 96
BOISSEVAIN William 1927 **[18]**
✎ *$2 204 FF11 298 £1 407* Interior Still Life Mixed media 59,5x89,5cm/*23x35in* Melbourne 95
✎ *$1 560 FF9 107 £962* Reclining nude Wash 48x76cm/*18x29in* Melbourne 97
BOISSIEU de Jean-Jacq. (Attrib.) 1736-1810 **[12]**
✎ *$386 FF2 000 £255* Berger et son troupeau Encre Chine 23x44cm/*9x17in* Paris 96
BOISSIEU de Jean-Jacques 1736-1810 **[104]**
✎ *$2 385 FF14 000 £1 458* Vue de la porte d'une ville, No. 23 Huile/toile 24x32,5cm/*9x12in* Paris 97
✎ *$12 650 FF76 574 £7 703* Portrait of Madame de Lachenaye Oil/canvas 82x66cm/*32x26in* New-York 98
✎ *$7 936 FF46 853 £4 699* Halbporträt Aloys Senefelder Drypoint 28,5x22cm/*11x8in* Berlin 97
✎ *$1 678 FF10 027 £1 027* Stehender Esel Ink/paper 9x15cm/*3x5in* München 98
BOISVIVES Anselme 1899-1969 **[6]**
✎ *$1 545 FF8 000 £1 033* Danseur masqué Gouache 65,5x45cm/*25x17in* Paris 96
BOIT Edward Darley 1842-1916 **[12]**
✎ *$4 500 FF22 770 £2 960* Venice Watercolour/paper 35x45cm/*14x18in* Bolton, Mass. 96
BOITARD François 1670-1715 **[35]**
✎ *$702 FF4 300 £427* Allégorie de la scupture Encre/papier 41x53,5cm/*16x21in* Paris 98
BOIVIN Émile 1846-1920 **[40]**
✎ *$633 FF3 800 £383* Arabes dans la vieille ville Huile/toile 47x34cm/*18x13in* Rennes 97
✎ *$2 475 FF15 000 £1 518* Le Caire Huile/toile 55x38,5cm/*21x15in* Paris 98
✎ *$703 FF4 200 £421* Scène orientale Aquarelle/papier 39x26cm/*15x10in* L'Isle-Adam 98
BOIZOT Antoine c.1702-1782 **[1]**
✎ *$9 500 FF52 486 £5 904* Allegories of Wisdom and History Oil/panel 33x25,5cm/*12x10in* New-York 97
BOIZOT Simon Louis 1743-1809 **[12]**
✎ *$7 442 FF42 000 £4 531* Buste de Napoléon Bonaparte, Premier Consul Bronze H41cm/*H16in* Paris 97
BOKKENHEUSER Borge 1910-1976 **[21]**

$345 FF1 760 £227 Sommerdag Oil/canvas 61x76cm/*24x29in* Köbenhavn 96
BOKLUND Johan 1817-1880 **[9]**
$1 558 FF8 791 £954 Bataljscen Oil/canvas 98x80cm/*38x31in* Stockholm 97
$2 971 FF17 516 £1 775 Hos ankorna motiv från Ulriksdal Watercolour/paper 76x56cm/*29x22in* Stockholm 97
BOKS Evert Jan 1838-1914 **[7]**
$32 026 FF182 482 £20 000 La Demande en mariage Oil/panel 79,5x112cm/*31x44in* London 97
BOKS Martinus 1849-1885 **[5]**
$1 574 FF9 515 £946 Figuren nabij een huisje op de heide Oil/panel 24,5x33cm/*9x12in* Den Haag 98
BOL Ferdinand 1616-1680 **[41]**
$200 000 FF1 227 740 £122 540 Portrait of a Young Woman holding a Feather Fan Oil/canvas 108x82,5cm/*42x32in* New-York 98
$1 320 FF7 843 £800 The Holy Family in the Room Etching 18x21,5cm/*7x8in* London 97
BOL Ferdinand (Attrib.) 1616-1680 **[3]**
$2 635 FF15 000 £1 630 Portrait d'une jeune femme à la colerette Huile/panneau 40x33,5cm/*15x13in* Paris 97
BOL Hans 1534-1593 **[22]**
$125 000 FF767 337 £76 587 Landscape with Travellers along a Country Road Oil/paper 12,5x17cm/*4x6in* New-York 98
$20 633 FF122 086 £12 416 Mercury Playing the Flute as Argus Falls Asleep Bodycolour 12,5x19,5cm/*4x7in* Amsterdam 98
BOLAFFIO Vittorio 1883-1931 **[2]**
$29 440 FF153 600 £19 320 Ritratto con marina Olio/tela 62x100cm/*24x39in* Trieste 96
BOLAND Charles XIX-XX **[13]**
$2 500 FF14 836 £1 531 "L'Odorat" Oil/canvas 101x51cm/*39x20in* San Francisco 98
BOLART Henri XIX-XX **[1]**
$950 FF4 710 £600 "Les Terrasses, Seine-Inférieure" Poster 104x75cm/*40x29in* London 95
BOLDINI Giovanni 1842-1931 **[125]**
$31 686 FF196 688 £19 000 Portrait of Madame Seligman Oil/canvas 100x80cm/*39x31in* London 98
$60 170 FF362 246 £36 000 In the Studio Oil/panel 35x26,5cm/*13x10in* London 98
$345 000 FF1 696 000 £218 600 Portrait of Donna Franca Florio Oil/canvas 221x119,5cm/*87x47in* New-York 95
$1 700 FF9 792 £998 Whistler Asleep Drypoint 20x30,5cm/*7x12in* New-York 97
$7 905 FF47 000 £4 836 Visages de femme Sanguine 51x41cm/*20x16in* Chartres 97
BOLDRINI Niccolo 1510-c.1570 **[3]**
$680 FF4 016 £402 Landschaft mit dem heilige Hieronimus Woodcut 38x53cm/*14x20in* Berlin 97
BOLIN Gustav 1920 **[118]**
$883 FF4 300 £565 Pampelone II Huile/toile 28x64cm/*11x25in* Saint-Germain-en-Laye 95
$162 FF950 £96 Composition Mine plomb 30x36cm/*11x14in* Douai 97
BOLL Reinholdt 1825-1897 **[4]**
$3 447 FF20 425 £2 065 Seilskuter på islagt fjord Oil/canvas 53x79cm/*20x31in* Oslo 97
BOLLE Martin 1912-1968 **[32]**
$644 FF3 280 £387 Portraits Huile/panneau 20x17,5cm/*7x6in* Bruxelles 96
BOLLES Enoch XX **[3]**
$8 500 FF44 000 £5 680 Redhead in yellow suit with blue background, cover for "Film Fun" Oil/canvas 76x55cm/*30x22in* New-York 96
BOLLIGER Rodolphe 1878-1952 **[13]**
$320 FF1 654 £206 Montmartre, Paris Öl/Leinwand 23x28cm/*9x11in* Zofingen 96
BOLLING Svein 1948 **[4]**
$3 540 FF20 542 £2 090 Den mörke bruden Mixed media/canvas 80x62cm/*31x24in* Oslo 97
$2 598 FF15 798 £1 592 Et gammelt motiv Tempera/paper 170x100cm/*66x39in* Oslo 98
BOLLONGIER Hans c.1600-c.1650 **[6]**
$20 235 FF119 880 £12 000 Flowers in a glass Vase Oil/panel 46x37,5cm/*18x14in* London 97
BOLMER M. DeForest 1854-1949 **[2]**
$1 300 FF7 589 £798 In the Shade of the Tent Oil/canvas 19x29cm/*7x11in* New-York 97
BOLOTOWSKY Ilya 1907-1981 **[80]**

⬭ *$4 750 FF29 524 £2 840* "White Diamonds" Oil/canvas 122x122cm/*48x48in* New-York 98
⬭ *$8 000 FF49 230 £4 856* "Black Ellipse" Oil/canvas 129,5x90cm/*50x35in* New-York 98
▭ *$200 FF1 129 £123* Untitled #3/Untitled #5 Lithograph 67x91cm/*26x36in* Morris Plains 97
◿ *$9 000 FF52 326 £5 494* Untitled Sculpture 240x30,5x30,5cm/*94x12x12in* New-York 97
✎ *$700 FF4 227 £419* Untitled Gouache 16x23cm/*6x9in* New-York 98

BOLSWERT Boetius Adams 1580-1633 **[10]**
▭ *$1 157 FF6 756 £700* Pastorales, after A. Bloemaert Engraving 11x14cm/*4x5in* London 97

BOLSWERT Schelte Adams 1586-1659 **[19]**
▭ *$277 FF1 679 £169* Die Madonna mit Kind mit der hl. Anna und Johannes d. T., nach Rubens Kupferstich 44,2x32,8cm/*17x12in* Berlin 98

BOLT Johann Friedrich 1769-1836 **[3]**
▭ *$1 163 FF6 883 £700* Polyautographische Zeichnung, Pl. 10: the Daughter of Butados Lithograph 25,1x17,6cm/*9x6in* London 98
✎ *$425 FF2 510 £251* "Der Weg nach Jonitz" Ink 22x16cm/*8x6in* Berlin 97

BOLT Niels Peter 1886-1965 **[30]**
✎ *$222 FF1 318 £134* Opstilling med blomster og frugt Watercolour 47x56cm/*18x22in* Viby J, Århus 98

BOLTANSKI Christian 1944 **[66]**
⬭ *$12 000 FF63 000 £7 200* Monument Mixed media 190x60cm/*74x23in* London 96
⬭ *$38 000 FF220 802 £22 435* Monument (Odessa) Mixed media 188x122x30,5cm/*74x48x12in* New-York 97
◿ *$20 094 FF120 687 £12 000* Vitrine de référence Installation 79,5x203x56cm/*31x79x22in* London 98
◿ *$32 000 FF185 616 £18 915* Monuments Construction 222,5x109x7,5cm/*87x42x2in* New-York 97
▣ *$6 500 FF33 660 £4 345* Hieratic Composition Photograph 251x91,5cm/*98x36in* New-York 96
✎ *$916 FF5 235 £561* "Signal" Collage 36x54cm/*14x21in* Stockholm 97

BOLTEN VAN ZWOLLE van Arent (Attrib.) c.1580-c.1606 **[2]**
◿ *$11 212 FF65 000 £6 695* Animal fantastisque, ou grotesque à tête de dragon Bronze H17,3cm/*H6in* Paris 97

BOLTZIG Reinhold 1863-c.1935 **[3]**
◿ *$1 583 FF9 373 £940* Junges Liebespaar an einer Quelle Bronze H41cm/*H16in* Dresden 97

BOLZ Hanns 1885-1918 **[3]**
⬭ *$95 149 FF569 704 £58 446* Selbstporträt mit Dame Oil/canvas 91x73cm/*35x28in* Köln 98

BOMAN Lars Henning c.1720-1790 **[4]**
⬭ *$11 886 FF70 067 £7 102* Stilleben med citron och bok vid Dagligt Allehanda Oil/canvas 30x38cm/*11x14in* Stockholm 97

BOMBELLI Sebastiano 1635-1719 **[2]**
⬭ *$6 200 FF31 000 £4 000* Ritratto di gentiluomo Olio/tela 69x55cm/*27x21in* Milano 95

BOMBERG David 1890-1957 **[136]**
⬭ *$5 869 FF35 573 £3 600* Landscape, Cornwall Oil/paper 30,5x41cm/*12x16in* London 98
⬭ *$29 347 FF177 865 £18 000* The Trees, Pitlochry, Towards Glencoe Oil/canvas 405x51cm/*159x20in* London 98
⬭ *$58 000 FF335 646 £35 681* Jerusalem: View of Temple Mount, Mount of Olives and the Judean Desert Oil/canvas 51x51cm/*20x20in* Tel Aviv 97
✎ *$616 FF3 652 £365* Untitled Wash 13x16,5cm/*5x6in* London 97

BOMBLED Louis-Charles 1862-1927 **[37]**
⬭ *$436 FF2 600 £267* L'Inspection des troupes Huile/panneau 25x52cm/*9x20in* Corbeil-Essonnes 98
▭ *$408 FF2 100 £262* "Cherbourg, Excursions aux cuirassés d'escadre..." Affiche 108,5x77cm/*42x30in* Boulogne 96
✎ *$154 FF900 £94* La chasse au tigre Encre Chine/papier 20x22cm/*7x8in* Paris 97

BOMBOIS Camille 1883-1970 **[169]**
⬭ *$4 392 FF25 000 £2 717* Pêcheur à la ligne Huile/toile 26x37cm/*10x14in* Paris 97
⬭ *$19 550 FF117 417 £11 675* Clown Oil/canvas 46,5x38cm/*18x14in* San Francisco 98

BOMMEL van Elias Pieter 1819-1890 **[26]**
⬭ *$5 706 FF33 023 £3 487* A view of a Town Oil/panel 21x26cm/*8x10in* Amsterdam 97
⬭ *$8 250 FF50 000 £5 060* Bord de mer en Hollande Huile/toile 52x82cm/*20x32in* Lille 98

BÖMMELS Pieter 1951 **[12]**
⬭ *$6 199 FF36 900 £3 789* Was Liebe ist Mixed media 223x104,5cm/*87x41in* Köln 98

BOMPARD Luigi 1879-? **[2]**

$3 000 FF17 878 £1 798 "Grand Hôtel d'Italie Baglioni, Bologna" Poster 96,5x67,5cm/*37x26in* New-York 98

BOMPARD Maurice 1857-1936 **[69]**
$1 956 FF11 661 £1 200 La femme mauresque Oil/canvas 46x27cm/*18x10in* London 98
$3 196 FF16 700 £1 932 Venise Huile/toile 40x57cm/*15x22in* Genève 96

BOMPARD Pierre 1890-1962 **[14]**
$912 FF4 600 £599 "Renault, Telle usine, tel camion..." Affiche 158x116cm/*62x45in* Boulogne 96

BOMPIANI Augusto 1852-1930 **[8]**
$4 205 FF23 980 £2 560 Morgens in der Trattoria Öl/Leinwand 42x48cm/*16x18in* Wien 97

BOMPIANI Roberto 1821-1908 **[7]**
$9 140 FF46 200 £6 000 The Songbird Oil/canvas/board 70,5x50cm/*27x19in* London 96

BONA Josefina 1912 **[1]**
$7 500 FF44 196 £4 481 Sin Titulo Oil/canvas 110,5x80,5cm/*43x31in* New-York 97

BONALUMI Agostino 1935 **[88]**
$481 FF2 814 £295 Relief-projekt Mischtechnik/Karton 50x72x5cm/*19x28x1in* Luzern 97
$5 400 FF30 600 £3 600 Rosso, 1978 Olio/tela 140x140cm/*55x55in* Prato 97
$720 FF4 080 £360 Composizione Pastelli 40x50cm/*15x19in* Milano 97

BONAMICI Louis 1878-1966 **[39]**
$958 FF5 000 £579 Débarcadère au Salin d'Hyères Huile/toile 50x61cm/*19x24in* Nice 96
$523 FF3 050 £320 "Nice, P.L.M" Affiche 108x78,5cm/*42x30in* London 97

BONAMICI Mario 1912 **[5]**
$8 300 FF43 500 £4 970 Bord du Lac Léman Huile/isorel 60x73cm/*23x28in* Podensac 96

BONAPARTE Mathilde 1820-1908 **[1]**
$3 620 FF19 000 £2 173 Portrait d'homme en buste, d'après Velasquez Pastel 50x40cm/*19x15in* Paris 96

BONASONE Giulio di Antonio 1498-1580 **[36]**
$471 FF2 433 £305 The Birth of Saint John the Baptist, after J. Del Conte (?) Engraving 29x45cm/*11x17in* London 96

BONATO Victor 1934 **[10]**
$573 FF3 350 £339 Spiegelobjekt 4/70 Multiple 104x104cm/*40x40in* Köln 97

BONAVENTURA Peeters II 1648-1702 **[1]**
$8 100 FF45 900 £5 400 Paesaggio con vascelli Olio/tela 45x80cm/*17x31in* Prato 97

BONAVENTURA Peeters II (Attrib.) 1648-1702 **[2]**
$4 440 FF23 000 £2 870 Paysage fluvial Huile/panneau 18x25cm/*7x9in* Paris 96
$6 524 FF37 842 £4 000 A Dutch Merchantman and a Galley off a rocky Coastline in a storm Oil/canvas 61x48,5cm/*24x19in* London 97

BONAVERA Domenico c.1640-? **[1]**
$744 FF3 670 £485 Rebecca at the Well/The Denial of Peter, after Pasinelli Engraving 27,5x35cm/*10x13in* London 95

BONAVIA Carlo XVIII **[17]**
$45 152 FF267 327 £27 000 An Italianate Landscape with Figures Resting by a Fountain. Oil/canvas 39x55,5cm/*15x21in* London 97
$171 500 FF884 000 £110 000 A storm off a rocky coast Oil/canvas 126,5x207cm/*49x81in* London 96

BONAVIA Carlo (Attrib.) XVIII **[5]**
$9 000 FF50 166 £5 503 Figures on a Mediterranean shore, ships and a castle beyond Oil/canvas 40x71,1cm/*15x27in* New-York 97

BOND Henry 1966 **[1]**
$2 976 FF17 374 £1 800 Untitled, Emma Photograph in colour 100x70cm/*39x27in* London 97

BOND Herbert XIX-XX **[4]**
$1 150 FF6 845 £713 Church in a Landscape Oil/board 38x48cm/*15x19in* Miami, Florida 97

BOND Terance James 1946 **[4]**
$3 780 FF19 720 £2 500 A european kestrel Acrylic/board 70x54cm/*27x21in* London 96

BOND William Joseph J.C. 1833-1928 **[51]**
$1 271 FF7 897 £800 Unloading the catch Oil/panel 25x20cm/*9x7in* London 97
$2 857 FF16 682 £1 700 The boat House, Farndon Oil/canvas 61,5x51cm/*24x20in* London 97

BONDAREL Igor XIX-XX **[1]**
$5 000 FF27 808 £3 095 Yacht on the Neva in Winter Oil/canvas 46x70,5cm/*18x27in* New-York 97

BONDE Peter 1952 **[17]**
 $2 735 FF14 100 £1 750 "Farvekort" Mixed media/canvas 122x122cm/*48x48in* Köbenhavn 96
BONDT de Jan c.1600-c.1660 **[5]**
 $7 800 FF40 200 £5 000 A woman seated beside a table laden with fish... Oil/canvas 104x128,5cm/*40x50in* London 96
BONE Craig 1955 **[3]**
 $36 680 FF220 308 £22 000 On the Prowl, Jaguar Oil/canvas 68,5x58,5cm/*26x23in* London 98
BONE David Muirhead 1876-1953 **[103]**
 $275 FF1 682 £163 Constantinople Drypoint 15x27cm/*6x11in* Washington 98
 $294 FF1 704 £180 Red lion square Pencil/paper 25,4x14cm/*10x5in* London 97
BONE Henry 1755-1834 **[24]**
 $1 547 FF9 232 £950 Half Length Portrait of 18thC. Female Miniature 10x8cm/*4x3in* Cranbrook, Kent 98
 $6 883 FF40 229 £4 200 Blue Boy Watercolour/paper 21,5x17cm/*8x6in* London 97
BONE Henry Pierce 1779-1855 **[33]**
 $1 789 FF10 426 £1 100 Gustavus II Adolphus Vasa, King of Sweden, facing right Miniature 20,5x16,7cm/*8x6in* London 97
BONE Stephen 1904-1958 **[28]**
 $354 FF2 142 £220 View of westminster Oil/canvas 25x36cm/*9x14in* London 97
BONECCHI Matteo 1672-c.1755 **[4]**
 $2 798 FF17 000 £1 684 Agar et l'Ange Huile/toile 63x51,5cm/*24x20in* Paris 98
BONECHI Lorenzo 1955 **[4]**
 $4 800 FF27 200 £2 400 San Galgano Tecnica mista/carta 151x120cm/*59x47in* Prato 98
BONEVARDI Marcelo 1929-1994 **[25]**
 $12 000 FF70 052 £7 138 Edge Oil/canvas 61x38,5x7cm/*24x15x2in* New-York 97
 $12 000 FF71 641 £7 371 "Ventana" Construction 100x84cm/*39x33in* New-York 98
BONFANTI Arturo 1905-1978 **[19]**
 $3 899 FF22 098 £1 949 "Composizione 107B" Olio/tavola 26x35cm/*10x13in* Milano 98
 $7 680 FF40 200 £5 160 "I - 509" Olio/tela 90x108cm/*35x42in* Milano 96
 $917 FF5 358 £542 Senza titolo Collage/paper 28x20cm/*11x7in* Luzern 97
BONFIELD George Robert 1805-1898 **[5]**
 $3 500 FF17 440 £2 292 Escape from the wreck Oil/canvas 24x30cm/*9x11in* Philadelphia 95
BONFIGLIO DA PERUGIA di Benedetto c.1420-c.1496 **[2]**
 $38 778 FF230 000 £23 483 La Vierge et l'Enfant entre deux anges en prière Tempera/panneau 37x35,5cm/*14x13in* Paris 97
BONFILS Gaston XIX-XX **[7]**
 $25 015 FF155 280 £15 000 An Odalisque Oil/panel 28x56cm/*11x22in* London 98
BONGART Sergei 1918-1985 **[21]**
 $2 000 FF10 440 £1 210 Still Life with a Watermelon, Wine Bottle and an Apple Oil/canvas 51x71cm/*20x27in* San Francisco-Los Angeles 96
 $1 100 FF6 703 £656 Houses Watercolour/paper 49x69cm/*19x27in* Pasadena, California 98
BONHEUR Auguste 1824-1884 **[24]**
 $11 250 FF57 900 £6 800 Driving oxen Oil/canvas 59,5x100cm/*23x39in* London 96
BONHEUR Ferdinand XIX **[36]**
 $1 720 FF10 000 £1 050 Le Nil Huile/panneau 21,5x41cm/*8x16in* Paris 97
 $5 660 FF29 560 £3 370 Barn interior Oil/canvas 65x92cm/*25x36in* Stockholm 96
BONHEUR Isidore Jules 1827-1901 **[204]**
 $417 FF2 500 £255 Dogue aboyant Bronze H13,5cm/*H5in* Lyon 97
 $36 062 FF213 384 £22 000 Pépin Le Bref (c.715-768) Bronze 94x104cm/*37x40in* London 98
BONHEUR Rosa 1822-1899 **[201]**
 $3 200 FF17 669 £1 996 Woodland Scene with Deer Oil/canvas 35x30cm/*14x12in* Downington, PA 97
 $19 000 FF93 400 £12 040 Tending the flock Oil/canvas 50x65cm/*19x25in* New-York 95
 $1 844 FF9 000 £1 168 Cerf dix cors en forêt/Harde de sangliers Eau-forte 71x47cm/*27x18in* Soissons 95
 $2 480 FF12 592 £1 600 A Grazing Ewe Bronze 15x21,5cm/*5x8in* Auchterarder, Perthshire 96
 $1 582 FF7 900 £1 033 Troupeau en montagne Aquarelle, gouache 28,5x42,5cm/*11x16in* Barbizon 95
BONHOMME Léon 1870-1924 **[41]**
 $6 000 FF31 300 £3 770 Fruit and jugs on a table Oil/canvas 55x66cm/*21x25in* New-York 96
 $1 080 FF5 500 £712 Au café Aquarelle 21x14,5cm/*8x5in* Paris 96
BONICHI Claudio 1943 **[13]**

〰 *$1 440 FF8 160 £960* Violette nel Bicchiere Olio/tavola 17,5x26,5cm/*6x10in* Milano 97
〰 *$1 920 FF10 880 £960* Tre pere Olio/tela 40x50cm/*15x19in* Prato 98
BONIFACIO Alfonso XX **[7]**
〰 *$2 017 FF10 370 £1 241* "Ingenio para lanzar proyectiles" Oleo/lienzo 81x100cm/*31x39in* Madrid 96
〰 *$7 260 FF43 450 £4 290* "Máscaras africana" Oleo/lienzo 130x200cm/*51x78in* Madrid 98
BONIFAZI Adriano XIX **[18]**
〰 *$3 200 FF16 460 £1 995* He Loves Me Oil/canvas 69x56cm/*27x22in* New-York 96
〰 *$6 000 FF29 200 £3 800* A young Italian peasant boy and girl Oil/panel 24x20cm/*9x7in* New-York 95
BONIFAZIO VERONESE Pitati de' 1487-1553 **[4]**
〰 *$3 222 FF18 500 £1 964* La Vierge à L'Enfant avec Saint-Jean Baptiste et Sainte-Catherine Huile/panneau 42x57cm/*16x22in* Vendôme 97
BONILLA VILLALBA Francisco 1920-1978 **[11]**
🖾 *$1 540 FF7 660 £980* Grupo de 5 ciervos Bronze H44cm/*H17in* Madrid 95
BONINGTON Richard P. (Attrib.) 1801-1828 **[4]**
✐ *$1 513 FF7 380 £950* Portrait of a young man Black & white chalks 44x34cm/*17x13in* London 95
BONINGTON Richard P. (Cercle) 1801-1828 **[1]**
〰 *$3 919 FF23 000 £2 396* Vue du palais des Doges à Venise Huile/panneau 21,6x32,3cm/*8x12in* Paris 97
BONINGTON Richard Parkes 1801-1828 **[71]**
✐ *$14 000 FF71 700 £8 500* A landscape with a ruined tower Watercolour 22x17,5cm/*8x6in* London 96
BONINSEGNA Michele 1826-1896 **[1]**
🖾 *$12 000 FF68 376 £7 350* La Piccola Marble H113cm/*H44in* New-York 97
BONIROTE Pierre 1811-1891 **[5]**
✐ *$2 866 FF17 000 £1 696* Paysage italien avec personnages Lavis 22,5x33cm/*8x12in* Paris 97
BONITO Giuseppe 1707-1789 **[10]**
〰 *$9 900 FF51 700 £5 850* Ritratto di gentiluomo che indica un ritratto di donna Olio/tela 101x77cm/*39x30in* Roma 96
〰 *$187 000 FF964 000 £120 000* Girls being taught needlework by a seamstress Oil/canvas 102x154cm/*40x60in* London 96
✐ *$1 090 FF6 533 £650* Portrait of Gentleman holding a Sword Red chalk 27x17,5cm/*10x6in* London 98
BONITO Giuseppe (Attrib.) 1707-1789 **[6]**
〰 *$5 806 FF33 271 £3 600* Portrait of a Gentleman/Portrait of a Lady Oil/canvas 78x63cm/*30x24in* London 97
BONIVENTO Eugenio 1880-1956 **[14]**
〰 *$1 158 FF6 944 £700* The Rialso Bridge, Venice Oil/canvas 80x59,5cm/*31x23in* London 98
〰 *$2 097 FF11 883 £1 048* Al parco Olio/tavola 32x41,5cm/*12x16in* Milano 98
BONJOUR Jean-Baptiste 1801-1882 **[3]**
〰 *$4 361 FF24 258 £2 700* Portrait of a young negress Oil/board 44,5x36,5cm/*17x14in* Billingshurst, West Sussex 97
BONNAFFÉ A.A. c.1820-c.1870 **[2]**
✐ *$2 170 FF11 230 £1 400* Fruitseller, Lima Watercolour 22x21cm/*8x8in* London 96
BONNARD Jacques Charles 1765-1878 **[1]**
✐ *$1 625 FF9 442 £1 000* A clasical Reconstruction of the Basilica of Saint Peter, Rome Ink 10,5x16,5cm/*4x6in* London 97
BONNARD Pierre 1867-1947 **[696]**
〰 *$65 000 FF388 290 £39 838* La pelouse verte aux deux meules Oil/panel 25,5x39cm/*10x15in* New-York 98
〰 *$650 000 FF3 366 000 £434 500* Jeunes Filles et chiens Oil/canvas 123,8x139,1cm/*48x54in* New-York 96
〰 *$3 300 000 FF19 666 350 £2 023 560* La Cheminée Oil/canvas 81x111cm/*31x43in* New-York 98
▥ *$1 634 FF9 500 £997* Petites scènes familières Lithographie 35x27,7cm/*13x10in* Paris 97
🖾 *$3 856 FF22 000 £2 356* Cheval couché Bronze H11cm/*H4in* Calais 97
✐ *$80 000 FF477 896 £49 032* Un voilier à quai dans un port du Midi Watercolour 25x29,5cm/*9x11in* New-York 98
BONNARDEL Alexandre-François 1867-1942 **[13]**
〰 *$918 FF5 500 £564* Nature morte aux pêches Huile/carton 54x65cm/*21x25in* Villefranche-sur-Saône 98
BONNAREL Bernard 1950 **[134]**
〰 *$569 FF2 900 £376* L'Alliance Huile/panneau 92x105cm/*36x41in* Saint-Dié 96

BONNAT Léon 1834-1922 **[39]**
- *$870 FF5 200 £527* Portrait d'homme Huile/panneau 46x38cm/*18x14in* Paris 97
- *$1 010 FF5 200 £647* Portrait de jeune femme Huile/toile 37x29,5cm/*14x11in* Soissons 96
- *$57 500 FF340 037 £34 885* A Pensive Moment Oil/canvas 159x89cm/*62x35in* New-York 98

BONNAUD Pierre 1865-1930 **[3]**
- *$2 930 FF15 000 £1 780* Élégante au chapeau Huile/toile 41x33cm/*16x12in* Le Touquet 96

BONNEAUD Jacques 1898-1971 **[11]**
- *$471 FF2 800 £291* "Cirque d'Hiver de Paris: Ilès & Loyal, les célèbres Clowns" Affiche 154x226cm/*60x88in* Paris 97

BONNEFOIT Alain 1937 **[114]**
- *$2 767 FF17 000 £1 659* Nu assis Huile/toile 80x60cm/*31x23in* Paris 98
- *$436 FF2 200 £285* Juene femme nue Encre/papier 56x79cm/*22x31in* Saint-Germain-en-Laye 96

BONNEFOND Claude 1796-1860 **[7]**
- *$7 052 FF43 000 £4 231* Mendiants à la porte d'une église Huile/toile 41x32cm/*16x12in* Orléans 98

BONNEFOY Henri-Arthur 1839-1917 **[17]**
- *$9 210 FF46 800 £5 500* A Summer garden Oil/canvas 79x130cm/*31x51in* London 96

BONNEMAISON de Jules 1809-c.1865 **[10]**
- *$1 852 FF11 000 £1 122* Le cheval blanc Huile/toile 50x61cm/*19x24in* Calais 97
- *$14 381 FF83 414 £8 500* Hawking Party Oil/canvas 165x133cm/*64x52in* London 97

BONNET Anne 1908-1960 **[19]**
- *$4 070 FF20 100 £2 650* Composition Huile/toile 47x40cm/*18x15in* Bruxelles 95
- *$1 029 FF6 167 £627* Composition abstraite Gouache/papier 23x18cm/*9x7in* Bruxelles 97

BONNET Louis Marin Tennob 1736-1793 **[70]**
- *$765 FF4 500 £459* Première tête au pastel, d'après Boucher Gravure 31x23,5cm/*12x9in* Paris 97

BONNET M. XIX-XX **[2]**
- *$9 966 FF60 550 £6 000* An Oriental Dance Oil/canvas 54x81cm/*21x31in* London 98

BONNET Rudolf 1895-1978 **[82]**
- *$13 967 FF83 637 £8 581* Two Youth Oil/canvas 52x49cm/*20x19in* Singapore 98
- *$211 FF1 262 £128* "Landscape near the Pyranees" Pastel/papier 18x21cm/*7x8in* Montréal 97

BONNIER Alice XIX-XX **[2]**
- *$11 000 FF54 100 £6 970* A Game of Solitaire Oil/canvas 96,5x96,5cm/*37x37in* New-York 95

BONNIER Olle 1925 **[127]**
- *$514 FF2 597 £337* Kosmisk komposition Mixed media/panel 26x37cm/*10x14in* Stockholm 96
- *$1 967 FF9 580 £1 246* Smältdegel Mixed media 65x62cm/*25x24in* Stockholm 95
- *$208 FF1 245 £125* Sortilegio Serigraph in colors 75x105cm/*29x41in* Stockholm 98
- *$1 690 FF8 330 £1 101* Dunkelglöd Pastel 48x48cm/*18x18in* Stockholm 95

BONNIN GUERIN Francisco 1874-1963 **[5]**
- *$1 948 FF10 130 £1 288* Entrada al jardín Acuarela 33x25cm/*12x9in* Madrid 96

BONNY Adolphe 1849-1933 **[1]**
- *$4 790 FF25 000 £2 894* Le voleur de pastèques dans la Kasbah d'Alger Huile/toile 61x43,5cm/*24x17in* Paris 96

BONO Primitif c.1890-? **[10]**
- *$1 600 FF9 750 £992* View from Capri Oil/canvas 73x91,5cm/*28x36in* New-York 98

BONOMI Giovanni XIX **[2]**
- *$3 245 FF16 220 £2 100* Cockerels and a bullfinch in a landscape Oil/canvas 78x67cm/*30x26in* London 96

BONOMO di Jacobello XIV **[1]**
- *$41 250 FF215 750 £25 000* Christ at the Tomb with a Dominican monk Tempera/panel 24x18,2cm/*9x7in* London 96

BONSTETTEN von Abraham Sigmund Aug. 1796-1879 **[1]**
- *$3 217 FF19 292 £1 936* Hirte mit Ziegen an Bergsee Öl/Leinwand 68x85cm/*26x33in* Zürich 98

BONTECOU Lee 1931 **[16]**
- *$22 000 FF114 000 £14 700* Untitled Oil/canvas 52x152,5x21,6cm/*20x60x8in* New-York 96
- *$750 FF4 618 £459* Study for an Untitled Print Lithograph 72,5x56cm/*28x22in* New-York 98
- *$10 000 FF50 900 £6 000* Untitled Relief 140,5x114,5x58,5cm/*55x45x23in* New-York 96
- *$1 110 FF5 750 £721* Composition Crayon/papier 58x45cm/*22x17in* Zürich 96

BONVIN François 1817-1887 **[56]**
- *$10 020 FF60 000 £5 988* Nature morte au chaudron en cuivre et aux légumes Huile/panneau 19x15,5cm/*7x6in* Paris 98

$20 448 FF120 000 £12 504 Nature morte au gibier at à la coupe de fruits Huile/toile 118x91cm/*46x35in* Paris 97

$8 260 FF42 000 £4 930 Homme assis fumant sa pipe Crayon 42x31cm/*16x12in* Paris 96

BONVIN Léon 1834-1866 **[7]**

$16 052 FF98 000 £9 594 Bouquet de fleurs sur un entablement Aquarelle/papier 22x14,5cm/*8x5in* Paris 98

BONVOISIN Joseph 1896-1960 **[32]**

$827 FF4 275 £536 Paysage ardennais Huile/panneau 17x23cm/*6x9in* Liège 96

BONY Jean-François c.1760-c.1825 **[4]**

$65 130 FF390 000 £39 858 Portrait de Mademoiselle Albert Huile/toile 230x165cm/*90x64in* Lyon 97

BONZAGNI Aroldo 1887-1918 **[6]**

$5 400 FF30 600 £3 600 Vaso con crisantemi bianchi appassiti Olio/tavola 60x44cm/*23x17in* Milano 97

BONZET Marinus Christiaan 1907-1988 **[1]**

$3 792 FF22 411 £2 346 Pasar Scene in a Street Oil/canvas 70x55cm/*27x21in* Singapore 97

BOOGAARD Willem Jacobus 1842-1887 **[25]**

$2 283 FF13 605 £1 400 Stable Interior Oil/panel 19,5x28cm/*7x11in* London 98

BOOK Max Mikael 1953 **[49]**

$1 043 FF6 235 £638 "Första Elningen" Mixed media/canvas 68x65cm/*26x25in* Stockholm 97

BOOM Charles 1858-1939 **[42]**

$200 FF1 144 £123 Portrait d'une dame Huile/toile 60x50cm/*23x19in* Antwerpen 97

BOOMER Bob XX **[5]**

$1 100 FF5 731 £691 Mountain Mother Bronze H58cm/*H23in* Scottsdale, Arizona 96

BOON Ashley 1959 **[1]**

$1 134 FF5 900 £750 Mallard Duck on the River bank Watercolour 24x30cm/*9x11in* London 96

BOONE Daniel (Attrib.) c.1630-c.1700 **[2]**

$16 500 FF94 178 £10 200 The Synagogue Oil/canvas 59x50cm/*23x19in* Herzelia Pituah 97

BOONEN Arnold 1669-1729 **[13]**

$2 717 FF15 495 £1 653 Portrait of a Gentleman, wearing a brown Dressing gown and lace Shirt Oil/canvas 78x64cm/*30x25in* Rumbeke (Kortrijk) 97

$4 810 FF24 750 £3 000 The broken pitcher Oil/canvas 41x33cm/*16x12in* London 96

BOONZAIER Gregoire 1909 **[113]**

$1 341 FF7 696 £823 Paternoster Oil/canvas 13x32cm/*5x12in* Cape Town 97

$2 936 FF15 071 £1 937 Cape Dutch Farm Oil/canvas 45x60cm/*17x23in* Sydney 96

$137 FF824 £84 Street scene in Cape Town Linocut 22,5x30,5cm/*8x12in* Johannesburg 98

$775 FF4 510 £462 Signal Hill Watercolour/paper 26x37cm/*10x14in* Johannesburg 97

BOOT Henri Frédéric 1877-1963 **[7]**

$943 FF5 389 £577 Toreador Oil/canvas 105x81cm/*41x31in* Den Haag 97

BOOTE Samuel XIX-XX **[1]**

$3 600 FF18 570 £2 384 Buenos Aires Photograph 15x21cm/*6x8in* New-York 96

BOOTH Franklin 1874-1948 **[7]**

$1 100 FF6 532 £671 Couple riding on horse drawn carriage Ink/paper 9x46cm/*3x18in* New-York 98

BOOTH Herb XX **[2]**

$2 750 FF13 860 £1 774 Staging Watercolour/paper 35x55cm/*14x22in* Hayden 96

BOOTH James William 1867-? **[15]**

$846 FF5 237 £520 A Herdsman with Cows Watercolour/paper 26x44cm/*10x17in* Scarborough 97

BOOTH Peter 1940 **[15]**

$1 482 FF9 033 £920 Untitled Pastel/paper 44,5x59cm/*17x23in* Melbourne 97

BOOTH Raymond C. 1929 **[12]**

$1 483 FF9 038 £900 Tiger Lily Oil/board 58,5x32cm/*23x12in* London 98

$721 FF4 426 £440 "Rosa Canina", The Anatomy of a Wild Rose Bodycolour 71x47cm/*27x18in* London 98

BOOTH S. Lawson ?-1928 **[14]**

$16 500 FF80 600 £10 430 Jerusalem Oil/canvas 61x92cm/*24x36in* Tel Aviv 95

BOOTT Elizabeth 1846-? **[1]**

$2 576 FF13 381 £1 526 Roses in a Pot Oil/panel 30x20cm/*12x8in* Mystic, Connecticut 97

BOOTY Frederick William XIX-XX **[25]**

$268 FF1 607 £160 A Fishing Vessel with Figures in Full Sail in Coastal Waters Graphite 25x36cm/*10x14in*

Scarborough 98
BOQUET Pierre Jean 1751-1817 **[3]**
 $12 000 FF62 400 £7 930 Extensive River Landscape with a Shepherd and his Flock Oil/canvas
45x51cm/*17x20in* New-York 96
BOR Jan 1910-1994 **[7]**
 $3 389 FF20 135 £2 015 A Still Life Oil/canvas 91x95cm/*35x37in* Amsterdam 97
BORCH ter Gerard 1617-1681 **[8]**
 $18 522 FF109 671 £11 000 Portrait of a Lady, in a black Dress Oil/canvas 39,5x30cm/*15x11in* London 97
 $4 647 834 FF27 405 490 £2 751 500 The music lesson Oil/canvas 66x53,5cm/*25x21in* London 97
BORCH ter Gerard (Attrib.) 1617-1681 **[2]**
 $8 500 FF43 400 £5 600 A young boy reading Oil/panel 36x28cm/*14x11in* London 96
BORCHERT Bernhard Christian 1863-? **[3]**
 $2 300 FF14 058 £1 407 Wild Flowers Watercolour/paper 58x45cm/*23x18in* Cincinnati, Ohio 98
BORCHERT Erich 1907-1944 **[8]**
 $760 FF4 522 £471 Tanz/Justiz Pencil/paper 29,3x26,5cm/*11x10in* München 97
BORCHT van der Jacob (Attrib.) XVII **[1]**
 $8 113 FF46 440 £4 792 A sculpted bust with a garland of flowers on a pedestal Oil/canvas
118x23cm/*46x9in* Amsterdam 97
BORCHT van der Pieter II 1545-1608 **[5]**
 $706 FF4 054 £430 Imagines et Figurae Bibliorum Radierung 18,5x25,5cm/*7x10in* Berlin 97
BORDEAUX-MONTRIEUX Jacques XIX-XX **[1]**
 $5 740 FF28 000 £3 630 Jument poulinière Bronze H33cm/*H12in* Paris 95
BORDES Ernest 1852-1914 **[6]**
 $1 060 FF6 321 £650 Élégante dans un intérieur Oil/panel 39,5x26,5cm/*15x10in* London 98
BORDES Léonard 1898-1969 **[189]**
 $928 FF4 500 £598 Plage Huile/toile 30x60cm/*11x23in* Paris 95
BORDIGNON Noè 1841-1920 **[5]**
 $33 860 FF165 000 £21 500 Winding the Wool Oil/canvas 64x90cm/*25x35in* London 95
BORDONE Pâris 1500-1571 **[6]**
 $25 260 FF150 000 £15 300 Vierge à l'Enfant et le Père Éternel Huile/toile 150x100cm/*59x39in* Nice 97
 $2 525 FF14 955 £1 500 A Seated Figure Holding a Book Black chalk/paper 20x15cm/*7x5in* London 97
BORDRY Jean-Pierre 1934 **[14]**
 $1 560 FF9 000 £929 Iris et Hibiscus Aquarelle, gouache/papier 65x50cm/*25x19in* Pontivy 97
BORDUAS Paul Émile 1905-1960 **[49]**
 $74 046 FF438 417 £43 974 Abstract Composition Oil/canvas 58,5x76cm/*23x29in* Toronto 97
 $1 410 FF8 350 £837 Abstract Composition Watercolour/paper 45x60cm/*17x23in* Toronto 97
BOREIN Edward 1872-1943 **[107]**
 $169 FF1 008 £103 "The Gossips, Chinle Arizona" Etching 16x24cm/*6x9in* Shaker Heights, Ohio 97
 $3 500 FF20 920 £2 121 Riders and Packhorses along the Mesa at Sunset Watercolour/paper
15x23cm/*5x9in* San Francisco-Los Angeles 97
BOREL Antoine 1777-1838 **[4]**
 $6 166 FF36 000 £3 668 Le bain précipité/Le réconfort de l'âtre Aquarelle 27,5x21cm/*10x8in* Paris 97
BORELY Jean-Baptiste 1776-1823 **[5]**
 $7 540 FF37 500 £4 800 Three ladies, one sketching, in a park Oil/canvas 76x92cm/*29x36in* London 95
BOREN James 1921-1990 **[16]**
 $4 250 FF21 420 £2 742 A Cold Day For cow Ponies Watercolour/paper 48x63cm/*19x25in* Hayden 96
BORENSTEIN Samuel 1908-1969 **[20]**
 $3 140 FF15 200 £2 015 Village Oil/canvas 41x76cm/*16x29in* Toronto 95
BORES Francisco 1898-1972 **[332]**
 $4 251 FF26 000 £2 613 L'homme au chapeau Huile/toile 41x27cm/*16x10in* Paris 98
 $10 785 FF63 000 £6 621 Nu couché Huile/toile 81x116cm/*31x45in* Paris 97
 $35 445 FF215 400 £21 267 Dimanche après-midi Oleo/lienzo 97x130cm/*38x51in* Madrid 98
 $416 FF2 567 £247 Cabeza de mujer Litografía 56x37,5cm/*22x14in* Madrid 98
 $1 830 FF9 000 £1 166 Nature morte aux fruits Gouache 19x26cm/*7x10in* Aubagne 95
BORG Axel 1847-1916 **[23]**
 $3 042 FF17 677 £1 796 Älgar i vinterlandskap Oil/canvas 46x64cm/*18x25in* Stockholm 97
BORG Carl Oscar 1879-1947 **[63]**
 $900 FF5 586 £539 Italian Countryside Oil/canvas 21x27cm/*8x11in* Mystic, Connecticut 98

$2 500 FF15 051 £1 495 Hesitation Oil/canvas 76x51cm/*29x20in* San Francisco 98

$2 000 FF11 454 £1 183 Caballero Color lithograph 61x51cm/*24x20in* Santa Fe, New Mexico 97

$1 400 FF8 383 £856 Walpi, a Hopy City Watercolour, gouache/paper 11x16cm/*4x6in* Altadena, CA 97

BORGEAUD Georges 1913 **[21]**

$1 675 FF10 117 £1 005 Paysage à Ménerbes Vaucluse Öl/Leinwand 27x22cm/*10x8in* Luzern 98

$6 768 FF39 239 £3 990 "Cerises rouges" Öl/Leinwand 74x60cm/*29x23in* Zürich 97

$590 FF3 621 £360 Paysage et bateau Fusain/papier 43x56cm/*16x22in* Genève 98

BORGEAUD Marius 1861-1924 **[20]**

$1 742 FF10 521 £1 046 Küstenlandschaft in der Bretagne Oil/panel 32,5x41cm/*12x16in* Luzern 98

$15 361 FF89 000 £9 576 Femme dans un intérieur en Bretagne Huile/toile 46x55cm/*18x21in* Paris 97

BORGELLA Frédéric XIX-XX **[15]**

$1 840 FF9 000 £1 164 Musiciens Huile/toile 32,5x40cm/*12x15in* Paris 95

BORGES Jacobo 1931 **[6]**

$6 000 FF31 340 £3 570 Bañista V Oil/canvas/panel 52x38cm/*20x14in* New-York 96

$3 600 FF17 470 £2 320 Viejo sentado con piano Pastel/board 59x74cm/*23x29in* New-York 95

BORGET Auguste 1809-1872 **[7]**

$6 020 FF30 000 £3 940 Rue animée de Chandernagor Huile/panneau 22x17cm/*8x6in* Paris 95

$58 149 FF348 607 £35 000 An Indian Mosque on the Hooghly River near Calcutta Oil/canvas 59,5x75cm/*23x29in* London 98

$1 704 FF8 820 £1 100 Maison de pêcheurs, Husaco, Chile Pencil 17x27cm/*6x10in* London 96

BORGEY Léon 1888-1959 **[9]**

$403 FF2 400 £247 Sans titre Sculpture 38x26x21cm/*14x10x8in* Versailles 97

BORGHESE Franz 1941 **[92]**

$900 FF5 100 £450 Inseguimento Olio/tavola 20x20cm/*7x7in* Milano 97

$2 563 FF14 528 £1 282 Personaggi Olio/tela 35x65cm/*13x25in* Milano 97

$438 FF2 482 £292 Personaggi Tempera/carta 25x35,5cm/*9x13in* Prato 97

BORGIANNI Guido 1915 **[19]**

$480 FF2 720 £240 Sottobosco Olio/cartone 21x31cm/*8x12in* Firenze 97

$600 FF3 400 £400 Marina Olio/cartone 44x70cm/*17x27in* Firenze 98

BORGIANNI Orazio (Attrib.) 1578-1616 **[2]**

$10 000 FF55 741 £6 115 The Lamentation Oil/canvas 128x154cm/*50x60in* New-York 97

BORGIOTTI Mario 1906-1977 **[2]**

$1 200 FF6 800 £600 Accomodatore di reti Olio/tela 50x70cm/*19x27in* Milano 97

BORGLIND Stig 1892-1965 **[75]**

$98 FF559 £60 Romantiskt landskap Etching 30x24cm/*11x9in* Uppsala 97

BORGLUM Elisabeth J. 1848-1922 **[9]**

$990 FF5 663 £617 Roses Oil/panel 48x61cm/*19x24in* Chester, NY 97

BORGLUM John Gutzon La Mothe 1867-1941 **[13]**

$2 750 FF15 963 £1 679 Picking Wildflowers Along the Pasadena Foothills Oil/canvas 24x47cm/*9x18in* Los Angeles 97

$1 959 FF11 318 £1 150 Profile Study for "I Have Piped and Ye Have Not Danced" Bronze H15cm/*H5in* London 97

BORGLUM Solon Hannibal 1868-1922 **[12]**

$8 500 FF49 104 £5 239 Burial on the Plains Marble H40,5cm/*H15in* New-York 97

BORGONI Mario 1869-1936 **[11]**

$501 FF2 590 £320 "SITMAR, Linee Circolari di Lusso" Poster 99x70cm/*38x27in* London 96

BORIONE Bernard 1865-? **[50]**

$2 743 FF13 870 £1 800 The amateur artist Oil/panel 33x24cm/*12x9in* London 96

$4 500 FF26 978 £2 722 The Cardinal at Tea Oil/canvas 65x54cm/*25x21in* Chicago, Illinois 97

$1 000 FF5 934 £612 "An Interesing Bit of News" Watercolour 40,5x28cm/*15x11in* San Francisco 98

BORISOV Gregory 1899-1942 **[2]**

$4 000 FF20 370 £2 400 "Vtori Brak" (Second Marriage) Poster 124x92cm/*48x36in* New-York 96

BORISSOW-MUSSATOW Viktor 1870-1905 **[3]**

$3 275 FF19 011 £2 000 Garden scene Oil/panel 21x27cm/*8x10in* London 97

BÖRJE Gideon 1891-1965 **[77]**

$102 FF609 £62 Landskap med vattenfall Oil/canvas 50x60cm/*19x23in* Stockholm 98

$2 509 FF14 660 £1 485 Trädgård i Cannes Oil/canvas 31x44cm/*12x17in* Stockholm 97
BÖRJESON John 1835-1910 **[10]**
$2 576 FF15 420 £1 586 "Poesin" - stående flicka samt sittande yngling Bronze H41,55cm/*H16in* Stockholm 98
BÖRJESSON Johan 1835-1910 **[1]**
$2 879 FF16 453 £1 764 Karl X Gustaf till häst Bronze H7cm/*H2in* Stockholm 97
BORMAN Johannes c.1630-c.1670 **[6]**
$8 290 FF47 940 £5 130 Stilleben mit Früchten und einem Glas Wein Oil/panel 26x32cm/*10x12in* Wien 97
$13 000 FF74 158 £7 993 Still Life with a Lemon, Grapes and a Silver plate with Fruit Oil/canvas 38x49,5cm/*14x19in* New-York 97
BORMAN Johannes (Attrib.) c.1630-c.1670 **[3]**
$29 000 FF176 830 £17 402 Still Life with Bowl of Fruit, Drapery and Insects Oil/canvas 63,5x54,5cm/*25x21in* Boston, Mass. 98
BORMANN Emma 1887-1974 **[5]**
$183 FF1 012 £114 Wien I: Am Hof Woodcut 42x58,5cm/*16x23in* Pforzheim 97
BÖRNER Fritz 1921-1985 **[8]**
$348 FF2 018 £214 Waldweg am Gelterswoog bei Kaiserslautern Gouache/papier 72,8x50,8cm/*28x20in* Heidelberg 97
BORODULINE Lev XX **[9]**
$2 749 FF16 193 £1 697 The Leader Photograph 40x22cm/*15x8in* New-York 97
BOROFSKY Jonathan 1942 **[69]**
$2 200 FF11 270 £1 337 1/2 Painting Acrylic/canvas/board 100x49cm/*39x19in* New-York 96
$6 000 FF34 803 £3 546 Unfinished Painting at 2,566,492 Oil/canvas 204x168,5cm/*80x66in* New-York 97
$1 000 FF5 777 £616 Foot Print, Left Silkscreen in colors 175x119cm/*68x46in* San Francisco 97
$12 000 FF69 606 £7 093 Man with a Heart Construction 437x178x99cm/*172x70x38in* New-York 97
$15 340 FF75 700 £10 000 Book Head at 3,297,422 Bronze H68,5cm/*H26in* London 95
$1 000 FF5 180 £669 Untitled Ink 30x21cm/*11x8in* New-York 96
BOROS Gyula 1951 **[13]**
$545 FF3 200 £333 La montre au ruban de satin Huile/panneau 24x30cm/*9x11in* Paris 97
$1 730 FF9 900 £1 080 Composition au drapé vert Huile/panneau 50x60cm/*19x23in* Paris 97
BOROVIKOVSKIJ Vladimir Lukich 1757-1825 **[2]**
$91 200 FF456 000 £60 000 Portrait of Ardalion Petrovich Novosiltev Oil/canvas 74x61cm/*29x24in* London 95
BOROWSKI Waclaw 1885-1945 **[11]**
$3 656 FF21 823 £2 206 The Three Graces Pastel/paper 50x64cm/*19x25in* Warszawa 97
BORRA Pompeo 1898-1973 **[60]**
$1 380 FF7 820 £690 Figure Olio/cartone/tela 32x22cm/*12x8in* Milano 98
$1 979 FF11 218 £989 Figura femminile Olio/tela 80x60cm/*31x23in* Milano 98
BORRACK John Leo 1933 **[11]**
$391 FF2 349 £233 Swampland Watercolour/paper 36x53cm/*14x20in* Melbourne 98
BORRANI Odoardo 1834-1905 **[17]**
$3 300 FF18 700 £2 200 Frate domenicano Olio/tavoletta 23x17cm/*9x6in* Firenze 98
$22 200 FF125 800 £11 100 Sacrestia del convento di San Marco a Firenze con figura in costume Olio/tela 67,5x48cm/*26x18in* Milano 97
$1 072 FF6 234 £655 Kirchenvorplatz in Italien Aquarell/Papier 54x38cm/*21x14in* Wien 97
BORRAS Jorge 1952 **[79]**
$1 357 FF8 100 £818 "La Andaluza" Bronze H23cm/*H9in* Paris 97
$280 FF1 700 £172 Jeune femme au bustier Sanguine/papier 50x32,5cm/*19x12in* La Varenne Saint-Hilaire 98
BORREL André 1912 **[17]**
$440 FF2 200 £288 Deauville, marée-basse Huile/toile 19x27cm/*7x10in* Arles 96
BORREL Anna XIX **[1]**
$7 425 FF45 000 £4 554 Valentine de Milan et Odette de Champs-Divers Huile/toile 94x69cm/*37x27in* Paris 98
BORRELL Julio 1877-1957 **[8]**
$3 150 FF18 000 £1 935 El primer pitillo Oleo/lienzo 84,5x65cm/*33x25in* Madrid 97
BORROMINI Francesco Castelli 1599-1667 **[3]**

✏ *$40 000 FF245 548 £24 508* Design for the Facade of Sant'Agnese in Agone, Piazza Navona, Roma Graphite 36x50cm/*14x19in* New-York 98
BORROMINI Paolo Vincenzo 1756-1839 **[1]**
🖐 *$31 700 FF163 200 £20 160* Vanitas Olio/tavola 82x118cm/*32x46in* Venezia 96
BORROW William Henry XIX **[12]**
🖐 *$1 300 FF7 921 £806* "Hastings Trawler" Oil/canvas 46,5x77cm/*18x30in* New-York 98
BORSA Emilio 1857-1931 **[4]**
🖐 *$7 200 FF40 800 £3 600* Nel paesaggio montano Olio/tela 82x118cm/*32x46in* Roma 97
BORSATO Giuseppe 1771-1849 **[6]**
✏ *$4 500 FF27 624 £2 757* A View of Piazza San Marco Wash 22,5x33cm/*8x12in* New-York 98
BORSCHKE Karl 1886-1941 **[5]**
🖐 *$4 630 FF24 040 £3 060* Erwachende Erde Öl/Leinwand 63x100cm/*24x39in* Wien 96
BORSELEN van Jan Willem 1825-1892 **[33]**
🖐 *$3 007 FF17 435 £1 796* Riverside Oil/panel 15x19,5cm/*5x7in* Amsterdam 97
🖐 *$8 000 FF48 750 £4 963* Encounter in the Woods Oil/canvas 53x43cm/*20x16in* New-York 98
BORSELEN van Pieter 1802-1873 **[5]**
🖐 *$2 674 FF15 559 £1 638* Strawberries on a porcelain plate, a wine glass, silvergilt sugar pot Oil/panel 27x34,5cm/*10x13in* Amsterdam 97
BORSOS Josef 1821-1883 **[3]**
🖐 *$5 070 FF25 000 £3 293* Portrait de Monsieur et Madame Delbeck Huile/toile 76,5x62cm/*30x24in* Paris 95
BORSSELAER Pieter c.1660-1728 **[5]**
🖐 *$7 294 FF42 332 £4 500* Portrait of a Lady Oil/canvas 51x41,5cm/*20x16in* London 97
🖐 *$18 330 FF93 400 £11 000* Portrait of Sir Orlando Bridgeman (c.1606-1674) Oil/canvas 127x102cm/*50x40in* London 96
BORSSELAER Pieter (Attrib.) c.1660-1728 **[1]**
🖐 *$5 000 FF24 700 £3 230* Portrait of a young gentleman, half length Oil/canvas 76x64cm/*29x25in* New-York 96
BORSSOM van Anthonie 1630-1677 **[7]**
🖐 *$25 000 FF153 467 £15 317* Fire in a Town at Night Oil/canvas 37,5x54,5cm/*14x21in* New-York 98
✏ *$1 407 FF8 498 £844* Seelandschaft mit Boot Indian ink 9,5x20cm/*3x7in* Luzern 98
BORSTEEGH Cornelis 1773-1834 **[4]**
✏ *$1 540 FF7 980 £1 000* Peasants, horses and dogs by a cottage Watercolour 31x36cm/*12x14in* London 96
BORTHWICK Alfred Edward 1871-1955 **[2]**
🖐 *$3 341 FF20 462 £2 000* The Dying Warrior Oil/canvas 70x134,5cm/*27x52in* London 98
BORTNIKOV Nikolaï 1916-1997 **[39]**
🖐 *$370 FF2 193 £220* At Noon Oil/board 23x33cm/*9x12in* London 97
BORTNYIK Sándor, Alexander 1893-1976 **[29]**
🖐 *$4 537 FF27 004 £2 773* Das Kettenglied Öl/Leinwand 64,5x80cm/*25x31in* Berlin 98
▥ *$2 070 FF12 048 £1 275* "Mondiano" Poster 93,5x126cm/*36x49in* New-York 97
✏ *$1 473 FF9 000 £873* Composition géométrique Aquarelle/papier 26,5x23,5cm/*10x9in* Paris 98
BORTOLUZZI Millo 1868-1933 **[6]**
🖐 *$312 FF1 875 £190* In La Laguna with Boat in foreground Oil/panel 10x17cm/*4x7in* London 98
BORTOLUZZI Patrice 1950 **[34]**
✏ *$644 FF4 000 £388* Les classes J.Velsheda et Candida Gouache/papier 37x55cm/*14x21in* Le Havre 98
BORY Jean-François 1938 **[6]**
⬕ *$3 000 FF17 000 £1 500* L'éternité Assemblage 32,5x32,5x25cm/*12x12x9in* Prato 98
BORYSOWSKI Stanislaw 1906-1988 **[6]**
🖐 *$2 813 FF16 787 £1 697* Snowy landscape with a village Oil/canvas 70x62cm/*27x24in* Warszawa 97
BOS Henk 1901 **[15]**
🖐 *$600 FF3 086 £374* Onions, Blue Bowl, Kettle Oil/canvas 40x50cm/*16x20in* Chicago, Illinois 96
🖐 *$1 200 FF6 070 £787* Still life with pears, apples and coffee pot Oil/canvas 23x19,4cm/*9x7in* Chicago, Illinois 96
BOS van den Georges 1852-1911 **[12]**
🖐 *$3 620 FF18 330 £2 370* La balançoire Huile/toile 93x60cm/*36x23in* Lokeren 96
BOSBOOM Johannes 1817-1891 **[106]**
🖐 *$7 545 FF44 563 £4 558* Figures in a church interior Oil/panel 20x26cm/*7x10in* Amsterdam 97

🖌 *$90 000 FF532 233 £54 603* In the Synagogue Oil/panel 62x51cm/*24x20in* New-York 98
🖊 *$998 FF491 £64* Haventje Watercolour/paper 14x24,5cm/*5x9in* Den Haag 96
BOSBOOM Johannes (Attrib.) 1817-1891 **[4]**
🖌 *$3 772 FF22 281 £2 279* Women on a square in Rouen, France Oil/panel 37,5x28cm/*14x11in* Amsterdam 97
BOSCH de Johannes 1713-1785 **[4]**
🖊 *$585 FF3 051 £342* Ruinen eines römischen Nymphäums mit figürlicher Staffage Ink/paper 14,5x20,3cm/*5x7in* Berlin 96
BOSCH Ernst 1834-1917 **[6]**
🖌 *$2 700 FF16 453 £1 653* Portrait of a Young Girl Oil/canvas 21x18cm/*8x7in* New-York 98
🖌 *$16 759 FF102 627 £10 000* Haymaking Oil/canvas 77x65,5cm/*30x25in* London 98
BOSCH Florian 1900-1972 **[10]**
🖌 *$411 FF2 514 £244* Weite Landschaft Öl/Leinwand 80x100cm/*31x39in* Dresden 98
BOSCH ROGER Emilio 1894-1980 **[16]**
🖌 *$5 840 FF30 450 £3 860* Pueblo Oleo/lienzo 54x65cm/*21x25in* Madrid 96
🖊 *$335 FF1 975 £205* Composición Técnica mixta/papel 23,5x31cm/*9x12in* Madrid 98
BOSCH van den Edouard 1828-1878 **[5]**
🖌 *$6 380 FF35 992 £4 004* Fleurs Huile/bois 115x90cm/*45x35in* Antwerpen 97
BOSCH van den Paulus c.1615-c.1660 **[3]**
🖌 *$19 956 FF120 000 £11 940* Nature morte au röhmer Toile 55,5x50cm/*21x19in* Paris 98
BOSCH van den Pieter 1613-1663 **[3]**
🖌 *$38 917 FF222 750 £22 987* A Still Life of a Herring on a Pewter Plate Oil/canvas 43x37,5cm/*16x14in* Amsterdam 97
BOSCO Nathalie 1966 **[58]**
🖌 *$469 FF2 600 £290* Sans titre Acrylique/toile 60x60cm/*23x23in* Paris 97
🖊 *$211 FF1 100 £140* Sans titre Technique mixte/papier 21x15cm/*8x5in* Saint-Pair 96
BOSCOLI Andrea c.1560-1607 **[21]**
🖊 *$2 960 FF15 270 £1 900* Illustrations to Tasso's "Gerusalemme Liberata" Pencil 25,5x18cm/*10x7in* London 96
BOSCOLI Andrea (Attrib.) c.1560-1607 **[4]**
🖊 *$926 FF5 483 £550* Christ Among The Doctors Wash 16x13cm/*6x5in* London 97
BOSCOVITS Fritz 1871-1965 **[1]**
🎞 *$860 FF4 450 £550* "Moderne Kammerkunst, Marya Kelvard..." Poster 95x66cm/*37x25in* London 96
BOSE Nandadal 1882-1966 **[8]**
🖊 *$8 522 FF50 880 £5 200* Ishwarpuri initiating Chaitanya into the Teachings of the Sect Watercolour/paper 31,5x20,5cm/*12x8in* London 98
BOSELLI Felice c.1651-1732 **[19]**
🖌 *$4 120 FF23 347 £2 060* Allegoria del tatto Olio/tela 94,5x74cm/*37x29in* Milano 97
🖌 *$30 000 FF170 000 £20 000* Natura morta con pesci e ortaggi Olio/tela 142x220cm/*55x86in* Milano 97
BOSELLI Felice (Attrib.) c.1651-1732 **[4]**
🖌 *$6 705 FF40 440 £4 000* Pigeons in a Yard and Cat Looking On Oil/canvas 82x122cm/*32x48in* Guildford, Surrey 98
BOSER Karl Friedrich 1809-1881 **[4]**
🖌 *$4 900 FF24 470 £3 200* Portrait of a girl wearing a scarf and a prayer book Oil/canvas 51x36cm/*20x14in* Nun Monkton, Yorkshire 95
BOSHAMER Johan Hendrik 1775-1862 **[7]**
🖌 *$4 080 FF21 120 £2 610* A fishing pink off a jetty, other shipping beyond Oil/panel 37x49cm/*14x19in* Amsterdam 96
BOSHOFF Adriaan 1935 **[13]**
🖌 *$448 FF2 575 £276* Station Platforms Oil/canvas/board 24x34cm/*9x13in* Johannesburg 97
🖌 *$1 949 FF11 672 £1 198* Still life with white enamel basin and bottles Oil/canvas/board 60x90cm/*23x35in* Johannesburg 98
BOSIERS René 1875-1927 **[40]**
🖌 *$220 FF1 150 £133* Jardin fleuri Huile/toile 43x21cm/*16x8in* Antwerpen 96
🖌 *$441 FF2 300 £266* Marché aux chevaux, Anvers Huile/toile 45x55cm/*17x21in* Antwerpen 96
BOSIO Francesco c.1726-1756 **[5]**
🖊 *$938 FF5 665 £563* Zwei Pferde Aquarell/Papier 16x23cm/*6x9in* Luzern 98

BOSIO François Joseph 1768-1845 **[12]**
$6 185 FF38 110 £3 800 Statue of Henri IV Enfant Gilded bronze H126cm/*H49in* Billingshurst, West Sussex 98
BOSIO Jean-François 1764-1827 **[14]**
$64 000 FF392 876 £39 212 Self-portrait of the Artist in a blue velvet frock-coat whith his Son Oil/canvas 129x97cm/*50x38in* New-York 98
$2 686 FF14 000 £1 690 La lanterne magique Eau-forte 31x45cm/*12x17in* Paris 96
$1 159 FF7 000 £695 Rencontre devant des grilles du Palais Royal Encre 24x29cm/*9x11in* Paris 98
BOSKERCK van Robert Ward 1855-1932 **[19]**
$1 500 FF8 907 £908 Summer Landscape Oil/canvas 60x81cm/*24x32in* Detroit, Michigan 97
BOSMA Wim 1902-? **[15]**
$1 180 FF6 000 £754 A fishing trawler Oil/canvas 26x47cm/*10x18in* Amsterdam 96
$1 850 FF11 055 £1 132 Surinamian negresses Oil/board 79x61cm/*31x24in* Amsterdam 98
BOSMAN Richard 1944 **[26]**
$549 FF3 165 £322 The Fall Woodcut 155x106cm/*61x41in* New-York 97
BOSSARD Johann Michael 1874-1950 **[6]**
$2 384 FF14 078 £1 412 Diana mit Adler und Hund Bronze H62cm/*H24in* Zofingen 97
BOSSCHAERT Abraham 1612/13-1643 **[3]**
$33 200 FF170 000 £20 150 Bouquet de fleurs sur un entablement Huile/panneau 56x40cm/*22x15in* Tours 96
BOSSCHAERT Ambrosius I 1573-1621 **[11]**
$50 100 FF250 000 £32 700 Vase de fleurs Huile/cuivre 32,3x23,5cm/*12x9in* Paris 95
$234 000 FF1 205 000 £150 000 Fruit in a "Wanli kraak porselein" Bowl Oil/panel 36,5x54,5cm/*14x21in* London 96
BOSSCHAERT Ambrosius II 1609-1645 **[10]**
$63 865 FF377 884 £38 431 Flowers in a Chinese Porcelain Vase, with Grapes, Shells Oil/panel 49x35cm/*19x13in* Amsterdam 98
$120 000 FF662 988 £74 580 Still life with Variegated Tulips, Pink and white Roses, a Marigold Oil/panel 47x30,5cm/*18x12in* New-York 97
BOSSCHAERT Jeun-Bapt. (Attrib.) 1667-1746 **[5]**
$5 796 FF35 000 £3 521 Bouquet de fleurs sur un entablement Huile/toile 75x50cm/*29x19in* Lyon 98
BOSSCHAERT Jean-Baptiste 1667-1746 **[17]**
$19 730 FF100 800 £13 000 Carnations, Tulips, Irises, Narcissi, Anemones, Roses Oil/canvas 126x108,5cm/*49x42in* London 96
$32 220 FF183 486 £20 000 Flowers in a sculpted Urn on a Pedastel Oil/canvas 104x84cm/*40x33in* London 97
BOSSCHAERT Johannes 1610/11-c.1630 **[4]**
$325 000 FF1 590 000 £205 700 Mixed flowers in a Globose glass vase Oil/panel 50x34cm/*19x13in* San Francisco-Los Angeles 95
BOSSCHE van den Balthazar 1681-1715 **[10]**
$21 800 FF110 000 £14 300 Le peintre dans son atelier/Le cabinet de curiosité Huile/toile 90x76cm/*35x29in* Paris 96
BOSSCHE van den Balthazar (Attrib.) 1681-1715 **[9]**
$2 288 FF13 112 £1 400 Atelier d'artiste animé Huile/toile 74x92cm/*29x36in* Bruxelles 97
BOSSE Abraham 1602-1676 **[23]**
$710 FF4 100 £423 L'infirmerie de l'hôpital de la Charité Eau-forte 32x26cm/*12x10in* Lyon 97
BOSSE Walter 1904-1979 **[14]**
$1 024 FF6 195 £613 Der Heilige Franz von Assisi Pochoir 28x40cm/*11x15in* Wien 98
$575 FF3 344 £354 Elefant als Lampenfuss Ceramic H17,2cm/*H6in* Wien 97
BOSSHARD Rodolphe Théophile 1889-1960 **[96]**
$4 054 FF24 076 £2 475 Stilleben mit Johannisbeeren Öl/Karton 33x41cm/*12x16in* Bern 98
$13 110 FF74 290 £6 555 Nudo Olio/tavola 55x46cm/*21x18in* Milano 98
$51 075 FF296 092 £31 477 Frau mit grünem Kleid Öl/Leinwand 97x130cm/*38x51in* Zürich 97
$1 840 FF10 538 £1 088 "Säntis-Schwebe-Bahn" Poster 90x127cm/*35x50in* New-York 97
$1 185 FF6 105 £735 Blumenstilleben Aquarell/Papier 40x32cm/*15x12in* Wetzikon 96
BOSSI Domenico 1765-1853 **[12]**

✎ *$1 888 FF11 000* £1 153 Ritratto di donna dalla collana di perle Acquarello 17,5x12,5cm/*6x4in* Paris-Trieste 97

BOSSI Giuseppe 1777-1815 **[7]**
👝 *$112 650 FF638 350* £75 100 Gli amici della "Cameretta Portiana" Olio/tela 52x63cm/*20x24in* Roma 98

BOSSO di Renato Righetti 1905-1983 **[1]**
▥ *$1 048 FF5 939* £524 Gli Sports Gravure bois 43x35cm/*16x13in* Roma 98

BOSSO Francesco 1864-1933 **[5]**
👝 *$2 236 FF12 675* £1 118 Natura morta con fiori Olio/tavola 68x100cm/*26x39in* Milano 98
👝 *$3 299 FF18 698* £2 199 Veduta di giardino Olio/cartone 35x40cm/*13x15in* Milano 97

BOSSOLI Carlo 1815-1884 **[54]**
👝 *$27 000 FF153 000* £18 000 Veduta di Messina Tempera/cartone 43x58cm/*16x22in* Milano 97
✎ *$13 200 FF74 800* £6 600 Panorama di Messina dall'alto Tempera/carta 19,5x45,5cm/*7x17in* Milano 97

BOSSOLI Carlo (Attrib.) 1815-1884 **[2]**
✎ *$3 530 FF17 300* £2 296 Veduta di Montecatini Gouache/carta 28x43cm/*11x16in* Milano 95

BOSSUET François Antoine 1798-1889 **[40]**
👝 *$8 000 FF41 140* £4 990 "Cordova, vue de la pêcherie..." Oil/canvas 45x66cm/*17x25in* New-York 96
👝 *$16 000 FF78 000* £10 120 View of Seville from the river Oil/canvas 92x148cm/*36x58in* New-York 95
👝 *$15 800 FF80 000* £10 330 Marché aux poissons à Ostende Huile/toile 34x40cm/*13x15in* Lokeren 96
✎ *$427 FF2 449* £262 Ruines romaines Crayon/papier 24x34cm/*9x13in* Antwerpen 97

BOSTOCK John c.1810-c.1870 **[3]**
👝 *$18 000 FF107 015* £11 012 Arming for Conquest Oil/canvas 83x110cm/*32x43in* New-York 97

BOSTON Frederick James 1855-1932 **[17]**
👝 *$1 700 FF9 929* £1 005 Gathering Corn Stalks Oil/canvas 30,5x35,5cm/*12x13in* Boston, Mass. 97
✎ *$425 FF2 423* £261 Stydy of Three Women Ink 38x33cm/*15x13in* Chicago, Illinois 97

BOSTON Joseph H. 1901-1954 **[8]**
👝 *$1 800 FF10 575* £1 080 House and Figures in Landscape Oil/canvas 63x76cm/*25x30in* Altadena, CA 97

BOSWORTH Louis 1856-1929 **[3]**
👝 *$1 950 FF9 950* £1 290 A riverside cottage Oil/panel 12,5x21,5cm/*4x8in* Glasgow 96
👝 *$35 000 FF199 657* £21 521 Highland cattle Oil/canvas 101,5x76cm/*39x29in* New-York 97

BOTELLO Angel 1913-1986 **[114]**
👝 *$5 000 FF25 600* £3 040 Desnudo Oil/canvas/board 24x13cm/*9x5in* Delray Beach, Florida 96
👝 *$10 000 FF59 737* £6 117 Haitiana Oil/board 78,5x48cm/*30x18in* New-York 98
👝 *$32 000 FF183 696* £19 507 La Vaca Oil/panel 153x122cm/*60x48in* New-York 97
▥ *$171 FF1 027* £106 Maternidad Litografía 57,5x41,5cm/*22x16in* Madrid 97
⚒ *$9 500 FF58 103* £5 839 Girl with Scarf Bronze H44cm/*H17in* Florida 98
⚒ *$27 000 FF154 993* £16 459 Mujer pensando Bronze 112x104x121cm/*44x40x47in* New-York 97

BOTERO Fernando 1932 **[286]**
👝 *$80 000 FF467 016* £47 592 Mujer Frente al Espejo Oil/canvas/panel 41,5x28,5cm/*16x11in* New-York 97
👝 *$80 000 FF467 016* £47 592 Hombre Fumando Oil/canvas 76x65cm/*29x25in* New-York 97
👝 *$310 000 FF1 809 687* £184 419 Naturaleza Muerta Oil/canvas 155x182,5cm/*61x71in* New-York 97
▥ *$1 660 FF8 300* £1 085 Frau vor dem Spiegel Color lithograph 46x26cm/*18x10in* München 95
⚒ *$150 000 FF876 165* £88 755 Bailarina Bronze H70cm/*H27in* New-York 97
⚒ *$180 000 FF1 033 290* £109 728 The Lovers Bronze 94,5x54,5x54cm/*37x21x21in* New-York 97
✎ *$318 FF1 800* £194 Portrait d'homme Crayon 27x21cm/*10x8in* Paris 97

BOTH Andries 1612-1641 **[13]**
✎ *$8 000 FF49 109* £4 901 A Beggar, on Crutches Walking to the Left Pencil 12x7,5cm/*4x2in* New-York 98

BOTH Herman 1826-1861 **[1]**
👝 *$4 070 FF25 000* £2 440 Marché devant le Panthéon Huile/toile 79,5x61cm/*31x24in* Paris 98

BOTH Jan Dirksz 1618-1652 **[39]**
👝 *$5 120 FF24 730* £3 200 River in an Italianate landscape Oil/panel 34x27cm/*13x10in* London 95
👝 *$12 450 FF65 000* £7 520 Hlate près de la cascade Huile/toile 68x92,5cm/*26x36in* Paris 96
👝 *$296 000 FF1 527 000* £190 000 Italianate landscape with travellers on a road Oil/canvas 170,5x219cm/*67x86in* London 96
▥ *$294 FF1 689* £179 Die Fischer am Tiber Radierung 19,8x27,5cm/*7x10in* Berlin 97

BOTH Jan Dirksz (Attrib.) 1618-1652 **[9]**
👝 *$2 334 FF13 402* £1 423 Italian Landscape with Ruines Oil/panel 17x23,5cm/*6x9in* Stockholm 97
✎ *$785 FF4 070* £510 Italienische Landschaft mit Reiter Ink 20x32cm/*7x12in* München 96

BOTHAMS Walter c.1850-1914 **[8]**
$469 FF2 743 £288 Grazing Sheep Watercolour/paper 19x29cm/*7x11in* Toronto 97
BOTHWELL Dorr 1902 **[3]**
$3 162 FF18 991 £1 888 I.B.I.D. No. 3 Oil/canvas 38x30,5cm/*14x12in* San Francisco 98
BOTKE Cornelis J. 1887-1954 **[9]**
$8 000 FF47 818 £4 848 The Cove-Carmel Highlands Oil/board 36,2x40,6cm/*14x15in* San Francisco-Los Angeles 97
$325 FF1 688 £215 Foam and cypress, Point Lobos Etching 29x27,5cm/*11x10in* San Francisco-Los Angeles 96
BOTKE Jessie Arms 1883-1971 **[35]**
$2 500 FF14 509 £1 526 Two Cockatoos Oil/canvas/board 25,5x20,5cm/*10x8in* Los Angeles 97
$25 000 FF124 600 £16 370 Crowned pigeons Oil/board 66x81cm/*25x31in* San Francisco-Los Angeles 95
$900 FF5 484 £537 Hawaiian Watercolour/paper 27x38cm/*11x15in* Pasadena, California 98
BOTT Emil XIX **[3]**
$2 249 FF13 350 £1 395 Mountain Sunset Oil/canvas 20,5x33cm/*8x12in* New-York 97
BOTT Francis 1904 **[137]**
$101 FF603 £62 Komposition Öl/Karton 60x58cm/*23x22in* Zürich 98
$2 209 FF13 204 £1 351 Composition Oil/paper 27x36cm/*10x14in* Köbenhavn 97
$203 FF1 177 £124 Komposition Farblithographie 42x40,5cm/*16x15in* Heidelberg 97
$156 FF802 £97 Abstracción Gouache 15x11cm/*5x4in* Madrid 96
BOTTA Mario 1951 **[1]**
$505 FF3 095 £305 Banque Bruxelles Lambert Lithographie 44x61cm/*17x24in* Genève 98
BOTTANI Giuseppe 1717-1784 **[6]**
$19 501 FF113 314 £12 000 The Madonna adoring the Christ Child Oil/canvas 75,5x63,5cm/*29x25in* London 97
$1 234 FF7 500 £743 Sujet allégorique représentant les Sciences, la Nature, la Navigation Encre 32x27,7cm/*12x10in* Paris 98
BÖTTGER Herbert 1898-1954 **[13]**
$6 750 FF33 300 £4 400 Still life of flowers in a landscape Oil/canvas 44x39cm/*17x15in* London 95
BÖTTGER Jacob A.H. 1781-1860 **[2]**
$6 700 FF35 000 £3 990 "Gallias Johanna Margaretha, Comand: af Capt. Hans Wilhelmsen" Watercolour 43x64,5cm/*16x25in* Hamburg 96
BÖTTGER Klaus 1942-1992 **[37]**
$53 FF304 £33 Sex and Crime III Etching, aquatint 23,3x10,5cm/*9x4in* Köln 97
BÖTTGER Rudolf 1887-1973 **[17]**
$714 FF4 284 £426 Schwedische Landschaft Öl/Leinwand 85x99cm/*33x38in* Wien 98
BOTTI Francesco 1640-1710 **[2]**
$16 560 FF93 840 £11 040 Santa martire Olio/tela 73x57,5cm/*28x22in* Roma 98
BOTTICELLI Sandro Filipepi 1444/45-1510 **[2]**
$625 000 FF3 453 062 £388 437 Portrait of a Young Man in a red Cap Tempera/panel 43x26cm/*16x10in* New-York 97
BOTTINI Georges 1874-1907 **[55]**
$5 720 FF30 000 £3 444 Portrait de femme Huile/toile 44,5x37,5cm/*17x14in* Paris 96
$9 520 FF49 000 £5 940 La toilette Huile/panneau 33x23,5cm/*12x9in* Paris 96
$3 214 FF19 000 £1 922 L'arrivée au bal masqué Gravure bois couleurs 18x13,5cm/*7x5in* Paris 97
$2 189 FF13 000 £1 344 Le Cake-Walk Mine plomb 20x27cm/*7x10in* Paris 97
BOTTINI Georges (Attrib.) 1874-1907 **[3]**
$2 870 FF14 500 £1 883 Album des peaux et des poires Aquarelle 18,5x26,5cm/*7x10in* Paris 96
BOTTOLI Oskar 1921-1996 **[10]**
$520 FF2 654 £343 Sitzender weiblicher Akt Bronze H8cm/*H3in* Wien 96
BOTTOMLEY Edwin 1865-? **[8]**
$1 342 FF8 035 £826 Ducks and Cattle by the Farm Gate Watercolour/paper 30,5x52cm/*12x20in* London 98
BOTTOMLEY John William 1816-1900 **[4]**
$14 600 FF74 200 £9 500 Playing with the puppies Oil/canvas 86x109cm/*33x42in* Auchterarder, Perthshire 95

BOTTON de Jean Isy 1898-1978 **[37]**
☞ *$1 200 FF6 000 £777* Petit cirque forain au Mexique Oil/panel 40x50cm/*16x20in* Chicago, Illinois 96
BOTTSCHILD Samuel 1640-1707 **[8]**
✐ *$2 142 FF11 170 £1 294* Zephir und Flora (?) Ink 24,5x18,2cm/*9x7in* Stuttgart 96
BOUAT Louis XX **[2]**
▥ *$224 FF1 424 £140* "Cevenoles" Poster 153x114cm/*60x45in* New-York 97
BOUBAT Edouard 1923 **[52]**
▣ *$923 FF5 360 £545* Lella Gelatin silver print 40,5x30,5cm/*15x12in* Köln 97
BOUBONG Antony 1842-? **[2]**
☞ *$3 078 FF18 437 £1 839* Grosses Stilleben mit Weintrauben, Weinkaraffe, Äpfeln, Birnen... Öl/Leinwand 100x74cm/*39x29in* Köln 98
BOUCART Gaston 1878-1962 **[8]**
☞ *$1 700 FF8 320 £1 076* Young woman knitting on the seashore Oil/canvas 60x73cm/*23x28in* San Francisco-Los Angeles 95
BOUCHARD Camille 1889-1973 **[20]**
☞ *$310 FF1 500 £195* Saint-Paul-de-Vence Huile/papier 33x41cm/*12x16in* L'Isle-Adam 95
✐ *$207 FF1 000 £130* Maison dans les Alpes de Haute-Provence Gouache 33x41cm/*12x16in* L'Isle-Adam 95
BOUCHARD Henri L. 1875-1960 **[20]**
⚒ *$2 494 FF15 000 £1 492* Le greffeur de vigne Bronze 36x30x23cm/*14x11x9in* Paris 98
BOUCHARD Lorne Holland 1915-1978 **[43]**
☞ *$408 FF2 460 £247* "Approaching Rain, St. Francis River" Huile/panneau 11,5x15cm/*4x5in* Montréal 98
☞ *$728 FF3 630 £477* Fin de Septembre, Saint-Joseph du Lac Huile/panneau 40,5x61cm/*15x24in* Montréal 95
BOUCHARD Paul 1853-1937 **[6]**
☞ *$19 000 FF113 568 £11 629* The Death of cleopatra Oil/canvas 274x365,5cm/*107x143in* New-York 97
☞ *$33 440 FF167 200 £22 000* Red Square, Moscow, in winter Oil/canvas 71x138cm/*27x54in* London 95
BOUCHARDON Edmé 1698-1762 **[37]**
✐ *$793 FF4 000 £518* La rencontre d'Abraham et de Melchisedech, d'après Raphaël Encre Chine 29x25cm/*11x9in* Paris 96
BOUCHARDON Edmé (Attrib.) 1698-1762 **[15]**
✐ *$1 349 FF8 200 £812* Léda et le cygne Sanguine/papier 15,5x26cm/*6x10in* Paris 98
BOUCHAUD Jean 1891-1977 **[7]**
✐ *$862 FF4 500 £521* Carthage, 28 mai Aquarelle 12,6x18cm/*4x7in* Paris 96
BOUCHÉ de Arnulf 1872-? **[10]**
☞ *$668 FF4 022 £399* Mädchenakt auf Sofa Öl/Leinwand 80x70cm/*31x27in* München 98
☞ *$2 600 FF15 805 £1 601* Haystacks Oil/canvas 33x46cm/*12x18in* New-York 98
BOUCHE Georges 1874-1941 **[42]**
☞ *$685 FF4 000 £418* Nature morte au melon Huile/toile 47x55cm/*18x21in* Paris 97
BOUCHE Louis 1896-1969 **[13]**
☞ *$2 749 FF16 317 £1 705* New York Street in Winter Oil/canvas 61x51cm/*24x20in* New-York 97
BOUCHÉ Louis Alexandre 1838-1911 **[14]**
☞ *$4 200 FF23 918 £2 549* A River Landscape Oil/canvas/board 45,5x59,5cm/*17x23in* New-York 97
☞ *$6 500 FF37 079 £3 996* A River Landscape Oil/canvas 32,5x45,5cm/*12x17in* New-York 97
BOUCHÉ René 1905-1963 **[2]**
✐ *$8 500 FF51 956 £5 190* The Duchess of Windsor with a Cartier Lorgnette Pencil/paper 40x31cm/*15x12in* New-York 98
BOUCHENE Dimitri 1893-1993 **[38]**
☞ *$1 800 FF10 948 £1 094* Imaginary Landscape Acrylic 24x35,5cm/*9x13in* New-York 98
▥ *$2 250 FF13 688 £1 368* A Group of Four Greeting Cards Monotype 24x15cm/*9x5in* New-York 98
✐ *$916 FF4 570 £600* Vase of flowers Pastel/paper 58,5x49,5cm/*23x19in* London 95
BOUCHER Alfred 1850-1934 **[69]**
⚒ *$3 220 FF19 000 £1 972* Femme nue ailée Bronze H69cm/*H27in* Ourville-en-Caux 98
⚒ *$11 000 FF54 700 £7 000* "Histoire" (a naked young woman) Bronze H81cm/*H31in* London 95
BOUCHER François 1703-1770 **[155]**
☞ *$290 000 FF1 736 520 £177 480* Venus and Adonis Oil/canvas 72,5x127,5cm/*28x50in* New-York 97
☞ *$600 000 FF3 539 820 £367 440* The Fisher Woman/The Watermill Oil/canvas 40,5x33,5cm/*15x13in* New-York 98
▥ *$150 FF886 £92* Le plaisir de la chasse Print in colors 49x36cm/*19x14in* New Orleans, Louisiana 97
✐ *$316 305 FF1 872 675 £189 135* Young Country Girl Dancing Black, red & white chalks 46x29cm/*18x11in*

Toronto 97
BOUCHER François (Attrib.) 1703-1770 **[42]**
$3 597 FF21 000 £2 175 Étude de faune Pierre noire 21x23cm/*8x9in* Paris 97
BOUCHER François (Cercle) 1703-1770 **[1]**
$35 000 FF172 700 £22 620 Peasants going to Market/The return from the Market Oil/canvas 53x64cm/*20x25in* New-York 96
BOUCHER François (Studio) 1703-1770 **[1]**
$26 000 FF135 200 £17 200 A set of four Paintins framed as pairs Oil/canvas 63,5x127cm/*25x50in* New-York 96
BOUCHER Jean-Marie 1870-1939 **[1]**
$50 400 FF263 300 £30 000 Venus and Cupid Marble H105cm/*H41in* London 96
BOUCHER Lucien 1889-1971 **[15]**
$226 FF1 400 £134 "Air France" Affiche 62,5x98,5cm/*24x38in* Paris 98
BOUCHERLE Pierre 1894-1988 **[11]**
$6 544 FF40 000 £3 996 Port de la Goulette Huile/toile 54x65cm/*21x25in* Béziers 98
BOUCHERVILLE de Adrien c.1830-1912 **[2]**
$39 000 FF231 589 £23 809 Daydreaming Oil/canvas 46x39cm/*18x15in* New-York 98
BOUCHET Camille XIX-XX **[5]**
$304 FF1 800 £181 "Cognac Jacquet" Affiche 120x160cm/*47x62in* Paris 97
BOUCHET Gustave 1888-1963 **[1]**
$3 013 FF15 620 £1 957 Le Vent Aquarelle 27x21,5cm/*10x8in* Zürich 96
BOUCHET Jules Frédéric 1799-1860 **[5]**
$2 094 FF13 000 £1 262 L'allée des tombeaux à Pompeï Encre 35x49cm/*13x19in* Paris 98
BOUCHEZ Charles 1811-? **[4]**
$1 490 FF7 780 £887 Interior with a cooking man and his dog Oil/panel 19x25cm/*7x9in* Stockholm 96
BOUCHOR Joseph-Félix 1853-1937 **[34]**
$915 FF5 500 £546 Bord de rivière au printemps Huile/toile 33x41cm/*12x16in* Paris 98
$3 376 FF20 000 £2 022 Les petites Bretonnes Huile/toile 63x90cm/*24x35in* Lille 97
BOUCKHORST van Jan Phillipsz 1588-1631 **[7]**
$566 FF3 346 £335 Die heilige Familie Radierung 16x10cm/*6x3in* Berlin 97
BOUCLE van Peter c.1610-1673 **[14]**
$29 984 FF181 069 £18 000 Stil Life of Fruit and White Porcelain Bowl, a Dead Hare Oil/canvas 92x101cm/*36x39in* London 98
BOUCLE van Peter (Attrib.) c.1610-1673 **[4]**
$2 800 FF16 980 £1 708 Still Life of a Basket with Plums, Peaches, Melon, Grapes and Gherkins Oil/canvas 56,5x68,5cm/*22x26in* New-York 98
BOUCOIRAN Numa 1805-1869 **[4]**
$15 750 FF92 000 £9 669 L'enfance de Bacchus Huile/toile 115x83cm/*45x32in* Lyon 97
BOUCQ François 1955 **[2]**
$1 804 FF11 000 £1 082 "Les Dents du Recoin", planche No. 56 Encres couleurs/papier 32x23cm/*12x9in* Paris 98
BOUCQUET Victor (Attrib.) 1619-1677 **[1]**
$52 142 FF310 000 £31 899 Portrait en pied d'un jeune garçon au costume aux rubans jaunes Huile/toile 142x82,5cm/*55x32in* Lille 97
BOUDARD Jean-Bapt. (Attrib.) c.1715-1773 **[1]**
$5 500 FF27 040 £3 500 Bust of a nobleman, possibly a member of the Bourbon family Terracotta H30cm/*H11in* New-York 95
BOUDET Pierre 1915 **[192]**
$1 262 FF7 600 £768 L'entrée du Port Huile/panneau 33x41cm/*12x16in* Honfleur 98
$3 258 FF20 000 £1 996 Honfleur, la Lieutenance vue du Grand Bassin Huile/toile 54x65cm/*21x25in* Versailles 98
$2 230 FF11 000 £1 453 Venise, la Salute Dessin 37x47cm/*14x18in* Versailles 95
BOUDEWYNS Adriaen Frans 1644-1711 **[45]**
$7 387 FF43 638 £4 590 Landschaft mit südländischem Charakter Oil/panel 25x35cm/*9x13in* Stuttgart 97
$10 000 FF56 980 £6 125 A wooded landscape with Horsemen greeting Travellers on a Path Oil/canvas 46x84,5cm/*18x33in* New-York 97

⌣ *$36 647 FF221 306 £22 000* An Extensive Wooded Landscape with a Herdsman Driving Cattle Oil/canvas 135,5x196cm/*53x77in* London 98

✐ *$907 FF5 354 £537* Gebirgige Landschaft mit Flusslauf Red chalk/paper 18,5x30,5cm/*7x12in* Berlin 97

BOUDEWYNS Adriaen Frans (Attr) 1644-1711 **[4]**

⌣ *$4 303 FF24 644 £2 626* Byscen med hus och figurer Oil/panel 33x42cm/*12x16in* Stockholm 97

⌣ *$6 355 FF36 485 £3 875* Harvest festival Oil/canvas 50x70cm/*19x27in* Stockholm 97

BOUDEWYNS Frans 1673-1744 **[7]**

✐ *$1 800 FF11 049 £1 102* Extensive Landscape with a Village by a River Red chalk/paper 17,5x29,5cm/*6x11in* New-York 98

BOUDIER Raoul 1858-? **[3]**

⌣ *$3 726 FF21 653 £2 200* Still Life of a Basket of Apples, a Ham and a Jug of Flowers Oil/canvas 75x121cm/*29x47in* London 97

BOUDIN & ELLAUMEl Léonard/Jean-Charles XVIII **[1]**

⌣ *$100 000 FF584 450 £61 020* "Bateaux sur la Meuse" Oil/canvas 49x73,5cm/*19x28in* San Francisco 97

BOUDIN Eugène 1824-1898 **[740]**

⌣ *$43 956 FF270 000 £27 324* Un bord de Seine à Caudebec-en-Caux Huile/panneau 31x42cm/*12x16in* Honfleur 97

⌣ *$70 000 FF342 500 £44 300* Fécamp: le Bassin neuf Oil/canvas 39x53cm/*15x20in* New-York 95

▭ *$535 FF3 200 £327* Mathurins/Marine Eau-forte 11,5x15,7cm/*4x6in* Paris 98

✐ *$5 130 FF26 400 £3 200* Scène de plage Watercolour 7,5x30cm/*2x11in* London 96

BOUDIN Eugène (Attrib.) 1824-1898 **[3]**

✐ *$1 800 FF9 072 £1 184* Sur la plage Watercolour 23x33cm/*9x13in* Baton Rouge, Louisiana 96

BOUDON André XX **[1]**

▭ *$766 FF3 900 £505* "Dax, Établissement des Grandes Thermes" Affiche 104,5x75cm/*41x29in* Neuilly 96

BOUDRY Aloïs 1851-1938 **[16]**

⌣ *$2 200 FF13 605 £1 321* Portrait of a Woman Quilting Oil/canvas 70x60cm/*27x23in* East Dennis, Mass. 97

BOUDRY Robert 1876-1961 **[20]**

⌣ *$298 FF1 784 £180* Cour Huile/panneau 78x89cm/*30x35in* Antwerpen 97

BOUESSO Daniel XX **[1]**

⬳ *$10 842 FF65 000 £6 526* Homme d'Afrique noire/Femme d'Afrique noire Sculpture bois H178cm/*H70in* Paris 98

BOUET Pierre Henri 1828-1889 **[2]**

⌣ *$4 455 FF22 100 £2 835* Nature morte dans un paysage Huile/panneau 48x97cm/*18x38in* Stuttgart 95

BOUFFLERS de Stanislas, marquis 1738-1815 **[2]**

✐ *$46 631 FF273 971 £28 000* Voltaire Seated at a Desk wearing a Cap, in Profile to the Left Wash 22x19cm/*8x7in* London 97

BOUGH Samuel 1822-1878 **[98]**

⌣ *$2 420 FF14 662 £1 500* Low Tide Oil/panel 29,5x46cm/*11x18in* Perthshire 97

⌣ *$7 110 FF34 760 £4 500* Moonlight on the Avon Oil/canvas 66x92cm/*25x36in* Edinburgh 95

⌣ *$50 000 FF255 000 £33 100* The Passing Clouds Oil/canvas 104x142cm/*40x55in* New-York 96

✐ *$1 469 FF8 955 £900* The Farm Yard Watercolour/paper 25x35cm/*9x13in* Newbury, Berkshire 98

BOUGH Samuel (Attrib.) 1822-1878 **[8]**

✐ *$1 159 FF6 703 £720* Highland River Landscape Watercolour/paper 18x24cm/*7x9in* Newbury, Berkshire 97

BOUGHTON George Henry 1833-1905 **[47]**

⌣ *$2 400 FF13 864 £1 479* The Wood Gatherer Oil/canvas 32,5x40,5cm/*12x15in* New-York 97

⌣ *$4 280 FF21 930 £2 600* Ladies of the Well Oil/canvas 40,5x91,5cm/*15x36in* London 96

⌣ *$13 004 FF79 885 £7 800* The Vision at the Martyr's Well Oil/canvas 166,5x103cm/*65x40in* London 98

BOUGOURD Auguste 1830-1917 **[8]**

⌣ *$1 837 FF9 500 £1 191* Souk des étoffes, Tunis Huile/carton 22,5x27cm/*8x10in* Paris 96

BOUGOURD Cécile 1857-1941 **[3]**

⌣ *$1 973 FF11 733 £1 207* Alter Brunne in Bizerte, Tunesien Öl/Karton 23x28cm/*9x11in* Köln 97

BOUGUEREAU Elizabeth J. Gardner 1851-1922 **[12]**

⌣ *$193 600 FF1 002 000 £125 000* Finding the bird's nest Oil/canvas 150x108cm/*59x42in* London 96

BOUGUEREAU William A. (Attrib.) 1825-1905 **[3]**

⌣ *$10 077 FF60 337 £6 190* Caritas. In Rosa und Weiss transparent gekleidete Frauenfigur Oil/wood 34,5x23,5cm/*13x9in* Bern 98

⌣ *$40 000 FF225 860 £24 324* A Classical Beauty by a well Oil/canvas 188x90cm/*74x35in* New-York 97

BOUGUEREAU William Adolphe 1825-1905 **[140]**
- *$22 000 FF133 414 £13 422* Portrait of Isaac Adolphe Bouguereau Oil/canvas 56x45,5cm/*22x17in* New-York 98
- *$42 500 FF220 700 £28 100* Le Lever Oil/panel 25x20cm/*9x7in* New-York 96
- *$370 000 FF1 901 800 £231 250* La Soif Oil/canvas 132x102cm/*51x40in* New-York 96
- *$8 588 FF51 000 £5 273* L'Amour vainqueur Bronze H65cm/*H25in* Paris 97
- *$8 736 FF52 000 £5 340* Sans titre Bronze H101cm/*H39in* Reims 98
- *$1 755 FF10 000 £1 101* Allégorie de l'Amour Mine plomb 27x19cm/*10x7in* Neuilly 97

BOUHOT Étienne 1780-1862 **[12]**
- *$21 268 FF127 345 £13 064* In Paris. Blick auf die Austerlitzbrücke Oil/canvas 47x68cm/*18x26in* Köln 98

BOUILLE Émile XX **[20]**
- *$776 FF4 000 £498* Retour de pêche Huile/carton 27x46cm/*10x18in* Paris 96

BOUILLE Etienne 1858-1933 **[6]**
- *$654 FF3 200 £414* Barques de pêche au sec Huile/toile 33x46cm/*12x18in* Quimper 95

BOUILLON Georges 1891-1943 **[21]**
- *$504 FF2 630 £304* Pont sur la rivière Huile/toile 37x45cm/*14x17in* Liège 96

BOUILLON Henri T. 1864-1934 **[1]**
- *$3 864 FF20 200 £2 300* Le Coupeur de Lys Bronze H57cm/*H22in* London 96

BOUILLON Michel c.1638-c.1660 **[7]**
- *$15 000 FF89 179 £9 292* A Personification of Charity Surrounded by a Garland of Flowers Oil/canvas 117x78,5cm/*46x30in* New-York 97

BOUISSET Félix F. XX **[2]**
- *$1 000 FF6 116 £593* Aux magasins réunis Color lithograph 122x89cm/*48x35in* Washington 98

BOUISSET Firmin Etienne 1859-1925 **[33]**
- *$624 FF3 700 £373* "Suprême eau de noix" Affiche 100x140cm/*39x55in* Paris 97

BOUJU Alain 1948 **[41]**
- *$484 FF2 700 £301* Retour au port Huile/toile 27x35cm/*10x13in* Vernon 97

BOUKERCHE Miloud ?-1979 **[11]**
- *$2 475 FF15 000 £1 518* Badinage Huile/toile 81x65,5cm/*31x25in* Paris 98

BOULANGER Clément 1805-1842 **[4]**
- *$5 051 FF29 000 £3 079* La prédication de John Knox devant Marie Stuart Huile/toile 84x104cm/*33x40in* Vendôme 97

BOULANGER François Jean Louis 1819-1873 **[6]**
- *$5 544 FF34 125 £3 402* Havenzicht Huile/toile 87x64cm/*34x25in* Lokeren 98
- *$15 642 FF93 000 £9 569* Marché à Gand Huile/panneau 30x43cm/*11x16in* Lille 97

BOULANGER Gustave Clarence R. 1824-1888 **[19]**
- *$12 168 FF71 076 £7 200* Femmes à Alger Oil/canvas 38,2x46,2cm/*15x18in* London 97

BOULANGER Louis 1806-1867 **[19]**
- *$377 FF2 200 £232* Soleil couchant Aquarelle/papier 15x20cm/*5x7in* Paris 97

BOULANGER Lucienne ?-c.1920 **[2]**
- *$4 970 FF24 500 £3 230* "Les Enragés" Huile/toile 50x61cm/*19x24in* Paris 95

BOULANGER Marie Elisabeth 1809-? **[1]**
- *$18 600 FF96 200 £12 000* Self-portrait Oil/canvas 73x61cm/*28x24in* London 96

BOULARD Auguste fils 1852-1927 **[9]**
- *$1 539 FF8 500 £960* Scène d'intérieur Huile/toile 60x73cm/*23x28in* Saint-Dié 97

BOULARD Auguste père 1825-1897 **[19]**
- *$701 FF4 218 £420* Mutter und Kind vor einer Strohhütte Öl/Leinwand 45,5x55cm/*17x21in* Zürich 98
- *$1 336 FF8 200 £816* Une Rue de Village, la Nuit Huile/toile 16x22cm/*6x8in* Paris 98

BOULARD Émile 1861-1943 **[15]**
- *$924 FF5 530 £574* El carromato Oleo/lienzo 55x46cm/*21x18in* Madrid 98

BOULENGER Hippolyte 1837-1874 **[36]**
- *$707 FF4 227 £431* Meules de foin dans un paysage Huile/toile/panneau 16x32cm/*6x12in* Antwerpen 98
- *$2 809 FF17 225 £1 727* Vaches dans le verger du Marly à Uccle Huile/toile 75,5x121cm/*29x47in* Bruxelles 98

BOULET Cyprien 1877-1927 **[33]**
- *$694 FF3 500 £456* Portrait d'enfant Huile/toile 70x56cm/*27x22in* Orléans 96

BOULEZ Jules Jacques 1889-1960 **[19]**
- *$2 583 FF14 706 £1 584* Fenaison, les faucheurs Huile/toile 75x85cm/*29x33in* Bruxelles 97

BOULIER Lucien 1882-1963 **[94]**
- *$281 FF1 400 £183* Paysage au pêcheur Huile/papier 25x30cm/*9x11in* Saumur 95
- *$886 FF5 500 £534* Baigneuse Huile/panneau 61x135cm/*24x53in* Paris 98
- *$193 FF1 200 £116* Nu allongé Sanguine/papier 24,5x39cm/*9x15in* Paris 98

BOULLET Jean 1921-1970 **[9]**
- *$273 FF1 600 £168* Portrait de trois-quart à droite Crayon 31,5x23,5cm/*12x9in* Paris 97

BOULLIER Robert XIX-XX **[4]**
- *$628 FF3 600 £388* "Chemin de Fer du Nord, Paris-Plage, Le Touquet" Affiche 103x75cm/*40x29in* Paris 97

BOULOGNE de Bon 1649-1717 **[4]**
- *$25 668 FF155 000 £15 391* La Diseuse de bonne aventure Huile/toile 60x73,5cm/*23x28in* Paris 98

BOULOGNE de Bon (Attrib.) 1649-1717 **[3]**
- *$23 254 FF140 000 £13 916* Scène de l'histoire antique Huile/toile 89x130cm/*35x51in* Paris 98

BOULOGNE de Louis II 1654-1733 **[21]**
- *$27 000 FF165 744 £16 542* The Rape of Persephone Oil/canvas 71x102cm/*27x40in* New-York 98
- *$12 000 FF72 639 £7 308* Study of a Male Nude Wearing a Helmet and Holding a Spear Black chalk 54x39,5cm/*21x15in* New-York 98

BOULOGNE de Louis II (Attrib.) 1654-1733 **[9]**
- *$4 800 FF23 200 £3 000* Pan and Syrinx Oil/canvas 70x88cm/*27x34in* London 95

BOULOGNE de Valentin 1591-1631 **[3]**
- *$261 000 FF1 300 000 £171 000* Saint Jérôme Huile/toile 132x152cm/*51x59in* Paris 95

BOULT A.S. XIX **[4]**
- *$6 060 FF29 400 £3 800* Gentlemen out pheasant shooting Oil/panel 20x30cm/*7x11in* London 95

BOULT Francis Cecil XIX-XX **[8]**
- *$2 105 FF12 404 £1 300* Full Cry/Going Home Oil/canvas 35,5x60,5cm/*13x23in* London 97

BOULTBEE John 1753-1812 **[11]**
- *$25 000 FF151 332 £14 777* "Dungannon" Oil/canvas 91x121cm/*35x47in* New-York 98

BOUMANN Johannes c.1600-c.1655 **[1]**
- *$49 600 FF260 000 £29 840* Corbeille de fruits Huile/panneau 31x44,5cm/*12x17in* Saint-Dié 96

BOUMEESTER Christine 1904-1971 **[77]**
- *$1 308 FF8 000 £804* Composition Huile/carton 24x33cm/*9x12in* Paris 98
- *$1 570 FF8 000 £1 035* Composition Huile/toile 81x100cm/*31x39in* Paris 96
- *$77 FF450 £47* Composition Encres couleurs/papier 12x17cm/*4x6in* Paris 97

BOUNIEU Michel-Honoré 1740-1814 **[3]**
- *$19 660 FF98 000 £12 880* La partie de musique Huile/panneau 37x27cm/*14x10in* Paris 95

BOUQUET Michel 1807-1890 **[16]**
- *$588 FF2 900 £382* Bord de mer Pastel 27x45cm/*10x17in* Grenoble 95

BOUQUILLON Albert 1908 **[16]**
- *$354 FF2 100 £212* Femme allongée Bas-relief 20x45,5cm/*7x17in* Lille 97

BOURAINE XIX-XX **[8]**
- *$24 339 FF140 367 £14 500* Penthesilia Queen of the Amazons Bronze 46,5x80,5cm/*18x31in* London 97

BOURAINE Antoine XIX-XX **[11]**
- *$2 294 FF14 000 £1 374* Le manège Bronze H38cm/*H14in* Paris 98

BOURAINE Marcel XIX-XX **[55]**
- *$3 655 FF21 912 £2 200* The Fan Dancer Bronze H59,5cm/*H23in* Solihull, West Midlands 98

BOURBON de Henri de Chambord 1820-1883 **[1]**
- *$1 670 FF8 500 £1 100* Deux vues de Kirchberg Aquarelle/papier 26x34,5cm/*10x13in* Paris 96

BOURBON Émilie XIX **[1]**
- *$16 000 FF94 955 £9 800* Vase de fleurs et fruits exotiques sur une balustrade Oil/canvas 130x98cm/*51x38in* New-York 97

BOURBON-LEBLANC Louis Gabriel 1813-1902 **[4]**
- *$21 770 FF110 700 £13 000* Favourites of the Harem Oil/canvas 79x98cm/*31x38in* London 96

BOURCE Henri 1826-1899 **[12]**
- *$1 246 FF7 475 £763* Jeune fille près d'une fenêtre entrouverte Huile/toile 65x92cm/*25x36in* Antwerpen 97

BOURDELLE Émile Antoine 1861-1929 **[216]**
- *$6 166 FF36 000 £3 765* Tête de Bacchante Bronze H19,5cm/*H7in* Paris 97

$180 000 FF922 000 £109 300 Héraclès, Archer Bronze 82,5x76cm/32x29in New-York 96
$1 841 FF10 500 £1 140 Isadora Duncan Lavis 30,5x18cm/12x7in Paris 97
BOURDILLON Frank Wright XIX-XX **[4]**
$7 000 FF35 000 £4 530 Across the beach Oil/canvas 22x27cm/8x10in New-York 96
$32 562 FF196 270 £20 000 "When the Boats are Away" Oil/canvas 51x61cm/20x24in London 98
BOURDIN Guy 1933-1991 **[4]**
$3 088 FF18 000 £1 902 "Véronique" Tirage argentique 18,2x24cm/7x9in Paris 97
BOURDON Pierre Michel 1778-1841 **[1]**
$1 508 FF9 040 £900 Marcus Sextus returning and finding his Wife dead and his Daughter Coloured chalks/paper 13,5x15,5cm/5x6in London 98
BOURDON Sébastien 1616-1671 **[28]**
$7 040 FF36 850 £4 730 Paesaggio con figure Olio/tela 53x70cm/20x27in Roma 96
$192 FF1 000 £114 L'Ange conseille Saint Joseph Eau-forte 18,3x22,6cm/7x8in Paris 96
BOURDON Sébastien (Attrib.) 1616-1671 **[16]**
$5 301 FF30 000 £3 237 Le partage du butin après la bataille Huile/toile 53x66cm/20x25in Toulouse 97
$7 720 FF40 000 £4 990 Alexandre et Roxanne Huile/papier 39,5x31,5cm/15x12in Paris 96
BOURET Eutrope 1833-1906 **[45]**
$1 337 FF8 000 £812 Femme Fellah Bronze H32,5cm/H12in Paris 97
BOURGAIN Gustave 1855-1921 **[17]**
$590 FF3 000 £353 Deux timoniers à la barre par gros temps Gouache 21x14cm/8x5in Paris 96
BOURGEOIS Charles Arthur 1838-1886 **[17]**
$3 224 FF19 615 £1 961 Dancing Female Figure Bronze H51cm/H20in Melbourne 98
BOURGEOIS Charles Guillaume A. 1759-1832 **[13]**
$1 288 FF8 000 £776 Promenade dans un parc Encre 27x21cm/10x8in Paris 98
BOURGEOIS Douglas XX **[3]**
$4 400 FF27 010 £2 695 Girl with Fire and Ice Eyes Oil/canvas 35x25cm/14x10in New Orleans, Louisiana 98
BOURGEOIS DU CASTELET Constant F.(Attrib.) 1767-1841 **[3]**
$1 609 FF9 500 £952 Vue d'Avranches Crayon 50x85,5cm/19x33in Lyon 97
BOURGEOIS Eugène 1855-1909 **[26]**
$309 FF1 600 £200 "Cie. Gale. Transatlantique, Gorges d'El Kantara" Affiche 78x108cm/30x42in Nice 96
$1 151 FF6 692 £680 A Mother and Child Pencil 48,5x66cm/19x25in London 97
BOURGEOIS Louise 1911 **[39]**
$1 200 FF7 151 £719 "Champfleurette, the White Cat" Etching, aquatint 25x42,5cm/9x16in New-York 98
$12 760 FF66 000 £8 270 Germinal Bronze 14x18,7x15,9cm/5x7x6in Paris 96
$300 000 FF1 739 130 £176 880 Untitled Sculpture, wood 152,5x21,5x19cm/60x8x7in New-York 97
$25 000 FF145 012 £14 777 Untitled Graphite 100,5x33cm/39x12in New-York 97
BOURGES Léonide P. Elise 1838-1910 **[7]**
$1 612 FF8 000 £1 020 Le petit violoniste Huile/panneau 32x23cm/12x9in Saint-Germain-en-Laye 95
BOURGOGNE Pierre 1838-1904 **[5]**
$2 145 FF12 500 £1 311 Fleurs Huile/toile 27x46cm/10x18in Rennes 97
$2 193 FF12 500 £1 370 Brassée de roses Huile/toile 46x55cm/18x21in Paris 97
BOURGOIN Aymé-Adolphe 1823-? **[4]**
$5 316 FF31 700 £3 300 A Love Letter Oil/panel 41x32cm/16x12in London 97
BOURGOIN François Jules XVIII-XI **[1]**
$24 000 FF139 212 £14 769 View of a field on a Caribbean Island, possibly Jamaica Oil/panel 63x91cm/24x35in New-York 97
BOURGOIN Marie Désiré 1839-1912 **[6]**
$4 175 FF25 000 £2 495 Vue de la galerie Louis XII dans l'hôtel du Baron A. de Rothschild Aquarelle/papier 52,5x53,5cm/20x21in Paris 98
BOURKE-WHITE Margaret 1904-1971 **[164]**
$700 FF4 125 £432 Russian Family Silver print 10x7cm/4x3in New-York 97
BOURLARD Antoine Joseph 1826-1899 **[2]**
$18 000 FF106 824 £11 025 Peaches and Grapes with a Dove Oil/canvas 115,5x91,5cm/45x36in New-York 97
BOURNE & SHEPHERD XIX-XX **[2]**

📷 *$6 313 FF37 848 £3 800* "The Coronation Durbar Delhi", Calcutta, Simla & Bombay Albumen print 22x33cm/*9x13in* London 98

BOURNE Gertrude Beals 1897-1962 **[8]**
✏ *$1 500 FF7 590 £986* Steps to the garden Watercolour/paper 50x35cm/*20x14in* Bolton, Mass. 96

BOURNE James, Rev. 1773-1854 **[25]**
✏ *$391 FF2 366 £240* "Kidwelly Castle" Watercolour/paper 29x41cm/*11x16in* Chester 98

BOURNE John Cooke XIX **[3]**
🖼 *$737 FF4 314 £450* Engine house, Swindon, and Bristol Station Color lithograph 30x44,5cm/*11x17in* London 97

BOUROTTE Auguste 1853-1940 **[6]**
🖼 *$5 710 FF29 600 £3 654* L'attroupement Huile/toile 96x98cm/*37x38in* Liège 96

BOURRIT Marc Théodore 1739-1819 **[2]**
✏ *$7 610 FF39 740 £4 600* Vue du Glacier des Bossons Gouache/papier 2x30cm/*x11in* Zürich 96

BOURRON Marie-Jo 1935 **[11]**
⚒ *$3 141 FF18 200 £1 958* Méditation Bronze H31cm/*H12in* Amiens 97

BOURSSE Esaias 1631-1672 **[2]**
✏ *$41 400 FF211 000 £24 850* Studies of local natives Drawing 14,7x20cm/*5x7in* Amsterdam 96

BOURSSE Esaias (Attrib.) 1631-1672 **[3]**
🖼 *$6 380 FF30 900 £4 000* A man seated before a fire smoking a pipe, with a young boy Oil/panel 43x33cm/*16x12in* London 95

BOUSSEAU Jacques, Jacobo Buso 1681-1740 **[3]**
⚒ *$13 323 FF78 277 £8 000* Ulysses Bronze H87,3cm/*H34in* London 97

BOUT Peeter 1658-1702/19 **[65]**
🖼 *$8 160 FF42 300 £5 460* Peasant loading Waggons in a harbour Oil/canvas 26,5x36,5cm/*10x14in* Amsterdam 96
🖼 *$11 250 FF58 000 £7 250* Sicht auf einen Hafen/Bettler vor einer Kirche Öl/Leinwand 35x49cm/*13x19in* Zürich 96
🖼 *$36 647 FF221 306 £22 000* An Extensive Wooded Landscape with a Herdsman Driving Cattle Oil/canvas 135,5x196cm/*53x77in* London 98
🖼 *$1 077 FF6 358 £637* Rastende Jäger neben einem Neptuns-Brunnen Radierung 19x27cm/*7x10in* Berlin 97

BOUT Peeter (Attrib.) 1658-1702/19 **[16]**
🖼 *$3 998 FF23 645 £2 400* An Italianate landscape with Drovers on a Track Oil/copper 20x26cm/*7x10in* London 97
🖼 *$10 800 FF61 200 £5 400* Veduta di Parigi verso l'Ile de la Cité Olio/tela 50x76,5cm/*19x30in* Roma 97

BOUTEEV Oleg 1947 **[15]**
🖼 *$243 FF1 450 £149* La fleuriste Huile/toile 30x40cm/*11x15in* Enghien 97

BOUTELLE DeWitt Clinton 1817/20-1884 **[14]**
🖼 *$1 800 FF9 400 £1 088* Cows Grazing By Pond Oil/panel 25x40,5cm/*9x15in* New-York 96
🖼 *$8 400 FF48 526 £5 177* Trout Fishing Oil/canvas 128x101,5cm/*50x39in* New-York 97
🖼 *$18 000 FF106 572 £10 688* Deer by a Stream Oil/canvas 84x127cm/*33x50in* New-York 97

BOUTEN Armand 1893-1965 **[14]**
🖼 *$1 923 FF11 778 £1 146* Lying figure Oil/canvas 46,5x66cm/*18x25in* Amsterdam 98

BOUTER Cornelius Wouter 1888-1966 **[88]**
🖼 *$308 FF1 784 £183* Boerin op boerenerf Oil/canvas 49x69cm/*19x27in* Rotterdam 97
🖼 *$1 294 FF7 754 £773* Houtsprokkelaars med paard-en-wagen op de heide Oil/canvas 24,5x44cm/*9x17in* Den Haag 98

BOUTERWEK Frédérick 1806-1867 **[3]**
🖼 *$7 520 FF43 956 £4 588* The painter and his muse Oil/canvas 54x65cm/*21x25in* Amsterdam 97

BOUTET DE MONVEL Bernard 1884-1949 **[36]**
🖼 *$7 440 FF38 000 £4 900* Chameau en marche Huile/toile 62x109,5cm/*24x43in* Paris 96
🖼 *$17 262 FF105 000 £10 584* Enfants (fille & garçon) Huile/toile 40x22cm/*15x8in* Paris 98

BOUTET DE MONVEL Louis-Maurice 1851-1913 **[7]**
🖼 *$3 880 FF19 000 £2 460* Halte de la caravane Huile/toile 54x65cm/*21x25in* Paris 95
✏ *$2 442 FF15 000 £1 464* Le Dandy Aquarelle/papier 42x23cm/*16x9in* Paris 98

BOUTET Gabriel 1848-1900 **[1]**
🖼 *$4 000 FF24 169 £2 382* Nature morte au perroquet at aux poupées chinoises Oil/canvas 65x81cm/*25x31in* New-York 97

BOUTHOORN Willem 1916 **[13]**
$1 543 FF8 992 £943 Untitled Oil/board 122x91cm/*48x35in* Amsterdam 97
$574 FF3 010 £345 Untitled Tempera/paper 55x75cm/*21x29in* Amsterdam 96
BOUTIBONNE Charles Edouard 1816-1897 **[14]**
$3 920 FF19 600 £2 537 Ländliche Szene Öl/Leinwand 54x46cm/*21x18in* Wien 96
BOUTIGNY Paul Émile 1854-1929 **[11]**
$3 500 FF20 771 £2 143 "Conveying the Orders" Oil/canvas 50x61cm/*19x24in* San Francisco 98
BOUTILLIÉ Raphaël XIX-XX **[5]**
$705 FF3 600 £464 "Ambleteuse, Superbe plage de sable fin..." Affiche 102x74,5cm/*40x29in* Neuilly 96
BOUTRY Edgar H. 1857-1938 **[3]**
$9 310 FF45 200 £6 000 A standing nude Black chalk 64x49cm/*25x19in* London 95
BOUTRY Paul 1936 **[16]**
$260 FF1 500 £159 Jeux de plage Huile/panneau 19x27cm/*7x10in* Cholet 97
BOUTTATS Frederick I 1612-1661 **[11]**
$31 000 FF150 000 £19 430 Embarquement des animaux dans l'Arche de Noé Huile/toile 4x7cm/*1x2in* Paris 95
$48 200 FF243 600 £31 600 Das Paradies Oil/panel 72x105cm/*28x41in* Wien 96
BOUTTATS Frederick I (Attrib) 1612-1661 **[3]**
$13 240 FF69 100 £8 000 Adam and Eve in the Garden of Eden Oil/copper 28,5x35,5cm/*11x13in* London 96
BOUTTATS Frederick II ?-1676 **[2]**
$8 736 FF52 032 £5 344 Les oiseaux Huile/cuivre 17,5x24cm/*6x9in* Bruxelles 98
BOUTTATS Jacob XVII-XVIII **[8]**
$5 410 FF28 000 £3 490 Orphée charmant les animaux Huile/panneau 65,5x122cm/*25x48in* Lille 96
BOUTTATS Jacob (Attrib.) XVII-XVIII **[5]**
$3 510 FF17 500 £2 300 Orphée charmant les animaux Huile/cuivre 17x15,5cm/*6x6in* Paris 95
$9 180 FF45 900 £6 000 Milo of Crotone imprisoned by the Oak Tree Oil/panel 35x46cm/*13x18in* London 95
BOUVAL Maurice 1860-1926 **[29]**
$2 545 FF13 000 £1 677 Femme-libellule Bronze H36cm/*H14in* Paris 96
BOUVARD Antoine 1917-1956 **[2]**
$11 345 FF69 565 £6 800 A Sunlit Venetian Canal Oil/canvas 49,5x65cm/*19x25in* London 98
BOUVARD Antoine J. 1840-1920 **[227]**
$2 543 FF14 500 £1 574 Vue de Venise Huile/toile 36x54cm/*14x21in* Fontainebleau 97
$10 050 FF51 100 £6 000 A Venetian Backwater/On the Grand Canal, Venice Oil/canvas 33x40,5cm/*12x15in* London 96
BOUVARD Colette XIX-XX **[4]**
$3 726 FF21 653 £2 200 View across the Grand Canal Oil/canvas 25,5x34cm/*10x13in* London 97
BOUVARD de Hugues 1879-1959 **[9]**
$560 FF3 248 £349 Alpine landscape Oil/canvas 71x80cm/*27x31in* London 97
BOUVARD Noel A. XX **[1]**
$4 200 FF25 029 £2 517 Grand Canal, Venice Oil/canvas 49x64cm/*19x25in* Long Island, NY 98
BOUVARD Noël Georges 1912-1975 **[18]**
$4 750 FF27 619 £2 900 View of a Venetian Canal With a Figure At a Stall On a Quay Oil/canvas 26,5x35cm/*10x13in* London 97
$6 535 FF37 174 £4 000 A flower shop on the canal in Venice Oil/canvas 49x64cm/*19x25in* London 97
BOUVE Rosamond Ch. Smith 1876-1948 **[5]**
$2 000 FF11 682 £1 183 From the Annisquam Pasture Oil/canvas 35,5x51cm/*13x20in* Boston, Mass. 97
BOUVET Henry 1859-1945 **[65]**
$763 FF3 800 £500 Vagues et nuages Huile/toile/carton 24,5x33,5cm/*9x13in* Paris 95
$2 210 FF11 000 £1 446 Baigneuses à la Pointe des Poulains Huile/toile 92x64,5cm/*36x25in* Paris 95
$120 000 FF617 000 £74 800 Self-portrait of the Artist in his studio Oil/canvas 162x97cm/*63x38in* New-York 96
$301 FF1 500 £197 Jeune bretonne Sanguine/papier 39,5x26cm/*15x10in* Paris 95
BOUVET Max XIX-XX **[7]**
$3 200 FF19 500 £1 985 A Garden Path Oil/canvas 73,5x59,5cm/*28x23in* New-York 98

BOUVIER Agnes Rose 1842-c.1892 **[4]**
$3 428 FF19 589 £2 100 An Interesting Story Watercolour 41x34cm/*16x13in* London 97
BOUVIER Amand 1913 **[233]**
$462 FF2 700 £283 Bord de mer Huile/toile 19x24cm/*7x9in* Dinard 97
$902 FF5 500 £547 Phare de Port Grimaud Huile/toile 50x65cm/*19x25in* Paris 98
$193 FF1 100 £118 Marine Crayon/papier 22x29cm/*8x11in* Bourg-en-Bresse 97
BOUVIER Arthur 1837-1921 **[8]**
$2 168 FF13 008 £1 304 La rentrée des pêcheurs Huile/panneau 30x50cm/*11x19in* Bruxelles 98
$3 290 FF16 650 £2 160 Paysage à la rivière Huile/toile 60x100cm/*23x39in* Liège 96
BOUVIER Augustus Jules 1825-1881 **[20]**
$9 013 FF53 554 £5 500 A Pompeian Dancer/A Pompeian Flower Girl Watercolour 77x41,5cm/*30x16in* London 98
BOUVIER Paul 1857-1940 **[15]**
$663 FF3 230 £420 Abendstimmung über einer Seelandschaft Aquarell 18,5x28cm/*7x11in* Bern 95
BOUVIER Pierre Louis 1766-1836 **[9]**
$4 360 FF22 400 £2 720 Portrait de Philippe Louis Michel Cramer Huile/carton 22x19cm/*8x7in* Bern 96
$4 147 FF24 000 £2 551 Portrait de jeune homme asis Aquarelle/papier 23,5x18cm/*9x7in* Paris 97
BOUVIER Pietro 1839-1927 **[1]**
$1 881 FF10 659 £940 Mani fanciulla con fiori Olio/tavola 23x27cm/*9x10in* Milano 97
BOUVIER Roger 1942 **[31]**
$219 FF1 300 £131 Les grands boulevards Huile/toile 27x35cm/*10x13in* Provins 97
BOUVIOLLE Maurice 1893-1971 **[36]**
$430 FF2 500 £254 Femme et enfants mauresques Huile/toile 61x50cm/*24x19in* Paris 97
$510 FF2 600 £336 Barque sur une rivière ombragée Huile/panneau 31,5x39cm/*12x15in* Paris 96
BOUWMEESTER Cornelis c.1670-1733 **[3]**
$23 310 FF140 000 £14 140 Navires Holandais sur une mer calme Huile/panneau 45,5x61,5cm/*17x24in* Paris 98
BOUY Gaston 1866-? **[18]**
$2 031 FF12 500 £1 233 Jeune femme assise/Jeune femme assise de dos Pastel/papier 46x29cm/*18x11in* Paris 98
BOUYS André 1656-1740 **[8]**
$6 468 FF40 000 £3 852 La lecture Huile/toile 130x97cm/*51x38in* Paris 98
$36 278 FF220 000 £21 538 Jeune femme dans sa baignoire tenant une tasse de chocolat Huile/toile 81x131cm/*31x51in* Clermont-Ferrand 98
BOUYS André (Attrib.) 1656-1740 **[2]**
$17 850 FF86 600 £11 500 Portrait of a gentleman, half length Oil/canvas 89x70cm/*35x27in* London 95
BOUYSSOU Jacques 1926 **[264]**
$496 FF3 000 £295 L'ancien hospice de Honfleur Huile/carton 45x54cm/*17x21in* Honfleur 97
$1 140 FF6 500 £698 Paris, église Saint-Pierre Huile/toile 33x41cm/*12x16in* Paris 97
$430 FF2 600 £256 Montmartre Aquarelle/papier 30x47cm/*11x18in* Honfleur 97
BOUZIANIS Georgios 1885-1959 **[4]**
$89 793 FF536 063 £55 000 Seated Figure with a Raised Arm Oil/canvas 130x70cm/*51x27in* London 97
$40 815 FF243 665 £25 000 Drei Figuren Watercolour 51x68cm/*20x26in* London 97
BOUZONNET-STELLA Claudine (Attrib.) 1636-1697 **[1]**
$1 175 FF6 000 £780 La ronde paysanne Gouache 16,5x22,5cm/*6x8in* Paris 96
BOVI Mariano 1758-? **[1]**
$816 FF4 616 £500 Cherubs at play, after Lady Diana Beauclerk Engraving 33x41cm/*12x16in* London 97
BOVIER-LAPIERRE Jeanne XIX-XX **[2]**
$2 750 FF16 606 £1 670 Faith Oil/canvas 115x81cm/*45x32in* Bethesda, Maryland 98
BOVIN Karl 1907-1985 **[82]**
$513 FF2 637 £312 Araber Oil/canvas 33x24cm/*12x9in* Köbenhavn 96
$867 FF4 260 £552 Kendevej, sensommer Oil/canvas 58x76cm/*22x29in* Köbenhavn 95
$342 FF1 758 £208 Gult marklandskab Watercolour/paper 45x60cm/*17x23in* Köbenhavn 96
BOVIS Marcel 1904 **[9]**
$838 FF4 260 £500 Solarized nude study, 1930s Gelatin silver print 23x16cm/*9x6in* London 96
BOWDOIN Harriette ?-1947 **[6]**
$800 FF4 965 £482 Scene in Venice Oil/canvas 60x71cm/*24x28in* Miami, Florida 98
$75 FF449 £44 Interior Study Watercolour/paper 34x44cm/*13x17in* Bethesda, Maryland 98

BOWEN Benjamin James 1859-1930 [2]
$7 250 FF44 451 £4 445 Confirmation Day Oil/canvas 139x185cm/*55x73in* Mystic, Connecticut 98
BOWEN John T. XIX [10]
$800 FF4 621 £493 Ma-Ka-Me-She-Kia-Kiah, Black Hawk a Saukie Brave Lithograph 32x22cm/*12x8in* San Francisco 97
BOWEN Owen 1873-1967 [97]
$121 FF673 £75 A loch scene Oil/canvas 43x53cm/*16x20in* London 97
$675 FF4 006 £400 A Harbour Scene at Twilight Oil/panel 24,5x34,5cm/*9x13in* Billingshurst, West Sussex 97
BOWER Alexander 1875-1954 [16]
$1 400 FF6 678 £880 Surf on the Rock Bound Coast Oil/canvas 71x91cm/*28x36in* Portland, Maine 95
$475 FF2 268 £299 Maine Pond and Mountain Watercolour/paper 34x48cm/*13x19in* Portland, Maine 95
BOWER Edward c.1610-c.1670 [3]
$54 300 FF279 000 £35 000 Portraits of Captain Nicholas Toke (1598-1682) and Diana, his wife Oil/canvas 200x120cm/*78x47in* London 96
BOWERS Albert Edward XIX-XX [8]
$670 FF3 250 £420 Windsor from the Thames Watercolour 59x42cm/*23x16in* London 95
BOWERS Edward 1822-1870 [1]
$2 500 FF15 328 £1 529 Apples, Strawberries, Grapes, Raspberries and an Orange Pastel/paper 32x39,5cm/*12x15in* New-York 98
BOWERS George Newall 1849-1909 [4]
$1 600 FF9 345 £946 House at Twilight Oil/canvas 21x31cm/*8x12in* Boston, Mass. 97
BOWERS Stephen XIX-XX [14]
$326 FF1 892 £200 The Woods near Haselmere, Surrey/Woodland Glade, Surrey Watercolour 21,5x31,5cm/*8x12in* Glasgow 97
BOWES David 1957 [13]
$1 500 FF7 770 £1 003 Color Combat Acrylic/paper 152x104cm/*59x40in* New-York 96
$1 295 FF6 490 £820 Kopf Coloured chalks 74x54cm/*29x21in* Wien 95
BOWIE David 1947 [1]
$4 960 FF28 957 £3 000 Hand Made Monkey Multiple Acrylic/canvas 66,5x87cm/*26x34in* London 97
BOWKETT Jane Maria XIX [13]
$4 500 FF25 670 £2 749 Young Girl Standing in a Floral Landscape Oil/canvas 59x44cm/*23x17in* Detroit, Michigan 97
BOWLER Joseph R., Joe 1928 [6]
$2 200 FF11 400 £1 470 Mother and daughter at park benches, for McCall's Magazine Gouache 45x48cm/*18x19in* New-York 96
BOWLER Thomas William 1812-1869 [15]
$6 578 FF37 523 £4 000 Grand Port Bay, Fouquet Marion Pasle Isle and Lighthouse, Mauritius Watercolour 15x24cm/*5x9in* London 97
BOWLES Ian XX [4]
$280 FF1 694 £170 "Kilchoman-Islay, Pelegrine Falcon" Watercolour 49x65,5cm/*19x25in* Billingshurst, West Sussex 98
BOWLES William Leslie 1885-1954 [1]
$3 937 FF20 176 £2 512 The Digger Bronze H49,5cm/*H19in* Melbourne 95
BOWYER William 1926 [25]
$1 314 FF6 720 £850 The Greenhouse Oil/canvas 89x70cm/*35x27in* London 95
$5 637 FF32 588 £3 500 Isabella Plantation Oil/canvas 122x126cm/*48x49in* London 97
BOX Eden 1919-1988 [15]
$2 887 FF16 728 £1 800 Saadu Oil/canvas 63,5x76cm/*25x29in* London 97
BOXEL van Pieter Jacobus, Piet 1912 [5]
$1 755 FF9 030 £1 095 Breiende vrouw Oil/canvas 36x26cm/*14x10in* Den Haag 96
BOXER Stanley R. 1926 [10]
$1 460 FF7 640 £940 Noonsomethinglikethat Etching 99x73,5cm/*38x28in* Toronto 96
BOYCE George Price 1826-1897 [21]
$14 980 FF87 452 £9 200 Kirkham Abbey, Yorkshire Oil/canvas 28x40,5cm/*11x15in* London 97
$55 776 FF319 456 £33 000 At Sonning-Eye, Oxfordshire Watercolour 28,5x58cm/*11x22in* London 97

BOYCE William Thomas N. 1858-1911 **[58]**
$524 *FF2 962* £330 A Dutch Trader and a North Shields Herring Boat Leaving the Tyne Watercolour/paper 27,5x65cm/*10x25in* Newcastle-upon-Tyne 97
BOYCOTT-BROWN Hugh 1909 **[40]**
$323 *FF1 796* £200 "Street scene, Lake Garda, Italy" Oil/canvas/board 24x17cm/*9x6in* London 97
$657 *FF3 714* £400 Still Moring, Blakeney Oil/canvas 49,5x60cm/*19x23in* Billingshurst, West Sussex 97
BOYD Alice 1823-1897 **[17]**
$10 986 *FF62 923* £6 500 The Witches going to market Watercolour 48x69cm/*18x27in* London 97
BOYD Arthur M. Bloomfield 1920 **[187]**
$7 032 *FF40 909* £4 307 Shoalhaven Oil/board 21x25,5cm/*8x10in* Melbourne 97
$25 004 *FF145 456* £15 315 Potter and wife in a field with cow Oil/canvas 107x225cm/*42x88in* Melbourne 97
$149 540 *FF905 800* £92 660 Lovers by a Creek Tempera/board 123,5x91,5cm/*48x36in* Melbourne 97
$441 *FF2 660* £271 White Cockatoo Color lithograph 77,5x58,5cm/*30x23in* Sydney 98
$19 440 *FF117 754* £12 045 Two tables with 20 hand painted ceramic tiles Ceramic 41x51,5cm/*16x20in* Melbourne 97
$2 580 *FF13 360* £1 650 Aegisthus, for the Ballet "Electra" Gouache 63x50cm/*24x19in* London 96
BOYD Arthur Merric 1862-1940 **[15]**
$619 *FF3 719* £369 Riverbride II Color lithograph 81x60cm/*31x23in* Melbourne 98
BOYD David 1924 **[186]**
$247 *FF1 487* £147 Wildflowers Oil/board 22,5x27,5cm/*8x10in* Melbourne 98
$584 *FF3 502* £348 The Bishop Oil/board 76x50cm/*29x19in* Sydney 98
$7 900 *FF40 700* £5 230 Wanderer trying to push crown off Oil/canvas 120x120cm/*47x47in* Melbourne 96
BOYD Emma Minnie 1856-1936 **[7]**
$787 *FF4 035* £502 The Clearing Watercolour/paper 12x28,5cm/*4x11in* Melbourne 95
BOYD Guy Martin a'Beckett 1923-1988 **[13]**
$2 964 *FF17 304* £1 828 Ballet dancer Bronze 25x25x6,5cm/*9x9x2in* Melbourne 97
$14 206 *FF86 051* £8 802 Fertility Dancer Bronze 92x29x35cm/*36x11x13in* Melbourne 97
BOYD Jamie 1948 **[22]**
$1 368 *FF8 061* £817 Pulpit Rock Oil/canvas 59x90cm/*23x35in* Melbourne 97
BOYD Rutherford 1884-1951 **[6]**
$349 *FF2 083* £217 Sheer Fabric Watercolour/paper 35,5x25,5cm/*13x10in* Washington 97
BOYD Theodore Penleigh 1890-1923 **[25]**
$15 390 *FF78 869* £9 821 The Yarra River Oil/canvas 69,5x80cm/*27x31in* Melbourne 95
BOYDELL Creswick XIX-XX **[13]**
$474 *FF2 753* £280 A River with Craft plying their Trade Watercolour/paper 20x35,5cm/*7x13in* London 97
BOYDELL John 1719-1804 **[13]**
$325 *FF1 625* £211 Landscapes: Houghton, Norfolk Etching 51x68cm/*20x26in* Stockholm 96
BOYÉ Abel Dominique 1864-1934 **[10]**
$3 322 *FF20 183* £2 000 "Hors Concours" Oil/canvas 55x75cm/*21x29in* London 98
BOYER Émile 1877-1948 **[92]**
$998 *FF5 100* £658 Autoportrait près de la boutique, place du Tertre Huile/toile 60x81cm/*23x31in* La Varenne Saint-Hilaire 96
$112 500 *FF639 562* £68 883 Eurera Marble H216cm/*H85in* New-York 97
BOYER Émile, sculp. XIX-XX **[4]**
$6 229 *FF36 857* £3 800 A Boy Tempting a Cat with a Mouse Alabaster H59cm/*H23in* London 98
BOYER Jean-Baptiste 1783-c.1835 **[1]**
$100 122 *FF615 000* £60 024 Les Trois Grâces, d'après Antonio Canova Marbre H180cm/*H70in* Évreux 98
BOYER Michel (Attrib.) 1668-1724 **[2]**
$14 300 *FF75 000* £8 610 Intérieur de boudoir Huile/toile 85x99cm/*33x38in* Paris 96
$30 744 *FF180 000* £19 008 Vue du parc d'un palais baroque Huile/toile 131,5x180cm/*51x70in* Paris 97
BOYER Otto 1874-1912 **[3]**
$391 *FF2 300* £241 Le moulin de la galette Huile/toile 46x38cm/*18x14in* Anglet 97
BOYER Trevor 1948 **[31]**
$1 747 *FF8 440* £1 100 Kingfisher Acrylic 29x29cm/*11x11in* London 95
$3 294 *FF19 880* £2 000 Resting Fox Acrylic/board 49x74cm/*19x29in* Billingshurst, West Sussex 98
$1 510 *FF7 290* £950 Puffins Watercolour 29x29cm/*11x11in* London 95
BOYLE Charles Wellington 1861-1925 **[6]**

$4 500 FF26 595 £2 787 Old Barn Across the Lake Oil/canvas 50x76cm/*20x30in* New Orleans, Louisiana 97
$5 200 FF27 144 £3 151 Lewisburg, Louisiana Oil/board 22x44cm/*9x17in* New Orleans, Louisiana 96
BOYLE Eleanore Vere 1825-1916 **[1]**
$2 831 FF16 377 £1 700 The Spirits of Fair Love, on this Glad Day, with happy Hours Ink 18x26,5cm/*7x10in* London 97
BOYLE FAMILY Mark Boyle/Joan Hill Formé 1967 **[4]**
$13 396 FF80 458 £8 000 Liverpool No. 1 Mixed media/panel 183x183cm/*72x72in* London 98
BOYLE George A. c.1850-c.1905 **[70]**
$604 FF2 916 £380 Entering the harbour Oil/panel 25,5x35,5cm/*10x13in* London 96
$653 FF3 898 £400 An Angler in a Rowing Boat in a River Oil/canvas 49x59,5cm/*19x23in* Billingshurst, West Sussex 97
BOYLE John J. 1852-1917 **[2]**
$19 000 FF110 980 £11 664 Bust of Benjamin Franklin Bronze H57cm/*H22in* New-York 97
BOYNE John c.1750-1810 **[3]**
$1 578 FF9 341 £950 Young Shepherd asleep beside his Dog and Flock Lithograph 23x32cm/*9x12in* London 98
BOYS Thomas Shotter 1803-1874 **[77]**
$299 FF1 849 £180 Regent Street Looking Towards the Duke of York's Column/... Lithograph 30x47cm/*11x18in* Billingshurst, West Sussex 98
$6 491 FF37 523 £4 000 View of the Thames from Richmond Hill Watercolour 25x40cm/*9x15in* London 97
BOZE Honoré 1830-1908 **[11]**
$2 007 FF10 000 £1 315 Marabout et fontaine sur le rivage Huile/panneau 29,5x44,5cm/*11x17in* Paris 95
$828 FF5 000 £503 La lecture du Coran Aquarelle/papier 54x34cm/*21x13in* Saint-Dié 98
BOZE Joseph 1744-1826 **[15]**
$15 260 FF80 000 £9 180 Portrait de S.A.R. Antoine-Henri de Bourbon, duc d'Enghien Pastel 59x49cm/*23x19in* Paris 96
BOZE Joseph (Attrib.) 1744-1826 **[2]**
$4 207 FF25 000 £2 567 Portrait de Beaumarchais Pastel/papier 64x50cm/*25x19in* Paris 98
BOZNANSKA Olga 1865-1940 **[22]**
$11 368 FF64 767 £7 098 Roses Oil/cardboard 24x42,5cm/*9x16in* Warszawa 97
$27 000 FF135 300 £17 080 Portrait of a young woman Oil/cardboard 53x42cm/*20x16in* Warszawa 95
$26 450 FF137 000 £17 070 Zamyslona (portait) Pastel 43x30cm/*16x11in* Warszawa 96
BOZZALLA Giuseppe 1874-1958 **[5]**
$3 250 FF18 983 £1 923 Landscape with mill along a river Oil/canvas 54x72cm/*21x28in* Houston, Texas 97
BOZZOLINI Silvano 1911 **[95]**
$1 136 FF6 500 £709 Rythmes dynamiques No. 2 Huile/toile 100x100cm/*39x39in* Paris 97
BRAAK van den Karel 1953 **[6]**
$486 FF2 923 £291 Zonder titel Bronze H28cm/*H11in* Antwerpen 98
BRAAKMAN Anton 1811-1879 **[6]**
$4 462 FF26 833 £2 675 Figures near a Tall Ship on a frozen River Oil/panel 29,5x38,5cm/*11x15in* Amsterdam 98
$13 240 FF68 100 £8 000 frozen Winter Landscape With Figures Oil/canvas 44x61cm/*17x24in* London 96
BRABAZON Hercules Brabazon 1821-1906 **[300]**
$1 218 FF6 976 £720 Luxor Watercolour 25x34,5cm/*9x13in* London 97
BRABO Albert 1894-1964 **[3]**
$1 680 FF8 770 £1 000 Vue de Cassis Oil/canvas 60x72cm/*23x28in* London 96
BRACHE Carlos 1944 **[43]**
$84 FF500 £52 Promenade sur les champs rouge Aquarelle 25x32cm/*9x12in* Paris 97
BRACHT Eugen 1842-1921 **[70]**
$2 284 FF11 400 £1 492 Moorlandschaft Oil/panel 25x60cm/*9x23in* Stuttgart 95
$3 740 FF18 100 £2 400 Herbstliche linden bei Stolpen Oil/canvas 72x76cm/*28x29in* London 95
$10 657 FF60 728 £6 656 "Abenddämmerung" Öl/Leinwand 118x130cm/*46x51in* Köln 97
BRACK Cecil John 1920 **[20]**
$147 855 FF863 117 £87 956 Backs and Fronts Oil/canvas 114x162,5cm/*44x63in* Melbourne 97
$651 FF3 915 £389 Nude in Profile Lithograph 64,5x47,5cm/*25x18in* Melbourne 98
$17 160 FF100 001 £10 571 Crossing Watercolour 60x68cm/*23x26in* Melbourne 97

BRACKEL von Joseph 1874-? **[2]**
$799 FF4 701 £493 Bäureinnen bei der Kartoffelernte Öl/Leinwand 77x98cm/*30x38in* Bremen 97
BRACKENBURGH Richard 1650-1702/03 **[1]**
$5 000 FF29 709 £3 051 A Merry Company in a Tavern Oil/panel 33x42cm/*12x16in* New-York 98
BRACKER M. Leone 1885-1937 **[3]**
$2 742 FF16 040 £1 673 Story time Huile/toile 68,5x63,5cm/*26x25in* Montréal 97
BRACKETT Sydney L. 1852-1910 **[9]**
$850 FF5 080 £520 Puppies Oil/canvas 30x38cm/*12x15in* Dedham, Mass. 98
$1 500 FF8 902 £930 Playtime Pastel/board 45,5x61cm/*17x24in* New-York 97
BRACKETT Walter M. 1823-1919 **[5]**
$3 600 FF21 377 £2 197 Still Life with Fish, Pipe and Fishing Rod in a Landscape Oil/canvas
51x82cm/*20x32in* Boston, Mass. 98
BRACKLE Jakob 1897-1987 **[61]**
$2 511 FF15 085 £1 506 Acker Öl/Karton 11x15,5cm/*4x6in* Stuttgart 98
$195 FF1 173 £117 "Holzfäller" Woodcut 42x34cm/*16x13in* Stuttgart 98
BRACKMAN David 1932 **[13]**
$24 604 FF141 243 £15 000 The Windward Leg, The America's Cup, 1883 Oil/canvas 76x101,5cm/*29x39in*
London 97
$4 428 FF25 423 £2 700 "Britannia" under pressure Gouache/paper 48,5x75cm/*19x29in* London 97
BRACKMAN Robert 1898-1980 **[61]**
$1 300 FF7 540 £768 Still life of Fruit Oil/canvas 20x30cm/*8x12in* New-York 97
$3 200 FF18 857 £1 976 In a Classical Mood Oil/canvas 46x56cm/*18x22in* New-York 97
$1 000 FF6 131 £613 Female Figures Pastel/paper 41x60cm/*16x24in* Mystic, Connecticut 98
BRACQUEMOND Félix 1833-1914 **[137]**
$409 FF2 100 £255 Les taupes Eau-forte 27,5x20cm/*10x7in* Paris 96
$4 652 FF27 000 £2 840 Le coq gaulois Fusain/papier 32,5x23cm/*12x9in* Paris 97
BRACQUEMOND Marie 1841-1916 **[16]**
$368 FF2 200 £223 La roseraie Huile/panneau 24x33cm/*9x12in* Paris 97
$401 FF2 400 £243 Jeune fille lisant Aquarelle/papier 28x21cm/*11x8in* Paris 97
BRADBURRY Bennett XX **[3]**
$1 200 FF7 233 £726 Sunlit atmospheric coastal Oil/canvas 60x91cm/*24x36in* Pasadena, California 98
BRADBURY Arthur Royce 1892-? **[25]**
$293 FF1 754 £180 The Waterwitch of Fowey off Dover Watercolour 37x52cm/*14x20in* London 98
BRADDON Paul 1864-1938 **[38]**
$207 FF1 168 £126 At Friebourg/On the Canal at Dortrecht Watercolour 38x26,5cm/*14x10in* West
Midlands 97
BRADFORD William 1823/30-1892 **[38]**
$21 994 FF127 575 £13 000 "A View near Cape Charles on the Coast of Labrador" Oil/board
23x35,5cm/*9x13in* London 97
$36 000 FF187 200 £23 842 Profile of the Whaleship Jireh Perry at Anchor Oil/canvas 50x76cm/*20x30in*
Middletown, RI 96
BRADFORD William (Attrib.) 1823/30-1892 **[6]**
$4 000 FF23 626 £2 485 Freeing the Boat Oil/canvas 42x76cm/*16x29in* Boston, Mass. 97
$4 500 FF26 785 £2 793 "Fishing Boat Off the Coast of newfoundland" Oil/canvas 12x22cm/*4x8in* North
Berwick, Maine 97
BRADLEY Basil 1842-1904 **[35]**
$5 546 FF33 966 £3 400 "News from Home, Place de la Concorde, Paris" Oil/board 60x45cm/*24x18in*
Manchester 98
$834 FF4 980 £500 Glendarff Watercolour/paper 34x48cm/*13x19in* Wilmslow, Cheshire 98
BRADLEY Helen 1900-1979 **[78]**
$13 200 FF64 000 £8 500 Tuesday Oil/board 28x36cm/*11x14in* London 95
$19 154 FF108 095 £11 739 We set off in our new car Oil/board 61x122cm/*24x48in* London 97
$249 FF1 508 £150 Hot Pies, Now Ready Print in colors 29x38cm/*11x14in* Leyburn, North Yorkshire 98
$807 FF4 817 £500 Trees Standing in Water Watercolour/paper 36x55,5cm/*14x21in* London 97
BRADLEY John c.1800-c.1850 **[1]**
$3 800 FF18 560 £2 404 Portrait of Martha Engle Banier Fisher Oil/canvas 86x67cm/*34x26in* New-York 95
BRADLEY Margaret XX **[3]**
$851 FF4 902 £500 "London, Londres, Paris, Southern Railway, Train, Ferry" Affiche 101x63,5cm/*39x25in*

London 97
BRADLEY Martin 1931 **[68]**
   $1 112 FF5 370 £700 Abstract Oil/board 91,5x90cm/*36x35in* London 96
   $2 100 FF11 900 £1 400 When Avdokateshven a was gotting dupply into... Olio/tela 152x203cm/*59x79in*
Roma 97
BRADLEY William H. 1868-1962 **[26]**
   $1 812 FF9 420 £1 200 "Victor Bicycles, Overman Wheel Co." Poster 102x33cm/*40x12in* London 96
BRADOYLE Thomas XVIII-XIX **[1]**
   $6 560 FF34 000 £4 200 A Spahis/The Capi Agan/A Chiaous Bashi/A Judge/A Dervish/ Selim III...
Watercolour 21x12,5cm/*8x4in* London 96
BRADY Mathew B. 1823-1896 **[36]**
   $674 FF3 490 £450 Portrait of General Butler/Portrait of General Burnside Albumen print 13,5x16cm/*5x6in*
London 96
BRADY Michael 1936 **[9]**
   $952 FF4 930 £636 Swimming woman Huile/toile 60x90cm/*23x35in* Antwerpen 96
BRAEKELEER de Adrien Ferdinand 1818-1904 **[19]**
   $6 000 FF36 474 £3 694 An Officer Smoking a Pipe Oil/panel 45,5x37cm/*17x14in* New-York 98
   $25 200 FF125 500 £16 500 Les petits voleurs de pommes Huile/panneau 36x30cm/*14x11in* Antwerpen 95
BRAEKELEER de Ferdinand Jr. 1828-1857 **[6]**
   $3 010 FF15 640 £1 990 La leçon de lecture Huile/panneau 5x32cm/*1x12in* Bruxelles 96
   $975 FF5 555 £598 La partie de chant Crayon 21,5x30,5cm/*8x12in* Bruxelles 97
BRAEKELEER de Ferdinand Sr. 1792-1883 **[64]**
   $8 220 FF48 780 £5 010 Le voleur de raisins Huile/toile 32x37cm/*12x14in* Antwerpen 98
   $15 111 FF90 482 £9 282 Das Konzert Oil/wood 80x100cm/*31x39in* Köln 98
   $490 FF2 904 £291 Der Umtrunk im Hof Pencil/paper 22,5x27cm/*8x10in* Zürich 97
BRAEKELEER de Henri 1840-1888 **[53]**
   $1 219 FF7 312 £747 Intérieur d'une forge Huile/panneau 24x35cm/*9x13in* Antwerpen 97
   $383 FF2 276 £233 Le rideau Dessin 20x12cm/*7x4in* Antwerpen 98
BRAESAS Dimos 1882-1964 **[3]**
   $2 466 FF12 860 £1 490 Peeling the apples Oil/canvas 50x61cm/*19x24in* Athens 96
BRAGAGLIA FRATELLI Antonio & Arturo XIX-XX **[1]**
   $40 000 FF244 052 £23 976 Lo Schiaffo Gelatin silver print 11,6x16cm/*4x6in* New-York 98
BRAGDON Claude Fayette 1866-1946 **[5]**
   $1 100 FF6 292 £670 The Chap-Book Color lithograph 53,5x36cm/*21x14in* New-York 97
BRAITH Anton 1836-1905 **[70]**
   $4 524 FF26 782 £2 686 Kald auf der Weide im Sonnenlicht bei der Tränke vorn Oil/wood
20x15,5cm/*7x6in* Dresden 97
   $14 583 FF87 014 £8 798 Ruhende Schafherde in der Mittagssonne Öl/Leinwand 46x66cm/*18x25in*
Stuttgart 97
   $22 732 FF134 272 £14 124 Gewitter Öl/Leinwand 93x159cm/*36x62in* Stuttgart 97
   $752 FF4 383 £459 Porträtskizzen "Joseph Willroider" Pencil 16,5x26,5cm/*6x10in* München 97
BRAïTOU-SALA Albert Sala 1885-1972 **[10]**
   $4 630 FF24 000 £3 010 Léda au cygne noir Huile/toile 81x65cm/*31x25in* Paris 96
BRAKELEER de Henri 1840-1888 **[2]**
   $3 450 FF20 751 £2 069 Le Temps de Repos Oil/panel 31,5x22cm/*12x8in* Amsterdam 98
BRAKENBURGH Richard 1650-1702 **[14]**
   $9 768 FF60 000 £5 856 Intérieur de taverne Huile/toile 65x82cm/*25x32in* Lille 98
   $10 808 FF63 949 £6 503 Touch, a Peasant Courting a Milkmaid in a Farmyard by a Haystack Oil/panel
24x18,5cm/*9x7in* Amsterdam 98
   $92 750 FF568 750 £55 300 Scène de genre avec personnages Huile/toile 110x155cm/*43x61in*
Bruxelles 98
BRAKENBURGH Richard (Attrib.) 1650-1702 **[9]**
   $3 254 FF18 814 £1 989 Scène d'intérieur Huile/panneau 33x25,5cm/*12x10in* Bruxelles 97
   $5 830 FF30 200 £3 900 A teacher punishing a boy in a schoolclass Oil/canvas 39x51cm/*15x20in*
Amsterdam 96
BRAMBILLA Bartolomeo c.1731-1775 **[2]**

✏ *$812 FF4 721* £500 Design for Theatre Boxes Watercolour 21,5x29,5cm/*8x11in* London 97

BRAMER Josef 1948 **[8]**

👆 *$2 301 FF13 417* £1 408 Landschaft mit Tannenwäldchen Oil/panel 15,7x22cm/*6x8in* Wien 97

👆 *$5 432 FF33 362* £3 318 "Kunstbaum" Mischtechnik 51x51cm/*20x20in* Wien 98

✏ *$3 492 FF21 447* £2 133 Im Winter Aquarell/Karton 24x24cm/*9x9in* Wien 98

BRAMER Leonard 1596-1674 **[40]**

👆 *$5 875 FF33 881* £3 500 Judith with the Head of Holofernes Oil/panel 45x68cm/*17x26in* London 97

▥ *$3 401 FF20 080* £2 014 Der Lautenspieler Radierung 31x24cm/*12x9in* Berlin 97

✏ *$918 FF5 701* £553 Pilatus wäscht die Hände/Opfer von Isaak Indian ink/paper 17x14,5cm/*6x5in* Heidelberg 98

BRAMLEY Frank 1857-1915 **[21]**

👆 *$4 119 FF25 105* £2 500 "Auratum Lilies" Oil/canvas 44x38,5cm/*17x15in* London 98

👆 *$6 121 FF35 381* £3 800 Carting Bracken, Grasmere Oil/canvas 27x39,5cm/*10x15in* London 97

👆 *$33 472 FF197 238* £20 000 "...And Mocks my loss of Liberty" Oil/canvas 128,5x142cm/*50x55in* London 97

BRAMLEY R. XX **[3]**

👆 *$1 135 FF5 920* £750 The American emigrant packet ship "Queen of the West" (1843) Oil/canvas 51x76cm/*20x29in* London 96

BRANCACCIO Carlo 1861-1920 **[132]**

👆 *$4 800 FF25 130* £3 150 Lungomare nel golfo Olio/tela 35x40cm/*13x15in* Roma 96

👆 *$12 000 FF59 000* £7 600 The Grand Canal, Venice Oil/canvas 65x81cm/*25x31in* New-York 95

👆 *$78 419 FF473 553* £47 000 Les Lavandières Oil/canvas 100x191cm/*39x75in* London 98

✏ *$2 070 FF11 730* £1 035 Pescatore nella Costiera Amalfitana Acquarello/cartone 47x37cm/*18x14in* Roma 98

BRANCACCIO Carlo (Attrib.) 1861-1920 **[3]**

👆 *$11 767 FF68 694* £7 000 Marinella, Naples Oil/canvas 72x99cm/*28x38in* London 97

BRANCACCIO Giovanni 1903-1975 **[4]**

👆 *$1 800 FF10 200* £1 200 Due donne Olio/tavola 20x27cm/*7x10in* Milano 97

👆 *$6 256 FF32 746* £4 105 Ragazzo con gallo Olio/tela 130x72cm/*51x28in* Milano 96

BRANCALEONI Giuseppe Soleri 1750-1806 **[1]**

👆 *$7 280 FF37 200* £4 800 Ecce Homo Oil/copper 28,3x21,6cm/*11x8in* London 96

BRANCUSI Constantin 1876-1957 **[57]**

👆 *$280 000 FF1 600 004* £171 528 Portrait de femme Oil/board 62,5x43cm/*24x16in* New-York 97

🗿 *$1 500 000 FF7 770 000* £1 002 000 Le Poisson Bronze 12,6x42,2cm/*4x16in* New-York 96

📷 *$1 496 FF7 750* £1 000 Woman with mirror Silver print 17,7x12,9cm/*6x5in* London 96

✏ *$60 237 FF360 720* £35 991 Mademoiselle Pogany Crayon 52x44,7cm/*20x17in* Bern 98

BRAND Christian H. (Attr.) 1695-1756 **[1]**

✏ *$1 281 FF7 611* £761 Landschaft mit Staffage Chalks/paper 69x52cm/*27x20in* Wien 97

BRAND Christian Hülfgott 1695-1756 **[13]**

👆 *$2 606 FF13 480* £1 682 Weite bewaldete Landschaft mit Rastenden Öl/Leinwand 20x26,5cm/*7x10in* Wien 96

👆 *$11 589 FF66 000* £7 114 Paysage à la pyramide et aux promeneurs/Paysage aux pêcheurs Huile/panneau 40x58cm/*15x22in* Paris 97

BRAND Johann Chr. (Attr.) 1722-1795 **[4]**

👆 *$1 992 FF9 980* £1 260 Flusslandschaft Öl/Kupfer 1,5x18cm/*x7in* Wien 95

BRAND Johann Christian 1722-1795 **[21]**

👆 *$5 835 FF35 745* £3 525 Flusslandschaft mit einem Turm und Bauern Öl/Leinwand 28x41cm/*11x16in* Wien 98

👆 *$28 140 FF166 985* £17 465 Landschaft mit Bauen und Herdenvieh Öl/Leinwand 150x119,5cm/*59x47in* Wien 97

BRANDANI Enrico 1914 **[9]**

👆 *$3 822 FF22 764* £2 338 Scènes avec la Mort Huile/panneau 16x10cm/*6x3in* Bruxelles 98

BRANDARD Robert 1805-1862 **[4]**

✏ *$1 013 FF5 220* £650 Chalk Cliffs on the South Coast Watercolour 21,5x30,5cm/*8x12in* London 96

BRANDEIS Antonietta 1849-1920 **[161]**

👆 *$1 611 FF9 606* £1 000 A Fishing Boat Oil/panel 24,5x15cm/*9x5in* London 97

👆 *$21 994 FF127 575* £13 000 The Ca'd'oro on the Grand Canal, Venice Oil/canvas 43x50cm/*16x19in*

London 97
🖐 *$50 000 FF259 600 £33 100* Il Ponte dei Sospiri Oil/canvas 177x117cm/*70x46in* New-York 96
BRANDEIS Johann Adolf 1818-1872 **[2]**
✏ *$983 FF6 040 £589* Rechteckiges Portrait eines bärtigen Herren im franck Gouache/panel 13x11cm/*5x4in* Stuttgart 98
BRANDELIUS Gustaf 1833-1884 **[11]**
🖐 *$1 968 FF11 485 £1 170* Timmerlass i vinterskog Oil/canvas 44,5x61cm/*17x24in* Stockholm 97
🖐 *$3 060 FF15 070 £1 972* Riders in the forest Oil/canvas 30x47,5cm/*11x18in* Stockholm 95
BRANDER Felix Anton 1846-1924 **[2]**
✏ *$4 186 FF24 803 £2 527* Posthaltestelle im Toggenburg Watercolour, gouache/paper 35,5x53,5cm/*13x21in* Zürich 97
BRANDER Fredrik (Attrib.) 1705-1779 **[1]**
🖐 *$3 260 FF18 670 £1 990* Portrait of a Lady Oil/canvas 80x63cm/*31x24in* Stockholm 97
BRANDES Peter 1944 **[56]**
🖐 *$2 592 FF15 056 £1 584* Rock-drill Oil/canvas/panel 129x96cm/*50x37in* Köbenhavn 97
🖐 *$381 FF2 214 £233* Komposition Color lithograph 108x108cm/*42x42in* Köbenhavn 97
✏ *$561 FF3 540 £354* Komposition med personer og fabeldyr i grönne omgivelser Watercolour, gouache 44x51cm/*17x20in* Vejle 97
BRANDI Domenico 1683-1736 **[21]**
🖐 *$10 829 FF64 039 £6 500* A Sheep and a Ram grazing with a Tortoise and a Fieldmouse.. Oil/canvas 99,5x118cm/*39x46in* London 97
BRANDI Domenico (Attrib.) 1683-1736 **[5]**
🖐 *$7 142 FF43 000 £4 274* Berger et troupeau se reposant/Berger conduisant son troupeau Huile/toile 50x65cm/*19x25in* Paris 98
BRANDI Giacinto 1623-1691 **[14]**
🖐 *$21 213 FF122 410 £13 000* The Madonna and Child with an Angel Oil/copper 42x34,5cm/*16x13in* London 97
✏ *$2 500 FF13 858 £1 542* Study for a ceiling painting: a female Saint & two Putto from bellow.. Black, red & white chalks/paper 36,5x47,2cm/*14x18in* New-York 97
BRANDI Giacinto (Attrib.) 1623-1691 **[3]**
🖐 *$5 359 FF31 067 £3 200* Saint-Jerome Oil/canvas 133,5x98cm/*52x38in* London 97
BRANDIS von August 1862-1947 **[26]**
🖐 *$1 300 FF7 403 £806* An elegant interior Oil/canvas 81,3x66cm/*32x25in* New-York 97
BRANDL Herbert 1959 **[26]**
🖐 *$2 644 FF13 500 £1 742* Kopf Öl/Leinwand 35x30cm/*13x11in* Wien 96
🖐 *$4 700 FF24 050 £3 015* Ohne Titel Öl/Leinwand 100x50cm/*39x19in* Wien 96
🖐 *$12 210 FF62 500 £7 840* Ohne Titel Öl/Leinwand 180x150cm/*70x59in* Wien 96
✏ *$1 644 FF9 584 £1 006* Ohne Titel Mixed media/paper 99,5x70cm/*39x27in* Wien 97
BRANDL Pieter Jan 1668-1735/39 **[6]**
🖐 *$4 500 FF27 289 £2 745* Head of a Bearded old Man Oil/canvas 66x55cm/*25x21in* New-York 98
BRANDL Pieter Jan (Attrib) 1668-1735/39 **[5]**
🖐 *$1 658 FF9 588 £1 026* Bildnis eines Heiligen Öl/Leinwand 76x59,5cm/*29x23in* Wien 97
BRANDNER Richard 1850-? **[1]**
🖐 *$3 675 FF21 760 £2 182* Am Wochenbett bei der jungen Mutter sitzen Grossmutter und Törterchen Öl/Leinwand 80x116cm/*31x45in* Dresden 97
BRANDON Edouard J. Émile 1831-1897 **[12]**
🖐 *$3 500 FF20 771 £2 143* "The Broken Doll" Oil/canvas 33x25cm/*12x9in* San Francisco 98
🖐 *$75 000 FF383 000 £49 600* Synagogue interior Oil/canvas 45x90cm/*17x35in* Tel Aviv 96
BRANDRIFF George Kennedy 1890-1936 **[17]**
🖐 *$850 FF4 994 £510* Coastal, Waves and Rocks Oil/canvas/board 30x45cm/*12x18in* Altadena, CA 97
🖐 *$4 250 FF21 250 £2 759* "Trading Post, Oraibi" Oil/board 35x45cm/*14x18in* Altadena, CA 96
BRANDS Eugene 1913 **[419]**
🖐 *$567 FF3 500 £356* A Composition Oil/paper 19,5x27cm/*7x10in* Amsterdam 97
🖐 *$2 829 FF16 486 £1 729* Kind Oil/paper 43x50cm/*16x19in* Amsterdam 97
🖐 *$9 880 FF49 400 £6 460* "Sunny room" Oil/canvas 100x125cm/*39x49in* Amsterdam 95
🖐 *$118 FF704 £70* Still Life Lithographie couleurs 72x85cm/*28x33in* Amsterdam 97

$1 604 FF9 368 £985 My cosmic Palette Gouache/paper 20x34cm/*7x13in* Amsterdam 97
BRANDT Bill 1904-1983 **[246]**
$508 FF2 952 £300 London Gelatin silver print 34x28cm/*13x11in* London 97
BRANDT Carl 1852-1930 **[147]**
$1 330 FF6 880 £850 A hut in a winter landscape Oil/canvas 84x122cm/*33x48in* London 96
$2 230 FF13 016 £1 326 Vinterlandskap Oil/canvas 99x128cm/*38x50in* Stockholm 97
$468 FF2 719 £288 Insjölandskap, sensommar Pastel 60x108cm/*23x42in* Malmö 97
BRANDT Edgar 1880-1960 **[21]**
$3 668 FF22 531 £2 200 Serpents Vase 1920s Bronze 13x23cm/*5x9in* London 98
BRANDT Fritz 1853-1905 **[4]**
$1 860 FF9 060 £1 170 Paesa in riva al mare Gouache/carta 57x92cm/*22x36in* Milano 95
BRANDT Heinrich Carl 1724-1787 **[1]**
$16 400 FF85 000 £10 500 Group portrait of a noble family in Oriental dress Oil/copper 2x16cm/*x6in* London 96
BRANDT Johannes Herman 1850-1926 **[63]**
$1 262 FF7 469 £759 Parti fra Bornholm Oil 60x95cm/*23x37in* Viby J, Århus 98
BRANDT Josef 1841-1915 **[1]**
$18 862 FF116 074 £11 543 Soldier with Horse in Landscape Oil/canvas 59,3x39,2cm/*23x15in* Warszawa 98
BRANDT Rexford Elson 1914 **[11]**
$2 000 FF10 440 £1 210 Chocolate Mountains Watercolour/paper 33x48cm/*12x18in* San Francisco-Los Angeles 96
BRANDT von Józef 1841-c.1915/28 **[34]**
$1 200 FF5 840 £760 The cowhand's rodeo Oil/canvas 58x94cm/*23x37in* Boston, Mass. 95
$7 500 FF44 589 £4 588 The Hunting Party Oil/canvas 33x46,5cm/*12x18in* New-York 97
$11 137 FF64 445 £6 849 Horse in a snowy landscape Gouache/paper 23,5x36,5cm/*9x14in* Warszawa 97
BRANDTNER Fritz 1896-1969 **[60]**
$1 195 FF7 167 £723 Sans titre Huile/panneau 30,5x38cm/*12x14in* Montréal 97
$588 FF3 030 £389 Banff Ink/paper 20x29cm/*7x11in* Calgary, Alberta 96
BRANEGAN J.F. XIX **[5]**
$501 FF2 970 £300 Boat Entering Whitby Harbour Watercolour/paper 14x12cm/*5x5in* Ilkley, West Yorkshire 97
BRANGWYN Frank 1867-1956 **[310]**
$2 520 FF13 160 £1 500 A road in France Oil/panel 31x43cm/*12x16in* London 96
$7 030 FF36 400 £4 500 Boat-builders Oil/canvas 45x54cm/*17x21in* London 96
$16 850 FF85 000 £11 000 Susannah and the Elders Oil/canvas 119,5x162,5cm/*47x63in* London 96
$226 FF1 335 £140 Crowd Scene Etching 20x23,5cm/*7x9in* Newbury, Berkshire 97
$1 534 FF8 531 £949 Red indians: A design for the empire panels Watercolour, gouache/paper 29,5x31,5cm/*11x12in* Billingshurst, West Sussex 97
BRANTNER Fritz 1896-1969 **[4]**
$1 095 FF6 244 £688 Harbor front anctivities Technique mixte/papier 28x35cm/*11x13in* Montréal 97
BRANWHITE Charles 1817-1880 **[20]**
$434 FF2 702 £260 "The Old Boathouse" Watercolour/paper 32x52cm/*12x20in* Bristol, Avon 98
BRANWHITE Charles Brooke 1851-1929 **[36]**
$460 FF2 783 £290 An Exmoor Stream Oil/canvas 29x44cm/*11x17in* Bristol, Avon 97
$853 FF4 957 £525 "On the Beach, Oystermouth" Watercolour/paper 35x49,5cm/*13x19in* Bristol, Avon 97
BRAQUAVAL Louis 1860-1919 **[50]**
$1 703 FF9 700 £1 050 Scène de marché Huile/panneau 32x41cm/*12x16in* Brest 97
$2 220 FF11 500 £1 485 Vieille église picarde Huile/panneau 38x45cm/*14x17in* Neuilly 96
BRAQUE Georges 1882-1963 **[893]**
$91 100 FF460 000 £59 500 Théière noire et deux citrons Huile/panneau 31,5x49cm/*12x19in* Paris 96
$500 000 FF2 888 500 £293 450 Nature morte ensoleillée Mixed media/canvas 97x129,5cm/*38x50in* New-York 97
$580 000 FF2 970 000 £352 400 Le moulin à café Oil/canvas 87,5x106,5cm/*34x41in* New-York 96
$2 886 FF14 000 £1 860 Nature morte Lithographie 17,5x16,5cm/*6x6in* Paris 95
$6 020 FF31 200 £3 910 Étude d'après nature Plaster 50,5x32,5x9cm/*19x12x3in* München 96
$397 FF2 000 £256 Motif ornemental Gouache 9,5x15cm/*3x5in* Douarnenez 96

BRAQUEHAIS Bruno 1823-1875 **[2]**

📷 *$6 493 FF37 000 £4 055* Nu féminin devant un miroir Tirage albuminé 22,3x17,8cm/*8x7in* Chartres 97

BRASCASSAT Jacques Raymond 1804-1867 **[29]**

🖎 *$2 200 FF13 406 £1 364* Landscape with Steer Oil/panel 20x15cm/*7x5in* New-York 98

🖎 *$10 954 FF67 000 £6 499* Nature morte, trophée de chasse Huile/toile 112x93cm/*44x36in* Pont-Audemer 98

🖎 *$21 000 FF124 628 £12 862* Le Jeune Berger Oil/canvas 98x131cm/*38x51in* New-York 97

✎ *$1 043 FF5 300 £623* Moutons au repos Sanguine 14,5x23cm/*5x9in* Barbizon 96

BRASCH Hans 1882-1973 **[7]**

🖎 *$3 249 FF18 981 £1 922* A Flemish Town with a Girl and Donkey Oil/canvas 74x59,5cm/*29x23in* Boston, Mass. 97

BRASCH Magnus (Attrib.) 1731-1787 **[1]**

🖎 *$9 060 FF46 300 £6 000* Elegant couple dancing in an interior/Tavern interior Oil/canvas 49x58cm/*19x22in* London 96

BRASCH Sven 1886-1970 **[7]**

▥ *$1 610 FF9 221 £952* "Norma Shearer, Don Juan I Knibe" Poster 61,5x85cm/*24x33in* New-York 97

BRASCH Wenzel Ignaz ?-1761 **[4]**

🖎 *$4 910 FF25 700 £2 930* Hund med jaktbyte i landskap Oil/canvas 58x83cm/*22x32in* Stockholm 96

BRASEN Hans Ole 1849-1930 **[62]**

🖎 *$286 FF1 766 £180* Forårsdag i skoven ved ålöb Oil/canvas 42x51cm/*16x20in* København 97

🖎 *$1 178 FF7 036 £724* En bondedreng ved Esrum sö Oil/canvas 34x43cm/*13x16in* København 98

BRASIER William XVIII **[1]**

🖎 *$12 140 FF62 000 £8 000* Still life trompe l'oeil of a letter rack Oil/canvas 63x76cm/*24x29in* London 96

BRASILIER André 1929 **[317]**

🖎 *$4 749 FF27 327 £2 803* Rêverie en vert Oil/canvas 54,5x33cm/*21x12in* New-York 97

🖎 *$5 510 FF28 500 £3 570* Détente Huile/toile 33x41cm/*12x16in* Paris 96

🖎 *$19 000 FF111 372 £11 694* Chevaux en forêt, ou l'automne Oil/canvas 96,5x130cm/*37x51in* New-York 97

▥ *$569 FF3 500 £341* Cavalière sur la plage Lithographie couleurs 65x46cm/*25x18in* Paris 98

✎ *$2 199 FF13 000 £1 315* Cavaliers dans un paysage Lavis/papier 32x25cm/*12x9in* Paris 97

BRASS Hans 1885-1959 **[4]**

✎ *$975 FF5 100 £581* Weiblicher Kat, ein Boot rudernd Ink/paper 44x33cm/*17x12in* Hamburg 96

BRASS Italico 1870-1943 **[5]**

🖎 *$4 499 FF25 498 £2 249* Campo San Trovaso Olio/tavola 26x34cm/*10x13in* Roma 98

🖎 *$14 099 FF79 898 £9 399* Canale a Venezia Olio/tela 50x61cm/*19x24in* Milano 97

BRASSAï Gyula Halasz 1899-1984 **[263]**

📷 *$1 200 FF7 264 £736* Graffiti, the Sign of Death Silver print 50x39cm/*20x15in* New-York 98

BRASSAUW Melchior 1709-c.1760 **[6]**

🖎 *$1 794 FF10 989 £1 100* Young Woman standing at a Window with a Bird Cage, accompanied Oil/canvas 34,5x32,5cm/*13x12in* London 98

BRASSAUW Melchior (Attrib.) 1709-c.1760 **[2]**

🖎 *$1 713 FF10 000 £1 036* Le fumeur à la fenêtre Huile/panneau 15,5x13,5cm/*6x5in* Paris 97

BRASSEUR Georges 1880-1950 **[12]**

🖎 *$1 056 FF6 496 £644* Jeune fille au turban Huile/panneau 46x36cm/*18x14in* Bruxelles 98

✎ *$2 158 FF12 350 £1 276* Après-Midi au Harem Gouache/carton 65x50cm/*25x19in* Bruxelles 97

BRASSINGTON Alan 1959 **[1]**

🖎 *$4 000 FF24 213 £2 364* Study of a jockey Oil/paper 44x41cm/*17x16in* New-York 98

BRAT Vladimir 1965 **[23]**

🖎 *$390 FF2 370 £240* Floreros Oleo/lienzo 74x49cm/*29x19in* Madrid 98

BRATBY John Randall 1928-1992 **[146]**

🖎 *$1 274 FF7 714 £800* Brigitte Bardot Oil/board 51x41,5cm/*20x16in* London 97

🖎 *$1 982 FF10 150 £1 204* Gorilla and other Monkeys Oil/board 122x122cm/*48x48in* London 96

BRATE Fanny 1861-1940 **[15]**

🖎 *$2 530 FF13 220 £1 508* Flicka vid fönster Oil/canvas/panel 54x36cm/*21x14in* Stockholm 96

BRATKOWSKI Roman 1869-1959 **[7]**

🖎 *$572 FF3 314 £352* Nokturn Wenecki (Venezia) Oil/cardboard 35x49cm/*13x19in* Warszawa 97

BRATLAND Jakob 1859-1906 **[7]**
$2 690 FF16 116 £1 608 Ung gutt ved setervoll Oil/canvas 65x46cm/*25x18in* Oslo 98
BRAU Casimir XIX-XX **[1]**
$907 FF4 700 £580 "Gds. Vins de Champagne C. Gauthier & Cie., Epernay" Poster 100x136cm/*39x53in* London 96
BRAUER Erich, Arik 1929 **[137]**
$10 322 FF61 880 £6 162 "Kulturreste" Oil/panel 41x26cm/*16x10in* Wien 98
$28 900 FF146 200 £18 960 Spiel mit dem Atomkern Oil/panel 93x111cm/*36x43in* Wien 96
$223 FF1 333 £134 "Der Muff" Etching in colors 18x14,5cm/*7x5in* Wien 98
$4 824 FF28 626 £2 994 "Pamina" Tempera/paper 25x29,5cm/*9x11in* Wien 97
BRAUN Adam 1748-1827 **[3]**
$4 158 FF23 616 £2 602 Der unerwartete Besuch Öl/Leinwand 52x41,5cm/*20x16in* München 97
BRAUN Adolphe 1811-1877 **[34]**
$905 FF5 000 £565 Le Cervin et le Lac du Riffel, Suisse Tirage charbon 37x47cm/*14x18in* Paris 97
BRAUN Josef 1903-? **[2]**
$1 227 FF7 030 £726 Allgäuer Landschaft mit Gehöft Oil/panel 57x67,5cm/*22x26in* Kempten 97
BRAUN Louis, Ludwig 1836-1916 **[22]**
$3 276 FF17 100 £1 950 Cavalry engagement Oil/panel 37x70cm/*14x27in* Stockholm 96
$590 FF3 376 £368 Mittelalterischer Handwerker Aquarell 49x38cm/*19x14in* Stuttgart 97
BRAUN Maurice 1877-1941 **[102]**
$4 500 FF27 422 £2 686 Landscape, "Late October" Oil/board 20x25cm/*8x10in* Pasadena, California 98
$130 000 FF782 665 £77 779 The Bay-San Diego Oil/canvas 86,5x86,5cm/*34x34in* San Francisco 98
BRAUN Maurice (Attrib.) 1877-1941 **[4]**
$1 100 FF6 707 £660 California Hills Oil/board 15x20cm/*6x8in* Chester, NY 98
BRAUN Reinhold 1821-1884 **[7]**
$2 115 FF10 400 £1 338 Auf dem Schlachtfeld Öl/Leinwand 30x27cm/*11x10in* Schloss Osterberg 95
$27 500 FF168 401 £16 458 Before the Storm Oil/canvas 67,5x90cm/*26x35in* New-York 98
BRAUND Dorothy Mary 1926 **[24]**
$1 560 FF9 107 £962 Fun run at the start Oil/board 60x89cm/*23x35in* Melbourne 97
$1 504 FF8 867 £899 Three Bathers Watercolour/paper 32x32cm/*12x12in* Melbourne 97
BRAUNER Victor 1903-1966 **[324]**
$8 620 FF45 000 £5 210 Les Hommes foudroyées Huile/toile 45,5x52cm/*17x20in* Paris 96
$33 403 FF195 000 £20 202 Sans titre Huile/papier 25,5x34,5cm/*10x13in* Paris 97
$392 FF2 346 £240 La fiancée héliothropique Color lithograph 50,5x65,5cm/*19x25in* München 98
$5 000 FF24 460 £3 165 Fishface Pencil/paper 21x14cm/*8x5in* New-York 95
BRÄUNLING Gottfried 1947 **[2]**
$1 587 FF9 370 £940 Waffe des Untergrundes Bronze H20cm/*H7in* Berlin 97
BRAUNTUCH Troy 1954 **[20]**
$882 FF5 283 £527 "Untitled I" Chalks 65x97cm/*25x38in* Stockholm 98
BRAUT Albert 1874-1912/26 **[1]**
$15 016 FF90 680 £9 000 Two Ladies by a Pond Oil/canvas 147,5x60cm/*58x23in* London 98
BRAUWER de Cyriel 1914-1989 **[7]**
$1 355 FF8 125 £830 Jument et son poulain Bronze H30cm/*H11in* Antwerpen 97
BRAVO Claudio 1936 **[118]**
$27 000 FF131 000 £17 400 Retrato de Joven Marroquí Oil/canvas 45x35cm/*17x13in* New-York 95
$23 760 FF142 920 £14 760 Palacio de Bolongaro/Escena galante Oleo/cartón 130x37cm/*51x14in* Madrid 97
$190 000 FF1 109 809 £112 423 Still Life with Landscape Oil/canvas 129,5x110cm/*50x43in* New-York 97
$910 FF5 200 £559 Composición Litografia 68x78cm/*26x30in* Madrid 97
$1 054 FF6 409 £632 Piedras Lápiz 6x7cm/*2x2in* Madrid 98
BRAY de Dirck c.1640-c.1690 **[1]**
$125 000 FF690 225 £78 000 Basket of flowers on a marble ledge Oil/panel 56x48cm/*22x18in* New-York 97
BRAY de Jan c.1627-1697 **[12]**
$7 893 FF45 000 £4 887 Portrait d'homme à la colerette blanche Huile/toile 73x63cm/*28x24in* Paris 97
$261 376 FF1 548 450 £155 000 A Girl holding a Pigeon and a Boy gesturing Oil/panel 36,5x27cm/*14x10in* London 97
$2 133 FF10 500 £1 374 David prenant congé de Jonathan Pierre noire 29x23,5cm/*11x9in* Paris 95

BRAY de Jan (Attrib.) c.1627-1697 **[3]**
☞ *$6 994 FF41 095 £4 200* Portrait of a Lady, Bust Length; Wearing a Pale Yellow Dress Oil/canvas 66x53,5cm/*25x21in* London 97
☞ *$13 660 FF69 800 £9 000* The Agony in the Garden Oil/panel 38,5x30,5cm/*15x12in* London 96
BRAY de Salomon 1597-1664 **[7]**
☞ *$104 730 FF617 532 £62 000* The supper at emmaus Oil/panel 46x38cm/*18x14in* London 97
✐ *$9 470 FF48 200 £5 680* The Pentecost Black chalk 29,3x23,7cm/*11x9in* Amsterdam 96
BRAY Phyllis 1911 **[1]**
▥ *$652 FF3 846 £400* "Wimbledon Championships" Poster 25x32cm/*9x12in* London 98
BRAYER Yves 1907-1990 **[835]**
☞ *$4 150 FF21 000 £2 723* Gondole à Venise Huile/toile 24x35cm/*9x13in* Calais 96
☞ *$10 220 FF52 000 £6 110* Chevaux en Camargue Huile/toile 50x65cm/*19x25in* Le Havre 96
☞ *$17 800 FF90 000 £11 670* Portugal, l'église de Monsaraz Huile/toile 98x130cm/*38x51in* Calais 96
▥ *$201 FF1 200 £121* Cagnes, vue des Colettes Lithographie couleurs 59,7x76,5cm/*23x30in* Paris 97
✐ *$161 FF1 000 £97* Portrait de jeune femme Aquarelle/papier 25x22cm/*9x8in* Brest 97
BREAKSPEARE William A. 1855-1914 **[44]**
☞ *$2 114 FF12 059 £1 300* The Proposal Oil/board 30x22cm/*11x8in* Billingshurst, West Sussex 97
☞ *$3 837 FF22 917 £2 349* Thisbe Oil/canvas 60x41cm/*23x16in* Stockholm 98
✐ *$1 240 FF6 420 £800* Tea Time Watercolour 26x37cm/*10x14in* London 96
BRÉANSKI de Alfred Fontville ?-1893 **[52]**
☞ *$1 810 FF9 280 £1 100* Tavy Cleave, Dartmoor Oil/canvas 40,5x61cm/*15x24in* London 96
BRÉANSKI de Alfred, Jnr. 1877-1945 **[132]**
☞ *$460 FF2 800 £280* Welsh Highlands/Ladore Oil/canvas 40,5x61cm/*15x24in* London 98
☞ *$2 500 FF14 501 £1 538* On the Thames near Marlow Oil/canvas/board 30,5x35,5cm/*12x13in* New-York 97
✐ *$3 016 FF18 472 £1 800* "Llugwy River, North Wales"/"Snowdon, North Wales" Watercolour/paper 25,35,5cm/*9x13in* Newcastle-upon-Tyne 98
BRÉANSKI de Alfred, Snr. 1852-1928 **[269]**
☞ *$11 850 FF58 000 £7 500* The River Teith/Lacoh Katrine Oil/canvas 20x31cm/*7x12in* London 95
☞ *$16 719 FF95 978 £10 500* The Banks of Buttermere Oil/canvas 61x91,5cm/*24x36in* London 97
☞ *$55 000 FF326 408 £33 687* "Old Inverlochy" Oil/canvas 91,5x134,5cm/*36x52in* New-York 97
✐ *$966 FF5 763 £600* On the Llugwy Watercolour 47x73,5cm/*18x28in* London 97
BRÉANSKI de Alfred, Snr. (Attr.) 1852-1928 **[2]**
☞ *$6 455 FF39 100 £4 000* On Loch Etive, N.B. Oil/canvas 61x92cm/*24x36in* Perthshire 97
BRÉANSKI de Gustave c.1856-1898 **[72]**
☞ *$536 FF2 680 £350* A fishing boat leaving harbour Oil/canvas 41x61cm/*16x24in* London 96
☞ *$621 FF3 150 £400* Off the coast Oil/canvas/board 23x38cm/*9x14in* London 96
BREAUTE Albert 1853-? **[5]**
☞ *$6 856 FF39 179 £4 200* La lecture Oil/canvas 73,5x61cm/*28x24in* London 97
BRÉBIETTE Pierre c.1598-c.1650 **[6]**
▥ *$166 FF1 007 £101* Juno und Diana Radierung 10,3x16,2cm/*4x6in* Berlin 98
✐ *$17 000 FF93 923 £10 565* Juno, Minerva and Venus on Mount Helican with the Muses making Music Red chalk/paper 26,3x42,2cm/*10x16in* New-York 97
BRECHER Samuel 1897-1982 **[7]**
☞ *$175 FF1 074 £105* Table top Still Life Oil/canvas 71x55cm/*28x22in* Summit, NJ 98
BRECHT Georges 1925 **[14]**
☞ *$2 400 FF13 600 £1 200* "Void" Tecnica mista 21x25x3cm/*8x9x1in* Prato 98
BRECK John Leslie 1861-1899 **[7]**
☞ *$38 000 FF194 000 £25 030* Lily pond Oil/canvas 15x22cm/*6x9in* Dedham, Mass. 96
☞ *$170 000 FF992 987 £104 363* Apple Blossoms Oil/canvas 46x56cm/*18x22in* New-York 97
BRECKENRIDGE Hugo Henry 1870-1937 **[4]**
☞ *$2 960 FF14 340 £1 900* Young irl smocking a hookah Oil/panel 39x30cm/*15x11in* London 95
BREDA von Carl Fredrik 1759-1818 **[10]**
☞ *$5 476 FF31 365 £3 343* Paret Olbers Oil/canvas 76x64cm/*29x25in* Stockholm 97
BREDA von Carl Fredrik (Attr.) 1759-1818 **[5]**
☞ *$2 584 FF15 232 £1 544* Mansporträtt Oil/canvas 70x59cm/*27x23in* Stockholm 97

☞ *$138 915 FF807 030* £82 005 Porträtt av Hagia Yousouf Effendi Oil/canvas 240x148cm/*94x58in* Stockholm 97

BREDA von Lukas (Attrib.) 1676-1752 **[1]**
☞ *$4 263 FF25 132* £2 547 Mansporträtt Oil/canvas 93x68cm/*36x26in* Stockholm 97

BREDAEL van Alexander 1663-1720 **[14]**
☞ *$24 800 FF120 000* £15 550 Les joies de l'Hiver Huile/toile 65x81cm/*25x31in* Paris 95
☞ *$26 980 FF159 840* £16 000 A Village Kermesse Oil/canvas 28x39,5cm/*11x15in* London 97
☞ *$74 250 FF388 350* £45 000 The Ommegang in Antwerp at the Meir Oil/canvas 102,5x192cm/*40x75in* London 96

BREDAEL van Carel 1678-1733 **[5]**
☞ *$3 450 FF18 000* £2 170 Choc de cavalerie Huile/panneau 19x24cm/*7x9in* Lyon 96

BREDAEL van Carel (Attrib.) 1678-1733 **[2]**
☞ *$4 070 FF20 730* £2 400 Military commanders on a battlefield Oil/canvas 34x40cm/*13x15in* London 96

BREDAEL van Jan Frans I 1686-1750 **[7]**
☞ *$8 406 FF49 950* £5 000 A cavalry skirmish on an battle/A cavalry skirmish with Turks Oil/canvas 33,5x43cm/*13x16in* London 97

BREDAEL van Jan Frans I (Attrib) 1686-1750 **[3]**
☞ *$7 587 FF45 000* £4 639 Paysage de rivière dominé par une tour et animé de bergers Huile/panneau 32x44,5cm/*12x17in* Paris 97

BREDAEL van Jan Peter I 1654-1745 **[8]**
☞ *$15 306 FF91 000* £9 482 Scène Villageoise Huile/toile 51x60cm/*20x23in* Lyon 97
☞ *$24 300 FF142 980* £15 000 Eisvergnügen Oil/copper 19x23cm/*7x9in* Wien 97

BREDAEL van Jan Peter I (Attr.) 1654-1745 **[3]**
☞ *$4 480 FF22 400* £2 900 Landscape with peasants cutting wood by a lake Oil/canvas 41x60cm/*16x23in* London 96

BREDAEL van Jan Peter II 1683-1735 **[7]**
☞ *$34 981 FF211 247* £21 000 A Winter Landscape with Skaters, Figures in Horse-Drawn Sleighs Oil/panel 26x39,5cm/*10x15in* London 98

BREDAEL van Joris Breda 1661-c.1706 **[1]**
☞ *$76 695 FF460 644* £46 000 A Sledge Carousel in the Courtyard of The Hofburg, Vienna Oil/canvas 169x221cm/*66x87in* London 98

BREDAEL van Joseph 1688-1739 **[31]**
☞ *$1 556 FF8 000* £970 Paysage avec cavaliers et troupeau Huile/panneau 18x16cm/*7x6in* Paris 96
☞ *$54 500 FF277 000* £32 660 River landscape Oil/copper 36x48,5cm/*14x19in* Amsterdam 96

BREDAEL van Joseph (Attrib.) 1688-1739 **[5]**
☞ *$23 254 FF140 000* £13 916 La halte des pèlerins dans un paysage de montagne Huile/toile 61x97cm/*24x38in* Paris 98

BREDAEL van Pieter 1629-1719 **[20]**
☞ *$12 960 FF76 256* £8 000 Flusslandschaft mit Blick auf eine Stadt Oil/copper 29x42,5cm/*11x16in* Wien 97
☞ *$17 300 FF86 000* £11 000 Italianate market scenes Oil/canvas/board 68x82cm/*26x32in* London 95
☞ *$45 200 FF230 000* £27 000 Scène de village Huile/toile 140x200cm/*55x78in* Saint-Dié 96

BREDAEL van Pieter (Attrib.) 1629-1719 **[4]**
☞ *$5 030 FF25 000* £3 200 A coastal inlet with figures at a market Oil/canvas/panel 28x40cm/*11x15in* London 95

BREDAL Niels 1841-1888 **[4]**
☞ *$1 735 FF10 600* £1 094 Fra lataranhaven, gammel munk der betragter de blomstrende iris Oil/canvas 53x72cm/*20x28in* København 97

BREDDO Gastone 1915-1991 **[27]**
☞ *$4 800 FF27 200* £3 200 Cartoccio Olio/tela 70x50cm/*27x19in* Prato 97

BRÉDÈCHE Jacques XX **[31]**
☞ *$757 FF4 500* £459 La ferme Huile/toile 50x61cm/*19x24in* Sceaux 97

BREDIN Rae Sloan 1881-1933 **[4]**
☞ *$5 000 FF30 030* £2 999 Child Sitting Above the Sea Oil/board 25x38cm/*10x15in* Philadelphia 98

BREDOW Rudolf 1909-1973 **[4]**
✑ *$12 398 FF74 331* £7 500 Anemoies with Fruit and Blue and Red Coloured Wine Jug IV Watercolour/paper 49x60cm/*19x23in* London 97

BREDSDORFF Johan Ulrik 1845-1928 **[33]**

☞ *$146 FF878 £88* Marine Oil/panel 33x59cm/*12x23in* Viby J, Århus 97
BREDT Ferdinand Max 1860-1921 **[14]**
☞ *$600 FF3 691 £360* Bildnis einer jüngeren Frau mit Rosenstrauss in den Händen Oil/canvas 80x64cm/*31x25in* Köln 98
BREE van Mathieu Ignace 1773-1839 **[14]**
☞ *$1 573 FF8 971 £957* Portrait of a Lady, wearing a black dress Oil/canvas 89x71cm/*35x27in* Rumbeke (Kortrijk) 97
BREE van Philippe 1786-1871 **[8]**
☞ *$2 720 FF15 498 £1 666* Interieur Oil/panel 64x80cm/*25x31in* Köln 97
BREED Dirk 1920 **[8]**
☞ *$543 FF3 267 £328* De Amstel Oil/canvas 55x65cm/*21x25in* Den Haag 98
BREEN van Adam (Attrib.) c.1590-c.1650 **[2]**
☞ *$47 575 FF275 000 £29 535* Paysage enneigé avec patineurs Huile/toile 71x93cm/*27x36in* Paris 97
BREENBERGH Bartholomeus 1599-1659 **[24]**
☞ *$43 000 FF237 570 £26 724* An Extensive landscape with a View of Bomarzo Oil/canvas 97x135cm/*38x53in* New-York 97
☞ *$91 600 FF456 500 £60 000* Portrait of a gentleman, seated Oil/panel 43x34cm/*16x13in* London 95
☞ *$126 472 FF749 250 £75 000* Cornelius worshipping Saint Peter at Caesarea Oil/canvas 77x115cm/*30x45in* London 97
▥ *$510 FF3 012 £302* Das Innere von einer der Grotten von Valmontone bei Rom Radierung 10x6cm/*3x2in* Berlin 97
✐ *$7 099 FF40 633 £4 193* The Ruins of the Colosseum, Rome Black chalk 22,5x33cm/*8x12in* Amsterdam 97
BREETVELD Dolf 1892-1989 **[40]**
☞ *$2 096 FF12 485 £1 246* Composition No. 302 Oil/canvas 100x100cm/*39x39in* Amsterdam 97
✐ *$632 FF3 310 £380* Untitled Gouache/paper 49x63cm/*19x24in* Amsterdam 96
BREGLER Charles XX **[5]**
☞ *$950 FF5 705 £569* Portrait of Grandmother Oil/canvas 106x79cm/*42x31in* Philadelphia 98
BREGNØ Jens Jakob 1877-1946 **[22]**
▱ *$1 400 FF7 100 £910* Eva bryder Adam et aeble Bronze H35cm/*H13in* København 96
BREINLINGER Hans 1888-1963 **[12]**
✐ *$1 144 FF6 872 £686* "Komposition" Gouache 21x27cm/*8x10in* Stuttgart 98
BREITENBACH Josef 1896-1984 **[22]**
▣ *$1 800 FF11 104 £1 080* Landscape, France Photograph 28x38cm/*11x14in* New-York 98
BREITER Herbert 1927 **[12]**
✐ *$1 153 FF6 664 £684* Südliche Landschaft Aquarell/Papier 24x56cm/*9x22in* Wien 97
BREITNER Georg Hendrik 1857-1923 **[81]**
☞ *$7 255 FF43 658 £4 343* A Cavalrist on Horseback, a Study Oil/canvas/panel 37,5x27cm/*14x10in* Amsterdam 98
☞ *$23 346 FF135 094 £14 265* A Reclining Nude Oil/canvas 50x90cm/*19x35in* Amsterdam 97
☞ *$77 385 FF465 655 £46 331* A Nude Oil/canvas 145x95,5cm/*57x37in* Amsterdam 98
▥ *$204 FF1 249 £121* Soldiers with horses Etching 10,3x14,6cm/*4x5in* Amsterdam 98
✐ *$3 272 FF19 677 £1 962* A Soldier on Horseback Black chalk/paper 25x30,5cm/*9x12in* Amsterdam 98
BREITWIESER Robert 1899-1975 **[15]**
☞ *$1 253 FF6 500 £827* Paris, rue Olivier-Noyer Huile/toile 41x33cm/*16x12in* Saint-Dié 96
☞ *$1 892 FF9 800 £1 228* Portrait d'un poète au Quartier Latin Huile/toile 92x65cm/*36x25in* Belfort 96
BREKELENKAM van Quiringh G. (Attrib) c.1620-1668 **[6]**
☞ *$924 FF5 518 £567* Le toucher Huile/panneau 25x20cm/*9x7in* Bruxelles 97
☞ *$9 460 FF56 016 £5 618* Kücheninterieur mit Familie am Kaminfeuer Oil/panel 57x79cm/*22x31in* Zürich 97
BREKELENKAM van Quiringh Gerritsz c.1620-1668 **[30]**
☞ *$14 940 FF74 900 £9 450* Küchenmagd beim Abschuppen von Fischen Oil/panel 28x32cm/*11x12in* Wien 95
☞ *$31 343 FF187 667 £19 252* Die Spitzenklöpplerin Oil/wood 49,8x37,3cm/*19x14in* Köln 98
BREKER Arno 1900-1991 **[138]**
▥ *$49 FF302 £29* Weibliche Akte Lithograph 15x21cm/*5x8in* Bremen 98
▱ *$150 FF870 £88* Kindesanbetung Bronze 14,5x19cm/*5x7in* Köln 97
▱ *$43 600 FF214 400 £27 630* Buste de Salvador Dali Bronze H88cm/*H34in* Zürich 95

✏ *$1 235 FF7 094* £753 Jüngling, sitzend dargestellt Red chalk/paper 54x37cm/*21x14in* Düsseldorf 97
BRELING Heinrich 1849-1903 **[20]**
👁 *$1 753 FF9 991* £1 100 Peasants taking refreshment outside an Inn Oil/panel 16x21,5cm/*6x8in* London 97
👁 *$7 311 FF42 857* £4 500 Die Heurernte Oil/canvas 91x68cm/*35x26in* London 97
BRELY de la August 1838-1906 **[8]**
👁 *$3 500 FF20 771* £2 143 The Swing Oil/panel 24x18,5cm/*9x7in* New-York 98
BREMAN Co 1865-1938 **[33]**
👁 *$2 870 FF15 040* £1 725 Still life with lemons Oil/canvas 27x41cm/*10x16in* Amsterdam 96
👁 *$4 920 FF25 000* £2 936 Bord de Meuse au printemps Huile/toile 31x60cm/*12x23in* Paris 96
✏ *$233 FF1 427* £138 Farmyard in the snow Pencil 34,5x23cm/*13x9in* Amsterdam 98
BREMER Anna Millay 1838-1921 **[2]**
👁 *$3 250 FF16 867* £2 152 Pious Elderly Couple Oil/canvas 76x63cm/*30x25in* New Orleans, Louisiana 96
BREMER Uwe 1940 **[53]**
🖼 *$113 FF671* £70 Wer beschoss 120 Mill.Jahre v.d.Z. Dinosaurier mit Laserkanonen ? Farbradierung 48x48cm/*18x18in* Bielefeld 97
BREMMER Hendricus Petrus 1871-1956 **[13]**
👁 *$9 176 FF53 601* £5 430 Henkelkrug mit Mohnkapseln Mischtechnik 18,3x14cm/*7x5in* Köln 97
✏ *$1 948 FF11 635* £1 191 A Waterpump on a Yard Pastel 25x44cm/*9x17in* Amsterdam 98
BRENAN James 1837-1907 **[1]**
👁 *$3 330 FF17 300* £2 200 On the Coast Oil/canvas 34x56cm/*13x22in* London 96
BRENDEKILDE Hans Andersen 1857-1942 **[165]**
👁 *$1 003 FF6 162* £602 Parti fra Borghese parken Oil/canvas 50x40cm/*19x15in* Vejle 98
👁 *$2 093 FF11 989* £1 278 Småpiger på en vej i udkanten af landsbyen Oil/canvas 30x38cm/*11x14in* Köbenhavn 97
👁 *$47 500 FF248 300* £28 300 In the woods, Autumn Oil/canvas 109x127cm/*42x50in* Köbenhavn 96
BRENDEL Albert Heinrich 1827-1895 **[27]**
👁 *$2 406 FF14 463* £1 441 Schafe im Stall Oil/panel 31,5x40cm/*12x15in* Zürich 98
🖼 *$79 FF469* £48 Leinreiter mit Pferden/Schweine bei einer Mauer Radierung 18x26cm/*7x10in* Hamburg 98
BRENDERS Carl 1937 **[7]**
👁 *$33 300 FF173 600* £22 000 Tiger in tall grass Mixed media/board 80x65,5cm/*31x25in* London 96
🖼 *$140 FF834* £86 Black Sphinx Color lithograph 50x76cm/*20x30in* Portland, OR 97
✏ *$15 000 FF71 550* £9 433 Hunting Osprey Gouache/paper 13x20cm/*5x7in* Hayden 95
BRENDSTRUP Thorald 1812-1883 **[25]**
👁 *$933 FF5 711* £567 Sommerlandskab med graessende kvaeg og markarbejdere Oil/canvas 21x60cm/*8x23in* Köbenhavn 98
👁 *$2 175 FF12 378* £1 331 En fårehyrde på en slette Oil/canvas 47x83cm/*18x32in* Viby J, Århus 97
BRENET Albert 1903-? **[82]**
👁 *$987 FF6 100* £593 Ressac sur les rochers Huile/carton 36x52cm/*14x20in* Paris 98
🖼 *$869 FF5 400* £524 A bord de l'Ariane Lithographie couleurs 71x100cm/*27x39in* Paris 98
✏ *$1 793 FF10 600* £1 110 Trois-mâts, barque Gouache/papier 51x85cm/*20x33in* La Baule 97
BRENET Nicolas-Guy 1728-1792 **[5]**
👁 *$26 400 FF128 000* £17 000 Saint Sebastian Oil/canvas 160x112cm/*62x44in* London 95
✏ *$2 000 FF11 086* £1 234 A standing male academy Red chalk/paper 56,5x38,7cm/*22x15in* New-York 97
BRENNAN Michael George 1839-1874 **[1]**
👁 *$14 960 FF77 500* £10 000 The Acolyte Oil/canvas 68x91cm/*26x35in* London 96
BRENNEMAN George W. 1856-1906 **[3]**
👁 *$3 250 FF19 890* £1 975 The Copper Urn Oil/panel 15x11cm/*6x4in* Milford, Conn. 98
BRENNER Adam 1800-1891 **[16]**
👁 *$2 553 FF15 251* £1 564 Portrait eines Architekten Öl/Leinwand 71x58cm/*27x22in* Wien 98
BRENNER Carl Christian 1833-1888 **[8]**
👁 *$2 100 FF12 259* £1 289 River Sunset Oil/canvas 25x20cm/*10x8in* New-York 97
👁 *$3 600 FF21 634* £2 176 Evening in Winter, Returning Home Oil/canvas/board 90x151,5cm/*35x59in* New-York 98
BRENNER Franz 1873-1945 **[10]**
✏ *$439 FF2 275* £284 Wiener Altstadtpartie Aquarell 28,5x21,5cm/*11x8in* Zofingen 96
BRENNIR Carl 1850-1920 **[18]**
👁 *$991 FF5 010* £650 A view in North Wales Oil/canvas 51x76cm/*20x29in* London 96

BRENOT Pierre-Laurent 1913-1998 **[27]**
- $1 437 FF8 200 £878 Jeune fille déshabillée Huile/toile 60x10cm/*23x3in* Dax 97
- $159 FF950 £96 "Comédie Caumartin" Affiche 65x43cm/*25x16in* Paris 97

BRENTEL Friedrich 1580-1651 **[20]**
- $13 234 FF82 000 £7 904 "Rendez à César ce qui est à César et à Dieu ce qui est à Dieu" Gouache/papier 6,5x9cm/*2x3in* Paris 98

BRESCIA da Giovanni Antonio XV-XVI **[1]**
- $3 339 FF20 189 £2 000 Four Dancing Muses Engraving 21x34cm/*8x13in* London 98

BRESCIANI DA GAZOLDO Archimede 1881-1939 **[1]**
- $14 679 FF83 181 £7 339 Paesaggio montano Olio/tavola 80x122cm/*31x48in* Milano 98

BRESDIN Rodolphe 1822-1885 **[115]**
- $1 280 FF6 500 £764 Le Marché aux Parasols Eau-forte 17x9,2cm/*6x3in* Paris 96
- $2 866 FF14 000 £1 800 Confidence Indian ink 14x10cm/*5x3in* London 95

BRESLAU Marie-Louise 1856-1927 **[14]**
- $11 400 FF58 000 £7 030 Le miroir Huile/toile 62x65cm/*24x25in* Paris 96
- $67 FF400 £40 Bouquet de jonquilles Pastel/papier 38x31cm/*14x12in* Saumur 97

BRESLAUER Marianne 1909-? **[7]**
- $1 101 FF6 558 £673 Djemila in Jerusalem Gelatin silver print 28x22,5cm/*11x8in* Berlin 98

BRESOLIN Domenico 1814-1890 **[3]**
- $1 560 FF8 840 £780 Paesaggio fluviale Olio/cartone 19x44cm/*7x17in* Milano 97

BRESSANIN Vittorio Emanuele 1860-1941 **[7]**
- $5 218 FF31 098 £3 200 At the Laundry Oil/canvas 40x60cm/*15x23in* London 98

BRESSLER Emile Alois L. 1886-1966 **[25]**
- $1 386 FF6 770 £864 Fleurs des champs Huile/toile 41x33cm/*16x12in* London 95
- $2 258 FF13 190 £1 336 Femme à table Huile/toile 53,5x64cm/*21x25in* Genève 97

BRESSLER Henriette XIX-XX **[2]**
- $1 228 FF7 000 £752 "Cycles Humber" Affiche 150x110cm/*59x43in* Orléans 97

BRESSLERN-ROTH Norbertine 1891-1978 **[97]**
- $206 FF1 241 £126 The Hunter Linocut 20,5x25cm/*8x9in* Sydney 98
- $1 762 FF10 465 £1 047 Affen Aquarell, Gouache/Papier 26x26cm/*10x10in* Wien 97

BREST Fabius Germain 1823-1900 **[59]**
- $4 105 FF23 970 £2 505 Figürliche Szene aus einem Orient Öl/Leinwand 35x27,5cm/*13x10in* Wien 97
- $30 540 FF158 000 £19 800 "Carrefour de Sainte Sophie à Constantinople" Huile/toile 86x66cm/*33x25in* Paris 96
- $1 309 FF7 626 £800 View of Istanbul Watercolour 25x39,7cm/*9x15in* London 97

BREST VAN KEMPEN Carel Pieter 1958 **[6]**
- $3 334 FF20 028 £2 000 Andean Condor and Patagonian Conures Acrylic/board 49,5x75cm/*19x29in* London 98

BRETLAND Thomas W. 1802-1874 **[11]**
- $14 000 FF81 207 £8 615 St. Lawrence, winner of the 1847 Chester Cup Oil/canvas 71x91cm/*27x35in* New-York 97

BRETLAND Thomas W. (Attrib.) 1802-1874 **[2]**
- $5 500 FF27 500 £3 560 A steeple chase Oil/canvas 47x72cm/*18x28in* New-York 96

BRETON André 1896-1966 **[4]**
- $11 704 FF70 000 £7 105 Cadavres exquis Crayons couleurs 24x31,5cm/*9x12in* Paris 97

BRETON Emile 1831-1902 **[10]**
- $2 000 FF11 574 £1 230 Landscape with Sea and Figure Watercolour 17x20cm/*6x7in* Los Angeles 97

BRETON Jules Adolphe 1827-1906 **[75]**
- $637 FF3 429 £380 Une paysanne Oil/canvas 50,8x40,6cm/*20x15in* London 97
- $15 060 FF78 000 £9 720 Les musiciens Huile/toile 40,5x33cm/*15x12in* Paris 96
- $450 000 FF2 337 000 £297 600 Les Communiantes Oil/canvas 124x192cm/*48x75in* New-York 96
- $964 FF5 500 £587 Jour d'anniversaire Technique mixte/papier 41x60cm/*16x23in* Paris 97

BRETT John 1830-1902 **[64]**
- $2 670 FF13 580 £1 600 "Arran" Oil/canvas 25x48cm/*9x18in* London 96
- $3 491 FF21 696 £2 200 The South Bishop Rock, Anticipation of a Wild Night Oil/canvas 60,5x121,5cm/*23x47in* London 97

✏ *$74 901 FF437 262 £46 000* An Alpine Meadow Watercolour 25,5x36cm/*10x14in* London 97
BRETTE Pierre 1905-1961 **[23]**
✏ *$836 FF5 200 £527* La Remontée après la pêche Aquarelle/papier 12x17cm/*4x6in* Coutances 97
BREU Jörg 1475-1537 **[3]**
⌣ *$43 000 FF224 600 £26 000* The Virgin and Child in a landscape Oil/panel 56x39cm/*22x15in* London 96
BREUER Henry Joseph 1860-1932 **[13]**
⌣ *$1 000 FF6 093 £618* "17 Mile Drive" Oil/board 40x30cm/*16x12in* Oakland, Ca 98
⌣ *$2 250 FF13 219 £1 351* Coastal, Sand Dunes, Seagulls Oil/canvas 66x76cm/*26x30in* Altadena, CA 97
BREUER Peter 1856-1930 **[9]**
🖾 *$2 495 FF14 917 £1 527* Standing nude woman with a mirror Bronze H61cm/*H24in* Warszawa 97
BREUHAUS DE GROOT Frans Arnold 1824-1872 **[7]**
⌣ *$4 390 FF22 570 £2 740* A crowd watching a ship in distress/Horses pulling a life-boat Oil/paper/canvas 36,5x51cm/*14x20in* Amsterdam 96
BREUHAUS DE GROOT Frans Arnold 1796-1875 **[8]**
⌣ *$2 220 FF11 500 £1 440* Figures in an extensive dune landscape Oil/panel 30x38,5cm/*11x15in* Amsterdam 96
⌣ *$5 366 FF28 881 £3 200* The Rescue Oil/canvas 44,5x67,5cm/*17x26in* London 97
BREUL Hugo 1854-1910 **[4]**
⌣ *$3 000 FF17 084 £1 850* Portrait of a Woman in Oriental Interior Oil/canvas 122x91,5cm/*48x36in* Boston, Mass. 97
BREUSING Ima 1886-? **[2]**
✏ *$975 FF5 085 £570* Strandpassage mit einem Leuchtturm Aquarell/Papier 27,5x38,5cm/*10x15in* Berlin 96
BREVEGLIERI Cesare 1902-1948 **[17]**
⌣ *$6 600 FF37 400 £3 300* Strada con alberi e figure Olio/tela 55x45cm/*21x17in* Milano 97
BREVOORT James Renwick 1832-1918 **[8]**
⌣ *$6 440 FF36 342 £3 947* Hudson Valley Landscape Oil/canvas 40x60cm/*16x24in* Mystic, Connecticut 97
BREWER Henry Charles 1866-1943 **[35]**
✏ *$983 FF5 747 £600* A View of St Clementines Church from the Strand Watercolour 64x47,5cm/*25x18in* London 97
BREWER Henry William c.1830-1903 **[4]**
✏ *$987 FF5 994 £600* The Interior of St. George's Chapel, Windsor Watercolour 54,5x41cm/*21x16in* London 98
BREWER James Alphege XIX-XX **[8]**
▥ *$125 FF744 £74* The Betogen Ely Cathedral Etching 54x36cm/*21x14in* Bethesda, Maryland 98
BREWER Nicholas Richard 1857-1949 **[6]**
⌣ *$1 904 FF10 744 £1 167* Woman Crossing Bridge Oil/board 25x35cm/*10x14in* Mystic, Connecticut 97
BREWERTON George Douglas 1820-1901 **[9]**
✏ *$600 FF3 809 £374* "The Strestle Bridge, White Mountain Pond" Pastel/paper 33x60cm/*13x24in* Portland, Maine 97
BREWSTER Anna Richards 1870-1952 **[23]**
⌣ *$784 FF4 072 £464* Sussex Scene Oil/board 22x30cm/*9x12in* Mystic, Connecticut 97
BREWSTER John II 1766-1854 **[4]**
⌣ *$22 000 FF119 629 £13 171* A Blond-Haired Boy Wearing a Black Coat Oil/canvas 75x62cm/*29x24in* New-York 97
BREWTNALL Edward Frederick 1846-1902 **[9]**
✏ *$3 600 FF21 884 £2 216* The Ambush Watercolour/paper 37x70,5cm/*14x27in* New-York 98
BREYDEL Frans 1679-1750 **[5]**
⌣ *$2 300 FF12 000 £1 390* Scène d'approvisionnement dans un campement militaire Huile/toile 41x30,5cm/*16x12in* Paris 96
BREYDEL Frans (Attrib.) 1679-1750 **[3]**
⌣ *$4 046 FF24 000 £2 474* Paysage de rivière animé de nombreux personnages Huile/panneau 24x28cm/*9x11in* Paris 97
BREYDEL Karel 1678-1733 **[29]**
⌣ *$6 890 FF34 000 £4 480* Charge de cavaliers tucs Huile/toile 91x118,5cm/*35x46in* Paris 95
⌣ *$6 714 FF38 722 £4 000* A Commander surveying the Aftermath of a Battle Oil/copper 28,5x41cm/*11x16in* London 97
BREYDEL Karel (Attrib.) 1678-1733 **[7]**

*$4 770 FF25 000 £2 870 Charge de cavalerie Huile/panneau 27x38cm/*10x14in* Paris 96
BREYER Jan Hendrick 1818-1894 **[2]**
*$3 525 FF17 340 £2 230 Parkalle mit herrschaftlichen Reitern Oil/panel 67x51cm/*26x20in* Schloss Osterberg 95
BREYER Robert 1866-1941 **[13]**
*$2 159 FF12 755 £1 341 Italienische Küstenlandschaft mit Segelboot Öl/Karton 15x24cm/*5x9in* Stuttgart 97
BRIAN Jean 1915 **[7]**
*$1 070 FF6 465 £650 "Xth Winter Olympic Games, Grenoble" Poster 95x63cm/*37x24in* London 98
BRIANCHON Maurice 1899-1979 **[180]**
*$526 FF3 000 £328 Le remorqueur Huile/toile 30x58cm/*11x22in* Lille 97
*$921 FF5 200 £561 Au tribunal Huile/carton 22,5x27,5cm/*8x10in* Paris 97
*$16 273 FF95 000 £9 937 Le Café Huile/toile 130x161cm/*51x63in* Paris 97
*$114 FF650 £70 Sans titres Lithographie couleurs 40x45cm/*15x17in* Paris 97
*$294 FF1 500 £193 Canal Encre 45x56cm/*17x22in* Paris 96
BRIAND C. **[2]**
*$4 790 FF23 130 £3 000 Summer Oil/canvas 100x50cm/*39x19in* London 95
BRIANTE Ezelino 1901-1971 **[75]**
*$935 FF5 668 £573 Im Hafen von Neapel Oil/panel 21x43cm/*8x16in* Zofingen 98
*$1 380 FF7 820 £690 Navi nel canale Olio/tela 60x60cm/*23x23in* Roma 98
BRIAS Charles 1798-1884 **[6]**
*$7 298 FF43 212 £4 363 Bei der Gemüseverkäuferin Huile/panneau 40x35cm/*15x13in* Zürich 97
BRIATA Georges 1933 **[26]**
*$3 343 FF20 500 £2 045 La chapelle Huile/toile 73x100cm/*28x39in* Arles 98
BRICHER Alfred T. (Attrib.) 1837-1908 **[1]**
*$1 000 FF6 064 £610 "Pendernis Castle Cornwall"/The Quiet Shore Watercolour/paper 10x27cm/*4x10in* Boston, Mass. 98
BRICHER Alfred Thompson 1837-1908 **[170]**
*$8 500 FF51 453 £5 335 Coast of Maine Oil/canvas 20x15cm/*8x6in* Bethesda, Maryland 97
*$32 000 FF186 697 £19 603 Women on the beach Oil/canvas 46x91cm/*18x35in* New-York 97
*$650 FF2 150 £285 Ships in Philadelphia Harbor Watercolour/paper 25x35cm/*10x14in* Fairfield, ME. 95
BRICKDALE Eleanor Fortescue 1871-1945 **[35]**
*$4 330 FF25 048 £2 600 Gareth and Lynette Watercolour 43,5x29cm/*17x11in* London 97
BRIDELL Frederick Lee 1831-1863 **[8]**
*$2 972 FF17 737 £1 793 Im Oberbayerischen Inntal bei Brannenburg Öl/Leinwand 49x79cm/*19x31in* Köln 97
BRIDGE Elizabeth 1912-1996 **[27]**
*$350 FF2 121 £220 The Little Blizzard Oil/canvas 51x101,5cm/*20x39in* London 97
*$238 FF1 442 £149 Road Building, The Dust Cloud Watercolour/paper 46x58,5cm/*18x23in* London 97
BRIDGE Joe 1886-1967 **[7]**
*$422 FF2 500 £252 "Je viens vous voir en Voisin" Affiche 58x78cm/*22x30in* Paris 97
BRIDGEN Frederick Henry 1871-1956 **[5]**
*$14 000 FF70 000 £9 060 At the fountain, Algiers Oil/canvas 38x46cm/*14x18in* New-York 96
BRIDGES Fidelia 1834-1923 **[8]**
*$1 680 FF8 727 £995 Flowers and Pines Cones Watercolour/paper 50x34cm/*20x13in* Mystic, Connecticut 97
BRIDGMAN Frederik Arthur 1847-1928 **[112]**
*$7 210 FF35 000 £4 520 Maternité Huile/toile/carton 33x24cm/*12x9in* Paris 95
*$10 000 FF58 411 £6 139 River Landscape with Deer Oil/canvas 60x80,5cm/*23x31in* New-York 97
*$50 000 FF284 250 £30 615 Les bacchantes Oil/canvas 85x164cm/*33x64in* New-York 97
BRIDT de Bernaert 1688-1722 **[3]**
*$15 025 FF87 718 £9 087 Jagdstilleben Öl/Leinwand 86x69cm/*33x27in* Köln 97
BRIDT de Bernaert (Attrib.) 1688-1722 **[3]**
*$4 272 FF26 162 £2 556 A Dead Hare Hanging From a Rope with a Dead Songbirds Oil/canvas 118,5x93,5cm/*46x36in* Amsterdam 98
BRIEDE Johan 1885-1980 **[17]**
*$582 FF3 569 £347 "Noordzee" Oil/panel 17,5x22,5cm/*6x8in* Amsterdam 98
*$2 922 FF17 456 £1 787 A deserted beach Oil/canvas 60x120cm/*23x47in* Amsterdam 98

BRIELMAN Jacques Alfred ?-1892 **[8]**
$2 352 FF14 000 £1 437 La vie aux champs Huile/toile 30,5x52cm/*12x20in* Barbizon 98
BRIEMEN van Quirijn 1693-1774 **[1]**
$11 298 FF66 850 £6 798 A Chimney Piece, an Allegory of Autumn Oil/canvas 156,5x95cm/*61x37in* Amsterdam 98
BRIERLY Oswald Walter 1817-1894 **[30]**
$14 700 FF72 500 £9 500 The Spanish Armada Oil/canvas 13x221cm/*5x87in* London 96
$1 024 FF4 990 £650 Shipping in choppy seas Watercolour 14x23cm/*5x9in* London 95
BRIëT Arthur 1867-1939 **[23]**
$1 328 FF7 724 £791 Interieur met breiende boerin Oil/panel 21,5x25,5cm/*8x10in* Den Haag 97
$10 530 FF54 180 £6 570 By the Cradle Oil/canvas 63x86cm/*24x33in* Amsterdam 96
BRIGANTI Nicolas P. 1895-1989 **[30]**
$1 091 FF5 280 £700 On the Grand Canal Oil/canvas 46x61cm/*18x24in* London 95
BRIGDEN Frederick Henry 1871-1956 **[21]**
$447 FF2 183 £283 Cliffs at Logie Bay Watercolour/paper 30x35cm/*11x13in* Calgary, Alberta 95
BRIGGS Austin 1908-1973 **[7]**
$2 310 FF14 128 £1 370 Old Glory Rises Over Alaska Oil/canvas 50x71cm/*20x28in* Houston, Texas 98
BRIGGS Ernest Edward 1866-1913 **[8]**
$3 930 FF20 050 £2 600 Below the earlestoun linn, Galloway Watercolour 44x59cm/*17x23in* Glasgow 96
BRIGHT Harry c.1867-c.1897 **[44]**
$575 FF3 505 £350 Red Grouse in a Moorland Landscape Watercolour 35x54,5cm/*13x21in* London 98
BRIGHT Henry XIX-XX **[15]**
$373 FF1 890 £240 The Lakes of Killarney, Eire Pastel 33x76cm/*12x29in* London 96
BRIGHT Henry 1814-1873 **[68]**
$1 436 FF8 596 £900 Figures on a Path before Okehampton Castle Oil/canvas 30,5x41cm/*12x16in* London 97
$3 100 FF18 345 £1 904 Paisaje de Campiña Inglesa Oleo/lienzo 62x110cm/*24x43in* Montevideo 98
$559 FF3 396 £340 A Ship off the Coast in Stormy Weather Pastel/paper 25,5x35,5cm/*10x13in* London 98
BRIGHT Henry Barnabus 1824-1876 **[8]**
$1 397 FF6 780 £900 Crowned eagle/Crested eagle Watercolour 41x35cm/*16x13in* London 95
BRIGHTWELL L. Robert XIX-XX **[8]**
$304 FF1 867 £189 Home with the Milk/The Gate crashers Drypoint 24x15cm/*9x5in* Glasgow 97
BRIGLIA Giovanni Francesco 1737-c.1794 **[2]**
$4 997 FF28 901 £3 000 Still Life of Copper Pans, Plums, Salami and Celeriac, on a Table Oil/canvas 63x49cm/*24x19in* London 97
BRIGMAN Annie W. 1869-1950 **[41]**
$950 FF4 900 £630 California landscape Silver print 9x23cm/*3x9in* New-York 96
BRIGNOLI Luigi 1881-1952 **[1]**
$3 960 FF20 370 £2 470 Berner See Öl/Leinwand 30,5x46cm/*12x18in* Bern 96
BRIGNONI Serge 1903 **[98]**
$1 892 FF11 235 £1 155 Abstrakte Komposition mit sitzender Figur Öl/Karton 33x42,5cm/*12x16in* Bern 98
$4 730 FF28 089 £2 887 "Désintégration" Oil/canvas 54x65cm/*21x25in* Bern 98
$133 FF809 £81 Visage Color lithograph 45x62cm/*17x24in* Zofingen 98
$213 FF1 295 £131 Komposition Ballpoint pen 11,5x9,5cm/*4x3in* Zofingen 98
BRIHUEGA GORROCHATEGUI Luis 1915-1981 **[2]**
$2 230 FF11 100 £1 420 Reposo Oleo/tabla 117x100cm/*46x39in* Madrid 95
BRIL Matthys II c.1550-1584 **[1]**
$41 450 FF239 700 £25 650 Bewaldete, gebirgige Flusslandschaft mit Emmausgängern Oil/copper 25x33,5cm/*9x13in* Wien 97
BRIL Paul 1554-1626 **[30]**
$10 926 FF67 114 £6 554 Weite Flusslandschaft mit Wanderern, Reitern und Hirten Oil/canvas 88x120cm/*34x47in* Köln 98
$40 896 FF240 000 £25 008 Paysage montagneux animé de personnages avec le retour fils prodigue Huile/cuivre 26x35,5cm/*10x13in* Paris 97
$4 204 FF26 000 £2 503 Vue d'une clairière Encre 22,5x18,4cm/*8x7in* Paris 98
BRIL Paul (Attrib.) 1554-1626 **[22]**
$13 020 FF67 400 £8 400 Waldlandschaft mit Vögeln Oil/copper 2,5x17cm/*x6in* Wien 96
$17 466 FF104 585 £10 730 Mühle an Waldschlucht Oil/canvas/panel 35,5x48,5cm/*13x19in* Bern 98

$1 674 FF10 023 £1 030 Landskap med borgruin Indian ink/paper 15x20,5cm/*5x8in* Stockholm 98

BRILL Reginald 1902 **[8]**
$56 028 FF341 434 £34 000 "Rest" Oil/canvas 170x215cm/*66x84in* London 98
$1 812 FF11 046 £1 100 The Removal Man, Study for "Pantechnicon" Wash 55,5x31,5cm/*21x12in* London 98

BRILLOUIN Louis Georges 1817-1893 **[16]**
$4 500 FF27 190 £2 680 Man in Louis IV Costume Oil/panel 22x15cm/*8x5in* New-York 97

BRIN Émile Quentin XIX-XX **[6]**
$15 000 FF85 470 £9 187 Jardin fleuri au jet d'eau Oil/canvas 146x97cm/*57x38in* New-York 97

BRINANT de Jules Ruinart 1839-1898 **[10]**
$5 519 FF31 446 £3 462 Französisches Fischerdorf Huile/panneau 24x34,5cm/*9x13in* Zürich 97
$3 696 FF22 750 £2 268 De Brief Pastel/papier 17,5x13cm/*6x5in* Lokeren 98

BRINCKMANN Philipp Hieronymus 1709-1761 **[6]**
$9 925 FF60 301 £5 976 Rheinlandschaft Huile/panneau 12,5x20cm/*4x7in* Stuttgart 98

BRINDISI Remo 1918-1996 **[167]**
$1 139 FF6 458 £569 Maternità Olio/tela 40x30cm/*15x11in* Milano 98
$2 271 FF11 672 £1 352 Venezia Olio/tela 50x40cm/*19x15in* Roma 96
$569 FF3 227 £284 Personaggio Tempera/carta 70x50cm/*27x19in* Milano 98

BRINDLEY Charles A. XIX-XX **[3]**
$4 394 FF25 169 £2 600 The Herbaceous Border Watercolour/paper 18x26cm/*7x10in* London 97

BRINES John Francis 1860-? **[2]**
$2 800 FF17 094 £1 673 "David" Bronze H52,5cm/*H20in* New-York 98

BRINKMANN Enrique 1938 **[8]**
$5 950 FF34 000 £3 655 "Fragmento" Tecnica mista/tela 116x88cm/*45x34in* Madrid 97
$1 404 FF7 240 £900 Composición Técnica mixta/papel 100x74cm/*39x29in* Madrid 96

BRION Gustave 1824-1877 **[13]**
$21 770 FF110 700 £13 000 A Village Festival Oil/canvas 81x128cm/*31x50in* London 96

BRIOSCHI Antonio, Anton 1855-1920 **[14]**
$1 323 FF7 651 £816 Landschaft im Wienerwald Öl/Leinwand 28,5x43cm/*11x16in* Wien 97

BRIQUET A. c.1820-c.1900 **[4]**
$5 136 FF30 000 £3 039 "Portre de ferme de Marlotte" Tirage albuminé 25x19,6cm/*9x7in* Argenteuil 97

BRISBOIS Patrice 1945 **[11]**
$411 FF2 100 £271 Bestiaire Bronze 25x22x12cm/*9x8x4in* Paris 96

BRISCOE Arthur John Trevor 1873-1943 **[81]**
$150 FF905 £93 James and John Etching 25x35cm/*10x14in* Chicago, Illinois 97
$576 FF3 505 £350 The Tall Ship Watercolour/paper 33x25cm/*13x10in* London 98

BRISCOE Franklin Dullin 1844-1903 **[39]**
$1 100 FF6 547 £672 Surf and Sunset with Gulls Oil/canvas 30x25cm/*12x10in* New Orleans, Louisiana 98
$4 600 FF27 138 £2 817 The Wreck of the Aspacici Oil/canvas 60x97cm/*24x38in* Pittsburgh, PA 98

BRISGAND Gustave ?-c.1950 **[13]**
$3 017 FF17 611 £1 794 Ung kvinna med skrin Watercolour/paper 71x52cm/*27x20in* Stockholm 97

BRISPOT Henri 1846-1928 **[21]**
$2 124 FF11 000 £1 372 Le messager Huile/toile 47x62cm/*18x24in* Paris 96
$3 861 FF22 000 £2 411 La partie d'échecs Huile/toile 33x46cm/*12x18in* Calais 97

BRISS Sami 1930 **[26]**
$450 FF2 600 £277 Le chat roux Gouache/papier 47x60cm/*18x23in* Paris 97

BRISSON Pierre Marie 1955 **[17]**
$209 FF1 194 £129 Komposition Carborandum 76x59cm/*29x23in* Uppsala 97
$1 170 FF6 050 £782 Composition Mixed media/paper 75x56cm/*29x22in* Göteborg 96

BRISSOT DE WARVILLE Félix Saturnin 1818-1892 **[83]**
$3 104 FF15 500 £2 027 Paturage en Normandie Huile/panneau 21x37cm/*8x14in* Barbizon 95
$3 816 FF20 000 £2 288 Les moutons au bord de l'étang Huile/toile 66x93cm/*25x36in* Soissons 96
$731 FF4 200 £446 Au repos Crayon gras 22,7x32,5cm/*8x12in* Barbizon 97

BRISSOT Franck XIX **[3]**
$1 676 FF10 045 £1 000 Bulls, Donkeys, Dogs and Landscapes Black & white chalks 29,5x44,5cm/*11x17in* London 98

BRISTOL Horace 1909 [11]
$950 FF4 730 £618 Chinese Nationalist Pilot on Wing Gelatin silver print 19,5x19,5cm/*7x7in* San Francisco-Los Angeles 95

BRISTOL John Bunyan 1826-1909 [15]
$4 250 FF26 381 £2 548 Extensive Landscape Oil/canvas 35x60cm/*14x24in* Mystic, Connecticut 98
$9 500 FF49 300 £6 280 Inlet on Lake George Oil/canvas 30,5x51cm/*12x20in* New-York 96

BRISTOW Edmund 1787-1876 [45]
$3 407 FF19 685 £2 000 The Captive Oil/panel 16,5x22cm/*6x8in* London 97
$4 110 FF20 040 £2 600 A bay hunter and dog in an extensive landscape Oil/canvas 61x81cm/*24x31in* London 95

BRITOV Kim 1925 [74]
$437 FF2 600 £265 Paysage d'automne Huile/toile 23x30cm/*9x11in* Boulogne-sur-Seine 97
$702 FF4 100 £424 Journée de printemps Huile/toile 67x103cm/*26x40in* Enghien 97

BRITTAIN Gore Miller 1912-1968 [12]
$305 FF1 829 £191 "Leaving The Clothing Depot" Serigraph in colors 57x45cm/*22x17in* Toronto 97
$844 FF5 134 £513 Crescendo Watercolour, gouache/paper 58,5x41cm/*23x16in* Toronto 98

BRITTAN Charles Edward, Jnr. 1870-1949 [47]
$1 054 FF6 093 £649 Hounds in a Stable Oil/board 15,5x24cm/*6x9in* London 97
$587 FF3 543 £350 "The Head of Glen Clunie, near Braemar" Watercolour 35x52cm/*13x20in* West Lothian 98

BRITTEN Laszlo XIX-XX [18]
$280 FF1 673 £169 Am Starnberger See Öl/Papier 19x37cm/*7x14in* München 97

BRITTO Romero 1964 [1]
$4 000 FF20 400 £2 649 The Swimmer Acrylic/canvas 91x121cm/*36x48in* Binghamton, NY. 96

BRIULLOV Karl Pavlovich 1799-1852 [7]
$4 500 FF25 027 £2 785 Aiding a Fallen Comrade Pencil/paper 29,5x21cm/*11x8in* New-York 97

BRIZIO Francesco c.1574-1623 [10]
$471 FF2 854 £288 Ein Löwe führt seine Jungen in den Wald Radierung 31,3x40,6cm/*12x15in* Berlin 98
$6 328 FF37 181 £3 800 Saint Jerome experiencing a Vision of the Madonna and Child Wash 34,5x23,5cm/*13x9in* London 97

BRJUKWIN Wladimir St. (Attr.) 1875-1919 [1]
$3 570 FF18 400 £2 300 Strassenszene aus Paris Öl/Leinwand 35,5x53cm/*13x20in* Wien 96

BROADHEAD W. Smithson 1888-? [8]
$7 500 FF45 592 £4 551 Near Thing Oil/canvas 50x60cm/*20x24in* Elgin, Illinois 98

BROADLEY Robert 1908-1989 [28]
$490 FF2 908 £299 Flowers and Blossom in a White Vase Oil/canvas 59,5x43,5cm/*23x17in* Cape Town 98

BROCA de Alexis Louis 1868-1948 [18]
$1 515 FF9 000 £918 Marine Huile/toile 58x71cm/*22x27in* Nantes 97

BROCAS Henry, Snr. 1766-1838 [1]
$3 624 FF20 638 £2 200 "Ireland" Watercolour 16x23cm/*6x9in* London 97

BROCAS Samuel Frederick 1792-1847 [1]
$9 784 FF57 692 £6 000 A View of Limerick Bridge Oil/canvas 29,5x39,5cm/*11x15in* London 98

BROCHART Constant Joseph 1816-1899 [14]
$3 292 FF20 000 £2 030 Le baron Haussmann à cheval au Rond-Point des Champs Élysées Huile/toile 59x73cm/*23x28in* Deauville 97
$4 730 FF23 040 £3 000 A family in a Summer villa on Laggo di Garda Pastel 63x96cm/*24x37in* London 95

BROCK Charles Edmund 1870-1938 [11]
$11 536 FF68 226 £7 000 Illustrations for Dicken's "Christmas Carol" Watercolour 37x27cm/*14x10in* London 98

BROCK Henry Matthew 1875-1960 [7]
$387 FF1 930 £250 "The House that Jack built"/"Dishes fit for a King" Watercolour 28x26cm/*11x10in* London 96

BROCK Richard Henry XIX-XX [9]
$7 210 FF42 843 £4 400 Cart Horses Oil/canvas 71x92cm/*27x36in* London 98

BROCKBANK Albert Ernest 1862-1958 [7]
$683 FF3 981 £420 Sheep Grazing in a Landscape Watercolour 37,5x55cm/*14x21in* Billingshurst, West Sussex 97

BROCKBANK Elizabeth 1882-? [1]

🖌️ *$2 383 FF14 500 £1 450* Making a Wish Watercolour/paper 46x48cm/*18x19in* Ilkley, West Yorkshire 98
BROCKDORFF Charles Frederick XIX **[2]**
🖌️ *$8 385 FF48 979 £4 962* Kitchen Scene Watercolour/paper 23x15,5cm/*9x6in* Melbourne 97
BROCKHURST Gerald Leslie 1890-1978 **[90]**
👄 *$4 892 FF28 846 £3 000* Ballynakill Woman Oil/canvas 76x63,5cm/*29x25in* London 98
👄 *$13 178 FF75 047 £8 000* The Shawlee Oil/panel 41x33cm/*16x12in* London 97
👄 *$23 850 FF125 000 £14 350* Le concert des Dieux Huile/toile 200x300cm/*78x118in* Paris 96
🖐️ *$11 000 FF66 184 £6 584* Adolescence Etching 36x27cm/*14x10in* New-York 98
BROCKHUSEN von Theo 1882-1919 **[16]**
👄 *$13 244 FF78 833 £8 095* Blick vom Garten der Villa Romana auf Florenz Öl/Leinwand 68x88cm/*26x34in* Berlin 98
🖐️ *$2 145 FF11 210 £1 277* Postdamer Platz Print 39,5x50cm/*15x19in* Berlin 96
BROCKMANN Gottfried 1903-1983 **[12]**
🖐️ *$1 157 FF6 759 £710* Gottfried Brockmann, Bilder Bogen der Zeit. Intellektuelle Etching 54x42,2cm/*21x16in* Köln 97
BROCKTORFF von Charles Frederick XVIII-XIX **[4]**
🖌️ *$11 880 FF62 136 £7 200* View of the Quarantine Harbour of Malta taken from St Julians Road Watercolour 23,5x32cm/*9x12in* London 96
BROCQ Pierre Jules 1811-? **[3]**
👄 *$2 710 FF16 000 £1 604* Chasselas de Fontainebleau Huile/toile 34x46cm/*13x18in* Fontainebleau 97
🖌️ *$2 755 FF16 500 £1 646* Branche de figuier/Branche d'amandier Pierre noire 39x51cm/*15x20in* Paris 98
BROCQUY le Louis 1916 **[16]**
👄 *$13 879 FF81 888 £8 500* Hand Oil/canvas 41x26,5cm/*16x10in* London 98
👄 *$30 985 FF182 692 £19 000* Portrait of James Joyce Oil/canvas 70x70cm/*27x27in* London 98
👄 *$34 799 FF199 306 £21 245* L'après-Midi d'un Faune Oil/canvas 152x91cm/*60x36in* Dublin 97
🖌️ *$3 265 FF19 267 £2 000* "Head" Triptych Chalks/paper 37x24cm/*14x9in* London 98
BRODERICK Laurence 1935 **[11]**
🗿 *$4 760 FF23 000 £3 000* Sleeping Otter Cub IX Sculpture 22x30x22cm/*8x11x8in* London 95
BRODERS Roger 1883-1953 **[277]**
🖐️ *$1 284 FF6 670 £850* "Marseille, Point de départ de la Côte d'Azur" Poster 99x4cm/*38x1in* London 96
🖌️ *$363 FF2 000 £223* Fermière avec pot au lait Gouache/papier 21x37,2cm/*8x14in* Versailles 97
BRODERSON Morris 1928 **[9]**
🖌️ *$1 300 FF7 523 £799* Standing Figure with a Stone Charcoal 101x69cm/*39x27in* Los Angeles 97
BRODIE Gandy 1924 **[3]**
👄 *$4 500 FF27 967 £2 691* "Long Dead Willow" Oil/canvas 100x75cm/*39x29in* New-York 98
BRODIE William 1815-1881 **[3]**
🗿 *$1 532 FF9 282 £949* Bust of a Young Child, possibly the Artist's Daughter Marble H36,4cm/*H14in* Perthshire 97
🗿 *$23 000 FF131 054 £14 087* Sappho Marble H86,5cm/*H34in* New-York 97
BRODOVITCH Alexey 1898-1971 **[3]**
🖐️ *$4 200 FF21 750 £2 810* "Cunard Line, États-Unis et Canada" Poster 105x70cm/*41x27in* New-York 96
BRODOWSKI Antoni 1784-1832 **[1]**
👄 *$2 901 FF16 779 £1 795* Maria mit dem Kind und dem Johannesknaben Oil/copper 28x22cm/*11x8in* Wien 97
BRODOWSKI Joseph I 1775-1853 **[2]**
👄 *$14 065 FF83 530 £8 520* Na Polu Bitwy (Cavalry battle) Oil/canvas 77,5x113,5cm/*30x44in* Warszawa 97
BRODSKII Isaak Izrailovich 1883-1939 **[8]**
👄 *$13 084 FF80 024 £8 000* Portrait of a Russian Cavalry Officer Oil/canvas 85x76cm/*33x29in* London 98
BRODTMANN Joseph 1787-1862 **[3]**
🖐️ *$1 500 FF8 865 £929* A Group of thirteen Equestrian Print 21x28cm/*8x11in* New Orleans, Louisiana 97
BRODWOLF Jürgen 1932 **[89]**
👄 *$390 FF2 346 £234* Ohne Titel Mixed media 29,5x38cm/*11x14in* Stuttgart 98
👄 *$3 472 FF20 267 £2 099* Figuration Nr. 11 Mixed media 141x76cm/*55x29in* Zürich 97
👄 *$19 930 FF99 500 £13 020* Figuration III Mixed media/canvas 170x125cm/*66x49in* München 95
🖐️ *$225 FF1 340 £139* Figur Radierung 47x39cm/*18x15in* Stuttgart 97
🗿 *$975 FF5 085 £570* Prägefigur-Figurenprägung Construction 38x51cm/*14x20in* Köln 96

✏ *$334 FF2 079 £202* Knopffigur Pencil/paper 29x21cm/*11x8in* Heidelberg 98
BRODZKY Horace 1885-1969 **[27]**
☺ *$907 FF5 527 £550* Hampstead Heath Oil/canvas/board 30,5x40,5cm/*12x15in* London 98
✏ *$457 FF2 786 £280* The Dressing Room Ink 19x15cm/*7x5in* London 98
BROE Vern 1930 **[16]**
☺ *$800 FF4 613 £476* Picking Flowers at the Shore Oil/board 39x49cm/*15x19in* Cleveland, Ohio 97
BROECK van den Clemence 1843-1922 **[19]**
☺ *$3 341 FF20 462 £2 000* The Visit Oil/canvas 91,5x76cm/*36x29in* London 98
BROECK van den Crispiaen 1524-1591 **[6]**
☺ *$38 500 FF220 000 £23 650* El paso del Mar Rojo Oleo/lienzo 170x235cm/*66x92in* Madrid 97
✏ *$6 360 FF30 840 £4 100* The Prodigal Son Ink 17,3x27cm/*6x10in* Amsterdam 95
BROECK van den Crispiaen (Attrib.) 1524-1591 **[3]**
✏ *$1 670 FF8 530 £1 100* A Nativity scene attended by Saints Ink 21,4x19,8cm/*8x7in* London 96
BROECK van den Elias 1657-1708 **[19]**
☺ *$6 290 FF31 800 £4 110* Blumengirlande und Steinvase Öl/Leinwand 40x35cm/*15x13in* Zürich 96
☺ *$56 200 FF280 000 £36 800* Nature morte de sous-bois avec sauterelles, scarabée au clair de lune
Huile/toile 60x51cm/*23x20in* Paris 95
BROECK van den Frank 1950 **[3]**
✏ *$1 445 FF7 540 £873* Untitled Charcoal/paper 23x30cm/*9x11in* Amsterdam 96
BROEK ten Willem, Wim 1905-? **[15]**
▭ *$188 FF1 130 £116* "New York, Holland-Amerika Lijn" Poster 52x34,5cm/*20x13in* Oostwoud 98
BROGE Alfred K. Harald 1870-1955 **[64]**
☺ *$290 FF1 768 £180* En vindmömme Oil/canvas 40x73cm/*15x28in* Viby J, Århus 97
☺ *$324 FF1 940 £199* Pige der ordner gröntsager Oil/canvas 38x28cm/*14x11in* Vejle 98
BROKMANN-KNUDSEN Henry 1868-1933 **[6]**
☺ *$5 034 FF30 000 £3 018* Crépuscule, Golfe de Naples Huile/toile 33x70,5cm/*12x27in* Soissons 98
BROLSMA Johannes Hessel 1909-1990 **[22]**
☺ *$216 FF1 249 £128* Winterlansdchap met arreslee Oil/canvas 25x35cm/*9x13in* Rotterdam 97
BROMLEY John Mallard ?-1940 **[22]**
☺ *$2 330 FF12 762 £1 400* Milkmaid Feeding Calves Oil/canvas 51x76cm/*20x29in* London 97
✏ *$317 FF1 795 £200* Off to work Watercolour/paper 22,9x33cm/*9x12in* London 97
BROMLEY Valentine Walker 1848-1877 **[6]**
✏ *$772 FF4 266 £480* The Perfomer Watercolour 13x20cm/*5x7in* London 97
BROMLEY William c.1835-1888 **[32]**
☺ *$4 743 FF27 290 £2 800* The Lullaby Oil/canvas 70x89cm/*27x35in* London 97
BROMPTON Richard c.1734-1783 **[3]**
☺ *$3 720 FF19 140 £2 400* Portrait of Charles Graham Oil/canvas 76x63cm/*29x24in* London 96
BROMS Birgit 1924 **[7]**
☺ *$3 891 FF23 310 £2 325* Skridskoåkare Oil/canvas 33x43cm/*12x16in* Stockholm 98
BRON Louis 1884-1959 **[23]**
☺ *$221 FF1 311 £138* Landschap met korenschoven Oil/panel 31x39,5cm/*12x15in* Den Haag 97
BRONCKHORST Johannes 1648-1726/27 **[23]**
✏ *$8 270 FF40 100 £5 330* Peacocks, chickens, parrots and a pheasant by a fountain Bodycolour
32,1x41,8cm/*12x16in* Amsterdam 95
BRONCKHORST Johannes (Attrib.) 1648-1726/27 **[1]**
✏ *$1 169 FF7 000 £718* Le Paon Aquarelle 28x44cm/*11x17in* Calais 98
BRONDY Matteo 1866-1954 **[32]**
☺ *$1 556 FF9 500 £930* Cavalier arabe Huile/toile 50x65cm/*19x25in* Dieppe 98
☺ *$50 170 FF290 000 £30 914* La réception du Caïd lors d'un Moussem au Maroc Huile/toile
255x376cm/*100x148in* Paris 97
▭ *$510 FF2 941 £300* "Meknès, P.L.M" Affiche 104,5x74cm/*41x29in* London 97
✏ *$1 060 FF6 254 £650* "Meknes" Watercolour 45x60cm/*17x23in* Billingshurst, West Sussex 98
BRONSON Clark 1939 **[13]**
☟ *$3 750 FF18 900 £2 419* The Chadwick Ram Bronze 40x33cm/*16x13in* Hayden 96
BRONZINO Angelo di Cosimo 1503-1752 **[2]**
☺ *$71 035 FF435 000 £42 325* Portrait du Cardinal Giovanni de Médicis Huile/panneau 62x50cm/*24x19in*
Paris 98

$413 000 FF2 130 000 £265 000 The meeting of Joseph and Jacob in Egypt Black chalk 68,5x52cm/*26x20in* London 96
BROOD Herman 1946 **[41]**
$1 722 FF9 020 £1 035 Jet up a rock Acrylic/canvas 100x120cm/*39x47in* Amsterdam 96
$203 FF1 188 £120 Psycho Serigraph in colors 80x60cm/*31x23in* Den Haag 97
$189 FF1 136 £112 Twee figuren Encre/papier 30x25cm/*11x9in* Antwerpen 98
BROODTHAERS Marcel 1924-1976 **[100]**
$19 842 FF115 830 £12 000 Palette Oil/paper 38x28cm/*14x11in* London 97
$23 149 FF135 135 £14 000 Tableau écran Mixed media/canvas 161x210cm/*63x82in* London 97
$32 200 FF159 000 £21 000 Untitled Mixed media/panel 62x96cm/*24x37in* London 95
$1 200 FF7 384 £734 Untitled Color lithograph 104,5x66cm/*41x25in* New-York 98
$5 000 FF26 230 £3 000 Paris, Milan, Brussels, Amsterdam No. 1 Sculpture 83,5x120cm/*32x47in* London 96
$52 912 FF308 880 £32 000 Building Assemblage 38x18x18cm/*14x7x7in* London 97
$388 FF2 314 £237 Figure Photograph 19x66cm/*7x25in* Berlin 98
$6 180 FF30 860 £4 040 Heure Gouache 39x95cm/*15x37in* Amsterdam 95
BROOK Alexander 1898-1980 **[23]**
$1 800 FF10 682 £1 116 Seated Half Nude Oil/canvas 46x35,5cm/*18x13in* New-York 97
BROOK Peter XX **[5]**
$1 418 FF8 564 £850 "High on the Pennines"/"Hill Farm, Pennine" Oil/canvas 30,5x30,5cm/*12x12in* London 98
BROOKE Edward Adveno (Attr) 1821-1910 **[1]**
$1 810 FF9 280 £1 100 On the bridge Oil/board 34x46cm/*13x18in* London 96
BROOKE Percy XIX-XX **[7]**
$315 FF1 600 £205 Study of roses Watercolour 35x27cm/*14x11in* Aylsham, Norfolk 96
BROOKER Bertram Richard 1888-1955 **[2]**
$4 464 FF21 830 £2 826 Pygmalion's Miracle Oil/canvas 97x53cm/*38x20in* Calgary, Alberta 95
BROOKER Harry 1848-1940 **[28]**
$8 471 FF49 164 £5 000 Holiday Playtime Oil/canvas 71x91,5cm/*27x36in* London 97
BROOKER William 1918-1983 **[26]**
$2 941 FF18 099 £1 800 Still Life, Lamp and egg Basket Oil/canvas 61x76cm/*24x29in* London 98
BROOKES Samuel Marsden 1816-1892 **[9]**
$5 500 FF28 700 £3 324 Before and After Oil/canvas 45,5x35,5cm/*17x13in* San Francisco-Los Angeles 96
$5 000 FF29 019 £3 053 Concord Grapes on a Vine Oil/paper/canvas 37x27cm/*14x10in* Los Angeles 97
BROOKING Charles 1723-1759 **[12]**
$2 879 FF16 569 £1 700 A large Two-decker at her Anchorage making ready to Sail Oil/canvas 51x27,5cm/*20x10in* London 97
$9 100 FF46 400 £6 000 Shipping in rough seas Oil/canvas 43x66,5cm/*16x26in* London 96
$79 700 FF387 000 £50 000 A ketch-rigged Royal yacht in a fresh breeze off Dover Oil/canvas 120x182cm/*47x71in* London 95
BROOKS Alden Finney 1840-? **[3]**
$4 242 FF25 341 £2 600 Thira Oil/canvas 51x61cm/*20x24in* London 98
BROOKS Ellen 1946 **[3]**
$3 000 FF14 880 £1 898 Course (Blue Corner) Cibachrome print 115x234cm/*45x92in* New-York 95
BROOKS Frank 1854-1937 **[5]**
$2 471 FF15 063 £1 500 Mary Ridout and her Donkey Wagon Oil/canvas 49,5x75cm/*19x29in* Exeter, Devon 98
BROOKS Henry Jamyn c.1865-? **[2]**
$24 033 FF137 488 £15 000 Windsor from Rafts, Eton College Oil/canvas 61x91cm/*24x35in* London 97
BROOKS James 1906-1992 **[17]**
$8 500 FF52 827 £5 083 "Anteor" Acrylic/canvas 152,5x152,5cm/*60x60in* New-York 98
$1 600 FF8 280 £1 070 Untitled Gouache/paper 30x40cm/*11x15in* New-York 96
BROOKS Kim 1936 **[19]**
$6 002 FF36 050 £3 600 Tiger, Seated in Tall Grass Oil/canvas 61x91,5cm/*24x36in* London 98
$6 002 FF36 050 £3 600 "Confrontation", Bull Elephant Bronze 40x66cm/*15x25in* London 98
$4 668 FF28 039 £2 800 Fire and Water, Bengal Tiger Watercolour, gouache/paper 52x76cm/*20x29in*

London 98
BROOKS Maria XIX-XX **[3]**
- *$8 560 FF43 900 £5 200* Companions Oil/canvas 52x61cm/*20x24in* London 96
- *$44 228 FF257 142 £27 000* Cat's Cradle Oil/canvas 127x101,5cm/*50x39in* Newcastle-upon-Tyne 97

BROOKS Mildred Bryant 1901-? **[3]**
- *$650 FF3 892 £397* "The Last Tree" Etching 27x23cm/*10x9in* Altadena, CA 97

BROOKS Nicholas Alden 1849-c.1904 **[11]**
- *$5 500 FF32 126 £3 376* Ten Dollar Bill Oil/panel 20,5x27cm/*8x10in* New-York 97
- *$6 000 FF36 231 £3 601* Still Life with Books and Vase Oil/canvas 46x35,5cm/*18x13in* New-York 98

BROOKS Thomas 1818-1891 **[18]**
- *$12 640 FF61 800 £8 000* Consolation Oil/canvas 72x93cm/*28x36in* London 95

BROOKSHAW George XVIII-XIX **[6]**
- *$523 FF3 109 £320* Pomona Britannica, Pineapple Aquatint in colors 40,5x30cm/*15x11in* London 97

BROOM Marion 1878-1962 **[100]**
- *$168 FF972 £100* Still life of hydrangeas Oil/canvas 49x59cm/*19x23in* Billingshurst, West Sussex 97
- *$177 FF897 £115* Rhododendrons in a white bowl Watercolour 53x73cm/*21x29in* Aylsham, Norfolk 96

BROQUET Espérance Léon 1869-1936 **[8]**
- *$488 FF3 000 £299* Maison bretonne en bord d'étang Huile/toile 54x65cm/*21x25in* Troyes 98

BROSAMER Hans c.1500-1552 **[10]**
- *$28 700 FF139 000 £18 000* Portrait of Jochum Wirman Oil/panel 49x34cm/*19x13in* London 95
- *$224 FF1 338 £135* Simson und Delila Kupferstich 8x10cm/*3x3in* Berlin 97

BROSCH Klemens 1894-1926 **[2]**
- *$15 960 FF95 240 £9 800* Herbstsonate Öl/Leinwand 100x70cm/*39x27in* Wien 98
- *$3 705 FF19 230 £2 450* Lokomotive Charcoal/paper 38x23cm/*14x9in* Wien 96

BROSSARD DU BOURG de Maurice 1909-1996 **[27]**
- *$263 FF1 600 £159* Fond du Port Tour Saint Sauveur Huile/toile 46x61cm/*18x24in* Soissons 98

BROTAT Joan 1920-1990 **[72]**
- *$264 FF1 580 £164* Tres mujeres Oleo/tabla 36x11cm/*14x4in* Madrid 98
- *$1 485 FF8 887 £900* Una copita Oleo/tablex 55x46cm/*21x18in* Madrid 98
- *$138 FF800 £84* Mujer sentada Técnica mixta/papel 40x21cm/*15x8in* Madrid 97

BROTO José Manuel 1949 **[26]**
- *$2 847 FF16 787 £1 700* Sin título Acrílico/papel 75x50cm/*29x19in* Madrid 97
- *$8 263 FF50 218 £4 958* Sin título Acrilico 195x130cm/*76x51in* Madrid 98
- *$4 718 FF28 673 £2 831* Sin título Técnica mixta/papel 240x107cm/*94x42in* Madrid 98

BROUCKER van Jan XVIII **[1]**
- *$9 000 FF44 400 £5 820* River landscape with villagers gathered before moored barges Oil/canvas 42x56,5cm/*16x22in* New-York 96

BROUET Auguste 1872-1941 **[55]**
- *$134 FF700 £80* Le bar Eau-forte 14x17,4cm/*5x6in* Paris 96
- *$864 FF5 000 £519* Études de ballerines, figure et repos Pierre noire 63x47,5cm/*24x18in* Paris 97

BROUGH Robert 1872-1905 **[7]**
- *$4 841 FF29 325 £3 000* Christian, Wife of James Cameron. Head of Inverailort Oil/canvas 143x112cm/*56x44in* Perthshire 97
- *$71 011 FF430 108 £44 000* Breton Girl Oil/canvas 89x71cm/*35x27in* Perthshire 97

BROUILLARD Eugène 1870-1950 **[23]**
- *$631 FF3 600 £387* Marine Huile/toile 22x13,5cm/*8x5in* Lyon 97
- *$1 090 FF5 500 £716* Paysage de la Dombe Huile/carton 39x54cm/*15x21in* Lyon 96
- *$736 FF4 200 £452* Les ombrages Gouache 31x46cm/*12x18in* Lyon 97

BROUILLET Pierre André 1857-1914 **[11]**
- *$4 888 FF28 000 £2 984* Femme assise dans un jardin Huile/toile 73x60cm/*28x23in* Paris 97

BROUTY Charles 1897-1984 **[3]**
- *$3 830 FF20 000 £2 315* Intérieur de maison arabe Huile/toile 46x38cm/*18x14in* Paris 96

BROUWER Adriaen 1605/06-1638 **[6]**
- *$80 000 FF395 000 £51 700* Boors smoking and drinking at a Table in a Tavern Oil/panel 33,5x54cm/*13x21in* New-York 96

BROUWER Adriaen (Attrib.) 1605/06-1638 **[9]**
- *$67 452 FF399 600 £40 000* Boors smoking an a Tavern Oil/copper 17,5x23cm/*6x9in* London 97
- *$1 347 FF7 976 £800* A Peasant Woman Dancing to a Fiddle Wash 19,5x27cm/*7x10in* London 97

BROUWERS Jules 1869-1955 **[22]**

✆ *$218 FF1 298 £129* Près du berceau Huile/panneau 26x21cm/*10x8in* Antwerpen 97

✆ *$580 FF3 575 £356* Stilleven met vissen Huile/toile 68x100cm/*26x39in* Lokeren 98

BROUWN Stanley 1935 **[1]**

✎ *$4 305 FF22 550 £2 590* This Way Brouwn Felt pen 25x32cm/*9x12in* Amsterdam 96

BROWERE Albertus Del Orient 1814-1887 **[6]**

✆ *$8 000 FF49 049 £4 894* Mountain and Falls: California Oil/canvas 63x78cm/*24x30in* New-York 98

BROWN Abigail Keyes 1891-? **[1]**

✆ *$3 250 FF16 960 £1 964* The River Rink Oil/canvas 63x76cm/*24x29in* San Francisco-Los Angeles 96

BROWN Annora 1899-1987 **[12]**

✎ *$225 FF1 153 £137* Rain Watercolour/paper 39x55cm/*15x21in* Calgary, Alberta 96

BROWN Benjamin Chambers 1865-1942 **[30]**

✆ *$1 700 FF9 599 £1 033* Cottage, Vines Oil/canvas 26x33cm/*10x13in* Altadena, CA 97

✆ *$6 500 FF39 133 £3 888* Golden Afternoon, San Geronimo Foothills, Marin County,California(B10) Oil/canvas 45,5x61cm/*17x24in* San Francisco 98

✎ *$3 500 FF21 058 £2 095* "Arles, France" Watercolour/paper 25,5x36cm/*10x14in* Beverly Hills, Calif. 98

BROWN Bernie XX **[1]**

✎ *$1 728 FF8 640 £1 080* The Wild Ones Graphite 27x60cm/*11x24in* Calgary, Alberta 95

BROWN David c.1750-c.1800 **[3]**

✆ *$5 830 FF29 700 £3 500* Rustics and a sportman outside a cottage/Gypsy encampment Oil/canvas 70x90cm/*27x35in* London 96

BROWN E. c.1800-c.1880 **[3]**

✆ *$5 750 FF30 000 £3 800* A bay hunter in a loose box Oil/canvas 58x73cm/*22x28in* Hadspen 96

BROWN Elmore (Attrib.) 1899-1968 **[1]**

✎ *$2 200 FF11 270 £1 337* Couple embracing, illustration for Morning Glory (RKO Pictures) Watercolour 51x33cm/*20x13in* New-York 96

BROWN F. Gregory 1887-1948 **[7]**

▥ *$2 185 FF12 514 £1 292* "The Zoo" Poster 63x100,5cm/*24x39in* New-York 97

BROWN Ford Madox 1821-1893 **[14]**

✆ *$221 000 FF1 082 000 £140 000* The Last of England Oil/panel 19,5x17,5cm/*7x6in* London 95

✎ *$1 678 FF9 689 £1 000* Studies for the illustration "Down Stream" Pencil/paper 14x23cm/*5x9in* London 97

BROWN Francis F. 1891-? **[3]**

✆ *$1 400 FF8 557 £856* The Creek Oil/canvas 30x40cm/*12x16in* Cincinnati, Ohio 98

BROWN Frank A. 1879-? **[9]**

✆ *$4 800 FF24 700 £3 070* Gloucester Oil/canvas 54x64cm/*21x25in* New-York 96

BROWN Fred C. XIX-XX **[3]**

✆ *$1 100 FF5 660 £704* Grapes, apples and peaches Oil/canvas 20x25,5cm/*7x10in* New-York 96

BROWN Frederick 1851-1941 **[2]**

✆ *$2 717 FF15 283 £1 652* The apple picker Oil/canvas 38,1x27,9cm/*14x10in* London 97

BROWN George Elmer 1871-1946 **[8]**

✆ *$2 700 FF15 050 £1 651* Middle eastern scene Oil/board 34x34cm/*13x13in* Boston, Mass. 97

BROWN George Loring 1814-1889 **[36]**

✆ *$1 200 FF7 277 £732* Coast of France Oil/panel 27x33cm/*10x13in* Boston, Mass. 98

✆ *$3 300 FF20 408 £1 982* Ruins of Rome Oil/canvas 81x106cm/*32x42in* Felton, CA 97

✆ *$8 000 FF41 360 £5 368* Venetian canal Oil/canvas 86x152cm/*34x60in* New-York 96

BROWN Grafton Tyler 1841-1918 **[4]**

✆ *$5 500 FF31 920 £3 358* Mouth of the Puyallup River, View Opposite Mt. Tacoma Oil/canvas/board 25,5x51cm/*10x20in* Los Angeles 97

✆ *$16 000 FF99 316 £9 593* Grand Canyon From Lookout Point Oil/canvas 76x50cm/*30x20in* Mystic, Connecticut 98

BROWN Gregory F. 1887-1948 **[3]**

▥ *$308 FF1 560 £200* "Epping Forest, London Transport" Poster 76x51cm/*29x20in* London 96

BROWN Harley W. 1939 **[19]**

✎ *$1 500 FF7 815 £943* Hunter Stony Pastel/paper 53x43cm/*21x17in* Scottsdale, Arizona 96

BROWN Harrison Bird 1831-1915 **[48]**

✆ *$2 600 FF12 402 £1 635* View of Portland Headlight from Cushings Island Oil/canvas 44x35cm/*17x14in*

Portland, Maine 95

🎨 *$3 600 FF17 172 £2 264* Venice, The Grand Canal Oil/canvas 38x68cm/*15x27in* Portland, Maine 95

BROWN Henry Kirke 1814-1886 **[3]**

🔨 *$7 000 FF35 800 £4 530* Bust of a woman Marble H54cm/*H21in* New-York 95

BROWN Hugh Boycott 1909 **[139]**

🎨 *$72 FF438 £45* Hedge near East Bergholt Oil/cardboard 20x25cm/*7x9in* London 97

🎨 *$1 001 FF5 570 £620* A pair of barge scenes, Pin Mill Oil/board 35x51cm/*13x20in* London 97

BROWN James 1951 **[163]**

🎨 *$4 825 FF25 000 £3 130* Black and Blue XIII Huile/toile/panneau 70x60cm/*27x23in* Paris 96

🎨 *$22 030 FF115 000 £13 300* Sans titre Tempera 165x151cm/*64x59in* Paris 96

🔨 *$5 000 FF24 200 £3 210* Untitled Ceramic H74cm/*H29in* New-York 95

🔨 *$9 160 FF48 100 £5 500* Vow of Powerty Bronze 150x75x60cm/*59x29x23in* London 96

✏️ *$907 FF5 439 £542* "Italy" Gouache/paper 51x39cm/*20x15in* Stockholm 98

BROWN Joan 1938-1990 **[19]**

🎨 *$5 000 FF24 430 £3 160* Nude with plaid blanket Acrylic/paper 61x91cm/*24x35in* San Francisco-Los Angeles 95

🎨 *$35 000 FF207 714 £21 437* Still Life with Plants Oil/canvas 152,5x122cm/*60x48in* San Francisco-Los Angeles 97

BROWN Joe 1909-1985 **[10]**

🔨 *$3 200 FF19 536 £1 912* Group of Two Boxers Bronze H24,5cm/*H9in* New-York 98

BROWN John A. Arnesby 1866-1955 **[12]**

🎨 *$3 554 FF21 194 £2 200* The Hay-Cart Oil/canvas 61,5x76,5cm/*24x30in* London 97

BROWN John Alfred Arnesby 1866-1955 **[33]**

🎨 *$2 125 FF12 476 £1 300* Landscape with Meander Oil/panel 20x26,5cm/*7x10in* London 97

🎨 *$4 980 FF23 840 £3 100* Extensive North Norfolk costale landscape Oil/canvas 43x58cm/*17x23in* Aylsham, Norfolk 95

🖼 *$1 062 FF5 921 £649* "Nottingham Castle, LMS" Poster 100x122cm/*39x48in* London 97

BROWN John Appleton 1844-1902 **[24]**

🎨 *$1 600 FF9 153 £998* Road in Spring Oil/canvas 36x51,5cm/*14x20in* Boston, Mass. 97

✏️ *$2 300 FF13 434 £1 360* By the Mill Pond Pastel/paper 34x44,5cm/*13x17in* Boston, Mass. 97

BROWN John Crawford 1805-1867 **[1]**

🎨 *$9 918 FF59 464 £6 000* The Return from Waterloo Oil/canvas 91x144cm/*35x56in* Glasgow 97

BROWN John George 1831-1913 **[104]**

🎨 *$8 000 FF41 800 £4 830* Seated Beauty in White Oil/canvas 45,5x30,5cm/*17x12in* San Francisco-Los Angeles 96

🎨 *$13 800 FF71 622 £9 139* Shoeshine Boy Oil/canvas 61,5x40,5cm/*24x15in* New-York 96

BROWN John Henry 1818-1891 **[6]**

🎨 *$1 300 FF7 411 £805* Portrait of Colonel William de Lavergne Miniature 9x7cm/*3x3in* New Orleans, Louisiana 97

BROWN John Lewis 1829-1890 **[58]**

🎨 *$2 446 FF14 577 £1 500* Watering Horses Oil/panel 41x32cm/*16x12in* London 98

🎨 *$10 699 FF65 000 £6 441* Journée du 6 août 1870: Reichshoffen Huile/toile 150x150cm/*59x59in* Paris 98

🎨 *$14 413 FF86 000 £8 832* "Cavaliers près du moulin" Huile/panneau 54x43cm/*21x16in* Paris 98

✏️ *$1 039 FF6 200 £636* Cavalier Encre 31,8x20,4cm/*12x8in* Paris 98

BROWN Marshall 1863-1936 **[1]**

🎨 *$3 650 FF18 900 £2 443* Krabbplockare Oil/canvas 41x61cm/*16x24in* Göteborg 96

BROWN Mike, Michael Challi 1938 **[9]**

✏️ *$1 574 FF8 070 £1 005* Pussy Galore Collage 102x152cm/*40x59in* Brisbane 96

BROWN OF COVENTRY Edward 1823-1877 **[8]**

🎨 *$2 850 FF14 480 £1 700* The Old Mare/Rose Oil/canvas 53x68cm/*20x26in* London 96

BROWN Ralph 1928 **[17]**

🔨 *$3 607 FF20 638 £2 200* Girl Leaning Bronze H57cm/*H22in* London 97

BROWN Reynold 1917-1991 **[10]**

🖼 *$686 FF3 470 £450* "Revenge of the Creature" Poster 104x68cm/*40x26in* London 96

✏️ *$1 700 FF8 800 £1 137* Speeding race car, advertisement for Mobiloil Wins!, late 1940s Gouache 22x53cm/*9x21in* New-York 96

BROWN Roger 1941 **[31]**

🎨 *$10 000 FF58 106 £5 904* Whistling Swan Oil/canvas 121,5x183cm/*47x72in* New-York 97

BROWN Roy H. 1879-1956 **[11]**
$1 064 FF6 004 £652 French Village Oil/panel 30x40cm/*12x16in* Mystic, Connecticut 97
BROWN Samuel John Milton 1873-1965 **[11]**
$1 467 FF8 653 £900 "Cunard Line, Europe-America" Poster 102x64cm/*40x25in* London 98
$444 FF2 761 £280 Sailing Vessels at Dusk Watercolour/paper 24x34,5cm/*9x13in* London 97
BROWN Thomas Austen 1859-1924 **[9]**
$1 179 FF7 152 £700 The Intruder Oil/canvas 61x51cm/*24x20in* Glasgow 98
BROWN Vincent 1901 **[27]**
$3 384 FF17 200 £2 200 Alert Watercolour 29x43,5cm/*11x17in* Auchterarder, Perthshire 95
BROWN Walter Francis 1853-1929 **[7]**
$943 FF5 511 £558 Children on Bridge-View of Goetz Oil/board 36x17cm/*14x7in* Boston, Mass. 97
$12 000 FF73 440 £7 293 Hauling in the Net Oil/canvas 63x43cm/*25x17in* Milford, Conn. 98
BROWN William Beatty 1831-1909 **[29]**
$1 490 FF7 770 £900 The Falls of the Tummel Oil/canvas 31x46cm/*12x18in* Glasgow 96
$2 849 FF17 187 £1 700 "In Glen Lochy, Killin, Perthshire" Oil/canvas 38x55cm/*14x21in* West Lothian 98
$6 000 FF35 398 £3 674 In Applecross Deer Forest Oil/canvas 137x101cm/*54x40in* Pittsburgh, PA 98
BROWN William Fulton 1873-1905 **[5]**
$1 626 FF9 478 £1 000 The Pretty Goatherd Watercolour/paper 46x62,5cm/*18x24in* West Lothian 97
BROWN William Henry 1808-1883 **[1]**
$2 600 FF15 941 £1 590 Silhouette Profile of Andrew Johnson Silhouette 26x17cm/*10x7in* New-York 98
BROWN William Marshall 1863-1936 **[34]**
$3 720 FF18 888 £2 400 A Rocky Store Oil/canvas 33x46cm/*12x18in* Auchterarder, Perthshire 96
$11 930 FF61 000 £7 900 Bait Gatherers Oil/canvas 35x46,5cm/*13x18in* Glasgow 96
BROWN William Mason 1828-1898 **[25]**
$3 300 FF19 264 £2 026 Cows in a Fall Landscape Oil/canvas 25x40cm/*10x16in* New-York 97
$18 000 FF106 572 £10 764 Autumn landscape Oil/canvas 83,8x127cm/*32x50in* New-York 97
BROWN William Theophilus 1919 **[8]**
$1 955 FF11 741 £1 167 Three Men in Window Acrylic/paper 14,5x19cm/*5x7in* San Francisco 98
BROWNE Belmore 1880-1954 **[9]**
$2 815 FF16 370 £1 677 Cascading Glacial Falls Oil/canvas/board 23x27cm/*9x10in* Calgary, Alberta 97
$4 770 FF27 738 £2 843 The Winding River Oil/canvas 76x64cm/*29x25in* Calgary, Alberta 97
BROWNE Byron 1907-1961 **[42]**
$8 500 FF50 444 £5 271 Woman with branches Oil/canvas 76x96,5cm/*29x37in* New-York 97
$911 FF5 394 £541 Collage Watercolour 25,5x40cm/*10x15in* Zürich 97
BROWNE Charles Francis 1859-1920 **[13]**
$850 FF5 195 £520 Approaching Storm Oil/canvas 23x34cm/*9x13in* Cincinnati, Ohio 98
BROWNE George Elmer 1871-1946 **[52]**
$800 FF4 773 £482 Village Street, Brittany Oil/board 38x30cm/*15x12in* New Orleans, Louisiana 97
$5 385 FF31 023 £3 164 Parisian Street Scene Oil/canvas 63x76cm/*25x30in* Mystic, Connecticut 97
$450 FF2 743 £270 Coastal Scene with Figures Watercolour/paper 55x60cm/*22x24in* New Orleans, Louisiana 98
BROWNE Hablot Knight, Phiz 1815-1882 **[17]**
$200 FF1 050 £120 Large Havana Watercolour 24,5x18cm/*9x7in* London 96
BROWNE Henriette 1829-1901 **[4]**
$23 000 FF133 101 £14 149 La belle juive Oil/canvas 98x61cm/*38x24in* Tel Aviv 97
BROWNE Matilda van Wyck 1869-1947 **[10]**
$3 500 FF20 045 £2 070 Flowers Oil/canvas/board 40x30cm/*16x12in* Milford, Conn. 97
BROWNE Robert Ives 1865-1956 **[8]**
$757 FF4 640 £451 A polder landscape in summer Oil/canvas 47x84cm/*18x33in* Amsterdam 98
BROWNE Vincent R. Balfour 1880-1963 **[18]**
$816 FF4 975 £500 A Fox Loitering with Intent Watercolour/paper 26x38,5cm/*10x15in* London 98
BROWNELL Peleg Franklin 1857-1946 **[24]**
$2 010 FF10 450 £1 331 Lady in a Landscape, Dechenes Oil/board 25x26cm/*9x10in* Toronto 96
$3 690 FF17 870 £2 370 Laurentian view, Springtime Oil/canvas 44x60cm/*17x23in* Toronto 95
$1 097 FF5 700 £726 Landscape with grazing Cows Pastel 23x35,5cm/*9x13in* Toronto 96
BROWNING Amy Katherine 1882-1970 **[11]**

---

*$620 FF3 781 £380 Still Life with Vase of Flowers Oil/canvas 30,5x30,5cm/*12x12in* London 98*
*$1 265 FF6 180 £800 July Lane Oil/canvas 43x56cm/*16x22in* London 95*
BROWNING Mary XX **[2]**
*$7 820 FF46 190 £4 859 "A Jester's Joust" Oil/canvas 91x137cm/*36x54in* Elgin, Illinois 97*
BROWNLOW Emma c.1820-c.1880 **[4]**
*$2 180 FF11 070 £1 300 Winding Wool Oil/canvas 26x31cm/*10x12in* London 96*
*$12 169 FF69 699 £7 200 The Foundling restored to its Mother Oil/canvas 64x77cm/*25x30in* London 97*
BROWNLOW Washington George 1835-1876 **[15]**
*$1 000 FF5 190 £662 Woman and child in a landscape Oil/canvas 28x39cm/*11x15in* Chicago, Illinois 96*
BROWNSCOMBE Jennie Augusta 1850-1936 **[15]**
*$224 FF1 338 £135 Shore of Capri Oil/board 16x21cm/*6x8in* Chicago, Illinois 97*
*$4 250 FF25 390 £2 602 "An Unexpected Guest" Oil/canvas 51x74,5cm/*20x29in* New-York 98*
BROYELLE Raphaël Albert XIX-XX **[1]**
*$4 160 FF25 675 £2 470 Paisaje ribereño con catedral al fondo Oleo/lienzo 60x50cm/*23x19in* Madrid 98*
BROZIK von Wencelas, Vacslaw 1851-1901 **[31]**
*$794 FF4 488 £500 Portrait of Madame de Munkacsy Oil/panel 33x24cm/*12x9in* London 97*
*$16 820 FF95 920 £10 240 Kinder im Frühling Öl/Leinwand 73x54,5cm/*28x21in* Wien 97*
*$20 000 FF113 700 £12 246 The Trial of Jan Hus Oil/canvas 141x211cm/*55x83in* New-York 97*
BRU DE RAMON Juan Bautista XVIII **[3]**
*$627 FF3 752 £389 "Larguete"/"Mugle"/"Salmonete"/"Escopión" Aguafuerte 49x30cm/*19x11in* Madrid 98*
BRU Georges 1933 **[10]**
*$1 586 FF9 500 £974 L'arpenteur Crayons couleurs 147x97cm/*57x38in* Douai 98*
BRUANDET Lazare 1755-1804 **[29]**
*$2 595 FF15 000 £1 611 Paysages Huile/panneau 16x20cm/*6x7in* Paris 97*
*$5 304 FF31 000 £3 236 La croisée des chemins dans la forêt Huile/panneau 51,5x72cm/*20x28in* Paris 97*
*$2 113 FF12 000 £1 322 Bergers et leur troupeau/Troupeau s'abreuvant Gouache 39x52cm/*15x20in*
Paris 97*
BRUANDET Lazare (Attrib.) 1755-1804 **[9]**
*$2 810 FF14 000 £1 840 Paysanne sur un âne avec troupeau en sous-bois Huile/toile 26,5x34,5cm/*10x13in*
Paris 95*
*$1 430 FF7 500 £858 Paysage avec cascade Gouache 29,5x40,5cm/*11x15in* Paris 96*
BRUCE Edward 1879-1943 **[6]**
*$1 400 FF8 428 £837 Monterey Coast Oil/canvas 66x92,5cm/*25x36in* San Francisco 98*
BRUCE OF LOS ANGELES XX **[6]**
*$3 250 FF18 756 £1 991 Male Nudes and Body Builders Posed in Studio 1950s Photograph 24x19cm/*9x7in*
New-York 97*
BRUCE Patrick Henry 1881-1937 **[2]**
*$25 000 FF148 017 £14 845 Still Life (Pears on Blue and White Cloth) Oil/canvas 35x45cm/*13x17in* New-
York 97*
BRUCE Peter 1949 **[6]**
*$1 167 FF7 009 £700 Elephant Calf on the Move Gouache/paper 29x51cm/*11x20in* London 98*
BRUCE William Blair 1859-1906 **[7]**
*$2 030 FF9 830 £1 304 Thatching the Roof Oil/canvas 27x36cm/*10x14in* Toronto 95*
BRUCK Hermina 1865-1944 **[3]**
*$3 986 FF24 220 £2 400 Summer Flowers in a Vase Oil/canvas 117x90,5cm/*46x35in* London 98*
BRUCK Lajos, Ludwig 1846-1910 **[18]**
*$1 019 FF6 034 £613 Ungarisches Gehöft mit Ziehbrunnen und Figurenstaffage Öl/Leinwand
27x35cm/*10x13in* Lindau 98*
*$4 595 FF27 652 £2 751 Italian Fishergirl Oil/canvas/board 115x72cm/*45x28in* Amsterdam 98*
BRÜCKE Wilhelm 1829-? **[6]**
*$6 196 FF35 449 £3 867 Süditalienische Steilküste Öl/Leinwand 67x101cm/*26x39in* Stuttgart 97*
*$9 331 FF48 666 £5 455 Hafen von Amalfi Oil/panel 25,5x38cm/*10x14in* München 96*
BRUCKMAN Lodewyk Karel, Loki 1903 **[11]**
*$950 FF5 896 £569 Driftwood and Fruit Oil/canvas 76x38cm/*30x15in* Mystic, Connecticut 98*
BRUCKMAN Willem Leendert 1866-? **[3]**
*$10 900 FF52 800 £7 000 The Bridge of St. Servaas, Maastricht Oil/canvas 71x92cm/*27x36in* London 95*
BRUCKMANN Alexander 1806-1882 **[2]**

$2 085 FF10 340 £1 320 Portrait of a gentleman/Portrait of a Lady Huile/toile 36x27cm/*14x10in*
Lindau 95
BRUEGHEL Abraham 1631-1697 **[44]**
$28 311 FF166 339 £17 000 A Still Life of a Watermelon, a Glass Bowl/A Still Life of Melons Oil/copper
18,5x23,5cm/*7x9in* London 97
$35 000 FF206 489 £21 434 A Melon, Peaches, Almonds, Figs, Pears and Apples in a Landscape Oil/canvas
70x93,5cm/*27x36in* New-York 98
$218 000 FF1 120 000 £135 800 A young Woman arranging Flowers in an Urn, with Pomegrantes, Grapes
Oil/canvas 125x166,5cm/*49x65in* Wien 96
BRUEGHEL Abraham (Attrib.) 1631-1697 **[11]**
$24 100 FF121 800 £15 800 Grosser, dekorative Blumenstrauss in einer Prunkvase Öl/Leinwand
97x73cm/*38x28in* Wien 96
$28 060 FF144 700 £18 000 A woman picking grapes and a Putto by a classical pedestal Oil/canvas
134,5x108cm/*52x42in* London 96
BRUEGHEL Jan I 1568-1625 **[27]**
$106 494 FF609 534 £62 903 Travellers on a Country Road, a Village beyond Oil/copper 7x9,3cm/*2x3in*
Amsterdam 97
$200 000 FF1 104 360 £124 800 An Allegory of the Elements, Earth, Air and Water Oil/panel
59x81cm/*23x31in* New-York 97
$51 890 FF297 000 £30 650 The Archduke Albert and Archduchess Isabella "à la chasse" Ink
27x45cm/*10x17in* Amsterdam 97
BRUEGHEL Jan I (Attrib.) 1568-1625 **[5]**
$17 000 FF88 400 £11 240 A Garland of flowers surrounding the Madonna and Child Oil/panel
20x18cm/*7x7in* New-York 96
$90 700 FF470 000 £58 900 Vierge à l'Enfant dans un paysage Huile/panneau 150x130cm/*59x51in*
Monaco 96
BRUEGHEL Jan II 1601-1678 **[96]**
$30 900 FF160 000 £20 050 Paysage de rivière avec oiseaux, ou Allégorie de l'Air Huile/toile
120x171cm/*47x67in* Paris 96
$50 000 FF306 935 £30 635 Extensive Landscape with Peasants and a Covered Wagon Oil/copper
12x17cm/*4x6in* New-York 98
$66 440 FF400 000 £39 760 "Le paradis terrestre" Huile/cuivre 36,5x50,5cm/*14x19in* Paris 98
$8 800 FF45 000 £5 800 Panoramic landscape with a hunting party Ink 26x37cm/*10x14in* London 96
BRUEGHEL Jan II (Attrib.) 1601-1678 **[14]**
$42 750 FF213 000 £28 000 Wooded landscape with travellers on a village road Oil/panel
26,5x36,5cm/*10x14in* London 95
$54 460 FF333 620 £32 900 Bewaldete Flusslandschaft mit Blumen, Papageien und vier Frauen Oil/panel
49x64cm/*19x25in* Wien 98
$1 245 FF7 128 £735 Studies of Deer Black chalk/paper 15x26cm/*5x10in* Amsterdam 97
BRUEGHEL Jan Peter c.1628-c.1670 **[2]**
$25 000 FF142 612 £15 372 Transfiguration seen through a Stone Cartouche Surrounded by Flowers Oil/cop-
per 87x68,5cm/*34x26in* New-York 97
BRUEGHEL Pieter I 1525-1569 **[2]**
$526 FF3 190 £322 Kopf eines Bauern und einer Bäuerin Kupferstich 13,3x18,7cm/*5x7in* Berlin 98
BRUEGHEL Pieter II c.1564-1638 **[63]**
$26 528 FF153 408 £16 416 Bauernhochzeit Oil/wood 26,5x38,5cm/*10x15in* Wien 97
$518 000 FF2 583 000 £339 500 The Wedding dance Oil/panel 41x57cm/*16x22in* London 95
$553 000 FF2 900 000 £333 000 La Prédiction de Saint Jean-Baptiste Huile/panneau 117x173cm/*46x68in*
Paris 96
BRUEGHEL Pieter II (Attrib.) c.1564-1638 **[14]**
$39 000 FF201 000 £25 000 The Crucifixion Oil/panel 83x121cm/*32x47in* London 96
BRUEGHEL Pieter III 1589-c.1640 **[12]**
$100 338 FF594 060 £60 000 The payment of Tithes Oil/panel 71x104cm/*27x40in* London 97
BRUEGHEL Pieter III (Attrib.) 1589-c.1640 **[3]**
$18 843 FF110 000 £11 396 La danse des Catherinettes Huile/panneau 67x98cm/*26x38in* Paris 97
$67 900 FF356 000 £40 900 Paysans se chauffant devant l'âtre Huile/panneau 23,5x34,5cm/*9x13in*

Paris 96
BRUELLE Gaston XIX-XX **[3]**
$500 FF2 847 £307 Cherbourg Watercolour 30x48cm/*11x18in* New-York 97
BRUEN Gerald XX **[3]**
$2 857 FF16 682 £1 700 Near Costelloe, Connamara Oil/canvas 40,5x51cm/*15x20in* London 97
BRUESTLE Bertram G. 1902 **[11]**
$900 FF5 586 £539 Conn. Farm Scenes Oil/canvas 20x25cm/*8x10in* Mystic, Connecticut 98
BRUESTLE George Matthew 1872-1939 **[24]**
$1 200 FF7 224 £718 New England Byways Oil/board 20,5x25,5cm/*8x10in* San Francisco 98
BRUGADA VILA de José c.1800-1859 **[1]**
$1 750 FF10 000 £1 075 Torre de Comares Oleo/lienzo 28x24cm/*11x9in* Madrid 97
BRUGADA Y PANIZO Ricardo 1867-1919 **[6]**
$1 224 FF7 200 £738 Suerte de varas Oleo/cartón 40x32cm/*15x12in* Madrid 97
BRUGAIROLLES Victor 1869-1936 **[38]**
$701 FF4 140 £415 Flusslandschaft Oil/panel 26x35cm/*10x13in* Zofingen 97
$1 968 FF12 000 £1 180 Moulin au bord de l'Estuaire au soleil couchant Huile/panneau 50x73cm/*19x28in* Calais 98
BRÜGGER Arnold 1888-1975 **[29]**
$2 210 FF10 750 £1 398 Dorf am Waldrand Öl/Leinwand 32x34cm/*12x13in* Bern 95
$6 340 FF32 600 £3 950 Bergbach Öl/Leinwand 81x100cm/*31x39in* Bern 96
$12 164 FF72 230 £7 425 "Markt" Oil/canvas 121x145cm/*47x57in* Bern 98
$361 FF2 142 £221 Engelshörner Pencil/paper 27,5x34,7cm/*10x13in* Bern 97
BRUGIERE Francis J. XIX-XX **[3]**
$9 000 FF52 755 £5 539 Cut Paper Abstraction Gelatin silver print 19x24cm/*7x9in* New-York 97
BRÜGNER Celestin 1824-1887 **[26]**
$1 481 FF8 991 £900 Winte/Summer Oil/canvas 24x31,5cm/*9x12in* London 98
BRUGNOLI Emanuele 1859-1944 **[17]**
$2 280 FF12 920 £1 520 Senze titoli Acquaforte 35x50cm/*13x19in* Trieste 98
$2 030 FF11 776 £1 200 The Grand Canal, the Palace Contrini Mocenigo and the Tower of Santa Watercolour/paper 51x68,5cm/*20x26in* London 97
BRUHL Louis Burleigh 1862-1942 **[14]**
$458 FF2 666 £280 Gathering Poppies Watercolour 58x44cm/*22x17in* Billingshurst, West Sussex 97
BRÜHWILER Paul 1939 **[2]**
$1 700 FF8 800 £1 137 "Film Retrospective" Poster 128x90cm/*50x35in* New-York 96
BRUIN de Cornelis 1870-1940 **[21]**
$420 FF2 524 £254 Voor Harderwijk Oil/canvas 51x70,5cm/*20x27in* Den Haag 98
BRULL VINYOLES Juan 1863-1912 **[5]**
$5 000 FF30 618 £2 992 Best Friends Oil/canvas 75,5x64cm/*29x25in* New-York 98
$22 420 FF127 540 £13 824 El Pessebre Oil/canvas 139x200cm/*54x78in* Vejle 97
BRULOW Alexandre 1798-1877 **[1]**
$1 180 FF6 000 £705 Portrait d'homme Aquarelle 19x14,8cm/*7x5in* Paris 96
BRUN Charles Guillaume 1825-1908 **[9]**
$13 348 FF80 604 £8 000 An Arab Street Oil/canvas 51x33,5cm/*20x13in* London 98
$1 191 FF6 862 £700 "Cycles Buffalo" Affiche 138x98,5cm/*54x38in* London 97
BRUN DE VERSOIX Louis Aug. (Attrib.) 1756-1815 **[4]**
$24 830 FF129 600 £15 000 Equestrian portrait of a Gentleman, said to be La Fayette (1757-1834) Oil/canvas 88x120cm/*34x47in* London 96
$1 288 FF6 500 £846 Étude de main tenant un chapeau et une canne Pierre noire 16,5x10,1cm/*6x3in* Paris 96
BRUN DE VERSOIX Louis Auguste 1756-1815 **[2]**
$20 000 FF119 760 £12 240 Portrait of Jacques-Henri Gabriel de Bellissen Oil/canvas 46x61cm/*18x24in* New-York 97
BRUN Donald 1909-? **[24]**
$374 FF2 070 £232 "Bell Epoque" Poster 127x89cm/*50x35in* New-York 97
BRUN Édouard 1860-1935 **[35]**
$609 FF3 000 £396 Morestel Huile/panneau 14x21,5cm/*5x8in* Grenoble 95
$326 FF1 700 £205 Étang dans la campagne dauphinoise Aquarelle 21x28cm/*8x11in* Grenoble 96
BRUN Raoul XIX-XX **[2]**

$1 852 FF11 000 £1 122 Embarcadère à Arcachon Huile/toile 47x72cm/*18x28in* Vannes 97

BRUNBERG Håkan 1905-1978 **[29]**

$1 288 FF7 740 £772 Lejon Oil/panel 36x23cm/*14x9in* Helsinki 98

$1 818 FF11 057 £1 106 Flicka Oil/canvas 46x38cm/*18x14in* Helsinki 98

BRÜNE Heinrich 1869-1945 **[2]**

$3 270 FF16 940 £2 125 Im Garten Öl/Leinwand 53,5x44cm/*21x17in* München 96

BRUNEAU Odette 1891-1984 **[10]**

$4 256 FF26 000 £2 524 Marocaine aux parures Huile/toile 84x64cm/*33x25in* Paris 98

BRUNEL Danielle 1945 **[2]**

$2 353 FF13 738 £1 400 A Mother with her Kittens Oil/canvas 23x32cm/*9x12in* London 97

BRUNEL DE NEUVILLE Alfred Arthur 1852-1941 **[269]**

$2 286 FF11 560 £1 500 Kittens with a Ball of Wool Oil/canvas 24x33cm/*9x12in* London 96

$21 723 FF129 000 £13 158 Sans titres Huile/toile 55x105cm/*21x41in* Chalon-sur-Saône 97

BRUNELLESCHI Umberto 1879-1948 **[49]**

$15 964 FF96 000 £9 552 Femme au bouquet de pivoines Huile/toile 100x100cm/*39x39in* Paris 98

$306 FF1 800 £184 Illustration de programme pour "Les Ames Nues" Eau-forte 28x20cm/*11x7in* Paris 97

$600 FF3 416 £372 Costume designs Gouache/paper 32,4x25,1cm/*12x9in* New-York 97

BRUNERY François 1849-1926 **[97]**

$368 FF2 200 £225 Le fauteuil Empire à la tête de Sphinx Huile/panneau 23,5x18cm/*9x7in* Paris 98

$5 859 FF35 000 £3 591 Double porte ouverte sur un salon Huile/toile 71,5x92,5cm/*28x36in* Paris 98

$1 088 FF6 500 £666 A la santé du chef "Moët et Chandon" Aquarelle, gouache 72x91cm/*28x35in* Paris 98

BRUNERY Marcel XIX-XX **[26]**

$18 420 FF93 600 £11 000 A Conversation with the Cardinal Oil/canvas 39x47cm/*15x18in* London 96

BRUNET Émile 1869-1943 **[10]**

$1 209 FF7 140 £730 Mädchenportrait Öl/Leinwand 81x65cm/*31x25in* Wien 97

BRUNET N.R. [1]

$4 215 FF25 000 £2 495 Lionne Bronze H45cm/*H17in* Paris 97

BRUNET-HOUARD Pierre Auguste 1829-1922 **[5]**

$8 316 FF49 800 £5 109 Avant la guerre/Après la guerre Huile/toile 97x140cm/*38x55in* Epernay 98

BRUNI Bruno 1935 **[82]**

$168 FF1 006 £103 Liegende Frauenakte Color lithograph 85x64,3cm/*33x25in* Hamburg 98

$1 485 FF7 370 £945 Angelo Vendicatore Bronze H47cm/*H18in* Stuttgart 95

BRUNI Feodor Antonovitch 1801-1874 **[2]**

$7 508 FF44 328 £4 444 Kvinna Oil/canvas 66x51cm/*25x20in* Helsinki 97

$2 280 FF11 400 £1 500 Mother and child Watercolour/paper 24,5x17,5cm/*9x6in* London 95

BRUNI Umberto 1914 **[30]**

$366 FF1 920 £221 Paysage d'uatomne Huile/panneau 20x25cm/*7x9in* Montréal 96

BRUNIAS Agostino c.1730-1796 **[10]**

$43 378 FF264 659 £26 000 A Mulatto Woman with Attendants, Dominica Oil/canvas 28x20cm/*11x7in* London 98

$140 000 FF853 132 £85 288 Natives Dancing in the Island of Dominica/Mulatto women nr River Rosea Oil/canvas 40,5x85cm/*15x33in* New-York 98

$5 570 FF27 200 £3 500 A Mulatto woman with a boy Watercolour 28x18cm/*11x7in* London 95

BRUNIN Léon de Meuter 1861-1949 **[37]**

$287 FF1 635 £177 Ferme près d'un étang Huile/panneau 27x36cm/*10x14in* Antwerpen 97

$1 197 FF7 308 £733 La pantoufle de Cendrillon Huile/toile 56x46cm/*22x18in* Bruxelles 98

BRÜNING Max 1887-1968 **[112]**

$57 FF335 £35 Bildnis einer jnugen Dame im Profil nach rechts Radierung 35x18cm/*13x7in* Heidelberg 97

$865 FF4 410 £572 Bregenzer Wäldlerin Pastel 58x44cm/*22x17in* Kempten 96

BRÜNING Peter 1929-1970 **[99]**

$29 525 FF169 491 £18 000 Nr.47 Oil/canvas 90x115cm/*35x45in* London 97

$33 900 FF175 500 £22 000 Komposition 1/V-57 Oil/canvas 96,5x129,5cm/*37x50in* London 96

$335 FF2 010 £206 Ohne Titel Color lithograph 70x60cm/*27x23in* Köln 98

$2 686 FF16 085 £1 650 Legende Coloured chalks 33x45cm/*12x17in* Köln 98

BRUNNER F. Sands 1886-1954 **[5]**

$1 760 FF10 451 £1 074 Calendar ill.: Seated redheaded woman in green dress Oil/canvas

---

76x60cm/*30x24in* New-York 98

 $3 575 FF21 905 £2 158 Fall Landscape Oil/board 28x35cm/*11x14in* Hatfield, Pennsylvania 98

 $1 300 FF6 730 £870 Woman with sword and torch on horse (sketch for "Success") Watercolour 46x33cm/*18x13in* New-York 96

BRUNNER Ferdinand 1870-1945 **[29]**

 $9 400 FF48 100 £6 030 Dorfplatz in Niederöstrerreich Oil/panel 16x22cm/*6x8in* Wien 96

 $28 140 FF166 495 £16 695 Aus dem Mühlviertel Öl 68x100cm/*26x39in* Wien 97

 $3 288 FF19 168 £2 012 Bauernhaus Mixed media/paper 15,7x21cm/*6x8in* Wien 97

BRUNNER Hans 1813-1888 **[6]**

 $1 670 FF10 056 £999 Junge Frau mit Kind an einem Weinlaub umrankten Runbogenfenster Oil/panel 44x32cm/*17x12in* München 98

 $19 070 FF111 335 £11 533 Blick auf Meran Öl/Leinwand 77x98cm/*30x38in* Köln 97

BRUNNER Hattie K. 1890-1982 **[8]**

 $3 800 FF23 002 £2 385 Winter Scene with Train Watercolour/paper 25x35cm/*10x14in* New-York 97

BRUNNER Josef 1826-1893 **[14]**

 $940 FF4 810 £603 Bei Weihersheim in Würtemberg Öl/Karton 10,5x18cm/*4x7in* Wien 96

 $1 582 FF9 532 £958 Landschaftsmotiv aus Niederösterreich Öl/Papier 36x50cm/*14x19in* Wien 98

BRUNNER Leopold I 1788-1866 **[6]**

 $1 443 FF8 584 £869 Waldstück mit Hirsch Aquarell/Papier 34x25cm/*13x9in* Wien 98

BRUNNER Leopold II (Attrib.) 1822-1869 **[1]**

 $3 564 FF18 450 £2 300 Cattle in a wooded landscape Oil/canvas 54x65cm/*21x25in* Stockholm 96

BRUNNER Otto 1921 **[1]**

 $5 170 FF25 840 £3 345 Junges Paar I Öl/Karton 80x57cm/*31x22in* Lindau 96

BRUNNER Salomon 1778-1848 **[3]**

 $13 258 FF78 544 £8 002 Vedute von Meggen mit der Ruine Neu-Habsburg Öl/Leinwand 45,5x60,5cm/*17x23in* Zürich 97

BRUNNER-LACOSTE Henri Émile 1838-1881 **[3]**

 $6 500 FF39 274 £3 872 Still life with Fruit Oil/canvas 61x85cm/*24x33in* New-York 97

BRUNO Francesco (Attrib.) 1648-1726 **[1]**

 $14 900 FF77 700 £9 000 The Rest on the Flight into Egypt Oil/canvas 144x195cm/*56x76in* London 96

BRUNONI Serge 1938 **[28]**

 $423 FF2 474 £250 Montréal, rue St. Paul Oil/board 15x20,5cm/*5x8in* Calgary, Alberta 97

 $938 FF5 456 £559 "Regardez" Acrylic/canvas 61x76cm/*24x29in* Calgary, Alberta 97

BRUNORI Enzo 1924 **[9]**

 $2 208 FF12 512 £1 104 Senza titolo Olio/tela 50x40cm/*19x15in* Milano 98

BRUNST Stanley Ernest 1894-1962 **[9]**

 $364 FF1 900 £241 Rural Scene Watercolour/paper 34,5x47cm/*13x18in* Calgary, Alberta 96

BRUNTON Violet Angless 1878-1951 **[4]**

 $832 FF4 817 £500 They Brought her to the Appointed Rock Ink 18x12cm/*7x4in* London 97

BRUPBACHER Heinrich 1758-1835 **[2]**

 $1 845 FF10 712 £1 089 Meile au bord du Lac de Zürich du Côté de l'orient Radierung 16x25,5cm/*6x10in* Bern 97

BRUS Günther 1938 **[97]**

 $2 382 FF14 280 £1 422 Szene Australia Mixed media 30x43cm/*11x16in* Wien 98

 $6 970 FF34 300 £4 440 Ohne Titel Mixed media 38,7x55cm/*15x21in* Wien 95

 $649 FF3 366 £429 Ohne Titel Etching 24,7x21cm/*9x8in* Wien 96

 $845 FF4 420 £504 Körperanalyse Photograph 79x110cm/*31x43in* Köln 96

 $2 990 FF14 700 £1 903 Aktionsskizze Ink/paper 20x21cm/*7x8in* Wien 95

BRUSAFERRO Gerolamo 1700-1760 **[5]**

 $46 800 FF241 000 £30 000 Coriolanus persuaded by his family to raise the Siege of Rome Oil/canvas 192x286,5cm/*75x112in* London 96

BRUSAFERRO Gerolamo (Attrib.) 1700-1760 **[2]**

 $10 684 FF62 998 £6 325 The Adoration of the Magi Oil/canvas 74,5x111,5cm/*29x43in* London 97

BRUSASORZI Domenico Riccio 1516-1567 **[5]**

 $38 729 FF229 312 £23 000 Portrait of a Gentleman, playing a Lute Oil/canvas 55,5x44cm/*21x17in* London 97

 $13 250 FF68 300 £8 500 The Madonna in glory with the Apostles below Pencil 51,5x30cm/*20x11in* London 96

BRUSASORZI Felice Rizzo 1540-1605 **[6]**
  $1 499 FF8 498 £999 Preghiera nell'orto Olio/tela 91x80cm/*35x31in* Milano 97
  $3 840 FF23 700 £2 280 La Adoración de los Magos Oleo/lienzo 48,5x26cm/*19x10in* Madrid 98
BRUSENBAUCH Arthur 1881-1957 **[19]**
  $1 602 FF9 514 £952 Stehender Akt Mischtechnik/Papier 51x41cm/*20x16in* Wien 97
BRUSEWITZ Gustaf 1812-1899 **[4]**
  $12 650 FF66 100 £7 540 Family portrait Oil/canvas/panel 104x136cm/*40x53in* Stockholm 96
BRUSH George de Forest 1855-1941 **[11]**
  $440 000 FF2 594 328 £269 808 Indian Hunters in the Mist Oil/canvas 72x64,5cm/*28x25in* New-York 98
BRUSSE Mark 1937 **[35]**
  $862 FF4 500 £513 "Mask" Céramique 30x25x15cm/*11x9x5in* Paris 96
  $1 790 FF11 000 £1 073 Voyeur Assemblage 92x53cm/*36x20in* Paris 98
BRUSSEL van Hermanus 1763-1815 **[8]**
  $308 FF1 840 £186 Landschaft Pencil/paper 29,7x35,8cm/*11x14in* Köln 97
BRüSSEL van Paul Theodor 1754-1795 **[5]**
  $20 000 FF118 836 £12 204 Roses, Tulips, a Hyacinth and Other Flowers in a Terracotta Vase Oil/canvas 39,5x33cm/*15x12in* New-York 98
BRüSSEL van Paul Theodor (Attr.) 1754-1795 **[1]**
  $21 048 FF124 626 £12 500 Irises, Roses, Peonies and Morning Glory, Apples, Grapes, Blackberries Oil/canvas 54,5x45cm/*21x17in* London 97
BRUSSEL-SMITH Bernard 1914-1989 **[3]**
  $181 FF1 433 £280 Women of Correze/Men of Correze Engraving 28x42cm/*11x16in* Denver, Colorado 95
BRUSSELMANS Jean 1884-1953 **[75]**
  $5 280 FF32 480 £3 220 Marine Huile/toile 30x40cm/*11x15in* Bruxelles 98
  $7 202 FF42 302 £4 446 Masure Huile/toile 45,5x54cm/*17x21in* Lokeren 97
  $10 600 FF65 000 £6 320 Les dunes Huile/toile 100x120cm/*39x47in* Bruxelles 98
  $867 FF5 193 £518 Vue à Houffalize Crayon/papier 26x35cm/*10x13in* Antwerpen 98
BRUSSET Paul 1914-1985 **[8]**
  $987 FF5 964 £600 "Mont-Genevre, Sports d'hiver, Six mois de neige, PLM" Poster 100x62cm/*39x24in* London 98
BRUST Karl Friedrich 1897-1960 **[12]**
  $2 791 FF16 761 £1 674 "Heftiges Rot" Oil/canvas 98x130cm/*38x51in* Stuttgart 98
BRUSTOLON Giovan Battista c.1726-? **[9]**
  $1 560 FF8 840 £780 Piazza San Marco/Il Canal Grande con la Biblioteca Marciana Gravure 32,5x46,5cm/*12x18in* Firenze 98
BRUUN Johan Jacob 1715-1789 **[3]**
  $5 026 FF30 754 £3 055 Den Oldenborgske kongeraekke fra Christian I til Frederik den V. ... Miniature 6,5x5,5cm/*2x2in* Köbenhavn 98
BRUYCKER de Frans Ant., François 1816-1882 **[8]**
  $3 340 FF17 060 £2 200 Still life with fruit and flowers Oil/panel 61x46cm/*24x18in* London 96
  $4 576 FF26 096 £2 784 La conversation Huile/panneau 41,5x31,5cm/*16x12in* Bruxelles 97
BRUYCKER de Jules 1870-1945 **[317]**
  $672 FF3 346 £440 La Maison Jan Palfijn, Gand Eau-forte 61x48,7cm/*24x19in* Lokeren 95
  $6 360 FF31 100 £4 020 Sinte Klaas Kerke, Gent Crayon 46x32cm/*18x12in* Bruxelles 95
BRUYER Léon c.1810-1885 **[1]**
  $83 150 FF500 000 £49 750 Paire de Sphinx Marbre 1110x1395x64cm/*437x549x25in* Paris 98
BRUYERE Elise Lebarbier 1776-1842 **[2]**
  $13 000 FF65 500 £8 380 Still life of fruit Oil/canvas 33x45cm/*13x18in* Detroit, Michigan 96
BRUYN Barth. I (Attrib.) 1493-1555 **[3]**
  $60 444 FF342 516 £40 296 Ritratto di uomo con spada e abito nero Olio/tavola 26x19cm/*10x7in* Roma 98
BRUYN Bartholomaeus I 1493-1555 **[7]**
  $30 000 FF170 000 £15 000 Il donatore e devoti/Crociffisione/La donatrice e devote Olio/tavola 96x140cm/*37x55in* Milano 98
  $50 000 FF294 810 £30 660 Portrait of a Man holding a Carnation Oil/panel 44x33cm/*17x12in* New-York 98

BRUYN Bartholomaeus II c.1530-1606/10 **[4]**

$8 100 FF47 660 £5 000 Bildnis eines bärtigen Herrn mit Pelzkragen Oil/panel 56x41cm/*22x16in* Wien 97

$42 000 FF207 300 £27 150 Portrait of a young Man, half length Oil/panel 34x26,5cm/*13x10in* New-York 96

BRUYN de Cornelis Johannes c.1763-c.1828 **[11]**

$16 950 FF86 400 £10 000 Fruit on a partially draped ledge/Fruit on a ledge Oil/canvas 46x36cm/*18x14in* London 96

$20 000 FF117 924 £12 264 Still life with roses, morning glories, pansies in a vase on a ledge Oil/panel 38x28,5cm/*14x11in* New-York 98

BRUYN de J.H. XVIII-XIX **[1]**

$4 200 FF23 890 £2 570 Queen Marie-Antoinette being taken to her Execution Oil/canvas 44x58cm/*17x22in* New-York 97

BRUYN de Nicolaes 1571-1656 **[10]**

$139 FF838 £83 Kreuzigung Kupferstich 40x68cm/*15x26in* München 98

BRUYNE de Dees 1940 **[18]**

$283 FF1 635 £174 Le peintre Dessin 94x49cm/*37x19in* Bruxelles 97

BRUYNE de Gustaaf 1914-1981 **[91]**

$2 320 FF13 821 £1 419 Baigneuse près d'un étang dans un paysage boisé Huile/panneau 45x30cm/*17x11in* Antwerpen 98

$5 874 FF35 750 £3 608 Nu debout Oil/panel 101x49cm/*39x19in* Antwerpen 98

$14 350 FF73 800 £8 940 Le Jardin des Illusions Huile/toile 105x153cm/*41x60in* Antwerpen 96

$775 FF4 555 £478 Moeder en kind Gravure 26,5x17cm/*10x6in* Lokeren 97

$1 754 FF9 020 £1 093 La Sainte Famille Aquarelle/papier 50x32cm/*19x12in* Antwerpen 96

BRUZZI Stefano 1835-1911 **[20]**

$4 800 FF29 179 £2 955 The Grape Pickers Oil/panel 27,5x21,5cm/*10x8in* New-York 98

$25 100 FF128 000 £15 200 Gregge con pastorelle Olio/tela 57,5x77,5cm/*22x30in* Prato 96

BRY de Johann Theodore 1561-1623 **[10]**

$826 FF4 826 £500 Sardanapal in the Bath, attented by Slaves Etching 16x16cm/*6x6in* London 97

BRY de Théodore 1528-1598 **[8]**

$737 FF4 350 £436 Das goldene Zeitalter Kupferstich 16,5x16cm/*6x6in* Berlin 97

BRYANS Lyna 1909-? **[3]**

$3 907 FF22 727 £2 393 Road to Banyule Oil/board 49x49,5cm/*19x19in* Melbourne 97

BRYANT Charles David Jones 1883-1937 **[22]**

$1 230 FF6 313 £811 Red Sails Oil/board 19,5x24cm/*7x9in* Sydney 96

$1 818 FF10 543 £1 072 The Royal Tacht Britannia, Flotilla Oil/canvas 48x57cm/*18x22in* Sydney 97

BRYANT Henry C. XIX **[9]**

$1 904 FF9 890 £1 128 The Farewell Oil/canvas 28x35cm/*11x14in* Mystic, Connecticut 97

$2 195 FF13 019 £1 300 Cattle in a Farmyard Oil/canvas 40x51cm/*15x20in* Billinghurst, West Sussex 97

BRYANT Henry Charles 1812-c.1890 **[13]**

$2 189 FF13 022 £1 300 Cattle in a farmyard Oil/canvas 40x51cm/*15x20in* Billinghurst, West Sussex 97

$2 394 FF14 326 £1 500 The Farewell Oil/canvas 31x36cm/*12x14in* London 97

BRYCE Gordon 1943 **[4]**

$4 184 FF24 654 £2 500 "Still Life with Carnations" Oil/canvas 76x91,5cm/*29x36in* Glasgow 97

BRYEN Camille 1907-1977 **[246]**

$842 FF4 100 £533 Composition Technique mixte/toile 45,5x35,5cm/*17x13in* Provins 95

$2 750 FF16 000 £1 684 Composition 840 Huile/toile 41x33cm/*16x12in* Paris 97

$308 FF1 800 £182 Composition Stylo bille 18,5x9cm/*7x3in* Douai 97

BRYERS Duane 1911 **[2]**

$1 900 FF11 098 £1 124 The Outpost, Winter Oil/canvas 25,5x56cm/*10x22in* Boston, Mass. 97

BRYMNER William 1855-1925 **[32]**

$1 567 FF9 359 £940 Coast at Louisbourg Oil/panel 12x18cm/*4x7in* Calgary, Alberta 98

$525 FF2 690 £319 Late Summer Harvest Watercolour/paper 19x25cm/*7x9in* Calgary, Alberta 96

BRZHOZOVSKY Genrikh Frantsevich 1912 **[2]**

$7 371 FF43 774 £4 500 The Steel Factory Oil/canvas 143,5x196cm/*56x77in* London 98

BRZOZOWSKI Felix 1836-1892 **[2]**

$6 050 FF31 030 £3 890 Wooded landscape with mother and child on a track Oil/canvas 34x43cm/*13x16in* Warszawa 96

BUBARNIK Gyula 1936 **[8]**

$947 FF5 400 £591 Nature morte aux noix Huile/carton 13x18cm/*5x7in* Lyon 97

$4 370 FF25 000 £2 727 Nature morte aux livres Huile/toile 60x87cm/*23x34in* Paris 97

BUCCHEISTER Carl. 1890-1964 **[2]**

$9 060 FF44 600 £5 840 Diagonalkomposition Schwarz-Rot 334 Mixed media/paper 48,5x32cm/*19x12in* Köln 95

BUCCHI Ermocrate 1842-1885 **[2]**

$12 000 FF71 556 £7 449 Dolce Far Niente Oil/canvas 121x86cm/*48x34in* New-York 97

BUCCHOLZ Karl 1849-1889 **[5]**

$1 625 FF8 500 £968 Am Waldrand Watercolour 28,5x38cm/*11x14in* Hamburg 96

BUCCI Anselmo 1887-1955 **[17]**

$1 680 FF9 520 £840 Signora con cappello Acquarello 44x40cm/*17x15in* Milano 98

BUCCI Giulio 1711-1776 **[1]**

$15 176 FF89 910 £9 000 Shepherds beneath a Tree on a Clifftop Oil/canvas 113,5x151cm/*44x59in* London 97

BUCCIARELLI Daniele 1839-1911 **[9]**

$750 FF4 655 £449 Woman Picking Roses Watercolour/paper 55x38cm/*22x15in* Mystic, Connecticut 98

BUCHANAN George F. c.1850-1900 **[4]**

$4 969 FF30 450 £3 000 Figures on a Beach before a House in an extensive Loch Landscape Oil/canvas 79,5x117cm/*31x46in* London 98

BUCHANAN Peter XIX-XX **[10]**

$1 341 FF8 088 £800 "Loch Lomond" Oil/canvas 51x76cm/*20x29in* West Lothian 98

BUCHANAN Ruth XX **[2]**

$3 750 FF22 633 £2 276 A Lion Oil/board 10x13cm/*3x5in* New-York 98

BUCHBINDER Simeon 1853-? **[5]**

$11 050 FF56 200 £6 600 The Astronomer Oil/panel 19x26cm/*7x10in* London 96

BÜCHE Josef 1848-1917 **[40]**

$1 500 FF7 660 £988 Gypsy woman spinning Oil/canvas 39x31cm/*15x12in* Dedham, Mass. 96

$1 852 FF10 542 £1 135 Hl. Familie, nach van Dyck Öl/Leinwand 120x83cm/*47x32in* Wien 97

BUCHEL Charles A. 1872-1950 **[21]**

$4 571 FF27 860 £2 800 Portrait of Mrs John Hebb Morrison Oil/canvas 113x81,5cm/*44x32in* London 98

$18 000 FF107 015 £11 012 Portrait of Mrs Muriel Waddington and her Daughter Joan Oil/canvas 186x80,5cm/*73x31in* New-York 97

$2 500 FF15 087 £1 517 Moulin de la Tuilerie, "The Mill", as seen from the Pond Gouache/paper 54,5x40cm/*21x15in* New-York 98

BUCHEL Emmanuel 1705-1775 **[17]**

$121 FF727 £74 Lage von Regotzweil Print 12x17,4cm/*4x6in* Bern 97

BUCHET Gustave 1888-1963 **[48]**

$7 060 FF34 400 £4 470 Kubistische Landschaft Öl/Karton 33x46cm/*12x18in* Bern 95

$20 327 FF120 422 £12 269 Baigneuses champêtres Öl/Leinwand 38x62cm/*14x24in* Zürich 97

$10 365 FF60 508 £6 366 Abstrakte Komposition Gouache/papier 27x47,5cm/*10x18in* Zürich 97

BUCHHEISTER Carl 1890-1964 **[47]**

$8 121 FF46 838 £4 838 Komposition Gesa Mixed media/board 70,9x54cm/*27x21in* München 97

$191 FF1 139 £118 Komposition Burma Radierung 23,8x24cm/*9x9in* München 97

$1 491 FF8 710 £882 Komposition Veru Indian ink/paper 30,8x41,3cm/*12x16in* Köln 97

BUCHHOLZ Erich 1891-1972 **[17]**

$15 043 FF87 867 £9 235 Du-Quadrat Oil/panel 19,8x22,9cm/*7x9in* Köln 97

$324 FF2 012 £195 Komposition mit Kreis Woodcut 19,5x19cm/*7x7in* Heidelberg 98

$2 605 FF15 420 £1 600 Fz 006 Ink 12,3x17cm/*4x6in* München 98

BUCHHOLZ Karl 1849-1889 **[10]**

$3 074 FF17 520 £1 883 Waldlichtung Öl/Leinwand 36x50cm/*14x19in* Köln 97

$1 122 FF6 429 £685 Waldlichtung bei Oberweimar Watercolour 28,5x38cm/*11x14in* Hamburg 97

BUCHHOLZ Wolfgang 1935 **[27]**

$95 FF541 £58 Athletische Aktion Etching, aquatint in colors 22,8x18,7cm/*8x7in* Köln 97

BUCHNALL Ernest Pile 1861-? **[1]**

$14 000 FF71 400 £9 260 A Fox in distress Oil/canvas 91x137cm/*35x53in* New-York 96

BÜCHNER Carl 1921 **[36]**

*$608 FF3 538 £362 Boy with Red Hair Oil/board 41x29cm/*16x11in* Johannesburg 97*
*$867 FF5 193 £533 Four harlequins Oil/board 40,5x41cm/*15x16in* Johannesburg 98*
*$240 FF1 330 £149 Head of a Boy Pastel/paper 40x28cm/*15x11in* Johannesburg 97*
BUCHNER Georg 1858-1914 **[4]**
*$5 290 FF26 700 £3 450 Bildnis eines Bauernmädchen Oil/panel 21x16cm/*8x6in* Zürich 96*
BUCHNER Rudolf 1894-1962 **[51]**
*$667 FF3 833 £415 Bauernhäuser Öl/Leinwand 65x84cm/*25x33in* Wien 97*
*$357 FF2 142 £216 Winterlandschaft Aquarell/Papier 45,6x49,5cm/*17x19in* Wien 98*
BUCHS Raymond 1878-1958 **[10]**
*$1 678 FF8 170 £1 062 "Au fond du Lac Noir" (Fribourg) Gouache 31x40,5cm/*12x15in* Bern 95*
BÜCHSEL Elisabeth 1867-1957 **[4]**
*$3 103 FF18 475 £1 927 Blumenstilleben Öl/Leinwand 40x30cm/*15x11in* Dresden 97*
*$2 539 FF15 116 £1 576 Vier Kinder Aquarelle/papier 28,5x51,5cm/*11x20in* Dresden 97*
BUCHSER Frank 1828-1890 **[26]**
*$12 940 FF67 500 £7 820 Liegendes Fischermädchen Huile/panneau 16x24cm/*6x9in* Zürich 96*
*$15 800 FF81 400 £9 800 Bildnis einer Mulattin Oil/canvas 83,5x54cm/*32x21in* Zürich 96*
*$8 548 FF52 867 £5 093 Tagebuch der Amerikareise Encre/papier 11x18cm/*4x7in* Zürich 98*
BUCHSER Frank (Attrib.) 1828-1890 **[3]**
*$2 350 FF11 880 £1 540 Spanierin Öl/Leinwand 39,5x29cm/*15x11in* Zürich 96*
*$2 294 FF13 400 £1 357 Südliche Landschaft mit Ruinen auf Hügeln Öl/Leinwand 33x53cm/*12x20in*
St.Gallen 97*
BUCHTA Alfred 1880-1952 **[13]**
*$2 333 FF12 000 £1 455 Pflanzen (5 Blatt Erotika) Aquarell/Papier 23x15cm/*9x5in* Wien 96*
BÜCHTGER Robert 1862-1951 **[5]**
*$946 FF5 716 £574 Auf dem Petersburger Pferdemarkt Öl/Karton 12x18cm/*4x7in* Wien 98*
BUCK Adam 1759-1833 **[31]**
*$1 082 FF6 679 £650 Portrait of a Child wearing a white Dress Watercolour/paper 14x11,5cm/*5x4in*
Salisbury, Wiltshire 98*
BUCK Adam (Attrib.) 1759-1833 **[4]**
*$850 FF5 174 £520 Portrait miniature of a Lady wearing a White Cross-Bodice Dress Watercolour
7x6cm/*2x2in* Bath 98*
BUCK Claude 1890-1974 **[21]**
*$2 250 FF13 219 £1 351 Still Life Trompe l'Oeil Oil/panel 120x59cm/*47x23in* Altadena, CA 97*
BUCK de Evariste 1892-1974 **[18]**
*$2 700 FF16 240 £1 620 Juno en de pauw Huile/toile 120x90cm/*47x35in* Antwerpen 98*
*$14 780 FF73 600 £9 670 La Lys en hiver Huile/toile 165x165cm/*64x64in* Antwerpen 95*
BUCK de Raphael 1902-1986 **[29]**
*$1 291 FF7 357 £810 Nu aux fruits Huile/toile 100x70cm/*39x27in* Antwerpen 97*
*$319 FF1 640 £199 Jeune fille Aquarelle/papier 70x50cm/*27x19in* Antwerpen 96*
BUCK John 1946 **[3]**
*$7 000 FF41 542 £4 287 The Big Silence Sculpture, wood H255,5cm/*H100in* San Francisco-Los Angeles 97*
BUCK Nathaniel c.1695-c.1775 **[12]**
*$459 FF2 783 £280 The North Prospect of Gravesend/The West Prospect of His Majestys Engraving
31x81cm/*12x31in* London 98*
BUCK Nathaniel (Attrib.) c.1695-c.1775 **[2]**
*$5 760 FF29 400 £3 800 Panoramic View of the Thames from Millbank to Essex Stairs Ink
27x162cm/*10x63in* London 96*
BUCK Samuel c.1696-1779 **[15]**
*$387 FF2 156 £240 The South East prospect of Colchester, Essex/The City of Chester Engraving
30x81cm/*11x31in* London 97*
*$2 394 FF12 400 £1 600 View of Pembroke from the South-West Ink 34x49,5cm/*13x19in* London 96*
BUCK Sydney c.1790-c.1860 **[2]**
*$1 250 FF6 370 £750 Portrait of the children of the Armstrong family Watercolour 47x43cm/*18x16in*
London 96*
BUCK William Henry 1840-1888 **[13]**
*$6 000 FF37 243 £3 618 Mississippi Sound Oil/board 19x27cm/*7x11in* New Orleans, Louisiana 98*
*$9 000 FF46 600 £5 760 Louisiana Bayou scene with egrets and vultures Oil/canvas 50x60cm/*20x24in* New

Orleans, Louisiana 96
BÜCKEN Peter 1831-1915 **[10]**
$1 911 FF11 382 £1 169 Bétail à l'abreuvoir Huile/toile 80x106cm/*31x41in* Bruxelles 98
BUCKLAND Arthur Herbert 1870-? **[7]**
$38 000 FF186 800 £24 100 Springtime Oil/canvas 183x107cm/*72x42in* New-York 95
BUCKLE Claude 1905-? **[7]**
$74 FF446 £45 "Shrewsbury" Poster 101,5x63cm/*39x24in* Oostwoud 98
BUCKLER John 1770-1851 **[16]**
$1 067 FF5 400 £700 The High St., Henley on Thames, Oxon Watercolour 21,5x33cm/*8x12in* London 96
BUCKLER John Chessell 1793-1894 **[19]**
$813 FF4 859 £500 South-West view of Powis Castle Watercolour 28x39,5cm/*11x15in* London 98
BUCKLER William 1814-1884 **[6]**
$3 670 FF18 680 £2 200 Portrait of a Captain in the Royal Navy Oil/board 42x31cm/*16x12in* London 96
BUCKLEY Charles F. (Attrib.) ?-1869 **[1]**
$1 940 FF9 970 £1 250 Figures in the gardens of a country house/Figures in a park Watercolour
21x35cm/*8x13in* London 96
BUCKLEY Charles Frederick ?-1869 **[15]**
$1 186 FF5 880 £750 Cattle watering/Another similar Watercolour 24x59cm/*9x23in* London 95
BUCKLEY John Edmund 1820-1884 **[43]**
$981 FF5 842 £600 Football on the Lawn at Darlington Manor House devon Watercolour/paper
33x64cm/*13x25in* Birmingham 98
BUCKLIN William Savery 1851-1928 **[1]**
$1 100 FF6 384 £649 Shelbourne River, Nova Scotia Watercolour 67x48cm/*26x19in* Bethesda, Maryland 97
BUCKMAN Percy 1865-? **[3]**
$2 144 FF12 820 £1 300 The Siren Bodycolour 96,5x35,5cm/*37x13in* London 97
BUCKMASTER Ernest 1897-1968 **[73]**
$962 FF5 620 £572 The Grey Hills of Seville Oil/canvas 61x78,5cm/*24x30in* Melbourne 97
BUCKNALL Ernest Pile 1861-? **[6]**
$423 FF2 545 £253 The Old Cargo Barge Watercolour/paper 38x75cm/*14x29in* Melbourne 98
BUCKNER Richard 1812-1883 **[23]**
$2 410 FF12 180 £1 580 Junge Frau mit Kind Oil/panel 30x36cm/*11x14in* Wien 96
$9 553 FF54 844 £6 000 Portrait of a Lady, said to be The Duchess of Westminster Oil/canvas
236,5x148cm/*93x58in* London 97
$10 131 FF60 665 £6 200 Portrait of a Lady Oil/canvas 123x97,5cm/*48x38in* Billingshurst, West Sussex 97
BUDD Charles J. 1859-1926 **[2]**
$17 365 FF98 000 £10 642 Deux sangliers Bronze 15x22cm/*5x8in* Paris 97
BUDDENBERG Wilhelm 1890-1967 **[8]**
$1 903 FF11 394 £1 168 Wildschweine im winterlichen Hochwald Öl/Leinwand 50x70cm/*19x27in*
Bremen 98
BUDELOT Philippe c.1770-1829 **[19]**
$2 309 FF13 500 £1 409 Rencontre sur le chemin Huile/panneau 24x31cm/*9x12in* Lyon 97
$7 020 FF40 000 £4 384 Le bat l'eau/Le déjeuner de chasse Huile/toile 41,5x54,5cm/*16x21in* Lille 97
BUDELOT Philippe (Attrib.) c.1770-1829 **[10]**
$1 798 FF10 500 £1 098 Rencontre des paysans dans la fôret Huile/toile 67x86cm/*26x33in* Lille 97
$4 444 FF27 000 £2 675 Diligence/Voiture légère Huile/toile 22,5x31cm/*8x12in* Paris 98
BUDKOW Joseph 1880-1940 **[14]**
$580 FF2 970 £376 Jew at the approaches to a village Print 19x14,5cm/*7x5in* Tel Aviv 95
BUDTZ-MØLLER Carl 1882-1953 **[74]**
$174 FF1 055 £106 Den Hjelmstierne Rosenkronske Gård, Chrisianshavn Oil/canvas 79x67cm/*31x26in* Viby
J, Århus 98
BUELL Alice Standish, Al 1892-? **[10]**
$4 400 FF25 374 £2 621 Woman in Purple on Stool, Sketches in Margin Oil/board 51x38cm/*20x15in* New-
York 97
$129 FF770 £79 "Veux-Carre New Orleans" Etching 16x13cm/*6x5in* Shaker Heights, Ohio 97
BUENO Antonio 1918-1985 **[128]**
$7 499 FF42 498 £4 999 Fanciulla su fondo rosso Olio/masonite 29,5x20cm/*11x7in* Milano 97

---

*$12 600 FF71 400 £6 300 Volto Olio/faesite 60x45cm/*23x17in* Vercelli 98
*$363 FF1 853 £220 Figura di tre quarti Serigrafia 70x50cm/*27x19in* Vercelli 96
*$1 514 FF7 781 £901 Testa Femminile Matita/carta 44,5x41,5cm/*17x16in* Roma 96

BUENO VILLAREJO Pedro 1910-1993 **[11]**
*$2 805 FF16 872 £1 742 Desnudo femenino Oleo/lienzo 47,5x35,5cm/*18x13in* Madrid 97
*$280 FF1 600 £172 Cabeza de joven Lápiz/papel 39x31cm/*15x12in* Madrid 97

BUENO Xavier 1915-1979 **[73]**
*$6 000 FF34 000 £4 000 Ragazza con fiochetto Tecnica mista/tela 24x33cm/*9x12in* Prato 97
*$11 730 FF66 470 £5 865 Quattro fanciulle Olio/tela 50x40cm/*19x15in* Milano 98
*$2 220 FF12 580 £1 480 Raffaele Matita/carta 40x30cm/*15x11in* Prato 97

BUERGO Arturo 1933 **[1]**
*$7 000 FF36 600 £4 170 El Descubrimiento de América Oil/canvas 74x129cm/*29x50in* New-York 96

BUESEM Jan Jansz. c.1600-c.1660 **[3]**
*$5 265 FF30 979 £3 250 Zechende Bauern in der Schenke Oil/panel 30x44cm/*11x17in* Wien 97

BUESEM Jan Jansz. (Attrib.) c.1600-c.1660 **[3]**
*$6 752 FF40 000 £4 044 Les chanteurs/Le pédicure Huile/panneau 22x23cm/*8x9in* Paris 97
*$19 511 FF116 000 £12 087 Scène d'extérieur villageois Huile/panneau 56,5x70cm/*22x27in* Lyon 97

BUFANO Benjiamico 1898-1970 **[8]**
*$5 750 FF34 534 £3 433 Bird Bronze H67cm/*H26in* San Francisco 98

BUFF Conrad 1886-1975 **[22]**
*$1 400 FF7 310 £846 From Maynard Dixon's front porch, Mt. Carmel Junction Oil/board 30,5x40,5cm/*12x15in* San Francisco-Los Angeles 96
*$3 500 FF18 020 £2 240 Owens Valley Oil/masonite 59,5x91,5cm/*23x36in* New-York 96
*$200 FF1 218 £119 "Black Canyon" Lithograph 22x41cm/*8x16in* Pasadena, California 98

BUFFA G. XIX-XX **[1]**
*$3 107 FF17 320 £1 900 "Antagra Bisleri, contro la gotta e la diatesi urica" Poster 160x118cm/*62x46in* London 97

BUFFET Bernard 1928 **[1400]**
*$14 881 FF86 872 £9 000 Le panier Oil/board 33x41cm/*12x16in* London 97
*$40 000 FF195 700 £25 300 Nature morte Oil/canvas 66x46cm/*25x18in* New-York 95
*$58 800 FF307 000 £35 000 Autoportrait au chevalet Oil/canvas 130x97cm/*51x38in* London 96
*$997 FF6 000 £597 Petit duc Lithographie couleurs 76x57cm/*29x22in* Paris 98
*$10 020 FF52 000 £6 620 L'église du village Aquarelle 48,5x63cm/*19x24in* Saint-Dié 96

BUFFET Etienne XX **[6]**
*$237 FF1 200 £154 Bretonne lisant sur un coin de table Sanguine 63x48,5cm/*24x19in* Morlaix 96

BUFFET Paul 1864-1941 **[4]**
*$7 492 FF45 000 £4 495 Toile pour une commande de l'Institut Catholique de Paris Huile/toile 320x520cm/*125x204in* Troyes 98

BUFFORD John H. XIX **[5]**
*$1 500 FF8 547 £936 Sperm Whaling with its Varieties Print 47x87cm/*18x34in* Boston, Mass. 97

BUGATTI Rembrandt 1884-1916 **[228]**
*$2 086 FF12 052 £1 224 Reh Bronze H35cm/*H13in* Köln 97
*$136 680 FF850 000 £86 190 Colosse nu debout, portrait monumental d'un lutteur italien Bronze 278x99x113cm/*109x38x44in* Cannes 97
*$1 009 FF6 000 £625 Portrait de Carlo Bugatti Crayon/papier 34,5x28cm/*13x11in* Paris 97

BUGIARDINI Giuliano (Attrib.) 1475-1554 **[3]**
*$25 000 FF151 332 £15 225 The Head of a Man, seen in Profile/A Seated Male Nude Chalks/paper 26,5x22cm/*10x8in* New-York 98

BUGIARDINI Giuliano di Piero 1475-1554 **[4]**
*$30 000 FF184 161 £18 381 Madonna and Child with St. Catherine of Alexandria Oil/panel 125x101cm/*49x39in* New-York 98
*$46 800 FF241 000 £30 000 Portrait of Pope Clement VII Oil/panel 91x74cm/*35x29in* London 96

BUGLIONI Benedetto & Santi 1461/94-1521/76 **[1]**
*$41 766 FF243 114 £25 332 Madonna mit Kind Terracotta 70x50cm/*27x19in* Luzern 97

BUGNON Roland 1939 **[21]**
*$269 FF1 358 £176 Surreale Komposition Öl/Leinwand 24x30,3cm/*9x11in* Zürich 96

BÜHL Hede 1940 **[8]**

_$2 470 FF12 900 £1 470_ Kopf Bronze H20cm/_H7in_ Köln 96
BUHLER Fritz 1909-1963 **[6]**
_$500 FF2 983 £307_ Union Color lithograph 127x90cm/_50x35in_ San Francisco 98
BUHLER Robert 1916-1989 **[41]**
_$548 FF3 310 £340_ The Country Lane Oil/canvas 30,5x36cm/_12x14in_ London 97
_$2 121 FF12 670 £1 300_ Twilight Forest Oil/canvas 63,5x76cm/_25x29in_ London 98
_$710 FF4 125 £420_ Garden with Sculpture Watercolour/paper 18x24cm/_7x9in_ London 97
BÜHLMANN Rudolf Johan 1802-1890 **[20]**
_$2 027 FF12 038 £1 237_ Gebirgsdorf mit Staffagefiguren Oil/canvas 100x81cm/_39x31in_ Bern 98
BÜHLMAYER Conrad 1835-1883 **[7]**
_$9 730 FF50 800 £5 880_ Heimkehr von der Weide Öl/Leinwand 104x96cm/_40x37in_ Stuttgart 96
BUHOT Charles Louis Hipp. 1815-1865 **[4]**
_$4 500 FF22 120 £2 850_ Jupiter et Hébé Bronze H53cm/_H20in_ New-York 95
BUHOT Félix 1847-1898 **[230]**
_$5 513 FF32 000 £3 366_ Souvenir de la Tamise (environs de Gravesend) Huile 31x47cm/_12x18in_ Paris 97
_$8 495 FF50 781 £5 200_ La Fête Nationale au Boulevard Clichy Etching, aquatint in colors 49x32cm/_19x12in_ London 97
_$306 FF1 764 £180_ "La Butte aux Caille" Watercolour 22x14,5cm/_8x5in_ London 97
BÜHRER Hans 1907 **[4]**
_$2 752 FF16 080 £1 629_ "Uhwiesen" Oil/panel 38x53cm/_14x20in_ St.Gallen 97
BUI XUAN PHAï 1920-1988 **[23]**
_$1 991 FF11 500 £1 217_ Musiciens Huile/panneau 15,5x25,5cm/_6x10in_ Paris 97
_$7 682 FF46 000 £4 719_ Donkey with a Cart Oil/board 39x49,5cm/_15x19in_ Singapore 98
_$432 FF2 600 £258_ "Le Tigre" Gouache/papier 25x86cm/_9x33in_ Paris 98
BUISSERET Louis 1888-1956 **[32]**
_$2 810 FF16 230 £1 650_ Portrait de femme Huile/toile 63x48cm/_24x18in_ Bruxelles 97
_$406 FF2 433 £246_ Jeune femme Crayon/papier 60x50cm/_23x19in_ Antwerpen 97
BUISSON Georges XIX-XX **[2]**
_$2 697 FF15 610 £1 648_ Cheating at the Game Oil/panel 31x46cm/_12x18in_ Amsterdam 97
BUKEN van Jan 1635-1694 **[3]**
_$6 410 FF31 960 £4 200_ Still life Oil/canvas 27x29cm/_10x11in_ London 95
_$12 710 FF62 200 £8 040_ Oiseaux Huile/toile 61x87cm/_24x34in_ Bruxelles 95
BUKOVAC Vlaho 1855-1922 **[4]**
_$10 920 FF53 900 £7 100_ Sommer Oil/panel 30,5x25cm/_12x9in_ Wien 95
BUKSH Allah 1895-1978 **[2]**
_$6 977 FF41 832 £4 200_ The Shepherdess Oil/canvas 61x87cm/_24x34in_ London 98
BULAND Eugène 1852-1927 **[7]**
_$9 000 FF46 700 £5 950_ La visite au lendemain des noces Oil/canvas 112x150cm/_44x59in_ New-York 96
BULATOV Eric 1933 **[1]**
_$1 041 FF6 083 £639_ Perestroika Pencil/paper 21,5x22,5cm/_8x8in_ Köln 97
BULCKE Emile 1875-1963 **[6]**
_$3 277 FF18 814 £2 001_ Vue de béguinage Huile/toile 60x50cm/_23x19in_ Bruxelles 97
BULENS Frans 1857-1939 **[2]**
_$5 660 FF28 900 £3 726_ Marché de la Grand Place, Bruxelles Huile/toile 110x75cm/_43x29in_ Bruxelles 96
BULFIELD Joseph XIX-XX **[3]**
_$1 402 FF8 500 £860_ Marché en bretagne Huile/carton 27x37,5cm/_10x14in_ Quimper 98
BULGARINI Bartolomeo di Messer c.1345-1378 **[4]**
_$65 000 FF359 118 £40 397_ Saint-John the Baptist Tempera 37,5x25,5cm/_14x10in_ New-York 97
BULL Charles Livingston 1874-1932 **[19]**
_$6 250 FF35 796 £3 697_ Plains Indians Hunting Buffalo Oil/canvas 112x396cm/_44x156in_ Santa Fe, New Mexico 97
_$1 900 FF10 497 £1 180_ "Join the Army Air Service" Poster 67x52cm/_26x20in_ New-York 97
_$1 320 FF7 612 £786_ Cougar Surprising Birds in Snowy Landscape Ink 55x38cm/_22x15in_ New-York 97
BULL Clarence Sinclair 1896-1979 **[22]**
_$983 FF5 628 £600_ Greta Garbo with Her Hands to Her Face Photograph 28x35,5cm/_11x13in_ London 97
BULL William Howell 1861-1940 **[3]**

$4 250 FF24 668 £2 595 Old Oaks, Palo Alto Oil/canvas/board 47x62cm/*18x24in* Los Angeles 97
BULLEID George Lawrence 1858-1933 **[18]**
$1 980 FF10 000 £1 300 A roman mother and child Watercolour 48x34cm/*18x13in* London 96
BULLER Tony 1938 **[17]**
$397 FF2 000 £257 La table du peintre Huile/toile 46x33cm/*18x12in* Royan 95
BULLINGER Johann Balthasar I 1713-1793 **[10]**
$4 163 FF24 461 £2 500 Bandits Resting Their Horses on a Rocky Country Path Oil/canvas
79x105,5cm/*31x41in* London 97
$17 353 FF106 404 £10 401 Raub der Europa Öl/Leinwand 133x116cm/*52x45in* Zürich 98
$351 FF2 089 £214 "Ob Wolrau gegen Rapperschweil" Etching 12,4x11,8cm/*4x4in* Bern 98
BULLOCK George Grosvenor c.1810-c.1860 **[3]**
$4 020 FF20 550 £2 600 Fruit in a bowl on a table Oil/canvas 64x76cm/*25x29in* London 95
BULLOCK Wynn 1902-1975 **[70]**
$3 250 FF16 780 £2 080 Nazvigation Without Numbers Gelatin silver print 18x23cm/*7x9in* New-York 96
BULMAN Orville XX **[17]**
$700 FF3 901 £428 Portrait of a victorian house Oil/canvas 71x55cm/*28x22in* Boston, Mass. 97
BULWER James 1794-1879 **[5]**
$5 680 FF34 786 £3 400 Blasting St. Vincent's Rock, Clifton Gorge, Bristol Watercolour 33,5x56cm/*13x22in*
London 98
BUNBURY Henry William 1750-1811 **[18]**
$999 FF6 165 £600 A Hail Storm Engraving 23x31cm/*9x12in* London 98
$462 FF2 761 £280 "A Welsh Funeral" Bodycolour 35,5x47cm/*13x18in* London 97
BUNCE Kate Elizabeth 1858-1927 **[2]**
$4 740 FF23 200 £3 000 A Knight Oil/canvas 76x46cm/*29x18in* London 95
BUNCHO Ippitsusai 1725-1794 **[6]**
$10 327 FF59 730 £6 200 Sagawa Kikunojo II as Tatsuhime Print 31,6x14,2cm/*12x5in* London 97
BUNCHO Tani 1763-1840 **[7]**
$75 FF447 £45 Geisha with Letterbox and Brush Ink 68x26cm/*27x10in* Bethesda, Maryland 98
BUNDEL van den Willem c.1575-1655 **[8]**
$10 892 FF66 724 £6 580 Ein vornehmes Paar in einer Waldlandschaft Oil/panel 51x75cm/*20x29in*
Wien 98
BUNDEL van den Willem (Attrib.) c.1575-1655 **[4]**
$11 250 FF58 700 £6 800 Wooded landscape with travellers on a country path Oil/panel 37x67cm/*14x26in*
London 96
BUNDY Edgar 1862-1922 **[56]**
$3 007 FF17 435 £1 796 Stradivarius' workplace Oil/canvas/board 15,5x26,5cm/*6x10in* Amsterdam 97
$4 607 FF26 032 £2 900 A 17th Century Interior with Three Gentlemen in Discussion Oil/canvas
50x75cm/*19x29in* Newcastle-upon-Tyne 97
$2 261 FF12 578 £1 400 Old soldiers Watercolour, gouache/paper 36,5x53,5cm/*14x21in* Billingshurst, West
Sussex 97
BUNDY Horace 1814-1883 **[4]**
$1 800 FF9 787 £1 077 Portrait of a Gentleman Wearing a Black Jacket Oil/canvas 75,5x63,5cm/*29x25in*
New-York 97
BUNDY John Elwood 1853-1933 **[5]**
$2 576 FF13 381 £1 526 Autumn Scene Oil/canvas 45x60cm/*18x24in* Mystic, Connecticut 97
$1 900 FF11 550 £1 152 Autum Trees Watercolour/paper 49x69cm/*19x27in* Chicago, Illinois 98
BUNEL François c.1550-c.1600 **[1]**
$4 974 FF28 764 £3 078 Die familie des Herzogs von Guise Oil/panel 62x85cm/*24x33in* Wien 97
BUNEL Jacob (Attrib.) 1558-1614 **[1]**
$12 160 FF60 000 £7 900 Portrait de Henri IV en armure Huile/toile 198x138cm/*77x54in* Paris 95
BUNING Johan 1893-1963 **[15]**
$545 FF2 760 £355 A mansion behind an open gate Oil/canvas 60,5x80,5cm/*23x31in* Amsterdam 96
BUNKE Franz 1857-1939 **[14]**
$913 FF5 372 £563 Mecklenburgische Abenlandschaft mit Gutshaus Öl/Leinwand 26,5x38cm/*10x14in*
Bremen 97
BUNN George XIX-XX **[7]**
$1 229 FF7 500 £750 The Mill on the Mass, Holland Oil/canvas 40,5x81cm/*15x31in* London 98

BUNN Kenneth 1938 [8]
$2 750 FF13 860 £1 774 Turning Gazelle Bronze 33x25cm/*13x10in* Hayden 96
BUNNER Andrew Fisher 1841-1897 [11]
$4 500 FF27 590 £2 753 Afternoon on the Lake Oil/canvas 28x38cm/*11x14in* New-York 98
$8 000 FF47 562 £4 818 The Fisherman's Cottage Oil/canvas 124,5x94cm/*49x37in* New-York 98
$400 FF2 347 £244 The Boatman, River View with Distant Village Watercolour 16x34cm/*6x13in* Boston, Mass. 97
BUNNEY John Wharlton 1826-1882 [4]
$7 500 FF42 662 £4 590 La Porta della Carta nella Palazzo Ducale, Venezia Oil/canvas 82,5x61,5cm/*32x24in* New-York 97
BUNNY Rupert Ch. Wulsten 1864-1947 [74]
$2 200 FF12 846 £1 309 Cassis, South of France Oil/paper/board 18,5x22,5cm/*7x8in* Melbourne 97
$15 463 FF94 697 £9 237 Atalanta, Le Lavandou Oil/canvas 50,5x65,5cm/*19x25in* Sydney 97
$12 040 FF72 318 £7 304 Figure Dream Monotype 35x25cm/*13x9in* Melbourne 98
$4 215 FF25 000 £2 577 Deux personnages féminins au bord d'un bassin Lavis 16x35cm/*6x13in* Le Puy 97
BUNTZEN Heinrich 1803-1901 [11]
$1 179 FF7 042 £721 En skovsö Oil/canvas 83x125cm/*32x49in* Köbenhavn 98
BUONO Leon Giuseppe 1888-1975 [13]
$744 FF3 744 £492 Cortile rustico Olio/faesite 27,5x27cm/*10x10in* Roma 95
$2 240 FF11 720 £1 470 Barche a Pozzuoli Olio/faesite 40x50cm/*15x19in* Roma 96
BUONOCORE Vincenzo XIX [1]
$5 400 FF30 600 £3 600 Odalisca Olio/tela 77x64cm/*30x25in* Roma 97
BURAGLIO Pierre 1939 [12]
$1 712 FF10 000 £1 013 Assemblage Assemblage 39x46,5cm/*15x18in* Paris 97
BURATTO Giovanni Battista 1731-1787 [2]
$1 078 FF6 433 £650 The education of the Virgin Ink 23x17cm/*9x6in* London 97
BURBANK Elbridge Ayer 1858-1949 [8]
$479 FF2 480 £320 Portrait of an Austrian gentleman Oil/canvas 24x22cm/*9x8in* London 96
$1 500 FF8 591 £887 Pahl-Lee Moqui Crayon 34x26cm/*13x10in* Santa Fe, New Mexico 97
BURCH van der Dominique Joseph 1722-1785 [3]
$12 404 FF70 000 £7 553 Nature morte au buste antique, instruments de musique et argenterie Huile/toile 84x115cm/*33x45in* Paris 97
$25 308 FF152 000 £15 184 Embarcation et déballage de marchandise sur un rivage Huile/toile 90x152cm/*35x59in* Saint-Martin-de-Crau 98
BURCH van der Jacques A. Édouard 1756-1803 [1]
$5 794 FF33 000 £3 517 Pêcheurs au bord d'un torrent/Paysage au château avec des pêcheurs Huile/toile 49x67cm/*19x26in* Paris 97
BURCHARTZ Max 1887-1962 [22]
$244 FF1 201 £157 Schlafende Frau Lithographie 25x35cm/*9x13in* Berlin 95
$97 338 FF566 574 £60 000 "Lotte, Auge", "Lotte's Eye" Silver print 30,5x40cm/*12x15in* London 97
BURCHELL William John 1781-1869 [9]
$9 655 FF57 034 £6 000 On the river, near Santos, Brazil Oil/board 31x36cm/*12x14in* London 97
$8 046 FF47 528 £5 000 At the Foot of Table Mountain Watercolour/paper 30,5x48cm/*12x18in* London 97
BURCHFIELD Charles Eph. (Attr.) 1893-1967 [5]
$375 FF2 070 £234 Study of a Country Lane Watercolour 21x29cm/*8x11in* Downington, PA 97
BURCHFIELD Charles Ephraim 1893-1967 [108]
$1 700 FF10 365 £1 020 November Afternoon Oil/board 35x40cm/*14x16in* Chester, NY 98
$18 500 FF109 016 £11 425 Green Lands with Two Trees Oil/paper/board 48,5x68cm/*19x26in* New-York 97
$2 669 FF15 228 £1 641 Summer benediction Lithograph 30,6x23,3cm/*12x9in* New-York 97
$200 FF1 212 £122 Brixi Pencil/paper 15x11cm/*6x4in* Bloomfield Hills, Michigan 98
BURCKARDT Carl 1878-1923 [2]
$854 FF5 286 £509 Landschaft Aquarell/Papier 23x30cm/*9x11in* Zürich 98
BÜRDE Paul 1819-1874 [1]
$36 500 FF187 600 £22 740 Homage to Kaiser Wilhelm I Oil/canvas 70,5x82cm/*27x32in* Wien 96
BURDEN Chris 1946 [15]

$2 500 FF14 943 £1 530 If You Drive/If You Fly Color lithograph 76,5x56,5cm/*30x22in* San Francisco-Los Angeles 97

$4 500 FF22 000 £2 846 Donatello Collage 76x101cm/*29x39in* San Francisco-Los Angeles 95

BURDIN Amélie 1834-? **[3]**

$2 141 FF12 500 £1 295 Marines Huile/toile 32x47cm/*12x18in* Neuilly-sur-Seine 97

$3 170 FF16 000 £2 060 Bateaux au port Huile/toile 62x92cm/*24x36in* Angoulême 96

BUREAU Léon 1866-1906 **[21]**

$1 503 FF9 000 £898 Chien de chasse Bronze H32cm/*H12in* Anglet 98

BUREN Daniel 1938 **[29]**

$5 400 FF27 900 £3 500 Photo souvenir Acrylic 101x142cm/*39x55in* London 96

$15 440 FF80 000 £10 020 Cabane éclatée n° VII Sculpture 270x270x270cm/*106x106x106in* Paris 96

$686 FF4 000 £422 Projet d'installation Pastel 34x48cm/*13x18in* Paris 97

BURFIELD James M. c.1840-c.1895 **[8]**

$2 500 FF12 950 £1 600 A Morality Tale Oil/board 30,5x24cm/*12x9in* London 96

BURFORD Thomas c.1710-c.1780 **[2]**

$13 113 FF79 523 £8 000 George III coloured reverse Mezzotints on Glass Mezzotint 47x37cm/*18x14in* London 98

BURGARITZKY Josef, Jacob 1836-1890 **[28]**

$291 FF1 786 £173 Paysage Huile/toile 74x100cm/*29x39in* Antwerpen 98

BURGER Anton 1824-1905 **[27]**

$6 000 FF35 608 £3 675 In der Taverne Oil/panel 13,5x23cm/*5x9in* New-York 97

$9 430 FF46 700 £6 000 Flörsheim Oil/canvas 46x73cm/*18x28in* London 95

BURGER Josef 1887-1966 **[44]**

$599 FF3 055 £396 Hochmoorlandschaft mit Bächlein und Scheune Öl/Leinwand 40x50cm/*15x19in* Kempten 96

BURGER Lothar 1866-1943 **[8]**

$1 186 FF7 167 £747 Vor dem Gasthaus Öl/Leinwand 50x81,5cm/*19x32in* Wien 97

BURGER Wilhelm Friedrich 1882-1964 **[28]**

$1 141 FF6 730 £700 "Jungfraubahn" Poster 89x123cm/*35x48in* London 98

BURGER-WILLING Willi Hans 1882-1969 **[21]**

$577 FF3 373 £349 Blick auf eine mittelalteriche Burg. Im Vordergrund Bauer mit... Oil/panel 80x100cm/*31x39in* Stuttgart 97

BÜRGERS Felix 1870-1934 **[13]**

$4 736 FF26 990 £2 958 Klarer Abend. Landschaft bei Dachau Oil/canvas 67x87,5cm/*26x34in* Bremen 97

BÜRGERS Hendricus Jacobus 1834-1899 **[12]**

$753 FF4 470 £473 Grootvader met klrinkind Oil/panel 39x30cm/*15x11in* Den Haag 97

BURGESS Arthur J. Wetherall 1879-1957 **[34]**

$1 210 FF6 734 £749 H.M Battleship "Prince of Wales" Oil/canvas/board 40,5x66cm/*15x25in* Billingshurst, West Sussex 97

$203 FF1 246 £121 Making for port Watercolour/paper 24x35cm/*9x13in* Sydney 97

BURGESS Eliza Mary 1873-? **[2]**

$1 957 FF11 538 £1 200 Ready for a Frolic Watercolour 44,5x30cm/*17x11in* Billingshurst, West Sussex 98

BURGESS George H. 1831-1905 **[2]**

$2 750 FF14 350 £1 662 On the San Gregorio Hills (morning), California Oil/board 18x25cm/*7x9in* San Francisco-Los Angeles 96

BURGESS John Bagnold 1830-1897 **[32]**

$1 870 FF9 050 £1 200 Spanish beauty Oil/canvas 40x30cm/*15x11in* London 95

$5 480 FF27 670 £3 600 Neapolitan dancer Oil/canvas 66x48cm/*25x18in* London 96

$1 958 FF11 299 £1 200 St. Aignan, Chartres/Canal Section, Molines Watercolour 55x38cm/*22x15in* Aylsham, Norfolk 97

BURGESS John Cart 1798-1863 **[4]**

$503 FF3 062 £300 Chelsea from Cheyne Walk Lithograph 24,5x32cm/*9x12in* London 97

BURGESS OF DOVER William 1805-1861 **[9]**

$834 FF4 250 £500 Farmers conversing at a market Watercolour 15x22cm/*5x8in* London 96

BURGH van der Hendrick 1769-1858 **[13]**

$1 405 FF8 613 £839 Holländische Landschaft Oil/panel 38x46cm/*14x18in* Zürich 98

$13 800 FF82 000 £8 421 Paysage classique avec des fabriques Huile/toile 114x144cm/*44x56in* Paris 98

🖌 *$2 075 FF11 880 £1 226* Boerin met kinderen in een boerij Watercolour/paper 31x42cm/*12x16in* Den Haag 97
BURGH van der Hendrik 1627-c.1666/69 **[2]**
🖼 *$3 890 FF23 830 £2 350* Offiziere beim Tricktrackspiel Öl/Leinwand 41x35cm/*16x13in* Wien 98
BURGH vander Pieter Daniel 1805-1879 **[7]**
🖼 *$4 343 FF25 252 £2 588* Zommerse dag langs een vart Oil/panel 29x37,5cm/*11x14in* Den Haag 97
🖼 *$6 121 FF36 503 £3 800* A Street Scene Oil/panel 38x47,5cm/*14x18in* London 97
BURGHARDT Paul 1898-? **[5]**
🖼 *$738 FF4 349 £441* Hamburger Hafen Öl/Leinwand 68,5x80cm/*26x31in* München 97
BURGHAUSEROVA Zdenka 1894-? **[2]**
🖼 *$3 330 FF19 386 £2 037* Spielendes Kind Öl/Leinwand 110x85cm/*43x33in* München 97
BURGKMAIR Hans I 1473-1531 **[19]**
▦ *$392 FF2 332 £240* Kaiser Maximilian Woodcut 43x58,5cm/*16x23in* London 97
BURGKMAIR Thoman XIV-XV **[1]**
🖼 *$8 270 FF48 080 £5 050* Dominikanerlegende: die Beisetzung des heiligen Dominikus, Bologna Oil/panel 74x47cm/*29x18in* Wien 97
BURGMEIER Max 1881-1947 **[20]**
🖼 *$1 352 FF7 020 £893* Winterlandschaft aus dem St. Galler Oberland Öl/Leinwand 79,5x89,5cm/*31x35in* Bern 96
BURI Max Alfred 1868-1915 **[13]**
🖼 *$8 853 FF51 322 £5 456* Berner Bauer mit Hut Öl/Leinwand 33x24cm/*12x9in* Zürich 97
🖼 *$62 863 FF372 416 £37 945* Brienzer Bäuerin mit Korb Öl/Leinwand 103x71cm/*40x27in* Zürich 97
BURI Samuel 1935 **[63]**
🖼 *$2 713 FF14 060 £1 750* Tulpen Öl/Leinwand 60x60cm/*23x23in* Zofingen 96
▦ *$270 FF1 398 £175* Blick aus dem fenster Lithographie couleurs 75x106cm/*29x41in* Zürich 96
🖌 *$1 744 FF10 334 £1 053* Le Grau-du-Roi Aquarell, Gouache/Papier 46x61cm/*18x24in* Zürich 97
BURKE David XX **[3]**
▦ *$800 FF4 813 £478* "Industrial Works"/"Coal Mining" Silkscreen in colors 38x30cm/*14x11in* New-York 98
BURKE Thomas 1749-1815 **[7]**
▦ *$442 FF2 560 £270* Saturday Morning, or The Cottagers Merchandise, after William R. Bigg Engraving 52x61,4cm/*20x24in* London 97
BÜRKEL Heinrich 1802-1869 **[75]**
🖼 *$4 732 FF28 494 £2 832* Kapelle in Voralpenlandschaft Oil/panel 27x31cm/*10x12in* München 98
🖼 *$33 810 FF201 612 £20 988* Schmiede im Winter Oil/panel 38x49cm/*14x19in* Dresden 97
🖌 *$622 FF3 220 £397* Die Rast Drawing 17x24cm/*6x9in* Heidelberg 96
BURKHALTER Jean 1895-1982 **[65]**
🖌 *$308 FF1 800 £182* Le cargo Cassis Aquarelle/papier 28,5x43,5cm/*11x17in* Paris 97
BURKHARD Hans 1904-1994 **[13]**
🖼 *$1 725 FF10 360 £1 030* "Eternal Silence, Hommage to Churchill" Oil/canvas 44x36cm/*17x14in* San Francisco 98
🖼 *$2 500 FF12 860 £1 560* Dance of Death Oil/canvas 40,5x51cm/*15x20in* San Francisco-Los Angeles 96
🖌 *$632 FF3 795 £377* Study of a Reclining Nude Pastel/paper 44x60cm/*17x23in* San Francisco 98
BURKHARDT Hans Gustav 1904-1994 **[6]**
🖼 *$2 500 FF14 836 £1 531* Seascape Oil/canvas 81x106cm/*31x41in* San Francisco-Los Angeles 97
BURKI Charles 1909 **[10]**
▦ *$149 FF892 £91* "DAF automatic/variomatic" Poster 108x158cm/*42x62in* Oostwoud 98
BÜRKNER Hugo 1818-1897 **[6]**
▦ *$968 FF5 784 £592* "Bilder aus dem Familienleben" Etching 29x38cm/*11x14in* München 98
🖌 *$1 936 FF11 569 £1 185* Die Kinderstube Watercolour 21,5x24cm/*8x9in* München 98
BURLE MARX Roberto 1909-1982 **[3]**
🖼 *$5 500 FF31 902 £3 384* Exotic flowers Oil/canvas 100x90cm/*39x35in* New-York 97
BURLEIGH Charles 1875-1956 **[19]**
🖼 *$653 FF3 913 £400* Sheep Grazing in a Sussex Glade Oil/canvas 38,5x49,5cm/*15x19in* Billingshurst, West Sussex 97
BURLEIGH Sydney Richmond 1853-1931 **[17]**
🖼 *$1 500 FF9 068 £928* Daisies Oil/canvas 55x40cm/*22x16in* Mystic, Connecticut 97

 $300 FF1 855 £180 A Mountain Landscape Watercolour/paper 35x53cm/*14x21in* East Dennis, Mass. 97
BURLEIGH Veronica 1909 **[9]**
 $1 058 FF6 025 £649 The Cricket match Watercolour 24,5x60,5cm/*9x23in* London 97
BURLES Michèle 1948 **[14]**
 $238 FF1 200 £155 Où allez-vous ? Technique mixte/papier 40x39cm/*15x15in* Paris 96
BURLISON Clément XIX **[4]**
 $3 720 FF19 450 £2 220 Portrait of a woman in red dress, Durham Oil/canvas 60x53cm/*23x20in* Stockholm 96
BURLJUK David 1882-1964 **[180]**
 $750 FF4 355 £462 Peasant Woman Leading a Bull Oil/board 22x30cm/*9x12in* New-York 97
 $949 FF5 706 £574 Landscape with Trees Oil/canvas 45x54,5cm/*17x21in* New-York 98
 $50 FF276 £31 Western Scene Watercolour/paper 26x36cm/*10x14in* Downington, PA 97
BURLOWE Henry Behnes 1802-1837 **[1]**
 $2 443 FF14 272 £1 500 Bust of Lady Ogle Marble H70,5cm/*H27in* London 97
BURMAN Satki 1935 **[50]**
 $4 097 FF24 461 £2 500 Dancing Ganesha Oil/canvas 153,5x183,5cm/*60x72in* London 98
 $6 883 FF41 095 £4 200 "Paradis des amours" Oil/canvas 73,5x59,5cm/*28x23in* London 98
BURMANN Fritz 1892-1945 **[11]**
 $898 FF5 350 £534 Ravenberger madonna Oil/panel 66x54cm/*25x21in* Amsterdam 97
BURMESTER Georg 1864-1939 **[16]**
 $1 598 FF9 402 £986 "Anemonen in blauer Vase" Oil/panel 34,5x32cm/*13x12in* Bremen 97
 $2 917 FF18 108 £1 759 Dame im Lehnstuhl Ol/Leinwand 77,5x57,5cm/*30x22in* Heidelberg 98
BURN Henry 1807-1884 **[4]**
 $11 180 FF65 305 £6 616 Dight's Falls from Richmond Bridge Watercolour, gouache/paper 26x34,5cm/*10x13in* Melbourne 97
BURNAND Eugène 1850-1921 **[11]**
 $1 188 FF6 110 £741 "L'alcool tue" Affiche 158x118cm/*62x46in* Bern 96
 $503 FF2 545 £330 Pferde an der Tränke Indian ink 16,5x33cm/*6x12in* Bern 96
BURNAT-PROVINS Marguerite 1872-1950 **[11]**
 $3 743 FF21 791 £2 307 "Jarimouche le congestionné" Encre Chine 26x30cm/*10x11in* Bern 97
BURNE-JONES Edward Coley 1833-1898 **[192]**
 $720 990 FF4 124 655 £450 000 Music Oil/canvas 69x45cm/*27x17in* London 97
 $319 FF1 554 £200 The seducer/Pulled up by his braces Pencil 18x11cm/*7x4in* London 95
BURNELL Benjamin 1769-1828 **[1]**
 $2 500 FF12 730 £1 500 Arts Coloured chalks 36x27cm/*14x10in* London 96
BURNET John 1784-1868 **[6]**
 $3 873 FF23 460 £2 400 Loading the Barges Oil/panel 80x122cm/*31x48in* Perthshire 97
BURNETT Cecil Ross 1872-1933 **[6]**
 $284 FF1 720 £169 Family Group seated in a wooded Landscape/Children playing Bodycolour 16,5x9cm/*6x3in* London 97
BURNETT-STUART Augustus 1850-1898 **[4]**
 $1 169 FF7 161 £700 Vesuvius and the Bay of Naples Watercolour/paper 24x72,5cm/*9x28in* London 98
BURNEY Edward Francis 1760-1848 **[14]**
 $1 097 FF6 495 £649 Cupid introduced to Time by Life Watercolour 9x12cm/*3x4in* London 97
BURNITZ Karl Peter 1824-1886 **[13]**
 $1 512 FF9 389 £912 Dörfchen auf waldiger Anhöhe Ol/Leinwand 30x45cm/*11x17in* Heidelberg 98
 $5 400 FF27 430 £3 450 Waldlandschaft mit Staffage Ol/Leinwand 37x66cm/*14x25in* Frankfurt 96
BURNS Colin W. 1944 **[31]**
 $2 000 FF12 016 £1 200 Woodcock Oil/canvas 25,5x35,5cm/*10x13in* London 98
 $4 001 FF24 033 £2 400 Black Grouse in the Rothiemurcus Oil/canvas 51x76cm/*20x29in* London 98
 $776 FF3 936 £500 Summer mooring, Ranworth Watercolour 25x33cm/*10x13in* Aylsham, Norfolk 96
BURNS Milton J. 1853-1933 **[11]**
 $549 FF3 056 £340 Portrait of the Ship America Oil/paper 18,5x13cm/*7x5in* New-York 97
 $300 FF1 740 £184 Grand Manan Pencil 25x43cm/*10x17in* Bethesda, Maryland 97
BURNS Paul C. 1910-1990 **[6]**
 $1 700 FF8 800 £1 137 Two women talking in bedroom, for "The Little Bride" (Ann Chidester) Watercolour 36x36cm/*14x14in* New-York 96

BURNS Robert 1869-1941 **[8]**
  $886 FF5 372 £549 Inverness Oil/canvas 50x76cm/*19x29in* Perthshire 97
BURNS Ronald 1942 **[4]**
  $305 FF1 773 £186 Jerusalem (Golden houses blue skys) Watercolour/paper 32x50cm/*12x19in*
Köbenhavn 97
BURON Henri 1880-1969 **[36]**
  $912 FF4 600 £589 Bretonnes près de Tréboul Huile/carton 10x13cm/*3x5in* Douarnenez 96
  $495 FF3 000 £303 Bouquet de fleurs bleues Pastel/papier 26x21cm/*10x8in* Quimper 98
BURR Alexander Hohenlohe 1837-1899 **[11]**
  $3 873 FF23 460 £2 400 Pulling the Tooth Oil/canvas 34,5x45,5cm/*13x17in* Perthshire 97
  $8 520 FF44 100 £5 500 Prince Charles Edward Stuart after the Battle of Culloden Oil/canvas
84x127cm/*33x50in* Glasgow 96
BURR George Elbert 1859-1939 **[42]**
  $425 FF2 583 £261 November/Old Oaks/Winter Landsape Etching 17x12cm/*7x5in* St. Louis, Miss. 98
BURR John P. 1831-1893 **[22]**
  $3 500 FF20 431 £2 082 Rocking Baby Asleep Oil/canvas 85x58cm/*33x22in* New-York 97
  $4 879 FF28 436 £3 000 The Pet Rabbit Oil/canvas 26x31cm/*10x12in* West Lothian 97
BURRA Edward 1905-1976 **[58]**
  $110 FF554 £72 Kentish Fieds Ink 35x50cm/*14x20in* Baton Rouge, Louisiana 96
BURRELL James XIX **[6]**
  $2 710 FF15 594 £1 600 Running into Port Oil/canvas 27,5x37,5cm/*10x14in* London 97
  $21 690 FF132 992 £13 000 Landscapes with Figures Near a Cottage Oil/canvas 75x100,5cm/*29x39in*
London 98
BURRI Alberto 1915-1995 **[130]**
  $25 400 FF123 800 £16 000 Cretto Tecnica mista 26x19cm/*10x7in* Milano 95
  $93 000 FF527 000 £46 500 Nero bianco Tecnica mista/tavola 51x49cm/*20x19in* Prato 98
  $491 000 FF2 423 000 £320 000 Sacco Mixed media 120x108,5cm/*47x42in* London 95
  $1 620 FF9 180 £1 080 Combustione Litografia a colori 49x64,5cm/*19x25in* Prato 97
  $54 600 FF309 400 £36 400 Combustione, 1964 Assemblage 49,5x35,5cm/*19x13in* Prato 97
  $4 543 FF23 345 £2 705 Pagina 13 Collage 26x19cm/*10x7in* Roma 96
BURRI Johan Ulrich 1802-? **[2]**
  $879 FF5 254 £538 Blick auf Bern von Südosten Aquarell/Papier 21,5x29,6cm/*8x11in* Bern 97
BURRINGTON Arthur Alfred 1856-1925 **[9]**
  $4 410 FF26 826 £2 704 A Quiet Sunny Afternoon/Fishing Over the Stone Wall at Quimperle Oil/canvas
28x38cm/*11x14in* Toronto 98
  $1 043 FF5 000 £650 A Pinch of Snuff Watercolour 38x30cm/*15x12in* London 95
BURRINI Giovanni A.(Attrib.) 1656-1727 **[6]**
  $906 FF4 742 £549 An Allegory of Spring Ink 18,5x13,5cm/*7x5in* London 96
BURROUGHS Bryson 1869-1934 **[9]**
  $4 000 FF23 081 £2 451 "Portrait of Mrs. S.S" Oil/canvas 91x76cm/*36x30in* Cleveland, Ohio 97
BURROWS Robert 1810-1883 **[17]**
  $849 FF5 177 £527 Returning from a Day's Catch Oil/panel 20x21cm/*7x8in* New-York 98
  $2 938 FF17 142 £1 800 A Cottage by a Heath Oil/canvas 61x91,5cm/*24x36in* London 97
BURSSENS Jan 1925 **[34]**
  $650 FF3 900 £400 Het hekken van Gaston Huile/panneau 65x50cm/*25x19in* Lokeren 98
  $544 FF3 246 £328 Vier vrouwen Eau-forte 66,5x50cm/*26x19in* Lokeren 97
  $1 890 FF11 368 £1 134 Abstract personnage Technique mixte/papier 123x152cm/*48x59in* Antwerpen 98
BURT Charles Thomas 1823-1902 **[26]**
  $950 FF5 729 £564 Lunch Time in the Hayfield Oil/panel 20x26cm/*8x10in* Delray Beach, Florida 98
  $1 334 FF8 021 £800 Figures on a Coastal Path near Harlech Castle Oil/canvas 76x126cm/*29x49in*
London 98
BURT Charles Thomas (Att) 1823-1902 **[2]**
  $3 222 FF19 212 £2 000 Farmyard Friends Oil/board 23,5x39cm/*9x15in* London 97
BURTON Arthur Gibbes 1883-? **[4]**
  $800 FF4 807 £483 A Rural Retreat Oil/board 20x25cm/*7x9in* New-York 98
BURTON Charles c.1795-c.1855 **[1]**

✏ *$3 000 FF16 313 £1 796* "Fairmount Bridge, Philadelphia" Pencil 7x9cm/*2x3in* New-York 97
BURTON Claire Eva XX **[4]**
☞ *$5 111 FF29 527 £3 000* Richard Dunwoody on Desert Orchid at Kempton Park Oil/canvas 41x51cm/*16x20in* London 97
BURTON Frederick William 1816-1900 **[6]**
☞ *$2 500 FF14 836 £1 531* An Extensive Valley View with a Loch and Mountains Oil/canvas 35,5x45,5cm/*13x17in* San Francisco 98
✏ *$1 307 FF6 630 £850* Eve Watercolour 53,5x37,5cm/*21x14in* London 96
BURTON Nancy Jane ?-1972 **[12]**
✏ *$303 FF1 839 £180* A Collie resting Pencil 18,5x23,5cm/*7x9in* Glasgow 98
BURTON Ralph Wallace 1905-1984 **[42]**
☞ *$238 FF1 369 £146* "Barns on the jock river, Ashton" Oil/board 25,4x33cm/*10x12in* Calgary, Alberta 97
BURTON Richard Francis 1821-1890 **[27]**
✏ *$13 679 FF80 798 £8 500* Seil-portrait in Oriental dress Ink 17,5x12,5cm/*6x4in* London 97
BURTON Richmond 1960 **[21]**
☞ *$2 400 FF14 201 £1 464* Study for Fissured Space Oil/canvas 38x25,5cm/*14x10in* New-York 98
☞ *$9 521 FF56 342 £5 809* "On Love" Oil/canvas 156x255,5cm/*61x100in* New-York 98
✏ *$2 200 FF12 790 £1 343* Four Top Watercolour/paper 78x57cm/*30x22in* New-York 97
BURTON Scott 1939-1989 **[12]**
⚒ *$16 000 FF92 166 £9 870* Two Concrete End Table Sculpture 62x40cm/*24x15in* New-York 97
⚒ *$21 000 FF129 229 £12 749* Two Cube Tble Sculpture 87x50,5x50,5cm/*34x19x19in* New-York 98
BURTON William Shakespeare 1824-1916 **[3]**
✏ *$130 FF796 £80* Drawing Water From The Stream Watercolour/paper 34x49cm/*13x19in* London 98
BURY Heinrich 1837-1883 **[1]**
📷 *$3 480 FF20 073 £2 073* New York Photo 25x20,5cm/*9x8in* München 97
BURY Pol 1922 **[74]**
▭ *$169 FF1 005 £104* Amerika Farblithographie 34x50cm/*13x19in* Stuttgart 97
⚒ *$4 336 FF26 000 £2 672* Sphère sur un cylindre Métal 51x120cm/*20x47in* Lokeren 98
⚒ *$10 803 FF64 000 £6 470* Quarante trois éléments se faisant... Sculpture 200x50x60cm/*78x19x23in* Versailles 97
BUSA Peter 1914 **[7]**
☞ *$755 FF3 820 £495* Fischmarkt Öl/Leinwand 66x101cm/*25x39in* Zürich 96
BUSATO Gualtiero 1941 **[4]**
⚒ *$3 734 FF21 800 £2 280* Le prophète Bronze H60cm/*H23in* Paris 97
BUSCAGLIONE Giuseppe 1868-1928 **[15]**
☞ *$1 400 FF7 200 £873* Vor dem Gewitter Oil/panel 31x44,5cm/*12x17in* Wien 96
☞ *$2 880 FF16 320 £1 440* Tramonto sulla neve Olio/tela 70x100cm/*27x39in* Milano 98
BUSCH Ernst XIX-XX **[3]**
▭ *$206 FF1 200 £121* Au Bar Eau-forte 46x33cm/*18x12in* Entzheim 97
BUSCH Wilhelm 1832-1908 **[37]**
☞ *$5 633 FF33 467 £3 350* Waschküche Öl/Papier 23x31cm/*9x12in* München 97
✏ *$1 817 FF9 470 £1 098* Portrait eines jungen Mannes Pencil/paper 19x13,2cm/*7x5in* Stuttgart 96
BUSCIOLANO Vincenzo 1851-? **[6]**
☞ *$1 343 FF8 045 £825* Alteres Bauernpaar Oil/canvas/panel 38x50cm/*14x19in* Bern 98
BUSH Andrew 1956 **[1]**
📷 *$3 000 FF18 303 £1 798* Envelopes Photograph 19x24,5cm/*7x9in* New-York 98
BUSH Jack Hamilton 1909-1977 **[38]**
☞ *$1 668 FF10 033 £1 000* Landscape with Windswept Tree Oil/board 27,5x22cm/*10x8in* Toronto 98
☞ *$3 749 FF21 837 £2 290* Contact Synthetic polymer silkscreened/canvas 60,5x94cm/*23x37in* New-York 97
☞ *$14 020 FF67 900 £9 000* Bilateral with red Acrylic/canvas 222x145cm/*87x57in* Toronto 95
▭ *$305 FF1 829 £191* Yellow Mark Serigraph in colors 73,5x55cm/*28x21in* Toronto 97
✏ *$2 415 FF13 805 £1 480* "Study" Gouache/paper 43,2x55,9cm/*17x22in* Toronto 97
BUSH Norton 1834-1894 **[19]**
☞ *$3 000 FF17 931 £1 818* Tropics in Moonlight/Sunset in the Tropics Oil/board 62,2x23,5cm/*24x9in* San Francisco-Los Angeles 97
☞ *$5 000 FF24 900 £3 275* Lone Boater on a Tropical River Oil/canvas 41x61cm/*16x24in* San Francisco-Los Angeles 95

BUSHMILLER Ernie, Ernest 1905-1982 **[3]**
✎ *$1 100 FF5 640 £669* Nancy and Sluggo Ink/paper 17x59cm/*7x23in* New-York 96
BUSI Adolfo 1891-? **[1]**
▥ *$1 798 FF10 027 £1 100* "Chinol, Fa realmente bene allo stomaco" Poster 196x140cm/*77x55in* London 97
BUSINE Zéphir 1916-1976 **[5]**
✎ *$332 FF1 952 £205* Amitié Watercolour/paper 38x57cm/*14x22in* Lokeren 97
BUSIRI Giovan Bat. (Attrib) 1698-1757 **[5]**
✎ *$4 703 FF26 654 £2 351* Il Colosseo Tempera/carta 23x24,5cm/*9x9in* Milano 97
BUSIRI Giovan Battista 1698-1757 **[45]**
👁 *$11 706 FF69 307 £7 000* An Italianate river landscape with a man/An Italianate river landscape Oil/canvas 33x60,5cm/*12x23in* London 97
👁 *$11 660 FF70 415 £7 000* Italianate River Landscape with Fishermen and Other Figures Oil/canvas 31,5x39,5cm/*12x15in* London 98
✎ *$987 FF5 040 £650* Three Views of Torri near Siena/A River Landscape with a Fishermen Ink 17x23cm/*6x9in* London 96
BUSOM GRAU Simon 1927 **[9]**
👁 *$840 FF4 776 £504* El estampe en el jardín Oleo/lienzo 73x60cm/*28x23in* Madrid 97
👁 *$1 280 FF7 900 £760* Puerta del Sol Oleo/papel 33x46cm/*12x18in* Madrid 98
BUSS Robert William 1804-1875 **[4]**
👁 *$2 714 FF15 610 £1 700* Soliciting a Vote Oil/canvas 62x73,5cm/*24x28in* London 97
BUSSE Georg Heinrich 1810-1868 **[7]**
👁 *$4 134 FF20 670 £2 676* Die Quelle Oil/panel 55x70,5cm/*21x27in* Düsseldorf 96
BUSSE Hans 1867-1914 **[6]**
👁 *$603 FF3 687 £357* Bergziegen vor einer Felswand in den Dolomiten Öl/Leinwand 71x40,5cm/*27x15in* Dresden 98
BUSSET Maurice 1879-1936 **[9]**
▥ *$648 FF3 300 £427* "Grand meeting d'aviation, Aulnat" Affiche 147x80cm/*57x31in* Neuilly 96
BUSSIERE Gaston 1862-1929 **[11]**
👁 *$627 FF3 756 £385* Girl with Flowers Oil/canvas 24x30cm/*9x11in* Melbourne 98
👁 *$906 FF5 381 £548* Studie eines Satyr und einer Nymphe bei einem Brunnen Öl/Leinwand 104x73cm/*40x28in* Zürich 97
BUSSOLINO Vittorio 1853-1922 **[4]**
👁 *$2 880 FF16 320 £1 440* Paesaggio Olio/tela 60x64cm/*23x25in* Firenze 97
BUSSON Charles 1822-1908 **[5]**
👁 *$4 964 FF29 000 £2 937* "Retour du troupeau, après la moisson, environs de Montoire" Huile/toile 90x116cm/*35x45in* Barbizon 97
BUSSON Georges Louis Ch. 1859-1933 **[45]**
👁 *$2 050 FF10 000 £1 297* Le vol de l'Est Huile/panneau 31,5x42cm/*12x16in* Soissons 95
👁 *$9 470 FF47 300 £6 190* A Versailles, un équipage Oil/canvas 186x206cm/*73x81in* Stockholm 95
▥ *$263 FF1 600 £159* La chasse du lièvre à courre Lithographie couleurs 40x60cm/*15x23in* Paris 98
✎ *$1 403 FF8 000 £861* Promenade à cheval au Mont Saint-Michel Gouache/papier 30x46,5cm/*11x18in* Lyon 97
BUSSON Marcel 1913 **[16]**
👁 *$2 780 FF14 500 £1 680* Casbah dans la Vallée du M'Goun Huile/toile 73x100cm/*28x39in* Paris 96
BUSSY Simon A. 1869-1954 **[47]**
👁 *$3 970 FF20 120 £2 600* Toucan Oil/canvas/board 27x22cm/*10x8in* London 96
👁 *$10 582 FF63 787 £6 500* Hornbill Oil/canvas 80x80cm/*31x31in* London 98
👁 *$25 104 FF147 928 £15 000* Lemurs Oil/canvas 280x80cm/*110x31in* London 97
✎ *$4 070 FF24 533 £2 500* Toucan Coloured chalks/paper 37,5x25cm/*14x9in* London 98
BUTHAUD René 1886-1986 **[71]**
👁 *$2 260 FF11 500 £1 355* Nymphe au repos Huile/toile 46x55cm/*18x21in* Aubagne 96
🖌 *$3 587 FF21 380 £2 200* Busts of two negresses Glazed ceramic H36cm/*H14in* London 98
✎ *$519 FF3 000 £320* Femme nue couchée aux musiciennes Mine plomb 17,5x27cm/*6x10in* Bordeaux 97
BÜTHE Michael 1944 **[60]**
👁 *$1 560 FF8 136 £912* Ohne Titel Mixed media/canvas 39,5x25cm/*15x9in* Köln 96
👁 *$1 950 FF10 170 £1 140* Ohne Titel Acrylic 72x101cm/*28x39in* Köln 96

---

*$270 FF1 365 £177 Composition Etching in colors 49,5x49,5cm/19x19in Wien 96

*$1 147 FF6 700 £678 Ohne Titel Gouache 47x65cm/18x25in Köln 97

BUTIN Ulysse 1837-1883 **[16]**

*$1 949 FF11 000 £1 186 Pêcheuses à marée basse Huile/toile 36x45cm/14x17in Paris 97

BUTLAND G.W. XIX **[2]**

*$7 934 FF49 309 £5 000 A Busy Coastal Scene Oil/canvas 76x137cm/29x53in London 97

BÜTLER Anton 1819-1874 **[4]**

*$1 647 FF9 574 £972 Herbstnachmittag am Vierwaldstättersee Wash 18x27cm/7x10in Luzern 97

BUTLER Charles Ernest 1864-? **[19]**

*$522 FF2 954 £320 Coastal Scenes Oil/board 11x19cm/4x7in London 97

BUTLER George Edmund 1872-1936 **[4]**

*$8 500 FF48 350 £5 202 Young Riders Oil/canvas 91,5x150cm/36x59in New-York 97

BUTLER Herbert E. XIX-XX **[15]**

*$729 FF3 540 £460 Cornish Harbour scene, eventide Watercolour 25x36cm/9x14in Honiton, Devon 95

BUTLER Howard Russel 1856-1937 **[20]**

*$1 900 FF9 350 £1 224 Bathing from Shelving Rock, Ogonquit Maine Oil/canvas 53x41cm/20x16in New-York 95

BUTLER James 1893-1976 **[21]**

*$900 FF5 467 £541 "Willows in Flood, Giverny" Oil/canvas 79x79cm/31x31in Elgin, Illinois 98

BUTLER James 1931 **[8]**

*$3 009 FF17 786 £1 800 Girl in a Chair Bronze 21x24,5x35,5cm/8x9x13in London 97

*$11 541 FF67 178 £7 000 The Bather Bronze H178cm/H70in London 97

BÜTLER Joseph Niklaus 1822-1885 **[14]**

*$4 500 FF27 506 £2 747 A Lush, Green Wooded, Streamside Landscape Oil/canvas 58x91cm/23x36in St. Petersburg, Florida 98

BUTLER Mildred Anne 1858-1941 **[59]**

*$707 FF4 226 £433 The Garden of Sleep Watercolour/paper 22x15cm/9x6in Dublin 98

BUTLER Reg, Reginald 1913-1981 **[54]**

*$5 500 FF31 428 £3 369 Girl Bronze H56,5cm/H22in New-York 97

*$37 499 FF227 272 £23 000 The Bride Bronze H236cm/H92in London 98

*$1 476 FF8 474 £900 Crazy Horse Pencil 58x43cm/22x16in London 97

BUTLER Theodore Earl 1860-1936 **[24]**

*$20 000 FF119 546 £12 122 Beach at Veules, Les Roses Oil/canvas 48,9x73,7cm/19x29in San Francisco-Los Angeles 97

*$119 706 FF710 000 £72 491 Suzanne et ses enfants Huile/toile 190x110cm/74x43in Paris 97

*$1 400 FF8 368 £848 Coastal Inlet Pastel/paper 17,8x20,3cm/7x7in San Francisco-Los Angeles 97

BUTLER Thomas c.1730-c.1760 **[6]**

*$16 300 FF83 700 £10 500 A hunter belonging to Ralph Carr/"Emma", a hunter belonging to Mary C. Oil/canvas 53,5x76cm/21x29in London 96

*$45 000 FF272 398 £26 599 The great carriage match on Newmarket heath Oil/canvas 92x142cm/36x55in New-York 98

BUTLER Tony 1959 **[4]**

*$3 334 FF20 028 £2 000 Elephants Oil/canvas 68,5x103cm/26x40in London 98

BUTMAN Frederick A. 1820-1871 **[5]**

*$3 749 FF22 412 £2 272 Two Figures Gazing out on a Wooded Landscape and Distant Mountains Oil/canvas 63,5x104,1cm/25x40in San Francisco-Los Angeles 97

BUTTERFIELD Deborah 1949 **[14]**

*$37 500 FF191 000 £22 500 Felted Stick Horse #2 Sculpture, wood H74cm/H29in New-York 96

*$75 000 FF435 540 £45 817 Untitled (Atiyah) Sculpture 188x292x89cm/74x114x35in New-York 97

BUTTERI Achille XIX-XX **[5]**

*$1 600 FF9 535 £959 "Acatene Metropole" Poster 157,5x118cm/62x46in New-York 98

BUTTERSACK Bernhard 1858-1925 **[35]**

*$2 454 FF12 060 £1 560 Dachauer Landschaft Öl/Leinwand 23x29,5cm/9x11in Stuttgart 95

*$2 196 FF12 820 £1 328 Parklandschaft im Hochsommer Öl/Leinwand 65x81cm/25x31in Stuttgart 97

BUTTERSWORTH James E. (Attrib.) 1817-1894 **[6]**

*$5 000 FF29 205 £3 069 Frigate in Choppy Sea with Other Vessels in the Distance Oil/canvas 45x60cm/18x24in Boston, Mass. 97

👝 *$5 500 FF33 536 £3 300* Star Island on East Shore, Near Boston Oil/board 12,5x17cm/*4x6in* Boston, Mass. 98

BUTTERSWORTH James Edward 1817-1894 **[65]**
👝 *$25 000 FF150 420 £14 965* Man-Of-War Oil/canvas 36x46cm/*14x18in* Beverly Hills, Calif. 98
👝 *$120 000 FF707 544 £73 584* Schooner Race in New York Harbour Oil/canvas 20,5x35,5cm/*8x13in* New-York 98

BUTTERSWORTH Thomas 1768-1842 **[84]**
👝 *$5 249 FF30 131 £3 200* British Naval Vessel engaging Pirates off the Coast Oil/canvas 30,5x45cm/*12x17in* London 97
👝 *$5 005 FF30 537 £3 000* The Loss of the East-Indiaman Kent in the Bay of Biscay Oil/canvas 45x61cm/*17x24in* London 98
✏ *$9 787 FF60 006 £6 000* "Euryalus", "Thunderer" and "Ajax" leaving Plymouth Watercolour/paper 46x61cm/*18x24in* London 98

BUTTERSWORTH Thomas (Attrib.) 1768-1842 **[6]**
👝 *$3 754 FF21 237 £2 300* Two Men of War in Full Sail in a Choppy Sea Oil/canvas 43x58cm/*17x23in* Guilford, Surrey 97
👝 *$4 743 FF27 531 £2 800* Men of War and Other Shipping in a Calm Oil/canvas 27x37cm/*10x14in* London 97

BUTTERY Edwin XIX **[25]**
👝 *$738 FF4 500 £450* Rural Landscapes with Cottages and Figures Oil/panel 13x23cm/*5x9in* Bournemouth, Dorset 98

BUTTI Enrico 1847-1932 **[1]**
🔨 *$8 099 FF45 898 £5 399* Stizze Bronzo H100cm/*H39in* Milano 97

BUTTI Lorenzo 1805-1860 **[1]**
👝 *$6 600 FF37 400 £4 400* Marina con barche Olio/tela 116x74cm/*45x29in* Trieste 97

BÜTTNER Erich 1889-1936 **[17]**
✏ *$231 FF1 351 £142* Jungen Frauen zwischen Blumenornamenten/Gestalten/Bauarbeit Gouache/papier 36x45cm/*14x17in* Berlin 97

BUTTNER Georg Heinrich 1799-1879 **[3]**
👝 *$4 355 FF22 140 £2 600* Huntsmen at a village inn Oil/panel 32x21cm/*12x8in* London 96

BUTTON Albert Prentice 1872-1934 **[13]**
👝 *$1 300 FF7 926 £780* "October Day, Waverly Marshes" Oil/canvas/board 20x25cm/*7x9in* Boston, Mass. 98
✏ *$1 000 FF5 938 £610* The Coastal Pine Watercolour 29x23cm/*11x9in* Boston, Mass. 98

BUTTURA Ernest Antoine Eug. 1841-1920 **[12]**
👝 *$15 030 FF90 000 £9 234* Chasseur au repos sur les plateaux de Haute-Provence Huile/toile 132,5x201cm/*52x79in* Paris 98

BUVELOT Abraham Louis 1814-1888 **[27]**
👝 *$4 724 FF24 211 £3 015* Figure in a Country Lane Oil/board 30x46,5cm/*11x18in* Melbourne 95
👝 *$18 692 FF113 225 £11 582* The big Tree, Gardiners Creek Oil/canvas 40x53,5cm/*15x21in* Melbourne 97
🗟 *$6 690 FF32 630 £4 200* "Rio de Janeiro Piroresco" Lithograph 29x43cm/*11x16in* London 95
✏ *$4 860 FF29 438 £3 011* Rural Landscape Watercolour/paper 21x34,5cm/*8x13in* Melbourne 97

BUYLE Robert 1895-1976 **[12]**
👝 *$1 744 FF9 050 £1 153* Ruiker Huile/toile 100x76cm/*39x29in* Lokeren 96

BUYS Bob 1912-1970 **[12]**
✏ *$270 FF1 383 £175* A street in Southern Europe Watercolour/paper 32x40cm/*12x15in* Amsterdam 95

BUYS Jacob 1724-1801 **[13]**
👝 *$34 300 FF177 000 £22 000* The proposal/The refusal Oil/panel 57,5x44,5cm/*22x17in* London 96
✏ *$8 430 FF44 000 £5 100* Allegorie der fünf Sine in szenischen Wiedergaben Aquarell 22,5x19cm/*8x7in* Stuttgart 96

BUYSSE Georges 1864-1916 **[12]**
👝 *$1 275 FF6 560 £795* Chapelle de Bordighera Huile/toile 30x39cm/*11x15in* Antwerpen 96
👝 *$6 890 FF42 250 £4 108* Meule de foin Huile/toile 55x70cm/*21x27in* Antwerpen 98
✏ *$1 375 FF6 720 £870* Les oliviers Pastel 25x32cm/*9x12in* Bruxelles 95

BUYTEWECH Willem Pietersz. 1585-1625/27 **[3]**
👝 *$39 600 FF207 120 £24 000* Elegant Company dining and making Music in a Garden by a Fountain Oil/canvas 100x161cm/*39x63in* London 96

Calendar & auction results: Internet www.artprice.com   Minitel 3617 ARTPRICE

✐ *$3 803 FF21 769 £2 246* Tobias and the Angel Ink 16x11cm/*6x4in* Amsterdam 97
BUZON de Frédéric Marius 1879-1958 **[22]**
👝 *$1 633 FF8 520 £972* Sidi Bov Medhive Oil/panel 46x54,5cm/*18x21in* Toronto 96
👝 *$17 060 FF85 000 £11 170* Trois algériennes au jardin Huile/toile 198x129cm/*77x50in* Paris 95
BUZZI A. XIX **[6]**
✐ *$1 549 FF8 743 £949* The Love Letter Watercolour 36x54cm/*14x21in* London 97
BUZZI Daniele, Dan 1890-1974 **[10]**
📜 *$337 FF2 008 £206* "Cinquième Fête des Camélias Locarno" Color lithograph 100x69cm/*39x27in* Bern 98
BYARD Joseph Henry XIX-XX **[1]**
👝 *$16 460 FF85 200 £11 000* The Potting Shed Oil/canvas 125x100,5cm/*49x39in* London 96
BYARS James Lee 1932 **[14]**
👝 *$6 481 FF38 577 £3 961* Ohne Titel Mixed media/panel 222x51cm/*87x20in* Köln 98
📐 *$3 200 FF18 935 £1 952* The One Page Book Object 29,5x21cm/*11x8in* New-York 98
📐 *$27 000 FF161 676 £16 588* The Head of Plato Construction 175x48,5x48,5cm/*68x19x19in* New-York 98
BYATT Edwin 1888-1948 **[5]**
✐ *$500 FF3 028 £300* Still Life of Flowers Watercolour/paper 74x51cm/*29x20in* Stansted Mountfitchet, Essex 98
BYE de Marcus 1639-c.1690 **[6]**
📜 *$410 FF2 400 £243* Moutons Eau-forte 11,8x14,6cm/*4x5in* Paris 97
BYE Ranulph 1916 **[3]**
✐ *$935 FF5 729 £564* Scene with Ice Skaters Watercolour/paper 26x34cm/*10x13in* Hatfield, Pennsylvania 98
BYLANDT de Alfred Ed. Agenor 1829-1890 **[15]**
👝 *$3 098 FF18 464 £1 900* Skaters on a Frozen Lake Near a Castle Oil/panel 31,5x41,5cm/*12x16in* London 98
👝 *$22 000 FF133 414 £13 422* An Extensive Landscape ith Figures on a Path Oil/canvas 131,5x172cm/*51x67in* New-York 98
BYLERT van Jan H. (Attrib.) 1603-1671 **[8]**
👝 *$4 070 FF20 730 £2 400* A shepherd, half-length Oil/canvas 7x62cm/*2x24in* London 96
👝 *$4 248 FF26 000 £2 581* Deux soldats jouant aux cartes Huile/panneau 82,5x107cm/*32x42in* Paris 98
BYLERT van Jan Harmensz. 1603-1671 **[23]**
👝 *$11 657 FF68 492 £7 000* Juno Oil/panel 41,5x33cm/*16x12in* London 97
👝 *$15 950 FF77 200 £10 000* A young man holding a pewder flagon Oil/canvas 77x64cm/*30x25in* London 95
👝 *$45 800 FF228 200 £30 000* Venus chastising Amoretti Oil/canvas 126x146,5cm/*49x57in* London 95
BYLES William Hounsom 1872-? **[8]**
✐ *$6 330 FF32 260 £3 800* The Grand National 1927 Watercolour 28x46cm/*11x18in* London 96
BYNG Robert (Attrib.) 1766-1720 **[3]**
👝 *$5 577 FF32 015 £3 400* Portrait of two Childern Oil/canvas 89x129cm/*35x50in* London 97
BYRD David 1941 **[7]**
📜 *$1 725 FF9 879 £1 020* "Follies" Poster 35x56cm/*13x22in* New-York 97
BYRD Henry XIX **[1]**
👝 *$13 000 FF76 832 £8 052* The Judge William Byers Family of Arkansas Oil/canvas 165x133cm/*65x52in* New Orleans, Louisiana 97
BYRNE John 1906-1976 **[20]**
📜 *$74 FF388 £44* Nude Etching 31,4x12cm/*12x4in* Toronto 96
BYRNE Samuel Michael, Sam 1883-1978 **[13]**
👝 *$1 334 FF8 130 £828* Demolishing Mt. Hebbard, Broken Hill Enamel 47x63cm/*18x24in* Melbourne 97
BYSS Johann Rudolf 1660-1738 **[3]**
👝 *$21 500 FF125 000 £13 125* Nature morte au vase de fleurs Huile/toile 90,5x75,5cm/*35x29in* Paris 97
BYSS Johann Rudolf (Attr) 1660-1738 **[3]**
👝 *$8 382 FF50 226 £5 000* A Pastoral Landscape with a Cowherd and Shepherdess Oil/canvas 84,5x105,5cm/*33x41in* London 98
BYSTRÖM Johan Niklas 1783-1848 **[2]**
📐 *$6 740 FF33 160 £4 340* Bacchanten Bronze H33cm/*H12in* Stockholm 95
BYZANTIOS Constantin 1924 **[19]**
👝 *$2 940 FF15 000 £1 950* Couple sur fond noir Huile/toile 130x161cm/*51x63in* Paris 96
BYZANTIOS Pericles 1893-1972 **[9]**
👝 *$10 710 FF52 400 £6 780* Hydra Oil/canvas 50x74cm/*19x29in* Athens 95
✐ *$1 632 FF9 746 £1 000* A Couple From a Greek Island Gouache/paper 39x30cm/*15x11in* London 97

CABAILLOT-LASSALE Camille L. (Attrib.) 1839-? [1]
☞ *$3 960 FF20 000 £2 603* Promenade en barque Huile/toile 37x63cm/*14x24in* Saint-Dié 96
CABAILLOT-LASSALE Camille Léopold 1839-? [6]
☞ *$1 327 FF8 000 £803* La traversée Huile/toile 65x39cm/*25x15in* Angers 98
CABAILLOT-LASSALE Louis Simon 1810-? [20]
☞ *$3 540 FF20 256 £2 209* In einer kalten Winternacht bittet eine Familie um eine milde Gabe Öl/Leinwand 41,5x32,5cm/*16x12in* Stuttgart 97
☞ *$4 800 FF24 700 £2 993* A Winter Picnic Oil/panel 37x46cm/*14x18in* New-York 96
CABALLERO José 1916-1991 [66]
☞ *$2 805 FF16 787 £1 657* Composición Técnica mixta 49x64cm/*19x25in* Madrid 98
☞ *$13 600 FF79 600 £8 200* Circulos rojo y gris en el universo Técnica mixta/lienzo 130x162cm/*51x63in* Madrid 97
▥ *$130 FF790 £80* Composición Serigrafia 35x47cm/*13x18in* Madrid 98
✐ *$1 122 FF6 715 £697* Mujer descalza Aguada/papel 48x29cm/*18x11in* Madrid 97
CABALLERO Luis 1943-1995 [50]
☞ *$27 775 FF163 000 £16 984* Sans titre (nus drapés) Huile/toile 195x130cm/*76x51in* Saint-Germain-en-Laye 97
▥ *$198 FF1 000 £129* Sans titre Lithographie 54x76cm/*21x29in* Paris 96
✐ *$2 484 FF14 634 £1 539* Torse d'homme Technique mixte/papier 75x55cm/*29x21in* Antwerpen 97
CABALLERO Maximo Juderias 1867-1951 [8]
☞ *$5 280 FF31 760 £3 280* Jugadores en un mesón Oleo/lienzo 50x65,5cm/*19x25in* Madrid 97
CABALLERO Y VILLAROEL José 1842-c.1905 [2]
☞ *$7 000 FF36 250 £4 480* The card game Oil/canvas 49x65cm/*19x25in* New Orleans, Louisiana 96
CABANAS OTEIZA Angel 1875-1964 [13]
✐ *$237 FF1 447 £149* An Elderly Peasant Woman with her Donkey in a Spanish Landscape Watercolour 29x40cm/*11x15in* Billingshurst, West Sussex 97
CABANEL Alexandre 1823-1889 [27]
☞ *$35 000 FF207 714 £21 437* Portrait de John William MacKay (1831-1902) Oil/canvas 129,5x85cm/*50x33in* New-York 97
✐ *$901 FF5 500 £550* Femme allongée nue Fusain/papier 31x44cm/*12x17in* Paris 98
CABANES Louis François 1867-? [8]
☞ *$1 253 FF7 293 £760* Soir de combat - Sud algérien Oil/canvas 75x95cm/*29x37in* Luzern 97
CABANYES de Alexandre 1877-1972 [6]
☞ *$4 725 FF26 865 £2 902* "Marina, Villanueva y Geltrú" Oleo/lienzo 52x105cm/*20x41in* Barcelona 97
CABAT Louis 1812-1893 [40]
☞ *$2 016 FF12 000 £1 232* Chaumière à Pont-Aven Huile/panneau 16,5x22cm/*6x8in* Barbizon 98
☞ *$7 751 FF44 500 £4 725* La vie à la campagne, chaumière à Aumale (Seine-Maritime) Huile/toile 40,5x59cm/*15x23in* Barbizon 97
☞ *$7 755 FF47 000 £4 756* Paysage animé Huile/toile 95x130cm/*37x51in* Rouen 98
✐ *$425 FF2 200 £275* Promeneurs au bord de la rivière Lavis 20,5x27cm/*8x10in* Barbizon 96
CABBEY Michiel XVII-XVIII [1]
✐ *$6 000 FF36 319 £3 654* Rinaldo Armida Gouache 22,5x17cm/*8x6in* New-York 98
CABEL van der Adriaen c.1631-1705 [12]
☞ *$9 820 FF50 100 £6 500* A Dutch merchant flute anchored off a rocky cove beneath a fortress Oil/canvas 96x159,5cm/*37x62in* London 96
☞ *$11 040 FF62 560 £5 520* Pastori con armenti Olio/tela 41,5x53cm/*16x20in* Milano 98
✐ *$387 FF2 350 £237* Blick auf ein verfallenes Stadttor Drawing 26,5x20cm/*10x7in* Berlin 98
CABEL van der Adriaen (Attrib.) c.1631-1705 [6]
☞ *$4 875 FF30 000 £2 985* Vue d'un Port Méditerranéen Huile/toile 34x70,5cm/*13x27in* Paris 98
CABIANCA Vincenzo 1827-1902 [17]
☞ *$2 100 FF11 900 £1 400* Villa Banti al Barone (Prato), stanza detta di Troilo Olio/cartone 20,2x19,8cm/*7x7in* Prato 97
☞ *$2 487 FF15 440 £1 500* Italian Countryside with Trees and Open Land at Sunset Oil/canvas 40x93cm/*16x37in* Wiltshire 98

CABIÉ Louis A. 1853-1939 **[104]**
- *$534   FF3 100   £326* Chemin de campagne Huile/toile 31x39cm/*12x15in* Bordeaux 97
- *$1 254   FF7 650   £765* Les rochers à Vallières Huile/panneau 39x48cm/*15x18in* Bordeaux 98
- *$12 280   FF62 000   £8 060* Paysage Huile/toile 137x183cm/*53x72in* Paris 96
- *$474   FF2 800   £286* La route Gouache/papier 31,5x45cm/*12x17in* Paris 97

CABRAL AGUADO Y BEJARANO Manuel 1827-1891 **[15]**
- *$29 700   FF177 750   £18 450* Galanteo Oleo/lienzo 83x103cm/*32x40in* Madrid 98
- *$1 320   FF7 900   £800* Gitanilla Acuarela/papel 53x75cm/*20x29in* Madrid 98

CABRAL BEJARANO Joaquín XIX **[3]**
- *$15 000   FF77 100   £9 375* Escenas sevillanas Oleo/lienzo 60x74,5cm/*23x29in* Buenos Aires 96

CABRAL Y LLANO Enrique XIX **[2]**
- *$7 236   FF45 000   £4 563* Le marché aux puces de Séville Huile/panneau 34,5x22,5cm/*13x8in* Biarritz 97

CABRÉ Manuel 1890-1984 **[3]**
- *$38 000   FF227 000   £23 244* Vista del Avila Oil/canvas 85,5x120cm/*33x47in* New-York 98

CABRERA Ben 1942 **[4]**
- *$2 092   FF12 364   £1 294* Night Shift II Oil/board 59x54cm/*23x21in* Singapore 97

CABRERA Miguel 1695-1768 **[18]**
- *$11 000   FF53 400   £7 090* Divino Pastor con el Sagrado Corazón Oil/canvas 105x74cm/*41x29in* New-York 95
- *$10 476   FF60 000   £6 396* La Vierge en gloire Huile/toile 42x31cm/*16x12in* Paris 97

CABRERA Miguel (Attrib.) 1695-1768 **[3]**
- *$4 500   FF27 829   £2 703* La Virgen Coronada de Angeles Oil/copper 120x73cm/*47x29in* Bethesda, Maryland 97

CABRERA MORENO Servando 1923-1981 **[17]**
- *$7 000   FF41 815   £4 281* "Alida" Oil/canvas 73,5x100cm/*28x39in* New-York 98
- *$16 000   FF95 579   £9 787* "Gracia Plena" Oil/canvas 143,5x179cm/*56x70in* New-York 98

CABRERA Ricardo Lopez 1864-1950 **[12]**
- *$14 000   FF72 000   £8 720* The garden dance Oil/canvas 46x80cm/*18x31in* New-York 96

CABRIT Jean 1845-1907 **[3]**
- *$3 605   FF18 000   £2 355* Paysage de Sologne Huile/toile 143x72cm/*56x28in* Barbizon 95

CABROL de Alfred 1918 **[1]**
- *$7 000   FF42 245   £4 249* Château de la Cröe Gouache/paper 25x35cm/*9x13in* New-York 98

CACAN Félicien 1880-1979 **[1]**
- *$8 610   FF45 000   £5 130* Paysage lacustre Huile/isorel 234x145,5cm/*92x57in* Paris 96

CACCIA IL MONCALVO Guglielmo 1568-1625 **[15]**
- *$12 830   FF66 000   £8 000* The Holy Family Oil/panel 44x60cm/*17x23in* London 96

CACCIARELLI Victor XIX-XX **[7]**
- *$6 670   FF41 408   £4 000* A Recital for The Cardinal Oil/canvas 38,5x54cm/*15x21in* London 98

CACCIERELLI Umberto XIX **[1]**
- *$2 923   FF17 018   £1 773* Zwei Venezianerinnen am Kanal Oil/canvas 120x61cm/*47x24in* Luzern 97

CACCINI Giovanni 1556-c.1612 **[1]**
- *$331 000   FF1 728 000   £200 000* Bust of Christ Marble H72,4cm/*H28in* London 96

CACHET Carel Adolph Lion 1864-1945 **[3]**
- *$360   FF2 139   £214* De barmhartige Samaritaan Lithographie 55x75cm/*21x29in* Amsterdam 97

CACHOUD François Charles 1866-1943 **[97]**
- *$491   FF2 800   £306* Paysage Huile/toile 35x46cm/*13x18in* Paris 97
- *$863   FF4 500   £571* Nuit André à Saint-Alban-de-Montbel, Savoie Huile/panneau 21,5x27cm/*8x10in* Paris 96
- *$6 720   FF40 000   £4 108* "Paysage à la mare, ciel nuageux", formant des allégories et chevaux Huile/toile 141,5x181cm/*55x71in* Aix-les-Bains 98
- *$505   FF2 991   £300* "Le Mont-Blanc, P.L.M." Chemin de Fer Électrique du Fayet St. Gervais" Affiche 106,5x78cm/*41x30in* London 97

CADAVRES EXQUIS **[13]**
- *$11 704   FF70 000   £7 105* Composition: André Breton, Valentine Hugo, Tristan Tzara, Knutson Crayons couleurs/papier 24x31,5cm/*9x12in* Paris 97

CADEL Eugène c.1860-1940 **[16]**
- *$526   FF3 000   £322* "L'assiette au beurre, le plus beau journal satirique illustré" Lithographie 160x110cm/*62x43in* Orléans 97

CADELL Francis C. Boileau 1883-1937 **[110]**

👌 *$9 219 FF55 606 £5 500* "Coast of Mull and Eileen near Barra from Iona" Oil/board 31,5x39,5cm/*12x15in* West Lothian 98

👌 *$31 156 FF178 237 £19 000* "Iona" Oil/panel 38x46cm/*14x18in* Glasgow 97

📜 *$1 471 FF8 204 £900* "Scotland's Wonderland by MacBraynes Steamers" Poster 100x125cm/*39x49in* London 97

✏ *$2 480 FF12 592 £1 600* The Clyde at Hauldesley, Spring Watercolour 15x20cm/*5x7in* Auchterarder, Perthshire 96

CADENASSO Giuseppe 1854-1918 **[18]**

👌 *$6 500 FF37 724 £3 968* Purple Eucalyptus Trees Oil/canvas 56x69cm/*22x27in* Los Angeles 97

CADENE Lucien Pierre XX **[15]**

👌 *$10 030 FF52 000 £6 510* Le déjeuner sur l'herbe Huile/toile 150x195cm/*59x76in* Paris 96

CADENHEAD James 1858-1927 **[10]**

👌 *$1 601 FF9 711 £950* Cambus o'May Oil/canvas 51x61cm/*20x24in* Glasgow 98

CADES Giuseppe 1750-1799 **[13]**

✏ *$50 000 FF306 935 £30 635* Briseis Leaving Achilles' Tent Wash 46x63,5cm/*18x25in* New-York 98

CADMUS Paul 1904 **[117]**

👌 *$24 000 FF125 300 £14 500* Portrait of a Dancer Tempera/panel 31x29cm/*12x11in* New-York 96

📜 *$249 FF1 428 £147* Teddo Lithograph 15x19cm/*5x7in* New-York 97

✏ *$6 000 FF35 842 £3 677* Self Portrait Coloured crayons 28,5x23cm/*11x9in* New-York 98

CADOLINI Enrico 1838-? **[1]**

👌 *$7 130 FF34 700 £4 485* Giochi infantili sotto il portico Olio/tela 42x65cm/*16x25in* Milano 95

CADORET Michel 1912-1985 **[122]**

✏ *$52 FF300 £32* Aurora Gouache/papier 28,5x33,5cm/*11x13in* Versailles 97

CADORIN Guido 1892-1976 **[22]**

👌 *$1 680 FF9 520 £840* Canale a Venezia Olio 30x51cm/*11x20in* Trieste 97

👌 *$3 240 FF18 360 £2 160* Il balcone Olio/tela 60x35cm/*23x13in* Milano 97

👌 *$21 000 FF119 000 £14 000* Il Redentore Olio/tavola 190x119cm/*74x46in* Milano 97

CADOROSSI T. XIX-XX **[1]**

🗿 *$6 250 FF32 050 £3 800* Bus of a mother and child Marble H58cm/*H22in* London 96

CADRE Pierre-Louis c.1890-? **[4]**

👌 *$1 516 FF8 900 £927* Danse aux environs de Plougastel Huile/toile 27x35cm/*10x13in* Pau 97

CADY Harrison 1877-1970 **[26]**

✏ *$1 700 FF10 365 £1 020* Lot of Three Peter Rabbit Comic Strips Ink 71x56cm/*27x22in* Boston, Mass. 98

CADY Henry B. 1849-? **[13]**

✏ *$350 FF1 934 £214* Breakers Watercolour/paper 59x89cm/*23x35in* Florida 97

CAESAR Doris 1892-1971 **[8]**

🗿 *$9 000 FF54 945 £5 379* Far East Bronze H144,5cm/*H56in* New-York 98

CAFE Thomas Watt 1856-1925 **[2]**

👌 *$7 740 FF40 100 £5 000* Summer Idylls Oil/canvas 41x61,5cm/*16x24in* London 96

CAFFE Daniel 1756-1815 **[1]**

✏ *$1 413 FF7 320 £918* Knabenbildnis Pencil/paper 21,5x16cm/*8x6in* München 96

CAFFE Nino 1909-1975 **[185]**

👌 *$2 100 FF11 900 £1 400* Preti e Cardinali Olio/tavola 36x28cm/*14x11in* Milano 97

👌 *$2 400 FF13 600 £1 200* Monache sulla spiaggia Olio/tavola 35x55cm/*13x21in* Prato 98

✏ *$480 FF2 720 £320* Pretini Acquarello 35x50cm/*13x19in* Prato 97

CAFFERTY James Henry 1819-1869 **[6]**

👌 *$3 000 FF18 315 £1 793* Children Playing by a Stream Oil/canvas 30,5x38cm/*12x14in* New-York 98

👌 *$22 000 FF114 800 £13 300* The Midday Rest Oil/canvas 66x98cm/*25x38in* New-York 96

CAFFI Cavaliere Ip. (Attr) 1809-1866 **[7]**

👌 *$9 300 FF46 800 £6 150* Il Foro Romano Olio/tela/cartone 23,5x31cm/*9x12in* Roma 95

✏ *$6 600 FF32 000 £4 150* Castelo San'Angelo/Piazza San Pietro, Roma Gouache 32x40,5cm/*12x15in* Monaco 95

CAFFI Cavaliere Ippolito 1809-1866 **[34]**

👌 *$9 750 FF50 100 £5 800* Carovana nello deserto fra Alessandria Olio/tela 25,5x43,5cm/*10x17in* Roma 96

👌 *$30 108 FF170 613 £15 054* Veduta di Venezia Olio/tela 35x57cm/*13x22in* Milano 97

$3 600 FF20 400 £1 800 Roma, Piazza Campitelli Acquarello/carta 23x30cm/*9x11in* Roma 97
CAFFI Margherita 1650-1710 **[17]**
$12 140 FF62 000 £8 000 Flowers on a stone ledge with an ornamental fountain Oil/canvas 79x106cm/*31x41in* London 96
CAFFI Margherita (Attrib.) 1650-1710 **[5]**
$4 527 FF28 000 £2 696 Nature morte aux fleurs dans une coupe de porcelaine Huile/toile/panneau 83x80cm/*32x31in* Paris 98
CAFFIERI Hector 1847-1932 **[79]**
$1 980 FF10 010 £1 300 In the woods Oil/canvas 51x41cm/*20x16in* London 96
$127 FF741 £77 Antwerp Barges Watercolour/paper 30x22cm/*11x8in* Toronto 97
CAFFIERI Jean-Jacques 1725-1792 **[10]**
$5 761 FF34 500 £3 443 Buste de Corneille Van Cleve Marbre H70cm/*H27in* Monte-Carlo 98
CAFFYN Walter Wallor 1845-1898 **[31]**
$853 FF4 896 £520 The Boat House Oil/board 25,5x35,5cm/*10x13in* London 97
$1 700 FF8 610 £1 113 Eel Trap in the Thames Oil/canvas 40x68cm/*16x27in* New Orleans, Louisiana 96
CAFORIO Fabrizio XX **[2]**
$9 340 FF45 300 £6 000 A Cheetah Acrylic/canvas 121x170cm/*47x66in* London 95
CAGE John 1912-1992 **[10]**
$2 846 FF17 097 £1 700 Wild Edible Drawing No. 9 Mixed media/panel 30,5x44cm/*12x17in* London 98
CAGLI Corrado 1910-1976 **[54]**
$3 000 FF17 000 £1 500 Uscita di prigione Acrilico/tela 71x100cm/*27x39in* Milano 97
$6 410 FF36 327 £3 205 Senza titolo Tapisserie 315x225cm/*124x88in* Milano 97
$1 398 FF7 922 £699 Guerrieri Tecnica mista/carta 52x31,5cm/*20x12in* Roma 98
CAGNACCI Guido (Attrib.) 1601-1681 **[1]**
$4 996 FF29 354 £3 000 A Female Nude looking up, her left Arm raised Red chalk/paper 20x14cm/*7x5in* London 97
CAGNET Maurice XIX-XX **[2]**
$1 930 FF11 709 £1 146 Kvinna i blå hatt, kopia efter Vigée-Lebrun Oil/panel 5x8cm/*1x3in* Malmö 98
CAGNIART Émile 1851-1911 **[19]**
$9 480 FF46 000 £6 110 Circulation sur les Champs-Élysées Huile/toile 80x110cm/*31x43in* Paris 95
$12 000 FF72 507 £7 148 Paris at Night Oil/canvas 122x180,5cm/*48x71in* New-York 97
CAGNONE Angelo 1941 **[37]**
$900 FF5 100 £600 Pagina 7 Olio/tela 100x100cm/*39x39in* Vercelli 97
$2 593 FF15 304 £1 588 Per il vuoto Mischtechnik/Papier 168x81cm/*66x31in* Luzern 98
CAGNONI Amerino 1855-1923 **[3]**
$27 125 FF155 000 £16 616 La visite chez le peintre Huile/toile 86x120cm/*33x47in* Paris 97
CAHEN Oscar XX **[2]**
$3 090 FF18 039 £1 897 Aquaphobia Oil/canvas 76x122cm/*29x48in* Toronto 97
CAHN Marcelle 1895-1981 **[65]**
$2 459 FF14 000 £1 521 Pommes et verre Huile/toile 24x38cm/*9x14in* Paris 97
$2 811 FF16 000 £1 739 Le bougeoir Huile/toile 55x46cm/*21x18in* Paris 97
$483 FF2 500 £314 Composition Crayons couleurs 19x22cm/*7x8in* Paris 96
CAHN Miriam 1949 **[4]**
$3 355 FF19 601 £2 060 Ohne Titel Charcoal 45x40cm/*17x15in* Köln 97
CAHOON Charles Drew 1861-1951 **[16]**
$1 200 FF6 240 £794 Cottage Scene Oil/canvas/board 25x38cm/*10x15in* Middletown, RI 96
$3 100 FF19 112 £1 852 A Barkentine under Sail Oil/board 50x66cm/*20x26in* East Dennis, Mass. 97
CAHOON Martha 1905 **[13]**
$2 400 FF14 018 £1 420 Children, Horse and Chickens Oil/masonite 23x28cm/*9x11in* East Dennis, Mass. 97
$16 000 FF100 819 £10 076 The Skylark Oil/masonite 60x45cm/*24x18in* East Dennis, Mass. 97
CAHOON Ralph Eugene 1910-1982 **[25]**
$4 000 FF23 364 £2 366 Caribbean Paradise Oil/masonite 43x35cm/*17x14in* East Dennis, Mass. 97
$15 500 FF92 925 £9 329 Cape Cod Riding School Oil/board 52,5x42,5cm/*20x16in* New-York 98
CAHOURS Henry Maurice 1889-1954 **[46]**
$425 FF2 628 £255 The Return Home Oil/panel 18x23cm/*7x9in* Bethesda, Maryland 97
$252 FF1 500 £150 La charette Gouache/papier 16,5x19cm/*6x7in* Toulouse 97
CAHUN Claude 1894-1954 **[4]**

📷 *$9 146 FF55 000* £5 472 Autoportrait Photo 11,9x9cm/*4x3in* Paris 98
CAI BAOYU 1958 **[1]**
🍥 *$8 606 FF51 194* £5 278 Still life Oil/canvas 91,5x91,5cm/*36x36in* Taipei, Taiwan 97
CAI CHUFU Choi Chor-Foo 1942 **[17]**
🍥 *$10 352 FF51 200* £6 400 View of Suzhou Oil/canvas 76x101,5cm/*29x39in* Hong Kong 96
🍥 *$15 530 FF80 000* £9 580 Landscape of Okunose Gawa, Japan Oil/canvas 101,5x152cm/*39x59in* Hong Kong 95
CAI HAN 1647-1686 **[1]**
✏ *$4 200 FF23 728* £2 643 Old Pine Tree Ink/paper 19x57cm/*7x22in* New-York 97
CAI TIANXIONG 1944 **[1]**
✏ *$3 880 FF20 000* £2 397 Autumn Landscapes Ink/paper 151,5x41,5cm/*59x16in* Hong Kong 95
CAILLARD Christian 1899-1985 **[50]**
🍥 *$274 FF1 600* £165 Le village de Teulada en Sardaigne Huile/isorel 65x80cm/*25x31in* Paris 97
CAILLAUD Aristide 1902-1990 **[66]**
🍥 *$1 261 FF7 500* £781 Paysage aux arbres Huile/toile 33x24cm/*12x9in* Paris 97
🍥 *$3 027 FF18 000* £1 875 Fleurs Huile/panneau 92x74cm/*36x29in* Paris 97
🍥 *$3 757 FF22 500* £2 299 Ophélie rustique Huile/toile 146x96cm/*57x37in* Paris 97
✏ *$756 FF4 500* £468 Contact avec la terre Gouache/papier 38x28cm/*14x11in* Paris 97
CAILLAUX Rodolphe 1904-1987 **[27]**
✏ *$986 FF5 800* £608 Chalutiers à quai Gouache/papier 53x74cm/*20x29in* Anglet 97
CAILLAUX Roland XX **[9]**
🍥 *$2 370 FF11 580* £1 500 Raymond Voinquel en costume de marin Oil/canvas 30x23cm/*11x9in* London 95
✏ *$2 370 FF11 580* £1 500 Portrait de Christian Bérard dans son atelier Pencil/paper 18x22,5cm/*7x8in* London 95
CAILLE Fanny XIX-XX **[2]**
✏ *$1 967 FF10 000* £1 175 Portrait Pastel 46x38cm/*18x14in* Angers 96
CAILLE Léon Émile 1836-1907 **[47]**
🍥 *$800 FF3 900* £507 Mother nursing her newborn Oil/panel 11,5x8cm/*4x3in* New-York 95
🍥 *$7 980 FF47 660* £4 890 Häusliche Idylle Öl/Leinwand 85x65,5cm/*33x25in* Wien 98
CAILLEBOTTE Gustave 1848-1894 **[56]**
🍥 *$14 930 FF78 000* £8 880 Dahlia rose Huile/toile 27x37cm/*10x14in* Paris 96
🍥 *$370 000 FF1 916 000* £247 300 Le Pont d'Argenteuil Oil/canvas 61x55cm/*24x21in* New-York 96
✏ *$74 500 FF370 000* £47 200 La Seine à Yerres Pastel 43x33cm/*16x12in* Orléans 95
CAILLOU-LEGENDRE Louis 1820-? **[1]**
🍥 *$3 900 FF20 000* £2 370 Reflets en sous-bois Huile/toile 61x45cm/*24x17in* Bayeux 96
CAIN Auguste Nicolas 1822-1894 **[90]**
🔨 *$259 FF1 525* £160 Figure of a Bird Bronze H19cm/*H7in* Billingshurst, West Sussex 97
CAIN Charles William 1893-1962 **[16]**
▥ *$221 FF1 343* £135 The minaret, Zenobier Etching 24,2x16,3cm/*9x6in* Berlin 98
CAIN Georges Jules A. 1856-1919 **[14]**
🍥 *$1 400 FF8 177* £828 Lady Descending Staircase Oil/canvas 39x27cm/*15x11in* Boston, Mass. 97
🍥 *$13 000 FF77 196* £7 936 The fishermen Oil/canvas 71,5x100cm/*28x39in* New-York 98
🍥 *$31 686 FF196 688* £19 000 The Sculptor Payot Sculpting a Bust of the Contesse du Bary Oil/canvas 126x180cm/*49x70in* London 98
CAIN Henri 1859-1930 **[9]**
🍥 *$1 812 FF9 500* £1 090 Première étude pour le portrait de Philippe, duc d'Orléans Huile/toile 40x31,5cm/*15x12in* Monaco 96
🍥 *$8 500 FF50 807* £5 202 L'archer amoureux Oil/canvas 100x72,5cm/*39x28in* New-York 97
🍥 *$17 600 FF105 388* £10 516 At the Banquet Oil/canvas 155x191cm/*61x75in* Delaware, Ohio 98
CAIN Peter 1959-1997 **[6]**
🍥 *$10 000 FF48 400* £6 420 Untitled (Car) Oil/canvas 178x122cm/*70x48in* New-York 95
CAINBERG Erik 1771-1816 **[1]**
✏ *$1 300 FF6 420* £840 The Toilet of Venus Drawing 20x32,7cm/*7x12in* New-York 96
CAIRATI Girolamo 1860-1943 **[6]**
✏ *$783 FF4 875* £468 Jardin au bord de la mer Pastel/papier 120x120cm/*47x47in* Bruxelles 98
CAIRO del Francesco (Attrib.) 1598-1674 **[2]**

☞ *$13 660 FF69 800 £9 000* Pyramus and Thisbe Oil/canvas 156x132cm/*61x51in* London 96
CAISNE de Henri 1799-1852 **[4]**
☞ *$3 565 FF21 032 £2 183* Portrait of a Beautiful Young Woman Oil/canvas 58x67cm/*23x26in* Cedar Falls, Iowa 98
CALA Y MOYA de José 1850-? **[8]**
☞ *$6 930 FF35 900 £4 500* In the harem Oil/canvas 35x27cm/*13x10in* London 96
☞ *$25 350 FF148 075 £15 000* An odalisque Oil/canvas 80x120cm/*31x47in* London 97
CALABRIA Ennio 1937 **[60]**
☞ *$2 520 FF14 280 £1 680* Il gioco s'inceppa Acrilico/tela 60x60cm/*23x23in* Prato 97
✎ *$1 320 FF7 480 £660* Fanciulla Pastelli/carta 49x68cm/*19x26in* Roma 97
CALAME Alexandre 1810-1864 **[142]**
☞ *$4 676 FF28 191 £2 830* Morgendämmerung an einem Alpensee Öl/Leinwand 27,5x40cm/*10x15in* Zürich 98
☞ *$11 862 FF70 276 £7 160* Landschaft mit Tanne und Ziegen Öl/Papier 54x44cm/*21x17in* Zürich 97
☞ *$72 300 FF377 500 £43 700* Vue du Mont-Blanc prise de la Flégère Huile/toile 202x170,5cm/*79x67in* Zürich 96
✎ *$1 684 FF8 729 £1 093* Bauernhaus in der Nähe von Sassenage bei Grenoble Drawing 16x20,7cm/*6x8in* Luzern 96
CALAME Arthur Jean Bapt. 1843-1919 **[30]**
☞ *$1 477 FF8 727 £918* Südliche Meeresküste mit alter Festungsanlage Oil/panel 21x29cm/*8x11in* Stuttgart 97
☞ *$2 127 FF12 392 £1 300* A coastal road Oil/canvas 63,5x88cm/*25x34in* London 97
CALANDRUCCI Giacinto 1646-1707 **[14]**
✎ *$2 800 FF13 820 £1 810* The Expulsion of Hagar Ink 26x37cm/*10x14in* New-York 96
CALANDRUCCI Giacinto (Attrib.) 1646-1707 **[7]**
☞ *$16 560 FF93 840 £11 040* San Giuseppe con il Bambino Olio/tela 89x72cm/*35x28in* Roma 98
☞ *$40 300 FF195 200 £25 600* Il ratto di Proserpina Olio/tela 120x170cm/*47x66in* Roma 95
✎ *$4 285 FF26 500 £2 551* Adoration Crayon 36,7x24cm/*14x9in* Paris 98
CALAPAI Letterio 1904 **[9]**
▦ *$324 FF1 928 £198* "Nocturne II" Woodcut in colors 34x26cm/*13x10in* Shaker Heights, Ohio 97
CALBET Antoine 1860-1944 **[185]**
☞ *$453 FF2 300 £270* Jeune femme assise dans un parc Huile/toile 22,5x30cm/*8x11in* Paris 96
☞ *$1 325 FF8 000 £784* Les Orientales Technique mixte/toile 60x36cm/*23x14in* Bayeux 97
☞ *$55 100 FF280 000 £33 940* La terrasse sur le boulevard Huile/toile 227x321,5cm/*89x126in* Paris 96
▦ *$606 FF3 657 £360* Reclining Nude studies Soft ground in colors 27x34cm/*10x13in* London 98
✎ *$2 779 FF17 000 £1 649* Elégantes au parc Aquarelle, gouache/papier 30,5x48cm/*12x18in* Paris 98
CALCAR van Jan Stephan 1499-1546/50 **[1]**
☞ *$13 106 FF78 479 £8 067* Portrait de M. Mayer, grand banquier à Augsbourg Huile/panneau 97x77cm/*38x30in* Montréal 98
CALDAS Walterio 1946 **[1]**
� *$24 000 FF143 282 £14 743* The Next Metal H50cm/*H19in* New-York 98
CALDER Alexander Stirling 1870-1945 **[8]**
▦ *$549 FF3 129 £338* Composition Lithographie couleurs 77x55,5cm/*30x21in* New-York 97
▧ *$2 250 FF13 443 £1 377* Scratching her Heel Plaster H30,5cm/*H12in* New-York 98
CALDER Alexandre 1898-1976 **[1390]**
☞ *$15 000 FF92 307 £9 106* Untitled Oil/canvas/board 9x24cm/*3x9in* New-York 98
☞ *$34 100 FF176 700 £22 140* Composition au soleil rouge Huile/toile 65x81cm/*25x31in* Zürich 96
☞ *$52 000 FF319 997 £31 569* Happy as Larry Oil/canvas 127x96cm/*50x37in* New-York 98
▦ *$501 FF2 927 £308* Untitled Color lithograph 50,5x65,5cm/*19x25in* Amsterdam 97
▧ *$246 400 FF1 277 000 £160 000* Untitled Mobile H110cm/*H43in* London 96
▧ *$720 000 FF4 173 912 £424 512* White Discs Mobile 76,2x305,5cm/*29x120in* New-York 97
✎ *$8 000 FF38 740 £5 140* Rearing horse and nude Ink/paper 49,5x69cm/*19x27in* New-York 95
CALDERARA Antonio 1903-1978 **[100]**
☞ *$4 628 FF27 036 £2 841* Tensione Verticale Interrotta Oil/panel 27x24cm/*10x9in* Köln 97
☞ *$20 400 FF115 600 £10 200* "Costellazione A.B" Olio/tavola 54x54cm/*21x21in* Milano 98
▦ *$660 FF3 380 £390* Presenze Farbserigraphie 39x30cm/*15x11in* Hamburg 96
✎ *$1 302 FF7 710 £800* Häuser am See Watercolour 12x15,1cm/*4x5in* München 98

CALDERINI Marco 1850-1941 **[6]**
✏ *$4 480 FF23 450 £2 940* Paese montano Pastelli/cartone 47x62cm/*18x24in* Roma 96
CALDERON Charles-Clément c.1870-1906 **[43]**
✏ *$4 235 FF26 000 £2 584* Voiliers devant Venise Huile/panneau 33x41cm/*12x16in* Neuilly-sur-Seine 98
✏ *$4 983 FF30 275 £3 000* The Grand Canal, Venice Oil/canvas 81x103cm/*31x40in* London 98
CALDERON Philip Hermogenes 1833-1898 **[21]**
✏ *$3 476 FF17 000 £2 200* On the quay at Whitby Oil/canvas 25x53cm/*9x20in* London 95
✏ *$13 521 FF77 444 £8 000* Lady Betty Oil/canvas 112,5x86,5cm/*44x34in* London 97
✏ *$83 570 FF503 120 £50 000* The Virgin's Bower Oil/canvas 186x120,5cm/*73x47in* London 98
CALDERON William Frank 1865-1943 **[13]**
✏ *$1 071 FF6 420 £650* Study of Two Cart Horses Oil/canvas/board 35x45cm/*13x17in* Billingshurst, West Sussex 98
CALDWALL James 1739-c.1790 **[2]**
✏ *$1 275 FF7 348 £749* Pavillion in the garden of the Earl of Derby/Inside view Engraving 44x59cm/*17x23in* London 97
CALDWELL Edmund 1852-1930 **[22]**
✏ *$775 FF4 510 £462* A Red Setter in Tall Grass Oil/canvas 39x29cm/*15x11in* Johannesburg 97
✏ *$503 FF2 930 £300* A Hunter on an Ox with his Trackers Pursuing and Elephant Watercolour 23,5x33cm/*9x12in* Johannesburg 97
CALDWELL James Lillyman 1770-1863 **[3]**
✏ *$1 080 FF6 478 £650* Titagudi/A Young Tamarind/Soldiers outside an Encampment/... Wash 60,5x45cm/*23x17in* London 98
CALDWELL John 1942 **[5]**
✏ *$353 FF2 128 £216* Below the Pass Watercolour/paper 100x64cm/*39x25in* Sydney 98
CALES Pierre, abbé 1870-1961 **[101]**
✏ *$1 450 FF7 500 £935* La Vallée du Grésivaudan sous la neige Huile/carton 30x48cm/*11x18in* Lyon 96
✏ *$2 032 FF12 000 £1 203* La vallée du Grésivaudan Huile/carton 38x64cm/*14x25in* Lyon 97
CALETTI IL CREMONESE Giuseppe c.1600-c.1660 **[2]**
✏ *$585 FF3 051 £342* David, den Kopf des Goliath betrachtend Radierung 13,5x11,9cm/*5x4in* Berlin 96
CALIARI Benedetto 1538-1598 **[8]**
✏ *$2 912 FF17 000 £1 732* Le baptême du Christ Encre 40,8x22cm/*16x8in* Paris 97
CALIARI Carlo (Attrib.) 1570-1596 **[2]**
✏ *$19 560 FF112 020 £11 940* Madonna and Child Oil/canvas 60x51cm/*23x20in* Stockholm 97
CALIARI Carlo, Carletto 1570-1596 **[7]**
✏ *$8 290 FF47 940 £5 130* Sacra Famiglia con una Santa Öl/Leinwand 72,5x96cm/*28x37in* Wien 97
CALIFANO John 1864-1924 **[33]**
✏ *$624 FF3 720 £387* St. Mark's Mountain Oil/canvas 35x24cm/*13x9in* Washington 97
✏ *$1 600 FF8 310 £1 058* Feeding the poultry Oil/canvas 56x41cm/*22x16in* New-York 96
CALIFANO John Edmund 1862-1946 **[8]**
✏ *$1 400 FF6 970 £917* At the market Oil/canvas 46x53cm/*18x20in* San Francisco-Los Angeles 95
CALISCH Moritz 1819-1870 **[6]**
✏ *$1 815 FF9 200 £1 182* A street-vendor Oil/canvas 21,5x18cm/*8x7in* Amsterdam 96
CALIYANNIS Manolis 1923 **[1]**
✏ *$1 850 FF9 650 £1 117* Untitled Gouache/paper 49,5x65cm/*19x25in* Amsterdam 96
CALKIN Lance 1859-1936 **[9]**
✏ *$3 009 FF18 095 £1 800* Portrait of Mr. Watt Oil/canvas 125,5x39,5cm/*49x15in* West Wycombe, Buckinghamshire 98
CALKINS Dick XX **[2]**
✏ *$400 FF2 381 £244* Original Art for Buck Rogers Daily, "Big Job Ahead" Ink 13,5x45cm/*5x17in* New-York 98
CALLAGHAN P.O. XIX-XX **[5]**
✏ *$1 484 FF8 500 £878* Village et côte de Bretagne Huile/toile 50x65cm/*19x25in* Calais 97
CALLAHAN Harry 1912 **[118]**
📷 *$2 250 FF11 500 £1 483* Chicago/Aix-en-Provence/New York Photograph 20x31,5cm/*7x12in* New-York 96
CALLANDE de CHAMPMARTIN Charles Émile 1797-1883 **[5]**
✏ *$6 620 FF34 060 £4 000* Le Contrat Oil/canvas 65x81cm/*25x31in* London 96
CALLAWAY W.F. XIX-XX **[5]**

$1 600 FF9 702 £949 Portrait of a Bulldog Oil/canvas 35x30cm/*14x12in* San Rafael, CA 98
CALLCOTT Augustus Wall 1779-1844 **[17]**
$7 312 FF42 412 £4 500 Sailing Boats on the Thames, with figures in the foreground Oil/canvas 57,5x76cm/*22x29in* London 97
CALLCOTT Charles XIX-XX **[2]**
$849 FF5 105 £513 Chasing Butterflies Oil/board 22x32cm/*8x12in* New-York 98
CALLCOTT William James XIX **[10]**
$16 722 FF103 928 £10 000 The Breakwater at Gorleston, Great Yarmouth Oil/canvas 150x221cm/*59x87in* London 98
$1 086 FF6 650 £650 The Royal Family below the East Terrace of Windsor Castle Watercolour/paper 48x70cm/*18x27in* London 98
CALLE Paul 1928 **[9]**
$25 000 FF142 370 £15 417 And a Good Book for Compagny Oil/canvas 55x73cm/*22x29in* Dallas, Texas 97
$5 500 FF27 720 £3 548 Morning Fog in the Mountains Pencil/paper 76x101cm/*30x40in* Hayden 96
CALLE Sophie 1953 **[5]**
$4 000 FF20 700 £2 674 Les Tombes: First Wife, Mother, Father, Brother, Sister Gelatin silver print 58,5x195,6cm/*23x77in* New-York 96
CALLERY Simon 1960 **[1]**
$2 645 FF15 444 £1 600 Apartment Chalks 49x67cm/*19x26in* London 97
CALLET Antoine François 1741-1823 **[10]**
$124 700 FF643 000 £80 000 Comte de Cromot, Grand Surintendant to the Comte de Provence Oil/canvas 188x161cm/*74x63in* London 96
$5 329 FF31 311 £3 200 Flora crowning Zephyr Black chalk 28x51cm/*11x20in* London 97
CALLET Antoine-F. (Attrib.) 1741-1823 **[4]**
$5 460 FF26 500 £3 424 Etude de personnages pour des sujets bibliques Huile/toile 26x41cm/*10x16in* Bayeux 95
CALLIAS de Horace 1847-1921 **[4]**
$14 500 FF75 300 £9 600 Promenade dans le parc Oil/canvas/panel 145x100cm/*57x39in* New-York 96
CALLIS Jo Ann 1940 **[1]**
$3 900 FF20 100 £2 583 Dish Trick/Woman Twirling Cibachrome print 73x91cm/*29x36in* New-York 96
CALLIYANNIS Manolis 1926 **[5]**
$2 690 FF14 040 £1 600 Les chardons et la mer Oil/canvas 80x99cm/*31x38in* London 96
CALLOT Henri 1875-1956 **[15]**
$2 496 FF14 521 £1 528 The harbour of La Rochelle Oil/board 65,5x81cm/*25x31in* Amsterdam 97
$563 FF3 100 £346 "La Rochelle, Place d'Armes" Affiche 104x76cm/*40x29in* Versailles 97
CALLOT Jacques 1592-1635 **[248]**
$865 FF5 000 £537 La vie de Ferdinand de Médicis, d'après Rosselli et Poccetti Burin 20x30cm/*7x11in* Paris 97
$8 970 FF52 033 £5 500 Three studies of demonic dwarves Ink 13x11cm/*5x4in* London 97
CALLOT Jacques (Attrib.) 1592-1635 **[8]**
$580 FF3 000 £374 Paysan adossé à un arbre Sanguine 12x6,5cm/*4x2in* Paris 96
CALLOW George D. XIX-XX **[19]**
$1 224 FF7 314 £750 Beached Fishing Boats at Dusk Oil/canvas 23x30,5cm/*9x12in* London 98
$404 FF2 047 £260 On the Dutch Coast Watercolour 25x46cm/*9x18in* London 96
CALLOW George D. (Attrib.) XIX-XX **[2]**
$5 218 FF30 769 £3 200 Outward Bound/Rowing Out Oil/canvas 44,5x80cm/*17x31in* Billingshurst, West Sussex 98
CALLOW James W. XIX **[2]**
$4 270 FF21 600 £2 800 On the Mersey Oil/canvas 61x91,5cm/*24x36in* London 96
CALLOW John 1822-1878 **[74]**
$3 608 FF20 715 £2 200 A Breezy Evening on the Mersey Oil/canvas 75x127cm/*29x50in* London 97
$12 694 FF78 895 £8 000 An Old Coaster off St. Michael's Mount Oil/canvas 91,5x152cm/*36x59in* London 97
$1 047 FF5 420 £700 A wreck on the rocks Watercolour 23,5x36cm/*9x14in* London 96
CALLOW John (Attrib.) 1822-1878 **[7]**
$3 846 FF23 903 £2 300 "A Fresh Breeze Off Portsmouth Harbour" Oil/canvas 46x81,5cm/*18x32in*

London 98
CALLOW William 1812-1908 **[214]**
  $2 814 FF14 570 £1 800 A Breeze on the Thames, Hay Barges Oil/canvas 46,5x81,5cm/*18x32in* London 96
  $30 470 FF174 418 £18 000 The Rialto Bridge with the Spire of Santa Maria dei Miracoli, Venice Watercolour 4,5x74,5cm/*1x29in* London 97
CALM Lotte 1897-? **[8]**
  $1 240 FF7 173 £765 Sitzender Frauenakt Ceramic H16,5cm/*H6in* Wien 97
CALMELET Hedwig 1814-? **[6]**
  $508 FF3 097 £320 Figures on a Track Watercolour/paper 14x18cm/*5x7in* London 97
CALO Aldo 1910 **[5]**
  $1 930 FF9 840 £1 160 Nu aux serpents Bronze H42cm/*H16in* Bruxelles 96
CALOGERO Jean 1922 **[63]**
  $450 FF2 276 £295 A l'aube Oil/canvas 21,4x18cm/*8x7in* Chicago, Illinois 96
  $504 FF2 503 £320 The Flower Girl Oil/canvas 74x60cm/*29x23in* London 95
CALOSCI Arturo 1855-1926 **[2]**
  $1 870 FF9 050 £1 200 The Tuneful Monk Oil/canvas 28x32cm/*11x12in* London 95
CALPENA Pastor XX **[6]**
  $528 FF3 176 £328 Paisaje Acuarela/papel 36x52cm/*14x20in* Madrid 97
CALRAET van Abraham 1643-1722 **[6]**
  $4 500 FF25 083 £2 751 A still life of fruit and shells arranged on a ledge Oil/panel 40x54cm/*15x21in* New-York 97
  $25 253 FF148 905 £14 950 Two horses in a barn with a groom, a dog and a goat Oil/panel 28,5x40cm/*11x15in* London 97
CALS Adolphe Félix 1810-1880 **[103]**
  $1 515 FF8 632 £950 Mariage Feast at Cana, after Paolo Veronese Oil/canvas 24x35cm/*9x13in* London 97
  $7 316 FF42 000 £4 460 Composition aux poissons, vue sur la mer Huile/toile 50x72,5cm/*19x28in* Barbizon 97
  $193 FF1 000 £127 Sous-bois/Études de paysages Dessin 30x47cm/*11x18in* Paris 96
CALSINA BARO Ramón 1901 **[8]**
  $1 139 FF6 715 £697 Hombre con boina Oleo/lienzo 73x60cm/*28x23in* Barcelona 98
  $2 475 FF14 812 £1 462 Composición enigmática Carboncino 105x75cm/*41x29in* Barcelona 98
CALTHROP Claude Andrew 1845-1893 **[3]**
  $8 210 FF40 200 £5 200 The Jester Oil/canvas 104x64cm/*40x25in* London 95
CALVAERT Denys (Attrib.) 1540-1619 **[9]**
  $1 541 FF9 000 £932 La Sainte Famille et Marie Madeleine Huile/cuivre 19x14,5cm/*7x5in* Paris 97
  $6 852 FF40 000 £4 144 L'Annonciation Huile/panneau 70x53cm/*27x20in* Paris 97
  $21 000 FF116 022 £13 051 The last Judgement Oil/canvas 190x129cm/*74x50in* New-York 97
CALVAERT Denys Fiammingo 1540-1619 **[22]**
  $15 671 FF93 833 £9 626 Die Anbetung der Könige Oil/canvas 78x60cm/*30x23in* Köln 98
  $21 784 FF133 448 £13 160 Die Anbetung der Könige Öl/Kupfer 20,5x17cm/*8x6in* Wien 98
  $1 141 FF6 622 £700 St.Roch Black chalk 17x13cm/*6x5in* London 97
CALVERT Edward 1789-1883 **[10]**
  $2 469 FF14 985 £1 500 Bacchus and Ariadne Oil/paper 28x37,5cm/*11x14in* London 98
  $2 769 FF15 769 £1 700 The Brook, F.7 Engraving 6,5x11cm/*2x4in* London 97
CALVERT Frederick c.1785-1845 **[27]**
  $3 094 FF15 270 £2 000 Lighthouse and Fort, Mouth of Mersey Oil/canvas 25x36cm/*9x14in* London 96
  $5 880 FF29 000 £3 800 Shipping in a swell/Shipping off the Seven Sisters in the Channel Oil/canvas 46x61cm/*18x24in* London 96
CALVERT Frederick (Attrib.) c.1785-1845 **[3]**
  $1 904 FF11 834 £1 200 Shipping off Whitby Oil/canvas 25,5x35,5cm/*10x13in* London 97
CALVERT Henry 1798-1869 **[15]**
  $2 493 FF14 822 £1 500 "Fan", the pet Dog of Lady Ashburnham playing with a ball Oil/panel 22x27,5cm/*8x10in* London 97
  $4 620 FF23 940 £3 000 Study of a bay hunter and a black pony in a landscape Oil/canvas 71x91,5cm/*27x36in* London 96
CALVERT Henry (Attrib.) 1798-1869 **[1]**

$4 274 FF26 000 £2 600 Outside the Stable Oil/canvas 68,5x127cm/*26x50in* London 98

CALVES Léon Georges 1848-1924 **[22]**
$847 FF5 000 £501 Paysanne et ses chevaux Huile/toile 50x65cm/*19x25in* Chaumont 97

CALVES Marie 1883-1957 **[31]**
$1 097 FF6 200 £676 Les chiens Huile/toile 66x93cm/*25x36in* La Roche-sur-Yon 97
$9 000 FF52 204 £5 538 A pack of otterhounds Oil/canvas 151x240cm/*59x94in* New-York 97

CALVI Ercole 1824-1900 **[16]**
$5 760 FF30 150 £3 780 Paesaggio lacustre con figure Olio/tela 36x47cm/*14x18in* Roma 96
$13 200 FF74 800 £6 600 L'Adige a Verona Olio/tela 33,5x27,5cm/*13x10in* Milano 97

CALVI Giuseppe 1895-1983 **[1]**
$4 960 FF24 160 £3 120 Paesaggio lacustre con barche Olio/tavola 91x120cm/*35x47in* Milano 95

CALVI IL SORDINO Jacopo Al. (Attrib.) 1740-1815 **[2]**
$7 590 FF38 800 £5 000 Lot and his Daughters Oil/canvas 63x95cm/*24x37in* London 96

CALVI IL SORDINO Jacopo Alessandro 1740-1815 **[1]**
$6 600 FF37 400 £4 400 Santa Margherita da Cortona Olio/tela 59,5x47cm/*23x18in* Milano 97

CALVI Pietro 1833-1884 **[16]**
$16 000 FF78 600 £10 140 Young girl with a dog and puppies Marble H94cm/*H37in* New-York 95
$40 000 FF207 700 £26 450 Othello Marble H68,6cm/*H27in* New-York 96

CALZA Antonio 1653-1725 **[10]**
$15 675 FF81 985 £9 500 The Aftermath of a Battle outside a Port Oil/canvas 88x131cm/*34x51in* London 96
$57 000 FF323 000 £28 500 Battaglia tra cavalieri turchi e cristiani Olio/tela 98x131cm/*38x51in* Roma 97

CALZA Antonio (Attrib.) 1653-1725 **[11]**
$2 885 FF16 453 £1 800 Calvary Skirmish Oil/canvas 37x30cm/*14x11in* London 97
$19 930 FF96 400 £12 500 A cavalry engagement Oil/canvas 96x130cm/*37x51in* London 95
$22 330 FF108 000 £14 000 Cavalry engagement Oil/canvas 61x92cm/*24x36in* London 95

CALZADA Humberto 1944 **[5]**
$4 750 FF27 065 £2 966 Untitled Oil/canvas 114x152cm/*45x60in* Bethesda, Maryland 97
$6 500 FF37 313 £3 962 The Dreamt Compass Oil/canvas 127x94cm/*50x37in* New-York 97

CALZETTA DA RAVENNA Severo (Attrib.) XVI **[1]**
$30 000 FF148 000 £19 400 Triangular oil lamp, the lid surmounted by a figure of St. Paul Bronze H18,5cm/*H7in* New-York 96

CALZOLAIO Francesco 1940 **[10]**
$1 440 FF7 370 £874 Cléopatre Huile/panneau 72x92cm/*28x36in* Bruxelles 96

CALZOLARI Pier Paolo 1943 **[22]**
$2 856 FF17 000 £1 745 Sans titre Aquarelle, gouache 55,5x76cm/*21x29in* Paris 98

CAMACHO Jorge 1935 **[65]**
$3 043 FF18 000 £1 827 "L'oeil vert" Acrylique/toile 116x89cm/*45x35in* Paris 97
$3 679 FF21 268 £2 249 "Spectreuses terrées" Huile/toile 147x114cm/*57x44in* Antwerpen 97
$491 FF3 000 £294 Animal fantastique Encre Chine 50x65cm/*19x25in* Paris 98

CAMARGO de Sergio 1930-1990 **[3]**
$28 000 FF163 455 £16 657 Relevo branco No. 362 Construction 127x127cm/*50x50in* New-York 97
$45 000 FF268 654 £27 643 Sin titulo Sculpture, wood 75x95x21,5cm/*29x37x8in* New-York 98

CAMARGO Hermann 1950 **[1]**
$9 000 FF51 664 £5 486 Guamas Oil/canvas 63x94cm/*24x37in* New-York 97

CAMARO Alexander 1901-1992 **[41]**
$4 537 FF27 004 £2 773 Ausbrechender Stier Öl/Leinwand 50,5x73,5cm/*19x28in* Berlin 98
$214 FF1 118 £125 Komposition in Orange auf dunklem Grund Farblithographie 51x39cm/*20x15in* Berlin 96
$1 048 FF5 420 £677 Ohne Titel Aquarell/Papier 66x54cm/*25x21in* Berlin 96

CAMASSEI Andrea 1602-1649 **[1]**
$3 185 FF19 085 £1 900 Elijah and the Angel on the Banj of the River Jordan Red chalk/paper 26x40,5cm/*10x15in* London 98

CAMATTE Étienne Joseph 1802-? **[1]**
$3 500 FF17 080 £2 215 Madame Vigée-Lebrun and her daughter Oil/canvas 121x91cm/*48x36in* New Orleans, Louisiana 95

CAMBELLOTTI Duilio 1876-1960 **[11]**

$1 372 FF6 930 £900 "Il Conte di Essex, Bette Davis..." Poster 198x140cm/77x55in London 96
$6 200 FF31 200 £4 100 La corazza Bronze H44cm/H17in Roma 95
$2 760 FF15 640 £1 380 Allegoria con figure/Allegoria dell'aratro Tecnica mista/carta 15x36cm/5x14in Roma 98

CAMBI Andrei XIX-XX **[3]**
$13 500 FF77 496 £8 478 Figure of a Girl Marble H95,3cm/H37in New-York 97
CAMBIAGGIO Émile 1857-1930 **[2]**
$72 058 FF410 584 £45 000 Une Charmeuse Oil/canvas 145x208,5cm/57x82in London 97
CAMBIASO Luca 1527-1585 **[55]**
$2 800 FF15 469 £1 740 A Satyr, a Nymph and another Figure Ink 29,2x21,4cm/11x8in New-York 97
CAMBIASO Luca (Attrib.) 1527-1585 **[25]**
$1 672 FF8 500 £998 La Vierge portée par les anges Lavis 19,5x15cm/7x5in Paris 96
CAMBIER Guy 1923 **[62]**
$294 FF1 800 £178 Le déjeuner sur l'herbe Huile/panneau 21x26cm/8x10in Paris 98
$600 FF3 000 £389 Têtes de jeunes femmes Huile/carton 50x65cm/19x25in Paris 96
CAMBIER Juliette 1879-1963 **[17]**
$567 FF3 300 £349 Mixed Flowers Oil/canvas 56x46cm/22x18in London 97
CAMBON Guido 1875-1930 **[4]**
$3 200 FF16 700 £2 100 "Excelcior" Tecnica mista/cartone 93x67cm/36x26in Trieste 96
CAMBRESIER Jean 1856-1928 **[6]**
$336 FF1 948 £198 Péniches le long des berges Aquarelle/papier 37,5x51cm/14x20in Liège 97
CAMENISCH Paul 1893-1970 **[16]**
$10 804 FF67 070 £6 516 Gärten im Paulusquartier Öl/Leinwand 117x90cm/46x35in St.Gallen 98
$55 896 FF345 669 £33 303 Tessiner Mailandschaft Öl/Leinwand 115x125cm/45x49in Zürich 98
$674 FF3 494 £438 Akt in Landschaft Craies 44,5x35,5cm/17x13in Zürich 96
CAMERON David Young 1865-1945 **[140]**
$2 700 FF15 464 £1 597 "The Sound of Kerrara" Oil/board 21x26cm/8x10in Milford, Conn. 97
$7 076 FF42 913 £4 200 Ben Ledi and Ben More from Kippen Oil/canvas 66x106,5cm/25x41in Glasgow 98
$1 798 FF10 027 £1 100 'The Scottish Highlands, LMS" Poster 100x121cm/39x47in London 97
$1 371 FF8 304 £849 Monreith Watercolour 22,5x33,5cm/8x13in Perthshire 97
CAMERON Douglas XIX-XX **[11]**
$999 FF6 165 £600 Highland Cattle in an extensive Lake Landscape/Highland Cattle Oil/canvas 51x76cm/20x29in London 98
CAMERON Duncan 1837-1916 **[3]**
$2 582 FF15 640 £1 600 Peat-Moss in Ross-Shire Oil/canvas 51x76cm/20x29in Perthshire 97
CAMERON Duncan 1863-1907 **[35]**
$1 860 FF9 444 £1 200 Glen Dochart Oil/canvas 40,5x66,5cm/15x26in Auchterarder, Perthshire 96
CAMERON Hugh 1835-1918 **[15]**
$4 330 FF25 048 £2 600 Sisters Oil/canvas 35,5x26cm/13x10in Glasgow 97
$4 960 FF25 184 £3 200 Resting Oil/canvas 49x38cm/19x14in Auchterarder, Perthshire 96
CAMERON Julia Margaret 1815-1879 **[99]**
$2 784 FF16 536 £1 700 Unknown Child Albumen print 8x5cm/3x2in London 98
CAMERON Katharine 1874-1965 **[17]**
$1 203 FF7 384 £749 The Far Cuillins Watercolour/paper 23,5x33cm/9x12in Glasgow 97
CAMERON Peter Caledonian XIX-XX **[5]**
$425 FF2 130 £269 Bdadeley Beach Watercolour 34x53cm/13x21in Philadelphia 95
CAMERON Robert Hartley 1909 **[10]**
$1 700 FF8 470 £1 113 Tea Time Oil/canvas 24x21cm/9x8in Philadelphia 95
$1 652 FF9 822 £1 023 Under the Japanese Umbrella Oil/canvas 91x61cm/36x24in Detroit, Michigan 97
CAMESI Gianfredo 1940 **[10]**
$458 FF2 679 £271 Senza titolo Farbradierung 15x15cm/5x5in Luzern 97
CAMINADE Alexandre François 1789-1862 **[4]**
$75 000 FF449 100 £45 900 Portrait of a Turk, wearing a red shirt emboidered in white Oil/canvas 65,5x54,5cm/25x21in New-York 97
CAMM Martin 1954 **[2]**
$757 FF3 946 £500 Silver brown trout Watercolour/paper 23,5x57cm/9x22in London 96

CAMMARANO Giuseppe 1766-1850 **[5]**
$12 000 FF65 970 £7 369 Apollo and Marsyas Ink 28,5x35,5cm/*11x13in* New-York 97
CAMMARANO Michele 1835-1920 **[20]**
$2 300 FF13 691 £1 439 Aldeano Oleo/cartón 42,5x30cm/*16x11in* Montevideo 97
$23 400 FF132 600 £11 700 Paesaggio con gregge e pastorella Olio/tela 67x100cm/*26x39in* Roma 97
$29 800 FF153 300 £18 000 The Broken Fruit Dish Oil/canvas 204x148cm/*80x58in* London 96
CAMMILLIERI OF MALTA Niccolo c.1800-c.1860 **[2]**
$4 790 FF24 800 £3 200 The Ship "George", in two position, off Valetta Watercolour 44,5x57cm/*17x22in* London 96
CAMMILLIERI OF MARSEILLES Nicholas c.1780-1855 **[8]**
$9 160 FF46 700 £5 500 Corsaire "Amiral Ganthomme" prenant à l'abordage le "Swift" (1809) Watercolour 44x60cm/*17x23in* London 96
CAMOIN Charles 1879-1965 **[423]**
$5 725 FF34 000 £3 495 Barques sur un rivage méditerranéen Huile/panneau 27x34cm/*10x13in* Le Touquet 98
$14 344 FF86 000 £8 634 Jeune femme assise au bouquet de fleurs Huile/toile 61x46cm/*24x18in* Paris 98
$2 405 FF12 570 £1 432 Alice à bord du "Liberté" Black chalk 21x16cm/*8x6in* Köln 96
CAMOIN Paul c.1868-? **[8]**
$342 FF2 000 £202 Le retour des pêcheurs Gouache/papier 13x17,5cm/*5x6in* Barbizon 97
CAMOREYT Jacques M. XIX-XX **[5]**
$410 FF2 438 £250 Bretoninnen auf dem Fischmarkt Öl/Leinwand 42x60cm/*16x23in* Bern 97
CAMOS Honoré 1906 **[4]**
$1 367 FF8 500 £861 Bouquet de fleurs Huile/toile 36x26cm/*14x10in* Cannes 97
CAMP de Joseph Rodefer 1858-1923 **[6]**
$2 000 FF11 454 £1 183 House by the Pond Oil/board 26x39cm/*10x15in* Milford, Conn. 97
$4 249 FF25 538 £2 569 The Black Hat Oil/canvas 75x54cm/*29x21in* New-York 98
CAMP Jeffery Bruce 1923 **[15]**
$870 FF4 250 £550 Pale Grey Sea Oil/canvas 79x104cm/*31x40in* London 95
$1 072 FF6 033 £652 The bathing party Oil/panel 22,8x30,5cm/*8x12in* London 97
CAMPAGNARI Ottorino 1910-1987 **[11]**
$900 FF5 100 £600 Risveglio Olio/tela 60x50cm/*23x19in* Vercelli 98
CAMPAGNE Daniel P.E. 1851-1914 **[11]**
$1 386 FF7 100 £842 Allégorie de la Nuit Bronze H72cm/*H28in* Paris 96
CAMPAGNOLA Domenico 1484-1581 **[15]**
$8 663 FF51 231 £5 200 A panoramic Estuary landscape with a Caravan of Camels Ink 21x30cm/*8x11in* London 97
CAMPAIN Pierre 1893-1967 **[114]**
$306 FF1 800 £187 Espagne, promenade dans la rue Huile/papier/toile 46x33cm/*18x12in* Cherbourg 97
$528 FF3 100 £323 Nature morte aux fleurs, citrons et pinceaux Huile/toile 92x60cm/*36x23in* Cherbourg 97
$1 278 FF7 500 £781 L'église d'Omonville la Petite Aquarelle 25x20cm/*9x7in* Cherbourg 97
CAMPANELLA Angelo 1746-1811 **[4]**
$326 FF1 920 £201 Arquitecturas clásicas Grabado 56x64cm/*22x25in* Madrid 97
CAMPANO Miguel Angel 1948 **[4]**
$910 FF5 530 £532 Composición Técnica mixta 30x22cm/*11x8in* Madrid 98
$1 400 FF8 000 £860 Náugragos Acuarela/papel 76x57cm/*29x22in* Madrid 97
CAMPAS José XIX-XX **[1]**
$3 483 FF21 000 £2 139 Jeune femme étendue au collier de perles Huile/toile 76x112cm/*29x44in* Paris 98
CAMPATOSTO Henry c.1840-1910 **[1]**
$55 575 FF285 950 £34 675 The Young Shepherdess Oil/panel 132x90cm/*51x35in* Amsterdam 96
CAMPBELL Blendon Reed 1872-1969 **[17]**
$650 FF3 722 £384 Paris Street Scene Oil/canvas 72x59cm/*28x23in* Milford, Conn. 97
CAMPBELL Christopher 1908-1972 **[1]**
$5 765 FF32 833 £3 500 The Artist and his Mother Oil/panel 58x76cm/*22x29in* London 97
CAMPBELL Cressida 1960 **[4]**
$635 FF3 258 £418 Crysanthemums Woodcut 43,5x35cm/*17x13in* Sydney 96
CAMPBELL George F. 1917-1979 **[33]**
$2 720 FF14 160 £1 800 Tinker's Caravan Oil/panel 35x40cm/*13x15in* London 96

$3 590 FF18 600 £2 400 Coco the Clown Oil/board 59x34,3cm/*23x13in* London 96
CAMPBELL John Henry 1757-1828 **[5]**
 $13 507 FF76 923 £8 200 "Twenty views/In the/Counties of Dublin and Wiclow" Watercolour 25,5x40cm/*10x15in* London 97
CAMPBELL Robert Richmond 1902-1972 **[30]**
 $1 100 FF6 423 £654 The Louvre Oil/canvas 44,5x54cm/*17x21in* Melbourne 97
 $2 597 FF15 564 £1 549 Pont Neuf, Paris Oil/board 20x24cm/*7x9in* Sydney 98
CAMPBELL Thomas, Tom 1865-1943 **[19]**
 $271 FF1 585 £161 Country Road in the Lake District Watercolour/paper 25,5x35,5cm/*10x13in* Calgary, Alberta 97
CAMPBELL Tom 1790-1858 **[18]**
 $999 FF5 780 £600 Cottages in an Autumnal Landscape/Sheep Grazing by a Burn Oil/canvas 35,5x46cm/*13x18in* Glasgow 97
 $65 FF402 £40 A Dutch Canal Next to a Windmill Watercolour 18,5x24cm/*7x9in* London 98
CAMPECHE José 1751-1809 **[3]**
 $65 000 FF373 132 £39 624 Nuestra señora de belen Oil/panel 51x35cm/*20x13in* New-York 97
CAMPENDONCK Heinrich 1889-1957 **[118]**
 $184 800 FF965 000 £110 000 20 Minuten vor 1 Uhr Oil/canvas 78x68cm/*30x26in* London 96
 $845 FF5 025 £523 Sitzender weiblicher Akt mit Blume Woodcut 15,7x17,5cm/*6x6in* Stuttgart 97
 $14 911 FF87 102 £8 824 Gedanken im Kopf Aquarell/Papier 43,8x31,2cm/*17x12in* Köln 97
CAMPHAUSEN Wilhelm 1818-1885 **[11]**
 $8 640 FF44 000 £5 160 Kaiser Wilhelm I., Bismarck und von Moltke in Sedan Öl/Leinwand 52,5x60,5cm/*20x23in* Köln 96
CAMPHUIJSEN Govert D. (Attrib.) 1623/24-1672 **[2]**
 $4 070 FF20 730 £2 400 Peasants milking cows by a farmouse Oil/panel 71x101cm/*27x39in* London 96
CAMPHUIJSEN Govert Dircksz. 1623/24-1672 **[9]**
 $6 725 FF39 960 £4 000 Moonlit winter landscape with skaters ans sleighs on a frozen river Oil/panel 47x57cm/*18x22in* London 97
CAMPHUIJSEN Jochem G. (Attrib.) 1601-1659 **[1]**
 $9 378 FF58 000 £5 585 Scène de chasse en forêt Huile/panneau 49x64cm/*19x25in* Paris 98
CAMPHUIJSEN Jochem Govertsz. 1601-1659 **[8]**
 $4 030 FF20 500 £2 414 Rocky river landscape Oil/panel 22,5x32,5cm/*8x12in* Amsterdam 96
 $6 085 FF34 829 £3 594 Peasant Woman and Child with a Traveller on a Track by a River Oil/panel 40,5x53cm/*15x20in* Amsterdam 97
 $14 739 FF87 210 £8 869 Tobias and the Angel in an Extensive Wooded, Mountainous Landscape Oil/canvas 113x158cm/*44x62in* Amsterdam 98
CAMPHUIJSEN Rafael Govertsz 1598-1657 **[3]**
 $16 870 FF88 000 £10 200 Uferlandschaft mit Jäger Oil/panel 41,5x69,5cm/*16x27in* Stuttgart 96
CAMPI Bernardino 1522-1592 **[9]**
 $3 498 FF20 689 £2 100 The Descent of the Holy Spirit Wash 32x19,5cm/*12x7in* London 97
CAMPI Bernardino (Attrib.) 1522-1592 **[7]**
 $1 455 FF8 500 £861 Sainte-Cécile Encre 22,5x16cm/*8x6in* Paris 97
CAMPI Giacomo 1864-1921 **[13]**
 $28 441 FF170 000 £17 238 Les grandes manoeuvres Huile/toile 168x269cm/*66x105in* Paris 97
 $960 FF5 025 £630 Corteggiamento Acquarello/carta 37x27cm/*14x10in* Roma 96
CAMPI Giulio 1502-1572 **[9]**
 $2 400 FF14 732 £1 470 Cupid Bending a Bow/Studies of Putti Red chalk/paper 18,5x10cm/*7x3in* New-York 98
CAMPIGLI Massimo 1895-1971 **[348]**
 $30 000 FF170 000 £15 000 Testa di donna Olio/tela 30,5x25,5cm/*12x10in* Prato 98
 $75 000 FF425 000 £37 500 Figura Olio/tela 62x46cm/*24x18in* Milano 98
 $258 000 FF1 462 000 £129 000 Il gioco del diabolo Olio/tela 147x116cm/*57x45in* Prato 98
 $1 293 FF7 702 £768 Le amiche Farblithographie 54,5x49,2cm/*21x19in* München 97
 $9 660 FF54 740 £6 440 Donne Matita/carta 63x50cm/*24x19in* Milano 97
CAMPINI Luigi 1816-1890 **[2]**
 $1 175 FF7 017 £720 The Young Farm hand Oil/board 42x42cm/*16x16in* Billingshurst, West Sussex 97

CAMPION George Bryant 1796-1870 **[21]**
 $1 171 FF7 015 £700 Figures and Scholars on Keates Lane before Eton College Watercolour 24,5x33cm/*9x12in* London 98
CAMPO del Federico XIX-XX **[49]**
 $12 200 FF61 600 £8 000 Santa Maria del Rosario, Venice Oil/canvas 32,5x23,5cm/*12x9in* London 96
 $35 822 FF209 125 £22 000 The Civil Hospital on Canal San Giovanni, Venice Oil/canvas 66x40,5cm/*25x15in* Newbury, Berkshire 97
 $3 200 FF19 452 £1 970 Off a Canal in Venice with Santa Maria della Salute in the Distance Watercolour/paper 18x25,5cm/*7x10in* New-York 98
CAMPO del Frederick Willem 1803-1890 **[1]**
 $3 143 FF18 912 £1 881 A Capriccio View of Breda in Winter Oil/panel 40x57,5cm/*15x22in* Amsterdam 98
CAMPOREALE Sergio 1937 **[11]**
 $6 000 FF29 100 £3 870 El Procurador Oil/canvas 90x90cm/*35x35in* New-York 95
 $1 357 FF7 000 £900 Retrato de familia Aquarelle/papier 61x46cm/*24x18in* Saint-Germain-en-Laye 96
CAMPOTOSTO Henry ?-1910 **[12]**
 $15 364 FF92 000 £9 439 Gardeuses de chèvres et de moutons Huile/panneau 80x60cm/*31x23in* Paris 98
CAMPRIANI Alceste 1848-1933 **[38]**
 $945 FF4 640 £615 Popolana Olio/tela 48x27,5cm/*18x10in* Milano 95
 $14 000 FF83 234 £8 565 Ultimi Raggi d'Autumno Oil/canvas 63,5x91cm/*25x35in* New-York 97
 $1 235 FF6 340 £736 Popolana sullo scoglio Acquarello/carta 18x12cm/*7x4in* Roma 96
CAMPRIANI Alceste (Attrib.) 1848-1933 **[1]**
 $3 250 FF16 700 £1 935 Il rientro dalla pesca Olio/tela 68x47cm/*26x18in* Roma 96
CAMPROBIN de Pedro (Attrib.) 1605-1674 **[2]**
 $82 718 FF502 673 £49 631 Bodegón de frutas Oleo/tabla 54,5x75cm/*21x29in* Madrid 98
CAMPS Gaspar **[6]**
 $426 FF2 448 £260 Woman with roses Poster 68,5x35cm/*26x13in* London 97
 $990 FF5 925 £585 Primavera Gouache 43x21cm/*16x8in* Madrid 98
CAMPUZANO A. XIX-XX **[1]**
 $3 890 FF20 000 £2 425 Les Quatre Saisons Terracotta H68cm/*H26in* Paris 96
CAMPUZANO Y AGUIRRE Tomás 1857-1934 **[27]**
 $1 810 FF9 160 £1 188 Paisaje cántabro con dos figuras Oleo/tabla 22x40cm/*8x15in* Madrid 96
 $14 625 FF88 875 £8 775 Fin de jordana en Becerril de la Sierra Oleo/lienzo 60x100cm/*23x39in* Madrid 98
 $104 FF632 £64 Plaza del pueblo Aguafuerte 19x27cm/*7x10in* Madrid 98
 $230 FF1 203 £138 Paisaje con puentes sobre el río Aguada 15x24cm/*5x9in* Madrid 96
CAMRADT Fred. Chr. (Attrib.) 1762-1844 **[1]**
 $2 040 FF10 640 £1 213 Still life of flowers Gouache 42x29cm/*16x11in* Köbenhavn 96
CAMRADT Johannes Ludvig 1779-1849 **[13]**
 $1 222 FF7 415 £725 Stilleben med frukter Oil/panel 33x28cm/*12x11in* Malmö 98
CAMUCCINI Vincenzo 1771-1844 **[9]**
 $146 FF899 £90 A Scene of Leave-Taking in a Castle Interior Black chalk 26,5x32cm/*10x12in* London 98
CAMUS Blanche Augustine 1884-1968 **[18]**
 $7 537 FF43 000 £4 605 Femme au jardin Huile/toile 55x46cm/*21x18in* Calais 97
CAMUS Gustave 1914-1984 **[61]**
 $850 FF5 053 £518 La promenade Oil/canvas 88x147cm/*35x58in* New-York 98
 $2 520 FF12 550 £1 650 Un Dimanche de Septembre Huile/toile 89x116cm/*35x45in* Lokeren 95
 $1 072 FF5 360 £694 Bateaux Gouache 32x40cm/*12x15in* Bruxelles 96
CANAL Bernardo 1674-1744 **[1]**
 $22 000 FF121 479 £13 728 The Rialto Bridge and Palazzo Camerlenghi, Venice Oil/canvas 67x84cm/*26x33in* New-York 97
CANAL Fabio 1703-1767 **[3]**
 $4 050 FF20 900 £2 600 The Trinity with the Madonna & Sts. C. Borromeo, Francis, I. Loyola Oil/canvas 67,5x52,5cm/*26x20in* London 96
CANAL von Gilbert 1849-1927 **[11]**
 $2 373 FF14 298 £1 437 Flusslandschaft Öl/Leinwand 60x110cm/*23x43in* Wien 98
CANALETTO Antonio Canal 1697-1768 **[138]**
 $33 154 FF193 666 £19 624 Parti fra Venedig Oil/canvas 80x125cm/*31x49in* Vejle 97
 $2 800 FF16 129 £1 645 View of a Town on a River Bank Etching 29,5x43cm/*11x16in* New-York 97

$103 254 FF606 651 £62 000 The Venitian Lagoon with the Torre di Malghera Ink 14,5x33cm/*5x12in* London 97
CANALS Miguel ?-1995 **[19]**
$1 513 FF8 991 £900 Interior, after Carl Holsöe Oil/canvas 80x70cm/*31x27in* London 97
$5 500 FF33 232 £3 462 Still life with birds and cherries, after Blas de Ledesma Oil/canvas 99x170cm/*39x67in* New-York 97
CANALS Y LLAMBI Ricardo 1876-1931 **[25]**
$7 965 FF47 672 £4 948 Dama con espejo Oleo/lienzo 80x62cm/*31x24in* Madrid 98
$1 914 FF11 455 £1 131 Jota aragonesa Gouache 51,5x39cm/*20x15in* Barcelona 98
CAÑAS Benjamin 1933-1987 **[9]**
$28 600 FF174 282 £17 689 Musicos Oil/wood 49,5x60cm/*19x23in* Miami, Florida 98
$180 000 FF1 075 266 £110 214 Bacanal Oil/panel 117x183cm/*46x72in* New-York 98
$5 500 FF32 835 £3 378 "Estudio el Recital" Wash 59x59,5cm/*23x23in* New-York 98
CANCIANI Jakob c.1820-1891 **[4]**
$10 260 FF52 800 £6 400 Blick auf Villach Öl/Leinwand 47x63cm/*18x24in* Wien 96
CANDIDO Salvatore XIX **[8]**
$5 339 FF32 241 £3 200 Views of the Bay of Naples Oil/canvas 27,5x42cm/*10x16in* London 98
$54 602 FF316 708 £32 272 Views of Napes Oil/canvas 53,5x81cm/*21x31in* London 97
CANDIDO Salvatore (Attrib.) XIX **[2]**
$9 899 FF56 098 £4 949 Veduta di Napoli a Santa Lucia Olio/tela 30x40cm/*11x15in* Roma 98
$12 630 FF65 400 £8 200 The Bay of Naples Oil/canvas 35x54cm/*13x21in* London 96
CANE du Ella c.1880-c.1940 **[21]**
$3 118 FF19 005 £1 900 Oriental Figures in a Japanese/Ronamental Garden Watercolour 44,5x30cm/*17x11in* London 98
CANE Franky 1961 **[1]**
$5 245 FF31 000 £3 248 Menine II Bronze 38x23x23cm/*14x9x9in* Paris 97
CANE Louis 1943 **[222]**
$1 519 FF9 000 £909 Figures Huile/papier 69x52cm/*27x20in* Paris 97
$3 036 FF15 500 £2 010 Sans titre Huile/toile 130x97cm/*51x38in* Versailles 96
$505 FF2 600 £324 Petite fleur Bronze H20cm/*H7in* Paris 96
$8 902 FF52 000 £5 267 Vénus Bronze 82x27x19cm/*32x10x7in* Paris 97
$445 FF2 634 £267 Untitled Bodycolour 77x57cm/*30x22in* Amsterdam 97
CANELLA A. XIX-XX **[5]**
$2 814 FF14 480 £1 700 The Tailor Watercolour 42,5x53,5cm/*16x21in* London 96
CANELLA Carlo 1800-1879 **[4]**
$111 653 FF632 704 £55 826 Veduta di Torino, Piazza Vittorio Veneto Vista Dalla Chiesa Olio/tela 71,5x95,5cm/*28x37in* Milano 97
$1 005 FF6 070 £603 Ansicht auf Piazza della Signoria, Florenz Aquarell/Papier 35x26cm/*13x10in* Luzern 98
CANELLA Giuseppe 1788-1847 **[42]**
$13 950 FF71 700 £8 700 Fishermen returning Home Oil/canvas/panel 53,5x75,5cm/*21x29in* Wien 96
$16 750 FF85 100 £10 000 Nafplion from Tyrins/Suli Oil/metal 13x17cm/*5x6in* London 96
CANELLA Giuseppe (Attrib.) 1788-1847 **[8]**
$3 780 FF21 420 £1 890 Paesaggio notturno con figure Olio/tela 37x48cm/*14x18in* Roma 97
$7 920 FF40 800 £5 040 Scorcio di Verona Olio/cartone 17,5x12,5cm/*6x4in* Venezia 96
$17 500 FF85 400 £11 000 Piazza San Marco Gouache 2x31cm/*x12in* London 95
CANELLA Giuseppe II 1837-1913 **[3]**
$3 844 FF21 783 £1 922 Studio di bosco in prossimità di un torrente Olio/cartone 12x29cm/*4x11in* Milano 98
$1 200 FF6 800 £600 Busto di vecchia popolana veneta/Busto di vecchio popolano veneto Tempera/carta 47x33cm/*18x12in* Milano 97
CANEVA Giacomo 1810-1890 **[12]**
$812 FF4 712 £500 Base of Column/Temple of Vesta/Goldsmith's Arch Calotype 17x20cm/*7x8in* London 97
CANEVARI Carlo 1922 **[17]**
$280 FF1 603 £165 Whimsical Conception Oil/board 30x15cm/*12x6in* Miami, Florida 97
CANGIULLO Francesco 1884-1977 **[18]**

_$1 118 FF6 337 £559 Borgo marinaro con veduta del Vesuvio Olio/tavola 30x40cm/_11x15in_ Roma 98
_$1 859 FF10 538 £929 Scena in casa Marinetti Inchiostro 18,5x28,5cm/_7x11in_ Milano 98
CANGIULLO Pascalino XIX-XX **[1]**
_$3 964 FF20 000 £2 573 Les voiles Gouache 52x71cm/_20x27in_ Paris 96
CANIFF Milton 1907-1988 **[8]**
_$3 000 FF17 835 £1 805 Terry, the Dragon Lady, Pat Ryan and others Acrylic/canvas 63x45cm/_25x18in_ New-York 97
_$100 FF598 £61 Steve Canyon Pastel/paper 60x50cm/_24x20in_ Chicago, Illinois 98
CANINI Giovanni Angelo 1617-1666 **[3]**
_$4 000 FF22 099 £2 486 Allegories of Truth, Justice and Fame and a reclining Minerva Ink 26,8x20,7cm/_10x8in_ New-York 97
CANNEEL Eugène 1882-1966 **[18]**
_$715 FF3 554 £455 L'Abondance Terracotta H62cm/_H24in_ Bruxelles 95
CANNEEL Jules Marie 1881-1953 **[9]**
_$650 FF3 837 £384 Street Scene, Oran Oil/board 53x76cm/_21x30in_ St. Louis, Miss. 97
CANNEY Michael 1923 **[12]**
_$796 FF4 821 £500 Moorings Oil/board 25,5x35,5cm/_10x13in_ London 97
CANNICCI Niccoló 1846-1906 **[29]**
_$5 670 FF27 800 £3 690 Testa di contadina Olio/tavola 15x11,5cm/_5x4in_ Milano 95
_$32 400 FF183 600 £21 600 Riposo Olio/tela 50,3x95,7cm/_19x37in_ Prato 97
CANNICCI Niccoló (Attrib.) 1846-1906 **[3]**
_$3 600 FF20 400 £1 800 Donna seduta con granata Olio/tela 100x75cm/_39x29in_ Firenze 97
CANNICIONI Léon Charles 1879-1957 **[4]**
_$2 961 FF16 500 £1 841 Paysage corse, Saint-Florent Huile/toile 64x80cm/_25x31in_ Chartres 97
CANO Alonso 1601-1667 **[4]**
_$32 440 FF168 000 £20 750 Marie-Madeleine Huile/toile 110x100cm/_43x39in_ Biarritz 96
_$5 664 FF33 497 £3 400 The Crucifixion Wash 21,5x14cm/_8x5in_ London 97
CANO DE LA PEÑA Eduardo 1823-1897 **[3]**
_$1 206 FF7 110 £738 El último adiós Oleo/lienzo 28x36cm/_11x14in_ Madrid 98
_$6 040 FF30 540 £3 960 El Testamento de Cervantes Oleo/lienzo 85x117cm/_33x46in_ Madrid 96
CANOGAR Rafael García Gómez 1935 **[75]**
_$6 531 FF38 759 £4 000 Untitled Oil/canvas 79x105cm/_31x41in_ London 97
_$282 FF1 426 £185 "Máscara" Grabado 70x100cm/_27x39in_ Madrid 96
CANON Hans v.Straschiripka 1829-1885 **[22]**
_$1 654 FF9 616 £1 010 Herrenbildnis Öl/Leinwand 56,5x46,5cm/_22x18in_ Wien 97
_$3 088 FF19 048 £1 852 Meditierender Mann Oil/paper/panel 42x28cm/_16x11in_ Wien 98
_$5 955 FF35 700 £3 555 Kreislauf des Lebens Mischtechnik/Papier 108x114cm/_42x44in_ Wien 98
CANOT Pierre Ch. 1710-1777 **[5]**
_$501 FF2 550 £300 The Pierced Island, a remarkable Rock in the Gulf of St. Lawrence Etching in colors 35,5x51cm/_13x20in_ London 96
CANOVA Antonio 1757-1822 **[35]**
_$2 148 FF13 026 £1 300 Napoleon Bronze H64cm/_H25in_ London 98
_$14 530 FF85 878 £9 000 Venus Italica Marble H154cm/_H60in_ London 97
_$9 000 FF49 724 £5 593 Four Pages of an Album Black chalk/paper 13,1x20,6cm/_5x8in_ New-York 97
CANOVA Antonio (Studio) 1757-1822 **[6]**
_$5 531 FF31 409 £3 461 Venus mit Delphin und Putten Marbre H79cm/_H31in_ Zürich 97
_$101 000 FF496 000 £64 000 Les Trois Grâces Marbre H180cm/_H70in_ Zürich 95
CANOVAS Fernando 1960 **[10]**
_$17 000 FF99 240 £10 113 The Seven Branches Mixed media/canvas 187,5x247,5x20,5cm/_73x97x8in_ New-York 97
CANTA Johannes Antonius 1816-1888 **[3]**
_$6 644 FF40 367 £4 000 A Family in a Kitchen Interior Oil/board 60x50cm/_23x19in_ London 98
CANTAGALLINA Remigio c.1580-1656 **[20]**
_$720 FF4 080 £360 La nave Asterion/La nave di Agamennone Acquaforte 17x28cm/_6x11in_ Milano 98
_$4 200 FF20 730 £2 715 The Villa Fontallerta, near Florence Ink 25x40,5cm/_9x15in_ New-York 96
CANTALAMESSA-PAPOTTI Nicolà 1831-1910 **[2]**
_$37 700 FF187 000 £23 840 A Cherub seated in a clam shell Marble H73,5cm/_H28in_ Singapore 95

CANTARINI IL PESARESE Simone 1612-1648 **[37]**
- $868 FF5 278 £521 The Temptation of Adam Etching 20x17cm/*7x6in* London 98
- $1 680 FF9 520 £840 Putti che reggono il globo Sanguina/carta 23,5x15,5cm/*9x6in* Milano 98

CANTARINI IL PESARESE Simone (Attrib.) 1612-1648 **[11]**
- $479 FF2 800 £292 Vierge à l'Enfant Pierre noire 11x8cm/*4x3in* Paris 97

CANTATORE Domenico 1906-1998 **[93]**
- $3 984 FF22 576 £1 992 Paesaggio italiano Olio/tela 30x40cm/*11x15in* Roma 98
- $7 560 FF36 600 £4 800 Odalisca Olio/tela 35x50cm/*13x19in* Milano 95
- $720 FF4 089 £360 Donna distesa/Paesaggio/Gente del Sud Acquaforte 34x50cm/*13x19in* Milano 98
- $899 FF5 098 £449 Paesaggio Acquarello/carta 30x43cm/*11x16in* Milano 97

CANTE Charles 1903-1981 **[63]**
- $216 FF1 200 £134 Paysage Huile/toile 81x100cm/*31x39in* Bordeaux 97

CANTELBEECK Hendrick c.1650-c.1725 **[1]**
- $5 027 FF29 744 £3 025 The Adoration of the Magi/The Death of the Virgin Mary Oil/canvas 33x41cm/*12x16in* Amsterdam 98

CANTI Giovanni (Attrib.) 1653-1716 **[1]**
- $7 800 FF44 200 £5 200 Compianto di Cristo Olio/tela 50x74cm/*19x29in* Prato 98

CANTINEAU Virgile XIX-XX **[2]**
- $4 742 FF27 559 £2 800 Feeding the bird Oil/panel 38x27,5cm/*14x10in* London 97

CANTO DA MAYA Ernesto 1890-1981 **[7]**
- $1 628 FF10 000 £976 Danseuse Terracotta 43,5x30x13,5cm/*17x11x5in* Paris 98
- $9 200 FF48 000 £5 560 Bacchante au drapé Sculpture H141cm/*H55in* Paris 96

CANTRÉ Jozef 1890-1957 **[52]**
- $831 FF4 881 £513 Christoforus Gravure bois 19x15cm/*7x5in* Lokeren 97
- $1 485 FF8 932 £891 Zittend figuur Bronze H33cm/*H12in* Antwerpen 98

CANTU Federico 1908-1989 **[23]**
- $2 100 FF12 055 £1 280 Sin título Oil/canvas 89x70cm/*35x27in* New-York 97
- $800 FF3 880 £516 Arlequín Watercolour 27x21cm/*10x8in* New-York 95

CANU Yvonne 1921 **[122]**
- $960 FF5 000 £603 Le vert-galant au soleil levant Huile/toile 46x55cm/*18x21in* Paris 96
- $1 746 FF10 000 £1 033 Saint-Tropez, le départ des voiliers Huile/toile 33x46cm/*12x18in* Calais 97

CANUTI Domenico M. (Attrib) 1620-1684 **[4]**
- $5 400 FF28 000 £3 510 Sainte Marie-Madeleine Huile/toile 59x47cm/*23x18in* Paris 96

CANUTI Domenico Maria 1620-1684 **[21]**
- $6 000 FF29 600 £3 880 An elaborate bedpost/Head of a nun Black chalk 25,4x19cm/*10x7in* New-York 96

CAO YONG 1963 **[1]**
- $2 182 FF11 160 £1 413 Women and children Oil/canvas 33x46cm/*12x18in* Taipei, Taiwan 95

CAP Constant 1842-1915 **[15]**
- $697 FF3 620 £461 Souvenir de Heist Op Den Berg Huile/panneau 24x32,5cm/*9x12in* Bruxelles 96

CAP Georges XX **[2]**
- $2 120 FF12 500 £1 300 "Je ne me parfume qu'au Djemil" Poster 136x96cm/*53x37in* London 98

CAPA Cornell 1918 **[7]**
- $1 200 FF6 200 £768 Bolshoi Ballet School, Moscow Silver print 23x16cm/*9x6in* New-York 96

CAPA Robert Endre Ernö Friedmann 1913-1956 **[31]**
- $1 000 FF5 892 £617 Death of a Loyalist Soldier near Cerro Muriano Silver print 17x23cm/*7x9in* New-York 97

CAPACCI Bruno 1906-1993 **[16]**
- $455 FF2 760 £277 Composition surréaliste Huile/toile 35x23,5cm/*13x9in* Bruxelles 98
- $603 FF3 015 £391 Composition (cheval) Gouache 41x29cm/*16x11in* Bruxelles 96

CAPALTI Cavaliere Alessandro 1810-1868 **[2]**
- $5 330 FF26 900 £3 500 Portrait of two young Boys, half-length with their Spaniel Oil/panel 76x62cm/*29x24in* London 96

CAPDEVILA MASSANA Manuel 1910 **[4]**
- $2 240 FF13 825 £1 330 "La Rambla" Oleo/lienzo 50x61cm/*19x24in* Madrid 98

CAPDEVILA PUIG Genís 1872-? **[7]**
- $1 247 FF6 490 £824 Bodegones de frutas Oleo/lienzo 37x47cm/*14x18in* Madrid 96

CAPEINICK Jean 1838-1890 **[14]**
- *$6 314 FF35 970 £3 850* Rododendrons Huile/toile 97x121cm/*38x47in* Antwerpen 97
- *$15 000 FF91 855 £8 977* Rhododendrons Oil/canvas 99x123cm/*38x48in* New-York 98

CAPEK Josef 1887-1945 **[9]**
- *$25 568 FF145 190 £16 000* Mandolin Player Oil/canvas 94x59cm/*37x23in* London 97
- *$1 000 FF6 053 £613* "Frauentorso" Linocut 33x23cm/*13x9in* New-York 98
- *$6 033 FF36 945 £3 600* Mother with Two Children Charcoal/paper 45x29cm/*17x11in* London 98

CAPET Marie-Gabrielle 1761-1818 **[7]**
- *$4 546 FF27 000 £2 754* Portrait de Madame Étienne-François Gois Huile/toile 64x53cm/*25x20in* Paris 97
- *$4 996 FF29 354 £3 000* A Seated Woman drawing/A subsidiary Study of the Head Black, red & white chalks 44x36cm/*17x14in* London 97

CAPIELLO Leonetto 1875-1942 **[52]**
- *$1 541 FF9 200 £930* "Chemin de fer du Midi, le Golf de Font-Romeu" Affiche 100x62cm/*39x24in* Orléans 97
- *$5 022 FF30 000 £3 072* Bassfar Gouache 67x53cm/*26x20in* Orléans 98

CAPOBIANCHI Vitorio XIX **[4]**
- *$1 668 FF10 230 £1 000* Restoration Oil/panel 30x40,5cm/*11x15in* London 98

CAPOGROSSI Giuseppe 1900-1972 **[149]**
- *$14 080 FF73 500 £9 240* Superficie 528 Olio/tela 24x18cm/*9x7in* Venezia 96
- *$18 317 FF103 801 £9 158* Superfice 130 Olio/tela 50x64,5cm/*19x25in* Milano 97
- *$42 240 FF215 040 £24 960* Superficie 027 Olio/carta/tela 169x89cm/*66x35in* Milano 96
- *$271 FF1 553 £169* Composizione Farblithographie 66x50,5cm/*25x19in* München 97
- *$4 500 FF25 500 £3 000* Superficie Tempera/carta 25x16cm/*9x6in* Milano 97

CAPON Georges 1890-1980 **[63]**
- *$186 FF1 150 £114* Portrait devant la fenêtre Huile/toile 60x82cm/*23x32in* Quimper 97
- *$11 648 FF68 000 £7 112* Bal nègre, rue Blomet Huile/toile 153x173cm/*60x68in* Paris 97
- *$833 FF4 200 £541* Nu Fusain 60x46cm/*23x18in* Paris 96

CAPON Georges-Emile 1904 **[10]**
- *$1 572 FF9 500 £936* Bouquet au pichet fleuri Huile/toile 60x73cm/*23x28in* Saint-Dié 97

CAPON William 1757-1827 **[4]**
- *$735 FF4 174 £460* The Remains of a Norman Architrave at Cherkenwell Church Watercolour/paper 24x37cm/*9x14in* London 97

CAPONE Gaetano 1845-1924 **[19]**
- *$1 546 FF9 155 £924* Domestic Scene Watercolour 33,5x49,5cm/*13x19in* Toronto 97

CAPONIGRO Paul 1932 **[54]**
- *$1 600 FF8 350 £967* Sunflowers, NY Gelatin silver print 48x39,5cm/*18x15in* San Francisco-Los Angeles 96

CAPORALI Bartolomeo c.1420-c.1505 **[2]**
- *$8 500 FF41 950 £5 500* The Coronation of the Virgin Painting 24x25,6cm/*9x10in* New-York 96

CAPP Al, Alfred G. Caplin 1909-1979 **[9]**
- *$2 000 FF11 890 £1 203* "Mah Dream Has Come True !!!" Acrylic/canvas 12x12cm/*5x5in* New-York 97

CAPPA LEGORA Giovanni 1887-1958 **[4]**
- *$1 398 FF7 922 £699* Sulle rive del Lago Maggiore alla Sacca Olio/cartone 15x24,5cm/*5x9in* Milano 98

CAPPELLA Francesco 1714-1784 **[2]**
- *$10 309 FF53 430 £6 695* Madonna mit Kind und Putti Oil/wood 54x46,8cm/*21x18in* Luzern 96

CAPPELLE van de Jan 1626-1679 **[7]**
- *$75 000 FF460 402 £45 952* Ships in a Calm Estuary Oil/canvas 53x69cm/*20x27in* New-York 98

CAPPELLI Giovanni 1923-1994 **[15]**
- *$1 386 FF7 080 £840* Una famiglia Waterpaint/canvas 60x70cm/*23x27in* Prato 96
- *$1 800 FF10 200 £1 200* Barche Olio/tela 40x30cm/*15x11in* Vercelli 97
- *$1 984 FF10 350 £1 302* Figura alienata Pastelli/cartone 50x65cm/*19x25in* Venezia 96

CAPPELLO Carmelo 1912 **[12]**
- *$3 299 FF18 698 £1 649* Spirali Metal H41,5cm/*H16in* Milano 97

CAPPIELLO Leonetto 1875-1942 **[248]**
- *$1 307 FF6 630 £850* "Grande Kermesse de Charité du Cercle du Bois de Boulogne" Poster 137x98cm/*53x38in* London 96
- *$1 257 FF7 500 £758* "Le Chinois" Pastel/papier 68x49cm/*26x19in* Paris 97

CAPRALOS Christos 1920 **[1]**
- *$2 253 FF11 660 £1 506* Figures Gouache/paper 28x42cm/*11x16in* Athens 96

CAPRILE Vincenzo 1856-1936 **[72]**
- *$3 600 FF20 400 £2 400* Bagni a Mergellina Olio/tavola 13x32cm/*5x12in* Roma 97
- *$8 700 FF49 300 £4 350* Venezia Olio/tela 64,5x45cm/*25x17in* Firenze 97
- *$2 400 FF13 600 £1 600* La vendita degli agrumi Acquarello/carta 51x50cm/*20x19in* Roma 97

CAPUANO Francesco 1854-? **[18]**
- *$3 844 FF21 783 £1 922* Sosta obbligata Olio/tela 70x112cm/*27x44in* Milano 98

CAPULETTI José Manuel 1925-1975 **[24]**
- *$1 753 FF9 120 £1 160* "Iris-Eva en la Puebla" Oleo/lienzo 38x46cm/*14x18in* Madrid 96

CAPUTO Ulisse 1872-1948 **[57]**
- *$1 683 FF9 500 £1 031* Fillette au chat Huile/toile 29x21cm/*11x8in* Paris 97
- *$7 613 FF44 160 £4 500* A Lady Reading Oil/canvas 46x55cm/*18x21in* London 97

CAPUZ Jacinto XIX **[1]**
- *$8 000 FF41 120 £5 000* La Sérénade Oil/canvas 80x41cm/*31x16in* New-York 96

CARA Ugo 1908 **[8]**
- *$900 FF5 100 £450* Nel vento Bronzo H32cm/*H12in* Trieste 97

CARABAIN Jacques François 1834-1892 **[103]**
- *$1 003 FF6 171 £611* Nature morte aux harengs Huile/panneau 17x22cm/*6x8in* Bruxelles 98
- *$11 802 FF67 522 £7 366* Eine rheinländische Stadt mit einer Burgruine im Hintergrund Öl/Leinwand 78,5x63cm/*30x24in* Stuttgart 97

CARABAIN Victor XIX-XX **[22]**
- *$1 578 FF8 992 £990* Le port de Savone Huile/toile 60x90cm/*23x35in* Bruxelles 97

CARABIN Rupert 1862-1932 **[32]**
- *$4 160 FF21 530 £2 686* Danseuse Bronze H19,5cm/*H7in* Stockholm 96

CARADEC Marcel 1901 **[20]**
- *$227 FF1 100 £146* Moulin la Vigne Dessin 47x61cm/*18x24in* Grenoble 95

CARADOSSI Vittorio 1861-? **[11]**
- *$85 000 FF504 449 £52 062* Shooting Stars Marble H155cm/*H61in* New-York 97

CARAGLIO Gian Giacomo Karalis c.1500-1570 **[10]**
- *$347 FF2 027 £213* Herkules und Kerberos Print 21,7x18,2cm/*8x7in* Berlin 97

CARAGLIO Gian Jacopo c.1500-1565 **[4]**
- *$673 FF4 016 £406* Die Folge der mythologischen Götter, nach Rosso Fiorentino Kupferstich 21,5x11cm/*8x4in* Berlin 97

CARALDI P. XIX-XX **[1]**
- *$33 000 FF169 620 £20 625* Nude with a butterfly Marble H155cm/*H61in* New-York 96

CARAMAN-CHIMAY de Elisabeth XIX-XX **[1]**
- *$14 960 FF78 000 £9 400* Vision de Sa Majesté la reine Elisabeth de Belgique Pastel 97x79cm/*38x31in* Paris 96

CARAN D'ACHE Emmanuel Poiré, dit 1858-1909 **[43]**
- *$127 FF750 £75* Cour de Cassation Encre Chine/papier 37x31cm/*14x12in* Orléans 97

CARASSO Fred 1899-1969 **[9]**
- *$1 755 FF10 246 £1 078* Reclining Nude Bronze H10cm/*H3in* Amsterdam 97

CARAUD Joseph 1821-1905 **[30]**
- *$2 662 FF16 000 £1 609* Jeune femme à la fenêtre Huile/toile 31x28cm/*12x11in* Paris 98
- *$11 000 FF57 100 £7 270* Le jeu de cartes Oil/canvas 60x45cm/*23x17in* New-York 96
- *$70 000 FF397 950 £42 861* Le retour du Grand Condé après la bataille de Senef (1674) Oil/canvas 132x107cm/*51x42in* New-York 97

CARAVAGGIO da Polidoro 1490-c.1543 **[2]**
- *$7 953 FF41 223 £5 165* Studie einer sitzenden Frau und eines Schreitenden Red chalk/paper 11,2x14,1cm/*4x5in* Luzern 96

CARAZO MARTINEZ Ramón 1896-1936 **[2]**
- *$3 575 FF21 725 £2 200* Joven con ceramica Oleo/lienzo 122x62cm/*48x24in* Madrid 98

CARBONE Giovanni Bernardo 1616-1683 **[3]**
- *$22 312 FF127 710 £13 179* Portrait of a Lady Oil/canvas 102x81cm/*40x31in* Amsterdam 97

CARBONELL Guidette XX **[4]**
- *$2 864 FF17 000 £1 754* Lampe "Oiseau" Céramique H49,5cm/*H19in* Paris 97

CARBONELL Manuel 1918 **[5]**

*$8 000 FF47 142 £4 780 Arquero Bronze 61x35,5x30,5cm/*24x13x12in* New-York 97*

*$16 000 FF95 521 £9 828 Intimacy Bronze 94x40,5x35,5cm/*37x15x13in* New-York 98*

CARBONELL Santiago 1960 **[5]**

*$20 000 FF97 000 £12 880 Mujer de espaldas Oil/canvas 100x70cm/*39x27in* New-York 95*

*$45 000 FF268 816 £27 553 "Mujer que no existe" Oil/canvas 120x140cm/*47x55in* New-York 98*

CARCANO Filippo 1840-1914 **[13]**

*$1 920 FF10 050 £1 260 Paesaggio con torrente Olio/tavola 15x22,5cm/*5x8in* Roma 96*

*$10 540 FF53 000 £6 970 La punta di Bellagio Olio/tela 36x58cm/*14x22in* Roma 95*

*$52 419 FF304 761 £32 000 In Alto Oil/canvas 88x137,5cm/*34x54in* London 97*

CARCANO Filippo (Attrib.) 1840-1914 **[2]**

*$6 555 FF37 145 £3 277 Veduta del Lgo di Como Olio/tela 29x56cm/*11x22in* Roma 98*

CARDENAS Augustin 1927 **[134]**

*$17 600 FF92 000 £10 480 Presque'assise Bronze H150cm/*H59in* Paris 96*

*$16 565 FF98 135 £10 000 Christina/Forme Marble H76cm/*H29in* London 97*

*$475 FF2 300 £306 Projet de sculpture Encre 48x30cm/*18x11in* Douai 95*

CARDENAS Marta 1944 **[3]**

*$990 FF5 925 £600 Desnudos en posiciones gimnásticas Aguada/papel 19x18cm/*7x7in* Madrid 98*

CARDENAS Santiago 1937 **[4]**

*$30 000 FF175 233 £17 751 Pizarron Grande Oil/canvas 127x240cm/*50x94in* New-York 97*

CARDI IL CIGOLI Ludovico 1559-1613 **[18]**

*$3 500 FF17 270 £2 263 The King of Bavaria (?) Ink 24x14cm/*9x5in* New-York 96*

CARDINAL-SCHUBERT Joane 1942 **[11]**

*$465 FF2 718 £277 4 Riders Mixed media/paper 61,5x22cm/*24x8in* Calgary, Alberta 97*

CARDINAUX Emil 1877-1936 **[87]**

*$1 510 FF7 850 £998 "Bei Goldiwil" Öl/Leinwand 90x100cm/*35x39in* Bern 96*

*$10 252 FF60 951 £6 271 Rastende Spaziergänger auf einem sonnigen Hügel Öl/Leinwand 120,5x105,5cm/*47x41in* Bern 97*

*$1 467 FF8 653 £900 "Confection Kehl" Poster 124x95cm/*48x37in* London 98*

CARDON Claude XIX-XX **[21]**

*$3 273 FF19 065 £2 000 Disputed territory Oil/panel 15x20,5cm/*5x8in* London 97*

CARDONA Joan XIX-XX **[20]**

*$4 290 FF25 675 £2 600 Mujer andaluza mirándose al espejo Oleo/lienzo 75x59cm/*29x23in* Madrid 98*

*$12 240 FF71 640 £7 560 Carmen Oleo/lienzo 99x126cm/*38x49in* Madrid 97*

CARDONA José XIX-XX **[4]**

*$792 FF4 875 £486 Jongetje met lantaarn Bronze 18,5x26cm/*7x10in* Lokeren 98*

CARDONA LLADOS Juan 1877-1958 **[5]**

*$4 950 FF29 625 £3 075 Mujer con cestos de frutas Oleo/lienzo 100,5x75,5cm/*39x29in* Madrid 97*

CARDONA Y TIO Joan 1877-1957 **[9]**

*$22 508 FF138 263 £13 500 On the Balcony Oil/canvas 96x114cm/*37x44in* London 98*

*$496 FF2 800 £302 Frou-Frou Encre Chine 44,5x29,5cm/*17x11in* Angers 97*

CARDUCHO Vicente (Attrib.) 1576-1638 **[4]**

*$32 614 FF194 794 £19 966 Konungarnas tillbedjan Oil/canvas 160x88cm/*62x34in* Stockholm 98*

*$1 018 FF6 000 £628 La Pentecôte/Evêque Lavis 30x21,5cm/*11x8in* Paris 97*

CARDWELL Holme 1815-? **[2]**

*$11 550 FF70 642 £6 853 Two Italian Greyhouds Wrestling Bronze 44x78x43cm/*17x31x17in* Thomaston, ME 98*

CAREL Johannes XIX-XX **[57]**

*$270 FF1 700 £165 Enfants sur la plage Huile/toile 24x30cm/*9x11in* Morlaix 97*

CARELLI Achille XIX **[2]**

*$5 699 FF32 298 £2 849 Veduta della costa napoletana Olio/tela 31x40cm/*12x15in* Roma 98*

CARELLI Conrad H.R. 1869-1950 **[37]**

*$421 FF2 427 £260 Summer's Day Stroll Watercolour 39,5x29cm/*15x11in* London 97*

CARELLI Consalvo 1818-1900 **[106]**

*$8 600 FF44 300 £5 200 A View of Sorrento Oil/panel 37,5x23,5cm/*14x9in* London 96*

*$16 070 FF91 932 £9 800 Fishermen in the Bay of Naples Oil/canvas 40,5x67cm/*15x26in* Glasgow 97*

*$23 614 FF134 634 £14 500 The Bay of Naples Oil/canvas 109x175cm/*42x68in* London 97*

*$1 700 FF8 340 £1 107 Taormina Acquarello 28x22cm/*11x8in* Roma 95*

CARELLI Consalvo (Attrib.) 1818-1900 [4]
 $1 839 FF11 058 £1 100 A Coastal Landscape Looking Towards Vesuvius Gouache/paper 21x28cm/*8x11in*
West Wycombe, Buckinghamshire 98
CARELLI Gabriele 1820-1880 [101]
 $128 FF711 £80 A Pagoda in a Tuscan Landscape Pencil 16,5x26,5cm/*6x10in* London 97
CARELLI Giuseppe 1858-1921 [129]
 $3 670 FF22 506 £2 200 The Bay of Naples Oil/canvas 25x39cm/*9x15in* London 98
 $10 400 FF53 400 £6 190 Il Golfo di Napoli da Mergellina Olio/tavola 42x56cm/*16x22in* Roma 96
CARELLI Gonsalvo 1818-1910 [7]
 $1 152 FF6 993 £700 Italian Peasants in a Landscape Watercolour/paper 27x39cm/*10x15in* London 98
CARELLI Raffaele 1795-1854 [7]
 $33 000 FF169 620 £20 625 An Outing to Ischia Oil/canvas 73,5x106cm/*28x41in* New-York 96
CARELLI Raffaele (Attrib.) 1795-1854 [1]
 $7 660 FF40 000 £4 630 Constantinople, la Tour de Galata Huile/toile 38,5x63cm/*15x24in* Paris 96
CARENA Felice 1897-1966 [54]
 $5 040 FF28 560 £2 520 Pesce Olio/cartone 34,5x45cm/*13x17in* Prato 97
 $9 000 FF51 000 £4 500 Natura morta con fiori secchi Olio/tela 34,5x47,5cm/*13x18in* Prato 97
 $25 080 FF127 680 £14 820 Le bagnanti Olio/tavola 170x110cm/*66x43in* Milano 96
 $660 FF3 740 £440 Frate e poveri Inchiostro/carta 29,7x20,9cm/*11x8in* Prato 97
CARESME Jacques Ph. (Attrib) 1734-1796 [11]
 $17 197 FF102 000 £10 516 Le passage du gué/La traite Huile/toile 37,5x45,5cm/*14x17in* Paris 97
CARESME Jacques Philippe 1734-1796 [29]
 $14 050 FF70 000 £9 200 Scène galante dans un paysage Huile/toile 46x55cm/*18x21in* Paris 95
 $2 283 FF11 220 £1 446 Léda et le Cygne Aquarelle/papier 22,5x27,5cm/*8x10in* Zürich 95
CAREY Evelyn 1858-1932 [2]
 $5 603 FF33 138 £3 400 "The Fort Bridge, Method of erection, May 24th, No. 332" Albumen print
29,3x36,2cm/*11x14in* London 98
CAREY Joseph William 1859-1937 [46]
 $1 272 FF6 580 £850 A Busy Pier, Kirkwall Watercolour 23,5x45cm/*9x17in* London 96
CAREY Peter 1774-1852 [5]
 $577 FF3 500 £350 Mamhead House and Park, Devon Watercolour 25x37cm/*9x14in* London 98
CARGALEIRO Manuel 1927 [38]
 $5 680 FF29 000 £3 740 Composition-cathédrale Huile/toile 24x19cm/*9x7in* La Varenne Saint-Hilaire 96
 $5 870 FF30 000 £3 870 Composition Huile/toile 46x38cm/*18x14in* La Varenne Saint-Hilaire 96
 $2 704 FF15 400 £1 660 Composition, cathédrale rouge Gouache 21,5x16cm/*8x6in* La Varenne Saint-
Hilaire 97
CARGNEL Vittore Antonio 1872-1931 [20]
 $1 890 FF9 270 £1 230 Scorcio urbano Olio/tavola 26x39,5cm/*10x15in* Milano 95
 $3 000 FF17 000 £2 000 Villaggio alpino Olio/cartone 46x59cm/*18x23in* Milano 97
CARIANI Valrado J. XIX-XX [3]
 $8 500 FF48 350 £5 241 Golden Afternoon Oil/canvas 81x91cm/*32x36in* Cincinnati, Ohio 97
CARIGIET Alois 1902-1985 [220]
 $6 307 FF37 344 £3 745 Selbstbildnis mit Zipfelmütze Öl/Leinwand 22x27cm/*8x10in* Zürich 97
 $17 698 FF103 012 £10 909 Der Bruder Zarli am Brunnen beim Zähneputzen Huile/panneau
128x90cm/*50x35in* Bern 97
 $92 351 FF546 775 £55 217 Das Tanzpaar Öl/Leinwand 110x130cm/*43x51in* Zürich 97
 $1 230 FF7 314 £752 Acht Waldvögel auf einem Ast Farblithographie 44x59,5cm/*17x23in* Bern 97
 $3 243 FF19 205 £1 939 Schaf beim Scheren Craies 31x45cm/*12x17in* Zürich 97
CARIOT Gustave 1872-1950 [17]
 $1 284 FF7 500 £788 Les moyettes à périgny-sur-Hyères Huile/toile 46,5x61cm/*18x24in* Pontoise 97
CARJAT Etienne 1828-1906 [26]
 $2 000 FF10 350 £1 280 Charles Baudelaire, c.1863/G. Rossini, c.1856 Photograph 23x18cm/*9x7in* New-
York 96
CARJAT Étienne (Attrib.) 1828-1906 [1]
 $3 024 FF18 000 £1 848 Portrait de Blanquart-Evrard Tirage charbon 21,9x17cm/*8x6in* Paris 98
CARL Adolf 1814-1845 [3]

$7 101 FF43 624 £4 260 "Grosse Landschaft am Chiemsee" Oil/canvas 72x94cm/*28x37in* Bremen 98
CARL-ROSA M. Cornilleau Raoul 1855-1913 **[16]**
$2 604 FF13 000 £1 700 Fleurs des champs, Les Andelys Huile/panneau 41x31cm/*16x12in* Barbizon 95
$2 610 FF15 592 £1 618 Landschaft an der Seine Oil/panel 32x55cm/*12x21in* Zürich 97
CARLANDI Onorato 1848-1939 **[88]**
$1 664 FF8 710 £1 092 Paesaggio della Campagna Romana Olio/tavola 23x38cm/*9x14in* Roma 96
$5 200 FF26 700 £3 096 Paesaggio del lago di Vico Olio/tela 68x90cm/*26x35in* Roma 96
$12 400 FF62 400 £8 200 Primavera insidiata Olio/tela 150x185cm/*59x72in* Roma 95
$1 257 FF6 390 £750 An Italian hilltop castle, Abruzzi Watercolour/paper 28x44cm/*11x17in* London 96
CARLAW William 1847-1889 **[4]**
$2 277 FF13 270 £1 400 Kirkaldy Harbour Watercolour/paper 31,5x59,5cm/*12x23in* West Lothian 97
CARLES Antonin 1851-1919 **[11]**
$1 543 FF8 000 £995 Bacchus enfant Bronze H47,5cm/*H18in* Paris 96
CARLES Arthur Beecher 1882-1952 **[27]**
$20 000 FF118 414 £11 960 Abstract still life Oil/panel 40,6x32,3cm/*15x12in* New-York 97
$38 000 FF225 651 £23 016 Composition #4 Oil/canvas 130x103cm/*51x40in* Philadelphia 97
$450 FF2 675 £278 Nude Charcoal/paper 28x21cm/*11x8in* Philadelphia 97
CARLES ROSICH Domingo 1888-1962 **[4]**
$198 FF1 185 £120 Jardin Oleo/lienzo 40x50cm/*15x19in* Madrid 97
CARLEVARIS Luca 1665-1731 **[32]**
$240 000 FF1 462 512 £146 208 Capriccio view of a Port Oil/canvas 104,5x176cm/*41x69in* New-York 98
$500 000 FF3 046 900 £304 600 The Piazzetta, Venice, from the Bacino Oil/canvas 73x120,5cm/*28x47in* New-York 98
$408 FF2 400 £245 Palazzo Bembo/Palazzo Pisani/Palazzo Pisani a St. Stefano Eau-forte 20x29cm/*7x11in* Paris 97
$20 000 FF122 774 £12 254 The Palazzo Grimani on the Grand Canal, Venice Wash 18,5x29cm/*7x11in* New-York 98
CARLI Auguste H. 1868-1930 **[10]**
$500 FF3 019 £303 Le soldat Bronze H29cm/*H11in* Bethesda, Maryland 98
CARLIER Émile Joseph N. 1849-1927 **[14]**
$608 FF3 516 £357 Athlete Bronze H63cm/*H25in* Bloomfield Hills, Michigan 97
CARLIER M. XIX-XX **[8]**
$5 800 FF34 482 £3 548 Still Life with Roses in a Blue Vase Oil/canvas 76x53,5cm/*29x21in* New-York 97
CARLIER Maurice 1894-1976 **[17]**
$2 047 FF12 172 £1 215 Nature morte aux poissons Huile/toile 90x60cm/*35x23in* Antwerpen 97
CARLIER Max, Albert 1872-1938 **[51]**
$1 138 FF6 812 £688 Vase fleuri de roses et tulipes perroquets Huile/panneau 44x34cm/*17x13in* Bruxelles 97
$3 264 FF19 476 £1 968 Stilleven met pioenen en kersen Huile/toile 80x60cm/*31x23in* Lokeren 97
$20 000 FF122 474 £11 970 Still Life with Flowers and Fruit Oil/canvas 195x117cm/*76x46in* New-York 98
CARLIER Modeste 1820-1878 **[34]**
$4 000 FF24 375 £2 481 Still Life with Peaches, Grapes and Peonies Oil/canvas 80x120,5cm/*31x47in* New-York 98
$8 750 FF53 585 £5 237 A Mother and Her Two Young Sons Oil/canvas 108,5x169cm/*42x66in* New-York 98
CARLIERI Alberto 1672-c.1720 **[6]**
$27 600 FF156 400 £13 800 Prospettiva architettonica con scena bacchica Olio/tela 64x75cm/*25x29in* Roma 98
$27 626 FF160 529 £17 000 Figures grouped around a foutain beside classical ruins Oil/canvas 122x169cm/*48x66in* London 97
CARLIERI Alberto (Attrib.) 1672-c.1720 **[9]**
$16 840 FF86 600 £10 500 Capriccio landscape with Bacchic figures dancing Oil/canvas 98x135cm/*38x53in* London 96
CARLINE George 1855-1920 **[6]**
$488 FF2 985 £300 Sketch of London from Hampstead Heath Oil/panel 20x28cm/*7x11in* London 98
CARLINI Giulio 1830-1887 **[5]**
$10 006 FF62 112 £6 000 A Sanhaggiah Warrior Oil/canvas 118x76cm/*46x29in* London 98

CARLISLE George James Howard XIX-XX **[3]**

✏ *$1 423 FF8 523 £850* Lady seated beside a Garden Fountain in an exotic Garden in Algiers Watercolour 36x26,5cm/*14x10in* London 98

CARLISLE John XIX-XX **[7]**

✏ *$440 FF2 686 £270* Highland Cattle in Twilight Watercolour/paper 28x49cm/*11x19in* Newbury, Berkshire 98

CARLONE Carlo Innocenzo 1686/87-1775/76 **[22]**

◷ *$13 000 FF76 650 £7 971* Triumph of the Cross Oil/canvas 48,5x32cm/*19x12in* New-York 98

◷ *$14 000 FF82 546 £8 584* Bozetto for a Ceiling with Allegorical Figures of Kingship and War Oil/canvas 52x44cm/*20x17in* New-York 98

▥ *$470 FF2 702 £287* Der Engel erscheint Josef im Traum Radierung 18,2x11,6cm/*7x4in* Berlin 97

✏ *$8 330 FF49 261 £5 000* Design for a Ceiling, with the Fall of the Damned Red chalk 20x25cm/*7x9in* London 97

CARLONE Marco 1742-1796 **[1]**

▥ *$854 FF5 235 £511* Three Classical Wall Decorations Etching 50x54,5cm/*19x21in* Amsterdam 98

CARLOS-REYMOND 1884-1970 **[20]**

◷ *$1 491 FF8 500 £931* La côte sauvage Huile/toile 54x73cm/*21x28in* Le Havre 97

CARLSEN Carl 1855-1917 **[37]**

◷ *$1 633 FF9 699 £1 003* Veranda med kvinde siddende i lampelys Oil/canvas 79x63cm/*31x24in* Vejle 97

◷ *$20 000 FF118 694 £12 250* "A Musical Interlude at an Inn" Oil/canvas 108,5x139,5cm/*42x54in* San Francisco 98

CARLSEN Dines 1901-1966 **[24]**

◷ *$2 100 FF12 758 £1 264* "Landscape with Fallen Tree" Oil/canvas 60x63cm/*24x25in* Elgin, Illinois 98

◷ *$5 500 FF31 773 £3 390* Violets Oil/masonite 44x35,5cm/*17x13in* New-York 97

CARLSEN Rudolf Julius 1812-1892 **[6]**

◷ *$5 000 FF29 002 £3 077* Bowl of Chrysanthemums Oil/canvas 50x68cm/*20x27in* New-York 97

CARLSEN Sören Emil 1853-1932 **[79]**

◷ *$2 000 FF11 976 £1 228* Surf Oil/panel 18x22cm/*7x9in* Elgin, Illinois 98

◷ *$2 908 FF17 500 £1 741* Bacchus et Ariane, d'après Titien Huile/toile 173x191cm/*68x75in* Paris 98

◷ *$16 000 FF92 432 £9 862* Two Dories Oil/canvas 41x61cm/*16x24in* New-York 97

CARLSON George XX **[5]**

⚒ *$4 250 FF21 420 £2 742* Last Breath Bronze 23x17cm/*9x7in* Hayden 96

CARLSON John Fabian 1875-1945 **[29]**

◷ *$4 249 FF24 255 £2 627* Morning lyric Oil/canvas/board 30,5x40,5cm/*12x15in* New-York 97

◷ *$11 000 FF62 642 £6 752* "Afternoon Glow" Oil/canvas 63x76cm/*25x30in* Bethesda, Maryland 97

CARLSON Ken XX **[8]**

◷ *$6 500 FF31 005 £4 087* Elk Oil/board 15x12cm/*5x4in* Hayden 95

◷ *$32 500 FF163 800 £20 969* A Kodiak Brown Oil/board 60x91cm/*24x36in* Hayden 96

⚒ *$3 000 FF14 310 £1 886* Pladge to the Sun Bronze H16cm/*H6in* Hayden 95

CARLSON William XX **[1]**

⚒ *$8 500 FF44 400 £5 140* Sculpture from The Pragnanz Series Sculpture H47cm/*H18in* New-York 96

CARLSSON Harry 1891-1968 **[17]**

◷ *$1 930 FF9 750 £1 266* Balletdanserne Oil/canvas 70x61cm/*27x24in* København 96

⚒ *$7 420 FF44 015 £4 535* Stockholm stiger op ad havet Assemblage H75cm/*H29in* København 98

CARLSTEDT Birger 1907-1975 **[10]**

◷ *$2 064 FF12 190 £1 222* Stilleben Oil/canvas 55x65cm/*21x25in* Helsinki 97

CARLSTEDT Mikko 1892-1964 **[28]**

◷ *$1 323 FF7 855 £810* Stilleben Oil/canvas 60x80cm/*23x31in* Helsinki 97

CARLSTRÖM Gustaf 1896-1964 **[30]**

◷ *$1 493 FF7 620 £983* Flicka som doppar foten Oil/canvas 65x80cm/*25x31in* Stockholm 96

◷ *$5 497 FF31 411 £3 368* Blomsterprakt Oil/canvas 117x105cm/*46x41in* Stockholm 97

CARLSUND Otto Gustaf 1897-1948 **[32]**

◷ *$2 454 FF14 694 £1 508* Komposition Mixed media 24,5x17,5cm/*9x6in* Stockholm 98

◷ *$17 170 FF87 600 £11 300* Dekorativ komposition Oil/canvas 55x33cm/*21x12in* Stockholm 96

✏ *$1 056 FF6 172 £625* "Anti-paranoja" Watercolour 13x12cm/*5x4in* Stockholm 97

CARLTON Fred XIX-XX **[6]**

◷ *$1 000 FF6 016 £600* The Woodcutters Oil/canvas 51x76cm/*20x29in* London 98

CARLTON William Tolman 1816-1888 **[3]**
- *$3 250 FF19 345 £2 017* Vegetable Vendors Oil/canvas 19x17cm/*7x6in* North Berwick, Maine 97
- *$4 800 FF28 285 £2 964* Cider Making Oil/canvas 51x62cm/*20x24in* New-York 97

CARLU Jean G. 1900-1997 **[64]**
- *$375 FF1 896 £242* "Bijou Fix, Mon armure est en or..." Poster 87x75cm/*34x29in* New-York 96

CARMASSI Arturo 1925 **[36]**
- *$960 FF5 440 £480* "Luca" Olio/tela 73x60cm/*28x23in* Vercelli 98

CARMI Eugenio 1920 **[24]**
- *$660 FF3 740 £330* "Fiore" Olio/tela 60x50cm/*23x19in* Prato 98

CARMICHAEL Franklin 1890-1945 **[17]**
- *$16 800 FF87 400 £11 130* Don Valley at Lansing, Ontario Oil/board 25,5x30,5cm/*10x12in* Toronto 96
- *$149 896 FF856 604 £91 836* "Old pine, Grace lake" Oil/canvas 63,5x76,2cm/*25x29in* Toronto 97
- *$1 725 FF9 861 £1 057* "Pencilled iris" Linocut in colors 24,1x17,8cm/*9x7in* Toronto 97
- *$3 406 FF17 800 £2 134* The White House Watercolour/paper 24x27cm/*9x10in* Toronto 96

CARMICHAEL James W. (Attrib.) 1800-1868 **[11]**
- *$4 141 FF25 375 £2 500* Loch Ness Oil/canvas 40,5x76cm/*15x29in* London 98

CARMICHAEL James Wilson 1800-1868 **[153]**
- *$6 000 FF29 500 £3 800* A Ship-of-the-line approaching other shipping Oil/canvas 31x41cm/*12x16in* London 95
- *$69 600 FF363 000 £46 000* Opening engagement at Trafalgar between "Royal Sovereign" & "Sta. Ana" Oil/canvas 106x180cm/*41x70in* London 96
- *$262 570 FF1 510 723 £155 000* A sleek-hulled British Opium Schooner... Oil/canvas 60x90cm/*23x35in* London 97
- *$1 587 FF9 719 £950* On a River in the North East Ink 25,5x42cm/*10x16in* London 98

CARMIENCKE Johan Hermann 1810-1867 **[24]**
- *$3 250 FF19 276 £1 987* Figures with canoe in landscape Oil/canvas 30x40cm/*12x16in* Towson, Maryland 97
- *$4 560 FF25 998 £2 800* Hilltown in a Landscape Oil/canvas 74x109,5cm/*29x43in* London 97
- *$13 070 FF74 349 £8 000* The Blue Grotto, Capri Oil/canvas 100,5x127cm/*39x50in* London 97

CARMONA Williams 1964 **[1]**
- *$9 000 FF53 035 £5 377* Mi queso Gruyere Oil/canvas 61x91,5cm/*24x36in* New-York 97

CARMONTELLE Louis Carrogis(Attr) 1717-1806 **[8]**
- *$14 176 FF88 000 £8 544* "Tartuffe", Acte V, scène dernière Aquarelle 16x10cm/*6x3in* Rouen 98

CARMONTELLE Louis Carrogis, dit 1717-1806 **[26]**
- *$16 650 FF85 000 £11 020* Portrait de Monsieur et Madame de Neuville Sanguine 29,3x18,3cm/*11x7in* Paris 96

CARNEO Antonio 1637-1692 **[11]**
- *$24 000 FF136 000 £12 000* L'Architteto Olio/tela 127x95cm/*50x37in* Roma 97

CARNICERO Antonio 1748-1814 **[4]**
- *$82 800 FF476 400 £49 200* Majos en un parque Oleo/lienzo 45x56cm/*17x22in* Madrid 97

CARNOVALI IL PICCIO Giovanni 1804-1873 **[2]**
- *$7 200 FF40 800 £4 800* L'Adorazione del vitello d'oro Olio/cartone 22,5x31,5cm/*8x12in* Milano 97

CARNOVALI IL PICCIO Giovanni (Attrib.) 1804-1873 **[1]**
- *$5 610 FF28 900 £3 570* Scene mitologiche Olio/tavola 28x43cm/*11x16in* Venezia 96

CARNWATH Squeak 1947 **[5]**
- *$7 475 FF44 894 £4 464* "There But For" Mixed media/panel 51x51cm/*20x20in* San Francisco 98
- *$20 000 FF118 694 £12 250* Sit Still Oil/canvas 244x183cm/*96x72in* San Francisco-Los Angeles 97

CARO Anthony 1924 **[62]**
- *$13 000 FF74 285 £7 963* Woman waking up Bronze H66cm/*H25in* New-York 97
- *$45 000 FF218 000 £28 900* Medusa Sculpture 180x198x119cm/*70x77x46in* New-York 95
- *$1 500 FF7 790 £992* Study of a Sprig with leaves Pencil 56x42cm/*22x16in* San Francisco-Los Angeles 96

CARO de Baldassarre 1689-c.1750 **[18]**
- *$14 400 FF81 600 £9 600* Natura morta di selvaggina di piuma Olio/tela 100x151cm/*39x59in* Roma 97

CARO de Lorenzo c.1700-c.1765 **[8]**
- *$10 684 FF62 998 £6 325* Samson destroying the house of the Philistines Oil/canvas 36,5x47cm/*14x18in* London 97

CARO de Lorenzo (Attrib.) c.1700-c.1765 **[2]**
- *$3 353 FF20 090 £2 000* St. Januarius with an Angel Holding a Phial Oil/canvas 98,5x75cm/*38x29in*

London 98
CARO Pierre XX **[13]**
✏ *$776 FF4 000 £515* Portrait de femme orientale Pastel 37x33cm/*14x12in* Brest 96
CARO-DELVAILLE Henry 1876-1926 **[19]**
👁 *$10 954 FF68 000 £6 568* Garden Party Huile/toile 65x81cm/*25x31in* Paris 98
👁 *$17 457 FF110 000 £11 000* Jeune femme dans un intérieur Huile/toile 136x110cm/*53x43in* Cannes 97
🖼 *$3 200 FF16 570 £2 140* "L'Art Décoratif" Poster 87x127cm/*34x50in* New-York 96
CAROLIS de Adolfo 1874-1928 **[4]**
🖼 *$1 200 FF7 151 £719* "Viiia Esposizione Internazionale, Venezia" Poster 80x50cm/*31x19in* New-York 98
CAROLUS Jean 1814-1897 **[23]**
👁 *$1 102 FF6 391 £650* The Pensive Maiden Oil/panel 35,5x25,5cm/*13x10in* London 97
👁 *$8 500 FF41 400 £5 380* Contemplation Oil/panel 52x39cm/*20x15in* New-York 95
🖼 *$1 686 FF9 780 £1 038* Femme lisant en prenant son thé Gravure bois 36x30cm/*14x11in* Bruxelles 97
CAROLUS-DURAN Charles Émile 1837-1917 **[77]**
👁 *$917 FF5 500 £552* Vue de Venise Huile/panneau 23x16cm/*9x6in* Paris 98
👁 *$3 544 FF21 133 £2 200* Portrait of a Lady Oil/canvas 71x52cm/*27x20in* London 97
⚒ *$7 000 FF40 000 £4 288* Un jeune Florentin Terracotta H49cm/*H19in* Paris 97
✏ *$841 FF5 000 £521* Autoportrait Pastel/papier 55x46cm/*21x18in* Paris 97
CARON Alphonse 1869-1917 **[4]**
👁 *$2 520 FF14 715 £1 521* Le garçon Huile/panneau 42x36cm/*16x14in* Liège 97
CARON Antoine c.1521-1599 **[5]**
✏ *$52 000 FF319 212 £31 860* Figures imploring a Priest on the Steps of a Temple Ink 27,5x38cm/*10x14in* New-York 98
CARON Antoine (Attrib.) c.1521-1599 **[3]**
✏ *$3 674 FF22 000 £2 257* Le combat des Juifscontre les Amalécites Crayon 31x44cm/*12x17in* Montpellier 98
CARON Auguste 1806-? **[3]**
✏ *$2 900 FF15 000 £1 880* Vue de la Seine aux Bains Deligny Aquarelle 16x26cm/*6x10in* Paris 96
CARON Henry 1860-XX **[2]**
👁 *$1 500 FF9 074 £890* Figures in the Park Oil/panel 25x34cm/*10x13in* Delray Beach, Florida 98
CARON Joseph 1866-1944 **[49]**
👁 *$211 FF1 030 £133* Le bois de Stockel Huile/panneau 18x24cm/*7x9in* Antwerpen 95
👁 *$409 FF2 439 £250* Sous-bois Huile/toile 37x54cm/*14x21in* Bruxelles 98
CARON Marcel 1899-1961 **[22]**
👁 *$609 FF3 020 £385* Maison en sous-bois Huile/toile 44x56cm/*17x22in* Liège 95
👁 *$542 FF3 246 £330* Les démons qui se battent Huile/panneau 24x32,5cm/*9x12in* Liège 97
✏ *$189 FF1 136 £115* Nu féminin Sanguine/papier 27x21cm/*10x8in* Liège 97
CARON Paul Archibald 1874-1941 **[34]**
✏ *$255 FF1 323 £169* Horses pulling a barrel Pencil 25x38cm/*9x14in* Montréal 96
CARONI Emmanuele 1826-? **[2]**
⚒ *$10 000 FF51 500 £6 450* A Putto emerging from an egg Bronze H65cm/*H25in* New-York 96
CAROSELLI Angelo (Attrib.) 1502-1567 **[3]**
👁 *$42 000 FF238 000 £28 000* Personificazione della retorica Olio/tela 90,5x72cm/*35x28in* Prato 97
CAROSELLI Cesare 1847-1927 **[5]**
👁 *$4 788 FF29 214 £2 916* Gentilhomme en visite Huile/toile 47x65cm/*18x25in* Bruxelles 98
CAROSI Alberto 1891-1967 **[17]**
👁 *$1 656 FF9 384 £828* Aratura Olio/cartone 30x34cm/*11x13in* Roma 98
👁 *$1 800 FF10 200 £900* Strada in campagna Olio/tela 63x70cm/*24x27in* Roma 98
CAROZZI Giuseppe 1864-1938 **[5]**
👁 *$3 600 FF20 400 £1 800* Impressione all'alpe Flir, Grigioni Olio/cartone 40x69cm/*15x27in* Milano 97
CARPANETTO Giovanni Battista 1863-1928 **[3]**
🖼 *$3 910 FF20 230 £2 500* "Automobile Club di Torino" Poster 146x112cm/*57x44in* London 96
CARPEAUX Jean-Bapt. (Attrib.) 1827-1875 **[5]**
👁 *$5 800 FF30 000 £3 740* Le Baptême du Christ Huile/panneau 17,5x27cm/*6x10in* Paris 96
✏ *$975 FF5 665 £600* The Three Graces Red chalk/paper 33,5x49cm/*13x19in* London 97
CARPEAUX Jean-Baptiste 1827-1875 **[328]**
👁 *$3 500 FF21 328 £2 171* Portrait of an Old Woman Oil/canvas 32,5x23,5cm/*12x9in* New-York 98

$654 FF4 000 £399 Le rieur Napolitain/La rieuse Napolitaine Bronze H16cm/H6in La Varenne Saint-Hilaire 98
$10 500 FF60 000 £6 432 Le Génie de la Danse Bronze H84cm/H33in Paris 97
$1 258 FF7 538 £750 Four Figures and a Horse by a Well/Three seadted Figures Black & white chalks/paper 19x25,5cm/7x10in London 98

CARPENTER Fred Green 1882-1965 **[6]**
$4 250 FF24 738 £2 619 "Portrait of Miss K" Oil/canvas 99x78cm/39x31in Cincinnati, Ohio 97
$1 900 FF11 377 £1 167 "Nude" Pastel/paper 60x45cm/24x18in Cincinnati, Ohio 98

CARPENTER Margaret Sarah 1793-1872 **[15]**
$2 000 FF12 128 £1 220 Portrait of Lady Elizabeth Bulteel Oil/canvas 44x35cm/17x13in New-York 98
$10 000 FF59 347 £6 125 Portrait of a Young Girl Oil/canvas 117x86,5cm/46x34in New-York 97

CARPENTER William 1818-1899 **[5]**
$9 977 FF58 935 £6 200 Rushing River, Jamaica Watercolour 34x48cm/13x18in London 97

CARPENTERO Henri J. Gommarus 1820-1874 **[17]**
$4 000 FF24 375 £2 481 Woman Selling Fowl and Hare Oil/panel 48,5x39,5cm/19x15in New-York 98
$5 460 FF32 460 £3 240 Village près d'une rivière Huile/panneau 29x39cm/11x15in Antwerpen 97

CARPENTIER de Jaap 1921 **[10]**
$742 FF4 392 £445 Three musical clowns Oil/canvas 65x81cm/25x31in Amsterdam 97

CARPENTIER Evariste 1845-1922 **[24]**
$6 000 FF29 500 £3 800 The young shepherdess Oil/canvas 41x32,5cm/16x12in New-York 95
$6 744 FF39 240 £4 128 Berger et moutons dans un paysage avec moulin Huile/toile 45x54cm/17x21in Antwerpen 97

CARPENTIER Madeleine 1865-1940 **[6]**
$337 FF2 000 £200 La jeune mère Pastel/papier 45x60cm/17x23in Paris 97

CARPI Aldo 1886-1973 **[19]**
$1 560 FF8 840 £780 Paesaggio montano Olio/tavola 50x63cm/19x24in Milano 97
$264 FF1 348 £160 Studio per un interno China/carta 20x20cm/7x7in Vercelli 96

CARPI da Girolamo 1501-1556 **[12]**
$225 085 FF1 351 890 £135 000 The Adoration of the Magi Oil/panel 51x33cm/20x12in London 98
$1 100 FF6 658 £669 The Judgement of Solomon Wash 17x16,5cm/6x6in New-York 98

CARPI da Girolamo (Attrib.) 1501-1556 **[4]**
$1 234 FF7 362 £744 Entwurf für einen Fries Ink/paper 14,4x43,3cm/5x17in Köln 97

CARPI da Ugo c.1450/80-1520 **[10]**
$520 FF2 712 £304 Dei Kreuzabnahme Woodcut 35,8x29,6cm/14x11in Berlin 96

CARPIO del Juan José (Attrib.) XVII-XVIII **[1]**
$18 480 FF110 600 £11 200 Jesús curando a un paralítico dentro de un capricho arquitectónico Oleo/lienzo 103x164cm/40x64in Madrid 98

CARPIONI Giulio 1613-1678 **[35]**
$3 795 FF21 505 £2 530 Cristo nell'orto Olio/rame 27x17,5cm/10x6in Roma 98
$6 410 FF36 327 £3 205 Sant'Antonio da Padova ha la visone del Bambino Gesù Olio/tela 88x100cm/34x39in Roma 97
$73 700 FF434 500 £44 000 "Bacanal. Bacantes y sátiros bailando y descansando .." Oleo/lienzo 141x178,5cm/55x70in Madrid 97
$740 FF3 830 £480 Saint Anthony of Padua Etching 21,5x14cm/8x5in London 96
$1 004 FF6 034 £600 A Satyr gazing at a Woman woken from Sleep Black chalk/paper 22x20cm/8x7in London 98

CARPIONI Giulio (Attrib.) 1613-1678 **[14]**
$2 835 FF16 681 £1 750 Jupiter und Antiope Öl/Leinwand 90x127cm/35x50in Wien 97
$1 566 FF9 725 £944 Studienblatt mit vielfigurigen Szenen Indian ink 29x44,5cm/11x17in Heidelberg 98

CARQUEVILLE Will 1871-1946 **[2]**
$800 FF4 576 £487 Lippincott's February/L. April/L. October/L. November Color lithograph 48x31,5cm/18x12in New-York 97

CARR David 1915-1968 **[3]**
$3 921 FF23 437 £2 400 Man and Machine V Oil/canvas 61x50,5cm/24x19in London 97

CARR DE CREEFT Alice Robertson 1899-? **[1]**
$4 000 FF22 779 £2 428 Harold C.Ramser Off to the Hunt with His Hounds Bronze H43cm/H17in New-York 97

CARR Emily M. 1871-1945 **[39]**
- *$8 770 FF45 600 £5 810* Fish Wharves Oil/panel 42x34cm/*16x13in* Toronto 96
- *$21 500 FF112 300 £13 480* Tree study Oil/paper/panel 59x89cm/*23x35in* Toronto 96
- *$4 281 FF24 630 £2 527* Untitled, Dog Fish Ceramic H21,5cm/*H8in* Vancouver, BC. 97
- *$3 340 FF17 440 £2 093* View of Victoria, B.C. Watercolour/paper 15x24cm/*5x9in* Toronto 96

CARR Henry Marvell 1894-? **[5]**
- *$1 610 FF9 311 £1 000* Seated Nude Reading Oil/board 26x33cm/*10x12in* London 97

CARR Leslie 1891-? **[5]**
- *$782 FF4 050 £500* "Exeter, Great Western Railway" Poster 99x64cm/*38x25in* London 96

CARR Samuel S. 1837-1908 **[21]**
- *$3 250 FF19 417 £1 990* Sheep grazing Oil/canvas 40,5x61cm/*15x24in* New-York 98
- *$7 000 FF41 815 £4 286* Showery Day Oil/canvas 30,5x40,5cm/*12x15in* New-York 98

CARR Thomas, Tom 1912-1977 **[23]**
- *$2 408 FF14 778 £1 500* The South Staffs in Full Cry Watercolour 48,5x73,5cm/*19x28in* Glasgow 97

CARRA Carlo 1881-1966 **[158]**
- *$9 000 FF51 000 £6 000* "Inferno, Canto XXVI" Tecnica mista/cartone 50x35cm/*19x13in* Milano 97
- *$42 600 FF241 400 £21 300* Natura morta Olio/tela 30x40cm/*11x15in* Prato 97
- *$210 FF1 190 £140* Interno con figure Litografia 50x40cm/*19x15in* Vercelli 97
- *$4 499 FF25 498 £2 249* Fuga in Egitto Carboncino/carta 36x46cm/*14x18in* Milano 98

CARRACCI Agostino 1557-1602 **[49]**
- *$390 FF2 034 £228* Die Aufrichtung des Kreuzes Print 50,8x39,8cm/*20x15in* Berlin 96
- *$15 600 FF80 400 £10 000* Quos Ego/Figure holding a whip Red chalk 45,2x35cm/*17x13in* London 96

CARRACCI Agostino (Attrib.) 1557-1602 **[10]**
- *$21 084 FF120 000 £13 044* L'Adoration des Bergers Huile/toile 99,5x77,5cm/*39x30in* Paris 97
- *$4 520 FF23 000 £2 700* Paysans et leur âne dans un paysage Encre 19,8x27,7cm/*7x10in* Paris 96

CARRACCI Annibale 1560-1609 **[40]**
- *$273 000 FF1 407 000 £175 000* The Madonna and Child with Saints Lucy, Dominic and Louis of France Oil/copper 43,5x34cm/*17x13in* London 96
- *$650 FF3 390 £380* Der hl. Franz von Assisi Radierung 14,5x10,4cm/*5x4in* Berlin 96
- *$6 062 FF35 892 £3 600* A Wooded Landscape Ink 19,5x27,5cm/*7x10in* London 97

CARRACCI Annibale (Attrib.) 1560-1609 **[16]**
- *$7 500 FF42 662 £4 590* Saint-Veronica's Veil Oil/canvas 58x48cm/*22x18in* New-York 97
- *$32 000 FF195 001 £19 494* Bust of an old Woman wearing a White Shawl Oil/paper/canvas 42x33,5cm/*16x13in* New-York 98
- *$3 500 FF21 186 £2 131* An Academy/Sketch of a Head Black chalk 28,5x21,5cm/*11x8in* New-York 98

CARRACCI Antonio (Attrib.) 1583-1618 **[4]**
- *$8 500 FF50 535 £5 265* Pieta Oil/panel 28x36cm/*11x14in* New-York 97

CARRACCI Lodovico 1555-1619 **[18]**
- *$5 780 FF29 230 £3 794* Madonna con Bambino e Sant'Antonio Abbate Öl/Leinwand 62,5x46cm/*24x18in* Wien 96
- *$20 007 FF120 168 £12 000* Erminia and the Shepherds Oil/canvas 93,5x132,5cm/*36x52in* London 98
- *$23 400 FF120 500 £15 000* The Return from Egypt, with angels Ink 18,5x15,4cm/*7x6in* London 96

CARRAND Louis Hilaire 1821-1899 **[52]**
- *$1 315 FF7 500 £807* Paysage aux grands arbres Huile/toile 34x38,5cm/*13x15in* Lyon 97
- *$2 721 FF16 200 £1 663* Le grand chêne, près de la mare Huile/toile 40x55,5cm/*15x21in* Barbizon 98

CARRÉ Léon 1878-1942 **[28]**
- *$391 FF2 254 £230* "Ville de Boufarik" Affiche 106,5x76cm/*41x29in* London 97
- *$1 337 FF8 000 £812* Le paon blanc Gouache/papier 22,5x17,5cm/*8x6in* Paris 97

CARRÉ Michiel Carree 1657-1727/47(?) **[23]**
- *$3 200 FF16 400 £1 944* A shepherd at rest by a stream/A shepherdess watering cattle Oil/canvas 47,5x42,5cm/*18x16in* New-York 96

CARRÉ Michiel Carree(Attr) 1657-1727/47(?) **[6]**
- *$1 493 FF8 500 £924* Le repos du berger et de son troupeau Huile/panneau 32x44cm/*12x17in* Paris 97
- *$6 870 FF34 240 £4 500* Shepherd by a ruined building in a mountainous landscape Oil/canvas 98,5x111cm/*38x43in* London 95

CARREE Franciscus c.1630-1669 **[1]**

$2 916 FF17 402 £1 759 Die Versuchung des Hl. Antonius Oil/panel 36,5x31cm/*14x12in* Köln 97

CARRÉE Hendrik 1656-1721 **[3]**

$5 250 FF27 170 £3 510 Gentleman offering an orange to a lady, seated Oil/canvas 48x39cm/*18x15in* Amsterdgm 96

CARRENO Mario 1913 **[128]**

$4 000 FF22 909 £2 366 El Fuego Mixed media/canvas 53x43cm/*21x17in* Miami, Florida 97

$21 000 FF120 550 £12 801 Paisaje Oil/board 25,5x20,5cm/*10x8in* New-York 97

$35 000 FF208 953 £21 500 Encuentro en el espacio azul Oil/canvas 160x119,5cm/*62x47in* New-York 98

$8 000 FF41 600 £5 290 Nina en Paisaje Tormentoso, Ruinas Ink 42,5x32cm/*16x12in* New-York 96

CARRERA Augustin 1878-1952 **[34]**

$291 FF1 700 £176 Le peignoir rouge Huile/toile/panneau 74x50cm/*29x19in* Aix-en-Provence 97

CARRICK John Mulcaster c.1820-c.1890 **[17]**

$4 997 FF30 829 £3 000 The Solidor, St Dervin, St Malo, Brittany Oil/board 22x34,5cm/*8x13in* London 98

CARRICK Thomas Heathfield 1802-1875 **[4]**

$490 FF2 918 £300 Mr. and Mrs. Samuel Blaylock of Brough House near Carlisle Miniature 19x14,5cm/*7x5in* London 98

CARRIE R. XIX-XX **[1]**

$3 000 FF17 878 £1 798 "Meeting d'Aviation, Strasbourg" Poster 108x76cm/*42x29in* New-York 98

CARRIER-BELLEUSE Albert 1824-1887 **[322]**

$3 666 FF21 255 £2 288 Melodie Bronze 66x27cm/*25x10in* Lokeren 97

$8 000 FF40 500 £5 240 Neapolitan dancer Bronze H104cm/*H40in* New-York 96

$1 980 FF10 000 £1 293 Études Pierre noire 34x29cm/*13x11in* Paris 96

CARRIER-BELLEUSE Louis-Robert 1848-1913 **[38]**

$1 655 FF10 000 £986 Le moine amateur, le spectacle Huile/toile 56x38cm/*22x14in* Soissons 97

$1 182 FF6 000 £776 Buste de Choisy, tête de jeune fille de profil Céramique H43cm/*H16in* Lille 96

$4 624 FF27 923 £2 775 Tänzerin Pastel/paper 100x65cm/*39x25in* Luzern 98

CARRIER-BELLEUSE Pierre 1851-1933 **[98]**

$3 139 FF19 200 £1 862 Intérieur de ferme Huile/toile 50x61cm/*19x24in* Pont-Audemer 98

$18 000 FF109 157 £10 981 The Fortune Teller Oil/canvas 101,5x119,5cm/*39x47in* New-York 98

$2 002 FF10 370 £1 300 Portrait of a Lady in floral bonnet Pastel 71x57cm/*27x22in* London 96

CARRIERA Rosalba 1675-1758 **[21]**

$56 000 FF270 400 £35 000 Portrait of Prince Charles Edward Stuart, bust length Pastel 54,3x41,5cm/*21x16in* London 95

CARRIERA Rosalba (Attrib.) 1675-1758 **[7]**

$2 950 FF15 000 £1 762 Femme à mi-corps tenant une couronne de laurier Pastel/papier 61x51cm/*24x20in* Paris 96

CARRIERE Alphonse 1808-? **[3]**

$9 000 FF55 113 £5 386 The Coffe Hour Oil/canvas 57,5x72cm/*22x28in* New-York 98

CARRIERE Eugène 1849-1906 **[227]**

$3 270 FF20 000 £2 010 Profil de femme Huile/toile 41x35cm/*16x13in* Paris 98

$11 000 FF66 869 £6 773 Maternité Oil/canvas 99x59,5cm/*38x23in* New-York 98

$600 FF3 586 £367 Méditation Lithograph 24x15cm/*9x5in* San Francisco-Los Angeles 97

$333 FF1 700 £215 Maternité Crayon 19x30cm/*7x11in* Paris 95

CARRIES Jean Joseph Marie 1855-1894 **[18]**

$4 000 FF24 213 £2 455 A Mask Sculpture H26cm/*H10in* New-York 98

CARRIGAN William 1868-1939 **[4]**

$700 FF4 062 £431 White Peonies Oil/canvas/board 73x60cm/*29x24in* New-York 97

CARRILLO Lilia 1929 **[6]**

$5 500 FF31 572 £3 352 Infante con cuadro abstracto Oil/masonite 45,5x32,5cm/*17x12in* New-York 97

$19 000 FF92 100 £12 240 Principio del eclipse Oil/canvas 80x100cm/*31x39in* New-York 95

CARRINGTON Dora 1893-1932 **[9]**

$16 850 FF85 000 £11 000 Tulips in a Two-Handled Jug Oil/canvas 51x41cm/*20x16in* London 96

$4 256 FF24 021 £2 608 Staffordshire figure Bodycolour 38,2x26,7cm/*15x10in* London 97

CARRINGTON Leonora 1917 **[101]**

$26 000 FF149 253 £15 849 Untitled Tempera/board 33x38cm/*12x14in* New-York 97

$90 000 FF468 000 £59 500 Peek-a-Boo Oil/canvas 100x80cm/*39x31in* New-York 96

$1 500 FF8 955 £921 Bird Bath Serigraph in colors 88x69,5cm/*34x27in* New-York 98

*$10 000 FF59 701 £6 143 La Vaca Sculpture 48x7x4,5cm/*18x2x1in* New-York 98*

*$3 800 FF22 183 £2 260 Mundo Mágico de los Mayas Pencil 30,5x46cm/*12x18in* New-York 97*

CARROLL John A. 1892-1959 **[19]**

*$17 000 FF101 796 £10 444 "Trapeze Girls" Oil/canvas 76x63cm/*30x25in* Cincinnati, Ohio 98*

*$324 FF1 850 £199 Reclining woman (Sunbather) Watercolour 25,5x35,5cm/*10x13in* New-York 97*

CARROLL Lawrence 1954 **[14]**

*$2 400 FF12 300 £1 460 Why Mixed media/canvas 23x28x20cm/*9x11x7in* New-York 96*

*$3 500 FF20 384 £2 138 Listen Oil 106x97x26,5cm/*41x38x10in* New-York 97*

CARROLL Lewis, Ch.L. Dodgson 1831-1898 **[44]**

*$4 790 FF24 800 £3 200 Queen Eleanor, Fair Rosamund, June Albumen print 20x15cm/*8x6in* London 96*

CARROLL W.J. [6]

*$3 810 FF19 200 £2 500 A springtime beauty Oil/canvas 91,5x61cm/*36x24in* London 96*

CARRUTHERS William XIX **[1]**

*$1 580 FF7 760 £1 000 Gibraltar Watercolour 37x52cm/*14x20in* London 95*

CARSE A. Duncan XIX-XX **[6]**

*$6 662 FF38 535 £4 000 Cat's-eye woos moonstone Watercolour 26,5x38,5cm/*10x15in* London 97*

CARSE Alexander c.1770-1843 **[5]**

*$3 369 FF20 435 £2 000 Glaud and Peggy - The Gentle Shepherd, Act V Scene II by Allan Ramsay Oil/canvas 35,5x51cm/*13x20in* Glasgow 98*

CARSE William (Attrib.) XVIII-XIX **[1]**

*$2 479 FF14 866 £1 500 Saying Grace Oil/canvas 34,5x30,5cm/*13x12in* Glasgow 97*

CARSON Jim 1942 **[3]**

*$4 200 FF21 882 £2 641 Tracking for General Crook Oil/canvas 71x162cm/*28x64in* Scottsdale, Arizona 96*

CARSON Robert Taylor 1919 **[12]**

*$830 FF4 935 £500 Donkeys and Figures on a Road Oil/canvas/board 42,5x59cm/*16x23in* Billingshurst, West Sussex 98*

CARSTENS Asmus Jacob 1754-1798 **[4]**

*$10 730 FF55 200 £6 690 Classical Figures dancing in an Architectural setting, with a statue.. Ink 49x68,5cm/*19x26in* Wien 96*

CARSTENS Asmus Jacob (Attrib) 1754-1798 **[1]**

*$3 510 FF17 260 £2 224 Les Danaïdes Lavis 33x46cm/*12x18in* Zürich 95*

CARSTENSEN Andreas 1844-1931 **[4]**

*$1 304 FF7 774 £800 "At the Port of Girgeh" Oil/canvas 47x71,5cm/*18x28in* London 98*

CARSTENSEN Ebba 1885-1967 **[61]**

*$427 FF2 197 £260 Opstilling med fuglebur Oil/canvas 61x47cm/*24x18in* København 96*

CARTE Anto 1886-1954 **[51]**

*$6 744 FF39 120 £4 152 Marin sur les quais tenant un cruche Huile/toile 143x68cm/*56x26in* Bruxelles 97*

*$5 966 FF31 141 £3 629 De Kreupele en de Blinde Monotype 48,5x38,5cm/*19x15in* Lokeren 96*

*$6 825 FF40 650 £4 175 Le porte-drapeau Gouache/paper 44x28,5cm/*17x11in* Bruxelles 98*

CARTER Clarence Holbrook 1904-1985 **[20]**

*$3 000 FF18 061 £1 794 Still Life Near a Window Oil/canvas 51,5x45,5cm/*20x17in* San Francisco 98*

*$230 FF1 398 £139 Olive Trees Capri Aquatint in colors 13x17cm/*5x6in* Shaker Heights, Ohio 98*

*$200 FF1 201 £120 The Old Covered Bridge Watercolour/paper 33x45cm/*13x18in* Cleveland, Ohio 98*

CARTER Gary 1939 **[12]**

*$2 500 FF13 025 £1 572 Cowboy Makin's Oil/canvas 25x50cm/*10x20in* Scottsdale, Arizona 96*

*$5 000 FF26 050 £3 144 "Pass in Revue" Oil/canvas 45x60cm/*18x24in* Scottsdale, Arizona 96*

CARTER George (Attrib.) 1737-1796 **[1]**

*$5 920 FF30 300 £3 800 Death of Capt. Cook by the Indians of O, Why, Ee (Sandwich Islands) Oil/metal 61x76cm/*24x29in* London 96*

CARTER Henry Barlow 1795-1867 **[53]**

*$478 FF2 835 £300 Figures, Boats, Horse and Cart on the Shore at Holy Island Watercolour/paper 22x30cm/*9x12in* Scarborough 97*

CARTER Henry Barlow (Attr.) 1795-1867 **[5]**

*$304 FF1 754 £180 Off Whitby Watercolour/paper 15x22,5cm/*5x8in* London 97*

CARTER Jack XX **[7]**

*$1 301 FF7 421 £800 A Still life of Sweet Peas in a Glass Vase Watercolour/paper 35,5x44cm/*13x17in*

Billingshurst, West Sussex 97
CARTER Keith 1948 **[20]**
📷 *$1 400 FF6 940 £886* Chicken Feathers Gelatin silver print 38x38cm/*15x15in* New-York 95
CARTER Pruett 1891-1955 **[16]**
🖾 *$2 950 FF15 120 £1 792* Woman visiting artist in studio, illustration for "Wife by the Day" Oil/canvas 93x99cm/*37x39in* New-York 96
CARTER Richard Harry 1839-1911 **[30]**
🖾 *$745 FF3 780 £480* "A Sou-Wester, near Lands End" Oil/canvas 51x71cm/*20x27in* London 96
✎ *$1 000 FF5 688 £612* "The Head of the Creek on a South Devon River" Watercolour, gouache/paper 81x66cm/*32x26in* New-York 97
CARTER Samuel John 1835-1892 **[9]**
🖾 *$7 813 FF46 647 £4 800* John stepping Turner, Huntsman to the Norfolk Staghounds Oil/canvas 70x90cm/*27x35in* London 98
🖾 *$29 430 FF152 400 £19 000* Portrait of John Muster, full length Oil/canvas 245x204cm/*96x80in* London 96
CARTER Samuel, Jnr. XIX-XX **[2]**
🖾 *$2 977 FF16 438 £1 800* A King Charles Spaniel Oil/canvas 61x76cm/*24x29in* London 97
CARTER Sydney 1874-1945 **[49]**
🖾 *$441 FF2 565 £262* A Cape Mission Station Oil/canvas 35x46cm/*13x18in* Johannesburg 97
✎ *$314 FF1 884 £193* Bluegum trees, a building in the distance Watercolour/paper 25x31cm/*9x12in* Johannesburg 98
CARTER Thomas (Attrib.) c.1730-1795 **[1]**
✎ *$1 975 FF11 988 £1 200* Designs for Chimney-Pieces Ink 14x18cm/*5x7in* London 98
CARTER William Sylvester 1909-? **[1]**
🖾 *$2 800 FF16 355 £1 656* After the Bath Oil/board 50x40cm/*20x16in* Cincinnati, Ohio 97
CARTIER Jacques XIX-XX **[16]**
▭ *$209 FF1 300 £126* La panthère noire Lithographie couleurs 53,5x92,5cm/*21x36in* Paris 98
CARTIER Karl 1855-1925 **[13]**
🖾 *$1 778 FF10 500 £1 053* Chevaux au pansage Huile/toile 63x107cm/*24x42in* Châlons-sur-Marne 97
CARTIER Thomas 1879-1943 **[69]**
🗿 *$784 FF4 575 £478* Lion rugissant Bronze 36x59cm/*14x23in* Bruxelles 97
CARTIER Victor Emile 1811-1866 **[9]**
🖾 *$1 872 FF9 500 £1 218* Paysage au troupeau Huile/toile 33x46cm/*12x18in* Tonnerre 96
🖾 *$2 071 FF12 100 £1 225* Vaches Huile/toile 46x55cm/*18x21in* Tours 97
CARTIER-BRESSON Henri 1908 **[315]**
📷 *$2 500 FF14 425 £1 532* "Ile de la Cité, Paris" Photograph 24x35,5cm/*9x13in* New-York 97
CARTLEDGE William, Ned 1916 **[14]**
🖾 *$700 FF4 291 £428* Love is More Than a Lot of Screws/"Which is Your God ?" Mixed media/panel 45x50cm/*17x19in* New-York 98
CARTLIDGE Daniel XVIII **[2]**
✎ *$4 249 FF25 723 £2 535* Botanical Studies Watercolour/paper 36x23cm/*14x9in* New-York 97
CARTON Jean 1912-1988 **[13]**
🗿 *$1 206 FF7 000 £742* Tête de fillette Bronze 13x12x12cm/*5x4x4in* Paris 97
CARTONI Nicoló XVI **[1]**
🖾 *$19 000 FF112 094 £11 635* The Descent from the Cross Oil/panel 54x42,5cm/*21x16in* New-York 98
CARTWRIGHT W.P. XIX-XX **[11]**
🖾 *$751 FF4 604 £450* Highland Views Oil/canvas 34x52cm/*13x20in* London 98
CARUELLE D'ALIGNY Théodore 1798-1871 **[26]**
🖾 *$10 584 FF63 000 £6 470* Paysage d'Italie Huile/toile 65x81cm/*25x31in* Barbizon 98
✎ *$666 FF3 800 £408* Rochers à Fontainebleau Encre Chine 29,5x41cm/*11x16in* Paris 97
CARUGO Baldo 1903-1930 **[2]**
✎ *$2 650 FF12 900 £1 677* Progetto di decorazione della casa Bonzanigo, Piazza Nosetto Aquarell 56x81cm/*22x31in* Bern 95
CARULLA Ramon 1938 **[2]**
✎ *$1 300 FF7 445 £769* Figure with Turban Mixed media/paper 74x55cm/*29x22in* Miami, Florida 97
CARUS Carl Gustav 1789-1869 **[4]**
🖾 *$50 055 FF302 268 £30 000* Moonlight on the Elbe Oil/panel 21x28cm/*8x11in* London 98
CARUSO Bruno 1927 **[20]**
🖾 *$1 500 FF8 500 £1 000* La tazzina di caffè Olio/tela 24x30cm/*9x11in* Prato 97

$2 699 FF15 298 £1 799 Natura morta con caffettiera Olio/tavola 78,5x65,5cm/30x25in Roma 97
$539 FF3 058 £359 Manicomio Tecnica mista/carta 59x22,5cm/23x8in Roma 97
CARVIN Louis Albert 1875-1951 **[12]**
$319 FF1 948 £194 Panthère chassant l'antilope Sculpture H30cm/H11in Bruxelles 98
CARY Evelyn Rumsey 1855-1924 **[3]**
$3 600 FF18 340 £2 160 "Pan-American Exposition, Buffalo" Poster 121x63,5cm/47x25in New-York 96
CARY William La Montagne 1840-1922 **[4]**
$1 600 FF9 501 £976 Deer Drinking at the River's Edge, Sunrise Watercolour/paper 27x63,5cm/10x25in Boston, Mass. 98
CARZOU Jean 1907 **[390]**
$2 193 FF12 500 £1 370 Le Port Huile/panneau 19x24cm/7x9in Calais 97
$5 150 FF25 000 £3 320 Paysage de montagne Huile/papier/panneau 65x50cm/25x19in Paris 95
$141 FF800 £86 L'Inconnue du rivage Lithographie couleurs 52x68cm/20x26in Paris 97
$74 FF450 £45 Personnage Lavis/papier 19x14cm/7x5in Orléans 98
CASALI Andrea 1705-1784 **[12]**
$18 348 FF106 000 £11 310 Cléopatre Huile/toile 100x74,5cm/39x29in Paris 97
CASALTOLI C. XIX-XX **[5]**
$692 FF3 510 £450 "Tabiano" Poster 118x90cm/46x35in London 96
CASANOVA Francesco G. (Attr.) 1727-1802 **[11]**
$11 290 FF63 977 £5 645 Scena di Battaglia Olio/tela 66,5x192cm/26x75in Milano 97
CASANOVA Francesco Giuseppe 1727-1802 **[37]**
$4 650 FF24 100 £3 003 Bildnis einer Reiterin auf einem Schimmel in der Levade nach links Oil/panel 34,5x36,5cm/13x14in Wien 96
$13 338 FF80 112 £8 000 Cavalrymen on a Bluff Above a Battle Oil/canvas 56,5x43cm/22x16in London 98
$15 502 FF89 453 £9 500 A cavalry battle Oil/canvas 97,5x129,5cm/38x50in London 97
$1 000 FF4 940 £647 A military encampment with a couple dancing Ink 28,6x43cm/11x16in New-York 96
CASANOVA Y ESTORACH Antonio Salvador 1847-1896 **[28]**
$984 FF6 000 £590 Dominicain lisant Huile/panneau 9x7cm/3x2in Calais 98
$10 700 FF56 100 £6 430 Monjes leyendo Oleo/lienzo 42x50cm/16x19in Madrid 96
CASARIN Alejandro 1845-1907 **[1]**
$1 592 FF7 770 £1 000 Mexican landscape Watercolour 30x65cm/11x25in London 95
CASARRUBIOS Gabriel [19]
$227 FF1 360 £136 Pescadores en la playa Oleo/tablex 27x22cm/10x8in Madrid 97
CASAS Y CARBO Ramón 1866-1932 **[19]**
$44 100 FF252 000 £27 090 Claustros Oleo/lienzo 65,5x81cm/25x31in Madrid 97
$3 380 FF17 150 £2 200 "Sombras, Quatre Gats" Poster 67x89cm/26x35in London 96
$5 850 FF35 550 £3 600 Dama leyendo Carboncillo 53,5x43,5cm/21x17in Barcelona 98
CASAUS Jesús Mecko 1926 **[8]**
$487 FF2 962 £300 Muchacha ante un espejo Oleo 65x54cm/25x21in Barcelona 98
CASCELLA Andrea 1920-1990 **[21]**
$4 224 FF21 500 £2 496 Legame Marbre 34x34x19cm/13x13x7in Milano 96
CASCELLA Basilio 1860-1950 **[5]**
$2 280 FF12 920 £1 140 Testa di uomo Tecnica mista/carta 36x29,5cm/14x11in Roma 97
CASCELLA Michele 1892-1989 **[242]**
$3 720 FF21 080 £1 860 Ginestre sul promontorio Olio/tela 20x30cm/7x11in Roma 97
$16 200 FF91 800 £10 800 Passo Buble 1916. E' come un sogno di un soldato abruzzese Olio/tela 100x150cm/39x59in Milano 97
$52 800 FF299 200 £35 200 "Portofino" Olio/tela 75,5x147,5cm/29x58in Milano 98
$228 FF1 292 £152 Omaggio a Portofino Serigrafia 60x80cm/23x31in Vercelli 97
$3 000 FF17 000 £1 500 "Pisa" Acquarello/carta 33,5x50,5cm/13x19in Milano 98
CASCELLA Pietro 1921 **[11]**
$6 000 FF34 000 £3 000 Senza titolo Bronzo 40x38x42cm/15x14x16in Prato 98
CASCH Harold 1895-? **[1]**
$9 510 FF48 000 £6 240 Nu Bronze H120cm/H47in Pontoise 96
CASCIARO Giuseppe 1863-1941 **[102]**

☞ *$2 480 FF12 480 £1 640* Ischia e il Castello Aragonese Olio/cartone 23x34cm/*9x13in* Roma 95
☞ *$3 600 FF20 400 £2 400* La casa bianca a Torre del Greco Olio/tela 55x64cm/*21x25in* Milano 97
✐ *$1 440 FF8 160 £720* Alberi in fiore Pastelli/carta 26x39cm/*10x15in* Roma 97
CASCIARO Giuseppe (Attrib.) 1863-1941 **[4]**
✐ *$2 003 FF10 781 £1 200* Outside an Italian Village Watercolour/paper 27x40cm/*10x15in* Billingshurst, West Sussex 97
CASEMBROODT Abraham c.1583-c.1658 **[1]**
☞ *$3 795 FF19 400 £2 500* Mediterranean harbour scene with ruins Oil/copper 2,5x17,5cm/*x6in* London 96
CASER Ettore 1880-1944 **[14]**
☞ *$1 800 FF10 477 £1 091* "Autumn" Oil/canvas 91x81cm/*36x32in* Mystic, Connecticut 97
CASERO SANZ Antonio 1887-1973 **[49]**
✐ *$130 FF790 £80* La Procesión Tinta/papel 24,5x17cm/*9x6in* Madrid 98
CASILE Alfred 1848-1909 **[45]**
☞ *$3 990 FF19 500 £2 525* Bateau sur la grève Huile/toile 24x32cm/*9x12in* Saint-Dié 95
☞ *$6 800 FF35 500 £4 045* Paysage Huile/toile 34x56cm/*13x22in* Marseille 96
✐ *$990 FF5 000 £649* Port aux environs de Marseille Aquarelle 26x38cm/*10x14in* Calais 96
CASILEAR John William 1811-1893 **[15]**
☞ *$5 500 FF32 640 £3 411* Afternoon by the Lake Oil/canvas 30,5x25,5cm/*12x10in* New-York 97
☞ *$6 500 FF39 634 £3 900* Figures and Cattle at the River's Edge Oil/canvas 49x90,5cm/*19x35in* Boston, Mass. 98
CASISSA Nicola ?-1730 **[10]**
☞ *$10 632 FF60 000 £6 516* Bouquet de fleurs Huile/toile 62,5x50,5cm/*24x19in* Paris 97
☞ *$150 000 FF920 805 £91 905* Still Life of Flowers in a Sculpted Urn resting on a Pedestal Oil/canvas 146,5x200,5cm/*57x78in* New-York 98
CASLEY William XIX-XX **[36]**
✐ *$306 FF1 795 £189* The Bishop Rock, Asparagus Island, Cornwall Watercolour 39,3x64,2cm/*15x25in* London 97
CASNELLI Victor 1867-1961 **[5]**
✐ *$1 250 FF7 159 £739* Indians Along the Trail Watercolour, gouache/paper 28x49cm/*11x19in* Santa Fe, New Mexico 97
CASOLANI Alessandro 1552-1606 **[10]**
☞ *$38 000 FF187 500 £24 560* The Madonna and Child with the Infant Saint John the Baptist Oil/panel 82x63cm/*32x24in* New-York 96
✐ *$1 415 FF8 370 £849* The Martyrdom of St. Bartholomew Wash 17,5x12,5cm/*6x4in* London 97
CASOLANI Alessandro (Attrib.) 1552-1606 **[9]**
✐ *$684 FF4 000 £417* Nativité Lavis 16x13cm/*6x5in* Paris 97
CASORATI Dafne Maugham 1897-1984 **[3]**
☞ *$2 699 FF15 298 £1 349* Ritratto di Emilia Olio/tela 60x50cm/*23x19in* Milano 98
CASORATI Felice 1883-1963 **[74]**
☞ *$18 900 FF94 200 £12 300* Nudo su fondo blu Tempera/tavola 50x60cm/*19x23in* Milano 95
☞ *$28 980 FF164 220 £14 490* Nudi Olio/carta/tela 65x6cm/*25x2in* Milano 98
☞ *$408 000 FF2 312 000 £272 000* Lo studio Olio/tela 140,5x129,5cm/*55x50in* Milano 98
▥ *$3 844 FF21 783 £1 922* Paul Valery, cantiques des colonnes Litografia 34,5x25,5cm/*13x10in* Roma 98
✐ *$7 200 FF40 800 £3 600* Donna seduta Inchiostro/carta 45x31cm/*17x12in* Milano 98
CASPAR Karl 1879-1956 **[29]**
☞ *$12 955 FF76 974 £7 705* Die Zerstörung Jerichos Öl/Leinwand 91x110,5cm/*35x43in* München 97
▥ *$89 FF536 £53* Zweikampf Lithograph 40x28cm/*15x11in* Pforzheim 98
CASPAR-FILSER Maria 1878-1968 **[22]**
☞ *$12 000 FF68 689 £7 088* Spring in the Ejach Valley Oil/board 45,5x70,5cm/*17x27in* New-York 97
CASPEL van Johann Georg 1870-1928 **[6]**
☞ *$4 225 FF22 100 £2 516* Junge Frau am Butterfass Öl/Leinwand 58x39cm/*22x15in* Hamburg 96
▥ *$1 304 FF7 692 £800* "Van Houten Cacao et Chocolat" Poster 71x43cm/*27x16in* London 98
CASSAB Judy 1920 **[33]**
☞ *$427 FF2 488 £262* Entrance Oil/board 28x37cm/*11x14in* Sydney 97
☞ *$559 FF3 244 £329* Verts Rytmiques Oil/canvas/board 61x58cm/*24x22in* Sydney 97
CASSAGNE Armand Th. 1823-1907 **[3]**
✐ *$1 167 FF6 000 £728* Promeneurs dans une allée bordée d'arbres Aquarelle 24x39cm/*9x15in* Paris 96

CASSANA Giovanni Agostino 1658-1720 **[9]**
  $9 100 FF47 500 £5 500 Still life with a trussed turkey and a wicker basket Oil/canvas 105x143cm/*41x56in* London 96
  $10 000 FF55 741 £6 115 Roosters, chickens and a turkey in a landscape Oil/canvas 88,9x134,6cm/*35x52in* New-York 97
CASSANDRE Adolphe J-M. Mouron 1901-1968 **[182]**
  $3 085 FF18 000 £1 890 Crève-coeur Huile/toile 81x101cm/*31x39in* Paris 97
  $31 920 FF190 000 £19 513 Le baladin Tempera/toile 200x238cm/*78x93in* Paris 98
  $57 500 FF329 325 £34 017 "L.M.S, Best Way" Poster 127x104cm/*50x40in* New-York 97
  $1 186 FF5 800 £750 Visage de femme aux fleurs (for Lucien Lelong's perfume) Watercolour 30x26cm/*11x10in* London 95
CASSARD François Alphonse 1787-? **[2]**
  $6 230 FF37 000 £3 774 Paysages de neige animés de personnages, cavaliers et carrioles Huile/toile 24x32,5cm/*9x12in* Saint-Dié 97
CASSAS Louis-Fr. (Attrib.) 1756-1827 **[3]**
  $8 616 FF48 000 £5 356 "Incendie dans un paysage néoclassique de personnages" Aquarelle, gouache 96x133cm/*37x52in* Reims 97
CASSAS Louis-François 1756-1827 **[53]**
  $1 794 FF10 721 £1 100 La pointe du sérail, Constantinople Etching in colors 44,5x68,5cm/*17x26in* London 98
  $8 470 FF44 200 £5 600 "Le Mont Capitolin, l'une des Collines de Rome" Watercolour 70x94cm/*27x37in* Hadspen 96
CASSATT Mary 1844-1926 **[204]**
  $21 000 FF126 810 £12 606 Mother Rose looking down at her Baby asleep after Nursing Oil/paper 49x31,5cm/*19x12in* New-York 98
  $780 000 FF4 050 000 £516 000 Lydia Seated on a Porch, Crocheting Oil 38x61,5cm/*14x24in* New-York 96
  $3 800 FF21 677 £2 336 Margot wearing a bonnet (No.1) Drypoint in colors 23,5x16,5cm/*9x6in* New-York 97
  $25 000 FF153 845 £15 177 Femme et enfant Watercolour/paper 35,5x51cm/*13x20in* New-York 98
CASSEL Axel 1955 **[5]**
  $6 765 FF41 000 £4 149 Personnage Bronze 180x8cm/*70x3in* Saint-Germain-en-Laye 98
CASSELLI Henry C. 1946 **[3]**
  $1 300 FF7 756 £784 White Columns Watercolour/paper 33x54cm/*13x21in* New Orleans, Louisiana 97
CASSIDY Gerald Ira Diamond 1879-1934 **[16]**
  $110 000 FF652 817 £67 375 The Pottery Maker Oil/canvas 117x71cm/*46x27in* New-York 98
  $4 200 FF24 055 £2 484 Montana Cowboy Watercolour/paper 36x23cm/*14x9in* Santa Fe, New Mexico 97
CASSIE James 1819-1879 **[12]**
  $1 073 FF6 437 £649 On the Don Kinaldie Oil/board 22x43cm/*8x16in* Glasgow 97
CASSIE James (Attrib.) 1819-1879 **[3]**
  $2 072 FF11 807 £1 300 View of a Farmstead with an Estuary beyond Oil/panel 24x38cm/*9x14in* London 97
CASSIERS Hendrick 1858-1944 **[143]**
  $1 091 FF5 620 £704 Vue portuaire Huile/panneau 21,5x22,5cm/*8x8in* Bruxelles 96
  $4 249 FF24 200 £2 637 "Soir à Amsterdam" Oil/board 43,2x68cm/*17x26in* New-York 97
  $60 FF352 £35 To hollandske scenerier med malkepiger Farblithographie 38x44cm/*14x17in* Vejle 97
  $795 FF4 872 £474 Bateau à quai Gouache/papier 48x57cm/*18x22in* Antwerpen 98
CASSIGNEUL Jean-Pierre 1935 **[215]**
  $2 124 FF11 000 £1 372 Un port Huile/toile 55x65cm/*21x25in* Paris 96
  $3 936 FF24 000 £2 361 Couple dans le parc Huile/toile 35x24cm/*13x9in* Calais 98
  $37 500 FF193 000 £23 400 La Robe Verte Oil/canvas 147x114,5cm/*57x45in* San Francisco-Los Angeles 96
  $666 FF3 800 £412 Le peignoir de bain Lithographie couleurs 55x41cm/*21x16in* Paris 97
  $5 995 FF35 000 £3 626 Jeune femme au manteau de fourrure Gouache/carton 70x55cm/*27x21in* Paris 97
CASSINARI Bruno 1912-1992 **[154]**
  $4 500 FF25 500 £2 250 Composizione Olio/tela 25x30,5cm/*9x12in* Prato 97
  $10 200 FF57 800 £6 800 Piccolo porto Olio/tela 100x111cm/*39x43in* Prato 97
  $24 800 FF120 800 £15 600 Due figure Olio/tela 140x100cm/*55x39in* Milano 95

✏ *$2 400 FF13 600 £1 200* Figura seduta Acquarello/carta 70x50cm/*27x19in* Vercelli 98
CASSIOLI Amos 1832-1891 **[5]**
  $1 560 FF8 840 £1 040 Ritratto di dama Olio/tela 68,5x56cm/*26x22in* Firenze 97
  $3 200 FF16 200 £2 100 Allegorical scene with figures in landscape Oil/canvas 22,6x18,6cm/*8x7in* Chicago, Illinois 96
CASSISA Nicola ?-1731 **[5]**
  $20 800 FF128 375 £12 350 Florero y pájaros Oleo/lienzo 96x74cm/*37x29in* Madrid 98
CASSIUS-VIGNAU Marcel XIX-XX **[5]**
  $687 FF4 000 £420 La cuisine du Diable, les Bohémiens Huile/panneau 39x60cm/*15x23in* Paris 97
CASSON Alfred Joseph 1898-1992 **[134]**
  $6 210 FF32 300 £4 114 Near Dorset Oil/board 24x29cm/*9x11in* Toronto 96
  $15 185 FF86 777 £9 303 "Silver morning" Oil/board 50,8x61cm/*20x24in* Toronto 97
  $188 FF1 130 £112 Pheasants Silkscreen in colors 23x27cm/*9x10in* Toronto 98
  $2 291 FF13 570 £1 361 Summer Landscape Gouache/paper 16,5x17cm/*6x6in* Toronto 97
CASSON Hugh 1910 **[15]**
  $218 FF1 125 £140 Disued Gate Watercolour 11,5x8,5cm/*4x3in* London 96
CASTAGNERI Mario 1892-1940 **[3]**
  $26 000 FF153 121 £16 047 Portrait of Marinetti Silver print 16x14cm/*6x5in* New-York 97
CASTAIGNE Jean André 1861-1929 **[6]**
  $1 500 FF9 113 £896 Beggars in a Church Yard Oil/canvas 45x60cm/*18x24in* Portland, OR 97
CASTALDO Francesco Coppola 1845-1916 **[10]**
  $789 FF4 832 £480 Spaggia di Napoli con Capri Watercolour 28x48cm/*11x18in* London 98
CASTAN Gustave Eugène 1823-1892 **[76]**
  $1 236 FF6 020 £783 Ansicht eines Schweizer Dorfes Huile/panneau 25,5x35cm/*10x13in* Bern 95
  $3 330 FF17 100 £2 075 Waldlandschaft mit Mutter und Kind Oil/paper/panel 38x60cm/*14x23in* Bern 96
CASTANEDA Alfredo 1938 **[42]**
  $9 000 FF53 763 £5 505 "El Cielo" Oil/canvas 35x30cm/*13x11in* New-York 98
  $20 000 FF114 810 £12 192 Sin historias Oil/canvas/board 51x51cm/*20x20in* New-York 97
CASTANEDA Felipe 1933 **[54]**
  $500 FF2 893 £307 Girl in a Rocking Chair/Boy in a Rocking Chair Metal H25,5cm/*H10in* Los Angeles 97
CASTEELS Alexander XVII **[3]**
  $15 220 FF90 904 £9 317 Kavakkeribatalj Oil/canvas 105x159cm/*41x62in* Stockholm 98
CASTEELS Pieter II XVII **[10]**
  $8 329 FF50 297 £5 000 A Crowded Harbour Scene with Ruins and Many Figures Oil/canvas 43x60cm/*16x23in* London 98
  $13 922 FF81 038 £8 444 Capri Oil/canvas 15x20cm/*5x7in* Luzern 97
CASTEELS Pieter II (Attrib.) XVII **[2]**
  $2 930 FF17 492 £1 800 An Extensive Harbour Scene with Figures gathering on the Shore Oil/canvas 30x40,5cm/*11x15in* London 98
CASTEELS Pieter III 1684-1749 **[68]**
  $5 029 FF30 135 £3 000 A Still Life of Anemones, Narcissi, a Tulip, an Iris and Others Oil/canvas 44x36cm/*17x14in* London 98
  $21 040 FF108 500 £13 500 Flowers in a basket on a ledge Oil/canvas 73,5x101,5cm/*28x39in* London 96
  $45 465 FF270 459 £27 000 A Peacock, Hen and Cock Pheasant in a Landscape Oil/canvas 126x98,5cm/*49x38in* London 97
  $592 FF3 013 £355 A fox among chickens Black chalk 15,5x19,4cm/*6x7in* Amsterdam 96
CASTEELS Pieter III (Attrib.) 1684-1749 **[14]**
  $3 153 FF18 672 £1 872 Blumenstilleben Öl/Leinwand 68x55cm/*26x21in* Zürich 97
  $25 026 FF152 688 £15 000 Chickens, Chicks, a Jay, Ducks and a Bullfinch in a Wooded River Oil/canvas 100,5x132,5cm/*39x52in* London 98
CASTEELS Pieter III (Cercle) 1684-1749 **[4]**
  $6 500 FF32 100 £4 200 Tulips, a Rose, Peonies, Honeysuckle, Hyacinths and other Flowers Oil/panel 90x72cm/*35x28in* New-York 96
CASTEGNARO Felice 1873-? **[6]**
  $1 822 FF9 300 £1 200 Two figures seated on a wooded landscape Oil/panel 23x33,5cm/*9x13in* London 96
CASTEL Moshe 1909-1992 **[121]**
  $7 500 FF43 782 £4 536 Paris in the snow, street corner Oil/panel 21x28cm/*8x11in* Tel Aviv 97

☞ *$14 000 FF83 234 £8 565* Basalt Oil/canvas 81x99,5cm/*31x39in* Tel Aviv 97
☞ *$18 000 FF93 000 £11 510* Page ancienne de la Thora Mixed media/canvas 162,5x114,5cm/*63x45in* Tel Aviv 96
☜ *$5 520 FF32 955 £3 367* Jerusalem Relief 37,5x27cm/*14x10in* Tel Aviv 98
✎ *$5 200 FF27 807 £3 092* Safed, Landscape and Figures Watercolour/paper 49x34cm/*19x13in* Tel Aviv 97
CASTEL Y.L. [3]
☜ *$1 373 FF7 200 £823* Ruade de brocard Bronze H20cm/*H7in* Paris 96
CASTELL Anton 1810-1864 **[8]**
☞ *$1 913 FF11 729 £1 146* Jäger in hüliger Landschaft, im Hintergrund Stadt Oil/cardboard 26x37cm/*10x14in* München 98
CASTELLANI de', SOLLAZZINO Giuliano de Giovanni c.1470-1543 **[1]**
☞ *$27 000 FF153 000 £13 500* Madonna col Bambino e la Maddalena Tempera/tavola 95x60cm/*37x23in* Milano 98
CASTELLANI Enrico 1930 **[65]**
☞ *$4 918 FF28 725 £3 019* Superficie Bianca Öl/Leinwand 77x80cm/*30x31in* Köln 97
☞ *$13 228 FF77 220 £8 000* Superficie bianca Oil/canvas 100,5x120cm/*39x47in* London 97
▥ *$236 FF1 350 £147* Positiv-Negativ Print 37x51cm/*14x20in* München 97
CASTELLANO Manuel 1828-1880 **[2]**
☞ *$4 690 FF27 650 £2 870* Prision de Valenzuela Oleo/lienzo 57,5x67cm/*22x26in* Madrid 98
CASTELLANOS Carlos Alberto 1881-1945 **[9]**
☞ *$2 354 FF13 428 £1 434* Centauro Oleo/lienzo 75x65cm/*29x25in* Montevideo 97
☞ *$18 000 FF103 329 £10 972* Escena Tropical Oil/canvas 99x137cm/*38x53in* New-York 97
CASTELLANOS Julio 1905-1947 **[2]**
☞ *$22 000 FF106 700 £14 170* Desnudos Oil/canvas 100x51cm/*39x20in* New-York 95
CASTELLANOS MANE Roberto XIX-XX **[12]**
☞ *$363 FF1 884 £240* Regata de Montevideo Oleo/tabla 26x38cm/*10x14in* Montevideo 96
☞ *$5 199 FF26 881 £3 376* Carreta con bueyes Oleo/lienzo 100x130cm/*39x51in* Montevideo 96
☞ *$4 824 FF28 443 £2 855* Paisaje Costero con Barcos Oleo/lienzo 81x116,5cm/*31x45in* Montevideo 97
CASTELLI Alessandro 1809-1902 **[10]**
☞ *$7 800 FF44 200 £3 900* Paesaggio fluviale Olio/cartone 26x48cm/*10x18in* Milano 97
☞ *$20 500 FF125 535 £12 269* The Crucifixion Oil/canvas 98,5x162,5cm/*38x63in* New-York 98
CASTELLI DETTO SPADINO Giovanni P. (Attr.) 1659-c.1730 **[7]**
☞ *$30 600 FF150 700 £19 720* Still life with mixed fruits Oil/canvas 96x70cm/*37x27in* Stockholm 95
CASTELLI DETTO SPADINO Giovanni Paolo 1659-c.1730 **[14]**
☞ *$14 667 FF86 483 £8 993* Natures mortes aux pêches Huile/panneau 17,5x23cm/*6x9in* Genève 98
☞ *$19 070 FF100 000 £11 480* Nature morte à la coupe de raisins, pêches, melon sur fond de paysage Huile/toile 74x97,5cm/*29x38in* Paris 96
CASTELLI Luciano 1945 **[54]**
☞ *$2 500 FF12 730 £1 500* Alida & Birgit Oil/canvas 81x100cm/*31x39in* New-York 96
☞ *$3 632 FF21 568 £2 200* Animals Acrylic 190x190,5cm/*74x75in* London 97
▥ *$342 FF1 984 £202* Bianca Farbserigraphie 100x99cm/*39x38in* Zürich 97
✎ *$1 430 FF7 500 £861* Hommage à Molinier Gouache/papier 200x140cm/*78x55in* Paris 96
CASTELLO Bernardo 1557-1629 **[3]**
✎ *$760 FF3 880 £500* Studies for pendentives: The Evangelist St. John and St. Luke Ink 18,4x23,4cm/*7x9in* London 96
CASTELLO Bernardo (Attrib.) 1557-1629 **[5]**
✎ *$424 FF2 500 £262* La Vierge soutenant le corp du Christ avec deux saints et deux anges Lavis 17x14cm/*6x5in* Paris 97
CASTELLO Federico 1914-1971 **[6]**
▥ *$800 FF4 155 £530* The Mask of the Red Death (Edgar A. Poe) Color lithograph 38x27,5cm/*14x10in* New-York 96
CASTELLO IL BERGAMASCO Giovan Battista c.1500-1579 **[4]**
✎ *$8 500 FF52 178 £5 208* Three Women under a Portico, with Jupiter as a Swan Flying Wash 30,5x24cm/*12x9in* New-York 98
CASTELLO IL GENOVESE Giovan Battista 1547-1637 **[8]**
✎ *$11 000 FF67 525 £6 739* The Incredulity of Saint Thomas Bodycolour 26x20,5cm/*10x8in* New-York 98

CASTELLO Valerio 1624-1659 **[11]**

🖎 *$11 730 FF66 470 £7 820* Sant'Antonio di Padova con Gesù bambino Olio/tela 70x58,5cm/*27x23in* Roma 97

🖎 *$21 892 FF130 000 £13 260* Sans titre Huile/toile 31x25,5cm/*12x10in* Thonon-les-Bains 97

🖎 *$51 500 FF269 000 £30 400* Assunzione della Vergine Olio/tela 141x171cm/*55x67in* Roma 96

CASTELLO Valerio (Attrib.) 1624-1659 **[5]**

🖎 *$17 340 FF102 000 £10 699* La présentation de Jésus au temple/L'Adoration des bergers Huile/toile 37x50cm/*14x19in* Paris 97

CASTELLON Federico 1914-1971 **[34]**

▥ *$149 FF889 £91* "Road in Arizona" Lithograph 19x34cm/*7x13in* Shaker Heights, Ohio 97

✎ *$4 250 FF25 775 £2 593* "Mater Dolorosa" Mixed media/paper 44x28cm/*17x11in* Boston, Mass. 98

CASTELLS CAPURRO Enrique 1913 **[8]**

🖎 *$13 783 FF81 267 £8 159* Tropeando Oleo/lienzo 184x288cm/*72x113in* Montevideo 97

✎ *$420 FF2 176 £272* Abriendo la portera Acuarela/papel 30x45cm/*11x17in* Montevideo 96

CASTEX Georges XIX-XX **[3]**

🖎 *$2 749 FF14 633 £1 621* Le Vert-Galant au Capitole de Toulouse Oil/canvas 114x87cm/*44x34in* New-York 97

CASTEX-DÉGRANGE Adolphe L. Dégrange 1840-1918 **[12]**

🖎 *$3 352 FF20 000 £2 022* Vase de fleurs Huile/toile 73x54cm/*28x21in* Besançon 97

CASTIGLIONE Francesco 1640-1716 **[5]**

🖎 *$27 600 FF156 400 £18 400* Scena pastorale Olio/tela 74x99cm/*29x38in* Prato 97

CASTIGLIONE Giannino 1884-1971 **[1]**

🗿 *$3 024 FF15 700 £2 000* A family in the wind Bronze H33,5cm/*H13in* London 96

CASTIGLIONE Giuseppe 1829-1908 **[14]**

🖎 *$6 022 FF36 000 £3 650* Scène galante Huile/panneau 45x54cm/*17x21in* Paris 97

CASTIGLIONE IL GRECHETTO Giovanni B. (Attrib) 1616-1670 **[5]**

🖎 *$1 776 FF10 121 £1 109* Verkündigung der Engel an die Hirten auf dem Felde Öl/Leinwand 26,5x42cm/*10x16in* Köln 97

CASTIGLIONE IL GRECHETTO Giovanni Benedetto 1616-1670 **[95]**

🖎 *$32 500 FF179 559 £20 198* The Sacrifice of Hoah/Tobit burying the Dead Oil/canvas 40x55cm/*15x21in* New-York 97

🖎 *$396 000 FF2 071 200 £240 000* Samson destroying the Temple of the Philistines Oil/canvas 131,5x194cm/*51x76in* London 96

▥ *$749 FF4 275 £460* Theseus finding his father's arms Etching 30,2x20,5cm/*11x8in* New-York 97

✎ *$10 000 FF60 533 £6 090* God the Father Appearing to Abraham/Sketches of a Head, a Landscape Ink 25x16,5cm/*9x6in* New-York 98

CASTIGLIONE Salvatore XVII **[2]**

▥ *$850 FF5 020 £503* Die Auferwekung des Lazarus Radierung 11,5x21cm/*4x8in* Berlin 97

CASTILLO del José 1737-1793 **[8]**

🖎 *$9 700 FF50 000 £6 220* Réunion de danseurs et de musiciens Huile/toile 35x47cm/*13x18in* Paris 96

✎ *$3 200 FF18 923 £1 920* Tobias and the Angel/A figure Study Ink 24x17,5cm/*9x6in* New-York 97

CASTILLO del Juan 1584-c.1657 **[5]**

🖎 *$20 400 FF120 000 £12 300* Adoración de los Pastores Oleo/lienzo 172x155cm/*67x61in* Madrid 97

✎ *$3 800 FF23 327 £2 328* Saint Felix of Valois Wash 32x24cm/*12x9in* New-York 98

CASTILLO Jorge 1933 **[232]**

🖎 *$355 FF2 100 £220* Indien Huile/toile 35x27cm/*13x10in* Paris 97

🖎 *$924 FF5 500 £564* Scènes d'Indiens Huile/toile 46x55cm/*18x21in* Paris 98

🖎 *$3 682 FF21 500 £2 227* Le pêcheur Huile/toile 130x96,5cm/*51x37in* Paris 97

▥ *$224 FF1 149 £132* L'Alchemiste Farbradierung 24,7x20cm/*9x7in* Hamburg 96

✎ *$197 FF1 171 £118* Stehendes Paar Mischtechnik/Papier 61,5x47,5cm/*24x18in* Dresden 97

CASTILLO Y SAAVEDRA del Antonio 1616-1668 **[10]**

🖎 *$16 500 FF98 750 £10 000* La Adoración de los Reyes Oleo/lienzo 162x107cm/*63x42in* Madrid 98

🖎 *$23 627 FF143 582 £14 176* La imposición de la Gasulla a San Ildefonso Oleo/lienzo 74,5x52cm/*29x20in* Madrid 98

CASTLEDON George Frederick 1861-1945 **[8]**

🖎 *$2 400 FF13 252 £1 497* Old Slave Block at the St. Louis Hotel, New Orleans Oil/canvas 44x34cm/*17x13in* New Orleans, Louisiana 97

CASTOLDI Guglielmo (Attrib.) 1852-? **[1]**

$6 540 FF31 700 £4 200 Fetching Water Oil/canvas 41x53cm/*16x20in* London 95
CASTREJON de Antonio 1625-1690 **[1]**
$10 050 FF59 250 £6 150 Anunciacion Oleo/lienzo 104x205cm/*40x80in* Madrid 98
CASTRES Edouard 1838-1902 **[37]**
$2 471 FF14 362 £1 459 Mönch Oil/panel 35x26,5cm/*13x10in* Luzern 97
$28 900 FF151 000 £17 480 L'Armée de la Loire du général Chanzy près de Paris en Janvier 1871 Huile/toile 46,5x70,5cm/*18x27in* Zürich 96
$581 FF3 453 £355 In der Käserei Aquarell/Papier 28x19cm/*11x7in* Bern 97
CASTRO a Laureys c.1664-1700 **[3]**
$18 200 FF93 000 £12 000 A Galley returning to Port after an Engagement Oil/canvas 94x157cm/*37x61in* London 96
CASTRO de Sergio 1922 **[8]**
$787 FF4 600 £466 Tour Eiffel Gouache/papier 35,5x53cm/*13x20in* Douai 97
CASTRO di Giaccomo c.1597-1687 **[1]**
$5 910 FF31 000 £3 560 Retour d'une galère gênoise après le combat Huile/toile 43x76cm/*16x29in* Paris 96
CASTRO di Giaccomo (Attrib.) c.1597-1687 **[1]**
$2 835 FF16 000 £1 726 Scène de chantier naval Huile/toile 52x78cm/*20x30in* Paris 97
CASTRO GIL Manuel 1891-1963 **[16]**
$1 430 FF8 690 £880 Rostro barbado Oleo/lienzo 32,5x30cm/*12x11in* Madrid 98
$97 FF592 £60 Molino Grabado 17x13cm/*6x5in* Madrid 98
CASTRO Lorenzo XVII-XVIII **[2]**
$7 366 FF42 000 £4 561 Galères espagnoles et anglaises Huile/panneau 33x50cm/*12x19in* Paris 97
CAT Roland 1943 **[82]**
$1 517 FF7 800 £946 "Objet de fond" Huile/toile 50x65cm/*19x25in* Toulouse 96
$371 FF1 800 £239 Discours Mine plomb 31,5x24,5cm/*12x9in* Paris 95
CATALA Luis Alvarez 1836-1901 **[6]**
$8 500 FF50 444 £5 206 "Indiscretion" Oil/canvas 39,5x27cm/*15x10in* San Francisco 98
$42 500 FF242 441 £25 844 First communion Oil/canvas 68,5x127cm/*26x50in* San Francisco 97
CATANO F. XIX **[13]**
$322 FF1 913 £200 Lake Como Watercolour 43x69cm/*16x27in* London 97
CATARSINI Alfredo 1899-1993 **[12]**
$419 FF2 378 £209 Natura morta con vaso di fiori e libro Olio/cartone/tela 58,5x48,5cm/*23x19in* Roma 97
CATEL Franz Ludwig 1778-1856 **[9]**
$8 780 FF44 400 £5 770 Blick aus einer Grotte auf eine südliche Landschaft Oil/panel 21,5x29cm/*8x11in* Bielefeld 96
CATENA Vincenzo c.1480-1531 **[3]**
$60 000 FF340 000 £30 000 Sacra conversazione Tempera/tavola 65x90cm/*25x35in* Milano 97
CATESBY Mark 1679-1749 **[8]**
$1 300 FF6 357 £822 Pl. 20 American Bison with Bristly Locust Engraving 36x26cm/*14x10in* Santa Fe, New Mexico 95
CATHELIN Bernard 1919 **[104]**
$6 000 FF34 168 £3 724 "Nature morte à la mandoline" Oil/canvas 40,6x119,4cm/*15x47in* New-York 97
$8 000 FF49 230 £4 856 "La briqueterie de San José Malaga" Oil/canvas 175x241cm/*68x94in* New-York 98
$701 FF4 000 £430 Nature morte sur fond vert Lithographie couleurs 123,5x249cm/*48x98in* Paris 97
$4 500 FF25 891 £2 656 Nuit à Angkor Vat, danse Khmere Watercolour 77x57cm/*30x22in* New-York 97
CATHELINAUX Christophe 1819-1883 **[3]**
$1 801 FF11 000 £1 080 Scène de la vie Bretonne dans le Morbihan Huile/toile 30x50cm/*11x19in* Paris 98
CATLETT Elizabeth 1919 **[3]**
$676 FF4 000 £419 Les deux clowns Aquarelle 64x48cm/*25x18in* Paris 97
CATLIN George 1794-1872 **[25]**
$85 000 FF486 829 £50 286 Stag Hunting at Night Oil/canvas 47x67cm/*18x26in* Santa Fe, New Mexico 97
$2 249 FF13 792 £1 376 Buffalo Hunt, approaching a ravine Lithograph 47x60cm/*18x23in* New-York 98
CATLIN George (Attrib.) 1794-1872 **[2]**
$2 200 FF11 140 £1 440 Portrait of Horse Chief-Head Chief of the Pawnee Oil/copper 14x11cm/*5x4in* New Orleans, Louisiana 96

---

*$50 000 FF244 500 £31 645 Catlin's North American Indian Portfolio Lithograph 44x31cm/*17x12in* Santa Fe, New Mexico 95

CATOLDI Amleto 1882-1930 **[1]**
*$180 000 FF884 000 £114 000 Nude woman Bronze H232,5cm/*H91in* New-York 95

CATRIE Antoon 1924-1977 **[8]**
*$772 FF4 552 £478 Femme debout Huile/panneau 36x30cm/*14x11in* Antwerpen 97

CATS Jacob 1741-1799 **[33]**
*$1 957 FF11 352 £1 200 Landscape with peasants and their flock approaching a stream Black chalk 21,5x31cm/*8x12in* London 97

CATTAMARA Paolo (Attrib.) XVII-XVIII **[2]**
*$6 406 FF38 000 £3 917 Nature morte à la grenade, raisins et champignons Huile/toile 65x49cm/*25x19in* Paris 97

CATTANEO Achille 1872-1932 **[15]**
*$960 FF5 440 £480 Paesaggio fluviale Olio/tavola 21x31,5cm/*8x12in* Roma 98
*$960 FF5 440 £640 Venezia, il Ponte di Rialto Olio/tela/cartone 45x54cm/*17x21in* Roma 97

CATTEL Pieter 1712-1759 **[4]**
*$1 435 FF8 227 £890 An old woman seated in an interior, holding a glass of wine, fish on.. Oil/panel 25,3x20,5cm/*9x8in* Amsterdam 97

CATTERMOLE Charles 1832-1900 **[60]**
*$82 FF504 £50 Figures before King Herod Watercolour 13x17,5cm/*5x6in* London 98

CATTERMOLE George 1800-1868 **[45]**
*$5 767 FF32 997 £3 600 May Day at Holland House Oil/panel 44,5x105,5cm/*17x41in* London 97
*$283 FF1 785 £180 Mary Queen of Scots Watercolour, gouache/paper 28,5x34cm/*11x13in* London 97

CATTERMOLE Lance Harry Mosse 1898-? **[2]**
*$600 FF3 809 £374 "Edinburgh" Poster 100x125cm/*39x49in* New-York 97

CATTI Aurelio XIX-XX **[4]**
*$2 640 FF14 960 £1 320 Passeggiata d'autunno Olio/tela 47x38cm/*18x14in* Roma 98
*$1 440 FF8 160 £720 Autunno in città Acquarello/carta 28x59cm/*11x23in* Roma 98

CATTI Michèle 1855-1914 **[5]**
*$2 257 FF12 791 £1 128 Figura in un paesaggio Olio/tela 34x44,5cm/*13x17in* Milano 97
*$6 000 FF34 000 £3 000 Paesaggio Olio/tela 63x78cm/*24x30in* Roma 97

CAUCANNIER Jean Denis Antoine XIX-XX **[5]**
*$15 000 FF77 100 £9 375 Elégantes sur la terrasse du parc de Saint-Cloud Oil/canvas 132x83cm/*51x32in* New-York 96

CAUCHIE Paul 1875-1952 **[27]**
*$905 FF4 520 £586 Fermette Gouache 47x56cm/*18x22in* Bruxelles 96

CAUCHOIS Eugène Henri 1850-1911 **[269]**
*$1 002 FF6 157 £601 Blumenstilleben Oil/canvas 32,4x40,5cm/*12x15in* Zürich 98
*$6 105 FF37 500 £3 660 Panier de fleurs Huile/toile 50x61cm/*19x24in* Saint-Dié 98
*$28 000 FF143 920 £17 500 L'atelier de porcelaine Oil/canvas 126,5x276cm/*49x108in* New-York 96

CAUCHOIS Eugène Henri (Attr.) 1850-1911 **[2]**
*$5 000 FF26 610 £2 948 Vase et bouquet de fleurs Oil/canvas 46x65,1cm/*18x25in* New-York 97

CAUCIC Franz 1755-1828 **[2]**
*$11 670 FF71 490 £7 050 Zwei Waldnymphen mit einem Schwan Indian ink 51x67,5cm/*20x26in* Wien 98

CAUER Ludwig 1866-1947 **[1]**
*$4 560 FF25 973 £2 800 Telemachus wearing a helmet and sword Bronze H66,6cm/*H26in* London 97

CAUER Robert, Snr. 1831-1893 **[4]**
*$2 443 FF13 914 £1 500 Guillaume Guiges de Moreton de Chabrillon, "né le 24 Avril 1867" Marble H48cm/*H18in* London 97
*$24 700 FF126 500 £15 000 "The Listening Faun" Marble H88cm/*H34in* London 96

CAULA Sigismondo 1637-1724 **[5]**
*$3 332 FF19 704 £2 000 St. John the Baptist in the desert Wash 28,5x19cm/*11x7in* London 97

CAULAERT van Jean-Dominique 1897-1979 **[36]**
*$410 FF2 500 £246 Bouquet de fleurs Huile/toile 75x63cm/*29x24in* Saint-Nazaire 98
*$425 FF2 200 £275 "Jean Lumière, La Voix de son Maître" Affiche 12x160cm/*4x62in* Nice 96

CAULERY de Louis c.1580-c.1625 **[51]**
*$16 350 FF85 300 £9 880 La fête au château Huile/cuivre 25,7x34cm/*10x13in* Bruxelles 96

☞ *$22 400 FF138 250 £13 300* Las Bodas de Canaa Oleo/tabla 91x191cm/*35x75in* Madrid 98
☞ *$23 997 FF145 000 £14 413* Les anges et les bergers venant adorer l'Enfant Jésus Huile/panneau 57x86cm/*22x33in* Neuilly-sur-Seine 98
CAULERY de Louis (Attrib.) c.1580-c.1625 **[9]**
☞ *$8 000 FF41 300 £5 120* The Crucifixion Oil/panel 45x32cm/*17x12in* New-York 96
☞ *$9 157 FF55 000 £5 555* Le Goldotha Huile/panneau 105x73cm/*41x28in* Paris 98
CAULFIELD Patrick 1936 **[23]**
☞ *$52 489 FF301 318 £32 000* Foyer Acrylic/canvas 213x213cm/*83x83in* London 97
▥ *$568 FF3 242 £349* (1) Grey bricks/Lusbery and Rickenbacker/Unique Colour Combination... Screenprint in colors 53x78cm/*20x30in* London 97
CAUSE Emil 1867-? **[2]**
▥ *$601 FF3 000 £393* "Le Salon des Cents" Affiche 60x40cm/*23x15in* Paris 95
CAUSSÉ Julien 1869-? **[10]**
◪ *$863 FF5 091 £528* Our Lady of Lourdes Alabaster H28cm/*H11in* Cedar Falls, Iowa 98
CAUVET Gilles Paul 1731-1788 **[6]**
✎ *$2 840 FF14 000 £1 850* Décor à motif de lyre et trompettes Sanguine 35x18,7cm/*13x7in* Paris 95
CAUVIN Edouard Louis 1817-1900 **[12]**
☞ *$4 662 FF28 000 £2 783* Retour de pêche Huile/toile 52x92cm/*20x36in* Paris 98
☞ *$4 734 FF28 000 £2 842* La Rade de Toulon Huile/toile 83x150cm/*32x59in* Paris 97
CAUVY Léon 1874-1933 **[69]**
☞ *$4 305 FF26 000 £2 584* Scène de marché à boghari Huile/carton 33x74,5cm/*12x29in* Paris 98
☞ *$6 620 FF33 000 £4 340* Marché de Maison-Carrée, Alger Huile/panneau 28x38cm/*11x14in* Paris 95
▥ *$485 FF3 000 £288* "P.L.M, Algérie, Hivernage, Tourisme" Affiche 105x74cm/*41x29in* Paris 98
✎ *$5 080 FF26 500 £3 070* Patio en Afrique du Nord Gouache 38x46cm/*14x18in* Paris 96
CAUWER de Emile Pierre J. 1828-1873 **[7]**
☞ *$2 756 FF15 981 £1 646* Numerous Townsfolk in a Street, Ghent Oil/canvas 34x30cm/*13x11in* Amsterdam 97
☞ *$9 022 FF52 546 £5 512* Ansicht einer Stadt Öl/Leinwand 84x68cm/*33x26in* Zürich 97
CAVAEL Rolf 1898-1979 **[200]**
☞ *$1 752 FF8 840 £1 150* Konstruktivisk komposition Oil/paper 27,5x35,5cm/*10x13in* København 96
☞ *$3 968 FF23 426 £2 349* "78 / Ag 2" Öl/Leinwand 80,5x57cm/*31x22in* Berlin 97
▥ *$325 FF1 928 £198* "Lithofa/25" Farblithographie 43,5x28,5cm/*17x11in* München 98
✎ *$792 FF4 514 £485* Nr. 50/48 Coloured chalks 25,5x32,5cm/*10x12in* Hamburg 97
CAVAGLIERI Mario 1887-1969 **[6]**
☞ *$4 500 FF25 500 £3 000* Giovane donna in poltrona Olio/cartone 16,9x23,8cm/*6x9in* Prato 97
☞ *$18 317 FF103 801 £9 158* Interno Olio/tela 106x96cm/*41x37in* Milano 97
☞ *$23 202 FF131 482 £11 601* Interno con consolle, orologio e candelieri Olio/tela 104x136cm/*40x53in* Milano 97
CAVAGNA Giov. Paolo (Attrib) 1556-1627 **[1]**
☞ *$15 333 FF95 000 £9 158* Portrait de jeune femme à la fraise tenant un livre Huile/toile 71x61,5cm/*27x24in* Paris 98
CAVAILLES Jules 1901-1977 **[156]**
☞ *$1 336 FF7 000 £804* Nature morte au homard Huile/panneau 33x41cm/*12x16in* Calais 96
☞ *$33 422 FF198 000 £20 017* Nature morte aux ananas Huile/toile 65x81cm/*25x31in* Marseille 97
✎ *$1 851 FF11 000 £1 129* Bouquet de fleurs sur une table Gouache/papier 61x45cm/*24x17in* Paris 98
CAVALCANTI di Emiliano 1897-1976 **[59]**
☞ *$19 000 FF109 069 £11 582* Mulher con gato Oil/canvas 41x27cm/*16x10in* New-York 97
☞ *$120 000 FF627 000 £71 400* Pescador Oil/canvas 73x92cm/*28x36in* New-York 96
☞ *$320 000 FF1 869 152 £189 344* Duas Mulatas na Veranda Oil/canvas 115x147cm/*45x57in* New-York 97
✎ *$28 000 FF146 300 £16 670* Autoretrato Ink 28,5x21,5cm/*11x8in* New-York 96
CAVALERI Ludovico 1867-1942 **[11]**
☞ *$1 200 FF6 800 £600* Torrente nel bosco Olio/tavola 43,5x31cm/*17x12in* Milano 97
☞ *$4 934 FF25 512 £3 311* La tartana delle pentole Oleo/cartón 47x50cm/*18x19in* Montevideo 96
CAVALIERE Alik 1926 **[13]**
◪ *$8 100 FF45 900 £4 050* Ramo con frutti Bronzo H61,5cm/*H24in* Prato 98
CAVALLERI Ferdinando 1794-1865 **[1]**

🎨 *$6 600 FF39 700 £4 100* Dama en el teatro Oleo/lienzo 90x76cm/*35x29in* Madrid 97
CAVALLERI Vittorio 1860-1938 **[19]**
🎨 *$1 980 FF11 220 £990* Alto Canavese Olio/cartone 35x45cm/*13x17in* Vercelli 98
🎨 *$6 899 FF39 098 £4 599* La spigolatrice Olio/cartone 70x94,5cm/*27x37in* Milano 97
CAVALLI Emanuele 1904-1981 **[17]**
🎨 *$2 400 FF13 600 £1 600* Natura morta Olio/tavola 26,5x26,3cm/*10x10in* Prato 97
🎨 *$16 200 FF91 800 £8 100* Paesaggio fluviale con bagnanti Olio/tela 63x75cm/*24x29in* Roma 97
🎨 *$75 000 FF425 000 £37 500* Meriggio Olio/tela 170x140cm/*66x55in* Roma 98
CAVALLI Giovanni 1865-1932 **[1]**
🎨 *$3 600 FF20 400 £2 400* Il prato Olio/tela 80x125cm/*31x49in* Milano 97
CAVALLINO Bernardo 1616-1656/58 **[6]**
🎨 *$9 899 FF56 098 £6 599* Cristo alla colonna Olio/tela 85x66cm/*33x25in* Roma 97
CAVALLON Giorgio 1904-1989 **[15]**
🎨 *$40 000 FF203 700 £24 000* Untitled, Novembre Oil/canvas 173x132cm/*68x51in* New-York 96
✏️ *$2 749 FF16 317 £1 705* Untitled Watercolour/paper 38x56cm/*14x22in* New-York 97
CAVALLUCCI Antonio 1751-1798 **[6]**
🎨 *$5 905 FF33 898 £3 600* The Penitent Magdalene Oil/canvas 75,5x62cm/*29x24in* London 97
CAVAZZOLA Paolo Moranda 1486-1522 **[1]**
🎨 *$2 624 FF13 520 £1 680* Bildnis eines Heiligen mit Buch und Martyrerpalmzweig Oil/panel
44x30cm/*17x11in* Stuttgart 96
CAVÉ Jules C. 1859-c.1940 **[5]**
🎨 *$4 000 FF24 375 £2 481* Les deux soeurs Oil/canvas 114,5x84cm/*45x33in* New-York 98
CAVE le Peter 1769-1811 **[11]**
✏️ *$878 FF5 207 £520* Figures on a River Bank, fishermen beyond Watercolour 17x22,5cm/*6x8in* London 97
CAVEDONE Giacomo 1577-1660 **[22]**
✏️ *$3 330 FF19 569 £2 000* The Madonna and Child with Saint George and Saint Francis Ink 29x19cm/*11x7in*
London 97
CAVEDONE Giacomo (Attrib.) 1577-1660 **[9]**
✏️ *$13 688 FF80 000 £8 352* Le Christ et le Centurion Dessin 36x26cm/*14x10in* Paris 97
CAVELIER Jorge 1953 **[1]**
🎨 *$10 000 FF59 737 £6 117* A Path to Light Oil/canvas 99x99cm/*38x38in* New-York 98
CAVENG Jean 1905-1993 **[26]**
🎨 *$508 FF2 900 £310* La rue brise Miche dans le quartier des halles à Paris Huile/toile/panneau
40x32cm/*15x12in* Quimper 97
✏️ *$174 FF1 000 £103* Maisons sur les quais Aquarelle/papier 17,5x27cm/*6x10in* Quimper 97
CAWÉN Alvar 1886-1935 **[16]**
🎨 *$3 682 FF22 116 £2 208* Äppelplockning Oil/canvas 67x50cm/*26x19in* Helsinki 98
CAWSE John 1779-1862 **[3]**
🎨 *$3 218 FF18 518 £1 900* Falstaff choosing his Recruits Oil/canvas 64x77cm/*25x30in* London 97
CAWTHORNE Neil 1936 **[66]**
🎨 *$297 FF1 540 £196* Jakt till häst Oil/canvas 40x51cm/*15x20in* Stockholm 96
CAYLEY Neville, Jnr. Will. 1886-1950 **[23]**
✏️ *$279 FF1 622 £165* Bird of Paradise Watercolour/paper 67x51cm/*26x20in* Sydney 97
CAYLEY Neville, Snr. Henry 1853-1903 **[29]**
✏️ *$691 FF4 236 £413* Wood Ducks Watercolour/paper 44x59cm/*17x23in* Sydney 97
CAYLUS de Anne Cl. de Tubières 1692-1765 **[2]**
🏛 *$650 FF3 376 £430* "Recueil des Estampes d'après les dessins du Cabinet du Roi" Etching 15x10cm/*5x3in*
New-York 96
CAYRON Jules 1868-1940 **[14]**
🎨 *$1 115 FF5 500 £725* Vase de fleurs Huile/toile 91x72cm/*35x28in* Paris 95
CAZABON Michel Jean 1813-1888 **[27]**
🎨 *$96 558 FF570 342 £60 000* The Coast at Le Carbet, Martinique, with the Trou Caraïbe Oil/canvas
44,5x55cm/*17x21in* London 97
✏️ *$17 500 FF85 400 £11 000* The St. Clare Sugar Factory, Port of Spain, Trinidad Watercolour
25x50cm/*9x19in* London 95
CAZAUBON Pierre A. XX **[1]**
🗿 *$2 886 FF14 000 £1 860* La Danse Bronze H68cm/*H26in* Paris 95

CAZAUX Édouard 1889-1974 **[10]**

 $2 533 FF15 000 £1 515 Eléphant palanquin Céramique H34cm/*H13in* Paris 97

CAZENAVE Marguerite 1904-1997 **[203]**

 $178 FF1 100 £109 Bleu du pichet, vert de poires Huile/isorel 27x46cm/*10x18in* Bayeux 98

 $3 250 FF20 000 £1 990 Retour de bal, grande composition au chapeau Huile/toile 92x73cm/*36x28in* Bayeux 98

CAZES Pierre Jacques 1676-1754 **[13]**

 $20 000 FF117 924 £12 264 Jupiter and Callisto/Cupid and Psyche Oil/copper 44,5x37cm/*17x14in* New-York 98

 $31 000 FF176 839 £19 061 The Birth of Venus Oil/canvas 130x194,5cm/*51x76in* New-York 97

CAZIN Jean-Baptiste XVIII-XIX **[4]**

 $26 070 FF135 000 £16 830 Vue d'une place publique de Paris Huile/toile 89,5x116,5cm/*35x45in* Paris 96

 $3 500 FF21 186 £2 131 The Temples of Peace, Art and Industry on the Place de la Concorde Wash 20,5x34,5cm/*8x13in* New-York 98

CAZIN Jean-Charles 1841-1901 **[66]**

 $1 835 FF9 500 £1 185 Le moulin Huile/toile 24x32,5cm/*9x12in* Barbizon 96

 $5 749 FF35 036 £3 567 Village Lane with Windmill Oil/canvas 47x41,5cm/*18x16in* New-York 98

 $30 000 FF171 135 £18 447 L'Arc-en-ciel Oil/canvas 132x145,5cm/*51x57in* New-York 97

CAZZANIGA Giancarlo 1930 **[30]**

 $900 FF5 100 £600 Ginestre Olio/tela 40x30cm/*15x11in* Vercelli 97

 $1 680 FF9 520 £840 "Interno per ricordo d'estate" Olio/tela 90x116cm/*35x45in* Milano 98

CECCARELLI Naddo c.1310-c.1360 **[2]**

 $33 600 FF167 400 £22 000 Christ the Man of Sorrows Tempera/panel 21x19,7cm/*8x7in* London 95

CECCARINI Sebastiano (Attrib.) 1702-1783 **[1]**

 $3 170 FF16 560 £1 872 Ritratto di Cardinale a mezzo busto Olio/tela 94x68cm/*37x26in* Roma 96

CECCHI Adriano 1850-1936 **[14]**

 $5 339 FF32 736 £3 200 An Interesting Chapter Oil/canvas 37x48cm/*14x18in* London 98

 $7 000 FF34 900 £4 585 Flirtation Oil/canvas 17,4x25,5cm/*6x10in* Philadelphia 95

CECCHINI Giulio 1832-? **[1]**

 $4 247 FF24 163 £2 600 Ferry on an Italian lake Oil/canvas 31x49cm/*12x19in* London 97

CECCHINI-PRICHARD Eugenio 1831-? **[6]**

 $2 444 FF14 500 £1 493 La Salute à Venise au soleil couchant Huile/toile 45x69cm/*17x27in* Rennes 98

CECCOBELLI Bruno 1952 **[111]**

 $900 FF5 100 £450 "Se uno di voi volesse" Tecnica mista/cartone 44x35cm/*17x13in* Vercelli 98

 $1 200 FF7 000 £800 Della vostra nobile carne Olio/cartone 63x38cm/*24x14in* Vercelli 97

 $10 200 FF57 800 £6 800 Me Duce Tecnica mista 155x165x20cm/*61x64x7in* Milano 97

 $1 440 FF8 160 £960 Abbaglino, 1991 Assemblage 43x61x7cm/*16x24x2in* Prato 97

CECCONI Alberto 1897-? **[11]**

 $1 380 FF7 820 £920 Coppia di ritratti Olio/tela 101x80cm/*39x31in* Firenze 98

CECCONI Eugenio 1842-1903 **[26]**

 $5 700 FF32 300 £2 850 La Cenciaiola Olio/tavola 32x19,5cm/*12x7in* Prato 98

 $13 200 FF74 800 £8 800 Il viatico Olio/tela 87,5x60cm/*34x23in* Prato 97

 $15 000 FF85 000 £7 500 Campo di grano Olio/tela 94,5x145cm/*37x57in* Milano 98

CECCONI Nicoló (Attrib.) 1835-? **[1]**

 $3 899 FF22 098 £2 599 Cucitrici Olio/tela 72,5x94cm/*28x37in* Milano 97

CECIL Hugh XX **[13]**

 $2 000 FF12 070 £1 214 Edward, Prince of Wales, in uniform of Admiral of the Royal Navy Photograph 30x38cm/*11x14in* New-York 98

CECIONI Adriano 1836-1886 **[15]**

 $912 FF5 500 £552 Enfant au coq Bronze H30cm/*H11in* Angers 98

 $9 370 FF48 700 £6 200 Enfant au coq Marble H81cm/*H31in* London 96

CEDERBERG Eric 1897-1984 **[58]**

 $221 FF1 284 £136 Päron och kanna Tempera/panel 20x25cm/*7x9in* Malmö 97

CEDERBERG Karl 1861-1904 **[9]**

 $2 748 FF15 884 £1 694 Seglats Oil/canvas 27x35cm/*10x13in* Stockholm 97

 $4 780 FF28 179 £2 856 Inspektion av skördearbetet Oil/canvas 63x95cm/*24x37in* Stockholm 97

CEDERGREN Per Wilhelm 1823-1896 **[21]**
 $580 FF3 030 £392 Fartyg på redden Oil/canvas 20,5x24cm/*8x9in* Stockholm 96
 $870 FF4 540 £587 Kustlandskap Oil/canvas 42x60cm/*16x23in* Stockholm 96
CEDERHOLM Axel Fredrik 1780-1828 **[5]**
 $1 309 FF7 479 £802 Romantiskt landskap med fors Gouache/paper 28x42cm/*11x16in* Stockholm 97
CEDERSTRÖM Eva 1909 **[15]**
 $1 736 FF10 119 £1 069 Strandklippor Oil/canvas 39x61cm/*15x24in* Helsinki 97
CEDERSTRÖM Thure Nikolaus F. 1843-1924 **[17]**
 $1 700 FF10 131 £1 019 Monk in Interior Oil/panel 23x17cm/*9x7in* Bethesda, Maryland 98
 $2 755 FF16 079 £1 638 Interiör med fiolspelande munk Oil/canvas 51x38cm/*20x14in* Stockholm 97
CEI Cipriano 1864-1922 **[4]**
 $12 000 FF71 216 £7 350 "Stealing Grapes" Oil/canvas 61x88cm/*24x34in* San Francisco 98
CELADA DA VIRGILIO Ugo 1895-1995 **[14]**
 $6 585 FF37 318 £3 292 Natura morta Olio/cartone 88,5x63cm/*34x24in* Milano 97
 $13 800 FF78 200 £9 200 Pescatori sul Mincio Olio/tela 130x248,5cm/*51x97in* Milano 97
CELEBRANO Francesco (Attrib.) 1729-1814 **[1]**
 $9 000 FF51 000 £4 500 L'Autunno/L'Inverno Olio/tela 81x62cm/*31x24in* Roma 97
CELESTI Andrea 1637-1700/06 **[5]**
 $14 030 FF72 300 £9 000 Judith with the head of Holophernes Oil/canvas 18x101,5cm/*7x39in* London 96
 $44 798 FF260 000 £27 352 La morte di un Re (Salomone morente?) Olio/tela 134x126cm/*52x49in* Paris-Trieste 97
CELESTI Andrea (Attrib.) 1637-1700/06 **[5]**
 $3 960 FF20 000 £2 603 La Vierge et l'Enfant en gloire Huile/toile 61x46cm/*24x18in* Paris 96
CELIBERTI Giorgio 1929 **[26]**
 $1 680 FF9 520 £840 "Ritratto del Sig. T.G" Olio/tela 90x60cm/*35x23in* Roma 98
CELMINS Vija 1939 **[28]**
 $2 750 FF16 440 £1 683 Untitle (Ecean) Lithograph 72,5x117cm/*28x46in* San Francisco-Los Angeles 97
CELOMMI Pasquale 1851-1928 **[8]**
 $2 000 FF11 890 £1 204 The Serenade Oil/canvas 38x32cm/*14x12in* New-York 98
CELOMMI Raffaello 1883-? **[9]**
 $4 550 FF23 400 £2 710 Idillio nel campagna Olio/tela 60x120cm/*23x47in* Roma 96
CELOS Julien 1884-1953 **[40]**
 $486 FF2 774 £297 Zonnige huisjes in het Begijnhof Oil/cardboard 33x43cm/*12x16in* Lokeren 97
 $944 FF4 930 £570 Vue de Bruges Huile/toile 45x56cm/*17x22in* Antwerpen 96
CELS Jean 1819-1881 **[3]**
 $24 376 FF141 643 £15 000 Eight Studies of Skies around Brussels Oil/paper 16x36,5cm/*6x14in* London 97
 $1 218 FF7 078 £749 An extensive Landscape with Cottages on a Hill Black & white chalks 30x44,5cm/*11x17in* London 97
CEMIN Saint-Clair 1951 **[42]**
 $8 500 FF50 296 £5 185 Man with Fish Bronze 57x20,5x40,5cm/*22x8x15in* New-York 98
 $11 000 FF63 916 £6 494 Sweet Nothing Bronze 106x45,5x45,5cm/*41x17x17in* New-York 97
CENNI DI FRANCESCO Di Ser Cenni 1369-1415 **[2]**
 $29 251 FF169 972 £18 000 The Madonna and Child Tempera 101,5x55cm/*39x21in* London 97
CENNI DI FRANCESCO Di Ser Cenni (Attr.) 1369-1415 **[1]**
 $21 500 FF112 300 £13 000 The Madonna and Child Tempera/panel 30x22cm/*11x8in* London 96
CENNI Quinto c.1830-c.1900 **[1]**
 $6 970 FF36 100 £4 500 Wild boar hunt Watercolour 42x60cm/*16x23in* London 96
CERACCHINI Gisberto 1900-1982 **[5]**
 $3 145 FF17 822 £1 572 Riposo di contadini Grafite 95x117cm/*37x46in* Roma 98
CERAMANO Charles-Ferdinand 1829-1909 **[81]**
 $117 FF700 £72 Berger et moutons en forêt Huile/toile 81x66cm/*31x25in* Saint-Dié 97
 $1 556 FF9 200 £964 Poules et moutons à la bergerie Huile/panneau 25x38cm/*9x14in* Soissons 97
 $20 850 FF106 000 £12 450 Berger et ses moutons en forêt de Fontainebleau Huile/toile 250x300cm/*98x118in* Barbizon 96
CERCONE Ettore 1850-1896 **[7]**
 $4 800 FF24 700 £2 993 Moorish water carriers Oil/panel 41x43cm/*16x16in* New-York 96
CERESA Carlo 1609-1679 **[4]**

☞ *$7 200* FF40 800 £3 600 Madonna col Bambino Olio/tela 56x46cm/*22x18in* Milano 97
☞ *$18 700* FF96 400 £12 000 The Virgin with SS. Peter, Philip, the Infant Saint John and Anthony Oil/canvas 147x117,5cm/*57x46in* London 96
CERESA Carlo (Attrib.) 1609-1679 **[5]**
☞ *$14 000* FF82 546 £8 584 Portrait of a young woman Oil/canvas 132x93,5cm/*51x36in* New-York 98
CEREZO Mateo 1635-1685 **[6]**
☞ *$8 350* FF42 650 £5 500 The penitent Magdalen Oil/canvas 28,5x21,5cm/*11x8in* London 96
☞ *$76 810* FF459 698 £45 387 Desposorios místicos de Sta. Catalina Oleo/lienzo 182x233cm/*71x91in* Madrid 98
CERIA Edmond 1884-1955 **[171]**
☞ *$70* FF362 £45 Le port Oil/canvas 33x41,5cm/*12x16in* New-York 96
☞ *$349* FF2 000 £218 Abords de la cathédrale d'Albi Huile/toile 38x46cm/*14x18in* Paris 97
CERIBELLI Cesar Costantino R. 1841-? **[8]**
✍ *$1 082* FF6 215 £680 Bianca capello Terracotta H55cm/*H21in* London 97
CERIEZ Theodore 1832-1904 **[11]**
☞ *$4 360* FF21 130 £2 800 A Plea for Clemency Oil/panel 41x61cm/*16x24in* London 95
☞ *$3 564* FF21 775 £2 144 L'atelier du peintre Huile/panneau 32x23,5cm/*12x9in* Bruxelles 98
CERMAK Jaroslav 1831-1878 **[5]**
☞ *$3 721* FF21 563 £2 320 Mother and child Oil/panel 37x31cm/*14x12in* Warszawa 97
CERMANO Charles Ferdinand 1829-1909 **[1]**
☞ *$5 500* FF31 920 £3 249 Attending Her Flock Oil/canvas 54x82cm/*21x32in* New Orleans, Louisiana 97
CERNICHOV Jakov 1889-1951 **[1]**
✏ *$1 387* FF7 240 £825 Komposition Watercolour 60x44,5cm/*23x17in* Wien 96
CERNY Karel 1910-1960 **[4]**
▤ *$2 530* FF14 490 £1 496 "Tapbioles y Pirretas" Poster 76,5x108cm/*30x42in* New-York 97
CEROLI Mario 1938 **[27]**
☞ *$2 700* FF15 300 £1 350 Profili Sculpture bois 60x40x11cm/*23x15x4in* Prato 97
☞ *$45 000* FF255 000 £30 000 Dal Timeo Sculpture bois 345x220x200cm/*135x86x78in* Roma 97
CERQUOZZI Michelangelo 1602-1666 **[13]**
☞ *$10 700* FF51 800 £6 800 Convivio galante di gitanti presso une costa mediterranea Olio/tela 87x116cm/*34x45in* Roma 95
☞ *$10 800* FF61 200 £5 400 Donne che lavorano la lana Olio/tavola 24,5x30,5cm/*9x12in* Roma 98
☞ *$55 020* FF311 780 £36 680 Veduta e sezione del Pantheon con Piazza della Rotonda e astanti Olio/tela 121x170cm/*47x66in* Roma 97
CERRA Mirta 1908-1986 **[3]**
☞ *$9 000* FF52 539 £5 354 Trabajadores Oil/canvas/panel 107,5x157,5cm/*42x62in* New-York 97
☞ *$22 000* FF126 291 £13 411 Acompañamiento Oil/canvas 80x105cm/*31x41in* New-York 97
CERRINI IL CAVALIERE PERUGINO Gian Domenico 1609-1681 **[13]**
☞ *$5 023* FF30 171 £3 000 The Penitent Magdalen Oil/canvas 73x63cm/*28x24in* London 98
☞ *$22 000* FF126 728 £12 927 Apollo Oil/canvas 121,5x163cm/*47x64in* New-York 97
CERUTI IL PITOCCHETTO Giacomo 1698-1767 **[14]**
☞ *$42 300* FF216 400 £27 130 Stilleben mit Gemüse/Stilleben mit Weinflasche Öl/Leinwand 47x63cm/*18x24in* Wien 96
☞ *$126 000* FF620 000 £80 200 Portrait d'homme en habit rouge, debout Huile/toile 199x116cm/*78x45in* Dax 95
CERUTI IL PITOCCHETTO Giacomo (Attrib.) 1698-1767 **[6]**
☞ *$28 130* FF147 000 £17 000 Seated peasant holding his staff and hat Oil/canvas 70x53cm/*27x20in* London 96
CERUTI IL PITOCCHETTO Giacomo (Cercle) **[1]**
☞ *$7 590* FF38 800 £5 000 A Spaniel on a Cushion Oil/canvas 42,5x31,5cm/*16x12in* London 96
CERVELLI Federico 1625-c.1700 **[3]**
☞ *$9 000* FF54 844 £5 482 The Sacrifice of Noah Oil/canvas 93,5x58cm/*36x22in* New-York 98
CÉSAR Baldaccini 1921 **[765]**
☞ *$5 900* FF30 000 £3 524 Sans titre Collage/toile 72x59cm/*28x23in* Paris 96
▤ *$2 013* FF12 500 £1 213 Le Grand Pneu Estampe 105x76cm/*41x29in* Saint-Germain-en-Laye 98
☞ *$26 070* FF135 000 £16 680 Marionnette Bronze 106x76cm/*41x29in* Paris 96

✏ $107 672 FF637 877 £65 000 Tortue Sculpture 33x19x10cm/*12x7x3in* London 97
✏ $2 009 FF12 312 £1 200 Poule Coloured crayons 30x19cm/*11x7in* London 98
CESARI Bernardino ?-1614 [2]
✏ $1 000 FF6 053 £609 Studies of Two Soldiers in Combat Red chalk 13,5x13cm/*5x5in* New-York 98
CESARI IL CAVALIER D'ARPINO Giuseppe 1568-1640 [25]
✏ $8 450 FF43 300 £5 430 Il compianto sul Cristo morto Öl/Leinwand 105x68cm/*41x26in* Wien 96
✏ $10 700 FF53 300 £7 000 The Assumption of the Virgin Oil/copper 44x34,5cm/*17x13in* London 95
✏ $4 370 FF22 500 £2 800 Two Franciscan Saints Ink 19x12,1cm/*7x4in* London 96
CESARI IL CAVALIER D'ARPINO Giuseppe (Attrib.) 1568-1640 [8]
✏ $2 948 FF17 806 £1 770 Der Sündenfall/Die Vertreibung aus dem Paradies Öl/Papier 24,5x35cm/*9x13in* Luzern 98
✏ $8 060 FF39 800 £5 070 La cacciata di Adamo ed Eva Olio/tela 73x55cm/*28x21in* Firenze 95
✏ $520 FF3 021 £320 A standing Saint holding a Book with two Putti Red chalk 26x12cm/*10x4in* London 97
CESBRON Achille Théodore 1849-1915 [12]
✏ $14 000 FF71 960 £8 750 Buisson de rhododendrons au cerceau Oil/canvas 119x94cm/*46x37in* New-York 96
CESETTI Giuseppe 1902-1990 [116]
✏ $3 360 FF19 040 £1 680 Nella stalla Olio/tela 35x42,5cm/*13x16in* Prato 97
✏ $5 940 FF30 240 £3 510 Fantini Olio/tela 70x70cm/*27x27in* Milano 96
✏ $1 440 FF8 160 £960 Cavalli Acquarello 50x60cm/*19x23in* Milano 97
CESI Bartolomeo 1556-1629 [7]
✏ $5 997 FF35 467 £3 600 A Young Man, Partially draped, Holding a Book Red chalk 30x17,5cm/*11x6in* London 97
CESTARO Jacopo 1718-1778 [4]
✏ $5 500 FF33 762 £3 369 Neptune Crowned by a Putto Surrounded by Sea Gods and Goddesses Wash 30,5x44,5cm/*12x17in* New-York 98
CEULEN van Cornelis I J. (Attr) 1593-c.1664 [10]
✏ $1 800 FF10 701 £1 115 Portrait of a Gentleman with Black Jacket and White Lawn Collar Oil/canvas 78x60cm/*31x24in* Bethesda, Maryland 97
✏ $2 736 FF15 676 £1 680 Portrait d'une dame de qualité Huile/panneau 39x31cm/*15x12in* Bruxelles 97
CEULEN van Cornelis I Janssens 1593-c.1664 [13]
✏ $1 675 FF8 670 £1 081 Portrait of a gentleman Oil/copper 40x30cm/*15x11in* Wien 96
✏ $13 704 FF80 000 £8 288 Portrait de Gentilhomme Huile/toile 112x79cm/*44x31in* Paris 97
CEYTAIRE Jean-Pierre 1946 [189]
✏ $1 340 FF8 000 £808 "Madame Baise-Main sur fond de vie dorée" Huile/toile 97x130cm/*38x51in* Paris 97
✏ $2 053 FF10 000 £1 314 Descente de Croix tête renversée Huile/panneau 41x27cm/*16x10in* Enghien 95
✏ $3 424 FF20 000 £2 026 Baiser vénal doré Huile/toile 60x73cm/*23x28in* Paris 97
✏ $1 540 FF7 500 £985 Femme tire la langue Bronze 48x27cm/*18x10in* Enghien 95
✏ $676 FF3 500 £437 Madame baise main et bonne assermiche Mine plomb 28x28cm/*11x11in* Paris 96
CÉZANNE Paul 1839-1906 [256]
✏ $400 000 FF2 036 000 £240 960 Bethsabée Oil/canvas 32x23,5cm/*12x9in* New-York 96
✏ $3 000 000 FF17 172 300 £1 772 100 Paysage avec conduite d'eau Oil/canvas 46x55,5cm/*18x21in* New-York 97
✏ $750 FF4 482 £459 Tête de jeune fille Etching 130x105cm/*51x41in* New-York 98
✏ $17 120 FF85 500 £11 180 Neptune et des sirènes Relief 46x19cm/*18x7in* Versailles 95
✏ $78 890 FF469 014 £48 874 Arbres près d'un sentier (Verso: zwei Badende) Aquarell/Papier 27x21cm/*10x8in* Stuttgart 97
CÉZARD Albert 1869-? [2]
✏ $17 598 FF105 000 £10 615 Le Thé Huile/toile 210x180cm/*82x70in* Paris 97
CHAB Victor 1930 [7]
✏ $475 FF2 868 £288 Sin Titulo Acrylic/canvas 56x47cm/*22x18in* Bethesda, Maryland 98
✏ $6 000 FF35 026 £3 569 Príncipe de Oriente Oil/canvas 149,5x120cm/*58x47in* New-York 97
CHABANIAN Arsène, Hemayack H-C 1864-1949 [49]
✏ $700 FF4 300 £419 Coucher de lune sur la mer Huile/toile 53x72cm/*20x28in* Lille 98
✏ $912 FF4 600 £599 Vase de fleurs Pastel 41x33cm/*16x12in* Paris 96
CHABAS Maurice 1862-1947 [110]
✏ $2 510 FF13 000 £1 630 Chevauchée symboliste Huile/toile/panneau 90x70cm/*35x27in* Nantes 96

$17 000 FF83 500 £10 770 Figures by a river with Classical ruins Oil/canvas 113x195cm/*44x76in* New-York 95

$202 FF1 200 £123 Tour sur le Lot Crayon/papier 25x33cm/*9x12in* Rennes 98

CHABAS Paul 1869-1937 **[40]**

$970 FF4 800 £617 Nu au clair de lune Huile/panneau 31x23cm/*12x9in* Bordeaux 95

$3 600 FF17 720 £2 320 Femme nue étendue Huile/toile 47x61cm/*18x24in* Köbenhavn 95

CHABAUD Auguste Elisée 1882-1955 **[265]**

$1 432 FF8 800 £858 Paysage Provençal Huile/carton 29x35cm/*11x13in* Valence 98

$4 466 FF26 000 £2 709 Ruelle animée Huile/carton 54x39cm/*21x15in* Marseille 97

$3 774 FF23 000 £2 290 Personnage assis, une jambe tenue Bronze 16x22cm/*6x8in* Paris 98

$950 FF4 900 £611 Route aux cyprès Aquarelle/papier 13x18cm/*5x7in* Les Baux-de-Provence 96

CHABAUD LA TOUR de Raymond 1865-1930 **[3]**

$3 768 FF22 000 £2 279 Nu féminin au rideau Huile/toile 95x115cm/*37x45in* Le Puy 97

CHABOT Hendrick 1894-1949 **[8]**

$2 931 FF17 414 £1 743 Ziek meisje Oil/canvas 68x50cm/*26x19in* Amsterdam 97

$18 540 FF92 500 £12 120 Mother and daughter Oil/canvas 154x113cm/*60x44in* Amsterdam 95

CHABRIER Nathalie 1932 **[7]**

$3 044 FF15 900 £1 840 Fillette à table Huile/toile 139x70cm/*54x27in* Genève 96

CHABRY Léonce 1832-1883 **[9]**

$1 054 FF5 350 £686 Ruines de Thèbes Huile/toile 50x80cm/*19x31in* Bruxelles 96

CHADEL Jules 1870-1942 **[11]**

$521 FF3 200 £312 Port de pêche Gravure bois couleurs 29,5x43cm/*11x16in* Quimper 98

CHADOURNE Georgette XX **[13]**

$425 FF2 200 £275 Nicolas de Staël Tirage argentique 40x30cm/*15x11in* Paris 96

CHADWICK Ernest Albert 1876-1955 **[18]**

$2 501 FF14 506 £1 478 The High Street, Henley i Arden Watercolour/paper 45,5x52,5cm/*17x20in* West Midlands 97

CHADWICK Helen 1953 **[2]**

$16 745 FF100 573 £10 000 Eroticism Installation 76x122x23cm/*29x48x9in* London 98

CHADWICK Lynn 1914 **[290]**

$139 FF810 £85 Spinnentier Farblithographie 37x25cm/*14x9in* Köln 97

$1 927 FF11 122 £1 181 Lion Bronze 10x21cm/*3x8in* Stuttgart 97

$48 000 FF248 600 £32 100 Stranger VI Bronze H80cm/*H31in* New-York 96

$653 FF3 887 £400 Design for Sculpture Ink 51,5x35cm/*20x13in* London 97

CHADWICK William 1879-1962 **[17]**

$225 FF1 340 £134 Landscape with Stream Oil/canvas/board 30x38cm/*12x15in* Chester, NY 98

CHAFFEE Samuel R. XIX-XX **[18]**

$250 FF1 515 £153 River Landscape with House in Distance Watercolour/paper 27x45cm/*11x18in* New Orleans, Louisiana 98

CHAFFREY Pierre Jean 1926 **[6]**

$274 FF1 600 £163 L'Ile-Barbe sur la Saône Huile/toile 27x22cm/*10x8in* Lyon 97

CHAGALL Marc 1887-1985 **[2801]**

$12 000 FF62 100 £7 680 L'ariste sur fond noir Mixed media 44x35,5cm/*17x13in* New-York 96

$975 000 FF5 800 080 £596 212 Les amandiers Oil/canvas 150x120cm/*59x47in* New-York 98

$2 900 000 FF16 753 300 £1 702 010 Les amoureux aux Lys Oil/canvas 116x89cm/*45x35in* New-York 97

$3 495 FF19 805 £1 747 Les petits Arlequins Litografia a colori 24x31cm/*9x12in* Roma 98

$33 000 FF199 636 £19 588 Les amoureux au bouquet Bronze H56cm/*H22in* Tel Aviv 98

$34 200 FF200 000 £20 860 Autoportrait Aquarelle 34x25cm/*13x9in* Paris 97

CHAGINIAN M. XX **[4]**

$2 000 FF11 990 £1 209 Les Fiancés et le petit âne Etching 18x23cm/*7x9in* Chicago, Illinois 97

CHAHINE Edgar 1874-1947 **[227]**

$555 FF2 800 £361 Les manèges Eau-forte 42,4x56,5cm/*16x22in* Paris 96

$3 240 FF16 500 £2 135 Bouquet de coquelicots Pastel 54x46cm/*21x18in* Bayeux 96

CHAIGNEAU Claude 1937 **[1]**

$2 300 FF11 600 £1 493 Berger et ses moutons Huile/panneau 20x25cm/*7x9in* Lons-Le-Saunier 96

CHAIGNEAU Jean-Ferdinand 1830-1906 **[73]**

$1 560 FF7 540 £1 000 Bergère et ses moutons au crépuscule Oil/panel 16,5x22cm/*6x8in* London 95

$6 610 FF33 000 £4 320 Retour du troupeau Huile/toile 65x81cm/*25x31in* Barbizon 95

$343 FF1 800 £206 Femme gardant des moutons Eau-forte 33x25cm/*12x9in* Provins 96

$1 219 FF7 000 £743 Boisière en forêt Pierre noire 37,5x51cm/*14x20in* Barbizon 97

CHAIGNEAU Paul XIX-XX **[47]**

$2 370 FF11 500 £1 528 Berger et ses moutons Huile/panneau 54x65cm/*21x25in* Paris 95

$2 457 FF15 000 £1 473 Berger et moutons Huile/toile 27x22cm/*10x8in* Paris 98

CHAILLOU Narcisse 1837-? **[17]**

$4 600 FF22 440 £2 920 Nature morte aux fruits, pain et livre ouvert Huile/panneau 23,5x16cm/*9x6in* Köln 95

CHAILLOUX Robert 1913 **[24]**

$1 314 FF6 400 £841 Nature morte aux cerises Huile/toile 1x33cm/*x12in* Boulogne 95

CHAISSAC Gaston 1910-1964 **[279]**

$8 000 FF42 000 £4 800 Composition aux formes bleues et mouchetées Oil/board 32x21cm/*12x8in* London 96

$19 970 FF103 000 £12 810 Deux personnages Huile/papier 65x48,5cm/*25x19in* Paris 96

$77 FF450 £45 Composition Linogravure 10x13cm/*3x5in* Paris 97

$3 506 FF19 981 £2 200 Untitled Gouache 25x26cm/*9x10in* London 97

CHAIX Louis c.1740-c.1811 **[7]**

$547 FF3 400 £328 Ruine romaine Pierre noire/papier 37x51cm/*14x20in* Paris 98

CHALARI Alexandra 1928 **[1]**

$2 460 FF12 720 £1 643 Thessaloniki Oil/canvas/board 31x41cm/*12x16in* Athens 96

CHALDEJ Jewgeni 1916 **[1]**

$3 390 FF19 417 £2 005 Flagge auf dem Reichstag 2. Mai 1945 Gelatin silver print 27x39cm/*10x15in* Köln 97

CHALEYÉ Jean 1878-1960 **[19]**

$1 837 FF9 500 £1 191 Bouquet de roses Huile/toile 54x73cm/*21x28in* Le Puy 96

CHALFANT Jefferson David 1856-1931 **[4]**

$32 000 FF188 678 £19 622 A Brown Butterfly Oil/board 31x47cm/*12x18in* New-York 98

CHALLE Ch. Michel A. (Attr) 1718-1778 **[7]**

$3 368 FF20 000 £2 040 Vénus et l'Amour Huile/toile 55x45,5cm/*21x17in* Paris 97

$750 FF4 437 £450 A View of a Ruined Colonnade Wash 19x25cm/*7x9in* New-York 97

CHALLE Charles Michel Ange 1718-1778 **[23]**

$4 930 FF25 500 £3 150 Scène libertine Huile/cuivre 11,5x17,5cm/*4x6in* Paris 96

$1 650 FF8 630 £1 000 Farmyard with a Woman asleep and a Man Black & white chalks/paper 30,5x47,5cm/*12x18in* London 96

CHALLENER Frederick Sproston 1869-1959 **[16]**

$1 336 FF6 970 £837 Springtime in the woods Oil/board 23x18cm/*9x7in* Toronto 96

CHALLIE Jean Laurent 1880-1943 **[14]**

$770 FF4 500 £473 Bouquet dans les vases sur un tapis de table à motifs de fleurs Huile/toile 81x100cm/*31x39in* Orléans 97

CHALMERS George c.1720-1791 **[1]**

$4 004 FF20 400 £2 402 Portrait of Sir Francis Geary, in Flag Officer's uniform Oil/canvas 76,5x63,5cm/*30x25in* London 96

CHALMERS George Paul 1833-1878 **[13]**

$1 445 FF8 867 £900 Portrait of a Brittany Peasant, in Traditional costume holding a pipe Oil/canvas 40,5x35,5cm/*15x13in* Glasgow 97

$3 937 FF20 176 £2 512 Mother and Child Outside a Croft with the Family Dog Oil/canvas 89x69cm/*35x27in* Melbourne 95

CHALMERS Hector 1849-1943 **[12]**

$1 200 FF6 070 £775 Gathering mussels Oil/canvas 30x45cm/*12x18in* New Orleans, Louisiana 96

CHALMERS John XIX **[4]**

$1 422 FF7 360 £950 The fleet setting out Oil/canvas 41x61cm/*16x24in* London 96

CHALMERS Mary H. XIX **[1]**

$3 624 FF18 700 £2 400 The flower seller Oil/canvas 76x64cm/*29x25in* London 96

CHALOM DES CORDES Jacques 1935 **[26]**

$580 FF3 000 £376 Printemps écossais Huile/toile/panneau 30x30cm/*11x11in* Paris 96

$3 190 FF16 500 £2 070 Diane s'endort Huile/toile/panneau 45x58cm/*17x22in* Paris 96
$542 FF2 800 £351 Iris de van de Velde Aquarelle, gouache 64x50cm/*25x19in* Paris 96
CHALON Alfred Edward 1780-1860 **[35]**
$38 000 FF198 300 £22 960 Children Riding the Pony Oil/canvas 86x112cm/*33x44in* New-York 96
$427 FF2 617 £260 Lady Charlotte Watson/Lady Isabella Hood Watercolour 33x25cm/*12x9in* London 98
CHALON H. Bernard (Attrib.) 1771-1849 **[2]**
$4 838 FF27 726 £3 000 A Favourite Hound in a Landscape Oil/canvas 62x84cm/*24x33in* London 97
CHALON Henry Bernard 1771-1849 **[34]**
$1 704 FF8 820 £1 100 A red Squirrel on a Branch Oil/panel 30x24cm/*11x9in* London 96
$15 800 FF77 300 £10 000 A favourite Pug Oil/canvas 71x92cm/*27x36in* London 95
CHALON John James 1778-1854 **[5]**
$4 232 FF26 000 £2 537 Paysage de rivière avec un embarcadère animé de personnages Huile/panneau 31x39,5cm/*12x15in* Tourcoing 98
$11 000 FF66 586 £6 502 View of chillon castle Oil/canvas 82x106cm/*32x41in* New-York 98
CHALON Louis 1687-1741 **[9]**
$7 397 FF43 956 £4 400 The Garden of the Former Amsterdam Leprozenhuis Oil/canvas 41x51,5cm/*16x20in* London 97
$11 375 FF66 100 £7 000 River landscapes with merchants unloading their boats Oil/canvas 41x33,5cm/*16x13in* London 97
$4 299 FF25 096 £2 600 A smiling maiden garlanded with flowers holding a tamburine Bronze H76cm/*H29in* London 97
$1 521 FF8 706 £898 A Rhenish landscape with travellers and tradesmen by a small Inn Watercolour 18x24cm/*7x9in* Amsterdam 97
CHALON Louis 1866-? **[22]**
$4 500 FF27 355 £2 771 Flirting with the Butler Oil/panel 41x32cm/*16x12in* New-York 98
$13 000 FF77 151 £7 962 Jardin aux hortensias et aux paons blancs Oil/panel 64,5x81cm/*25x31in* New-York 97
$2 441 FF14 500 £1 499 "Tannhauser" Bronze H65cm/*H25in* Nice 97
$8 670 FF45 000 £5 600 Marchande de statuettes Ivory, bronze H85cm/*H33in* Paris 96
CHALON Louis (Attrib.) 1787-1841 **[1]**
$16 952 FF97 084 £10 348 Rhenlandskap med fiskare i båtar och människor på stranden Oil/canvas/panel 46x66cm/*18x25in* Stockholm 97
CHALONER Walter XIX-XX **[3]**
$300 FF1 752 £177 Marsh Autumn Watercolour/paper 34x53cm/*13x21in* Boston, Mass. 97
CHAMAILLARD de Ernest Ponthier 1862-1930 **[35]**
$8 780 FF43 000 £5 650 Chemin rose à travers les arbres Huile/toile 50x61cm/*19x24in* Brest 95
$1 246 FF6 000 £782 Camgne bretonne Aquarelle 14x21cm/*5x8in* Douarnenez 95
CHAMBAS Jean-Paul 1947 **[47]**
$528 FF3 100 £323 Rhapsodie No. 2 Gouache/papier 98x66cm/*38x25in* Saint-Germain-en-Laye 97
CHAMBERLAIN Brenda 1912-1971 **[3]**
$40 000 FF232 288 £24 436 Magnet eyes Sculpture 91x135x86cm/*35x53x33in* New-York 97
CHAMBERLAIN John 1927 **[120]**
$7 110 FF34 760 £4 500 Dancing in the Dark Enamel 27x48x32cm/*10x18x12in* London 95
$20 000 FF100 000 £12 940 A Handy Guy Like Fred Enamel 43x58,4x14cm/*16x22x5in* New-York 96
$120 000 FF581 000 £77 000 Sphinx Tongue Enamel 274x127x117cm/*107x50x46in* New-York 95
$839 FF5 026 £515 Ohne Titel Monotype 104x73,5cm/*40x28in* Köln 98
$12 330 FF63 800 £8 000 Untitled Metal 21x23x16,5cm/*8x9x6in* London 96
$50 000 FF290 360 £30 545 Galaxy 500 Sculpture 109x118x61cm/*42x46x24in* New-York 97
$681 FF4 072 £417 Utan Ink 21x27,5cm/*8x10in* Amsterdam 98
CHAMBERLAIN Norman Stiles 1887-1961 **[4]**
$1 300 FF6 780 £786 Apples and milk pitcher still life Watercolour/paper 43x53cm/*16x20in* San Francisco-Los Angeles 96
CHAMBERLAIN Samuel 1895-1975 **[20]**
$100 FF607 £60 The Quais, St. Tropez Etching 10x14cm/*4x5in* Chicago, Illinois 98
CHAMBERLIN Frank Tolles 1873-1961 **[5]**
$2 000 FF12 187 £1 194 "The Old Harbor" Watercolour/paper 36x52cm/*14x20in* Pasadena, California 98

CHAMBERS Alice May XIX-XX **[3]**
  $3 063 FF17 647 £1 800 Portrait of a Young Lady Pastel/paper 40,5x34cm/*15x13in* London 97
CHAMBERS Charles Edward 1883-1941 **[15]**
  $2 090 FF12 053 £1 245 Two Men and Woman in Office Oil/canvas 81x59cm/*32x23in* New-York 97
  $800 FF4 767 £479 "Chesterfield, chosen by the byrd expedition" Poster 36x75cm/*14x29in* New-York 98
CHAMBERS George I 1803-1840 **[25]**
  $7 030 FF35 760 £4 200 Fishing boats off a coastline in a swell Oil/canvas 19x25cm/*7x9in* London 96
  $18 394 FF114 320 £11 000 The Whaler "Esk" entering Whitby Oil/canvas 65,5x99cm/*25x38in* London 98
CHAMBERS George I (Attrib.) 1803-1840 **[2]**
  $11 858 FF68 226 £7 000 Two European Square-riggers amidst Chinese Junks and Sampans Oil/canvas
52x74cm/*20x29in* London 97
CHAMBERS George II 1830-c.1900 **[17]**
  $2 230 FF10 870 £1 400 The Governor's Residence, Cristobal Harbour, Colon, Panama Oil/board
16x24cm/*6x9in* London 95
  $6 561 FF37 664 £4 000 Dover Oil/canvas/board 63,5x76cm/*25x29in* London 97
CHAMBERS Thomas 1808-1866 **[8]**
  $763 FF4 424 £450 "Fisher-girl" Oil/board 30,5x23cm/*12x9in* London 97
  $4 500 FF26 377 £2 769 Figures in a Landscape with a Waterfall and Ruins Oil/canvas 46,5x61cm/*18x24in*
New-York 97
CHAMBI Martín 1891-1973 **[6]**
  $3 000 FF15 320 £1 976 Selected Peruvian portraits, 1920s-1930s Photograph 13,7x8,6cm/*5x3in* New-
York 96
CHAMBON Émile Fr. 1905-1993 **[19]**
  $352 FF2 061 £208 Ferme Huile/toile 19,5x33cm/*7x12in* Genève 97
  $581 FF3 453 £355 Oeillets blancs Öl/Leinwand 45x38cm/*17x14in* Bern 97
CHAMBORD de Fernand Maximilien 1840-1899 **[4]**
  $2 750 FF13 450 £1 740 At the racetrack Oil/panel 21x15cm/*8x5in* San Francisco-Los Angeles 95
CHAMERSKI Richard 1951 **[18]**
  $434 FF2 611 £263 Figures Playing on the Beach Oil/board 13,5x28,5cm/*5x11in* Melbourne 98
  $649 FF3 891 £387 Picnic Under Morning Skies Oil/canvas 60x75,5cm/*23x29in* Melbourne 98
CHAMPAGNE Horace 1937 **[68]**
  $200 FF1 210 £125 Le Musée du Port/Madame Gigi, Petit Champlain, Vieux Quebec Pastel/paper
203x25cm/*80x10in* Bethesda, Maryland 97
CHAMPAIGNE de Philippe 1602-1674 **[18]**
  $48 600 FF248 000 £32 000 Cephalus and Procris Oil/canvas 103,5x170,5cm/*40x67in* London 96
  $50 517 FF299 103 £30 000 Portrait of a Gentleman, in a black coat and white Collar Oil/canvas
75,5x61cm/*29x24in* London 97
CHAMPAIGNE de Philippe (Attrib.) 1602-1674 **[3]**
  $39 413 FF235 436 £24 437 Madonna mit Kind Öl/Leinwand 45,5x39cm/*17x15in* Zürich 97
CHAMPAIGNE Jean-Baptiste 1631-1681 **[8]**
  $44 538 FF260 000 £26 936 Le martyr de Saint Laurent Huile/toile 82x68cm/*32x26in* Saint-Germain-en-
Laye 97
  $11 700 FF60 300 £7 500 Study of Saint Theresa, half-length, looking to the left Red chalk
30,7x21,2cm/*12x8in* London 96
CHAMPIN Elisa Honorine Pitet ?-1871 **[3]**
  $550 FF3 400 £330 Jetée de fleurs Aquarelle 40x31cm/*15x12in* Paris 98
CHAMPIN Jean-Jacques 1796-1860 **[12]**
  $566 FF3 500 £337 "Le triomphe du peuple à la ville" Pierre noire 27x39cm/*10x15in* Paris 98
CHAMPION Theo 1887-1952 **[48]**
  $1 007 FF6 032 £618 Fischerboot auf dem Fluss Oil/canvas 19,5x33cm/*7x12in* Köln 98
  $2 118 FF12 162 £1 291 Bei Schloss Malberg Öl/Leinwand/Karton 50x40cm/*19x15in* Düsseldorf 97
CHAMPLIN HYDE Hallie ?-1935 **[1]**
  $18 590 FF108 588 £11 000 A Woman before a Mirror Oil/canvas 101,5x79,5cm/*39x31in* London 97
CHAMPNEY Benjamin 1817-1907 **[32]**
  $3 300 FF20 307 £2 019 Landscape with a Lake Oil/panel 12x20cm/*5x8in* Amesbury, Massachusetts 98
  $3 500 FF20 443 £2 070 The Banks of the River, Autumn in New Hampshire Oil/canvas 61x79cm/*24x31in*
Boston, Mass. 97
  $3 749 FF22 147 £2 330 Wildflowers Pastel/paper 73x24,5cm/*28x9in* Boston, Mass. 97

CHAMPNEY Benjamin (Attrib.) 1817-1907 **[4]**
  $2 600 FF15 853 £1 560 From West Campton Oil/board 23x35,5cm/*9x13in* Boston, Mass. 98
CHAMPNEY James Wells 1843-1903 **[21]**
  $749 FF4 378 £443 "Mont St. Michel" Watercolour/paper 31x22cm/*12x9in* Boston, Mass. 97
CHAMPSEIX E. Paul XX **[29]**
  $371 FF2 200 £222 "Hossegor"/"Téléphérique d'Artouste" Affiche 62x100cm/*24x39in* Paris 97
CHANCELLOR John Russell 1925-1984 **[3]**
  $4 085 FF24 461 £2 500 Hauling the Trawl Oil/board 46x76cm/*18x29in* Billingshurst, West Sussex 97
CHANCO Roland 1914 **[656]**
  $689 FF4 000 £406 Les joueurs de belote Huile/toile 146x114cm/*57x44in* Paris 97
  $2 776 FF14 500 £1 653 Le chardon Huile/isorel 53x50cm/*20x19in* Paris 96
  $163 FF850 £97 Femme aux oiseaux Pastel 51x36cm/*20x14in* Paris 96
CHANCRIN René 1911-1981 **[12]**
  $1 843 FF11 000 £1 129 Bougeoir et coquille de nacre Huile/toile 65x54cm/*25x21in* Lyon 98
CHANDLER Jos. Goodhue (Attr.) 1813-1884 **[1]**
  $8 500 FF52 115 £5 200 Portraits of Cyrus (d.1850) and Phoebe Beers (d.1865) Oil/canvas 89x72cm/*35x28in* New-York 98
CHANDLER Joseph Goodhue 1813-1884 **[7]**
  $33 000 FF202 329 £20 189 Two Blonde-Haired Little Girls wearing Russet Dresses Oil/canvas 142x71cm/*55x27in* New-York 98
CHANDRA Avinash 1931-1991 **[6]**
  $3 605 FF21 526 £2 200 Composition I Oil/canvas 92x122cm/*36x48in* London 98
  $1 802 FF10 763 £1 100 Nudes Ink 76x76cm/*29x29in* London 98
CHANG FEE MING 1959 **[3]**
  $16 598 FF93 676 £10 173 The Gamelan of the Kraton in the Moonlight Watercolour/paper 55x75cm/*21x29in* Singapore 97
CHANTEAU Gabriel Marie 1874-? **[4]**
  $679 FF3 500 £436 "Nice-Dignes par l'Autorail, Chemins de Fer de Provence, Annot" Affiche 108x79cm/*42x31in* Boulogne 96
CHANTEREAU Jérôme Fr. (Attrib.) 1710-1757 **[5]**
  $5 540 FF27 000 £3 550 Couple dans un paysage Huile/toile 47x73cm/*18x28in* Paris 95
CHANTEREINE de Camille ?-1847 **[2]**
  $29 000 FF143 100 £18 740 A vase of flowers on a Ledge Bodycolour 58,5x47,5cm/*23x18in* New-York 96
CHANTREY Francis Leggatt 1781-1842 **[4]**
  $11 625 FF59 025 £7 500 Sir Walter Scott, A Marble Bust Marble H65cm/*H25in* Auchterarder, Perthshire 96
CHANTRON Alexandre Jacques 1842-1918 **[10]**
  $4 000 FF24 169 £2 382 Le flirt campagnard Oil/canvas 22x60cm/*8x23in* New-York 97
CHANTRON Antoine 1771-1842 **[2]**
  $8 580 FF45 000 £5 170 Avignon, la Cité des Papes depuis Villeneuve-lès-Avignon Huile/toile 32,5x40,5cm/*12x15in* Paris 96
CHAPATTE Henri 1918 **[15]**
  $437 FF2 600 £270 Château surplombant une rivière Huile/panneau 60x73cm/*23x28in* Besançon 97
  $576 FF3 483 £350 "Basses-Alpes, Neiges inconnues, SNCF" Poster 100x62cm/*39x24in* London 98
CHAPAUD Marc 1941 **[10]**
  $400 FF2 335 £241 "Columns of Temple, Theatre de Marcellus" Oil/canvas 72x91cm/*28x36in* Bloomfield Hills, Michigan 97
CHAPELAIN-MIDY Roger 1904-1992 **[116]**
  $1 527 FF8 000 £918 Modèle devant le miroir Huile/toile 22x16cm/*8x6in* Besançon 96
  $2 106 FF12 000 £1 290 Bouquet de fleurs jaunes Huile/toile 73x60cm/*28x23in* Paris 97
  $787 FF4 000 £470 Venise, le quai des Esclavons Aquarelle, gouache/papier 49x64cm/*19x25in* Paris 96
CHAPELET Roger 1902-1995 **[41]**
  $6 300 FF32 000 £3 760 Le trois-mâts "Balclutha" en haute mer Huile/toile 60x80cm/*23x31in* Paris 96
  $308 FF1 800 £186 "Air Bleu, Poste aérienne rapide" Affiche 95x57cm/*37x22in* Neuilly-sur-Seine 97
  $1 377 FF7 000 £822 Saïgon, le port Gouache 49,5x72,5cm/*19x28in* Paris 96
CHAPELLIER Philippe XIX-XX **[5]**
  $425 FF2 200 £275 "Le Transvaal & l'Afrique sauvage, Porte de Courcelles, Paris" Affiche

---

110x150cm/*43x59in* Nice 96
CHAPERON Eugène 1857-? **[17]**
    $1 289 FF7 529 £780 French Infantry Oil/panel 34x26cm/*13x10in* Exeter, Devon 97
CHAPERON Nicolas (Attrib.) 1612-c.1656 **[3]**
    $2 176 FF13 074 £1 300 The Nurture of Bacchus Oil/canvas 40x30,5cm/*15x12in* London 98
    $1 047 FF6 500 £631 Vénus découvrant Adonis tué par un sanglier Lavis 13x17,5cm/*5x6in* Paris 98
CHAPIN Bryant 1859-1927 **[18]**
    $100 FF583 £60 "Roadway an Fish Houses, Grand Manan, New Brunswick" Oil/canvas 25x40cm/*10x16in* Bloomfield Hills, Michigan 97
    $3 500 FF21 725 £2 133 Still Life with Fruit Oil/canvas 43x55cm/*17x22in* Boston, Mass. 97
CHAPIN Bryant (Attrib.) 1859-1927 **[1]**
    $3 250 FF19 199 £2 019 Overturned Box of Strawberries Oil/canvas 36x45,5cm/*14x17in* Boston, Mass. 97
CHAPIN Charles H. XIX-XX **[4]**
    $6 000 FF34 803 £3 692 Morning on Upper Saranac Lake Oil/canvas 70x127cm/*27x50in* New-York 97
CHAPIN Francis 1899-1965 **[11]**
    $2 400 FF13 683 £1 473 Spanish Easter Oil/canvas 72x111cm/*28x44in* Chicago, Illinois 97
CHAPIRO Jacques 1887-1962 **[143]**
    $490 FF2 500 £323 Nature morte aux oignons Huile/toile 27x46cm/*10x18in* Paris 96
    $822 FF4 200 £542 Adam et Eve Huile/toile 115x181cm/*45x71in* Paris 96
    $8 838 FF54 134 £5 291 Portret Martwa natura z ksiazkami Oil/canvas 50x73cm/*19x28in* Warszawa 98
    $107 FF550 £65 "L'aube" Gouache 36x52cm/*14x20in* Paris 96
CHAPLET Ernest 1835-1909 **[5]**
    $4 000 FF24 213 £2 455 A Ceramic "Orange Skin" Vase Ceramic H15cm/*H5in* New-York 98
CHAPLIN Charles 1825-1891 **[114]**
    $1 340 FF8 000 £821 Femme au masque Huile/toile 60x45cm/*23x17in* Lyon 98
    $3 200 FF19 476 £1 908 Femme nue au repos Oleo/lienzo 19,5x40cm/*7x15in* Buenos Aires 97
    $1 600 FF9 116 £999 Young girl with dove Watercolour/paper 45x27cm/*18x11in* Bethesda, Maryland 97
CHAPLIN Charles (Attrib.) 1825-1891 **[1]**
    $7 007 FF42 966 £4 200 Portrait of an elegant Lady, wearing a black Dress trimmed with Lace Oil/canvas 133,5x103,5cm/*52x40in* London 98
CHAPLIN Elisabeth 1892-1982 **[19]**
    $1 020 FF5 780 £680 Paesaggio con alberi Olio/cartone 50x70cm/*19x27in* Firenze 98
    $1 140 FF6 460 £570 Cesto con frutta Olio/tavola 31x46cm/*12x18in* Prato 98
CHAPMAN Carlton Theodore 1860-1925 **[17]**
    $728 FF4 108 £446 Ships at Sea Oil/canvas 30x50cm/*12x20in* Mystic, Connecticut 97
CHAPMAN Charles Shepard 1879-1947 **[12]**
    $600 FF3 638 £366 Figures in the Forest Oil/masonite 41x26cm/*16x10in* Boston, Mass. 98
    $3 000 FF18 061 £1 794 St. Thomas, Virgin Islands Oil/board 40,5x51cm/*15x20in* San Francisco 98
CHAPMAN Conrad W. (Attrib.) 1842-1913 **[1]**
    $1 700 FF10 094 £1 029 A Day at the Beach Oil/panel 14x22cm/*5x8in* Washington 97
CHAPMAN Conrad Wise 1842-1913 **[38]**
    $30 000 FF145 600 £19 330 Valle de México Oil/panel 16x23cm/*6x9in* New-York 95
    $110 000 FF534 000 £70 900 Mexican landscape Oil/canvas 48x65cm/*18x25in* New-York 95
    $1 600 FF9 875 £950 Paisaje mejicano Dibujo 25x41cm/*9x16in* Madrid 98
CHAPMAN Dinos & Jake 1962/1966 **[4]**
    $28 466 FF170 974 £17 000 Iconic Hallucination Box Installation 150x180x140cm/*59x70x55in* London 98
CHAPMAN Frederick A. 1818-1891 **[1]**
    $2 400 FF12 460 £1 588 Twelfth Night Oil/panel 27x21cm/*10x8in* New-York 96
CHAPMAN John Gadsby 1808-1890 **[9]**
    $4 030 FF20 300 £2 665 Sabine Vintagers Olio/tela 85x62cm/*33x24in* Roma 95
CHAPMAN John Linton 1839-1905 **[8]**
    $2 250 FF13 427 £1 357 Roman Beggars Oil/panel 35x25cm/*14x10in* Potomac, MD 97
    $11 500 FF59 685 £7 616 Ladds Dock, Lake Champlain Oil/canvas 51,5x87cm/*20x34in* New-York 96
CHAPMAN Minerva Josephine 1858-1947 **[9]**
    $2 500 FF12 950 £1 624 Lanscape with Boat on the Shore Oil/canvas 76x107cm/*29x42in* San Francisco-Los Angeles 96
CHAPONNIERE Alexandre Chaponnier 1753-1806 **[7]**
    $613 FF3 200 £365 Los Presentes, ou La Grotte de l'Hymen Gravure 42x66,5cm/*16x26in* Paris 96

CHAPOVAL Youla, Jules 1919-1951 **[107]**
- *$905 FF5 500* £545 Nature morte Huile/panneau 21x32cm/*8x12in* Versailles 98
- *$3 180 FF18 000* £1 942 Nature morte Huile/toile 60x72cm/*23x28in* Saint-Germain-en-Laye 97
- *$7 879 FF46 000* £4 765 Composition Huile/toile 114x146cm/*44x57in* Paris 97
- *$383 FF2 300* £229 Composition Aquarelle/papier 26x21cm/*10x8in* Paris 98

CHAPPEL Edward 1859-1944 **[38]**
- *$299 FF1 800* £178 La meule de foin Huile/panneau 22x26cm/*8x10in* Paris 98
- *$498 FF3 000* £298 La rivière Huile/toile 71x92cm/*27x36in* Paris 98

CHAPPELL OF POOLE Reuben 1870-1940 **[41]**
- *$643 FF3 703* £380 "Reward" of Chester Watercolour 34,5x52cm/*13x20in* London 97

CHAPPUIS Alberto XIX-XX **[3]**
- *$1 900 FF11 323* £1 139 "Liquore Strega" Poster 138,5x100cm/*54x39in* New-York 98

CHAPU Henri 1833-1891 **[47]**
- *$1 098 FF6 016* £660 Jeanne d'Arc à Donrémy Bronze H46cm/*H18in* Billingshurst, West Sussex 97
- *$3 144 FF19 000* £1 873 Jeune femme drapée à la branche de laurier Bronze H95cm/*H37in* Troyes 97

CHAPUIS Honoré 1817-1865 **[1]**
- *$5 000 FF29 019* £2 954 Refugees Oil/canvas 101x63cm/*40x25in* New Orleans, Louisiana 97

CHARAVEL Paul 1877-1961 **[52]**
- *$279 FF1 675* £171 Dünenlandschaft Öl/Karton 15,5x22cm/*6x8in* Köln 98

CHARCHOUNE Serge 1888-1975 **[334]**
- *$469 FF2 800* £283 Composition Acrylique/papier 41x32,5cm/*16x12in* Paris 97
- *$3 590 FF18 000* £2 270 Nature morte Huile/toile 36,5x53cm/*14x20in* Paris 95
- *$733 FF4 200* £447 Abstraction Aquarelle 17,5x15,5cm/*6x6in* Paris 97

CHARCOT Jean Martin, Prof. XIX **[2]**
- *$1 965 FF11 673* £1 200 "Guedot. Paralysie Pseudo-hypertrophique. Salle Bouvier" Albumen print 13x10cm/*5x4in* London 98

CHARDIN Jean-Baptiste Siméon 1699-1779 **[12]**
- *$70 038 FF402 084* £42 714 Les comédiens au village Oil/canvas 37,5x46cm/*14x18in* Stockholm 97
- *$600 000 FF3 592 800* £367 200 Beets, a Spice-Box, Dishcloth, Pot, glazed earthenware Plate Oil/canvas 32x39,5cm/*12x15in* New-York 97

CHARDIN Paul Louis Léger 1833-1917 **[6]**
- *$567 FF3 500* £340 Mosquée du Sultan Hassan Mine plomb 20,5x13,5cm/*8x5in* Paris 98

CHARGESHEIMER Carl-Heinz Hargesh. 1924-1972 **[19]**
- *$550 FF3 180* £323 Ohne Titel Print 108x120cm/*42x47in* Köln 97
- *$3 770 FF19 700* £2 245 Ohne Titel Metal H67cm/*H26in* Köln 96
- *$701 FF4 017* £415 Ohne Titel Gelatin silver print 59,5x40cm/*23x15in* Köln 97

CHARIGNY André 1902 **[38]**
- *$759 FF4 600* £465 Rue de village à Houtaud Huile/carton 19x23,5cm/*7x9in* Besançon 98
- *$1 480 FF9 000* £898 Harmonie rouge Huile/toile 65x54cm/*25x21in* Besançon 98

CHARLE-LUCAS E. [2]
- *$837 FF5 000* £512 "Peugeot Cycles" Affiche 136x103cm/*53x40in* Orléans 98

CHARLEMAGNE Adolphe Jossifovich 1826-1901 **[3]**
- *$13 680 FF68 400* £9 000 Personalities and scenes relating to the Preobrazhensky Regiment Gouache 96x110cm/*37x43in* London 95

CHARLEMAGNE Iosif Adolfovich 1782-1861 **[4]**
- *$5 000 FF26 230* £3 000 The English Embankment on the Neva, St. Petersburg Gouache 31x43cm/*12x16in* London 96

CHARLEMONT Eduard 1848-1906 **[11]**
- *$60 000 FF341 880* £36 750 Vermeer in Seinem atelier Oil/panel 91,5x72,5cm/*36x28in* New-York 97

CHARLEMONT Hugo 1850-1939 **[64]**
- *$4 000 FF23 781* £2 409 Still Life with Nautilus Cup and Flowers on a Draped Table Oil/panel 70x38,5cm/*27x15in* New-York 98
- *$5 100 FF26 430* £3 315 Rosen aus Kritzendorf Oil/panel 19x33,5cm/*7x13in* München 96
- *$2 225 FF11 510* £1 487 Krautacker Aquarell/Papier 31x43cm/*12x16in* Wien 96

CHARLES James 1851-1906 **[18]**
- *$3 032 FF18 147* £1 900 Portrait of a young Boy, head and shoulders, in a sailor suit Oil/board

15,5x13cm/*6x5in* London 97
    $11 541 FF67 178 £7 000 Dappled Sunlight Oil/canvas 54,5x42,5cm/*21x16in* London 97
CHARLES John XIX **[2]**
    $1 046 FF6 239 £649 A Group of views of Turkey and the Middle East Watercolour/paper
24x54,5cm/*9x21in* London 97
CHARLES William ?-1820 **[2]**
    $450 FF2 629 £276 "John Bull Making a New Batch of Ships to Send to the Lakes" Etching 20x30cm/*8x12in*
New-York 97
CHARLES-LUCAS E. XIX-XX **[4]**
    $336 FF2 000 £205 "Exposition du Théâtre & de la Musique" Affiche 101x61cm/*39x24in* Paris 98
CHARLESWORTH Rod 1955 **[12]**
    $331 FF1 704 £219 All Stars Oil/masonite 30x41cm/*11x16in* Calgary, Alberta 96
CHARLESWORTH Sarah 1947 **[8]**
    $3 000 FF15 540 £1 920 Pleasure of the Text Cibachrome print 72x100cm/*28x39in* New-York 96
CHARLET Frantz 1862-1928 **[46]**
    $5 560 FF28 440 £3 600 Scène d'intérieur Huile/toile 60x73cm/*23x28in* Bruxelles 95
    $150 FF933 £90 Clapping Hands Aquatint 48x61cm/*19x24in* Chicago, Illinois 98
    $2 870 FF16 350 £1 750 Chevalier au village Aquarelle 48x57cm/*18x22in* Antwerpen 97
CHARLET Nicolas Toussaint 1792-1845 **[71]**
    $2 691 FF16 000 £1 667 Grenadier jouant avec un enfant devant une auberge Huile/toile
54x43cm/*21x16in* Paris 97
    $329 FF2 000 £198 Le tonnelier Aquarelle/papier 28x21cm/*11x8in* Paris 98
CHARLIER Jacques 1720-1790 **[10]**
    $3 921 FF23 483 £2 400 A Nude Girl reclining on White, Pink and Grey Drapery Miniature 5x6,5cm/*1x2in*
London 97
CHARLIER Jacques 1939 **[4]**
    $990 FF5 726 £605 "Nature vivante" Huile/toile 85x110cm/*33x43in* Antwerpen 97
CHARLIER Jean-Baptiste XIX **[1]**
    $9 929 FF58 000 £5 875 "Souvenir de Syrie" Tirage albuminé 24,5x31,5cm/*9x12in* Paris 97
CHARLOT DE COURCY de Alexandre Frédéric 1832-? **[1]**
    $7 000 FF36 350 £4 630 Divertissements du Pacha Oil/canvas 60x50cm/*23x19in* New-York 96
CHARLOT Jean 1898-1979 **[49]**
    $11 000 FF65 710 £6 728 Mère et enfant Oil/canvas 36x28,5cm/*14x11in* New-York 98
    $12 000 FF71 684 £7 340 India con jarra Oil/canvas 84,5x58,5cm/*33x23in* New-York 98
    $450 FF2 335 £298 Mother and Child Color lithograph 40x27cm/*16x11in* Cincinnati, Ohio 96
    $650 FF3 373 £430 Nude with Arms Raised Ink/paper 38x27cm/*15x11in* Cincinnati, Ohio 96
CHARLOT Louis 1878-1951 **[44]**
    $653 FF4 000 £389 Paysage sous la neige Huile/isorel 46x55cm/*18x21in* Lyon 98
CHARLOT Paul 1906-1985 **[35]**
    $701 FF4 140 £415 Les Diablerets Öl/Leinwand 50x61cm/*19x24in* Zofingen 97
CHARLOTTE OF AUSTRIA Grand Duchess 1752-1814 **[1]**
    $110 000 FF607 739 £68 365 Elaborate still life of flowers, after Gerard van Spaendobck Oil/canvas
100x81cm/*39x31in* New-York 97
CHARLTON Edward William 1859-? **[2]**
    $390 FF2 034 £228 Southhampton Radierung 15x22,2cm/*5x8in* Berlin 96
CHARLTON George J. 1899-? **[7]**
    $2 967 FF17 274 £1 800 Maldon, Essex Oil/canvas 58,5x89cm/*23x35in* London 97
CHARLTON John 1849-1917 **[21]**
    $12 000 FF62 600 £7 250 The Winning Post Oil/canvas 61x107cm/*24x42in* New-York 96
    $16 673 FF102 417 £10 000 "More Free than Welcome" Oil/canvas 132x206cm/*51x81in* London 98
    $279 FF1 434 £180 Wet day in October Pastel/board 135x114cm/*53x45in* Newcastle-upon-Tyne 96
CHARMY Émilie 1878-1974 **[48]**
    $618 FF3 600 £378 Nature morte aux raisins et au sucrier Huile/carton 31x40cm/*12x15in* Paris 97
    $1 044 FF6 410 £650 Self-Portrait Oil/canvas 63x53cm/*24x20in* Melbourne 97
    $273 FF1 400 £180 Allée dans le parc Aquarelle 16,5x23,5cm/*6x9in* Paris 96
CHARNAY Désiré C. 1828-1915 **[5]**
    $6 500 FF38 101 £4 000 Deuxième Palais, à Mitla, Mexique Albumen print 34x43cm/*13x16in* New-York 97
CHARON Guy 1927 **[17]**

☞ *$2 060 FF10 000 £1 328* Lauriers roses Acrylique/toile 81x100cm/*31x39in* Paris 95
CHAROUX Siegfried 1896-1967 **[6]**
✎ *$659 FF4 016 £400* Mother and Child Watercolour, gouache 55,5x37,5cm/*21x14in* London 98
CHARPENTIER Albert 1878-1914 **[22]**
☞ *$888 FF5 282 £543* Felsige Meeresküste mit Brandung bei Estoril Öl/Leinwand 46,5x55,5cm/*18x21in* Bern 97
CHARPENTIER Alexandre 1856-1909 **[15]**
⚒ *$590 FF3 500 £350* Profil d'homme Bronze 17x13cm/*6x5in* Paris 97
CHARPENTIER Félix M. 1858-1924 **[22]**
⚒ *$1 242 FF7 146 £774* Victoria Bronze H90cm/*H35in* Madrid 97
⚒ *$2 300 FF14 276 £1 386* Faune au Lezard Bronze H60cm/*H24in* New Orleans, Louisiana 98
CHARPENTIER Georges XIX-XX **[4]**
▥ *$663 FF3 800 £410* Pêcheurs à quai Aquatinte couleurs 37x45cm/*14x17in* Morlaix 97
CHARPENTIER Georges 1937 **[4]**
⚒ *$2 500 FF14 845 £1 514* Standing Female Bronze H72cm/*H28in* Detroit, Michigan 97
CHARPENTIER Jean-Bapt. I (Attr.) 1728-1806 **[11]**
☞ *$6 500 FF37 079 £3 996* Portrait of a Lady reading at a Table Oil/canvas 68x84,5cm/*26x33in* New-York 97
☞ *$10 791 FF63 000 £6 526* Le marchand de brioches Huile/panneau 40x33cm/*15x12in* Saint-Germain-en-Laye 97
CHARPENTIER Jean-Baptiste I 1728-1806 **[18]**
☞ *$2 002 FF10 000 £1 308* Portrait du duc de Penthièvre (1726-1793), amiral de France Huile/panneau 29,5x23,5cm/*11x9in* Paris 95
☞ *$20 000 FF119 760 £12 240* "The Analysis": Family receiving a Doctor's diagnosis Oil/panel 41,5x66,5cm/*16x26in* New-York 97
CHARPENTIER Philippe 1949 **[22]**
✎ *$778 FF4 600 £470* Sans titre Technique mixte/papier 103x70cm/*40x27in* Toulouse 97
CHARPIN Albert 1842-1924 **[17]**
☞ *$584 FF3 500 £357* Barque sur l'étang au lever du jour Huile/panneau 19x25cm/*7x9in* Paris 97
☞ *$992 FF5 900 £607* Berger et son troupeau Huile/toile 55,5x38,5cm/*21x15in* Autun 97
CHARRETON Victor 1864-1936 **[314]**
☞ *$4 560 FF23 000 £2 990* Chute du jour Huile/toile 27x37cm/*10x14in* Chamalières 96
☞ *$11 500 FF58 000 £7 540* Les pivoines blanches Huile/toile 46x38cm/*18x14in* Chamalières 96
✎ *$615 FF3 100 £404* Portrait de fillette Fusain 24x20cm/*9x7in* Chamalières 96
CHARRIER Jacques 1936 **[4]**
✎ *$1 558 FF9 000 £953* Composition III Pastel 80x60cm/*31x23in* Paris 97
CHARRON Amédée 1837-? **[2]**
⚒ *$8 879 FF52 481 £5 500* "Le Génie des Sciences" Bronze H72cm/*H28in* London 97
CHARTERIS OF AMISFIELD Lord 1913 **[1]**
⚒ *$5 164 FF31 280 £3 200* Love in a Cold Climate, a Penguin with Young Bronze H16,5cm/*H6in* Perthshire 97
CHARTIER Henri G. 1859-1924 **[6]**
☞ *$353 FF2 000 £215* La cour de la Caserne; Cavalerie Huile/toile 19x36cm/*7x14in* Orléans 97
☞ *$429 FF2 650 £270* Naerkamp: scene fra Förste Verdenskrig Oil/canvas 86x116cm/*33x45in* Köbenhavn 97
CHARTRAN Théobald 1849-1907 **[16]**
☞ *$4 342 FF24 866 £2 651* Portrait du Pape Léon XIII en prière Oil/canvas 88x116cm/*34x45in* Köbenhavn 97
☞ *$12 513 FF76 726 £7 500* La promenade, Portrait of Miss Eliza Oil/canvas 134,5x91,5cm/*52x36in* London 98
▥ *$952 FF5 500 £586* "Portrait de Sarah Bernardt dans le rôle de Gismonda" Heliogravure 57x47cm/*22x18in* Paris 97
CHARTRAND Augusto XIX-XX **[2]**
☞ *$3 750 FF21 355 £2 302* Coastal View at Dawn Oil/canvas 29x40cm/*11x16in* Bethesda, Maryland 97
CHARTRAND Esteban, Philippe 1825-1889 **[17]**
☞ *$4 800 FF23 300 £3 093* Paisaje con arco iris Oil/panel 18x26cm/*7x10in* New-York 95
☞ *$7 000 FF40 863 £4 164* Paisaje Oil/canvas 91x60,5cm/*35x23in* New-York 97
CHARUVI Samuel 1897-1965 **[1]**
☞ *$1 700 FF9 387 £1 060* Hifa Oil/canvas 40x30,5cm/*15x12in* Tel Aviv 97
CHASE CHEN 1962 **[8]**

$51 700 FF265 000 £31 430 Ophelia Oil/canvas 91,5x214cm/*36x84in* Hong Kong 96
CHASE Frank Swift 1886-1958 **[14]**
$500 FF2 847 £303 Landscape Oil/board 40x30cm/*16x12in* Chicago, Illinois 97
$1 000 FF5 800 £615 Blue Woodstock Hills Oil/canvas 45x60cm/*18x24in* New-York 97
CHASE Harry 1853-1889 **[18]**
$1 086 FF6 650 £650 Ship at Ful Sail Oil/panel 33x24cm/*12x9in* London 98
$5 652 FF32 899 £3 484 Normandy Coast Oil/canvas 50x40cm/*20x16in* St. Louis, Miss. 97
CHASE John 1810-1899 **[6]**
$1 580 FF7 760 £1 000 Tintern Abbey Watercolour 46x63cm/*18x24in* London 95
CHASE Marian Emma 1844-1905 **[3]**
$1 681 FF9 813 £1 000 Still life of Nuts and Berries Watercolour 19x27cm/*7x10in* London 97
CHASE Richard A. 1892-1985 **[6]**
$650 FF3 373 £430 Landscape with houses Oil/board 30x40cm/*12x16in* Cincinnati, Ohio 96
CHASE Susan Miller XX **[16]**
$500 FF2 443 £317 Three girls wading Oil/canvas 25x18cm/*10x7in* Ossipee, NH 95
CHASE Sydney March 1877-1957 **[5]**
$1 300 FF7 807 £779 Monhegan Oil/board 50x60cm/*20x24in* North Berwick, Maine 98
CHASE William Merritt 1849-1916 **[81]**
$37 000 FF219 583 £22 947 A Mandolin player Oil/panel 24x18,5cm/*9x7in* New-York 97
$47 500 FF281 233 £28 205 Sunny Spain Oil/canvas 49,5x74,5cm/*19x29in* New-York 97
$280 000 FF1 657 796 £167 440 Untitled (seated woman in a yellow gown) Pastel/paper 50,8x61cm/*20x24in* New-York 97
CHASHNIK Ilya Grigorevitch 1902-1929 **[5]**
$1 200 FF7 088 £745 "Sovyetskiy Ekran, Number 4" Ink 41x27,5cm/*16x10in* Boston, Mass. 97
CHASSE-POT Jean-Jules 1933 **[9]**
$3 031 FF18 000 £1 836 Personnage en buste Bronze H53cm/*H20in* Paris 97
CHASSELAT Charles A. (Attrib.) 1782-1843 **[2]**
$3 430 FF17 550 £2 200 Coupang, Ile Timor, divers costumes, after J. Alphonse Pellion Ink 26x35,5cm/*10x13in* London 96
CHASSELAT Pierre 1753-1814 **[7]**
$1 300 FF7 554 £800 A seated Woman wearing a plumed Hat Black & white chalks/paper 39x27,5cm/*15x10in* London 97
CHASSELAT Saint-Ange Henri J. 1813-1880 **[4]**
$1 632 FF9 994 £972 The orphanage Oil/canvas 38x31cm/*14x12in* Amsterdam 98
CHASSÉRIAU Théodore 1819-1856 **[64]**
$15 000 FF85 567 £9 223 A portrait of a woman Oil/canvas 61x49,5cm/*24x19in* New-York 97
$45 000 FF233 700 £29 760 Desdémone chantant la Romance du Saule Oil/panel 33x25,5cm/*12x10in* New-York 96
$1 046 FF5 200 £666 Vénus Anadyomène Lithographie 28,3x23cm/*11x9in* Paris 95
$9 550 FF46 600 £6 000 Cavaliers arabes enlevant leurs morts Pencil 15x22cm/*5x8in* London 95
CHASSEVENT-BACQUES Gustave Adolphe 1818-1901 **[1]**
$3 300 FF20 000 £2 024 Portrait d'artiste assis Huile/toile 31x35cm/*12x13in* La Varenne Saint-Hilaire 98
CHASTEL Roger 1897-1981 **[52]**
$722 FF3 500 £465 Petite nature morte Huile/toile 24x33cm/*9x12in* Paris 95
$1 343 FF7 000 £844 Nature morte à la bouteille Huile/toile 38x55cm/*14x21in* Paris 96
CHATAUD Marc Alfred 1833-1908 **[40]**
$3 344 FF20 000 £2 030 Rue du Vieil Alger Huile/toile/carton 31x18cm/*12x7in* Paris 97
$10 530 FF52 500 £6 900 Le marchand de viande ambulant, Alger Huile/toile 75x55cm/*29x21in* Aubagne 95
$2 250 FF11 500 £1 484 "Rue Kléber, Alger" Mine plomb 22,6x14,5cm/*8x5in* Paris 96
CHATEIGNON Ernest c.1865-? **[11]**
$4 500 FF26 102 £2 659 "The Return Home on Harvest Day" Oil/canvas 47x61cm/*18x24in* San Francisco 97
CHATELET Claude L. (Attrib.) 1753-1794 **[12]**
$3 500 FF18 000 £2 182 Promeneurs au bord d'un lac avec la statue d'Homère Huile/toile 38x48,5cm/*14x19in* Paris 96
$922 FF5 529 £550 View of Agrigentum in Grigenti, the river Agragas in the foreground Black chalk

25x36cm/*9x14in* London 98
CHATELET Claude Louis 1753-1794 **[50]**
  $4 851 *FF30 000* £2 889 Ruines antiques dans un paysage animé de bergers Huile/toile
31,5x41cm/*12x16in* Paris 98
  $30 000 *FF176 886* £18 396 Vue de la grande Cascade de Terni aux environs de Rome près de Foligno
Oil/paper/canvas 96,5x63,5cm/*37x25in* New-York 98
  $2 332 *FF13 793* £1 400 A view of the Temple of Metaponto Watercolour 21x33cm/*8x12in* London 97
CHATELIN Ambroise N. (Attrib) c.1810-c.1860 **[1]**
  $3 710 *FF18 000* £2 390 Agnès Sorel surprise au bain/Agnès Sorel et Charles VII Aquarelle, gouache
48,5x37,7cm/*19x14in* Paris 95
CHATILLON Pierre 1885-1974 **[24]**
  $871 *FF4 480* £544 Bauernhof Aquarell 41x51cm/*16x20in* Bern 96
CHATROUSSE Émile Fr. 1829-1896 **[3]**
  $12 850 *FF66 700* £8 500 Une contemporaine Marble H147cm/*H57in* London 96
CHATTAWAY George Anthony 1931 **[7]**
  $849 *FF4 832* £520 A covey of English partridge over an Autumn hedgerow Oil/canvas 76x102cm/*29x40in*
London 97
CHATTAWAY William 1927 **[7]**
  $3 130 *FF16 000* £2 064 Femme debout Bronze H30cm/*H11in* Paris 96
CHATTEL du Frédéric XX **[3]**
  $3 735 *FF21 615* £2 282 A view of a River with Figures in a rowing-Boat near Drawbridge
Watercolour/paper 34x49cm/*13x19in* Amsterdam 97
CHATTEL van Jakobus 1857-1917 **[10]**
  $3 321 *FF19 310* £1 979 Riviergezicht met strekdammen Oil/canvas 45x52cm/*17x20in* Den Haag 97
  $4 353 *FF26 193* £2 606 A Sunny Day in Autumn Along the Vecht Watercolour 52x68cm/*20x26in*
Amsterdam 98
CHATTERTON Clarence K. 1880-1973 **[17]**
  $3 000 *FF15 150* £1 948 By the Sea Oil/board 20x25cm/*8x10in* Portland, Maine 96
  $11 000 *FF55 550* £7 143 Boating with Oiver, Ogunquit Oil/canvas 50x60cm/*20x24in* Portland, Maine 96
  $2 200 *FF13 056* £1 347 Under the Big Top Gouache 33x53cm/*13x21in* New-York 98
CHAUDET Antoine 1797-1867 **[2]**
  $108 700 *FF570 000* £65 400 Jeune fille tenant le sabre de son père Huile/toile 41x32cm/*16x12in* Paris 96
CHAUDET Antoine Denis 1763-1810 **[15]**
  $8 138 *FF48 733* £5 000 L'Amour Bronze H59,5cm/*H23in* London 98
  $18 900 *FF93 000* £12 040 L'Amour Bronze H88cm/*H34in* Orléans 95
  $1 800 *FF9 977* £1 110 An illustration to Apuleius's "The Golden Ass" Ink 17,4x12,7cm/*6x5in* New-York 97
CHAUGNAC de Robert 1907-1997 **[6]**
  $13 724 *FF81 500* £8 313 L'Aube Tapisserie 140x10cm/*55x3in* Bergerac 97
CHAURAND-NAURAC Jean Raoul 1878-1948 **[16]**
  $1 399 *FF8 453* £850 "Savoie et Dauphiné, Trains spéciaux de neige" Poster 100x62cm/*39x24in* London 98
CHAURAY Jean-Claude 1934 **[15]**
  $3 705 *FF21 255* £2 288 Nature morte aux cerises Huile/toile 22x27cm/*8x10in* Bruxelles 97
CHAUVEAU Pascal 1962 **[7]**
  $2 550 *FF13 000* £1 682 L'Antichambre Acrylique/papier 69x50cm/*27x19in* Paris 96
  $2 808 *FF16 000* £1 753 Le mur enchanté Technique mixte/papier 84x56cm/*33x22in* Versailles 97
CHAUVEL Georges 1886-1962 **[6]**
  $2 520 *FF14 500* £1 487 Diane chasseresse Bronze 76,5x25x30cm/*30x9x11in* Paris 97
CHAUVIN Jean, Louis 1889-1976 **[33]**
  $5 616 *FF32 000* £3 507 Martin-Pêcheur Bronze poli 35x27x22cm/*13x10x8in* Douai 97
  $263 *FF1 500* £164 Composition Fusain/papier 48x35cm/*18x13in* Douai 97
CHAUVIN Pierre-Ath. (Attr.) 1774-1832 **[4]**
  $3 243 *FF17 000* £1 950 Paysage boisé à la cascade Huile/toile 46x56cm/*18x22in* Paris 96
CHAUVIN Pierre-Athanase 1774-1832 **[6]**
  $80 000 *FF491 096* £49 016 View of the Countryside outside Naples Oil/canvas 51x72cm/*20x28in* New-
York 98
CHAVAL Ivan Le Louarn, dit 1915-1968 **[2]**

$1 035 FF6 024 £638 "Les Frères Jacques" Poster 97x144,5cm/*38x56in* New-York 97
CHAVANNAZ B. XIX-XX **[6]**
$265 FF1 582 £160 "Union des Françaises contre l'alcool, Ah! si l'on avait supprimé... Affiche 119,5x79cm/*47x31in* London 97
CHAVANNES Alfred 1836-1894 **[6]**
$1 893 FF11 180 £1 121 Sommerliche Idylle am Genfersee Oil/panel 30x38,5cm/*11x15in* Zofingen 97
$9 071 FF53 740 £5 475 Berglandschaft Öl/Leinwand 110x88cm/*43x34in* Zürich 97
CHAVARRIA Enrique 1930 **[7]**
$850 FF4 250 £551 Eye in the Sky Oil/cardboard 38x16cm/*15x6in* Delray Beach, Florida 96
$1 000 FF5 000 £648 Dandelion Man Oil/board 69x39cm/*27x15in* Delray Beach, Florida 96
CHAVAZ Albert 1907-1990 **[18]**
$2 161 FF12 882 £1 325 Femme assise Öl/Karton 27,5x37,5cm/*10x14in* Zürich 98
$3 442 FF20 104 £2 113 Krug und Pfirsiche Öl/Leinwand 35x55cm/*13x21in* Zofingen 97
$1 191 FF6 933 £734 Ruderboot am Seeufer, an eine Ankerkette gelegt Gouache/papier 24,5x33,5cm/*9x13in* Bern 97
CHAVDA Shiavax 1914 **[9]**
$1 993 FF11 952 £1 200 Dancer Drawing 48,5x34,5cm/*19x13in* London 98
CHAVET Victor 1822-1906 **[14]**
$1 504 FF7 700 £965 Die Mandolinspielerin Öl/Leinwand 24,5x19cm/*9x7in* Wien 96
CHAVEZ LOPEZ Gerardo 1937 **[19]**
$3 340 FF20 000 £2 052 "Le veilleur de nuit" Technique mixte/toile 81x100cm/*31x39in* Douai 98
$3 679 FF21 268 £2 249 "Première aube clarté méchante" Huile/toile 115x148cm/*45x58in* Antwerpen 97
CHAVIGNAUD Georges 1865-1944 **[31]**
$290 FF1 695 £178 Farm Buildings Watercolour/paper 25,5x35,5cm/*10x13in* Toronto 97
CHAVIGNIER Louis 1922-1972 **[7]**
$2 781 FF16 500 £1 701 Le petit manège Bronze 60x35x25cm/*23x13x9in* Paris 97
CHAZAL Antoine 1793-1854 **[11]**
$18 000 FF102 564 £11 025 Yucca Gloriosa Oil/canvas 64x54cm/*25x21in* New-York 97
$1 076 FF5 620 £650 Wandering Albatross, mute swan, White Pelican Watercolour, gouache 16x10cm/*6x3in* London 96
CHEADLE Henry 1852-1910 **[15]**
$607 FF3 605 £360 Cattle on a Country Road Oil/canvas 22x35cm/*8x13in* Billingshurst, West Sussex 97
CHEBLOWSKI Stanislaus 1835-1884 **[2]**
$7 540 FF38 300 £4 500 Portrait of Sultan Abdülaziz Oil/panel 31x25cm/*12x9in* London 96
CHECA Y DELICADO Felipe 1844-1907 **[10]**
$924 FF5 558 £574 Cesto de flores Oleo/lienzo 40x86cm/*15x33in* Madrid 97
CHECA Y SANZ Ulpiano 1860-1916 **[55]**
$1 842 FF11 000 £1 128 Portrait de jeune femme Huile/toile 41x33cm/*16x12in* Angers 97
$7 797 FF47 000 £4 789 Cavalier s'enfuyant devant Troyes en flammes Huile/toile 61x93cm/*24x36in* Paris 98
$28 960 FF149 000 £17 500 The Charge Oil/canvas 98x170cm/*38x66in* London 96
$3 428 FF19 589 £2 100 "Course Romaine", A Roman Chariotter Gilded bronze 13x52cm/*5x20in* London 97
$1 337 FF8 000 £812 La fantasia Aquarelle, gouache/papier 37x29cm/*14x11in* Paris 97
CHECCHI Arturo 1886-1971 **[10]**
$108 FF612 £72 Teste di Giovani/Il Castello d'Ischia Litografia 35x50cm/*13x19in* Firenze 97
CHEE Robert 1937 **[3]**
$1 000 FF5 727 £591 Going to the Squaw Dance Tempera/paper 37x49cm/*14x19in* Santa Fe, New Mexico 97
CHEERE John 1709-1787 **[2]**
$8 980 FF53 294 £5 500 A Shepherd and a Shepherdess Sculpture H142cm/*H55in* Billingshurst, West Sussex 98
CHEERE John (Attrib.) 1709-1787 **[5]**
$12 354 FF70 356 £7 500 Figures of Dutch Skater Sculpture H130cm/*H51in* Billingshurst, West Sussex 97
CHEESEWRIGHT Ethel S. XIX-XX **[4]**
$528 FF2 676 £340 A rocky coast, possibly the Channel Island Watercolour 44,5x57cm/*17x22in* London 96
CHEESMAN William c.1841-1910 **[4]**
$1 169 FF7 161 £700 Hampton Court Palace from the Gardens/A View on Abrook Common, Esther

Watercolour 37,5x53,5cm/*14x21in* London 98
CHEESWRIGHT Ethel S. XIX-XX **[17]**
$775 FF4 312 £480 Still waters, sark Watercolour/paper 35x52,5cm/*13x20in* Billingshurst, West Sussex 97
CHEFFER Henry 1860-1957 **[73]**
$1 833 FF10 500 £1 084 Pardon en bretagne Huile/panneau 24x33cm/*9x12in* Quimper 97
$70 FF420 £42 Sortie de messe Gravure 15x12cm/*5x4in* Brest 97
$417 FF2 100 £269 Etudes de matelots Fusain 27x21cm/*10x8in* Douarnenez 96
CHEFFETZ Asa 1897-1965 **[23]**
$130 FF778 £79 A covered bridge over a mountain stream Lithograph 13x21cm/*5x8in* Sunderland, MA 97
CHEKHONIN Sergei Vasilevich 1878-1936 **[14]**
$4 561 FF27 613 £2 800 Lamps Watercolour/paper 25x19cm/*9x7in* London 98
CHELIUS Adolf 1856-1923 **[14]**
$1 044 FF6 363 £645 Berglandschaft mit Kühen, Senner, Hund und Alpe (Alm) Oil/wood 12x20cm/*4x7in* Kempten 98
CHELMINSKI van Jan 1851-1925 **[28]**
$6 590 FF34 140 £4 275 Napoleon's Despatch Rider Huile/panneau 30,5x23cm/*12x9in* Montréal 96
$18 000 FF90 000 £11 650 Napoleon retreating from Moscow Oil/canvas 70x120cm/*27x47in* New-York 96
CHELMINSKI van Jan (Attrib.) 1851-1925 **[2]**
$1 600 FF9 750 £979 Soldiers in Retreat Oil/paper/canvas 66x53cm/*26x21in* New-York 98
CHELMONSKI Józef 1849-1914 **[36]**
$3 286 FF20 225 £2 011 Droga w leslie Oil/canvas/panel 19x25,5cm/*7x10in* Warszawa 98
$38 583 FF237 424 £23 611 Pod wieczor Oil/canvas 55x85cm/*21x33in* Warszawa 98
$86 582 FF514 745 £53 631 Ducks in flight at sunset Oil/canvas 91,5x149cm/*36x58in* Warszawa 97
$3 429 FF21 104 £2 098 Glos z litwy Chalks/paper 31x25cm/*12x9in* Warszawa 98
CHEMELLIER de Georges XIX-XX **[1]**
$2 523 FF15 000 £1 563 Clown au cerceau et au caniche, ou "Get-Up" Bronze H62cm/*H24in* Paris 97
CHEMIAKIN Michel 1940 **[204]**
$6 848 FF40 000 £4 052 Carnaval de Venise Huile/toile 107x107cm/*42x42in* Paris 97
$4 557 FF27 000 £2 729 Personnage de Carnaval Bronze H53cm/*H20in* L'Isle-Adam 97
$8 160 FF42 000 £5 260 Carnaval de Saint-Pétersbourg Sculpture bois H86cm/*H33in* Paris 96
$524 FF3 000 £327 Sans titre Aquarelle 44,5x31cm/*17x12in* Paris 97
CHEMIELINSKY Wladyslaw 1895-? **[3]**
$3 500 FF18 000 £2 182 Wedding in Cracow Oil/canvas 61x51cm/*24x20in* New-York 96
CHEMIN Joseph Victor 1825-1901 **[27]**
$804 FF5 000 £507 Levrette Bronze 14,5x21x8cm/*5x8x3in* Cherbourg 97
CHEMIN Sebastiano 1756-1812 **[1]**
$2 673 FF16 369 £1 600 Lovers Seated by a Tree/Autumn Oil/copper 23x34cm/*9x13in* London 98
CHEN BANDING 1877-1970 **[4]**
$1 781 FF10 672 £1 064 Kangaroo Coloured inks 27,5x35cm/*10x13in* Hong Kong 98
CHEN CHENGBO Ch'en Ch'eng-po 1895-1947 **[4]**
$98 011 FF582 386 £60 795 By the summer lake Oil/canvas 32x41,5cm/*12x16in* Taipei, Taiwan 97
CHEN CHI 1912 **[6]**
$1 800 FF10 836 £1 076 Union Square, San Francisco Watercolour/paper 43x58,5cm/*16x23in* San Francisco 98
CHEN DANQING 1953 **[4]**
$9 051 FF52 633 £5 397 Sheep Hearding Oil/canvas 76x102cm/*29x40in* Hong Kong 97
CHEN DEWANG Ch'en Te'-wang 1909-1984 **[5]**
$54 300 FF270 000 £34 500 Guan Yin Shan Oil/canvas 32x41cm/*12x16in* Taipei, Taiwan 95
$132 511 FF787 386 £82 195 Seaside by yeliu Oil/canvas 50x65cm/*19x25in* Taipei, Taiwan 97
CHEN FANG 1896-? **[1]**
$1 700 FF10 119 £1 055 Bamboo and Rock Ink/paper 137x34cm/*54x13in* New-York 97
CHEN FUSHAN Luis Chan 1905 **[12]**
$10 592 FF63 008 £6 496 Rose Rose I Love You Acrylic/canvas 131x78cm/*51x30in* Taipei, Taiwan 97
CHEN Georgette 1907-1992 **[4]**
$41 903 FF250 911 £25 743 Still Life with Big Durian Oil/canvas 46x55cm/*18x21in* Singapore 98
CHEN HENGKE 1876-1923 **[7]**

✎ *$1 500 FF9 041* £935 Flowers Ink/paper 51x29cm/*20x11in* New-York 97
CHEN HONGSHOU 1598-1652 **[5]**
✎ *$30 984 FF180 576* £19 080 Flowers Ink 5,5x18,5cm/*2x7in* Hong Kong 97
CHEN JIAYAN 1599-1683 **[2]**
✎ *$15 000 FF84 745* £9 441 Fruit and Flowers Ink/paper 16x24,5cm/*6x9in* New-York 97
CHEN JINGRONG Chen Ching-Jung 1934 **[3]**
✎ *$1 820 FF9 430* £1 143 Seven cows Etching 42,5x51,6cm/*16x20in* Taipei, Taiwan 96
CHEN JIRU 1558-1639 **[2]**
✎ *$1 161 FF6 771* £715 Poems in running script calligarphy Ink 16x50cm/*6x19in* Hong Kong 97
CHEN KEZHAN 1959 **[8]**
✎ *$5 180 FF26 636* £3 196 Lotus Series Ink 7,5x138cm/*2x54in* Hong Kong 96
CHEN LU c.1410-c.1460 **[1]**
✎ *$320 000 FF1 807 904* £201 408 Plum Blossoms Ink/paper 31x754,5cm/*12x297in* New-York 97
CHEN MINGXIA XVII **[1]**
✎ *$4 000 FF23 809* £2 483 Cursive Script Calligrpahy Ink 26x264cm/*10x104in* New-York 97
CHEN NIAN 1877-1970 **[1]**
✎ *$1 552 FF7 950* £943 Yellow peony Ink 93x31cm/*36x12in* Hong Kong 96
CHEN PEIQIU 1922 **[6]**
✎ *$2 849 FF14 649* £1 757 Landscape in Spring/Calligraphy Ink/paper 18,5x52cm/*7x20in* Hong Kong 96
CHEN QIHU XX **[1]**
✎ *$4 000 FF23 809* £2 483 One Hundred Boys at Play Through the Four Seasons Ink 119x43cm/*47x17in* New-York 97
CHEN QIKUAN Chen Chi-kwan 1921 **[11]**
✎ *$11 000 FF67 360* £6 552 Window View Ink/paper 122x23cm/*48x9in* New-York 98
CHEN SHAOMEI 1909-1954 **[7]**
✎ *$7 760 FF39 800* £4 720 Scenery of Hengshan Ink 32x74cm/*12x29in* Hong Kong 96
CHEN SHENWEI 1939 **[3]**
✎ *$3 879 FF22 557* £2 313 Filled with Joy Ink 194x86,5cm/*76x34in* Hong Kong 97
CHEN SHU 1660-1736 **[1]**
✎ *$2 065 FF12 038* £1 272 Lotus and birds Ink 17,5x52cm/*6x20in* Hong Kong 97
CHEN SHUICA 1946 **[1]**
✎ *$4 730 FF24 200* £3 060 1994 #4 Mixed media/canvas 83x83cm/*32x32in* Taipei, Taiwan 95
CHEN SHUN 1483-1544 **[3]**
✎ *$38 000 FF214 688* £23 917 (1) Chrysanthemums/(2) Calligraphy Ink/paper 27,9x174cm/*10x68in* New-York 97
CHEN SHUREN 1883-1948 **[8]**
✎ *$4 529 FF26 120* £2 698 Maple Tree by the Waterfall Coloured inks/paper 117x46,5cm/*46x18in* Hong Kong 97
CHEN TINGSHIH 1916 **[2]**
✎ *$9 268 FF55 132* £5 684 Day and Night Woodcut in colors 121x60cm/*47x23in* Taipei, Taiwan 97
CHEN WENXI Chen Wenshi 1906-1991 **[14]**
✎ *$16 598 FF93 676* £10 173 Sails Oil/board 36,5x43,5cm/*14x17in* Singapore 97
✎ *$54 700 FF276 000* £35 900 Red Scarf Oil/canvas/panel 88x105cm/*34x41in* Singapore 96
✎ *$4 920 FF25 300* £3 036 Fishes Ink 65x43cm/*25x16in* Hong Kong 95
CHEN YANNING 1945 **[18]**
✎ *$33 618 FF195 494* £20 046 On the Other Side of River Oil/canvas 122x183cm/*48x72in* Hong Kong 97
CHEN YIFEI 1946 **[20]**
✎ *$28 450 FF145 800* £17 300 Flutist Oil/canvas 66x51cm/*25x20in* Hong Kong 96
✎ *$452 550 FF2 631 650* £269 850 Poppy Oil/canvas 127x147cm/*50x57in* Hong Kong 97
CHEN YIMING 1951 **[15]**
✎ *$12 300 FF63 300* £7 590 Blue Mirror Oil/canvas 92x127cm/*36x50in* Hong Kong 95
✎ *$12 930 FF66 300* £7 860 Alone in the Pavilion Oil/canvas 126x100cm/*49x39in* Hong Kong 96
CHEN YINHUI Chen Yin-huei 1931 **[9]**
✎ *$16 165 FF80 390* £10 298 Latern Oil/canvas 92x73cm/*36x28in* Taipei, Taiwan 96
CHEN YISHI 1961 **[1]**
✎ *$10 340 FF53 000* £6 290 Marina Oil/canvas 76x91cm/*29x35in* Hong Kong 96
CHEN YONGMO Chen Yungmo 1961 **[2]**

✏ *$2 364 FF12 100 £1 530* Guanyin Ink 97x33cm/*38x12in* Taipei, Taiwan 95
CHEN ZHIFU 1895-1962 **[2]**
✏ *$3 361 FF19 549 £2 004* Mandarin Duck in Lotus Pond Ink 62x101cm/*24x39in* Hong Kong 97
CHEN ZHIQI Chen Ch'ih-chi 1906-1931 **[1]**
☞ *$65 340 FF378 720 £40 140* Sizhi, Hsi-Chih, Landscape Oil/canvas 32x41cm/*12x16in* Taipei, Taiwan 97
CHEN ZIZHUANG 1913-1976 **[6]**
✏ *$3 200 FF18 991 £1 960* Cottages in the Mountains Ink 77x22cm/*30x8in* Beverly Hills, Calif. 98
CHENARD Christian 1918 **[324]**
☞ *$136 FF700 £85* Où j'irai Huile/toile 73x92cm/*28x36in* Paris 96
☞ *$350 FF1 800 £218* Estramadure Huile/toile 200x150cm/*78x59in* Paris 96
CHENG SHIFA 1921 **[28]**
✏ *$1 164 FF5 970 £708* Fish Ink 18x51cm/*7x20in* Hong Kong 96
CHENG SUI 1605-1672 **[1]**
✏ *$50 000 FF297 620 £31 040* Cat and Butterfly Ink 122x53cm/*48x21in* New-York 97
CHENG ZHANG 1869-1938 **[9]**
✏ *$5 180 FF26 636 £3 196* Roosters and Flowers Ink 142x78cm/*55x30in* Hong Kong 96
CHENU Augustin P.B. Fleury 1833-1875 **[8]**
☞ *$677 FF4 200 £404* Paysage de neige au bord de l'eau Huile/toile 32x46cm/*12x18in* Lyon 98
☞ *$11 000 FF67 360 £6 583* In Front of the Cooper's Shop on a Wintry Day Oil/canvas 105,5x150cm/*41x59in* New-York 98
CHEONG SOO PIENG 1917-1983 **[7]**
✏ *$6 980 FF34 600 £4 415* Paysage chinois I Watercolour 106x76cm/*41x29in* Singapore 95
CHERET Joseph Gustave 1838-1894 **[13]**
🖌 *$1 230 FF7 500 £750* Amours au panier Terracotta 49x25x24cm/*19x9x9in* Paris 98
CHÉRET Jules 1836-1932 **[568]**
☞ *$6 103 FF34 800 £3 748* Pierrot et Colombine Huile/toile 50x5cm/*19x1in* Paris 97
☞ *$11 280 FF56 000 £7 140* Joueuse de cymbales Huile/toile 81x45cm/*31x17in* Paris 95
☞ *$20 000 FF116 076 £12 212* La danse Oil/canvas 212x286cm/*83x112in* New-York 97
🎞 *$1 223 FF7 211 £750* "Saxoléine" Poster 123x86cm/*48x33in* London 98
✏ *$1 370 FF8 000 £836* Femme à la robe rouge et bas bleus Aquarelle 25x16,5cm/*9x6in* Paris 97
CHERIDNICHENCO Anna Dmitrievna 1917 **[10]**
☞ *$648 FF3 813 £400* White Hydrangea Oil/canvas 50x67cm/*19x26in* London 97
CHERKAOUI Ahmed 1934-1967 **[5]**
✏ *$811 FF4 200 £519* Composition au mobile Aquarelle 26,5x26cm/*10x10in* Paris 96
CHÉRON Charles L. 1676-1749 **[1]**
✏ *$3 600 FF22 099 £2 205* Battle Scene Ink 40x56,5cm/*15x22in* New-York 98
CHÉRON Louis 1660-1715 **[10]**
✏ *$2 760 FF15 253 £1 715* Venus landing on the Island of Paphos, in the presence of Jupiter Ink 37,2x51,6cm/*14x20in* New-York 97
CHERRY Kathryn 1880-1931 **[5]**
☞ *$2 200 FF10 978 £1 437* Ipswich House Oil/canvas/board 25x30cm/*10x12in* Cincinnati, Ohio 95
CHERUBINI Andrea 1833-? **[7]**
☞ *$2 900 FF16 685 £1 711* Mother Hen and Chicks Oil/canvas 62,5x75cm/*24x29in* New-York 97
CHERUBINI Carlo 1897-1978 **[34]**
☞ *$1 317 FF7 500 £812* Les retouches au costume Huile/panneau 42x30cm/*16x11in* La Varenne Saint-Hilaire 97
☞ *$1 397 FF8 000 £825* Sur le divan Huile/toile 38x55cm/*14x21in* Bayeux 97
🎞 *$5 000 FF25 900 £3 340* "Lido" Poster 159x118cm/*62x46in* New-York 96
CHERVONENKO Alexandre 1912-1990 **[6]**
☞ *$491 FF2 918 £300* Still Life with Apples, Gourd and Watermelon Oil/canvas 38,5x90cm/*15x35in* London 98
CHESHAM Thomas XVIII-XIX **[1]**
🎞 *$654 FF3 787 £400* View of the Mouth of a Coal Pit near Broseley, Shropshire Engraving 38,5x55cm/*15x21in* London 97
CHESSA Luigi 1898-1935 **[1]**
☞ *$49 200 FF278 800 £24 600* Veduta di Torino Olio/tela 59x70cm/*23x27in* Milano 98
CHESTER George 1813-1897 **[11]**

_$9 500 FF57 750 £5 850 Riverside Walk Oil/canvas 106x152,5cm/_41x60in_ New-York 98
CHESTER Mark 1960 **[11]**
_$3 001 FF18 025 £1 800 "Making Waves" Acrylic/board 51x76cm/_20x29in_ London 98
CHETTLE Elizabeth M. XIX-XX **[3]**
_$347 FF1 690 £220 The flower garden Watercolour 36x26cm/_14x10in_ London 95
CHEURET Albert XIX-XX **[12]**
_$19 000 FF115 012 £11 662 A chandelier Bronze H61cm/_H24in_ New-York 98
_$80 000 FF417 600 £48 488 A serpent (console) Bronze H208cm/_H81in_ New-York 96
CHEVALIER Ernest Jean 1867-1920 **[3]**
_$5 250 FF27 000 £3 270 La Rochelle, bateaux dans l'avant-port Huile/toile 50x61cm/_19x24in_ La Rochelle 96
CHEVALIER Gabriel XX **[53]**
_$269 FF1 600 £165 Paris. Le Pont Neuf et le vert Galant Huile/panneau 54x65cm/_21x25in_ Grenoble 97
CHEVALIER Henri 1808-1893 **[5]**
_$4 015 FF24 000 £2 433 Paysages animés Huile/toile 31x37cm/_12x14in_ Paris 97
CHEVALIER Miguel 1959 **[19]**
_$1 347 FF8 000 £816 Sumo, la lutte Cibachrome print 127x127cm/_50x50in_ Paris 97
CHEVALIER Nicolas 1828-1902 **[30]**
_$98 300 FF513 000 £65 000 Cook Straits, New Zealand Oil/canvas 89x180cm/_35x70in_ London 96
_$1 811 FF10 858 £1 100 "Château Chillon"/"Lake Lucerne"/A House in a Mountainous Landscape Watercolour 40,5x27,5cm/_15x10in_ Billingshurst, West Sussex 98
CHEVALIER Yvonne 1899-1982 **[21]**
_$500 FF3 088 £300 Self Portrait Silver print 21x14cm/_8x5in_ New-York 98
CHEVAUX Henri XVIII **[4]**
_$2 164 FF11 000 £1 292 La jolie jardinière/Les oiseaux chéris Huile/toile 38x30,5cm/_14x12in_ Paris 96
CHEVILLIARD Vincent J.-Baptiste 1841-1904 **[9]**
_$651 FF3 996 £399 Guard Watercolour/paper 40x31cm/_16x12in_ Mystic, Connecticut 98
CHEVIOT Lilian XIX-XX **[40]**
_$1 052 FF5 390 £700 A Persian cat with a ball Oil/canvas/panel 25x15cm/_9x5in_ London 96
_$3 293 FF19 743 £2 000 Mischief Oil/canvas 51x35,5cm/_20x13in_ Billingshurst, West Sussex 98
CHEVOLLEAU Jean 1924-1996 **[238]**
_$342 FF2 000 £207 L'athlète Huile/toile 41x30cm/_16x11in_ Paris 97
_$1 269 FF7 600 £758 La Mancha vers Don Quichotte Huile/toile 65x92cm/_25x36in_ Pontoise 98
_$195 FF1 200 £119 Totem de béton et céramique Gouache/papier 46x13cm/_18x5in_ Versailles 98
CHEVRÉ Paul R. 1867-1914 **[3]**
_$6 510 FF38 986 £4 000 Boy with two Cockerels Bronze H72cm/_H28in_ London 98
CHIA Sandro 1946 **[360]**
_$3 608 FF20 715 £2 200 Untitled Oil/paper 34x23cm/_13x9in_ London 97
_$13 500 FF67 400 £8 810 Head of a man Oil/paper 75x55cm/_29x21in_ München 95
_$30 000 FF155 400 £20 050 The Flight of the Bumblebees Mixed media/canvas 209,5x133cm/_82x52in_ New-York 96
_$520 FF3 014 £320 Sittande man Etching, aquatint 65x48,5cm/_25x19in_ Stockholm 97
_$7 500 FF43 554 £4 581 Woman with Teddy Bear Bronze 29x38x20cm/_11x14x7in_ New-York 97
_$32 000 FF185 939 £18 892 Woman with Teddy Bear Bronze 134,5x155x86,5cm/_52x61x34in_ New-York 97
_$3 900 FF22 100 £2 600 Figura Tecnica mista/carta 67x48cm/_26x18in_ Milano 97
CHIACIGH Giuseppe 1895-1967 **[5]**
_$6 600 FF37 400 £3 300 Jazz Olio/tela 80x100cm/_31x39in_ Trieste 97
CHIALIVA Luigi 1842-1914 **[110]**
_$4 009 FF23 246 £2 394 Summer, a Pensive Girl sitting in a Meadow Oil/panel 27x35cm/_10x13in_ Amsterdam 97
_$20 000 FF102 800 £12 500 Jeune fille gardant le troupeau, les agneaux de printemps Oil/canvas 67x92cm/_26x36in_ New-York 96
_$3 000 FF18 337 £1 835 Shepherd and Shepherdess with Sheep Watering Watercolour/paper 34x47cm/_13x18in_ Detroit, Michigan 98
CHIAMA Epaminondas 1844-1921 **[1]**
_$4 000 FF24 345 £2 385 Naturaleza Muerta con Frutos y Ave/Canastro con Frutos sobre Paisaje Oleo/lienzo 7,5x4cm/_2x1in_ Buenos Aires 97

CHIANTARELLI Giuseppe XVIII-XIX **[2]**

 $679 FF4 200 £404 "In casa Pseudoubance di Pompei piano inferiore" Gouache 39,8x52cm/*15x20in* Paris 98

CHIARI Giuseppe 1926 **[23]**

 $2 400 FF13 600 £1 200 Piano Acrilico/carta 69,5x100cm/*27x39in* Prato 97

CHIARI Giuseppe Bartolomeo 1654-1727 **[10]**

 $4 920 FF28 248 £3 000 Saint John the Baptist/A guardian Oil/canvas 29x24,5cm/*11x9in* London 97

 $18 322 FF105 972 £11 000 Apollo and Daphne Oil/canvas/board 79,5x62cm/*31x24in* London 97

 $74 500 FF389 000 £45 000 The Rest on the Return from Egypt Oil/canvas 152x114cm/*59x44in* London 96

CHIAROLANZA Giuseppe 1868-1920 **[3]**

 $1 150 FF7 000 £700 Roma Gouache 13x33cm/*5x12in* London 98

CHICHARRO BRIONES Eduardo 1905-1973 **[10]**

 $4 160 FF25 675 £2 470 Niña con traje regional de Avila Oleo/lienzo 43x35cm/*16x13in* Madrid 98

CHICHARRO Y AGUERA Eduardo 1873-1949 **[6]**

 $3 049 FF17 716 £1 800 On the Way to Market Oil/canvas 72x53,5cm/*28x21in* London 97

CHICHESTER Cecil 1891-1948 **[9]**

 $1 100 FF6 828 £659 Stream in Winter Oil/board 30x40cm/*12x16in* Mystic, Connecticut 98

CHICKEN Edwin T. 1940 **[4]**

 $1 084 FF6 513 £650 Kingfisher on a Post Watercolour/paper 28x23cm/*11x9in* London 98

CHIERICI Gaetano 1838-1920 **[29]**

 $29 435 FF172 744 £18 000 Il nuovo amichetto Oil/canvas 39,5x53cm/*15x20in* London 97

 $80 000 FF411 200 £50 000 Teasing the Hen Oil/canvas 22x28,5cm/*8x11in* New-York 96

CHIESA Pietro 1876-1959 **[28]**

 $3 041 FF18 057 £1 856 Interieur mit Blumenstrauss in blauer Vase Oil/canvas 60x80cm/*23x31in* Bern 98

 $1 216 FF7 202 £727 Ministrant Gouache/Karton 62x48cm/*24x18in* Zürich 97

CHIESI Giorgio 1941 **[20]**

 $270 FF1 575 £180 Uova al tegamino Olio/tela 60x70cm/*23x27in* Vercelli 97

CHIFFLART Nicolas François 1825-1901 **[8]**

 $1 670 FF10 000 £998 "L'Olympe", de forme éventail Gouache/papier 28x51cm/*11x20in* Dunkerque 98

CHIGHINE Alfredo 1914-1974 **[51]**

 $1 980 FF11 220 £1 320 Composizione Olio/carta 38x26cm/*14x10in* Vercelli 97

 $6 820 FF33 200 £4 290 Natura morta Olio/tela 89x115cm/*35x45in* Milano 95

 $759 FF4 301 £379 Personaggi Carboncino/carta 30x35cm/*11x13in* Milano 98

CHIGOT Alphonse XIX-XX **[10]**

 $775 FF4 000 £496 Officier à cheval Huile/toile 27x35cm/*10x13in* Soissons 96

 $4 950 FF30 000 £3 036 "La légende du désert" Huile/toile 89,5x118,5cm/*35x46in* Paris 98

CHIGOT Eugène 1860-1927 **[50]**

 $740 FF4 500 £444 Place de village Huile/panneau 19x23,5cm/*7x9in* Valenciennes 98

 $1 263 FF7 725 £749 Le fort Carré, Antibes Oil/canvas 66x81,5cm/*25x32in* London 98

CHIHULY Dale 1941 **[33]**

 $950 FF5 654 £580 Soft Cylindar/Machia Image Print 74x106cm/*29x42in* New Orleans, Louisiana 98

 $5 128 FF30 443 £3 143 "Macchia" Sculpture H50cm/*H19in* Stockholm 97

 $12 000 FF62 100 £8 020 Large Venetian glass vase Sculpture, glass H104cm/*H40in* New-York 96

 $500 FF2 590 £335 Untitled Charcoal/paper 76x57cm/*29x22in* New-York 96

CHIKANOBU Yoshu 1838-1912 **[17]**

 $140 FF844 £86 Parade before the Geisha Woodcut in colors 35x23cm/*14x9in* Chicago, Illinois 97

CHIKKEI Nakabayashi 1816-1867 **[2]**

 $2 000 FF11 396 £1 249 Horses in a Stream Ink 112,5x41,5cm/*44x16in* New-York 97

CHILDS Cephas Giovanni 1793-1871 **[2]**

 $600 FF3 482 £354 This View of Fair Mount Works, after Thos. Doughty Color lithograph 32x48cm/*12x19in* Philadelphia 97

CHILLIDA Eduardo 1924 **[251]**

 $26 124 FF155 038 £16 000 Untitled Collage/panel 70,5x49cm/*27x19in* London 97

 $926 FF5 374 £547 Aldizkatu II Radierung 29x31cm/*11x12in* Zürich 97

 $46 382 FF274 778 £28 000 Relief Bronze 65x33x20cm/*25x12x7in* London 97

 $58 780 FF348 836 £36 000 La Colonna del viaggiatore Bronze 195,5x40x8,5cm/*76x15x3in* London 98

✏ *$10 613 FF62 984 £6 500* Untitled Ink 22,5x18cm/*8x7in* London 97
CHILONE Vincenzo 1758-1839 **[5]**
🎨 *$18 000 FF104 409 £11 077* Doges Palace Oil/canvas 48x38cm/*19x15in* Bethesda, Maryland 97
CHILONE Vincenzo (Attrib.) 1758-1839 **[5]**
🎨 *$16 040 FF82 500 £10 000* Piazza San Marco, Venezia Oil/canvas 53x70cm/*20x27in* London 96
✏ *$1 716 FF8 840 £1 092* Venezia, i Giardini di Sant'Elena/Venezia, l'Accademia Inchiostro 13,5x21cm/*5x8in* Venezia 96
CHIMCHIDIAN Ovaneff XX **[3]**
🎨 *$1 084 FF6 733 £650* The Date Seller Oil/canvas 84x52,5cm/*33x20in* London 98
CHIMEHIDIAN O. [4]
🎨 *$8 250 FF50 000 £5 060* Le repas Huile/toile 70x88cm/*27x34in* Paris 98
CHIMENTI Jacopo (Attrib.) c.1554-1640 **[8]**
🎨 *$40 000 FF197 400 £25 860* A Cardinal's Procession under a Colonnade, a Church beyon Oil/copper 39x36cm/*15x14in* New-York 96
✏ *$1 933 FF12 000 £1 159* Étude de jeune moine lisant Sanguine/papier 25x18cm/*9x7in* Paris 98
CHIMENTI Jacopo da Empoli c.1554-1640 **[10]**
🎨 *$9 930 FF51 800 £6 000* The Sacrifice of Isaac Oil/canvas 19x164cm/*7x64in* London 96
✏ *$3 346 FF19 500 £2 061* Jeune homme à la cape vu de profil Lavis 14x12,5cm/*5x4in* Paris 97
CHIMONA Nikolai Petrowitsch 1865-1929 **[1]**
🎨 *$3 860 FF18 870 £2 440* Village house Oil/cardboard 44x34cm/*17x13in* Athens 95
CHIN Hsiao 1935 **[29]**
🎨 *$720 FF4 080 £480* Taglio- 9,1973 Acrilico 55x80cm/*21x31in* Prato 97
✏ *$580 FF3 000 £371* Sans titre Aquarelle 57x41cm/*22x16in* Paris 96
CHINARD Joseph 1756-1813 **[33]**
🗿 *$3 832 FF22 000 £2 406* Buste demi-nature de Félix Bacchiochi Terracotta H27cm/*H10in* Paris 97
🗿 *$23 845 FF141 924 £14 915* Standbild als junger Mann in halber Hose Sculpture H100cm/*H39in* Zürich 97
CHINCHILLA Marvin 1957 **[1]**
🗿 *$11 000 FF57 500 £6 550* Sin título Construction 165x104cm/*64x40in* New-York 96
CHINET Charles Louis 1891-1978 **[7]**
🎨 *$6 412 FF37 174 £3 780* Fin d'été Öl/Leinwand 54x65cm/*21x25in* Zürich 97
CHING Raymond Harris 1939 **[5]**
✏ *$9 000 FF45 360 £5 806* Single Sparrow Fledging Watercolour/paper 48x38cm/*19x15in* Hayden 96
CHINI Galileo 1873-1945 **[17]**
🎨 *$3 480 FF19 720 £2 320* "Barche di Porto" Olio/tavola 32,5x31,5cm/*12x12in* Firenze 98
🎨 *$10 800 FF61 200 £5 400* Vecchie stradine a Verlungo Olio/tavola 45x58cm/*17x22in* Prato 98
CHINNERY George 1774-1852 **[138]**
🎨 *$4 424 FF21 640 £2 800* Portrait of a Lady Oil/canvas 74x61cm/*29x24in* London 95
🎨 *$8 770 FF45 800 £5 800* Portrait of John Robert Morrison, Missionary, half length (d.1843) Oil/canvas 14x24cm/*5x9in* Hadspen 96
✏ *$109 FF559 £70* 3 sheets of figure studies Pencil 28x19,5cm/*11x7in* London 96
CHINTREUIL Antoine 1816-1873 **[92]**
🎨 *$1 962 FF12 000 £1 164* Bouquet d'arbres Huile/panneau 27,5x35cm/*10x13in* Mâcon 98
🎨 *$4 580 FF24 000 £2 755* Coucher de soleil sur l'étang Huile/toile 35,5x56cm/*13x22in* Reims 96
🎨 *$84 700 FF439 000 £55 000* Le bois ensoleillé au parc de Millemont Oil/canvas 210x135cm/*82x53in* London 96
CHIPARUS Demeter 1888-1950 **[350]**
🗿 *$499 FF3 034 £302* Ar Deco Lady with Foxes Bronze H60cm/*H24in* Chicago, Illinois 98
🗿 *$15 839 FF97 296 £9 500* "Vedette" 1920s Bronze H81cm/*H31in* London 98
CHIRICO de Cesare XIX-XX **[1]**
🎨 *$2 182 FF12 447 £1 329* La Lectura Oleo/cartón 24x18cm/*9x7in* Montevideo 97
CHIRICO de Giorgio 1888-1978 **[852]**
🎨 *$4 800 FF27 200 £2 400* Vecchio romano Tempera/cartone 32x20cm/*12x7in* Milano 97
🎨 *$76 890 FF435 710 £38 445* "Il palafreniere frigio" Olio/tela 50x60cm/*19x23in* Roma 98
🎨 *$444 000 FF2 516 000 £296 000* Gladiatori in riposo (Guerrier au repos) Olio/tela 160x100cm/*62x39in* Prato 97
🖼 *$5 099 FF28 898 £2 549* Villa sul mare Litografia a colori 30,5x40cm/*12x15in* Milano 98
🗿 *$1 386 FF8 284 £850* "Il Trovatore" Sculpture H29cm/*H11in* London 98

$48 930 FF277 270 £24 465 I grandi manicchini coloniali Bronzo H99cm/*H38in* Roma 98
$9 600 FF54 400 £6 400 Fiori Tempera/carta 40x30cm/*15x11in* Milano 97
CHIRICO di Giacomo 1845-1891 **[5]**
$4 749 FF27 093 £2 888 Italian beauty Oil/canvas 64x27cm/*25x10in* San Francisco 97
$9 000 FF51 194 £5 508 At the Bottom of the staircase Oil/canvas 53,5x27cm/*21x10in* New-York 97
CHITTENDEN Alice B. 1859-1945 **[23]**
$950 FF5 688 £581 Floral Still Life Oil/panel 43x29cm/*17x11in* Altadena, CA 97
$4 000 FF23 952 £2 448 Floral Still Life Oil/canvas 45x71cm/*18x28in* Altadena, CA 97
CHITTUSSI Anton c.1830-c.1895 **[10]**
$3 199 FF18 209 £1 960 Flusslandschaft Oil/wood 12x23cm/*4x9in* Wien 97
CHIU TENGHIOK Teng-hiok Chiu 1903-1972 **[28]**
$548 FF3 310 £340 By the river Oil/panel 24x33cm/*9x12in* London 97
$7 810 FF38 800 £4 970 Panoramic view of the farmland Oil/canvas 50x75cm/*19x29in* Taipei, Taiwan 95
$1 820 FF9 430 £1 143 Study of a Western Lady Pencil 22x30cm/*8x11in* Taipei, Taiwan 96
CHLEBOWSKI Stanislaw 1835-1884 **[15]**
$23 359 FF141 058 £14 000 Turc au Hookah Oil/panel 35x25,5cm/*13x10in* London 98
$33 093 FF197 455 £19 965 Beim türkischen Waffenhändler Öl/Leinwand 68,5x90,5cm/*26x35in* Bremen 97
$7 000 FF37 254 £4 127 Arab caravan, "Le Caire" Watercolour/paper 46x73,3cm/*18x28in* New-York 97
CHMIELINSKI W.T. XIX-XX **[21]**
$1 074 FF6 269 £649 Troykas in a winter Landscape Oil/canvas 50,5x70cm/*19x27in* London 97
CHMIELINSKI Wardek Vladislaw 1912-1979 **[12]**
$1 567 FF8 994 £955 Zamkowy Square, Warszawa Watercolour, gouache/paper 49,5x69cm/*19x27in* Warszawa 97
CHOCARNE-MOREAU Paul-Charles 1855-1931 **[52]**
$3 510 FF18 000 £2 134 Le petit ramoneur et le caniche Huile/panneau 27x21cm/*10x8in* Le Touquet 96
$18 000 FF104 409 £11 077 "L'occasion fait le larron" Oil/canvas 123x147cm/*48x57in* New-York 97
$60 000 FF367 422 £35 910 The Sculpture Seller Oil/canvas 87,5x112cm/*34x44in* New-York 98
$1 800 FF10 727 £1 079 "Fourneau, Le Rustique" Poster 139x99cm/*54x38in* New-York 98
CHOCHOLA Václav 1923 **[9]**
$500 FF2 490 £325 Tanecnice (Dancer) Silver print 41x30cm/*16x11in* San Francisco-Los Angeles 95
CHODERA Cenek 1881-1955 **[1]**
$2 333 FF12 000 £1 455 Place de l'Opéra Watercolour 26x74cm/*10x29in* Wien 96
CHODERAY Georges 1862-1923 **[2]**
$17 535 FF105 000 £10 773 Paris, vue panoramique Huile/toile 95,5x195cm/*37x76in* Paris 98
CHODOWIECKI Daniel Nik. (Attrib) 1726-1801 **[5]**
$8 660 FF50 880 £5 200 Portrait of a Gentleman with his Wife and Children seated under a Tree Ink 15,5x20cm/*6x7in* London 97
CHODOWIECKI Daniel Nikolaus 1726-1801 **[154]**
$17 007 FF100 401 £10 071 Friedrich der Grosse zu Pferd Öl/Leinwand 33x25,5cm/*12x10in* Berlin 97
$390 FF2 034 £228 Der grosse Calas, Zweite Platte Radierung 34,4x44,3cm/*13x17in* Berlin 96
$1 133 FF6 693 £671 Figurenstudie: sich nach rechts wendender Mann Red chalk 31x18,5cm/*12x7in* Berlin 97
CHOFFARD Pierre-Philippe 1730-1809 **[4]**
$466 FF2 758 £280 A Commemoration of a Victory Wash 14x13cm/*5x5in* London 97
CHOISEUL-GOUFFIER de Marie Gabriel, comte 1752-1817 **[2]**
$2 268 FF13 500 £1 386 Barques et voiliers dans le Bosphore Crayon 18x23cm/*7x9in* Paris 98
CHOKI Eishosai XVIII-XIX **[4]**
$190 000 FF973 000 £115 400 Double half-length portrait of Moto and the geisha Mizue Print 37x25cm/*14x9in* New-York 96
CHOKUNYU Tanomura 1814-1907 **[1]**
$3 500 FF20 907 £2 143 Gourds and Calligraphy Ink 133x25cm/*52x9in* San Francisco 98
CHOO KENG KWANG 1931 **[6]**
$3 458 FF19 516 £2 119 Floating Oil/canvas 71x97,5cm/*27x38in* Singapore 97
CHOQUET René XX **[2]**
$4 969 FF29 600 £2 989 Le sonneur de trompe à cheval Bronze H42cm/*H16in* Fontenay-Le-Comte 97

Calendar & auction results: Internet www.artprice.com   Minitel 3617 ARTPRICE

CHOQUET René Maxime XIX-XX **[11]**
🖊 *$786 FF4 800 £471* Élégante à cheval Aquarelle 35x28cm/*13x11in* Paris 98
CHOUBRAC Alfred 1853-1902 **[104]**
▥ *$502 FF3 000 £303* "Ohé, Ohé! On va ouvrir le Théâtre des Folies Marigny" Affiche 120x80cm/*47x31in* Orléans 97
🖊 *$2 523 FF15 000 £1 543* "Le Voyage de Suzette" Aquarelle 31x22cm/*12x8in* Louviers 97
CHOULTSE Ivan Fedotovich 1874-? **[58]**
🎨 *$494 FF2 900 £302* Eté, champs de blé Huile/toile 64x81cm/*25x31in* Paris 97
🎨 *$983 FF5 628 £600* "Après le coucher du soleil, Cote d'Algiers" Oil/canvas 30,5x38cm/*12x14in* Glasgow 97
CHOUPPE Jean-Henri 1817-1894 **[33]**
🖊 *$154 FF900 £94* Fermette à la Ferté-Imbault (Loir & Cher) Fusain/papier 29x45cm/*11x17in* Orléans 97
CHOW KWA c.1830-c.1890 **[1]**
🎨 *$5 890 FF30 500 £3 800* A British merchantman off Shanghai Oil/canvas 46x58cm/*18x22in* London 96
CHOWDHURY Jogen 1939 **[16]**
🖊 *$2 814 FF14 570 £1 800* The bird Watercolour/paper 50x50cm/*19x19in* London 96
CHRÉTIEN René Louis 1867-1942 **[44]**
🎨 *$683 FF3 500 £415* Vase de fleurs Huile/panneau 35x27cm/*13x10in* Rouen 96
🎨 *$2 095 FF12 000 £1 239* Nature morte aux huitres Huile/toile 60x73cm/*23x28in* Calais 97
🎨 *$30 000 FF155 800 £19 840* L'Indiscrète Oil/canvas 170x140cm/*66x55in* New-York 96
CHRIST Joseph 1732-1788 **[3]**
🖊 *$976 FF5 778 £579* Kreuzigung Christi Ink/paper 14,5x9,5cm/*5x3in* München 97
CHRIST Martin Alfred 1900-1979 **[22]**
🎨 *$1 361 FF7 924 £839* Baumbestandene Landschaft Öl/Leinwand 65x80cm/*25x31in* Bern 97
CHRIST Pieter Caspar 1822-1888 **[8]**
🎨 *$2 793 FF14 200 £1 668* Holländische Landschaft, Arnheim Öl/Leinwand 35,5x49,5cm/*13x19in* Köln 96
CHRISTENBERRY William 1936 **[14]**
📷 *$524 FF3 113 £317* Photograph of Alabama Photograph 76x13cm/*29x5in* Washington 97
CHRISTENSEN Anthonie, Anthonore 1849-1926 **[79]**
🎨 *$979 FF5 813 £600* Italian Roses Oil/canvas 33x28cm/*12x11in* London 97
🎨 *$4 600 FF27 239 £2 752* Hvide roser fra min have Oil/canvas 54x57cm/*21x22in* København 97
CHRISTENSEN Godfred B.W. 1845-1928 **[110]**
🎨 *$444 FF2 638 £264* Parti fra Silkeborgsöerne Oil/canvas 30,5x45cm/*12x17in* København 97
🎨 *$736 FF4 409 £453* Landskab med udsigt over moden kornmark Oil/canvas 41x61cm/*16x24in* Vejle 98
🎨 *$4 440 FF26 385 £2 640* Uvejr over Silkeborgsöerne Oil/canvas 137x197cm/*53x77in* København 97
CHRISTENSEN John Aksel 1896-1940 **[24]**
🖊 *$152 FF883 £93* Siddende lille pige Pencil/paper 26x20cm/*10x7in* København 97
CHRISTENSEN Kay 1899-1981 **[128]**
🎨 *$113 FF703 £67* Portraet af kvinde Oil/canvas 47x55cm/*18x21in* København 98
🖊 *$266 FF1 584 £162* Alléen ved det markelige hus Soft pencil/paper 50x33cm/*19x12in* København 98
CHRISTIAN Abraham David 1952 **[4]**
▥ *$687 FF3 444 £435* Kiyoshi Woodcut in colors 26x36cm/*10x14in* München 95
CHRISTIAN Anton 1940 **[8]**
🖊 *$1 846 FF9 330 £1 210* Kleine Freudin Mischtechnik/Papier 106x78cm/*41x30in* Zürich 96
CHRISTIANSEN Hans 1866-1945 **[14]**
▥ *$297 FF1 773 £179* L'heure de la bergère Lithographie 35x22cm/*13x8in* Berlin 97
CHRISTIANSEN Niels Hans 1876-1903 **[69]**
🎨 *$417 FF2 550 £255* Sailing on a Fjord Oil/canvas 30,5x23cm/*12x9in* London 98
🎨 *$634 FF3 234 £420* A moonlit Fjord with sailing boats Oil/canvas 51x76cm/*20x29in* London 96
CHRISTIANSEN Rasmus 1863-1940 **[66]**
🎨 *$419 FF2 389 £260* Fjordparti med person, heste og köler Oil/canvas 44x63cm/*17x24in* Vejle 97
CHRISTIANSEN Soren 1858-1937 **[22]**
🎨 *$703 FF3 978 £431* Interieur fra Knadrup Krostue Oil/canvas 55x70cm/*21x27in* København 97
CHRISTIE Fyffe 1918-1979 **[24]**
🖊 *$137 FF784 £85* "Crouching Figure, Head on Arms" Ink 37x25cm/*14x9in* London 97
CHRISTIE James Elder 1847-1914? **[21]**
🎨 *$321 FF1 948 £195* A Stitch in Time Huile/toile 36x25,5cm/*14x10in* Bruxelles 98
CHRISTIE Lily, née Wrangel c.1870-c.1930 **[3]**
🎨 *$2 492 FF14 548 £1 482* Stickande flicka med åskådare Oil/canvas 93x57cm/*36x22in* Stockholm 97

CHRISTIN Pierre 1935 **[3]**
 $3 240 FF16 000 £2 113 Rose du soir, Venise Huile/toile 60x20cm/*23x7in* Paris 95
 $2 775 FF16 600 £1 684 Café des artistes, Cannes Huile/toile 60x60cm/*23x23in* Paris 97
CHRISTO Javacheff 1935 **[691]**
 $11 000 FF57 000 £7 350 The Umbrellas (Joint Projects for Japan and USA) Mixed media/board 36x28cm/*14x11in* New-York 96
 $24 000 FF124 300 £16 040 The Umbrellas (Project for Japan and Western USA) Mixed media/panel 98,5x78cm/*38x30in* New-York 96
 $26 200 FF136 800 £15 840 Wrapped Monument to Cristobal Colón, Barcelona Mixed media 164,5x106,5cm/*64x41in* Stockholm 96
 $832 FF4 850 £508 Wrapped Building, project for 1 Times Square, New York Lithographie couleurs 71,5x56,5cm/*28x22in* Zürich 97
 $19 000 FF95 000 £12 300 Wrapped Magazines Assemblage 15x40,5x28cm/*5x15x11in* New-York 96
 $837 FF4 794 £494 Little Bay N.S.W. Photograph 57x72cm/*22x28in* Melbourne 97
 $15 582 FF89 453 £9 500 Valley curtain Mixed media/paper 72x56,5cm/*28x22in* London 97
CHRISTOFFEL Anton 1871-1953 **[6]**
 $4 600 FF26 346 £2 721 "Winter in St. Moritz Poster 66x96,5cm/*25x37in* New-York 97
CHRISTOFFERSEN Frede 1919-1987 **[53]**
 $488 FF2 836 £297 Efterårsnat Oil/canvas 25x30cm/*9x11in* København 97
 $1 292 FF7 908 £785 Aften på Vesterbrogade Oil/canvas 48x66cm/*18x25in* København 98
CHRISTOFFERSEN Uffe 1947 **[23]**
 $274 FF1 595 £167 Vilddyrs-drama Watercolour/paper 33x45cm/*12x17in* København 97
CHRISTOFIS Alexandros 1882-1975 **[3]**
 $10 240 FF53 000 £6 840 Collecting the Corns Oil/canvas 106,5x69cm/*41x27in* Athens 96
CHRISTOFOROU John 1921 **[144]**
 $314 FF1 860 £189 Young Jewess Oil/board 61x73,5cm/*24x28in* London 97
 $2 505 FF14 965 £1 533 L'enfer des Innocents Oil/canvas 146x114cm/*57x44in* København 98
 $411 FF2 100 £271 Homme aux ténèbres Gouache 25x21cm/*9x8in* Paris 96
CHRISTOPHERSEN Alejandro 1866-? **[2]**
 $6 000 FF30 000 £3 884 Far away Thoughts Oil/canvas 119x81cm/*46x31in* New-York 96
CHRISTOPHLE Joseph 1662-1748 **[1]**
 $1 305 FF7 797 £800 Boat in the Harbour Bodycolour 38x48cm/*14x18in* London 98
CHRISTUS Petrus c.1420-c.1480 **[1]**
 $183 200 FF913 000 £120 000 The Virgin and Child Oil/panel 58,5x39,8cm/*23x15in* London 95
CHRISTY F. Earl 1883-? **[3]**
 $2 420 FF14 370 £1 477 Standing woman holding simple rose Pastel/canvas 88x63cm/*35x25in* New-York 98
CHRISTY Howard Chandler 1873-1952 **[60]**
 $2 000 FF12 240 £1 215 Reflections Oil/board 50x40cm/*20x16in* Milford, Conn. 98
 $3 000 FF17 720 £1 864 Nude Bather on the Beach Oil/canvas/board 30x40,5cm/*11x15in* Boston, Mass. 97
 $1 200 FF6 629 £745 "The Motor Corps of America" Poster 107x82cm/*42x32in* New-York 97
 $550 FF2 857 £326 Schoolhouse Scene in a Wooded Setting Watercolour/paper 61x46cm/*24x18in* Asheville, NC 97
CHU TEH-CHUN 1922 **[157]**
 $1 336 FF7 000 £804 Fond noir Huile/toile 27x23cm/*10x9in* Versailles 96
 $8 490 FF44 000 £5 510 Composition No.83 Huile/toile 65x100cm/*25x39in* Paris 96
 $16 690 FF100 000 £9 970 Chaos cristallin Huile/toile 130x97cm/*51x38in* Paris 98
 $2 316 FF12 000 £1 504 Composition abstraite Gouache/papier 37x55cm/*14x21in* Saint-Germain-en-Laye 96
CHUA MIA TEE 1931 **[4]**
 $13 832 FF78 064 £8 478 Old Chinatown Oil/canvas 61x91,5cm/*24x36in* Singapore 97
 $1 746 FF10 454 £1 072 After a Bath at Mambal, Bali Watercolour/paper 54,5x80cm/*21x31in* Singapore 98
CHUCK JONES STUDIO **[8]**
 $650 FF3 908 £389 Cat in the Hat Felt pen/paper 25x35cm/*10x14in* New-York 98

CHUGHTAI Abdur Rahman 1895-1975 **[6]**
 $26 582 FF159 363 £16 000 For Love Watercolour/paper 67x53cm/*26x20in* London 98
CHUMAKOV Feodor Petrovich 1823-1911 **[2]**
 $5 320 FF26 600 £3 500 A Beauty Oil/panel 41x32cm/*16x12in* London 95
 $1 334 FF7 000 £800 Portrait of a young girl Pastel 43x32cm/*16x12in* London 96
CHUONG Thanh 1948 **[1]**
 $5 238 FF31 363 £3 218 Mother and Child Oil/canvas 92,5x100cm/*36x39in* Singapore 98
CHURBERG Fanny 1845-1892 **[13]**
 $50 154 FF292 344 £30 888 Från roines strand Oil/canvas 63x57cm/*24x22in* Helsinki 97
CHURCH Frederic Edwin 1826-1900 **[12]**
 $25 000 FF130 500 £15 100 New England Landscape Oil/board 14x18cm/*5x7in* New-York 96
 $95 000 FF554 258 £58 197 View of Koenigssee Germany Oil/canvas/board 59x82cm/*23x32in* New-York 97
CHURCH Frederick Stuart 1842-1923 **[33]**
 $2 500 FF14 934 £1 530 The Robin's Nest Oil/canvas 38x32cm/*14x12in* New-York 98
 $4 125 FF24 495 £2 518 The chafing dish" Oil/canvas 45x55cm/*18x22in* New-York 98
 $800 FF4 140 £519 Lone Heron Watercolour/paper 15x25cm/*6x10in* Mystic, Connecticut 96
CHURCHILL William Worcester 1858-1926 **[3]**
 $32 000 FF158 000 £20 860 The Nosegay of Violets: portrait of a woman Oil/canvas 81x66cm/*31x25in* New-York 95
CHURCHILL Winston Spencer 1874-1965 **[28]**
 $3 934 FF23 010 £2 400 The Gardens At Port Lympne, Kent Oil/canvas 25,5x30,5cm/*10x12in* London 97
 $57 064 FF345 849 £35 000 The Coast Near Antibes Oil/canvas 63,5x76cm/*25x29in* London 98
CHURCHYARD Thomas 1798-1865 **[33]**
 $1 079 FF6 418 £649 Cottages at Ufford Oil/panel 23x30,5cm/*9x12in* London 97
 $6 101 FF36 470 £3 600 View of Woodbridge, Suffolk, with Catle in the foreground Oil/canvas 36x46cm/*14x18in* London 97
CHURCHYARD Thomas (Attrib.) 1798-1865 **[6]**
 $5 852 FF30 476 £3 800 View from Bury St. Edmund towards Ickworth at dusk Oil/canvas 38x60cm/*14x23in* London 96
CHURNSIDE Thomas Edward XIX-XX **[7]**
 $335 FF2 052 £200 On the Couquet near Acklington Watercolour/paper 19x27cm/*7x10in* Newcastle-upon-Tyne 98
CHUSAKU Ohyama 1922 **[2]**
 $22 000 FF112 700 £13 360 Green water Mixed media 49x64cm/*19x25in* New-York 96
CHWALA Adolf 1836-1900 **[39]**
 $2 347 FF12 100 £1 514 Gebirgslandschaft Öl/Leinwand 53x70cm/*20x27in* Wien 96
CHWALA Fritz 1872-1936 **[14]**
 $946 FF5 796 £564 Landskap med kvinna på blomsteräng Oil/canvas 51x81cm/*20x31in* Stockholm 98
CIACELLI Arturo 1883-1966 **[22]**
 $2 880 FF16 320 £1 920 Composizione Olio/cartone/tela 55x56,5cm/*21x22in* Vercelli 97
 $2 760 FF15 640 £1 840 Danzatrici Tempera/carta 41,8x59,5cm/*16x23in* Prato 97
CIAMBERLANO Luca c.1580-c.1645 **[3]**
 $462 FF2 703 £284 Die Sänger Print 17,2x12cm/*6x4in* Berlin 97
CIAMPANTI Ansano (Attrib.) 1498-1532 **[2]**
 $5 960 FF31 100 £3 600 The Lactating Madonna Oil/panel 95,5x61cm/*37x24in* London 96
CIANI Cesare 1854-1925 **[20]**
 $1 226 FF7 145 £749 A Mediterranean garden Oil/canvas 38x49,5cm/*14x19in* London 97
 $2 376 FF13 467 £1 188 Maternità Olio/cartone 28,5x22cm/*11x8in* Milano 98
CIARDI Beppe 1875-1932 **[63]**
 $5 099 FF28 898 £2 549 Luci e ombre Olio/tavola 15x21cm/*5x8in* Milano 97
 $18 000 FF102 389 £11 098 Seascape with Men Rowing Boats Oil/canvas 66x111cm/*26x44in* Pittsburgh, PA 97
CIARDI Beppe (Attrib.) 1875-1932 **[2]**
 $2 580 FF14 620 £1 720 Rio veneziano Olio/cartone 24x32cm/*9x12in* Milano 97
CIARDI Emma 1879-1933 **[81]**
 $4 160 FF21 700 £2 730 Sole gaio e dame belle Olio/cartone 12x25cm/*4x9in* Trieste 96
 $14 400 FF81 600 £7 200 "Canale della Misericordia" Olio/tavola 35x50cm/*13x19in* Roma 97

CIARDI Guglielmo 1842/43-1917 **[48]**
- *$9 600 FF54 400 £4 800* "Quiete in montagna, Cadore" Olio/tavola 29,5x49,5cm/*11x19in* Milano 98
- *$116 040 FF657 560 £58 020* L'aratura Olio/tela 44x95cm/*17x37in* Roma 98
- *$171 255 FF970 445 £85 627* Alba sul Sile Olio/tela 97x176cm/*38x69in* Milano 98
- *$540 FF3 060 £270* A Caccia, laguna di Venezia Acquaforte 27,5x33cm/*10x12in* Firenze 97
- *$2 340 FF13 260 £1 560* Studio di campagna Matita 25x45cm/*9x17in* Firenze 98

CIARDI Guglielmo (Attrib.) 1842/43-1917 **[4]**
- *$3 300 FF18 700 £2 200* Veduta del Sile Olio/cartone 26,5x42cm/*10x16in* Milano 97

CIARROCCHI Arnoldo 1916 **[4]**
- *$3 000 FF17 000 £1 500* Paesaggio Olio/tela 50x60cm/*19x23in* Roma 97
- *$1 380 FF7 820 £690* Paesaggio marchgiano Acquarello/carta 49x65cm/*19x25in* Prato 98

CIASZKOWSKI Henry 1835-1895 **[1]**
- *$8 960 FF46 900 £5 880* Roma vista dai colli Olio/tela 36x56cm/*14x22in* Roma 96

CIBO Gherardo 1512-1600 **[2]**
- *$9 500 FF58 317 £5 820* Studies of Tubers of Figwort Wash 21,5x28cm/*8x11in* New-York 98

CICCIMARRA Richard Matthew 1924-1973 **[5]**
- *$3 750 FF19 200 £2 275* Age Oil/paper 50x61cm/*19x24in* Calgary, Alberta 96
- *$3 710 FF19 370 £2 325* Interruption Gouache/paper 51x58,5cm/*20x23in* Toronto 96

CICERI Eugène 1813-1890 **[161]**
- *$445 FF2 600 £263* Paysage Huile/carton 26x34cm/*10x13in* Le Havre 97
- *$4 390 FF23 000 £2 640* Pâturage près des ormes Huile/panneau 35,5x54,5cm/*13x21in* Saint-Dié 96
- *$103 FF600 £62* Falaises Encre Chine 30,8x23,6cm/*12x9in* Paris 97

CICERI Pierre Luc Charles 1782-1868 **[4]**
- *$576 FF3 300 £360* La cour d'un relais de poste Aquarelle 19,5x11,5cm/*7x4in* Pontoise 97

CIDON NAVARRO de Francisco 1871-1943 **[3]**
- *$1 800 FF9 944 £1 118* "Parfumeria Ladivfer" Poster 125x76cm/*49x30in* New-York 97

CIENFUEGOS BROWN Gonzalo 1949 **[3]**
- *$20 000 FF119 474 £12 234* "The Sunday Painter" Oil/canvas 179,5x160cm/*70x62in* New-York 98

CIESIELSKI Tadeus 1870-1956 **[3]**
- *$1 253 FF6 430 £806* Widok staromiejski Watercolour 37x53cm/*14x20in* Warszawa 96

CIESLEWICZ Roman 1930-1996 **[4]**
- *$3 170 FF16 400 £2 044* Allegory Tempera/panel 44,5x35cm/*17x13in* Warszawa 96

CIESLEWSKI Tadeusz 1870-1956 **[4]**
- *$1 154 FF7 033 £716* Lazienki Warszawskie (tryptyk) Watercolour, gouache/paper 59x111cm/*23x43in* Warszgwa 97

CIFFLÉ Paul-Louis 1724-1806 **[1]**
- *$5 000 FF29 940 £3 060* Boys at play Porcelain H17cm/*H6in* New-York 97

CIFRONDI Antonio 1657-1730 **[1]**
- *$12 160 FF63 600 £7 980* Ragazza che munge Olio/tela 12x82cm/*4x32in* Roma 96

CIGNANI Carlo 1628-1719 **[9]**
- *$9 000 FF51 000 £4 500* Figura femminile con braccio alzato Sanguina 21x17,5cm/*8x6in* Milano 98

CIGNANI Carlo (Attrib.) 1628-1719 **[7]**
- *$305 FF1 800 £188* Saint donnant la communion Pierre noire/papier 17x12cm/*6x4in* Paris 97

CIGNAROLI Fra Felice Giuseppe 1726-1796 **[1]**
- *$5 970 FF29 700 £3 800* Self portrait Oil/canvas 35x29cm/*13x11in* London 95

CIGNAROLI Giambettino (Attrib) 1706-1770/72 **[6]**
- *$12 600 FF71 400 £6 300* Paesaggi fluviali con figure Olio/tavola 25x32,5cm/*9x12in* Firenze 98
- *$26 981 FF152 894 £17 987* Giuseppe e la moglie di Putifarre Olio/tela 73x100cm/*28x39in* Milano 98

CIGNAROLI Giambettino, Giov. B 1706-1770/72 **[7]**
- *$62 910 FF356 490 £41 940* Anna affida Samuele al sacerdote Eli Olio/tela 73x100cm/*28x39in* Milano 98

CIGNAROLI Vittorio Amedeo 1730-1800 **[8]**
- *$13 200 FF69 000 £7 800* Paesaggio fluviale fantastico Olio/tela 17x132cm/*6x51in* Roma 96

CIKOVSKY Nicolai 1894-1934 **[53]**
- *$125 FF737 £74* River Landscape Oil/board 35x45cm/*14x18in* North Berwick, Maine 97

CIMAROLI Giovan B. (Attrib.) 1687-c.1755 **[9]**
- *$13 488 FF80 000 £8 168* Paysage de la campagne italienne à la fontaine Huile/toile 97x131cm/*38x51in*

Paris 97

  $32 200 FF165 600 £20 060 A Town on a River in the Veneto with elegant Company on the Terrace... Oil/canvas 92,5x126,5cm/*36x49in* Wien 96

  $1 112 FF6 500 £658 Chasseurs dans un paysage Encre 28x42cm/*11x16in* Paris 97

CIMAROLI Giovan Battista 1687-c.1755 **[10]**

  $17 402 FF101 297 £10 555 Italienische Landschaft - Rast bei der Brücke Oil/canvas 70x44cm/*27x17in* Luzern 97

CIMATORI IL VISACCI Antonio c.1550-1623 **[1]**

  $1 520 FF7 750 £1 000 A Saint kneeling with other figures below Ink 25,4x18cm/*10x7in* London 96

CIMIOTTI Emil 1927 **[26]**

  $162 FF820 £107 Komposition Lithographie 39x52cm/*15x20in* Hamburg 96

  $912 FF5 397 £560 Kleine Sitzende Bronze 23x6,5x7cm/*9x2x2in* München 98

  $1 628 FF9 318 £1 016 Ohne Titel Indian ink 38x79cm/*14x31in* München 97

CIMIOTTI Gustave 1879-1969 **[37]**

  $450 FF2 276 £295 The Hills Oil/canvas/board 16x20cm/*6x7in* Chicago, Illinois 96

  $550 FF2 856 £364 El Toro, California Oil/canvas/board 41x51cm/*16x20in* New-York 96

CINALLI Ricardo 1948 **[1]**

  $10 500 FF60 658 £6 236 Torso masculino Pastel 20x12,5cm/*7x4in* Buenos Aires 97

CINCINNATO Romulo 1502-1593 **[1]**

  $28 060 FF144 700 £18 000 The Virgin Immaculate crowned by Angels appearing to Saint Sebastian Ink 36,8x22,4cm/*14x8in* London 96

CINGRIA Alexandre 1879-1945 **[13]**

  $395 FF2 035 £245 Waldlandschaft Aquarell/Papier 42x35cm/*16x13in* Wetzikon 96

CINI Alfredo 1887-1970 **[13]**

  $2 026 FF12 077 £1 242 Movment perpetuel Öl/Leinwand 61x80cm/*24x31in* Zürich 98

CIOCI Antonio c.1700-c.1792 **[2]**

  $8 821 FF50 490 £5 210 A Trompe l'oeil of Documents, Roses and Objects Oil/canvas 48x72cm/*18x28in* Amsterdam 97

CIOTTA F. XIX **[2]**

  $6 904 FF42 000 £4 200 Gypsie Dancing/A Group of Gypsie Talking Oil/canvas 54x67cm/*21x26in* London 98

CIPOLLA Fabio 1854-? **[12]**

  $12 504 FF76 812 £7 500 Dressing for the Masquerade Oil/canvas 61x51cm/*24x20in* London 98

  $22 000 FF130 640 £13 431 The Novel Oil/canvas 32,5x48,5cm/*12x19in* New-York 98

CIPPER IL TODESCHINI Giacomo Fr.(Attrib.) 1670-1738 **[8]**

  $12 210 FF62 500 £7 840 Ein altes Bauernpaar Öl/Leinwand 177x112cm/*69x44in* Wien 96

  $119 556 FF707 877 £71 000 A Man holding a Wineglass and a Hat full of Coins Oil/canvas 78x63,5cm/*30x25in* London 97

CIPPER IL TODESCHINI Giacomo Francesco 1670-1738 **[17]**

  $8 000 FF38 600 £5 000 An old woman spinning wool Oil/canvas 96,5x72cm/*37x28in* London 95

  $9 169 FF51 958 £4 584 Saltarello tra contadini sull'aia di un casolare Olio/tela 113x136cm/*44x53in* Roma 97

CIPRIANI A. XIX-XX **[24]**

  $1 500 FF8 928 £931 Bust of Young Girl Alabaster H38cm/*H15in* Miami, Florida 97

  $9 000 FF50 055 £5 571 Mother and Child Marble H142cm/*H56in* Miami, Florida 97

CIPRIANI Giovanni Battista 1727-1785 **[25]**

  $832 FF4 020 £520 Nymphs and Cupids Black chalk 15,8x39,4cm/*6x15in* London 95

CIPRIANI Giovanni Pinotti XIX-XX **[8]**

  $1 340 FF7 900 £820 Ariadna y la pantera Sculpture 40x13x33cm/*15x5x12in* Madrid 98

  $8 000 FF41 540 £5 290 Daybreak Marble H81cm/*H31in* New-York 96

CIPRIANI Nazzareno 1843-1925 **[19]**

  $2 518 FF15 080 £1 547 Beim Beichtvater Oil/canvas 55x75cm/*21x29in* Köln 98

  $1 173 FF6 647 £586 Roma, il Tevere e San Pietro Acquarello/carta 15x39cm/*5x15in* Roma 98

CIRCIGNANI IL POMERANCIO Antonio c.1570-c.1630 **[1]**

  $1 487 FF7 500 £965 Tête d'homme barbu Encre 10x7cm/*3x2in* Paris 96

CIRINO Antonio 1889-1983 **[18]**

  $350 FF2 093 £214 The Mooring Place Oil/board 17x21cm/*7x8in* Dedham, Mass. 98

  $4 800 FF28 285 £2 964 White House in Rockport Oil/canvas 63,5x76cm/*25x29in* New-York 97

CIRY Michel 1919 [163]

  $3 368 FF20 000 £2 056 Hommage à Bernanos Huile/toile 80x80cm/*31x31in* Le Touquet 98

  $76 FF450 £47 Crucifixion Eau-forte 43x43cm/*16x16in* Paris 97

  $459 FF2 600 £280 Le clown Encre Chine/papier 35x46cm/*13x18in* Saint-Germain-en-Laye 97

CISERI Antonio 1821-1891 [2]

  $2 473 FF14 865 £1 481 Selbstportrait im grauen Mantel Öl/Leinwand 25,5x19,5cm/*10x7in* Zürich 98

  $1 800 FF10 200 £1 200 Studio di figura virile di profilo sinistro Matita/carta 42x28cm/*16x11in* Firenze 97

CITROEN Paul 1896-1983 [55]

  $816 FF4 997 £486 Wood Oil/canvas 60x80cm/*23x31in* Amsterdam 98

  $1 949 FF11 101 £1 210 A self portrait Oil/board 40x30cm/*15x11in* Amsterdam 97

  $249 FF1 486 £148 Academie revue Lithograph 40x53cm/*15x20in* Amsterdam 97

  $2 500 FF12 900 £1 600 "Paul Citroën: 10 Photographien" Photograph 23x16,5cm/*9x6in* New-York 96

  $445 FF2 634 £267 A cat in a forest Pastel/paper 53x62cm/*20x24in* Amsterdam 97

CITRON Minna Wright 1896-1991 [11]

  $10 000 FF59 347 £6 202 The black Jack Dealer Oil/masonite 56x46cm/*22x18in* New-York 97

  $229 FF1 364 £140 "Phosphates" From the TVA series Lithograph 24x34cm/*9x13in* Shaker Heights, Ohio 97

  $3 900 FF22 260 £2 411 Final adjustments Watercolour 42x45,5cm/*16x17in* New-York 97

CITTADINI IL MILANESE Pier Franc. (Attrib) 1616-1681 [17]

  $1 674 FF10 057 £1 000 Portrait of a Lady Oil/copper 9x8cm/*3x3in* London 98

  $28 582 FF169 830 £17 000 Two spaniels on a red velvet cushion in an interior Oil/canvas 62x75,5cm/*24x29in* London 97

  $38 347 FF230 322 £23 000 Flowers in a Basket, by a Terracotta Urn/Flowers in an Ormulu Urn Oil/canvas 176x122cm/*69x48in* London 98

CITTADINI IL MILANESE Pier Francesco 1616-1681 [8]

  $10 130 FF52 200 £6 500 Portrait of a young girl, wearing a lace-trimmed dress Oil/canvas 59x44cm/*23x17in* London 96

  $1 467 FF8 514 £900 The flight into Egypt Ink 22x29cm/*8x11in* London 97

CITTADINI Tito 1886-? [4]

  $3 087 FF18 762 £1 852 Paisaje de Mallorca Oleo/cartón 26x34cm/*10x13in* Madrid 98

  $624 FF3 210 £389 Barcas bajo el puente, Chatou Acuarela 19x15cm/*7x5in* Madrid 96

CIUTI Enrico 1910-? [1]

  $1 400 FF7 250 £936 "Andrea Doria, Cristoforo Colombo" Poster 100x60,5cm/*39x23in* New-York 96

CIVERCHIO Vincenzo c.1470-1544 [3]

  $6 500 FF33 800 £4 300 Saint Paul Oil/canvas 21x18,5cm/*8x7in* New-York 96

CIXI Dowager Empress 1835-1908 [7]

  $2 600 FF15 430 £1 592 Orchids and Rock Ink 127x61cm/*50x24in* Beverly Hills, Calif. 98

CLACY Ellen XIX-XX [2]

  $11 340 FF55 300 £7 200 The Venetian Ambassador's Room, Knole Watercolour 39,5x50cm/*15x19in* London 95

CLADEL Marius Léon 1883-1948 [4]

  $1 224 FF7 500 £731 Femme nue assise Bronze 52,5x42x20cm/*20x16x7in* Paris 98

CLAERHOUT Frans 1919 [35]

  $503 FF2 930 £300 Mother and Child Oil/board 45x55cm/*17x21in* Johannesburg 97

CLAERHOUT Jef 1937 [22]

  $413 FF2 136 £276 Deux mondes Bronze H18cm/*H7in* Antwerpen 96

CLAES Constant Guillaume 1826-1905 [3]

  $5 024 FF26 224 £3 056 Het gesprek Huile/panneau 60x46cm/*23x18in* Lokeren 96

CLAESSENS Pieter II (Attrib.) ?-1623 [2]

  $8 420 FF43 500 £5 420 Nativité Huile/toile 115x96cm/*45x37in* Brive-la-Gaillarde 96

CLAESSON Stig, Slas 1928 [12]

  $464 FF2 264 £293 Landscape Pastel 42x52cm/*16x20in* Göteborg 95

CLAESZ Anthony II 1616-1652 [5]

  $3 325 FF16 900 £1 985 Tulpen Aquarelle, gouache/papier 25x9,5cm/*9x3in* Köln 96

CLAESZ Jan XVII [1]

  $7 860 FF46 506 £4 729 Portrait of a Woman, half length, Wearing a Provincial Costume Oil/panel 59x45cm/*23x17in* Amsterdam 98

CLAESZ Pieter 1597/98-1661 **[26]**
$135 000 FF828 724 £82 714 Still Life with a Brazier, Pewter Flagon, Tall Glass, Clay Pipe Oil/panel 58,5x56cm/*23x22in* New-York 98
CLAEUW de Jacques Grief c.1620-ap.1665 **[5]**
$18 164 FF105 493 £11 096 Vanitas still life: a viola da gamba, a flute, a violin... Oil/canvas 122x156cm/*48x61in* Amsterdam 97
CLAEYS Albert 1889-1967 **[14]**
$4 293 FF25 218 £2 650 Ijspret op de leie Huile/toile/carton 48x60cm/*18x23in* Lokeren 97
CLAEYS Jean 1941 **[14]**
$2 013 FF10 500 £1 330 Sortie dans l'espace Bronze 47x63x35cm/*18x24x13in* Paris 96
CLAGETT Jean XX **[7]**
$26 670 FF135 800 £16 000 "Avant la Ligne Droite" Bronze H38cm/*H14in* London 96
CLAGUE Richard 1821-1873 **[3]**
$50 000 FF297 620 £30 565 Country Scene with Pond, Goats, Oak Tree and Fence Oil/canvas 51x41cm/*20x16in* New Orleans, Louisiana 98
CLAIR Charles 1860-1930 **[46]**
$3 350 FF17 000 £2 200 Moutons rentrant dans la bergerie Huile/toile 81x65cm/*31x25in* Paris 96
$3 830 FF20 000 £2 280 Scène de moisson Huile/toile 27x35cm/*10x13in* Pontoise 96
$781 FF3 900 £511 Berger et ses moutons Crayon gras 16x22cm/*6x8in* Barbizon 95
CLAIRIN Georges Jules Victor 1843-1919 **[84]**
$9 456 FF55 495 £5 782 Une Japonaise Oil/canvas 38x75,5cm/*14x29in* London 97
$23 000 FF137 477 £14 078 Les vendanges Oil/canvas 253,5x164cm/*99x64in* New-York 97
$1 023 FF5 000 £648 Homme et son chien en bord de mer Aquarelle 35,5x52cm/*13x20in* Soissons 95
CLAIRIN Pierre-Eugène 1897-1980 **[287]**
$629 FF3 100 £409 Port breton Huile/toile 46x55cm/*18x21in* Paris 95
$130 FF750 £77 Chevaux échappés Lithographie 32x40cm/*12x15in* Quimper 97
$289 FF1 650 £176 Vallée de la blanche Leynne Aquarelle/papier 13,5x17cm/*5x6in* Quimper 97
CLAISSE Geneviève 1935 **[42]**
$2 935 FF17 317 £1 797 Composition Öl/Leinwand 50x50cm/*19x19in* Luzern 98
$1 510 FF7 640 £990 Composition Gouache 22x26,5cm/*8x10in* Zürich 96
CLAITON J. XIX-XX **[3]**
$5 330 FF27 170 £3 200 Fishing vessels off a low countries port Oil/canvas 76x112cm/*29x44in* London 96
CLAPÉRA Francisco ?-1810 **[1]**
$5 852 FF30 476 £3 800 The Coronation of Saint Joseph Oil/metal 56,5x37cm/*22x14in* London 96
CLAPP William Henri 1879-1954 **[41]**
$1 903 FF9 860 £1 235 Summer Cottage view Huile/panneau 14x10,2cm/*5x4in* Montréal 96
$4 500 FF22 420 £2 950 Stream Oil/board 51x61cm/*20x24in* San Francisco-Los Angeles 95
CLARA José 1878-1958 **[29]**
$1 842 FF10 862 £1 127 Desnudo femenino Tinta 96x68cm/*37x26in* Madrid 98
CLARA Juan 1875-1957 **[40]**
$1 817 FF11 022 £1 100 "Ummm" Bronze H35cm/*H13in* London 98
CLARE George c.1830-c.1905 **[56]**
$2 230 FF13 016 £1 326 Stilleben med blommor och fågelbo Oil/canvas 18x23cm/*7x9in* Stockholm 97
$8 000 FF45 766 £4 992 Still Life with Flowers and Bird's Nests à Plein Air Oil/canvas 46x61,5cm/*18x24in* Boston, Mass. 97
CLARE Oliver 1853-1927 **[218]**
$524 FF3 180 £320 An Apple, Two Gooseberries, a Plum and a Strawberry Oil/panel 14x16cm/*5x6in* Par, Cornwall 98
$6 355 FF38 213 £3 800 Grapes, Apples, Plums and Raspberries on a mossy Bank Oil/canvas 45,5x35,5cm/*17x13in* London 98
CLARE Vincent 1855-1925 **[102]**
$2 926 FF15 160 £1 900 Bird's nest, primroses and blossom on a mossy bank Oil/canvas 22,5x33cm/*8x12in* London 96
$8 500 FF50 716 £5 091 Basket of Flowers and a Nest Oil/canvas 58x64cm/*23x25in* Houston, Texas 98
$977 FF6 042 £600 A Basket of Grapes and Plums on a Mossy Bank Watercolour/paper 24x34cm/*9x13in* Scarborough 97
CLARENBACH Max 1880-1952 **[93]**
$1 890 FF11 737 £1 140 Hügelige Wald und Wiesenlandschaft im Frühling Oil/panel 33x40,5cm/*12x15in*

Heidelberg 98

  $7 980 FF40 600 £4 760 Winter am Niederrhein Öl/Leinwand 86x114cm/*33x44in* Köln 96

  $289 FF1 673 £170 Wintertag Etching 22x28cm/*8x11in* Köln 97

  $1 168 FF6 090 £772 Flussufer mit Bäumen Pencil/paper 24x31,5cm/*9x12in* Düsseldorf 96
CLARK Albert 1821-1900 **[30]**

  $744 FF4 486 £450 Sheep Resting in a Meadow Oil/canvas 28,5x38,5cm/*11x15in* Billingshurst, West Sussex 98

  $2 140 FF10 960 £1 300 A dark Bay Hunter in a stable Oil/canvas 51x61cm/*20x24in* London 96
CLARK Allan 1896/98-1950 **[12]**

  $3 260 FF18 925 £1 926 "Coming Home" Bronze 73x157x40cm/*29x62x16in* Detroit, Michigan 97
CLARK Alson Skinner 1876-1949 **[48]**

  $1 000 FF5 180 £640 Mount Wilson Oil/board 35x45cm/*14x18in* Mystic, Connecticut 96

  $1 600 FF9 580 £979 Spanish Style Buildings in Landscapes Oil/canvas/board 18x23cm/*7x9in* Altadena, CA 97
CLARK Benton H. 1895-1964 **[7]**

  $2 800 FF14 540 £1 852 Valley of the Sun Oil/canvas 77x102cm/*30x40in* New-York 96
CLARK C. Myron 1858-1923 **[18]**

  $649 FF3 620 £397 Ship at sea Oil/canvas 68x53cm/*27x21in* Boston, Mass. 97
CLARK Christopher 1875-1942 **[12]**

  $600 FF3 809 £374 "Trooping The Color" Poster 101x127cm/*40x50in* New-York 97
CLARK Dixon XIX-XX **[13]**

  $1 739 FF10 682 £1 081 Summer Landscape Oil/canvas 74x59cm/*29x23in* Detroit, Michigan 97

  $7 481 FF43 602 £4 600 The Braes of Balquhidder Oil/canvas 121,5x101,5cm/*47x39in* West Lothian 97
CLARK Elliot Candee 1883-1980 **[58]**

  $475 FF2 460 £308 New Moon Oil/canvas 25x30cm/*10x12in* Mystic, Connecticut 96

  $700 FF4 086 £416 Castle by Rocky Hill Oil/canvas 81,5x101cm/*32x39in* New-York 97

  $800 FF4 761 £496 Western Landscape Gouache/paper 16x25cm/*6x9in* North Berwick, Maine 97
CLARK Ernest XIX-XX **[2]**

  $2 700 FF16 314 £1 700 The lumber cart passing thatched cottages Oil/canvas 59x105cm/*23x41in* Bristol, Avon 97
CLARK Frederick Albert XIX-XX **[12]**

  $1 230 FF6 240 £800 Dunsmore Gloaming/Beardward Cote Blaze Oil/canvas 49x56cm/*19x22in* Billingshurst, West Sussex 96
CLARK Herbert W., Jr. XX **[1]**

  $4 200 FF24 749 £2 593 "Saddle Horse" Bronze H41cm/*H16in* New-York 97
CLARK James 1858-1943 **[14]**

  $2 754 FF16 221 £1 700 Portrait of a Shorthorn Oil/canvas 50x60cm/*19x23in* Newbury, Berkshire 97

  $1 317 FF7 504 £800 The Church of the Holy Sepulchre, Jerusalem Watercolour 41x31,5cm/*16x12in* London 97
CLARK James Lippitt 1883-1957 **[15]**

  $3 750 FF22 404 £2 296 The Pronghorn Bronze H26,5cm/*H10in* New-York 98
CLARK John Cosmo 1897-c.1967 **[3]**

  $9 782 FF59 288 £6 000 Summer's Night at the Dove, Hammersmith Oil/canvas 127x145cm/*50x57in* London 98
CLARK Joseph 1834-1926 **[14]**

  $10 600 FF51 300 £6 800 For Daily Bread Oil/canvas 68x51cm/*26x20in* London 95
CLARK Larry 1943 **[30]**

  $2 200 FF12 694 £1 348 Teenage Couple Silver print 15x23cm/*6x9in* New-York 97
CLARK Lygia 1920-1988 **[1]**

  $34 000 FF198 481 £20 226 Composicao Oil/canvas 105x81cm/*41x31in* New-York 97
CLARK Matt 1903-1972 **[5]**

  $1 100 FF5 640 £669 Boy and girl on step of mountain cabin, for Saturday Evening Post Watercolour 55x36cm/*22x14in* New-York 96
CLARK Octavius T. 1850-1921 **[52]**

  $867 FF4 420 £520 York Cottage, Sandringham Oil/canvas 51x76cm/*20x29in* London 96
CLARK OF GREENOCK William 1803-1883 **[6]**

☞ *$4 490 FF23 240 £3 000* Shipping in the English Channel Oil/canvas 51x76cm/*20x29in* London 96
CLARK Paraskeva Plistik 1898-1986 **[6]**
☞ *$3 506 FF16 980 £2 250* View of St. Lawrence Shore Oil/canvas 81x102cm/*31x40in* Toronto 95
✐ *$2 410 FF12 600 £1 512* Joe Lake, Algonquin Park Watercolour/paper 51x68,5cm/*20x26in* Toronto 96
CLARK Rowland 1874-1957 **[24]**
☞ *$3 500 FF17 640 £2 258* Bluebills Oil/board 30x40cm/*12x16in* Hayden 96
☞ *$13 000 FF65 520 £8 387* Down Wind Pintail Oil/canvas 60x50cm/*24x20in* Hayden 96
▥ *$49 FF289 £30* Withing the Law Etching 15x18cm/*6x7in* Shaker Heights, Ohio 97
CLARK Samuel Joseph 1834-c.1912 **[21]**
☞ *$1 503 FF9 190 £920* Farmyard Scene Oil/canvas 26x36cm/*10x14in* West Sussex 98
☞ *$3 322 FF20 183 £2 000* A Wayside Rest Oil/canvas 51x76,5cm/*20x30in* London 98
CLARK Tony 1954 **[1]**
☞ *$3 950 FF20 360 £2 615* Section from Clark's Myriorama Oil/canvas/board 30,5x137,5cm/*12x54in* Melbourne 96
CLARK Walter 1848-1917 **[14]**
☞ *$550 FF3 414 £329* Conn. Hillside Oil/board 30x38cm/*12x15in* Mystic, Connecticut 98
CLARK William 1803-1883 **[6]**
☞ *$65 000 FF398 040 £39 845* Portrait of Hydrabad Acrylique/toile 78x139cm/*31x55in* New-York 98
CLARK William Albert XIX-XX **[18]**
☞ *$842 FF4 210 £550* Portrait of a Clumber Spaniel in a landscape Oil/canvas 49x60cm/*19x23in* London 96
CLARKE Bob Carlos 1950 **[15]**
▣ *$1 153 FF6 822 £700* "Nadia, Black Rope" Silver print 60x49cm/*23x19in* London 98
CLARKE Carey XX **[2]**
☞ *$8 981 FF52 986 £5 500* A March Day from the Studio Oil/canvas 68,5x86cm/*26x33in* London 98
CLARKE Geoffrey 1924 **[11]**
▥ *$840 FF4 906 £500* The Day of Judgement Tapestry 181x288,5cm/*71x113in* London 97
CLARKE George Row XIX-XX **[5]**
✐ *$1 099 FF6 378 £650* George Row, Northampton Watercolour/paper 32x49,5cm/*12x19in* London 97
CLARKE Graham 1941 **[30]**
▥ *$32 FF191 £20* "The Hearth" Etching 26,7x34,3cm/*10x13in* London 97
✐ *$677 FF4 019 £420* Peatot Ink 18,5x25,5cm/*7x10in* London 97
CLARKE Harry 1890-1931 **[11]**
☞ *$4 077 FF24 038 £2 500* Study for a Window at Nantwich with Virgin and Child, St. Cecilia Mixed media 39x16,5cm/*15x6in* London 98
✐ *$6 329 FF36 608 £3 800* Faust and Margaret in Martha's Garden Pencil/paper 25,5x19cm/*10x7in* London 97
CLARKE Harry Harvey 1869-? **[5]**
✐ *$9 500 FF57 506 £5 668* The Sleeping Beauty Watercolour 39x32cm/*15x12in* New-York 97
CLARKE James L. 1883-1969 **[1]**
⚒ *$10 000 FF50 400 £6 452* Ovis Poli Bronze 43x38cm/*17x15in* Hayden 96
CLARKE Theophilus 1776-c.1835 **[2]**
☞ *$13 090 FF68 170 £8 500* Portrait of Mary Chrichton, Countess of Erne Oil/canvas 72x60cm/*28x24in* London 96
CLARKE William Hanna 1882-1924 **[10]**
☞ *$688 FF4 000 £420* Summer landscape Oil/panel 28x34cm/*11x13in* Billingshurst, West Sussex 97
☞ *$4 686 FF27 613 £2 800* Summer on the Sands Oil/canvas 40,5x51cm/*15x20in* Glasgow 97
☞ *$21 700 FF110 180 £14 000* Picking Bluebells Oil/canvas 125x99cm/*49x38in* Auchterarder, Perthshire 96
CLAROT René 1882-1972 **[65]**
☞ *$672 FF3 346 £440* Port de pêche Huile/toile 72x80cm/*28x31in* Antwerpen 95
CLARY Eugène 1856-1930 **[21]**
☞ *$2 050 FF12 190 £1 254* Dorfstrasse mit Bäuerin und blühenden Bäumen Oil/panel 31x46cm/*12x18in* Bern 97
☞ *$2 208 FF12 500 £1 348* Bord de Seine Huile/toile 45x81cm/*17x31in* Évreux 97
CLARY-BAROUX Adolphe 1865-1933 **[55]**
☞ *$1 463 FF7 580 £950* Village au bord de la rivière Oil/canvas 46x61cm/*18x24in* London 96
CLARYS Alexander 1857-1930 **[21]**
☞ *$448 FF2 614 £273* Attitude de Berger Huile/toile 65x92cm/*25x36in* Bruxelles 97

$1 380 FF7 903 £816 "Le Grand Hotel" Poster 110x168,5cm/43x66in New-York 97
CLATER Thomas 1789-1867 **[4]**
$4 892 FF28 846 £3 000 Reading the Letter Oil/canvas 50,5x61,5cm/19x24in London 98
CLATWORTHY Robert 1928 **[16]**
$1 317 FF6 750 £800 Standing Man Bronze H36,8cm/H14in London 96
CLAUDE Eugène 1841-1922 **[25]**
$3 041 FF17 200 £1 862 Pêches et raisins Huile/toile 65x48cm/25x18in Cannes 97
$4 318 FF26 238 £2 600 A Basket with Peaches and Figs Oil/panel 32x40cm/12x15in London 98
CLAUDE Georges 1854-1921 **[2]**
$9 000 FF54 315 £5 463 L'amazone sur la plage Watercolour 27x30,5cm/10x12in New-York 98
CLAUDE Jean Maxime 1824-1904 **[6]**
$14 300 FF74 000 £9 140 Chiens de chasse, d'après Desportes Huile/toile 232x133cm/91x52in Orléans 96
CLAUDEL Camille 1864-1943 **[58]**
$49 680 FF288 000 £29 289 "L'Implorante" Bronze 28,4x30,3x16,5cm/11x11x6in Nice 97
CLAUDET Antoine François J. 1797-1867 **[22]**
$8 560 FF50 000 £5 065 Portrait présumé des enfants de la reine Victoria et d'une dame Daguerreotype 7,6x8,9cm/2x3in Argenteuil 97
CLAUDIUS Wilhelm Ludwig H. 1854-1942 **[10]**
$6 832 FF38 798 £4 275 Drei kleine Schmetterlingsfänger auf der Wiese Öl/Leinwand 29x43cm/11x16in München 97
CLAUDOT DE NANCY Jean-Baptiste 1733-1805 **[19]**
$7 792 FF46 000 £4 613 Pêcheurs près de la cascade et du temple de Tivoli Huile/toile 46x65cm/18x25in Versailles 97
CLAUS Carlfriefrich 1930 **[21]**
$270 FF1 554 £165 Ohne Titel Drypoint 17,5x12,5cm/6x4in Berlin 97
CLAUS Emile 1849-1924 **[124]**
$6 463 FF37 329 £3 795 Vaches dans la brume Huile/toile 21x32,5cm/8x12in Bruxelles 97
$40 000 FF237 388 £24 500 "La berge rangée (Juillet)" Oil/canvas 92,5x92,5cm/36x36in New-York 97
$290 000 FF1 506 000 £191 800 La Faneuse Oil/canvas 130x98cm/51x38in New-York 96
$172 FF1 056 £105 Vachère dans un paysage Lithographie 38x62cm/14x24in Bruxelles 98
$5 560 FF28 440 £3 600 La Tamise à Londres Pastel/papier 19,5x27cm/7x10in Bruxelles 95
CLAUS Hugo 1929 **[26]**
$1 455 FF8 721 £868 Untitled, from "De Blijde en Onvoorziene Week" Print 26x20cm/10x7in Amsterdam 98
$2 669 FF15 991 £1 591 "Je tu" Ink 26x20cm/10x7in Amsterdam 98
CLAUSADE de Pierre 1902-1976 **[87]**
$368 FF1 840 £240 On the Loire Oil/canvas 36x45cm/14x17in Billingshurst, West Sussex 96
$500 FF2 530 £328 Landscape Oil/canvas 18x21cm/7x8in Chicago, Illinois 96
CLAUSELL Joaquín 1866-1935 **[28]**
$9 000 FF43 700 £5 800 El río Oil/canvas 21x35cm/8x13in New-York 95
$80 000 FF459 240 £48 768 Paisaje Oil/canvas 60,5x91,5cm/23x36in New-York 97
CLAUSEN Christian 1808-1876 **[3]**
$1 414 FF8 465 £870 Ungjomfru ved en skovsö Oil/canvas 25x34cm/9x13in Vejle 98
CLAUSEN Franciska 1899-1986 **[93]**
$1 887 FF10 927 £1 161 Komposition Mixed media 11x10cm/4x3in Stockholm 97
$8 880 FF45 800 £5 680 "Opstilling med Vinkeljern" Oil/canvas 46x42cm/18x16in København 96
$1 556 FF9 324 £930 Komposition i grått och svart Gouache/paper 29x21cm/11x8in Stockholm 98
CLAUSEN George 1852-1944 **[103]**
$2 887 FF16 728 £1 800 Evening Oil/canvas 34x44,5cm/13x17in London 97
$24 718 FF150 633 £15 000 "Lily" Oil/canvas 46x35,5cm/18x13in London 98
$658 FF3 940 £400 Britain's Efforts and Ideals, Making Guns Lithograph 35,5x45,5cm/13x17in London 97
$931 FF5 329 £550 Old Essex Barns Pastel 20x28cm/7x11in London 97
CLAVÉ Antoni 1913 **[699]**
$5 300 FF31 403 £3 200 "Longchamp" Oil/board 19x24cm/7x9in London 97
$15 940 FF93 000 £9 765 Sans titre Huile/panneau 61x46cm/24x18in Paris 97
$9 520 FF55 720 £5 880 "Cinq gants" Monotype 73x97cm/28x38in Madrid 97

$2 800 FF17 230 £1 699 Femme Bronze H30cm/*H11in* New-York 98
$20 000 FF102 000 £13 220 Le Guerrier attaché Bronze H106cm/*H41in* Versailles 96
$4 299 FF25 096 £2 600 Femme assise Gouache/paper 23,5x18cm/*9x7in* London 97
CLAVO GIL Vicente 1923-1993 **[18]**
$132 FF790 £80 Ruinas, Italia Tinta/papel 37,5x48cm/*14x18in* Madrid 98
CLAVO Javier 1918-1994 **[39]**
$638 FF3 284 £393 Palomas y sandia Oleo/cartón 42x53cm/*16x20in* Madrid 96
$1 400 FF7 960 £840 Santa Maria della Salute Oleo/lienzo 33x41cm/*12x16in* Madrid 97
$461 FF2 587 £286 Composición abstracta Acuarela 26x36cm/*10x14in* Madrid 97
CLAY John c.1800-c.1860 **[1]**
$4 838 FF27 726 £3 000 Shipping Scene with Dutch Barge and Man of War Oil/canvas 61x72,5cm/*24x28in* London 97
CLAYES Albert 1889-1967 **[2]**
$3 696 FF22 750 £2 268 Hoeve langs de leie Huile/toile 60x92cm/*23x36in* Lokeren 98
CLAYES des Alice 1891 **[12]**
$6 680 FF34 900 £4 185 Farm horses in winter Oil/canvas 46x61cm/*18x24in* Toronto 96
$816 FF4 260 £487 Towing Barges on the grand Junction Canal Watercolour 41x63,5cm/*16x25in* Toronto 96
CLAYS Paul Jean 1819-1900 **[80]**
$1 100 FF6 727 £652 Fisherfolk Along the Shore at Low Tide Oil/canvas 33x48cm/*13x19in* Washington 98
$4 249 FF25 723 £2 535 Sailboats in calm Waters Oil/panel 54,5x42cm/*21x16in* New-York 97
$384 FF2 193 £240 Anlandende Fischer mit ihren Booten vor Hafenanlage Aquarell/Papier 20,5x32cm/*8x12in* Köln 97
CLAYTON Harold 1896-1979 **[41]**
$4 119 FF25 105 £2 500 Summer FLowers in a Glass Vase Oil/canvas 30,5x41cm/*12x16in* London 98
$7 151 FF40 220 £4 347 Flowerpiece Oil/canvas 46,7x56,8cm/*18x22in* London 97
CLAYTON J. Hughes XIX-XX **[9]**
$1 308 FF8 217 £800 Coastal scene with cottage Watercolour/paper 23x49cm/*9x19in* Birmingham 97
CLAYTON James Hughes XIX-XX **[27]**
$782 FF4 733 £480 Coastal Scene with Fishing Boat Watercolour 24x48cm/*9x18in* Chester 98
CLAYTON Joseph Hughes c.1870-c.1930 **[18]**
$462 FF2 345 £300 Woman feeding chickens Watercolour 8,6x15,2cm/*3x5in* London 95
CLÉDAT DE LAVIGNERIE Samuel Marie XIX **[2]**
$2 116 FF13 000 £1 268 Après-midi dans le jardin Huile/toile 33x41cm/*12x16in* Reims 98
CLEEF van Hendrick III 1525-1589 **[2]**
$9 500 FF46 900 £6 140 View of Naples Ink 19,4x30,8cm/*7x12in* New-York 96
CLEENEWERCK Henry 1818-1901 **[8]**
$2 500 FF15 051 £1 495 A River Scene at Sunset Oil/canvas 25,5x45,5cm/*10x17in* San Francisco 98
$3 091 FF17 853 £1 815 Paysage d'été avec pêche et rivière Huile/panneau 39x51,5cm/*15x20in* Bruxelles 97
CLELAND Mary Alberta 1876-1919 **[15]**
$374 FF2 255 £226 Rachel Street Market Huile/panneau 34x40,5cm/*13x15in* Montréal 98
$1 299 FF7 598 £792 Loading Winter Wood, Montreal Pastel/papier 51x61cm/*20x24in* Montréal 97
CLEM Robert XX **[2]**
$5 000 FF25 200 £3 226 Plood Tide On Chatham Bar Watercolour/paper 45x71cm/*18x28in* Hayden 96
CLEMENS Curt 1911-1947 **[25]**
$1 223 FF6 100 £799 Seated nude Oil/canvas 52x80cm/*20x31in* Stockholm 95
CLEMENS Gustaf Adolf 1870-1918 **[14]**
$358 FF2 208 £225 Fisker siddende på en trillebör Oil/canvas 47x60cm/*18x23in* Köbenhavn 97
CLEMENS Johan Frederik 1749-1831 **[12]**
$700 FF3 600 £437 Friedrich der Gr. kehrt von einem Manöver bei Postdam, nach Cumingham Engraving 60x88cm/*23x34in* Wien 96
CLÉMENT Charles 1889-1972 **[22]**
$2 783 FF14 470 £1 838 "Rue du Pré" Huile/toile 61x50cm/*24x19in* Bern 96
$420 FF2 489 £249 Winterlandschaft mit Gehöft Indian ink/paper 40x50cm/*15x19in* Zürich 97
CLEMENT Félix 1826-1888 **[3]**
$36 500 FF182 000 £23 900 Circasienne au harem Huile/toile 42x66cm/*16x25in* Paris 95
CLEMENT Gad Frederik 1867-1933 **[12]**

$404 FF2 301 £250 Parti fra Forum Romanum Oil/canvas 62x49cm/24x19in Vejle 97
CLEMENT-SERVEAU 1886-1972 **[129]**
$579 FF3 200 £361 Nature morte au moulin à café Huile/papier/panneau 28x22,5cm/11x8in Paris 97
$13 936 FF80 000 £8 752 Nature morte au compotier Huile/panneau 117x89cm/46x35in Paris 97
$981 FF5 000 £647 Notre-Dame de Paris Gouache 26x33cm/10x12in Grenoble 96
CLEMENTE Francesco 1952 **[169]**
$30 000 FF145 300 £19 250 Discipline Oil 112x91,5cm/44x36in New-York 95
$62 046 FF368 216 £38 000 Device Oil/canvas 112x112cm/44x44in London 97
$1 600 FF9 557 £980 Untitled A Lithograph 68x303cm/26x119in New-York 98
$13 800 FF69 600 £9 000 Into The Cloud Pastel 67x101,5cm/26x39in London 96
CLEMENTE Y PÉREZ Salvador 1859-1909 **[2]**
$4 034 FF23 552 £2 400 The Cafe Terrace Oil/canvas 59,5x44,5cm/23x17in London 97
$11 000 FF65 281 £6 737 Market Day Oil/panel 18x30,5cm/7x12in New-York 97
CLEMENTI LA CLEMENTINA Maria Giovanna 1690-1761 **[2]**
$7 526 FF42 649 £3 763 Gentildonna in abito blu chiaro/Gentildonna in abito chiaro con perle Olio/tela 78x60cm/30x23in Milano 97
CLEMENTS George Henry 1854-1935 **[13]**
$1 700 FF8 580 £1 116 French village scene Oil/canvas 33x27cm/13x11in Mystic, Connecticut 96
$2 900 FF17 511 £1 761 Coastal Scene Oil/canvas 40x50cm/16x20in New Orleans, Louisiana 98
$850 FF4 988 £519 Portrait of Arthur Burdett Frost Sketching in INk Watercolour/paper 25x33cm/10x13in New Orleans, Louisiana 97
CLEMENTSCHITSCH Arnold 1887-1970 **[15]**
$8 010 FF47 570 £4 760 Motiv aus Kärnten Öl/Leinwand/Karton 34x39cm/13x15in Wien 97
$16 020 FF95 140 £9 520 Der Ossiacher See im Herbst Öl/Leinwand 51,8x71,5cm/20x28in Wien 97
$2 027 FF11 945 £1 252 "Hermagor Kärnten" Watercolour 23,5x27cm/9x10in Wien 97
CLEMENTZ Hermann 1852-1930 **[2]**
$16 760 FF84 700 £11 000 Flitterwochen Oil/canvas 55x74cm/21x29in London 96
CLEMINSON Robert XIX **[100]**
$1 296 FF7 707 £780 Spaniels flushing in a Highland Landscape Oil/canvas 30,5x40,5cm/12x15in London 97
$1 900 FF10 838 £1 155 Highland landscape with springe spaniels and a grouse Oil/canvas 71x91,5cm/27x36in San Francisco 97
$2 105 FF12 404 £1 300 A Family of Deer in the Highlands Oil/canvas 125x100cm/49x39in Billingshurst, West Sussex 97
CLERCK de Hendricx c.1570-1629 **[13]**
$16 000 FF88 348 £9 984 The Adoration of the Magi Oil/copper 39x30,5cm/15x12in New-York 97
$70 000 FF426 566 £42 644 The Marriage at Cana Oil/panel 92,5x200cm/36x78in New-York 98
$85 000 FF469 353 £53 040 Venus and Adonis in a Wooded Landscape Oil/panel 88x124cm/34x48in New-York 97
$6 240 FF32 150 £4 000 St. John the Evangelist Pencil 27,5x18,5cm/10x7in London 96
CLERCK de Hendricx (Attrib.) c.1570-1629 **[8]**
$8 361 FF49 505 £5 000 The Madonna and Child with St. Anne, sourrounded by scenes ... Oil/copper 22,8x29,8cm/8x11in London 97
CLERCK de Jan 1881-1962 **[12]**
$4 520 FF22 000 £2 866 Navire et remorqueur à quai Huile/toile 71x60cm/27x23in Paris 95
CLERCQ de Alphonse 1868-1945 **[19]**
$944 FF4 930 £570 En route au champ Huile/toile 64x84cm/25x33in Antwerpen 96
CLERCQ de Louis 1836-1901 **[4]**
$6 500 FF33 500 £4 305 Tripoli, vue du Pont Neuf Albumen print 20x55cm/8x22in New-York 96
CLERCQ de Paul Jan 1891-1964 **[19]**
$504 FF2 941 £307 Paysage fluvial Huile/toile 40x50cm/15x19in Bruxelles 97
CLERGERIE Yvonne 1942 **[12]**
$982 FF5 000 £589 Elodie Bronze H39cm/H15in Neuilly 96
CLERGET Hubert 1818-1899 **[9]**
$578 FF3 374 £353 Québec Lithographie 68,5x93cm/26x36in Montréal 97
CLERGUE Lucien 1934 **[69]**

📷 *$1 100 FF5 620 £725* "Nu de la mer" Photograph 49,5x40,6cm/*19x15in* New-York 96
CLÉRICE François & Victor XIX-XX **[8]**
🎴 *$172 FF1 000 £107* "La D'moizelle du Tabarin, opérette en 3 actes..." Affiche 60x81,5cm/*23x32in* Paris 97
CLERICI Fabrizio 1913-1993 **[40]**
🖌 *$5 670 FF27 450 £3 600* Lo specchio Olio/tavola 41,5x60cm/*16x23in* Milano 95
✏ *$1 048 FF5 939 £524* Paesaggio con figure e arieti di pietra Inchiostro/carta 23,5x44,5cm/*9x17in* Roma 98
CLERISSEAU Charles Louis 1721-1820 **[29]**
✏ *$3 785 FF23 000 £2 279* Le mausolée de Saint-Rémy de Provence Aquarelle 52x40cm/*20x15in* Paris 98
CLERISSEAU Charles Louis (Attr) 1721-1820 **[14]**
🖻 *$4 965 FF30 000 £2 982* Baigneurs près d'un torrent dominé par des ruines Huile/toile 125x80cm/*49x31in* Toulouse 98
✏ *$3 249 FF19 670 £1 939* Le Palais des Empereurs à Rome Watercolour, gouache/paper 39,5x32cm/*15x12in* New-York 97
CLERMONT DE GALLERANDE Adhémar Louis ?-1895 **[6]**
🖻 *$6 223 FF37 000 £3 807* Equipage de chasse à courre devant un passage à niveau Huile/toile 81x117cm/*31x46in* Paris 97
🖻 *$8 260 FF41 000 £5 230* Scène de chasse à courre dans les bois Huile/toile 73x1096cm/*28x431in* Saint-Germain-en-Laye 95
CLÉSINGER Jean-Bapt., Auguste 1814-1883 **[64]**
🗿 *$298 FF1 500 £195* Chat guettant une souris Bronze H10,3cm/*H4in* Soissons 96
🗿 *$22 000 FF130 563 £13 475* Cléopâtre Bronze H87,5cm/*H34in* New-York 97
CLESSE Louis 1889-1961 **[130]**
🖻 *$344 FF1 960 £211* Le Col-vert Huile/panneau 65x55cm/*25x21in* Bruxelles 97
🖻 *$629 FF3 590 £385* L'Étang Oil/panel 29,5x38,5cm/*11x15in* Lokeren 97
🖻 *$8 164 FF42 614 £4 966* Paysage de rivière, Beersel Huile/toile 101x121cm/*39x47in* Lokeren 96
CLEVE Agnes 1876-1951 **[1]**
✏ *$7 534 FF44 578 £4 628* Nybroviken, isen brister Gouache/paper 62x50cm/*24x19in* Stockholm 98
CLEVE JON-AND Agnes 1876-1951 **[4]**
🖻 *$1 600 FF7 810 £1 011* Stadsmotiv Oil/canvas 60x73cm/*23x28in* Göteborg 95
CLEVE van Cornelis S. (Attrib) 1520-c.1569 **[4]**
🖻 *$37 180 FF216 151 £22 694* Virgin and Child Oil/panel 43x29cm/*16x11in* Amsterdam 97
CLEVE van Cornelis Sotte Cleef 1520-c.1569 **[3]**
🖻 *$32 500 FF191 626 £19 929* Madonna and the Suckling Christ Child Oil/panel 40x28,5cm/*15x11in* New-York 98
CLEVE van Hendrik III c.1525-1589 **[10]**
🖻 *$21 430 FF107 000 £14 000* The Building of the Tower of Babel Oil/panel 5x66cm/*1x25in* London 95
🖻 *$26 700 FF133 000 £17 000* Nimrod ordering the construction of the Tower of babel Oil/copper 49x66cm/*19x25in* London 95
CLEVE van Joos (Attrib.) c.1484-c.1540 **[3]**
🖻 *$48 900 FF243 500 £32 000* Portrait of a man with a glove Oil/panel 62x46,7cm/*24x18in* London 95
🖻 *$210 000 FF1 092 000 £139 000* Virgin with Christ standing on a pillow Oil/panel 36x27cm/*14x10in* New-York 96
CLEVE van Joos van der Beke c.1464-c.1540 **[5]**
🖻 *$17 402 FF101 297 £10 555* Bildnis eines blondbärtigen Mannes Oil/wood 47x34cm/*18x13in* Luzern 97
🖻 *$319 941 FF1 894 319 £190 000* Saint-Jerome in his Study Oil/panel 61x47cm/*24x18in* London 97
CLEVE van Martin 1527-1581 **[16]**
🖻 *$79 761 FF455 000 £48 730* Les Quatre Saisons Huile/panneau 34x46,5cm/*13x18in* Paris 97
CLEVE van Martin (Attrib.) 1527-1581 **[3]**
🖻 *$40 000 FF245 548 £24 508* A Village Kermesse Oil/panel 67,5x143cm/*26x56in* New-York 98
CLEVE-JONAND Agnes 1876-1951 **[2]**
🖻 *$3 038 FF17 746 £1 798* Vy över stad och hav Oil/canvas 44x56,5cm/*17x22in* Stockholm 97
CLEVELEY John I c.1712-1777 **[10]**
🖻 *$16 722 FF103 928 £10 000* The Peregrine in Two Positions Off The Coast Oil/canvas 59x88cm/*23x34in* London 98
🖻 *$90 776 FF572 000 £57 200* Le Roi George II arrivant sur son navire pour aborder le "Caroline" Huile/toile 106x167cm/*41x65in* Cannes 97
CLEVELEY John II 1747-1786 **[16]**

🎨 $8 008 FF48 860 £4 800 View of Huaheine Aquatint 43x58,5cm/*16x23in* London 98
✏ $2 677 FF16 035 £1 600 Men o'War Watercolour 14,5x19cm/*5x7in* London 98
CLEVELEY John II (Attrib.) 1747-1786 **[2]**
🎨 $6 980 FF35 900 £4 500 The lauching of a ship at Chatham Docks Oil/canvas 51x88cm/*20x34in* London 96
✏ $1 332 FF8 221 £800 An English Frigate, and a Dutch Man-o-War at Anchor beyond Watercolour
12,5x16cm/*4x6in* London 98
CLEVELEY Robert 1747-1809 **[20]**
✏ $1 305 FF7 797 £800 A Convoy in the Downs with Pilot Cutters in the Foreground Mixed media/paper
13,5x21cm/*5x8in* London 98
CLEVENBERGH Charles Antoine 1791-? **[3]**
🎨 $3 200 FF18 202 £1 958 A Woman at a Casement holding a dead Hare and a Basket of Parsley Oil/panel
32x25cm/*12x9in* New-York 97
🎨 $6 708 FF38 481 £4 119 Dead hare and bird by a tree Oil/panel 61x49cm/*24x19in* Cape Town 97
CLIFFORD Edward 1844-1907 **[13]**
✏ $1 099 FF6 378 £650 Gypsy Blood Watercolour/paper 27x29,5cm/*10x11in* London 97
CLIFFORD Edward (Attrib.) 1844-1907 **[1]**
✏ $1 675 FF8 510 £1 000 They Also Serve Who Only Stand And Wait Watercolour/paper 31x43cm/*12x16in*
London 96
CLIFFORD Edward Charles 1858-1910 **[3]**
✏ $7 048 FF40 697 £4 200 "The Portrait" Watercolour 19,5x17cm/*7x6in* London 97
CLIFFORD John Henry 1879-? **[1]**
🎨 $4 000 FF23 738 £2 480 On the Delaware Oil/canvas 61,5x111cm/*24x43in* New-York 97
CLIFT William B. Clift III 1944 **[21]**
📷 $1 100 FF5 520 £696 La Mesita from Ceno Seguro, New Mexico Silver print 34x49cm/*13x19in* New-York 95
CLIME Winfield Scott 1881-1958 **[9]**
🎨 $2 600 FF15 133 £1 602 Fuel for Winter Old Lume, Connecticut Oil/board 30x40cm/*12x16in* Cincinnati,
Ohio 97
CLINCH Robert 1957 **[1]**
✏ $1 037 FF6 323 £644 Dayshift Gouache/paper 65x84cm/*25x33in* Melbourne 97
CLINEDINST Benjamin West 1860-1931 **[3]**
✏ $1 650 FF9 515 £982 Santa at Work Discovered by Two Kids Gouache 49x32cm/*19x12in* New-York 97
CLINT Alfred 1807-1883 **[13]**
🎨 $3 190 FF15 480 £2 000 Fishings boats near Exmouth Oil/panel 27x41cm/*10x16in* London 95
CLINT George 1770-1854 **[8]**
🎨 $13 000 FF64 000 £8 370 The Leicestershire Lass Oil/canvas 10x86cm/*3x33in* New-York 95
CLINT George (Attrib.) 1770-1854 **[4]**
🎨 $7 249 FF41 284 £4 500 Portrait of Marguerite, Countess of Blessington (1789-1849) Oil/canvas
89x70cm/*35x27in* London 97
CLOAR Carroll 1913-1994 **[6]**
🎨 $19 000 FF99 100 £11 480 The Dying Forest Oil/board 71x112cm/*27x44in* San Francisco-Los Angeles 96
CLOCHARD William Marcel 1894-1990 **[13]**
🎨 $1 016 FF6 000 £601 Rue Soufflot et le Panthéon Huile/toile 54x65cm/*21x25in* Lyon 97
CLODION Claude M. (Attrib.) 1738-1814 **[11]**
🗿 $2 800 FF14 600 £1 690 Nymphe enlaçant un buste de satyre sortant d'un feuillage... Terracotta
39,5x20,5cm/*15x8in* Paris 96
CLODION Claude Michel 1738-1814 **[89]**
🗿 $1 800 FF10 791 £1 093 Faun Bronze H59cm/*H23in* Miami, Florida 98
🗿 $4 988 FF29 792 £3 053 Den lyckliga satyrfamiljen Bronze H81cm/*H31in* Stockholm 98
CLONNEY James Goodwyn 1812-1867 **[3]**
🎨 $6 000 FF35 046 £3 683 Mother's Watch Oil/canvas 67x53cm/*26x20in* New-York 97
CLOSE Chuck 1940 **[46]**
🎨 $16 000 FF95 808 £9 830 Maquette for "Alex" Mixed media 84x60,5cm/*33x23in* New-York 98
🎨 $3 000 FF17 878 £1 798 "Leslie" Woodcut in colors 63x54,5cm/*24x21in* New-York 98
📷 $22 000 FF109 100 £13 910 Nat (Five Color States) Photograph 63x267cm/*25x105in* New-York 95
✏ $65 000 FF377 689 £38 376 Linda/pastel Pastel 75,5x56,5cm/*29x22in* New-York 97
CLOSTERMAN Johan Baptist 1660-1713 **[8]**

👆 *$8 680 FF42 400 £5 500* Portrait of Mary Venables Oil/canvas 12x101cm/*4x39in* London 95
👆 *$13 960 FF71 800 £9 000* Portrait of Lord Henry Scott, later Earl of Deloraine Oil/canvas 122x96,5cm/*48x37in* London 96

CLOUARD Albert 1866-1952 **[85]**
👆 *$4 520 FF27 100 £2 734* Le jardin de Trestignel Huile/carton 27x35,5cm/*10x13in* Rennes 97
👆 *$10 140 FF52 000 £6 160* Les ramasseurs de goémons Huile/carton 82x64cm/*32x25in* Bayeux 96

CLOUET E. XIX-XX **[5]**
▥ *$2 000 FF10 000 £1 306* "Cycles Clesse" Affiche 136x98cm/*53x38in* Boulogne 96

CLOUET Jean (Attrib.) 1486-1540 **[1]**
👆 *$65 000 FF359 118 £40 397* Portrait of Jean Bertrand, Archbishop and Cardinal of Sens Oil/panel 36x25,5cm/*14x10in* New-York 97

CLOUGH George Lafayette 1824-1901 **[16]**
👆 *$1 800 FF10 440 £1 064* Adirondack Farm Oil/board 27x48cm/*11x19in* New-York 97
👆 *$3 000 FF15 580 £1 984* Lake Owasco, New York Oil/canvas 51x76cm/*20x29in* New-York 96

CLOUGH Prunella 1919 **[37]**
👆 *$1 673 FF10 022 £1 000* Industrial Landscape Oil/canvas 25x17cm/*10x7in* Aylsham, Norfolk 98
👆 *$2 940 FF17 578 £1 800* Bush and street light Oil/canvas 72x93cm/*28x36in* London 97
▥ *$307 FF1 830 £190* The Barking Dog Etching, aquatint 18,5x22cm/*7x8in* London 97
✏ *$559 FF2 880 £360* Drawing Coloured chalks 16x26cm/*6x10in* London 96

CLOUGH Tom 1867-1943 **[26]**
✏ *$763 FF4 424 £450* "Gorseland" Watercolour/paper 77x107cm/*30x42in* London 97

CLOVIO Giulio 1498-1578 **[3]**
✏ *$65 000 FF321 000 £42 000* The Lamentation Watercolour 22x15cm/*8x5in* New-York 96

CLOVIO Giulio (Attrib.) 1498-1578 **[1]**
✏ *$11 700 FF60 300 £7 500* Bacchanal of children, after Michelangelo Red chalk 28,1x40,5cm/*11x15in* London 96

CLOWES Daniel 1774-1829 **[12]**
👆 *$7 500 FF38 200 £4 500* Four hunters resting in a landscape Oil/canvas 76x113cm/*29x44in* London 96

CLUETT Will C. XX **[3]**
✏ *$880 FF5 068 £520* Warships at Sea Watercolour 12x7cm/*4x2in* London 97

CLUNIE Robert 1895-1984 **[6]**
👆 *$1 700 FF8 810 £1 104* Sierra Morning at South Fork, Big Pine Oil/canvas 66x76cm/*25x29in* San Francisco-Los Angeles 96

CLUSEAU-LANAUVE Jean 1914 **[32]**
👆 *$1 000 FF5 787 £615* "Le village aux arbres bleus" Oil/canvas 60x73cm/*23x28in* Los Angeles 97

CLUSERET Gustave 1823-1900 **[2]**
✏ *$9 370 FF48 600 £6 000* Outside the Privy Chamber, Topkapi Palace, Istanbul Pastel 55x71cm/*21x27in* London 96

CLUSMANN William 1859-1927 **[14]**
👆 *$1 380 FF8 151 £857* European Village Oil/canvas 66x50cm/*26x20in* Elgin, Illinois 97

CLUYSENAAR Alfred Jean André 1837-1902 **[9]**
👆 *$2 580 FF12 600 £1 630* Tête de garçonnet Huile/toile 36,5x33,5cm/*14x13in* Bruxelles 95

CLYMER John Ford 1907-1989 **[24]**
👆 *$3 000 FF14 310 £1 886* South Pass Oil/board 12x16cm/*4x6in* Hayden 95
👆 *$9 500 FF56 379 £5 818* The Skating Pond Tempera/board 81,5x71cm/*32x27in* New-York 98
✏ *$5 500 FF31 321 £3 391* Mountain Men Ink 17x27cm/*7x11in* Dallas, Texas 97

COATES Edmund C. 1816-1871 **[9]**
👆 *$4 700 FF27 453 £2 781* Winter Scene with Skaters on a Pond Oil/canvas 76x63cm/*30x25in* East Dennis, Mass. 97

COATES Edmund C. (Attrib.) 1816-1871 **[2]**
👆 *$5 000 FF26 100 £3 020* View of Westpoint Oil/canvas 51x71cm/*20x27in* New-York 96

COATES George James 1869-1930 **[3]**
👆 *$4 179 FF25 641 £2 602* Portrait of a Young Woman Oil/canvas/panel 59,5x49cm/*23x19in* Melbourne 97

COATES Tom 1941 **[13]**
👆 *$326 FF1 990 £200* Miners and a Pitt Pony Oil/canvas 102x74cm/*40x29in* London 98

COATS Randolph 1891-? **[4]**
👆 *$2 400 FF12 456 £1 589* Nude Oil/canvas 38x45cm/*15x18in* Cincinnati, Ohio 96

COBB David 1921 **[7]**

  $880 FF6 070 £578 Bateaux au port Huile/toile 51x61cm/*20x24in* Montréal 96

COBBAERT Jan 1909-1995 **[65]**

  $2 931 FF17 414 £1 743 Afval Oil/canvas 100x81,5cm/*39x32in* Amsterdam 97

  $975 FF5 842 £583 Ruimtevaart Gouache/papier 70x52cm/*27x20in* Antwerpen 98

COBBETT Edward John 1815-1899 **[25]**

  $800 FF4 581 £473 A Flower Girl Oil/board 31x21cm/*12x8in* Milford, Conn. 97

  $1 087 FF6 702 £649 The Boating Party Oil/canvas 35,5x51cm/*13x20in* London 97

  $17 747 FF101 645 £10 500 E Rest in the Heather Oil/canvas 107x153cm/*42x60in* London 97

COBELLE Charles 1902 **[38]**

  $650 FF3 250 £421 Paris street scene Oil/canvas/board 50x60cm/*20x24in* Delray Beach, Florida 96

  $359 FF2 132 £220 Paris Watercolour/paper 48x64cm/*18x25in* Helsinki 97

COBLITZ Louis c.1810-c.1880 **[10]**

  $3 790 FF19 630 £2 425 Altrheinlandschaft Öl/Papier 23,5x34cm/*9x13in* Heidelberg 96

  $360 FF1 862 £230 Sitzendes kleines Mädchen in Fügener Tracht Pencil/paper 20x14,3cm/*7x5in* Heidelberg 96

COBO Chema 1952 **[10]**

  $1 283 FF6 600 £800 Construyendo el Estudio Pastel/paper 92x72cm/*36x28in* London 96

COBURN Alvin Langdon 1882-1966 **[43]**

  $1 600 FF7 940 £1 012 Figure head Gelatin silver print 8x9cm/*3x3in* New-York 95

COBURN Frank 1862-1938 **[6]**

  $7 500 FF45 126 £4 489 Los Angeles Park Scene Oil/canvas 51,5x61,5cm/*20x24in* Beverly Hills, Calif. 98

COBURN Frederick Simpson 1871-1960 **[114]**

  $668 FF4 005 £404 Approaching Storm, Farmhouse Eastern Drummond, Montreal Huile/panneau 26,5x35,5cm/*10x13in* Montréal 97

  $8 900 FF46 500 £5 580 Laurentian winter Oil/canvas 39x46cm/*15x18in* Toronto 96

  $246 FF1 475 £148 Beyond the Farmhouse Crayons couleurs/papier 23x28cm/*9x11in* Montréal 97

COBURN John 1925 **[71]**

  $1 539 FF9 138 £939 Gulf Country Mixed media/board 50x75,5cm/*19x29in* Woollahra, Sydney 98

  $7 410 FF43 182 £4 564 Red dpring Oil/canvas 119x142cm/*46x55in* Melbourne 97

  $350 FF2 101 £212 Tree of Life Silkscreen 55x56cm/*21x22in* Sydney 97

  $1 124 FF6 970 £671 Sacred Site Gouache/paper 65x105cm/*25x41in* Sydney 98

COCCAPANI Sigismondo 1583-1642 **[6]**

  $6 860 FF35 400 £4 400 Diana and Actaeon Black chalk 27,8x32,3cm/*10x12in* London 96

COCCAPANI Sigismondo (Attrib.) 1583-1642 **[2]**

  $2 400 FF11 840 £1 552 Susanna and the Elders Black chalk 25,5x19,7cm/*10x7in* New-York 96

COCCORANTE Leonardo 1680-1750 **[27]**

  $14 553 FF90 000 £8 667 Ruine d'un château près d'un rivage méditerranéen Huile/toile 77x129,5cm/*30x50in* Paris 98

  $33 316 FF201 188 £20 000 An Architectural Capriccio with Figures, a View of a Harbour Oil/canvas 99x127cm/*38x50in* London 98

COCCORANTE Leonardo (Attrib.) 1680-1750 **[9]**

  $9 600 FF50 300 £6 300 Capriccio di rovine antiche Olio/tela 13x97cm/*5x38in* Roma 96

  $15 875 FF89 960 £7 937 Capriccio con costa mediterranea, rovine antiche e astanti Olio/tela 60x80cm/*23x31in* Roma 97

COCEANI Antonio 1894-? **[3]**

  $2 280 FF12 920 £1 140 Rose appassite Olio/cartone 49x38,5cm/*19x15in* Prato 97

COCHIN Charles-N.II (Attr.) 1715-1790 **[17]**

  $1 484 FF7 200 £956 Bataille de l'histoire antique Encre 23x18cm/*9x7in* Paris 95

COCHIN Charles-Nicolas II 1715-1790 **[37]**

  $232 FF1 200 £150 Tempête et naufrage en mer, d'après Joseph Vernet Eau-forte 44,5x60,5cm/*17x23in* Paris 96

  $1 540 FF9 000 £911 Académie d'homme debout, vu de dos Gouache/papier 30x18cm/*11x7in* Paris 97

COCHIN Nicolas 1610-1686 **[7]**

  $529 FF3 040 £322 Die Predigt Johannes des Täufers Radierung 25,4x32,3cm/*10x12in* Berlin 97

COCHRAN Allen Dean 1888-1935 **[17]**

☞ *$750 FF4 350 £461* Edge of Forest, Winter Oil/canvas 27x40cm/*11x16in* Bethesda, Maryland 97
☞ *$1 500 FF7 650 £993* Two Boats Oil/board 38x50cm/*15x20in* Woodstock, NY. 96
COCHRAN John XX **[5]**
✎ *$251 FF1 454 £149* Morning light on Ben Vorlich, Glen Fallach/Landscape/Rowing boat Watercolour/paper 30x40cm/*11x15in* Billingshurst, West Sussex 97
COCK Aart Johannes 1905 **[5]**
☞ *$494 FF2 972 £295* Harbor scene Oil/board 80x60cm/*31x23in* Amsterdam 98
COCK de César 1823-1904 **[71]**
☞ *$2 444 FF13 500 £1 525* Ramasseuse de fagots Huile/panneau 39x34cm/*15x13in* Saint-Dié 97
☞ *$6 750 FF35 000 £4 455* Sous-bois à Pont-L'évêque Huile/toile 48,5x65,5cm/*19x25in* Pontoise 96
✎ *$266 FF1 656 £160* Skog Akvarell/papper 19x16cm/*7x6in* Helsinki 98
COCK de Gilbert 1928 **[41]**
☞ *$813 FF4 869 £486* Composition Huile/toile 50x50cm/*19x19in* Antwerpen 98
✎ *$325 FF1 947 £194* "No. XVI" Gouache/papier 38x50cm/*14x19in* Antwerpen 98
COCK de Jan Claudius 1668-1735 **[8]**
✎ *$922 FF5 300 £563* Proserpine et Pluton Crayon 15x10cm/*5x3in* Paris 97
COCK de Jan Wellens c.1480-c.1530 **[4]**
☞ *$78 000 FF402 000 £50 000* The Rest on the Flight into Egypt Oil/panel 49x58cm/*19x22in* London 96
☞ *$303 000 FF1 466 000 £190 000* Calvary Oil/panel 172x120cm/*67x47in* London 95
COCK de Xavier 1818-1896 **[27]**
☞ *$10 000 FF60 976 £6 001* A Cloudy Day Oil/canvas 91x140cm/*35x55in* Boston, Mass. 98
☞ *$21 840 FF113 800 £14 430* Shepherd watering his flock Oil/canvas 66x95cm/*25x37in* Toronto 96
COCK Hieronymus 1510-1570 **[4]**
▥ *$173 FF1 013 £106* Die Tiberinsel in Rom Radierung 23,1x33,1cm/*9x13in* Berlin 97
COCKBURN James Pattison 1778-1848 **[22]**
✎ *$583 FF2 900 £382* Lakeview with Sailboats and a figure by the Shore Aquarelle 16,5x23,5cm/*6x9in* Montréal 95
COCKERELL Samuel Pepys 1844-c.1905 **[7]**
☞ *$10 660 FF53 800 £7 000* An Officer of the Bengal Lancers/The Officer wife, full length Oil/canvas 89x49cm/*35x19in* London 96
✎ *$1 628 FF9 276 £1 000* The Marine Parade, Brighton Watercolour 29x54,5cm/*11x21in* London 97
COCKRAM George 1861-1950 **[17]**
✎ *$325 FF1 972 £200* On the Roman Road, Pass of Nant Francon Watercolour/paper 17x25cm/*6x9in* Chester 98
COCKRILL Maurice 1936 **[17]**
☞ *$3 269 FF19 531 £2 000* Portable Kingdom (blue) Oil/board 51x61cm/*20x24in* London 98
COCKX Marcel 1930 **[29]**
☞ *$298 FF1 787 £183* Vrouw voor het venster Huile/toile 70x70cm/*27x27in* Lokeren 98
COCKX Philibert 1879-1949 **[27]**
☞ *$904 FF5 518 £550* Bateaux de pêche à quai Huile/toile 61x74cm/*24x29in* Bruxelles 98
COCLERS Jean Georges Christ. 1715-1751 **[2]**
☞ *$7 800 FF40 200 £5 000* A still life of flowers in an elaborate urn on a stone ledge Oil/canvas 92,5x45,5cm/*36x17in* London 96
COCQ de Cornelis 1815-1889 **[2]**
☞ *$3 521 FF20 796 £2 127* A still life with poultry and fruit Oil/panel 42,5x34,5cm/*16x13in* Amsterdam 97
COCQUEREL de Jules J. Olivier 1838-1903 **[8]**
☞ *$1 017 FF5 899 £600* A Poodle with a Red Bow Oil/canvas 78,5x98cm/*30x38in* London 97
COCTEAU Jean 1889-1963 **[1032]**
▥ *$315 FF1 800 £198* Profil à la Tour Eiffel Lithographie 64,5x50cm/*25x19in* Neuilly 97
⚒ *$1 301 FF7 600 £769* Iphigénie Sculpture H29cm/*H11in* Paris 97
✎ *$1 625 FF8 200 £1 055* Autoportrait Encre/papier 23x17cm/*9x6in* Paris 96
CODAZZI Nicolo V. (Attrib.) 1648-1693 **[6]**
☞ *$5 000 FF30 266 £2 983* Capriccio Oil/canvas 60x74cm/*23x29in* New-York 97
CODAZZI Nicolo Viviani 1648-1693 **[5]**
☞ *$13 800 FF78 200 £9 200* Il martirio di Thomas Becket nella Cattedrale di Canterbury Olio/tela 107x81cm/*42x31in* Roma 98
CODAZZI Viviano 1604-1670 **[22]**

$23 503 FF135 000 £14 634 Palais dans les paysages avec personnages Huile/toile 91,5x126cm/*36x49in* Paris 97

$55 020 FF311 780 £36 680 Veduta e sezione del Pantheon con Piazza della Rotonda e astanti Olio/tela 121x170cm/*47x66in* Roma 97

CODAZZI Viviano (Attrib.) 1604-1670 **[15]**

$3 597 FF21 000 £2 175 Personnages près des ruines d'un temple antique Huile/toile 44x33cm/*17x12in* Paris 97

$14 400 FF81 600 £7 200 Veduta del Colosseo Olio/tela 73x100cm/*28x39in* Roma 98

CODDE Pieter (Attrib.) 1599-1678 **[7]**

$12 830 FF66 000 £8 000 Portrait de gentilhomme Huile/panneau 15x11,5cm/*5x4in* Paris 96

$34 800 FF180 000 £22 560 Portrait de famille dans un intérieur hollandais Huile/panneau 76x114cm/*29x44in* Paris 96

CODDE Pieter Jacobsz. 1599-1678 **[18]**

$3 047 FF17 897 £1 881 Drinkende man en vrouw in een interieur Oil/panel 28x25cm/*11x9in* Lokeren 97

$11 882 FF67 476 £7 436 Karten und Trick-Track-Spiel Oil/panel 53x71cm/*20x27in* München 97

CODDRON Oscar 1881-1960 **[19]**

$1 090 FF5 520 £710 Houses along a canal, in winter Oil/canvas 79x62cm/*31x24in* Amsterdam 96

CODINA Y LANGLIN Victoriano 1844-1911 **[14]**

$3 015 FF17 775 £1 845 El desayuno Oleo/lienzo 46x25,5cm/*18x10in* Madrid 98

CODMAN Charles 1800-1842 **[2]**

$21 000 FF106 050 £13 637 A Man's Pastines Oil/canvas 60x91cm/*24x36in* Portland, Maine 96

CODOGNATO Plinio 1878-1940 **[6]**

$2 190 FF11 330 £1 400 "L'Itala, Verona" Poster 149x100cm/*58x39in* London 96

COECKE VAN AELST Pieter I 1502/07-1550 **[13]**

$35 000 FF206 367 £21 462 Adoration of the Magi, Nativity, Flight into Egypt : Triptych Oil/panel 74x89cm/*29x35in* New-York 98

$2 671 FF16 151 £1 600 Les moeurs et fachons de faire de Turcs Woodcut 30,5x39cm/*12x15in* London 98

COEFFIER Marie, née Lescuyer 1814-1900 **[2]**

$8 000 FF41 140 £4 990 Portrait de l'Impératrice Eugénie Pastel/paper 84x68,5cm/*33x26in* New-York 96

COELENBIER Jan 1600-1677 **[13]**

$6 093 FF35 000 £3 794 Vue de village Huile/toile 82x95cm/*32x37in* Paris 97

$55 647 FF329 670 £33 000 A frozen river with Townsfolk skating and playing Kolf Oil/panel 28x45,5cm/*11x17in* London 97

COELENBIER Jan (Attrib.) 1600-1677 **[3]**

$9 161 FF55 326 £5 500 A River Landscape with Fishermen in a Boat by some Buildings Oil/panel 33,5x54,5cm/*13x21in* London 98

COELLO Claudio c.1632-1693 **[2]**

$25 084 FF148 515 £15 000 The vision of Saint Anthony of Padua Oil/canvas 182,5x182cm/*71x71in* London 97

COEN Margaret 1913-1994 **[12]**

$167 FF1 001 £101 Seeds Watercolour/paper 46x59cm/*18x23in* Sydney 97

COENE Constantinus Fidelio 1780-1841 **[16]**

$3 170 FF16 430 £2 030 Concert à la ferme Huile/panneau 33x42cm/*12x16in* Liège 96

$3 261 FF19 230 £2 000 Peasants Merrymaking in a Barn Oil/panel 40,5x51cm/*15x20in* Billingshurst, West Sussex 98

COENE de Joseph Fr. 1875-1950 **[16]**

$1 265 FF6 560 £795 Vue de la Lys Huile/toile 80x100cm/*31x39in* Antwerpen 96

COENE Jean Bapt. (Attrib.) 1805-1850 **[2]**

$5 750 FF34 185 £3 562 Mending the Persian Rug Oil/canvas 89x104cm/*35x41in* Philadelphia 97

COENE Jean Baptiste 1805-1850 **[5]**

$2 161 FF13 333 £1 296 Ruderer am Flussufer Oil/panel 31x46,5cm/*12x18in* Wien 98

$2 847 FF17 440 £1 704 A Forest Landscape with a Fortified Tower Along a Stream Oil/panel 35x46cm/*13x18in* Amsterdam 98

COENEN Otto 1907-1971 **[12]**

$7 800 FF40 800 £4 640 Wald Öl/Karton 75x50cm/*29x19in* Köln 96

COES Kent Day 1910 **[2]**

✏ *$1 300 FF7 382 £813* Boston and Maine/Train Yard at Night Watercolour/paper 53x73cm/*21x29in* New-York 97

COESSIN DE LA FOSSE Charles Alexandre 1829-c.1910 **[14]**
🖐 *$2 500 FF14 881 £1 552* Maid of Brittany Oil/canvas 73x60cm/*29x24in* Milwaukee, Wisconsin 97
🖐 *$4 523 FF25 157 £2 800* A cavalier saluting an elegant lady in a courtyard Oil/canvas 36x44cm/*14x17in* Billingshurst, West Sussex 97
🖐 *$66 000 FF390 304 £40 042* Diana the Huntress Oil/canvas 161,5x94cm/*63x37in* New-York 98
✏ *$2 094 FF13 000 £1 262* Étude d'un personnage arabe Crayon 59x34cm/*23x13in* Paris 98

COETZER Willem Hermanus 1900-1983 **[84]**
🖐 *$729 FF4 369 £448* Hloma Amaboetoe Oil/canvas 30x37cm/*11x14in* Johannesburg 98
🖐 *$1 345 FF7 726 £829* Scene from Elandsfontein, Tarkastad Oil/canvas 45x55cm/*17x21in* Johannesburg 97

COFFERMANS Marcellus 1549-1575 **[10]**
🖐 *$29 412 FF168 346 £17 373* The Adoration of the Magi Oil/panel 45,1x33,8cm/*17x13in* Amsterdam 97

COFFERMANS Marcellus (Attrib.) 1549-1575 **[6]**
🖐 *$1 380 FF8 248 £844* Madonna and Child with Music Making Angels Oil/panel 23x17cm/*9x7in* New-York 97

COFFEY Alfred J. 1869-1950 **[25]**
🖐 *$873 FF4 480 £576* Unloading Oil/board 24,5x16cm/*9x6in* Sydney 96
🎨 *$158 FF984 £94* The Wooden Bridge Etching 19,5x29cm/*7x11in* Sydney 98

COFFIN William Anderson 1855-1925 **[13]**
🖐 *$1 150 FF6 772 £709* The Summer Floods Oil/canvas 40x60cm/*16x24in* New-York 97

COFFRE Benoît Bénédict 1671-1722 **[3]**
🖐 *$1 723 FF10 544 £1 047* To börn led en kikkert Oil/canvas 31x29cm/*12x11in* Köbenhavn 98

COGDELL John Stevens 1778-1847 **[1]**
🖐 *$9 750 FF47 600 £6 080* Portrait of Andrew Jackson Oil/panel 70x56cm/*27x22in* New Orleans, Louisiana 95

COGELS Joseph 1786-1831 **[12]**
🖐 *$2 636 FF15 319 £1 556* Am Kochelsee Oil/panel 23,5x29,5cm/*9x11in* Luzern 97
🖐 *$16 100 FF82 800 £10 030* An extensive Landscape with Cattle on a Path Oil/canvas 78,5x106cm/*30x41in* Wien 96
✏ *$1 291 FF7 713 £790* Das Kloster Schäftlarn im Isartal Ink/paper 28x38,5cm/*11x15in* München 98

COGGHE Rémy 1854-1935 **[13]**
🖐 *$21 150 FF122 625 £13 200* Caramba! Huile/toile 100x75cm/*39x29in* Lokeren 97

COGHUF Ernst Stocker 1905-1976 **[28]**
🖐 *$3 223 FF19 087 £1 914* Juralandschaft Öl/Leinwand 64,5x181cm/*25x71in* Zürich 97
🎨 *$222 FF1 151 £144* In der Ausstellung Eau-forte 45x63,5cm/*17x25in* Zürich 96
✏ *$2 065 FF12 062 £1 267* Im Parc de Luxembourg in Paris Aquarell/Papier 31x48cm/*12x18in* Zofingen 97

COGNÉE Philippe 1957 **[13]**
🖐 *$1 820 FF9 500 £1 083* Sans titre Technique mixte 115x115x26cm/*45x45x10in* Paris 96

COGNIET Léon 1794-1880 **[7]**
🖐 *$14 852 FF86 500 £9 073* Le Maréchal-prince Luigi von Hohenlohe-Waldenburg Bartenstein Olio/tela 67x82cm/*26x32in* Paris-Trieste 97

COGOLLO Heriberto 1945 **[10]**
🖐 *$22 000 FF134 063 £13 607* Desnudo con papaya Oil/canvas 99x80,5cm/*38x31in* Miami, Florida 98
✏ *$801 FF4 800 £492* La grande chanteuseou l'esprit du bird Technique mixte/papier 36x30cm/*14x11in* Douai 98

COHELEACH Guy J. XX **[4]**
🖐 *$16 000 FF80 640 £10 323* Cougar in Snow Oil/canvas 76x127cm/*30x50in* Hayden 96
✏ *$6 500 FF32 760 £4 193* Sable Head Watercolour/paper 68x50cm/*27x20in* Hayden 96

COHEN Bernard 1933 **[13]**
🖐 *$910 FF5 393 £549* "Green/Blue Shape on Black" Oil/canvas 244x244cm/*96x96in* London 97

COHEN Carol XX **[1]**
🗿 *$4 000 FF20 900 £2 417* "Nightcap" Sculpture H24,5cm/*H9in* New-York 96

COHEN Larry 1952 **[10]**
🖐 *$1 400 FF8 308 £857* View from Malibu Canyon Road Oil/canvas 70,5x55cm/*27x21in* San Francisco-Los Angeles 97

COHEN Lewis 1857-1915 **[3]**
🖐 *$3 000 FF18 393 £1 839* Connecticut Landscape Oil/board 40x38cm/*16x15in* Mystic, Connecticut 98

COHEN Minnie Agnes 1864-? **[3]**

✎ *$1 053 FF6 000 £657* Jeune fille au bouquet/jeune fille à la robe rouge Pastel/toile 80x63cm/*31x24in* Paris 97

COHEN-GAN Pinjas 1942 **[6]**

✎ *$700 FF4 086 £423* Man walking Acrylic 69x48cm/*27x18in* Tel Aviv 97

✎ *$1 350 FF7 248 £807* Architecture, Painting, Drawing and Sculpture Collage 68x77cm/*26x30in* Tel Aviv 97

COHN Michael XX **[1]**

✎ *$3 200 FF16 700 £1 934* "Toll Over Mondrian" Sculpture, glass H63cm/*H24in* New-York 96

COHOON Hannah 1788-1864 **[1]**

✎ *$270 000 FF1 468 179 £161 649* Shaker Gift Drawing, "Tree of Light or Blazing Tree" Mixed media/paper 40,5x53cm/*15x20in* New-York 97

COIGNARD James 1925 **[493]**

☞ *$492 FF3 000 £298* Enchassement Acrylique 21x32cm/*8x12in* Paris 98

☞ *$1 384 FF8 274 £846* Ryttere foran bymur Oil/canvas 50x100cm/*19x39in* Köbenhavn 97

☞ *$5 380 FF27 000 £3 406* Les Exclus Acrylique/toile 146x114cm/*57x44in* Paris 95

▥ *$289 FF1 689 £177* Ohne Titel Aquatinta 73x56,5cm/*28x22in* Köln 97

✎ *$681 FF3 500 £425* "Auprès de la ruine" Pastel 37x26cm/*14x10in* Paris 96

COIGNARD Louis 1810-1883 **[17]**

☞ *$2 376 FF12 300 £1 535* Cows watering in a cloudy landscape Oil/canvas 61x90cm/*24x35in* Stockholm 96

COIGNET Gillis c.1538-1599 **[2]**

☞ *$6 500 FF36 973 £3 978* Salome with the Head of St. John the Baptist Oil/panel 53,5x69cm/*21x27in* New-York 97

COIGNET Jules 1798-1860 **[53]**

☞ *$1 660 FF8 470 £1 100* Beach scene, Dieppe Oil/paper/canvas 29x38cm/*11x14in* Billingshurst, West Sussex 96

☞ *$3 583 FF22 000 £2 186* Ramasseuses de bois en forêt de Fontainebleau Huile/toile 53,5x64,5cm/*21x25in* Neuilly-sur-Seine 98

✎ *$627 FF3 800 £384* Paysage animé Aquarelle/papier 15x24,5cm/*5x9in* Quimper 98

COIGNET Marie XIX-XX **[4]**

☞ *$5 000 FF29 886 £3 060* Poires et raisins Oil/canvas 60x81cm/*23x31in* New-York 97

COKER Peter Godfrey 1926 **[11]**

☞ *$1 527 FF7 610 £1 000* Forest I Oil/canvas 122x91cm/*48x35in* London 95

☞ *$9 463 FF56 530 £5 800* Garden, South of France Oil/canvas 132x178cm/*51x70in* London 98

COL Jan David 1822-1900 **[26]**

☞ *$9 500 FF48 000 £6 210* Scène de basse-cour Huile/toile 46,5x66,5cm/*18x26in* Paris 96

☞ *$16 562 FF96 742 £9 800* Le résonneur Oil/panel 29,5x24cm/*11x9in* London 97

COLACICCHI Giovanni 1900-1993 **[11]**

☞ *$1 980 FF10 350 £1 170* Al mare fra gli scogli Olio/tela 33x48cm/*12x18in* Venezia 96

☞ *$3 300 FF18 700 £1 650* Ritorno dalla vendemmia Olio/tela 55x40cm/*21x15in* Prato 98

COLACICCO Salvatore 1935 **[60]**

☞ *$495 FF2 530 £320* Harbour view Oil/panel 39x59cm/*15x23in* London 95

COLBURN Elanor 1866-1939 **[6]**

☞ *$600 FF3 616 £363* Red tile roof church and street scene Oil/canvas 60x40cm/*24x16in* Pasadena, California 98

COLE Alfred Benjamin XIX **[3]**

☞ *$4 742 FF27 559 £2 800* In Arundel Park Oil/canvas 56x91,5cm/*22x36in* London 97

COLE Alphaeus Philemon 1876-1989 **[18]**

☞ *$650 FF3 250 £422* "Keene Valley" Oil/panel 23x35cm/*9x14in* Altadena, CA 96

☞ *$1 310 FF6 780 £850* Dante Enrusting his Divine Comedy to the Prior of Santa Croce Oil/canvas 43x38cm/*16x14in* London 96

✎ *$1 800 FF10 752 £1 102* The Sunlit Window Gouache/paper 51x35,5cm/*20x13in* New-York 98

COLE Charles Oct. (Attr.) 1814-1857 **[1]**

☞ *$6 500 FF39 852 £3 976* The Berry Pickers Oil/canvas 96,5x68,5cm/*37x26in* New-York 98

COLE George 1810-1883 **[65]**

☞ *$325 FF1 962 £200* River Landscape Oil/canvas 51x76cm/*20x29in* London 98

☞ *$4 610 FF23 600 £2 800* The new arrival Oil/panel 30,5x40,5cm/*12x15in* London 96

$40 000 FF239 092 £24 484 Waiting for the ferry Oil/canvas 106x150cm/*41x59in* New-York 97

COLE George Vicat 1833-1893 **[63]**
$400 FF2 072 £256 River landscape Oil/board 40x50cm/*16x20in* New Orleans, Louisiana 96
$1 086 FF5 270 £700 Returning home Oil/canvas 17x27cm/*6x10in* London 95
$487 FF2 857 £300 On the River Bank Watercolour/paper 15x22cm/*6x8in* Par, Cornwall 97

COLE Herbert 1867-1930 **[1]**
$16 657 FF96 339 £10 000 Fairy-Gold Drawing 25x18cm/*9x7in* London 97

COLE James William c.1849-1882 **[7]**
$1 082 FF6 257 £649 A Terrier and a Rabbit in a Woodland Oil/canvas 30,5x40,5cm/*12x15in* Glasgow 97

COLE John Vicat 1903 **[6]**
$6 050 FF31 600 £3 600 Bastford's bookshop Oil/canvas 57x78cm/*22x30in* London 96

COLE Leslie 1910 **[2]**
$1 750 FF9 120 £1 100 A cat resting on newspaper Oil/board 30,5x40,5cm/*12x15in* London 96

COLE Rex Vicat 1870-1940 **[18]**
$1 142 FF5 760 £750 The Highlands towards Loch Etine Oil/canvas/board 30,5x40cm/*12x15in* London 96
$4 510 FF26 070 £2 800 The Lollards' Tower, Lambeth Palace Oil/canvas 91,5x122cm/*36x48in* London 97

COLE Thomas 1801-1848 **[16]**
$90 000 FF530 658 £55 188 Study for Catskill Creek Oil/panel 30,5x45,5cm/*12x17in* New-York 98
$1 000 000 FF5 834 300 £612 600 View of Boston Oil/canvas 86x120cm/*33x47in* New-York 97

COLEBROOKE Robert Hyde 1762-1808 **[4]**
$2 014 FF10 420 £1 300 Twelve Views of Places in the Kingdom of Mysore Aquatint 52,5x70,5cm/*20x27in* London 96

COLEING Tony, Anthony John 1942 **[24]**
$315 FF1 614 £201 Womens Weekly Screenprint 53x38cm/*20x14in* Brisbane 96

COLEMAN Carlo 1807-1874 **[3]**
$16 200 FF91 800 £8 100 Famiglia contadina nella campagna romana Olio/tela 119x171cm/*46x67in* Roma 97

COLEMAN Charles Caryl 1840-1928 **[16]**
$4 000 FF20 900 £2 417 Castle at Sunset Oil/paper/canvas 18x42cm/*7x16in* New-York 96
$4 250 FF25 390 £2 602 The Roman Countryside Oil/canvas 39,5x68,5cm/*15x26in* New-York 98
$640 000 FF3 850 752 £383 104 Decorative Flower Panel Oil/canvas 185x65cm/*72x25in* Beverly Hills, Calif. 98

COLEMAN Edward c.1795-1867 **[5]**
$4 110 FF20 040 £2 600 A pike and other fish on a bank Oil/canvas 72x88cm/*28x34in* London 95

COLEMAN Enrico, Henry 1846-1911 **[33]**
$1 140 FF6 493 £700 A Gypsy Girl washing Clothes in a River Watercolour 32x23cm/*12x9in* London 97

COLEMAN Francesco 1851-? **[15]**
$7 090 FF34 560 £4 500 Arab horsemen Oil/canvas 67x47cm/*26x18in* London 95
$4 800 FF23 400 £3 040 A cavalry charge Watercolour/paper 37x53cm/*14x20in* New-York 95

COLEMAN Glen O. 1897-1932 **[11]**
$1 800 FF8 710 £1 155 Greenwich Village Lithograph 33,5x42cm/*13x16in* New-York 95

COLEMAN Henry 1846-1911 **[5]**
$46 800 FF241 000 £30 000 Scenes in the Campagna near Grottaferrata Oil/canvas 38x55cm/*14x21in* London 96

COLEMAN Marion ?-1925 **[2]**
$3 500 FF20 920 £2 121 The Rose Garden Oil/canvas 55,9x91,4cm/*22x35in* San Francisco-Los Angeles 97

COLEMAN Mary Suehanna Darter 1894-1956 **[9]**
$517 FF3 053 £321 "Death Valley After Sunset" Oil/canvas 60x76cm/*24x30in* Elgin, Illinois 97

COLEMAN Michael 1946 **[21]**
$4 100 FF24 624 £2 459 Guide Cleaning a Grizzly Hide Oil/board 40x33cm/*16x13in* Cleveland, Ohio 98
$9 000 FF51 546 £5 324 Canadian Moose Oil/masonite 51x58cm/*20x23in* Santa Fe, New Mexico 97
$38 000 FF216 402 £23 434 Guest in the Sun in Lonely Land Oil/canvas 101x152cm/*40x60in* Dallas, Texas 97
$3 250 FF16 380 £2 096 Cape Buffalo Bronze 38x58cm/*15x23in* Hayden 96
$8 000 FF38 160 £5 031 Yellowstone Bears Gouache/paper 14x24cm/*5x9in* Hayden 95

COLEMAN Ralph Pallen 1892-1968 **[4]**
$4 250 FF22 000 £2 840 Woman sailors and natives in boat by ship, illustration for "Rain" Oil/canvas

68x101cm/*27x40in* New-York 96
COLEMAN Samuel 1832-1920 **[1]**
 $4 250 FF20 970 £2 750 In the Granby Meadows Oil/board 22x40cm/*9x16in* Mystic, Connecticut 96
COLEMAN William Stephen 1829-1904 **[46]**
 $2 202 FF12 670 £1 300 The Sound of the Sea Oil/panel 32x24cm/*12x9in* London 97
 $6 883 FF40 895 £4 200 The Fruit of the Vine Oil/canvas 63x41cm/*24x16in* London 98
 $618 FF3 781 £380 The Nymph Etching 35,5x26cm/*13x10in* London 98
 $1 368 FF8 161 £849 Gathering Mushrooms Watercolour 30x38cm/*11x14in* London 97
COLEMAN William, Bill 1922-1992 **[35]**
 $384 FF2 239 £236 Waiting Woman Oil/board 26,5x17cm/*10x6in* Sydney 97
 $595 FF3 055 £392 Still Life Oil/board 36x46cm/*14x18in* Sydney 96
COLERIDGE Francis George XIX **[11]**
 $392 FF2 336 £240 Farmyard Scene Watercolour/paper 12x17cm/*5x7in* Birmingham 98
COLES John, Snr. 1749-1809 **[1]**
 $3 750 FF22 994 £2 294 Coats of arms for the Wood and Putnam families Watercolour 33x25cm/*12x9in* New-York 98
COLESCOTT Robert 1925 **[3]**
 $16 000 FF82 800 £10 700 Green Glove Rapist Acrylic/canvas 198x150cm/*77x59in* New-York 96
COLI Giovanni 1643-1681 **[3]**
 $120 000 FF736 644 £73 524 Eliezar and Rebecca Oil/canvas 115,5x144cm/*45x56in* New-York 98
COLIN Adèle Anaïs 1822-1899 **[2]**
 $1 287 FF7 111 £800 Portrait of an exotic Lady, seated holding a Tambourine Bodycolour 26,5x19cm/*10x7in* London 97
COLIN Alexandre M.(Attrib) 1798-1873 **[5]**
 $3 228 FF19 193 £2 000 A young Turkish Lady on a Sofa Oil/panel 12x19cm/*4x7in* London 97
COLIN Alexandre Marie 1798-1873 **[16]**
 $2 159 FF12 755 £1 341 Boudoire einer jungen Dame Öl/Leinwand 45x57cm/*17x22in* Stuttgart 97
 $33 396 FF200 702 £20 000 Jeune femme à la mandoline Oil/canvas 40,5x27cm/*15x10in* London 98
 $400 FF2 398 £240 Three-Quarter Back View of Standing Male Nude Leaning on a Staff Ink 24x19cm/*9x7in* New-York 98
COLIN Georges 1876-1917 **[12]**
 $1 541 FF9 000 £932 Le naufragé Bronze H78,5cm/*H30in* Paris 97
COLIN Gustave 1828-1910/19 **[55]**
 $850 FF5 000 £524 Rue à Ciboure Huile/panneau 35x27cm/*13x10in* Anglet 97
 $1 525 FF8 500 £948 Bord de rivière animé Huile/toile 54x65cm/*21x25in* Provins 97
COLIN Jean 1881-1961 **[45]**
 $915 FF5 244 £560 Ruelle de village animée Huile/toile 51x91cm/*20x35in* Bruxelles 97
 $271 FF1 500 £168 "Contrexéville, l'Homme moderne a les Reins solides, il boit.." Affiche 160x58,5cm/*62x23in* Boulogne-sur-Seine 97
COLIN Maximilian 1862-? **[3]**
 $2 500 FF14 318 £1 479 Portrait of a Young Girl Oil/canvas 39x31cm/*15x12in* Milford, Conn. 97
COLIN Paul 1892-1985 **[357]**
 $652 FF4 000 £390 Tête de rechange Huile/panneau 70x50cm/*27x19in* Paris 98
 $63 FF360 £39 "Théâtre des Arts, Louis de Funès, Poppi" Poster 37x60cm/*14x23in* Oostwoud 97
 $1 644 FF8 500 £1 066 Sorcière, ou le bal au "temps de Molière" Gouache/panneau 75x57cm/*29x22in* Paris 96
COLIN Paul-Émile 1867-1949 **[87]**
 $243 FF1 450 £146 Le Tage et Lisbonne Huile/panneau 27x32cm/*10x12in* Paris 97
 $606 FF3 300 £363 Les deux Nymphes Huile/panneau 46x55cm/*18x21in* Arles 97
COLINET Claire Jeanne Robert XIX-XX **[78]**
 $6 040 FF31 000 £3 860 Cléopâtre Bronze H44,5cm/*H17in* Paris 96
COLKETT Samuel David 1806-1863 **[25]**
 $2 335 FF14 322 £1 400 Anglers in a Wooded Landscape Oil/board 28x23cm/*11x9in* London 98
 $3 880 FF19 940 £2 500 The loggers Oil/canvas 44x59cm/*17x23in* London 96
COLL Joseph Clement 1881-1921 **[3]**
 $1 400 FF7 250 £936 Story illustration: Crusaders arriving at torture scenes Ink 14x31cm/*5x12in* New-

York 96
COLL Y PI Antonio 1857-c.1923 **[1]**
  $4 660 FF24 100 £3 006 Damas en el estudio Oleo/lienzo 88x115cm/*34x45in* Madrid 96
COLLA Ettore 1896-1968 **[9]**
  $5 700 FF32 300 £3 800 Senza titolo Collage/tela 100x70cm/*39x27in* Prato 97
  $9 000 FF51 000 £6 000 Rilievo con punte Assemblage 79x79cm/*31x31in* Roma 97
  $42 000 FF238 000 £28 000 Trittico Assemblage 101x98cm/*39x38in* Prato 97
  $1 980 FF10 350 £1 170 Progetto per scultura Inchiostro/carta 48,5x66cm/*19x25in* Prato 96
COLLAERT Adriaen c.1560-1618 **[5]**
  $310 FF1 859 £190 Portrait of a woman, after Martin de Vos Engraving 44x33cm/*17x12in* London 97
COLLARD Georges 1881-1961 **[1]**
  $4 592 FF26 160 £2 880 Mulet au repos Bronze H34cm/*H13in* Antwerpen 97
COLLART Marie 1842-1911 **[2]**
  $3 000 FF18 281 £1 861 Farm Chores on an Afternoon in Spring Oil/canvas 59,5x45cm/*23x17in* New-York 98
COLLAS Louis Antoine 1775-? **[5]**
  $2 100 FF12 181 £1 292 "Pauline Von Wurttemburg"/"Therese (1773-1839)" Miniature 6x5cm/*2x2in* Asheville, NC 97
COLLE Auguste Michel 1872-1949 **[10]**
  $1 668 FF10 000 £1 004 La cristallerie de Baccarat Huile/carton 51x75cm/*20x29in* Paris 98
COLLE Michel 1872-1949 **[10]**
  $666 FF3 800 £416 La cristallerie de Baccarat Huile/carton 51x75cm/*20x29in* Saint-Dié 97
COLLENIUS Herman 1649/50-c.1720 **[4]**
  $3 685 FF21 803 £2 217 Cleopatra Oil/canvas 48,5x40,5cm/*19x15in* Amsterdam 98
COLLET Jacques Cl. 1792-? **[3]**
  $23 930 FF120 000 £15 140 Château de Châtel/Château féodal de Cleppé Huile/toile 108x145cm/*42x57in* Paris 95
COLLET John c.1725-1780 **[8]**
  $690 FF3 885 £420 Rustic Lovers in a Farmyard Watercolour/paper 12,5x18cm/*4x7in* London 97
COLLET John (Attrib.) c.1725-1780 **[1]**
  $4 249 FF25 723 £2 535 The Sleeping Congregation, after William Hogarth (1697-1764) Oil/canvas 43x37cm/*16x14in* New-York 97
COLLETTE Alexandre Désiré 1814-1876 **[1]**
  $2 480 FF14 000 £1 510 Costumes de fantaisie Aquarelle 48x32cm/*18x12in* Angers 97
COLLIANDER Ina 1905-1985 **[7]**
  $252 FF1 545 £149 Fader vår Woodcut 44x26,5cm/*17x10in* Helsinki 98
COLLIER Allan Caswell 1911-1990 **[48]**
  $525 FF2 690 £319 On #9 Highway, Alberta Oil/paper/board 30x40cm/*11x15in* Calgary, Alberta 96
  $2 638 FF15 403 £1 569 Jasper Lake Oil/canvas 51x76cm/*20x29in* Calgary, Alberta 97
  $254 FF1 483 £155 Kananaskis RD, Alberta Watercolour/paper 27x37cm/*10x14in* Toronto 97
COLLIER Arthur Bevan 1855-1890 **[13]**
  $901 FF5 467 £550 Sketch on the Tamar Oil/canvas 29x44cm/*11x17in* Crewkerne, Somerset 98
  $1 166 FF7 193 £700 On the North Coast of Cornwall Oil/canvas 35,5x61cm/*13x24in* London 98
COLLIER Charles Myles 1836-1908 **[4]**
  $8 000 FF47 904 £4 780 Along the Waterfront, Hampton Oil/canvas 55x91cm/*22x36in* Bethesda, Maryland 98
COLLIER Edward c.1650-c.1710 **[7]**
  $25 123 FF145 813 £15 500 Trompe l'oeil, portrait of Charles I Oil/canvas 34x28cm/*13x11in* London 97
  $53 353 FF320 448 £32 000 A Vanitas Still Life with a Skull in a Jewelled Crown Oil/canvas 75,5x63,5cm/*29x25in* London 98
COLLIER Evert C. (Attrib.) c.1640-c.1706 **[4]**
  $11 925 FF68 897 £7 000 Trompe l'oeil with a Letter Rack and Miniature of Charles I Oil/canvas 56,5x73cm/*22x28in* London 97
COLLIER Evert Colyer c.1640-c.1706 **[32]**
  $11 670 FF71 490 £7 050 Stilleben mit einer Geige Öl/Leinwand 35,5x28,5cm/*13x11in* Wien 98
  $26 000 FF148 148 £15 925 A suit of Armor, a Sword, a Rifle, a plumed Helmet.. Oil/canvas 84x118cm/*33x46in* New-York 97
COLLIER John 1850-1934 **[15]**

$2 768 FF17 121 £1 700 Portrait of Watkin Lindsay Strang Watkins Oil/canvas 90x70cm/*35x27in* Billingshurst, West Sussex 97

$3 592 FF21 890 £2 200 Portrait of Sir John W. Paton Wearing a Kilt Oil/canvas 142x99cm/*55x38in* London 98

COLLIER Marian Huxley XIX-XX [1]

$14 824 FF91 231 £9 000 The Rehearsal Oil/canvas 153x122cm/*60x48in* London 98

COLLIER Thomas 1840-1891 [52]

$921 FF5 574 £549 A Still Life of a Corn on the Cob, Orange and Apples on a Mossy Bank Bodycolour 22x32,5cm/*8x12in* London 97

COLLIER Thomas Frederick c.1820-c.1880 [4]

$4 240 FF25 000 £2 600 On the Dargle, County Wicklow Oil/canvas 71,5x91,5cm/*28x36in* London 98

$1 626 FF9 276 £1 000 Still Life of Apples and Sloe-Berries Watercolour 27,5x38cm/*10x14in* Billingshurst, West Sussex 97

COLLIGNON Georges 1923 [122]

$2 574 FF14 688 £1 575 Imagination interieure Oil/canvas 100x51cm/*39x20in* Lokeren 97

$9 180 FF55 216 £5 508 "L'Autre Dimension" Huile/toile 128x96cm/*50x37in* Antwerpen 98

$52 FF324 £31 Ecriture abstraite Dessin 24x18cm/*9x7in* Antwerpen 98

COLLIGNON M. c.1830-c.1880 [2]

$103 FF600 £61 Le Lac Léman Aquarelle/papier 31x43cm/*12x16in* Paris 97

COLLIN Albéric 1886-1962 [19]

$2 264 FF13 088 £1 384 Singe en promenade Installation H22cm/*H8in* Antwerpen 97

COLLIN DE VERMONT Hyacinthe (Attrib.) 1693-1761 [2]

$5 720 FF30 000 £3 444 Sainte Catherine d'Alexandrie Huile/toile 58x65cm/*22x25in* Paris 96

COLLIN Johannes 1873-1951 [6]

$854 FF5 070 £521 Marie Claire Enfant Bronze H10cm/*H3in* Malmö 98

COLLIN Marcus 1882-1966 [61]

$2 815 FF16 623 £1 666 Efter arbetsdagen Oil/canvas 60x80cm/*23x31in* Helsinki 97

$8 284 FF49 761 £4 968 Istanbul Oil/canvas 128x183cm/*50x72in* Helsinki 98

$795 FF4 150 £481 Blind leder blind Pastel 47x61cm/*18x24in* Uppsala 96

COLLIN Raphaël 1850-1916 [12]

$4 171 FF25 575 £2 500 Young Farm Girl with a Basket of Grapes/Farm Boy with Onions and Corn Oil/panel 43x26cm/*16x10in* London 98

$8 787 FF51 000 £5 191 Jeune fille Huile/toile 67x52cm/*26x20in* Limoges 97

COLLINGRIDGE George A. de Tourcey 1847-1931 [6]

$1 504 FF8 867 £899 The Arrival Watercolour/paper 25x35,5cm/*9x13in* Melbourne 97

COLLINGS Albert Henry ?-1947 [4]

$10 837 FF66 571 £6 500 "Danae, Daylight and Lamplight" Oil/canvas 123x147cm/*48x57in* London 98

COLLINGWOOD William 1819-1903 [14]

$511 FF2 480 £320 Mountainous river valley Watercolour 24x34cm/*9x13in* London 95

COLLINGWOOD William Gershom 1854-1932 [9]

$2 800 FF14 340 £1 700 Picking daffodils Watercolour 25x36cm/*9x14in* London 96

COLLINS Cecil 1908-1989 [32]

$406 FF2 090 £260 The Sea Goddess Oil/canvas 51x76cm/*20x29in* London 96

$1 961 FF11 661 £1 200 Landscape and Figure Sunrise Oil/masonite 20,5x30cm/*8x11in* London 97

$1 437 FF7 460 £950 Wandering Fool Gouache 17x24cm/*6x9in* London 96

COLLINS Charles 1851-1921 [22]

$1 500 FF8 542 £910 Cows Watering Oil/canvas 28x43cm/*11x17in* Chicago, Illinois 97

$3 090 FF15 800 £2 000 An Irish village street Oil/canvas 61x91cm/*24x35in* London 95

$2 342 FF14 035 £1 400 Glorious Spring Watercolour 22x17cm/*8x6in* Bath 98

COLLINS Charles c.1680-1744 [7]

$14 814 FF85 587 £8 695 Silver Houdon Hen with Chicks and Cockerel in a Landscape Oil/canvas 76x110cm/*29x43in* London 97

$14 181 FF86 523 £8 500 Kingfishers in a Landscape Oil/canvas 28,5x36,5cm/*11x14in* London 98

COLLINS Charles (Attrib.) c.1680-1744 [1]

$17 060 FF87 700 £11 000 Exotic fowl in a landscape Oil/canvas 215x342cm/*85x135in* London 96

COLLINS George W. XIX-XX [11]

$217 FF1 168 £130 Big ben/Dutch Canal scene Wash 20,3x12,1cm/*7x4in* London 97
COLLINS Hugh XIX **[9]**
$2 936 FF15 020 £1 900 Kitchen games Oil/canvas 53x76cm/*20x29in* London 95
COLLINS James 1939 **[2]**
$750 FF4 380 £446 "Watching and Imagining Sherry" Color lithograph 75,5x101cm/*29x39in* New-York 97
COLLINS Patrick 1911-1994 **[8]**
$6 197 FF36 538 £3 800 Sun in the Woods Oil/canvas 29x40cm/*11x15in* London 98
$12 000 FF71 343 £7 434 The Stairs Oil/masonite 103x136cm/*40x53in* Bethesda, Maryland 97
$56 600 FF338 124 £34 656 The Liffey Quays Oil/board 68x78cm/*27x31in* Dublin 98
$2 420 FF12 580 £1 600 Portrait of Brendan Behan Black chalk 46x30cm/*18x11in* London 96
COLLINS Polly, Mother Ann 1808-1884 **[1]**
$150 000 FF815 655 £89 805 Spiritual Trees, Flowers and Arbor Watercolour 48x30,5cm/*18x12in* New-York 97
COLLINS Thomas XIX **[8]**
$800 FF4 790 £491 "The Bite of the Berry" Oil/canvas 17x25cm/*7x10in* Cincinnati, Ohio 98
COLLINS William 1788-1847 **[31]**
$1 673 FF9 861 £1 000 A Fisherman and his Children Oil/canvas 25x30,5cm/*9x12in* Glasgow 97
$4 004 FF23 334 £2 448 The Young Gleaners Oil/canvas 43x53cm/*16x20in* Toronto 97
$1 236 FF6 180 £800 The shrimp catcher Watercolour 26x20cm/*10x7in* London 96
COLLINS William (Attrib.) 1788-1847 **[4]**
$920 FF5 513 £550 Reluctant Departure, Figures on a San Dune with a Sea and Shipping Oil/panel 28,5x34cm/*11x13in* Bath 98
COLLINS William Wiehe 1862-1951 **[19]**
$217 FF1 102 £140 Walmgate Bar, York Watercolour 27x18cm/*10x7in* London 96
COLLINSON James 1825-1881 **[7]**
$1 841 FF9 500 £1 178 Le tricot Huile/toile 25,5x20,5cm/*10x8in* Soissons 96
COLLIS Peter XX **[13]**
$1 398 FF8 467 £858 Still Life of Flowers in a Vase Oil/canvas 34x30cm/*13x11in* Dublin 98
COLLISTER Alfred James 1895-1939 **[14]**
$1 160 FF6 923 £700 River Landscape Watercolour 33x48cm/*13x19in* Isle of Man 97
COLLOMB Paul 1921 **[30]**
$693 FF4 000 £413 Printemps à Foulangues Huile/toile 46,5x55cm/*18x21in* Paris 97
COLLOT Pierre XX **[3]**
$523 FF3 000 £319 "Couzant Brault, Merveilleusement gazeuse" Affiche 120x160cm/*47x62in* Nice 97
COLLS Ebenezer 1812-1897 **[10]**
$5 929 FF34 113 £3 500 Two-decker leaving Port with other Warships anchored in the Roadstead Oil/canvas 37x59,5cm/*14x23in* London 97
$6 776 FF38 986 £4 000 Dutch Barge and other Shipping in coastal Water/Guardship at Dusk Oil/canvas 29,5x49cm/*11x19in* London 97
COLLYER Margaret H. XIX-XX **[6]**
$34 284 FF204 678 £21 000 True Friends Oil/canvas 71x92,5cm/*27x36in* London 97
COLLYER Nora Frances Elizab. 1898-1979 **[3]**
$1 459 FF8 779 £875 Old Time Kitchen Interior/Apple Orchard Oil/board 35x30cm/*13x11in* Toronto 98
COLMAN Roi Clarkson 1884-1945 **[10]**
$750 FF4 520 £453 Seascape Oil/canvas 25x30cm/*10x12in* Pasadena, California 98
COLMAN Samuel 1832-1920 **[30]**
$2 100 FF12 188 £1 240 Mediterranean Shipping Scene Oil/canvas/board 20x36cm/*8x14in* San Rafael, CA 97
$575 FF3 394 £340 The Alhambra From Across The River Watercolour/paper 12x17cm/*5x7in* North Berwick, Maine 97
COLMAN Samuel 1780-1845 **[2]**
$1 503 FF9 208 £900 Nightingale Valley, Bristol Watercolour/paper 29x41cm/*11x16in* London 98
COLMEIRO GUIMARAS Manuel 1901 **[18]**
$8 800 FF46 098 £5 292 Labradores Oleo/lienzo 54,5x73,5cm/*21x28in* Montevideo 96
$1 720 FF9 020 £1 033 Paisaje Acuarela/papel 32x24,5cm/*12x9in* Madrid 96
COLMO Giovanni 1867-1947 **[14]**
$1 200 FF6 800 £800 Veduta di montagna Olio/cartone 27x38cm/*10x14in* Milano 97

ART PRICE INDICATOR® INTERNATIONAL

ANNUAIRE DES COTES MOYENNES®

99

by ADEC®

Since 1987

Art Price Annual®
Falk's ART PRICE INDEX®

painting	peinture
drawing	dessin
prints	estampe
sculpture	sculpture
photography	photographie

EHRMANN

ART PRICE INDICATOR
INTERNATIONAL
ANNUAIRE
DES COTES MOYENNES

Editorial / *Rédaction*
ADEC / ART PRICE ANNUAL S.A.
BP 69 - F 69270
St-Romain-au-Mt d'Or - FRANCE
Tel +33 4 78 22 00 00
Fax +33 4 78 22 06 06
adec@adec.com

EHRMANN

ART PRICE INDICATOR®
1999

SERVER GROUP CHAIRMAN: **THIERRY EHRMANN**
EDITORIAL DIRECTOR - *DIRECTEUR DE REDACTION* : **NADEGE EHRMANN**
MARKETING DIRECTOR - *DIRECTION MARKETING* : **JOSETTE MEY**
EDITORSHIP - *REDACTION* :
ADEC / ART PRICE ANNUAL S.A
BP 69 - F 69270 ST ROMAIN AU MT D'OR. FRANCE
ADMINISTRATIVE & FINANCIAL MANAGt. - *DIRECTION ADMINISTRATIVE & FINANCIERE*: **NABILA ARIFY**
ADMINISTRATIVE & FINANCIAL DEPT. - *DEPARTEMENT ADMINISTRATIF & FINANCIER*: **MICKAEL PERRAS**
EDITORS - *REDACTEURS* : **GENEVIEVE DAINESE / JEAN-MICHEL GRILLOU**
EDITORIAL ASSISTANTS - *ASSISTANTS DE REDACTION* :
NICOLE BERNARD / LATIFA BOUKRAA / LAURENCE FERRA
LUCILE DESGARDINS / CELINE DEFLANDRE / LAETITIA MOLIERE
RESEARCH ASSISTANTS - *DOCUMENTALISTES* :
DANIELLA LAPALU / STEPHANIE BUISSON / YVES ALASIA
SERVER SOFTWARE - *LOGICIEL INFORMATIQUE* - INTRANET / INTERNET : **EUROPE VIDEOTEX**
CHRISTOPHE VIGNY / MARC TROMBONE
WEB CREATION & DESIGN : **MARC DEL PIANO**
WEBMASTER : **MARIE DE ALMEIDA**
CD-ROM DEVELOPMENT - *CONCEPTION CD-ROM* : **GAETAN DARDY**
COMPUTER MANAGEMENT -D. G. *INFORMATIQUE-INTERNET* : **SERVER GROUP**
ART MARKET INDEX DEVELOPMENT : **PASCAL A.DIETHELM / FABRIZIO QUIRIGHETTI**
PRESS RELATIONS - *RELATIONS PRESSE* : **HUBERT KONRAD**
EDITORIAL ADVISOR - *CONSEILLER EDITORIAL* : **JACQUES MADINA / EMILIO SIRONI**
DIRECTOR OF THE EDITORIAL BOARD - *DIRECTEUR DU COMITE EDITORIAL* : **PETER H. FALK**
ADEC FOUNDER - *FONDATEUR ADEC* : **ERIC MICHEL**
PUBLISHING DIRECTOR - *DIRECTEUR DE LA PUBLICATION* : **THIERRY EHRMANN**
ADVERTISING AGENT - *REGIE PUBLICITE* : **ALEKSANDRA SOKOLOV / LE SERVEUR ADMINISTRATIF S.A.**
PRINTING - *IMPRESSION* : **TYPO CENTRE S.A. MONTLUCON FRANCE**

SERVER GROUP
Edité par ART PRICE ANNUAL S.A.
S.A. au capital de 1 000 000 Francs
BP 69 - F 69270 St-Romain-au-Mt d'Or - FRANCE
Tel +33 4 78 22 00 00 - Fax +33 4 78 22 06 06
Main shareholder / *Principaux actionnaires*
Famille Ehrmann - Holding Server Group
Jacques Madina

SERVER GROUP
Data base publishing
Le Serveur Internet S.A.
S.A. au capital de 1 210 000 Francs
Domaine de la source
BP 69 - F 69270 St-Romain-au-Mt d'Or
FRANCE
Tel +33 4 78 22 00 00 - Fax +33 4 78 22 60 11

SERVER GROUP - Advertising agent / *Régie publicitaire*
Le Serveur Administratif S.A. - S.A. au capital de 1 000 000 Francs
BP 69 - F 69270 St-Romain-au-Mt d'Or - FRANCE - Tel +33 4 78 22 00 00 - Fax +33 4 78 22 06 06

ART PRICE ANNUAL S.A. RCS Paris 411 309 198

Dépôt légal édition 1999 - ISBN 2-907129-14-7

L'Art Price Indicator 99
répond au double défi suivant:

- Pour chaque artiste et dans chaque genre (peinture, sculpture, dessin, etc...) et classe de dimensions sélectionnés, ne retenir que le résultat de vente aux enchères le plus significatif donnant la meilleure indication possible de la cote de l'artiste.

- Que le choix soit indépendant de tout jugement sur l'importance de l'artiste et de toute appréciation arbitraire ou même éclairée, mais qu'il soit l'expression de la façon dont le marché de l'art appréhende la production de l'artiste par les règles économiques de l'offre et la demande.

La méthodologie utilisée pour l'élaboration de l'Indicator a été entièrement dictée par l'exigence de ce double défi. Il en résulte un volume qui, sous le couvert de sa simplicité apparente et de sa maniabilité, est néammoins un ouvrage sophistiqué, où rien n'a été laissé au hasard ou à l'arbitraire.

Le fondement de l'Art Price Indicator repose sur la banque de données ADEC dont les résultats sont issus et qui leur donne tout leur poids. La quasi exhaustivité de cette banque de données mondiale garantit, sans effort d'extrapolation, que nous disposons d'informations représentatives du marché de l'art. La collecte systématique des résultats de ventes aux enchères dans le monde entier, confère aux données ADEC leur caractère unique, dont le présent ouvrage tire le meilleur parti.

La banque de données ADEC s'étoffant chaque année de plusieurs centaines de milliers de données, pour atteindre à ce jour 1 350 000 résultats, le collectionneur, l'amateur d'art et le professionnel du marché de l'art désireux de connaître ces données dans le détail consulteront la banque de données ADEC sur Internet, CD-Rom, Minitel ou les 11 éditions annuelles 1988 à 1998 ADEC/ Art Price Annual.

Tout artiste dont les œuvres sont passées en ventes publiques durant les 3 années précédentes est pris en compte. Si au contraire, aucune œuvre n'a été répertoriée en ventes aux enchères durant ces 3 années, il ne figurera pas dans l'Art Price Indicator 99, quelque soit par ailleurs son importance -l'Art Price Indicator donnant la mesure du comportement du marché par rapport à un artiste- mais ce dernier pourra réapparaître dans une édition future si ses œuvres passent à nouveau en ventes publiques. Seule la réalité du marché a fait foi dans notre sélection. On ne s'étonnera donc pas si un artiste de tout premier plan n'apparaît pas dans l'Indicator : cela peut simplement résulter de la raréfaction de ses œuvres disponibles et de la conséquente absence de transactions sur le marché des ventes aux enchères.

Notre démarche consiste à identifier la transaction dont le prix est le plus proche de la cote de l'artiste, telle que celle-ci nous est donnée par l'Art Market Index®, adaptée pour tenir compte de la différence de période de référence. L'Art Market Index® travaille par périodes annuelles, alors que l'Art Price Indicator® 99 prend en compte les résultats des 3 dernières années soit la période Juin 1995 - Juin 1998. Le calcul de la cote a été étendu sur une période de 3 ans en pondérant les résultats afin de donner plus d'importance aux transactions récentes. Finalement, la transaction retenue est celle dont le prix se rapproche le plus de la cote de l'artiste ainsi calculée.

Les mêmes critères de sélection ont été appliqués à tous les artistes. Les différents genres et classes de dimensions à l'intérieur des genres ont aussi été soumis à des critères identiques et cohérents, et ce dans un souci d'objectivité et de rigueur de sélection des informations reflétant la réalité du marché.

Disposant d'une base méthodologique solidement fondée sur l'économétrie, les éditions de l'Art Price Indicator, faisant chaque année l'objet d'une sélection de données renouvellées, constitueront un précieux outil, compact et maniable, à la disposition de toute personne qui s'intéresse au marché de l'art .

The 1999 Art Price Indicator meets the following two challenges:

- That for each artist and each category (painting, sculpture, drawing, etc.) and class of dimension selected, only the most significant auction result must be picked to provide the best indication possible of the representative prices commanded by that artist.

- That the choice remains independent of all judgements concerning the artist's importance and free of any arbitrary or even informed appreciation. Instead, it should be the expression of the manner in which the art-market received the artist's work strictly according to the rules of supply and demand.

The method used to work out the Indicator was entirely dictated by these two challenges. The result is a volume whose apparent simplicity and handiness conceals a sophisticated work in which nothing has been left to chance or arbitrariness.

The Art Price Indicator® is sourced from the ADEC Databank, which gives full reliability to the results published. The almost complete exhaustiveness of this worldwide data base ensures, without need for extrapolation, that we have at our disposal representative information for the whole of the art-market. The systematic gathering of auction sale results throughout the world gives the ADEC data their unique character, and the present volume draws the best from them. The ADEC Databank grows each year by several hundred thousand records and now totals 1,350,000 results. Collectors, art lovers and art-market operators who wish to find more details about the results, can consult the ADEC database via Internet, on CD-ROM, by Minitel (France only) or by using the 11 annual ADEC / Art Price Annuals published between 1988 and 1998.

All artists whose work has been recorded by ADEC as sold at auction in the preceding three years are noted. If, on the contrary, no work has been recorded as being sold at auction in these three years, that artist will not be included in the 1999 Art Price Indicator, however major he might be (since the Art Price Indicator provides purely the art market's reaction to a given artist), but he will figure in future editions if his work again appears at auction.

Only actual sales in the art market have been used in our selection. The reader should therefore not be surprised if a major artist is missing from the Indicator; this is simply the consequence of the rarity of that master's work and the resulting absence of any transactions in the auction market.

Our procedure consists in identifying a transaction which is the closest to the representative prices commanded by the artist, as evidenced in the Art Market Index and adjusted to take into account the different reference periods. The Art Market Index works in intervals of a year, whereas the 1999 Art Price Indicator takes into account results from the past three years: that is, from June 1995 to June 1998. The calculation of the price has been extended over a period of three years by balancing the results in such a way as to give greater weight to the more recent transactions. Finally, the sale result retained is that whose figure most closely matches the representative prices commanded by an artist calculated in this way.

The same selection criteria have been applied to all artists. The various categories and classes of size within the categories have also been subjected to identical, coherent criteria with the intention of providing objectivity and rigor in the selection of the information reflecting actual art-market conditions. With a methodological base which is solidly founded on econometrics, the Art Price Indicator publications, which each year include a selection of updated data, constitute a precious, compact and handy tool for all those interested in the art-market.

Signes et symboles

 ## Painting / *peinture*

Oil painting, acrylic, tempera, mixed media, etc.

Peinture à l'huile, acrylique, tempera, techniques mixtes, etc.

 ## Drawing / *dessin*

Works on paper are usually classified under "drawing". Pen, chalk, pastel, ink, wash, watercolor, gouache,etc.

Les œuvres le plus souvent sur papier sont répertoriées en "dessin". Crayon, craies, pastel, encre, lavis, aquarelle, gouache, etc.

 ## Prints / *estampe*

Images printed usually on paper after engraving on metal, wood,etc.
Lithography, silkscreen, stencil, etc.

Images imprimées le plus souvent sur papier après gravure sur métal, bois, etc.
Lithographie, sérigraphie, pochoir, etc.

 ## Sculpture / sculpture

Techniques resulting in three-dimentional works. Wooden and stone sculptures, assembly, compression, mobile, etc.

Techniques de création en trois dimensions. Sculptures en bois, pierre, assemblage, compression, mobile, etc.

 ## Photography / *photographie*

Various techniques involving photographs and prints runs, colour photograph, Polaroïd, silver prints, daguerreotype, etc.

Techniques diverses de prises de vues ou de tirage, photo couleur, Polaroïd, tirage argentique, daguerréotype, etc.

Detailed sample of entries

Exemple détaillé des données

Artist'name/Dates
Nom de l'artiste/Dates

Number of works sold &recorded by Adec data bank
Nbre d'œuvres vendues répertoriées dans la banque de données de l'Adec

Size
Dimensions

Sale place & date
Lieu & date de la vente

ADUATZ Fritz 1907 [12]
- $265 FF1 534 £163 Umbrien Acryl/Papier 29,5x42,7cm *11x16in* Wien 97
- $1 429 FF8 568 £853 Ohne Titel Öl/Leinwand 48x72cm *18x28in* Wien 98

ADZAK Roy 1927-1987 [31]
- $408 FF2 100 £262 Verres Huile/toile 81x100cm *31x39in* Paris 96
- $873 FF4 500 £560 Bouteille et verte & rouge Huile/toile 42x34cm *16x13in* Paris 96
- $2 716 FF14 000 £1 742 Revolvers Huile/toile 111x131cm *43x51in* Paris 96
- $1 005 FF6 000 £606 Variation "b" en gris Multiple 51x51cm *20x20in* Paris 97
- $784 FF4 700 £468 "Le sexe rouge" Relief 27x22cm *10x8in* Paris 98
- $318 FF1 900 £192 Profils découpés Collage/papier 23,5x29cm *9x11in* Paris 97

AELST van Willem 1627-c.1683 [9]
- $7 358 FF43 568 £4 370 Stilleben mit Hummer, Römer und Trauben Öl/Leinwand 49x38cm *19x14in* Zürich 97
- $9 994 FF60 356 £6 000 Still Life of Peaches and Grapes, with a Snail Oil/canvas 31x25,5cm *12x10in* London 98

AENVANCK van Theodor 1633-1690 [2]
- $55 000 FF303 869 £34 182 Still Life of Fruit, a Blue and White covered Pitcher, a Wine flute Oil/canvas 58x79cm *22x31in* New-York 97

AEPPLI Eva 1925 [5]
- $18 500 FF95 700 £12 000 La sorcière Iron 154x103x86cm *60x40x33in* London 96

AEREBOE Albert 1889-1970 [5]
- $8 740 FF53 691 £5 243 "Fräulein Pickenpack" Oil/canvas 45,5x42cm *17x16in* Bremen 98
- $2 458 FF15 100 £1 474 "Innenansicht des Lübecker Doms" Watercolour 35x24cm *13x9in* Bremen 98

AERNI Franz Theodor 1853-1918 [13]
- $2 750 FF13 450 £1 740 Busy Mediterranean street scene Oil/panel 38x24cm *14x9in* San Francisco-Los Angeles 95
- $5 698 FF34 164 £3 429 Markt in Rom Öl/Leinwand 49x79cm *19x31in* Zürich 98

AERS Marguerite, Marg 1918-1995 [38]
- $539 FF2 800 £356 Petit pêcheur Huile/panneau 23,5x30cm *9x11in* Bruxelles 96
- $512 FF2 986 £315 The Tea Party Oil/canvas 55x45cm *21x17in* Sydney 97

AERTSEN Pieter 1509-1575 [7]
- $38 525 FF226 125 £23 562 The Evangelists Oil/canvas 91x122cm *35x48in* Warszawa 97
- $308 FF1 800 £187 Ecce Homo Lavis 29x19,5cm *11x7in* Paris 97

AERTSEN Pieter (Attrib.) 1509-1575 [4]
- $13 040 FF74 680 £7 960 Värdshusinteriör Oil/panel 80x110cm *31x43in* Stockholm 97
- $18 000 FF110 496 £11 028 Nativity/Circumcision Oil/panel 16,5x11,5cm *6x4in* New-York 98
- $543 FF3 200 £335 Le baiser de Judas Encre 30,5x20,5cm *12x8in* Paris 97

Category
Genre

Hammer price
Prix de vente, cote

Title of work
Titre de l'œuvre

Medium
Technique

Memo, techniques

PEINTURE: matière constituée de pigments colorés liés par un agglutinant (liant).

DILUANT & SOLVANT: permettent la dilution ou la dissolution de l'agglutinant (eau, essence,...) afin d'étendre la pâte.

LES SOLUTIONS: GOUACHE, AQUARELLE, peinture à l'HUILE.

Contrairement aux émulsions, leur liant est entièrement dissout par le solvant (l'eau pour la gouache et l'acrylique, l'essence pour l'huile), ce qui permet de les étendre avec plus ou moins d'épaisseur et de transparence.

GOUACHE: de l'italien "guazzo" / technique de peinture sur fond humide. Peinture opaque, étendue à l'eau. Aspect mat. Peut être vernie.

AQUARELLE: Peinture permettant de combiner la teinte du support ou du fond avec ses effets de transparence naturelle. Etendue à l'eau. Aspect mat.

PEINTURE À L'HUILE: Matière constituée de pigments dont le liant est de l'huile (ex. huile de lin), et dont l'onctuosité, l'éclat et la brillance peut être renforcée par adjonction de baumes, de gommes ou de résines.

LES ÉMULSIONS: peinture ACRYLIQUE, VINYLIQUE, TEMPÉRA

Peintures dont le liant se trouvera, après mélange, en suspension (et non dissout) dans le solvant ajouté. Entre autres spécificités: bref temps de séchage permettant la superposition rapide de plusieures couches.

ACRYLIQUE et VINYLIQUE: liants modernes (env. 1/2 siècle).

ACRYLIQUE: pâte moins onctueuse que l'huile. Tons lumineux, belles tranparences. Aspect semi-brillant ou brillant.

VINYLIQUE: aspect plus mat que l'acrylique. Favorise moins l'usage de transparences. Résistante, est très utilisée en décoration.

TEMPÉRA: très utilisée en Occident jusqu'au XVème siècle, est une émulsion de pigments colorés dont le liant est surtout connu pour être de l'œuf (le blanc, le jaune, ou les deux mélangés), additionnée ou non de gommes résines ou d'huile. Dilution à l'eau. Aspect mat ou semi-brillant. Appréciée (entres autres qualités esthétiques et techniques) pour ses nombreuses nuances obtenues par transparence de couches successives.

CRAYON LITHOGRAPHIQUE: crayon très gras composé de suif, de copal et de noir de fumée, utilisé en dessin pour son tracé noir très dense, fin, et résistant.

CASÉINE: substance présente dans le lait et utilisée sous forme de colles et d'apprêts.

ENCRE DE CHINE: mélange liquide noir à base de noir de fumée, gélatine et camphre. Dessin à la plume, pinceau. Délayable à l'eau pour réalisation de lavis.

FUSAIN: fine tige de charbon de bois de "fusain" (petit arbre originaire du Japon). Utilisé en dessin pour son tracé noir, peu gras, "léger", peu adhérant au support, permettant de nombreuses nuances de gris.

GRISAILLE: réalisation en camaïeu (variances de tons monochromes), gris ou jaunâtre.

LAVIS: technique de dilution d'une matière colorée afin d'en diminuer l'opacité et créer des effets variés de densité et de transparence.

PASTEL: poudres, pigments colorés opaques (agglutinés en crayons ou batonnets), essentiellement apprécié pour son aspect velouté difficilement réalisable par d'autres techniques.

SANGUINE: crayon, mine à base d'oxyde de fer, utilisé pour ses nuances de rouge.

SÉPIA: matière colorante brune, utilisée comme de l'encre, en dessin ou lavis.

CRAYON LITHOGRAPHIQUE: crayon très gras composé de suif, de copal et de noir de fumée, utilisé en dessin pour son tracé noir très dense, fin, et résistant.

AQUATINTE: gravure à l'eau-forte imitant le lavis.

BOIS DEBOUT: gravure sur plaque de bois dont les fibres lui sont perpendiculaires. Permet une incision très fine. Encrage sur le relief avant passage sous presse.

BOIS DE FIL: gravure sur plaque de bois sciée suivant le fil du bois. Encrage sur le relief avant passage sous presse.

BURIN: gravure en creux sur métal. Outil servant à inciser la plaque. Encrage du tracé dans les creux avant passage sous presse.

EAU-FORTE: (acide nitrique) gravure à la pointe d'acier dont le tracé enlevant le vernis de protection placé sur une plaque (cuivre ou zinc) sera creusé par de l'acide. Le vernis est ensuite enlevé. Encrage du tracé dans les creux avant passage sous presse.

HÉLIOGRAVURE: procédé de reproduction de formes d'impresion gravées en creux.

LINOGRAVURE: gravure sur linoléum. Encrage sur le relief avant passage sous presse.

LITHOGRAPHIE: technique de reproduction permettant à l'encre lithographique de n'adhérer qu'au tracé dessiné (sur pierre lithographique ou feuille de métal) qui se reportera ensuite sur le papier lors du passage sous presse.

MEZZOTINTE (MANIÈRE NOIRE) : (taille douce) nuances de noir obtenues par de multiples incisions qui retiendront l'encre dans les creux du métal. En les écrasant plus ou moins (au brunissoir) certains creux seront refermés pour créer ainsi de nouveaux blancs ou nuances de gris.

MONOTYPE: tirage en un seul exemplaire d'une gravure.

POINTE SÈCHE: gravure en creux à l'aide d'une pointe, sur cuivre, sur zinc. Reconnaissable aux fines barbes soulevées par la pointe le long des tailles dans le métal. Encrage du tracé dans les creux avant passage sous presse.

RÉSINE: technique de gravure dérivée de l'eau-forte où la plaque reçoit des grains de résine, avant attaque par l'acide, provoquant ainsi une granulation de l'encrage.

SÉRIGRAPHIE: procédé d'impression où l'on oblige l'encre à passer au travers d'un écran de tissus dont la texture est bouchée à certains endroits, pour se déposer ainsi sur le support placé en dessous. (papier, tissus, plastiques, etc.)

TAILLE DOUCE: désigne la gravure en creux, à la pointe ou au burin. (sur métal sans intervention de l'acide pour creuser la plaque).

VERNIS MOU: procédé où le vernis recouvrant la plaque à graver adhère plus ou moins au tracé effectué sur un papier posé dessus. Le papier est retiré. L'acide gravera la plaque en fonction du verni restant et correspondant à la pression du tracé effectué sur le papier.

XYLOGRAPHIE: (gravure sur bois) estampe obtenue à partir de l'encrage d'un tracé en relief.

Technical terms, mediums

PAINT: substance consisting of coloured pigments bound by a medium (binding).

DILUENT AND SOLVENT: these enable the medium to be diluted or dissolved (water, turpentine...) so as to thin the paste.

SOLUTIONS: GOUACHE, WATERCOLOUR, OIL paint.

In contrast to emulsions, the medium in these paints is completely dissolved by the solvent (water for gouache and acrylic paints, turpentine for oil paints); this enables them to be thinned to provide more or less thickness and transparency.

GOUACHE: from the Italian "guazzo"; a technique in which paint is applied to a damp ground. It differs from watercolour in that the paint is opaque. Thinned by adding water.
It provides a matt finish and may be varnished.

WATERCOLOUR: a form of painting which enables the colour of the paper support to be combined with the transparent effects of the paint. Thinned with water. Matt finish.

OIL PAINT: a substance comprising pigments whose medium is oil (eg. linseed oil), and whose oiliness, vividness and brilliance can be reinforced by the addition of balms, gums or resins.

EMULSIONS: ACRYLIC paint, VINYL-based paint, TEMPERA (egg-based, casein-based...).

These are paints in which the medium is in suspension in the solvents which are added (rather than being dissolved). One of their characteristics is their quick drying nature allowing the rapid overlaying of several layers.

ACRYLIC AND VINYL: modern media (about 50 years old).

ACRYLIC: a less oily paste than oil paint. It has luminous tones and clear colours. The finish is semi-gloss or gloss.

VINYL: this has a more matt finish than acrylic paint. It is less suited to laying down transparent tones. It is hard-wearing and is frequently used in decoration.

TEMPERA: this was widely used in Western Europe until the 15th century and comprises an emulsion of pigments in which the medium is egg (the white, the yolk, or both mixed together), with the addition sometimes of resins, gums or oil. It is diluted in water. The finish is matt or semi-gloss. One of its aesthetic and technical qualities which makes it appreciated is that of the numerous tones it can provide by overlaying successive coats of trasparent paint.

CASEIN: a substance derived from milk and used in the form of glue and stiffener.

CHARCOAL: a thin rod of charcoal made from spindle-tree wood (a small tree originating in Japan). It is used in drawing for its ungreasy, "delicate" black line, which adheres only slightly to the surface, allowing numerous grey tones to be created.

GRISAILLE: a monochrome picture with grey or yellowish tones.

INDIAN INK: a black liquid blend made from lamp-black, gelatin and camphor. Used in drawing with a pen or brush. It can be thinned with water to produce washes.

LITHOGRAPHIC CRAYON: a very greasy crayon made from tallow, copal and lamp-black used in drawing for its dense, fine and hard-wearing black line.

RED CHALK: made with iron-oxide, it is appreciated for its red tones.

SEPIA: a brown colour used as an ink for line drawings or for washes.

WASH: the dilution of a substance (liquid or paste) to reduce its opacity. It is usually applied with a brush and creates many tonal effects by playing on density and transparency.

PASTEL: made from powders and opaque pigments (mixed with a medium and made into crayons or rods), it is essentially appreciated for its velvety feel which is difficult to imitate with other techniques.

AQUATINT: a form of etching which imitates a "wash".

DRYPOINT: in this technique the stylus is used to engrave the copper or zinc etching-plate directly (rather than using an acid to bite into the plate), causing a burr to rise which holds the ink. It provides a very warm, rich tone but survives only a short print-run as the soft burrs are flattened in the printing-press.

ENGRAVING: an intaglio print drawn from a metal plate. A form of fine chisel called a burin is used to engrave a line in the plate. The latter is then inked and the surplus ink (all except that sunk in the lines) removed before being placed in a printing-press.

ETCHING: (using nitric acid) a print in which the design is made using a steel stylus drawn across a copper or zinc plate which has been treated with a protective, black varnish. The stylus cuts through the varnish and the plate is treated with acid which bites into the plate through these lines. The varnish is then removed and the plate inked like an ordinary engraving. This technique provides 'drawing'-like prints which have a greater immediacy than engravings.

LINOCUT: a relief printing process using linoleum. The linocut is inked before being placed in a printing press.

LITHOGRAPHY: a printing process in which the lithographic ink adheres only to the lines of the drawing on a lithographic stone or metal plate. This is then transferred to the paper when placed under a printing press.

MEZZOTINT: a tonal rather than linear print. Black tones are obtained using a serrated tool which creates a burr over the surface to hold the ink during printing. Lighter tones are provided by burnishing and scraping out which refills the hollows created earlier.

MONOTYPE: a unique copy from an original model.

PHOTOGRAVURE: a process in which intaglio prints are produced by the use of photography.

RESIN: a derivation of an etching in which the plate is treated with a resinous powder before being bitten by the acid, thereby producing a grainy effect in the printing.

SILK-SCREEN PROCESS: a printing process in which the ink is made to pass through a screen of fabric which is blocked in various places to form the design. The ink then passes on to the support placed beneath (paper, fabric, plastic, etc.).

SOFT VARNISH: a process in which the varnish covering a plate adheres to the drawing made on a sheet of paper placed over it. The paper is then removed and the acid in which the plate is placed bites into the metal where the varnish has been removed and on the basis of the pressure of the line drawn on the paper.

WOODCUT: a print made from a plate of wood in which the line to be printed stands proud of the surface, the surrounding area being removed with special tools. It is thus a relief print, in contrast to a wood engraving which is an intaglio print. The plate is then inked and placed under a printing-press.

WOOD ENGRAVING: an intaglio engraving on a plate of wood which may be cut across the grain or along it. The former allows for a finer line. The plate is inked before being placed under a press. See engraving.

Les publications et services ADEC®

Le rachat du titre Américain "Art Price Index" de Peter Hastings Falk, concurrent distingué de par sa qualité éditoriale, est l'événement marquant de l'année 98. **La fusion de Falk's Art Price Index au sein de l'édition ADEC/ Art Price Annual conforte ADEC dans sa position de leader mondial des livres de cotes sur l'Art, et garantit indéniablement la meilleure couverture des maisons de ventes européennes et américaines.** La banque de données ADEC s'enrichit de plusieurs centaines de milliers de données chaque année, totalisant à ce jour 1 350 000 données.

Distribué dans 84 pays, ADEC, par sa gamme de publications et services, tirés de la banque de données la plus exhaustive au monde, répond aux besoins des acteurs du marché de l'Art et les collectionneurs.

ADEC/Art Price Annual® & Falk's Art Price Index® 98 11ème édition

La nouvelle édition 98 répertorie pour la saison écoulée de Janvier à Décembre 97, **170 000 résultats** d'adjudication (soit 30 000 résultats de plus que l'édition 97), rassemblés dans un volume de de plus de 2 700 pages.

ADEC/ Art Price Annual & FALK's Art Price Index est l'outil de référence incontournable des professionnels de l'Art, des experts, conservateurs, bibliothécaires et collectionneurs, et de tous ceux qui désirent évaluer précisément une œuvre en peinture, sculpture, dessin, estampe, photo, miniature ou affiche.

Prix : *FF 590*

ART PRICE INDICATOR®99

Outil compact et maniable à la disposition de toute personne intéressée au marché de l'Art et ses résultats.
Les cotes représentatives publiées dans ce guide ont été sélectionnées selon une méthodologie économétrique, pour vous apporter, par des résultats réalisés en vente aux enchères, la meilleure indication possible de la cote de 50 000 artistes.

> Prix : *FF 99*

CD-Rom 87/98
ADEC/Art Price Annual®
& Falk's Art Price Index®

*11 années de résultats de ventes cataloguées de **1987 à Mars 1998** soit **1 300 000 résultats**. Un outil de recherche multi-critères permettant l'impression des informations sélectionnées. Facile à installer et utilisabe sur Mac et PC (équipé Win 95 ou NT).*

> Prix : *FF 2400*
> Mise à jour annuelle : *FF 690* par échange de l'édition CD-Rom précédente

BANQUE DE DONNEES INTERNET/MINITEL

http://www.artprice.com   http://www.artmarket.com   http://www.adec.com   ... ou sur **Minitel 3617ADEC**

*Nous avons constitué une **banque de données unique au monde de 1 350 000 résultats de ventes listant 142 000 artistes, collectés de 1 260 maisons de ventes dans 40 pays**. Cette banque d'informations est mise à jour quotidiennement à un rythme de **1 500 lots par jour**. Ces données, sous les rubriques peinture, dessin, estampe, sculpture et photo, détaillent pour :*

- *l'Artiste : nom, prénom et dates biographiques*
- *chaque Œuvre listée : prix d'adjudication en FF, £ et $, titre, date de création, techniques et précisions, dimensions en cm/in, signes distinctifs, position de signature et réf. catalogue raisonné.*
- *la Vente : date et lieu, Commissaire Priseur, n° de lot, reproduction au catalogue, estimation et prix de vente dans la devise d'adjudication.*

*Le **calendrier international des ventes** avec détails des lots permet une recherche de lots sur critères spécifiques dans les ventes à venir.*

ADEC® publications and services

The acquisition of FALK's Art Price Index International is one of the most significant new development in 1998. **The merger of FALK's Art Price Index within ADEC/ Art Price Annual consolidates the ADEC ranking as the world leader in art prices publications,** and guarantees the most thorough coverage of European and American auction houses. The ADEC Databank grows each year by several hundred thousands records and now totals 1,350,000 results.

Distributed in 84 countries, ADEC complete range of publications and Services , sourced from this world most exhaustive databank, fulfill information needs of art-market operators and collectors.

ADEC/Art Price Annual®
& Falk's Art Price Index® 98 11ème édition

The new edition 98 covers over 3,000 auctions worldwide, and provides for the sale period January to December 97, **170,000 detailed auction results** (30,000 more than the edition 97) classified in the 2,700 pages of the single volume. ADEC/ Art Price Annual & FALK's Art Price Index is the reference tool of choice for art professionals, appraisers, museums, libraries and collectors who need to accurately appraise works of Art including painting, sculpture, drawing, prints , photography , miniatures and posters.

Price : US$ 115

ART PRICE INDICATOR®99

Handy tool for anyone interested in the art market and its results.
The representative prices published in the guide have been selected using an econometric process on actual auction results to bring you the best indication of the prices commanded by 50,000 artists.

Price : US$ 19.95

CD-Rom 87/98
ADEC/Art Price Annual®
& Falk's Art Price Index®

To have access to **11 years of auction records (auctions held from 1987 to March 1998)**
A greatly effective search tool on 1,300,000 auction results of catalogued art sales offering a wide range of search and selection criteria. Easy to install on Mac or PC (Win 95 or NT).

Price : US$ 399

Yearly update : US$ 115 by exchange of the previous CD-Rom

ADEC INTERNET DATABANK

http://www.artprice.com   http://www.artmarket.com   http://www.adec.com

We have compiled a databank of **142,000 artists and 1,350,000 auction results supplied by 1,260 sales firms and auctioneers from 40 countries.** This unique databank is updated daily at a pace of **1,500 new data entries every day** .
These data, which are categorised under the headings of Painting, Drawing, Prints, Sculpture and Photography, detail for :

- The Artist : names and dates
- The Work : hammer price in FF/£/$, title, date of creation, medium, size in cm/in, distinctive details, position of signature and ref. to catalogue raisonné.
- The Sale : sale place and date, auctioneer, lot n°, reproduced in sale catalogue, estimate and sales-price in local currency.

An **international auction calendar** with detailed lots is also published, enabling searches of specific items in forthcoming auctions.

Every minute
Art has a price...

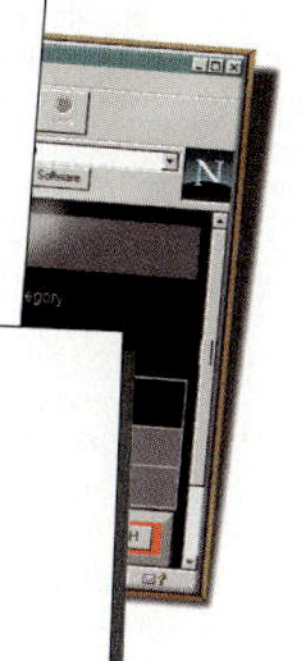

www.artprice®.com

1,350,000 auction results. 142,000 artists.
1,500 new results each and every day.
ADEC INTERNET DATABANK

Art Price Annual®
Art Price Index® 98

in 84 countries, ADEC/ Art Price
...plies the professional and the collector since 1987 with
...ealized by works of Art at auction worldwide.
... of Art Price Index within ADEC/Art Price Annual, founded
...engthens even more the Group's ranking as world leader
...ublications.

...utor for the ADEC 98 annual:
...up Ltd
...Place, London W1H 4DQ - Tel. 0171 487 3401 Fax 0171 487 4211

ADEC/Art Price Annual®
& Falk's Art Price Index®
CD-Rom 87/98

11 years of auction results for catalogued works of Art (1987 to March
1998) . Search for prices by name of artist, medium, title of work, auction house, sale date, location of sale, etc. A total of 1,300,000 results.
Over 300,000 new data entries from 1260 auction houses.

ADEC®
SINCE 1987

Art Price Annual S.A. B.P. 69 - Saint-Romain au Mont d'Or - F-69270 - France
Tel. 33 478 220 000 - Fax : 33 478 220 606 - E-Mail: adec@adec.com
ART PRICE ANNUAL S.A. - Société anonyme au capital de 1.000.000FRF. - RCS Paris 411 309 198.

WORLD LEADER
OF AUCTION INFORMATION

Access not subject to prior subscription.From $ 0.50 to $1 per inquiry (with secured payment). It is a non contractual document. Art Price Annual SA reserves the right to modify any data or product characteristic.

You supply the masterpiece. We provide the frame.

Great art is enhanced by the proprer frame. And the art world cannot find a more effective advertising medium to reach affluent, international investors and collectors than the International Herald Tribune.

Every weekend, the IHT's Art section is read by nearly half a million people in 181 countries. Global auctions, reviewed by world-renowned authority Souren Melikian and detailed critiques of new exhibitions worldwide, combine to provide a comprehensive overview for serious art collectors.

The IHT's global audience with a spending power of $150 billion, has the income and the inclination to invest in art & antiques, making the newspaper the ideal frame for your masterpiece.

For further information and advertising rates, contact:

NEW YORK: Adele Grossman (1-212) 486 9508
LONDON: Sarah Wershof (44 -171) 420 0326
PARIS: Enza Lucifero (33-1) 41 43 92 70

THE WORLD'S DAILY NEWSPAPER

CHRISTIE'S AUSTRALIA

Christie's Australia achieves record prices and outstanding results in their regular sales of

- Australian & European Paintings
- Decorative Arts, Furniture, Silver & Jewellery
- Rare Books & Manuscripts
- Collectables, Memorabilia & Historical Items

We can also assist with the valuation and sale of cars, coins, stamps, guns and wine.

With offices and representatives across Australia, Christie's also offers expert, private and confidential advice, undertakes valuations for market value, insurance and probate and hosts exciting education courses.

For further information, please contact one of the offices listed below.

HEAD OFFICE - MELBOURNE

Christie's Australia Pty. Ltd., 1 Darling Street, South Yarra, 3141 Melbourne, Victoria
Telephone (613) 9820 4311   A.C.N. 003 665 745   Fax: (613) 9820 4876

Sydney
180 Jersey Road
Woollahra, NSW, 2025
Telephone (612) 9326 1422
Fax: (612) 9327 8439

Adelaide
444-446 Pulteney Street
Adelaide, SA, 5000
Telephone (618) 8232 2860
Fax: (618) 8232 6506

Brisbane
1st. Floor, 482 Brunswick Street
Fortitude Valley, QLD, 4006
Telephone (617) 3254 1499
Fax: (617) 3254 1566

Perth
68 Mount Street
Perth, WA, 6000
Telephone (618) 9321 5764
Fax: (618) 9322 1387

http://www.christies.com

"LE SECRET" Bronze

Claude MORIN

peintures, sanguines, sculptures

"LA PROVENCE" Huile 81 x 65 cm

**ATELIER-GALERIE - 50, RUE GRANDE
06570 SAINT-PAUL-DE-VENCE
Tél. 04 93 32 77 37 - Fax 04 93 32 56 07**

Internet : http://www.Stpaulweb.com/morin.html

Munigarde : la sécurité pour vos objets de valeur

- du bijou à la sculpture : des chambres-fortes sur mesure
- de la journée à l'année : la garde «à la carte»
- de votre domicile à Munigarde : un transport personnalisé

MUNIGARDE
CRÉDIT MUNICIPAL DE PARIS

22, rue des Blancs-Manteaux - 75004 Paris
Tél : 01 44 61 65 15 - Fax : 01 44 61 65 32
SIREN 267 500 007 RCS Paris

NOUVELLES DE L'ESTAMPE

Études et Documents
Rubriques sur la vie de l'estampe

Graveurs d'aujourd'hui
Propos de graveurs, Événements, Expositions
Informations, Petites annonces, Bibliographie

Renoir, *Tête de jeune fille*, ca 1888

Abonnement : France 370 F TTC – CEE 470 F TTC – Hors CEE 490 F

Bulletin d'abonnement à retourner avec votre règlement
au Comité national de la gravure française, 58, rue de Richelieu, 75002 Paris

APPRAISERS ASSOCIATION OF AMERICA, INC.

PROFESSIONAL ASSOCIATION OF 1000 INDEPENDENT APPRAISERS

Established 1949

Appraisals written by Members for:

- Individuals
- Attorneys
- Estates
- Donations
- Insurance
- Equitable Distribution

Lectures, Conferences, Video Tapes and Educational Programs available.

Referral Service and Complete Membership Directory.

386 Park Avenue South, Suite 2000
New York, NY 10016
U.S.A.
Telephone (212) 889-5404
Fax (212) 889-5503
E-Mail Address appraisersassn@compuserve.com

HENRI MATISSE

Catalogue raisonné de l'oeuvre gravé
établi par
Claude Duthuit
et Marguerite Duthuit-Matisse
avec la collaboration de Françoise Garnaud,
préface de Jean Guichard-Meili

Deux volumes 257 x 236 mm, 311 et 379 pages, sous reliure toile Relon.
Prix de l'édition courante (deux volumes): 3 380FF (TTC)
Prix de l'édition de luxe (deux volumes): sur demande.

Catalogue raisonné
établi par **Claude Duthuit**
avec la collaboration de Françoise Garnaud,
préface de Jean Guichard-Meili.

Un volume au format de 257 x 236 mm, 509 pages sous reliure toile Relon.
Traduction anglaise.   Prix de l'édition courante: 3 000 FF (TTC)

Catalogues raisonnés

Catalogue raisonné de la sculpture
établi par
Claude Duthuit
avec la collaboration
de Wanda de Guebriant,
préface de Yves-Alain Bois.

Un volume en format 257 x 326 mm, 348 pages sous reliure toile Relon.
Traduction anglaise.
Prix de l'édition courante: 1 500 FF (TTC)

Toutes les oeuvres photographiées en format pleine page et nombre d'entre elles sous divers angles, dont certains indiqués par Henri Matisse.

Commentaires et extraits inédits de correspondance.

Diffusion - Distribution pour la France
(Particuliers et libraires)

CLAUDE DUTHUIT
61, Quai de la Tournelle
75005 **Paris** (France)

Sur rendez-vous
Tel.(int.) 33. 146 330 268   Fax 33. 146 338 920
Tél.(France) 01 46 33 02 68   Fax 01 46 33 89 20

DROUOT,
L'ART DE LA COLLECTION

51.550.000 F ($ 8,6 m - £ 4,6 m)

Eugène DELACROIX

« Choc de cavaliers arabes », 1833-1834. Toile signée. 81 x 100,5 cm.
Drouot Richelieu, vendredi 19 juin 1998.
Etude PIASA (Maîtres Picard, Audap, Solanet & Associés)

DROUOT-COMMISSAIRES PRISEURS DE PARIS

9 RUE DROUOT, 75009 PARIS - TEL. : 01 48 00 20 20

COLMORE Nina 1889-1973 **[6]**
- *$7 361 FF43 816 £4 500* "Ki Ming" Oil/canvas 71x91,5cm/*27x36in* London 98

COLNOT Arnout 1887-1983 **[64]**
- *$617 FF3 569 £367* Bloemstilleven Oil/cardboard 38x49cm/*14x19in* Rotterdam 97
- *$854 FF5 067 £536* Huizen tussen de bomen Watercolour 66x90cm/*25x35in* Den Haag 97

COLNOT Karel 1921 **[4]**
- *$2 681 FF16 418 £1 597* Still life with table and jugs Oil/canvas 100x80cm/*39x31in* Amsterdam 98

COLOMB Denise 1902 **[15]**
- *$536 FF3 200 £328* Antonin Artaud Tirage argentique 30x24cm/*11x9in* Saint-Germain-en-Laye 98

COLOMBEL Nicolas (Attrib.) 1644-1717 **[4]**
- *$3 650 FF18 000 £2 370* La Sainte Famille Huile/toile 68x51cm/*26x20in* Paris 95

COLOMBI Plinio 1873-1951 **[45]**
- *$852 FF4 250 £556* Rosen und Orchideen Huile/panneau 55x46cm/*21x18in* Zofingen 95
- *$358 FF2 115 £220* "Lötschberg" Poster 102x64cm/*40x25in* London 98
- *$354 FF1 720 £224* Frühling Aquarell 51x68cm/*20x26in* Bern 95

COLOMBO K.R. XIX-XX **[1]**
- *$2 936 FF17 543 £1 800* "Boheme Orientale" Bronze H67cm/*H26in* London 98

COLOMBO Max 1877-? **[3]**
- *$2 546 FF12 630 £1 620* "Jagt und Fischerei" (Allegorie) Öl/Leinwand 82x56cm/*32x22in* Stuttgart 95

COLOMBO Renzo 1856-1885 **[5]**
- *$3 440 FF17 140 £2 253* Buste de jeune femme Bronze H68cm/*H26in* Madrid 95

COLOMBO Virgilio XIX **[4]**
- *$3 010 FF18 707 £1 800* Hamburg Harbour Oil/canvas 53,5x85cm/*21x33in* London 98

COLOMBOTTO ROSSO Enrico 1925 **[21]**
- *$1 122 FF5 710 £714* Natura morta con ciatola Olio/tela 50x60cm/*19x23in* Fossano (Cuneo) 96
- *$270 FF1 530 £135* Figure China 36x25cm/*14x9in* Vercelli 98

COLOTTE Aristide 1885-1959 **[2]**
- *$3 480 FF18 000 £2 257* Deux baigneuses debout dos à dos, drapées Relief 23x15,5x8,8cm/*9x6x3in* Paris 96

COLQUHOUN Archibald Douglas 1894-1983 **[4]**
- *$912 FF5 481 £545* Studio Nude Oil/canvas/board 24x19cm/*9x7in* Melbourne 98

COLQUHOUN Ithell 1906-1988 **[30]**
- *$976 FF5 970 £600* Begonius with Fatsia Leaves Oil/canvas 53x63,5cm/*20x25in* London 98
- *$150 FF914 £90* Interior Design with Staircase Watercolour 41x56cm/*16x22in* West Sussex 98

COLQUHOUN Robert 1914-1962 **[39]**
- *$4 688 FF28 729 £2 800* A Sketch for Reclining Woman Oil/canvas 20x30,5cm/*7x12in* London 98
- *$11 472 FF67 049 £7 000* Hebridean woman Oil/canvas 91x61cm/*35x24in* London 97
- *$492 FF3 055 £300* Seated Woman Monotype 66x48cm/*25x18in* London 97
- *$233 FF1 422 £140* Abstract Study of a Head Ink 45x32cm/*17x12in* West Sussex 98

COLSON Jean-François Gilles 1733-1803 **[6]**
- *$10 757 FF65 000 £6 461* Portrait de la Marquise de Croismare Huile/toile 93x73cm/*36x28in* Neuilly-sur-Seine 98

COLTELLACCI Giulio 1916-1986 **[1]**
- *$1 502 FF7 340 £950* La Dame de Coeur Gouache 64x44cm/*25x17in* London 95

COLTMAN Ora 1860-1940 **[8]**
- *$700 FF4 004 £436* North Ridgeville Barn Oil/canvas 71x81cm/*28x32in* Shaker Heights, Ohio 97

COLUCCI Gio 1892-1974 **[221]**
- *$2 926 FF17 500 £1 776* Au café Huile/toile 65x81cm/*25x31in* Paris 97
- *$409 FF2 500 £242* Grand duc Sculpture H4cm/*H1in* Paris 98
- *$188 FF1 100 £114* L'avenue Aquarelle/papier 23x17cm/*9x6in* Paris 97

COLUCCI Vincenzo 1898-1968 **[10]**
- *$779 FF4 418 £519* Marina Olio/tavola 21x28cm/*8x11in* Roma 97
- *$1 398 FF7 922 £699* Natura morta con vaso di gladioli e margherite Olio/cartone 77x50cm/*30x19in* Roma 98

COLUNGA Alejandro 1948 **[18]**
- *$13 000 FF74 626 £7 924* Caballito con dragon Oil/canvas 166x125,5cm/*65x49in* New-York 97

COLVILLE Alexander 1920 **[21]**
- *$94 181 FF462 000 £59 818* Dog & Groom Acrylic/panel 62,5x72cm/*24x28in* Vancouver, BC. 95
- *$1 997 FF11 494 £1 179* Heron Silkscreen 33x86,5cm/*12x34in* Vancouver, BC. 97
- *$1 624 FF7 860 £1 043* Study for refregirator Ink 25x16cm/*9x6in* Toronto 95

COMAS Y BLANCO Augusto 1862-1953 **[13]**
- *$402 FF2 370 £240* Otoño Oleo/tablex 25x35cm/*9x13in* Madrid 97

COMBA Pierre 1860-1934 **[59]**
- *$368 FF2 200 £225* "P.L.M, Nice, Reine de la Côte d'Azur" Affiche 106x77cm/*41x30in* Orléans 98
- *$335 FF2 000 £202* Halte de Chasseurs-alpins Aquarelle/papier 52x35cm/*20x13in* Paris 97

COMBAS Robert 1957 **[680]**
- *$1 082 FF6 500 £649* Portrait d'homme Acrylique/toile 34x24cm/*13x9in* Paris 98
- *$2 401 FF14 500 £1 439* L'araignée énervée Acrylique/toile 64x67cm/*25x26in* Paris 98
- *$7 413 FF43 000 £4 562* Brigitte Baramine et Rico Aquestepoc Acrylique/toile 207x108cm/*81x42in* Arles 97
- *$333 FF1 900 £204* Composition Sérigraphie couleurs 110,5x83cm/*43x32in* Paris 97
- *$1 082 FF5 500 £646* Pinceau-sculpture Sculpture H30cm/*H11in* Paris 96
- *$6 450 FF32 500 £4 210* La Négresse Sculpture H123cm/*H48in* Paris 96
- *$966 FF6 000 £582* Les Amoureux Encre 60x81cm/*23x31in* Saint-Germain-en-Laye 98

COMBAZ Gisbert 1869-1941 **[19]**
- *$1 310 FF6 520 £858* La Semois/Recatte/Le moulin Gravure 44x27cm/*17x10in* Bruxelles 95
- *$435 FF2 454 £273* "Het Zeepaerd" à Bruxelles Aquarelle/papier 24x34cm/*9x13in* Bruxelles 97

COMBE Jean-Marie 1945 **[5]**
- *$987 FF6 000 £594* Paysage Provençal Huile/toile 40x50cm/*15x19in* Montpellier 98

COMBES Simon 1940 **[2]**
- *$12 380 FF59 800 £7 800* A lion and lioness, Serengeti, Tanzania Oil/canvas 60x75cm/*23x29in* London 95

COMBET-DESCOMBES Pierre 1885-1966 **[68]**
- *$1 821 FF11 000 £1 092* Paysage aux deux baigneuses Huile/toile 90x117cm/*35x46in* Neuilly-sur-Seine 98
- *$1 413 FF8 000 £863* Voeux de bonne année Eau-forte 13x10cm/*5x3in* Lyon 97
- *$706 FF4 200 £437* Buste de femme au chiffon Pastel/papier 22x32cm/*8x12in* Lyon 97

COMBETTE Joseph 1770-c.1840 **[3]**
- *$3 753 FF22 662 £2 252* Bildnis eines Jägers Öl/Leinwand 46,5x36,5cm/*18x14in* Luzern 98

COMENSOLI Mario 1922-1993 **[10]**
- *$3 715 FF22 141 £2 278* Italos Öl/Leinwand 90x56cm/*35x22in* Zürich 98
- *$842 FF4 979 £503* Frauen, Engel und Mäuse Charcoal/paper 47x36cm/*18x14in* Zürich 97

COMERRE Léon François 1850-1916 **[49]**
- *$7 475 FF45 413 £4 500* Petite Femme mettant ses bas Oil/canvas 75,5x62,5cm/*29x24in* London 98
- *$80 000 FF411 200 £50 000* Odalisque au bassin Oil/canvas 115x172cm/*45x67in* New-York 96

COMERRE-PATON Jacqueline 1859-? **[4]**
- *$8 000 FF47 818 £4 896* Jeune fille aux papillons Oil/canvas 70,5x55,5cm/*27x21in* New-York 97

COMES Didier 1942 **[2]**
- *$1 912 FF10 900 £1 194* Planche No. 46 de "Silence" Encre Chine/papier 52x35cm/*20x13in* Paris 97

COMFORT Charles Fraser 1900-1994 **[14]**
- *$1 020 FF6 150 £617* Concrete Oil/board 25x30cm/*9x11in* Toronto 98
- *$3 823 FF22 993 £2 292* The Budding Oak Oil/canvas 61x81,5cm/*24x32in* Toronto 98

COMFORT Tom Tyrone 1909-1939 **[3]**
- *$11 000 FF65 750 £6 667* After the Bath (Ode to Thomas Eakins) Oil/canvas 121,9x96,5cm/*47x37in* San Francisco-Los Angeles 97

COMHAIRE Georges 1909 **[3]**
- *$2 744 FF16 023 £1 656* Village Provençal Pastel/papier 50x68cm/*19x26in* Liège 97

COMINS Eben F. 1875-? **[1]**
- *$29 000 FF171 294 £18 020* Good Harbor Beach, Gloucester Oil/canvas/board 50x50cm/*19x19in* Boston, Mass. 97

COMMARMOND Pierre 1897-1983 **[48]**
- *$408 FF2 275 £249* "St-Valéry-sur-Somme, Chemin de Fer du Nord" Poster 99x62cm/*38x24in* London 97

COMMERE Jean Yves 1920-1986 **[129]**
- *$1 500 FF7 820 £943* Vue sur Notre-Dame Oil/canvas 14x18cm/*5x7in* New-York 96
- *$2 805 FF17 000 £1 720* Sous-bois Huile/toile 75x55cm/*29x21in* Saint-Germain-en-Laye 98
- *$6 000 FF34 944 £3 665* Homework Oil/canvas 129,5x194,5cm/*50x76in* New-York 97
- *$829 FF5 000 £502* Sous-bois Encre/papier 73x103cm/*28x40in* Angers 98

COMMODI Andrea 1560-1638 **[1]**

✏ *$8 500 FF46 961 £5 282* Study of a sprawling Nude Red chalk/paper 14,2x25,9cm/*5x10in* New-York 97

COMMUNAL Jean Joseph Ernest 1911 **[12]**

☞ *$632 FF3 600 £390* Coucher de soleil sur le lac Huile/panneau 32x41cm/*12x16in* Lyon 97

COMMUNAL Joseph Victor 1876-1962 **[43]**

☞ *$516 FF3 200 £308* Nuages dans les montagnes Huile/panneau 26,5x35cm/*10x13in* Lyon 98

☞ *$801 FF4 800 £490* Paysage Huile/panneau 37x45cm/*14x17in* Lyon 97

COMOLÉRA Paul 1818-c.1897 **[15]**

🖌 *$583 FF3 431 £360* A Group of two Pheasants with Three Chicks Sculpture H48cm/*H18in* Billingshurst, West Sussex 97

COMPAGNI Scipione 1624-c.1680 **[4]**

☞ *$15 240 FF78 300 £9 500* The Massacre of St. Ursula and the Eleven Thousand Maidens, Cologne Oil/canvas 65x105cm/*25x41in* London 96

COMPAGNI Scipione (Attrib.) 1624-c.1680 **[1]**

☞ *$12 000 FF62 400 £7 930* The Martyrdom of Saint Lawrence Oil/canvas 43x76cm/*16x29in* New-York 96

COMPARD Émile 1900-1977 **[45]**

☞ *$841 FF4 800 £514* Bouquet de fleurs Huile/toile 80x64cm/*31x25in* Quimper 97

▥ *$333 FF2 050 £200* La rue Lithographie 32x22cm/*12x8in* Quimper 98

✏ *$423 FF2 600 £253* Portrait d'un jeune homme Encre/papier 24,5x20,5cm/*9x8in* Quimper 98

COMPRIS Maurice 1885-1939 **[5]**

☞ *$3 750 FF19 400 £2 430* Still life Oil/canvas 96x76cm/*38x30in* Mystic, Connecticut 96

COMPTE-CALIX François Claudius 1813-1880 **[17]**

☞ *$6 348 FF40 000 £4 000* La fessée Huile/toile 81x60cm/*31x23in* Cannes 97

COMPTON Edward Harrison 1881-1960 **[192]**

☞ *$478 FF2 844 £292* Wiesenstück unter hohem Himmel Öl/Leinwand 17x23cm/*6x9in* Bern 97

☞ *$3 368 FF19 168 £2 064* Motiv im Pitztal Öl/Leinwand 78x97,5cm/*30x38in* Wien 97

☞ *$10 744 FF63 608 £6 380* Blick auf den wilden Kaiser Öl/Leinwand 105x151cm/*41x59in* Dresden 97

✏ *$1 132 FF6 988 £680* Mountain Landscape Watercolour 23x34,5cm/*9x13in* Billingshurst, West Sussex 98

COMPTON Edward Th. (Attrib.) 1849-1921 **[2]**

✏ *$1 227 FF7 172 £726* Gebirgslandschaft Aquarell/Papier 35x19,5cm/*13x7in* Luzern 97

COMPTON Edward Theodor 1849-1921 **[159]**

☞ *$5 060 FF28 639 £3 089* Winterliche Abendstimmung an der Monterosa-Ostwand Öl/Leinwand/Karton 34,5x55cm/*13x21in* Kempten 97

☞ *$9 552 FF57 084 £5 784* Von Sturm gepeitschter Gipfel Öl/Karton 22x36cm/*8x14in* Wien 97

☞ *$13 070 FF74 223 £8 179* Blick auf die Jungfrau im Berner Oberland Öl/Leinwand 100x142cm/*39x55in* München 97

✏ *$140 FF828 £83* In der Bauernstube Pencil/paper 18x13cm/*7x5in* Zofingen 97

COMTE Jacques Louis c.1781-? **[4]**

☞ *$10 499 FF59 498 £6 999* Ritratto di gentiluomo Miniature 33x26,5cm/*12x10in* Roma 97

COMTE Meiffren 1630-c.1705 **[3]**

☞ *$29 172 FF170 000 £17 969* Nature morte aux pièces d'orfèvrerie.../Coquillage sur entablements Huile/toile 52x67,5cm/*20x26in* Paris 97

CONANT Cornelia XIX-XX **[1]**

☞ *$9 000 FF53 412 £5 512* La fin de l'histoire Oil/canvas 56,5x67cm/*22x26in* New-York 97

CONCA Sebastiano 1680-1764 **[29]**

☞ *$9 161 FF55 326 £5 500* The Madonna and Child Enthroned with Saints Luigi Gonzaga Oil/canvas 47,5x36cm/*18x14in* London 98

☞ *$17 000 FF93 870 £10 608* The Madonna and Child Oil/canvas/panel 32,5x24cm/*12x9in* New-York 97

☞ *$45 528 FF257 992 £30 352* Giaele Olio/tela 136,5x99cm/*53x38in* Roma 98

✏ *$8 000 FF49 109 £4 901* Pope Clement I Striking the Rock and Causing Water to Flow Wash 74,5x46,5cm/*29x18in* New-York 98

CONCA Sebastiano (Attrib.) 1680-1764 **[10]**

☞ *$7 276 FF45 000 £4 333* Le mariage mystique de Sainte Catherine de Sienne Huile/toile 95,5x78cm/*37x30in* Paris 98

CONDAMIN Joseph Henri 1847-1917 **[4]**

☞ *$2 739 FF16 000 £1 681* Coup d'oeil à Cupidon Huile/toile 63x52cm/*24x20in* Paris 97

CONDAMY de Charles Fernand c.1855-? **[105]**
- *$3 426 FF20 000 £2 072* Soupe de chiens Huile/carton 34x53cm/*13x20in* Chambord 97
- *$692 FF4 200 £419* La barrière/Le gué Lithographie couleurs 45x100cm/*17x39in* Paris 98
- *$770 FF4 500 £455* Fox-terrier sautant pour attraper une libellule Aquarelle/papier 15,5x11,5cm/*6x4in* Paris 97

CONDE Miguel 1939 **[3]**
- *$1 820 FF10 322 £1 144* Figura masculina Acuarela/papel 90x61cm/*35x24in* Madrid 97

CONDER Charles (Attrib.) 1868-1909 **[19]**
- *$22 770 FF116 300 £15 000* Two figures in a wooded landscape Oil/canvas 31x17,5cm/*12x6in* London 96

CONDER Charles Edward 1868-1909 **[56]**
- *$8 595 FF50 000 £5 264* Rainbow landscape Oil/canvas 29x44,5cm/*11x17in* Melbourne 97
- *$19 440 FF117 754 £12 045* The Verandah Oil/canvas 71x91,5cm/*27x36in* Melbourne 97
- *$410 FF2 387 £251* Untitled Lithograph 20x20cm/*7x7in* Melbourne 97
- *$1 644 FF9 963 £1 019* At Manly Watercolour/paper 18x13cm/*7x5in* Melbourne 97

CONDO George 1957 **[95]**
- *$2 280 FF12 920 £1 140* "Headless" Olio/tela 18x10cm/*7x3in* Prato 98
- *$5 100 FF28 900 £2 550* Orange and Grey Head Olio/tela 65x46cm/*25x18in* Prato 97
- *$20 000 FF118 344 £12 202* Untitled Oil/canvas 190,5x152,5cm/*75x60in* New-York 98
- *$1 500 FF9 057 £899* Mephisto Pastel/canvas 31x25,5cm/*12x10in* New-York 98

CONDON Catherine E. 1892-1934 **[1]**
- *$3 000 FF18 337 £1 831* L'homme artistique, La mondaine/A Courtesan Gouache/paper 45x35cm/*17x13in* New-York 98

CONDY Nicholas Matthew 1793-1857 **[12]**
- *$3 218 FF18 700 £1 900* Interior with figures Oil/board 37,5x30,5cm/*14x12in* London 97
- *$11 670 FF59 400 £7 000* Coastal scene with fisherfolk Oil/panel 36x46cm/*14x18in* London 96
- *$1 334 FF6 800 £800* Fisherboys on a beach Watercolour 15x11,5cm/*5x4in* London 96

CONDY Nicholas Matthew XIX **[2]**
- *$4 330 FF22 130 £2 800* The gamblers/Rustic courtship Oil/panel 29x24cm/*11x9in* London 95

CONDY Nicholas Matthew, Jr 1816-1851 **[30]**
- *$7 000 FF35 660 £4 200* A cutter and other shipping tacking in coastal waters Oil/board 32x42cm/*12x16in* London 96
- *$1 089 FF6 638 £650* Fisherfolk on the Beach Watercolour 11x14,5cm/*4x5in* London 98

CONDY Nicholas Sr. 1799-1859 **[10]**
- *$3 225 FF19 267 £2 000* A Gateway to the Tower of London Oil/canvas 35,5x30,5cm/*13x12in* London 97

CONE Martin D. 1891-1965 **[4]**
- *$7 200 FF36 400 £4 720* Landscape Oil/canvas/board 14,6x17,5cm/*5x6in* Chicago, Illinois 96
- *$46 000 FF278 957 £27 301* Blue Stairs Oil/canvas 60x45cm/*24x18in* Cedar Falls, Iowa 98

CONEYE Stefan 1907-1978 **[10]**
- *$1 092 FF6 220 £663* Frauenhalbfigur Ceramic H76cm/*H29in* Wien 97

CONFORTINI Jacopo 1602-1672 **[12]**
- *$1 560 FF8 840 £780* Studio per un abito di pelo di animale Matite colorate/carta 37x22cm/*14x8in* Milano 98

CONINCK de David R. (Attrib.) c.1636-c.1705 **[4]**
- *$5 670 FF32 000 £3 452* Perroquet, coq, lapins et éléments d'architecture dans un paysage Huile/toile 34x45cm/*13x17in* Paris 97

CONINCK de David Romelaer c.1636-c.1705 **[20]**
- *$25 660 FF132 000 £16 000* Two Spaniels guarding the spoils of the chase Oil/canvas 63x75cm/*24x29in* London 96
- *$65 272 FF376 648 £40 000* A peacock on an overturned urn, a parrot in a tree and rabbits Oil/canvas 97x134cm/*38x52in* London 97

CONINCK de Pierre Louis J. 1828-1910 **[7]**
- *$5 960 FF30 650 £3 600* Portrait of a Girl with Her Cat Oil/canvas 70x50cm/*27x19in* London 96
- *$8 120 FF41 000 £5 230* Portrait en buste de Mme. de Crayencour, mère de Marguerite Yourcenar Huile/panneau 29,5x23cm/*11x9in* Armentières 95

CONINXLOO van Gillis III 1544-1607 **[11]**
- *$47 076 FF279 720 £28 000* Landscape: SS. Paul the Hermit & Anthony the Great tempted by Demons Oil/copper 45x63,5cm/*17x25in* London 97
- *$67 452 FF399 600 £40 000* A Stag Hunt at a Pool in a Forest Oil/panel 27x37,5cm/*10x14in* London 97

CONINXLOO van Gillis III (Attrib.) 1544-1607 **[8]**
$15 960 FF81 100 £9 520 Waldlandschaft Oil/panel 51x65cm/*20x25in* Köln 96
$3 042 FF17 414 £1 797 A river landscape with a road leading to a wood over a bridge Black chalk
20,5x32cm/*8x12in* Amsterdam 97
CONINXLOO van Jan II c.1489-ap.1546 **[1]**
$36 700 FF177 500 £23 000 The Holy Family with Saint Anne Oil/panel 74x65cm/*29x25in* London 95
CONLON James H.P. XIX-XX **[1]**
$3 750 FF21 904 £2 218 Girl Reading Oil/canvas 50x63cm/*20x25in* Cincinnati, Ohio 97
CONNARD Philip 1875-1958 **[45]**
$842 FF4 985 £500 View of London Bridge Oil/board 25,5x35,5cm/*10x13in* London 97
$2 020 FF11 964 £1 200 Outside the Abbey Ruins Oil/canvas 56x68,5cm/*22x26in* London 97
$8 120 FF42 100 £5 200 Portrait of two girls Oil/canvas 143x112cm/*56x44in* London 96
$1 600 FF8 150 £960 "Spring on Wimbledon Common" Poster 98x126cm/*38x49in* New-York 96
$274 FF1 384 £180 Boting on the river Watercolour 21x27cm/*8x10in* London 96
CONNAWAY Jay Hall 1893-1970 **[19]**
$649 FF4 032 £396 Country Road, Early Fall Oil/canvas/board 22x24cm/*8x9in* Boston, Mass. 97
$1 900 FF9 595 £1 233 Monhegan Oil/canvas 40x50cm/*16x20in* Portland, Maine 96
CONNELL Will 1898-1961 **[9]**
$2 800 FF16 345 £1 693 Melodrama Gelatin silver print 41x34cm/*16x13in* Beverly Hills, Calif. 97
CONNELLY Brian XX **[1]**
$4 500 FF25 027 £2 785 Interior Watercolour/paper 43x51cm/*16x20in* New-York 97
CONNER Bruce 1933 **[4]**
$2 330 FF12 000 £1 493 Sans titre Collage 18,8x13,5cm/*7x5in* Paris 96
CONNER John Anthony 1892-1971 **[13]**
$650 FF3 326 £421 Peaceful Desert Oil/canvas 66x91cm/*26x36in* Tarzana, CA 95
CONNER Paul 1881-1968 **[8]**
$1 000 FF5 646 £608 Mt San Jacinto Oil/canvas 71x81cm/*28x32in* Altadena, CA 97
CONNOR Kevin Leslie 1932 **[24]**
$2 520 FF15 356 £1 565 Enclosed Figures, Early Morning I Oil/board 59x75cm/*23x29in* Melbourne 97
CONOR William 1881-1968 **[52]**
$23 062 FF131 332 £14 000 Going to church Oil/canvas 55x65,5cm/*21x25in* London 97
$6 214 FF36 468 £3 800 In the Fields Coloured crayons/paper 25,5x38cm/*10x14in* London 97
CONRAD Frédéric 1916-1982 **[4]**
$945 FF5 200 £580 "Le Maroc à Paris, Porte Maillot" Affiche 153x113cm/*60x44in* Versailles 97
CONRAD Philippe XX **[11]**
$1 513 FF9 000 £937 Quatre-mâts goélette Gouache/papier 70,5x115,5cm/*27x45in* Paris 97
CONRADE Alfred Charles 1863-1955 **[15]**
$415 FF2 013 £260 Pulpit design for a church in Pistria Watercolour 25x23cm/*10x9in* London 95
CONSADORI Silvio 1909 **[12]**
$480 FF2 720 £240 "Burano" Olio/cartone 18x26cm/*7x10in* Milano 97
$1 019 FF5 778 £509 "Noci delle cinque terre" Olio/tela 39x49cm/*15x19in* Milano 97
CONSAGRA Pietro 1920 **[63]**
$3 500 FF20 771 £2 143 Racconton Dimarinaio Bronze H45cm/*H17in* San Francisco-Los Angeles 97
$12 000 FF61 500 £7 290 Colloquiro Duro Bronze H84cm/*H33in* New-York 96
$528 FF2 690 £312 Senza titolo Acquarello/carta 35x50cm/*13x19in* Milano 96
CONSANZA Giuseppe XIX **[1]**
$3 916 FF20 000 £2 580 Femme allongée devant la fenêtre en robe verte, à l'éventail Huile/toile
30x54,5cm/*11x21in* Paris 96
CONSEIL Napoléon 1837-1871 **[2]**
$2 681 FF16 000 £1 606 Trois-mâts Bordes du XIX siècle Huile/toile 50x82cm/*19x32in* Paris 98
CONSETTI Antonio 1686-1766 **[2]**
$2 331 FF13 698 £1 400 Saint Luke and the Angel painting the Virgin Chalks 40,5x29cm/*15x11in*
London 97
CONSTABLE John 1776-1837 **[118]**
$84 195 FF500 850 £50 000 Cloud Study Oil/paper/canvas 24x30,5cm/*9x12in* London 97
$817 400 FF4 882 800 £500 000 Harnham Bridge Looking Towards Salisbury Cathedral Oil/canvas

56x77cm/*22x30in* London 98

 ✏ $210 FF1 277 £125 "The Avenue at Ham House, Surrey" Pencil/paper 22x15cm/*9x6in* Aylsham, Norfolk 98

CONSTABLE John (Attrib.) 1776-1837 **[11]**

 ✏ $493 FF2 785 £300 Hampstead Heath Watercolour 24,1x18,4cm/*9x7in* London 97

CONSTABLE Lionel Bicknell 1828-1887 **[5]**

 $2 998 FF18 497 £1 800 Dunwich Beach, Suffolk Oil/panel 20,5x29cm/*8x11in* London 98

CONSTANS Louis Aristide Léon XIX **[3]**

 $4 060 FF21 000 £2 620 Vase sur un entablement avec des coquillages Huile/toile 32,5x24,5cm/*12x9in* Paris 96

CONSTANT Benjamin 1845-1902 **[77]**

 $2 206 FF11 500 £1 387 Vue côtière d'Afrique du Nord Huile/carton 20,5x69cm/*8x27in* Toulouse 96

 $8 266 FF49 500 £4 940 Odalisque Huile/toile 62x101cm/*24x39in* Dunkerque 98

 $24 000 FF130 504 £14 368 Drink of water Oil/canvas 117x213cm/*46x84in* Bethesda, Maryland 97

 $299 FF1 783 £178 Untitled Etching 68x50cm/*26x19in* Amsterdam 97

 ✏ $539 FF3 100 £329 Vue d'une chapelle dans Saint-Marc à Venise Aquarelle/papier 48x29,5cm/*18x11in* Paris 97

CONSTANT Constant Nieuwenhuys 1920 **[103]**

 $2 495 FF14 863 £1 483 Village Scene Oil/canvas 31x40cm/*12x15in* Amsterdam 97

 $16 240 FF79 800 £10 340 Portrait of a woman Oil/canvas 50x40cm/*19x15in* Köbenhavn 95

 $680 FF3 395 £445 Couple Etching 13,8x14,3cm/*5x5in* Amsterdam 95

 ✏ $6 890 FF36 100 £4 140 Portrait of a woman Watercolour/paper 42x31cm/*16x12in* Amsterdam 96

CONSTANT Eugène XIX **[9]**

 $588 FF3 500 £359 Venise, Palais de la Duchesse de Berry Tirage papier salé 16,2x20,4cm/*6x8in* Bièvres 98

CONSTANT George 1892-1978 **[8]**

 ✏ $425 FF2 529 £263 House and Wagon Watercolour/paper 50x76cm/*20x30in* Provincetown, MA. 97

CONSTANT Joseph 1892-1969 **[44]**

 $1 700 FF9 924 £1 028 Dog running Bronze H71cm/*H27in* Tel Aviv 97

 $9 200 FF56 063 £5 690 Bird, Emu. Early 50s Sculpture, wood H82cm/*H32in* Tel Aviv 98

 ✏ $220 FF1 337 £135 Seated Man. The 20s Charcoal/paper 45x22cm/*17x8in* Tel Aviv 98

CONSTANT-DUVAL 1877-? **[57]**

 $77 FF450 £45 P.O, St Cirq la Popie, vallée du Lot" Affiche 100x70cm/*39x27in* Paris 97

CONSTANTIN Auguste Fernand 1824-1895 **[11]**

 ✏ $382 FF2 000 £230 Voiliers près du village Aquarelle 7,5x22cm/*2x8in* Paris 96

CONSTANTIN D'AIX Jean Antoine 1756-1844 **[20]**

 ✏ $832 FF4 020 £520 A seated priest looking down Red chalk 23,2x16cm/*9x6in* London 95

CONSTANTIN Jean Antoine 1756-1844 **[4]**

 ✏ $3 120 FF16 080 £2 000 A classical landscape including the Aurelian Walls of Rome Pencil 26,5x38,5cm/*10x15in* London 96

CONSTANTINE George Hamilton 1878-c.1950 **[24]**

 ✏ $522 FF3 205 £325 Dairy Scene Watercolour/paper 26x36cm/*10x14in* Melbourne 97

CONSTANTINI Charles Henry Th. 1804-c.1855 **[4]**

 ✏ $1 257 FF7 346 £744 Eliza Jane Kelly Watercolour/paper 22x81cm/*8x31in* Melbourne 97

CONSTANTINI Giuseppe XIX-XX **[4]**

 $6 160 FF31 900 £4 000 The card game Oil/panel 26x19cm/*10x7in* London 96

CONSUELO-FOULD Madame 1862-1927 **[1]**

 $7 749 FF45 747 £4 588 Will You Buy Oil/canvas 121x76cm/*48x30in* Elgin, Illinois 97

CONTE Guillermo 1956 **[7]**

 $16 000 FF95 579 £9 787 "Morazán" Oil/canvas 200x142cm/*78x55in* New-York 98

CONTE Meiffren c.1630-1705 **[7]**

 $7 452 FF45 000 £4 468 Nature morte aux pièces d'orfèvreries et coquillages Huile/toile 33,5x41,5cm/*13x16in* Paris 98

 $9 750 FF50 000 £5 930 Nature morte aux pièces d'orfèvrerie, tapis et coquillages Huile/toile 78,5x102,5cm/*30x40in* Bayeux 96

 $36 000 FF205 128 £22 050 A silver Incense Burner and Sideboard Dish.. Oil/canvas 101x128cm/*39x50in* New-York 97

CONTENCIN Charles Henry XX **[23]**

 $690 FF4 100 £418 Massif de Bellecote en hiver/Mont Blanc en été Huile/isorel 16x22cm/*6x8in* Tarbes 97

 $689 FF4 200 £418 Le Lac Robert Huile/toile 35x70cm/*13x27in* Paris 98

CONTENT Marjorie 1898 [3]

⬛ *$3 800 FF22 274 £2 338* Lotus Blossom Gelatin silver print 7,5x7,5cm/*2x2in* New-York 97

CONTERNO Arturo 1871-1942 [2]

$3 000 FF17 000 £1 500 Pascolo al crepuscolo Olio/tela 82x110cm/*32x43in* Vercelli 98

CONTI A. XIX-XX [1]

$3 526 FF18 000 £2 334 Portrait de jeune femme Pastel 64x51cm/*25x20in* Besançon 96

CONTI Eugenio Giuseppe 1842-1909 [1]

$13 200 FF74 800 £6 600 Le mie donne Olio/tela 57x100cm/*22x39in* Milano 98

CONTI Primo 1900-1988 [47]

$1 200 FF6 800 £800 Studio di Bambino Olio/tela 40x50cm/*15x19in* Firenze 97

$2 376 FF12 130 £1 440 Fiori Olio/tavola 40x30cm/*15x11in* Prato 96

$12 000 FF68 000 £8 000 Figura nello studo Olio/tavola 200x140cm/*78x55in* Prato 97

CONTI Tito 1842-1924 [48]

$3 570 FF18 400 £2 300 Im Weinkeller Öl/Leinwand 38x24cm/*14x9in* Wien 96

$3 810 FF19 260 £2 500 Welcome news Oil/canvas 52x42cm/*20x16in* London 96

CONTOPOULOS Alecos 1905-1975 [2]

$5 140 FF25 160 £3 255 Smoking the pipe Oil/canvas/board 68x52cm/*26x20in* Athens 95

CONTRERAS Y MUNOZ José Marcelo 1827-1890/92 [2]

$3 000 FF17 401 £1 773 St. Thomas of Villaneuva Giving Alms Oil/canvas 125,5x84,5cm/*49x33in* San Francisco 97

CONTWAY Jay XX [9]

$500 FF3 026 £313 Standing Steer Bronze 27x25cm/*11x10in* Bethesda, Maryland 97

CONWAY Fred E. 1900-1972 [21]

$695 FF4 049 £428 Moroccan street scenes Oil/canvas 37x30cm/*14x12in* St. Louis, Miss. 97

CONWAY Harold Edward 1872-? [2]

$3 970 FF20 120 £2 600 Burford Oil/canvas 46x41cm/*18x16in* London 96

CONZ Walter 1872-1947 [34]

$121 FF619 £80 Mädchenbildnis im Halbprofil (Jeanne) Etching 16,8x12,6cm/*6x4in* Pforzheim 96

$246 FF1 220 £157 "Concarneau" Pencil/paper 29,7x46,7cm/*11x18in* Heidelberg 95

COOGHEN van der Leendert 1632-1681 [3]

$743 FF4 339 £449 The Woman with the Jug Etching 14,5x10,5cm/*5x4in* London 97

COOK Beryl 1926 [50]

$6 794 FF38 781 £4 200 Poking the fire Oil/board 20,5x33cm/*8x12in* London 97

$9 706 FF55 401 £6 000 Dolphin bar Oil/board 56x65cm/*22x25in* London 97

$214 FF1 283 £130 Girl in a Taxi Screenprint 44x64cm/*17x25in* Oakwellgate, Gateshead 98

COOK Ebenezer Wake 1843-1926 [59]

$1 267 FF7 428 £780 Ann Hathaway's Cottage Watercolour/paper 16x24cm/*6x9in* Par, Cornwall 97

COOK Gordon 1927-1985 [13]

$400 FF2 402 £238 A Suite of Three Etching Etching 49,5x38cm/*19x14in* Los Angeles 98

$1 200 FF6 230 £794 Toy milk bottle Watercolour 28x23,5cm/*11x9in* San Francisco-Los Angeles 96

COOK Herbert Moxon 1844-1920 [28]

$300 FF1 617 £180 Low Tide Watercolour/paper 34x50,5cm/*13x19in* Billingshurst, West Sussex 97

COOK Howard Norton 1901-1980 [45]

$8 500 FF44 100 £5 620 The Battery, New York Oil/canvas 41x51cm/*16x20in* New-York 96

$748 FF4 475 £458 Sage and Cactus Woodcut 34,5x30cm/*13x11in* San Francisco-Los Angeles 97

$3 200 FF18 327 £1 893 Las Vegas No. 2 Watercolour/paper 33x54cm/*13x21in* Santa Fe, New Mexico 97

COOK Isaac 1846-1922 [2]

$555 FF3 171 £340 Rabbits in a Hilly Landscape Watercolour 32x49,5cm/*12x19in* London 97

COOK Juan 1948 [15]

$1 716 FF10 000 £1 057 Clown sur fond rose Huile/toile 54x65cm/*21x25in* Rouen 97

COOK OF PLYMOUTH William c.1830-c.1890 [24]

$327 FF1 904 £200 Sheep grazing at Becky falls, Devon Watercolour/paper 26x39,5cm/*10x15in* Billingshurst, West Sussex 97

COOK Otis Pierce c.1900-1980 [11]

$900 FF5 134 £549 Snow Covered Mountain setting with a Farmhouse Nestle near a River Oil/canvas 45x55cm/*18x22in* Detroit, Michigan 97

COOKE Arthur Claude 1867-? **[3]**
👆 *$12 198 FF70 796* £7 200 La Mesalliance Oil/canvas 91,5x137cm/*36x53in* London 97
COOKE Edward William 1811-1880 **[81]**
👆 *$3 196 FF18 148* £2 000 Vesuvius and Castel del Ovo from Villa cedroni, Posillipo Oil/paper/board 17x24,5cm/*6x9in* London 97
👆 *$14 419 FF82 493* £9 000 Calais Sands with Shrimpers Oil/canvas 43,5x80cm/*17x31in* London 97
👆 *$100 600 FF521 000* £65 000 A Calm Day on the Scheldt Oil/canvas 97,5x141cm/*38x55in* London 96
🖐 *$456 FF2 729* £280 The United Kingdom Steam Vessel; Dutch Schuyt and the Victory Etching 17x21,5cm/*6x8in* London 98
✏ *$295 FF1 724* £180 Santa Maria della Salute by Moonlight Pencil 15x23,5cm/*5x9in* London 97
COOKE Isaac 1846-1922 **[11]**
👆 *$11 595 FF71 051* £7 000 "Nature Majesty" Oil/canvas 91,5x152,5cm/*36x60in* London 98
✏ *$488 FF2 958* £300 Old Windmill on the Breck, Wallasey Watercolour/paper 18x25cm/*7x9in* Chester 98
COOKESLEY Margaret Murray c.1850-1927 **[14]**
👆 *$2 000 FF10 380* £1 323 Three Arabs at rest Oil/canvas 27x38cm/*11x15in* Delray Beach, Florida 96
👆 *$4 500 FF26 753* £2 753 Moroccan Orange Sellers Oil/canvas 35,5x58,5cm/*13x23in* New-York 97
COOLE Brian XIX-XX **[7]**
👆 *$20 000 FF122 624* £12 236 New York City Harbor Oil/panel 99x168cm/*38x66in* New-York 98
COOMANS Auguste 1855-? **[8]**
👆 *$1 372 FF6 930* £900 Preparing for the Masked ball Oil/panel 36x30cm/*14x11in* London 96
COOMANS Pierre Ol. Joseph 1816-1889 **[38]**
👆 *$2 889 FF16 869* £1 747 Eine junge Schönheit sitzt in antikisierenden Gewändern in einem... Oil/panel 23x18cm/*9x7in* Stuttgart 97
👆 *$5 800 FF28 250* £3 670 A Lady in a voile dress Oil/canvas 54x43cm/*21x16in* New-York 95
👆 *$115 300 FF558 000* £74 000 The Last Hour of Pompei, The House of the Poet Oil/canvas 101x158cm/*39x62in* London 95
COOMBS Delbert Dana 1850-1938 **[10]**
👆 *$3 500 FF22 222* £2 185 Probably A View of Lake Auburn Oil/canvas 40x76cm/*16x30in* Portland, Maine 97
COOP Hubert 1872-1953 **[34]**
👆 *$2 985 FF18 315* £1 858 Sailing Vessels at a Jetty Oil/canvas 78,5x98cm/*30x38in* Melbourne 97
✏ *$1 185 FF6 889* £700 A Fisherman on a Dutch Canal by Windemills Watercolour/paper 33,5x47,5cm/*13x18in* London 97
COOPER Abraham 1787-1868 **[30]**
👆 *$4 838 FF28 901* £3 000 Full Cry Oil/panel 26x21cm/*10x8in* London 97
👆 *$14 040 FF68 100* £8 800 A Setter in a landscape Oil/canvas 49x59cm/*19x23in* London 95
COOPER Abraham (Attrib.) 1787-1868 **[6]**
👆 *$2 800 FF14 400* £1 746 Gentleman with race horse Oil/canvas 6x92cm/*2x36in* New-York 96
COOPER Alexander Davis c.1820-c.1890 **[8]**
👆 *$442 FF2 665* £267 After the Storm Huile/panneau 50,5x91,5cm/*19x36in* Montréal 98
COOPER Alfred Egerton 1883-1974 **[31]**
👆 *$507 FF2 907* £300 The Nighthawk Oil/canvas 76x63,5cm/*29x25in* London 97
👆 *$656 FF4 073* £400 Bathing Huts and Figures on a Beach, charmouth Dorset Oil/board 25,5x35,5cm/*10x13in* London 97
COOPER Alfred Heaton 1864-1929 **[40]**
✏ *$996 FF5 923* £600 Haweswater From Colly Farm Watercolour 37x53,5cm/*14x21in* Billingshurst, West Sussex 98
COOPER Astley D. Montague 1856-1924 **[12]**
👆 *$3 250 FF19 673* £2 040 Morning Oil/canvas 127x76cm/*50x30in* Bethesda, Maryland 97
👆 *$7 500 FF42 759* £4 644 Lthe Lighting of the First Sulphur Match Oil/canvas 152x106cm/*60x42in* New Orleans, Louisiana 97
COOPER Austin 1890-1964 **[6]**
🖐 *$1 495 FF8 701* £921 "Bicyclism, Science Museum, South Kensighton" Poster 62x100,5cm/*24x39in* New-York 97
COOPER Colin Campbell 1856-1937 **[91]**
👆 *$1 800 FF10 968* £1 074 Courtyard Flowers Oil/canvas 12x18cm/*5x7in* Pasadena, California 98
👆 *$9 500 FF57 159* £5 686 Bruges, Belgium Oil/canvas 69,5x46cm/*27x18in* Beverly Hills, Calif. 98
✏ *$4 000 FF23 738* £2 450 Gateway to the Generalife Palace, Granada, Spain Gouache/paper 55x45cm/*22x18in* New-York 98

COOPER Edwin 1785-1833 **[25]**

    $2 944 FF17 526 £1 800 A Chestnut Hunter by a Fence in an extensive Landscape Oil/canvas 35,5x45cm/*13x17in* London 98

    $4 222 FF25 000 £2 500 A chesnut Hunter in a wooded River Landscape Oil/canvas 61,5x78cm/*24x30in* London 97

    $4 680 FF24 100 £3 000 Album of watercolours of greyhounds and horses Watercolour 29,5x45cm/*11x17in* London 96

COOPER Edwin, Archt. 1874-1942 **[2]**

    $1 026 FF5 010 £650 "Marylebone Town Hall, Public Library and Public Health Extension" Watercolour 60,5x65cm/*23x25in* London 95

COOPER George c.1780-c.1840 **[1]**

    $1 396 FF7 180 £900 Treawen House, Monmouthshire Watercolour 18x25,5cm/*7x10in* London 96

COOPER Gerald 1898-1975 **[22]**

    $5 500 FF28 300 £3 430 Elaborate flowers still life Oil/panel 76x64cm/*29x25in* New-York 96

COOPER Henry XIX-XX **[37]**

    $146 FF726 £95 River and Mountain View Huile/toile 40,5x61cm/*15x24in* Montréal 95

COOPER Joseph Teal 1682-1743 **[6]**

    $13 433 FF82 418 £8 364 Still Life with Autumn Fruits Oil/canvas 90x99cm/*35x38in* Melbourne 97

COOPER Joseph Teal (Attrib) 1682-1743 **[2]**

    $7 970 FF38 700 £5 000 Fruits on a stone ledge Oil/canvas 7x62cm/*2x24in* London 95

    $15 500 FF79 800 £10 000 Still life with fruit and a basket on a bank Oil/canvas 64x76cm/*25x29in* London 96

COOPER Mary XX **[2]**

    $792 FF4 705 £480 At last the walls were up, all the bricks fitting nicely Watercolour 25,5x15cm/*10x5in* London 97

COOPER Susie XX **[1]**

    $8 020 FF41 250 £5 000 Wall mask (head of a young woman) Sculpture H30,5cm/*H12in* London 96

COOPER Thomas George 1836-1901 **[13]**

    $15 005 FF92 175 £9 000 Canterbury Meadows Oil/canvas 61x91,5cm/*24x36in* London 98

    $635 FF3 872 £400 On the South Coast Watercolour/paper 29x44,5cm/*11x17in* Billingshurst, West Sussex 97

COOPER Thomas Sydney 1803-1902 **[238]**

    $327 FF1 901 £200 Portrait of a Cow Oil/board/canvas 30,5x43,5cm/*12x17in* London 97

    $2 036 FF12 147 £1 250 Pastoral Scene with Sheep and Cattle Grazing Oil/canvas 40x60cm/*16x24in* Cranbrook, Kent 98

    $43 550 FF221 400 £26 000 The Watering Place Oil/canvas 112x147cm/*44x57in* London 96

    $1 240 FF6 376 £800 Sheep and Cow in a Landscape Watercolour/paper 24,5x31cm/*9x12in* London 96

COOPER William Heaton 1903 **[33]**

    $793 FF4 757 £480 "Langdales from Youdell Tarn" Watercolour/paper 38x55cm/*14x21in* Newcastle-upon-Tyne 97

COOPER William Savage XIX-XX **[11]**

    $671 FF3 811 £420 Two children seated in a meadow gathering posies of flowers Oil/board 19,7x29,5cm/*7x11in* London 97

    $30 000 FF170 940 £18 375 The Spirit of Summer Oil/canvas 102x82cm/*40x32in* New-York 97

COOPER William Sidney 1854-1927 **[81]**

    $3 261 FF19 436 £2 000 Sheep Resting in an Orchard Oil/canvas 50,5x77cm/*19x30in* London 98

    $3 530 FF20 608 £2 100 Sheep on the Cliff/Cattle Grazing/Sheep Grazing/Sheep Resting Oil/canvas/board 13x23cm/*5x9in* London 97

    $730 FF4 414 £460 Cattle before a farmhouse and rural buildings Watercolour 24x34cm/*9x13in* West Midlands 97

COOPSE Pieter c.1640-c.1690 **[5]**

    $14 050 FF70 000 £9 200 Navires hollandais par mer agitée Huile/panneau 27,5x46cm/*10x18in* Paris 95

    $17 130 FF100 000 £10 360 Marine à la barque revenant vers un nanvire de pêche Huile/panneau 40x43cm/*15x16in* Paris 97

COORTE Adriaen XVII-XVIII **[5]**

    $28 254 FF170 000 £16 915 Nature morte à la coupe de fraises Huile/toile 32,5x24cm/*12x9in* Paris 98

COOSEMANS Alexander 1627-1689 **[14]**
- *$1 860 FF9 630 £1 201* Mushrooms Oil/canvas 39x30cm/*15x11in* Wien 96
- *$33 080 FF192 320 £20 200* Stilleben mit Pfirsichen, Weintrauben, Nüssen, Pflaumen... Öl/Leinwand 71x59,5cm/*27x23in* Wien 97

COOSEMANS Joseph Théodore 1828-1904 **[18]**
- *$587 FF3 575 £360* Vue de Campine Huile/panneau 19,5x29,5cm/*7x11in* Bruxelles 98
- *$4 336 FF26 016 £2 608* Paysage Huile/toile 60x78cm/*23x30in* Bruxelles 98

COPE Charles West 1811-1890 **[19]**
- *$5 940 FF31 000 £3 540* A Garden Party in the Time of Charles II Oil/panel 62,5x76cm/*24x29in* Toronto 96

COPE George 1855-1929 **[7]**
- *$1 300 FF7 826 £777* Winter Solitude Oil/masonite 40,5x50,5cm/*15x19in* San Francisco 98
- *$8 000 FF48 602 £4 816* Landscape of a Couple Canoeing on the Brandywine River Oil/canvas 25x41cm/*10x16in* Downington, PA 98

COPELAND Alfred Bryant 1840-1909 **[7]**
- *$1 300 FF7 544 £802* "A Bit of Old Cluny" Oil/canvas 100x44cm/*39x17in* New-York 97

COPELAND Charles G. 1858-1945 **[4]**
- *$892 FF5 474 £547* River Views Watercolour/paper 22x35cm/*9x14in* Mystic, Connecticut 98

COPER Hans 1920-1981 **[2]**
- *$33 200 FF169 800 £20 000* A superlative black Cycladic form Ceramic H24cm/*H9in* London 96

COPIA Jacques Louis 1764-1799 **[3]**
- *$547 FF3 200 £324* Le nid de fauvette, d'après Devosge Gravure 52x39cm/*20x15in* Paris 97

COPIEUX Albert XIX-XX **[24]**
- *$526 FF3 000 £328* Paysage Aquarelle 49x64cm/*19x25in* Le Havre 97

COPLANS John 1920 **[9]**
- *$3 968 FF23 166 £2 400* Self portrait, Back Hands Gelatin silver print 61x51cm/*24x20in* London 97

COPLEY John Singleton 1738-1815 **[15]**
- *$80 000 FF490 496 £48 944* Portrait of Mary Oxnard (1741-1812) of Falmouth, Maine Oil/canvas 73,5x59,5cm/*28x23in* New-York 98
- *$196 176 FF1 171 872 £120 000* Portrait of Mary Montagu and Robert Copley, her Brother Oil/canvas 259x188cm/*101x74in* London 98
- *$95 000 FF569 544 £57 180* A Brown Haired Blue Eyed Woman Wearing a Pink Dress and Headpiece Pastel/paper 45,5x61cm/*17x24in* New-York 98

COPLEY William N.- CPLY 1919-1996 **[56]**
- *$3 996 FF23 263 £2 444* Liegende Öl/Leinwand 25,5x35,5cm/*10x13in* München 97
- *$5 200 FF30 232 £3 174* Untitled Oil/canvas 99x81cm/*38x31in* New-York 97
- *$13 000 FF68 000 £7 740* Yes-No Acrylic/canvas 130,5x96,5cm/*51x37in* München 96
- *$1 690 FF10 063 £1 033* Ohne Titel Charcoal/paper 34,5x24,5cm/*13x9in* Köln 98

COPNALL Frank Thomas 1870-1949 **[6]**
- *$2 746 FF16 377 £1 700* Girl Reading Beside the Brook Oil/canvas 51x61cm/*20x24in* London 97
- *$1 207 FF6 160 £800* Sunset off the coast Coloured chalks 77x124cm/*30x48in* Billingshurst, West Sussex 96

COPPEDE Carlo 1868-? **[8]**
- *$660 FF3 740 £440* Danzatrice com tamburello Carboncino 75x43cm/*29x16in* Prato 97

COPPEDGE Fern Isabell 1888-1951 **[27]**
- *$7 000 FF40 863 £4 233* "Sunday Morning" Oil/board 35x40cm/*14x16in* Downington, PA 97
- *$14 850 FF90 993 £8 964* Gloucester Dock Oil/canvas 45x50cm/*18x20in* Hatfield, Pennsylvania 98

COPPENOLLE van XIX **[5]**
- *$1 680 FF10 000 £1 043* Basse-cour Huile/toile 46x55cm/*18x21in* Bourges 97

COPPENOLLE van E. XIX-XX **[5]**
- *$9 634 FF58 532 £5 800* A Vase of Lilac with Roses on a Ledge Oil/canvas 130x96,5cm/*51x37in* London 98

COPPENOLLE van Edmond 1846-1914 **[26]**
- *$354 FF2 100 £216* Vase de fleurs Huile/carton 69x50cm/*27x19in* Grenoble 97
- *$2 268 FF13 500 £1 386* Bouquet champêtre Huile/panneau 22x15,5cm/*8x6in* Barbizon 98

COPPENOLLE van Jacques 1878-1915 **[30]**
- *$894 FF5 227 £549* Hahn mit drei Hennen Oil/panel 21x16cm/*8x6in* Zofingen 97
- *$1 021 FF5 900 £629* Basse-cour Huile/toile 54x65cm/*21x25in* Bordeaux 97

COPPENS Omer 1864-1926 **[27]**
- *$406 FF2 290 £254* Le porche du château Huile/panneau 35x46cm/*13x18in* Bruxelles 97
- *$572 FF3 264 £350* Le Grand Canal à Bruges Oil/panel 23,5x32cm/*9x12in* Lokeren 97

COPPING Harold 1863-1932 **[8]**

✏ *$801 FF4 771 £490* Peter's Remorse Watercolour/paper 72x50cm/*28x20in* Dorking, Surrey 98

COPPOLA Antonio 1839-? **[13]**

✏ *$504 FF2 472 £328* Costiera sorrentina Acquarello/carta 31,5x46cm/*12x18in* Roma 95

COPPOLA Carlo XVII **[2]**

$5 711 FF32 956 £3 500 Christ on the road to Calvary Oil/canvas 27x49cm/*10x19in* London 97

COPPOLA Carlo (Attrib.) XVII **[1]**

$8 680 FF42 800 £5 460 Scontro militare fra cavieleri turchi e cristiani Olio/rame 22x33cm/*8x12in* Firenze 95

COQUELIN Gabriel Eug. 1907-1996 **[42]**

$3 370 FF17 000 £2 187 Modèle se coiffant Bronze H19cm/*H7in* Soissons 96

$7 877 FF47 000 £4 751 Grande Vestale à la coiffure Bronze H109cm/*H42in* Saint-Brieuc 97

COQUELIN Théodore Ange XIX-XX **[7]**

$970 FF5 800 £593 Plat de pêches et noisettes Huile/panneau 27,5x41cm/*10x16in* Coutances 98

$3 744 FF23 000 £2 244 Bouquet de fleurs Huile/toile 54x45cm/*21x17in* Paris 98

COQUES Gonzales 1618-1684 **[14]**

$9 273 FF55 000 £5 489 Portrait de gentilhomme en habit noir Huile/cuivre 25,5x19,5cm/*10x7in* Paris 97

$24 840 FF150 000 £14 895 Le Chirurgien opérant après le duel Huile/panneau 57x82,5cm/*22x32in* Paris 98

$58 800 FF302 300 £36 650 Group Portrait of a Family on a Terrace Oil/canvas 115x132cm/*45x51in* Wien 96

COQUES Gonzales (Attrib.) 1618-1684 **[9]**

$4 400 FF21 900 £2 800 Portrait of a gentleman Oil/copper 9x7cm/*3x2in* London 95

$5 661 FF34 000 £3 434 Portrait de famille sur fond de paysage Huile/toile 76,5x63,5cm/*30x25in* Paris 98

COQUILLAY Jacques 1935 **[12]**

$1 755 FF10 000 £1 096 Jeune femme assise Bronze H25cm/*H9in* Lille 97

CORA Vladimir 1946 **[5]**

$3 450 FF20 720 £2 060 Two Figures Acrylic 200x300cm/*78x118in* San Francisco 98

CORAN D'YS XIX-XX **[9]**

✏ *$330 FF1 700 £219* Etude de poisson et de moules Gouache 7x9cm/*2x3in* Brest 96

CORBELLA Tito 1885-1966 **[10]**

$810 FF4 590 £540 Buoi Olio/tavola 38x38cm/*14x14in* Firenze 97

$2 000 FF10 180 £1 200 "Itala 61, La Sei Cilindri Due Litri Italiana" Poster 137x97cm/*53x38in* New-York 96

CORBELLINI Luigi 1901-1968 **[108]**

$745 FF3 850 £481 Bildnis eines Buben mit Hut Öl/Leinwand 22x16cm/*8x6in* Wien 96

$1 100 FF6 707 £660 Portrait of a Woman in a Salon Oil/canvas 71x56cm/*27x22in* Washington 98

CORBET Charles Louis 1758-1808 **[4]**

$5 245 FF31 809 £3 200 George III coloured Mezzotints on Glass Mezzotint 47x36,5cm/*18x14in* London 98

CORBET Matthew Ridley 1850-1902 **[6]**

$3 245 FF18 674 £2 000 Evening Oil/panel 79x45,5cm/*31x17in* London 97

CORBETT Edward 1919-1971 **[2]**

$5 000 FF28 506 £3 096 Provincetown II #7 Oil/canvas 152x127cm/*60x50in* Morris Plains 97

CORBIJN Anton 1955 **[3]**

$919 FF5 716 £549 "Björk" Lithograph 45x45cm/*17x17in* Köbenhavn 98

CORBINEAU Charles 1835-1901 **[3]**

$4 500 FF26 897 £2 754 La baigneuse et les cygnes Oil/canvas 61x46,5cm/*24x18in* New-York 97

CORBINO Jon 1905-1964 **[26]**

$1 200 FF7 083 £710 Ballet Composition Oil/canvas 41x21cm/*16x8in* Elgin, Illinois 97

$7 000 FF35 400 £4 590 View from My Window Oil/masonite 63x76cm/*24x29in* New-York 96

$40 000 FF228 312 £24 728 Flood refugees Oil/canvas 101,5x162,5cm/*39x63in* New-York 97

CORBOULD Alfred Hitchens XIX **[2]**

✏ *$1 020 FF6 120 £620* The Morning Post Watercolour 7,5x11,5cm/*2x4in* Billingshurst, West Sussex 98

CORBOULD Aster R.C. XIX **[8]**

$4 280 FF21 930 £2 600 West Highland Scots Oil/canvas 46x77cm/*18x30in* London 96

CORBOULD Edward Henry 1815-1905 **[19]**

✏ *$299 FF1 849 £180* Constance and Prince Arthur Watercolour/paper 19,5x13,5cm/*7x5in* Billingshurst, West

Sussex 98
CORBOULD Richard 1757-1831 **[2]**
 $1 130 FF6 686 £680 Old Trees with old Man, Girl and Dog Lithograph 23x31,5cm/*9x12in* London **98**
CORBUSIER Jean-François 1810-1852 **[5]**
 $438 FF2 616 £268 Abraça Lithographie 71x103cm/*27x40in* Zürich **98**
CORCOS Lucille 1908-1973 **[6]**
 $4 200 FF21 920 £2 540 The Wedding Tempera/board 51x40,5cm/*20x15in* New-York **96**
 $2 200 FF11 480 £1 330 Easter Sunday Tempera/paper 42x39,5cm/*16x15in* New-York **96**
CORCOS Vittorio M.(Attrib.) 1859-1933 **[2]**
 $4 200 FF23 800 £2 800 Festa alla sposa Olio/cartone 24x50cm/*9x19in* Roma **97**
CORCOS Vittorio Matteo 1859-1933 **[46]**
 $2 240 FF11 725 £1 470 Capanni sul mare Olio/tavola 7,5x23,5cm/*2x9in* Roma **96**
 $20 400 FF115 600 £13 600 Giovane signora Olio/tela 95,3x54cm/*37x21in* Prato **97**
 $245 000 FF1 260 000 £152 700 In the sunny south Oil/canvas 120x165,5cm/*47x65in* New-York **96**
CORCUERA Francisco 1944 **[8]**
 $12 000 FF70 052 £7 138 Concerto en Rosso Oil/canvas 180x140,5cm/*70x55in* New-York **97**
CORDERO Francisco XIX-XX **[19]**
 $1 760 FF10 862 £1 045 Jardín andaluz Oleo/lienzo 101x41cm/*39x16in* Madrid **98**
 $3 200 FF19 047 £1 986 Paisaje Oil/canvas 29x41cm/*11x16in* Miami, Florida **97**
CORDEY Frédéric 1854-1911 **[19]**
 $2 690 FF14 040 £1 600 Vieille meule au paysage Oil/canvas 47x56cm/*18x22in* London **96**
 $5 341 FF31 000 £3 155 Jeunes femmes dans les champs, les environs de Pontoise Huile/toile
27,5x41cm/*10x16in* Pontoise **97**
CORDIER Charles Henri Joseph 1827-1905 **[43]**
 $12 100 FF62 800 £8 000 Vénus africaine, bust of a Nubian woman Bronze H40cm/*H15in* London **96**
 $327 840 FF1 939 860 £200 000 Bust of a Nègre du Soudan/Bust of a Capresse de colonies Bronze
H195cm/*H76in* London **98**
CORDIER Eugène Maria 1903-1974 **[2]**
 $961 FF5 580 £587 "Strassenbau Ausstellung, München" Poster 59,5x84cm/*23x33in* Amsterdam **97**
CORDREY John c.1765-1825 **[7]**
 $22 000 FF108 300 £14 170 Princess Charlotte's State Landau, driven by Mr. Mainwaring Oil/canvas
54x88cm/*21x34in* New-York **95**
CORDREY John (Attrib.) c.1765-1825 **[2]**
 $4 364 FF26 164 £2 650 58 Miles From London, the Bath and Bristol Post Coach Oil/canvas
39,5x59cm/*15x23in* Billingshurst, West Sussex **98**
CORDUA Joannes 1698/1702-? **[2]**
 $13 264 FF76 704 £8 208 Vanitas-Stilleben Öl/Leinwand 64x85cm/*25x33in* Wien **97**
CORDUA Joannes (Attrib.) 1698/1702-? **[2]**
 $13 020 FF67 400 £8 400 Eine alte Frau betrachtet sich im Spiegel (Allegorie) Öl/Leinwand
4,5x39,5cm/*1x15in* Wien **96**
CORELLI Augusto 1853-? **[14]**
 $1 465 FF9 000 £878 Jeune femme sous une Roseraie Aquarelle/papier 48,5x31,5cm/*19x12in* Paris **98**
CORELLI Rosa XIX **[4]**
 $241 FF1 440 £149 Fishing Vessels in the Bay of Naples with Vesuvius beyond Bodycolour 9,5x21cm/*3x8in*
London **97**
CORENZIO Belisario 1558/60-1640/43 **[6]**
 $4 990 FF25 700 £3 200 Angels in flight (design for the right-hand section of a lunette) Ink
23,9x17cm/*9x6in* London **96**
CORENZIO Belisario (Attrib.) 1558/60-1640/43 **[4]**
 $1 454 FF8 500 £887 La chute du magicien Simon Aquarelle 25,5x18,5cm/*10x7in* Paris **97**
CORETH Mark 1958 **[3]**
 $11 671 FF70 098 £7 000 Fighting Lionesses Bronze H56cm/*H22in* London **98**
COREY Bernard XX **[8]**
 $850 FF5 157 £518 Winter Landscape/"Old Barns" Oil/canvas/board 25x40cm/*10x16in* Boston, Mass. **98**
CORINTH Lovis 1858-1925 **[847]**
 $695 FF4 017 £408 Mann mit Zwicker Oil/canvas/panel 39x29,5cm/*15x11in* Köln **97**
 $62 500 FF324 000 £40 000 Liegender weiblicher Akt Oil/panel 39,5x60cm/*15x23in* London **96**
 $117 700 FF675 680 £71 760 Ariadne auf Naxos Öl/Leinwand 119x148cm/*46x58in* Berlin **97**

*$575 FF3 304 £350 Selbstbildnis Vernis mou 12x9cm/*4x3in* Berlin 97

*$1 300 FF7 488 £763 Study for "Im Fischerhaus"/Study of a Woman Ironing Pencil 42x30,5cm/*16x12in* New-York 97

CORIOLANO Bartolommeo 1599-1676 **[10]**

*$706 FF4 041 £430 Eine Sibylle Woodcut in colors 26x20cm/*10x7in* München 97

CORLEY Philip A. 1944 **[44]**

*$600 FF3 389 £377 Mother Reading to Daughter in the park Oil/canvas/board 20x25cm/*8x10in* Florida 97

*$1 000 FF5 120 £666 Summer Day on a Lake Oil/canvas/board 50x60cm/*20x24in* Delray Beach, Florida 96

CORMIER Joseph Em. Descomps 1869-1950 **[40]**

*$2 250 FF12 837 £1 368 A reclining woman Bronze H47cm/*H18in* Los Angeles 97

CORMIERE Gaston XX **[24]**

*$230 FF1 150 £151 Femme sur la plage Aquarelle/papier 23x32cm/*9x12in* Bordeaux 95

CORMON Fernand Piestre 1854-1924 **[55]**

*$13 000 FF77 196 £7 936 A Vase of Flowers Oil/canvas 131x98cm/*51x38in* New-York 98

*$20 000 FF118 274 £12 134 A Friends' Lunch Oil/canvas 92x119,5cm/*36x47in* New-York 98

CORN Tibor XX **[5]**

*$574 FF3 200 £357 Composition aux prunes Huile/panneau 24x30cm/*9x11in* Lesquin 97

CORNE Michele Felice 1752-1845 **[4]**

*$17 000 FF104 230 £10 400 Idyllic Landscape with Lakes and Castle Ruins Oil/canvas 89x127cm/*35x50in* New-York 98

CORNEAU Eugène 1894-1976 **[59]**

*$74 FF450 £44 Le ruisseau Aquarelle/papier 24x34cm/*9x13in* Paris 97

CORNEILLE C. van Beverloo 1922 **[1025]**

*$1 373 FF7 040 £835 Indifférente Acrylic/paper 27x22cm/*10x8in* Viby J, Århus 96

*$21 495 FF125 482 £13 000 Asmara Oil/canvas 38x61cm/*14x24in* London 97

*$77 651 FF465 236 £46 315 "Mid-Day Pasture" Oil/canvas 161x130cm/*63x51in* Amsterdam 98

*$350 FF2 097 £209 Komposition med två figurer Color lithograph 63x49cm/*24x19in* Stockholm 98

*$2 312 FF12 070 £1 396 Couronnée Sculpture, wood H65cm/*H25in* Amsterdam 96

*$4 630 FF24 000 £3 010 Sculpture sur Bois XVII (Tête dans un arc bleu) Sculpture 83x70x40cm/*32x27x15in* Paris 96

*$3 010 FF17 201 £1 844 Kvinna med fågel Mixed media/paper 108x67cm/*42x26in* Stockholm 97

CORNEILLE DE LYON Claude 1510-c.1574 **[4]**

*$90 000 FF538 920 £55 080 Portrait of a bearded Gentleman, said to be Chancellor Henart Oil/panel 16,5x13,5cm/*6x5in* New-York 97

CORNEILLE DE LYON Claude (Attrib.) 1510-c.1574 **[6]**

*$34 080 FF200 000 £20 840 Portrait d'homme barbu sur fond vert Huile/panneau 17,5x11cm/*6x4in* Paris 97

CORNEILLE Michel I 1602-1664 **[9]**

*$4 800 FF23 200 £3 000 The Assumption of the Virgin Black & white chalks 49,2x39,9cm/*19x15in* London 95

CORNEILLE Michel II 1642-1708 **[41]**

*$3 009 FF18 000 £1 827 La fuite en Egypte Huile/cuivre 45x30cm/*17x11in* Paris 97

*$2 125 FF10 850 £1 400 Studies of Female Heads Black chalk/paper 17x24,5cm/*6x9in* London 96

CORNEILLE Michel II (Attrib.) 1642-1708 **[12]**

*$29 430 FF180 000 £17 460 Vénus et Mars Huile/toile 94x104cm/*37x40in* Mâcon 98

*$250 FF1 267 £164 The Sacrifice of Moses Red chalk 27x35cm/*10x13in* New-York 96

CORNEJO Mariano 1962 **[2]**

*$4 000 FF23 880 £2 457 La Fuente No.2 Mixed media/panel 67x112,5x10cm/*26x44x3in* New-York 98

*$7 000 FF40 863 £4 164 Ampurias Acrylic/panel 135,5x189,5cm/*53x74in* New-York 97

CORNELISSEN Marie S. Lucas XIX-XX **[1]**

*$2 036 FF10 400 £1 350 Little Brothers Oil/canvas 36x30cm/*14x11in* Billingshurst, West Sussex 96

CORNELIUS de Peter 1787-1867 **[7]**

*$1 121 FF6 693 £676 Die Göttin Athene Pencil/paper 27,2x19,7cm/*10x7in* Köln 97

CORNELIUS Jean Georges 1880-1963 **[19]**

*$1 044 FF6 200 £632 Vapeur sur mer houleuse Huile/panneau 71x89cm/*27x35in* Brest 97

CORNELL Joseph 1903-1972 **[70]**
$58 000 FF347 304 £35 635 Dovecote Mixed media 37x27x7cm/*14x10x2in* New-York 98
$160 FF939 £97 Walt Whitman Etching 49x40cm/*19x16in* New Orleans, Louisiana 97
$75 000 FF388 400 £50 100 Untitled (Museum) Construction 22,2x24,2x22,2cm/*8x9x8in* New-York 96
$22 000 FF110 000 £14 240 "Chambres Intimes Vaste Hall" Collage 27,5x30cm/*10x11in* New-York 96
CORNER Thomas 1865-1938 **[5]**
$2 500 FF14 509 £1 526 Portrait of a Gyps Girl Oil/canvas 54x38cm/*21x14in* Los Angeles 97
CORNET Alphonse 1814-1874 **[7]**
$19 750 FF103 000 £12 420 Saltimbanques à la fête foraine Huile/toile 87x109cm/*34x42in* Riom 96
CORNET Paul 1892-1977 **[22]**
$1 354 FF8 000 £818 Méditation Bronze H43cm/*H16in* Paris 97
$3 650 FF20 000 £2 198 Figure debout Bronze H93cm/*H36in* Paris 97
CORNICELIUS Georg 1825-1898 **[4]**
$17 820 FF92 200 £11 500 Allegories Oil/canvas 130x94cm/*51x37in* Stockholm 96
CORNISH Hubert 1757-1832 **[4]**
$2 845 FF17 037 £1 700 Watercarrier/Indian Fan bearer/... Watercolour 24,5x37cm/*9x14in* London 98
CORNISH Norman **[8]**
$1 759 FF10 775 £1 050 Two Children Taking a Ride on a Coalman's Cart Watercolour/paper
16,5x24cm/*6x9in* Newcastle-upon-Tyne 98
CORNOYER Paul 1864-1923 **[42]**
$3 080 FF17 381 £1 887 Figures on a Country Road/Gloucester Harbour Oil/board 20x25cm/*8x10in* Mystic,
Connecticut 97
$6 800 FF35 300 £4 500 View of St. Louis Oil/canvas/board 31x118cm/*12x46in* Chicago, Illinois 96
$950 FF5 624 £564 Factory on the Mississippi Watercolour/paper 18x27cm/*7x11in* St. Louis, Miss. 97
CORNU Eugène ?-1875 **[2]**
$26 043 FF155 945 £16 000 Pair of urns Gilded bronze H108cm/*H42in* London 98
CORNU Gilles 1947 **[21]**
$1 060 FF6 500 £648 Jeune fille dans un intérieur Huile/toile 55x38cm/*21x14in* Arles 98
CORNU Jean-Jean 1819-1876 **[5]**
$4 442 FF25 500 £2 708 Chasseur et son chien près de la rivière Huile/toile 70x100cm/*27x39in*
Barbizon 97
CORNU Pierre 1895-1996 **[620]**
$354 FF2 000 £215 Débarcadère en Méditerrannée Huile/toile 35x55cm/*13x21in* Paris 97
$1 135 FF5 600 £738 La lecture Huile/toile 33x46cm/*12x18in* Arles 95
$695 FF4 200 £414 Modèle allongé Gouache 32x49cm/*12x19in* Saint-Dié 97
CORNWELL Dean 1892-1960 **[42]**
$7 500 FF36 700 £4 750 Couple in brickyard, for Cosmopolitan Oil/canvas 55x121cm/*22x48in* New-York 95
$2 530 FF15 023 £1 544 Bust of Benjamin Franklin with memorabilia Charcoal 60x51cm/*24x20in* New-
York 98
COROMALDI Umberto 1870-1948 **[20]**
$1 518 FF8 602 £759 Paesaggio della Campagna Romana, con volpe Olio/tela 26x45cm/*10x17in* Roma 98
$2 604 FF13 100 £1 722 Castel Gandolfo Olio/tela 64x97cm/*25x38in* Roma 95
COROMPAI Duilio 1876-1942 **[2]**
$3 960 FF20 700 £2 340 "La mietitura" Olio/tavola 49x59cm/*19x23in* Trieste 96
CORONEL Pedro 1923-1985 **[33]**
$12 000 FF58 200 £7 730 Retrato de Helen Lavista I Oil/masonite 121x80cm/*47x31in* New-York 95
$40 000 FF194 000 £25 770 Composición en Azul y Verde Oil/canvas 168x98cm/*66x38in* New-York 95
$2 982 FF17 687 £1 822 Naturaleza muerta Crayon 28x50cm/*11x19in* México 98
CORONEL Rafael 1932 **[79]**
$3 750 FF21 703 £2 307 Head of a Boy Oil/canvas 44,5x65cm/*17x25in* Los Angeles 97
$13 000 FF75 890 £7 733 Dos Figuras Oil/canvas 127x101,5cm/*50x39in* New-York 97
$3 450 FF20 720 £2 060 Composition with a Head Mixed media/paper 49,5x32,5cm/*19x12in* San
Francisco 98
COROT Camille Jean-Bapt. 1796-1875 **[394]**
$464 FF2 698 £274 Fransk bondgård Oil/canvas/panel 28x39cm/*11x15in* Malmö 97
$221 200 FF1 100 000 £140 800 Danse italienne à Frascati Huile/toile 85x115cm/*33x45in* Paris 95
$837 FF5 000 £513 Souvenir de Toscane Eau-forte 13x18cm/*5x7in* Paris 97
$4 330 FF22 000 £2 667 Méditation Fusain 27x20,5cm/*10x8in* Paris 96

CORPATEUX Jean-Pierre 1950 **[4]**
$43 253 FF250 736 £25 500 Portrait of a Gentleman Oil/canvas 46,5x37,5cm/*18x14in* London 97
CORPORA Antonio 1909 **[184]**
$1 342 FF7 608 £671 "Il bosco della fiaba" Olio/tela 38x48cm/*14x18in* Milano 97
$11 700 FF66 300 £5 850 Senza titolo Olio/tela 114,5x147cm/*45x57in* Prato 98
$108 FF638 £66 Racconto blu Etching, aquatint in colors 44x32cm/*17x12in* Heidelberg 97
$928 FF5 353 £553 Composizione Watercolour/board 51x36cm/*20x14in* München 97
CORPRON Carlotta M. 1901-1988 **[12]**
$2 800 FF16 241 £1 716 Shadow Expriments Gelatin silver print 9x7cm/*3x2in* New-York 97
CORRADI Alfonso 1889-1972 **[11]**
$552 FF3 128 £276 Monlué Olio/faesite 23x35cm/*9x13in* Roma 98
CORRADI Ferdinand 1840-1903 **[2]**
$2 597 FF15 440 £1 588 Blick auf das Wetterhorn und den Grindelwaldgletscher Gouache/papier 34,5x46cm/*13x18in* Bern 97
CORRADI Konrad 1813-1818 **[11]**
$5 402 FF33 535 £3 258 Gais Gouache/paper 32x47cm/*12x18in* St.Gallen 98
CORRADINI Carlo XIX **[2]**
$7 100 FF40 625 £4 200 La partie d'échecs Huile/toile 37x51,5cm/*14x20in* Bruxelles 97
CORREA Benito Rebolledo 1880-1964 **[8]**
$3 392 FF19 665 £2 000 Cattle in a Mountainous Landscape Oil/canvas 69x97cm/*27x38in* London 97
CORREA de Juan 1764-1739 **[4]**
$19 683 FF112 994 £12 000 An Archangel Oil/canvas/board 125x97cm/*49x38in* London 97
CORREA DE VIVAR Juan XVI **[2]**
$20 100 FF119 100 £12 000 "El abrazo de San Joaquín y Santa Ana" Oleo/tabla 87,5x71,5cm/*34x28in* Madrid 97
CORREDOYRA DE CASTRO Jesús Rodríguez 1889-1939 **[2]**
$1 540 FF8 800 £946 Cabra Oleo/lienzo 26x32,5cm/*10x12in* Madrid 97
$12 600 FF71 460 £7 920 Retrato de canonigo Oleo/lienzo 70x57cm/*27x22in* Madrid 97
CORREGGIO Antonio Allegri 1489/94-1534 **[4]**
$47 216 FF279 720 £28 000 The Head of a Child - a fragment Oil/panel 14x11cm/*5x4in* London 97
CORREGGIO Josef 1810-1891 **[12]**
$7 830 FF39 200 £5 070 Früchtestilleben mit Zinnkrug Öl/Leinwand 78x62cm/*30x24in* Wien 96
CORREGGIO Josef K. (Attrib.) 1870-1962 **[1]**
$1 940 FF9 680 £1 266 Darstellung der Katharina von Alexandrien Oil/panel 41x29cm/*16x11in* Stuttgart 95
CORREGGIO Ludwig 1846-1920 **[22]**
$756 FF4 374 £466 Moorlandschaft bei Polling Öl/Papier 12x20cm/*4x7in* München 97
$1 492 FF7 720 £970 Jäger in Gebirgslandschaft Öl/Leinwand 43x55cm/*16x21in* München 96
CORREGGIO Max 1854-1908 **[5]**
$772 FF4 385 £483 Jägers Rückkehr zur Almhütte Öl/Leinwand 30x43cm/*11x16in* München 97
CORREIA Charles 1945-1988 **[3]**
$3 104 FF15 000 £1 940 Jeune femme accroupie Bronze H32,5cm/*H12in* Paris 95
CORRODI Herman David Salomon 1844-1905 **[111]**
$1 280 FF6 700 £840 Figura mel paesaggio Olio/tavola 15x30cm/*5x11in* Roma 96
$15 080 FF76 600 £9 000 On the balcony on the Italian Coast Oil/canvas 101x65cm/*39x25in* London 96
$105 000 FF540 000 £65 400 The Slave market Oil/canvas 85,5x164,5cm/*33x64in* New-York 96
CORRODI Salomon 1810-1892 **[31]**
$236 FF1 406 £144 "L'Auberge du Righi Koulm" Aquatint 16,3x24cm/*6x9in* Bern 98
$4 800 FF25 125 £3 150 Ischia Acquarello/carta 33,5x23cm/*13x9in* Roma 96
CORSETTI J. XIX-XX **[1]**
$18 900 FF98 600 £12 500 A pair of Cherubs Marble H55cm/*H21in* London 96
CORSI Carlo 1879-1966 **[4]**
$1 500 FF8 500 £1 000 Rittrato di Bianca Carboncino/carta 48x35,5cm/*18x13in* Firenze 97
CORSI de Nicola 1882-1956 **[44]**
$1 140 FF6 460 £760 Mercato Olio/cartone 20x22cm/*7x8in* Milano 97
$2 480 FF12 480 £1 640 Antica trattoria di Chiarina a Mare a Torre Del Greco Olio/tavola

---

40x50cm/*15x19in* Roma 95
CORSO DI BUONO XIII **[1]**
 $214 500 FF1 121 900 £130 000 The Madonna and Child enthroned with Saints Bartholomew and Dominic Tempera/panel 110x71cm/*43x27in* London 96
CORT Cornelis 1533-1578 **[26]**
 $700 FF4 032 £411 St. Jerome penitent in the Wilderness Engraving 51,5x38cm/*20x14in* New-York 97
CORT de Hendrik F. (Attrib.) 1742-1810 **[2]**
 $1 991 FF12 197 £1 192 A Peasant Woman Watering Cattle by a Bridge Near Fortification Oil/panel 34,5x48cm/*13x18in* Amsterdam 98
CORT de Hendrik Frans 1742-1810 **[8]**
 $107 800 FF559 000 £70 000 View from the North West of Castle Howard, Yorkshire and the Mausoleum Oil/panel 105,5x154,5cm/*41x60in* London 96
CORTAZAR Roberto 1962 **[2]**
 $8 500 FF49 649 £5 029 Siete figuras deambulando frente de un muro Mixed media/panel 99x70cm/*38x27in* New-York 97
CORTAZZO Oreste 1836-? **[20]**
 $1 638 FF10 067 £983 Fest in einer Orangerie Oil/canvas 16,5x28,5cm/*6x11in* Köln 98
 $33 354 FF207 040 £20 000 The Fortune Teller Oil/panel 44x64cm/*17x25in* London 98
 $70 000 FF360 000 £43 600 Marie Antoinette's hameau in Versailles Oil/canvas 87x154,5cm/*34x60in* New-York 96
 $233 FF1 407 £140 The young Lovers Watercolour/paper 28x15cm/*11x5in* Newbury, Berkshire 98
CORTE de la Gabriel 1648-1694 **[5]**
 $60 696 FF360 000 £36 756 Bouquets de fleurs dans des vases sculptés sur des entablements Huile/toile 75x58,5cm/*29x23in* Paris 97
CORTE de la Gabriel (Attrib.) 1648-1694 **[1]**
 $11 860 FF60 000 £7 780 Nature morte aux fleurs, raisins et cerises Huile/toile 735x92,5cm/*289x36in* Paris 96
CORTE de la Juan c.1597-c.1660 **[5]**
 $7 497 FF44 334 £4 500 A Battle between Moors and Christians Oil/canvas 66x77,5cm/*25x30in* London 97
 $43 650 FF225 000 £28 000 Achilles confronting Hector outside Troy Oil/canvas 196x309cm/*77x121in* London 96
CORTES André 1815-1880 **[25]**
 $758 FF4 544 £462 Le bouc, la chèvre et la chevrière Huile/panneau 21,5x16cm/*8x6in* Liège 97
 $1 682 FF10 000 £1 042 Vaches et veau au pâturage Huile/toile 72x60cm/*28x23in* Provins 97
CORTES Antonio Cordero 1827-1908 **[20]**
 $677 FF3 927 £416 Cows in a wooded landscape Oil/panel 23x32cm/*9x12in* Malmö 97
 $1 726 FF10 200 £1 073 Chevaux de halage à la mare Huile/toile 38x46cm/*14x18in* Soissons 97
CORTES Edouard 1882-1969 **[561]**
 $3 142 FF18 000 £1 859 Bouquet de fleurs Huile/panneau 50x35cm/*19x13in* Paris 97
 $9 428 FF54 000 £5 578 Le labour Huile/toile 97x130cm/*38x51in* Paris 97
 $42 500 FF251 332 £25 784 Paris by Night Oil/panel 23x35cm/*9x13in* New-York 98
 $3 666 FF21 000 £2 169 Camp dans l'Aisne Gouache/papier 34,5x51cm/*13x20in* Paris 97
CORTES Y AQUILAR Andrés c.1815-c.1880 **[10]**
 $7 260 FF43 450 £4 400 Paisaje con pastores viajando Oleo/lienzo 91,5x126cm/*36x49in* Madrid 98
CORTESE Federico 1829-1913 **[12]**
 $2 900 FF17 262 £1 814 Paisaje Oleo/lienzo 28x58cm/*11x22in* Montevideo 97
CORTESE IL BORGOGNONE Guglielmo 1628-1679 **[15]**
 $14 400 FF81 600 £7 200 Scena di battaglia Olio/tela 58x72,5cm/*22x28in* Milano 97
 $218 000 FF1 120 000 £135 800 A Young Woman arranging Flowers in an Urn, with Pomegranates, Grapes.. Oil/canvas 125x166,5cm/*49x65in* Wien 96
 $859 FF5 019 £520 La peste Etching 30x31,5cm/*11x12in* London 97
 $4 130 FF21 070 £2 450 Reclining Putto/Study of a Boy holding a Child Chalks/paper 20x19cm/*7x7in* Amsterdam 96
CORTESE IL BORGOGNONE Guglielmo (Attrib.) 1628-1679 **[3]**
 $15 176 FF89 910 £9 000 A Woman with a Putto picking Grapes in a Garden by Fountain... Oil/canvas 118x94,5cm/*46x37in* London 97
CORTHALS Leon 1877-1935 **[4]**
 $997 FF5 857 £615 Stilleven met rozen Oil/canvas 80x60cm/*31x23in* Lokeren 97

CORVI Domenico 1721-1803 **[8]**
✎ *$2 400 FF13 600 £1 200* Testa maschile con barba che guarda verso l'alto Matite colorate/carta 19,5x18cm/*7x7in* Milano 98
CORWIN Charles Abel 1857-1938 **[13]**
☞ *$2 250 FF11 210 £1 474* Sunlight through the trees Oil/canvas 51x76cm/*20x29in* San Francisco-Los Angeles 95
CORZAS Francisco 1936-1983 **[47]**
☞ *$2 064 FF12 245 £1 261* Rostro Oleo/papel 20x24cm/*7x9in* México 98
☞ *$55 000 FF267 000 £35 440* Retrato de Hombre (Personaje #2) Oil/canvas 128x100cm/*50x39in* New-York 95
✎ *$1 605 FF9 524 £981* Minotauro y murciélago Acuarela 27,5x18,5cm/*10x7in* México 98
COSENZA Giuseppe 1847-1922 **[10]**
☞ *$2 072 FF11 807 £1 300* The young Fishermen Oil/panel 18x24cm/*7x9in* London 97
☞ *$12 299 FF69 698 £8 199* Marina napoletana con amanti sulla spiaggia Olio/tela 33x53cm/*12x20in* Milano 97
COSENZA Giuseppe (Attrib.) 1846-1922 **[1]**
☞ *$3 600 FF20 400 £1 800* Pesca di cefali Olio/tavola 17,5x28cm/*6x11in* Roma 97
COSGROVE Stanley Morel 1911 **[252]**
☞ *$2 040 FF10 650 £1 280* Les arbres Oil/canvas 31x41cm/*12x16in* Toronto 96
☞ *$8 622 FF51 631 £5 307* "Belleza Maya" Huile/panneau 56x40cm/*22x15in* Montréal 98
▥ *$586 FF3 000 £380* "Cosgrove Série I" Sérigraphie 29x40cm/*11x15in* Montréal 95
✎ *$696 FF4 159 £418* Nude Pencil/paper 39x25cm/*15x9in* Calgary, Alberta 98
COSOLA Demetrio 1851-1895 **[4]**
☞ *$3 300 FF18 700 £1 650* Ponticello sul torrente Olio/tavola 26x40cm/*10x15in* Vercelli 98
✎ *$1 800 FF10 200 £900* Serenità campestre Acquarello/carta 17x22,5cm/*6x8in* Vercelli 98
COSSAAR Jacobus W.C., Co 1874-1966 **[37]**
☞ *$398 FF2 385 £238* Kerkinterieur Oil/canvas 29x39,5cm/*11x15in* Den Haag 98
☞ *$943 FF5 389 £577* Arabische ruiters Oil/canvas 60x91cm/*23x35in* Den Haag 97
✎ *$538 FF3 149 £328* Koesten in Londen met de St. Pauls Cathedral in de achtergrond Watercolour 22x30cm/*8x11in* Den Haag 97
COSSARD Adolphe Auguste c.1870-? **[5]**
▥ *$1 100 FF6 984 £687* "Nice-Coni" Poster 99x61cm/*39x24in* New-York 97
COSSIAU van Jan Joost c.1660-1732 **[4]**
✎ *$1 234 FF7 362 £744* Südliche Ideallandschaft Red chalk/paper 45,6x60cm/*17x23in* Köln 97
COSSIERS Jan 1600-1671 **[11]**
☞ *$10 945 FF64 805 £6 500* Portrait of a Bearded Man, Possibly Saint-Paul Oil/panel 64x48cm/*25x18in* London 97
☞ *$17 940 FF101 660 £11 960* La Buona Ventura Olio/tela 113x149,5cm/*44x58in* Roma 97
☞ *$21 260 FF110 000 £13 800* Le conteur de bonne aventure Huile/cuivre 3,5x48cm/*1x18in* Paris 96
COSSIO Pancho Fr. Gutiérrez 1894-1970 **[23]**
☞ *$26 180 FF154 000 £15 785* Naturaleza muerta Oleo/lienzo 69x60cm/*27x23in* Madrid 97
✎ *$2 364 FF12 040 £1 420* Bodegón de frutas y peces Acuarela/papel 28x38,5cm/*11x15in* Madrid 96
COSSMANN Hermann Maurice 1821-1890 **[5]**
☞ *$3 312 FF20 000 £2 012* "La Sérénade" Huile/toile 81x66cm/*31x25in* Corbeil-Essonnes 98
COSSON Marcel 1878-1956 **[417]**
☞ *$896 FF5 500 £547* Foyer de l'Opéra Huile/panneau 22x27,5cm/*8x10in* Paris 98
☞ *$3 981 FF24 000 £2 445* Les ballerines Huile/toile 65x50cm/*25x19in* Paris 98
✎ *$253 FF1 500 £150* Ballerine dans la loge Aquarelle/papier 14x20cm/*5x7in* Calais 97
COSTA Angelo Maria c.1670-1721 **[2]**
☞ *$66 000 FF374 000 £33 000* Veduta di Palermo Olio/tela 107x223cm/*42x87in* Roma 97
COSTA Antoni 1904-1965 **[1]**
☞ *$2 948 FF17 380 £1 804* "La biblioteca" Oleo/lienzo 100x81cm/*39x31in* Barcelona 98
COSTA Antonio 1847-? **[1]**
☞ *$20 000 FF113 700 £12 246* Springtime Oil/canvas 122x70cm/*48x27in* New-York 97
COSTA BEIRO Alfonso 1943 **[12]**
☞ *$1 810 FF9 160 £1 188* Contemplando la batalla Oleo/lienzo 39x46cm/*15x18in* Madrid 96

COSTA da Joao Batista 1865-1926 **[2]**
$15 000 FF72 800 £9 660 Paisagem do Interior Oil/canvas 53x71cm/*20x27in* New-York 95
COSTA Emmanuel 1833-1921 **[29]**
$2 070 FF12 000 £1 220 Villefranche sur Mer Aquarelle/papier 29x50cm/*11x19in* Nice 97
COSTA Gianfrancesco 1711-1772 **[5]**
$600 FF3 400 £300 Veduta della laguna veneta Inchiostro 21x27cm/*8x10in* Milano 98
COSTA Giovanni 1826/33-1903 **[33]**
$4 200 FF23 800 £2 800 Paesaggio fluviale Olio/tavola 14x32cm/*5x12in* Milano 97
$16 900 FF98 717 £10 000 An arab dancer Oil/canvas 149x74cm/*58x29in* London 97
COSTA Giuseppe 1852-1912 **[5]**
$350 FF2 045 £208 A Lady with a Red Rose Oil/canvas 63,5x50cm/*25x19in* New-York 97
COSTA Olga 1913-1993 **[20]**
$13 000 FF74 626 £7 924 Paisaje montañoso Oil/masonite 61x91cm/*24x35in* New-York 97
$40 000 FF194 000 £25 770 Geranios rojos Oil/canvas 120x100cm/*47x39in* New-York 95
$6 500 FF37 945 £3 866 Bañitas Gouache/paper 26x22cm/*10x8in* New-York 97
COSTA Oreste 1851-1901 **[24]**
$6 000 FF35 671 £3 670 Still Life with Fruit, Game and Trumpet on a Marble Ledge Oil/canvas
112,5x81,5cm/*44x32in* New-York 97
COSTAIN Harold Haliday 1895-1994 **[23]**
$2 200 FF12 694 £1 348 Curved Stair 1930s Silver print 34x26cm/*13x10in* New-York 97
COSTANTINI Giuseppe 1843-1893 **[16]**
$4 030 FF20 850 £2 600 An unfair advantage Oil/canvas 45x30cm/*17x11in* London 96
$8 190 FF47 619 £5 000 The Tricks Of The Trade Oil/panel 53x35cm/*20x13in* London 97
COSTANTINI Virgile 1882-? **[7]**
$6 620 FF40 000 £3 944 La toilette Huile/toile 55x65cm/*21x25in* Corbeil-Essonnes 97
COSTANZI Placido 1690-1759 **[9]**
$12 210 FF60 900 £8 000 The Angel appearing to Hagar and Ishmael Oil/canvas 134x96cm/*52x37in*
London 95
$15 438 FF89 707 £9 500 The raising of tabitha Oil/canvas 87,5x51cm/*34x20in* London 97
COSTE Pascal 1787-1879 **[3]**
$3 026 FF15 780 £2 000 The Parthenon, Athens/Piraeus Oil/board 37x39cm/*14x15in* London 96
COSTEAU Georges ?-1920 **[13]**
$206 FF1 000 £133 Promeneurs Huile/toile 14x24cm/*5x9in* Grenoble 95
COSTER de Adam 1586-1643 **[5]**
$25 000 FF130 000 £16 530 A Boy singing by candelight Oil/canvas 68x53cm/*26x20in* New-York 96
COSTER de Adam (Attrib.) 1586-1643 **[6]**
$4 318 FF26 000 £2 584 Apôtre lisant Huile/toile/panneau 63,5x47,5cm/*25x18in* Paris 98
COSTER Gordon H. 1906-1991 **[42]**
$2 000 FF10 210 £1 318 Bicyclists, 1930s Photograph 16x24cm/*6x9in* New-York 96
COSTETTI Giovanni 1878-1949 **[10]**
$5 100 FF28 900 £3 400 La lettura Olio/cartone 84x61cm/*33x24in* Prato 97
COSTETTI Romeo 1871-1957 **[4]**
$3 900 FF22 100 £1 950 Maschere Olio/cartone 38x48cm/*14x18in* Firenze 97
$2 520 FF14 280 £1 260 Popolane/Maschere/Famiglia di contandini Acquaforte 40x30cm/*15x11in*
Firenze 97
$1 400 FF8 172 £832 Verso la Metro, Maschere, l'Avvertimento and L'Incontro Glante Drawing
51x40,5cm/*20x15in* New-York 97
COSTI Raffaele 1909-1972 **[12]**
$3 600 FF20 400 £1 800 Case a Ladispoli Olio/tela 60x80cm/*23x31in* Roma 97
COSTIGAN John Edward 1888-1972 **[62]**
$2 000 FF11 123 £1 238 Man and Boy Fishing Oil/cardboard 23,5x28cm/*9x11in* New-York 97
$4 200 FF21 920 £2 540 "Carnival" Oil/canvas 71x89cm/*27x35in* New-York 96
$22 000 FF132 849 £13 206 Summer Day Oil/canvas 127x152,5cm/*50x60in* New-York 98
$90 FF540 £54 Child with Goats Lithograph 30x43cm/*12x17in* North Berwick, Maine 98
$1 008 FF5 688 £617 Mother and Child in the Woods Watercolour/paper 38x48cm/*15x19in* Mystic,
Connecticut 97
COSTIGLIOLO José Pedro XX **[5]**
$1 381 FF7 143 £927 Abstracción, naturaleza muerta Oleo/cartón 20x30cm/*7x11in* Montevideo 96

COSWAY Maria (Attrib.) 1759/60-1838 [1]
$11 754 FF67 164 £7 200 Portrait of Maria Cosway Seated in an Interior Wash 22,5x28,5cm/*8x11in* London 97
COSWAY Richard 1742-1821 [71]
$2 835 FF16 698 £1 750 Portrait of George Pitt, 1st Baron Rivers, wearing a White Cravat Oil/canvas 75x64cm/*29x25in* Newbury, Berkshire 97
$1 225 FF7 492 £750 Mrs Merry Watercolour 23x15cm/*9x6in* Aylsham, Norfolk 98
COSYN Pieter 1630-c.1667 [2]
$4 860 FF22 900 £3 200 A gorge with peasants on a footbridge Oil/panel 5x81cm/*1x31in* London 96
$21 784 FF133 448 £13 160 Flusslandschaft mit Fischerboot und einer hohen Baumgruppe Oil/panel 46x66cm/*18x25in* Wien 98
COT Pierre-Auguste 1837-1883 [12]
$6 770 FF40 740 £4 053 Little Lord Fauntleroy Oil/canvas 39x33cm/*15x12in* Amsterdam 98
$93 598 FF563 494 £56 000 Baigneuse Oil/canvas 116x89cm/*45x35in* London 98
COTELLE Jean II 1642-1708 [3]
$1 844 FF10 500 £1 141 L'enlèvement d'Europe Huile/papier/panneau 23,5x37cm/*9x14in* Paris 97
COTER de Colijn c.1460-c.1510 [1]
$123 750 FF647 250 £75 000 The Virgin Mary with four Apostles Oil/panel 104x57cm/*40x22in* London 96
COTES Francis 1726-1770 [34]
$9 860 FF50 200 £6 500 Portrait of a Lady Oil/canvas 69x54cm/*27x21in* London 96
$1 083 000 FF5 520 000 £650 000 The Young Cricketer: Portrait of Lewis Cage Oil/canvas 169x110,5cm/*66x43in* London 96
$3 724 FF21 317 £2 200 Portrait of Rebecca Tucker Pastel 59,5x44,5cm/*23x17in* London 97
COTES Francis (Attrib.) 1726-1770 [7]
$3 598 FF22 006 £2 200 Portrait of a Lady Wearing a Pale Blue Decolleté Dress Oil/canvas 73,5x61cm/*28x24in* London 98
COTES Samuel 1734-1818 [20]
$3 786 FF23 074 £2 260 Portrait of Charles James Fox Pastel/paper 78x62,5cm/*30x24in* London 98
COTMAN Frederick George 1850-1920 [46]
$986 FF5 140 £620 Hay wagon and hayricks in a farmyard Oil/canvas 25x35cm/*10x14in* Aylsham, Norfolk 96
$5 066 FF31 065 £3 100 The Norfolk Broads Oil/canvas 61x89cm/*24x35in* Lenton Lane, Nottingham 98
$152 FF776 £100 Bawdsey Watercolour 15x20cm/*6x8in* Aylsham, Norfolk 96
COTMAN John Joseph 1814-1878 [40]
$85 FF439 £55 Head and shoulders portrait of a gent Pencil 35x23cm/*14x9in* Aylsham, Norfolk 96
COTMAN John Joseph (Attrib) 1814-1878 [1]
$5 760 FF29 400 £3 800 Landscape with Whitlingham Church & a view of Norwich Cathedral Oil/canvas 44x59,5cm/*17x23in* London 96
COTMAN John Sell 1782-1842 [79]
$16 209 FF94 073 £10 000 Landscape with an Angler standing on a Bridge/landscape with Rabbit Oil/board 51x38,5cm/*20x15in* London 97
$81 FF499 £50 North Creake Abbey Etching 30x22cm/*12x9in* Aylsham, Norfolk 98
$3 000 FF15 280 £1 800 The Gate of Cambridge Castle, Cambridge Pencil 20x28cm/*7x11in* London 96
COTMAN Miles Edmund 1810-1858 [18]
$2 467 FF12 850 £1 550 Seascape with wooden breakwater Oil/canvas 30x43cm/*12x17in* Aylsham, Norfolk 96
$515 FF3 074 £320 Study of a man in an interior Watercolour/paper 35,5x25,5cm/*13x10in* London 97
COTTAVOZ André 1922 [290]
$236 FF1 413 £145 "Le port de Cannes" Oil/canvas 24x35cm/*9x13in* Johannesburg 98
$284 FF1 700 £171 Portrait Huile/papier 60x45cm/*23x17in* Paris 97
$3 374 FF20 500 £2 031 Personnages devant la mer Huile/toile 150x150cm/*59x59in* Versailles 98
$827 FF4 500 £495 Le couple Encre Chine/papier 41x52cm/*16x20in* Arles 97
COTTET Charles 1863-1925 [116]
$737 FF3 800 £489 Bretonne près de l'âtre Huile/carton 22x16cm/*8x6in* Brest 96
$3 000 FF18 259 £1 788 Reour à la pêche Oleo/cartón 73x99cm/*28x38in* Buenos Aires 97
$660 FF3 200 £425 Enterrement en Bretagne Lithographie couleurs 33,4x49cm/*13x19in* Paris 95

✏ *$750 FF4 500 £451* Portrait de femme Pastel/papier 49x41cm/*19x16in* Paris 98
COTTIN Eugène 1840-1902 **[3]**
🖌 *$1 704 FF10 000 £1 042* Le déjeuner dans la brouette Huile/toile 20x29,5cm/*7x11in* Soissons 97
COTTINGHAM Robert 1935 **[34]**
🖌 *$11 000 FF63 916 £6 494* Wichita Acrylic/paper 77x102cm/*30x40in* New-York 97
🖼 *$375 FF1 947 £248* Tattoo Color lithograph 87x86cm/*34x33in* San Francisco-Los Angeles 96
✏ *$849 FF4 838 £527* "Liquor" Ink/paper 33,7x66cm/*13x25in* New-York 97
COTTON John Wesley 1868-1931 **[14]**
🖌 *$1 100 FF6 703 £656* Landscape "Long Lake High Sierras" Oil/board 20x25cm/*8x10in* Pasadena, California 98
🖌 *$4 750 FF24 747 £2 987* The Last Glow Oil/canvas 60x76cm/*24x30in* Altadena, CA 96
✏ *$474 FF2 646 £290* Landscapes/Street scene Watercolour 33x50cm/*13x20in* Boston, Mass. 97
COTTON William H. 1880-? **[4]**
🖌 *$3 500 FF20 219 £2 157* Peggy Oil/canvas 38x30,5cm/*14x12in* New-York 97
🖌 *$26 000 FF135 000 £17 200* Mother and Child Oil/canvas 76x63,5cm/*29x25in* New-York 96
✏ *$2 400 FF11 740 £1 520* Man seated on step with lawnmover, cover for The New Yorker Pastel 38x26cm/*15x10in* New-York 95
COUBERTIN de Julien Bonaventure 1788-1871 **[1]**
✏ *$20 250 FF103 700 £13 000* "Voyage au Brésil" Watercolour 23,5x30,5cm/*9x12in* London 96
COUBINE Othon 1883-1969 **[69]**
🖌 *$1 394 FF6 860 £898* Stilleben mit Flieder Öl/Leinwand 41x33cm/*16x12in* Köln 95
🖌 *$3 710 FF18 500 £2 424* A young woman cutting lavender Oil/canvas 90x116cm/*35x45in* Amsterdam 95
COUCH Christopher 1946 **[5]**
🖌 *$2 846 FF13 900 £1 800* Dominica Oil/canvas 24x33cm/*9x12in* London 95
🖌 *$5 540 FF28 730 £3 600* Nadine Sleeping Oil/canvas 203x127cm/*79x50in* London 96
🖌 *$6 470 FF33 500 £4 200* Two Women II Oil/canvas 29x166cm/*11x65in* London 96
COUCHAUX Marcel 1877-1939 **[48]**
🖌 *$947 FF5 800 £575* Le fumeur de pipe Huile/toile 90x66cm/*35x25in* Paris 98
COUCHÉ Jacques 1759-? **[4]**
🖼 *$513 FF3 000 £303* Ier et IIme vue des environs de Meulan, d'après Lantara Gravure 30x42cm/*11x16in* Paris 97
COUDENHOVE-KALERGI Michael 1937 **[4]**
✏ *$1 588 FF9 520 £948* Der phantastische Garten des Todes Watercolour 47,5x65cm/*18x25in* Wien 98
COUDER Alexandre Jean 1808-1879 **[10]**
🖌 *$1 608 FF9 500 £999* Femmes dans un intérieur Huile/panneau 24x18,5cm/*9x7in* Paris 97
🖌 *$4 568 FF26 500 £2 811* Fleurs et fruits Huile/toile 92x73cm/*36x28in* Clermont-Ferrand 97
COUDER Gustave Émile 1845-1903 **[8]**
🖌 *$37 000 FF192 000 £24 470* Panier de pêches, branches de prunes et de cerises dans un parc Oil/canvas 100x130cm/*39x51in* New-York 96
COUDRAIN Brigitte 1934 **[21]**
🖼 *$51 FF302 £31* Après-midi Farbradierung 38x39,5cm/*14x15in* Bielefeld 97
COUDRAY Georges Ch. (Attrib) ?-1903 **[1]**
🖿 *$7 560 FF37 000 £4 790* Egyptienne à la harpe Bronze H75cm/*H29in* Paris 95
COUDRAY Georges Charles ?-1903 **[19]**
🖿 *$918 FF5 232 £560* Buste de jeune femme Terre cuite H61cm/*H24in* Bruxelles 97
COUDRAY Marie M. 1864-? **[2]**
🖿 *$8 469 FF49 212 £5 000* An Arab Warrior Bronze H91,5cm/*H36in* London 97
COULAUD Martin ?-1906 **[6]**
🖌 *$2 300 FF13 585 £1 429* Homeward Bound Oil/canvas 51x73cm/*20x29in* Elgin, Illinois 97
COULDERY Horatio Henry 1832-1893 **[44]**
🖌 *$1 323 FF7 936 £800* A Tabby Cat Oil/panel 30,5x25,5cm/*12x10in* London 98
🖌 *$8 000 FF45 636 £4 919* The Victor Oil/canvas 51x61cm/*20x24in* New-York 97
COULIOU Jean-Yves 1916 **[5]**
🖌 *$1 660 FF8 500 £1 008* Notre-Dame de Paris Huile/toile 65x81cm/*25x31in* Quimper 96
COULON Éric 1888-1956 **[20]**
🖼 *$906 FF5 471 £550* "Aples & Jura, Huit jours de sports d'hiver, PLM" Poster 99x61cm/*38x24in* London 98
COULON George David 1823-1904 **[16]**

$4 250 FF23 112 £2 544 Portrait of a Golden-Haired Child Wearing a Long White Gown Oil/canvas 61,5x52cm/*24x20in* New-York 97

$4 250 FF26 381 £2 562 Forest Park, Mandeville Oil/board 15x23cm/*6x9in* New Orleans, Louisiana 98

$2 600 FF14 814 £1 623 End of a Louisiana Bayou Watercolour, gouache/paper 17x25cm/*7x10in* New Orleans, Louisiana 97

COULON Georges 1914-1990 **[6]**

$3 170 FF16 000 £2 082 Jeune fille se coiffant Bronze H33cm/*H12in* Pontoise 96

COULON Louis 1819-1855 **[2]**

$2 686 FF16 500 £1 610 Musiciens Huile/panneau 34,5x27,5cm/*13x10in* Limoges 98

COULON-SERRA Mary 1888-? **[2]**

$1 501 FF9 207 £900 Fort Carre D'antibes/Douarnenez environs de Quimperle Oil/panel 21,5x26,5cm/*8x10in* London 98

COULSON Gerald M. XIX-XX **[3]**

$4 130 FF25 050 £2 500 The Ploughman and the Sea Oil/canvas 71x91cm/*27x35in* London 98

COULTER William Alexander 1849-1936 **[42]**

$3 000 FF17 411 £1 831 Arch Rock in San Francisco Bay Oil/canvas/board 20,5x25,5cm/*8x10in* Los Angeles 97

$6 000 FF36 474 £3 640 Coastal Scene with Ships at Lowtide Oil/canvas 40x76cm/*16x30in* San Rafael, CA 98

$60 000 FF311 000 £39 000 Sailing Ships in San Francisco Bay Oil/canvas 91,5x154cm/*36x60in* San Francisco-Los Angeles 96

COUMONT Charles 1822-1889 **[7]**

$2 320 FF13 821 £1 419 Les moissons Huile/toile 48x70cm/*18x27in* Bruxelles 98

COUNHAYE Charles 1884-1971 **[60]**

$975 FF5 839 £590 Les deux amies Huile/panneau 81,5x70,5cm/*32x27in* Bruxelles 97

$201 FF1 218 £122 Portrait d'homme Fusain/papier 34,5x24cm/*13x9in* Bruxelles 98

COUNIHAN Noel Jack 1913-1986 **[22]**

$228 FF1 370 £136 Demonstrator Linocut 20,5x8,5cm/*8x3in* Melbourne 98

$425 FF2 179 £271 Football Barracker Gouache/paper 30,5x23cm/*12x9in* Melbourne 95

COUNIS Salomon Guillaume 1785-1859 **[1]**

$5 749 FF34 803 £3 430 Portrait of a Lady Oil/canvas 66x54,5cm/*25x21in* New-York 97

COUPÉ Louise 1877-1915 **[7]**

$813 FF4 878 £489 Vase de roses Huile/toile 51x51cm/*20x20in* Bruxelles 98

COUPER William 1853-1942 **[8]**

$7 500 FF39 150 £4 530 "Evangeline" Marble H53,3cm/*H20in* New-York 96

$32 578 FF185 528 £20 000 Kneeling Psyche Marble H106cm/*H41in* London 97

COURAGEUX Claude 1938 **[1]**

$6 180 FF30 000 £3 984 Composition Huile/toile 92x73cm/*36x28in* Paris 95

COURANT Maurice 1847-1925 **[61]**

$1 312 FF8 000 £796 Voiliers au Port Huile/panneau 27x41cm/*10x16in* Paris 98

$1 531 FF8 850 £947 Marine med sejlskibe, bygevejr Oil/panel 49,5x60,5cm/*19x23in* Köbenhavn 97

COURBET Gustave 1819-1877 **[161]**

$15 000 FF88 705 £9 100 Lake Starnberger, Bavaria Oil/paper/canvas 33x41,5cm/*12x16in* New-York 98

$219 700 FF1 283 321 £130 000 Entrée de forêt Oil/canvas 96x129cm/*37x50in* London 97

$2 700 000 FF16 090 650 £1 655 640 Portrait de Jo, la belle Irlandaise Oil/canvas 54x64cm/*21x25in* New-York 98

$3 500 FF21 328 £2 171 Dessin d'arbres Pencil/paper 18,5x12,5cm/*7x4in* New-York 98

COURBET Gustave (Attrib.) 1819-1877 **[7]**

$12 000 FF72 948 £7 389 Gorge de la Loue, Jura Oil/canvas 83x123cm/*32x48in* New-York 98

COURDOUAN Vincent 1810-1893 **[38]**

$8 420 FF43 000 £5 580 Port-Méjean, côte varoise Huile/toile 35,5x100cm/*13x39in* Carpentras 96

$939 FF5 400 £574 Rivière sur fond de château Aquarelle/papier 18x32,5cm/*7x12in* Paris 97

COURMES Alfred 1898-1993 **[54]**

$1 493 FF8 500 £924 Etude pour la Sainte-Famille Huile/toile/panneau 33x22cm/*12x8in* Paris 97

$7 380 FF45 000 £4 428 Nature-morte aux livres et à la bouteille Huile/toile 50x32cm/*19x12in* Calais 98

$702 FF4 000 £434 Judith et Holopherne/Radeau de la Méduse/La Belle et le Triton/Pieds Eau-forte, aqua-

---

tinte 24,7x31,7cm/*9x12in* Paris 97

 $1 757 FF10 000 £1 087 Femme à la fenêtre Encre Chine/papier 31x22cm/*12x8in* Paris 97

COURNAULT Étienne 1891-1948 **[23]**

 $4 170 FF25 000 £2 510 Bouquet au vase bleu Huile 45x31,5cm/*17x12in* Paris 98

COURNICHOUX Edouard 1891-1968 **[7]**

 $937 FF5 600 £573 "Le Touquet, Paris Plage, la Mer, la Forêt" Affiche 102,5x72,5cm/*40x28in* Orléans 98

COURRET Hermanos XIX **[1]**

 $8 750 FF50 000 £5 360 "Tahiti, Lima, Santiago" Photo 32x23cm/*12x9in* Paris 97

COURTEN von Angelo 1848-? **[9]**

 $20 033 FF115 000 £12 581 Allégorie de la Musique Huile/toile 151x68cm/*59x26in* Paris 97

COURTENS Alfred 1889-1967 **[9]**

 $1 967 FF11 410 £1 211 Femme chevauchant un bélier Bronze 72x28x51cm/*28x11x20in* Bruxelles 97

COURTENS Frans 1850-1943 **[78]**

 $1 148 FF6 536 £704 Paysage Huile/toile 51x70cm/*20x27in* Bruxelles 97

 $1 967 FF11 445 £1 204 Fermette à Castel Huile/toile 35x29cm/*13x11in* Antwerpen 97

 $10 880 FF64 920 £6 560 Rustende koeien in een stal Huile/toile 177x302cm/*69x118in* Lokeren 97

COURTENS Herman 1884-1956 **[29]**

 $1 120 FF5 670 £732 Nounours Huile/toile 38x47cm/*14x18in* Bruxelles 96

COURTICE Rody Kenny 1895-1973 **[7]**

 $1 725 FF9 861 £1 057 (1) "Saint Fidèle, Quebec"/(2) "Snow in October" Oil/board 21,6x26,7cm/*8x10in* Toronto 97

COURTIN Jacques-Fr. (Attrib) 1672-1752 **[4]**

 $8 500 FF48 350 £5 202 Portrait of a Girl, making a posy floweers Oil/canvas 79x63,5cm/*31x25in* New-York 97

COURTIN Jacques-François 1672-1752 **[3]**

 $42 140 FF210 000 £27 600 La partie de tric-trac Huile/toile 64x80cm/*25x31in* Paris 95

COURTIN Pierre Louis 1921 **[32]**

 $1 416 FF8 000 £891 Sans titre Gouache/papier 57x49cm/*22x19in* Toulouse 97

COURTOIS Gustave 1853-1923 **[7]**

 $2 249 FF13 708 £1 395 Portrait of a Woman in Red Oil/canvas 52x38cm/*20x14in* New-York 98

 $3 500 FF21 276 £2 155 An Elegant Lady Oil/canvas 39,5x32,5cm/*15x12in* New-York 98

COURTOIS LE BOURGUIGNON Jacques 1621-1676 **[33]**

 $8 300 FF43 000 £5 360 Combat entre Turcs et Impériaux Huile/toile 45x88cm/*17x34in* Toulouse 96

 $19 800 FF118 500 £12 000 Batallas Oleo/lienzo 31x41cm/*12x16in* Madrid 98

 $28 000 FF154 610 £17 472 Military Commanders by a rocky Outcrop before a Battlefield Oil/canvas 93x135cm/*36x53in* New-York 97

 $2 145 FF11 219 £1 300 A Cavalry Skirmish Ink 10,5x15,5cm/*4x6in* London 96

COURTOIS LE BOURGUIGNON Jacques (Attrib.) 1621-1676 **[19]**

 $8 059 FF48 000 £4 790 Scène de bataille Huile/toile 29,5x41,5cm/*11x16in* Paris 97

 $11 660 FF70 415 £7 000 A Cavalry Engagement Oil/canvas 34x75cm/*13x29in* London 98

 $935 FF4 820 £600 A cavalry battle Pencil 27x42,5cm/*10x16in* London 96

COURTRIGHT Robert 1926 **[5]**

 $7 000 FF40 768 £4 276 Navy Blue Thread Acrylic 172,5x180cm/*67x70in* New-York 97

COURVILLE de Alfred XIX **[4]**

 $5 488 FF32 629 £3 400 Vue d'Istanbul Watercolour 32,5x47cm/*12x18in* London 97

COURVOISIER Jules 1884-1936 **[7]**

 $1 000 FF5 959 £599 "Mobilisation 1914" Poster 40x100cm/*15x39in* New-York 98

COUSE Eanger Irving 1866-1936 **[67]**

 $950 FF5 824 £581 Portrait of Madelaine Walker Oil/canvas 30x22cm/*12x9in* Felton, CA 98

 $35 000 FF182 700 £21 140 The Pueblo Weaver Oil/board 40x51cm/*15x20in* New-York 96

 $560 000 FF3 323 432 £343 000 The Lesson Oil/canvas 127x152,5cm/*50x60in* New-York 98

 $2 250 FF13 770 £1 367 Red Head & Flowers Watercolour/paper 38x34cm/*15x13in* Milford, Conn. 98

COUSIN Charles XX **[19]**

 $1 371 FF7 000 £910 La Côte d'Azur Huile/isorel 73x60cm/*28x23in* L'Isle-Adam 96

COUSIN Charles 1807-1887 **[42]**

 $820 FF5 000 £492 Vue di Bosphore animé de bateaux Huile/panneau 30x24cm/*11x9in* Calais 98

 $1 650 FF10 000 £1 012 Vue de Venise Huile/toile 65x92cm/*25x36in* La Varenne Saint-Hilaire 98

COUSIN Jean I c.1490-c.1560 **[1]**

✏ *$1 790 FF10 200 £1 096* Moïse et le Serpent d'airain Encre/papier 28,5x40,5cm/*11x15in* Paris 97
COUSINS Samuel 1801-1887 **[10]**
⊞ *$147 FF751 £95* Simplicity, after Joshua Reynolds Engraving 48x38cm/*18x14in* London 95
COUSTOU Guillaume I 1677-1746 **[16]**
⬗ *$2 000 FF11 396 £1 249* Horse of Marly Bronze 48x46cm/*19x18in* New Orleans, Louisiana 97
COUSTURIER Lucie 1870-1925 **[28]**
⬭ *$9 000 FF46 900 £5 660* Liseuse Oil/canvas 39x47cm/*15x18in* New-York 96
✏ *$877 FF5 000 £537* Pins maritimes Aquarelle/papier 29x40cm/*11x15in* Guéret 97
COUSYN E.L. ?-1926 **[5]**
⊞ *$961 FF5 736 £580* "Théatre illustré du Pneu par Bibendum" Affiche 31x21,5cm/*12x8in* London 97
COUTAN Amable Paul 1792-1837 **[3]**
⬭ *$1 758 FF10 800 £1 054* Maternité napolitaine Huile/toile 40x33cm/*15x12in* Besançon 98
COUTAN G. XIX-XX **[4]**
⊞ *$785 FF4 000 £518* "Casino de Paris, 16 rue de Clichy" Affiche 94x130cm/*37x51in* Paris 96
COUTAN Jules Félix 1848-1939 **[4]**
⬗ *$10 000 FF59 844 £6 266* A Victory riding a stallion Bronze 123x89cm/*48x35in* New-York 97
COUTAUD Lucien 1904-1977 **[347]**
⬭ *$869 FF4 500 £564* "Que peut-on demander..." Huile/toile 46x55cm/*18x21in* Paris 96
⬭ *$971 FF4 900 £634* Départ de l'Ombre Huile/toile 24x16cm/*9x6in* Saint-Germain-en-Laye 96
⬭ *$13 140 FF68 000 £8 520* "Musique des Champs" Huile/toile 160x190cm/*62x74in* Paris 96
⊞ *$88 FF450 £58* Personnages surréalistes Eau-forte 43x56cm/*16x22in* Paris 96
✏ *$384 FF2 000 £232* Femme en bord de mer Gouache 17x30cm/*6x11in* Paris 96
COUTIL Léon Marie 1856-1943 **[1]**
⬭ *$13 024 FF78 273 £7 800* Arabian Still Life Oil/canvas 65x76cm/*25x29in* London 98
COUTTS Gordon 1869-1937 **[41]**
⬭ *$2 250 FF11 722 £1 415* Figures Frolicking in Forest Clearing Oil/canvas 60x76cm/*24x30in* Altadena, CA 96
⬭ *$3 000 FF18 061 £1 794* Chinese Cobbler Oil/canvas 36x23,5cm/*14x9in* San Francisco 98
COUTTS Hubert ?-1921 **[2]**
✏ *$1 412 FF8 395 £850* A Lakeside Home, with Cattle Grazing Watercolour 56x98cm/*22x38in* Billingshurst, West Sussex 98
COUTURE Thomas 1815-1879 **[39]**
⬭ *$2 887 FF16 500 £1 768* Portrait de femme Huile/toile 54x46cm/*21x18in* Paris 97
⬭ *$9 500 FF53 641 £5 777* Timon of Athens Oil/panel 21x26cm/*8x10in* New-York 97
⬭ *$12 000 FF67 758 £7 297* Le sacrifice de Noé Oil/canvas 113x146cm/*44x57in* New-York 97
✏ *$540 FF3 060 £360* Volto di donna Carboncino 36x24cm/*14x9in* Vercelli 98
COUTURE Thomas (Attrib.) 1815-1879 **[7]**
⬭ *$5 000 FF28 441 £3 060* Portrait of Madame Couture Oil/canvas 60,5x50cm/*23x19in* New-York 97
COUTURIER Philibert Léon 1823-1901 **[32]**
⬭ *$2 120 FF10 500 £1 350* Basse-cour Huile/toile 38x46cm/*14x18in* Paris 95
COUTURIER Robert 1905 **[27]**
⬗ *$5 481 FF32 000 £3 315* Hommage à Maillol Bronze 38,5x21x12cm/*15x8x4in* Paris 97
COUTY Jean 1907-1991 **[52]**
⬭ *$348 FF1 800 £225* Église romane Huile/toile 61x50cm/*24x19in* Paris 96
COUVEN von Ferdinand Wilhelm 1786-1866 **[2]**
⬭ *$11 800 FF60 700 £7 360* Figures in an alpine Landscape Oil/canvas 51x58,5cm/*20x23in* Wien 96
COUVERCHEL Alfred 1834-1867 **[3]**
⬭ *$8 615 FF50 000 £5 085* Chevaux arabes à la rivière Huile/toile 129,5x193,5cm/*50x76in* Paris 97
COUWENBERGH van Christian Gillisz. 1604-1667 **[4]**
⬭ *$7 860 FF46 506 £4 729* Portrait of a Young Woman as Diana, Standing half length Oil/canvas 73x58cm/*28x22in* Amsterdam 98
⬭ *$36 512 FF208 982 £21 566* Prodigal Son Chased from the Brothel Oil/panel 101,5x127,5cm/*39x50in* Amsterdam 97
COVARRUBIAS Miguel 1904-1957 **[109]**
⬭ *$75 000 FF390 000 £49 600* Balinesa Oil/canvas 51x35,5cm/*20x13in* New-York 96
⊞ *$800 FF4 863 £485* Rhumba Lithograph 22x33cm/*9x13in* Shaker Heights, Ohio 98
✏ *$2 400 FF13 348 £1 485* Illustration for "All Men are Brothers" Watercolour/paper 30,5x19cm/*12x7in* New-

York 97
COVARSI YUSTAS Adelardo 1885-1951 **[6]**
  $14 850 FF88 875 £9 225 Los cazadores Oleo/tabla 49,5x59,5cm/*19x23in* Madrid 98
COVENTRY Gertrude Mary 1886-1964 **[7]**
  $9 722 FF58 639 £5 800 Sorting Fish Oil/canvas 71x91,5cm/*27x36in* West Lothian 98
COVENTRY Keith 1958 **[7]**
  $8 670 FF45 500 £5 200 Rye Hill Estate Oil/canvas 107,5x77x6cm/*42x30x2in* London 96
  $21 768 FF130 744 £13 000 White Abstract Oil/canvas 156,5x129x7,5cm/*61x50x2in* London 98
COVENTRY Robert Mc Gown 1855-1914 **[27]**
  $755 FF4 554 £450 A Stream in Perthshire Oil/canvas 30,5x46cm/*12x18in* West Lothian 98
  $4 062 FF23 575 £2 400 Fishing off the rocks Oil/canvas 61,5x91,5cm/*24x36in* London 97
  $925 FF5 346 £549 Amsterdam Watercolour/paper 26x36cm/*10x14in* Billingshurst, West Sussex 97
COVEYN Reynier (Attrib.) 1636-c.1675 **[1]**
  $6 500 FF36 231 £3 974 A housemaid eavesdropping on a couple in amorous embrace Oil/canvas/panel
56x44cm/*22x17in* New-York 97
COVILLE Jacky 1936 **[2]**
  $1 627 FF8 500 £970 Personnages imaginaires Sculpture 73x55x33cm/*28x21x12in* Orléans 96
COWARD Noël 1889-1973 **[27]**
  $2 610 FF12 870 £1 700 Central Park, Winter's Day Oil/board 19x24cm/*7x9in* London 95
  $15 120 FF79 000 £9 000 Village store, Jamaica Oil/canvas/board 50x58cm/*19x22in* London 96
COWDY Richard XX **[6]**
  $457 FF2 306 £300 Chicken Bronze H43cm/*H16in* London 96
COWEN Lionel J. XIX-XX **[5]**
  $2 517 FF14 534 £1 500 A Discarded Letter Oil/panel 36x27cm/*14x10in* London 97
COWEN William 1797-1861 **[12]**
  $1 338 FF8 203 £799 Ansicht eines Sees Aquarell/Papier 36x50cm/*14x19in* Zürich 98
COWHAM Hilda Gertrude 1873-1964 **[7]**
  $410 FF2 502 £245 Blowing Bubbles Watercolour 17x13,5cm/*6x5in* London 98
COWIE Frederick c.1820-c.1880 **[2]**
  $2 724 FF14 200 £1 800 The Garden Swing Oil/board 44x33cm/*17x12in* Hadspen 96
COWIE James 1886-1956 **[12]**
  $12 100 FF61 700 £8 000 Vermeer, still life Oil/board 21x23,5cm/*8x9in* Glasgow 96
  $2 267 FF11 570 £1 500 Portrait of a woman Coloured chalks 35x26,5cm/*13x10in* Glasgow 96
COWIESON Agnes M. XIX-XX **[12]**
  $968 FF5 865 £600 Cottage in Summer Oil/canvas 30,5x41cm/*12x16in* Perthshire 97
COWIN Jack Lee 1947 **[13]**
  $366 FF2 185 £219 Spawning Run Etching in colors 25x60cm/*9x23in* Calgary, Alberta 98
COWLES Russell 1887-1979 **[6]**
  $3 000 FF17 921 £1 836 Repose Oil/canvas 61x76cm/*24x29in* New-York 98
COWLEY Reta Madeline 1910 **[16]**
  $469 FF2 728 £279 "July" Watercolour/paper 38x57cm/*14x22in* Calgary, Alberta 97
COWPER Frank Cadogan 1877-1958 **[18]**
  $3 506 FF19 981 £2 200 A Classical Beauty Oil/canvas 38x30cm/*14x11in* London 97
  $70 000 FF413 959 £42 469 "Vanity" Oil/canvas 127x91,5cm/*50x36in* New-York 98
  $49 000 FF239 700 £31 000 The Patient Griselda Watercolour 41x25,5cm/*16x10in* London 95
COX Albert J. 1876-1955 **[3]**
  $4 000 FF23 282 £2 465 Galleon and Smaller Ships Oil/canvas 55x43cm/*22x17in* New-York 97
  $1 962 FF10 939 £1 200 "Orient Line to Australia, Captain Cook" Poster 100x64cm/*39x25in* London 97
COX Charles Brinton 1864-1905 **[1]**
  $2 800 FF14 620 £1 692 El Remudero, Mexico Oil/canvas 23x33cm/*9x12in* New-York 96
COX David 1783-1859 **[250]**
  $4 244 FF25 341 £2 600 Going to the Hayfield Oil/panel 33,5x43cm/*13x16in* London 97
  $4 862 FF28 221 £3 000 Walk in the Hagley Road, The ladies' School Oil/canvas 34,5x47cm/*13x18in*
London 97
  $3 040 FF18 000 £1 800 Fishing Boats and Fishermen on the beach at Hastings Mixed media/paper
42x69cm/*16x27in* London 97
COX David (Attrib.) 1783-1859 **[15]**
  $299 FF1 550 £200 Leaving the Orwell Estuary Wash 12x21cm/*4x8in* London 96

COX David II 1809-1885 **[89]**
✐ *$651 FF3 887 £400* Travellers on a Country Track Watercolour 30x28cm/*11x11in* London 98
COX David II (Attrib.) 1809-1885 **[12]**
✐ *$284 FF1 735 £170* Figures on the Dunes Looking Out to Sea Watercolour/paper 21x31cm/*8x12in* Stansted Mountfitchet, Essex 98
COX Elija Albert 1876-1955 **[9]**
▥ *$896 FF5 288 £550* "To America, Under the American Flag" Poster 96x61cm/*37x24in* London 98
COX Gardner 1906-? **[7]**
◠ *$2 500 FF14 237 £1 517* W. Averell Harimann Oil/canvas 96x47cm/*37x18in* New-York 97
✐ *$249 FF1 423 £151* Study for portrait of W. Averell harriman Black chalk/paper 29x43cm/*11x16in* New-York 97
COX Garstin 1892-1933 **[53]**
◠ *$462 FF2 340 £300* March Sunshine Oil/canvas 35x45cm/*14x18in* Penzance, Cornwall 96
COX Graham 1941 **[5]**
◠ *$260 FF1 566 £155* In the Mountains Oil/canvas/board 40x52cm/*15x20in* Melbourne 98
COX Jack XX **[62]**
◠ *$196 FF1 198 £120* Morning Snow, Wells next the Sea Mixed media/canvas 25x33cm/*10x13in* Aylsham, Norfolk 98
◠ *$446 FF2 606 £270* Numerous figures and boats by quayside Oil/canvas 40x48cm/*16x19in* Aylsham, Norfolk 97
✐ *$41 FF241 £25* Wells Harbour Ink 10x15cm/*4x6in* Aylsham, Norfolk 97
COX Jan 1919-1980 **[39]**
◠ *$3 091 FF17 985 £1 892* Les nettoyeurs du champ de bataille Huile/toile 90x130cm/*35x51in* Antwerpen 97
◠ *$12 672 FF78 000 £7 776* De Bespotting Huile/toile 155,5x123,5cm/*61x48in* Lokeren 98
COX Kenyon 1856-1919 **[3]**
◠ *$7 500 FF44 802 £4 592* A Moment of Repose Oil/canvas 23x30,5cm/*9x12in* New-York 98
◠ *$45 000 FF266 431 £26 721* September Sunshine Oil/canvas 45,5x76cm/*17x29in* New-York 97
COX Marjorie XX **[18]**
✐ *$190 FF1 077 £120* Cairn Terrier Toptwig Fiona/Head of a Cairn Terrier Pastel/paper 30,5x30,5cm/*12x12in* London 97
COX Palmer 1840-1924 **[3]**
✐ *$1 320 FF7 612 £786* Brownies on Horse Jumping over Fence Ink 25x24cm/*10x9in* New-York 97
COX Raymond XIX **[2]**
◠ *$20 000 FF118 274 £12 134* Contemplation (the Beach at Préfailles) Oil/canvas 38x45,5cm/*14x17in* New-York 98
COX Walter I. 1866-1930 **[11]**
◠ *$500 FF2 910 £303* Bonanza Creek Klondike Oil/board 22x35cm/*9x14in* Mystic, Connecticut 97
◠ *$4 000 FF24 082 £2 393* Back Porch Oil/canvas 40,5x61cm/*15x24in* San Francisco 98
COX William, Will XX **[4]**
◠ *$2 313 FF14 028 £1 400* Drying Sails, St. Michael's Mount Oil/canvas 51x61cm/*20x24in* London 98
COXIE Michiel 1499-1592 **[5]**
▥ *$1 417 FF8 366 £839* Triumph des Lebens/Triumph des Todes Kupferstich 20,5x37cm/*8x14in* Berlin 97
COXIE Michiel (Attrib.) 1499-1592 **[2]**
◠ *$3 104 FF16 070 £2 004* Cabeza de Cristo Salvador Oleo/tabla 41x29cm/*16x11in* Madrid 96
COYNE S.E. XIX-XX **[1]**
◠ *$3 000 FF15 570 £1 986* "Evening Sunset" Porcelain 21x11cm/*8x4in* Cincinnati, Ohio 96
COYPEL Antoine 1661-1722 **[26]**
◠ *$7 850 FF40 000 £5 170* Démocrite riant de la folie des hommes Huile/toile 65,5x51,5cm/*25x20in* Bayeux 96
✐ *$1 200 FF5 920 £776* A kneeling figure seen from behind Black, red & white chalks 20,3x21,3cm/*7x8in* New-York 96
COYPEL Antoine (Attrib.) 1661-1722 **[9]**
◠ *$7 920 FF47 400 £4 800* Danae recibiendo la lluvia de oro Oleo/lienzo 83x95cm/*32x37in* Madrid 98
✐ *$2 720 FF14 000 £1 755* Triomphe de Galatée Sanguine 28x47cm/*11x18in* Bayeux 96
COYPEL Charles-A. (Attrib.) 1694-1752 **[7]**
✐ *$4 889 FF29 000 £2 989* Portrait de femme portant un livre Pastel/papier 72,5x59cm/*28x23in* Paris 97

COYPEL Charles-Antoine 1694-1752 **[32]**
   $18 000 FF106 194 £11 023 Portrait of Charles d'Orléans, Abbé de Rothelin, three-quarter length Oil/canvas 100,5x82cm/*39x32in* New-York 98
   $18 546 FF110 000 £11 231 Départ de Sancho pour l'île de Barataria Huile/toile 120x126cm/*47x49in* Paris 97
   $2 495 FF12 860 £1 600 The Court of Vices Black & white chalks 34,3x54,3cm/*13x21in* London 96
COYPEL Noël 1628-1707 **[11]**
   $5 051 FF29 000 £3 079 L'Église entre le Vice et la Vertu Huile/toile 97x63,5cm/*38x25in* Vendôme 97
   $2 880 FF13 900 £1 800 An Allegory of Learning Black & white chalks 30,4x53cm/*11x20in* London 95
COYPEL Noël (Attrib.) 1628-1707 **[4]**
   $3 165 FF18 719 £1 900 The Draped figure of a Woman Black & white chalks/paper 39x299cm/*15x117in* London 97
COYPEL Noël Nicolas 1690-1734 **[6]**
   $70 000 FF386 526 £43 680 The Triumph of Galatea Oil/canvas 97x124,5cm/*38x49in* New-York 97
COYPEL Noël Nicolas (Attr.) 1690-1734 **[6]**
   $14 000 FF82 546 £8 584 Apollo and Daphne Oil/canvas 94x134cm/*37x52in* New-York 98
COYSEVOX Antoine 1640-1720 **[4]**
   $29 312 FF175 000 £17 955 Faune jouant de la flûte/Hamadryade et amour Bronze H59cm/*H23in* Paris 97
COYSEVOX Antoine (Attrib.) 1640-1720 **[2]**
   $84 200 FF420 500 £55 000 Marie Anne de Bourbon/Louis de Bourbon, as children Relief H33cm/*H12in* London 95
COZENS Alexander 1717-1786 **[22]**
   $81 740 FF488 280 £50 000 Vale near Matlock, Derbyshire Oil/canvas 69,5x90,5cm/*27x35in* London 98
   $306 666 FF1 771 650 £180 000 Setting Sun Oil/paper 242x308cm/*95x121in* London 97
   $632 151 FF3 668 847 £390 000 After rain Oil/paper 30,5x23,5cm/*12x9in* London 97
   $4 391 FF26 000 £2 600 The Edge of a Lake Ink 9,5x16cm/*3x6in* London 97
COZENS John Robert 1752-1799 **[17]**
   $47 400 FF232 000 £30 000 London from Greenwich Hill Watercolour 53x37cm/*20x14in* London 95
COZZA Francesco 1605-1682 **[6]**
   $10 000 FF61 387 £6 127 Assumption of the Virgin Oil/canvas 99x54,5cm/*38x21in* New-York 98
COZZENS Frederick Schiller 1846-1928 **[49]**
   $200 FF1 160 £118 "Off Brentons Reef" Lithograph 34x50cm/*13x20in* Plainville, Conn. 97
   $850 FF4 400 £544 Ships off the coast Watercolour/paper 27x30cm/*11x12in* Mystic, Connecticut 96
CRABBE VAN ESPLEGHEM Frans c.1480-1552 **[2]**
   $8 051 FF47 000 £4 869 Hercule enfant étouffant deux monstres Encre 16x17cm/*6x6in* Paris 97
CRABEELS Florent Nicolas 1829-1896 **[26]**
   $367 FF2 126 £224 Vaches dans un paysage Huile/carton 15x26cm/*5x10in* Antwerpen 97
   $6 150 FF30 000 £3 910 Promenade à la campagne Huile/panneau 38x51cm/*14x20in* Le Touquet 95
CRACO Johannes c.1746-1807 **[1]**
   $4 272 FF26 162 £2 556 Self-portrait of the Artist Seated Small Half Lengh/Portrait of a Lady Oil/canvas/panel 55x45cm/*21x17in* Amsterdam 98
CRADOCK Marmaduke 1660-1717 **[35]**
   $12 400 FF63 800 £8 000 Exotic fowl in a landscape Oil/canvas 71x86cm/*27x33in* London 96
   $13 114 FF77 922 £7 800 A parkland with peacocks, pheasants, hens with chicks Oil/canvas 100,5x171cm/*39x67in* London 97
   $29 470 FF151 600 £19 000 Peacock, pheasant, partridge, poultry, doves and birds in a park Oil/canvas 10x146cm/*3x57in* London 96
CRADOCK Marmaduke (Attrib.) 1660-1717 **[6]**
   $16 330 FF100 000 £9 730 Oiseaux exotiques dans un paysage Huile/toile 80x120cm/*31x47in* Paris 98
CRAEN Laurens XVII **[3]**
   $226 260 FF1 350 000 £138 645 Nature morte de fruits, verre de vin blanc et homard Huile/panneau 61x75cm/*24x29in* Paris 98
CRAEN Laurens (Attrib.) XVII **[1]**
   $16 620 FF82 000 £10 800 Nature porte aux raisins, poires et citrons Huile/panneau 49x63cm/*19x24in* Paris 95
CRAESBEECK van Joos c.1605-1662 **[15]**
   $6 555 FF40 268 £3 932 Flämische Wirtshausstube mit trinkenden und rauchenden Bauern Öl/Leinwand 66,5x85,5cm/*26x33in* Stuttgart 98

*$14 004 FF85 788 £8 460 Der Ehevertrag Oil/panel 25,5x29cm/*10x11in* Wien 98*
CRAESBEECK van Joos (Attrib.) c.1605-1662 **[17]**
*$1 658 FF9 588 £1 026 Bildnis eines Bauern Oil/wood 11x9,5cm/*4x3in* Wien 97*
*$7 640 FF46 000 £4 572 Intérieur de taverne avec buveurs et fumeurs Huile/toile 46,5x85,5cm/*18x33in* Paris 98*
CRAEYVANGER Reinier 1812-1880 **[7]**
*$7 255 FF43 658 £4 343 A Fine Tune Oil/panel 52x67cm/*20x26in* Amsterdam 98*
CRAFFONARA Aurelio 1875-1945 **[7]**
*$650 FF3 100 £407 "Industria Frigorifera" Poster 96x139cm/*38x55in* New-York 95*
*$1 800 FF10 200 £900 Ingresso di Palazzo ducale a Venezia Acquarello/carta 42x54,5cm/*16x21in* Milano 97*
CRAFT Percy Robert 1856-1934 **[17]**
*$1 163 FF6 469 £720 One of the crew Oil/panel 20x15cm/*7x5in* Billingshurst, West Sussex 97*
*$2 054 FF10 050 £1 300 Pelican Island Oil/canvas 51x61cm/*20x24in* London 95*
CRAFTY Victor Geruzez, dit 1840-1906 **[13]**
*$1 660 FF8 000 £1 042 Départ pour la promenade Aquarelle/papier 15x30cm/*5x11in* Montpellier 95*
CRAGG Tony 1949 **[68]**
*$14 000 FF81 207 £8 275 Large Window III Mixed media 269x203cm/*105x79in* New-York 97*
*$270 FF1 554 £165 Ohne Titel Radierung 20,5x24,5cm/*8x9in* Berlin 97*
*$30 000 FF174 015 £17 733 Spill Sculpture 81x198x94cm/*31x77x37in* New-York 97*
*$2 191 FF13 000 £1 339 Sans titre Crayon/papier 42x29,5cm/*16x11in* Paris 98*
CRAIG Barry 1905-1951 **[2]**
*$600 FF3 434 £354 "These Men Use Shell" Poster 75x111,5cm/*29x43in* New-York 97*
CRAIG Charles 1846-1931 **[11]**
*$2 800 FF16 627 £1 709 Traces of Sunlight, A Colorado View Oil/canvas 56x91,5cm/*22x36in* Boston, Mass. 98*
*$4 742 FF29 786 £2 900 Red Indian watering grey pony at a stream Oil/canvas 18x26cm/*7x10in* Birmingham 97*
CRAIG Edward Gordon 1872-1966 **[5]**
*$32 FF195 £20 "D'Artagna" Woodcut 15x13,5cm/*5x5in* London 97*
CRAIG Henry Robertson 1916-1984 **[25]**
*$397 FF1 980 £260 Seaweed Oil/board 24x33cm/*9x12in* London 95*
*$2 120 FF12 500 £1 300 Orkney Trader Oil/canvas 51x61cm/*20x24in* London 98*
CRAIG James Humbert 1878-1944 **[95]**
*$6 800 FF35 400 £4 500 Carrying Turf, Donegal Oil/canvas 51x76cm/*20x29in* London 96*
*$6 259 FF35 647 £3 800 The Antrim Coast Oil/panel 30x36cm/*11x14in* London 97*
CRAIG James Stevenson XIX **[4]**
*$3 875 FF19 675 £2 500 Hide and Seek Oil/canvas 92x72cm/*36x28in* Auchterarder, Perthshire 96*
CRAIG Thomas Bigelow 1849-1924 **[40]**
*$1 000 FF5 646 £608 "Cattle in the Pool" Oil/panel 22x30cm/*9x12in* Altadena, CA 97*
*$1 900 FF10 820 £1 166 Cows in a Pasture Oil/canvas 50x76cm/*20x30in* Bethesda, Maryland 97*
*$400 FF2 482 £241 Landscape Watercolour/paper 22x33cm/*9x13in* New Orleans, Louisiana 98*
CRAIG William 1829-1875 **[8]**
*$14 000 FF84 540 £8 404 Ohio River, MAysville, Kentucky Oil/canvas 30,5x51cm/*12x20in* New-York 98*
*$380 FF1 984 £230 Indian Brook falls near Cold Spring Watercolour, gouache/paper 35,5x25cm/*13x9in* New-York 96*
CRAIG William Marshall 1765-1834 **[7]**
*$880 FF5 038 £520 A harvest scene, after Wouwermans Watercolour/paper 7,5x9cm/*2x3in* London 97*
CRAIG-MARTIN Michael 1941 **[2]**
*$5 291 FF30 888 £3 200 Untitled, fire Extinguisher Acrylic/canvas 40,5x23cm/*15x9in* London 97*
CRALI Tullio 1910 **[21]**
*$4 200 FF23 800 £2 800 La conquista dello spazio, Meccanismi cosmici Tecnica mista/tavola 30x30cm/*11x11in* Milano 97*
*$2 640 FF14 960 £1 760 Veduta di piazza Parigina Tempera/carta 51x60cm/*20x23in* Firenze 97*
CRAM Allen Gilbert 1886-1947 **[6]**
*$3 749 FF22 412 £2 272 Boys in a Rowboat Oil/panel 66x76cm/*25x29in* San Francisco-Los Angeles 97*

CRAMER Carl Cäsar 1822-1889 **[5]**
$6 429 FF37 291 £3 800 The Oktoberfest, Munich Oil/canvas 43x62cm/*16x24in* London 97

CRAMER Konrad 1888-1963 **[15]**
$14 000 FF69 000 £9 020 Zinnias #3 Oil/board 61x51cm/*24x20in* New-York 95

CRAMER von Alphons 1834-1884 **[3]**
$33 898 FF201 534 £21 000 A turkish Girl with Spring Flowerso Oil/canvas 142x100cm/*55x39in* London 97

CRAMOYSAN Marcel 1915 **[56]**
$433 FF2 200 £259 Petite fille à la poupée Huile/toile 27x22cm/*10x8in* Le Havre 96
$599 FF3 500 £362 Falaise à Étretat Huile/toile 46x55cm/*18x21in* Rouen 97

CRANACH Lucas I 1472-1553 **[103]**
$212 400 FF1 035 000 £134 700 Die Madonna mit den Erdbeeren Oil/panel 49x34cm/*19x13in* Köln 95
$380 000 FF2 315 644 £231 496 The Ill-Matched Lovers Oil/panel 38,5x26,5cm/*15x10in* New-York 98
$50 FF282 £30 A Saint and his Disciples Print 16x13cm/*6x5in* Chicago, Illinois 97

CRANACH Lucas I (Attrib.) 1472-1553 **[4]**
$40 000 FF234 192 £24 732 Portrait of Sybille Von Cleve, Electress of Saxony Oil/panel 20x14,5cm/*7x5in* New-York 97
$79 400 FF415 000 £48 000 The Virgin and Child with the Infant Saint John proferring Grapes Oil/panel 82,5x56,5cm/*32x22in* London 96

CRANACH Lucas II 1515-1586 **[11]**
$24 960 FF148 928 £15 058 Christus am Kreuz Oil/panel 48,5x35cm/*19x13in* Köln 97
$800 FF4 155 £530 Philip Melanchton Woodcut 25x15,3cm/*9x6in* New-York 96

CRANACH Lucas II (Attrib.) 1515-1586 **[2]**
$70 000 FF426 566 £42 644 Christ and the Woman taken in Adultery Oil/panel 49x74cm/*19x29in* New-York 98

CRANCH Christopher P. 1813-1892 **[6]**
$6 500 FF38 829 £3 979 Niagara Falls Oil/canvas 45,5x61cm/*17x24in* New-York 98

CRANCH John 1806-1891 **[1]**
$2 076 FF11 937 £1 300 Figures by a tree in a River Landscape Oil/panel 28x38cm/*11x14in* London 97

CRANDELL John Bradshaw 1896-1966 **[13]**
$4 400 FF26 128 £2 686 Smiling Woman in White, possibly for Coca Cola Oil/canvas 50x41cm/*20x16in* New-York 98
$1 800 FF8 800 £1 140 Smiling woman seated in profile with legs crossed Charcoal 53x48cm/*21x19in* New-York 95

CRANE Alan 1901-? **[10]**
$150 FF783 £90 The Sleeping Woman Lithograph 22x34cm/*9x13in* Bolton, Mass. 96

CRANE Barbara B. 1928 **[3]**
$2 500 FF12 980 £1 654 Farm in winter at dusk Oil/canvas 46x31cm/*18x12in* New-York 96

CRANE Bruce 1857-1937 **[45]**
$3 250 FF15 880 £2 056 Winter landscape, twilight Oil/canvas 30x40cm/*12x16in* Detroit, Michigan 95
$6 500 FF39 780 £3 950 A Fall Morning Oil/canvas 35x50cm/*14x20in* Milford, Conn. 98
$3 000 FF14 770 £1 933 Winter Sunset Watercolour, gouache/paper 22x32cm/*8x12in* New-York 95

CRANE Robert Bruce 1857-1937 **[29]**
$1 800 FF10 398 £1 109 Winter Landscape Oil/canvas 31x40,5cm/*12x15in* New-York 97
$14 500 FF85 647 £9 010 Declining Day Oil/canvas 40,5x61cm/*15x24in* Boston, Mass. 97

CRANE Thomas 1808-1859 **[3]**
$6 950 FF33 900 £4 400 Three young girls in a coastal landscape Oil/canvas 47x55cm/*18x21in* London 95

CRANE Walter 1845-1915 **[45]**
$4 664 FF26 974 £2 800 The Robber Brigegroom Ink/paper 22x13,5cm/*8x5in* London 97

CRANKE James 1707-1780 **[3]**
$10 500 FF59 795 £6 374 Seated Portrait of "Miss Newham, Sister of Lady Ryder" Oil/canvas 127x101cm/*50x40in* New-York 97

CRANSTOUN James Hall 1821-1907 **[7]**
$978 FF5 676 £600 Cattle by a derelict Church/Wooded river Landscape with Cattle Oil/canvas 40,5x61cm/*15x24in* Glasgow 97

CRAPELET Louis Amable 1822-1867 **[70]**
$1 472 FF9 000 £899 Soleil couchant Huile/panneau 25x40cm/*9x15in* Bergerac 98
$2 842 FF16 500 £1 735 Campement Huile/toile 38x46cm/*14x18in* Paris 97
$1 030 FF5 200 £664 Voilier approchant des côtes Aquarelle/papier 27,5x44,5cm/*10x17in* Cherbourg 96

CRASKE Leonard 1882-1950 **[1]**
    $3 200 FF16 700 £1 934 A leaping woman Bronze H71cm/*H27in* New-York 96
CRAVO NETO Mario 1947 **[11]**
    $2 400 FF13 848 £1 470 Ode Silver print 45x44cm/*18x17in* New-York 97
CRAWFORD Ebenezer c.1830-c.1890 **[2]**
    $10 270 FF50 300 £6 500 Ben Jonson describing his Duel to Drummond at Hawthorden Oil/canvas 75x62cm/*29x24in* London 95
CRAWFORD Edmund Thornton 1806-1885 **[20]**
    $1 600 FF8 100 £1 050 Dutch landscape Oil/canvas 12x18cm/*4x7in* Chicago, Illinois 96
    $5 082 FF29 498 £3 000 A Beach Scene with Fisherfolk at Work Oil/canvas 59x80cm/*23x31in* London 97
CRAWFORD Ralston 1906-1978 **[32]**
    $6 000 FF35 608 £3 721 Abstract Composition Oil/canvas 40,5x30,5cm/*15x12in* New-York 97
    $8 000 FF48 308 £4 802 Construction Oil/canvas 56,5x41cm/*22x16in* New-York 98
    $11 000 FF65 710 £6 735 Untitles Oil/canvas 167,5x120,5cm/*65x47in* New-York 98
    $2 000 FF10 250 £1 215 Grey Street Screenprint in colors 12x15cm/*4x5in* New-York 96
    $4 000 FF20 700 £2 560 Shadows on Grain Elevators, Buffalo Gelatin silver print 8x12cm/*3x5in* New-York 96
    $7 000 FF34 860 £4 605 Port Gouache/board 50x38cm/*20x15in* Baton Rouge, Louisiana 95
CRAWFORD Robert Cree 1842-1924 **[17]**
    $800 FF4 813 £480 Harvesting Oil/canvas 34x52cm/*13x20in* London 98
CRAWFORD Susan 1941 **[1]**
    $2 167 FF11 030 £1 300 Lester Piggott (a study) Oil/board 36x24cm/*14x9in* London 96
CRAWFORD William 1825-1869 **[3]**
    $13 860 FF71 800 £9 000 Jessie Caroline, Alfred Harold & Alice Middleton in a landscape Oil/canvas 142x110cm/*55x43in* London 96
CRAWHALL Joseph II 1861-1913 **[22]**
    $16 870 FF83 200 £11 000 Bull Fight Watercolour 28x26cm/*11x10in* London 95
CRAWSHAW Lionel Townsend 1864-1949 **[7]**
    $15 704 FF94 152 £9 500 School Holidays Oil/canvas 48x64cm/*18x25in* Glasgow 97
CRAXTON John 1922 **[36]**
    $8 020 FF41 250 £5 000 Crayfish on a table Oil 52x62cm/*20x24in* London 96
    $2 970 FF15 380 £1 900 Hooded figure reclining Ink/paper 46x57cm/*18x22in* London 96
CRAYER de Gaspard 1584-1669 **[13]**
    $30 000 FF155 400 £19 200 Hagar and Ishmael in the desert Oil/canvas 193x249cm/*75x98in* New-York 96
CRAYER de Gaspard (Attrib.) 1584-1669 **[9]**
    $30 353 FF179 820 £18 000 Portrait of a Lady of the Pelgrom Family, three-quarter-length Oil/panel 104,5x73,5cm/*41x28in* London 97
    $2 535 FF14 512 £1 497 Achilles and the daughters of Lycomedes Wash/paper 17,5x26,5cm/*6x10in* Amsterdam 97
CREALOCK John Mansfield 1871-1959 **[12]**
    $2 800 FF16 646 £1 713 Lillies in a Stoneware Vase Oil/canvas 81x100cm/*31x39in* New-York 97
CREDIN Louis-Philippe 1772-1851 **[1]**
    $1 967 FF10 250 £1 300 Engagement between the "Loire" & the "Robuste" off Ireland, Oct. 1798 Watercolour 20x32cm/*7x12in* London 96
CREE Edward Hodges XIX **[4]**
    $489 FF2 924 £300 Assistant Surgeon Atchinson and Lt. bush and families, Corfu Watercolour 26x37cm/*10x14in* London 98
CREEFT de José 1884-1983 **[21]**
    $2 000 FF11 554 £1 232 "Metamorphosis" Marble H21,5cm/*H8in* New-York 97
CREFFIELD Dennis 1931 **[4]**
    $1 563 FF8 100 £1 000 Bath Cathedral Black chalk 100x93cm/*39x36in* London 96
CREHAY Gérard Antoine 1844-1936 **[8]**
    $573 FF2 960 £371 Hautes Fagnes près de Spa Huile/panneau 17x28cm/*6x11in* Liège 96
CREIXAMS Pedro 1893-1965 **[164]**
    $154 FF800 £97 Portrait de jeune femme Huile/toile 54x46cm/*21x18in* Saint-Dié 96

$429 FF2 567 £260 Joven Oleo/lienzo 26,5x19cm/*10x7in* Madrid 97

$4 950 FF29 775 £3 075 Sos gitanas Oleo/lienzo 115x110cm/*45x43in* Madrid 97

$149 FF900 £91 Rouen, place Saint-Hilaire Aquarelle, gouache/papier 26x36cm/*10x14in* Paris 98

CREMER Fritz 1906-1993 **[29]**

$130 FF678 £76 O Falladah II Lithographie 46x39,5cm/*18x15in* Berlin 96

$2 834 FF16 733 £1 678 Aufsteigender, Entwurfsskizze zum Denkmal 50 Jahre Oktoberrevolution Bronze H67cm/*H26in* Berlin 97

CREMER Jan 1940 **[50]**

$2 983 FF17 386 £1 823 Altai Gebergte I Acrylic/paper 130x95cm/*51x37in* Amsterdam 97

$3 955 FF23 781 £2 365 Untitled Oil/canvas 128x73,5cm/*50x28in* Amsterdam 98

$373 FF1 955 £224 I Love Jean Color lithograph 40x78,5cm/*15x30in* Amsterdam 96

CREMONA Tranquillo 1837-1878 **[5]**

$31 800 FF180 200 £21 200 Profilo di giovane donna Olio/tela 52x35,5cm/*20x13in* Milano 97

CREMONA Tranquillo (Attrib.) 1837-1878 **[2]**

$7 800 FF44 200 £3 900 Ritratto di giovane donna Olio/tela 70x55cm/*27x21in* Roma 97

CREMONINI Leonardo 1925 **[53]**

$4 200 FF23 800 £2 800 Le chat noir Olio/tavola 20x17,5cm/*7x6in* Milano 98

$14 630 FF75 800 £9 500 Le voyage Oil/paper/canvas 48x68cm/*18x26in* London 96

$35 840 FF187 600 £24 100 Les refrains du Belvedère Olio/tela 74x239cm/*29x94in* Milano 96

$1 800 FF10 200 £1 200 Cuore di agavi China/carta 22,5x33cm/*8x12in* Milano 98

CREMONT Louis XIX **[2]**

$1 866 FF9 600 £1 164 Reitgesellschaft im Wald Öl/Leinwand 73,5x103cm/*28x40in* Wien 96

CRENIER Henri 1873-1948 **[2]**

$4 200 FF25 641 £2 510 A boy playing with a turtle Bronze H31cm/*H12in* New-York 98

CREPAZ Hans 1938 **[5]**

$933 FF4 800 £582 "Kaiserlicher Jagdbär" Oil/panel 20x30cm/*7x11in* Wien 96

CREPET Angelo Maria 1885-? **[3]**

$360 FF2 040 £240 Venezia, canale Tempera/carta 37x30cm/*14x11in* Trieste 98

CRÉPIN Fleury Joseph 1875-1948 **[11]**

$3 163 FF16 000 £2 074 "Papillon" Huile/toile 20x33cm/*7x12in* Toulouse 96

$5 930 FF30 000 £3 890 Vase Huile/toile 78x48cm/*30x18in* Paris 96

CRÉPIN Louis-Philippe 1772-1851 **[35]**

$3 200 FF15 800 £2 070 A River Landscape with a Woman and two Children fishing Oil/panel 25x32,5cm/*9x12in* New-York 96

$36 542 FF220 000 £21 868 Bergers et pêcheurs dans un paysage fluvial/La famille du pêcheur Huile/toile 100x153,5cm/*39x60in* Paris 98

CRESPI Antonio c.1704-1781 **[2]**

$14 490 FF82 110 £9 660 Bacco offre doni ad Arianna/Le ninfe di Diana disarmano gli amorini Olio/tela 34x45,5cm/*13x17in* Roma 98

CRESPI Daniele 1598-1630 **[12]**

$9 087 FF51 493 £6 058 Annuciazione Olio/tela 101x82cm/*39x32in* Milano 98

$2 800 FF17 188 £1 715 The Temptation of Adam and Eve Wash 26x20cm/*10x7in* New-York 98

CRESPI Daniele (Attrib.) 1598-1630 **[8]**

$1 200 FF7 264 £730 A Kneeling Figure Ink 22x17cm/*8x6in* New-York 98

CRESPI IL CERANO Giovanni Battista 1575-1633 **[4]**

$18 360 FF95 000 £11 900 Massacre de Sainte Ursule et des Mille Vierges/Massacre des Innocents Huile/panneau 35x60,5cm/*13x23in* Paris 96

$42 500 FF242 441 £26 133 Flagellation of Christ Oil/copper 31x31cm/*12x12in* New-York 97

CRESPI LO SPAGNOLO Giuseppe M.(Attrib.) 1665-1747 **[4]**

$21 600 FF122 400 £14 400 La resurrezione Olio/tela 116x86,5cm/*45x34in* Prato 97

CRESPI LO SPAGNOLO Giuseppe Maria 1665-1747 **[14]**

$33 726 FF199 800 £20 000 Menghina coming from the Garden meets Cacasenno Oil/copper 21x15,5cm/*8x6in* London 97

$50 000 FF276 245 £31 075 The blinding of Polynestor Oil/panel 37,5x46,5cm/*14x18in* New-York 97

$6 080 FF30 700 £3 990 Bertoldo, Bertoldino e Cacasenno Acquaforte 38,5x25,5cm/*15x10in* Milano 96

CRESPIN Adolphe 1851-1944 **[12]**

$1 690 FF8 570 £1 100 "Alcazar Royal, Bruxelles Sans-Gêne" Poster 104x91cm/*40x35in* London 96

CRESPY LE PRINCE de Charles Édouard 1784-? **[3]**

☞ *$6 621 FF40 500* £3 928 Barque sur l'eau dans une vallée, crépuscule Huile/toile 97x130cm/*38x51in* Versailles 98

CRESS Frederick 1938 **[17]**

▥ *$77 FF441* £47 Kurraba Etching 50,5x33,5cm/*19x13in* Sydney 97

CRESSEY Meta 1882-1964 **[2]**

☞ *$4 750 FF24 800* £2 870 Still Life with Fruit and Flowers Oil/canvas 51x61cm/*20x24in* San Francisco-Los Angeles 96

CRESSINI Carlo 1864-1938 **[4]**

☞ *$34 499 FF195 495* £17 249 Il Monte Leone Olio/tela 134x134cm/*52x52in* Milano 97

CRESSWELL Albert 1879-1936 **[8]**

☞ *$1 033 FF6 000* £610 La guinguette Huile/panneau 24x33cm/*9x12in* Pontoise 97

CRESSWELL William Nichol 1822-1888 **[22]**

✎ *$409 FF2 130* £243 Fishing Watercolour 19x14cm/*7x5in* Toronto 96

CRESTI IL PASSIGNANO Domenico (Attrib.) 1558-1638 **[3]**

✎ *$1 247 FF6 430* £800 Young man wearing a cloak, in profile to the right Red chalk 36x21,5cm/*14x8in* London 96

CRESTON René-Yves XX **[22]**

✎ *$623 FF3 700* £380 Femmes de Rennes et Nantes en costume de fête Aquarelle, gouache/papier 46x36cm/*18x14in* Brest 98

CRESWICK Thomas 1811-1869 **[70]**

☞ *$1 822 FF9 300* £1 200 Newstead Abbey, Nottinghamshire/Anglers in a river landscape Oil/board 20x25,5cm/*7x10in* London 96

☞ *$4 110 FF20 040* £2 600 Wooded landscape with cattle watering Oil/canvas 51x61cm/*20x24in* London 95

☞ *$47 525 FF282 375* £29 000 A Country Afternoon Oil/canvas 107x153cm/*42x60in* London 98

CRESWICK Thomas (Attrib.) 1811-1869 **[14]**

☞ *$1 197 FF6 883* £749 A Figure before a Cottage on the Norfolk Coast Oil/canvas 26x46cm/*10x18in* London 97

CRETEN Georges 1887-1966 **[90]**

☞ *$1 010 FF6 016* £617 La cheminée Huile/carton 70,5x60,5cm/*27x23in* Bruxelles 98

☞ *$1 222 FF6 030* £795 Mady au turban Huile/panneau 40x30cm/*15x11in* Bruxelles 95

✎ *$64 FF330* £41 Saint-Jean Fusain/papier 56x45cm/*22x17in* Antwerpen 96

CRETI IL DONATINO Donato 1671-1749 **[40]**

☞ *$3 036 FF15 500* £2 000 The Head of a Young Boy, looking up to the right Oil/paper/canvas 33x26cm/*12x10in* London 96

☞ *$18 000 FF110 496* £11 028 Landscape with Nymphs and Putti Gathering Flowers Oil/canvas 48,5x63cm/*19x24in* New-York 98

☞ *$46 680 FF285 960* £28 200 Elieser e Rebecca al pozzo Öl/Leinwand 125x187cm/*49x73in* Wien 98

✎ *$1 200 FF6 800* £600 Omnia vincit amor Inchiostro 23x15,5cm/*9x6in* Milano 98

CRETI IL DONATINO Donato (Attrib.) 1671-1749 **[7]**

☞ *$2 160 FF10 430* £1 350 The Family of Darius before Alexander Oil/paper/canvas 29x44cm/*11x17in* London 95

☞ *$27 150 FF140 000* £17 370 David Huile/toile 98x74cm/*38x29in* Versailles 96

CRETIUS Constantin Johann 1814-1901 **[6]**

☞ *$7 276 FF43 565* £4 469 "Der Tabuletkrämer am Burgtore" Oil/canvas 62x53cm/*24x20in* Köln 98

☞ *$16 899 FF100 401* £10 050 Empfang der Salzburger Protestanten durch König Wilhelm I Öl/Leinwand 109,5x142cm/*43x55in* München 97

CRETOT-DUVAL Raymond 1895-1986 **[3]**

☞ *$2 152 FF13 000* £1 292 Panorama de Fès Huile/panneau 46x55cm/*18x21in* Paris 98

CREWS Monte 1888-1946 **[2]**

☞ *$2 100 FF10 270* £1 330 Probable magazine cover: Boy Scout attempts to sew uniform Oil/canvas 91x71cm/*36x28in* New-York 95

CREYTENS Julien 1897-1972 **[30]**

☞ *$436 FF2 601* £267 Nature morte au vase fleuri Huile/toile 67x52cm/*26x20in* Antwerpen 98

CRILEY Theodore Morrow 1880-1930 **[23]**

☞ *$2 750 FF17 070* £1 648 Point Lobos Oil/canvas 81x66cm/*32x26in* Mystic, Connecticut 98

CRIPPA Roberto 1921-1972 **[282]**
- *$425 FF2 200 £276* Sans titre Huile 61x44cm/*24x17in* Paris 96
- *$1 560 FF8 840 £780* "Uccello" Tecnica mista/tavola 41x33cm/*16x12in* Vercelli 98
- *$6 600 FF37 400 £4 400* Spirali Tecnica mista/tavola 102x146cm/*40x57in* Milano 97
- *$3 300 FF18 700 £2 200* Totemica, anni'50 Scultura H51cm/*H20in* Prato 97
- *$7 800 FF44 200 £3 900* Il blasone Sculpture bois 213x212cm/*83x83in* Prato 97
- *$1 890 FF9 420 £1 230* La terra Collage 50x60cm/*19x23in* Milano 95

CRISCONIO Luigi 1893-1946 **[7]**
- *$310 FF1 840 £185* Landschaft Oil/wood 20,5x24,5cm/*8x9in* Dresden 97

CRISP G. XIX **[7]**
- *$737 FF4 500 £450* Still Life Oil/canvas 21,5x29cm/*8x11in* London 98

CRISPO Gennaro XVII-XVIII **[5]**
- *$9 094 FF51 536 £4 547* Natura morta con tavola imbandita con dolci, pere, caciotte e verdure Olio/tela 90,5x117cm/*35x46in* Milano 97

CRISS Francis 1901-1973 **[11]**
- *$2 749 FF16 317 £1 705* Still life with Figure Oil/canvas 84x71cm/*33x27in* New-York 97

CRISTALL Joshua c.1767-1847 **[23]**
- *$884 FF4 885 £549* Peeling Turnips Watercolour/paper 49,5x35,5cm/*19x13in* London 97

CRISTOFOROU Chris 1954 **[5]**
- *$1 667 FF10 014 £1 000* Tiger Resting on a Rock Acrylic/board 24x37cm/*9x14in* London 98
- *$4 941 FF29 821 £3 000* In the Shade Acrylic/board 49x75cm/*19x29in* Billingshurst, West Sussex 98

CRITCHER Catharine Carter 1879-1964 **[1]**
- *$70 000 FF352 800 £45 164* Taos Reflections Oil/board 45x40cm/*18x16in* Hayden 96

CRITE Allan Rohan 1910 **[24]**
- *$3 249 FF18 981 £1 922* "Joseph" Oil/board 61x51cm/*24x20in* Boston, Mass. 97
- *$2 000 FF12 414 £1 199* "Nobody Knows The Trouble I See" Ink/paper 41x30cm/*16x12in* Mystic, Connecticut 98

CRITZ de John I (Attrib.) c.1555-c.1640 **[5]**
- *$2 500 FF14 501 £1 477* Portrait of a Man, Thought to be John Smith Oil/canvas 71x56cm/*27x22in* San Francisco 97

CRIVELLI Carlo 1430/35-1494/95 **[1]**
- *$101 178 FF599 400 £60 000* Saint James the Greater Tempera/panel 27,5x21cm/*10x8in* London 97

CRIVELLI Giovanni Crivellino XVIII **[8]**
- *$16 700 FF85 300 £11 000* A dead Stag and Birds with 2 Hounds and the Accoutrements of the Hunt Oil/canvas 98,5x129cm/*38x50in* London 96
- *$16 800 FF95 200 £11 200* Paesaggio con volatili Olio/tela 100x74cm/*39x29in* Milano 97

CRIVELLI IL CRIVELLONE Angelo Ma. (Attrib.) ?-1730/60? **[6]**
- *$9 350 FF48 200 £6 000* A cockerell, hen and chicks with turkeys in a landscape Oil/canvas 93x115cm/*36x45in* London 96

CRIVELLI IL CRIVELLONE Angelo Maria ?-1730/60? **[16]**
- *$26 536 FF155 000 £16 290* Faisans, perdrix et divers oiseaux dans un paysage Huile/toile 152x172cm/*59x67in* Reims 97

CRNCIC Menci Clemens 1865-? **[2]**
- *$1 167 FF6 708 £729* Ausfahrt Ihrer Erzherzog und Erzherzogin mit den Kindern Aquarell/Papier 63x45cm/*24x17in* Wien 97

CROATTO Bruno 1875-1948 **[28]**
- *$6 400 FF33 500 £4 200* La lettura Olio/tela 100x82cm/*39x32in* Roma 96
- *$330 FF1 725 £195* In poltrona Estampe 47x36cm/*18x14in* Trieste 96

CROCE della Johann Nepomuk 1736-1819 **[3]**
- *$2 600 FF14 789 £1 591* Lot and his Daughters fleeing Sodom Oil/canvas 87,5x70cm/*34x27in* New-York 97

CROCKER John Denison 1823-1879 **[5]**
- *$6 500 FF39 852 £3 976* Family of Settlers Oil/canvas 76x106,5cm/*29x41in* New-York 98

CROCKFORD Duncan MacKinnon 1920-1991 **[38]**
- *$291 FF1 520 £193* Hawaiian Beauty Oil/board 52x82,5cm/*20x32in* Calgary, Alberta 96

CRODEL Charles, Carl 1894-1973 **[48]**
- *$1 473 FF8 701 £872* Strassenszene mit Katze Öl/Karton 48x33cm/*18x12in* Berlin 97
- *$263 FF1 352 £168* Männliche und weibliche Figuren in einer Landschaft Color lithograph 30x23,6cm/*11x9in* Bielefeld 96

CROEGAERT Georges 1848-1923 **[54]**
- *$6 090 FF35 328 £3 600* A Cardinal reading by a Fire Oil/panel 35,5x28cm/*13x11in* London 97
- *$25 000 FF142 125 £15 307* A good smoke Oil/panel 54,5x46cm/*21x18in* New-York 97

CROFT Arthur 1828-? **[10]**
- *$378 FF1 843 £240* In Dock Watercolour 19x14cm/*7x5in* London 95

CROFTS Ernest 1847-1911 **[34]**
- *$1 509 FF9 373 £949* Off the Battle Oil/canvas 21x37,5cm/*8x14in* London 97
- *$9 902 FF57 170 £5 900* After the Raid Oil/canvas 97x73cm/*38x28in* London 97
- *$24 700 FF126 500 £15 000* Charles I on his Way to Execution Oil/canvas 91,5x137cm/*36x53in* London 96

CROÏN Jos 1894-1949 **[16]**
- *$927 FF4 630 £606* Flowers Oil/canvas 65x54cm/*25x21in* Amsterdam 95

CROISSANT Auguste 1870-1941 **[8]**
- *$3 190 FF18 505 £1 963* Blick auf Burg Berwartstein in der Südpfalz Öl/Leinwand 45,5x63cm/*17x24in* Heidelberg 97

CROISSANT Eugen 1898-1957 **[22]**
- *$707 FF4 041 £433* Über den Dächern von München Watercolour 48x62cm/*18x24in* München 97

CROISSANT Hermann 1897-1963 **[4]**
- *$4 051 FF25 151 £2 443* Grosse Amaryllis Oil/panel 100x90cm/*39x35in* Heidelberg 98

CROISSANT Michael 1928 **[4]**
- *$5 740 FF28 700 £3 750* Kopf Bronze H40,5cm/*H15in* München 95

CROLA Georg Heinrich Croll 1804-1879 **[5]**
- *$3 078 FF18 431 £1 890* Gebirgslandschaft bei Schladming, Steiermark Öl/Leinwand 47x64cm/*18x25in* Bremen 98
- *$8 827 FF50 676 £5 382* Portal in der Ruine der Fürstenschule zu St. Afra in Meissen Öl/Karton 35x28cm/*13x11in* Berlin 97

CROME John 1768-1821 **[20]**
- *$694 FF4 054 £420* Old Windmill in Thunder Storm Oil/canvas 12x20cm/*5x8in* Aylsham, Norfolk 97
- *$1 134 FF7 039 £680* Cottages on a Riverbank Oil/canvas 52,5x45cm/*20x17in* London 98

CROME John (Attrib.) 1768-1821 **[10]**
- *$4 897 FF28 571 £3 000* A Figure by a riverside Cottage Oil/canvas 74x61cm/*29x24in* London 97

CROME John Berney 1794-1842 **[19]**
- *$1 273 FF6 630 £800* Gravel Pits by Norwich Oil/canvas 20x26cm/*8x10in* Aylsham, Norfolk 96

CROME John Berney (Attr.) 1794-1842 **[6]**
- *$3 388 FF19 493 £2 000* Near Whitlingham, Norfolk Oil/panel 59,5x70cm/*23x27in* London 97

CROME William Henry 1806-1873 **[16]**
- *$1 298 FF6 470 £850* Norfolk wooded landscape with figure on horseback Oil/canvas 17x25cm/*7x10in* Aylsham, Norfolk 96
- *$5 300 FF32 480 £3 200* A Wooded Landscape, with a Drover and Cattle by a Lake Oil/canvas 77x63cm/*30x24in* London 98
- *$12 000 FF68 259 £7 345* Where Peaceful Slumber Be Oil/canvas 147,5x201cm/*58x79in* New-York 97

CROME William Henry (Attr) 1806-1873 **[2]**
- *$4 897 FF28 571 £3 000* Figures before a Cottage in a wooded Landscape Oil/panel 68x93,5cm/*26x36in* London 97

CROMEK Thomas Hartley 1809-1873 **[22]**
- *$1 200 FF5 870 £760* The interior of a Roman church Watercolour 45x31cm/*17x12in* San Francisco-Los Angeles 95

CROMER Carlo Max. 1889-1964 **[4]**
- *$150 FF893 £92* Junge Königskerze Öl/Karton 41,5x36cm/*16x14in* Bern 97

CROMIERES Huguette 1920 **[2]**
- *$493 FF2 982 £300* "Chamonix, Kandahar" Poster 99x62cm/*38x24in* London 98

CROMMELYNCK Robert 1895-1968 **[20]**
- *$887 FF5 525 £530* Paysage d'Espagne Huile/panneau 68,5x89cm/*26x35in* Liège 98

CROMPTON James Shaw 1853-1916 **[11]**
- *$1 191 FF6 732 £750* Hidden treasures Watercolour/paper 37,4x52,1cm/*14x20in* London 97

CROMWELL Joane 1889-1966 **[19]**
- *$350 FF2 109 £211* "Desert Enchantment" Oil/canvas/board 20x25cm/*8x10in* Pasadena, California 98

⌐ $750 FF4 520 £453 "A Laguna landmark passes" Oil/canvas 35x45cm/*14x18in* Pasadena, California 98
CRONE Robert c.1718-1779 **[1]**
⌐ $40 300 FF207 400 £26 000 Classical landscape with a soldier/River landscape with figures Oil/canvas 71x92cm/*27x36in* London 96
CRONHELM von Alexander 1810-1846 **[1]**
⌐ $5 150 FF26 500 £3 210 Travellers in an Alpine landscape Oil/canvas 75x107cm/*29x42in* Wien 96
CRONQVIST Lena 1938 **[58]**
⌐ $2 334 FF13 986 £1 395 Flickporträtt Oil/canvas 57x54cm/*22x21in* Stockholm 98
⌐ $3 030 FF15 600 £1 890 "Torgrimmen" Oil/canvas 36x43cm/*14x16in* Stockholm 96
⌐ $15 648 FF93 528 £9 576 Vänninor Oil/canvas 150x115cm/*59x45in* Stockholm 97
CROOKE Ray Austin 1922 **[223]**
⌐ $635 FF3 258 £418 Houses, Norfolk Island Oil/board 39,5x49,5cm/*15x19in* Sydney 96
⌐ $752 FF4 608 £449 Mornington Island Oil/board 15,5x22,5cm/*6x8in* Sydney 97
⌐ $9 416 FF56 420 £5 617 Village in Tahiti Oil/canvas 132x122cm/*51x48in* Sydney 98
▥ $116 FF662 £70 Interior of Hut Silkscreen 28x23cm/*11x9in* Sydney 97
✎ $433 FF2 219 £276 Figures by River, Northern Queensland Watercolour/paper 12x16,5cm/*4x6in* Melbourne 95
CROOS van der Anthony J. (Attrib.) 1606-1662 **[10]**
⌐ $5 321 FF30 323 £3 259 Landschaft mit Wanderern Öl/Leinwand 85x70cm/*33x27in* Köln 97
CROOS van der Anthony Jansz. 1606-1662 **[23]**
⌐ $6 070 FF31 000 £4 000 Satyrs and Nymphs in a pastotal landscape Oil/panel 46x48cm/*18x18in* London 96
⌐ $10 087 FF59 940 £6 000 Figures resting beneath trees, a lone figure on a path and ruins Oil/panel 32,5x36,5cm/*12x14in* London 97
CROOS van der Jacob c.1635-c.1700 **[14]**
⌐ $7 210 FF37 200 £4 620 Landschaft mit Kloster und Weiher Oil/panel 4x64,5cm/*1x25in* Bielefeld 96
⌐ $7 910 FF47 250 £4 904 Ansicht des Schlosses Rijswijk Oil/panel 47x66cm/*18x25in* Zürich 97
CROOS van der Jacob (Attrib.) c.1635-c.1700 **[6]**
⌐ $5 043 FF29 970 £3 000 Dune landscape with a peasant and his dog Oil/panel 40x60cm/*15x23in* London 97
⌐ $8 159 FF47 081 £5 000 Wooded landscapes with churches Oil/panel 20x16cm/*7x6in* London 97
✎ $3 990 FF20 650 £2 543 Dorf an einem Fluss mit Booten Aquarell/Papier 16x24cm/*6x9in* Zürich 96
CROOS van der Pieter 1609-1701 **[6]**
⌐ $6 363 FF38 217 £3 800 Shipping in a Storm Off a Rocky Coast Oil/panel 51x83cm/*20x32in* London 98
CROOS van der Pieter (Attrib.) 1609-1701 **[4]**
⌐ $10 561 FF63 222 £6 502 Sjöstycke med segelfartyg och skeppsvrak Oil/panel 31,5x48cm/*12x18in* Stockholm 98
CROPSEY Jasper Francis 1823-1900 **[104]**
⌐ $23 000 FF136 176 £13 657 By the Lake Oil/canvas 30,5x51cm/*12x20in* New-York 97
⌐ $85 000 FF503 259 £50 473 In the White Mountains Oil/canvas 38x61cm/*14x24in* New-York 97
✎ $8 000 FF39 400 £5 150 Autumn on the Lake Watercolour/paper 35x28cm/*13x11in* New-York 95
CROS Henri 1840-1911 **[7]**
⬟ $15 000 FF78 300 £9 091 Three nude female figures (a tazza) Sculpture H15,5cm/*H6in* New-York 96
CROSATO Giovanni B. (Attrib) 1686-1758 **[4]**
⌐ $13 940 FF69 900 £8 820 Diana Oil/panel 84x96cm/*33x37in* Wien 95
CROSBIE William 1915 **[24]**
⌐ $2 790 FF14 166 £1 800 Still Life with Flowers in a Pot Oil/canvas 75x49,5cm/*29x19in* Auchterarder, Perthshire 96
⌐ $4 171 FF25 448 £2 500 Some Susanas Oil/board 29,5x40cm/*11x15in* Glasgow 98
✎ $742 FF4 523 £450 From the Clifftop Watercolour 53x34cm/*20x13in* London 98
CROSBY Percy Leo 1891-? **[5]**
✎ $1 760 FF10 149 £1 048 Two Waifs in Industrial Setting Ink 38x34cm/*15x13in* New-York 97
CROSBY Raymond Moreau 1876-1945 **[9]**
✎ $12 000 FF61 800 £7 947 Three women Pencil/paper 29x23cm/*11x9in* New-York 96
CROSBY William XIX-XX **[5]**
⌐ $7 935 FF50 000 £5 000 Le peintre et sa famille sur la plage Huile/toile 63x95cm/*24x37in* Cannes 97
CROSIO Luigi 1835-1915 **[16]**

$4 070 FF20 800 £2 700 A Roman beauty Oil/canvas 51x36cm/*20x14in* Billingshurst, West Sussex 96

$7 200 FF40 800 £4 800 Scena classica Olio/tela 28x39cm/*11x15in* Firenze 98

CROSS Frederick George 1881-1941 **[7]**

$588 FF3 030 £389 Monarch, Alberta Watercolour/paper 51x60cm/*20x23in* Calgary, Alberta 96

CROSS Henri Edmond 1856-1910 **[219]**

$18 620 FF94 000 £12 150 Etude pour une Nymphe: femme au chapeau, nu en plein air Huile/papier/toile 35x27cm/*13x10in* Paris 96

$55 000 FF328 553 £33 709 La dame au parc Oil/canvas 38x61cm/*14x24in* New-York 98

$720 FF3 730 £468 Les Champs-Elysées Color lithograph 20x26cm/*7x10in* München 96

$687 FF3 500 £453 Étude de pin Crayon 19,5x30cm/*7x11in* Paris 96

CROSS John 1819-1861 **[2]**

$4 247 FF24 163 £2 600 Richard Coeur de Lion Forgiving Bertrand de Jourdon Oil/canvas 111x153cm/*43x60in* London 97

CROSS van der Anthony Jansz. c.1606-c.1665 **[2]**

$3 640 FF19 000 £2 165 Promeneurs et chasseurs Huile/panneau 41x62cm/*16x24in* Paris 96

$10 378 FF59 400 £6 130 A View of Haarlem seen from the Polders Oil/panel 20,5x25cm/*8x9in* Amsterdam 97

CROSSLAND James Henry 1852-1904 **[13]**

$416 FF2 514 £250 A Lakeland Landscape Oil/board 28x21cm/*11x8in* Leyburn, North Yorkshire 98

$2 445 FF12 200 £1 597 Summer landscape Oil/canvas 77x127cm/*30x50in* Stockholm 95

$1 592 FF9 749 £950 A Cottage in the Highlands Watercolour/paper 49,5x75cm/*19x29in* Newcastle-upon-Tyne 98

CROTCH William 1775-1847 **[10]**

$300 FF1 617 £180 Church walk, Hampstead Watercolour 7,5x17,8cm/*2x7in* London 97

CROTTI Jean 1878-1958 **[92]**

$1 361 FF7 000 £849 Femme au chapeau Huile/panneau 34,5x27,5cm/*13x10in* Paris 96

$2 686 FF14 000 £1 690 "Esprit du bien et du mal" Huile/panneau 69x42cm/*27x16in* Paris 96

$142 FF826 £84 Tête d'une femme Radierung 19,5x15,5cm/*7x6in* Zürich 97

$875 FF4 500 £546 Le vase de coquelicots Gouache/papier 65x50cm/*25x19in* Paris 96

CROTTO Paul 1922 **[21]**

$190 FF1 100 £116 Intérieur avec femme Huile/toile 73x60cm/*28x23in* Paris 97

CROUCH William c.1800-c.1850 **[20]**

$615 FF3 120 £400 Italianate lake scenes Watercolour 9,5x14,5cm/*3x5in* London 96

CROUCH William (Attrib.) c.1800-c.1850 **[6]**

$1 173 FF7 077 £700 Balmoral Castle Watercolour/paper 32,5x48cm/*12x18in* West Lothian 98

CROWLEY Donald, Don 1926 **[4]**

$3 750 FF18 900 £2 419 Firelight Oil/board 22x34cm/*9x13in* Hayden 96

$32 000 FF166 720 £20 124 "Morning Light" Oil/canvas 111x83cm/*44x33in* Scottsdale, Arizona 96

CROWLEY Grace Adela Williams 1890-1979 **[6]**

$1 251 FF6 450 £803 Abstract Gouache 43x55cm/*16x21in* Sydney 95

CROWLEY Jill 1946 **[1]**

$2 656 FF13 584 £1 600 A raku Cat portrait Ceramic H33cm/*H12in* London 96

CROWLEY Nicholas Joseph 1813-1857 **[6]**

$19 569 FF115 384 £12 000 Fortune, Telling by Cup Tossing Oil/canvas 71x91,5cm/*27x36in* London 98

CROWTHER Henry XX **[17]**

$488 FF2 985 £300 Wire Fox Terrier Wycollar Coquette Oil/canvas 30,5x38cm/*12x14in* London 98

CROWTHER John XIX-XX **[6]**

$536 FF3 373 £340 An Arab Garden Watercolour 17,5x23,5cm/*6x9in* Billingshurst, West Sussex 97

CROXFORD William Edwards XIX-XX **[27]**

$351 FF1 703 £220 Village street at dusk Watercolour 29x47cm/*11x18in* London 95

CROZIER William 1933 **[37]**

$1 158 FF6 692 £680 Henry's Cross Oil/canvas 91x76cm/*35x29in* London 97

CRUAÑAS Josep 1942 **[9]**

$594 FF3 555 £351 "Albi" Oleo/lienzo 46x55cm/*18x21in* Barcelona 98

CRUIKSHANK George 1792-1878 **[32]**

$232 FF1 186 £150 The Proud Young Porter Answers the Door Etching 10x9cm/*3x3in* London 95

✎ *$1 020 FF6 193 £620* "John Bull Giving Advice to his Favourite Candidate!!" Watercolour 23x33cm/*9x12in* London 98
CRUIKSHANK George (Attrib.) 1792-1878 **[1]**
✎ *$1 000 FF6 045 £619* Construction Workers Watercolour/paper 15x22cm/*6x9in* Mystic, Connecticut 97
CRUIKSHANK Robert Isaac 1789-1856 **[8]**
✎ *$6 370 FF31 100 £4 000* Thirteen illustrations for Cook's "Voyages" Watercolour 9,6x14,8cm/*3x5in* London 95
CRUIKSHANK William 1848-1922 **[90]**
✎ *$764 FF3 870 £500* White and yellow roses/Convolvulus Watercolour 20x14cm/*7x5in* London 96
CRUMB Robert 1943 **[2]**
✎ *$2 400 FF11 740 £1 520* Nacked woman chased by the cops, for Motor City Comics #2 Ink 30x20cm/*12x8in* New-York 95
CRUSET Sebastien XX **[4]**
🖌 *$13 000 FF78 124 £7 785* View of Manhattan in Winter Oil/canvas 37x72cm/*14x28in* New-York 98
CRUYL Lieven 1640-1720 **[6]**
✎ *$8 113 FF46 440 £4 792* The Campidoglio Ink 11x11cm/*4x4in* Amsterdam 97
CRUYS Cornelis c.1644-1660 **[1]**
🖌 *$81 600 FF423 000 £54 600* A Roemer, a bread roll and pepperwith an overturned conical Roemer Oil/canvas 43x35cm/*16x13in* Amsterdam 96
CRUZ HERRERA José Herrera 1890-1972 **[45]**
🖌 *$1 450 FF7 500 £935* Espagnole Huile/isorel 40x30cm/*15x11in* Paris 96
🖌 *$3 840 FF23 700 £2 280* Joven en un diván Oleo/lienzo 50x61cm/*19x24in* Madrid 98
CRUZ-DIEZ Carlos 1923 **[39]**
🖌 *$9 500 FF46 100 £6 120* Physichromie No. 510 Mixed media/panel 100,5x122cm/*39x48in* New-York 95
🖌 *$8 000 FF46 701 £4 759* Chromo Interference Mécanique Oil/board 60x60cm/*23x23in* New-York 97
🖌 *$196 FF965 £125* Serielle Komposition Sérigraphie couleurs 19,5x19,5cm/*7x7in* Hamburg 95
🖌 *$7 735 FF45 000 £4 738* Physichromie No.200 Relief 62x84cm/*24x33in* Paris 97
🖌 *$18 000 FF105 078 £10 708* Physichromie No. 817 Construction 100,3x100,3cm/*39x39in* New-York 97
✎ *$5 636 FF33 546 £3 445* "Physichromie NO. 194" Gouache 60x103,5x8cm/*23x40x3in* Köln 98
CSAKI-COPONY Grete 1893-1990 **[6]**
🖌 *$6 177 FF36 637 £3 773* Singende Kinder Öl/Karton 59,5x72cm/*23x28in* München 98
✎ *$966 FF4 820 £633* Dorf im Allgäu Pastel 52,5x69cm/*20x27in* München 95
CSAKY Joseph 1888-1971 **[249]**
🖌 *$3 910 FF21 500 £2 401* Lionne Sculpture H30cm/*H11in* Paris 97
🖌 *$8 100 FF42 200 £4 890* A girl Bronze H88cm/*H34in* Amsterdam 96
✎ *$927 FF5 400 £567* L'idole Aquarelle 14x9cm/*5x3in* Paris 97
CSERNA Karoly 1867-1944 **[11]**
🖌 *$1 137 FF6 666 £700* Arab Travellers leaving Cairo Oil/canvas 75x100cm/*29x39in* London 97
CSOK István 1865-1961 **[10]**
🖌 *$13 000 FF79 608 £7 780* Sunflowers Oil/canvas 94,5x86,5cm/*37x34in* New-York 98
CSOT 1961 **[8]**
🖌 *$314 FF1 750 £195* La basse-cour Huile/panneau 24x30cm/*9x11in* Lesquin 97
CSURGO XX **[5]**
🖌 *$354 FF2 000 £218* Composition au raisin noir Huile/panneau 18x24cm/*7x9in* Strasbourg 97
CUBELLS Y RUIZ Enrique Martinez. 1874-1947 **[6]**
🖌 *$2 800 FF13 650 £1 780* "1a. Exposicion Internacional del Automovilismo, Madrid" Poster 193x115cm/*75x45in* New-York 95
CUBLEY Henry Hadfield c.1850-c.1910 **[53]**
🖌 *$229 FF1 333 £140* Sheep grazing Oil/canvas 36,5x26,5cm/*14x10in* Billingshurst, West Sussex 97
🖌 *$529 FF2 726 £350* Feeding the ducks, Matlock, Bath Oil/canvas 68x48cm/*26x18in* London 96
CUCCHI Enzo 1950 **[94]**
🖌 *$3 411 FF19 548 £2 115* Lingua Marchigiana Oil/canvas 35x20cm/*13x7in* New-York 97
🖌 *$12 000 FF71 856 £7 372* Untitled, The Age of Jesus Oil/canvas 76x111x4cm/*29x43x1in* New-York 98
🖌 *$35 300 FF174 000 £23 000* Eroe Del Mare Adriatico Oil/canvas 130x205cm/*51x80in* London 95
🖌 *$887 FF5 054 £543* Le Montage in Guerra Etching, aquatint 29,5x49,5cm/*11x19in* Hamburg 97
✎ *$2 085 FF10 720 £1 300* Untitled Ink/paper 10x6cm/*3x2in* London 96
CUCUEL Edward 1875-1951 **[82]**

◬ *$2 947 FF16 840* £1 805 Waldweg in der Sonne Oil/panel 25x30,5cm/*9x12in* München 97
◬ *$3 300 FF19 141* £2 030 Harbor Scene Oil/canvas 80x80cm/*31x31in* Bethesda, Maryland 97
✏ *$5 200 FF27 200* £3 096 Die rote Kreuzignung Watercolour 33x21cm/*12x8in* München 96
CUDENNEC Patrice 1952 **[59]**
◬ *$573 FF3 000* £345 Idylle au bord de l'Aven Huile/toile 41x24cm/*16x9in* Brest 96
✏ *$281 FF1 600* £173 La danse Crayons couleurs 32x19cm/*12x7in* Brest 97
CUE Harold James 1887-1961 **[1]**
◬ *$6 750 FF34 500* £4 450 The Iroquois scout at moonrise Oil/canvas 74x51cm/*29x20in* Dedham, Mass. 96
CUECO Henri Aguilella, dit 1929 **[58]**
◬ *$389 FF2 200* £238 Les baigneurs Huile/toile 22x16cm/*8x6in* Paris 97
◬ *$1 240 FF7 000* £760 Femme endormie Huile/toile 49x73cm/*19x28in* Paris 97
✏ *$386 FF2 300* £236 Sans titre Aquarelle 28,5x20cm/*11x7in* Versailles 97
CUENI August 1883-1966 **[15]**
◬ *$1 963 FF11 594* £1 162 Sommerliches Panorama über dem Urnersee Öl/Leinwand 80x95cm/*31x37in* Zofingen 97
◬ *$2 104 FF12 422* £1 245 Dorfstrasse eines Juradörfchens Oil/panel 35x26cm/*13x10in* Zofingen 97
CUEVAS José Luis 1933 **[105]**
▣ *$300 FF1 781* £181 "Autorretrato" Lithograph 51x39cm/*20x15in* Washington 97
✂ *$10 000 FF57 405* £6 096 Cabeza obscena Bronze H36cm/*H14in* New-York 97
✏ *$950 FF5 500* £584 Hombre Enclaustrado Wash 63x96cm/*24x37in* Los Angeles 97
CUGAT Delia 1930 **[8]**
◬ *$24 000 FF143 368* £14 680 Untitled Oil/canvas 97x146cm/*38x57in* New-York 98
CUGAT Xavier 1898-1990 **[24]**
✏ *$176 FF1 034* £106 Guardia Civil Lápiz 34x24cm/*13x9in* Madrid 97
CUI ZIFAN 1915 **[4]**
✏ *$5 047 FF30 239* £3 014 Marigolds Coloured inks/paper 90x50,5cm/*35x19in* Hong Kong 98
CUITT George I 1743-1818 **[17]**
◬ *$8 179 FF47 664* £5 000 Richmond, Yorkshire Oil/canvas 59,5x81,5cm/*23x32in* London 97
CUITT George I (Attrib.) 1743-1818 **[3]**
✏ *$3 513 FF21 052* £2 100 Lancaster From the River Gouache/paper 40,5x53,5cm/*15x21in* Bath 98
CUIXART Modesto 1925 **[43]**
◬ *$3 579 FF21 500* £2 147 Composition Huile/toile 45x37,5cm/*17x14in* Versailles 98
◬ *$11 158 FF63 578* £7 000 Pintura Oil/canvas 130x195cm/*51x76in* London 97
✏ *$7 920 FF47 400* £4 680 Candidato politico Técnica mixta/papel 55x46cm/*21x18in* Barcelona 98
CULIN Alice 1875-1950 **[2]**
◬ *$3 200 FF19 025* £1 982 Henry G. Bryant Oil/canvas 102x109cm/*40x43in* Philadelphia 97
CULL Alma Burlton 1880-1931 **[12]**
✏ *$2 221 FF13 806* £1 400 The Passing of HMS Devastation Watercolour/paper 41,5x69cm/*16x27in* London 97
CULLBERG Erland 1931 **[74]**
◬ *$517 FF3 168* £308 Komposition Oil/canvas 105x90cm/*41x35in* Stockholm 98
◬ *$1 263 FF6 540* £815 "Två målarhelgon" Oil/canvas 137x122cm/*53x48in* Stockholm 96
CULLEN Maurice Galbraith 1866-1934 **[32]**
◬ *$4 486 FF25 638* £2 748 "First snow, long wharf, Montreal harbour" Oil/board 17,8x25,4cm/*7x10in* Toronto 97
◬ *$4 619 FF27 015* £2 817 The Old Cedar Huile/toile 37,5x45cm/*14x17in* Montréal 97
◬ *$14 680 FF75 000* £9 680 Paysage symbolique Huile/toile 165x126cm/*64x49in* Montréal 96
CULLIMORE Michael 1936 **[17]**
✏ *$130 FF647* £85 Burning Stubble Watercolour 37x55cm/*14x21in* London 95
CULLIN Isaac J. XIX-XX **[25]**
◬ *$25 000 FF123 000* £16 100 A Fristy Morning Exercise Oil/canvas 61x92cm/*24x36in* New-York 95
✏ *$586 FF3 625* £360 The Cersarwith Stakes Watercolour 25x36cm/*9x14in* Billingshurst, West Sussex 97
CULVER Charles 1908-1967 **[32]**
✏ *$478 FF2 736* £298 View of a Barn in Northern Michigan Watercolour/paper 33x55cm/*13x22in* Detroit, Michigan 97
CULVERHOUSE Johann Mongels 1820-1891 **[30]**

*$1 800 FF8 860 £1 160 Reading by firelight/Playing cards by candelight Oil/panel 30x24cm/*11x9in* New-York 95

*$1 800 FF11 009 £1 068 Extensive Autumn Landscape with Figures Oil/canvas 55x91cm/*22x36in* Washington 98

CUMBERWORTH Charles 1811-1852 **[18]**
*$4 558 FF28 000 £2 732 Couple de Noirs Bronze H35cm/*H13in* Lille 98

CUMBO Ettore XIX-XX **[2]**
*$1 770 FF9 000 £1 091 Lac au pied des montagnes Huile/toile 50,5x98cm/*19x38in* Paris 96

CUMBRAE-STEWART Janet Agnes 1885-1960 **[18]**
*$547 FF3 224 £327 Self Portrait Charcoal 38x26cm/*14x10in* Melbourne 97

CUMELIN Johan Peter 1764-1820 **[1]**
*$1 485 FF8 758 £887 "Börian af Bataillen 26. Julii 1789" Watercolour/paper 29x40cm/*11x15in* Stockholm 97

CUMING Beatrice 1903-1975 **[4]**
*$950 FF5 824 £582 Marseille Port Oil/canvas 73x96cm/*29x38in* Mystic, Connecticut 98

CUMING Fred 1930 **[32]**
*$650 FF3 320 £420 Folkestone Harbour Oil/board 20x46cm/*7x18in* London 95
*$1 460 FF8 498 £900 Our French Retreat Oil/masonite 77,5x85cm/*30x33in* London 97

CUMMING Robert H. 1943 **[4]**
*$3 200 FF16 500 £2 120 Amputee's Story Rough Gelatin silver print 50x116cm/*20x46in* New-York 96

CUMMINGS Edward Estlin XX **[1]**
*$2 250 FF13 672 £1 354 Nude Study of Marion Morehouse with another Woman Sunbathing Oil/canvas 30x22,5cm/*11x8in* New-York 98

CUNAEUS Conradijn 1828-1895 **[26]**
*$1 573 FF9 637 £937 A cocker spaniel Oil/panel 19,5x26cm/*7x10in* Amsterdam 98
*$2 106 FF10 836 £1 314 A Rocky Landscape with Deer by a Stream Oil/canvas 73x92cm/*28x36in* Amsterdam 96

CUNDALL Charles Ernest 1890-1971 **[68]**
*$970 FF5 540 £600 Boxing study Oil/panel 24x33cm/*9x12in* London 97
*$2 095 FF10 160 £1 350 Amalfi Oil/canvas 68x51cm/*26x20in* London 95
*$490 FF2 879 £300 Demolition of Waterloo bridge Watercolour 25,5x44,5cm/*10x17in* London 97

CUNDELL Nora Lucy Mowbray 1889-1948 **[7]**
*$45 586 FF274 778 £28 000 Getting Dressed Oil/canvas 68,5x68,5cm/*26x26in* London 98

CUNDY Clifford 1926-1992 **[14]**
*$244 FF1 230 £160 Naked Muse Bronze 26x17cm/*10x6in* London 96

CUNEO José 1887-1977 **[30]**
*$1 350 FF6 819 £871 Paisaje de Rocha Oleo/lienzo 33x41cm/*12x16in* Montevideo 96
*$7 200 FF36 360 £4 645 "El Alero" Oleo/cartón 47x61cm/*18x24in* Montevideo 96
*$40 000 FF229 096 £24 420 Rancho y Luna Oil/canvas/board 146x98cm/*57x38in* New-York 97
*$1 135 FF5 890 £751 La esquila Acuarela/papel 55x40cm/*21x15in* Montevideo 96

CUNEO Rinaldo 1877-1939 **[24]**
*$1 400 FF6 970 £917 Sierra Foothills Oil/canvas/board 28x31cm/*11x12in* San Francisco-Los Angeles 95
*$1 700 FF10 161 £1 030 Surreal Landscape Oil/canvas 76x91,5cm/*29x36in* San Francisco-Los Angeles 97

CUNEO Terence Tenison 1907-1996 **[76]**
*$3 620 FF18 560 £2 200 Down to the pool, a lion and a pair of blue Ververt Monkeys Oil/canvas 69x90cm/*27x35in* London 96
*$375 FF2 297 £230 The Flying Scotsman Print 53x73cm/*21x29in* Aylsham, Norfolk 98

CUNNINGHAM Earl 1893-1977 **[6]**
*$6 500 FF32 100 £4 240 Harbor Scene Oil/masonite 24x40,5cm/*9x15in* New-York 95
*$13 000 FF78 218 £7 781 Cruising by the Gate Oil/masonite 46,5x72cm/*18x28in* Beverly Hills, Calif. 98

CUNNINGHAM Edward Frances.Calza c.1742-1795 **[1]**
*$15 446 FF87 718 £9 666 König Friedrich II von Preussen (1712-1786) Öl/Papier 60,5x38,5cm/*23x15in* München 97

CUNNINGHAM Imogen 1883-1976 **[80]**
*$6 000 FF30 940 £3 974 Two Callas Gelatin silver print 33x25cm/*13x10in* New-York 96

CUNNINGHAM John Wilton 1903 **[2]**
*$5 250 FF31 159 £3 215 The Yellow Butterfly Oil/canvas 66x55cm/*26x22in* New-York 98

CUNZ Martha 1876-1961 **[29]**

⊞ *$339 FF1 941 £200* Grabhügel Via Appia, Rom Woodcut in colors 28x36cm/*11x14in* St.Gallen 97

CUPRIEN Frank 1871-1948 **[13]**

☺ *$1 100 FF6 630 £665* Laguna seascape Oil/board 28x38cm/*11x15in* Pasadena, California 98

☺ *$2 250 FF11 722 £1 415* "Evening Glow on the Desert" Oil/canvas 71x101cm/*28x40in* Altadena, CA 96

CURLING Peter 1913-1988 **[15]**

☺ *$3 407 FF19 685 £2 000* Dawn Chorus Oil/canvas 36x40,5cm/*14x15in* London 97

☺ *$4 000 FF20 370 £2 400* "Brigadier Gerard", a bay colt Oil/canvas 56x66cm/*22x25in* London 96

✐ *$919 FF5 494 £563* Jockey Watercolour/paper 45x60cm/*18x24in* Dublin 98

CURNOCK James Jackson 1839-1892 **[26]**

✐ *$582 FF3 519 £350* Herding Sheep Along a Mountain Path Watercolour/paper 44x72cm/*17x28in* Bristol, Avon 98

CUROS Jordi 1930 **[74]**

☺ *$132 FF790 £78* Bañista sentada Oleo/tabla 59,5x43cm/*23x16in* Barcelona 98

CURR Tom XX **[6]**

☺ *$4 717 FF28 609 £2 800* Rolling the Corn Oil/canvas 58x83cm/*22x32in* Glasgow 98

CURRADI Francesco 1570-1661 **[21]**

☺ *$10 662 FF61 205 £6 500* Sainte Catherine of Alexandria Oil/canvas 111,5x81,5cm/*43x32in* London 97

☺ *$18 440 FF94 800 £11 500* Portrait of a young soldier Oil/canvas 45x33cm/*17x12in* London 96

CURRADI Francesco (Attrib.) 1570-1661 **[4]**

☺ *$1 080 FF6 120 £720* San Carlo Borromeo Olio/tela 98x81cm/*38x31in* Milano 97

CURRAN Charles Courtney 1861-1942 **[62]**

☺ *$4 000 FF23 682 £2 392* Portrait of a Young Lady Oil/canvas 30x22cm/*12x9in* New-York 97

☺ *$10 000 FF49 900 £6 536* The Carnelian Nacklace Oil/canvas 76x63cm/*30x25in* Cincinnati, Ohio 95

☺ *$120 000 FF710 484 £71 760* The Top of the World Oil/canvas 127,6x102,2cm/*50x40in* New-York 97

✐ *$900 FF5 257 £532* "Capri" Pastel/board 13x30cm/*5x12in* Boston, Mass. 97

CURRIE Sidney ?-1930 **[8]**

✐ *$741 FF4 535 £450* At the Cottage Door/The Wheelwright Watercolour 25,5x35,5cm/*10x13in* London 98

CURRIER & IVES (Publisher) XIX **[106]**

⊞ *$265 FF1 585 £162* "The Battle of Antietam, Md. Sept 17, 1862" Lithograph 29x39cm/*11x15in* Delaware, Ohio 98

📷 *$4 300 FF25 686 £2 630* Accross the Continent" Photograph 43x68cm/*17x27in* Glens Falls, NY 98

CURRIER Edward Wilson 1857-1918 **[6]**

☺ *$2 749 FF16 435 £1 666* Chinatown Oil/canvas 30,5x45,7cm/*12x17in* San Francisco-Los Angeles 97

CURRIER Joseph Frank 1843-1909 **[5]**

☺ *$2 800 FF16 175 £1 725* Sunset Oil/canvas 20,5x31cm/*8x12in* New-York 97

CURRIER Mary Ann XX **[3]**

✐ *$3 200 FF18 604 £1 953* Mangoes Pastel 102x152cm/*40x59in* New-York 97

CURRIER Nathaniel 1813-1888 **[30]**

⊞ *$750 FF4 507 £448* American Farm Scenes Lithograph 41x60cm/*16x24in* New-York 98

CURRIN John 1962 **[2]**

☺ *$13 000 FF66 200 £7 800* Untitled Oil/canvas 86x76cm/*33x29in* New-York 96

✐ *$4 299 FF25 096 £2 600* Untitled Gouache/paper 34x28cm/*13x11in* London 97

CURRY John Stuart 1898-1946 **[79]**

☺ *$118 000 FF612 420 £78 151* Hoover and the Flood Oil/panel 95x160cm/*37x62in* New-York 96

⊞ *$1 100 FF6 275 £676* Our good Earth Lithograph 32,5x25,9cm/*12x10in* New-York 97

✐ *$950 FF5 777 £576* Leaping Figures Charcoal 48x33cm/*19x13in* Chicago, Illinois 98

CURRY Robert Franz 1872-1945 **[43]**

☺ *$1 178 FF6 736 £722* Frühling an der Benediktenwand Öl/Leinwand 82x101cm/*32x39in* München 97

CURSITER Stanley 1887-1976 **[29]**

☺ *$5 164 FF31 280 £3 200* Waves Breaking Oil/canvas/board 23,5x33,5cm/*9x13in* Perthshire 97

☺ *$10 760 FF54 700 £7 000* Orkney Cliffs and coastline Oil/canvas 71x91cm/*27x35in* Auchterarder, Perthshire 95

✐ *$98 FF597 £60* City Docks Watercolour/paper 24x30,5cm/*9x12in* London 98

CURTIS Asahel 1874-1941 **[9]**

📷 *$4 000 FF24 676 £2 401* Selected mountaineering Views Photograph 16x21cm/*6x8in* New-York 98

CURTIS Edward Sherrif 1868-1954 **[412]**
$5 500 FF28 100 £3 624 Maid of Dreams Orotone 34,3x26,7cm/*13x10in* New-York 96
CURTIS George 1826-1881 **[3]**
$40 000 FF236 828 £23 752 Harbor at Sunset Oil/canvas 51x76cm/*20x29in* New-York 97
CURTIS James Waltham c.1839-1901 **[10]**
$1 678 FF9 732 £989 Sheep by the River, Sunset Oil/canvas 46x31,5cm/*18x12in* Sydney 97
$2 031 FF11 818 £1 244 Wanted Watercolour/paper 51x31cm/*20x12in* Melbourne 97
CURTIS Leland 1897-? **[8]**
$4 000 FF19 520 £2 531 Rocky Mountain landscape Oil/canvas 101x111cm/*40x44in* Los Angeles 95
CURTIS Ralph Wormsley 1854-1922 **[10]**
$4 000 FF20 900 £2 417 Maestro Juan Oil/panel 32,5x23,5cm/*12x9in* New-York 96
$7 000 FF36 540 £4 230 Portrait of a Lady in a Black Hat Oil/canvas 69x48,5cm/*27x19in* New-York 96
$19 000 FF111 963 £11 734 The bridge of Sighs Oil/canvas 180x250cm/*70x98in* New-York 97
CURTOVICH Ovide 1855-? **[2]**
$26 834 FF153 319 £16 441 A Turkish family on a terrace Oil/canvas 86x63cm/*33x24in* Stockholm 97
CUSACHS Y CUSACHS Josep 1851-1908 **[42]**
$4 200 FF23 820 £2 640 El descanso de la infanteria Oleo/tabla 48x28cm/*18x11in* Madrid 97
$80 400 FF474 000 £49 200 El preferido Oleo/lienzo 71x100cm/*27x39in* Madrid 98
$248 FF1 393 £154 Cañón Lápiz/papel 10,5x15,5cm/*4x6in* Madrid 97
CUSATI Gaetano ?-1720 **[2]**
$11 500 FF59 500 £7 360 A heron, falcons, duck and other dead game on a bank Oil/canvas 126,5x178cm/*49x70in* New-York 96
CUSTIS Eleanor Parke 1897-1983 **[33]**
$4 250 FF26 220 £2 551 Penguins Three Photograph 43x35,5cm/*16x13in* New-York 98
$250 FF1 501 £149 Illustration for "Storey Manor" Gouache/paper 30x25cm/*12x10in* North Berwick, Maine 98
CUSTODIS Hyeronimus (Attrib.) XVI-XVII **[5]**
$4 600 FF26 196 £2 823 Portrait of a Nobleman Oil/panel 94x75cm/*37x29in* Bethesda, Maryland 97
$32 400 FF158 500 £20 500 Portrait of a gentleman, possibly Sir Henry Bromley of Holt Castle Oil/panel 43x33cm/*16x12in* London 95
CUTTING Francis Harvey 1872-1964 **[4]**
$700 FF4 191 £428 "Flowering Sand Dunes" Oil/board 30x40cm/*12x16in* Altadena, CA 97
CUVELIER Paul 1923 **[5]**
$984 FF6 000 £590 "Epoxy" Encre Chine/papier 50x35cm/*19x13in* Paris 98
CUYCK van Michiel Thomas Ant. 1796-1875 **[4]**
$628 FF3 897 £376 Bateaux sur une mer agitée Huile/panneau 57x86cm/*22x33in* Antwerpen 98
CUYLENBORCH van Abraham c.1610-1658 **[19]**
$1 709 FF10 208 £1 050 Diana and her Nymphs bathing Oil/panel 49x66,5cm/*19x26in* London 98
$5 219 FF30 274 £3 200 Nymphs bathing in a cave beneath a statue of Neptune Oil/panel 34x45cm/*13x17in* London 97
CUYLENBORCH van Abraham (Attrib.) c.1610-1658 **[8]**
$2 230 FF11 530 £1 440 Ganymedes och Olympens gudar Oil/panel 28x36cm/*11x14in* Stockholm 96
$3 800 FF19 750 £2 510 Paysage avec ruines et jeunes femmes se baignant Huile/panneau 48x60cm/*18x23in* Bruxelles 96
CUYLENBURG van Cornelis 1758-1827 **[2]**
$4 034 FF23 552 £2 400 Winter Skaters Oil/panel 31x38cm/*12x14in* London 97
CUYLENBURGH van Johannes Elize 1793-1841 **[1]**
$7 090 FF34 560 £4 500 Extensive landscape with faggot gatherers/Fishing beside a mill Oil/panel 41x52cm/*16x20in* London 95
CUYP Aelbert 1620-1691 **[18]**
$51 700 FF264 500 £33 160 Hirten in einer gebirgigen Landschaft Oil/panel 53x74,5cm/*20x29in* Wien 96
$198 500 FF990 000 £130 000 Gentlemen and a lady on a track on the edge of a wood Oil/canvas 101x140cm/*39x55in* London 95
$510 FF3 012 £302 Die Folger der Kühe Radierung 7x7cm/*2x2in* Berlin 97
$1 800 FF10 446 £1 063 Landscape Indian ink/paper 9x9cm/*3x3in* Bethesda, Maryland 97
CUYP Aelbert (Attrib.) 1620-1691 **[1]**
$24 000 FF141 592 £14 697 View of the Rietdijkspoort, Dordrecht, Sportsmen in the Foregound Oil/panel 44,5x70cm/*17x27in* New-York 98

CUYP Benjamin Gerritsz 1612-1652 **[20]**
 $5 250 FF27 170 £3 510 The Adoration of the Magi Oil/panel 39x56cm/*15x22in* Amsterdam 96
CUYP Jacob Abraham XVII **[1]**
 $3 482 FF20 000 £2 168 Paysage au chasseur Gouache/papier 43,5x59cm/*17x23in* Paris 97
CUYP Jacob Gerritsz 1594-1651/52 **[10]**
 $6 000 FF31 100 £3 840 Portrait of a Gentleman, wearing a black coat Oil/panel 72,5x57cm/*28x22in* New-York 96
 $11 800 FF61 000 £7 530 Enfants dans un parc Huile/panneau 133x128cm/*52x50in* Paris 96
CUYPERS Diderick Herman 1707-1779 **[1]**
 $4 080 FF21 130 £2 730 Portrait of a young Moor, small half length, wearing a blue coat Oil/canvas 48x41cm/*18x16in* Amsterdam 96
CYBIS Jan 1897-1972 **[11]**
 $3 019 FF18 357 £1 832 Porcelana z owocami Oil/canvas 32x37cm/*12x14in* Warszawa 98
 $4 050 FF24 109 £2 476 Kompozycja "Taniec" Oil/canvas 50x51cm/*19x20in* Warszawa 98
 $1 790 FF9 180 £1 151 Feast in Holland Watercolour, gouache/paper 31x37,5cm/*12x14in* Warszawa 96
CZACHORSKI Wladyslaw 1850-1911 **[8]**
 $3 359 FF19 801 £2 007 Yngling med röd mantel Oil/canvas 33x26cm/*12x10in* Stockholm 97
CZAJKOWSKI Józef 1872-1947 **[2]**
 $1 159 FF6 940 £692 "Kirkut" Oil/panel 32,5x40cm/*12x15in* Warszawa 98
CZAJKOWSKI Stanislaw 1878-1954 **[6]**
 $5 878 FF35 304 £3 510 Pejzaz z zagroda Oil/canvas 70x130cm/*27x51in* Warszawa 98
CZAPSKI Joseph 1896-1993 **[11]**
 $4 004 FF20 750 £2 600 Manteau blanc Oil/canvas 99x74cm/*38x29in* London 96
CZECH Emil 1862-1929 **[12]**
 $3 200 FF19 013 £1 952 Joy of Summer Oil/canvas 91x50cm/*36x20in* New-York 98
 $897 FF4 495 £567 Junges Mädchen im Bauerngarten Aquarell/Papier 39x27cm/*15x10in* Wien 95
CZENCZ János 1885-1960 **[8]**
 $1 145 FF6 673 £700 A sleeping female nude in a woodland clearing Oil/canvas 57,2x69,8cm/*22x27in* London 97
CZERNOTZKY Ernst 1869-1939 **[13]**
 $2 000 FF10 000 £1 295 Still life Oil/panel 27x20cm/*10x7in* New-York 96
CZERNY Alfred 1934 **[11]**
 $741 FF4 284 £440 Stier Öl/Papier 20x30cm/*7x11in* Wien 97
 $3 280 FF19 112 £2 016 Pferd Bronze H44cm/*H17in* Wien 97
 $1 017 FF5 310 £606 Sich streckender Akt Pencil 40x27,5cm/*15x10in* Wien 96
CZESCHKA Carl Otto 1878-1960 **[12]**
 $257 FF1 522 £152 Exlibris Emma Bacher Print 15,5x11,5cm/*6x4in* Wien 97
CZIZEK Franz 1870-1946 **[5]**
 $1 501 FF8 625 £934 Am Bauernhof Öl/Karton 32x42cm/*12x16in* Wien 97
CZOBEL Bela Adalbert 1883-1976 **[40]**
 $1 980 FF10 140 £1 170 Nature morte à la tasse Öl/Leinwand 21,5x27cm/*8x10in* Hamburg 96
 $3 170 FF16 000 £2 080 Jeune femme accoudée Huile/toile 73x54cm/*28x21in* Paris 96
 $176 FF871 £112 Mädchen mit Puppe Etching 25x15cm/*9x5in* Heidelberg 95
 $271 FF1 556 £165 Weiblicher Rückenakt Pencil 56,5x40,4cm/*22x15in* Hamburg 97

D

D'ACCARDI Gian Rodolfo 1906-1993 **[11]**
 $600 FF3 400 £300 Cavalli Olio/tela 70x70cm/*27x27in* Vercelli 98
D'ANDREA Lippo 1377-c.1430 **[1]**
 $25 000 FF130 000 £16 530 Virgin and Child with Saints John the Baptist and another Saints Oil/canvas 117x59cm/*46x23in* New-York 96
D'ANNA Alessandro 1779-1810 **[13]**
 $3 750 FF22 702 £2 284 Zitella di Venafro/Donna di S. Tammaro Gouache/paper 27,5x21cm/*10x8in* New-York 98
D'ARCANGELO Allan 1930 **[20]**

〓 *$197 FF1 013* £123 Gulf Serigraph in colors 59,5x64cm/*23x25in* Hamburg 96
✐ *$582 FF3 000* £374 "Paysage pris de Rochester" Collage/papier 35x42cm/*13x16in* Paris 96
D'ARCY W. Doyle 1932 **[8]**
☞ *$2 698 FF13 849* £1 780 Down on His Luck Oil/board 70x57cm/*27x22in* Sydney 96
D'ARIENZO Miguel A. 1950 **[3]**
☞ *$10 000 FF59 737* £6 117 Procesión Mixed media/canvas 144x245cm/*56x96in* New-York 98
D'ARTOIS Jacques 1613-1686 **[1]**
☞ *$3 540 FF20 060* £2 360 Paesaggio fiammingo Olio/tela 63x76cm/*24x29in* Vercelli 98
D'ASSIA Enrico (H. v. Hesse) 1927 **[1]**
✐ *$14 000 FF85 157* £8 516 "La Nuit acidulée" Gouache/paper 35,5x26cm/*13x10in* New-York 98
D'CORDES Jacques 1935 **[2]**
☞ *$5 089 FF29 000* £3 117 Arlesienne songeuse Huile/toile 61x50cm/*24x19in* Paris 97
D'ORA Dora Ph. Kalmus 1881-1960 **[27]**
📷 *$363 FF2 179* £217 Eislauf, Modell W. de Nagornoff Photograph 22,5x15,2cm/*8x5in* München 98
D'OYLEY Charles, Bt. 1781-1845 **[35]**
☞ *$17 400 FF90 700* £11 500 Mounted horsemen and bearers crossing a stream, India Oil/canvas 42x55cm/*16x21in* London 96
✐ *$623 FF3 801* £380 Flint Castle at Low Tide, Wales/Dartmouth Castle, Devon Watercolour 12,5x20,5cm/*4x8in* London 98
D'OYLY Charles Walters, Maj 1822-1900 **[27]**
✐ *$489 FF2 477* £320 Cottages between Glion and Les Avants/The Highter Vandoes Hotel Watercolour 25x35cm/*9x13in* London 96
D'URBEVILLE Claris Solor 1960 **[1]**
✐ *$12 560 FF65 000* £8 150 Scène de ballet Pastel 75x110cm/*29x43in* Paris 96
D'YLEN Jean 1886-1938 **[26]**
〓 *$901 FF4 500* £589 "Les Cafés du Brésil" Affiche 194x127cm/*76x50in* Paris 95
DA CHONGGUANG 1623-1692 **[1]**
✐ *$4 200 FF25 000* £2 607 Magical Butterflies Ink 30x31cm/*12x12in* New-York 97
DA FERRARA Antonio Alberti c.1400-c.1450 **[1]**
☞ *$64 100 FF319 500* £42 000 The Madonna of Humility Tempera/panel 35,5x34cm/*13x13in* London 95
DA MILANO Giulio 1895-1990 **[4]**
☞ *$4 620 FF23 500* £2 940 Tavola rotondo con statua Olio/tela 82x50cm/*32x19in* Fossano (Cuneo) 96
DA RIOS Luigi 1844-1892 **[10]**
☞ *$9 784 FF57 692* £6 000 Venetian Gossip Oil/canvas 57x43cm/*22x16in* Billingshurst, West Sussex 98
✐ *$3 206 FF19 504* £1 950 Fisherman Lighting His Pipe Watercolour 52,5x34cm/*20x13in* London 98
DA SILVA BRUHNS Ivan 1881-1980 **[3]**
〓 *$6 927 FF43 000* £4 153 Tapis rectangulaire à décor motifs géométriques, stylisés aztèques Tapisserie 192x298cm/*75x117in* Paris 98
DAALHOFF van Henri 1867-1953 **[101]**
☞ *$72 FF409* £45 Maison au bord de l'eau Huile/panneau 32x40cm/*12x15in* Antwerpen 97
☞ *$454 FF2 300* £296 Trees in a landscape Oil/canvas 38,5x47cm/*15x18in* Amsterdam 96
DABEAU 1947 **[7]**
☞ *$886 FF5 300* £523 Sentier au printemps Huile/toile 100x73cm/*39x28in* Les Andelys 97
DABIN Joël 1933 **[11]**
☞ *$708 FF4 000* £436 Ile de Sein Huile/toile 50x50cm/*19x19in* La Roche-sur-Yon 97
DABO Leon 1868-1960 **[30]**
☞ *$2 000 FF10 380* £1 323 La chapelle Sainte-Anne, Saint-Tropez Oil/canvas/board 51x40cm/*20x15in* New-York 96
〓 *$245 FF1 250* £161 "Route d'Aley au pont du Cadi, La Syrie & le Liban..." Affiche 104x75cm/*40x29in* Neuilly 96
DABOS Laurent 1761-1835 **[5]**
☞ *$21 684 FF120 000* £13 356 Portrait d'un législateur/Portrait de sa femme et de ses enfants Huile/panneau 65x55cm/*25x21in* Paris 97
DADAMAINO 1935 **[12]**
✐ *$704 FF3 685* £473 Interludio China/carta 50x35cm/*19x13in* Milano 96
DADD Frank 1851-1929 **[11]**
☞ *$12 354 FF76 026* £7 500 Consulting Her Lawyer Oil/canvas 46x62cm/*18x24in* London 98

◢ *$783 FF4 419 £480* The Lonely Hearth Watercolour 44,5x28cm/*17x11in* London 97
DADD Richard 1817-1886 **[10]**
◠ *$6 713 FF38 759 £4 000* Portrait of a Young Lady Oil/board 28x20,5cm/*11x8in* London 97
DADE Ernest 1868-1935 **[23]**
◠ *$1 305 FF7 797 £800* The Morning Breeze Oil/canvas 35x44,5cm/*13x17in* London 98
◢ *$426 FF2 492 £260* Three Fishing Boats and Numerous Figures Watercolour/paper 33x52cm/*13x20in* Scarborough 97
DADE Fred XIX-XX **[4]**
◢ *$317 FF1 707 £190* Vessels at sea Watercolour/paper 22,3x36,9cm/*8x14in* London 97
DADO Miodrag Djuric, dit 1933 **[280]**
◠ *$252 FF1 500 £153* Saxophones Technique mixte 31x21cm/*12x8in* Paris 97
◠ *$396 FF2 400 £242* Figures antropomorphes sur fond noir Technique mixte/carton 117,5x80cm/*46x31in* Paris 98
◠ *$7 500 FF43 478 £4 422* Untitled (Les Aviglers) Oil/canvas 113x146cm/*44x57in* New-York 97
▭ *$132 FF800 £81* Composition Lithographie 63x36,5cm/*24x14in* Paris 98
◢ *$626 FF3 700 £378* Anatomie Gouache 58x38cm/*22x14in* Toulouse 97
DAEL van Jan Frans 1764-1840 **[19]**
◠ *$80 000 FF471 976 £48 992* A Peony, Roses, an Iris, Poppies, Marigolds, Gardinia, Primulas Oil/canvas 61x50cm/*24x19in* New-York 98
◠ *$110 000 FF626 780 £67 375* A Bunch of Green Grapes suspended from a Rope/Bunch of red Grapes Oil 32x27cm/*12x10in* New-York 97
◢ *$3 640 FF19 000 £2 200* Anémones/Anémones et iris Aquarelle/papier 20x26cm/*7x10in* Paris 96
DAEL van Jan Frans (Attrib.) 1764-1840 **[10]**
◠ *$255 FF1 500 £157* Bouquet de fleurs sur un entablement Miniature 5,5x4cm/*2x1in* Paris 97
◠ *$3 520 FF21 725 £2 090* Bodegón de frutas Oleo/lienzo 53x64cm/*20x25in* Madrid 98
DAELE van den Casimir 1818-1880 **[6]**
◠ *$4 878 FF29 196 £2 952* Couple à l'auberge Huile/panneau 72x93cm/*28x36in* Antwerpen 97
DAELE van den Charles XIX **[2]**
◠ *$3 820 FF19 350 £2 500* Winding the wool Oil/panel 66,5x89,5cm/*26x35in* Billingshurst, West Sussex 96
DAELE van den Fritz XIX-XX **[4]**
◠ *$2 713 FF15 732 £1 600* Still Life with Flowers in an Oriental Vase and Grapes, Peaches... Oil/canvas 38x32cm/*14x12in* London 97
DAEYE Hippolyte 1873-1952 **[10]**
◠ *$16 380 FF97 560 £10 020* Suzanne au chapeau Huile/toile 74x61,5cm/*29x24in* Bruxelles 98
DAFFINGER Moritz Michael 1790-1849 **[22]**
◠ *$5 600 FF28 800 £3 490* Bildnis eines Herrn mit blondem Backenbart Miniature 9x17cm/*3x6in* Wien 96
◢ *$3 190 FF15 980 £2 016* Portrait of a young gentleman Watercolour/paper 20x14cm/*7x5in* Wien 95
DAGNAC-RIVIERE Charles Henri 1864-1945 **[34]**
◠ *$1 932 FF11 000 £1 195* Venise : la terrasse fleurie Huile/panneau 60x73cm/*23x28in* Paris 97
DAGNAN-BOUVERET Pascal Adolphe Jean 1852-1929 **[29]**
◠ *$14 000 FF71 960 £8 750* Portrait of a Breton holding a Candle Oil/canvas 98x56cm/*38x22in* New-York 96
◠ *$16 000 FF95 124 £9 788* Ophelia Oil/canvas 157x103,5cm/*61x40in* New-York 97
◢ *$600 FF3 502 £356* Church Interior Pastel 47x30,5cm/*18x12in* New-York 97
DAGNEAU Henry XIX **[4]**
◠ *$1 178 FF7 000 £714* La joueuse de mandoline Huile/panneau 32x23cm/*12x9in* Saint-Dié 97
DAGOMER Charles c.1700-c.1768 **[3]**
◠ *$3 560 FF18 000 £2 334* Portrait de gentilhomme, assis Huile/toile 46x37,5cm/*18x14in* Paris 96
DAGUERRE Louis J. Mandé 1787-1851 **[4]**
◢ *$4 920 FF30 000 £2 952* Paysage fluvial Lavis 11,5x15,5cm/*4x6in* Paris 98
DAHL Carl 1812-1865 **[7]**
◠ *$41 007 FF235 405 £25 000* French Ships of the Line weighing anchor in the Mediterranean Oil/canvas 124x188,5cm/*48x74in* London 97
DAHL Carl 1810-1887 **[3]**
◠ *$1 663 FF8 450 £993* Burg Eltz Öl/Karton 30x34cm/*11x13in* Köln 96
DAHL Hans Andreas 1849-1937 **[120]**
◠ *$1 564 FF8 961 £955* Norskt fjordmotiv med vallflicka Oil/canvas/panel 17x24cm/*6x9in* Göteborg 97

$11 354 FF66 912 £6 784 Mädchen an norwegischem Fjord Öl/Leinwand 68x99cm/*26x38in* München 97

$24 679 FF147 254 £14 889 Ruderboot auf einem Fjord in Norwegen Öl/Leinwand 96x157cm/*37x61in* Köln 97

$1 159 FF6 703 £720 Anders Kolbeinsen Mundal, Martha Pencil/paper 26,5x19cm/*10x7in* Newbury, Berkshire 97

DAHL Johan Christ. (Attr) 1788-1857 **[2]**

$3 845 FF22 765 £2 283 Der Eisenhammer in Marie-Dahlen bei Christiana in Norwegen Öl/Papier 26,5x35,5cm/*10x13in* Dresden 97

$18 000 FF102 000 £9 000 Viaggiatori a Monte Faito Olio/tela 72,5x89cm/*28x35in* Roma 97

DAHL Johan Christian C. 1788-1857 **[26]**

$5 918 FF35 455 £3 537 En gribb Oil/canvas 27x23,5cm/*10x9in* Oslo 98

$290 000 FF1 759 000 £175 600 Prospekt af Dresden set fra Pieschen, Morgendis Oil/canvas 54x75cm/*21x29in* Köbenhavn 98

$440 000 FF2 180 000 £280 000 Der Ausbruch des Vesuv Oil/canvas 94x140cm/*37x55in* London 95

$1 248 FF6 240 £808 Fiskere i deres båd ud for Etna Ink 21x35cm/*8x13in* Köbenhavn 96

DAHL Michael 1659-1743 **[26]**

$3 100 FF18 278 £1 852 Porträtt föreställande Madame Eliz. Herbert Oil/canvas 75x62cm/*29x24in* Stockholm 97

$4 960 FF25 530 £3 200 Portrait of Mary (d.1739) daughter of Sir Cecil Bisshop, Bt. of Parham Oil/canvas 12x128cm/*4x50in* London 96

$8 082 FF48 081 £4 800 Portrait of Matthew, 1st Baron Aylmer Oil/canvas 124x100cm/*48x39in* London 97

DAHL Michael (Attrib.) 1659-1743 **[17]**

$1 682 FF10 020 £1 000 Bust length portrait of a young lady in a blue dress Oil/canvas 73x60cm/*29x24in* London 97

$5 000 FF25 470 £3 000 Portrait of a Gentleman, probably George, Viscount Lewisham (d.1732) Oil/canvas 127x102cm/*50x40in* London 96

DAHL Peter 1934 **[201]**

$4 676 FF27 669 £2 872 Råa Oil/canvas 45x54cm/*17x21in* Stockholm 98

$5 500 FF28 450 £3 550 Kvinnlig modell Oil/canvas 46x34cm/*18x13in* Stockholm 96

$24 681 FF146 034 £15 162 Intermezzo Oil/canvas 150x200cm/*59x78in* Stockholm 98

$65 FF373 £40 Komposition med figurer Color lithograph 54x38cm/*21x14in* Uppsala 97

$2 468 FF14 603 £1 516 Dansande kvinna Bronze H13,5cm/*H5in* Stockholm 98

$477 FF2 870 £288 Fåglar Watercolour/paper 20x28cm/*7x11in* Stockholm 98

DAHL Siegwald Johannes 1827-1902 **[11]**

$3 265 FF18 656 £2 000 The Happy Family Oil/canvas 33x46cm/*12x18in* London 97

$5 664 FF32 868 £3 344 Höne med kyllinger Oil/canvas 35x48cm/*13x18in* Oslo 97

DAHL-WOLFE Louise Dahl 1895-1989 **[37]**

$1 900 FF11 091 £1 149 Milicent Rogers Gelatin silver print 20x20cm/*7x7in* Beverly Hills, Calif. 97

DAHLAGER Jules 1884-1952 **[16]**

$749 FF4 512 £448 A Gray Day at Bell Island Lake, Near Ketchikan, Alaska Oil/canvas/board 15x20,5cm/*5x8in* San Francisco 98

DAHLEM XX [2]

$1 397 FF7 200 £896 Composition Aquarelle 2x28cm/*x11in* Paris 96

DAHLGREEN Charles William 1864-1955 **[17]**

$1 495 FF8 830 £929 Peach and Plum Trees Oil/board 45x55cm/*18x22in* Elgin, Illinois 97

$250 FF1 524 £150 Winter depicting a Meadow in a Snow Storm Etching in colors 21x26cm/*8x10in* Lambertville, NJ 98

DAHLMAN Helge 1924-1979 **[22]**

$799 FF4 865 £486 Sittande kvinna Oil/canvas 35x27cm/*13x10in* Helsinki 98

DAHLSKOG Ewald 1894-1950 **[35]**

$1 812 FF9 210 £1 082 Morgonridt Oil/canvas 66x73cm/*25x28in* Stockholm 96

$669 FF3 460 £432 Utsikt från Djurgården Akvarell 48x70cm/*18x27in* Stockholm 96

DAHM Helen 1878-1968 **[56]**

$486 FF2 837 £293 Blumenstrauss Mischtechnik/Karton 35x27cm/*13x10in* Zürich 97

$2 370 FF12 210 £1 470 Portrait Helen Stranz Öl/Leinwand 44x48cm/*17x18in* Wetzikon 96

$150 FF780 £97 Gebirgslandschaft Lithograph 50x64,5cm/*19x25in* Luzern 96

$1 175 FF5 940 £770 Lanschaft Dessin 42x29cm/*16x11in* Zürich 96

DAHMEN Karl Fred 1917-1981 **[315]**
- *$1 660 FF8 300 £1 085* Komposition Mischtechnik/Karton 22x23,5cm/*8x9in* München 95
- *$5 541 FF33 580 £3 398* Vegetative Komposition Mixed media 54x79cm/*21x31in* Hamburg 98
- *$29 900 FF156 300 £17 800* Tellurische Figur Mixed media/canvas 120x100cm/*47x39in* München 96
- *$371 FF2 126 £232* Grüss Gott, Meister Senefelder Lithograph 69,5x49cm/*27x19in* München 97
- *$2 215 FF13 107 £1 360* Tele-Landschaft Object 43,5x38,5x7,8cm/*17x15x3in* München 98
- *$2 340 FF12 204 £1 368* Ohne Titel Gouache 60,5x42,3cm/*23x16in* Köln 96

DAHMS Paul W. 1913-1988 **[8]**
- *$1 428 FF7 450 £863* Fasanen in herbstlicher Landschaft Öl/Leinwand 30,5x50cm/*12x19in* Lindau 96

DAHN Walter 1954 **[95]**
- *$2 225 FF12 714 £1 363* "O.T." Acrylic/canvas 90x70cm/*35x27in* Stockholm 97
- *$4 628 FF27 036 £2 841* Ohne Titel Mixed media/canvas 200,5x150,5cm/*78x59in* Köln 97
- *$324 FF1 942 £199* Figures Watercolour/paper 28x20cm/*11x8in* Chicago, Illinois 98

DAI BINGXIN 1905-1980 **[6]**
- *$7 056 FF41 931 £4 377* Flowers in a pot Oil/canvas/panel 33x26,5cm/*12x10in* Taipei, Taiwan 97

DAI XI 1801-1860 **[7]**
- *$1 549 FF9 028 £954* Album of landscapes Ink/paper 26,3x53,4cm/*10x21in* Hong Kong 97

DAILEY Dan 1947 **[2]**
- *$10 000 FF51 800 £6 680* "Triangulaire" (Tripod Series) Sculpture, glass H35cm/*H13in* New-York 96

DAILLION Horace 1854-c.1940 **[3]**
- *$4 709 FF28 000 £2 881* La Source Marbre Carrare H80cm/*H31in* Lille 97

DAILY Mark XX **[2]**
- *$2 750 FF13 117 £1 729* Left Bank Barges Oil/canvas 18x24cm/*7x9in* Hayden 95

DAINGERFIELD Elliott 1859-1932 **[9]**
- *$9 000 FF51 370 £5 563* Wood sprite Oil/canvas/panel 51x56cm/*20x22in* New-York 97

DAINI Augusto XIX **[7]**
- *$1 956 FF11 661 £1 200* Before the Sermon Watercolour 51x76cm/*20x29in* London 98

DAINTREY Adrian Maurice 1902-1988 **[26]**
- *$212 FF1 272 £130* A Seated Nude Oil/canvas/board 51x40,5cm/*20x15in* London 97

DAIREAUX Stéphane XX **[9]**
- *$491 FF2 500 £295* Jardin Sculpture 40x30x21cm/*15x11x8in* Paris 96

DAIWAILLE Alexander Joseph 1818-1888 **[18]**
- *$8 500 FF50 535 £5 200* Pastoral Landscape Oil/canvas 60x79,5cm/*23x31in* New-York 97
- *$12 090 FF72 754 £7 238* Woodgatherers on a Snowy Track Oil/panel 22x28cm/*8x11in* Amsterdam 98

DAIWAILLE Jean Augustin 1786-1850 **[4]**
- *$2 340 FF12 040 £1 460* Portait of an artist, holding a portfolio and a pencil Pastel/paper 36x29cm/*14x11in* Amsterdam 96

DAKE Carel Lodewijk, Jr. 1886-1946 **[37]**
- *$261 FF1 549 £164* Vier landschapsstudies rond Delden Oil/cardboard 17,5x23cm/*6x9in* Den Haag 97
- *$1 960 FF11 363 £1 208* Countryroad with a volcano in the backgrounf=d Oil/canvas 59x89cm/*23x35in* Den Haag 97

DAKE Carel Lodewijk, Sr. 1857-1918 **[4]**
- *$4 110 FF24 735 £2 461* A Gitana Oil/canvas/panel 103x54,5cm/*40x21in* Amsterdam 98

DAKON Stefan XIX-XX **[7]**
- *$987 FF5 727 £582* Dame Ceramic H33,5cm/*H13in* Wien 97

DAKOV Dako 1923 **[2]**
- *$3 955 FF23 781 £2 365* Polar Bear Bronze H31cm/*H12in* Amsterdam 98

DALBIS Eric 1957 **[11]**
- *$2 960 FF15 500 £1 780* Sans titre Huile/toile 146x114cm/*57x44in* Paris 96
- *$496 FF2 600 £299* Nus Pastel 67x49cm/*26x19in* Paris 96

DALBONO Edoardo 1841-1915 **[40]**
- *$4 500 FF25 500 £3 000* Luci nel Golfo di Napoli Olio/tela 26,5x50,5cm/*10x19in* Roma 97
- *$9 000 FF54 844 £5 583* Morning After the Fiesta Oil/canvas 58,5x95,5cm/*23x37in* New-York 98
- *$2 286 FF13 287 £1 350* In Attese Watercolour 65x39,5cm/*25x15in* London 97

DALBY John c.1820-c.1860 **[8]**
- *$5 271 FF32 437 £3 200* Farm Horses in a Stable Oil/canvas 46,5x62cm/*18x24in* London 98

$12 000 FF62 600 £7 250 Hunting Scenes Oil/board 23,5x31cm/*9x12in* New-York 96
DALBY OF YORK David 1790-1850 **[38]**
$8 000 FF41 120 £5 000 "Reveller", a bay racehorse with jockey Johnson up Oil/canvas 60x71cm/*23x27in* New-York 96
$10 951 FF66 414 £6 500 Three Hunting Gentlemen, Lord Durham, Ralph Lambton, Billy Williamson Oil/canvas 27x41cm/*11x16in* Leicester 98
$40 000 FF236 828 £23 752 The Hon. Edward Petre with the Badsworth Hunt, County Durham Oil/canvas 154,5x220cm/*60x86in* New-York 97
DALBY OF YORK John 1795-1853 **[12]**
$14 730 FF75 800 £9 500 A Mastiff in an extensive landscape Oil/canvas 51x61cm/*20x24in* London 96
$37 200 FF191 400 £24 000 Hunting scenes Oil/canvas 24x31cm/*9x12in* London 96
DALEN van Cornelius XVIII **[2]**
$168 FF1 004 £101 Ringkämpfer Kupferstich 19,5x17,5cm/*7x6in* Berlin 97
DALEN van Frans c.1600-c.1660 **[2]**
$5 527 FF33 000 £3 385 Vase de fleurs sur un entablement Huile/toile 56,5x45cm/*22x17in* Paris 97
DALENS Dirk I 1600-1676 **[8]**
$14 203 FF87 248 £8 520 Der Valkhof von Nijmegen Oil/wood 48x64,5cm/*18x25in* Köln 98
$6 065 FF36 851 £3 652 Arkadische Landschaft mit Flusslauf Gouache/paper 37,5x28cm/*14x11in* Stuttgart 98
DALENS Dirk II 1658/59-1688 **[7]**
$4 563 FF26 120 £2 695 Travellers and a shepherd with cattle in a wooded landscape. Black chalk 28,5x36,5cm/*11x14in* Amsterdam 97
DALENS Dirk III 1688-1753 **[7]**
$16 403 FF94 162 £10 000 Amsterdam 1688-1753 Oil/canvas 21,5x31cm/*8x12in* London 97
$6 504 FF37 062 £3 984 Südliche Flusslandschaft Gouache/paper 26x35cm/*10x13in* Köln 97
DALEY William p. 1925 **[1]**
$1 500 FF9 146 £900 Mined-d-pots Pencil/paper 43x35,5cm/*16x13in* New-York 98
DALGAS Carlos 1820-1851 **[6]**
$1 986 FF11 494 £1 231 En lille skoledreng, der vogter får ved en dysse Oil/canvas 41x52cm/*16x20in* København 97
DALI Louis 1905 **[14]**
$700 FF4 278 £428 Paris Scene Oil/canvas 20x25cm/*8x10in* Cincinnati, Ohio 98
DALI Salvador 1904-1989 **[1880]**
$30 798 FF180 000 £18 792 Composition Huile/papier 30x35,5cm/*11x13in* Paris 97
$126 300 FF660 000 £75 200 Portrait de l'Ambassadeur Cardenas Huile/toile 61,6x50,8cm/*24x20in* Paris 96
$131 992 FF788 952 £80 000 Portrait de Mrs. Reeves Oil/canvas 147x92cm/*57x36in* London 97
$631 FF3 800 £378 Diane de Poitiers Eau-forte, aquatinte 39,5x49,6cm/*15x19in* Paris 98
$2 896 FF16 732 £1 700 "Menorah" Metal H42,5cm/*H16in* London 97
$10 024 FF61 576 £6 012 "Femme en flamme" Sculpture H84cm/*H33in* Zürich 98
$12 000 FF68 571 £7 351 Sheet of studies Ink/paper 15x21cm/*5x8in* New-York 97
DALKEITH of Peter XX **[1]**
$30 900 FF158 000 £20 000 Portrait of Sir Winston Churchill, after Graham Sutrherland (1961) Oil/canvas 163x135cm/*64x53in* London 95
DALL Hans Mathias 1862-1920 **[28]**
$282 FF1 679 £175 Schwäne auf dem Wasser Öl/Leinwand 35x49cm/*13x19in* Dresden 97
DALL Nicholas Thomas ?-1777 **[5]**
$9 000 FF46 600 £5 760 Bishopthorpe Palace, Yorkshire Oil/canvas 61,5x77cm/*24x30in* New-York 96
DALL'OCCA BIANCA Angelo 1858-1942 **[31]**
$4 225 FF21 700 £2 516 Ritratto dell'Avvocato Arnaldo Alberti Olio/tela 46x51cm/*18x20in* Roma 96
$2 040 FF11 560 £1 020 Autoritratto Carboncino/carta 30x21,5cm/*11x8in* Milano 97
DALL'OCCA BIANCA Angelo (Attrib.) 1858-1942 **[1]**
$3 120 FF16 030 £1 858 L'Ave Maria Olio/tela 64x27cm/*25x10in* Roma 96
DALLA ZORZA Carlo 1903-1971 **[2]**
$8 400 FF47 600 £4 200 Casolari in campagna Olio/tela 70x100cm/*27x39in* Roma 98
DALLAIRE Jean-Guy 1943 **[14]**
$505 FF2 943 £309 Famille avec jumeaux Bronze H10cm/*H3in* Antwerpen 97

DALLAIRE Jean-Philippe 1916-1965 **[57]**
- *$4 339 FF26 397 £2 740* Nature morte aux bananes Huile/toile 33x41,5cm/*12x16in* Montréal 97
- *$5 627 FF33 656 £3 416* "Fleurs dans un vase" Huile/toile 46x38cm/*18x14in* Montréal 97
- *$2 441 FF13 989 £1 509* Femme accoudée Gouache/papier 21,2x13,5cm/*8x5in* Montréal 97

DALLEVES Raphy 1878-1940 **[6]**
- *$72 555 FF423 559 £44 562* Dimanche à Vex Tempera 119x213,5cm/*46x84in* Zürich 97
- *$4 750 FF24 440 £2 964* Hérémencarde vendant de la crème au marché de Sion Encre 73x30,5cm/*28x12in* Bern 96

DALLIN Cyrus Edwin 1861-1944 **[35]**
- *$6 500 FF37 724 £3 968* Medicine Man Bronze H79cm/*H31in* Los Angeles 97

DALLINGER VON DALLING Alexander Johann 1783-1844 **[9]**
- *$4 910 FF28 598 £3 000* A dog attacking a bull in a landscape Oil/panel 32,3x36,8cm/*12x14in* London 97

DALLINGER VON DALLING Johann Baptist II 1782-1868 **[9]**
- *$4 000 FF23 781 £2 447* Cattle in a Landscape Oil/panel 30,5x37cm/*12x14in* New-York 97
- *$7 970 FF39 200 £5 070* Landschaft mit Reisewagen Oil/panel 62x73,5cm/*24x28in* Wien 95

DALOU Aimé Jules 1838-1902 **[339]**
- *$17 917 FF104 661 £11 000* Le grand paysan Bronze H82cm/*H32in* London 97
- *$60 650 FF358 874 £37 000* Bust of Dorothy Heseltine Terracotta H56cm/*H22in* London 98

DALSGAARD Christen 1824-1907 **[33]**
- *$501 FF2 993 £307* Aftenhimmel over Limfjorden, Sommer Oil/canvas 17x23cm/*6x9in* Köbenhavn 98
- *$1 178 FF7 036 £724* Egen ved Limfjorden Oil/canvas 37x50cm/*14x19in* Köbenhavn 98
- *$251 FF1 495 £149* Tp personer i arabiske dragter Pencil/paper 21x17cm/*8x6in* Köbenhavn 97

DALSGAARD Sven 1914 **[102]**
- *$1 113 FF6 602 £680* "Den unge kunstner" Oil/panel 70x60cm/*27x23in* Köbenhavn 98
- *$237 FF1 408 £145* "Sönderjylland" Watercolour/paper 41x26cm/*16x10in* Köbenhavn 97

DALTON Ernest Alfred 1887-1963 **[17]**
- *$226 FF1 359 £135* On the St. Lawrence Oil/canvas/board 30x40,5cm/*11x15in* Toronto 98

DALVIT Oskar 1911-1975 **[22]**
- *$502 FF3 076 £299* Komposition Öl/Leinwand 23x34cm/*9x13in* Zürich 98

DALY Matt XIX-XX **[2]**
- *$4 250 FF22 057 £2 814* Two Jovial Monks Seated at a Tavern Table, after A. Sant Porcelain 30x23cm/*12x9in* Cincinnati, Ohio 96

DALZIEL Owen 1860-1942 **[4]**
- *$3 500 FF17 680 £2 300* On the beach Oil/panel 24x16,5cm/*9x6in* London 96
- *$6 040 FF34 515 £3 700* Minstrel Show on The Beach Watercolour 42x67,5cm/*16x26in* London 97

DAM VAN ISSELT van Lucie 1871-1949 **[9]**
- *$1 690 FF10 350 £1 007* A still life with pears on a tin plate Oil/board 37x50cm/*14x19in* Amsterdam 98
- *$2 315 FF13 182 £1 436* Flowers in a vase with a Japonese plate and jewellery Oil/board 33,5x44,5cm/*13x17in* Amsterdam 97

DAM van Jan 1857-1927 **[1]**
- *$2 657 FF13 500 £1 698* Home work Oil/panel 39x32cm/*15x12in* Amsterdam 96

DAM Vu Cao XX **[12]**
- *$5 532 FF31 225 £3 391* Mother and Child Oil/canvas 58x42cm/*22x16in* Singapore 97
- *$9 079 FF54 364 £5 577* Portrait d'un homme Gouache 47x38,5cm/*18x15in* Singapore 98

DAMARÉ L. ?-1927 **[8]**
- *$220 FF1 259 £130* "Parisiana, Satyre...Bouchonne, Fragson, Maurel, Vilbert" Affiche 125,5x87,5cm/*49x34in* London 97

DAMBEZZA Léon Eugène 1865-? **[3]**
- *$655 FF4 000 £392* L'île des pêcheurs Huile/toile 55x46cm/*21x18in* Paris 98

DAMBIERMONT Mary 1932-1983 **[9]**
- *$792 FF4 872 £483* Trois musiciens Tapisserie 79x97cm/*31x38in* Bruxelles 98

DAMER Anne Seymour 1749-1828 **[2]**
- *$28 311 FF166 339 £17 000* Bust of Mary Berry, an author and protegée of Walpole's Bronze H34cm/*H13in* London 97

DAMERON Émile Charles 1848-1908 **[37]**
- *$935 FF4 530 £600* Travellers at rest Oil/panel 24x33cm/*9x12in* London 95

☞ *$3 386 FF16 930* £2 193 Attelage de boeufs sur un chemin de campagne Huile/toile 100x83cm/*39x32in* København 96
☞ *$18 000 FF93 400* £11 900 L'étang de Saint-Cucufa Oil/canvas 150x220cm/*59x86in* New-York 96
DAMERY Walther Gauthier 1610-1672 **[2]**
☞ *$9 880 FF50 000* £6 480 Portrait de prélat Huile/toile 19x98cm/*7x38in* Paris 96
DAMIANI Jorge 1931 **[8]**
☞ *$1 299 FF6 718* £843 Estancia Oleo/lienzo 24,5x33,5cm/*9x13in* Montevideo 96
☞ *$3 300 FF16 667* £2 129 Naturaleza muerta con pájaro Oleo/lienzo 73x92cm/*28x36in* Montevideo 96
DAMIANO Bernard 1926 **[55]**
☞ *$1 885 FF11 000* £1 155 La femme au chapeau jaune Huile/toile 60x73cm/*23x28in* Paris 97
✎ *$196 FF1 000* £129 Hommage à Miro Gouache 50x70cm/*19x27in* Montauban 96
DAMIANOS Constantin 1869-1953 **[9]**
☞ *$3 530 FF18 430* £2 100 Figures on a track beside a wood, Autumn Oil/canvas 67x80cm/*26x31in* London 96
DAMINI Pietro 1592-1631 **[4]**
☞ *$14 686 FF84 745* £9 000 Fantasy portrait of Ugo Alberti IV, with a sword Oil/canvas 150x115,5cm/*59x45in* London 97
DAMISCH Günter 1958 **[89]**
☞ *$2 075 FF11 985* £1 280 Mann und Tier Öl/Leinwand 44,5x30cm/*17x11in* Wien 97
☞ *$2 412 FF14 271* £1 431 Ohne Titel Öl/Leinwand 70x40cm/*27x15in* Wien 97
☞ *$8 040 FF47 570* £4 770 "Punkte, Punkte, Punkte, Punkte, ..." Öl/Leinwand 155x155cm/*61x61in* Wien 97
▭ *$240 FF1 222* £159 "Herzgesichterlandschaft" Print 36x56cm/*14x22in* Wien 96
✎ *$747 FF3 840* £466 Ohne Titel Chalks/paper 42x56cm/*16x22in* Wien 96
DAMME van Frans 1860-1925 **[39]**
☞ *$1 330 FF6 910* £880 Bateaux de pêche échoués Huile/toile 55x80cm/*21x31in* Bruxelles 96
DAMME van Suzanne 1901-1987 **[64]**
☞ *$678 FF4 225* £405 Nus et coquillages Huile/toile 81x66cm/*31x25in* Bruxelles 98
✎ *$113 FF654* £69 "Marseille"/"Nu couché" Dessin 48x65cm/*18x25in* Antwerpen 97
DAMME-SYLVA van Émile 1853-1935 **[18]**
☞ *$1 148 FF6 540* £700 Vaches au pré Huile/panneau 42x75cm/*16x29in* Antwerpen 97
DAMOYE Emmanuel 1847-1916 **[126]**
☞ *$1 954 FF10 000* £1 265 Paysage au bord de l'eau Huile/toile/panneau 28x36,5cm/*11x14in* Bayeux 95
☞ *$3 873 FF23 000* £2 346 Paysage de bord de mer Huile/toile 45x85cm/*17x33in* Paris 97
☞ *$37 500 FF213 675* £22 968 Les blés en Bretagne Oil/canvas 110x200cm/*43x78in* New-York 97
DAMPT Jean Auguste 1853-1946 **[2]**
⚒ *$2 758 FF15 000* £1 651 Buste de jeune femme Marbre 52x27cm/*20x10in* Limoges 97
DAMRON J.C. 1903-1989 **[5]**
✎ *$700 FF3 590* £426 Billboard advertisement for Ballantine Beer Gouache/vellum 41x94cm/*16x37in* New-York 96
DAMROW Charles 1916 **[10]**
☞ *$900 FF5 389* £553 "Lone Rider" Oil/canvas 101x76cm/*40x30in* Cincinnati, Ohio 98
DAMSCHROEDER Jan Jac Matthys 1825-1905 **[32]**
☞ *$1 500 FF8 756* £907 Awaiting His Return Oil/canvas 38x46cm/*15x18in* New-York 97
DANBY Francis 1793-1861 **[20]**
☞ *$2 176 FF13 001* £1 349 Mary Magdalene in the Desert Oil/canvas 30x43cm/*11x16in* London 97
☞ *$26 670 FF135 800* £16 000 Early morning, the fisherman's home Oil/canvas 49x60cm/*19x23in* London 96
✎ *$635 FF3 304* £420 Cabern interior with statue Drawing 23,5x33cm/*9x12in* London 96
DANBY James Francis 1816-1875 **[12]**
☞ *$3 130 FF16 030* £1 900 Sunset Oil/canvas 29,5x48,5cm/*11x19in* London 96
☞ *$4 935 FF29 572* £2 944 New Westminster Palace from the Thames Oil/canvas 82x124cm/*32x48in* Sydney 98
DANBY Kenneth Edison, Ken 1940 **[34]**
☞ *$3 526 FF20 877* £2 094 "The Wagon Side" Tempera/board 45,5x61cm/*17x24in* Toronto 97
▭ *$143 FF859* £90 Aquarius Lithograph 49,5x40cm/*19x15in* Toronto 97
✎ *$3 401 FF20 500* £2 058 Niagara Falls Watercolour/paper 51x68,5cm/*20x26in* Toronto 98
DANBY Thomas 1818-1886 **[15]**

$480 FF2 802 £285 A Mother and Child Wading in a Rocky Brook Oil/canvas 46x61cm/*18x24in* New-York 97

$1 210 FF6 932 £739 The River Llugwy, North Wales Watercolour/paper 50x91cm/*20x36in* Dublin 97

DANCE George 1741-1825 **[22]**

$336 FF1 755 £200 Portrait of Reverend richard Hole, Bust lenght in profile Pencil 31x25cm/*12x9in* London 96

DANCE Nathaniel 1734-1811 **[22]**

$600 FF3 456 £352 Portrait of a Gentleman Oil/canvas 76x63,5cm/*29x25in* New-York 97

$7 749 FF46 073 £4 800 Portrait of George William Oil/canvas 259x152,5cm/*101x60in* New-York 97

$15 800 FF77 300 £10 000 Portrait of Miss Hill, seated in a landscape Oil/canvas 7x63cm/*2x24in* London 95

DANCE Nathaniel (Attrib.) 1734-1811 **[3]**

$47 500 FF282 401 £29 426 Portraits of Gentlemen Oil/canvas 63x51,5cm/*24x20in* New-York 97

DANCHIN Léon 1887-1939 **[40]**

$50 FF290 £30 Hunting Dog and Game Color lithograph 39x45cm/*15x18in* Milwaukee, Wisconsin 97

DANCKERTS Cornelius I c.1603-c.1656 **[2]**

$2 862 FF17 251 £1 731 An allegory of the tulip mania : "Floraes Geks-Kap" Engraving 49x58,5cm/*19x23in* Amsterdam 98

DANCKERTS Johan 1613-1686 **[2]**

$5 000 FF29 709 £3 051 The Nurturing of Jupiter Oil/canvas 70x136,5cm/*27x53in* New-York 98

DANDINI Cesare c.1595-1658 **[26]**

$41 808 FF240 000 £25 488 Saint Michel archange Toile 52x40cm/*20x15in* Paris 97

$2 400 FF11 840 £1 552 A sleeping boy Red chalk 16x18cm/*6x7in* New-York 96

DANDINI Pietro 1646-1712 **[20]**

$10 800 FF61 200 £7 200 Cristo coronato di spine Olio/tela 41,5x32cm/*16x12in* Prato 98

$18 860 FF93 800 £12 000 Bacchanal Oil/canvas 58x135cm/*22x53in* London 95

$31 200 FF176 800 £20 800 Erminia e i pastori Olio/tela 122x173cm/*48x68in* Prato 98

$1 020 FF5 780 £510 La danza di Salomè Acquarello/carta 21x28cm/*8x11in* Firenze 98

DANDINI Pietro (Attrib.) 1646-1712 **[12]**

$509 FF3 000 £314 La Vierge adorée par des saints Pierre noire/papier 25x19,5cm/*9x7in* Paris 97

DANDRÉ-BARDON Michel-F. (Attrib.) 1700-1778 **[5]**

$3 936 FF24 000 £2 361 Le Jugement de Salomon Huile/papier 35x25cm/*13x9in* Troyes 98

$38 700 FF200 000 £25 070 Didon et Enée Huile/toile 125,5x182,5cm/*49x71in* Paris 96

DANDRÉ-BARDON Michel-François 1700-1778 **[12]**

$144 816 FF840 000 £89 124 Les 4 Ages de la Vie: La Naissance/L'Enfance/La Jeunesse/La Vieillesse Huile/toile 37x29cm/*14x11in* Aix-en-Provence 97

$1 369 FF8 000 £810 Académie d'homme assis Pierre noire 50,5x35cm/*19x13in* Paris 97

DANDRIDGE Bartholomew 1691-c.1755 **[9]**

$3 130 FF15 900 £2 000 Henry Ld. Viscount St. John/Viscountess St. John Oil/canvas 211x130cm/*83x51in* London 96

DANDRIDGE Bartholomew (Attrib) 1691-c.1755 **[3]**

$17 000 FF100 235 £10 424 Portrait of a Young Woman as a Shepherdess Oil/canvas 120x97cm/*47x38in* New-York 98

DANEDI IL MONTALTO Giovanni S. (Attrib) 1612-1690 **[5]**

$5 580 FF27 900 £3 600 Il Riposo nella Fuga in Egitto Olio/tela 9x7cm/*3x2in* Milano 95

DANELUND Svend 1916 **[7]**

$953 FF5 711 £576 Ved Cementstöberiet, Skagen Oil/canvas 56x98cm/*22x38in* Viby J, Århus 97

DANERI Eugenio 1891-1970 **[1]**

$4 000 FF24 345 £2 385 Jarra Oleo/lienzo 50x40cm/*19x15in* Buenos Aires 97

DANFORTH Charles Austin **[2]**

$8 000 FF45 172 £4 864 Les bavardages (The Gossips) Oil/canvas 90x130cm/*35x51in* New-York 97

DANGELO Sergio 1932 **[50]**

$1 178 FF5 740 £741 Senza titolo Olio/tela 40x70cm/*15x27in* Milano 95

$360 FF2 040 £180 Senza titolo Tempera/carta 49x69cm/*19x27in* Milano 97

DANHAUSER Josef 1805-1845 **[25]**

$4 655 FF27 777 £2 808 Rast am Wegesrand Öl/Leinwand 44x35cm/*17x13in* Stuttgart 97

$721 FF4 292 £434 Männlicher Akt Grisaille 37x25cm/*14x9in* Wien 98
DANHAUSER Josef (Attrib.) 1805-1845 [5]
$2 067 FF12 020 £1 262 Verwundeter Soldat mit seinem treuen Pferd Öl/Leinwand 103x84,5cm/*40x33in* Wien 97
DANIEL William 1769-1837 [2]
$1 841 FF11 024 £1 100 Elephants on the banks of the Nile with a panoramic View of Lucknow Pencil 33,5x60,5cm/*13x23in* London 98
DANIELI Giuseppe 1865-1931 [14]
$1 200 FF6 800 £600 Paesaggio con chiesetta Acquarello/carta 47x50cm/*18x19in* Vercelli 98
DANIELL Samuel 1775-1811 [11]
$1 870 FF9 570 £1 200 A Boosh-wannah hut/Besjesmans frying Locusts Aquatint 37,5x40cm/*14x15in* London 96
$3 170 FF19 340 £1 900 A Boer Pencil/paper 17x9cm/*6x3in* London 98
DANIELL Samuel (Attrib.) 1775-1811 [2]
$2 876 FF16 682 £1 700 A Study of a Southern African woman standing by a primitive Dwelling Pencil/paper 19,5x14,5cm/*7x5in* London 97
DANIELL Thomas 1747-1840 [65]
$36 038 FF209 523 £22 000 The Rock Cut temple at Kanheri, Salsette Island, Bombay Oil/canvas 63,5x76cm/*25x29in* London 97
$236 582 FF1 413 257 £145 000 View of the Taj Mahal at Agra taken from the River Jumna Oil/canvas 145x203cm/*57x79in* London 98
$1 661 FF9 960 £1 000 Gate of the Tomb of the Emperor Akbar, at Secundra, near Agra Aquatint 55x75cm/*21x29in* London 98
$8 307 FF49 801 £5 000 Ruins at Oudh, on the River Gogra, Uttar Pradesh Watercolour 29,5x47cm/*11x18in* London 98
DANIELL Thomas & William 1747/69-1840/37 [86]
$2 948 FF17 142 £1 800 Mausoleum of Sultan Chusero, near Allahabab/Mausoleum in Sultan.. Aquatint 49x65cm/*19x25in* London 97
$24 921 FF149 403 £15 000 The Chaunsath Khamba, Nizamuddin, Delhi Watercolour 40x65cm/*15x25in* London 98
DANIELL William 1769-1837 [83]
$217 945 FF1 305 876 £130 000 Shipping at Whampoa, China Oil/canvas 86x128cm/*33x50in* London 98
$813 FF4 638 £500 Voyage round Great Britain: Wigton/Culzean Castle, Ayrshire... Aquatint in colors 15x23,5cm/*5x9in* London 97
$360 FF2 107 £220 Saura Ghach Ink 29x48cm/*11x18in* London 97
DANIELL William (Cercle) [1]
$8 980 FF46 500 £5 800 A North Indian Village with Men at Prayer and Horsemen on a Road Oil/canvas 48x58cm/*18x22in* London 96
DANIELL William Swift 1865-1933 [5]
$1 100 FF5 632 £670 Seascape, Sand, Flowers Oil/canvas 60x81cm/*24x32in* Altadena, CA 96
DANIELS Alfred 1926 [15]
$816 FF4 616 £500 Brighton Beach Oil/canvas 71x91cm/*27x35in* London 97
DANIELS Andries 1580-? [11]
$33 160 FF191 760 £20 520 Ein Blumenstrauss von Tulpen, Rosen, Nelken und anderen Blüten ... Oil/copper 22,5x17cm/*8x6in* Wien 97
$32 980 FF200 000 £19 580 Vierge à l'Enfant/Scènes de l'enfance du Christ dans des guirlandes Huile/panneau 123x93cm/*48x36in* Clermont-Ferrand 98
DANIELS Andries (Attrib.) 1580-? [5]
$57 800 FF292 300 £37 900 Blumenstrauss Oil/panel 64x51,5cm/*25x20in* Wien 96
DANIëLS René 1950 [6]
$550 FF3 272 £327 Untitled Screenprint 26,5x29cm/*10x11in* Amsterdam 97
DANIELSON-GAMBOGI Elin 1861-1919 [12]
$8 258 FF48 760 £4 888 The wave Oil/canvas 44x85cm/*17x33in* Helsinki 97
$17 831 FF105 279 £10 554 Solig höstdag i Helsingfors omnejd Oil/canvas 27x42,5cm/*10x16in* Helsinki 97
DANIOTH Heinrich 1896-1953 [43]
$4 186 FF24 803 £2 527 Frau in der Nacht Öl/Leinwand 68x50cm/*26x19in* Zürich 97
$12 580 FF63 600 £8 250 Selbstbildnis Öl/Leinwand 44x32,5cm/*17x12in* Zürich 96

📖 $324 FF1 617 £211 Postverlad am Schiffsteg Lithographie 42x30cm/*16x11in* Zofingen 95
✏ $654 FF3 825 £387 Schweizer Gardist Pencil/paper 55,5x45cm/*21x17in* Luzern 97
DANKMEYER Charles B. 1861-1923 **[32]**
👁 $744 FF4 463 £444 Boerderij aan het water Oil/panel 19x28cm/*7x11in* Rotterdam 98
👁 $1 249 FF7 513 £749 "Lac d'Amour, Brugge" Oil/canvas 60x80cm/*23x31in* Amsterdam 98
DANLER Herbert 1928 **[3]**
👁 $2 595 FF15 289 £1 603 "Latzfons, Eisacktal" Oil/panel 21x44cm/*8x17in* Wien 97
DANLOUX Henri P. (Attrib.) 1753-1809 **[15]**
👁 $4 527 FF28 000 £2 696 Portrait d'une jeune femme au chapeau de paille Huile/toile 24,5x20,5cm/*9x8in* Paris 98
👁 $9 570 FF50 000 £5 790 Portrait de femme au chapeau à plumes Huile/toile 81x64cm/*31x25in* Paris 96
✏ $6 253 FF37 000 £3 762 Portrait d'une Élégante à sa table de travail en robe de soie verte Gouache/paper 25x18cm/*9x7in* Paris 98
DANLOUX Henri Pierre 1753-1809 **[35]**
👁 $1 027 FF6 000 £621 Portrait de jeune femme au bonnet blanc Huile/toile 32,5x26cm/*12x10in* Paris 97
👁 $16 000 FF94 395 £9 798 Portrait of a Lady, said to be the Comtesse de Polignac, bust length Oil/canvas 66x55cm/*25x21in* New-York 98
✏ $3 500 FF17 100 £2 200 Portrait of Mr. and Mrs. Sinclair Pastel 31x24cm/*12x9in* London 95
DANNENBERG Alice 1861-? **[11]**
👁 $1 790 FF11 000 £1 073 Fillette assoupie Huile/toile 33x24cm/*12x9in* Besançon 98
DANNER Johann Georg 1782-c.1850 **[1]**
👁 $11 480 FF55 600 £7 200 Landscapes with riders Oil/panel 30x44cm/*11x17in* London 95
DANNER Sara Kolb 1894-1969 **[18]**
👁 $1 000 FF6 093 £597 "Spring in New Hope" Oil/canvas 63x76cm/*25x30in* Pasadena, California 98
DANNET Jean 1912-1997 **[24]**
👁 $622 FF3 800 £372 Nature morte aux poissons Huile/toile 73x92cm/*28x36in* Honfleur 98
DANS María Antonia 1932 **[21]**
👁 $1 122 FF6 749 £697 Flores Oleo/tablex 40x28,5cm/*15x11in* Madrid 97
👁 $2 310 FF13 825 £1 435 La jornalera Oleo/lienzo 55x46cm/*21x18in* Madrid 98
✏ $2 040 FF11 940 £1 260 Las antenas Crayon gras/papier 50x70cm/*19x27in* Madrid 97
DANSAERT Léon Marie Constant 1830-1909 **[9]**
👁 $7 726 FF44 950 £4 732 The new servant Oil/panel 40,5x52,5cm/*15x20in* Amsterdam 97
DANTAN Antoine L. 1798-1878 **[8]**
🗿 $1 800 FF9 579 £1 061 Tambourine player Bronze H39,4cm/*H15in* New-York 97
DANTAN Edouard J. 1848-1897 **[3]**
👁 $215 000 FF1 056 000 £136 200 Un Moulage sur Nature Oil/canvas 131x103cm/*51x40in* New-York 95
DANTIN Paul XIX-XX **[2]**
👁 $19 000 FF108 262 £11 637 Élégante sur la terrasse, Saint-Cloud Oil/canvas 99x129cm/*38x50in* New-York 97
DANVERS Verney L. XIX-XX **[3]**
📖 $1 384 FF7 020 £900 "Bournemouth, British Railways" Poster 102x127cm/*40x50in* London 96
DANY Daniel Henrotin, dit 1943 **[6]**
✏ $509 FF2 500 £324 "Le Grand Voyage en Absurdie" Encre Chine 42x33cm/*16x12in* Paris 95
DANZ Robert 1841-? **[5]**
👁 $3 810 FF19 000 £2 486 Blick von erhöhter Warte auf eine an einem grossen Fluss Öl/Leinwand 57x70cm/*22x27in* Stuttgart 95
DANZINGER Itzhak 1916-1977 **[20]**
🗿 $26 000 FF134 700 £16 900 Sheepfold as Aqueduct Bronze H40cm/*H15in* Tel Aviv 96
✏ $2 300 FF13 731 £1 403 "Acorn" Collage 18,5x14,5cm/*7x5in* Tel Aviv 98
DAPHNIS Nassos 1914 **[7]**
👁 $6 800 FF32 900 £4 365 #35 Acrylic/paper 28x36cm/*11x14in* New-York 95
DARBOVEN Hanne 1941 **[23]**
📖 $175 FF1 046 £107 Ohne Titel Lithographie 33x92cm/*12x36in* Zürich 98
✏ $6 320 FF30 900 £4 000 7 Variante Ink 117x81cm/*46x31in* London 95
DARCIS Jean-Louis ?-1801 **[6]**
📖 $239 FF1 400 £141 La petite curieuse/Ah! qu'il est drôle..., d'après Boilly Gravure 32,5x36,5cm/*12x14in*

Calendar & auction results: Internet www.artprice.com   Minitel 3617 ARTPRICE

Paris 97
DARCY-DUMOULIN Alexis Auguste 1815-1864 **[2]**
$1 508 FF9 000 £903 La forge Huile/toile 27x35cm/*10x13in* Honfleur 98
DARDEL von Fritz 1817-1901 **[29]**
$28 823 FF164 233 £18 000 View from the Galata Bridge Looking up the Golden Horn, Constantinople Oil/canvas 36,5x54cm/*14x21in* London 97
$459 FF2 290 £300 Stabens utryckning till lägret Watercolour 24x31cm/*9x12in* Stockholm 95
DARDEL von Nils 1888-1943 **[56]**
$2 347 FF14 029 £1 436 Self-portrait Oil/canvas 42x35cm/*16x13in* Stockholm 97
$6 615 FF38 430 £3 905 I anden fattig, Kolbäraren Oil/canvas 83x62cm/*32x24in* Stockholm 97
$37 700 FF196 700 £25 430 Execution Oil/canvas 130x115cm/*51x45in* Stockholm 96
$4 020 FF24 087 £2 402 "Adolescence" Akvarell/papper 49x39cm/*19x15in* Stockholm 98
DARDOIZE Louis Émile 1826-1901 **[6]**
$852 FF4 977 £507 Sommaräng Oil/panel 41x31cm/*16x12in* Stockholm 97
DAREL Georges 1892-1943 **[29]**
$595 FF3 527 £353 Stilleben mit Fischen Öl/Leinwand 35x46cm/*13x18in* Zürich 97
DARET Jean (Attrib.) 1613-1668 **[4]**
$16 860 FF100 000 £10 210 Triomphe d'un Empereur romain Huile/toile 77,5x114cm/*30x44in* Paris 97
DARGAUD Victor P.J. XIX-XX **[1]**
$45 522 FF270 000 £27 837 Vue de l'ancien Trocadéro Huile/toile 130x196cm/*51x77in* Paris 97
DARGELAS André Henri 1828-1906 **[17]**
$12 410 FF63 800 £7 500 Blind man's buff Oil/canvas 57x76cm/*22x29in* London 96
$15 070 FF87 619 £9 200 A Game of Marbles Oil/panel 35,5x27cm/*13x10in* London 97
DARGER Henry XX **[3]**
$19 000 FF112 759 £11 637 At Aronburgs Run, Glorinia/At Wickey Gansinea Watercolour 47,5x115cm/*18x45in* San Francisco-Los Angeles 97
DARIEN Henri Gaston 1864-1926 **[20]**
$11 000 FF65 750 £6 733 Les amoureux se promenant dans le jardin Oil/canvas 61x50cm/*24x19in* New-York 97
$2 046 FF12 222 £1 252 Fiskarpojke på stranden Pastel/paper 53x44cm/*20x17in* Stockholm 98
DARLEY Felix Octavius Carr 1822-1888 **[16]**
$1 760 FF10 149 £1 048 Soldier's Reverie Watercolour 30x21cm/*12x8in* New-York 97
DARLING William S. 1882-1963 **[19]**
$1 100 FF5 500 £714 Freighters and Sailboats in Harbor Painting 30x25cm/*12x10in* Altadena, CA 96
$1 500 FF9 041 £907 "Spring Flowers" Oil/canvas/board 40x50cm/*16x20in* Pasadena, California 98
DARMANIN José Miralles 1851-? **[8]**
$8 670 FF53 000 £5 305 Repas à l'auberge Huile/toile 46x70cm/*18x27in* Marseille 98
DARNAUT Hugo 1851-1937 **[90]**
$5 586 FF33 362 £3 423 Motiv aus Oberschlesien Öl/Karton 24,5x34cm/*9x13in* Wien 98
$11 470 FF58 700 £7 430 Motiv aus Mähren Öl/Karton 43x56cm/*16x22in* Wien 95
$1 966 FF11 494 £1 200 A Continental Villa and formal Garden thought to be in Hungary Bodycolour 33x50,7cm/*12x19in* London 97
DARROLL Gail 1951 **[6]**
$5 208 FF30 285 £3 103 "Tree Squirrel, Paraxerus Cepapi" Watercolour/paper 50x39cm/*19x15in* Johannesburg 97
DARRU Louise c.1840-? **[3]**
$1 441 FF8 596 £894 Sommerblumen Öl/Leinwand 58x70cm/*22x27in* Wien 97
DART Richard Pousette 1916 **[2]**
$4 400 FF25 989 £2 734 "The Densest Skies" Etching 45,5x60,5cm/*17x23in* Boston, Mass. 97
DARVILLE Alphonse 1910-1990 **[1]**
$4 118 FF23 452 £2 500 "Thought and Action" Bronze H70cm/*H27in* Billingshurst, West Sussex 97
DARWIN Robin 1910-1974 **[24]**
$764 FF4 536 £480 The Tigress Oil/canvas 35x24,5cm/*13x9in* Newcastle-upon-Tyne 97
$1 483 FF9 038 £900 Friday Street Oil/canvas 71x92cm/*27x36in* London 98
DAS Arup 1927 **[4]**
$3 277 FF19 569 £2 000 On the Beach Oil/canvas 107x132,5cm/*42x52in* London 98
DASBURG Andrew Michael 1887-1979 **[20]**
$8 410 FF66 500 £13 000 Pinions Oil/canvas 41x56cm/*16x22in* Denver, Colorado 95

*$17 000 FF100 177 £10 499 Cottonwoods Taos Pueblo Oil/canvas/board 46x34,5cm/*18x13in* New-York 97
*$6 500 FF33 750 £4 300 Landscape with trees Pastel/paper 43x58cm/*16x22in* New-York 96

DASHORST van Antonio Mor (Attrib. c.1517-1575 **[2]**
*$77 500 FF399 000 £50 000 Portrait of Henry Fitzalan, 12th Earl of Arundel (c.1512-1580) Oil/panel 83x107cm/*32x42in* London 96

DASHWOOD Geoffrey 1947 **[5]**
*$2 200 FF12 842 £1 357 A pintail duck Bronze 42x15cm/*16x5in* New-York 97

DASNOY Albert 1901-1992 **[13]**
*$6 040 FF30 100 £3 960 Place Louise, Bruxelles Huile/toile 65x87cm/*25x34in* Lokeren 95

DASSAULT Olivier 1951 **[59]**
*$207 FF1 200 £123 T.2082/Accélération/Embouteillage/Graffiti/Il est interdit/T.1449 Photo 30x40cm/*11x15in* Paris 97

DASSON Henry 1825-1896 **[5]**
*$29 320 FF166 975 £18 000 Pair of figural candelabra, each as a semi-clad Putto Bronze H105,5cm/*H41in* London 97
*$40 692 FF243 665 £25 000 Pair of Serpentine and Gilt-bronze Vases Gilded bronze 40x62cm/*15x24in* London 98

DASSONVILLE William E. 1879-1957 **[13]**
*$4 000 FF23 571 £2 470 Ship's Deck Platinum print 20x25cm/*8x10in* New-York 97

DASTUGUE Maxime 1851-1909 **[5]**
*$2 054 FF12 000 £1 261 Elégante à l'ombrelle Huile/toile 32x41cm/*12x16in* Saint-Dié 97

DATER Judy R. Lichtenfeld 1941 **[27]**
*$1 700 FF8 570 £1 096 "Men-Women, Portfolio II" Gelatin silver print 34,5x30cm/*13x11in* San Francisco-Los Angeles 96

DÄTHAN Johann Georg 1703-1748 **[1]**
*$6 340 FF32 900 £4 120 Tod der Cleopatra Huile/panneau 46x32cm/*18x12in* Zürich 96

DAUBIGNY Charles F. (Attrib.) 1817-1878 **[10]**
*$3 605 FF22 147 £2 162 Ruderboot vor Baümen am Wasser Oil/canvas 22x37cm/*8x14in* Köln 98
*$13 400 FF65 300 £8 500 Watermeadows Oil/canvas 96x176cm/*37x69in* London 95
*$584 FF3 500 £359 Vue d'un château dans le Gévaudan Aquarelle/papier 14x22cm/*5x8in* Auvers sur Oise 98

DAUBIGNY Charles François 1817-1878 **[234]**
*$3 936 FF22 971 £2 340 Sommarlandskap med kvinna och gäss Oil/panel 35x56cm/*13x22in* Stockholm 97
*$8 110 FF40 000 £5 270 Bords de l'Oise Huile/panneau 26,5x53,5cm/*10x21in* Paris 95
*$260 FF1 356 £152 Les petis oiseaux Etching, aquatint 19,1x12,6cm/*7x4in* Berlin 96
*$2 082 FF12 126 £1 272 Landschaft mit Dorf Fusain/papier 29x45,5cm/*11x17in* Zürich 97

DAUBIGNY Karl 1846-1886 **[99]**
*$888 FF5 060 £554 Anbrechender Morgen Oil/wood 37,5x53cm/*14x20in* Bremen 97
*$5 880 FF30 100 £3 810 Paysage lacustre Huile/panneau 26x44cm/*10x17in* Bruxelles 95
*$2 699 FF15 975 £1 658 Barca en el lago Pastel 43x26cm/*16x10in* Montevideo 98

DÄUBLER Johann Martin 1756-c.1800 **[1]**
*$3 770 FF19 700 £2 245 Feuernacht in einem Dorf Gouache 17x22,5cm/*6x8in* Hamburg 96

DAUBNER Georg 1865-1926 **[1]**
*$980 FF5 000 £645 "Traversée des Vosges, Tramways électrique de Gerardmer" Affiche 106x74cm/*41x29in* Neuilly 96

DAUCHEZ André 1870-1948 **[166]**
*$495 FF3 000 £303 Mare sous les arbres Huile/panneau 23,5x33cm/*9x12in* Quimper 98
*$1 309 FF7 500 £774 Les voiliers à travers les arbres japonisants Huile/toile 66x47cm/*25x18in* Quimper 97
*$81 FF500 £48 La chapelle de Beuzec Eau-forte 13,5x18cm/*5x7in* Quimper 98
*$1 622 FF8 100 £1 060 Baignade au grand paysage Pastel 96x129cm/*37x50in* Saumur 95

DAUCHEZ Philippe XX **[14]**
*$252 FF1 300 £162 Baie de Diego Suarez Aquarelle 23x45,5cm/*9x17in* Quimper 96

DAUCHOT Gabriel 1927 **[186]**
*$291 FF1 700 £178 Paris, arlequin dans le parc Huile/toile 40x80cm/*15x31in* Paris 97
*$408 FF2 500 £251 Clown et violoniste Huile/toile 30x30cm/*11x11in* Paris 98

DAUDE André 1897-1979 **[7]**

D

$2 760 FF16 065 £1 701 "Pianos Daudé" Poster 118,5x158cm/*46x62in* New-York 97

DAUDET Robert II 1737-1824 **[4]**
$599 FF3 500 £354 Iiieme et IVeme ruine romaine, d'après Dietricy Gravure 33,5x40,5cm/*13x15in* Paris 97

DAUGE Claire **[2]**
$1 414 FF7 200 £848 Éléphant d'Afrique Bronze H28cm/*H11in* Neuilly 96

DAUGHERTY James Henry 1889-1974 **[14]**
$500 FF3 019 £299 "Space Walk" Pastel/paper 30x38cm/*11x14in* New-York 98

DAUGHTERS Robert 1929 **[2]**
$4 250 FF24 341 £2 514 Flaming Chamisa Oil/canvas 63x76cm/*25x30in* Santa Fe, New Mexico 97

DAUMIER Honoré 1808-1879 **[516]**
$19 680 FF112 781 £12 202 Femme et enfant Oil/panel 31,5x23,5cm/*12x9in* New-York 97
$24 764 FF148 296 £14 796 Le Ventre législatif Lithographie 36,6x55,5cm/*14x21in* Bern 98
$7 440 FF38 000 £4 900 Jacques Ant. Adrian, baron Delort (Le Moqueur) Bronze H23cm/*H9in* Paris 96
$1 100 000 FF5 380 000 £696 000 La parade Watercolour 44x34cm/*17x13in* New-York 95

DAUPHIN Charles c.1620-1677 **[2]**
$5 640 FF28 550 £3 700 La Vierge à l'Enfant avec Saint Jean Baptiste Huile/toile 80x64,5cm/*31x25in* Paris 96
$24 000 FF136 000 £12 000 Annunciazione Olio/tela 150x118,5cm/*59x46in* Milano 97

DAUPHIN Louis 1885-1926 **[11]**
$210 FF1 276 £129 Venedig Watercolour 12x16cm/*4x6in* Berlin 98

DAUR Hermann 1870-1925 **[10]**
$285 FF1 679 £176 Dorf Roetteln Radierung 19x27cm/*7x10in* Heidelberg 97

DAUX Charles Edmond 1817-1888 **[5]**
$1 798 FF10 500 £1 087 Jeune femme au décolleté Pastel/papier 55x37,5cm/*21x14in* Nice 97

DAUZATS Adrien 1804-1868 **[33]**
$3 877 FF23 500 £2 378 Étude à Royat Huile/toile 35x48,5cm/*13x19in* Orléans 98
$10 500 FF55 000 £6 310 Le passage des Portes de Fer, ou Défilé des Bibans, Campagne d'Algérie Huile/panneau 21,5x27cm/*8x10in* Monaco 96
$387 FF2 000 £250 Mers el-Kébir Aquarelle 5x26cm/*1x10in* Paris 96

DAVANNE Louis Alphonse 1824-1912 **[5]**
$302 FF1 800 £184 Bateau au mouillage dans un port Photo 24,5x33,8cm/*9x13in* Bièvres 98

DAVELOOZE Jean-Baptiste 1807-1886 **[6]**
$6 601 FF37 582 £4 048 Paysage Huile/toile 70x84cm/*27x33in* Bruxelles 97

DAVENPORT Leslie 1905-? **[14]**
$322 FF1 919 £200 Winter Landscape Watercolour 43x73cm/*17x29in* Aylsham, Norfolk 97

DAVENT Léon c.1520-1556 **[7]**
$292 FF1 669 £180 Christ in Glory, after Giulio Romano Engraving 41x55cm/*16x21in* London 97

DAVEY Grenville 1961 **[2]**
$5 500 FF31 939 £3 359 First Sculpture 71,1x71,1x16,5cm/*27x27x6in* New-York 97

DAVEY Randall 1887-1964 **[35]**
$900 FF4 650 £576 Seated nude in Artist's Studio Oil/board 93,5x67,5cm/*36x26in* New-York 96
$2 250 FF12 234 £1 347 Girl on Couch Oil/canvas 20x25cm/*8x10in* Portsmouth, NH. 97
$300 FF1 728 £176 Two Year Olds at the Gate Lithographie 25,5x36cm/*10x14in* New-York 97
$375 FF2 299 £229 Town scene Watercolour/paper 15x30cm/*6x12in* Mystic, Connecticut 98

DAVID André XIX-XX **[10]**
$3 666 FF21 000 £2 169 Femme au lévrier Huile/toile 180x158cm/*70x62in* Montélimar 97

DAVID D'ANGERS Pierre Jean 1788-1856 **[168]**
$1 000 FF6 042 £600 Figure of Ambroise Paré (1510-1590) Bronze H47,5cm/*H18in* San Francisco 98
$44 041 FF255 905 £26 000 A Herm Bust of a Young Man with Morning Glory in his Hair Marble H169cm/*H66in* London 97
$1 600 FF9 461 £960 Two Studies for a Bust of Schiller Ink 13,5x13,5cm/*5x5in* New-York 97

DAVID Gerard c.1460-1523 **[2]**
$3 500 FF18 099 £2 244 Madonna con bambino Oleo/tabla 60x49cm/*23x19in* Montevideo 96

DAVID Gerard (Attrib.) c.1460-1523 **[2]**
$70 026 FF420 588 £42 000 Saint Jerome and Augustine, Wings of a Triptych Oil/panel 50x17cm/*19x6in* London 98

DAVID Giovanni 1743-1790 **[5]**

✏ *$4 500 FF24 944 £2 776* Adam and Eve, with Cain and Abel Ink 29,8x25,5cm/*11x10in* New-York 97

DAVID Hermine 1886-1971 **[122]**

🎨 *$565 FF2 850 £367* Cavalier Huile/toile 31x40cm/*12x15in* Saint-Germain-en-Laye 96

🎨 *$1 488 FF8 687 £900* Scène de village Oil/board 61x51cm/*24x20in* London 97

✏ *$576 FF3 000 £362* Sur le port Aquarelle, gouache 29x42cm/*11x16in* Paris 96

DAVID Jacques L. (Attrib) 1748-1825 **[3]**

🎨 *$60 300 FF300 000 £38 400* Portrait du géréral Junot, duc d'Abrantès Huile/toile 405x32cm/*159x12in* Paris 95

DAVID Jacques Louis 1748-1825 **[45]**

🎨 *$5 568 520 FF32 319 380 £3 400 000* Portrait of Suzanne Le Peletier de Saint-Fargeau Oil/canvas 60,5x49,5cm/*23x19in* London 97

✏ *$10 620 FF55 000 £6 860* Guerriers antiques Mine plomb 13x19,5cm/*5x7in* Paris 96

DAVID Jean 1928 **[7]**

🎨 *$6 000 FF31 100 £3 840* A cruel game of chess Oil/canvas 89x116cm/*35x45in* Tel Aviv 96

DAVID José Maria 1944 **[103]**

🐾 *$2 055 FF12 000 £1 243* Eléphant Bronze H19cm/*H7in* Lille 97

🐾 *$9 500 FF57 401 £5 659* Rhino Bronze H100,5cm/*H39in* New-York 97

DAVID Jules 1808-1892 **[24]**

🎨 *$1 500 FF7 470 £982* Serenade Oil/panel 12,6x9,1cm/*4x3in* Philadelphia 95

✏ *$750 FF4 010 £446* French Fashion Watercolour/paper 17x22cm/*7x9in* Detroit, Michigan 97

DAVID Lodovico 1648-c.1729 **[2]**

🎨 *$120 000 FF592 000 £77 500* The Judgement of Paris Oil/canvas 173x245cm/*68x96in* New-York 96

DAVID Louis 1792-1868 **[9]**

✏ *$712 FF4 146 £436* Cavallerists Watercolour 9,5x19,5cm/*3x7in* Amsterdam 97

DAVID Villiers 1906-1985 **[11]**

✏ *$571 FF3 415 £350* The Spectacled Langur Ink 59,5x49,5cm/*23x19in* London 98

DAVIDSON Allan XIX-XX **[11]**

🎨 *$456 FF2 636 £280* Model Buddha and Goddess on a Table Oil/canvas 38x27cm/*15x11in* Aylsham, Norfolk 97

DAVIDSON Allen Douglas 1873-1932 **[26]**

🎨 *$524 FF3 013 £320* Female Nude seated on a Stool Oil/board 18x16cm/*7x6in* London 97

🎨 *$16 000 FF80 700 £10 500* An English Yum-Yum ("My lady lights the sombre day") Oil/canvas 76x63,5cm/*29x25in* London 96

DAVIDSON Bessie 1880-1965 **[15]**

🎨 *$11 060 FF57 000 £7 320* Interieur Oil/board 47x30cm/*18x11in* Melbourne 96

🎨 *$153 972 FF910 000 £92 092* Fillette au perroquet Huile/toile 92x73cm/*36x28in* Paris 97

DAVIDSON Bruce 1933 **[19]**

📷 *$1 800 FF10 386 £1 103* Children in Window/Couple Photograph 27,5x35,5cm/*10x13in* New-York 97

DAVIDSON Charles Grant 1820-1902 **[10]**

✏ *$674 FF3 874 £420* At the Back of the Old Mill, near Tingagel Watercolour 34x50,5cm/*13x19in* Billingshurst, West Sussex 97

DAVIDSON Clara 1876-1962 **[30]**

🎨 *$749 FF4 687 £470* Red Cedar Oil/canvas/board 37x29cm/*14x11in* New-York 97

🎨 *$1 300 FF6 721 £872* Flowers, bowl and candelstick Oil/canvas 45x55cm/*18x22in* New-York 96

DAVIDSON George XIX-XX **[7]**

🎨 *$467 FF2 864 £280* Arab Souk Oil/board 15x23cm/*5x9in* London 98

DAVIDSON Joseph, Jo 1883-1952 **[24]**

🐾 *$1 700 FF9 697 £1 033* Franklin Delano Roosevelt Plaster H24cm/*H9in* New-York 97

DAVIDSON Lilian Lucy ?-1954 **[6]**

🎨 *$12 231 FF72 115 £7 500* Boats on the Canal Beside a Mill Oil/canvas 61x76cm/*24x29in* London 98

✏ *$1 059 FF6 065 £646* One Summers Day Watercolour/paper 38x25cm/*15x10in* Dublin 97

DAVIDSON Robert 1946 **[1]**

🐾 *$7 848 FF45 156 £4 633* The Happy Blowhole Bronze 35,5x37x16,5cm/*13x14x6in* Vancouver, BC. 97

DAVIDSON Thomas XIX **[6]**

✏ *$1 503 FF9 208 £900* Feeding a Kitten by Candlelight Watercolour 25x32,5cm/*9x12in* London 98

DAVIE Alan 1920 **[169]**
- *$2 200 FF11 270 £1 337* Game of Squezze the Ball Oil/paper/board 27x53cm/*10x20in* New-York 96
- *$4 521 FF27 703 £2 700* Cat's Claw No.05 Oil/wood 42,5x58cm/*16x22in* London 98
- *$23 000 FF113 500 £15 000* Crazy Horse No. 10 Oil/canvas 122x153cm/*48x60in* London 95
- *$5 133 FF29 739 £3 200* Meditation Mat Tapestry 152,5x211cm/*60x83in* London 97
- *$1 686 FF8 500 £1 100* Guru Mask No. 12 Gouache/paper 55x75cm/*21x29in* London 96

DAVIES Albert Webster 1889-1967 **[4]**
- *$4 250 FF25 390 £2 602* Landscapes Watercolour/paper 24x31,5cm/*9x12in* New-York 98

DAVIES Arthur B. (Attrib.) 1862-1928 **[5]**
- *$6 000 FF35 608 £3 721* Reclining Nude Oil/canvas 46x76cm/*18x29in* New-York 97

DAVIES Arthur Bowen 1862-1928 **[125]**
- *$1 000 FF5 777 £616* Figures in Green Oil/canvas 33x27cm/*13x11in* New-York 97
- *$4 749 FF28 187 £2 945* Study for a Tapestry Oil/panel 58,5x70cm/*23x27in* New-York 97
- *$24 000 FF146 520 £14 344* Idyllic Landscape Oil/canvas 91,5x167,5cm/*36x65in* New-York 98
- *$350 FF1 800 £218* Clouds Lithograph 25x33cm/*10x13in* Chicago, Illinois 96
- *$900 FF4 600 £593* Two female nudes Charcoal 50x44cm/*20x17in* Dedham, Mass. 96

DAVIES Arthur Edward 1893-1967 **[147]**
- *$505 FF3 065 £300* "Morston Church" Watercolour/paper 35x40cm/*14x16in* Aylsham, Norfolk 98

DAVIES Brian XX **[5]**
- *$1 083 FF6 427 £680* Still Life with Chinese Ginger Jar Oil/canvas 25,5x20cm/*10x7in* Newcastle-upon-Tyne 97
- *$7 000 FF36 500 £4 400* The Red and the White Oil/canvas 56x46cm/*22x18in* New-York 96

DAVIES David 1864-1939 **[11]**
- *$2 597 FF15 564 £1 549* The Village Road Oil/panel 24,5x33cm/*9x12in* Sydney 98
- *$14 179 FF86 997 £8 829* Rising Storm Oil/canvas 49,5x59,5cm/*19x23in* Melbourne 97

DAVIES Edward 1843-1912 **[1]**
- *$5 370 FF31 007 £3 200* A Quiet River Oil/canvas 34x48cm/*13x18in* London 97

DAVIES John 1946 **[17]**
- *$3 200 FF15 500 £2 054* Untitled Bronze H58,5cm/*H23in* New-York 95
- *$6 520 FF38 970 £3 990* Faversham Head Sculpture H95cm/*H37in* Stockholm 97
- *$2 085 FF12 081 £1 300* Head of W.J. Pastel/paper 43x38cm/*16x14in* London 97

DAVIES S.R. XIX-XX **[2]**
- *$5 000 FF30 066 £2 990* Detail Study for Cliché Color lithograph 32,2x37,5cm/*12x14in* New-York 98

DAVIES William 1826-1910 **[12]**
- *$617 FF3 515 £380* Sheep grazing on a Mountain Path Oil/board 30,5x20,5cm/*12x8in* London 97

DAVILA José Antonio 1935 **[4]**
- *$17 000 FF100 177 £10 157* Cosmogonía Familiar Acrylic/canvas 112x132cm/*44x51in* New-York 97

DAVILA Juan XX **[7]**
- *$11 721 FF68 182 £7 179* Nothing Oil/canvas 241x251cm/*94x98in* Melbourne 97
- *$1 133 FF6 593 £694* Lindner 66 Watercolour, gouache 76,5x58cm/*30x22in* Melbourne 97

DAVIS A.N. XIX-XX **[3]**
- *$1 200 FF7 277 £732* Glouceter Harbor Oil/canvas/board 30x25cm/*12x10in* Boston, Mass. 98

DAVIS Arthur XIX-XX **[4]**
- *$1 173 FF6 850 £6 000* The kill Oil/canvas 92x61cm/*36x24in* London 96

DAVIS Arthur Alfred XIX-XX **[10]**
- *$3 158 FF18 774 £1 900* Gone to Earth Oil/canvas 51x76cm/*20x29in* London 97

DAVIS Charles Harold 1856-1932 **[22]**
- *$4 000 FF20 700 £2 594* River scene Oil/canvas 33x40cm/*13x16in* Mystic, Connecticut 96
- *$6 000 FF36 123 £3 589* Connecticut Hillside Oil/canvas 63,5x47cm/*25x18in* San Francisco 98

DAVIS Edward Thompson 1833-1867 **[8]**
- *$3 204 FF18 331 £2 000* Portrait of a Lady Oil/panel 15,5x10,5cm/*6x4in* London 97
- *$9 000 FF51 282 £5 645* The Happy Family Oil/canvas 76x58cm/*30x23in* Florida 97

DAVIS Gene 1920-1985 **[32]**
- *$4 000 FF23 952 £2 457* Untitled (Study for Artpark) Acrylic/canvas 74x58,5cm/*29x23in* Washington 98
- *$6 500 FF31 500 £4 170* Citrus Oil/canvas 145x183cm/*57x72in* New-York 95
- *$500 FF2 994 £298* Untitled Screenprint in colors 81x55cm/*32x22in* Bethesda, Maryland 98
- *$500 FF3 048 £300* Collage with Child's Head Mixed media/paper 35,5x43cm/*13x16in* Washington 98

DAVIS Gladys Rockmore 1901-1967 **[27]**

☞ *$850 FF4 300* £547 A girl with a cat Oil/canvas 38x45cm/*15x18in* Bloomfield Hills, Michigan 96
DAVIS Henry William Banks 1833-1914 **[25]**
☞ *$2 267 FF13 358* £1 400 The Old Shepherd, a Veteran of the Napoleonic Wars Oil/canvas/board 29x27cm/*11x10in* London 97
☞ *$4 570 FF23 060* £3 000 Cattle on a Coastal Path Oil/canvas 42x69cm/*16x27in* London 96
DAVIS Jack 1926 **[20]**
✑ *$900 FF5 357* £550 "The Mad People Watcher's Guide to a Typical Football Game", Mad N.276 Ink 56x43cm/*22x16in* New-York 98
DAVIS John E. XIX **[1]**
✑ *$13 794 FF79 737* £8 500 The "Erebus" and "Terror" in the Ross Sea (Antartic Regions) Watercolour/paper 19x29cm/*7x11in* London 97
DAVIS John Scarlett 1804-1845 **[11]**
☞ *$2 305 FF13 986* £1 400 View of a Church Altar, Venice Oil/canvas 31x19,5cm/*12x7in* London 98
✑ *$3 125 FF17 576* £1 900 The Pavillon de flore flore, Tuilleries, Paris Ink 21x16,5cm/*8x6in* London 97
DAVIS Joseph H. 1811-1865 **[8]**
✑ *$5 000 FF27 188* £2 993 A Young Woman Wearing a Blue Dress Watercolour 25x17,5cm/*9x6in* New-York 97
DAVIS Lucien 1860-1941 **[11]**
✑ *$2 940 FF16 728* £1 800 The ball Watercolour/board 38,5x56cm/*15x22in* London 97
DAVIS Lynn 1944 **[9]**
▥ *$1 812 FF10 721* £1 100 Iceberg Print in colors 101,5x76cm/*39x29in* London 98
▣ *$3 000 FF15 470* £1 987 Disco Bay, Greenland Gelatin silver print 71x71cm/*28x28in* New-York 96
DAVIS R. Barrett (Attrib.) 1782-1854 **[4]**
☞ *$8 474 FF50 653* £5 000 A Huntsman and Hounds in a wooded landscape Oil/canvas 64x76cm/*25x29in* London 97
DAVIS Richard Barrett 1782-1854 **[15]**
☞ *$1 800 FF8 860* £1 160 Huntsman and hounds Oil/board 18x23cm/*7x9in* New-York 95
☞ *$9 500 FF55 104* £5 846 "Maria", Winner of the Somersetshire Stakes, 1828, at Bath Oil/canvas 63x77cm/*24x30in* New-York 97
DAVIS Ronald, Ron 1937 **[24]**
☞ *$12 000 FF71 514* £7 358 Untitled Mixed media 129,5x357cm/*50x140in* New-York 98
▥ *$275 FF1 655* £164 Yellow Slab Aquatint 122x86cm/*48x33in* Los Angeles 98
✍ *$725 FF4 478* £435 Rectangles in Perspective Sculpture 81x106cm/*32x42in* Plainville, Conn. 98
✍ *$1 800 FF10 434* £1 061 Cube Construction 76x101,5x3cm/*29x39x1in* New-York 97
DAVIS S.E. XIX-XX **[1]**
☞ *$4 000 FF23 364* £2 366 Still life with yellow roses Oil/canvas 43x25cm/*16x9in* Boston, Mass. 97
DAVIS Samuel 1757-1819 **[8]**
▥ *$1 704 FF8 820* £1 100 View of Calcutta from Fort William Aquatint 51,5x68cm/*20x26in* London 96
DAVIS Stan 1942 **[7]**
☞ *$5 500 FF26 235* £3 458 The Broken Arrow Oil/canvas 24x30cm/*9x11in* Hayden 95
☞ *$9 500 FF54 100* £5 858 Temptation Oil/canvas 101x76cm/*40x30in* Dallas, Texas 97
DAVIS Stark 1885-? **[7]**
☞ *$2 500 FF14 551* £1 541 Red Macaw Oil/canvas 91x91cm/*36x36in* Cincinnati, Ohio 97
▥ *$1 400 FF8 531* £852 "Borland Electrics" Poster 85x64cm/*33x25in* New-York 98
DAVIS Stuart 1894-1964 **[51]**
☞ *$950 000 FF5 624 665* £564 110 Rue Lippe Oil/canvas 81,5x99cm/*32x38in* New-York 97
▥ *$3 000 FF18 461* £1 836 Detail Study For Cliche Color lithograph 32x37,5cm/*12x14in* New-York 98
✑ *$7 000 FF39 954* £4 327 Man and woman Gouache 30,5x22cm/*12x8in* New-York 97
DAVIS Stuart G. XIX-XX **[4]**
☞ *$26 000 FF149 596* £15 347 In the Workshop Oil/canvas 12x86,5cm/*4x34in* New-York 97
☞ *$40 113 FF241 497* £24 000 An Arcadian Idyll Oil/canvas 142,5x193,5cm/*56x76in* London 98
DAVIS Theodore Russell 1840-1894 **[2]**
✑ *$2 000 FF11 675* £1 189 Civil War Scenes Ink/paper 37x46,5cm/*14x18in* New-York 97
DAVIS Tyddesley R. c.1800-c.1870 **[1]**
☞ *$24 170 FF123 000* £14 500 A bay racehorse held by her trainer with a jockey in a landscape Oil/canvas 76x89cm/*29x35in* London 96
DAVIS Ulysses 1913 **[1]**

*$4 000 FF24 524 £2 447 A Tribute to my Wife Sculpture, wood 38x8x8cm/*14x3x3in* New-York 98*
DAVIS Valentine 1854-1930 **[9]**
*$500 FF2 590 £320 Woodland brook Oil/canvas 28x45cm/*11x18in* Mystic, Connecticut 96*
DAVIS Vestie E. 1903-1978 **[7]**
*$1 800 FF9 787 £1 077 Coney Island Oil/canvas/board 29x38,5cm/*11x15in* New-York 97*
*$8 000 FF49 049 £4 894 The Cyclone, Coney Island Oil/canvas 61x76cm/*24x29in* New-York 98*
*$1 600 FF9 378 £984 Coney Island - Cyclone Coloured pencils 44,5x60,5cm/*17x23in* New-York 97*
DAVIS Warren B. 1865-1928 **[26]**
*$5 200 FF25 600 £3 350 Portrait of Emma Fenton Voorhees Oil/canvas 92x61cm/*36x24in* New-York 95*
*$180 FF1 070 £110 Nude Admiring a Fan Etching 14x19cm/*5x7in* Shaker Heights, Ohio 97*
DAVIS William 1812-1873 **[6]**
*$1 045 FF6 212 £639 Ayrshire Cattle Oil/canvas 25x40cm/*10x16in* Chester, NY 97*
*$4 570 FF26 666 £2 800 A Longhorn Bull in a Landscape Oil/canvas 63x75,5cm/*24x29in* London 97*
DAVIS William Henry c.1795-1885 **[18]**
*$1 750 FF9 120 £1 100 "Wheatear", a bay hunter in an extensive landscape Oil/canvas 52x75cm/*20x29in* London 96*
DAVIS William M. XIX **[5]**
*$7 400 FF43 224 £4 378 Old Mill by River Oil/canvas 30x35cm/*12x14in* Huntington, New York 97*
*$32 000 FF193 235 £19 209 Flowers and Fruits of September Oil/canvas 35,5x51cm/*13x20in* New-York 98*
DAVISON Jeremiah c.1695-1745 **[7]**
*$7 000 FF39 018 £4 280 Portrait of the Viscount and Viscountess of Torrington Oil/canvas 127x102cm/*50x40in* New-York 97*
*$6 673 FF40 716 £4 000 Portrait of John, Lord Glenorchy (1738-1771) Oil/canvas 74x62cm/*29x24in* London 98*
*$40 000 FF203 700 £24 000 Portrait of two young girls Oil/canvas 14x99cm/*5x38in* London 96*
DAVISON Jeremiah (Attrib.) c.1695-1745 **[3]**
*$3 000 FF18 159 £1 790 Portrait of a Lady, said to be the Viscountess Townshend Oil/canvas 101,5x82,5cm/*39x32in* New-York 97*
DAVISON Nora XIX-XX **[16]**
*$336 FF1 994 £200 Keats Lane, Eton Watercolour/paper 25x20,5cm/*9x8in* Salisbury, Wiltshire 97*
DAVRINGHAUSEN Heinrich Maria 1894-1970 **[30]**
*$1 622 FF9 453 £999 Komposition Öl/Papier 31,5x48cm/*12x18in* Köln 97*
*$4 969 FF29 440 £3 000 Untitled Oil/canvas 80,5x116cm/*31x45in* London 97*
*$279 FF1 457 £163 Im Kanu Lithographie 47,5x36cm/*18x14in* Berlin 96*
*$1 504 FF9 000 £913 Composition aux signes bleu, ruge, jaune Pastel/papier 51x65cm/*20x25in* Paris 97*
DAWE George 1781-1829 **[9]**
*$2 428 FF14 313 £1 500 Portrait of a Lady Oil/copper 17x12,5cm/*6x4in* London 97*
*$14 722 FF85 796 £9 000 Portrait of Tsar Alexander I (1777-1825) in Uniform Oil/canvas 87,5x61cm/*34x24in* London 97*
DAWE Philip 1750-1785 **[2]**
*$560 FF3 349 £340 Flora, Plenty Mezzotint 51x37cm/*20x14in* London 97*
DAWSON Byron Eric XIX-XX **[12]**
*$174 FF987 £110 Paperhaugh Bridge, on the Coquet Watercolour/paper 34x49,5cm/*13x19in* Newcastle-upon-Tyne 97*
DAWSON Henry Thom. (Attrib) 1811-1878 **[6]**
*$2 981 FF18 270 £1 800 A Tranquil River at Sunset Oil/canvas 46x89cm/*18x35in* London 98*
DAWSON Henry Thomas 1811-1878 **[34]**
*$2 094 FF12 104 £1 300 Windsor Castle from the Great Park Oil/canvas 63,5x76cm/*25x29in* Newbury, Berkshire 97*
*$2 573 FF13 410 £1 700 The Thames at Erith Oil/canvas 31x46cm/*12x18in* London 96*
*$45 800 FF224 000 £29 000 Harvest Oil/canvas 107x151cm/*42x59in* London 95*
DAWSON Lucy 1958 **[17]**
*$650 FF3 980 £400 Penny Bun and Amber Pastel/paper 20,5x25,5cm/*8x10in* London 98*
DAWSON Manierre 1887-1969 **[3]**
*$21 000 FF122 663 £12 891 Red mur Oil/canvas 40,5x61cm/*15x24in* New-York 97*
DAWSON Montague 1895-1973 **[251]**
*$1 957 FF11 695 £1 200 A Snowstorm in the Eastern Mediterranean Oil/board 30x53cm/*11x20in*

London 98

 $100 000 FF612 370 £61 300 The Flying Lightening on the High Seas Oil/canvas 101x127cm/*40x50in* New-York 98

 $210 697 FF1 309 492 £126 000 Yachts Racing, His Majesty King George V's "Brittania" Oil/canvas 61x91,5cm/*24x36in* London 98

 $214 FF1 219 £130 A Sailing Boat Racing Print in colors 63,5x47cm/*25x18in* Lymington 97

 $9 841 FF56 497 £6 000 A Fair Wind Watercolour 38x51cm/*14x20in* London 97

DAWSON William R. 1901-1990 **[1]**

 $1 800 FF11 036 £1 101 Speckled Owl Poster 41x30,5cm/*16x12in* New-York 98

DAWSON-WATSON Dawson 1864-1939 **[7]**

 $4 500 FF26 284 £2 662 Sunlit Haystacks in a Field Oil/canvas 45x55cm/*18x22in* Houston, Texas 97

 $1 200 FF7 335 £734 Illustration for Home Gouache/board 27x116cm/*11x46in* Cincinnati, Ohio 98

DAXHELET Paul 1905-1993 **[77]**

 $573 FF2 960 £371 La Terrasse du Gorille à Saint-Tropez Huile/panneau 16x24cm/*6x9in* Liège 96

 $840 FF4 872 £495 Marine, Hong-Kong, le port à l'arrière Huile/toile 50x60cm/*19x23in* Liège 97

DAY Francis James 1863-1942 **[5]**

 $6 500 FF39 682 £3 885 A Little Prayer Oil/canvas 76x91,5cm/*29x36in* New-York 98

 $2 000 FF11 954 £1 212 Resting Watercolour/paper 39,4x55,9cm/*15x22in* San Francisco-Los Angeles 97

DAY Fred Holland 1864-1933 **[11]**

 $9 000 FF52 204 £5 517 Left and Right Panels of the "Armageddon", Triptych Collage/paper 12x16,5cm/*4x6in* New-York 97

DAY William 1764-1807 **[2]**

 $1 136 FF6 566 £700 Anglers by boyd's rock on the Wye, Monmouthshire Watercolour 36,5x52,5cm/*14x20in* London 97

DAY William Cave 1862-1924 **[22]**

 $235 FF1 214 £150 Feeding the hens Oil/board 21x13cm/*8x5in* Penzance, Cornwall 96

DAYES Edward 1763-1804 **[33]**

 $4 740 FF23 130 £3 000 View of a Castle, possibly Conway Oil/panel 36x44cm/*14x17in* London 95

 $1 595 FF7 740 £1 000 Durham Cathedral Watercolour 25,5x12cm/*10x4in* London 95

DAYEZ Georges 1907-1991 **[88]**

 $1 942 FF12 000 £1 167 Camaret Huile/toile 60x92cm/*23x36in* Paris 98

 $4 373 FF26 000 £2 709 La plage, hommage à J.D. Ingres Huile/toile 162x150cm/*63x59in* Montauban 97

 $502 FF2 600 £326 Mère et enfant Gouache 36,3x44,2cm/*14x17in* Paris 96

DAYG Sebastian 1508-1554 **[2]**

 $6 202 FF36 060 £3 787 Die Heiligen Erasmus und Katharina Oil/wood 35x52,5cm/*13x20in* Wien 97

DAZZI Arturo 1881-1966 **[2]**

 $3 600 FF20 400 £2 400 Pesci al sole Olio/cartone 69,5x94cm/*27x37in* Prato 97

DAZZI Romano 1905-1976 **[2]**

 $1 320 FF7 480 £880 Ritratto di profilo Carboncino/carta 36x24,2cm/*14x9in* Prato 97

DE ANDREA John 1945 **[9]**

 $2 250 FF13 355 £1 378 Untitled Sculpture H30,5cm/*H12in* San Francisco-Los Angeles 97

DE BEER Willem S. 1941 **[4]**

 $3 334 FF20 028 £2 000 Two Tigers on Rocks in a Landscape Oil/canvas 51x76cm/*20x29in* London 98

DE BELLE Charles Ernest 1873-1939 **[33]**

 $236 FF1 377 £144 Snowy Forest Road Pastel/paper 40,5x35,5cm/*15x13in* Toronto 97

DE Biren 1926 **[4]**

 $3 280 FF17 000 £2 100 Santhal Series Oil/canvas 76x61cm/*29x24in* London 96

DE Biren 1926 **[1]**

 $7 476 FF44 820 £4 500 Three Vaishnavaites Oil/canvas 66x89cm/*25x35in* London 98

DE CILLIA Enrico 1910-1993 **[7]**

 $1 414 FF8 300 £864 Paesaggio: "Carso" Olio/tavola 59x69cm/*23x27in* Paris-Trieste 97

DE CRANO Felix F. 1908-? **[2]**

 $7 500 FF46 554 £4 497 Florida Beach Oil/canvas 38x63cm/*15x25in* Mystic, Connecticut 98

DE FERRARI Giovanni Andrea c.1568-1669 **[1]**

 $2 200 FF13 505 £1 347 The Finding of Moses Red chalk 20x24,5cm/*7x9in* New-York 98

DE FERRARI Orazio 1606-1657 **[1]**

✏ *$2 400 FF14 732 £1 470* Judith with the Head of Holofernes Red chalk 14,5x16,5cm/*5x6in* New-York 98
DE FOREST Lockwood 1850-1932 **[12]**
☞ *$13 170 FF68 200 £8 500* A View of Vishram Ghat, Mathura Oil/canvas 52x62cm/*20x24in* London 96
DE GELD Émile 1911-1972 **[1]**
☞ *$6 504 FF38 928 £3 936* Sous-bois Huile/toile 48x58cm/*18x22in* Antwerpen 97
DE HAAS Mauritz Fred.Hendrik 1832-1895 **[3]**
☞ *$12 029 FF69 741 £7 184* Sailing Vessels on a Choppy Sea Oil/canvas 36,5x50,5cm/*14x19in* Amsterdam 97
DE LACY Charles John 1860-1936 **[37]**
☞ *$2 051 FF11 774 £1 250* "When the Tide Flows Up From the Sea, Limehouse Reach, London" Oil/canvas 45,5x61cm/*17x24in* London 97
✏ *$649 FF3 734 £400* In the Thames Estuary Watercolour 37x52cm/*14x20in* London 97
DE LALL Oscar Daniel 1903-1971 **[17]**
☞ *$273 FF1 360 £179* Fall in Saint-Adele Huile/panneau 30,5x40,5cm/*12x15in* Montréal 95
DE LONGPRE Raoul M. 1859-? **[6]**
✏ *$2 900 FF16 821 £1 778* Purple and white lilacs on marble shelf Watercolour/paper 53x71cm/*21x28in* Wallingford, Connecticut 97
DE LUCE Percival 1847-1914 **[8]**
☞ *$2 200 FF12 235 £1 361* Rêverie Oil/canvas 46x31cm/*18x12in* New-York 97
☞ *$11 000 FF62 642 £6 771* Tidings from the Sea Oil/canvas 109x152,5cm/*42x60in* New-York 97
☞ *$13 000 FF75 101 £8 013* Tidings from the Sea Oil/canvas 76x101,5cm/*29x39in* New-York 97
✏ *$1 650 FF10 024 £993* A Young Victorian Lady Watercolour/paper 71x35cm/*28x14in* St. Petersburg, Florida 98
DE LUIGI Mario 1901-1978 **[9]**
☞ *$1 500 FF8 500 £750* Grattage rosso Idropittura/tela 33x28cm/*12x11in* Prato 98
DE MARIA BERGLER Ettore XIX-XX **[3]**
☞ *$1 600 FF8 370 £1 050* Scorcio di Parigi Olio/tavola 17,5x26cm/*6x10in* Roma 96
DE MARIA Nicola 1954 **[87]**
☞ *$2 713 FF16 241 £1 667* "Paen eternico" Mixed media 20x28cm/*7x11in* Stockholm 98
☞ *$11 886 FF71 152 £7 304* Komposition Oil 50x39,5cm/*19x15in* Stockholm 98
☞ *$34 800 FF197 200 £23 200* "Cuore, luce, armonia" Tecnica mista/tela 195x260cm/*76x102in* Milano 97
✏ *$4 782 FF27 248 £3 000* Regno dei fiori, Sorrida Faccia Watercolour 24x28cm/*9x11in* London 97
DE NIRO Robert 1922 **[4]**
☞ *$2 750 FF16 323 £1 684* Bust of Girl with Yellow Dress Oil 66x51cm/*25x20in* San Francisco-Los Angeles 97
DE NITTIS Giuseppe 1846-1884 **[56]**
☞ *$21 000 FF119 000 £14 000* Studio di colonne per il quadro "Il Foro di Pompei" I, II Olio/tavola 20x17cm/*7x6in* Milano 97
▥ *$1 263 FF7 500 £775* Degas de trois-quarts à droite, le menton dans la main Pointe sèche 8,5x7cm/*3x2in* Paris 97
DE NITTIS Giuseppe (Attrib.) 1846-1884 **[2]**
✏ *$7 500 FF38 600 £4 680* Paris streete scene Pastel/canvas 93x65cm/*36x25in* New-York 96
DE POLI Fabio 1947 **[4]**
✏ *$2 700 FF15 300 £1 350* La fragola Tecnica mista/carta 140x98,5cm/*55x38in* Prato 98
DE ROCCHI Francesco 1902-1978 **[22]**
☞ *$4 200 FF23 800 £2 800* Natura morta Olio/tavola 34x39cm/*13x15in* Milano 97
☞ *$6 000 FF34 000 £3 000* "Giardino di Brera" Olio/tela 60x73cm/*23x28in* Milano 97
DE SOTO Raphael XX **[1]**
☞ *$8 000 FF41 000 £4 860* Man firing gun, pulp magazine cover for detective Tales, April Oil/canvas 55x38cm/*22x15in* New-York 96
DE YONG Joseph 1894-1975 **[5]**
☞ *$1 500 FF8 561 £927* Grizzly Mt. and fur medicine lake, Glacier Park Oil/canvas 23x33cm/*9x12in* New-York 97
✏ *$2 500 FF12 950 £1 624* Cowboy in the Doorway Watercolour/paper 66x46,5cm/*25x18in* San Francisco-Los Angeles 96
DE YONGHE John 1856-1917 **[1]**
▥ *$1 200 FF6 210 £802* "The New York Times" Poster 75x48,5cm/*29x19in* New-York 96
DEACON Richard 1949 **[11]**
⬚ *$14 500 FF84 303 £8 852* Torso Stone 50,2x45,7x25,4cm/*19x17x10in* New-York 97

*$17 000 FF98 838 £10 378 The Back of my Hand No. 2 Sculpture 280x289,9x20cm/*110x114x7in* New-York 97*

*$4 353 FF26 677 £2 600 First Drawing, Serpentine Gallery Proposal Pencil 90x139cm/*35x54in* London 98*
DEAK-HENCZNE Adrienne Hermine 1895-1956 **[18]**
*$2 202 FF12 795 £1 300 Peonies in a glass Vase Oil/canvas 60x80cm/*23x31in* London 97*
DEAKIN Edwin, Edward 1838-1923 **[23]**
*$450 FF2 742 £268 "On the Arroyo, near Pasadena" Oil/board 20x28cm/*8x11in* Pasadena, California 98*
*$8 000 FF48 164 £4 786 "Mount Tallas from Cascade Lake" Oil/canvas 51x76cm/*20x29in* San Francisco 98*
*$21 000 FF126 430 £12 564 View of Notre-Dame Oil/canvas 137x178cm/*53x70in* San Francisco 98*
DEAKIN John XX **[1]**
*$6 360 FF32 350 £3 800 Dylan Thomas in the graveyard at Laugharne Gelatin silver print 29x26cm/*11x10in* London 96*
DEAN Arthur XIX-XX **[1]**
*$1 308 FF6 640 £850 The Berwickshire Coast Watercolour 29x51cm/*11x20in* Auchterarder, Perthshire 95*
DEAN Frank 1865-1947 **[19]**
*$588 FF3 522 £360 Bathing, Benares, India Watercolour 59,5x44,5cm/*23x17in* Billingshurst, West Sussex 97*
DEAN James 1931-1955 **[20]**
*$1 000 FF5 694 £613 "Sweet Dream" Drawing 8x21cm/*3x8in* Los Angeles 97*
DEAN Lindsay 1923 **[1]**
*$22 000 FF126 291 £13 411 Maqueta de La Rogativa Bronze 62x47x66cm/*24x18x25in* New-York 97*
DEAN Tacita 1965 **[1]**
*$1 818 FF10 617 £1 100 A Bag of Air Mixed media/paper 12,5x18cm/*4x7in* London 97*
DEANES Edward XIX-XX **[7]**
*$2 076 FF11 937 £1 300 Waterproofing the Sou'wester Oil/canvas 66x56cm/*25x22in* London 97*
DEARMAN John ?-c.1857 **[6]**
*$1 061 FF6 355 £649 The Woodland Cottage Oil/panel 20x29cm/*7x11in* Billingshurst, West Sussex 97*
*$12 000 FF69 606 £7 384 Farmer preparing his horses for the day's work Oil/canvas 47x63,5cm/*18x25in* New-York 97*
DEARMER Mabel 1872-1915 **[3]**
*$1 000 FF5 180 £669 "Ibsen's Brand" Poster 77x51cm/*30x20in* New-York 96*
DEARTH Henry Golden 1864-1918 **[8]**
*$3 000 FF17 401 £1 773 The Old Church at Arbonne Oil/canvas 81x116cm/*32x46in* New-York 97*
DEAS Charles 1818-1867 **[5]**
*$4 572 FF27 345 £2 775 Indian Warriors Huile/panneau 23x28cm/*9x11in* Montréal 97*
DEBAENE Alphonse Jules XIX-XX **[1]**
*$15 000 FF85 470 £9 187 La blanchisseuse Oil/canvas 160x130cm/*62x51in* New-York 97*
DÉBAINS Thérèse 1907-1975 **[14]**
*$541 FF3 300 £324 Paysage Huile/toile 50,5x61cm/*19x24in* Orléans 98*
DEBAT-PONSAN Edouard 1847-1913 **[25]**
*$2 414 FF14 500 £1 448 Istanbul, coucher de soleil sur Sainte-Sophie Huile/panneau 22,5x33,5cm/*8x13in* Montpellier 98*
*$4 908 FF28 000 £2 990 L'heure de la sieste Huile/toile 45x65cm/*17x25in* Paris 97*
DEBAY Auguste de Bay 1804-1865 **[6]**
*$5 000 FF29 726 £3 097 Portrait of a Sculptor Oil/canvas 73,5x57cm/*28x22in* New-York 97*
DEBECK Billy DeBeck 1890-1942 **[8]**
*$1 100 FF5 640 £669 Barney Google Ink/paper 12x45cm/*5x18in* New-York 96*
DEBELLE Alexandre 1805-1897 **[22]**
*$8 723 FF53 000 £5 252 L'Entrée triomphale de Napoléon Huile/toile 73x97cm/*28x38in* Versailles 98*
*$83 FF500 £51 Grenoble, barques sur l'Isère Lithographie 21,5x28,5cm/*8x11in* Grenoble 98*
*$1 809 FF10 500 £1 068 Vue d'un marabout près de la mer Aquarelle/papier 35x47cm/*13x18in* Aubagne 97*
DEBERITZ Peder 1880-1945 **[15]**
*$16 284 FF94 495 £9 614 Coastal landscape with two nude boys bathing Oil/canvas 81x72cm/*31x28in* Oslo 97*
DEBICKI Stanislaw M. 1866-1924 **[11]**
*$1 298 FF7 912 £806 Ogrod w Sloncu Oil/panel 14,5x23,5cm/*5x9in* Warszawa 97*

   $5 840 FF30 330 £3 830 Young children near a river Oil/canvas 56x79cm/*22x31in* Warszawa 96
DEBILLEMONT XIX-XX **[1]**
   $7 636 FF44 500 £4 703 Joueur d'orgue de Barbarie entouré d'enfants Pastel/papier 200x150cm/*78x59in*
Compiègne 97
DEBRAY Achille Hector C. 1799-1842 **[1]**
   $13 350 FF70 000 £8 030 Laitière et berger/Vue du Château de Schwerin Huile/toile 35,5x57cm/*13x22in*
Monaco 96
DEBRÉ Olivier 1920 **[318]**
   $779 FF4 500 £462 Petite bleue, coulée de Loire Huile/toile 18x27cm/*7x10in* Paris 97
   $5 620 FF29 000 £3 620 "Obidos" Huile/toile 46x55cm/*18x21in* Paris 96
   $11 630 FF61 000 £7 000 "Grand vert transparent" Huile/toile 181x181cm/*71x71in* Paris 96
   $159 FF950 £96 Rideau rouge Lithographie couleurs 74x57cm/*29x22in* Paris 97
   $1 443 FF7 000 £930 Sans titre Encre Chine 119x126cm/*46x49in* Paris 95
DEBRET Jean-Bapt. (Attrib.) 1768-1848 **[1]**
   $36 179 FF206 379 £22 000 Dom Pedro I (1798-1834), Emperor of Brazil Oil/canvas 72x58cm/*28x22in*
London 97
DEBRUS Alexandre 1843-1905 **[11]**
   $2 710 FF16 250 £1 670 "Cause perdue" Huile/panneau 28x22cm/*11x8in* Bruxelles 98
DEBUCOURT Philibert L. (Attr.) 1755-1832 **[5]**
   $4 336 FF26 016 £2 608 La comédie Huile/toile 49x49cm/*19x19in* Bruxelles 98
DEBUCOURT Philibert Louis 1755-1832 **[104]**
   $8 520 FF50 000 £5 210 Vue de la halle prise à l'instant des réjouissances publiques.. Huile/panneau
16x21cm/*6x8in* Paris 97
   $496 FF2 895 £300 La noce au château Etching, aquatint in colors 39x29,5cm/*15x11in* London 97
DEBUT Jean Didier 1824-1893 **[31]**
   $2 500 FF15 105 £1 489 Pair of Oriental Figures Bronze H30,5cm/*H12in* New-York 97
DÉBUT Marcel 1865-1933 **[35]**
   $756 FF4 552 £456 "Le Soir" Bronze H41cm/*H16in* Bruxelles 98
DECAEN Alfred 1820-1870 **[7]**
   $5 940 FF30 000 £3 860 Piqueur et ses chiens Huile/toile 53x80cm/*20x31in* Paris 96
DECAMP Joseph Rodefer 1858-1923 **[3]**
   $2 750 FF16 709 £1 655 "Landscape with Stream" Oil/canvas 35x55cm/*14x22in* Elgin, Illinois 98
DECAMP Ralph Earl 1858-1936 **[3]**
   $7 000 FF35 280 £4 516 Camp in the Bitterroot Oil/canvas 40x60cm/*16x24in* Hayden 96
DECAMPS Alexandre G. (Attr.) 1803-1860 **[6]**
   $1 492 FF8 500 £920 Etude pour les experts Huile/toile 18,5x13cm/*7x5in* Soissons 97
DECAMPS Alexandre Gabriel 1803-1860 **[94]**
   $1 273 FF8 000 £779 Village italien Huile/toile 28x12cm/*11x4in* Morlaix 97
   $4 500 FF23 000 £2 966 Convoi de cavaliers armés Huile/toile 55x44cm/*21x17in* Paris 96
   $1 378 FF8 000 £813 Jeune turque au tchibouk Aquarelle/papier 15x11cm/*5x4in* Paris 97
DECAMPS Maurice 1892-1953 **[14]**
   $950 FF5 810 £563 La Baie du Port de Nice Oil/canvas 46x55cm/*18x21in* Washington 98
DECARAVA Roy 1919 **[6]**
   $1 400 FF7 310 £846 Princeton Tigers, 1960s Gelatin silver print 25x33cm/*10x13in* New-York 96
DECARIS Albert 1901-1988 **[60]**
   $115 FF600 £68 Tolède Eau-forte 42x55cm/*16x21in* Orléans 96
   $436 FF2 200 £283 Paysage vallonné Gouache 48x60cm/*18x23in* Besançon 96
DECAUX Roger 1919 **[3]**
   $779 FF4 500 £476 Les cancéreux Pastel 94x54cm/*37x21in* Paris 97
DECHELETTE Louis Auguste 1894-1964 **[49]**
   $260 FF1 600 £156 "Le chou et le chou-chou !" Huile/isorel 35x24cm/*13x9in* Paris 98
   $559 FF3 200 £349 Marine sous un ciel d'orage Huile/isorel 50x100cm/*19x39in* Paris 97
DECISY Eugène 1866-c.1940 **[3]**
   $3 127 FF19 000 £1 882 La toilette Huile/toile 45x33,5cm/*17x13in* Fontainebleau 98
DECK Leo 1908-1997 **[87]**
   $683 FF4 063 £418 Promenade Oil/panel 78x92cm/*30x36in* Bern 97
DECK Théodore 1823-1891 **[6]**

   $5 481 FF32 000 £3 315 Sainte Geneviève Céramique 70x52cm/*27x20in* Paris 97
DECKER Cornelis G.(Attrib.) c.1625-1678 **[6]**
   $6 000 FF35 377 £3 679 Peasants in a Landscape Oil/panel 47x63,5cm/*18x25in* New-York 98
DECKER Cornelis Gerritsz c.1625-1678 **[24]**
   $11 800 FF60 700 £7 360 A River Landscape with a Peasant at a Cottage Door Oil/panel
40,5x35,5cm/*15x13in* Wien 96
   $23 319 FF134 874 £14 000 Farmhouse by a Stream, Peasant Girl Feeding a Pid Oil/canvas
73x82,5cm/*28x32in* London 97
DECKER de Jos 1912 **[18]**
   $2 140 FF10 860 £1 393 Jeune femme debout Bronze H53cm/*H20in* Bruxelles 96
DECKER Friedrich XX **[1]**
   $3 944 FF23 450 £2 443 Das Fischerdörfchen in Weissenfels Oil/panel 63x82cm/*24x32in* Stuttgart 97
DECKER Gabriel (Attrib.) 1821-1855 **[2]**
   $1 665 FF9 700 £1 017 Ritratto della contessa Luisa Praschma Acquarello 27x19,5cm/*10x7in* Paris-
Trieste 97
DECKER Joseph 1853-1924 **[3]**
   $2 400 FF12 130 £1 575 Peanuts and pewter tankard Oil/paper/board 23x35,5cm/*9x13in* New-York 96
DECKER Robert M. 1847-? **[2]**
   $224 FF1 392 £136 Early Snow, A Forest View with Meandering Brook Oil/canvas 10x35cm/*4x14in* Boston,
Mass. 97
DECKERS Edward 1873-1956 **[2]**
   $3 713 FF22 000 £2 224 Femme et Triton Marbre H61cm/*H24in* Lille 97
DECKERS Emile 1885-1968 **[44]**
   $3 214 FF18 312 £1 960 Portrait de Maure Huile/panneau 27x21,5cm/*10x8in* Bruxelles 97
   $7 753 FF45 000 £4 734 Triple portrait d'une femme des Aurès Huile/toile 62,5x82,5cm/*24x32in* Paris 97
   $2 604 FF15 500 £1 591 Bouquets de roses Pastel/papier 65x83cm/*25x32in* Aubagne 98
DECLEVA Mario 1930-1979 **[3]**
   $1 852 FF9 610 £1 225 Komposition Tempera/carton 17,8x34cm/*7x13in* Wien 96
DECOCK Gilbert 1928 **[4]**
   $420 FF2 500 £260 Cercle Rouge Gouache/papier 40x40cm/*15x15in* Paris 97
DECOENE Henri 1798-1866 **[8]**
   $14 040 FF72 200 £8 760 The new recrute Oil/canvas 97x127cm/*38x50in* Amsterdam 96
   $20 000 FF118 694 £12 250 Portrait de Victoire du Bois (1792-1878), wife of Félix Eloy Oil/canvas
84x73,5cm/*33x28in* New-York 97
DECOEUR Louis 1884-1960 **[3]**
   $2 871 FF17 875 £1 716 Le bistro Huile/toile 70x87cm/*27x34in* Bruxelles 98
DECORCHEMONT François E. 1880-1971 **[22]**
   $18 000 FF108 959 £11 048 Vase with Masks Sculpture, glass H22cm/*H8in* New-York 98
DECREUSE Jean-Pierre, Auguste 1806-1839 **[1]**
   $23 300 FF113 000 £15 000 Self portrait, bust length, in a black coat Oil/canvas 66x52cm/*25x20in*
London 95
DÉDÉ Carmen D. Bischof C. 1936 **[2]**
   $20 505 FF121 902 £12 543 "Les chats ... ces inconnus!" Öl/Leinwand 100x140cm/*39x55in* Bern 97
DÉDINA Jan 1870-1955 **[8]**
   $2 600 FF14 831 £1 598 Children and their governesses in the Tuileries Gardens, Paris Watercolour
37x29cm/*14x11in* New-York 97
DEERING Roger 1904 **[8]**
   $550 FF3 273 £341 "Radiant Stream" Oil/canvas 18x14cm/*7x5in* North Berwick, Maine 97
DEFAUX Alexandre 1826-1900 **[121]**
   $2 160 FF11 000 £1 423 Les poules blanches Huile/panneau 23x46cm/*9x18in* Bayeux 96
   $4 527 FF25 000 £2 825 En Bretagne Huile/toile 54x40cm/*21x15in* Saint-Dié 97
   $7 700 FF46 000 £4 710 Trois-mâts carré près d'une côte rocheuse Huile/toile 100x200cm/*39x78in*
Vannes 98
DEFEO Jay 1929-1989 **[1]**
   $10 000 FF48 900 £6 320 Verdict #2 Acrylic/canvas 244x183cm/*96x72in* San Francisco-Los Angeles 95
DEFERNEX Jean-Baptiste 1729-1783 **[3]**

$26 250 FF135 000 £16 360 Buste du comte de Buffon (1707-1780), naturaliste Plâtre H82cm/*H32in* Paris 96

DEFESCHE Pieter 1921 **[25]**
$1 285 FF6 650 £834 Meditation Oil/paper 56x72cm/*22x28in* Amsterdam 96

DEFOSSEZ Alfred, Freddy 1920 **[38]**
$1 784 FF9 000 £1 158 Fleurs Huile/toile 130x89cm/*51x35in* Saint-Germain-en-Laye 96
$2 414 FF12 500 £1 545 Paysage de Corse Huile/toile 35x27cm/*13x10in* Bordeaux 96

DEFRANCE Léonard 1735-1805 **[9]**
$10 870 FF55 000 £7 130 L'Heure du thé Huile/toile 84x145cm/*33x57in* Paris 96

DEFREGGER von Franz 1835-1921 **[134]**
$12 873 FF77 077 £7 907 Bayerische Wirtshausszene Oil/canvas 36,8x29cm/*14x11in* Köln 98
$27 870 FF137 000 £17 650 Tiroler Mädchen Öl/Leinwand 50x38cm/*19x14in* Zürich 95
$867 FF5 057 £530 Die Spionin/Studie einer stehenden Dame in Vorderansicht Pencil/paper 23x20cm/*9x7in* München 97

DEFREGGER von Franz (Attrib.) 1835-1821 **[4]**
$31 840 FF190 280 £19 280 Der Zitherspieler Öl/Leinwand 95x72cm/*37x28in* Wien 97

DEGANS Xavier 1949 **[9]**
$2 526 FF15 000 £1 530 Les roses de l'Amour Huile/toile 38x55cm/*14x21in* Calais 97

DEGAS Edgar 1834-1917 **[644]**
$127 026 FF764 742 £76 000 Jeune homme assis à la jacquette et au parapluie Oil/canvas 36x29cm/*14x11in* London 98
$1 900 000 FF11 296 070 £1 144 370 Danseuses Oil/canvas 62,5x48,5cm/*24x19in* New-York 98
$3 500 FF20 022 £2 134 Mary Cassatt at the Louvre Etching 30,5x21cm/*12x8in* New-York 97
$140 000 FF685 000 £88 600 Arabesque ouverte sur la jambe droite, bras gauche en avant Bronze H29cm/*H11in* New-York 95
$10 800 000 FF55 000 000 £6 480 000 Petite Danseuse de quatorze ans Bronze H95cm/*H37in* New-York 96
$25 000 FF129 000 £16 560 Group portrait of Halévy and Taschereau families Albumen print 8x10cm/*3x4in* New-York 96
$688 FF4 000 £420 Notable Crayon/papier 23x15cm/*9x5in* Paris 97

DEGEILH Jean XX **[1]**
$3 344 FF20 000 £2 030 La mosquée Sidi Mahrez, place Bab el Souika, Tunis Huile/panneau 38x55cm/*14x21in* Paris 97

DEGENHARDT Gertrude 1940 **[35]**
$1 541 FF9 066 £951 Sonntagsvergnügen Mixed media/panel 36,5x30cm/*14x11in* Heidelberg 97
$160 FF790 £105 François Villon Etching 12x12cm/*4x4in* Hamburg 95
$399 FF2 326 £244 Hier im Innern des Landes (Ratten) Indian ink 50x35cm/*19x13in* München 97

DEGEORGE Christophe Thomas 1786-1854 **[3]**
$4 290 FF22 438 £2 600 Young Girl, bust-length, wearing a Turban and a Furtrimmed Coat Pastel 43,5x36,5cm/*17x14in* London 96

DEGLE Franz Joseph 1724-1812 **[2]**
$2 487 FF14 382 £1 539 Bildnis eines Herrn Öl/Leinwand 42,5x33cm/*16x12in* Wien 97

DEGLUME Henri 1865-1940 **[34]**
$596 FF3 575 £367 Paysage de Flandres Huile/toile 54,5x72cm/*21x28in* Bruxelles 98

DEGNER Arthur 1887-1972 **[13]**
$2 370 FF13 500 £1 455 Stilleben mit Pfingstrosen Oil/canvas/panel 70x54cm/*27x21in* Frankfurt 97
$566 FF3 346 £335 Porträt Otto Mueller Etching 15,5x11cm/*6x4in* Berlin 97
$409 FF2 516 £245 Strassenszene mit Passanten Watercolour 26,5x35,9cm/*10x14in* Bielefeld 98

DEGODE Wilhelm 1862-1931 **[14]**
$1 308 FF6 770 £836 Kaiserwerth Öl/Leinwand 42,5x50,5cm/*16x19in* Düsseldorf 96

DEGOTTEX Jean 1918-1988 **[129]**
$1 655 FF8 300 £1 047 Lauriers Huile/isorel 60x24cm/*23x9in* Paris 95
$3 946 FF23 000 £2 431 "Depli I" Acrylique 45x41cm/*17x16in* Versailles 97
$17 360 FF91 000 £10 440 Sans titre Huile/toile 230x200cm/*90x78in* Paris 96
$1 712 FF10 000 £1 013 Composition Gouache 48,5x63cm/*19x24in* Douai 97

DEGOUVE DE NUNCQUES William 1867-1935 **[58]**
$4 680 FF24 080 £2 920 Heuvelachtig winterlandschap te Vlaanderen Oil/cardboard 33x42cm/*12x16in* Den

Haag 96
- *$11 500 FF70 078 £7 134* La Gruta de Manacor, Mallorca Oil/canvas 48,5x59,5cm/*19x23in* New-York 98
- *$126 500 FF749 800 £78 660* Forêt fantastique Huile/toile 126x293cm/*49x115in* Bruxelles 97
- *$255 FF1 462 £151* Retour de chasse/Apocalypse Lithographie couleurs 57x72cm/*22x28in* Bruxelles 97
- *$931 FF5 687 £560* Challes sous la neige Pastel 35,5x46cm/*13x18in* Bruxelles 98

DEGRAILLY Victor 1804-1889 **[2]**
- *$2 000 FF11 454 £1 183* View From the Cliff Oil/canvas 34x41cm/*13x16in* Milford, Conn. 97

DEGRAVE Jules A.Patrouillard XIX-XX **[2]**
- *$3 474 FF18 000 £2 256* Zezette en retenue Huile/panneau 34x22cm/*13x8in* Besançon 96

DEGREEF Amédée 1878-1969 **[32]**
- *$540 FF2 793 £345* Stilleven Huile/toile 45x50cm/*17x19in* Lokeren 96
- *$888 FF4 600 £569* Serigraphies Sérigraphie couleurs 49x34cm/*19x13in* Lokeren 96

DEGREEF Jean-Baptiste 1852-1894 **[22]**
- *$819 FF4 878 £501* Paysage à la clairière Huile/toile 44x75cm/*17x29in* Bruxelles 98
- *$1 510 FF7 880 £912* Cour de la ferme De Crocq Huile/toile 24x40cm/*9x15in* Bruxelles 96

DEHESGHUES Léon 1852-1910 **[3]**
- *$40 000 FF236 548 £24 268* The Festival at Neuilly Oil/canvas 127x203cm/*50x79in* New-York 98

DEHN Adolf Arthur 1895-1968 **[106]**
- *$1 100 FF6 482 £679* New York in Winter Oil/masonite 45,5x81cm/*17x31in* New-York 97
- *$225 FF1 373 £135* Golden Gate Lithograph 23,5x34,5cm/*9x13in* Boston, Mass. 98
- *$800 FF3 940 £516* Harvest Watercolour, gouache/paper 46x51cm/*18x20in* New-York 95

DEHN Georg 1843-1904 **[1]**
- *$3 644 FF18 740 £2 273* Marktplatz mit spätmittelalterlichen Häusern Öl/Leinwand 40,5x32cm/*15x12in* Bern 96

DEHNER Dorothy 1901 **[21]**
- *$474 FF2 708 £291* "River landscape #1" Etching 11,2x45,4cm/*4x17in* New-York 97
- *$800 FF4 750 £484* Chinese Holiday Watercolour/paper 40,5x53,5cm/*15x21in* Washington 97

DEHODENCQ Alfred 1822-1882 **[93]**
- *$2 220 FF11 000 £1 413* Portrait d'un enfant de l'artiste Huile/carton 19,5x15,5cm/*7x6in* Paris 95
- *$9 009 FF54 408 £5 400* Portraits of his Son Oil/canvas 46x38cm/*18x14in* London 98
- *$54 300 FF281 000 £35 100* Un baile de gitanos en los jardines del Alcázar Oleo/lienzo 111,5x161,5cm/*43x63in* Madrid 96
- *$430 FF2 500 £254* Le conteur marocain Dessin 24,5x17,5cm/*9x6in* Paris 97

DEHOY Charles 1872-1940 **[20]**
- *$938 FF5 528 £581* Au parc Aquarelle/papier 53x50cm/*20x19in* Antwerpen 97

DEIKER Carl 1879-? **[12]**
- *$577 FF3 373 £349* Verstekt hinter Bäumen liegendes Gartentor Öl/Leinwand 61x44cm/*24x17in* Stuttgart 97
- *$447 FF2 681 £267* Erlegter Dachs Aquarell/Papier 40x60cm/*15x23in* Köln 98

DEIKER Carl Friedrich 1836-1892 **[35]**
- *$1 022 FF6 042 £635* Ein Fuchs hat vor seinem Bau einen Fasanen erlegt Öl/Leinwand 27,5x46cm/*10x18in* Stuttgart 97
- *$2 542 FF14 362 £1 600* Fox in the snow Oil/canvas 47x63cm/*18x24in* London 97

DEIKER Johannes Christian 1822-1895 **[11]**
- *$3 156 FF16 160 £2 100* Retriever with dead game Oil/canvas 46x41cm/*18x16in* London 96

DEINES Johann Wagner 1803-1880 **[7]**
- *$2 913 FF23 030 £4 500* A Meeting of the Cardinals Oil/canvas 71x92cm/*27x36in* Denver, Colorado 95
- *$1 782 FF10 121 £1 115* Kühe und Ziegen am Waldrand Ink 68x87cm/*26x34in* München 97

DEITERS Heinrich 1840-1916 **[10]**
- *$4 480 FF22 400 £2 900* Abendlicher Spaziergang Öl/Leinwand 63x91cm/*24x35in* Düsseldorf 96

DEITZSCH Johann Jacob 1713-1776 **[2]**
- *$2 390 FF11 650 £1 500* Dead birds and vegetables on a table Gouache/vellum 18x24cm/*7x9in* London 95

DEJEAN Louis 1872-1953 **[9]**
- *$990 FF4 800 £638* Tête de femme Bronze H23cm/*H9in* Paris 95

DEJEZ Aron XX **[5]**
- *$639 FF3 800 £396* L'orchestre juif Huile/toile 60x72cm/*23x28in* Paris 97

DEJOUX Daniel 1935 **[30]**

   $663 FF3 800 £392 Barques de pêche à Concarneau Huile/toile 60x50cm/*23x19in* Quimper 97

DEKEN de Albert 1915 **[56]**

   $867 FF5 193 £518 Knokke Huile/toile 50x60cm/*19x23in* Antwerpen 98

   $131 FF812 £78 Nu assis Sanguine/papier 41x29cm/*16x11in* Antwerpen 98

DEKKER Henricus Nicol.,Henk 1897-? **[31]**

   $787 FF4 757 £473 Schokker op het strand Oil/canvas 60x80,5cm/*23x31in* Den Haag 98

   $1 035 FF5 896 £642 Harbourscenes, Rotterdam Oil/canvas 27x43cm/*10x16in* Amsterdam 97

DEKKERS Ad 1928-1974 **[17]**

   $8 240 FF42 700 £5 510 Driedeling door oplopende zaag Huile/panneau 120x120cm/*47x47in* Antwerpen 96

DEKORTE Albert Maurice 1889-1971 **[8]**

   $3 093 FF19 000 £1 854 Jeune fille debout Bronze H72cm/*H28in* Lille 98

DEKRUIF Henri Gilbert 1882-1944 **[8]**

   $700 FF3 952 £425 "Desert Landscape with Palm Trees" Watercolour/paper 17x23cm/*7x9in* Altadena, CA 97

DEL BON Angelo 1898-1952 **[55]**

   $900 FF5 100 £600 Marina Olio/tela 38x45cm/*14x17in* Trieste 98

DEL BRINA Francesco c.1540-1585/86 **[4]**

   $7 500 FF41 805 £4 586 Madonna and Child Oil/panel 57,8x41,3cm/*22x16in* New-York 97

   $27 230 FF166 810 £16 450 Madonna con Bambino e San Giovannino in un paessaggio Oil/panel 146x105cm/*57x41in* Wien 98

DEL COLLE Raffaellino c.1500-1566 **[1]**

   $21 921 FF129 870 £13 000 The Madonna and Child with the Infant Saint John the Baptist Oil/panel 88x71cm/*34x27in* London 97

DEL COLLE Raffaellino (Attrib) c.1500-1566 **[1]**

   $27 500 FF137 000 £18 000 The Holy Family Oil/panel 126x105cm/*49x41in* London 95

DEL MARLE Félix Aimé 1889-1952 **[17]**

   $4 558 FF28 000 £2 732 Grand ovale Huile/panneau 101x50cm/*39x19in* Paris 98

   $6 778 FF40 271 £4 031 Study for Tempête Oil/canvas 27x35cm/*10x13in* Amsterdam 97

   $4 710 FF27 500 £2 849 Chemin de fer Encre Chine 42x27,5cm/*16x10in* Versailles 97

DEL MUE Maurice 1875-1955 **[2]**

   $3 749 FF22 574 £2 243 View to the Bay Oil/board 30,5x43cm/*12x16in* San Francisco 98

DEL PEZZO Lucio 1933 **[90]**

   $390 FF2 210 £260 Senza titolo Tempera 23,5x21,4cm/*9x8in* Prato 97

   $332 FF1 677 £218 La Stecca Multiple 59x59x9cm/*23x23x3in* München 96

   $2 340 FF13 260 £1 560 Puzzle oro, 1965 Assemblage 74,5x116cm/*29x45in* Prato 97

   $420 FF2 380 £280 Senza titolo Tecnica mista/carta 100x70cm/*39x27in* Milano 97

DEL TORRE Giulio 1856-1932 **[21]**

   $7 450 FF38 300 £4 500 Cherries Oil/panel 18x24cm/*7x9in* London 96

   $12 000 FF72 639 £7 160 Making the Trap Oil/panel 53,5x42cm/*21x16in* New-York 97

DELABORDE Henri, vicomte 1811-1899 **[6]**

   $35 070 FF210 000 £21 546 Virgile en Campagne Huile/toile 90x120cm/*35x47in* Paris 98

DELABRIERE Édouard Paul 1829-1912 **[74]**

   $134 FF800 £82 Un faisan Bronze H12cm/*H4in* Autun 97

DELACHAUX Léon 1850-1919 **[9]**

   $2 783 FF14 530 £1 682 Taking a Rest Oil/board 35x30cm/*14x12in* New-York 96

DELACHAUX Théodore 1879-1949 **[16]**

   $606 FF3 623 £371 Stilleben mit Dahlien Öl/Leinwand 60x74cm/*23x29in* Zürich 98

DELACOU Yvonne XX **[18]**

   $2 209 FF13 500 £1 371 La petite fille Bronze H21cm/*H8in* Deauville 97

DELACROIX Auguste 1809-1868 **[14]**

   $7 014 FF42 000 £4 191 La promenade sur la grève Huile/toile 40,5x65cm/*15x25in* Paris 98

DELACROIX Eugène 1798-1863 **[403]**

   $55 000 FF315 727 £33 880 Etude pour Hésiode et la Muse Oil/canvas 35x44cm/*13x17in* New-York 97

   $570 000 FF3 382 779 £349 125 La course des chevaux libres à Rome Oil/canvas 38x45,5cm/*14x17in* New-York 97

   $613 FF3 200 £365 "Leçon de Voltiges" Lithographie 21x30cm/*8x11in* Paris 96

   $3 504 FF17 000 £2 260 Personnages marocains Lavis 21x31,5cm/*8x12in* Paris 95

DELACROIX Eugène (Attrib.) 1798-1863 [15]
$1 141 FF5 800 £681 Etude pour un personnage mediéval, "Constantin" Crayon/papier 18,7x23,5cm/*7x9in* Paris 96

DELACROIX Eugene, photograph 1891-1967 [7]
$468 FF2 910 £295 "Oak Lined Road" Gelatin silver print 33x25cm/*13x10in* New Orleans, Louisiana 97

DELACROIX Henry-Eugène 1845-1930 [7]
$1 641 FF10 000 £1 005 Portrait de vieille femme Huile/toile 117x89,5cm/*46x35in* Paris 98
$18 344 FF113 872 £11 000 Le Printemps/L'Eté Oil/canvas 192x108cm/*75x42in* London 98

DELACROIX Michel 1933 [20]
$4 500 FF22 200 £2 924 La Gare du Nord Oil/canvas 48x35cm/*19x14in* Tarzana, CA 95
$350 FF1 725 £227 "Rendez-vous" Color lithograph 71x78cm/*28x31in* Bloomington, Illinois 96

DELAGRANGE Léon Noël 1872-1910 [15]
$581 FF3 500 £347 Le jeune page au grimoire Bronze 43x48cm/*16x18in* Paris 98

DELAHAUT Jo 1911-1992 [57]
$672 FF3 924 £405 Composition Huile/panneau 30x24cm/*11x9in* Liège 97
$1 584 FF9 750 £972 Compositie Huile/papier 50x75cm/*19x29in* Lokeren 98
$4 878 FF29 250 £2 988 Espace No. 2 Huile/toile 130x97cm/*51x38in* Antwerpen 97
$288 FF1 787 £172 Composition abstraite Lithographie 70x50cm/*27x19in* Liège 98
$746 FF4 248 £457 Composition Collage 27x21cm/*10x8in* Bruxelles 97

DELAHAYE Ernest Jean 1855-1921 [5]
$287 FF1 800 £180 Côtes rocheuses Huile/panneau 46,5x56cm/*18x22in* Cherbourg 97

DELAHOGUE Alexis-A. (Attrib.) 1867-1950 [3]
$2 302 FF12 000 £1 447 Vieux Biskra Huile/papier 32x32cm/*12x12in* Paris 96
$2 782 FF17 000 £1 650 Caravane dans le Sud Algérien Huile/toile 50x65cm/*19x25in* Paris 98

DELAHOGUE Alexis-Auguste 1867-1950 [60]
$754 FF3 850 £497 L'Alhambre de Grenade Huile/toile 55x38cm/*21x14in* Provins 96
$2 730 FF14 000 £1 660 "Biskra" Huile/toile 33x46cm/*12x18in* Paris 96

DELAHOGUE Eugène Jules 1867-c.1935 [32]
$691 FF3 600 £434 Paysage orientaliste Huile/toile 33x24cm/*12x9in* Besançon 96
$2 025 FF12 000 £1 213 Tempête sur le Bosphore Huile/toile 54x73cm/*21x28in* Paris 97

DELAMARRE Raymond 1890 [9]
$222 FF1 300 £136 Mowgli, 1926 Bas-relief 12,5x15cm/*4x5in* Paris 97

DELAMONCE Ferdinand 1678-1753 [3]
$1 543 FF8 966 £949 The Virgin appearing to two Saints Ink 94x16,5cm/*37x6in* London 97

DELAMOTTE Philip Henry 1820-1889 [8]
$4 614 FF27 290 £2 800 "76 the Open Colonnade, Garden Front" Albumen print 17x22,5cm/*6x8in* London 98

DELAMOTTE William Alfred 1775-1863 [13]
$696 FF4 242 £415 "St. Omer, France" Watercolour 52x73,5cm/*20x28in* London 98

DELANCE Paul Louis 1848-1924 [38]
$826 FF4 826 £500 Les bains à marée haute, St. Valery sur Somme Oil/panel 15,5x23cm/*6x9in* London 97
$5 576 FF34 000 £3 345 Elégante aux fleurs Huile/toile 82x60cm/*32x23in* Troyes 98
$30 000 FF183 711 £17 955 A Walk on the Beach Oil/canvas 155x236cm/*61x92in* New-York 98

DELANEY Arthur [3]
$4 224 FF24 505 £2 600 Albert Square, Manchester Oil/panel 10x10cm/*3x3in* Cheadle Hulme-Cheshire 97

DELANO Gerard Curtis 1890-1972 [9]
$1 900 FF9 899 £1 194 Cattle Country Oil/canvas 27x33cm/*11x13in* Scottsdale, Arizona 96
$10 000 FF48 900 £6 329 Navajo Indians on Horseback Oil/canvas 45x58cm/*18x23in* Santa Fe, New Mexico 95
$8 000 FF45 819 £4 732 Navajo Man and Woman Watercolour/paper 48x67cm/*19x26in* Santa Fe, New Mexico 97

DELANO Jack 1914-1997 [14]
$1 000 FF5 892 £617 Sylvia Sweets Tea Room, Industrial Town, Massachusetts/Quincey Market Dye-transfer print 17x25cm/*7x10in* New-York 97

DELANOY Hippolyte 1849-1899 [7]
$18 770 FF98 000 £11 340 Nature morte aux fleurs et potiron Huile/toile 165x97cm/*64x38in* Paris 96

$20 962 FF125 000 £13 012 Nature morte aux hortensias, pivoines et clarinette Huile/toile 117x90cm/*46x35in* Paris 97

DELAPLANCHE Eugène 1836-1891 **[13]**
$2 963 FF17 982 £1 800 Psyche Dancing Bronze H62cm/*H24in* London 98
$5 424 FF31 512 £3 202 Dancing Nymph Bronze H114cm/*H44in* Stockholm 97

DELAPORTE Maurice Eugène 1878-1964 **[3]**
$5 670 FF27 650 £3 600 Salon de Madame de Maintenon au Grand-Trianon Oil/canvas 71x78cm/*27x30in* London 95

DELAPP Terry 1934 **[6]**
$1 600 FF9 495 £980 Two Palms Acrylic/board 61x81cm/*24x31in* San Francisco-Los Angeles 97

DELAPUENTE Fernando 1909-1976 **[8]**
$4 225 FF25 675 £2 600 Plaza de las Ventas Oleo/lienzo 60x73cm/*23x28in* Madrid 98

DELAROCHE Paul 1797-1856 **[36]**
$8 176 FF47 984 £5 000 Christ in the Garden of Olives Oil/panel 30x22,5cm/*11x8in* London 97
$15 500 FF80 200 £10 000 Édouard en Ecosse Oil/panel 45x38cm/*17x14in* Glasgow 96
$506 FF3 013 £309 "Mazarin" Aquatint 56x97cm/*22x38in* Bern 98
$4 461 FF26 000 £2 748 Portrait d'Alphonse de Lamartine Crayon 32,5x25,5cm/*12x10in* Paris 97

DELARUE Louis-Félix 1720-1765 **[9]**
$793 FF4 700 £470 Les Amours jardiniers Lavis/papier 8x16cm/*3x6in* Paris 97

DELASPRE Guillaume Cl. H. XIX-XX **[2]**
$27 568 FF160 000 £16 832 Danseuse Ouled-Naïl Bronze H39cm/*H15in* Paris 97

DELATRE Eugène 1864-1938 **[84]**
$4 980 FF26 000 £3 010 Bord de Seine, la maison au toit rouge Huile/toile 32,5x46cm/*12x18in* Paris 96
$157 FF900 £93 Rue du bourg-neuf à Port Navalo, Morbihan Pointe sèche 22x26,5cm/*8x10in* Quimper 97

DELATTRE Adolphe 1805-? **[1]**
$1 600 FF9 661 £972 A Young Boy with His Sister in Extensive Landscape Miniature 13x11cm/*5x4in* New Orleans, Louisiana 98

DELATTRE Joseph 1858-1912 **[53]**
$530 FF3 100 £314 Nature morte aux pichets et aux oignons Huile/carton 35x21cm/*13x8in* Dieppe 97
$5 092 FF29 000 £3 126 Le chemin vers le village Huile/toile 43,5x59cm/*17x23in* Pontoise 97

DELAUNAY Jules, dit Duval c.1815-1906 **[13]**
$1 600 FF8 224 £1 000 Scène militaire Oleo/tabla 22x16cm/*8x6in* Buenos Aires 96
$7 870 FF38 400 £5 000 In the Gallery Oil/canvas 54x45cm/*21x17in* London 95

DELAUNAY Jules-Élie 1828-1891 **[20]**
$3 836 FF23 000 £2 309 La fileuse napolitaine Huile/toile 87x44cm/*34x17in* Paris 98

DELAUNAY Marcel 1876-1959 **[16]**
$1 188 FF6 000 £766 Bourriche de moules, cuivre et pot de grès Huile/toile 50x61cm/*19x24in* Cherbourg 96

DELAUNAY Maurice [4]
$990 FF5 925 £585 Vista de París Oleo/cartón 33x43,5cm/*12x17in* Madrid 98

DELAUNAY Pierre François 1759-1789 **[1]**
$85 800 FF440 000 £52 200 Le Goûter Huile/toile 127x162cm/*50x63in* Bayeux 96

DELAUNAY Robert 1885-1941 **[85]**
$10 809 FF65 000 £6 467 Begonias jaunes Huile/carton 41,5x28cm/*16x11in* Paris 98
$52 912 FF308 880 £32 000 Nature morte au vase de fleurs Oil/canvas 47x55cm/*18x21in* London 97
$750 000 FF3 670 000 £475 000 Femme nue lisant Oil/canvas 195x205cm/*76x80in* New-York 95
$1 100 FF6 292 £670 "La fenêtre sur la ville" Lithograph 56x42cm/*22x16in* New-York 97
$21 000 FF119 000 £10 500 Senza titolo Gouache 19,5x11,5cm/*7x4in* Prato 98

DELAUNAY Sonia Delaunay-Terk 1885-1979 **[514]**
$1 912 FF11 000 £1 174 Composition Huile/papier 9x13cm/*3x5in* Cherbourg 97
$75 000 FF388 400 £50 100 Nature morte portugaise Oil/paper/canvas 66x92cm/*25x36in* New-York 96
$92 200 FF467 000 £60 500 Couleur rythme Huile/toile 195x97cm/*76x38in* Zürich 96
$19 722 FF117 253 £12 218 Composition Tapisserie 89x136cm/*35x53in* Stuttgart 97
$6 150 FF3C 200 £3 890 Paysage Aquarelle/papier 27x22cm/*10x8in* Zürich 95

DELAUNE Étienne 1518/19-1595 **[23]**
$289 FF1 689 £177 Aus der Geschichte der Genesis Print 7,9x10,4cm/*3x4in* Berlin 97

DELAUNOIS Alfred Napoléon 1876-1941 **[18]**

✏ *$121 FF730 £72* Homme à l'enfant Pastel/papier 36x17cm/*14x6in* Antwerpen 98
DELAVAL Pierre L. (Attrib.) 1790-1870 **[1]**
☞ *$5 827 FF35 000 £3 535* Portrait de jeune femme portant une couronne de fleurs Huile/toile 31x50,5cm/*12x19in* Paris 98
DELAVAL Pierre Louis 1790-1870 **[3]**
☞ *$4 200 FF20 830 £2 657* Portrait of a boy, half length, wearing a blue jacket Oil/canvas 65x54cm/*25x21in* New-York 95
DELAVALLÉE Henri 1862-1943 **[96]**
☞ *$4 347 FF25 000 £2 722* Chaumière en Bretagne Huile/toile 24x33cm/*9x12in* Paris 97
☞ *$23 760 FF144 000 £14 572* L'artiste à sa table de graveur Huile/toile 43x51cm/*16x20in* Quimper 98
☞ *$185 240 FF1 100 000 £113 080* Le cireur de bottes Huile/toile 159x81cm/*62x31in* Brest 98
🕮 *$84 FF500 £51* La chèvre Gravure 16x12cm/*6x4in* Rennes 98
✏ *$1 290 FF6 500 £831* Sur les bords de l'Aven Pastel 20x30cm/*7x11in* Douarnenez 96
DELAWARR Valentine, Val XIX-XX **[14]**
☞ *$512 FF2 986 £315* Harbour Bay Oil/board 31x51cm/*12x20in* Sydney 97
DELBEKE Louis Aug. Corneille 1821-1891 **[2]**
✏ *$1 537 FF9 425 £945* Scènes de la vie de Joseph Aquarelle/papier 22x33cm/*8x12in* Bruxelles 98
DELBOS Julius M. 1879-1970 **[26]**
☞ *$1 092 FF6 450 £678* "Early Morning, No Man's Land, Mass" Oil/canvas 63x76cm/*25x30in* Elgin, Illinois 97
DELCOURT Maurice 1877-1917 **[13]**
🕮 *$519 FF3 100 £318* Modiste Gravure bois couleurs 35x21cm/*13x8in* Paris 97
✏ *$1 167 FF6 900 £723* La Place Saint-Georges Gouache/papier 18,7x31,7cm/*7x12in* Rouen 97
DELDERENNE Léon 1864-1921 **[14]**
☞ *$1 400 FF8 454 £850* Along the Streambank Oil/canvas 79x59cm/*31x23in* Bethesda, Maryland 98
DELECHAUX Marcelin 1821-1902 **[3]**
☞ *$692 FF4 067 £427* Scène intimiste dans un intérieur XIIIe. siècle Huile/toile 32,5x24,5cm/*12x9in* Luxembourg 97
DELEGAL James XVIII **[1]**
🕮 *$513 FF3 000 £303* Benjamin Hopkins, d'après J. Best Gravure 50x35cm/*19x13in* Paris 97
DELEN van Dirk 1605-1671 **[18]**
☞ *$20 143 FF116 166 £12 000* The Interior of a Temple with the Circumcision Oil/panel 101x153,5cm/*39x60in* London 97
☞ *$85 700 FF442 000 £55 000* The courtyard and gardens of a Palace with figures promenading... Oil/panel 48,5x64cm/*19x25in* London 96
DELERIVE Nicolas Louis Albert c.1750-c.1810 **[8]**
☞ *$60 000 FF309 000 £39 738* Equestrian portrait said to be Peter the Great Oil/panel 56x40cm/*22x15in* New-York 96
DELESSARD Auguste Joseph 1827-1890 **[4]**
☞ *$8 000 FF41 800 £4 830* Duck Shooting Oil/canvas 75x160cm/*29x62in* New-York 96
DELFER Johann Georg 1725-1801 **[1]**
☞ *$6 033 FF36 173 £3 631* Kinderbildnisse der Familie Zuppinger Öl/Leinwand 66,5x86cm/*26x33in* Zürich 98
DELFF Cornelis Jacobsz. 1571-1643 **[5]**
☞ *$7 920 FF40 000 £5 110* Personnages buvant un verre devant une table de service Huile/panneau 86x120cm/*33x47in* Cherbourg 96
DELFF Jacob Willemsz. II 1612-1661 **[5]**
☞ *$8 481 FF49 195 £5 200* Portrait of a Lady, in a black dress with a wite lawn collar Oil/canvas 60,5x49,5cm/*23x19in* London 97
DELFGAAUW Gerardus Johannes 1882-1947 **[58]**
☞ *$1 755 FF9 030 £1 095* A Farm in Winter Oil/canvas 36x51cm/*14x20in* Amsterdam 96
DELFOS Abraham c.1729/31-1820 **[3]**
🕮 *$623 FF3 681 £369* Mann mit Stab, vom Rücken gesehen Print 9x4,5cm/*3x1in* Berlin 97
DELFOSSE Georges Marie Joseph 1869-1939 **[53]**
☞ *$1 406 FF8 431 £850* The Artist's Studio, Dherbrooke Street, Montréal Huile/panneau 31x45cm/*12x17in* Montréal 97
✏ *$109 FF624 £68* Homme dans la nuit Pastel/papier 16x23,5cm/*6x9in* Montréal 97
DELFS Moritz 1823-1906 **[6]**

$1 874 FF10 826 £1 100 Jockeys in an Extensive Landscape Oil/canvas 44x64,5cm/*17x25in* London 97
DELGADO Alvaro 1922 **[32]**
$1 225 FF7 000 £752 Los fusilamientos de Goya Técnica mixta 64x41cm/*25x16in* Madrid 97
$141 FF724 £90 Retrato de Valle Inclán Litografia 48x37cm/*18x14in* Madrid 96
$660 FF3 950 £400 Retrato de niña Carboncillo 86x62cm/*33x24in* Madrid 98
DELGADO Osiris 1920 **[1]**
$16 000 FF93 403 £9 518 Pajuiles Oil/canvas 86,5x56cm/*34x22in* New-York 97
DELIOTTI Walter 1925 **[9]**
$600 FF3 112 £390 Construcción Técnica mixta 54x36cm/*21x14in* Montevideo 96
DELKESKAMP Friedrich Wilhelm 1794-1872 **[1]**
$948 FF5 400 £582 "Ansicht des Römerberges mit der Nikolaikirche zu Frankfurt-am-Main" Engraving
41x49cm/*16x19in* Frankfurt 97
DELL Etheline E. (Attr.) XIX-XX **[4]**
$4 983 FF30 275 £3 000 "A Moorland Home" Oil/panel 24,5x33cm/*9x12in* London 98
DELL Etheline Eva XIX-XX **[9]**
$2 337 FF11 320 £1 500 Watching for the boats Oil/panel 21x23cm/*8x9in* London 95
$625 FF3 777 £380 Cottage Scene with Figure and Ducks Watercolour/paper 22x18cm/*9x7in*
Birmingham 98
DELL John Henry c.1836-1888 **[9]**
$735 FF3 680 £480 A Surrey lane Oil/canvas/panel 17,5x23cm/*6x9in* Billingshurst, West Sussex 96
DELL'ACQUA Cesare Felix Georges 1821-1904 **[14]**
$22 556 FF134 092 £13 800 Zwei Freundinen Oil/panel 100x78cm/*39x30in* Köln 97
$832 FF4 260 £506 Personnage du théâtre italien Crayon/papier 15x9,5cm/*5x3in* Bruxelles 96
DELL'ALTISSIMO Cristofano di Papi c.1525-1605 **[2]**
$12 260 FF61 000 £7 800 Portrait of Cardinal Roberto Pucci Oil/panel 66x51cm/*25x20in* London 95
DELL'ERA Giovanni Battista 1767-1798 **[1]**
$2 700 FF15 300 £1 350 Il giudizio di Salomone Inchiostro 36,5x58cm/*14x22in* Milano 98
DELL'ORTO Uberto 1848-1895 **[1]**
$2 080 FF10 200 £1 353 Paseggio fluviale con cascine Olio/tavola 25x16cm/*9x6in* Milano 95
DELLA BELLA Stefano 1610-1667 **[142]**
$706 FF4 054 £430 Cosimo III von Toskana, als junger Prinz im Garten zeichnend Radierung
30,7x27,6cm/*12x10in* Berlin 97
$2 925 FF16 997 £1 800 A workman manoeuvring a package on a quayside Ink 11,4x13,8cm/*4x5in*
London 97
DELLA BELLA Stefano (Attrib.) 1610-1667 **[12]**
$370 FF2 300 £222 Paysage aux barques Encre 15x20,5cm/*5x8in* Paris 98
DELLA CORNA Andrea c.1450-c.1500 **[1]**
$26 000 FF143 647 £16 159 Christ washing the feet of the Apostles Tempera/panel 41x30cm/*16x11in* New-
York 97
DELLA QUERCIA Priamo P. d'Angelo c.1400-c.1450 **[1]**
$42 750 FF213 000 £28 000 Madonna and Child Tempera/panel 47,5x34cm/*18x13in* London 95
DELLA ROCCA Giovanni 1788-1858 **[3]**
$6 400 FF33 500 £4 200 La famiglia del contadino Olio/tavola 26x34cm/*10x13in* Roma 96
DELLA ROVERE, IL FIAMMENGHINO Giovanni Battista I c.1561-c.1630 **[7]**
$1 247 FF6 430 £800 Saint Francis of Assisi, Saint Philip Neri and Saint Bonaventura Ink 18,5x12,2cm/*7x4in*
London 96
DELLEANI Lorenzo 1840-1908 **[45]**
$9 600 FF54 400 £4 800 Riflesso di cielo Olio/tavola 45x31,5cm/*17x12in* Roma 97
DELLEPIANE David 1866-1925 **[22]**
$4 280 FF25 000 £2 627 Projet d'affiche sur la Camargue Huile/toile 100x80cm/*39x31in* Marseille 97
$735 FF4 098 £449 "Chamonix-Montenvers, Mer de Glace" Poster 105x74cm/*41x29in* London 97
DELLEPIANE Davide 1830-1897 **[2]**
$623 FF3 688 £370 "Ajaccio, Vizzavona, Corse, P.L.M. Affiche 107x76cm/*42x29in* London 97
DELMONTE Alberto 1933 **[1]**
$5 000 FF29 188 £2 974 Vuelo Nocturno Oil/canvas 70x100cm/*27x39in* New-York 97
DELMOTTE Marcel 1901-1984 **[180]**
$637 FF3 180 £412 Hiver Huile/panneau 30x40cm/*11x15in* Bruxelles 96

  $1 638 FF9 756 £1 002 Siècle de métamorphose Huile/panneau 76,5x61cm/*30x24in* Bruxelles 98
  $3 233 FF19 198 £2 029 Allégorie de l'Automne Huile/panneau 183x90cm/*72x35in* Bruxelles 97
  $491 FF2 510 £318 Nu couché Crayon 49x68cm/*19x26in* Bruxelles 95
DELOBBE François Alfred 1835-1920 **[16]**
  $15 000 FF88 758 £9 027 La Bergère Oil/canvas 59,5x72,5cm/*23x28in* New-York 98
DELOBEL Christian XX **[40]**
  $203 FF1 050 £130 Cabines sur la plage Huile/panneau 13x18cm/*5x7in* Paris 96
DELOBEL Nicolas 1693-1763 **[1]**
  $1 815 FF9 493 £1 100 View of the Palatine Watercolour 25x40,5cm/*9x15in* London 96
DELOBRE Émile Augustin V. 1873-1956 **[17]**
  $2 898 FF17 500 £1 737 Couple Huile/toile 61x38cm/*24x14in* Neuilly-sur-Seine 98
  $6 500 FF31 800 £4 114 Paysage d'Italie Oil/panel 33x41cm/*12x16in* New-York 95
DELORAS Henriette 1901-1941 **[92]**
  $122 FF600 £79 Profil d'homme Mine plomb 20x12cm/*7x4in* Grenoble 95
DELORME Anthonie c.1610-1673 **[10]**
  $13 180 FF65 000 £8 560 Cérémonie de baptême dans une église Huile/panneau 71x91cm/*27x35in* Paris 95
  $179 055 FF1 055 781 £106 000 A capriccio of a classical church interior by night Oil/panel 117x151,5cm/*46x59in* London 97
DELORME Pierre Claude Fr. 1783-1859 **[1]**
  $7 206 FF43 000 £4 347 Orientale au turban jaune Huile/toile 55x46cm/*21x18in* Neuilly-sur-Seine 97
DELORME Raphaël 1886-1962 **[21]**
  $3 073 FF15 000 £1 930 Trois femmes au jardin Huile/panneau 46x61cm/*18x24in* Paris 95
DELORT Ch. Edouard, Edmond 1841-1895 **[20]**
  $1 657 FF10 000 £980 Promenade dans le parc Huile/toile 27x41cm/*10x16in* Bayeux 97
  $24 000 FF118 000 £15 200 After church Oil/canvas 81x119cm/*31x46in* New-York 95
  $668 FF3 500 £402 Promenade en barque Aquarelle, gouache/papier 20x12cm/*7x4in* Calais 96
DELOYE Gustave 1848-1899 **[10]**
  $3 580 FF18 360 £2 300 Jeune berger nu au flutiau Bronze H72cm/*H28in* Warszawa 96
DELPERÉE Émile 1850-1896 **[9]**
  $2 492 FF14 548 £1 482 "Attendant l'audience" Oil/panel 54x28cm/*21x11in* Stockholm 97
DELPORTE Charles 1928 **[59]**
  $254 FF1 317 £168 Le sablier Huile/panneau 100x80cm/*39x31in* Lokeren 96
DELPY Henri Jacques 1877-1957 **[97]**
  $298 FF1 800 £183 Paysage au bord de l'eau Huile/toile 38x61cm/*14x24in* Paris 98
  $428 FF2 600 £257 Bords de rivières animés Huile/panneau 10,5x16cm/*4x6in* L'Isle-Adam 98
DELPY Hippolyte-Camille 1842-1910 **[203]**
  $5 000 FF24 400 £3 164 Landscape Oil/canvas 46x31cm/*18x12in* Los Angeles 95
  $6 216 FF38 000 £3 803 Lavandière au bord de la rivière Huile/panneau 46,5x80cm/*18x31in* Soissons 98
  $80 000 FF473 096 £48 536 The Boulevard Barbès-Rochechouart in Winter Oil/canvas 110x155cm/*43x61in* New-York 98
DELPY Lucien Victor F. 1898-1967 **[85]**
  $391 FF2 000 £237 Rue de village Huile/toile 45x36cm/*17x14in* Quimper 96
  $1 082 FF6 200 £640 Sur la cale à Concarneau Huile/toile 22x27cm/*8x10in* Quimper 97
  $679 FF4 200 £416 Paris, l'Ile Saint-Louis Aquarelle, gouache/papier 48x62cm/*18x24in* Quimper 97
DELSAUX Willem Charles L. 1862-1945 **[31]**
  $487 FF2 925 £300 De lieve bij het gravensteen te gent Huile/toile 36x55cm/*14x21in* Lokeren 98
DELSENBACH Johann Adam 1687-1765 **[3]**
  $2 557 FF15 105 £1 588 Prospecte und Abrisse einiger Gebäude von Wien Kupferstich 25x32cm/*9x12in* Stuttgart 97
DELTIL Jean Julien 1791-1863 **[4]**
  $20 130 FF104 200 £13 000 Vues du Brésil, after Johann Moritz Rugendas Multiple 185x652cm/*72x256in* London 96
DELUERMOZ Henri 1876-1943 **[13]**
  $651 FF4 000 £390 Cavalier arasé Gouache/papier 41,5x53,5cm/*16x21in* Paris 98
DELVAUX Edouard 1806-1862 **[1]**

  $4 810 FF24 060 £3 116 Rivière en sous-bois Huile/toile 82x97cm/*32x38in* Köbenhavn 96
DELVAUX Laurent (Studio) 1696-1778 [2]
  $12 000 FF66 261 £7 488 Venus sleeping Marble 29x66cm/*11x25in* New-York 97
DELVAUX Paul 1897-1994 [532]
  $92 333 FF549 949 £54 889 Femmes près de la mer Oil/board 52,5x77cm/*20x30in* Amsterdam 97
  $575 000 FF2 980 000 £384 000 Les Trois Lampes Oil/canvas 110x140cm/*43x55in* New-York 96
  $586 FF3 469 £360 Aus : Seven dialogues with Paul Delvaux Etching 37,5x28,2cm/*14x11in* München 98
  $5 560 FF29 000 £3 500 Personnages dans un intérieur Lavis 25x29cm/*9x11in* Saint-Dié 96
DELVIGNE Julien XX [5]
  $958 FF5 000 £579 Rue de l'Épicerie, Rouen, après la pluie Huile/panneau 73x60cm/*28x23in* Paris 96
DELVILLE Jean 1867-1953 [17]
  $7 588 FF45 500 £4 676 Dans les champs Huile/toile 91x118,5cm/*35x46in* Lokeren 98
  $284 138 FF1 710 608 £170 000 Madame Stuart Merrill (Mysteriosa) Chalks 40x32cm/*15x12in* London 98
DELVIN Jean J. 1853-1922 [13]
  $3 047 FF17 897 £1 881 Garnaalvisser op het strand Oil/canvas 83x64cm/*32x25in* Lokeren 97
DELVOYE Wim 1965 [7]
  $3 200 FF18 935 £1 952 "Goldsmith" Assemblage 25,5x63,5cm/*10x25in* New-York 98
  $15 000 FF87 210 £9 157 Installation of 21 circulars saw blades Installation 217x112cm/*85x44in* New-York 97
DELYEN Jean-Fr. (Attrib.) 1684-1761 [4]
  $3 040 FF15 000 £1 976 Portrait d'homme Huile/toile 4,5x38cm/*1x14in* Paris 95
DEMACHY Pierre-A. (Attrib.) 1723-1807 [10]
  $10 796 FF65 000 £6 461 Personnages sous des ruines antiques Huile/papier/toile 19x14cm/*7x5in* Paris 98
  $787 FF4 000 £470 Le Pont-au-Double, Paris Sanguine/papier 22,7x34cm/*8x13in* Paris 96
DEMACHY Pierre-Antoine 1723-1807 [29]
  $2 850 FF14 500 £1 703 Intérieur de prison Huile/toile 38x25,5cm/*14x10in* Paris 96
  $17 787 FF110 000 £10 593 Le Sarcophage de Jean Jacques Rousseau inhumé au Panthéon Huile/papier/toile 53x44cm/*20x17in* Paris 98
  $20 000 FF113 960 £12 250 The Atrium of a Cathedral with Ladies and Gentlemen promenading Oil/canvas 118x147,5cm/*46x58in* New-York 97
  $1 676 FF10 045 £1 000 Obelisk in front of a Colonade Palace, seen through an Arch Black chalk 25x43cm/*9x16in* London 98
DEMACHY Robert 1859-1936 [29]
  $1 811 FF10 000 £1 130 Modèle féminin nu de dos Tirage albuminé 17x13cm/*6x5in* Paris 97
DEMAN Albert 1927 [40]
  $1 840 FF10 500 £1 124 Vase de fleurs des champs Huile/toile 66x50cm/*25x19in* Calais 97
DEMANET Victor 1895-1964 [44]
  $152 FF769 £100 The Vaulter Bronze H24cm/*H9in* London 96
DEMAREST Suzanne 1900-1985 [6]
  $1 800 FF10 356 £1 062 La place Oil/canvas 15x30,5cm/*5x12in* New-York 97
DEMARNE Jean-L. Demarnette 1744-1829 [62]
  $9 230 FF46 000 £6 040 Bergers et troupeau dans un paysage près d'une rivière Huile/toile 50x1cm/*19xin* Paris 95
  $16 219 FF98 000 £9 741 Rue de village animée avec troupeau rentrant du pâturage Huile/toile 50x61cm/*19x24in* Paris 98
  $428 FF2 500 £253 Paysage valloné Lavis 20x33cm/*7x12in* Paris 97
DEMARNE Jean-Louis (Attrib.) 1744-1829 [27]
  $4 527 FF28 000 £2 696 Bergère et son troupeau arrivant à l'abreuvoir Huile/toile 36x38cm/*14x14in* Paris 98
  $10 030 FF50 000 £6 570 Paysage rocheux à la cascade avec bergers Huile/panneau 47,5x70cm/*18x27in* Paris 95
DEMARTEAU Gilles [10]
  $488 FF2 500 £297 Étude de femme debout, d'après Fragonard Gravure 36x25cm/*14x9in* Paris 96
DEMARTEAU Gilles I 1729-1776 [32]
  $750 FF4 280 £461 La Bergère au coeur Etching 43x55cm/*16x21in* New-York 97
DEMARTEAU Gilles II le Jeune 1750-1802 [21]
  $303 FF1 800 £179 "Pastorale", d'après Huet Gravure 20x26cm/*7x10in* Paris 97

DEMAY Jean-François 1798-1850 **[19]**

- *$4 887 FF30 000 £2 994* Place de village animée Huile/panneau 30x40cm/*11x15in* Aubagne 98
- *$7 596 FF45 000 £4 549* Scène de kermesse paysanne Huile/toile 37,5x45,5cm/*14x17in* Lille 97

DEMAZIERE Gilles 1928 **[1]**

- *$1 450 FF7 500 £927* Les plantes Aquarelle 33x24cm/*12x9in* Paris 96

DEMETZ Karl 1909-1986 **[26]**

- *$1 743 FF10 121 £1 064* Harte Winterarbeit Öl/Leinwand 60x80cm/*23x31in* Lindau 97

DEMEURE Youri 1927 **[1]**

- *$1 250 FF6 330 £818* Prison grise Gouache/papier 98x70cm/*38x27in* Lokeren 96

DEMEYER Baron Adolph 1868-1946 **[56]**

- *$3 250 FF16 780 £2 080* Silver slippers with buckles that twinkle gaily Photograph 18x24cm/*7x9in* New-York 96

DEMIANY Carl Theodor 1801-1840 **[3]**

- *$2 075 FF12 751 £1 245* Anna Dorothea Margarete Dreyer geb. Brügmann Öl/Leinwand 63x54cm/*24x21in* Konstanz 98

DEMIN Giovanni 1786-1859 **[4]**

- *$1 200 FF6 800 £600* Mercurio che introduce Psiche a Giove nell'Olimpo Inchiostro 25x31,5cm/*9x12in* Milano 98

DEMING Edwin Willard 1860-1942 **[45]**

- *$2 250 FF11 210 £1 474* Procession Oil/canvas 38x118cm/*14x46in* San Francisco-Los Angeles 95
- *$5 000 FF28 637 £2 958* Departure of the Hunters Oil/canvas 30x46cm/*12x18in* Santa Fe, New Mexico 97
- *$1 500 FF9 096 £915* Figural Group of Two Wolves Bronze H15cm/*H6in* Bloomfield Hills, Michigan 98
- *$1 200 FF7 272 £736* Western Courtyard with Figures Watercolour/paper 50x66cm/*20x26in* New Orleans, Louisiana 98

DEMONT-BRETON Virginie 1859-1935 **[9]**

- *$4 200 FF21 000 £2 720* A fishing cottage by a seaside cliff Oil/canvas 44,5x61cm/*17x24in* New-York 96
- *$38 000 FF186 800 £24 100* Le Foyer Oil/canvas 211x305cm/*83x120in* New-York 95

DEMONTREUIL Jean XVIII-XIX **[1]**

- *$13 000 FF71 783 £8 112* Still life relief with a parrot and a basket of flowers Sculpture, wood 61x55cm/*24x21in* New-York 97

DEMOTT John 1954 **[6]**

- *$1 100 FF5 731 £691* Chief Looking Cloud Oil/canvas 30x22cm/*12x9in* Scottsdale, Arizona 96
- *$12 500 FF71 185 £7 708* Into the High Country Oil/canvas 76x101cm/*30x40in* Dallas, Texas 97

DEMUTH Charles 1883-1935 **[45]**

- *$22 000 FF128 354 £13 477* Newsboy Watercolour 27x22cm/*10x8in* New-York 97

DENATO Olivier 1968 **[17]**

- *$309 FF1 780 £190* Plage à marée basse Huile/panneau 22x27cm/*8x10in* Cherbourg 97

DENEFLE Jean René XIX-XX **[4]**

- *$3 670 FF19 000 £2 380* La Place du Tertre Huile/toile 60x81cm/*23x31in* Saint-Dié 96

DENEUX Gabriel Charles 1856-? **[17]**

- *$7 000 FF41 567 £4 273* Walking on the Cliffs Oil/canvas 65x92cm/*25x36in* New-York 98
- *$1 600 FF9 667 £953* Interior of the Louvre, Paris Watercolour/board 20,5x25cm/*8x9in* New-York 97

DENG FEN 1894-1964 **[19]**

- *$4 913 FF28 572 £2 929* Lady on Boat Ink 97x46cm/*38x18in* Hong Kong 97

DENIES Isaac 1647-1690 **[4]**

- *$48 954 FF282 486 £30 000* Pink Roses, a passion flower, grapes and peaches on a draped ledge Oil/canvas 52x42cm/*20x16in* London 97

DENIS BELGRANO José 1843-1917 **[8]**

- *$1 104 FF6 352 £688* Dama y caballero paseando por el jardin Oleo/tabla 48x25,4cm/*18x10in* Madrid 97

DENIS Maurice 1870-1943 **[353]**

- *$11 550 FF70 000 £7 084* Communiantes au verger fleuri Huile/toile 40x32cm/*15x12in* Quimper 98
- *$36 860 FF180 000 £23 370* Rochers et mare à Huelgoat Huile/carton 100x75cm/*39x29in* Paris 95
- *$85 650 FF500 000 £52 300* La plage de Trébeurden, jeu de balle Huile/toile 105x125cm/*41x49in* Paris 97
- *$550 FF3 305 £332* Allégorie Color lithograph 28x42cm/*11x16in* Miami, Florida 98
- *$56 780 FF340 000 £33 932* Les Saintes Femmes Fusain/papier 45,5x39cm/*17x15in* Paris 98

DENIS Simon 1755-1813 **[38]**

☞ *$7 276 FF45 000 £4 333* Vue du Colysée et de l'Arc de Contantin Huile/toile 50,5x63cm/*19x24in* Paris 98
☞ *$42 000 FF255 939 £25 586* "Monticeli près de Tivoli, le temps s'éclairci après l'orage..." Oil/paper 31,5x45cm/*12x17in* New-York 98
DENISE-MARTIN XX [22]
☞ *$595 FF3 500 £367* Novembre Huile/toile 22x27cm/*8x10in* Entzheim 97
DENMAN Herbert F. 1855-1903 [2]
☞ *$7 000 FF41 815 £4 286* The Letter Oil/canvas 33x24cm/*12x9in* New-York 98
DENNER Balthasar 1685-1749 [30]
☞ *$1 252 FF7 475 £750* Kvindeportraet Oil/canvas 50x38cm/*19x14in* Vejle 98
☞ *$4 920 FF28 248 £3 000* Portrait of an old Lady, Head and Shoulders Oil/canvas 38,5x32cm/*15x12in* London 97
DENNER Balthasar (Attrib.) 1685-1749 [5]
☞ *$3 315 FF19 782 £2 000* Portrait of an old Man Oil/copper 39x30,5cm/*15x12in* London 97
DENNEULIN Jules 1835-1904 [7]
☞ *$723 FF4 405 £438* Lang tid i skriftestolen Oil/canvas 87x62cm/*34x24in* København 98
DENNING Stephen Poyntz 1795-1864 [2]
✎ *$1 336 FF8 185 £800* The Honourable Mrs. Graham, After Thomas Gainsborough Watercolour/paper 60x38cm/*23x14in* London 98
DENNIS Michael 1946 [2]
⬟ *$4 918 FF28 763 £3 000* Five Dancers Sculpture, wood H6000cm/*H2362in* London 97
DENNONE Alex 1879-1953 [1]
☞ *$4 879 FF27 795 £3 060* La ramasseuse de châtaignes Huile/toile 70x100cm/*27x39in* Bruxelles 97
DENNY Gideon Jacques 1830-1886 [8]
☞ *$2 749 FF16 435 £1 666* Destruction by Fire of the Boston and New Orleans Packet St. Louis... Oil/canvas 56,5x76,2cm/*22x29in* San Francisco-Los Angeles 97
DENNY Robyn 1930 [25]
▥ *$153 FF909 £95* Waddingtn Suite No. 1 Silkscreen in colors 61x53cm/*24x20in* London 97
DENOëL XX [15]
✎ *$477 FF2 327 £297* Hiver Gouache 42x55cm/*16x21in* London 95
DENON Vivant 1747-1825 [1]
✎ *$1 647 FF9 459 £1 004* Szene aus der Hochzeit des Figaro Indian ink/paper 17,2x12,3cm/*6x4in* Berlin 97
DENONNE Alexandre 1879-1953 [53]
☞ *$1 046 FF5 350 £677* Verger en été Huile/toile 80x70cm/*31x27in* Bruxelles 95
DENSLOW William Wallace 1856-1915 [3]
✎ *$7 700 FF44 405 £4 586* "Father Goose His Book" Ink 59x43cm/*23x17in* New-York 97
DENT Aileen Rose 1890-1979 [8]
☞ *$341 FF1 991 £210* Across the Bay, Sydney Harbour Oil/canvas/board 29x32cm/*11x12in* Sydney 97
DENTE DA RAVENNA Marco ?-1527 [10]
▥ *$2 671 FF16 151 £1 600* God appearing to Noah, after Marcantonio's engraving after Raphael Engraving 31x25cm/*12x9in* London 98
DENYS Isaac (Attrib.) 1647-1690 [1]
☞ *$8 767 FF52 000 £5 361* Nature morte au raisins et pêches sur un entablement de marbre Huile/toile 42,5x35,5cm/*16x13in* Paris 97
DENYS Jacob (Attrib.) 1644-c.1708 [1]
☞ *$7 900 FF40 300 £5 200* Saint Cecilia Oil/canvas 14x105cm/*5x41in* London 96
DENZEL Anton 1888-? [10]
☞ *$879 FF5 358 £543* Bauer mit Pferdegespann bei der Arbeit Oil/wood 28x33cm/*11x12in* Kempten 98
☞ *$2 196 FF12 820 £1 328* Geiss mit Zicklein vor Stallwand im sonnigen Licht Oil/canvas/panel 36x47cm/*14x18in* Lindau 97
DEOPIKS V. XIX-XX [1]
☞ *$8 510 FF42 900 £5 500* Setting sail Oil/canvas 56x85cm/*22x33in* London 96
DEPERO Fortunato 1892-1960 [156]
☞ *$1 140 FF6 460 £760* Volo d'uccello Serigrafia/tela 115x145cm/*45x57in* Milano 97
☞ *$2 640 FF14 960 £1 760* Giradischi Collage/cartone 32x23cm/*12x9in* Milano 97
☞ *$11 520 FF60 100 £7 560* Quattro uccellini Tecnica mista 51x61cm/*20x24in* Venezia 96
✎ *$2 944 FF15 360 £1 932* Arti e Mestieri e Professioni Tecnica mista/carta 47x108cm/*18x42in* Venezia 96
DEPERTHES Jacques 1936 [13]

$2 283 FF11 920 £1 380 "Fraisse" Huile/toile 46,5x55cm/*18x21in* Genève 96
$2 011 FF12 345 £1 227 Cour de ferme Gouache/papier 46x37cm/*18x14in* Genève 98
DEPOORTER Frans 1898-1987 **[11]**
$800 FF4 100 £486 Vase fleuri Huile/toile 60x50cm/*23x19in* Bruxelles 96
DEPPE Gustav 1913 **[17]**
$975 FF5 100 £581 Turm in Schwarz Öl/Leinwand 38x32cm/*14x12in* Köln 96
$780 FF4 068 £456 Landschaft am meer Gouache/paper 50,7x70,3cm/*19x27in* Köln 96
DEQUENE Jean-Pierre 1905-1954 **[7]**
$507 FF2 634 £335 Autoportrait Huile/panneau 70x60cm/*27x23in* Bruxelles 96
DEQUEVAUVILLER François 1745-c.1807 **[7]**
$192 FF1 185 £114 Juegos de mesa/Concierto en un salón Grabado 45x57cm/*17x22in* Madrid 98
DERAIN André 1880-1954 **[653]**
$8 746 FF52 000 £5 418 Nu assis Huile/toile 31x28cm/*12x11in* Paris 97
$2 000 000 FF11 448 200 £1 181 400 Bateaux au port de Collioure Oil/canvas 38x46cm/*14x18in* New-York 97
$659 FF3 900 £408 Trois chats Burin 11,5x7cm/*4x2in* Rouen 97
$6 900 FF34 100 £4 500 La belle Fille Bronze H13cm/*H5in* London 95
$1 242 FF7 500 £744 Arlequin Aquarelle, gouache/papier 31,5x24cm/*12x9in* Paris 98
DERAY Odette 1920 **[5]**
$1 719 FF9 500 £1 068 "Journée historique de l'Aviation 26 juillet" Affiche 120x159cm/*47x62in* Boulogne-sur-Seine 97
DERBRE Louis 1925 **[15]**
$2 622 FF15 000 £1 636 Femme assise Bronze 24x17cm/*9x6in* Paris 97
DERBY William 1786-1847 **[3]**
$838 FF4 240 £550 Portrait of the Countess of Carlisle with her daughter Watercolour 25,5x20,5cm/*10x8in* London 96
DERCHE Charles Édouard XIX-XX **[5]**
$436 FF2 500 £269 "P.L.M., Marrakech: Bab Doukkaka" Affiche 99x61cm/*38x24in* Paris 97
DEREBERYA Ivan Grigoriyevich 1923 **[6]**
$648 FF3 813 £400 Lenin Talking to Children Charcoal/paper 73,5x89cm/*28x35in* London 97
DEREHUS Mikhail Gordeyevich 1904 **[4]**
$9 648 FF57 084 £5 724 Perejaslav-Rat Öl/Leinwand 123x200cm/*48x78in* Wien 97
DERI Kálmán 1859-? **[3]**
$23 100 FF115 000 £15 100 Danseuse au harem Huile/toile 171x80cm/*67x31in* Paris 95
DERIEUX Roger 1922 **[22]**
$200 FF1 207 £121 Rooftops Watercolour 20x26cm/*8x10in* Bethesda, Maryland 98
DERINGER Fritz 1903-1951 **[5]**
$2 026 FF12 077 £1 242 Femme pensive Pencil/paper 38x29,5cm/*14x11in* Zürich 98
DERKERT Siri 1888-1973 **[39]**
$2 853 FF17 094 £1 705 "Blommor på äng" Oil/paper/canvas 60x94cm/*23x37in* Stockholm 98
$358 FF1 867 £213 "Mamma med barn I" Pencil/paper 43x55cm/*16x21in* Göteborg 96
DERKZEN VAN ANGEREN Anthonius Philippus 1878-1961 **[6]**
$84 FF503 £51 Hafen mit Segelbooten Drypoint 19,5x29cm/*7x11in* München 98
DERMIT Edouard 1925-1995 **[6]**
$1 255 FF6 500 £815 Villa Santos Sospir Huile/toile 73x92cm/*28x36in* Paris 96
DEROME Albert T. 1885-1959 **[18]**
$700 FF4 265 £418 "Carmel Mission" Oil/canvas/board 16x21cm/*6x8in* Pasadena, California 98
$2 500 FF14 970 £1 530 "Spring Flowers near Alisomar Monterey Bay, Pink Verbena" Oil/masonite 45x60cm/*18x24in* Altadena, CA 97
DEROUET Edgard 1910 **[20]**
$402 FF2 400 £242 "Orléans, fêtes de Jeanne d'Arc" Affiche 120x80cm/*47x31in* Orléans 97
DEROY Isidore Laurent 1797-1886 **[22]**
$530 FF2 580 £336 "Panorama de Berne" Lithographie couleurs 12x30cm/*4x11in* Bern 95
DERUET Claude 1588-1662 **[2]**
$6 920 FF35 000 £4 540 Sainte en oraison Huile/toile 79x60cm/*31x23in* Paris 96
DERUET Claude (Attrib.) 1588-1662 **[6]**

☞ *$10 620 FF62 000 £6 423* Portrait de jeune femme au chapeau à plumes Huile/panneau 33x20cm/*12x7in* Paris 97

DERUJINSKY Gleb W. 1888-1975 **[6]**
◈ *$14 000 FF73 100 £8 460* "Rape of Europa", A Marble and Silver Group Marble H54,6cm/*H21in* New-York 96

DERY Kálmán 1859-1940 **[3]**
☞ *$11 144 FF66 598 £6 748* Ein junges Paar stellt sich vor Öl/Leinwand 75x101cm/*29x39in* Wien 97
☞ *$23 100 FF120 700 £13 750* Ungarisches Wirthaus Öl/Leinwand 105x150cm/*41x59in* Wien 96

DES ANGES Charles XIX-XX **[1]**
✐ *$1 418 FF6 910 £900* Villa de la Duchesse de Pommar, Nice Watercolour 38x27cm/*14x10in* London 95

DES CLAYES Berthe 1877-1968 **[51]**
☞ *$680 FF4 100 £411* "The Nebraska at Sweetsburg, Quebec" Huile/panneau 25,5x35,5cm/*10x13in* Montréal 98
☞ *$1 390 FF7 220 £920* Autumn Glory, Saint-Francis River Oil/canvas 46x61cm/*18x24in* Toronto 96
✐ *$816 FF4 920 £493* "Road by the River" Pastel/papier 36,5x36,5cm/*14x14in* Montréal 98

DES CLAYES Gertrude 1979-1949 **[7]**
✐ *$544 FF3 280 £329* Approaching Clouds Pastel/papier 26,5x29cm/*10x11in* Montréal 98

DES FONTAINES André 1869-? **[15]**
✐ *$601 FF3 500 £367* Champ de blé Pastel/carton 25x38cm/*9x14in* Paris 97

DES GACHONS J. XX **[7]**
▭ *$184 FF1 106 £110* "Messageries Maritimes, Marseille, Djibouti, Afrique Orientale..." Poster 98x62cm/*38x24in* London 98

DESAMBRAGES Joseph 1804-1873 **[1]**
☞ *$8 320 FF42 000 £5 430* L'ancienne passerelle Saint-Jean Huile/toile 48,5x60cm/*19x23in* Lyon 96

DESAN C. XIX **[5]**
☞ *$1 804 FF11 050 £1 080* Sheep in a Meadow/Cattle in an Extensive Summer Landscape Oil/panel 29,5x40,5cm/*11x15in* Amsterdam 98
☞ *$2 030 FF11 452 £1 274* Troupeau dans la montagne Huile/panneau 38x50cm/*14x19in* Bruxelles 97

DESAN Karel XIX **[1]**
☞ *$6 340 FF32 860 £4 060* Scènes pastorales Huile/toile 62x78cm/*24x30in* Liège 96

DESAVARY Charles 1837-1885 **[16]**
☞ *$979 FF5 800 £586* La rue Saint-Jacques à Douai Huile/toile 36x27,5cm/*14x10in* Lille 97
▭ *$1 288 FF6 500 £836* Cavaliers dans la clairière, souvenir de Fontainebleau Estampe 15,2x19cm/*5x7in* Paris 96

DESBOIS Jules 1851-1935 **[17]**
◈ *$2 055 FF10 500 £1 353* Rêverie Pierre H58cm/*H22in* Paris 96

DESBORDES Constant Joseph 1761-1827 **[2]**
☞ *$4 415 FF22 000 £2 890* Portrait présumé de Auguste Barre de Saint-Fare en uniforme Huile/toile 65x54cm/*25x21in* Paris 95

DESBOUTIN Marcellin 1823-1902 **[26]**
▭ *$201 FF1 050 £121* Melle. Madeleine Burty Pointe sèche 24x16cm/*9x6in* Paris 96

DESBROSSES Jean 1835-1906 **[12]**
☞ *$9 408 FF56 000 £5 751* Vallée de Fontana, soleil couchant Huile/toile 165,5x241cm/*65x94in* Barbizon 98

DESCAMPS-SABOURET Louise-Cécile 1855-? **[1]**
✐ *$2 011 FF12 054 £1 200* Plums on a Branch Watercolour 28x20,5cm/*11x8in* London 98

DESCARGA Joan 1947 **[3]**
✐ *$264 FF1 580 £156* Alusiones Técnica mixta/papel 69x99,5cm/*27x39in* Barcelona 98

DESCATOIRE Alexandre 1874-1949 **[13]**
◈ *$2 106 FF12 800 £1 268* Amours tenant des roses Marbre 44x36cm/*17x14in* Arcachon 98

DESCH Auguste 1877-1924 **[54]**
☞ *$2 502 FF15 000 £1 512* Petites filles à la poupée Technique mixte/panneau 61,5x48,5cm/*24x19in* Paris 98

DESCHAMPS Gabriel 1919 **[46]**
☞ *$1 200 FF6 845 £733* Paysage de Grasse Oil/canvas 33x41cm/*13x16in* New Orleans, Louisiana 97
☞ *$1 367 FF8 500 £817* Dans la campagne d'Eze, côte d'Azur Huile/toile 50x101cm/*19x39in* Paris 98

DESCHAMPS Gérard 1937 **[41]**
☞ *$565 FF3 300 £341* Bâche de signalisation de l'Armée américaine Technique mixte 136x75cm/*53x29in*

Paris 97

⚒ *$3 830 FF20 000 £2 280* Chiffons Accumulation 52x58x13,8cm/*20x22x5in* Paris 96

✏ *$3 710 FF18 000 £2 390* Chiffons japonais Collage 49x58cm/*19x22in* Paris 95

DESCHAMPS Henri 1898-1990 **[5]**

▨ *$637 FF3 682 £374* Côte d'Azur Color lithograph 78x63cm/*30x24in* Köln 97

DESCHAMPS Jean Julien 1817-1889 **[1]**

⬭ *$1 728 FF10 731 £1 042* Gehöft am Ufer eines kleinen Flüsschens Öl/Leinwand 31,5x44,5cm/*12x17in* Heidelberg 98

DESCHAMPS Louis 1846-1902 **[13]**

⬭ *$2 587 FF13 500 £1 563* Bébé abandonné Huile/toile 61x82cm/*24x32in* Dijon 96

⬭ *$7 106 FF41 216 £4 200* A Sleeping Girl Oil/panel 34x25,5cm/*13x10in* London 97

DESCHAMPS Paul XX **[11]**

⬭ *$354 FF2 200 £213* Bord de Seine aux Andelys Huile/isorel 24x33cm/*9x12in* Le Havre 98

DESCHAMPS Suzanne XIX-XX **[6]**

⬭ *$4 793 FF28 500 £2 969* Les renoncules Huile/toile 33x41cm/*12x16in* Saint-Dié 97

DESCHMACKER Paul Alex 1889-1973 **[35]**

⬭ *$581 FF3 500 £347* Nature morte au vase de tulipes Huile/toile 46x61cm/*18x24in* Paris 98

DESCHWANDEN von Melchior Paul 1811-1881 **[11]**

⚒ *$2 781 FF16 637 £1 688* Female nude Bronze H44cm/*H17in* Amsterdam 97

DESCOURS Michel H. (Attrib.) 1707-1775 **[1]**

⬭ *$3 083 FF18 000 £1 864* Portrait d'homme à la veste rouge Huile/toile 67x55,5cm/*26x21in* Paris 97

DESCOURS Michel Hubert 1707-1775 **[4]**

⬭ *$10 180 FF52 000 £6 750* Portrait de Mme. Bichel des Enclos, à Bénerville (1727-1815) Huile/toile 78x63cm/*30x24in* Deauville 96

DESCOURTIS Charles Melchior 1753-1820 **[33]**

▨ *$672 FF4 100 £403* Vallon de Lenk et glacier de Ratzliberg Estampe couleurs 23,5x32cm/*9x12in* Paris 98

DESENFANS Albert C. 1845-? **[2]**

⚒ *$1 967 FF11 639 £1 200* Bust of Louis Pasteur Bronze H73cm/*H28in* London 98

DESFLACHES XIX **[2]**

⬭ *$17 000 FF96 976 £10 453* The artist in his studio Oil/canvas 60,5x50cm/*23x19in* New-York 97

DESFRICHES Aignan Thomas 1715-1800 **[25]**

✏ *$1 560 FF8 040 £1 000* View of a house with a watermill Grafite 11,5x17cm/*4x6in* London 96

DESGOFFE Blaise Alexandre 1830-1901 **[16]**

⬭ *$2 680 FF14 000 £1 620* Personnage Huile/panneau 41,5x33cm/*16x12in* Guéret 96

⬭ *$3 249 FF19 634 £1 935* Still life with Peaches Oil/canvas 38x46cm/*14x18in* New-York 97

⬭ *$8 410 FF41 000 £5 340* Le bureau du roi Louis XV par les ébénistes Oeben et Riesener Huile/toile 110x135cm/*43x53in* Paris 95

DESHAYES Charles F. 1831-1895 **[24]**

⬭ *$1 804 FF10 460 £1 077* Au bord de la rivière, Fishermen along a River on a Cloudy Day Oil/canvas 31,5x57,5cm/*12x22in* Amsterdam 97

⬭ *$1 883 FF11 092 £1 162* Dunstige Flusslandschaft Öl/Leinwand 32,5x46cm/*12x18in* Lindau 97

DESHAYES DE COLLEVILLE Jean-Baptiste 1729-1765 **[20]**

⬭ *$4 331 FF26 154 £2 600* The Flight into Egypt Oil/panel 39x24,5cm/*15x9in* London 98

⬭ *$20 170 FF97 800 £13 000* The sleeping Hector Oil/canvas 74x98cm/*29x38in* London 95

✏ *$8 000 FF44 199 £4 972* A young Man embracing a Nymph Black & white chalks 28x29,2cm/*11x11in* New-York 97

DESHAYES DE COLLEVILLE Jean-Baptiste (Attr) 1729-1765 **[8]**

⬭ *$2 290 FF12 000 £1 378* Martyre de Saint Victor de Marseille Huile/toile 56x38cm/*22x14in* Paris 96

✏ *$2 650 FF13 660 £1 700* Allegory of a French Royal Marriage Ink 19x25,6cm/*7x10in* London 96

DESHAYES Eugène 1828-1890 **[116]**

⬭ *$503 FF3 000 £301* Au bord de la rivière Huile/panneau 37,5x55cm/*14x21in* Soissons 98

⬭ *$1 094 FF6 500 £663* Port de Constantinople Oil/canvas 32x45cm/*12x17in* Tonnerre 97

✏ *$214 FF1 300 £131* Gréments sur la grève Mine plomb 19x31cm/*7x12in* Quimper 98

DESHAYES Eugène François 1868-1939 **[46]**

⬭ *$1 684 FF10 000 £1 020* Lauriers en fleurs près de la palmeraie Huile/toile 27x46cm/*10x18in* Calais 97

⬭ *$4 820 FF24 000 £3 154* Jardin d'une maison mauresque, Alger Huile/toile 46x38cm/*18x14in* Paris 95

$12 160 FF60 000 £7 900 Caravane traversant le Djurdjura Huile/toile 135x195cm/*53x76in* Paris 95
DESIGNOLLE Ernest 1850-? **[5]**
$592 FF3 400 £361 Le repos près du grand chêne Aquarelle/papier 27,5x38cm/*10x14in* Barbizon 97
DESIRÉ-LUCAS Louis Marie 1869-1928 **[105]**
$1 276 FF6 500 £766 Ma maison Huile/carton 39x31cm/*15x12in* Paris 96
$2 180 FF11 000 £1 407 "Villefranche par temps de mistral" Huile/toile 38x46cm/*14x18in* Douarnenez 96
$168 FF1 000 £102 Breton à la pipe Lithographie 54x44cm/*21x17in* Brest 98
$1 404 FF8 000 £876 Le bol de soupe Fusain 40x50cm/*15x19in* Le Havre 97
DESJARDINS Louis-Léon 1823-1914 **[43]**
$325 FF1 600 £211 Gardeuse de chèvres/La maison Huile/carton 6x10cm/*2x3in* Grenoble 95
DESJOBERT Louis Rémy Eugène 1817-1863 **[6]**
$6 030 FF35 000 £3 563 La vie champêtre Huile/toile 77,5x116cm/*30x45in* Pontoise 97
DESMAISON Jeanne XIX-XX **[2]**
$1 170 FF7 141 £712 Bouquet printanier Aquarelle/papier 95x59cm/*37x23in* Bruxelles 98
DESMARAIS Jean-Baptiste Fr. 1756-1813 **[3]**
$34 708 FF207 331 £21 520 Der Abschied der Horazier Öl/Leinwand 89x159cm/*35x62in* Zürich 97
DESMARÉES Georg 1697-1776 **[9]**
$10 777 FF62 322 £6 669 Adelheid Gräfin Toerring-Seefeld Öl/Leinwand 80x63cm/*31x24in* Wien 97
DESMARETS Jan 1961 **[2]**
$2 354 FF13 829 £1 453 Staand paard Bronze 54,5x51cm/*21x20in* Lokeren 97
DESMAZIERES Erik XX **[36]**
$600 FF3 090 £397 Les roues Etching 65x49,5cm/*25x19in* San Francisco 96
DESMEURES Victor Jean 1895-? **[7]**
$603 FF3 500 £356 "Exposition Coloniale Internationale" Affiche 92x57,5cm/*36x22in* Paris 97
DESMOND Creswell Harley 1877-1953 **[2]**
$5 005 FF30 226 £3 000 "Indian Leopards" Oil/canvas 71x91,5cm/*27x36in* London 98
DESNOS Ferdinand 1901-1958 **[72]**
$681 FF3 500 £425 Chat Huile/carton 41x33cm/*16x12in* Paris 96
$350 FF2 000 £217 Vue de village; une rue à Chinon Crayon/papier 19x15,5cm/*7x6in* Paris 97
DESNOYER François 1894-1972 **[130]**
$1 404 FF8 000 £862 Madame Cornu posant Huile/toile 33x24cm/*12x9in* L'Isle-Adam 97
$2 870 FF14 500 £1 880 Femme nu au drapé rouge Huile/panneau 73,5x50cm/*28x19in* Paris 96
$413 FF2 000 £266 Rue ombragée en Afrique du Nord Aquarelle, gouache 36x50cm/*14x19in* Paris 95
DESOUCHES Léonie, née Blondel XIX **[1]**
$13 000 FF79 608 £7 780 Bouquet of Flowers in a Vase/Still Life of Flowers on a Ledge Oil/canvas
76x40cm/*29x15in* New-York 98
DESPALLARGUES Pedro (Attrib.) XV-XVI **[1]**
$5 470 FF27 000 £3 560 Sainte Barbe en prison refusant d'obéir à son père Tempera/panneau
41x57cm/*16x22in* Paris 95
DESPIAU Charles 1874-1946 **[105]**
$3 002 FF18 000 £1 807 Mademoiselle Andrée Wernert dite "Nénette" Plâtre H41cm/*H16in* Paris 98
$38 065 FF230 000 £22 862 Athlète Bronze H116cm/*H45in* Paris 98
$561 FF3 200 £342 Nu assis Sanguine 36x28cm/*14x11in* Paris 97
DESPIERRE Jacques Ceria, dit 1912 **[88]**
$468 FF2 800 £286 Le barrage Huile/toile 40,5x32cm/*15x12in* Paris 98
$6 180 FF32 000 £3 990 L'Air/La Terre Huile/toile/panneau 363x166cm/*142x65in* Rouen 96
DESPLACES Louis 1682-1739 **[1]**
$1 800 FF8 880 £1 164 Landscape with figures and cattle by a river Gouache 17x26cm/*6x10in* New-York 96
DESPORTES Alexandre F. (Attr.) 1661-1743 **[10]**
$13 488 FF80 000 £8 168 Portrait présumé de Monsieur Paris, fermier général du Dauphiné Huile/toile
64x54,5cm/*25x21in* Paris 97
$1 892 FF11 500 £1 139 Tête de chèvre Pierre noire 10,5x8,5cm/*4x3in* Paris 98
DESPORTES Alexandre François 1661-1743 **[24]**
$5 410 FF28 000 £3 490 Tête de chien Huile/toile 3x40,5cm/*1x15in* Toulouse 96
$44 200 FF230 600 £26 700 Volaille, gibier, légumes et fruits dans une cuisine Oil/canvas
89x118cm/*35x46in* Stockholm 96
$134 880 FF800 000 £81 680 Autoportrait en chasseur sur fond de paysage Huile/toile

99x131,5cm/*38x51in* Paris 97

✏ *$1 567 FF9 200* £958 (1) Les pêcheurs indiens/(2) Le Roi porté par deux maures Pierre noire 30,5x19,6cm/*12x7in* Pontoise 97

DESPORTES Claude F. (Attrib.) 1695-1774 [4]

☞ *$8 415 FF51 000* £5 161 Scène de chasse au trophée de gibier Huile/toile 107x135cm/*42x53in* La Varenne Saint-Hilaire 98

DESPORTES Francisque 1849-1899 [5]

☞ *$18 440 FF93 500* £12 000 Vénus Oil/canvas 124,5x207cm/*49x81in* London 96

DESPORTES Nicolas 1718-1787 [4]

☞ *$16 860 FF100 000* £10 210 Le déjeuner rustique Huile/toile 73x91cm/*28x35in* Paris 97

DESPRAT-PODROUZKOVA Françoise 1902-1988 [1]

✎ *$8 390 FF50 000* £5 030 "Laure", femme nue debout Bronze H111cm/*H43in* Corbeil-Essonnes 98

DESPRET Georges 1862-1952 [3]

✎ *$5 058 FF29 340* £3 114 Tête de faune Sculpture H20cm/*H7in* Bruxelles 97

DESPREZ Louis Jean 1743-1804 [24]

☞ *$13 950 FF70 900* £9 040 Den svenske haer belejring af Frederikstens faestning 1738 Oil/canvas/panel 80x120cm/*31x47in* Köbenhavn 95

▥ *$35 063 FF211 992* £21 000 La chimère de Monsieur Desprez Etching 28,5x36,5cm/*11x14in* London 98

✏ *$4 416 FF26 132* £2 713 Sicilianske Konungens Therons grafvård befrias från förstöring... Watercolour/paper 57x92cm/*22x36in* Stockholm 98

DESPREZ Louis Jean (Attrib.) 1743-1804 [3]

✏ *$3 271 FF19 100* £1 978 Parade militaire devant le château Nuovo à Naples Encre 12,5x36cm/*4x14in* Louviers 97

DESPUJOLS Jean 1886-1965 [7]

☞ *$12 300 FF60 000* £7 810 Bacchanale Huile/toile 57x77cm/*22x30in* Le Touquet 95

DESRAIS Claude L. (Attrib.) 1746-1816 [16]

✏ *$1 027 FF6 000* £611 L'enlèvement de Proserpine/L'enlèvement d'Europe Encre 36,5x24cm/*14x9in* Paris 97

DESRAIS Claude Louis 1746-1816 [19]

✏ *$650 FF3 800* £393 Scène de mascarade/Etude de trois personnages Encre 21,5x16,5cm/*8x6in* Paris 97

DESSAR Louis Paul 1867-1952 [12]

☞ *$1 100 FF6 497* £683 Autumn Landscape Oil/board 27x35cm/*10x13in* Boston, Mass. 97

☞ *$1 430 FF8 884* £900 A Shepherd with his Flock Oil/canvas 63,5x76cm/*25x29in* London 97

DESSI' Gianni 1955 [14]

☞ *$929 FF5 267* £619 Senza titolo Olio/legno 33x33cm/*12x12in* Milano 97

☞ *$1 188 FF6 050* £702 Senza titolo Olio/carta 64x44cm/*25x17in* Milano 96

☞ *$9 000 FF51 000* £4 500 Corpo distratto Olio/tela 180x130x11,5cm/*70x51x4in* Milano 97

DESSOUSLAVY Thomas 1800-1850 [4]

☞ *$14 470 FF74 500* £9 320 Golfo di Napoli Öl/Leinwand 53,5x79cm/*21x31in* Zürich 96

DESTI IL CARDELLINO Giacomo (Attrib.) XVIII [1]

☞ *$10 200 FF57 800* £6 800 Natura morta con fiori, frutti e un uccellino Olio/tela 90x117cm/*35x46in* Prato 98

DESTOUCHES Paul Émile 1794-1814 [5]

✏ *$1 145 FF5 710* £750 An Italian cloister with a well/.. with a fountain Ink 16,5x10,8cm/*6x4in* London 95

DESTOUCHES von Johanna 1869-1956 [26]

☞ *$1 792 FF8 670* £1 150 Flowers displayed in a blue vase Oil/board 41x54cm/*16x21in* London 95

☞ *$1 913 FF11 729* £1 146 Rosenstilleben Oil/wood 43x33cm/*16x12in* München 98

✏ *$465 FF2 691* £287 Stilleben mit Musikinstrumenten Indian ink/paper 56x36cm/*22x14in* München 97

DESTRÉE Johannes Josephus 1827-1888 [19]

☞ *$1 911 FF11 289* £1 154 A shepherd watching his flock Oil/canvas 52x33cm/*20x12in* Amsterdam 97

☞ *$2 255 FF13 075* £1 346 A Traveller at the Edge of a Wood, The Hague beyond Oil/panel 29x44cm/*11x17in* Amsterdam 97

DESUBLEO Michele Fiammingo 1602-1676 [5]

☞ *$25 430 FF129 600* £15 000 Saint Sebastian Oil/canvas 103x133cm/*40x52in* London 96

DESVALLIERES Georges 1861-1950 [49]

☞ *$707 FF3 600* £424 Intérieur d'église, Seine-Port Huile/toile 35x76,5cm/*13x30in* Paris 96

$674 FF4 000 £412 La loge Huile/carton 19x13,5cm/*7x5in* Paris 97
$3 043 FF15 500 £1 826 Scène mythologique, Apollon Huile/toile 135x96cm/*53x37in* Paris 96
$146 FF750 £93 Etude Aquarelle, gouache 19x11,5cm/*7x4in* Paris 96

DESVARREUX Raymond 1876-1961 **[30]**
$179 FF1 100 £106 Paysage Huile/toile/panneau 15,5x26,5cm/*6x10in* Paris 98
$5 670 FF27 500 £3 650 Le Colonel du 7e. Régiments de Hussards du Premier Empire Huile/toile 54x46cm/*21x18in* Paris 95

DESVARREUX-LARPENTEUR James 1847-1937 **[20]**
$491 FF2 800 £301 Paysage de campagne Huile/toile 37,5x45cm/*14x17in* Pontoise 97
$571 FF3 400 £349 Moutons dans la bergerie Huile/panneau 24,5x34,5cm/*9x13in* Autun 97

DESVIGNES Herbert Clayton XIX **[3]**
$6 700 FF32 500 £4 200 Setting out/Finding the scent/Full cry/In at the kill Oil/canvas 24,5x30cm/*9x11in* London 95

DETAILLE Charles Jean-Bapt. XIX **[7]**
$4 437 FF25 500 £2 713 Diligence et cavaliers Aquarelle/papier 70,5x35cm/*27x13in* Paris 97

DETAILLE Édouard 1848-1912 **[123]**
$4 500 FF22 500 £2 913 Cossacks Oil/canvas 46x38cm/*18x14in* New-York 96
$5 481 FF32 000 £3 315 Souvenir de ville d'Auvray, juillet 1875 Huile/toile 22,5x14cm/*8x5in* Paris 97
$1 200 FF7 005 £713 An Officer on Horseback Watercolour, gouache/paper 43x29cm/*16x11in* New-York 97

DETHAN-ROULLET Marie-Thérèse 1870-1940 **[123]**
$433 FF2 500 £258 Cour de ferme Aquarelle/papier 75x55cm/*29x21in* Pontivy 97

DETHOMAS Maxime 1867-1929 **[12]**
$2 220 FF11 000 £1 413 Élégantes Lavis 30x50cm/*11x19in* Paris 95

DETMOLD Edward Julian 1883-1957 **[41]**
$195 FF1 183 £120 The Morning Ride Etching 26x42cm/*10x16in* Par, Cornwall 98
$1 353 FF7 850 £800 Anemones in a Blue Vase Watercolour/paper 30,5x49,5cm/*12x19in* London 97

DETOUCHE Henry-Julien 1854-1913 **[14]**
$785 FF4 375 £480 "22E Exposition des Cent, 31 rue Bonaparte, Paris" Poster 64x45cm/*25x17in* London 97

DÉTRIER Pierre Louis 1822-1897 **[11]**
$2 203 FF12 589 £1 349 Two minstrels Bronze H51cm/*H20in* Billingshurst, West Sussex 97

DETROY Léon 1857-1955 **[120]**
$1 210 FF6 200 £735 La lecture Huile/toile 61x50cm/*24x19in* Paris 96
$601 FF3 000 £393 Bord de mer aux toits rouges Aquarelle 44,5x59,5cm/*17x23in* Saumur 95

DETROYES Georges 1921 **[36]**
$244 FF1 500 £149 "Grand Prix de Monté-Carlo, Rallye de 1931" Huile/toile 33x46cm/*12x18in* Versailles 98

DETTHOW Eric 1888-1952 **[31]**
$3 637 FF21 520 £2 234 Flicka med blommig hatt Oil/panel 41x31cm/*16x12in* Stockholm 98
$3 891 FF23 310 £2 325 "I restaurangen" Oil/canvas/panel 89x130cm/*35x51in* Stockholm 98

DETTI Cesare Auguste 1847-1914 **[57]**
$4 202 FF24 533 £2 500 The Artist's Pupil Oil/panel 23,5x32cm/*9x12in* London 97
$14 094 FF78 000 £8 681 Jeune femme au collier de perles Huile/toile 73x54cm/*28x21in* Paris 97
$2 250 FF12 837 £1 375 The Encampment Watercolour/paper 65x105,5cm/*25x41in* Washington 97

DETTMANN Ludwig 1865-1944 **[9]**
$841 FF5 020 £507 "Koppel mit durchbrechender Sonne" Pastell/Papier 81x107cm/*31x42in* Bremen 97

DEULLY Eugène 1860-? **[25]**
$2 349 FF14 000 £1 408 Le biscuit Huile/toile 16x24cm/*6x9in* Soissons 98
$6 565 FF40 227 £3 920 Neueste Nachrichten liest die junge Frau ... dem alten Mann vor Oil/canvas 40x58cm/*15x22in* Dresden 98

DEUM Beb 1960 **[4]**
$861 FF5 000 £509 Cocktail Encre 31x24cm/*12x9in* Le Havre 97

DEURLOO Robert XX **[2]**
$2 000 FF10 080 £1 290 Meadow Marauder Bronze H35cm/*H14in* Hayden 96

DEUTMANN Frans 1867-1915 **[10]**
$5 478 FF33 551 £3 264 A girl holding her doll Oil/canvas 64,5x51,5cm/*25x20in* Amsterdam 98

DEUTSCH David 1943 **[4]**
$4 000 FF23 296 £2 443 Animation régionale Gouache 91,5x89x27cm/*36x35x10in* New-York 97

DEUTSCH Ludwig 1855-1930 **[41]**

⌒ *$3 352 FF20 000* £2 022 Amazone Huile/panneau 41x31cm/*16x12in* Paris 97

⌒ *$61 200 FF305 000* £40 100 Le guérisseur, en Afrique du Nord Huile/panneau 49x61cm/*19x24in* Paris 95

⌒ *$834 900 FF5 017 550* £500 000 The Healer Oil/canvas 111x150,5cm/*43x59in* London 98

DEUTSCH von Rudolf Friedrich 1835-? **[1]**

⌒ *$12 150 FF58 900* £7 800 The Triumph of Venus Oil/canvas 175x152cm/*68x59in* London 95

DEUX Fred 1924 **[58]**

✐ *$1 028 FF5 200* £675 Sans titre Encre Chine 71x101cm/*27x39in* Paris 96

DEVADE Marc 1943-1983 **[15]**

✐ *$1 521 FF9 000* £913 "Nel Mezzo" Aquarelle 56x75cm/*22x29in* Paris 97

DEVAL Pierre 1897-1993 **[198]**

⌒ *$3 115 FF18 500* £1 901 Jeune Orientale Huile/toile 46x38cm/*18x14in* Le Touquet 98

✐ *$983 FF5 600* £606 Nu au sofa Aquarelle, gouache 26x39cm/*10x15in* La Varenne Saint-Hilaire 97

DEVAMBEZ André 1867-1943 **[72]**

⌒ *$1 802 FF9 000* £1 177 Paysage Huile/carton 24x19cm/*9x7in* Saint-Germain-en-Laye 95

⌒ *$9 070 FF47 000* £5 860 La plage d'Etretat Huile/toile 38x46cm/*14x18in* Lille 96

✐ *$2 194 FF11 500* £1 320 Sans douleur Aquarelle, gouache/papier 25x14cm/*9x5in* Paris 96

DEVAS Anthony 1911-1958 **[28]**

⌒ *$4 062 FF23 575* £2 400 Summer Holidays Oil/canvas 35,5x46cm/*13x18in* London 97

DEVAS Patience XX **[25]**

⬦ *$193 FF1 104* £117 Mathew in Yoga Position Bronze 13x26x28cm/*5x10x11in* Sydney 97

DEVEDEUX Louis 1820-1874 **[26]**

⌒ *$2 244 FF13 250* £1 329 Drei Grazien im Park Öl/Leinwand 25x33cm/*9x12in* Zofingen 97

⌒ *$5 238 FF32 000* £3 107 Jeunes filles turques se délassant Huile/toile 38x55cm/*14x21in* Paris 98

DEVELY C. XVIII-XIX **[1]**

✐ *$1 027 FF6 000* £631 Murat chargeant à la tête de ses troupes en Allemagne en 1813 Encre 20x42cm/*7x16in* Paris 97

DEVENTER van Willem Antonie 1824-1893 **[21]**

⌒ *$2 214 FF13 563* £1 319 Figures in a landscape Oil/panel 18x24,5cm/*7x9in* Amsterdam 98

⌒ *$25 960 FF132 000* £15 500 Shipping in an estuary Oil/panel 38x55cm/*14x21in* London 96

✐ *$794 FF4 718* £498 Les trois mâts à quai Aquarelle/papier 28,5x48,5cm/*11x19in* Bruxelles 97

DEVER Alfred XIX **[3]**

⌒ *$2 464 FF12 770* £1 600 Garden roses in a porcelain bowl Oil/canvas 31x48cm/*12x18in* London 96

DEVÉRIA Achille 1800-1857 **[70]**

✐ *$78 FF450* £47 Jeune couple Pierre noire/papier 35x28cm/*13x11in* Paris 97

DEVERIA Eugène 1808-1865 **[70]**

⌒ *$2 454 FF15 000* £1 501 Deux jeunes femme dans un sous-bois Huile/carton 18,5x25cm/*7x9in* Marseille 98

⌒ *$3 749 FF22 279* £2 288 Skirmish Oil/paper/canvas 88x68cm/*35x27in* New-York 98

✐ *$1 050 FF5 500* £632 Religieuse à sa fenêtre Aquarelle, gouache/papier 27,5x22cm/*10x8in* Paris 96

DEVILLE Maurice 1860-? **[5]**

▥ *$619 FF3 653* £380 "Humber, Paris" Poster 130x92cm/*51x36in* London 98

DEVILLE-CHABROL Marie-Paule 1952 **[112]**

⬦ *$430 FF2 508* £265 Annabelle Bronze H42cm/*H16in* Luxembourg 97

✐ *$976 FF5 000* £593 L'Absente Sanguine 31x57cm/*12x22in* Le Touquet 96

DEVILLERS A. XIX-XX **[3]**

⬦ *$2 789 FF17 000* £1 693 Méditation Bronze 24x19x10,5cm/*9x7x4in* Paris 98

DEVIS Anthony 1729-1816 **[42]**

⌒ *$6 339 FF38 681* £3 800 View on Neath River, Glamorganshire, From Britton Ferry Oil/canvas 51x66,5cm/*20x26in* London 98

✐ *$1 154 FF6 903* £700 Figures and Cattle on Holm Island, Ullswater Watercolour 30x42cm/*11x16in* London 97

DEVIS Arthur 1708-1787 **[19]**

⌒ *$25 555 FF147 637* £15 000 Portrait of Mr and Mrs John Broadhurst of Foston Hall, Derbyshire Oil/canvas 111x99,5cm/*43x39in* London 97

DEVIS Arthur (Attrib.) 1708-1787 **[2]**

⌒ *$6 062 FF36 061* £3 600 Portrait of Charles Churchill Oil/canvas 52x38cm/*20x14in* London 97

DEVIS Arthur William 1763-1822 **[12]**
$4 960 FF25 530 £3 200 Portrait of Lt. General Alexander Beatson Oil/canvas 76x63,5cm/*29x25in* London 96
DEVOS Léon 1897-1974 **[74]**
$896 FF5 228 £547 Nature morte Huile/toile 72x50cm/*28x19in* Bruxelles 97
$1 404 FF6 860 £888 "Monica" Huile/panneau 45x30cm/*17x11in* Antwerpen 95
DEVOS Pierre 1917-1972 **[11]**
$843 FF4 905 £516 Cabines de plage Huile/toile 100x71cm/*39x27in* Antwerpen 97
DEVOTO John c.1730-c.1790 **[1]**
$7 800 FF40 200 £5 000 Portrait of the dwarf artist Matthew Buckinger (1674-1729) Watercolour 26x17cm/*10x6in* London 96
DEVOUGE Benjamin 1770-1842 **[1]**
$11 256 FF70 000 £7 098 L'Empereur Napoléon Ier. Huile/toile 74x54cm/*29x21in* Biarritz 97
DEVREESE Godefroid 1861-1941 **[8]**
$1 132 FF5 910 £684 Buste d'adolescent Bronze H38cm/*H14in* Bruxelles 96
DEWASNE Jean 1921 **[63]**
$4 782 FF27 248 £3 000 Untitled Enamel 60x122cm/*23x48in* London 97
$8 598 FF51 000 £5 258 Vernissage Huile/isorel 130x96cm/*51x37in* Paris 97
$100 FF565 £61 Progression 4, 5, 6 Serigraph 73x48cm/*29x19in* Morris Plains 97
$1 800 FF10 309 £1 064 La croisée des chemins Gouache/paper 50x65cm/*19x25in* New-York 97
DEWEY Alfred James 1874-1958 **[2]**
$1 400 FF8 383 £856 San Gabriel Valley Oil/board 50x60cm/*20x24in* Altadena, CA 97
DEWHURST Wynford 1864-c.1941 **[35]**
$1 101 FF6 521 £652 Yvette near Dampierre Oil/panel 24x16cm/*9x6in* London 97
$2 369 FF13 565 £1 400 The Geranium Gardens, Versailles Oil/canvas 55x65cm/*21x25in* London 97
DEWING Maria Oakey 1845-1928 **[1]**
$9 500 FF54 100 £5 767 Still Life Oil/board 39x35cm/*15x14in* Chicago, Illinois 97
DEWING Thomas Wilmer 1851-1938 **[14]**
$10 000 FF58 343 £6 126 A musician Oil/panel 38x25cm/*14x9in* New-York 97
$260 000 FF1 539 382 £155 480 Lady listening Oil/panel 58,4x47,7cm/*22x18in* New-York 97
$40 000 FF235 848 £24 528 Dancing Girl Pastel/paper 26,6x18cm/*10x7in* New-York 98
DEWOLF Wallace Leroy 1854-1930 **[1]**
$3 800 FF19 730 £2 514 The Desert Oil/canvas 76x101cm/*30x40in* Chicago, Illinois 96
DEWS John Steven 1949 **[27]**
$24 604 FF141 243 £15 000 "White Heather" Racing "Waterwitch" off egupt Point, Cowes 1911 Oil/canvas 61x91cm/*24x35in* London 97
$80 265 FF498 854 £48 000 An Opportune Breeze From The South East Oil/canvas 102x152,5cm/*40x60in* London 98
$2 670 FF13 580 £1 600 H.M.S. "Warrior" in coastal waters Watercolour 22x33cm/*8x12in* London 96
DEXEL Walter 1890-1973 **[117]**
$5 264 FF31 901 £3 228 "Bandwerk offen" Tempera 65x50cm/*25x19in* Hamburg 98
$339 FF1 941 £211 Häuser am Hang/Komposition mit gelber Scheibe/Auf grünem Grund Serigraph in colors 65x50cm/*25x19in* München 97
$688 FF4 020 £407 Bildentwurf Gouache 9,9x14,9cm/*3x5in* Köln 97
DEY John W., Uncle Jack 1912-1978 **[10]**
$2 000 FF10 875 £1 197 "Dr. Nemuth's Farm" Mixed media/board 45,5x61cm/*17x24in* New-York 97
DEYDIER René 1882-1942 **[4]**
$1 242 FF7 500 £754 La fête foraine Huile/toile 60x73cm/*23x28in* Lyon 98
DEYROLLE Jean 1911-1967 **[104]**
$812 FF5 000 £497 Feyre-Opus 564 Huile/toile 81x54cm/*31x21in* Versailles 98
$1 146 FF7 036 £699 "Construit sur de l'eau" Oil/panel 27x46cm/*10x18in* Köbenhavn 98
$979 FF5 800 £586 Sans titre Gouache/papier 75x56cm/*29x22in* Paris 97
DEYROLLE Théophile Louis 1844-1923 **[60]**
$2 060 FF10 600 £1 285 "Soleil couchant" Huile/panneau 23x35cm/*9x13in* Bern 96
$4 388 FF26 000 £2 628 Les enfants ramassant des fagots Huile/toile 133x127cm/*52x50in* Quimper 97
$5 000 FF30 395 £3 079 Shepherdess with her Flock Oil/canvas 65x91,5cm/*25x36in* New-York 98
DEYSSELHOF Gerrit Willem 1866-1924 **[3]**
$1 850 FF11 000 £1 113 Fonds marin: trois poissons jaunes Huile/toile 37x33cm/*14x12in* Paris 97

$3 364 FF20 000 £2 024 Fonds marin: homards et raies Huile/toile 43x59cm/*16x23in* Paris 97
DEYSTER de Louis, Lodewyck c.1656-1711 **[3]**
$3 308 FF19 232 £2 020 Der gekreuzigte Christus mit Maria, Johannes und Magdalena Öl/Leinwand 78x64cm/*30x25in* Wien 97
DEZAUNAY Emile Alfred 1854-1938 **[79]**
$2 880 FF15 000 £1 810 Le Croisic, l'ancienne criée Huile/panneau 26x34cm/*10x13in* Rennes 96
$3 490 FF18 000 £2 315 Concarneau, la ville close et thoniers sous voiles Huile/toile 46x62cm/*18x24in* Brest 96
$2 576 FF13 500 £1 550 Messe en Bretagne Eau-forte, aquatinte couleurs 32x42cm/*12x16in* Brest 96
$1 537 FF9 500 £942 Femme et enfant de Loctudy Fusain 23x30cm/*9x11in* Quimper 97
DEZENTJÉ Ernest 1885-1972 **[41]**
$497 FF2 556 £310 Parrots Oil/canvas/board 33x23cm/*12x9in* Amsterdam 96
$1 502 FF8 918 £920 A Woman in a Garden with Bougainville Oil/canvas 43,5x55cm/*17x21in* Den Haag 97
$9 940 FF51 200 £6 200 Kali Besar, Batavia Oil/canvas 93x136cm/*36x53in* Amsterdam 96
$4 608 FF27 348 £2 822 A Farmer with his Cattle in the Field during bad Weather Pastel/board 40,5x61cm/*15x24in* Den Haag 97
DÉZIRE Henri 1878-1965 **[14]**
$850 FF4 350 £551 Bouquet de fleurs Huile/toile 81x65cm/*31x25in* Bruxelles 95
DHURANDHAR Mahadev Vishvanath 1867-1944 **[12]**
$1 661 FF9 960 £1 000 Mohammedan Girl Oil/canvas 26,5x20,5cm/*10x8in* London 98
$10 161 FF60 665 £6 200 The Goddess Kali above Triveni Sangam Oil/canvas 119,5x79cm/*47x31in* London 98
$1 966 FF11 741 £1 200 Untitled Watercolour/paper 33x24cm/*12x9in* London 98
DI BELLO Bruno 1938 **[8]**
$1 512 FF7 410 £960 Composizione Etching, aquatint in colors 119x90cm/*46x35in* Prato 95
DI CREDI Lorenzo 1459-1537 **[2]**
$27 196 FF160 359 £16 100 Saint Catherine of Siena Tempera/panel 32x21,5cm/*12x8in* London 97
DI PALMA Giordano [5]
$419 FF2 125 £270 A street in Marseilles Watercolour 52x38cm/*20x14in* London 96
DI ROCCA Luigi 1940 **[15]**
$299 FF1 600 £177 Jeune femme au chapeau vert Huile/panneau 13x18cm/*5x7in* Doullens 97
DI ROSA Hervé 1959 **[145]**
$528 FF3 000 £330 Le départ Acrylique/toile 65x50cm/*25x19in* Paris 97
$4 850 FF25 000 £3 110 "La première machine improbable" Acrylique/toile 125x149cm/*49x58in* Paris 96
$151 FF900 £92 Le destructeur Sérigraphie 102x103cm/*40x40in* Paris 97
$368 FF2 200 £222 Sans titre Encre Chine/papier 26,5x35,5cm/*10x13in* Paris 97
DI ROSA Richard, "Buddy" 1963 **[16]**
$832 FF5 000 £499 Plat au poisson Métal 57x36,5cm/*22x14in* Versailles 98
DI STASIO Stefano 1948 **[2]**
$3 600 FF20 400 £1 800 Figura Olio/cartone 112x51cm/*44x20in* Prato 98
DI SUVERO Mark 1933 **[59]**
$700 FF4 086 £416 For Rilke Lithograph 122x80,5cm/*48x31in* New-York 97
$12 000 FF58 100 £7 700 Won Ton Sculpture 20x43x30,5cm/*7x16x12in* New-York 95
$200 000 FF1 161 440 £122 180 Ring Sculpture 265x211x235cm/*104x83x92in* New-York 97
DIAGO Roberto 1920-1957 **[7]**
$15 000 FF87 565 £8 923 Naturaleza Muerta Oil/canvas 84x79cm/*33x31in* New-York 97
DIAL Thornton 1928 **[10]**
$2 000 FF12 262 £1 223 Fire From the Wood From Burning Trees Watercolour 56x75,5cm/*22x29in* New-York 98
DIAMANTINI Giuseppe 1621-1705 **[4]**
$2 058 FF10 669 £1 336 Mythologische Szene (recto & verso) Ink 33x20cm/*12x7in* Luzern 96
DIAMANTOPOULOU Penelope [1]
$4 110 FF21 430 £2 480 Easter Eggs Oil/canvas/panel 43,5x33cm/*17x12in* Athens 96
DIAMOND Hugh Welch 1809-1886 **[1]**
$9 828 FF58 365 £6 000 Woman with hair standing on end Albumen print 13x10cm/*5x4in* London 98
DIANA Benedetto (Attrib.) c.1460-1525 **[1]**

$11 888 FF69 000 £7 258 La Madonna e il bambino Gesù Olio/tavola 53x36,5cm/*20x14in* Paris-Trieste 97
DIANA François 1903-1993 **[121]**
$97 FF600 £59 Paysage en bord de mer Huile/papier 47x62cm/*18x24in* Aubagne 98
$100 FF500 £65 La Sainte-Victoire Aquarelle/papier 23x31,5cm/*9x12in* Arles 96
DIANO Giacinto 1731-1804 **[11]**
$18 000 FF99 448 £11 187 The Apotheosis of Saint-Giovanni di Dio Oil/canvas 70,5x70,5cm/*27x27in* New-York 97
$21 000 FF119 658 £12 862 The Death of Virginia Oil/canvas 92x145cm/*36x57in* New-York 97
DIAQUE Ricardo C. XIX **[7]**
$944 FF5 800 £578 Elégante en promenade Huile/panneau 35x27cm/*13x10in* Troyes 98
DIART Jules Édouard c.1840-c.1890 **[2]**
$4 549 FF26 666 £2 800 Roses, Tulips, Convolvulus and other Flowers in a Vase Oil/canvas 66x55cm/*25x21in* London 97
DIAZ CANEJA Juan Manuel 1905 **[4]**
$9 672 FF57 888 £5 715 Amanecer en Castilla Oleo/lienzo 50x61cm/*19x24in* Madrid 98
DIAZ DE LA PEÑA Narcisse V.(Attrib.) 1807-1876 **[32]**
$2 115 FF12 935 £1 300 Figure in Woodland Oil/panel 44x58cm/*17x22in* London 98
$2 600 FF14 806 £1 578 Maiden Bearing Flowers in a Wooded landscape Oil/canvas 32,5x24cm/*12x9in* New-York 97
DIAZ DE LA PEÑA Narcisse Virgile 1807-1876 **[313]**
$4 534 FF26 500 £2 766 Paysage montagneux Huile/panneau 19x27cm/*7x10in* Paris 97
$10 060 FF52 100 £6 500 A clearing in a wood Oil/canvas 59x48cm/*23x18in* London 96
$1 393 FF8 000 £849 Nymphe dans la forêt Lavis 24,5x15cm/*9x5in* Barbizon 97
DIAZ Luis 1939 **[12]**
$333 FF2 000 £200 Femme au bain Pastel/papier 47x60cm/*18x23in* Paris 98
DIBBETS Jan 1941 **[22]**
$18 000 FF92 000 £11 860 "Montreal" Type C color print 124,5x124,5cm/*49x49in* New-York 96
DIBDIN Thomas R. Coleman 1810-1893 **[60]**
$4 664 FF28 166 £2 800 A Wooded Landscape with Figures, Sheep and a Dog by a Stream Oil/canvas 46x62cm/*18x24in* Leyburn, North Yorkshire 98
$1 058 FF5 400 £700 The Clock Tower, Amboise Watercolour 54x38cm/*21x14in* London 96
DICHTL Erich 1890-1955 **[11]**
$1 866 FF9 600 £1 164 Balzender Auerhalm Öl/Leinwand 115x102cm/*45x40in* Wien 96
DICK Karl Theophil 1884-1967 **[26]**
$631 FF3 100 £402 Sitzender weibl. Akt mit bunter Mütze Öl/Leinwand 100x80cm/*39x31in* Bielefeld 95
DICK William Reid 1879-1961 **[18]**
$5 760 FF29 500 £3 500 A naked figure of Venus Bronze H23cm/*H9in* London 96
DICKENS CHANG Zhang Jianguo 1948 **[4]**
$15 530 FF80 000 £9 580 Old Black Joe Oil/canvas 122x152,5cm/*48x60in* Hong Kong 95
DICKERHOF Urs 1941 **[31]**
$2 703 FF16 051 £1 650 "Uberbleibsel (oder : die Gute-Alte-Zeit-Fahne)" Oil/canvas 100x75cm/*39x29in* Bern 98
$194 FF946 £123 Komposition mit Schwebefiguren Sérigraphie couleurs 65x50cm/*25x19in* Bern 95
DICKERSON Robert Henry 1924 **[162]**
$1 644 FF9 963 £1 019 Head of a Boy Oil/board 35x30cm/*13x11in* Melbourne 97
$7 500 FF38 700 £4 970 Man in Darlinghurst Oil/board 120x90cm/*47x35in* Melbourne 96
$425 FF2 429 £258 Ginza Woman Lithograph 77x56cm/*30x22in* Sydney 97
$5 639 FF32 918 £3 354 Lovers Mixed media/paper 120,5x78cm/*47x30in* Melbourne 97
DICKINSON Lowes Cato 1819-1908 **[6]**
$119 259 FF688 975 £70 000 The Birdcage at Newmarket Oil/canvas 152,5x289,5cm/*60x113in* London 97
$1 448 FF7 320 £950 A portrait possibly of John Ruskin Coloured chalks 56,5x44,5cm/*22x17in* London 96
DICKINSON Preston 1891-1930 **[15]**
$14 000 FF84 540 £8 404 Still Life with Books on a Table Oil/panel 23x30,5cm/*9x12in* New-York 98
$40 250 FF208 897 £26 657 The World I Live In Oil/canvas 51x40,5cm/*20x15in* New-York 96
DICKMAN Charles 1863-1943 **[3]**
$1 800 FF10 759 £1 091 Ship in Moonlight Oil/canvas/board 30,5x45,1cm/*12x17in* San Francisco-Los Angeles 97

DICKSEE Francis B., Frank 1853-1928 **[18]**
$12 897 FF75 289 £7 800 Portrait of Agnes Foster Oil/panel 31,5x25,5cm/*12x10in* Exeter, Devon 97
$155 306 FF927 732 £95 000 Elsa, Daughter of William Hall, Esq. Oil/canvas 107,5x82cm/*42x32in* London 98
DICKSEE Herbert Thomas 1862-1942 **[70]**
$517 FF2 875 £320 The road to the village Etching 31x49cm/*12x19in* London 97
DICKSEE John Robert 1817-1905 **[7]**
$3 605 FF21 421 £2 200 The Daughter of the House Oil/canvas 46,5x38,5cm/*18x15in* London 98
DICKSEE Margaret Isabel 1858-1903 **[2]**
$33 500 FF169 000 £22 000 "Miss Angel", Angelica Kauffmann, introduced by Lady Wentworth Oil/canvas 112x86cm/*44x33in* London 96
DICKSEE Thomas Francis 1819-1895 **[10]**
$1 270 FF7 677 £800 Portrait of a young man, said to be his son, Sir Frank Dicksee Oil/canvas 60x50cm/*23x19in* Bristol, Avon 97
$1 850 FF9 570 £1 200 The Grief of Constance Oil/board 33x24cm/*12x9in* London 96
DIDAY Jean François 1802-1877 **[47]**
$1 582 FF9 450 £980 Près Salève Öl/Papier 27x41,5cm/*10x16in* Zürich 97
$3 752 FF22 123 £2 300 Paysage à la cascade Huile/toile 98x73cm/*38x28in* Genève 98
$13 620 FF78 958 £8 394 Mühle an einem Bergbach Öl/Leinwand 98x130cm/*38x51in* Zürich 97
$2 283 FF11 920 £1 380 Bergsee Aquarell/Papier 18,5x25,5cm/*7x10in* Zürich 96
DIDERON Louis Jules 1901-? **[5]**
$4 350 FF22 500 £2 780 Femme allongée Bronze H23cm/*H9in* Évreux 96
DIDIER Clovis François-Aug. 1858-? **[5]**
$3 300 FF20 000 £2 024 La Dentellière Huile/toile 37x24cm/*14x9in* Besançon 98
$17 000 FF100 889 £10 412 La rêverie à la fenêtre Oil/canvas 100,5x66cm/*39x25in* New-York 97
DIDIER Emile 1890-1965 **[11]**
$1 023 FF5 200 £611 Quai de Saône Huile/toile 46x61cm/*18x24in* Lyon 96
DIDIER Jules 1831-1892 **[23]**
$786 FF4 070 £508 Südliche Gasse Öl/Karton 36x23cm/*14x9in* Hamburg 96
$9 960 FF49 000 £6 340 Picadori romains conduisant des taureaux et des boeufs Huile/toile 130x220cm/*51x86in* Saint-Jean-de-Luz 95
$24 960 FF129 600 £16 500 Au Bois de Boulogne Oil/canvas 81x121cm/*31x47in* New-York 96
DIDIER Luc 1954 **[135]**
$1 361 FF7 000 £849 Baruqes à l'île Fedrun Huile/toile 33x46cm/*12x18in* La Varenne Saint-Hilaire 96
DIDIER Pierre 1929 **[25]**
$5 477 FF31 000 £3 344 Colorado city Acrylique/toile 102x79cm/*40x31in* Saint-Germain-en-Laye 97
DIDIER-POUGET William 1864-1959 **[36]**
$750 FF4 474 £465 Vallée de la Corrèze Oil/canvas 30x39cm/*12x15in* New-York 97
$5 980 FF29 200 £3 800 Extensive river landscape Oil/canvas 73x92cm/*28x36in* London 95
$26 000 FF133 640 £16 250 Bruyères en fleurs, le matin Oil/canvas 129,5x209,5cm/*50x82in* New-York 96
DIDING Ida Bagus Ketut 1914-1990 **[1]**
$2 426 FF14 538 £1 447 A Procession with "Bramhana" priests and an Elephant Ink 69x47cm/*27x18in* Amsterdam 98
DIDIONI Francesco 1859-1895 **[2]**
$2 400 FF13 600 £1 600 Leda e il cigno Olio/tavola 31,5x23cm/*12x9in* Milano 97
DIEBENKORN Richard 1922-1993 **[202]**
$120 000 FF696 060 £70 932 Urbana #3 Oil/canvas 84,5x99cm/*33x38in* New-York 97
$700 000 FF4 069 800 £427 350 Ocean Park # 34 Oil/canvas 256x207cm/*100x81in* New-York 97
$3 750 FF22 525 £2 239 Seated Nude Lithograph 67x51cm/*26x20in* Los Angeles 98
$24 000 FF143 028 £14 716 Standing Nude in an Interior Indian ink 43x35cm/*16x13in* New-York 98
DIEBOLT Georges 1816-1861 **[2]**
$5 810 FF29 400 £3 800 Bust of a Lady Marble H56,5cm/*H22in* London 96
DIECK von Jacob 1805-1852 **[3]**
$9 040 FF44 700 £5 900 Der Maler mit seiner familie im Atelier Oil/panel 72x58cm/*28x22in* Hamburg 95
DIEDEREN Jef 1920 **[27]**
$174 FF1 040 £103 Untitled Woodcut in colors 28x28cm/*11x11in* Amsterdam 97

DIEDERICH William Hunt 1884-1953 **[7]**
$5 500 FF33 333 £3 373 Fox and Hounds Iron 67x104cm/*26x40in* New-York 98
DIEFFENBACH Anton 1831-1914 **[15]**
$4 700 FF23 000 £2 975 Die Heuback Oil/canvas 37x44cm/*14x17in* San Francisco-Los Angeles 95
DIEFFENBACH August W. 1858-? **[3]**
$1 640 FF8 500 £1 065 Paysage Huile/panneau 28x34cm/*11x13in* Entzheim 96
DIEFFENBACHER August Wilhelm 1858-1940 **[11]**
$454 FF2 685 £282 "Am Brünnl auf der Alm" Ol/Karton 29x43cm/*11x16in* Konstanz 97
DIEGHEM van Jacob XIX **[17]**
$2 930 FF14 900 £1 750 Sheep and hens in a barn Oil/panel 18x25cm/*7x9in* London 96
DIEGO de Julio 1900-1979 **[8]**
$3 000 FF14 770 £1 933 Ballet Masques Oil/paper 44x59cm/*17x23in* New-York 95
DIEHL Arthur Vidal 1870-1929 **[60]**
$500 FF3 092 £300 Middle Eastern Market Scene Oil/canvas 25x40cm/*10x16in* East Dennis, Mass. 97
$1 600 FF8 320 £1 058 Venezia Oil/canvas 35x66cm/*14x26in* New Orleans, Louisiana 96
DIEHL Gösta 1899-1964 **[14]**
$288 FF1 766 £171 Två ansikten Akvarell/papper 37x27cm/*14x10in* Helsinki 98
DIELEMAN Piet 1956 **[2]**
$762 FF4 455 £451 Zonder titel Pencil 120x150cm/*47x59in* Den Haag 97
DIELMAN Frederick 1847-1935 **[7]**
$2 200 FF12 850 £1 301 A Ripe Orange Oil/canvas 42,5x31cm/*16x12in* Boston, Mass. 97
DIELMANN Jakob Fürchtegott 1809-1885 **[18]**
$3 789 FF21 592 £2 366 Rastender Wanderer mit der Wirtin Oil/panel 15x12cm/*5x4in* Köln 97
$1 426 FF7 430 £896 Familie unter Torbogen zur Feierabendzeit Watercolour 12x10cm/*4x3in* Lindau 96
DIEMER Michael Zeno 1867-1939 **[52]**
$4 568 FF27 290 £2 800 A Clipper under reduced Sail off the Turkish Coast Oil/canvas 69x99cm/*27x38in* London 98
$14 399 FF82 846 £8 500 Large Spanish Men-o'War under Sail off Gibraltar Oil/canvas 98x142,5cm/*38x56in* London 97
$798 FF4 070 £528 Lindauer Hafen mit Leuchtturm Aquarell 28x18cm/*11x7in* Kempten 96
DIEMRITZ Johann Jacob XVII-XVIII **[1]**
$1 416 FF6 900 £898 Küstenlandschaft mit Staffage Watercolour/vellum 17,5x23cm/*6x9in* Köln 95
DIENER Rolf 1906-1991 **[14]**
$255 FF1 506 £151 Hamburg-Heiligengeistfeld/Kasper/Stilleben Aquarell/Papier 40x50cm/*15x19in* Köln 97
DIENES de André XX **[21]**
$227 FF1 100 £142 Body building Tirage argentique 33x27cm/*12x10in* Arles 95
DIEPENBEECK van Abraham J. (Attrib.) 1596-1675 **[23]**
$5 037 FF30 160 £3 094 Das Urteil des Paris Oil/copper 23x31cm/*9x12in* Köln 98
$46 000 FF282 380 £28 184 Conversion of Saint Paul Oil/paper/canvas 43x60,5cm/*16x23in* New-York 98
$475 FF2 800 £293 Marie-Madeleine Lavis 29x8,5cm/*11x3in* Paris 97
DIEPENBEECK van Abraham Jansz. 1596-1675 **[27]**
$2 997 FF17 612 £1 800 St. John Nepomuk Holding The Christ Child Oil/panel 25,5x14cm/*10x5in* London 97
$7 686 FF43 800 £4 708 Die kreuzigung der Hl. Julia von Korsika Oil/panel 64x42,5cm/*25x16in* Köln 97
$1 631 FF9 460 £1 000 The madonna and child triumphant Black chalk/paper 31x23cm/*12x9in* London 97
DIEPRAAM Abraham 1622-1670 **[3]**
$6 680 FF35 000 £4 020 La collation Huile/panneau 20x16,5cm/*7x6in* Paris 96
DIER Erhard Amadeus 1893-1969 **[29]**
$479 FF2 444 £318 Die Gratulanten Aquarell/Papier 17x19cm/*6x7in* Wien 96
DIERKENS Gustave 1885-1940 **[7]**
$395 FF2 000 £259 Ruelle Huile/toile 59x44cm/*23x17in* Bruxelles 96
DIERS Edward XIX-XX **[5]**
$5 000 FF25 950 £3 311 "Evening Glow", Landscape of Gently Rolling Pasture Porcelain 26x20cm/*10x8in* Cincinnati, Ohio 96
DIES Albert Christophe 1755-1822 **[22]**
$162 FF942 £100 Terme di Caracalla Radierung 28x37,5cm/*11x14in* Heidelberg 97
$3 412 FF19 830 £2 100 An extensive Lanscape at Tivoli with two Peasants in the Foreground Ink 47x67,5cm/*18x26in* London 97

DIESNER Gerhild 1915 **[21]**
 $14 292 FF85 680 £8 532 "Ibis" Öl/Leinwand 55x30cm/*21x11in* Wien 98
 $5 558 FF33 320 £3 318 Frühlingsblumen Mischtechnik/Papier 49x33,5cm/*19x13in* Wien 98
DIEST van Adriaen 1655/56-1704 **[23]**
 $4 050 FF23 830 £2 500 Südliche Meeresküste mit Booten Öl/Leinwand 16x21cm/*6x8in* Wien 97
 $10 000 FF49 400 £6 460 A classical Landscape with a Horseman near a River Oil/canvas 150x119cm/*59x46in* New-York 96
 $12 493 FF75 445 £7 500 A Rocky Coastal Landscape with British Men-of-war Off Shore Oil/canvas 70x131,5cm/*27x51in* London 98
DIEST van Hieronymus 1631-1673 **[4]**
 $10 092 FF58 000 £6 171 Marine Huile/panneau 23x32cm/*9x12in* Paris 97
 $35 000 FF206 367 £21 462 Dutch Shipping off Dordrecht Oil/canvas 53,5x62cm/*21x24in* New-York 98
DIEST van Willem H. (Attrib.) c.1600-1673 **[2]**
 $2 316 FF13 685 £1 400 Numerous Vessels in Choppy Waters off a Coastline Oil/canvas 4,5x8cm/*1x3in* London 97
DIEST van Willem Hermansz. c.1600-1673 **[14]**
 $11 400 FF68 307 £6 800 Figures in a Rowing Boat in Choppy Waters Oil/panel 46x65cm/*18x25in* London 98
DIET Leo 1857-1942 **[2]**
 $1 837 FF10 620 £1 140 Dame med slangehalsbånd og diadem Oil/panel 25x20cm/*9x7in* Köbenhavn 97
DIETER Hans 1881-1978 **[14]**
 $2 131 FF12 145 £1 331 Sommer am Bodensee Öl/Karton 39x53cm/*15x20in* Konstanz 97
DIETERLE Georges Pierre 1844-1937 **[2]**
 $3 570 FF18 500 £2 355 Vaches sous les pommiers Huile/toile 32,5x42cm/*12x16in* Pontoise 96
DIETERLE Marie, née Marcke 1856-1935 **[25]**
 $403 FF2 400 £239 Bord de rivière Huile/toile/carton 26,5x30cm/*10x11in* Cherbourg 97
 $2 003 FF11 500 £1 221 Vaches au pré Huile/toile 48x61cm/*18x24in* Dijon 97
DIETLER Johann Friedrich 1804-1874 **[29]**
 $3 090 FF15 060 £1 957 Uferlandschaft mit Gehöft und Bauern im Gespräch Öl/Leinwand 26x36cm/*10x14in* Bern 95
 $1 161 FF6 907 £710 Porträt einer jungen Dame mit Blumenkorb vor Felskulisse Aquarell, Gouache/Papier 40,5x27,5cm/*15x10in* Bern 97
DIETMAN Erik 1937 **[53]**
 $628 FF3 589 £385 Kale Fredriks fiskar Assemblage 53x75cm/*20x29in* Stockholm 97
 $816 FF5 000 £486 47,4 cm of Taylors Zinc Collage 20,5x13cm/*8x5in* Paris 98
DIETRICH Adelheid 1827-? **[25]**
 $22 500 FF130 511 £13 299 A Still Life with a Bourgogne Orchid, Anenomes Oil/canvas 29x24cm/*11x9in* San Francisco 97
 $52 500 FF310 836 £31 174 Floral Still Life Oil/canvas 51x43,5cm/*20x17in* New-York 97
DIETRICH Adolf 1877-1957 **[58]**
 $5 931 FF35 138 £3 580 Nachtigall Öl/Karton 24x17cm/*9x6in* Zürich 97
 $53 300 FF278 000 £32 200 Grand vase de fleurs dans un paysage Huile/carton 74x64cm/*29x25in* Zürich 96
 $4 022 FF24 115 £2 421 Jakobstal bei Steckborn Encre Chine/papier 17x23,5cm/*6x9in* Zürich 98
DIETRICH Anton 1799-1872 **[2]**
 $3 470 FF20 777 £2 131 Büste eines römischen Jünglings Marble H49,5cm/*H19in* Bremen 98
DIETRICH-MOHR 1924 **[4]**
 $2 681 FF16 000 £1 606 Spectralumière Sculpture 84x29x20cm/*33x11x7in* Paris 98
DIETRICHSON Mathilde 1837-1921 **[8]**
 $18 000 FF102 330 £11 021 Grandfather's Favorite Oil/canvas 109x79,5cm/*42x31in* New-York 97
 $34 970 FF209 508 £20 904 Ung mors förste besök hos foreldrene Oil/canvas 127x105cm/*50x41in* Oslo 98
DIETRICY Christian (Attrib.) 1712-1774 **[29]**
 $746 FF4 314 £461 Bildnis eines Rabbiners Oil/wood 31x24cm/*12x9in* Wien 97
 $4 884 FF27 677 £2 442 Il pifferaio di Hamlin Olio/tela 106x100cm/*41x39in* Roma 97
DIETRICY Christian Wilhelm E. 1712-1774 **[140]**

☞ *$559 FF3 351* £343 Halbfigur eines Orientalen (nach Rembrandt) Öl/Karton 67x48cm/*26x18in* Bremen 98
☞ *$3 200 FF18 202* £1 958 The Mocking of Christ Oil/canvas 42,5x32cm/*16x12in* New-York 97
▥ *$206 FF1 184* £126 Der Scherenschleifer Radierung 14,2x12cm/*5x4in* Hamburg 97
✐ *$420 FF2 510* £253 Berglandschaft Pencil/paper 17,1x12,8cm/*6x5in* Köln 97
DIETSCH Barbara Regina 1706-1783 **[14]**
✐ *$2 210 FF11 550* £1 316 Celosia christata Gouache 32,5x25cm/*12x9in* Hamburg 96
DIETZ Edzard 1893-1963 **[10]**
☞ *$2 100 FF12 396* £1 243 Still Life with Flowers Oil/canvas 72x34cm/*28x13in* Elgin, Illinois 97
DIETZ Theodor 1813-1870 **[7]**
✐ *$1 040 FF5 424* £608 General von Wrangel und Graf von Noer Pencil/paper 19x24cm/*7x9in* München 96
DIETZE Bruno 1867-? **[2]**
☞ *$2 600 FF13 560* £1 520 Die Nürnberger Burg Oil/panel 20,5x27cm/*8x10in* München 96
DIETZE Carl XIX **[4]**
☞ *$4 249 FF25 723* £2 535 Landscape in the Forest with horse and Cart Oil/canvas 75x76cm/*29x29in* New-York 97
DIETZI Hans 1864-1929 **[5]**
☞ *$248 FF1 443* £147 Blumentopf mit Kaktus Öl/Leinwand 45,5x34cm/*17x13in* Bern 97
DIETZSCH Barbara Regina 1706-1783 **[15]**
✐ *$3 768 FF22 000* £2 279 Tulipe et insecte Gouache 28,5x20,5cm/*11x8in* Paris 97
DIETZSCH Johann Christoph 1710-1769 **[17]**
✐ *$407 FF2 361* £249 A landscape with figures in a forest Black chalk 14x18,5cm/*5x7in* London 97
DIETZSCH Margaretha Barbara 1716-1795 **[2]**
✐ *$6 550 FF33 760* £4 200 Studies of flowers with butterflies and insects Gouache 28x20cm/*11x7in* London 96
DIETZSCH-SACHENCHAUSEN Hans Hubert 1880-1926 **[3]**
⚒ *$1 423 FF8 250* £887 Dancer Bronze H62cm/*H24in* Warszawa 97
DIEU Antoine 1662-1727 **[1]**
✐ *$3 200 FF17 679* £1 988 The Triumph of the Church over Heresy Red chalk/paper 32,2x22,9cm/*12x9in* New-York 97
DIEU Antoine (Attrib.) 1662-1727 **[1]**
✐ *$3 330 FF17 000* £2 204 Allégorie de la Guerre Sanguine 21,5x26,5cm/*8x10in* Paris 96
DIEUDONNE de Emmanuel XIX-XX **[5]**
☞ *$4 000 FF24 316* £2 463 The Harem Musician Oil/panel 44x26,5cm/*17x10in* New-York 98
DIEUDONNE Jacques Augustin 1795-1873 **[1]**
⚒ *$11 427 FF65 000* £6 994 Buste du duc d'Angoulême, "dauphin de France" Bronze H78cm/*H30in* Paris 97
DIEUZAIDE Jean 1921 **[11]**
▣ *$252 FF1 500* £153 Centrichimigramme Photo 39,5x29,5cm/*15x11in* Paris 97
DIEVENBACH Hendricus Anthonius 1872-1946 **[20]**
☞ *$950 FF5 532* £582 A mother and daughter making a flower garland in a farmyard, a baby Oil/canvas 31x39cm/*12x15in* Amsterdam 97
✐ *$932 FF5 710* £555 Peasants in an interior Watercolour/paper 35,5x46cm/*13x18in* Amsterdam 98
DIEY Yves 1892-1984 **[56]**
☞ *$480 FF2 500* £317 Jeune fille alanguie Huile/toile 46x61cm/*18x24in* Arles 96
✐ *$332 FF2 030* £203 Buste de femme Nue Pastel/papier 71,5x56cm/*28x22in* Bruxelles 98
DIEZ Anto 1914-1992 **[10]**
☞ *$2 016 FF10 530* £1 200 Vrouwen Hoofd Oil/canvas 51x41cm/*20x16in* London 96
DIEZ Julius 1870-1957 **[21]**
☞ *$2 007 FF10 020* £1 310 Dame und Igelkönig Oil/panel 31x31cm/*12x12in* München 95
DIEZ Sylvain XX **[12]**
☞ *$430 FF2 500* £254 La baignoire Acrylique/toile 92x65cm/*36x25in* Paris 97
DIEZ von Wilhelm 1839-1907 **[17]**
☞ *$3 220 FF16 560* £2 007 Outside the Tavern Oil/panel 39x31cm/*15x12in* Wien 96
DIFFRE Jean 1864-? **[3]**
☞ *$2 493 FF13 000* £1 648 Au Cabaret, Chanteurs Huile/toile 120x96cm/*47x37in* Paris 96
DIGBY R. David 1936 **[6]**
✐ *$466 FF2 803* £280 Head of a Golden Pheasant Watercolour 30,5x23cm/*12x9in* London 98
DIGGELMANN Alex Walter 1902-1987 **[20]**
▥ *$900 FF5 484* £548 "St. Moritz" Poster 101x64cm/*40x25in* New-York 98

DIGHTON Joshua 1831-1908 **[5]**
   $2 044 FF11 811 £1 200 Mathew Dawson with Fred Archer in Lord Falmouth's Colours Watercolour 21x16cm/*8x6in* London 97
DIGHTON Richard 1785-1880 **[25]**
   $584 FF3 553 £360 Porfile Portrait of a Gentleman/Profile Portrait of a Lady Watercolour/paper 28,5x22cm/*11x8in* Billingshurst, West Sussex 98
DIGHTON Robert Jnr. c.1786-1865 **[1]**
   $1 317 FF7 992 £800 Portrait of Henry William Paget, Later 1st. Marquis of Anglesey Watercolour 26x22cm/*10x8in* London 98
DIGHTON William Edward 1822-1853 **[1]**
   $1 670 FF8 500 £1 100 Arabs by the Ruins at Luxor Watercolour 35x55cm/*13x21in* London 96
DIGNIMONT André 1891-1965 **[798]**
   $178 FF900 £117 Intérieur de la Belle-Époque Gravure 34,5x27cm/*13x10in* Rennes 96
   $376 FF2 300 £225 Modèle assis Aquarelle/papier 52,5x41,5cm/*20x16in* Honfleur 98
DIJCK van Albert 1902-1951 **[37]**
   $650 FF3 895 £388 Travail au champ Huile/carton 25x35cm/*9x13in* Antwerpen 98
   $457 FF2 230 £289 Jeune fille au chapeau Fusain 40x30cm/*15x11in* Antwerpen 95
DIJKSTRA Johan 1896-1978 **[41]**
   $9 180 FF48 100 £5 520 Blauwborgje Oil/canvas 51x71cm/*20x27in* Amsterdam 96
   $983 FF5 130 £594 A village in Groningen Drawing 28,5x48cm/*11x18in* Amsterdam 96
DIJSSELHOF Gerrit Willem 1866-1924 **[26]**
   $801 FF4 649 £478 Goldfish Oil/panel 18,5x20cm/*7x7in* Amsterdam 97
   $1 796 FF10 701 £1 068 Smelt en Zeedonderpad Oil/panel 44,5x57cm/*17x22in* Amsterdam 97
DIKE Phillip 1906 **[6]**
   $3 500 FF20 313 £2 137 Big Sur Oil/canvas 56x92cm/*22x36in* Los Angeles 97
   $2 249 FF13 543 £1 345 Segovia Watercolour 23,5x30cm/*9x11in* San Francisco 98
DIKENMANN Rudolf 1820-1888 **[48]**
   $330 FF1 968 £202 Vue de la ville de Berne prise depuis l'Enge Aquatint 18,5x26,5cm/*7x10in* Bern 98
DILIGENT Rapahël L. 1885-? **[2]**
   $18 620 FF94 000 £12 230 Buste de Camille Claudel Bronze H24cm/*H9in* Pontoise 96
DILL Guy XX **[2]**
   $1 150 FF6 906 £686 Drawing # 5 from Muster & Throng Watercolour 35,5x43cm/*13x16in* San Francisco 98
DILL Laddie John 1943 **[23]**
   $1 500 FF7 710 £935 Untitled Mixed media/canvas 122x213,5cm/*48x84in* San Francisco-Los Angeles 96
   $400 FF2 390 £244 Untitled Silkscreen in colors 66,5x95,5cm/*26x37in* San Francisco-Los Angeles 97
DILL Ludwig 1848-1940 **[116]**
   $1 654 FF10 050 £996 Venezianische Fischer beim Entladen ihrer Boote Öl/Karton 27x40cm/*10x15in* Stuttgart 98
   $4 220 FF20 900 £2 680 Fischerboote Oil/panel 53x71cm/*20x27in* Düsseldorf 95
   $780 FF4 060 £471 Blick auf malerische Ruine eines alten Gehöftes Aquarell/Papier 34,5x46,5cm/*13x18in* Lindau 96
DILL Otto 1884-1957 **[166]**
   $3 850 FF19 680 £2 540 Weidende Kühe Öl/Karton 34x46cm/*13x18in* Heidelberg 96
   $9 840 FF48 800 £6 260 "Zur Schwemme" Öl/Karton 39,5x50cm/*15x19in* Heidelberg 95
   $16 978 FF103 853 £10 075 Stierkampf Öl/Leinwand 99x128cm/*38x50in* Heidelberg 98
   $156 FF785 £102 Die Löwenjagd Lithographie 27x33cm/*10x12in* Hamburg 96
   $589 FF3 050 £383 Löwenfamilie Ink/paper 28x37cm/*11x14in* München 96
DILLAYE Blanche Annie 1851-1931 **[1]**
   $1 100 FF6 278 £680 The tow path Watercolour, gouache/paper 52x67cm/*20x26in* New-York 97
DILLENS Adolf Alexander 1821-1877 **[18]**
   $4 760 FF24 650 £3 045 Het Afscheid Huile/toile 73x54cm/*28x21in* Lokeren 96
   $15 785 FF89 925 £9 625 "Quand elle chantait..." Huile/toile 100x130cm/*39x51in* Antwerpen 97
DILLENS Henri Jozef 1812-1872 **[14]**
   $8 000 FF40 000 £5 180 A Bite for my Best Friend Oil/panel 63x51cm/*24x20in* New-York 96
DILLER Burgoyne 1906-1965 **[20]**
   $40 000 FF203 700 £24 000 First Theme Oil/canvas 128x128cm/*50x50in* New-York 96

$95 000 FF460 000 £61 000 First Theme Oil/canvas 108x107cm/*42x42in* New-York 95
$7 500 FF44 802 £4 592 Untitled, No.536 Watercolour 12,5x10cm/*4x3in* New-York 98
DILLEY Ramon 1933 **[95]**
$101 FF600 £62 L'auberge du Lapin savant Huile/toile 38x55cm/*14x21in* Paris 97
$277 FF1 569 £170 Une de Pigalle Oil/board 25x18cm/*9x7in* London 97
$136 FF800 £83 Deauville Lithographie 66x32cm/*25x12in* Douai 97
$386 FF2 400 £233 Bateau au mouillage Aquarelle/papier 18x23cm/*7x9in* Le Havre 98
DILLIS von Johann Georg 1759-1841 **[82]**
$7 101 FF42 421 £4 347 Italienische Ideallandschaft nach Claude Lorrain Öl/Leinwand 30,5x40cm/*12x15in* München 98
$9 684 FF57 847 £5 928 Rotwild an der Würm Öl/Leinwand 35,5x49,6cm/*13x19in* München 98
$2 259 FF13 497 £1 383 Zur "Der grosse Isarsteg" Copper engraving 21x31cm/*8x12in* München 98
$2 210 FF11 526 £1 292 Blick auf Tegernsee mit St.Quirin Charcoal/paper 22x30,5cm/*8x12in* München 96
DILLON Frank 1823-1909 **[14]**
$1 170 FF6 917 £700 Figures under a Pergola on a Rocky Coastline, near Amalfi Oil/canvas 56x92,5cm/*22x36in* London 97
DILLON Gerard 1916-1971 **[57]**
$8 154 FF48 077 £5 000 Aran Horses Oil/board 37x49,5cm/*14x19in* London 98
$9 797 FF57 803 £6 000 Boy in a Landscape Oil/canvas 28x33cm/*11x12in* London 98
$1 664 FF9 532 £1 016 When I Was Young Watercolour/paper 25x18cm/*10x7in* Dublin 97
DILLY Georges 1876-? **[3]**
$2 541 FF14 500 £1 552 Scène d'intérieur en Flandre Huile/toile 82x65cm/*32x25in* Calais 97
DINE Jim 1935 **[559]**
$20 000 FF116 212 £11 808 Untitled (Robe) Acrylic/paper 100,5x75cm/*39x29in* New-York 97
$23 000 FF133 565 £14 050 A Little Scissors and a Little Scewdriver Mixed media/board 14x14cm/*5x5in* New-York 97
$110 000 FF655 545 £67 452 "The Heart in Bliss" Mixed media/canvas 186x143cm/*73x56in* New-York 98
$200 FF1 167 £119 "Throat from Pop Artists, Volume II" Screenprint in colors 76x61cm/*29x24in* New-York 97
$125 000 FF726 325 £73 800 Big Heart on Rock Bronze 203x178x101,5cm/*79x70x39in* New-York 97
$12 000 FF61 100 £7 200 Four Toothbrushes Watercolour 78,5x56cm/*30x22in* New-York 96
DINET Etienne, Nasreddine 1861-1929 **[214]**
$4 092 FF25 000 £2 427 La Danse des foulards Huile/papier 27x85cm/*10x33in* Paris 98
$6 020 FF30 000 £3 940 Le permissionnaire Huile/carton 29x23cm/*11x9in* Paris 95
$81 310 FF470 000 £50 102 Le vieux conteur Huile/toile 151x165cm/*59x64in* Paris 97
$2 320 FF12 000 £1 505 "L'Andalousie au temps des Maures" Affiche 247x88,5cm/*97x34in* Paris 96
$395 FF2 250 £243 Tête de Berbère Aquarelle, gouache/papier 17x10cm/*6x3in* Arles 97
DING FUZHI 1879-1949 **[8]**
$3 882 FF22 389 £2 313 Ink Plum Blossom Ink/paper 121,5x38cm/*47x14in* Hong Kong 97
DING KUN 1968 **[1]**
$3 880 FF20 000 £2 397 Windy day Oil/canvas 73x92cm/*28x36in* Hong Kong 95
DING XIONGQUAN 1929 **[2]**
$15 492 FF90 288 £9 540 A colorfule summer day Ink 64x90cm/*25x35in* Hong Kong 97
DING YANYONG 1902-1978 **[63]**
$13 794 FF79 952 £8 474 Abstract Sing, Flowers Oil/board 46x30,5cm/*18x12in* Taipei, Taiwan 97
$20 604 FF124 916 £12 240 Mask Oil/canvas 121x61cm/*47x24in* Taipei, Taiwan 98
$5 170 FF26 500 £3 144 Frog in a lotus pond Ink/paper 179x96cm/*70x37in* Hong Kong 96
DINGEMANS Wallko Jans 1873-1925 **[14]**
$946 FF5 837 £594 Horses and Carriages on the Maaskade, Rotterdam Oil/panel 21,5x36cm/*8x14in* Amsterdam 97
DINGLE Adrian, John Darley 1911-1974 **[17]**
$748 FF4 510 £452 Setting out for a day of fishing Oil/board 30,5x40,5cm/*12x15in* Toronto 98
DINGLE Thomas, Jnr. XIX-XX **[10]**
$618 FF3 000 £390 The Gossips Watercolour 47x74cm/*18x29in* Honiton, Devon 95
DINGLI Edward Caranua 1876-? **[4]**
$8 797 FF51 030 £5 200 A Maltese Harbour Watercolour/paper 24x35cm/*9x13in* London 97
DINGWALL Gordon XIX-XX **[1]**

✎ *$1 500 FF7 690 £911* Probably calendar illustration: woman smelling roses Gouache 34x26cm/*13x10in* New-York 96
DINH DZUNG 1952 [1]
✎ *$1 111 FF6 568 £687* Nude with Flowers Bodycolour 40x73cm/*15x28in* Singapore 97
DINKEL Markus 1762-1832 [21]
✎ *$492 FF3 000 £295* Portrait de femme portant un costume régional Aquarelle 20,5x16cm/*8x6in* Provins 98
DINKLAGE Erna 1895-? [2]
☞ *$11 700 FF61 200 £6 960* Kornernte Öl/Leinwand 71,5x80cm/*28x31in* München 96
DINSDALE John Bentham 1927 [15]
☞ *$2 683 FF13 200 £1 700* H.M.S. "Shannon" and the U.S. frigate "Chesapeake", 1813 Oil/canvas 51x76cm/*20x29in* London 95
DIONIGI Marianna (Attrib.) 1756-1826 [1]
☞ *$3 840 FF19 380 £2 520* Veduta della Campagna romana Olio/tela 36x50cm/*14x19in* Roma 96
DIONISIS Zaverdinos 1954 [1]
☞ *$6 850 FF33 540 £4 340* Couple Oil/canvas 100x80cm/*39x31in* Athens 95
DIRANIAN Sarkis XIX-XX [8]
✎ *$1 301 FF7 646 £803* Au bain Pastel/papier 54x38cm/*21x14in* Bruxelles 97
DIRCKX Anton 1878-1967 [18]
☞ *$993 FF5 950 £592* Gondels en personen bij het San Marcoplein Oil/canvas 75x125cm/*29x49in* Rotterdam 98
DIRIKS Edvard 1855-1930 [35]
☞ *$2 410 FF12 500 £1 590* Port de Norvège Huile/toile 38x46cm/*14x18in* Pontoise 96
DIRIX Jos 1958 [4]
⚒ *$1 582 FF9 512 £946* Vrouwentorso Bronze H51cm/*H20in* Amsterdam 98
DIRKSEN Reyn 1924 [14]
▥ *$275 FF1 600 £162* "Europa Canada Line" Affiche 96x62,5cm/*37x24in* Paris 97
DIRUBE Rolando 1928 [2]
☞ *$8 000 FF45 924 £4 876* Sin titulo Mixed media 160x62cm/*62x24in* New-York 97
✎ *$1 400 FF7 170 £851* Abstracto Gouache/paper 25x19cm/*9x7in* Delray Beach, Florida 96
DISCART Jean XIX-XX [5]
☞ *$66 792 FF401 404 £40 000* A Game of Draughts Oil/panel 25x31,5cm/*9x12in* London 98
DISCHLER Hermann 1866-1935 [38]
☞ *$1 247 FF7 362 £738* Blick auf Forchtenberg Öl/Leinwand 51x65cm/*20x25in* Staufen 97
☞ *$2 273 FF13 427 £1 412* Verschneite Tannen im Schwarzwald Öl/Papier 18,5x28cm/*7x11in* Staufen 97
☞ *$23 840 FF116 100 £15 100* "Wintermorgen am Feldberg" Öl/Leinwand 141x200cm/*55x78in* Bern 95
✎ *$1 204 FF7 370 £715* Am brend Watercolour 27x40cm/*10x15in* Staufen 98
DISCOVOLO Antonio 1874-1956 [3]
☞ *$7 689 FF43 571 £3 844* Pascolo di primavera Olio/tavola 76,5x65,5cm/*30x25in* Milano 98
DISDERI André Adolphe 1819-1890 [15]
📷 *$650 FF3 832 £401* Sheet of Uncut Photographs, Seven Carte-de-visite-size Portraits 1860s Albumen print 19x23cm/*7x9in* New-York 97
DISERTORI Benvenuto 1887-1969 [6]
▥ *$899 FF5 098 £449* Venere/Mercurio Acquaforte 40x29cm/*15x11in* Milano 98
✎ *$1 440 FF8 160 £720* Nudo femminile/Nudo davanti alla fontana China/carta 20x15cm/*7x5in* Milano 98
DISLER Martin 1949-1996 [102]
☞ *$11 236 FF65 140 £6 925* Ohne Titel Öl/Leinwand 125x97cm/*49x38in* Zürich 97
▥ *$415 FF2 518 £254* Vergessene Rituale Radierung 34,7x24,5cm/*13x9in* Hamburg 98
✎ *$1 157 FF6 735 £713* Figürliche Komposition Encre Chine 29,5x21cm/*11x8in* Bern 97
DISNEY James XX [1]
☞ *$4 250 FF24 341 £2 514* Navajo Oil/canvas 121x91cm/*48x36in* Santa Fe, New Mexico 97
DISNEY Walt 1901-1966 [13]
✎ *$9 500 FF55 490 £5 621* Mickey Mouse Crayon 50x40cm/*20x16in* Cincinnati, Ohio 97
DISNEY Walt (Studio) [542]
✎ *$1 600 FF9 580 £956* One Hundred and One Dalmatians, Cruella De Vil Gouache 25,5x30,5cm/*10x12in* New-York 98
DISTLER Rudolph 1948 [21]

ꀺ $219 FF1 120 £145 Novemberabend Etching, aquatint in colors 25x35,5cm/*9x13in* Heidelberg 96
DITKO Steve 1927 **[2]**
✏ $3 800 FF22 592 £2 286 Amazing Spider-Man No. 21, p.12 & 14 Ink/paper 46x31cm/*18x12in* New-York 97
DITSCHEINER Adolf Gustav 1846-1904 **[7]**
🖝 $5 161 FF30 940 £3 081 Persenbeug Öl/Leinwand 40,5x32,5cm/*15x12in* Wien 98
🖝 $15 020 FF77 200 £9 360 Braunau on the Inn Oil/canvas 63x80cm/*24x31in* Wien 96
DITTMAN Edmund XIX **[3]**
🖝 $4 641 FF27 564 £2 811 Nad Kanalem w Miescie Oil/canvas 44,5x65,5cm/*17x25in* Warszawa 97
DITTRICH Simon 1940 **[34]**
ꀺ $85 FF502 £50 "Goya" Radierung 39,5x31,2cm/*15x12in* Köln 97
DITTWEILER Ludwig 1844-1891 **[3]**
🖝 $7 365 FF42 898 £4 500 Santa Fosca, Torcello Oil/canvas 87,8x52,2cm/*34x20in* London 97
✏ $2 550 FF13 200 £1 630 "Fondamenta del Vin" Gouache 95x34cm/*37x13in* Heidelberg 96
DIULGHEROFF Nicolas 1901-1982 **[19]**
ꀺ $1 250 FF6 480 £800 "Watt Radio, Torino" Poster 99x70cm/*38x27in* London 96
✏ $1 499 FF8 498 £749 La danzatrice Tempera/carta 30x22cm/*11x8in* Milano 97
DIVERLY Eliane 1914 **[14]**
✏ $333 FF2 000 £198 La femme aux griffes de roses Encre/papier 32x24,5cm/*12x9in* Paris 98
DIX Charles Temple 1838-1872 **[2]**
🖝 $7 500 FF43 503 £4 615 Shipping off the Coast in a stormy Seas Oil/canvas 101x152cm/*40x60in* New-York 97
DIX Otto 1891-1969 **[629]**
🖝 $29 900 FF156 300 £17 800 Frühling Öl/Leinwand 81x64cm/*31x25in* Köln 96
🖝 $35 100 FF183 500 £20 900 Blumenstilleben mit Vasen und Muschell Öl/Leinwand 34,5x44,5cm/*13x17in* Köln 96
ꀺ $233 FF1 339 £138 Bildnis Carl Jacob Burckhardt II Lithographie 66x51cm/*25x20in* St.Gallen 97
✏ $6 020 FF31 200 £3 910 Weiblicher Akt Red chalk 41,5x48cm/*16x18in* München 96
DIXON Anna 1873-1959 **[20]**
🖝 $808 FF4 904 £480 Campanulas Oil/board 30,5x46,5cm/*12x18in* Glasgow 98
🖝 $2 695 FF16 348 £1 600 Donkey's resting, Portobello Oil/canvas 41x56cm/*16x22in* Glasgow 98
✏ $505 FF3 065 £300 A Nanny Goat and her Kids Charcoal 22,5x30cm/*8x11in* Glasgow 98
DIXON Arthur Percy XIX-XX **[9]**
🖝 $22 100 FF108 200 £14 000 An Edinburgh Flower Market Oil/canvas 101x152cm/*39x59in* London 95
DIXON Charles XVIII-XIX **[6]**
✏ $1 458 FF8 704 £880 "On the Nile" Watercolour/paper 27x76cm/*11x30in* Aylsham, Norfolk 97
DIXON Charles Edward 1872-1934 **[145]**
🖝 $4 125 FF25 640 £2 600 Above Greenwich Oil/canvas 51x76cm/*20x29in* London 97
✏ $261 FF1 592 £160 Tea out in the Garden Watercolour 21x27cm/*8x10in* Billingshurst, West Sussex 98
DIXON George Scholefield 1890-? **[3]**
ꀺ $1 384 FF7 020 £900 "New Brighton, British Railways" Poster 102x127cm/*40x50in* London 96
DIXON James 1887-1970 **[12]**
🖝 $1 482 FF8 442 £900 The first airship Oil/paper 46x53cm/*18x20in* London 97
DIXON John 1720-1804 **[6]**
ꀺ $2 042 FF11 764 £1 200 The Oracle Representing, Britannia, Hibernia, Scotia and America Mezzotint 50,5x59cm/*19x23in* London 97
DIXON Joseph Kossuth XIX-XX **[1]**
📷 $6 000 FF30 640 £3 950 Chief Tin-Tin-Meet-Sa Umatilla Silver print 94x74cm/*37x29in* New-York 96
DIXON Marie R. XIX **[5]**
🖝 $4 250 FF22 020 £2 760 The Pet Canary Oil/canvas 56x40,5cm/*22x15in* San Francisco-Los Angeles 96
DIXON Maynard 1875-1946 **[87]**
🖝 $9 000 FF52 234 £5 495 Prairie at Noon Oil/board 14x25,5cm/*5x10in* Los Angeles 97
🖝 $20 000 FF99 600 £13 100 Virgin Creek Gorge, Nevada Oil/canvas 51x41cm/*20x16in* San Francisco-Los Angeles 95
✏ $5 500 FF28 700 £3 324 But There Was No Water Watercolour, gouache/paper 27x16cm/*10x6in* San Francisco-Los Angeles 96
DIXON Paul 1956 **[5]**

$1 834 FF11 015 £1 100 Gemsbok at Sossuvlei Pastel/paper 73,5x109cm/*28x42in* London 98
DIXON Percy 1862-1924 **[11]**
$642 FF3 729 £380 Table Mountain Bay, South Africa Watercolour/paper 25x36cm/*9x14in* London 97
DIZIANI Antonio 1737-1797 **[9]**
$14 159 FF85 504 £8 500 Mountainous Landscape with Tobias and the Angel Oil/canvas 93x124cm/*36x48in* London 98
$21 370 FF106 500 £14 000 An ambush in a wooded landscape Oil/canvas 6x102cm/*2x40in* London 95
DIZIANI Antonio (Attrib.) 1737-1797 **[10]**
$6 000 FF34 000 £4 000 Paesaggio con figure Olio/tela 85x117cm/*33x46in* Milano 97
DIZIANI Gaspare 1689-1767 **[59]**
$26 400 FF149 600 £13 200 Madonna del Rosario fra i Santi Teresa e Domenico Olio/tela 98x68cm/*38x26in* Milano 97
$60 000 FF351 288 £37 098 A Banquet in a Palatial Interior Oil/canvas 42x35,5cm/*16x13in* New-York 97
$227 650 FF1 348 650 £135 000 The Finding of Moses Oil/canvas 123x152,5cm/*48x60in* London 97
$2 400 FF13 600 £1 200 Ritratto di scultore Inchiostro 17x14cm/*6x5in* Milano 98
DIZIANI Gaspare (Attrib.) 1689-1767 **[23]**
$15 288 FF91 000 £9 345 Saint délivrant une possédée Huile/toile 32x52cm/*12x20in* Paris 98
$1 267 FF7 200 £793 Le retour de Tables de la Loi au Temple Lavis 32,7x44cm/*12x17in* Paris 97
DJAAFAR Hasan 1919-1995 **[19]**
$670 FF3 887 £413 View at the Karbouwengat Oil/canvas 49x92cm/*19x36in* Den Haag 97
DJAYA Raden Agus 1913-1994 **[11]**
$1 047 FF6 272 £643 Cockfight Oil/canvas 70x95cm/*27x37in* Singapore 98
DJÉMAL Ali XIX-XX **[1]**
$4 670 FF22 640 £3 000 Steamships, Constantinople Oil/canvas/board 22x27cm/*8x10in* London 95
DJULABINYANNA Enraeld 1885-1970 **[3]**
$8 317 FF47 637 £4 921 Tapara Sculpture, wood H55cm/*H21in* Sydney 97
DLOUGY Vitaly 1943 **[4]**
$378 FF2 318 £225 The Four Seasons Color lithograph 55x40cm/*21x15in* Stockholm 98
DLUGACH Mikhail O. 1893-1989 **[7]**
$2 000 FF9 750 £1 270 "The Captain's Daughter" Poster 107x108cm/*42x42in* New-York 95
DMITRIENKO Pierre 1925-1974 **[117]**
$1 215 FF7 200 £727 Sans titre Huile/bois 49,5x28cm/*19x11in* Paris 97
$1 350 FF8 000 £808 Composition Huile/toile 146x114cm/*57x44in* Paris 97
$3 270 FF16 500 £2 134 Composition Huile/toile 92x65cm/*36x25in* Saint-Germain-en-Laye 96
$161 FF1 000 £97 Étude de nu Sanguine/papier 25,5x44cm/*10x17in* Saint-Germain-en-Laye 98
DMITRIJEW Wladimir Wladimirow. 1900-1948 **[1]**
$2 720 FF14 200 £1 710 Bühnenbildentwurf Mischtechnik/Papier 38x31cm/*14x12in* Lindau 96
DO AMARAL Tarsila 1886-1973 **[2]**
$55 000 FF287 300 £32 740 Tres desnudos Oil/canvas 46x26cm/*18x10in* New-York 96
$1 300 000 FF6 310 000 £837 000 baporu Oil/canvas 85x73cm/*33x28in* New-York 95
DO PHAN 1956 **[1]**
$1 242 FF7 341 £768 "Gathering Storm" Watercolour 46x56cm/*18x22in* Singapore 97
DOAT Taxile 1851-1938 **[2]**
$3 261 FF19 436 £2 000 Biscuit porcelain vase Porcelain H18cm/*H7in* London 98
DOBASHI Jun 1910-1975 **[36]**
$1 680 FF8 360 £1 100 Composition Huile/toile 100x50cm/*39x19in* Lokeren 95
DOBBIN John 1815-1884 **[7]**
$1 307 FF7 969 £780 Interior of Amiens Cathedral, The Procession of the Virgin Watercolour 89,5x70cm/*35x27in* London 98
DÖBELI Othmar 1874-1922 **[54]**
$357 FF1 833 £223 Bauernhof am Waldrand Öl/Karton 8x12,5cm/*3x4in* Bern 96
$852 FF4 250 £556 Winterlandschaft Öl/Leinwand 50x80cm/*19x31in* Zofingen 95
DOBELL William 1899-1970 **[65]**
$6 630 FF38 636 £4 084 Native Builders, New Guinea Oil/board 30x35cm/*11x13in* Melbourne 97
$110 500 FF570 000 £73 200 The Student Oil/canvas/board 108x72cm/*42x28in* Melbourne 96
$343 FF2 007 £204 Women holding Babies Ink/paper 21,5x16cm/*8x6in* Melbourne 97

DOBIASCHOWSKY Franz 1818-1867 **[3]**
- *$1 986 FF9 800 £1 290* Im Maleratelier Öl/Leinwand 37x30cm/*14x11in* Wien 95
DOBLAS PINTO Manuel 1957 **[46]**
- *$266 FF1 512 £159* Un quiosco en la rambla Oleo/lienzo 92x73cm/*36x28in* Madrid 97
DOBRINSKY Isaac 1891-1973 **[109]**
- *$501 FF3 000 £304* Portrait d'enfant Huile/toile 41x27cm/*16x10in* Paris 97
DOBROWOLSKI Odo 1883-1917 **[5]**
- *$3 375 FF20 144 £2 036* A bridge in a town (Paris?) Mixed media 68x99cm/*26x38in* Warszawa 97
DOBROWSKY Josef 1889-1964 **[219]**
- *$1 880 FF9 620 £1 206* Mädchen mit Mandoline Öl/Karton 43x34cm/*16x13in* Wien 96
- *$2 270 FF13 378 £1 402* Mädchen mit erhobener Hand Öl/Karton 47x36cm/*18x14in* Wien 97
- *$31 236 FF182 096 £19 114* Markt Oil/wood 120x153cm/*47x60in* Wien 97
- *$2 490 FF12 480 £1 576* Hauptplatz in Ybbs Chalks/paper 43x61cm/*16x24in* Wien 95
DOBSON Cowan 1894-1980 **[14]**
- *$569 FF3 459 £350* Portrait of a Huntsman Oil/canvas 61x51cm/*24x20in* Billingshurst, West Sussex 98
- *$2 915 FF14 380 £1 900* Pink roses in a moorcroft vase Oil/canvas 36x36cm/*14x14in* London 95
DOBSON Frank 1888-1963 **[84]**
- *$4 700 FF24 570 £2 800* Trees in a landscape Oil/panel 25x36cm/*9x14in* London 96
- *$5 360 FF27 060 £3 500* Woman with Birds Terracotta H30cm/*H11in* London 96
- *$2 746 FF16 377 £1 700* Reclining Nude Pencil 34x50,5cm/*13x19in* London 97
DOBSON Henry John 1858-1928 **[29]**
- *$1 508 FF9 099 £900* "The Humble Petition" Oil/canvas 31x36cm/*12x14in* West Lothian 98
- *$1 986 FF10 360 £1 200* By the fireside Oil/canvas 50x63cm/*19x24in* Glasgow 96
DOBSON Robert XIX-XX **[13]**
- *$703 FF4 215 £425* Sunset Approaching over the Mountainous River Aquarelle/papier 36x64,5cm/*14x25in* Montréal 97
DOBSON William 1611-1646 **[3]**
- *$4 335 FF22 070 £2 600* Portrait of a Gentleman, said to be John, 1st Lord Poulett Oil/canvas 102x86,5cm/*40x34in* London 96
DOBSON William Charles Th. 1817-1898 **[10]**
- *$12 200 FF63 800 £7 270* The Cottager's welcome Oil/canvas 94x75cm/*37x29in* Stockholm 96
- *$6 032 FF36 518 £3 600* The Garland of Juniper Berries Watercolour 46x35cm/*18x13in* London 97
DOBUZHINSKII Mstislaw Valerianov. 1875-1957 **[49]**
- *$1 965 FF11 406 £1 200* The King of Lithuania Oil/canvas 86,5x102cm/*34x40in* London 97
- *$1 600 FF8 150 £960* "Fêtes avec le concours des Ballets Russes" Poster 118x84cm/*46x33in* New-York 96
- *$1 984 FF11 583 £1 200* The Exodus Watercolour 49x33,5cm/*19x13in* London 97
DOCHARTY Alexander Brownlie 1862-c.1940 **[24]**
- *$2 483 FF12 960 £1 500* Autumn Oil/canvas 51x68,5cm/*20x26in* Glasgow 96
DOCHARTY James 1829-1878 **[9]**
- *$10 658 FF60 975 £6 500* "The Dochart in Spate, Killin, Perthshire" Oil/canvas 119x178cm/*46x70in* Glasgow 97
DOCKING Shay 1928 **[7]**
- *$515 FF2 647 £340* Angophoras Over Coal and Candle Creek Pencil/paper 29x25cm/*11x9in* Sydney 96
DODD Arthur Charles XIX-XX **[13]**
- *$1 778 FF10 324 £1 050* Confrontation, geese hissing at a Pig Oil/panel 24x45,5cm/*9x17in* London 97
- *$9 920 FF49 500 £6 500* Trust Oil/canvas 61x41cm/*24x16in* London 95
DODD Francis 1874-1949 **[42]**
- *$196 FF1 136 £120* Reading the paper Etching 30,2x22,8cm/*11x8in* London 97
- *$286 FF1 615 £180* A portrait of a seated lady Chalks/paper 29,2x24,7cm/*11x9in* London 97
DODD Joseph Josiah 1809-1880 **[6]**
- *$462 FF2 345 £300* Byron's Dream/Lago Albano Watercolour 4,4x7,2cm/*1x2in* London 95
DODD Louis 1943 **[49]**
- *$450 FF2 154 £280* British man o'war in an estuary Oil/canvas 70x90cm/*27x35in* London 95
- *$3 746 FF21 495 £2 300* Man o'war in two positions on open seas Oil/board 22x29,5cm/*8x11in* London 97
DODD P.G. c.1800-c.1840 **[1]**
- *$3 740 FF19 140 £2 400* Portrait of the Navigator James Weddell (1787-1834), bust length Synthetic polymer silkscreened/canvas 10x7,4cm/*3x2in* London 96
DODD Robert 1748-1816 **[24]**

$6 330 FF32 260 £3 800 Survivors from a shipwreck off the Isle of Wight Oil/canvas 20,4x29,4cm/*8x11in* London 96

$30 000 FF183 711 £18 390 The Battle of the Saints Oil/canvas 82x125cm/*32x49in* New-York 98

$1 470 FF8 806 £900 The Victory of Trafalgar Aquatint 45x72cm/*17x28in* London 97

DODDS Peggy 1900-? **[7]**

$650 FF3 973 £397 Lilacs, Tulips Oil/canvas 76x101cm/*30x40in* Chester, NY 98

$1 100 FF6 650 £681 Circus Family Pastel/paper 56x77cm/*22x30in* Mystic, Connecticut 97

DODEIGNE Eugène 1923 **[97]**

$1 628 FF10 000 £976 Tête Huile/papier 31,5x24cm/*12x9in* Paris 98

$2 694 FF16 000 £1 632 Personnage accroupi Pierre H35cm/*H13in* Marcq-en-Baroeul 97

$9 460 FF49 000 £6 110 Bouche Bronze H89cm/*H35in* Paris 96

$928 FF5 500 £556 Deux personnages Fusain/papier 63x48cm/*24x18in* Lille 97

DODENHOFF Heinz 1889-1981 **[24]**

$234 FF1 443 £140 Aufgehender Mond über dem Moor Öl/Karton 50x70cm/*19x27in* Bremen 98

DÖDERHULTAREN Axel Petersson 1868-1952 **[64]**

$2 225 FF12 714 £1 363 Liggande Ottenbyare Sculpture, wood H23cm/*H9in* Stockholm 97

DODGE Edward Samuel 1816-1857 **[1]**

$5 200 FF27 140 £3 140 The Boot Mender Oil/panel 33x45cm/*12x17in* New-York 96

DODGE William De Leftwich 1867-1935 **[16]**

$2 826 FF16 167 £1 763 For Her Majesty's Hand Oil/canvas 91x167cm/*36x66in* Detroit, Michigan 97

DODGSON George Haydock 1811-1880 **[9]**

$652 FF3 306 £420 The Hawking Party Watercolour 33x50cm/*12x19in* London 96

DODIYA Atul 1959 **[2]**

$4 425 FF26 418 £2 700 Roadside with Temple Oil/canvas 122x183cm/*48x72in* London 98

DODWELL Edward 1767-1832 **[7]**

$11 130 FF58 100 £6 630 Temple of Apollo Epicurius on M. Cotylluria in Arcadia Watercolour 25,5x45cm/*10x17in* Toronto 96

DOELEMAN Johan Hendrik 1848-1913 **[12]**

$1 107 FF6 781 £659 Evening at "Het Gijn" near Abcoude Oil/panel 21x34cm/*8x13in* Amsterdam 98

DOERR Carl 1777-1842 **[2]**

$1 622 FF9 700 £993 Gegend von Burgdorf: Aussicht auf dem Girisberg Aquatint in colors 21,4x34,3cm/*8x13in* Bern 97

DOES van der Jacob 1623-1673 **[5]**

$4 800 FF29 108 £2 928 A Rhenish Wooded Landscape with Travellers and Horsemen on a Path Oil/panel 59,5x84,5cm/*23x33in* New-York 98

DOES van der Simon 1653-c.1717 **[14]**

$4 663 FF27 397 £2 800 A Shepherdess and a Young Boy Watching Sheep Oil/canvas 45,5x64cm/*17x25in* London 97

$11 260 FF58 000 £7 020 Peasant Children with Sheep and Goats in a Landscape Oil/canvas 42,5x37,5cm/*16x14in* Wien 96

$2 200 FF11 308 £1 375 Paysage avec ruines, troupeau et figures Acuarela/papel 40x52cm/*15x20in* Buenos Aires 96

DOES van der Simon (Attrib.) 1653-c.1717 **[4]**

$2 060 FF12 336 £1 268 Landskap med herdar och boskap Oil/panel 20x27cm/*7x10in* Stockholm 98

DOES van der Willem 1889-1963 **[26]**

$464 FF2 691 £286 Berglandschap in Sumatra Oil/canvas/board 40x30cm/*15x11in* Den Haag 97

$2 329 FF13 956 £1 389 "Tandjoeng Priok, avond" Oil/canvas 45,5x60cm/*17x23in* Amsterdam 98

DOESBURG van Theo 1883-1931 **[7]**

$550 000 FF3 277 725 £337 260 Nature morte Oil/canvas 82x67,5cm/*32x26in* New-York 98

DOESER Jacobus Johannes 1884-1914 **[38]**

$271 FF1 668 £165 Frühlingsblumenstrauss Mischtechnik/Papier 64,5x49,5cm/*25x19in* Wien 98

DOEVE Eppo 1907-1982 **[8]**

$159 FF952 £97 "Wollie Bergère" Poster 119,5x83cm/*47x32in* Oostwoud 98

DOFFEGNIES Thomasine Adrienne 1865-1937 **[2]**

$370 FF2 227 £224 Bloemstilleven in aardewerken pot Gouache/paper 92,5x64cm/*36x25in* Den Haag 98

DOGARTH Erich Josef, Donau 1927 **[15]**

D

$1 840 FF10 868 £1 143 Lovely Floral Bouquet with Tulips, Roses, Iris, Jonquils and Butterfly Oil/masonite 51x40cm/*20x16in* Elgin, Illinois 97

$2 178 FF13 344 £1 316 Blumenstrauss in einer Glasvase Oil/panel 26,5x21cm/*10x8in* Wien 98

DOHAN Kaigetsudo XVII-XVIII **[1]**

$43 308 FF250 481 £26 000 A Courtesan Print 68,5x31,7cm/*26x12in* London 97

DOHANOS Stevan 1907-1994 **[26]**

$19 000 FF93 000 £12 020 Trailer park, cover for Saturday Evening Post Oil/masonite 91x71cm/*36x28in* New-York 95

$196 FF1 018 £116 Conn. Yankee Lithograph 30x24cm/*12x9in* Mystic, Connecticut 97

$950 FF4 690 £614 Maine coastal village Watercolour/paper 60x49cm/*24x19in* Mystic, Connecticut 96

DOHLMANN Augusta 1847-1914 **[34]**

$834 FF4 871 £514 Opstilling med hvide chrysantemum Oil/canvas 75x55cm/*29x21in* Viby J, Århus 97

DOHM Heinrich 1875-1940 **[17]**

$860 FF4 450 £550 A Reflection in the Mirror Oil/canvas 63x54cm/*24x21in* London 96

DOIG Peter 1959 **[1]**

$3 968 FF23 166 £2 400 Untitled Oil/canvas 30,5x40,5cm/*12x15in* London 97

DOIGNEAU Édouard 1865-1954 **[62]**

$2 320 FF11 800 £1 386 La halte des cavaliers Huile/toile 39x47cm/*15x18in* Soissons 96

$2 067 FF12 000 £1 262 Fantasia Huile/panneau 33x36cm/*12x14in* Paris 97

$2 760 FF15 807 £1 632 "36E Exposition Canine" Poster 159,5x119,5cm/*62x47in* New-York 97

$245 FF1 400 £151 Vue de Bourbon l'Archambault Aquarelle 22x30cm/*8x11in* Brest 97

DOISNEAU Robert 1912-1994 **[176]**

$901 FF5 350 £550 "Le canal Saint-Martin l'hiver et la nuit" Gelatin silver print 23x30cm/*9x12in* London 98

DOKOUPIL Jiri Georg 1954 **[72]**

$2 827 FF17 182 £1 696 Calcetines Técnica mixta/lienzo 81x100cm/*31x39in* Madrid 98

$5 175 FF29 325 £2 587 Dispersion auf nessel Olio/tela 170x197cm/*66x77in* Milano 98

$3 200 FF16 400 £1 944 Guggenheim Bronze H25cm/*H9in* New-York 96

$993 FF4 960 £649 Pears Mixed media/paper 105x75cm/*41x29in* Stockholm 95

DOLA Georges 1872-1950 **[20]**

$464 FF2 769 £280 "Royale Fraise, seul fabricant Fournier-Demars" Affiche 153,5x105cm/*60x41in* London 97

DOLAN Philip **[7]**

$458 FF2 666 £280 A still life of Blossom and a bird's nest Watercolour/paper 19x25cm/*7x9in* Billingshurst, West Sussex 97

DOLARD Camille 1810-1884 **[3]**

$4 443 FF27 158 £2 800 New Tricks Oil/canvas 70x53cm/*27x20in* London 97

DOLBY Edwin Thomas XIX-XX **[23]**

$4 163 FF24 206 £2 480 Chartres Cathedral Oil/canvas 65x45cm/*25x17in* Johannesburg 97

$400 FF2 212 £250 At Strasbourg Watercolour/paper 24,5x17cm/*9x6in* London 97

DOLCI Carlo 1616-1686 **[16]**

$231 300 FF1 310 700 £115 650 Adorazione dei Pastori Olio/tela 55,5x41cm/*21x16in* Milano 98

$707 238 FF4 187 442 £420 000 Christ in the House of the Pharisee Oil/canvas 176,5x224,5cm/*69x88in* London 97

DOLCI Carlo (Attrib.) 1616-1686 **[6]**

$4 000 FF23 584 £2 452 "Madonna Del Tito" Oil/panel 23,5x20cm/*9x7in* New-York 98

$7 510 FF38 500 £4 820 Santa Maria Maddalena Ol/Leinwand 77x64cm/*30x25in* Wien 96

$4 448 FF26 000 £2 714 Homme allongé Pierre noire 20x30,5cm/*7x12in* Paris 97

DOLE William 1917-1983 **[10]**

$3 500 FF21 752 £2 093 Idee-Fixe Watercolour 54x76cm/*21x29in* New-York 98

DOLICE Leon Louis 1892-1960 **[31]**

$500 FF2 918 £302 Downstown Manhattan from the Harbour Oil/masonite 60x86cm/*24x34in* New-York 97

$600 FF3 571 £372 New York in the Snow Pastel/paper 19x15cm/*7x5in* North Berwick, Maine 97

DOLL Anton 1826-1887 **[92]**

$3 267 FF18 555 £2 044 Bauernfamilie vor dem strohgedeckten Gehöft Oil/panel 25,5x22cm/*10x8in* München 97

$9 300 FF56 989 £5 553 Heimkehr von der Taufe Oil/canvas 42x65cm/*16x25in* Dresden 98

$1 307 FF7 422 £818 Gebirgssee mit Segelbooten und Fischerkahn am Ufer Aquarell/Papier

24x32cm/*9x12in* München 97
DOLLAND W. Anstey XIX-XX **[9]**
✏ *$3 111 FF18 060 £1 900* The Farewell Watercolour/paper 39,5x25cm/*15x9in* London 97
DOLLERSCHELL Eduard 1887-1948 **[13]**
✏ *$267 FF1 521 £164* Blühende Kastanien Aquarell/Papier 41,6x34,5cm/*16x13in* Köln 97
DOLLMAN John Charles 1851-1934 **[27]**
👝 *$4 424 FF21 640 £2 800* A New Friend Oil/canvas 51x76cm/*20x29in* London 95
✏ *$1 013 FF6 066 £620* "Hark! Hark! The Dogs Do Bark, The Beggars are coming to Town" Watercolour
25,5x63cm/*10x24in* Billingshurst, West Sussex 97
DOLLOND William Anstey 1858-1929 **[18]**
✏ *$3 294 FF20 273 £2 000* Classical Beauties Watercolour/paper 51x33cm/*20x12in* London 98
DOLLSCHEIN Anny 1893-1946 **[3]**
✏ *$1 221 FF6 250 £784* Still life Mixed media/paper 66x50cm/*25x19in* Wien 96
DOLPH John H. (Attrib.) 1835-1903 **[1]**
👝 *$4 600 FF26 682 £2 830* Three Puppies in a Basket Oil/canvas 45x60cm/*18x24in* Milwaukee, Wisconsin 97
DOLPH John Henry 1835-1903 **[33]**
👝 *$2 400 FF14 142 £1 482* Kittens playing with a Mouse Oil/canvas 34,5x51cm/*13x20in* New-York 97
👝 *$4 500 FF23 030 £2 913* The collector Oil/canvas 36x28cm/*14x11in* New-York 95
DOLPHIJN Victor, Vic 1909-1993 **[36]**
👝 *$899 FF4 630 £580* Dans l'étable Huile/toile 62x78cm/*24x30in* Bruxelles 96
DOLPHIJN Willem 1935 **[24]**
👝 *$1 911 FF11 361 £1 134* Nature morte sur une table Huile/panneau 49x59cm/*19x23in* Antwerpen 97
DOLS Jean 1909-1994 **[48]**
🗔 *$234 FF1 462 £140* La Maison Havard Eau-forte 25x16,5cm/*9x6in* Liège 98
DOM Paul 1885-? **[9]**
👝 *$9 500 FF46 900 £6 180* Le sculpteur Jules Lagae et sa famille Huile/toile 193x245cm/*75x96in*
Bruxelles 95
DOMBECK Philipp XIX-XX **[1]**
👝 *$9 048 FF53 564 £5 372* Blick auf München von Südwesten Öl/Leinwand 71x80cm/*27x31in* Dresden 97
DOMBROWSKI von Carl Ritter 1872-? **[22]**
👝 *$2 403 FF14 328 £1 491* Rehbock und Geiss auf Waldlichtung Öl/Leinwand 55x70cm/*21x27in* Wien 97
✏ *$1 480 FF7 720 £880* Rotwild auf der Waldlichtung Pastell/Karton 90x150cm/*35x59in* Wien 96
DOMELA César Nieuwenhuis 1900-1993 **[62]**
👝 *$1 716 FF10 000 £1 057* Composition abstraite Tempera 62x46cm/*24x18in* Paris 97
🗔 *$213 FF1 261 £127* Composition Lithograph 27,5x20,5cm/*10x8in* Haarlem 97
🗲 *$10 400 FF54 500 £6 250* Relief, composition Fabian, n°68 Relief 130x146cm/*51x57in* Paris 96
📷 *$2 550 FF13 000 £1 532* Sept photomontages Photo 59x44cm/*23x17in* Paris 96
✏ *$2 260 FF11 000 £1 430* Sans titre Technique mixte/papier 66x51cm/*25x20in* Paris 95
DOMELA Jan 1894-1973 **[7]**
👝 *$750 FF3 740 £492* Farmhouse beneath the Mountain Oil/canvas/board 31x41cm/*12x16in* San Francisco-
Los Angeles 95
DOMENICHINI Apollonio XVIII **[1]**
👝 *$16 680 FF82 000 £10 560* Venezia, Canale Grande Huile/toile 36x57cm/*14x22in* Zürich 95
DOMENICI Carlo 1898-1981 **[74]**
👝 *$660 FF3 740 £330* Carovana Olio/tela 37x46cm/*14x18in* Firenze 97
👝 *$900 FF5 100 £450* Paesaggio Pintura 15x19cm/*5x7in* Firenze 97
DOMENJOZ Raoul 1896-1978 **[32]**
👝 *$675 FF4 012 £412* Hafenansicht mit belebtem Quai und ankernden Schiffen Öl/Karton
23,5x28,5cm/*9x11in* Bern 98
👝 *$1 153 FF6 849 £698* Boote im Hafen Öl/Leinwand 38x45cm/*14x17in* Zürich 97
DOMERGUE Jean-Gabriel 1889-1962 **[1025]**
👝 *$3 452 FF20 500 £2 107* Jeune fille au bibi rose Huile/panneau 24x19cm/*9x7in* Le Touquet 98
👝 *$6 166 FF36 000 £3 729* Le foulard jaune Huile/toile 73x60cm/*28x23in* Paris 97
🗔 *$60 FF350 £38* La révérence Lithographie 60x40cm/*23x15in* Paris 97
🗲 *$3 256 FF20 000 £1 952* Tête d'Odile Domergue Bronze H36cm/*H14in* Lille 98
✏ *$1 190 FF6 000 £772* Femme espagnole Aquarelle 45x32cm/*17x12in* Paris 96

DOMINGO D. Alvarez Gómez 1942 **[6]**
$217 FF1 270 £128 Muchacha de perfil Pastel 61x50cm/*24x19in* Barcelona 97
DOMINGO FALLOLA Roberto 1883-1956 **[127]**
$3 630 FF21 725 £2 200 En las carreras Oleo/tabla 30x40,5cm/*11x15in* Madrid 98
$6 600 FF39 700 £4 100 Romería del Rocío Oleo/lienzo 50x61,5cm/*19x24in* Madrid 97
$780 FF4 020 £500 Manolete Tinta 30x21cm/*11x8in* Madrid 96
DOMINGO Roberto 1867-1956 **[11]**
$7 260 FF43 450 £4 400 Playa de Valencia Oleo/lienzo 28x39cm/*11x15in* Madrid 98
$3 960 FF23 820 £2 460 No hay quinto malo Gouache/carton 51,5x73,5cm/*20x28in* Madrid 97
DOMINGO Y MARQUES Francisco 1842-1920 **[74]**
$4 000 FF19 500 £2 530 The two Cavaliers Oil/panel 12x18cm/*4x7in* New-York 95
$21 700 FF124 000 £13 330 "Después del duelo" Oleo/lienzo 42x59cm/*16x23in* Madrid 97
$462 FF2 765 £287 Personaje masculino Pastel 22,5x16cm/*8x6in* Madrid 97
DOMINGUE Maurice 1918 **[71]**
$373 FF1 894 £223 "St-Henri, mon pays, mes amours !" Aquarelle/papier 46x61cm/*18x24in* Montréal 96
DOMINGUEZ BECQUER Valeriano 1834-1870 **[6]**
$3 630 FF21 725 £2 200 Pelando la pava Oleo/tabla 19x24,5cm/*7x9in* Madrid 98
DOMINGUEZ Oscar 1906-1958 **[350]**
$3 079 FF18 000 £1 879 Animaux Technique mixte 46x55cm/*18x21in* Paris 97
$6 470 FF33 500 £4 200 Composition con Pecere Oil/canvas 12x22cm/*4x8in* London 96
$36 700 FF190 000 £23 800 Les Amants Huile/panneau 120x180cm/*47x70in* Paris 96
$236 FF1 347 £144 La porte du Toril Farblithographie 48x32cm/*18x12in* Hamburg 97
$1 344 FF7 020 £800 "Bonne Année" Watercolour 14x21,5cm/*5x8in* London 96
DOMINGUEZ Y SANCHEZ Manuel 1839-1906 **[3]**
$3 087 FF18 762 £1 852 En el jardín Oleo/lienzo 34x44cm/*13x17in* Madrid 98
DOMINICI de A. XIX-XX **[2]**
$3 000 FF17 000 £2 000 Tramonto Olio/tela 98x70cm/*38x27in* Milano 97
DOMINICIS de Gino 1947 **[7]**
$18 000 FF102 000 £9 000 Senza titolo Olio/tavola 50x32,5cm/*19x12in* Prato 98
DOMINIQUE John August 1893-? **[12]**
$500 FF3 013 £302 Wooded landscape Oil/canvas/board 30x40cm/*12x16in* Pasadena, California 98
$1 000 FF6 020 £598 Mountain Scene Oil/canvas/board 40,5x51cm/*15x20in* San Francisco 98
DOMMERSEN William Raymond 1850-1927 **[139]**
$1 884 FF11 150 £1 149 Chiusi, Italy/Modena, Italy Oil/canvas 35,5x25,5cm/*13x10in* London 98
$3 601 FF20 972 £2 200 Schiedam on the Scheldt Oil/canvas 51x76cm/*20x29in* London 97
DOMMERSHUIJZEN Cornelis Christaan 1842-1928 **[44]**
$3 978 FF20 468 £2 482 The Old Harbour of Hoorn Oil/panel 26x35cm/*10x13in* Amsterdam 96
$26 178 FF157 423 £15 697 The Mozes and Aaron Church in Amsterdam, seen from the Botergracht
Oil/canvas 52x79cm/*20x31in* Amsterdam 98
$1 696 FF9 832 £1 000 Unloading The Catch, Sunset Watercolour 27x37,5cm/*10x14in* London 97
DOMMERSHUIJZEN Pieter Cornelis 1834-1908 **[117]**
$6 694 FF39 447 £4 000 "Hoorn on the Zuiderzee, Holland" Oil/panel 28x38cm/*11x14in* Glasgow 97
$15 210 FF88 845 £9 000 Doesburg on the Waal Oil/panel 45,1x65,4cm/*17x25in* London 97
$17 947 FF107 212 £11 000 St. Michael's Mount Oil/canvas 105,5x151cm/*41x59in* London 98
DOMOTO Hisao 1928 **[27]**
$4 140 FF20 000 £2 590 Sans titre Huile/toile 60x90cm/*23x35in* Paris 95
$11 000 FF56 600 £6 860 Solution de Continuite#16 Acrylic/canvas 114,5x147,5cm/*45x58in* San Francisco-
Los Angeles 96
$689 FF4 200 £418 "Réaction en Chaine" Gouache/papier 91x92cm/*35x36in* Paris 98
DOMOTO Insho 1891-1975 **[2]**
$2 200 FF13 064 £1 350 Untitled Ink/paper 58x70cm/*22x27in* New-York 97
DOMSAITIS Pranas 1880-1965 **[11]**
$802 FF4 761 £490 Anemones in a jug Oil/board 53x39cm/*20x15in* Cape Town 98
DOMSCHEIT Franz 1880-? **[1]**
$3 270 FF16 930 £2 090 "Vision" Öl/Leinwand 56x60cm/*22x23in* Heidelberg 96
DON Jean 1900-1985 **[7]**
$372 FF2 131 £220 "Jules Berry" Affiche 118x77cm/*46x30in* London 97
DONADONI Stefano 1844-1911 **[17]**

$3 000 FF17 000 £1 500 Via della Consolazione e il Foro Romano Olio/tela 74x54cm/*29x21in* Roma 98
$1 133 FF6 420 £566 Il Tevere a Castel Sant'Angelo Acquarello/carta 19x27,5cm/*7x10in* Roma 98
DONADONI Stefano XIX [4]
$3 808 FF23 000 £2 313 Vue du Forum Aquarelle/papier 32x62,5cm/*12x24in* Louviers 98
DONAGHY John 1838-1931 [4]
$7 000 FF36 540 £4 230 The Wasps'Nest Oil/canvas 46x63,5cm/*18x25in* New-York 96
DONALD John Milne 1819-1858 [10]
$5 325 FF32 258 £3 300 Fishing on a quiet River/Rocky Pool Oil/canvas 38x51cm/*14x20in* Perthshire 97
DONALDSON Andrew Benjamin 1840-1919 [8]
$131 FF795 £80 "Oudenaerde" Watercolour/paper 50x35cm/*20x14in* Par, Cornwall 98
DONALDSON David Abercrombie 1916 [5]
$6 140 FF30 300 £4 000 Cutty Sark and Tam O'Shanter at Maryhill Oil/canvas 107x102cm/*42x40in* London 95
$11 297 FF68 426 £7 000 Standing by a Window Oil/canvas 125,5x99cm/*49x38in* Perthshire 97
DONALDSON Kim 1952 [12]
$2 724 FF14 200 £1 800 Sable Pastel/paper 52x72,5cm/*20x28in* London 96
DONAS Marthe Tour-Donas 1885-1967 [20]
$3 654 FF22 750 £2 184 Le déjeuner Huile/carton 43x43cm/*16x16in* Bruxelles 98
$1 916 FF10 000 £1 158 Composition cubiste aux pipes Gouache 29x22,5cm/*11x8in* Paris 96
DONAT Frederick Reginald XIX-XX [8]
$1 793 FF10 452 £1 102 Mending the Net Oil/panel 52x42cm/*20x16in* Sydney 97
DONATI Enrico 1909 [29]
$1 200 FF5 810 £770 Curtain Call VII Mixed media/canvas 99x116cm/*38x45in* New-York 95
$3 500 FF20 045 £2 070 Antimagnetic Oil/canvas 127x101,5cm/*50x39in* New-York 97
DONCK Gerrit c.1600-c.1650 [3]
$8 500 FF50 535 £5 265 Portrait of a Family in an Interior Oil/panel 59x74cm/*23x29in* New-York 97
DONCRE Guillaume D. (Attr.) 1743-1820 [2]
$9 405 FF56 315 £5 777 Blumenstilleben Oil/canvas 41,5x34,5cm/*16x13in* Bern 98
DONCRE Guillaume Dominique 1743-1820 [7]
$1 797 FF10 500 £1 103 Sans titre Huile/toile 46x32cm/*18x12in* Saint-Dié 97
$2 523 FF15 000 £1 543 Amours aux flèches et fruits/Amours à la colombe Huile/panneau
100x67,5cm/*39x26in* Lille 97
DONDAINE Lucien 1926 [83]
$193 FF1 200 £121 La belle époque Huile/panneau 27x22cm/*10x8in* Châlons-sur-Marne 97
DONDUCCI IL MASTELLETTA Giovanni A. (Attrib) 1575-1655 [3]
$37 950 FF194 000 £25 000 The Gathering of Manna Oil/canvas 163x190cm/*64x74in* London 96
DONDUCCI IL MASTELLETTA Giovanni Andrea 1575-1655 [10]
$7 800 FF44 200 £3 900 Predica del Battista Olio/tela 43x33cm/*16x12in* Roma 97
$86 400 FF452 250 £58 050 Paesaggio con festa sul fiume/Paesaggio con scena di banchetto Olio/tela
97x120cm/*38x47in* Roma 96
$3 750 FF22 702 £2 284 The Preaching of St. John The Baptist Wash 34,5x22,5cm/*13x8in* New-York 98
DONELSON Earl XX [2]
$3 200 FF18 857 £1 976 White Lilies Oil/canvas 91,5x76cm/*36x29in* New-York 97
DONG BANGDA 1699-1769 [2]
$3 500 FF20 833 £2 172 Landscape Ink/paper 61x41cm/*24x16in* New-York 97
DONG QICHANG 1555-1636 [17]
$15 000 FF84 745 £9 441 Calligraphy in Xing Shu Ink/paper 23x571cm/*9x224in* New-York 97
DONG QIYU 1957 [2]
$3 236 FF16 650 £1 997 Rose Oil/canvas 88x58cm/*34x22in* Hong Kong 95
DONGEN van Kees 1877-1968 [621]
$2 005 FF11 709 £1 232 A Couple Oil/canvas/board 17,5x11cm/*6x4in* Amsterdam 97
$9 900 FF50 000 £6 430 Montmartre, la rue du Mont-Cenis, le soir Huile/toile 54,5x79,5cm/*21x31in*
Besançon 96
$765 000 FF4 000 000 £456 000 Trois femmes, ou Les Trois Grâces, ou Fluctuat Nec Mergitur Huile/toile
227x130cm/*89x51in* Paris 96
$656 FF4 000 £393 Brigitte Bardot Lithographie couleurs 58x44cm/*22x17in* Troyes 98

   $123 982 FF743 310 £75 000 Tête de femme Watercolour, gouache/paper 61x46cm/*24x18in* London 97
DONGHI Antonio 1897-1963 **[28]**
   $26 400 FF134 400 £15 600 Paesaggio, Casentino Olio/masonite 40x50cm/*15x19in* Milano 96
   $1 650 FF8 620 £975 Nudo allo specchio Matita/carta 16,5x24cm/*6x9in* Venezia 96
DONIN Christoph 1930 **[5]**
   $476 FF2 857 £289 "Dame mit kleinem Drachen" Oil/panel 46,5x33cm/*18x12in* Wien 98
DONNAY Auguste 1862-1921 **[39]**
   $896 FF5 196 £528 Péniche Huile/carton 25,5x39cm/*10x15in* Liège 97
   $4 130 FF21 370 £2 680 Soir d'Automne Huile/panneau 44x68,5cm/*17x26in* Liège 96
   $391 FF2 437 £234 Les damnés Mine plomb 22x14cm/*8x5in* Liège 98
DONNE Walter H. 1867-? **[3]**
   $10 632 FF61 963 £6 500 The First Communion Oil/canvas 101,5x152,5cm/*39x60in* London 97
DONNER Carl XX **[20]**
   $519 FF2 952 £320 Marsh Harrier and Mallard over a broad Watercolour 43x68cm/*17x27in* Aylsham, Norfolk 97
DONNER Matthäus 1704-1756 **[1]**
   $43 543 FF257 780 £25 856 Venus beweint den toten Adonis Bronze 31x43cm/*12x16in* Dresden 97
DONNER VON RICHTER Otto 1828-1911 **[4]**
   $8 715 FF50 000 £5 350 Rues animées de Pompéi Huile/toile 43x79,5cm/*16x31in* Paris 97
DONNINI Girolamo 1681-1743 **[1]**
   $2 114 FF12 322 £1 300 The Immaculate Conception Oil/copper 24x19cm/*9x7in* London 97
DONNY Désiré 1798-1861 **[7]**
   $3 510 FF18 060 £2 190 A Coastal Scene with a Fishermen's Family by a Beached Sailing-Vessel Oil/canvas 39,5x59,5cm/*15x23in* Amsterdam 96
   $6 422 FF37 512 £3 800 Fishing boats at low tide Oil/panel 25,4x35,3cm/*10x13in* London 97
DONOHO Gaines Ruger 1857-1916 **[3]**
   $9 500 FF56 146 £5 884 The Close of Day, Moonlit Beachscape Oil/canvas 50x76cm/*20x30in* New Orleans, Louisiana 97
DONOVAN Edward 1768-1837 **[10]**
   $105 FF632 £65 Curruca rabilarga/Lavandera blanca/Pinzón real/Alcaudon dorsirrojo Grabado 21x13cm/*8x5in* Madrid 97
DONOVAN Phoebe 1902 **[4]**
   $6 523 FF38 461 £4 000 Mitchelstown, Co. Cork Oil/canvas 63,5x75cm/*25x29in* London 98
DONZÉ Numa 1885-1952 **[21]**
   $7 950 FF41 300 £5 250 Basler Münster mit Rhein Öl/Leinwand 155x252cm/*61x99in* Bern 96
DONZÉ Paul 1891-1954 **[9]**
   $574 FF2 797 £364 Monte Caprino Öl/Leinwand 64x63cm/*25x24in* Bern 95
DONZEL Charles 1824-1889 **[10]**
   $698 FF4 200 £417 Les lavandières Aquarelle/papier 22,5x33cm/*8x12in* Neuilly-sur-Seine 98
DONZELLI Bruno 1941 **[42]**
   $540 FF3 060 £270 Interno italiano Acrilico/tela 40x60cm/*15x23in* Prato 98
DOOLITTLE Amos 1754-1832 **[3]**
   $25 000 FF153 280 £15 295 Splendid Victories Gained by the United States Frigates Engraving 24,5x40cm/*9x15in* New-York 98
DOOLITTLE Harold Lukins 1883-1974 **[2]**
   $500 FF2 994 £306 "Canyon Twilight" Etching 21x29cm/*8x11in* Altadena, CA 97
DOOMER Lambert c.1623-1700 **[11]**
   $69 963 FF422 494 £42 000 An Interior with Peasants Singing and Dancing Around a Table Oil/panel 42,5x62,5cm/*16x24in* London 98
   $15 000 FF92 080 £9 190 Ruined thatched Hut Leaning against a Farm House, Landscape beyond Ink 17,5x24cm/*6x9in* New-York 98
DOOMER Lambert (Attrib.) c.1623-1700 **[1]**
   $5 139 FF30 000 £3 108 Les bergers se reposant dans un paysage valloné avec une forteresse Huile/panneau 28,5x40cm/*11x15in* Paris 97
DOOMS Vic 1912 **[9]**
   $1 415 FF8 175 £870 Nature morte aux oignons Huile/panneau 20x23cm/*7x9in* Antwerpen 97
DOOREN van Edmond 1895-1965 **[39]**

$607 FF3 577 £376 Soleil couchant sur la mer Huile/toile 100x110cm/*39x43in* Antwerpen 97
DOORN van Tinus, Jnr. 1905-1940 **[9]**
$1 694 FF8 600 £1 103 Eve Ink 18x18cm/*7x7in* Amsterdam 96
DOORNIK van Jan XVIII **[1]**
$7 940 FF41 500 £4 800 Extensive river landscape with windmills and a ferry boat Oil/panel 44x57cm/*17x22in* London 96
DOOYEWAARD Jaap Jacob 1876-1969 **[43]**
$1 340 FF7 632 £831 Interieur met vrouw Oil/canvas 35,5x26,5cm/*13x10in* Amsterdam 97
$1 583 FF9 019 £983 A mountain village in summer, Norway Oil/canvas 81x86cm/*31x33in* Amsterdam 97
DOOYEWAARD Willem 1892-1980 **[61]**
$726 FF3 680 £473 Camels near a city wall, North Africa Oil/canvas 62,5x48cm/*24x18in* Amsterdam 96
$1 200 FF6 140 £778 Horses by a truck Oil/canvas 30x40cm/*11x15in* Amsterdam 95
$2 300 FF11 660 £1 498 The gloves Charcoal 66x31cm/*25x12in* Amsterdam 96
DOPPELMAYR Friedrich Wilhelm 1776-c.1850 **[3]**
$1 869 FF11 062 £1 125 Marterl unter grossem Baum Ink/paper 32,5x40cm/*12x15in* Lindau 98
DORAZIO Pietro 1927 **[325]**
$3 000 FF17 000 £2 000 Eliseo I Olio/tela 25x25cm/*9x9in* Vercelli 97
$6 610 FF33 000 £4 305 Stop Olio/tela 70x35cm/*27x13in* Milano 95
$16 800 FF95 200 £11 200 Majora II°, 1984 Acrilico/tela 130x160cm/*51x62in* Prato 97
$208 FF1 216 £126 Composizione Farbserigraphie 70x55cm/*27x21in* Zürich 97
$1 954 FF11 565 £1 200 Komposition Gouache 36,5x45cm/*14x17in* München 98
DORCHIN Yaacov 1946 **[11]**
$1 600 FF8 290 £1 040 Peace Dove Bronze H47cm/*H18in* Tel Aviv 96
DORÉ Armand 1824-c.1882 **[4]**
$7 599 FF46 000 £4 664 Retour du bal Huile/toile 65x112cm/*25x44in* Bordeaux 98
DORÉ Gustave 1832-1883 **[197]**
$1 870 FF11 629 £1 179 Chateau on an Alpine Lake Oil/canvas/board 26x34cm/*10x13in* New Orleans, Louisiana 97
$7 167 FF44 000 £4 391 Paysage animé au crépuscule, Dame et Virgile aux enfers Huile/toile 90x57cm/*35x22in* Avranches 98
$48 604 FF290 000 £29 319 "Le sacrifice de Jephté" Huile/toile 327x491cm/*128x193in* Paris 97
$2 500 FF14 810 £1 509 The Madonna and Child Bronze H48cm/*H19in* Bloomfield Hills, Michigan 97
$82 FF500 £49 Personnages Crayon/papier 49x36,5cm/*19x14in* Rennes 98
DORÉ Jacques **[6]**
$11 673 FF72 464 £7 000 The Painter's Studio Oil/canvas 71x96cm/*27x37in* London 98
$1 355 FF8 125 £830 Femme devant son miroir Pastel/papier 75x61cm/*29x24in* Antwerpen 97
DOREN van Emile 1865-1949 **[13]**
$2 690 FF16 240 £1 610 Crépuscule Huile/toile 43x66cm/*16x25in* Bruxelles 98
DOREN van Raymond 1906 **[9]**
$2 062 FF12 225 £1 282 Vase fleuri de glaïeuls Pastel/carton 119x88cm/*46x34in* Bruxelles 97
DORFI Albert Dorfinant 1881-1976 **[11]**
$810 FF4 800 £484 "Quinquina Duhomard" Affiche 80x118cm/*31x46in* Paris 97
DÖRFLINGER Hans 1941 **[4]**
$309 FF1 842 £192 Tarot Lithographie 55x44cm/*21x17in* Stuttgart 97
DORIGNAC Georges 1879-1925 **[13]**
$1 606 FF8 000 £1 051 Le Câlin Huile/toile 81x101cm/*31x39in* Bordeaux 95
DORIGNY Louis 1654-1742 **[3]**
$855 FF5 000 £522 Trois muses Sanguine 30x27cm/*11x10in* Paris 97
DORIGNY Michel 1617-1685 **[6]**
$17 000 FF104 357 £10 415 Satyr holding up a Drapery: Design for a Ceiling Black, red & white chalks 32x28cm/*12x11in* New-York 98
DORIGNY Michel (Attrib.) 1617-1665 **[7]**
$9 663 FF55 000 £5 978 Vénus et l'Amour Huile/toile 60x50,5cm/*23x19in* Paris 97
DÖRING Adam Lude, Rudolf 1925 **[20]**
$1 246 FF6 220 £814 Zwei Hände vor Kopf Acrylic/panel 25,5x25,5cm/*10x10in* München 95
$163 FF971 £101 Spannung Farblithographie 43x57,8cm/*16x22in* Stuttgart 97

✎ *$852 FF5 035* £529 Der Kuss Watercolour 25x24cm/*9x9in* Pforzheim 97
DORIS Michail Papageorgiou 1896-1987 **[10]**
👁 *$1 644 FF8 570* £993 At the beach Oil/cardboard 60x80cm/*23x31in* Athens 96
DORIVAL Georges, Géo 1879-1968 **[71]**
▥ *$6 468 FF40 000* £3 852 "Vers le Mont-Blanc par St. Gervais et le Col de Voza" Affiche 100x62cm/*39x24in* Paris 98
DORIVAL Paul (Attrib.) 1604-1684 **[2]**
👁 *$28 500 FF140 000* £18 360 Corbeilles de raisin parmi les feuillages sur un entablement Huile/toile 60x77cm/*23x30in* Cannes 96
DORN Albert 1904-1965 **[1]**
✎ *$1 900 FF9 840* £1 270 Invasion of Normandy, illustration for U.S. Army Medical Corps Watercolour 33x39cm/*13x15in* New-York 96
DÖRNBERGER Karl 1864-1940 **[20]**
👁 *$4 810 FF24 060* £3 116 Børn på molen Soon Oil/canvas 34x45cm/*13x17in* København 96
👁 *$13 181 FF78 968* £7 879 Fra Vallö Oil/canvas 106x141cm/*41x55in* Oslo 98
DORNE Albert 1904-1965 **[1]**
✎ *$1 800 FF9 220* £1 094 Football coach sending in replacement player (story illustration) Watercolour 36x33cm/*14x13in* New-York 96
DORNE van Martin 1736-1808 **[3]**
👁 *$5 576 FF34 000* £3 400 Flowers in a glass Vase with Blackcurrants on a Ledge Oil/canvas 53x43cm/*20x16in* London 98
DÖRNER Ehrard XX **[3]**
👁 *$3 244 FF18 885* £2 000 "Raureifäste" Email/panneau 29,8x22,2cm/*11x8in* London 97
📷 *$5 515 FF32 105* £3 400 "Wäsche auf Leine" Silver print 28,7x22,7cm/*11x8in* London 97
DORNER Johan Jakob I 1741-1813 **[3]**
👁 *$3 625 FF19 000* £2 180 Portrait de Rembrandt Huile/cuivre 19x15cm/*7x5in* Paris 96
👁 *$5 500 FF27 370* £3 500 Antiochus and Stratonice Oil/panel 53x38,5cm/*20x15in* London 95
✎ *$5 850 FF30 600* £3 483 Blick auf den Staffelsee gegen Osten Watercolour 27x39cm/*10x15in* München 96
DORNER Johann Conrad 1809-1866 **[3]**
👁 *$1 848 FF10 980* £1 099 Edmond Baron von Lüdinghausen-Wolff im Alter von 15 Jahren Öl/Leinwand 15,5x12,5cm/*6x4in* München 97
DORNER Johann Jakob II 1775-1852 **[21]**
👁 *$7 730 FF38 300* £4 920 Wasserfall bei Kreuth mit rastendem Hirtenjungen Öl/Leinwand 42x38cm/*16x14in* Heidelberg 95
☞ *$41 032 FF251 422* £24 502 Wassermühle an einem Hochgebirgsfluss Oil/canvas 72x81cm/*28x31in* Dresden 98
✎ *$2 776 FF16 583* £1 699 Ansicht der Wallfahrtskapelle Birkenstein bei Fischbachau Watercolour/paper 25x33,5cm/*9x13in* München 98
DORNICKE van Jan, Maître de 1518 XVI **[3]**
👁 *$31 200 FF160 700* £20 000 The Adoration of the Magi Oil/panel 80x48,5cm/*31x19in* London 96
DORNY Bertrand 1931 **[28]**
▥ *$66 FF400* £39 Le grand Ouglon Carborandum 59x48,5cm/*23x19in* Neuilly-sur-Seine 98
DORO Theo 1896-1973 **[6]**
▥ *$1 600 FF8 150* £960 "Sports d'Hiver dans les Vosges" Poster 98x63cm/*38x24in* New-York 96
DORPH Anton Lauritz Johan. 1831-1914 **[29]**
👁 *$252 FF1 241* £163 Calvary Oil/canvas 36x26cm/*14x10in* København 95
👁 *$4 570 FF23 100* £3 000 On the lake Oil/canvas 71x100cm/*27x39in* London 96
DORPH Bertha Green 1875-1960 **[17]**
👁 *$823 FF5 101* £491 Ung kvinde i profil Oil/panel 49x34cm/*19x13in* København 98
DORPH Niels Vinding 1862-1931 **[12]**
👁 *$1 168 FF6 819* £706 Portrait of three sisters Oil/canvas 66x90cm/*25x35in* Viby J, Århus 97
DÖRR Carl 1777-1842 **[3]**
▥ *$3 180 FF15 500* £2 012 "Gegend bei Burgdorf" Aquatinte 25,6x39cm/*10x15in* Bern 95
DÖRR Ferdinand 1880-1968 **[48]**
▥ *$81 FF503* £48 Titisee Etching 19x25cm/*7x9in* Heidelberg 98
DORR Nell 1893-1988 **[2]**
📷 *$700 FF4 146* £422 Nest/Sea Grapes Silver print 23x18cm/*9x7in* New-York 97

DORRÉE Émile 1883-1959 **[11]**
    $869 FF5 000 £534 Les hauteurs de Digulleville Aquarelle 31,5x59cm/*12x23in* Cherbourg 97
DÖRRIES Bernhard 1898-? **[1]**
    $2 936 FF17 797 £1 800 Küchenstilleben Oil/canvas 55x70,5cm/*21x27in* Hamburg 98
DORSCH Ferdinand 1875-1938 **[9]**
    $711 FF4 236 £422 Stilleben mit Rosen Oil/panel 46x60cm/*18x23in* München 97
DORSEY William 1942 **[44]**
    $800 FF4 096 £487 Eucalyptus Coastal Oil/canvas 30x40cm/*12x16in* Altadena, CA 96
    $950 FF5 581 £570 Flowered Eucalyptus Landscape Oil/canvas 50x40cm/*20x16in* Altadena, CA 97
DORVILLE Noël XIX-XX **[6]**
    $1 182 FF7 000 £707 "Société la Française, Paris" Affiche 111x151cm/*43x59in* Paris 97
DOTARO Jean XX **[13]**
    $218 FF1 300 £132 Port de Sauzon Aquarelle 48x40cm/*18x15in* Entzheim 97
DOTREMONT Christian 1922-1983 **[56]**
    $3 970 FF19 520 £2 530 Kunsten... Oil/paper/canvas 102x72cm/*40x28in* Köbenhavn 95
    $10 676 FF63 968 £6 368 "Sortilèges" Oil/canvas 114x146cm/*44x57in* Amsterdam 98
    $231 FF1 408 £140 Komposition Lithograph 75x56cm/*29x22in* Köbenhavn 98
    $720 FF4 235 £444 Composition Encre Chine/papier 27,5x21cm/*10x8in* Liège 97
DOTTI Pietro 1833-? **[1]**
    $1 450 FF7 110 £943 Tempio di Vesta, Roma Acquarello/carta 38x49cm/*14x19in* Roma 95
DOTTORI Gerardo 1884-1977 **[33]**
    $4 200 FF23 800 £2 800 Paesaggio Olio/cartone 30,5x38,5cm/*12x15in* Prato 97
    $26 344 FF149 286 £17 563 Incendio città Tecnica mista/tavola 55x49cm/*21x19in* Milano 97
    $2 446 FF13 861 £1 223 Natività Grafite 46,5x35,5cm/*18x13in* Roma 98
DOU Gerrit 1613-1675 **[7]**
    $52 650 FF309 790 £32 500 Junger Künstler Oil/panel 31x25cm/*12x9in* Wien 97
DOU Gerrit (Attrib.) 1613-1675 **[5]**
    $34 000 FF193 732 £20 825 A Young Artist sketching a bronze Statue of Orpheus and Cerberus Oil/panel 31x25cm/*12x9in* New-York 97
DOUBEK Frantisek Bohumil 1865-? **[13]**
    $4 785 FF29 000 £2 934 Une journée à Marienbad Aquarelle, gouache/papier 45x70cm/*17x27in* Saint-Germain-en-Laye 98
DOUCET Henri Lucien 1856-1895 **[6]**
    $11 150 FF57 700 £7 200 Mlle. Galli-Marié in the role of Carmen Oil/canvas 193x84cm/*75x33in* London 96
DOUCET Jacques 1924-1994 **[169]**
    $869 FF4 500 £564 Sans titre Huile 38x32cm/*14x12in* Paris 96
    $1 119 FF6 800 £673 Composition Technique mixte 52x39cm/*20x15in* Versailles 98
    $10 634 FF63 000 £6 369 French Graffiti Huile/toile 195x97cm/*76x38in* Versailles 97
    $163 FF958 £100 Abstract composition Color lithograph 62,8x47,6cm/*24x18in* London 97
    $6 419 FF39 000 £3 864 Composition Gouache 76x100cm/*29x39in* Versailles 98
DOUELLE Johan 1745-1793 **[1]**
    $31 730 FF190 000 £18 962 Trompe-l'oeil avec une carte à jouer, un journal, une lettre... Huile/toile 47x35,5cm/*18x13in* Monte-Carlo 98
DOUGHERTY Paul 1877-1947 **[27]**
    $2 000 FF11 954 £1 212 Rocky Coast Oil/board 30,5x40,6cm/*12x15in* San Francisco-Los Angeles 97
    $3 500 FF21 071 £2 094 Coastal Scene in Moonlight Oil/canvas 66x92,5cm/*25x36in* San Francisco 98
DOUGHTY Thomas 1793-1856 **[20]**
    $13 000 FF74 370 £8 113 View on the Hudson Near West Point Oil/canvas 81x122cm/*31x48in* Boston, Mass. 97
    $16 000 FF83 500 £9 660 Fishing Oil/board 24,5x27cm/*9x10in* New-York 96
DOUGLAS Andrew 1871-1935 **[4]**
    $3 550 FF21 505 £2 200 Milking in a Meadow Watercolour 54x77cm/*21x30in* Perthshire 97
DOUGLAS Edward Algernon S. c.1850-c.1920 **[15]**
    $3 500 FF21 186 £2 068 A false start/going to weigh Oil/board 71x26cm/*27x10in* New-York 98
    $10 000 FF49 200 £6 440 Hunting scene: Crossing the road Oil/panel 23x31cm/*9x12in* New-York 95
    $4 000 FF20 370 £2 400 Flat racing/Steeple chasing Watercolour 13x10cm/*5x3in* London 96

DOUGLAS Edwin 1848-1914 **[19]**

   $325 FF1 943 £200 Standing Terrier in Landcape Oil/canvas 20x27cm/*8x11in* Cranbrook, Kent 98

   $6 436 FF37 401 £3 800 "Winter" Oil/canvas 35,5x53,5cm/*13x21in* London 97

   $9 016 FF53 970 £5 551 Landskap med plöjande män och arbetshästar Oil/canvas 108x153cm/*42x60in* Stockholm 98

DOUGLAS Neil 1911 **[1]**

   $19 440 FF117 754 £12 045 Two tables with 20 hand painted ceramic tiles Ceramic 41x51,5cm/*16x20in* Melbourne 97

DOUGLAS Stan 1959 **[1]**

   $2 314 FF13 513 £1 400 Here Lies Shmoo Photograph in colour 61x51cm/*24x20in* London 97

DOUGLAS William 1780-1832 **[5]**

   $2 941 FF17 612 £1 800 Hastings D'Oyly Baillie, 1823-1844 Miniature 10x7cm/*3x2in* London 97

   $1 893 FF11 537 £1 130 Portrait of a Child at Play Watercolour/paper 25x21cm/*9x8in* London 98

DOUGLAS William Fettes 1822-1891 **[9]**

   $680 FF3 470 £450 "Shame on you" Oil/canvas 86x111,5cm/*33x43in* Glasgow 96

   $3 802 FF22 794 £2 300 The Serenade Oil/canvas 26,5x31,5cm/*10x12in* Glasgow 97

DOUGY Édouard 1912-1989 **[27]**

   $379 FF1 900 £240 L'île du Petit Prince Huile/toile 81x65cm/*31x25in* Paris 95

DOUKAS Hector 1885-1969 **[7]**

   $3 101 FF18 518 £1 900 A Field with Ducks Oil/canvas 60x81cm/*23x31in* London 97

DOUKAS Ionnis 1838-1916 **[1]**

   $7 370 FF38 200 £4 930 Prince Constantine the First Oil/canvas 52x42cm/*20x16in* Athens 96

DOUMET Zacharie Félix 1761-1818 **[8]**

   $1 771 FF10 242 £1 100 Les récréations du peuple portuguais Gouache/paper 24,5x17cm/*9x6in* Exeter, Devon 97

DOUMONT Edmond 1879-? **[2]**

   $5 600 FF32 680 £3 420 La brodeuse Huile/toile 117x89cm/*46x35in* Bruxelles 97

DOUSA Henry c.1820-c.1900 **[2]**

   $60 000 FF367 872 £36 708 Portrait of the Prize Steer William Allen Oil/canvas 84x122cm/*33x48in* New-York 98

DOUTRELEAU Pierre 1938 **[37]**

   $1 586 FF8 200 £1 028 Canal Huile/toile 46x65cm/*18x25in* Reims 96

DOUVEN Jan Frans 1656-1727 **[5]**

   $25 270 FF128 500 £15 100 Bildnis eines Fürsten Öl/Leinwand 77x64cm/*30x25in* Köln 96

DOUW van Simon J. (Attrib.) c.1630-c.1680 **[4]**

   $3 295 FF18 864 £1 946 The Conversion of Saint Paul Oil/panel 25x38cm/*9x14in* Amsterdam 97

DOUW van Simon Johannes c.1630-c.1680 **[19]**

   $4 371 FF25 974 £2 600 A cavalry skirmish outside a church Oil/copper 29x28cm/*11x11in* London 97

   $6 450 FF38 535 £4 000 Landscape with a Hawking Party Oil/canvas 60x84cm/*23x33in* London 97

DOUZETTE Fritz 1878-1955 **[6]**

   $1 664 FF10 060 £996 Mädchen mit Hund Oil/panel 25,5x19cm/*10x7in* München 98

DOUZETTE Louis, Carl Ludwig 1834-1924 **[42]**

   $2 310 FF12 070 £1 376 Mondschein am Meeresstrand Oil/panel 26x26cm/*10x10in* Wien 96

   $2 540 FF13 160 £1 640 Moulins en Hollande au clair de lune Oil/canvas 63x97cm/*24x38in* København 96

DOVA Gianni 1925-1991 **[188]**

   $3 300 FF18 700 £2 200 Uccello sul ramo Olio/tela 40x30cm/*15x11in* Vercelli 97

   $5 100 FF28 900 £3 400 "Testa" Olio/tela 50x40cm/*19x15in* Milano 98

   $8 100 FF45 900 £4 050 "Alba a Giverny" Olio/tela 145x116cm/*57x45in* Prato 97

   $1 499 FF8 498 £749 Senza titolo Tempera/carta 24,5x35,5cm/*9x13in* Milano 97

DOVASTON Margaret 1884-? **[22]**

   $2 795 FF16 224 £1 650 Time Out for a Smoke, a Cavalier and Friend Leaning on a Harbour Wall Oil/panel 37x28cm/*14x11in* London 97

   $12 500 FF60 900 £7 910 His Stradivarius Oil/canvas 51x68cm/*20x26in* New-York 95

DOVE Arthur Garfield 1880-1946 **[34]**

   $210 000 FF1 226 631 £128 919 Wind (No.3) Oil/board 39x53cm/*15x20in* New-York 97

   $230 000 FF1 361 761 £136 574 George Gershwin, "Rhapsody in Blue", Part I Mixed media 30x25cm/*11x9in* New-York 97

   $10 000 FF57 770 £6 164 Boat Watercolour 21x27,5cm/*8x10in* New-York 97

DOVERA Achille 1838-1895 **[13]**
 $2 400 FF13 600 £1 600 Spiaggia con barche e pescatori Olio/tela 27,5x36cm/*10x14in* Milano 97
 $10 011 FF60 453 £6 000 Isola Bella Oil/canvas 43x73cm/*16x28in* London 98
DOVIANE Auguste 1825-1887 **[5]**
 $12 689 FF73 601 £7 500 La bataille de Waterloo Oil/canvas 56x74cm/*22x29in* London 97
DOW Arthur Wesley 1857-1922 **[21]**
 $1 600 FF8 096 £1 052 Colorful scene of river passing under arched bridge Oil/panel 12x7cm/*5x3in* Cincinnati, Ohio 96
 $90 909 FF536 972 £56 490 Winter Landscape of a Sunset Oil/canvas 45x81cm/*18x32in* Downington, PA 97
 $1 300 FF7 719 £787 A stone bridge over a river Woodcut in colors 5x10cm/*2x4in* Lambertville, NJ 97
 $8 000 FF47 505 £4 884 Water Meadows at Sunset Watercolour 27x36,5cm/*10x14in* Boston, Mass. 98
DOW Jim 1942 **[4]**
 $1 500 FF8 756 £892 The American League Stadiums Print 25x60cm/*9x23in* New-York 97
DOW van Simon Johannes c.1630-c.1680 **[1]**
 $4 200 FF22 000 £2 526 Combat de cavalerie Huile/panneau 47x63,5cm/*18x25in* Paris 96
DOWD Robert 1934-1995 **[13]**
 $2 875 FF17 267 £1 716 Shredded Five Acrylic 34x71cm/*13x27in* San Francisco 98
 $6 325 FF37 987 £3 777 Six Presidents, a triptych Oil/canvas 147x296cm/*57x116in* San Francisco 98
DOWELL Charles Rennie ?-1935 **[4]**
 $2 500 FF13 305 £1 474 Feeding the ducks, a Summer afternoon Oil/canvas 76,2x63,2cm/*29x24in* New-York 97
DOWLING Robert Hawke 1827-1886 **[3]**
 $7 103 FF43 025 £4 401 The Consultation Oil/canvas 92x71,5cm/*36x28in* Melbourne 97
DOWNARD Ebenezer Newman c.1810-c.1890 **[3]**
 $5 890 FF30 500 £3 800 Followers of the Drum Oil/canvas 46x35cm/*18x13in* London 96
DOWNER Nathan XVIII **[1]**
 $19 450 FF112 887 £12 000 Portrait of William Walrond and his sister Margaret Oil/canvas 164x195cm/*64x76in* London 97
DOWNES Rackstraw 1939 **[4]**
 $7 000 FF35 900 £4 250 Portland Water District Wastewater Treatment Plant Oil/canvas 26x111,5cm/*10x43in* New-York 96
DOWNES Thomas Price XIX-XX **[1]**
 $6 580 FF33 740 £4 000 The Last Moments of the Princess Elizabeth, daughter of Charles I Oil/canvas 51x61cm/*20x24in* London 96
DOWNIE John Patrick 1871-1945 **[11]**
 $491 FF2 851 £300 Cottage Interior Oil/canvas 25,5x35,5cm/*10x13in* London 97
 $3 855 FF23 253 £2 300 "A Springtime Pastoral, Ayrshire Coast" Oil/canvas 36x54cm/*14x21in* West Lothian 98
DOWNIE Patrick 1854-1945 **[36]**
 $1 653 FF9 910 £1 000 A Silvery Sea, off Arran Oil/board 25x35cm/*9x13in* Glasgow 97
 $991 FF5 946 £600 The Schooner and the Pilot, Firth of Clyde Watercolour 25x36cm/*9x14in* Glasgow 97
DOWNING Delapoer XIX-XX **[9]**
 $3 788 FF23 314 £2 300 "Make a Wish" Oil/canvas 76x53,5cm/*29x21in* London 98
 $18 270 FF92 200 £12 000 A Marriage in the Fleet Oil/canvas 96,5x135cm/*37x53in* London 96
DOWNMAN John 1750-1824 **[74]**
 $6 070 FF30 900 £4 000 Portrait of Lt. Col. F. Downman Oil/canvas 74x62cm/*29x24in* London 96
 $5 893 FF35 059 £3 500 Portrait of George John Spencer, Viscount Atrhorp Oil/copper 23x19cm/*9x7in* London 97
 $1 836 FF10 996 £1 130 Portrait of a Lady Watercolour/paper 17,5x15,5cm/*6x6in* London 98
DOWNMAN John (Attrib.) 1750-1824 **[8]**
 $977 FF5 914 £595 Portrait of a young Wonam with an Elaborate Hat Oil/canvas 35x27cm/*14x11in* New-York 98
DOYEN Gabriel François 1726-1806 **[8]**
 $1 327 FF6 800 £806 Le Triomphe de Flore Mine plomb 28x51cm/*11x20in* Bayeux 96
DOYLE Charles Altamont 1832-1893 **[15]**

*$1 499 FF8 670 £900 Flight of Fancy Ink 25x71cm/*9x27in* London 97
DOYLE Richard 1824-1883 **[25]**
*$4 664 FF26 974 £2 800 Elaborate border Incorporating Miniature Scenes and Mythological Watercolour 24x19cm/*9x7in* London 97
DOYLE Sam 1906-1987 **[4]**
*$3 250 FF19 929 £1 988 Untitled Enamel/canvas 110,5x71cm/*43x27in* New-York 98
DOYLE W. D'Arcy [9]
*$1 132 FF6 651 £679 The Rainmaker Oil/board 60x50cm/*23x19in* Sydney 97
DRACHKOVITCH-THOMAS Albert 1928 **[19]**
*$1 270 FF6 500 £771 Le hameau sous l'orage Huile/panneau 25x55cm/*9x21in* Bayeux 96
DRACHMANN Holger 1846-1908 **[68]**
*$580 FF3 518 £351 Landskab med ålöb Oil/canvas 22x30cm/*8x11in* Köbenhavn 98
*$5 936 FF35 148 £3 552 Sejlskibe i hård sö Oil/canvas 85x120cm/*33x47in* Köbenhavn 97
*$365 FF2 208 £230 Både ved stranden Wash/paper 20x28cm/*7x11in* Köbenhavn 97
DRAGHI Giovanni E. (Attrib) 1654-1712 **[4]**
*$8 700 FF49 300 £4 350 Ringraziamento di Costantino dopo la vittoria Olio/tela 71x97cm/*27x38in* Firenze 98
DRAHONET Alexandre J. Dubois 1791-1834 **[7]**
*$7 030 FF35 760 £4 200 Portrait of a Lady, small full length Oil/canvas 35x27cm/*13x10in* London 96
*$2 430 FF12 400 £1 600 A Capriccio View of Rome, with the Temple of vesta in the background Bodycolour 41x29,5cm/*16x11in* London 96
DRAINS Georges A. XIX-XX **[6]**
*$1 030 FF5 250 £618 La Sumalite Gouache/papier 30x41cm/*11x16in* Bruxelles 96
DRAMARD de Georges 1839-1900 **[4]**
*$18 560 FF114 550 £11 020 La recolección de manzanas en los alrededores de Houlgate Oleo/lienzo 107x162cm/*42x63in* Madrid 98
DRANSY Jules Isnard 1883-c.1945 **[12]**
*$828 FF4 945 £500 "Les pâtes aux oeufs frais Per'Lustucru" Affiche 159x108cm/*62x42in* London 97
DRAPER Herbert James 1864-1920 **[7]**
*$31 200 FF156 000 £20 200 Dancing Nymphs and Bacchants Oil/canvas 156x215cm/*61x84in* Köbenhavn 96
*$50 000 FF298 865 £30 605 The Water Nixie Oil/canvas 61x114,5cm/*24x45in* New-York 97
DRAPER William Franklin 1912 **[4]**
*$1 700 FF10 216 £1 018 Bay of Bantry Oil/canvas 71x71cm/*27x27in* New-York 98
DRAPPIER Edmond XIX-XX **[7]**
*$5 420 FF31 496 £3 200 A Farmer and Plough Horse Bronze 33,5x49cm/*13x19in* London 97
DRAYTON Grace Gebbie 1875-1936 **[5]**
*$1 495 FF8 562 £884 "Scribner's Fiction Number" Poster 37x52,5cm/*14x20in* New-York 97
DREBBEL Cornelius 1572-1634 **[1]**
*$2 990 FF15 630 £1 780 Variarum Gentium Ornatus Engraving 2x15cm/*x5in* Hamburg 96
DREBER Heinrich 1822-1875 **[12]**
*$5 942 FF36 888 £3 583 Italienische Landschaft mit jungem Bauernpaar bei einer Quelle Öl/Leinwand 41x32cm/*16x12in* Heidelberg 98
*$455 FF2 373 £266 Italienisches Bergdorf/Felsige Landschaft Pencil/paper 31,5x46,5cm/*12x18in* Berlin 96
DRECHSLER Johann Bapt. (Attr.) 1756-1811 **[7]**
*$6 565 FF40 227 £3 920 Rosen, Primeln, Lilien, Wicken und andere Blüten in einer Balustervase Oil/canvas 72,5x54,5cm/*28x21in* Dresden 98
*$5 170 FF26 450 £3 316 Assorted flowers in an urn Mixed media/paper 63x50cm/*24x19in* Wien 96
DRECHSLER Johann Baptist 1756-1811 **[9]**
*$35 000 FF182 000 £23 150 Floral Still Life Oil/panel 73x58cm/*28x22in* New-York 96
DRECHT van Johannes 1737-1807 **[3]**
*$9 160 FF45 700 £6 000 Putti Oil/canvas 88x196cm/*34x77in* London 95
DREESEN Walter XX **[1]**
*$30 360 FF156 700 £20 120 Balinese landscape with dancers Oil/cardboard 41x32cm/*16x12in* Amsterdam 96
DREGER von Tom 1868-1949 **[13]**
*$1 162 FF6 711 £716 Erzherzogin Maria Josepha (Mutter Kaiser Karls) Öl/Leinwand 120x81cm/*47x31in*

Wien 97
DREI Ercole 1886-1973 **[7]**
  $1 920 FF10 880 £960 Piazzetta a Grottammare Olio/faesite 33,5x45cm/*13x17in* Roma 98
  $2 160 FF12 240 £1 440 Bagante Bronzo H32,5cm/*H12in* Roma 97
DRESSER Rod 1933 **[1]**
  $2 500 FF14 425 £1 532 "Calla Lilies, Diptych I, Pebble Beach, California" Photograph
49,5x59,5cm/*19x23in* New-York 97
DRESSLER Adolf 1833-1881 **[7]**
  $1 420 FF8 724 £852 Sommertag an einem See Öl/Leinwand 21x28cm/*8x11in* Köln 98
  $4 691 FF27 724 £2 905 "Wiesjska droga" Oil/canvas 86,5x101cm/*34x39in* Warszawa 97
  $7 922 FF46 107 £4 882 Wooded river landscape Oil/canvas 198x151cm/*77x59in* Warszawa 97
DRESSLER August Wilhelm 1886-1970 **[25]**
  $227 FF1 186 £133 Der Schumacher Etching 24,6x21,6cm/*9x8in* Berlin 96
DRESSLER Franz Vinzenz 1918 **[10]**
  $1 297 FF7 644 £801 In der Wachau Tempera/paper 50x39,5cm/*19x15in* Wien 97
DRESSLER Friedrich W. Albert 1822-1897 **[2]**
  $3 505 FF17 230 £2 230 Klosterruine im Mondschein Öl/Leinwand 49x61cm/*19x24in* Bremen 95
DREUX de Alfred 1810-1860 **[70]**
  $5 887 FF35 000 £3 601 Sonneur à cheval Huile/toile 47x32cm/*18x12in* Limoges 97
  $8 874 FF51 000 £5 426 Les courses Huile/toile 72x90cm/*28x35in* Paris 97
  $6 200 FF32 100 £4 000 The runaway horse Watercolour 24x33cm/*9x12in* London 96
DREUX de Alfred (Attrib.) 1810-1860 **[10]**
  $3 816 FF20 000 £2 296 Portrait présumé du duc de Chartres enfant Huile/panneau 25,5x20cm/*10x7in*
Monaco 96
  $664 FF3 900 £406 Sans titre Aquarelle/papier 18x34cm/*7x13in* Bourges 97
DREVET Joannès 1854-1940 **[44]**
  $271 FF1 600 £160 Paysage à la rivière Aquarelle/papier 12x22cm/*4x8in* Lyon 97
DREVET Paul XIX **[3]**
  $4 030 FF20 500 £2 410 Fleurs et cascade Huile/toile 65x54cm/*25x21in* Lyon 96
DREVET Pierre 1663-1738 **[9]**
  $185 FF934 £121 Adrienne le Couvreur Engraving 40x28cm/*16x11in* Pittsburgh, PA 96
DREVILLE André Georges 1872-? **[5]**
  $873 FF5 000 £533 "Terrot & Cie., Dijon, parfaite monture..." Affiche 118x158cm/*46x62in* Nice 97
DREW Clement 1806-1889 **[19]**
  $700 FF4 255 £431 Long Island Light, Boston Harbor Oil/canvas 22x30cm/*9x12in* Plainville, Conn. 98
  $4 000 FF22 792 £2 498 Seeking Safe Harbors Oil/canvas 60x91cm/*24x36in* Boston, Mass. 97
DREW Clement (Attrib.) 1806-1889 **[5]**
  $3 300 FF20 345 £1 971 Three-masted ship in stormy seas Oil/canvas 56x76cm/*22x30in* East Dennis,
Mass. 97
DREW George W. 1875-1968 **[35]**
  $600 FF3 407 £375 "The Oak Tree" Oil/canvas 25x30cm/*10x12in* New-York 97
  $1 200 FF7 121 £744 A Sunny Day, Ronda, Spain Oil/canvas 61x91,5cm/*24x36in* New-York 97
DREW John XX **[1]**
  $3 750 FF19 220 £2 280 Western couple, cover for Western Story Oil/canvas 88x62cm/*35x24in* New-
York 96
DREWES Werner 1899-1985 **[80]**
  $1 830 FF9 490 £1 190 Berglandschaft Öl/Papier 20,4x17,5cm/*8x6in* München 96
  $2 200 FF11 480 £1 330 Chickory Flowers in the Catskills Oil/canvas 43x61,5cm/*16x24in* New-York 96
  $291 FF1 743 £178 "Ecce Homo III" Woodcut 25,3x21,2cm/*9x8in* Hamburg 98
  $478 FF2 783 £294 Capernica Watercolour 39x55cm/*15x22in* St. Louis, Miss. 97
DREWS Kai 1884-1964 **[113]**
  $204 FF1 231 £123 En hyrdedreng passer får Oil/canvas 67x98cm/*26x38in* Viby J, Århus 98
  $348 FF2 037 £211 Strandparti fra Skagen Oil/canvas 33x48cm/*12x18in* Viby J, Århus 97
DREYER Dankvart 1816-1852 **[12]**
  $5 920 FF35 180 £3 520 Parti fra mose, i forgrunden siv, i baggrunden store traeer, sommer Oil/canvas
30x39cm/*11x15in* Köbenhavn 97

☞ *$15 260 FF80 000 £9 180* La tonte des moutons Huile/panneau 25,5x51,5cm/*10x20in* Paris 96
DROOGSLOOT Josst Corn. (Attr.) 1586-1666 **[4]**
☞ *$6 270 FF32 000 £4 160* Musicien dans un village Huile/panneau 34x50cm/*13x19in* L'Isle-Adam 96
DROOGSLOOT Josst Cornelisz 1586-1666 **[77]**
☞ *$6 500 FF39 346 £3 878* Villagers Making Merry outside an Inn Oil/panel 37,5x49,5cm/*14x19in* New-York 97
☞ *$13 500 FF70 000 £8 910* Village animé Huile/panneau 31,5x46cm/*12x18in* Saint-Dié 96
☞ *$32 900 FF168 300 £21 100* Weite holländische Dünenlandschaft Öl/Leinwand 102x135cm/*40x53in* Wien 96
DROST Willem c.1630-1678 **[6]**
☞ *$120 000 FF621 000 £76 700* A soldier, buckling his belt, a helmet on a table nearby Oil/canvas 101,5x82,5cm/*39x32in* New-York 96
✐ *$3 344 FF17 000 £1 996* Homme/Couple de profil Encre 11,5x10cm/*4x3in* Paris 96
DROUAIS François H. (Attrib) 1727-1775 **[7]**
☞ *$7 834 FF45 000 £4 878* Portait d'enfant lisant les Fables de la Fontaine Huile/toile 73x60cm/*28x23in* Paris 97
DROUAIS François H. (Studio) 1727-1775 **[2]**
☞ *$9 620 FF50 000 £6 370* Portrait de Marie-Antoinette à l'âge de dix-sept ans Huile/toile 64,5x54,5cm/*25x21in* Paris 96
DROUAIS François Hubert 1727-1775 **[14]**
☞ *$35 000 FF213 283 £21 322* Portrait of a Lady said to be Marquise d'Herbouville Oil/canvas 117x87cm/*46x34in* New-York 98
DROUAIS Jean Germain 1763-1788 **[4]**
☞ *$10 000 FF49 400 £6 460* An "Académie", a Male Nude as Mars Oil/canvas 183x127cm/*72x50in* New-York 96
✐ *$2 925 FF16 997 £1 800* A View of Grotta Ferrata Black chalk/paper 12,5x19cm/*4x7in* London 97
DROUIN Jean-Pierre 1782-1861 **[6]**
☞ *$868 FF4 500 £573* Portrait d'homme de qualité en redingote bleue à la Légion d'Honneur Miniature 7,8x6,8cm/*3x2in* Paris 96
DROULERS Robert 1920-1994 **[8]**
☞ *$1 347 FF8 000 £816* Composition Huile/toile 130x89cm/*51x35in* Marcq-en-Baroeul 97
DROUNGAS Achilleas 1940 **[1]**
☞ *$10 611 FF63 352 £6 500* A Still Life with Flowers and Fruits Oil/canvas 160x180cm/*62x70in* London 97
DROUOT Edouard 1859-1945 **[147]**
🖎 *$1 805 FF10 908 £1 085* Hercules Wrestling with the Nemean Lion Bronze H66cm/*H25in* Johannesburg 98
🖎 *$4 150 FF21 200 £2 734* La Belle Orientale Marbre H88cm/*H34in* Mayenne 96
DROWN William Staples ?-1915 **[12]**
☞ *$4 700 FF28 415 £2 909* St. Augustine Street Oil/canvas 35x45cm/*14x18in* Mystic, Connecticut 97
DROZDOVA Elena 1951 **[7]**
☞ *$235 FF1 400 £144* La basse-cour Huile/toile/carton 27x22cm/*10x8in* Enghien 97
DRTIKOL Frantisek 1883-1961 **[113]**
📷 *$2 000 FF10 320 £1 280* Woman with skull Bromoil print 24x29cm/*9x11in* New-York 96
DRÜCK Hermann 1856-1931 **[22]**
☞ *$2 916 FF17 402 £1 759* Blick über die Hasenbergsteige auf das nächtliche Stuttgart Oil/canvas/panel 85x118cm/*33x46in* Stuttgart 97
DRUCKER Mort XX **[36]**
✐ *$1 000 FF5 952 £611* "Jaw'D Too", MAD No.204 Ink 56x42cm/*22x16in* New-York 98
DRUET Antoine 1857-1921 **[10]**
☞ *$2 670 FF13 000 £1 690* Site des Palais de Patan à Katmandou, Népal Huile/toile 74x94cm/*29x37in* Reims 95
DRUILLET Philippe 1944 **[16]**
✐ *$950 FF4 800 £623* L'Arrivée Gouache 28x42cm/*11x16in* Paris 96
DRUKS Michael 1940 **[38]**
☞ *$1 600 FF9 726 £985* Nude Acrylic/panel 85,5x59,5cm/*33x23in* Tel Aviv 98
▥ *$400 FF2 431 £246* Druksland Print in colors 40x34cm/*15x13in* Tel Aviv 98
✐ *$120 FF622 £78* Man in an armchair Watercolour 21,5x16,5cm/*8x6in* Tel Aviv 96

DRUMAUX Angelina 1881-1959 **[31]**
   $509 FF2 943 £313 Vue du lac de Garde, Sirmione Huile/panneau 21,5x27cm/*8x10in* Bruxelles 97
   $1 492 FF8 496 £915 Roses variées Huile/toile 65x54cm/*25x21in* Bruxelles 97
DRUMMOND Arthur 1871-1951 **[10]**
   $35 000 FF176 800 £23 000 An Allegory of the British Empire Oil/canvas 305x209cm/*120x82in* London 96
   $41 180 FF253 420 £25 000 Making Attar of Roses in Old Greek Temple Oil/canvas 91,5x66,5cm/*36x26in*
London 98
DRUMMOND James 1816-1877 **[18]**
   $2 480 FF12 830 £1 600 The Pet Gull Oil/canvas 61x51cm/*24x20in* London 96
   $895 FF5 397 £550 An Old Salt and a companion, a pair Watercolour/paper 44,5x34,5cm/*17x13in*
London 98
DRUMMOND Malcolm 1880-1945 **[13]**
   $1 980 FF10 000 £1 300 The Mode Oil/canvas 43x33cm/*16x12in* London 96
   $6 698 FF41 042 £4 000 Two Girls Reading Oil/canvas 51x76cm/*20x29in* London 98
DRUMMOND Samuel 1785-1844 **[3]**
   $1 469 FF8 571 £900 Portrait of Mrs Charlotte Jennings and her son John Oil/canvas 40,5x30cm/*15x11in*
London 97
   $4 534 FF26 717 £2 800 "Minna Troil" Oil/canvas 92,5x71cm/*36x27in* London 97
DRURY Alfred Ed. Briscoe 1856-1944 **[12]**
   $3 583 FF20 932 £2 200 A Seated Boy Bronze H28,5cm/*H11in* London 97
DRURY Paul Dalou 1903 **[10]**
   $227 FF1 178 £150 The farmyard Etching 11,5x19cm/*4x7in* London 96
DRYBERG Charles 1932-1990 **[15]**
   $121 FF730 £72 Portrait surréaliste Lavis/papier 65x52cm/*25x20in* Antwerpen 98
DRYDEN Ernst Deutsch 1883-1938 **[9]**
   $2 300 FF13 173 £1 360 "Tabarin" Poster 93,5x68,5cm/*36x26in* New-York 97
DRYDEN Helen XX **[2]**
   $1 300 FF7 589 £773 A Night on the Town Watercolour/paper 46x35,5cm/*18x13in* New-York 97
DRYER Moira 1957-1992 **[12]**
   $7 500 FF43 554 £4 581 Untitled Oil/wood 122x155cm/*48x61in* New-York 97
DRYSDALE Alexander John 1870-1934 **[162]**
   $1 800 FF10 869 £1 093 Bayou at Early Morning Mixed media/board 29x44cm/*11x17in* New Orleans,
Louisiana 98
   $7 600 FF45 346 £4 584 Moonlit Bayou with Pirogue Oil/board 45x60cm/*18x24in* New Orleans,
Louisiana 97
   $14 000 FF83 532 £8 444 Autumn Bayou Oil/canvas 90x161cm/*35x63in* New Orleans, Louisiana 97
   $349 FF2 041 £206 Landscape with a Pond Charcoal/paper 34x44cm/*13x17in* Boston, Mass. 97
DRYSDALE George Russell 1912-1981 **[66]**
   $239 264 FF1 449 280 £148 256 The Red Shirt Oil/canvas 76x101,5cm/*29x39in* Melbourne 97
   $1 000 FF6 030 £614 Aboriginies Lithograph 56x78cm/*22x30in* Sydney 98
   $3 744 FF21 857 £2 310 Aboriginal stockman Ink 28x15,2cm/*11x5in* Melbourne 97
DU BOIS Guy Pène 1884-1958 **[57]**
   $8 500 FF50 444 £5 271 Portrait of seated Woman Oil/canvas 99x77cm/*38x30in* New-York 97
   $10 000 FF58 411 £6 139 The Dancer Oil/canvas 40,5x30,5cm/*15x12in* New-York 97
   $75 000 FF444 052 £44 535 Old Styles and New Oil/canvas 145,5x114,5cm/*57x45in* New-York 97
   $550 FF3 346 £334 Nude Studies Watercolour 27x18cm/*11x7in* Elgin, Illinois 98
DU CAMP Maxime 1822-1894 **[16]**
   $684 FF4 000 £405 Jérusalem, la porte dorée, planche No. 118 Tirage papier salé 23x16cm/*9x6in* Paris 97
DU PASSAGE Arthur Marie, comte 1838-1900 **[26]**
   $2 244 FF11 500 £1 364 Jeanne d'Arc ayant rempli sa missiion offre son étendard à Dieu Bronze
H86cm/*H33in* Paris 96
   $4 810 FF23 500 £3 050 Arabean Godolphin Bronze H17,5cm/*H6in* Paris 95
   $1 859 FF11 500 £1 107 Projet d'éventail: la chasse à courre Encre 35,5x71,5cm/*13x28in* Paris 98
DU PELOUX Benoît 1961 **[6]**
   $482 FF2 500 £319 Battue de faisans Encres couleurs 40,5x26cm/*15x10in* Paris 96
DU TOIT Paul 1922-1986 **[7]**
   $1 578 FF9 450 £966 Namaqualand Landscape Oil/canvas/board 32x47cm/*12x18in* Cape Town 97
DUAN ZHENZHONG 1944 **[2]**

☞ *$4 920 FF25 200 £2 986* Village at dawn Oil/canvas 96x96cm/*37x37in* Hong Kong 96
DUASSUT Curtius XIX-XX **[13]**
✎ *$1 302 FF7 360 £820* A Country Cottage Garden Watercolour/paper 18x29cm/*7x11in* Newcastle-upon-Tyne 97
DUBAN Félix 1797-1870 **[3]**
✎ *$3 275 FF19 011 £2 000* Frontispiece of the commemorative Wedding album of Duke of Montpensier Watercolour, gouache 43,5x62cm/*17x24in* London 97
DUBASTY Adolphe Henri 1814-1884 **[7]**
☞ *$757 FF4 500 £462* David et Goliath Huile/toile 24x19cm/*9x7in* Paris 98
☞ *$5 340 FF28 000 £3 214* Maternité Huile/panneau 46x37cm/*18x14in* Calais 96
DUBAUT Pierre Olivier 1886-1968 **[80]**
✎ *$491 FF3 000 £304* Rencontre au bois Aquarelle/papier 24x26cm/*9x10in* Deauville 97
DUBAY Pierre 1942 **[3]**
✎ *$1 590 FF8 000 £1 028* Arrivée du Grand Prix Aquarelle 40x54cm/*15x21in* Deauville 95
DUBBELS Hendrick Jacobsz. 1620/21-1676 **[10]**
☞ *$9 161 FF52 986 £5 500* Shipping Scene with Stormy Skies Oil/canvas 34,5x45,5cm/*13x17in* London 97
DUBOC A. XIX **[1]**
✎ *$1 755 FF10 000 £1 096* Couple de commerçants Aquarelle, gouache/papier 19x17cm/*7x6in* Lille 97
DUBOIS A. XIX **[3]**
✎ *$1 937 FF11 000 £1 212* Portrait d'une fillette portant un écureuil et un chat dans paniers Crayon/papier 24,5x19cm/*9x7in* Paris 97
DUBOIS D'AISSCHE Louis 1822-1864 **[4]**
☞ *$6 864 FF39 147 £4 176* A procession halting by a Farmhouse Oil/panel 115x149,5cm/*45x58in* Rumbeke (Kortrijk) 97
DUBOIS Ernest Henri 1863-1931 **[5]**
🖎 *$6 847 FF41 000 £4 206* Le Fauconnier Bronze 69x43cm/*27x16in* Paris 98
DUBOIS Guillam 1610-1680 **[10]**
☞ *$4 135 FF24 040 £2 525* Weite Landschaft mit Reisenden Oil/wood 38x48cm/*14x18in* Wien 97
DUBOIS Hippolyte Henri P. 1837-1909 **[3]**
☞ *$7 641 FF46 422 £4 600* Dans la prairie Oil/canvas 38x58cm/*14x22in* London 98
DUBOIS Jean 1789-1849 **[13]**
▥ *$156 FF906 £92* Nidau/Habitation de J.J. Rousseau dans l'île de St. Pierre Lithographie 8,5x12cm/*3x4in* Bern 97
DUBOIS Jules 1888-1958 **[8]**
☞ *$169 FF981 £103* Canal Huile/toile 35x50cm/*13x19in* Bruxelles 97
DUBOIS Paul 1859-1938 **[19]**
🖎 *$1 790 FF11 000 £1 073* Buste de femme Terracotta 44x46x30,5cm/*17x18x12in* Paris 98
DUBOIS Paul 1829-1905 **[65]**
🖎 *$169 FF1 005 £103* Wasserverkäufer Bronze 21x9x4cm/*8x3x1in* Köln 97
🖎 *$4 509 FF27 000 £2 770* L'arlequin joueur de mandoline Bronze H85cm/*H33in* Calais 98
DUBOIS Paul Elie 1886-1949 **[24]**
☞ *$6 020 FF30 000 £3 940* Tebelhouit, fille de l'Aménokal Ackamouck, Hoggar Huile/panneau 65x50cm/*25x19in* Paris 95
▥ *$352 FF2 100 £212* "Le Chant du Hoggar" Affiche 80,5x59cm/*31x23in* Paris 97
✎ *$1 506 FF7 500 £986* Portrait de femme, Nefta Encre Chine 30x25cm/*11x9in* Paris 95
DUBOIS Raphaël 1888-? **[52]**
☞ *$1 007 FF5 020 £660* Nu au tambourin Huile/toile 81x62cm/*31x24in* Bruxelles 95
☞ *$5 560 FF28 440 £3 600* Nus devant l'étang Huile/toile 141x180cm/*55x70in* Bruxelles 95
DUBOIS Roger Maximilien 1894-1918 **[2]**
☞ *$3 457 FF20 196 £2 046* Landshapn met huis Oil/cardboard 21,5x25,5cm/*8x10in* Den Haag 97
DUBOIS Simon Du Bois 1632-1708 **[4]**
✎ *$4 004 FF24 430 £2 400* Study of a Lady and a Negro Boy Ink 12x9,5cm/*4x3in* London 98
DUBOIS-PILLET Albert 1845-1890 **[17]**
☞ *$9 970 FF49 200 £6 500* Vase de fleurs Oil/canvas 81x65cm/*31x25in* London 95
☞ *$10 600 FF55 000 £7 000* Promenade à cheval Huile/toile 100x140cm/*39x55in* Saint-Dié 96
☞ *$23 194 FF136 765 £14 222* Paysage à l'écluse, soleil levant Huile/toile/panneau 25x31cm/*9x12in*

Genève 98

✏ *$5 761 FF35 000 £3 468* Paysage avec Cathédrale au bord d'une rivière Dessin 13,5x20,5cm/*5x8in* Paris 98

DUBORD Jean-Pierre 1949 **[139]**

☞ *$689 FF3 500 £411* Rouen, le soir sur la seine Huile/toile 22x27cm/*8x10in* Le Havre 96

☞ *$1 055 FF5 500 £663* La Fête de la mer Huile/toile 38x55cm/*14x21in* Grenoble 96

DUBOULOZ Jean Aug. Dubouleau 1800-1870 **[3]**

☞ *$12 000 FF71 216 £7 350* Le départ/Le retour Oil/canvas 100,5x81,5cm/*39x32in* New-York 97

DUBOURCQ Pierre Louis 1815-1873 **[3]**

✏ *$15 453 FF89 904 £9 465* Untitled Watercolour 31x46cm/*12x18in* Amsterdam 97

DUBOURG Alexandre XX **[8]**

☞ *$771 FF4 000 £450* Portrait de jeune garçon Huile/toile 17x23cm/*6x9in* Honfleur 97

DUBOURG Louis Alexandre 1825-1891 **[15]**

☞ *$3 865 FF19 500 £2 510* Honfleur, les anciens marins du Poudreux Huile/toile 21,5x30cm/*8x11in* Paris 96

☞ *$28 000 FF165 583 £16 987* An Afternoon on the Beach at Trouville Oil/canvas 33,5x59,5cm/*13x23in* New-York 98

DUBOURG Louis Fabricius 1693-1775 **[14]**

☞ *$11 990 FF70 449 £7 200* A Bacchanalian Feast Oil/canvas 69x92cm/*27x36in* London 97

✏ *$745 FF4 446 £449* Christ preaching Ink 33,3x27,2cm/*13x10in* London 97

DUBOURG Matthew XVIII-XIX **[8]**

▥ *$2 778 FF16 634 £1 700* Views of the Remains of Ancient Buildings in Rome Aquatint 29,5x37cm/*11x14in* London 97

DUBOUT Albert 1906-1978 **[60]**

▥ *$521 FF3 100 £313* "Arênes Joyeuses, Film de Maurice de Canonge avec Fernand Reynaud" Affiche 157x114cm/*61x44in* Paris 97

⚒ *$974 FF5 500 £597* Joueur de boules Bronze H46cm/*H18in* Paris 97

✏ *$579 FF3 300 £355* Le traquenard Stylo bille 22,5x32,5cm/*8x12in* Paris 97

DUBOVSKOIJ Nikolaj Nikanorovich 1859-1918 **[11]**

☞ *$4 000 FF21 000 £2 400* Approaching storm Oil/canvas 46x71cm/*18x27in* London 96

DUBREUIL Chéri Francois M. 1828-? **[16]**

☞ *$4 682 FF29 099 £2 800* Off Montevideo Oil/canvas 45,5x75,5cm/*17x29in* London 98

☞ *$9 850 FF51 000 £6 360* Marine Huile/toile 158x198cm/*62x77in* Biarritz 96

DUBREUIL Pierre 1891-1970 **[17]**

▥ *$184 FF950 £119* Le Bois d'Amour, Pont-Aven Burin 23x30cm/*9x11in* Quimper 96

DUBREUIL Pierre 1872-1944 **[32]**

▣ *$35 000 FF213 545 £20 979* Un Geste Platinum print 20x24,5cm/*7x9in* New-York 98

DUBREUIL Victor XIX-XX **[2]**

☞ *$260 000 FF1 350 000 £172 000* Money to Burn Oil/canvas 61x81cm/*24x31in* New-York 96

DUBRUNFAUT Edmond 1920 **[5]**

▥ *$1 943 FF10 634 £1 163* Jeune fille au paon Tapisserie 200x104cm/*78x40in* Bruxelles 97

DUBUC Jean-Louis 1946 **[27]**

☞ *$896 FF5 100 £552* Billard Huile/toile 55x46cm/*21x18in* Arles 97

☞ *$1 900 FF9 500 £1 240* Promenade automnale Huile/toile 41x33cm/*16x12in* Provins 96

DUBUC Roland 1924 **[325]**

☞ *$216 FF1 100 £130* Notre-Dame Huile/toile 55x65cm/*21x25in* Neuilly 96

☞ *$596 FF3 400 £372* Caudebec Les Elbeuf sous la neige Huile/toile 35x27cm/*13x10in* Le Havre 97

✏ *$250 FF1 500 £149* Voiliers Aquarelle/papier 50x64cm/*19x25in* Pontoise 98

DUBUCAND A.E. le Fils XIX-XX **[2]**

⚒ *$3 460 FF20 500 £2 052* L'ânier du Caire Bronze 32x26cm/*12x10in* La Grand'Combe 97

DUBUCAND Alfred 1828-1894 **[127]**

⚒ *$247 FF1 500 £152* Faisan Bronze 20x28,5x8cm/*7x11x3in* Orléans 98

DUBUFE Claude-Marie 1790-1864 **[23]**

☞ *$3 350 FF16 950 £2 200* Le duc et la duchesse de Dino Oil/canvas 51x43cm/*20x16in* London 96

☞ *$10 040 FF51 000 £6 590* La Vierge et l'Enfant Huile/toile 145x104cm/*57x40in* Lille 96

DUBUFE Claude-Marie (Attr.) 1790-1864 **[5]**

☞ *$6 832 FF40 000 £4 224* Portrait de jeune fille à la palette Huile/toile 79x64cm/*31x25in* Paris 97

DUBUFE Edouard L. 1820-1883 **[25]**

☞ *$3 404 FF17 000 £2 224* Petite fille au ruban bleu Huile/toile 55,5x46cm/*21x18in* Paris 95

☞ *$14 005 FF82 000 £8 659* Portrait du baron Achille Seillière à son bureau Huile/toile

137,5x102,5cm/*54x40in* Paris 97
DUBUFE Edouard M. Guillaume 1853-1909 **[30]**
- *$303 FF1 800 £183* Portrait de jeune fille Huile/toile 46x37cm/*18x14in* Paris 97
- *$490 FF2 800 £301* Retrato de dama Pastel 54x38cm/*21x14in* Madrid 97
DUBUFFET Jean 1901-1985 **[1025]**
- *$4 760 FF24 000 £3 090* Jeune femme dans un lit sous une tenture rouge Huile/toile 60x73cm/*23x28in* Lyon 96
- *$54 600 FF285 400 £32 500* Scène de campagne Oil/canvas 21x24cm/*8x9in* Köln 96
- *$260 000 FF1 549 470 £159 432* Arbust d'appartement Acrylic/panel 226x65x76cm/*88x25x29in* New-York 98
- *$149 FF900 £90* "Peintures, Cercle Volney" Affiche 48x64cm/*18x25in* Paris 98
- *$62 800 FF317 000 £41 000* Table de collation Sculpture 60x70x40cm/*23x27x15in* London 96
- *$108 300 FF568 000 £65 000* Figure, 20 Février Sculpture H109,6cm/*H43in* London 96
- *$19 000 FF93 000 £12 020* Dialogue sous le Palmier aux Oiseaux I Watercolour, gouache/paper 31x24cm/*12x9in* New-York 95
DUBUIS Fernand 1908-1991 **[14]**
- *$70 FF400 £43* Composition Gouache/papier 16x23cm/*6x9in* Paris 97
DUBUISSON Alexandre 1805-1870 **[14]**
- *$1 085 FF6 500 £664* Paysage à la maison forte Huile/toile 26x36cm/*10x14in* Lyon 97
- *$3 750 FF23 277 £2 248* Travelers Outside The Tavern Oil/canvas 35x53cm/*14x21in* Mystic, Connecticut 98
DUBUS Henry Barthélémy 1851-? **[1]**
- *$1 418 FF8 699 £882* Bord de la Seine "Quai d'un Fleuve" Oil/canvas 26x44,5cm/*10x17in* Melbourne 97
DUC Edmond Eug. 1856-? **[26]**
- *$83 FF500 £51* L'entrée de la ferme à Montgerault (Val d'Oise) Crayons couleurs/papier 29x23cm/*11x9in* Auvers sur Oise 98
DUCATEZ Raymond XX **[6]**
- *$407 FF2 105 £260* "Le Fèli 45, Félix Pernod" Poster 160x117cm/*62x46in* London 96
DUCE Alberto 1916 **[17]**
- *$900 FF5 128 £562* Ceiling painting for the spaish embassy Oil/canvas 91x106cm/*36x42in* Bethesda, Maryland 97
DUCHAMP Marcel 1887-1968 **[96]**
- *$3 223 FF16 670 £2 090* The Chocolate Grinder, from The Large Glass and Related Works Volume I Etching 26x33,5cm/*10x13in* London 96
- *$4 976 FF29 000 £3 065* Rotorelief Construction H37,5cm/*H14in* Paris 97
- *$6 570 FF34 000 £4 260* Objets et Monts de Piété Crayon 54x46,5cm/*21x18in* Paris 96
DUCHAMP Suzanne 1889-1963 **[26]**
- *$1 402 FF8 000 £856* Fonds marins Huile/toile 73x91cm/*28x35in* Paris 97
- *$462 FF2 700 £273* Nu à l'arbre en fleur Aquarelle 62,5x47,5cm/*24x18in* Paris 97
DUCHAMP-VILLON Raymond 1876-1918 **[14]**
- *$18 020 FF90 000 £11 770* Les Amants Plâtre 68x101cm/*26x39in* Paris 95
DUCHATEL François (Attrib.) 1616/25-1679/94 **[3]**
- *$2 832 FF16 000 £1 745* Portrait de François Meyne, seigneur de Cavoort Huile/toile 85x66cm/*33x25in* Tarbes 97
DUCHEIN Paul 1930 **[5]**
- *$874 FF5 000 £545* Le voyage interrompu Assemblage 43x55x15,5cm/*16x21x6in* Paris 97
DUCHEMIN Victoire actif 1864-1879 **[1]**
- *$2 819 FF17 500 £1 699* La plage de Fécamp Huile/toile 38x47cm/*14x18in* Le Havre 98
DUCHENNE DE BOULOGNE Guillaume Benjamin 1806-1875 **[2]**
- *$10 092 FF60 000 £6 252* "Mécanisme de la Physionomie Humaine" Tirage albuminé 12x9cm/*4x3in* Chartres 97
DUCHERE DE VERE H. XIX **[1]**
- *$3 350 FF17 030 £2 000* A young beauty Oil/canvas 51x42cm/*20x16in* London 96
DUCHESNE DES ARGILLIERS J-B. Duch. de Gisors 1770-1856 **[4]**
- *$5 010 FF30 000 £2 994* Charle X Miniature 11x8cm/*4x3in* Lille 98
DUCIS Louis 1775-1847 **[5]**
- *$8 170 FF42 700 £4 940* Le tombeau de Virgile devant le Vésuve Huile/toile 90x108cm/*35x42in*

Bruxelles 96
DUCK Jacob 1600-1660 **[20]**
   $14 994 FF88 669 £9 000 A soldier sleeping in a Guardsroom, with other Figures nearby Oil/panel
30,5x30cm/*12x11in* London 97
   $31 994 FF189 431 £19 000 Elegant Compagny making Music in an Interior Oil/canvas
64x81,5cm/*25x32in* London 97
DUCK Jacob (Attrib.) 1600-1660 **[4]**
   $8 406 FF49 950 £5 000 An Interior with a gentleman smoking a Clay pipe Oil/canvas 37x30cm/*14x11in*
London 97
DUCKER Eugen Gustav 1841-1916 **[12]**
   $394 FF2 346 £241 Abendhimmel über der Heide Öl/Karton 30x38cm/*11x14in* Köln 97
   $3 351 FF20 525 £2 000 An Extensive Coastal Landscape at Low Tide Oil/canvas 85,5x135cm/*33x53in*
London 98
DUCKER John M. XIX-XX **[8]**
   $633 FF3 810 £380 Highland Landscape Oil/canvas 49x73,5cm/*19x28in* London 98
DUCKORT Joseph XIX **[1]**
   $12 460 FF60 400 £8 000 Wooded landscaqe with cattle Oil/canvas 149x208cm/*58x81in* London 95
DUCLAUX Jean-Antoine 1783-1868 **[23]**
   $2 740 FF16 000 £1 657 Village au bord d'une vallée Huile/toile 29,5x38cm/*11x14in* Paris 97
   $12 170 FF59 000 £7 650 Vaches dans un paysage Huile/toile 62x103cm/*24x40in* Dijon 95
   $258 FF1 600 £154 Montagny Crayon 23x41cm/*9x16in* Lyon 98
DUCLERE Teodoro 1816-1867 **[6]**
   $1 960 FF10 000 £1 297 Marché sur le port/Vue d'une baie depuis un quai Huile/papier 12x17,5cm/*4x6in*
Paris 96
DUCOMMUN Jean 1920-1958 **[7]**
   $3 349 FF19 910 £2 048 Sitzender weiblicher Akt auf Sofa Öl/Karton 65x92cm/*25x36in* Bern 97
DUCORRON Julien Joseph 1770-1848 **[4]**
   $5 740 FF32 680 £3 520 Paysage avec moulin à eau Huile/toile 72,5x91cm/*28x35in* Bruxelles 97
DUCQ Joseph François 1762-1829 **[4]**
   $14 100 FF74 000 £8 460 Scène antique Huile/toile 66x50,5cm/*25x19in* Paris 96
DUCREUX Joseph 1735-1802 **[5]**
   $10 000 FF57 045 £6 149 Portrait of a Smiling man in a Grey-blue Jacket Oil/canvas 56x43cm/*22x16in*
New-York 97
   $38 000 FF233 270 £23 282 Portrait of Marie-Antoinette, Dauphine of France Pastel/paper
65x49,5cm/*25x19in* New-York 98
DUCREUX Joseph (Attrib.) 1735-1802 **[7]**
   $2 513 FF15 436 £1 507 Porträt eines jungen Jägers mit Hut Oil/canvas 46x38cm/*18x14in* Köln 98
   $5 090 FF26 000 £3 370 Portrait de jeune femme Pierre noire 52,5x41cm/*20x16in* Paris 96
DUCREUX Joseph (Circle) 1735-1802 **[1]**
   $10 620 FF54 300 £7 000 Portrait of an old Lady, seated, half length Oil/canvas 81,5x65cm/*32x25in*
London 96
DUCREUX Rose Adélaïde 1761-1802 **[1]**
   $60 000 FF296 000 £38 800 Portrait of a Lady, seated by a table with her daughter Oil/canvas
195x130cm/*76x51in* New-York 96
DUCROS Abraham Louis R. 1748-1810 **[20]**
   $240 000 FF1 473 288 £147 048 Extensive Landscapes in Southern Italy Oil/canvas 65x100cm/*25x39in*
New-York 98
   $8 125 FF47 214 £5 000 The Castel Sant'Angelo, Rome/The Temple of Vesta, Rome Watercolour
36x52cm/*14x20in* London 97
DUDA-GRACZ Jerzy 1941 **[13]**
   $3 510 FF18 300 £2 087 Obraz 2061, Piekny Instalator Oil/panel 80x60cm/*31x23in* Warszawa 96
DUDANT Roger 1929-1991 **[45]**
   $756 FF4 547 £453 Compositie Huile/toile 55x75cm/*21x29in* Antwerpen 98
   $577 FF2 850 £376 Composition Encre Chine 56x76cm/*22x29in* Bruxelles 95
DUDGEON Thomas c.1804-1880 **[5]**
   $3 476 FF18 140 £2 100 The Clyde from Dalnottar Hill Oil/board 16,5x31cm/*6x12in* Glasgow 96
   $13 410 FF80 881 £8 000 Dumbarton Rock From Bowling Oil/canvas 97,5x138cm/*38x54in* West
Lothian 98

DUDLEY Arthur XIX-XX **[36]**

  $107 FF578 £64 Still Lives of Fruit Watercolour 27x76,5cm/*10x30in* Billingshurst, West Sussex 97

DUDLEY Frank V. 1868-1957 **[8]**

  $8 000 FF46 701 £4 838 Lake Michigan from the Dunes Oil/canvas 68x74cm/*27x29in* Chicago, Illinois 97

DUDLEY Robert Charles 1826-1900 **[8]**

  $461 FF2 626 £280 The good shepherd Watercolour 12x15,7cm/*4x6in* London 97

DUDLEY Thomas XIX-XX **[7]**

  $450 FF2 447 £269 Lover's leap, Buxton Derbyshire Watercolour/paper 70x48cm/*27x19in* Bethesda, Maryland 97

DUDOVICH Marcello 1878-1962 **[88]**

  $16 000 FF95 352 £9 592 "Corse di Brescia, Automobil Club Milano" Poster 140x101cm/*55x39in* New-York 98

  $1 110 FF6 290 £555 In pieno sole Tempera/carta 36x33cm/*14x12in* Trieste 97

DUDREVILLE Leonardo 1885-1976 **[26]**

  $3 900 FF22 750 £2 600 Paesaggio Olio/tavola 27x40cm/*10x15in* Vercelli 97

DUELL Heinz 1938 **[2]**

  $1 495 FF7 810 £890 "Die Perle der Herodia" Ink 69x100cm/*27x39in* München 96

DUEZ Ernest Ange 1843-1896 **[29]**

  $5 500 FF29 271 £3 243 Faucheur sur le chemin Oil/canvas 54x73cm/*21x28in* New-York 97

  $878 FF5 000 £541 Marée basse à Villerville Aquarelle 30x45cm/*11x17in* La Varenne Saint-Hilaire 97

DUFAU Clémentine Hélène 1869-1937 **[10]**

  $3 302 FF20 500 £1 980 Nu dans un parc Huile/toile 55x46cm/*21x18in* Paris 98

  $850 FF4 055 £532 "Bal des Increvables au Casino de Paris" Poster 140x99cm/*55x39in* New-York 95

DUFAU Hélène 1869-1937 **[1]**

  $1 872 FF10 784 £1 100 "Exposition de Hanoï, 3 Novembre 1902 - 31 Janvier 1903" Affiche 78x11cm/*30x4in* London 97

DUFAUX Frédéric 1852-1943 **[35]**

  $801 FF4 858 £491 Le pêcheur Öl/Karton 23x15,5cm/*9x6in* Zofingen 98

  $3 442 FF20 104 £2 113 Baigneuse Öl/Leinwand 61x50cm/*24x19in* Zofingen 97

  $76 600 FF400 000 £46 300 Jeunes Algériennes dans leur intérieur Huile/toile 190x150cm/*74x59in* Paris 96

DUFEU Édouard Jacques 1840-1900 **[38]**

  $1 324 FF8 000 £794 Vue de Constantinople Huile/toile 33x40cm/*12x15in* Paris 98

  $1 384 FF8 000 £852 Caïques sur le Bosphore Huile/panneau 37x55cm/*14x21in* Paris 97

DUFFAUD Jean-Baptiste 1853-1927 **[5]**

  $788 FF4 600 £476 Maisons au bord de la mer aux environs de Marseille Huile/toile 33x57cm/*12x22in* Nîmes 97

DUFFAUT Préfète 1923 **[40]**

  $246 FF1 500 £147 Trois femmes aux serpents Huile/toile 41x33cm/*16x12in* Paris 98

  $785 FF4 000 £518 Pont en arc Huile/toile 60x50cm/*23x19in* Paris 96

DUFFIELD Mary E, née Rosenberg 1819-1914 **[29]**

  $1 550 FF9 138 £950 Roses and a Rosehips on a mossy Bank Watercolour 21x28cm/*8x11in* London 98

DUFFIELD William D. 1816-1863 **[11]**

  $1 271 FF7 897 £800 Grapes, Apples, Pears, Plums and a Pomegranate with a Heron Oil/canvas 66x104cm/*25x40in* London 97

DUFFY Patrick Vincent 1836-1909 **[5]**

  $2 286 FF13 487 £1 400 "Milkmaids"/"Court Ladies" Wash 38x26,5cm/*14x10in* London 98

DUFLOS Claude 1665-1727 **[2]**

  $445 FF2 600 £263 La dévote/La coquette/L'économe/La savante, d'après Jeaurat Gravure 28x20cm/*11x7in* Paris 97

DUFLOS Robert 1898-? **[19]**

  $314 FF1 800 £194 Vase fleuri Pastel 45x53cm/*17x20in* Morlaix 97

DUFNER Edward 1871/72-1957 **[22]**

  $7 500 FF44 196 £4 632 Berry Time Oil/canvas 63,5x76cm/*25x29in* New-York 97

  $9 000 FF52 204 £5 538 Portrait of the artist's Wife, Boothbay Harbour, Maine Oil/canvas/board 23x18cm/*9x7in* New-York 97

DUFOUR Bernard 1922 **[97]**
$734 FF3 800 £477 Crépuscule Huile/toile 100x73cm/*39x28in* Paris 96
$297 FF1 500 £194 Homme dans un paysage Lavis 31,5x47,5cm/*12x18in* Saint-Germain-en-Laye 96
DUFOUR Paul XIX-XX **[1]**
$5 149 FF30 418 £3 200 Abyssinia Oil/canvas 54x81cm/*21x31in* London 97
DUFRENE François 1930-1983 **[22]**
$737 FF3 800 £473 "Le dé-Klein 6bis" Collage/carton 34,5x26,5cm/*13x10in* Paris 96
$6 600 FF33 800 £3 900 Dessous d'affiche Decollage 44,2x75,8cm/*17x29in* Hamburg 96
$11 099 FF62 898 £7 399 Dessous d'affiche Decollage 151,5x179cm/*59x70in* Milano 97
$1 372 FF8 000 £845 "Les Vickings en Égypte" Affiche 54x84cm/*21x33in* Paris 97
$5 913 FF33 693 £3 622 Dessous d'affiche Collage 60x64,5cm/*23x25in* Hamburg 97
DUFRENE Maurice 1876-1955 **[9]**
$1 000 FF5 180 £669 "Rayon des Soieries" Poster 120x80cm/*47x31in* New-York 96
DUFRENOY Georges 1870-1942 **[15]**
$926 FF5 500 £561 Fleurs et fruits Huile/carton 62,5x63,5cm/*24x25in* Paris 97
DUFRESNE Charles 1876-1938 **[194]**
$1 336 FF8 210 £801 "Scène mythologique" Oil/paper 40x31cm/*15x12in* Zürich 98
$2 860 FF14 000 £1 810 Nature morte Huile/toile 38x54cm/*14x21in* Paris 95
$765 FF3 800 £487 En escale Eau-forte 18x24,4cm/*7x9in* Paris 95
$130 FF782 £80 Tunisian Scene Ink 22x29cm/*8x11in* London 97
DUFTAS Robert XX **[4]**
$4 300 FF21 830 £2 800 Female nude from behind Pastel 54x91cm/*21x35in* London 96
DUFY Jean 1888-1964 **[938]**
$5 500 FF31 428 £3 369 Cirque, l'écuyère Oil/canvas 22,5x16,5cm/*8x6in* New-York 97
$16 940 FF87 800 £11 000 Jour de marché en Provence Oil/canvas 65,5x81,5cm/*25x32in* London 96
$900 FF5 134 £549 Pont Alexandre III, Paris Color lithograph 48x63cm/*19x25in* Tarzana, CA 97
$388 FF2 400 £233 Barques au mouillage au pays Bigouden Encre 20x40cm/*7x15in* Brest 97
DUFY Raoul 1877-1953 **[1464]**
$3 065 FF16 000 £1 852 Étude pour le Casino de Nice Huile/toile 13,5x38,5cm/*5x15in* Paris 96
$30 000 FF172 812 £17 628 Fenêtre ouverte sur le Pont-Neuf Oil/paper/canvas 72x42cm/*28x16in* New-York 97
$647 000 FF3 350 000 £420 000 Le Bassin Oil/canvas 130x162cm/*51x63in* London 96
$412 FF2 100 £272 Musicien Lithographie couleurs 65x50,2cm/*25x19in* Paris 96
$28 560 FF149 200 £17 000 Vase aux poissons Terracotta H41cm/*H16in* London 96
$116 FF700 £71 Projet de papier peint Gouache/papier 38x26cm/*14x10in* Paris 98
DUGDALE John 1961 **[5]**
$4 800 FF28 136 £2 954 Comrades/Greek Touth Photograph 25,5x20,5cm/*10x8in* New-York 97
DUGDALE Thomas Cantrell 1880-1952 **[7]**
$15 899 FF93 688 £9 500 La bella Andaluza Oil/canvas 199x127cm/*78x50in* London 97
DUGHET Gaspard (Attrib.) 1615-1675 **[18]**
$9 299 FF52 698 £4 649 Paesaggio con borgo e figure Olio/tela 48x66cm/*18x25in* Roma 98
$33 346 FF200 280 £20 000 An Extensive Italiante Landscape with Bathers and a Group of Women Oil/canvas 96x133cm/*37x52in* London 98
$300 FF1 774 £180 A Wooded Landscape Red chalk 19x28,5cm/*7x11in* New-York 97
DUGHET Gaspard Poussin 1615-1675 **[34]**
$8 600 FF44 900 £5 200 Classical landscape with a figure on a path Oil/canvas 2x31cm/*x12in* London 96
$17 000 FF93 870 £10 608 A mountainous river Landscape with Travellers on a Path, a Town Oil/canvas 66x49,5cm/*25x19in* New-York 97
$2 164 FF11 000 £1 292 Paysage imaginaire Sanguine 20x25cm/*7x9in* Paris 96
DUGOURC J.Démosthène (Attr.) 1749-1825 **[1]**
$2 600 FF15 960 £1 593 Telemachus led by Minerva to Salenta to pay homage to the Arts Wash 51x37,5cm/*20x14in* New-York 98
DUGOURC Jean Démosthène 1749-1825 **[16]**
$3 596 FF21 500 £2 201 L'examen de la Belle Encre 32x45cm/*12x17in* Angers 97
DUGUAY Rodolphe 1891-1973 **[38]**
$148 FF722 £94 Le Pêcheur de Minuit Woodcut 23,5x33cm/*9x12in* Calgary, Alberta 95
DUGUID Henry XIX **[3]**
$15 500 FF88 168 £9 487 Linlithgow Palace and Chapel, from the South, looking toward the River Oil/can-

vas 51x76,5cm/*20x30in* New-York 97
DUHEM Henri Aimé 1860-1941 **[34]**
- *$216 FF1 300* £129 Paysage des environs de Douai Huile/panneau 24x33cm/*9x12in* Paris 98
- *$1 542 FF9 043* £949 Moonlight Serenade Oil/canvas 80,5x122cm/*31x48in* London 97
DUJARDIN Karel 1621/22-1678 **[39]**
- *$14 560 FF75 700* £9 620 Paysage itatien animé d'un couple de cavaliers, de personnages Huile/toile 96x124cm/*37x48in* Bruxelles 96
- *$28 968 FF170 000* £17 714 La jeune mère apprenant les premiers pas à son fils, Le chien savant Huile/panneau 31,5x42cm/*12x16in* Paris 97
- *$400 000 FF2 208 720* £249 600 Saint Paul healing the Sick at Lystra Oil/canvas 179x139cm/*70x54in* New-York 97
- *$520 FF2 712* £304 Der Hirte hinter dem Baum Radierung 15,6x18,2cm/*6x7in* Berlin 96
DUJARDIN Karel (Attrib.) 1621/22-1678 **[9]**
- *$4 000 FF23 781* £2 478 Peasants Dancing Outside a Tavern Oil/canvas 39x46cm/*15x18in* New-York 97
- *$9 373 FF57 471* £5 618 Portrait des Arnoldus Boonen Oil/copper 15,5x12,5cm/*6x4in* Zürich 98
- *$18 530 FF95 000* £11 260 Le Christ en Croix entouré de cinq Anges Huile/toile 135,5x101,5cm/*53x39in* Paris 96
DUKA Carl XIX-XX **[1]**
- *$3 500 FF20 808* £2 141 Mother and Child Oil/panel 41,5x31,5cm/*16x12in* New-York 97
DUKAS Ioannis 1838-1916 **[1]**
- *$17 140 FF83 800* £10 840 Samson and Delilah Oil/canvas 131x111cm/*51x43in* Athens 95
DUKE Alfred ?-1905 **[29]**
- *$2 105 FF12 404* £1 300 Huntsmen with Pointers Oil/canvas 41x31cm/*16x12in* London 97
- *$8 782 FF52 000* £5 200 A Dog's Dinner Oil/canvas 44,5x60cm/*17x23in* London 97
DULAC Charles André XIX-XX **[2]**
- *$2 549 FF14 500* £1 560 Rivière dans une plaine Pastel/papier 30,5x46,5cm/*12x18in* Paris 97
DULAC Edmond 1882-1953 **[29]**
- *$901 FF5 500* £540 Scène orientaliste Aquarelle/papier 25x30cm/*9x11in* Paris 98
DULLAERT Heyman 1636-1684 **[4]**
- *$53 400 FF266 300* £35 000 Still life on a partially draped table Oil/canvas 5x73cm/*1x28in* London 95
DULLAH 1919-1996 **[19]**
- *$2 374 FF14 218* £1 458 Old Man Oil/canvas 35x30cm/*13x11in* Singapore 98
- *$5 230 FF30 912* £3 236 Portrait of a boy wearing a hat Oil/canvas 48,5x40,5cm/*19x15in* Singapore 97
DULMEN KRUMPELMAN van Erasmus Bernard 1897-1986 **[24]**
- *$1 252 FF7 192* £779 Twee naakte jongelingen Akvarell/papper 54x29cm/*21x11in* Den Haag 97
DULUARD Hippolyte F.L. 1871-? **[7]**
- *$2 872 FF17 610* £1 721 Portrait eines Mannes mit schwarzem Hut Oil/panel 41x32cm/*16x12in* Zürich 98
- *$1 870 FF9 500* £1 116 Venise Aquarelle 30x49cm/*11x19in* Paris 96
DUMA William, Bill 1936 **[34]**
- *$264 FF1 544* £156 Along the Trans Canada Oil/board 30,5x40,5cm/*12x15in* Calgary, Alberta 97
DUMAIGE Henry Étienne 1830-1888 **[48]**
- *$225 FF1 358* £136 Water Carrier Sculpture H50cm/*H20in* Bethesda, Maryland 98
- *$5 270 FF27 000* £3 200 A man and a woman Bronze H80,5cm/*H31in* London 96
DUMAS Antoine 1932 **[34]**
- *$73 FF441* £43 Le jardinet Lithographie 75x101cm/*29x39in* Montréal 97
DUMAS Jack XX **[1]**
- *$6 002 FF36 050* £3 600 Leopard in a Tree Acrylic/canvas 62x76cm/*24x29in* London 98
DUMAS Marlene 1953 **[14]**
- *$407 FF2 329* £254 Figürliche Komposition Lithographie 51x65cm/*20x25in* München 97
- *$1 597 FF9 512* £949 Untitled Collage 37x89cm/*14x35in* Amsterdam 97
DUMAY Frédéric XIX **[1]**
- *$1 580 FF7 900* £1 023 Chasse à courre, d'après C. Vernet Lavis 43x65cm/*16x25in* Paris 96
DUMBRELL Lesley 1941 **[2]**
- *$909 FF5 447* £542 Study for Mamam Mixed media/paper 40,5x66,5cm/*15x26in* Melbourne 98
DUMERAC Brigitte 1948 **[37]**
- *$308 FF1 800* £190 Champ de lavandes Huile/toile 55x46cm/*21x18in* Boulogne-sur-Seine 97

DUMESNIL Pierre Louis II 1698-1781 **[3]**
  $17 000 FF96 701 £10 405 St. Carlo Borromeo giving Alms to the Poor Oil/canvas 215x116cm/*84x45in* New-York 97
DUMILATRE Jean Alphonse E.A. 1844-1923 **[1]**
  $12 250 FF70 000 £7 504 Les Girondins (maquette pour le monument de Bordeaux) Plâtre H86,5cm/*H34in* Paris 97
DUMINIL Frank 1933 **[77]**
  $492 FF2 500 £294 Composition No. 78 Acrylique/toile 60x60cm/*23x23in* Paris 96
  $483 FF3 000 £291 Hermaï III Huile/toile 35x27cm/*13x10in* Paris 98
DUMITRESCO Natalia 1915 **[56]**
  $773 FF4 600 £473 Fête du 7 Juin Huile/toile 41x33cm/*16x12in* Versailles 97
  $1 904 FF11 100 £1 173 Composition Huile/toile 91x73cm/*35x28in* Paris 97
  $652 FF3 800 £401 Composition abstraite Gouache/papier 43x54cm/*16x21in* Paris 97
DUMONCEAU DE BERGENDAL Gravin Mathilde 1877-1952 **[11]**
  $1 258 FF6 570 £760 Canal en hiver Huile/toile 75x100cm/*29x39in* Antwerpen 96
DUMONCEAU Mathilde 1877-1952 **[2]**
  $2 870 FF16 340 £1 760 Jardin en Brabant Huile/toile 60x50cm/*23x19in* Bruxelles 97
DUMOND Frank Vincent 1865-1951 **[18]**
  $1 650 FF9 515 £982 Family Singing Oil/board 36x26cm/*14x10in* New-York 97
  $4 700 FF27 073 £2 761 Wind Bent Willows Oil/canvas 60x76cm/*24x30in* Mystic, Connecticut 97
DUMONSTIER Daniel 1574-1646 **[2]**
  $4 120 FF20 000 £2 656 Portrait d'une dame de qualité Crayon 39,5x28cm/*15x11in* Paris 95
DUMONT Claude 1938 **[72]**
  $396 FF2 000 £260 Le Pont de la Concorde Huile/toile 33x41cm/*12x16in* Montauban 96
  $502 FF3 000 £301 Paris, le pont de la Tournelle Huile/toile 46x55cm/*18x21in* L'Isle-Adam 98
DUMONT Edme 1722-1775 **[3]**
  $2 046 FF12 222 £1 252 Milon Bronze H78cm/*H30in* Stockholm 98
DUMONT François 1886-1962 **[3]**
  $654 FF3 646 £400 "St. Idesbald-Plage, près Furnes" Poster 71x87cm/*27x34in* London 97
DUMONT Henri Julien 1856-1921 **[6]**
  $6 000 FF35 863 £3 672 La jeune fleuriste Oil/canvas 121,5x60cm/*47x23in* New-York 97
DUMONT LE ROMAIN Jean, ou Jacques 1701-1781 **[13]**
  $37 136 FF220 000 £22 022 Vénus bandant les yeux de l'Amour Huile/toile 90x115cm/*35x45in* Paris 97
  $1 075 FF6 353 £650 Male Nude reclining by a Tree Red chalk/paper 42,5x52,5cm/*16x20in* London 97
DUMONT Nicolas Ant., Tony 1752-? **[2]**
  $2 943 FF18 000 £1 746 Portrait d'homme Crayon/papier 38,5x28cm/*15x11in* Lyon 98
DUMONT Pierre 1884-1936 **[179]**
  $2 505 FF15 000 £1 497 La Seine à Rouen Huile/toile 38x46cm/*14x18in* Rouen 98
DUMONT-SMITH Robert 1908 **[6]**
  $3 089 FF17 625 £1 900 A still life of roses, carnations, irises, fuschias and tulips Oil/canvas 75x62cm/*29x24in* Billingshurst, West Sussex 97
DUMOUCHEL Albert 1916-1971 **[45]**
  $131 FF749 £82 La mort de la cycliste Lithographie 56x78cm/*22x30in* Montréal 97
DUMOULIN François Aimé L. 1753-1836 **[2]**
  $6 589 FF37 523 £4 000 Capture of the Island of St. Eustatius by Marquis de Bouillé (1781) Gouache/paper 41x65cm/*16x25in* London 97
DUMOULIN Romeo 1883-1943 **[83]**
  $1 883 FF11 368 £1 127 Ruelle Bruxelloise animée Huile/panneau 34x25,5cm/*13x10in* Bruxelles 98
  $420 FF2 595 £259 Paysanne fendant du bois Crayons couleurs/papier 19,5x20,5cm/*7x8in* Bruxelles 98
DUNAND Jean 1877-1942 **[62]**
  $31 896 FF180 000 £19 548 La moisson Peinture 60x80cm/*23x31in* Paris 97
  $56 200 FF287 000 £37 200 La Pêche Technique mixte 80x150cm/*31x59in* Versailles 96
  $26 768 FF160 000 £16 384 Tête de cheval, profil gauche Gravure 63x123cm/*24x48in* Paris 97
  $1 682 FF10 000 £1 029 Portrait d'homme Pastel/papier 61x53,5cm/*24x21in* Paris 97
DUNBAR George XX **[1]**
  $3 000 FF17 411 £1 772 "1957" Oil/board 119x71cm/*47x28in* New Orleans, Louisiana 97
DUNBAR Harold C. 1882-1953 **[23]**
  $650 FF3 380 £430 Beach scene Oil/board 26x34cm/*10x13in* Middletown, RI 96

DUNCAN Audrey Chico XX **[5]**

  $18 000 FF108 630 £10 927 Still Life with Roses in a Blue Vase Oil/canvas 16x24cm/*6x9in* New-York 98

DUNCAN Edward 1803-1882 **[110]**

  $1 594 FF9 082 £1 000 Evening Oil/board 26x52cm/*10x20in* London 97

  $13 079 FF70 397 £7 800 A racing Cutter Shortening Sail Off Ramsgate Oil/canvas 35,5x51cm/*13x20in* London 97

  $427 FF2 160 £280 The Launch of the Steam Ship "Forth", after John Wilson Carmichael Aquatint in colors 51x70,5cm/*20x27in* Glasgow 96

  $1 044 FF6 181 £620 A Figure on a Horse and Cart on a Country Road Watercolour/paper 18x26cm/*7x10in* Salisbury, Wiltshire 97

DUNCAN George Bernard 1904-1974 **[33]**

  $559 FF3 244 £329 A Berrima Morning Oil/canvas 52x62cm/*20x24in* Sydney 97

  $5 597 FF34 341 £3 485 Rainy Day Oil/board 40x30cm/*15x11in* Melbourne 97

DUNCAN James 1806-1881 **[8]**

  $2 887 FF16 884 £1 761 View of "montreal from the Mountain showing the Victoria Bridge Aquarelle/papier 12x20cm/*4x7in* Montréal 97

DUNCAN John McKirdy 1866-1945 **[13]**

  $4 298 FF25 768 £2 600 Mother and Child Oil/panel 35,5x45,5cm/*13x17in* Glasgow 97

DUNCAN Lawrence c.1850-c.1895 **[4]**

  $3 950 FF20 240 £2 400 Preparing for market Watercolour 52x71cm/*20x27in* London 96

DUNCAN Thomas 1807-1845 **[2]**

  $12 911 FF78 201 £8 000 Prince Charles Edward, asleep in one of his Hiding Places Oil/canvas 141x198cm/*55x77in* Perthshire 97

DUNCAN Walter **[24]**

  $404 FF2 047 £260 Fishing vessels on the Thames/Figures before a cathedral Watercolour 25x36cm/*9x14in* London 96

DUNDAS Adela "Ada" 1840-1887 **[1]**

  $2 031 FF11 627 £1 200 Early Morning, Lake Como, 1861 Watercolour 17,5x30,5cm/*6x12in* London 97

DUNDAS Douglas Robert 1900-1981 **[22]**

  $651 FF3 987 £389 Canberra Landscape Oil/canvas 23x30,5cm/*9x12in* Sydney 97

DUNET Alfred 1889-1939 **[45]**

  $504 FF3 000 £312 Place du Tertre Gouache/papier 49x65cm/*19x25in* Paris 97

DUNHAM Carroll 1949 **[56]**

  $9 521 FF56 342 £5 809 Untitled Mixed media/panel 135x48cm/*53x18in* New-York 98

  $17 000 FF82 300 £10 910 Mapple With Land Mixed media/panel 177,5x127cm/*69x50in* New-York 95

  $1 400 FF7 963 £863 Untitled Etching, aquatint 102x153,5cm/*40x60in* New-York 97

  $3 000 FF17 391 £1 768 Two Untitled Drawings Graphite 26x21,5cm/*10x8in* New-York 97

DUNINGTON Albert 1860-c.1928 **[5]**

  $2 773 FF16 569 £1 700 The skerries, Shetland Isles Oil/canvas 76,5x127cm/*30x50in* London 98

DUNKER Balthasar Anton 1746-1807 **[27]**

  $234 FF1 359 £138 Vue d'une partie de la chûte d'eau a Douañe dans le canton de Berne/.. Radierung 31,5x25cm/*12x9in* Bern 97

  $1 512 FF9 389 £912 Knabenkopf Red chalk/paper 39x29cm/*15x11in* Heidelberg 98

DUNKER Philipp Heinrich c.1780-1836 **[3]**

  $837 FF5 058 £502 Flusslandschaft mit Burgruinen und Figurenstaffage Indian ink/paper 33x41,5cm/*12x16in* Luzern 98

DUNKI Louis 1856-1915 **[16]**

  $1 058 FF6 183 £626 Soldats et chevaux Technique mixte/papier 25,5x37,5cm/*10x14in* Genève 97

DUNLAP William 1944 **[1]**

  $4 000 FF24 154 £2 430 Ridge Run-Winter Watch Watercolour, gouache/paper 56x200cm/*22x79in* New Orleans, Louisiana 98

DUNLOP Brian James 1938 **[47]**

  $5 070 FF29 545 £3 123 The Moroccans, Skyros Oil/board 51,5x49cm/*20x19in* Melbourne 97

  $99 FF615 £59 Girl Reclining Etching 20x16,5cm/*7x6in* Sydney 98

  $524 FF3 041 £309 Wash Day, Paddington Mixed media/paper 50x36,5cm/*19x14in* Sydney 97

DUNLOP Elizabeth Maria 1820-1883 **[2]**

👝 *$4 450 FF23 250 £2 790* Landscapes Oil/board 9x14cm/*3x5in* Toronto 96
DUNLOP Ronald Ossory 1894-1973 **[220]**
👝 *$63 FF375 £38* Continental Scene with Figure in foreground Oil/canvas 33x25cm/*13x10in* Aylsham, Norfolk 97
👝 *$142 FF867 £85* An Autumn Landscape Oil/canvas 36x46cm/*14x18in* London 97
DUNN Harvey T. 1884-1952 **[18]**
👝 *$13 000 FF63 600 £8 230* Shootout in street of Western town, for Saturday Evening Post Oil/canvas 60x91cm/*24x36in* New-York 95
DUNN Henry Treffy 1838-1899 **[1]**
👝 *$34 760 FF170 000 £22 000* Found Oil/canvas 99x81cm/*38x31in* London 95
DUNN Richard 1944 **[1]**
✏️ *$1 037 FF6 323 £644* View from a Window Charcoal/paper 152,5x225,5cm/*60x88in* Melbourne 97
DUNNING Robert Spear 1829-1905 **[16]**
👝 *$4 749 FF27 742 £2 810* Still Life with Peaches and Grapes Oil/panel 17,5x26,5cm/*6x10in* Boston, Mass. 97
👝 *$75 000 FF391 500 £45 300* Fruit Still Life with Roes and Honeycomb Oil/canvas 54,6x67,3cm/*21x26in* New-York 96
DUNOUY Alexandre 1757-1841 **[16]**
👝 *$8 020 FF41 250 £5 000* Landscape with a riding party near a river Oil/canvas 58x113cm/*22x44in* London 96
👝 *$58 000 FF300 000 £37 600* Paysage d'Italie d'un village au pied des montagnes Huile/toile 112x157cm/*44x61in* Paris 96
DUNOYER DE SEGONZAC André 1884-1974 **[548]**
👝 *$6 220 FF31 000 £4 074* Paysage du Midi Huile/toile 50,5x110cm/*19x43in* Paris 95
📜 *$325 FF1 695 £190* Vieux oliviers près du Plan de la Tour Etching 29,3x24,1cm/*11x9in* Berlin 96
✏️ *$58 FF360 £34* Paysage au village et au clocher Aquarelle 71,5x52,5cm/*28x20in* Paris 98
DUNOYER Jacques Michel 1933 **[4]**
👝 *$3 776 FF19 700 £2 280* Chemin fleuri, Provence Huile/toile 73x60cm/*28x23in* Luxembourg 96
DUNSTAN Bernard 1920 **[113]**
👝 *$2 255 FF13 035 £1 400* Nude in Doorway, Dark Bathroom Oil/canvas/board 38x28cm/*14x11in* London 97
👝 *$3 390 FF17 560 £2 200* Interior, Vernet-les-bains Oil/canvas/board 46x46cm/*18x18in* London 96
✏️ *$817 FF4 798 £500* Campo Santa Maria Formosa Pastel/paper 20x18cm/*7x7in* London 97
DUNTON William Herbert 1878-1936 **[12]**
👝 *$41 800 FF250 298 £25 681* High Country Oil/canvas 91x60cm/*36x24in* Dallas, Texas 98
👝 *$47 500 FF281 898 £29 093* The Cow Puncher Oil/canvas 40,5x30,5cm/*15x12in* New-York 98
DUNTZE Johannes Bertholomus 1823-1895 **[39]**
👝 *$2 524 FF15 060 £1 522* "Sennhütten... im Hardanger" Oil/panel 21,5x28cm/*8x11in* Bremen 97
👝 *$7 090 FF34 560 £4 500* Skaters on a frozen river Oil/canvas 42x66cm/*16x25in* London 95
👝 *$35 000 FF180 000 £21 800* A frozen winter landscape Oil/canvas 98x135,5cm/*38x53in* New-York 96
DUPAGNE Adrien 1889-1980 **[81]**
👝 *$143 FF817 £88* Nu Huile/toile 79x66cm/*31x25in* Antwerpen 97
👝 *$604 FF3 124 £392* Marché Yougoslave/Femme assise sur le pas d'une porte Huile/panneau 30x35,5cm/*11x13in* Liège 96
✏️ *$448 FF2 598 £264* Intérieur breton Aquarelle/papier 45x53cm/*17x20in* Liège 97
DUPAGNE Arthur 1895-1961 **[48]**
🗿 *$2 845 FF14 760 £1 788* Le pont Bronze H15cm/*H5in* Antwerpen 96
🗿 *$5 817 FF34 167 £3 591* Africaine Terracotta 115x132x51cm/*45x51x20in* Bruxelles 97
DUPAIN Edmond Louis 1847-? **[9]**
👝 *$10 430 FF54 000 £6 770* Portrait du contre-amiral Ernest Mouchez en grand uniforme, debout Huile/toile 156x108cm/*61x42in* Paris 96
DUPAIN Maxwell Spencer, Max 1911-1992 **[63]**
📷 *$1 567 FF9 615 £975* Nude in Grass Gelatin silver print 36x35cm/*14x13in* Melbourne 97
DUPAN Barthélémy Du Pan 1712-1763 **[2]**
👝 *$12 760 FF61 900 £8 000* Portrait of Princess Augusta of Saxe Gotha Oil/canvas 58x47cm/*22x18in* London 95
DUPAS Jean 1882-1964 **[59]**
👝 *$40 000 FF232 152 £24 424* Study for les perruches Oil/paper/canvas 42x42cm/*16x16in* New-York 97
📜 *$2 000 FF11 933 £1 206* "Spring Fashions are here!" Poster 117x75cm/*46x29in* New-York 97

✎ *$1 500 FF7 380 £967* Figural study of a woman Charcoal 46x34cm/*18x13in* New-York 95
DUPATY Charles Louis M. 1771-1825 **[3]**
✍ *$3 104 FF15 060 £2 000* Academy study of standing male nude holding a staff Oil/canvas 81x62cm/*31x24in* London 95
DUPÉRAC Etienne 1525-1601/04 **[4]**
✏ *$1 900 FF11 350 £1 164* I Vestigi dell'Antichità di Roma Etching 26x42cm/*10x16in* New-York 98
✎ *$1 047 FF6 500 £631* Le moulin à eau Lavis 13,5x28cm/*5x11in* Paris 98
DUPERRÉ Gabriel c.1800-c.1855 **[1]**
✍ *$17 000 FF97 588 £10 363* Vista de Petropolis Oil/canvas 68x100,5cm/*26x39in* New-York 97
DUPIN Léon XX **[13]**
✏ *$431 FF2 571 £260* "Cigares, cigarettes pour les étrennes" Affiche 32x24cm/*12x9in* London 97
DUPLESSI-BERTAUX Jean 1747-1819 **[15]**
✍ *$4 050 FF20 500 £2 660* Le bivouac/Le bivouac sous la neige Huile/toile 23,3x23,4cm/*9x9in* Paris 96
✎ *$1 870 FF9 640 £1 200* A carthusian monk rejecting the uniform of a soldier Red chalk 35x23cm/*13x9in* London 96
DUPLESSI-BERTAUX Jean (Attrib.) 1747-1819 **[6]**
✍ *$3 250 FF16 000 £2 094* Une réquisition Huile/panneau 46x55cm/*18x21in* Paris 95
DUPLESSIS Joseph-S. (Attrib.) 1725-1802 **[4]**
✍ *$4 920 FF30 000 £3 000* Portrait Study of Charles-Claude de Flahaut de la Billarderie Oil/canvas 41,5x38cm/*16x14in* London 98
DUPLESSIS Joseph-Siffrède 1725-1802 **[10]**
✍ *$8 000 FF47 562 £4 956* Portrait of the Comtesse d'Estavager Oil/canvas 31x25cm/*12x9in* New-York 97
✍ *$27 730 FF140 000 £18 100* Portrait de l'architecte Louis François Petit-Radel (1740-1818) Huile/toile 64x53cm/*25x20in* Paris 96
DUPON Josuë 1864-1935 **[5]**
⚒ *$3 372 FF19 560 £2 076* Femme-Fleur Marbre H77cm/*H30in* Bruxelles 97
DUPONT Alphonse 1793-1877 **[4]**
✍ *$15 000 FF77 900 £9 920* Les temples d'Agrigente/Environs du Mont Soracte, États Romains Oil/canvas 75x100cm/*29x39in* New-York 96
DUPONT Gainsborough c.1754-1797 **[16]**
✍ *$3 880 FF19 940 £2 500* Portrait of a Gentleman Oil/canvas 74x61,5cm/*29x24in* London 96
✍ *$24 000 FF141 508 £14 716* Portrait of Thomas Brooke Oil/canvas 127x100,5cm/*50x39in* New-York 98
DUPONT Gainsborough (Attr.) c.1754-1797 **[5]**
✍ *$1 476 FF8 474 £900* Portrait of a Gentleman Oil/canvas 74x61cm/*29x24in* London 97
DUPONT Pieter 1870-1911 **[20]**
✏ *$165 FF1 020 £104* L'outillage Etching 29x40,5cm/*11x15in* Amsterdam 97
✎ *$188 FF1 113 £112* Portrati of Alonso Pena, Chairman of the Brazilian Bank Pencil 30,5x25,5cm/*12x10in* Haarlem 97
DUPONT Victor 1875-? **[3]**
✏ *$907 FF5 354 £537* Porträt Théophile-Alexandre Steinlen in seinem Atelier Kupferstich 30x24cm/*11x9in* Berlin 97
DUPRAT Albert Ferdinand 1882-? **[36]**
✍ *$737 FF4 200 £452* La vallée Huile/toile 32x39cm/*12x15in* Pontoise 97
✍ *$2 755 FF16 500 £1 646* Le Grand Canal à Venise Huile/toile 38x55cm/*14x21in* Soissons 98
✎ *$389 FF2 300 £242* Canal à Venise Aquarelle/papier 35x51cm/*13x20in* Paris 97
DUPRAY Henry Louis 1841-1909 **[23]**
✍ *$3 290 FF17 000 £2 130* Parade sur le Champ de Mars des Chasseurs à cheval de la Garde Imp. Huile/toile 54x73cm/*21x28in* Paris 96
✍ *$6 378 FF37 000 £3 770* "Officier de cuirassier de la Garde Royale 1815-1820" Huile/toile 41x32,5cm/*16x12in* Paris 97
DUPRE Daniël 1752-1817 **[8]**
✎ *$760 FF3 880 £500* The Neapolitan coast: Vico, "le Vésuve" Wash 17,8x34,8cm/*7x13in* London 96
DUPRÉ Jules 1811-1889 **[240]**
✍ *$2 952 FF18 000 £1 771* Maisons aux toits de chaume Huile/toile 22x33cm/*8x12in* Calais 98
✍ *$7 620 FF38 500 £5 000* Cattle watering at a Pool Oil/panel 46x54,5cm/*18x21in* London 96
✍ *$6 644 FF40 367 £4 000* The Leaping Horse Oil/canvas 127x102cm/*50x40in* London 98

✏ *$522 FF3 000 £318* Pêcheurs en barque Aquarelle/papier 10x12,5cm/*3x4in* Barbizon 97
DUPRÉ Julien 1851-1910 [107]
🖾 *$1 142 FF6 800 £698* Paysage Huile/panneau 27x35cm/*10x13in* Pontoise 98
🖾 *$1 956 FF11 661 £1 200* Juillet Oil/canvas 48,5x73cm/*19x28in* London 98
🖾 *$190 000 FF1 123 603 £115 273* Returning to the Farm Oil/canvas 123x150cm/*48x59in* New-York 98
DUPRÉ Léon Victor 1816-1879 [157]
🖾 *$1 596 FF9 500 £975* Les chaumières Huile/panneau 11x16,5cm/*4x6in* Barbizon 98
🖾 *$7 167 FF44 000 £4 373* Paysage au troupeau et à la mare Huile/toile 34,5x55cm/*13x21in* Neuilly-sur-Seine 98
✏ *$1 234 FF7 500 £743* Le grand arbre au troupeau Aquarelle/papier 18x32cm/*7x12in* Paris 98
DUPRÉ Léon Victor (Attr.) 1816-1879 [4]
🖾 *$425 FF2 200 £272* Rivière avec vache et personnage, collines et château Huile/toile 34x42cm/*13x16in* Orléans 96
🖾 *$6 784 FF39 331 £4 000* Figures and Cattle in a River Landscape Oil/panel 41,5x61cm/*16x24in* London 97
DUPRÉ Louis 1789-1837 [10]
🖾🖾 *$4 710 FF23 060 £2 983* L'Acropole depuis la maison du Consule de France, M. Fauvel Lithographie 34x40cm/*13x15in* Athens 95
DUPRÉ Louis (Attrib.) 1789-1837 [3]
🖾 *$16 000 FF97 028 £9 761* Ali Trebelen, Pasha of Janina in a Barge Oil/copper 105x81cm/*41x31in* New-York 98
DUPREY Jean-Pierre 1930-1959 [2]
🖾 *$3 200 FF16 500 £2 053* Tête Bronze H75cm/*H29in* Paris 96
DUPUIS E. XIX [1]
🖾 *$10 439 FF63 000 £6 174* Chez la marchande fleurs Huile/toile 65x54cm/*25x21in* Nogent-le-Rotrou 97
DUPUIS Émile XIX-XX [2]
🖾🖾 *$106 FF600 £66* "Cigarettes Khalifas" Affiche 105x78cm/*41x30in* Paris 97
DUPUIS Etienne c.1800-c.1850 [1]
🖾 *$16 000 FF94 955 £9 800* La marchande de fleurs Oil/canvas 64,5x53,5cm/*25x21in* New-York 97
DUPUIS Geo, Georges 1874-1932 [4]
🖾🖾 *$1 210 FF6 100 £794* "Les Misérables, Victor Hugo, en vente partout, Librairie Ollendorff" Affiche 194x129cm/*76x50in* Boulogne 96
DUPUIS Lodewijk, Louis 1843-1921 [2]
🖾 *$8 400 FF43 900 £5 000* "Massala", a bust Bronze H56cm/*H22in* London 96
DUPUIS Maurice 1882-1959 [25]
🖾 *$552 FF3 252 £342* Femme au chapeau Huile/panneau 25x29cm/*9x11in* Antwerpen 97
DUPUIS Pierre 1610-1682 [3]
🖾 *$303 534 FF1 798 200 £180 000* Grapes in a blue and white porcelain Bowl with a dead Kingfischer Oil/canvas 58x76cm/*22x29in* London 97
DUPUIS Pierre 1833-? [3]
🖾 *$10 000 FF51 900 £6 610* Pivoines au vase japonais Oil/canvas 125x100cm/*49x39in* New-York 96
DUPUIS Pierre (Attrib.) 1610-1682 [3]
🖾 *$2 901 FF16 779 £1 795* Architekturruine mit Katze und einem Jagdstilleben Öl/Leinwand 86x51cm/*33x20in* Wien 97
DUPUY Paul Michel 1869-1949 [64]
🖾 *$2 860 FF15 000 £1 722* Élégante à l'ombrelle Huile/toile 56x51cm/*22x20in* Paris 96
🖾 *$3 120 FF16 300 £1 887* Enfant au bord de la plage Huile/toile 41x34cm/*16x13in* Paris 96
DUQUESNOY, Fattore di Putti François 1594-1643 [2]
✏ *$3 249 FF18 013 £2 005* Studies of Putti Black, red & white chalks/paper 16,5x29,7cm/*6x11in* New-York 97
DUQUOC Jean XX [14]
✏ *$1 049 FF6 200 £649* En remontant la rivière d'Auray Pastel/carton 50x60cm/*19x23in* Rennes 97
DURA Alberto 1888-1971 [14]
🖾 *$780 FF4 043 £506* Paisaje con casas Oleo/cartón 21x31cm/*8x12in* Montevideo 96
🖾 *$3 500 FF18 130 £2 273* Las lavanderas Oleo/lienzo 34x52cm/*13x20in* Montevideo 96
DURA Gaetano (Attrib.) XIX [1]
✏ *$4 108 FF24 000 £2 431* Vue de Capri Gouache/papier 42x62,5cm/*16x24in* Paris 97
DURACK Elizabeth 1916 [10]

$488 FF2 936 £292 The South Easterly Watercolour/paper 25,5x38cm/*10x14in* Melbourne 98
DURAMEAU Louis J.-J. (Attr.) 1733-1796 [6]
$493 FF2 800 £308 Saint Roch en prière Pierre noire 29,2x23,8cm/*11x9in* Paris 97
DURAMEAU Louis Jean-Jacques 1733-1796 [6]
$44 616 FF260 000 £27 482 Figure allégorique, étude de plafond Pierre noire 35,5x54,5cm/*13x21in* Paris 97
DURAN BENET Rafael 1931 [19]
$845 FF5 135 £520 Veleros Oleo/lienzo 89x116cm/*35x45in* Madrid 98
DURAN Jaume 1891-1983 [1]
$9 700 FF50 200 £6 260 Mujer arrodillada con cántaro Marble H111cm/*H43in* Madrid 96
DURANCAMPS Rafael 1891-1979 [52]
$2 448 FF14 328 £1 512 Santiga Valles Oleo/cartón 25x32,5cm/*9x12in* Madrid 97
$6 678 FF38 078 £4 200 Cadaquès Oil/board 38x61cm/*14x24in* London 97
$6 400 FF39 500 £3 800 El Rocío Gouache/carton 50x71cm/*19x27in* Madrid 98
DURAND André 1807-1867 [10]
$2 290 FF11 410 £1 500 "Eglise Saint-Nicolas de la mer, Saint-Petersbourg" Pencil/paper 33x46cm/*12x18in* London 95
DURAND Asher Brown 1796-1886 [17]
$1 500 FF8 839 £926 Boating on the Lake Oil/paper/board 18x27,5cm/*7x10in* New-York 97
$20 000 FF118 414 £11 876 Gathering Storm Oil/canvas 91,5x98cm/*36x38in* New-York 97
DURAND Jean 1894-1977 [5]
$6 320 FF33 000 £3 820 Guerriers touareg Huile/panneau 120x86cm/*47x33in* Paris 96
DURAND John (Attrib.) 1731-1805 [1]
$4 800 FF28 070 £2 927 Portrait of a man holding a telescope Oil/canvas 40x36,4cm/*15x14in* New-York 97
DURAND Simon 1838-1886 [12]
$3 645 FF21 753 £2 199 Bunter Rosenstrauss umgeben von spielenden Katzen Öl/Leinwand 120x80cm/*47x31in* Stuttgart 97
DURAND-BRAGER Jean-Baptiste Henri 1814-1879 [57]
$1 668 FF10 230 £1 000 On the Bosphorus Oil/panel 24x49,5cm/*9x19in* London 98
$3 110 FF16 000 £1 940 Ville arabe sur la côte Huile/toile 38,5x67cm/*15x26in* Paris 96
DURANT Jean Alexandre 1868-? [1]
$6 473 FF37 162 £3 946 Port Said Öl/Leinwand 68x105cm/*26x41in* Düsseldorf 97
DURANTE Giorgio 1685-1755 [1]
$9 430 FF46 900 £6 000 Wildfowl in a landscape Oil/canvas 60x80cm/*23x31in* London 95
DURANTI Fortunato 1787-1863 [6]
$376 FF2 200 £227 Saint-Christophe Lavis 14x11cm/*5x4in* Paris 97
DURBAN Arne 1912 [12]
$4 026 FF24 486 £2 467 Lesende kvinne Bronze H42cm/*H16in* Oslo 98
DUREAU George 1930 [31]
$345 FF1 800 £205 Clarence William, nu Photo 50,3x40,4cm/*19x15in* Paris 96
$700 FF4 204 £419 The Black Drill Instructor Charcoal/paper 71x55cm/*28x22in* New Orleans, Louisiana 98
DUREL Gaston Jules L. 1879-1954 [42]
$413 FF2 400 £244 Vue d'Azemmour Huile/toile 33x46cm/*12x18in* Paris 97
$982 FF6 000 £582 Promeneurs sur un bord de mer marocain Huile/toile 50x61cm/*19x24in* Paris 98
$654 FF4 000 £388 Promeneurs aux abords de la grande porte Gouache/papier 33x48cm/*12x18in* Paris 98
DURENNE Eugène A. 1860-1944 [79]
$1 134 FF6 500 £671 Barque bleue Huile/toile 55x38cm/*21x14in* Montélimar 97
$1 309 FF7 500 £774 La brodeuse Huile/panneau 33x24cm/*12x9in* Montélimar 97
$382 FF2 000 £230 Côte bretonne près du Conquet Aquarelle 16x30cm/*6x11in* Brest 96
DÜRER Albrecht 1471-1528 [1005]
$1 984 FF11 713 £1 174 Die Enthauptung der heilige Katharina Woodcut 38,5x28,5cm/*15x11in* Berlin 97
$220 000 FF1 086 000 £142 200 The Holy Family beneath a tree, a castle in the distance Ink 23x14,6cm/*9x5in* New-York 96
DÜRER Albrecht (Attrib.) 1471-1528 [1]
$32 500 FF179 559 £20 198 Christ as Salvator Mundi Oil/panel 52x39,5cm/*20x15in* New-York 97

DURET André 1921 [57]
  $585 FF2 900 £370 Quai de l'Arsenal Huile/toile 55x46cm/*21x18in* Entzheim 95
DURET Francisque Joseph 1804-1865 [23]
  $1 700 FF10 265 £1 032 Orpheus Bronze H64cm/*H25in* Bethesda, Maryland 98
DURET-DUJARRIC Isabelle 1949 [60]
  $2 997 FF18 000 £1 798 Table de cuisine Huile/papier 32,5x25cm/*12x9in* Troyes 98
  $3 080 FF18 500 £1 848 Provence Huile/toile 36x51cm/*14x20in* L'Isle-Adam 98
  $686 FF3 500 £454 La Borie aux lavandes Gouache 32,5x50cm/*12x19in* Besançon 96
DUREUIL Michel 1929 [4]
  $2 004 FF12 000 £1 197 Bateaux dans le port de Saint-Jean de Luz Huile/toile 38x46cm/*14x18in* Monte-Carlo 98
DURGIN Lyle XIX-XX [2]
  $625 FF3 594 £391 Gloucester Harbor Oil/canvas 60x86cm/*24x34in* Hatfield, Pennsylvania 97
DURIEUX Caroline 1896-1989 [11]
  $324 FF1 978 £194 Deep South Color lithograph 45x34cm/*18x13in* New Orleans, Louisiana 98
  $3 600 FF22 346 £2 170 Portrait of a Man in Jackson Square Pencil/paper 25x21cm/*10x8in* New Orleans, Louisiana 98
DÜRIG Rolf 1926-1985 [26]
  $1 584 FF8 150 £988 Blauroter Palmenhain Öl/Leinwand 50x61cm/*19x24in* Bern 96
DURIO Paco XX [1]
  $4 360 FF22 000 £2 830 Femme de profil Terracotta H38cm/*H14in* Paris 96
DÜRR Louis 1896-1973 [25]
  $840 FF4 090 £532 Gewitterstimmung am Abend (Oberengadin) Öl/Leinwand 37x54cm/*14x21in* Bern 95
DÜRRENMATT Friedrich, Fritz 1921-1991 [7]
  $149 FF864 £91 Der erschöpfte Atlas Lithographie 105x75cm/*41x29in* Zürich 97
DURRIE George Henry 1820-1863 [17]
  $2 500 FF14 836 £1 550 West Rock, New Haven Oil/board 30x47cm/*11x18in* New-York 97
  $2 500 FF14 934 £1 530 Landscape Oil/canvas 73,5x78,5cm/*28x30in* New-York 98
DURRIE John 1818-? [5]
  $8 500 FF50 088 £5 249 Still Life with Grapes, Peaches and Plum Oil/canvas 18x24,5cm/*7x9in* New-York 97
DURST Auguste 1842-1930 [4]
  $2 705 FF16 000 £1 624 Basse-cour Huile/toile 53x77cm/*20x30in* Paris 97
DURU Jean-Bapt. (Attrib.) XVII-XVIII [1]
  $38 000 FF190 000 £24 600 "Le Superbe" du Haras de Monseigneur/"Le Merveilleux" Huile/toile 53x65cm/*20x25in* Paris 96
DURY-VASSELON Hortense XIX-XX [11]
  $4 006 FF23 000 £2 442 Fleurs dans un vase en grès Huile/toile 65x54cm/*25x21in* Barbizon 97
DUSART Cornelis 1660-1704 [57]
  $10 920 FF65 000 £6 675 Réunion musicale dans une chaaumière Huile/toile 32,5x27cm/*12x10in* Paris 98
  $841 FF5 020 £507 Das grosse Dorffest Radierung 25,5x34cm/*10x13in* Berlin 97
  $7 000 FF33 900 £4 510 A man in a hat looking up Black chalk 27,9x23,9cm/*10x9in* Amsterdam 95
DUSART Cornelis (Attrib.) 1660-1704 [7]
  $7 630 FF38 040 £5 000 Village scene outside a tavern Oil/panel 44x62cm/*17x24in* London 95
DUSS Carlos 1932 [6]
  $1 002 FF6 157 £601 "Häuser am Meer, Ibiza" Oil/canvas 80x120cm/*31x47in* Zürich 98
DUSSEK Eduard Adrian 1871-1930 [7]
  $913 FF4 730 £611 Farbentragender Student mit Fahne Öl/Leinwand 98x70cm/*38x27in* Lindau 96
DUTEURTRE Pierre 1911 [25]
  $517 FF3 053 £321 Young Woman with a Bouquet Oil/canvas 54x46cm/*21x18in* Elgin, Illinois 97
DUTILLEUX Constant 1807-1865 [10]
  $1 508 FF9 000 £909 Le moulin Huile/panneau 28x54cm/*11x21in* Paris 97
  $1 784 FF9 000 £1 158 Le soir, Pêcheurs Estampe 11,5x15,5cm/*4x6in* Paris 96
DUTILLIEU Pierre Jos., Jef 1876-1960 [21]
  $697 FF3 620 £461 Port de pêche Huile/toile 50x66cm/*19x25in* Bruxelles 96
DUTRIAC Georges XIX-XX [5]
  $605 FF3 527 £370 "Engagez-vous, Rengagez-vous dans les Troupes Coloniales" Affiche 117,5x78,5cm/*46x30in* London 97

DUTTA ROY Shyamal 1934 [7]
- $1 661 FF9 960 £1 000 Dream Watercolour/paper 54x75cm/*21x29in* London 98
DUTTON Thomas Goldsworth c.1820-1891 [31]
- $408 FF2 340 £250 The screw stream ship "Great Britain", 3500 Tons 500H.P.o Lithograph 43x59cm/*17x23in* London 97
- $4 000 FF20 370 £2 400 A racing cutter off Ramsgate Watercolour 34x48,5cm/*13x19in* London 96
DUVAL Edward John XIX-XX [9]
- $491 FF3 017 £300 A Winding River in Autumn Watercolour 34x49cm/*13x19in* London 98
DUVAL Eugène S.G. 1845-? [2]
- $29 500 FF143 000 £19 000 A nude young shepherd with his dog overlooking a harbour Oil/canvas 99x200cm/*38x78in* London 95
DUVAL Jean-Maurice 1871-? [3]
- $4 205 FF25 000 £2 572 Scène Bretonne Huile/toile 150x190cm/*59x74in* Auxerre 97
DUVAL Victor XIX [2]
- $15 174 FF90 000 £9 189 Vue de la galerie d'Apollon au Louvre Huile/toile 40x61cm/*15x24in* Paris 97
DUVAL-GOZLAN Léon 1853-1941 [30]
- $2 983 FF17 000 £1 863 Saint-Goustan, Morbihan Huile/toile 51x78cm/*20x30in* Saint-Dié 97
- $15 000 FF84 697 £9 121 A Village Church by a Canal Oil/canvas 115x152cm/*45x59in* New-York 97
- $337 FF2 000 £202 Le petit port de pêche Aquarelle, gouache/papier 33x37cm/*12x14in* Paris 97
DUVAL-LECAMUS Pierre 1790-1854 [11]
- $3 600 FF21 505 £2 202 Portrait of a French Gentleman Seated Oil/canvas 46x39cm/*18x15in* Milwaukee, Wisconsin 98
DUVALL Fanny Eliza 1861-1939 [3]
- $7 000 FF36 540 £4 230 Chrysanthemums Oil/canvas 61,5x87,5cm/*24x34in* San Francisco-Los Angeles 96
DUVALL John 1816-1892 [17]
- $2 944 FF17 159 £1 800 A Welcome Rest Oil/canvas 25,5x30,5cm/*10x12in* London 97
- $6 078 FF36 377 £3 808 Mares and Foals in a wooded river landscape Toile 62,5x108cm/*24x42in* London 97
DUVANEL Joseph Edward 1933 [7]
- $501 FF3 036 £307 Frauenakt in Rosen Lithograph 37x28cm/*14x11in* Zofingen 98
DUVENECK Frank 1848-1919 [20]
- $10 000 FF52 200 £6 040 Indian Head Oil/canvas 61x51cm/*24x20in* New-York 96
- $850 FF5 080 £521 The Bridge of Sighs Etching 28x22cm/*11x8in* New-York 98
DUVENECK Frank (Attrib.) 1848-1919 [6]
- $2 100 FF10 017 £1 320 The Whistling Boy, a Study Oil/canvas 39x30cm/*15x12in* Portland, Maine 95
DUVERGER Maurice Alex. Véron 1845-? [1]
- $21 400 FF108 300 £14 000 "Simple jeunesse" Marble H196cm/*H77in* London 96
DUVERGER Théophile Emmanuel 1821-1886 [39]
- $4 950 FF25 000 £3 233 La farce des écoliers Huile/panneau 23x19cm/*9x7in* Paris 96
- $11 010 FF63 976 £6 500 A Gift Oil/canvas 83x72cm/*32x28in* London 97
DUVET Jean 1485-c.1561 [7]
- $56 769 FF343 226 £34 000 Ss. Sebastian, Anthony, and Roch Engraving 24x16cm/*9x6in* London 98
DUVIEUX Henri c.1855-? [92]
- $642 FF3 800 £385 Le Quai de l'Horloge à Paris Huile/panneau 24,5x18cm/*9x7in* Paris 97
- $4 065 FF23 622 £2 400 Constantinople Oil/canvas 35x65cm/*13x25in* London 97
DUVIEUX Henri (Attrib.) c.1855-? [5]
- $5 165 FF30 710 £3 200 A View of Constantinople Oil/canvas 51x74cm/*20x29in* London 97
DUVILLIER René 1919 [116]
- $432 FF2 500 £266 Ecoute déesse bienheureuse, noire et brillante Huile/toile 90x123cm/*35x48in* Paris 97
- $1 284 FF7 500 £759 Traverses 54 Huile/toile 97x195cm/*38x76in* Douai 97
- $357 FF2 200 £217 Sans titre Aquarelle/papier 56x75,5cm/*22x29in* Paris 98
DUWEE Henri-Joseph 1810-1884 [2]
- $1 887 FF9 850 £1 140 Seule au monde Huile/panneau 48x33cm/*18x12in* Liège 96
DUXA Carl 1871-1937 [40]
- $397 FF2 380 £237 In einer Schenke Oil/panel 16,5x20cm/*6x7in* Wien 98
- $1 111 FF6 666 £674 In einer Schenke Oil/wood 39x49cm/*15x19in* Wien 98

DUYCK Edward 1856-1897 **[4]**
  $1 690 FF8 570 £1 100 "Alcazar Royal, Bruxelles Sans-Gêne" Poster 104x91cm/*40x35in* London 96
DUYFHUYSEN Pieter Colinchovius 1608-1677 **[3]**
  $42 426 FF244 821 £26 000 A kitchen with a woman scolding a boy, a man by a fire beyond Oil/panel 35x27cm/*13x10in* London 97
DUYNEN van Isaac c.1630-1677/81 **[4]**
  $4 413 FF25 338 £2 691 Stilleben mit Fischen Öl/Leinwand 58x72cm/*22x28in* Düsseldorf 97
  $7 040 FF36 100 £4 520 Junge Frau mit ihrem Sohn beim Fischverkäufer Oil/panel 30x25cm/*11x9in* Wien 96
DUYNEN van Isaac (Attrib.) c.1630-1677/81 **[2]**
  $9 660 FF54 740 £6 440 Frutti, un pane, un'aragosta, uve e un romer su un tavolo Olio/tavola 55x70cm/*21x27in* Roma 98
DUYSTER Willem C. (Attrib.) 1599-1635 **[5]**
  $13 000 FF79 803 £7 965 Young Man Playing a Lute Oil/panel 20x15,5cm/*7x6in* New-York 98
DUYSTER Willem Cornelisz. 1599-1635 **[4]**
  $95 700 FF500 540 £58 000 Soldiers dividing Booty in a Barn with a captive elegant Couple Oil/panel 32,5x43cm/*12x16in* London 96
  $210 787 FF1 248 750 £125 000 Soldiers with Plunder Oil/panel 38x56cm/*14x22in* London 97
DUYTS den Gustave 1850-1897 **[10]**
  $4 470 FF21 850 £2 826 Bouquet d'orchidées Huile/toile 109x68cm/*42x26in* Bruxelles 95
DUYVEN van Steven XVII **[3]**
  $4 069 FF24 295 £2 500 Interior with a Peasant Woman preparing Food Oil/canvas 95x107,3cm/*37x42in* London 98
DVORAK Franz, Frantisek 1862-1927 **[26]**
  $1 976 FF11 816 £1 166 Kinder beim Ringelreihen Öl/Leinwand 16,5x27cm/*6x10in* Kempten 97
  $2 577 FF15 369 £1 600 Blooming Flowers in a Greenhouse Oil/canvas 73,5x126,5cm/*28x49in* London 97
  $16 759 FF102 627 £10 000 Painting the Birds Oil/canvas 140x92cm/*55x36in* London 98
DWIGHT Mabel 1876-1955 **[21]**
  $40 FF237 £24 St. Nicholas Lithograph 31x24cm/*12x9in* Shaker Heights, Ohio 97
DYCK Hermann 1812-1874 **[4]**
  $2 942 FF16 892 £1 794 "Jan Brueghel, gennant Brueghel de Velours" Radierung 24,4x15,7cm/*9x6in* Berlin 97
DYCK van Abraham 1635/36-1672 **[5]**
  $27 784 FF164 506 £16 500 A Doctor, an Old Man and his Daughter in an Interior Oil/panel 44,5x35,5cm/*17x13in* London 97
  $2 860 FF13 880 £1 845 A woman asleep, holding a book in her hand Ink 16,3x15,4cm/*6x6in* Amsterdam 95
DYCK van Abraham (Attrib.) 1635/36-1672 **[1]**
  $10 700 FF53 300 £7 000 Young girl at a balustrade Oil/canvas 117,5x81,5cm/*46x32in* London 95
DYCK van Albert 1902-1951 **[34]**
  $5 320 FF32 460 £3 240 Gusta assise Huile/toile 46x34,5cm/*18x13in* Bruxelles 98
  $707 FF4 219 £426 Gusta/Landschap Estampe 16,5x24cm/*6x9in* Lokeren 97
  $1 498 FF7 500 £947 Meisje Sanguine 28x24cm/*11x9in* Lokeren 95
DYCK van Anthonius 1599-1641 **[62]**
  $84 000 FF418 500 £55 000 Portrait of a Lady Oil/canvas 74,5x59cm/*29x23in* London 95
  $105 300 FF619 580 £65 000 Brustbild eines lesenden bärtigen Mannes Oil/panel 48x32cm/*18x12in* Wien 97
  $450 000 FF2 742 210 £274 140 Portrait of John Hamilton, 1st Lord Belhaven and his Wife Margaret Oil/canvas 128x147cm/*50x57in* New-York 98
  $500 FF2 852 £307 Justus Sutterman Etching 25,1x16,6cm/*9x6in* New-York 97
DYCK van Anthonius (Attrib.) 1599-1641 **[7]**
  $3 142 FF18 270 £1 919 Angebliches Bildnis des Bürgermeister von Brüssel Engelbert Taie Öl/Leinwand 66x56cm/*25x22in* Wien 97
  $1 200 FF7 264 £716 Eagle Studies Charcoal/paper 27x18,5cm/*10x7in* New-York 97
DYCK van Anthonius (Cercle) 1599-1641 **[2]**
  $20 000 FF104 000 £13 230 Saint John the Baptist Oil/canvas 176,5x119cm/*69x46in* New-York 96
DYCK van Anthonius (Studio) 1599-1641 **[9]**
  $19 000 FF116 635 £11 641 Rest on the Flight into Egypt Oil/canvas 167x243cm/*65x95in* New-York 98

☞ *$292 600 FF1 523 800* £190 000 Self portrait with a sunflower Oil/canvas 58,5x72,5cm/*23x28in* London 96
DYCK van Floris 1575-1651 **[4]**
☞ *$443 000 FF2 206 000* £290 000 An Uitgestald still life Oil/panel 74x114cm/*29x44in* London 95
DYCK van Philip 1680-1753 **[6]**
☞ *$10 003 FF60 084* £6 000 Portrait of a Gentleman in a Grey Coat/Portrait of a Lady Oil/canvas 49,5x40cm/*19x15in* London 98
DYCKMANS Josephus Laurentius 1811-1888 **[6]**
☞ *$21 970 FF128 332* £13 000 Grandmother's stories Oil/panel 66x52cm/*25x20in* London 97
DYE Charlie 1896-1973 **[13]**
☞ *$12 250 FF69 761* £7 554 Change of the Night Guard Oil/canvas 25x40cm/*10x16in* Dallas, Texas 97
☞ *$44 000 FF272 109* £26 430 Roping a Slick Ear Oil/board 60x76cm/*24x30in* Hayden 97
✎ *$1 300 FF7 403* £801 Evening Camp Pencil/paper 58x86cm/*23x34in* Dallas, Texas 97
DYER Geoff [5]
✎ *$348 FF1 987* £211 The Waters Edge Watercolour/paper 73x100cm/*28x39in* Sydney 97
DYER Hezekiah Anthony 1872-1943 **[27]**
✎ *$350 FF2 113* £212 Lake Reflections Watercolour/paper 26x35cm/*10x14in* Bethesda, Maryland 98
DYF Marcel Dreyfus, dit 1899-1985 **[312]**
☞ *$2 000 FF11 904* £1 241 Working in the Garden Oil/canvas 15x18cm/*5x7in* North Berwick, Maine 97
☞ *$5 850 FF30 300* £3 800 Bouquet de fleurs Oil/canvas 66x54,5cm/*25x21in* London 96
DYK van Philip (Attrib.) 1680-1753 **[2]**
☞ *$5 048 FF30 120* £3 045 Susanna im Bade Öl/Leinwand 87x70cm/*34x27in* Köln 97
DYK van Philip le Petit 1680-1753 **[3]**
☞ *$17 200 FF86 800* £11 230 Familienportrait in einem Interieur Huile/panneau 59x75cm/*23x29in* Zürich 96
DYKMAN Henry John 1893-1972 **[18]**
☞ *$490 FF2 908* £299 Still life with a brass decanter and a string of pearls Oil/board 49x59,5cm/*19x23in* Cape Town 98
DYRING Moya 1908-1967 **[9]**
☞ *$677 FF3 464* £450 Nogent-sur-Marne Oil/canvas 46x61cm/*18x24in* London 96
DYSON William Henry, Will 1883-1938 **[7]**
▥ *$230 FF1 313* £140 Now young woman, amuse me...! Etching 18x21,5cm/*7x8in* London 97
DYXHOORN Pieter Aarnout 1810-1889 **[1]**
☞ *$1 870 FF9 050* £1 200 Hoorn, on the Zuider Zee, Holland Oil/panel 27x36cm/*10x14in* London 95
DZHENEYEV Iwan Alexeivich 1868-? **[1]**
☞ *$27 360 FF136 800* £18 000 Deep Water Oil/canvas 111x178cm/*43x70in* London 95
DZIGURSKI Alexander 1910 **[43]**
☞ *$220 FF1 097* £144 Montasch Oil/masonite 56x68cm/*22x26in* Toronto 95
DZUBAS Friedel 1915-1994 **[58]**
☞ *$3 000 FF17 182* £1 774 Accord Oil/canvas 107,5x107,5cm/*42x42in* New-York 97
☞ *$3 749 FF21 353* £2 327 "Cairo bay" Oil/canvas 213,4x88,9cm/*84x35in* New-York 97
▥ *$312 FF1 818* £186 "Nightstar" Silkscreen 61x49cm/*24x19in* Calgary, Alberta 97

E

EADIE Robert 1877-1954 **[17]**
✐ *$1 206 FF7 279* £720 Cattle Watering in a Stream Watercolour 30x43cm/*11x16in* West Lothian 98
EADIE William XIX-XX **[7]**
☞ *$355 FF2 031* £220 St. Ives view Oil/canvas 46x30cm/*18x11in* London 97
EAGER Helen 1952 **[1]**
✐ *$2 362 FF12 105* £1 507 Performance Mixed media/paper 167x256cm/*65x100in* Brisbane 96
EAGLE Arnold 1914-1993 **[9]**
📷 *$2 300 FF13 341* £1 410 One Third of a Nation: A Social Document Gelatin silver print 24,5x24,5cm/*9x9in* New-York 97
EAKINS Susan MacDowell 1851-1938 **[2]**
☞ *$3 800 FF22 392* £2 346 Portrait of Luigi Maratti Oil/canvas 43x35,5cm/*16x13in* New-York 97
EAKINS Thomas Coperthwait 1844-1916 **[17]**

$22 000 FF134 310 £13 149 Study for "Mending The Nets"/Two Figures/Seated Figure Oil/panel 33x23,5cm/*12x9in* New-York 98

$240 000 FF1 415 088 £147 168 Portrait of Thomas J. Eagan Oil/canvas 61x51cm/*24x20in* New-York 98

$20 000 FF122 100 £11 954 "Knitting" Relief H47cm/*H18in* New-York 98

$130 000 FF793 169 £77 922 Study for "The Swimming Hole" Platinum print 16x20cm/*6x7in* New-York 98

$1 400 000 FF8 168 020 £857 640 Mending the net Watercolour/paper 29x42,5cm/*11x16in* New-York 97

EARDLEY Joan Kathleen H. 1921-1963 **[43]**

$7 610 FF39 740 £4 600 The gas cooker Oil/board 32x22cm/*12x8in* Glasgow 96

$7 850 FF40 100 £5 200 Wheat/Cottages Oil/board 45,5x50,5cm/*17x19in* Glasgow 96

$3 347 FF19 723 £2 000 Tumbledown Tenement Gable Pastel/paper 24x20,5cm/*9x8in* Glasgow 97

EARL George 1824-1908 **[19]**

$5 630 FF29 140 £3 600 Study of Head of Spaniel Oil/canvas/board 32x38cm/*12x14in* London 96

$47 438 FF282 375 £29 000 "Hamlet, Bang and Drake" Oil/canvas 188x196cm/*74x77in* London 98

EARL Maud 1864-1943 **[50]**

$281 FF1 640 £170 Study of a black and white dog, seated Oil/canvas 45x38cm/*18x15in* Aylsham, Norfolk 97

$22 000 FF133 172 £13 004 The parrot and the pekinese Oil 162x156cm/*63x61in* New-York 98

$24 000 FF136 908 £14 757 Sulpher-crested Cockatoos Oil/board 12,5x78cm/*4x30in* New-York 97

EARL Ralph 1751-1801 **[5]**

$10 450 FF57 448 £6 417 Portrait of Elizabeth Van Horne Oil/canvas 82x68cm/*32x27in* Chester, NY 97

$210 000 FF1 090 000 £139 000 Portrait of John Phelps Oil/canvas 196x124cm/*77x48in* New-York 96

EARL Thomas c.1820-c.1890 **[9]**

$2 903 FF14 700 £1 900 A Dandy Dinmont, a head study Oil/board 34x30,5cm/*13x12in* London 96

$5 043 FF30 845 £3 100 The Protector Oil/canvas 47x61cm/*18x24in* London 98

EARL Thomas (Attrib.) c.1820-c.1890 **[1]**

$5 420 FF28 100 £3 500 The Huntsman's dream Oil/canvas 79x96cm/*31x37in* London 96

EARL Thomas P. c.1900-1935 **[6]**

$4 000 FF20 370 £2 400 "Seminole", a bay colt Oil/canvas 63x7cm/*24x2in* London 96

$6 330 FF32 260 £3 800 "Precipitation", a chestnut colt Oil/canvas 63x76cm/*24x29in* London 96

EARLE Charles 1832-1893 **[13]**

$1 704 FF8 820 £1 100 A Fountain in the Villa Borghese, Rome Watercolour 49x75cm/*19x29in* London 96

EARLE Eyvind 1916 **[16]**

$7 000 FF36 250 £4 680 Shadow Patterns Oil/masonite 76x51cm/*29x20in* New-York 96

$725 FF3 697 £480 Jewel Tree Serigraph in colors 54x69cm/*21x27in* Tarzana, CA 96

EARLE Lawrence Carmichael 1845-1921 **[10]**

$7 000 FF42 270 £4 202 The Day's Catch Oil/canvas 91,5x162,5cm/*36x63in* New-York 98

$349 FF1 948 £213 Village at sunrise Pastel/paper 20x41cm/*8x16in* Boston, Mass. 97

EARLOM Richard 1743-1822 **[59]**

$518 FF3 182 £317 Ohne Titel Print 19x25cm/*7x9in* Stuttgart 98

$297 FF1 759 £180 Pyramus and Thisbe Black chalk 29x23,5cm/*11x9in* London 97

EARNEST Florence Reinhold XX **[1]**

$4 500 FF23 300 £2 920 Alta Vista Oil/board 51x61cm/*20x24in* San Francisco-Los Angeles 96

EARP Edwin XIX-XX **[56]**

$206 FF1 020 £130 Vessels on a Highland lake Watercolour 20x46cm/*7x18in* London 95

EARP Henry I 1831-1914 **[54]**

$1 867 FF10 834 £1 149 Figures on a wooded track in a river landscape/Cattle watering ... Oil/canvas 33x28cm/*12x11in* London 97

$2 772 FF16 346 £1 700 Cattle and Drover on a Woodland Path/Cattle Watering Oil/canvas 59,5x44,5cm/*23x17in* Billingshurst, West Sussex 98

$540 FF3 262 £340 Cattle in a meadow with cathedral in the background Watercolour 17,5x28,5cm/*6x11in* West Midlands 97

EARP William Henry XIX **[38]**

$54 FF268 £35 A Lake District view Watercolour 25x54cm/*9x21in* London 96

EAST Alfred 1849-1913 **[111]**

$1 144 FF6 435 £695 Trees Oil/canvas 15,2x20,3cm/*5x7in* London 97

$1 419 FF8 568 £880 The Shepherd Oil/canvas 76x101,5cm/*29x39in* London 97

$2 936 FF17 543 £1 800 The Medway Oil/canvas 147,5x183cm/*58x72in* London 98

✎ *$164 FF1 018* £100 A Country Lane Watercolour/paper 23x33cm/*9x12in* London 97
EASTLAKE Mary Alexandra Bell 1864-1951 **[6]**
✎ *$721 FF4 221* £440 The Mill at Twilight Pastel/papier 44,5x40cm/*17x15in* Montréal 97
EASTMAN Michael 1947 **[8]**
📷 *$3 500 FF20 431* £2 116 Courtyard, Bologna Photograph 117x146cm/*46x57in* Beverly Hills, Calif. 97
EASTMAN Seth 1808-1875 **[2]**
$850 000 FF5 044 495 £520 625 Indian Mode of Traveling Oil/canvas 79x112cm/*31x44in* New-York 98
EATON Charles Harry 1850-1901 **[9]**
$1 100 FF6 421 £654 Hanging Game Birds/A Pair of Works Oil/canvas 49x31cm/*19x12in* New-York 97
$6 000 FF33 167 £3 681 "A Long Island Garden" Oil/canvas 35,5x51cm/*13x20in* New-York 97
EATON Charles Warren 1857-1934 **[32]**
$1 500 FF7 400 £970 Winter snow scene Oil/canvas 40x30cm/*16x12in* Mystic, Connecticut 96
$1 900 FF9 860 £1 257 Dusk Oil/board 51x61cm/*20x24in* New-York 96
✎ *$3 500 FF19 931* £2 158 Nocturne, Vilage Overlooking a Lake Pastel/canvas 71x56cm/*27x22in* Boston, Mass. 97
EATON Dorothy 1893-? **[6]**
$9 500 FF58 969 £5 791 Country Auction Oil/canvas 83x121cm/*33x48in* Boston, Mass. 97
EBEL Fritz 1835-1895 **[16]**
$2 902 FF17 466 £1 737 A Clearing in a Wood with Cattle Watering Oil/canvas 54,5x74cm/*21x29in* Amsterdam 98
$10 210 FF50 600 £6 500 Eine bewaldete Landschaft Oil/canvas 87x139cm/*34x54in* London 95
EBERL François Zdenek 1887-1962 **[40]**
$1 015 FF5 300 £614 Nu au collier rouge Huile/panneau 37x48cm/*14x18in* Paris 96
EBERLE Abastenia St. Leger 1878-1942 **[13]**
$3 000 FF17 921 £1 836 Seated Indian Bronze H18cm/*H7in* New-York 98
EBERLE Adolf 1843-1914 **[17]**
$2 284 FF11 400 £1 492 Küche eines Bauernhauses Oil/panel 35,5x39,5cm/*13x15in* Stuttgart 95
$19 666 FF120 805 £11 797 Brotzeit, alter Jäger mit seinen Hunden am Kachelofen in der Stube Oil/canvas 44,5x50cm/*17x19in* Köln 98
EBERLE Robert 1815-1860 **[3]**
$17 170 FF88 300 £10 700 Cattle on a woodland Path Oil/canvas 86x108cm/*33x42in* Wien 96
EBERLEIN Gustav Heinrich 1847-1926 **[3]**
$9 770 FF48 500 £6 180 "Tango", a dancing couple Bronze H55cm/*H21in* Singapore 95
EBERSBACH Hartwig 1940 **[3]**
$3 950 FF23 513 £2 452 Kasparkreuz Öl/Papier 125x83cm/*49x32in* Dresden 97
EBERSBERGER Max 1852-? **[4]**
$4 376 FF26 818 £2 613 Eine Dame mit ihren Kindern im Salon beim Ordnen der Blumen Oil/canvas 100x84cm/*39x33in* Dresden 98
EBERT Albert 1906-1976 **[2]**
$7 860 FF40 700 £5 080 Venus mit Amor und Putten Oil/panel 22x29,5cm/*8x11in* Berlin 96
EBERT Anton 1845-1896 **[39]**
$1 110 FF5 790 £661 Mädchenporträt Öl/Karton 21x17,5cm/*8x6in* Wien 96
$3 337 FF20 460 £2 000 A Fair Reflection Oil/canvas 80x63,5cm/*31x25in* London 98
EBERT Anton (Attrib.) 1845-1896 **[1]**
$1 696 FF8 770 £1 134 Portrait eines jungen Mädchens Oil/panel 26,5x21cm/*10x8in* Lindau 96
EBERT Carl 1821-1885 **[27]**
$10 140 FF51 200 £6 660 Auf dem Heimweg Öl/Leinwand 27x22,5cm/*10x8in* Stuttgart 96
$10 031 FF57 393 £6 261 Blick über einen Bach auf eine sonnenbeschienene Wassermühle Öl/Leinwand 70x100cm/*27x39in* Stuttgart 97
EBERT Carl (Attrib.) 1821-1885 **[2]**
$1 730 FF8 640 £1 130 Mutterglück Öl/Leinwand 28x23,5cm/*11x9in* Stuttgart 95
EBERT Charles H. 1873-1959 **[12]**
$7 500 FF45 787 £4 482 Afternoon Thaw Oil/canvas 91,5x127cm/*36x50in* New-York 98
EBERZ Josef 1880-1942 **[75]**
$12 186 FF71 428 £7 500 Der exotische Tanz Oil/board 34,5x30cm/*13x11in* London 97
$42 244 FF247 618 £26 000 Tropische Landschaft Oil/canvas 110x81cm/*43x31in* London 97

⊞ *$173 FF882 £114* Ragusa Etching 18x23,5cm/*7x9in* Heidelberg 96
✎ *$139 FF803 £81* Die heilige Dreifaltigkeit Pencil 24x20cm/*9x7in* Köln 97
EBNER Lajos Deàk 1850-1934 **[2]**
👁 *$2 400 FF11 700 £1 520* An ambush by a camp Oil/canvas 20x33cm/*7x12in* New-York 95
EBY Kerr 1889-1946 **[51]**
⊞ *$240 FF1 459 £145* Night Loading Etching 24x21cm/*9x8in* Shaker Heights, Ohio 98
ECHAURI Miguel Angel 1927 **[5]**
👁 *$2 046 FF12 245 £1 240* Joven tapada Oleo/lienzo 61x50cm/*24x19in* Madrid 97
ECHENA José 1845-1912 **[9]**
👁 *$1 920 FF10 880 £960* Arabo che suona Olio/tavola 30x20cm/*11x7in* Roma 97
👁 *$70 290 FF416 150 £42 030* Harem Resting on a Terrace at Sunset Oil/canvas 51x86,5cm/*20x34in* Toronto 97
ECHEVARRIA de Federico 1911 **[7]**
👁 *$1 650 FF9 875 £1 000* Bodegón de pláteanos y limones Oleo/lienzo 24x33cm/*9x12in* Madrid 98
👁 *$4 620 FF27 650 £2 870* Homenaje a Picasso Oleo/lienzo 66,5x75,5cm/*26x29in* Madrid 97
ECHEVARRIA José Luis XX **[3]**
👁 *$1 216 FF7 505 £722* "Fuenterrabia" Oleo/cartón 33x41cm/*12x16in* Madrid 98
ECHEVARRIA Y ZURICALDAY de Juan 1875-1931 **[4]**
👁 *$38 400 FF237 000 £22 800* Gitanas Oleo/lienzo 73x92,5cm/*28x36in* Madrid 98
ECHTLER Adolf 1843-1914 **[12]**
👁 *$7 249 FF43 332 £4 437* Le peintre et la servante Oil/panel 30,5x26cm/*12x10in* New-York 97
ECKARDT Aloys 1845-1906 **[4]**
👁 *$6 704 FF40 000 £4 044* Jeune femme et trophées Huile/toile 81x100cm/*31x39in* Paris 97
ECKARDT Christian 1832-1914 **[57]**
👁 *$736 FF4 397 £452* Marine, aften. Oil/canvas 29x40cm/*11x15in* København 98
👁 *$1 631 FF10 001 £1 000* Return of the fishing fleet Oil/canvas 48x79cm/*18x31in* London 98
ECKENBRECHER von Themistokles Karl P. 1842-1921 **[58]**
👁 *$1 343 FF8 045 £802* Lagernde Beduinen an den Pyramiden Öl/Leinwand 13,5x18cm/*5x7in* Köln 98
👁 *$3 800 FF22 592 £2 324* Worwegescher Waterfall Oil/canvas 86,5x118cm/*34x46in* New-York 97
ECKENER Alexander 1870-1944 **[52]**
👁 *$2 655 FF15 192 £1 657* Reifes Kornfeld in norddeutscher Landschaft Öl/Karton 40x30,5cm/*15x12in* Stuttgart 97
⊞ *$57 FF335 £35* Norrdeutsche Landschaft Etching 19x25cm/*7x9in* Heidelberg 97
ECKENFELDER Friedrich 1861-1938 **[38]**
👁 *$1 851 FF11 044 £1 116* Schimmel und Brauner an der Krippe Öl/Karton 33x42,5cm/*12x16in* Stuttgart 97
👁 *$5 901 FF33 761 £3 683* Schimmelgespann am Pflug Öl/Leinwand 59x86cm/*23x33in* Stuttgart 97
ECKERLER Karl 1852-1926 **[6]**
👁 *$847 FF4 921 £500* At the Kitchen Table Oil/canvas 30,5x41,5cm/*12x16in* London 97
ECKERSBERG Christoffer Wilhelm 1783-1853 **[95]**
👁 *$7 613 FF44 160 £4 500* Frigate and a Sloop under Sail Oil/board 21x31cm/*8x12in* London 97
👁 *$28 920 FF176 680 £18 240* Una Ciociara (portrait) Oil/canvas 53x47cm/*20x18in* København 97
✎ *$1 484 FF8 787 £888* Marine Pencil/paper 24x19cm/*9x7in* København 97
ECKERSBERG Johan Frederick 1822-1870 **[12]**
👁 *$5 152 FF30 840 £3 172* Parti fra Lysagerelven ved Christiania Oil/canvas 26x40cm/*10x15in* Stockholm 98
👁 *$10 760 FF64 464 £6 432* Kvinne og mann i fjellandskap Oil/canvas 47x66cm/*18x25in* Oslo 98
ECKERSLEY Tom 1914-? **[5]**
⊞ *$490 FF2 734 £300* "Lovely Day for a Guinness" Poster 75x49cm/*29x19in* London 97
ECKERT XIX-XX [1]
⊞ *$6 683 FF40 924 £4 000* "The Kid, mit Charlie Chaplin" Poster 142x94cm/*55x37in* London 98
ECKERT Georg Maria 1828-1903 **[5]**
👁 *$3 164 FF15 670 £2 010* Das Heidelberger Schloss Oil/panel 23x29cm/*9x11in* Heidelberg 95
👁 *$3 863 FF22 500 £2 360* Paesaggio animato da personnaggi Olio/tela 41x66cm/*16x25in* Paris-Trieste 97
ECKHARDT Christian Fr. 1832-1914 **[6]**
👁 *$753 FF4 401 £446* Marine med sejlskibe Oil/canvas 28x42cm/*11x16in* Vejle 97
ECKHARDT Ferdinand 1876-? **[3]**
✎ *$926 FF4 810 £613* "R. Strauss, Alpensymphonie" Mischtechnik/Papier 71,5x84,5cm/*28x33in* Wien 96
ECKHOUT Albert c.1610-1666 **[1]**

☞ *$300 000 FF1 480 000* £194 000 Still life of a cactus of the genus "opuntia" Oil/canvas 108x93cm/*42x36in* New-York 96
ECKHOUT Jacob Joseph 1793-1861 **[1]**
☞ *$5 800 FF29 830* £3 620 An elderly Gentleman in a candlelit interior Oil/panel 85x64cm/*33x25in* New-York 96
ECKL Vilna 1892-1982 **[11]**
✐ *$2 310 FF12 070* £1 376 Zwei Kinder Coloured chalks/paper 46x37cm/*18x14in* Wien 96
ECKMANN Otto 1865-1902 **[12]**
▨ *$162 FF847* £95 Schwertlilien Woodcut in colors 21,7x12,4cm/*8x4in* Berlin 96
ECKSTEIN Carel Alfons 1840-1925 **[1]**
✐ *$949 FF5 806* £583 A Bomschuit in the Surf Ink 67,5x52,5cm/*26x20in* Amsterdam 98
ECONOMOU George A. XIX-XIX **[1]**
☞ *$8 979 FF53 606* £5 500 Portrait of a Gentleman in a Fur Trimmed Coat Oil/canvas 73,5x58,5cm/*28x23in* London 97
ECONOMOU Ioannis 1860-1931 **[2]**
☞ *$2 466 FF12 860* £1 490 General Gousis Oil/panel 40x32cm/*15x12in* Athens 96
☞ *$3 591 FF21 442* £2 200 Still Life With Game Oil/canvas 95x45cm/*37x17in* London 97
ECONOMOU Michalis 1888-1933 **[6]**
☞ *$17 142 FF102 339* £10 500 A House by the Sea Oil/canvas 46x61cm/*18x24in* London 97
EDDIS Eden Upton 1812-1901 **[3]**
☞ *$13 840 FF80 798* £8 500 Study on Albury Heath Oil/canvas 142x112cm/*55x44in* London 97
EDDY Don 1944 **[21]**
☞ *$6 509 FF38 000* £3 936 Untitled Huile/toile 167x50,5cm/*65x19in* Paris 97
☞ *$6 925 FF40 675* £4 275 Bumper section IX, Isla Vista Huile/toile 121x168cm/*47x66in* Lokeren 97
▨ *$60 FF350* £36 Bumper Section Color lithograph 57x76cm/*22x30in* Chicago, Illinois 97
EDDY Henry Stephens 1878-1944 **[4]**
☞ *$2 749 FF16 317* £1 705 Gloucester Oil/canvas 51x61cm/*20x24in* New-York 97
EDE Basil 1931 **[47]**
☞ *$8 320 FF43 400* £5 500 Manchurian cranes Oil/canvas 89,5x69cm/*35x27in* London 96
✐ *$988 FF5 964* £600 Yellow Shafted Flixer, Eastern United States Watercolour, gouache/paper 30x25cm/*11x9in* Billingshurst, West Sussex 98
EDE Frederick Ch. Vipont 1865-1907 **[23]**
☞ *$4 250 FF25 390* £2 602 Riverscape with Young Woman and Ducks Oil/canvas 54,5x81,5cm/*21x32in* New-York 98
EDELFELT Albert 1854-1905 **[105]**
☞ *$6 569 FF38 787* £3 888 Nyländskt änglandskap Oil/canvas 24x33cm/*9x12in* Helsinki 97
☞ *$40 502 FF243 276* £24 288 Skiss till porträtt av professor J.W. Runeberg Oil/canvas 60x40cm/*23x15in* Helsinki 98
▨ *$136 FF829* £82 Rydberg Victor Etching 11x9cm/*4x3in* Helsinki 98
✐ *$1 566 FF8 935* £956 Young woman seated on a chair Ink 48x34,5cm/*18x13in* Helsinki 97
EDELMANN Albert 1886-1963 **[4]**
☞ *$580 FF2 890* £378 Fleurs Huile/carton 27x24cm/*10x9in* Zofingen 95
EDELMANN Charles Auguste 1879-1950 **[29]**
☞ *$384 FF2 000* £241 Paysage Huile/carton 15,5x21,5cm/*6x8in* Saint-Dié 96
EDELMANN Yrjö 1941 **[38]**
☞ *$6 283 FF35 899* £3 849 Pink parcel Oil/canvas 100x85cm/*39x33in* Stockholm 97
▨ *$208 FF1 208* £128 Komposition Color lithograph 59x86cm/*23x33in* Göteborg 97
EDEMA Thomas XIX **[1]**
☞ *$6 230 FF30 200* £4 000 A Mediterranean landscape Oil/canvas 89x111cm/*35x43in* London 95
EDEMA van Gerard 1652-1700 **[9]**
☞ *$19 850 FF100 000* £12 850 Paysages fantastiques Huile/toile 75x64cm/*29x25in* Deauville 95
EDEMA van Gerard (Attrib.) 1652-1700 **[3]**
☞ *$8 000 FF38 600* £5 000 Rocky landscape Oil/canvas 17x106cm/*6x41in* London 95
EDEN Emily 1797-1869 **[3]**
▨ *$56 487 FF338 646* £34 000 Portrait of the Princes & People of India, London: J. Dickinson & Son Print 54x45,5cm/*21x17in* London 98

EDEN William 1844-1913 **[10]**
  $204 FF1 285 £129 Cottages in a Landscape Watercolour/paper 25,5x35,5cm/*10x13in* Billingshurst, West Sussex 97

EDER Gyula 1875-? **[7]**
  $2 032 FF10 520 £1 300 Standing female nude Oil/panel 49x27cm/*19x10in* London 96

EDER Otto 1924-1982 **[4]**
  $3 236 FF16 900 £1 926 Immitten Planeten Oil/canvas/panel 46x69cm/*18x27in* Wien 96

EDGAR James H. XIX **[1]**
  $7 007 FF42 966 £4 200 The Flower Girl Oil/canvas 41x31cm/*16x12in* London 98

EDGAR Norman XX **[3]**
  $2 252 FF13 741 £1 350 A Mediterranean Beach Gouache/paper 78x53,5cm/*30x21in* Glasgow 98

EDGERTON Harold Eugene 1903-1990 **[51]**
  $2 200 FF11 340 £1 457 Seeing the Unseen Photograph 35x27cm/*14x11in* New-York 96

EDHOLM Ann 1953 **[2]**
  $2 292 FF11 440 £1 497 Untitled I-II (Öga) Mixed media/paper 104x177cm/*40x69in* Stockholm 95

EDLICH Stephen 1944 **[4]**
  $16 000 FF99 440 £9 568 Untitled "Le" Mixed media/canvas 213,5x152,5cm/*84x60in* New-York 98

EDLINGER Josef Georg 1741-1819 **[9]**
  $6 565 FF40 227 £3 920 Heinrich Zimmermann/Damenportrait Oil/canvas 61,5x49cm/*24x19in* Dresden 98

EDMONDS Francis William 1806-1863 **[8]**
  $3 000 FF17 814 £1 831 An Illustrative Genre Scene Oil/canvas 38x44cm/*14x17in* Boston, Mass. 98
  $22 000 FF130 255 £13 156 Reading Oil/canvas 36,1x40,4cm/*14x15in* New-York 97

EDMONSON William J. 1868-1951 **[9]**
  $1 100 FF6 686 £667 California Landscape Oil/canvas 60x50cm/*24x20in* Shaker Heights, Ohio 98

EDMONSTON Samuel 1825-? **[7]**
  $2 267 FF11 570 £1 500 "I aye feel safe when my father's at the helm" Oil/canvas 46x34,5cm/*18x13in* Glasgow 96

EDOUART Augustin Amant C.F. 1789-1861 **[19]**
  $650 FF3 880 £389 Lt. Edward M. Yard "U.S. Navy Boston 1st. March 1842" Silhouette 29x13cm/*11x5in* Bolton, Mass. 98

EDRIDGE Henry 1769-1821 **[60]**
  $885 FF5 279 £549 Portrait of Gertrude Sloane Stanley Watercolour 32x23,5cm/*12x9in* London 97

EDSON Aaron Allan 1846-1888 **[20]**
  $386 FF2 318 £234 The Bolton Pass near South Bolton, Eastern Townships Lavis 18x28cm/*7x11in* Montréal 97

EDWARDS George 1694-1773 **[11]**
  $244 FF1 453 £150 Prints of Exotic Birds, Some Featuring Insects Print in colors 30x24cm/*11x9in* Solihull, West Midlands 98

EDWARDS George Wharton 1869-1950 **[20]**
  $4 749 FF27 742 £2 810 The Villa d'Este, Tivoli Oil/canvas 60x50cm/*24x20in* Boston, Mass. 97

EDWARDS Lionel Dalhousie R. 1878-1966 **[150]**
  $5 790 FF29 200 £3 800 The Thaw, Whaddon Chase, Crossing Dorcas Lane Oil/canvas 50x60cm/*20x24in* London 96
  $330 FF1 930 £200 The Daventry Vale from Great Wood/The B.V.H. Bailey Ridge Cover Print in colors 30x48cm/*12x19in* Aylsham, Norfolk 97
  $433 FF2 619 £260 Walking with Hounds along a Country Lane Pencil/paper 35,5x25,5cm/*13x10in* London 98

EDWARDS Mary A. 1896-1988 **[11]**
  $1 366 FF7 963 £840 Sanada Oil/canvas/board 52x46cm/*20x18in* Sydney 97

EDWARDS Mary Ellen Freer 1839-c.1910 **[8]**
  $9 062 FF52 325 £5 400 Springtime Oil/canvas 77x51cm/*30x20in* London 97

EDY-LEGRAND Edouard Léon Louis 1892-1970 **[23]**
  $4 990 FF26 000 £3 135 Le Douar Huile/panneau 77,5x106,5cm/*30x41in* Paris 96
  $4 479 FF26 000 £2 644 Scène de rue à Fès Technique mixte/papier 63x98cm/*24x38in* Paris 97

EDZARD Dietz 1893-1963 **[154]**
  $1 500 FF7 485 £980 Floral Still Life Oil/canvas 35x25cm/*14x10in* Cincinnati, Ohio 95
  $4 200 FF21 660 £2 780 Nature morte à la clarinette et partitions de Mozart Oil/canvas 92x63cm/*36x24in* New-York 96

EECKHOUDT van den Jean 1875-1946 **[16]**
 $5 710 FF29 600 £3 820 Arbres sous l'emprise du vent Huile/toile 66x90cm/*25x35in* Antwerpen 96
EECKHOUT Jacobus Josephus 1793-1861 **[16]**
 $2 064 FF10 500 £1 320 Sportsmen resting in a wooded dune landscape Oil/canvas 41,5x62cm/*16x24in* Amsterdam 96
EECKHOUT van den Gerbrandt 1621-1674 **[15]**
 $20 020 FF100 000 £13 080 Le Baptême de l'eunuque Huile/panneau 59x82cm/*23x32in* Paris 95
 $10 825 FF63 600 £6 500 The Satyr and the Peasants Red chalk/paper 11,5x14cm/*4x5in* London 97
EECKHOUT van den Gerbrandt (Attrib.) 1621-1674 **[5]**
 $3 990 FF20 650 £2 543 Bildnis eines bärtigen Mannes mit Goldkette Oil/canvas 80,5x64,5cm/*31x25in* Zürich 96
 $37 098 FF219 780 £22 000 A Man, bust-length, in a fur hat Oil/panel 22x17,5cm/*8x6in* London 97
 $3 113 FF17 820 £1 839 Joseph Sold into Slavery Ink 9,5x13,5cm/*3x5in* Amsterdam 97
EECKHOUT Victor 1821-1879 **[12]**
 $1 428 FF8 610 £864 "Fantasia" Huile/panneau 25x35cm/*9x13in* Montréal 98
 $4 175 FF25 000 £2 495 La route du village en été Huile/toile 57x83cm/*22x32in* Saint-Dié 98
 $16 378 FF95 057 £10 000 Outside the Mosque Oil/canvas 100x140cm/*39x55in* London 97
EEGHEN van Johanna 1822-1868 **[2]**
 $6 790 FF40 107 £4 102 A still life of flowers on a marble ledge Oil/panel 38x31,5cm/*14x12in* Amsterdam 97
EEKMAN Nicolas Mathieu 1889-1973 **[84]**
 $1 547 FF7 560 £978 Jeune fille nue levant la main Huile/panneau 34,5x24cm/*13x9in* Bruxelles 95
 $2 197 FF11 460 £1 327 Self portrait Oil/canvas 65x54cm/*25x21in* Amsterdam 96
 $419 FF2 500 £252 Manneken-Pis Aquarelle 31x25cm/*12x9in* Paris 97
EEL Knud P. 1914-1967 **[19]**
 $515 FF3 086 £317 Interiör med mand på stol Oil/canvas 88x65cm/*34x25in* Vejle 98
EELKEMA Eelke Jelles 1788-1839 **[4]**
 $3 276 FF19 512 £2 004 Nature morte aux fleurs Huile/panneau 27,5x22cm/*10x8in* Bruxelles 98
EEMANS Marc 1907 **[37]**
 $2 576 FF13 120 £1 545 Tendance vers l'Héroïsme Huile/toile 60x40cm/*23x15in* Bruxelles 96
 $4 227 FF25 159 £2 583 Ohne Titel Oil/hardboard 40,5x32cm/*15x12in* Köln 98
 $486 FF2 923 £291 Composition Aquarelle/papier 33x26cm/*12x10in* Antwerpen 98
EEMONT van Adriaen c.1627-1662 **[2]**
 $18 322 FF105 972 £11 000 The Tomb of the Plantii on the River Anio, near Rome Oil/panel 47x66cm/*18x25in* London 97
EERELMAN Otto 1839-1926 **[53]**
 $2 340 FF12 040 £1 460 A mare and her foal Oil/canvas 26x34cm/*10x13in* Amsterdam 96
 $42 606 FF247 007 £25 444 Jonge St Bernhards Oil/canvas 46x60cm/*18x23in* Amsterdam 97
 $1 331 FF6 750 £867 A hunting-party Charcoal 45x63cm/*17x24in* Amsterdam 96
EERTVELT van Andries 1590-1652 **[15]**
 $68 120 FF421 980 £40 560 A Naval Battle Oil/canvas 101,5x150cm/*39x59in* Antwerpen 98
EERTVELT van Andries (Attrib.) 1590-1652 **[5]**
 $3 000 FF18 159 £1 790 Ships at Sea Oil/copper 38x51cm/*14x20in* New-York 97
 $11 991 FF70 000 £7 252 Bataille navale entre galères et vaisseaux de guerre Huile/toile 146x229cm/*57x90in* Paris 97
EFFEL Jean **[8]**
 $233 FF1 200 £149 "Pays Basque, Paradis retrouvé..." Affiche 39,5x30cm/*15x11in* Boulogne 96
EGAN Beresford XIX-XX **[6]**
 $335 FF1 703 £200 A woman in black Ink 43x30,6cm/*16x12in* London 96
EGEDIUS Alfdan 1877-1899 **[2]**
 $22 865 FF136 986 £13 668 "Tremandsdansen" Charcoal/paper 26x31cm/*10x12in* Oslo 98
EGG Augustus L. (Attrib) 1816-1863 **[3]**
 $7 970 FF38 700 £5 000 Two Ladies on the terrace of a garden Oil/canvas 89x68cm/*35x26in* London 95
EGG Augustus Leopold 1816-1863 **[6]**
 $917 FF4 640 £600 The Shouting Actor Oil/board 29x23cm/*11x9in* London 96
EGGELER Stefan 1894-? **[5]**

🖾 *$401 FF2 386* £249 Walpurgisnacht Radierung 35x26cm/*13x10in* Wien 97
EGGENHOFER Nick 1897-1985 **[45]**
✏ *$250 FF1 295* £160 Across the Plains Ink/paper 13x15cm/*5x6in* Mystic, Connecticut 96
EGGENSCHWILER Franz 1930 **[77]**
🖾 *$688 FF4 020* £407 Frauen Offset 81x59cm/*31x23in* St.Gallen 97
⚒ *$1 845 FF10 971* £1 128 Eberkopf Iron H41cm/*H16in* Bern 97
EGGENSCHWILER Urs 1849-1923 **[13]**
☞ *$25 009 FF150 210* £15 000 A Lion Sleeping on a Mountain, Watched by Baboons Oil/canvas
91,5x122cm/*36x48in* London 98

EGGER Jean, Hans 1897-1934 **[3]**
✏ *$2 034 FF10 620* £1 210 Head of an old man Black chalk/paper 41,5x29cm/*16x11in* Wien 96
EGGER-LIENZ Albin 1868-1926 **[54]**
☞ *$10 139 FF60 240* £6 030 Studie zu Christnacht II Oil/canvas/panel 36x29cm/*14x11in* München 97
☞ *$112 660 FF669 340* £67 000 Heilige Nacht, Variante mit vier Hirten Öl/Karton 56,5x83cm/*22x32in*
München 97
🖾 *$1 125 FF6 659* £667 Der Sämann Lithographie 23,3x17,5cm/*9x6in* Wien 97
✏ *$7 940 FF39 200* £5 160 "Hulda" Watercolour, gouache/paper 25x22cm/*9x8in* Wien 95
EGGIMANN Hans 1872-1929 **[48]**
🖾 *$143 FF734* £89 "Die Nörgler" Eau-forte 56x38,5cm/*22x15in* Bern 96
EGGINGTON Frank J. 1908-1990 **[22]**
✏ *$1 815 FF9 430* £1 200 The Twelve Pins, Connemara Watercolour 52x74cm/*20x29in* London 96
EGGINGTON Wycliffe 1875-1951 **[18]**
✏ *$694 FF3 540* £460 On the Moors Watercolour 46x68cm/*18x26in* Billingshurst, West Sussex 96
EGGINTON Frank J. 1908-1990 **[53]**
✏ *$2 122 FF12 524* £1 300 "Cromane, Co. Kerry" Watercolour 26x35,5cm/*10x13in* London 98
EGGINTON Wycliffe 1875-1951 **[60]**
✏ *$1 795 FF9 300* £1 200 Wind on the Common Watercolour 53,3x73,7cm/*20x29in* London 96
EGGLER Josef 1916 **[12]**
☞ *$573 FF3 350* £339 Winterlandschaft bei Abtwil Öl/Leinwand 63x79cm/*24x31in* St.Gallen 97
EGGLESTON Benjamin 1867-1937 **[13]**
☞ *$1 000 FF5 995* £601 Still Life with Peonies Oil/board 50x40cm/*20x16in* New-York 98
☞ *$1 400 FF7 986* £855 Geese in a Yard Oil/canvas 25x30cm/*10x12in* Bethesda, Maryland 97
EGGLESTON William 1939 **[37]**
📷 *$4 249 FF24 521* £2 604 Halloween Children Dye-transfer print 30x45cm/*11x17in* New-York 97
EGGLI Jakob 1812-1880 **[8]**
🖾 *$560 FF3 346* £338 Ansicht von Schloss Schlatt, das ein Gymnasium beherbergt Print 32,5x54cm/*12x21in*
Stuttgart 97
✏ *$1 064 FF6 180* £628 Das ehemalige Rheinauerthor am Rhein Aquarelle 34x46cm/*13x18in* Bern 97
EGLAU Max 1825-? **[4]**
☞ *$3 800 FF22 822* £2 279 Lake George Oil/canvas 50x71cm/*20x28in* Philadelphia 98
EGLAU Otto Wilhelm 1917-1988 **[58]**
🖾 *$153 FF781* £101 "Mondhafen" Etching in colors 48x39,6cm/*18x15in* Heidelberg 96
EGLEY William Maw 1826-1919 **[16]**
☞ *$3 644 FF18 600* £2 400 The slave market Oil/canvas 70x91cm/*27x35in* London 96
☞ *$3 598 FF20 972* £2 200 In Thought Oil/canvas 30,5x25cm/*12x9in* London 97
EGMONT van Justus 1601-1674 **[5]**
☞ *$4 767 FF28 446* £2 876 Bildnis eines jungen Mädchens mit Haube Öl/Leinwand 60x68cm/*23x26in*
Stuttgart 97
EGMONT van Justus (Attrib.) 1601-1674 **[4]**
☞ *$11 627 FF70 000* £6 958 Portrait du Grand Condé Huile/toile 118,5x94cm/*46x37in* Paris 98
EGMONT van Pieter Cornelisz 1615-1663/64 **[3]**
☞ *$15 050 FF75 000* £9 850 Le peintre dans son atelier Huile/panneau 74x62cm/*29x24in* Paris 95
EGNER Marie 1850-1940 **[67]**
☞ *$9 630 FF48 700* £6 320 Landschaft mit blühender Wiese Öl/Karton 24x34,5cm/*9x13in* Wien 96
☞ *$28 945 FF168 280* £17 675 Stilleben mit Goldlack und Tulpen Öl/Karton 55x69cm/*21x27in* Wien 97
✏ *$992 FF5 738* £612 Felsige Böschung Mischtechnik/Papier 23x34cm/*9x13in* Wien 97
EGORKINE Vladimir 1938 **[18]**

✏ *$900 FF5 344 £545* Landscape with tall trees Gouache/paper 59x45cm/*23x18in* Lambertville, NJ 97
ESTENBERG Per (Attrib.) 1772-1848 **[2]**
✏ *$383 FF2 291 £234* En vestibule af Calmar Slott Pencil/paper 27,5x37cm/*10x14in* Stockholm 98
ESTERLE von Max 1870-1947 **[2]**
✏ *$5 622 FF31 174 £3 471* Berge Pastell/Papier 39x29cm/*15x11in* Wien 97
ESTES Richard 1936 **[82]**
👁 *$110 000 FF560 000 £66 000* American Express Downtown Oil/canvas 61x91,5cm/*24x36in* New-York 96
👁 *$150 000 FF726 000 £96 200* General Machinist Oil/masonite 122x152cm/*48x59in* New-York 95
🖐 *$2 500 FF12 800 £1 524* Qualigraft Shoes Silkscreen in colors 90x125cm/*35x49in* New-York 96
✏ *$2 000 FF11 454 £1 183* Mt. Desert Gouache/board 13,5x18cm/*5x7in* New-York 97
ESTEVAN Y VICENTE Enrique 1849-1927 **[1]**
✏ *$1 564 FF9 364 £924* Caballo blanco Gouache 34,5x46cm/*13x18in* Madrid 98
ESTEVE Maurice 1904 **[328]**
👁 *$4 860 FF29 000 £2 931* Châtaigneraie Huile/toile 50x61cm/*19x24in* Paris 97
👁 *$17 640 FF90 700 £11 000* Poste d'aiguillage Oil/canvas 35x27cm/*13x10in* London 96
🖐 *$908 FF5 500 £557* Cali Lithographie 49,5x66,2cm/*19x26in* Paris 98
✏ *$1 884 FF11 000 £1 139* Mante Religieuse Crayon/papier 24x31cm/*9x12in* Versailles 97
ESTEVE Y MARQUES Agustín 1753-1809/20 **[3]**
👁 *$3 824 FF19 340 £2 510* Retrato de Dama Oleo/lienzo 55x45cm/*21x17in* Madrid 96
ESTEVE Y MARQUES Agustín (Attrib.) 1753-1809/20 **[5]**
👁 *$3 056 FF16 040 £1 836* Retrato del actor Isidro Marquez Oleo/lienzo 54x44,5cm/*21x17in* Madrid 96
ESTEVE Y VILELLA Rafael 1772-1847 **[2]**
🖐 *$317 FF1 826 £184* Retrato de Cristobal Colon Aguafuerte 55x37cm/*21x14in* Madrid 97
ESTEVE Y VILELLA Rafael (Attrib.) 1772-1847 **[1]**
👁 *$3 135 FF18 857 £1 947* Dama de la Corte de Carlos IV Oleo/lienzo 93x72cm/*36x28in* Madrid 97
ESTIENNE d' Henry 1872-1949 **[325]**
👁 *$212 FF1 300 £126* Barques chargées auprès du quai Huile/panneau 12,5x19cm/*4x7in* Paris 98
👁 *$1 155 FF7 000 £708* Femmes dans la Mosquée Sidi Abder Rahman, Alger Huile/carton 68x46cm/*26x18in* Paris 98
👁 *$3 916 FF24 000 £2 340* Ruelle animée, Italie Huile/toile 134x149cm/*52x58in* Paris 98
✏ *$11 550 FF70 000 £7 084* Jeune mariée arabe Pastel/papier 62x47cm/*24x18in* Paris 98
ESTRADA Adolfo 1927 **[10]**
👁 *$1 091 FF6 223 £664* Virgen con el Niño Oleo/lienzo 125x87cm/*49x34in* Montevideo 97
✏ *$1 088 FF6 368 £672* Desnudo de perfil Técnica mixta/papel 49x35cm/*19x13in* Madrid 97
ETBAUER Theodore 1892-1975 **[2]**
🖐 *$1 000 FF5 180 £669* "Hamburg-Amerika Linie, Croisiere" Affiche 84x60cm/*33x23in* New-York 96
ETCHEBARNE BIDART Andrès F. 1889-1931 **[2]**
👁 *$28 500 FF143 929 £18 388* Casa de pescadores, Puerto Pollensa Oleo/lienzo 100x120cm/*39x47in* Montevideo 96
ETCHEVERRY Denis 1867-1950 **[17]**
👁 *$1 192 FF7 000 £729* Portrait du prince Louis de Ligne/Portait de la princesse de Ligne Huile/toile 100x63cm/*39x24in* Paris-Trieste 97
ETEX Antoine 1808-1888 **[3]**
🗿 *$2 398 FF14 000 £1 464* "Hyacinthe" Bronze 39x36x23cm/*15x14x9in* Paris 97
ETIENNE 1952 **[3]**
🗿 *$26 000 FF160 000 £15 920* "Le Baiser" Bronze 127x77x46cm/*50x30x18in* Paris 98
ÉTIENNE-MARTIN 1913-1995 **[22]**
🗿 *$8 765 FF50 000 £5 355* Le thuya Sculpture bois 3x38cm/*1x14in* Paris 97
🗿 *$22 970 FF120 000 £13 670* Le Torse Janus Bronze 96x74x53cm/*37x29x20in* Paris 96
ETNIER Stephen Morgan 1903-1984 **[8]**
👁 *$5 000 FF25 250 £3 247* "Merricomeag Hotel, South Harpswell" Oil/canvas 63x76cm/*25x30in* Portland, Maine 96
ETROG Sorel 1933 **[44]**
🗿 *$2 908 FF16 978 £1 786* Sentinel Bronze H57cm/*H22in* Toronto 97
🗿 *$7 010 FF33 960 £4 500* Ariana Bronze H122cm/*H48in* Toronto 95
✏ *$552 FF3 155 £338* (1) Abstract composition/(2) "Vale variations #71"/(3) Abstract... Pastel/paper

---

34,3x40,6cm/*13x15in* Toronto 97
ETTING Emlen 1905-1992 **[44]**
$210 FF1 205 £128 "View from my Window, Mirmande" Oil/board 35x26cm/*14x10in* Asheville, NC 97
$600 FF3 567 £371 Study for Joseph and his Brethren Oil/board 39x51cm/*15x20in* Philadelphia 97
ETTINGER Churchill 1903-1985 **[18]**
$200 FF1 010 £131 Whistler's in a gale Etching 20x27cm/*8x11in* Mystic, Connecticut 96
$6 500 FF32 760 £4 193 Fish On Watercolour/paper 53x73cm/*21x29in* Hayden 96
ETTY William 1787-1849 **[86]**
$1 600 FF9 702 £976 Pluto Carrying off Proserpine Oil/board 25x39,5cm/*9x15in* New-York 98
$2 541 FF14 619 £1 500 Study of a female Nude, full-lengh Oil/board 86x48cm/*33x18in* London 97
$420 FF2 462 £260 Classical figures Watercolour 11x9cm/*4x3in* London 97
ETTY William (Attrib.) 1787-1849 **[21]**
$846 FF4 290 £550 Flora Oil/board 4x34,5cm/*1x13in* Billingshurst, West Sussex 96
$1 500 FF8 928 £931 Partially Dressed Female Flgure Standing Before a Mirror Oil/canvas
45x35cm/*18x14in* St. Louis, Miss. 97
EUDES DE GUIMARD Louise 1827-? **[3]**
$4 914 FF28 571 £3 000 The Village School Oil/canvas 32,5x40,5cm/*12x15in* London 97
EUGEN Prins Napoléon Bernadotte 1865-1947 **[64]**
$3 272 FF18 910 £2 017 Skymningslandskap, Tyresö Oil/canvas 41x31cm/*16x12in* Stockholm 97
$8 020 FF41 500 £5 180 Skeppsholmskyrkan, vinter Oil/panel 40x48cm/*15x18in* Stockholm 96
$2 300 FF11 920 £1 487 Hamnen i Simrishamn Akvarell 28x44,5cm/*11x17in* Stockholm 96
EUGENE Frank 1865-1936 **[5]**
$474 FF2 739 £290 Male Nude Photogravure 17x25cm/*7x10in* New-York 97
EULER Pierre Nicolas 1846-c.1905 **[5]**
$984 FF6 000 £590 Bouquet de pivoines Huile/toile 60x81cm/*23x31in* Nancy 98
$27 142 FF164 000 £16 170 Nature morte de fleurs aux éventails Huile/toile 115x151cm/*45x59in*
Versailles 97
EURICH Richard Ernest 1903-1992 **[90]**
$2 640 FF12 800 £1 700 Tanker in the Solent Oil/canvas 24x34cm/*9x13in* London 95
$4 310 FF22 340 £2 800 Bait Digger Oil/board 48x61cm/*18x24in* London 96
$25 078 FF148 221 £15 000 Solent Fort Oil/canvas 101,5x127cm/*39x50in* London 97
$606 FF2 940 £380 Pastoral Idyll Pencil 25x20cm/*9x7in* London 95
EUSTACHE Charles Fr. 1820-1870 **[14]**
$1 223 FF7 292 £750 By the Banks of the Nile Charcoal 65,5x109cm/*25x42in* London 98
EVANS Bernard Walter 1843-1922 **[20]**
$555 FF3 205 £329 The Maritime Alps Watercolour 36x53cm/*14x20in* Billingshurst, West Sussex 97
EVANS DE SCOTT David Scott 1847-1898 **[13]**
$11 000 FF65 127 £6 531 Apples Oil/canvas 30,5x25,5cm/*12x10in* New-York 97
$11 000 FF66 424 £6 603 Arranging Pink Roses Oil/canvas 66x35,5cm/*25x13in* New-York 98
EVANS Donald 1945-1977 **[5]**
$1 461 FF8 726 £893 Adjudani Watercolour 29x20,5cm/*11x8in* Amsterdam 98
EVANS Fred McNamara XIX-XX **[26]**
$1 639 FF9 940 £1 000 Peeling Potatoes Watercolour/paper 25x35cm/*10x14in* Par, Cornwall 98
EVANS Frederick Henry 1853-1943 **[48]**
$2 000 FF12 338 £1 200 Ely Cathedral Platinum print 15x11cm/*5x4in* New-York 98
EVANS Frederick M. XIX-XX **[8]**
$1 000 FF4 940 £650 An Old Soldier's Story Watercolour 36x38cm/*14x14in* London 95
EVANS George William 1780-1852 **[2]**
$24 930 FF127 600 £16 000 River landscape, New South Wales Watercolour 18x29cm/*7x11in* London 96
EVANS Jessie Benton 1866-1954 **[5]**
$1 800 FF10 619 £1 102 "Early Morning" Desert Scene of low lying shrubs before mountain crags Oil/canvas
49x60cm/*19x24in* Pittsburgh, PA 98
EVANS Merlyn Oliver 1910-1973 **[19]**
$1 580 FF7 840 £1 000 Miners coming off shift Oil/canvas 35x45cm/*13x17in* London 95
$2 750 FF13 930 £1 800 Metropolitan crowd forming into a procession Tempera/canvas 50x60cm/*19x23in*
London 96
EVANS Minnie 1892-1987 **[5]**
$7 000 FF41 031 £4 308 Untitled Oil/canvas/board 51x61cm/*20x24in* New-York 97

$117 FF700 £71 La lettre Huile/toile 22x30cm/*8x11in* Boulogne-sur-Seine 97
EGUIA Fermín 1942 **[1]**
$1 800 FF10 398 £1 069 Bruto pez tragar trata dulce Ave Acuarela/papel 25,5x38cm/*10x14in* Buenos Aires 97
EGUSQUIZA Y BARRENA Rogelio 1845-1915 **[8]**
$3 800 FF21 640 £2 307 A Moment of leisure Oil/panel 22x13cm/*8x5in* New-York 97
$23 000 FF136 498 £14 087 "Le dernier coup d'oeil" Oil/canvas 75,5x51,5cm/*29x20in* New-York 98
EGVILLE d' James T. Herve ?-1880 **[8]**
$830 FF4 935 £500 "San Giorgio dei Greci, Venice" Watercolour 43,5x35cm/*17x13in* Billingshurst, West Sussex 98
EHLERS Henry 1897-? **[4]**
$607 FF3 522 £370 "13 Architekten Zeigen der Borstei" Poster 120x85cm/*47x33in* Amsterdam 97
EHLINGER Maurice 1896-1981 **[70]**
$927 FF5 500 £566 Nu allongé à la draperie rouge Huile/toile 65x81cm/*25x31in* Rennes 98
EHM Josef 1909-1989 **[10]**
$1 500 FF8 710 £886 Aktstudie Gelatin silver print 23x17,5cm/*9x6in* Köln 97
EHMSEN Heinrich, Heinz 1886-1964 **[45]**
$15 330 FF75 500 £9 870 Sardinenfischer im Hafen von Cassis Öl/Leinwand 100,5x130cm/*39x51in* Berlin 95
$226 FF1 338 £134 "Trauernde" Linocut 16x12cm/*6x4in* Berlin 97
$1 065 FF6 203 £651 Gesellschaft 1 Pencil 31x38cm/*12x14in* München 97
EHNINGER John Whetten 1827-1889 **[4]**
$5 500 FF31 902 £3 384 A Break in the Day Oil/canvas 38x51cm/*15x20in* New-York 97
$18 400 FF95 496 £12 186 Fife and Drum Oil/canvas 35,5x30,5cm/*13x12in* New-York 96
EHRENBERG von Wilhelm S. (Attrib.) 1630-1676 **[2]**
$28 875 FF151 025 £17 500 A classical Atrium in a Gotic Church Oil/canvas 92,5x128,5cm/*36x50in* London 96
EHRENBERG Wilhelm Schubert 1630-1676 **[4]**
$15 940 FF79 900 £10 080 Drei Damen und ein Hund auf der Terrasse eines renaissancepalastes Öl/Leinwand 40,5x46,5cm/*15x18in* Wien 95
EHRENBERGER Ludwig Lutz XIX-XX **[2]**
$733 FF4 326 £450 "München, Olympia-Sommer" Poster 121x85cm/*47x33in* London 98
EHRENSTRAHL von David Kl. (Attrib.) 1629-1698 **[8]**
$4 550 FF23 260 £3 000 Portrait of King Charles XI of Sweden, half length Oil/canvas 124x99cm/*48x38in* London 96
$4 669 FF26 805 £2 847 Count Brahe of Skokloster Oil/canvas 40x34cm/*15x13in* Stockholm 97
EHRENSTRAHL von David Klöcker 1629-1698 **[10]**
$3 261 FF19 479 £1 996 Porträtt föreställande änkedrottning Hedvig Eleonora Oil/canvas 71x57cm/*27x22in* Stockholm 98
EHRENSVÄRD Carl August 1745-1800 **[5]**
$3 477 FF20 817 £2 141 Kapitolium Wash/paper 14,5x24,5cm/*5x9in* Stockholm 98
EHRENTRAUT Julius 1841-1923 **[5]**
$2 011 FF12 315 £1 200 "Unterhaltung" Oil/panel 18x21cm/*7x8in* London 98
EHRET Georg Dyonisius 1710-1770 **[40]**
$4 490 FF23 240 £3 000 Hibiscus Gouache 25x16,5cm/*9x6in* London 96
EHRHARDT Alfred 1901 **[8]**
$672 FF3 850 £397 Fliessende Formen durch Wasser entstanden/Längswellungen Gelatin silver print 23x18cm/*9x7in* Köln 97
EHRHARDT Curt 1895-1972 **[7]**
$6 660 FF38 772 £4 074 "Frauen-Mond" Öl/Leinwand 30x40cm/*11x15in* München 97
EHRHARDT Karl Ludwig Adolf 1813-1899 **[2]**
$8 500 FF50 535 £5 200 Nude Bathing Oil/canvas 136x99cm/*53x38in* New-York 97
EHRLICH Franz 1907-1983 **[5]**
$18 400 FF107 100 £11 341 "Bauhaus Dessau 1929" Poster 91x126cm/*35x49in* New-York 97
$1 735 FF10 138 £1 065 Ohne Titel Pencil 41,6x34,3cm/*16x13in* Köln 97
EHRLICH Georg 1897-1966 **[59]**

ᴄᴍ *$257 FF1 297* £169 Porait des Schauspielers Carl Götz Lithographie 35x28,5cm/*13x11in* Hamburg 96
$1 277 FF7 206 £782 Italian boy Bronze H26cm/*H10in* London 97
$465 FF2 859 £284 Spaziergang mit Hund Wash/paper 31x47cm/*12x18in* Wien 98
EHRMANN Francois Émile 1833-1910 **[2]**
$3 450 FF19 550 £1 725 Apollo e le Muse Olio/tela 65x34,5cm/*25x13in* Milano 98
EHRMANNS von Theodor Freiherr 1843-1923 **[30]**
$560 FF2 880 £349 Markt in Venedig Aquarell/Papier 32x51cm/*12x20in* Wien 96
EIBISCH Eugeniusz 1896-1987 **[16]**
$8 847 FF52 038 £5 460 Seated woman by a window Oil/canvas 75x59,5cm/*29x23in* Warszawa 97
EIBNER Friedrich 1825-1877 **[11]**
$3 564 FF20 242 £2 230 Innsbruck Öl/Leinwand 42,5x33cm/*16x12in* München 97
$998 FF5 070 £596 Blick vin der Nürnberger Kaiserburg auf die Stadt Pencil/paper 30x39,5cm/*11x15in* Köln 96
EICHENBERG Fritz 1901-1990 **[17]**
ᴄᴍ *$375 FF2 226* £227 In Praise of Folly Engraving 45x537cm/*18x211in* Bethesda, Maryland 97
EICHHORN Alfred 1909-1972 **[98]**
$394 FF2 026 £246 Hommage à Max Öl/Papier 45,5x61cm/*17x24in* Stuttgart 96
$131 FF676 £82 Giesskanne mit Blumen Ink 38x29,5cm/*14x11in* Stuttgart 96
EICHHORN Peter 1877-1960 **[8]**
$451 FF2 700 £266 Postkutsche vor Landgasthof Oil/panel 9,5x10,5cm/*3x4in* Kempten 97
EICHHORST Franz 1885-1948 **[1]**
$4 097 FF25 167 £2 457 Alter Willingshäuser Bauer vor seinem Bett in der Kammer sitzend Oil/canvas 93x71cm/*36x27in* Köln 98
EICHINGER Erwin 1892-1950 **[22]**
$1 333 FF7 606 £820 A good smoke Oil/panel 20,5x15,5cm/*8x6in* Billingshurst, West Sussex 97
EICHINGER Otto 1922 **[24]**
$1 980 FF10 010 £1 300 In Prayer (the Rabbi)/The Cardinal's manuscript Oil/board 27x20,5cm/*10x8in* London 96
EICHLER Johann Conrad 1688-1748 **[3]**
$27 985 FF162 607 £16 520 Früchtestilleben Öl/Leinwand 67,8x80,3cm/*26x31in* Luzern 97
$40 420 FF241 452 £24 746 Melonen, Trauben, Rosen mit einem Papagei, in einer Landschaft Öl/Leinwand 135,9x188,9cm/*53x74in* Düsseldorf 98
EICHLER Johann Gottfried 1715-1770 **[2]**
$1 243 FF6 440 £808 Heiligendarstellungen mit Rocaille-Ornamentik Ink 16x9,5cm/*6x3in* München 96
EICHLER Reinhold Max 1872-1947 **[11]**
$1 657 FF9 446 £1 035 Stilleben mit Gartenblumen Oil/canvas 61x80cm/*24x31in* Bremen 97
EICHMAN von Bernard 1899-1970 **[1]**
$7 500 FF39 150 £4 530 Coastal Inlet, Pacific grove Watercolour/paper 33x43cm/*12x16in* San Francisco-Los Angeles 96
EICKELBERG Willem Hendrik 1845-1920 **[26]**
$949 FF5 812 £568 Pollard Willows Oil/panel 13x21,5cm/*5x8in* Amsterdam 98
$1 521 FF7 826 £949 A Winter Landscape Oil/canvas 66,5x96cm/*26x37in* Amsterdam 96
EICKEMEYER Rudolf 1862-1932 **[11]**
📷 *$3 600 FF18 800* £2 175 In my Studio (Evelyn Nesbitt) Platinum print 19x24cm/*7x9in* New-York 96
EICKEN von Elisabeth 1862-1940 **[8]**
$1 450 FF7 220 £950 Herbstwald Pastel 36x23cm/*14x9in* Bremen 95
EIDENBERGER Josef 1899-1991 **[8]**
$2 716 FF16 681 £1 659 Im Mühlviertel Oil/canvas/panel 58x80cm/*22x31in* Wien 98
ᴄᴍ *$130 FF813* £81 "Durnstein" Etching, aquatint 26x28cm/*10x11in* Portland, OR 97
EIDRIGEVICIUS Stasys 1943 **[7]**
$2 506 FF14 744 £1 547 Portret z zoltym akcentem, Nienasycony Pastel/paper 70x50cm/*27x19in* Warszawa 97
EIGENBERGER Gary 1960 **[4]**
$1 834 FF11 015 £1 100 Broad-Wing Hawk with a Milk Snake Sculpture, wood H47cm/*H18in* London 98
EIGETSU Kitazawa 1907-1990 **[1]**
$7 500 FF43 402 £4 614 Ko (Incense) Ink 64x49cm/*25x19in* New-York 97
EIKAAS Ludvig 1920 **[27]**

🖰 *$1 299 FF7 899 £796* Kinogjengere Oil/canvas 54x65cm/*21x25in* Oslo 98

EILERS Conrad 1845-1914 **[5]**
🖰 *$917 FF4 750 £593* Fischerdorf an der Ostsee Oil/canvas/board 28x43cm/*11x16in* Hamburg 96

EILSHEMIUS Louis Michel 1864-1942 **[72]**
🖰 *$475 FF2 721 £296* Autumn Landscape Oil/canvas 35x21cm/*14x8in* Shaker Heights, Ohio 97
🖰 *$1 000 FF5 220 £605* Boat by the Shore Oil/board 48x55cm/*18x21in* San Francisco-Los Angeles 96

EINBECK Georges 1871-1951 **[18]**
🖰 *$2 554 FF13 230 £1 650* Liebespaar Öl/Karton 60,5x50,5cm/*23x19in* Zofingen 96
✏ *$2 676 FF15 844 £1 600* "La petite maison rose" Gouache/papier 46x37,5cm/*18x14in* Zürich 97

EINSLE Anton 1801-1871 **[10]**
🖰 *$79 300 FF408 000 £49 400* A Woman before a Mirror Oil/canvas 96x127cm/*37x50in* Wien 96

EINSLE Anton (Attrib.) 1801-1871 **[3]**
🖰 *$4 200 FF21 600 £2 620* Schlafendes Kind Öl/Leinwand 41,5x52cm/*16x20in* Wien 96

EINSTEIN William 1907-1972 **[2]**
🖰 *$6 704 FF39 000 £4 106* Concrétion 1931 No. 1 Huile/panneau 33x55cm/*12x21in* Paris 97

EIRICH Adalbert XIX **[2]**
🖰 *$6 435 FF39 000 £3 946* Jeune fille au canari Huile/toile 120x99cm/*47x38in* Paris 98

EIRIZ Antonia 1929-1995 **[1]**
✏ *$1 600 FF9 557 £978* Estudio para Requiem por Salomon Ink 70x65cm/*27x25in* New-York 98

EISELE Christian Charles C. ?-1919 **[5]**
🖰 *$6 000 FF36 123 £3 589* View of Dalues, Oregon, Mount Hood and Mount Helen in the Distance Oil/canvas 51x86,5cm/*20x34in* San Francisco 98

EISEN Charles D. (Attrib.) 1720-1778 **[22]**
🖰 *$8 310 FF50 000 £4 975* L'oiseau envolé Huile/toile 61x50cm/*24x19in* Paris 98
✏ *$402 FF2 500 £242* Projet de frontispice: allégorie de la peinture Encre 23x16,5cm/*9x6in* Paris 98

EISEN Charles Dom. Joseph 1720-1778 **[28]**
🖰 *$4 170 FF25 000 £2 522* Deux puttis dans un encadrement oval Huile/panneau 30,5x24cm/*12x9in* Paris 97
🖰 *$8 450 FF43 300 £5 430* Allégorie de l'Amitié Huile/panneau 73x61cm/*28x24in* Wien 96
✏ *$651 FF3 944 £400* A Woman Kneeling, a Dog and a Putto Wash 12,5x17cm/*4x6in* London 98

EISEN François c.1695-c.1780 **[7]**
🖰 *$9 790 FF58 000 £5 863* L'Amour endormi/L'Amour coquet Huile/toile 65x149cm/*25x58in* Autun 97
🖰 *$13 500 FF80 261 £8 363* Elegant Interior with Ladies conversing/Elegant Interior with Figures Oil/canvas 31,5x39,5cm/*12x15in* New-York 97

EISEN François (Attrib.) c.1695-c.1780 **[5]**
🖰 *$27 727 FF160 831 £17 000* Peasants returning to a Farmstead after the Harvest Oil/canvas 122x192cm/*48x75in* London 97

EISEN Ikeda, Keisai 1790-1848 **[32]**
▥ *$150 FF865 £91* "Lady Dressed in Blue" Print in colors 35x23cm/*14x9in* Cleveland, Ohio 97

EISENCHER Jacob XX **[2]**
🖰 *$12 000 FF64 171 £7 136* Two Sisters Oil/canvas 135x108cm/*53x42in* Tel Aviv 97

EISENDIECK Suzanne 1908 **[108]**
🖰 *$1 000 FF5 753 £590* Young Woman with red Roses in her Hair Oil/canvas 35,5x24cm/*13x9in* New-York 97
🖰 *$1 800 FF11 009 £1 068* Champs de coquelicots Oil/canvas 59x81cm/*23x32in* Washington 98
🖰 *$12 000 FF68 689 £7 088* "Eté à Juvisy" Oil/canvas 160x162,5cm/*62x63in* New-York 97

EISENHOWER Dwight D. 1890-1969 **[2]**
🖰 *$32 500 FF185 396 £19 857* Sun Valley, Idaho Oil/canvas 40x56,5cm/*15x22in* New-York 97

EISENHUT Ferencz, Franz 1857-1903 **[15]**
🖰 *$107 600 FF557 000 £69 500* Koranläsning Oil/canvas 90x160cm/*35x62in* Stockholm 96

EISENMANN Georg XVIII **[1]**
🖰 *$1 413 FF8 369 £839* Fränkische Winterlandschaft mit rastender Bäuerin Oil/wood 25x40,5cm/*9x15in* Dresden 97

EISENMENGER Rudolf Hermann 1902 **[6]**
✏ *$1 315 FF6 730 £844* Papageno Mischtechnik/Papier 29,5x17cm/*11x6in* Wien 96

EISENSCHER Yaacov 1896-1980 **[40]**
🖰 *$440 FF2 568 £266* Roosters Oil/panel 34x24,5cm/*13x9in* Tel Aviv 97
🖰 *$2 100 FF11 272 £1 255* Safed Oil/canvas 53,5x64cm/*21x25in* Tel Aviv 97

$500 FF2 970 £305 Houses Pastel 49,5x34,5cm/*19x13in* Tel Aviv 98
EISENSCHITZ Willy 1889-1974 **[119]**
$4 000 FF24 154 £2 397 "Les Alpilles" Oil/canvas 59,5x81cm/*23x31in* New-York 98
$4 280 FF25 000 £2 627 "En Provence" Huile/toile 95x154cm/*37x60in* Paris 97
$582 FF3 574 £355 Herbstlandschaft, Südfrankreich Aquarell/Papier 37,5x51,5cm/*14x20in* Wien 98
EISENSTAEDT Alfred 1898-1995 **[34]**
$3 200 FF16 500 £2 120 V-J Day Times Square, New York Silver print 43x29cm/*17x11in* New-York 96
EISHI Hosoda Jibukyo Toki. 1756-1829 **[16]**
$14 158 FF81 888 £8 500 Hanaogi of Ogi-ya, from Seiro Bijn Rokkasen Print in colors 38x25,3cm/*14x9in* London 97
EISHO Chokosai XVIII-XIX **[3]**
$19 988 FF115 606 £12 000 Okubi-e of a courtesan Print in colors 37,3x25,1cm/*14x9in* London 97
EISLER Georg 1928 **[48]**
$1 690 FF8 650 £1 085 Im Café Öl/Leinwand 35,5x45cm/*13x17in* Wien 96
$3 131 FF18 088 £1 858 Loge Öl/Leinwand 80x100cm/*31x39in* Wien 97
$963 FF4 870 £633 Sitzender weiblicher Akt Aquarell/Papier 32x23cm/*12x9in* Wien 96
EISMAN-SEMENOWSKY Emile ?-1911 **[51]**
$2 618 FF14 958 £1 604 Portrait de jeune femme près d'une branche fleurie Oil/panel 33x24cm/*12x9in* Stockholm 97
$11 000 FF65 398 £6 729 Odalisque Oil/panel 26,5x86cm/*10x33in* New-York 97
EISMANN Johann Anton 1604-1698 **[7]**
$4 282 FF25 000 £2 590 Caprices architecturaux aux ruines de monuments antiques Huile/toile 27,5x35cm/*10x13in* Paris 97
$13 500 FF68 200 £8 850 Blick über die Salzach auf die Stadt Salzburg Öl/Leinwand 100,5x150,5cm/*39x59in* Wien 96
$1 644 FF9 705 £973 Ruinen auf dem Palatin in Rom Drawing 25x30,3cm/*9x11in* Berlin 97
EISMANN Johann Anton (Attr.) 1604-1698 **[7]**
$13 429 FF80 209 £8 221 Ruinlandskap med hamn Oil/canvas 95x155cm/*37x61in* Stockholm 98
$17 770 FF103 500 £10 857 Paesaggio immaginario con pescatori, pastori e greggi Olio/tela 108x105cm/*42x41in* Paris-Trieste 97
EITEL Cliffe Dean 1909-? **[1]**
$500 FF3 056 £306 Hungry Dog Chasing Bone Print 25x34cm/*10x13in* Cincinnati, Ohio 98
EITNER Ernst Wilhelm H. 1867-1955 **[20]**
$2 360 FF12 150 £1 473 Bildnis eines Mädchens mit rotem Matrosenkragen Öl/Leinwand 44,5x41,5cm/*17x16in* Hamburg 96
EIZAN Kikugawa Toshinobu 1787-1867 **[17]**
$212 FF1 299 £127 Deux personnages Estampe 35,5x25cm/*13x9in* Bruxelles 98
EJSMOND Franciszek, Franz 1859-1931 **[6]**
$4 123 FF21 372 £2 678 Familienszene Oil/wood 17,5x22,5cm/*6x8in* Luzern 96
EJSMOND Stanislaw 1894-1939 **[2]**
$1 299 FF7 402 £811 Roses Watercolour 23x40cm/*9x15in* Warszawa 97
EJSTRUP Kaj 1902-1956 **[39]**
$237 FF1 408 £144 Bakker landskab Oil/canvas 66x71cm/*25x27in* Köbenhavn 98
EKEGÅRDH Hans 1881-1962 **[67]**
$331 FF2 000 £203 Nu au bord de l'eau Huile/toile 46x55cm/*18x21in* Paris 98
EKELAND Arne 1908 **[22]**
$8 212 FF47 658 £4 848 Tömmerflötere (two fishermen) Oil/panel 39x28cm/*15x11in* Oslo 97
$8 573 FF52 133 £5 253 Ved Jernbane Oil/canvas 90x70cm/*35x27in* Oslo 98
$27 279 FF165 879 £16 716 Storm Oil/canvas 136x100cm/*53x39in* Oslo 98
EKELS Jan Ekels I 1724-1781 **[8]**
$8 000 FF39 700 £5 060 The Munt Tower, Amsterdam Oil/panel 27x34cm/*10x13in* New-York 95
$9 859 FF56 430 £5 823 Amsterdam, the Kloveniersburgwal Oil/panel 35x46cm/*13x18in* Amsterdam 97
EKELS Jan Ekels I (Attrib) 1724-1781 **[2]**
$8 035 FF48 000 £4 915 Vue d'Amsterdam Huile/toile 41x59cm/*16x23in* Versailles 98
EKELUND Poul 1920-1976 **[112]**
$152 FF883 £93 Landskab Oil/paper 17,5x27,5cm/*6x10in* Köbenhavn 97
$633 FF3 791 £390 Liggende figur Oil/canvas 46x65cm/*18x25in* Vejle 98

EKELUND Ragnar 1892-1960 **[20]**
   $2 025 FF12 163 £1 214 Vy från nådendal Oil/canvas 38,5x46cm/*15x18in* Helsinki 98
EKENAES Jahn 1847-1920 **[15]**
   $2 466 FF15 000 £1 500 Jeunes pêcheurs au bord d'une rivière Oil/canvas 41,5x27,5cm/*16x10in* London 98
   $70 000 FF415 429 £42 875 Fischfang am Flusse Oil/canvas 134,5x249cm/*52x98in* New-York 97
EKGORST Vasilij Efimovitch 1831-1901 **[1]**
   $3 935 FF22 449 £2 404 The Inn on the Road Side Oil/canvas 36x71cm/*14x27in* Helsinki 97
EKIERT Jean 1907-1993 **[18]**
   $343 FF2 039 £208 "Sierota" Oil/canvas 41x33cm/*16x12in* Warszawa 97
EKLUND Claes 1944 **[7]**
   $2 292 FF11 440 £1 497 Landskap Tempera/paper 105x201cm/*41x79in* Stockholm 95
EKMAN DE GEER-BERGENSTRÅHLE Marie-Louise 1944 **[41]**
   $3 480 FF16 950 £2 204 Husmorsbestyr Oil/canvas 56x47cm/*22x18in* Stockholm 95
   $287 FF1 400 £182 Dam med hund Serigraph 32x44cm/*12x17in* Stockholm 95
   $2 240 FF11 430 £1 475 Möte med ett Monument X Gouache 29,5x20cm/*11x7in* Stockholm 96
EKMAN Emil 1880-1951 **[54]**
   $358 FF2 200 £215 Fiskere ud for Skagen Oil/canvas 33x26cm/*12x10in* Vejle 98
   $816 FF4 849 £501 Redningsbåden går i land Oil/canvas 71x113cm/*27x44in* Vejle 97
EKMAN Robert Wilhelm 1808-1873 **[13]**
   $55 230 FF331 740 £33 120 Kirkkomatkalla Oil/canvas 67x89cm/*26x35in* Helsinki 98
   $3 190 FF18 839 £1 888 Kkastbindare Pastel/paper 31x46cm/*12x18in* Helsinki 97
EKMAN Stanley XX **[2]**
   $4 400 FF25 374 £2 621 Train Station Newsstand Gouache/paper 53x38cm/*21x15in* New-York 97
EKSTRÖM Per 1844-1935 **[299]**
   $2 500 FF12 870 £1 560 Träd vid kusten Oil/canvas 30x49cm/*11x19in* Stockholm 96
   $4 879 FF29 119 £2 975 Oversvämmat landskap i soluppgång Oil/canvas 36x65cm/*14x25in* Stockholm 98
   $7 106 FF41 888 £4 246 Solglitter, Franskt landskap Oil/canvas 95x166cm/*37x65in* Stockholm 97
EKSTRÖM Thea 1920-1988 **[25]**
   $209 FF1 022 £132 Komposition med fågel Drawing 29x76cm/*11x29in* Göteborg 95
EKWALL Emma 1838-1925 **[17]**
   $3 112 FF17 870 £1 898 Young Girl in a greenhouse Oil/panel 30x20cm/*11x7in* Stockholm 97
   $4 450 FF23 100 £2 940 Flicka som sitter och syr Oil/canvas 65x41cm/*25x16in* Stockholm 96
EKWALL Knut 1843-1912 **[20]**
   $1 365 FF7 020 £851 Roddtur i solnedgång Oil/canvas 47x65cm/*18x25in* Stockholm 96
ELAND Leonardus Jos., Leo 1884-1952 **[93]**
   $411 FF2 113 £256 Pagoda on the borders of lake Maningau, Sumatra Oil/board 19,5x30cm/*7x11in* Amsterdam 96
   $1 502 FF8 918 £920 Minankabau Village by a Lake Oil/canvas 39x49cm/*15x19in* Den Haag 97
ELAU REET Iarv 1939 **[1]**
   $1 953 FF11 661 £1 200 Varenna, Lake Como, "That Fair Port" Wash/paper 9,5x14cm/*3x5in* London 98
ELDERSHAW John Roy 1896-1973 **[19]**
   $341 FF1 991 £210 Port Scene Watercolour/paper 26,5x31,5cm/*10x12in* Sydney 97
ELDH Albert 1878-1955 **[13]**
   $10 540 FF54 600 £6 810 "Ungdom" Bronze H42cm/*H16in* Stockholm 96
ELDH Carl 1873-1955 **[57]**
   $2 005 FF10 380 £1 295 "Brita" Bronze H28cm/*H11in* Stockholm 96
ELDRED Lemuel D. 1848-1921 **[20]**
   $2 000 FF12 225 £1 223 Scene of water and a cliff fetched Oil/canvas 8x13cm/*3x5in* New Bedford, Mass. 98
   $3 750 FF22 868 £2 250 Animated Marine Scene Oil/canvas 81x134,5cm/*31x52in* Boston, Mass. 98
   $60 FF311 £38 Beached boat Etching 10x16cm/*4x6in* Mystic, Connecticut 96
ELDRIDGE Edwin C. XIX-XX **[2]**
   $2 200 FF11 470 £1 383 Male nude Charcoal/paper 75x53cm/*29x20in* New-York 96
ELESZKIEWICZ Stanislas 1900-1963 **[25]**
   $396 FF2 000 £260 Le Pont des Arts Huile/papier/panneau 27x35cm/*10x13in* Paris 96

$692 FF3 500 £454 Promenade dans le parc Huile/papier/panneau 45x59cm/17x23in Paris 96
$336 FF2 000 £204 Promenade Fusain 40x54cm/15x21in Saint-Germain-en-Laye 97
ELEY Mary Gauntlett XIX-XX [2]
$672 FF3 925 £400 Breton Girl Watercolour 52x41cm/20x16in London 97
ELFFERS Dick 1910-1991 [5]
$218 FF1 309 £134 "Holland Festival" Poster 117x62,5cm/46x24in Oostwoud 98
ELGOOD George Samuel 1851-1943 [56]
$293 FF1 791 £180 Hillside Farm, West of Nice Watercolour/paper 26,5x18cm/10x7in London 98
ELIAERTS Jan Frans 1761-1848 [9]
$13 800 FF72 000 £8 330 Bouquet de fleurs sur un entablement Huile/panneau 35x28cm/13x11in Paris 96
$17 500 FF90 600 £11 200 Fruit and a potted plant on a marble ledge Oil/canvas 60x43,5cm/23x17in New-York 96
ELIAS Etienne 1932 [13]
$2 197 FF11 460 £1 327 De rode berg Oil/canvas 70x55cm/27x21in Amsterdam 96
ELIAS Etienne Michiels 1936 [27]
$739 FF4 550 £453 Genesis Huile/panneau 61x80cm/24x31in Lokeren 98
ELIAS Nicolaes P. (Attrib) c.1590-1653/56 [3]
$4 460 FF22 000 £2 900 Jeune femme Huile/panneau 73x58cm/28x22in Paris 95
ELIAS Nicolaes Pickenoy c.1590-1653/56 [8]
$105 000 FF595 000 £52 500 Gruppo di famiglia in un interno Olio/tela 105x139cm/41x54in Milano 98
ELIASBERG Paul 1907-1984 [80]
$146 FF747 £96 Chartres Vernis mou 36x44cm/14x17in Heidelberg 96
ELIM Frank, Elie de la M. XX [20]
$1 255 FF7 434 £743 Parade auf dem Place de la Concorde Oil/panel 38x46cm/14x18in München 97
$1 481 FF9 000 £913 L'arrivée de l'Omnium Huile/panneau 32,5x41cm/12x16in Deauville 97
ELIOT Granville XIX-XX [9]
$540 FF3 204 £320 On the River Carmel/Aylesford Church Oil/canvas 33,5x18,5cm/13x7in Billingshurst, West Sussex 97
ELIOTT Harry XIX-XX [26]
$232 FF1 200 £153 L'Hallali du sanglier Lithographie 69x49cm/27x19in Soissons 96
$3 385 FF19 500 £1 989 Le moine devant l'auberge avec son chien Gouache/papier 39x29,5cm/15x11in Paris 97
ELK van Ger 1941 [10]
$3 600 FF20 983 £2 200 Seven cubist Mounthpieces Acrylic 74x156cm/29x61in Amsterdam 97
$9 240 FF48 300 £5 580 Dutch Corners III Enamel 99,7x295,5x33cm/39x116x12in Amsterdam 96
$3 070 FF16 000 £2 030 Study for orange, bleu, blanc Gouache 102x210cm/40x82in Paris 96
ELLE Edouard 1859-1911 [13]
$189 FF1 136 £115 Péniches sur un canal Aquarelle/papier 25x37cm/9x14in Bruxelles 97
ELLE Ferdinand Helle c.1580-c.1640 [1]
$650 FF3 390 £380 Jupiter und Antiope Radierung 17,5x25,8cm/6x10in Berlin 96
ELLENRIEDER Maria 1791-1863 [17]
$935 FF5 668 £573 Paar Engelköpfchen Oil/wood 24x20cm/9x7in Zofingen 98
$6 482 FF40 242 £3 909 Maria mit dem Lilienblüten Oil/panel 67,5x45,5cm/26x17in Heidelberg 98
$200 FF1 200 £123 Portrait d'une jeune fille au collier de corail Mine plomb 38x28cm/14x11in Paris 98
ELLER Lucien Roudier, dit 1894-1940 [9]
$3 500 FF20 771 £2 143 In the Dressing Room Oil/canvas 109x80cm/42x31in San Francisco-Los Angeles 97
ELLIGER Ottomar I le Vieux 1633-1679 [6]
$33 930 FF195 000 £20 748 Bouquet de fleurs, insectes et fruits Huile/panneau 56x45cm/22x17in Paris 97
ELLIGER Ottomar II le Jeune 1666-1735 [17]
$2 600 FF15 448 £1 586 A Woman en deshabillé, Holding a Carafe and a Goblet Oil/canvas 41x33cm/16x12in New-York 98
$3 034 FF18 000 £1 855 La mort de Cléopâtre Huile/toile 58x79,5cm/22x31in Paris 97
ELLINGER David Y. XX [41]
$650 FF3 925 £394 Halloween in Oley Valley Mixed media/board 33x40cm/13x16in Downington, PA 98
$2 200 FF12 820 £1 355 Theorem of fruit in basket Oil/canvas 39x46cm/15x18in Downington, PA 97
$300 FF1 822 £180 A Bird on a Branch and Flowers Watercolour/paper 18x15cm/7x6in Downington, PA 98
ELLIOT Edward 1850-1916 [2]

$11 970 FF62 000 £8 000 The Herring Market, Lowestoft Oil/canvas 102x181,5cm/*40x71in* London 96
ELLIOT Henry XIX **[2]**
  $2 750 FF16 649 £1 625 Across the water/the final straight Oil/canvas 21x42cm/*8x16in* New-York 98
ELLIOT James XIX **[1]**
  $972 FF5 952 £580 Two Girls on the Bank of a River in Autumn Watercolour/paper 41x60cm/*16x23in* Newcastle-upon-Tyne 98
ELLIOT Ric [17]
  $301 FF1 773 £181 Sydney Street Scene Oil/board 27x40cm/*10x15in* Sydney 97
  $732 FF4 485 £437 Miners Oil/board 60x91cm/*23x35in* Sydney 97
ELLIOT Thomas XVIII-XIX **[3]**
  $30 340 FF154 600 £20 000 A view of the battery at Southsea Castle on the Solent with the Queen Oil/canvas 59x89cm/*23x35in* London 96
  $29 000 FF168 214 £17 846 Admiral Sir Samuel Hood in the "Barfleur" Oil/canvas 93x137cm/*36x53in* New-York 97
ELLIOTT Fred 1864-1949 **[4]**
  $365 FF2 221 £219 In the Harbour Watercolour/paper 28x47cm/*11x18in* Sydney 98
ELLIOTT Frederick 1860-1927 **[30]**
  $711 FF3 670 £471 Sydney Harbour Watercolour/paper 26x48cm/*10x18in* Melbourne 96
ELLIS Andrew 1968 **[2]**
  $5 750 FF30 000 £3 800 A cheetah chasing a gazelle Acrylic/board 37x91cm/*14x35in* London 96
ELLIS Eden Upton 1812-1901 **[1]**
  $1 246 FF7 474 £750 Sambhunath Pandit (1820-1867), Judge of the High Court, Calcutta Coloured chalks 75x54cm/*29x21in* London 98
ELLIS Edwin John 1841-c.1895 **[40]**
  $980 FF5 576 £600 By the mill Oil/canvas 46x84,5cm/*18x33in* London 97
ELLIS Fremont F. 1897-1985 **[21]**
  $3 750 FF21 827 £2 311 Mountain Landscape Oil/board 25x35cm/*10x14in* Cincinnati, Ohio 97
  $10 000 FF51 800 £6 500 Autumn in Taos Oil/canvas 56x71cm/*22x27in* San Francisco-Los Angeles 96
ELLIS Joseph F. 1783-1848 **[6]**
  $3 601 FF21 567 £2 204 East Indiaman in Table Bay Oil/canvas 19x24cm/*7x9in* Cape Town 97
ELLIS Lionel 1903 **[10]**
  $2 627 FF13 440 £1 700 Summer flowers in a vase Oil/board 51x49,5cm/*20x19in* London 95
ELLIS Paul H. 1882-1908 **[18]**
  $732 FF4 277 £450 Scene nr. Biskra, Aures Montains, Algeria/Moors and Camel, Tangier Watercolour 25x35cm/*9x13in* Bristol, Avon 97
ELLIS Tristram James 1844-1922 **[61]**
  $1 549 FF9 255 £949 Candia, Crete from the Sea Peinture 17,5x53cm/*6x20in* London 98
  $782 FF4 615 £480 Off Palermo Watercolour/paper 34,5x50,5cm/*13x19in* Billingshurst, West Sussex 98
ELLIS Walter Erasmus [1]
  $2 954 FF18 005 £1 800 River landscape with figures and boat Oil/canvas 50x75cm/*19x29in* Leamington Spa, Warwickshire 98
ELLIS William Bruce 1881-1941 **[4]**
  $4 265 FF21 500 £2 800 The Library of Frederick the Great Oil/panel 43,5x49,5cm/*17x19in* London 96
ELLIS William E. [8]
  $1 047 FF6 001 £620 Cottage near Kenilworth Oil/canvas 30x50cm/*12x20in* Birmingham 97
ELLISON Thomas 1866-? **[6]**
  $350 FF2 100 £212 Venetian Canal Scene Watercolour/paper 39x25cm/*15x10in* Chicago, Illinois 97
ELLMINGER Ignaz 1843-1894 **[25]**
  $1 200 FF6 888 £731 Landscape of Faggot Gatherer in Wooded Landscape Oil/panel 23x31cm/*9x12in* Asheville, NC 97
ELMER Stephen c.1714-1796 **[23]**
  $6 320 FF30 830 £4 000 Still life of fish, lake landscape beyond Oil/canvas 38x45cm/*14x17in* London 95
ELMER Stephen (Attrib.) c.1714-1796 **[7]**
  $15 800 FF77 100 £10 000 Capercaillie in a rocly landscape/Black grouse Oil/canvas 84x109cm/*33x42in* London 95
  $4 524 FF27 709 £2 700 A Pair of Ptarmigan Watercolour/panel 29x40,5cm/*11x15in* Newcastle-upon-

Tyne 98
ELMES Willard Frederic XX **[17]**
  $561 FF2 800 £367 "Favorites Business Prizes go only to whose who earn them" Affiche 101,5x91,5cm/*39x36in* Paris 95
ELMES William XIX-XX **[2]**
  $5 330 FF27 170 £3 200 Frigates in heavy weather Oil/canvas 69x92cm/*27x36in* London 96
ELMIGER Franz 1882-1934 **[15]**
  $504 FF2 546 £330 Abendstimmung bei Homberg Öl/Karton 28,5x43cm/*11x16in* Zürich 96
  $3 366 FF19 875 £1 993 Zwei Rinder auf der Weide Oil/panel 57x75cm/*22x29in* Zofingen 97
ELMORE Alfred W. 1815-1881 **[16]**
  $3 348 FF20 046 £2 061 Sittande kvinna med spädbarn samt drickande musikant Oil/canvas 75x62cm/*29x24in* Stockholm 98
  $11 850 FF58 000 £7 500 Lenore Oil/canvas 107x163cm/*42x64in* London 95
ELMORE Richard XIX-XX **[9]**
  $1 600 FF9 615 £967 Stripping Bark in a Rural Landscape Oil/canvas 72x93cm/*28x36in* New-York 98
ELMQVIST Hugo 1862-1930 **[7]**
  $3 992 FF23 901 £2 458 Sittande naken flicka Bronze H20cm/*H7in* Stockholm 98
  $18 728 FF111 218 £11 500 Statue of a Girl Marble H99cm/*H38in* Billingshurst, West Sussex 97
ELOUIS Jean Pierre Henri 1755-1840 **[2]**
  $3 930 FF20 500 £2 373 Portrait du baron de Cheux, capitaine des Carabiniers de Monsieur Huile/toile 73,5x60cm/*28x23in* Paris 96
ELOUL Kosso 1920 **[3]**
  $19 000 FF112 960 £11 624 Thankgiving Sculpture, wood H195cm/*H76in* Tel Aviv 97
ELRON Baruch 1934 **[1]**
  $3 573 FF21 420 £2 133 Drei Boten Tempera 60x45cm/*23x17in* Wien 98
ELSHEIMER Adam 1574/78-1610/20 **[4]**
  $166 540 FF978 470 £100 000 Bathsheba, A seated Partly draped female Figure Looking down Bodycolour 7,5x7cm/*2x2in* London 97
ELSHEIMER Adam (Attrib.) 1574/78-1610/20 **[2]**
  $1 543 FF8 966 £949 Peasants around a Fire near a ruined Church Ink 7,5x9cm/*2x3in* London 97
ELSHOLTZ Ludwig 1805-1850 **[7]**
  $2 883 FF17 122 £1 746 Soldat bei Marketenderin Öl/Leinwand 30x45cm/*11x17in* Zürich 97
ELSINGA Johannes 1893-1969 **[9]**
  $1 583 FF9 019 £983 Horses Oil/board 23,5x32cm/*9x12in* Amsterdam 97
ELSLEY Arthur John 1861-1952 **[41]**
  $117 000 FF572 000 £74 000 Jump Up Oil/canvas 72x112cm/*28x44in* London 95
ELSLEY Arthur John (Attrib) 1861-1952 **[1]**
  $4 580 FF23 200 £3 000 Sketch of a young girl holding a dove Oil/canvas 86x61cm/*33x24in* London 96
ELSNER Franz 1898-1977 **[16]**
  $3 705 FF19 230 £2 450 Störche, Rust Öl/Leinwand 70x82cm/*27x32in* Wien 96
ELTEN van Elisabeth Kruseman 1876-? **[4]**
  $3 344 FF20 000 £2 030 Marché à Biskra Huile/toile 45x55cm/*17x21in* Paris 97
ELTEN van Hendrik D. Kruseman 1829-1904 **[42]**
  $2 400 FF14 510 £1 485 Homestead by the River Oil/canvas 43x58cm/*17x23in* Mystic, Connecticut 97
  $392 FF2 342 £236 Bewaldete Landschaft Aquarell/Papier 10,9x16,9cm/*4x6in* Köln 97
ELTON William Hannam, Lt. XIX **[2]**
  $1 353 FF8 146 £810 Birmese Boat Going to Zonghao/Basket Cariers Watercolour 25x34cm/*9x13in* Amsterdam 98
ELVEN van J-Baptiste Tetar,dit 1805-1879 **[10]**
  $3 018 FF17 825 £1 823 A church interior Oil/canvas 60x71cm/*23x27in* Amsterdam 97
ELVEN van Pierre Tetar 1828-1908 **[26]**
  $1 069 FF6 500 £644 Scène d'intérieur d'église Huile/panneau 33,5x23,5cm/*13x9in* Paris 98
  $4 463 FF25 431 £2 800 A meeting in the Alps Oil/canvas 58,5x93cm/*23x36in* London 97
  $936 FF4 816 £584 Bloemstilleven Watercolour/paper 41x26cm/*16x10in* Den Haag 96
ELVGREN Gilette 1914-1980 **[3]**
  $11 000 FF63 437 £6 552 Woman Trying to Escape Bull, Caught on Fence Oil/canvas 76x60cm/*30x24in* New-York 97
ELVIN Robert XX **[1]**

✏ *$2 670 FF13 580 £1 600* "Nijinsky" with Lester Piggott up/Portrait of Lester Piggott Pencil 52x68cm/*20x26in* London 96
ELWELL Frederick William 1870-1958 **[13]**
👁 *$2 258 FF13 631 £1 400* Corsica Oil/board 29x39,5cm/*11x15in* London 97
👁 *$82 300 FF422 000 £50 000* The New Purchase Oil/canvas 102x127cm/*40x50in* London 96
ELWELL Robert Farrington 1874-1962 **[8]**
👁 *$7 000 FF33 390 £4 402* Meeting of the Chiefs Oil/canvas 32x46cm/*12x18in* Hayden 95
⚒ *$2 200 FF11 480 £1 330* Cowboy on a Bucking Horse Bronze H45,7cm/*H17in* New-York 96
ELZINGA Johannes 1893-1969 **[7]**
👁 *$470 FF2 781 £282* De Oude Jan in Velp Oil/canvas 30x40cm/*11x15in* Amsterdam 97
ELZINGRE Edouard 1880-1966 **[18]**
▦ *$900 FF5 363 £539* "Montreux-Oberland Bernois" Poster 100,5x63,5cm/*39x25in* New-York 98
ELZMANN Joachim 1953 **[1]**
✏ *$1 283 FF6 600 £800* Isons Watercolour/paper 76x56cm/*29x22in* London 96
EMANUEL Cedric 1906-1995 **[6]**
▦ *$147 FF886 £90* A Sunny Morning Etching 20x24,5cm/*7x9in* Sydney 98
EMANUEL Frank Lewis 1868-1948 **[27]**
👁 *$277 FF1 569 £170* The Edge of a Moored Houseboat Oil/board 25x35,5cm/*9x13in* London 97
✏ *$233 FF1 257 £140* Camiers Watercolour/paper 24,8x34,9cm/*9x13in* London 97
EMANUEL Herzl 1914 **[1]**
⚒ *$3 000 FF17 921 £1 836* "Intimacy" Bronze H29cm/*H11in* New-York 98
EMBDE von der August 1780-1862 **[3]**
👁 *$8 500 FF41 400 £5 390* Im Frühling Öl/Leinwand 65x49cm/*25x19in* Köln 95
EMERSON Peter Henry 1856-1936 **[59]**
📷 *$1 310 FF7 782 £800* A Broadman's Cottage Platinum print 20x27cm/*8x11in* London 98
EMERSON William C. 1865-? **[15]**
👁 *$475 FF2 844 £291* "Autumn Landscape" Oil/board 30x30cm/*12x12in* Cincinnati, Ohio 98
👁 *$1 300 FF7 747 £807* Afternoon Song Oil/board 69x91,5cm/*27x36in* Washington 97
EMETT Rowland 1906-1990 **[7]**
✏ *$2 750 FF16 709 £1 655* Illustrations for "Bells & Grass" of Walter de la Mare Ink 38x26,5cm/*14x10in* New-York 98
EMIN Tracey 1963 **[1]**
✏ *$6 283 FF36 679 £3 800* Mad Tracey from Margate Ink/paper 41,5x58cm/*16x22in* London 97
EMIOT Pierre-Paul 1887-? **[10]**
👁 *$1 177 FF6 100 £765* Fischerboote vor meditarraner Küste Oil/hardboard 54x73cm/*21x28in* München 96
EMMENEGGER Hans 1866-1940 **[10]**
👁 *$5 947 FF30 825 £3 862* Wildbach Oil/canvas 82x54cm/*32x21in* Luzern 96
EMMERICK van Govert 1808-1882 **[23]**
👁 *$1 542 FF8 990 £950* Schipbreuk nabij de kust Oil/canvas 82x111cm/*32x43in* Den Haag 97
👁 *$3 025 FF15 350 £1 970* A paddle steamer entering a harbour/a fishing-pink setting Oil/panel 30x40cm/*11x15in* Amsterdam 96
EMMERSON Henry Hetherington 1831-1895 **[9]**
✏ *$5 195 FF31 814 £3 100* The Village Farrier Watercolour/paper 84x132cm/*33x51in* Newcastle-upon-Tyne 98
EMMET Lydia Field 1886-1952 **[7]**
👁 *$2 000 FF12 240 £1 215* Little Girl in White Oil/canvas 53x45cm/*21x18in* Milford, Conn. 98
✏ *$2 000 FF11 869 £1 240* Mistress Mary Quite Contrary Gouache 18,5x27cm/*7x10in* New-York 97
EMMS John 1843-1912 **[169]**
👁 *$315 FF1 564 £200* A horse in a stable Oil/canvas 39x49cm/*15x19in* London 95
👁 *$274 FF1 675 £164* Hundekopf Öl/Karton 17x14cm/*6x5in* Rudolstadt-Thüringen 98
✏ *$2 122 FF12 126 £1 300* Full Cry Watercolour/paper 44x70cm/*17x27in* London 97
EMMS John (Attrib.) 1843-1912 **[4]**
👁 *$759 FF4 495 £449* Two Spaniels Oil/board 16,5x21,5cm/*6x8in* London 97
EMONDS Pierre XIX **[6]**
📷 *$1 436 FF7 500 £855* Pont de l'Estacade Tirage albuminé 17x28,7cm/*6x11in* Paris 96
EMPEL van Jan 1930-1991 **[7]**
👁 *$1 500 FF8 581 £936* Dock Scene on Moonlight Oil/canvas 88x101cm/*35x40in* Shaker Heights, Ohio 97

EMPI Maurice 1932 **[78]**
$553 FF3 400 £331 Regates 65 Huile/toile 50x65,5cm/*19x25in* Lille 98
$463 FF2 800 £281 Le moulin de la galette Gouache/papier 50x65cm/*19x25in* Lyon 98
EMSLIE Alfred Edward 1848-1918 **[10]**
$3 850 FF19 950 £2 500 "And the child grew, waxed strong in Spirit, filled with wisdom !" Oil/canvas 53,5x35,5cm/*21x13in* London 96
$11 850 FF58 000 £7 500 The Goose Maiden, Brittany Oil/canvas 46x31cm/*18x12in* London 95
$914 FF5 482 £550 Portrait of an Indian Lady Watercolour 20x13cm/*7x5in* London 98
ENAS Dato Mohd. Hossein 1924-1995 **[4]**
$16 598 FF93 676 £10 173 Hidden Beauties (Dulang Washers) Oil/canvas 76x61cm/*29x24in* Singapore 97
$7 100 FF35 800 £4 660 Minah Pastel 64x48cm/*25x18in* Singapore 96
ENCKELL Magnus 1870-1925 **[6]**
$4 065 FF24 274 £2 497 På verandan Oil/canvas 52x60cm/*20x23in* Helsinki 98
ENDARA CROW Gonzalo 1936 **[9]**
$4 500 FF26 706 £2 756 Fantasy Landscape Oil/canvas 32x47cm/*12x18in* San Francisco-Los Angeles 97
ENDE am Hans 1864-1918 **[68]**
$3 300 FF18 861 £2 022 Winterwald Öl/Leinwand 39,5x37,5cm/*15x14in* München 97
$9 473 FF53 980 £5 916 Niedersachsenhof im Mai Oil/canvas 90x68cm/*35x26in* Bremen 97
$16 900 FF85 300 £11 100 Morgen in der Heide Öl/Leinwand 90x170cm/*35x66in* Bielefeld 96
$405 FF2 515 £244 Birkenwäldchen Radierung 29x21cm/*11x8in* Heidelberg 98
ENDE Edgar 1901-1965 **[40]**
$33 558 FF195 547 £20 514 Das alte Pferd Öl/Leinwand 70x90cm/*27x35in* München 97
$163 FF937 £96 Blick durch die Kette Lithographie 26x39,5cm/*10x15in* Dresden 97
ENDER Axel 1853-1920 **[26]**
$7 563 FF43 314 £4 616 Norsk flicka vid gärdesgård Oil/canvas 90x56cm/*35x22in* Stockholm 97
$12 411 FF73 530 £7 434 Kvinne og mann i karjol på fjellet Oil/canvas 100x142cm/*39x55in* Oslo 97
ENDER Eduard 1822-1883 **[11]**
$8 323 FF47 386 £5 104 Les astronomes Huile/toile 79x95cm/*31x37in* Bruxelles 97
$26 570 FF137 600 £17 000 Portrait einer stizenden Dame im blau und weissen Kleid Oil/canvas 143x114,5cm/*56x45in* London 96
$998 FF6 036 £598 Die Frau des Künstlers Aquarell/Papier 26,5x21cm/*10x8in* München 98
ENDER Johann Nepomuk 1793-1854 **[14]**
$2 943 FF16 786 £1 792 Bildnis des Grafen Schulenburg Oil/panel 23x18cm/*9x7in* Wien 97
$1 477 FF8 568 £873 Bildnis enier jungen Blondine Aquarell/Papier 19x15cm/*7x5in* Wien 97
ENDER Thomas 1793-1875 **[105]**
$25 750 FF132 400 £16 050 The Acropolis, Athens Oil/canvas 49,5x66cm/*19x25in* Wien 96
$31 840 FF190 280 £19 280 Der Wasserfall des Aniene in Tivoli bei Rom Öl/Leinwand 42x29,5cm/*16x11in* Wien 97
$2 663 FF15 767 £1 581 Am Grunder-See Aquarell/Papier 30,5x46,5cm/*12x18in* Zürich 97
ENDER Thomas (Attrib.) 1793-1875 **[6]**
$2 890 FF14 620 £1 897 Motiv aus Südamerika Öl/Karton 26,5x35,5cm/*10x13in* Wien 96
$11 116 FF66 640 £6 636 Fluss in Gebirgslandschaft Öl/Leinwand 50,5x40,5cm/*19x15in* Wien 98
ENDERLE Johann Bapt. (Attr.) 1725-1798 **[2]**
$4 590 FF22 940 £3 000 Allegory of the Catholic Faith Oil/canvas/board 57x35cm/*22x13in* London 95
ENDERS Jean Joseph 1862-1936 **[13]**
$651 FF3 887 £400 Notre-Dame from the Seine Oil/canvas 35x53cm/*14x21in* Cranbrook, Kent 98
ENDO Toshikatsu 1950 **[3]**
$326 FF2 000 £194 Composition Technique mixte/papier 90x60cm/*35x23in* Paris 98
ENDOGOUROFF Ivan Ivanovich 1861-1898 **[1]**
$2 750 FF15 297 £1 702 Boy Resting by a Pond on a Summer Day Oil/board 21,5x15,5cm/*8x6in* New-York 97
ENFIELD Henry 1849-1908 **[7]**
$671 FF4 022 £401 Norwegischer Fjord Öl/Leinwand 72x117cm/*28x46in* Köln 98
ENGALIERE Marius 1824-1857 **[13]**
$2 556 FF15 000 £1 563 Fontaine à Marseille Huile/toile 29,5x46cm/*11x18in* Aix-en-Provence 97
$2 910 FF18 000 £1 733 Vue du Pont Royal et de la ville de Toulouse Aquarelle, gouache/papier 33x61,5cm/*12x24in* Paris 98
ENGEL Johann Friedrich 1844-1921 **[13]**

$6 000 FF34 803 £3 546 "The Afternoon Call" Oil/canvas 66x43cm/*25x16in* San Francisco 97
ENGEL Jules 1915 **[5]**
$1 900 FF11 275 £1 163 Grange Myth Tempera 26x36cm/*10x14in* San Francisco-Los Angeles 97
ENGEL Nissan 1931 **[21]**
$233 FF1 385 £138 "Gothique" Farbradierung 70,5x55,5cm/*27x21in* München 97
ENGEL Otto Heinrich 1866-1949 **[23]**
$4 988 FF29 451 £2 954 "Aerntezeit Öl/Karton 47,5x65,5cm/*18x25in* Berlin 97
$767 FF4 010 £457 Landschaft Pencil 20x34cm/*7x13in* Hamburg 96
ENGEL VON DER RABENAU Carl 1817-1870 **[3]**
$1 972 FF11 910 £1 197 Dame in rotem Kleid mit Papagei auf der Schulter Öl/Leinwand
45,5x30,5cm/*17x12in* Wien 98
ENGELBERTSZ Cornelis I c.1468-1533 **[2]**
$18 208 FF108 000 £11 026 Le Couronnement d'Épines Huile/panneau 31,5x24cm/*12x9in* Paris 97
ENGELBERTSZ Cornelis I (Attrib.) c.1648-1533 **[1]**
$39 000 FF201 000 £25 000 Saint Catherine of Alexandria/Saint Barbara Oil/panel 76x23,5cm/*29x9in*
London 96
ENGELBRECHT Martin 1684-1756 **[8]**
$405 FF2 410 £247 "Schindellegi" Etching 14,8x21,8cm/*5x8in* Bern 98
ENGELEN van Louis 1856-1940 **[19]**
$596 FF3 114 £362 Molen te Kiel Huile/panneau 32x24cm/*12x9in* Lokeren 96
ENGELEN van Piet 1863-1924 **[11]**
$4 000 FF23 752 £2 442 The Protective Mother, Scene with Mother Duck, Ducklings and Turtle Oil/canvas
67,5x101cm/*26x39in* Boston, Mass. 98
$9 172 FF56 936 £5 500 Two Dogs Oil/canvas 133,5x170cm/*52x66in* London 98
ENGELHARD Julius Ussy 1883-1964 **[12]**
$1 400 FF7 250 £936 "Bugatti, Le Pur-sang des Automobiles" Poster 41x56cm/*16x22in* New-York 96
ENGELHARDT Georg 1823-1883 **[21]**
$1 367 FF8 380 £816 Schweizer Gebirgstal mit Almhütten am Bachufer Oil/canvas 68x99cm/*26x38in*
Dresden 98
$1 017 FF6 036 £621 Dorf im Ötztal Aquarell/Papier 28x44cm/*11x17in* Hamburg 98
ENGELHARDT Josef 1864-1941 **[52]**
$2 223 FF13 328 £1 327 Porträt einer Dame Öl/Karton 41,5x27cm/*16x10in* Wien 98
$240 FF1 431 £149 Kopf eines jungen Mädchens neben Rosen/Frauenkopf hinter eine Blume Color lithograph 20x20cm/*7x7in* Wien 97
$1 191 FF7 140 £711 Schleiertanz Chalks/paper 44x61cm/*17x24in* Wien 98
ENGELHARDT Maja Lisa XX **[10]**
$2 625 FF13 275 £1 680 Stol med fisk Oil/canvas 130x97cm/*51x38in* Köbenhavn 96
ENGELMANN Martin 1924-1992 **[22]**
$308 FF1 500 £197 Personnages Huile/toile 83x65cm/*32x25in* Saint-Germain-en-Laye 95
ENGELS Astrid 1941 **[3]**
$1 485 FF8 787 £892 Zo komen we nooit op orde met zeven levens ! Acrylic/canvas 121x97cm/*47x38in*
Amsterdam 97
ENGELS Lisl 1916-? **[3]**
$1 734 FF8 770 £1 138 Mondsee mit Drachenwand und Schafberg Tempera/paper 44x59cm/*17x23in*
Wien 96
ENGELSBERG Leon 1908 **[15]**
$8 000 FF44 174 £4 992 Jerusalem Oil/canvas 72,5x84,5cm/*28x33in* Tel Aviv 97
$1 800 FF9 320 £1 170 Jerusalem, view from the studio Watercolour 68x36cm/*26x14in* Tel Aviv 96
ENGELSTED Malthe O. 1852-1930 **[24]**
$564 FF3 350 £346 Parti fra den svenske skaegård med figurer og sejlbåde Oil/canvas 34x47cm/*13x18in*
Vejle 97
ENGELUND Svend Arne 1908-? **[88]**
$1 083 FF5 330 £690 Model Oil/masonite 35x19cm/*13x7in* Köbenhavn 95
$1 507 FF9 226 £916 Marklandskab med gårde, Nordjylland Oil/canvas 57x76çm/*22x29in* Köbenhavn 98
$81 FF398 £52 Landskab med hus Color lithograph 50x61cm/*19x24in* Viby J, Århus 95
ENGER Erling 1899-1990 **[27]**

🦪 *$6 725 FF40 290* £4 020 Sydlandsk landskap Oil/panel 60x73cm/*23x28in* Oslo 98
ENGL Hugo 1852-1926 **[11]**
🦪 *$1 870 FF11 409* £1 141 Jäger mit seinen Hunden in der Stube Oil/panel 43x33cm/*16x12in* Dresden 98
🦪 *$3 000 FF17 835* £1 835 An Afternoon Country Visit Oil/canvas 80x66,5cm/*31x26in* New-York 97
ENGLEHEART Evelyn L., Lt. Col. XIX-XX **[6]**
✍ *$980 FF5 870* £600 On the Road to Luxor Market Watercolour 51,5x35,5cm/*20x13in* Billingshurst, West Sussex 97
ENGLEHEART John Cox Dillman 1783-1862 **[13]**
🦪 *$317 FF1 936* £200 Cattle in an Extensive Lake Landscape Oil/canvas 30x44,5cm/*11x17in* Billingshurst, West Sussex 97
ENGLISH Frank F. 1854-1922 **[35]**
🦪 *$2 200 FF12 805* £1 334 Rider and Horses by the River Oil/canvas 30x45cm/*12x18in* Mystic, Connecticut 97
🦪 *$3 400 FF20 420* £2 039 Searching for Treasure Oil/canvas 55x91cm/*22x36in* Philadelphia 98
✍ *$1 000 FF5 952* £620 Farm Scene with Poultry Watercolour/paper 16x29cm/*6x11in* North Berwick, Maine 97
ENGLUND Lars 1933 **[19]**
🗿 *$1 849 FF10 802* £1 094 "Sköld" Sculpture H108cm/*H42in* Stockholm 97
ENGMANN Harald 1903-1968 **[44]**
🦪 *$428 FF2 200* £274 "Spøgelses Sonaten" Oil/canvas 21x31cm/*8x12in* Köbenhavn 96
🦪 *$699 FF3 982* £424 "Tre koner" Oil/canvas 50x40cm/*19x15in* Köbenhavn 97
✍ *$581 FF2 993* £372 "Chez Olaf" Watercolour/paper 39x49cm/*15x19in* Köbenhavn 96
ENGONOPOULOS Nikos 1910-1985 **[5]**
🦪 *$30 943 FF176 416* £19 000 Venice Oil/canvas 54x44cm/*21x17in* London 97
✍ *$3 591 FF21 442* £2 200 The Grinder Pencil 58,5x43,5cm/*23x17in* London 97
ENGSTRÖM Albert 1869-1940 **[29]**
✍ *$395 FF2 030* £246 "Laban" Ink 35x24cm/*13x9in* Stockholm 96
ENGSTRÖM Leander 1886-1927 **[70]**
🦪 *$1 002 FF6 019* £608 Förslag till muralmålning Mixed media 60x70cm/*23x27in* Stockholm 98
🦪 *$7 942 FF45 969* £4 886 "Vid Vettern" Oil/canvas 44x33cm/*17x12in* Stockholm 97
✍ *$1 963 FF11 218* £1 203 Ode till Norrland II Charcoal/paper 62x74cm/*24x29in* Stockholm 97
ENHUBER von Karl 1811-1877 **[5]**
🦪 *$5 436 FF33 333* £3 258 Grossvater mit Enkel, der mit einem Blasroh schiesst Öl/Leinwand 34,5x30cm/*13x11in* Zürich 98
ENJOLRAS Delphin 1865-1945 **[183]**
🦪 *$295 FF1 500* £182 Profil de femme au chapeau Huile/carton 37x26cm/*14x10in* Paris 96
🦪 *$16 000 FF78 600* £10 140 Soirée sur la terrasse Oil/canvas 60x73cm/*23x28in* New-York 95
✍ *$8 400 FF43 200* £5 240 Morgentoilette Pastel 41x33,5cm/*16x13in* Wien 96
ENNEKING John J. 1854-1922 **[4]**
🦪 *$4 500 FF26 881* £2 755 Church at Sunset Oil/board 20,5x31cm/*8x12in* New-York 98
ENNEKING John Joseph 1841-1916 **[103]**
🦪 *$2 100 FF12 875* £1 287 Autumn Colors Oil/board 28x35cm/*11x14in* Mystic, Connecticut 98
🦪 *$8 000 FF47 142* £4 940 Sunset on the Neponsett River Oil/canvas 45,5x61cm/*17x24in* New-York 97
🦪 *$10 925 FF56 700* £7 235 Trees at Sunset Oil/canvas 99x127cm/*38x50in* New-York 96
✍ *$1 700 FF10 365* £1 020 Table Top Still Life with Fruit Pastel/paper 29x39,5cm/*11x15in* Boston, Mass. 98
ENNEKING Joseph Eliot 1881-1942 **[17]**
🦪 *$1 000 FF5 694* £616 Winter in Mystic Oil/canvas 20x25,5cm/*7x10in* Boston, Mass. 97
🦪 *$2 000 FF11 876* £1 221 The Spring Pool Oil/canvas 64x76cm/*25x29in* Boston, Mass. 98
ENNION Eric Arnold Roberts 1900-1981 **[11]**
✍ *$980 FF5 576* £600 Sparrowhawk and pheasant Watercolour/paper 36,5x46,5cm/*14x18in* London 97
ENNIS George Pearse 1884-1936 **[12]**
✍ *$896 FF4 654* £531 Village Cobbler Watercolour/paper 48x58cm/*19x23in* Mystic, Connecticut 97
ENNUTSIAK 1896-1967 **[3]**
🗿 *$763 FF4 456* £468 Inuit Hunter holding an Ivory Bow Sculpture H20cm/*H7in* Toronto 97
ENOCK Arthur Henry XIX-XX **[31]**
✍ *$448 FF2 477* £280 Near Penmaenpool, Wales Watercolour/paper 25,5x35cm/*10x13in* London 97
ENOTRIO 1920-1989 **[28]**

☝ *$1 030 FF5 836 £515* "Paesaggio calabrese" Olio/tavola 50x70cm/*19x27in* Roma 97
ENRIQUEZ Carlos 1901-1955 **[26]**
☝ *$2 900 FF16 524 £1 811* Mujer al Desnudo Oil/board 30x45cm/*12x18in* Bethesda, Maryland 97
☝ *$40 700 FF248 017 £25 172* El tren de la Palma Oil/canvas 69x59cm/*27x23in* Miami, Florida 98
✎ *$4 500 FF25 832 £2 743* Mujeres desnudas Ink 24x19cm/*9x7in* New-York 97
ENRIQUEZ Nicolás 1738-1770 **[5]**
☝ *$42 000 FF218 500 £27 800* La Virgen de Guadalupe Oil/copper 84x65,5cm/*33x25in* New-York 96
ENROTH Erik 1917-1975 **[11]**
☝ *$1 350 FF7 870 £831* Stilleben med flaska Oil/board 90x80cm/*35x31in* Helsinki 97
ENSOR James 1860-1949 **[587]**
☝ *$21 064 FF122 964 £12 937* Marine Grise au Voilier Oil/board 26,5x34,5cm/*10x13in* Amsterdam 97
☝ *$71 700 FF376 000 £43 100* L'Annonciation Oil/canvas 61x71cm/*24x27in* Amsterdam 96
⚙ *$352 FF2 109 £214* Paysage Eau-forte 8,8x12,8cm/*3x5in* Liège 97
✎ *$3 500 FF20 515 £2 154* Nature morte Pencil/paper 14x21,5cm/*5x8in* New-York 97
ENTRAYGUES d' Charles Bertrand 1851-? **[14]**
☝ *$3 984 FF22 000 £2 486* "Le départ de l'Écolière"/"La Prière du soir" Huile/panneau 21x21cm/*8x8in* Saint-Dié 97
☝ *$8 560 FF43 500 £5 620* Ramoneur, mirliton et poulbots sur les fortifs Huile/toile 69x92cm/*27x36in* Paris 96
ENWRIGHT J.J. 1905-? **[12]**
☝ *$450 FF2 613 £274* At North Falmouth, Cape Cod Oil/canvas 50x71cm/*20x28in* Portland, OR 97
ENZENSBERGER Johann Baptist 1733-1773 **[3]**
✎ *$984 FF6 034 £588* Ordensheiliger mit Buch erhält ... einen Brief Ink 26,5x22cm/*10x8in* Dresden 98
ENZINGER Hans 1889-1972 **[29]**
☝ *$1 241 FF7 625 £758* Fleisch für die Gulyaskanone Oil/paper/panel 8x11,5cm/*3x4in* Wien 98
EPINAT Fleury 1764-1830 **[10]**
✎ *$451 FF2 800 £270* Fortification en bordure du lac Lavis 25x40,5cm/*9x15in* Paris 98
EPINAY d' Prosper 1836-c.1915 **[24]**
⚙ *$5 500 FF33 232 £3 276* Le cyclone Terracotta H47,5cm/*H18in* New-York 97
⚙ *$56 400 FF290 000 £35 150* Jeune femme nue endormie sur une méridienne Marbre 108x34,5x53cm/*42x13x20in* Lille 96
EPISCOPIUS Johannes de Bisschop c.1628-1671/86 **[31]**
✎ *$3 645 FF21 753 £2 199* Flusslandschaft Ink/paper 9,7x15,8cm/*3x6in* Köln 97
EPITAUX G. XIX-XX **[1]**
⚙ *$769 FF3 900 £500* "Cycle Hall, Lausanne, Genève, Bâle" Poster 97x48cm/*38x18in* London 96
EPP Peter 1790-c.1815 **[2]**
☝ *$3 756 FF21 929 £2 271* Bildnis einer jungen Frau im Rüschenkleid Oil/panel 35x26cm/*13x10in* Stuttgart 97
EPP Rudolf 1834-1910 **[58]**
☝ *$3 640 FF18 730 £2 200* Portrait of a Young Woman wearing a red Shawl and a Felt Hat Oil/canvas 37,5x29,5cm/*14x11in* London 96
☝ *$10 000 FF51 900 £6 610* Sewing by a sunny window Oil/canvas 73x51cm/*28x20in* New-York 96
☝ *$23 103 FF137 768 £14 341* Die Hopfenernte Öl/Leinwand 148x107cm/*58x42in* Dresden 97
EPPENS Hans 1905-1988 **[4]**
☝ *$1 580 FF8 140 £980* Zwei Schwestern Öl/Leinwand 100x80cm/*39x31in* Wetzikon 96
EPPER Ignaz 1892-1969 **[72]**
☝ *$53 700 FF271 500 £35 200* Der Tunnel Öl/Leinwand 45x35cm/*17x13in* Zürich 96
⚙ *$381 FF1 956 £237* Dr. Hanz Ganz II Gravure bois 65x51cm/*25x20in* Bern 96
✎ *$1 315 FF8 133 £783* Hafenszene Aquarell/Papier 37x50cm/*14x19in* Zürich 98
EPPS Emily Williams 1842-? **[1]**
☝ *$4 690 FF24 460 £3 100* The Little Gardener Oil/canvas 29x43cm/*11x16in* Hadspen 96
EPSTEIN Henri 1892-1944 **[285]**
☝ *$713 FF3 670 £445* Stilleben Öl/Leinwand 55x35cm/*21x13in* Bern 96
☝ *$1 169 FF6 600 £716* Jeune femme au beret rouge Huile/toile 35x27cm/*13x10in* Paris 97
☝ *$7 482 FF41 000 £4 505* Retour de pêche à Concarneau Huile/toile 97x130cm/*38x51in* Paris 97
✎ *$627 FF3 200 £413* Au marché Aquarelle 23x31cm/*9x12in* Paris 96

EPSTEIN Jacob 1880-1959 **[328]**
$4 539 FF26 496 £2 700 Ninth Portrait of Peggy Jean (Laughin, at 2 Years, 9 Months) Bronze H23cm/*H9in* London 97
$1 631 FF9 746 £1 000 Roses Bodycolour 43x56cm/*16x22in* London 98
EPSTEIN Jehudo 1870-1945 **[19]**
$1 318 FF7 616 £782 Abend Öl/Leinwand 79,5x80cm/*31x31in* Wien 97
$8 480 FF42 100 £5 400 Trinker an einem schräg in das Bild gestellten Tisch Öl/Leinwand 99x122cm/*38x48in* Stuttgart 95
$2 572 FF15 267 £1 596 "Sabbat Nachmittag" Chalks/paper 21x31cm/*8x12in* Wien 97
EQUIPO CRONICA R. Solbes/M. Valdés 1964-1981 **[26]**
$429 FF2 580 £266 Juego peligroso Litografia 64x50cm/*25x19in* Madrid 97
$11 816 FF70 000 £7 077 Les Ménines Sculpture 52x74x30cm/*20x29x11in* Paris 97
$11 103 FF65 891 £6 800 El Viejo Exiliado I Gouache 99x70cm/*38x27in* London 97
ERB Erno, Erb 1890-1943 **[17]**
$509 FF2 946 £313 "Przekupki" Oil/cardboard 22,5x33,5cm/*8x13in* Warszawa 97
$1 592 FF7 950 £1 040 Ohne Titel Mixed media 60x60cm/*23x23in* München 95
$1 294 FF7 597 £791 Vase of white flowers Watercolour/board 40x49cm/*15x19in* Warszawa 97
ERBA Carlo 1884-1917 **[11]**
$17 940 FF101 660 £8 970 Casetta dietro i pioppi Olio/tela 40x56cm/*15x22in* Milano 98
$1 725 FF9 775 £862 Bambini sulla spiaggia Matita/carta 36,5x26,5cm/*14x10in* Milano 98
ERBACH Alois 1888-1972 **[4]**
$975 FF5 085 £570 Danseuses Lithographie 49x32,5cm/*19x12in* Berlin 96
ERBE Robert 1844-1903 **[14]**
$451 FF2 687 £280 Lichtung mit Rehwild Aquarell/Papier 25,4x20,4cm/*10x8in* Dresden 97
ERBEN Ulrich 1940 **[35]**
$1 160 FF6 691 £691 Without title Oil/paper 59,5x42,5cm/*23x16in* München 97
$3 182 FF18 587 £1 953 Ohne Titel Öl/Leinwand 120x100cm/*47x39in* Köln 97
ERBSLÖH Adolf 1881-1947 **[16]**
$17 318 FF100 807 £10 593 Bäume im Park Öl/Karton 46,5x35cm/*18x13in* München 97
$30 900 FF160 000 £20 060 Maisonne (Englischer Garten) Oil/cardboard 32x41cm/*12x16in* München 96
$279 FF1 675 £171 Runkel an der Lahn Lithographie 27,2x35,5cm/*10x13in* Bremen 98
ERCHUN Luo 1929 **[1]**
$5 950 FF29 600 £3 784 Rainfall at Lijiang River Oil/canvas 65x79cm/*25x31in* Taipei, Taiwan 95
ERDELY de Francis Ferencz 1904-1959 **[27]**
$4 749 FF28 389 £2 878 Harlequin 1940's Oil/canvas 91,5x71cm/*36x27in* San Francisco-Los Angeles 97
$350 FF2 095 £214 Horses, Figure Mixed media/paper 63x74cm/*25x29in* Altadena, CA 97
ERDMANN Axel 1873-1954 **[15]**
$1 832 FF10 470 £1 122 "Förlåt en yngling", scen från en föreställning på Kristallsalongen Oil/canvas 50x64cm/*19x25in* Stockholm 97
ERDMANN Moritz 1845-1919 **[11]**
$668 FF4 022 £399 Moorlandschaft Öl/Leinwand 30,5x43,5cm/*12x17in* München 98
ERDMANN Otto 1834-1905 **[11]**
$35 000 FF198 975 £21 430 Reading the Will Oil/canvas 100x127cm/*39x50in* New-York 97
ERDT Hans Rudi 1883-1918 **[4]**
$3 289 FF19 091 £2 008 "Maxim-Bar, Karlplatz 8" Poster 125x91cm/*49x35in* Amsterdam 97
ERDTELT Alois 1851-1911 **[5]**
$2 000 FF11 890 £1 203 Mother and Child Oil/panel 16x22cm/*6x9in* South Deerfield, Mass. 97
ERDTMAN Elias 1863-1945 **[22]**
$519 FF2 695 £343 Aftonstämning över vinterälv Oil/canvas 65x90cm/*25x35in* Stockholm 96
ERFMAN Ferdinand 1901-1968 **[21]**
$2 389 FF13 959 £1 414 Piramide Oil/canvas 74x99,5cm/*29x39in* Den Haag 97
ERFURTH Hugo 1874-1948 **[17]**
$1 636 FF9 373 £968 Der Architekt Clemens Klotz Gelatin silver print 56x65cm/*22x25in* Köln 97
ERHARD Johann Christoph 1795-1822 **[34]**
$141 FF836 £83 Das Kapuziner-Kloster zu Fulnek Radierung 30x39,5cm/*11x15in* Berlin 97
$2 195 FF13 112 £1 343 Bären im Käfig Ink/paper 14x17cm/*5x6in* München 98
ERHARDT Alfred 1901-1984 **[2]**
$3 290 FF17 040 £2 200 Wotten meer, Nordsee Gelatin silver print 29x48cm/*11x19in* London 96

ERHARDT Georg Friedrich 1825-1881 [4]
  👆 *$1 513 FF8 748 £932* Offiziere im Feld Oil/canvas/panel 22x30cm/*8x11in* München 97
ERHARDY Joseph 1928 [7]
  🔨 *$1 344 FF8 200 £805* Femme assise en lotus Bronze H23,5cm/*H9in* Paris 98
ERICHSEN Thorvald 1868-1939 [21]
  👆 *$2 832 FF16 434 £1 672* Fra Italia Oil/canvas 28x40cm/*11x15in* Oslo 97
  👆 *$23 364 FF135 580 £13 794* Landskap med hus Oil/canvas 65x81cm/*25x31in* Oslo 97
ERICKSON Carl, Eric 1891-1958 [5]
  ✏️ *$1 897 FF9 270 £1 200* Portrait of Boris Kochno Drawing 58x44cm/*22x17in* London 95
ERICSON David 1870-1946 [7]
  👆 *$1 100 FF5 700 £715* Landscape with Trees Oil/canvas 56x69cm/*22x27in* San Francisco-Los Angeles 96
ERICSON Johan Erik 1849-1925 [58]
  👆 *$859 FF4 380 £570* Tvätterskor vid bäck Oil/canvas 38x57cm/*14x22in* Stockholm 96
  👆 *$2 340 FF12 100 £1 564* Vintermotiv, Marstrand Oil/panel 33x41cm/*12x16in* Göteborg 96
ERIKSEN Bjarne 1882-1970 [15]
  👆 *$758 FF4 493 £454* Landskap Oil/canvas 62x60cm/*24x23in* Oslo 97
ERIKSEN Sigurd 1884-1976 [21]
  👆 *$1 103 FF6 536 £660* Liten pike i frukthage Oil/canvas 93x103cm/*36x40in* Oslo 97
ERIKSEN Vigilius 1722-1782 [4]
  👆 *$6 529 FF39 789 £4 054* En mand og en kvinde ved en flod Oil/canvas 43x36cm/*16x14in* Viby J, Århus 97
  👆 *$20 720 FF123 130 £12 320* Portraet af Arveprins Frederik i röd frakke Oil/canvas 64x51cm/*25x20in* Köbenhavn 97
ERIKSEN Vigilius (Attrib.) 1722-1782 [3]
  👆 *$4 196 FF26 000 £2 506* Portrait d'une Dame Russe à la robe bleue Huile/toile 71x60cm/*27x23in* Paris 98
ERIKSSON Christian 1858-1935 [31]
  🔨 *$258 FF1 523 £154* Kvinna matar ko Relief 37x30cm/*14x11in* Stockholm 97
ERIKSSON Leif XX [8]
  🖼 *$464 FF2 357 £301* Signatur Sérigraphie 84x55cm/*33x21in* Stockholm 95
ERIKSSON Liss 1919 [13]
  🔨 *$1 362 FF6 630 £862* Ciss III Bronze H37cm/*H14in* Stockholm 95
ERIXSON Sven X:et 1899-1970 [346]
  👆 *$1 172 FF7 003 £703* Sydländskt stadsmotiv Mixed media 25,5x35,5cm/*10x13in* Stockholm 98
  👆 *$9 070 FF44 200 £5 750* Stenbrottet Oil/canvas 100x140cm/*39x55in* Stockholm 95
  👆 *$24 548 FF146 946 £15 086* Tre flickor på Bryggerivägen i Tumba Oil/panel 72x100cm/*28x39in* Stockholm 98
  🖼 *$199 FF1 156 £117* Smugglarlägret ur Carmen Color lithograph 44x51,5cm/*17x20in* Malmö 97
  ✏️ *$5 019 FF29 320 £2 971* Métrostation, "Direction Porte d'Ivry" Mixed media/paper 47x64cm/*18x25in* Stockholm 97
ERKELENS Paul 1912 [3]
  🖼 *$204 FF1 040 £132* "On the liberation of the Nederlands" Poster 60x102cm/*23x40in* Oostwoud 96
ERLEBACHER Martha Mayer 1937 [5]
  ✏️ *$374 FF2 244 £230* Mimi Pencil/paper 34x27cm/*13x11in* Chicago, Illinois 98
ERLER Fritz 1868-1940 [20]
  👆 *$2 864 FF16 672 £1 752* Frau mit Reh und Eule im Wald Öl/Leinwand 95x95cm/*37x37in* München 97
  👆 *$2 931 FF17 348 £1 800* Frauenkopf Öl/Karton 29x27,3cm/*11x10in* München 98
  🖼 *$164 FF957 £101* "Und ihr? Zeichnet Kriegsanleihe" Poster 39x59cm/*15x23in* Wien 97
ERLER-SAMADEN Erich 1870-1946 [23]
  👆 *$2 075 FF12 751 £1 245* Landschaft mit kleinem See im Oberengadin Oil/canvas 91x101cm/*35x39in* Köln 98
  🖼 *$1 610 FF9 221 £952* "Winter in Bayern" Poster 86x122,5cm/*33x48in* New-York 97
ERMÉ Désiré XIX [3]
  📷 *$1 003 FF5 000 £657* Vues du Caire Tirage albuminé 22,3x18cm/*8x7in* Paris 95
ERMELS Johann Franciscus 1621/41-1693 [8]
  ✏️ *$1 291 FF7 713 £790* Bewaldete Flusslandschaft im Gebirge Ink/paper 25,5x21cm/*10x8in* München 98
ERNESTO XX [3]
  👆 *$8 100 FF40 000 £5 280* Le thé aux chats Huile/toile 162x130cm/*63x51in* Paris 95

ERNI Hans 1909 **[388]**
- $6 593 FF38 399 £4 028 Weiblicher Akt, Kopf nach rechts Öl/Leinwand 73x47cm/*28x18in* Zürich 97
- $1 147 FF6 700 £678 Die vier Elemente Lithographie 59x48cm/*23x18in* St.Gallen 97
- $700 FF4 149 £416 Rückenakt eines Knaben Aquarell/Papier 34,5x23,5cm/*13x9in* Zürich 97

ERNST Helge 1916-1991 **[87]**
- $532 FF3 091 £328 Omkring en solnedgang Oil/canvas 24x38cm/*9x14in* Köbenhavn 97
- $718 FF3 700 £460 "Opstilling" Oil/canvas 33x55cm/*12x21in* Köbenhavn 96

ERNST Jimmy 1920-1984 **[31]**
- $12 000 FF69 606 £7 384 Recollections and Silence Oil/canvas 152x127cm/*60x50in* New-York 97
- $1 700 FF10 265 £1 018 "Cascade" Gouache/paper 50x38cm/*19x14in* New-York 98

ERNST Max 1891-1976 **[929]**
- $8 100 FF40 000 £5 280 Le Palais de Justice à Largentière Huile/toile 45x38cm/*17x14in* Paris 95
- $28 000 FF159 454 £16 998 Untitled Oil/masonite 28x34cm/*11x13in* Chicago, Illinois 97
- $400 000 FF2 288 320 £243 920 La Vie des animaux Oil/canvas 129,5x162cm/*50x63in* New-York 97
- $1 000 FF5 760 £587 Oiseau vierge Etching, aquatint 13x7cm/*5x2in* New-York 97
- $13 000 FF77 658 £7 967 Objet mobile recommandé aux familles Sculpture, wood H98cm/*H38in* New-York 98
- $22 900 FF111 000 £14 720 Tête de chouette Bronze H59cm/*H23in* Zürich 95
- $18 440 FF90 600 £11 670 Friede (aus den Mikroben) Technique mixte/papier 14x11,5cm/*5x4in* Zürich 95

ERNST Otto 1884-1967 **[30]**
- $407 FF2 403 £250 "Wengen" Poster 102x62cm/*40x24in* London 98

ERNST Rudolph 1854-1932 **[111]**
- $7 236 FF42 000 £4 271 Nature morte à l'Art de l'Islam Huile/panneau 41x32,5cm/*16x12in* Paris 97
- $95 000 FF493 000 £62 800 The Metal worker Oil/panel 61x49cm/*24x19in* New-York 96
- $7 000 FF42 656 £4 342 The Carpet Weavers Watercolour/paper 43x52cm/*16x20in* New-York 98

ERRO Gudmundur 1932 **[368]**
- $2 067 FF12 000 £1 262 Portrait de Matisse Acrylique/toile 46,5x33,5cm/*18x13in* Paris 97
- $3 790 FF19 800 £2 256 Comics Formentera Acrylique/toile 100x73cm/*39x28in* Lille 96
- $7 611 FF43 000 £4 790 Machiavelli Huile/toile 114x162cm/*44x63in* Toulouse 97
- $150 FF935 £90 Guerilla Marine Color lithograph 50x60cm/*19x23in* London 98
- $921 FF5 500 £556 Les Mille et Une Nuits Collage/papier 20x29cm/*7x11in* Paris 97

ERTÉ Romain de Tirtoff 1892-1990 **[558]**
- $49 FF297 £30 "Folies Bergère, J'aime à la folie!" Poster 58x38cm/*22x14in* Oostwoud 98
- $800 FF4 796 £483 Danseuse Bronze H35cm/*H14in* Chicago, Illinois 97
- $28 536 FF164 568 £17 000 "Ballet des oignons" Gouache 38x27,5cm/*14x10in* London 97

ERTL Marie 1837-c.1890 **[4]**
- $2 326 FF12 040 £1 502 "Zur Erntezeit" Oil/canvas/panel 23x47,5cm/*9x18in* Wien 96

ERTZ Edward Frederick 1862-1954 **[17]**
- $1 500 FF8 992 £902 Hound Chasing Hare in Winter Landscape Oil/canvas 66x101cm/*26x40in* New-York 98

ERWITT Elliot 1928 **[47]**
- $1 378 FF8 022 £849 "Reno, Nevada, 1960s" Silver print 50,5x40,5cm/*19x15in* London 97

ES van Jacob Foppens c.1596-1666 **[14]**
- $27 651 FF165 172 £17 144 Früchte in einem Flechtkorb auf einem Holztisch Oil/panel 35x53cm/*13x20in* Zürich 97

ES van Jacob Foppens (Attr) c.1586-1666 **[3]**
- $6 160 FF30 000 £3 940 Nature morte au verre de vin, fromage et miche de pain Huile/panneau 12,5x19,5cm/*4x7in* Paris 95
- $7 535 FF44 747 £4 600 Still Life Oil/panel 32x51cm/*12x20in* Doncaster, South Yorkshire 98

ESAM Arthur 1850-c.1910 **[5]**
- $909 FF5 447 £542 The Stage Coach Watercolour/paper 17x33cm/*6x12in* Melbourne 98

ESBENS Emile Etienne 1821-? **[2]**
- $9 287 FF52 919 £5 800 "Ecole de garçons", Le Paresseux Oil/panel 39,5x30cm/*15x11in* London 97

ESBROECK van Edouard 1869-1949 **[4]**
- $1 267 FF7 800 £777 Visite des malades Huile/toile 74x56cm/*29x22in* Lokeren 98

ESCALIER Eléonore née Légerot 1827-1888 **[1]**
- $2 988 FF17 000 £1 829 Vase de fleurs Huile/toile 67x51cm/*26x20in* Bordeaux 97

ESCANDE Ghislaine XX **[2]**

$3 250 FF16 840 £2 110 View on the Humboldt River on the Trail to California Watercolour/paper 21x33cm/8x12in San Francisco-Los Angeles 96

EVRARD Victor 1807-1877 **[2]**
$5 900 FF28 600 £3 800 One of the Three Fates, possibly Lachesis Bronze H30cm/H11in London 95

EWALD Reinhold 1890-1974 **[9]**
$2 704 FF13 700 £1 772 Kanal in Venedig Öl/Karton 50x65cm/19x25in Frankfurt 96
$4 662 FF27 140 £2 852 Drei Schlittschuhläuferinnen Oil/panel 35,8x30,5cm/14x12in München 97
$1 623 FF8 220 £1 063 Nächtliche Strassenszene in Paris Pastel 32x23cm/12x9in Frankfurt 96

EWBANK John Wilson 1779-1847 **[15]**
$1 469 FF8 955 £900 Figures by a Castle/Valley Landscape Oil/panel 24x35,5cm/9x13in London 98

EWERS Heinrich 1817-1885 **[4]**
$2 970 FF17 590 £1 764 Italiensk göglerdreng med aber og tromme Oil/canvas 108x85cm/42x33in København 97

EXINGER Otto 1897-1957 **[4]**
$1 054 FF6 211 £651 Der Traum von zwei Pferden Öl/Leinwand 55x67,5cm/21x26in Wien 97

EXNER Julius 1825-1910 **[78]**
$144 FF879 £87 Almue interiör, personer i egnsdragter ved en spinderok Oil/canvas 13x21cm/5x8in Viby J, Århus 98
$262 FF1 330 £170 Portraet af organist R.C. Rasmussen Oil/canvas 55x45cm/21x17in København 95

EXPORT Valie 1940 **[10]**
$403 FF2 380 £243 Aktionhose-Genitalpanik Offset 60x43cm/23x16in Wien 97

EXTER Alexandra Alexandrov 1884-1949 **[25]**
$5 732 FF33 269 £3 500 Etude de personnage Oil/canvas 53,5x45cm/21x17in London 97
$2 700 FF16 780 £1 614 Bathers in a Landscape Gouache/paper 41x44cm/16x17in New-York 98

EYBELWIESER Johann Jakob 1667-1744 **[2]**
$2 437 FF14 390 £1 443 Der Kampf Jakobs mit dem Engel Ink 20,5x29,5cm/8x11in Berlin 97

EYBELWIESER Johann Jakob (Attr.) 1667-1744 **[1]**
$10 230 FF51 100 £6 690 S:ta Susanna och S:ta Johanna Oil/panel 36x25cm/14x9in Stockholm 95

EYBL Franz 1806-1880 **[21]**
$4 005 FF23 880 £2 485 Portrait einer Dame vor Landschaftshintergrund Öl/Karton 25,5x20,5cm/10x8in Wien 97

EYCK Charles 1897-1933 **[20]**
$711 FF4 158 £421 Ingang van het domein te Schoten Oil/cardboard 39x49cm/15x19in Den Haag 97
$1 878 FF11 296 £1 123 Landscape Oil/board 24,5x30cm/9x11in Amsterdam 98

EYCK van Gaspar 1613-1673 **[3]**
$10 600 FF54 700 £6 800 Naval battle against the Turks Oil/canvas 87x135cm/34x53in London 96
$10 930 FF55 800 £7 200 A Mediterranean naval battle Oil/canvas 110x151cm/43x59in London 96

EYCK van Jan ?-1440 **[1]**
$57 500 FF299 000 £38 000 Christ a Salvator Mundi Oil/panel 42,5x29cm/16x11in New-York 96

EYCKEN van den Charles 1809-1891 **[9]**
$2 168 FF13 008 £1 304 Chien dans un intérieur Huile/panneau 28x21,5cm/11x8in Bruxelles 98
$18 108 FF106 952 £10 940 In the harbour Oil/canvas 79x59cm/31x23in Amsterdam 97

EYCKEN van den Charles, Jnr. 1859-1923 **[32]**
$481 FF2 781 £294 Attention Huile/toile 27x22,5cm/10x8in Bruxelles 97
$8 310 FF49 407 £5 000 The Torn Canvas Oil/canvas 66x54cm/25x21in London 97

EYCKEN van den Felix XIX **[10]**
$1 065 FF6 194 £650 Dinner Time Oil/panel 26,5x35,5cm/10x13in London 97
$5 270 FF26 730 £3 430 La surprise Huile/panneau 42x53cm/16x20in Bruxelles 96

EYCKEN van Jean Baptiste 1809-1853 **[2]**
$4 462 FF26 833 £2 675 La Marchande des Fruits Oil/panel 38,5x32,5cm/15x12in Amsterdam 98

EYK van der Abraham 1684-1726 **[2]**
$8 520 FF50 000 £5 210 Portrait d'un homme en armure Huile/panneau 36x29cm/14x11in Paris 97

EYRE Gladstone 1863-1933 **[18]**
$266 FF1 370 £171 Long Bay Watercolour 32x65cm/12x25in Sydney 95

EYRE Ivan Kenneth 1935 **[9]**
$20 460 FF106 400 £13 550 Quill Meadow Acrylic/canvas 142x142cm/55x55in Toronto 96

EYRES John W. XIX **[3]**
$9 883 FF60 820 £6 000 Open Sands Oil/canvas 120x181,5cm/47x71in London 98

🖋 *$1 980 FF12 073 £1 188* Girl in Flower Crayon/papier 28x23cm/*11x9in* Atlanta, Georgia 98
EVANS OF BRISTOL William 1809-1858 **[7]**
🖋 *$505 FF2 991 £300* San Marco, Venice Watercolour/paper 31,5x24,5cm/*12x9in* Salisbury, Wiltshire 97
EVANS OF ETON Samuel T.G. 1829-1904 **[5]**
🖋 *$310 FF1 776 £190* Children Playing Watercolour/paper 29x21,5cm/*11x8in* London 97
EVANS OF ETON William 1798-1877 **[13]**
🖋 *$1 595 FF7 740 £1 000* Womenfolk in a Highland croft Watercolour 51x67,5cm/*20x26in* London 95
EVANS Walker 1903-1975 **[240]**
📷 *$2 400 FF14 643 £1 438* Posed Portraits, New York Gelatin silver print 30,5x23,5cm/*12x9in* New-York 98
EVE Jean 1900-1968 **[45]**
🎨 *$1 302 FF6 500 £850* Les marroniers des étangs de Corot, Ville-d'Avray Huile/toile 54x65cm/*21x25in* Paris 95
🎨 *$1 402 FF6 800 £903* Les truites Huile/toile 27x35cm/*10x13in* Paris 95
EVEN André 1918 **[74]**
🎨 *$385 FF2 200 £235* Paysage rose Huile/toile 26x40cm/*10x15in* Quimper 97
🎨 *$425 FF2 600 £252* Village breton, la nuit Peinture 52x73cm/*20x28in* Paris 98
EVEN Jean 1910-1986 **[24]**
🎨 *$1 963 FF10 000 £1 178* Chevaux et jockeys Huile/toile 115x81cm/*45x31in* Neuilly 96
EVENEPOEL Henri 1872-1899 **[38]**
🎨 *$2 981 FF17 875 £1 837* La femme à la fourrure Huile/toile 30x19cm/*11x7in* Bruxelles 98
🎞 *$1 400 FF8 130 £855* Au square Color lithograph 33x23cm/*12x9in* New-York 97
EVERARD-HADEN Ruth 1902-1992 **[1]**
🎨 *$3 326 FF19 343 £1 982* Still Life with Box and Flowers Oil/canvas 53x64cm/*20x25in* Johannesburg 97
EVERARD-STEENKAMP Rosamund King 1907-1946 **[1]**
🎨 *$5 417 FF31 501 £3 228* Depression Oil/canvas/board 52x44cm/*20x17in* Johannesburg 97
EVERDINGEN van Adrianus 1832-1912 **[24]**
🎨 *$260 FF1 604 £163* A cornfield with a windmill beyond, a sketch Oil/panel 36x27,5cm/*14x10in* Amsterdam 97
🎨 *$1 803 FF11 029 £1 108* Peasants and a Donkey Resting by a River in Autumn, a Study Oil/panel 56x39,5cm/*22x15in* Amsterdam 98
EVERDINGEN van Allart 1621-1675 **[59]**
🎨 *$5 720 FF32 622 £3 480* A Scandinavian landscape with a Peasant and Shepherds on a Track Oil/canvas 110,5x94cm/*43x37in* Rumbeke (Kortrijk) 97
🎨 *$11 840 FF60 300 £7 100* Mountainous landscape Oil/panel 7x92cm/*2x36in* Amsterdam 96
🎞 *$392 FF2 342 £236* Die drei Zeichner auf dem Felsen Radierung 8x14,5cm/*3x5in* Berlin 97
🖋 *$2 960 FF15 070 £1 775* Summer landscape with sailing boats Ink 5x8,4cm/*1x3in* Amsterdam 96
EVERDINGEN van Allart (Attrib.) 1621-1675 **[6]**
🖋 *$2 454 FF14 439 £1 514* Heuernte Indian ink 10,5x10cm/*4x3in* Heidelberg 97
EVERDINGEN van Caesar Boëtius 1617/21-1678 **[1]**
🎨 *$26 400 FF138 080 £16 000* Portrait of a Lady, fomerly identified as Elizabeth Cromwell Oil/canvas 102x83,5cm/*40x32in* London 96
EVERGOOD Philip Howard Fr. 1901-1973 **[46]**
🎨 *$1 400 FF8 368 £848* "Girl and Soulful Cow" Oil/canvas 40,6x31,1cm/*15x12in* San Francisco-Los Angeles 97
🎨 *$2 250 FF11 205 £1 480* Self-portrait Oil/canvas/board 60x50cm/*24x20in* Baton Rouge, Louisiana 95
🎞 *$149 FF889 £91* "Rhythm in Nature" Etching 7x10cm/*3x4in* Shaker Heights, Ohio 97
🖋 *$400 FF2 470 £240* Adam and Eve Ink 32x19cm/*12x7in* Plainville, Conn. 98
EVERITT Allen Edward 1824-1882 **[5]**
🖋 *$217 FF1 314 £129* Figures seated in a Continental Square Bodycolour 43,5x31cm/*17x12in* London 97
EVERSEN Adrianus 1818-1897 **[96]**
🎨 *$14 034 FF81 365 £8 381* A View of the Baangracht, Amsterdam Oil/canvas 31,5x42cm/*12x16in* Amsterdam 97
🎨 *$27 000 FF160 236 £16 537* View of a Dutch Street Oil/canvas 44x37,5cm/*17x14in* New-York 97
🖋 *$1 200 FF7 185 £737* Canal Through a Town Watercolour/paper 25x20cm/*9x7in* Washington 98
EVERSEN Johannes Hendrik 1916-? **[9]**
🎨 *$1 189 FF7 155 £713* A Still Life of Flowers Oil/panel 40x30cm/*15x11in* Amsterdam 98
EVERSHED Thomas 1817-1890 **[4]**

$1 812 FF9 500 £1 090 "Leçon d'Amour dans un parc" Technique mixte/toile 65x100cm/*25x39in* Versailles 96

ESCH von Johann Petrus 1666-1740 **[2]**
$3 965 FF20 550 £2 575 Andromeda Painting 43,5x31,8cm/*17x12in* Luzern 96

ESCHARD Charles (Attrib.) 1748-1810 **[4]**
$3 165 FF18 719 £1 900 A River Landscape with Rowing Boats by a Castle Oil/panel 49x66cm/*19x25in* London 97

ESCHBACH Paul André 1881-1961 **[86]**
$297 FF1 800 £182 Bouquet de Zinnias Huile/carton 40x33cm/*15x12in* Quimper 98
$595 FF3 000 £391 Départ des sardiniers, Concarneau Huile/toile 50x73cm/*19x28in* Troyes 96

ESCHEMANN Jean-Bernard XIX-XX **[2]**
$4 070 FF20 000 £2 590 Corrida à San Sebastian Huile/panneau 19x24cm/*7x9in* Saint-Jean-de-Luz 95

ESCHER Károly 1890-1966 **[3]**
$3 200 FF19 524 £1 918 Two Children at a Zoo Gelatin silver print 27x39cm/*10x15in* New-York 98

ESCHER Mauritz Cornelius 1898-1972 **[180]**
$4 513 FF26 347 £2 772 Boven en Onder (Up and Down) Lithograph 61,3x30,1cm/*24x11in* Amsterdam 97

ESCHKE Herman 1823-1900 **[9]**
$4 487 FF26 773 £2 707 Fischer mit frischem Fang an der Küste der Normandie Öl/Leinwand 56x95cm/*22x37in* Bremen 97

ESCHKE Hermann Richard 1859-1944 **[17]**
$623 FF3 010 £407 Landschaft, Torquay, Devonshire Oil/panel 24x18,5cm/*9x7in* Lindau 95
$260 FF1 356 £152 Am Wannsee Chalks/paper 32,9x25,7cm/*12x10in* Berlin 96

ESCHWEGE von F.A. Elmar 1856-1935 **[5]**
$3 277 FF20 134 £1 966 Heuernte bei Weimar Oil/canvas 62x95cm/*24x37in* Bremen 98

ESCOBEDO Eberto Lazo 1919 **[6]**
$1 800 FF11 173 £1 085 Afternoon Tea Oil/canvas 49x39cm/*19x15in* Miami, Florida 98

ESCRIBANO LIÑAN Francisco de Paula 1820-1900 **[1]**
$3 824 FF19 340 £2 510 El milagro de los panes y los peces Oleo/lienzo 81,5x147cm/*32x57in* Madrid 96

ESCUDERO Pedro 1870-1930 **[5]**
$550 FF2 750 £356 Red Horse Oil/canvas 57x76cm/*22x30in* Delray Beach, Florida 96

ESGRET DE RAINVILLE XVIII **[1]**
$48 351 FF290 406 £29 000 The Battle of Bassignana, 27 July 1745 Oil/canvas 206,5x384cm/*81x151in* London 98

ESKILSON Peter 1820-1872 **[17]**
$2 383 FF12 450 £1 420 Den moderliga omsorgen Oil/canvas 51x42cm/*20x16in* Stockholm 96
$3 876 FF22 848 £2 316 "I ateljén" Oil/canvas 22,5x27,5cm/*8x10in* Stockholm 97

ESMONDE-WHITE Eleanor 1914 **[2]**
$2 908 FF16 911 £1 733 Two Women Oil/canvas 50x40cm/*19x15in* Johannesburg 97

ESPAGNAT d' Georges 1870-1950 **[343]**
$1 907 FF11 000 £1 136 Nature morte Huile/toile 50x61cm/*19x24in* Pontivy 97
$4 280 FF25 000 £2 627 Nature morte aux fruits et aux vase de fleurs Huile/carton 41x31cm/*16x12in* Saint-Dié 97
$36 297 FF216 961 £22 000 Baigneuses Oil/canvas 195x130cm/*76x51in* London 97
$605 FF3 600 £375 La lecture sous un arbre Aquarelle/papier 19x28cm/*7x11in* Paris 97

ESPALARGUS Pedro c.1480-c.1520 **[3]**
$17 749 FF101 589 £10 483 Crucifixion Oil/panel 104x82cm/*40x32in* Amsterdam 97

ESPARBES d' Jean 1898-1968 **[58]**
$863 FF4 500 £571 Jeune fille à la poupée Huile/toile 55x46cm/*21x18in* Paris 96
$1 729 FF10 100 £1 023 La Sérénade Huile/toile 22x27cm/*8x10in* Castres 97

ESPEJO Jean 1931 **[48]**
$912 FF4 500 £593 L'orgue de barbarie Huile/toile 22x27cm/*8x10in* Saint-Dié 95

ESPERLIN Joseph 1707-1775 **[8]**
$2 004 FF12 315 £1 202 Bildnis des hans Konrad Wieland (1748-1818) Oil/canvas 84x64cm/*33x25in* Zürich 98
$26 732 FF164 204 £16 032 Die KINDER DES Hieronymus Wieland Keller (1722-1794) Oil/canvas 115x157,5cm/*45x62in* Zürich 98

☞ *$3 555 FF18 429* £2 309 Kreuztragung Ink 20x34cm/*7x13in* Luzern 96
ESPINA Y CAPO Juan 1848-1933 **[14]**
☞ *$2 475 FF14 812* £1 500 Paisaje de invierno/Paisaje rocoso Oleo/tabla 20x40cm/*7x15in* Madrid 98
☞ *$306 FF1 604* £184 Paisaje con casas Carboncillo 21x33,5cm/*8x13in* Madrid 96
ESPINASSE Raymond 1897-1985 **[78]**
☞ *$218 FF1 100* £142 Femme au miroir Aquarelle 64x49cm/*25x19in* Montauban 96
ESPINOLA GOMEZ Manuel XX **[2]**
☞ *$3 199 FF16 542* £2 077 Serie cortinas Tinta/papel 65x123cm/*25x48in* Montevideo 96
ESPINOS Benito 1748-1818 **[3]**
☞ *$6 900 FF39 700* £4 100 Florero Lápiz 43,5x28,5cm/*17x11in* Madrid 97
ESPINOSA de Juan XVII **[3]**
☞ *$51 336 FF310 000* £31 186 Nature morte de fleurs, de raisins et de prunes Huile/toile 80x61cm/*31x24in* Lyon 98
ESPLANDIU Juan 1901-1978 **[24]**
☞ *$660 FF3 950* £390 Arrabal1958 Acuarela/papel 36x53cm/*14x20in* Madrid 98
ESPOSITO d' Vincenzo XIX-XX **[60]**
☞ *$4 314 FF24 500* £2 700 The Grand Harbour, Valetta Oil/canvas 37,5x61cm/*14x24in* London 97
☞ *$471 FF2 460* £280 Malta Bodycolour 11,5x23,5cm/*4x9in* London 96
ESPOSITO Gaetano 1858-1911 **[40]**
☞ *$763 FF3 950* £492 Italian girl with a bouquet of flowers Oil/canvas 40x25cm/*15x9in* Köbenhavn 96
☞ *$1 200 FF6 800* £600 Veduta della costa sorrentina Acquarello/carta 18x26cm/*7x10in* Roma 98
ESPOSITO Gaetano (Attrib.) 1858-1911 **[2]**
☞ *$699 FF3 961* £349 Barche in secca Olio/tavola 23x41cm/*9x16in* Milano 98
ESPOY Angel 1869-1962 **[51]**
☞ *$1 600 FF8 000* £1 039 Seascape - Crashing Waves Oil/canvas 60x76cm/*24x30in* Altadena, CA 96
☞ *$2 250 FF11 520* £1 372 Atmospheric flowered Landscape Oil/board 25x30cm/*10x12in* Altadena, CA 96
ESQUIVEL Y SUAREZ DE URBINA Antonio María 1806-1857 **[25]**
☞ *$1 485 FF8 887* £900 Caballero sentado Oleo/lienzo 19x15cm/*7x5in* Madrid 98
☞ *$10 050 FF59 250* £6 150 El pequeño cadete Oleo/lienzo 74x60cm/*29x23in* Madrid 98
☞ *$28 600 FF173 800* £17 600 Retrato femenino Oleo/lienzo 207x145cm/*81x57in* Madrid 98
ESS Barbara 1948 **[4]**
☞ *$1 500 FF8 721* £915 Untitled Photograph 78x104cm/*30x40in* New-York 97
ESSAIAN Sergei Aramisovich 1939-? **[1]**
☞ *$3 952 FF19 760* £2 600 Two costume designs for "Doctor Dapertutto" Watercolour 68x53cm/*26x20in* London 95
ESSELENS Jacob 1626-1687 **[8]**
☞ *$7 783 FF44 550* £4 597 A Beach Scene with Fishermen dividing their Catch Oil/canvas 44x63,5cm/*17x25in* Amsterdam 97
☞ *$32 800 FF170 000* £21 300 Une plage avec des bateaux et des pêcheurs conversant Huile/toile 100,5x128,5cm/*39x50in* Monaco 96
ESSELENS Jacob (Attrib.) 1626-1687 **[5]**
☞ *$1 245 FF7 128* £735 Two Damlopers on an Estuary/View on a Dijk Ink 11x22cm/*4x8in* Amsterdam 97
ESSEN van Cornelis c.1700-c.1770 **[16]**
☞ *$1 100 FF5 680* £704 Mountainous landscape Oil/panel 25x31,5cm/*9x12in* New-York 96
☞ *$6 773 FF40 462* £4 200 Peasants Dancing and Carousing in a Village Oil/canvas 42x56,5cm/*16x22in* London 97
ESSEN van Jan 1854-1936 **[15]**
☞ *$995 FF5 120* £621 A man seated by a stream at the edge of a wood Oil/panel 22x33,5cm/*8x13in* Amsterdam 96
ESSER Max 1885-1943 **[9]**
☞ *$2 352 FF13 474* £1 391 Haubentaucher Porcelain H56cm/*H22in* München 97
ESSIG George Emerick 1838-1926 **[15]**
☞ *$424 FF2 634* £258 Mill and Pont at Sunset Watercolour/paper 40x68cm/*16x27in* Boston, Mass. 97
ESTALL William Charles 1857-1897 **[7]**
☞ *$1 900 FF11 098* £1 124 Spring in the Country, a Panoramic View of Pastures and Fields Oil/canvas 45x56cm/*17x22in* Boston, Mass. 97
ESTE Florence 1860-1926 **[6]**

EYSEN Louis 1843-1899 **[2]**

  $9 861 FF57 199 £6 069 Die Mendel Öl/Leinwand 29x19,5cm/*11x7in* Heidelberg 97

EYTON Anthony 1923 **[14]**

  $773 FF3 950 £500 A view of Rome Oil/canvas/board 41x28cm/*16x11in* London 95

  $1 854 FF9 480 £1 200 View to San Pietro from Palatine, Rome Oil/canvas 51x61cm/*20x24in* London 95

  $166 FF898 £100 Western Wall, Midday Coloured chalks/paper 41x55cm/*16x21in* Billingshurst, West Sussex 97

EZDORF Johann Christian M. 1801-1851 **[11]**

  $5 900 FF30 350 £3 680 A wooded Landscape Oil/canvas 68,5x81,5cm/*26x32in* Wien 96

F

FA RUOZHEN 1613-1696 **[2]**

  $20 000 FF120 554 £12 478 Landscape Ink/paper 119,5x58,5cm/*47x23in* New-York 97

FABBI Fabio 1861-1946 **[78]**

  $3 000 FF17 000 £2 000 Mercato arabo Olio/tela 31x20cm/*12x7in* Firenze 98

  $18 500 FF96 000 £12 230 The rug merchant Oil/canvas 69x39cm/*27x15in* New-York 96

  $50 031 FF310 560 £30 000 Dancing Girls in the Harem Oil/canvas 89x139cm/*35x54in* London 98

  $1 585 FF8 000 £1 035 Scène de harem Eau-forte 48x72cm/*18x28in* Paris 96

  $3 000 FF17 331 £1 849 Arab Dancing Girl Watercolour/paper 44x28cm/*17x11in* New-York 97

FABBRI Agenore 1911 **[35]**

  $1 920 FF10 050 £1 260 Senza titolo Bronzo H63cm/*H24in* Milano 96

FABER DU FAUR von Hans 1863-1940 **[21]**

  $1 285 FF7 414 £787 Ein Paar im Park Öl/Leinwand/Karton 36,5x26,5cm/*14x10in* Stuttgart 97

  $4 448 FF25 134 £2 800 Riders in a park Oil/board 49,5x68,5cm/*19x26in* London 97

  $504 FF3 012 £304 Vier Packesel Watercolour 14x23cm/*5x9in* Stuttgart 97

FABER DU FAUR von Otto 1828-1901 **[24]**

  $1 712 FF10 074 £1 056 Beduinen zu Pferd Öl/Karton 33,5x47,5cm/*13x18in* Heidelberg 97

  $3 346 FF17 130 £2 167 Pferde in ungar. Steppe Öl/Leinwand 57,5x85cm/*22x33in* Wien 95

FABER Johann XVIII **[1]**

  $7 000 FF39 818 £4 284 Peasants preparing Fruit and plucking Birds in an Interior Oil/panel 31x39cm/*12x15in* New-York 97

FABER Will 1901-1987 **[17]**

  $483 FF2 800 £294 Sin título Oleo/papel 45x35cm/*17x13in* Madrid 97

FABIAN Gottfried 1905-1984 **[11]**

  $2 700 FF13 640 £1 770 Ohne Titel Acrylic/panel 38x41cm/*14x16in* Wien 96

  $3 350 FF17 100 £2 220 Ohne Titel Öl/Leinwand 120x81cm/*47x31in* Wien 96

  $1 480 FF7 720 £880 Ohne Titel Mischtechnik/Papier 60,5x43cm/*23x16in* Wien 96

FABIAN Max 1873-1926 **[3]**

  $2 942 FF16 892 £1 794 Die Spree II Öl/Leinwand 116x99cm/*45x38in* Berlin 97

FABIANO Fabien 1883-1962 **[26]**

  $676 FF3 500 £437 "Enveloppe vélo Michelin" Affiche 79x120cm/*31x47in* Nice 96

FABIJANSKI Stanislaw Ignacy 1865-1947 **[6]**

  $1 463 FF8 470 £900 Powrot Wiarusa Oil/canvas/panel 44,5x34,5cm/*17x13in* Warszawa 97

  $563 FF3 430 £344 Melancholia Watercolour 43x59cm/*16x23in* Warszawa 98

FABINSKI-TILLER Soja 1932 **[1]**

  $2 595 FF14 388 £1 602 Sequenz in Dur Tapestry 225x277cm/*88x109in* Wien 97

FABIUS Jan 1820-1889 **[4]**

  $11 992 FF61 705 £7 482 Openbare verkoping Oil/canvas 76x94,5cm/*29x37in* Den Haag 96

FABJANSKI Stanislaw Poraj 1865-? **[1]**

  $8 000 FF46 620 £4 928 View of the Old City of Cracow Watercolour, gouache/board 39x49cm/*15x19in* Tel Aviv 97

FABRE François-X. (Attrib) 1766-1837 **[5]**

  $8 230 FF50 000 £4 955 Portrait d'un artiste Huile/toile 79,5x58,5cm/*31x23in* Paris 98

FABRE François-Xavier 1766-1837 **[8]**

  $253 785 FF1 472 025 £150 000 Clementina Incontri, Marchesa di Prié (1786-1839) Oil/canvas

66x50cm/*25x19in* London 97
FABRE Jan 1958 **[8]**
✏ *$5 915 FF34 472 £3 615* Sabel Pencil/paper 214x149cm/*84x58in* Amsterdam 97
FABRES Y COSTA Antonio María 1854-1936 **[23]**
☞ *$1 625 FF9 875 £1 000* Paisaje con lavanderas Oleo/cartón 30,5x50,5cm/*12x19in* Barcelona 98
☞ *$433 810 FF2 619 656 £260 000* The Arab Sentinel Oil/canvas 164x86cm/*64x33in* London 98
✏ *$9 900 FF50 100 £6 500* In the Harem Watercolour 53x37cm/*20x14in* London 96
FABRI-CANTI José 1910-1994 **[7]**
☞ *$2 500 FF14 261 £1 527* Street Scene in Provence Oil/canvas 30,5x45,5cm/*12x17in* Washington 97
FABRIS Jacopo 1689-1761 **[5]**
☞ *$26 866 FF160 488 £16 658* Venedig: die Rialtobrücke mit dem Palazzo Camerlenghi Öl/Leinwand 69x92cm/*27x36in* Zürich 97
FABRIS Pietro c.1740-c.1790 **[18]**
☞ *$100 000 FF570 450 £61 490* The Game on Civetta Oil/canvas 87x124cm/*34x48in* New-York 97
FABRIS Pietro (Attrib.) c.1740-c.1790 **[5]**
☞ *$6 000 FF36 832 £3 676* Southern Landscape with Peasants along a Rocky Shore Oil/canvas 34,5x45cm/*13x17in* New-York 98
☞ *$9 924 FF57 696 £6 060* Ein Dudelsackfeifer und eine fröhliche Tanzgesellschaft... Öl/Leinwand 75x99cm/*29x38in* Wien 97
FABRIS Placido (Attrib.) 1802-1858 **[1]**
☞ *$3 300 FF17 000 £2 100* Ritratto di gentiluomo con orecchino Olio/tela 53,5x44cm/*21x17in* Venezia 96
FABRITIUS Barent (Attrib.) c.1620-c.1675 **[5]**
☞ *$1 937 FF11 740 £1 188* Porträt eines älteren Mannes mit Bart, umgehängter Kette und Barett Oil/wood 21,5x16,5cm/*8x6in* Zofingen 98
FABRY Elysée 1882-1949 **[34]**
☞ *$918 FF5 228 £563* Vue de ferme Huile/toile 39x55cm/*15x21in* Liège 97
FABRY Emile 1865-1966 **[9]**
☞ *$8 338 FF51 760 £5 000* The Judgement of Paris Oil/canvas 173x198cm/*68x77in* London 98
FACCINI Pietro c.1562-1602 **[15]**
✏ *$4 688 FF28 160 £2 800* Study for an altarpiece/Christ and the Virgin Mary Black chalk/paper 43x29cm/*16x11in* London 98
FACCINI Pietro (Attrib.) 1562-1602 **[4]**
✏ *$1 367 FF6 980 £900* The Madonna and Child in a wooded Landscape Chalks 16x23cm/*6x9in* London 96
FACCIOLI Silvio XIX **[2]**
☞ *$5 081 FF29 527 £3 000* The duel Oil/canvas 38x53,5cm/*14x21in* London 97
FACHINETTI Carlo 1870-? **[4]**
☞ *$4 000 FF22 779 £2 466* The Contented Family Oil/canvas 41x59,5cm/*16x23in* Boston, Mass. 97
FACHNLEIN Louis 1895-1930 **[2]**
☞ *$7 150 FF43 450 £4 290* Descansando en el rincón del taller Oleo/lienzo 184x240cm/*72x94in* Madrid 98
FACKERT Oscar 1891-? **[1]**
☞ *$1 900 FF9 840 £1 216* Woman in an interior Oil/board 40x30cm/*16x12in* Mystic, Connecticut 96
FADER Fernando 1882-1935 **[3]**
☞ *$15 500 FF81 196 £9 322* El Moro Oleo/lienzo 90x70cm/*35x27in* Montevideo 96
FAED James, Jnr. 1857-1920 **[11]**
☞ *$1 501 FF9 068 £900* "A Highland Burn, Invernessshire" Oil/panel 24,5x31cm/*9x12in* Exeter, Devon 98
☞ *$2 314 FF13 875 £1 400* A Highland Loch Oil/canvas 50,5x68,5cm/*19x26in* Glasgow 97
FAED John 1820-1902 **[14]**
☞ *$1 500 FF8 542 £910* At the Well Oil/board 23x17cm/*9x7in* Chicago, Illinois 97
☞ *$3 267 FF18 587 £2 000* Waiting for the fleet Oil/canvas 60x48cm/*23x18in* London 97
☞ *$600 000 FF3 313 080 £374 400* Portrait of George Washington taking the Salute at trenton Oil/canvas 142x105,5cm/*55x41in* New-York 97
✏ *$513 FF3 152 £320* A woodland Burn, Perthshire Watercolour 19x27,5cm/*7x10in* Glasgow 97
FAED Thomas 1826-1900 **[52]**
☞ *$1 292 FF7 493 £763* Le cancre Huile/toile 39x32cm/*15x12in* Bruxelles 97
☞ *$6 420 FF32 500 £4 200* Outside the Red Lion Oil/canvas 51x68cm/*20x26in* London 96
✏ *$1 951 FF11 374 £1 200* View of Village Watercolour 12x25,5cm/*4x10in* West Lothian 97
FAED Thomas (Attrib.) 1826-1900 **[6]**
☞ *$3 500 FF19 931 £2 158* Little Red Riding Hood Oil/canvas 52,5x43cm/*20x16in* Boston, Mass. 97

FAES Pieter 1750-1814 **[4]**

🖼 *$202 068 FF1 196 412* £120 000 Still life of roses, a tulip, peonies../Still life of roses, peonies.. Oil/canvas 72,5x56cm/*28x22in* London 97

FAES Pieter (Attrib.) 1750-1814 **[3]**

🖼 *$6 035 FF36 162* £3 600 A Still Life of Lilies, Peonies, Tulips, Roses, Convolvulus Oil/canvas 83x77cm/*32x30in* London 98

FAFARD Joseph, Joe 1942 **[13]**

🖼 *$174 FF1 039* £104 Isaac's Goats Etching 20x39cm/*7x15in* Calgary, Alberta 98

🖼 *$57 080 FF328 408* £33 696 Vincent Self-Portrait Series Relief 25x17x6,5cm/*9x6x2in* Vancouver, BC. 97

FAGERLIN Ferdinand 1825-1907 **[12]**

🖼 *$5 810 FF29 640* £3 840 Interiör Oil/canvas 40x46cm/*15x18in* Malmö 96

FAHEY Edward Henry 1844-1907 **[9]**

🖼 *$4 154 FF23 593* £2 600 At the Brook Watercolour/paper 29x40cm/*11x15in* London 97

FAHEY James 1804-1885 **[5]**

🖼 *$614 FF3 800* £365 Bootle Fell, Cumberland Aquarelle 42x73,5cm/*16x28in* Paris 98

FAHLCRANTZ Carl Johan 1774-1861 **[19]**

🖼 *$462 FF2 863* £276 Landskapsbild med hus Oil/canvas 21x33cm/*8x12in* Stockholm 98

🖼 *$3 581 FF21 389* £2 192 Segelbåtar vid kalmar slott Oil/canvas 35x50cm/*13x19in* Stockholm 98

FAHLSTRÖM Oyvind 1928-1976 **[37]**

🖼 *$1 808 FF11 000* £1 108 Composition Technique mixte 54x69cm/*21x27in* Paris 98

🖼 *$624 FF3 765* £379 Reality & Paradoxes Serigraph 51x81,5cm/*20x32in* Stockholm 98

🖼 *$2 527 FF15 460* £1 500 Komposition Watercolour 23x30,5cm/*9x12in* London 98

FAHRBACH Carl Ludwig 1835-1902 **[15]**

🖼 *$1 652 FF9 453* £1 031 Lichtdurchflutete Waldlandschaft mit Bachlauf Öl/Leinwand 100x75cm/*39x29in* Stuttgart 97

🖼 *$2 093 FF10 830* £1 338 Buchenwald mit Sonneneinfall Öl/Leinwand 40,5x30,5cm/*15x12in* Heidelberg 96

FAHRINGER Carl 1874-1952 **[80]**

🖼 *$5 883 FF35 232* £3 616 Die Prophezeiung Oil/canvas 125x198cm/*49x77in* Johannesburg 98

🖼 *$6 940 FF36 100* £4 590 Kai Öl/Karton 52x36,5cm/*20x14in* Wien 96

🖼 *$7 410 FF38 500* £4 900 Strassenszene Öl/Leinwand 33,5x46,5cm/*13x18in* Wien 96

🖼 *$1 667 FF8 650* £1 102 Stanbul Watercolour, gouache/paper 29x22cm/*11x8in* Wien 96

FAHRLÄNDER Franz Xaver 1793-c.1850 **[4]**

🖼 *$617 FF3 687* £378 Bildnis eines Offiziers Miniature 10x8,5cm/*3x3in* Köln 98

FAIRBAIRN Hilda XIX-XX **[1]**

🖼 *$14 000 FF70 700* £9 200 These Pretty Babes, with hand in hand went wandering up and down Oil/canvas 127x96cm/*50x37in* London 96

FAIRFIELD Charles 1759-1804 **[1]**

🖼 *$2 915 FF15 100* £1 950 Mediterranean coastal inlet with a merchant man being caulked Oil/panel 28x38cm/*11x14in* Amsterdam 96

FAIRHURST Angus 1966 **[3]**

🖼 *$6 283 FF36 679* £3 800 You in Mind (Watching killer Whales) Mixed media 99,5x109,5cm/*39x43in* London 97

FAIRHURST Enoch 1874-? **[2]**

🖼 *$815 FF4 807* £500 The New Bonnet Watercolour 36,5x23cm/*14x9in* Billingshurst, West Sussex 98

FAIRLEY Barker 1887-1986 **[7]**

🖼 *$1 088 FF6 560* £658 Floral still life Oil/board 40,5x30,5cm/*15x12in* Toronto 98

FAIRMAN Frances C. 1836-1923 **[14]**

🖼 *$1 351 FF8 000* £800 Portrait of Bull Dogs, a Hound and a Terrier Watercolour/paper 23x19cm/*9x7in* London 97

FAIRMAN James 1826-1904 **[25]**

🖼 *$24 709 FF140 713* £15 000 A view in the Middle East Oil/canvas 80x113cm/*31x44in* London 97

FAIRMAN James (Attrib.) 1826-1904 **[1]**

🖼 *$7 500 FF36 900* £4 830 Jerusalem at dusk Oil/canvas 80x114cm/*31x44in* New-York 95

FAIRWEATHER Ian 1891-1974 **[19]**

🖼 *$42 120 FF245 457* £25 947 Abstract figures Gouache 46,5x71cm/*18x27in* Melbourne 97

FAISTAUER Anton 1887-1930 **[50]**

$32 400 FF168 300 £21 430 Apfelstilleben auf rosa Stuhl Öl/Leinwand 70x57cm/27x22in Wien 96
$65 760 FF383 360 £40 240 Blumen in weisser Vase Oil/paper/panel 38x26,5cm/14x10in Wien 97
$1 111 FF6 666 £674 "Mädchenkopf" Color lithograph 52x36cm/20x14in Wien 98
$2 481 FF14 424 £1 515 Uniformierter Coloured chalks/paper 56x37,5cm/22x14in Wien 97
FAISTENBERGER Anton 1663-1708 **[5]**
$9 270 FF44 800 £5 800 Wooded Italianate landscape Oil/canvas 101x142cm/39x55in London 95
FAISTENBERGER Anton (Attrib.) 1663-1708 **[2]**
$5 662 FF33 268 £3 400 An Italianate Landscape with Huntsmen on Horseback and Hounds Oil/canvas 67x93cm/26x36in London 97
FAIVRE Abel 1856-1914 **[31]**
$3 772 FF23 000 £2 263 Parisienne à sa toilette Huile/panneau 37x29cm/14x11in Orléans 98
$6 704 FF40 000 £4 108 "Jeune fille au noeud bleu dans les cheveux" Huile/toile 45x38cm/17x14in Paris 98
$3 704 FF21 934 £2 200 "Sports d'Hiver, Chamonix, Mont-Blanc", Saison d'hiver: Décembre.. Affiche 109x78cm/42x30in London 97
$373 FF1 800 £233 "Un beau mariage..." Crayon 4x40,5cm/1x15in Paris 95
FAIVRE Antoine J.E., Tony 1830-1905 **[4]**
$40 024 FF248 448 £24 000 Children in Traditionnal Costume Oil/canvas 73,5x60cm/28x23in London 98
FAIVRE Jules-Abel 1867-1945 **[21]**
$5 590 FF33 000 £3 309 Jeune femme dans un fauteuil en rotin Huile/toile 29x26cm/11x10in Orléans 97
$549 FF3 489 £343 "4e Emprunt de la Défense Nationale" Poster 80x112cm/31x44in New-York 97
FAIVRE Justin 1902 **[9]**
$250 FF1 468 £150 Old Barn Watercolour/paper 39x51cm/15x20in Altadena, CA 97
FAIVRE Maxime 1856-1914 **[3]**
$477 FF2 700 £294 Paysage de la campagne normande Huile/toile 26,5x35cm/10x13in Vendôme 97
FALARDEAU Antoine Sébastien 1822-1889 **[8]**
$7 000 FF41 716 £4 347 Vieux Port de Castel a Mare, after Salvatore Rosa Oil/canvas 102x135cm/40x53in Washington 97
FALAT Antoni 1942 **[2]**
$3 767 FF22 557 £2 250 Akt na zielonym tle Oil/canvas 111x92cm/43x36in Warszawa 98
FALAT Julian 1853-1929 **[42]**
$16 240 FF92 525 £10 140 Snowy river landscap Oil/canvas 64x85cm/25x33in Warszawa 97
$19 450 FF101 100 £12 770 "Kalwaria" Oil/canvas 111x190cm/43x74in Warszawa 96
$7 450 FF38 600 £4 810 Snowy landscape Watercolour, gouache/board 35,5x94cm/13x37in Warszawa 96
FALBE Joachim Martin 1709-1782 **[1]**
$3 257 FF19 368 £2 018 Zakole Rzeki Watercolour/board 40,5x59cm/15x23in Warszawa 97
FALCHETTI Giuseppe 1843-1918 **[9]**
$6 182 FF37 008 £3 806 Stilleben med fruktkvistar och vindruvskasar Oil/canvas 86x35cm/33x13in Stockholm 98
FALCIATORE Filippo c.1710-c.1770 **[8]**
$13 230 FF64 000 £8 400 Annunciazione Oil/copper 34x27cm/13x10in Roma 95
$76 925 FF455 446 £46 000 Elegantly Dressed Men seated Outside an Inn Oil/canvas 76x101,5cm/29x39in London 97
FALCK Jarl 1901-1948 **[7]**
$1 877 FF11 082 £1 111 Shepherdess near a barn Oil/panel 30x25cm/11x9in Helsinki 97
$2 815 FF16 623 £1 666 Pastoral landscape Oil/canvas 51x86cm/20x33in Helsinki 97
FALCONE DELLE BATTAGLIE Aniello 1607-1656 **[13]**
$4 998 FF29 556 £3 000 A view of Roman Ruins at Pozzuoli Red chalk/paper 16x23,5cm/6x9in London 97
FALCONE DELLE BATTAGLIE Aniello (Attrib.) 1607-1656 **[5]**
$8 430 FF50 000 £5 105 Chevaliers de Malte capturés par les Turcs Huile/toile 64x80cm/25x31in Paris 97
$2 400 FF14 732 £1 470 Study of an Ear with Three Studies of Heads Ink 22x16,5cm/8x6in New-York 98
FALCONER John M. 1820-1902 **[3]**
$4 000 FF20 900 £2 417 William Penn's House, Philadelphia Watercolour/paper 44x60cm/17x23in New-York 96
FALCONET Étienne M. (Attrib.) 1716-1791 **[1]**
$115 500 FF604 100 £70 000 A bathing Nymph Terracotta H44cm/H17in London 96
FALCONET Étienne Maurice 1716-1791 **[13]**

   $2 800 FF15 972 £1 710 Gesticulating Seated Putto Marbre Carrare H46cm/*H18in* New Orleans, Louisiana 97

   $4 000 FF24 554 £2 450 Project for the Statue of a Roman Ruler crowned with Laurel Red chalk/paper 26x14cm/*10x5in* New-York 98

FALCONET Pierre Étienne 1741-1791 **[7]**

   $38 700 FF200 000 £25 070 Portrait de Miss Nanette Thelluson, soeur du premier Lord rendlesham Huile/toile 71x66cm/*27x25in* Paris 96

   $3 120 FF16 080 £2 000 Self-portrait Black chalk 10,9x9,4cm/*4x3in* London 96

FALCONI Walter 1935 **[8]**

   $1 680 FF9 520 £840 "Geometrie dell'infinito" Olio/tela 50x100cm/*19x39in* Prato 97

FALCUCCI Robert 1900-1989 **[70]**

   $1 100 FF6 555 £659 "Paris-Alger" Poster 99x62cm/*38x24in* New-York 98

FALDI Arturo 1856-1911 **[7]**

   $20 000 FF119 546 £12 242 In the Tuscan Hills Oil/canvas 103x154cm/*40x60in* New-York 97

FALENS von Carel 1683-1733 **[21]**

   $18 480 FF96 240 £12 000 The Departure Oil/canvas 50x60cm/*19x23in* London 96

   $25 084 FF148 515 £15 000 Hawking parties with elegant figures on horseback in hilly landscapes Oil/panel 32,5x46cm/*12x18in* London 97

FALENS von Carel (Attrib.) 1683-1733 **[12]**

   $1 735 FF10 138 £1 065 Rast einer Reisegesellschaft Öl/Leinwand 26x29cm/*10x11in* Frankfurt 97

   $4 000 FF22 296 £2 446 Horsemen halted beside a tent, with figures resting Oil/canvas 63,5x76,2cm/*25x29in* New-York 97

FALERO Emilio 1947 **[3]**

   $16 000 FF83 600 £9 520 La Entrega de Guérnica a España Oil/canvas 121x151cm/*47x59in* New-York 96

FALERO Luis Ricardo 1851-1896 **[19]**

   $1 912 FF10 899 £1 200 The Artist's model Oil/canvas 30,5x23cm/*12x9in* London 97

   $13 200 FF79 000 £8 200 La escultora Oleo/lienzo 105,5x167,5cm/*41x65in* Madrid 97

   $20 000 FF102 800 £12 470 The Moon Nymph Oil/canvas/board 50,5x76cm/*19x29in* New-York 96

FALGUIERE Alexandre 1831-1900 **[92]**

   $2 220 FF11 500 £1 434 Diane à l'arc Bronze H46cm/*H18in* Limoges 96

   $11 445 FF70 000 £6 790 Léda et le Cygne Bronze H105cm/*H41in* Saint-Brieuc 98

FALIZE Pierre 1876-1953 **[8]**

   $633 FF3 500 £393 "Prunier Livre Vite et Bien" Affiche 220x140cm/*86x55in* Boulogne-sur-Seine 97

FALK Hans 1918 **[75]**

   $3 646 FF17 930 £2 323 Composition Mischtechnik 38x41cm/*14x16in* Zürich 95

   $4 053 FF24 154 £2 485 "Container" Mixed media 78x57cm/*30x22in* Zürich 98

   $10 808 FF64 412 £6 628 Stromboli Acrylic 190x132cm/*74x51in* Zürich 98

   $317 FF1 630 £198 Liegender weiblicher Akt und Kopfstudie Lithographie 26,5x40,8cm/*10x16in* Bern 96

   $1 191 FF7 054 £707 "John, er frischt sein Make-up auf" Indian ink 28,5x21cm/*11x8in* Zürich 97

FALK Hjalmar 1856-1938 **[14]**

   $945 FF4 730 £612 Kalmar slott Akvarell 23x53cm/*9x20in* Stockholm 96

FALK Jeremias 1619-1677 **[4]**

   $800 FF4 779 £490 Der Hl. Paulus in Verzückung, after Liss Etching 41,5x29cm/*16x11in* New-York 98

FALK Lars Erik 1922 **[31]**

   $758 FF3 900 £473 Modul Skulptiur i Färg B Metal H34cm/*H13in* Stockholm 96

FALK Ragnar 1903-1977 **[45]**

   $610 FF2 956 £393 Harbour, Göteborg Oil/canvas 45x67cm/*17x26in* Göteborg 95

FALK Robert Rafaelovich 1886-1958 **[24]**

   $4 560 FF22 800 £3 000 Anenstill life with red onions and fruit Oil/canvas 56x64cm/*22x25in* London 95

   $10 330 FF54 200 £6 200 The village Oil/canvas 29x43cm/*11x16in* London 96

FALL George c.1848-1925 **[34]**

   $766 FF3 716 £480 York Minster Watercolour 20x15cm/*7x5in* London 95

FALLENBÖCK Richard 1859-1891 **[1]**

   $1 122 FF6 676 £676 Frühlingszauber Aquarell/Papier 33x48cm/*12x18in* Wien 98

FALLER Louis-Clément 1819-1901 **[20]**

   $864 FF4 400 £519 La liseuse Huile/panneau 21x15cm/*8x5in* Troyes 96

FALTER John Philip 1910-1982 **[10]**

    $17 000 FF100 889 £10 412 The Visit Oil/board 49,5x47cm/*19x18in* New-York 98

FALZONI Giulio 1900-? **[5]**

    $1 080 FF6 120 £720 Vigevano, Piazza Ducale Acquarello/cartone 50x70cm/*19x27in* Milano 97

FAMARS TESTAS de Willem 1834-1896 **[11]**

    $4 070 FF23 598 £2 400 An Encampment by the Walls of a North African Citadel Oil/panel 27,5x41,5cm/*10x16in* London 97

    $6 430 FF33 100 £4 015 Le Défilé à Petra Oil/canvas 83x58cm/*32x22in* Amsterdam 96

FAMIN Constant Ch. XIX **[12]**

    $1 404 FF8 000 £876 Deux enfants devant des tonneaux Tirage albuminé 16,7x12cm/*6x4in* Chartres 97

FANART Alphonse Cl. Antonin 1831-1903 **[27]**

    $2 130 FF11 100 £1 340 Ferme du Haut-Doubs Huile/toile 40x60cm/*15x23in* Besançon 96

FANELLI Francesco 1863-1924 **[9]**

    $3 600 FF20 400 £1 800 Cantiere al Cinquale (Forte dei Marmi) Olio/tela 33,5x40cm/*13x15in* Milano 97

    $8 400 FF47 600 £5 600 Rappezzatori di reti Olio/tavola 34x63cm/*13x24in* Prato 97

FANELLI Francesco (Attrib.) 1590/95-1665 **[6]**

    $12 410 FF64 800 £7 500 A Turkish rider being attacked by a lion Bronze H21cm/*H8in* London 96

FANELLI Francesco, sculpt. 1590/95-1665 **[6]**

    $3 000 FF16 565 £1 872 Horse and Rider Bronze H21,5cm/*H8in* New-York 97

FANELLI-SEMAH Louis Joseph 1804-1875 **[3]**

    $1 452 FF8 637 £900 Combat des chevaliers allemands contre les Turcs Watercolour/paper 40,5x31cm/*15x12in* London 97

FANFANI Enrico XIX **[12]**

    $1 750 FF10 489 £1 046 Kvinna vid klippor Oil/panel 32x23cm/*12x9in* Stockholm 98

    $3 000 FF18 281 £1 837 Ruth Oil/canvas 81x64cm/*32x25in* New-York 98

FANG RENDING 1901-1975 **[3]**

    $6 470 FF33 140 £3 930 Poet by the Sea Ink 74x91,5cm/*29x36in* Hong Kong 96

FANG SHISHU 1692-1751 **[2]**

    $8 000 FF48 989 £4 765 Landscape in the style of wang meng Ink/paper 34x42cm/*13x16in* New-York 98

FANG YIZHI 1611-1671 **[1]**

    $7 000 FF36 100 £4 510 Tattered mountains and rivers Ink/paper 78x25,5cm/*30x10in* New-York 96

FANG ZHAOLIN 1914 **[8]**

    $22 000 FF113 200 £13 580 Boat People in the Sea Ink 67x69,5cm/*26x27in* Hong Kong 95

FANGEL H.G., Maud Tousey XIX-XX **[3]**

    $375 FF2 327 £224 Fox terrier Charcoal/paper 22x30cm/*9x12in* Mystic, Connecticut 98

FANGH Desiderius 1876-? **[9]**

    $990 FF5 755 £604 Sommerliche Weidelandschaft Gouache/paper 33x51cm/*12x20in* Wien 97

FANGOR Wojciech 1922 **[11]**

    $2 000 FF12 698 £1 249 "Picasso" Poster 86x59cm/*34x23in* New-York 97

FANTACCHIOTTI Cesare 1844-1922 **[3]**

    $32 578 FF185 528 £20 000 The Goatherd Bronze H157,5cm/*H62in* London 97

FANTIN-LATOUR Henri-Th. (Attrib.) 1836-1904 **[8]**

    $15 000 FF89 020 £9 187 Solitude Oil/canvas 25x44,5cm/*9x17in* New-York 97

FANTIN-LATOUR Henri-Théodore 1836-1904 **[358]**

    $23 377 FF140 491 £14 000 En Orient Oil/paper/board 24x30cm/*9x11in* London 98

    $60 000 FF308 500 £37 400 La source Oil/canvas 51,5x62,5cm/*20x24in* New-York 96

    $399 FF2 036 £263 La Vérité Lithographie 29,5x20,5cm/*11x8in* Heidelberg 96

    $1 547 FF8 000 £1 003 Nu assis drapé Fusain 24x15cm/*9x5in* Paris 96

FANTIN-LATOUR Théodore 1805-1872 **[8]**

    $1 458 FF8 500 £898 Jeune fille et son chien Pastel/papier 45x55cm/*17x21in* Troyes 97

FANTIN-LATOUR Victoria D. (Attrib) 1840-1926 **[3]**

    $1 738 FF8 620 £1 100 Vase de roses Huile/carton 38,5x40cm/*15x15in* Lindau 95

FANTIN-LATOUR Victoria Dubourg 1840-1926 **[11]**

    $4 310 FF22 340 £2 800 Vase de roses jaunes Oil/canvas 45x65cm/*17x25in* London 96

    $12 000 FF59 000 £7 600 Still life of carnations Oil/canvas 21x28cm/*8x11in* New-York 95

FANTUZZI Eliano 1909-1987 **[43]**

    $1 100 FF5 370 £696 Figure with flowers Oil/canvas 90x70cm/*35x27in* Delray Beach, Florida 95

FARAONI Enzo 1920 **[29]**

$600 FF3 400 £300 Pianta grassa Olio/tavola 49,5x71,5cm/*19x28in* Prato 98
$162 FF918 £81 Figura femminile Tecnica mista/carta 70x49,5cm/*27x19in* Prato 98
FARASYN Raoul [2]
$1 661 FF10 091 £1 000 "Le Chenal à Vainport" Oil/canvas 24x34cm/*9x13in* London 98
FARAZYN Edgard 1858-1938 **[71]**
$245 FF1 463 £150 Bateau près de l'estacade Huile/panneau 24x32cm/*9x12in* Antwerpen 98
$897 FF5 355 £541 Vieux port de Zeebrugge Huile/toile 46x57cm/*18x22in* Lokeren 97
$8 190 FF42 100 £5 110 Netmenders in the dunes Oil/canvas 125x178cm/*49x70in* Amsterdam 96
$163 FF973 £97 Femme de pêcheur Crayon/papier 25x17cm/*9x6in* Antwerpen 97
FARCY André XIX-XX **[3]**
$214 FF1 100 £137 "Grenoble, Exposition internationale Houille Blanche..." Affiche 109x80cm/*42x31in* Boulogne 96
FAREY Cyril Arthur 1888-? **[8]**
$739 FF4 158 £449 Design for Chadderton Generating Station, Lancashire Watercolour 50x89cm/*19x35in* London 97
FAREY John 1791-1850 **[1]**
$4 370 FF22 500 £2 800 Drawings for windmills, including a post mill and a smock mill Watercolour 52x36cm/*20x14in* London 96
FARFA 1881-1964 **[3]**
$1 104 FF6 256 £552 Europa Collage/carta 70x96,5cm/*27x37in* Milano 98
FARHAT Ammar 1911-1986 **[6]**
$12 040 FF70 000 £7 350 Mariée tunisienne Huile/toile 62x53cm/*24x20in* Paris 97
$15 900 FF83 000 £9 600 Musiciens arabes Huile/panneau 41,5x35,5cm/*16x13in* Paris 96
FARIA de Candido Aragonez 1849-1911 **[21]**
$900 FF4 585 £540 "Ordre de l'Empereur" Poster 90x123cm/*35x48in* New-York 96
FARIA Jacques XIX-XX **[11]**
$344 FF1 780 £220 "The Heral's, Acrobates, Excentriques" Poster 61x82cm/*24x32in* London 96
FARIA Manuel 1895-1980 **[1]**
$5 000 FF24 260 £3 220 Igreja da Gloria Oil/canvas 33x41cm/*12x16in* New-York 95
FARINATI Paolo 1524-1606 **[19]**
$3 112 FF19 064 £1 880 Die Magdalena mit Maria und einem heiligen Eremiten Öl/Leinwand 62,5x78cm/*24x30in* Wien 98
$520 FF2 712 £304 Der hl. Petrus Radierung 11,4x7,5cm/*4x2in* Berlin 96
$5 831 FF34 482 £3 500 Galatea, within a niche Wash 28x14cm/*11x5in* London 97
FARINATI Paolo (Attrib.) 1524-1606 **[8]**
$1 374 FF7 120 £893 Mariens ester Tempelgang Chalks 40x22cm/*15x8in* München 96
FARINGTON Joseph 1747-1821 **[17]**
$37 372 FF216 777 £23 000 The Gatehouse on the Bridge over the River Severn at Bridgnorth Oil/canvas 69x113cm/*27x44in* London 97
$967 FF4 930 £580 Falstaff and Coleville Ink 41x33cm/*16x12in* London 96
FARKAS Etienne Istvan 1887-1944 **[2]**
$2 107 FF12 000 £1 293 Nature morte Huile/panneau 39x27cm/*15x10in* Pontoise 97
FARLEY Richard Blossom 1875-1901 **[4]**
$6 000 FF35 671 £3 717 Crows Waiting Oil/canvas 64x81cm/*25x32in* Philadelphia 97
FARM Gerald 1935 **[6]**
$700 FF4 204 £419 Buttercup Oil/canvas 28x21cm/*11x8in* Cleveland, Ohio 98
$3 700 FF18 648 £2 387 Muddy Oil/canvas 40x40cm/*16x16in* Hayden 96
FARNDON Walter 1876-1964 **[30]**
$3 500 FF21 367 £2 091 Shoreline with a Fishing Village Oil/board 34x44cm/*13x17in* Downington, PA 98
$42 000 FF247 640 £25 754 "The Old Building Near Meadow Bank Building, New York" Oil/canvas 106,5x89cm/*41x35in* New-York 98
FARNEY Denis 1946 **[14]**
$453 FF2 604 £283 Corn flowers Oil/board 61x51cm/*24x20in* Sydney 97
FARNSWORTH Alfred Villiers 1858-1908 **[9]**
$900 FF5 471 £546 Inverness Lodge Fox Hunt Watercolour/paper 35x55cm/*14x22in* San Rafael, CA 98
FARNSWORTH Jerry 1895-1983 **[24]**

☞ *$2 500 FF14 934* £1 530 Lorraine of Truro Oil/canvas 73,5x45,5cm/*28x17in* New-York 98

FARNUM Herbert Cyrus 1866-? **[12]**
☞ *$550 FF2 776* £361 Village life Oil/canvas 33x45cm/*13x18in* Mystic, Connecticut 96

FARNY Henry Francis 1847-1916 **[37]**
☞ *$4 500 FF25 773* £2 662 With Pipe of Peace all Troubles Cease Oil/canvas 127x96cm/*50x38in* Santa Fe, New Mexico 97
☞ *$570 000 FF3 325 551* £349 182 Danger Oil/canvas 56,5x101,5cm/*22x39in* New-York 97
✎ *$55 000 FF325 638* £32 659 Plains Indian Gouache/board 25,5x18cm/*10x7in* New-York 97

FARQUHARSON David 1840-1907 **[56]**
☞ *$1 200 FF7 317* £720 "The Morning Ride" Oil/canvas 40,5x61cm/*15x24in* Washington 98
☞ *$2 483 FF12 960* £1 500 Under the Elms Oil/board 20x36cm/*7x14in* Glasgow 96
✎ *$1 291 FF7 820* £800 River Seine near Paris Watercolour 41x61cm/*16x24in* Perthshire 97

FARQUHARSON John XIX-XX **[16]**
☞ *$321 FF1 970* £200 Corn stooks in a wooded Landscape Oil/canvas 35,5x53,5cm/*13x21in* Glasgow 97
✎ *$330 FF1 972* £200 A Lighthouse Off a Rocky Coastline Watercolour/paper 35,5x52cm/*13x20in* London 97

FARQUHARSON Joseph 1846-1935 **[56]**
☞ *$8 945 FF52 132* £5 500 Sheep Grazing Oil/canvas 31x46cm/*12x18in* West Lothian 97
☞ *$10 658 FF60 975* £6 500 "Letterfearn on Loch Duich, Kintail" Oil/canvas 76x101,5cm/*29x39in* Glasgow 97
☞ *$23 714 FF137 795* £14 000 "He drove them wandering o'er the sandy way" Oil/canvas 98x168cm/*38x66in* London 97
▥ *$309 FF1 873* £190 Sheep in the Snow, Winter Sunlight Print in colors 49x75cm/*19x29in* Chester 98

FARRER Henry 1843-1903 **[23]**
✎ *$800 FF3 940* £516 Trees and cottages/Views of Gowanis Pencil/paper 35x55cm/*13x21in* New-York 95

FARRERAS RICART Francisco 1927 **[21]**
☞ *$3 450 FF20 720* £2 060 Numero 49 Mixed media 61x49,5cm/*24x19in* San Francisco 98
▥ *$805 FF4 070* £528 Composiciones Aquatinte 40x31cm/*15x12in* Madrid 96
✎ *$3 795 FF21 835* £2 255 Fardo inca Collage 100x81cm/*39x31in* Madrid 97

FARRIER Robert (Attrib.) 1796-1879 **[1]**
☞ *$4 247 FF24 163* £2 600 The Trysting Place Oil/canvas 66,5x48,5cm/*26x19in* London 97

FARUFFINI Federico 1831-1869 **[7]**
☞ *$18 900 FF92 700* £12 300 Costume orientale Olio/tela 36,5x27,5cm/*14x10in* Roma 95

FARULLI Fernando 1923-1997 **[9]**
☞ *$600 FF3 400* £400 Fiori Olio/tela 70x50cm/*27x19in* Prato 97

FASANOTTI Gaetano 1831-1882 **[8]**
☞ *$5 670 FF27 800* £3 690 Lago lombardo con pescatori Olio/tela 38,5x59,5cm/*15x23in* Milano 95

FASINI Alexandre 1892-1942 **[22]**
☞ *$2 906 FF15 000* £1 870 Cavalier Technique mixte/panneau 54x44cm/*21x17in* Calais 96
☞ *$3 104 FF15 000* £1 940 Rose Marie Huile/toile 27,5x41cm/*10x16in* Paris 95

FASSBENDER Adolf 1884-1980 **[1]**
📷 *$2 749 FF16 193* £1 697 "City, Thy Name Be Blessed" Silver print 35x25,5cm/*13x10in* New-York 97

FASSBENDER Joseph 1903-1974 **[35]**
✎ *$927 FF5 356* £544 Abstrakte Komposition Watercolour 33,5x49,5cm/*13x19in* Köln 97

FASSIANOS Alexandre, Alecos 1935 **[232]**
☞ *$1 787 FF9 000* £1 167 Bouquet de fleurs Huile/toile 38x46,5cm/*14x18in* Paris 96
☞ *$3 790 FF19 000* £2 397 L'Homme dans la Ville Acrylique/toile 44x32,5cm/*17x12in* Paris 95
☞ *$21 220 FF106 000* £13 860 L'Homme et la ville Huile/toile 215x123cm/*84x48in* Versailles 95
▥ *$169 FF850* £109 Hommage à Pierre Boulez Lithographie couleurs 67x47cm/*26x18in* Paris 96
✎ *$1 048 FF6 000* £654 Eros Kalos Gouache/papier 35x45cm/*13x17in* Paris 97

FASSIN de Nicolas Henri J. 1728-1811 **[7]**
☞ *$4 833 FF27 522* £3 000 An Italianate Landscape with a Shepherd's Family resting under a Tree Oil/panel 64x83,5cm/*25x32in* London 97

FATH Richard 1900-1952 **[7]**
⚒ *$2 460 FF12 000* £1 557 Trotteur Bronze H21cm/*H8in* Paris 95

FATTORI Giovanni 1825-1908 **[126]**
☞ *$18 600 FF105 400* £12 400 L'Arno in piena Olio/tavola 18,5x32cm/*7x12in* Milano 97
☞ *$65 100 FF317 000* £40 950 Donna bionda, profilo Olio/tavola 50,5x33cm/*19x12in* Milano 95
▥ *$3 120 FF17 680* £1 560 Carica di cavalleria Acquaforte 36x56cm/*14x22in* Firenze 98

✎ *$13 800 FF78 200* £6 900 Cavalleggeri di vedetta Inchiostro 18,5x32cm/*7x12in* Roma 98
FATTORINI Eliseo XIX **[6]**
🎨 *$3 000 FF17 000* £1 500 Madonna con bambino Olio/tavola 74x46cm/*29x18in* Firenze 98
✎ *$33 552 FF190 128* £16 776 Esercitazioni Acquarello/carta 27,5x34cm/*10x13in* Milano 98
FAU Fernand 1858-1917 **[3]**
▦ *$1 150 FF6 586* £680 "Salon des 100" Poster 39x59cm/*15x23in* New-York 97
FAUBERT Jean 1946 **[143]**
🎨 *$429 FF2 500* £264 Composition à la palette Huile/papier 35x27cm/*13x10in* Entzheim 97
✎ *$334 FF2 000* £205 Le Clown Aquarelle/papier 33x22cm/*12x8in* Paris 98
FAUCON Bernard 1950 **[19]**
📷 *$522 FF2 700* £349 "Le navire" Photograph 30x30cm/*11x11in* Paris 96
FAUERHOLDT Viggo 1832-1883 **[21]**
🎨 *$535 FF2 674* £347 Coastal landscape Oil/canvas 7x22cm/*2x8in* København 96
🎨 *$3 640 FF22 007* £2 180 Parti fra et fiskerleje Oil/canvas 50x76cm/*19x29in* Viby J, Århus 98
FAUGERON Adolphe 1866-? **[4]**
🎨 *$2 669 FF16 368* £1 600 A Young Beauty Beside a Classical Pool Oil/board 37,5x54,5cm/*14x21in* London 98
FAUGINET Jean Auguste 1809-1847 **[4]**
⚒ *$3 056 FF15 480* £2 000 An Arab stallion Bronze H33cm/*H12in* London 96
FAULCONER Mary 1912-? **[3]**
✎ *$7 000 FF36 050* £4 636 Biirds, eggs and grasses Gouache/panel 25,5x35,5cm/*10x13in* New-York 96
FAULHABER Hermine 1884-1952 **[5]**
✎ *$562 FF3 333* £343 Blick auf Hallstadt Aquarell/Papier 24x34cm/*9x13in* Wien 97
FAULKNER Amanda 1953 **[1]**
✎ *$2 166 FF11 130* £1 350 Untitled Pastel 101,5x76cm/*39x29in* London 96
FAULKNER Benjamin Rawlinson 1787-1849 **[3]**
🎨 *$24 930 FF127 600* £16 000 Captain Sir John "Polar" Ross (1777-1856), seated in a study Oil/canvas 126x100cm/*49x39in* London 96
FAULKNER Herbert Waldron 1860-1940 **[4]**
🎨 *$3 249 FF18 981* £1 922 Gondola Oil/canvas 67x50cm/*26x20in* Boston, Mass. 97
FAULKNER John 1835-1894 **[82]**
🎨 *$9 795 FF58 479* £6 000 Figures Hauling in the Nets in an Irish Lake Landscape Oil/canvas 66,5x91,5cm/*26x36in* London 97
✎ *$2 400 FF11 700* £1 520 The Pilot Boat Watercolour 44x74cm/*17x29in* New-York 95
FAULKNER John (Attrib.) 1835-1894 **[1]**
✎ *$1 165 FF6 070* £770 On the Coast of Galway Watercolour 44x75cm/*17x29in* Toronto 96
FAULKNER Robert XIX **[2]**
✎ *$2 125 FF12 935* £1 300 Robert Ashe as a Cild, Recumbent on a Chaise, Holding Bluebells Pastel/paper 89x90cm/*35x35in* Bath 98
FAULL Emma 1956 **[24]**
✎ *$2 270 FF11 800* £1 500 Bustards Watercolour 73x108cm/*28x42in* London 96
FAURE Amandus 1874-1931 **[35]**
🎨 *$900 FF5 369* £542 The Little Helper Oil/board 23x16cm/*9x6in* Cedar Falls, Iowa 97
🎨 *$1 332 FF6 550* £848 Seiltänzer Öl/Leinwand 72x91cm/*28x35in* Stuttgart 95
FAURE Jean Victor Louis 1786-1879 **[3]**
🎨 *$7 100 FF39 800* £4 400 Pareja de marinas Oleo/lienzo 54x84cm/*21x33in* Madrid 97
FAURE L. Lucien 1892-? **[6]**
▦ *$302 FF1 570* £200 "Claudine à l'école, par Willy" Poster 140x100cm/*55x39in* London 96
FAURER Louis 1916 **[14]**
📷 *$1 700 FF8 430* £1 075 City Hall Square, Philadelphia Gelatin silver print 32x26cm/*12x10in* New-York 95
FAURET Léon J.J. 1863-1955 **[7]**
🎨 *$8 040 FF40 900* £4 800 Un gouter au petit Trianon Oil/canvas 94x132cm/*37x51in* London 96
FAUSTINI Modesto 1839-1891 **[1]**
🎨 *$19 657 FF114 285* £12 000 A Roman Street Scene with Musicians and a Performing Monkey Oil/canvas 56x101cm/*22x39in* London 97
FAUT Ernest 1879-1961 **[16]**

---

*$536 FF3 248 £326 Suzanne et les vieillards Huile/toile 80x100cm/*31x39in* Bruxelles 98

FAUTRIER Jean 1898-1964 **[479]**
*$2 027 FF10 000 £1 317 Sans titre Huile/papier 49x63cm/*19x24in* Paris 95
*$18 188 FF106 177 £11 000 Tête de femme Oil/paper 27x22cm/*10x8in* London 97
*$416 000 FF2 153 000 £270 000 Mort du sanglier Oil/canvas 162x130,5cm/*63x51in* London 96
*$561 FF3 214 £342 Stries Etching, aquatint in colors 42x56,5cm/*16x22in* Hamburg 97
*$32 806 FF188 324 £20 000 Grand nu couché Bronze 18,5x56x28cm/*7x22x11in* London 97
*$319 410 FF1 950 000 £191 490 Tête d'otage No.4 Technique mixte/papier 46x55cm/*18x21in* Paris 98

FAUTRIER Jean (Attrib.) 1898-1964 **[1]**
*$83 300 FF437 000 £50 000 Tête (Partisan) Oil/paper/canvas 27x22cm/*10x8in* London 96

FAUVEL Georges H. 1890-? **[15]**
*$2 738 FF17 000 £1 650 Renard emportant un lièvre Huile/toile 89x117cm/*35x46in* Soissons 98
*$11 118 FF68 000 £6 596 Piqueux et chiens de chasse Huile/toile 218x371cm/*85x146in* Le Havre 98

FAUVELET Jean-Baptiste 1819-1883 **[7]**
*$1 192 FF6 800 £728 Homme lisant près de la fenêtre Huile/panneau 13,5x10cm/*5x3in* Paris 97

FAUX-FROIDURE Eugénie 1886-? **[23]**
*$1 169 FF7 000 £718 Bouquet de soucis Aquarelle/papier 21x26cm/*8x10in* Auvers sur Oise 98

FAVAI Gennaro 1882-1958 **[14]**
*$3 010 FF18 101 £1 800 A Venetian Backwater Oil/board 61x71cm/*24x27in* London 98
*$8 270 FF42 600 £5 000 A Venetian Canal Oil/canvas 99,5x130cm/*39x51in* London 96

FAVANNE de Henri Antoine 1668-1752 **[23]**
*$70 000 FF429 709 £42 889 The Seasons Oil/canvas 73x59cm/*28x23in* New-York 98
*$1 341 FF8 036 £800 Two Nudes seen from below, one holding onto a stick... Black & white chalks/paper 29x38cm/*11x14in* London 98

FAVELLE R. XIX **[5]**
*$3 668 FF22 774 £2 200 Gathering Waterlilies Oil/panel 22x30cm/*8x11in* London 98

FAVÉN Antti 1882-1948 **[31]**
*$2 134 FF13 249 £1 280 Tallar Oil/canvas 72x51cm/*28x20in* Helsinki 98

FAVERO Andrea 1837-1914 **[1]**
*$5 980 FF29 350 £3 895 Bambini sdraiati nel prato Olio/tela 48,5x66cm/*19x25in* Milano 95

FAVEROT Joseph 1862-? **[10]**
*$1 372 FF8 000 £845 Clown au parapluie Huile/panneau 35x26cm/*13x10in* Villeneuve la Garenne 97

FAVIER Philippe 1957 **[53]**
*$1 686 FF10 000 £1 030 "Patimento" Technique mixte 18x25cm/*7x9in* Paris 98
*$2 936 FF15 000 £1 933 Nappe Céramique 15x15cm/*5x5in* Paris 96
*$1 350 FF7 000 £877 Sans titre Technique mixte/papier 160x120cm/*62x47in* Versailles 96

FAVORIN Ellen 1853-1919 **[21]**
*$1 564 FF9 399 £938 Farled Oil/panel 14x23cm/*5x9in* Helsinki 98
*$9 573 FF57 501 £5 740 Fiskebod Oil/canvas 50x75cm/*19x29in* Helsinki 98

FAVORY André 1888-1937 **[109]**
*$98 FF573 £60 Baigneuse Huile/toile 60x38cm/*23x14in* Antwerpen 97
*$561 FF3 200 £342 Le pique-nique Huile/toile 27x22cm/*10x8in* Paris 97
*$10 000 FF55 617 £6 190 The Artist in His Studio Oil/canvas 149x150cm/*59x59in* Miami, Florida 97
*$433 FF2 100 £279 Portrait Dessin 33x24cm/*12x9in* Douai 95

FAVRAY de Antoine 1706-1798 **[9]**
*$34 400 FF178 000 £22 000 A Turkish woman and her child Oil/canvas 97x76cm/*38x29in* London 96
*$550 000 FF3 351 590 £335 060 View of Constantinople overlooking the Bosphorus Oil/canvas 95x248cm/*37x97in* New-York 98
*$2 000 FF11 086 £1 234 Le Grand Sultan Black chalk 28x18,5cm/*11x7in* New-York 97

FAVRE Maurice 1875-1915 **[4]**
*$2 890 FF14 850 £1 800 An alert bull Bronze H55cm/*H21in* London 96

FAVRETTO Giacomo 1849-1887 **[23]**
*$55 020 FF311 780 £27 510 Vandalismo II Olio/tela 56x36cm/*22x14in* Roma 98
*$129 000 FF731 000 £64 500 Il padre e la sorella del pittore, I miei cari Olio/tela 24x28cm/*9x11in* Roma 97
*$1 380 FF7 820 £690 Studio di Popolano Inchiostro/carta 20x14cm/*7x5in* Firenze 98

FAWCETT Robert 1903-1967 **[6]**

✏ *$3 190 FF18 396 £1 900* Nonplussed Art Director Viewing Work Gouache/paper 43x53cm/*17x21in* New-York 97
FAWKES Lionel Grimston 1849-1931 **[2]**
✏ *$2 363 FF11 520 £1 500* The drawing room of Queen's House, Barbados Watercolour 24,5x37cm/*9x14in* London 95
FAXON Richard XIX **[1]**
🎨 *$1 723 FF10 000 £1 052* Marine Huile/toile 30x46cm/*11x18in* Bordeaux 97
FAY Hanns 1888-1957 **[17]**
🎨 *$1 782 FF11 066 £1 075* Pfälzer Bauern bei der Heuernte in Waldfischbach Öl/Karton 67x80,5cm/*26x31in* Heidelberg 98
✏ *$633 FF3 135 £403* Altrheinarm mit Booten Aquarell 25x36cm/*9x14in* Heidelberg 95
FAY Joe 1950 **[6]**
▥ *$1 500 FF8 966 £918* Coyote Fighters/Shaman/Man and Woman/Happy Couple Monotype 81,5x135cm/*32x53in* San Francisco-Los Angeles 97
FAYOD Charles 1857-? **[2]**
🎨 *$3 813 FF23 466 £2 333* Blumenstileben Öl/Leinwand 108x75cm/*42x29in* Frankfurt 98
FAZAN Jacques XX **[14]**
🎨 *$223 FF1 400 £140* Le casse-croûte Huile/toile 46x38cm/*18x14in* Royan 97
FAZZINI Pericle 1913-1987 **[55]**
✂ *$8 000 FF41 200 £5 298* Horse and rider Bronze 10x18x4,5cm/*3x7x1in* New-York 96
✏ *$699 FF3 961 £466* Nudo Femminile accovacciato China/carta 49x33cm/*19x12in* Roma 97
FEARNLEY Thomas 1802-1842 **[14]**
🎨 *$11 725 FF66 852 £7 200* A view of Mount Etna from the Sea Oil/paper/canvas 26x38,5cm/*10x15in* London 97
🎨 *$30 800 FF159 600 £20 000* Vadstena castle on lake Vättern, Sweden Oil/canvas 49x80cm/*19x31in* London 96
✏ *$2 198 FF12 811 £1 344* Hohlweg mit Reiter, Fuhrwerk und Bauern auf einer Anhöhe... Watercolour 15x20,5cm/*5x8in* München 97
FEARNLEY Thomas (Attrib.) 1802-1842 **[1]**
🎨 *$5 940 FF30 760 £3 840* Stream in a an Alpine mountainous landscape Oil/paper 37x50cm/*14x19in* Stockholm 96
FEARON Hilda 1878-1917 **[4]**
🎨 *$28 994 FF167 598 £18 000* The White Parasol Oil/canvas 76x61cm/*29x24in* London 97
FEBVRE Édouard XIX-XX **[71]**
🎨 *$1 019 FF5 778 £509* Strada di campagna Olio/tela 59x81cm/*23x31in* Roma 98
✏ *$290 FF1 500 £194* Le manège Aquarelle 27x36cm/*10x14in* Neuilly 96
FECHELM Carl Traugott 1748-1819 **[4]**
🎨 *$20 950 FF105 800 £13 760* Blick auf den Gendarmenmarkt Öl/Leinwand 55x96cm/*21x37in* Stuttgart 96
FECHELM Johann Friedrich 1746-1794 **[2]**
🎨 *$104 550 FF619 380 £62 000* A View of Berlin, from the south-east Oil/canvas 55,5x77,5cm/*21x30in* London 97
FECHIN Nicolai Ivanovich 1881-1955 **[13]**
🎨 *$9 000 FF53 699 £5 428* Sasha Oil/board 17x24cm/*7x9in* Cedar Falls, Iowa 97
🎨 *$53 900 FF322 753 £33 116* Old Gentleman Oil/canvas 60x50cm/*24x20in* Dallas, Texas 98
FEDDEN A. Romilly 1875-1939 **[13]**
✏ *$526 FF3 158 £320* The House on the Bridge, Manates Watercolour/paper 32x31cm/*12x12in* Billingshurst, West Sussex 98
FEDDEN Mary 1915 **[241]**
🎨 *$428 FF2 130 £280* Stormy Weather Oil/board 19x14cm/*7x5in* London 95
🎨 *$5 476 FF31 657 £3 400* Mason's Ironstone Oil/canvas 51x61cm/*20x24in* London 97
✏ *$5 331 FF31 791 £3 300* Still life with Olive Oil, Bottle and Blackbird Gouache 41,5x52,5cm/*16x20in* London 97
FEDDER Otto 1873-1919 **[27]**
🎨 *$1 131 FF6 695 £671* Alte mühme unter blühenden Bäumen rechts Öl/Leinwand 20x40cm/*7x15in* Dresden 97
🎨 *$2 347 FF12 100 £1 514* Fasane im herbstlichen Birkenwald Öl/Leinwand 78x115cm/*30x45in* Wien 96

FEDDERSEN Hans Peter II 1848-1941 **[5]**
$1 958 FF11 729 £1 203 Liegende Kuh Öl/Leinwand/Karton 23,5x29cm/*9x11in* Bremen 98
$7 100 FF35 040 £4 630 Steinige Küste bei Möndchsgut-Rügen Öl/Leinwand 28x60cm/*11x23in* Hamburg 95
FEDDES Pieter (Attrib.) 1586-1634 **[1]**
$7 734 FF45 954 £4 600 Portrait of a Lady purported to be a member of the Rippenda family Oil/panel 105x79cm/*41x31in* London 97
FEDELER Carl 1837-1897 **[4]**
$3 500 FF21 341 £2 100 The Violent Sea Oil/canvas 91,5x124,5cm/*36x49in* Boston, Mass. 98
FEDELI Domenico M. (Cercle) 1713-1794 **[1]**
$15 299 FF86 698 £7 649 Suonatrice di mandolino/Suonatore di flauto Olio/tela 71x54,5cm/*27x21in* Roma 97
FEDER Adolphe 1886-1945 **[77]**
$611 FF3 500 £381 Paysage au bord de rivière Huile/toile 46x60cm/*18x23in* Paris 97
FEDERICO Michele 1884-? **[46]**
$847 FF4 390 £550 Capri Oil/canvas 77x99cm/*30x38in* London 96
$1 007 FF5 735 £620 Sunset Coast, Capri Oil/canvas 30,5x40,5cm/*12x15in* London 97
FEDERLE Helmut 1944 **[30]**
$9 480 FF46 350 £6 000 Spirale Intro Oil/canvas 48x38cm/*18x14in* London 95
$167 FF1 012 £102 Komposition Lithograph 56,5x76cm/*22x29in* Zofingen 98
$2 000 FF9 680 £1 284 Five drawings Drawing 21x28cm/*8x11in* New-York 95
FEDI Pio 1825-1892 **[5]**
$36 200 FF185 600 £22 000 Cupid and Psyche: "Speranza Nutre Amore" Marble H119cm/*H46in* London 96
FEDKOWICZ Jerzy 1891-1959 **[4]**
$3 477 FF20 822 £2 077 Still life Oil/panel 66x51,5cm/*25x20in* Warszawa 98
FEDOROVA Maria 1859-1934 **[18]**
$1 012 FF6 081 £607 Hyddan Oil/panel 34x50cm/*13x19in* Helsinki 98
$2 209 FF13 269 £1 324 På fältet Oil/canvas 21x43cm/*8x16in* Helsinki 98
FEDOROVITCH Sophie 1893-1953 **[3]**
$1 515 FF8 754 £900 Costume Design for a Ballerina in Blue for Lester's "Concerto" Acrylic/paper 39,5x25cm/*15x9in* London 97
FEDOTOV Pawel And. (Attrib.) 1815-1852 **[1]**
$7 728 FF46 260 £4 758 Vilande kvinna - "Madonna" Oil/canvas 40x31,5cm/*15x12in* Stockholm 98
FEGUIDE Marcel 1888-1974 **[11]**
$9 520 FF49 000 £5 940 Baigneuse dans un grand paysage de rivière Huile/toile 565x256cm/*222x100in* Lille 96
FEHR Gertrude 1898 **[9]**
$1 847 FF10 720 £1 091 Aktstudie Gelatin silver print 24x13cm/*9x5in* Köln 97
FEHR Henri 1890-1964 **[15]**
$1 370 FF7 150 £828 Danseuse Pastel/papier 92x73cm/*36x28in* Genève 96
FEHR Randy 1949 **[20]**
$488 FF2 500 £296 Wolf Portrait Acrylic/paper 28x23cm/*11x9in* Calgary, Alberta 96
$1 200 FF6 150 £728 Trigger Wolf Portrait Acrylic/masonite 46x36cm/*18x14in* Calgary, Alberta 96
FEHRLE Jacob Wilhelm 1884-1974 **[25]**
$383 FF2 278 £237 Drei Frauen in der Landschaft Woodcut 16,7x19,4cm/*6x7in* München 97
$507 FF3 015 £314 Stehender weiblicher Akt Bronze H23cm/*H9in* Stuttgart 97
$542 FF3 106 £338 Hockender Akt Indian ink 53x33,5cm/*20x13in* München 97
FEI DANXU 1801-1850 **[3]**
$4 800 FF28 571 £2 979 Ladies Ink 21x31cm/*8x12in* New-York 97
FEI YIFU 1913-1982 **[2]**
$3 624 FF18 650 £2 237 Landscape of Lushan Oil/canvas 36,5x25,5cm/*14x10in* Hong Kong 95
$9 450 FF48 400 £6 120 Old trees Oil/cardboard 54x39,5cm/*21x15in* Taipei, Taiwan 95
FEIBUSCH Hans 1898-? **[8]**
$4 526 FF26 959 £2 690 Elias Himmelfahrt Öl/Leinwand 127,3x61cm/*50x24in* München 97
FEID Josef 1801-1877 **[18]**
$5 187 FF30 979 £3 178 Anastasius Grün, eigentlich Anton Alexander Graf von Auersperg Oil/panel 45x34cm/*17x13in* Wien 98
$8 756 FF52 327 £5 302 Auf dem Weg zur Ernte Öl/Leinwand 42x40,5cm/*16x15in* Wien 97

FEIERTAG Karl 1874-1944 **[21]**
$3 618 FF21 469 £2 245 Auf der Ziegenweide Öl/Leinwand 60x81cm/*23x31in* Wien 97
$585 FF3 050 £353 2 kleine Eisläufer Aquarell/Papier 28x20cm/*11x7in* Lindau 96
FEIGIN Dov 1907-? **[11]**
$3 800 FF22 919 £2 256 Duimal Sculpture H20cm/*H7in* Tel Aviv 98
$360 FF2 139 £219 Head Watercolour 34,5x24,5cm/*13x9in* Tel Aviv 98
FEIGL Friedrich 1884-1965 **[15]**
$219 FF1 284 £135 Porträt des Künstlers Etching 16,5x12,1cm/*6x4in* Berlin 97
FEILER Paul 1918 **[43]**
$3 950 FF19 300 £2 500 Porthglaze Oil/canvas 91x91cm/*35x35in* London 95
$547 FF2 790 £360 Rocks Pastel 34x39cm/*13x15in* London 96
FEININGER Andreas 1907 **[71]**
$648 FF3 857 £396 Portrait Lyonel Feininger Gelatin silver print 24x17cm/*9x6in* Berlin 98
FEININGER Lyonel 1871-1956 **[763]**
$148 779 FF891 972 £90 000 Four-Masted Barque Oil/canvas 44,5x47cm/*17x18in* London 97
$1 234 FF7 362 £744 Die Försterei Woodcut 11,2x13,8cm/*4x5in* Hamburg 97
$566 FF3 356 £345 Kleine Rangierlokomotive Pencil 7,5x9cm/*2x3in* München 98
FEININGER T. Lux 1910 **[12]**
$1 800 FF9 300 £1 152 Costumed figure (Oscar Schlemmer), late 1920s Silver print 10x7cm/*4x3in* New-York 96
FEINT Adrian George 1894-1971 **[52]**
$569 FF3 488 £340 Summer Still life Oil/board 14,5x12cm/*5x4in* Sydney 97
$5 530 FF28 500 £3 660 Still life with boat in harbour Oil/board 55x44,5cm/*21x17in* Melbourne 96
$135 FF798 £81 The Dancer Etching 20x20cm/*7x7in* Sydney 97
FEIST Werner David 1909 **[4]**
$453 FF2 700 £277 Steinvase, Residenzscloss Dessau Gelatin silver print 21x14cm/*8x5in* Berlin 98
FEITELSON Lorser 1898-1978 **[5]**
$6 500 FF32 500 £4 210 Untitled Enamel/canvas 152,5x152,5cm/*60x60in* New-York 96
FEITH Gustav 1875-1951 **[25]**
$2 110 FF11 995 £1 292 Rosen in Vase Oil/panel 21x14,5cm/*8x5in* Wien 97
$4 010 FF23 845 £2 415 Glockenblumen Aquarell/Papier 38x27cm/*14x10in* Wien 98
FEITO LOPEZ Luis 1929 **[184]**
$1 120 FF6 400 £688 Composición Técnica mixta 55x75cm/*21x29in* Madrid 97
$1 756 FF9 000 £1 067 sans titre Huile/toile 24x35cm/*9x13in* Paris 96
$6 365 FF37 525 £3 895 "Cuadro 746" Oleo/lienzo 162x260cm/*63x102in* Madrid 98
$1 254 FF7 505 £760 Composición colorista Gouache/papier 26x24,5cm/*10x9in* Madrid 98
FEKETE Esteban 1924 **[75]**
$447 FF2 296 £278 Schiffe in tosendem Meer vor Felsküste Acrylic/canvas 13x17,4cm/*5x6in* Hamburg 96
$34 FF200 £20 Hafen. Neujahrgruss Woodcut in colors 24x20,1cm/*9x7in* Köln 97
$226 FF1 408 £136 Apfelbaum Gouache 17x12,5cm/*6x4in* Heidelberg 98
FELBER Carl Friedrich 1880-1932 **[33]**
$767 FF3 786 £500 Alpine winter landscape Oil/canvas 50x78cm/*19x30in* London 95
FELDBAUER Max 1869-1948 **[17]**
$1 690 FF8 830 £1 006 Zwei Reiter auf der Bahn Öl/Leinwand 28,5x53cm/*11x20in* Köln 96
$4 500 FF22 470 £2 940 Der Moment über der Hürde Öl/Leinwand 90x82cm/*35x32in* Stuttgart 95
$224 FF1 338 £135 Porträt Hugo Erfurth Lithographie 32x25,5cm/*12x10in* Berlin 97
$2 190 FF13 399 £1 300 Das elegante Paar Pastel 51x70cm/*20x27in* London 98
FELDHUSEN Anna 1867-1951 **[18]**
$77 FF438 £48 Birke am Weg Etching 16x11,8cm/*6x4in* Bremen 97
FELDHÜTTER Ferdinand 1842-1898 **[30]**
$1 296 FF7 728 £804 Gebirgstal mit See Öl/Leinwand 29x46cm/*11x18in* Dresden 97
$2 024 FF12 403 £1 208 Das Wetterhorn in der Schweiz Oil/canvas 52x74cm/*20x29in* Dresden 98
FELDMANN Wilhelm 1859-1932 **[10]**
$654 FF3 980 £398 Landskap Oil/canvas 70x95cm/*27x37in* Helsinki 98
FELGENTREFF Paul 1854-1933 **[12]**
$4 000 FF20 570 £2 494 A Tyrolean peasant woman Oil/canvas 67x55cm/*26x21in* New-York 96

FELICI Augusto 1851-? **[1]**
  $12 000 FF61 700 £7 480 Bust of a woman Marble H93cm/*H36in* New-York 96
FELISARI Enrico 1897 **[5]**
  $1 200 FF6 800 £600 Ricordo d'amore Olio/tela 75x60cm/*29x23in* Vercelli 98
FELIXMÜLLER Conrad 1897-1977 **[310]**
  $13 100 FF67 800 £8 460 Winterlandfschaft im Solling Öl/Leinwand 42,5x82,5cm/*16x32in* Berlin 96
  $13 038 FF76 974 £7 721 Selbstbildnis Öl/Leinwand 21x14cm/*8x5in* Berlin 97
  $737 FF4 350 £436 Die Quarkliese Woodcut 34x30cm/*13x11in* Frankfurt 97
  $4 815 FF28 494 £2 937 Die Stehende Bronze H31,5cm/*H12in* Köln 98
  $5 650 FF27 800 £3 640 Vater und Tochter Ink 42x33cm/*16x12in* Köln 95
FELL Herbert Granville 1872-1951 **[1]**
  $1 580 FF7 730 £1 000 The Studio Girl Watercolour 28x20cm/*11x7in* London 95
FELL Sheila 1931-1979 **[17]**
  $1 468 FF7 120 £920 Snowfall Oil/canvas 25x30cm/*9x11in* London 95
  $2 884 FF14 730 £1 900 Heavy Snow, Cumbria II Oil/canvas 71x92cm/*27x36in* London 96
FELLER Frank 1848-1908 **[5]**
  $498 FF2 961 £300 A Roadside Chat Watercolour 17,5x27cm/*6x10in* Billingshurst, West Sussex 98
FELLI L. XIX-XX **[2]**
  $6 259 FF35 647 £3 800 A standing girl, dancing Marble H134cm/*H52in* Billingshurst, West Sussex 97
FELLINI Federico 1920-1993 **[1]**
  $2 640 FF13 440 £1 560 Scena erotica Acquarello 21x29,5cm/*8x11in* Milano 96
FELLINI William ?-1965 **[1]**
  $3 000 FF18 393 £1 835 Autoritratto Oil/canvas 56x45,5cm/*22x17in* New-York 98
FELLOWS Charles 1799-1860 **[1]**
  $18 620 FF106 588 £11 000 Wo albums entitled "Byron" Ink 13,5x18cm/*5x7in* London 97
FELLOWS Fred 1934 **[13]**
  $4 400 FF26 347 £2 703 Home before the Storm Oil/canvas 60x91cm/*24x36in* Dallas, Texas 98
  $4 000 FF20 840 £2 515 Life in the Fast Lane Bronze H25cm/*H10in* Scottsdale, Arizona 96
FÉLON Joseph 1818-1896 **[8]**
  $2 363 FF14 000 £1 401 Jeunes femme filant Huile/toile 47x57cm/*18x22in* Paris 97
  $5 280 FF25 600 £3 400 Andromède Bronze H53cm/*H20in* London 95
FENDI Peter 1796-1842 **[26]**
  $1 477 FF8 568 £873 Studie eines kleinen Mädchens von hinten Aquarell/Papier 10x7cm/*3x2in* Wien 97
FENETY Andrew C. XIX-XX **[1]**
  $8 000 FF48 780 £4 800 Still Life with Apples and Copper Pot Oil/canvas 63,5x76cm/*25x29in* Boston,
Mass. 98
FENETY F.M. XIX-XX **[2]**
  $6 500 FF38 303 £4 014 Strawberries ans Still Life Oil/board 60,5x46cm/*23x18in* New-York 97
FENG CHAORAN 1882-1945 **[9]**
  $5 170 FF26 500 £3 144 Portrait Ink 106x39cm/*41x15in* Hong Kong 96
FENG FANG 1492-1563 **[1]**
  $3 500 FF20 833 £2 172 Running Script Calligraph Ink/paper 33x120cm/*13x47in* New-York 97
FENG GANGBAI 1885-1984 **[1]**
  $5 820 FF29 800 £3 540 Village at foothills Oil/canvas 51x61cm/*20x24in* Hong Kong 96
FENG QIA 1731-1819 **[1]**
  $3 106 FF16 000 £1 917 A Year of Good Harvest Ink/paper 35,6x70,8cm/*14x27in* Hong Kong 95
FENG ZIKAI 1898-1975 **[14]**
  $3 227 FF18 810 £1 987 Comics Ink/paper 22x16,7cm/*8x6in* Hong Kong 97
FENN Gene 1911 **[7]**
  $1 000 FF4 980 £650 Noguchi Sculpture for cover of Junior Bazar Gelatin silver print 24x19cm/*9x7in* San
Francisco-Los Angeles 95
FENN Harry 1845-1911 **[17]**
  $400 FF2 461 £242 Emerging From the Fog Watercolour/paper 43x69cm/*17x27in* New-York 98
FENNEKER Josef 1895-1956 **[2]**
  $558 FF3 200 £341 "Die Dubarry, Admiralspalast" Affiche 30x42cm/*11x16in* Nice 97
FENOSA Apelles 1899-1988 **[58]**
  $2 224 FF13 000 £1 357 Femme s'habillant Bronze H16cm/*H6in* Paris 97
  $14 543 FF85 000 £8 874 Femme en pied aux seins nus Bronze H89cm/*H35in* Paris 97

FENOUIL Jean César XVIII [2]
- *$4 250 FF20 030 £2 800* Portrait of a Noble Commander, half length, in ceremonial armour Oil/canvas 90,5x71cm/*35x27in* London 96

FENSON Robert, Robin XIX-XX [13]
- *$805 FF4 754 £500* Landscape with Sheep Oil/canvas 22x33cm/*9x13in* Elgin, Illinois 97

FENTON Beatrice 1887-1983 [3]
- *$4 000 FF24 154 £2 401* Dancers Bronze H41cm/*H16in* New-York 98

FENTON Roger 1819-1869 [66]
- *$2 030 FF11 776 £1 200* The Line of Carriages/The Queen's Pavilion Albumen print 20x27cm/*8x11in* London 97

FENTON Samuel XX [4]
- *$252 FF1 246 £160* "Instead of A-Wishing" Watercolour 16,5x36,5cm/*6x14in* Honiton, Devon 95

FÉNYES Adolphe 1867-1945 [6]
- *$1 900 FF9 770 £1 225* Couple in park bench in sunlit shadow landscape Oil/canvas 40x50cm/*16x20in* New Orleans, Louisiana 96

FENZONI Ferraù 1562-1645 [8]
- *$4 831 FF28 571 £2 900* The Martyrdom of St. Sebastian Ink 29,5x20cm/*11x7in* London 97

FENZONI Ferraù (Attrib.) 1562-1645 [2]
- *$547 FF3 200 £334* Les Apôtres voyant apparaître le Vierge et l'Enfant Jésus Encre 32,5x23cm/*12x9in* Paris 97

FEOFILAKTOV Nikolai Petrovich 1878-1941 [1]
- *$1 500 FF7 870 £900* Portrait of Nikolai Sapunov Indian ink/paper 22x17,5cm/*8x6in* London 96

FÉRAT Serge 1881-1958 [46]
- *$2 505 FF15 000 £1 539* La Maison rose à Montmartre Huile/toile 81x60cm/*31x23in* Paris 98
- *$892 FF4 500 £580* Arlequin Gouache 23,5x18,5cm/*9x7in* Paris 96

FÉRAUD Albert 1921 [115]
- *$173 FF900 £104* Sculpture Sculpture H20cm/*H7in* Paris 96
- *$1 158 FF6 000 £752* Personnage Sculpture 166x50x37cm/*65x19x14in* Paris 96

FEREKIDIS Nicholaos 1862-1929 [1]
- *$3 290 FF17 150 £1 985* House surrounded by poppies Oil/hardboard 40x50cm/*15x19in* Athens 96

FERENCZY Karoly 1862-1917 [6]
- *$3 393 FF17 458 £2 117* Teasing the Girl Oil/canvas/panel 117x87cm/*46x34in* Amsterdam 96

FEREY Prosper XIX [3]
- *$1 800 FF10 778 £1 105* Young Herdsmen/Herdswomen in a Landscape Oil/board 58,5x72,5cm/*23x28in* Washington 98

FERG Adam Pankratz 1657-1729 [1]
- *$10 825 FF63 600 £6 500* A Rhineland Landscape/A Hawking Party on a Path Oil/copper 34x42cm/*13x16in* London 97

FERG Franz de P. (Attrib) 1689-1740 [12]
- *$2 956 FF18 110 £1 786* Seehafen mit Segelbooten und vielen Figuren Öl/Leinwand 22,5x32,5cm/*8x12in* Wien 98

FERG Franz de Paula 1689-1740 [52]
- *$8 100 FF42 000 £5 230* Personnages près d'une fontaine Huile/cuivre 31x36,5cm/*12x14in* Paris 96
- *$21 078 FF124 875 £12 500* A River Landscape with Peasants embarking on a Ferry... Oil/copper 34x47,5cm/*13x18in* London 97
- *$369 FF2 246 £226* Dorfplatz mit Ballspielern Red chalk 17,3x25,6cm/*6x10in* Hamburg 98

FERGOLA Alessandro XIX [1]
- *$8 660 FF42 200 £5 500* View of Naples Oil/canvas 27x37cm/*10x14in* London 95

FERGOLA Francesco XIX [5]
- *$17 560 FF90 000 £10 660* La Baie de Naples Huile/toile 31x81cm/*12x31in* Bayeux 96

FERGOLA Salvatore 1779-1877 [8]
- *$2 400 FF13 600 £1 600* Vendemmia Olio/tela 43x30cm/*16x11in* Roma 97
- *$110 121 FF664 989 £66 000* The opening Ceremony of the Railway Line from Naples to Portici Oil/canvas 72,5x111cm/*28x43in* London 98

FERGUSON Henry Augustus 1851-1911 [10]
- *$1 100 FF6 497 £683* Along the River Banks, a Covered Bridge in The Distance Oil/canvas

---

30,5x42cm/*12x16in* Boston, Mass. 97

$5 000 FF28 539 £3 091 The pyramids from the banks of the Nile Oil/canvas 41x71cm/*16x27in* New-York 97

FERGUSON Kenneth 1938 **[2]**

$3 500 FF21 341 £2 100 Triple udder pitcher Sculpture 51x46x30,5cm/*20x18x12in* New-York 98

FERGUSON Nancy Maybin XIX-XX **[6]**

$550 FF2 832 £354 Road to Provincetown Oil/board 25x35cm/*10x14in* Provincetown, MA. 96

FERGUSON William Gowe 1632-1695 **[24]**

$3 720 FF19 140 £2 400 Still life of hanging partridges Oil/canvas 61x47cm/*24x18in* London 96

FERGUSON William J. XIX-XX **[15]**

$5 200 FF31 477 £3 073 Cattle watering by a river Oil/canvas 50x41cm/*19x16in* New-York 98

$483 FF2 870 £300 Toarmina Watercolour/paper 33,5x54cm/*13x21in* London 97

FERGUSSON John D. (Attrib.) 1874-1961 **[2]**

$2 800 FF15 945 £1 699 Cabins in a Wooded Landscape Oil/canvas 76x101,5cm/*29x39in* New-York 97

FERGUSSON John Duncan 1874-1961 **[209]**

$4 404 FF25 590 £2 600 Sea Breakers Oil/board 11,5x14cm/*4x5in* Glasgow 97

$90 684 FF527 829 £55 000 Girl and fruit Oil/board 75x63cm/*29x24in* London 97

$1 467 FF8 514 £900 Double Exposure, Juan-les-Pins Charcoal 16,5x23cm/*6x9in* Glasgow 97

FERLOV MANCOBA Sonja 1911-1984 **[10]**

$7 225 FF44 015 £4 425 "Daggry" Bronze H39cm/*H15in* København 98

FERMINI Ambrogio 1811-1883 **[2]**

$13 799 FF78 195 £6 899 Veduta di Piazza Vetra e della Basilica di San Lorenzo a Milano Olio/tavola 31x42cm/*12x16in* Milano 97

FERNANDEZ Agustín 1928 **[23]**

$10 450 FF63 680 £6 463 Still Life Oil/canvas 127x81cm/*50x31in* Miami, Florida 98

$10 800 FF61 200 £7 200 Mandolino Bronzo H60cm/*H23in* Milano 97

FERNANDEZ Alexis 1969 **[2]**

$6 500 FF38 829 £3 976 "La casa de los sueños" Oil/canvas 120x150cm/*47x59in* New-York 98

FERNANDEZ Arístides 1904-1934 **[4]**

$12 000 FF71 684 £7 340 Mujeres Mixed media/paper 28x32cm/*11x12in* New-York 98

FERNANDEZ DE LA TORRE Néstor Martín 1887-1938 **[5]**

$21 330 FF108 400 £12 740 Mediodía Gouache 34x34cm/*13x13in* Madrid 96

FERNANDEZ EL LABRADOR Juan c.1600-c.1650 **[1]**

$229 000 FF1 141 000 £150 000 Still life Oil/canvas 64x48cm/*25x18in* London 95

FERNANDEZ Luis 1900-1973 **[9]**

$10 278 FF60 000 £6 216 Sans titre Huile/toile 48x39cm/*18x15in* Paris 97

$4 990 FF25 000 £3 154 Grotesque Gouache/carton 36x28,5cm/*14x11in* Paris 95

FERNANDEZ Roberto XX **[1]**

$1 750 FF10 000 £1 075 Hombre ante la puerta Dibujo 110x75cm/*43x29in* Madrid 97

FERNANDEZ SANAHUJA Manuel XIX **[2]**

$3 020 FF15 270 £1 980 Mozo descansando al lado de un carromato Oleo/tabla 24x18cm/*9x7in* Madrid 96

FERNANDI IMPERIALI Francesco 1679-1740 **[5]**

$10 825 FF63 600 £6 500 A Religious Subject Oil/canvas 102x153,5cm/*40x60in* London 97

FERNANDI IMPERIALI Francesco (Attrib.) 1679-1740 **[3]**

$14 159 FF85 504 £8 500 Noah and His Family Preparing to Board The Ark Oil/canvas 96,5x119,5cm/*37x47in* London 98

FERNANDO D. F. de Angelis, dit 1931 **[1]**

$1 455 FF8 000 £893 "L'Indépendance Tonkinoise, Hanoi" Affiche 91x64cm/*35x25in* Versailles 97

FERNEL Fernand 1872-1934 **[19]**

$412 FF2 100 £272 "Les Petites Dalles, par la gare de Cany, Omnibus..." Affiche 76x92cm/*29x36in* Neuilly 96

FERNELEY Claude Lorraine 1822-1891 **[17]**

$4 671 FF28 501 £2 800 Two Saddled Hunters in an Extensive Landscape Oil/canvas 51x63,5cm/*20x25in* London 98

FERNELEY John, Jnr. 1815-1862 **[40]**

$6 510 FF33 500 £4 200 The 10th Royal Hussars on manoeuvres below a castle Oil/canvas 48x66cm/*18x25in* London 96

$5 560 FF33 718 £3 300 Huntsmen and Hounds/Two Hunting Gentlemen approaching a Fence Oil/canvas

21x28cm/*8x11in* Leicester 98
 $81 790 FF486 855 £50 000 The York and Ainsty Hunt Oil/canvas 94x143,5cm/*37x56in* London 98
FERNELEY John, Jnr. (Attrib.) 1815-1862 **[4]**
 $4 000 FF22 753 £2 448 Setting Out Oil/canvas 51x69cm/*20x27in* New-York 97
FERNELEY John, Snr. 1782-1860 **[78]**
 $30 000 FF174 015 £18 462 Emilius, winner of the Derby Oil/canvas 62x76cm/*24x29in* New-York 97
 $85 000 FF493 042 £52 309 Three hunters belonging to Robert Myddelton-Biddulph Oil/canvas
112x160cm/*44x62in* New-York 97
FERNEZ Louis 1900-1983 **[1]**
 $1 437 FF7 500 £868 L'Amirauté d'Alger Gouache 45x60cm/*17x23in* Paris 96
FERNHOUT Edgar 1921-1976 **[15]**
 $5 560 FF27 800 £3 640 Vruchten Oil/canvas 30x30cm/*11x11in* Amsterdam 95
 $4 991 FF29 727 £2 967 Voorjaarslanchap Oil/canvas 57x70,5cm/*22x27in* Amsterdam 97
FERNIER Robert 1895-1977 **[23]**
 $869 FF5 223 £520 "La petite Ramatoa" Oil/panel 43x33cm/*16x12in* Zürich 98
FEROGIO François Fortuné A. 1805-1888 **[6]**
 $4 353 FF26 149 £2 600 Design for a decorative Frieze Watercolour 26x67cm/*10x26in* London 98
FERON Julien Hippolyte 1864-1944 **[9]**
 $1 034 FF5 300 £629 Paysage d'hiver dans le Var Huile/toile 54x65cm/*21x25in* Rouen 96
FERON William 1858-1894 **[15]**
 $3 320 FF16 900 £1 984 Vid fiskestuga Oil/panel 19x37cm/*7x14in* Stockholm 96
 $3 840 FF18 940 £2 503 Marine with sailing ships Oil/canvas 78x100cm/*30x39in* Stockholm 95
FERRACCI Antoine 1890-? **[6]**
 $1 625 FF10 000 £987 Renaud et Armide Huile/toile 140x150cm/*55x59in* Paris 98
FERRACCI René 1927-1982 **[15]**
 $177 FF1 100 £106 "Z" Affiche 160x120cm/*62x47in* Paris 98
FERRAGUTI Arnaldo 1862-1925 **[11]**
 $13 200 FF74 800 £6 600 Fondamenta con popolani Olio/tavola 55x34,5cm/*21x13in* Milano 97
 $1 076 FF5 460 £700 "A. Volpi & C. Via Brescia 2, Milano, Automobili, Motori..." Poster 75x100cm/*29x39in*
London 96
FERRAND Ernest Justin 1846-1932 **[6]**
 $3 250 FF18 395 £1 984 Indiscrete Bronze H66cm/*H26in* Boston, Mass. 97
FERRANDIZ Y BADENES Bernardo 1835-1885 **[4]**
 $23 000 FF140 845 £13 765 Sta. Lucia Mergellina, Naples Oil/panel 24x37cm/*9x14in* New-York 98
FERRANTI Carlo XIX **[8]**
 $5 379 FF31 403 £3 200 Taking Tea Oil/canvas 47x63,5cm/*18x25in* London 97
FERRARA Daniel 1906 **[3]**
 $950 FF5 500 £584 Vallon des Auffes Oil/canvas 59,5x81cm/*23x31in* Los Angeles 97
FERRARI Antoine 1910-1994 **[97]**
 $973 FF4 800 £633 Nature morte aux aubergines Huile/isorel 54x32cm/*21x12in* Arles 95
FERRARI Arturo 1861-1932 **[13]**
 $3 779 FF21 418 £1 889 Ripa di Porta Ticinese Olio/tela 20,5x30cm/*8x11in* Roma 98
 $30 756 FF174 284 £15 378 Conche del Naviglio di Via Arena, ovvero di Viarenna, Milano Olio/tela
88x131cm/*34x51in* Milano 98
FERRARI Berto 1887-1965 **[20]**
 $732 FF3 700 £480 Scagliere del Mare Oil/board 32x40cm/*12x15in* London 96
FERRARI DA REGGIO Luca 1605-1654 **[2]**
 $64 000 FF334 000 £42 000 David con la testa di Golia Olio/tela 17x90cm/*6x35in* Prato 96
FERRARI Gaudenzio c.1480-1546 **[2]**
 $500 480 FF2 619 700 £328 440 Santa Caterina d'Alessandria e Santa Apollonia Olio/tavola
88,5x61cm/*34x24in* Milano 96
 $3 727 FF21 783 £2 273 Skizzenblatt mit zahlreichen Kopf-, Figuren- und Gewandstudien Ink/paper
20x31,5cm/*7x12in* Bern 97
FERRARI Giovanni 1744-1826 **[1]**
 $3 749 FF20 704 £2 339 Bust of a Gentleman Marble H49,5cm/*H19in* New-York 97
FERRARI Giovanni And. (Attr) 1598-1669 **[3]**

✏ *$425 FF2 170 £280* Studies of Limbs, with Putto/Madonna and Child Black & white chalks 35,1x27,3cm/*13x10in* London 96
FERRARI Giovanni Andrea 1598-1669 **[7]**
🎨 *$9 720 FF51 000 £5 850* Abraham et les trois Anges Huile/toile 4x82cm/*1x32in* Neuilly 96
🎨 *$11 319 FF70 000 £6 741* Le portement de Croix Huile/toile 74x108cm/*29x42in* Paris 98
🎨 *$24 000 FF141 592 £14 697* The Assumption of the Virgin Oil/canvas 167,5x122cm/*65x48in* New-York 98
FERRARI Giovanni B. (Attrib) 1829-1906 **[2]**
🎨 *$2 080 FF10 680 £1 240* L'Isola Bella Olio/tavola 17,5x25cm/*6x9in* Roma 96
FERRARI Giovanni Battista 1829-1906 **[7]**
🎨 *$6 080 FF31 800 £3 990* Lago Maggiore, Isola dei pescatori Olio/tavola 14x34cm/*5x13in* Roma 96
🎨 *$7 800 FF44 200 £3 900* Marina con velieri e pescatori Olio/tela 46x70cm/*18x27in* Milano 97
🎨 *$24 700 FF127 000 £14 700* Sulle rive del fiume Mella Olio/tela 95x130cm/*37x51in* Roma 96
FERRARI Giuseppe 1773-1864 **[2]**
🗿 *$4 262 FF25 176 £2 648* Römischer Streitwagen mit zwei Pferden Bronze H44cm/*H17in* Stuttgart 97
FERRATO Georges 1949 **[19]**
🎨 *$480 FF2 800 £293* Soleil amoureux d'une dame Huile/papier 50x36cm/*19x14in* Paris 97
FERRAZZI Benvenuto 1892-1969 **[5]**
🎨 *$3 000 FF17 000 £1 500* Ritratto con l'abito azzurro Olio/tela 50x32,5cm/*19x12in* Roma 98
FERRAZZI Ferruccio 1891-1978 **[9]**
🎨 *$1 792 FF9 380 £1 204* Natura morta Olio/faesite 25x25cm/*9x9in* Milano 96
FERRAZZI Luigi XIX-XX **[2]**
🎨 *$15 000 FF89 020 £9 187* "The Clandestine Visit" Oil/canvas 65,5x98,5cm/*25x38in* San Francisco 98
FERREN John 1905-1970 **[36]**
🎨 *$4 970 FF29 000 £3 045* Composition Huile/toile 100x100cm/*39x39in* Paris 97
✏ *$13 000 FF76 969 £7 719* Abstraction Pastel/paper 47x62cm/*18x24in* New-York 97
FERRER Joachim 1929 **[13]**
🎨 *$7 500 FF44 196 £4 481* Un Homme Remarquable (Hommage à Kahnweiler) Oil/canvas 92x80,5cm/*36x31in* New-York 97
FERRÈRE Cécile 1847-? **[6]**
🎨 *$4 833 FF28 818 £3 000* A Still Life with Tapestries Behind Oil/canvas 99x80cm/*38x31in* London 97
FERRETTI Giovanni D.(Attrib.) 1692-1766/69 **[6]**
🎨 *$19 840 FF98 000 £12 480* Arlecchino fa il padre/Arlecchino va a passeggio Olio/tela 83x69cm/*32x27in* Firenze 95
FERRETTINI ROSSOTTI Emilia XIX-XX **[5]**
🎨 *$840 FF4 760 £420* Paesaggio fluviale Olio/tavola 25,5x36,5cm/*10x14in* Vercelli 98
FERREZ Marc 1843-1923 **[5]**
📷 *$8 046 FF47 528 £5 000* Views of Brazil Albumen print 21x29cm/*8x11in* London 97
FERRI Ciro 1634-1689 **[14]**
🎨 *$6 000 FF29 600 £3 880* Saint Theresa of Avila interceding for Souls in Purgatory Oil/paper/canvas 52,5x34cm/*20x13in* New-York 96
✏ *$2 200 FF10 860 £1 423* Angels carrying a Candelabrum Ink 19x25cm/*7x9in* New-York 96
FERRI Ciro (Attrib.) 1634-1689 **[5]**
🎨 *$11 319 FF70 000 £6 741* Le Sacrifice de Xénophon à Diane au Temple/La Prédiction de l'augure Huile/toile 86x118cm/*33x46in* Paris 98
✏ *$4 027 FF25 000 £2 427* Cortège de Bacchus Pierre noire/papier 40,5x27cm/*15x10in* Paris 98
FERRIER Claude Marie 1811-1889 **[3]**
📷 *$19 657 FF116 731 £12 000* La Seine au Pont de Carrousel, Paris Salt print 22x29cm/*9x11in* London 98
FERRIER Gabriel 1847-1914 **[37]**
🎨 *$964 FF5 500 £589* La joueuse de mandoline Huile/panneau 41x32cm/*16x12in* Calais 97
🎨 *$2 658 FF15 600 £1 625* Portrait d'Elisabeth, princesse de Ligne, née de La Rochefoucauld Huile/toile 52,5x42,5cm/*20x16in* Paris-Trieste 97
🎨 *$8 580 FF45 000 £5 170* Portrait des enfants du duc de Chartres Huile/toile 170x124cm/*66x48in* Monaco 96
FERRIER George Straton ?-1912 **[11]**
✏ *$625 FF3 826 £380* "From Tantallon Castle" Watercolour/paper 29x38,5cm/*11x15in* London 98
FERRIER James c.1840-c.1900 **[9]**
✏ *$814 FF4 638 £500* Hanging out the Nets at Portnacaple, Loch Long Watercolour 30x50cm/*11x19in*

London 97
FERRIERES de Georges, comte 1837-1907 **[2]**
   $1 405 FF8 323 £840 Hunting Dogs Bronze H28,5cm/*H11in* Toronto 97
FERRIS Jean Leon Gerome 1863-1930 **[8]**
   $3 400 FF19 384 £2 087 The Flirt Oil/canvas 30x39cm/*12x15in* Chicago, Illinois 97
   $15 000 FF75 000 £9 700 The Marabout's lion Oil/canvas 81x153cm/*31x60in* New-York 96
   $28 000 FF140 000 £18 120 The Alhambra Oil/canvas 89x49,5cm/*35x19in* New-York 96
FERRO Cesare 1880-1934 **[1]**
   $5 400 FF30 600 £3 600 Ritratto di signora (Preghiera) Pastelli/carta 72x57,5cm/*28x22in* Prato 97
FERRO Gregorio 1742-1812 **[1]**
   $8 580 FF51 350 £5 200 "Santa Catalina" Oleo/lienzo 200x145cm/*78x57in* Madrid 97
FERRO LA GRÉE Georges 1941 **[81]**
   $316 FF1 800 £195 Les promeneurs Huile/toile 22x27cm/*8x10in* Paris 97
   $941 FF5 500 £578 La Clayette en Bourgogne Huile/toile 46x55cm/*18x21in* Dinard 97
FERRON Jean-Paul 1941 **[8]**
   $1 219 FF7 000 £743 Les barques Huile/toile 80x80cm/*31x31in* Dole 97
FERRON Marcelle 1924 **[44]**
   $1 098 FF5 620 £711 "Berbérova" Huile/toile 154x51cm/*60x20in* Montréal 95
   $1 551 FF9 185 £921 Untitled Abstract Compositions Oil/canvas 20x15cm/*7x5in* Toronto 97
FERRONI Egisto 1835-1912 **[12]**
   $6 000 FF34 000 £4 000 Studio per "Verso il Mercato" Olio/tela 29x33cm/*11x12in* Firenze 97
   $7 200 FF40 800 £4 800 Contadina toscana Olio/tela 117x72cm/*46x28in* Milano 97
FERRONI Gianfranco 1927 **[46]**
   $6 000 FF34 000 £3 000 "Giornata grigia" Olio/tela 28x38cm/*11x14in* Milano 98
   $14 008 FF71 979 £8 340 Lago di Massaciuccoli Olio/tela 51x38,5cm/*20x15in* Roma 96
   $720 FF4 080 £360 La passione/La fabbrica della morte Acquaforte 29,5x24,5cm/*11x9in* Milano 98
   $1 968 FF10 116 £1 172 Interno Tecnica mista/carta 24,5x30,5cm/*9x12in* Roma 96
FERRONI Ricardo 1934 **[11]**
   $1 390 FF7 879 £695 Il sogno Olio/tela 30x40cm/*11x15in* Roma 97
   $2 400 FF13 600 £1 600 Centauro in riposo Olio/tela 50x70cm/*19x27in* Roma 97
FERRY Jean Georges 1851-1926 **[2]**
   $1 723 FF10 000 £1 052 Marchande de fruits Huile/panneau 25,7x18,2cm/*10x7in* Paris 97
   $2 855 FF14 800 £1 910 La science et l'imagination Pastel/papier 100x80cm/*39x31in* Antwerpen 96
FERRY John 1859-1934 **[2]**
   $850 FF5 020 £503 Elk in a Mountain Landscape Watercolour/board 38x59cm/*15x23in* Elgin, Illinois 97
FERTBAUER Leopold 1802-1875 **[2]**
   $3 284 FF19 176 £2 004 Portrait eines Herren Öl/Leinwand 40x31,5cm/*15x12in* Wien 97
FERY John 1865-1935 **[15]**
   $1 400 FF7 250 £910 Boats Along the Coast Oil/canvas/board 26x40,5cm/*10x15in* San Francisco-Los Angeles 96
   $3 260 FF19 410 £2 024 Grouse and Fox Oil/canvas 55x91cm/*22x36in* Detroit, Michigan 97
   $1 600 FF9 523 £993 Quiescent Dawn Watercolour/paper 16x46cm/*6x18in* Milwaukee, Wisconsin 97
FESTA Tano 1938-1988 **[273]**
   $1 500 FF8 500 £1 000 Back Olio/tela 30x40cm/*11x15in* Roma 97
   $5 400 FF30 600 £3 600 Senza titolo Olio/tela 160x130cm/*62x51in* Roma 97
   $13 281 FF75 259 £6 640 "Per una celebrazione michelangiolesca" Smalto/tela 100x81cm/*39x31in* Roma 98
   $13 200 FF74 800 £8 800 Dedicato o Tota Scialoja, 1961 Assemblage 150x179cm/*59x70in* Prato 97
   $539 FF3 058 £269 Omaggio al colore Manet Feutre 100x70cm/*39x27in* Roma 97
FETTI Domenico (Attrib.) c.1589-1625 **[3]**
   $2 334 FF13 402 £1 423 Allegorique womanfigure Oil/canvas 30,5x49,5cm/*12x19in* Stockholm 97
   $999 FF5 911 £600 The Penitent Mary Magdalen Black chalk/paper 13,5x15,5cm/*5x6in* London 97
FETTING Rainer 1949 **[106]**
   $4 134 FF24 748 £2 540 Selbstportrait mit Palette IV Oil/canvas 101x80cm/*39x31in* Stockholm 98
   $15 330 FF75 500 £9 870 Rainer, Luciano (Indian Meal) Mixed media 210x270cm/*82x106in* Köln 95
   $786 FF4 070 £508 Fire Series: Without Title Silkscreen in colors 100x125cm/*39x49in* Berlin 96

✏ *$1 594 FF9 082 £1 000* Selbstportrait als indianer Watercolour, gouache 112x71cm/*44x27in* London 97
FEUCHERE Jean-Jacques 1807-1852 **[23]**
✏ *$2 249 FF13 708 £1 395* Pénélope Bronze H43cm/*H16in* New-York 98
FEUCHTENBERGER Anke 1963 **[1]**
$3 600 FF18 640 £2 407 Collection of 37 posters Poster 85x61cm/*33x24in* New-York 96
FEUDEL Arthur 1857-1929 **[11]**
$2 677 FF16 100 £1 605 "Katwijk" Oil/canvas 38x50cm/*14x19in* Amsterdam 98
FEUERBACH Anselm 1829-1880 **[18]**
$10 050 FF51 100 £6 000 Junge Musikanten am Brunnen Oil/canvas 24,5x32,5cm/*9x12in* London 96
$13 000 FF67 800 £7 600 Orlando und Angelica Öl/Leinwand 64x76cm/*25x29in* München 96
$3 744 FF22 367 £2 292 Prospero befreit Ariel Ink/paper 29x48cm/*11x18in* München 98
FEUERBACH Anselm (Attrib.) 1829-1880 **[1]**
$3 550 FF21 812 £2 130 Porträt der Nana Risi Öl/Leinwand 30x28,5cm/*11x11in* Köln 98
FEUERMAN Carole Jeane 1945 **[8]**
$7 500 FF38 840 £5 010 Courtney's Christmas Sculpture 60x46x25cm/*23x18x9in* New-York 96
FEUERMÜLLER Carl Fried. Moritz 1807-1865 **[4]**
$5 089 FF30 130 £3 022 Der Ehevertrag Öl/Leinwand 81x70cm/*31x27in* Dresden 97
FEUERRING Maximilian 1896-1985 **[22]**
$1 857 FF10 851 £1 140 Widok z Mostu Oil/canvas 54,5x65,5cm/*21x25in* Warszawa 97
$100 FF601 £60 Nude Study Pencil 26x36,5cm/*10x14in* Sydney 97
FEURE de Georges 1868-1943 **[77]**
$43 200 FF244 800 £21 600 L'Art du Verre Olio/tela 280x103cm/*110x40in* Milano 98
$1 089 FF6 500 £657 "Fonty" Affiche 130x91cm/*51x35in* Paris 97
$2 275 FF11 900 £1 355 Phantastische Stadt am Meer im Abendlicht Watercolour, gouache 23x34,5cm/*9x13in* Hamburg 96
FEYEN Eugène J. 1815-1908 **[48]**
$1 094 FF6 500 £668 Les marais salants Huile/panneau 24x31cm/*9x12in* Brest 98
$3 895 FF20 000 £2 575 Trois femmes à la pêche Huile/toile 95x66cm/*37x25in* Paris 96
FEYEN-PERRIN François N. Augustin 1826-1888 **[33]**
$984 FF5 000 £647 Femmes de pêcheurs Huile/panneau 24x32,5cm/*9x12in* Paris 96
$1 468 FF9 000 £877 La vanneuse de Cancale Huile/toile 64x37cm/*25x14in* Paris 98
FEYERABEND Johann Rudolf 1779-1814 **[1]**
$1 159 FF7 000 £704 Vase à l'Amour Gouache/papier 36x30cm/*14x11in* Saint-Dié 98
FIALA Josef 1882-1963 **[5]**
$1 143 FF5 590 £723 Dame aus München Öl/Karton 63x51cm/*24x20in* Praha 95
FIALETTI Odoardo 1573-1638 **[8]**
$412 FF2 364 £251 Das Martyrium des hl. Sebastian Radierung 24,4x15,1cm/*9x5in* Berlin 97
FIAMMINGO Paolo 1540-1596 **[3]**
$5 900 FF32 704 £3 640 St. George and the Dragon/Three women by a river Ink 31,8x48,2cm/*12x18in* New-York 97
FIASCHI P.C.E. XIX-XX **[13]**
$3 840 FF19 040 £2 430 Bust of a mother and infant Marble H56,5cm/*H22in* Singapore 95
FIASELLA IL SARZANA Domenico 1589-1669 **[5]**
$90 000 FF552 483 £55 143 Portrait of a Young Man with a Sketchbook Oil/canvas 103x85cm/*40x33in* New-York 98
FIASELLA IL SARZANA Domenico (Attrib.) 1589-1669 **[3]**
$424 FF2 500 £262 Ange écartant les bras Pierre noire/papier 15,5x11,5cm/*6x4in* Paris 97
FICHEL Eugène 1826-1895 **[56]**
$3 780 FF19 300 £2 490 Portraitsitzung bei der Künstlerin Oil/panel 26,5x21cm/*10x8in* Wien 96
$5 603 FF32 500 £3 311 Scène de taverne Huile/panneau 45x60cm/*17x23in* Bordeaux 97
FICHERELLI IL RIPOSO Felice 1605-1660 **[7]**
$13 986 FF82 470 £8 280 Saint Cecilia Oil/canvas 75x62,5cm/*29x24in* London 97
FICHOT Michel Charles 1817-1903 **[2]**
$1 688 FF10 000 £1 001 Panorama de monuments de Paris Crayon/papier 46x60cm/*18x23in* Paris 97
FICUS André Hans 1919 **[5]**
$1 060 FF6 369 £636 Ansicht von Friedrichshafen Oil/panel 57x76cm/*22x29in* Stuttgart 98
FIDANI Orazio (Attrib.) 1610-c.1660 **[2]**

☞ *$29 000 FF144 600* £19 000 The fish seller Oil/canvas 101x138cm/*39x54in* London 95
FIDANZA Francesco 1747-1819 **[10]**
☞ *$10 047 FF60 343* £6 000 Travellers Fleeing From an Explosion in a Port Oil/canvas 87x122cm/*34x48in* London 98
☞ *$20 850 FF107 200* £13 000 Mediterranean capriccio harbour scenes Oil/canvas 35x45cm/*13x17in* London 96
☞ *$62 700 FF327 940* £38 000 A Mediterranean Harbour at Dawn with Fishermen in the Foreground Oil/canvas 100x148,5cm/*39x58in* London 96
FIDANZA Francesco (Attrib.) 1747-1819 **[3]**
☞ *$15 000 FF82 873* £9 322 Two Figures Standing Under a Natural, Arch near a Waterfall Oil/canvas 41,5x44cm/*16x17in* New-York 97
FIDELER Bernard XX **[31]**
✎ *$254 FF1 500* £150 Nu Fusain/papier 65x50cm/*25x19in* Provins 97
FIDLER Harry 1856-1935 **[38]**
☞ *$1 259 FF6 456* £804 The Working Team Oil/canvas 24x34,5cm/*9x13in* Melbourne 95
☞ *$1 140 FF6 903* £700 A Ploughing Team Oil/canvas/board 37x49,5cm/*14x19in* London 98
FIDUS Hugo Höppner 1868-1947 **[27]**
☞ *$2 360 FF12 140* £1 472 Riders on the Heath Mixed media 21x29cm/*8x11in* Wien 96
☞ *$7 950 FF40 900* £4 960 The winter Garden Oil/board 59x74,5cm/*23x29in* Wien 96
▥ *$210 FF1 242* £124 Lichtgebet Farblithographie 62x42cm/*24x16in* Zofingen 97
✎ *$4 510 FF23 200* £2 810 Heliante and Lucifer Ink/paper 40x52cm/*15x20in* Wien 96
FIEBIG Carl 1812-1874 **[5]**
☞ *$2 747 FF16 784* £1 732 Portrait of a man/Portrait of a woman Oil/canvas 33x26cm/*12x10in* København 97
FIEDLER Anton, -nia (Attrib) XIX **[1]**
☞ *$4 300 FF22 020* £2 786 Blumenstilleben Oil/panel 58x60cm/*22x23in* Wien 95
FIEDLER Anton, Antonia XIX **[2]**
☞ *$3 260 FF16 860* £2 102 Stilleben mit Rosen und Kirschen Oil/panel 29x23cm/*11x9in* Wien 96
FIEDLER Arnold 1900-1985 **[29]**
☞ *$4 155 FF25 185* £2 548 Komposition auf Blau Tempera/Karton 65,2x99,5cm/*25x39in* Hamburg 98
▥ *$210 FF1 276* £129 "Café" Radierung 25,2x20,7cm/*9x8in* Hamburg 98
✎ *$551 FF2 836* £344 Infusorien Pencil/paper 24x31,7cm/*9x12in* Hamburg 96
FIEDLER Bernard 1816-1904 **[7]**
☞ *$11 880 FF62 100* £7 020 Trieste, inverno Olio/tela 70x113cm/*27x44in* Trieste 96
✎ *$979 FF5 842* £590 De tempelstraat in Jeruzalem Aquarelle/papier 26x19cm/*10x7in* Lokeren 97
FIEDLER Franz 1885-1956 **[13]**
📷 *$648 FF3 777* £400 Old Sicilian woman Silver print 27,2x22,9cm/*10x9in* London 97
FIEDLER Herbert 1891-1962 **[18]**
☞ *$2 966 FF17 836* £1 774 Zwitserland Oil/board 82,5x49,5cm/*32x19in* Amsterdam 98
✎ *$1 850 FF11 055* £1 132 In the Café Gouache/paper 32x56cm/*12x22in* Amsterdam 98
FIEDLER Johann Christian 1697-1765 **[2]**
☞ *$8 770 FF42 450* £5 500 Portrait of the sculptor Georg Friedrich Donett Oil/canvas 85x67cm/*33x26in* London 95
FIEDLER Toni 1899-1977 **[2]**
⛏ *$4 880 FF24 020* £3 143 Büste Otto Dix Sculpture, wood H34cm/*H13in* Berlin 95
FIELD Edward Loyal 1856-1914 **[15]**
☞ *$1 200 FF6 964* £709 Haystacks Oil/canvas 45x60cm/*18x24in* Bethesda, Maryland 97
☞ *$1 500 FF7 830* £906 New England Farm Scene Oil/canvas 30,5x40,5cm/*12x15in* San Francisco-Los Angeles 96
FIELD Erastus Salisbury 1805-1900 **[8]**
☞ *$15 000 FF91 968* £9 177 Portrait of Miss Gilmore Miniature 11,5x8cm/*4x3in* New-York 98
☞ *$23 000 FF125 067* £13 770 General Ulysses S. Grant and His Entourage Entering Constantinople Oil/canvas 67x104cm/*26x40in* New-York 97
FIELD John M. 1771-1841 **[2]**
✎ *$739 FF4 158* £449 A Steam Boat on a River near a Town Watercolour/paper 17,5x30cm/*6x11in* London 97
FIELD Lois XX **[5]**

[camera] *$325 FF1 986* £198 Untitled Vintage gelatin silver print 20x12cm/*8x5in* Cincinnati, Ohio 98
FIELDING Anthony V. Copley 1787-1855 **[146]**
[brush] *$886 FF5 045* £550 Castle Ruins on the Wye Oil/canvas 23x29cm/*9x11in* London 97
[brush] *$1 284 FF7 500* £759 Bord de mer Aquarelle/papier 17,5x27cm/*6x10in* Paris 97
FIELDING Anthony.V.C (Attrib) 1787-1855 **[14]**
[brush] *$988 FF6 009* £600 Avon Gorge with Shipping Watercolour/paper 25x38cm/*10x15in* London 98
FIELDING Mary Anne Walton XIX **[1]**
[brush] *$1 196 FF5 810* £750 Swans, peacocks and a parrot in an exotic landscape Watercolour 39x31cm/*15x12in* London 95
FIELDING Nathan Theodore 1747-c.1814 **[3]**
[brush] *$5 050 FF24 670* £3 200 View of Burley-on-the-Hill Oil/canvas 46x56cm/*18x22in* London 95
FIELDING Newton S. (Attrib.) 1787-1855 **[2]**
[brush] *$983 FF6 035* £600 English Partridge in a Landscape Watercolour 15x23cm/*5x9in* London 98
FIELDING Newton Smith Limbird 1787-1855 **[35]**
[print] *$283 FF1 710* £170 Cock fighting Aquatint in colors 19x22cm/*7x8in* Leyburn, North Yorkshire 98
[brush] *$1 008 FF5 190* £650 A dog and chickens before a farmhouse Watercolour 18,5x28cm/*7x11in* London 96
FIENE Ernest 1894-1966 **[95]**
[brush] *$400 FF1 992* £263 Floral still life Oil/board 38x30cm/*15x12in* Baton Rouge, Louisiana 95
[brush] *$1 400 FF8 490* £854 "Low Tide at Wellfleet, Mass" Oil/canvas 55x72cm/*22x28in* Boston, Mass. 98
[print] *$324 FF2 013* £197 Notre-Dame/Hudson River Boats Print 30x38cm/*12x15in* Boston, Mass. 97
[brush] *$400 FF2 088* £242 The Country Road Watercolour/paper 55x37cm/*22x14in* Bolton, Mass. 96
FIERAVINO IL MALTESE Francesco XVII **[11]**
[brush] *$28 000 FF171 883* £17 155 Still Life with Armor/Still Life with Musical Instruments Oil/canvas 72,5x97cm/*28x38in* New-York 98
[brush] *$69 426 FF409 364* £41 100 Still life of gilt and silver ewers, a chest, a mirror Oil/canvas 97x130,5cm/*38x51in* London 97
FIERAVINO IL MALTESE Francesco (Attrib.) XVII **[4]**
[brush] *$8 010 FF42 000* £4 820 Nature morte aux instruments militaires Huile/toile 100,5x120,5cm/*39x47in* Paris 96
FIERROS ALVAREZ Dionisio 1827-1894 **[8]**
[brush] *$4 670 FF24 320* £3 090 Retrato de niño con caballito Oleo/lienzo 69x56cm/*27x22in* Madrid 96
FIETZ Gerhard 1910 **[33]**
[brush] *$845 FF5 031* £516 Ohne Titel Tempera 18,5x30cm/*7x11in* Köln 98
[brush] *$2 916 FF17 402* £1 759 Ohne Titel Tempera 40x53cm/*15x20in* Hamburg 97
[brush] *$2 280 FF13 493* £1 400 Komposition Mixed media drawing 51,5x65,4cm/*20x25in* München 98
FIEVRE Yolande 1907-1983 **[31]**
[brush] *$520 FF3 200* £315 Guillemette Huile/papier 35x27cm/*13x10in* Paris 98
[brush] *$1 164 FF6 000* £747 Oniroscope Technique mixte/panneau 37x45cm/*14x17in* Paris 96
[sculpture] *$2 300 FF11 600* £1 500 Société Secrète, Octobre Construction 35x35x7,5cm/*13x13x2in* London 96
[brush] *$303 FF1 800* £182 Marcel L. Technique mixte/papier 46x36cm/*18x14in* Paris 97
FIGARI Pedro 1861-1938 **[109]**
[brush] *$10 000 FF56 980* £6 125 La fiesta Oil/cardboard 33x48cm/*13x19in* Bethesda, Maryland 97
[brush] *$21 500 FF111 156* £13 962 Candombe Oleo/cartón 33x49cm/*12x19in* Montevideo 96
FIGGE Eddie 1904 **[5]**
[brush] *$972 FF5 827* £581 Stilleben med citron Oil/panel 22x27cm/*8x10in* Stockholm 98
FIGINO Ambrogio (Attrib.) 1548-1608 **[5]**
[brush] *$650 FF3 706* £398 Christus, von zwei Figuren umgeben Red chalk/paper 11x6,5cm/*4x2in* Köln 97
FIGUEROA Raimundo 1957 **[1]**
[brush] *$9 000 FF52 539* £5 354 Influencias del Recuerdo Mixed media/paper 127x99cm/*50x38in* New-York 97
FIGURA Hans 1898-? **[40]**
[brush] *$698 FF3 500* £441 Segelschiffe vor Venedig Öl/Leinwand 65x80cm/*25x31in* Wien 95
[print] *$100 FF583* £60 Broadway Etching 40x23cm/*16x9in* Shaker Heights, Ohio 97
FIKENTSCHER Otto 1862-1945 **[16]**
[brush] *$1 046 FF5 420* £669 Rehbock Öl/Leinwand 53x44,5cm/*20x17in* Heidelberg 96
FIKS Albert 1908-1945 **[2]**
[brush] *$3 419 FF20 316* £2 033 A Still Life Oil/canvas 60x90cm/*23x35in* Amsterdam 97
FILARSKI Dirk H.W. 1885-1964 **[114]**

*$1 694 FF8 600 £1 103 A farmyard with a haybarn Oil/canvas 32x25cm/*12x9in* Amsterdam 96
*$3 955 FF23 781 £2 365 Tulpen Oil/canvas 65x82cm/*25x32in* Amsterdam 98
*$5 240 FF31 213 £3 115 Route du Sospel Oil/canvas 109,5x130cm/*43x51in* Amsterdam 97
*$535 FF3 199 £327 A Coastal View Charcoal 72,5x53,5cm/*28x21in* Amsterdam 98

FILDES Luke 1844-1927 **[15]**
*$4 424 FF21 640 £2 800 The milkmaid, Betty Oil/canvas 31x22cm/*12x8in* London 95
*$13 940 FF72 200 £9 000 Portrait of Josephine Agnew, quarter length Oil/canvas 55x43,5cm/*21x17in* London 96

FILIGER Charles 1863-1928 **[24]**
*$3 170 FF15 500 £2 005 Portrait Huile/toile 18x16cm/*7x6in* Quimper 95
*$1 460 FF7 200 £948 Le Roi et le Valet Gouache 26x10,5cm/*10x4in* Paris 95

FILIPKIEWICZ Stefan 1879-1944 **[25]**
*$1 674 FF9 204 £1 028 Seascape Oil/canvas 50x69,5cm/*19x27in* Warszawa 97
*$1 234 FF7 413 £737 Pejzaz gorski Watercolour/board 35x50cm/*13x19in* Warszawa 98

FILIPPELLI Cafiero 1889-1973 **[43]**
*$1 920 FF10 880 £1 280 Cena in famiglia Olio/tavola 24x31cm/*9x12in* Prato 97
*$2 520 FF14 280 £1 680 Lavandaia Olio/cartone 33x49,5cm/*12x19in* Prato 97

FILIPPI Camillo c.1500-1574 **[1]**
*$28 000 FF170 626 £17 057 Madonna and Child with the Infant Saint John the Baptist Oil/panel 54x35cm/*21x13in* New-York 98

FILIPPI Camillo (Attrib.) c.1500-1574 **[1]**
*$14 462 FF82 500 £8 835 Vierge à l'Enfant avec Saint Jean Baptiste, surmonté de Dieu le Père Huile/panneau 54x35,2cm/*21x13in* Paris 97

FILIPPI Sebastiano II 1532-1602 **[1]**
*$23 000 FF113 500 £14 870 Two Putti and one Angel blowing Trumpets Black & white chalks 26x42cm/*10x16in* New-York 96

FILIPPINI Francesco 1853-1895 **[2]**
*$20 970 FF118 830 £10 485 Casolare di montagna Olio/tela 60x40cm/*23x15in* Milano 98

FILKUKA Anton 1888-1957 **[63]**
*$1 700 FF8 680 £1 120 Frühling in der Lobau Öl/Leinwand 70x100cm/*27x39in* Wien 96
*$2 152 FF12 738 £1 295 "Nach dem Föhn im Gebirge" Öl/Leinwand 121x131cm/*47x51in* Lindau 98
*$715 FF4 039 £450 Autumn forest Pastel/paper 42,5x47,6cm/*16x18in* London 97

FILLA Emil 1882-1952 **[114]**
*$16 759 FF102 627 £10 000 Still Life with Glass and Artichokes Oil/panel 18x37cm/*7x14in* London 98
*$36 754 FF208 711 £23 000 Still life with Bowl and Fruit Oil/canvas 46x58cm/*18x22in* London 97
*$64 700 FF318 300 £41 200 Stilleben mit Vogel und Gitarre Öl/Leinwand 146x88,6cm/*57x34in* Wien 95
*$804 FF4 926 £480 Still Life with Glass, Pear and Pipe Woodcut 16x24cm/*6x9in* London 98
*$9 720 FF59 523 £5 800 Standing Woman Bronze H50cm/*H19in* London 98
*$5 113 FF29 038 £3 200 Study of a Head Red chalk/paper 48x38cm/*18x14in* London 97

FILLATREAU Benoist 1843-c.1885 **[7]**
*$5 112 FF30 000 £3 126 "Les Barricades, place Denfert-Rochereau en 1870" Huile/toile 60x92cm/*23x36in* Versailles 97

FILLETTE Pierre 1926 **[39]**
*$340 FF2 000 £209 Violon et piano Huile/toile 41x33cm/*16x12in* Entzheim 97

FILLIA Luigi 1904-1936 **[8]**
*$13 800 FF78 200 £9 200 Aeropittura Olio/tavola 50x65cm/*19x25in* Prato 97

FILLIARD Ernest 1868-1933 **[34]**
*$807 FF4 100 £482 Coupe de gentianes Aquarelle/papier 6x8cm/*2x3in* Grenoble 96

FILLIOU Robert 1926-1987 **[25]**
*$260 FF1 300 £164 Dear skywatcher Offset 48x32cm/*18x12in* München 95

FILLOEUL Pierre XVIII **[1]**
*$726 FF4 200 £451 Retour de campagne, d'après C. van Fallens Gravure 47x59cm/*18x23in* Paris 97

FILLOL GRANELL Antonio 1870-1930 **[3]**
*$17 000 FF96 866 £10 412 Love Struck Oil/canvas 124,5x183cm/*49x72in* New-York 97

FILLON Arthur 1900-1974 **[65]**
*$509 FF2 900 £317 Nature morte aux poivrons Huile/panneau 27x22cm/*10x8in* Le Havre 97

☞ *$1 600 FF9 785* £949 Autumn au Pont Neuf Oil/canvas 49x65cm/*19x25in* Washington 98
FILMUS Tully 1903 **[11]**
☞ *$1 000 FF6 127* £597 Rabbi Torah Oil/canvas 60x76cm/*24x30in* New-York 98
☞ *$9 500 FF57 997* £5 678 The Gallery Oil/canvas 76x162,5cm/*29x63in* New-York 98
✐ *$1 900 FF11 027* £1 172 At the Gallery Pastel/paper 60x45cm/*24x18in* New-York 97
FILONOV Pavel Nikolaevitch 1883-1941 **[9]**
✐ *$50 985 FF301 707* £31 104 Ohne Titel (Abstrakte Komposition - Kosmos) Coloured chalks 48x37,5cm/*18x14in* Köln 98
FILOSA Giovanni Battista 1850-1935 **[24]**
☞ *$8 500 FF48 488* £5 168 As the afternoon passes Oil/panel 23,5x32,5cm/*9x12in* San Francisco 97
☞ *$22 273 FF138 000* £13 303 La confidence dans le bois Huile/toile 98,5x63cm/*38x24in* Paris 98
✐ *$1 379 FF7 818* £689 Il Granatello di Portici a Napoli Acquarello/carta 50x64cm/*19x25in* Milano 97
FIMA 1916-1991 **[35]**
☞ *$1 500 FF8 282* £936 The Dead Sea Oil/canvas 79,5x79,5cm/*31x31in* Tel Aviv 97
✐ *$450 FF2 303* £292 Untitled Gouache 65x41cm/*25x16in* Tel Aviv 95
FIN José, Vilato Ruiz 1916-1969 **[14]**
☞ *$1 540 FF7 660* £1 007 Paisaje abstracto Oleo/lienzo 81x65cm/*31x25in* Madrid 95
FINART Noël-Dieudonné 1797-1852 **[10]**
☞ *$3 450 FF18 000* £2 084 Cavaliers russes Huile/toile 32x40,5cm/*12x15in* Paris 96
☞ *$13 870 FF70 000* £9 050 Scène de campement Huile/toile 52x66cm/*20x25in* Paris 96
✐ *$737 FF4 451* £442 Husar auf Pferd Aquarell/Papier 15x21cm/*5x8in* Luzern 98
FINCH Alfred Wilhelm 1854-1930 **[32]**
☞ *$7 179 FF43 126* £4 305 Landskap Oil/panel 38x43cm/*14x16in* Helsinki 98
☞ *$7 364 FF44 232* £4 416 Landskap Oil/canvas 32x42cm/*12x16in* Helsinki 98
✐ *$218 FF1 326* £132 Landskap Charcoal/paper 26x36cm/*10x14in* Helsinki 98
FINCH E.E. 1833-1850 **[2]**
☞ *$2 749 FF16 117* £1 692 Brown-Haired Lady with Ringlets/Dark-Haired Gentleman Oil/canvas 61x51cm/*24x20in* New-York 97
FINCH Francis Ol. (Attrib) 1802-1862 **[5]**
✐ *$1 015 FF5 893* £620 Shepherds and Floch in a Classical landscape Watercolour/paper 34,5x39cm/*13x15in* London 97
FINCH Francis Oliver 1802-1862 **[13]**
✐ *$1 958 FF11 049* £1 200 Fifures and a Horse before a Ruin in a Classical Landscape Watercolour 19x28cm/*7x11in* London 97
FINCH Willy 1854-1930 **[3]**
☞ *$10 030 FF58 555* £6 160 Boats on the Beach Oil/canvas 24x32cm/*9x12in* Amsterdam 97
☞ *$194 876 FF1 157 796* £115 896 Route de Nieuport - The Road of Nieuport Oil/canvas 55x66cm/*21x25in* Amsterdam 97
FIND Ludvig 1869-1945 **[47]**
☞ *$203 FF1 051* £136 View from the artist's studio Oil/panel 72x83cm/*28x32in* Viby J, Århus 96
☞ *$462 FF2 826* £291 Hus i frankrig Oil/canvas 18x25cm/*7x9in* Köbenhavn 97
FINDEN William 1787-1852 **[5]**
▥ *$340 FF1 740* £220 Interior of a Highlander's cottage, after Edwin Landseer Engraving 25x30,5cm/*9x12in* London 95
FINDLAY William 1875-1960 **[4]**
☞ *$13 388 FF78 895* £8 000 On the Champs-Elysées, Paris Oil/canvas 33x46,5cm/*12x18in* Glasgow 97
FINELI Claude 1956 **[98]**
☞ *$2 568 FF15 000* £1 519 Nudité voilée Huile/toile 65x54cm/*25x21in* Langres 97
FINELLI Carlo 1786-1853 **[3]**
▨ *$69 100 FF344 000* £44 000 The Archangel Michael Marble H100cm/*H39in* London 95
FINGESTEN Michael, Michl 1884-1943 **[48]**
▥ *$1 300 FF7 488* £763 Mütter Etching 58,5x45cm/*23x17in* New-York 97
✐ *$453 FF2 677* £268 Dämmerung Indian ink 18,6x16,8cm/*7x6in* Berlin 97
FINI Leonor 1908-1996 **[697]**
☞ *$6 768 FF39 240* £4 224 Romeo et Juliette Huile/toile 41x33cm/*16x12in* Lokeren 97
☞ *$6 990 FF39 610* £3 495 Segreti Olio/tavola 73x89cm/*28x35in* Roma 98
▥ *$217 FF1 319* £137 Femmes Eau-forte 33x41cm/*12x16in* Montréal 97

✏ *$142 FF869 £85* La dance Erstique Mille et une Nuit Ink 437x29cm/*172x11in* Amsterdam 98
FINK Aaron 1955 **[7]**
◉ *$1 440 FF8 393 £880* Portrait Oil/board 40x36cm/*15x14in* Amsterdam 97
✏ *$732 FF4 351 £435* Man Smoking Gouache 150x110x1500cm/*59x43x590in* Amsterdam 97
FINK August 1846-1916 **[14]**
◉ *$984 FF6 034 £588* Moorlandschaft, über der Enten flattern Oil/canvas 75,5x103cm/*29x40in* Dresden 98
◉ *$1 296 FF8 048 £781* Am Waldrand Oil/panel 20,5x27cm/*8x10in* Heidelberg 98
FINK Larry 1941 **[7]**
📷 *$1 100 FF6 482 £679* "Making Out 1957-1980" Silver print 33x48cm/*13x19in* New-York 97
FINK Waldemar 1893-1948 **[28]**
◉ *$530 FF2 580 £336* Frühmorgen Öl/Leinwand 54x66cm/*21x25in* Bern 95
🖼 *$3 127 FF18 886 £1 900* "Adelboden, 15 Gr. Ski-Rennen der Schweiz" Poster 100x66cm/*39x25in* London 98
FINKELSTEIN Nat XX **[10]**
📷 *$749 FF4 417 £462* Andy Warhol Photographing/Warhol with Bob Dylan Silver print 34x22cm/*13x9in* New-York 97
FINLAY Ian Hamilton 1925 **[6]**
🗿 *$4 629 FF27 027 £2 800* Aircraft Carrier Torso Stone 8x8x13,5cm/*3x3x5in* London 97
FINN Herbert John 1860-? **[34]**
◉ *$1 596 FF9 551 £1 000* Young Mariner Oil/canvas 71x91,5cm/*27x36in* London 97
✏ *$319 FF1 550 £200* Yachts on a calm sea Watercolour 33x46cm/*12x18in* London 95
FINNE Ferdinand 1910 **[10]**
🖼 *$1 169 FF7 109 £716* Papegöyene i vinduet, More-sur-Loing Aquatint 71x49cm/*27x19in* Oslo 98
FINNEMORE Joseph 1860-1939 **[14]**
✏ *$402 FF2 460 £250* Child with Doll seated before a Cottage Watercolour 22x27cm/*9x11in* Aylsham, Norfolk 97
FINNIE John 1829-1907 **[8]**
◉ *$5 500 FF31 321 £3 339* The gamekeeper Oil/canvas 87x67cm/*34x26in* New-York 97
FINSLER Hans 1891-1972 **[1]**
📷 *$3 524 FF17 820 £2 310* Zwei Eier Photo 58,6x43,6cm/*23x17in* Zürich 96
FINSON Ludovico, Louis 1580-1617 **[5]**
◉ *$5 290 FF27 200 £3 300* Cain slaying Abel Oil/canvas 138x105cm/*54x41in* London 96
◉ *$4 816 FF29 000 £2 882* Sainte Marguerite de Cortone Huile/toile 99x80cm/*38x31in* Paris 98
FINSTER Howard, Reverend 1916 **[43]**
◉ *$2 500 FF13 594 £1 496* Virginia License Plate Mixed media/panel 44x70,5cm/*17x27in* New-York 97
◉ *$11 000 FF67 073 £6 601* Last of the Prophets Oil/board 10x10cm/*4x4in* Atlanta, Georgia 98
🗿 *$13 200 FF80 488 £7 921* Untitled Sculpture H17cm/*H7in* Atlanta, Georgia 98
FINSTERLIN Hermann 1887-1973 **[9]**
✏ *$2 084 FF12 395 £1 291* Das Pferd in der Sonne Aquarell/Papier 36,5x50cm/*14x19in* Stuttgart 97
FIORENZE Franco 1912-1992 **[1]**
🖼 *$838 FF4 240 £550* "Humphrey Bogart in Tokio Joe" Poster 140x99cm/*55x38in* London 96
FIORONI Giosetta 1933 **[15]**
✏ *$690 FF3 910 £345* "Strada per Fregene con alberi piegati dal vento" Tecnica mista/carta 100x70cm/*39x27in* Milano 98
FIOT Maximilien 1886-1953 **[52]**
🗿 *$2 531 FF15 398 £1 598* Lionne Bronze 29x49,5cm/*11x19in* Montréal 97
FIRENZE da Maturino (Attrib.) ?-c.1528 **[2]**
✏ *$1 404 FF7 230 £900* Two prisoners in a triumphal procession Pencil 11x17,5cm/*4x6in* London 96
FIRLE Walter 1859-1929 **[18]**
◉ *$2 942 FF16 892 £1 794* Interieur mit strickendem Mädchen Öl/Leinwand 80x62cm/*31x24in* Berlin 97
FIRMENICH Joseph 1821-1891 **[5]**
◉ *$1 240 FF7 375 £759* "Alte Eichen am Ufer des Genfers Sees" Öl/Leinwand 31x23,5cm/*12x9in* Köln 97
◉ *$12 460 FF60 400 £8 000* The Gulf of Palermo Oil/canvas 135x189cm/*53x74in* London 95
FIRMIN-BARRIERE XIX-XX **[5]**
◉ *$246 FF1 500 £149* La marée enneigée Huile/toile 54x65cm/*21x25in* Paris 98
FIRMIN-GIRARD Marie François 1838-1921 **[60]**
◉ *$479 FF2 800 £294* Le buveur Huile/panneau 24x16cm/*9x6in* Saint-Dié 97

  $4 890 FF25 500 £3 075 Rue de village après la pluie Huile/toile 52x72cm/*20x28in* Saint-Omer 96
FISCH Hans Ulrich I 1583-1647 **[2]**
  $1 497 FF7 759 £972 Verkündigung Mariae Ink 18,9x15,4cm/*7x6in* Luzern 96
FISCHBACH Johann Heinrich 1797-1871 **[22]**
  $2 491 FF12 995 £1 456 Salzachtal vom Geisberg bei Salzburg Oil/panel 27x36cm/*10x14in* München 96
  $1 712 FF10 074 £1 056 Salzburg Pencil 14x21,5cm/*5x8in* Heidelberg 97
FISCHER Anton Otto 1882-1962 **[32]**
  $2 600 FF13 460 £1 740 Longshoremen unloading freighters (possibly book illustration) Oil/canvas
55x101cm/*22x40in* New-York 96
FISCHER August 1854-1921 **[110]**
  $667 FF3 897 £403 Dürers Hus i Nürnberg Oil/canvas 26x37cm/*10x14in* Viby J, Århus 97
  $1 409 FF8 347 £843 Parti fra Nürnberg, kvinderne vasker töj ved floden Oil/canvas 37x52cm/*14x20in*
Köbenhavn 97
FISCHER Carl 1887-1962 **[49]**
  $1 305 FF7 915 £790 Den sörgmodige pige Oil/canvas 40x33cm/*15x12in* Köbenhavn 98
  $1 668 FF9 683 £985 Interiör med ung kvinde der laeser avis Oil/canvas 56x74cm/*22x29in* Köbenhavn 97
FISCHER Carl H. 1885-1955 **[42]**
  $510 FF2 660 £304 Vase of flowers Oil/canvas 70x100cm/*27x39in* Köbenhavn 96
FISCHER Edmund ?-1944 **[26]**
  $650 FF3 964 £394 Bondepige der gör far4rsent/Pige der haenger töj til törre Oil/canvas
30x40cm/*11x15in* Köbenhavn 98
FISCHER Eduard 1852-1905 **[4]**
  $1 875 FF11 077 £1 165 Chiemsee mit Angler Oil/panel 13,5x35cm/*5x13in* Stuttgart 97
FISCHER Franz 1900 **[6]**
  $729 FF4 300 £450 Stehende Bronze H58,5cm/*H23in* Wien 97
FISCHER Hans 1909-1958 **[103]**
  $32 FF166 £21 Andreff der Clown Lithographie 22x15cm/*8x5in* Zofingen 96
FISCHER Hans Christian 1849-1896 **[13]**
  $582 FF3 521 £348 Fra Hintersee Oil/canvas 33x45cm/*12x17in* Viby J, Århus 98
FISCHER Johann 1919 **[7]**
  $1 604 FF8 250 £1 000 Die Rebstockerstockerensteken Coloured pencils 44x63cm/*17x24in* London 96
FISCHER Joseph 1761-c.1815 **[1]**
  $60 200 FF300 000 £39 400 Fruits et fleurs/Corbeille de fleurs sur un entablement Huile/toile
41x31cm/*16x12in* Paris 95
FISCHER Leopold 1814-1860 **[19]**
  $2 317 FF12 000 £1 550 Bildnis einer jungen Dame mit einem Tüllkleid Miniature 29x24cm/*11x9in* Wien 96
  $1 477 FF8 568 £873 Bildnis einer Dame Aquarell/Papier 21x17cm/*8x6in* Wien 97
FISCHER Lothar 1933 **[86]**
  $7 993 FF46 526 £4 889 Monte Veneziano Öl/Leinwand 40x60cm/*15x23in* München 97
  $1 620 FF9 644 £990 Weiblicher Torso mit Reffung Terrakotta 60,5x35x20cm/*23x13x7in* Berlin 98
  $14 740 FF73 600 £9 620 Grosse Kniende Sculpture H96cm/*H37in* München 95
  $752 FF4 393 £461 Weiblicher Torso Collage/paper 54x36,5cm/*21x14in* Köln 97
FISCHER Ludwig Hans 1848-1915 **[22]**
  $1 515 FF9 280 £902 An Arab street scene Oil/canvas 31x40cm/*12x15in* Amsterdam 98
  $3 098 FF18 406 £1 842 Salon eines Kunstsammlers Aquarell/Papier 39x33,5cm/*15x13in* München 97
FISCHER Oskar 1892-1955 **[7]**
  $654 FF3 386 £418 Reitendes Paar Lithographie 25x22cm/*9x8in* Heidelberg 96
FISCHER Otto 1870-1947 **[8]**
  $4 250 FF25 237 £2 574 Undrground Railroad Oil/canvas 55x76cm/*22x30in* Detroit, Michigan 97
FISCHER Paul 1860-1934 **[339]**
  $1 012 FF6 183 £638 Studie af politibetjent Oil/canvas 38x15cm/*14x5in* Köbenhavn 97
  $6 333 FF37 818 £3 891 Myldretid på Rådhuspladsen, aften. Oil/canvas 48x34cm/*18x13in* Köbenhavn 98
  $2 060 FF12 336 £1 268 Utsikt mot Amagertorv med folkliv, Köpenhamn Indian ink/paper
19x28cm/*7x11in* Stockholm 98
FISCHER Vinzenz 1729-1810 **[2]**
  $9 720 FF58 056 £5 950 Utsikt mot rom Oil/canvas 51x73cm/*20x28in* Stockholm 98
FISCHER-COERLIN Ernst Albert 1853-? **[3]**

✍ $1 529 FF9 051 £920 Drei Parzen (Klotho, Lachesis und Atropos) am felsigen Meeresufer Gouache 51x71cm/*20x27in* Lindau 98
FISCHER-GEISING Heribert 1886-? **[5]**
👁 $3 485 FF17 160 £2 245 Dame mit roter Kappe Öl/Leinwand 44x29cm/*17x11in* Berlin 95
👁 $3 240 FF19 288 £1 980 Junger Mann mit aufgestütztem Arm Öl/Karton 51,5x34cm/*20x13in* Berlin 98
FISCHER-HANSEN Else 1905 **[54]**
👁 $525 FF2 655 £336 Komposition Oil/canvas 73x93cm/*28x36in* Köbenhavn 96
FISCHER-KÖYSTRAND Carl 1861-1918 **[11]**
✍ $1 590 FF7 830 £1 032 6 Illustrationen zu Serenissimus Aquarell/Papier 16,5x16cm/*6x6in* Wien 95
FISCHES Isaak I 1630/38-1706 **[2]**
👁 $10 829 FF64 039 £6 500 The Continence of Scipio Oil/canvas 100,5x115,5cm/*39x45in* London 97
FISCHETTI Fedele 1732-1792 **[11]**
👁 $20 143 FF116 166 £12 000 Cupid with reclining Nymps, a landscape beyond Oil/canvas 50x76,5cm/*19x30in* London 97
👁 $45 086 FF255 489 £22 543 Un episodio della storia di Alfonso d'Aragona che conquista il regno Olio/tela 121,5x155cm/*47x61in* Milano 97
FISCHETTI Fedele (Attrib.) 1732-1792 **[2]**
👁 $8 661 FF50 096 £5 200 The Rest on the Flight into Egypt Oil/canvas 75,5x60,5cm/*29x23in* London 97
FISCHHOF Georg 1859-1914 **[18]**
👁 $803 FF4 316 £478 Ländliches Idyll Öl/Leinwand 53x79,5cm/*20x31in* Wien 97
FISCHL Eric 1948 **[141]**
👁 $9 500 FF48 400 £5 700 Untitled Oil/paper 39x34cm/*15x13in* New-York 96
👁 $25 000 FF121 000 £16 050 Untitled Oil/canvas 51x61cm/*20x24in* New-York 95
👁 $24 000 FF147 691 £14 570 "Boy's Pier, A Pier Dock Table" Mixed media/board 122x245cm/*48x96in* New-York 98
🖎 $1 100 FF6 296 £649 Untitled Monotype 34x47cm/*13x18in* New-York 97
📷 $16 000 FF92 324 £9 804 "St. Tropez" Dye-transfer print 28x43cm/*11x16in* New-York 97
✍ $3 800 FF23 384 £2 307 What Stands Between The Artist and.. Watercolour/paper 29x40cm/*11x15in* New-York 98
FISCHLI Peter 1952 **[2]**
📷 $3 750 FF19 150 £2 470 Selected images Photograph 23x30,5cm/*9x12in* New-York 96
FISETTE Leopold 1814-1889 **[1]**
👁 $3 848 FF21 929 £2 403 Der flirtende Wirt Oil/panel 38,5x43cm/*15x16in* Bremen 97
FISH Anne Hariet, Sefton ?-1964 **[3]**
✍ $2 900 FF15 020 £1 940 Two women on diving platform beneath umbrella Watercolour, gouache 26x26cm/*10x10in* New-York 96
FISH George Drummond XIX-XX **[7]**
✍ $192 FF1 182 £120 Cattle grazing in an Irish Landscape Watercolour/paper 22x32cm/*8x12in* Glasgow 97
FISH Janet 1938 **[34]**
👁 $13 000 FF79 999 £7 892 Untitled Oil/canvas 132,5x106,5cm/*52x41in* New-York 98
👁 $20 000 FF116 144 £12 218 Windex bottles Oil/canvas 127x76cm/*50x29in* New-York 97
✍ $5 000 FF24 200 £3 210 Pears Coloured chalks/paper 76x56cm/*29x22in* New-York 95
FISHER Alvin 1792-1863 **[9]**
👁 $4 000 FF23 571 £2 470 The Watering Spot Oil/canvas 52x61,5cm/*20x24in* New-York 97
FISHER Anna S. 1873-1942 **[2]**
👁 $8 500 FF43 000 £5 580 The artist in her studio Oil/canvas 76x63cm/*30x25in* St. Petersburg, Florida 96
FISHER Anton Otto 1882-1962 **[9]**
👁 $1 500 FF7 575 £974 Seaport Oil/canvas 25x76cm/*10x30in* Portland, Maine 96
FISHER Charles XIX-XX **[6]**
👁 $5 000 FF28 474 £3 035 An Evening of Reading Oil/canvas 61x91,5cm/*24x36in* New-York 97
FISHER Ellen Bowdich Thayer 1847-1911 **[4]**
✍ $3 200 FF16 620 £2 117 Pink and white hollyhocks Watercolour/paper 48,5x33cm/*19x12in* New-York 96
FISHER Harrison 1877-1934 **[7]**
✍ $3 000 FF17 931 £1 818 Society Portrait of Mrs. Anthony Pastel/paper 127x91,4cm/*50x35in* San Francisco-Los Angeles 97
FISHER Harrison C. 1875-1934 **[12]**

$3 500 FF21 071 £2 094 Evening Conversation Oil/canvas 63,5x76cm/*25x29in* San Francisco 98
$3 000 FF18 061 £1 794 Portrait of a Lady Sailing Watercolour 86,5x51cm/*34x20in* San Francisco 98
FISHER Hugo 1867-1917 **[10]**
$850 FF4 693 £530 Scene with Deer by Stream Watercolour/paper 38x76cm/*15x30in* Downington, PA 97
FISHER Hugo Anton 1854-1916 **[14]**
$600 FF3 592 £368 Winter Landscape with Cabin and Sleigh Watercolour/paper 56x77cm/*22x30in* Washington 98
FISHER Joël 1947 **[5]**
$3 000 FF18 115 £1 797 Study for a Tree Bronze H54,5cm/*H21in* New-York 98
FISHER Jonathan ?-1809 **[2]**
$19 569 FF115 384 £12 000 View of Carlingford Lough Oil/canvas 35x50cm/*13x19in* London 98
FISHER Joshua 1859-? **[8]**
$913 FF5 384 £560 Waiting Outside The Cottage Watercolour 38x27cm/*14x10in* Billingshurst, West Sussex 98
FISHER Maddison Branch XIX-XX **[1]**
$1 813 FF9 250 £1 200 A True Reflection Watercolour 38x49cm/*14x19in* London 96
FISHER Mark 1841-1923 **[37]**
$2 423 FF14 450 £1 500 Bathers Oil/canvas 30x50cm/*11x19in* London 97
$3 530 FF18 430 £2 100 Corner of the Orchard, Hatfield Heath Oil/canvas 37x52cm/*14x20in* London 96
FISHER Orville Norman 1911 **[2]**
$606 FF3 489 £358 Deer, Stanley Park, Vancouver, B.C. Woodcut in colors 20,5x25,5cm/*8x10in* Vancouver, BC. 97
FISHER Paul 1864-1932 **[14]**
$6 910 FF34 100 £4 505 Vid brunnen Oil/canvas 29x41cm/*11x16in* Stockholm 95
$19 653 FF114 068 £12 000 Boys sitting on a bathing jetty at Hvidsten, Christiana Fjord, Norway Oil/canvas 40x53cm/*15x20in* London 97
$4 000 FF23 571 £2 390 Mexican Landscape Watercolour/paper 32x25cm/*12x9in* New-York 97
FISHER Rowland 1885-1969 **[55]**
$677 FF3 898 £400 Beached Fishing Vessels Oil/canvas 50x61cm/*19x24in* London 97
FISHER William Mark 1841-1923 **[16]**
$1 640 FF9 755 £973 Haymaking Oil/paper 35x53cm/*13x20in* West Midlands 97
$2 800 FF15 801 £1 716 Planting Seed Oil/panel 41x35cm/*16x14in* Mystic, Connecticut 97
FISHWICK Clifford 1923 **[14]**
$359 FF2 111 £220 Girl on the Beach Oil/board 27x38cm/*10x14in* London 97
$1 268 FF7 363 £749 The Laundry Room Watercolour 25,5x48cm/*10x18in* London 97
FISKE Gertrude 1878-1961 **[10]**
$550 FF3 356 £330 York, Maine Oil/canvas/board 25,5x35cm/*10x13in* Boston, Mass. 98
$15 000 FF78 300 £9 060 The Captain Oil/canvas 74x91,5cm/*29x36in* San Francisco-Los Angeles 96
FISSETTE Leopold 1814-1889 **[1]**
$5 600 FF32 680 £3 420 Scène d'intérieur Huile/panneau 37x41cm/*14x16in* Antwerpen 97
FISSORE Daniele 1947 **[5]**
$1 020 FF5 780 £510 Mare e green Olio/cartone 40x50cm/*15x19in* Vercelli 98
FITCH W.H. XIX **[2]**
$3 750 FF19 577 £2 273 Illustrations for "A Monograph of Odontoglossum", by James Bateman Lithograph 51x36,5cm/*20x14in* New-York 96
FITLER William Crothers 1857-1915 **[17]**
$1 700 FF9 860 £1 004 Autumn Meadow Oil/canvas 22x30cm/*9x12in* New-York 97
$700 FF4 345 £426 Afterglow on the Lakeshore, New York Watercolour/paper 35x51cm/*14x20in* Boston, Mass. 97
FITTKE Arturo 1873-1910 **[4]**
$3 300 FF18 700 £2 200 Pensieri lontani Olio/cartone 40x50cm/*15x19in* Trieste 98
FITTON E. Hedley 1859-1929 **[19]**
$186 FF950 £120 The Rialto Bridge Etching 36x33cm/*14x12in* London 95
FITTON James 1899-1982 **[15]**
$6 030 FF29 150 £3 800 Playboy Oil/board 122x61cm/*48x24in* London 96
FITZ W. Grancel 1894-1963 **[30]**
$1 600 FF8 020 £1 012 Marketplace, Peru (?) Silver print 23x34cm/*9x13in* New-York 95

FITZ William XIX-XX **[3]**
$1 507 FF7 720 £915 The calling Card Oil/canvas 54x41cm/*21x16in* London 96
FITZCLARENCE George A., Lt.-Col. 1794-1842 **[1]**
$1 170 FF5 980 £750 Rocket Coprs Watercolour 15x13,5cm/*5x5in* London 96
FITZGERALD Frederick R. 1897-1938 **[26]**
$244 FF1 377 £149 Mist coming in over the Montain Watercolour 22x31cm/*8x12in* London 97
FITZGERALD Gerald 1873-1935 **[6]**
$590 FF3 026 £376 Tall Trees Watercolour/paper 21x22,5cm/*8x8in* Melbourne 95
FITZGERALD James 1899-1971 **[2]**
$4 200 FF26 666 £2 622 Mt. Katahdin Watercolour/paper 53x67cm/*21x26in* Portland, Maine 97
FITZGERALD John Austen 1832-1906 **[17]**
$7 010 FF33 960 £4 500 The Fairy Bower Oil/canvas 26x31cm/*10x12in* London 95
$584 990 FF3 521 840 £350 000 Titania and Bottom : Scene from A Midsummer-Night's Dream Oil/canvas 44,5x68,5cm/*17x26in* London 98
$53 302 FF308 284 £32 000 "Who killed Cock Robin" Watercolour 22,5x36cm/*8x14in* London 97
FITZGERALD Lionel Lemoine 1890-1956 **[21]**
$349 FF1 800 £231 Arts Building, University of Manitoba Linoblock 18x10cm/*7x3in* Calgary, Alberta 96
$631 FF3 294 £376 Cloud Formations Watercolour 60,5x45cm/*23x17in* Toronto 96
FITZI Johann Ulrich 1798-1855 **[3]**
$11 410 FF59 600 £6 900 Appenzeller Landschaft Huile/panneau 30x49cm/*11x19in* Zürich 96
$227 FF1 318 £134 Trogen gegen Mitternacht Ink/paper 8x16cm/*3x6in* Bern 97
FITZPATRICK John Kelly 1888-? **[2]**
$8 000 FF45 558 £4 933 Woman outside a cottage, Alabama Oil/canvas 63,5x76cm/*25x29in* Boston, Mass. 97
FIUME Salvatore 1915-1997 **[134]**
$4 200 FF23 800 £2 100 Il camerino della ballerina Acrilico/carta/tela 49,3x66,6cm/*19x26in* Vercelli 97
$6 600 FF37 400 £3 300 Messicani Olio/cartone 27x36cm/*10x14in* Milano 97
$20 149 FF114 181 £10 074 Composizione Olio/tela 170x180cm/*66x70in* Milano 97
$360 FF2 040 £240 Odalisca 291 Serigrafia 70x100cm/*27x39in* Vercelli 97
$6 000 FF34 000 £4 000 Le somale Tecnica mista/carta 26,5x35,5cm/*10x13in* Milano 97
FIX-MASSEAU Pierre Félix Masseau 1869-1937 **[67]**
$328 FF1 883 £200 "Philips, c'est plus sur!" Poster 117x159,5cm/*46x62in* London 97
$2 400 FF12 530 £1 450 "Le Secret" Bronze H29,5cm/*H11in* New-York 96
$803 FF4 800 £491 "Ceinture Tissu Elastique" Gouache/carton 65x46,5cm/*25x18in* Orléans 98
FIZEAU Hippolyte Louis Ar. 1819-1896 **[13]**
$5 084 FF31 000 £3 050 Vue des toits de Paris, quartier Saint-Sulpice Daguerreotype 80x31cm/*31x12in* Paris 98
FIZELLE Reg. C. Graham, Rah 1891-1938 **[10]**
$6 189 FF36 130 £3 681 Portrait of a Man Oil/canvas/board 59x45,5cm/*23x17in* Melbourne 97
$357 FF2 140 £213 Coastal Landscape Watercolour/paper 26,5x36,5cm/*10x14in* Sydney 98
FJAESTAD Gustaf 1868-1948 **[71]**
$7 563 FF43 314 £4 616 Tidig vår Oil/panel 122x95cm/*48x37in* Stockholm 97
$11 160 FF58 300 £6 650 Solig vinterdag Oil/canvas 98x134cm/*38x52in* Stockholm 96
FJAESTAD Maja 1873-1961 **[22]**
$159 FF925 £94 Från vårbacken/Scilla Woodcut in colors 15x12,5cm/*5x4in* Malmö 97
FJELL Kai 1907-1989 **[65]**
$3 247 FF19 747 £1 990 Fakstumyra Mixed media/canvas 23x30cm/*9x11in* Oslo 98
$70 800 FF410 850 £41 800 Kvinner i interiör Oil/canvas 70x80cm/*27x31in* Oslo 97
$1 379 FF8 170 £826 Olympen Serigraph 37x69cm/*14x27in* Oslo 97
$1 948 FF11 848 £1 194 Kliter og Hav Watercolour 23x30cm/*9x11in* Oslo 98
FLACHERON Frédéric, Comte 1813-1883 **[5]**
$4 368 FF26 000 £2 670 Vues de Rome Tirage papier salé 27x34cm/*10x13in* Bièvres 98
FLACHERON Grégoire Isidore 1806-1873 **[5]**
$3 344 FF20 000 £2 030 Mosquée de Sidi Abder Rahman à Alger Huile/toile 45,5x66cm/*17x25in* Paris 97
FLAD Alois XIX **[2]**
$1 155 FF6 747 £699 Blick auf München Aquarell/Papier 19,5x26cm/*7x10in* München 97

FLAD Georg 1853-1913 **[3]**
👆 *$24 118 FF143 908 £14 551* Dachau im Winter Öl/Leinwand 58x92cm/*22x36in* Köln 97
FLAGG H. Peabody 1859-1937 **[7]**
👆 *$275 FF1 436 £166* Farm landscape/Herding the sheep home Oil/canvas/board 20x25cm/*8x10in* Delray Beach, Florida 96
FLAGG James Montgomery 1877-1960 **[65]**
👆 *$1 500 FF7 770 £1 003* Woman in blue hat, plaid jacket Oil/canvas 51x40cm/*20x16in* New-York 96
🖐 *$800 FF4 419 £497* "The Spirit of the Red Cross" Poster 104x71cm/*41x28in* New-York 97
✏ *$700 FF3 530 £460* Old Lyme scene Watercolour/paper 53x36cm/*21x14in* Mystic, Connecticut 96
FLAMAND Georges XIX-XX **[14]**
🔨 *$6 832 FF39 000 £4 223* Naïade Bronze H46cm/*H18in* Paris 97
FLAMEN Albert 1564-1646 **[9]**
🖐 *$425 FF2 510 £251* Diverses espèces de Poissons de mer Kupferstich 11x17,5cm/*4x6in* Berlin 97
🔨 *$8 879 FF52 481 £5 500* The Rape of Oreithya Bronze H102cm/*H40in* London 97
✏ *$2 290 FF11 100 £1 476* Ducks surprised by a dog/Fish on the beach Ink 11,4x19,7cm/*4x7in* Amsterdam 95
FLAMENG François 1856-1923 **[33]**
👆 *$13 082 FF76 775 £8 000* Cléo de Mérode en robe de soirée Oil/canvas 115x91cm/*45x35in* London 97
👆 *$25 760 FF132 000 £15 650* Portrait de J. Flameng à sept ans et demi Huile/toile 150x90cm/*59x35in* Maisons-Lafitte 96
👆 *$35 000 FF206 979 £21 234* In the Luxembourg Gardens Oil/canvas 21,5x27,5cm/*8x10in* New-York 98
🖐 *$3 145 FF18 500 £1 940* "Phono-Cinéma-Théâtre, Exposition Universelle de 1900" Affiche 245x130cm/*96x51in* Paris 97
✏ *$4 425 FF25 490 £2 600* A young Girl in an evening Dress and Feather Bonnet before the Doges Watercolour 34x17,5cm/*13x6in* London 97
FLAMENG Marie-Auguste 1843-1893 **[9]**
👆 *$1 029 FF6 244 £611* Segelfartyg vid kaj Oil/canvas 58x36cm/*22x14in* Malmö 98
FLAMM Albert 1823-1906 **[18]**
👆 *$4 144 FF23 616 £2 588* Fischer am Strand des Tyrrhenischen Meeres Oil/canvas 47x59,5cm/*18x23in* Bremen 97
FLANAGAN Barry 1941 **[33]**
🔨 *$44 112 FF263 671 £27 000* The Thinker Bronze H72,5cm/*H28in* London 97
🔨 *$127 943 FF734 463 £78 000* Hare on a Pyramid Bronze 204x189x46cm/*80x74x18in* London 97
FLANDIN Eugène Napoléon 1803-1876 **[25]**
👆 *$15 174 FF90 000 £9 189* Vue de Venise depuis les quais des Schiavoni/Vue du Mole de Naples Huile/toile 29,5x42cm/*11x16in* Paris 97
👆 *$40 000 FF207 700 £26 450* On the Bosphorus Oil/canvas 90x133cm/*35x52in* New-York 96
✏ *$4 320 FF22 000 £2 846* Bagdad Aquarelle 16x28,5cm/*6x11in* Bayeux 96
FLANDRIN Hippolyte 1809-1864 **[55]**
👆 *$16 557 FF94 339 £10 387* Rückenakt einer auf einem Bett sitzenden jungen Frau Öl/Leinwand 82x66cm/*32x25in* Zürich 97
👆 *$182 248 FF1 090 000 £110 635* Portrait de Jean-Baptiste et René d'Assy Huile/toile 133x93cm/*52x36in* Paris 97
✏ *$655 FF3 800 £403* Campagne romaine la nuit Aquarelle 16x23cm/*6x9in* Besançon 97
FLANDRIN Jules 1871-1947 **[214]**
👆 *$998 FF5 100 £658* Maison à Corenc Huile/toile 32x46cm/*12x18in* Grenoble 96
👆 *$1 926 FF9 500 £1 252* Amaryllis Huile/carton 51x33cm/*20x12in* Grenoble 95
👆 *$4 920 FF25 000 £2 936* La Vallée de l'Isère Huile/toile 90x160cm/*35x62in* Grenoble 96
✏ *$295 FF1 500 £194* Paysage à Corenc Crayons couleurs 20,5x30cm/*8x11in* Grenoble 96
FLANDRIN Paul J. 1811-1902 **[33]**
👆 *$6 972 FF38 500 £4 350* Paysage animé, jeune femme nue au bord de l'eau Huile/toile 46x36cm/*18x14in* Montpellier 97
✏ *$1 029 FF6 000 £634* Portrait d'homme assis Crayon/papier 33,5x24,5cm/*13x9in* Paris 97
FLANNAGAN John Bernard 1895-1942 **[14]**
🔨 *$5 500 FF31 392 £3 400* Not yet Bronze H33cm/*H12in* New-York 97
✏ *$2 200 FF13 431 £1 314* Goat Watercolour 33,5x18cm/*13x7in* New-York 98
FLASHAR Bruno Max 1885-1915 **[13]**
👆 *$6 057 FF34 514 £3 800* A Vase and Cover encrusted with flowers, a china Bowl, a golden Tray Oil/canvas

82,5x96,5cm/*32x37in* London 97
FLASSCHOEN Gustave 1868-1940 **[75]**
 $692 FF4 000 £426 Cavalier au cheval pommelé Huile/panneau 25,5x31cm/*10x12in* Paris 97
 $1 761 FF10 543 £1 066 Cavaliers arabes dans le désert Huile/toile 68x55cm/*26x21in* Antwerpen 97
FLAUBERT Paul 1928 **[174]**
 $330 FF2 000 £202 La Plage à Deauville en 1900 Huile/toile 25x35,5cm/*9x13in* Orléans 98
FLAVIN Dan 1933-1996 **[80]**
 $24 000 FF139 454 £14 169 Untitled (In Honor of Leo Castelli at the Thirtieth Anniversary) Mixed media 122x122cm/*48x48in* New-York 97
 $13 000 FF67 300 £8 690 Untitled Sculpture 6,5x122x18,4cm/*2x48x7in* New-York 96
 $45 000 FF259 218 £27 760 Untitled, (For you Leo in long respect and affection) 2 Sculpture 266x266cm/*104x104in* New-York 97
 $3 800 FF22 485 £2 318 "For the Citizens of the Republic of France on the 200th Anniversary" Coloured pencils/paper 43x55,5cm/*16x21in* New-York 98
FLAXMAN John 1755-1826 **[24]**
 $1 560 FF8 040 £1 000 Studies of Matilda Lowry: seated/standing Pencil/paper 18x13cm/*7x5in* London 96
FLÉCHARD Charles XIX-XX **[2]**
 $6 800 FF34 000 £4 400 Vues de Bretagne Huile/panneau 26,5x35cm/*10x13in* Paris 96
FLECK Joseph Amadeus 1892-1977 **[11]**
 $2 500 FF12 460 £1 638 Winter in Taos Oil/board 36x36cm/*14x14in* San Francisco-Los Angeles 95
 $7 700 FF47 885 £4 855 Chimayo Grandeur Oil/canvas 76x88cm/*30x35in* New Orleans, Louisiana 97
FLECK Karl Anton 1928-1983 **[42]**
 $2 870 FF16 723 £1 764 "Muklosch 3 in Rot" Technique mixte/panneau 47x35cm/*18x13in* Wien 97
 $233 FF1 204 £150 Der Editor Color lithograph 58x44cm/*22x17in* Wien 96
 $1 784 FF10 511 £1 102 "Chobot" Pencil 83,5x62,5cm/*32x24in* Wien 97
FLECK Ralph 1951 **[14]**
 $2 294 FF13 400 £1 357 "Schlachthofbild 11/VII" Öl/Papier 100x75cm/*39x29in* Köln 97
 $3 900 FF20 400 £2 322 Austern, Zitrone Öl/Leinwand 120x160cm/*47x62in* Köln 96
FLEETWOOD-WALKER Bernard 1892-1963 **[9]**
 $147 FF881 £90 The Art Class Oil/board 45,5x91cm/*17x35in* London 98
 $1 385 FF8 534 £851 Thoughtful Moments Oil/canvas 42x30,5cm/*16x12in* London 98
FLEGEL Georg 1563-1638 **[14]**
 $100 878 FF599 400 £60 000 Still life of lilies, tulips, roses, a peony and other flowers Oil/canvas 62x44,5cm/*24x17in* London 97
 $169 300 FF849 000 £107 100 Still life with a glass of flowers, bread, a plate, lemons Oil/panel 34,5x26cm/*13x10in* Wien 95
 $921 000 FF4 550 000 £600 000 Flowers and extensive landscape Oil/canvas 123x186,5cm/*48x73in* Stockholm 95
FLEISCHMANN Adolph Richard 1892-1969 **[71]**
 $9 836 FF57 451 £6 038 Komposition 458 R.C Öl/Leinwand 100x65,5cm/*39x25in* Köln 97
 $495 FF2 500 £324 Komposition Lithographie 46x46cm/*18x18in* München 96
 $2 817 FF16 750 £1 745 Komposition Gouache/papier 48x32cm/*18x12in* Stuttgart 97
FLEISCHMANN Arthur John 1896-1990 **[4]**
 $2 467 FF14 786 £1 472 Balinese Woman Terracotta H36,5cm/*H14in* Sydney 98
FLEISCHMANN Carl 1853-? **[1]**
 $1 366 FF8 378 £819 Stilleben mit Kohlköpfen Oil/canvas 29x18cm/*11x7in* München 98
FLEISCHMANN Josef XIX-XX **[3]**
 $11 140 FF54 400 £7 000 Portfolio of watercolours of animals Watercolour 14x20cm/*5x7in* London 95
FLEISCHMANN Trude 1895-1990 **[28]**
 $857 FF5 068 £520 "Die tanzerin Claire Bauroff" Silver print 22x16cm/*8x6in* London 98
FLEMWELL George XIX-XX **[4]**
 $1 481 FF8 946 £900 "Villars-Chesières-Bretaye" Poster 102x71cm/*40x27in* London 98
FLERS Camille 1802-1868 **[45]**
 $4 020 FF21 000 £2 393 Bord de rivière, le Bac Huile/panneau 23,5x36cm/*9x14in* Pontoise 96
 $10 320 FF52 500 £6 160 Bord de rivière en Normandie Huile/toile 39,5x56cm/*15x22in* Barbizon 96
 $387 FF2 000 £250 Entrée de la cabane/Cabane Mine plomb 19x21cm/*7x8in* Barbizon 96

FLETCHER Blandford 1866-1936 **[7]**
  $1 706 FF9 736 £1 049 Harbour scene Oil/board 31,5x24cm/*12x9in* Billingshurst, West Sussex 97
FLETCHER Edward 1857-1945 **[9]**
  $972 FF5 040 £650 H.M.S. "Victory at anchor in Portsmouth harbour Oil/canvas 74x62cm/*29x24in* London 96
FLETCHER Edwin 1857-1945 **[30]**
  $1 100 FF6 117 £680 Dock View at Sunset Oil/canvas 50x76cm/*20x30in* Miami, Florida 97
  $1 794 FF11 001 £1 100 Estuary scenes Oil/canvas 15x20cm/*5x7in* London 98
FLETCHER Frank Morley 1866-1949 **[1]**
  $3 750 FF21 666 £2 311 California, mt. Shasta Woodcut in colors 28x41cm/*11x16in* San Francisco 97
FLETCHER Henry c.1729-? **[1]**
  $5 250 FF26 900 £3 400 The Months in Flowers, after Peter Casteels Engraving 41x31cm/*16x12in* London 95
FLETCHER Jacob Gutpil 1825-? **[1]**
  $3 200 FF19 536 £1 912 Still life with vase and grapes Oil/canvas 41x27cm/*16x10in* New-York 98
FLETCHER William Blandford 1858-1936 **[8]**
  $9 063 FF55 232 £5 500 When the Evening Sun is Setting Low Oil/canvas 68,5x51cm/*26x20in* London 98
  $13 426 FF77 519 £8 000 The Truants Oil/board 38x31cm/*14x12in* London 97
FLEURY D'HERBEZ Lucienne XX **[4]**
  $1 204 FF6 000 £789 Réception de femmes au Maroc Tempera/papier 44,5x61cm/*17x24in* Paris 95
FLEURY de James Vivien XIX-XX **[18]**
  $3 024 FF18 000 £1 848 Vue de Godesburg sur le Rhin Huile/toile 45,5x69cm/*17x27in* Paris 98
FLEURY Fanny Laurent 1848-? **[12]**
  $1 403 FF8 134 £837 Jeune fille Oil/canvas 25x19,5cm/*9x7in* Amsterdam 97
  $1 798 FF11 000 £1 067 Portrait de femme gantée tenant des roses Huile/toile 128,5x89cm/*50x35in* Paris 98
FLEURY François Antoine L. 1804-1858 **[11]**
  $2 604 FF15 500 £1 591 Villa italienne surplombant la mer Huile/toile 21,5x27cm/*8x10in* Barbizon 98
  $6 246 FF36 378 £3 816 Bauer mit einen Steinblock schleppenden Kühen auf einem Gebirgsweg Öl/Leinwand 41x60cm/*16x23in* Zürich 97
FLEXOR Samson 1907-1971 **[6]**
  $4 249 FF24 822 £2 514 Portrait of a Woman in a Top Hat Oil/board 78,5x58cm/*30x22in* Boston, Mass. 97
FLIEHER Karl 1881-1958 **[56]**
  $1 516 FF7 800 £978 Zell am See mit dem Kitzsteinhorn Öl/Leinwand 18x23,5cm/*7x9in* Kempten 96
  $3 784 FF21 582 £2 304 Blick auf Lermoos in Tirol mit der Zugspitze im Hintergrund... Öl/Leinwand 72x100cm/*28x39in* Wien 97
  $1 271 FF7 181 £800 "Hundsriesser hof in Spitz Donau" Pencil 19,5x13,5cm/*7x5in* London 97
FLIER Jan 1878-1958 **[2]**
  $2 112 FF12 477 £1 276 Three peaches Oil/panel 16,5x26,5cm/*6x10in* Amsterdam 97
FLIGHT Claude, Captain 1881-1955 **[14]**
  $3 776 FF22 862 £2 300 Trapeze Artist Color lithograph 21,5x28cm/*8x11in* London 98
  $597 FF3 492 £368 "Le Lourdel" Watercolour/paper 34x48cm/*13x18in* Calgary, Alberta 97
FLINCK Govaert 1615-1660 **[14]**
  $12 109 FF70 327 £7 397 Portrait of Andries de Graeff, bust length, wearing black costume Oil/canvas 45x37cm/*17x14in* Amsterdam 97
  $2 487 FF12 650 £1 491 The head of a bearded old man Ink 10,3x12,8cm/*4x5in* Amsterdam 96
FLINCK Govaert (Attrib.) 1615-1660 **[7]**
  $8 270 FF43 200 £5 000 Christ and the Pilgrims arriving at the house at Emmaus Oil/panel 37x35cm/*14x13in* London 96
  $22 680 FF133 448 £14 000 Bildnis einer jungen Frau mit Perlenschmuck Oil/panel 66x53cm/*25x20in* Wien 97
FLINK Rudolf 1906-1989 **[24]**
  $883 FF4 290 £570 Hamnbild, Göteborg Oil/panel 44x56cm/*17x22in* Göteborg 95
FLINT Francis Russell 1915 **[31]**
  $533 FF3 288 £320 Florentine Masquerade Print in colors 66,5x49,5cm/*26x19in* London 98
  $288 FF1 492 £190 Gale Force 9, Returning to Harbour Watercolour 37x54cm/*14x21in* London 96
FLINT Robert Purves 1883-1947 **[6]**
  $592 FF3 553 £360 "Near Rotterdam" Watercolour 17x27cm/*6x10in* Billingshurst, West Sussex 98

FLINT William Russell 1880-1969 **[811]**
- *$13 043 FF79 051 £8 000* "Decima, Jeannette and Helen" Oil/canvas 51x68,5cm/*20x26in* London 98
- *$2 998 FF18 497 £1 800* The Pendant Print in colors 51x61cm/*20x24in* London 98
- *$5 721 FF32 176 £3 478* A picnic in Eskdale Watercolour/paper 33,3x49,5cm/*13x19in* London 97

FLIPART Charles J. (Attrib.) 1721-1797 **[2]**
- *$29 600 FF152 700 £19 000* Autumn/Winter Oil/panel 52x37cm/*20x14in* London 96

FLOCH Joseph 1895-1977 **[94]**
- *$5 600 FF28 800 £3 490* Bildnis einer Dame Öl/Leinwand 48,5x31cm/*19x12in* Wien 96
- *$8 844 FF52 327 £5 247* Landschaft in Spanien Öl/Leinwand 50x61cm/*19x24in* Wien 97
- *$36 045 FF214 605 £22 050* Liegende Oil/canvas 97,5x130,5cm/*38x51in* Wien 98
- *$1 156 FF5 850 £759* Sitzende mit verschränkten Armen Drawing 51x33cm/*20x12in* Wien 96

FLOCH Lionel 1895-1972 **[56]**
- *$499 FF2 400 £313* Barques au port Huile/carton 24x31cm/*9x12in* Douarnenez 95
- *$1 163 FF6 000 £750* Nature morte à la raie Huile/toile 65x92cm/*25x36in* Quimper 96
- *$113 FF700 £69* La vieille Bigoudenne Gravure bois 25x19cm/*9x7in* Quimper 97
- *$1 019 FF6 300 £625* Pardon en pays Bigouden Aquarelle/papier 31x45cm/*12x17in* Quimper 97

FLOCKENHAUS Heinz 1858-1930 **[28]**
- *$1 298 FF7 720 £794* Winterlandschaft mit Bach und Bauernhaus in Holland Öl/Leinwand 44,5x34cm/*17x13in* Bern 97
- *$2 236 FF12 837 £1 363* Winterabend am Dorf Oil/panel 50x35cm/*19x13in* Düsseldorf 97

FLOCON Albert Mentzel, dit 1909-1994 **[12]**
- *$1 222 FF6 390 £728* Photo d'un esprit pur Mixed media/paper 12,5x16cm/*4x6in* Hamburg 96

FLODING Per 1731-1791 **[2]**
- *$4 590 FF22 600 £2 960* Porträtt av Gustaf III Engraving 56x35,5cm/*22x13in* Stockholm 95

FLODMAN Carl 1863-1888 **[5]**
- *$1 300 FF6 490 £848* Fischer boats on the beach Oil/canvas/panel 26x30cm/*10x11in* Stockholm 95

FLOGNY de Eugène Victor 1825-? **[3]**
- *$1 777 FF10 564 £1 087* Paar am Ufer/Spaziergänger auf Uferweg Oil/panel 15x21cm/*5x8in* Bern 97
- *$7 250 FF38 000 £4 360* Portrait de Robert, duc de Chartres Huile/panneau 47x35cm/*18x13in* Monaco 96

FLOOD Rex **[9]**
- *$329 FF1 988 £200* Canada Geese in Flight Watercolour/paper 35,5x52cm/*13x20in* Billingshurst, West Sussex 98

FLORA Paul 1922 **[190]**
- *$164 FF959 £99* Marionetten Radierung 25x35cm/*9x13in* Wien 97
- *$490 FF2 847 £289* "Die lieben Gäste" Indian ink 16x21cm/*6x8in* Dresden 97

FLORA-CARAVIA Thalia 1871-1960 **[13]**
- *$4 100 FF21 200 £2 740* View of Constantinople Oil/cardboard 21,5x29,5cm/*8x11in* Athens 96
- *$2 663 FF13 780 £1 780* A Young Lady Pastel/paper 42x34cm/*16x13in* Athens 96

FLORES KAPEROTXIPI Mauricio 1901 **[16]**
- *$5 525 FF33 575 £3 400* La familia Oleo/lienzo 81x100cm/*31x39in* Madrid 98

FLORES Pedro 1897-1967 **[76]**
- *$3 182 FF19 000 £1 900* Torero y maja Oleo/tablex 73x57cm/*28x22in* Madrid 97
- *$611 FF3 200 £368* Arlequin guitariste Aquarelle 28x20cm/*11x7in* Calais 96

FLORIAN Maximilian 1901-1982 **[19]**
- *$661 FF3 846 £404* Dorfkirche Aquarell/Papier 61x43cm/*24x16in* Wien 97

FLORIDO BERNILS Enrique 1873-1929 **[9]**
- *$2 925 FF17 775 £1 755* Costa de Málaga Oleo/lienzo 30x51cm/*11x20in* Madrid 98

FLORIS Frans I (Attrib.) 1519/20-1570 **[9]**
- *$16 000 FF94 339 £9 811* Susannah and the Elders Oil/panel 52,5x68,5cm/*20x26in* New-York 98
- *$1 568 FF8 000 £1 037* Un roi dans son palais Encre 34,5x20,5cm/*13x8in* Paris 96

FLORIS Frans I de Vrient 1519/20-1570 **[23]**
- *$18 319 FF107 631 £11 000* Study of a Young Girl in Profile, Bust Length Oil/paper/canvas 43x36cm/*16x14in* London 97
- *$35 816 FF220 000 £21 472* "Laissez venir à moi les petits enfants" Huile/toile 141x227cm/*55x89in* Lille 98
- *$80 000 FF416 000 £52 900* Allegory of Peace Oil/panel 96,5x112cm/*37x44in* New-York 96

$3 000 FF18 039 £1 794 Victoria surrounded by Prisonners and Trophies Etching 31,7x43,5cm/*12x17in* New-York 98

$1 556 FF8 910 £919 A Design for a Section of Decoration for the Border of Dish Ink 8x17,5cm/*3x6in* Amsterdam 97

FLORIT Henri XIX-XX **[7]**
$538 FF3 200 £333 "Cirque Bureau, le Trio Fernando..." Affiche 120x160cm/*47x62in* Paris 97

FLORSCHUETZ Thomas 1957 **[2]**
$1 636 FF9 373 £968 Die Verschwörung Photograph 23,5x34,5cm/*9x13in* Köln 97

FLORSHEIM Richard A. 1905-1979 **[26]**
$56 FF340 £33 Megalopolis Lithograph 34x24cm/*13x9in* Philadelphia 98

FLOT Louis XIX-XX **[4]**
$3 810 FF19 000 £2 500 Scène de rue à Tunis Huile/panneau 35x26,6cm/*13x10in* Paris 95
$6 520 FF39 000 £3 958 Maternité Huile/toile 50x61cm/*19x24in* Paris 97

FLOTTE DE SAINT JOSEPH 1727-? **[1]**
$16 795 FF100 562 £10 317 Hafenszene bei Morgenlicht/Hafenszene bei Abendlicht Oil/canvas 58x73cm/*22x28in* Bern 98

FLOUQUET Pierre-Louis 1900-1967 **[22]**
$3 484 FF21 112 £2 119 Golgotha Huile/toile 80x100cm/*31x39in* Bruxelles 98
$669 FF3 814 £415 A head Ink/paper 61x47cm/*24x18in* Amsterdam 97

FLOUR Jules A. 1864-1921 **[4]**
$391 FF2 300 £241 Le Mont perdu Huile/toile 60x81cm/*23x31in* Avignon 97

FLOUTIER Louis XX **[29]**
$2 720 FF16 000 £1 678 Marchand de fleurs à Saint Jean de Luz Huile/panneau 33x46cm/*12x18in* Anglet 97
$3 115 FF18 500 £1 887 Maison Basque Huile/panneau 41x71cm/*16x27in* Biarritz 97
$695 FF4 200 £414 Scènes de barques Pochoir 23x62cm/*9x24in* Biarritz 97

FLOWER Cedric Emmanuel 1920 **[16]**
$195 FF1 174 £116 Castle Terrace, Woolahra Oil/board 30x44,5cm/*11x17in* Melbourne 98

FLOWER Charles Edwin 1871-? **[10]**
$1 152 FF6 993 £700 Westminster from the Thames Watercolour, gouache 35,5x22cm/*13x8in* London 98

FLOYD Donald H. 1892-1965 **[21]**
$513 FF2 974 £320 In the Open Country, Galway Oil/board 38x46cm/*14x18in* London 97

FLÜCK Martin Peter 1935 **[5]**
$4 257 FF25 280 £2 598 Bewaldete Flusslandschaft im Gebirge Oil/panel 100x95cm/*39x37in* Bern 98

FLÜGGEN Gisbert 1811-1859 **[3]**
$3 336 FF19 752 £1 981 Bildnis Katharina Flüggen, geb. Hölzgen Öl/Leinwand 26x25cm/*10x9in* München 97

FLUMIANI Ugo 1876-1938 **[34]**
$2 040 FF11 560 £1 360 Cittavecchia, l'Arco di Riccardo Olio/tavola 39x29cm/*15x11in* Trieste 98
$5 440 FF28 400 £3 570 Grande marina con barche Olio/tela 75x90cm/*29x35in* Trieste 96

FOCARDI IL PITTORE DEL GARDA Piero 1889-1945 **[10]**
$4 200 FF23 800 £2 100 Il castello di Malcesine sul Garda Olio/tavola 30x40cm/*11x15in* Milano 97

FOCARDI Ruggero 1864-1934 **[13]**
$1 200 FF6 800 £600 Buoi sull'aia Olio/cartone 19x25cm/*7x9in* Firenze 97

FOCUS Georges 1641-1708 **[2]**
$2 831 FF16 500 £1 744 La Sainte Famille et Saint Jean-Baptiste Lavis 33x47cm/*12x18in* Paris 97

FOELIX Heinrich 1757-1821 **[2]**
$6 620 FF34 560 £4 000 Clemens Wenzeslaus, Archibishop and Elector of Trier (1739-1812) Oil/canvas 92x71cm/*36x27in* London 96
$13 080 FF67 700 £8 360 Bildnis des Trierer Kurfürsten Johann Philipp von Waldersdorff Öl/Leinwand 41x28,5cm/*16x11in* Heidelberg 96

FOGEL Seymour 1911-1984 **[3]**
$3 500 FF17 710 £2 302 Reflections Oil/board 76x101cm/*30x40in* Cincinnati, Ohio 96
$1 850 FF9 580 £1 184 Stevedores, New Orleans Charcoal/paper 48x38cm/*19x15in* New Orleans, Louisiana 96

FOGGINI Giovanni B. (Attrib) 1652-1725 **[4]**
$1 653 FF9 500 £1 010 Scène de bataille Lavis 38x50cm/*14x19in* Paris 97

FOGGINI Giovanni Battista 1652-1725 **[11]**

✎ *$5 000 FF30 693 £3 063* Designs for a Crown, a Fireplace, Altars and others Ink 15x38,5cm/*5x15in* New-York 98

FOGGINI Vincenzo c.1700-c.1760 **[3]**

✎ *$1 600 FF9 750 £992* Elevation and Plan of a Triumphal Arch outside the Porta San Gallo Chalks 70x47cm/*27x18in* New-York 98

FOGGINI Vincenzo (Attrib.) c.1700-c.1760 **[1]**

🔨 *$16 542 FF98 000 £9 907* Les deux esclaves turcs enchaînés Bronze H61cm/*H24in* Lille 97

FOHN Emanuel 1881-1966 **[23]**

👁 *$1 385 FF8 040 £818* Strasse im Süden Öl/Leinwand 45x55cm/*17x21in* Dresden 97

✎ *$729 FF4 300 £450* Landschaft Mischtechnik/Papier 20,5x33cm/*8x12in* Wien 97

FOHR Daniel 1801-1862 **[2]**

✎ *$1 177 FF6 100 £753* Fisher mit ihren Booten am Strand Watercolour 16,6x23cm/*6x9in* Heidelberg 96

FOKAS Andreas 1928 **[1]**

👁 *$9 040 FF47 200 £5 460* Capnikarea Oil/canvas 63x131cm/*24x51in* Athens 96

FOKKE Simon 1712-1784 **[5]**

✎ *$760 FF4 351 £449* A view of Delft after the explosion of the gunpowder arsenal on 12 Oc4 Watercolour 15,5x19,5cm/*6x7in* Amsterdam 97

FOLCHI Ferdinand 1822-1883 **[4]**

✎ *$3 500 FF19 931 £2 124* The Carpet Sellers and Artisans Painting Their Wares Watercolour 60,5x44,5cm/*23x17in* New-York 97

FOLCHI Paolo XIX-XX **[3]**

✎ *$11 720 FF59 600 £7 000* A game of dominoes Watercolour 59x39cm/*23x15in* London 96

FOLEY Henry John 1818-1874 **[17]**

🔨 *$5 430 FF26 200 £3 400* A youth at a stream Bronze H54cm/*H21in* London 95

FOLINSBEE John Fulton 1892-1972 **[13]**

👁 *$3 025 FF18 535 £1 826* Landscape Oil/board 35x25cm/*14x10in* Hatfield, Pennsylvania 98

👁 *$17 000 FF100 889 £10 543* The Bridge Oil/canvas 61x77cm/*24x30in* New-York 97

FOLKARD Charles James 1878-1963 **[18]**

✎ *$462 FF2 745 £280* Gulliver sailing in Brobdignag Watercolour 21x15cm/*8x5in* London 97

FOLKEMA Jacob 1622-1767 **[2]**

✎ *$2 434 FF13 931 £1 437* A traditional Mohammedan feast in an Eastern City. Pencil 31,5x21cm/*12x8in* Amsterdam 97

FOLKERTS Poppe 1875-? **[8]**

🖵 *$228 FF1 135 £149* Zwei Segelboote Etching 13x18cm/*5x7in* Bremen 95

FOLLENWEIDER Rudolf 1774-1847 **[1]**

✎ *$3 564 FF18 330 £2 223* Schloss Oberhofen am Thunersee Aquarelle 41x58,5cm/*16x23in* Bern 96

FOLLETT Foster Q. 1872-? **[2]**

👁 *$4 749 FF27 742 £2 810* Still life with pears and currants Oil/canvas 51x41cm/*20x16in* Boston, Mass. 97

FOLLINI Carlo 1848-1938 **[28]**

👁 *$4 500 FF25 500 £3 000* Ponte Regina Margherita visto da Corso Casale Olio/tavola 22,5x33cm/*8x12in* Roma 97

👁 *$7 504 FF46 584 £4 500* On The Beach Oil/canvas 34x54,5cm/*13x21in* London 98

FOLON Jean-Michel 1934 **[124]**

👁 *$5 058 FF30 000 £3 090* "Dans la Torpeur de l'été" Technique mixte 58x77cm/*22x30in* Paris 98

🖵 *$205 FF1 200 £121* L'homme et la ville-puzzle Eau-forte couleurs 56x50cm/*22x19in* Paris 97

✎ *$749 FF4 500 £449* Fleurs dans un paysage Crayons couleurs/papier 25x19,5cm/*9x7in* Paris 98

FOLTYN Frantisek 1891-1976 **[13]**

👁 *$9 935 FF58 000 £6 008* Sans titre Huile/toile 81x65cm/*31x25in* Paris 97

✎ *$1 118 FF6 352 £700* Still life Watercolour 17x24,5cm/*6x9in* London 97

FON WOO Jade 1911-1983 **[12]**

✎ *$1 200 FF6 260 £725* Coit Tower Watercolour/paper 37x53,5cm/*14x21in* San Francisco-Los Angeles 96

FONDA Enrico 1892-1929 **[10]**

👁 *$4 750 FF24 840 £2 810* Paese del Carso Olio/cartone 69x89cm/*27x35in* Trieste 96

FONG Lai XIX-XX **[3]**

👁 *$4 404 FF25 341 £2 600* The "Breadalbane" at Sea Oil/canvas 76,5x107cm/*30x42in* London 97

FONG Lee Man 1913-1988 **[48]**

   $156 912 FF927 360 £97 104 A man with a cockerel and child Oil/cardboard 90x40cm/*35x15in* Singapore 97

   $2 793 FF16 727 £1 716 Spinning Yarn Watercolour/paper 58x45cm/*22x17in* Singapore 98

FONSECA Gonzalo 1922-1997 **[29]**

   $5 000 FF24 260 £3 220 Tabaco Oil/board 4x55cm/*1x21in* New-York 95

   $10 000 FF58 377 £5 949 Constructivo Tempera/board 41,5x84,5cm/*16x33in* New-York 97

   $37 500 FF215 268 £22 860 Nivea saturna vacca Sculpture 29x30x28cm/*11x11x11in* New-York 97

   $600 FF3 112 £390 Plaza Independencia Tinta/papel 17x22cm/*6x8in* Montevideo 96

FONTAINE Alexandre Victor 1815-? **[1]**

   $1 770 FF9 000 £1 057 Les petits dénicheurs Huile/toile 32,5x25cm/*12x9in* Barbizon 96

FONTAINE Pierre François L. 1762-1853 **[62]**

   $3 981 FF24 000 £2 445 Vue du temple de l'Amour à Neuilly-sur-Seine Aquarelle/papier 29,5x47cm/*11x18in* Paris 98

FONTAINE Victor 1837-1884 **[7]**

   $5 500 FF31 321 £3 339 A Rest in a Park Oil/canvas/board 62x43cm/*24x16in* New-York 97

FONTAN Auguste **[17]**

   $3 601 FF20 972 £2 200 Dahlias and chrysanthemums in a vase with a fan and a book on a table Oil/canvas 84,4x109,8cm/*33x43in* London 97

FONTAN Léo 1884-1965 **[17]**

   $2 146 FF11 200 £1 297 Bouquet de fleurs Huile/toile 84x108cm/*33x42in* Bordeaux 96

FONTANA Daniele 1900 **[2]**

   $1 500 FF8 939 £899 "Unione Cooperativa" Poster 140x98cm/*55x38in* New-York 98

FONTANA Ernesto 1837-1918 **[7]**

   $4 800 FF27 200 £2 400 Allegoria Olio/tela 57x63cm/*22x24in* Milano 97

FONTANA Franco 1933 **[7]**

   $381 FF2 211 £225 Praga/London Photograph 36x24cm/*14x9in* Köln 97

FONTANA Giovanni 1821-1893 **[1]**

   $744 FF4 464 £450 The Martyrdom of Saint Peter, after Titian Etching 35,5x25,5cm/*13x10in* London 97

FONTANA Lavinia 1552-1614 **[11]**

   $21 450 FF112 190 £13 000 Portrait of a Boy, holding the paw of a Spaniel on a table Oil/canvas 114,5x95cm/*45x37in* London 96

   $96 000 FF501 000 £58 000 Judith and Holofernes Oil/canvas 176x134cm/*69x52in* London 96

FONTANA Lavinia (Attrib.) 1552-1614 **[7]**

   $6 900 FF39 100 £4 600 Ritratto di dama Olio/tela 66x52,5cm/*25x20in* Prato 97

   $9 100 FF47 500 £5 500 Saint Cecilia Oil/canvas 145x84cm/*57x33in* London 96

FONTANA Lucio 1899-1968 **[720]**

   $14 908 FF88 321 £9 000 Concetto Spaziale Mixed media 62,5x45,5cm/*24x17in* London 97

   $28 350 FF137 200 £18 000 Concetto spaziale, Attese: "Domani vado a Lausanne, Suisse" Waterpaint/canvas 41x35cm/*16x13in* Milano 95

   $166 700 FF874 000 £100 000 Concetto Spaziale, Attesa, Domani vado a Comabbio per decidere si o no Waterpaint/canvas 148x115cm/*58x45in* London 96

   $100 FF569 £60 Serie Rosa, One Serigraph in colors 57x74cm/*22x29in* Chicago, Illinois 97

   $6 299 FF35 698 £4 199 Ritratto Plâtre 31x21,5x24cm/*12x8x9in* Milano 97

   $190 152 FF1 110 037 £115 000 Concetto Spaziale Iron 174x130cm/*68x51in* London 97

   $84 000 FF476 000 £56 000 Concetto spaziale Pastelli 100x79,5cm/*39x31in* Milano 98

FONTANA Pietro 1787-1858 **[2]**

   $11 753 FF66 745 £7 355 Büste der Caroline Bonaparte Murat, Königin von Neapel Marbre H52cm/*H20in* Zürich 97

FONTANA Prospero 1512-1597 **[8]**

   $3 663 FF21 526 £2 200 The Education of King David Wash 14,5x11,5cm/*5x4in* London 97

FONTANA Prospero (Attrib.) 1512-1597 **[5]**

   $30 000 FF170 000 £20 000 Sacra Famiglia con Santa Caterina d'Alessandria Olio/tavola 97x97cm/*38x38in* Prato 98

   $1 999 FF11 822 £1 200 The Fall of Phaeton Wash 11x11,5cm/*4x4in* London 97

FONTANA Roberto 1844-1907 **[5]**

   $3 720 FF21 080 £2 480 Figura femminile Olio/tavola 22,5x14,5cm/*8x5in* Milano 97

   $1 600 FF8 515 £943 Portrait of a lady with a black veil Watercolour/board 28,6x20,6cm/*11x8in* New-

York 97
FONTANAROSA Lucien-Joseph 1912-1975 **[126]**
 $1 835 FF10 500 £1 145 La Salute Huile/isorel 22x33cm/*8x12in* Orléans 97
 $2 720 FF15 500 £1 698 Cavalier berbère au Maroc Huile/toile 33x55cm/*12x21in* Calais 97
 $415 FF2 500 £248 Les quatre filles Crayons couleurs/papier 35x28cm/*13x11in* Neuilly-sur-Seine 98
FONTANESI Antonio 1818-1882 **[10]**
 $3 800 FF19 730 £2 514 Landscape with cattle Oil/canvas 22x33cm/*9x13in* Chicago, Illinois 96
 $282 FF1 648 £167 Paysage près de Régnier Crayon 13,5x20,5cm/*5x8in* Genève 97
FONTANET Noël 1898-1982 **[8]**
 $1 689 FF10 000 £1 010 "Rey & Roux 36 rue du 31 Décembre" Gouache/carton 83x137cm/*32x53in* Paris 97
FONTEBASSO Francesco S. (Attr.) 1709-1769 **[12]**
 $7 970 FF38 600 £5 000 The Penitent Mary Magdalene in the Wilderness Oil/canvas 6x51cm/*2x20in* London 95
 $966 FF6 000 £582 Baptême du Christ Lavis 19x16cm/*7x6in* Paris 98
FONTEBASSO Francesco Salvatore 1709-1769 **[24]**
 $2 000 FF12 187 £1 240 Vision of San Franceso Oil/canvas 35,5x42cm/*13x16in* New-York 98
 $24 477 FF141 243 £15 000 Italianate river landscape with peasants Oil/canvas 53,5x70cm/*21x27in* London 97
 $2 314 FF13 513 £1 400 Sophonisba Etching 28x39,5cm/*11x15in* London 97
 $350 FF2 072 £210 A Study of a Boy's Head in Profile and Study of His Arm Black chalk/paper 19x14cm/*7x5in* New-York 97
FONTEBUONI Anastasio (Attrib.) 1571-1626 **[1]**
 $25 600 FF134 000 £16 800 Diana e Atteone/Il Ratto d'Europa/Il Ratto di Proserpina Olio/rame 20x26,5cm/*7x10in* Roma 96
FONTIJN Pieter 1773-1839 **[4]**
 $8 881 FF50 607 £5 547 Die gekauften Fische Oil/wood 70x86cm/*27x33in* Bremen 97
FONTIROSSI Roberto 1940 **[6]**
 $600 FF3 400 £300 Un Magistrato Olio/cartone/tela 30x20cm/*11x7in* Prato 98
FONVILLE Horace Antoine 1832-1914 **[21]**
 $6 789 FF41 000 £4 124 Hameau de montagne, cascades, bergers et pêcheurs Huile/toile 122x92cm/*48x36in* Lyon 98
FONVISIN Arthur Vladimirovich 1882-1979 **[4]**
 $10 520 FF53 000 £6 800 Alexander Sergeievich Pushkin in a St. Petersburg drawing room Oil/canvas 62x91cm/*24x35in* London 96
FOOKS Ursula M. XX **[5]**
 $548 FF3 253 £340 Pedestrians Linocut in colors 25x17cm/*9x6in* London 97
FOOTE Will Howe 1878-1965 **[20]**
 $550 FF3 201 £333 Sunday Morning Oil/board 30x40cm/*12x16in* Mystic, Connecticut 97
 $13 000 FF78 218 £7 781 Irises Oil/canvas 61,5x61,5cm/*24x24in* Beverly Hills, Calif. 98
FOPPIANI Gustavo 1925-1986 **[19]**
 $902 FF5 232 £563 Nei pressi di Vetulonia Tempera/panneau 50x70cm/*19x27in* Lokeren 97
 $1 850 FF9 650 £1 100 La ragazza di Mostaganem (Algeria) col gatto azzurro Mixed media 29,5x33,5cm/*11x13in* London 96
 $3 300 FF17 250 £1 950 Lungo la costa algerina Collage 50x70cm/*19x27in* Prato 96
FORABOSCO Girolamo (Attrib.) 1604/05-1679 **[1]**
 $3 960 FF20 400 £2 520 Ritratto di dama a mezzo busto Olio/tela 82x68,5cm/*32x26in* Venezia 96
FORAIN Henri 1917 **[6]**
 $1 352 FF7 000 £873 Nu assis Sanguine 33x30cm/*12x11in* Paris 96
FORAIN Jean-Louis 1852-1931 **[451]**
 $192 FF1 150 £118 Etude de danseuses Oil/canvas 34x24cm/*13x9in* Paris 98
 $6 406 FF38 000 £3 917 Femme au boa Huile/toile 74x60cm/*29x23in* Paris 97
 $204 FF1 212 £125 Quartier Juif à Jérusalem Radierung 14,3x19,8cm/*5x7in* Bern 97
 $30 000 FF173 310 £17 607 Dans les coulisses Pastel 71x58,5cm/*27x23in* New-York 97
FORBAT Alfred 1897-1972 **[4]**
 $1 353 FF7 848 £798 Composition Coloured chalks/paper 19x24cm/*7x9in* Zürich 97

FORBES Alexander ?-1839 **[3]**
  $180 FF1 100 £110 Study of Fox's Head Oil/panel 20x30cm/*8x12in* Bournemouth, Dorset 98
FORBES Edwin C. 1839-1895 **[6]**
  $850 FF5 053 £526 Life Studies of the Great Army Etching 48x60cm/*19x24in* Bethesda, Maryland 97
FORBES Elizabeth A.Stanhope 1859-1912 **[29]**
  $14 044 FF85 170 £8 500 Study of a Boy's Head Oil/panel 32,5x23,5cm/*12x9in* London 98
  $24 265 FF138 504 £15 000 June days Oil/canvas 46x35cm/*18x13in* London 97
  $6 363 FF38 990 £3 800 Feeding Time Watercolour, gouache/paper 56x23cm/*22x9in* London 98
FORBES Leyton XIX-XX **[27]**
  $369 FF1 817 £240 Thatched country cottage Watercolour 24x34cm/*9x13in* Bristol, Avon 95
FORBES Stanhope A. (Attrib) 1857-1947 **[3]**
  $14 000 FF81 207 £8 275 Cornish landscape with a farmer leading his horses on a country lane Oil/canvas 76x91cm/*29x35in* San Francisco 97
FORBES Stanhope Alexander 1857-1947 **[90]**
  $5 783 FF35 070 £3 500 Figure on a Deck Oil/canvas/board 29x15,5cm/*11x6in* London 98
  $13 860 FF71 800 £9 000 High Water, Gweek, Cornwall Oil/canvas 51x64cm/*20x25in* London 96
FORBICINI Eliodoro 1533-c.1595 **[1]**
  $1 293 FF7 715 £780 Caricatures of drunken soldiers carousing Ink 15x28cm/*5x11in* London 97
FORBIN de Louis, comte 1777-1841 **[3]**
  $5 180 FF27 000 £3 420 Confrontation d'un Maure & une religieuse par l'Inquisition Valladolid Huile/toile 46x37,5cm/*18x14in* Paris 96
FORCELLA Nicola XIX-XX **[11]**
  $10 180 FF52 000 £6 710 Au café arabe Huile/toile 56x44,5cm/*22x17in* Paris 96
FORD Edward Onslow 1852-1901 **[15]**
  $5 245 FF31 037 £3 200 Folly Bronze H50cm/*H19in* London 98
FORD Henry Chapman 1828-1894 **[6]**
  $2 165 FF12 663 £1 320 A Fallen Tree blocking the Mountain River Huile/toile 86x70cm/*33x27in* Montréal 97
  $4 000 FF23 909 £2 424 Teculote Canyon Oil/canvas 28,5x50cm/*11x19in* San Francisco-Los Angeles 97
FORD Henry Justice 1860-1941 **[15]**
  $583 FF3 376 £350 Prince Gnome sees his Rival's Name Pencil 38x23,5cm/*14x9in* London 97
FORD Ruth van Sickel 1897-1980 **[10]**
  $350 FF2 129 £211 "Street in New Castle, New Hampshire" Watercolour/paper 73x53cm/*29x21in* Elgin, Illinois 98
FORD William c.1820-1886 **[3]**
  $14 046 FF84 371 £8 521 Figures and Sheep Oil/canvas 27x37,5cm/*10x14in* Melbourne 98
FOREAU Henri Louis 1866-1938 **[71]**
  $2 002 FF11 940 £1 242 Idylle am Teich Öl/Leinwand 41x60,5cm/*16x23in* Wien 97
  $496 FF2 800 £304 Vue du parc de Versailles Aquarelle 27x37cm/*10x14in* Paris 97
FOREL Eugène XIX-XX **[5]**
  $5 490 FF27 740 £3 600 "Au cinéma" Oil/canvas 50x65cm/*19x25in* London 96
FOREMAN William XX **[2]**
  $5 015 FF30 159 £3 000 The Loire at Moret Oil/canvas 61x71cm/*24x27in* West Wycombe, Buckinghamshire 98
FOREST de Roy 1930 **[16]**
  $30 000 FF178 041 £18 375 Painter of the Rainforest Acrylic 205,5x244cm/*80x96in* San Francisco-Los Angeles 97
  $350 FF2 094 £214 Untitled Color lithograph 57x76cm/*22x29in* San Francisco-Los Angeles 97
FOREST Pierre 1881-1971 **[23]**
  $1 170 FF7 000 £710 Pins en bord de mer Pastel/papier 26,5x35cm/*10x13in* Paris 97
FORESTIER Auguste 1887-1958 **[1]**
  $22 450 FF115 500 £14 000 Dieu ailé Sculpture, wood H54cm/*H21in* London 96
FORESTIER Étienne XIX-XX **[5]**
  $852 FF5 200 £520 Danseuse à la boule Bronze H46,5cm/*H18in* Paris 98
FORESTIER Henri Claudius 1875-1922 **[12]**
  $1 030 FF5 300 £643 Nature morte de fleurs Huile/toile 39x34cm/*15x13in* Bern 96
FORETAY Alfred 1861-1944 **[11]**
  $26 340 FF135 000 £16 000 "Étoile d'Amour" Marble H114cm/*H44in* London 96

FÖRG Günther 1952 [135]

- *$20 000 FF101 800 £12 000* Lead Painting Oil/panel 211x85cm/*83x33in* New-York 96
- *$40 000 FF239 520 £24 576* Untitled Acrylic 59x40,5cm/*23x15in* New-York 98
- *$237 FF1 361 £144* Ohne Titel Farbradierung 34,5x25cm/*13x9in* Berlin 97
- *$14 000 FF81 348 £8 265* Bronze Relief Bronze 199,5x130x14cm/*78x51x5in* New-York 97
- *$2 922 FF16 739 £1 729* Villa Malaparte, Capri Photograph in colour 50x70cm/*19x27in* Köln 97
- *$1 954 FF11 565 £1 200* Dunkelblau-rote Collage Collage 56x38,3cm/*22x15in* München 98

FORGET Louis 1931 [1]

- *$10 761 FF62 163 £6 633* La gène Lithographie 50x40cm/*19x15in* Montréal 97

FORGIOLI Attilio 1933 [23]

- *$1 619 FF9 178 £1 079* Paesaggio Olio/tela 66x80cm/*25x31in* Milano 97

FORGIONE Tania XX [1]

- *$5 110 FF25 000 £3 286* Éden Huile/toile 80x65cm/*31x25in* Paris 95

FORMIS BEFANI Achille 1832-1905 [10]

- *$2 516 FF14 259 £1 258* Casolari rustici Olio/tavola 57x23cm/*22x9in* Milano 98
- *$6 291 FF35 649 £3 145* Paesaggio montano Olio/tela 31x64cm/*12x25in* Milano 98
- *$1 258 FF7 129 £629* Impressione Carboncino/carta 56x30,5cm/*22x12in* Milano 98

FORNARA Carlo 1871-1968 [12]

- *$14 720 FF77 000 £9 660* Valle Vigezzo Olio/cartone 35x48,5cm/*13x19in* Roma 96
- *$24 000 FF136 000 £16 000* Alti pascoli Olio/cartone 39,5x34,5cm/*15x13in* Roma 97
- *$8 060 FF39 260 £5 070* La formica Carboncino/carta 46,5x63cm/*18x24in* Milano 95

FORNASETTI Piero 1913-1988 [33]

- *$3 450 FF20 658 £2 119* "Autoritratto" Oil/paper/board 73x43cm/*28x16in* Beverly Hills, Calif. 98
- *$10 925 FF65 418 £6 712* "Paesaggio" Pastoral and the Sublime Landscape Mixed media/panel 192,5x84cm/*75x33in* Beverly Hills, Calif. 98
- *$3 220 FF19 281 £1 978* "Scale Theatre" Print 69x84cm/*27x33in* Beverly Hills, Calif. 98
- *$863 FF5 167 £530* "Anitra decorata" Ceramic 26,5x32,5cm/*10x12in* Beverly Hills, Calif. 98
- *$5 750 FF34 431 £3 532* Artist holding a ruler/Artist's Head opening to reveal shelves Ink 28,5x22cm/*11x8in* Beverly Hills, Calif. 98

FORNENBURGH van Jan Baptist I c.1608-1656 [9]

- *$48 200 FF248 600 £31 100* Blumenstrauss mit Tulpen in einer Glasvase Oil/panel 44x35cm/*17x13in* Zürich 96
- *$470 000 FF2 445 000 £311 000* Still life of flowers in a glass vase within a stone niche Oil/panel 107x76cm/*42x29in* New-York 96
- *$26 000 FF159 606 £15 930* Tulips, Forget-me-Nots, Peonies and other Flowers in a Vase Watercolour 34x26cm/*13x10in* New-York 98

FORNEROD Rodolphe 1877-1953 [12]

- *$2 328 FF14 000 £1 393* Portrait de femme devant un voilier Huile/toile 74x92cm/*29x36in* Paris 98

FORRES Agnes Freda XX [1]

- *$11 520 FF59 000 £7 000* Satyr and child Sculpture H90cm/*H35in* London 96

FORREST Charles Ramus 1748-1827 [4]

- *$3 870 FF20 050 £2 500* A picturesque Tour along the Rivers Ganges and Jumna in India Aquatint 32,5x27cm/*12x10in* London 96
- *$2 159 FF12 948 £1 300* Vignette of Sakrigali Pass Between Bengal and Bihar Watercolour 17x23cm/*6x9in* London 98

FORREST James Haughton Capt. 1825-1925 [40]

- *$3 149 FF16 140 £2 010* Boating on the Lake Oil/board 31x45cm/*12x17in* Melbourne 95
- *$6 470 FF33 500 £4 200* Paddle steamer off a rocky coastline Oil/canvas 45,5x61,5cm/*17x24in* London 96

FORREST William 1805-1889 [2]

- *$506 FF2 510 £320* The Great Fall Niagara, after Frederick E. Church Engraving 45x70,5cm/*17x27in* London 95

FORREST William S. XIX [4]

- *$2 603 FF13 000 £1 700* A Stafforsdshire Bull Terrier in a stable Oil/canvas 33x43cm/*13x17in* Nun Monkton, Yorkshire 95
- *$3 350 FF16 900 £2 200* Outside the Kennel/Guarding the Store Oil/canvas 35,5x46cm/*13x18in* London 96

FORRESTALL Thomas de Vany, Tom 1936 [13]

✏ *$748 FF4 510* £452 Country road with house and church Watercolour/paper 38x51cm/*14x20in* Toronto 98
FORRESTER Patricia Tobacco 1940 **[1]**
✏ *$2 750 FF15 752* £1 627 Sunflowers Overhead Watercolour/paper 100,5x305cm/*39x120in* New-York 97
FORSBERG Carl Johan 1868-1938 **[22]**
✏ *$588 FF3 070* £389 On the beach, Fanø Watercolour 49x64cm/*19x25in* København 96
FORSBERG Nils I 1842-1934 **[17]**
$785 FF4 487 £481 Porträtt av Lisa och Berndt Lindholm Oil/canvas 27x23cm/*10x9in* Stockholm 97
$2 709 FF16 067 £1 656 Kvinna vid spegel Oil/canvas 76x64cm/*29x25in* Stockholm 97
FORSETH Einar 1892-1988 **[37]**
$729 FF4 357 £437 Kustlandskap Oil/canvas 60x71cm/*23x27in* Stockholm 98
FORSLUND Jonas 1754-1809 **[6]**
$3 141 FF18 153 £1 936 Grevinnan Christina Augusta Löwenhjelm Oil/canvas 64x53cm/*25x20in* Stockholm 97
✏ *$4 286 FF25 363* £2 633 Porträtt av Grefve Carl Henric von Hermansson Pastel/paper 56x46cm/*22x18in* Stockholm 98
FORSSELL Victor 1846-1931 **[23]**
$2 238 FF13 368 £1 370 Utsikt mot visby ringmur Oil/panel 28x41cm/*11x16in* Stockholm 98
$6 182 FF37 008 £3 806 Vårpromenad - skärgårdsmotiv med blomsterplockande barn Oil/panel 60x48cm/*23x18in* Stockholm 98
✏ *$1 636 FF9 348* £1 002 Berglandskap Pastel 55x73cm/*21x28in* Stockholm 97
FORSTÉN Lennart 1817-1886 **[3]**
$2 815 FF16 623 £1 666 Vinterdag Oil/canvas 43x59cm/*16x23in* Helsinki 97
FÖRSTER Berthold Paul 1851-? **[4]**
$2 294 FF14 093 £1 376 Frühlingabend am Strand von Rügen Oil/canvas 61x35cm/*24x13in* Bremen 98
FORSTER George c.1830-c.1895 **[14]**
$11 000 FF57 100 £7 270 Still Life with Fruit and Bird's Nest Oil/canvas/board 44x54cm/*17x21in* New-York 96
$19 000 FF98 600 £12 560 Still Life with Fruit and Nest of Eggs Oil/panel 42x31cm/*16x12in* New-York 96
FORSTNER Leopold 1878-1936 **[3]**
$7 700 FF39 000 £5 060 Hand Mixed media 62x43cm/*24x16in* Wien 96
FORSYTH William 1854-1935 **[3]**
$2 500 FF14 934 £1 530 A Song of Autumn Oil/board 45,5x60,5cm/*17x23in* New-York 98
FORSYTHE Victor Clyde 1885-1962 **[13]**
$1 800 FF10 968 £1 074 "The Old Mill of Red Mountain" Oil/masonite 76x106cm/*30x42in* Pasadena, California 98
FORT Jean Antoine Siméon 1793-1861 **[3]**
$13 730 FF72 000 £8 260 Vue du Château de Randan, Puy-de-Dôme Huile/toile 45x30,5cm/*17x12in* Monaco 96
✏ *$498 FF3 000* £298 Paysage de montagne à la cascade Aquarelle/papier 15,5x21,5cm/*6x8in* Paris 98
FORT Siméon 1793-1861 **[9]**
✏ *$294 FF1 500* £195 Chalet au bord de la rivière Aquarelle/papier 15,5x21,5cm/*6x8in* Paris 96
FORT Théodore c.1810-? **[42]**
$2 952 FF18 000 £1 771 Chevaux de trait dans la campagne Huile/toile 54x73,5cm/*21x28in* Orléans 98
✏ *$415 FF2 440* £256 Maréchal et Export Aquarelle/papier 16x12cm/*6x4in* Luxembourg 97
FORTE Luca c.1610-c.1680 **[5]**
$71 820 FF420 000 £43 806 Nature morte aux raisins, pommes, figues et fleurs Huile/toile 65x78cm/*25x30in* Paris 97
$180 000 FF1 104 966 £110 286 Still Life with Three Appel, Bunch of Grapes and Dragonfly Oil/copper 15,5x20,5cm/*6x8in* New-York 98
FORTE Luca (Attrib.) c.1610-c.1680 **[3]**
$1 200 FF6 048 £774 La lampara roja Oleo/lienzo 30x40cm/*11x15in* Buenos Aires 96
FORTESCUE William Banks c.1855-1924 **[27]**
$2 305 FF11 800 £1 400 The young seamstress Oil/canvas 71x91,5cm/*27x36in* London 96
$136 020 FF808 179 £83 000 A Ploughing Match, Cornwall Oil/canvas 101,5x183cm/*39x72in* London 98
FORTESCUE-BRICKDALE Eleanor 1871-1945 **[6]**
✏ *$140 000 FF717 000* £85 000 Love and his Couterfeits Watercolour 66x133cm/*25x52in* London 96
FORTI Ettore XIX-XX **[29]**

$2 805 FF16 787 £1 742 Interior con campesina hilando Oleo/tabla 40,5x25,5cm/*15x10in* Madrid 97
$17 000 FF87 380 £10 625 The Serenade Oil/canvas 54x83cm/*21x32in* New-York 96
FORTIER Fr. Alphonse c.1820-1882 **[5]**
$1 184 FF7 000 £732 Vue de l'Hôtel de Ville de Paris depuis la Rive Gauche Tirage papier salé 26,8x38,4cm/*10x15in* Paris 97
FORTIER Natalie 1959 **[8]**
$310 FF1 800 £183 "Le Maître des poissons" Pastel gras/papier 21x13cm/*8x5in* Le Havre 97
FORTIN Marc Aurèle 1888-1970 **[148]**
$2 497 FF14 367 £1 474 Village Scene Oil/panel 23x30cm/*9x11in* Vancouver, BC. 97
$9 500 FF49 400 £6 290 Winter Street Scene Oil/board 39x60cm/*15x23in* Toronto 96
$1 640 FF8 330 £980 Hochelaga Eau-forte 5,5x7,5cm/*2x2in* Montréal 96
$1 422 FF8 267 £847 Portrait de madame Nadon, Ste. Rose, Laval Aquarelle 74x58cm/*29x22in* Montréal 97
FORTUNE Euphemia Charleton 1885-1969 **[10]**
$30 000 FF180 615 £17 949 St. Tropez-Evening Oil/panel 30,5x40,5cm/*12x15in* San Francisco 98
FORTUNEY 1878-1950 **[168]**
$2 970 FF18 000 £1 821 Danseuse Huile/toile 56x38cm/*22x14in* Saint-Germain-en-Laye 98
$432 FF2 200 £259 Maquillage Pastel 24x32cm/*9x12in* Paris 96
FORTUNY Y DE MADRAZO Mariano 1871-1949 **[9]**
$2 600 FF14 977 £1 527 The Gossip Oil/panel 23x17cm/*9x7in* Mystic, Connecticut 97
$4 622 FF27 000 £2 735 L'élégante à la robe verte Aquarelle/papier 47x34cm/*18x13in* Paris 97
FORTUNY Y MARSAL Mariano 1838-1874 **[49]**
$11 000 FF65 398 £6 625 Arab Horseman in a Mountainous Landscape Oil/panel 19,5x35cm/*7x13in* New-York 98
$70 000 FF397 000 £44 000 Paisaje con riachuelo Oleo/lienzo 51,5x122,5cm/*20x48in* Madrid 97
$560 FF3 184 £336 Anachorete Grabado 50x65,5cm/*19x25in* Madrid 97
$4 355 FF25 675 £2 665 Torero descansando Tinta/papel 18x12cm/*7x4in* Madrid 98
FOSCHI Francesco ?-1805 **[18]**
$13 840 FF70 000 £9 070 Le départ, paysage de neige Huile/toile 100,5x132,5cm/*39x52in* Paris 96
$21 075 FF125 000 £12 762 Paysage de neige près d'une rivière avec promeneurs Huile/toile 48x74cm/*18x29in* Paris 97
$28 000 FF154 697 £17 402 Winter landscape Oil/canvas 33x47cm/*12x18in* New-York 97
FOSCHI Francesco (Attrib.) ?-1805 **[3]**
$4 432 FF26 183 £2 754 Schneebedeckte Flusslandschaft im Abendlicht Oil/panel 14x19,5cm/*5x7in* Stuttgart 97
FOSCHI Pier Francesco 1502-1567 **[6]**
$2 000 FF12 106 £1 218 The Entombment Wash 23x18,5cm/*9x7in* New-York 98
FOSIE Johanne Westengård 1726-1764 **[10]**
$1 346 FF8 084 £804 Klassike landskaber med bygninger og ruiner Gouache/paper 24x20cm/*9x7in* København 98
FOSS Harald 1843-1922 **[44]**
$349 FF2 110 £212 Landskab med får Oil/canvas 39x62cm/*15x24in* Viby J, Århus 98
$365 FF2 196 £218 Fiskekutter på fjord Oil/canvas 32x47cm/*12x18in* København 98
FOSS Olivier 1920 **[29]**
$800 FF3 914 £507 Sur la Seine Oil/masonite 46x55cm/*18x21in* New-York 95
FOSS Peter N. 1830-1900 **[2]**
$4 593 FF26 550 £2 841 Marine med skibe ud for den islandske kyst Oil/canvas 46x73cm/*18x28in* København 97
FOSSATI Domenico 1743-1784 **[2]**
$747 FF3 840 £466 Theaterprospekt Wash 30x29cm/*11x11in* Wien 96
FOSSEY Félix 1826-? **[2]**
$9 000 FF55 113 £5 386 Allegorial Figure of the Republic Oil/canvas 65,5x43cm/*25x16in* New-York 98
FOSSOUX Claude 1946 **[50]**
$1 551 FF9 000 £954 Discussion un après-midi d'été Huile/toile 33x46cm/*12x18in* Englos 97
$1 930 FF11 000 £1 205 Bicyclette sous la tonnelle Huile/toile 46x55cm/*18x21in* Lyon 97
FOSTER Benjamin, Ben 1852-1926 **[30]**
$349 FF2 169 £213 Lake Shore in Spring Oil/canvas 17x29cm/*6x11in* Boston, Mass. 97

✎ *$1 500 FF9 311 £899* Cloudy day Oil/board 38x50cm/*15x20in* Mystic, Connecticut 98
FOSTER Birkett 1825-1899 **[34]**
✎ *$44 861 FF256 645 £28 000* Shipping on the Bacino near the Salute, Venice Watercolour 35,5x53,5cm/*13x21in* London 97
FOSTER Hal, Harold R. 1892-1981 **[14]**
✎ *$2 250 FF13 395 £1 375* Discussion between Arabian notability and an old man Watercolour/board 49,5x37cm/*19x14in* New-York 98
FOSTER Myles Birket 1825-1899 **[266]**
✎ *$2 675 FF16 070 £1 623* Figures and Dog by a Creek Oil/canvas 29x39cm/*11x15in* Melbourne 98
✎ *$11 625 FF59 025 £7 500* Perth Watercolour 14,5x20cm/*5x7in* Auchterarder, Perthshire 96
FOSTER Myles Birket (Attr.) 1825-1899 **[7]**
✎ *$651 FF3 347 £420* In the Corn Fields Watercolour 8,5x11cm/*3x4in* London 96
FOSTER William Frederick 1883-1953 **[8]**
✎ *$800 FF4 816 £478* Standing Nude Oil/canvas 112x66cm/*44x25in* San Francisco 98
FOSTER William Gilbert 1855-1924 **[15]**
✎ *$23 662 FF135 527 £14 000* The Return from Harvest Oil/canvas 107x183cm/*42x72in* London 97
FOTHERGILL George Algernoon 1868-? **[8]**
✎ *$1 495 FF8 893 £900* "After Thought", a Light bay Racehorse in a Loosebox Watercolour 54x72,5cm/*21x28in* London 97
FOUACE Guillaume R. 1827-1895 **[36]**
✎ *$5 930 FF31 000 £3 530* Nature morte aux pommes Huile/toile 27,5x35cm/*10x13in* Cherbourg 96
✎ *$6 551 FF41 000 £4 120* Nature morte aux cerises Huile/toile 47x66,5cm/*18x26in* Cherbourg 97
✎ *$32 760 FF200 000 £19 640* Nu allongé Huile/toile 114x188cm/*44x74in* Paris 98
FOUBERT Émile L. 1848-1911 **[19]**
✎ *$2 474 FF12 000 £1 594* Lavandières Huile/panneau 33x41cm/*12x16in* Pontoise 95
FOUCHÉ Nicolas 1653-1733 **[3]**
✎ *$80 000 FF479 040 £48 960* Portrait of Marie de Lorraine (1674-1724) and her younger sister Oil/canvas 98x131cm/*38x51in* New-York 97
FOUCHÉ Nicolas (Attrib.) 1653-1733 **[1]**
✎ *$4 018 FF24 137 £2 400* Portrait of a Lady in a Blue Dress Embroidered with Gold Oil/canvas 81x65cm/*31x25in* London 98
FOUCHÉ Paul **[1]**
✎ *$2 126 FF12 000 £1 294* Le roc fleuri de l'Estérel Aquarelle/papier 74,5x120cm/*29x47in* Paris 97
FOUCOU Jean Joseph (Attrib) 1739-1815 **[2]**
✎ *$22 000 FF132 930 £13 217* Bacchante Playing Cymbals Marble H155cm/*H61in* San Francisco 98
FOUGASSE Cyril K. Bird 1887-1965 **[9]**
✎ *$870 FF4 315 £550* "Careless Talk Costs Lives" Poster 32x20cm/*12x7in* London 95
FOUGERON André 1913 **[27]**
✎ *$1 128 FF6 800 £692* La ruée au métro, (Paris le soir) Huile/toile 81x60cm/*31x23in* Paris 98
FOUGSTEDT Arvid 1888-1949 **[30]**
✎ *$1 920 FF9 510 £1 220* Öländskt sommarlandskap med Don Quijote Oil/canvas 33x46cm/*12x18in* Stockholm 95
✎ *$4 651 FF27 842 £2 858* "Utsikt" Oil/canvas 66x47cm/*25x18in* Stockholm 98
✎ *$1 181 FF5 860 £751* Kvinna med hinkar i landskap Akvarell 59x47cm/*23x18in* Stockholm 95
FOUILLÉ Georges 1909-1994 **[13]**
✎ *$1 201 FF6 100 £789* Trois-mâts en fuite sous petite voilure Gouache 52x79cm/*20x31in* Versailles 96
FOUJITA Léonard Tsuguharu 1886-1968 **[940]**
✎ *$52 000 FF297 481 £31 709* Nu à la chaise Oil/canvas 45,5x38cm/*17x14in* New-York 97
✎ *$54 000 FF308 572 £33 080* Fillette à la croix Oil/canvas 33x23cm/*12x9in* New-York 97
✎ *$1 372 FF8 200 £839* "4me Bal de l'A.A.A.A Les Cheveux Longs" Affiche 121x79cm/*47x31in* Orléans 98
✎ *$8 000 FF41 400 £5 350* Le couple Watercolour/paper 24x24cm/*9x9in* New-York 96
FOULD Consuelo 1862-1927 **[2]**
✎ *$60 000 FF354 822 £36 402* Les salamandres Oil/panel 225x141cm/*88x55in* New-York 98
FOULLON Lucille 1775-1865 **[2]**
✎ *$4 490 FF27 000 £2 686* Autoportrait au chevalet et à la palette Huile/toile 115x88cm/*45x34in* Paris 98
FOUQUERAY Charles D. 1869/72?-1956 **[72]**
✎ *$1 404 FF8 000 £862* L'entrée au port Huile/toile 84x65cm/*33x25in* Pontoise 97

🖋 *$9 009 FF52 380 £5 500* The Maharaja's Arrival Oil/canvas 153x120cm/*60x47in* London 97
✏ *$363 FF1 900 £217* "Les signaux" Aquarelle/papier 30x23cm/*11x9in* Provins 96
FOUQUET Louis Vincent 1803-1863 **[9]**
✏ *$1 987 FF11 800 £1 213* Rue animée dans une ville d'Orient Aquarelle, gouache/papier 27x18cm/*10x7in* Le Touquet 98
FOUQUIERES Jacques 1580-1659 **[9]**
🖋 *$17 340 FF87 700 £11 380* Bewaldete Flusslandschaft mit Reisenden Öl/Kupfer 15x19cm/*5x7in* Wien 96
🖋 *$20 850 FF125 000 £12 600* Les Joies de l'hiver Huile/toile 82x112cm/*32x44in* Paris 98
FOUQUIERES Jacques (Attrib.) 1580-1659 **[9]**
🖋 *$5 012 FF31 000 £2 985* Paysage lacustre dans la campagne Flamande Huile/panneau 47x62cm/*18x24in* Paris 98
🖋 *$16 389 FF100 671 £9 831* Bäuerinnen auf einem Waldweg/Edelmann mit Pferd und Hunden am Waldrand Oil/wood 25x17cm/*9x6in* Köln 98
FOURASTIE XX **[8]**
🎬 *$290 FF1 800 £174* "Pickpocket" Affiche 160x120cm/*62x47in* Paris 98
FOURIE Albert-Auguste 1854-? **[6]**
🖋 *$2 904 FF17 864 £1 771* A la fontaine Huile/toile 55x46cm/*21x18in* Bruxelles 98
FOURIER Adèle XVIII-XIX **[1]**
✏ *$10 408 FF59 306 £6 500* Vue de la Maison Impériale/Vue du Kiosk/Vue de la Prairie/Vue, etc.. Watercolour 30,5x47cm/*12x18in* London 97
FOURMOIS Théodore 1819-1871 **[41]**
🖋 *$1 000 FF5 963 £620* Sheep Amidst Ruins Oil/canvas 33x45cm/*13x18in* New-York 97
🖋 *$4 231 FF25 249 £2 619* Campagne Huile/toile 58x83cm/*22x32in* Bruxelles 97
FOURNIER Alain A. 1931-1983 **[129]**
🖋 *$175 FF1 000 £107* Le violoncelliste Huile/toile 100x81cm/*39x31in* Calais 97
🖋 *$718 FF3 500 £456* Le parc Huile/toile 97x131cm/*38x51in* Le Touquet 95
FOURNIER Alexis Jean 1865-1948 **[29]**
🖋 *$1 100 FF6 727 £652* Autumn Twilight Oil/board 16x21cm/*6x8in* Washington 98
🖋 *$6 500 FF33 700 £4 220* Return on the Flock Oil/canvas 58,5x74cm/*23x29in* San Francisco-Los Angeles 96
FOURNIER Alfred Victor 1872-1924 **[13]**
🖋 *$684 FF4 000 £420* Port-Croh Huile/toile 35x45,5cm/*13x17in* Paris 97
🖋 *$4 074 FF21 000 £2 700* Jeunes Bretonnes en conversation devant la ville close Huile/toile 38x55cm/*14x21in* Brest 96
FOURNIER Charles 1803-1854 **[6]**
🖋 *$8 246 FF48 000 £5 044* Jeunes filles de la Légion d'Honneur Huile/toile 82x65cm/*32x25in* Paris 97
FOURNIER Gabriel 1893-1963 **[33]**
🖋 *$1 062 FF5 500 £710* Fleurs dans un vase d'apothicaire Huile/toile 83x54cm/*32x21in* Neuilly 96
🖋 *$1 770 FF9 000 £1 057* Le château de Duingt face à Talloires, sur le Lac d'Annecy Huile/carton 24x33cm/*9x12in* Grenoble 96
FOURNIER Hippolyte XIX-XX **[3]**
🖋 *$8 650 FF50 000 £5 370* La jeune mère Huile/toile 134,9x167cm/*53x65in* Paris 97
FOUS Jean 1901-1971 **[78]**
🖋 *$278 FF1 400 £180* Musiciens Huile/toile 27x35cm/*10x13in* Saint-Germain-en-Laye 96
FOWERAKER Alexander Moulton 1873-1942 **[59]**
🖋 *$1 960 FF10 010 £1 300* The peach orchard, Granada, Spain Oil/canvas 71x92cm/*27x36in* Billingshurst, West Sussex 96
✏ *$1 894 FF9 310 £1 200* A French shepherdess among the silver birches Watercolour 53x36cm/*20x14in* London 95
FOWLER Daniel 1810-1894 **[17]**
✏ *$357 FF1 825 £216* Italian landscape Watercolour/paper 20x30cm/*7x11in* Calgary, Alberta 96
FOWLER Robert 1853-1926 **[34]**
🖋 *$325 FF1 990 £200* A Country Road Oil/canvas/board 30,5x42cm/*12x16in* London 98
🖋 *$1 012 FF6 042 £620* Boat off the Coast Oil/canvas 40x54cm/*15x21in* Billingshurst, West Sussex 97
✏ *$4 740 FF23 200 £3 000* Classical figures with masks Watercolour 70,5x120,5cm/*27x47in* London 95
FOWLER William I 1761-1832 **[4]**
✏ *$3 003 FF18 322 £1 800* View of Huaheine/View of Moorea, After J. Cleveley Watercolour/paper

44x59cm/*17x23in* London 98
FOWLES Arthur Wellington c.1815-1883 **[25]**
  $5 420 FF32 460 £3 240 Racing Yacht Huile/toile 28x36cm/*11x14in* Antwerpen 98
  $6 707 FF36 101 £4 000 The Royal Flotilla arriving Off Osborne prior to Queen Victoria's Oil/canvas
51x76cm/*20x29in* London 97
FOX Edwin M. c.1820-c.1880 **[8]**
  $8 000 FF41 800 £4 830 Hunters at Grass Oil/canvas 71x91,5cm/*27x36in* New-York 96
FOX Emanuel Phillips 1865-1915 **[40]**
  $12 687 FF77 839 £7 899 French Market/A Peasant Woman Holding Vegetables Oil/wood
34,5x27cm/*13x10in* Melbourne 97
  $14 926 FF91 576 £9 294 North African Market Oil/canvas/board 36x44,5cm/*14x17in* Melbourne 97
FOX Ethel Carrick 1867-1952 **[37]**
  $2 795 FF16 326 £1 654 European Streetscape Oil/board 27,5x22cm/*10x8in* Melbourne 97
  $2 888 FF16 860 £1 718 Crysanthemums and Autumn Leaves Oil/canvas/board 49x39cm/*19x15in*
Melbourne 97
FOX Henry Charles 1855-1929 **[179]**
  $299 FF1 849 £180 Cattle Watering in a Farmyard Pond Watercolour 28x38cm/*11x14in* Billingshurst, West
Sussex 98
FOX John Shirley c.1860-1939 **[12]**
  $816 FF4 997 £486 Sheep in the Scottish Highlands Oil/canvas 61x92cm/*24x36in* Amsterdam 98
  $1 750 FF8 750 £1 133 And When Did You Last See Your Father ? Watercolour 44x70cm/*17x27in* St.
Petersburg, Florida 96
FOX Robert Atkinson 1860-1927 **[10]**
  $7 500 FF45 843 £4 589 Rams in Mountainscape Oil/canvas 76x50cm/*30x20in* Detroit, Michigan 98
FOX Sarah Anna XIX **[1]**
  $1 152 FF6 993 £700 The Flora of Tonedale Near Wellington, Somerset Watercolour 22x12,5cm/*8x4in*
London 98
FRACANZANO Francesco 1612-c.1656 **[2]**
  $30 000 FF165 747 £18 645 Head of Saint-Peter Oil/canvas 63x49cm/*24x19in* New-York 97
FRACÉ Charles 1926 **[7]**
  $11 671 FF70 098 £7 000 "Uno" Oil/canvas 46x58,5cm/*18x23in* London 98
FRAGIACOMO Pietro 1856-1922 **[33]**
  $2 000 FF11 876 £1 221 Gondolas on the Canal Oil/canvas/board 23x30,5cm/*9x12in* Boston, Mass. 98
  $36 348 FF205 972 £18 174 Veduta di Burano Olio/tela 35x60cm/*13x23in* Milano 98
  $1 197 FF5 870 £780 Marina veneziana Acquarello/carta 10,5x20cm/*4x7in* Milano 95
FRAGONARD Alexandre E. (Attr.) 1780-1850 **[7]**
  $8 500 FF48 488 £5 226 Paris and Helen Oil/canvas 53,5x63,5cm/*21x25in* New-York 97
FRAGONARD Alexandre Évariste 1780-1850 **[42]**
  $6 852 FF40 000 £4 144 Deux époux relisant leur correspondance amoureuse Huile/toile
50x61cm/*19x24in* Paris 97
  $252 FF1 506 £152 Landschaft mit Bauernhäusern Pencil/paper 12,5x20cm/*4x7in* Köln 97
FRAGONARD Jean-Honoré 1732-1806 **[104]**
  $24 330 FF120 000 £15 800 Portrait d'enfant Huile/panneau 20x16,5cm/*7x6in* Paris 95
  $1 645 000 FF8 200 000 £1 077 000 Le Lever, deux jeunes femme jouant sur un lit avec un petit chien
Huile/toile 74x59cm/*29x23in* Paris 95
  $1 004 FF5 753 £613 Figures des Contes de la Fontaine Copper engraving 19,5x13,7cm/*7x5in* Hamburg 97
  $15 000 FF92 080 £9 190 Saint Phar bowing to Queen Aline of Golconde at her Court Ink 22,5x17cm/*8x6in*
New-York 98
FRAGONARD Jean-Honoré (Attrib) 1732-1806 **[14]**
  $1 455 FF9 000 £866 Paysage Lavis/papier 13x19,5cm/*5x7in* Paris 98
FRAGONARD Marie Anne Gérard 1745-1823 **[2]**
  $6 506 FF37 914 £4 000 A young girl, wearing a blue-bordered straw hat Miniature 7x5,4cm/*2x2in*
London 97
FRAGONARD Théophile Evariste 1806-1876 **[8]**
  $1 601 FF9 500 £979 Scène galante Huile/toile 23,8x32cm/*9x12in* Paris 97
  $3 592 FF22 000 £2 142 Scène galante au bord d'une fontaine Gouache/papier 41x33cm/*16x12in*
Argenteuil 98
FRAGUIER de Armand Gabriel 1803-1873 **[4]**

$11 504 FF66 731 £6 800 Odalisque au Narghile Oil/canvas 62x107cm/*24x42in* London 97
FRAI Felicita Lustig 1914 **[9]**
$510 FF2 890 £255 Volto Acquarello/carta 46x35cm/*18x13in* Vercelli 98
FRAICHOT Claude Joseph 1732-1803 **[6]**
$41 527 FF245 000 £25 431 Buffet d'huîtres, coquillages et écrevisses/Pots de fleurs Huile/toile 70,5x95cm/*27x37in* Cheverny 98
FRAIKIN Charles Auguste 1817-1893 **[5]**
$1 300 FF8 069 £783 Venus and Cupid Bronze H56cm/*H22in* Boston, Mass. 98
$27 670 FF165 692 £17 000 "Comme grand-père" Marble H178cm/*H70in* London 98
FRAIKIN Maxime XIX-XX **[5]**
$389 FF2 200 £245 "Pneu-vélo Michelin, indéchirables, Rue de Tarbes..." Affiche 110x79cm/*43x31in* Paris 97
FRAILE ALCALDE Alfonso 1930-1988 **[18]**
$1 815 FF10 862 £1 100 Bodegón Oleo/lienzo 81x60cm/*31x23in* Madrid 98
$14 173 FF86 128 £8 503 "120 personajes No.7" Técnica mixta/papel 130x110cm/*51x43in* Madrid 98
FRAIPONT Gustave 1849-1923 **[25]**
$163 FF900 £100 "Bagnole-de-l'Orne" Affiche 106x75cm/*41x29in* Versailles 97
FRAMPTON George 1860-1928 **[12]**
$18 330 FF92 800 £12 000 Peter Pan Bronze H48cm/*H18in* London 96
FRAMPTON Reginald Edward 1870-1923 **[12]**
$20 326 FF118 110 £12 000 St. Catherine Oil/canvas 68,5x122cm/*26x48in* London 97
$9 773 FF57 088 £6 000 Spring Watercolour 34x39,5cm/*13x15in* London 97
FRAN-BARO 1926 **[88]**
$785 FF4 500 £464 Côtes d'Armor, le port Dahouet Huile/toile 22x27cm/*8x10in* Calais 97
$1 010 FF6 000 £616 Jeune fille et son oiseau apprivoisé Huile/toile 46x38cm/*18x14in* Le Touquet 98
FRANÇAIS Anne 1909 **[32]**
$646 FF3 800 £398 "Saint Jean de Luz, Thoniers au port" Huile/toile 81x100cm/*31x39in* Anglet 97
FRANÇAIS François Louis 1814-1897 **[75]**
$413 FF2 500 £246 Paysage du pont Huile/carton/toile 18x24cm/*7x9in* Saint-Dié 97
$3 282 FF20 113 £1 960 Bauernhaus am Bachufer Oil/canvas 72,5x55cm/*28x21in* Dresden 98
$297 FF1 800 £177 Le ramasseur de fagot Crayon/papier 41x32cm/*16x12in* Saint-Dié 97
FRANCALANCIA Riccardo 1886-1965 **[14]**
$3 795 FF21 505 £1 897 Paesaggio Olio/tela 43x61cm/*16x24in* Milano 98
FRANCE Eurilda Loomis 1865-1931 **[12]**
$875 FF5 339 £525 Portrait of a Woman with a Green Vase Oil/canvas 68,5x51,5cm/*26x20in* Washington 98
FRANCÉS AGRAMUNT José 1868-1951 **[83]**
$528 FF3 176 £328 Segadora Oleo/lienzo 64x46cm/*25x18in* Madrid 97
$1 980 FF11 910 £1 230 Calle de Alcalá Oleo/tabla 20x32cm/*7x12in* Madrid 97
$224 FF1 273 £137 Tipos populares Acuarela/papel 56x42cm/*22x16in* Madrid 97
FRANCESCHI de Mariano 1849-1896 **[13]**
$1 500 FF8 705 £886 Mediterranean Fishing Village Oil/canvas 53x81cm/*21x32in* Bethesda, Maryland 97
$3 310 FF17 030 £2 000 The Arab Street market Oil/panel 23x33,5cm/*9x13in* London 96
$1 231 FF7 255 £735 Peasants Outside Monument Watercolour/paper 71,5x50cm/*28x19in* Melbourne 97
FRANCESCHI dei Paolo Fiam.(Attrib.) c.1540-1596 **[2]**
$390 FF2 300 £241 Diane et Actéon Pierre noire 20x27cm/*7x10in* Paris 97
FRANCESCHI dei Paolo Fiammingo c.1540-1596 **[5]**
$17 170 FF88 300 £10 700 Saint Dominic supervising Artisans constructing a Church Oil/canvas 98x138cm/*38x54in* Wien 96
FRANCESCHI Louis Julien, Jules 1825-1893 **[4]**
$2 682 FF16 042 £1 628 Venus seated Bronze H59cm/*H23in* Amsterdam 97
$11 000 FF55 000 £7 120 Woman seated on a sphinx Bronze H96cm/*H37in* New-York 96
FRANCESCHINI IL VOLTERRANO Baldassare 1611-1689 **[39]**
$22 900 FF114 100 £15 000 Diana resting Oil/canvas 58x66cm/*22x25in* London 95
$1 840 FF8 970 £1 168 Hand- und Buchstudien Red chalk/paper 26,4x37,8cm/*10x14in* Köln 95
FRANCESCHINI IL VOLTERRANO Baldassare (Attrib.) 1611-1689 **[8]**

$7 699 FF45 000 £4 698 Adoration des bergers Pierre noire 43x52,5cm/*16x20in* Paris 97
FRANCESCHINI Marcantonio 1648-1729 **[20]**
$19 200 FF108 800 £9 600 Diana e le sue ninfe Olio/tela 83x113cm/*32x44in* Firenze 98
$106 800 FF533 000 £70 000 Tarquin and Lucretia Oil/canvas 184x184cm/*72x72in* London 95
$3 430 FF17 700 £2 200 Two embracing Nymphs Red chalk 15,8x18,7cm/*6x7in* London 96
FRANCESCHINI Marcantonio (Attrib) 1648-1729 **[7]**
$7 010 FF36 200 £4 500 Venus and Cupid Oil/canvas 23,5x31,5cm/*9x12in* London 96
$8 700 FF49 300 £5 800 La cena in casa di Marta Olio/tela 79x104cm/*31x40in* Firenze 97
$30 000 FF165 654 £18 720 The Drunkeness of Pan Oil/canvas 113x147cm/*44x57in* New-York 97
FRANCESCHINI Vincenzo 1680-c.1750 **[1]**
$700 FF3 635 £463 Veduta di una parte di Lung'Arno..., after Zocchi Engraving 51,5x69,5cm/*20x27in* New-York 96
FRANCESCHINI Vincenzo (Attrib.) 1812-1884 **[1]**
$2 050 FF10 720 £1 344 Ponte Maddaloni a Caserta Olio/tela 32x40cm/*12x15in* Roma 96
FRANCESCO di Gabriele XV **[1]**
$81 000 FF459 000 £40 500 San Pietro e San Paolo/San Tommaso di Canterbury e Santo Martire Tempera/tavola 148x40cm/*58x15in* Milano 98
FRANCESCONI Anselmo 1921 **[2]**
$720 FF4 080 £480 Madre e figlio Inchiostro 32,5x23cm/*12x9in* Milano 98
FRANCESE Franco 1920-1996 **[31]**
$2 400 FF13 600 £1 600 Imbarco Olio/tela 55,5x46,5cm/*21x18in* Prato 97
$3 300 FF18 700 £1 650 Imbarco Olio/tela 39,5x40cm/*15x15in* Milano 97
$12 512 FF65 492 £8 211 "Agnelli di Kronstadt" Olio/tela 115x155cm/*45x61in* Milano 96
$1 173 FF6 647 £586 Volto di ragazza/Ragazza allo specchio Carboncino/carta 35x40cm/*13x15in* Milano 98
FRANCHERE Joseph Charles 1866-1921 **[38]**
$732 FF3 750 £474 Portrait de femme Huile/toile 26x21cm/*10x8in* Montréal 95
FRANCHI Alessandro 1838-1914 **[1]**
$6 217 FF35 955 £3 847 Dame bei der Toilette Öl/Leinwand 90x112cm/*35x44in* Wien 97
FRANCHI Antonio (Attrib.) 1634-1709 **[2]**
$2 890 FF17 000 £1 783 La tentation Huile/toile 64x81cm/*25x31in* Laval 97
FRANCHI Antonio Lucchese 1634-1709 **[4]**
$2 400 FF13 600 £1 600 Baccante Olio/tela/tavola 21,5x15cm/*8x5in* Prato 98
$1 675 000 FF8 100 000 £1 050 000 Temple of Venus Oil/canvas 260x321cm/*102x126in* London 95
FRANCHI Cesare c.1580-1615 **[3]**
$2 750 FF16 649 £1 675 The Stoning of St. Stephen Wash 25,5x18cm/*10x7in* New-York 98
FRANCHI Cesare (Attrib.) c.1580-1615 **[1]**
$2 600 FF12 830 £1 680 The Holy Family Ink 19,5x18cm/*7x7in* New-York 96
FRANCHI Rossello di Jacopo c.1377-1456 **[3]**
$48 600 FF248 000 £32 000 Saint Francis receiving the Stigmata Oil/panel 68x20cm/*26x7in* London 96
FRANCHINA Nino 1912-1988 **[9]**
$3 145 FF17 822 £1 572 Senza titolo Fer H70cm/*H27in* Roma 98
FRANCHOYS Lucas II (Attrib.) 1616-1681 **[6]**
$1 888 FF9 632 £1 120 Study of a Bishop Holding a Model of a Church Chalks/paper 31x26,5cm/*12x10in* Amsterdam 96
FRANCIA Alexandre Thomas 1813-1884 **[25]**
$3 362 FF19 627 £2 000 The Dunes in Calais Oil/panel 46x59,5cm/*18x23in* London 97
$8 130 FF48 750 £4 980 Marine Huile/bois 35x43cm/*13x16in* Antwerpen 97
$1 022 FF5 850 £604 Vues de ville d'eau Aquarelle/papier 28x37cm/*11x14in* Bruxelles 97
FRANCIA Francesco Raibolini 1450-1517 **[1]**
$250 845 FF1 485 150 £150 000 The Madonna and Child in a landscape Oil/panel 54x42,6cm/*21x16in* London 97
FRANCIA François Thom. Louis 1772-1839 **[23]**
$823 FF4 690 £500 View of the Acropolis, Athens Ink 19x28,5cm/*7x11in* London 97
FRANCIA Giacomo Raibolini c.1486-1557 **[8]**
$28 840 FF147 300 £19 000 The Madonna and Child Oil/panel 56x42cm/*22x16in* London 96
FRANCILLON René 1878-1973 **[10]**

$1 300 FF6 800 £774 Winter in Schleissheim Oil/canvas/panel 41x30cm/*16x11in* Hamburg 96
$181 FF1 070 £108 Winter in Bayern Etching, aquatint in colors 15,5x22cm/*6x8in* München 97
FRANCIS John 1780-1861 **[1]**
$7 050 FF36 860 £4 200 Bust of Lord John Russell Marble H73cm/*H28in* London 96
FRANCIS John Deffett 1815-1901 **[4]**
$6 500 FF36 973 £3 978 Little Red Riding Hood Oil/canvas 121x81cm/*47x31in* New-York 97
FRANCIS John F. 1808-1886 **[14]**
$850 FF5 053 £526 Portrait of Siblings Oil/canvas 75x61cm/*29x24in* Philadelphia 97
FRANCIS Mark 1962 **[5]**
$3 141 FF18 339 £1 900 Untitled, Monoprint Ink/paper 78x78cm/*30x30in* London 97
FRANCIS Sam 1923-1994 **[728]**
$9 064 FF53 636 £5 568 Ohne Titel (Grüne Hand auf rotem Grund) Acrylic/canvas 34,7x27cm/*13x10in* München 98
$15 744 FF90 225 £9 762 Untitled Acrylic/paper/canvas 94x185cm/*37x72in* New-York 97
$21 850 FF131 231 £13 048 Untitled, Los Angeles Acrylic/canvas 46x38cm/*18x14in* San Francisco 98
$2 131 FF12 407 £1 303 Blue blood stone Farblithographie 84x63cm/*33x24in* München 97
$330 000 FF1 598 000 £212 000 Untitled Gouache/paper 151x112cm/*59x44in* New-York 95
FRANCIS Thomas Edward XIX-XX **[14]**
$398 FF2 074 £250 Summer landscape with cattle grazing Watercolour 27x38cm/*11x15in* Aylsham, Norfolk 96
FRANCISCI de Anthony 1887-1964 **[4]**
$3 130 FF16 030 £1 900 Moon and Clouds Bronze H59cm/*H23in* London 96
FRANCISCO John Bond 1863-1931 **[14]**
$2 000 FF11 750 £1 201 "Sunset, Ca, 1915" Oil/canvas 50x40cm/*20x16in* Altadena, CA 97
FRANCK Albert Jacques 1899-1973 **[21]**
$583 FF3 040 £385 Archway on Hazelton Ink 51x60cm/*20x23in* Toronto 96
FRANCK Christoffel Frederik 1758-1816 **[1]**
$17 749 FF101 589 £10 483 Sportsman and Travellers halting at an Inn in a Wood Oil/canvas 87x101cm/*34x39in* Amsterdam 97
FRANCK Lucien 1857-1920 **[7]**
$4 592 FF26 160 £2 880 La fagne Huile/toile 60x80cm/*23x31in* Antwerpen 97
$1 320 FF7 516 £809 Le boulevard Mine plomb 23x27cm/*9x10in* Liège 97
FRANCK Philipp 1860-1944 **[35]**
$6 519 FF38 487 £3 860 Havelbrücke (Postdam) Öl/Leinwand 64x76cm/*25x29in* Berlin 97
$57 525 FF330 238 £35 072 Wannseegarten Öl/Leinwand 121x140,5cm/*47x55in* Berlin 97
$130 FF678 £76 Hügelige Landschaft Radierung 24,3x29,4cm/*9x11in* Berlin 96
FRANCK Robert 1924 **[13]**
$3 750 FF23 193 £2 234 Yom Kippur, East River, New York City Gelatin silver print 28x35,5cm/*11x13in* San Francisco 98
FRANCK-L. 1945 **[4]**
$15 101 FF86 000 £9 270 Étirement Bronze 49x90x155cm/*19x35x61in* L'Isle-Adam 97
FRANCKEN Ambrosius I (Attrib) 1544-1618 **[7]**
$4 460 FF22 000 £2 900 Prédication de Saint Jean Baptiste Huile/panneau 72x105cm/*28x41in* Paris 95
$15 000 FF92 080 £9 190 Man Being Brought Before a Judge/Craftsmen Working Metal Oil/panel 212,5x73cm/*83x28in* New-York 98
FRANCKEN Ambrosius II ?-1632 **[5]**
$8 290 FF47 940 £5 130 Der Maler mit seinem Modell: Allegorie der Malerei Oil/copper 31x25cm/*12x9in* Wien 97
$9 317 FF55 000 £5 516 L'Adoration des Rois Mages Huile/panneau 37x47cm/*14x18in* Lyon 97
FRANCKEN Ambrosius II (Attr.) ?-1632 **[1]**
$4 625 FF27 000 £2 797 L'Adoration des Mages Huile/panneau 32x43cm/*12x16in* Paris 97
FRANCKEN Frans I 1542-1616 **[5]**
$26 100 FF135 000 £16 920 Crucifixion Huile/toile 75x122cm/*29x48in* Paris 96
FRANCKEN Frans I (Attrib.) 1542-1616 **[5]**
$70 800 FF400 000 £44 560 Le rêve Huile/cuivre 45x67cm/*17x26in* Paris 97
FRANCKEN Frans II 1581-1642 **[106]**

☞ *$8 728 FF50 338 £5 200* The Adoration of the Shepherds Oil/copper 31x24,5cm/*12x9in* London 97
☞ *$18 549 FF109 890 £11 000* Christ and Saint Veronica Oil/panel 136,5x115cm/*53x45in* London 97
☞ *$24 870 FF143 820 £15 390* Das Hochzeitsfest eines Königs Oil/wood 59x82cm/*23x32in* Wien 97
FRANCKEN Frans II (Attrib.) 1581-1642 **[26]**
☞ *$4 353 FF26 149 £2 600* The Crucifixion Oil/copper 28x22cm/*11x8in* London 98
☞ *$12 730 FF66 000 £8 270* La magicienne Circé expliquant à Médée le secret de ses philtres Huile/panneau 51x62cm/*20x24in* Paris 96
FRANCKEN Frans II (Cercle) 1581-1642 **[1]**
☞ *$5 026 FF28 639 £3 078* Vielfigurige Kreuzigungsszene Oil/panel 73x105cm/*28x41in* Köln 97
FRANCKEN Frans III 1607-1667 **[15]**
☞ *$9 150 FF48 000 £5 510* Le Golgotha Huile/panneau 4,5x58cm/*1x22in* Paris 96
☞ *$10 751 FF62 504 £6 565* Diana nach der Jagd Oil/wood 62,5x64cm/*24x25in* Wien 97
FRANCKEN Frans III (Attrib.) 1607-1667 **[3]**
☞ *$6 848 FF40 000 £4 204* Idolâtrie de Salomon Huile/toile 48x62cm/*18x24in* Reims 97
FRANCKEN Hiëronymus I 1540-1610 **[1]**
☞ *$2 055 FF12 000 £1 243* La Vierge à l'Enfant Huile/cuivre 22x17,5cm/*8x6in* Paris 97
FRANCKEN Hiëronymus II 1578-1623 **[3]**
☞ *$6 224 FF38 128 £3 760* Die Krönung Mariens Oil/panel 64x48cm/*25x18in* Wien 98
FRANCKEN Hiëronymus III 1611-? **[2]**
☞ *$11 160 FF57 800 £7 200* Die Werke der Barmherzigkeit Öl/Leinwand 55x81,5cm/*21x32in* Wien 96
FRANCKEN Ruth 1924 **[14]**
✍ *$10 810 FF66 000 £6 481* Homme, 2 chaises de forme anthropomorphe Sculpture H104cm/*H40in* Paris 98
FRANCKENSTEIN van Johann Edler Goll 1722-1785 **[4]**
✐ *$474 FF2 410 £284* A waggon on a country road near Haarlem Wash 19,7x24,6cm/*7x9in* Amsterdam 96
FRANCKY BOY Sevehon 1954 **[41]**
☞ *$416 FF2 100 £273* La girafe Huile/toile 50x66cm/*19x25in* Paris 96
FRANCO CORDERO José XIX-XX **[8]**
☞ *$1 480 FF8 060 £880* Paisaje Oleo/lienzo 75x40cm/*29x15in* Madrid 97
FRANCO Giovanni Battista 1510-1580 **[10]**
▱ *$422 FF2 203 £247* Die Hl. Familie Engraving 24,8x18,4cm/*9x7in* Berlin 96
✐ *$7 497 FF44 334 £4 500* Profile study of Crouching Male Nude Black chalk 33x22,5cm/*12x8in* London 97
FRANCO IL SEMOLEI Giovan. Batt. (Att.) 1498-1561 **[3]**
✐ *$254 FF1 500 £157* Pandore ? Dessin 13x6,5cm/*5x2in* Paris 97
FRANCO IL SEMOLEI Giovanni Battista 1498-1561 **[17]**
▱ *$1 814 FF10 709 £1 074* Der hl. Johannes d. Täufer in der Wüste predigend Kupferstich 28,5x18cm/*11x7in* Berlin 97
✐ *$2 700 FF13 330 £1 746* Study of the head of a man Black chalk 7,5x6,2cm/*2x2in* New-York 96
FRANCO Nelson 1948 **[2]**
☞ *$4 000 FF22 792 £2 450* Coalision Oil/canvas 76x60cm/*30x24in* Bethesda, Maryland 97
FRANÇOIS Alphonse 1814-1888 **[1]**
✍ *$3 950 FF19 400 £2 500* Floraison d'églantines Aquarelle, gouache 34,5x26cm/*13x10in* Zürich 95
FRANÇOIS Célestin 1787-1846 **[3]**
☞ *$10 278 FF60 000 £6 216* L'atelier du peintre Huile/toile 48x55cm/*18x21in* Lille 97
FRANÇOIS Georges, Géo 1880-1968 **[17]**
▱ *$275 FF1 600 £162* "P.L.M, Briancon, Gite d'étape de la Route des Alpes" Affiche 108x78cm/*42x30in* Paris 97
FRANÇOIS Guy 1578-1650 **[2]**
☞ *$99 300 FF518 000 £60 000* The Adoration of the Shepherds Oil/canvas 190x146cm/*74x57in* London 96
FRANÇOIS Joseph 1759-1851 **[16]**
☞ *$1 960 FF10 030 £1 270* Automne Huile/toile 50x85cm/*19x33in* Bruxelles 95
FRANÇOIS Joseph Charles 1851-1940 **[34]**
☞ *$1 144 FF6 528 £700* De Schaapherder Oil/canvas 50x70cm/*19x27in* Lokeren 97
FRANÇOIS Pierre Joseph 1759-1851 **[2]**
☞ *$14 970 FF75 000 £9 460* De Tand (intérieur de cuisine) Huile/panneau 62,5x78,5cm/*24x30in* Lokeren 95
FRANDSEN Erik August 1956 **[21]**
✍ *$632 FF3 106 £403* Figurkomposition Mixed media/paper 100x70cm/*39x27in* København 95
FRANDSEN Frands 1885-1979 **[52]**

$163 FF966 £98 Graven 2, Århus Oil/panel 35x27cm/*13x10in* Viby J, Århus 98
FRANGIAMORE Salvatore 1853-1915 **[16]**
$8 788 FF51 332 £5 200 The gossips Oil/canvas 46,5x62,2cm/*18x24in* London 97
FRANGIPANE Niccolo 1555-1600 **[2]**
$13 000 FF67 600 £8 600 Christ carrying the Cross Oil/panel 53x45cm/*20x17in* New-York 96
FRANGIPANE Niccolo (Attrib.) 1555-1600 **[2]**
$15 180 FF77 500 £10 000 A young bearded man with a flute Oil/canvas 66x54cm/*25x21in* London 96
$25 200 FF142 800 £16 800 Cristo portacroce e la Veronica Olio/tela 153x190,5cm/*60x75in* Prato 97
FRANK Edvard 1909-1972 **[39]**
$521 FF3 084 £320 Häuser mit Bäumen Watercolour, gouache/paper 19,4x32,2cm/*7x12in* München 98
FRANK Franz 1897-1986 **[15]**
$2 511 FF15 085 £1 506 Gehöft Öl/Karton 38x45,5cm/*14x17in* Stuttgart 98
$1 103 FF5 750 £667 Südländische Landschaft Aquarell 28,5x39cm/*11x15in* Stuttgart 96
FRANK Friedrich 1871-1945 **[67]**
$656 FF3 808 £388 St.Michael in der Wachau Aquarell/Papier 12x14cm/*4x5in* Wien 97
FRANK Hans 1884-1948 **[37]**
$1 216 FF7 167 £751 Stallinneres mit Stier Öl/Karton 51x61cm/*20x24in* Wien 97
$3 236 FF16 900 £1 926 "Kleines Sträusschen" Öl/Karton 43x31,5cm/*16x12in* Wien 96
$200 FF1 164 £123 Two Swans Print in colors 30x35cm/*12x14in* Cincinnati, Ohio 97
FRANK Jean-Michel 1893-1941 **[1]**
$33 831 FF210 000 £20 286 Pied de lampe avec deux anses volutées et ajourées Plâtre H45cm/*H17in* Paris 98
FRANK Josef 1873-? **[4]**
$1 503 FF8 716 £897 The Connoisseur Oil/panel 29,5x19,5cm/*11x7in* Amsterdam 97
FRANK Leo 1884-1948 **[19]**
$2 251 FF13 319 £1 335 Blumenstrauss mit Lilien, Stiefmütterchen und Zinnien Öl/Karton 39x33cm/*15x12in* Wien 97
$7 220 FF36 540 £4 740 "Sommer am Mondsee" Öl/Karton 48x64cm/*18x25in* Wien 96
$199 FF1 190 £119 Raubvögel im Hochgebirge Woodcut in colors 30x25cm/*11x9in* Wien 98
FRANK Lucien 1857-1920 **[153]**
$267 FF1 559 £158 Roeibootje in het riet Oil/panel 14x17,5cm/*5x6in* Den Haag 97
$4 336 FF25 968 £2 640 Vue portuaire Huile/toile 40x56cm/*15x22in* Bruxelles 97
$1 219 FF7 317 £733 Paysage Gouache/papier 43x53cm/*16x20in* Bruxelles 98
FRANK Mary 1933 **[13]**
$2 750 FF16 608 £1 648 Flower Terracotta H62cm/*H24in* New-York 98
FRANK Robert 1924 **[216]**
$3 500 FF18 050 £2 320 Coney Island, 4th of July Gelatin silver print 18x26cm/*7x10in* New-York 96
FRANK William Arnee 1808-1897 **[10]**
$348 FF1 814 £210 Waterfall, Bettys-Coed, North Wales Watercolour 47x68cm/*18x26in* Bristol, Avon 96
FRANK-BOGGS 1855-1926 **[351]**
$300 FF1 566 £181 Montbazon, Tourraine Oil/panel 14x15cm/*5x6in* Bolton, Mass. 96
$5 058 FF30 000 £3 090 Honfleur Huile/toile 39x56cm/*15x22in* Rennes 98
$7 700 FF46 000 £4 710 Carcassonne Huile/toile 113x160cm/*44x62in* Saint-Étienne 98
$1 245 FF6 500 £753 Paris: La Seine au Louvre Aquarelle 26x45cm/*10x17in* Paris 96
FRANK-KRAUSS Robert 1893-1950 **[31]**
$887 FF5 054 £543 Ein nähender alter Mann Oil/panel 21x16cm/*8x6in* Köln 97
FRANK-WILL 1900-1951 **[505]**
$1 732 FF8 400 £1 116 Le Marché aux Fleurs et la Conciergerie Huile/toile 33x24cm/*12x9in* Pontoise 95
$3 142 FF18 000 £1 859 Amiens, la cathédrale Huile/toile 54x65cm/*21x25in* Calais 97
$489 FF3 000 £299 Londres, Towerbridge Aquarelle/papier 45x54cm/*17x21in* Arles 98
FRANKE Albert Julius 1860-1924 **[15]**
$6 020 FF29 340 £3 820 Im Studierzimmer des Prälaten Oil/panel 41,5x55cm/*16x21in* Köln 95
$24 400 FF123 300 £16 000 An Arab market by a city gate Oil/panel 24x36cm/*9x14in* London 96
FRANKE Hanny, Joh. Emil 1890-1973 **[20]**
$793 FF4 685 £470 Portrait des Georg Dietz in Sommerlandschaft Oil/panel 24x17cm/*9x6in* Frankfurt 97
FRANKE Johann Heinrich Chr. 1738-1792 **[1]**

☞ *$59 600 FF311 000* £36 000 Marc Antoine de La Haye de Launay seated in an interior with his wife Oil/canvas 111x146cm/*43x57in* London 96
FRÄNKEL Clemens 1872-1944 **[19]**
☞ *$643 FF3 682* £380 Hochgebirgsdorf in den Dolomiten Öl/Karton 17x23cm/*6x9in* Kempten 97
FRANKEN Jan 1878-1959 **[3]**
✏ *$1 390 FF8 330* £829 Jongetje bij een trommel, een auto en een trompet Watercolour/paper 35x34cm/*13x13in* Rotterdam 98
FRANKEN PZN J. 1896-1977 **[4]**
☞ *$2 420 FF12 270* £1 576 Lente, a peasant couple Oil/canvas 94x75cm/*37x29in* Amsterdam 96
FRANKEN von Paul 1818-1884 **[3]**
☞ *$16 286 FF92 851* £10 000 The Gateway to an Eastern town Oil/canvas 85,5x68cm/*33x26in* London 97
FRANKENTHALER Helen 1928 **[188]**
☞ *$6 000 FF29 050* £3 850 April VIII Oil/paper 36x43cm/*14x16in* New-York 95
☞ *$24 000 FF124 300* £16 040 Travelogue II Acrylic/canvas 67x72cm/*26x28in* New-York 96
☞ *$45 000 FF268 177* £27 594 "Ramparts" Acrylic/canvas 208,5x220,5cm/*82x86in* New-York 98
▭ *$2 200 FF13 173* £1 351 Connected by joy Etching, aquatint 41x53cm/*16x21in* Chicago, Illinois 98
FRANKL Franz 1881-1940 **[22]**
☞ *$739 FF4 389* £459 Das Geburtstagsständchen Oil/panel 58x42cm/*22x16in* Wien 97
FRANKL Gerhard 1901-1965 **[26]**
☞ *$23 500 FF120 200* £15 070 "Blick auf Salzburg III" Öl/Leinwand 48,5x56cm/*19x22in* Wien 96
▭ *$386 FF1 950* £253 "Ober St. Veit" Etching 14,5x19,5cm/*5x7in* Wien 96
✏ *$2 980 FF14 700* £1 936 Wien Ink/paper 38x54,5cm/*14x21in* Wien 95
FRANKOT Roel 1911-1986 **[7]**
☞ *$742 FF4 392* £445 Pewits on the beach Oil/canvas 38x46cm/*14x18in* Amsterdam 97
FRANQUE Jean-Pierre 1774-1860 **[3]**
☞ *$23 300 FF120 500* £15 030 Retrato de Francisca Ma. de Orleans, Mademoiselle de Blois (1677-1749) Oleo/lienzo 111x98cm/*43x38in* Madrid 96
FRANQUELIN Jean Augustin 1798-1839 **[11]**
☞ *$4 100 FF24 639* £2 478 Mother and Child at a Well Oil/panel 62x54cm/*24x21in* New-York 98
FRANQUIN André 1924-1997 **[18]**
▭ *$399 FF2 400* £239 Marsupilami observant le chasseur de papillon Sérigraphie couleurs 70x55cm/*27x21in* Paris 98
✏ *$5 025 FF29 000* £3 079 "La Bande à Spirou" Encre Chine/papier 25x36cm/*9x14in* Paris 97
FRANZ Ettore Roesler 1845-1907 **[51]**
✏ *$11 210 FF54 300* £7 200 Il Tevere a Monte Brianzo, Roma Watercolour 57x76cm/*22x29in* London 95
FRANZ Franz Drappier, dit 1948 **[4]**
✏ *$224 FF1 100* £143 "Graine de jockey" (pour Soir de Jeunesse, 1973) Encre Chine 50x37cm/*19x14in* Paris 95
FRANZ JOSEPH I. Kaiser v. Österreich 1830-1916 **[1]**
✏ *$4 340 FF21 920* £2 845 Ländliche figurale Szene bei einem Brunnen Pencil 23x34,5cm/*9x13in* Wien 96
FRANZEN John Erik 1942 **[31]**
☞ *$17 860 FF103 761* £10 543 Free Oil/canvas 57x57cm/*22x22in* Stockholm 97
✏ *$1 570 FF8 974* £962 Hund Indian ink 40,5x33cm/*15x12in* Stockholm 97
FRAPPA José 1854-1904 **[21]**
☞ *$6 000 FF30 840* £3 750 Les musiciens du cirque Oil/canvas 64x54,5cm/*25x21in* New-York 96
✏ *$1 592 FF9 800* £967 Femme au canapé Pastel/carton 80x100cm/*31x39in* Paris 98
FRASCATI Giulio XIX **[1]**
☞ *$2 366 FF14 595* £1 487 Oysters and Champagne/Fruit and tea Oil/panel 32x26cm/*12x10in* Amsterdam 97
FRASCONI Antonio 1919 **[13]**
▭ *$499 FF2 587* £324 Muelle de pescadores Grabado 44x61cm/*17x24in* Montevideo 96
FRASER Alexander, Jnr. 1825-1899 **[36]**
☞ *$757 FF4 593* £449 Children by a thatched Cottage Oil/canvas 24,5x33,5cm/*9x13in* Glasgow 98
☞ *$3 500 FF19 931* £2 124 Thatched Cottages in a Hilly Landscape Oil/canvas 76x107cm/*29x42in* New-York 97
✏ *$1 301 FF7 583* £800 Highland cottage, Glen Falloch Watercolour 31,5x46cm/*12x18in* West Lothian 97
FRASER Alexander, Snr. 1786-1865 **[13]**

⌒ $1 375 FF8 337 £820 The Fisherman's Family Oil/board 22x29cm/*8x11in* Bath 97
FRASER Arthur Anderson 1861-1904 **[25]**
✐ $693 FF3 420 £450 A Moorland road at dusk/After the storm Watercolour 17x37cm/*6x14in* London 95
FRASER Charles 1782-1860 **[4]**
⌒ $12 000 FF72 072 £7 197 Falls of Niagara, Canada View Oil/canvas 48x66cm/*19x26in* Philadelphia 98
FRASER Claud Lovat 1890-1921 **[21]**
✐ $420 FF2 550 £249 The Fair Day Charcoal 19,5x34,5cm/*7x13in* Glasgow 98
FRASER Donald Hamilton 1929 **[80]**
⌒ $283 FF1 663 £169 Beach Scene Oil/board 24x29cm/*9x11in* Sydney 97
⌒ $2 125 FF12 695 £1 300 Vertical Night Landscape Oil/paper 54x32,5cm/*21x12in* London 98
✐ $1 135 FF6 610 £700 Venice - the Salute, Dusk Watercolour 25,5x40,5cm/*10x15in* London 97
FRASER Frederick Gordon XIX-XX **[28]**
✐ $135 FF815 £85 Cottage on the norfolk broads and companion Watercolour 25x44cm/*9x17in* West Midlands 97
FRASER George Gordon c.1820-1895 **[9]**
✐ $906 FF5 433 £550 Blackberrying Watercolour 32x24,5cm/*12x9in* Billingshurst, West Sussex 98
FRASER James Earle 1876-1953 **[16]**
⛏ $2 100 FF12 470 £1 282 Theodore Roosevelt as a Rough Rider Bronze H23cm/*H9in* Boston, Mass. 98
⛏ $180 000 FF1 025 064 £111 006 The End of the Trail Bronze H84cm/*H33in* Dallas, Texas 97
FRASER John 1858-1927 **[23]**
⌒ $2 443 FF14 018 £1 500 Close-hauled on the open sea Oil/canvas 38x76cm/*14x29in* London 97
⌒ $2 451 FF14 677 £1 500 The Chapman Light/Loading the Boat Oil/panel 18x25cm/*7x9in* Billingshurst, West Sussex 97
⌒ $7 836 FF46 783 £4 800 Vasco Da Gama Rounding the Cape Oil/canvas 97x168,5cm/*38x66in* London 97
✐ $967 FF5 000 £627 Canot de pêcheur dans une crique Aquarelle 54x78cm/*21x30in* Paris 96
FRASER John Arthur 1838-1898 **[8]**
⌒ $11 870 FF62 000 £7 070 Mount Sir Donald From the Lake road Oil/canvas 76x56cm/*29x22in* Toronto 96
✐ $1 407 FF8 558 £855 A Trout Stream Watercolour/paper 46x33cm/*18x12in* Toronto 98
FRASER John Simpson c.1840-c.1900 **[4]**
✐ $1 005 FF5 719 £620 Young Girl with Terrier Dog on a Beach Watercolour 50x38cm/*20x15in* Aylsham, Norfolk 97
FRASER Malcolm 1869-1949 **[10]**
⌒ $4 671 FF28 644 £2 800 The Close of a Winter's Day Oil/canvas 51x76cm/*20x29in* London 98
✐ $1 045 FF6 026 £622 Young Woman Drinking Cocoa Watercolour/paper 28x21cm/*11x8in* New-York 97
FRASER Robert Winchester 1848-1906 **[42]**
✐ $899 FF5 350 £550 Sunset on the River at Abingdon Watercolour 25,5x54,5cm/*10x21in* London 98
FRASER Robert Winter 1872-1930 **[35]**
✐ $670 FF3 250 £420 Early Spring Watercolour 27x39cm/*11x15in* London 95
FRASER William A. c.1840-1925 **[1]**
📷 $8 000 FF41 300 £5 300 A Wet Night, Colombus Circle, New York Gelatin silver print 33x25cm/*13x10in* New-York 96
FRASSI Pietro 1706-1778 **[1]**
✐ $1 140 FF5 820 £750 A seated male nude Black chalk 25,9x38,7cm/*10x15in* London 96
FRATER William 1890-1974 **[34]**
⌒ $889 FF5 420 £552 Farm House Oil/board 50x60cm/*19x23in* Melbourne 97
FRATIN Christophe 1800-1864 **[163]**
⛏ $400 FF2 446 £237 Two Foxes Gilded bronze 7x11cm/*3x4in* Washington 98
⛏ $12 000 FF71 216 £7 350 Lampadaire à gaz avec les attributs de la chasse Bronze H236cm/*H92in* New-York 97
FRATINI Renato XX **[2]**
▥ $2 673 FF16 369 £1 600 "From Russia With Love, Starring Sean Connery" Poster 76x102cm/*29x40in* London 98
FRATREL Joseph I 1730-1783 **[5]**
▥ $423 FF2 210 £252 Der Handel/Die Schiffahrt Etching 12x9cm/*4x3in* Hamburg 96
FRATTA Domenico Maria 1696-1763 **[11]**
✐ $1 375 FF6 850 £900 Christ healing the Centurion's Servant Ink/paper 38,4x26,8cm/*15x10in* London 95

Calendar & auction results: Internet www.artprice.com   Minitel 3617 ARTPRICE

FRAU José 1898-1976 **[33]**
$1 925 FF10 945 £1 210 Paisaje de La Rabida Oleo/lienzo 46x67cm/*18x26in* Madrid 97
FRAZER William Miller 1864-1961 **[97]**
$434 FF2 336 £260 "Compton Bishop, Somerset" Oil/panel 25,5x35cm/*10x13in* Billingshurst, West Sussex 97
$630 FF3 283 £380 The Stream Oil/canvas 46x36cm/*18x14in* Glasgow 96
FRAZETTA Frank 1928 **[19]**
$1 700 FF10 107 £1 022 Johny Comet Ink/paper 63x43cm/*25x17in* New-York 97
FRAZIER Luke XX **[3]**
$3 600 FF17 172 £2 264 Circle of Life Oil/board 15x24cm/*5x9in* Hayden 95
$5 000 FF25 200 £3 226 Soft Winter Light Oil/board 60x76cm/*24x30in* Hayden 96
FRECHKOP Leonid 1897-1982 **[98]**
$203 FF1 188 £120 Spaanse danseres Oil/cardboard 18x12cm/*7x4in* Den Haag 97
FRÉCHON Charles 1856-1929 **[38]**
$5 560 FF27 000 £3 586 L'église sous la neige Huile/panneau 31x41cm/*12x16in* Paris 95
$11 991 FF70 000 £7 252 Paysage Huile/toile 65x81cm/*25x31in* Rouen 97
FRÉCHON Émile XIX-XX **[1]**
$6 429 FF37 291 £3 800 Landscapes/Portraits Gelatin silver print 17x12cm/*7x5in* London 97
FRECKELTON Sondra 1936 **[2]**
$3 250 FF18 616 £1 923 Begonia and Corner Cupboard Watercolour 104x92cm/*40x36in* New-York 97
FREDDIE Vilhelm 1909-1995 **[138]**
$975 FF5 742 £601 Opstilling Oil/canvas 56x95cm/*22x37in* København 97
$1 104 FF6 602 £675 Landscape Oil/panel 28x46cm/*11x18in* København 97
$427 FF2 482 £263 Siesta Color lithograph 73x53cm/*28x20in* Viby J, Århus 97
$3 126 FF18 173 £1 908 Tête Bronze H18cm/*H7in* København 97
$845 FF4 415 £510 Komposition Watercolour 37x24cm/*14x9in* København 96
FREDENTHAL David 1914-1958 **[7]**
$4 000 FF23 909 £2 424 Mist in the Mountains Oil/canvas/panel 76,2x101,6cm/*29x40in* San Francisco-Los Angeles 97
$2 249 FF12 840 £1 390 Man resting Charcoal/paper 43x56cm/*16x22in* New-York 97
FREDERIC Léon 1856-1940 **[57]**
$953 FF4 780 £603 Zomerlandschap Huile/panneau 29x44,5cm/*11x17in* Lokeren 95
$1 291 FF6 370 £839 Route à Nafraiture Huile/toile/panneau 38x58cm/*14x22in* Bruxelles 95
FREDERICKS Ernest 1877-1927 **[22]**
$750 FF3 895 £497 Edgebrook Oil/canvas 60x91cm/*24x36in* Chicago, Illinois 96
FREDERICKS Marshall Maynard 1908-? **[19]**
$10 000 FF59 172 £6 101 "Freedom of the Human Spirit" Bronze H69cm/*H27in* Bloomfield Hills, Michigan 98
$11 500 FF60 000 £6 950 Study for the Cleveland War Memorial fountain Bronze H94cm/*H37in* Bloomfield Hills, Michigan 96
FREDOU Jean Martial 1711-1795 **[7]**
$2 253 FF13 800 £1 344 Jeune garçon en veste verte Huile/toile 46x38cm/*18x14in* Paris 98
$8 230 FF50 000 £4 955 Portrait d'un jeune garçon au château de cartes Pastel/papier 47x39cm/*18x15in* Paris 98
FREDRIKS Jan Hendrik 1751-1817 **[5]**
$47 000 FF271 054 £28 000 Roses, Tulip, Peony Marigolds, Hollyhocks, Anemones, Forget-me-nots Oil/metal 74,5x59,5cm/*29x23in* London 97
FREDSBERG Olof (Attrib.) 1725-1795 **[2]**
$1 253 FF7 524 £760 Allegorisktmotiv Oil/canvas 34x42cm/*13x16in* Stockholm 98
FREEDMAN Barnett 1901-1958 **[11]**
$613 FF3 700 £380 15-Inch Gun Turret, H.M.S. Repulse Lithograph 70,5x97,5cm/*27x38in* London 97
FREEMAN Don 1908-1978 **[32]**
$8 000 FF47 789 £4 898 Summer Night in the Old Neighbourhood Oil/canvas 76x91,5cm/*29x36in* New-York 98
$140 FF811 £82 Tender Exit Offset 17x21cm/*7x8in* Bethesda, Maryland 97
FREEMAN Mark 1908-1975 **[6]**
$749 FF4 480 £458 "Manhattan Backdrop" Lithograph 49x35,5cm/*19x13in* San Francisco-Los Angeles 97
FREEMAN Richard A. 1932-1991 **[19]**

$375 FF1 920 £228 Bottom Gate Oil/masonite 20x25cm/*7x9in* Calgary, Alberta 96
$1 310 FF6 830 £866 Bringin'em in Oil/board 51x76cm/*20x29in* Calgary, Alberta 96
FREEMAN Will. Philip Barnes 1813-1897 **[13]**
$413 FF2 413 £250 New Mills, Norwich Oil/canvas 30x40cm/*12x16in* Aylsham, Norfolk 97
FREER Henry Branston XIX-XX **[8]**
$524 FF3 013 £320 Medway Barge Race Watercolour/paper 13x29cm/*5x11in* London 97
FREGEVIZE Frédéric 1770-1849 **[7]**
$6 835 FF40 634 £4 181 Gebirgslandschaft mit tanzenden und musizierenden Bauern Öl/Leinwand 81,5x102cm/*32x40in* Bern 97
$20 540 FF107 300 £12 420 Rendez-vous pour les vêpres/Rentrée du bétail à la ferme Huile/panneau 20,5x31cm/*8x12in* Genève 96
FREI Hans 1868-1947 **[37]**
$2 554 FF13 230 £1 650 Amazone mit Speer Relief 34x28cm/*13x11in* Zofingen 96
FREIJMUTH Alphons 1940 **[9]**
$1 435 FF7 520 £863 Untitled Oil/canvas 61x86cm/*24x33in* Amsterdam 96
FREILICHER Jane 1924 **[4]**
$1 300 FF6 780 £817 Flowers, tea cup and spoon on a table Pastel/paper 60x47cm/*23x18in* New-York 96
FREIMAN Lillian 1908-1986 **[21]**
$905 FF5 407 £543 "Pas de deux" Mixed media/paper 47x43cm/*18x16in* Calgary, Alberta 98
FREIST Greta 1904-1993 **[18]**
$4 160 FF21 720 £2 476 Mur-Mauer Öl/Leinwand 44,5x57,5cm/*17x22in* Wien 96
$1 640 FF9 556 £1 008 Ohne Titel Pastell/Papier 36x30cm/*14x11in* Wien 97
FREIXAS CORTES Jordi 1917-1984 **[9]**
$544 FF3 200 £336 "La tapia Xipressos i l'esglesia Tiana" Oleo/tablex 46x38cm/*18x14in* Madrid 97
FREIXAS Emilio 1899 **[9]**
$303 FF1 817 £179 Partido de polo Crayon/papier 42x29cm/*16x11in* Madrid 98
FRÉLAUT Jean 1879-1954 **[174]**
$2 862 FF17 000 £1 734 La cour de ferme Huile/carton 50x66cm/*19x25in* Brest 97
$81 FF500 £48 Voeux de Naissance Eau-forte 11,5x16cm/*4x6in* Quimper 98
$218 FF1 300 £133 La charette de foin sur le chemin Fusain 26x22cm/*10x8in* Brest 98
FRÉMIET Emmanuel 1824-1910 **[256]**
$2 110 FF12 621 £1 281 Braque Bronze H25cm/*H9in* Montréal 97
FREMINET Martin 1567-1619 **[3]**
$34 973 FF205 478 £21 000 Mars Wearing a plumed Helmet/A Putto playing a Viola da Gamba Ink 27x17cm/*10x6in* London 97
FREMOND André XIX-XX **[17]**
$200 FF1 000 £131 "Fête des Fleurs" Affiche 79,5x58,5cm/*31x23in* Boulogne 96
FRENCH Annie 1872-1965 **[34]**
$2 149 FF12 884 £1 300 Moonfairy Wash 21x13cm/*8x5in* Glasgow 97
FRENCH Daniel Chester 1850-1931 **[6]**
$5 000 FF26 100 £3 020 "Narcissa" Bronze H31,5cm/*H12in* New-York 96
$30 000 FF154 500 £19 200 "George Washington", a bronze equestrain group Bronze H82cm/*H32in* New-York 96
FRENCH George W. 1882-1963 **[1]**
$4 000 FF23 081 £2 451 "Thundering On" 1920s Photograph 32x39,5cm/*12x15in* New-York 97
FRENCH Jared 1905 **[6]**
$185 000 FF1 079 345 £113 331 The double Tempera/board 57x78cm/*22x30in* New-York 97
$3 500 FF20 920 £2 121 Head of a boy/Study for "In the Dolls Cove" Mixed media/paper 21,6x15,2cm/*8x5in* San Francisco-Los Angeles 97
FRENCH Leonard William 1928 **[19]**
$7 110 FF36 700 £4 710 The Machine Oil/board 91x60cm/*35x23in* Melbourne 96
$11 850 FF61 100 £7 840 Still life Oil/board 40x35cm/*15x13in* Melbourne 96
$521 FF3 132 £311 Study for Bird Tower Mixed media/paper 28,5x24cm/*11x9in* Melbourne 98
FRENCH Percy 1854-1920 **[24]**
$3 786 FF23 074 £2 260 Sunset in the West Watercolour/paper 17x24,5cm/*6x9in* London 98
FRENCH William Percy 1845-1920 **[24]**

✏ $3 184 FF19 273 £1 900 A Coastal Landscape at Dusk Bodycolour 16x24cm/*6x9in* London 97
FRENEL Yitzhak 1899-1981 **[24]**
🎨 $500 FF2 760 £312 Safed Oil/canvas 21x26cm/*8x10in* Tel Aviv 97
FRENKEL Yitzhak 1899-1981 **[37]**
🎨 $1 000 FF5 837 £604 Galilee, landscape and figures Oil/panel 20x28cm/*7x11in* Tel Aviv 97
🎨 $1 200 FF7 130 £732 Twilight in Galilee Oil/board 36,5x45cm/*14x17in* Tel Aviv 98
FRERE Ch. Th., Bey (Attr.) 1814-1888 **[1]**
🎨 $2 959 FF18 000 £1 800 A Street in Constantinople Oil/panel 24,5x17cm/*9x6in* London 98
FRERE Ch. Théodore, Bey 1814-1888 **[148]**
🎨 $7 000 FF36 000 £4 364 Sunset at Oasis Oil/panel 20x30cm/*8x12in* Chicago, Illinois 96
🎨 $14 193 FF85 298 £8 500 Pyramids at Gizeh Oil/canvas 38,5x46,5cm/*15x18in* London 98
🎨 $42 679 FF245 000 £26 019 Caravansérail au Caire Huile/toile 98x131cm/*38x51in* Dijon 97
✏ $3 916 FF20 000 £2 580 Alger vue des hauteurs Encre 41x83cm/*16x32in* Paris 96
FRERE Charles Édouard 1837-1894 **[8]**
🎨 $2 743 FF13 870 £1 800 A young girl painting Oil/panel 31,5x23,5cm/*12x9in* London 96
🎨 $2 800 FF16 345 £1 665 Children and a Donkey in a Field Oil/canvas 44,5x71cm/*17x27in* New-York 97
FRERE Pierre Édouard 1819-1886 **[33]**
🎨 $7 939 FF46 433 £4 843 Kissing Baby Huile/panneau 25,5x20cm/*10x7in* Montréal 97
✏ $2 286 FF11 560 £1 500 Learning to knit Watercolour 37,5x29cm/*14x11in* London 96
FRERICHS Wilhelm Charles Ant. 1829-1905 **[15]**
🎨 $6 500 FF38 393 £4 039 Crow's Nest on the Hudson Oil/canvas 76x123cm/*29x48in* Boston, Mass. 97
FRESQUET Guillem 1914-1991 **[8]**
✏ $201 FF1 200 £120 Toreando Acuarela/papel 34x24cm/*13x9in* Madrid 97
FREUD Lucian 1922 **[81]**
🎨 $380 995 FF2 257 105 £230 000 Portrait of a Man Oil/canvas 33x24cm/*12x9in* London 97
🎨 $5 300 000 FF31 660 610 £3 248 370 Large Interior W 11, after Watteau Oil/canvas 185x198cm/*72x77in* New-York 98
▦ $4 500 FF26 897 £2 754 Head and Shoulders Etching 38x41,5cm/*14x16in* San Francisco-Los Angeles 97
✏ $16 630 FF86 300 £11 000 Head of a Girl Chalks/paper 18x13cm/*7x5in* London 96
FREUDENBERGER Sigismond 1745-1801 **[44]**
▦ $540 FF3 214 £330 Le Bon Père oder le retour du faucheur Etching 18,8x14,4cm/*7x5in* Bern 98
✏ $2 093 FF12 454 £1 280 Les chanteuses du mois de mai Watercolour 15,7x20,5cm/*6x8in* Bern 98
FREUDENBERGER Sigismond (Attrib.) 1745-1801 **[4]**
🎨 $2 262 FF11 500 £1 350 Sapho Huile/panneau 29x21cm/*11x8in* Paris 96
✏ $1 302 FF6 400 £830 Bauernfamilie beim Kartenspiel Aquarell 30,5x39,5cm/*12x15in* Zürich 95
FREUDENTHAL Peter 1938 **[38]**
🎨 $1 452 FF7 250 £948 At His Feet Oil/canvas 100x65cm/*39x25in* Stockholm 95
FREUND Fritz 1859-1942 **[5]**
🎨 $50 000 FF296 735 £30 625 Die Schneeballschlacht Oil/canvas 100,5x160cm/*39x62in* New-York 97
FREUND Gisèle 1912 **[21]**
📷 $600 FF3 500 £370 "Jean Cocteau", planche 114 Photo couleur 30x40cm/*11x15in* Paris 97
FREUNDLICH Otto 1878-1943 **[24]**
🎨 $5 200 FF27 150 £3 140 Untitled Oil/canvas 16,5x18cm/*6x7in* Amsterdam 96
▦ $1 720 FF10 050 £1 018 Komposition Woodcut 37,2x26,5cm/*14x10in* Köln 97
✏ $539 FF3 220 £330 Komposition Pencil/paper 16x13,5cm/*6x5in* Zürich 98
FREY Alice 1895-1981 **[70]**
🎨 $572 FF2 965 £372 Femme en robe bleue Huile/panneau 17x13cm/*6x5in* Antwerpen 96
🎨 $1 360 FF6 770 £866 Enfants dans la rue Huile/toile 50x60cm/*19x23in* Antwerpen 95
✏ $318 FF1 647 £207 Alice Frey nue dans son atelier Dessin 23x17cm/*9x6in* Antwerpen 96
FREY Eugène 1864-1930 **[6]**
🎨 $668 FF4 000 £399 Quai à Paris Huile/toile 33x46cm/*12x18in* Nancy 98
FREY Johann J. (Attrib.) 1813-1865 **[3]**
🎨 $2 180 FF11 010 £1 425 Südliche Landschaft mit Badenden am Ufer eines Sees Oil/panel 27,5x54cm/*10x21in* Zürich 96
FREY Johann Jacob 1813-1865 **[26]**
🎨 $3 000 FF17 000 £1 500 Il chiostro grande di Santa Maria degli Angeli/Tempietto con alberi Olio/tela 40x30cm/*15x11in* Roma 97

$12 425 FF76 190 £7 448 Italienische Landschaft mit Viadukt und Personen auf einem Weg Öl/Leinwand 68x91cm/*26x35in* Zürich 98
$37 200 FF192 500 £24 000 Extensive view of Sorrento Oil/canvas 100x137cm/*39x53in* London 96
FREY Johann Michael 1750-c.1820 **[2]**
$2 318 FF13 726 £1 376 Die Versuchung des Heiligen Antonius Abbas Öl/Leinwand 25,5x33,5cm/*10x13in* Dresden 97
FREY Johann Wilhelm 1830-1909 **[19]**
$825 FF4 796 £504 Hintere Ansicht vom Theater, Wien Aquarell/Papier 22x28cm/*8x11in* Wien 97
FREY Joseph 1892-1977 **[10]**
$600 FF3 592 £367 Atmospheric Landscape Oil/canvas 50x60cm/*20x24in* Altadena, CA 97
$1 100 FF6 703 £656 "Desert Bloom" Oil/board 30x40cm/*12x16in* Pasadena, California 98
FREY Ludwig 1953 **[14]**
$237 FF1 418 £140 Im Schongauer Land Oil/panel 8x11cm/*3x4in* Kempten 97
FREY Wilhelm 1826-1911 **[7]**
$13 338 FF80 112 £8 000 Tiger on a Mountain Oil/canvas 150x110,5cm/*59x43in* London 98
FREY-MOOCK Adolf 1881-1954 **[66]**
$546 FF3 250 £334 Rheinfelden Oil/panel 35x22,5cm/*13x8in* Bern 97
$845 FF5 040 £524 Pan spielt auf der Syrinx einer Schönen auf Oil/panel 60x50,5cm/*23x19in* Dresden 97
FREY-SURBEK Jeanne Marguerite 1886-1980 **[52]**
$1 142 FF5 960 £690 Rast auf dem Faulhorngipfel Öl/Leinwand 52x68cm/*20x26in* Zürich 96
$122 FF727 £75 Laube am Brienzersee Woodcut in colors 25,8x12,3cm/*10x4in* Bern 97
FREYBURG Frank Proschwitzry 1862-? **[9]**
$14 000 FF71 400 £9 260 A Fox in Distress Oil/canvas 91,5x137cm/*36x53in* New-York 96
$30 000 FF156 600 £18 120 Nearing Home Oil/canvas 137x61,5cm/*53x24in* New-York 96
FREYMUTH Alphons 1940 **[8]**
$677 FF4 027 £403 Untitled Screenprint in colors 57x42,5cm/*22x16in* Amsterdam 97
FRIANT Emile 1863-1932 **[25]**
$4 500 FF23 300 £2 920 Girl reading Oil/panel 40x27cm/*16x11in* Mystic, Connecticut 96
$6 153 FF35 000 £3 794 Jeune fille au panier Huile/toile 107x65cm/*42x25in* Lyon 97
FRIAS Y ESCALANTE de Juan Ant. (Attrib.) 1630-1670 **[1]**
$16 000 FF95 124 £9 912 Moses Striking The Rock and the Drunkenness of Noah Oil/canvas 72x107cm/*28x42in* New-York 97
FRIBERG Roj 1934 **[41]**
$598 FF3 050 £394 Landskap med stenar Pencil 88x122cm/*34x48in* Stockholm 96
FRIBOULET Jef E. 1919 **[156]**
$394 FF2 000 £235 Femme à la lecture Huile/toile 65x54cm/*25x21in* Le Havre 96
$826 FF4 200 £494 Paysage à la ferme Huile/toile 46x33cm/*18x12in* Le Havre 96
$4 950 FF25 000 £3 250 Couple enlacé Bronze H29cm/*H11in* Le Havre 96
$280 FF1 600 £175 Le buveur Aquarelle 14x12cm/*5x4in* Le Havre 97
FRICH Joachim 1810-1858 **[11]**
$10 222 FF61 240 £6 110 Skogslandskap med vann Oil/canvas 58x78cm/*22x30in* Oslo 98
FRICK de Paul 1864-1935 **[30]**
$393 FF2 400 £236 Plage à Étretat Huile/carton 19x24cm/*7x9in* Arles 98
FRICK Joh. Friedrich 1774-1850 **[2]**
$1 470 FF8 719 £898 Militärische Szenen, after C.W. Kolbe Etching, aquatint 40x51,5cm/*15x20in* Hamburg 98
FRICKE Hermann 1886-? **[4]**
$860 FF5 025 £509 Grosses Stilleben Öl/Leinwand 120x82cm/*47x32in* Konstanz 97
FRIDELL Axel 1894-1935 **[104]**
$9 560 FF56 358 £5 712 Caféinteriör Mixed media 50x38cm/*19x14in* Stockholm 97
$6 847 FF40 990 £4 208 Mr. Simmons (Tidningsläsaren) Engraving 42,3x35cm/*16x13in* Stockholm 98
$447 FF2 667 £274 Man och fladdermus Wash/paper 20x13,5cm/*7x5in* Stockholm 98
FRIDERICIA William XX **[25]**
$702 FF3 550 £461 Komposition Porcelain 38x100cm/*14x39in* Köbenhavn 96
$762 FF4 432 £465 Trekanter og cirkel Relief 42x22cm/*16x8in* Köbenhavn 97
FRIED Heinrich Jakob 1802-1870 **[2]**

$11 270 FF67 204 £6 996 Burgruine auf hoher Felskuppe in Gebirgslandschaft Öl/Leinwand 63x48,5cm/*24x19in* Dresden 97
FRIED Pal 1893-1955 **[115]**
$212 FF1 274 £126 The Ballerina Oil/canvas 69x59,5cm/*27x23in* Melbourne 98
$1 104 FF6 476 £680 A sleeping Beauty Pastel 49x63,5cm/*19x25in* London 97
FRIEDENSON Arthur 1872-1955 **[16]**
$2 842 FF16 798 £1 700 "On the River Frome" Oil/canvas 70,5x92cm/*27x36in* London 97
FRIEDLAENDER Alfred von Malheim 1860-1927 **[28]**
$1 053 FF5 380 £698 Rast unterhalb eines Dorf Oil/panel 31,5x20,5cm/*12x8in* Wien 96
$3 958 FF23 434 £2 350 Reisenden in Feindesgefahr haben sich in einen Kirchhof gerettet Oil/wood 36x58cm/*14x22in* Dresden 97
FRIEDLAENDER Camilla von Malheim 1856-1926 **[15]**
$1 664 FF8 690 £990 Still life Oil/panel 17x23cm/*6x9in* Wien 96
FRIEDLAENDER Friedrich v. Malheim 1825-1901 **[32]**
$755 FF4 306 £459 Szene vor dem Zelt Öl/Leinwand 43x53cm/*16x20in* Wien 97
$2 970 FF16 869 £1 859 Österreichische Kriegsveteranen am Stammtisch Oil/panel 23,5x32cm/*9x12in* München 97
FRIEDLAENDER Johnny 1912-1992 **[452]**
$415 FF2 481 £254 Trait rouge Etching in colors 48,3x38cm/*19x14in* Hamburg 98
$1 455 FF8 713 £893 Mohn Pencil 32x30cm/*12x11in* München 98
FRIEDLAENDER Julius 1810-1861 **[32]**
$1 800 FF8 860 £1 160 Parti fra Dronninggård Oil/canvas 33x41cm/*12x16in* Köbenhavn 95
$4 455 FF22 300 £2 885 Interior scene Oil/canvas 62x73cm/*24x28in* Köbenhavn 96
FRIEDLANDER Isac 1890-1968 **[14]**
$350 FF2 108 £209 "At a Branch Library" Woodcut 35x18cm/*13x7in* New-York 98
FRIEDLANDER Lee 1934 **[44]**
$1 700 FF9 809 £1 041 "Albuquerque" Silver print 18x28cm/*7x11in* New-York 97
FRIEDMAN Marvin 1930 **[2]**
$3 575 FF21 229 £2 182 "Kennedy's Campaign Headquarters-Hotel Carlyle" Oil/masonite 76x65cm/*30x25in* New-York 98
FRIEDMANN Arnold 1879-1947 **[12]**
$2 400 FF14 652 £1 434 Boats and Workers Oil/panel 24,5x30,5cm/*9x12in* New-York 98
$16 000 FF94 339 £9 811 White Pony Oil/canvas 35x48,5cm/*13x19in* New-York 98
FRIEDRICH Alexander 1895-1968 **[18]**
$190 FF1 115 £117 Die Nordsee Radierung 9,2x34,8cm/*3x13in* Berlin 97
FRIEDRICH Caspar David 1774-1840 **[18]**
$531 000 FF2 750 000 £339 500 Caroline auf der Treppe Oil/canvas 73,5x52cm/*28x20in* London 96
$1 870 FF11 044 £1 107 Das Konzert zu Grossschöppenstedt, after August Hahns Woodcut 23x32,5cm/*9x12in* Berlin 97
$3 825 FF21 959 £2 332 Boote am Wasser Pencil/paper 9,6x13,7cm/*3x5in* Berlin 97
FRIEDRICH Heinz 1924 **[44]**
$856 FF5 037 £528 Bei der Toilette Öl/Karton 40x30cm/*15x11in* Heidelberg 97
$129 FF804 £78 Truthahn/Pfau mit Eichhorn Woodcut in colors 54x41cm/*21x16in* Heidelberg 98
$239 FF1 410 £148 Weiblicher Halbakt Aquarell 56x42cm/*22x16in* Heidelberg 97
FRIEDRICH Johan Christian J. 1746-1813 **[3]**
$3 845 FF22 765 £2 283 Hafenszene Oil/wood 29x45cm/*11x17in* Dresden 97
FRIEDRICH M.G. XIX-XX **[7]**
$719 FF3 500 £460 Yacht de plaisance Huile/toile 60x30cm/*23x11in* Paris 95
FRIEDRICH Otto 1862-1937 **[17]**
$1 186 FF7 149 £718 Wirtshaus in Unterach am Attersee Oil/panel 19x27cm/*7x10in* Wien 98
$3 854 FF19 500 £2 530 Assorted flowers on a draped table Oil/canvas 56x112cm/*22x44in* Wien 96
$6 516 FF39 447 £4 000 The Vision Watercolour/paper 38x77cm/*14x30in* London 98
FRIEDRICH von Wilma Edle 1869-1963 **[1]**
$1 047 FF6 056 £645 Lilien in einer Vase Aquarell/Papier 57x45cm/*22x17in* München 97
FRIEDRICH Woldemar 1846-1910 **[6]**
$6 970 FF36 100 £4 500 A Peasant Family with an Ox on a Path Oil/canvas/board 63,5x81,5cm/*25x32in* London 96

✏ *$353 FF2 027 £215* Alte Eiche/Mächtige Baumstücke mit Seilen, dein ein Zelt halten Aquarell/Papier 50x35,5cm/*19x13in* Berlin 97

FRIEDRICHSEN Ernestine 1824-1892 **[2]**
🖌 *$3 926 FF23 426 £2 368* Die streitenden Lumpensammlerinnen Öl/Leinwand 64x88cm/*25x34in* Köln 97

FRIEND Donald Stuart Leslie 1914-1989 **[216]**
🖌 *$12 502 FF72 728 £7 657* The Queen at a race meeting in Australia Oil 24x35,5cm/*9x13in* Melbourne 97
🖌 *$23 881 FF146 521 £14 870* Poetess in Ceylon Mixed media/board 45x60cm/*17x23in* Melbourne 97
🖼 *$133 FF801 £80* The Ginger Harvest Lithograph 61x49cm/*24x19in* Sydney 97
✏ *$497 FF2 967 £300* The Meeting Watercolour 15x17cm/*6x7in* Isle of Man 97

FRIEND Washington F. c. 1820-1891 **[15]**
✏ *$1 007 FF5 210 £650* On Lake Massawappi Watercolour 24x38cm/*9x14in* London 96

FRIES Bernhard 1820-1879 **[12]**
🖌 *$3 336 FF17 270 £2 132* Blick in die Rheinebene Öl/Papier 22,5x31cm/*8x12in* Heidelberg 96
🖌 *$5 477 FF33 501 £3 250* Ansicht des Tempels der Concordia in Girgendi, Sizilien Öl/Karton 36x47,5cm/*14x18in* Heidelberg 98

FRIES Charles Arthur 1854-1940 **[21]**
🖌 *$1 600 FF9 580 £979* "Hillside" Oil/canvas 17x25cm/*7x10in* Altadena, CA 97
🖌 *$3 000 FF14 950 £1 965* Overlooking San Diego Bay Oil/board 51x41cm/*20x16in* San Francisco-Los Angeles 95

FRIES Ernst 1801-1833 **[7]**
🖼 *$135 FF838 £81* Blick von Nordosten auf Kloster Neuburg bei Heidelbarg Lithographie 14x24cm/*5x9in* Heidelberg 98
✏ *$4 861 FF30 181 £2 932* Vue du Chateau de Heidelberg Pencil 20x27cm/*7x10in* Heidelberg 98

FRIES Leonhard F. Willy 1881-? **[3]**
🖼 *$1 113 FF6 462 £679* "Massary Perle, Das Rauchers Juwel" Poster 86x61cm/*33x24in* Amsterdam 97

FRIESE Richard 1886-1935 **[6]**
🖌 *$1 163 FF6 691 £686* Bison im Winterwald Oil/panel 20x28cm/*7x11in* München 97

FRIESE Richard Bernhard L. 1854-1918 **[18]**
🖌 *$1 623 FF9 718 £997* Ein äsender Elch Öl/Karton 40x28cm/*15x11in* Köln 98
🖌 *$100 000 FF492 000 £64 400* A Polar bear and cubs in an Artic landscape Oil/canvas 94x128cm/*37x50in* New-York 95

FRIESEKE Frederick Carl 1874-1939 **[49]**
🖌 *$40 000 FF237 388 £24 500* Woman at the Dressing Table Oil/board 24x30cm/*9x11in* New-York 98
🖌 *$210 000 FF1 243 347 £125 580* By the river Oil/canvas 64,7x80,6cm/*25x31in* New-York 97
✏ *$2 000 FF11 954 £1 212* Villagers Walking Down a Country Road Watercolour/paper 22,2x27,9cm/*8x10in* San Francisco-Los Angeles 97

FRIESZ Emile-Othon 1879-1949 **[743]**
🖌 *$4 700 FF24 000 £3 093* Honfleur, entrée du port Huile/toile 27x35cm/*10x13in* Paris 96
🖌 *$5 316 FF30 000 £3 258* Femme au canapé vert Huile/toile 180x85cm/*70x33in* Paris 97
🖌 *$7 442 FF42 000 £4 561* Les foins Huile/toile 54x65cm/*21x25in* Soissons 97
🖼 *$210 FF1 100 £126* La Baie du Bec d'Aigle, Toulon Aquatinte 43x52cm/*16x20in* Paris 96
✏ *$590 FF3 000 £353* Nu debout Mine plomb 63,5x46,5cm/*25x18in* Paris 96

FRIGERIO Raffaele XIX **[17]**
🖌 *$900 FF4 660 £584* Playful couple/Lighting a pipe Oil/canvas 30x40cm/*12x16in* Mystic, Connecticut 96

FRIIS Hans 1839-1892 **[34]**
🖌 *$650 FF3 964 £394* Kystparti med skibe i horisonten Oil/canvas 23x38cm/*9x14in* København 98
🖌 *$2 211 FF13 204 £1 353* Kystparti med stejle skraenter Oil/canvas 66x93cm/*25x36in* København 98

FRILLI Antonio XIX-XX **[12]**
🗿 *$3 261 FF19 436 £2 000* A Mother and Child on a Bench Alabaster H51,5cm/*H20in* London 98

FRINK Elizabeth 1930-1993 **[273]**
🖼 *$129 FF616 £80* The Southern Right Whale Print 53x43cm/*21x17in* Aylsham, Norfolk 95
🗿 *$4 084 FF24 414 £2 500* Head Bronze H31cm/*H12in* London 97
🗿 *$44 020 FF266 797 £27 000* Judas Bronze H190,5cm/*H75in* London 98
✏ *$3 850 FF19 800 £2 400* Nude male striding left Pencil 99x70cm/*38x27in* London 96

FRIPP Alfred Downing 1822-1895 **[9]**
✏ *$1 863 FF10 973 £1 150* Cornfield Side a Flutter with Poppies Watercolour/paper 31x47cm/*12x18in*

Newbury, Berkshire 97
FRIPP George Arthur 1813-1896 **[77]**
🖌 *$1 140 FF7 050* £700 Sonning Lock Watercolour/paper 20x38,5cm/*7x15in* Billingshurst, West Sussex 97
FRIPP Thomas William 1864-1931 **[10]**
🖌 *$1 552 FF9 060* £923 The Golden Ears From Pitt Lake Watercolour/paper 45,5x32cm/*17x12in* Calgary, Alberta 97
FRIQUET Louise XIX **[1]**
👁 *$2 385 FF12 500* £1 435 Berger et son troupeau dec chèvres dans des ruines antiques Huile/toile 24,5x33cm/*9x12in* Paris 96
FRISCH Johann Christoph 1738-1815 **[7]**
👁 *$3 800 FF22 836* £2 297 An Arab Encampment Oil/canvas 31x46cm/*12x18in* New-York 98
✏ *$1 587 FF9 370* £940 Allegorie der Künste Pencil 25x35cm/*9x13in* Berlin 97
FRISCHMANN Marcel 1900-1951 **[15]**
▦ *$53 FF304* £33 Ansicht Schloss Sans Souci Radierung 14,5x18,5cm/*5x7in* Köln 97
FRISHMUTH Harriet Whitney 1880-1980 **[59]**
⚒ *$1 300 FF7 589* £786 Nymph Atop Wave Bronze H51cm/*H20in* Miami, Florida 97
⚒ *$30 000 FF179 319* £18 183 Joy of the Waters Bronze H154,9cm/*H60in* San Francisco-Los Angeles 97
FRISIA Donato 1883-1953 **[15]**
👁 *$960 FF5 440* £640 Oasi Olio/cartone 29x38cm/*11x14in* Milano 97
👁 *$2 640 FF14 960* £1 760 Capri Olio/tela 60x80cm/*23x31in* Milano 97
FRISIUS Simon Wynouts c.1580-1629 **[7]**
▦ *$794 FF4 683* £474 Landschaften mit Szenen aus dem Leben Christi Etching 16,5x22cm/*6x8in* München 97
FRISMUTH Harriet Whitney 1880-1980 **[58]**
⚒ *$1 000 FF5 777* £616 Bronze Head of a Jester Bronze H15cm/*H5in* New-York 97
FRISON Jehan 1882-1961 **[91]**
👁 *$535 FF2 790* £323 Nature morte Huile/carton 35x45cm/*13x17in* Bruxelles 96
👁 *$1 014 FF6 175* £623 Vase fleuri de dahlias Huile/toile 60x81cm/*23x31in* Bruxelles 98
FRISSELL Toni 1907-1988 **[4]**
📷 *$2 500 FF12 400* £1 582 V2 Boy, England Gelatin silver print 26x26cm/*10x10in* New-York 95
FRISTON David Henry XIX **[1]**
👁 *$5 880 FF30 030* £3 900 The Peep Show Oil/canvas 63x76cm/*24x29in* Billingshurst, West Sussex 96
FRISTRUP Niels 1837-1909 **[13]**
👁 *$2 940 FF16 728* £1 800 A gondola in Venice Oil/canvas 59x85cm/*23x33in* London 97
FRISTRUP Niels, Nilaus 1812-1894 **[2]**
👁 *$15 752 FF97 174* £9 900 Haymaking Oil/canvas 40x60cm/*15x23in* Köbenhavn 97
FRITH Francis 1822-1898 **[33]**
📷 *$850 FF5 038* £513 The Sphynx/Osiride pillars and fallen Colossus/View at Luxor Albumen print 15x22cm/*6x9in* New-York 97
FRITH William Powell 1819-1909 **[57]**
👁 *$3 320 FF16 940* £2 200 The New Frock Oil/canvas 21,5x17,5cm/*8x6in* Billingshurst, West Sussex 96
👁 *$7 410 FF38 000* £4 500 Little Dorrit Oil/canvas 58,5x48cm/*23x18in* London 96
👁 *$60 000 FF341 100* £36 738 A Scene from molière's "L'Avare" Oil/canvas 89x140cm/*35x55in* New-York 97
FRITSCH Ernst 1892-1965 **[16]**
👁 *$3 900 FF20 400* £2 322 Mädchenbildnis Öl/Leinwand 73,5x57,5cm/*28x22in* Berlin 96
▦ *$197 FF1 017* £127 Boot am Strand Etching 20,4x26,5cm/*8x10in* Berlin 96
✏ *$2 080 FF10 870* £1 240 Aufgehende Sonne über einem Dorf Watercolour 31x40cm/*12x15in* Berlin 96
FRITSCH Katharina 1956 **[7]**
⚒ *$50 000 FF290 360* £30 545 Display stand with vases Sculpture 269,9x112,1x112,1cm/*106x44x44in* New-York 97
FRITSCH Melchior 1826-1889 **[9]**
👁 *$3 474 FF21 429* £2 083 Jägerfreunden im steirischen Salzkammergut Öl/Leinwand 95x138cm/*37x54in* Wien 98
FRITZ Andreas 1828-1906 **[23]**
👁 *$728 FF4 401* £436 Parti med Århus Oil/canvas 41x67cm/*16x26in* Viby J, Århus 98
FRITZ Charles XX **[2]**
👁 *$8 000 FF38 160* £5 031 Summer on the Rosebud Oil/canvas 32x28cm/*12x11in* Hayden 95
👁 *$10 500 FF52 920* £6 774 Through the Snow Lake Notch Oil/canvas 81x116cm/*32x46in* Hayden 96
FRITZ Herman 1873-? **[5]**

$1 042 FF6 369 £618 Edelfalken auf Felsensockel Porcelain H31,5cm/*H12in* Dresden 98
FRITZ Max 1849-? [4]
$4 507 FF26 315 £2 726 "Hafen von Travemünde" Öl/Karton 80x120cm/*31x47in* Lindau 97
FRITZCHING Alfred XX [2]
$1 092 FF5 390 £710 Blumenstrauss Oil/canvas 24x18cm/*9x7in* Wien 95
FRITZSCH Claudius Ditlev 1763-1841 [4]
$10 700 FF65 371 £6 748 Vases of flowers Oil/canvas 54x42cm/*21x16in* Köbenhavn 97
FRIZE Bernard 1949 [5]
$3 640 FF19 000 £2 165 Bien-aimée Acrylique/toile 140x160cm/*55x62in* Paris 96
FRIZZELL Charles 1944 [1]
$2 875 FF16 981 £1 786 Call of the Clouds Oil/canvas 76x101cm/*30x40in* Elgin, Illinois 97
FROEDMAN-CLUZEL Boris M. XIX-XX [11]
$1 160 FF6 800 £714 Danseuse Bronze H25cm/*H9in* Paris 97
FROEHLICH Bernhard 1823-1885 [4]
$3 645 FF21 753 £2 199 Spielende Kinder vor einem Bauernhaus Öl/Leinwand 34x45cm/*13x17in* Stuttgart 97
FROHAWK Frederick William 1861-1946 [4]
$258 FF1 531 £160 Study of a Jay Watercolour 18x23cm/*7x9in* London 97
FRÖHLICH Fritz 1910 [15]
$442 FF2 532 £276 Wir spielen Nikolaus Gouache 34x30cm/*13x11in* München 97
FRÖHLICHER Otto 1840-1890 [6]
$10 270 FF52 910 £6 370 Erinnerungen an den Wesslingersee Oil/canvas 75x105cm/*29x41in* Zürich 96
FROHNER Adolf 1934 [137]
$963 FF4 870 £633 "Fast eine alte Figur" Mischtechnik/Karton 45x31,5cm/*17x12in* Wien 96
$4 120 FF23 800 £2 445 Kopf und Kind Acrylic/board 100x81cm/*39x31in* Wien 97
$7 700 FF39 000 £5 060 "Bindungen" Öl/Leinwand 150x100cm/*59x39in* Wien 96
$1 117 FF6 666 £686 Karo Zehn/Karo As/Karo König/Karo Neun/Karo Dame/Karo Bube Radierung 33,5x21,5cm/*13x8in* Wien 98
$964 FF5 708 £572 Sitzende Pencil/paper 61x47,5cm/*24x18in* Wien 97
FROIDMONT P. XX [1]
$2 856 FF14 920 £1 700 Woman seated with an amphora Alabaster H48cm/*H18in* London 96
FRØLICH Lorenz 1820-1908 [32]
$1 107 FF6 608 £675 Töevegrav i forgrunden stablet törv Oil/canvas 29x38cm/*11x14in* Köbenhavn 98
FRÖLICHER Otto 1840-1890 [24]
$4 784 FF28 443 £2 926 Landschaft mit Baumgruppe Öl/Karton 38,5x52cm/*15x20in* Bern 97
$8 044 FF48 231 £4 842 Flusslandschaft Öl/Karton 27x36cm/*10x14in* Zürich 98
FROMANGER Gérard 1939 [96]
$101 FF600 £60 "Chimère 94" Huile/toile 18x12,5cm/*7x4in* Paris 97
$699 FF4 000 £436 Les Sabines Technique mixte/panneau 48,5x132cm/*19x51in* Paris 97
$1 451 FF8 600 £876 Couple enlacé Huile/toile 162x114cm/*63x44in* Paris 97
$163 FF850 £108 Mourir d'aimer Sérigraphie couleurs 39x38,5cm/*15x15in* Paris 96
$585 FF3 500 £355 Rue du Commerce Pastel/papier 65x50cm/*25x19in* Paris 97
FROMANTIOU de Hendrick 1633-1694 [4]
$91 000 FF475 000 £55 000 Still life of flowers in a gilt vase on a marble ledge Oil/canvas 73,5x58cm/*28x22in* London 96
FROMENTIN Eugène 1820-1876 [128]
$1 092 FF6 504 £668 Nu assis Huile/panneau 38x31cm/*14x12in* Antwerpen 98
$19 300 FF100 000 £12 470 Coup de vent dans les plaines d'Alfa Huile/panneau 44x60,5cm/*17x23in* Paris 96
$100 000 FF492 000 £63 400 Une Oasis à Laghouat Oil/canvas 142x100cm/*55x39in* New-York 95
$618 FF3 200 £413 Arabe assis Fusain 28x35,5cm/*11x13in* Neuilly 96
FROMME Ludwig XIX-XX [3]
$584 FF3 509 £350 A Wild Cat by a River Watercolour/paper 30,5x47cm/*12x18in* London 98
FROMMEL Carl Ludwig 1789-1863 [11]
$1 962 FF10 150 £1 254 "In Salem" Watercolour, gouache 23,4x20,3cm/*9x7in* Heidelberg 96
FROMMHOLD Ernst 1879-1955 [15]

$355 FF2 181 £213 Eifellandschaft bei Daun Oil/canvas 61x81cm/24x31in Köln 98

FROMUTH Charles Henry 1866-1937 **[19]**
$1 015 FF5 200 £617 Coup de vent Fusain 30,5x27cm/12x10in Quimper 96

FRONIUS Hans 1903-1988 **[168]**
$8 734 FF52 382 £5 302 "Paris" Öl/Leinwand 49,5x62cm/19x24in Wien 98
$303 FF1 809 £182 "Bach im Frühling" Woodcut 28,5x44,5cm/11x17in Wien 98
$2 540 FF15 232 £1 516 Strasse in Fürstenfeld Charcoal 32x42cm/12x16in Wien 98

FRONTIER Jean Charles 1701-1763 **[2]**
$2 200 FF13 505 £1 347 Antiochus and Stratonica Black & white chalks/paper 24x29,5cm/9x11in New-York 98

FRÖSCHL Carl 1848-1934 **[9]**
$1 880 FF9 620 £1 206 Die kleine Brezeldieb Oil/panel 23x18cm/9x7in Wien 96

FROST Arthur Burdett, Jr. 1887-1917 **[21]**
$4 000 FF23 310 £2 445 7 sketchbooks and notebooks Drawing 21,3x29,8cm/8x11in New-York 97

FROST Arthur Burdett, Sr. 1851-1928 **[37]**
$143 000 FF843 657 £87 573 Golfers Oil/canvas 45x60cm/18x24in New Bedford, Mass. 98
$4 500 FF23 300 £3 010 Illustration for "Congressman's Day of Reckoning", Collier's Watercolour 43x66cm/17x26in New-York 96

FROST Francis Shedd 1825-1902 **[2]**
$2 800 FF16 355 £1 656 Hunter and deer in a dawn panorama Oil/canvas 30x46cm/11x18in Boston, Mass. 97

FROST George 1754-1821 **[8]**
$1 001 FF6 107 £600 View of Ipswich Pencil/paper 19x30,5cm/7x12in London 98

FROST John 1890-1937 **[13]**
$6 000 FF34 822 £3 663 Snowscapped Mountains in the Distance Oil/board 46x56cm/18x22in Los Angeles 97

FROST Joseph Ambrose, Mraz 1953 **[19]**
$133 FF815 £79 Hermitage View Etching 8x12cm/3x4in Sydney 98

FROST Terry 1915 **[134]**
$2 500 FF12 950 £1 600 Untitled Oil/panel 28x20,5cm/11x8in London 96
$4 685 FF27 938 £2 900 Blue Figure Oil/board 76x58cm/29x22in London 97
$6 535 FF39 062 £4 000 Summer Blue Mixed media/canvas 129,5x156cm/50x61in London 97
$490 FF2 915 £300 Trewellarell Suns Linocut 64x64cm/25x25in London 97
$1 752 FF10 607 £1 100 Abstract composition Gouache 38x56cm/14x22in London 97

FROST Terry 1952 **[1]**
$28 600 FF138 000 £18 000 Zebras Time to Drink Oil/canvas 61x114cm/24x44in London 95

FROST William Edward 1810-1877 **[39]**
$3 034 FF17 447 £1 900 Il Penseroso Oil/board/canvas 56x47cm/22x18in London 97
$4 115 FF21 100 £2 500 Study for "The Rape of Hylas" Oil/canvas 33x26cm/12x10in London 96
$246 FF1 248 £160 Seated male nude Pencil 61x47cm/24x18in London 96

FROUD Brian 1947 **[1]**
$4 164 FF24 084 £2 500 The Elfin Maid Watercolour 58x40cm/22x15in London 97

FROY Amazoé 1945 **[4]**
$6 556 FF40 000 £4 000 "Vertige à Venise" Huile/toile 81x65cm/31x25in Paris 98

FRUER George G. XIX **[2]**
$7 100 FF34 900 £4 500 The Ferrymen Oil/canvas 61x107cm/24x42in London 95

FRUGIER Françoise XX **[12]**
$689 FF3 500 £411 Emeu courant Bronze H17,5cm/H6in Saint-Dié 96

FRÜH Eugen 1914-1975 **[12]**
$1 428 FF7 400 £927 Corrida de toros Gouache/papier 65x47cm/25x18in Zürich 96

FRUHMANN Johann 1928-1985 **[6]**
$745 FF4 327 £455 Aktzeichnungen Black chalk/paper 22,5x10,5cm/8x4in Wien 97

FRÜHTRUNK Günter 1923-1983 **[103]**
$5 520 FF28 900 £3 290 Komposition in Rosé und Schwarz Acrylic/panel 34,7x39,8cm/13x15in München 96
$9 963 FF57 000 £6 218 Sans titre Huile/toile 81x100cm/31x39in Paris 97
$16 779 FF98 005 £10 300 Offenes Weiss Acryl/Leinwand 120x120cm/47x47in Köln 97

$2 592 FF15 431 £1 584 10 Metastabile Kompositionen Print in colors 68x54cm/*26x21in* Berlin 98
FRUITIER Wil 1915 **[1]**
$689 FF3 610 £414 Triptych Tapestry 200x200cm/*78x78in* Amsterdam 96
FRUMERIE de Agnès 1869-1913 **[5]**
$1 636 FF9 348 £1 002 Femme nue dansant Marble H55cm/*H21in* Stockholm 97
FRY Roger Elliot 1866-1934 **[36]**
$3 004 FF14 900 £1 900 River bank, Spring Oil/panel 33x41cm/*12x16in* London 95
$4 310 FF22 340 £2 800 Les Alpilles, near Arles, Provence Oil/canvas 38x56cm/*14x22in* London 96
$535 FF3 207 £320 Design for Omega workshop Fabric, Mechtilde Watercolour/paper 41x20cm/*16x7in* London 98
FRY Sherry Edmondson 1879-1966 **[2]**
$5 000 FF26 100 £3 020 Girl Seated on a Basin Bronze H44,5cm/*H17in* New-York 96
FRY William c.1822-c.1880 **[1]**
$13 000 FF75 449 £7 680 Asleep in Dixie Oil/canvas 63x76cm/*25x30in* New Orleans, Louisiana 97
FRYE Thomas 1710-1762 **[11]**
$6 200 FF31 900 £4 000 Portrait of a Gentleman of the Lloyd Family Oil/canvas 91,5x71cm/*36x27in* London 96
$2 730 FF14 020 £1 700 A gentleman, thought to be the father of Benjamin Cole Pastel 51x43cm/*20x16in* London 96
FRYER Wilfred Moody [5]
$489 FF2 921 £300 Children by a Wrecked Boat Watercolour/paper 30x43cm/*12x17in* London 98
FU BAOSHI 1904-1965 **[55]**
$16 331 FF97 835 £9 753 Scholar Enjoying Nature Coloured inks/paper 114x33,5cm/*44x13in* Hong Kong 98
FU SHAN 1605-1690 **[2]**
$10 000 FF56 497 £6 294 Landscape with a scholar seated in meditation Ink 181,6x49,5cm/*71x19in* New-York 97
FU YIXUAN 1945 **[1]**
$2 070 FF10 230 £1 280 Flowery Path Ink 37x54,5cm/*14x21in* Hong Kong 96
FUCHS Bernie 1933 **[7]**
$6 600 FF39 192 £4 029 Five players from the Negro Baseball League, for Sports Illustrated Oil/canvas 78x63cm/*31x25in* New-York 98
FUCHS Christoph 1749-1814 **[2]**
$839 FF5 026 £515 Das Opfer des Herkules Ink 39,4x27,3cm/*15x10in* Köln 98
FUCHS Ernst 1930 **[460]**
$20 100 FF118 925 £11 925 Weisse Negerin Öl 78x55cm/*30x21in* Wien 97
$30 324 FF180 956 £18 620 Der heilige Erzengel Michael mit Feurigem Schwert den Bösen stürzend Oil/canvas/panel 35,5x21cm/*13x8in* Wien 98
$307 FF1 759 £187 Das Mädchen mit dem Einhorn Lithographie 49x33cm/*19x12in* Hamburg 97
$1 723 FF8 800 £1 143 Venusgürtel Bronze H42,5cm/*H16in* Wien 96
$2 333 FF12 000 £1 455 Studie zu einem Cherubskopf in Orange Pastel 63x48cm/*24x18in* Wien 96
FUCHS Richard 1852-? **[4]**
$1 803 FF10 794 £1 110 Karavan i öken Oil/canvas 49x89cm/*19x35in* Stockholm 98
FUCHS Therese 1849-? **[14]**
$1 200 FF6 952 £748 Alpine Sunrise Oil/canvas 68,5x99cm/*26x38in* Washington 97
FUECHSEL Hermann 1883-1915 **[8]**
$30 000 FF180 288 £17 967 Hudson Highlands Oil/canvas 55x111cm/*21x43in* New-York 98
FUERTES Louis Agassiz 1874-1927 **[12]**
$24 000 FF120 960 £15 484 Autumn in the Adirondacks Oil/canvas 71x137cm/*28x54in* Hayden 96
$1 700 FF10 365 £1 020 Indigo Bird Watercolour/paper 25,5x20cm/*10x7in* Boston, Mass. 98
FÜGER Fr. Heinrich (Attr.) 1751-1818 **[3]**
$4 824 FF28 000 £2 945 Ritratto di donna Olio/tela 69,5x55cm/*27x21in* Paris-Trieste 97
FÜGER Friedrich Heinrich 1751-1818 **[39]**
$3 709 FF22 000 £2 268 La jeune mère et son enfant Huile/toile 36x29cm/*14x11in* Paris 97
$9 020 FF46 800 £5 860 Botaniker Baron Nicolas Jacquin (1727-1817) Öl/Leinwand 65x53cm/*25x20in* München 96

$428 FF2 133 £281 Drei Köpfe Etching 11,2x16,6cm/*4x6in* München 95

$2 500 FF13 858 £1 542 A pair of portraits of Emperor Joseph II, one in armour Ink 42,5x21,2cm/*16x8in* New-York 97

FUGERE Henry 1872-? **[19]**

$593 FF3 000 £389 "Pro aris et focis" Bronze H75cm/*H29in* Antwerpen 96

FUHR Franz Xaver 1898-1973 **[51]**

$9 660 FF48 200 £6 330 "Tierpark des Fürsten X" Oil/panel 49,5x60cm/*19x23in* München 95

$1 950 FF10 200 £1 161 Terrasse (Italien) Aquarell/Papier 41x52cm/*16x20in* Köln 96

FÜHRER Kai 1940 **[17]**

$593 FF3 521 £362 Komposition Oil/canvas 70x70cm/*27x27in* København 98

FÜHRICH von Josef 1800-1876 **[18]**

$2 310 FF12 070 £1 376 Herbergssuche Öl/Leinwand 31,5x40cm/*12x15in* Wien 96

$771 FF4 693 £473 Bildnis einer Heiligen Pencil 41,1x16,8cm/*16x6in* Hamburg 98

FUHRMANN Ernest XX **[6]**

$409 FF2 343 £242 Nautilus Pompilius Gelatin silver print 23x15,5cm/*9x6in* Köln 97

FUHRMANN Max 1860-1908 **[4]**

$9 811 FF57 581 £6 000 Lilies, Orchids, Sunflowers, other Flowers in an Urn on a Ledge Oil/canvas 103x80,5cm/*40x31in* London 97

FUHRMANN Paul 1893-1952 **[1]**

$3 253 FF19 410 £1 962 "Rot-Grün" Watercolour 48x35cm/*18x13in* Berlin 97

FUJISHIMA Takeji 1867-1943 **[2]**

$80 000 FF410 000 £48 600 New Year's Day in the Port of Taipei Oil/canvas 45,5x60,5cm/*17x23in* New-York 96

FUKUI Ryonosuke 1924-1986 **[6]**

$8 500 FF48 433 £5 308 "Red Nuts" Oil/canvas 49,5x65cm/*19x25in* New-York 97

FULLARTON James 1946 **[2]**

$4 591 FF26 266 £2 800 The Marina, Inverkip Oil/canvas 76x101,5cm/*29x39in* Glasgow 97

FULLBROOK Samuel Sydney 1922 **[26]**

$1 719 FF10 000 £1 052 Lifesaver Oil/board 35x25cm/*13x9in* Melbourne 97

$13 836 FF84 729 £8 265 Flower Piece, Oakey Oil/canvas 60x45cm/*23x17in* Sydney 97

$1 650 FF9 634 £981 Koala Pastel/paper 28,5x43cm/*11x16in* Melbourne 97

FULLER Arthur Davenport 1889-1966 **[11]**

$3 750 FF18 900 £2 419 A Fair Shot Woodcock Oil/board 60x40cm/*24x16in* Hayden 96

FULLER Cecil XIX-XX **[2]**

$666 FF4 110 £400 Alighting The Coach/In the Park/In the Restaurant/Under the Canopy Gouache 33x23cm/*12x9in* Billingshurst, West Sussex 98

FULLER George 1822-1890 **[11]**

$1 165 FF9 210 £1 800 Girl with bowl Oil/canvas 66x46cm/*25x18in* Denver, Colorado 95

FULLER Isaac 1606-1672 **[2]**

$74 561 FF432 735 £46 000 Portrait of the Artist and his Son Oil/canvas 133x107,5cm/*52x42in* London 97

FULLER Leonard John 1891-1973 **[22]**

$654 FF3 787 £400 Melody Oil/canvas 61x51cm/*24x20in* London 97

FULLEYLOVE John 1845-1908 **[51]**

$1 105 FF5 400 £700 The Shakespeare Hotel, Chapel Street, Stratford-upon-Avon Watercolour 19x27,5cm/*7x10in* London 95

FULLJAMES Penelope 1942 **[4]**

$983 FF5 130 £650 Lunchtime Oil/canvas 37x46cm/*14x18in* London 96

$13 338 FF80 112 £8 000 Jungle Triptych Oil/canvas 100x300cm/*39x118in* London 98

FULLWOOD Albert Henry 1864-1930 **[50]**

$6 343 FF38 919 £3 949 Milson's Point Oil/canvas/board 30,5x44,5cm/*12x17in* Melbourne 97

$178 FF914 £117 Loading at Mosman Etching 15x22cm/*5x8in* Sydney 96

$532 FF3 262 £317 Beach Scene Watercolour/paper 17x28cm/*6x11in* Sydney 98

FULLWOOD John 1854-1931 **[23]**

$330 FF1 958 £200 River Scene with Steam Barges Watercolour/paper 20x37cm/*8x14in* Oxford 97

FULOP Karoly 1898-1963 **[4]**

$2 250 FF13 473 £1 377 "Fisherman's Wharf" Oil/canvas 73x63cm/*29x25in* Altadena, CA 97

$2 250 FF13 061 £1 374 Berceuse Watercolour 33x42,5cm/*12x16in* Los Angeles 97

FULTON David 1848-1930 **[41]**

🖶 *$991 FF5 946* £600 Knitting Oil/canvas 36x30,5cm/*14x12in* Glasgow 97

🖶 *$4 610 FF23 450* £3 000 Young fishermen Oil/canvas 62x52cm/*24x20in* Auchterarder, Perthshire 95

✏ *$2 000 FF10 160* £1 300 Fishing for tiddlers Watercolour 38x61cm/*14x24in* Auchterarder, Perthshire 95

FULTON Fitch Burt 1879-1955 **[10]**

🖶 *$2 750 FF13 750* £1 785 "October Trees" Oil/canvas 60x76cm/*24x30in* Altadena, CA 96

FULTON Hamish 1946 **[38]**

🖶 *$9 200 FF45 400* £6 000 Untitled Mixed media 73x305cm/*28x120in* London 95

📷 *$11 000 FF54 600* £6 960 "Wheeldale Moor..." Gelatin silver print 45x76cm/*18x30in* New-York 95

✏ *$18 000 FF91 700* £10 800 Silent Horizons Graphite 76x225cm/*29x88in* New-York 96

FULTON Samuel 1855-1941 **[10]**

🖶 *$3 690 FF18 760* £2 400 Maternal care Oil/canvas 41x51cm/*16x20in* Auchterarder, Perthshire 95

FUMIO Kitaoka 1918 **[3]**

🖼 *$430 FF2 470* £260 Inba Lake in winter Print 64x48cm/*25x18in* Nagoya 97

FUNCH Edgar 1915-1995 **[9]**

📎 *$547 FF2 820* £350 Composition Bronze H21cm/*H8in* Köbenhavn 96

FUNCH Herman Frederik 1841-1919 **[9]**

🖶 *$279 FF1 593* £173 Portraet af hunden "Trimm" Oil/canvas 23x34cm/*9x13in* Vejle 97

FUNGAI Bernardino 1460-1516 **[4]**

🖶 *$60 000 FF368 322* £36 762 Madonna and Child with a Landscape Beyond Tempera/panel 72,5x52,5cm/*28x20in* New-York 98

FUNI Achille 1890-1972 **[62]**

🖶 *$2 194 FF12 436* £1 463 Anfora e pipa su tavolo Olio/tela 40x30cm/*15x11in* Milano 97

🖶 *$3 300 FF16 850* £2 000 Campo fiorito Olio/faesite 80x54cm/*31x21in* Vercelli 96

✏ *$2 400 FF13 600* £1 200 Personaggio togato Matita 163x70cm/*64x27in* Milano 98

FUNK Heinrich 1807-1877 **[6]**

🖶 *$5 736 FF35 234* £3 440 Südländische Gebirgslandschaft an einem Sommertag Oil/panel 30x27cm/*11x10in* Stuttgart 98

FUNKE Anton 1869-1955 **[8]**

🖶 *$3 321 FF19 310* £1 979 Interieur met breiend meisje Oil/canvas 63x49cm/*24x19in* Den Haag 97

FUNKE Helene 1869-1957 **[30]**

🖶 *$1 201 FF7 135* £714 Trauerfeier Oil/panel 31,5x43cm/*12x16in* Wien 97

🖶 *$2 480 FF12 240* £1 613 "Wasserfall III" Öl/Leinwand 108x63,5cm/*42x25in* Wien 95

✏ *$1 690 FF8 650* £1 085 Südlicher Hafen Aquarell/Papier 33,5x32cm/*13x12in* Wien 96

FUNKE Jaromir 1896-1945 **[32]**

📷 *$3 200 FF18 757* £1 969 Cubist Still Life Gelatin silver print 15x18,5cm/*5x7in* New-York 97

FURCY DE LAVAULT Albert Tibule 1847-1915 **[26]**

🖶 *$7 000 FF42 865* £4 189 Still Life of Flowers and a Jewerly Box Oil/canvas 82x109cm/*32x42in* New-York 98

🖶 *$10 071 FF57 000* £6 150 Nature morte de fleurs et fruit Huile/toile 90,5x150,5cm/*35x59in* Paris 97

FURET François 1842-1919 **[30]**

🖶 *$2 385 FF12 400* £1 575 Chardonne Öl/Leinwand 37x56cm/*14x22in* Bern 96

✏ *$335 FF2 011* £206 Frühlingslandschaft am Jura Gouache 17,5x25cm/*6x9in* Bern 98

FURINI Francesco 1604-1646 **[12]**

🖶 *$30 000 FF170 000* £20 000 Ritratto Olio/tela 64,5x42cm/*25x16in* Prato 97

✏ *$2 553 FF14 500* £1 597 Portrait d'homme vu de profil Sanguine 22,7x17,8cm/*8x7in* Paris 97

FURINI Francesco (Attrib.) 1604-1646 **[7]**

🖶 *$3 000 FF18 159* £1 790 Portrait of a Woman Oil/canvas 40,5x33cm/*15x12in* New-York 97

FURNISS Harry 1854-1925 **[4]**

✏ *$458 FF2 682* £280 Salisbury and Grace, "Lord's in Great Form..." Indian ink 22,5x25,5cm/*8x10in* London 97

FURSE Charles Wellington 1868-1904 **[7]**

🖶 *$4 671 FF28 644* £2 800 A Shepherd Watching His Flock at Dusk Oil/canvas 102x59cm/*40x23in* London 98

FURSE Roger XX **[4]**

✏ *$1 300 FF6 410* £845 Costume design for Laurence Olivier's armour in the film "Richard III" Pencil/paper 58x48cm/*23x19in* New-York 95

FÜRST Joseph 1947 **[16]**
- *$374 FF2 000 £222* La rose rose Huile/panneau 13x18cm/*5x7in* Doullens 97
- *$1 345 FF8 000 £823* Composition aux roses blanches Huile/panneau 50x70cm/*19x27in* Lille 97

FURT Léonce XIX-XX **[4]**
- *$5 350 FF27 500 £3 334* Un marché près des Invalides Huile/toile 55x73cm/*21x28in* La Rochelle 96

FUSARO Jean 1925 **[97]**
- *$1 125 FF6 500 £668* Foule et joutes, Agde Huile/toile 46x33cm/*18x12in* Paris 97
- *$1 855 FF9 000 £1 195* Le pont transbordeur, Sète Huile/toile 54x73cm/*21x28in* Paris 95
- *$1 870 FF9 500 £1 116* Le port de Sète Pastel 31x47cm/*12x18in* Lyon 96

FUSS Adam 1960 **[9]**
- *$4 000 FF23 557 £2 468* Untitled (Portrait of a child) Photograph 60x49,5cm/*23x19in* New-York 97

FUSS Albert 1889-1969 **[5]**
- *$641 FF3 800 £383* "Hamburg-Amerika Linie, Les Antilles et l'Amérique Centrale" Affiche 60x83cm/*23x32in* Paris 97

FÜSSEL Carl Chr. 1811-1849 **[1]**
- *$9 070 FF46 100 £5 880* Polske frigsfanger under eskorte at russisk millitaer Oil/canvas 94x142cm/*37x55in* Köbenhavn 95

FUSSELL Charles Lewis 1840-1909 **[6]**
- *$500 FF3 065 £306* Easthampton Watercolour/paper 10x16cm/*4x6in* Mystic, Connecticut 98

FÜSSLI Johann Heinrich 1741-1825 **[91]**
- *$92 064 FF569 338 £54 852* Prometheus wird von Hercules gerettet Öl/Leinwand 63x75cm/*24x29in* Zürich 98
- *$211 258 FF1 220 470 £124 000* St John's Vision of the Seven Candlesticks Oil/canvas 132x101cm/*51x39in* London 97
- *$1 827 FF10 816 £1 100* Ganymed Lithograph 31,5x25cm/*12x9in* London 98
- *$19 984 FF117 416 £12 000* Self Portrait, seated in a Chair Wash 11,5x13cm/*4x5in* London 97

FÜSSLI Johann Melchior 1677-1736 **[5]**
- *$603 FF3 502 £356* Perspectivische Vorstellung des Rath-Hauses der Statt Zürich 1716 Kupferstich 30,5x39cm/*12x15in* Bern 97

FUSSMANN Klaus 1938 **[245]**
- *$1 178 FF7 042 £721* Rapsfeld bei Gelting Tempera 15x22,3cm/*5x8in* Hamburg 98
- *$5 801 FF33 456 £3 456* Stilleben mit zwei Gefässen Oil/canvas 33x50cm/*12x19in* München 97
- *$24 629 FF146 596 £15 054* Hella K. vor Regenlandschaft Öl/Leinwand 130,5x135,5cm/*51x53in* Berlin 98
- *$307 FF1 759 £187* Rosen Farblithographie 42x53cm/*16x20in* Hamburg 97
- *$589 FF3 521 £360* Grand Canyon Watercolour/paper 11x16,8cm/*4x6in* Hamburg 98

FUSTIER Geo, Georges 1891-1982 **[7]**
- *$5 000 FF29 002 £3 077* Female wearing a hat and coat, sitting next to a table Oil/canvas 89,5x69,5cm/*35x27in* New-York 97

FÜTTERER Josef 1871-1930 **[7]**
- *$394 FF2 345 £244* Mann im Wirtshaus Gouache/papier 10x10cm/*3x3in* Stuttgart 97

FYFE William B. Collier 1836-1882 **[4]**
- *$6 000 FF36 474 £3 694* The Little Princess Oil/canvas 84x63cm/*33x24in* New-York 98

FYODOROV Vyacheslav Andreyv. 1918-1985 **[8]**
- *$458 FF2 723 £280* Village Children playing Oil/board 48x69cm/*18x27in* London 98

FYT Jan 1609-1661 **[27]**
- *$36 680 FF220 308 £22 000* A Dead Hare, a Partridge and Other Birds Oil/canvas 72,5x90cm/*28x35in* London 98
- *$63 200 FF321 400 £37 760* Milanos atacandos un gallinero Oleo/lienzo 178x240cm/*70x94in* Madrid 96
- *$359 FF2 115 £221* Die beiden Hunde beim Brunnen Radierung 17x22cm/*6x8in* Heidelberg 97
- *$4 740 FF24 100 £2 840* Two dogs before a still life Black chalk 29,2x42,3cm/*11x16in* Amsterdam 96

FYT Jan (Attrib.) 1609-1661 **[7]**
- *$6 663 FF40 237 £4 000* Hounds Stalking Muscovy Ducks in a Landscape Oil/canvas 43,5x64,5cm/*17x25in* London 98
- *$10 392 FF61 488 £6 384* Hönsgården Oil/canvas 105x154cm/*41x60in* Stockholm 98
- *$1 280 FF6 500 £764* Chien qui dort Sanguine 17x24,9cm/*6x9in* Paris 96

GAAG van der Lotti 1923 [12]
$521 FF2 716 £314 Figure Charcoal/paper 38x24cm/*14x9in* Amsterdam 96
GABAIN Ethel 1883-1950 [34]
$1 804 FF11 201 £1 100 The Balcony Oil/board 35,5x25,5cm/*13x10in* London 97
$5 880 FF30 700 £3 500 The Yellow Gloves Oil/canvas 41x51cm/*16x20in* London 96
$158 FF976 £95 Choix de Bottes Lithograph 33,5x24cm/*13x9in* London 98
GABANI Giuseppe 1846-1899 [18]
$5 341 FF31 000 £3 152 Cavaliers devant la boutique du brocanteur Huile/panneau 32x49,5cm/*12x19in* Paris 97
$1 200 FF6 800 £600 Pastori e capre Acquarello/carta 47x65cm/*18x25in* Roma 97
GABARD Ernest 1879-1957 [2]
$906 FF4 710 £600 "Pau-Aviation, Coupe Paris-Pau" Poster 79x118cm/*31x46in* London 96
GABBIANI Antonio D. (Attrib.) 1652-1726 [6]
$424 FF2 500 £262 Profil de femme Pierre noire/papier 29,5x24,5cm/*11x9in* Paris 97
GABBIANI Antonio Domenico 1652-1726 [13]
$1 920 FF10 880 £960 Disegno per decorazione di soffitto, con un allegoria profana Inchiostro 55,5x134,5cm/*21x52in* Milano 98
GABE Nicolas Edward 1814-1865 [12]
$2 513 FF15 394 £1 500 Vessels Off a Coast Before a Fort Oil/panel 18,5x31cm/*7x12in* London 98
GABINO Santiago 1928 [2]
$5 192 FF30 612 £3 177 Reflejos en el puerto Oleo/lienzo 65x81cm/*25x31in* Barcelona 98
GABL Alois 1845-1893 [2]
$1 367 FF8 380 £816 Bauernhochzeit in einer Dorfkirche Oil/wood 21x28cm/*8x11in* Dresden 98
GABO Naum Neemia Pevsner 1890-1977 [21]
$2 365 FF13 477 £1 448 Opus 3 Woodcut 20x15cm/*7x5in* Hamburg 97
$272 827 FF1 592 662 £165 000 Linear Contruction in Space No.1, variation Construction 60,5x60,5x24,5cm/*23x23x9in* London 97
GABOWITCH Joseph XIX-XX [1]
$6 500 FF34 593 £3 833 Mother and child Marble H67cm/*H26in* New-York 97
GABRIEL F. XX [7]
$7 500 FF39 915 £4 422 Floral still lifes Oil/panel 101,6x76,2cm/*40x29in* New-York 97
GABRIEL François 1893-1993 [45]
$5 749 FF30 599 £3 390 Still life of flowers in an urn on a ledge Oil/canvas 101,6x76,2cm/*40x29in* New-York 97
GABRIEL L. [2]
$1 646 FF10 000 £991 Vue du port de Honfleur Huile/carton 31,5x40,5cm/*12x15in* Paris 98
GABRIëL Paul Joseph Const. 1828-1903 [71]
$2 022 FF12 164 £1 213 A View of a Moor Oil/panel 19x33cm/*7x12in* Amsterdam 98
$29 018 FF174 616 £17 373 Early Morning Oil/canvas 65,5x100,5cm/*25x39in* Amsterdam 98
$816 FF4 997 £486 A shed near a mill Watercolour/paper 18,5x25cm/*7x9in* Amsterdam 98
GABRIELLI Gaspare c.1790-1833 [1]
$878 FF5 223 £536 "Il Colosseo"/"Veduta del Monte Palatino, dell' Arco di Costantino..." Aquatint 44x53,7cm/*17x21in* Bern 98
GABRINI Pietro 1856-1926 [62]
$8 500 FF43 700 £5 300 Lendings Willing Ears Oil/canvas 43x60cm/*17x24in* Chicago, Illinois 96
$2 000 FF11 813 £1 242 In the Garden Watercolour 73,5x51,5cm/*28x20in* Boston, Mass. 97
GABRON Guilliam 1619-1678 [4]
$17 000 FF93 870 £10 608 Dead game at the base of a tree, with a falcon Oil/canvas 85,5x113cm/*33x44in* New-York 97
$75 000 FF390 000 £49 600 Still life with fruit, gold and silver Vessels and a Squirrel Oil/canvas 156x121cm/*61x47in* New-York 96
GACHET Jules 1859-1914 [4]
$6 758 FF40 128 £4 125 Ruderboot mit traubenpflückern auf dem Lago Maggiore Oil/canvas 70x110cm/*27x43in* Bern 98

GACHNANG Johannes 1939 [11]
    $107 FF644 £66 Skizzenblatt für Kasimir Malewitsch Radierung 56,5x76cm/*22x29in* Zürich 98
GADAN Antoine 1854-1934 [32]
    $3 065 FF16 000 £1 852 Berger dans la campagne bônoise Huile/toile 50x81cm/*19x31in* Paris 96
GADBOIS Louis 1770-1826 [4]
    $1 505 FF9 000 £921 Paysage avec jeunes misiciennes, berger et son troupeau Gouache/papier 37x50cm/*14x19in* Paris 97
GADDI Agnolo 1380-1396 [3]
    $74 500 FF389 000 £45 000 The Madonna and Child Tempera/panel 55x30cm/*21x11in* London 96
GADDI Agnolo (Attrib.) 1380-1396 [2]
    $42 100 FF217 000 £27 000 The Madonna and Child enthroned with Saints and Angels Tempera/panel 84x52cm/*33x20in* London 96
GADEGAARD Paul 1920 [28]
    $531 FF3 089 £327 Modelbillede Oil/canvas 98x60cm/*38x23in* Köbenhavn 97
GADOUD L. XIX-XX [4]
    $1 200 FF6 070 £775 "Vins Camp Romain" Poster 152x114cm/*60x45in* New-York 96
GAEL Adriaen II 1620-1655 [5]
    $1 951 FF11 374 £1 200 The Procession of a Holy Relic Through a Town Oil/panel 44x55cm/*17x21in* London 97
GAEL Barend c.1630-c.1690 [30]
    $7 040 FF43 450 £4 180 Escena de aldea Oleo/lienzo 45,5x57cm/*17x22in* Madrid 98
    $8 450 FF49 103 £5 200 A horse and cart with travellers halted at an inn Oil/panel 36x30cm/*14x11in* London 97
GAEL Barend (Attrib.) c.1630-c.1690 [6]
    $3 710 FF19 220 £2 400 Market place Oil/panel 5x72cm/*1x28in* Stockholm 96
    $4 649 FF26 508 £2 900 Horses, riders and grooms before an Inn Oil/canvas 45x59cm/*17x23in* London 97
GAERTNER Carl Frederick 1898-1952 [11]
    $600 FF3 603 £359 Landscape, Probably Cape Cod Gouache/paper 28x41cm/*11x16in* Cleveland, Ohio 98
GAERTNER Peter XV [2]
    $20 149 FF120 643 £12 376 Bildnis der Susanna von Bayern, Kurfürstin von der Pfalz (1502-1543) Oil/wood 50x32cm/*19x12in* Köln 98
GAETA Enrico 1840-1887 [3]
    $8 032 FF48 300 £4 816 Interior of an Italian Church Oil/canvas 107,5x85cm/*42x33in* Amsterdam 98
GAG Wanda 1893-1946 [9]
    $300 FF1 741 £177 Festival/Rollercoaster Lithograph 31x47cm/*12x18in* Bethesda, Maryland 97
GAGARIN Paul, Paolo 1885-c.1980 [3]
    $52 000 FF309 894 £31 886 Kiki de Montparnasse Bronze 20,5x17x12cm/*8x6x4in* New-York 98
GAGARIN Prince Grigori Grigorievich 1810-1893 [12]
    $27 803 FF170 051 £17 000 Dagestan Soldiers Oil/canvas 84x118cm/*33x46in* London 98
    $1 394 FF7 220 £900 Julia Taafe at a ball in Rome Watercolour 29x23cm/*11x9in* London 96
GAGE Robert Merell 1892-1981 [2]
    $550 FF3 321 £334 Father and Child Bronze H31cm/*H12in* Bethesda, Maryland 98
GAGEN Robert Ford 1847-1926 [10]
    $292 FF1 755 £175 A July Day (Monhegan, Maine) Watercolour/paper 35x25,5cm/*13x10in* Toronto 98
GAGLIARDI IL BIZZARO Filippo c.1600-1659 [1]
    $7 000 FF38 674 £4 350 Imaginary Gallery with Saint Paul being led off his chains Oil/canvas 72x96,5cm/*28x37in* New-York 97
GAGLIARDINI Julien Gustave 1846/48-1927 [53]
    $1 430 FF7 000 £920 Une élégante sur la plage Huile/panneau 41x32cm/*16x12in* Calais 95
    $4 470 FF22 000 £2 830 Bord de mer animé, Toulon Huile/toile 38x55cm/*14x21in* Arles 95
    $654 FF4 000 £400 Port de pêche à marée basse Gouache/papier 23x33cm/*9x12in* Soissons 98
GAGLIARDO IL SPAGNOLETTO Bartolomeo 1555-c.1526 [2]
    $1 998 FF11 741 £1 200 The Angel of the Annunciation Chalks 23,5x16,5cm/*9x6in* London 97
GAGNEREAUX Baptiste 1765-1846 [1]
    $8 390 FF50 000 £5 210 Portrait de la Marquise de Margnolas Huile/toile 98x82cm/*38x32in* Paris 97
GAGNEREAUX Bénigne 1765-1795 [8]
    $20 697 FF117 924 £12 984 Der Unterricht Amors durch Venus und Merkur Öl/Leinwand 110x93cm/*43x36in* Zürich 97

$87 000 FF450 000 £56 400 L'Éducation d'Achille Huile/toile 96x125,5cm/*37x49in* Paris 96
GAGNON Charles 1934 **[2]**
 $2 672 FF16 020 £1 616 Big Freeze Huile/panneau 83,5x68,5cm/*32x26in* Montréal 97
GAGNON Clarence Alphonse 1881-1942 **[72]**
 $4 081 FF24 600 £2 469 Ferme en Charlevoix Oil/panel 14,5x23,5cm/*5x9in* Toronto 98
 $34 143 FF207 804 £20 883 Le Canal du Loing Huile/toile 68x93cm/*26x36in* Montréal 98
 $586 FF3 000 £380 Santa Maria de la Salute Eau-forte 21x9cm/*8x3in* Montréal 95
 $1 538 FF8 060 £926 Dans les Alpes Aquarelle/papier 11,5x14cm/*4x5in* Montréal 96
GAI QI 1774-1829 **[6]**
 $3 800 FF21 468 £2 391 Orchids Ink/paper 31,8x531,5cm/*12x209in* New-York 97
GAIDAN Louis 1847-1925 **[23]**
 $3 169 FF19 000 £1 907 La route de Sommiers Huile/toile 54x73cm/*21x28in* Paris 98
GAIGG Lois XX **[3]**
 $152 FF872 £90 "Blaupunkt" Affiche 148x100,5cm/*58x39in* London 97
GAIGNERON de Jean 1890-? **[9]**
 $671 FF3 500 £406 Vieux marocain Huile/carton 35x27cm/*13x10in* Paris 96
GAIL Wilhelm 1804-1890 **[15]**
 $3 489 FF20 073 £2 059 Überwältigung einees süditalienischen Schmugglers Oil/panel 32x42cm/*12x16in* München 97
 $1 635 FF8 460 £1 045 Campo Santo Giovanni e Paolo Aquarell/Papier 34x42cm/*13x16in* Heidelberg 96
GAILLARD Arthur XIX **[1]**
 $37 500 FF221 763 £22 751 Flowers in a Meadow Oil/canvas 116x178cm/*45x70in* New-York 98
GAILLARD Jean-Jacques 1890-1976 **[17]**
 $1 108 FF6 508 £684 Pouilleuse Oil/canvas 53,5x45cm/*21x17in* Lokeren 97
 $352 FF2 109 £214 Le tombeau de James Ensor, au dos d'un mot de Jean Stévo Encre Chine/papier 26x33,5cm/*10x13in* Bruxelles 97
GAILLARD René 1719-1790 **[7]**
 $1 900 FF12 063 £1 186 "Cocaïne" Poster 159x117cm/*62x46in* New-York 97
GAILLARDOT Pierre 1910 **[99]**
 $268 FF1 400 £160 Les filles Huile/toile 73x60cm/*28x23in* Versailles 96
 $96 FF550 £59 Trotteurs Aquarelle, gouache 21x29cm/*8x11in* Paris 97
GAILLIARD Franz 1861-1932 **[35]**
 $5 500 FF28 060 £3 620 La confection du bouquet Huile/toile 70x56cm/*27x22in* Bruxelles 96
 $12 700 FF65 700 £8 480 Tigre dévorant un paon Huile/toile 115x115cm/*45x45in* Antwerpen 96
GAILLIARD Jean-Jacques 1890-1976 **[62]**
 $1 508 FF7 540 £976 Pouilleuse Huile/toile 54x45cm/*21x17in* Bruxelles 96
 $1 862 FF11 375 £1 120 Il vient de Portsmouth Huile/toile/carton 43,5x35,5cm/*17x13in* Bruxelles 98
 $665 FF3 460 £440 "Maison occupée par Michel de Ghelderode, Rampe Christine, 15, 1952" Encre Chine 34x24cm/*13x9in* Bruxelles 96
GAINSBOROUGH Thomas 1727-1788 **[143]**
 $54 500 FF277 500 £35 900 Portrait of Sir Charles Hanbury Williams (1708-1759) Oil/canvas 214x127cm/*84x50in* London 96
 $71 555 FF413 385 £42 000 Portrait of Philip Dupont (1722-1788) Oil/canvas 70x61cm/*27x24in* London 97
 $87 528 FF507 994 £54 000 Landscape with sheep Labs, fence and Hillock Oil/canvas 21,5x25cm/*8x9in* London 97
 $16 670 FF84 900 £10 000 Wooded landscape with cottages and a chapel Watercolour 23,5x30cm/*9x11in* London 96
GAINSBOROUGH Thomas (Attrib.) 1727-1788 **[5]**
 $6 500 FF37 945 £3 931 Portrait of a Lady Oil/canvas 76x61cm/*30x24in* Bloomfield Hills, Michigan 97
 $527 FF2 709 £340 Figures on a Road by a Country Church Ink 21x30,5cm/*8x12in* London 96
GAISMAIR Christian XX **[1]**
 $2 382 FF14 280 £1 422 Klammer Mischtechnik/Papier 200x180cm/*78x70in* Wien 98
GAISSER Jakob Emanuel 1825-1899 **[33]**
 $2 353 FF11 750 £1 537 Hausmusik Oil/panel 31x23,5cm/*12x9in* Dresden 95
 $5 800 FF29 000 £3 754 The Rehersal Oil/canvas 83x67cm/*32x26in* New-York 96

GAISSER Max 1857-1922 **[24]**
  $1 002 FF6 034 £599 Stadtansicht am Abend Öl/Leinwand 18x25cm/*7x9in* München 98
  $13 322 FF75 910 £8 320 Herrenrunde. Holländische Kaufleute über Büchern und Dokumenten Oil/wood 43,5x59,5cm/*17x23in* Bremen 97
GAITIS Yannis 1923-1984 **[41]**
  $983 FF4 800 £623 Composition Huile/toile 46x55cm/*18x21in* Paris 95
  $3 378 FF20 000 £2 006 Sans titre Huile/toile 113,5x146cm/*44x57in* Paris 97
  $12 244 FF73 099 £7 500 The Football Team of Panathinaikos Construction 200x250cm/*78x98in* London 97
GAITONDE V.S. 1924 **[6]**
  $2 277 FF12 903 £1 138 Senza titolo Olio/tela 179x101cm/*70x39in* Milano 98
  $13 111 FF78 277 £8 000 Untitled Oil/canvas 127x89cm/*50x35in* London 98
GAL Menchu 1922 **[12]**
  $1 810 FF9 160 £1 188 Paisaje de Irún Acuarela 45x62cm/*17x24in* Madrid 96
GALAN Julio Galán 1958 **[4]**
  $37 500 FF215 268 £22 860 Niño elefante tomando elerat 7 (de la serie de los medicamentos) Oil 117x188cm/*46x74in* New-York 97
GALAND Léon 1872-1960 **[25]**
  $758 FF4 500 £464 La ferme Huile/toile 46x61cm/*18x24in* Grenoble 97
  $50 700 FF296 151 £30 000 Après le diner Oil/canvas 195,3x275,9cm/*76x108in* London 97
GALANIS Demetrius 1882-1966 **[49]**
  $9 420 FF46 100 £5 970 Still life, pewter Oil/canvas 46x55cm/*18x21in* Athens 95
  $336 FF2 031 £200 Lady sipping Tea Drypoint 15x10cm/*5x3in* London 98
  $502 FF3 000 £303 Nu au tambourin Sanguine/papier 65x50cm/*25x19in* Paris 97
GALANTE Nicola 1883-1969 **[1]**
  $539 FF3 058 £359 Bertoula/paese sul Sangone Gravure bois 13x15cm/*5x5in* Milano 97
GALBALLY Cecil ?-1995 **[1]**
  $2 117 FF11 010 £1 400 Fishermen setting nets Oil/board 31x41cm/*12x16in* London 96
GALBUSERA Gioachimo 1871-1942 **[22]**
  $1 584 FF8 150 £988 Seelandschaft vor Gebirge Huile/panneau 21x32,5cm/*8x12in* Bern 96
  $3 044 FF15 900 £1 840 Vase de roses Huile/panneau 52x62cm/*20x24in* Zürich 96
GALE William 1823-1909 **[18]**
  $3 845 FF21 998 £2 400 A Nazareth Fig Seller Oil/canvas 64x32cm/*25x12in* London 97
GALE William (Attrib.) 1823-1909 **[2]**
  $3 343 FF19 195 £2 100 "Ophelia" Oil/panel 19,5x14,5cm/*7x5in* London 97
GALEA Luigi Maria 1847-1917 **[71]**
  $2 343 FF14 030 £1 400 Valetta Harbour from Rcasoli, Malta Oil/board 23x55cm/*9x21in* London 98
  $4 430 FF22 060 £2 900 Grand Harbour, Valetta, Malta, reputedly visit of Victor Emmanuel-1912 Oil/canvas 22x73cm/*9x29in* Aylsham, Norfolk 96
  $1 250 FF6 560 £750 Shipping before Valetta Harbour Bodycolour 13x33cm/*5x12in* London 96
GALEMA Arjen 1886-1974 **[2]**
  $1 000 FF5 959 £599 "Royal Dutch Airlines, KLM" Poster 60,5x39cm/*23x15in* New-York 98
GALEOTA Leopoldo 1868-1938 **[5]**
  $2 100 FF11 900 £1 050 Mercato in piazza Olio/legno 30x40cm/*11x15in* Roma 97
GALEOTTI Sebastiano c.1676-1746 **[6]**
  $729 FF4 350 £439 Allegorie auf die fürstliche Tugend Ink/paper 28x16,6cm/*11x6in* Köln 97
GALICE Louis 1854-? **[25]**
  $84 FF500 £50 "The Bengalis, Little Gentlemen, Boxing-Match" Affiche 90x62cm/*35x24in* Paris 97
GALIEN-LALOUE Eugène 1854-1941 **[647]**
  $464 FF2 400 £310 Bord de rivière Huile/toile 16x22cm/*6x8in* Neuilly 96
  $57 500 FF326 887 £35 207 Les grands boulevards de Paris, crépuscule Oil/canvas 63,5x114cm/*25x44in* New-York 97
  $11 500 FF59 110 £7 187 L'église de La Madeleine, Paris Gouache/paper 18,5x30,5cm/*7x12in* New-York 96
GALIONE Jan XX **[1]**
  $3 000 FF18 225 £1 806 The Empress of Blandings Oil/canvas 61x82cm/*24x32in* New-York 98
GALL François 1912-1988 **[440]**
  $728 FF4 500 £437 Sur le parvis de l'église Huile/toile 55x45cm/*21x17in* Paris 98
  $17 000 FF102 595 £10 320 Ballerina Tying her Slipper Oil/canvas 27,5x22,5cm/*10x8in* New-York 98

✏ *$1 428 FF7 400* £927 Ballerina Pastel 25,5x20,5cm/*10x8in* Zürich 96

GALLA Giuseppe 1935 **[1]**
🔨 *$4 629 FF27 027* £2 800 Stay Sculpture 26x26x13cm/*10x10x5in* London 97

GALLAGHER Sears 1869-1955 **[18]**
▭ *$90 FF558* £54 Harvard Campus Etching 17x22cm/*7x9in* East Dennis, Mass. 98
✏ *$4 000 FF23 894* £2 446 View From the Sandcastle Watercolour/paper 34x48cm/*13x19in* Dedham, Mass. 98

GALLAIT Louis 1810-1887 **[22]**
🖐 *$837 FF5 200* £504 Scène romantique Huile/toile 26x21cm/*10x8in* La Varenne Saint-Hilaire 98
🖐 *$1 365 FF8 130* £835 Scène de bataille médiévale Huile/toile 31,5x54cm/*12x21in* Bruxelles 98
✏ *$1 670 FF8 530* £1 100 The Tribune Money/The Death of Epaminondas Ink 38x41cm/*14x16in* London 96

GALLAMINI Domenico (Attrib.) ?-1845 **[1]**
🖐 *$12 000 FF68 000* £8 000 La supplica di Grise Tempera/tela 85x164cm/*33x64in* Prato 98

GALLAND André 1886-1965 **[22]**
▭ *$348 FF1 800* £226 "Vins de France, santé, gaieté, espérance..." Affiche 57,5x40cm/*22x15in* Boulogne 96

GALLAND Gilbert 1870-1956 **[33]**
🖐 *$1 637 FF10 000* £971 La fileuse à la robe rouge Huile/toile 61x46cm/*24x18in* Paris 98
▭ *$514 FF2 950* £318 "En Méditerranée, par les Messageries Maritimes" Affiche 100x63cm/*39x24in* Paris 97
✏ *$436 FF2 200* £286 Une rue à Bou-Saâda Aquarelle 42x27,5cm/*16x10in* Paris 96

GALLARD de Michel 1921 **[67]**
🖐 *$2 135 FF11 000* £1 377 Nature morte au panier et bouteilles Huile/toile 60x73cm/*23x28in* Paris 96
🖐 *$3 038 FF18 000* £1 819 Paysage à la chaumière Huile/toile 128x96cm/*50x37in* Lille 97
🖐 *$3 159 FF18 000* £1 972 Paris, les quais de Seine Huile/toile 10x50cm/*3x19in* Calais 97

GALLARD-LÉPINAY Emmanuel 1842-1885 **[21]**
🖐 *$4 700 FF23 000* £3 023 Entrée d'un voilier sous remorque Huile/toile 46x65cm/*18x25in* Calais 95

GALLATIN Albert Eugene 1882-1952 **[7]**
🖐 *$5 250 FF31 705* £3 146 Composition Oil/canvas/board 25,5x29cm/*10x11in* New-York 98

GALLE Cornelius I 1576-1650 **[9]**
🖐 *$2 095 FF12 500* £1 263 La Descente de Croix Huile/cuivre 48x36cm/*18x14in* Paris 97
▭ *$398 FF2 379* £244 "Pictura" Engraving 29x19,5cm/*11x7in* Haarlem 98

GALLE Cornelius II 1615-1678 **[4]**
▭ *$79 FF469* £48 Otto Gericke Kupferstich 29,5x29cm/*11x11in* Hamburg 98

GALLÉ Émile 1846-1904 **[17]**
🔨 *$988 FF5 000* £648 Vase en verre taillé en camée, orné de fleurs rouges Sculpture H21cm/*H8in* Antwerpen 96

GALLE Hieronymus (Attrib.) 1626-c.1680 **[1]**
🖐 *$15 000 FF91 407* £9 138 The Mater Dolorosa in a stone cartouche surrounded by a garland Oil/canvas 79x69cm/*31x27in* New-York 98

GALLE Hieronymus I 1626-c.1680 **[6]**
🖐 *$9 640 FF50 000* £6 260 Fleurs dans un vase posé sur un rebord Huile/toile 41x32cm/*16x12in* Monaco 96
🖐 *$21 593 FF130 000* £12 922 Vierge à l'enfant dans une niche sculptée entourée de fleurs Toile 96x76cm/*37x29in* Paris 98

GALLE Philip 1537-1612 **[22]**
▭ *$400 FF2 304* £235 The Story of Ruth Engraving 21,5x27,5cm/*8x10in* New-York 97

GALLEGOS Y ARNOSA José 1859-1917 **[41]**
🖐 *$39 600 FF237 000* £24 600 "La dote de la novia" Oleo/tabla 33x51cm/*12x20in* Madrid 97
🖐 *$49 065 FF284 591* £29 000 The Church of S. Giovanni e Paolo and the Colleoni Equestrian Monument Oil/panel 39x25cm/*15x9in* London 97

GALLEN-KALLELA Akseli 1865-1931 **[78]**
🖐 *$62 FF386* £37 Ex libris Filip Gallen Oil/canvas 15x7cm/*5x2in* Helsinki 98
🖐 *$12 702 FF76 300* £7 617 Förarbete till målningen båtens klagan Oil/canvas 68,5x50cm/*26x19in* Helsinki 98
▭ *$439 FF2 652* £266 Farmor Etching 15x10cm/*5x3in* Helsinki 98
✏ *$7 508 FF44 328* £4 444 River landscape Gouache/paper 36x51,5cm/*14x20in* Helsinki 97

GALLETTI Lia 1943 **[5]**
🖐 *$3 000 FF17 221* £1 828 Ghetto Oil/canvas 139x103cm/*54x40in* New-York 97

GALLI Antonio 1811-1861 **[1]**
$9 121 FF53 282 £5 600 The sleeping Infant Saint John the Baptist: "Ecce Angus Dei" Marble H47cm/*H18in* London 97
GALLI Edoardo 1854-? **[2]**
$8 925 FF53 000 £5 480 "Elle avait l'air pieusement triste, Elle aimait le parfum..." Huile/toile 75x32cm/*29x12in* Nice 97
GALLI Fortunato ?-1918 **[5]**
$20 988 FF124 046 £13 000 Venus and Cupid Marble H93cm/*H36in* London 97
GALLI Gino 1893-1954 **[2]**
$11 400 FF64 600 £5 700 "Il morto di guerra" Olio/tela 86x112cm/*33x44in* Milano 98
GALLI Giuseppe 1868-1953 **[4]**
$600 FF3 400 £300 Lame del Sesia/Sottobosco Olio/tavola 15x20cm/*5x7in* Vercelli 98
GALLI Riccardo 1869-1944 **[3]**
$3 637 FF20 611 £1 818 Alagna sulla strada della miniera Olio/tavola 35x50cm/*13x19in* Milano 97
GALLIAN Octave Georges V.L. 1855-? **[3]**
$4 741 FF29 000 £2 813 La route de Sainte Elme animée de personnages Huile/toile 62x92cm/*24x36in* Aix-en-Provence 98
GALLIANI Omar 1954 **[43]**
$1 020 FF5 780 £510 Senza titolo Tecnica mista/tavola 29x29cm/*11x11in* Milano 97
$1 800 FF10 200 £900 "Cadmio" Olio/tela 50x50cm/*19x19in* Prato 98
$3 000 FF17 000 £2 000 Senza titolo Olio/tavola 137,5x225cm/*54x88in* Vercelli 97
$2 400 FF13 600 £1 200 "Aquaticus Liber" Sculpture 44x34x11cm/*17x13x4in* Milano 98
$960 FF5 440 £480 Oltremare Tempera/carta 50x70cm/*19x27in* Prato 98
GALLIARI Bernardino 1707-1794 **[2]**
$2 430 FF12 400 £1 600 The Square of the Town Ink 22x27,5cm/*8x10in* London 96
GALLIARI Fabrizio 1709-1790 **[7]**
$2 437 FF14 164 £1 500 Two Stage Designs Ink 30x42,5cm/*11x16in* London 97
GALLIARI Gaspare 1761-1823 **[5]**
$1 170 FF6 120 £697 Treppenhaus in einem Palast Ink 26x41cm/*10x16in* Hamburg 96
GALLIS Pieter 1633-1697 **[5]**
$12 500 FF71 225 £7 656 Oysters on a silver platter, an Orange and a lemon Oil/canvas 65x59,5cm/*25x23in* New-York 97
GALLIZIO Giuseppe Pinot 1902-1964 **[23]**
$3 000 FF17 000 £2 000 Senza titolo, 1963 Olio/tela 60x73cm/*23x28in* Prato 97
$9 982 FF59 454 £5 934 L'Archetipo Oil/canvas 130x104,5cm/*51x41in* Amsterdam 97
$6 626 FF39 254 £4 000 Untitled Coloured crayons/paper 30,5x56cm/*12x22in* London 97
GALLO Frank 1933 **[20]**
$160 FF951 £97 Reclining Nude Color lithograph 60x88cm/*24x35in* Shaker Heights, Ohio 97
GALLO Giuseppe 1954 **[9]**
$3 670 FF19 240 £2 200 Untitled Oil/canvas 63x50cm/*24x19in* London 96
GALLO Ignacio XIX-XX **[3]**
$2 582 FF15 640 £1 600 Pair of Cock Pheasants Bronze 44,5x28,5cm/*17x11in* Perthshire 97
GALLOCHE Louis 1670-1761 **[5]**
$7 492 FF45 000 £4 545 Diane et Callisto Huile/toile 51x67cm/*20x26in* Paris 98
$11 657 FF68 492 £7 000 A Praying Man, Half-length Black, red & white chalks/paper 39x51cm/*15x20in* London 97
GALLOIS Émile 1882-1965 **[4]**
$3 500 FF20 958 £2 154 Two Pipe Bag Used by American Indians/Two Gaiters Used by Indians Watercolour/paper 62x52cm/*24x20in* New-York 98
GALLON Robert 1845-1925 **[72]**
$504 FF3 174 £320 Feeding Chickens Oil/canvas 101,5x76cm/*39x29in* London 97
$1 898 FF9 700 £1 250 Marlow lock/Eckington Oil/canvas 18x28cm/*7x11in* London 96
$1 791 FF11 078 £1 100 Windsor from the River Watercolour/paper 42,5x65,5cm/*16x25in* Billingshurst, West Sussex 97
GALLOP Herbert Reginald 1890-1958 **[17]**
$598 FF3 623 £370 Narrabeen Lake, Sydney Oil/canvas/board 30x38cm/*11x14in* Melbourne 97
GALNOOR Efrat 1970 **[3]**
$600 FF3 656 £365 Untitled Oil/canvas 20x60cm/*7x23in* Tel Aviv 98

GALOFRE SURIS Francesc 1901-1986 **[4]**
 $975 FF5 925 £600 Paisaje fluvial Oleo/lienzo 60x73cm/*23x28in* Barcelona 98
GALOFRE Y GIMENEZ Baldomero 1849-1902 **[48]**
 $400 FF2 434 £238 Escena española Oleo/cartón 10,5x14,5cm/*4x5in* Buenos Aires 97
 $26 000 FF153 756 £15 774 Andalusian Wedding Oil/panel 33x50cm/*12x19in* New-York 98
 $3 040 FF18 762 £1 805 Barcos de pescadores en el Golfo de Nápoles Acuarela/papel 53x35cm/*20x13in*
Madrid 98
GALOYER François 1944 **[9]**
 $1 206 FF7 000 £712 Chouette Sculpture H20cm/*H7in* Chantilly 97
GALSWORTHY Frank 1863-? **[10]**
 $815 FF4 807 £500 Album Containing Approximately 112 Studies of Daffodils and Narcissi Watercolour
37x27cm/*14x10in* Billingshurst, West Sussex 98
GALTER Pietro XIX **[4]**
 $3 986 FF24 220 £2 400 A Fisherman on a Venetian Lagoon/a Hay Barge on a Lagoon Oil/canvas
16x26cm/*6x10in* London 98
GAMARRA José 1934 **[12]**
 $35 200 FF214 501 £21 771 Il y aura un Sourd dans l'Histoire Acrylic/canvas 150x150cm/*59x59in* Miami,
Florida 98
GAMBA Enrico 1831-1883 **[23]**
 $879 FF4 550 £570 La Marchande d'Oeufs Aquarelle 48x34cm/*18x13in* Montréal 96
GAMBA Francesco 1818-1887 **[2]**
 $7 480 FF36 200 £4 800 La Sosta Oil/canvas 41x60cm/*16x23in* London 95
GAMBA Giovani Battista 1846-? **[3]**
 $30 000 FF175 131 £18 510 A nymph seated on a rock Marble H148,5cm/*H58in* New-York 97
GAMBA Pipein, G. Garuti 1868-1954 **[4]**
 $1 230 FF6 240 £800 "Il Secolo XIX" Poster 131x95cm/*51x37in* London 96
GAMBARINI Giuseppe 1680-1725 **[7]**
 $5 916 FF34 000 £3 617 Scène de danse avec musiciens Huile/toile 54x65cm/*21x25in* Paris 97
GAMBARTES Leonidas 1909-1963 **[10]**
 $14 000 FF73 100 £8 330 Figuras y Pared Oil/canvas 60x82cm/*23x32in* New-York 96
 $17 000 FF97 588 £10 363 Ambito y figuras Plaster 61x87cm/*24x34in* New-York 97
GAMBERINI Giovacchino 1859-? **[4]**
 $16 800 FF95 200 £11 200 Idillio Olio/tela 80x106cm/*31x41in* Prato 97
GAMBiER Léon XX **[16]**
 $1 145 FF6 800 £699 Ruelle à Douarnenez, le bateau phare Huile/toile 55x38cm/*21x14in* Brest 98
GAMBLE John Marshall 1863-1957 **[31]**
 $3 249 FF19 423 £1 969 Shore of a Lake Oil/canvas 20,5x30,5cm/*8x12in* San Francisco-Los Angeles 97
 $8 500 FF50 807 £5 151 "On the Apache Trail, Arizona" Oil/board 66x51cm/*25x20in* San Francisco-Los
Angeles 97
GAMBOGI Raffaello 1874-1943 **[6]**
 $33 370 FF201 512 £20 000 Barche in secca a Livorno Oil/canvas 60x104cm/*23x40in* London 98
 $69 500 FF357 600 £42 000 A Rest From Harvesting Oil/canvas 120x240cm/*47x94in* London 96
GAMELIN Jacques 1738-1803 **[24]**
 $9 280 FF48 000 £6 020 Combat de cavalerie près d'un pont Huile/toile 97,5x135cm/*38x53in* Paris 96
 $9 712 FF57 271 £5 750 A cavalery skirmish at night Oil/canvas 60x98cm/*23x38in* London 97
 $2 840 FF14 000 £1 844 Socrate buvant la ciguë Encre 30x45cm/*11x17in* Paris 95
GAMELIN Jacques (Attrib.) 1738-1803 **[6]**
 $1 071 FF5 605 £649 An Elephant Hunt Ink 42,5x35,5cm/*16x13in* London 96
GAMES Abram 1914-1996 **[16]**
 $456 FF2 692 £280 "Guinness" Poster 76x51cm/*29x20in* London 98
GAMLEY Henry Snell 1865-1928 **[2]**
 $6 778 FF41 055 £4 200 Robert Burns, a Figure Bronze H35cm/*H13in* Perthshire 97
GAMMON Reginald William 1894-? **[10]**
 $794 FF4 798 £500 Breton Pastoral Oil/board 65x71cm/*25x27in* Bristol, Avon 97
GAMPERT Otto 1842-1924 **[61]**
 $822 FF4 050 £530 Abend am Wasser Öl/Karton 27,5x36cm/*10x14in* Zürich 95

☞ *$1 413 FF6 880* £895 Erntelandschaft Öl/Karton 36x51cm/*14x20in* Bern 95
GAMY Marguerite Montaut XIX-XX **[19]**
☞ *$733 FF4 326* £450 "Le Grand-Prix Michelin, Mars 1911" Poster 79x43cm/*31x16in* London 98
GANAY de Isabelle 1960 **[30]**
☞ *$2 480 FF12 500* £1 607 Trouville, la plage Huile/toile 65x81cm/*25x31in* Deauville 95
GANDAGLIA Lucas XIX **[1]**
☞ *$45 700 FF232 200* £27 300 Reunión de la alta sociedad en los jardines de La Granda Oleo/lienzo 128x182cm/*50x71in* Madrid 96
GANDINI DEL GRANO Giorgio ?-1538 **[2]**
✏ *$2 283 FF13 245* £1 400 The madonna and child with St.John the Baptist and two bishop saints Red chalk 15x14cm/*5x5in* London 97
GANDINO Antonio c.1590-c.1640 **[1]**
☞ *$76 695 FF460 644* £46 000 Elegant Company Making Music Around a Table Oil/canvas 119,5x163cm/*47x64in* London 98
GANDOLFI Gaetano 1734-1802 **[51]**
☞ *$35 000 FF214 854* £21 444 Portrait of a Woman with an Earring Oil/canvas 45x32cm/*17x12in* New-York 98
☞ *$55 000 FF303 869* £34 182 San Giacomo della Marca, Santa Margherita and San Diego Oil/canvas 50x32cm/*19x12in* New-York 97
☞ *$1 177 FF6 756* £717 Bildnis eines jungen Mädchen Radierung 14,3x9,9cm/*5x3in* Berlin 97
✏ *$4 800 FF29 465* £2 941 Studies of Heads Ink 20,5x14,5cm/*8x5in* New-York 98
GANDOLFI Gaetano (Attrib.) 1734-1802 **[4]**
☞ *$6 000 FF35 650* £3 661 The Agony in the Garden Oil/canvas/panel 23x29,5cm/*9x11in* New-York 98
GANDOLFI Mauro 1764-1834 **[7]**
☞ *$15 176 FF89 910* £9 000 An Allegorical female Figure - a modello Oil/canvas 26,5x32,5cm/*10x12in* London 97
GANDOLFI Ubaldo 1728-1781 **[39]**
☞ *$161 406 FF937 692* £95 282 Ariadne och Bacchus Oil/canvas 86x111cm/*33x43in* Stockholm 97
✏ *$3 997 FF23 483* £2 400 A Nude, leaning forward, seen from behind Red chalk 41x26cm/*16x10in* London 97
GANDOLFI Ubaldo (Attrib.) 1728-1781 **[10]**
☞ *$1 686 FF10 000* £1 031 Mercure et Argus Huile/toile 45x34cm/*17x13in* Paris 97
✏ *$1 117 FF5 800* £739 Académie d'homme assis, yeux fermés Pierre noire 40,7x28cm/*16x11in* Paris 96
GANDY Herbert c.1850-c.1920 **[6]**
☞ *$49 416 FF304 104* £30 000 The Love Letter Oil/canvas 64x114cm/*25x44in* London 98
GANDY Joseph Michael 1771-1843 **[4]**
✏ *$5 067 FF30 000* £3 000 Landscape with Temple, Dragon and Figures Watercolour/paper 44x61,5cm/*17x24in* London 97
GANESCO Constantin 1864-c.1940 **[9]**
☞ *$480 FF2 500* £302 Buste d'homme barbu Bronze H40cm/*H15in* Saint-Dié 96
GANGOLF Paul 1879-c.1945 **[24]**
☞ *$2 044 FF11 796* £1 252 Filmstadt Mixed media 36,5x43cm/*14x16in* Stuttgart 97
☞ *$224 FF1 333* £137 Die Spieler Radierung 10x14,8cm/*3x5in* Bern 97
GANGOOLY Jamini Prokash 1876-1953 **[1]**
☞ *$5 316 FF31 872* £3 200 Fishermen at Sunrise Oil/board 30,5x46cm/*12x18in* London 98
GANKU Kishi Koma (Attrib.) 1749/56-1838 **[2]**
✏ *$4 250 FF26 334* £2 538 A Tiger Ink 146x78cm/*57x30in* New-York 98
GANNAM John 1907-1965 **[3]**
✏ *$2 000 FF10 350* £1 337 Couple on couch, she on telephone Pastel 35x56cm/*14x22in* New-York 96
GANNE Yves 1931 **[29]**
☞ *$900 FF4 670* £596 Les deux pommes Oil/canvas 73x50cm/*29x20in* Chicago, Illinois 96
GANSO Emil 1895-1941 **[69]**
☞ *$308 FF1 738* £188 Resting Models Mixed media 33x33cm/*13x13in* Mystic, Connecticut 97
☞ *$289 FF1 721* £177 "Long Island Winter" Color lithograph 28x40cm/*11x16in* Shaker Heights, Ohio 97
✏ *$650 FF3 615* £402 Extensive Landscape Gouache/paper 35x49,5cm/*13x19in* New-York 97
GANTNER Bernard 1928 **[203]**
☞ *$870 FF4 500* £561 De ma fenêtre Huile/toile 41x33,5cm/*16x13in* Paris 96

*$2 400 FF14 580 £1 433 Lumière du soir Oil/canvas 72x54cm/*28x21in* Florida 97

*$82 FF500 £49 Chaux, maisons du village Lithographie couleurs 17x51cm/*6x20in* Orléans 98

*$41 FF250 £25 Paysage Franc-Comtois Encre/papier 31,5x41cm/*12x16in* Orléans 98

GANTZ John 1772-1853 **[3]**

*$1 638 FF9 523 £1 000 Watercarriers before a Villa, Madras Watercolour 26x44,5cm/*10x17in* London 97

GANTZ Justinian Walter 1802-1862 **[10]**

*$3 655 FF21 912 £2 200 A Rest Home, near Cape Comorin on the Road to Trivandrum Watercolour 33x46cm/*12x18in* London 98

GANZ Edwin 1871-1957 **[12]**

*$807 FF4 872 £483 Cheval de Trait Huile/toile 34x48cm/*13x18in* Bruxelles 98

GAO FENGHAN 1683-1748 **[1]**

*$1 500 FF7 730 £967 Lanscape fan Ink/paper 16,2x46,3cm/*6x18in* New-York 96

GAO HUIJUN 1966 **[1]**

*$3 360 FF17 230 £2 043 Water World Oil/canvas 82x102cm/*32x40in* Hong Kong 96

GAO JIAN 1634-1707 **[1]**

*$8 000 FF47 619 £4 966 Carrying a Scholar up a Moutain Patho Ink 90x75cm/*35x29in* New-York 97

GAO JIANFU 1879-1951 **[30]**

*$5 170 FF26 500 £3 144 Pine Ink/paper 65x29cm/*25x11in* Hong Kong 96

GAO JIANSENG 1894-1916 **[2]**

*$12 930 FF66 300 £7 860 Carrying firewood in a snowy forest Ink 94x38,5cm/*37x15in* Hong Kong 96

GAO QIFENG 1889-1933 **[11]**

*$103 400 FF530 000 £62 900 Landscapes Mixed media 26x35,5cm/*10x13in* Hong Kong 96

*$23 574 FF137 394 £14 517 "Frosty village" Ink 76,8x36,2cm/*30x14in* Hong Kong 97

GAO QIPEI 1660-1734 **[8]**

*$12 250 FF63 000 £7 460 Dragon painted by fingertips Ink/paper 215x78cm/*84x30in* Hong Kong 96

GAO XIANG 1688-1754 **[4]**

*$13 000 FF65 700 £8 520 Landscapes Ink/paper 29x39,5cm/*11x15in* New-York 96

GAPPMAYER Heinz 1925 **[1]**

*$1 041 FF6 184 £618 "Zeit" Indian ink 70x50cm/*27x19in* Wien 97

GARAT Francis c.1870-? **[64]**

*$11 690 FF70 000 £7 182 Paris, le pont Saint-Michel/Les Quais de Seine Huile/panneau 24x33cm/*9x12in* Paris 98

*$490 FF2 500 £323 Paris, les grands boulevards Aquarelle 17x23,5cm/*6x9in* Paris 96

GARATE Y CLAVERO Juan José 1870-1939 **[23]**

*$6 030 FF35 550 £3 690 La cosecha Oleo/lienzo 56x95cm/*22x37in* Madrid 98

*$9 100 FF51 610 £5 720 Las libélulas Oleo/lienzo 108x160cm/*42x62in* Madrid 97

*$276 FF1 444 £166 Paisaje con cabaña Aguada 19x26,5cm/*7x10in* Madrid 96

GARAUD Gustave Césaire 1847-1914 **[11]**

*$409 FF2 516 £245 Partie in den Savoyer Alpen Oil/paper/panel 30x45cm/*11x17in* Köln 98

*$1 155 FF6 747 £699 Mutter mit zwei kleinen Kindern auf einer Brücke Pastell/Papier 41x51cm/*16x20in* Köln 97

GARAVILLA Angel 1906-1961 **[2]**

*$1 787 FF10 862 £1 072 Pescador vasco Oleo/lienzo 45x46cm/*17x18in* Madrid 98

GARAY de Marie XIX-XX **[1]**

*$1 500 FF8 860 £932 A Matter for Consideration Oil/panel 20x13cm/*7x5in* Boston, Mass. 97

GARAY Y ARÉVALO Manuel XIX **[6]**

*$7 920 FF47 400 £4 920 Devanando la madeja Oleo/tabla 43x53cm/*16x20in* Madrid 97

GARBARI Tullio 1892-1931 **[2]**

*$6 000 FF34 000 £3 000 La cena Tempera/carta 14x17,5cm/*5x6in* Milano 97

GARBELL Alexandre, Sacha 1903-1970 **[254]**

*$155 FF800 £100 Le Pavillon de la Viande aux Halles Huile/papier 23x20cm/*9x7in* Paris 96

*$227 FF1 400 £136 Paysage d'Israël Huile/toile 44x38cm/*17x14in* Paris 98

*$483 FF2 500 £314 Promenade en bord de mer Huile/toile 113x160cm/*44x62in* Saint-Germain-en-Laye 96

GARBER Daniel 1880-1958 **[28]**

*$23 000 FF138 887 £13 806 From Goat Hill Oil/board 25x32,5cm/*9x12in* New-York 98

*$47 500 FF277 452 £29 160 On a Saturday afternoon, cold Spring Harbor Oil/board 46x51cm/*18x20in*

New-York 97
 ⌷ *$2 352 FF14 289* £1 415 "Tobickon" Etching 13x16cm/*5x6in* Philadelphia 98
 ✎ *$2 100 FF12 230* £1 282 A Little Maid" Graphite 25x20cm/*10x8in* Hatfield, Pennsylvania 97
GARBUZ Yair 1945 **[27]**
 ◔ *$2 600 FF13 470* £1 690 Figures Mixed media/canvas 129x81cm/*50x31in* Tel Aviv 96
 ✎ *$280 FF1 451* £182 Figures Mixed media/paper 52x28,5cm/*20x11in* Tel Aviv 96
GARCIA BARRENA Carmelo 1926 **[13]**
 ◔ *$4 800 FF29 625* £2 850 Amsterdam Oleo/lienzo 65x54cm/*25x21in* Madrid 98
GARCIA CONDOY Honorio 1900-1953 **[1]**
 ⬠ *$4 025 FF23 000* £2 472 Mujer desnuda Sculpture 38x29cm/*14x11in* Madrid 97
GARCIA David XX **[5]**
 ◔ *$1 922 FF11 000* £1 172 Village sous la neige Huile/toile 65x92cm/*25x36in* Paris 97
GARCIA DE BENABARRE Pedro c.1425-1496 **[1]**
 ◔ *$38 000 FF187 500* £24 560 The Annunciation to Saint Joachim Oil/panel 108x60cm/*42x23in* New-York 96
GARCIA DEL CORRAL Federico XIX-XX **[1]**
 ◔ *$28 000 FF166 171* £17 150 Preparing for the fiesta Oil/canvas 82x54cm/*32x21in* New-York 97
GARCIA Jerry XX **[1]**
 ⌷ *$700 FF3 450* £451 Dawn at the Ritz Carlton Color lithograph 25x31cm/*10x12in* New-York 95
GARCIA MENCIA Antonio 1871-1915 **[19]**
 ◔ *$4 950 FF29 775* £3 075 Los anteojos Oleo/lienzo 40,5x33cm/*15x12in* Madrid 97
 ✎ *$660 FF3 970* £410 "Sol de Andalucía" Acuarela/papel 45x29cm/*17x11in* Madrid 97
GARCIA OCHOA Luis 1920 **[21]**
 ◔ *$5 120 FF30 646* £3 181 Desnudo Oleo/lienzo 89x116cm/*35x45in* Madrid 98
 ⌷ *$123 FF750* £74 Tres desnudos Litografía 29x24cm/*11x9in* Madrid 98
GARCIA PATINO Antonio 1932 **[12]**
 ◔ *$3 120 FF16 100* £2 000 Mujer desnuda sentada Oleo/lienzo 100x73cm/*39x28in* Madrid 96
GARCIA PONCE Fernando 1933-1987 **[3]**
 ✎ *$1 376 FF8 163* £841 Composición No.1 Collage 74x100cm/*29x39in* México 98
GARCIA Y MENCIA Julio 1851-? **[3]**
 ✎ *$568 FF2 825* £362 Asturiana/Guitarrista Acuarela 34x24cm/*13x9in* Madrid 95
GARCIA Y RAMOS José 1852-1912 **[26]**
 ◔ *$4 950 FF29 625* £3 075 "El bautizo" Oleo/lienzo 35,5x27,5cm/*13x10in* Madrid 97
 ◔ *$28 200 FF142 500* £18 480 Cortejo español o pelando la pava Oleo/lienzo 54x33cm/*21x12in* Madrid 96
GARCIA Y RODRIGUEZ Manuel 1863-1925 **[80]**
 ◔ *$5 280 FF31 600* £3 280 Arando con mulos cerca del rio Oleo/tabla 38x25cm/*14x9in* Madrid 97
 ◔ *$11 220 FF67 490* £6 970 La fuente de Neptuno de los jardines del Alcázar de Sevilla Oleo/lienzo
70x60cm/*27x23in* Madrid 97
GARCIN Louis-Marius 1821-1898 **[1]**
 ◔ *$9 010 FF44 000* £5 710 Embarquement en gondole, Venise Huile/toile 59x81cm/*23x31in* Paris 95
GARDELL-ERICSON Anna 1853-1939 **[159]**
 ✎ *$516 FF3 060* £315 Västkustmotiv Watercolour/paper 13x22cm/*5x8in* Stockholm 97
GARDEN William Fraser 1856-1921 **[50]**
 ◔ *$2 190 FF11 330* £1 400 The mill pool Oil/canvas 28x38cm/*11x15in* Penzance, Cornwall 96
 ✎ *$2 327 FF11 800* £1 500 The River at Hemingford Abbots Watercolour 19x28cm/*7x11in* London 96
GARDET Georges 1863-1939 **[61]**
 ⬠ *$1 907 FF9 860* £1 237 Chien d'arrêt Bronze 27,5x57cm/*10x22in* Liège 96
GARDIER du Raoul 1871-1952 **[9]**
 ◔ *$16 280 FF100 000* £9 760 L'heure du lavage du pont Huile/papier/toile 59x53cm/*23x20in* Lille 98
GARDINER Alfred Clive 1891-1960 **[6]**
 ⌷ *$3 400 FF17 320* £2 040 "Season Tickets, Save Time" Poster 101x63cm/*39x24in* New-York 96
GARDINER Eliza Draper 1871-1955 **[45]**
 ⌷ *$500 FF2 575* £322 Boy Holding a Goose Woodcut in colors 18x13cm/*7x5in* Bolton, Mass. 96
GARDINER Frank Joseph Henry 1942 **[3]**
 ✎ *$1 355 FF7 797* £800 The American Clipper "Abner Coburn" ant eht Barquetine "Benicia" Watercolour
37x54cm/*14x21in* London 97
GARDINER William Nelson 1766-1814 **[1]**
 ⌷ *$826 FF5 073* £504 January, after William Hamilton Engraving 32,5x27,5cm/*12x10in* London 98
GARDNER Alexander 1821-1882 **[33]**

📷 *$2 200 FF12 694 £1 348* "Adjusting the Ropes, the Hanging of the Lincoln Conspiration" Albumen print 16x21cm/*6x8in* New-York 97
GARDNER Daniel 1750-1805 **[43]**
👁 *$3 644 FF18 600 £2 400* Scene from Tom Jones, Mrs Pinto as Sophia, Mr. Mattocks as T. Jones Oil/canvas 63,5x76,5cm/*25x30in* London 96
✏ *$2 393 FF11 610 £1 500* A lady reading in a woodland Watercolour 87x60cm/*34x23in* London 95
GARDNER Daniel (Attrib.) 1750-1805 **[4]**
✏ *$2 738 FF15 828 £1 700* Portrait of a Gentleman in His Study/A Lady in a Landscape Gouache/paper 51x40,5cm/*20x15in* Newbury, Berkshire 97
GARDNER Elizabeth Draper XX **[1]**
🗔 *$800 FF4 750 £484* "The Intruder" Woodcut in colors 23x18cm/*9x7in* Lambertville, NJ 97
GARDNER William Biscombe 1847-1919 **[15]**
✏ *$326 FF1 883 £200* Tonbridge Castel, Kent Watercolour 20x15cm/*8x6in* Aylsham, Norfolk 97
GARDNER-SOPER James Hamlin 1877-? **[3]**
👁 *$3 800 FF19 830 £2 296* Gala Evening Oil/canvas 73x50cm/*28x19in* New-York 96
GARDUÑO Flor 1957 **[7]**
📷 *$850 FF4 240 £553* Angel Herido, Guatamala Gelatin silver print 46x36cm/*18x14in* San Francisco-Los Angeles 95
GARDY Claude 1937 **[23]**
👁 *$544 FF3 246 £328* Plage animée Huile/panneau 22x27cm/*8x10in* Luxembourg 97
GAREL Philippe 1945 **[19]**
👁 *$493 FF3 000 £297* Sans titre Huile/toile 46x61cm/*18x24in* Versailles 98
GARELLA Antonio XIX-XX **[4]**
🗜 *$2 547 FF14 625 £1 600* Poesie Stone H26cm/*H10in* London 97
GARELLI Franco 1909-1973 **[2]**
🗜 *$5 175 FF29 325 £2 587* Tentacoli Fer 87x149x43cm/*34x58x16in* Milano 98
GAREMYN Jan Anton 1712-1799 **[11]**
👁 *$3 460 FF17 500 £2 270* Conversation villageoise au bord du lac Huile/toile 46,5x55,5cm/*18x21in* Paris 96
👁 *$54 392 FF320 718 £32 200* View of a town square with a market scene Oil/canvas 242x267cm/*95x105in* London 97
✏ *$652 FF3 315 £391* Study of a lion Red chalk 19,5x31,3cm/*7x12in* Amsterdam 96
GAREMYN Jan Anton (Attrib.) 1712-1799 **[7]**
👁 *$5 659 FF35 000 £3 370* Le charlatan Huile/toile 33x24cm/*12x9in* Paris 98
GARET F. XIX-XX **[2]**
🗔 *$509 FF2 800 £312* "Paris, Plage, Arcachon du Nord" Affiche 123x85cm/*48x33in* Versailles 97
GARF Salomon 1879-1943 **[16]**
👁 *$660 FF3 380 £428* Various roses in a glass vase Oil/canvas 41x56cm/*16x22in* Amsterdam 95
👁 *$1 755 FF9 030 £1 095* A Still Life with Grapes, Peaches and a Jug on a Table Oil/canvas 31,5x46cm/*12x18in* Amsterdam 96
GARFINKIEL David 1902-1970 **[29]**
👁 *$734 FF4 200 £458* Couple de danseurs Huile/toile 31x24cm/*12x9in* Paris 97
👁 *$1 375 FF7 000 £825* Nature morte à la pastèque Huile/toile 60x73cm/*23x28in* Neuilly 96
✏ *$590 FF3 000 £353* Le violoncelliste Aquarelle 36x26cm/*14x10in* Paris 96
GARGALLO Pablo 1881-1934 **[30]**
🗜 *$29 304 FF180 000 £17 568* L'esclave Bronze 33x24,5x22,5cm/*12x9x8in* Paris 98
✏ *$8 756 FF52 000 £5 304* Jeune femme aux cruches Crayon/papier 29x26,5cm/*11x10in* Paris 97
GARGIULO MICCO SPADARO Domenico 1612-1679 **[19]**
👁 *$16 280 FF100 000 £9 760* La Montée au Calvaire Huile/cuivre 29x20cm/*11x7in* Tourcoing 98
👁 *$58 744 FF338 983 £36 000* The martyrdom of Saint Lawrence Oil/canvas 104x132cm/*40x51in* London 97
✏ *$1 414 FF8 312 £849* A Satyr unveiling a Nymph and two other Nymph Ink 9,5x15cm/*3x5in* London 97
GARIAZZO Pier Antonio 1879-1963 **[13]**
👁 *$1 007 FF5 020 £660* Twee naakten Huile/panneau 89x110cm/*35x43in* Lokeren 95
✏ *$2 766 FF15 612 £1 695* Balinese Cockfight Watercolour 50x65cm/*19x25in* Singapore 97
GARIBALDI Joseph 1863-1941 **[31]**
👁 *$2 406 FF14 000 £1 474* Paysage de la garrigue Huile/toile 41x33cm/*16x12in* Marseille 97
👁 *$2 900 FF15 000 £1 870* Le village de Fos Huile/toile 52x76cm/*20x29in* Marseille 96

GARIN Louis 1889-1959 **[11]**
- *$5 220 FF31 000 £3 186* Sortie de messe à Locmariaquer Huile/toile 54x65cm/*21x25in* Brest 98
- *$614 FF3 200 £386* "Autocars Les Mouettes, Saint-Malo" Affiche 120x80cm/*47x31in* Paris 96

GARIN Paul 1898-1963 **[175]**
- *$229 FF1 400 £140* Les Dockers Huile/toile 54x65cm/*21x25in* Paris 98
- *$246 FF1 500 £150* Le port Huile/toile 27x46cm/*10x18in* Paris 98

GARINE Viatcheslav 1891-1957 **[4]**
- *$622 FF3 800 £369* Forme Sculpture bois H48cm/*H18in* Paris 98

GARINEI Giovanni 1846-? **[3]**
- *$6 760 FF39 486 £4 000* In Raphael's Studio Oil/canvas 78x133cm/*30x52in* London 97

GARINEI Michele 1871-1960 **[6]**
- *$628 FF3 563 £314* Paesaggio di Incisa sull'Arno Olio/tavola 15x23cm/*5x9in* Milano 98
- *$780 FF4 420 £520* Ritratto feminile con corona d'alloro Olio/tela 55x41cm/*21x16in* Firenze 98

GARINO Angelo 1860-1945 **[16]**
- *$2 646 FF12 980 £1 722* La Baia degli Angeli, Nizza Olio/cartone 24x52,5cm/*9x20in* Milano 95
- *$5 995 FF35 000 £3 626* Le port de Nice Huile/toile 65x126cm/*25x49in* Nice 97

GARIOT Paul Césaire 1811-1880 **[5]**
- *$15 000 FF77 100 £9 375* Pondora's Box Oil/panel 46x37,5cm/*18x14in* New-York 96

GARLAND Henry XIX-XX **[24]**
- *$1 113 FF6 482 £680* Study of a Horse's Head Oil/canvas 25,5x20,5cm/*10x8in* London 97
- *$3 800 FF21 615 £2 326* Collecting Cattle in the Highlands Oil/canvas 61x91,5cm/*24x36in* New-York 97

GARLAND Valentine Thomas ?-1914 **[19]**
- *$2 458 FF14 662 £1 500* Dog in a Manger Oil/panel 25,5x19,5cm/*10x7in* Chiddingfold, Surrey 98
- *$8 134 FF49 751 £5 000* A Pile o'Pups Watercolour 20,5x30,5cm/*8x12in* London 98

GARLATO Giambattista XIX **[1]**
- *$792 FF4 080 £504* Pianta della Regia Città di Venezia Engraving 53,4x71,7cm/*21x28in* Venezia 96

GARLING Frederick 1806-1873 **[11]**
- *$2 969 FF17 272 £1 818* "Mains'l Haul, Brig ... North Head, port Jackson, New South Head" Gouache 28,5x46cm/*11x18in* Melbourne 97

GARMACH Mikhail 1953 **[18]**
- *$370 FF2 200 £226* Le matin en Crimée Huile/toile 50x45cm/*19x17in* Le Havre 97

GARNERAY Auguste Simon 1785-1824 **[6]**
- *$70 500 FF370 000 £42 300* L'Impératrice Joséphine dans le parc d'un château Aquarelle/vélin 27,5x24cm/*10x9in* Paris 96

GARNERAY Hippolyte 1787-1858 **[11]**
- *$6 904 FF41 000 £4 182* Ville normande Huile/toile 40,5x32,5cm/*15x12in* Paris 97

GARNERAY Jean-François 1755-1837 **[3]**
- *$3 685 FF21 725 £2 255* Retrato de un diletante Oleo/lienzo 55x45cm/*21x17in* Madrid 98

GARNERAY Louis A. (Attrib.) 1783-1857 **[2]**
- *$3 070 FF16 000 £2 030* Voiliers sur une mer agitée Huile/toile 48,5x64cm/*19x25in* Paris 96

GARNERAY Louis Ambroise 1783-1857 **[28]**
- *$4 368 FF26 000 £2 670* Château fort sur la côte Huile/panneau 30x41cm/*11x16in* Barbizon 98
- *$7 060 FF37 000 £4 250* Pêcheurs pris dans la tempête Huile/toile 89x112cm/*35x44in* La Rochelle 96
- *$447 FF2 200 £288* Marine Lavis 9,8x17cm/*3x6in* Paris 95

GARNETT William A. 1916 **[11]**
- *$1 400 FF6 970 £910* Plowed Field, Arvin, Calif. Silver print 50x40cm/*19x15in* San Francisco-Los Angeles 95

GARNIER Benoît Joseph G. 1865-? **[1]**
- *$1 000 FF5 180 £669* "23 Mars, Concert suivi de bal" Poster 83x120cm/*32x47in* New-York 96

GARNIER Étienne B. (Attrib.) 1759-1849 **[1]**
- *$2 600 FF14 831 £1 598* The arrival of the Emperor Napoléon at the Hôtel de Ville, Paris Ink 28x42,5cm/*11x16in* New-York 97

GARNIER Étienne Barthélémy 1759-1849 **[3]**
- *$9 000 FF53 065 £5 518* Sophocles before the Magistrats/Cornelia, Mother of the Gracchi Oil/canvas 32x40,5cm/*12x15in* New-York 98

GARNIER François ?-1762 **[4]**
- *$103 296 FF640 000 £61 696* Coupe de fraise des bois sur un entablement Huile/panneau 26x33,5cm/*10x13in* Paris 98

GARNIER François (Attrib.) ?-1762 **[1]**

$24 900 FF124 800 £15 750 Stilleben mit Kirschen Öl/Leinwand 45x66cm/*17x25in* Wien 95
GARNIER Geoffrey Sneyd 1889-c.1971 **[19]**
$81 FF493 £50 St. Michael's Mount Etching 16x35cm/*6x14in* Par, Cornwall 98
GARNIER Jules 1847-1889 **[16]**
$4 500 FF26 897 £2 754 Le repos au bord du fleuve Oil/canvas 41x32cm/*16x12in* New-York 97
$10 000 FF57 045 £6 149 The performance Oil/canvas 101x150cm/*39x59in* New-York 97
GARNIER Louis XIX-XX **[3]**
$2 133 FF12 343 £1 303 Bacchus Bronze H41cm/*H16in* Billingshurst, West Sussex 97
GARNIER Michel 1753-1819 **[6]**
$2 701 FF15 500 £1 658 Portrait d'un Notable de l'Empire Huile/toile 60x50cm/*23x19in* Paris 97
$82 000 FF491 016 £50 184 "The Music Lesson"/"Hide and Seek" Oil/panel 14,5x11,5cm/*5x4in* New-York 97
GARNIER Michel (Attrib.) 1753-1819 **[2]**
$2 269 FF13 000 £1 342 La diseuse de bonne aventure Huile/toile 46x55,5cm/*18x21in* Paris 97
GAROLA Pietro Francesco 1638-1716 **[4]**
$9 930 FF51 800 £6 000 Capriccio of the Colosseum, Rome Oil/canvas 83x104cm/*32x40in* London 96
GAROUSTE Gérard 1946 **[31]**
$11 627 FF70 000 £6 958 La neuvième combinaison Huile/toile 35x27cm/*13x10in* Paris 98
$30 100 FF150 000 £19 700 Sans titre Huile/toile 200x180cm/*78x70in* Paris 95
$4 825 FF25 000 £3 130 Sans titre Aquarelle, gouache/papier 65x50cm/*25x19in* Paris 96
GARRARD George 1760-1826 **[11]**
$24 000 FF147 873 £14 745 Gentleman with dark grey Horse and Greyhound in a wooded Parkland Oil/canvas 66x74cm/*25x29in* New-York 98
$30 000 FF184 842 £18 432 A Portrait of a Liver and white Pointer in a wooded Landscape Oil/canvas 99x124,5cm/*38x49in* New-York 98
GARRAUD Léon 1877-1961 **[17]**
$1 929 FF11 000 £1 184 Le Pont Tilsitt Huile/toile 32x45cm/*12x17in* Lyon 97
$1 002 FF6 000 £613 Chemin d'alentours Aquarelle/papier 24x30cm/*9x11in* Lyon 97
GARRETT Dan XX **[1]**
$3 500 FF18 235 £2 201 The Primal Prayer Bronze H71cm/*H28in* Scottsdale, Arizona 96
GARRETT Thomas Balfour 1879-1952 **[97]**
$1 094 FF6 363 £670 Landscape with sheep Oil/canvas/panel 13,5x54,5cm/*5x21in* Melbourne 97
$3 160 FF16 300 £2 092 The Coming of the Tide Oil/board 23x90,5cm/*9x35in* Melbourne 96
$909 FF5 447 £542 Coast Monotype 22x21,5cm/*8x8in* Melbourne 98
$1 363 FF8 171 £813 Country Lane Watercolour/paper 24x19,5cm/*9x7in* Sydney 98
GARRETTO Paolo Federico 1903-1991 **[7]**
$193 FF1 000 £125 "Olimpic, S.A. Cervo, Italia" Affiche 62x97cm/*24x38in* Nice 96
GARRIDO Eduardo Léon 1856-1949 **[71]**
$4 651 FF28 257 £2 800 A seated Lady holding a Fan Oil/panel 40,5x31cm/*15x12in* London 98
$11 700 FF71 100 £7 020 La Bella Noche Oleo/tabla 61x49cm/*24x19in* Madrid 98
GARRIDO Leandro Ramón 1868-1909 **[19]**
$6 280 FF32 500 £4 074 Elégante au bal masqué Huile/panneau 41x33cm/*16x12in* Paris 96
$10 003 FF61 450 £6 000 The Doll Oil/canvas 82x65cm/*32x25in* London 98
GARRIDO Louis Edouard 1893-1982 **[44]**
$922 FF4 500 £584 Bouquet de roses Huile/panneau 47x55cm/*18x21in* Bayeux 95
$1 014 FF6 200 £608 Marine, Port-en-Bessin ? Huile/isorel 33x41cm/*12x16in* Bayeux 98
GARRIS Jean [1]
$4 860 FF25 000 £3 030 "Mistigri" Bronze H47cm/*H18in* Paris 96
GARRISON Olive XIX-XX **[1]**
$3 500 FF18 070 £2 240 Industrial Tool Abstraction Silver print 1x9,5cm/*x3in* New-York 96
GARROS Catherine 1954 **[52]**
$775 FF4 500 £477 St Tropes Huile/toile 61x50cm/*24x19in* Arles 97
$229 FF1 300 £140 Le Cap Canaille, Cassis Aquarelle/papier 58x40cm/*22x15in* Cannes 97
GARRY Augustin M.J. XIX-XX **[1]**
$3 622 FF21 978 £2 200 "Vieux Cru", a Man Opening a Bottle of Wine Bronze H33cm/*H12in* London 98
GARRY Charley 1891-1973 **[8]**

ᴄᴍ *$619 FF3 653* £380 "Sweepstake" Poster 120x79cm/*47x31in* London 98
GARSIDE Oswald 1879-1942 **[20]**
✐ *$434 FF2 336* £260 The village Pond Watercolour/paper 19x50,8cm/*7x20in* London 97
GARSIDE Thomas Hilton 1906-1980 **[97]**
☞ *$436 FF2 488* £265 "Maison Dufour" Huile/toile 20,5x26,8cm/*8x10in* Montréal 97
☞ *$2 165 FF12 663* £1 320 Roadside Gossip, Rawdon, Québec Huile/toile 40,5x51cm/*15x20in* Montréal 97
✐ *$136 FF820* £82 View of Rapids from the River's Edge Pastel/papier 19x26,5cm/*7x10in* Montréal 98
GARSTIN Alethea 1894-1978 **[14]**
☞ *$3 249 FF19 047* £2 000 The Little Regatta, Hayle Oil/board 22x33cm/*9x13in* Par, Cornwall 97
GARSTIN Norman 1847-1926 **[28]**
☞ *$3 397 FF19 390* £2 100 Tangiers Oil/panel 24x13,5cm/*9x5in* London 97
☞ *$6 512 FF39 254* £4 000 The Chalk Quarry Oil/canvas 91,5x71cm/*36x27in* London 98
✐ *$1 976 FF11 257* £1 200 Mills at Montreuil, Pas-de-Calais Watercolour 26x18cm/*10x7in* London 97
GARTHWAITE William 1821-1899 **[5]**
☞ *$13 552 FF77 972* £8 000 A British Frigate amidst Native Craft off Corfu Oil/canvas 34,5x44,5cm/*13x17in* London 97
GARTMEIER Hans 1910-1985 **[87]**
☞ *$816 FF4 754* £503 Berner Landschaft mit Bauernhäusern Öl/Karton 24x27cm/*9x10in* Bern 97
☞ *$820 FF4 876* £501 Seeufer Oil/panel 40x56,5cm/*15x22in* Bern 97
ᴄᴍ *$167 FF848* £110 Alter Bauer beim Bearbeiten einer Sense Lithographie 16,5x20cm/*6x7in* Bern 96
GÄRTNER Fritz 1882-1958 **[63]**
☞ *$399 FF2 476* £238 Krattande kvinnor i soldis Oil/canvas 80x89,5cm/*31x35in* Stockholm 98
GARVIE Thomas Bowman 1859-? **[7]**
☞ *$2 629 FF15 595* £1 650 Portrait of the Artist's Wife viewed from the Side Oil/canvas 53x42cm/*20x16in* Newcastle-upon-Tyne 97
GARZI Luigi 1638-1721 **[8]**
☞ *$5 000 FF29 709* £3 051 The Raising of Lazarus Oil/canvas 74,5x98,5cm/*29x38in* New-York 98
GARZOLINI Giuseppe 1850-1938 **[5]**
☞ *$2 700 FF15 300* £1 800 Napoli vista dal largo Olio/tavola 23x33cm/*9x12in* Trieste 97
☞ *$3 780 FF18 420* £2 400 Strada Olio/tela 86x57,5cm/*33x22in* Prato 95
GARZON Alfredo 1940 **[8]**
⚒ *$502 FF3 000* £301 Le Barbu Bronze 26x10cm/*10x3in* Paris 98
GASCARD Henri 1635-1701 **[11]**
☞ *$11 000 FF60 739* £6 864 Portrait of a lady, seated three-quarter lenght, with her dog Oil/canvas 88x114,5cm/*34x45in* New-York 97
☞ *$18 000 FF88 800* £11 630 Double Portrait of Lady Mary Somalia and Lady Anne Barrington Oil/canvas 108x163cm/*42x64in* New-York 96
GASCARD Henri (Attrib.) 1635-1701 **[4]**
☞ *$3 170 FF16 130* £1 900 Portrait of a Lady, said to be Louise de Kerrouaille, with her son Oil/canvas 45x37cm/*17x14in* London 96
☞ *$5 500 FF33 660* £3 342 Cupid and Psyche Oil/canvas 102x127cm/*40x50in* Milford, Conn. 98
GASCOIGNE Rosalie Norah King 1917 **[11]**
☞ *$4 717 FF27 552* £2 791 "Tesserae" Mixed media/panel 46,5x36cm/*18x14in* Melbourne 97
ᴄᴍ *$4 405 FF25 731* £2 606 "Deciduous" Multiple 120x82cm/*47x32in* Melbourne 97
⚒ *$5 590 FF32 652* £3 308 "Daisy" Construction 72x59cm/*28x23in* Melbourne 97
⚒ *$10 831 FF63 264* £6 409 "Checkpoint" Construction 124x124cm/*48x48in* Melbourne 97
✐ *$2 964 FF18 066* £1 841 Specimen Box Mixed media/paper 56x33,5cm/*22x13in* Melbourne 97
GASIOROWSKI Gérard 1930-1986 **[19]**
☞ *$2 030 FF12 000* £1 257 Glissements Acrylique/papier 36x29,5cm/*14x11in* Paris 97
☞ *$4 710 FF23 000* £2 985 Pots de fleurs Huile/papier 74x60cm/*29x23in* Paris 95
☞ *$6 710 FF35 000* £4 440 Les meules Acrylique/papier 156x160cm/*61x62in* Paris 96
GASKIN Arthur Joseph 1862-1928 **[15]**
☞ *$7 464 FF42 950* £4 600 Mischief Oil/canvas 25,5x35,5cm/*10x13in* London 97
✐ *$433 FF2 544* £260 The Nativity Pencil/paper 39,5x26cm/*15x10in* London 97
GASPARD Leon 1882-1964 **[33]**
☞ *$8 000 FF45 819* £4 732 Carpathian Mountains Oil/canvas 25x26cm/*10x10in* Santa Fe, New Mexico 97
☞ *$62 500 FF315 000* £40 325 Market Bazaar Baghdade Oil/canvas 50x60cm/*20x24in* Hayden 96

✏ *$550 FF3 201 £339* Soldiers Watercolour, gouache 31x22cm/*12x9in* Cedar Falls, Iowa 97
GASPARD Leon Schulman 1882-1935 **[20]**
✏ *$2 100 FF11 850 £1 287* Landscape with Mountain and Trees Oil/canvas 23x31cm/*9x12in* East Dennis, Mass. 97
✏ *$550 FF3 213 £327* Villagers/Russians on Horseback/Forest Scenes/Mother and Children Pencil/paper 17x20cm/*6x7in* New-York 97
GASPARI Antonio (Attrib.) 1670-1730 **[1]**
✏ *$12 770 FF66 100 £8 240* Capriccio with Roman ruins Oil/canvas 108x86cm/*42x33in* Stockholm 96
GASQ Paul J.-Baptiste 1860-1944 **[12]**
✏ *$2 467 FF15 000 £1 497* Buste d'une jeune femme sans bras Bronze H60cm/*H23in* Morlaix 98
GASQUY Marius XIX **[1]**
✏ *$1 783 FF9 000 £1 171* Navire de haut bord au large de Toulon (?) Aquarelle 52x82cm/*20x32in* Lyon 96
GASSEL van Lucas, dit Helmont c.1500-c.1570 **[4]**
✏ *$8 565 FF50 000 £5 180* Saint Jérome dans un paysage Huile/panneau 24x19,5cm/*9x7in* Paris 97
✏ *$19 872 FF120 000 £11 916* L'Oraison de Saint Jérôme dans un paysage panoramique Huile/panneau 60x79cm/*23x31in* Paris 98
GASSER Henry Martin 1909-1981 **[98]**
✏ *$600 FF3 525 £360* "Summer Table, Paris" Watercolour/paper 18x23cm/*7x9in* Altadena, CA 97
GASSER Leonardo 1831-? **[6]**
✏ *$7 130 FF36 900 £4 600* Portrait of a young woman in hat Oil/canvas 96x74cm/*37x29in* Stockholm 96
GASSIES Jean Bruno 1786-1832 **[13]**
✏ *$10 450 FF53 900 £6 730* Der Raub der Helena Öl/Leinwand 113,5x145cm/*44x57in* Zürich 96
GASSIES Jean-Bapt. Georges 1829-1919 **[14]**
✏ *$924 FF5 500 £564* Cerfs et biches en forêt de Fontainbleau Aquarelle/papier 42x55cm/*16x21in* Barbizon 98
GASSON Jules XIX **[1]**
✏ *$4 064 FF21 040 £2 600* The Pasha's favourite Oil/canvas 27x35,5cm/*10x13in* London 96
GASTALDI Michel XX **[2]**
✏ *$6 140 FF32 000 £4 055* Le repos Huile/toile 65x81cm/*25x31in* Provins 96
GASTÉ Constant Georges 1869-1910 **[19]**
✏ *$2 010 FF10 500 £1 216* La fileuse, Bou-Saâda Huile/panneau 42x25,5cm/*16x10in* Paris 96
✏ *$2 545 FF13 000 £1 677* "Tunis, Souk des Parfums" Huile/toile 65x54cm/*25x21in* Paris 96
GASTEIGER Anna Sophie 1878-1954 **[8]**
✏ *$589 FF3 050 £377* Sonnenblumen vor rotem Grund Tempera 45x35cm/*17x13in* Düsseldorf 96
✏ *$3 770 FF18 600 £2 450* Vase of flowers Oil/cardboard 101x75cm/*39x29in* Wien 95
GASTEIGER Jacob 1953 **[8]**
✏ *$5 226 FF30 920 £3 100* Ohne Titel Acryl/Leinwand 160x100cm/*62x39in* Wien 97
GASTEMANS Emiel 1883-1956 **[97]**
✏ *$366 FF2 273 £219* Personnages travaillant dans la vieille ville d'Anvers Huile/panneau 26x33cm/*10x12in* Antwerpen 98
✏ *$765 FF3 940 £477* Nature morte Huile/panneau 45x55cm/*17x21in* Antwerpen 96
✏ *$2 484 FF14 634 £1 539* Famille africaine Technique mixte/papier 110x120cm/*43x47in* Antwerpen 97
GASTIEN Louis XIX-XX **[1]**
✏ *$1 940 FF10 000 £1 241* Jeune femme effeuillant une marguerite Aquarelle 39,5x31cm/*15x12in* Versailles 96
GASTINEAU Henry 1791-1876 **[20]**
✏ *$830 FF4 935 £500* The Lobster Girl Watercolour 26,5x47cm/*10x18in* Billingshurst, West Sussex 98
GASTINEAU Henry (Attrib.) 1791-1876 **[5]**
✏ *$397 FF2 004 £260* Figures crossing a bridge Watercolour 20x13cm/*7x5in* London 96
GASTO Pere 1909 **[26]**
✏ *$1 950 FF11 850 £1 200* "Bust d'home" Oleo/lienzo 65x54cm/*25x21in* Barcelona 98
✏ *$520 FF3 160 £320* Pareja en azul Pastel 50x65cm/*19x25in* Madrid 98
GAT Eliahu 1919-1987 **[11]**
✏ *$1 200 FF6 441 £717* Boats Oil/canvas 70x100cm/*27x39in* Tel Aviv 97
GATCH Lee 1902-1968 **[29]**
✏ *$4 600 FF28 049 £2 760* The Reluctant Farmer Oil/canvas 56x97cm/*22x38in* Chester, NY 98

🖾 *$3 000 FF17 921 £1 836* Leda Collage 112x91,5cm/*44x36in* New-York 98
GATINE Sergueï Zakharovich 1923 **[19]**
🖾 *$229 FF1 361 £140* Forest/Summer Field Oil/board 18x28cm/*7x11in* London 98
🖾 *$615 FF3 622 £380* Parachuters Oil/board 42x61cm/*16x24in* London 97
GATLEY Alfred 1816-1863 **[2]**
🖾 *$26 000 FF151 780 £16 042* A seated nymph (Echo) Marble 76x117cm/*29x46in* New-York 97
GATTA della Saverio, Xavier 1777-1823 **[59]**
🖾 *$1 900 FF9 955 £1 143* Personajes de Epoca Técnica mixta 20x26cm/*7x10in* Montevideo 96
🖾 *$2 707 FF15 701 £1 600* Zapognari playing before a shrine/The travellers rest Watercolour/paper 20x26cm/*7x10in* London 97
GATTI Eugène XIX **[1]**
🖾 *$1 609 FF9 500 £952* Coq et poules dans la grange Huile/toile 26,5x40,5cm/*10x15in* Pau 97
GATTORNO Antonio 1904-1980 **[3]**
🖾 *$12 000 FF70 052 £7 138* Sorrentine Dancer Oil/canvas 121,5x83cm/*47x32in* New-York 97
🖾 *$5 000 FF28 702 £3 048* Platanera Watercolour 49x39cm/*19x15in* New-York 97
GAUBAULT Alfred Émile ?-1895 **[10]**
🖾 *$4 875 FF29 625 £2 925* Zuavos avanzando en la costa argelina Oleo/lienzo 65,5x81cm/*25x31in* Madrid 98
GAUBERT Albin ?-1895 **[1]**
🖾 *$1 240 FF6 420 £800* L'Hôtel des Princes, Monaco Watercolour 39,5x38cm/*15x14in* London 96
GAUCHER Yves 1934 **[12]**
🖾 *$409 FF2 130 £243* Untitled Serigraph in colors 56,5x56cm/*22x22in* Toronto 96
GAUDEFROY Alphonse 1845-1936 **[5]**
🖾 *$7 097 FF42 500 £4 241* Battue de perdreaux Huile/toile 54x79cm/*21x31in* Chambord 98
GAUDEFROY Maurice Henri 1883-1972 **[104]**
🖾 *$255 FF1 500 £157* La cour Huile/toile 130x92cm/*51x36in* Paris 97
GAUDENZI Pietro 1880-1955 **[9]**
🖾 *$5 644 FF31 986 £2 822* Natura morta con fiori Olio/tavola 87x50cm/*34x19in* Milano 97
GAUDEZ Adrien Étienne 1845-1902 **[76]**
🖾 *$1 284 FF7 500 £777* Belluaire Bronze H60,5cm/*H23in* Tarbes 97
🖾 *$2 855 FF14 500 £1 874* Paix et Progrès Bronze H100cm/*H39in* Joigny 96
GAUDIER-BRZESKA Henri 1896-1915 **[120]**
🖾 *$13 078 FF78 124 £8 000* Torso 2 Bronze H20cm/*H7in* London 98
🖾 *$47 545 FF278 043 £29 000* Portrait of Horace Brodsky Pastel/paper 25,5x20,5cm/*10x8in* London 97
GAUDIN Alain 1951 **[4]**
🖾 *$1 276 FF6 360 £836* Joueurs de polo Aquarelle 24x34cm/*9x13in* Lokeren 95
GAUDINOT J.J. XX **[2]**
🖾 *$251 FF1 500 £151* "Le Carnaval de Nice par les Messageries Maritimes" Affiche 62x38cm/*24x14in* Orléans 97
GAUDY Georges 1872-? **[14]**
🖾 *$2 990 FF17 124 £1 768* "Pneus Dunlop" Poster 100x152cm/*39x59in* New-York 97
GAUERMANN Friedrich 1807-1862 **[79]**
🖾 *$4 620 FF24 140 £2 750* Schafwidder Öl/Papier 17x23cm/*6x9in* Wien 96
🖾 *$75 690 FF431 640 £46 080* Die alte Sägemühle Öl/Leinwand 58x79cm/*22x31in* Wien 97
🖾 *$802 FF4 769 £483* Der ruhende Jäger Etching 8,8x13,6cm/*3x5in* Wien 98
🖾 *$838 FF5 022 £500* Bear Hunt Ink 21,5x29cm/*8x11in* London 98
GAUFFIER Louis 1762-1801 **[7]**
🖾 *$148 500 FF776 700 £90 000* Portrait of Elisabeth, Lady Webster, with her Spaniel Pierrot Oil/canvas 51x67,5cm/*20x26in* London 96
GAUFFRIAUX E. XIX-XX **[33]**
🖾 *$644 FF4 000 £388* Paysage de lac Huile/toile 73x92cm/*28x36in* Le Havre 98
GAUGENGIGL Ignaz Marcel 1855-1932 **[17]**
🖾 *$1 400 FF8 690 £853* Portrait of a Gentleman Oil/canvas 76x71cm/*30x28in* Boston, Mass. 97
🖾 *$3 000 FF17 113 £1 833* Elegant Lady with Bonnet Oil/panel 30x19cm/*12x7in* Bethesda, Maryland 97
🖾 *$550 FF3 356 £330* Buggy Driving Etching 20,5x19cm/*8x7in* Boston, Mass. 98
GAUGUIN Jean René 1881-1961 **[50]**
🖾 *$913 FF5 300 £562* De blinde Ceramic H41cm/*H16in* Köbenhavn 97

GAUGUIN Paul 1848-1903 **[313]**
  $210 000 FF1 097 000 £125 000 Fleurs, chapeau et livre Oil/panel 20,5x41cm/*8x16in* London 96
  $1 200 000 FF6 868 920 £708 840 Ferme à Osny Oil/canvas 73x54cm/*28x21in* New-York 97
  $8 058 FF47 067 £4 770 Manao Tupapau Woodcut in colors 20,5x35,7cm/*8x14in* Stockholm 97
  $8 500 FF50 444 £5 206 Hina Bronze H36,5cm/*H14in* San Francisco-Los Angeles 97
  $28 675 FF167 505 £16 970 Urne tragende Frau/Weibliche Halbfigur im Profil Pencil/paper
15,1x10,3cm/*5x4in* Köln 97
GAUGUIN Pola 1883-1961 **[9]**
  $4 842 FF29 008 £2 894 Innsovnet Oil/canvas 58x69cm/*22x27in* Oslo 98
GAUJEAN Eugène 1850-1900 **[3]**
  $742 FF3 795 £480 Flamma Vestalis, after Edward Burne-Jones Etching 41x15cm/*16x5in* London 95
GAUL Arrah Lee 1888-1980 **[14]**
  $450 FF2 540 £273 After the Rain Oil/canvas 76x63cm/*30x25in* Altadena, CA 97
GAUL August 1869-1921 **[114]**
  $130 FF742 £81 Tierfabel Lithograph 19x22,5cm/*7x8in* Bielefeld 97
  $2 267 FF13 386 £1 342 Stehende Gans Bronze H6,6cm/*H2in* Berlin 97
  $685 FF4 029 £422 Gleitflug im Osten Charcoal 38x30cm/*14x11in* Heidelberg 97
GAUL Franz 1837-1906 **[4]**
  $2 255 FF13 448 £1 400 Janitscharen Watercolour 32,5x24,5cm/*12x9in* London 97
GAUL Gilbert William 1855-1919 **[25]**
  $1 500 FF7 400 £970 The Lawyer Oil/canvas 25x20cm/*10x8in* Mystic, Connecticut 96
  $3 000 FF17 411 £1 831 Autumn Grey Oil/canvas 36x48,5cm/*14x19in* Los Angeles 97
GAUL Winifred 1928 **[48]**
  $2 215 FF13 107 £1 360 Krautgarten auf der Insel Oil/panel 32,2x40,5cm/*12x15in* München 98
  $5 211 FF30 841 £3 201 "Oggetto di contemplazione (28-61)" Oil/canvas 100x100cm/*39x39in*
München 98
  $162 FF966 £99 Ohne Titel Farbserigraphie 61x61cm/*24x24in* Berlin 98
  $977 FF5 782 £600 Komposition mit Streifen Watercolour 65x50cm/*25x19in* München 98
GAULD David 1866-1936 **[31]**
  $1 569 FF9 411 £949 A Windmill Oil/canvas 54x65cm/*21x25in* Glasgow 97
GAULLI BACICCIA Giovan Battista 1639-1709 **[21]**
  $42 639 FF241 621 £28 426 Ritratto del Cardinale Giulio Spinola Olio/tela 117x87cm/*46x34in* Milano 98
  $14 160 FF72 000 £8 450 Le Triomphe du Nom de Jésus Encre 42x27cm/*16x10in* Paris 96
GAUME Marie-Madeleine XIX **[1]**
  $1 602 FF9 552 £994 Nature morte aux azalées Oil/canvas 25,5x35,5cm/*10x13in* Wien 97
GAUNT William Norman 1900-? **[49]**
  $417 FF2 416 £260 Spring Morning Oil/canvas 51x61cm/*20x24in* London 97
  $326 FF1 949 £200 Rowing Boats at Windermere Gouache 33x40,5cm/*12x15in* London 98
GAUPMANN Rudolf 1815-1877 **[9]**
  $466 FF2 410 £301 Dame im grünen Kleid Aquarell/Papier 20,5x15cm/*8x5in* Wien 96
GAUPP Charles 1921-1943 **[2]**
  $3 214 FF18 412 £1 901 Schlossinterieur - Unterhaltung am Kamin Öl/Leinwand 86x61cm/*33x24in*
Kempten 97
GAUPP Gustav Adolf 1844-1918 **[4]**
  $1 444 FF8 434 £873 Mädchenbildnis Öl/Leinwand 125x62cm/*49x24in* Stuttgart 97
GAUQUIÉ Henri D. 1858-1927 **[18]**
  $941 FF4 700 £615 Le semeur Bronze H60cm/*H23in* Paris 95
GAUSE Wilhelm 1853-1916 **[14]**
  $25 000 FF142 450 £15 312 In der 1881 Salonausstellung Oil/paper/canvas 21x31cm/*8x12in* New-
York 97
  $702 FF4 285 £422 Kaiser Franz Joseph begrüsst den König von Rumänien und von Serbien Pencil/paper
33x44cm/*12x17in* Wien 98
GAUSSEN Adolphe 1871-1954 **[22]**
  $503 FF2 600 £324 Falaises en Méditerranée Huile/isorel 32x41cm/*12x16in* Lille 96
  $2 560 FF13 000 £1 527 Port de Marseille Huile/toile 50x65cm/*19x25in* Paris 96
GAUSSON Léo M. 1860-1944 **[49]**

$1 257 FF6 200 £820 Jardin fleuri Huile/toile 50x61cm/*19x24in* Paris 95
$1 440 FF7 100 £938 Paysage aux meules Huile/carton 26,5x35cm/*10x13in* Paris 95
$608 FF3 000 £397 Les toits du village Aquarelle 18x26,5cm/*7x10in* Paris 95
GAUTHERIN Jean 1840-1890 **[16]**
$490 FF3 000 £297 Le Semeur Bronze H33,2cm/*H13in* Paris 98
GAUTHIER Joachim George 1897-1988 **[24]**
$508 FF2 967 £311 Poplars in October, Three Miles South of Barry's Bay Oil/board 30,5x38cm/*12x14in* Toronto 97
GAUTHIER Oscar 1921 **[94]**
$493 FF3 000 £302 Composition Huile/toile 61x50cm/*24x19in* Paris 98
$817 FF4 200 £510 Composition Gouache/papier 43x30cm/*16x11in* Toulouse 96
GAUTIER Armand Désiré 1825-1894 **[8]**
$3 749 FF22 656 £2 233 Still life with Apples Oil/canvas 42x62cm/*16x24in* New-York 97
GAUTIER D'AGOTY Jacques Fabien 1710-1781 **[2]**
$14 046 FF82 000 £8 495 Portrait des deux enfants de Madame de Tourzel Pastel 59x48cm/*23x18in* Saint-Germain-en-Laye 97
GAUTIER D'AGOTY Jean-Baptiste 1740-1786 **[5]**
$3 900 FF20 000 £2 370 Portrait de femme Huile/toile 81x65cm/*31x25in* Paris 96
GAUTIER D'AGOTY Pierre Edouard 1775-1871 **[1]**
$7 000 FF38 652 £4 368 Portrait of a young girl, standing half-lenght Oil/canvas 43x53,5cm/*16x21in* New-York 97
GAUTIER Jacques Louis 1831-? **[9]**
$1 975 FF11 756 £1 226 Don Quijote Bronze H75cm/*H29in* Dresden 97
GAUTIER Jean Rodolphe 1764-c.1820 **[2]**
$2 818 FF16 815 £1 700 "Vue de Toulon, prise au-dessus du Fort d'Artigues" Watercolour 38,8x61cm/*15x24in* London 97
GAUTIER Louis 1855-1947 **[11]**
$7 465 FF45 000 £4 585 Nature morte à l'aïoli/Nature morte au homard Huile/toile 72x88cm/*28x34in* Paris 98
GAUTIER René Georges 1887-? **[10]**
$2 250 FF13 986 £1 345 The Bathers Oil/canvas 49,5x64cm/*19x25in* New-York 98
GAUZY Jeanne L. 1886-? **[8]**
$792 FF4 740 £480 Vista de Estambul Oleo/tabla 27x46cm/*10x18in* Madrid 98
$1 320 FF7 900 £800 Vista de Paris Oleo/lienzo 38x55cm/*14x21in* Madrid 98
GAVAGNIN Natale 1851-? **[8]**
$554 FF3 447 £349 A gotic Palace, Venice Watercolour 32,5x16cm/*12x6in* London 97
GAVARDIE de Jean 1909-1961 **[25]**
$1 112 FF6 500 £658 Les barques Huile/carton 20x47cm/*7x18in* Le Havre 97
$787 FF4 600 £466 Composition à la guitare Collage 28x41cm/*11x16in* Le Havre 97
GAVARNI Paul Sulpice 1804-1866 **[164]**
$1 724 FF9 000 £1 042 La Maison d'or à 8 heures du matin Huile/papier/panneau 16x21cm/*6x8in* Paris 96
$101 FF600 £59 Le Chevalier de Nogaroulet, 1, "Alcibiade Cliquet" Lithographie 20x15,5cm/*7x6in* Paris 97
$590 FF3 000 £353 Le bourgeois jardinier Encre 26x19cm/*10x7in* Paris 96
GAVARNI Pierre 1846-1932 **[27]**
$14 700 FF74 000 £9 510 La corrida Huile/toile 61x75cm/*24x29in* Deauville 95
GAW William A. 1891-1973 **[4]**
$2 000 FF11 607 £1 221 Flowers in a Pink Vase Oil/canvas 40,5x30,5cm/*15x12in* Los Angeles 97
GAWELL Oskar 1888-1955 **[28]**
$1 033 FF5 290 £664 Fischerfrau in einem Kahn Mischtechnik/Papier 43,5x28,5cm/*17x11in* Wien 96
GAWTHORN Henry George 1879-1941 **[5]**
$449 FF2 483 £279 "Church v Stage" Poster 75x50cm/*29x19in* New-York 97
GAY August 1891-1949 **[15]**
$7 000 FF34 900 £4 585 Carmel Beach Oil/panel 16,5x20cm/*6x7in* San Francisco-Los Angeles 95
GAY Edward B. 1837-1928 **[45]**
$1 600 FF7 808 £1 012 Open fields landscape Oil/canvas 41x68cm/*16x27in* New Orleans, Louisiana 95
GAY George XIX-XX **[1]**

$4 000 FF20 260 £2 620 Shore Scape of Lake Ponchartrain Oil/canvas 30x38cm/*12x15in* New Orleans, Louisiana 96
GAY George Howell 1856-1937 **[63]**
$4 830 FF28 529 £3 001 Sailboats Racing Oil/canvas 53x76cm/*21x30in* Elgin, Illinois 97
$100 FF515 £64 Distant Sails Off the Glocester Coast Watercolour/paper 30x44cm/*12x17in* Bolton, Mass. 96
GAY Walter 1856-1937 **[44]**
$7 500 FF37 900 £4 920 Woman at her harp Oil/panel 23x16cm/*9x6in* New-York 96
$25 000 FF148 017 £14 845 Salon des Aigles, Hôtel Crillon Oil/canvas 65x54,5cm/*25x21in* New-York 97
$3 749 FF22 252 £2 325 Interior with Writing Desk Watercolour/paper 27,5x37cm/*10x14in* New-York 97
GAY Winckworth Allan 1821-1910 **[13]**
$2 000 FF12 012 £1 199 Shore Rocks Oil/board 30x45cm/*12x18in* North Berwick, Maine 98
$5 500 FF33 577 £3 287 Mount Fuji Oil/canvas 38x56,5cm/*14x22in* New-York 98
GAYA Ramón 1910 **[10]**
$4 127 FF25 082 £2 476 Retrato de Salvador Moreno Oleo/lienzo 75x57cm/*29x22in* Madrid 98
$5 950 FF34 000 £3 655 Vista de Venecia Oleo/papel 34,5x45cm/*13x17in* Madrid 97
$3 440 FF18 040 £2 070 Interior Gouache 47x32cm/*18x12in* Madrid 96
GAYFORD Stephen 1954 **[7]**
$1 976 FF11 928 £1 200 "Ngorongoro Bull" Acrylic/board 29x49cm/*11x19in* Billingshurst, West Sussex 98
$5 835 FF35 049 £3 500 Cheetah Acrylic/board 46x76cm/*18x29in* London 98
GAYRARD Paul 1807-1855 **[18]**
$1 788 FF10 204 £1 100 The Monkey Steeplechase Bronze H22cm/*H8in* London 97
GAZE Harold XX **[11]**
$1 668 FF10 075 £1 000 "The Faerie's Tryst" Watercolour/paper 27,5x19,5cm/*10x7in* Exeter, Devon 98
GAZZERA Romano 1906-1985 **[10]**
$1 512 FF7 530 £984 Garofano rosso Olio/cartone 34x24cm/*13x9in* Milano 95
$4 921 FF25 289 £2 930 Fiori Olio/tela 90x70cm/*35x27in* Roma 96
GAZZERI Ernesto 1866-? **[4]**
$4 200 FF21 940 £2 500 Classical maiden holding a lyre Marble H77cm/*H30in* London 96
GAZZOTTO Vincenzo 1807-? **[3]**
$1 560 FF8 136 £912 Fischmarkt in Italien Ink/paper 16x22,5cm/*6x8in* Berlin 96
GEACH Portia Stranston 1873-1959 **[14]**
$1 281 FF7 466 £787 Beside the Bay Oil/canvas/board 16,5x28cm/*6x11in* Sydney 97
GEAR Mabel 1900 **[39]**
$2 605 FF16 114 £1 600 Fireside Friends Oil/panel 40x29cm/*15x11in* Billingshurst, West Sussex 97
$334 FF2 005 £200 Two Westies with a Gift-Wrapped Parcel Watercolour 18,5x28cm/*7x11in* Bath 98
GEAR William 1915-1975 **[81]**
$3 139 FF19 038 £1 900 Winter Landscape Oil/canvas 91,5x61cm/*36x24in* London 98
$1 125 FF5 830 £720 Composition Gouache 40x56cm/*15x22in* London 96
GEARHART Frances H. 1869-1959 **[27]**
$1 700 FF10 359 £1 015 Forest and Lake Woodcut 26x23cm/*10x9in* Pasadena, California 98
GEBAUER Christian David 1777-1831 **[11]**
$667 FF3 954 £399 En kanefaerd Oil/canvas 16,5x20,5cm/*6x8in* Köbenhavn 97
GEBAUER van Carel Mauritz 1806-c.1860 **[2]**
$2 743 FF13 720 £1 776 Rosen in Vase Oil/panel 33x26cm/*12x10in* Wien 96
GEBEL Gérard XX **[48]**
$326 FF1 800 £203 Paysage de neige Huile/toile 22x27cm/*8x10in* Saint-Dié 97
$590 FF3 000 £353 Ruisseau en hiver Huile/toile 38x46cm/*14x18in* Saint-Dié 96
GEBHARDT Karl 1860-1917 **[7]**
$13 860 FF71 800 £9 000 A suspicious client Oil/canvas 73,5x98,5cm/*28x38in* London 96
GEBHARDT Ludwig 1830-1908 **[13]**
$4 301 FF25 125 £2 545 Mondscheinstimmung über Seeufer Öl/Leinwand 88x117cm/*34x46in* St.Gallen 97
GEBHARDT von Eduard 1838-1925 **[31]**
$1 065 FF6 072 £665 Brustbildnis eines jungen Mannes Oil/panel 33,5x24cm/*13x9in* Köln 97
$1 578 FF9 386 £966 Porträt einer jungen Frau im Spitzenkleid mit Rose in der Hand Öl/Leinwand 60,5x50cm/*23x19in* Köln 97
GEBLER Friedrich Otto 1838-1917 **[29]**

☞ $4 752 FF26 990 £2 974 Zwei Schafe und drei Lämmer Oil/panel 18x21cm/*7x8in* München 97
☞ $12 998 FF76 190 £8 000 Schafe im Stall Oil/panel 51,5x61,5cm/*20x24in* London 97
GECELLI Johannes 1925 **[11]**
✐ $358 FF2 144 £220 Frauenakt Pencil 73x51cm/*28x20in* Köln 98
GECHTER Jean-Fr. Théodore 1796-1844 **[33]**
⚒ $3 470 FF17 500 £2 250 La Lance brisée Bronze H50,5cm/*H19in* Soissons 96
GEDDES Andrew 1783-1844 **[8]**
☞ $3 257 FF19 342 £2 000 Portrait of the artist, seated three-quarter-length, wearing a shirt & Oil/canvas 91,5x71cm/*36x27in* London 97
GEDDES William 1841-1884 **[8]**
☞ $2 259 FF13 685 £1 400 Litterary Connoisseur Oil/canvas/panel 19x24cm/*7x9in* Perthshire 97
☞ $4 680 FF23 530 £3 055 A Victorian family grouping Oil/canvas 63x76cm/*24x29in* Toronto 95
GEDLEK Ludwig 1847-1904 **[25]**
☞ $3 824 FF19 570 £2 477 Der Spähtrupp Oil/panel 15x20cm/*5x7in* Wien 95
☞ $6 956 FF42 391 £4 302 Russian sleighing Party Oil/canvas 38x58cm/*15x23in* Detroit, Michigan 98
GEDO Ilka 1921-1985 **[1]**
☞ $5 000 FF29 673 £3 062 Skaters Oil/paper 31x40,5cm/*12x15in* Tel Aviv 97
GEEFS Jozef Germain 1808-1885 **[3]**
⚒ $21 812 FF124 260 £13 300 Amour assis Marbre H76cm/*H29in* Antwerpen 97
GEEFS Willem 1805-1883 **[2]**
⚒ $3 653 FF21 190 £2 249 Buste de femme Marbre H45cm/*H17in* Bruxelles 97
GEEL van Jacob 1584/85-c.1640 **[3]**
☞ $40 100 FF210 000 £24 100 Voyageur attaqué par des brigands/Promeneurs au bord d'un cours d'eau Huile/panneau 49x64,5cm/*19x25in* Paris 96
GEELMUYDEN Ola 1858-1944 **[2]**
☞ $3 062 FF17 700 £1 900 "Aus dem Kloster zu Maulbronn" Oil/canvas 72x48cm/*28x18in* København 97
GEERAERTS Maerten Jozef (Att.) 1707-1791 **[4]**
☞ $12 188 FF70 821 £7 500 Two Putti making music Oil/canvas 80,5x66,5cm/*31x26in* London 97
GEERARDS Jasper c.1620-c.1654 **[4]**
☞ $50 589 FF299 700 £30 000 A Nautilus Shell and a Lemon on a pewter Plate Oil/panel 74,5x58,5cm/*29x23in* London 97
GEERLINGS Gerald Kenneth 1897-1958 **[11]**
▭ $750 FF4 278 £458 Chicago Fair Etching 29x22cm/*11x9in* Bethesda, Maryland 97
GEERTSEN Ib 1919 **[29]**
☞ $508 FF2 630 £339 Komposition Oil/canvas 59x85cm/*23x33in* Viby J, Århus 96
GEERTZ Julius 1837-1902 **[4]**
☞ $5 525 FF28 815 £3 230 Schularrest Oil/panel 95x70cm/*37x27in* München 96
GEEST de Wybrand (Attrib.) 1592-1660 **[5]**
☞ $24 219 FF140 657 £14 795 Portrait of a boy, stanting half length, wearing light brown coscume Oil/panel 63x52cm/*24x20in* Amsterdam 97
GEETS Willem 1838-1919 **[19]**
☞ $218 FF1 298 £129 Portrait de Mr. Hoffman Huile/toile 59x50cm/*23x19in* Antwerpen 97
☞ $1 712 FF9 906 £1 046 Brotherly love Oil/panel 40x32cm/*15x12in* Amsterdam 97
☞ $16 700 FF85 300 £11 000 Showing the jewels Oil/canvas 112x172cm/*44x67in* London 96
GEFFELS de Frans c.1615-1659/71 **[1]**
☞ $9 522 FF60 000 £6 000 Le banquet galant Huile/toile 55x85cm/*21x33in* Cannes 97
GEFFROY Edmond A.F. 1804-1895 **[3]**
☞ $2 000 FF11 389 £1 214 An elegant Gentleman Oil/panel 38x23cm/*14x9in* New-York 97
GEGERFELT von Wilhelm 1844-1920 **[197]**
☞ $2 870 FF14 600 £1 714 Honfleur Oil/canvas 45x34,5cm/*17x13in* Stockholm 96
☞ $2 980 FF15 560 £1 774 Franskt fiskeläge i vinterdräkt Oil/panel 44,5x65cm/*17x25in* Stockholm 96
☞ $5 755 FF34 375 £3 523 Vinter vid fyrsian Oil/canvas 104x167cm/*40x65in* Stockholm 98
▭ $906 FF4 580 £594 Vinterbild med hus i snö Color lithograph 63x103cm/*24x40in* Stockholm 96
✐ $950 FF4 920 £635 Båtar på strand Akvarell 54x63cm/*21x24in* Göteborg 96
GEGO Gertrudis Goldschmit 1912-1994 **[1]**
⚒ $30 000 FF175 131 £17 847 Sin título (de la serie Dibujos sin papel) Construction 60x88x40cm/*23x34x15in* New-York 97

GEHR Ferdinand 1896-1996 **[38]**
- *$6 482 FF40 242 £3 909* Abstrakte Komposition Tempera/Karton 41x30cm/*16x11in* St.Gallen 98
- *$16 206 FF100 605 £9 774* Madonna Öl/Leinwand 60x60cm/*23x23in* St.Gallen 98
- *$56 FF334 £33* Stilleben Woodcut in colors 50x40cm/*19x15in* Staufen 97
- *$2 187 FF13 002 £1 337* Stella maris Pastell/Papier 33,5x32,5cm/*13x12in* Bern 97

GEHRTS Carl 1853-1898 **[5]**
- *$3 720 FF19 140 £2 400* Idyll Dreams Charcoal 34x36cm/*13x14in* London 96

GEIBEL Hermann 1889-1972 **[7]**
- *$1 660 FF8 480 £1 095* Sitzender weiblicher Torso Marble H21cm/*H8in* Heidelberg 96

GEIBEL Margarete 1876-? **[4]**
- *$196 FF1 017 £128* Junozimmer im Goethehaus Weimar Color lithograph 22,5x33cm/*8x12in* Rudolstadt-Thüringen 96

GEIGENBERGER Otto 1881-1946 **[8]**
- *$648 FF3 704 £397* Dorf am See Aquarell, Gouache/Papier 18x24cm/*7x9in* München 97

GEIGER Carl Joseph 1822-1905 **[6]**
- *$3 273 FF19 065 £2 000* A Baccanalian procession Oil/board 41x54cm/*16x21in* London 97

GEIGER Caspar Augustin 1847-1901 **[6]**
- *$1 350 FF7 870 £831* Porträtt av en ung Dam Oil/canvas 47x39cm/*18x15in* Helsinki 97

GEIGER Ernst Samuel 1876-1965 **[18]**
- *$4 257 FF25 280 £2 598* "Frühling bei Ligerz" Oil/canvas 38x46cm/*14x18in* Bern 98
- *$1 080 FF6 428 £660* "Bielersee. Tessenbergbahn" Print 100x62cm/*39x24in* Bern 98

GEIGER Raimund 1889-1968 **[1]**
- *$758 FF4 404 £463* "Hexensabbat" Poster 111x85cm/*43x33in* Amsterdam 97

GEIGER Richard 1870-1945 **[73]**
- *$1 117 FF5 780 £721* Zigeunerin Öl/Leinwand 80x60cm/*31x23in* Wien 96
- *$1 080 FF6 120 £720* Suonatrice di tamburello Acquarello/carta 70x50cm/*27x19in* Trieste 97

GEIGER Rupprecht 1908 **[128]**
- *$11 723 FF68 239 £7 171* Ohne Titel Öl/Leinwand 100x91cm/*39x35in* München 97
- *$26 615 FF155 457 £16 339* "366-62" Tempera/canvas 120,5x100,5cm/*47x39in* Köln 97
- *$291 FF1 737 £178* Siebdruck 1968 Schwarz auf Leuchtrot kalt bis Rot Orange Farbserigraphie 67x62cm/*26x24in* Berlin 98
- *$1 504 FF8 786 £923* Ohne Titel Graphit 71,5x49cm/*28x19in* Köln 97

GEIGER Willi 1878-1971 **[95]**
- *$2 605 FF15 420 £1 600* Lauernder Mörder Oil/canvas 61,7x43cm/*24x16in* München 98
- *$173 FF882 £114* Durst Etching 20,5x24cm/*8x9in* Heidelberg 96
- *$390 FF2 313 £238* Laute spielender Clown, auf einem Nashorn Ink 26,5x21,5cm/*10x8in* München 98

GEIRNAERT Jozef 1791-1859 **[6]**
- *$12 630 FF64 200 £7 540* Die Testamentseröffnung Öl/Leinwand 82x105cm/*32x41in* Köln 96

GEISEL Theodor S. Dr. Seuss 1904-1991 **[6]**
- *$5 500 FF28 200 £3 340* Presentation drawing: The Cat in the Hat Drawing 18x10cm/*7x4in* New-York 96

GEISELER Hermann 1903-1975 **[5]**
- *$566 FF3 352 £340* Blick von der Höhe auf Notre-Dame de Paris Oil/paper 50x66cm/*19x25in* Lindau 98

GEISER Karl 1898-1957 **[41]**
- *$213 FF1 063 £139* Daniel mon Boy Eau-forte 38x26,5cm/*14x10in* Zofingen 95
- *$336 FF1 698 £220* Frauenakt Crayon 50x31cm/*19x12in* Zürich 96

GEISSER Johann Joseph 1824-1894 **[17]**
- *$3 180 FF16 470 £2 064* Bergère et chèvre, paysage de montagne Huile/toile 55x43cm/*21x16in* Antwerpen 96

GEISSLER Wilhelm 1848-1928 **[2]**
- *$3 120 FF16 300 £1 858* Sommerabend in einer Berliner Laubenkolonie Öl/Leinwand 43,5x75cm/*17x29in* Hamburg 96

GEIST August Christian 1835-1868 **[4]**
- *$6 020 FF29 340 £3 820* Flusslandschaft mit einem Ruderboot Öl/Leinwand 20x28cm/*7x11in* Köln 95

GEITLINGER Ernst 1895-1972 **[11]**
- *$650 FF3 856 £397* Frau auf rotem Stuhl Tempera/paper 43,5x30cm/*17x11in* München 98

GELATI Lorenzo 1824-1893 **[5]**

☞ *$3 200 FF16 750 £2 100* Vicolo fiorentino con frate Olio/tela 44x38cm/*17x14in* Roma 96
GELDART Joseph 1808-1882 **[1]**
✎ *$1 006 FF5 816 £620* Sursee on the Lake of Sempach, Switzerland Pencil 15,5x26,5cm/*6x10in* London 97
GELDER de Aert 1645-1727 **[2]**
☞ *$700 000 FF4 265 660 £426 440* Esther at her Toilet Oil/canvas 110x123cm/*43x48in* New-York 98
GELDER de Aert (Attrib.) 1645-1727 **[3]**
☞ *$5 058 FF29 214 £2 970* Portrait présumé de l'astronome J.D. Cassini Huile/toile 100x81cm/*39x31in* Bruxelles 97
GELDER van Lucia Mathilde 1865-1899 **[2]**
☞ *$11 550 FF59 800 £7 500* Grandfather's stories Oil/canvas 68x88cm/*26x34in* London 96
GELDER van Nicolaes c.1636-c.1676 **[3]**
☞ *$33 726 FF199 800 £20 000* A Swag of Grapes, Peaches, Plums and Cherries with a Snail Oil/canvas 60,5x48cm/*23x18in* London 97
GELDORP Georg 1610-1665 **[1]**
☞ *$29 176 FF169 331 £18 000* Portrait of a girl Oil/panel 91,5x71cm/*36x27in* London 97
GELDORP Georg (Attrib.) 1610-1665 **[5]**
☞ *$36 700 FF186 800 £22 000* Portrait of a young girl Oil/canvas 158x104cm/*62x40in* London 96
GELDORP Gortzius 1553-1616 **[19]**
☞ *$13 156 FF75 026 £8 004* Marie Madeleine repentante Huile/cuivre 62x50cm/*24x19in* Bruxelles 97
GELDORP Gortzius (Attrib.) 1553-1616 **[8]**
☞ *$3 200 FF18 202 £1 958* Portrait of a Gentlemen, half lengh, wearing a Wheel ruff Oil/panel 46,5x38cm/*18x14in* New-York 97
☞ *$6 300 FF30 500 £4 000* Ritratto di gentiluomo a mezzo busto Olio/tavola 6x49,5cm/*2x19in* Roma 95
GELHAY Edouard 1856-? **[13]**
☞ *$7 500 FF45 927 £4 488* A Captivating Story Oil/canvas 61x44cm/*24x17in* New-York 98
▥ *$419 FF2 400 £255* "Le clou de l'Exposition de 1900, Le Tour du Monde..." Affiche 140x194cm/*55x76in* Niçe 97
GÉLIBERT Gaston 1850-1931 **[9]**
☞ *$11 269 FF67 000 £6 787* Chasse aux canards Huile/toile 178x100cm/*70x39in* Libourne 98
GÉLIBERT Jules Bertrand 1834-1916 **[31]**
☞ *$1 848 FF11 000 £1 129* Chiens de chasse rapportant un lièvre Huile/toile 46x33cm/*18x12in* Barbizon 98
☞ *$6 500 FF39 346 £3 842* Two setters retrieving game Oil/canvas 45x61cm/*17x24in* New-York 98
☞ *$9 526 FF59 312 £5 694* Scène de chasse au sanglier Huile/toile 110x160cm/*43x62in* Liège 98
⚒ *$6 132 FF37 145 £3 800* "Druid", the Bloodhound of Prince Napoléon Bronze 34x27cm/*13x10in* Perthshire 97
✎ *$3 092 FF17 500 £1 888* Chiens à l'arrêt devant des perdreaux Aquarelle/papier 33x50cm/*12x19in* Sojssons 97
GÉLIBERT Paul Jean P. 1802-1882 **[8]**
☞ *$11 671 FF67 000 £7 189* Roses et papillons Huile/toile 133x103cm/*52x40in* Grenoble 97
GELIS-DIDOT Pierre Henri 1853-? **[2]**
▥ *$1 630 FF9 615 £1 000* "Absinthe Parisienne" Poster 124x85cm/*48x33in* London 98
GELLER Johann Nepomuk 1860-1954 **[26]**
☞ *$7 980 FF47 660 £4 890* Markttag in Budweis? Öl/Karton 29,5x39,5cm/*11x15in* Wien 98
☞ *$17 870 FF88 100 £11 610* Geschirrmarkt in Krems Öl/Leinwand 40x57cm/*15x22in* Wien 95
✎ *$3 786 FF18 600 £2 410* Wiener Strassenszene Aquarell/Papier 12,5x13,5cm/*4x5in* Wien 95
GELLERT Hugo 1892-? **[5]**
▥ *$260 FF1 545 £159* "Horseman of the Apocalypse" Lithograph 36x34cm/*14x13in* Shaker Heights, Ohio 97
GELLI Edoardo 1852-1933 **[3]**
☞ *$4 463 FF25 431 £2 800* The Toast Oil/panel 30,5x21,5cm/*12x8in* London 97
GELPKE André 1947 **[5]**
▣ *$643 FF3 682 £380* "Salambo, St. Pauli" Gelatin silver print 32,5x22cm/*12x8in* Köln 97
GELTON Toussaint c.1630-1680 **[5]**
☞ *$2 500 FF15 133 £1 491* The Magdelene in Prayer Oil/panel 21,5x28cm/*8x11in* New-York 97
GEMIGNANI Ulysse XIX-XX **[3]**
⚒ *$2 806 FF16 000 £1 737* Deux satyres jouant des cymbales Bronze 56x61x17cm/*22x24x6in* Paris 97
GEMITO Vincenzo 1852-1929 **[87]**
⚒ *$150 FF850 £75* Scugnizzo Bronzo H18cm/*H7in* Firenze 98

✐ *$2 110 FF10 600 £1 394* Alessandro Magno Acquarello/carta 35x50cm/*13x19in* Roma 95
GEMPT te Bernhard 1826-1879 **[11]**
☞ *$874 FF5 353 £520* A gentleman with his horse and dogs Oil/canvas 55,5x67,5cm/*21x26in* Amsterdam 98
GEN PAUL 1895-1975 **[1518]**
☞ *$2 700 FF15 455 £1 594* Cavalier Oil/board 40x25,5cm/*15x10in* New-York 97
☞ *$24 495 FF150 000 £14 595* Le flûtiste Huile/toile 65x65cm/*25x25in* Paris 98
▥ *$253 FF1 500 £156* Sans titre Estampe 36x27,5cm/*14x10in* Paris 97
✐ *$1 158 FF6 600 £723* L'Orchestre Pastel gras/papier 41x54cm/*16x21in* Douai 97
GENBERG Anton 1862-1939 **[117]**
☞ *$788 FF4 680 £481* Hamn med segelbåt Oil/panel 50x70cm/*19x27in* Malmö 98
☞ *$1 114 FF5 770 £720* Sommarlandskap, Nacka Oil/canvas 33x48cm/*12x18in* Stockholm 96
☞ *$19 964 FF119 505 £12 291* Vy över Stockholm från Fåfängan Oil/canvas 116x211cm/*45x83in* Stockholm 98
✐ *$4 770 FF24 900 £2 840* Speglingar i vatten, Saltsjö-Duvnäs Black chalk 82x116cm/*32x45in* Stockholm 96
GENDALL John 1790-1865 **[13]**
☞ *$46 851 FF270 668 £27 500* View of St. Pauls from the Thames Oil/canvas 105x149cm/*41x58in* London 97
✐ *$5 740 FF27 870 £3 600* Rouen Cathedral Watercolour 22,5x29,5cm/*8x11in* London 95
GENDRON Pierre 1932 **[17]**
☞ *$1 656 FF9 466 £1 014* Abstract composition Oil/canvas 101,6x96,5cm/*40x37in* Toronto 97
GENEGEN van Jos 1857-1936 **[36]**
☞ *$507 FF2 500 £328* Vue de fermettes Huile/toile 30x40cm/*11x15in* Bruxelles 96
☞ *$600 FF3 570 £356* Paysage d'hiver Huile/toile 34x54cm/*13x21in* Antwerpen 97
GENERALIC Ivan 1914 **[11]**
☞ *$5 304 FF30 312 £3 249* Die weissen Pferde Mixed media 100x96cm/*39x37in* München 97
GENERALIC Josip le Jeune 1936 **[14]**
☞ *$1 360 FF7 000 £876* Marché au bestiaux Huile/toile 47x71cm/*18x27in* Paris 96
GENERALIC Milan 1950 **[10]**
☞ *$399 FF2 000 £252* Wald Oil 23x31cm/*9x12in* Wien 95
GENGA Girolamo (Attrib.) 1476-1551 **[1]**
✐ *$14 000 FF77 604 £8 638* A male nude seated on a rock, seen from behind. Chalks/paper 36,2x19,3cm/*14x7in* New-York 97
GENIES Carole XX **[6]**
☞ *$603 FF3 500 £356* Trilogie II Acrylique/toile 130x89cm/*51x35in* Paris 97
GENIN John 1830-1895 **[5]**
☞ *$950 FF5 705 £569* Portrait of a New Orleans Lady Oil/canvas 76x63cm/*30x25in* New Orleans, Louisiana 98
GENIN Lucien 1894-1958 **[494]**
☞ *$772 FF4 000 £502* Musiciens Huile/toile 41x33cm/*16x12in* Montauban 96
☞ *$3 722 FF22 000 £2 305* Le Lapin Agile Huile/toile 46x55cm/*18x21in* Enghien 97
✐ *$200 FF1 114 £122* Parisian scene Watercolour, gouache/paper 31x39cm/*12x15in* Boston, Mass. 97
GENIN Robert 1884-1943 **[21]**
▥ *$191 FF1 139 £118* Weibliche Akte/Südsee-Frau mit Kind Radierung 15x25cm/*5x9in* München 97
✐ *$2 130 FF10 740 £1 398* Balinese girl Pastel/paper 50x75cm/*19x29in* Singapore 96
GENIS René 1922 **[73]**
☞ *$537 FF2 800 £324* La rue barrée Huile/isorel 52x73cm/*20x28in* Paris 96
☞ *$530 FF3 000 £323* Vue de Semur-en-Auxois Huile/toile/panneau 29x20cm/*11x7in* Paris 97
GENISSON Claude 1927 **[9]**
✐ *$705 FF4 200 £431* "Brunemont" Gouache/papier 37x56cm/*14x22in* Douai 98
GENISSON Jules Victor 1805-1860 **[19]**
☞ *$555 FF2 873 £360* A Cathedral interior Oil/canvas 41x31cm/*16x12in* London 96
☞ *$4 910 FF24 100 £3 120* Intérieur de la cathédrale, Lüttich Huile/toile 92x76cm/*36x29in* Stuttgart 95
GENKINGER Fritz 1934 **[23]**
▥ *$97 FF603 £58* Hochkickender Spieler Farblithographie 56x41cm/*22x16in* Heidelberg 98
GENN Robert 1936 **[62]**
☞ *$364 FF1 900 £241* Last float camp, Charlottes Oil/board 25,5x30,5cm/*10x12in* Calgary, Alberta 96
☞ *$1 165 FF6 070 £770* The Village of Karlukwees Oil/canvas 61x71cm/*24x27in* Calgary, Alberta 96

$97 FF560 £57 "Spring" Silkscreen 25x30cm/*9x11in* Calgary, Alberta 97
GENNARELLI Amadeo XIX-XX **[34]**
$1 027 FF5 290 £662 L'éveil Bronze 47x39cm/*18x15in* Bruxelles 96
GENNARI Benedetto (Attrib.) 1633-1715 **[8]**
$9 000 FF51 000 £6 000 San Francesco nel roseto Olio/tela 195x98cm/*76x38in* Prato 98
$4 310 FF25 717 £2 600 A woman holding a fruit-basket, half-length Ink 26,4x19,9cm/*10x7in* London 97
GENNARI Benedetto il Giovane 1633-1715 **[14]**
$10 000 FF58 962 £6 132 Saint Jerome Oil/canvas 109x83cm/*42x32in* New-York 98
$63 357 FF380 532 £38 000 Diana and Endymion Oil/canvas 216x291cm/*85x114in* London 98
$2 100 FF12 418 £1 260 The Head of Bearded Man Turned to the Left Red chalk/paper 9,5x12cm/*3x4in* New-York 97
GENNARI Cesare 1637-1688 **[6]**
$18 200 FF95 000 £11 000 Madonna and Child Oil/canvas 116x96,5cm/*45x37in* London 96
$24 830 FF129 600 £15 000 St. John the Baptist Oil/canvas 6x5cm/*2x1in* London 96
GENNARI Cesare (Attrib.) 1637-1688 **[7]**
$12 400 FF65 000 £7 460 Didon et Enée Huile/toile 82x120cm/*32x47in* Paris 96
$12 900 FF73 100 £8 600 Loth e le Figlie Olio/tela 135x175cm/*53x68in* Firenze 97
$1 831 FF10 763 £1 100 The Temptation of Saint Francis Red chalk/paper 19x15cm/*7x5in* London 97
GENNINO P. XIX-XX **[1]**
$24 000 FF120 000 £15 530 The Fair Warrior Oil/canvas 114x81cm/*44x31in* New-York 96
GENOD Michel Philibert 1795-1862 **[5]**
$33 560 FF200 000 £20 840 La Famille de Margnolas Huile/toile 67x54cm/*26x21in* Paris 97
GENOELS Abraham II 1640-1723 **[14]**
$195 FF1 017 £114 Der grosse Baum mit dem Doppelstamm Radierung 33,2x48,2cm/*13x18in* Berlin 96
$830 FF4 752 £490 A Classical Landscape with Figures Among Buidings by a Lake Ink 10,5x16cm/*4x6in* Amsterdam 97
GENOELS Abraham II (Attrib.) 1640-1723 **[4]**
$415 FF2 110 £249 Classical landscape with shepherds and musicians Ink 19,7x27cm/*7x10in* Amsterdam 96
GENOUD Nanette 1907-1987 **[13]**
$1 708 FF10 158 £1 045 Südliche Hafenstadt mit Segelbooten Öl/Leinwand 55x65,5cm/*21x25in* Bern 97
GENOVES Juan 1930 **[19]**
$262 FF1 447 £158 Manifestación 70 Grabado 49x65cm/*19x25in* Madrid 97
$1 620 FF8 955 £990 Hombres en el asfalto Grisaille 29x46cm/*11x18in* Madrid 97
GENSLER Johann Jakob 1808-1845 **[3]**
$10 140 FF59 230 £6 000 A Busy Marketplace Oil/panel 23x28cm/*9x11in* London 97
GENSLER Martin 1811-1881 **[3]**
$6 613 FF40 227 £4 054 Netzeflickende Frau mit einem Kind am Fenster Oil/canvas 54x72,5cm/*21x28in* Hamburg 98
$1 296 FF8 048 £781 Rotenburg ob der Tauber, Partie an der Stadtmauer Ink 55,5x38cm/*21x14in* Heidelberg 98
GENTH Lillian M. 1876-1953 **[25]**
$1 800 FF11 187 £1 076 "Sid bou Said", A Moroccan Street Scene Oil/canvas/board 41x31cm/*16x12in* Portland, OR 98
$3 500 FF19 977 £2 163 Daphne Oil/canvas 101,5x87cm/*39x34in* New-York 97
GENTHE Arnold 1869-1942 **[43]**
$1 200 FF7 071 £741 Children Playing on Porch, New Orléans (?) Silver print 33x25cm/*13x10in* New-York 97
GENTILE Luigi 1606-1667 **[1]**
$59 500 FF340 000 £36 550 Retratos, serie de Guillermo R. Moncada Oleo/cobre 36x26cm/*14x10in* Madrid 97
GENTILESCHI Artemisia c.1593-1652/53 **[5]**
$267 000 FF1 331 000 £175 000 Susannah and the Elders Oil/canvas 265x210cm/*104x82in* London 95
GENTILESCHI Artemisia (Attrib.) c.1593-1652/53 **[1]**
$31 200 FF160 700 £20 000 The Penitent Magdalene in a landscape Oil/copper 49x39,7cm/*19x15in* London 96
GENTILESCHI Orazio 1563-1639 **[4]**
$7 020 000 FF35 000 000 £4 600 000 The Finding of Moses Oil/canvas 257x301cm/*101x118in* London 95

GENTILESCHI Orazio (Attrib.) 1563-1639 [2]
☞ *$40 900 FF250 000 £24 975* Jeune femme à sa toilette accompagnée de sa servante Huile/toile 92x114cm/*36x44in* Rouen 98
GENTILINI Franco 1909-1981 [131]
☞ *$8 400 FF47 600 £5 600* Figure, inizi anni'40 Olio/tavola 34,4x27cm/*13x10in* Prato 97
☞ *$28 018 FF143 962 £16 681* Piazza di Faenza Olio/tela 72x90cm/*28x35in* Roma 96
☞ *$67 000 FF326 000 £42 100* Cattedrale di San Zeno Olio/tela 95,5x130cm/*37x51in* Milano 95
▥ *$264 FF1 380 £156* Cattedrale Litografia a colori 50x38cm/*19x14in* Venezia 96
▱ *$2 796 FF15 844 £1 864* La scampagnata Ceramic 30x50cm/*11x19in* Roma 97
✎ *$2 520 FF14 280 £1 680* Tre figure femminili Matita 29,5x22cm/*11x8in* Milano 98
GENTILS Vic 1919 [68]
▥ *$618 FF3 597 £378* La descente de croix Tapisserie 187x145cm/*73x57in* Antwerpen 97
▱ *$4 910 FF25 640 £2 967* Untitled Sculpture, wood 37x136cm/*14x53in* Amsterdam 96
▱ *$4 576 FF26 096 £2 784* Stayer Sculpture bois H147cm/*H57in* Bruxelles 97
GENTRY Herbert 1921 [6]
☞ *$1 325 FF8 125 £790* Reflet Huile/toile 47x33cm/*18x12in* Bruxelles 98
GENTY Charles 1876-? [1]
▥ *$1 150 FF6 693 £708* "Folies Marigny, Grand Tournoi International de Boxe Anglaise" Poster 74,5x55cm/*29x21in* New-York 97
GENZKEN Isa 1948 [18]
☞ *$2 294 FF13 400 £1 357* Ohne Titel Öl/Leinwand 74x88cm/*29x34in* Köln 97
▱ *$5 264 FF31 901 £3 228* Blaues Zimmer Installation 199,8x50,8x46cm/*78x20x18in* Hamburg 98
GÉO-FOURRIER Georges XX [20]
▥ *$134 FF800 £82* Plougastel Gravure 11,5x18cm/*4x7in* Rennes 98
GEOFFROY Adolphe Ch. 1815-? [1]
☞ *$3 115 FF16 250 £1 882* Vor dem Dorfbrunnen treffen sich die Bäuerinnen und die Reiter Öl/Leinwand 38,5x48cm/*15x18in* Stuttgart 96
GEOFFROY Henry J. Jean 1853-1924 [58]
☞ *$18 000 FF102 330 £11 021* Le départ pour l'école Oil/canvas 61x38cm/*24x14in* New-York 97
☞ *$130 600 FF651 000 £85 500* La leçon coranique Huile/toile 151x200cm/*59x78in* Paris 95
✎ *$525 FF3 000 £320* La coiffure Crayon 27x22cm/*10x8in* Paris 97
GEORGE Eduard 1813-1879 [2]
☞ *$3 217 FF19 500 £1 973* Pieta à la mise au tombeau Huile/toile 100x81cm/*39x31in* Saint-Germain-en-Laye 98
GEORGE Ernest 1839-1922 [83]
✎ *$429 FF2 546 £260* "Bruges" Watercolour/paper 38x22cm/*15x9in* Oxford 97
GEORGE Jean-Philippe 1818-1888 [7]
☞ *$1 680 FF9 520 £840* Uomini ai bordi di un lago nei pressi di Ginevra Olio/tela 30x45cm/*11x17in* Milano 98
GEORGE Juliette ?-1966 [1]
☞ *$8 000 FF48 280 £4 856* Interior with a Black Lacquered Commode Oil/canvas 65x54,5cm/*25x21in* New-York 98
GEORGE-JUILLARD Jean Philippe 1818-1888 [21]
☞ *$534 FF3 284 £320* Moulin , étude Oil/paper 24,5x32,5cm/*9x12in* Zürich 98
GEORGES Claude 1929-1988 [51]
☞ *$886 FF4 300 £571* Composition (Cycle lunaire) Huile/toile 60x81cm/*23x31in* Paris 95
☞ *$902 FF5 500 £547* Composition Huile/toile 97x130cm/*38x51in* Paris 98
GEORGES-MICHEL Michel 1886-1985 [18]
☞ *$314 FF1 600 £208* Bouquet de fleurs Huile/carton 35x23cm/*13x9in* Paris 96
GEORGET Charles Jean 1833-1895 [6]
☞ *$7 361 FF43 000 £4 355* "Le départ aux champs, Barbizon, Petit matin" Huile/toile 90x131cm/*35x51in* Barbizon 97
GEORGET Guy 1911 [6]
▥ *$279 FF1 600 £172* "France: French Riviera" Affiche 99x62cm/*38x24in* Paris 97
GEORGI Edwin 1896-1964 [4]
✎ *$1 760 FF10 149 £1 048* Beautiful Woman Lounging in Bed Gouache/paper 58x42cm/*23x16in* New-York 97

GEORGI Friedrich Otto 1819-1874 **[14]**

 $6 045 FF36 863 £3 627 Memnonskolosse des Amenophis III. in Theben Oil/canvas 38x59cm/*14x23in* Köln 98

 $21 700 FF112 300 £14 000 Panoramic view of Jerusalem Oil/canvas 96x147cm/*37x57in* London 96

GEORGY Wilhelm 1819-1887 **[2]**

 $4 277 FF24 371 £2 683 Rückkehr von der Jagd Öl/Leinwand 67,5x84cm/*26x33in* Zürich 97

GEOROY 1906-1983 **[9]**

 $1 192 FF7 312 £711 Vue de village Huile/toile 99x119cm/*38x46in* Antwerpen 98

GEPPERT Eugeniusz 1890-1979 **[8]**

 $6 348 FF36 996 £3 910 Horses Oil/canvas 61x90cm/*24x35in* Warszawa 97

 $1 750 FF9 060 £1 130 Przejazdzka Watercolour, gouache/board 40x59,5cm/*15x23in* Warszawa 96

GERALIS Apostolos 1886-1983 **[22]**

 $7 280 FF35 640 £4 610 1st of May Oil/cardboard 50x31,5cm/*19x12in* Athens 95

 $10 611 FF63 352 £6 500 A Young Girl Sitting Next to the Window Oil/canvas 58x40cm/*22x15in* London 97

GERALIS Loucas 1875-1958 **[7]**

 $3 480 FF18 020 £2 327 Still Life with Figs Oil/canvas/board 45x73cm/*17x28in* Athens 96

 $4 510 FF23 320 £3 010 Summer Dreams Oil/hardboard 29x31cm/*11x12in* Athens 96

GERANIOTIS Dimitrios 1871-1966 **[2]**

 $13 150 FF68 600 £7 940 The General Vasos Oil/canvas 125x90cm/*49x35in* Athens 96

GÉRARD E. XIX-XX **[1]**

 $16 000 FF81 600 £10 600 La chasse au sanglier Oil/canvas 130x195cm/*51x76in* New-York 96

GÉRARD Émile 1932 **[27]**

 $507 FF2 500 £330 Septembre à Montmartre Huile/isorel 35x50cm/*13x19in* Saint-Dié 95

GÉRARD François, baron 1770-1837 **[27]**

 $34 740 FF180 000 £22 550 Portrait d'Arthur O'Connor (1763-1852), la tête tournée vers la gauche Huile/toile 74x58cm/*29x22in* Paris 96

 $50 000 FF306 935 £30 635 Portrait de la comtesse Morel-Vindé (1763-1835), et sa fille Oil/canvas 205,5x147,5cm/*80x58in* New-York 98

 $1 329 FF8 000 £796 Patrocle Mine plomb 34x22cm/*13x8in* Paris 98

GÉRARD Gaston 1859-? **[8]**

 $13 000 FF79 027 £8 005 Une Femme au Parasol Oil/canvas 118,5x184cm/*46x72in* New-York 98

GÉRARD Léon François XIX **[7]**

 $2 393 FF12 000 £1 514 Léonard de Vinci: carton pour le Christ de la Cène Tirage albuminé 35,5x26,5cm/*13x10in* Chartres 95

GÉRARD Lucien XIX **[8]**

 $4 234 FF24 606 £2 500 Not enough for two Oil/panel 6x15cm/*2x5in* London 97

 $12 000 FF69 606 £7 384 In pursuit of the stag Oil/canvas 187x216,5cm/*73x85in* New-York 97

GÉRARD Lucien 1852-1935 **[3]**

 $10 600 FF65 000 £6 320 La dégustation de l'opticien Huile/toile 77x57cm/*30x22in* Antwerpen 98

GÉRARD Marguerite 1761-1837 **[20]**

 $54 340 FF309 890 £33 060 La leçon de musique Huile/toile 207x149cm/*81x58in* Bruxelles 97

 $54 047 FF325 000 £32 337 Portrait d'homme écrivant une lettre Huile/panneau 32,5x24cm/*12x9in* Paris 98

 $87 312 FF510 000 £51 663 La jeune mère Huile/toile 48,5x40cm/*19x15in* Paris 97

 $1 707 FF9 800 £1 040 Etude de 4 membre de l'Assemblée Nationale Mine plomb 28x18cm/*11x7in* Chaumont 97

GÉRARD Théodore 1829-1895 **[65]**

 $1 641 FF10 056 £980 Junges Mädchen in Tracht, sich den Zopf flechtend Oil/wood 40x27cm/*15x10in* Dresden 98

 $10 893 FF66 707 £6 500 The Little Nursemaid Oil/panel 48,5x38,5cm/*19x15in* London 98

GERARDS Marcus II (Attrib.) 1561/62-1635 **[7]**

 $10 670 FF54 000 £7 000 Portrait d'un prince anglais, debout Huile/toile 167,5x121,5cm/*65x47in* Paris 96

 $30 000 FF147 000 £19 000 Portrait of Thomas Lee of Wedon, Buckinghamshire Oil/canvas 116x85cm/*45x33in* London 95

GERASCH August 1822-1908 **[15]**

 $1 720 FF8 810 £1 114 Blühnbachtal mit dem Steinernen Meer, Pongau Oil/panel 20x25cm/*7x9in* Wien 95

 $5 930 FF30 340 £3 840 Auf der Hochalm Oil/panel 49x63cm/*19x24in* Wien 95

GERASCH Franz 1826-1893 **[12]**

✏ *$1 295 FF6 490 £820* Junge Mutter mit zwei Kindern Watercolour 25x20cm/*9x7in* Wien 95
GERBAUD Abel 1888-1954 **[15]**
☞ *$3 000 FF17 084 £1 862* Notre-Dame et le Pont-Neuf Oil/canvas 54,6x66cm/*21x25in* New-York 97
GERBAULT Henry 1863-1930 **[14]**
▥ *$1 757 FF10 500 £1 075* "Chocolat Carpentier" Affiche 137x100cm/*53x39in* Orléans 98
GERBIER D'OUVILLY Balthasar c.1593-1667 **[2]**
☞ *$9 100 FF46 400 £6 000* Portrait of George Villiers, Ist Duke of Buckingham Oil/panel 75x63cm/*29x24in* London 96
☞ *$70 000 FF412 734 £42 924* Portraits of William Fielding and his Wife, Susan Villiers Oil/canvas 210x128cm/*82x50in* New-York 98
GERBIG Alexander 1878-1948 **[8]**
☞ *$3 275 FF16 950 £2 115* Italienische Strassenszene Öl/Leinwand 28x31,5cm/*11x12in* Köln 96
GERE Charles March 1860-1959 **[15]**
☞ *$6 591 FF40 168 £4 000* Sunrise on the British Camp, Malvern Oil/canvas 64,5x92cm/*25x36in* London 98
✏ *$481 FF2 788 £300* Hut in a Mountainous Landscape Watercolour 18x23cm/*7x9in* London 97
GERELL Greta 1898-1982 **[43]**
☞ *$358 FF1 981 £220* "ÖVersvämmade åkrar" Oil/canvas 32x41cm/*12x16in* Stockholm 97
☞ *$2 490 FF12 670 £1 490* Läsande flicka Oil/canvas 65x50cm/*25x19in* Stockholm 96
GERGELY Imre 1868-1914 **[24]**
☞ *$974 FF5 714 £600* Elegant Ladies playing with a Dog in a Garden Oil/canvas 60,5x50cm/*23x19in* London 97
GERHARD Georg 1830-1902 **[1]**
☞ *$2 127 FF12 738 £1 271* Bildnis des preussischen Hofpredigers Friedrich Wilhelm Krummacher Öl/Leinwand/Karton 25x21cm/*9x8in* Köln 98
GERHARDINGER Constantin 1888-1970 **[15]**
☞ *$3 249 FF18 505 £2 017* "Abendsonne, Gerstendorfor Wiesbaden" Oil/board 34,9x49,5cm/*13x19in* New-York 97
GERHARDT Aloys 1837-1889 **[2]**
☞ *$2 390 FF12 230 £1 548* Markt vor einem Dorf in Ungarn Oil/panel 13x39,5cm/*5x15in* Wien 95
GERHARTZ Dan 1965 **[2]**
☞ *$3 500 FF19 931 £2 158* Ms Kelman, Evening Light Oil/canvas 60x76cm/*24x30in* Dallas, Texas 97
GÉRICAULT Théodore 1791-1824 **[141]**
☞ *$30 150 FF153 300 £18 000* La bataille Corsini, after Salvator Rosa Oil/canvas 4x64,5cm/*1x25in* London 96
☞ *$186 000 FF962 000 £120 000* A horse-portrait: "Tamerlan" Oil/canvas 44x54cm/*17x21in* London 96
▥ *$971 FF5 800 £595* Cheval de carrosse monté par un Palfrenier Lithographie 20x29,5cm/*7x11in* Paris 97
⚒ *$4 639 FF28 500 £2 781* Cheval écorché Plâtre 23x29,5cm/*9x11in* Pontoise 98
✏ *$25 000 FF128 500 £15 625* Fallen Warrior Pencil 12,5x16cm/*4x6in* New-York 96
GÉRICAULT Théodore (Attrib.) 1791-1824 **[15]**
☞ *$78 660 FF460 000 £47 978* Étude de croupes de chevaux Huile/toile 74x92,5cm/*29x36in* Paris 97
✏ *$3 252 FF19 000 £1 924* Étude de chevaux Crayon/papier 19,5x10cm/*7x3in* Paris 97
GERINI Niccolo di Pietro c.1368-1415 **[3]**
☞ *$34 800 FF180 000 £22 560* Saint couronné (Saint Sigismond ?) Huile/toile 41x26,5cm/*16x10in* Paris 96
GERIO di Battista XV **[1]**
☞ *$29 600 FF152 700 £19 000* madonna and Child enthroned Oil/panel 56x41cm/*22x16in* London 96
GERLACH Émile 1875-1952 **[6]**
✏ *$235 FF1 300 £146* Vue du Donon Aquarelle/papier 27x32cm/*10x12in* Saint-Dié 97
GERLE Aron 1860-1930 **[25]**
☞ *$504 FF3 091 £300* Strandparti, Rådmansö Oil/panel 60x92cm/*23x36in* Stockholm 98
GERLICZY von Emil 1872-1924 **[13]**
✏ *$897 FF4 410 £571* Dorfmotiv Aquarell/Papier 31x42,5cm/*12x16in* Wien 95
GERLOVIN Valeriy 1945 **[1]**
▣ *$4 000 FF24 676 £2 401* Misfortuneless Photograph 179x44,5cm/*70x17in* New-York 98
GERLOVINA Rimma 1951 **[1]**
▣ *$4 000 FF24 676 £2 401* Misfortuneless Photograph 179x44,5cm/*70x17in* New-York 98
GERLWH Gerardus Ladage 1878-1932 **[7]**

$787 FF3 990 £513 Het Verlangen Watercolour 73x49cm/*28x19in* Amsterdam 96
GERMAIN Jacques 1915 **[207]**
$746 FF3 800 £492 Composition Huile/toile 33x46cm/*12x18in* Paris 96
$1 439 FF8 200 £898 Composition Huile/toile 65x81cm/*25x31in* Paris 97
$1 676 FF10 000 £1 011 Compositiion Huile/toile 130x97cm/*51x38in* Paris 97
$511 FF3 000 £312 Sans titre Gouache 59,5x40cm/*23x15in* Paris 97
GERMAIN Jean-Baptiste 1841-1910 **[16]**
$1 400 FF10 682 £909 Nante and Beatrice Bronze H28cm/*H11in* Pompano Beach, FL. 96
GERMAIN-THILL Alphonse 1873-1925 **[6]**
$3 678 FF22 000 £2 233 Intérieur de maison saharienne Huile/toile 92x72,5cm/*36x28in* Paris 97
GERMANA Mimmo 1944-1992 **[44]**
$429 FF2 184 £254 Senza titolo Olio/tela 63x48cm/*24x18in* Milano 96
$6 930 FF34 000 £4 400 Volo d'angelo Olio/tela 260x210cm/*102x82in* Prato 95
$720 FF4 080 £360 Figura nel paesaggio Tempera/carta 75x55cm/*29x21in* Milano 98
GERMASHEV Mikhail Markianovich 1868-1930 **[7]**
$5 160 FF26 600 £3 330 Winterliches Flusslandschaft Öl/Leinwand 80x89cm/*31x35in* Wien 96
GERMELA Raimund 1868-1945 **[12]**
$7 220 FF36 540 £4 740 Punting Öl/Leinwand 107x135cm/*42x53in* Wien 96
$1 504 FF7 700 £965 Punting Mischtechnik/Papier 35x50cm/*13x19in* Wien 96
GERNEZ Paul-Élie 1888-1948 **[290]**
$1 382 FF7 800 £847 La Baie de Seine, 1917 Huile/toile 50x65cm/*19x25in* Paris 97
$3 366 FF20 000 £2 054 Pommes et poires Huile/toile 24x41cm/*9x16in* Paris 98
$589 FF3 500 £357 La voile blanche Crayon/papier 30x53cm/*11x20in* Paris 97
GEROLAMO DA SANTA CROCE di Francesco (Attrib.) 1516-1584 **[1]**
$19 860 FF103 600 £12 000 The Annunciation Oil/panel 6x88,5cm/*2x34in* London 96
GEROME François 1895-? **[22]**
$695 FF4 135 £431 "Terrier de Luxemburg à Paris" Oil/canvas 60x76cm/*24x30in* Detroit, Michigan 97
$1 740 FF10 369 £1 067 Composition Oil/canvas 22x28cm/*9x11in* Detroit, Michigan 98
GÉROME Jean-Léon 1824-1904 **[299]**
$50 000 FF246 000 £31 700 Mirmillon se préparant au combat dans une arène à Rome Oil/panel 34x23,5cm/*13x9in* New-York 95
$144 117 FF821 169 £90 000 Lionne et Lionceaux Oil/canvas 673,5x100,5cm/*265x39in* London 97
$150 000 FF896 595 £91 815 Une rue au Caire Oil/canvas 81,5x66cm/*32x25in* New-York 97
$10 500 FF55 000 £6 310 Bonaparte à cheval Bronze H45cm/*H17in* Paris 96
$16 840 FF85 000 £11 000 La Joueuse de boules Bronze H80cm/*H31in* Paris 96
$2 011 FF12 054 £1 200 Seated Arab Pencil/paper 30x21,5cm/*11x8in* London 98
GÉROME Jean-Léon (Attrib.) 1824-1904 **[6]**
$1 668 FF10 000 £1 004 La descente du Nil Huile/toile 44x68cm/*17x26in* Paris 98
GERRARD Charles Robert 1892-1964 **[15]**
$435 FF2 240 £280 Hyacinth Oil/canvas 68x58cm/*26x22in* London 96
GERRITS Geo, Ger 1893-1965 **[25]**
$1 465 FF8 706 £871 Composition Oil/canvas 80x100cm/*31x39in* Amsterdam 97
$2 985 FF15 640 £1 794 Muziek en Wijn Oil/cardboard 26x21cm/*10x8in* Amsterdam 96
$190 FF1 132 £113 Two birds Linocut in colors 31x42cm/*12x16in* Amsterdam 97
$683 FF4 062 £406 Abstract Composition Watercolour, gouache/paper 51x32cm/*20x12in* Amsterdam 97
GERRITZ Harrie 1940 **[2]**
$469 FF2 824 £280 Untitled Silkscreen in colors 7,3x43,5cm/*2x17in* Amsterdam 98
GERRY Samuel Lancaster 1813-1891 **[29]**
$2 300 FF14 024 £1 380 Alpine Village Overlooking a River Oil/canvas 78x57cm/*30x22in* Boston, Mass. 98
$9 900 FF60 550 £5 874 Fishing in the Stream by the White Mountains of New Hampshire Oil/canvas 111x127cm/*44x50in* Thomaston, ME 98
GERRYTZ Hessel 1581-1632 **[3]**
$1 700 FF10 040 £1 007 Der Frühling nach D. Vinckboons Etching 19x24cm/*7x9in* Berlin 97
GERSHUNI Moshe 1936 **[9]**
$3 500 FF17 870 £2 317 Wreath Oil 79x120cm/*31x47in* Tel Aviv 96
$4 500 FF22 000 £2 846 The Hand is Writing, the Hand is Drawing Mixed media/paper 120x78cm/*47x30in* Tel Aviv 95

GERSON Wojcieh 1831-1901 **[5]**
$12 095 FF71 835 £7 327 River landscape Oil/canvas 49x61cm/*19x24in* Warszawa 97
GERSTMEYER Josef 1801-1870 **[11]**
$4 742 FF27 559 £2 800 Mountainous Landscapes with Figures Oil/panel 40x50cm/*15x19in* London 97
$721 FF4 292 £434 Gebirgsdorf an einem See Aquarell/Papier 28x39cm/*11x15in* Wien 98
GERSTNER Karl 1930 **[15]**
$343 FF2 082 £210 Algorhythmen Serigraph in colors 61,6x61,6cm/*24x24in* Hamburg 98
GERSZO Gunther 1915 **[11]**
$22 000 FF106 700 £14 170 Verde-Ocre-Amarillo Oil/masonite 38x55cm/*14x21in* New-York 95
GERTLER Mark 1892-1939 **[53]**
$7 450 FF36 140 £4 800 Sussex landscape Oil/canvas 28x38,5cm/*11x15in* London 95
$27 861 FF162 834 £17 000 Still Life Oil/canvas 61x51cm/*24x20in* London 97
$2 264 FF12 927 £1 400 Study of a woman Chalks/paper 33x27,5cm/*12x10in* London 97
GERTNER Christoph c.1580-c.1625 **[2]**
$10 946 FF65 000 £6 630 Vénus dans l'Olympe demandant à Jupiter la déification d'Énée Huile/cuivre
47,3x52,3cm/*18x20in* Paris 97
GERTSCH Franz 1930 **[27]**
$2 672 FF16 109 £1 617 Tabea Lithographie 63,8x91,7cm/*25x36in* Zürich 98
$2 247 FF13 338 £1 376 Blatt Pencil/paper 31x20,7cm/*12x8in* Bern 97
GERVAIS Eugène XIX **[2]**
$3 800 FF19 000 £2 460 Still life of flowers in a straw basket Oil/canvas 92x73cm/*36x28in* New-York 96
GERVAIS Lise 1933 **[93]**
$328 FF1 710 £217 Abstract Oil/canvas 51x61cm/*20x24in* Toronto 96
$110 FF563 £73 Sans titre Aquarelle/papier 31x46cm/*12x18in* Montréal 96
GERVAIS Paul Jean 1859-c.1936 **[14]**
$2 704 FF14 000 £1 746 Jeune fille au bouquet Huile/toile 66x54cm/*25x21in* Paris 96
$11 000 FF62 535 £6 735 La conseillère Oil/canvas 155x201cm/*61x79in* New-York 97
GERVASI Frank 1895-? **[1]**
$3 749 FF21 749 £2 307 Winter in the Catskills Oil/canvas 76x91cm/*30x36in* New-York 97
GERVESE A. Millot 1880-1959 **[2]**
$638 FF3 200 £404 Artillerie de marine/Abordage/Bal à la Préfecture Estampe 28x56cm/*11x22in* Paris 95
GERVEX Henri 1852-1929 **[60]**
$4 520 FF23 000 £2 790 Jeune femme à l'ombrelle Japonaise Huile/toile 35x27cm/*13x10in* Paris 96
$7 500 FF45 703 £4 653 Young Italian with Shells Oil/canvas 54x92cm/*21x36in* New-York 98
$1 067 FF6 506 £650 Portrait of a Young Boy in a Sailor's Outfit Pastel/paper 45x36cm/*17x14in* London 98
GERZ Jochen 1940 **[13]**
$5 980 FF30 000 £3 784 Le Vent Photo 210x270cm/*82x106in* Paris 95
GERZSO Gunther 1916 **[57]**
$26 000 FF149 253 £15 849 El Azul Oil/canvas 61x46cm/*24x18in* New-York 97
$344 FF2 040 £210 Amarillo, azúl, blanco y rojo Serigrafia 33x45cm/*12x17in* México 98
$15 000 FF87 565 £8 923 Torso Var. 5 Mixed media/paper 39x30cm/*15x11in* New-York 97
GESELSCHAP Eduard 1814-1878 **[5]**
$1 402 FF8 366 £846 Ein kartoffelschälender Bauer Öl/Leinwand 31x26cm/*12x10in* Köln 97
$4 376 FF26 818 £2 613 Erwachen der Kinder Am St. Nikolaus-Morgen Oil/canvas 48,5x56,5cm/*19x22in*
Dresden 98
GESMAR Charles, Carl 1900-1928 **[55]**
$1 389 FF7 744 £849 "Mistinguett" Poster 156x114cm/*61x44in* London 97
$234 FF1 400 £141 Projet de costume Gouache/papier 48x29,5cm/*18x11in* Paris 97
GESNE de Jean Victor Albert 1834-1903 **[8]**
$2 120 FF12 000 £1 294 Chiens courant Huile/toile 38,5x46cm/*15x18in* Soissons 97
GESSA Y ARIAS Sebastián 1840-1920 **[8]**
$3 241 FF19 696 £1 944 Pensamientos, uvas y melocotones Oleo/lienzo 63x84,5cm/*24x33in* Madrid 98
GESSNER Johann Conrad 1764-1826 **[20]**
$4 186 FF24 803 £2 527 Beim Hufschmied Öl/Karton 28x36cm/*11x14in* Zürich 97
$5 918 FF36 600 £3 526 Kavallerieszene Öl/Leinwand 60x76cm/*23x29in* Zürich 98
$1 907 FF11 793 £1 136 Im Pferdestall, Soldaten am Tisch Aquarell/Papier 40x45cm/*15x17in* Zürich 98

GESSNER Richard 1894-1989 **[15]**
$463 FF2 678 £272 Gehöft in den Bergen Watercolour 45x58cm/*17x22in* Köln 97
GESSNER Robert S. 1908-1982 **[9]**
$980 FF4 890 £640 Blaue Stadt Tempera/panneau 21,5x41cm/*8x16in* Zofingen 95
GESSNER Salomon 1730-1788 **[27]**
$125 FF738 £77 Antike Ruine mit Treppe und zwei Sphinxen/Hirten/Bewaldeter Hügel Etching 16,5x25cm/*6x9in* Heidelberg 97
$2 803 FF16 597 £1 664 Baumbestandene Flusslandschaft Indian ink/paper 36,5x50cm/*14x19in* Zürich 97
GESSNER Salomon (Attrib.) 1730-1788 **[1]**
$1 758 FF8 870 £1 155 Semira und Semir Oil/panel 23x16cm/*9x6in* Stuttgart 96
GESTEL Leo 1881-1941 **[216]**
$13 556 FF80 542 £8 062 Landschap Bergen Oil/canvas 52,5x39cm/*20x15in* Amsterdam 97
$42 024 FF252 679 £25 134 Nature morte Oil/canvas 120,5x110cm/*47x43in* Amsterdam 98
$243 FF1 429 £150 De vlucht uit België Lithograph 56x72cm/*22x28in* Den Haag 97
$2 023 FF10 560 £1 222 Belgische vluchtelingen Charcoal/paper 66x54cm/*25x21in* Amsterdam 96
GETAZ Jean-Louis 1931 **[3]**
$634 FF3 260 £396 "Pays d'Enhaut" Lithographie couleurs 68,5x47,5cm/*26x18in* Bern 96
GETZ Arthur 1913-1996 **[2]**
$5 500 FF28 200 £3 340 End of St. Patrick's Day Parade on Fifth Avenue, cover for New Yorker Mixed media 59x44cm/*23x17in* New-York 96
GEUDENS Albert 1869-1949 **[29]**
$739 FF4 550 £453 In het kloster Huile/toile 50x60cm/*19x23in* Lokeren 98
$406 FF2 433 £246 En route pour l'école Pastel/papier 26x19cm/*10x7in* Antwerpen 97
GEVERS René 1869-? **[5]**
$2 750 FF14 030 £1 810 Béguinage à Bruges, le soir Crayons couleurs 101x147cm/*39x57in* Bruxelles 96
GEX E. XIX-XX **[4]**
$320 FF1 900 £191 "Suprême Pernot" Affiche 89x124cm/*35x48in* Paris 97
GEYER Alexius 1816-1883 **[3]**
$4 270 FF21 600 £2 800 Tombs of the Khalifs Oil/canvas 69x95cm/*27x37in* London 96
GEYER Georg 1823-1912 **[28]**
$2 047 FF10 600 £1 321 Berglandschaft mit Blick auf einen See Oil/panel 42x55cm/*16x21in* Wien 96
$1 977 FF11 915 £1 197 Motiv aus Grödming, Steyermark Öl/Leinwand 42x34,5cm/*16x13in* Wien 98
GEYER Wilhelm 1900-1968 **[7]**
$1 014 FF6 030 £628 Pfingstrosen Aquarell/Papier 54x47cm/*21x18in* Stuttgart 97
GEYGER Ernst Moritz 1861-1941 **[12]**
$5 810 FF29 400 £3 800 An Archer Bronze H64cm/*H25in* London 96
$1 404 FF8 719 £847 Schlafender Knabenakt Pastel 27x59cm/*10x23in* Heidelberg 98
GEYLING Remigius 1878-1974 **[8]**
$930 FF4 820 £601 76 Kostümentwürfen Drawing 47x31,5cm/*18x12in* Wien 96
GEYLING Rudolf 1839-1904 **[5]**
$10 000 FF59 347 £6 125 "A Restful Moment" Oil/canvas 127x95cm/*50x37in* San Francisco 98
GEYP Adrianus Marinus 1855-1926 **[33]**
$8 736 FF4 298 £560 Molen in een besneeuwd Indschap Oil/canvas 33x23cm/*12x9in* Den Haag 96
$1 503 FF8 716 £897 A Summer Landscape with Anglers on a Bank Oil/canvas 51x71cm/*20x27in* Amsterdam 97
GFELLER Catherine 1966 **[3]**
$1 700 FF10 359 £1 035 Fields in Orange and Gold Cibachrome print 49x74cm/*19x29in* Tel Aviv 98
GHEDUZZI Cesare 1894-1944 **[16]**
$1 979 FF11 218 £989 Fondo valle Olio/tavola 30x45cm/*11x17in* Milano 97
$2 280 FF12 920 £1 140 Pastorella nel paesaggio Olio/tela 50x70cm/*19x27in* Roma 97
GHEDUZZI Giuseppe 1889-1957 **[14]**
$1 957 FF11 090 £978 Cascina nella campagna emiliana Olio/tavola 27x30,5cm/*10x12in* Milano 98
GHEE Robert Edgar Taylor 1872-1951 **[14]**
$668 FF4 017 £405 Coach Coming Through Oil/board 44x34cm/*17x13in* Melbourne 98
$3 172 FF19 461 £1 975 Melbourne, Corner of Flinders and Market Streets Oil/canvas 45x60,5cm/*17x23in* Melbourne 97
GHELL van XIX **[2]**
$1 756 FF9 000 £1 067 Le cheval emballé Huile/panneau 35x27cm/*13x10in* Le Touquet 96

GHELLI Giuliano 1944 **[9]**

$1 140 FF6 460 £760 Indicaorme Acrilico/tela 50x70cm/*19x27in* Prato 97

GHENT Peter 1856-1911 **[15]**

$10 237 FF59 108 £6 100 Harvestime Oil/canvas 61x128cm/*24x50in* London 97

GHERARDI Giuseppe, Joseph XIX **[3]**

$20 700 FF106 400 £12 500 Piazza Della Signoria, Florence Oil/canvas 36,5x53,5cm/*14x21in* London 96

GHERARDINI Alessandro 1655-1723 **[5]**

$6 994 FF41 095 £4 200 Study for a Ceiling Compartment/The Virgin interceding with Christ Wash 23x38cm/*9x14in* London 97

GHERRI-MORO Bruno 1899-1967 **[37]**

$2 392 FF14 221 £1 463 Trachtenmädchen aus Evolène im Wallis Öl/Leinwand 40,5x33cm/*15x12in* Bern 97

$3 975 FF20 660 £2 625 Weiblicher Akt mit schwarzer Nerzstola Öl/Leinwand 90x72cm/*35x28in* Bern 96

GHESQUIERE Napoléon François 1812-1862 **[4]**

$4 546 FF27 840 £2 708 In the courtyard Oil/canvas 86x73cm/*33x28in* Amsterdam 98

GHEYN de Jacob II 1565-1625 **[29]**

$95 000 FF469 000 £61 400 An Allegory of Unequal Love Oil/canvas 91x107cm/*35x42in* New-York 96

$1 000 FF6 013 £598 The Twelve Sons of Jacob, after Karel Van Mander Engraving 16x11,2cm/*6x4in* New-York 98

GHEYN de Jacob III 1596-1644 **[2]**

$5 844 FF35 332 £3 500 The Apostle Peter Etching 30x19,5cm/*11x7in* London 98

GHEZ Gilles 1945 **[4]**

$8 220 FF42 600 £5 160 "Jardin des Migof corps" Technique mixte 85x96cm/*33x37in* Antwerpen 96

GHEZZI Pier Leone 1647-1755 **[54]**

$47 400 FF268 600 £23 700 Due scene di genere Olio/tela 59x82cm/*23x32in* Venezia 97

$17 640 FF105 000 £10 783 Monsieur d'Almant d'Avignonnais/Monsieur Rinaldo le Vieux/... Encre/papier 29x20cm/*11x7in* Marseille 98

GHIGLIA Oscar 1876-1945 **[22]**

$10 200 FF57 800 £5 100 Paesaggio a Castiglioncello Olio/cartone 18,5x39,5cm/*7x15in* Prato 98

$27 000 FF153 000 £13 500 Figura di signora Olio/tela 72x54cm/*28x21in* Prato 98

GHIGLIA Paulo 1905-1979 **[25]**

$1 020 FF5 780 £510 Bosco Olio/cartone 49,5x69,5cm/*19x27in* Prato 98

GHIGLIA Valentino 1903-1960 **[26]**

$720 FF4 080 £360 Natura morta Olio/cartone 33x46,5cm/*12x18in* Prato 98

$1 320 FF7 480 £880 Ritratto del baritono Titta Ruffo in costume da torero Olio/tela 100x70cm/*39x27in* Prato 97

GHIGLION-GREEN Maurice 1913 **[44]**

$790 FF3 800 £495 Jardin de banlieue Huile/toile 38x46cm/*14x18in* Saint-Dié 95

$762 FF4 500 £451 Saint-Paul-de-Vence Huile/panneau 24x33cm/*9x12in* Paris 97

GHIKA Nikos Hadjikyriakos 1906-1994 **[45]**

$12 300 FF63 600 £8 210 Desolate Beah Oil/hardboard 33x46cm/*12x18in* Athens 96

$17 296 FF103 448 £10 500 The Balcony Oil/board 61,5x40,5cm/*24x15in* London 97

$65 304 FF389 864 £40 000 Dark Noon Oil/canvas 132x160cm/*51x62in* London 97

$2 870 FF14 840 £1 916 Girl with a Skipping Rope Bronze H38cm/*H14in* Athens 96

$2 938 FF17 543 £1 800 The Return of the Prodigal Son Watercolour/paper 23,5x18cm/*9x7in* London 97

GHIRLANDAIO Davide Bigordi 1452-1525 **[4]**

$358 600 FF1 850 000 £230 000 Episodes from the Life of Joseph Oil/panel 42x163cm/*16x64in* London 96

GHISI Adamo Chigi c.1530-1574 **[3]**

$658 FF3 940 £400 The Mocking of the Prisoners Engraving 44x57cm/*17x22in* London 97

GHISI Giorgio Mantovano 1520/24-1582 **[36]**

$1 342 FF6 940 £870 Sinon deceiving the Trojans, after G.B. Scultori Engraving 35,5x47,5cm/*13x18in* London 96

GHISI Giovanni Battista 1498-1563/75 **[1]**

$1 100 FF6 336 £646 David Cutting Off the Head of Goliath Engraving 36x46cm/*14x18in* New-York 97

GHISLANDI Vittore Fra'G.(Attr) 1655-1743 **[6]**

$10 606 FF61 205 £6 500 Portrait of a boy wearing a tan coat with a tricorn hat under his arm Oil/canvas 76x63cm/*29x24in* London 97

GHISLANDI Vittore Fra'Galgario 1655-1743 **[9]**

  $24 981 FF146 770 £15 000 Portrait of a Young Boy, Half Length, Wearing a Crimson Jacket Oil/canvas 59x46cm/*23x18in* London 97

GHISOLFI Giovanni 1623/32-1683 **[18]**

  $21 000 FF119 000 £10 500 Architetture con figure Olio/tela 130x107cm/*51x42in* Milano 97

GHISOLFI Giovanni (Attrib.) 1623/32-1683 **[11]**

  $11 750 FF58 000 £7 640 Repos des bergers près de ruines antiques Huile/toile 68x89cm/*26x35in* Paris 95

  $10 946 FF65 000 £6 630 Scène antique dans des ruines Huile/toile 109x138cm/*42x54in* Paris 97

GHITTI Pompeo 1631-1703 **[5]**

  $2 582 FF15 426 £1 581 Die Auferstehung Christi Ink/paper 44x34cm/*17x13in* München 98

GHITTO Giuseppe XIX **[1]**

  $18 546 FF110 000 £10 978 Place Saint-Marc/Églises S. Giovanni, S. Paolo et la Scuola San Marco Huile/toile 53x88cm/*20x34in* Paris 97

GIACHI E. XIX **[6]**

  $491 FF3 000 £300 An Italian Peasant Oil/canvas 35,5x25cm/*13x9in* London 98

GIACOMELLI Hector 1822-1904 **[5]**

  $792 FF4 100 £507 Oiseaux sur une branche et dans un nid Aquarelle, gouache 27x40cm/*10x15in* Orléans 96

GIACOMELLI Mario 1925 **[29]**

  $1 500 FF7 660 £988 Scanno, Italia del Sud Photograph 30x39cm/*11x15in* New-York 96

GIACOMETTI Alberto 1901-1966 **[628]**

  $190 000 FF930 000 £120 200 Figurine Oil/canvas 27,5x22cm/*10x8in* New-York 95

  $460 000 FF2 380 000 £307 400 Paysage à Maloja Oil/canvas 46x55cm/*18x21in* New-York 96

  $2 679 FF16 417 £1 600 Sculptures Lithograph 53x35cm/*20x13in* London 98

  $125 000 FF714 287 £76 575 Composition cubiste (Homme) Bronze H63cm/*H24in* New-York 97

  $380 000 FF1 947 000 £231 000 Diego sur stèle I Bronze H160cm/*H62in* New-York 96

  $24 000 FF117 400 £15 200 Nu debout Pencil/paper 51x37cm/*20x14in* New-York 95

GIACOMETTI Augusto 1877-1947 **[71]**

  $52 900 FF267 300 £34 650 Kleines Stilleben Öl/Leinwand 26x28,5cm/*10x11in* Zürich 96

  $95 340 FF552 706 £58 758 Blaue Traumwagen Öl/Leinwand 58x106cm/*22x41in* Zürich 97

  $151 248 FF935 341 £90 114 "Der Aushub" Öl/Leinwand 113x150cm/*44x59in* Zürich 98

  $4 690 FF24 300 £3 000 "Grisons-Suisse" Poster 128x90cm/*50x35in* London 96

  $14 597 FF86 424 £8 727 Glasfenster im Dom von Florenz Pastell/Papier 31x13cm/*12x5in* Zürich 97

GIACOMETTI Diego 1902-1985 **[236]**

  $29 000 FF167 051 £17 040 Promenade des Amis Tapestry 235x175cm/*92x68in* New-York 97

  $4 000 FF22 883 £2 439 Ornement de porte à la panthère Bronze H910cm/*H358in* New-York 97

  $46 170 FF270 000 £28 161 L'Autrucheo Bronze H49cm/*H19in* Paris 97

GIACOMETTI Giovanni 1868-1933 **[124]**

  $20 540 FF107 300 £12 420 Maloja mit Monte Forno und Cima di Rosso Öl/Leinwand 38x46cm/*14x18in* Zürich 96

  $26 258 FF153 288 £16 127 Zwei Badende Öl/Leinwand 19x25cm/*7x9in* Zürich 97

  $184 128 FF1 138 676 £109 704 Montaccio Öl/Leinwand 90x141cm/*35x55in* Zürich 98

  $860 FF5 025 £509 Maloja im Winter Lithographie 21x31cm/*8x12in* St.Gallen 97

  $1 478 FF8 849 £907 Fluss mit Eisenbrücke Watercolour/paper 26x40cm/*10x15in* Bern 98

GIALLINA Angelos 1857-1939 **[111]**

  $4 171 FF25 575 £2 500 A Shepherdess with Her Flock on a Hillside Oil/canvas 39x72cm/*15x28in* London 98

  $960 FF5 440 £640 Paesaggio a Corfù Acquarello/carta 41x66cm/*16x25in* Trieste 98

GIAMBOLOGNA Jean de Boulogne c.1529-1608 **[31]**

  $2 056 FF12 500 £1 235 Mercure ailé Bronze H82cm/*H32in* Paris 98

  $7 596 FF45 000 £4 549 L'Enlèvement des Sabines Bronze H64cm/*H25in* Lille 97

GIAMBONO Michele 1420-1462 **[2]**

  $76 890 FF435 710 £51 260 Pietà Tempera/tavola 76x58cm/*29x22in* Milano 98

GIAMPETRI Settimio 1842-? **[1]**

  $1 142 FF6 445 £700 Amongst the Ruins of the Forum, Rome Watercolour 55x38cm/*21x14in* London 97

GIAMPICCOLI Giuliano 1698-1759 **[4]**

  $325 FF1 941 £196 Italienisches Dorf an einem Fluss Radierung 25x36,5cm/*9x14in* Berlin 97

GIAMPIETRINO Giovanni P. (Attrib) c.1500-c.1550 **[1]**

☞ *$22 900 FF114 100* £15 000 Saint Catherine Oil/panel 58x46cm/*22x18in* London 95
GIAMPIETRINO Giovanni Pedrini c.1500-c.1550 **[12]**
☞ *$9 060 FF46 300* £6 000 Christ bound to a pillar Oil/panel 68x50cm/*26x19in* London 96
GIANI Felice 1758-1823 **[24]**
✎ *$2 100 FF11 900* £1 050 Angelica e Medoro Inchiostro 19,5x14cm/*7x5in* Milano 98
GIANI Felice (Attrib.) 1758-1823 **[7]**
☞ *$6 180 FF30 900* £4 000 The slaying of the Children of Niobe Oil/canvas 33x76cm/*12x29in* London 96
✎ *$787 FF4 000* £470 Triomphe de Silène et Bacchus Pierre noire 14,6x28,7cm/*5x11in* Paris 96
GIANI Giovanni 1866-1937 **[6]**
☞ *$1 800 FF10 200* £900 Collina piemontese Olio/tavola 24,5x32cm/*9x12in* Vercelli 98
☞ *$7 700 FF38 500* £4 990 Vue du port à Constantinople Huile/toile 70x100cm/*27x39in* Bruxelles 96
GIANI Giuseppe 1829-1885 **[3]**
☞ *$6 610 FF32 440* £4 305 Primi approcci Olio/tela 73x115cm/*28x45in* Milano 95
GIANLISI Antonio c.1677-1727 **[9]**
☞ *$6 961 FF40 519* £4 222 Blumenstrauss in reliefierter Vase Oil/copper 25x35cm/*9x13in* Luzern 97
☞ *$18 000 FF99 448* £11 187 Trompe l'oeil, Still life of a Vase of Flowers, Shells, and a Book Oil/canvas 47,5x36cm/*18x14in* New-York 97
☞ *$24 000 FF140 515* £14 839 Roses, Hydrangea, Narcissi, Carnations and other Flowers Oil/canvas 108x131cm/*42x51in* New-York 97
GIANNETTI Raffaele 1837-1915 **[5]**
☞ *$72 000 FF410 724* £44 272 The Last Senate of Julius Ceaser Oil/canvas 17x31,5cm/*6x12in* New-York 97
GIANNI Gerolamo 1837-? **[8]**
☞ *$7 380 FF35 400* £4 600 H.M.S. "Monarch" in Valetta Harbour Oil/board 20x32cm/*7x12in* London 95
☞ *$21 278 FF123 927* £13 000 Battleship of the Mediterranean Fleet lying in Grand Harbour, Valetta Oil/canvas 37x106,5cm/*14x41in* London 97
GIANNI Giacinto 1837 **[1]**
☞ *$7 041 FF42 189* £4 200 Valetta Harbour by Moonlight Oil/board 24x53cm/*9x20in* London 98
GIANNI Gian XIX-XX **[50]**
☞ *$5 790 FF29 800* £3 500 A Panoramic View of Valletta, Malta Oil/canvas 33x159cm/*12x62in* London 96
☞ *$5 245 FF31 037* £3 200 The Grand Harbour, Valletta, Malta Oil/board 21,5x62,5cm/*8x24in* London 98
GIANNI Gian (Attrib.) XIX-XX **[5]**
✎ *$901 FF5 397* £555 Casa dei Vetti, Pompei Watercolour/paper 16,5x41cm/*6x16in* Stockholm 98
GIANNI Giovanni 1866-1937 **[3]**
☞ *$13 000 FF66 800* £7 740 Vueduta di Napoli Olio/tela 71x104cm/*27x40in* Roma 96
GIANNI M. XIX-XX **[52]**
✎ *$400 FF2 030* £260 On the Neapolitan Coast Bodycolour 13x32cm/*5x12in* London 96
GIANNI Maria XIX-XX **[30]**
✎ *$347 FF2 182* £220 A Back Street in Spring, Naples Gouache/paper 48x30,5cm/*18x12in* London 97
GIANNI Y. XIX-XX **[11]**
✎ *$276 FF1 380* £180 The Bay of Naples Gouache 17,5x40cm/*6x15in* Billingshurst, West Sussex 96
GIANQUINTO Alberto 1929 **[17]**
☞ *$2 400 FF13 600* £1 600 L'Elmo di Guevara Olio/tela 73x55cm/*28x21in* Roma 97
☞ *$5 699 FF32 298* £2 849 "La mimosa" Olio/tela 210x113cm/*82x44in* Roma 97
GIAQUINTO Corrado 1703-1766 **[25]**
☞ *$15 972 FF94 905* £9 500 The Education of the Virgin Oil/canvas 73,5x62,5cm/*28x24in* London 97
☞ *$30 540 FF152 200* £20 000 Mercury and Argus Oil/canvas 32x42cm/*12x16in* London 95
☞ *$54 000 FF306 000* £27 000 Il trionfo di Galatea Olio/tela 108x124cm/*42x48in* Milano 97
✎ *$2 499 FF14 778* £1 500 Study for the Kneeling Magdalen and an Angel Black chalk 37,5x27cm/*14x10in* London 97
GIAQUINTO Corrado (Attrib.) 1703-1766 **[14]**
☞ *$5 540 FF28 000* £3 630 L'Enlèvement de Déjanire Huile/toile 5x71cm/*1x27in* Paris 96
☞ *$18 174 FF102 986* £12 116 Allegoria Olio/tela 37,5x47,5cm/*14x18in* Milano 98
✎ *$838 FF5 022* £500 The Pietá Black chalk 33x22cm/*12x8in* London 98
GIAQUINTO Corrado (Cercle) 1703-1766 **[1]**
☞ *$15 000 FF78 000* £9 920 Sketch of the Apotheosis of the Spanish (?) Monarchy Oil/canvas 102x47cm/*40x18in* New-York 96

GIARDELLI Giovanni XIX **[8]**
☞ *$5 500 FF29 271 £3 243* A la festa Oil/canvas 61x104cm/*24x40in* New-York 97
GIARDIELLO Carmine 1871-? **[7]**
☞ *$2 100 FF11 900 £1 050* Spiaggia a Napoli Olio/tela 25x40cm/*9x15in* Roma 97
☞ *$3 795 FF21 505 £1 897* Fascinaia a Capri Olio/legno 69x49cm/*27x19in* Roma 98
GIARDIELLO G. XIX-XX **[6]**
☞ *$10 800 FF61 200 £5 400* Bagno a Capri Olio/tela 60x78cm/*23x30in* Roma 97
GIARDIELLO Giuseppe XIX-XX **[22]**
☞ *$2 175 FF13 090 £1 302* Il Nonno e la Nipota Oil/canvas 68x48cm/*26x18in* Amsterdam 98
GIAUQUE Ferdinand 1895-1973 **[12]**
☞ *$1 777 FF10 564 £1 087* Abstrahierte Landschaft Öl/Leinwand 65,5x100,5cm/*25x39in* Bern 97
GIBAULT Eugène XIX **[3]**
☞ *$4 800 FF29 179 £2 955* Still Life with Grapes, Plums and Strawberries Oil/canvas 49x64,5cm/*19x25in*
New-York 98
GIBB John 1831-1909 **[2]**
☞ *$9 084 FF53 060 £5 375* Lyttelton Harbour Oil/canvas 59,5x90cm/*23x35in* Melbourne 97
GIBB Robert 1845-1932 **[6]**
☞ *$4 065 FF23 391 £2 400* A Girl on a Track, a Farm beyond, near Liberton Oil/panel 28x44cm/*11x17in*
London 97
GIBB Thomas Henry XIX **[14]**
☞ *$655 FF3 809 £400* Driving cattle over Glen Tarras Moss, Dumfries Oil/canvas 61x91cm/*24x35in* Newcastle-
upon-Tyne 97
GIBBS Anthony 1951 **[8]**
☞ *$4 540 FF23 670 £3 000* A leopard in a tree Oil/canvas 40,5x51cm/*15x20in* London 96
☞ *$19 605 FF111 524 £12 000* Bengal tiger/Leopard/Great indian rhinoceros/Indian elephant/Bengal...
Oil/canvas/board 14x14,5cm/*5x5in* London 97
✐ *$4 450 FF21 500 £2 800* Amber Eyes, a long eared owl Pastel 67x50cm/*26x19in* London 95
GIBBS Cecilia May 1877-1969 **[5]**
✐ *$909 FF5 447 £542* Coster Girl, England Watercolour/paper 24x18,5cm/*9x7in* Sydney 98
GIBBS George 1870-1942 **[4]**
✐ *$1 500 FF7 770 £1 003* Indian in canoe: probably calendar illustration Gouache 30x56cm/*12x22in* New-
York 96
GIBBS James 1682-1754 **[1]**
▥ *$11 721 FF70 401 £7 000* Designs of Buildings and Ornaments, London: by the author Engraving
52x36cm/*20x14in* London 98
GIBBS Leonard, Len 1929 **[38]**
☞ *$1 955 FF11 368 £1 165* Barn and Horse Acrylic/masonite 41x66cm/*16x25in* Calgary, Alberta 97
✐ *$596 FF2 910 £377* Hay Shed Watercolour/board 30x41cm/*11x16in* Calgary, Alberta 95
GIBERT Jean Amédée 1869-? **[2]**
☞ *$3 152 FF19 000 £1 936* Portrait de Paolo Huile/toile 123,5x57cm/*48x22in* Paris 98
GIBERT Joseph M. 1808-1884 **[2]**
⛏ *$3 466 FF20 500 £2 080* Femme couchée Bronze H27cm/*H10in* Paris 97
GIBERT Lucien 1904-1988 **[25]**
⛏ *$703 FF4 300 £429* Panthère en marche Bronze 26x68cm/*10x26in* La Varenne Saint-Hilaire 98
GIBSON Bessie 1868-1961 **[6]**
☞ *$4 104 FF25 183 £2 555* Venetian Canal Scene Oil/wood 34x25,5cm/*13x10in* Melbourne 97
GIBSON Charles Dana 1867-1944 **[35]**
☞ *$1 900 FF11 418 £1 137* "Captain Pendleton" Oil/canvas 76x63,5cm/*29x25in* New-York 98
✐ *$600 FF3 658 £360* Old Love Ink 26x43cm/*10x17in* New Orleans, Louisiana 98
GIBSON David Cooke 1827-1856 **[2]**
☞ *$3 620 FF18 560 £2 200* The Inexpected Arrival Oil/canvas 54x41cm/*21x16in* London 96
GIBSON David Cooke (Attr.) 1827-1856 **[1]**
☞ *$10 844 FF66 164 £6 500* An Eskimo Hunter holding a Narwhal Tusk Oil/canvas 60x45,5cm/*23x17in*
London 98
GIBSON John 1790-1866 **[6]**
⛏ *$6 740 FF41 228 £4 000* Hylas and the Naids Plaster 166x129x77cm/*65x50x30in* Edinburgh 98
GIBSON John Vincent c.1830-1888 **[2]**
☞ *$8 000 FF45 636 £4 888* Feeding the Bunnies Oil/canvas 30,5x25,5cm/*12x10in* Washington 97

GIBSON Ralph 1939 [43]
- 📷 *$1 166 FF6 944 £713* The Somnambulist Gelatin silver print 32x21cm/*12x8in* Berlin 98

GIBSON William Alfred 1866-1931 [28]
- *$977 FF5 753 £603* Figure Rowing in a River Landscape Oil/panel 15x21cm/*6x8in* New-York 97
- *$4 184 FF24 654 £2 500* Riverside with Windmill, near Leyden Oil/canvas 41x51cm/*16x20in* London 97

GID Raymond 1905 [14]
- 📜 *$523 FF3 050 £320* "Exposition Ethnographique des Colonies Françaises" Affiche 60x40cm/*23x15in* London 97
- ✏️ *$1 725 FF9 879 £1 020* "Dimanche auto Gouache 64x42,5cm/*25x16in* New-York 97

GIDE François Théophile 1822-1890 [14]
- *$3 510 FF18 000 £2 134* La partie d'échecs Huile/panneau 54x65cm/*21x25in* Rouen 96
- ✏️ *$536 FF2 800 £319* Au bord de l'étang Aquarelle 43x58cm/*16x22in* Pontoise 96

GIEL van Frans 1892-1975 [24]
- *$344 FF1 962 £212* Le chasseur Huile/toile 100x90cm/*39x35in* Antwerpen 97
- 📜 *$759 FF3 940 £477* Ferme en campine Gravure bois 29x29cm/*11x11in* Antwerpen 96

GIERSING Harald 1881-1927 [70]
- *$718 FF3 691 £436* Skovinteriör fra Norge Oil/canvas 23x29cm/*9x11in* Köbenhavn 96
- *$2 435 FF14 134 £1 502* Skovinteriör, Bistrup Oil/canvas 70x60cm/*27x23in* Köbenhavn 97

GIERYMSKI Aleksander 1850-1901 [5]
- *$21 378 FF127 581 £12 897* Wejście do domu Oil/canvas/panel 32,5x27cm/*12x10in* Warszawa 97

GIERYMSKI Maksymilian 1846-1874 [4]
- *$39 400 FF202 000 £25 300* Austrian hussars Oil/canvas 31x43cm/*12x16in* Warszawa 96

GIES Emil 1872-? [8]
- *$1 185 FF6 750 £727* Stilleben mit Glaskaraffe und Fisch Öl/Leinwand 54x67cm/*21x26in* Frankfurt 97

GIES Ludwig 1887-1966 [19]
- *$236 FF1 220 £151* Apotheker in seinem Laboratorium Metal H11cm/*H4in* Heidelberg 96

GIESEL Johann L. (Attrib.) 1747-1814 [1]
- *$2 450 FF12 060 £1 578* River landscape Oil/panel 3,5x53cm/*1x20in* Stockholm 95

GIFFARD Léon XIX-XX [4]
- *$3 300 FF20 000 £2 024* Café des Nattes, Sidi bou Saïd Huile/carton 41x33cm/*16x12in* Paris 98

GIFFORD Charles Henry 1839-1904 [26]
- *$2 600 FF13 520 £1 722* Ship - Sunset Oil/canvas 18x27cm/*7x11in* Middletown, RI 96
- *$33 000 FF195 960 £20 146* The Yacht Race, A New England Coastal Scene Oil/canvas 46x61cm/*18x24in* Boston, Mass. 98

GIFFORD John XIX [25]
- *$5 110 FF29 384 £3 200* The Day's Bag Oil/canvas 18x23cm/*7x9in* London 97
- *$5 234 FF30 505 £3 200* Gun Dogs With The Day's Bag Oil/canvas 91,5x71,5cm/*36x28in* London 97

GIFFORD John (Attrib.) XIX [1]
- *$5 256 FF29 035 £3 266* Guarding The Day's Bag Oil/canvas 90x70cm/*35x27in* Johannesburg 97

GIFFORD Robert Swain 1840-1905 [32]
- *$1 400 FF8 125 £827* Caravan near Cairo Oil/canvas 20x31cm/*8x12in* San Rafael, CA 97
- *$1 800 FF10 817 £1 088* Cattle Grazing in a Woodland Setting Oil/canvas 34,5x60cm/*13x23in* New-York 98

GIFFORD Sanford Robinson 1823-1880 [59]
- *$1 900 FF11 249 £1 136* Extensive View of a classical Landscape with Ruins Oil/canvas 25x35cm/*10x14in* New-York 97
- *$18 000 FF106 887 £10 989* At Play in the Surf Oil/canvas 34x69cm/*13x27in* Boston, Mass. 98

GIGANTE Achille 1823-1846 [3]
- ✏️ *$3 500 FF20 000 £2 150* La riviera di Chiaia. Nápoles Acuarela 28,5x42,5cm/*11x16in* Madrid 97

GIGANTE Ercole 1815-1860 [22]
- *$4 114 FF21 000 £2 723* Un monastère/Paysage escarpé Huile/papier 14x19,5cm/*5x7in* Paris 96
- *$14 020 FF67 900 £9 000* Vietri, gulf of Salerno Oil/canvas 51x38cm/*20x14in* London 95
- ✏️ *$4 160 FF21 775 £2 730* Pescatori sulla spiaggia Acquarello/carta 18x27,5cm/*7x10in* Roma 96

GIGANTE Giacinto 1806-1876 [38]
- *$5 000 FF28 474 £3 035* View from a Grotto Oil/canvas 31,5x46cm/*12x18in* New-York 97
- *$22 340 FF115 000 £13 500* A View of the Bay of Naples Oil/canvas 37,5x59,5cm/*14x23in* London 96
- ✏️ *$897 FF5 083 £448* Scorcio di Cava Tecnica mista/carta 24x17cm/*9x6in* Roma 98

GIGER Hans Rudolf 1940 **[19]**
- $7 550 FF38 200 £4 950 Ugly Technique mixte 70x100cm/*27x39in* Zürich 96
- $237 FF1 221 £147 Drei Alien Lithograph 14x20cm/*5x7in* Wetzikon 96
- $10 570 FF51 200 £6 790 Organischers No. 3 Encre/papier 63x80cm/*24x31in* Zürich 95

GIGLI R. XIX **[8]**
- $1 900 FF10 963 £1 164 Vegetable Seller outside Roman Ruins Watercolour/paper 54x36cm/*21x14in* Cleveland, Ohio 97

GIGNOUS Eugenio 1850-1906 **[27]**
- $4 893 FF27 727 £2 446 Carrettino con asino Olio/tela/tavola 15x23,5cm/*5x9in* Milano 98
- $15 600 FF88 400 £7 800 Paesaggio con fiume al tramonto Olio/tela 69,5x96cm/*27x37in* Milano 97

GIGNOUS Lorenzo 1862-1958 **[13]**
- $1 800 FF10 200 £1 200 Baveno sul Lago Maggiore Olio/tela 25x45cm/*9x17in* Milano 97
- $2 480 FF12 480 £1 640 Paesaggio montano Olio/tela 53x100cm/*20x39in* Roma 95

GIGNOUX Regis François 1816-1882 **[14]**
- $16 000 FF94 731 £9 568 Winter in the Mountains Oil/canvas 121x182cm/*48x72in* New-York 97

GIGOUX DE GRANDPRÉ Pierre Emile 1826-? **[5]**
- $878 FF4 990 £550 Figures on a raft passing an Indian Palace Oil/panel 34x54,5cm/*13x21in* London 97

GIGUERE George XX **[3]**
- $3 575 FF20 617 £2 129 Showdown at the Hacienda Oil/canvas 71x66cm/*28x26in* New-York 97

GIHON Clarence Montfort 1871-1929 **[17]**
- $5 150 FF26 000 £3 380 Bateau-lavoir près de l'île Saint-Louis, Paris Huile/toile 65x82cm/*25x32in* Paris 96

GIL GARCIA Juan 1879-1930 **[16]**
- $2 750 FF16 757 £1 700 Paisaje cubano Oil/canvas 35,5x71cm/*13x27in* Miami, Florida 98

GIL Ignacio **[9]**
- $2 112 FF12 837 £1 267 Ibicencas Oleo/lienzo 38x46cm/*14x18in* Madrid 98

GIL Juan Antonio XIX **[1]**
- $12 000 FF72 639 £7 160 The white Kitten Oil/panel 59x73cm/*23x28in* New-York 97

GILADI Aharon 1907-1993 **[41]**
- $360 FF2 139 £219 Family Oil/canvas 42x34cm/*16x13in* Tel Aviv 98
- $1 000 FF5 837 £604 Figures by the sea of Galilee Oil/canvas 59x90,5cm/*23x35in* Tel Aviv 97
- $300 FF1 782 £183 Paris, Street Scene Watercolour/paper 32,5x49,5cm/*12x19in* Tel Aviv 98

GILARDI Pier Celestino 1837-1905 **[2]**
- $3 300 FF18 700 £2 200 La Marchesa di Cherasco Olio/tela 95x83cm/*37x32in* Vercelli 98

GILARDI Piero 1942 **[32]**
- $1 980 FF11 220 £990 "Vigna con neve" Pintura 100x100x20cm/*39x39x7in* Prato 97

GILBERT & GEORGE 1943/1942 **[84]**
- $10 800 FF61 200 £5 400 "Queen Elizabeth II" Collage/cartone 112x81,5cm/*44x32in* Prato 97
- $53 700 FF265 000 £35 000 Youth Faith Mixed media 302,5x201cm/*119x79in* London 95
- $2 500 FF14 318 £1 479 The Red Sculpture Lithographie couleurs 30x38cm/*11x14in* New-York 97
- $38 000 FF193 500 £22 800 My World Photograph 214x191,5cm/*84x75in* New-York 96
- $6 208 FF37 109 £3 800 Post Card Sculpture Collage/paper 58x57x7cm/*22x22x2in* London 97

GILBERT Alfred 1854-1934 **[35]**
- $24 588 FF145 489 £15 000 Perseus Arming Bronze H37cm/*H14in* London 98
- $272 000 FF1 413 000 £180 000 Eros Sculpture H290cm/*H114in* London 96

GILBERT Arthur 1819-1895 **[43]**
- $1 975 FF11 988 £1 200 Nocturnal Seascape Oil/canvas 25,5x25,5cm/*10x10in* London 98
- $4 260 FF25 316 £2 600 A Fine Summer's Day on the Coast Near Tenby Oil/canvas 50,5x76cm/*19x29in* London 98

GILBERT Arthur Hill 1894-1970 **[31]**
- $1 100 FF5 500 £714 "Haystacks" Oil/canvas 30x40cm/*12x16in* Altadena, CA 96
- $3 750 FF19 570 £2 266 Cottonwoods Oil/canvas 63,5x76cm/*25x29in* San Francisco-Los Angeles 96

GILBERT Fanny 1820-? **[2]**
- $4 905 FF30 000 £2 910 Portrait de jeune dans une robe bleue et blanche Huile/toile 96x79cm/*37x31in* Paris 98

GILBERT John 1817-1897 **[41]**
- $1 450 FF8 727 £868 Fallstaff Oil/canvas 25,5x38cm/*10x14in* Amsterdam 98
- $852 FF5 230 £520 "The Duke of Gloucester and the Murderers" Watercolour 57x45cm/*22x17in* London 98

GILBERT Joseph Francis 1792-1855 **[6]**

$8 859 FF51 181 £5 200 Winter Scene with Figures Skating on a Frozen River Oil/canvas 61x86,5cm/*24x34in* London 97

GILBERT Josiah 1814-1892 **[8]**
$293 FF1 657 £180 Portrait of a Lady with a Dog/Portrait of a gentleman Chalks 58x45cm/*22x17in* London 97

GILBERT Pierre Julien 1783-1860 **[9]**
$1 734 FF10 000 £1 033 Sans titre Huile/panneau 10x20cm/*3x7in* Pontivy 97
$977 FF5 100 £591 Combat du brick "Le Phaëton" et la frégate anglaise "La Pique" (1806) Fusain 37,5x58cm/*14x22in* Paris 96

GILBERT Stephen 1910 **[55]**
$2 472 FF12 340 £1 616 Winged insect, éphémère Oil/canvas 35x28cm/*13x11in* Amsterdam 95
$2 714 FF16 374 £1 619 Untitled Oil/canvas 55x46cm/*21x18in* Amsterdam 98
$748 FF4 459 £445 Untitled Ink/paper 27x21cm/*10x8in* Amsterdam 97

GILBERT Victor 1847-1933 **[140]**
$4 038 FF23 000 £2 490 La belle fleuriste Huile/panneau 36,5x28,5cm/*14x11in* Soissons 97
$12 000 FF73 484 £7 182 Preparing the Oysters Oil/canvas 46,5x38cm/*18x14in* New-York 98
$885 FF4 590 £557 Figures sur la plage Gravure bois 21x27cm/*8x10in* Antwerpen 96
$6 500 FF36 973 £3 978 The Flower seller Watercolour/paper 22x28cm/*8x11in* New-York 97

GILBERT W.J. XIX **[3]**
$2 369 FF14 485 £1 450 Study of a Prize Bull and Sheep in Landscape Oil/canvas 50x66cm/*20x26in* Aylsham, Norfolk 98

GILBOA Nahum 1917 **[3]**
$11 500 FF56 200 £7 270 Marriage in Jerusalem Oil/canvas 53x76cm/*20x29in* Tel Aviv 95

GILCHRIST Philip Thomson 1865-1956 **[9]**
$2 010 FF10 140 £1 300 Figures before a waterfall, possibly Niagara Oil/panel 38x30cm/*14x11in* London 96
$6 190 FF30 540 £4 000 The Rainbow, Yarmouth, Isle of Wight Oil/canvas 81x137cm/*31x53in* London 96

GILCHRIST William Wallace Jr. 1879-1926 **[7]**
$10 000 FF50 500 £6 494 Kneeling by Her Bed Oil/canvas 43x35cm/*17x14in* Portland, Maine 96

GILDOR Jacob 1948 **[37]**
$440 FF2 361 £263 Leaning Figure Mixed media/board 17,5x24cm/*6x9in* Tel Aviv 97
$1 500 FF8 756 £907 Shcunat Machlul Oil/masonite 59x88cm/*23x34in* Tel Aviv 97
$251 FF1 266 £164 "Jacob Gildor, Gildens Art, St. Raphael" Woodcut 60,5x46cm/*23x18in* München 96

GILE Selden Connor 1877-1947 **[39]**
$7 000 FF42 143 £4 188 A Woman Reading in the Morning Light Oil/canvas 35,5x30,5cm/*13x12in* San Francisco 98
$45 000 FF268 978 £27 274 Destination Marin Oil/canvas 86,4x101,6cm/*34x40in* San Francisco-Los Angeles 97
$4 000 FF23 909 £2 424 Fisherman on the Pier Watercolour/paper 26,7x31,8cm/*10x12in* San Francisco-Los Angeles 97

GILES Carl Ronald XX **[7]**
$1 007 FF5 180 £650 Northward "O! Counting Sheep" Charcoal 40x38cm/*15x14in* London 96

GILES Godfrey Douglas 1857-1941 **[12]**
$4 874 FF28 275 £3 000 Early bird, with O. Madden up and with the trainer A.B. Sadler Oil/canvas 75x90,2cm/*29x35in* London 97

GILES James William 1801-1870 **[20]**
$1 291 FF7 820 £800 Up in the Morning Oil/board 45x59cm/*17x23in* Perthshire 97
$5 051 FF30 051 £3 000 Views of Tivoli Oil/panel 25x35,5cm/*9x13in* London 97
$761 FF4 356 £449 The Falls at Terni, Italy Pencil 46x30,5cm/*18x12in* London 97

GILFILLAN Tom XX **[6]**
$450 FF2 275 £291 "Scotland, Its Highland and Islands" Poster 101x60cm/*40x24in* New-York 96

GILHOOLY David J. 1943 **[36]**
$2 000 FF11 574 £1 230 "Jackson Pollock's Dog, A Shadow of His Former Self" Acrylic/canvas 75,5x62cm/*29x24in* Los Angeles 97
$1 955 FF11 741 £1 167 A Staffordshire Terrier Glazed ceramic 27x81cm/*10x31in* San Francisco 98

GILIOLI Emile 1911-1977 **[115]**

*$3 860 FF20 000 £2 506 Sans titre Bronze H35cm/*H13in* Versailles 96
*$10 959 FF65 000 £6 695 "Soleil sur la Montagne" Métal 83x102x20cm/*32x40x7in* Paris 98
*$1 269 FF7 500 £767 Sans titre Pastel/papier 66x51cm/*25x20in* Toulouse 97

GILL André Gosset de Gui. 1840-1895 **[8]**
*$3 204 FF16 000 £2 093 Portrait de l'acteur Daubray Huile/toile 81x65cm/*31x25in* Paris 95
*$225 000 FF1 330 582 £136 507 Studies for "Place de la Concorde" Oil/canvas 99,5x353,5cm/*39x139in* New-York 98

GILL Andrea 1948 **[2]**
*$2 500 FF15 244 £1 500 Winter Mantra Terracotta 77x51x30,5cm/*30x20x12in* New-York 98

GILL Charles Ignace A. 1871-1918 **[11]**
*$1 156 FF6 748 £705 Nature morte aux poissons Huile/toile 46x61cm/*18x24in* Montréal 97

GILL DeLancey W. 1859-1940 **[2]**
*$6 000 FF35 026 £3 628 Selected Native American Portraits Platinum print 20x14cm/*7x5in* Beverly Hills, Calif. 97

GILL Edmund Ward 1820-1894 **[31]**
*$1 815 FF9 420 £1 200 Falls on the River Feugh/Waterfall on the River Feugh, Aberdeenshire Oil/panel 31x25cm/*12x9in* Edinburgh 96
*$4 560 FF28 200 £2 800 A Chestnut Hunter and Groom in a Landscape Oil/canvas 59x75cm/*23x29in* Billingshurst, West Sussex 97

GILL Eric 1882-1940 **[78]**
*$30 FF185 £18 The Carrying of the Cross Engraving 11x11cm/*4x4in* Chicago, Illinois 98
*$12 673 FF74 285 £7 800 Madonna and Child Bronze H22cm/*H8in* Par, Cornwall 97
*$14 673 FF88 932 £9 000 A Child Tossed in a Blanket Stone 108x115,5cm/*42x45in* London 98
*$203 FF1 217 £123 Nu Crayon/papier 24x36cm/*9x14in* Bruxelles 97

GILL Mariquita XX **[2]**
*$3 800 FF22 392 £2 346 Trees before a Pond Oil/canvas 46,5x61cm/*18x24in* New-York 97

GILL Samuel Thomas 1818-1890 **[27]**
*$521 FF3 132 £311 Eagle/Diggers Hut/Bendigo Mill/Diggers on Way/Iron Bark/Newly Arrived Engraving 17x22cm/*6x8in* Melbourne 98
*$5 844 FF35 019 £3 486 The Woodcutters Watercolour/paper 27x22,5cm/*10x8in* Melbourne 98

GILL William c.1800-c.1870 **[12]**
*$2 883 FF17 743 £1 750 Plating Marbles Oil/panel 22x32,5cm/*8x12in* London 98
*$11 850 FF58 000 £7 500 Guy Fawkes Oil/canvas 97x134cm/*38x52in* London 95

GILLAM Frederick Victor 1867-1920 **[1]**
*$1 000 FF5 803 £616 Political Cartoons Watercolour 26x44cm/*10x17in* New-York 97

GILLARD William XIX **[10]**
*$6 543 FF38 131 £4 000 Children With The Day's Bag Oil/canvas 81x116cm/*31x45in* London 97

GILLBERG Jacob 1724-1793 **[1]**
*$1 808 FF10 662 £1 080 Gustaf III, after Lorentz Pasch Print 39x28cm/*15x11in* Stockholm 97

GILLBERG Jakob Axel 1769-1845 **[7]**
*$1 640 FF8 550 £976 Förslag till Konsuluniform Gouache 30,5x22,5cm/*12x8in* Stockholm 96

GILLE Christian Friedrich 1805-1899 **[7]**
*$1 984 FF11 713 £1 174 Abgestorbener Strauch am Abend Öl/Leinwand 28x24cm/*11x9in* Berlin 97

GILLEMANS Jan Pauwel I 1618-c.1680 **[22]**
*$9 620 FF49 500 £6 000 Mixed fruit in a blue and white porcelain bowl, an African parrot Oil/canvas 6x105cm/*2x41in* London 96
*$15 048 FF86 130 £8 888 A Still Life with Grapes, Peaches, Apricots, a Lemon, a Wanli Bowl Oil/canvas 68x58cm/*26x22in* Amsterdam 97

GILLEMANS Jan Pauwel I (Attr.) 1618-c.1680 **[3]**
*$6 961 FF40 519 £4 222 Blumenstrauss in Glasvase mit Schmetterling Oil/wood 28x19,5cm/*11x7in* Luzern 97

GILLEMANS Jan Pauwel II 1651-1704 **[21]**
*$8 240 FF48 673 £5 120 Früchtestilleben mit 2 Kaninchen Öl/Leinwand 35,5x41cm/*13x16in* Bielefeld 97
*$17 040 FF100 000 £10 420 Fleurs et fruits dans un parc près d'une vasque de pierre.. Huile/toile 106,5x77cm/*41x30in* Paris 97

GILLEMANS Jan Pauwel II (Attr) 1651-1704 **[3]**
*$6 800 FF34 800 £4 400 Landscape with a garland of flowers Oil/canvas 63x79cm/*24x31in* London 95

GILLES Werner 1894-1961 [127]
- *$6 560 FF33 760 £4 090* Still life Oil/paper 31x49cm/*12x19in* Stuttgart 96
- *$8 360 FF41 200 £5 390* Fischerboote auf Ischia Öl/Leinwand 60,5x72cm/*23x28in* Köln 95
- *$473 FF2 695 £289* Orpheus Farblithographie 26,5x23,5cm/*10x9in* Hamburg 97
- *$2 187 FF13 027 £1 300* Porto d'Ischia Aquarell/Papier 31,7x44cm/*12x17in* München 97

GILLESPIE George K. 1924-1996 [14]
- *$2 470 FF14 071 £1 500* Near Gortahork, Co. Donegal Oil/canvas 61x91,5cm/*24x36in* London 97

GILLET Guillaume 1912-1987 [5]
- *$353 FF2 027 £215* Winterlandschaft Öl/Leinwand 33x41cm/*12x16in* Düsseldorf 97

GILLET Numa-François 1868-? [12]
- *$1 010 FF5 200 £669* Barques sous voiles dans le Golfe du Morbihan Huile/toile 38x46cm/*14x18in* Brest 96
- *$1 610 FF8 200 £966* Au Pays des Rêves Huile/toile 26x41cm/*10x16in* Bruxelles 96

GILLET Roger-Edgard 1924 [105]
- *$365 FF2 072 £182* Senza titolo Olio/tela 38x55cm/*14x21in* Milano 97
- *$558 FF3 097 £344* Composition Oil/canvas 35x24cm/*13x9in* Köbenhavn 97
- *$424 FF2 400 £267* Sans titre Gouache/papier 46x60cm/*18x23in* Toulouse 97

GILLIAM Sam 1933 [14]
- *$325 FF1 855 £198* Coffee Thyme I/Coffee Thyme II Screenprint in colors 76x103cm/*29x40in* Washington 97
- *$900 FF5 434 £546* Even Watercolour/paper 24x30cm/*9x12in* Bethesda, Maryland 98

GILLIES William George 1898-1973 [59]
- *$4 841 FF29 325 £3 000* Tyninghame Bay, East Lothian Oil/board 31x41cm/*12x16in* Perthshire 97
- *$6 350 FF32 400 £4 200* Winter sun Oil/canvas 47x58cm/*18x22in* Glasgow 96
- *$3 325 FF16 970 £2 200* Knapweed and hemlock Watercolour 25x35,5cm/*9x13in* Glasgow 96

GILLIG Jacob 1636-1701 [8]
- *$4 920 FF28 248 £3 000* A Still Life of Freshwater Fish in a landscape Oil/canvas 29x37cm/*11x14in* London 97
- *$12 105 FF71 928 £7 200* A still life of salt water fish, oysters ans seaweed lying in baskets Oil/panel 48x68cm/*18x26in* London 97

GILLILAND Hector Beaumont 1911 [3]
- *$511 FF2 622 £326* Saqqara IV Charcoal/paper 55x74cm/*21x29in* Brisbane 96

GILLINI P. [2]
- *$4 720 FF24 640 £2 850* Vue de Venise Huile/toile 65x81cm/*25x31in* Genève 96

GILLIS Nicolaes 1580-1632 [1]
- *$258 628 FF1 480 298 £152 764* Rembrandt Jug, a Salt-cellar, Grapes and Apples in a Basket, Cheeses Oil/panel 62,5x94,5cm/*24x37in* Amsterdam 97

GILLIS Nicolaes (Attrib.) 1580-1632 [1]
- *$28 060 FF144 700 £18 000* Still life of flowers Oil/panel 33x25cm/*12x9in* London 96

GILLMOR Robert 1936 [6]
- *$412 FF2 489 £250* "Willow Warbler" Watercolour/paper 10x12cm/*3x4in* Billingshurst, West Sussex 98

GILLOT Claude 1673-1722 [9]
- *$822 FF5 000 £500* Nouveaux dessins d'habillements à l'usage des Ballets d'Opéras Eau-forte 15x8,5cm/*5x3in* Paris 98
- *$70 000 FF423 731 £42 630* A Triumphal Procession of Fauns and Satyrs with Silenus Wash 21x32,5cm/*8x12in* New-York 98

GILLOT Claude (Attrib.) 1673-1722 [7]
- *$630 FF3 200 £376* Turquerie Sanguine 22x40,5cm/*8x15in* Paris 96

GILLOT Eugène Louis 1867-1925 [47]
- *$1 030 FF5 300 £643* Canal à Venise Huile/toile 60x80cm/*23x31in* Bern 96
- *$9 120 FF45 000 £5 930* Usines et rue animée Huile/toile 89x144cm/*35x56in* Paris 95

GILLRAY James 1756/57-1815 [62]
- *$49 FF284 £30* Modern grace or the Operatical Finale to the Ballet of Alonzo e Caro Etching 24,8x35,6cm/*9x14in* London 97

GILMAN Harold 1876-1919 [17]
- *$12 291 FF71 838 £7 500* Romney Marsh, Kent Oil/canvas 30,5x40,5cm/*12x15in* London 97
- *$131 904 FF767 752 £80 000* Kirkegaten, Flekkerjord Oil/canvas 51x61cm/*20x24in* London 97

GILMAN Peter XX **[14]**
$228 FF1 369 £140 Ships full Sail Watercolour/paper 10x14,5cm/*3x5in* London 97
GILMOUR Leon 1907 **[2]**
$400 FF2 395 £244 "Cement Finishers" Linocut 25x20cm/*10x8in* Altadena, CA 97
GILOT Françoise 1921 **[36]**
$2 068 FF12 000 £1 268 Intérieur au peintre Huile/toile 72x60cm/*28x23in* Paris 97
$850 FF4 859 £521 Vase de fleurs Watercolour, gouache/paper 60,5x50,5cm/*23x19in* New-York 97
GILPIN Laura 1891-1979 **[39]**
$3 500 FF21 354 £2 097 Eyes of the Forest Gelatin silver print 33,5x26,5cm/*13x10in* New-York 98
GILPIN Sawrey 1733-1807 **[32]**
$6 630 FF32 400 £4 200 Horses frightened by a storm Oil/canvas 86x112cm/*33x44in* London 95
$123 492 FF716 307 £76 000 A Grey Pony, with a Pomerian and a Hound, in a rocky wooded landscape
Oil/canvas 136x173cm/*53x68in* London 97
$658 FF4 027 £400 Studies of Hounds Pencil/paper 10,5x17cm/*4x6in* London 98
GILPIN William, Rev. 1724-1804 **[13]**
$341 FF1 753 £220 Figures in a "Picturesque" Landscape Ink 15,5x22cm/*6x8in* London 96
GILROY John 1898-? **[7]**
$2 874 FF17 150 £1 721 To kammerater, parti med to spaserende drenge Oil/canvas 75x60cm/*29x23in*
Vejle 98
$735 FF4 098 £449 "My Goodness, My Guinness" Poster 75x49cm/*29x19in* London 97
GILROY John William XIX-XX **[20]**
$603 FF3 411 £380 In the Lock, Eyemouth Oil/board 39,5x29cm/*15x11in* Newcastle-upon-Tyne 97
$1 273 FF7 508 £780 Boats Entering Harbour Oil/canvas 52x70cm/*20x27in* Billingshurst, West Sussex 98
GILSOUL Victor 1867-1939 **[103]**
$89 FF436 £56 Paysage Huile/toile 58x81cm/*22x31in* Bruxelles 95
$1 524 FF8 858 £900 A coastal Landscapa Oil/panel 30x45cm/*11x17in* London 97
$39 097 FF226 663 £23 348 De Boompjes, Rotterdam Oil/canvas 121x199cm/*47x78in* Amsterdam 97
GILSOUL-HOPPE Ketty 1868-1939 **[17]**
$702 FF4 057 £412 Paysage Gouache/papier 24,5x34,5cm/*9x13in* Bruxelles 97
GILST van Aarnout 1898-1942 **[18]**
$324 FF1 645 £207 Horses in a stable interior Oil/panel 24x31cm/*9x12in* Amsterdam 96
GIMEL Georges 1898-1962 **[18]**
$837 FF4 800 £517 Fleurs dans un vase Huile/toile/panneau 66x71cm/*25x27in* Grenoble 97
GIMENEZ Y MARTIN Juan 1855-1901 **[7]**
$50 771 FF294 676 £31 000 In the harem Oil/canvas 56x39cm/*22x15in* London 97
GIMENO ARASA Francesc 1858-1927 **[21]**
$9 600 FF59 250 £5 700 Barca varada Oleo/lienzo 18,5x30,5cm/*7x12in* Madrid 98
$40 200 FF237 000 £24 600 Paisaje Oleo/lienzo 55x100cm/*21x39in* Madrid 98
$487 FF2 962 £300 Paisaje Dibujo 27x27cm/*10x10in* Madrid 98
GIMIGNANI Alessio c.1567-1651 **[1]**
$1 140 FF5 820 £750 Design for a lunette: The Death of Saint Francis Ink 14,9x21,5cm/*5x8in* London 96
GIMIGNANI Giacinto 1611-1681 **[15]**
$33 000 FF182 219 £20 592 The marriage of Isaac and rebecca Oil/canvas 84x152cm/*33x59in* New-
York 97
$26 500 FF136 600 £17 000 The Meeting of Rinaldo and Armida Ink 27x25cm/*10x9in* London 96
GIMIGNANI Giacinto (Attrib.) 1611-1681 **[3]**
$11 940 FF59 600 £7 800 The Family of Darius before Alexander Oil/canvas 116x128cm/*45x50in*
London 95
GIMIGNANI Ludovico 1648-1697 **[1]**
$9 660 FF49 800 £6 200 Christ preaching at the Temple Oil/canvas 94x131,5cm/*37x51in* London 96
GIMMI Wilhelm 1886-1965 **[198]**
$305 FF1 783 £184 Portrait de femme Öl/Leinwand 33x24cm/*12x9in* Zürich 97
$777 FF4 536 £470 Study of ris and Hydrangeas Oil/canvas 68x33cm/*27x13in* Aylsham, Norfolk 97
$405 FF2 365 £248 Gottfried Keller. Romeo und Julia auf dem Dorfe Lithographie 33x26cm/*12x10in*
Köln 97
$976 FF5 000 £593 Maisons au bord du canal Aquarelle 21x23cm/*8x9in* Le Touquet 96
GIMMY Stéphane XX **[2]**
$2 474 FF15 200 £1 483 Les trois Musiciennes Huile/toile 27x21cm/*10x8in* Évreux 98

GIMOND Marcel 1894-1961 **[22]**

$4 360 FF22 000 £2 860 Jeune fille à la natte Bronze H35cm/*H13in* Pontoise 96

$633 FF3 090 £400 Portrait d'homme Pencil/paper 15,5x13,5cm/*6x5in* London 95

GINAIN Eugène Louis 1818-1886 **[8]**

$725 FF3 800 £437 La Prise de la Smala d'Abd-el-Kader Aquarelle, gouache 16,2x29,2cm/*6x11in* Monaco 96

GINDERTAEL van Roger 1899-1982 **[70]**

$1 903 FF9 850 £1 272 Vaugirard, Paris Huile/toile 54x65cm/*21x25in* Antwerpen 96

$2 230 FF11 480 £1 391 Plage à Knokke Huile/panneau 36x38cm/*14x14in* Antwerpen 96

$460 FF2 762 £283 Zittende vrouw Fusain/papier 25,5x19cm/*10x7in* Lokeren 98

GINE Alexander Vasiliev. 1830-1880 **[4]**

$12 266 FF75 022 £7 500 Travellers Camped in a Wood Oil/canvas 93,5x135cm/*36x53in* London 98

GINER Vicente c.1640-c.1680 **[2]**

$91 000 FF475 000 £55 000 Capriccio view of the Pantheon/A Classical palace Oil/canvas 97,5x1325cm/*38x521in* London 96

GINGELEN van Jacques 1801-1864 **[7]**

$1 444 FF7 540 £860 Cattle in a landscape Oil/panel 31x40cm/*12x15in* Köbenhavn 96

GINNER Charles 1878-1952 **[43]**

$9 807 FF58 309 £6 000 Hampstead Heath Oil/canvas 68,5x51cm/*26x20in* London 97

$704 FF3 640 £450 "Norwich, LMS & LNER" Poster 100x62cm/*39x24in* London 96

$2 814 FF14 570 £1 800 Landscape with church and factories Watercolour 48x34,5cm/*18x13in* London 96

GINS A. XIX **[5]**

$2 105 FF12 203 £1 257 In the Roads of a Harbour/Rescue near at Hand Oil/panel 22x41,5cm/*8x16in* Amsterdam 97

GINSBERG Allen XX **[5]**

$9 500 FF55 686 £5 847 Boading, China Gelatin silver print 20,5x20,5cm/*8x8in* New-York 97

GIOBBI Edward Gioachino 1926 **[7]**

$1 200 FF7 339 £733 Untitled Felt pen 33,5x51cm/*13x20in* New-York 98

GIØDESEN Aage 1863-1939 **[8]**

$3 170 FF19 437 £1 900 A Young Girl Sewing in a Sunlit Landscape Oil/canvas 65,5x86cm/*25x33in* London 98

GIOJA Belisario 1829-1906 **[27]**

$700 FF4 345 £419 Peasant Woman Watercolour/paper 30x21cm/*12x8in* Mystic, Connecticut 98

GIOLFINO Nicolo II Ursino V. 1476-1555 **[3]**

$15 824 FF91 522 £9 500 Saint Sebastian Tempera/panel 134,5x69cm/*52x27in* London 97

GIOLI Francesco 1846-1922 **[29]**

$3 600 FF20 400 £1 800 Ritratto di Gentiluomo Olio/tavola 49,5x30cm/*19x11in* Milano 98

$17 562 FF99 522 £8 781 Fauglia Olio/cartone 67,5x100cm/*26x39in* Milano 97

$3 135 FF17 768 £1 567 Donna Pastelli/carta 51x41cm/*20x16in* Milano 97

GIOLI Luigi 1854-1947 **[29]**

$4 095 FF20 100 £2 665 Vigneti toscani Olio/tela 31x43,5cm/*12x17in* Milano 95

$9 000 FF51 000 £6 000 L'Aratura Olio/carta/tela 122x74cm/*48x29in* Firenze 97

$660 FF3 740 £330 Alberi Matita/carta 28,5x24cm/*11x9in* Prato 98

GIONIMA Antonio 1697-1732 **[10]**

$5 740 FF29 300 £3 800 The two Angels advising Lot and his family to leave Sodom Oil/canvas 86x112cm/*33x44in* London 96

GIORDANO Felice 1880-1964 **[61]**

$720 FF4 080 £360 Pescatori a riva Olio/legno 23,5x29,5cm/*9x11in* Roma 97

$1 235 FF6 340 £736 Davanti alla cattedrale Olio/tela 38,5x68,5cm/*15x26in* Roma 96

GIORDANO Luca (Attrib.) 1632-1705 **[42]**

$2 805 FF16 787 £1 700 Virgen con el Niño Oleo/lienzo 6x35,5cm/*2x13in* Madrid 98

$8 558 FF52 426 £5 170 San Gerolamo, der heilige Hieronymus Öl/Leinwand 105,5x89cm/*41x35in* Wien 98

$25 668 FF155 000 £15 391 Le Christ chassant les marchands du temple Huile/toile 101x128cm/*39x50in* Paris 98

$704 FF4 219 £420 Man leaning forward Chalks/paper 53x39,5cm/*20x15in* London 98

GIORDANO Luca (Cercle) 1632-1705 **[2]**
$6 500 FF32 100 £4 200 Venus and Cupid/Cupid and Psyche Oil/copper 29x32cm/*11x12in* New-York 96
$24 000 FF118 400 £15 500 The Triumph of Galatea Oil/canvas 235x178cm/*92x70in* New-York 96
GIORDANO Luca Fa Presto 1632-1705 **[101]**
$26 500 FF136 600 £17 000 Plutarch Oil/canvas 98,5x90,5cm/*38x35in* London 96
$90 000 FF510 000 £45 000 "Ratto delle sabine" Olio/tela 189x218cm/*74x85in* Firenze 98
$3 299 FF18 698 £2 199 Studio per Nettuno Sanguina/carta 43,5x63,5cm/*17x25in* Milano 97
GIORGIO D'ALEMAGNA c.1410-c.1460 **[1]**
$14 000 FF69 100 £9 050 The Triumph of Eternity (from Petrach, I Trionfi) Miniature 5,2x9cm/*2x3in* New-York 96
GIOVANNINI Agostino 1881-1958 **[1]**
$4 800 FF27 200 £3 200 Ritratto di Kitra, figlia dell'artista Terracotta H26cm/*H10in* Prato 98
GIOVANNINI Vincenzo 1816-1868 **[8]**
$13 720 FF69 300 £9 000 The Papal Carriage and Escart before a landscape of Rome Oil/canvas 46x94,5cm/*18x37in* London 96
GIOVENONE Girolamo 1486/87-1555 **[2]**
$204 180 FF1 157 020 £136 120 Crocifissione Tempera/tavola 125x60cm/*49x23in* Roma 98
GIPKENS Julius 1883-? **[5]**
$544 FF2 830 £360 "Kupferberg Gold" Poster 69x95cm/*27x37in* London 96
GIR Charles F. Girard 1883-1941 **[30]**
$7 475 FF43 509 £4 607 Josephine Baker Oil/canvas 107x76cm/*42x29in* New-York 97
$157 FF900 £96 "Venise, opérette en 3 actes de Monézy-Eon" Affiche 120x80cm/*47x31in* Orléans 97
GIRADOT Ernest Gustave XIX-XX **[6]**
$2 416 FF14 409 £1 500 The Secret Discovered Oil/canvas 38x32cm/*14x12in* London 97
GIRALDEZ Y PEÑALVER Adolfo XIX-XX **[4]**
$3 362 FF17 284 £2 069 Barco anclado Oleo/tabla 31x17,5cm/*12x6in* Madrid 96
GIRAN-MAX Léon 1867-1927 **[52]**
$767 FF3 786 £500 Paris, vue des hauteurs de Saint-Cloud Oil/board 26x34cm/*10x13in* London 95
$2 373 FF12 000 £1 556 Bord de rivière sous la neige Huile/toile 46x61cm/*18x24in* Calais 96
$502 FF2 600 £331 Le pont de la concorde Aquarelle 21,5x26,5cm/*8x10in* Pontoise 96
GIRARD Albert 1839-1920 **[8]**
$29 291 FF170 000 £17 884 Divertissement dans une maison algéroise Huile/toile 62x74cm/*24x29in* Paris 97
GIRARD André 1901-1968 **[85]**
$310 FF1 811 £190 "Peugeot, Tout est plus beau...avec une Peugeot" Affiche 110x75cm/*43x29in* London 97
GIRARD Johann Peter 1769-1851 **[3]**
$3 564 FF18 330 £2 223 "Vue de Nidau & des environs" Gouache 35x43cm/*13x16in* Bern 96
GIRARD Michel 1939 **[52]**
$155 FF800 £100 Canal du Nord Huile/toile 81x100cm/*31x39in* Paris 96
GIRARD Paul-Albert 1839-1920 **[6]**
$6 670 FF41 408 £4 000 View of the Roman Campagna Oil/canvas 50x66,5cm/*19x26in* London 98
$1 848 FF11 000 £1 129 Promeneurs près du pavillon aux Champs Elysées Aquarelle/papier 24,5x33,5cm/*9x13in* Barbizon 98
GIRARDET Edouard Henri 1819-1880 **[10]**
$2 284 FF13 676 £1 403 Vor einem Haus bzw. einem Baum auf einer Bank sitzendes älteres Paar Oil/canvas 20x16cm/*7x6in* Bern 98
$33 440 FF172 000 £20 840 L'oued de Bou-Saâda Huile/toile 68x109cm/*26x42in* Paris 96
GIRARDET Eugène 1853-1907 **[66]**
$3 189 FF18 000 £1 942 Passage à Bou-Saada Huile/panneau 24,5x32,5cm/*9x12in* Paris 97
$5 374 FF32 180 £3 301 "Laveuses à Moret" Oil/canvas 38x55,5cm/*14x21in* Bern 98
$85 800 FF440 000 £52 200 La grande caravane Huile/toile 108x195cm/*42x76in* Paris 96
GIRARDET Eugène (Attrib.) 1853-1907 **[2]**
$4 114 FF20 500 £2 694 Deux soeurs devant leur maison Huile/toile 21,5x32cm/*8x12in* Paris 95
GIRARDET Henri 1848-1904 **[8]**
$5 540 FF28 500 £3 460 Berner Trachtenmädchen Öl/Leinwand 46x38cm/*18x14in* Bern 96
$12 040 FF70 000 £7 350 Ecole coranique à Biskra Huile/toile 32,5x41,5cm/*12x16in* Paris 97
GIRARDET Jules 1856-1946 **[20]**
$4 570 FF23 000 £2 956 Promenade en barque Huile/toile 60x73,5cm/*23x28in* Deauville 95

GIRARDET Karl 1813-1871 **[48]**
- *$3 094 FF18 800 £1 863* Scène de village alpestre Huile/toile 20x27cm/*7x10in* Paris 98
- *$13 225 FF76 986 £8 021* Au bord du lac Oil/canvas 52x79cm/*20x31in* Luzern 97

GIRARDET Léon 1857-1895 **[8]**
- *$10 000 FF56 980 £6 125* Le départ de la reine Oil/canvas 171,5x183cm/*67x72in* New-York 97
- *$3 233 FF18 500 £2 018* Le montreur d'ours Aquarelle, gouache/papier 54x76cm/*21x29in* Brive-la-Gaillarde 97

GIRARDIN de Alexandre Fr. Louis 1777-? **[1]**
- *$11 671 FF70 098 £7 000* Portrait of the Artist, Seated Full-length, in an Interior Oil/canvas 100x81cm/*39x31in* London 98

GIRARDIN Francis J., Frank 1856-1945 **[15]**
- *$600 FF3 616 £363* "Harvest Time in Indiana" Oil/board 13x20cm/*5x8in* Pasadena, California 98

GIRARDIN Pauline, née Joannis 1818-? **[1]**
- *$2 912 FF17 000 £1 788* Branche de lilas Aquarelle/papier 56,5x44cm/*22x17in* Paris 97

GIRARDON François 1628-1715 **[5]**
- *$8 518 FF51 750 £5 128* L'Enlèvement de Proserpine Bronze H60cm/*H23in* Monte-Carlo 98

GIRARDOT Ernest Gustave c.1840-c.1895 **[9]**
- *$2 123 FF12 399 £1 310* The secret discovered Oil/canvas 39x32cm/*15x12in* Viby J, Århus 97

GIRARDOT Louis-Auguste 1856-1933 **[29]**
- *$1 017 FF5 899 £600* A Middle Eastern Fortress with Figures Oil/canvas 28x47cm/*11x18in* London 97
- *$5 513 FF32 000 £3 254* Le repos Huile/toile 73x60cm/*28x23in* Paris 97

GIRAUD Charles 1819-1892 **[4]**
- *$12 333 FF72 000 £7 574* Portrait de Marie de Revigaud, baronne de Serlay, dans son salon Huile/toile 35,5x55cm/*13x21in* Paris 97

GIRAUD Eugène Pierre Fr. 1806-1881 **[22]**
- *$5 016 FF30 000 £3 045* Femme fellah devant une porte Huile/toile 81x60cm/*31x23in* Paris 97
- *$190 300 FF1 100 000 £117 260* La Crue du Nil Huile/toile 200x305cm/*78x120in* Paris 97
- *$422 FF2 200 £279* L'âne de la princesse Mathilde monté par le prince Victor Napoléon Lavis 20,5x25cm/*8x9in* Paris 96

GIRAUD Jean, Gir-Moebius 1938 **[15]**
- *$1 141 FF7 000 £698* "Homme bleu et femme verte" Encres couleurs/papier 25x32cm/*9x12in* Paris 98

GIRAUD Sébastien Charles 1819-1892 **[5]**
- *$10 098 FF60 000 £6 162* Intérieur de salon Huile/panneau 45x56cm/*17x22in* Paris 98

GIRAULT Louis C. XIX-XX **[7]**
- *$1 100 FF6 275 £672* Sweet Sunrise in the Mountain Village Pastel/paper 23x29cm/*9x11in* New Orleans, Louisiana 97

GIRBAL Gaston 1888-c.1978 **[17]**
- *$371 FF2 200 £222* "Bordas" Affiche 80x120cm/*31x47in* Paris 97

GIRIEUD Pierre 1876-1948 **[25]**
- *$217 FF1 200 £135* Psyché admise dans l'Olympe, Versailles (le grand bassin) Aquarelle/papier 24,5x18cm/*9x7in* Paris 97

GIRIN David 1848-1917 **[41]**
- *$1 374 FF8 000 £840* Troupeau de moutons près de l'étang Huile/carton 40x32cm/*15x12in* Paris 97
- *$2 576 FF13 000 £1 680* Le joueur de bilboquet Huile/toile 55x32,5cm/*21x12in* Lyon 96
- *$4 385 FF25 000 £2 692* Les Martigues Crayon/papier 10,5x17cm/*4x6in* Lyon 97

GIRKE Raimund 1930 **[94]**
- *$3 257 FF19 275 £2 001* Ohne Titel Oil/canvas 50,5x30,5cm/*19x12in* München 98
- *$4 301 FF25 125 £2 545* Ohne Titel Tempera 50,5x40cm/*19x15in* Köln 97
- *$9 721 FF56 749 £5 878* "Rhythmisch bewegt" Öl/Leinwand 101x120cm/*39x47in* Zürich 97
- *$168 FF844 £106* Ohne Titel Print 63,5x48,5cm/*25x19in* München 95
- *$925 FF5 407 £568* Untitled Gouache/paper 31,5x25,7cm/*12x10in* Köln 97

GIRODET DE ROUCY TRIOSON Anne-Louis 1767-1824 **[33]**
- *$12 000 FF68 220 £7 347* Study for "La Tempête du premier chant de l'Enéide" Crayon 26x38cm/*10x14in* New-York 97

GIRODET DE ROUCY TRIOSON Anne-Louis (Attrib.) 1767-1824 **[14]**
- *$4 868 FF30 035 £3 060* Les Funérailles d'Atala: "J'ai séché comme la fleurs des champs" Oil/canvas

86x108cm/*33x42in* København 97

   $1 274 FF6 220 £800 Galatea Pencil 28x28cm/*11x11in* London 95

GIRON Charles 1850-1914 **[7]**

   $13 000 FF79 608 £7 780 Portrait of Stéphane Mallarmé Oil/canvas 38,5x46cm/*15x18in* New-York 98

GIRONCOLI Bruno 1936 **[53]**

   $6 950 FF34 300 £4 520 "Frohe Weihnacht" Collage/carton 114x100cm/*44x39in* Wien 95

   $252 FF1 438 £155 O. T. Silkscreen in colors 100x70cm/*39x27in* Wien 97

   $19 850 FF98 000 £12 900 Skulptur Sculpture H102cm/*H40in* Wien 95

   $1 117 FF6 666 £686 Kopf Pencil 42x35,5cm/*16x13in* Wien 98

GIRONDE de Bernard 1843-? **[2]**

   $15 000 FF89 659 £9 181 Jeune fille à la capeline rose Oil/canvas 83x66,5cm/*32x26in* New-York 97

GIROUX Achille 1820-1894 **[10]**

   $4 089 FF23 500 £2 500 Cavalière et ses deux chiens Huile/toile 72x58cm/*28x22in* Paris 97

GIROUX André 1801-1879 **[9]**

   $3 372 FF20 000 £1 996 Rempart à Roscoff Huile/toile 59,5x110cm/*23x43in* Paris 97

GIROUX Charles 1861-? **[4]**

   $50 000 FF298 330 £30 160 Louisiana Bayou Settlement Oil/canvas 35x61cm/*14x24in* New Orleans, Louisiana 97

GIROUX Ernest 1851-? **[2]**

   $5 000 FF28 474 £3 083 Portrait of a Gypsy Woman Oil/canvas 57x29cm/*22x11in* Boston, Mass. 97

GIRTIN Thomas 1775-1802 **[42]**

   $9 176 FF55 985 £5 500 Kenilworth Castle, Warwickshire Watercolour/paper 21,5x28,5cm/*8x11in* London 98

GIRV Alfred Alexandrovich 1880-1918 **[1]**

   $2 290 FF11 410 £1 500 Boy entering a garden Oil/canvas 38x31cm/*14x12in* London 95

GISBERT Antonio 1835-1901 **[8]**

   $3 250 FF19 750 £1 950 "Retrato de D. Salustiano" Oleo/lienzo 59x45cm/*23x17in* Madrid 98

GISCHIA Léon 1903-1991 **[78]**

   $511 FF2 624 £318 Coupe de fruits Huile/panneau 48x40cm/*18x15in* Antwerpen 96

   $541 FF3 200 £324 Composition en brun, noir et blanc Gouache/papier 51x36cm/*20x14in* Paris 97

GISLANDER William 1890-1937 **[79]**

   $586 FF3 070 £353 Höstlandskap Oil/canvas 62x88cm/*24x34in* Stockholm 96

   $1 213 FF7 085 £734 Klippekyst, Faeröerne Oil/panel 100x130cm/*39x51in* Viby J, Århus 97

GISMONDI Paolo (Attrib.) 1612-1685 **[1]**

   $2 275 FF11 900 £1 355 Toilette der Semiramis Ink/paper 15x25cm/*5x9in* Hamburg 96

GISSING Roland 1895-1967 **[100]**

   $103 FF592 £63 Sunshine bay Oil/board 30,5x40,6cm/*12x15in* Calgary, Alberta 97

   $1 319 FF7 701 £784 Summer in the Rockies Oil/canvas 45,5x61cm/*17x24in* Calgary, Alberta 97

GISSON André 1910 **[198]**

   $1 565 FF9 614 £972 Woman on a Veranda Filled with Potted Flowers Oil/canvas 30x40cm/*12x16in* Detroit, Michigan 97

   $2 500 FF14 384 £1 475 Carrousel Oil/canvas 61x91,5cm/*24x36in* New-York 97

GIULIANO Bartolomeo 1825-1909 **[10]**

   $2 520 FF12 360 £1 640 Ritratto di fanciulla Olio/tela 35x25cm/*13x9in* Milano 95

   $24 507 FF139 405 £15 000 The harvesters Oil/canvas 53,5x79cm/*21x31in* London 97

GIULIANO DA RIMINI c.1290-c.1330 **[1]**

   $825 000 FF4 315 000 £500 000 An altarpiece: The Virgin, Saint Catherine, Saint John the Evangelist Tempera/panel 190x200cm/*74x78in* London 96

GIUNTA Joseph 1911 **[70]**

   $209 FF1 272 £127 Composition au fond blanc Huile/panneau 20x25,5cm/*7x10in* Montréal 98

   $541 FF3 165 £330 Harvest Time, Montreal North Huile/panneau 51x61cm/*20x24in* Montréal 97

GIUNTA Marc 1954 **[16]**

   $2 095 FF12 500 £1 283 Écart Huile/toile 40x30cm/*15x11in* Paris 98

GIUNTOTARDI Filippo 1768-1831 **[8]**

   $21 000 FF128 912 £12 866 View of Paestum/View of the Roman Forum Watercolour/paper 52,5x74,5cm/*20x29in* New-York 98

GIUSTI Guglielmo 1824-c.1916 **[31]**

   $2 925 FF15 030 £1 742 Napoli dal pergolato Tempera/cartone 22,5x40cm/*8x15in* Roma 96

$4 140 FF21 300 £2 500 Beached Boats before Naples Gouache 35,5x48cm/*13x18in* London 96

GIUSTO Fausto XIX-XX **[11]**
$1 900 FF9 770 £1 186 Bauernpaar mit Maultier an mediterraner Felsenküste Öl/Leinwand 49x66cm/*19x25in* Bern 96
$4 415 FF21 800 £2 870 Les grands boulevards au crépuscule, l'hiver Huile/toile 27,5x46,5cm/*10x18in* Luxembourg 95
$1 913 FF11 377 £1 170 Die Fassade von Notre Dame in Paris mit Passanten im Winter Gouache/papier 18,5x32,5cm/*7x12in* Bern 97

GIVANIAN ?-1900 **[5]**
$4 030 FF21 000 £2 530 Bateaux aux abords de la Tour de Léandre Huile/toile 26x39cm/*10x15in* Paris 96
$13 248 FF80 000 £7 952 Bateau dans la tempête Huile/toile 55x71cm/*21x27in* Paris 98

GLACKENS William James 1867-1938 **[87]**
$30 000 FF183 600 £18 234 Nude Bathers, Summertime Oil/canvas 30x39cm/*12x15in* Milford, Conn. 98
$145 000 FF715 000 £94 500 New England landscape Oil/canvas 61x81cm/*24x31in* New-York 95
$1 700 FF8 820 £1 124 Two men at a table Ink/paper 21x31cm/*8x12in* New-York 96

GLAIN Léon c.1715-c.1775 **[2]**
$2 447 FF14 649 £1 506 Porträtt av ung dam i pälsbrämad kläning - bröstbild Pastel/paper 57x45cm/*22x17in* Stockholm 98

GLAIZE Auguste Barthélémy 1807-1893 **[8]**
$5 030 FF26 000 £3 260 Portrait présumé de Léon Glaize, un des fils de l'artiste Huile/toile 48x40,5cm/*18x15in* Paris 96
$1 450 FF7 500 £940 Femme pleurant Fusain 52x34cm/*20x13in* Paris 96

GLAIZE Léon P. 1842-1932 **[11]**
$12 000 FF73 484 £7 182 Portrait of an Elegant Woman Oil/canvas 122x98cm/*48x38in* New-York 98

GLANCY Michael XX **[2]**
$24 000 FF125 300 £14 500 Beta Pictoris Sculpture H61cm/*H24in* New-York 96

GLANSDORFF Hubert 1877-1964 **[59]**
$299 FF1 790 £183 Bouquet de pois de senteur Huile/panneau 24x33cm/*9x12in* Bruxelles 98
$507 FF3 087 £311 Vase fleuri Huile/toile 60,5x50,5cm/*23x19in* Bruxelles 98
$3 797 FF23 253 £2 272 A Still Life with Flowers on a Table Oil/canvas 100x120cm/*39x47in* Amsterdam 98

GLARNER Fritz 1899-1972 **[29]**
$606 FF3 623 £371 Komposition Lithographie 52x52cm/*20x20in* Zürich 98
$3 390 FF17 000 £2 144 Tondo Fusain 52x36cm/*20x14in* Paris 95

GLASER Hans Heinrich ?-1673 **[1]**
$8 500 FF51 453 £5 176 A Stained Glass Design,"Diana" and "Actaeon" Ink 28,5x25,5cm/*11x10in* New-York 98

GLASER Milton 1929 **[9]**
$150 FF865 £89 Bob Dylan, for Columbia Records Poster 84x56cm/*33x22in* Lambertville, NJ 97

GLASGOW Alexander c.1840-c.1890 **[2]**
$4 327 FF23 701 £2 600 The Tailor Oil/board 46x35,5cm/*18x13in* London 97

GLASS John Hamilton 1820-1885 **[20]**
$4 150 FF21 100 £2 700 Harvest Day Oil/canvas 46x61cm/*18x24in* Auchterarder, Perthshire 95
$599 FF3 621 £360 Fishing Villages Watercolour 35x52cm/*13x20in* Leyburn, North Yorkshire 98

GLASS John Hamilton XIX-XX **[8]**
$1 160 FF6 050 £700 Hayfield Watercolour 29x44,5cm/*11x17in* Glasgow 96

GLASS Margaret XX **[9]**
$489 FF2 824 £300 The Quay, Woodbridge Pastel 35x48cm/*14x19in* Aylsham, Norfolk 97

GLASS William Mervyn 1885-1965 **[15]**
$2 520 FF14 687 £1 549 Loch-Na-Keal from Iona Oil/board 33x40,5cm/*12x15in* West Lothian 97
$2 765 FF16 113 £1 700 Ben more and Loch Na Keal Oil/board 37,5x45,5cm/*14x17in* West Lothian 97

GLATTE Adolf 1866-1920 **[7]**
$1 642 FF9 588 £1 002 Bauernhaus im Ries Öl/Leinwand 44x52cm/*17x20in* Wien 97
$2 373 FF14 298 £1 437 Am Flussufer Öl/Leinwand 32,5x40cm/*12x15in* Wien 98

GLATTFELDER Hans-Jörg 1939 **[12]**
$2 130 FF11 120 £1 288 Grobmaschiger Dreiwichtling Acryl/Leinwand 35x35cm/*13x13in* Zürich 96
$2 409 FF14 073 £1 479 Permutation aus 4 x 4 Elementen mit zwei Helligkeiten Acrylic/canvas/panel

84x50cm/*33x19in* Luzern 97
GLAUBER Jan Gotlief 1656-1703 **[2]**
  $18 670 FF97 500 £11 120 Classical landscapes Oil/canvas 32x38cm/*12x14in* København 96
GLAUBER Johannes P. (Attrib) 1646-1726/28 **[10]**
  $4 964 FF29 325 £3 000 Arcadian Landscape with a Shepherd and Shepherdess Oil/canvas
37x42cm/*14x16in* London 97
GLAUBER Johannes Polidoro 1646-1726/28 **[22]**
  $6 224 FF38 128 £3 760 Waldlichtung mit einem Bach und badenden Nymphen Öl/Leinwand
34x41cm/*13x16in* Wien 98
  $12 520 FF62 400 £8 200 Classical ruins in a wooded landscape Oil/canvas 59x85cm/*23x33in* London 95
  $1 303 FF6 630 £781 Rugged Italianate river landscape Ink 32,9x24,2cm/*12x9in* Amsterdam 96
GLAUS Alfred 1890-1971 **[9]**
  $1 689 FF10 032 £1 031 "Landschaft mit Niesen" Oil/canvas 80x100cm/*31x39in* Bern 98
GLEASON Joe Duncan 1881-1959 **[8]**
  $1 500 FF8 705 £915 Magee Creek, Owens Valley Oil/canvas/board 40,5x51cm/*15x20in* Los Angeles 97
  $450 FF2 742 £268 "Naida" Watercolour/paper 31x20cm/*12x8in* Pasadena, California 98
GLEESON James Timothy 1915 **[66]**
  $1 537 FF9 214 £929 Figure in a Psychoscapoe Oil/board 15x12cm/*5x4in* Sydney 97
  $267 FF1 372 £170 Surreal Landscape Charcoal 30,5x47cm/*12x18in* Melbourne 95
GLEGHORN Thomas 1925 **[18]**
  $3 937 FF20 176 £2 512 Sydney Harbour Oil/board 92x123cm/*36x48in* Melbourne 95
  $344 FF2 040 £215 Evening Dandelion Watercolour/paper 64x99cm/*25x38in* Sydney 97
GLEHN de Wilfred Gabriel 1870-1951 **[86]**
  $4 284 FF26 109 £2 600 The Oil Mill, St. Pol Oil/canvas 56x71cm/*22x27in* London 98
  $1 523 FF8 840 £900 Figure in a Courtyard Watercolour/paper 40x51cm/*15x20in* London 97
GLEHN von Oswald 1858-? **[2]**
  $22 840 FF115 300 £15 000 Boreas and Orithyia Oil/canvas 63x142cm/*24x55in* London 96
GLEICH John 1879-? **[15]**
  $2 175 FF13 192 £1 317 Fra Indien, der handles med grøntsager Oil/canvas 60x70cm/*23x27in*
København 98
GLEICH John (Attrib.) 1879-? **[1]**
  $4 546 FF27 045 £2 700 Arabs resting outside an ancient building Oil/canvas 75x64cm/*29x25in*
Billingshurst, West Sussex 97
GLEICHEN-RUSSWURM Heinrich Ludwig 1836-1901 **[7]**
  $157 FF813 £100 Brücke bei Kissingen Etching 20,5x24cm/*8x9in* Heidelberg 96
GLEICHMANN Otto 1887-1963 **[36]**
  $274 FF1 611 £169 Antiochus Lithographie 20x16,5cm/*7x6in* Heidelberg 97
  $1 655 FF9 738 £1 021 Weiblicher Halbakt von vorn Pencil 27x18,5cm/*10x7in* Heidelberg 97
GLEIM Eduard 1812-1899 **[5]**
  $793 FF4 685 £470 Abendliches Seeufer mit Staffage Öl/Leinwand 24,5x37cm/*9x14in* Frankfurt 97
GLEITSMAN Raphael 1910-? **[5]**
  $6 000 FF34 324 £3 744 House at Sunset Oil/masonite 99x111cm/*39x44in* Shaker Heights, Ohio 97
GLEIZES Albert 1881-1953 **[406]**
  $15 230 FF75 000 £9 810 Composition cubiste Huile/toile 65x4cm/*25x1in* Paris 95
  $31 959 FF167 500 £19 162 Composition Huile/toile 92x73cm/*36x28in* L'Isle-Adam 96
  $69 044 FF410 000 £41 820 Serrières Huile/toile 150x150cm/*59x59in* Paris 97
  $594 FF3 688 £358 Centre noir Lithographie 36x28cm/*14x11in* Heidelberg 98
  $4 750 FF24 700 £3 140 Composition Gouache 21,7x16,5cm/*8x6in* Bruxelles 96
GLEN Robert 1940 **[11]**
  $4 518 FF27 370 £2 800 Two African Elephants at a Waterhole Bronze 30,5x54,5cm/*12x21in* Perthshire 97
GLENAVY Beatrice, née Elvery 1883-1970 **[5]**
  $18 156 FF103 986 £11 084 World War No.1 Oil/canvas 50x43cm/*20x17in* Dublin 97
GLENDENING Alfred Augustus XIX-XX **[66]**
  $2 200 FF12 805 £1 356 Arundel Sussex by the Sea Oil/canvas 25x40cm/*10x16in* Cedar Falls, Iowa 97
  $8 868 FF53 133 £5 300 Bisham on Thames, Swans and a Punt in the foreground Oil/canvas
32x60cm/*12x23in* Bath 98
  $1 818 FF10 617 £1 100 By the Sea Watercolour/paper 22x11,5cm/*8x4in* Exeter, Devon 97
GLENDENING Alfred Augustus, Jr. 1861-1907 **[99]**

$6 064 FF36 294 £3 800 Swans on a tranquil River Oil/canvas 40,5x30,5cm/*15x12in* London 97
$7 410 FF38 000 £4 500 Mountainous River Landscape with a Drover and Cattle Oil/canvas 61x51cm/*24x20in* London 96
$698 FF3 540 £450 Fetching water from the well Watercolour 73x48cm/*28x18in* London 96

GLENDENING Alfred Augustus, Sr. XIX-XX **[11]**
$2 010 FF10 210 £1 200 The Ferry Oil/canvas 21x38cm/*8x14in* London 96
$7 430 FF38 500 £4 800 Near Goldaming, Surrey Oil/canvas 61x92cm/*24x36in* London 96

GLICENSTEIN Enrico, Enock Henryk 1870-1942 **[6]**
$14 680 FF75 000 £9 670 Orphée Marbre Carrare H106cm/*H41in* Paris 96

GLIKSBERG Chaim 1904-1970 **[19]**
$2 000 FF11 415 £1 236 A Woman in the Studio 1940's Oil/canvas 35x27cm/*13x10in* Herzelia Pituah 97
$7 500 FF57 300 £4 850 Jerusalem, the clock tower at the Machane Yeyuda Market Oil/canvas 54,5x37,5cm/*21x14in* Tel Aviv 96
$2 990 FF17 850 £1 824 View of the Judean Hills from the Balcony Watercolour/paper 33x46cm/*12x18in* Tel Aviv 98

GLINDONI Henri Gillard 1852-1913 **[37]**
$6 776 FF38 986 £4 000 Reciting Poetry/The Introduction Oil/panel 32x23,5cm/*12x9in* London 97
$18 170 FF88 900 £11 500 The Flower Girl Oil/canvas 76x64cm/*29x25in* London 95
$1 067 FF6 460 £670 A Summer Shower Watercolour/paper 58x41cm/*23x16in* Birmingham 97

GLINZ Theo 1890-1962 **[30]**
$1 080 FF6 707 £651 "Selbstbildnis" Öl/Leinwand 45x35cm/*17x13in* St.Gallen 98
$1 080 FF6 707 £651 Blick über den Bodensee mit Wolkenband Öl/Leinwand 56x88cm/*22x34in* St.Gallen 98

GLISENTI Achille ?-1906 **[4]**
$20 000 FF100 000 £12 940 The Artist's studio Oil/panel 64x91cm/*25x35in* New-York 96

GLOAG Isabel Lilian 1865-1917 **[6]**
$23 300 FF113 000 £15 000 The Choice Oil/canvas 17x137cm/*6x53in* London 95
$9 521 FF58 308 £5 698 The Knight and the Mermaid Watercolour/paper 62x32cm/*24x12in* New-York 98

GLÖCKNER Hermann 1889-1987 **[28]**
$1 353 FF7 770 £825 "Faltgrafik 28/30 A" Tempera 55,5x43cm/*21x16in* Berlin 97
$2 620 FF13 560 £1 692 Gelbe Streifen auf Dunkelbraun Mixed media/board 29x41,5cm/*11x16in* Berlin 96
$435 FF2 523 £267 Schwarz-weisser Stern auf hellblauem Grund Farbserigraphie 36,3x25,6cm/*14x10in* Heidelberg 97
$2 064 FF12 019 £1 263 Profil nach links 28.06.64/II Collage 42x32,5cm/*16x12in* München 97

GLODEK-MIAILHE Mireille 1921 **[19]**
$194 FF1 000 £124 Le chapiteau Huile/toile 54x73cm/*21x28in* Paris 96

GLOEDEN von baron Wilhelm 1856-1931 **[66]**
$1 015 FF5 888 £600 Portrait Studies Albumen print 16x23cm/*6x9in* London 97

GLOVER Arthur 1885-1971 **[1]**
$19 546 FF114 176 £12 000 A scene from Chaucer's The Knight's Tale Plaster 96,5x318cm/*37x125in* London 97

GLOVER John 1767-1849 **[87]**
$6 824 FF39 585 £4 200 An Wooded River landscape, with Cephalus and Procris in the Foreground Oil/canvas 71x94cm/*27x37in* London 97
$2 677 FF16 035 £1 600 Kirkstall Abbey, Yorkshire Watercolour 51,5x75,5cm/*20x29in* London 98

GLOVER John (Attrib.) 1767-1849 **[8]**
$1 574 FF9 396 £950 Study of an Archery Group before a Palatial Mansion Watercolour/paper 27x35cm/*11x14in* Aylsham, Norfolk 97

GLOVER Sybil Mullen XX **[21]**
$62 FF312 £40 Suffolk Pastoral Watercolour 22x30cm/*9x12in* Aylsham, Norfolk 96

GLOVER William XIX-XX **[6]**
$5 673 FF32 925 £3 500 Classical landscape with figures and animals crossing a Bridge Oil/canvas 75,5x114cm/*29x44in* London 97

GLÜCK Anselm 1950 **[14]**
$3 705 FF19 230 £2 450 Ohne Titel Acrylic/canvas 80x100cm/*31x39in* Wien 96

✎ *$438 FF2 619 £269* Ohne Titel Coloured pencils/paper 30x42,5cm/*11x16in* Wien 98
GLUCKMANN Grigory 1898-? **[46]**
✎ *$2 250 FF11 000 £1 424* La sortie du théâtre Huile/toile 54x45cm/*21x17in* Lyon 95
✎ *$2 322 FF14 000 £1 426* Nu allongé Huile/panneau 27x35cm/*10x13in* Paris 98
GLÜSING Martin Franz 1885-1956 **[7]**
✎ *$988 FF5 687 £583* Segelschiff auf hoher See Öl/Leinwand 60x80cm/*23x31in* München 97
GLYDE Henry Georges 1906 **[63]**
✎ *$744 FF3 640 £471* Canmore Oil/panel 25x34cm/*9x13in* Calgary, Alberta 95
✎ *$1 926 FF11 083 £1 137* Prairie Skyline Oil/canvas 41x51cm/*16x20in* Vancouver, BC. 97
✎ *$430 FF2 501 £256* "Waterlea, Pender Island B.C" Watercolour/paper 29x39cm/*11x15in* Calgary, Alberta 97
GMELIN Johann Georg 1810-1854 **[4]**
✎ *$15 705 FF93 707 £9 475* Sonnenaufgang am Golf von Neapel Öl/Leinwand 42x64cm/*16x25in* Köln 97
GMELIN Wilhelm Friedrich 1760-1820 **[16]**
✎ *$201 FF1 018 £132* Vur des petites cascadelles à Tivoli Etching, aquatint 43x58cm/*16x22in* Bern 96
✎ *$173 FF1 013 £106* Campagnalandschaft Pencil/paper 17x24,1cm/*6x9in* Berlin 97
GNOLI Domenico 1933-1970 **[53]**
✎ *$13 350 FF70 000 £8 030* Sans titre Huile/toile 65x54cm/*25x21in* Monaco 96
✎ *$14 400 FF81 600 £7 200* Battello Olio/tela 35x25cm/*13x9in* Prato 98
✎ *$187 000 FF923 000 £122 000* Bow Tie Oil/canvas 140x160cm/*55x62in* London 95
✎ *$1 957 FF11 090 £978* Bottone Litografia 21x30cm/*8x11in* Roma 98
✎ *$4 000 FF24 154 £2 397* The Bicycle Watercolour 68,5x53cm/*26x20in* New-York 98
GOBAUT Gaspard 1814-1882 **[32]**
✎ *$672 FF4 000 £410* "Scène de bataille de la guerre de 1870" Gouache/papier 16x25cm/*6x9in* Paris 98
GOBBIS Giuseppe 1730-? **[3]**
✎ *$27 000 FF160 523 £16 726* Interior of a Barn with Peasants and Animals Oil/copper 51x63cm/*20x24in* New-York 97
GOBER Robert 1954 **[40]**
✎ *$11 000 FF56 000 £6 600* Newspaper Multiple 11,5x39,5x32cm/*4x15x12in* New-York 96
✎ *$55 000 FF285 000 £36 800* Dollhouse Sculpture, wood 74x91x91cm/*29x35x35in* New-York 96
✎ *$128 973 FF752 895 £78 000* Unfolding Door Assemblage 85x84,5x47cm/*33x33x18in* London 97
✎ *$21 000 FF121 951 £12 828* Untitled Pencil 35x28cm/*13x11in* New-York 97
GOBERT Pierre 1662-1744 **[17]**
✎ *$44 900 FF230 000 £27 260* Portrait du duc de Berry (1686-1714), en habit de mascarade Huile/toile 141x98cm/*55x38in* Paris 96
GOBERT Pierre (Attrib.) 1662-1744 **[6]**
✎ *$7 764 FF46 000 £4 650* Le jugement de Pâris/Junon ordonnant l'enlèvement d'Europe Huile/toile 123x82,5cm/*48x32in* Lille 97
✎ *$22 000 FF131 736 £13 464* Portrait of a Lady holding a posy of Flowers, seated with her Children Oil/canvas 20x30cm/*7x11in* New-York 97
✎ *$2 155 FF10 620 £1 400* Portrait of Marie-Anne de Bourbon-Conti Pastel 87x68cm/*34x26in* London 95
GOBILLARD Paule 1869-1946 **[10]**
✎ *$679 FF4 200 £416* La couturière Huile/toile 73x60cm/*28x23in* Quimper 97
GÖBL-WAHL Camilla 1871-1965 **[29]**
✎ *$1 191 FF5 880 £774* Summer flowers Oil/canvas 60x80cm/*23x31in* Wien 95
GOBLE Warwick 1862-1943 **[18]**
✎ *$1 998 FF11 560 £1 200* Tamamo the Fox Maiden Ink 34x23,5cm/*13x9in* London 97
GOBO Georges Gobeau 1876-1958 **[212]**
✎ *$540 FF3 200 £323* Les aiguilles de Port Coton à Belle Isle Huile/toile 38,5x46,5cm/*15x18in* Brest 97
✎ *$893 FF4 500 £576* Pinèdes en bord de mer Huile/panneau 25x32cm/*9x12in* Douarnenez 96
✎ *$117 FF600 £71* Le vieux Breton Gravure 22x17,5cm/*8x6in* Quimper 96
✎ *$139 FF800 £82* Etude de nu féminin Sanguine/papier 29x22cm/*11x8in* Paris 97
GODAERT Johannes 1617-1668 **[2]**
✎ *$182 000 FF930 000 £120 000* Dune landscape in the environs of Middelburg Oil/copper 20x25,5cm/*7x10in* London 96
GODARD Gabriel 1933 **[23]**
✎ *$2 300 FF14 206 £1 382* Laveuse, For Bardones, Person Washing Clothes Oil/canvas 97x97cm/*38x38in* Plainville, Conn. 98

GODCHAUX XIX-XX **[98]**

 $1 770 FF10 000 £1 091 Chat jouant avec une pelote de laine/Chatons jouant avec un bilboquet Huile/toile 24,5x33cm/*9x12in* Tarbes 97

 $23 000 FF136 498 £14 087 Vase de fleurs et grappe de raisins/Fleurs dans un vase de cuivre Oil/canvas 117x74cm/*46x29in* New-York 97

GODCHAUX Alfred 1835-1895 **[28]**

 $1 572 FF9 500 £936 Village au bord de la mer Huile/toile 32,5x46cm/*12x18in* Biarritz 97

 $2 380 FF12 340 £1 572 Falaise en Bretagne Huile/toile 65x100cm/*25x39in* Lokeren 96

GODCHAUX Émile c.1860-? **[53]**

 $1 375 FF7 000 £825 Paysage de Suisse, Grinwelwald weterhorn Huile/toile 17x35cm/*6x13in* Paris 96

 $1 755 FF9 100 £1 158 Chiens de chasse Huile/toile 46x65cm/*18x25in* Grenoble 96

GODCHAUX Roger 1878-? **[33]**

 $5 000 FF29 886 £3 060 Vase de fleurs Oil/canvas 72,5x90cm/*28x35in* New-York 97

 $10 000 FF61 237 £5 985 A Bouquet of Freshly Picked Flowers Oil/canvas 120x200cm/*47x78in* New-York 98

 $2 131 FF11 000 £1 365 Lionne penchée Bronze H20cm/*H7in* Soissons 96

GODDARD Louis Charles XIX-XX **[2]**

 $1 179 FF6 857 £720 The squire's daughter Watercolour 14x11cm/*5x4in* Billingshurst, West Sussex 97

GODDERIS Jack 1916-1971 **[60]**

 $212 FF1 299 £126 La plage Huile/papier 25x34cm/*9x13in* Antwerpen 98

GODDING Emiel Hendrik 1841-1898 **[3]**

 $1 215 FF7 308 £729 La poissonière Huile/toile 55x68cm/*21x26in* Antwerpen 98

GODECHARLES Gilles Lamb. (Attr.) 1750-1835 **[1]**

 $7 500 FF36 900 £4 770 Seated Venus Marble H33cm/*H12in* New-York 95

GODEFROY Félix ?-1848 **[4]**

 $1 933 FF10 000 £1 254 L'aqueduc de Marly Huile/carton 28x36cm/*11x14in* Saint-Germain-en-Laye 96

GODEL Karl 1896-1982 **[2]**

 $2 317 FF12 000 £1 550 Hofburg, Michaelertor im Regen Aquarell/Papier 44x40cm/*17x15in* Wien 96

GODERIS Hans 1625-c.1643 **[4]**

 $2 442 FF15 000 £1 464 Marine Huile/panneau 34x42cm/*13x16in* Lille 98

 $11 136 FF57 628 £7 099 Küstenlandschaft mit Segelbooten, Fischern und Reitern Oil/canvas 59x98cm/*23x38in* Zürich 96

GODET Henri 1863-1937 **[25]**

 $2 600 FF13 400 £1 677 A mandoline player Bronze H74cm/*H29in* New-York 96

GODET Julius XIX-XX **[6]**

 $327 FF1 988 £200 Landscape with Cattle and a Windmill Watercolour/paper 27x36cm/*10x14in* Crewkerne, Somerset 98

GODEWOLS Ludwig 1870-1926 **[12]**

 $1 217 FF6 140 £800 Stilleben mit Krug, Schale und Äpfeln Öl/Leinwand 53x45cm/*20x17in* Bielefeld 96

GODFREY [1]

 $1 206 FF6 662 £749 Figures in Valetta Harbour/Sailing Vessels before Valetta Harbour Bodycolour 11x34cm/*4x13in* London 97

GODFREY William Frederick G. 1884-1971 **[7]**

 $83 FF499 £50 On the Road to Sorel, Que Woodcut 13x18cm/*5x7in* Calgary, Alberta 98

GODFRINON Ernst Jean Joseph 1878-1927 **[18]**

 $3 761 FF21 958 £2 310 A Park Oil/canvas 64x74cm/*25x29in* Amsterdam 97

GODIN Louis Victor 1776-1831 **[1]**

 $2 993 FF14 600 £1 900 Design for a trompe-l'oil ceiling Watercolour 29,5x25cm/*11x9in* London 95

GODLEVSKY Ivan 1908 **[215]**

 $3 010 FF15 500 £1 993 Nature morte aux fruits Huile/toile 60x80cm/*23x31in* Brest 96

GODSAL Philip 1747-1826 **[1]**

 $2 500 FF12 340 £1 616 Presentation drawing of a state coach Watercolour, gouache 33x47,7cm/*12x18in* New-York 96

GODWARD John William 1861-1922 **[75]**

 $51 800 FF261 300 £34 000 Portrait of Lily Pettigrew Oil/canvas 36x30,5cm/*14x12in* London 96

 $135 000 FF701 000 £89 200 Tranquility Oil/canvas 51x81cm/*20x31in* New-York 96

GODWIN Frank 1889-1959 **[5]**

 $4 750 FF27 648 £2 927 Girl with Bowl Standing Atop Hill Oil/canvas/board 79x55cm/*31x22in* New-York 97

 $2 850 FF16 923 £1 739 George Washington at site of submarine launch Gouache/paper 42x39cm/*16x15in* New-York 98

GODWIN Ted 1933 **[18]**

 $638 FF3 266 £387 Kluane Oil/board 30x40cm/*11x15in* Calgary, Alberta 96

 $1 274 FF7 451 £786 "Beaver pond, Kananaskis" Oil/panel 46x61cm/*18x24in* Calgary, Alberta 97

GOEBEL Gottfried 1906-1975 **[3]**

 $780 FF4 080 £465 Maria Wörth am Wörther See Aquarell/Papier 31x37,5cm/*12x14in* Hamburg 96

GOEBEL Hermann 1885-1945 **[10]**

 $2 920 FF16 852 £1 789 Frühlingslandschaft Öl/Leinwand 65x68cm/*25x26in* Stuttgart 97

 $776 FF4 047 £467 Uferlandschaft mit Dorf Aquarell 28,5x34cm/*11x13in* Heidelberg 96

GOEBEL Karl 1824-1899 **[43]**

 $1 622 FF9 380 £1 000 Sir Joseph Edgar Boehm Watercolour 44x31,5cm/*17x12in* London 97

GOEDING Andreas (Attrib.) c.1570-c.1625 **[1]**

 $1 247 FF7 362 £738 Hiob im Elend Ink 13,5x18cm/*5x7in* Berlin 97

GOEDVRIEND Theodor Franciskus 1879-1969 **[29]**

 $352 FF1 810 £220 A moonlit river landscape with moored proas Oil/board 15,5x19cm/*6x7in* Amsterdam 96

GOEJE de Pieter 1789-1859 **[3]**

 $4 368 FF25 968 £2 592 Dans la ville Huile/bois 40x33cm/*15x12in* Antwerpen 97

GOEMARE Joost 1574-1610 **[2]**

 $6 055 FF35 000 £3 759 Paysans sur une route Huile/panneau 48x64cm/*18x25in* Paris 97

GOENEUTTE Norbert 1854-1894 **[120]**

 $4 980 FF26 000 £2 963 Le Tréport, élégante remontant de la grève Huile/panneau 8,5x15,5cm/*3x6in* Pontoise 96

 $10 050 FF51 100 £6 000 Le buveur Oil/panel 55x46cm/*21x18in* London 96

 $96 FF500 £64 Jour de Fête, temps de pluie Eau-forte 16,5x10cm/*6x3in* Pontoise 96

 $1 352 FF7 900 £830 Jeune femme au plumet et à la robe jaune Pastel/papier 62,5x40,5cm/*24x15in* Pontoise 97

GOEREE Jan 1670-1731 **[22]**

 $830 FF4 220 £497 The Ransom of Montezuma Ink 13x17,8cm/*5x7in* Amsterdam 96

GOERG Edouard 1893-1969 **[329]**

 $1 612 FF8 000 £1 020 Couple devant la mer Huile/toile 55x46cm/*21x18in* Orléans 95

 $2 880 FF14 500 £1 863 Vase de fleurs et personnages Huile/toile 41x33cm/*16x12in* Cannes 95

 $8 555 FF50 000 £5 220 "Strip-tease" Huile/toile 100x500cm/*39x196in* Paris 97

 $171 FF1 000 £105 "Les Modèles au bouquet" Lithographie couleurs 64x50cm/*25x19in* Paris 97

 $102 FF600 £63 Portraits d'enfants Stylo bille 21x17cm/*8x6in* Paris 97

GOERING C. Anton 1836-1905 **[6]**

 $17 800 FF92 200 £11 500 On the South shore of Lake Maracaibo, Venezuela Watercolour 32x56cm/*12x22in* London 96

GOERITZ Mathías 1915-1990 **[7]**

 $573 FF3 401 £350 Cristo Gouache 29x25cm/*11x9in* México 98

GOERTZ Jürgen 1939 **[2]**

 $5 440 FF27 800 £3 590 Büste "C" Plaster H49cm/*H19in* Heidelberg 96

GOETHALS Raymond Eugène 1804-1864 **[4]**

 $2 314 FF12 000 £1 528 Bergers dans la prairie Huile/panneau 29,5x45cm/*11x17in* Pontoise 96

GOETHEM van Edward 1857-1924 **[4]**

 $401 FF2 063 £250 Fissing vessels at anchor Watercolour 13x7,5cm/*5x2in* London 96

GOETSCH Gustave F. 1877-1969 **[15]**

 $825 FF4 916 £505 Self Portrait Oil/board 23x19cm/*9x7in* St. Louis, Miss. 98

GOETZ Gottfried Bernhard 1708-1774 **[5]**

 $210 FF1 276 £129 Die Fünf Sinne Radierung 10x13,3cm/*3x5in* Berlin 98

 $2 080 FF10 848 £1 216 Maria mit dem Kinde vor einer symbolischen Landschaft Ink/paper 14,5x9,6cm/*5x3in* Berlin 96

GOETZ Henri 1909-1989 **[521]**

 $1 177 FF7 000 £729 Composition Surréaliste Huile/papier 11x17cm/*4x6in* Paris 97

$3 422 FF20 000 £2 088 Composition Huile/toile 113x145cm/*44x57in* Paris 97
$7 587 FF45 000 £4 639 Hommage à Poussin Huile/toile 46x61cm/*18x24in* Paris 97
$114 FF671 £70 "Rythme de Murano" Farbradierung 33,5x47cm/*13x18in* Heidelberg 97
$825 FF5 000 £506 Composition Pastel/toile 60x73cm/*23x28in* Paris 98
GOETZE Leopold XIX-XX **[1]**
$716 FF3 620 £460 Portrait of a young girl wearing a bonnet Mezzotint 52x41cm/*20x16in* London 96
GOEYE de Michel 1900-1958 **[2]**
$1 400 FF6 680 £876 "Graham-Paige, Agent général" Poster 63x99cm/*25x39in* New-York 95
GOFF Frederick E.J. 1855-1931 **[70]**
$106 FF613 £63 Watercolour Seascape depincting the Needles at the Isle of wight Watercolour/paper 11,5x24,5cm/*4x9in* Leamington Spa, Warwickshire 97
GOFF Lloyd Lózes 1917-1983 **[4]**
$5 500 FF32 855 £3 367 The Sensationnal Lady Godiva Oil/canvas 77,5x61cm/*30x24in* New-York 98
GOFF Robert Charles, Col. 1837-1922 **[16]**
$637 FF3 887 £380 S. Giuseppe, Roma Watercolour/paper 23x18cm/*9x7in* London 98
GOFFEY Harry 1871-1951 **[2]**
$722 FF3 694 £480 "Luggage" Etching 27x20cm/*10x7in* London 96
GOFFINON Aristide 1881-1952 **[6]**
$664 FF3 904 £410 Stilleven Oil/canvas 60x80cm/*23x31in* Lokeren 97
GOGARTEN Heinrich 1850-1911 **[24]**
$1 356 FF8 047 £851 Gezicht op de baai van Napels Oil/panel 44x32cm/*17x12in* Den Haag 97
$1 479 FF8 431 £928 Haus am See Öl/Leinwand 61,5x89cm/*24x35in* Düsseldorf 97
GOGH van Vincent 1853-1890 **[89]**
$770 000 FF3 990 000 £500 000 Watermill at Gennep Oil/canvas 85x151cm/*33x59in* London 96
$1 500 000 FF7 770 000 £1 002 000 La vue de la chambre de l'artiste, Rue Lepic Oil/board 46x38cm/*18x14in* New-York 96
$1 800 000 FF10 285 740 £1 102 680 Edge of a wheatfield Oil/canvas 40x32,5cm/*15x12in* New-York 97
$55 000 FF282 000 £33 400 Homme à la pipe, ou Portrait du docteur Gachet Etching 18,1x15,1cm/*7x5in* New-York 96
$400 000 FF2 050 000 £243 000 Young scheveningen woman, knitting, facing right Watercolour, gouache/paper 52x36,5cm/*20x14in* New-York 96
GOGIN Charles 1844-1931 **[4]**
$1 076 FF5 460 £700 A Mother's Farewell Watercolour 19,5x28cm/*7x11in* London 96
GOGO Félix 1872-1953 **[22]**
$436 FF2 601 £267 Intérieur Huile/toile 63x84cm/*24x33in* Antwerpen 98
$876 FF5 203 £534 "Tea-Time" Huile/toile 36x41cm/*14x16in* Antwerpen 98
$844 FF5 000 £505 Bord de plage Aquarelle/papier 24,5x32,5cm/*9x12in* Lille 97
GOGOIS Pierre 1935 **[80]**
$3 670 FF19 000 £2 380 Composition abstraite Huile/toile 82x101cm/*32x39in* Paris 96
$139 FF800 £87 La chevauchée Pastel/papier 19x29cm/*7x11in* Paris 97
GÖHLER Hermann 1874-1959 **[30]**
$424 FF2 534 £260 Summer Day by the Lake, Bavaria Oil/board 33x36cm/*12x14in* London 97
$1 465 FF8 710 £907 Ein Sommertag Oil/panel 90x80cm/*35x31in* Stuttgart 97
$758 FF4 404 £463 "Deutsche Kunstausstellung, Baden-Baden" Poster 86x59cm/*33x23in* Amsterdam 97
GOHLKE Frank W. 1942 **[2]**
$3 500 FF20 515 £2 154 Selected Images Gelatin silver print 15x46cm/*5x18in* New-York 97
GOINGS Ralph 1928 **[15]**
$4 000 FF20 500 £2 430 Pam II Oil/canvas 122x80cm/*48x31in* New-York 96
$6 352 FF38 080 £3 792 Park Avenue Love Acrylic/canvas 114x137cm/*44x53in* Wien 98
$6 000 FF36 231 £3 595 "Donut" Watercolour/paper 33x40,5cm/*12x15in* New-York 98
GOIS Étienne P. 1731-1823 **[2]**
$1 848 FF11 000 £1 129 Le massacre des enfants de Niobé Encre 35,2x56cm/*13x22in* Paris 98
GOIS Étienne P. (Attrib.) 1731-1823 **[1]**
$4 996 FF29 354 £3 000 A standing female nude Terracotta H39cm/*H15in* London 97
GOKH Ivan Andreievich 1823-1878 **[1]**
$13 680 FF68 400 £9 000 Personalities and scenes relating to the Preobrazhensky Regiment Gouache

---

96x110cm/*37x43in* London 95
GOLA Emilio 1851-1923 **[14]**
$9 299 FF52 698 £6 199 Ritratto di signora con cappello nero Olio/tela 87,5x60,5cm/*34x23in* Milano 97
$4 200 FF23 800 £2 100 Ritratto della Signora Carminati Pastelli/cartone 94x78cm/*37x30in* Roma 97
GOLAN Erez 1972 **[3]**
$1 100 FF6 703 £670 Untitled Photograph 97x97cm/*38x38in* Tel Aviv 98
GOLAY Mary XIX-XX **[9]**
$1 413 FF8 000 £863 Desserts chinois/Objets d'Orient Huile/toile 41x57cm/*16x22in* Lyon 97
$425 FF2 425 £259 From Oiseaux et Fleurs Stylisées Color lithograph 48x22cm/*18x8in* Los Angeles 97
GOLD Anton 1914-1970 **[9]**
$934 FF5 392 £572 Am See Oil/panel 60,5x80cm/*23x31in* Stuttgart 97
GOLD Ferdinand Karl 1882-1981 **[11]**
$890 FF5 096 £526 Rehe Öl/Leinwand 35x27cm/*13x10in* Wien 97
GOLDBECK Walter Dean 1882-1925 **[4]**
$800 FF4 878 £480 Goats Under a Shade Tree Oil/canvas 66x51cm/*25x20in* Boston, Mass. 98
GOLDEN Rolland 1931 **[14]**
$175 FF1 086 £104 Urban Architecture Watercolour/paper 52x72cm/*20x28in* Bloomfield Hills, Michigan 98
GOLDIE Charles Frederick 1870-1947 **[6]**
$16 504 FF96 348 £9 818 "Memories, Rakapa Au Anawa Chieftaines" Oil/wood 19x15cm/*7x5in* Melbourne 97
$83 600 FF433 000 £54 000 Ena te Papatahi, a Chieftainess of the Ngapuhi Tribe Oil/canvas 51x61cm/*20x24in* London 96
GOLDIN Nan 1953 **[19]**
$1 300 FF6 730 £832 Clements at Hotel Savoy, Berlin Cibachrome print 51x50cm/*20x20in* New-York 96
GOLDING William O. 1874-1943 **[3]**
$1 000 FF5 437 £598 Untitled Coloured pencils/paper 23x30cm/*9x11in* New-York 97
GOLDSCHEIDER XIX-XX **[45]**
$1 364 FF7 000 £901 Charmeur de serpent oriental Sculpture H42cm/*H16in* Paris 96
$4 460 FF23 000 £2 860 Guerrier africain debout Terracotta H103cm/*H40in* Chaumont 96
GOLDSCHMIDT Hilde 1897-1980 **[18]**
$9 240 FF48 300 £5 500 Selbstbildnis Öl/Leinwand 63x49cm/*24x19in* Wien 96
$925 FF4 830 £551 "Night" Monotype 52,5x41,5cm/*20x16in* Wien 96
$1 017 FF5 310 £606 "Morgengebet" Coloured chalks 44,5x59,5cm/*17x23in* Wien 96
GOLDSWORTHY Andy 1956 **[9]**
$6 204 FF36 821 £3 800 Slate Crack Hole Line Photograph 200x67cm/*78x26in* London 97
$6 055 FF35 936 £3 708 Proposal Drawing for Lambton Earthwork Charcoal/paper 76,5x56,5cm/*30x22in* London 97
GOLDTHWAIT Harold XIX-XX **[17]**
$426 FF2 615 £260 On the Downs Near Seaford Oil/panel 23x35,5cm/*9x13in* West Sussex 98
GOLDYNE Joseph XX **[5]**
$850 FF5 083 £520 Night Choir Aquatint 38x28,5cm/*14x11in* San Francisco-Los Angeles 97
GOLE Jacob 1660-1737 **[5]**
$461 FF2 270 £300 A boy playing with balls, after J. Steen Mezzotint 25x19,2cm/*9x7in* London 95
GOLFIER Claude 1932 **[11]**
$1 567 FF9 500 £961 Sally Bronze H31cm/*H12in* La Varenne Saint-Hilaire 98
GOLINKIN Joseph Webster 1896-1977 **[15]**
$350 FF1 804 £232 First Round Knockout Lithograph 45,5x36cm/*17x14in* San Francisco 96
GOLLER Bruno 1901 **[29]**
$26 000 FF136 000 £15 480 Frauenbildnis Öl/Leinwand 42x32,5cm/*16x12in* Köln 96
$25 067 FF146 519 £15 294 A composition Oil/canvas 83,5x65cm/*32x25in* Amsterdam 97
$2 924 FF17 085 £1 730 Frau mit Hut Pencil/paper 64x49cm/*25x19in* Köln 97
GOLLINGS William Elling 1878-1932 **[10]**
$5 000 FF29 726 £3 059 Western Landscape with Wolves and Moonlits Sky Oil/panel 16x24cm/*6x9in* Asheville, NC 97
$7 000 FF36 300 £4 550 Cowboys Roping a Runaway Horse Oil/canvas 99x76cm/*38x29in* San Francisco-Los Angeles 96
$1 600 FF7 632 £1 006 A Go Getter Etching 14x10,5cm/*5x4in* Hayden 95
GOLOVIN Alexander Yakovlev. 1864-1930 **[8]**

$9 813 FF60 018 £6 000 Ladies in the Country Oil/canvas 69,5x98cm/*27x38in* London 98
$1 310 FF7 604 £800 A Spanish woman Watercolour 40x33,5cm/*15x13in* London 97
GOLSE Jean-Jacques 1830-1879 **[1]**
$5 120 FF25 500 £3 350 Portrait d'une fillette Huile/toile 116x90cm/*45x35in* Beauvais 95
GOLTZ Alexander Demetrius 1857-1944 **[12]**
$30 040 FF154 500 £18 730 In the summer Orchard Oil/panel 28,5x44cm/*11x17in* Wien 96
GOLTZIUS Hendrik 1558-1616 **[162]**
$67 000 FF324 000 £42 000 The hill-matched couple Oil/canvas 68,5x58,5cm/*26x23in* London 95
$1 100 FF6 614 £657 The Adoration of the Shepherds Engraving 47x35cm/*18x13in* New-York 98
$187 000 FF964 000 £120 000 The Six Prophets of the Annunciation Pencil 41x29cm/*16x11in* London 96
GOLUB Leon 1922 **[28]**
$8 000 FF46 457 £4 887 Blue head Oil/canvas 96,5x76cm/*37x29in* New-York 97
$8 921 FF51 127 £5 531 The Victor Oil/canvas 204,5x122cm/*80x48in* New-York 97
$214 FF1 072 £135 Zwei schwarze Männer, vis a vis Color lithograph 19x46cm/*7x18in* München 95
$4 000 FF23 256 £2 442 Merz Gouache 79x56cm/*31x22in* New-York 97
GOLZ Alexander Demetrius 1857-? **[1]**
$20 280 FF118 460 £12 000 In the Market Oil/canvas 80x127cm/*31x50in* London 97
GOMANSKY Edmund 1854-? **[4]**
$878 FF5 216 £536 Fasan und Salamander Bronze 29x75cm/*11x29in* Bern 98
GOMBAR Andras 1946 **[10]**
$377 FF2 100 £234 Composition aux pommes vertes Huile/panneau 13x18cm/*5x7in* Lesquin 97
$1 471 FF8 000 £880 Le moulin à café Huile/panneau 50x70cm/*19x27in* Paris 97
GOMES André XX **[2]**
$770 FF4 500 £469 Composition Collage/papier 15,5x20cm/*6x7in* Paris 97
GOMES Karel 1930 **[35]**
$946 FF5 837 £594 Playing the Lute Bronze H48cm/*H18in* Amsterdam 97
GOMEZ CAMPUZANO Ricardo 1893-1981 **[3]**
$130 000 FF758 901 £77 337 Barrancos de Fucha Oil/canvas 79x121cm/*31x47in* New-York 97
GOMEZ JARAMILLO Ignacio 1910-197à **[2]**
$4 000 FF23 894 £2 446 Paisaje andino Oil/canvas 60x119cm/*23x46in* New-York 98
GOMEZ MARTIN Enrique XIX-XX **[4]**
$14 000 FF71 960 £8 750 Soldados de caballeria Oleo/tabla 15,5x40cm/*6x15in* Buenos Aires 96
GOMEZ MIR Eugenio 1877-1938 **[9]**
$910 FF5 530 £560 Militares a caballo Oleo/tabla 9x16cm/*3x6in* Madrid 98
GOMEZ SOLER Francesco 1870-1899 **[1]**
$3 140 FF15 950 £2 034 Man with a botthe of Champagne Oil/canvas 100x50cm/*39x19in* Köbenhavn 95
GOMEZ Y GIL Guillermo 1862-1942 **[33]**
$231 FF1 382 £143 Casa sobre el acantilado Oleo/lienzo 24x18cm/*9x7in* Madrid 97
$4 210 FF22 050 £2 530 Paisaje costero Oleo/lienzo 87x117cm/*34x46in* Madrid 96
$4 738 FF27 665 £2 865 Beim Barbier Öl/Leinwand 128x167cm/*50x65in* Köln 97
GOMIDES Antonio Gonçalves 1895-1967 **[3]**
$13 913 FF79 867 £8 481 Taverna Oil/canvas 72,5x92cm/*28x36in* New-York 97
GOMOZOV Andrei Ivanovitch 1917 **[3]**
$4 874 FF28 275 £3 000 Basketball Game Oil/canvas 160x119cm/*62x46in* London 97
GONCHAROVA Nataliia Sergeevna 1881-1962 **[221]**
$3 280 FF20 000 £2 000 Still Life with Fish Oil/panel 32x42cm/*12x16in* London 98
$14 740 FF85 551 £9 000 Still life with flowers Oil/canvas 65x47cm/*25x18in* London 97
$2 303 FF13 000 £1 411 La Cité Lithographie couleurs 22x14cm/*8x5in* Paris 97
$2 380 FF12 000 £1 552 Arlequin Gouache 38x53,5cm/*14x21in* Saint-Germain-en-Laye 96
GONCZAROWA Natalia 1881-1962 **[1]**
$4 104 FF24 259 £2 542 Landscape Gouache/paper 73,5x55cm/*28x21in* Warszawa 97
GONDOUIN Emmanuel 1883-1934 **[66]**
$1 152 FF7 000 £693 Route et sous-bois Huile/panneau 40,5x32cm/*15x12in* Paris 98
$3 768 FF22 000 £2 279 Paysage à l'arbre Huile/toile 91x67cm/*35x26in* Sceaux 97
$7 379 FF42 000 £4 565 Le soleil bleu, Versailles Huile/toile 108x137cm/*42x53in* Paris 97
$668 FF3 900 £404 Tête cubiste Aquarelle/papier 39x26cm/*15x10in* Sceaux 97

GONG XIAN 1599-1689 **[8]**
  $10 000 FF51 500 £6 450 Evening scene over an Autumn mountain Ink/paper 100,5x47,5cm/*39x18in* New-York 96

GONGORA Lionel 1932 **[3]**
  $1 610 FF9 669 £961 Pareja con un retrato de su tio Collage 100x80cm/*39x31in* San Francisco 98

GONIN Francesco 1808-1889 **[79]**
  $839 FF4 800 £523 Les rochers dans la forêt Huile/papier 29x38cm/*11x14in* Paris 97
  $961 FF5 500 £600 Le chemin ensoleillé dans la forêt Huile/toile 43x65cm/*16x25in* Paris 97
  $75 FF450 £46 Portrait en tenue d'apparat de Franciscus Canifanus, projet de costume Encre/papier 18,5x24cm/*7x9in* Paris 98

GONNE Christian Friedrich 1813-1906 **[4]**
  $5 500 FF31 374 £3 344 Thwarted love Oil/canvas 51,5x60cm/*20x23in* San Francisco 97

GONNET Tony 1909 **[21]**
  $591 FF3 500 £355 Composition Huile/toile 27x45,5cm/*10x17in* Paris 97
  $1 145 FF6 000 £689 Composition aux rectangles et aux carrés Huile/toile 46,5x61cm/*18x24in* Paris 96

GONORD François 1756-c.1825 **[1]**
  $6 537 FF37 000 £3 992 Marie-Antoine Lemoyne, capitaine au Royal-Navarre Aquarelle 32x24cm/*12x9in* Paris 97

GONSKE Walter, Walt 1942 **[4]**
  $8 000 FF45 558 £4 933 The Village of Cordova Oil/canvas 76x91cm/*30x36in* Dallas, Texas 97

GONTIER Clément 1876-1918 **[25]**
  $2 001 FF11 288 £1 255 Vase de fleurs et statuette Huile/panneau 64x53cm/*25x20in* Bruxelles 97

GONZAGA Giovanfrancesco 1921 **[41]**
  $900 FF5 100 £600 Armigero Olio/tela 35x25cm/*13x9in* Vercelli 97
  $1 800 FF10 200 £900 "Funghi e sottobosco" Olio/tela 40x50cm/*15x19in* Vercelli 98

GONZALES Bartolomé 1564-1627 **[1]**
  $11 606 FF67 116 £7 182 Bildnis der Margarethe von Österreich Öl/Leinwand 172x105cm/*67x41in* Wien 97

GONZALES DE LA PEÑA José 1887-1961 **[1]**
  $1 950 FF10 050 £1 250 Desfile real por el Paseo del Rey Oleo/lienzo 33x41cm/*12x16in* Madrid 96

GONZALES Eva 1849-1883 **[13]**
  $16 199 FF97 000 £9 952 Grappe de raisins Huile/papier 11x28cm/*4x11in* Auvers sur Oise 98
  $58 200 FF294 000 £38 000 Le chignon Oil/canvas/board 51x40cm/*20x15in* London 96
  $2 000 FF9 780 £1 266 Pot de fleurs Watercolour/paper 22x11,5cm/*8x4in* New-York 95

GONZALES Xavier 1898-1993 **[16]**
  $300 FF1 751 £181 Dunes Watercolour/paper 54x76cm/*21x30in* New-York 97

GONZALEZ DEL BLANCO Roberto 1887-1959 **[2]**
  $2 437 FF14 812 £1 500 Paisaje de Compostela Oleo/lienzo 38,5x31cm/*15x12in* Madrid 98

GONZALEZ FERNANDEZ Roberto XX **[3]**
  $2 210 FF13 000 £1 365 "Os lo repito" Dibujo 110x150cm/*43x59in* Madrid 97

GONZALEZ Juan 1942-1993 **[1]**
  $38 000 FF221 832 £22 606 Splendor in the Grass Oil/canvas 175x226cm/*68x88in* New-York 97

GONZALEZ Juan Antonio 1842-1914 **[15]**
  $2 292 FF12 030 £1 377 Escena de interior Oleo/lienzo 41x33cm/*16x12in* Madrid 96
  $23 000 FF127 919 £14 237 Roma Pastel/paper 111x58cm/*43x22in* New-York 97

GONZALEZ Julio 1876-1942 **[139]**
  $12 000 FF58 700 £7 600 Judith: les deux éléments Oil/canvas/board 33x23,5cm/*12x9in* New-York 95
  $38 000 FF217 390 £23 172 La Petite faucille Bronze H30cm/*H11in* New-York 97
  $170 000 FF871 000 £103 200 Danseuse à la palette Bronze H81cm/*H31in* New-York 96
  $4 102 FF25 000 £2 490 Marie-Thérèse au fichu Mine plomb 19x13cm/*7x5in* Paris 98

GONZALEZ MARCOS Angel 1900-1977 **[26]**
  $294 FF1 738 £180 Escena de toros Gouache/papier 50x65cm/*19x25in* Madrid 98

GONZALEZ MENDEZ Manuel XIX-XX **[6]**
  $5 940 FF35 550 £3 690 Joven Oleo/lienzo 35x24cm/*13x9in* Madrid 97

GONZALEZ PALMA Luis 1957 **[5]**
  $2 750 FF15 870 £1 685 Cancion de Cuna Photograph 91,5x50cm/*36x19in* New-York 97

GONZALEZ SANTOS Manuel 1875-1949 **[4]**
  $23 000 FF130 755 £14 082 Feeding the Doves Oil/canvas 57x82cm/*22x32in* New-York 97

✎ *$2 180 FF11 350 £1 442* "El verano" Pastel 66x86cm/*25x33in* Madrid 96
GONZALEZ SANTOS Manuel (Attrib.) 1875-1949 [1]
⬯ *$1 960 FF9 800 £1 270* Motiv aus Sevilla Oil/panel 29x37cm/*11x14in* Wien 96
GONZALEZ SERRANO Manuel 1917-1948 [10]
⬯ *$2 500 FF14 467 £1 538* Mujer sentada Oil/board 68,5x54,5cm/*26x21in* Los Angeles 97
✎ *$900 FF5 166 £548* Rosa blanca Gouache/paper 31x48,5cm/*12x19in* New-York 97
GONZALEZ TORRES Felix 1957-1996 [8]
⬯ *$10 000 FF58 072 £6 109* Untitled (David Souter's Home) Mixed media 27x34cm/*10x13in* New-York 97
⬟ *$159 077 FF955 443 £95 000* Untitled Installation 488x4x36cm/*192x1x14in* London 98
⬚ *$6 000 FF30 560 £3 600* Untitled (Chief Justice Hands) Photograph 27x34cm/*10x13in* New-York 96
GONZALEZ VELAZQUEZ Isidoro 1765-1829 [4]
▥ *$171 FF1 027 £104* Vista del Prado desde Neptuno/Vista del Prado desde Cibeles Grabado
70x50cm/*27x19in* Madrid 98
GONZALEZ VELAZQUEZ Zacarías 1763-1834 [6]
⬯ *$13 262 FF79 129 £8 000* Saint Nicholas of Myra in Glory Oil/canvas 55x27cm/*21x10in* London 97
GONZALEZ Zacarías 1923 [18]
⬯ *$2 720 FF16 787 £1 615* La niña del aro Oleo/lienzo 70x60cm/*27x23in* Madrid 98
✎ *$368 FF2 172 £220* "Una meditación sobre la muerte" Dibujo 50x65cm/*19x25in* Madrid 97
GOOCH Thomas c.1750-1802 [4]
⬯ *$7 507 FF45 806 £4 500* A Child on a Horse Held by a Groom Oil/canvas 49x58cm/*19x22in* London 98
GOOCH Thomas (Attrib.) 1750-1802 [1]
⬯ *$13 180 FF67 800 £8 500* A gentleman, probably William Earle of West Derby (1721-1788) Oil/canvas
128x102,5cm/*50x40in* London 96
GOOD John Willis 1845-1879 [23]
⬟ *$4 340 FF22 036 £2 800* A Mounted Huntsman "Calling Hounds Out of Cover" Bronze 28,5x25cm/*11x9in*
Auchterarder, Perthshire 96
GOOD Thomas Sword 1789-1872 [2]
⬯ *$4 693 FF28 308 £2 800* "A Rest by the Way" Oil/panel 34x26cm/*13x10in* West Lothian 98
GOODALL Alfred Edward 1819-1908 [7]
⬯ *$3 109 FF18 112 £1 900* San Pietro di Castello, Venice Oil/canvas 35,5x52cm/*13x20in* London 97
✎ *$4 115 FF21 100 £2 500* The Statue of Bartolommeo Colleoni, the Church of SS. Giovanni Venice Watercolour
40x56cm/*15x22in* London 96
GOODALL Edward Angelo 1819-1908 [83]
✎ *$2 129 FF12 357 £1 300* A Bedaween, Village near the Great Pyramid of Gizah Watercolour/paper
34,5x54cm/*13x21in* London 97
GOODALL Frederick 1822-1904 [136]
⬯ *$2 884 FF16 498 £1 800* A Study of a Venetian Man/A Study of a Bedouin Oil/canvas 41x32cm/*16x12in*
London 97
⬯ *$6 320 FF30 900 £4 000* Hagar and Ishmael in the desert Oil/canvas 36x76cm/*14x29in* London 95
⬯ *$10 706 FF65 889 £6 500* Mrs. Charles Kettlewell Oil/canvas 223,5x135cm/*87x53in* London 98
✎ *$1 343 FF6 570 £850* Fête du mariage, near Pontivy Watercolour 23,3x35,3cm/*9x13in* London 95
GOODALL George XIX-XX [7]
✎ *$357 FF2 085 £220* Returning Home Watercolour 24,5x34,5cm/*9x13in* Billingshurst, West Sussex 97
GOODALL Howard 1850-1874 [1]
⬯ *$2 813 FF16 805 £1 722* Okenschen med beduiner Oil/canvas 62x127cm/*24x50in* Stockholm 98
GOODALL John Edward XIX-XX [7]
✎ *$1 147 FF6 705 £700* A Mother and Child before a Cottage in an English Garden Bodycolour
35,5x26cm/*13x10in* London 97
GOODALL John Strickland 1908 [43]
✎ *$425 FF2 462 £260* A lagoon scene/A Street scene Watercolour/paper 38x44cm/*14x17in* London 97
GOODALL Walter 1830-1889 [13]
✎ *$2 102 FF12 310 £1 300* Feeding the calf Watercolour 19x29,2cm/*7x11in* London 97
GOODE Joe 1937 [16]
⬯ *$1 200 FF6 230 £794* Untitled (Vandalism Series) Oil/canvas/board 45,5x61cm/*17x24in* San Francisco-Los
Angeles 96
▥ *$1 500 FF8 665 £890* Untitled Color lithograph 60x106,5cm/*23x41in* New-York 97

GOODEN Stephen 1892-1955 **[8]**
$211 FF1 201 £129 St George Engraving 16x16cm/*6x6in* London 97
GOODMAN George XIX **[2]**
$9 769 FF57 034 £6 000 Still Life with Primroses, Bird's nest and a red Admiral Butterfly Oil/canvas 41x30,5cm/*16x12in* London 97
GOODMAN John Reginald 1878-? **[29]**
$415 FF2 106 £270 Figures on a Norfolk country road Watercolour 25x33cm/*10x13in* Aylsham, Norfolk 96
GOODMAN Maude Scanes c.1840-c.1895 **[3]**
$9 900 FF56 932 £6 200 In the Garden Oil/canvas 76,5x61cm/*30x24in* London 97
GOODMAN Robert Gwelo 1871-1939 **[31]**
$2 908 FF16 911 £1 733 A Mountain Stream Oil/canvas 34x45cm/*13x17in* Johannesburg 97
$4 112 FF24 630 £2 527 Rondebosch common Oil/canvas 40x50cm/*15x19in* Johannesburg 98
$1 394 FF7 220 £900 On the Grand Canal, Venice Pastel 44x56,5cm/*17x22in* London 96
GOODMAN Sidney 1936 **[6]**
$9 000 FF52 264 £5 498 Tretching Out Oil/canvas 229x73cm/*90x28in* New-York 97
$1 400 FF8 701 £837 Woman in Back Yard Charcoal/paper 96,5x75cm/*37x29in* New-York 98
GOODNIGHT Veryl 1947 **[5]**
$4 000 FF24 375 £2 449 Dreams Come True Bronze H43cm/*H17in* Houston, Texas 98
GOODNOUGH Robert Arthur 1917 **[60]**
$2 000 FF9 680 £1 284 Blue Chips Acrylic/canvas 213x213cm/*83x83in* New-York 95
$2 750 FF15 678 £1 702 Red and Blue Abstraction Tapestry 195x261cm/*77x103in* Morris Plains 97
GOODSIR Agnes Noyes 1865-1939 **[4]**
$5 070 FF29 545 £3 123 La femme de ménage Oil/canvas 89,5x46cm/*35x18in* Melbourne 97
GOODWIN Albert 1845-1932 **[307]**
$1 476 FF8 474 £900 The Village of Simplon, Switzerland Oil/board 28x47cm/*11x18in* London 97
$2 874 FF16 528 £1 800 Reculver, Kent Oil/paper/panel 32x53,5cm/*12x21in* London 97
$60 022 FF368 701 £36 000 A Baptism of Flowers Oil/canvas 92,5x141,5cm/*36x55in* London 98
$161 FF825 £100 Ely, interior of the cathedral Watercolour 25,5x36cm/*10x14in* London 96
GOODWIN Arthur Clifton 1866-1941 **[75]**
$6 500 FF33 475 £4 193 Boston Public Garden Oil/canvas 89x107cm/*35x42in* Bolton, Mass. 96
$550 FF2 845 £357 Tea Wharf Pastel 33x48cm/*13x19in* Mystic, Connecticut 96
GOODWIN Betty Roodish 1923 **[10]**
$321 FF1 847 £189 Gloves One Etching 27,5x33,5cm/*10x13in* Vancouver, BC. 97
GOODWIN Harry c.1840-1925 **[36]**
$1 304 FF7 948 £806 New York Harbor at Night Oil/canvas 45x76cm/*18x30in* Detroit, Michigan 98
$397 FF2 004 £260 A Swiss Valley Watercolour 36x25cm/*14x9in* London 96
GOODWIN Philip Russell 1882-1935 **[13]**
$1 691 FF9 813 £1 000 "From the Teeth of the Tide" Oil/canvas 30x51cm/*11x20in* London 97
$8 500 FF43 500 £5 500 The Prize Catch Oil/canvas 96x62cm/*37x24in* New-York 95
$3 000 FF14 950 £1 965 Mining Scene Watercolour, gouache/paper 56x91cm/*22x35in* San Francisco-Los Angeles 95
GOODWIN Richard LaBarre 1840-1910 **[23]**
$3 250 FF16 380 £2 096 Hanging Rabbit Oil/canvas 86x43cm/*34x17in* Hayden 96
$2 750 FF16 559 £1 645 Rainbow Trout Oil/canvas 30,5x40,5cm/*12x15in* San Francisco 98
$32 000 FF186 697 £19 603 After the hunt Oil/canvas 142x92cm/*55x36in* New-York 97
GOODWIN Sidney Paul 1867-1944 **[48]**
$391 FF2 024 £250 H.M.S. "Victory" anchored Watercolour 30x46cm/*12x18in* Penzance, Cornwall 96
GOOL van Jan 1685-c.1764 **[20]**
$3 870 FF23 121 £2 400 A landscape with a Shepherd and Shepherdess resting beneath at tree Oil/panel 47,5x66,5cm/*18x26in* London 97
$11 210 FF57 190 £6 650 Landscape with a Drover Resting with Sheep and Cattle Oil/panel 30,5x39cm/*12x15in* Amsterdam 96
GOOSE William Henry **[36]**
$753 FF4 509 £450 Figure in a Rowing Boat and Moored Wherries on a Quite Corner Watercolour/paper 25x38cm/*10x15in* Aylsham, Norfolk 98
GOOSEY George Turland XIX-XX **[9]**
$1 505 FF8 770 £920 A Glimpse of the Harbour, St Ives Oil/board 40x28cm/*16x11in* Par, Cornwall 97
GOOSSENS Josse 1876-1929 **[6]**

$4 050 FF19 620 £2 600 A Lady in an interior Oil/canvas 89x80cm/*35x31in* London 95
GORANSON Paul Alexander 1911 **[1]**
$1 190 FF5 820 £754 Coal Harbour, Vancouver Woodcut in colors 22x26cm/*8x10in* Calgary, Alberta 95
GÖRANSSON Åke 1902-1942 **[37]**
$4 850 FF24 950 £3 024 Interiör med grön stol Oil/panel 34,5x27,5cm/*13x10in* Stockholm 96
$10 692 FF63 910 £6 543 Kopparpanna, låda och äpplen Oil/canvas/panel 49x42,5cm/*19x16in* Stockholm 97
$979 FF5 970 £600 Abstract Composition Gouache/paper 46,5x30cm/*18x11in* London 98
GORBATOV Konstantin Ivanovich 1876-1945 **[48]**
$1 500 FF8 156 £898 Southern Port Oil/board 25x30cm/*10x12in* Portsmouth, NH. 97
$11 448 FF70 021 £7 000 St. Petersburg, A View of the Stock Exchange Oil/board 50x60cm/*19x23in* London 98
$1 220 FF7 203 £722 View of Hebron Watercolour/paper 40x50cm/*15x19in* Helsinki 97
GORDE Gaston 1908-? **[15]**
$576 FF3 483 £350 "Skis E. Allais, Champions du monde" Poster 99x62cm/*38x24in* London 98
GORDIGIANI Edoardo 1866-1961 **[7]**
$1 320 FF7 480 £880 Cacinale Olio/tela 48x55cm/*18x21in* Prato 97
GORDIGIANI Michele 1835-1909 **[16]**
$1 200 FF6 800 £600 Il piccolo moschettiere Olio/tavolu 25,5x15cm/*10x5in* Milano 98
$2 160 FF12 240 £1 440 Nudi nel bosco Olio/tela 35x52cm/*13x20in* Firenze 98
GORDIJN Herman 1932 **[6]**
$173 FF1 039 £104 Echtpaar onder een boom Etching 24x29,5cm/*9x11in* Den Haag 98
GORDILLO Luis Rodríguez 1939 **[34]**
$5 680 FF31 840 £3 520 Sin título Técnica mixta 120x90cm/*47x35in* Madrid 97
$14 173 FF86 128 £8 503 Dos angeles Acrilico 130x157cm/*51x61in* Madrid 98
$289 FF1 667 £180 Encantador de serpientes Serigrafia 69x52cm/*27x20in* Madrid 97
$910 FF5 200 £559 Composición Acuarela 31x44cm/*12x17in* Madrid 97
GORDON Arthur XIX-XX **[13]**
$683 FF3 490 £450 The lock below Gallows Bridge, Brentford/Near frith farm, Dover Oil/canvas 36x51cm/*14x20in* London 96
$419 FF2 504 £260 Sailing Vessels on a River at Dusk Bodycolour 12x34cm/*4x13in* London 97
GORDON Hortense C. Mattice 1889-1961 **[21]**
$728 FF3 800 £481 Burke Falls at Christmas Oil/board 25x34cm/*9x13in* Toronto 96
$128 FF665 £84 Friendship, Main (sic) Graphite 23x30cm/*9x11in* Toronto 96
GORDON John Sloan 1868-1940 **[22]**
$97 FF560 £57 Lakeshore Pencil/paper 21x33cm/*8x12in* Calgary, Alberta 97
GORDON John Watson 1788-1864 **[18]**
$10 103 FF60 102 £6 000 Portrait of Master Raines, of Wheldrake Manor, York Oil/canvas 89x73cm/*35x28in* London 97
$34 715 FF208 126 £21 000 Portrait of a Young Boy with a Pony Oil/canvas 209x152,5cm/*82x60in* Glasgow 97
GORDON John Watson (Attrib) 1788-1864 **[6]**
$6 500 FF37 989 £3 966 Portrait of Lady Gordon Campbell and her Son Oil/canvas 76x63,5cm/*29x25in* San Francisco 97
GORDON-CUMMING Constance Frederica 1837-1924 **[29]**
$2 324 FF12 030 £1 500 The Ingolla Valley/The Plains of Nuwara Eliya, Ceylon Watercolour 44,5x60,5cm/*17x23in* London 96
GORDY Robert 1933-1986 **[22]**
$1 900 FF11 229 £1 176 Male Head, #2 Acrylic/canvas 120x108cm/*47x42in* New Orleans, Louisiana 97
$650 FF3 589 £405 Nude Men Eye the Green Silkscreen 73x86cm/*29x34in* New Orleans, Louisiana 97
GORE Charles 1729-1807 **[7]**
$2 335 FF14 250 £1 400 View of Catwater, Plymouth, Devon Watercolour 18,5x36cm/*7x14in* London 98
GORE Frederick 1913 **[66]**
$1 509 FF9 151 £900 Summer Lane Oil/canvas 50x60cm/*19x23in* Bath 97
GORE Spencer Frederick 1878-1914 **[16]**
$40 972 FF239 462 £25 000 "Mornington Crescent" Oil/canvas 51x40,5cm/*20x15in* London 97

✏ *$16 170 FF83 800* £10 500 A music-hall turn, the Alhambra Pastel/paper 35,5x18,5cm/*13x7in* London 96
GORE William Henry XIX-XX **[13]**
🎨 *$12 180 FF61 500* £8 000 Overwhelmed by the News Oil/canvas 61x53cm/*24x20in* London 96
✏ *$6 227 FF37 001* £3 800 Friends Watercolour/paper 45x29,5cm/*17x11in* London 98
GOREY Edward 1929 **[2]**
✏ *$2 500 FF12 950* £1 670 Injured dog brought to drawing room (fan design) Ink 10x19cm/*4x7in* New-York 96
GÖRG Jürgen 1951 **[7]**
▤ *$123 FF719* £75 Schnappseling Lithograph 64,8x48,9cm/*25x19in* London 97
GORGUET Auguste-François 1862-1927 **[13]**
🎨 *$7 205 FF41 058* £4 500 The Foutain of Youth Oil/canvas 150x102cm/*59x40in* London 97
🎨 *$26 000 FF148 148* £15 925 Le déjeuner des Amoureux Oil/canvas 60x49cm/*23x19in* New-York 97
GORI Affortunato 1895-1925 **[8]**
🖌 *$29 368 FF175 438* £18 000 Oriental Dancer Bronze H96cm/*H37in* London 98
GORI Georges XX **[7]**
🖌 *$2 608 FF15 509* £1 616 Woman with Two Dogs Bronze H46cm/*H18in* Detroit, Michigan 97
GORI Gino Paolo 1911-1991 **[8]**
🎨 *$480 FF2 720* £240 Via dello Studio, Firenze/Via dei Cimatori, Firenze Olio/tela 34x14cm/*13x5in* Roma 97
GORIN Jean 1899-1981 **[47]**
🎨 *$4 760 FF24 000* £3 110 Composition spatio-temporelle multivisuelle No. 124 Huile/bois 111x111x9,5cm/*43x43x3in* Paris 96
🎨 *$9 270 FF45 000* £5 980 Composition néo-plastique No. 3 Huile/bois 57x77cm/*22x30in* Paris 95
▤ *$132 FF691* £79 Composition géométrique Eau-forte couleurs 60x60cm/*23x23in* Stockholm 96
✏ *$1 352 FF8 000* £812 Aménagement d'une salle de séjour Mine plomb 25,4x43cm/*10x16in* Paris 97
GORIN Stanislas 1820-c.1865 **[2]**
✏ *$13 720 FF71 000* £8 900 La rade d'un port Aquarelle 62x97cm/*24x38in* Paris 96
GORIUSHKIN-SOROKOPUDOV Ivan Silych 1873-1954 **[5]**
🎨 *$4 094 FF23 764* £2 500 A winter scene Oil/board 43,5x55cm/*17x21in* London 97
🎨 *$8 000 FF42 000* £4 800 Easter procession Oil/board 26x36cm/*10x14in* London 96
✏ *$14 670 FF77 000* £8 800 Young girl with headscarf Gouache 54x46cm/*21x18in* London 96
GORKY Arshile 1904-1948 **[60]**
🎨 *$26 000 FF159 998* £15 784 Abstraction Oil/canvas/board 37x19cm/*14x7in* New-York 98
🎨 *$3 600 000 FF17 430 000* £2 310 000 Scent of Apricots on the Fields Oil/canvas 78x112cm/*30x44in* New-York 95
▤ *$12 000 FF68 571* £7 351 Painter and Model Lithograph 28,2x25cm/*11x9in* New-York 97
✏ *$9 500 FF48 700* £5 770 Untitled Charcoal/paper 62x48cm/*24x18in* New-York 96
GORMAN Greg XX **[4]**
📷 *$700 FF4 125* £432 "Djimon Screaming" Silver print 34x26cm/*13x10in* New-York 97
GORMAN Rudolph Carl 1932 **[44]**
▤ *$150 FF886* £90 "Yoko" Print 49x59cm/*19x23in* Portland, OR 97
✏ *$3 200 FF15 776* £2 078 Maternity Pastel 87x76cm/*34x30in* Bloomington, Illinois 96
GORMLEY Antony 1950 **[11]**
🎨 *$1 854 FF11 000* £1 133 Rising Huile/papier 38x28,5cm/*14x11in* Paris 98
🖌 *$9 607 FF56 918* £5 800 Brain Stone 22x35x32cm/*8x13x12in* London 97
🖌 *$40 000 FF232 424* £23 616 Address Sculpture 167,5x48,5x61cm/*65x19x24in* New-York 97
✏ *$2 176 FF13 074* £1 300 Untitled Gouache 25,5x33,5cm/*10x13in* London 98
GORNIK April 1953 **[18]**
🎨 *$6 000 FF36 231* £3 595 "Captor and Captive" Oil/canvas 188x272cm/*74x107in* New-York 98
▤ *$900 FF5 379* £550 "Rivers Meeting" Etching, aquatint in colors 64x79cm/*25x31in* San Francisco-Los Angeles 97
GOROHOV I.L. 1863-? **[2]**
🎨 *$5 874 FF33 507* £3 588 Scene from a farmhouse Oil/canvas 67x79cm/*26x31in* Helsinki 97
GORP van Henri N. (Attrib.) 1756-1819 **[13]**
🎨 *$1 199 FF7 000* £725 Portrait de jeune femme au tablier de dentelles Huile/toile 32,5x24,5cm/*12x9in* Paris 97
GORP van Henri Nicolas 1756-1819 **[16]**
🎨 *$2 670 FF15 500* £1 577 Portrait de jeune femme à la robe bleue Huile/panneau 19x15cm/*7x5in* Paris 97

$7 080 FF40 000 £4 364 La séparation douloureuse Huile/toile 56x46cm/*22x18in* Rouen 97
GORSKA Maria Pia 1878-1974 **[1]**
$4 628 FF27 553 £2 830 Przy lampie, autoportret Oil/canvas 59,5x84,5cm/*23x33in* Warszawa 98
GORSLINE Douglas Warner 1913 **[11]**
$130 FF786 £81 Johnny Engraving 22x28cm/*9x11in* Bethesda, Maryland 97
GORSON Aaron Henry 1872-1933 **[16]**
$2 300 FF11 937 £1 523 Furnaces, Night Scene, Pittsburgh Oil/board 25x34cm/*10x13in* Cincinnati, Ohio 96
$8 000 FF47 477 £4 961 57Th Street at Fifth Avenue Oil/canvas 84x61cm/*33x24in* New-York 97
GORTER Arnold Marc 1866-1933 **[87]**
$2 500 FF14 261 £1 520 Polder landscape with a fisherman Oil/canvas 32x41cm/*12x16in* San Francisco 97
$3 599 FF20 976 £2 217 Aan de Vordense beek Oil/canvas 36x48cm/*14x18in* Den Haag 97
$13 407 FF82 101 £8 000 Leading The Cattle To Water Oil/canvas 96x130,5cm/*37x51in* London 98
$1 048 FF5 420 £677 Waldlandschaft mit einem Weiher Aquarell 41x54cm/*16x21in* Hamburg 96
GORUS Jaak 1901-1981 **[77]**
$262 FF1 624 £157 Dame dans un intérieur Huile/panneau 23x20cm/*9x7in* Antwerpen 98
GORUS Pieter 1881-1941 **[32]**
$3 620 FF18 330 £2 370 Dreef in het bos Huile/toile 55x65cm/*21x25in* Lokeren 96
$12 584 FF71 808 £7 700 Zeilboten op het donkmeer te overmere Oil/canvas 125x150cm/*49x59in* Lokeren 97
GORY Affortunato 1895-1925 **[33]**
$3 830 FF20 000 £2 280 Danseuse au voile Ivory, bronze H47,5cm/*H18in* Paris 96
$9 438 FF55 000 £5 813 Danseuse orientale Bronze H92cm/*H36in* Saumur 97
GOS Albert H. 1852-1942 **[44]**
$455 FF2 691 £269 Felsvorsprung mit Ausblick auf Bergmassiv Oil/panel 36x28cm/*14x11in* Zofingen 97
$1 552 FF9 068 £918 Le Cervin Huile/carton 41x80cm/*16x31in* Genève 97
GOS Emile XX **[2]**
$2 595 FF15 108 £1 600 "Une mouche" Silver print 16,9x23cm/*6x9in* London 97
GOS Francois Marc Eug. 1880-1975 **[34]**
$479 FF2 480 £309 Abendstimmung am Seeufer Öl/Leinwand 44x28cm/*17x11in* Zofingen 96
$1 495 FF8 562 £884 "Hotels Seiler, Zermatt" Poster 88x126,5cm/*34x49in* New-York 97
GÖSCHEL Eberhard 1943 **[4]**
$1 352 FF8 040 £837 Besteigung des Ätna Radierung 79x56,5cm/*31x22in* Stuttgart 97
GÖSCHL Roland 1932 **[11]**
$8 010 FF47 570 £4 760 Ohne Titel Acrylic/panel 72x508cm/*28x200in* Wien 97
$5 960 FF29 400 £3 870 Plastik Sculpture, wood H35cm/*H13in* Wien 95
$877 FF5 238 £539 "3 Figuren, sehr bewegt" Pencil/paper 43x34,5cm/*16x13in* Wien 98
GOSCIMSKI Wladyslav 1836-1894 **[1]**
$2 335 FF12 130 £1 533 Santa Maria della Salute, Venezia Oil/panel 21,5x27cm/*8x10in* Warszawa 96
GOSLING William 1824-1883 **[18]**
$1 656 FF10 150 £1 000 "Summer" Oil/canvas 30,5x25,5cm/*12x10in* London 98
$5 580 FF28 900 £3 600 Changing Pastures Oil/canvas 66x152,5cm/*25x60in* London 96
$7 900 FF40 500 £4 800 Henley on Thames from the Gate Hill Oil/canvas 82x152,5cm/*32x60in* London 96
GOSSAERT Jan Mabuse 1478/88-c.1536 **[4]**
$1 500 000 FF9 208 050 £919 050 Madonna and Child Enthroned accompanied by Six Music-Making Angels Oil/panel 35,5x28cm/*13x11in* New-York 98
GOSSAERT Jan Mabuse (Attrib.) 1478/88-c.1536 **[3]**
$19 450 FF119 150 £11 750 Maria mit dem Kind in einer hügeligen Flusslandschaft mit einer Burg Oil/panel 78x59cm/*30x23in* Wien 98
GOSSAERT Jan Mabuse (Studio) 1478/88-c.1536 **[2]**
$23 300 FF120 700 £15 600 The Madonna and Child, the Flight into Egypt in a wooded valley beyond Oil/panel 121,5x103cm/*47x40in* Amsterdam 96
GOSSE Nicolas Louis 1787-1878 **[14]**
$10 500 FF55 000 £6 310 Portrait de la Reine Marie-Amélie (1782-1866) Huile/toile 62,5x44,5cm/*24x17in* Monaco 96
$27 901 FF161 000 £17 098 Campagne du Maréchal Davout Huile/toile 97x142cm/*38x55in* Versailles 97
GOSSE Sylvia L. 1881-1968 **[25]**

*$1 292 FF7 707 £800 Still Life with Roses and Cauliflower Oil/canvas 36x53,5cm/*14x21in* London 97
GOSSE Thomas 1765-1844 **[3]**
*$30 636 FF176 470 £18 000 Transplanting of the Bread-Fruit-Trees from Otaheite Mezzotint 52,5x60cm/*20x23in* London 97
GOSSET Alphonse 1835-1914 **[2]**
*$1 300 FF7 554 £800 Cross-Section of the Cupola of the Church of Saint-Louis des Invalides Ink 121,5x78,5cm/*47x30in* London 97
GOSSIN Louis XIX-XX **[4]**
*$3 222 FF19 212 £2 000 Cupid Whispering to a Young Woman Alabaster H59cm/*H23in* London 97
GOTCH Thomas Cooper 1854-1931 **[65]**
*$3 304 FF20 040 £2 000 Portrait of William John Goulbourne Oil/canvas 59x49cm/*23x19in* London 98
*$30 124 FF177 514 £18 000 Girl in a cornish Garden Oil/canvas 31x23cm/*12x9in* London 97
*$819 FF4 970 £500 Head of a Girl Watercolour/paper 18x16cm/*7x6in* Par, Cornwall 98
GOTH Sárika 1900-1991 **[11]**
*$3 305 FF19 305 £1 955 Stilleven met vissen Oil/canvas 50x63cm/*19x24in* Den Haag 97
GOTHEIN Werner 1890-1968 **[44]**
*$386 FF1 895 £246 Lausbuben Woodcut 30x23,5cm/*11x9in* Hamburg 95
*$457 FF2 364 £306 Flusslandschaft mit eiserner Brücke Pencil 33x35cm/*12x13in* Lindau 96
GOTLIB Marcel Gotlieb, dit 1934 **[2]**
*$1 246 FF7 100 £778 "Histoire Désopilante", planche 46 pour "La Rubrique à Brac", tome IV Encre Chine/papier 40x32cm/*15x12in* Paris 97
GOTSCH Friedrich Karl 1900-1984 **[138]**
*$2 238 FF13 404 £1 375 Dorfstrasse Mischtechnik/Karton 30x43cm/*11x16in* München 98
*$18 850 FF98 500 £11 220 "Nachts" (München) Ol/Leinwand 79,5x58cm/*31x22in* Berlin 96
*$30 454 FF174 832 £18 567 Mann und Frau vor den Wellen Ol/Leinwand 95,5x150,5cm/*37x59in* Berlin 97
*$338 FF1 942 £206 Der Gott und die Bajadere II Woodcut 46x48cm/*18x18in* Berlin 97
*$1 820 FF9 510 £1 084 Allee mit Bäumen Watercolour/board 44x62cm/*17x24in* Berlin 96
GOTSCHKE Walter XX **[4]**
*$1 610 FF9 221 £952 "Mercedes-Benz" Poster 59x85cm/*23x33in* New-York 97
GOTT Joseph 1785-1860 **[8]**
*$3 640 FF19 000 £2 200 A young girl and a greyhound Terracotta H15cm/*H5in* London 96
GOTTFREDSON Floyd 1905-1987 **[9]**
*$5 000 FF25 600 £3 040 Mickey Mouse Ink/paper 15x68cm/*6x27in* New-York 96
GÖTTING Jean-Claude 1963 **[13]**
*$689 FF4 000 £407 "Silence, on tourne" Gouache/papier 24x48cm/*9x18in* Le Havre 97
GÖTTING von Johan Peter 1795-1865 **[1]**
*$1 783 FF10 527 £1 055 Madonna and Child Oil/canvas 23x19cm/*9x7in* Helsinki 97
GOTTLIEB Adolph 1903-1974 **[118]**
*$15 000 FF87 159 £8 856 Flotsam Acrylic/paper 48,5x61cm/*19x24in* New-York 97
*$28 000 FF142 600 £16 800 The Seer (Small) Oil/canvas/panel 35x45cm/*13x17in* New-York 96
*$140 000 FF832 832 £85 610 "Gray Shadows" Acrylic/canvas 122x152cm/*48x59in* New-York 98
*$500 FF2 918 £297 Two Bars Color lithograph 74,5x52,5cm/*29x20in* New-York 97
*$6 000 FF31 150 £3 970 Untitled Watercolour 30x25cm/*12x10in* Delray Beach, Florida 96
GOTTLIEB Harry 1895-1992 **[15]**
*$800 FF4 616 £490 Taxco Corner Oil/board 50x40cm/*20x16in* New Orleans, Louisiana 97
*$450 FF2 628 £266 Nude Draped in Shawl Pastel/paper 31x48cm/*12x19in* Cincinnati, Ohio 97
GOTTLIEB Henry 1892-1966 **[36]**
*$1 735 FF10 332 £1 061 Robotnicy przy Piwie Oil/canvas 35x45cm/*13x17in* Warszawa 98
*$2 265 FF13 125 £1 412 Portret Gwendoliny Moseley Oil/canvas 66x46cm/*25x18in* Warszawa 97
GOTTLIEB Leopold 1883-1933 **[23]**
*$11 426 FF66 592 £7 038 Man and woman Oil/cardboard 54x41cm/*21x16in* Warszawa 97
*$19 509 FF116 538 £11 934 Portret André Salmona Oil/canvas 129,5x97cm/*50x38in* Warszawa 98
*$5 308 FF31 222 £3 276 Figures Red chalk 25x34cm/*9x13in* Warszawa 97
GOTTLIEB Moritz, Maurycy 1856-1879 **[9]**
*$18 804 FF107 934 £11 460 Portrait of a young boy Oil/canvas 49,5x39,5cm/*19x15in* Warszawa 97
*$30 000 FF180 942 £17 811 Jewish Woman from the East Oil/panel 20,5x15,5cm/*8x6in* Tel Aviv 98
GOTTLOB Fernand Louis 1873-1935 **[13]**

$374 FF2 070 £232 "Les pêcheurs de St. Jean" Poster 88x61cm/*35x24in* New-York 97

$138 FF850 £84 Détente sur la plage Fusain 36x30cm/*14x11in* Coutances 98

GOTTLOB François [1]

$2 416 FF15 000 £1 456 "Le Cheikh" Affiche couleur 160x120cm/*62x47in* Paris 98

GOTTSCHALK Albert 1866-1906 **[35]**

$535 FF2 674 £347 Church interior Oil/canvas 35x35cm/*13x13in* Köbenhavn 96

$1 473 FF8 795 £905 Gade i Gilleleje Oil/canvas 44x55cm/*17x21in* Köbenhavn 98

GOTTSCHO Samuel XX **[14]**

$1 500 FF7 740 £960 New York City, 1930s Silver print 18x18cm/*7x7in* New-York 96

GOTTWALD Frederick C. 1860-1941 **[7]**

$1 400 FF8 078 £857 Girl with a Water Jug Oil/canvas 60x44cm/*24x17in* Cleveland, Ohio 97

GÖTZ Karl Otto 1914 **[145]**

$10 561 FF61 904 £6 500 Pflanzenfiguren Tempera/board 47x70cm/*18x27in* London 97

$19 672 FF114 903 £12 076 La Marychine Mischtechnik 120x100cm/*47x39in* Köln 97

$413 FF2 358 £253 Erlebnis (Barcelona I)/Ruinenspuck (Barbaropa I) Woodcut 26x34cm/*10x13in* Hamburg 97

$2 925 FF15 300 £1 742 "TOG"/II Gouache/carton 50x65cm/*19x25in* München 96

GÖTZ-RÄCKNITZ Paul 1873-1952 **[37]**

$305 FF1 542 £200 Der listige Mönch Öl/Leinwand 40x32cm/*15x12in* Frankfurt 96

GÖTZINGER Hans 1867-1941 **[30]**

$561 FF3 338 £338 Vorstadtszene mit fabrik und Staffage Aquarell/Papier 30x48cm/*11x18in* Wien 98

GÖTZLOFF Karl Wilhelm 1799-1866 **[18]**

$6 934 FF40 485 £4 194 Badende in der Grotta Cocumella bei Sorrent Öl/Leinwand 34x28cm/*13x11in* München 97

$14 447 FF84 345 £8 737 Ansicht von Mergellina bei Neapel Öl/Leinwand 40,5x65cm/*15x25in* München 97

$341 FF1 959 £208 Campagnalandschaft Pencil/paper 17,5x25,5cm/*6x10in* Berlin 97

GOUBAU Antoon 1616-1698 **[6]**

$14 900 FF77 700 £9 000 A band of peasants resting in the Piazza del Popolo, Rome Oil/canvas 5x84cm/*1x33in* London 96

$44 800 FF224 700 £28 350 Ein römischer Jahrmarkt Öl/Leinwand 15x250cm/*5x98in* Wien 95

GOUBAUD Innocent Louis 1780-1847 **[4]**

$5 995 FF35 224 £3 600 Portrait of Emperor Napoléon I seated on the Trone in Coronation Robes Black & white chalks 58x46,5cm/*22x18in* London 97

GOUBERT Lucien 1887-1964 **[46]**

$976 FF6 000 £585 "Dans les rochers de Sciotot" Huile/toile 54x81cm/*21x31in* Cherbourg 98

$293 FF1 800 £175 Bord de mer dans la Hague Crayon/papier 20x31,5cm/*7x12in* Cherbourg 98

GOUBIE Jean Richard 1842-1899 **[16]**

$21 460 FF110 300 £13 380 A Gathering in the Forest Oil/panel 46x67cm/*18x26in* Wien 96

GOUD Laxma 1940 **[7]**

$1 661 FF9 960 £1 000 Telengana Faces Mixed media/paper 31x22cm/*12x8in* London 98

GOUDIACHVILI Lado 1896-1980 **[3]**

$3 595 FF21 000 £2 127 Étude de sept personnages Crayon/papier 49x32cm/*19x12in* Paris 97

GOUDIE Alexander 1933 **[16]**

$1 370 FF8 272 £849 Gwen with Java Dove Oil/canvas 61x61cm/*24x24in* Glasgow 97

$871 FF5 257 £520 A Study for the Sculpture "La Coquette" Black chalk 60x48,5cm/*23x19in* West Lothian 98

GOUDT Hendrick 1585/88-c.1630 **[38]**

$1 164 FF7 000 £696 Tobie et l'ange (grande planche), d'après A. Elsheimer Eau-forte 25,3x26,5cm/*9x10in* Paris 98

GOUDT Hendrick (Attrib.) 1585/88-c.1630 **[3]**

$505 FF2 991 £300 Three Sketches of Landscapes Ink 19x19cm/*7x7in* London 97

GOULD Alexander Carruthers 1870-1948 **[31]**

$472 FF2 804 £280 Cottage, West Porlock Oil/panel 34x44,5cm/*13x17in* Billingshurst, West Sussex 97

$669 FF4 010 £400 Pastor Jack Russell, Mounted on a Pony Oil/canvas 50x60cm/*19x23in* Bath 98

GOULD Elisabeth 1804-1841 **[3]**

$10 156 FF59 047 £6 200 "A century of Birds from the Himalayas Mountains" Lithograph

---

53,8x36cm/*21x14in* London 97
GOULD John F. 1906-? **[20]**
$990 FF5 885 £605 Cadillac Watercolour/paper 33x58cm/*13x23in* Chester, NY 97
GOULD John J. 1804-1881 **[39]**
$586 FF3 523 £350 Pycnoptilus Floccosus Color lithograph 52x34cm/*20x13in* Melbourne 98
$7 700 FF37 960 £5 000 Swinhoe's Pheasant Watercolour 54x37cm/*21x14in* London 95
GOULD Joseph J., Jr. 1880-1935 **[8]**
$300 FF1 828 £182 "Lippincott's June 1896" Poster 41x28cm/*16x11in* New-York 98
$900 FF5 238 £554 Aftermath of a Hallway Altercation Pencil/paper 21x33cm/*8x13in* New-York 97
GOULDSMITH Edmond, Edward 1852-1934 **[3]**
$2 054 FF10 050 £1 300 Coast, Isle of Man Watercolour 108x68,5cm/*42x26in* London 95
GOUNAROPOULOS Giorgios 1889-1977 **[23]**
$11 470 FF59 400 £7 660 Couple Oil/canvas 70x120cm/*27x47in* Athens 96
$2 122 FF12 670 £1 300 Dreamlike Figures Charcoal/paper 50x71cm/*19x27in* London 97
GOUNOD François Louis 1758-1823 **[3]**
$2 283 FF13 245 £1 400 Portrait of a Gentleman, in a brown jacket and a cravat Oil/canvas 24x18,5cm/*9x7in* London 97
$5 980 FF31 000 £3 884 Portrait du comte d'Artois, futur Charles X Huile/toile 65x54cm/*25x21in* Paris 96
GOUPIL Ernest ?-1841 **[4]**
$1 374 FF8 300 £824 Les corvettes l'Astrolabe et la Zélée louvoyant dans les glaces Crayon/papier 45x57cm/*17x22in* Paris 98
GOUPIL Jules Adolphe 1839-1883 **[13]**
$3 000 FF18 237 £1 847 Portrait of a Young Girl wit Bonnet Oil/panel 32x23,5cm/*12x9in* New-York 98
$18 000 FF102 330 £11 021 La leçon de musique Oil/canvas 119x83cm/*46x32in* New-York 97
GOUPIL Léon Lucien 1834-1890 **[4]**
$1 150 FF6 000 £695 Portrait de fillette Huile/panneau 36x27cm/*14x10in* Paris 96
GOUPY Joseph 1689-1763 **[5]**
$1 010 FF5 982 £600 The Blinding of Elymas Gouache/vellum 39,5x54cm/*15x21in* London 97
GOURDET Pierre Eugène ?-1889 **[2]**
$5 670 FF28 940 £3 730 Nature morte aux vases, livres et pichet d'étain Huile/toile 65x81cm/*25x31in* Wien 96
GOURGUE Jacques Enguerrand 1930 **[33]**
$1 200 FF7 071 £717 Still Life with Flowers Oil/masonite 61,5x76cm/*24x29in* New-York 97
GOURSAT Sem 1863-1934 **[1]**
$6 500 FF39 755 £3 974 "Le prince charmant, rue de la Paix" Color lithograph 46,5x32cm/*18x12in* New-York 98
GOURSE Hippolyte 1870-? **[1]**
$1 672 FF10 000 £1 015 Rue animée Huile/panneau 26,5x35,5cm/*10x13in* Paris 97
GOUSSEV Vladimir 1957 **[23]**
$464 FF2 400 £300 Jour de Mars Huile/toile 70x80cm/*27x31in* Grenoble 96
$595 FF3 383 £374 Tarde en Venecia Oleo/lienzo 27x46cm/*10x18in* Madrid 97
GOUVION SAINT-CYR de Henri 1888-? **[2]**
$7 777 FF45 801 £4 800 The ld Curiosity Shop Oil/panel 40,5x31,5cm/*15x12in* Newbury, Berkshire 97
GOUVRANT Gérard 1946 **[153]**
$512 FF2 900 £312 Chouette chevêche Huile/toile 27x22cm/*10x8in* Metz 97
$706 FF4 000 £431 Souvenir Huile/toile 46x55cm/*18x21in* Metz 97
$141 FF800 £86 Honfleur, la Commanderie Sérigraphie 32x24cm/*12x9in* Metz 97
GOUWE Adriaan Herman 1875-1965 **[43]**
$1 257 FF7 185 £770 Tahiti Oil/canvas 31,5x26cm/*12x10in* Den Haag 97
$1 583 FF9 019 £983 A farmer and horses ploughing a field Oil/canvas 47x73cm/*18x28in* Amsterdam 97
$598 FF3 567 £356 Tahitian landscape Pastel/paper 32,5x24cm/*12x9in* Amsterdam 97
GOUWELOOS Jean 1868-1943 **[61]**
$852 FF4 190 £543 Pommes Huile/toile/panneau 31x43cm/*12x16in* Bruxelles 95
$5 309 FF30 247 £3 330 Elégante à la rose Huile/toile 84x66cm/*33x25in* Bruxelles 97
GOVAERTS Abraham 1589-1626 **[13]**
$32 376 FF190 000 £19 798 Paysans ramassant du bois dans un paysage près d'une rivière Huile/panneau 52x78,5cm/*20x30in* Paris 97
$51 700 FF264 500 £33 160 Landschaft mit Latona und den Fröschen Öl/Kupfer 24x31cm/*9x12in* Wien 96

GOVAERTS Abraham (Attrib.) 1589-1626 **[6]**

 $33 880 FF200 000 £20 060 Paysage de rivière avec un couple se reposant pendant une chasse Huile/panneau 59x90cm/*23x35in* Versailles 97

GOVAERTS Hendrik 1669-1720 **[6]**

 $7 440 FF39 000 £4 480 Le festin Huile/toile 65x60cm/*25x23in* Saint-Dié 96

GOW Andrew Carrick 1848-1920 **[16]**

 $6 075 FF36 491 £3 643 I väntan på nyheter Oil/canvas 61x91cm/*24x35in* Helsinki 98

 $3 020 FF17 441 £1 800 Overhauling the Nets Watercolour/paper 25x32,5cm/*9x12in* London 97

GOW James F. Macintosh XIX-XX **[2]**

 $8 060 FF40 924 £5 200 On the Links St Andrews Watercolour/paper 28,5x50,5cm/*11x19in* Auchterarder, Perthshire 96

GOW Marie Louise 1851-1929 **[6]**

 $4 734 FF27 052 £2 900 Rule Brittania Watercolour/paper 84x120cm/*33x47in* London 97

GOWER George c.1510-c.1595 **[3]**

 $47 400 FF232 000 £30 000 Portrait of a Lady, said to be Lady Arabella Stuart Oil/canvas 61x51cm/*24x20in* London 95

GOWIN Emmet 1941 **[28]**

 $2 000 FF10 310 £1 325 Toutle River Valley, Area of Mount St. Helens Gelatin silver print 24x18cm/*9x7in* New-York 96

GOWING Lawrence 1918 **[3]**

 $5 977 FF33 243 £3 700 Green apples Oil/canvas 27,5x37,5cm/*10x14in* Billingshurst, West Sussex 97

GOYA Y LUCIENTES Francisco 1746-1828 **[425]**

 $3 660 000 FF18 900 000 £2 350 000 The Death of a Picador Oil 43x32cm/*16x12in* London 96

 $70 000 FF420 924 £41 860 El famoso Americano, Mariano Ceballos Lithograph 310x405cm/*122x159in* New-York 98

 $60 000 FF363 198 £36 540 A Religious Submission Wash 17x22,5cm/*6x8in* New-York 98

GOYEN van Jan Jozefsz. 1596-1665 **[190]**

 $71 627 FF410 000 £42 312 Pêcheurs déchargeant leur bateau sur une plage hollandaise Huile/panneau 28x34cm/*11x13in* Bayeux 97

 $75 028 FF450 630 £45 000 View of Leiderdorp with Rowing Boats Oil/panel 36,5x55cm/*14x21in* London 98

 $122 100 FF609 000 £80 000 River landscape with fishermen Oil/canvas 112x177cm/*44x69in* London 95

 $8 043 FF46 035 £4 750 A Sketchbook Page, a View of the Breach in the St. Anthony's Dike Black chalk 10x15,5cm/*3x6in* Amsterdam 97

GOYEN van Jan Jozefsz. (Attr.) 1596-1665 **[6]**

 $14 000 FF81 700 £8 550 Animation sur la plage de Scheveningen Huile/panneau 36,5x51cm/*14x20in* Bruxelles 97

GOYO Hachiguchi c.1860-1921 **[12]**

 $1 000 FF5 698 £624 Cutting Her Nails Woodcut 45x32cm/*17x12in* New-York 97

GOZLAN Claude 1930 **[11]**

 $1 001 FF5 000 £654 Nocturne ma Vie Huile/toile 92x73cm/*36x28in* Paris 95

GOZZARD James Walter 1888-1950 **[11]**

 $2 556 FF14 930 £13 080 Rural England/Autumn morning on the Grand Junction Canal Oil/canvas 51x76cm/*20x29in* London 96

 $1 095 FF6 692 £680 A Cornish fisching Village Watercolour 27x45cm/*11x18in* Aylsham, Norfolk 97

GRAAF de Josua 1640/45-c.1712 **[13]**

 $3 000 FF18 159 £1 790 Views of the Netherlands Drawing 11,5x15cm/*4x5in* New-York 97

GRAAF de Timotheus 1650/70-? **[1]**

 $4 800 FF25 050 £2 900 Travellers in an Italianate wooded landscape Oil/canvas 91x80cm/*35x31in* London 96

GRAAT Barend Graet 1628-1709 **[9]**

 $13 000 FF67 600 £8 600 Two Shepherdesses preparing for a bath Oil/canvas 46x41cm/*18x16in* New-York 96

 $19 650 FF121 725 £11 700 A Family Group in front of a Palace Oil/canvas 184,5x125,5cm/*72x49in* Antwerpen 98

GRABACH John R. 1886-1981 **[30]**

  $700 FF3 600 £437 Bar Friends Oil/panel 12x22cm/*5x9in* Chicago, Illinois 96
  $3 500 FF21 263 £2 107 "Under Privildged Americans" Oil/board 35x45cm/*14x18in* St. Petersburg, Florida 98

GRABAR Igor Emanuilovich 1871-1960 **[5]**
  $19 626 FF120 036 £12 000 Birch Trees in Autumn Oil/canvas 96x65cm/*37x25in* London 98

GRABILL John XIX-XX **[2]**
  $3 200 FF18 857 £1 976 At the Dance, Big Foot's Band at Cheyenne River/Indian Chiefs... Albumen print 22x27cm/*9x11in* New-York 97

GRABINSKI Henryk 1842-1903 **[2]**
  $2 286 FF14 069 £1 399 Skaly w ojcowie Oil/canvas 43x34cm/*16x13in* Warszawa 98

GRABMAYER Franz 1927 **[10]**
  $2 536 FF15 095 £1 550 Ohne Titel (Feuerbild) Öl/Leinwand 96x117,5cm/*37x46in* Köln 98

GRABOWSKI Wojcieh 1850-1885 **[1]**
  $1 880 FF10 793 £1 146 A mill Oil/panel 37x27cm/*14x10in* Warszawa 97

GRABWINKLER Paul 1880-1946 **[10]**
  $1 150 FF5 860 £762 Veilchen in einem Glas Aquarell/Papier 12,5x9cm/*4x3in* Wien 96

GRABWINKLER Peter 1885-1943 **[10]**
  $1 125 FF6 659 £667 Vorstadt im Winter Öl/Leinwand 70x50cm/*27x19in* Wien 97

GRACE A.L. [4]
  $3 130 FF15 900 £2 000 The Collector joy Oil/canvas 46x56cm/*18x22in* London 96

GRACE James Edward 1851-1908 **[12]**
  $2 089 FF12 820 £1 301 Autumnal Landscape Oil/canvas 50x75cm/*19x29in* Melbourne 97

GRACE John Dibblee 1838-1919 **[4]**
  $866 FF4 224 £550 Design for a trompe-l'oeil ceiling Watercolour 24x20,5cm/*9x8in* London 95

GRACE John Gregory 1809-1889 **[2]**
  $7 769 FF46 000 £4 600 The Interior of the St. James's Theatre, London Watercolour 25,5x30cm/*10x11in* London 97

GRACHEV Mihail XX **[1]**
  $3 000 FF17 667 £1 851 Our Children (Young Artists) Photograph 39x60cm/*15x23in* New-York 97

GRACHT van der Gommaert 1590-1639 **[2]**
  $79 000 FF387 000 £50 000 Importante nature morte de fruits avec vase de fleurs Huile/toile 108x305cm/*42x120in* Bruxelles 95

GRACHT van der Gommaert (Attrib.) c.1590-1639 **[1]**
  $12 980 FF64 700 £8 500 Landscape with travellers halted near a bridge Oil/panel 34,5x53,5cm/*13x21in* London 95

GRADA de Raffaele 1885-1957 **[51]**
  $526 FF3 105 £311 Küstenlandschaft Öl/Karton 31x43cm/*12x16in* Zofingen 97
  $4 846 FF24 901 £2 885 Paesaggio lacustre Olio/tela 50x65cm/*19x25in* Roma 96
  $908 FF4 669 £541 Paesaggio Acquarello/carta 44x59cm/*17x23in* Roma 96

GRADISCHNIG Ernst 1949 **[2]**
  $1 221 FF6 250 £784 Ohne Titel Mischtechnik/Papier 27x38cm/*10x14in* Wien 96

GRADL Hermann 1883-1964 **[18]**
  $2 320 FF13 458 £1 428 In Franken Öl/Karton 30,3x36,3cm/*11x14in* Heidelberg 97
  $3 190 FF18 505 £1 963 Ammersee Öl/Karton 49x59,5cm/*19x23in* Heidelberg 97

GRADY Napoleone Luigi 1860-1949 **[4]**
  $5 922 FF30 619 £3 974 Joven mujer con cabello rubio Oleo/lienzo 103x70cm/*40x27in* Montevideo 96

GRAEB Carl Georg Anton 1816-1884 **[6]**
  $6 440 FF33 100 £4 014 Figures before a Monastery in an Italiante Landscape Oil/canvas 54x64,5cm/*21x25in* Wien 96
  $1 543 FF9 386 £946 Wasserfall Watercolour 37,8x26,4cm/*14x10in* Hamburg 98

GRAEB Paul 1842-1892 **[5]**
  $242 FF1 475 £148 "Wallfahrtscapelle, Rhein" Watercolour 36,3x14,3cm/*14x5in* Hamburg 98

GRAEF de Jan 1877-1952 **[23]**
  $378 FF2 273 £226 Fleurs Huile/panneau 60x50cm/*23x19in* Antwerpen 98

GRAEF Robert A. c.1878-1951 **[1]**
  $1 900 FF9 300 £1 203 Lion teacher: "We shall now take up the study of man" Watercolour 45x45cm/*18x18in* New-York 95

GRAEME Colin 1858-1910 **[74]**
- $1 906 FF10 945 £1 174 Three Spaniels Oil/canvas 39,5x60cm/*15x23in* Johannesburg 97
- $2 230 FF11 610 £1 400 Setters in a moorland landscape Oil/canvas 29,5x39,5cm/*11x15in* London 96

GRAESER Camille 1882-1980 **[23]**
- $1 858 FF10 856 £1 141 Translokation Acrylic/panel 30x30cm/*11x11in* Luzern 97
- $27 536 FF160 836 £16 904 Teilung 1 + 4 = 2 Öl/Leinwand 64x32cm/*25x12in* Luzern 97
- $310 FF1 851 £190 Translokation Farblithographie 50x50cm/*19x19in* Zürich 98

GRAF Carl C. 1890-1947 **[3]**
- $6 500 FF36 973 £4 007 Indiana Landscape Oil/board 71x91cm/*28x36in* Cincinnati, Ohio 97

GRAF Emil 1901-1980 **[3]**
- $4 101 FF24 380 £2 508 In der Schmiede Oil/panel 54,5x112cm/*21x44in* Bern 97

GRAF Ernst 1909-1988 **[17]**
- $74 FF435 £44 Grock Linocut in colors 18x11cm/*7x4in* St.Gallen 97

GRAF Gerhard 1883-1960 **[15]**
- $2 262 FF13 391 £1 343 Der Marienplatz in München Öl/Leinwand 90x67cm/*35x26in* Dresden 97

GRAF Gottfried 1881-1938 **[10]**
- $563 FF3 350 £349 Wiederkunft Woodcut 34,7x19,6cm/*13x7in* Stuttgart 97

GRAF Karl 1902-1986 **[5]**
- $1 027 FF6 044 £634 Blick auf Speyer Aquarell 50,5x70cm/*19x27in* Heidelberg 97

GRAF Ludwig Ferdinand 1868-1932 **[4]**
- $25 900 FF135 200 £15 400 Still life Oil/panel 40x39,5cm/*15x15in* Wien 96

GRAF Oskar 1873-1957 **[14]**
- $75 FF437 £46 Obsternte am Bodensee Radierung 29,6x20,2cm/*11x7in* Heidelberg 97

GRAF Paul Emanuel 1856-1903 **[13]**
- $2 738 FF15 682 £1 671 Liten sjöjungfru Oil/canvas 48x62cm/*18x24in* Stockholm 97

GRAF Philip 1874-? **[12]**
- $1 641 FF10 056 £980 Watzmann Oil/canvas 71x101cm/*27x39in* Dresden 98

GRAF Urs c.1485-1527 **[10]**
- $434 FF2 534 £266 Juden versuchen Christus zu steinigen/Christ vor Pilatus/Kreuztragung Woodcut 21,8x15,9cm/*8x6in* Berlin 97

GRAFF Anton 1736-1813 **[35]**
- $1 609 FF9 669 £965 Porträt einer Dame Miniature 10,5x9,8cm/*4x3in* Luzern 98
- $8 261 FF47 265 £5 156 Porträt des Markus von Schnurbein Öl/Leinwand 62x50cm/*24x19in* Stuttgart 97
- $28 050 FF146 710 £17 000 Saint Mary Magdalen Oil/canvas 119x187,5cm/*46x73in* London 96

GRAFF Anton (Attrib.) 1736-1813 **[6]**
- $2 707 FF15 540 £1 650 Die büssende Maria Magdalena Gouache/papier 18,6x27,5cm/*7x10in* Berlin 97

GRAFFENRIED Anton Rudo Yvon 1719-1780 **[1]**
- $3 980 FF19 880 £2 600 An evening landscape Oil/canvas 47x74cm/*18x29in* London 95

GRAFTON Robert Wadsworth 1876-1936 **[6]**
- $3 000 FF18 337 £1 835 Boys Playing Oil/canvas 60x50cm/*24x20in* Cincinnati, Ohio 98

GRAHAM Colin D. 1915 **[24]**
- $583 FF3 040 £385 Summit Oil/canvas 66x91,5cm/*25x36in* Calgary, Alberta 96
- $336 FF1 713 £202 Dark Spruce, Foothills Gouache/paper 35,5x54,5cm/*13x21in* Calgary, Alberta 96

GRAHAM Dan 1942 **[13]**
- $475 FF2 848 £292 "Homes for America" Offset 49,35x55,5cm/*19x21in* Köln 98
- $7 500 FF43 554 £4 581 Tract Housing Project, Bayonne Cibachrome print 22,9x33cm/*9x12in* New-York 97

GRAHAM George 1881-1949 **[38]**
- $129 FF747 £80 Cattle Grazing in a Highland Valley Watercolour 5,5x35,5cm/*2x13in* London 97

GRAHAM James of Fereneze 1806-1869 **[5]**
- $7 700 FF44 000 £4 716 "Pyramides de Gizeh", Le Caire Tirage albuminé 10,3x25,8cm/*4x10in* Paris 97

GRAHAM John D. 1881-1961 **[10]**
- $6 000 FF34 246 £3 709 Jester on a horse Oil/board 51,5x40,5cm/*20x15in* New-York 97
- $145 000 FF702 000 £93 000 Head of a woman Mixed media/paper 61x48cm/*24x18in* New-York 95

GRAHAM Laura M. XX **[9]**
- $450 FF2 736 £269 Remnants Oil/canvas 91x76cm/*36x30in* New-York 97

GRAHAM Maria Dundas Callcot 1785-1842 **[1]**

$1 196 FF7 171 £720 Journal of a residence in India: Edinburg: George Ramsay... Etching 25,5x20cm/*10x7in* London 98

GRAHAM Peter 1836-1921 **[30]**
$4 970 FF25 900 £3 000 Highland cattle Oil/canvas 61x92cm/*24x36in* Glasgow 96

GRAHAM Robert 1938 **[20]**
$3 000 FF17 391 £1 768 Untitled (labor) Relief 31,5x31,5cm/*12x12in* New-York 97
$40 000 FF203 700 £24 000 Dance Figure I Bronze 236x51x51cm/*92x20x20in* New-York 96

GRAHAM Robert Alexander 1873-1946 **[4]**
$2 500 FF14 509 £1 526 Red Lillies with Celadon Bowl Oil/canvas 61x61cm/*24x24in* Los Angeles 97

GRAHAM Thomas Alexander 1840-1906 **[3]**
$3 352 FF20 220 £2 000 The Young Sailor Oil/canvas 76,5x63,5cm/*30x25in* West Lothian 98

GRAILLY de Victor 1804-1889 **[27]**
$2 912 FF17 500 £1 760 La Seine et les coteaux de Suresnes Huile/toile 18x26cm/*7x10in* Paris 98
$6 000 FF31 300 £3 770 View of Hudson Oil/canvas 56x71cm/*22x28in* New-York 96

GRAILLY de Victor (Attrib.) 1804-1889 **[7]**
$3 700 FF22 050 £2 297 The Ox bow on the Connecticut River Oil/canvas 46x61cm/*18x24in* Washington 97

GRAMATTÉ Walter 1897-1929 **[82]**
$101 FF603 £61 Lauschende (Sonia Gramatté, einen Vogel in den Händen) Lithograph 46,3x34,3cm/*18x13in* München 98
$591 FF3 040 £378 Lesender Mann Chalks/paper 19,3x12,2cm/*7x4in* Bielefeld 96

GRAMATZKI Eve 1935 **[7]**
$536 FF2 600 £346 Sans titre Gouache 50x65cm/*19x25in* Paris 95

GRAMICCIA Lorenzo (Attrib.) 1702-1795 **[1]**
$9 161 FF55 326 £5 500 Portrait of Three Children in an Interior Oil/canvas 46x60cm/*18x23in* London 98

GRAMM Josef XX **[2]**
$2 595 FF15 108 £1 600 Blumen in vase/Kiefernzweig Photogram/Narzissen, late 1920s Photograph 30x21cm/*11x8in* London 97

GRAMMATICA Antiveduto c.1570-1626 **[6]**
$11 000 FF64 858 £6 745 Allegory of Prudence and Justice Oil/canvas 49,5x64,5cm/*19x25in* New-York 98

GRAMMATICA Antiveduto (Attrib.) c.1570-1626 **[3]**
$1 656 FF9 787 £1 025 Judith und ihre Dienerin verlassen das Zelt des Holofernes Öl/Leinwand 76x87cm/*29x34in* Zürich 97

GRAMMOUDAKIS Georgios 1825-1875 **[1]**
$3 290 FF17 150 £1 985 The Temple of Olympious Zeus Oil/canvas 36,5x50cm/*14x19in* Athens 96

GRAN Daniel 1694-1757 **[11]**
$4 340 FF21 920 £2 845 Anna und Joachim mit ihrer Tochter Maria Öl/Leinwand 42x33cm/*16x12in* Wien 96
$26 400 FF138 080 £16 000 Saint Elisabeth of Portugal distributing Alms Oil/canvas 97,5x51,5cm/*38x20in* London 96
$2 860 FF14 950 £1 703 Skizzenblat mit Figuren Ink 20,5x33,6cm/*8x13in* Hamburg 96

GRANACCI Francesco 1477-1543 **[4]**
$49 900 FF257 000 £32 000 Saint Francis and Saint Dominic embracing Oil/panel 66x47cm/*25x18in* London 96

GRANATA Louis XIX-XX **[5]**
$672 FF3 500 £422 Portrait de vieil Arabe en turban Huile/panneau 46,5x38,5cm/*18x15in* Paris 96

GRANCHI-TAYLOR Achille 1857-1921 **[55]**
$2 820 FF13 800 £1 814 Ravaudage des filets Huile/toile 32x41cm/*12x16in* Brest 95
$353 FF1 700 £222 Portait d'un jeune mousse Crayon 24x18cm/*9x7in* Douarnenez 95

GRAND Jean-Baptiste XVIII-XIX **[1]**
$7 850 FF40 000 £5 170 Fleurs de printemps dans un vase d'orfèvrerie Huile/panneau 53x43,5cm/*20x17in* Paris 96

GRAND-CARTERET Jean-Albert 1903 **[10]**
$414 FF2 500 £254 Portrait de femme au foulard bleu Pastel 80x60cm/*31x23in* Paris 98

GRANDEE Joe Ruiz, John 1929 **[4]**
$3 500 FF21 276 £2 155 General Custer and his wife on horses Oil/canvas 50x59cm/*20x23in* San Francisco 98
$2 310 FF13 832 £1 419 Steve Louis Soldier Gouache/paper 60x45cm/*24x18in* Dallas, Texas 98

GRANDGÉRARD Lucien 1880-1970 **[42]**

$321 FF1 600 £209 Maison provençale Huile/toile 19x24cm/*7x9in* Saumur 95

$935 FF4 820 £600 The young ballerina Oil/panel 51x41cm/*20x16in* London 96

GRANDI Francesco 1831-1891 **[3]**

$1 408 FF8 403 £849 An angel seated on clouds Black & white chalks 36,4x27,1cm/*14x10in* London 97

GRANDIN Eugène 1833-1919 **[13]**

$825 FF4 600 £504 Le trois-mâts La Belle Poule en rade Aquarelle, gouache 18,5x27,5cm/*7x10in* Le Havre 97

GRANDIO Constantino 1926-1977 **[34]**

$4 900 FF27 860 £2 940 Paisana Oleo/tabla 63x48cm/*24x18in* Madrid 97

GRANDJEAN Edmond G. (Attrib.) 1844-1908 **[1]**

$6 300 FF30 700 £4 000 Le Boulevard Malsherbes, Paris Oil/canvas 75x105cm/*29x41in* London 95

GRANDJEAN Edmond Georges 1844-1908 **[1]**

$13 196 FF76 545 £7 800 The Duet Oil/canvas 39x31cm/*15x12in* London 97

GRANDJEAN Jean 1752-1781 **[3]**

$2 107 FF12 000 £1 299 Personnages dans un parc à l'antique Encre 15x19,5cm/*5x7in* Blois 97

GRANDKOVSKII Nikolai Karlovich 1864-1907 **[3]**

$7 600 FF38 000 £5 000 Bathing after the Blessing of the waters on the Sixth January Oil/canvas 86x135cm/*33x53in* London 95

GRANDMAISON de Nicholas 1892-1978 **[35]**

$2 034 FF11 869 £1 246 Portrait of Naposis Oil/canvas 33x28cm/*12x11in* Toronto 97

$6 346 FF37 578 £3 769 Portrait of an Indian Oil/canvas 59,5x45,5cm/*23x17in* Toronto 97

$584 FF2 856 £376 Hunters, Qu'Appele Valley Watercolour/paper 12x15cm/*5x6in* Calgary, Alberta 95

GRANDMAISON de Oreste, Rick 1932-1985 **[27]**

$620 FF3 624 £369 Pioneer Bridge in Sun Oil/board 35,5x45,5cm/*13x17in* Calgary, Alberta 97

GRANDON Charles I c.1691-1762 **[1]**

$7 100 FF35 000 £4 610 Jeune femme tenant une fleur Huile/toile/panneau 91x65cm/*35x25in* Paris 95

GRANDSIRE Eugène Pierre 1825-1905 **[2]**

$2 171 FF13 000 £1 333 Paris, bateaux lavoir sur la Seine au coucher de soleil Pastel/toile 62x82cm/*24x32in* Paris 98

GRANDVILLE Jean Ignace Gérard 1803-1847 **[32]**

$600 FF3 500 £370 Projet d'illustration pour "Un autre monde" Encre 19x15,5cm/*7x6in* Paris 97

GRANELL Eugenio Fernandez 1912 **[18]**

$1 650 FF9 925 £1 025 Piano Acuarela/papel 22x29cm/*8x11in* Madrid 97

GRANER Ernst 1865-1943 **[86]**

$366 FF1 850 £240 Sitzende Frau Aquarell/Papier 21x14cm/*8x5in* Wien 96

GRANER Y ARULFI Luis 1863-1929 **[63]**

$2 200 FF13 126 £1 327 Hudson River Oil/canvas 33x48cm/*13x19in* New Orleans, Louisiana 97

$3 630 FF21 835 £2 255 Paisaje castellano Oleo/lienzo 76,5x81cm/*30x31in* Madrid 97

$50 250 FF296 250 £30 750 Puerto al anochecer Oleo/lienzo 101x122cm/*39x48in* Barcelona 98

$1 235 FF7 505 £741 Campesino Acuarela/papel 23x18,5cm/*9x7in* Madrid 98

GRANET Francois-Marius 1775-1849 **[52]**

$8 310 FF50 000 £4 975 Procession dans un village de la vallée de La Piave Huile/panneau 24x32cm/*9x12in* Paris 98

$65 000 FF389 220 £39 780 View of Digne from Saint-Lazare Oil/canvas 39x48cm/*15x18in* New-York 97

$4 215 FF21 000 £2 760 Messe en plein air devant la statue de la Vierge près d'un palais Encre Chine 26,3x34cm/*10x13in* Paris 95

GRANFELT Sigrid 1868-1942 **[1]**

$1 501 FF8 865 £888 Vårvinter Oil/canvas 27x46cm/*10x18in* Helsinki 97

GRANGER Geneviève 1877-1967 **[2]**

$2 850 FF14 800 £1 884 Jeune femme fleurie Bronze H40cm/*H15in* Bruxelles 96

GRANT Carleton c.1860-c.1920 **[16]**

$477 FF2 893 £300 Coastal scene Watercolour/paper 22x33cm/*9x13in* Birmingham 97

GRANT Clement Rollins 1849-1893 **[7]**

$1 400 FF8 413 £846 Young Girl Standing in a Meadow Watercolour/paper 26x40cm/*10x15in* New-York 98

GRANT Donald C. 1942 **[36]**

  $3 431 FF19 516 £2 100 Lions, wild Africa Oil/canvas 51x76cm/*20x29in* London 97
  $6 810 FF35 500 £4 500 The Big Five : Leopard/Lion/Rhino/Cheetah/Elephant Oil/canvas 24x29cm/*9x11in* London 96

GRANT Duncan J. Corrowr 1885-1978 **[203]**
  $1 134 FF5 900 £750 Doll, drum and violin Oil/canvas 41x56cm/*16x22in* London 96
  $2 389 FF14 464 £1 500 Barn Oil/canvas/board 34x41,5cm/*13x16in* London 97
  $13 512 FF82 346 £8 200 The Cymbal player Oil/canvas 328x176cm/*129x69in* London 98
  $1 700 FF9 901 £1 038 Male Nude Charcoal/paper 56x38cm/*22x14in* New-York 97

GRANT Duncan J.C. (Attrib) 1885-1978 **[2]**
  $7 754 FF46 242 £4 800 Still life with bottle, plates, glass and apple Gouache 50x36cm/*19x14in* London 97

GRANT Francis 1803-1878 **[25]**
  $2 634 FF13 500 £1 600 Portrait of a Gentleman, wearing a dark suit, a sketch Oil/board 33,5x24cm/*13x9in* London 96
  $4 420 FF21 600 £2 800 A mother and child fleeing by night Oil/canvas 23x140cm/*9x55in* London 95

GRANT Francis (Attrib.) 1803-1878 **[3]**
  $6 474 FF37 401 £3 800 The Meet Oil/canvas 69,5x90cm/*27x35in* London 97

GRANT Frederic Milton 1886-1959 **[12]**
  $4 250 FF22 000 £2 840 Pirates and treasure leaving ship, illustration for "Treasure" Oil/canvas 76x91cm/*30x36in* New-York 96

GRANT Gordon Hope 1875-1962 **[133]**
  $2 016 FF11 376 £1 235 Ships at Sea Oil/board 22x30cm/*9x12in* Mystic, Connecticut 97
  $3 500 FF19 031 £2 095 Destroyer Escort Oil/canvas 63x76cm/*25x30in* Portsmouth, NH. 97
  $130 FF786 £81 Fog Over Gloucester Lithograph 22x28cm/*9x11in* Bethesda, Maryland 97
  $750 FF4 587 £445 Brace's Rock Watercolour/paper 39x56cm/*15x22in* Washington 98

GRANT James Ardern 1885-1973 **[17]**
  $466 FF2 400 £300 Midsummer idyll with faun Oil/canvas 118x55cm/*46x21in* London 96

GRANT William James 1829-1866 **[2]**
  $4 550 FF23 200 £3 000 View from above Wandsworth, Westminster and St. Pauls in the distance Oil/canvas 35,5x46cm/*13x18in* London 96

GRANVILLE Jean Ignace 1803-1847 **[3]**
  $1 127 FF7 000 £676 La toise Dessin 11x15,5cm/*4x6in* Paris 98

GRANVILLE-SMITH Walter 1870-1938 **[9]**
  $800 FF4 761 £496 Cart and Figures on a Road Oil/board 12x16cm/*4x6in* North Berwick, Maine 97
  $850 FF5 059 £527 Edge of the Woods Watercolour/paper 8x11cm/*3x4in* North Berwick, Maine 97

GRARD George 1901-1984 **[28]**
  $169 FF981 £105 Liggend Naakt Estampe 51x56cm/*20x22in* Lokeren 97
  $6 950 FF36 100 £4 370 Nu debout Bronze H60cm/*H23in* Antwerpen 96

GRAS Amédée 1805-? **[2]**
  $2 836 FF17 391 £1 700 At the Riverside Oil/panel 38x24,5cm/*14x9in* London 98

GRAS Francisco 1897-? **[2]**
  $1 950 FF10 000 £1 186 Mauresque au foulard jaune Pastel/papier 60x30cm/*23x11in* Paris 96

GRASDORP Willem 1678-1723 **[6]**
  $18 000 FF109 688 £10 965 Grapes, Pomegranates, Plum on a Stone Ledge Oil/canvas 40x33cm/*15x12in* New-York 98
  $67 356 FF398 804 £40 000 Still life of roses, lilies, peonies, tulips and other flowers Oil/canvas 64,5x54,5cm/*25x21in* London 97

GRASHEY Otto 1833-1912 **[2]**
  $3 720 FF18 600 £2 410 Dackel auf der Pirsch Öl/Karton 46x57cm/*18x22in* Wien 96

GRASHOF Otto 1812-1876 **[2]**
  $21 315 FF121 456 £13 312 Indios und Gauchos in der Pampa Öl/Leinwand 80x105cm/*31x41in* Köln 97

GRASS Günter 1927 **[27]**
  $256 FF1 324 £165 Portrait des Schriftstellers Peter Bichsel Lithographie 64x94cm/*25x37in* Zofingen 96

GRASS-MICK Auguste 1873-1963 **[38]**
  $1 640 FF8 500 £1 082 Au Palais, avant l'audience Huile/isorel 22x30cm/*8x11in* Saint-Dié 96
  $3 846 FF23 500 £2 387 Scène de bar Huile/toile 38x46cm/*14x18in* Deauville 97
  $547 FF3 200 £324 La visite de la grotte Aquarelle 21,3x33cm/*8x12in* Paris 97

GRÄSSEL Franz 1861-1948 **[15]**

$3 645 FF21 753 £2 199 Enten auf dem Bauernhof Oil/panel 15,8x21,5cm/6x8in Köln 97
$15 920 FF79 500 £10 400 Enten im Weiher Öl/Leinwand 52x75cm/20x29in München 95
$4 186 FF24 088 £2 471 Sechs Enten auf einem Weiher Mischtechnik/Papier 32x55cm/12x21in München 97
GRASSERE Gérard 1915-1994 **[16]**
$2 051 FF12 189 £1 220 De Varkenshoeder - The Swineherd Oil/canvas 50x60cm/19x23in Amsterdam 97
GRASSET Eugène 1841-1917 **[69]**
$167 FF1 000 £101 Grafton Gallery Lithographie 70,5x48,5cm/27x19in Paris 97
$11 520 FF59 000 £7 000 "Bonne nouvelle" Watercolour 115,5x29,5cm/45x11in London 96
GRASSI Josef c.1758-1838 **[6]**
$10 945 FF64 805 £6 500 Portrait of a Gentleman, in white Coat, holding a walking stick Oil/canvas 82x65cm/32x25in London 97
GRASSI Niccola 1682-1750 **[7]**
$2 100 FF12 612 £1 259 Ester before Ahasuerus Oil/canvas 86x116cm/34x46in Philadelphia 98
GRASSI Niccola (Attrib.) 1682-1750 **[6]**
$342 FF2 000 £208 Le Couronnement de la Vierge Lavis 20x19cm/7x7in Paris 97
GRASSMAYR Johann George D. 1691-1751 **[2]**
$1 300 FF7 980 £796 Female Nude seen from Behind Chalks 50x18,5cm/19x7in New-York 98
GRATCHEV Alexei Petrovitch 1780-1850 **[5]**
$1 188 FF6 747 £743 Winterlich gekleidetes Paar Bronze 9x21x12,5cm/3x8x4in Köln 97
GRATCHEV Vassily Yacovlevitch 1831-1905 **[28]**
$3 370 FF17 300 £2 227 L'assaut Bronze H34,5cm/H13in Paris 96
GRATE Erik 1896-1983 **[65]**
$2 047 FF10 520 £1 276 "Antinea" Bronze H34cm/H13in Stockholm 96
$18 228 FF105 504 £11 214 "Apollon" Bronze H95cm/H37in Stockholm 97
GRATIA Charles Louis 1815-1911 **[2]**
$23 640 FF122 000 £15 230 Portrait de Frédéric Chopin Huile/toile 80x63,5cm/31x25in Paris 96
GRAU Enrique 1920 **[15]**
$9 500 FF49 600 £5 650 Gatos Adivinos Oil/canvas 31x60,5cm/12x23in New-York 96
$75 000 FF430 537 £45 720 La pitonisa de Florencia Oil/canvas 234x285cm/92x112in New-York 97
$600 FF3 422 £366 "Prima Colazione a Firenze" Etching 24x29cm/9x11in Washington 97
GRAU SANTOS Julián 1937 **[23]**
$3 185 FF19 355 £1 960 "Vinas del Penades" Oleo/lienzo 54x65cm/21x25in Madrid 98
GRAU Xavier 1951 **[5]**
$4 690 FF27 650 £2 800 "Fatxenda" Técnica mixta/papel 146x114cm/57x44in Madrid 97
GRAU-SALA Emilio 1911-1975 **[567]**
$5 159 FF31 500 £3 083 Les Elégantes au théâtre Huile/toile 24,5x19cm/9x7in Honfleur 98
$16 000 FF82 800 £10 230 Deauville, le paddock Oil/panel 46x55cm/18x21in New-York 96
$253 FF1 540 £156 Tres generaciones Litografía 52x68cm/20x26in Madrid 98
$158 FF950 £96 Les joueurs de cartes Crayon/papier 24,5x28cm/9x11in Paris 97
GRAUBNER Gotthard 1930 **[98]**
$2 820 FF14 430 £1 810 Kleines Kissenbild Mixed media/panel 29,5x23,5x3cm/11x9x1in Wien 96
$12 962 FF77 155 £7 923 Shwarze Venus Acrylic 70,5x66x15cm/27x25x5in Berlin 98
$54 400 FF282 600 £36 000 Kissenbild Acrylic/canvas 203x153x15,2cm/79x60x5in London 96
$180 FF1 072 £111 Kissenbild Etching, aquatint 29,4x22cm/11x8in München 97
$2 096 FF10 840 £1 354 Kissenbild Aquarell 54,5x50cm/21x19in Hamburg 96
GRAUPENSTEIN Friedrich Wilhelm 1838-1897 **[2]**
$2 731 FF16 778 £1 638 Kapitän Wilhelm von bremen und seine Gattin mit Töchterchen Öl/Leinwand 100x84cm/39x33in Bremen 98
GRAUSS Gerhard Hendrik 1882-1929 **[9]**
$7 926 FF46 871 £4 758 Café Bodycolour 194x64cm/76x25in Amsterdam 97
GRAVELOT Hubert Fr. (Attrib.) 1699-1773 **[10]**
$1 219 FF7 086 £750 The Ascension Ink 41,5x26cm/16x10in London 97
GRAVELOT Hubert Fr. d'Anville 1699-1773 **[20]**
$1 766 FF9 000 £1 164 Henri IV remettant l'Ordre du Saint-Esprit Encre 10x13cm/3x5in Paris 96
GRAVEROL A. 1865-1949 **[1]**
$1 824 FF9 000 £1 190 "Paul Verlaine à l'Hôpital Broussais" Aquarelle/papier 32x24cm/12x9in Paris 95

G

GRAVEROL Jane 1910 **[5]**
$735 FF4 251 £452 L'amant bléssé Pastel/papier 49x57cm/*19x22in* Bruxelles 97

GRAVES Abbott Fuller 1859-1936 **[61]**
$4 500 FF26 881 £2 755 Roses on a Table Oil/board 23x29cm/*9x11in* New-York 98
$25 000 FF142 370 £15 417 Passing the Garden Gate Oil/canvas 51x61,5cm/*20x24in* Boston, Mass. 97
$2 200 FF13 505 £1 347 The Veranda Pastel/paper 35x25cm/*14x10in* New Orleans, Louisiana 98

GRAVES François 1934 **[75]**
$258 FF1 300 £166 Plage Huile/panneau 14x33cm/*5x12in* Cherbourg 96

GRAVES Henry Richard c.1820-c.1885 **[6]**
$2 969 FF17 751 £1 800 Portrait of Miss Adelaïde Denys, later Wife of Sir James Lamont Oil/canvas 92,5x72cm/*36x28in* Glasgow 97
$6 830 FF34 900 £4 500 Portrait of Lady Dorothy Nevill (1826-1913), full-length Oil/panel 26x20,5cm/*10x8in* London 96

GRAVES Morris 1910 **[42]**
$6 500 FF33 500 £4 160 Ocean landscape Tempera 37x49,5cm/*14x19in* New-York 96
$40 000 FF233 644 £24 556 Gandor Drinking Moonlight Oil/canvas 122x229cm/*48x90in* New-York 97
$5 500 FF31 828 £3 383 Bird Wash 38x57cm/*14x22in* Los Angeles 97

GRAVES Nancy 1940 **[28]**
$30 000 FF174 216 £18 327 Fluttering of Wings and Skirts Mixed media/canvas 188x239x53,5cm/*74x94x21in* New-York 97
$3 500 FF20 045 £2 070 Luna Map I-X Lithographie couleurs 57x76,5cm/*22x30in* New-York 97
$19 000 FF92 000 £12 200 Mover Bronze H62cm/*H24in* New-York 95

GRAVINA Antonio 1934 **[30]**
$1 054 FF6 000 £650 Boulevard animé Huile/toile 40x50cm/*15x19in* Vannes 97

GRAY Harold 1894-1968 **[2]**
$12 000 FF62 100 £8 020 Annie stays at house full of ghosts, for "Little Orphan Annie" Watercolour 61x41cm/*24x16in* New-York 96

GRAY Henri Boulanger 1858-c.1924 **[44]**
$1 200 000 FF7 151 400 £719 400 "Le Tréport Mers" Poster 128x90cm/*50x35in* New-York 98

GRAY Henry Percy 1869-1952 **[85]**
$15 000 FF77 700 £9 740 Sand Dunes Near Monterey Oil/board 40,5x49,5cm/*15x19in* San Francisco-Los Angeles 96
$9 500 FF49 600 £5 740 San Francisco Bay from Redwood City Watercolour/paper 25,5x35cm/*10x13in* San Francisco-Los Angeles 96

GRAY Jack c.1920-c.1990 **[4]**
$19 000 FF99 100 £11 480 The Doryman Oil/board 63x76cm/*24x29in* New-York 96

GRAY Jack Lorimer 1927-1981 **[21]**
$7 500 FF43 962 £4 616 Corvette - Seascape Oil/canvas 66x111cm/*26x44in* Anchorage, AK 97

GRAY James ?-1947 **[8]**
$1 515 FF8 973 £900 The Cactus House Watercolour/paper 70x52cm/*27x20in* London 97

GRAY John Abernathy Lynas c.1870-c.1940 **[12]**
$676 FF4 133 £420 After RAin, Hawes Watercolour 48x73cm/*19x29in* Aylsham, Norfolk 97

GRAY Joseph 1890-1962 **[10]**
$362 FF2 167 £220 White Horse Close Etching 21,5x28,5cm/*8x11in* London 97

GRAY Kate XIX **[9]**
$1 400 FF8 510 £849 Portrait of a Young Girl with a Basket of Flowers Oil/canvas 50x50cm/*20x20in* Elgin, Illinois 98

GRAY Norah Neilson 1882-1931 **[2]**
$1 360 FF6 940 £900 Fairies Watercolour 32x43cm/*12x16in* Glasgow 96

GRAY Percy 1869-1952 **[22]**
$5 500 FF33 112 £3 290 Oak near Monterey Watercolour/paper 30,5x40cm/*12x15in* San Francisco 98

GRAY Ronald 1868-1951 **[5]**
$1 164 FF5 650 £750 Crowborough Common Oil/canvas 46x61cm/*18x24in* London 95

GRAZIANI CICCIO NAPOLETANO Francesco XVII **[8]**
$3 480 FF19 720 £1 740 Battaglia Olio/tela 23x32cm/*9x12in* Roma 98

GRAZIANI CICCIO NAPOLETANO Francesco (Attrib.) XVII **[3]**
$9 430 FF46 900 £6 000 The Sack of Rome Oil/canvas 108x145cm/*42x57in* London 95

GRAZIANI Ercole 1688-1765 **[7]**

🖋 *$8 500 FF51 797* £5 273 Ahasueras with Esther Oil/canvas 112x84cm/*44x33in* New-York 98
GRAZIANI Pietro XVII-XVIII **[5]**
🖋 *$8 394 FF51 000* £5 054 Combat de cavalerie entre les Chrétiens et les Turcs Huile/toile 46x85cm/*18x33in* Belfort 98
🖋 *$9 000 FF53 476* £5 491 Cavalry Skirmishes Between Turks and Christians Oil/canvas/board 24x50cm/*9x19in* New-York 98
GRAZIANI Pietro (Attrib.) XVII-XVIII **[3]**
🖋 *$1 612 FF9 633* £1 000 A Cavalery Engagement Oil/canvas 23x32cm/*9x12in* London 97
🖋 *$10 900 FF56 100* £6 800 Cavalry engagement Oil/canvas 62x96cm/*24x37in* London 96
GRAZIOSI Giuseppe 1879-1942 **[8]**
✍ *$52 800 FF256 000* £34 000 A female bather Sculpture H162cm/*H63in* London 95
GREACEN Edmund William 1877-1949 **[15]**
🖋 *$672 FF3 792* £411 Caribbean Island Oil/board 21x26cm/*8x10in* Mystic, Connecticut 97
🖋 *$22 000 FF129 716* £13 490 French Landscape Oil/canvas 66x81,5cm/*25x32in* New-York 98
GREACEN Nan 1909 **[8]**
🖋 *$3 249 FF18 547* £2 008 Spring flowers Oil/canvas 66x81cm/*25x31in* New-York 97
GREATBACH William 1802-? **[3]**
🎞 *$277 FF1 367* £180 The Waterloo Banquet at Apsley House, after William Salter Engraving 71x117cm/*27x46in* London 95
GREAVES Derrick 1927 **[12]**
✏ *$2 131 FF12 195* £1 300 "Falling Vase" Watercolour 119x160cm/*46x62in* London 97
GREAVES Henry & Walter 1850/46-1900/30 **[9]**
✏ *$3 700 FF19 300* £2 200 The King's Head and Eight Bells, Cheyne Walk Watercolour 48x61cm/*18x24in* London 96
GREAVES Walter 1846-1930 **[44]**
🖋 *$490 FF2 879* £300 Nocturne over Battersea Bridge Oil/canvas/board 37x28cm/*14x11in* London 97
🖋 *$1 677 FF9 762* £1 033 Spring plowing Oil/canvas 34x49cm/*13x19in* Cedar Falls, Iowa 97
✏ *$856 FF5 133* £520 "Portrait of Thomas Carlisle" Black chalk 36,5x25,5cm/*14x10in* Billingshurst, West Sussex 98
GREBBER de Pieter Fransz. 1573-1649 **[8]**
🖋 *$9 639 FF58 000* £5 771 La Sainte Famille avec Sainte Anne et Saint Jean-Baptiste Huile/toile 100x100cm/*39x39in* Paris 98
🖋 *$35 361 FF209 372* £21 000 Study of a Youth Oil/panel 43x34cm/*16x13in* London 97
GREBE Fritz 1850-1925 **[8]**
🖋 *$1 420 FF8 724* £852 Helle Mondnacht am Bodden bei Arenshoop Oil/canvas 50x75cm/*19x29in* Köln 98
GREBER Henri 1854-1941 **[3]**
✍ *$1 236 FF7 500* £734 Vercingétorix Bronze H90cm/*H35in* Lyon 98
GRECO Alberto 1931-1965 **[7]**
🖋 *$3 536 FF21 491* £2 122 Sin título Oleo 60,5x91cm/*23x35in* Madrid 98
✏ *$780 FF4 740* £480 "Que amor!" Tinta/papel 24x17cm/*9x6in* Madrid 98
GRECO el Dom. Theo. (Studio) c.1541-1614 **[1]**
🖋 *$28 000 FF145 000* £17 900 Saint Francis and Brother Leo meditating on Death Oil/canvas 99,5x74,5cm/*39x29in* New-York 96
GRECO el Dom. Theotokopoulos c.1541-1614 **[11]**
🖋 *$2 227 500 FF11 650 500* £1 350 000 Saint Francis and Brother Leo in meditation Oil/canvas 110x64,5cm/*43x25in* London 96
🖋 *$3 275 000 FF18 083 900* £2 043 600 Christ on the Cross Oil/canvas 43x28cm/*16x11in* New-York 97
GRECO Emilio 1913-1995 **[124]**
🖋 *$943 FF5 500* £581 Fleurs Huile/panneau 50x60cm/*19x23in* Saint-Dié 97
🎞 *$660 FF3 740* £330 "Comminiato N.13" Acquaforte 99x69cm/*38x27in* Prato 98
✍ *$13 200 FF74 800* £6 600 Nudo seduto Bronzo H76cm/*H29in* Prato 98
✍ *$73 395 FF415 905* £36 697 Grande Nudo Terracotta 165x59x54cm/*64x23x21in* Roma 98
✏ *$1 620 FF9 180* £810 Nudo di donna distesa China/carta 50x70cm/*19x27in* Firenze 98
GRECO Emilio XIX-XX **[36]**
🖋 *$1 444 FF8 434* £873 Blumenstilleben in aussergewöhnlicher altmeisterlicher Qualität Öl/Leinwand 122x92cm/*48x36in* Stuttgart 97

$2 804 FF13 780 £1 784 Assorted flowers Oil/canvas 120x110cm/*47x43in* Stuttgart 95
GRECO Gennaro Mascacotta 1663-1714 **[26]**
$8 500 FF44 000 £5 440 River landscape with figures among classical ruins Oil/canvas 23,5x33cm/*9x12in* New-York 96
$11 400 FF64 600 £5 700 Veduta architettonica Olio/tela 50x65,5cm/*19x25in* Milano 97
$17 540 FF84 900 £11 000 Nymphs bathing beneath the ruins of a Classical palace Oil/canvas 130x93cm/*51x36in* London 95
GREEN Alan 1932 **[13]**
$5 632 FF33 365 £3 400 "Open Order" Acrylic/canvas 244x305cm/*96x120in* London 97
$686 FF3 370 £437 Drawing No. 91 Gouache 67x87cm/*26x34in* København 95
GREEN Alfred H. XIX **[18]**
$1 959 FF11 940 £1 200 A Favourite Doll Oil/panel 25,5x31cm/*10x12in* London 98
$2 340 FF13 834 £1 400 On the Yorkshire Coast Oil/canvas 71x91,5cm/*27x36in* London 97
GREEN Amos 1735-1807 **[7]**
$144 FF862 £89 Landscape near Scarborough Watercolour 22x35,5cm/*8x13in* London 97
GREEN Anthony 1939 **[15]**
$1 533 FF8 858 £900 Lissenden Gardens Oil/board 122x91cm/*48x35in* London 97
$3 231 FF19 267 £2 000 Portrait fo Mr and Mrs G.R Cozenswalker Oil/board 152,5x229cm/*60x90in* London 97
$296 FF1 807 £180 Boy, Girl and Dog Pencil/paper 75x49,5cm/*29x19in* London 98
GREEN Benjamin c.1736-c.1800 **[2]**
$1 872 FF10 784 £1 100 "Phillis", a pointer of Lord Clermont Mezzotint 33,5x44,5cm/*13x17in* London 97
GREEN Charles 1840-1898 **[26]**
$20 000 FF100 000 £12 940 The Consultation Oil/canvas 74x100cm/*29x39in* New-York 96
$1 474 FF7 480 £950 Distant Thoughts Watercolour 27x21,5cm/*10x8in* London 96
GREEN Charles Edwin Lewis 1844-1915 **[11]**
$1 600 FF9 153 £998 Autumn in the Lynn Woods Oil/canvas 20x30,5cm/*7x12in* Boston, Mass. 97
GREEN Dennis 1945 **[5]**
$1 084 FF6 513 £650 European Bee-Eaters Watercolour/paper 38x56cm/*14x22in* London 98
GREEN Edward Frederick c.1767-1850 **[1]**
$5 420 FF28 100 £3 500 Indian snake-charmers Oil/canvas 77x64cm/*30x25in* London 96
GREEN Frank Russell 1856-1949 **[7]**
$2 000 FF11 869 £1 225 Market Day, Nemours Gouache/paper 60x93cm/*24x37in* New-York 98
GREEN Henry Towneley 1836-1899 **[5]**
$918 FF5 627 £550 Hostilities and the Slide Watercolour/paper 15x18cm/*5x7in* London 98
GREEN James 1771-1834 **[9]**
$1 689 FF10 000 £1 000 A Folio of Portrait Watercolours Watercolour 35,5x28cm/*13x11in* London 97
GREEN John Kenneth 1828-? **[5]**
$1 632 FF9 746 £1 000 Children Playing on a Path Beside a Cottage in a Wooded Landscape Oil/canvas 25,5x41cm/*10x16in* London 97
$2 554 FF15 055 £1 526 Englische Küstenlandschaften Öl/Leinwand 30x60cm/*11x23in* München 97
GREEN Mary James, née Gree 1776-1845 **[2]**
$8 170 FF48 923 £5 000 A Young Lady Miniature 16x13cm/*6x5in* London 97
GREEN Nathaniel Everett c.1833-1899 **[18]**
$426 FF2 600 £260 Bethlehem Watercolour/paper 18x27,5cm/*7x10in* London 98
GREEN Roland 1896-1972 **[149]**
$66 FF400 £40 A Cockatiel Watercolour/paper 15x10cm/*6x4in* Aylsham, Norfolk 98
GREEN Valentine 1739-1813 **[24]**
$169 FF1 000 £101 Le Libertin puni Mezzotint 61x45cm/*24x17in* Paris 97
GREEN William 1761-1823 **[3]**
$58 936 FF350 595 £35 000 Plato, a Favourite Pointer in a Landscape Oil/canvas 91,5x137cm/*36x53in* London 97
GREENAWAY Kate 1846-1901 **[21]**
$985 FF6 000 £600 Three Children Playing and a Bonneted Girl Dancing Watercolour/paper 7x7cm/*3x3in* Scarborough 98
GREENBAUM Joseph 1864-1940 **[9]**
$375 FF1 922 £229 Coastal Oil/cardboard 31x38cm/*12x15in* Altadena, CA 96

GREENE Albert van Nesse 1887-? **[10]**

🖼 *$3 248 FF16 872* £1 925 River Scene Oil/canvas 55x68cm/*22x27in* Mystic, Connecticut 97

GREENE Balcomb 1904 **[7]**

✏ *$3 000 FF17 921* £1 836 Untitled Collage/paper 19x15cm/*7x5in* New-York 98

GREENE Herb XX **[2]**

📷 *$3 200 FF18 680* £1 935 Rock and Roll, San Francisco Gelatin silver print 21x21cm/*8x8in* Beverly Hills, Calif. 97

GREENE J. Barry 1895-1966 **[5]**

🖼 *$9 500 FF57 194* £5 683 Rêverie (Reclining Female Nude) Oil/canvas 78,5x119,5cm/*30x47in* San Francisco 98

GREENE John Beasley 1832-1856 **[19]**

📷 *$2 632 FF15 000* £1 644 "Étude de terrain près Gebel Aboukir" Tirage papier salé 23,3x30cm/*9x11in* Chartres 97

GREENE Milton H. 1922-1985 **[51]**

📷 *$1 393 FF7 973* £850 Marilyn Monroe at Home Photograph 40,5x50cm/*15x19in* London 97

GREENE Thomas Garland 1875-1955 **[36]**

🎞 *$146 FF760* £96 Lorrie Team Etching 19x23cm/*7x9in* Calgary, Alberta 96

✏ *$139 FF836* £83 Three Toronto Centre Island Drawings Pencil/paper 18x23cm/*7x9in* Toronto 98

GREENHALGH Thomas XIX **[15]**

✏ *$571 FF3 485* £360 Houses by a Continental Canal Watercolour/paper 51x71cm/*20x27in* London 97

GREENHAM Peter 1909 **[9]**

🖼 *$724 FF4 185* £449 The Isle of Arran from Kintyre Oil/canvas/board 40,5x30,5cm/*15x12in* London 97

GREENHAM Robert Duckworth 1906-1975 **[53]**

🖼 *$737 FF3 634* £480 Janet seated beside yellow roses Oil/board 23x28cm/*9x11in* London 95

🖼 *$2 050 FF10 460* £1 350 The Punch & Judy Show Oil/canvas/board 46x36cm/*18x14in* London 96

GREENHILL Harold 1914 **[6]**

🖼 *$2 597 FF15 564* £1 549 Pond Square, Highgate Oil/board 41x47cm/*16x18in* Sydney 98

GREENLEAF Benjamin 1786-1864 **[1]**

🖼 *$8 000 FF47 961* £4 815 Captain Aaron Bird Agd. 48/Mrs Joanna Bird Agd. 46 Oil/panel 38,5x30cm/*15x11in* New-York 98

GREENLEES James XIX **[4]**

🖼 *$1 431 FF8 680* £849 Kamesburgh, Kyles of Bute Oil/board 23x35,5cm/*9x13in* Glasgow 98

GREENOUGH Richard Saltonstall 1819-1904 **[4]**

🗿 *$3 249 FF18 547* £2 008 Head of christ Marble H61cm/*H24in* New-York 97

GREENWOOD Ethan Allen 1779-1856 **[3]**

🖼 *$2 800 FF16 355* £1 718 Portrait of Mary Crombie Oil/panel 66x50cm/*26x20in* Boston, Mass. 97

GREENWOOD Ethan Allen (Attrib) 1779-1856 **[2]**

🖼 *$1 700 FF9 929* £1 043 Portrait of Young Benjamin Crombie in Navy Blue Oil/panel 50x35cm/*20x14in* Boston, Mass. 97

GREENWOOD Joseph H. 1857-1927 **[7]**

🖼 *$1 120 FF6 320* £686 Autumn Scene Oil/board 22x33cm/*9x13in* Mystic, Connecticut 97

🖼 *$3 250 FF18 510* £2 004 Indian Summer Twilight Oil/canvas 70,5x91,5cm/*27x36in* Boston, Mass. 97

GREENWOOD Marion 1909-1970 **[23]**

🖼 *$1 500 FF8 960* £918 The Jockey Oil/canvas 76x56cm/*29x22in* New-York 98

✏ *$500 FF2 560* £333 Portrait of an Oriental man Watercolour 43x28cm/*17x11in* Delray Beach, Florida 96

GREENWOOD Orlando 1892-1989 **[159]**

🖼 *$783 FF4 432* £480 A Vase of Tulips Oil/canvas 66x56cm/*25x22in* London 97

✏ *$277 FF1 404* £180 'The Yorkshire Dales' Watercolour, gouache 102x127cm/*40x50in* London 96

GREENWOOD Parker 1850-1904 **[5]**

🖼 *$2 525 FF12 410* £1 600 The White Star liner "Oceanic" at sea Oil/canvas 36x61cm/*14x24in* London 95

GREER A.D. 1904-? **[5]**

🖼 *$2 150 FF13 296* £1 291 Lazy River Landscape Oil/canvas 60x76cm/*24x30in* Houston, Texas 97

GREG Michel Régnier, dit 1932 **[5]**

✏ *$370 FF2 200* £224 Achille Talon pour "Sonnant du Ttalon" (Pilote No. 251) Encre Chine 37x31cm/*14x12in* Neuilly-sur-Seine 97

GREGERSEN Emil 1921 **[14]**

$1 123 FF7 080 £708 Udsigt over havet Oil/canvas 74x81cm/*29x31in* Vejle 97
GRÉGOIRE Louis 1840-1890 **[37]**
$1 380 FF8 022 £849 A Classical maiden Bronze H64cm/*H25in* London 97
GRÉGOIRE Paul XIX-XX **[9]**
$1 003 FF6 200 £615 Jeune fille de fouesnant Huile/toile 56x46cm/*22x18in* Quimper 97
$14 300 FF75 000 £8 610 Marché à Pont-L'Abbé, les volailles Huile/toile 162x225cm/*63x88in* Brest 96
GREGOOR Gillis Smak 1770-1843 **[6]**
$6 816 FF39 000 £4 032 Troupeau au bord de la rivière Huile/toile 70x100cm/*27x39in* Bruxelles 97
GREGORI Gino 1906-1973 **[98]**
$541 FF2 800 £362 L'étreinte Huile/carton 43x51cm/*16x20in* Neuilly 96
GREGORIO de Giuseppe 1920 **[14]**
$854 FF4 840 £427 "Natura morta con fiori secchi e frutti di mare" Olio/tela 74x93cm/*29x36in* Milano 97
GREGORY Charles 1849-1920 **[6]**
$1 474 FF7 600 £950 Cottages by a ford Watercolour 25,5x38cm/*10x14in* London 96
GREGORY Charles 1810-1896 **[9]**
$45 400 FF236 700 £30 000 The Sultan Abdul-Aziz at the Royal naval review, 17th July Oil/canvas 78x98cm/*30x38in* London 96
GREGORY Edward John 1850-1909 **[16]**
$904 FF5 490 £549 Forest Scene Oil/canvas 33x43cm/*12x16in* London 98
$1 386 FF8 264 £850 "Bon Jour" Watercolour 32,5x22cm/*12x8in* London 98
GREGORY George 1849-1938 **[50]**
$4 072 FF23 364 £2 500 The recue Oil/canvas 45x81cm/*17x31in* London 97
$451 FF2 689 £280 Continental Street Scene Watercolour/paper 54x37,5cm/*21x14in* Lymington 97
GREGORY George Frederick 1815-c.1885 **[9]**
$847 FF5 090 £506 Naval Flotilla Watercolour/paper 51,5x79cm/*20x31in* Melbourne 98
GREGORY John 1879-1958 **[5]**
$6 500 FF33 900 £3 930 "Toy Venus" Bronze H33cm/*H12in* New-York 96
GREGORY OF MELBOURNE Arthur Victor 1869-1957 **[13]**
$1 039 FF6 225 £619 The "Joan Craig" off Gabo Island Watercolour/paper 44x65cm/*17x25in* Melbourne 98
GREIFFENHAGEN Maurice William 1862-1931 **[14]**
$3 331 FF19 267 £2 000 The Knight's Sirens Watercolour 40x33,5cm/*15x13in* London 97
GREIG James 1861-1941 **[16]**
$276 FF1 653 £170 Stormy Day, Normandy Gouache/paper 36,5x38cm/*14x14in* Exeter, Devon 98
GREIL Alois 1842-1902 **[15]**
$1 298 FF6 720 £867 Verschiedenen Themen Drawing 8x5cm/*3x1in* Wien 96
GREINER Otto 1869-1916 **[53]**
$227 FF1 186 £133 "Mein Zeichenlehrer" Lithographie 50,5x33,5cm/*19x13in* Berlin 96
$1 473 FF7 380 £932 Nudes Drawing 45x34cm/*17x13in* Warszawa 95
GREIS Otto 1913 **[7]**
$6 943 FF40 554 £4 262 Tuareg-Serie Öl/Leinwand 115x70cm/*45x27in* Köln 97
GREIVE Johan Conrad, Jnr. XIX-XX **[5]**
$1 309 FF7 593 £802 Javanese landscapes Lithograph 35,8x26,5cm/*14x10in* Amsterdam 97
GREIVE Johan Conrad, Snr. 1837-1891 **[11]**
$14 007 FF81 056 £8 559 A Royal Barge passing a two-master firing a Salute Oil/panel 37x53,5cm/*14x21in* Amsterdam 97
$8 560 FF49 534 £5 230 A view of a Harbour Watercolour/paper 28x43,5cm/*11x17in* Amsterdam 97
GREMKE Deidrich Henry 1860-1939 **[5]**
$3 500 FF20 920 £2 121 After the Earthquake Oil/canvas 85,1x57,2cm/*33x22in* San Francisco-Los Angeles 97
GRENET DE JOIGNY Dominique Adolphe 1821-1885 **[7]**
$1 150 FF6 000 £684 Nature morte aux fruits Huile/toile 41x32,5cm/*16x12in* Cherbourg 96
GRENET Edouard, Edward 1857-? **[6]**
$1 700 FF9 895 £1 031 Winter Landscape Oil/canvas 30x40cm/*12x16in* Mystic, Connecticut 97
GRENIER DE SAINT MARTIN François, Francisque 1793-1867 **[9]**
$5 177 FF31 000 £3 093 Vue de la rade du Havre par temps de brume Huile/toile 23,5x31cm/*9x12in* Paris 98
GRENIER Henry XX **[10]**

✎ *$2 479 FF14 740* £1 536 Zwei Pariser Strassenszenen Gouache/papier 34x49cm/*13x19in* Stuttgart 97
GRENNES Johannes 1875-1963 **[12]**
☞ *$1 485 FF8 818* £912 Ung kvinde der skuer ud over havet Oil/canvas 41x59cm/*16x23in* Vejle 97
GRESLEY Frank 1855-1936 **[30]**
✎ *$1 008 FF5 190* £650 Figures on the banks of the Thames before Windsor Castle Watercolour 19x28cm/*7x11in* London 96
GRESLEY Harold 1892-1967 **[15]**
✎ *$947 FF5 585* £580 Outside The Cottage Watercolour/paper 18x26cm/*7x10in* Billingshurst, West Sussex 98
GRESLEY James Stephen 1829-1908 **[15]**
☞ *$242 FF1 403* £149 Figures on a Riverbank before a Bridge, with a mountainous Landscape Oil/panel 29x47cm/*11x18in* London 97
☞ *$2 931 FF17 408* £1 800 Beddlet, North Wales Oil/canvas 73x124cm/*28x48in* Billingshurst, West Sussex 97
✎ *$424 FF2 202* £280 Harvesters before Cauldwell Hall, South Derbyshire Watercolour/paper 28x43cm/*11x16in* London 96
GRESLY Gaspard, Gab. (Attr) 1712-1756 **[9]**
☞ *$1 354 FF7 000* £878 Portrait de vieille paysanne Huile/papier/toile 53x42cm/*20x16in* Paris 96
☞ *$4 461 FF26 000* £2 748 Trompe-l'oeil Huile/toile 44x30cm/*17x11in* Troyes 97
GRESLY Gaspard, Gabriel 1712-1756 **[11]**
☞ *$5 830 FF33 718* £3 500 Trompe l'Oeil with a Letter, Quill Pen, Print of two Figures Oil/canvas 44,5x36,5cm/*17x14in* London 97
GRESY Prosper 1810-1974 **[6]**
☞ *$5 970 FF34 000* £3 682 Paysage de montagne Huile/panneau 34x49cm/*13x19in* La Varenne Saint-Hilaire 97
GRETHE Carlos 1864-1913 **[21]**
▤ *$153 FF906* £95 Segelschiffe im Hafen Color lithograph 24,5x18,5cm/*9x7in* Pforzheim 97
GRETZNER Harold 1902-1977 **[12]**
✎ *$1 400 FF6 970* £917 Woolworth Building at Powell, San Francisco Watercolour/paper 41x48cm/*16x18in* San Francisco-Los Angeles 95
GREUTER Jakob 1890-1984 **[2]**
✎ *$2 567 FF13 200* £1 600 A Homo Medicus Coloured pencils 35x21cm/*13x8in* London 96
GREUZE Jean-Bapt. (Attrib.) 1725-1805 **[15]**
☞ *$1 668 FF10 000* £1 009 La Charité romaine, ou Cimon et Pera Huile/toile 65x85cm/*25x33in* Paris 97
✎ *$1 369 FF8 000* £810 Portrait d'enfant Sanguine/papier 30x25cm/*11x9in* Paris 97
GREUZE Jean-Baptiste 1725-1805 **[83]**
☞ *$49 600 FF240 000* £31 100 Portrait de jeune fille au regard levé Huile/toile 40x32,5cm/*15x12in* Paris 95
☞ *$55 000 FF329 340* £33 660 "The Little Mathematician": Boy wearing a white Shirt, holding Compass Oil/canvas 46,5x38cm/*18x14in* New-York 97
✎ *$12 000 FF66 298* £7 458 A kneeling Nude holding a Staff Red chalk/paper 45,6x30,1cm/*17x11in* New-York 97
GREVATTE Michael XX **[5]**
☞ *$534 FF2 690* £350 Classical female head Sculpture H56cm/*H22in* London 96
GREVEDON Pierre Louis, Henri 1776-1860 **[4]**
✎ *$3 063 FF17 647* £1 800 Portrait of Princess Charlotte Augusta Black chalk 66x51cm/*25x20in* London 97
GREVENBROECK Alessandro XVII-XVIII **[7]**
☞ *$6 213 FF38 000* £3 686 Piazza Colonna à Rome Huile/toile/panneau 18,5x26cm/*7x10in* Lyon 98
☞ *$28 700 FF139 000* £18 000 Mediterranean harbour scenes Oil/canvas 95x129cm/*37x50in* London 95
GREVENBROECK Charles L. (Attrib.) c.1730-c.1759 **[2]**
☞ *$9 600 FF50 100* £5 800 Capriccio view of a Mediterranean harbour Oil/copper 14,5x20cm/*5x7in* London 96
☞ *$17 063 FF99 150* £10 500 A capriccio view of a mediterranean Harbour Oil/canvas 87,5x120,5cm/*34x47in* London 97
GREVENBROECK Charles Leopold c.1730-c.1759 **[6]**
☞ *$4 518 FF26 000* £2 667 Paysage de rivière en Flandres avec scène de chasse Huile/toile 30x51cm/*11x20in* Paris 97
GREVENBROECK Orazio c.1670-1743 **[29]**
☞ *$5 571 FF32 000* £3 468 Paysage d'hiver Huile/toile 50x76cm/*19x29in* Paris 97

$12 798 FF74 410 £7 626 Fleuve au paysage de ville Huile/cuivre 23x35cm/9x13in Montréal 97
GREVENBROECK Orazio (Attrib.) c.1670-1743 **[7]**
$3 038 FF18 000 £1 819 Scène de tempête Huile/panneau 19,5x27cm/7x10in Lille 97
$16 486 FF93 420 £8 243 Galeoni, una galera e lari vascelli presso una costa mediterranea Olio/tela 82x155cm/32x61in Roma 97
GREY Alfred c.1840-1926 **[7]**
$3 919 FF23 121 £2 400 Cattle and Sheep on a Hillside Oil/canvas 71x94cm/27x37in London 98
GREY de Roger 1918-1995 **[18]**
$3 720 FF19 200 £2 400 Orchard Oil/canvas 95x91cm/37x35in London 96
GREY-SMITH Guy Edward 1916-1981 **[22]**
$6 746 FF34 623 £4 450 Salt Lake Oil/board 60x94,5cm/23x37in Sydney 96
$103 FF529 £68 Mountain View Linocut 20,5x46cm/8x18in Sydney 96
GRIBBLE Bernard Finegan 1873-1962 **[42]**
$2 371 FF13 645 £1 400 Cowes: The Turning Mark/Racing to the Finish Oil/canvas 46x61cm/18x24in London 97
$13 110 FF77 896 £8 000 Queen Elisabeth Visits the Troops Assembled at Tilbury Oil/canvas 103x300cm/40x118in London 98
$1 062 FF5 921 £649 "Canadian Pacific, Spans the World..." Poster 100x64cm/39x25in London 97
$599 FF3 769 £380 Low Tide Watercolour 19x72,5cm/7x28in Billingshurst, West Sussex 97
GRIBELIN Simon 1661/62-1733 **[2]**
$764 FF4 359 £470 Painted ceiling in the Banqueting House, after Rubens Engraving 32,5x46cm/12x18in London 97
GRIBKOV Sergei Ivanovich 1820-1893 **[2]**
$22 000 FF134 721 £13 167 Observing the Artist at Work Oil/canvas 68,5x91,5cm/26x36in New-York 98
GRIEBEL Otto 1895-1972 **[5]**
$455 FF2 380 £271 Baumallee mit einsamen Spaziergänger Ink/paper 20x23cm/7x9in München 96
GRIECHENLAND von André, Prinz XIX-XX **[2]**
$1 078 FF6 356 £644 Blick auf die Akropolis, Athen Aquarell/Papier 27x45cm/10x17in München 97
GRIENT de Cornelis 1691-1783 **[6]**
$1 467 FF8 653 £900 Busy Shipping Scenes Wash/paper 20x30,5cm/7x12in Billingshurst, West Sussex 98
GRIEPENKERL Christian 1839-1916 **[14]**
$1 313 FF7 670 £801 Portrait einer Dame Öl/Leinwand 61x46,5cm/24x18in Wien 97
$4 632 FF28 572 £2 778 Die Fischerin Öl/Leinwand 150x118cm/59x46in Wien 98
$577 FF3 357 £352 Mädchenbildnis im Blumenkranz Aquarell/Papier 30x22cm/11x8in Wien 97
GRIERA Rafael 1934 **[18]**
$630 FF3 582 £387 "Amsterdam" Oleo/lienzo 50x65cm/19x25in Barcelona 97
$136 FF794 £80 Naturaleza muerta con bibelot Aguada/papel 32,5x40cm/12x15in Barcelona 97
GRIERSON Charles Mac Iver 1864-1939 **[20]**
$6 522 FF38 872 £4 000 An Unpopular Pretender Oil/canvas 61x86,5cm/24x34in London 98
$647 FF3 816 £400 The Passing Hunt Watercolour 54x36,5cm/21x14in Billingshurst, West Sussex 97
GRIESHABER Helmut A.P., Hap 1909-1981 **[552]**
$18 285 FF110 814 £11 213 Wiese Woodcut in colors 61,5x78,5cm/24x30in Hamburg 98
$3 888 FF23 146 £2 377 Der Ostengel Bronze 40x25x1cm/15x9xin Berlin 98
GRIFFIER Jan I 1652/56-1718 **[34]**
$11 250 FF58 000 £7 250 Numerous skaters by a fortified town Oil/panel 28x37cm/11x14in Zürich 96
$14 848 FF76 838 £9 465 Gebirgige Flusslandschaft mit Schiffsleuten, Händlern... Oil/canvas 48x73,5cm/18x28in Zürich 96
$6 846 FF39 183 £4 043 The Ridderzaal at the Binnenhof, The Hague. Red chalk 10x15cm/3x5in Amsterdam 97
GRIFFIER Jan I (Attrib.) 1652/56-1718 **[10]**
$4 520 FF23 000 £2 700 Paysage animê Huile/panneau 48x63cm/18x24in Lyon 96
$1 341 FF8 036 £800 Views of the Rhine Valley Mine plomb 19x31cm/7x12in London 98
GRIFFIER John, Jan II ?-c.1750 **[5]**
$17 680 FF104 686 £10 500 A wooded Italianate Landscape with Classical Ruins Oil/canvas 60x60cm/23x23in London 97
GRIFFIER John, Jan II (Attr.) ?-c.1750 **[2]**
$31 699 FF193 404 £19 000 A Wooded River Landscape/A Wooded Landscape Oil/canvas 236x145,5cm/92x57in London 98

GRIFFIER Robert 1688-1750 **[18]**

☞ *$25 253 FF148 905 £14 950* Mountainous rhenish landscape with figures boating Oil/copper 28x30cm/*11x11in* London 97

☞ *$61 993 FF365 539 £36 700* Waterfowl, pigeons, a kingfisher, and a hoopone in the gardens Oil/canvas 100,5x131cm/*39x51in* London 97

GRIFFIER Robert (Attrib.) 1688-1750 **[4]**

☞ *$7 407 FF45 000 £4 459* Paysage de montagne avec des ruines et des voyageurs sur un pont Huile/toile 44x58cm/*17x22in* Paris 98

GRIFFIN Thomas Bailey 1858-? **[20]**

☞ *$1 050 FF6 272 £651* "The Delaware" Oil/canvas 30x45cm/*12x18in* Hatfield, Pennsylvania 97

☞ *$1 800 FF10 727 £1 079* Autumn Dusk Oil/canvas 45x76cm/*18x30in* Bethesda, Maryland 98

GRIFFIN Vaughan Murray 1903-? **[7]**

☞ *$5 981 FF36 232 £3 706* Summer Morning Oil/board 43x51,5cm/*16x20in* Melbourne 97

▭ *$391 FF2 349 £233* The Wave Linocut in colors 28x35cm/*11x13in* Melbourne 98

GRIFFIN Walter P. S. 1861-1935 **[20]**

☞ *$750 FF3 682 £477* Spring landscape Oil/board 20x25cm/*8x10in* North Berwick, Maine 95

GRIFFING Robert XX **[1]**

☞ *$40 000 FF201 600 £25 808* The Portage Oil/canvas 76x127cm/*30x50in* Hayden 96

GRIFFITH Louis Oscar 1875-1956 **[4]**

☞ *$6 500 FF39 731 £3 977* The Hills of Brown County Oil/canvas 60x76cm/*24x30in* Cincinnati, Ohio 98

GRIFFITH Moses 1747-1819 **[9]**

✎ *$1 501 FF9 161 £900* Helmsley Castle, Yorkshire Watercolour 21,5x31cm/*8x12in* London 98

GRIFFITH William Alexander 1866-1940 **[8]**

✎ *$3 250 FF18 864 £1 984* The Desert under a Blue Sky Pastel/paper 39,5x50cm/*15x19in* Los Angeles 97

GRIFFITHS Harley Cameron 1908-1981 **[10]**

☞ *$2 006 FF12 053 £1 217* A Glass of Wine, Flagon and Grapes Oil/board 48x58,5cm/*18x23in* Melbourne 98

GRIFFON Gabriel 1866-1938 **[12]**

☞ *$2 590 FF16 000 £1 556* Le concertn champêtre Huile/toile 60x81cm/*23x31in* Paris 98

✎ *$1 324 FF8 000 £804* Les baigneuses Pastel/papier 63x76cm/*24x29in* Lyon 98

GRIGGS Frederick Landseer 1876-1938 **[18]**

▭ *$409 FF2 541 £249* The Ford Etching 15x23,5cm/*5x9in* London 97

GRIGGS Samuel W. 1827-1898 **[9]**

☞ *$2 000 FF12 128 £1 220* "West River, Brattleboro, Vermont" Oil/canvas 45x76cm/*18x30in* Boston, Mass. 98

GRIGNION Charles 1754-1804 **[3]**

▭ *$1 275 FF7 348 £749* Pavillion in the garden of the Earl of Derby/Inside view Engraving 44x59cm/*17x23in* London 97

GRIGNON P.F. **[1]**

▭ *$744 FF3 800 £490* "Concours de Lumière, Premier Prix, le Gaz" Affiche 80,5x120cm/*31x47in* Neuilly 96

GRIGORIEV Boris Dimitrevich 1886-1939 **[32]**

☞ *$10 830 FF54 600 £7 000* Geraniums in the garden at Borisella, artist's house in Cagnes-sur-Mer Oil/canvas 73x60cm/*28x23in* London 96

✎ *$924 FF4 830 £550* The artist's wife, reclining Pencil 29,5x47cm/*11x18in* London 96

GRILL Oswald 1878-1964 **[26]**

☞ *$2 010 FF11 927 £1 247* Winterabend Öl/Leinwand 59,5x80cm/*23x31in* Wien 97

GRILLON Roger 1881-1938 **[43]**

☞ *$827 FF5 000 £493* Jeune fille à l'ombrelle Huile/toile 65x54cm/*25x21in* Saint-Dié 97

✎ *$264 FF1 600 £157* Nu Dessin 48x64cm/*18x25in* Saint-Dié 97

GRIMALDI IL BOLOGNESE Giovan Francesco 1606-1680 **[30]**

▭ *$390 FF2 034 £228* Le petit bâteau/L'homme debout/Femme assise Radierung 14,7x21,6cm/*5x8in* Berlin 96

✎ *$4 800 FF23 700 £3 103* A wooded Island on a Lake with Boatmen Ink 18x30,5cm/*7x12in* New-York 96

GRIMELUND Johannes Martin 1842-1917 **[40]**

☞ *$1 120 FF5 818 £663* Dutch Harbour Scene Oil/panel 40x33cm/*16x13in* Mystic, Connecticut 97

☞ *$1 900 FF12 063 £1 186* Harbor Scene Oil/canvas 40x61cm/*16x24in* Portland, Maine 97

GRIMM Arthur 1883-1948 **[11]**

☞ *$1 692 FF10 047 £1 024* Waldlandschaft Öl/Leinwand 45x22cm/*17x8in* Heidelberg 97

Calendar & auction results: Internet www.artprice.com Minitel 3617 **ARTPRICE**

$2 198 FF12 842 £1 349 Parklandschaft mit Brücke und Kleinstadt Öl/Leinwand 60,5x80,5cm/23x31in Köln 97

GRIMM Johann G. 1846-1887 **[2]**
$989 FF5 080 £638 Coastal landscape, Capri Oil/canvas 16,5x12,5cm/6x4in Kempten 96

GRIMM Ludwig Emil 1790-1865 **[24]**
$453 FF2 677 £268 Zwei Mäuse Radierung 5x13cm/1x5in Berlin 97

GRIMM Paul 1892-1974 **[53]**
$1 300 FF6 773 £817 Near Palm Spring Oil/canvas/board 30x40cm/12x16in Altadena, CA 96
$2 500 FF14 509 £1 526 Where Winter and Summer Meet Oil/canvas/board 61x76cm/24x29in Los Angeles 97

GRIMM Samuel H. (Attrib.) 1733-1794 **[1]**
$2 948 FF17 110 £1 800 Stone Masons at Work Watercolour 16,5x22cm/6x8in London 97

GRIMM Samuel Hieronymus 1733-1794 **[36]**
$1 834 FF9 340 £1 100 Cascade at Melincourt, near Neath Ink 30x48cm/11x18in London 96

GRIMM Wilhelm 1904-1986 **[138]**
$3 251 FF19 282 £1 986 Watt. Kampen Öl/Leinwand 82x100,5cm/32x39in München 98
$217 FF1 092 £142 Rummelpott in Wedel Etching 29,8x23,9cm/11x9in Hamburg 96
$354 FF2 030 £216 Mädchenportrait Watercolour 13x8cm/5x3in Hamburg 97

GRIMMER Abel c.1560-c.1619 **[21]**
$42 000 FF231 915 £26 208 A moated Castle of Loenersloot with elegant Figures in a Boat Oil/panel 20,5x35cm/8x13in New-York 97
$59 600 FF311 000 £36 000 Harvest scene Oil/panel 41x56,5cm/16x22in London 96

GRIMMER Jacob 1525-1592 **[14]**
$68 779 FF406 958 £41 388 An Allegory and Illustration of the Effects of Spanish Policy Oil/panel 94,5x124cm/37x48in Amsterdam 98
$109 029 FF624 047 £64 400 Winter Landscape on a Snowy Day: Skaters on a Frozen Moat Oil/panel 30,8x41,8cm/12x16in Amsterdam 97

GRIMMER Jacob (Attrib.) 1525-1592 **[4]**
$1 508 FF8 748 £928 Abraham verstösst Hagar und ihren Sohn Ismaël Lavis/papier 19,5x29cm/7x11in Heidelberg 97

GRIMOU Alexis 1680-1740 **[14]**
$20 130 FF105 000 £13 300 Portrait de la duchesse de Caumont-Laforce Huile/toile 55x46cm/21x18in Cheverny 96
$22 020 FF110 000 £14 400 Le buveur de vin Huile/toile 16x89cm/6x35in La Rochelle 95

GRIMOU Alexis (Attrib.) 1680-1740 **[5]**
$6 964 FF40 000 £4 336 Portrait d'acteur Huile/toile 55x45cm/21x17in Paris 97
$1 576 FF9 200 £937 Portrait de jeune homme avec chapeau Sanguine 16,5x13,5cm/6x5in Paris 97

GRIMSHAW John Atkinson 1836-1893 **[165]**
$42 255 FF242 012 £25 000 Horsforth Woods, near Leeds Oil/board 24x36cm/9x14in London 97
$120 300 FF607 000 £79 000 The last load Oil/canvas 76x61cm/29x24in London 96
$2 884 FF16 498 £1 800 The Open Gate Watercolour 11x7,5cm/4x2in London 97

GRIMSHAW Louis H. 1870-1943 **[10]**
$10 212 FF62 848 £6 200 On the Tyne Oil/canvas 25,5x46cm/10x18in London 98
$39 500 FF202 400 £24 000 St. Peter's Church, Leeds Oil/canvas 69x50cm/27x19in London 96

GRINDLAY Robert Melville 1786-1877 **[2]**
$2 480 FF12 830 £1 600 Aurangabad from the ruins of Aurangzeb's Palace Watercolour 19x27cm/7x10in London 96

GRINSSON Boris 1907-? **[28]**
$354 FF2 200 £213 "La main au collet" Affiche couleur 160x120cm/62x47in Paris 98

GRIPS Charles Joseph 1825-1920 **[11]**
$6 230 FF30 200 £4 000 Motherly Cares Oil/panel 34x42cm/13x16in London 95

GRIS Juan 1887-1927 **[150]**
$297 630 FF1 737 450 £180 000 Verre et Bouteille Oil/canvas 46x27cm/18x10in London 97
$654 000 FF3 390 000 £425 000 Le moulin à café Oil/canvas 60x81cm/23x31in London 96
$797 FF4 541 £500 Marcelle la brune Lithographie couleurs 40x32cm/15x12in London 97
$16 531 FF99 108 £10 000 La blague à tabac Pencil/paper 22x17cm/8x6in London 97

GRISET Ernest 1844-1907 **[27]**

$500 FF3 004 £300 Lions Attacking Elephants/Dogs Attacking a Stag Watercolour 51x66cm/*20x25in*
London 98
GRISON François-Adolphe 1845-1914 **[42]**
$2 890 FF15 100 £1 750 Elégante au manchon, ou L'Hiver Huile/panneau 22x16cm/*8x6in* Zürich 96
$16 000 FF95 238 £9 932 The Artist at Work Oil/canvas 66x81cm/*26x32in* Milwaukee, Wisconsin 97
$282 FF1 648 £167 Mulet harnaché Crayon 25x34,5cm/*9x13in* Genève 97
GRISONI Giuseppe 1699-1769 **[1]**
$26 670 FF135 800 £16 000 The Subscription Ball in the Haymarket Oil/canvas 104x112cm/*40x44in*
London 96
GRISOT Pierre 1911-1995 **[181]**
$1 094 FF6 500 £663 Parisiennes sur les quais de Seine Huile/panneau 26x21cm/*10x8in* Calais 97
$1 679 FF10 000 £998 Répétition Huile/toile 38x46cm/*14x18in* Cherbourg 97
GRITCHENKO Alexis 1883-1977 **[12]**
$1 334 FF7 600 £823 La fenêtre du Palais, Fontainebleau Huile/panneau 92x65cm/*36x25in* La Varenne
Saint-Hilaire 97
GRITTEN Henry C. 1818-1873 **[15]**
$2 210 FF11 400 £1 465 Landscape with timber cart and driver Oil/canvas 29x44,5cm/*11x17in*
Melbourne 96
$5 500 FF33 293 £3 281 By the Mill Oil/canvas 79x112cm/*31x44in* New-York 97
GRIVAZ Eugène 1852-1915 **[11]**
$6 670 FF41 408 £4 000 Blind Man's Buff Oil/canvas 45,5x66,5cm/*17x26in* London 98
$350 FF1 827 £212 Feeding the chickens Watercolour/paper 40x27cm/*16x11in* Bolton, Mass. 96
GRIVOLAS Pierre 1823-1906 **[13]**
$1 372 FF8 000 £845 Le Pont Saint Bénézet Huile/toile 39x61cm/*15x24in* Entzheim 97
$1 636 FF10 000 £1 001 Paysage Huile/toile 28x43cm/*11x16in* Marseille 98
GROBE Herman 1857-1938 **[20]**
$2 355 FF12 200 £1 530 Mädchen in den Dünen Öl/Leinwand 37x52cm/*14x20in* München 96
GROBETY Claude 1940 **[33]**
$218 FF1 100 £141 "La presse" Crayon/papier 76x56cm/*29x22in* Versailles 96
GROBON Anthelme Eugène 1820-1878 **[5]**
$944 FF4 600 £605 Fruits Aquarelle 29x23cm/*11x9in* Pontoise 95
GROBON François Frédéric 1815-1901/02 **[12]**
$946 FF4 900 £614 Nature morte au gibier Huile/toile 43x33cm/*16x12in* Lyon 96
GROBON Jean Michel 1770-1853 **[11]**
$3 043 FF18 000 £1 827 Vue du bois de Rochecardon, avec des canards, un cerf et une biche Huile/toile
59x69,5cm/*23x27in* Paris 97
$211 FF1 300 £129 Cour de ferme Encre 17x22cm/*6x8in* Luxembourg 98
GROBON Jean Michel (Attrib) 1770-1853 **[2]**
$1 960 FF9 500 £1 232 Terrasse au bord d'une rivière Huile/papier 24x42,5cm/*9x16in* Monaco 95
GROEBER Hermann 1865-1935 **[15]**
$8 664 FF51 475 £5 152 Bäuerin mit Kind Öl/Leinwand 87x71cm/*34x27in* München 97
$1 324 FF7 872 £820 Ruderer Aquarell 35,5x44,5cm/*13x17in* München 97
GROEN Hendrik Pieter 1886-1964 **[16]**
$365 FF2 078 £226 A farm Oil/canvas 45,5x69cm/*17x27in* Amsterdam 97
GROENEWEGEN Adrianus Johannes 1879-1963 **[55]**
$1 500 FF7 680 £973 Cows in a meadow Watercolour/paper 32x48cm/*12x18in* Amsterdam 95
GROENEWEGEN Gerrit 1754-1826 **[8]**
$1 895 FF9 640 £1 136 Shipping on a choppy sea Ink 31x48cm/*12x18in* Amsterdam 96
GROENEWEGEN van Pieter Anthonisz. 1626-1658 **[4]**
$15 000 FF85 470 £9 187 A Roman landscape with Travellers at a Fountain Oil/panel 19x37cm/*7x14in*
New-York 97
GROENSVELD Jan c.1160-1728 **[4]**
$124 FF743 £76 Landscape with Two Farmhouses and a Bridge Etching 14x19,5cm/*5x7in* Haarlem 98
GRÖGER Friedrich Carl 1766-1838 **[9]**
$531 FF3 045 £324 Hamburger Portraits Lithographie 26x25cm/*10x9in* Hamburg 97
GROHE Glenn 1912-1956 **[1]**

---

*\$1 000 FF5 090 £600 "He's Watching You" Poster 102x72cm/*40x28in* New-York 96
GROIS Josef ?-1850 **[2]**
*\$2 190 FF10 980 £1 386 Ansicht der K.K. Kreisstadt Bregenz Etching 37x63,5cm/*14x25in* Wien 95
GROLIG Curtius 1805-1863 **[6]**
*\$3 870 FF20 000 £2 510 Halte en bord de mer, Algérie Huile/toile 41x61cm/*16x24in* Paris 96
GROLL Albert Lorey 1866-1952 **[18]**
*\$2 000 FF12 210 £1 195 Rain Clouds, Arizona Oil/canvas 30,5x40,5cm/*12x15in* New-York 98
*\$3 500 FF21 276 £2 123 "Cape Cod Dunes in October" Oil/board 45x55cm/*18x22in* Elgin, Illinois 98
*\$2 300 FF13 434 £1 360 Provincetown Graphite 38x51,5cm/*14x20in* Boston, Mass. 97
GROLLERON Paul Louis Narcisse 1848-1901 **[33]**
*\$1 727 FF8 800 £1 140 Le lecture des Officiers Huile/toile 46,5x38,5cm/*18x15in* Cherbourg 96
*\$2 513 FF12 770 £1 500 Reconnaissance/An Infantry man eating his rations Oil/panel 22x16cm/*8x6in* London 96
GROM-ROTTMAYER Hermann 1877-1953 **[17]**
*\$542 FF3 114 £337 Zufriedenes Baby Öl/Karton 40x32cm/*15x12in* Wien 97
*\$622 FF3 595 £384 Beim Frühstück Öl/Leinwand 70x55cm/*27x21in* Wien 97
GROMAIRE Marcel 1892-1971 **[508]**
*\$8 000 FF41 300 £5 300 "Village brun et bleu" Oil/panel 32x41cm/*12x16in* New-York 96
*\$30 100 FF150 000 £19 700 Personnages à l'orée d'un bois Huile/toile 81x100cm/*31x39in* Paris 95
*\$676 FF3 500 £437 Nu à la fenêtre Eau-forte 23,8x17,7cm/*9x6in* Paris 96
*\$1 711 FF10 000 £1 044 Vue d'Aubusson Encre Chine/papier 25,5x32,5cm/*10x12in* Paris 97
GROMME Owen J. 1896-1991 **[37]**
*\$30 FF179 £18 Bobwhite, Winter Day Print in colors 16x22cm/*6x9in* Milwaukee, Wisconsin 98
GRONDONCK Bartholomeus c.1580-c.1630 **[1]**
*\$143 700 FF750 000 £86 800 La kermesse d'Oudenarde Huile/cuivre 18x26,5cm/*7x10in* Paris 96
GRONINGEN van Gerard P. XVI **[1]**
*\$1 984 FF11 713 £1 174 Die zehn Lebensalter Radierung 20x24cm/*7x9in* Berlin 97
GRONINGEN van Jan Swart c.1500-1560 **[2]**
*\$10 945 FF64 805 £6 500 A King Seated on a Throne Flanked by the Figures of Compassion Wash 36x20cm/*14x7in* London 97
GRONK 1954 **[1]**
*\$3 500 FF17 100 £2 214 Strange Hobby Acrylic/canvas 15x122cm/*5x48in* San Francisco-Los Angeles 95
GRØNLAND Theude 1817-1876 **[9]**
*\$24 505 FF143 139 £14 500 A Pineapple, an Orange, Grapes and a Pommegranite with Flowers Oil/canvas 56x47cm/*22x18in* London 97
GRÖNLUND Annukka XX **[12]**
*\$166 FF993 £102 Angel Oil/canvas 16x22cm/*6x8in* Helsinki 98
GRONOWSKI Tadeusz 1894-1990 **[4]**
*\$2 453 FF13 673 £1 500 "Challenge de Tourisme International Gordon Bennett" Poster 99x67cm/*38x26in* London 97
GRØNVOLD Marcus 1845-1929 **[10]**
*\$3 600 FF21 479 £2 171 Woman Seated in Springtime Landscape Oil/canvas 45x61cm/*18x24in* New Orleans, Louisiana 97
GROOMS Red 1937 **[150]**
*\$130 FF678 £76 An E.A.T Expedation Lithographie 22,6x30,3cm/*8x11in* Berlin 96
*\$4 000 FF22 753 £2 466 Times Square Construction 68,5x54x20,5cm/*26x21x8in* New-York 97
*\$4 000 FF20 850 £2 515 Bicentennial Bandwagon Gouache 48x62cm/*18x24in* New-York 96
GROOT de Guillaume 1839-? **[2]**
*\$32 160 FF200 000 £20 280 Héraut à la trompette et à la hallebarde Bronze H188cm/*H74in* Cannes 97
GROOT de Joseph 1828-1899 **[6]**
*\$2 972 FF17 576 £1 784 The little woodgatherers Oil/panel 25,8x20,3cm/*10x7in* Amsterdam 97
GROOTE de A. XX **[8]**
*\$1 611 FF9 341 £950 Figures on a Frozen Lake Oil/panel 32,5x48cm/*12x18in* London 97
*\$1 843 FF11 289 £1 100 Boats Moored Before a Windmill in an Estuary Oil/panel 47x66cm/*18x25in* London 98
GROOTH George Christopher 1716-1749 **[2]**
*\$4 256 FF21 280 £2 800 Portrait of a small dog on a red cushion Gouache/papier 1,5x15cm/*x5in* London 95

GROOTVELD van Jan Hendrik 1808-1865 **[13]**
$8 481 FF49 164 £5 000 Family Group in an Interior by Candlelight Oil/panel 37x46,5cm/*14x18in* London 97
GROOVER Jan 1953 **[35]**
$3 000 FF15 500 £1 920 Untitled Type C color print 63x140cm/*24x55in* New-York 96
GROPER William 1897 **[11]**
$349 FF2 013 £205 Feeding the Horses Etching, aquatint 40,5x30,5cm/*15x12in* New-York 97
GROPIUS Walter 1883-1969 **[4]**
$4 285 FF25 341 £2 600 Architectural Studies Silver print 8,5x10cm/*3x3in* London 98
GROPPER William 1897-1977 **[88]**
$2 749 FF15 694 £1 699 The torch singer Oil/panel 30,5x23,5cm/*12x9in* New-York 97
$3 500 FF17 440 £2 292 The Circus Oil/canvas/board 66x83cm/*25x32in* San Francisco-Los Angeles 95
$140 FF869 £84 Flower vender Color lithograph 10x12cm/*4x5in* Chester, NY 98
$900 FF5 376 £551 Croton Winter Scene/Croton Winter Scene No.2 Watercolour/paper 46,5x66cm/*18x25in* New-York 98
GROS Baron A.J. (Attrib.) 1771-1835 **[3]**
$3 034 FF18 000 £1 855 La Sybille persique Huile/toile 38x30cm/*14x11in* Paris 97
GROS Baron Antoine Jean 1771-1835 **[19]**
$306 400 FF1 550 000 £201 000 Portrait de madame de Poussielgue à l'âge de 23 ans Huile/toile 73x59,5cm/*28x23in* Chartres 96
$8 000 FF49 109 £4 901 Two Figures in an Embrace, with a Subsidiary Study of the Composition Ink 20x14cm/*7x5in* New-York 98
GROS Jean-Baptiste Louis 1793-1870 **[7]**
$30 000 FF175 131 £17 847 Vallée de Cuautla Oil/paper/canvas 34x46cm/*13x18in* New-York 97
$42 000 FF245 183 £24 985 Cascada Oil/canvas 61x41cm/*24x16in* New-York 97
GROS Lucien Alphonse 1845-1913 **[36]**
$1 173 FF7 000 £718 Les bords du Gave à Pau Huile/toile 60x92cm/*23x36in* Lyon 98
$140 FF800 £88 Chaumière au bord de la route Aquarelle/papier 20,7x27,6cm/*8x10in* Paris 97
GROSE Daniel C. XIX-XX **[8]**
$425 FF2 578 £259 Mountain Landscape Oil/canvas 66x45cm/*26x18in* Boston, Mass. 98
GROSPERRIN Claude 1936-1977 **[41]**
$1 086 FF6 200 £664 Le départ des voiliers Huile/toile 65x81cm/*25x31in* Calais 97
GROSPIETSCH Florian 1789-1830 **[5]**
$510 FF3 012 £302 Landschaft vor Civitella Radierung 9,5x27,5cm/*3x10in* Berlin 97
GROSS Anthony 1905-1984 **[51]**
$5 217 FF31 620 £3 200 Château de Tisseul-Lissac, Corrèze Oil/canvas 53x66cm/*20x25in* London 98
$264 FF1 364 £170 Village encounter/The valley Etching 40x54cm/*15x21in* London 96
$905 FF4 640 £550 Betty's Buckhorn Bar, New Orleans Ink 37x57,5cm/*14x22in* London 96
GROSS Chaim 1904-1991 **[102]**
$2 200 FF12 709 £1 356 "Girl on Wheel" Sculpture, wood H23,5cm/*H9in* New-York 97
$324 FF1 895 £197 Portrait of a woman/Studies of female figure Pencil 37,5x49cm/*14x19in* San Francisco 97
GROSS Frantisek 1909-1985 **[9]**
$1 538 FF8 769 £965 Stadtmaschine Aquarell/Papier 47x63cm/*18x24in* Düsseldorf 97
GROSS Michael 1953 **[2]**
$6 500 FF33 700 £4 220 Figure Oil/canvas 81x61cm/*31x24in* Tel Aviv 96
GROSS Mijael 1921 **[11]**
$8 000 FF48 251 £4 749 Untitled Oil/canvas 119x38,5cm/*46x15in* Tel Aviv 98
$12 000 FF72 595 £7 123 Space Between Two Boards Oil/canvas 100x181cm/*39x71in* Tel Aviv 98
$23 000 FF136 498 £14 087 Head Sculpture H37cm/*H14in* Tel Aviv 97
GROSS-BETTELHEIM John 1900-1972 **[9]**
$1 000 FF5 807 £610 New York City scene Drypoint 20x15cm/*7x5in* New-York 97
GROSSBERG Carl 1894-1940 **[3]**
$917 FF4 750 £593 Stadtmauer mit Turm Watercolour 28,5x34cm/*11x13in* Köln 96
GROSSI de Adelchi 1852-1892 **[9]**
$656 FF3 380 £420 Weintrinkendes römisches Paar Aquarell/Papier 36x27,5cm/*14x10in* Bielefeld 96

GROSSMAN Ludwig W. 1894-1960 **[11]**
  $685 FF4 033 £422 Sommerlicher Blumenstrauss Öl/Karton 50x39,5cm/*19x15in* Lindau 97

GROSSMAN Nancy 1940 **[10]**
  $14 500 FF90 117 £8 671 Tazmanian Mean Mouth Metal H44,5cm/*H17in* New-York 98

GROSSMANN Rudolf 1882-1941 **[138]**
  $3 182 FF18 587 £1 953 Berliner Strassenbau Öl/Leinwand 46x55,5cm/*18x21in* Köln 97
  $1 320 FF6 760 £780 Herbarium Etching 50x35cm/*19x13in* Hamburg 96
  $322 FF1 910 £198 Der Palatin in Rom Watercolour 49x63cm/*19x24in* München 98

GROSSO Giacomo 1860-1938 **[9]**
  $2 730 FF13 730 £1 804 Luci nel parco Olio/cartone 32x40cm/*12x15in* Roma 95
  $4 480 FF23 450 £2 940 Ritratto di signora Olio/tela 56x46cm/*22x18in* Roma 96

GROSSO Y SANCHEZ Alfonso 1893-1983 **[6]**
  $11 200 FF63 520 £7 040 El Calvario Oleo/lienzo 129x92cm/*50x36in* Madrid 97

GROSZ George 1893-1959 **[602]**
  $4 500 FF25 891 £2 656 The Model Oil/board 23x15,5cm/*9x6in* New-York 97
  $10 222 FF52 525 £6 086 Modella che si spoglia Olio/carta 63x48cm/*24x18in* Roma 96
  $2 030 000 FF10 520 000 £1 300 000 Wildwest Oil/canvas 145x94cm/*57x37in* London 96
  $21 490 FF128 840 £13 000 Ecce Homo Lithograph 39x28,5cm/*15x11in* London 97
  $400 FF2 289 £236 Figure Studies Pencil/paper 10,5x16,5cm/*4x6in* New-York 97

GROTH Vilhelm 1842-1899 **[24]**
  $585 FF3 514 £349 Parti fra Hellebaek med Kullen i baggrunden Oil/canvas 40x31cm/*15x12in* Köbenhavn 98
  $1 660 FF9 637 £981 Strand ved Hellebaek, tidlig aften Oil/canvas/panel 50x85cm/*19x33in* Malmö 97

GROTHE Jan 1830-? **[1]**
  $1 363 FF7 110 £823 Winterlandschaft Aquarell/Papier 19x27cm/*7x10in* Lindau 96

GROTT Teodor 1884-1972 **[8]**
  $5 713 FF33 296 £3 519 Nude in an interior Oil/canvas 60x51cm/*23x20in* Warszawa 97
  $1 469 FF8 826 £877 Roze w wazonie (still life with flowers) Watercolour, gouache/panel 69x49cm/*27x19in* Warszawa 98

GROTTGER Artur 1837-1867 **[6]**
  $25 050 FF128 500 £16 100 An inn Oil/canvas 52x64cm/*20x25in* Warszawa 96
  $11 170 FF57 900 £7 210 Horses Watercolour/paper 40x59,5cm/*15x23in* Warszawa 96

GROUARD John E. 1859 **[1]**
  $9 000 FF53 412 £5 581 Still Life with Rasperries Oil/canvas 20,5x25,5cm/*8x10in* New-York 97

GROUX de Charles 1825-1870 **[19]**
  $1 174 FF7 312 £702 Napoléon dans la tempête Pastel/papier 54x34cm/*21x13in* Bruxelles 98

GROUX de Henri 1867-1930 **[70]**
  $8 000 FF45 584 £4 900 Le bal des 4 Z'Arts Oil/canvas 27x46,5cm/*10x18in* New-York 97
  $598 FF3 570 £360 Oorlogstaferelen Eau-forte 28x38cm/*11x14in* Lokeren 97
  $840 FF4 902 £513 Portrait de Wagner Pastel/papier 62x48cm/*24x18in* Antwerpen 97

GROVER Oliver Dennett 1861-1927 **[17]**
  $849 FF5 015 £503 European View Oil/canvas 11x17cm/*4x7in* Elgin, Illinois 97
  $1 100 FF5 489 £719 Illinois Landscape Oil/canvas 45x60cm/*18x24in* Cincinnati, Ohio 95

GROVES Robert E. ?-c.1944 **[11]**
  $680 FF4 007 £420 Seafarers Watercolour 47x73cm/*18x28in* Newbury, Berkshire 97

GROZELIER Lorant XIX **[1]**
  $2 500 FF14 261 £1 527 "Hon. Abraham Lincoln", after Thomas Hicks Lithograph 66x49cm/*25x19in* New-York 97

GROZER Joseph c.1755-c.1800 **[2]**
  $765 FF4 407 £449 Euhan Sang Lum Akao, after H. Danloux Mezzotint 38x28cm/*14x11in* London 97

GRUAU René 1909 **[88]**
  $1 061 FF6 200 £628 Silhouette d'homme Huile/toile 73x50cm/*28x19in* Paris 97
  $349 FF1 800 £224 "Cie. Mariïime des Chargeurs Réunis, Relax" Affiche 97,5x62cm/*38x24in* Boulogne 96
  $961 FF4 800 £628 Femme en robe fourreau Encre Chine 64,5x50cm/*25x19in* Paris 95

GRUBACS Carlo 1850-? **[51]**
  $660 FF3 244 £420 San Giorgio Maggiore Oil/board 26x14cm/*10x5in* London 95
  $17 042 FF98 800 £10 177 Riva de Schiavone, Venice Oil/canvas 48x68cm/*18x26in* Amsterdam 97
  $3 500 FF17 270 £2 263 A View of Venice with the Doge's Palace/Piazza di San Marco Watercolour, gouache

17x21cm/*6x8in* New-York 96
GRUBACS Carlo (Attrib.) 1850-? **[7]**
   $2 902 FF17 466 £1 737 Gondola on the Canal Grande near the Rialto Bridge, Venice Oil/cardboard 15,5x20,5cm/*6x8in* Amsterdam 98
GRUBACS Giovanni 1829-1919 **[14]**
   $3 200 FF16 200 £2 100 The Bridge of Sighs, Venice Oil/panel 25x14cm/*9x5in* London 96
   $9 710 FF49 400 £5 800 Venezia Oil/panel 30x78cm/*11x30in* London 96
GRUBACS Giovanni (Attrib.) 1829-1919 **[3]**
   $1 980 FF10 200 £1 260 San Marco dalla Piazzetta Acquarello/carta 31x47cm/*12x18in* Venezia 96
GRUBACS Marco 1839-1910 **[11]**
   $548 FF3 352 £325 Gondeln in Venedig Oil/panel 26,5x14,5cm/*10x5in* Dresden 98
GRUBER Carl 1803-1845 **[2]**
   $47 880 FF285 960 £29 340 Prachtvolles Blumenstück mit Vogelnest Öl/Leinwand 116x90cm/*45x35in* Wien 98
GRUBER Francis 1912-1948 **[55]**
   $10 239 FF60 740 £6 258 Femme posant dans l'atelier Oil/canvas 34x24cm/*13x9in* Köbenhavn 98
   $12 780 FF65 000 £7 630 La mare à Amillis Huile/toile 46x55cm/*18x21in* Paris 96
   $2 116 FF13 000 £1 268 Personnages Crayon/papier 49x63cm/*19x24in* Paris 98
GRÜBER Franz 1878-1945 **[5]**
   $1 787 FF8 810 £1 162 Gebirgige Landschaft Öl/Leinwand 42,5x58cm/*16x22in* Wien 95
GRUBER Franz Josef ?-1854 **[2]**
   $1 760 FF8 940 £1 050 The fortune Teller Oil/canvas 30,5x25,5cm/*12x10in* London 96
GRUBER Jacques 1870-1936 **[14]**
   $211 FF1 050 £138 Gare minière Encre Chine 31,5x13cm/*12x5in* Paris 95
GRUBER-GLEICHENBERG Franz 1886-? **[3]**
   $2 540 FF15 232 £1 516 Blick in ein Tal Öl/Leinwand 58x51cm/*22x20in* Wien 98
GRUCHY Gabriel XIX-XX **[1]**
   $11 430 FF59 200 £7 380 Le vieux marchand de fleurs Oil/canvas 140x99cm/*55x38in* Stockholm 96
GRUELLE Johnny 1880-1938 **[5]**
   $1 650 FF9 798 £1 007 Seated Raggedy Ann and Andy visited by a mouse Ink 8x16cm/*3x6in* New-York 98
GRÜN Jules-Alexandre 1868-1934 **[74]**
   $1 955 FF11 500 £1 206 Le jardin au bassin Huile/toile 46x38cm/*18x14in* Saint-Germain-en-Laye 97
   $10 000 FF56 850 £6 123 Nature morte au cuivres Oil/canvas 130x196cm/*51x77in* New-York 97
   $1 261 FF7 500 £759 "Scala, C'est d'un Raid!, Revue de M. Flers" Affiche 123x87cm/*48x34in* Paris 97
   $824 FF4 000 £517 Bouquet de roses Pastel 45x36cm/*17x14in* Bayeux 95
GRÜN Maurice 1869-1947 **[21]**
   $1 650 FF10 000 £1 012 Marché à Concarneau Huile/panneau 23x32cm/*9x12in* Quimper 98
   $1 962 FF11 200 £1 213 Bretonnes à leurs broderies Huile/toile 60x45cm/*23x17in* Brest 97
   $4 125 FF25 000 £2 530 Le ravaudage des filets à Concarneau Huile/toile 155x155cm/*61x61in* Quimper 98
GRUNBERG Alexandre Danilovich XIX-XX **[2]**
   $2 749 FF15 865 £1 684 "Study of Fresco" Bromoil print 12x23,5cm/*4x9in* New-York 97
GRUND Johann 1808-1887 **[6]**
   $2 491 FF15 137 £1 500 Portrait of a Lady, half-length, wearing a black dress Oil/canvas 114x89cm/*44x35in* London 98
   $8 720 FF44 300 £5 650 At the well Oil/canvas 130x100cm/*51x39in* Köbenhavn 95
GRÜND Norbert J. (Attrib.) 1717-1767 **[6]**
   $3 854 FF19 500 £2 530 Landschaft mit Reisenden Öl/Leinwand 31x43cm/*12x16in* Wien 96
GRÜND Norbert Joseph Carl 1717-1767 **[12]**
   $3 824 FF23 489 £2 293 Bettlerfamilie vor einer südländischen Stadt Oil/panel 13,5x19cm/*5x7in* Stuttgart 98
GRÜNDIG Hans 1901-1958 **[17]**
   $181 FF1 074 £113 Tiere und Menschen Radierung 23x34cm/*9x13in* Bielefeld 97
GRUNDIG-LANGER Lea 1906-1977 **[19]**
   $281 FF1 380 £179 Tessiner Landschaft II Etching 23,5x28,8cm/*9x11in* Bielefeld 95
   $397 FF2 381 £241 Schlafende Katze Ink 29,5x42cm/*11x16in* Wien 98

GRÜNENWALD Jakob 1822-1896 **[17]**
- *$339 FF2 011 £204* Dürrer baum Oil/paper 32,8x46cm/*12x18in* Lindau 98
- *$43 704 FF268 456 £26 216* Heimkehr vom Felde Öl/Leinwand 56x82cm/*22x32in* Stuttgart 98
- *$1 532 FF7 550 £1 000* Familie beim Kirchgang vor hügeliger Landschaft Ink 27x40cm/*10x15in* Hamburg 95

GRUNER Elioth 1882-1939 **[34]**
- *$9 470 FF48 900 £6 280* Landscape, Picton, New South Wales Oil/canvas/board 37x42cm/*14x16in* Melbourne 96
- *$11 194 FF68 682 £6 970* Mediterranean Fishing Village Oil/board 36x44,5cm/*14x17in* Melbourne 97
- *$1 233 FF7 393 £736* King Street, Sydney Watercolour/paper 23,5x16cm/*9x6in* Sydney 98

GRÜNEWALD Isaac 1889-1946 **[325]**
- *$3 860 FF20 000 £2 494* Statyett och pumpa Oil/panel 41x33cm/*16x12in* Stockholm 96
- *$11 430 FF59 200 £7 380* Balkongutsikt Oil/panel 61x50cm/*24x19in* Stockholm 96
- *$65 200 FF389 700 £39 900* Picknick på Söders Höjder Oil/canvas 162x258cm/*63x101in* Stockholm 97
- *$273 FF1 387 £177* Man och kvinna Lithograph 43,5x62,5cm/*17x24in* Stockholm 95
- *$303 FF1 475 £192* Flowers in a vase Watercolour 24x24cm/*9x9in* Uppsala 95

GRÜNFELD Thomas 1956 **[7]**
- *$842 FF5 030 £515* "Afrika" Object 133,5x63,5cm/*52x25in* Hamburg 98
- *$2 430 FF14 193 £1 491* Lucky Strike Sculpture, wood 33x70x55cm/*12x27x21in* Köln 97

GRUNSWEIGH Nathan 1880-? **[12]**
- *$4 347 FF26 028 £2 596* Ofiara Abraham Oil/canvas 72,5x115,5cm/*28x45in* Warszawa 98

GRÜNWALD Béla Iványi 1867-1940 **[10]**
- *$2 673 FF16 420 £1 603* Landschaft mit Häusergruppe und Figurenstaffage Oil/canvas 60x80cm/*23x31in* Zürich 98

GRÜNWALD Carl 1907-1968 **[9]**
- *$1 178 FF6 736 £722* Weihnachtsmorgen Öl/Karton 46x49cm/*18x19in* München 97
- *$1 603 FF7 900 £1 033* Das Paradies Oil/panel 30x40cm/*11x15in* Köln 95

GRUNZWEIG Bedrich 1910 **[8]**
- *$3 500 FF20 515 £2 154* N.Y. City, View from Third Avenue/Hometown Papers/Siesta Gelatin silver print 27x27cm/*10x10in* New-York 97

GRUPPE Charles Paul 1860-1940 **[120]**
- *$1 030 FF5 220 £670* A river landscape with a moored vessel Oil/canvas 33x46cm/*12x18in* Amsterdam 96
- *$2 500 FF14 509 £1 526* Figure by the Water's Edge Near a Cottage Oil/canvas 39x48,5cm/*15x19in* Los Angeles 97
- *$1 000 FF5 934 £620* Boats in the Harbor Watercolour/board 30x40cm/*11x15in* New-York 97

GRUPPE Emile Albert 1896-1978 **[201]**
- *$1 803 FF11 058 £1 105* Morning Birches Oil/board 40x30cm/*16x12in* Mystic, Connecticut 98
- *$3 700 FF21 191 £2 188* Fishing boat in harbor Oil/canvas 51x61cm/*20x24in* Delaware, Ohio 97
- *$13 000 FF67 300 £8 440* Sunlit Forest Interior Oil/canvas 101,5x127cm/*39x50in* San Francisco-Los Angeles 96

GRUSS Franz 1891-c.1975 **[4]**
- *$3 296 FF19 040 £1 956* 6. Dezember Öl/Karton 48,5x104,5cm/*19x41in* Wien 97

GRÜTZKE Johannes 1937 **[91]**
- *$9 699 FF57 770 £5 765* Die Birne (In Gedanken) Öl/Leinwand 160x135cm/*62x53in* München 97
- *$138 FF710 £86* Selbst als Sebastian Offset 59,7x49,5cm/*23x19in* Hamburg 96
- *$930 FF4 750 £614* Damenschuh in der hand des Zeichners Pencil 34,5x45cm/*13x17in* Heidelberg 96

GRÜTZNER von Eduard 1846-1925 **[67]**
- *$3 135 FF18 857 £1 947* En la biblioteca del convento Oleo/tabla 29,5x20cm/*11x7in* Madrid 97
- *$12 570 FF62 300 £8 000* Vesperzeit Oil/canvas 48x36cm/*18x14in* London 95
- *$513 FF3 041 £304* Tod Heinrichs IV. Pencil/paper 54x65cm/*21x25in* München 97

GRUYTER Jacob Willem 1817-1908 **[19]**
- *$7 020 FF36 120 £4 380* A Coastal Scene Oil/panel 22x33,5cm/*8x13in* Amsterdam 96

GRYEFF de Adriaen 1670-1715 **[47]**
- *$4 940 FF25 000 £3 240* Nature morte au lièvre Huile/panneau 12x18cm/*4x7in* Paris 96
- *$8 000 FF41 600 £5 290* Cock, other birds and vegetables Oil/canvas 38x51cm/*14x20in* New-York 96
- *$20 725 FF119 850 £12 825* Jagdstilleben von einem Hund bewacht in einer Waldlandschaft Öl/Leinwand 141,5x117,5cm/*55x46in* Wien 97

GRYEFF de Adriaen (Attrib.) 1670-1715 **[6]**

$1 226 FF7 502 £750 A Pointer and a Lurcher by the Day's Bag Oil/panel 19x27cm/*7x10in* London 98

GRZIMEK Waldemar 1918-1984 **[26]**
$10 694 FF63 653 £6 536 Schwebende II Bronze 54x43x53cm/*21x16x20in* Berlin 98

GSCHOSMANN Ludwig 1894-1988 **[60]**
$1 392 FF8 380 £833 Bergwiese Öl/Leinwand 49x59cm/*19x23in* München 98

GSELL Georg 1673-1740 **[1]**
$10 053 FF60 703 £6 034 Die Segnung Öl/Leinwand 117x81,5cm/*46x32in* Luzern 98

GSELL Laurent 1860-1944 **[40]**
$1 630 FF8 500 £1 025 A la fontaine du village Huile/toile 46x55cm/*18x21in* Paris 96

GSUR Karl Friedrich 1871-1939 **[10]**
$3 249 FF19 047 £2 000 Portrait of a Lady, bust-length in a white dress Oil/canvas 65x50,5cm/*25x19in* London 97

GU DACHANG 1813-c.1885 **[2]**
$1 291 FF7 524 £795 Landscape Ink 16,5x50cm/*6x19in* Hong Kong 97

GU DADIAN c.1545-1595 **[1]**
$6 500 FF38 690 £4 035 Landscape Ink/paper 54x30cm/*21x12in* New-York 97

GU JIANLONG 1606-1687 **[2]**
$1 390 FF8 030 £850 Hunting Scene Ink 139x40,5cm/*54x15in* London 97

GU LINSHI 1865-1929 **[4]**
$3 500 FF18 030 £2 257 Landscape Ink/paper 34x271cm/*13x106in* New-York 96

GU LUO 1763-c.1840 **[1]**
$64 550 FF376 200 £39 750 Intricate process of silk farming and weaving Ink 36,5x525cm/*14x206in* Hong Kong 97

GU MEI 1934 **[6]**
$11 000 FF56 600 £6 790 Evening Gospel Ink 191x83cm/*75x32in* Hong Kong 95

GU YIDE c.1590-c.1640 **[1]**
$80 000 FF476 192 £49 664 Misty River and Layered Peaks Ink 22x934cm/*9x368in* New-York 97

GU YUN 1835-1896 **[2]**
$2 329 FF13 433 £1 387 Rubbing of Bronze Weapons Ink/paper 88x23,5cm/*34x9in* Hong Kong 97

GUACCI Michelangelo 1910-1967 **[2]**
$1 320 FF6 900 £780 Fiori Acquarello/carta 37x49cm/*14x19in* Trieste 96

GUACCIMANNI Alessandro 1864-1927 **[5]**
$2 500 FF12 230 £1 583 The Venetian Lagoon Oil/panel 23x61cm/*9x24in* San Francisco-Los Angeles 95

GUACCIMANNI Vittorio 1859-1938 **[6]**
$575 FF3 422 £357 Kittens on a Drum Watercolour/paper 16x21cm/*6x8in* St. Louis, Miss. 97

GUAN LIANG 1899-1986 **[19]**
$8 180 FF40 700 £5 200 Still life Oil/masonite 36x41cm/*14x16in* Taipei, Taiwan 95
$19 680 FF116 943 £12 207 View of Berlin Oil/canvas 58x78,4cm/*22x30in* Taipei, Taiwan 97
$109 000 FF566 000 £68 600 The Great Gorge Oil/canvas 136x134cm/*53x52in* Taipei, Taiwan 96
$6 470 FF33 140 £3 930 Chinese opera characters Ink 24,5x30cm/*9x11in* Hong Kong 96

GUAN SHANYUE 1912 **[10]**
$5 430 FF26 900 £3 360 Travelling in Autumn Forest Ink 33x40,5cm/*12x15in* Hong Kong 96

GUARANA Jacopo 1720-1808 **[9]**
$7 000 FF42 373 £4 263 Six studies of the Heads of Putti Black chalk 41x27cm/*16x10in* New-York 98

GUARDABASSI Guerrino 1841-? **[29]**
$2 181 FF12 426 £1 330 La miettée Huile/toile 53,5x37cm/*21x14in* Bruxelles 97
$979 FF5 597 £600 Traveller on a Donkey Watercolour/paper 52x35cm/*20x13in* London 97

GUARDI Francesco 1712-1793 **[115]**
$76 300 FF380 400 £50 000 Capriccii of a ruined arch Oil/canvas/panel 11,2x17,8cm/*4x7in* London 95
$123 293 FF717 672 £74 780 Das urteil des Paris Oil/canvas 41x55cm/*16x21in* Luzern 97
$30 460 FF150 000 £19 620 Canale Grande, Santa Chiara Aquarelle 35x62cm/*13x24in* Paris 95

GUARDI Francesco (Attrib.) 1712-1793 **[12]**
$26 222 FF161 073 £15 729 Landzunge vor Venedig mit der Kirche S. Maria della Salute Öl/Leinwand 68x78cm/*26x30in* Stuttgart 98
$55 000 FF286 000 £36 400 View of San Simeone Piccolo/View of the Palazzo Ducale and the Molo Oil/board/canvas 28x41cm/*11x16in* New-York 96

GUARDI Giacomo 1764-1835 **[129]**
- *$19 950 FF101 400 £11 900* La Piazzetta, venezia Oil/canvas/panel 70x98cm/*27x38in* Köln 96
- *$42 500 FF220 000 £27 430* Vue de San Cristoforo, près de Murano Huile/toile 34,5x45,5cm/*13x17in* Paris 96
- *$6 000 FF36 319 £3 654* The Rialto Bridge, Venice Gouache/paper 13x23cm/*5x9in* New-York 98

GUARDI Giacomo (Attrib.) 1764-1835 **[11]**
- *$4 920 FF25 000 £2 936* La Lagune, Venise Encre 13,5x23cm/*5x9in* Paris 96

GUARDI Giovanni Ant.(Attr.) 1699-1760 **[2]**
- *$7 415 FF43 086 £4 377* Seestück Oil/canvas/panel 13x15cm/*5x5in* Luzern 97

GUARDI Giovanni Antonio 1699-1760 **[16]**
- *$16 500 FF86 300 £10 000* A Girl with Flowers Oil/canvas 59x49,5cm/*23x19in* London 96
- *$188 345 FF1 110 562 £111 500* Amorini with a casket and a vase/Amorini offering a silver bowl Oil/canvas 179x125cm/*70x49in* London 97

GUARDIA Gabriel XV **[1]**
- *$69 000 FF397 000 £41 000* Dios Padres rodeado de la Jerarquía Celestial Tempera/panneau 140x130cm/*55x51in* Madrid 97

GUARIENTI Carlo 1923 **[31]**
- *$4 893 FF27 727 £2 446* L'angelo e il serpente Olio/faesite 45x40cm/*17x15in* Roma 98
- *$7 200 FF40 800 £3 600* Le message Tecnica mista/tavola 154x154cm/*60x60in* Roma 98
- *$1 080 FF6 120 £540* Paesaggio Tecnica mista/carta 52x40cm/*20x15in* Roma 97

GUARINO Francesco 1611-1654 **[6]**
- *$303 102 FF1 794 618 £180 000* Saint-Onuphrius Oil/canvas 116,5x95,5cm/*45x37in* London 97

GUARINO Francesco (Attrib.) 1611-1654 **[2]**
- *$5 100 FF28 900 £3 400* Maria addolorata Olio/tela 73x61cm/*28x24in* Prato 97

GUARLOTTI Giovanni 1869-1954 **[2]**
- *$720 FF4 080 £480* Paesaggio di montagna Olio/cartone 35x49,5cm/*13x19in* Prato 97

GUARNERIO Pietro 1842-1881 **[2]**
- *$11 340 FF58 900 £7 500* Forced Prayer Marble H89cm/*H35in* London 96

GUASTALLA Pierre 1891-1968 **[71]**
- *$528 FF3 200 £323* La bastide au soleil Huile/toile 38x46cm/*14x18in* Quimper 98
- *$748 FF3 600 £469* Barque à quai Huile/carton 33x41cm/*12x16in* Douarnenez 95

GUAYASAMIN Oswaldo 1919 **[76]**
- *$20 000 FF97 000 £12 880* Desnudo de India Oil/canvas/panel 51x40cm/*20x15in* New-York 95
- *$40 000 FF194 000 £25 770* Rio de Sangre, Homenaje al Pueblo de Chile Oil/canvas 120x182cm/*47x71in* New-York 95
- *$167 FF987 £102* Sin titulo Grabado 50x35cm/*19x13in* Madrid 98
- *$15 000 FF88 392 £8 962* La Patria Joven Iron 217,5x139,5x54cm/*85x54x21in* New-York 97
- *$1 606 FF9 500 £964* Figure tragique Encre/papier 56x77cm/*22x30in* Paris 97

GUBBELS Klaas 1934 **[34]**
- *$148 FF891 £88* Tafel met kan Color lithograph 59,7x69,7cm/*23x27in* Amsterdam 98
- *$876 FF5 235 £536* A table with a coffeepot Gouache/paper 64x48cm/*25x18in* Amsterdam 98

GUBLER Eduard 1891-1971 **[4]**
- *$23 800 FF123 300 £15 450* Les mariés et la famille Huile/toile 165x140cm/*64x55in* Zürich 96

GUBLER Ernst 1895-1958 **[5]**
- *$1 535 FF9 094 £926* Badende (recto), Landschaft mit Häusern (verso) Tempera/paper 41x33,5cm/*16x13in* Zürich 97

GUBLER Max 1898-1973 **[69]**
- *$2 093 FF12 401 £1 263* Interieur mit Akt Huile/panneau 28x37cm/*11x14in* Zürich 97
- *$3 044 FF15 900 £1 840* Plakatentwurf für die Ausstellung im Kunstsalon Wolfsberg, Zürich Öl/Leinwand 100x70cm/*39x27in* Zürich 96
- *$25 387 FF153 041 £15 367* Frühlingslandschaft, Unterengstringen Öl/Leinwand 129x161cm/*50x63in* Zürich 98
- *$222 FF1 141 £138* Ernest Hemingway Gravure bois 66x48cm/*25x18in* Bern 96
- *$1 282 FF7 434 £756* Der alte Mann und das Meer Mischtechnik/Papier 48x33,5cm/*18x13in* Zürich 97

GUCCIONE Piero 1933 **[29]**
- *$13 110 FF74 290 £6 555* Senza titolo Olio/tela 100x80cm/*39x31in* Milano 98
- *$25 200 FF142 800 £12 600* Esterno, Interno Olio/tela 86x188cm/*33x74in* Roma 97
- *$600 FF3 400 £300* Le ombre della sera, prima del tramonto Litografia a colori 35x90cm/*13x35in* Roma 97

*✐ $26 562 FF150 518 £13 281 "Ombre sugli Iblei I" Pastelli/carta 50x100cm/*19x39in* Roma 98*

GUCHT van Jose 1913-1980 **[23]**
*✐ $67 FF335 £44 Ruelle à Anvers Encre 37x24cm/*14x9in* Antwerpen 95*

GUDABI Willie c.1916-1996 **[1]**
*☞ $8 153 FF49 683 £5 063 Untitled Synthetic polymer silkscreened/canvas 165x177cm/*64x69in* Melbourne 97*

GUDE Hans Fredrik 1825-1903 **[66]**
*☞ $13 181 FF78 968 £7 879 Christianafjorden Oil/canvas 40x35cm/*15x13in* Oslo 98*
*☞ $19 824 FF118 404 £12 136 Norsk kust Oil/canvas 96x128cm/*37x50in* Stockholm 98*
*☞ $28 200 FF146 000 £18 220 Rocky lakeland landscape Oil/canvas 79x108cm/*31x42in* Stockholm 96*
*✐ $6 796 FF39 441 £4 012 Broner Gård, Nordfinnen Watercolour/paper 32x48cm/*12x18in* Oslo 97*

GUDGEON Ralston 1910-1984 **[62]**
*✐ $256 FF1 576 £160 Sedge Warblers Watercolour 26,5x21cm/*10x8in* Glasgow 97*

GUDGEON Simon 1958 **[1]**
*✐ $1 811 FF10 934 £1 100 Baby Elephant Pencil/paper 48x49cm/*18x19in* Billingshurst, West Sussex 98*

GUDIN Emile 1874-1957 **[4]**
*✐ $2 291 FF14 000 £1 359 Le marché aux épices à Tunis Aquarelle, gouache/papier 38x55cm/*14x21in* Paris 98*

GUDIN Fidel XIX **[3]**
*☞ $12 500 FF64 700 £8 000 A Turkish gentleman Oil/canvas 80x64cm/*31x25in* London 96*

GUDIN Henriette Herminie 1825-? **[68]**
*☞ $2 086 FF10 740 £1 345 Le ramassage des filets Huile/panneau 22,5x34cm/*8x13in* Bruxelles 96*
*☞ $4 190 FF25 000 £2 527 Voiliers par gros temps Huile/toile 35,5x63,5cm/*13x25in* Paris 97*

GUDIN Jean Antoine 1802-1880 **[13]**
*☞ $4 640 FF24 012 £2 958 Marine im Mondschein Oil/canvas 38,5x67cm/*15x26in* Zürich 96*

GUDIN Théodore (Attrib.) 1802-1880 **[15]**
*☞ $850 FF5 075 £522 Hamn Oil/panel 17x19cm/*6x7in* Helsinki 98*

GUDIN Théodore, baron 1802-1880 **[53]**
*☞ $2 470 FF12 500 £1 615 Bateaux dans la tempête Huile/toile 38x54cm/*14x21in* Lokeren 96*
*☞ $2 200 FF13 079 £1 325 Fishing Boats at Sunset Oil/panel 14x21cm/*5x8in* New-York 98*
*✐ $835 FF5 000 £499 "Effets de lumière au bord de l'eau" Lavis 19,5x27cm/*7x10in* Paris 98*

GUDIOL Monserrat 1933 **[6]**
*☞ $9 100 FF55 300 £5 600 Rostro femenino Oleo/tabla 62x51cm/*24x20in* Madrid 98*
*✐ $4 690 FF27 650 £2 870 Niña rubia Carboncillo 65x54cm/*25x21in* Barcelona 98*

GUDMUNDSSON Sigurdur 1942 **[7]**
*✐ $375 FF2 193 £230 Garden Pencil/paper 25,3x32,9cm/*9x12in* Amsterdam 97*

GUDNASON Svavar 1909-1988 **[42]**
*☞ $6 392 FF37 102 £3 943 Komposition Oil/canvas 90x80cm/*35x31in* København 97*
*☞ $13 183 FF80 914 £8 040 "Stenbåden"/Komposition Oil/canvas 101x130cm/*39x51in* København 98*
*✐ $787 FF3 982 £504 Figurkomposition Soft pencil/paper 32x24cm/*12x9in* København 96*

GUÉGUEN Suzanne XX **[17]**
*✐ $291 FF1 400 £183 Saint-Anne-la-Palud Gouache 20x27cm/*7x10in* Douarnenez 95*

GUELDRY Ferdinand Joseph 1858-1945 **[33]**
*☞ $4 027 FF24 015 £2 500 Children on a Riverbank Oil/panel 24x34cm/*9x13in* London 97*
*☞ $4 742 FF27 559 £2 800 A Ride in the Wood Oil/canvas 78,5x43,5cm/*30x17in* London 97*

GUELTZL de Marco 1958-1992 **[16]**
*⬟ $8 580 FF52 000 £5 262 Bibliothèque Fer 295x120x60cm/*116x47x23in* Saint-Germain-en-Laye 98*

GUÉNOT Auguste 1882-1966 **[5]**
*⬟ $2 544 FF16 000 £1 612 Jeune femme alanguie et putto Marbre Carrare 42x79x23cm/*16x31x9in* Cannes 97*

GUERARD Henri Charles 1846-1897 **[25]**
*▥ $496 FF2 500 £322 Ligne de bâteaux Pointe sèche 16,2x24cm/*6x9in* Paris 96*
*✐ $635 FF3 200 £412 Oiseaux Lavis 18x60cm/*7x23in* Paris 96*

GUERARD von Bernhard ?-1836 **[4]**
*☞ $2 968 FF17 160 £1 829 Junges Mädchen in rotem Kleid Öl/Leinwand 23x18cm/*9x7in* München 97*
*✐ $1 413 FF7 320 £918 Fürst Karl von Schwarzenberg (1771-1820) Ink/paper 23x18cm/*9x7in* München 96*

GUÉRARD von Eugen Johann Joseph 1811-1901 **[14]**
 $478 145 FF2 781 432 £292 859 The farm of Mr. Perry on the Yarra Oil/canvas 60,1x91,2cm/*23x35in* Melbourne 97
 $1 422 000 FF7 330 000 £941 000 View of Geelong Oil/canvas 879x152,5cm/*346x60in* Melbourne **96**
 $256 FF1 313 £163 Murray River Moorundi Color lithograph 28x49cm/*11x19in* Melbourne 95
GUÉRARD-GONZALES Jeanne 1856-1924 **[6]**
 $5 610 FF28 900 £3 500 Paysage de Toscane Oil/canvas 26x46cm/*10x18in* London 96
 $1 604 FF8 250 £1 000 Poireaux, navets, oignons Watercolour/paper 9,5x25cm/*3x9in* London 96
GUÉRIN Armand Manago 1913-1983 **[60]**
 $750 FF4 453 £459 Street Scene in Montmartre Oil/canvas 56x71cm/*22x27in* San Francisco-Los Angeles 97
GUERIN Charles 1875-1939 **[40]**
 $1 975 FF12 000 £1 189 Nu à sa toilette Huile/toile 65x54cm/*25x21in* Paris 98
GUÉRIN DES LONGRAIS Pierre Charles XIX **[1]**
 $9 172 FF56 936 £5 500 Bord de la Marne à la Varenne Saint-Hilaire Oil/canvas 60x94cm/*23x37in* London 98
GUÉRIN Ernest 1887-1952 **[136]**
 $10 440 FF62 000 £6 373 Groupe de bretonnes sur la dune Huile/toile 235x228cm/*92x89in* Brest 98
 $493 FF2 554 £320 Femmes et enfants en promenade à Penmarc'h, en Bretagne Watercolour/paper 16x24,5cm/*6x9in* London 96
GUERIN François c.1740-c.1795 **[6]**
 $4 580 FF24 000 £2 755 Les Vestales entretenant le feu sacré Huile/toile 36x26,5cm/*14x10in* Paris 96
 $9 990 FF60 000 £6 060 Portrait de Dame au collier de perles/Portrait d'homme à la Lavallière Huile/toile 60x50cm/*23x19in* Paris 98
GUERIN François (Attrib.) c.1740-c.1795 **[2]**
 $5 920 FF30 540 £3 800 A study of two girls sitting on a horse Black chalk 28,5x24cm/*11x9in* London 96
GUÉRIN Gabriel 1869-1916 **[3]**
 $2 409 FF14 073 £1 479 Küchenstilleben Öl/Leinwand 41x30cm/*16x11in* Zofingen 97
GUERIN Jules 1866-1946 **[9]**
 $3 249 FF19 423 £1 969 The Shepherd Oil/canvas 76,2x63,5cm/*29x25in* San Francisco-Los Angeles 97
 $9 000 FF53 795 £5 454 Water Carriers Descending a Hill from the Columns of the Sun, Baalbec Watercolour, gouache 76,2x50,8cm/*29x20in* San Francisco-Los Angeles 97
GUERIN Paulin Jean-Bapt. 1783-1855 **[1]**
 $5 040 FF26 100 £3 260 Retrato de Luisa Enriqueta de Borbón (1726-1759) Oleo/lienzo 10x86cm/*3x33in* Madrid 96
GUÉRIN Pierre N. (Attrib.) 1774-1833 **[13]**
 $2 866 FF17 000 £1 696 Saint Jean-Baptiste Huile/toile 41x33cm/*16x12in* Paris 97
 $22 256 FF130 000 £13 663 Etude de tête d'home Huile/carton 49,5x39cm/*19x15in* Paris 97
 $856 FF5 000 £509 Etude d'homme drapé Crayon 13,5x8,5cm/*5x3in* Paris 97
GUÉRIN Pierre Narcisse 1774-1833 **[12]**
 $2 500 FF15 234 £1 551 Study for Phaedre and Hippolyte Graphite 42x54,5cm/*16x21in* New-York 98
GUÉRIN Thérèse 1861-1933 **[3]**
 $16 000 FF97 979 £9 576 Irises Oil/canvas 91x115,6cm/*35x45in* New-York 98
GUERMACHEFF Mikhaïl M., Michel 1867-1930 **[8]**
 $1 437 FF7 000 £920 Cabane de bûcheron, paysage de neige Huile/toile 46x55cm/*18x21in* Paris 95
GUERRA Achille 1832-? **[5]**
 $6 160 FF31 900 £4 000 La tarantella Oil/canvas 63x98,5cm/*24x38in* London 96
GUERRA Giovanni 1544-1618 **[6]**
 $1 424 FF8 553 £850 Two Studies of Procession of Guilds Ink 9,5x13,5cm/*3x5in* London 98
GUERRA Isabel 1947 **[1]**
 $17 500 FF100 000 £10 750 Domingos en luz Oleo/tabla 98x100cm/*38x39in* Madrid 97
GUERRA Vincent XX **[6]**
 $386 FF2 200 £236 S.N.C.F, Font-Romeu, Pyrénées Orientales, Fraîcheur, Repos" Affiche 99,5x61,5cm/*39x24in* Orléans 97
GUERRA ZAMORA Evaristo 1942 **[19]**
 $1 980 FF11 910 £1 230 Paisaje Oleo/lienzo 82x45cm/*32x17in* Madrid 97
GUERRANT Roger 1930-1977 **[4]**
 $322 FF2 000 £194 Le petit port Lavis/papier 49x63cm/*19x24in* Le Havre 98
GUERRERO GALVAN Jesús 1910-1973 **[38]**

(◠) *$8 000 FF47 477 £4 900* Seated Figure, Mountain Top Tempera 50x76cm/*19x29in* San Francisco-Los Angeles 97

(◠) *$1 400 FF8 249 £836* Niña Graphite 28x21,5cm/*11x8in* New-York 97

GUERRERO José 1914-1991 **[26]**

(◠) *$14 000 FF79 818 £8 668* Alpujarra Oil/canvas 132x182cm/*52x72in* Morris Plains 97

(◠) *$15 180 FF87 340 £9 020* Sin título Oleo/lienzo 46x55cm/*18x21in* Madrid 97

(▥) *$396 FF2 382 £246* Composición Litografía 64x47cm/*25x18in* Madrid 97

GUERRESCHI Giuseppe 1929-1985 **[24]**

(◠) *$2 208 FF11 557 £1 449* "Profili" Olio/tela 100x68cm/*39x26in* Milano 96

GUERRIER Raymond 1920 **[89]**

(◠) *$750 FF4 561 £455* Oliviers et mas Dème Jan Oil/canvas 60x76cm/*24x30in* Chicago, Illinois 98

(◠) *$1 984 FF11 800 £1 214* Les chevaux de cirque Huile/toile 148x97cm/*58x38in* La Varenne Saint-Hilaire 97

GUERRIERI Giovanni Fr. (Attr.) 1589-1665 **[1]**

(◠) *$44 000 FF270 102 £26 958* The Magdalene renouncing wordly Vanities Oil/canvas 176x125cm/*69x49in* New-York 98

GUERRIERI Giovanni Francesco 1589-1665 **[2]**

(◠) *$40 000 FF208 000 £26 450* Susanna and the Elders Oil/canvas 120x178cm/*47x70in* New-York 96

GUERRO José XX **[1]**

(✐) *$2 500 FF12 100 £1 605* Untitled Watercolour/paper 48x61cm/*18x24in* New-York 95

GUERRY Louis XIX-XX **[3]**

(▥) *$817 FF4 766 £500* "Palestine, Bethleem, P.L.M" Affiche 105,5x74,5cm/*41x29in* London 97

GUÉRY Armand 1850-1912 **[92]**

(◠) *$798 FF4 800 £482* Le lavoir Huile/toile 40x40cm/*15x15in* Paris 98

(◠) *$1 766 FF9 000 £1 164* La route de Neufchâteau à Evergnicourt, Aisne Huile/panneau 14x23cm/*5x9in* Paris 96

(✐) *$1 491 FF8 500 £931* Les toits du village Pastel/papier 65x81cm/*25x31in* Calais 97

GUET Charlemagne Oscar 1801-1871 **[7]**

(◠) *$1 350 FF8 000 £800* Portrait de femme en robe bleue portant un diadème Huile/toile 61,5x50cm/*24x19in* Paris 97

(✐) *$2 442 FF13 927 £1 500* Odalisque with a Hookah Watercolour/paper 37x45cm/*14x17in* London 97

GUÉTAL Laurent, abbé 1841-1892 **[30]**

(◠) *$1 628 FF10 071 £1 000* An extensive River Landscape Oil/canvas 39x64cm/*15x25in* Billingshurst, West Sussex 97

(◠) *$2 125 FF12 200 £1 309* Crépuscule après l'orage en Dauphiné Huile/toile 33x41,5cm/*12x16in* Grenoble 97

GUEVARA Alvaro 1894-1951 **[5]**

(◠) *$4 740 FF23 170 £3 000* Maruja Mixed media 49x34cm/*19x13in* London 95

GUEY Fernand L. 1877-? **[3]**

(◠) *$35 000 FF181 700 £23 150* La Cascade au Bois de Boulogne Oil/canvas 155x215cm/*61x84in* New-York 96

GUFFENS Godfried Egide 1823-1901 **[3]**

(◠) *$190 000 FF1 127 593 £116 375* Bedouin Chieftain/Bedouin Woman Oil/canvas 129,5x101,5cm/*50x39in* New-York 97

GUGEL Karl Adolf 1820-1885 **[7]**

(◠) *$1 570 FF9 370 £947* Brustbildnis eines kleinen Mädchens Öl/Leinwand 43x36cm/*16x14in* Stuttgart 97

GUGLIELMI Gennaro 1804-c.1855 **[10]**

(◠) *$2 500 FF14 836 £1 531* Still Life with a Lobster, an Eel, a Squid and Fish on a Pier Oil/board 40,5x50cm/*15x19in* San Francisco 98

GUGLIELMI Gregorio (Attrib.) 1714-1773 **[1]**

(◠) *$5 663 FF32 755 £3 400* Study for a Ceiling Decoration with a Portrait of a Prelate Oil/canvas 40,5x50,5cm/*15x19in* London 97

GUGLIELMI O. Louis 1906-1956 **[15]**

(◠) *$47 500 FF281 898 £29 093* Objects and Images Oil/canvas 76x61cm/*29x24in* New-York 98

GUHRS Vic 1943 **[5]**

(◠) *$1 417 FF8 516 £850* Sacred Ibis Oil/canvas 56x91,5cm/*22x36in* London 98

GUIDALEVITCH Victor 1892-1962 **[13]**

(▣) *$1 600 FF9 428 £988* Modernist Study of Workers Silver print 13x8cm/*5x3in* New-York 97

GUIDI Giuseppe 1881-1931 **[7]**
$1 100 FF6 707 £660 Tea and The Vatican News Watercolour/paper 50x68,5cm/*19x26in* Washington 98
GUIDI Raffaello 1540-c.1613 **[3]**
$412 FF2 364 £251 Die antiken Götter Print 24,7x21cm/*9x8in* Berlin 97
GUIDI Virgilio 1891-1984 **[240]**
$2 646 FF12 980 £1 680 Venezia, i Giardini Olio/tela 20x30cm/*7x11in* Prato 95
$4 610 FF24 100 £3 024 Bacino S. Marco, Venezia Olio/tela 50x60cm/*19x23in* Prato 96
$718 FF3 693 £428 Venezia, isola di S. Giorgio Acquarello/carta 27,5x34cm/*10x13in* Roma 96
GUIDOBONO Bartolomeo 1654-1709 **[3]**
$65 000 FF396 097 £39 598 Cupid sleeping with Instruments of the Hunt nearby Oil/canvas 93x115cm/*36x45in* New-York 98
GUIETTE René 1893-1976 **[147]**
$2 350 FF11 700 £1 540 Vieux moulin Huile/toile 90x60cm/*35x23in* Bruxelles 95
$459 FF2 614 £281 Composition zen Aquarelle/papier 41,5x29,5cm/*16x11in* Bruxelles 97
GUIGNARD Alexandre-Gaston 1848-1922 **[19]**
$3 000 FF18 237 £1 847 Return of the Flock Oil/canvas 60,5x81cm/*23x31in* New-York 98
GUIGNARD Roland 1917 **[17]**
$309 FF1 809 £190 Landschaft Tempera/papier 36x44,5cm/*14x17in* Zofingen 97
GUIGNE Alexis Eugène 1839-? **[8]**
$420 FF2 500 £258 Les ponts de Paris Aquarelle/papier 12,5x22cm/*4x8in* Paris 97
GUIGNEBERT Vincent, Jean-Cl. 1921 **[36]**
$217 FF1 200 £135 Composition abstraite Huile/carton 65x50cm/*25x19in* Paris 97
GUIGNET Adrien Jean 1816-1854 **[7]**
$1 758 FF10 000 £1 084 Les tireurs à l'arc Huile/panneau 22x37cm/*8x14in* Lyon 97
GUIGOU Paul Camille 1834-1871 **[68]**
$10 011 FF60 453 £6 000 La Durance Oil/panel 22,5x42cm/*8x16in* London 98
$15 740 FF80 000 £9 700 Les deux lavandièresn soleil couchant Huile/toile 46,5x55cm/*18x21in* Paris 96
$676 FF4 000 £419 Les Gorges d'Ollioules Eau-forte 31,8x23,7cm/*12x9in* Rouen 97
$1 670 FF10 000 £998 Paysage au grands arbres Mine plomb 20x26,5cm/*7x10in* Paris 98
GUIGUET François Joseph 1860-1937 **[92]**
$2 806 FF16 000 £1 723 Place Ravignan à Montmartre Huile/panneau 39x30cm/*15x11in* Lyon 97
$15 084 FF86 000 £9 262 Portrait de Marie Huile/toile 55x38cm/*21x14in* Lyon 97
$582 FF2 900 £382 Fillette accoudée Mine plomb 32,5x24,5cm/*12x9in* Paris 95
GUIJARRO Antonio 1923 **[9]**
$5 230 FF26 470 £3 430 Bodegón caligráfico Oleo/lienzo 81x100cm/*31x39in* Madrid 96
GUILBERT Maurice 1876-1938 **[19]**
$1 468 FF8 937 £902 Vaches au pâturâge Huile/panneau 63x92cm/*24x36in* Bruxelles 98
GUILBERT Narcisse 1878-1942 **[109]**
$2 697 FF16 000 £1 648 Croisset au crépuscule Huile/toile 31x41cm/*12x16in* Rennes 98
$4 120 FF20 000 £2 656 Les quais à Rouen, soleil d'hiver Huile/toile 46x65cm/*18x25in* Paris 95
GUILLAIN Marthe 1890-1974 **[24]**
$542 FF3 252 £326 Composition Gouache/papier 33,5x26,5cm/*13x10in* Bruxelles 98
GUILLAUME Albert 1873-1942 **[107]**
$2 371 FF14 000 £1 404 Quiétude Huile/bois 27x35cm/*10x13in* Clermont-Ferrand 97
$12 000 FF71 727 £7 345 Dans l'antichambre du Ministre Oil/panel 53x65cm/*20x25in* New-York 97
$260 FF1 550 £159 "Vichy-Cusset Source Andreau, approuvée par l'Academie de Médecine..." Affiche 58,5x39cm/*23x15in* Paris 98
$505 FF2 600 £324 "Garçonnière" Aquarelle 29x30cm/*11x11in* Paris 96
GUILLAUME Roger 1867-1943 **[3]**
$7 720 FF40 000 £5 010 Paysage au bord du canal Huile/toile 200x80cm/*78x31in* Saint-Germain-en-Laye 96
GUILLAUMET Gustave 1840-1887 **[70]**
$2 811 FF16 646 £1 681 Algerian street Scene Oil/canvas 44x32cm/*17x12in* Toronto 97
$5 922 FF36 000 £3 592 Jeune fille en forêt, toile orientaliste Huile/toile 75x45cm/*29x17in* Marseille 98
$41 600 FF210 000 £27 300 Femmes arabes sous la tente Huile/toile 125x180cm/*49x70in* Paris 96
$402 FF2 500 £242 Paysage algérien Crayon 40,5x30cm/*15x11in* Paris 98
GUILLAUMIN Armand 1841-1927 **[436]**
$8 215 FF47 000 £5 127 Les Bréjots, mai 1917, matin Huile/toile 24x33cm/*9x12in* Paris 97

$28 500 FF147 600 £18 500 Montmartre Oil/canvas 54x65cm/*21x25in* London 96
$536 FF3 200 £328 Le pont de Bercy Eau-forte 16,8x26,5cm/*6x10in* Paris 97
$3 016 FF18 472 £1 800 Portrait d'enfant Pastel/paper 36x28cm/*14x11in* London 98
GUILLEBAUD Jean-François 1718-1799 [4]
$4 400 FF22 500 £2 900 A pair of portraits: A lady/A gentleman Pastel 25x19,5cm/*9x7in* London 96
GUILLEMER Ernest 1839-1913 [15]
$1 763 FF9 000 £1 170 Vaches à l'étang Huile/panneau 26x35cm/*10x13in* Paris 96
$2 993 FF15 500 £1 932 Bord de rivière Huile/toile 40x73cm/*15x28in* Barbizon 96
GUILLEMET Antoine J.-Bapt. 1843-1918 [102]
$3 189 FF18 000 £1 954 Paysage normand Huile/toile 24x35cm/*9x13in* Provins 97
$3 515 FF22 000 £2 211 Paysage nuageux Huile/panneau 38,5x55,5cm/*15x21in* Cherbourg 97
$31 300 FF162 000 £20 900 "Le Vieux Villerville" Huile/toile 131x200cm/*51x78in* Bordeaux 96
GUILLEMIN Alexandre 1817-1880 [12]
$11 350 FF58 200 £6 900 Scène familiale Huile/panneau 55x45cm/*21x17in* Bruxelles 96
$17 000 FF96 645 £10 409 The Oriental Tambourine Dancer Bronze H100,3cm/*H39in* New-York 97
GUILLEMIN Émile, sculpt. 1841-1907 [52]
$1 600 FF9 445 £947 Mounted Desert Sheik Sculpture 66x50cm/*26x20in* Elgin, Illinois 97
$17 904 FF107 212 £11 000 Two female classical figures Bronze H122cm/*H48in* London 98
GUILLEMINET Claude 1821-1860 [49]
$1 200 FF7 339 £712 Barn Yard Scenes depinting Poultry Oil/board 11,5x9,5cm/*4x3in* Pittsburgh, PA 98
GUILLON-LETHIERE Guillaume (Attrib.) 1760-1832 [1]
$2 497 FF15 000 £1 515 Brutus condamnant ses fils à la mort Huile/toile 27x46,5cm/*10x18in* Paris 98
GUILLONNET Octave 1872-1967 [47]
$627 FF3 771 £389 Retrato femenino Oleo/tabla 22x15cm/*8x5in* Madrid 97
$2 000 FF10 953 £1 201 Elegant Foyer Oil/canvas 64x53cm/*25x21in* Florida 97
GUILLOT Anatole 1865-1911 [3]
$2 446 FF14 577 £1 500 A Sailor/An Infantryman Bronze H45cm/*H17in* London 98
GUILLOU Alfred 1844-1926 [37]
$2 059 FF12 000 £1 258 Voiliers au soleil couchant Huile/toile 33,5x46,5cm/*13x18in* Rennes 97
$3 570 FF18 000 £2 300 Barques de pêche sous voiles Huile/toile 38x56cm/*14x22in* Douarnenez 96
GUILLOUX Charles Victor 1866-1946 [50]
$2 385 FF13 500 £1 456 Paysage de Bretagne Pastel 32x24cm/*12x9in* Paris 97
GUIMARAES de José 1939 [12]
$23 604 FF140 000 £14 420 "Lady Ferrari" Sculpture 200x90x35cm/*78x35x13in* Paris 98
$1 490 FF8 937 £918 Compositie Gouache/papier 38,5x51cm/*15x20in* Lokeren 98
GUINDON André Marius 1831-1918 [3]
$1 591 FF9 399 £988 Mittagsrast Ol/Leinwand 27x36cm/*10x14in* Stuttgart 97
GUINDON Jean 1883-1976 [17]
$619 FF3 000 £399 Paysage au mas Gouache 33x48cm/*12x18in* Aubagne 95
GUINDRAND Antoine 1801-1843 [7]
$1 199 FF7 000 £713 Coup de vent en bord de mer Huile/toile 19x24cm/*7x9in* Lyon 97
$2 698 FF15 500 £1 680 Bord de rivière Huile/toile 60x95cm/*23x37in* Lyon 97
GUINEA Y UGALDE Anselmo 1855-c.1906 [5]
$2 400 FF14 589 £1 477 "The Flag of the Prophet" Watercolour/paper 76,5x57cm/*30x22in* New-York 98
GUINEGAULT Georges Pierre 1893-? [17]
$1 366 FF7 000 £830 Charmeur de serpents Gouache/papier 45x54cm/*17x21in* Paris 96
GUINIER Henri 1867-1927 [17]
$2 102 FF10 200 £1 318 Jeune fille assise Huile/toile 65x54cm/*25x21in* Les Baux-de-Provence 95
$321 FF1 600 £209 Pins en bord de mer Fusain 47,5x58,5cm/*18x23in* Paris 95
GUINNESS May 1863-1955 [5]
$4 941 FF28 142 £3 000 Le manteau jaune Oil/board 66x51cm/*25x20in* London 97
GUINO Michel 1926 [4]
$3 016 FF18 000 £1 807 Mécano tendre Sculpture 71x85x50cm/*27x33x19in* Paris 98
GUINO Richard 1890-1973 [106]
$4 884 FF30 000 £2 928 Tête de jeune fille aux capucines Bronze 30x18cm/*11x7in* Paris 98
$100 100 FF519 000 £65 000 Grande laveuse Bronze H123cm/*H48in* London 96

✏ *$492 FF3 000 £294* Nu à la guirlande de fleurs Fusain 48,5x25,5cm/*19x10in* Paris 98
GUINOVART Josep 1927 **[69]**
🎨 *$1 188 FF7 110 £738* Composición Oleo 30x27cm/*11x10in* Madrid 97
🎨 *$3 150 FF16 050 £1 892* Sin título Técnica mixta 100x73cm/*39x28in* Madrid 96
🎨 *$13 110 FF75 430 £7 790* Sin título Técnica mixta/tabla 200x100x9,5cm/*78x39x3in* Madrid 97
🖼 *$165 FF987 £102* Abstracto Serigrafia 70x59,5cm/*27x23in* Madrid 97
✏ *$1 485 FF8 887 £922* Composición Técnica mixta/papel 71x50cm/*27x19in* Madrid 98
GUIRAMAND Paul 1926 **[86]**
🎨 *$510 FF3 000 £314* Les instruments de musique Acrylique/toile 65x77,5cm/*25x30in* Saint-Germain-en-Laye 97
🖼 *$174 FF1 046 £107* Fleurs et nos Color lithograph 78x55cm/*31x22in* Chicago, Illinois 98
🔨 *$6 935 FF38 000 £4 176* Cheval Bronze H46cm/*H18in* Paris 97
✏ *$400 FF2 434 £238* Still Life, Violin Gouache/paper 56x73cm/*22x29in* Florida 97
GUIRAND DE SCÉVOLA Lucien Victor 1871-1950 **[95]**
🎨 *$1 125 FF6 800 £670* Bouquet de fleurs Huile/toile 55x46cm/*21x18in* Saint-Dié 97
🎨 *$1 642 FF8 200 £1 073* Danseuse à l'Opéra Huile/toile 41x39cm/*16x15in* Rouen 95
✏ *$1 139 FF7 000 £683* Bouquet de fleurs Pastel/papier 53x63cm/*20x24in* Paris 98
GUIRAUD-RIVIERE Maurice 1881-? **[53]**
🔨 *$2 939 FF18 000 £1 753* L'étoile filante Bronze H51cm/*H20in* Paris 98
GUISTI Guglielmo 1824-1916 **[2]**
✏ *$1 358 FF7 800 £848* La Baie de Naples Gouache/papier 16x24cm/*6x9in* Paris 97
GUITET James 1925 **[75]**
🎨 *$787 FF4 000 £470* Composition abstraite Huile/toile 41x33cm/*16x12in* Paris 96
🎨 *$838 FF5 000 £502* "40 SM.3.77 1" Huile/toile 60x120cm/*23x47in* Paris 98
🖼 *$242 FF1 445 £150* Study in Form Etching 21,5x20,5cm/*8x8in* London 97
GUJRAL Satish 1925 **[6]**
🎨 *$4 400 FF21 900 £2 800* Playmates Acrylic/canvas 94x94cm/*37x37in* London 95
🎨 *$8 640 FF43 000 £5 500* Lady with bird Acrylic/canvas 152x141cm/*59x55in* London 95
GULBRANSSON Olaf 1873-1958 **[57]**
🖼 *$130 FF771 £79* Herrenbildnis, frontal gesehen Lithographie 12,5x11cm/*4x4in* München 98
✏ *$1 360 FF7 749 £833* Zu uns kommt nie ein Friedenspreis Watercolour/paper 29x28cm/*11x11in* Hamburg 97
GULGEE 1926 **[1]**
🎨 *$6 977 FF41 832 £4 200* Composition 2 Oil/canvas 121x183cm/*47x72in* London 98
GULIK van Franciscus Lodewijk 1841-1899 **[8]**
🎨 *$520 FF3 209 £327* A winter landscape with skaters on a frozen river at sunset Oil/panel 24,5x35cm/*9x13in* Amsterdam 97
GULLBY Folke 1912-1982 **[21]**
🖼 *$199 FF980 £128* I stallet Print 7,3x8,4cm/*2x3in* Stockholm 95
GULLEY Catherine B. XIX-XX **[10]**
✏ *$1 236 FF7 310 £750* "The Lace Mender" Watercolour/paper 50x38cm/*20x15in* Bristol, Avon 98
GULLY John 1819-1888 **[9]**
✏ *$9 060 FF51 594 £5 500* Mitre Peak, Milford Sound Watercolour 35,5x63cm/*13x24in* London 97
GUMMESON Per 1858-1928 **[35]**
🎨 *$390 FF2 265 £240* Gårdsinteriör Oil/canvas 36x30cm/*14x11in* Malmö 97
🎨 *$504 FF2 929 £298* Försommar, Röstånga Oil/canvas 48x34cm/*18x13in* Malmö 97
GUNARSA Nyoman 1944 **[7]**
🎨 *$2 234 FF13 382 £1 373* Wayang Puppet Oil/canvas 93x73cm/*36x28in* Singapore 98
🎨 *$5 230 FF30 912 £3 236* Gerka Dalam Biru Oil/canvas 144x144cm/*56x56in* Singapore 97
✏ *$2 074 FF11 709 £1 271* Three Legong Dancers Watercolour/paper 57x75cm/*22x29in* Singapore 97
GUNAWAN Hendra 1918-1983 **[25]**
🎨 *$34 100 FF172 000 £22 370* Poverty and Abundance Oil/canvas/panel 87,5x92cm/*34x36in* Singapore 96
🎨 *$41 903 FF250 911 £25 743* Mother and Child Oil/canvas 138x265,5cm/*54x104in* Singapore 98
GUNDERSEN Gunnar S. 1921-1983 **[23]**
🎨 *$9 352 FF56 872 £5 731* Komposisjon Oil/canvas 95x75cm/*37x29in* Oslo 98
🖼 *$1 241 FF7 353 £743* Composition Serigraph 85x85cm/*33x33in* Oslo 97
GUNDLACH F.C. 1926 **[9]**

[camera] *$526 FF3 013* £311 "Coiffure Alexandre, Astrid Schiller" Gelatin silver print 40x30,6cm/*15x12in* Köln 97

GUNDLACH F.C. 1926 **[4]**
[camera] *$777 FF4 629* £475 Abendkleid aus Atlas, Lindenstaedt & Brettschneider... Gelatin silver print 40x30,5cm/*15x12in* Berlin 98

GUNN Archibald, Archie 1863-1930 **[7]**
[palette] *$1 344 FF8 030* £823 Pat bothered entirely Oil/board 35x25cm/*14x10in* Dublin 98
[poster] *$1 700 FF10 359* £1 035 "New York Journal's Colored Comic Supplement" Poster 13x50cm/*5x19in* New-York 98

GUNN Herbert James 1893-1964 **[35]**
[palette] *$1 250 FF6 480* £800 Still life with Gazelles Oil/canvas 46x36cm/*18x14in* London 96
[palette] *$12 000 FF58 700* £7 600 Cheyne Walk, London Oil/canvas/board 25,5x36cm/*10x14in* San Francisco-Los Angeles 95

GUNSAM Karl Josef 1900-1972 **[17]**
[palette] *$2 870 FF16 723* £1 764 Boote im Kanal Oil/panel 27x34,5cm/*10x13in* Wien 97
[palette] *$4 980 FF28 764* £3 072 Motiv aus Edach a.d. Rax Öl/Leinwand 69x82cm/*27x32in* Wien 97
[pencil] *$1 459 FF8 600* £901 Dorfstrasse Watercolour 36x49cm/*14x19in* Wien 97

GUNSCHMANN Karl 1895-1984 **[8]**
[palette] *$793 FF4 685* £470 Paar am Meer Öl/Karton 52x39cm/*20x15in* Frankfurt 97

GUNST van Pieter Stevens 1659-1724 **[2]**
[poster] *$1 105 FF6 308* £680 Battles of Alexander the Great against the Persians Engraving 70x54cm/*27x21in* London 97

GÜNTHER Herta 1934 **[5]**
[poster] *$208 FF1 084* £121 Karneval Farbradierung 29,5x37,4cm/*11x14in* Berlin 96

GÜNTHER Kurt XIX-XX **[2]**
[palette] *$4 535 FF26 773* £2 685 Bildnis der Maria Günther im Lehnstuhl Öl/Leinwand 80,5x77,5cm/*31x30in* Berlin 97

GÜNTHER Leopold XIX-XX **[1]**
[palette] *$11 000 FF60 241* £6 608 Figures in the woods Oil/canvas 120x90cm/*47x35in* Florida 97

GÜNTHER Matthäus 1705-1788 **[4]**
[poster] *$680 FF4 016* £402 Der hl. Augustinus als Doctor Ecclesiae Radierung 23,5x17cm/*9x6in* Berlin 97

GUO BOCHUAN 1901-1974 **[5]**
[palette] *$15 756 FF95 524* £9 360 Guanyin Shan Oil/paper 31,5x32,5cm/*12x12in* Taipei, Taiwan 98
[palette] *$66 961 FF397 886* £41 535 Lotus pond Oil/canvas 38x46cm/*14x18in* Taipei, Taiwan 97
[pencil] *$25 410 FF147 280* £15 610 Seated nude Watercolour 46x27,5cm/*18x10in* Taipei, Taiwan 97

GUO DONGRONG Kuo Tong-jong 1927 **[4]**
[palette] *$16 165 FF80 390* £10 298 Harbour Scene Oil/canvas 45,5x53cm/*17x20in* Taipei, Taiwan 96

GURION Anat 1969 **[2]**
[poster] *$550 FF3 351* £335 One Tree One Woman Print in colors 83x78cm/*32x30in* Tel Aviv 98

GURK Eduard 1801-1841 **[3]**
[poster] *$1 203 FF7 375* £718 Wiener Zeiselwagen/Österreichische Kalkbauern/Schiffzug, nach Hoechle Etching, aquatint 31,5x43,5cm/*12x17in* Dresden 98

GURLITT Ludwig H. Theodor 1812-1897 **[15]**
[palette] *$2 821 FF16 710* £1 675 Tysk landskab med gård foran hvilken kvinder der vasker töj Oil/canvas 29x37cm/*11x14in* København 97
[palette] *$6 525 FF39 577* £3 951 Parti fra Italien antagelig fra Gardasöen Oil/canvas 44x60cm/*17x23in* København 98

GURSCHNER Gustav 1873-1971 **[18]**
[sculpture] *$4 500 FF23 300* £2 905 Standing woman (candelabrum) Bronze H41cm/*H16in* New-York 96

GURSCHNER Herbert 1901-1975 **[20]**
[palette] *$2 800 FF16 748* £1 700 Dorfwohner im Schnee Oil/canvas 27x27cm/*10x10in* London 97
[palette] *$6 440 FF31 800* £4 200 Portrait of Bean Ingram Oil/canvas 108x68cm/*42x26in* London 95
[poster] *$222 FF1 148* £148 Tiroler Bauernpaare vor einem Hof Woodcut in colors 8,5x10,4cm/*3x4in* München 96

GURSKY Andreas 1955 **[6]**
[camera] *$3 000 FF17 421* £1 832 Giordano Bruno Photograph 67x80cm/*26x31in* New-York 97

GURVICH Joseph Michiallovich 1927-1974 **[30]**
[palette] *$3 500 FF18 130* £2 273 Almuerzo en el cerro Oleo/cartón 19,5x23,5cm/*7x9in* Montevideo 96

$3 200 FF18 265 £1 978 In the Kibutz Oil/cardboard 34x48,5cm/*13x19in* Herzelia Pituah 97
$2 300 FF11 915 £1 493 Escena del Kibuts Acuarela/papel 12x20cm/*4x7in* Montevideo 96
GUSEV Vladimir 1957 **[14]**
$481 FF2 857 £294 Mädchen mit Gänsen Öl/Leinwand 33x41cm/*12x16in* Wien 97
$836 FF5 196 £500 Under the Parasols Oil/canvas/board 40,5x51cm/*15x20in* London 98
GUSH William c.1810-c.1880 **[1]**
$6 200 FF31 900 £4 000 "Rachel was Beautiful and well favoured" Oil/canvas 121x87cm/*48x34in* London 96
GUSSMANN Otto 1869-1926 **[3]**
$2 000 FF10 180 £1 200 "Dritte Deutsche Kunhst-Gewerbe, Dresden" Poster 89x58,5cm/*35x23in* New-York 96
GUSSONI Vittorio 1893-1968 **[19]**
$945 FF4 640 £615 Natura morta Olio/tavola 30x40cm/*11x15in* Milano 95
$1 800 FF10 200 £900 Ritratto di giovane donna Olio/tavola 50x40cm/*19x15in* Milano 97
GUSSOW Bernard 1881-1957 **[12]**
$3 000 FF16 685 £1 857 Building the 3rd Avenue El Oil/canvas 76x86,5cm/*29x34in* New-York 97
GUSTAF III 1746-1792 **[1]**
$4 430 FF22 130 £2 894 Lakeland landscape Watercolour 16x23cm/*6x9in* Stockholm 95
GUSTON Philip 1913-1980 **[97]**
$35 000 FF203 017 £20 688 Branch II Oil/paper 76x101,5cm/*29x39in* New-York 97
$1 550 000 FF7 900 000 £930 000 Beggar's Joys Oil/canvas 181x173cm/*71x68in* New-York 96
$1 400 FF7 270 £926 Sky Lithograph 51x77cm/*20x30in* San Francisco-Los Angeles 96
$6 000 FF29 050 £3 850 Untitled Ink/paper 48x64cm/*18x25in* New-York 95
GÜTERSLOH Albert Paris 1887-1973 **[51]**
$411 FF2 398 £248 Gütersloh 1971 Color lithograph 42x32cm/*16x12in* Wien 97
$3 006 FF15 400 £1 930 Aufwärts Blicken Gouache/papier 16,7x16cm/*6x6in* Wien 96
GUTFREUND Otto 1889-1927 **[18]**
$6 882 FF40 201 £4 072 Liebende Bronze 13,6x31,5x17,3cm/*5x12x6in* Köln 97
$3 196 FF18 148 £2 000 Cubist Figure/Cubist Head/Studies of Pears/Landscape Studies Pencil/paper 20x12cm/*7x4in* London 97
GUTHERZ Carl 1844-1907 **[3]**
$1 009 FF6 000 £625 Sentinelles Huile/toile 41x22cm/*16x8in* Besançon 97
GUTHRIE James 1859-1930 **[10]**
$69 500 FF355 000 £46 000 The garden party, tea being served to a convalescing soldier Oil/canvas 76x97cm/*29x38in* Glasgow 96
$83 100 FF432 000 £55 000 The Summer House, St. Mary's Isle, Kirkcudbright Oil/panel 25x31cm/*9x12in* Edinburgh 96
$1 209 FF7 327 £749 Sketch for Bookplate Watercolour 16,5x14cm/*6x5in* Perthshire 97
GUTIERREZ DE LA VEGA José 1791-1865 **[9]**
$3 630 FF21 725 £2 200 Niño Jesús dormido Oleo/lienzo 51x62cm/*20x24in* Madrid 98
GUTIERREZ Ernesto 1873-1934 **[10]**
$4 630 FF23 840 £2 800 The Palacio Real, Madrid Oil/panel 19x31,5cm/*7x12in* London 96
GUTIÉRREZ Francisco 1906-1945 **[3]**
$19 000 FF92 100 £12 240 Mujeres en el Muelle Oil/canvas 51x73cm/*20x28in* New-York 95
$2 500 FF15 096 £1 498 Figures by the Sea Gouache 24x18cm/*9x7in* New-York 98
GUTLICH Johann 1920 **[12]**
$484 FF2 456 £316 Patient with a sling Oil/canvas 110x100cm/*43x39in* Amsterdam 96
GUTMAN Nachum 1898-1980 **[108]**
$3 250 FF15 880 £2 056 Buggy in a landscape Oil/canvas 60x73cm/*23x28in* San Francisco-Los Angeles 95
$11 000 FF57 000 £7 040 The white horse Oil/canvas/board 40x34cm/*15x13in* Tel Aviv 96
$1 000 FF5 120 £648 The watermelon vendor Bronze H32cm/*H12in* Tel Aviv 95
$1 250 FF6 712 £747 Soldier Watering a Planc Pastel 43x32cm/*16x12in* Tel Aviv 97
GUTMAN Nathan 1914 **[37]**
$890 FF4 500 £584 Venise Huile/toile 60x73cm/*23x28in* Paris 96
GUTMANN John 1905 **[20]**
$749 FF4 325 £459 "Love-Hat Graffiti, New Orleans" Silver print 25x28cm/*10x11in* New-York 97
GUTMANN Viktor 1887-1963 **[2]**

⎅ *$1 608 FF9 542 £998* Von der "Eisernen Hand" Blick über Nussberg in Wien Öl/Karton 19,5x29cm/*7x11in* Wien 97

GUTSCHOW Arvid 1900-1984 **[6]**
📷 *$1 216 FF7 078 £749* Head of a Girl Silver print 46x30,5cm/*18x12in* London 97

GUTTUSO Renato 1912-1986 **[468]**
⎅ *$7 200 FF40 800 £3 600* Profilo di vecchio Olio/cartone 52,5x30,5cm/*20x12in* Prato 98
⎅ *$17 920 FF93 800 £12 040* La rissa Olio/tela 35x38cm/*13x14in* Milano 96
⎅ *$54 000 FF306 000 £27 000* Sfacio di automobili Tecnica mista/cartone 97x130cm/*38x51in* Milano 97
⎙ *$366 FF2 089 £224* Frau Welt "Hommage à Dürer" Radierung 45x36,5cm/*17x14in* Hamburg 97
✎ *$2 400 FF13 600 £1 200* Marta con pelliccia Tecnica mista/carta 51x37cm/*20x14in* Milano 98

GUY Bracha 1948 **[5]**
⎙ *$299 FF1 737 £184* "Mary P." Serigraph in colors 53x32cm/*20x12in* Göteborg 97

GUY Louis Jean-Bapt. 1824-1888 **[22]**
⎅ *$901 FF5 100 £550* La bécasse Huile/toile 41x27cm/*16x10in* Soissons 97

GUY Seymour Joseph 1824-1910 **[20]**
⎅ *$10 500 FF62 314 £6 512* The Quarrel Oil/canvas 31x23cm/*12x9in* New-York 97
⎅ *$30 000 FF177 621 £17 940* See-saw, Margery Daw Oil/canvas 104,1x88,9cm/*40x35in* New-York 97

GUYATT Richard XX **[3]**
⎙ *$2 990 FF17 403 £1 843* "These Men use Shell, you can be sure of Shell" Poster 113,5x75,5cm/*44x29in* New-York 97

GUYDO Henri 1868-? **[7]**
⎙ *$524 FF3 013 £320* "Amara Blanqui, Distellerie Blanqui Fils, Nice" Poster 135x84,5cm/*53x33in* London 97

GUYOMARD Gérard 1936 **[51]**
⎅ *$787 FF4 000 £470* Composition Huile/toile 82x100cm/*32x39in* Paris 96

GUYON Georges XIX **[2]**
⎅ *$13 376 FF80 000 £8 120* Alger, habitation de M. le Lieutenant-général comte de Rumigny Huile/toile 45,5x50,5cm/*17x19in* Paris 97

GUYON Maximilienne Goepp 1868-1903 **[6]**
✎ *$861 FF5 000 £509* Enfants dans la neige Aquarelle/papier 59x47cm/*23x18in* Pontoise 97

GUYOT Antoine P., le Jeune 1777-? **[3]**
⎅ *$20 000 FF119 760 £12 240* Château de Rosny from across the Seine Oil/canvas 32,5x49cm/*12x19in* New-York 97

GUYOT Georges Lucien 1885-1973 **[97]**
🗿 *$6 000 FF36 363 £3 679* Panther Bronze 33,5x49,5cm/*13x19in* New-York 98
✎ *$894 FF5 227 £549* Bengalischer Tiger Pastel 70x50cm/*27x19in* Zofingen 97

GUYOT Julie XVIII-XIX **[3]**
⎅ *$11 000 FF67 525 £6 739* Still Life of a Bouquet of Flowers Tied with String and a Covered Urn Oil/canvas 38,5x46,5cm/*15x18in* New-York 98

GUYOT Laurent 1756-1806 **[6]**
⎙ *$941 FF5 500 £557* Le Temple de la Philosophie/Le Temple de Mars, d'après Pernet Gravure 22x17,8cm/*8x7in* Paris 97

GUYOT-GUILLAIN Félix 1878-1960 **[3]**
⎅ *$2 680 FF14 000 £1 620* Sidi bou-Saïd Huile/toile 48,5x41,5cm/*19x16in* Paris 96

GUYS Constantin 1802-1892 **[285]**
✎ *$20 000 FF118 344 £12 036* Femmes au balcon Watercolour 20x18,5cm/*7x7in* New-York 98

GUZMAN Juan Bautista XIX-XX **[7]**
⎅ *$1 235 FF7 505 £741* Romería Oleo/lienzo 24x38,5cm/*9x15in* Madrid 98

GUZZARDI Giuseppe 1845-1914 **[8]**
⎅ *$2 836 FF17 391 £1 700* At The Well Oil/canvas 27x34cm/*10x13in* London 98

GUZZARDI Leonardo XVIII **[1]**
⎅ *$8 470 FF43 900 £5 500* Portrait of Admiral Nelson, standing full-lenght beside a cannon Oil/canvas 84,5x50,5cm/*33x19in* London 96

GUZZI Virgilio 1902-1978 **[8]**
⎅ *$1 200 FF6 800 £600* Natura morta con bicchiere, uovo e coltello Olio/tela 50x70,5cm/*19x27in* Roma 97

GUZZONE Sebastiano 1856-1890 **[2]**
⎅ *$3 362 FF19 627 £2 000* The Baptism Oil/canvas 31x51cm/*12x20in* London 97

GWATHMEY Robert 1903-1988 **[45]**
 $14 000 FF85 470 £8 367 Woman Arranging Vase Oil/canvas 122x91,5cm/*48x36in* New-York 98
 $1 000 FF5 724 £590 Watching Parade Silkscreen in colors 38x29cm/*14x11in* New-York 97
GWEN 1920 **[52]**
 $456 FF2 600 £281 Les Bigoudènes Huile/toile 73x60cm/*28x23in* Brest 97
GWEN John 1876-1939 **[2]**
 $4 686 FF27 613 £2 800 A Still Life of Flowers in an Earthenware Vase Watercolour/paper 14x10cm/*5x3in*
London 97
GWOZDECKI Gustaw 1880-1935 **[4]**
 $3 332 FF19 422 £2 052 Vase of flowers Oil/canvas 41x33,5cm/*16x13in* Warszawa 97
GWYNN William XIX **[4]**
 $3 362 FF19 627 £2 000 "Twin Oxen" Oil/paper/board 65x87cm/*25x34in* Billingshurst, West Sussex 97
GWYNNE-JONES Allan 1892-1982 **[19]**
 $14 647 FF90 251 £8 999 Wild Flowers in a Stone Jar Oil/panel 36x26,5cm/*14x10in* London 98
GYDE PETERSEN Hans 1862-1943 **[15]**
 $320 FF1 934 £194 Skagen Oil/canvas 35x52cm/*13x20in* Viby J, Århus 98
GYOKUDO Kawai 1873-1957 **[4]**
 $10 000 FF61 275 £5 972 Keikyo Kisho Ink/paper 40,5x52,5cm/*15x20in* New-York 98
GYSBRECHTS Cornelis Norbertus XVII **[7]**
 $6 035 FF36 162 £3 600 A Vanitas Still Life with a Snuffed Candle, Books, a Seal, a Print Oil/canvas
75,5x58cm/*29x22in* London 98
 $15 640 FF82 000 £9 410 Nature morte à la mappemonde, luth et objets de collectiuon Huile/toile
13x7cm/*5x2in* Neuilly 96
GYSBRECHTS Franciscus XVII **[5]**
 $8 468 FF49 464 £5 011 Nature morte de vanitas Huile/toile 56x39cm/*22x15in* Genève 97
GYSELAER de Nicolaes 1616-c.1654 **[5]**
 $15 000 FF77 700 £9 600 Interior of a Gothic Church with the Procession af the Eucharist Oil/canvas
58,5x82,5cm/*23x32in* New-York 96
GYSELINCKX Joseph 1845-? **[15]**
 $1 600 FF8 000 £1 036 The Doll Oil/canvas 31x27cm/*12x10in* New-York 96
GYSELS Peter 1621-1690 **[36]**
 $25 290 FF150 000 £15 315 La place du village près de la rivière Huile/cuivre 14,5x22,5cm/*5x8in* Paris 97
 $30 060 FF154 000 £19 300 Bildnis eines Einsiedlers Oil/panel 45x36cm/*17x14in* Wien 96
GYSELS Peter (Attrib.) 1621-1690 **[7]**
 $27 740 FF160 075 £17 000 A village street with peasants carousing and a wagon at a stall Oil/copper
30x36,5cm/*11x14in* London 97
GYSELS Peter (Cercle) [1]
 $22 000 FF108 600 £14 220 Wooded Landscape with Peasants on a Path by a Farmstead Oil/copper
9x14cm/*3x5in* New-York 96
GYSIN Brion 1916-1986 **[10]**
 $2 385 FF12 500 £1 435 Sans titre Aquarelle/papier 33,5x26cm/*13x10in* Monaco 96
GYSIS Nicholaos 1842-1901 **[26]**
 $12 000 FF58 700 £7 600 The New Arrival Oil/canvas/panel 23x28cm/*9x11in* Athens 95
 $94 200 FF461 000 £59 700 A woman sewing, seated next to the door Oil/canvas 58x43cm/*22x16in*
Athens 95
 $10 240 FF53 000 £6 840 Drunken Maenad Pastel/paper 52x38cm/*20x14in* Athens 96

H

HAAG Carl 1820-1915 **[59]**
 $6 545 FF37 395 £4 010 The Ruins of the Temple of Vestals at Tivoli Akvarell/papper 118x79cm/*46x31in*
Stockholm 97
HAAG Hans Johann 1841-1919 **[7]**
 $1 663 FF9 715 £984 Englische Fuchsjagd Öl/Leinwand 32x84cm/*12x33in* Konstanz 97
 $5 160 FF26 600 £3 330 Treidler mit ihren Pferden am Flussufer Öl/Leinwand 24x41cm/*9x16in* Wien 96
HAAG Jean-Paul c.1850-c.1895 **[6]**
 $5 500 FF29 271 £3 243 The surprise visitor Oil/panel 24,1x18,7cm/*9x7in* New-York 97
HAAG Tethart Ph. Christ. 1737-1812 **[4]**

$1 948 FF11 673 £1 162 The Stable Boy Oil/panel 31x41cm/*12x16in* Sydney 98

$1 644 FF8 500 £1 050 Général passant ses troupes en revue Sanguine 21x19cm/*8x7in* Paris 96

HAAGA Eduard [3]

$1 255 FF7 394 £775 Winterliche Landschaft mit romantischer, alter Mühle Oil/panel 16x12cm/*6x4in* Lindau 97

HAAGEN van der Joris Abrahamsz c.1615-1669 [12]

$13 491 FF77 220 £7 969 Peasants and animals at the Margin of a Wood on the Edge of the Hoge Oil/canvas 93,5x73cm/*36x28in* Amsterdam 97

$3 850 FF19 600 £2 310 View of a town, said to be Alphen aan den Rijn Wash 27,2x40,8cm/*10x16in* Amsterdam 96

HAAGEN-MÜLLER Victor 1894-1959 [7]

$241 FF1 178 £153 Uroligt vejr. Skiveren, Skagen Oil/canvas 67x96cm/*26x37in* København 95

HAALAND Lars Laurits Larsen 1855-1938 [21]

$19 502 FF116 841 £11 658 Seilskute ved Kyst Oil/canvas 80x100cm/*31x39in* Oslo 98

HAAN de Jürgen 1936 [3]

$1 444 FF7 420 £900 Figuren Mixed media/paper 50x64cm/*19x25in* London 96

HAAN de Wim 1913-1967 [8]

$3 470 FF18 100 £2 094 Abstract composition Oil/canvas 100x100cm/*39x39in* Amsterdam 96

$976 FF5 804 £581 Untitled Watercolour, gouache/paper 26,5x17,5cm/*10x6in* Amsterdam 97

HAANEN Adriana Johanna 1814-1895 [14]

$1 332 FF7 707 £800 Larder Still Life with a Hare, Fish and Fowl Oil/canvas 36x33cm/*14x12in* London 97

$23 346 FF135 094 £14 265 A still Life of Flowers Oil/panel 46x35cm/*18x13in* Amsterdam 97

$3 510 FF18 060 £2 190 Pink roses on a mossy ground Watercolour 21,5x26cm/*8x10in* Amsterdam 96

HAANEN George Gillis 1807-1876/81 [21]

$1 487 FF7 600 £980 La lecture Huile/toile 59x49cm/*23x19in* Bruxelles 96

$2 025 FF10 280 £1 293 Flusslandschaft mit Staffagen Öl/Karton 12,5x21,5cm/*4x8in* Frankfurt 96

HAANEN van Cecil 1844-1914 [7]

$5 460 FF26 940 £3 550 Spiel mit dem Äffchen Öl/Leinwand 86x91cm/*33x35in* Wien 95

$6 007 FF35 820 £3 727 Drei kleine Bettler Oil/panel 35x23,5cm/*13x9in* Wien 97

HAANEN van Remigius Adrianus 1812-1894 [69]

$2 821 FF16 660 £1 704 Gewitterstimmung am Land Öl/Leinwand 22x31,5cm/*8x12in* Wien 97

$7 620 FF38 500 £5 000 Stormy winter landscape with countryfolk on a path Oil/canvas 56,5x93cm/*22x36in* London 96

HAARLEM van Cornelis v. Haarlem 1562-1638 [15]

$3 332 FF19 704 £2 000 Christ the man of Sorrows Oil/panel 26x18,5cm/*10x7in* London 97

$4 996 FF29 354 £3 000 The Offering of Abigail Before David Oil/panel 49x49,5cm/*19x19in* London 97

$44 400 FF226 000 £26 600 Studies of a reclining woman and two seated couples Black chalk 38,5x25cm/*15x9in* Amsterdam 96

HAARTMAN Axel 1877-1969 [29]

$711 FF4 416 £426 Stilleben Oil/canvas 70x56cm/*27x22in* Helsinki 98

HAAS de Aad 1920-1972 [18]

$779 FF4 654 £476 Nude near stairs Charcoal/paper 20x24cm/*7x9in* Amsterdam 98

HAAS de Jean Hubert Léonard 1832-1908 [42]

$2 446 FF14 577 £1 500 Grazing Cows Oil/panel 31x46,5cm/*12x18in* London 98

$7 114 FF41 338 £4 200 A Country Girl with Cows Oil/panel 54x82cm/*21x32in* London 97

HAAS de Mauritz Frederik H. 1832-1895 [40]

$3 749 FF22 252 £2 325 The isle of Shoals Oil/board 30x47cm/*11x18in* New-York 97

$8 000 FF41 800 £4 830 Ships Sailing in the Moonlight Oil/canvas 48,5x76cm/*19x29in* San Francisco-Los Angeles 96

HAAS de William Frederick 1830-1880 [6]

$4 500 FF27 522 £2 670 Ship at Breakers Oil/canvas 53x41cm/*21x16in* Washington 98

HAAS Ernst 1921-1986 [23]

$1 800 FF10 386 £1 103 Leaf 1970s Dye-transfer print 37x57cm/*14x22in* New-York 97

HAAS HEMKEN de Willem 1831-1911 [10]

$1 102 FF6 393 £658 A View in a Street with a Blacksmith and a Horse Watercolour/paper 38x57cm/*14x22in* Amsterdam 97

HAAS Johan Jakob Georg 1756-1817 **[3]**

⊞ *$468 FF2 811 £279* Englaendernes saenking af den danske flåde ved Holmen Copper engraving in colors 43x56cm/*16x22in* Köbenhavn 98

HAAS Michel 1934 **[24]**

⊞ *$100 FF600 £61* Poisson Eau-forte 27x37cm/*10x14in* Paris 98

✎ *$2 568 FF15 000 £1 519* Les amoureux Technique mixte/papier 122x116cm/*48x45in* Paris 97

HAAS Richard 1936 **[10]**

✎ *$3 000 FF17 182 £1 774* Lower Manhattan, Twilight Pencil 66x52cm/*25x20in* New-York 97

HAAS Willibrord 1936 **[8]**

⊞ *$159 FF940 £98* Die Kraft der Farbe Farbradierung 38,5x48cm/*15x18in* Heidelberg 97

HAASE Carl, Carlo F. 1820-1876 **[4]**

☞ *$1 582 FF9 532 £958* Italienische Küste mit Fischern Öl/Leinwand 31,5x41cm/*12x16in* Wien 98

HAASE Hermann Ilsenburg 1879-? **[5]**

⚒ *$1 538 FF9 383 £923* Weiblicher Akt auf einem Wasserbüffel Bronze H49,5cm/*H19in* Köln 98

HAASE Ove 1894-1989 **[8]**

☞ *$816 FF4 841 £498* Glasvase med lyserode roser Oil/canvas 38x26cm/*14x10in* Köbenhavn 98

HAAXMAN Peter 1854-1937 **[4]**

☞ *$71 711 FF445 136 £43 000* Melancholy Thoughts Oil/panel 38x75cm/*14x29in* London 98

HAAXMAN Pieter Alardus 1814-1884 **[9]**

☞ *$2 004 FF11 621 £1 197* Sounding the Signal Oil/panel 30x24,5cm/*11x9in* Amsterdam 97

☞ *$3 268 FF19 016 £2 002* Grandfather's birthday Oil/canvas 56x46cm/*22x18in* Amsterdam 97

HABENSCHADEN Sebastian 1813-1868 **[6]**

☞ *$3 900 FF20 340 £2 280* Bauern mit Vieh vor dem Hausbrunnen Öl/Leinwand 63x78cm/*24x30in* München 96

HABERMANN von Franz 1788-1866 **[7]**

✎ *$491 FF2 637 £292* Landschaft mit Spaziergängern auf einer Terrasse Aquarell/Papier 22x32cm/*8x12in* Wien 97

HABERMANN von Hugo Freiherr 1849-1929 **[42]**

☞ *$1 163 FF6 691 £686* Herrenporträt Öl/Papier 40x30cm/*15x11in* München 97

☞ *$2 894 FF14 470 £1 873* Sonnenanbeter Öl/Karton 34,5x49,5cm/*13x19in* Düsseldorf 96

✎ *$334 FF2 011 £200* Olga von Habermann Pencil 31x24,5cm/*12x9in* München 98

HABERT Alfred Louis 1824-1893 **[3]**

⚒ *$1 986 FF11 883 £1 206* Putto catching a Butterfly Bronze H30cm/*H11in* Amsterdam 97

HABLIK Wenzel August 1881-1934 **[7]**

⊞ *$303 FF1 498 £192* "Ein frische Brise" Etching 30x45cm/*11x17in* Heidelberg 95

HACCOU Lodewijk Gillis 1792-c.1830 **[5]**

✎ *$400 FF2 398 £240* Boats at the Dock Watercolour/paper 15x21cm/*6x8in* New-York 98

HACKAERT Jacob Philip 1737-1807 **[3]**

✎ *$6 328 FF37 181 £3 800* Philosophers by a Tree in an extensive River Landscape Wash 80,5x62cm/*31x24in* London 97

HACKAERT Jan 1629-1699 **[11]**

⊞ *$412 FF2 364 £251* Der herabgeneigte Baum Radierung 19,9x22,3cm/*7x8in* Berlin 97

HACKAERT Jan (Attrib.) 1629-1699 **[3]**

☞ *$3 819 FF23 450 £2 340* Waldlandschaft mit durchziehenden Bauern und Handelsleuten Öl/Leinwand 59x72cm/*23x28in* Stuttgart 98

HACKER Arthur 1858-1919 **[24]**

☞ *$4 265 FF21 500 £2 800* Westminster Abbey Oil/canvas 77x63,5cm/*30x25in* London 96

☞ *$11 721 FF71 824 £7 000* Portrait of Mary Eliza Pewtner Butt Oil/canvas 127x101,5cm/*50x39in* London 98

HACKER Horst 1842-1906 **[13]**

☞ *$1 093 FF6 501 £669* Verschneite Gebirgslandschaft mit Dorf und Brücke Öl/Leinwand 44x64cm/*17x25in* Bern 97

HACKERT Carl Ludwig 1740-1800 **[12]**

☞ *$2 060 FF10 600 £1 285* Landschaft bei Mondschein Oil/panel 30x40cm/*11x15in* Bern 96

⊞ *$2 363 FF14 062 £1 445* "Vue de Genève pris depuis Saconex en Savoie" Etching 34x46cm/*13x18in* Bern 98

HACKERT Carl Ludwig (Attrib) 1740-1800 **[2]**

⊞ *$946 FF5 658 £579* Vue du Mont Blanc prise de St.Martin Farbradierung 40x62cm/*15x24in* Bern 97

HACKERT Jacob Ph. (Attrib.) 1737-1807 **[9]**

☞ *$10 915 FF64 360 £6 692* Héro et Léandre Huile/toile 73x96cm/*28x37in* Genève 98
☞ *$21 900 FF109 800 £13 860* Ideale Landschaft Öl/Leinwand 50x7cm/*19x2in* Wien 95
☞ *$95 480 FF497 240 £62 000* Landscape with two figures with tambourines, after Claure Lorrain Oil/canvas 149x199cm/*58x78in* London 96
✏ *$899 FF5 098 £599* Paesaggio boscoso Inchiostro 41x26cm/*16x10in* Roma 97
HACKERT Jacob Philipp 1737-1807 **[65]**
☞ *$8 000 FF47 169 £4 905* Goat in a Landscape Oil/panel 35,5x27,5cm/*13x10in* New-York 98
☞ *$22 786 FF137 594 £13 678* Blick auf Balsorano im Tal von Roveto II Öl/Leinwand 47x81cm/*18x31in* Luzern 98
☞ *$269 424 FF1 595 216 £160 000* A Capriccio of Tivoli, with the small cascades and & Villa of Maecenas Oil/canvas 121x170cm/*47x66in* London 97
▥ *$199 FF1 175 £123* Landschaft mit stohgedecktem Bauernhaus/Landschaft mit Gebirgssee Radierung 15x20,5cm/*5x8in* Heidelberg 97
✏ *$4 000 FF24 375 £2 481* Swedish View Wash 38x53cm/*14x20in* New-York 98
HACKERT Johann Gottlieb 1744-1773 **[4]**
☞ *$4 964 FF29 325 £3 000* Drovers and Cattel Fording a River/Shepherdess Spinning Yarn Oil/panel 18x24,5cm/*7x9in* London 97
HACKING Grant 1964 **[4]**
☞ *$1 584 FF9 517 £950* Nomads, Oryx Oil/board 18x40,5cm/*7x15in* London 98
HADAMARD Auguste 1823-1886 **[2]**
☞ *$6 203 FF35 447 £3 800* Distain Oil/canvas 54x59,5cm/*21x23in* London 97
HADDEN Nellie ?-c.1917 **[2]**
✏ *$1 745 FF10 848 £1 100* Bedouin and a Camel resting before going down into the Gates of Cairo Watercolour/paper 33x47cm/*12x18in* London 97
HADDESLEY Vincent XX **[1]**
☞ *$4 681 FF28 149 £2 800* Le rapport/La chasse à courre Oil/canvas 31,5x39,5cm/*12x15in* West Wycombe, Buckinghamshire 98
HADDON Arthur Trevor 1864-1941 **[81]**
☞ *$1 123 FF5 770 £700* Santa Maria deella Salute, Venice Oil/panel 38x28cm/*14x11in* London 96
☞ *$1 589 FF9 798 £949* The Flower Sellers Oil/canvas 40,5x51cm/*15x20in* London 97
✏ *$466 FF2 400 £300* Figures with donkeys in a Spanish bay Watercolour 27x36cm/*10x14in* London 96
HADDON David W. XIX-XX **[42]**
☞ *$81 FF466 £50* Portrait Head and Shoulders of a Fisherman Oil/board 25,5x19cm/*10x7in* London 97
☞ *$995 FF5 923 £591* Fisherman and young girl before a coastal cottage/Coastal cottages Oil/paper 60x45cm/*23x17in* West Midlands 97
HADEN Francis Seymour 1818-1910 **[90]**
▥ *$300 FF1 558 £199* A brig at anchor Etching 14,2x21,2cm/*5x8in* New-York 96
HADER Ernst XIX **[4]**
☞ *$4 960 FF25 670 £3 200* Surprised Oil/canvas 41,5x34cm/*16x13in* London 96
HADJI-MINACHE G. XX **[3]**
✏ *$1 256 FF7 697 £750* Portrait of Two Persian Women Smoking Wash 32x32cm/*12x12in* London 98
HADZI Dimitri 1921 **[3]**
⬍ *$850 FF4 180 £538* Helmet IV Bronze H25cm/*H9in* New-York 95
HAEFLIGER Leopold 1929-1989 **[14]**
☞ *$793 FF4 110 £515* Gewitterlandschaft Oil/canvas 52x72,5cm/*20x28in* Luzern 96
✏ *$1 501 FF8 860 £919* Clown Mischtechnik/Papier 30x40cm/*11x15in* Luzern 98
HAENSBERGEN van Jan 1642-1705 **[22]**
☞ *$4 500 FF27 239 £2 685* Bathers in an Italianate landscape Oil/panel 14x22cm/*5x8in* New-York 97
☞ *$6 080 FF29 360 £3 800* Portrait of a gentleman, seated/Portrait of a woman Oil/canvas 44,5x38cm/*17x14in* London 95
HAENSBERGEN van Jan (Attrib.) 1642-1705 **[4]**
☞ *$7 410 FF38 700 £4 410* Artemis und die Nymphen im Bade Oil/canvas 47x37cm/*18x14in* Hamburg 96
HAER de Adolf 1892-1944 **[7]**
☞ *$12 350 FF64 500 £7 350* Junge Menschen (Paar) Öl/Leinwand 43x30cm/*16x11in* Köln 96
▥ *$628 FF3 693 £387* Mädchen Woodcut 24,5x18cm/*9x7in* Bremen 97
HAES Y FORTUNY de Carlos 1826-1898 **[19]**

$7 370 FF43 450 £4 510 Marina Oleo/lienzo 29,5x44cm/*11x17in* Madrid 98
$187 FF973 £124 El Molino Aguafuerte 41x30cm/*16x11in* Madrid 96
$528 FF3 160 £320 Paisaje de Brujas Carboncino 17,5x25cm/*6x9in* Madrid 98

HAESAERT Paul 1813-1893 **[1]**
$23 600 FF121 400 £14 720 The young Recruits Oil/panel 110x140cm/*43x55in* Wien 96

HAESE d' Reinhoud 1928 **[50]**
$4 468 FF24 780 £2 758 Figur Sculpture H22cm/*H8in* Köbenhavn 97
$549 FF3 345 £336 Små figurer Ink/paper 25x38cm/*9x14in* Köbenhavn 98

HAESE Gunter 1924 **[3]**
$1 541 FF9 128 £915 Ohne Titel Sculpture H30cm/*H11in* Zürich 97

HÄFELIN Emil 1921 **[2]**
$1 388 FF8 084 £848 Surreale Komposition mit Muschel und Landschaft Aquarell/Papier 53x67cm/*20x26in* Zürich 97

HAFFEN Lucien 1888-1968 **[5]**
$929 FF5 400 £548 Village Huile/toile 49x60cm/*19x23in* Entzheim 97

HAFFNER Léon 1881-1972 **[140]**
$1 369 FF8 500 £825 Régate par temps gris Pochoir 31x42cm/*12x16in* Le Havre 98
$271 FF1 600 £160 Régates Gouache/papier 43,5x32cm/*17x12in* Orléans 97

HÄFLIGER Leopold 1929-1988 **[69]**
$413 FF2 412 £253 Franz von Assisi mit seinen Tieren Öl/Papier 27x41cm/*10x16in* Zofingen 97

HAFNER Rudolf 1893-1951 **[10]**
$548 FF3 118 £336 "Hechtsee, Tirol" Oil/panel 21x26cm/*8x10in* Wien 97
$1 120 FF5 760 £698 "Salzburg, Untersberg" Öl/Leinwand 48x70cm/*18x27in* Wien 96

HAFSTRÖM Axel Gillis 1841-1909 **[10]**
$1 640 FF8 550 £976 I cirkuslogen Oil/canvas 54x43cm/*21x16in* Stockholm 96

HÅFSTRÖM Jan 1937 **[35]**
$1 390 FF7 060 £830 The Desert VI Mixed media/canvas 45x39cm/*17x15in* Stockholm 96

HAFTEN van Nicolaes 1663-1715 **[3]**
$4 031 FF24 084 £2 500 Tavern Interior with an Amourous Couple Oil/panel 35x28cm/*13x11in* London 97

HAGAN Robert XX **[7]**
$691 FF4 236 £413 Pelicans Oil/canvas/board 72x98cm/*28x38in* Sydney 97

HAGARTY Clara Sophia 1871-1958 **[4]**
$6 461 FF38 950 £3 910 The convex mirror Oil/canvas 66x56,5cm/*25x22in* Toronto 98

HAGARTY Mary S. XIX-XX **[20]**
$296 FF1 812 £180 A View of St Pauls Cathedra from the Embankment, London Watercolour 17x24,5cm/*6x9in* London 98

HAGARTY Parker 1859-1934 **[16]**
$243 FF1 387 £149 "At Churt in Surrey" Watercolour 26x38cm/*10x14in* London 97

HAGBERG Rune 1924 **[18]**
$677 FF4 046 £406 Utan titel Indian ink/paper 173x74,5cm/*68x29in* Stockholm 98

HAGBORG August 1852-1921 **[97]**
$2 140 FF10 680 £1 398 Middagsrast Oil/panel 44x36cm/*17x14in* Stockholm 95
$5 200 FF26 900 £3 360 Fisherfolk on the beach Oil/canvas 65x92cm/*25x36in* Stockholm 96
$140 000 FF795 900 £85 722 October: The potato gatherers Oil/canvas 291x193cm/*114x75in* New-York 97

HAGEDORN Friedrich c.1814-c.1889 **[8]**
$1 631 FF9 746 £1 000 Waterfall, Brazil/Nrae Rio de Janeiro Gouache 30,5x51,5cm/*12x20in* London 98

HAGEDORN Karl 1889-1969 **[58]**
$712 FF3 480 £450 Cattle Oil/canvas 61x77cm/*24x30in* London 95
$291 FF1 662 £180 Spring flowers in an architectural setting Watercolour 41x56cm/*16x22in* London 97

HAGEDORN von Christian Ludwig 1717-1780 **[21]**
$108 FF670 £65 Felsige Landschaft mit Wasserfall Radierung 13,5x18cm/*5x7in* Heidelberg 98

HAGEDORN-OLSEN Thorvald 1902-1996 **[86]**
$85 FF439 £52 Solstreif i allé Oil/canvas 65x50cm/*25x19in* Köbenhavn 96

HAGEL Alfred 1885-1945 **[6]**
$3 017 FF18 088 £1 801 Picknick am See Oil/panel 50x39,5cm/*19x15in* Wien 98
$1 281 FF7 611 £761 Der Liebesbrief/Stubenmädchen/Kinder auf der Schaukel Aquarell, Gouache/Papier

26,7x24cm/*10x9in* Wien 97
HAGEL Otto 1909-1973 **[6]**
📷 *$4 749 FF27 971 £2 931* New York Stock Exchange Silver print 34x26cm/*13x10in* New-York 97
HAGELGANS Michel Christoph Em. 1725-1766 **[3]**
 $4 640 FF23 700 £3 000 Portrait of Franz I of Lorraine, Holy Roman Emperor Oil/canvas 81x65cm/*31x25in* London 95
HAGELSTEIN Paul 1825-1868 **[9]**
 $1 782 FF8 910 £1 154 Portrait of a man/Portrait of a womaan Oil/canvas 32x26cm/*12x10in* Köbenhavn 96
 $4 025 FF23 000 £2 465 L'indiscrète Huile/toile 116x92cm/*45x36in* Paris 97
HAGEMAN Victor Charles 1868-1938 **[52]**
 $218 FF1 090 £141 Enfants Juifs Fusain 45x55cm/*17x21in* Bruxelles 96
HAGEMANN de Godefroy c.1820-1877 **[9]**
 $3 426 FF20 000 £2 072 Ville orientale au bord de la mer1861 Huile/toile 33x45,5cm/*12x17in* Paris 97
HAGEMANN Oskar H. 1888-1985 **[22]**
 $565 FF3 345 £337 Porträt eines Mädchen mit Vogel Öl/Leinwand 59x50cm/*23x19in* Dresden 97
HAGEMANS Maurice 1852-1917 **[204]**
 $370 FF1 840 £242 Paysage des Ardennes Huile/panneau 50x66cm/*19x25in* Antwerpen 95
 $569 FF3 412 £350 Riviergezicht Huile/panneau 21x27cm/*8x10in* Lokeren 98
 $182 FF1 137 £109 Paysage Aquarelle/papier 25x16,5cm/*9x6in* Liège 98
HAGEMANS Paul 1884-1959 **[86]**
 $542 FF3 244 £328 Femme lisant Huile/panneau 34x26cm/*13x10in* Antwerpen 97
 $1 512 FF8 965 £940 Le Pont-Neuf à Paris Huile/toile 80x100cm/*31x39in* Bruxelles 97
HAGEMEISTER Karl 1848-1933 **[37]**
 $4 880 FF24 020 £3 143 Entenjagd Öl/Leinwand 73,5x116,5cm/*28x45in* Berlin 95
 $14 640 FF72 100 £9 430 Seascape Oil/canvas 100x150cm/*39x59in* Berlin 95
 $647 FF3 716 £394 Landschaft bei Schäfflarn an der Isar Pencil/paper 33,2x36cm/*13x14in* Berlin 97
HAGEMEYER Johan 1884-1962 **[15]**
📷 *$5 000 FF30 506 £2 997* Albert Einstein Gelatin silver print 25x18,5cm/*9x7in* New-York 98
HAGEN Else 1914 **[7]**
 $4 676 FF28 436 £2 865 Livsstadier Oil/panel 89x116cm/*35x45in* Oslo 98
 $1 864 FF9 720 £1 126 På loftet Tempera/paper 62x54cm/*24x21in* Oslo 96
HAGEN Jacob ten 1820-c.1880 **[4]**
 $4 520 FF22 400 £2 860 Sommerliche Hafenansicht im alten Holland Öl/Leinwand 60x85cm/*23x33in* Lindau 95
HAGEN Theodor Joseph 1842-1919 **[12]**
 $1 953 FF11 133 £1 220 Blick entlang einer Mauer in einen Park Öl/Leinwand 27x36cm/*10x14in* Köln 97
HAGEN van der Dingeman 1610/20-c.1680 **[2]**
 $9 464 FF56 528 £5 794 Hjortjakt med hundar Oil/canvas 158x234cm/*62x92in* Stockholm 98
HAGEN van der Jacobus 1657-1715 **[1]**
 $12 375 FF64 725 £7 500 A Roemer, a tall Wineglass, an overturned silver Tazza Oil/panel 55,5x45,5cm/*21x17in* London 96
HAGEN van der Joris 1620-1669 **[4]**
 $3 316 FF19 176 £2 052 Landschaft mit Figuren Öl/Leinwand 71,5x62,5cm/*28x24in* Wien 97
HAGENAUER XX [26]
 $2 634 FF13 500 £1 600 Head Sculpture H28,5cm/*H11in* London 96
HAGENAUER Carl 1872-1928 **[5]**
 $986 FF5 733 £607 Springendes Pferd Sculpture H17,6cm/*H6in* Wien 97
HAGENAUER Franz 1906-1986 **[82]**
 $661 FF3 825 £408 Tanzende Afrikanerin Sculpture H26,5cm/*H10in* Wien 97
 $6 500 FF39 250 £3 895 Silent Butler Sculpture H175cm/*H68in* New-York 98
HAGENAUER Karl 1898-1956 **[48]**
 $1 189 FF7 146 £711 Standspiegel Metal H25cm/*H9in* Wien 98
 $10 309 FF61 932 £6 162 Strauss Metal H88,5cm/*H34in* Wien 98
HAGER Albert 1857-1934 **[8]**
 $2 345 FF11 720 £1 518 Lionne couchée Bronze 28x60x41cm/*11x23x16in* Bruxelles 96

HAGER R.A. XIX-XX **[1]**
$10 840 FF56 100 £7 000 At the fair Oil/canvas 55x74cm/*21x29in* London 96
HAGERBAUMER David XX **[2]**
$1 200 FF7 207 £719 Ducks rising Watercolour/paper 53x76cm/*21x30in* North Berwick, Maine 98
HAGERUP Nels 1864-1922 **[30]**
$650 FF3 951 £394 Rocky Coastal Scene Oil/board 30x45cm/*12x18in* San Rafael, CA 98
$700 FF4 112 £420 Rocky Coastal Oil/canvas 55x91cm/*22x36in* Altadena, CA 97
HÄGG Jakob 1839-1931 **[22]**
$1 887 FF10 951 £1 161 Näten drages upp Oil/panel 17,5x21cm/*6x8in* Malmö 97
$1 390 FF7 020 £911 Segelfartyg Akvarell 25x17cm/*9x6in* Stockholm 96
HAGHE Louis 1806-1885 **[51]**
$6 784 FF39 331 £4 000 The Young Artist Oil/panel 34x48,5cm/*13x19in* London 97
$1 060 FF5 520 £700 Approach the simoom, Desert of Gizeh, after David Roberts Color lithograph 42,7x60,4cm/*16x23in* London 96
$2 360 FF12 300 £1 483 Intérieur d'église animé Aquarelle/papier 93x73cm/*36x28in* Bruxelles 96
HAGIWARA Hideo 1913 **[5]**
$425 FF2 628 £255 "Sand Hill" Woodcut in colors 42x56cm/*16x22in* Bethesda, Maryland 97
HAGONDOKOFF Constantin 1934 **[53]**
$527 FF3 300 £331 Bol bleu à la nappe jaune Huile/toile 55x46cm/*21x18in* Royan 97
HAGUE Joshua Anderson 1850-1916 **[29]**
$1 632 FF9 523 £1 000 A Figure on a Donkey in an extensive Landscape Oil/canvas 51x76,5cm/*20x30in* London 97
HAGUE Michael XX **[3]**
$2 000 FF12 106 £1 193 A Mouse Called Junction Gouache 22x26cm/*8x10in* New-York 97
HAGUE Raoul 1905 **[6]**
$3 500 FF19 931 £2 172 Untitled #2 Sculpture, wood H78,7cm/*H30in* New-York 97
HAHN Albert Pieter 1877-1918 **[3]**
$2 130 FF10 740 £1 398 "Colonial Exhibition Semarang 1914 (Java)" Poster 110x80cm/*43x31in* Singapore 96
HAHN Friedemann 1949 **[38]**
$4 223 FF24 670 £2 593 Marlene Dietrich & Gary Cooper Mixed media/canvas 99x97,5cm/*38x38in* Köln 97
$13 190 FF77 052 £7 806 Paul Cézanne, Auvers-sur-Oise Öl/Leinwand 300x215cm/*118x84in* Köln 97
$167 FF1 005 £103 "Liebespaar" Farbserigraphie 61x52cm/*24x20in* Bremen 98
$2 113 FF12 579 £1 291 Humphrey Bogart und Lauren Bacall Graphite 63,5x83cm/*25x32in* Köln 98
HAHN Josef 1839-1906 **[9]**
$1 638 FF10 067 £983 Mädchen mit Schwesterchen auf dem Arm vor einem Gehöft Oil/wood 22x33cm/*8x12in* Köln 98
HAHN Karl Wilhelm 1829-1887 **[4]**
$7 277 FF43 579 £4 348 Bäuerin mit ihren vier Kindern im Stall bei der Fütterung von Kühen Öl/Leinwand 70x101cm/*27x39in* Köln 98
HAHN William, Karl Wilh. 1829-1887 **[10]**
$8 878 FF50 590 £5 569 Futterneid Öl/Leinwand 71x101cm/*27x39in* Düsseldorf 97
$12 000 FF62 600 £7 250 Brennende Zigeunerhutte (The Burning of the Gypsy Hut) Oil/canvas 97x160cm/*38x62in* San Francisco-Los Angeles 96
HÄHNISCH Anton 1817-1897 **[2]**
$2 290 FF11 410 £1 500 Countess Sollogub and her daughter Watercolour/paper 24x29cm/*9x11in* London 95
HAIER Josef 1816-1891 **[5]**
$1 209 FF7 140 £730 Der verliebte Jäger Öl/Leinwand 36x27,5cm/*14x10in* Wien 97
HAIG Axel Herman 1835-1921 **[52]**
$138 FF697 £90 Spanish peasants crossing a bridge Etching 64x92cm/*25x36in* London 96
HAIGH Alfred Grenfell 1870-1963 **[17]**
$3 407 FF19 685 £2 000 "Vanishing Lady" Oil/canvas 47x61cm/*18x24in* London 97
HAIGH-WOOD Charles 1856-1927 **[3]**
$5 500 FF31 285 £3 366 Master Bertram Horridge and john Leslie Horridge Oil/canvas 117x89cm/*46x35in* New-York 97
HAINARD Robert 1906-? **[13]**

$292 FF1 420 £185 Zwei auffliegende Auerhähne Lithographie couleurs 39,6x50cm/*15x19in* Bern 95
HAINES Frederick Stanley 1879-1960 **[50]**
$596 FF2 910 £377 Woodbridge Side Road, Thornhill Oil/board 30x36cm/*11x14in* Calgary, Alberta 95
$891 FF4 650 £558 The twins Oil/board 51x66cm/*20x25in* Toronto 96
$150 FF769 £91 Two sheep Woodcut 10x15cm/*3x5in* Calgary, Alberta 96
HAINES William Henry 1812-1884 **[10]**
$5 715 FF33 365 £3 400 Temple Bar from the Strand Oil/canvas 98,5x85,5cm/*38x33in* London 97
HAINS Raymond 1926 **[108]**
$5 225 FF31 007 £3 200 Hommage à Dubuffet Collage/canvas 86,5x99cm/*34x38in* London 97
$15 875 FF89 960 £7 937 "Oltre la Pittura" Decollage 100x128cm/*39x50in* Milano 97
$5 670 FF32 000 £3 475 Rue du petit Musc Affiche 62x57cm/*24x22in* Paris 97
$3 918 FF23 255 £2 400 Saffa Construction 104,5x49x18,5cm/*41x19x7in* London 97
$12 558 FF76 954 £7 500 Untitled Collage 33,5x38,5cm/*13x15in* London 98
HAITE Georges Charles 1855-1924 **[40]**
$469 FF2 430 £300 Mediterranean coast Watercolour 20x36cm/*8x14in* Penzance, Cornwall 96
HAJDU Etienne 1907-1996 **[45]**
$5 754 FF35 000 £3 528 Minda Bronze 63x45cm/*24x17in* Paris 98
HAJEK Otto Herbert 1927 **[59]**
$6 170 FF32 300 £3 680 Dynamische Bewegung XV Oil/canvas 100x100cm/*39x39in* Köln 96
$45 FF267 £26 Horizontale Strukturen Farbserigraphie 55x41cm/*21x16in* Köln 97
$5 200 FF27 200 £3 096 Farbwege Bronze H33cm/*H12in* Köln 96
$1 017 FF5 823 £635 Ohne Titel Indian ink 62,5x46cm/*24x18in* München 97
HAJEK-HALKE Heinz 1898-1983 **[30]**
$941 FF5 405 £574 Winterlandschaft Etching 21x27cm/*8x10in* Berlin 97
$1 154 FF6 700 £682 Ohne Titel Gelatin silver print 30x24cm/*11x9in* Köln 97
HAKUIN EKAKU 1685-1768 **[1]**
$4 916 FF28 735 £3 000 An Ant on a Handmill with a Poem Ink/paper 32x46cm/*12x18in* London 97
HALAUSKA Ludwig 1827-1882 **[27]**
$2 630 FF13 540 £1 695 Landschaft bei Mariazell Öl/Leinwand 27,5x32,5cm/*10x12in* Wien 96
$4 878 FF29 967 £2 925 Teichlandschaft Oil/canvas 40x56,5cm/*15x22in* Zürich 98
$1 604 FF9 538 £966 "Seehaufen am Staffelsee" Watercolour 22x30cm/*8x11in* Wien 98
HALBACH David 1931 **[2]**
$6 000 FF34 364 £3 549 Good Hunt Watercolour/paper 52x72cm/*20x28in* Santa Fe, New Mexico 97
HALBERG-KRAUSS Fritz 1874-1951 **[120]**
$1 367 FF8 380 £816 Heufuhrwerk auf dem Feldweg vorn Oil/canvas 63x72cm/*24x28in* Dresden 98
$2 141 FF12 768 £1 329 Kühe an der Tränke an einem Teich in Voralpenlandschaft Öl/Karton
23,5x37,5cm/*9x14in* Dresden 97
HALD Edward 1883-1980 **[9]**
$4 263 FF25 522 £2 620 "Flickan med det blå håret" Oil/panel 100x70cm/*39x27in* Stockholm 98
HALDENWANG Christian 1770-1831 **[9]**
$780 FF4 080 £465 Kupferstiche, nach Claude Gelée Engraving 41x57,5cm/*16x22in* Hamburg 96
HALE Lilian Westcott 1881-1963 **[15]**
$18 120 FF143 300 £28 000 Town Mouse & Country Mouse Oil/canvas/board 122x107cm/*48x42in* Denver,
Colorado 95
$29 500 FF153 105 £19 537 Child with yarn Oil/canvas 91,5x76cm/*36x29in* New-York 96
$1 200 FF7 088 £745 Apple Blossoms Graphite 55x48cm/*21x18in* Boston, Mass. 97
HALE Philip Leslie 1865-1931 **[18]**
$10 000 FF59 773 £6 061 The Rub Down Oil/canvas 121,9x76,2cm/*47x29in* San Francisco-Los Angeles 97
HALEY Darren XX **[1]**
$5 580 FF27 900 £3 487 The Decision Acrylic/canvas 40x60cm/*16x24in* Calgary, Alberta 95
HALEY John XIX-XX **[2]**
$2 500 FF15 069 £1 513 Blimp over "Baldwin Hills" Mixed media/panel 39x23cm/*15x9in* Pasadena,
California 98
HALFPENNY John C. XIX-XX **[3]**
$441 FF2 697 £270 Gypsie in Moorland Landscape Watercolour/paper 27x38cm/*11x15in* Aylsham,
Norfolk 98

HALFPENNY Joseph 1787-1858 **[2]**
$577 FF3 500 £350 Portrait of a Young Man Gouache/paper 20x16,5cm/*7x6in* London 98
HALHED Harriet ?-1933 **[4]**
$2 949 FF17 526 £1 800 The Tangle Oil/canvas 61x50,5cm/*24x19in* London 98
HALICKA Alice 1895-1975 **[30]**
$2 149 FF12 548 £1 300 Tête d'Arabe Oil/paper/board 51x38cm/*20x14in* London 97
$3 143 FF19 345 £1 923 Domki z kart Oil/canvas 41x26cm/*16x10in* Warszawa 98
HALIL PASA 1857-1937 **[6]**
$2 006 FF12 000 £1 218 Un coin tranquille Huile/panneau 30x20,5cm/*11x8in* Paris 97
HALKETT François Jos.Clément XIX-XX **[8]**
$1 228 FF7 475 £731 Scène hivernale animée Huile/toile 43x29cm/*16x11in* Bruxelles 98
HALKO Joe 1940 **[2]**
$1 910 FF10 899 £1 164 The canadians Bronze 50,8x66x48,3cm/*20x25x19in* Calgary, Alberta 97
HALL Clifford Eric Martin 1904-1973 **[188]**
$359 FF2 031 £220 Rue St. Rustique, Montmartre Oil/canvas 55x33cm/*21x12in* London 97
$2 431 FF13 674 £1 478 Nude in an interior Oil/panel 35,5x24cm/*13x9in* London 97
$163 FF923 £100 Woman Standing at her Dressing Table Charcoal/paper 51x30cm/*20x11in* London 97
HALL Cyrenius **[2]**
$8 000 FF47 142 £4 780 Peruvian Landscape Oil/canvas 51x102cm/*20x40in* New-York 97
HALL Frederick 1860-1948 **[53]**
$2 406 FF13 940 £1 500 On a Cottage Farm Oil/board 32x46,5cm/*12x18in* London 97
$9 930 FF50 300 £6 500 The village street Oil/canvas 51x64cm/*20x25in* London 96
$35 000 FF179 900 £21 875 Cinderella: Grimm's Fairy Tale Oil/canvas 152,5x184cm/*60x72in* New-York 96
$857 FF5 182 £540 On the Windrush, Burford Watercolour 33x41cm/*12x16in* West Midlands 97
HALL George Henry 1825-1913 **[18]**
$1 600 FF9 495 £980 Senorita Oil/canvas 19x15cm/*7x6in* New-York 98
$5 250 FF29 948 £3 207 Tabletop Still Life with Terracotta Figure Oil/canvas 82x59cm/*32x23in* Bethesda, Maryland 97
HALL George Lowthian 1825-1888 **[13]**
$418 FF2 559 £260 Stormy Beach Scene Watercolour 40x66cm/*16x26in* Aylsham, Norfolk 97
HALL H.R. XIX-XX **[20]**
$1 000 FF5 988 £614 Down from the Hills Oil/canvas 40x60cm/*16x24in* Elgin, Illinois 98
HALL Harry 1814-1882 **[75]**
$273 FF1 629 £169 Hiver Huile/toile 50x40cm/*19x15in* Bruxelles 97
$1 290 FF7 469 £800 The Pit Ponie's Rest Oil/canvas 25,5x40,5cm/*10x15in* London 97
$11 000 FF53 800 £6 960 Shooting on the Moor Oil/canvas 101x143cm/*39x56in* San Francisco-Los Angeles 95
HALL Henry c.1820-c.1890 **[3]**
$3 331 FF20 552 £2 000 Portrait of "Van Tromp" in a Stable Oil/canvas 38x50,5cm/*14x19in* London 98
$22 000 FF135 550 £13 516 Mr. Johnstones "Pretender" Winner of the Derby and the 2,000 Guineas Oil/canvas 104x142cm/*40x55in* New-York 98
HALL Lindsay Bernard 1859-1935 **[11]**
$2 616 FF15 851 £1 621 Fisherman's Cottage, Flinders Oil/board 30,5x40cm/*12x15in* Melbourne 97
$3 782 FF22 079 £2 250 Interior Scene of the Artist's Home Oil/canvas 68x49,5cm/*26x19in* Melbourne 97
HALL Nigel 1943 **[4]**
$3 494 FF20 408 £2 067 Desert Rose Sculpture H61cm/*H24in* Melbourne 97
HALL Oliver 1869-1937 **[33]**
$368 FF2 245 £220 Ash Slums, April Sunlight Oil/canvas 56x71cm/*22x27in* London 97
HALL Patrick 1906-1992 **[2]**
$254 FF1 542 £160 Oxford Pencil 30,5x38cm/*12x14in* London 97
HALL Patrick 1935 **[6]**
$977 FF5 917 £600 Parish Duties, Venice Watercolour 39,5x84cm/*15x33in* London 98
HALL Peter 1958 **[2]**
$1 270 FF6 140 £800 After the rain, Timbavati Watercolour 56x80cm/*22x31in* London 95
HALL Richard 1857-1942 **[7]**
$4 340 FF22 460 £2 800 Young girl in a Kimono Oil/panel 46x38cm/*18x14in* London 96
$9 573 FF57 501 £5 740 Dam Pastel/paper 102x82cm/*40x32in* Helsinki 98
HALL Thomas P. c.1810-c.1870 **[3]**

⌒ *$2 446 FF14 423 £1 500* The First Venture Oil/canvas 31x43cm/*12x16in* Billingshurst, West Sussex 98
HALL van Jan Jacob Teyler 1794-1851 **[3]**
⌒ *$5 310 FF27 000 £3 390* A village along a river/A wooded river landscape Oil/panel 56x77cm/*22x30in* Amsterdam 96
HALLBECK Carl Svante 1826-1897 **[2]**
✐ *$12 790 FF76 390 £7 830* Under lindarne, motiv från humlegården Akvarell/papper 46x68cm/*18x26in* Stockholm 98
HALLBERG Carl Peter 1809-1879 **[2]**
⌒ *$3 197 FF19 097 £1 957* Utsikt från lilla essingen mot södermalm och gamla stan Oil/canvas 48x60cm/*18x23in* Stockholm 98
HALLBERG-KRAUSS Fritz 1874-1951 **[4]**
⌒ *$3 277 FF20 134 £1 966* Kinder an einem Altwasser im Dachauer Moos Oil/canvas 60x90cm/*23x35in* Köln 98
HALLÉ Noël 1711-1791 **[19]**
⌒ *$20 000 FF110 498 £12 430* Allegories of Summer, fall and Winter Oil/canvas 20x20cm/*7x7in* New-York 97
⌒ *$36 249 FF215 000 £22 166* Diane chasseresse ou Le Soir Huile/toile 102x148cm/*40x58in* Paris 97
⌒ *$119 100 FF622 000 £72 000* Holy Family Oil/canvas 46x37cm/*18x14in* London 96
✐ *$20 060 FF102 000 £11 980* Personnage tenant une flèche brisée, pour "Scilurus, roi des Scythes" Pierre noire 46,7x32,7cm/*18x12in* Paris 96
HALLE Noël (Attrib.) 1711-1791 **[4]**
⌒ *$7 220 FF37 100 £4 500* Apollo Oil/canvas 65x108cm/*25x42in* London 96
HALLENSLEBEN Ruth 1898-1977 **[17]**
⌖ *$981 FF5 695 £579* Sienger AG Weilblichergarage Gelatin silver print 23x18cm/*9x7in* Köln 97
HALLER Anna 1872-1924 **[19]**
✐ *$330 FF1 930 £202* Sonnenblumen Aquarell/Papier 27x20,5cm/*10x8in* Zofingen 97
HALLER Hermann 1880-1950 **[12]**
⚒ *$13 880 FF80 840 £8 480* Stehendes Mädchen Bronze H139cm/*H54in* Zürich 97
HALLER Roman 1920 **[4]**
⌒ *$1 986 FF9 800 £1 290* Ohne Titel Öl/Leinwand 36x30cm/*14x11in* Wien 95
HALLER Tony 1907-1944 **[9]**
⌒ *$840 FF4 320 £524* "Monte Pelmo", Dolomiten Öl/Leinwand 60x80cm/*23x31in* Wien 96
HALLER VON HALLERSTEIN Christoph 1771-1839 **[3]**
⌒ *$35 440 FF182 000 £23 430* Odalisque au perroquet Huile/toile 82,2x102cm/*32x40in* Paris 96
✐ *$190 FF1 139 £116* Phantasieansicht mit dem Vesta-tempel (Tivoli), nach Jon. Umbach Ink 7,5x12cm/*2x4in* München 98
HALLET André 1890-1959 **[108]**
⌒ *$735 FF4 251 £452* Village indigène, Paulis Uele, Congo Belge Huile/panneau 30x40cm/*11x15in* Bruxelles 97
⌒ *$1 037 FF6 190 £642* Vue de la route de Nyundo, le volcan Niaragongo Huile/toile 60x70cm/*23x27in* Bruxelles 97
HALLEY Peter 1953 **[36]**
⌒ *$40 000 FF239 520 £24 576* Intruder Mixed media/canvas 281x225cm/*110x88in* New-York 98
▥ *$240 FF1 401 £142* Untitled Etching 55x40cm/*21x15in* New-York 97
⌖ *$35 000 FF169 500 £22 460* Untitled Photograph 218,5x193cm/*86x75in* New-York 95
HALLIDAY Gilbert **[2]**
▥ *$556 FF3 219 £340* The Island Etching 19x24,7cm/*7x9in* London 97
HALLIER Jean Edern 1936-1997 **[229]**
⌒ *$213 FF1 300 £128* "Sans titre" Acrylique/carton 80x110cm/*31x43in* Paris 98
✐ *$954 FF5 800 £573* Paul Léautaud Encre/papier 84x59cm/*33x23in* Paris 98
HALLMANN Anton 1812-1845 **[3]**
✐ *$1 755 FF9 170 £1 045* Corneto Tarquinia Pencil/paper 21x43cm/*8x16in* Hamburg 96
HALLOWELL George Hawley 1871-1926 **[10]**
✐ *$1 500 FF8 542 £925* Landscape with a Winding River at Dusk Watercolour/paper 30x22cm/*11x8in* Boston, Mass. 97
HALLSTRÖM Eric 1893-1946 **[132]**
⌒ *$710 FF4 253 £436* Landskap med hus Oil/panel 33x31cm/*12x12in* Stockholm 98

    $1 945 FF11 655 £1 162 Hästskjuts Oil/canvas 50x60cm/*19x23in* Stockholm 98
    $775 FF4 640 £476 "Vildmark" Gouache 48,5x60,5cm/*19x23in* Stockholm 98

HALLSTRÖM Staffan 1914-1976 **[120]**
    $417 FF2 490 £250 Blå katt Oil/canvas 27x23cm/*10x9in* Stockholm 98
    $2 720 FF13 820 £1 624 Juni, Djurgården Oil/canvas 60x81cm/*23x31in* Stockholm 96
    $143 FF856 £86 På väg Color lithograph 39,5x49,5cm/*15x19in* Stockholm 98
    $503 FF3 105 £316 Racerbilar Watercolour 23x33cm/*9x12in* Stockholm 97

HALM von Peter 1854-1923 **[26]**
    $105 FF542 £67 Gilching, Bauernhäuser am Hang Etching 13,6x18cm/*5x7in* Heidelberg 96

HALONEN Pekka 1865-1933 **[61]**
    $7 179 FF43 126 £4 305 Flicka i rött Oil/canvas 34x35cm/*13x13in* Helsinki 98
    $22 524 FF132 984 £13 332 Landskap från Plelisjärvi Oil/canvas 55x83,5cm/*21x32in* Helsinki 97
    $1 180 FF6 891 £702 "Elina" Monotype 30x27cm/*11x10in* Stockholm 97

HALPERN Deborah 1957 **[5]**
    $2 652 FF15 181 £1 566 Green Hands, Chequered Face Ceramic H64,5cm/*H25in* Melbourne 97

HALS Dirck 1591-1656 **[24]**
    $42 140 FF210 000 £27 600 Les gentilshommes à la mode Huile/panneau 44x68,5cm/*17x26in* Paris 95
    $50 000 FF294 985 £30 620 Merry Compagny in an Interior Oil/panel 23x28cm/*9x11in* New-York 98

HALS Frans I 1582/85-1666 **[5]**
    $1 543 FF9 380 £929 Brustbild einer jungen Dame Oil/panel 22x17,5cm/*8x6in* Stuttgart 98
    $3 254 243 FF19 188 330 £1 926 500 Saint John the Evangelist Oil/canvas 69,5x55cm/*27x21in* London 97

HALS Frans I (Attrib.) 1582/85-1666 **[4]**
    $15 997 FF94 716 £9 500 Portrait of a Gentleman, holding a Book Oil/panel 36,5x30cm/*14x11in* London 97

HALS Harmen 1611-1669 **[3]**
    $12 504 FF75 105 £7 500 Peasants Making Music in an Interior Oil/panel 38x33,5cm/*14x13in* London 98

HALS Harmen (Attrib.) 1611-1669 **[2]**
    $1 492 FF8 629 £923 Fischverkäuferin Oil/wood 17,5x15cm/*6x5in* Wien 97

HALSALL William Formby 1841-1919 **[8]**
    $500 FF2 951 £296 Study for Gay Head Oil/canvas 30x50cm/*12x20in* North Berwick, Maine 97
    $2 400 FF14 251 £1 465 Schooners Off a Rocky Coast Oil/canvas 37x76cm/*14x29in* Boston, Mass. 98

HALSMAN Philippe 1906-1979 **[162]**
    $150 FF878 £89 "Marlon Brando" Gelatin silver print 33x25,5cm/*12x10in* New-York 97

HALSWELLE Keeley 1832-1891 **[31]**
    $2 749 FF16 643 £1 640 Out for a Pull Oil/canvas 45x33cm/*17x12in* New-York 97
    $4 468 FF26 743 £2 800 Peaceful stretch on the River Oil/canvas 36x62,5cm/*14x24in* London 97
    $9 607 FF58 871 £5 800 Kilchurn Castle, Loch Awe Oil/canvas 105,5x180,5cm/*41x71in* London 98
    $633 FF3 660 £380 A Wet Day on the River Watercolour 25,5x24,5cm/*10x9in* Glasgow 97

HÄLSZEL Johann Baptist 1710/12-1777 **[3]**
    $6 224 FF38 128 £3 760 Stilleben von Weintrauben, Orangen und einer Zitrone Öl/Leinwand 25x33,5cm/*9x13in* Wien 98

HAM Geo, Georges Hamel 1900-1972 **[153]**
    $950 FF5 791 £579 "Le Journal" Poster 3x58cm/*1x23in* New-York 98
    $1 037 FF6 200 £634 "Soldats sur Side-car" Aquarelle/papier 33x38cm/*12x14in* Paris 98

HAMADA Chimei 1917 **[2]**
    $4 200 FF24 305 £2 583 Soaring Etching 35x44,5cm/*13x17in* New-York 97

HAMAGUCHI Kazo XX **[1]**
    $1 887 FF11 000 £1 162 Sans titre Pastel/papier 63x47cm/*24x18in* Paris 97

HAMAGUCHI Yozo 1909 **[132]**
    $4 700 FF24 300 £3 045 Green Grapes Mezzotint 25x19,5cm/*9x7in* London 96

HÄMÄLÄINEN Väinö 1876-1940 **[27]**
    $1 841 FF11 058 £1 104 Koli Oil/canvas 88x65cm/*34x25in* Helsinki 98
    $1 060 FF6 184 £653 Landskap från kuhmois Akvarell/papper 47x27cm/*18x10in* Helsinki 97

HAMBACH Johann Mich. (Attr.) XVII **[1]**
    $83 270 FF489 235 £50 000 A Trompe l'Oeil Still Life of Birds of Paradise and Kingfishers Oil/panel 79,5x60cm/*31x23in* London 97

HAMBACH Johann Michael XVII **[6]**

$5 330 FF30 828 £3 200 A Trompe l'Oeil with a Print Showing an Operation Oil/canvas 73x60cm/*28x23in* London 97

HAMBIDGE Helen 1857-1937 **[1]**
$4 548 FF27 320 £2 759 The Feather Hat Watercolour/paper 68x50cm/*26x19in* Melbourne 98

HAMBLING Maggie 1945 **[20]**
$5 000 FF25 900 £3 200 Battersea Park Herons Oil/canvas 81x150cm/*31x59in* London 96
$734 FF4 369 £449 8.7.88 Watercolour/paper 49x61cm/*19x24in* London 97

HAMBOURG André 1909 **[465]**
$4 880 FF25 000 £2 964 Bateaux pavoisées au large de Villerville Huile/toile 16x27cm/*6x10in* Le Touquet 96
$5 893 FF36 000 £3 657 La fête de la mer à Honfleur Huile/toile 38x46cm/*14x18in* Deauville 97
$272 FF1 600 £167 Le grand canal de Venise Lithographie 44x56cm/*17x22in* Anglet 97
$123 FF700 £78 Venise Feutre/papier 24x34cm/*9x13in* Toulouse 97

HAMBÜCHEN Wilhelm 1869-1939 **[35]**
$1 344 FF6 981 £796 Harbour Scene Oil/canvas 55x81cm/*22x32in* Mystic, Connecticut 97
$1 240 FF7 375 £759 Schneeschmelze am Niederrhein Oil/panel 31,5x48cm/*12x18in* Köln 97

HAMBURGER Hélène 1836-1919 **[2]**
$1 096 FF6 242 £680 Peaches, grapes, a tomato and hazelnuts Oil/panel 21x27cm/*8x10in* Amsterdam 97

HAMBURGER Johann Konrad 1809-1871 **[1]**
$1 635 FF8 470 £1 063 Damenbildnis Miniature 19x13,5cm/*7x5in* Überlingen 96

HAMDY BEY Osman Pacha Zadeh 1842-1910 **[3]**
$21 900 FF113 300 £14 000 Desert scene Oil/panel 18x33,5cm/*7x13in* London 96
$639 000 FF3 093 000 £410 000 The Tomb of Mehmed I, Yesil Türbe, Bursa Oil/canvas 61x51cm/*24x20in* London 95

HAMEL Otto 1886-1950 **[35]**
$461 FF2 680 £272 Auf Sylt Öl/Leinwand 26x40cm/*10x15in* Dresden 97

HAMEL Théophile 1817-1870 **[5]**
$6 682 FF39 966 £4 056 Saint Jean-Baptiste Huile/toile 128x101,5cm/*50x39in* Montréal 97

HAMEN Y LEON van der Juan 1596-c.1632 **[6]**
$600 000 FF3 656 280 £365 520 Grapes and Pomegranates in a Basket with Pottery and Glass Vessels Oil/canvas 64x104cm/*25x40in* New-York 98

HAMER J. XIX **[1]**
$13 794 FF79 737 £8 500 The "Fox" in the Artic Region Oil/board 22x30cm/*8x11in* London 97

HAMESSE Adolphe Jean 1849-1925 **[11]**
$1 271 FF6 590 £826 Retour des champs Huile/panneau 39x32cm/*15x12in* Antwerpen 96

HAMILTON de Carl Wilhelm 1668-1754 **[11]**
$3 263 FF18 832 £2 000 A cabbage white, a common blue and other insects on a rocky bank Oil/panel 11,5x14cm/*4x5in* London 97
$9 500 FF52 486 £5 904 Studies of a lizard, a snake and a frog Watercolour 17x19cm/*6x7in* New-York 97

HAMILTON de Carl Wilhelm (Attr.) 1668-1754 **[3]**
$10 999 FF65 695 £6 733 Stilleben med bland annat svalor och finkar Oil/canvas 64x52cm/*25x20in* Stockholm 98

HAMILTON de Johann Georg 1672-1737 **[15]**
$8 239 FF47 874 £4 863 Arabisches Vollblut Öl/Leinwand 54x68cm/*21x26in* Luzern 97

HAMILTON de Philipp F. (Attrib.) 1667-1750 **[13]**
$1 556 FF8 910 £919 Een stilleven met een dode patrijs Oil/canvas 36,5x44cm/*14x17in* Den Haag 97
$6 632 FF38 352 £4 104 Schildkröten, Schmetterlinge und Löwenmaul Öl/Leinwand 35x42cm/*13x16in* Wien 97

HAMILTON de Philipp Ferdinand 1667-1750 **[15]**
$9 490 FF48 000 £6 220 Chiens de chasse et renard Huile/panneau 32x41,5cm/*12x16in* Paris 96
$16 366 FF98 000 £9 780 Chien devant un cerf Huile/toile 89x183cm/*35x72in* Lille 98
$29 427 FF170 000 £17 476 Nature morte aux perdrix rouges/Nature morte aux perdrix grises Huile/toile 48,5x50,5cm/*19x19in* Paris 97

HAMILTON Edward Wilbur Dean 1864-1943 **[5]**
$10 000 FF59 067 £6 214 A Moment in the Nursery Oil/canvas 71x53cm/*27x20in* Boston, Mass. 97

HAMILTON Eva Henrietta 1876-1960 **[10]**

⌒ *$2 531 FF14 936* £1 550 Maynooth from the Duke's Pool on the Rye Water River, Co. Kildare Oil/panel 30,5x35,5cm/*12x13in* London 98

⌒ *$8 164 FF48 169* £5 000 Girl on a Beach Oil/canvas 50x44cm/*19x17in* London 98

HAMILTON Gavin 1723-1797 **[6]**

⌒ *$7 872 FF45 942* £4 680 Hektor släpas efter Achilles vagn och Kung Priamos, Hektors far... Oil/canvas 75x106cm/*29x41in* Stockholm 97

HAMILTON Hamilton 1847-1928 **[22]**

⌒ *$3 250 FF15 830* £2 057 Rowboats at the water's edge Oil/canvas 60x76cm/*24x30in* Boston, Mass. 95

⌒ *$6 750 FF32 900* £4 270 Picking Blueberries Oil/canvas 30x50cm/*12x20in* Boston, Mass. 95

HAMILTON Helen 1889-1970 **[2]**

⌒ *$1 100 FF6 828* £659 Winter Snow Scene Oil/board 35x45cm/*14x18in* Mystic, Connecticut 98

HAMILTON Hugh Douglas 1739-1808 **[32]**

⌒ *$3 930 FF20 440* £2 600 Portrait of a gentleman, half length Oil/canvas 26x21cm/*10x8in* London 96

⌒ *$4 612 FF26 266* £2 800 Portrait of Mrs. Cash, wife of the Lord Mayor of Dublin Oil/canvas 61x51cm/*24x20in* London 97

⌒ *$25 277 FF149 038* £15 500 Portrait of Jane Winder, Wife of William Charles Monck-Mason Oil/canvas 135,5x98,5cm/*53x38in* London 98

✏ *$2 244 FF11 620* £1 500 Portrait of Miss Charlotte Ponsonby Watercolour 22,8x19cm/*8x7in* London 96

HAMILTON James 1819-1878 **[21]**

⌒ *$1 600 FF9 111* £986 Steamer at Sunset Oil/board 26x19cm/*10x7in* Boston, Mass. 97

⌒ *$2 013 FF11 876* £1 232 Ship at Sunset Along a rocky Shoreline Oil/canvas 53x35cm/*21x14in* Cedar Falls, Iowa 98

HAMILTON James 1853-1894 **[2]**

⌒ *$1 642 FF9 908* £980 Country Flowers Oil/canvas 30,5x20,5cm/*12x8in* West Lothian 98

HAMILTON James Whitelaw 1860-1932 **[17]**

⌒ *$1 508 FF9 099* £900 Lochaber from Spean Bridge, Invernesshire Oil/panel 27x34,5cm/*10x13in* West Lothian 98

⌒ *$2 770 FF14 070* £1 800 Venezia Oil/canvas 46x36cm/*18x14in* Auchterarder, Perthshire 95

HAMILTON Johann G. (Attrib.) 1672-1737 **[3]**

⌒ *$3 000 FF17 835* £1 858 Trompe l'oeil Still Lifes of Dead Game Tacked to Wood Panels Oil/canvas 38x29,5cm/*14x11in* New-York 97

HAMILTON John McLure 1853-1939 **[25]**

✏ *$700 FF4 161* £433 Woman Seated in an Interior Watercolour/paper 48x63cm/*19x25in* Philadelphia 97

HAMILTON Letitia Marion 1878-1964 **[73]**

⌒ *$3 261 FF19 230* £2 000 Leading the Hunt Oil/board 20x26,5cm/*7x10in* London 98

⌒ *$8 970 FF46 500* £6 000 The Harbour, Roundstone, Connemara Oil/canvas 51x61cm/*20x24in* London 96

✏ *$1 077 FF6 429* £650 La Charité sur Loire Watercolour 40x53cm/*16x21in* Isle of Man 97

HAMILTON Richard 1922 **[130]**

▥ *$78 FF469* £46 Kent State Serigraph in colors 67x87cm/*26x34in* Dresden 98

⚒ *$2 399 FF14 374* £1 433 "F P1. Guggenheim Museum-copper gunmetal" Relief 59x59cm/*23x23in* Stockholm 98

📷 *$1 010 FF5 230* £655 A dedicated Follower of Fashion Photogravure 85x38cm/*33x14in* London 96

✏ *$6 961 FF40 147* £4 147 Jana Watercolour/vellum 56,2x45,6cm/*22x17in* München 97

HAMILTON von Ferdinand Philipp 1664-1750 **[2]**

⌒ *$16 500 FF86 300* £10 000 A dead Great Spotted Woodpecker, a Bluetit, a Bullfinch Oil/canvas 35,5x41cm/*13x16in* London 96

HAMILTON William 1751-1801 **[24]**

⌒ *$1 612 FF9 633* £1 000 Putti in forest landscape Oil/paper/board 33x43cm/*12x16in* London 97

⌒ *$6 773 FF40 462* £4 200 Sarah Siddons as Catherine of Aragon Oil/canvas 76x64cm/*29x25in* London 97

⌒ *$61 900 FF318 000* £38 600 Palamon and Arcite Oil/canvas 123,5x154cm/*48x60in* Wien 96

HAMM Eugen 1885-1930 **[6]**

⌒ *$3 917 FF23 458* £2 406 Weiblicher Rückenakt Öl/Leinwand 55x46,5cm/*21x18in* München 98

HAMMAN Edouard J. 1819-1888 **[13]**

⌒ *$3 694 FF18 400* £2 420 Brouilles en amour Huile/panneau 27x35cm/*10x13in* Lokeren 95

⌒ *$14 231 FF82 595* £8 400 A Day at the Beach Oil/panel 48x60cm/*18x23in* London 97

HAMMAN Edouard Michel F. XIX-XX **[2]**

⌒ *$4 020 FF20 430* £2 400 A Drover watering Cattle at a Stream Oil/canvas 80x140cm/*31x55in* London 96

HAMME van Alexis 1818-1875 **[18]**

👁 *$6 615 FF38 430 £3 905* Fågelhandlerska (marchande de volailles) Oil/panel 63x49,5cm/*24x19in* Stockholm 97

HAMMER Christian Gottlob 1779-1864 **[10]**

📷 *$1 406 FF6 960 £894* Vue de la Bastey Etching 45x54,5cm/*17x21in* Heidelberg 95

✏ *$9 423 FF55 238 £5 800* Blik aus den Anlagen zwischen Zwingerwall und Stahlstraße, Dresden Watercolour 30x42cm/*11x16in* London 97

HAMMER Hans Jörgen 1815-1882 **[7]**

👁 *$6 620 FF34 060 £4 000* a landscape Oil/canvas 76x106cm/*29x41in* London 96

HAMMER Viktor 1882-1968 **[9]**

👁 *$3 500 FF20 431 £2 082* The Women Taken in Adultery Tempera/board 56x77,5cm/*22x30in* New-York 97

✏ *$709 FF3 456 £450* Portrait of a Lady Watercolour 125x94cm/*49x37in* London 95

HAMMER William 1821-1889 **[26]**

👁 *$1 474 FF8 795 £883* Vindruer i en kurv Oil/canvas 25x34cm/*9x13in* Vejle 98

👁 *$5 040 FF25 200 £3 294* Still life with dead hare Oil/canvas 88x110cm/*34x43in* Stockholm 95

HAMMERSCHMIDT W. c.1800-c,1870 **[5]**

📷 *$1 646 FF9 800 £1 006* L'Égypte: Karnak, Louqsor, café arabe, Le Caire, Philae, Kournah.. Tirage albuminé 23,7x31,5cm/*9x12in* Paris 98

HAMMERSHØI Svend 1873-1948 **[54]**

👁 *$9 900 FF50 100 £6 500* The Old Garden at the Prinsens Palae, Copenhagen Oil/panel 88x84cm/*34x33in* London 96

✏ *$324 FF1 938 £198* Studier af traeer Pencil/paper 80x65cm/*31x25in* Köbenhavn 98

HAMMERSHØI Vilhelm 1864-1916 **[49]**

👁 *$7 315 FF43 935 £4 370* Hoved af en fisker Oil/canvas 17x14cm/*6x5in* Köbenhavn 98

👁 *$18 412 FF109 937 £11 312* Portraet af kunstnerens hustru Ida Oil/canvas 46x38cm/*18x14in* Köbenhavn 98

✏ *$846 FF4 380 £565* Portrait of Alfred Bramsen Charcoal/paper 49x38cm/*19x14in* Viby J, Århus 96

HAMMICK Jeremy 1960 **[4]**

✏ *$1 210 FF6 310 £800* Northern Frontier District of Kenya Watercolour/paper 46x76cm/*18x29in* London 96

HAMMOND Arthur J. 1875-1947 **[20]**

👁 *$600 FF3 482 £354* Indian Woman with White Shawl Oil/board 39x30cm/*15x12in* New Orleans, Louisiana 97

👁 *$800 FF4 168 £503* Pastoral Landscape Oil/canvas 40x50cm/*16x20in* Altadena, CA 96

HAMMOND Gertrude E. Demain 1862-1953 **[8]**

👁 *$2 100 FF10 720 £1 390* On the Scent/Over the Fence Oil/board 15x20,5cm/*5x8in* New-York 96

HAMMOND Horace XIX-XX **[10]**

✏ *$495 FF3 017 £295* The Hunt Watercolour 17x24cm/*6x9in* London 98

HAMMOND Jane 1950 **[3]**

📷 *$750 FF4 288 £459* Untitled Monotype 72,5x81cm/*28x31in* New-York 97

HAMMOND John A. 1843-1939 **[52]**

👁 *$1 406 FF6 850 £893* In the Rockie Mountains Oil/board 34x42cm/*13x16in* Calgary, Alberta 95

👁 *$2 092 FF10 650 £1 255* Paysage de France Oil/board 44,5x51cm/*17x20in* Calgary, Alberta 96

HAMMOND Robert John XIX-XX **[31]**

👁 *$718 FF4 288 £440* An Interior with Figure of Lady Feeding Jackdaws Oil/canvas 37x26,5cm/*14x10in* Bristol, Avon 97

👁 *$1 167 FF7 019 £700* Highland Cattle by Loch Ard Oil/canvas 40x60cm/*16x24in* London 98

HAMNETT Nina 1890-1956 **[8]**

✏ *$359 FF2 189 £220* Profile Portrait of a Young Boy Wash 33,5x26,5cm/*13x10in* London 98

HAMON Roland 1909-1987 **[340]**

👁 *$238 FF1 400 £146* Place de l'Église Huile/toile 33x46cm/*12x18in* Anglet 97

✏ *$106 FF650 £63* Parc à Neuilly Aquarelle/papier 27x35cm/*10x13in* Coutances 98

HAMON-DUPLESSIS Michel c.1770-? **[24]**

👁 *$2 566 FF15 500 £1 559* Scène de campement Huile/panneau 24x32,5cm/*9x12in* Saint-Dié 98

👁 *$9 994 FF60 356 £6 000* Soldiers and Peasants Conversing/A Trumpeteer on a Horseback Oil/panel 34x49cm/*13x19in* London 98

✏ *$644 FF4 000 £388* Scène de bataille Lavis 40x56cm/*15x22in* Paris 98

HAMON-DUPLESSIS Michel (Attrib.) c.1770-? **[3]**
 $1 297 FF6 800 £778 Repos des cavaliers Huile/panneau 16,5x23cm/*6x9in* Paris 96
HAMONET Louis [5]
 $365 FF2 100 £227 Saint-Cast Aquarelle/papier 22x37cm/*8x14in* Rennes 97
HAMPE Guido 1839-1902 **[31]**
 $930 FF5 698 £555 Bauernhäuser am Ufer des Gebirgssees Oil/canvas 46x56cm/*18x22in* Dresden 98
HAMPEL Angela 1956 **[10]**
 $85 FF502 £50 "Hier, hier im Land" Farblithographie 6x48cm/*2x18in* Köln 97
HAMPEL Sigmund Walter 1868-1949 **[29]**
 $4 230 FF21 640 £2 713 Interieur mit junger Frau und Blumen Mischtechnik/Karton 35x26cm/*13x10in* Wien 96
 $3 379 FF20 080 £2 010 Mitten in der Lebenszeit sind vom Tode wir umfangen Mischtechnik/Papier 34x23cm/*13x9in* München 97
HAMPSON Albert W. 1911-1990 **[2]**
 $4 750 FF24 340 £2 886 Soda fountain scene (advertisement) Pastel 99x71cm/*39x28in* New-York 96
HAMPTON John W. 1918 **[5]**
 $1 700 FF8 857 £1 069 Roundyup Oil/canvas 35x27cm/*14x11in* Scottsdale, Arizona 96
HAMZA Hans 1879-1945 **[13]**
 $2 209 FF13 339 £1 341 Lesender Kavalier Oil/panel 24x19cm/*9x7in* Wien 98
HAMZA Johann 1850-1927 **[29]**
 $8 000 FF48 632 £4 926 The Looking Glass Oil/canvas 47,5x34cm/*18x13in* New-York 98
 $15 000 FF91 185 £9 237 Gentleman Reading in the Library Oil/panel 34,5x22,5cm/*13x8in* New-York 98
HAN TIANHENG 1940 **[3]**
 $7 764 FF44 778 £4 626 "Lotus" Ink/paper 33x390cm/*12x153in* Hong Kong 97
HANAK Anton 1875-1934 **[22]**
 $1 985 FF11 905 £1 205 "Der brennende Mensch" Bronze H29,5cm/*H11in* Wien 98
 $1 396 FF7 220 £901 Stehender Akt Watercolour 27x17cm/*10x6in* Wien 96
HANCOCK Charles 1795-1868 **[10]**
 $2 400 FF14 268 £1 468 Charles XI & W. Scott Oil/canvas 51x68,5cm/*20x26in* New-York 97
HAND Thomas ?-c.1804 **[8]**
 $4 171 FF25 448 £2 500 Landscape with Travellers Oil/panel 45,5x56cm/*17x22in* London 98
HAND Thomas (Attrib.) ?-c.1804 **[5]**
 $4 000 FF23 584 £2 452 The Keeper's Cottage Oil/canvas 44x56,5cm/*17x22in* New-York 98
HANDLER Herta 1940 **[6]**
 $1 434 FF7 340 £930 Stilleben mit Trauben und Klatschmohn Oil/panel 76x58cm/*29x22in* Wien 95
HANDLER Richard 1932 **[41]**
 $2 142 FF11 170 £1 294 Buntes Blumenstilleben Oil/panel 61x49cm/*24x19in* Lindau 96
HANDMANN Emmanuel Jakob 1718-1781 **[16]**
 $1 403 FF8 620 £841 Bildnis der Maria Wieland Oil/canvas 84x65,5cm/*33x25in* Zürich 98
 $2 436 FF12 720 £1 472 La cuisinière Huile/toile 37,5x28cm/*14x11in* Zürich 96
HANDSCHIN Johannes 1899-1948 **[8]**
 $949 FF5 246 £590 "Herren-Mode Brämer" Poster 127x89cm/*50x35in* New-York 97
HÄNEL Georg 1879-1945 **[3]**
 $5 190 FF25 930 £3 390 Dresden, vom Pieschener Hafen aus Öl/Leinwand 60x81cm/*23x31in* Dresden 95
HANFSTAENGL Franz 1804-1877 **[4]**
 $74 FF446 £45 Eine Dame am Putztische Lithograph 52x36cm/*20x14in* Haarlem 98
HÄNGER Max I 1874-1955 **[87]**
 $1 402 FF8 281 £830 Hahn und Hühner am Futternapf Öl/Karton 7,5x14cm/*2x5in* Zofingen 97
HÄNGER Max II 1898-? **[7]**
 $1 688 FF8 800 £1 020 Hühner und Enten an einem Weiher Oil/panel 18x24cm/*7x9in* Stuttgart 96
HANICOTTE Augustin 1870-1957 **[33]**
 $7 650 FF39 000 £4 590 Fête villageoise Huile/toile 60x75cm/*23x29in* Paris 96
 $22 200 FF115 000 £14 340 Collioure Huile/toile 78x223cm/*30x87in* Paris 96
 $210 FF1 200 £130 Débarquement du poisson Lithographie couleurs 56x48cm/*22x18in* Brest 97
 $413 FF2 500 £248 Les poupées Aquarelle, gouache/papier 44x28cm/*17x11in* Paris 98
HANIN René 1873-1943 **[12]**
 $1 200 FF7 246 £719 Le parc du Château de Versailles en automne Oil/panel 23,5x33cm/*9x12in* New-York 98

🎨 *$6 880 FF35 000 £4 110* Bouquet de lilas Huile/toile 65x50cm/*25x19in* Paris 96
✏️ *$3 309 FF19 000 £2 017* Les grands voiliers à la Rochelle Pastel/papier 24x32cm/*9x12in* Barbizon 97
HÄNISCH Alois 1866-1937 **[5]**
🎨 *$2 290 FF11 260 £1 460* Flowers Oil/canvas 29x35,5cm/*11x13in* Wien 95
HANKE Henry Aloysius 1901-1989 **[19]**
🎨 *$406 FF2 492 £243* On the Murrumbidgee Oil/canvas/board 25x31cm/*9x12in* Sydney 97
🎨 *$1 753 FF10 506 £1 046* The Orange Stall Oil/canvas 91x81cm/*35x31in* Sydney 98
HANKEY William Lee 1869-1952 **[82]**
🎨 *$4 614 FF28 118 £2 800* "The Skittle Alley, Frejus" Oil/canvas 51x61cm/*20x24in* London 98
🎨 *$13 054 FF76 922 £7 800* The Field Worker Oil/canvas 51x30,5cm/*20x12in* London 97
📇 *$200 FF1 016 £130* L'Enfant s'amuse Drypoint 18x14cm/*7x5in* London 95
✏️ *$1 800 FF10 440 £1 064* "Devotion" Watercolour 41,5x31,5cm/*16x12in* San Francisco 97
HANKINS Cornelius H. 1864-1946 **[3]**
🎨 *$1 500 FF8 907 £908* Still life with strawberries and bowl Oil/canvas 25x40cm/*10x16in* Towson, Maryland 97
HANLON Bryan 1956 **[3]**
🎨 *$1 333 FF8 011 £800* Mara Sundowner with Giraffe and Sacred Ibis Oil/canvas 38x61cm/*14x24in* London 98
HANLON John Paul, Jack 1913-1968 **[11]**
🎨 *$2 117 FF11 010 £1 400* Grasse, Provence Oil/canvas 38x55cm/*14x21in* London 96
✏️ *$852 FF5 218 £507* Communion Lunch Watercolour/paper 27x38cm/*11x15in* Blackrock, Co.Dublin 98
HANN Johann Lorenz 1737-1802 **[2]**
🎨 *$8 570 FF41 500 £5 500* Foro Romano, Roma Oil/canvas 23,5x37cm/*9x14in* London 95
HANNAFORD Charles E. 1863-1955 **[43]**
✏️ *$360 FF2 110 £220* Evening, Glencoe, Argyllshire, Scotland Aquarelle/papier 35,5x53,5cm/*13x21in* Montréal 97
HANNAN William XVIII **[2]**
🎨 *$12 000 FF71 514 £7 358* View of Walton Bridge and the Temple of Venus Oil/canvas 43x60cm/*17x24in* New-York 98
HANNAN William (Attrib.) XVIII **[2]**
🎨 *$21 734 FF130 692 £13 000* A View of West Wycombe From the Lake, with Figures Oil/canvas 58,5x136cm/*23x53in* West Wycombe, Buckinghamshire 98
HANNAUX Emmanuel 1855-1934 **[9]**
🗿 *$3 635 FF22 044 £2 200* Bust of a Young Warrior Bronze H57cm/*H22in* London 98
🗿 *$11 474 FF67 895 £7 000* Le Poète et la Sirène Bronze 98x90cm/*38x35in* London 98
HANNEMAN Adriaan c.1601-1671 **[7]**
🎨 *$28 626 FF170 289 £17 000* Portrait of the Rev. Dr. Richard Steward Oil/canvas 83,5x68cm/*32x26in* London 97
HANNEMAN Adriaan (Attrib.) c.1601-1671 **[6]**
🎨 *$13 080 FF63 500 £8 200* Portrait of a Lady, half length Oil/canvas 136x112cm/*53x44in* London 95
HANNEN van Remigius 1812-1894 **[2]**
🎨 *$4 200 FF21 000 £2 720* Moonlit Country Home in a wooded landscape Oil/panel 22x31cm/*8x12in* New-York 96
🎨 *$6 968 FF40 000 £4 376* Le marché aux poissons à l'aube Huile/panneau 42x52,5cm/*16x20in* Paris 97
HANNETON Henri 1822-1911 **[14]**
🎨 *$1 700 FF8 380 £1 104* Paysage Huile/toile 63x79cm/*24x31in* Bruxelles 95
HANNIG Henry Charles 1883-1948 **[2]**
🎨 *$4 250 FF24 738 £2 619* Tea-Time Oil/canvas 71x50cm/*28x20in* Cincinnati, Ohio 97
HANNO von Carl 1901-1953 **[7]**
🎨 *$1 699 FF9 860 £1 003* Traer (trees) Oil/canvas 90x116cm/*35x45in* Oslo 97
HANNOT Johannes 1633-1685 **[2]**
🎨 *$28 933 FF169 002 £17 121* Nature morte avec homard, plat en étain, fruits et petite boîte Huile/toile 57x74cm/*22x29in* Genève 97
HANOTEAU Hector Ch. 1823-1890 **[17]**
🎨 *$918 FF5 500 £562* Paysage animé Huile/papier/toile 27x33cm/*10x12in* Paris 97
HANRIOT Jules Armand 1853-1877 **[7]**

(☞) *$1 084 FF6 733* £650 "Curieuse" Oil/panel 35x26,5cm/*13x10in* London 98
HANS Josephus Gerardus 1826-1891 **[19]**
(☞) *$1 784 FF10 733* £1 070 A Figure near a House on the Waterfront Oil/panel 32x26cm/*12x10in* Amsterdam 98
(☞) *$1 892 FF11 674* £1 189 A vagabond watching a sailing boat in a mountainous river landscape Oil/panel 37x45,5cm/*14x17in* Amsterdam 97
HANSCH Anton 1813-1876 **[29]**
(☞) *$1 866 FF9 600* £1 164 Blick auf den Königssee, Hachelwand Öl/Karton 24x37cm/*9x14in* Wien 96
(☞) *$2 814 FF16 698* £1 746 "Dachstein und Vorderer Gosau-See" Öl/Leinwand 55x44,5cm/*21x17in* Wien 97
(✐) *$1 670 FF8 630* £1 115 Italienische Landschaft mit Kastell Aquarell/Papier 27x35cm/*10x13in* Wien 96
HANSCH Anton (Attrib.) 1813-1876 **[4]**
(☞) *$1 624 FF9 523* £1 000 Chateau de Chillon, Lac Léman Oil/panel 14,5x20cm/*5x7in* London 97
HÄNSCH Johannes 1875-1945 **[11]**
(☞) *$451 FF2 681* £276 Blick in eine lichtdurchflutete Allee bei Dölzig... Öl/Leinwand 48x60cm/*18x23in* Köln 97
HANSEN Al, Alfred Earl 1927-1995 **[27]**
(✐) *$1 206 FF7 156* £748 "Schachvenus" Coloured pencils 37x28cm/*14x11in* Wien 97
HANSEN Armin Carl 1886-1957 **[48]**
(☞) *$6 000 FF29 900* £3 930 Fishermen at sea Oil/canvas/panel 19x24cm/*7x9in* San Francisco-Los Angeles 95
(☞) *$8 000 FF48 164* £4 786 View of Niuport, Belgium Oil/masonite 71x89,5cm/*27x35in* San Francisco 98
(▥) *$2 500 FF14 979* £1 491 Sardine Barge Etching 33x37,5cm/*12x14in* Los Angeles 98
(✐) *$7 500 FF44 829* £4 545 Doll Buildings, Monterey Charcoal/paper 39,4x60,3cm/*15x23in* San Francisco-Los Angeles 97
HANSEN Arne L. 1921 **[45]**
(☞) *$504 FF2 993* £308 Stålvaerksbillede Oil/canvas 50x73cm/*19x28in* København 98
HANSEN Constantin 1804-1880 **[71]**
(☞) *$1 313 FF6 660* £854 Fløjtespillende yngling Oil/canvas 36x27cm/*14x10in* København 96
(☞) *$3 181 FF18 599* £1 942 Fiskerdreng fra Capri baerende på vandkrukke Oil/canvas 56x39cm/*22x15in* Vejle 97
(✐) *$257 FF1 584* £154 Legende börn, det ene motiv fra vejle å Pencil/paper 20x32cm/*7x12in* Vejle 98
HANSEN Ejnar 1884-1965 **[11]**
(☞) *$1 000 FF5 210* £628 Foothill Landscape with House Oil/canvas 50x60cm/*20x24in* Altadena, CA 96
HANSEN Hans 1769-1828 **[4]**
(☞) *$1 233 FF7 080* £757 Bust portrait of a man in uniform Oil/canvas 39x32cm/*15x12in* København 97
HANSEN Hans 1870-c.1925 **[6]**
(☞) *$3 960 FF20 030* £2 600 Santa Maria la Blanca, Toledo Oil/canvas 31x44cm/*12x17in* London 96
HANSEN Hans Andersen 1854-1948 **[6]**
(☞) *$1 595 FF9 674* £965 Skibsportraet af barken "Pax" af Marstal Oil/canvas 61x82cm/*24x32in* København 98
(✐) *$884 FF5 277* £529 Skibsportraet af Daeksbåden "Express" af Marstal Pencil/paper 47x57cm/*18x22in* Vejle 98
HANSEN Hans Nicolaj 1853-1923 **[44]**
(☞) *$1 146 FF7 042* £688 Strandparti fra Tisvilde Oil/canvas 57x89cm/*22x35in* Vejle 98
(✐) *$338 FF1 938* £200 The Procession Watercolour 44x30cm/*17x11in* London 97
HANSEN Harald H. 1890-1967 **[31]**
(☞) *$513 FF2 637* £312 De blinde tiggeres tog Oil/canvas 84x105cm/*33x41in* København 96
HANSEN Heinrich 1821-1890 **[57]**
(☞) *$1 901 FF11 423* £1 136 Gårdinterieur med folk i renaessancedragter Oil/canvas 30x35cm/*11x13in* København 98
(☞) *$5 000 FF29 726* £3 059 Interior of the Dome in Pisa Oil/canvas 58x44,5cm/*22x17in* New-York 97
HANSEN Herman Wendelborg 1854-1924 **[17]**
(☞) *$5 500 FF32 875* £3 333 Indian Encampment Oil/canvas 27,9x43,2cm/*10x17in* San Francisco-Los Angeles 97
(✐) *$2 200 FF13 173* £1 351 The Patrol at the Crossing Ink 19x13cm/*7x5in* Dallas, Texas 98
HANSEN Jens Peter Helge 1943 **[17]**
(✐) *$237 FF1 409* £145 Fem figurkompositioner Watercolour/paper 26x33cm/*10x12in* København 97
HANSEN Johannes 1903-? **[15]**
(⟐) *$688 FF4 336* £433 Siddende nögenmodel Bronze 33x40cm/*12x15in* Vejle 97
HANSEN Josef Theodor 1848-1912 **[101]**

▢ *$100 FF616 £60* Kvindeportraet Oil/canvas 52x48cm/*20x18in* Vejle 98
▢ *$1 604 FF8 020 £1 040* Temple of Jupiter, Pompeii Oil/canvas 24x37cm/*9x14in* København 96
✏ *$543 FF3 097 £330* Italiensk gadeparti Watercolour/paper 13x18cm/*5x7in* København 97
HANSEN Peter Marius 1868-1928 **[54]**
▢ *$680 FF3 520 £442* Den gule hest Oil/canvas 24x34cm/*9x13in* Viby J, Århus 96
▢ *$904 FF5 281 £535* Dreng i aebletrae Oil/canvas 46x36cm/*18x14in* Vejle 97
HANSEN Sigvard 1859-1938 **[83]**
▢ *$614 FF3 710 £386* Husmandssted i snelandskab Oil/paper 24x32,5cm/*9x12in* København 97
▢ *$904 FF5 281 £535* Gadeparti med to småpiger vinter Oil/canvas 51x72cm/*20x28in* Vejle 97
HANSEN Sikker XX **[5]**
▢ *$900 FF5 363 £539* "Zoo" Poster 85,5x64,5cm/*33x25in* New-York 98
HANSEN Theodore Brooke 1870-1945 **[1]**
▢ *$4 724 FF24 211 £3 015* Surrey Hills, Melbourne, Victoria Oil/canvas 62,5x95cm/*24x37in* Melbourne 95
HANSEN-BAHIA Karl Heinz 1915-1978 **[63]**
▢ *$954 FF5 561 £583* Flôr de S. Miguel Woodcut in colors 41x31cm/*16x12in* München 97
HANSEN-REISTRUP Karl Frederik 1863-1920 **[32]**
▢ *$531 FF3 172 £324* Slagscene til hest, et par officerer Oil/canvas 52x67cm/*20x26in* København 98
HANSI Jean-Jacques Waltz 1873-1951 **[42]**
▢ *$182 FF1 100 £110* "Son premier jouet" Affiche 17x13cm/*6x5in* Paris 98
✏ *$643 FF3 200 £421* "Les voici", Libération de Ribeauville Aquarelle 30x21cm/*11x8in* Paris 95
HANSKENS Georges 1959 **[93]**
▢ *$310 FF1 600 £198* Le coq Technique mixte 24x32cm/*9x12in* Saint-Dié 96
▢ *$1 343 FF7 000 £844* "Coucou !..." Huile/toile 61x50cm/*24x19in* Saint-Dié 96
✏ *$308 FF1 800 £182* "De ma chambre à la Colombe d'Or Saint-Paul de Vence" Aquarelle 31x38cm/*12x14in* Saint-Dié 97
HANSON Duane 1925 **[8]**
❁ *$70 000 FF362 500 £46 800* The Jogger Sculpture 81x84x104cm/*31x33x40in* New-York 96
HANSON Joseph Mellor 1900-1961 **[24]**
▢ *$220 FF1 360 £132* Hamlet Study for the Mural Oil/canvas 109x73cm/*43x29in* Vestal, NY 97
HANSON Leon William 1918 **[24]**
▢ *$358 FF2 153 £214* Sydney Harbour Oil/canvas/board 49x59,5cm/*19x23in* Melbourne 98
HANSPERS Olle 1923 **[24]**
▢ *$128 FF766 £78* Påfågelns Öga Copper engraving 40x64cm/*15x25in* Stockholm 98
HANSSON Rolf 1953 **[14]**
▢ *$2 487 FF14 210 £1 523* Lvarlov Oil/panel 56x61cm/*22x24in* Stockholm 97
▢ *$5 810 FF29 000 £3 790* "Nkele" Oil/panel 150x150cm/*59x59in* Stockholm 95
HANSTEEN Niels 1855-1912 **[40]**
▢ *$4 035 FF24 174 £2 412* Ettermiddagsstemning Fjordbillede Oil/canvas 47x95cm/*18x37in* Oslo 98
HANTAï Simon 1922 **[63]**
▢ *$4 960 FF26 000 £2 984* Sans titre Acrylique/toile 37x27,5cm/*14x10in* Monaco 96
▢ *$28 891 FF173 000 £17 749* Tabula Acrylique/toile 91x33cm/*35x12in* Douai 98
▢ *$38 030 FF222 007 £23 000* Double Pliage Oil/canvas 140x119,5cm/*55x47in* London 97
✏ *$4 031 FF23 000 £2 456* Tête Gouache 43x30cm/*16x11in* Paris 97
HANZEN Alexis 1876-? **[2]**
▢ *$7 359 FF45 013 £4 500* Sailing at Sunset Oil/canvas 52,5x64cm/*20x25in* London 98
HANZL Stefan 1960 **[4]**
❁ *$1 648 FF9 520 £978* Nos habemus Sculpture 52x28x60cm/*20x11x23in* Wien 97
HAPPEL Karl 1819-1914 **[7]**
▢ *$3 032 FF18 425 £1 826* Ein junges Mädchen sitzt nachdenklich am Wegesrand Öl/Leinwand 52x42cm/*20x16in* Stuttgart 98
▢ *$885 FF5 000 £557* "Grand corrida de gala, Arènes de Béziers" Affiche 200x130cm/*78x51in* Paris 97
HAQUETTE Georges Jean Marie 1854-1906 **[25]**
▢ *$1 694 FF8 780 £1 100* Bringing in the Catch Oil/canvas 37x44,5cm/*14x17in* London 96
HARA Jacques 1933 **[69]**
▢ *$441 FF2 300 £292* Le village en hiver Huile/toile 27x35cm/*10x13in* Paris 96
HARA Katsuro XX **[5]**

_$4 360_ FF22 000 £2 830 Vue de Paris Huile/toile 65x81cm/_25x31in_ Paris 96
HARADEN F.B. XIX **[1]**
_$8 500_ FF48 682 £5 028 Ship in full sail flying American flag Oil/canvas 84x107cm/_33x42in_ Delaware, Ohio 97
HARANGHY Jeno 1894-1951 **[2]**
_$1 564_ FF9 447 £950 "Stary Smokovec" Poster 97x70cm/_38x27in_ London 98
HARARI Hanahiah 1912 **[8]**
_$1 300_ FF7 765 £796 Flash Watch Oil/canvas 20,5x30,5cm/_8x12in_ New-York 98
_$3 749_ FF22 252 £2 325 Study for the Recreation room of nurse's Home on Welfare Island Gouache/paper 15x46cm/_5x18in_ New-York 97
HARASIMOWICZ Marceli 1859-1935 **[3]**
_$5 320_ FF26 640 £3 364 River landscape at sunset Oil/canvas 92,5x67cm/_36x26in_ Warszawa 96
_$1 380_ FF7 130 £890 Landscape Watercolour/paper 7,5x15cm/_2x5in_ Warszawa 96
HARDENBERG van Cornelius 1755-1843 **[6]**
_$481_ FF2 756 £284 Travellers with a mule in a storm near Castle Doorwerth/A sketch Black chalk 32x44cm/_12x17in_ Amsterdam 97
HARDEY Cornelia Greenough XIX **[1]**
_$4 500_ FF24 875 £2 761 Portrait of two sisters Oil/canvas 61x50cm/_24x19in_ New-York 97
HARDIE Charles Martin 1858-1916 **[18]**
_$1 171_ FF6 824 £720 Returning to the Croft Oil/canvas/board 25x35cm/_9x13in_ West Lothian 97
_$2 720_ FF13 880 £1 800 Fishing Oil/canvas 43x53cm/_16x20in_ Glasgow 96
_$326_ FF1 949 £200 Low Tide Watercolour 24x37cm/_9x14in_ Billingshurst, West Sussex 97
HARDIE Martin 1875-1952 **[29]**
_$272_ FF1 390 £180 Llanstephan Castle, Carmarthenshire Watercolour 24x34cm/_9x13in_ London 96
HARDIME Peter 1677-1758 **[13]**
_$9 994_ FF57 803 £6 000 Still Life of Flowers in an Urn framed by Draped Curtains Oil/canvas 119,5x88,5cm/_47x34in_ London 97
_$22 000_ FF129 793 £13 472 Tulips, Poppies, and other Flowers in a sculpted terracotta Urn Oil/canvas 144,5x116cm/_56x45in_ New-York 98
HARDIME Peter (Attrib.) 1677-1758 **[7]**
_$13 440_ FF68 000 £8 810 Bouquet dans un vase au décor de bas-relief Huile/toile 7,5x61,5cm/_2x24in_ Paris 96
_$12 000_ FF71 343 £7 434 Still Life of Flowers and Fruit Oil/canvas 54,5x46cm/_21x18in_ New-York 97
HARDIME Simon 1664-1737 **[4]**
_$9 000_ FF46 600 £5 760 Assorted flowers in an urn on a stone ledge Oil/canvas 79,5x64cm/_31x25in_ New-York 96
_$20 340_ FF120 000 £12 456 Vases de fleurs dans une niche Huile/toile 129x107,5cm/_50x42in_ Cheverny 98
HARDING Ch. Chester (Attrib) 1792-1866 **[1]**
_$7 000_ FF41 518 £4 280 Portrait of Mr. Danielson/Portrait of Mrs. George Danielson Oil/canvas 76x66cm/_29x25in_ Los Angeles 97
HARDING George Perf. (Attr.) 1775-1853 **[7]**
_$489_ FF2 824 £300 Finely detailed Portrait of Frances (Wife of Robert Devereux) Watercolour 30x17cm/_12x7in_ Aylsham, Norfolk 97
HARDING George Perfect 1775-1853 **[26]**
_$440_ FF2 519 £260 Sir Richard Weston, Earl of Portland, in fur Trimmed Robes... Watercolour/paper 173x141cm/_68x55in_ London 97
HARDING James Duffield 1797-1853 **[58]**
_$431_ FF2 184 £280 Buckland Road, Dorking/Meopham Pencil 27x36cm/_10x14in_ London 96
HARDRICK John Wesley 1891-1968 **[4]**
_$2 100_ FF12 574 £1 290 "Feeding the Chickens" Oil/board 40x50cm/_16x20in_ Cincinnati, Ohio 98
HARDWICK James Jessop 1831-1917 **[11]**
_$869_ FF4 410 £560 Summer Blossom Watercolour 20x24cm/_7x9in_ London 96
HARDWICK Melbourne Havelock 1857-1916 **[21]**
_$3 250_ FF19 279 £1 987 Return of the fishing boat Watercolour, gouache/paper 45x60cm/_17x23in_ Los Angeles 97
HARDWICK William Noble 1805-1865 **[5]**
_$4 404_ FF25 341 £2 600 Gondolas on a Venetian Canal Oil/canvas 30,5x35,5cm/_12x13in_ London 97

HARDY André 1887-1986 **[317]**

    $584 FF3 000 £376 Entrée de la ferme Huile/carton 29,5x38cm/*11x14in* Bayeux 96

HARDY Anna Elizabeth 1839-1934 **[7]**

    $4 250 FF20 970 £2 750 Hollyhocks Oil/canvas 71x35cm/*28x14in* Mystic, Connecticut 96

    $5 000 FF31 746 £3 122 Still Life Oil/board 25x21cm/*10x8in* Portland, Maine 97

HARDY Charles 1888-1935 **[11]**

    $1 446 FF8 329 £849 "From Miltons Lycidas" Watercolour 85x66,5cm/*33x26in* London 97

HARDY Cyril [14]

    $491 FF2 857 £300 A city of the East Watercolour 18,5x27,5cm/*7x10in* Billingshurst, West Sussex 97

HARDY David c.1835-c.1885 **[10]**

    $2 963 FF15 200 £1 800 Baby's breakfast Oil/panel 35,5x30cm/*13x11in* London 96

    $2 094 FF12 104 £1 300 Juvenile anglers Watercolour/paper 35,5x27cm/*13x10in* Exeter, Devon 97

HARDY DeWitt 1940 **[8]**

    $575 FF2 745 £362 Nude Watercolour/paper 17x35cm/*7x14in* Portland, Maine 95

HARDY Dudley 1865-1922 **[71]**

    $797 FF4 743 £480 Bringing in the Catch Oil/panel 19x12cm/*7x4in* London 97

    $250 FF1 506 £149 "The Grand Duchess" Poster 71x45,5cm/*27x17in* New-York 98

    $48 FF291 £30 Seascape Watercolour/paper 15,5x34cm/*6x13in* Exeter, Devon 98

HARDY Frederick Daniel 1826-1911 **[32]**

    $3 271 FF19 065 £2 000 Winding Wool Oil/panel 12,5x15cm/*4x5in* London 97

    $10 000 FF51 000 £6 620 Feeding the Rabbits Oil/canvas 72x91,5cm/*28x36in* New-York 96

HARDY George 1822-1909 **[9]**

    $3 975 FF24 360 £2 400 Daylight Robbery Oil/panel 22x28cm/*8x11in* London 98

HARDY Heywood 1843-1933 **[131]**

    $2 780 FF16 553 £1 700 Arabs on Camel and Horseback Oil/canvas 38x92cm/*15x36in* Dorking, Surrey 98

    $3 410 FF17 640 £2 200 The King's Highway Oil/canvas 25,5x35,5cm/*10x13in* London 96

    $37 500 FF217 518 £23 077 Highland coaching Oil/canvas 87x143cm/*34x56in* New-York 97

HARDY James, Jnr. 1832-1889 **[84]**

    $2 617 FF15 579 £1 600 The Days Bag Oil/panel 23x34cm/*9x13in* Dorking, Surrey 98

    $22 660 FF115 700 £15 000 Setters Oil/canvas 48,5x65cm/*19x25in* Glasgow 96

    $24 000 FF125 200 £14 500 The Day's bag Oil/canvas 102x158cm/*40x62in* Glasgow 96

    $1 499 FF9 053 £900 Cat's Cradle Watercolour/paper 36x49cm/*14x19in* Leyburn, North Yorkshire 98

HARDY Thomas Bush 1848-1897 **[321]**

    $2 097 FF11 883 £1 048 Vento contro marea Olio/tela 36x66cm/*14x25in* Milano 98

    $1 335 FF7 794 £820 A Sailing Barge in a Squall Watercolour/paper 23x32cm/*9x12in* Newbury, Berkshire 97

HARE Augustus J. Cuthbert 1834-1903 **[14]**

    $1 406 FF7 985 £880 The Alhambra Palace, Granada/The Alcazar, Segovia Watercolour/paper 28x45cm/*11x17in* London 97

HARE James H., Jimmy 1856-1946 **[18]**

    $800 FF4 714 £494 Major Miller's Air Ship/Dirigible Balloon in Flight Silver print 12x10cm/*5x4in* New-York 97

HARE John Knowles 1882-1947 **[31]**

    $260 FF1 467 £159 Cape Cod Village Scene with Churches Watercolour/paper 23x28cm/*9x11in* East Dennis, Mass. 97

HARE Saint George 1857-? **[4]**

    $653 FF3 898 £400 Portrait of a young Boy and Girl Oil/canvas 75x62cm/*29x24in* Billingshurst, West Sussex 97

HAREUX Ernest 1847-1909 **[39]**

    $675 FF3 500 £446 Clair-obscur sur la ferme Huile/carton 26x38cm/*10x14in* Grenoble 96

    $1 930 FF10 000 £1 273 Paysage vallonné Huile/toile 49x65cm/*19x25in* Grenoble 96

HARGENS Charles W. 1893-? **[3]**

    $750 FF4 312 £469 Pheasant hunting Oil/canvas 68x53cm/*27x21in* Hatfield, Pennsylvania 97

HARGITT Edward 1835-1895 **[32]**

    $3 679 FF21 978 £2 252 The Black Valley, Co Kerry Oil/canvas 28x48cm/*11x19in* Dublin 98

    $556 FF3 231 £340 A Shepherd at corrie, Isle of Arran Watercolour/paper 34x19,5cm/*13x7in* London 97

HARGREAVES Thomas 1775-1846 **[12]**
  $2 490 FF12 480 £1 576 Portrait of Lady Hargreaves Miniature 10x8cm/*3x3in* Wien 95
HARI Johannes, Sr. 1772-1849 **[4]**
  $1 641 FF9 404 £1 017 The little asparagus seller/A boy on a wheel barrow Oil/panel 34x28,5cm/*13x11in* Amsterdam 97
  $12 000 FF68 376 £7 350 A Kitchen Maid in an interior Oil/panel 42,5x51,5cm/*16x20in* New-York 97
HARING Keith 1958-1990 **[503]**
  $765 FF4 391 £466 Portrait of Joseph Beuys Silkscreen/canvas 65x30cm/*25x11in* Berlin 97
  $4 000 FF19 370 £2 570 Untitled Acrylic/panel 28x36cm/*11x14in* New-York 95
  $6 720 FF38 080 £3 360 Baby, Wolfs and Snakes Smalto 220x80cm/*86x31in* Roma 97
  $204 FF1 208 £127 Montreux Jazz Festival Farbserigraphie 87x62cm/*34x24in* Bielefeld 97
  $7 000 FF40 768 £4 276 Running Figure Metal H48,5cm/*H19in* New-York 97
  $42 000 FF241 936 £25 909 Untitled (Vase) Sculpture 91,5x35,5cm/*36x13in* New-York 97
  $454 FF2 334 £270 Senza titolo Inchiostro 11x15,5cm/*4x6in* Roma 96
HARINGH Daniel c.1636-1715 **[3]**
  $6 632 FF38 352 £4 104 Bildnis eines Mädchens mit Blumen in einem Schlosspark Öl/Leinwand 50,5x42cm/*19x16in* Wien 97
HARLAMOFF Alexei Alexeivich 1842-1915 **[84]**
  $21 024 FF124 482 £12 486 Bildnis einer jungen Frau mit Trauerschleier Öl/Leinwand 26x19,5cm/*10x7in* Zürich 97
  $40 200 FF204 300 £24 000 An auburn beauty Oil/canvas 55x43cm/*21x16in* London 96
  $3 985 FF22 706 £2 500 An elegant Lady Pastel/canvas 61x50cm/*24x19in* London 97
HÅRLEMAN Carl 1700-1753 **[1]**
  $5 737 FF32 859 £3 502 Förslag till Orangeriefasad och trädgårdsnisch för Greve Pipers... Wash 20x32cm/*7x12in* Stockholm 97
HARLFINGER Richard 1873-1948 **[6]**
  $822 FF4 789 £506 "Ausstellung Secession" Poster 63x47cm/*24x18in* Wien 97
HARLOFF Guy 1933-1991 **[21]**
  $234 FF1 388 £143 "Ex-voto" Mischtechnik/Papier 34x30cm/*13x11in* München 98
HARLOW George Henry 1787-1819 **[23]**
  $4 000 FF23 781 £2 478 Portrait of General Sir Alexander Macenzie, Bart Oil/canvas 122,5x97cm/*48x38in* New-York 97
  $39 130 FF232 227 £23 967 A Group Portrait of Three of the Fitz Clarence Children Oil/canvas 183x152,5cm/*72x60in* San Francisco 98
HARLOW George Henry (Attr.) 1787-1819 **[11]**
  $2 500 FF15 234 £1 551 Portrait of a Lady with Her Dog Oil/canvas 74x61,5cm/*29x24in* New-York 98
HARMAN Fred 1902-1982 **[1]**
  $4 000 FF19 560 £2 531 Good hunting Oil/canvas 76x60cm/*30x24in* Santa Fe, New Mexico 95
HARMAR Fairlie 1876-1945 **[6]**
  $1 283 FF7 435 £800 Lady Arranging flowers Oil/canvas 76x56cm/*29x22in* London 97
HARMER Alexander F. 1856-1925 **[11]**
  $3 250 FF19 461 £1 989 "Seed Gatherers" Oil/canvas/board 27x35cm/*11x14in* Altadena, CA 97
  $4 249 FF25 584 £2 542 Alfred in the Studio Garden Oil/canvas 45,5x36cm/*17x14in* San Francisco 98
  $1 900 FF11 578 £1 134 Mexican Marketplace Watercolour/board 20x31cm/*8x12in* Pasadena, California 98
HARMS Anton Friedrich 1695-1745 **[1]**
  $28 100 FF140 000 £18 400 Nature morte au lièvre, coupe de fruits et panier Huile/toile 87x106cm/*34x41in* Paris 95
HARMS Edith Margaret XIX-XX **[7]**
  $787 FF4 801 £480 A Basket of Primerose Watercolour 20,5x35,5cm/*8x13in* London 98
HARMS Johann-Oswald 1643-1708 **[1]**
  $29 476 FF174 405 £17 737 Capriccio's of Roman Ruins with Beggars Meeting Tourists and Soldiers Oil/canvas 97,5x160cm/*38x62in* Amsterdam 98
HARNEST Fritz 1905 **[14]**
  $324 FF1 856 £202 "Vogel bringt das Brot I" Woodcut in colors 29,5x42cm/*11x16in* München 97
HARNETT William Michael 1848/51-1892 **[25]**
  $90 000 FF532 863 £53 820 Still life with letter, inkwell, coins and a book Oil/canvas 20,3x25,4cm/*7x10in* New-York 97
  $480 000 FF2 800 464 £294 048 Still life with blue tobacco box Oil/canvas 35x46cm/*13x18in* New-York 97

HARNEY Paul E. 1850-1915 **[6]**
  $1 000 FF6 079 £615 Profile Portrait of a Monk Oil/canvas/board 30x22cm/*12x9in* St. Louis, Miss. 98
  $5 000 FF29 762 £3 104 Violinist Oil/canvas 60x50cm/*24x20in* St. Louis, Miss. 97
HARO Henri 1855-1911 **[1]**
  $9 005 FF55 900 £5 400 Le gardien de la maison/Marché arabe à la porte d'une ville Oil/panel
73x55,5cm/*28x21in* London 98
HAROLD Alexander 1856-1924 **[2]**
  $4 430 FF21 450 £2 844 Bonsecours Market, Montreal Oil/canvas 71x102cm/*27x40in* Toronto 95
HARPER Adolf Friedrich 1725-1806 **[4]**
  $6 110 FF30 430 £4 000 Moonlit river landscape Oil/canvas 72x116cm/*28x45in* London 95
HARPER Henry Andrew 1835-1900 **[36]**
  $1 000 FF5 995 £604 Classical Interior with Figures Pencil/paper 30x43cm/*12x17in* Chicago, Illinois 97
HARPER Thomas XIX **[15]**
  $5 897 FF34 285 £3 600 Scene in Tyne Vale near Hexham Oil/canvas 67x96,5cm/*26x37in* Newcastle-upon-
Tyne 97
  $398 FF2 362 £250 Tantallon Castle Watercolour/paper 33x51cm/*12x20in* Newcastle-upon-Tyne 97
HARPIGNIES Henri J. (Attrib.) 1819-1916 **[14]**
  $2 335 FF14 322 £1 400 A Landscape at Dawn Oil/canvas 24x35cm/*9x13in* London 98
  $5 000 FF26 610 £2 948 Village road in Summer Oil/panel 37,5x47,6cm/*14x18in* New-York 97
  $623 FF3 600 £371 Paysage Aquarelle/papier 27,5x37cm/*10x14in* Lyon 97
HARPIGNIES Henri Joseph 1819-1916 **[614]**
  $1 100 FF6 555 £683 Leisure Day Oil/canvas 120x63cm/*47x25in* New Orleans, Louisiana 97
  $2 934 FF18 000 £1 792 Paysage à l'Étang Huile/panneau 18x27cm/*7x10in* Paris 98
  $993 FF5 800 £600 Le bas meudon Aquarelle/papier 20x15cm/*7x5in* Paris 97
HARPLEY Sydney **[4]**
  $8 239 FF50 211 £5 000 L'Après-midi Bronze H145,5cm/*H57in* London 98
HARRADEN Richard Bankes 1778-1862 **[16]**
  $6 339 FF38 681 £3 800 View of Lake Windermere Looking North Oil/canvas 28,5x39,5cm/*11x15in*
London 98
  $1 438 FF8 341 £850 Grassmere from Town End/Fishing in the Lakes Watercolour/paper
28,5x39cm/*11x15in* London 97
HARRINGTON Charles 1865-1943 **[31]**
  $575 FF3 492 £349 Berkshire Meadows, Wokefield Park Watercolour/paper 28x40,5cm/*11x15in* London 98
HARRIS Charles Gordon 1891-? **[13]**
  $900 FF5 238 £545 Birches Oil/canvas 63x76cm/*25x30in* Mystic, Connecticut 97
  $1 200 FF7 357 £735 Fishing at the River Oil/board 30x35cm/*12x14in* Mystic, Connecticut 98
HARRIS CHING Raymond, Ray 1939 **[5]**
  $4 611 FF27 833 £2 800 Three Jackass Penguins in Rough Sea Oil/board 14x34cm/*5x13in* Billingshurst,
West Sussex 98
  $8 235 FF49 702 £5 000 Crested Penguin Oil/board 51,5x51cm/*20x20in* Billingshurst, West Sussex 98
  $8 003 FF48 067 £4 800 Leopard and Crow Graphite 61x94cm/*24x37in* London 98
HARRIS Edwin 1855-1906 **[38]**
  $2 165 FF13 359 £1 300 Portrait of a Fisherman with a Pipe/Portrait of a Fisherwoman Oil/panel
20,5x15cm/*8x5in* London 98
  $10 405 FF60 077 £6 200 A Fisherwoman Oil/canvas/board 49,5x39,5cm/*19x15in* London 97
HARRIS F.H. Howard XIX **[4]**
  $734 FF4 331 £450 Figures before a thatched Hut thought to be in an American Landscape Watercolour
45x70,5cm/*17x27in* London 98
HARRIS George 1847-c.1915 **[34]**
  $155 FF920 £95 Cattle in a Wooded Landscape Oil/board 23,5x36,5cm/*9x14in* Bristol, Avon 98
HARRIS Henry 1805-1865 **[3]**
  $1 286 FF7 773 £810 Tintern Abbey, with cattle by the river/Believed to be Chepstow castle Watercolour
60x40cm/*23x15in* West Midlands 97
HARRIS Henry 1852-1926 **[39]**
  $650 FF3 777 £400 The old plank (Halfpenny) bridge, Stapleton Oil/canvas 31,5x50,5cm/*12x19in* Bristol,
Avon 97

$969 FF6 027 £580 Playfellows Among the Corn Stooks Oil/canvas 40,5x73,5cm/*15x28in* Bristol, Avon 98
HARRIS John 1811-1865 **[1]**
$715 FF4 104 £439 Steeple Chase Cracks, after John Frederick Herring, Jnr. Aquatint 152x269cm/*60x106in* Cape Town 97
HARRIS John 1948 **[1]**
$3 331 FF19 267 £2 000 Strength of stones, flesh of brass Ink 65x39,8cm/*25x15in* London 97
HARRIS John II 1791-1873 **[9]**
$999 FF6 035 £600 Doncaster Races Aquatint in colors 46x70cm/*18x27in* Leyburn, North Yorkshire 98
$768 FF4 740 £456 The first steeple-chace on record: La Salida, Whoop and away, La valla Aguada 34x42cm/*13x16in* Madrid 98
HARRIS Lawren Stewart H. 1885-1970 **[55]**
$4 020 FF20 900 £2 660 Landscape with Rail Fence Oil/board 27x17cm/*10x6in* Toronto 96
$8 562 FF49 261 £5 054 Sketch Painted in Hanover, New Hampshire Oil/board 58,5x51cm/*23x20in* Vancouver, BC. 97
$4 761 FF28 700 £2 881 Ice house, Coldwell, Lake Superior Pencil/paper 19x25cm/*7x9in* Toronto 98
HARRIS Lyle Ashton 1965 **[1]**
$1 984 FF11 583 £1 200 Saint Michael Stewart Print 152,5x122cm/*60x48in* London 97
HARRIS OF SWANSEA James 1810-1887 **[10]**
$13 552 FF77 972 £8 000 Clipper Ship off the Mumbles Lighthouse, Swansea Oil/canvas 49x74,5cm/*19x29in* London 97
$31 985 FF183 615 £19 500 Dropping Off the Swansea Pilot, Busy Shipping Off Mumbles Head Oil/canvas/board 99x157cm/*38x61in* London 97
HARRIS Robert 1849-1919 **[17]**
$1 242 FF7 099 £761 (1) "Lilacs in rector's garden ..."/(2) "At Hillcroft, Danville, P.Q." Oil/board 20,3x14,6cm/*7x5in* Toronto 97
HARRIS Robert George 1911 **[5]**
$4 250 FF24 738 £2 619 Woman at Dressing Mirrors, Young Girl Looking on Oil/canvas 66x50cm/*26x20in* New-York 97
HARRIS Sam Hyde 1889-1977 **[61]**
$2 000 FF10 240 £1 219 # 1140 "Beach Ranch" Oil/canvas 30x40cm/*12x16in* Altadena, CA 96
$2 750 FF16 576 £1 664 "Desert Sanctuary" Oil/canvas 71x91cm/*28x36in* Pasadena, California 98
$275 FF1 618 £165 "High Sierra" Woodcut in colors 20x24cm/*8x9in* Altadena, CA 97
$2 500 FF12 800 £1 524 Red Roof House in Eucalyptus Landscape Black chalk 50x60cm/*20x24in* Altadena, CA 96
HARRIS Timothy XX **[4]**
$625 FF3 777 £380 "Ducorps Cockatoos" Gouache/paper 48x32cm/*18x12in* Billingshurst, West Sussex 98
HARRIS William Cornwallis 1807-1848 **[4]**
$46 FF268 £27 Hippopotamus Amphibius Color lithograph 38x53,5cm/*14x21in* Johannesburg 97
HARRIS William Edward c.1860-c.1930 **[29]**
$2 001 FF12 422 £1 200 At Bryn-y-Gywn, Dalgelly, North Wales Oil/canvas 30,5x45,5cm/*12x17in* London 98
$2 284 FF13 645 £1 400 The Thames at Greenwich at Dusk Watercolour 35,5x52cm/*13x20in* London 98
HARRISON Alexander, Thomas 1853-1930 **[23]**
$1 700 FF9 929 £1 005 Chateau Pool Oil/panel 33x40,5cm/*12x15in* Boston, Mass. 97
$2 767 FF17 000 £1 659 La vague Huile/toile 51x91cm/*20x35in* Paris 98
$45 000 FF271 737 £27 013 Le grand Miroir Oil/canvas 120,5x250cm/*47x98in* New-York 98
HARRISON Birge Lowell 1854-1929 **[7]**
$27 500 FF160 630 £16 882 Red Oaks Oil/canvas 48x61cm/*18x24in* New-York 97
$2 300 FF12 000 £1 390 Hauling Firewood Pastel/paper 63,5x76cm/*25x29in* New-York 96
HARRISON Charles Harmony 1842-1902 **[72]**
$668 FF3 410 £440 Dead wading birds Watercolour 30x20cm/*12x8in* Aylsham, Norfolk 96
HARRISON Claude 1922 **[8]**
$1 874 FF11 345 £1 150 Jesters Adrift Oil/board 40,5x30,5cm/*15x12in* London 98
HARRISON John Cyril 1898-1985 **[336]**
$92 FF468 £60 Widgeon alighting Print 27x17cm/*11x7in* Aylsham, Norfolk 96
$252 FF1 532 £150 A Goliath Heron Watercolour/paper 25x17cm/*10x7in* Aylsham, Norfolk 98
HARRISON Lovell Birge 1854-? **[2]**

☞ *$5 000 FF30 102* £2 991 Fishermans Cottages in Moonlight (No.1) Oil/canvas 63,5x76cm/*25x29in* San Francisco 98
HARRISON Mary, née P. Rosnier 1788-1875 **[2]**
✎ *$1 481 FF8 991* £900 Jetée de fleurs Watercolour 36,5x47cm/*14x18in* London 98
HARRISON Ted 1926 **[14]**
☞ *$2 229 FF13 039* £1 377 "Lakeside sun" Acrylic/canvas/board 60x91cm/*23x35in* Calgary, Alberta 97
▥ *$229 FF1 338* £135 Ice on the Porcupine Serigraph in colors 40,5x61cm/*15x24in* Calgary, Alberta 97
HARROS-CHING Ray 1939 **[2]**
☞ *$13 500 FF65 200* £8 500 Diana monkey Oil/board 32x26cm/*12x10in* London 95
☞ *$75 600 FF365 000* £47 600 Eye of the Storm, a Red Kangaroo with Pink Cockatoo Oil/board 67x90cm/*26x35in* London 95
HARROWING Walter c.1850-c.1904 **[27]**
☞ *$4 194 FF23 766* £2 097 Cavallo con cane nella stalla Olio/tela 54x70cm/*21x27in* Milano 98
HART Claude Montague **[17]**
✎ *$374 FF2 268* £230 The Lizard Coast Watercolour/paper 17x51cm/*7x20in* Par, Cornwall 98
HART Conway Weston c.1820-c.1880 **[2]**
☞ *$2 749 FF16 755* £1 705 A Heavy Load Oil/canvas 92,5x72,5cm/*36x28in* New-York 98
HART George Overbury Pop 1868-1933 **[19]**
▥ *$275 FF1 696* £168 Chicken Vendor, Trinidad Drypoint in colors 23,5x17,5cm/*9x6in* New-York 98
✎ *$300 FF1 752* £177 "Street Fountain Tangiers" Watercolour 10x14cm/*4x5in* Boston, Mass. 97
HART James Mac Dougal 1828-1901 **[44]**
☞ *$4 800 FF24 230* £3 150 Cows by the river Oil/canvas 25x20cm/*10x8in* Mystic, Connecticut 96
☞ *$6 500 FF33 900* £3 930 Deer in Woods at Dusk Oil/canvas 51x86,5cm/*20x34in* New-York 96
☞ *$16 000 FF81 700* £10 540 Cows watering in river Oil/canvas 134x104cm/*53x41in* Detroit, Michigan 96
HART James Turpin 1835-1899 **[5]**
☞ *$1 269 FF7 305* £749 Springtime/Harvest Oil/canvas 30x28cm/*11x11in* London 97
HART Joel Tanner 1810-1877 **[2]**
⚒ *$12 294 FF72 744* £7 500 A Girl Collecting Flowers Marble H205cm/*H80in* London 98
HART Laetitia Bonnet 1867-? **[2]**
☞ *$3 000 FF16 685* £1 857 Our Jane Oil/canvas 53x40,5cm/*20x15in* New-York 97
HART Philip Lewis, Col. 1815-1897 **[4]**
✎ *$1 827 FF10 956* £1 100 India: Shrine at Seerwull/Shrine at Dhoni/Temple at Nathe Janatta/.. Watercolour 38x27cm/*14x10in* London 98
HART Pro, Kevin Charles 1928 **[216]**
☞ *$151 FF886* £90 Ants Oil/board 8,5x8,5cm/*3x3in* Sydney 97
☞ *$1 181 FF6 052* £753 Street Diggins Oil/board 60x39cm/*23x15in* Melbourne 95
☞ *$12 988 FF77 822* £7 748 The Four Horse Race Oil/canvas 121x270cm/*47x106in* Melbourne 98
HART Solomon Alexander 1806-1881 **[7]**
☞ *$1 811 FF10 989* £1 100 Two Foscari Oil/canvas 83,5x67cm/*32x26in* London 98
HART Thomas 1830-1916 **[47]**
✎ *$401 FF2 218* £249 The cormorant's Haunt, Land's End, Cornwall/Land's End, Cornwall Watercolour 18x35cm/*7x13in* London 97
HART William 1830-1908 **[3]**
▥ *$1 557 FF9 669* £949 Anthus Spinoletta Lithograph 56x38cm/*22x14in* London 97
✎ *$2 270 FF11 800* £1 500 Hunstein's bird of Paradise Watercolour 43x35cm/*16x13in* London 96
HART William M. 1823-1894 **[58]**
☞ *$300 FF1 811* £182 Autumn Oil/canvas 20x30cm/*8x12in* Bethesda, Maryland 98
☞ *$7 500 FF36 900* £4 830 Sunny afternoon, Lake George Oil/canvas 38x66cm/*14x25in* New-York 95
HART William Matthew 1830-1908 **[20]**
✎ *$1 463 FF7 210* £950 Scarlet-collared Flowerpecker Watercolour 54x36cm/*21x14in* London 95
HARTA Felix Albrecht 1884-1967 **[30]**
☞ *$4 100 FF23 890* £2 520 Stilleben mit blauem Tonkrug Öl/Leinwand/Karton 30x40,5cm/*11x15in* Wien 97
☞ *$10 686 FF62 296* £6 539 Gebirgslandschaft im Schnee II Öl/Leinwand 66x91cm/*25x35in* Wien 97
✎ *$620 FF3 812* £379 Landschaft mit Burg Aquarell/Papier 29x39cm/*11x15in* Wien 98
HARTIGAN Grace 1922 **[15]**
☞ *$24 000 FF139 212* £14 186 Fourth of July Oil/canvas 232x427,5cm/*91x168in* New-York 97

H

⬛ $2 749 FF14 077 £1 676 Pallas Athene Color lithograph 76,5x56,5cm/*30x22in* New-York 96
HARTING Lloyd 1901-1976 **[5]**
✎ $2 250 FF11 722 £1 415 Stagecoach, Indians Watercolour/paper 36x53cm/*14x21in* Altadena, CA 96
HARTINGER Anton 1806-1890 **[14]**
🎨 $52 000 FF308 604 £31 850 Flowers in an Urn on a Ledge Oil/board 61x47cm/*24x18in* New-York 97
HARTLAND Albert Henry 1840-1893 **[21]**
✎ $497 FF2 553 £320 The Highlands Watercolour 34x49cm/*13x19in* London 96
HARTLEY Marsden 1877-1943 **[65]**
🎨 $32 000 FF158 000 £20 860 Artichoke and Calla Lily Oil/canvas 28x47cm/*11x18in* New-York 95
🎨 $120 000 FF614 000 £77 600 Movement No. 3, Provincetown Oil/board 51x41cm/*20x16in* New-York 95
⬛ $1 900 FF11 356 £1 163 Flowers in Goblet, No. 1 Lithograph 60,5x46,5cm/*23x18in* San Francisco-Los Angeles 97
✎ $3 260 FF18 914 £2 006 Cobbs Camp II Charcoal/paper 27x35cm/*11x14in* New-York 97
HARTMAN C. Bertram 1882-1960 **[23]**
✎ $500 FF2 520 £329 Reclining Nude Watercolour 46x59cm/*18x23in* Baton Rouge, Louisiana 96
HARTMANN Carl 1861-1927 **[5]**
🎨 $13 611 FF77 554 £8 500 Der Raucher Oil/canvas 48x35,5cm/*18x13in* London 97
HARTMANN Erich 1886-1974 **[18]**
🎨 $1 392 FF6 870 £908 Am Steg eine Menschengruppe Öl/Leinwand 71x90cm/*27x35in* Hamburg 95
✎ $393 FF2 347 £240 Neuharlingersiel Watercolour/paper 48,5x73cm/*19x28in* Hamburg 98
HARTMANN Franz 1697-1728 **[1]**
🎨 $13 097 FF75 705 £8 070 Flusslandschaften Oil/panel 24x35cm/*9x13in* München 97
HARTMANN Johann Joseph 1753-1830 **[15]**
⬛ $183 FF948 £117 Baumbestandene, felsige Landschaft mit Wanderern Etching 17x23cm/*6x9in* Heidelberg 96
✎ $220 FF1 286 £135 Bärtiger Mann Sanguine 14,5x10cm/*5x3in* Zofingen 97
HARTMANN Johannes Jacob c.1680-1728/45 **[5]**
🎨 $13 412 FF80 361 £8 000 Christ on the Road to Calvary Oil/copper 40,5x65cm/*15x25in* London 98
🎨 $91 000 FF475 000 £55 000 The Conversion of St. Paul Oil/copper 8x122cm/*3x48in* London 96
HARTMANN Ludwig 1835-1902 **[21]**
🎨 $2 079 FF12 738 £1 241 Pferde an einem Weiher Oil/canvas 34x42,5cm/*13x16in* Dresden 98
🎨 $40 000 FF232 020 £23 644 "The Roadside Halt" Oil/canvas 52x80cm/*20x31in* San Francisco 97
HARTMANN Norbert G. 1914-1969 **[5]**
✎ $2 254 FF13 400 £1 396 Mondlandschaft Gouache/papier 50x69cm/*19x27in* Stuttgart 97
HARTMANN Werner 1945-1993 **[4]**
⬛ $1 270 FF6 570 £824 Zeichen Tapisserie 204x52cm/*80x20in* Zürich 96
HARTSON Walter C. 1866-? **[11]**
🎨 $803 FF4 926 £492 Summer Landscape Oil/canvas 50x60cm/*20x24in* Mystic, Connecticut 98
HARTUNG Hans 1904-1989 **[857]**
🎨 $292 FF1 706 £180 Ducks in Flight Oil/canvas 70x60cm/*27x23in* Billingshurst, West Sussex 97
🎨 $9 921 FF57 915 £6 000 T 1966-R39 Oil/canvas 25x19cm/*9x7in* London 97
🎨 $28 930 FF168 975 £17 760 T 1971-H11.1971 Acryl/Leinwand 142x180cm/*55x70in* Köln 97
⬛ $415 FF2 518 £254 R 17 Radierung 41,5x32,8cm/*16x12in* Hamburg 98
🔨 $10 020 FF51 800 £6 500 Untitled Sculpture, wax 49x64cm/*19x25in* London 96
✎ $1 790 FF11 000 £1 073 Composition Encre/papier 17,5x18cm/*6x7in* Paris 98
HARTUNG Heinrich 1851-1919 **[27]**
🎨 $1 384 FF7 673 £854 Ebereschen in d. Eifel Öl/Karton 43x33cm/*16x12in* Wien 97
🎨 $8 239 FF47 297 £5 023 Rheinlandschaft bei Bornhofen mit den Burgen Sternberg und... Öl/Leinwand 70x100cm/*27x39in* Düsseldorf 97
HARTUNG Johann XIX-XX **[8]**
🎨 $3 640 FF18 730 £2 200 A tempting target Oil/panel 26x21cm/*10x8in* London 96
HARTUNG Karl 1908-1967 **[21]**
🔨 $20 980 FF120 440 £12 791 Sitzende Bronze H35cm/*H13in* Berlin 97
✎ $785 FF4 070 £510 Abstrakte Plastiken in Ausstellungsräumen Ink 18,2x26,5cm/*7x10in* München 96
HARTUNG Wilhelm 1878-1957 **[8]**
⬛ $1 035 FF5 927 £612 "Veget. Restaurant" Poster 71,5x99cm/*28x38in* New-York 97
HARTWICH Herman 1853-1926 **[14]**

☞ *$2 500 FF12 950 £1 600* Hackensack meadows Oil/canvas 34x53cm/*13x21in* Mystic, Connecticut 96
☞ *$3 662 FF21 841 £2 273* Magd mit Schafen in sonniger Vorfrühlingslandschaft Öl/Karton 28x37cm/*11x14in* Dresden 97

HARTWICK George Gunther ?-1857 **[4]**
☞ *$3 000 FF17 084 £1 821* Alpine view Oil/canvas 75,5x106cm/*29x41in* New-York 97

HARTWIG Heinie 1939 **[47]**
☞ *$125 FF764 £74* Indian Seated by a Fire Oil/masonite 12x17cm/*5x7in* Washington 98
☞ *$1 400 FF7 900 £852* Cheyenne Mountain Camp Oil/panel 30x60cm/*12x24in* Portland, OR 97

HARTWIG Max 1873-1939 **[18]**
☞ *$1 670 FF10 056 £999* Schafherde in Voralpenlandschaft Öl/Leinwand 80x137cm/*31x53in* München 98

HARTZ Lauritz 1903-1987 **[39]**
☞ *$1 444 FF7 100 £920* Landscape, Nykøbing Oil/canvas 58x73cm/*22x28in* Köbenhavn 95

HARTZ Louis 1869-1935 **[8]**
☞ *$1 710 FF10 101 £1 033* Sunbathing Oil/board 25x35,5cm/*9x13in* Amsterdam 97

HARUBI Shmuel 1897-1965 **[3]**
☞ *$2 150 FF11 542 £1 286* A Jew by the Wailing Wall Oil/canvas 22x16cm/*8x6in* Tel Aviv 97
✎ *$2 100 FF12 259 £1 270* "Thus Shall it Be Done to the Man whom the King Delighteth..." Watercolour 16x10cm/*6x3in* Tel Aviv 97

HARUNOBU Suzuki 1724-1770 **[37]**
▥ *$162 FF964 £96* Zwei sitzende Kurtisanen und ein Mädchen im Interieur Woodcut in colors 27,5x20,5cm/*10x8in* München 97

HARVEY G. 1933 **[14]**
☞ *$4 950 FF30 275 £2 937* Late Summer Along the San Gabriel Oil/canvas 50x40cm/*20x16in* Houston, Texas 98
☞ *$9 900 FF59 281 £6 082* Showers Oil/canvas 27x16cm/*11x6in* Dallas, Texas 98
⬧ *$3 100 FF17 653 £1 911* Taking Stock Bronze H27cm/*H11in* Dallas, Texas 97

HARVEY George 1801-1878 **[16]**
☞ *$6 778 FF41 055 £4 200* Morning Loch Awe, Ben Cruachan in the Distance Oil/canvas/board 100x168cm/*39x66in* Perthshire 97
☞ *$30 000 FF155 500 £19 500* Pastoral Landscape Oil/board 31x47cm/*12x18in* San Francisco-Los Angeles 96

HARVEY George (Attrib.) 1801-1878 **[2]**
☞ *$2 634 FF15 984 £1 600* Drinking Scene Oil/canvas 71,5x92,5cm/*28x36in* London 98

HARVEY Harold C. 1874-1941 **[79]**
☞ *$1 152 FF6 686 £680* Study of a Horse and Rider in a Moorland Landscape Oil/canvas 48x58cm/*18x22in* London 97
☞ *$12 320 FF63 800 £8 000* Harvest time Oil/canvas 30,5x41cm/*12x16in* London 96

HARVEY Harold Leroy 1899-1971 **[24]**
▣ *$700 FF4 125 £432* Man Overlooking a Balustrade Silver print 30x22cm/*12x9in* New-York 97

HARVEY Herbert Johnson 1884-1928 **[7]**
☞ *$16 395 FF95 877 £10 000* Preparations Oil/canvas 68,5x55,5cm/*26x21in* London 97

HARVEY Marion Rodger Hamil. 1886-1971 **[18]**
✎ *$1 138 FF6 635 £700* A Spaniel Coloured chalks/paper 38x26,5cm/*14x10in* West Lothian 97

HARVEY Nellie Ellen c.1865-1949 **[7]**
✎ *$1 255 FF7 664 £750* Ducklings Resting on a Stone Watercolour 22x35,5cm/*8x13in* London 98

HARVIE John 1928 **[8]**
✎ *$182 FF892 £117* Temple Valley from Boulder Pass Watercolour/paper 38x53cm/*15x21in* Calgary, Alberta 95

HARWOOD Burt 1897-1924 **[1]**
☞ *$3 400 FF19 473 £2 011* Manuel Lujan Oil/canvas/board 28x22cm/*11x9in* Santa Fe, New Mexico 97

HARZE Léopold 1831-1893 **[4]**
⬧ *$1 834 FF11 375 £1 106* Buste de jeune femme Bronze H59cm/*H23in* Bruxelles 98

HASBROUCK Du Bois Fenelon 1860-1934 **[13]**
☞ *$3 000 FF18 360 £1 823* Spring Blossoms Oil/canvas 50x76cm/*20x30in* Milford, Conn. 98
☞ *$7 500 FF38 600 £4 800* A bright day in November Oil/board 30x45,5cm/*11x17in* New-York 96
✎ *$350 FF2 116 £216* Autumn Day Watercolour/paper 25x34cm/*10x13in* Mystic, Connecticut 97

HASCH Carl 1834-1897 **[45]**

🎨 *$1 602 FF9 552* £994 Bergsee Oil/panel 27,5x35cm/*10x13in* Wien 97
🎨 *$2 910 FF16 909* £1 718 Motif bei Zell am See Oil/panel 44x60cm/*17x23in* Stockholm 97
🖌 *$321 FF1 904* £196 Begegnung im Wald Aquarell/Papier 22,5x17,5cm/*8x6in* Wien 97
HASEGAWA Kiyoshi 1891-1980 **[303]**
🎨 *$5 150 FF26 000* £3 380 La Roche, Seine & Oise Huile/toile 19x27cm/*7x10in* Paris 96
▦ *$58 FF333* £36 Champ d'automne Aquatinte 33x47cm/*12x18in* Montréal 97
HASEGAWA Soichi 1929 **[60]**
🎨 *$1 904 FF11 000* £1 173 Recherche A Huile 91x58cm/*35x22in* Paris 97
▦ *$149 FF900* £89 "Le Dirigeable" Eau-forte, aquatinte couleurs 59,3x49,4cm/*23x19in* Paris 98
HASELTINE Herbert 1877-1962 **[28]**
🗿 *$252 FF1 500* £154 Tête de cheval Bronze 35,5x41x15cm/*13x16x5in* Versailles 97
HASELTINE James Henry 1933-1907 **[1]**
🗿 *$15 000 FF87 616* £9 208 Bust of Cleopatra Marble H56cm/*H22in* New-York 97
HASELTINE William Stanley 1835-1900 **[27]**
🎨 *$10 000 FF57 274* £5 916 Italian Coastal View Oil/canvas 49x78cm/*19x31in* Milford, Conn. 97
HASEMANN Wilhelm 1850-1913 **[5]**
🎨 *$4 546 FF26 854* £2 824 Hofeinsicht mit spielenden Kindern bei aufziehenden Gewitterwolken Öl/Leinwand 27,5x18cm/*10x7in* Staufen 97
🎨 *$9 217 FF56 444* £5 500 Figures Before a Cottage in a Mountainous Landscape Oil/canvas 48,5x33cm/*19x12in* London 98
HASENCLEVER Johann Peter 1810-1853 **[5]**
🎨 *$15 981 FF91 062* £10 025 Die Weinprobe Öl/Leinwand 42x56cm/*16x22in* Düsseldorf 97
HASENPFLUG Carl Georg Adolf 1802-1858 **[9]**
🎨 *$11 300 FF57 500* £6 750 Blick durch einen Kreuzgang auf eine gotische Kirchenruine Öl/Leinwand 62x52cm/*24x20in* Köln 96
🎨 *$13 035 FF76 189* £7 953 Westlicher Teil des Kreuzgangs am Dom zu Halberstadt Oil/canvas 37,5x42,5cm/*14x16in* Amsterdam 97
HASHIMOTO GAHO 1835-1908 **[3]**
🖌 *$6 227 FF36 398* £3 800 Yoryu Kannon, The Goddess of Mercy, with Willow Ink 121,5x63,5cm/*47x25in* London 97
HASKELL Ernest (Attrib.) 1876-1925 **[1]**
🎨 *$1 500 FF9 146* £900 Bridge Over the Seine/A Quiet Street/Garden with Pools and Statues Oil/panel 12,5x21cm/*4x8in* Boston, Mass. 98
HASLEHURST Ernest William 1866-1949 **[46]**
🖌 *$435 FF2 240* £280 The Ornamental Pond Watercolour 35,5x52cm/*13x20in* London 96
HASLUND Otto 1842-1917 **[20]**
🎨 *$1 360 FF8 392* £855 The milkmaid Oil/canvas 70x106cm/*27x41in* Köbenhavn 97
HASSALL John 1868-1948 **[31]**
▦ *$237 FF1 230* £156 "Little Red Riding Hood" Poster 70x50cm/*27x19in* Montréal 96
🖌 *$174 FF987* £110 The Church Warden Pastel/paper 33,7x21,6cm/*13x8in* London 97
HASSAM Childe F. 1859-1935 **[196]**
🎨 *$36 000 FF210 279* £22 100 Nymph on a Rocky Ledge Oil/canvas 36x28,5cm/*14x11in* New-York 97
🎨 *$240 000 FF1 246 000* £158 700 The French Breakfast Oil/canvas 73x50cm/*28x19in* New-York 96
▦ *$1 400 FF8 536* £840 The Church Tower, Portsmouth Etching 21x15cm/*8x5in* Boston, Mass. 98
🖌 *$26 000 FF153 938* £15 548 Weather Side of Old House Watercolour/paper 38,7x56,5cm/*15x22in* New-York 97
HASSCHE van Henri 1774-1841 **[1]**
🎨 *$14 050 FF70 000* £9 200 Bergers et lavandières près du moulin Huile/panneau 4,5x67cm/*1x26in* Paris 95
HASSE Ernst 1819-1860 **[8]**
🖌 *$431 FF2 531* £263 Der wachsame Gänsehüter Indian ink/paper 9x12,5cm/*3x4in* Dresden 97
HASSE Sella 1878-1963 **[9]**
▦ *$277 FF1 679* £169 Selbstbildnis in zwei Ansichten Woodcut 26,2x21,7cm/*10x8in* Berlin 98
HASSEBRAUCK Ernst 1905-1974 **[56]**
🎨 *$6 370 FF31 800* £4 160 Crysanthemen Öl/Leinwand 94x79cm/*37x31in* München 95
▦ *$175 FF1 004* £103 Stadtlandschaft Radierung 20x32,5cm/*7x12in* Dresden 97
🖌 *$840 FF5 006* £499 Nach dem Bade Charcoal/paper 60x42,5cm/*23x16in* München 97
HASSELBACH Wilhelm 1846-? **[5]**

*$15 400 FF95 771 £9 711 Flirtation Oil/canvas 101x76cm/*40x30in* New Orleans, Louisiana 97
HASSELBERG Per 1850-1894 **[13]**
*$2 738 FF15 682 £1 671 "Vallmo" Bronze H26cm/*H10in* Stockholm 97
HASSELHORST Johann Heinrich 1825-1904 **[6]**
*$5 380 FF27 530 £3 480 In der Schwemme Öl/Leinwand 48x44cm/*18x17in* Frankfurt 95
*$2 148 FF12 743 £1 312 Familienglück in Schwälmer Bauernstube Gouache/paper 19x23cm/*7x9in*
Hamburg 98
HASSELL Hilton MacDonald 1910-1980 **[15]**
*$816 FF4 920 £493 Lobster Boat Flotilla Oil/board 30,5x61cm/*12x24in* Toronto 98
HASSELRIIS Ludwig, Louis 1844-1912 **[2]**
*$2 900 FF15 130 £1 956 Gosse med druvklase Marble H77cm/*H30in* Stockholm 96
HASSELRIIS Malthe 1888-? **[1]**
*$22 000 FF113 300 £14 570 Two portrait miniatures of President John F. Kennedy Gouache/board
9,5x7cm/*3x2in* New-York 96
HASSELT van Willem 1882-1963 **[58]**
*$386 FF2 200 £241 Locmariaquer, Morbihan Huile/panneau 21,5x24,5cm/*8x9in* Paris 97
*$817 FF5 000 £485 Bréhat Huile/toile 46x55cm/*18x21in* Paris 98
*$303 FF1 800 £180 Femme à son ouvrage dans le jardin Aquarelle/papier 21x27cm/*8x10in* Calais 97
HASSELWANDER Josef 1812-1878 **[1]**
*$6 050 FF31 300 £3 904 6 Bildern zu Krimhild und Siegfried Oil/panel 13x13cm/*5x5in* Wien 96
HASSMANN Karl Ludwig 1868-1933 **[7]**
*$3 510 FF18 340 £2 090 In der Meeresbrandung Öl/Leinwand 87x130cm/*34x51in* Wien 96
*$6 930 FF36 200 £4 130 Die Jugend Pastel/paper 160x58cm/*62x22in* Wien 96
HASTIE Grace H. XIX-XX **[11]**
*$1 067 FF6 506 £650 Poppies in a Glass Vase on a Ledge Watercolour 35,5x24cm/*13x9in* London 98
HASTREL d' Adolphe 1805-1874 **[2]**
*$575 FF3 000 £342 Abbaye de Saint-Sauveur-le-Vicomte/Château de Saint-Sauveur-le-Vicomte Dessin
15x22cm/*5x8in* Cherbourg 96
HASUI Kawase Bunjiro 1883-1957 **[75]**
*$350 FF1 993 £212 Rain at Maekawa in Soshu District Print in colors 23x36cm/*9x14in* Chicago, Illinois 97
*$3 500 FF21 446 £2 090 Riverside Fishing Village Watercolour/paper 54x41cm/*21x16in* New-York 98
HATFIELD Joseph Henry 1863-1928 **[9]**
*$3 750 FF21 827 £2 274 Girl with Dolls Oil/board 36x30cm/*14x12in* Mystic, Connecticut 97
HATHAWAY George M. c.1852-1903 **[22]**
*$1 000 FF5 200 £662 Portland Headlight Oil/board 15x25cm/*6x10in* Middletown, RI 96
HATHAWAY Rufus 1770-1822 **[2]**
*$120 000 FF735 744 £73 416 Portrait of Captain Sylvanus Sampson/Duxbury, Massachusetts Oil/canvas
96x63cm/*38x25in* New-York 98
HATHERELL William 1855-1928 **[6]**
*$5 000 FF29 726 £3 059 Portrait of Emily Hatherell, the Artist's Wife Oil/canvas 45,5x30,5cm/*17x12in*
New-York 97
*$7 048 FF40 697 £4 200 A Quiet Spot Watercolour 30,5x49,5cm/*12x19in* London 97
HATTERSLEY Frederick William 1860-? **[10]**
*$804 FF4 090 £480 On the Sands Watercolour/paper 24x34cm/*9x13in* London 96
HATVANY Ferencz 1881-? **[2]**
*$7 000 FF42 865 £4 189 A Reclining Nude Oil/canvas 74x109cm/*29x42in* New-York 98
HATZ Felix 1904 **[41]**
*$587 FF3 417 £362 Vinterträd Oil/canvas 53x64cm/*20x25in* Malmö 97
HATZIS Vassilios 1870-1915 **[12]**
*$4 885 FF27 855 £3 000 A Ship at Sea Oil/board 16x23,5cm/*6x9in* London 97
*$9 420 FF48 800 £6 300 At the Watermill Oil/canvas 57x43cm/*22x16in* Athens 96
*$4 470 FF23 000 £2 700 Crossing the Bridge Pastel 49x28cm/*19x11in* London 96
HAU Eva XIX **[3]**
*$15 000 FF85 275 £9 184 The Boudoir Gouache/board 35,5x25cm/*13x9in* New-York 97
HAU Hieronymus 1679-? **[3]**
*$6 340 FF31 200 £4 014 Die Rückkehr des verlorenen Sohnes Öl/Leinwand 178x143cm/*70x56in* Schloss

Osterberg 95
HAU Woldemar Ivanovich 1816-1895 **[10]**
  $4 906 FF30 009 £3 000 Portrait of a Lady by a Piano Watercolour 24x19,5cm/*9x7in* London 98
HAUBTMANN Michael 1843-1921 **[8]**
  $1 000 FF5 800 £591 A Lake Scene with a Figure and Horses Drinking in the Foreground Oil/canvas
26,5x50cm/*10x19in* San Francisco 97
  $3 006 FF18 431 £1 801 Partie bei Ammerland am Starnberger See Oil/wood 35x50cm/*13x19in*
München 98
HAUDEBOURT-LESCOT Hortense Antoinette 1784-1845 **[16]**
  $4 130 FF21 000 £2 467 La leçon de musique Huile/toile 74x60cm/*29x23in* Lyon 96
  $14 000 FF79 863 £8 608 "Le petit voleur de raisin" "Une jeune fille au bord d'un ruisseau" Oil/canvas
44x33cm/*17x12in* New-York 97
HAUEISEN Albert 1872-1954 **[50]**
  $3 710 FF21 848 £2 289 Schwarzwaldlandschaft Öl/Leinwand 49x59cm/*19x23in* Lindau 97
  $113 FF669 £67 Auf der Veranda Woodcut 51x51cm/*20x20in* München 97
HAUER Leopold 1896-1984 **[26]**
  $3 591 FF21 429 £2 205 Stadt an der ligurischen Küste Oil/hardboard 84,5x69cm/*33x27in* Wien 98
  $827 FF4 808 £505 Motive aus Italien, Jugoslavien Mischtechnik/Papier 18x25cm/*7x9in* Wien 97
HAUGEN SØRENSEN Arne 1932 **[23]**
  $2 366 FF12 362 £1 428 Figurkomposition Oil/canvas 89x118cm/*35x46in* Köbenhavn 96
HAUGHTON Moses 1734-1804 **[4]**
  $1 795 FF10 476 £1 100 Portrait of a Lady, seated small full-length, in a white dress Oil/panel
28x21,5cm/*11x8in* London 97
HAUGK von Gustav 1804-? **[3]**
  $2 207 FF12 820 £1 348 Blick vom Meer auf dem Vulkan Öl/Leinwand 25,5x37cm/*10x14in* Lindau 97
HAUNOLD Carl 1813-1876 **[33]**
  $1 389 FF8 571 £833 Partie bei Wernstein am Inn Öl/Papier 25x33cm/*9x12in* Wien 98
HAUNOLD Karl Franz Emanuel 1832-1911 **[19]**
  $1 556 FF8 100 £977 Landschaft am Chiemsee (?) Oil/panel 9,7x17cm/*3x6in* Lindau 96
HAUPT Matti 1912 **[15]**
  $727 FF4 422 £442 Stockflottare Bronze H26cm/*H10in* Helsinki 98
HAUPTMANN Ivo 1886-1973 **[107]**
  $2 975 FF17 773 £1 821 Flieder in grüner Vase Oil/canvas 58x73cm/*22x28in* Hamburg 98
  $74 FF436 £45 Auf dem Totenbett Lithographie 37x43,5cm/*14x17in* Heidelberg 97
  $83 FF519 £50 Badende an der Elbe Watercolour 21x28cm/*8x11in* London 98
HAUPTMANN Karl 1880-1947 **[26]**
  $4 924 FF28 696 £3 033 Winterlandschaft im Schwarzwald Öl/Leinwand 69x89cm/*27x35in* Heidelberg 97
  $7 086 FF41 833 £4 196 Schwarzwaldhaus mit Teich und Brunnen Oil/panel 23x31cm/*9x12in* Staufen 97
HAUPTMANN Sven 1911-1984 **[34]**
  $192 FF1 144 £117 Komposition Collage 37x26cm/*14x10in* Köbenhavn 98
HAUS Hendrik 1803-1843 **[3]**
  $4 460 FF26 407 £2 666 Eiservergnügen Öl/Leinwand 32x47,5cm/*12x18in* Zürich 97
HAUS Léon XIX-XX **[2]**
  $31 000 FF161 000 £20 500 En attendant le retour du canotier Oil/canvas 150x176cm/*59x69in* New-
York 96
HAUSER Arthur XIX-XX **[2]**
  $1 634 FF9 784 £1 000 Society and Fashion Plates Watercolour 20x15cm/*7x5in* Billingshurst, West
Sussex 97
HAUSER Carry 1895-1985 **[89]**
  $5 460 FF26 940 £3 550 Bub mit schwarzer Katze Oil/panel 80x60cm/*31x23in* Wien 95
  $261 FF1 350 £168 Vor dem Dorf Linocut 16x15,5cm/*6x6in* Wien 96
  $1 195 FF5 990 £756 Mädchen mit Katze Ink/paper 47x30cm/*18x11in* Wien 95
HAUSER Erich 1930 **[15]**
  $247 FF1 463 £148 Kalender Etching 48x34cm/*18x13in* Amsterdam 97
  $405 FF2 343 £238 Abstrakte Komposition Pastel/paper 61x86cm/*24x33in* Köln 97
HAUSER Johann 1926-1996 **[14]**
  $2 065 FF12 062 £1 267 Work 480 Mixed media 30x20cm/*11x7in* Luzern 97
  $2 055 FF11 980 £1 257 Frau mit rotem Kopf Coloured pencils 39x29,5cm/*15x11in* Wien 97

HAUSER John 1859-1918 **[8]**
    $7 500 FF45 703 £4 478 "A Visit in Camp" Oil/canvas/board 30x45cm/*12x18in* Pasadena, California 98
    $3 500 FF20 372 £2 157 Indian Hunter and Dog Slain Deer Gouache/paper 39x23cm/*15x9in* New-York 97
HAUSER Renée Yolande 1919 **[35]**
    $336 FF1 635 £213 Felsiger Bachlauf Öl/Leinwand 30x35,5cm/*11x13in* Bern 95
    $1 025 FF6 095 £627 Bouquet de Printemps Oil/panel 60x43cm/*23x16in* Bern 97
HAUSLEITNER Rudolf 1840-1918 **[11]**
    $10 950 FF53 900 £6 970 Die ersten Veilchen, "Erzherzog Franz Karl im Prater" Oil/panel 40,5x50cm/*15x19in* Wien 95
HAUSMANN Raoul 1886-1971 **[53]**
    $207 FF1 044 £136 Abstraktionen Woodcut 37x32,5cm/*14x12in* München 96
    $1 786 FF9 250 £1 194 "Jeux mécaniques" Photograph 25,5x39cm/*10x15in* Paris 96
HAUSNER Rudolf 1914-1995 **[106]**
    $11 160 FF57 800 £7 200 Entwurf für "Baum der Liebe" (Uno-City, Wien) Mixed media/panel 59,5x105cm/*23x41in* Wien 96
    $331 FF1 637 £210 "Adams Übersicht" Lithographie 22x20,6cm/*8x8in* Heidelberg 95
HAUSSY d' Arsène Désiré 1830-1873 **[6]**
    $1 680 FF10 000 £1 027 Brebis et son agneau dans la bergerie Huile/toile 19x24,5cm/*7x9in* Barbizon 98
HAUSTRAETE Gaston 1878-1949 **[81]**
    $1 010 FF6 167 £615 Vue de la chapelle Huile/toile 54x66cm/*21x25in* Bruxelles 98
HAUTH Dora 1874-1957 **[5]**
    $1 150 FF6 586 £680 "Süssmost statt Schnaps" Poster 91x127cm/*35x50in* New-York 97
HAUTH van Emil 1899-1974 **[10]**
    $1 246 FF7 375 £760 Stilleben mit Glas, Wecker und Blüte Tempera 35x43cm/*13x16in* Köln 98
    $513 FF3 185 £309 Propagiert den Pacifismus, Hoch die Clarté-Gruppe Radierung 19,5x15,5cm/*7x6in* Heidelberg 98
HAVARD James 1937 **[57]**
    $6 000 FF30 750 £3 646 Ghost Dance Shirt (Sacred Circle) Acrylic/canvas 152x244cm/*59x96in* New-York 96
HAVELL Alfred Charles 1855-1928 **[10]**
    $2 400 FF11 810 £1 547 Pretty Polly Oil/canvas 31x38cm/*12x14in* New-York 95
HAVELL Edmund, Jnr. 1819-1894 **[12]**
    $9 390 FF47 700 £6 000 The Young May Queen Oil/canvas 38x31cm/*14x12in* London 96
    $14 000 FF71 400 £9 260 An Apple for "Tomtit" Oil/canvas 93,5x127cm/*36x50in* New-York 96
    $40 000 FF204 000 £26 470 Sir John Cope with his Hounds at Bramshill House Oil/canvas 94x147cm/*37x57in* New-York 96
HAVELL Robert, Jnr. 1793-1878 **[13]**
    $30 000 FF148 000 £19 550 The Hudson River at Haverstraw Bay Oil/canvas 55x76cm/*21x29in* New-York 95
    $295 FF1 833 £180 Pheasant Shootong/Wild Duck Shooting/Partridge Shooting/Snipe Shooting Aquatint in colors 28x37cm/*11x14in* London 97
HAVELL William 1782-1857 **[18]**
    $1 799 FF10 486 £1 100 "The Thames Near Kew, Reminiscence of a Picture By Wilson" Oil/board 16,5x26,5cm/*6x10in* London 97
    $631 FF3 736 £380 Man seated below a large Tree Lithograph 31x22cm/*12x8in* London 98
    $2 284 FF13 645 £1 400 The Source of the Ganges in the Himalayas Watercolour 27,5x39cm/*10x15in* London 98
HAVELOOSE d' Marnix 1885-1973 **[4]**
    $1 680 FF10 062 £1 023 Visage de jeune fille Bronze H43cm/*H16in* Bruxelles 97
HAVEN de Frank, Franklin 1856-1934 **[43]**
    $87 FF513 £53 A Marsh at Dusk Oil/panel 40x29cm/*16x11in* Cedar Falls, Iowa 98
    $950 FF4 760 £601 Sunset Oil/panel 35x50cm/*14x20in* Philadelphia 95
HAVERKAMP Gerhard Christiaan 1872-1926 **[13]**
    $2 366 FF14 595 £1 487 Summer Flowers Oil/canvas/panel 32x26,5cm/*12x10in* Amsterdam 97
HAVERMAN Hendrik Johannes 1857-1928 **[31]**
    $1 503 FF8 716 £897 Salim de Barbier Oil/panel 38,5x24,5cm/*15x9in* Amsterdam 97

＊ *$2 974 FF17 889 £1 783* Hyacintha Oil/canvas 78x40,5cm/*30x15in* Amsterdam 98
＊ *$751 FF4 356 £448* Mother and Child Pencil 43x28cm/*16x11in* Amsterdam 97
HAVERS Alice Mary 1850-1890 **[1]**
＊ *$73 273 FF427 756 £45 000* The First Arrivals Oil/canvas 61x129,5cm/*24x50in* London 97
HAVERTY Joseph Pat. (Attrib) 1794-1864 **[2]**
＊ *$32 000 FF165 700 £20 470* Portrait of a family in a river landscape with a young boy fishing Oil/canvas 124,5x131cm/*49x51in* New-York 96
HAVET Henri 1862-1913 **[2]**
＊ *$6 376 FF36 330 £4 000* A Japanese Lady pouring tea Oil/canvas 133,5x82,5cm/*52x32in* London 97
HAVILAND Arthur XIX-XX **[1]**
＊ *$2 927 FF16 697 £1 800* The Path to the Church Oil/canvas 75x125cm/*29x49in* Billingshurst, West Sussex 97
HAVILAND Paul Burty 1880-1950 **[4]**
＊ *$3 000 FF17 310 £1 838* Nude Study Photograph 24x19cm/*9x7in* New-York 97
HAVINDEN John 1908 **[11]**
＊ *$479 FF2 480 £320* Wheel spokes, 1930s Silver print 22,5x18cm/*8x7in* London 96
HAVSTEEN-MIKKELSEN Sven 1912 **[36]**
＊ *$802 FF4 010 £520* Vinterlandskab Oil/canvas 23x33cm/*9x12in* København 96
＊ *$2 283 FF13 192 £1 341* Indmarken Oil/canvas 72x98cm/*28x38in* København 97
HAWAY Georges XIX-XX **[11]**
＊ *$795 FF4 110 £516* Paysage aux bouleaux Huile/toile 81x100,5cm/*31x39in* Liège 96
HAWKINS Harold Fred. Weaver 1893-1977 **[37]**
＊ *$2 475 FF14 452 £1 472* Woman Etching Oil/board 38,5x49cm/*15x19in* Melbourne 97
＊ *$782 FF4 698 £467* Abstract Watercolour/paper 59x49cm/*23x19in* Melbourne 98
HAWKINS Louis Welden 1849-1910 **[50]**
＊ *$1 388 FF8 500 £827* Le chemin Huile/toile 31x42cm/*12x16in* Nantes 98
＊ *$11 210 FF56 000 £7 320* Méditation Huile/toile 80x51cm/*31x20in* Paris 95
＊ *$4 005 FF20 000 £2 616* Repos après la moisson Aquarelle 73x52,5cm/*28x20in* Paris 95
HAWKINS Weaver Roakin 1893-1977 **[6]**
＊ *$333 FF2 039 £198* Floating Forms Oil/board 46x60cm/*18x23in* Sydney 98
HAWKINS William L. 1895-1990 **[12]**
＊ *$19 000 FF113 908 £11 436* The Overland Stagecoach Enamel/panel 122x152,5cm/*48x60in* New-York 98
＊ *$19 000 FF116 492 £11 624* Three Hanging Men Enamel/canvas 81x122cm/*31x48in* New-York 98
HAWKSLEY Dorothy Webster 1884-c.1971 **[8]**
＊ *$10 700 FF54 200 £7 000* Mother and child Oil/canvas 128x96cm/*50x37in* London 96
＊ *$1 111 FF6 608 £680* Best Friends Gouache/paper 10x6,5cm/*3x2in* London 97
HAWLEY Hughson 1850-1936 **[10]**
＊ *$2 760 FF15 807 £1 632* "Home Office" Poster 67x86,5cm/*26x34in* New-York 97
＊ *$600 FF3 724 £359* The Stratfield Watercolour/paper 43x50cm/*17x20in* Mystic, Connecticut 98
HAWLEY Peter XX **[1]**
＊ *$1 200 FF6 210 £802* Advertisement: Marines with women in swimsuits, for "Pleasure Island" Gouache 44x55cm/*17x22in* New-York 96
HAWLICEK Vincenz 1864-1914 **[16]**
＊ *$598 FF3 000 £378* Blick auf Deutsch Altenburg Aquarell/Papier 17x26,5cm/*6x10in* Wien 95
HAWTHORNE Charles Webster 1872-1930 **[19]**
＊ *$3 000 FF17 814 £1 831* The Portrait Hat Oil/canvas 67x56,5cm/*26x22in* Boston, Mass. 98
＊ *$4 750 FF28 192 £2 909* Portrait of a Young Girl Tempera/panel 40x35cm/*16x14in* New-York 98
HAWTHORNE E.D. XIX **[1]**
＊ *$3 800 FF18 700 £2 450* View of the Catskills Oil/canvas 65x104cm/*25x40in* New-York 95
HAXTON Elaine Alys 1909 **[32]**
＊ *$7 110 FF36 700 £4 710* The Phoenix Hotel, Charters Tower Oil/board 58x73cm/*22x28in* Melbourne 96
＊ *$260 FF1 566 £155* Market Workers Mixed media/paper 20x27,5cm/*7x10in* Melbourne 98
HAY Bernard, Bernardo 1864-? **[37]**
＊ *$673 FF4 016 £406* Felsen an der Küste von Capri Öl/Leinwand 25x40,5cm/*9x15in* Köln 97
＊ *$4 583 FF26 692 £2 800* Gondolas on a Venetian Canal Oil/canvas 95x60,5cm/*37x23in* London 97
HAY George H. 1831-1913 **[7]**
＊ *$3 012 FF17 751 £1 800* "The Pet" Oil/board 24x18cm/*9x7in* Glasgow 97

*$10 247 FF59 715 £6 300 Reading at the Window Oil/canvas 60x49cm/*23x19in* West Lothian 97
*$984 FF6 000 £600 The Spinners Watercolour/paper 40x53cm/*16x21in* Bournemouth, Dorset 98
HAY Peter Alexander 1866-1952 [17]
*$734 FF4 369 £449 On the Shore Watercolour 37x27cm/*14x10in* London 97
HAY Robert 1799-1863 [2]
*$3 245 FF18 761 £2 000 "Illustration of Cairo" Lithograph 54,5x37,5cm/*21x14in* London 97
HAY Thomas Marjoribanks 1862-1921 [7]
*$1 107 FF5 410 £700 Cattle watering by a Highland Loch Watercolour 53x76cm/*20x29in* Edinburgh 95
HAYDEN Charles H. 1856-1901 [2]
*$4 545 FF28 110 £2 790 River landscape Oil/canvas 66x106cm/*26x42in* Stonington, Connecticut 97
HAYDEN Edward Parker 1858-1922 [4]
*$6 500 FF39 634 £3 900 Spring Landscape with Cottage by a Lake Oil/canvas 63,5x76cm/*25x29in* Washington 98
HAYDEN Ferdinand V. XIX [1]
*$125 000 FF766 400 £76 475 The Yelloswtone National Park & the Mountain Regions, after Th. Moran Print 56x45,7cm/*22x17in* New-York 98
HAYDEN Henri 1883-1970 [304]
*$2 343 FF14 000 £1 433 Paysage Huile/toile 24x33cm/*9x12in* Paris 98
*$6 000 FF35 608 £3 675 Village à St. Sozy Oil/canvas 47x61cm/*18x24in* Tel Aviv 97
*$278 FF1 609 £170 Still life of a vase and a book Color lithograph 50,2x66cm/*19x25in* London 97
*$2 022 FF12 368 £1 200 Paysage Gouache/board 32x49,5cm/*12x19in* London 98
HAYER Joseph 1816-1891 [1]
*$2 103 FF10 760 £1 362 A young girl, seated Oil/panel 36,5x30cm/*14x11in* Wien 95
HAYES Claude 1852-1922 [132]
*$817 FF5 027 £500 The Goose Girl Oil/canvas/board 41x30cm/*16x12in* Birmingham 98
*$493 FF3 020 £300 The Gypsy Encampment Watercolour 23x34,5cm/*9x13in* London 98
HAYES Edward 1797-1864 [7]
*$3 334 FF16 980 £2 000 Under Tow at Sunset Watercolour 48x88cm/*18x34in* London 96
HAYES Edwin 1819-1904 [92]
*$1 678 FF10 160 £1 030 Shipping Off the Coast at Sunset Oil/panel 19x32cm/*7x12in* Dublin 98
*$2 541 FF14 619 £1 500 Evening, Old Boat House on the Thames, near Greenwich Oil/canvas 39x61cm/*15x24in* London 97
*$18 248 FF113 411 £11 500 Tug towing a Wreck into Gorleston Harbour Oil/canvas 122x187cm/*48x73in* London 97
*$269 FF1 608 £165 Shipping and Coastal Scenes Watercolour/paper 9x16,5cm/*3x6in* Bristol, Avon 97
HAYES Frederick William 1848-1918 [9]
*$291 FF1 660 £180 Cattle watering in a mill stream Oil/canvas 20x33cm/*8x13in* Aylsham, Norfolk 97
HAYES Janet XX [1]
*$1 298 FF7 782 £774 Interior with Nude Model Pastel/paper 93,5x69cm/*36x27in* Melbourne 98
HAYES John (Attrib.) 1786-1866 [1]
*$6 387 FF36 730 £4 000 Portrait of a young boy, standing full length, holding a hoop Oil/canvas 76x64cm/*29x25in* London 97
HAYES Michael Angelo 1820-1877 [4]
*$9 818 FF56 201 £5 800 Saint Partick's Day Military Parade, Dublin Watercolour 74x104cm/*29x40in* London 97
HAYES Sarah M. XIX [1]
*$2 500 FF13 594 £1 496 "Residence and Tomb of Washington, Mount Vernon" Watercolour 33x44cm/*12x17in* New-York 97
HAYES William 1729-1799 [7]
*$225 FF1 340 £134 Portrait of a Bird Watercolour/paper 7x12cm/*3x5in* Bethesda, Maryland 98
HAYET Louis 1864-1940 [55]
*$2 314 FF12 000 £1 528 Bateau échoué Paysage maritime de Bretagne Huile/toile 13,5x17cm/*5x6in* Pontoise 96
*$3 995 FF22 686 £2 500 La cathédrale de Chartres Oil/canvas 66x45cm/*25x17in* London 97
*$1 157 FF6 000 £764 Sous-bois, chemin creux Aquarelle/papier 12,5x17cm/*4x6in* Pontoise 96
HAYEZ Francesco 1791-1882 [14]

$1 890 FF9 640 £1 250 Still life with roses Oil/canvas 23x30,5cm/*9x12in* Glasgow 96
HAYWARD Alfred Robert 1875-1971 **[29]**
$224 FF1 393 £140 Study of Twirle Oil/canvas/board 16x25cm/*6x9in* London 97
$1 084 FF6 549 £650 Afternoon Light in the Studio Oil/board 76x66cm/*29x25in* London 98
$338 FF1 938 £200 A View of Battersea Bridge Watercolour/paper 28x38cm/*11x14in* London 97
HAYWARD Arthur 1889-1971 **[26]**
$1 468 FF8 695 £869 St. Ives Habour Oil/board 23x30,5cm/*9x12in* London 97
$4 450 FF21 500 £2 800 The skier Oil/canvas 101,5x91,5cm/*39x36in* London 96
HAYWARD John Samuel 1778-1822 **[1]**
$2 382 FF13 725 £1 400 Ben Lomond from Loch Lomond Watercolour 30,5x43cm/*12x16in* London 97
HAZELTON Mary Brewster 1868-1953 **[5]**
$49 000 FF302 844 £30 037 "La Japonaise" Oil/canvas 34x39cm/*13x15in* Amesbury, Massachusetts 97
HAZENPLUG Frank 1873-? **[5]**
$1 600 FF10 158 £999 "Living Posters" Poster 71x51cm/*28x20in* New-York 97
HAZEU Arend Cornelis 1826-1888 **[7]**
$1 102 FF6 393 £658 A Man and his Dog walking towards a Church Oil/panel 15x19,5cm/*5x7in* Amsterdam 97
HAZLEDINE Alfred 1876-1954 **[27]**
$585 FF3 575 £352 Travail aux champs Huile/toile 27,5x36cm/*10x14in* Bruxelles 98
$2 527 FF15 437 £1 520 Le réveil Huile/toile 129x95cm/*50x37in* Bruxelles 98
$2 670 FF16 250 £1 640 "Linkebeek" Huile/toile 66x81cm/*25x31in* Bruxelles 98
HAZON Barthélémy-Michel 1722-1822 **[1]**
$2 054 FF12 000 £1 215 Coupe longitudinale du choeur de la cathédrale Saint-André de Bordeaux Aquarelle 47x100cm/*18x39in* Paris 97
HE BAILI Ho Paklee 1945 **[19]**
$8 417 FF43 283 £5 193 Spring at Dawn Ink 59x94cm/*23x37in* Hong Kong 96
HE HAIXIA 1908 **[1]**
$1 635 FF9 442 £1 000 Travelling in the Mountains Forgetting the Years Ink 67,5x45,5cm/*26x17in* London 97
HE JIAYING 1957 **[1]**
$2 588 FF14 926 £1 542 Pondering Ink/paper 94x66cm/*37x25in* Hong Kong 97
HE LÜ 1089-1126 **[1]**
$48 000 FF247 300 £30 940 Standard and running script calligraphy (xing kai shu) Ink/paper 30,5x45cm/*12x17in* New-York 96
HE SHAOJI 1799-1873 **[8]**
$8 000 FF47 619 £4 966 Small Standard Script Calligraphy Ink/paper 19x23cm/*7x9in* New-York 97
HE TIANJIAN 1893-1974 **[8]**
$2 330 FF11 930 £1 415 Ink landscape Ink/paper 67,5x33cm/*26x12in* Hong Kong 96
HE YUAN XIX **[1]**
$4 200 FF25 000 £2 607 Map of the China Coast Ink 33x884cm/*13x348in* New-York 97
HEAD Guy 1753-1800 **[2]**
$10 844 FF66 164 £6 500 Venus and Mars in Vulcan's Chamber Oil/canvas 101x118,5cm/*39x46in* London 98
HEAD James Watterston 1859-1914 **[1]**
$2 814 FF14 700 £1 700 Arbroath Harbour Watercolour/paper 42x26cm/*16x10in* Glasgow 96
HEADE Martin J. (Attrib.) 1819-1904 **[1]**
$6 410 FF31 960 £4 200 Coastal sunset Oil/canvas/board 15,5x25cm/*6x9in* London 95
HEADE Martin Johnson 1819-1904 **[60]**
$85 000 FF503 259 £50 473 Rye Beach Oil/canvas 25,5x51cm/*10x20in* New-York 97
$320 000 FF1 961 984 £195 776 Florida River Scene Oil/canvas 43,5x92cm/*17x36in* New-York 98
HEALY George Peter Alex. 1813-1894 **[10]**
$2 000 FF10 280 £1 247 Cyrus McCormick Oil/canvas 78x60cm/*31x24in* Chicago, Illinois 96
HEAPHY Thomas 1775-1835 **[11]**
$1 587 FF9 719 £950 A Young Boy Playing "Bat and Trap" Watercolour/paper 39,5x25,5cm/*15x10in* London 98
HEAPHY Thomas Frank 1813-1873 **[3]**

  $3 025 FF17 367 £1 900 My Best Friend Oil/canvas 91,5x71cm/*36x27in* London 97
HEARD Joseph (Cercle) [5]
  $24 000 FF146 968 £14 712 The Brigantine "Wilton" off Gibraltar Oil/canvas 71x100cm/*28x39in* New-York 98
HEARD OF LIVERPOOL Joseph 1799-1859 **[8]**
  $10 826 FF62 146 £6 600 A Brig "Zephyr", in two positions, off Whitehaven Oil/canvas 69,5x101,5cm/*27x39in* London 97
HEARNE Thomas 1744-1817 **[33]**
  $1 843 FF9 360 £1 100 Cattle watering Watercolour 21x31cm/*8x12in* London 96
HEARTFIELD John, H. Herzfelde 1891-1968 **[9]**
  $1 000 FF5 892 £617 Untitled Silver print 16x11cm/*6x4in* New-York 97
HEATH Adrian 1920-1992 **[26]**
  $494 FF2 530 £300 Abstract Gouache 23x16,5cm/*9x6in* London 96
HEATH Frank Gascoigne 1873-1936 **[15]**
  $3 596 FF21 484 £2 200 Mousehole Oil/canvas 35,5x46cm/*13x18in* London 98
HEATH William 1795-1840 **[14]**
  $6 500 FF39 513 £3 944 The British Army: The Grenadier Guards Etching 25x7,5cm/*9x2in* New-York 98
  $1 999 FF12 331 £1 200 Napoleon on Horseback, St. Helena Watercolour 22x28,5cm/*8x11in* London 98
HEATHCOTE Elizabeth XVIII-XIX **[2]**
  $11 610 FF60 100 £7 500 Drawings of Princess Victoria, later Queen, and the artist's daughter Pencil 11,5x7,6cm/*4x2in* London 96
HEBALD Milton Elting 1917 **[10]**
  $3 500 FF21 135 £2 097 Girl Dancing Bronze H66cm/*H25in* New-York 98
HEBBAR Kattingeri Krishna 1911-1996 **[19]**
  $13 291 FF79 681 £8 000 The Summit Oil/canvas 122x102cm/*48x40in* London 98
  $15 630 FF81 000 £10 000 Untitled Oil/canvas 58x87cm/*22x34in* London 96
  $1 802 FF10 763 £1 100 The Dancer Ink 63x43cm/*24x16in* London 98
HÉBERT Adrien 1890-1967 **[35]**
  $651 FF3 959 £411 Premier kiosque Parc Fontaine Huile/panneau 31,5x25,5cm/*12x10in* Montréal 97
  $2 121 FF13 015 £1 296 Potage Huile/toile 49,5x63,5cm/*19x25in* Montréal 98
HÉBERT Émile Pierre Eug. 1828-1893 **[18]**
  $2 700 FF16 052 £1 672 La Rosee Bronze 64x20cm/*25x8in* Bethesda, Maryland 97
HÉBERT Ernest 1817-1908 **[18]**
  $4 345 FF26 115 £2 602 Portrait einer jungen Frau mit Rose im Haar Öl/Leinwand 54x40cm/*21x15in* Zürich 98
  $7 100 FF35 000 £4 610 Jeune fille nue au collier Huile/toile/panneau 40x26cm/*15x10in* Grenoble 95
HÉBERT Henri 1884-1950 **[10]**
  $4 231 FF25 052 £2 512 Life Has Is Thorns Bronze H53,5cm/*H21in* Toronto 97
HÉBERT Henri 1849-1917 **[4]**
  $1 704 FF8 500 £1 112 Im Jagdhaus Öl/Karton 25x20cm/*9x7in* Zofingen 95
HEBERT Louis-Philippe 1850-1917 **[11]**
  $3 796 FF21 694 £2 325 The statesman Bronze H74,9cm/*H29in* Toronto 97
HECHELMANN Friedrich 1948 **[8]**
  $4 912 FF28 677 £2 970 Blumengesäumte Allee führt zu erleuchtetem Palast Aquarell/Papier 41x30cm/*16x11in* Lindau 97
HECHT Joseph 1891-1951 **[26]**
  $300 FF1 780 £179 Panthers attacking antilopes and buffaloes/Buffalo Etching 29,5x39cm/*11x15in* Haarlem 97
HECHT van der Hendrik 1841-1901 **[13]**
  $11 765 FF70 449 £7 200 A View of the Niagara Falls Oil/canvas 198x150cm/*77x59in* Billingshurst, West Sussex 97
HECK van der Claesz Dircksz 1571-c.1650 **[4]**
  $28 060 FF144 700 £18 000 A wooded river landscape with a hunting party Oil/panel 51,5x106,5cm/*20x41in* London 96
HECK Wilhelm Robert 1831-1889 **[2]**
  $3 139 FF18 487 £1 937 In der Speisekammer eines Gehöftes steht ein kleines Mädchen Öl/Leinwand 60x46cm/*23x18in* Lindau 97

HECKE van Arthur 1924 **[59]**

   $944 FF5 800 £566 Paysage de campagne Huile/toile 27x35cm/*10x13in* Lille 98

   $1 414 FF8 400 £856 Portrait de Maître Loez André Huile/toile 100x81cm/*39x31in* Saint-Omer 97

HECKE van den Jan I 1620-1684 **[16]**

   $28 930 FF140 000 £18 140 Nature morte au Roemer at au jambon Huile/panneau 76x107cm/*29x42in* Paris 95

   $27 020 FF159 876 £16 259 Tulips, Roses, Anemones, Daffodils, Hyacinths and Other Flowers Oil/panel 35x24cm/*13x9in* Amsterdam 98

HECKE van den Jan I (Attrib.) 1620-1684 **[6]**

   $3 337 FF20 312 £1 987 Paysage animé de bergers, moutons et vaches Huile/cuivre 15,5x21cm/*6x8in* Bruxelles 98

   $24 981 FF146 770 £15 000 A Still Life of tulips, Roses, Carnations, Orange Blossom Oil/panel 58,5x43cm/*23x16in* London 97

HECKE van Willem 1893-1976 **[104]**

   $323 FF1 926 £200 Two Seated Figures Acrylic/paper 23,5x27,5cm/*9x10in* London 97

   $261 FF1 300 £170 Tulipes Aquarelle 35x44cm/*13x17in* Paris 95

HECKEL Augustin c.1690-1770 **[2]**

   $7 757 FF47 012 £4 757 Akt am Strand Watercolour 43,8x35cm/*17x13in* Hamburg 98

HECKEL Erich 1883-1970 **[761]**

   $222 700 FF1 152 000 £143 800 Gelbe Dahlien vor bemalter Wand Öl/Leinwand 80,5x70,5cm/*31x27in* Berlin 96

   $89 364 FF523 809 £55 000 Männerbildnis Woodcut 46x32cm/*18x12in* London 97

   $15 600 FF81 500 £9 280 Frühling Watercolour 52,5x69cm/*20x27in* Berlin 96

HECKEL Johann Christoph 1792-1858 **[1]**

   $2 943 FF15 240 £1 880 Selbstbildnis des Künstlers Öl/Leinwand 39,5x31cm/*15x12in* Heidelberg 96

HECKEL von August 1824-1883 **[8]**

   $1 866 FF9 600 £1 164 Young Italian girl Öl/Leinwand 73,5x59cm/*28x23in* Wien 96

   $10 003 FF61 450 £6 000 The New Addition Oil/canvas 129x101,5cm/*50x39in* London 98

HECKEN van den Madalena XVII **[1]**

   $14 050 FF69 000 £8 900 Flowers in glass vase Oil/panel 20,5x16cm/*8x6in* Zürich 95

HECKENDORF Franz 1888-1961 **[167]**

   $3 180 FF18 260 £1 939 Blumenstilleben Oil/panel 34x27cm/*13x10in* Berlin 97

   $6 349 FF36 851 £3 751 Cafeterrasse am Seeufer Oil/canvas/panel 42,5x51cm/*16x20in* Dresden 97

   $9 722 FF57 866 £5 942 Häuser an einem See Oil/hardboard 100x125cm/*39x49in* Berlin 98

   $293 FF1 530 £174 Kamele in des Wüste Color lithograph 31x42,5cm/*12x16in* Berlin 96

   $112 FF669 £67 Gartenlokal mit Schirmen Charcoal 21x30cm/*8x11in* Berlin 97

HECKER Franz 1870-1944 **[95]**

   $6 828 FF41 946 £4 096 "Reetgedecktes Gehöft auf Sylt" Oil/canvas 43,5x54cm/*17x21in* Bremen 98

   $284 FF1 678 £176 Dorfpolitiker Lithographie 40x50cm/*15x19in* Bielefeld 97

HECKMANN Walter 1929-1994 **[14]**

   $1 508 FF8 748 £928 "Die blauen Krater" Acryl/Leinwand 50x40cm/*19x15in* Heidelberg 97

   $567 FF3 521 £342 Wüstenlandschaft Gouache 25x20cm/*9x7in* Heidelberg 98

HECKROTH Hein 1901-1970 **[16]**

   $513 FF3 185 £309 Zehn Komposiitonen Gouache 30x43cm/*11x16in* Heidelberg 98

HECQ Émile 1924 **[39]**

   $1 546 FF7 500 £996 Homme à la coiffe Gouache/papier 64x50cm/*25x19in* Paris 95

HEDA Gerrit W. (Attrib.) c.1620-c.1702 **[1]**

   $46 260 FF265 500 £28 410 Nature morte Oil/canvas 93x74cm/*36x29in* Köbenhavn 97

HEDA Gerrit Willemsz c.1620-c.1702 **[14]**

   $75 775 FF448 654 £45 000 Still life of gilt "Bekerschroef" Oil/panel 91x68cm/*35x26in* London 97

HEDA Willem-Claesz 1594-1670 **[12]**

   $20 000 FF117 924 £12 264 Silver ewer, fruitglass, candlestick, pewter plates, oysters Oil/panel 76x62cm/*29x24in* New-York 98

HEDA Willem-Claesz(Attr.) 1594-1670 **[5]**

   $16 300 FF84 600 £10 780 Elaborate still life Oil/panel 5x63cm/*1x24in* Stockholm 96

   $15 514 FF91 908 £9 200 An overturned pewter Ewer on a Plate, a façon de Venise Oil/panel

---

41x62cm/*16x24in* London 97
HEDBERG Hans 1917 **[16]**
  $1 783 FF10 416 £1 055 Apple Ceramic H12,5cm/*H4in* Stockholm 97
  $39 690 FF230 580 £23 430 The Big Apple Ceramic H85cm/*H33in* Stockholm 97
HEDBERG Kalle 1894-1959 **[31]**
  $497 FF2 835 £307 Norrländskt landskap i höstfärger Oil/canvas 32x43cm/*12x16in* Uppsala 97
  $1 513 FF7 370 £958 Höstmotiv, Lappland Oil/panel 48x60cm/*18x23in* Stockholm 95
HEDLEY Johnson ?-1914 **[6]**
  $793 FF4 780 £480 "Wooler", a River Landscape with a Drover and two Cows Oil/canvas 51x76,5cm/*20x30in* Oakwellgate, Gateshead 98
HEDLEY Ralph 1851-1913 **[43]**
  $2 300 FF13 789 £1 396 Interior Scene with Boy and Cat Oil/canvas 50x41cm/*20x16in* Miami, Florida 98
  $4 925 FF27 827 £3 100 Portrait of Fred Hedley, Son of the Artist Oil/canvas 34,5x29cm/*13x11in* Newcastle-upon-Tyne 97
  $12 513 FF76 726 £7 500 The Parish Registrar of Births and Deaths Oil/canvas 131x153cm/*51x60in* London 98
  $2 512 FF15 064 £1 520 A Northumbrian bagpiper Watercolour/paper 31x23,5cm/*12x9in* Newcastle-upon-Tyne 97
HEEKS Willy XX **[5]**
  $800 FF4 830 £479 Habitat Mixed media/paper 138x102cm/*54x40in* New-York 98
HEEL van Jan 1898-1990 **[52]**
  $1 423 FF8 316 £842 Paddestoelen Oil/cardboard 22x31cm/*8x12in* Den Haag 97
  $1 770 FF9 000 £1 130 A view of a street in Paris Oil/board 60x51cm/*23x20in* Amsterdam 96
  $993 FF5 140 £645 Paysage d'Espagne Gouache/paper 31x47,5cm/*12x18in* Amsterdam 96
HEEM de Cornelis 1631-1695 **[38]**
  $75 733 FF435 000 £47 154 Bouquet de fleurs au vase translucide Huile/panneau 38,5x29,5cm/*15x11in* Paris 97
  $132 400 FF691 000 £80 000 Still life of grapes, cherries, plums, hazelnuts, hanging from a nail Oil/canvas 52x38,5cm/*20x15in* London 96
HEEM de Cornelis (Attrib.) 1631-1695 **[4]**
  $33 500 FF197 500 £20 000 Bodegón de frutas Oleo/lienzo 78,5x99cm/*30x38in* Madrid 97
HEEM de David Cornelisz 1663-1718 **[5]**
  $4 929 FF28 215 £2 911 Bloemstilleven Oil/canvas 64,5x38cm/*25x14in* Den Haag 97
HEEM de Davidsz II 1610-1669 **[1]**
  $201 228 FF1 169 207 £118 787 Stilleben mit Austern Öl/Leinwand 51x61cm/*20x24in* Luzern 97
HEEM de Jan Davidsz 1606-1683/84 **[16]**
  $36 650 FF182 600 £24 000 Books, manuscripts, a globe, an inkwell and a quill on a table Oil/panel 28x33cm/*11x12in* London 95
  $89 600 FF449 500 £56 700 Still life with fruits Oil/panel 41,5x52cm/*16x20in* Wien 95
HEEM de Jan Davidsz & Studio 1606-1683/84 **[2]**
  $40 000 FF197 400 £25 860 A Roemer, a Cake, Shrimps and a Langoustine on pewter Plates Oil/canvas 53x73cm/*20x28in* New-York 96
HEEM de Jan II Jansz 1650-c.1695 **[2]**
  $26 900 FF159 840 £16 000 A still life of a covered glass cup Oil/panel 58,5x45cm/*23x17in* London 97
HEEMSKERCK VAN BEEST van Jacob Eduard 1828-1894 **[10]**
  $5 840 FF30 140 £3 870 Sunda Straits, off Java Oil/panel 51,5x92,5cm/*20x36in* Amsterdam 96
HEEMSKERCK VAN BEEST van Jacoba 1876-1923 **[20]**
  $395 FF2 378 £236 Untitled Woodcut 16,2x24,9cm/*6x9in* Amsterdam 98
  $3 321 FF19 000 £2 072 Sans titre Aquarelle/carton 40x29cm/*15x11in* Paris 97
HEEMSKERCK van Egbert I 1610-1680 **[19]**
  $1 500 FF8 912 £915 Boors Playing Cards at a Table Oil/panel 12,5x19cm/*4x7in* New-York 98
  $7 590 FF38 800 £5 000 Tavern interior with peasants dancing Oil/canvas 80x112cm/*31x44in* London 96
HEEMSKERCK van Egbert I (Attrib.) 1610-1680 **[6]**
  $3 090 FF15 450 £2 000 Peasants singing in a tavern interior Oil/panel 20x25,5cm/*7x10in* London 96
HEEMSKERCK van Egbert II 1634/35-1704 **[73]**
  $2 936 FF17 982 £1 800 A Tavern Interior with Topers smoking at a Table Oil/canvas 19,5x25cm/*7x9in* London 98
  $7 002 FF42 894 £4 230 Wirtshausszene Öl/Leinwand 65x81cm/*25x31in* Wien 98

HEEMSKERCK van Egbert II (Attrib.) 1634/35-1704 **[17]**
 $6 430 FF32 100 £4 200 Figures dancing outside a tavern Oil/canvas 59x84cm/*23x33in* London 95
 $24 600 FF150 000 £15 000 Capriccio of a Baroque Palace with a Lady greeting a Gentleman Oil/canvas 101,5x157cm/*39x61in* London 98
HEEMSKERCK van Maerten J. (Attrib.) 1498-1574 **[5]**
 $28 400 FF144 600 £17 040 Joseph Ink 19,2x27cm/*7x10in* Amsterdam 96
HEEMSKERCK van Maerten Jacobsz. 1498-1574 **[13]**
 $621 FF3 718 £380 Daniel's accusers cast into the Lion's Den Engraving 20,2x24,6cm/*7x9in* London 97
 $7 044 FF40 000 £4 408 La Destruction du Temple sous le règne de Titus Encre 13,5x21cm/*5x8in* Paris 97
HEER de Margareta c.1600-c.1665 **[3]**
 $5 920 FF30 130 £3 550 Two geese on a river bank, with a farm building behind Gouache/vellum 28,4x23,2cm/*11x9in* Amsterdam 96
HEERDEN van Piet 1917-1991 **[10]**
 $591 FF3 602 £360 St James Beach Oil/canvas 34x44,5cm/*13x17in* Cape Town 98
 $895 FF5 458 £545 Washerwomen, Paarl Oil/canvas 57x64cm/*22x25in* Cape Town 98
HEERE de Lukas 1534-1584 **[3]**
 $11 580 FF60 000 £7 480 Le Triomphe de David Huile/panneau 75,5x105cm/*29x41in* Toulouse 96
HEEREBAART Georgius 1829-1915 **[5]**
 $6 607 FF38 347 £3 900 Fishing on a River Bend, Dutch Landscape and Farmstead beyond Oil/panel 24x34cm/*9x13in* London 97
 $7 600 FF39 100 £4 750 A wooded river landscape with figures on a sunny road Oil/canvas 36,5x54cm/*14x21in* Amsterdam 96
HEEREMANS Thomas c.1620-1697 **[83]**
 $621 FF3 701 £385 Flusslandschaft mit Fähre und Ortsansicht Oil/panel 37,5x49cm/*14x19in* Frankfurt 97
 $12 880 FF66 200 £8 020 Fishermen on the Beach at Katwick Oil/panel 26x34,5cm/*10x13in* Wien 96
HEEREMANS Thomas (Attrib.) c.1620-1697 **[9]**
 $8 430 FF44 000 £5 090 Patineurs près d'une ville fortifiée Huile/panneau 31,5x43,5cm/*12x17in* Paris 96
 $10 000 FF58 445 £6 102 Wsinter lanscape with a fortified building Oil/panel 72x108cm/*28x42in* San Francisco 97
HEERICH Erwin 1922 **[23]**
 $1 048 FF5 420 £677 Ohne Titel Silkscreen in colors 59x59cm/*23x23in* Berlin 96
 $7 500 FF44 379 £4 575 Kartonplastik Construction 40x24x24cm/*15x9x9in* New-York 98
HEERSCHOP Hendrick c.1620-c.1672 **[7]**
 $3 784 FF21 978 £2 311 Scholar seated at his writing desk in an interior Oil/panel 41x35,5cm/*16x13in* Amsterdam 97
 $7 000 FF41 273 £4 292 Couple in an Interior Oil/panel 50x37cm/*19x14in* New-York 98
HEERSCHOP Hendrick (Attrib.) c.1620-c.1672 **[1]**
 $24 940 FF128 600 £16 000 A scholar in his study Oil/panel 32x25cm/*12x9in* London 96
HEERUP Henry 1907-1993 **[394]**
 $173 FF1 057 £105 Aeble og rabarber Oil/paper 12x19cm/*4x7in* Köbenhavn 98
 $6 650 FF33 630 £4 256 Ung leg Oil/masonite 72x50cm/*28x19in* Köbenhavn 96
 $7 305 FF42 403 £4 507 Dansk bondefamilie med husdyr Oil/masonite 124x245cm/*48x96in* Köbenhavn 97
 $137 FF797 £84 Harpe og tårn Color lithograph 25x32cm/*9x12in* Viby J, Århus 97
 $4 624 FF28 169 £2 832 Liggende figur Sculpture 40x24cm/*15x9in* Köbenhavn 98
 $22 397 FF136 446 £13 717 Figur Assemblage H110cm/*H43in* Köbenhavn 98
 $142 FF878 £84 Musik og sang Pencil/paper 28x21cm/*11x8in* Köbenhavn 98
HEES van Gerrit 1629-c.1702 **[6]**
 $47 149 FF279 162 £28 000 A Wooded landscape with Horsemen on a Path near a Country House Oil/canvas 106x140,5cm/*41x55in* London 97
HEES van Gerrit (Attrib.) 1629-c.1702 **[3]**
 $2 185 FF12 987 £1 300 A riverside cottage with a figure crossing a footbridge beyond Oil/panel 23,5x24cm/*9x9in* London 97
HEFFNER Karl 1849-1925 **[132]**
 $263 FF1 581 £159 Coucher de soleil Huile/panneau 4x7,5cm/*1x2in* Montréal 97
 $3 590 FF18 260 £2 145 Chiemsee Oil/canvas 42x100,5cm/*16x39in* London 96

$5 376 FF32 000 £3 286 Paysage au moulin Huile/toile 90x134cm/*35x52in* Pontoise 98
HEGENBARTH Emanuel 1868-1923 **[5]**
$2 079 FF11 808 £1 301 Der Kuhreigen Öl/Leinwand 50x80cm/*19x31in* München 97
HEGENBARTH Josef 1884-1962 **[121]**
$2 770 FF13 830 £1 810 Asende Rehe Oil/cardboard 22x21cm/*8x8in* Dresden 95
$3 250 FF17 000 £1 935 Kreuzigungsszene Öl/Leinwand 61x50cm/*24x19in* Rudolstadt-Thüringen 96
$213 FF1 086 £140 Beim Aktzeichnen Lithographie 33x27,5cm/*12x10in* Heidelberg 96
$1 020 FF6 024 £604 Im Atelier Indian ink 30,5x37cm/*12x14in* Berlin 97
HEGER Heinrich 1832-1888 **[4]**
$4 270 FF21 600 £2 800 Sala del Collegio a Palazo Ducale, Venezia Oil/panel 106x86cm/*41x33in* London 96
HEGER Roman Jaroslaw 1909-1993 **[2]**
$1 416 FF7 330 £914 Coastal Southern landscape Watercolour 46x57,5cm/*18x22in* Warszawa 96
HEGG Maria Teresa 1829-1911 **[6]**
$1 058 FF5 510 £700 Mixed flowers Watercolour/paper 51x20cm/*20x7in* London 96
HEGI Franz 1774-1850 **[20]**
$168 FF1 004 £103 Fauchende Katzen Copper engraving 8x14cm/*3x5in* Bern 98
HEGI Johann Salomon 1814-1896 **[4]**
$4 500 FF26 865 £2 764 "Jalapa" Watercolour/paper 24x33cm/*9x12in* New-York 98
HEIBERG Astri Welhaven 1881-1967 **[4]**
$13 450 FF80 580 £8 040 Badende damer Oil/canvas 97x83cm/*38x32in* Oslo 98
HEIBERG Jean Hjalmar Dahl 1884-1976 **[17]**
$4 248 FF24 651 £2 508 Coastal landscape Oil/canvas 60x75cm/*23x29in* Oslo 97
HEICKE Josef 1811-1861 **[15]**
$2 630 FF13 470 £1 690 Kühe auf der Welde Öl/Leinwand 34x41,5cm/*13x16in* Wien 96
$2 367 FF14 292 £1 437 Ziegen auf der Weide Öl/Leinwand 50x64cm/*19x25in* Wien 98
HEICKELL Arthur 1873-1958 **[44]**
$592 FF3 531 £363 Pilvinen päiva Oil/canvas 51x40cm/*20x15in* Helsinki 98
HEIDE Marie 1947 **[1]**
$1 240 FF6 200 £803 Dorf im Süden Pastel/board 50x60cm/*19x23in* Lindau 96
HEIDECK von Karl Wilhelm 1788-1861 **[8]**
$26 700 FF138 300 £17 340 Ambeloky bei Athen Oil/panel 38,5x50cm/*15x19in* München 96
HEIDELOFF Josef 1743-1830 **[3]**
$2 873 FF16 660 £1 697 "Das Thal ausserhalb von Maria Zell ..." Aquarell/Papier 37x48cm/*14x18in* Wien 97
HEIDERSBERGER Heinrich 1906-? **[7]**
$865 FF5 025 £511 Kraftwerk der Volkswagen AG Gelatin silver print 30,5x43,5cm/*12x17in* Köln 97
HEIDNER Heinrich 1876-1951 **[2]**
$3 241 FF18 524 £1 986 Reitertod Öl/Leinwand 90x118cm/*35x46in* München 97
HEIJDE op der Herman Henry 1813-1857 **[1]**
$3 018 FF17 825 £1 823 Boats on the merwede rivernear Gorkum Oil/canvas 39,5x54,5cm/*15x21in* Amsterdam 97
HEIJDEN van der Jacques 1928 **[8]**
$2 994 FF17 836 £1 780 Horizon met Geel Oil/panel 10,5x19cm/*4x7in* Amsterdam 97
$6 737 FF40 131 £4 005 Gebogen Horizon Oil/canvas 55,5x147cm/*21x57in* Amsterdam 97
$1 297 FF7 729 £771 Vier-kanten Collage/paper 32x25cm/*12x9in* Amsterdam 97
HEIJENBROCK Herman 1871-1948 **[12]**
$609 FF3 468 £378 A laborer standing by a blast-furnace Pastel/paper 50x40,5cm/*19x15in* Amsterdam 97
HEIJL Marinus 1836-1931 **[16]**
$74 FF446 £44 Vissers op een plas Ink/paper 8x15,5cm/*3x6in* Rotterdam 98
HEIKKA Earle Erik 1910-1941 **[16]**
$4 000 FF20 160 £2 580 Pursued Bronze 58x43cm/*23x17in* Hayden 96
HEIL van Daniel 1604-1662 **[17]**
$1 656 FF10 216 £1 041 A town on fire in a mountainous landscape Oil/panel 24,5x35cm/*9x13in* Amsterdam 97
$6 100 FF30 000 £3 885 Incendie de la ville de Delft en 1664 Huile/toile 58x81cm/*22x31in* Paris 95
HEIL van Daniel (Attrib.) 1604-1662 **[7]**

○ *$5 000 FF25 800 £3 200* Aeneas rescuing his father from the burning City of Troy Oil/canvas 82x106cm/*32x41in* New-York 96

○ *$21 000 FF119 794 £12 912* A winter landscape with skaters and a horse-drawn sleigh near castle Oil/panel 16x23cm/*6x9in* New-York 97

HEILBORN Emil 1900 **[2]**

📷 *$2 800 FF17 083 £1 678* Untitled/Svarning Uddeholm Gelatin silver print 30x24cm/*11x9in* New-York 98

HEILBUTH Ferdinand 1826-1889 **[33]**

○ *$2 460 FF15 000 £1 476* La halte au bord de l'eau Huile/toile 24x33cm/*9x12in* Calais 98

○ *$26 000 FF131 040 £16 775* Scène dans la plage Oleo/tabla 64x81cm/*25x31in* Buenos Aires 96

○ *$37 500 FF213 675 £22 968* Hiob in seiner Erniedrigung von Seinen freuden besucht Oil/canvas 115,5x161,5cm/*45x63in* New-York 97

✏ *$1 527 FF8 000 £918* Lecture champêtre Aquarelle, gouache/papier 21x17cm/*8x6in* Calais 96

HEILIGER Bernhard 1915-1995 **[64]**

۝ *$264 FF1 352 £156* Faust II Farblithographie 44,2x61cm/*17x24in* Hamburg 96

⚒ *$4 203 FF25 033 £2 498* Frauenkopf Bronze 31,5x20x27cm/*12x7x10in* München 97

✏ *$713 FF4 243 £435* Ohne Titel Pencil 42x58,5cm/*16x23in* Berlin 98

HEILMAN-C Gloria 1961 **[10]**

۝ *$13 000 FF77 704 £7 957* Self-Portrait: enquirer Series -96 Print in colors 27,5x23cm/*10x9in* San Francisco-Los Angeles 97

⚒ *$5 000 FF30 769 £3 035* "Self Portrait, So..." Bronze 77x32x21cm/*30x12x8in* New-York 98

📷 *$2 249 FF12 832 £1 374* Ambulance Disaster Gelatin silver print 25,5x16cm/*10x6in* New-York 97

HEILMANN Anton Paul 1830-1912 **[5]**

✏ *$1 493 FF7 680 £931* Motiv aus der Gegend von St. Jakob Aquarell/Papier 24x36cm/*9x14in* Wien 96

HEILMANN Gerhard V.E. 1859-1946 **[13]**

○ *$262 FF1 584 £157* En flok flyvende strandskader Oil/canvas 57x66cm/*22x25in* Viby J, Århus 98

HEILMAYER Karl 1829-1908 **[25]**

○ *$1 800 FF10 752 £1 101* Moonlit Seascape with Lighthouse Oil/panel 26x33cm/*10x13in* Milwaukee, Wisconsin 98

○ *$6 156 FF36 863 £3 781* Hafen von Genua in leichtem Dunst Öl/Leinwand 60x90cm/*23x35in* Bremen 98

HEIM François J. (Attrib) 1787-1865 **[3]**

○ *$3 093 FF16 000 £2 006* Le triomphe de Paul Émile le Macédonique après la victoire de Pydna Huile/toile 34x42cm/*13x16in* Paris 96

HEIM François Joseph 1787-1865 **[6]**

○ *$6 080 FF30 000 £3 950* La Présentation au Temple Huile/papier/toile 30,5x60,5cm/*12x23in* Paris 95

HEIM Heintz 1859-c.1895 **[1]**

○ *$4 075 FF21 300 £2 427* Interior scene Oil/canvas 85x66cm/*33x25in* København 96

HEIMAN Sam Isaac 1896-? **[1]**

○ *$14 000 FF82 840 £8 541* "The Yellow Blue and the square Pair" Oil/canvas/board 142x142cm/*55x55in* New-York 98

HEIMBACH Wolfgang (Attrib.) 1613-c.1678 **[3]**

○ *$32 500 FF191 626 £19 929* A Nobleman and his Wife and their two Daughters in an Interior Oil/canvas 52x69cm/*20x27in* New-York 98

HEIMERL Josef XIX-XX **[13]**

○ *$1 210 FF7 283 £724* Kittens Oil/canvas 21x26cm/*8x10in* Amsterdam 98

HEIMES Heinrich 1855-? **[3]**

○ *$3 386 FF16 930 £2 193* Nature morte Oil/canvas 107x78cm/*42x30in* København 96

HEIMIG Walter 1881-1955 **[25]**

○ *$1 034 FF5 170 £670* Des Ausritt Oil/panel 20,5x30,5cm/*8x12in* Düsseldorf 96

○ *$1 732 FF10 293 £1 030* Ballnacht Oil/panel 40x50cm/*15x19in* München 97

HEIN Christianus Hendric. 1815-1879 **[4]**

○ *$2 258 FF13 139 £1 383* A peasant and a mule on a sandy track in a valley Oil/canvas 36x42cm/*14x16in* Amsterdam 97

HEIN Hendrik Jan 1822-1866 **[7]**

○ *$6 539 FF38 621 £3 950* A still life of fruit seashells and a venetian goblet on a ledge. Oil/canvas 43x38,5cm/*16x15in* Amsterdam 97

HEINE Harry 1928 **[8]**

✏ *$388 FF2 268 £229* Put out to Sea Watercolour/paper 51x70cm/*20x27in* Calgary, Alberta 97
HEINE Johann Adalbert 1850-? **[9]**
☞ *$5 012 FF29 059 £2 993* In the Brewery Oil/panel 12,5x16cm/*4x6in* Amsterdam 97
HEINE Thomas Theodor 1867-1948 **[81]**
☞ *$6 327 FF36 833 £3 870* Porträt einer Dame Oil/canvas 81x50,5cm/*31x19in* München 97
⸛ *$159 FF909 £97* Themsebrücke Etching, aquatint 32x27,5cm/*12x10in* Hamburg 97
⚒ *$9 740 FF50 900 £5 800* Der teuffel Bronze H40cm/*H15in* London 96
✏ *$395 FF2 341 £236* Der Schutzmann Drawing 29,5x23,5cm/*11x9in* Dresden 97
HEINECKEN Robert F. 1931 **[2]**
📷 *$9 500 FF49 000 £6 290* Dreams-Circles-Cycles (Self-Portrait) Photograph 152x120cm/*60x47in* New-York 96
HEINEL Eduard 1835-1895 **[4]**
☞ *$1 415 FF8 586 £840* Utsikt över Rhendalen, i forgrunden borg och promenerande figurer Oil/canvas 68x97cm/*26x38in* Malmö 98
HEINEL Johann Philipp 1800-1843 **[7]**
☞ *$3 250 FF18 510 £2 004* Playtime, Genre Scene with Family Outside an Alpine Cottage Oil/panel 27x21cm/*10x8in* Boston, Mass. 97
HEINEMNANN David 1819-1902 **[1]**
☞ *$3 200 FF18 680 £1 903* The Morning of Her Wedding Oil/canvas 108x92cm/*42x36in* New-York 97
HEINISCH Karl Adam 1847-1923 **[33]**
☞ *$2 889 FF16 869 £1 747* Herbstlandschaft Öl/Leinwand 62,5x102cm/*24x40in* München 97
☞ *$3 662 FF21 841 £2 273* Altes Städtchen am Flussufer Öl/Leinwand 25x31cm/*9x12in* Dresden 97
HEINLEIN Heinrich 1803-1885 **[16]**
☞ *$1 422 FF8 716 £849* Gebirgssee. Wanderer in Betrachtung des Sonnenuntergangs Oil/cardboard 27x47cm/*10x18in* Dresden 98
HEINRICH August 1794-1822 **[1]**
✏ *$8 239 FF47 297 £5 023* Landschaft mit schneebedeckten Bergen bei Salzburg (verso: Bäumen) Aquarell/Papier 27,8x36,3cm/*10x14in* Berlin 97
HEINRICH Frans 1802-1890 **[10]**
✏ *$1 956 FF11 661 £1 200* Santa Maria della Salute, Venice Watercolour 58x45cm/*22x17in* London 98
HEINRICH Robert 1864-1950 **[4]**
☞ *$1 992 FF9 980 £1 260* Kartoffelfeld am Lietzensee Öl/Karton 30,5x45cm/*12x17in* Wien 95
HEINRICH-HANSEN Adolf 1859-1925 **[62]**
☞ *$429 FF2 650 £270* Gadeparti fra Nürnberg Oil/canvas 38x41cm/*14x16in* Köbenhavn 97
☞ *$1 003 FF6 088 £595* Slottsinteriör Oil/canvas 59x46cm/*23x18in* Malmö 98
HEINS Armand 1856-1938 **[12]**
☞ *$3 007 FF17 435 £1 796* Noblemen in Carriages accompanied by Cavalrists Oil/canvas 58,5x156,5cm/*23x61in* Amsterdam 97
HEINS John Theodore (Attr) 1697-1756 **[2]**
☞ *$5 420 FF26 300 £3 400* Portrait of Lord William Manners/Lady Catherine Manners Oil/canvas 74x61cm/*29x24in* London 95
HEINSIUS Johann Ernst (Attr.) 1740-1812 **[10]**
☞ *$3 496 FF21 000 £2 097* La mort de Cléopatre Huile/toile 101x76,5cm/*39x30in* La Grand'Combe 98
HEINSIUS Johann Ernst, Julius 1740-1812 **[16]**
☞ *$2 244 FF12 797 £1 400* Portrait of a lady to be Princess Weimar Oil/canvas 65x53cm/*25x20in* London 97
HEINTZ Josef I 1564-1609 **[10]**
☞ *$693 000 FF3 624 600 £420 000* The Adoration of the Shepherds Oil/copper 30x22cm/*11x8in* London 96
✏ *$4 800 FF29 465 £2 941* Two Partly Draped Female Nudes playing the Flute Ink 16,5x14,5cm/*6x5in* New-York 98
HEINTZ Josef I (Attrib.) 1564-1609 **[6]**
☞ *$5 824 FF34 000 £3 522* La Crucifixion Huile/cuivre 32,5x48cm/*12x18in* Neuilly-sur-Seine 97
HEINTZ Josef II c.1600-c.1678 **[10]**
☞ *$31 350 FF187 625 £19 475* Carnaval de saltinbanquis sobre un lago helado Oleo/lienzo 75x133cm/*29x52in* Madrid 98
☞ *$37 305 FF215 730 £23 085* La Madonna del Rosario con i Santi Domenico e Caterina di Siena Öl/Leinwand 265x200cm/*104x78in* Wien 97
✏ *$25 894 FF148 649 £15 787* Allegorie der Malerei Aquarell/Papier 8,9x13,7cm/*3x5in* Berlin 97

HEINTZ Josef II (Attrib.) c.1600-c.1678 **[6]**
$77 500 FF387 500 £50 000 Scene turchesche Olio/tela 75x118cm/*29x46in* Milano 95
HEINTZ Richard 1871-1929 **[170]**
$375 FF1 860 £238 Petit pont en Ardennes Huile/carton 26x35cm/*10x13in* Bruxelles 95
$1 385 FF8 145 £855 Paysage d'automne au soleil couchant Huile/toile 45x60cm/*17x23in* Liège 97
$220 FF1 150 £133 A Lesse Lithographie 15,5x21,5cm/*6x8in* Liège 96
$381 FF1 972 £244 Paysage montagneux Technique mixte/papier 21,5x29,5cm/*8x11in* Liège 96
HEINTZELMAN Arthur William 1890-1965 **[18]**
$80 FF416 £53 Portrait of a young boy Drypoint 23x18cm/*9x7in* Chicago, Illinois 96
HEINZHEIMER Fritz 1897-1958 **[1]**
$2 260 FF11 020 £1 428 The water castle, Yokyakarta Watercolour/paper 35x45cm/*13x17in* Amsterdam 95
HEINZMANN Carl Friedrich 1795-1846 **[9]**
$820 FF5 028 £490 Ansicht vom Kochelsee Lithograph 47x53,5cm/*18x21in* Dresden 98
HEISE Almut 1944 **[5]**
$1 182 FF6 738 £724 Häusliche Szene im Schlafzimmer Gouache 36x28cm/*14x11in* Hamburg 97
HEISE Hildegard XX **[1]**
$6 164 FF35 883 £3 800 "Restaurantgarden" Silver print 17,3x23,4cm/*6x9in* London 97
HEISE Wilhelm 1892-1965 **[17]**
$102 FF604 £63 Blühende Spireen Engraving 38x26,5cm/*14x10in* Heidelberg 97
HEISIG Bernhard 1925 **[36]**
$20 800 FF108 700 £12 380 Lenin und der ungläubige Timofej Öl/Leinwand 80,5x60,5cm/*31x23in* Berlin 96
$183 FF948 £117 Probleme der Militärseelsorge Lithographie 46,5x35,5cm/*18x13in* Heidelberg 96
$1 944 FF11 573 £1 188 Gudrun Pencil 76x64cm/*29x25in* Berlin 98
HEISIG Johannes 1953 **[2]**
$3 480 FF20 073 £2 073 "Zu Zweit" Oil/board 70x94cm/*27x37in* München 97
HEISKA Joonas 1873-1937 **[7]**
$1 418 FF8 416 £868 Vinter Oil/canvas 44x42cm/*17x16in* Helsinki 97
HEISS Johann 1640-1704 **[20]**
$8 300 FF42 000 £5 450 L'atelier du peintre Huile/toile 106x103,5cm/*41x40in* Paris 96
$95 100 FF468 000 £60 200 Besuch der Königin von Saba bei Salomon Öl/Leinwand 130x195cm/*51x76in* Schloss Osterberg 95
HEISS Johann (Attrib.) 1640-1704 **[3]**
$15 580 FF81 200 £9 400 Szene aus dem Alten Testament Öl/Leinwand 96x76cm/*37x29in* Stuttgart 96
HEITINGER Paul 1841-1920 **[14]**
$1 243 FF6 430 £794 Winterliche Abendstimmung Öl/Leinwand 30x45cm/*11x17in* Heidelberg 96
HEIZER Michael 1944 **[25]**
$2 800 FF16 568 £1 708 Four boxes Mixed media 91,5x112cm/*36x44in* New-York 98
$12 000 FF58 100 £7 700 Untitled #9 Mixed media 226x294,5cm/*88x115in* New-York 95
$17 000 FF100 592 £10 371 45° 90° 180° Sculpture 223,5x432x165cm/*87x170x64in* New-York 98
HEKKING Joseph Antonio 1830-c.1903 **[11]**
$791 FF4 509 £491 A river landscape/A coastal landscape Oil/panel 14x22cm/*5x8in* Amsterdam 97
$6 000 FF34 822 £3 544 Extensive Landscape with watering Cows and Children Chasing Away Geese Oil/canvas 75x132cm/*29x52in* Bethesda, Maryland 97
HEKKING Willem 1796-1862 **[3]**
$13 348 FF80 604 £8 000 Still Life with Flowers on a Ledge Oil/canvas 45x36,5cm/*17x14in* London 98
$2 370 FF12 050 £1 420 Stiil life of fruit in a basket Watercolour 38x29,8cm/*14x11in* Amsterdam 96
HELAND Martin Rudolf 1765-1786 **[6]**
$2 980 FF15 560 £1 774 "Vue de Sturehof..."/"Vue du Lac Mälaren" Engraving 40,5x56,6cm/*15x22in* Stockholm 96
HELBERGER Alfred Hermann 1871-1966 **[35]**
$453 FF2 320 £275 Caroliner Platz, Berlin Oil/paper 51x60cm/*20x23in* Malmö 96
HELBIG Walter 1878-1965 **[42]**
$839 FF5 026 £515 Dame am Flügel Oil/hardboard 37,2x31cm/*14x12in* München 98
$3 509 FF20 511 £2 141 Composition en polarité masculin et féminin vertical Oil/wood 128,5x89cm/*50x35in* Amsterdam 97

*$190 FF978 £119 "Der Künstler" Gravure bois 25x19,8cm/*9x7in* Bern 96*

HELCK Peter 1893-1988 **[14]**
*$275 FF1 662 £170 Joe Tracy's Locomobile Etching 21x30cm/*8x12in* Mystic, Connecticut 97*
*$5 060 FF30 948 £3 002 America Takes to the Tin Lizzie Gouache/paper 53x68cm/*21x27in* Houston, Texas 98*

HELCKE Arnold XIX-XX **[4]**
*$2 803 FF16 871 £1 678 Figures Near a Shipwreck on the Beach at Low Tide Oil/canvas 66x128cm/*25x50in* Amsterdam 98*

HELD Al 1928 **[68]**
*$14 500 FF73 800 £8 700 Untitled Acrylic/paper 46x61cm/*18x24in* New-York 96*
*$24 000 FF147 691 £14 570 Circle and Two Squares Oil/canvas 178x123cm/*70x48in* New-York 98*
*$1 500 FF8 665 £890 Putu Etching, aquatint in colors 104x137,5cm/*40x54in* New-York 97*
*$4 000 FF24 860 £2 392 C Series No.9 Indian ink/paper 57,5x89cm/*22x35in* New-York 98*

HELD Alma 1889-1989 **[5]**
*$1 610 FF9 498 £986 Study in Red and Blue Oil/board 58x74cm/*23x29in* Cedar Falls, Iowa 98*

HELD John, Jnr. 1889-1958 **[17]**
*$2 310 FF13 717 £1 410 Story illustration : Couple seated on couch, she yawning Ink 18x22cm/*7x9in* New-York 98*

HELDER Johannes 1842-1913 **[10]**
*$1 049 FF6 424 £625 A little girl in a white lace dress Oil/canvas 114x83,5cm/*44x32in* Amsterdam 98*
*$2 588 FF15 508 £1 547 Interieur met netten boetende visser Oil/panel 42,5x34,5cm/*16x13in* Den Haag 98*

HELDNER Colette Pope 1902-1990 **[50]**
*$650 FF3 750 £398 "Swamp Idyll, Louisiana Bayou Country" Oil/canvas 50x91cm/*20x36in* New Orleans, Louisiana 97*
*$750 FF3 800 £491 Old Slaves Quarters, 824 rue Royal, New Orléans Oil/canvas/board 40x29cm/*16x11in* New Orleans, Louisiana 96*

HELDNER Knute 1884-1952 **[62]**
*$600 FF3 313 £374 Waterfall in Wooded Landscape Oil/canvas 40x48cm/*16x19in* New Orleans, Louisiana 97*
*$800 FF4 140 £512 Coastal landscapes Oil/canvas/board 10x12cm/*4x5in* New Orleans, Louisiana 96*
*$224 FF1 369 £134 Shack in the Swamps Etching 21x16cm/*8x6in* New Orleans, Louisiana 98*

HELDT von Werner 1904-1954 **[41]**
*$7 369 FF43 507 £4 364 Revolutionsszene Oil/panel 58x70cm/*22x27in* Berlin 97*
*$16 203 FF96 444 £9 904 Entwurf Berlin am Meer Tempera/Karton 25,5x42cm/*10x16in* Berlin 98*
*$1 170 FF6 102 £684 Blick aus dem Fenster mit Mandoline Linocut 20x16,5cm/*7x6in* Berlin 96*
*$5 520 FF28 900 £3 290 Häuser im Dunst Aquarell/Papier 17x37cm/*6x14in* Köln 96*

HELENIUS Ester 1875-1955 **[9]**
*$2 761 FF16 587 £1 656 Blommor Oil/canvas 85x54cm/*33x21in* Helsinki 98*

HELFF Josef 1843-1882 **[4]**
*$1 240 FF7 212 £757 Junge Tirolerin mit Pelzmütze Aquarell/Papier 18x14cm/*7x5in* Wien 97*

HELIKER John Edward 1909 **[10]**
*$2 500 FF12 625 £1 623 Landscape Oil/panel 50x45cm/*20x18in* Portland, Maine 96*

HÉLION Jean 1904-1987 **[432]**
*$513 FF3 000 £313 Besus Huile/toile 40x65cm/*15x25in* Paris 97*
*$2 067 FF11 786 £1 300 Au bar Oil/masonite 21,5x27cm/*8x10in* London 97*
*$20 060 FF100 000 £13 140 Sortie de métro Acrylique/toile 130x180cm/*51x70in* Paris 95*
*$239 FF1 195 £151 Abstrakte Komposition Lithographie couleurs 47,5x42cm/*18x16in* München 95*
*$3 785 FF23 000 £2 279 "Deux nus accoudés" Fusain 50x65cm/*19x25in* Versailles 98*

HELL van Johan 1889-1952 **[14]**
*$7 306 FF43 642 £4 469 The Cascade Oil/canvas 110x90,5cm/*43x35in* Amsterdam 98*

HELLEMANS Jean-Pierre 1787-1845 **[1]**
*$7 000 FF42 373 £4 176 The Shepherd's Rest Oil/panel 44x37cm/*17x14in* New-York 97*

HELLEMANS Joséphine Marie J. 1796-1837 **[1]**
*$16 286 FF92 851 £10 000 A Still life with Fruit on a Ledge Oil/panel 50x42,5cm/*19x16in* London 97*

HELLER Frank J. 1916 **[11]**
*$1 000 FF5 110 £659 Abstraction Photograph 45,4x39,4cm/*17x15in* New-York 96*

HELLESEN Johanna, Hanna 1801-1844 **[9]**

🖾 *$4 145 FF23 970 £2 565* Blumenstrauss in einer Glasvase Öl/Leinwand 43x33cm/*16x12in* Wien 97

🖾 *$12 170 FF63 000 £7 860* Vase of assorted flowers on a stone ledge Oil/canvas 86x71cm/*33x27in* Stockholm 96

HELLESEN Thorvald 1888-1937 **[12]**

🖾 *$2 798 FF16 756 £1 719* Frauenakt Öl/Leinwand/Karton 46,5x31,5cm/*18x12in* München 98

🖾 *$13 780 FF70 300 £9 070* Kubistisk komposition Oil/canvas 167x168cm/*65x66in* København 96

✐ *$1 027 FF6 000 £607* Sans titre Technique mixte/papier 16x10cm/*6x3in* Douai 97

HELLEU Paul César 1859-1927 **[465]**

🖾 *$6 950 FF36 000 £4 510* Jeune fille en buste, de profil à droite Huile/papier/toile 31,8x24,3cm/*12x9in* Paris 96

🖾 *$22 858 FF129 000 £13 919* Hortensias Huile/toile 365x81cm/*143x31in* Paris 97

🖾 *$77 900 FF377 000 £50 000* Régates à Cowes Oil/canvas 60x74cm/*23x29in* London 95

🎨 *$260 FF1 545 £159* Woman at her Secretaire Etching in colors 27x38cm/*11x15in* Shaker Heights, Ohio 97

✐ *$754 FF4 500 £455* Modèle nu assis Crayon/papier 45x30cm/*17x11in* Besançon 97

HELLEWEGEN Willy 1914-1991 **[17]**

🖾 *$1 060 FF6 500 £632* Dans la Lumière Technique mixte 80x64cm/*31x25in* Bruxelles 98

✐ *$1 526 FF7 890 £990* Composition Collage 49x45cm/*19x17in* Liège 96

HELLGREWE Rudolf 1860-? **[12]**

🖾 *$2 437 FF14 285 £1 500* An Arab Caravan Oil/board 85x62cm/*33x24in* London 97

HELLINGER Fritz 1923 **[3]**

🎨 *$1 900 FF9 600 £1 227* "Olympic Winter Games" Poster 99x64cm/*39x25in* New-York 96

HELLMEIER Otto 1908 **[12]**

🖾 *$589 FF3 368 £361* Sonnenblumen in Vase Öl/Leinwand 80x60cm/*31x23in* München 97

HELLQVIST Carl-Gustaf 1851-1890 **[17]**

✐ *$563 FF3 360 £349* Die drei Kinder des Künstlers Aquarell/Papier 14x11cm/*5x4in* Dresden 97

HELLWAG Rudolf 1867-1942 **[16]**

🖾 *$701 FF3 446 £446* "Glittering Waves, Guiness" Öl/Leinwand 40,5x53,5cm/*15x21in* Bremen 95

HELMAN Isidore Stanislas 1743-1806 **[2]**

🎨 *$1 038 FF6 000 £644* Les conquêtes de l'Empereur de Chine Eau-forte 26,5x42,5cm/*10x16in* Paris 97

HELMAN Robert 1910-1990 **[62]**

✐ *$161 FF1 000 £97* Envol Lavis 92x76cm/*36x29in* Saint-Germain-en-Laye 98

HELMANTEL Henk 1945 **[8]**

🖾 *$14 827 FF88 093 £8 818* Still Live with a Bottle, Pewter plate and Earthenware Bowl Oil/board 42,5x45cm/*16x17in* Amsterdam 97

🖾 *$36 531 FF218 211 £22 348* Az still life with eggs, a jug and a milk churn on a table Oil/board 122x100cm/*48x39in* Amsterdam 98

HELMBERGER Adolf 1885-1967 **[6]**

🖾 *$5 090 FF26 450 £3 370* Herbstabend am Krottensee Öl/Leinwand 75x105cm/*29x41in* Wien 96

HELMBRECKER Dirck Theodor 1633-1696 **[7]**

🖾 *$3 496 FF20 000 £2 182* Le charlatan Huile/toile 55x75cm/*21x29in* Pau 97

✐ *$2 035 FF9 860 £1 312* A peasant family resting Ink 10x16cm/*3x6in* Amsterdam 95

HELME Helge 1894-1987 **[58]**

🖾 *$519 FF3 086 £319* Siddende balletpige med vifte Oil/canvas 26x19cm/*10x7in* Vejle 97

🖾 *$960 FF4 880 £622* Pige med pelargonie Oil/canvas 50x41cm/*19x16in* København 95

HELMICK Howard 1845-1907 **[8]**

🖾 *$4 050 FF19 620 £2 600* A Financial Agreement Oil/canvas 50x63cm/*19x24in* London 95

HELMONT van Matthieu 1623-1679 **[36]**

🖾 *$4 279 FF26 213 £2 585* Liebespaar und Bauern in einem Wirtshaus Öl/Kupfer 18x23cm/*7x9in* Wien 98

🖾 *$15 600 FF88 400 £10 400* L'Alchimista Olio/tela 52,5x61cm/*20x24in* Milano 97

HELMONT van Matthieu (Attrib.) 1623-1679 **[9]**

🖾 *$4 889 FF29 000 £2 960* L'Adoration des Mages Huile/panneau 53x70cm/*20x27in* Paris 97

🖾 *$14 254 FF85 000 £8 848* Singerie: la kermesse au village Huile/toile 27x41cm/*10x16in* Paris 97

HELNWEIN Gottfried 1948 **[28]**

🎨 *$233 FF1 204 £150* Licht Color lithograph 67x47cm/*26x18in* Wien 96

✐ *$2 793 FF16 667 £1 715* Ohne Titel Mischtechnik/Papier 45,5x34cm/*17x13in* Wien 98

Newcastle-upon-Tyne 97
HEMY Charles Nap. (Attr.) 1841-1917 [3]
$5 370 FF26 400 £3 400 Harvesting the catch Oil/canvas 61x92cm/*24x36in* London 95
$2 040 FF12 187 £1 250 The ebb Tide Net Bodycolour 33x47cm/*12x18in* London 98
HEMY Charles Napier 1841-1917 [65]
$1 912 FF11 342 £1 200 The old Pierhead, (Hastings) Oil/canvas 30x46cm/*11x18in* Newcastle-upon-Tyne 97
$6 663 FF41 105 £4 000 The Widow Oil/canvas 56x76,5cm/*22x30in* London 98
$12 640 FF61 800 £8 000 A Waste of Waters Oil/canvas 122x183cm/*48x72in* London 95
$2 270 FF11 830 £1 500 After a gale Watercolour 45x68cm/*17x26in* London 96
HEMY Thomas M. Madawaska 1852-1937 [21]
$620 FF3 188 £400 Busy harbour Watercolour/paper 40,5x56cm/*15x22in* Newcastle-upon-Tyne 96
HÉNAULT Lucien A., Luciano 1790-c.1880 [1]
$13 170 FF68 200 £8 500 Album or architectural drawings Drawing 32x46cm/*12x18in* London 96
HENAUT Jean-Pierre 1942 [16]
$377 FF2 200 £232 L'attache Huile/toile 30x30cm/*11x11in* Paris 97
HENCHOZ Samuel 1905-1976 [2]
$1 144 FF6 381 £700 "Villars, Chesières, 1300m." Poster 94x64cm/*37x25in* London 97
HENDERIKSE Jan 1937 [9]
$574 FF3 010 £345 One Penny Print 76,5x55,5cm/*30x21in* Amsterdam 96
HENDERSON Arthur Edward 1870-1956 [4]
$4 000 FF20 570 £2 494 Interior of Haghia Sophia Watercolour/paper 77,5x53cm/*30x20in* New-York 96
HENDERSON Charles Cooper 1803-1877 [24]
$4 397 FF27 193 £2 700 French Coaching Scenes Oil/board 22x32cm/*8x12in* Billingshurst, West Sussex 97
$6 790 FF33 500 £4 390 Portrait d'un cavalier Huile/toile 63,5x76,5cm/*25x30in* Rouen 96
$2 114 FF12 266 £1 250 Up and Down Watercolour/paper 26x38cm/*10x14in* London 97
HENDERSON Elsie M. 1880-1967 [8]
$3 664 FF22 179 £2 300 Flowers anf Fruits Oil/canvas 84x76cm/*33x29in* London 97
HENDERSON James 1871-1951 [14]
$1 158 FF5 900 £695 Qu'appelle Valley Oil/board 18x23cm/*7x9in* Calgary, Alberta 96
$2 502 FF14 551 £1 491 "Qu'appelle Valley" Oil/masonite 36x46cm/*14x18in* Calgary, Alberta 97
HENDERSON John 1860-1924 [20]
$3 540 FF17 970 £2 300 Children by the path Oil/canvas 21x36cm/*8x14in* Auchterarder, Perthshire 95
$3 855 FF23 253 £2 300 By the Harvest Field Oil/canvas 45,5x60,5cm/*17x23in* West Lothian 98
HENDERSON Joseph 1832-1908 [38]
$1 219 FF7 104 £749 Approaching Storm Oil/canvas 25,5x35,5cm/*10x13in* West Lothian 97
$3 388 FF19 493 £2 000 Figures on a Beach Oil/canvas 61x91,5cm/*24x36in* London 97
$4 518 FF27 370 £2 800 Playing by the Sea Watercolour 45,5x61cm/*17x24in* Perthshire 97
HENDERSON Joseph Morris 1863-1936 [35]
$1 860 FF9 444 £1 200 In the Lowlands Oil/canvas 46x76cm/*18x29in* Auchterarder, Perthshire 96
$2 998 FF17 341 £1 800 Landscape, Perthshire Oil/canvas 23x30,5cm/*9x12in* Glasgow 97
$1 532 FF9 282 £949 Benderloch/Benderloch Watercolour 29x44,5cm/*11x17in* Perthshire 97
HENDERSON Keith 1883-? [16]
$1 249 FF7 338 £750 The Nevis Range from Spean Bridge Watercolour/paper 43x76cm/*17x30in* Cheadle Hulme-Cheshire 97
HENDERSON William 1903-1993 [1]
$2 835 FF13 820 £1 800 Nancie Sheffield seated in the boudoir at Sutton Park York Oil/board 41x31cm/*16x12in* London 95
HENDERSON William Penhallow 1877-1943 [16]
$3 750 FF21 382 £2 322 Taos Landscape with Adobe Mixed media 17x25cm/*7x10in* Elgin, Illinois 97
$1 000 FF5 727 £591 Untitled (Pedernals/Abiquiu)/Pedernals/Abiquiu Pastel/paper 6x5cm/*2x2in* Santa Fe, New Mexico 97
HENDLER David 1904-1984 [29]
$600 FF3 647 £369 Mother and Child. The 40s Oil/canvas 29x23cm/*11x9in* Tel Aviv 98
$800 FF4 670 £483 Street corner in Tel Aviv Oil/canvas 36x61cm/*14x24in* Tel Aviv 97
$320 FF1 717 £191 Portrait of Aviva Uri Crayon 31x19,5cm/*12x7in* Tel Aviv 97

HENDRICKS Dirck, Teodoro c.1544-c.1618 **[2]**

🎨 *$19 200 FF100 500 £12 600* La Madonna delle Grazie con i Santi Michele Arcangelo e Francesco Olio/tavola 78,5x102,5cm/*30x40in* Roma 96

HENDRICKX Jos 1905-1971 **[147]**

✏️ *$110 FF650 £68* Figure assise Fusain/papier 58x42cm/*22x16in* Antwerpen 97

HENDRIKS Barend Leonardus 1830-1899 **[5]**

🎨 *$4 761 FF27 605 £2 843* Watching the Fleet Oil/canvas 37,5x59,5cm/*14x23in* Amsterdam 97

HENDRIKS Gerhardus 1804-1859 **[14]**

🎨 *$2 980 FF15 330 £1 800* Dutch sailing vessels in an estuary Oil/panel 20x30cm/*7x11in* London 96

HENDRIKS Wijbrand 1744-1831 **[12]**

🎨 *$6 952 FF40 211 £4 173* Portrait of a Gentleman, Seatend Holding a Flute/Portrait of a Lady Oil/panel 36x28cm/*14x11in* London 97

🎨 *$91 600 FF456 500 £60 000* Assorted flowers in a sculpted urn on a stone ledge Oil/panel 60x49cm/*23x19in* London 95

✏️ *$897 FF5 354 £541* Landschaft mit Schafen vor einem Bauernhaus Aquarell/Papier 25,5x39,6cm/*10x15in* Köln 97

HENDRIKS Willem 1828-1891 **[19]**

🎨 *$3 000 FF17 113 £1 824* Reflections at Laren Oil/canvas 61x51cm/*24x20in* San Francisco 97

HENDSCHEL Albert 1834-1883 **[7]**

✏️ *$189 FF1 079 £118* Der Kampf mit dem Drachen/Drei Knaben mit einem Drachen Pencil/paper 19x14cm/*7x5in* Bielefeld 97

HENEL Edwin H.R. 1883-1953 **[8]**

🖼️ *$700 FF4 265 £426* "International Winter Sports Week" Poster 100x64cm/*39x25in* New-York 98

HENGELER Adolf 1863-1927 **[41]**

🎨 *$1 319 FF8 037 £815* Putto zeigt den Gelehrten den richtigen Weg Öl/Karton 35x42cm/*13x16in* Kempten 98

🎨 *$1 750 FF10 465 £1 033* Ständchen des Hornisten Oil/panel 42x42cm/*16x16in* Kempten 97

✏️ *$243 FF1 416 £148* Billige Belohnung/Im Dusel Ink 21x36cm/*8x14in* München 97

HENGGE Joseph 1890-1970 **[8]**

🎨 *$1 402 FF8 034 £829* Das Gebet auf dem Felde Öl/Leinwand 77x46cm/*30x18in* Kempten 97

🎨 *$2 984 FF14 730 £1 930* Rast der Schnitterinnen Öl/Leinwand 6x105cm/*2x41in* Kempten 96

HENGSBACH Franz 1814-1883 **[5]**

🎨 *$2 239 FF13 409 £1 338* Blick auf die Wernher Kapelle in Oberwesel am Rhein Öl/Leinwand 21x28,5cm/*8x11in* Köln 98

HENGSTENBERG Rudolf 1894-1974 **[4]**

✏️ *$248 FF1 228 £158* Seefestung Saint-Malo Aquarell 26,5x33,5cm/*10x13in* Stuttgart 95

HENKES Dolf 1903-1990 **[8]**

🎨 *$2 295 FF13 674 £1 364* Maasgezicht XIV Oil/canvas 45,5x60cm/*17x23in* Amsterdam 97

HENKES Gerke 1844-1927 **[15]**

✏️ *$542 FF3 250 £334* Vrouw bij de haard Aquarelle/papier 38x28cm/*14x11in* Lokeren 98

HENLE Fritz 1909-1993 **[17]**

📷 *$1 110 FF6 360 £657* "Nude study on basalt blocks" Gelatin silver print 26,5x26,5cm/*10x10in* Köln 97

HENNE Fritz XX **[1]**

📷 *$3 082 FF17 941 £1 900* "Regentag in Ragusa" Silver print 28,6x37,3cm/*11x14in* London 97

HENNEBERG Hugo 1863-1918 **[3]**

🖼️ *$4 367 FF26 191 £2 651* "Wachau" Linocut 45x45cm/*17x17in* Wien 98

HENNEBERG Rudolf Friedrich 1825-1876 **[1]**

🎨 *$3 500 FF20 833 £2 172* Proclaiming His Love Oil/canvas 92x63cm/*36x25in* Houston, Texas 97

HENNEBICQ André 1836-1904 **[6]**

🎨 *$8 864 FF52 064 £5 472* Un ballon sur la lagune Huile/toile 127x96cm/*50x37in* Bruxelles 97

🎨 *$13 348 FF76 375 £7 896* Les pèlerins, orientaliste Huile/toile 82x99,5cm/*32x39in* Bruxelles 97

HENNELL Thomas Barclay 1903-1945 **[23]**

✏️ *$262 FF1 629 £160* The bonfire Watercolour/paper 26x46,5cm/*10x18in* London 97

HENNEMAN Jeroen 1942 **[29]**

🎨 *$2 224 FF13 377 £1 330* Hand and Sky Oil/canvas 120x90cm/*47x35in* Amsterdam 98

HENNEQUIN Philippe Auguste 1763-1833 **[11]**

✏️ *$576 FF3 500 £346* Personnage vêtu à l'antique, regardant par la fenêtre Crayon 23,5x18,7cm/*9x7in* Paris 98

HENNER Jean Jacques 1829-1905 **[298]**
- $854 FF4 140 £550 The Dead Christ Oil/canvas 64x91cm/*25x35in* London 95
- $3 475 FF21 000 £2 070 Nu à la fontaine Huile/carton 27,5x21cm/*10x8in* Saint-Dié 97
- $9 218 FF55 000 £5,522 Nu de dos Oil/canvas 99x149cm/*39x59in* Évreux 98
- $234 FF1 400 £142 Étude de nu Pierre noire/papier 15x23,5cm/*5x9in* Paris 97

HENNERT Wilhelm XIX **[1]**
- $3 854 FF19 500 £2 530 Auf der Jagd Öl/Karton 30x37cm/*11x14in* Wien 96

HENNESSEY Frank Charles 1893-1941 **[14]**
- $773 FF4 637 £467 The Village Church Pastel/papier 40x49,5cm/*15x19in* Montréal 97

HENNESSY Patrick 1915-1980 **[23]**
- $3 113 FF18 596 £1 906 Spek's Yellow Oil/canvas 20x15cm/*8x6in* Dublin 98
- $4 572 FF26 974 £2 800 Boy on Beach Oil/canvas 61x46cm/*24x18in* London 98

HENNESSY William John 1839-1917 **[8]**
- $12 246 FF72 254 £7 500 The Flower Seller Oil/canvas 122x91,5cm/*48x36in* London 98

HENNIG Albert 1907 **[35]**
- $796 FF3 980 £520 Komposition Aquarell/Papier 13x17cm/*5x6in* München 95

HENNIG Otto 1871-1920 **[8]**
- $4 169 FF24 979 £2 492 Vinter ved elven Oil/canvas 82x108cm/*32x42in* Oslo 98

HENNIGS von Gösta 1866-1941 **[10]**
- $761 FF4 417 £469 "Akrobatflicka" Watercolour, gouache/paper 46x33cm/*18x12in* København 97

HENNIKER Annie L. XIX-XX **[2]**
- $12 212 FF70 796 £7 200 Sisters Oil/canvas 122x139,5cm/*48x54in* London 97

HENNING Christiaan 1741-1822 **[1]**
- $1 072 FF6 430 £645 Vues de Biljoen près d'Arnheim Radierung 29,8x36,7cm/*11x14in* Bern 98

HENNING Christiaan (Attrib.) 1741-1822 **[1]**
- $1 267 FF7 256 £748 A swan and ducks in a pond in a forest Ink 41x38,5cm/*16x15in* Amsterdam 97

HENNING Gerhard 1880-1967 **[85]**
- $932 FF5 722 £570 Eventyr 3 Porcelain H19cm/*H7in* København 98
- $426 FF2 638 £254 Siddende kvindemodel Pencil/paper 50x35cm/*19x13in* København 98

HENNINGER Manfred 1894-1986 **[110]**
- $2 970 FF14 740 £1 890 Three bathers in a landsdcape Oil/hardboard 29,5x39,5cm/*11x15in* Stuttgart 95
- $5 900 FF30 400 £3 680 See im Tessing Öl/Leinwand 70x100cm/*27x39in* Stuttgart 96
- $225 FF1 340 £139 Figuren in Landschaft Lithographie 53,5x43cm/*21x16in* Stuttgart 97
- $1 004 FF6 034 £602 Figuren am see Watercolour 30,5x46cm/*12x18in* Stuttgart 98

HENNINGS Ernest Martin 1886-1956 **[30]**
- $1 400 FF6 972 £921 Grand Cañyon Oil/board 25x35cm/*10x14in* Baton Rouge, Louisiana 95
- $5 000 FF30 193 £3 001 Riverside Town Oil/canvas 63,5x91,5cm/*25x36in* New-York 98
- $1 000 000 FF5 934 700 £612 500 Four Riders Oil/canvas 114,5x109cm/*45x42in* New-York 98

HENNINGSEN Christian Pram 1846-1892 **[7]**
- $1 907 FF11 378 £1 150 Der Krankenbesuch Öl/Leinwand 64x47cm/*25x18in* Stuttgart 97

HENNINGSEN Erik 1855-1930 **[78]**
- $875 FF4 440 £570 Portraet af Kgl. Kapelmester George Höeberg Oil/panel 33x25cm/*12x9in* København 96
- $3 700 FF21 240 £2 272 "Hvad tuder du for?" Oil/canvas 52x65cm/*20x25in* København 97

HENNINGSEN Frants Peter Didrik 1850-1908 **[46]**
- $429 FF2 650 £270 Passiar på landevejen, diset septemberdag Oil/canvas 50x72cm/*19x28in* København 97
- $1 075 FF5 610 £711 Sommerdag ved Hornbaek strand Oil/canvas 24x19cm/*9x7in* København 96

HENOCQUE Narcisse 1879-1952 **[34]**
- $668 FF3 500 £402 Personnage dans une rue de village enneigé Huile/panneau 36x26cm/*14x10in* Paris 96
- $1 651 FF10 100 £979 Nature morte Huile/toile 61x46cm/*24x18in* Rouen 98

HENRI Florence 1893-1982 **[50]**
- $7 800 FF45 243 £4 782 Untitled, Abstract Composition, Rail Station Gelatin silver print 23x17cm/*9x6in* New-York 97
- $3 250 FF16 830 £2 080 Composition Gouache 35x33cm/*13x12in* New-York 96

HENRI H. XIX-XX **[3]**
- $130 000 FF766 506 £79 716 Old Spaniard-Jartigo, Florencio Rodriguez Oil/canvas 51,5x66cm/*20x25in*

HENRI Paolo XIX-XX **[4]**

$268 FF1 606 £164 "Parfumerie Manon" Poster 82,5x61,5cm/*32x24in* Oostwoud 98

HENRI Robert 1865-1929 **[109]**

$6 500 FF37 945 £3 931 Along the Boulevard Oil/board 25x36cm/*10x14in* Chicago, Illinois 97

$33 000 FF172 200 £19 940 Portrait of Marcia Anne M. Tucker Oil/canvas 152,5x103cm/*60x40in* New-York 96

$105 000 FF548 000 £63 400 Johnnie Patton Oil/canvas 60x49,5cm/*23x19in* New-York 96

$449 FF2 679 £279 The village Square Ink/paper 13x20,5cm/*5x8in* Washington 97

HENRICHSEN Axel Thorsen 1857-1942 **[1]**

$4 075 FF21 300 £2 427 Three young boys playing in a street Oil/canvas 73x94cm/*28x37in* Köbenhavn 96

HENRICHSEN Carsten Frederik 1824-1897 **[70]**

$506 FF3 083 £307 Parti fra Sjaelsö Oil/canvas 24x34cm/*9x13in* Köbenhavn 98

$713 FF3 565 £462 Parti fra Dyrehaven Oil/canvas 48x65cm/*18x25in* Köbenhavn 96

HENRICI John H. 1874-1958 **[2]**

$650 FF3 839 £385 A Boy Eating Apples Oil/canvas 30x20cm/*12x8in* Elgin, Illinois 97

HENRIKSEN William 1880-1964 **[55]**

$497 FF2 829 £304 Interiör Oil/canvas 35x31cm/*13x12in* Viby J, Århus 97

$1 733 FF10 123 £1 025 Solskin i den gamle stue Oil/canvas 39x43cm/*15x16in* Vejle 97

HENRION Armand 1875-? **[43]**

$1 320 FF6 580 £861 Laughing clown Oil/panel 18x14cm/*7x5in* Toronto 95

HENRION F.H.K. 1914-1992 **[2]**

$550 FF3 354 £335 "Punch" Poster 74x100cm/*29x39in* New-York 98

HENRION Jean-Fabius XX **[3]**

$534 FF3 100 £315 Baudet du Poitou Fusain 50x37cm/*19x14in* Poitiers 97

HENRY Charles Napier 1841-1917 **[1]**

$5 579 FF31 789 £3 500 The Old Breakwater Oil/canvas 42x64,5cm/*16x25in* London 97

HENRY D'ARLES Jean 1734-1784 **[10]**

$6 020 FF30 000 £3 940 L'Orage Huile/toile 33,5x26,5cm/*13x10in* Paris 95

$53 787 FF325 000 £32 305 Navires près du rivage méditerranéen sur une mer agitée Huile/toile 93x126,5cm/*36x49in* Neuilly-sur-Seine 98

$80 115 FF490 000 £47 530 Tempête Huile/toile 224x131cm/*88x51in* Aix-en-Provence 98

$1 840 FF9 000 £1 164 Promeneurs et chasseurs Gouache 19x28,5cm/*7x11in* Paris 95

HENRY D'ARLES Jean (Attrib.) 1734-1784 **[4]**

$11 925 FF75 000 £7 560 Deux scènes de port Méditerranéen Huile/toile 92x137cm/*36x53in* Cannes 97

HENRY David Morrison Reid 1919-1977 **[70]**

$953 FF4 600 £600 An oribi Watercolour 22x27cm/*8x10in* London 95

HENRY Edward Lamson 1841-1919 **[53]**

$8 000 FF49 049 £4 894 Ragamuffin Oil/paper/board 25,5x18cm/*10x7in* New-York 98

$26 000 FF153 301 £15 943 The Morning Mail Oil/canvas 56x49,5cm/*22x19in* New-York 98

$2 900 FF16 733 £1 777 A Coaching Party Before Manor House Watercolour, gouache/paper 26x46cm/*10x18in* New Orleans, Louisiana 97

HENRY Emile 1822-1920 **[15]**

$523 FF3 200 £319 Paysanne dans la basse-cour Aquarelle/papier 22,5x40cm/*8x15in* Aubagne 98

HENRY George 1858-1943 **[19]**

$14 758 FF74 936 £9 521 The Bluebell Wood Oil/canvas 76x63,5cm/*29x25in* Auchterarder, Perthshire 96

$57 218 FF341 796 £35 000 By the Lake Oil/canvas 151x152cm/*59x59in* London 98

$8 392 FF50 831 £5 200 The Paisley Shawl Watercolour 37x33cm/*14x12in* Perthshire 97

HENRY George Morrison R. 1891-1983 **[24]**

$800 FF4 806 £480 Philippine Eagle Watercolour, gouache/paper 33x22cm/*12x8in* London 98

HENRY Grace 1863-1953 **[20]**

$2 270 FF11 800 £1 500 Marigolds Oil/canvas 61x41cm/*24x16in* London 96

$3 265 FF19 267 £2 000 "My Father Would Kill Me If He Saw Me Now" Oil/canvas/board 30,5x23,5cm/*12x9in* London 98

$4 040 FF20 900 £2 700 Picnic in a sunlit Woodland/Horse and Cart on a Mountain Road Watercolour 34,2x24,7cm/*13x9in* London 96

HENRY Harry Raymond 1882-1974 **[4]**

$2 000 FF11 954 £1 212 At the Beach Along the Santa Monica Coast Oil/canvas 33x43cm/*12x16in* San

Francisco-Los Angeles 97
HENRY Maurice 1907-1984 **[37]**
✏ *$336 FF2 011* £206 "Tombé de la nuit" Ink 22,7x21,5cm/*8x8in* München 98
HENRY Paul 1877-1958 **[58]**
🖌 *$33 622 FF196 270* £20 000 "On Killary Bay, Connemara" Oil/board 14x16cm/*5x6in* London 97
🖌 *$57 400 FF299 000* £38 000 Cottages in Connemara Oil/canvas 51x61cm/*20x24in* London 96
HENRY Paul & Prospère 1849/48-1901/02 **[5]**
📷 *$4 259 FF25 291* £2 600 "Photographie d'une portion du Cygne (13 Août)" Albumen print 25x20cm/*10x8in*
London 98
HENRY Pierre 1932 **[14]**
🖌 *$368 FF2 100* £230 Offrande Huile/toile 92x65cm/*36x25in* Versailles 97
HENSEL Maurice 1890-? **[20]**
✏ *$205 FF1 000* £132 Mazilla, jeune algérienne, Laghouat Gouache/papier 19x15cm/*7x5in* Paris 95
HENSELER Ernst 1852-? **[14]**
🖌 *$1 059 FF6 081* £645 Heimathaus des Künstlers Öl/Leinwand/Karton 30x25cm/*11x9in* Düsseldorf 97
🖌 *$9 140 FF46 200* £6 000 The Rendez-Vous Oil/board 49,5x71cm/*19x27in* London 96
HENSHALL John Henry 1856-1928 **[18]**
✏ *$2 470 FF12 650* £1 500 Home lessons Watercolour 36x25,5cm/*14x10in* London 96
HENSHAW Frederick Henry 1807-1891 **[35]**
🖌 *$770 FF4 700* £470 Old Oak, Packington Oil/canvas 66x53cm/*26x21in* Bournemouth, Dorset 98
🖌 *$1 252 FF7 677* £750 "Dunster, Somerset" Oil/canvas 33x43cm/*12x16in* London 98
✏ *$171 FF967* £104 Coming Down a Mointain near Ling Watercolour 19x23cm/*7x9in* West Midlands 97
HENSTENBURGH Herman 1667-1726 **[17]**
✏ *$6 745 FF38 610* £3 984 A Still Life with Roses and Other Flowers on an Outdoor Stone Ledge Gouache
41,5x30cm/*16x11in* Amsterdam 97
HENTSCHEL Konrad 1872-1907 **[9]**
🗿 *$1 209 FF6 929* £715 Junge auf Holzpferd Porcelain H17,5cm/*H6in* München 97
HENTZE Richard 1878-? **[1]**
✏ *$3 410 FF17 640* £2 200 Adam and Eve Pastel 105x76cm/*41x29in* London 96
HENZE Sara 1857-1936 **[5]**
🖌 *$2 262 FF13 185* £1 393 Stilleven met rozen Oil/canvas 65,5x50cm/*25x19in* Den Haag 97
HENZELL Isaac 1823-1875 **[14]**
🖌 *$5 269 FF31 589* £3 200 The Rescued Lamb Oil/canvas 46x36cm/*18x14in* Billingshurst, West Sussex 98
🖌 *$6 870 FF34 340* £4 490 Fishergirl on the rocks/Girl with a donkey Oil/canvas 33x44cm/*12x17in*
Stockholm 95
HENZIROSS Eugen 1877-1961 **[28]**
🎞 *$1 200 FF7 151* £719 "Casino Bern" Poster 122x77,5cm/*48x30in* New-York 98
HEPBURN Katharine XX **[1]**
✏ *$3 000 FF17 084* £1 841 Self Portrait as the Character Lizzie Curry from "The Rainmaker" Watercolour
31x23cm/*12x9in* Los Angeles 97
HEPPLE John Wilson XIX-XX **[17]**
✏ *$268 FF1 642* £160 A View in the Italian Lakes Watercolour/paper 26x45,5cm/*10x17in* Newcastle-upon-
Tyne 98
HEPPLE Norman R. 1908-1993 **[18]**
🖌 *$2 452 FF14 395* £1 500 Portrait of Effie, the Artist's Daughter Oil/canvas 51x41cm/*20x16in* London 97
HEPPLE Wilson 1854-1937 **[33]**
🖌 *$1 804 FF9 230* £1 200 Yes please ! Oil/panel 15x20cm/*5x7in* London 96
🖌 *$2 047 FF11 904* £1 250 Waterside cottage on the Coquet, near Ackington Oil/canvas 38x54cm/*14x21in*
Newcastle-upon-Tyne 97
✏ *$2 513 FF15 394* £1 500 A Brown Tabby Kitten Waiting by an Empty Bowl Watercolour/paper
28x38cm/*11x14in* Newcastle-upon-Tyne 98
HEPWORTH Barbara 1903-1975 **[151]**
🖌 *$20 503 FF117 702* £12 500 Drawing for Stone Sculpture Oil 58,5x32,5cm/*23x12in* London 97
🖌 *$27 885 FF160 075* £17 000 Two Women Oil 51x24cm/*20x9in* London 97
🎞 *$490 FF2 929* £300 Red and Black Composition Color lithograph 58x81cm/*22x31in* Billingshurst, West
Sussex 98

---

*$43 100 FF223 400 £28 000 Anthos Marble H24cm/*H9in* London 96
*$125 000 FF744 937 £76 650 Epidauros II Bronze 85x137x72,5cm/*33x53x28in* New-York 98
*$5 060 FF25 100 £3 200 Reclining nude Pencil 23x34cm/*9x13in* London 95

HERALD James Watterson 1859-1914 **[30]**
*$5 648 FF34 213 £3 500 The Violin Oil/canvas 57,5x35cm/*22x13in* Perthshire 97
*$2 259 FF13 685 £1 400 "The Lake in the Woods" Coloured chalks 36x40cm/*14x15in* Perthshire 97

HERAMB Thore 1916 **[12]**
*$3 507 FF21 327 £2 149 Landskap Oil/panel 50x65cm/*19x25in* Oslo 98
*$8 313 FF50 553 £5 094 Norefjell August Oil/canvas 100x131cm/*39x51in* Oslo 98

HERBERT Alfred c.1820-1861 **[24]**
*$1 422 FF7 360 £950 Barges on the Thames at Greenwhich Watercolour 38x64cm/*14x25in* London 96

HERBERT Harold Brocklebank 1892-1945 **[42]**
*$640 FF3 733 £393 Spanish Village Watercolour/paper 32x24cm/*12x9in* Sydney 97

HERBERT John Rogers 1810-1890 **[19]**
*$10 496 FF61 256 £6 240 "The New World in the West for Spain or for England" Oil/canvas 120x95cm/*47x37in* Stockholm 97
*$31 000 FF158 200 £20 500 Ruth at meal time with the reapers in the field of Boaz Oil/canvas 101x196cm/*39x77in* Tel Aviv 96
*$6 340 FF38 287 £3 800 The Orange Seller Watercolour/paper 46,5x28,5cm/*18x11in* London 98

HERBERT Sydney 1854-1914 **[20]**
*$2 053 FF10 020 £1 300 Going for Peat Oil/canvas 89x70cm/*35x27in* London 95

HERBERTE Edward Benjamin 1857-1893 **[29]**
*$5 067 FF30 000 £3 000 At the meet/Onto the Scent Oil/canvas 44x59cm/*17x23in* London 97
*$5 029 FF30 135 £3 000 Full Cry/Gone to Ground Oil/board 24x30,5cm/*9x12in* London 98
*$8 143 FF50 357 £5 000 In Full Cry Oil/canvas 253,5x102cm/*99x40in* Billingshurst, West Sussex 97

HERBIG Otto 1889-1971 **[67]**
*$2 834 FF16 733 £1 678 Frau mit Blumen Öl/Leinwand 70,5x55,5cm/*27x21in* Berlin 97
*$221 FF1 343 £135 Kind und Blumen Lithograph 49,5x66cm/*19x25in* Hamburg 98
*$1 002 FF5 725 £613 Ostseelandschaft Pastell/Papier 47,5x61,5cm/*18x24in* München 97

HERBIN Auguste 1882-1960 **[394]**
*$15 000 FF85 422 £9 310 Abstract composition Oil/canvas 46,4x26,7cm/*18x10in* New-York 97
*$31 750 FF165 000 £21 000 "Vache" Oil/canvas 73x100cm/*28x39in* London 96
*$42 100 FF220 000 £25 070 Saut Huile/toile 381x100cm/*150x39in* Paris 96
*$593 FF3 523 £352 Midi Screenprint in colors 49x34,5cm/*19x13in* Amsterdam 97
*$676 FF4 000 £406 Femme en buste Aquarelle/papier 55x44cm/*21x17in* Paris 97

HERBINIER Arsène 1869-? **[2]**
*$686 FF3 828 £420 "Salon des Cent, 38e Exposition d'ensemble" Poster 65x48cm/*25x18in* London 97

HERBO Fernand 1905-1995 **[524]**
*$545 FF3 200 £333 L'entrée du port Huile/isorel 46x61cm/*18x24in* Douai 97
*$1 029 FF6 000 £634 Le port de Saint-Gilles sur vie Huile/carton 15x21cm/*5x8in* Paris 97
*$4 500 FF27 173 £2 696 "Fête des marins dans le port de Honfleur" Oil/canvas 97x132cm/*38x51in* New-York 98
*$301 FF1 800 £184 Bateaux en mer Aquarelle/papier 11x18cm/*4x7in* Provins 98

HERBO Léon 1850-1907 **[84]**
*$225 FF1 311 £137 Flamande Huile/panneau 45x36cm/*17x14in* Antwerpen 97
*$777 FF4 253 £465 Elégante au chapeau fleuri Huile/panneau 35x26,5cm/*13x10in* Bruxelles 97
*$20 000 FF122 474 £11 970 The Jewel Box Oil/canvas 95,5x146cm/*37x57in* New-York 98

HERBST Adolf 1909-1983 **[65]**
*$3 007 FF17 879 £1 839 Blütenzweige in weisser Vase mit Tasse Öl/Leinwand 46x36cm/*18x14in* Bern 97
*$53 FF322 £33 Frauenkopf Encre Chine/papier 25,5x19cm/*10x7in* Zürich 98

HERBST Thomas Ludwig 1848-1915 **[29]**
*$3 109 FF18 444 £1 899 Bachlandschaft im Frühling Öl/Karton 57x37cm/*22x14in* Hamburg 98
*$4 480 FF22 400 £2 900 Kühe auf der Weide Öl/Leinwand 35x45,5cm/*13x17in* Düsseldorf 96
*$214 FF1 274 £131 Kind in baumreicher Landschaft Pencil/paper 19x15cm/*7x5in* Hamburg 98

HERBSTHOFFER Peter Rudolf Karl 1821-1876 **[9]**
*$1 728 FF8 800 £1 036 Le buveur/Le moine Huile/panneau 40x32cm/*15x12in* Paris 96

HERDMAN Robert 1829-1888 **[14]**

$3 240 FF16 550 £2 145 Sweet dreams Oil/panel 27,5x36cm/*10x14in* Glasgow 96
$433 FF2 532 £264 A Family's Prayer Aquarelle/papier 40,5x75cm/*15x29in* Montréal 97
HERDMAN Robert Inerarity XIX **[2]**
$3 720 FF18 888 £2 400 The White Dove Oil/panel 30x21cm/*11x8in* Auchterarder, Perthshire 96
$24 600 FF125 000 £16 000 Sighting a Deer, portrait of T.V. Wentworth, Esq. Oil/canvas 261x170cm/*102x66in* Auchterarder, Perthshire 95
HERDTLE Hermann 1819-1889 **[10]**
$4 140 FF20 330 £2 630 Gebirgsee im Abendsonnenlicht Öl/Leinwand 72x96cm/*28x37in* Stuttgart 95
$3 813 FF23 466 £2 333 Lugano und der Luganer See Oil/panel 31x42,5cm/*12x16in* Hildrizhausen 98
HEREAU Jules 1839-1879 **[12]**
$1 770 FF10 500 £1 082 Batterie de Marine sur les Buttes. Montmartre. Novembre 1870 Huile/toile 67x100cm/*26x39in* Grenoble 97
$2 140 FF12 500 £1 266 L'entrée du Hameau de St. Robert Huile/toile 32x27,5cm/*12x10in* Barbizon 97
HERGE Georges Rémi, dit 1907-1983 **[64]**
$1 220 FF6 000 £777 Tintin au Tibet Sérigraphie 100x70cm/*39x27in* Paris 95
$5 170 FF27 000 £3 080 Tintin et Milou accrochés aux pieds du condor (Le Temple du Soleil) Encre Chine/papier 20x10cm/*7x3in* Paris 96
HERGENRÖDER G. Heinrich (Attrib) 1736-c.1794 **[1]**
$4 060 FF21 000 £2 595 Scène classique avec ruines Huile/panneau 32x44,5cm/*12x17in* Angoulême 96
HERING George 1884-1936 **[2]**
$3 800 FF19 660 £2 464 Fisherfolk in the harbour of Volendam Oil/canvas 112x50cm/*44x19in* Amsterdam 96
HERING George Edwards 1805-1879 **[21]**
$1 200 FF7 142 £745 Figures Seated on a Covered Balcony on the Italian Mediterranean Oil/canvas 48x40cm/*19x16in* St. Louis, Miss. 97
$22 657 FF130 813 £13 500 On the Italian Lakes Oil/canvas 88x166cm/*34x65in* London 97
HERIOT George 1766-1844 **[18]**
$728 FF3 710 £480 London from Blackheath Watercolour 13,5x19cm/*5x7in* London 96
HERKENRATH Peter 1900-1992 **[91]**
$3 182 FF18 587 £1 953 Portrait einer Frau Öl/Leinwand 44x35,5cm/*17x13in* Köln 97
$3 182 FF18 587 £1 953 Cypressa Öl/Leinwand 105x80cm/*41x31in* Köln 97
$5 200 FF27 200 £3 096 Ohne Titel Öl/Leinwand 121x100cm/*47x39in* Köln 96
$1 119 FF6 702 £687 Orangefarbene Figuration Lithograph 65x50cm/*25x19in* Köln 98
$563 FF2 787 £358 Komposition Aquarell/Karton 59x45cm/*23x17in* Heidelberg 95
HERKOMER Herman Gustave 1862-1935 **[2]**
$4 560 FF28 200 £2 800 Portrait of Captain Weber Oil/canvas 111x85,5cm/*43x33in* Billingshurst, West Sussex 97
HERKOMER von Hubert 1849-1914 **[58]**
$887 FF4 937 £549 Blackthorn, New Forest Oil/canvas/board 24,5x34,5cm/*9x13in* Billingshurst, West Sussex 97
$236 FF1 355 £140 Hubert Herkomer and his Children Etching 35x20cm/*13x7in* London 97
$979 FF5 597 £600 The Offertory Watercolour 12x17cm/*4x6in* London 97
HERLAND Emma 1856-1947 **[20]**
$323 FF2 000 £194 Rochers à St. Tugen Huile/carton 24x37cm/*9x14in* Brest 97
$247 FF1 500 £149 Femme Bretonne devant un manoir Pastel/papier 39x31cm/*15x12in* Rennes 98
HERMAN Josef 1911-? **[177]**
$2 285 FF13 930 £1 400 Man with Goat Oil/canvas 25,5x35cm/*10x13in* London 98
$4 966 FF28 024 £3 043 Miner returning home Oil/canvas 73x58cm/*28x22in* London 97
$776 FF4 000 £500 Man and woman in a vineyard Ink 19x24cm/*7x9in* London 96
HERMAN Sali Yakubowitsch 1898-1993 **[73]**
$5 233 FF31 703 £3 243 Country House Oil/canvas 29,5x37cm/*11x14in* Melbourne 97
$7 477 FF45 290 £4 633 On the Seine Oil/board 63x66cm/*24x25in* Melbourne 97
$33 960 FF175 000 £22 500 Old Sydney Oil/board 96x182cm/*37x71in* Melbourne 96
HERMAN Simone 1905 **[125]**
$1 688 FF10 000 £1 011 Visage et papiers collés Huile/toile 35x30cm/*13x11in* La Varenne Saint-Hilaire 97
$2 700 FF16 000 £1 617 Composition, main et drapé vert Huile/toile 65x46cm/*25x18in* La Varenne Saint-

Hilaire 97

  $9 115 FF54 000 £5 459 Cheminées, manches à air et cordages Huile/toile 130x97cm/*51x38in* La Varenne Saint-Hilaire 97

  $557 FF3 300 £333 Navire à quai Gouache/papier 33x23cm/*12x9in* La Varenne Saint-Hilaire 97

HERMANJAT Jacques E. Abraham 1862-1932 **[13]**

  $1 296 FF8 048 £781 Der Mäher Öl/Leinwand 33x24cm/*12x9in* St.Gallen 98

  $9 206 FF56 933 £5 485 Wallister Berglandschaft Öl/Leinwand 72x51cm/*28x20in* Zürich 98

HERMANN Franz G. II (Attr.) 1692-1768 **[1]**

  $6 740 FF34 650 £4 200 Jacobs Ladder/An Allegory Oil/copper 42x55cm/*16x21in* London 96

HERMANN Hans 1813-1890 **[5]**

  $1 986 FF10 210 £1 200 Windmills by a Dutch Canal Oil/board 38x30cm/*14x11in* London 96

  $9 510 FF49 300 £6 170 The Flower Market along the Canal Huile/toile 59,5x80cm/*23x31in* Montréal 96

  $1 200 FF7 134 £734 Along the Canal, Amsterdam Watercolour, gouache 21,5x29cm/*8x11in* New-York 97

HERMANN Hans (Attrib.) 1813-1890 **[1]**

  $3 260 FF16 860 £2 102 Fruit on a ledge Oil/panel 20x25cm/*7x9in* Wien 96

HERMANN Hermann Huppen, dit 1938 **[6]**

  $1 017 FF5 000 £648 "Les Loups du Wyoming", pour la série Comanche Encre Chine 48x38cm/*18x14in* Paris 95

HERMANN Leo 1853-1927 **[10]**

  $6 500 FF38 852 £3 978 L'heure de la pipe Oil/panel 15x10cm/*5x3in* New-York 97

HERMANN Ludwig 1812-1881 **[42]**

  $6 209 FF35 377 £3 895 Holländische Stadt an einem belebten Kanal Öl/Leinwand 60x83,5cm/*23x32in* Zürich 97

HERMANN-PAUL 1874-1940 **[26]**

  $260 FF1 356 £152 Amor und Psyche Etching, aquatint in colors 14,6x20cm/*5x7in* Berlin 96

  $245 FF1 400 £150 Les gardins Aquarelle 20x30cm/*7x11in* Provins 97

HERMANNS Heinrich 1862-1942 **[39]**

  $3 245 FF16 920 £2 145 An der Wassermühle Öl/Leinwand 45x60cm/*17x23in* Düsseldorf 96

  $3 825 FF21 959 £2 332 Marktag am Jan Wellem Oil/panel 13x27cm/*5x10in* Düsseldorf 97

  $8 500 FF43 400 £5 600 Amsterdamer Gracht mit ankerndem Dreimaster Öl/Leinwand 120x170cm/*47x66in* Wien 96

  $404 FF2 361 £244 Markttreiben auf dem Rathausplatz in Düsseldorf Radierung 57x51cm/*22x20in* Köln 97

  $1 059 FF6 081 £645 Bäuerin mit Kühen auf dem Heimweg in der Heide Aquarell 32x52cm/*12x20in* Düsseldorf 97

HERMANS Charles 1839-1924 **[45]**

  $2 190 FF12 483 £1 368 Frau am kaminfeuer Oil/canvas 71,5x52cm/*28x20in* Bremen 97

  $2 168 FF13 000 £1 328 Couple Huile/toile 31x26cm/*12x10in* Antwerpen 97

HERMANSON Olaf August 1849-1897 **[47]**

  $2 370 FF12 280 £1 530 Two puppies and a frog Oil/panel 23x29cm/*9x11in* Köbenhavn 96

  $3 511 FF21 088 £2 097 Dådyr ved ålöb i bögeskov Oil/canvas 74x57cm/*29x22in* Köbenhavn 98

HERMANUS Paul 1859-1911 **[19]**

  $570 FF2 850 £369 Pont en Hollande Huile/panneau 46x33,5cm/*18x13in* Bruxelles 96

  $2 717 FF15 504 £1 662 Strandgezicht te Heist Gouache/paper 17x34cm/*6x13in* Lokeren 97

HERMELIN Olof 1827-1913 **[148]**

  $1 303 FF6 830 £784 Insjövik med eka Oil/canvas 20x41cm/*7x16in* Stockholm 96

  $3 320 FF16 900 £1 984 Fjällandskap Oil/canvas 58x78cm/*22x30in* Stockholm 96

  $9 720 FF58 056 £5 950 Vårbyk Oil/canvas 92x148cm/*36x58in* Stockholm 98

  $1 223 FF6 100 £799 Vandring i skogen Akvarell 27x36cm/*10x14in* Stockholm 95

HERMES Erich 1881-1971 **[28]**

  $1 235 FF7 459 £750 "Montreux-Berner-Oberland" Poster 102x64cm/*40x25in* London 98

HERMES Gertrude Anna B. 1901-1983 **[17]**

  $452 FF2 697 £280 The Spate Woodcut 61x82,5cm/*24x32in* London 97

HERMITTE Jeanne XX **[2]**

  $3 351 FF20 234 £2 011 Blick auf eine Weide und eine Allee Pastel/paper 46x28,5cm/*18x11in* Luzern 98

HERMOSO MARTINEZ Eugenio 1883-1963 **[15]**

  $2 762 FF16 787 £1 657 Muchacha con mantilla Oleo/lienzo 48x48cm/*18x18in* Madrid 98

HERN Charles Edward 1848-1894 **[6]**

  $760 FF4 581 £460 St Martins in the Field and the National Gallery from Trafalgar Square Watercolour/paper

22x13,5cm/*8x5in* Oakwellgate, Gateshead 98
HERNANDEZ Daniel 1856-1932 **[7]**
$2 995 FF18 101 £1 800 Portrait of Mme Helene Balli Oil/canvas 43,5x35,5cm/*17x13in* West Wycombe, Buckinghamshire 98
$12 540 FF75 430 £7 790 Baile de máscaras Oleo/tabla 66x35,5cm/*25x13in* Madrid 97
HERNANDEZ José 1944 **[17]**
$10 540 FF62 000 £6 355 Naturaleza muerta Oleo/lienzo 65x81cm/*25x31in* Madrid 97
$258 FF1 512 £155 Deseo amenazado Aguafuerte 56x76cm/*22x29in* Madrid 97
$891 FF5 332 £540 El desfigurado Técnica mixta/papel 22x14cm/*8x5in* Madrid 98
HERNANDEZ Luis Cruz 1950 **[1]**
$4 749 FF27 988 £2 837 Composicion Antillana Acrylic/canvas 96,5x122cm/*37x48in* New-York 97
HERNANDEZ MOMPO Manuel 1927-1992 **[22]**
$8 840 FF51 740 £5 460 Sin titulo Oleo/lienzo 55x46cm/*21x18in* Madrid 97
$462 FF2 779 £287 Composición Litografía 86x64cm/*33x25in* Madrid 97
$8 050 FF40 700 £5 280 "La Ciudad" Acuarela, gouache/papel 70x100cm/*27x39in* Madrid 96
HERNANDEZ MONJO Francisco XIX-XX **[16]**
$1 280 FF7 900 £760 Venecia Oleo/tabla 24x50cm/*9x19in* Madrid 98
$3 575 FF21 725 £2 145 Marina Oleo/lienzo 60x80cm/*23x31in* Madrid 98
HERNANDEZ MORILLO Daniel 1856-1932 **[41]**
$9 000 FF51 282 £5 512 Before the Masked ball Oil/canvas 66x36cm/*25x14in* New-York 97
$32 500 FF185 185 £19 906 Reclining Nude Oil/canvas 932x151cm/*366x59in* New-York 97
$1 008 FF5 572 £616 La pereza/La visita Litografía 31x24cm/*12x9in* Madrid 97
HERNANDEZ PIJUAN Joan 1931 **[10]**
$4 485 FF25 805 £2 665 Serie Negra con desgarro blanco No. 1 Oleo/lienzo 100x81cm/*39x31in* Madrid 97
$435 FF2 567 £266 Composición Litografia 75x171cm/*29x67in* Madrid 98
$1 040 FF6 320 £640 Estudio de florel Tinta/papel 70x100cm/*27x39in* Madrid 98
HERNANDEZ Sergio 1957 **[7]**
$20 000 FF116 822 £11 834 Palmeras Oil/canvas 150x150cm/*59x59in* New-York 97
HERNE Charles Edward XIX-XX **[5]**
$1 423 FF8 618 £849 Hinde Street, Manchester Square Bodycolour 13x22cm/*5x8in* London 97
HERNLUND Ferdinand 1838-1902 **[7]**
$1 075 FF5 300 £701 Göta Kanal från Ramshällsberget vid Söderköping Oil/canvas 40x25cm/*15x9in* Stockholm 95
$3 980 FF19 600 £2 564 Strandpromenaden Oil/canvas 37x60cm/*14x23in* Stockholm 95
HEROLD Georg 1947 **[33]**
$2 105 FF12 760 £1 291 Ohne Titel Mixed media/canvas 40x30cm/*15x11in* Hamburg 98
$5 500 FF31 884 £3 242 Caviar Painting Oil/canvas 220x200cm/*86x78in* New-York 97
$901 FF5 367 £551 Nose pressing Object 74,5x55cm/*29x21in* Köln 98
HÉROLD Jacques 1910-1987 **[76]**
$398 FF2 200 £248 Composition Huile/panneau 24x16cm/*9x6in* Paris 97
$6 501 FF38 000 £3 967 Fragment de liberté Huile/toile 46x38cm/*18x14in* Paris 97
$123 FF736 £74 Secret vegetal Etching, aquatint in colors 35x27cm/*13x10in* Berlin 97
$1 026 FF6 000 £626 Composition surréaliste Fusain/papier 38x32cm/*14x12in* Paris 97
HEROLT-GRAFF Johanna Helena 1668-c.1720 **[1]**
$7 606 FF43 538 £4 493 White roses with a Pupa, a caterpillar & a butterfly Watercolour 38x29cm/*14x11in* Amsterdam 97
HERON James ?-1919 **[6]**
$960 FF5 887 £580 Cattle Resting by a Loch Lomond Oil/canvas 71x102cm/*27x40in* London 98
HERON Patrick 1920 **[69]**
$7 842 FF46 874 £4 800 Still life: black, grey & white Oil/canvas 76x127cm/*29x50in* London 97
$9 505 FF55 555 £5 800 Small light blue- red disc Oil/canvas 25,5x35,5cm/*10x13in* London 97
$67 219 FF393 095 £41 000 "Blue Painting" Oil/canvas 183x152,5cm/*72x60in* London 97
$330 FF2 050 £197 Untitled Silkscreen 58x80cm/*22x31in* Sydney 98
$4 200 FF25 048 £2 600 Untitled Gouache/paper 66,5x42,5cm/*26x16in* London 97
HÉROUX Bruno 1868-1944 **[30]**
$87 FF502 £51 Goethe-Portrait Radierung 40x26cm/*15x10in* Dresden 97

HERP van Willem 1614-1677 **[25]**
  $8 165 FF50 000 £4 870 Le repos pendant la fuite en Égypte Huile/cuivre 82x103,5cm/*32x40in* Argenteuil 98
  $35 000 FF213 283 £21 322 The Annunciation Oil/canvas 120x150cm/*47x59in* New-York 98
HERP van Willem (Attrib.) 1614-1677 **[5]**
  $2 990 FF18 200 £1 780 Cour de ferme animée Huile/toile 57x82cm/*22x32in* Bruxelles 98
  $7 241 FF43 000 £4 386 Le Christ et la femme adultère Huile/toile 104x187cm/*40x73in* Paris 97
HERPFER Karl 1836-1897 **[11]**
  $7 796 FF46 048 £4 710 The servant girl Oil/canvas 69x53cm/*27x20in* Amsterdam 97
  $25 000 FF147 842 £15 167 Weaving Garlands Oil/canvas 8,5x61,5cm/*3x24in* New-York 98
  $40 000 FF207 700 £26 450 The Garland Oil/canvas 152x102cm/*59x40in* New-York 96
HERPIN Albert XIX-XX **[2]**
  $1 308 FF7 626 £800 "Malo les Bains près Dunkerque" Affiche 116,5x85,5cm/*45x33in* London 97
HERPIN Léon Pierre 1841-1880 **[7]**
  $1 367 FF8 200 £823 "Marine" Huile/panneau 33x52cm/*12x20in* Paris 98
  $1 638 FF9 738 £972 Le long du canal Huile/toile 30x50cm/*11x19in* Antwerpen 97
HERR Laurenz 1787-c.1845 **[2]**
  $463 FF2 414 £275 Der heilige Laurentius mit dem Rost, nach Veronese Aquarell/Papier 40x27cm/*15x10in* Wien 96
HERR Michael 1591-1661 **[1]**
  $2 210 FF13 052 £1 309 Das Jüngste Gericht Ink 32,3x40cm/*12x15in* Berlin 97
HERRAN Saturnino 1887-1918 **[2]**
  $8 000 FF45 924 £4 876 Estudio Para El Trabajo Charcoal/paper 42x41,5cm/*16x16in* New-York 97
HERREMANS Lievin 1858-1886 **[31]**
  $840 FF4 180 £550 Op het terras Huile/panneau 27x42cm/*10x16in* Lokeren 95
HERRENBURG Johann Andreas 1824-1906 **[5]**
  $5 463 FF33 557 £3 277 Die Ebene von Paphos mit dem Olymp Oil/canvas 83x111cm/*32x43in* Köln 98
HERRERA Carlos María 1875-1914 **[5]**
  $949 FF4 909 £616 Bahía y cerro de Montevideo Oleo/tabla 15x25cm/*5x9in* Montevideo 96
HERRERA Felipe 1947 **[1]**
  $4 500 FF26 881 £2 752 Concierto barroco en el reino de este mundo Mixed media/paper 69x92,5cm/*27x36in* New-York 98
HERRERA Francisco el Mozzo 1612/22-1685 **[1]**
  $2 000 FF11 049 £1 243 The Martyrdom of Saint Raymond Nonnatus Black chalk 14,6x21cm/*5x8in* New-York 97
HERRFELDT Marcel René 1890-1965 **[19]**
  $2 328 FF13 458 £1 434 Schleier aus Wasser Öl/Leinwand 90x70cm/*35x27in* München 97
HERRIMAN George 1880-1944 **[26]**
  $7 000 FF40 744 £4 314 Ignatz's Birthday Supper Pencil 48x43cm/*19x17in* New-York 97
HERRING Benjamin XIX **[3]**
  $5 892 FF34 318 £3 600 Over the ditch Oil/canvas 35,5x63,5cm/*13x25in* London 97
HERRING Benjamin II 1830-1871 **[12]**
  $1 830 FF10 027 £1 100 Farmyard Animals Oil/canvas 61x51cm/*24x20in* London 97
  $2 250 FF11 480 £1 490 The Steeplechase Oil/canvas 28x51cm/*11x20in* New-York 96
  $30 000 FF181 599 £17 733 "The flying Dutchman" with Charlie Marlow up Oil/canvas 120x212cm/*47x83in* New-York 98
HERRING Frank Stanley 1894-? **[2]**
  $3 749 FF22 398 £2 295 Uncle Ben and Aunt Emma Watercolour/board 52,5x37,5cm/*20x14in* New-York 98
HERRING John F. (Cercle) [2]
  $4 500 FF22 970 £2 980 A Bay Racehorse with Jockey up Oil/canvas 41x51cm/*16x20in* New-York 96
HERRING John F., Jnr (Attr.) 1820-1907 **[11]**
  $2 533 FF15 000 £1 500 A Horse and Pony in a Barn Oil/canvas 39,5x39,5cm/*15x15in* London 97
HERRING John F., Snr (Attr.) 1795-1865 **[6]**
  $7 260 FF43 450 £4 400 Caballero inglés junto a su caballo, con escena de cacería al fondo Oleo/lienzo 75,5x63,5cm/*29x25in* Madrid 98
  $1 350 000 FF7 830 675 £830 790 The start for the Derby Oil/canvas 102x152cm/*40x59in* New-York 97
HERRING John Frederick, Jnr. 1820-1907 **[197]**
  $683 FF3 981 £420 Chickens in a Barn Oil/canvas 25,5x20,5cm/*10x8in* Sydney 97

$19 000 FF99 100 £11 480 Country Life Oil/canvas 70,5x91,5cm/*27x36in* New-York 96

$115 000 FF587 000 £76 100 Horses with Cattle and Pigs in a Farmyard with a distant Landscape Oil/canvas 91,5x152,5cm/*36x60in* New-York 96

$904 FF5 490 £549 Horses Feeding in Farmyard Watercolour 19x26,5cm/*7x10in* London 98

HERRING John Frederick, Snr. 1795-1865 **[199]**

$1 416 FF8 380 £852 Weidelandschaft mit Stier und Kühen Öl/Leinwand 70x105,5cm/*27x41in* Lindau 98

$1 800 FF10 707 £1 100 Horses and Chickens in a Farmyard Oil/canvas 35x40cm/*14x16in* St. Louis, Miss. 98

$275 000 FF1 400 000 £165 000 Two Gentleman with Pointers on a Grouse Moor Oil/canvas 102,5x146,5cm/*40x57in* London 96

$439 FF2 611 £268 "Plenipotentiary, the Winner of the Derby Stakes at Epsom, 1834" Aquatint 32x42cm/*12x16in* Bern 98

$1 137 FF6 817 £680 A Farmyard Scene in Winter Watercolour 20,5x30,5cm/*8x12in* Bath 98

HERRLEIN Johann Andreas 1720-1796 **[5]**

$15 363 FF87 986 £9 378 Bauerfamilie in der Stube Oil/wood 20x27,6cm/*7x10in* Hamburg 97

HERRMANN Carl 1857-? **[4]**

$16 919 FF97 129 £10 315 Hafen in Holland (Vlissingen) Öl/Leinwand 68,5x49cm/*26x19in* Berlin 97

HERRMANN Curt 1854-1929 **[5]**

$11 181 FF64 189 £6 817 Tischstilleben mit Tischdecke, Schale, Fläschen und Deckeldose Öl/Karton 40x50cm/*15x19in* Berlin 97

HERRMANN Hans 1813-1890 **[5]**

$2 756 FF15 981 £1 646 The Harbour of Breskens Oil/cardboard 20x28cm/*7x11in* Amsterdam 97

HERRMANN Hans 1858-1942 **[45]**

$3 575 FF18 700 £2 130 Holl. Seelandschaft mit Mühle Öl/Leinwand 63x47cm/*24x18in* Rudolstadt-Thüringen 96

$3 601 FF20 972 £2 200 Dordrecht harbour Oil/board 32x41cm/*12x16in* London 97

$1 038 FF5 410 £687 Holländischer Stadtkanal Aquarell/Papier 15x12,5cm/*5x4in* Düsseldorf 96

HERRMANN Johann 1794-1880 **[2]**

$6 520 FF33 760 £4 360 Familienportrait (Ernest Radinger) Öl/Leinwand 117x93cm/*46x36in* Lindau 96

HERRMANN Leo 1853-1927 **[6]**

$1 800 FF10 514 £1 065 The Cardinal's Repose Oil/panel 9x10cm/*3x4in* Boston, Mass. 97

HERRMANN Willy 1895-? **[15]**

$1 883 FF10 810 £1 148 Märkische Sumpflandschaft Öl/Leinwand 70x100cm/*27x39in* Düsseldorf 97

HERRSTRÖM Merete 1945 **[3]**

$2 250 FF11 430 £1 457 Nude seated girl Oil/canvas 70x60cm/*27x23in* Stockholm 95

HERSCHEL Otto John 1871-1937 **[8]**

$998 FF5 945 £593 Portrait of an Asian Woman Oil/canvas 91,5x71,5cm/*36x28in* Amsterdam 97

HERSCHEND Oscar 1853-1891 **[28]**

$785 FF3 990 £509 Dunes landscape Oil/canvas 37x62cm/*14x24in* København 95

HERSENT François Étienne 1823-1889 **[1]**

$12 000 FF68 376 £7 350 Le Bataillon carré en Crimée Oil/canvas 75x119cm/*29x46in* New-York 97

HERSENT Louis 1777-1860 **[13]**

$2 569 FF15 000 £1 554 Portrait de jeune femme au chapeau à plume Huile/toile 79x64cm/*31x25in* Paris 97

$5 217 FF31 000 £3 183 Monsieur de Roche Dragon et le Duc de Berry Huile/toile 31x23cm/*12x9in* Paris 98

$70,198 FF422 620 £42 000 Les baigneuses Oil/canvas 131x138,5cm/*51x54in* London 98

HERSON Émile A. 1805-? **[2]**

$1 697 FF8 800 £1 120 Une rue, ville de Normandie Aquarelle, gouache 46x30,5cm/*18x12in* Pontoise 96

HERTEL Albert 1843-1912 **[23]**

$870 FF5 047 £535 Italienische Landschaft mit Häuser und Kirche Öl/Leinwand/Karton 40x26,5cm/*15x10in* Radolfzell 97

$2 874 FF16 372 £1 785 Aegyptisk tempelruin ved solnedgang Oil/canvas 75x60cm/*29x23in* Vejle 97

HERTEL Carl Konrad 1837-1895 **[6]**

$1 334 FF8 184 £800 The Young Choir Singers Oil/panel 21x16cm/*8x6in* London 98

HERTER Adele 1869-1946 **[4]**

$1 450 FF8 836 £888 Still Life with Fruit and Cucumbers Pastel/canvas 74x50cm/*29x20in* New-York 98
HERTER Albert 1871-1950 **[19]**
$11 000 FF68 280 £6 595 Blooming Flowers Oil/canvas 50x60cm/*20x24in* Mystic, Connecticut 98
$2 500 FF14 509 £1 526 A Portrait of Aglaia Watercolour, gouache 56x49,5cm/*22x19in* Los Angeles 97
HERTER Ernst Gustav 1846-1917 **[2]**
$39 093 FF228 352 £24 000 Diana seated with a Boar Sculpture H40cm/*H15in* London 97
HERTERICH Eduard 1905-1994 **[5]**
$213 FF1 214 £133 Wehrturm mit herbstlichen Bäumen Aquarell 50x35,5cm/*19x13in* Bielefeld 97
HERTERICH Johann Caspar 1843-1905 **[1]**
$4 030 FF23 800 £2 435 Die junge Mutter Öl/Leinwand 38,5x28cm/*15x11in* Wien 97
HERTZ Mogens 1909 **[85]**
$227 FF1 320 £134 Udsigt over bugt med havn i forgrunden Oil/canvas 65x81cm/*25x31in* København 97
$446 FF2 230 £289 Gudhjem Oil/canvas 27x46cm/*10x18in* Viby J, Århus 96
HERVÉ Jules René 1887-1981 **[467]**
$600 FF3 541 £355 "Château de Chauflatreux" Oil/canvas 21x26cm/*8x10in* Elgin, Illinois 97
$1 793 FF10 576 £1 100 Notre Dame Oil/canvas 44x53,5cm/*17x21in* Billingshurst, West Sussex 98
$124 FF630 £80 American troops in the field: "Cuisines roulantes, Reims" Watercolour 15x22cm/*5x8in* London 96
HERVÉ Régis 1947 **[97]**
$135 FF800 £83 "En hommage à Barbara Edwards" Huile/isorel 33x24cm/*12x9in* La Roche-sur-Yon 97
$2 978 FF17 206 £1 836 Nature morte à la faïence eu aux fruits Huile/toile 38x46cm/*14x18in* Mutterstadt 97
HERVÉ-MATHÉ Jules Alfred 1868-1953 **[139]**
$775 FF4 000 £499 Printemps sur la colline de Rouillon Huile/panneau 27x35cm/*10x13in* Calais 96
$1 308 FF8 000 £785 Treboul, marée basse Huile/panneau 38,5x46cm/*15x18in* Bayeux 98
$4 880 FF25 000 £2 964 Le marché au draps à Concarneau Pastel 50x61cm/*19x24in* Bayeux 96
HERVIER Louis-Adolphe 1818-1879 **[80]**
$2 094 FF13 000 £1 255 Retour de pêche Huile/panneau 21,5x30cm/*8x11in* Paris 98
$2 980 FF15 330 £1 800 Figure and poultry before a cottage Oil/canvas 54x66cm/*21x25in* London 96
$761 FF3 800 £497 La Cour Saint-André, Caen Aquarelle 18x13,5cm/*7x5in* Barbizon 95
HERVIEU Louise 1878-1954 **[44]**
$740 FF4 500 £446 Nature morte de pommes et de poires Fusain 24,5x29cm/*9x11in* Paris 98
HERWERDEN van Jacob Dirck 1806-1870 **[2]**
$45 766 FF270 480 £28 322 Javanese landscape with the Gunung Smeru in the distance Oil/canvas 38x58cm/*14x22in* Singapore 97
HERWIJNEN van Jan 1889-1965 **[29]**
$1 089 FF6 444 £654 Cyclamen Oil/canvas 62x50cm/*24x19in* Amsterdam 97
HERZ Walter 1909-? **[2]**
$2 279 FF14 000 £1 366 "Olympic Games, 29 July-14 August 1948, London" Affiche 64x50cm/*25x19in* Paris 98
HERZEL Paul 1876-? **[2]**
$10 000 FF58 928 £6 176 A Cowboyon a Bucking Bronco Bronze H58,5cm/*H23in* New-York 97
HERZGER Walter 1901-1985 **[7]**
$153 FF906 £95 Harfespieler Radierung 25x19,5cm/*9x7in* Konstanz 97
$1 044 FF6 056 £642 Rittersporn und Mohn in blauer Vase Aquarelle/vélin 48x31,5cm/*18x12in* Heidelberg 97
HERZIG Édouard 1860-1926 **[18]**
$5 280 FF32 000 £3 238 Devant une porte de Fès Huile/panneau 65x48cm/*25x18in* Paris 98
$1 567 FF8 000 £1 032 Caravane de nomades, Algérie Gouache 47x62,5cm/*18x24in* Paris 96
HERZIG Gottfried 1870-1922 **[10]**
$674 FF3 460 £420 Alpine Landschaft Öl/Leinwand 63x56,5cm/*24x22in* Bern 96
HERZIG Heinrich 1887-1964 **[39]**
$392 FF1 956 £256 Vor der Taverne Öl/Karton 11x11cm/*4x4in* Zofingen 95
$1 402 FF8 281 £830 Semtisersee Öl/Leinwand 50x64cm/*19x25in* Zofingen 97
$379 FF2 176 £224 Schloss Vaduz Aquarell/Papier 23x29cm/*9x11in* St.Gallen 97
HERZIG Wolfgang 1941 **[31]**
$9 400 FF48 100 £6 030 "Kämmende" Öl/Leinwand 150x106cm/*59x41in* Wien 96

$31 900 FF156 700 £20 300 "Verlobte" Öl/Leinwand 115x93cm/45x36in Wien 95
$1 927 FF9 740 £1 265 "Allerseelen" Mischtechnik/Papier 20,5x16cm/8x6in Wien 96
HERZINGER Anton 1763-1826 [1]
$780 FF4 056 £504 "Denkmal auf Klopstock" Etching, aquatint 64,5x78cm/25x30in Heidelberg 96
HERZMANOWSKY-ORLANDO von Fritz 1877-1954 [30]
$961 FF5 708 £571 Herzmanovskys Abstrusianum Print 40x35cm/15x13in Wien 97
$1 200 FF6 210 £802 Aufforderung zur Uberfahrt Coloured pencils/paper 20x25cm/7x9in New-York 96
HERZOG Hermann 1832-1932 [106]
$1 087 FF5 670 £657 Fossestryk i Hallingdal Oil/canvas 56x68cm/22x26in Oslo 96
$2 749 FF16 435 £1 666 Struck by lightning Oil/canvas 33,7x23,5cm/13x9in San Francisco-Los Angeles 97
$17 300 FF85 600 £11 000 Gebirgsbach mit Mühlen Oil/canvas 132x212cm/51x83in London 95
$6 000 FF34 364 £3 549 High Sierras Watercolour/paper 50x35cm/20x14in Santa Fe, New Mexico 97
HERZOG Josef 1939 [1]
$1 129 FF6 595 £668 Ohne Titel Aquarell/Papier 41,5x29,5cm/16x11in Luzern 97
HERZOG Oswald 1881-? [1]
$18 750 FF97 100 £12 000 Knieende Sculpture, wood H14,8cm/H5in London 96
HESELDIN James 1887-1969 [144]
$472 FF2 860 £290 Penzance From Newlyn Watercolour/paper 25x35cm/10x14in Par, Cornwall 98
HESLER Alexander 1829-1895 [12]
$1 500 FF8 834 £925 Selected Abraham Lincoln portraits (2) Platinum print 23x18cm/9x7in New-York 97
HESS Benedikt Franz 1817-? [2]
$1 817 FF9 470 £1 098 Blick von erhöhter Warte auf ein altes Städtchen Oil/panel 18,5x25,5cm/7x10in Stuttgart 96
HESS Carl (Attrib.) 1801-1874 [1]
$8 420 FF47 920 £5 160 Motiv aus Rovereto Öl/Leinwand 74x100cm/29x39in Wien 97
HESS Johann Franz Adam c.1740-1814 [1]
$1 005 FF6 070 £603 Junger Mann mit zwei Pferden in Parklandschaft Aquarell/Papier 20x25,7cm/7x10in Luzern 98
HESS Julius 1878-1957 [11]
$3 638 FF21 782 £2 234 Stilleben mit Krug und Obst Öl/Leinwand 49x62,5cm/19x24in München 98
HESS Marcel 1878-1948 [37]
$1 071 FF6 213 £668 Rozen en blauwe kruik Huile/toile 56x61,5cm/22x24in Lokeren 97
$428 FF2 167 £280 Ruelle à Fez Pastel 70x54cm/27x21in Bruxelles 96
HESS von Peter 1792-1871 [15]
$16 355 FF100 030 £10 000 A Band of Cossacks Oil/panel 57x80cm/22x31in London 98
$565 FF3 347 £335 Grivas, griechischer Freiheitskämpfer Black chalk/paper 65x54cm/25x21in Dresden 97
HESSE Alexandre 1806-1879 [13]
$6 100 FF32 000 £3 670 Jeune Romaine au tambourin Huile/toile 98x74,5cm/38x29in Paris 96
HESSE Alexandre (Attrib.) 1806-1879 [1]
$14 700 FF75 000 £9 720 Scène de la Renaissance espagnole Huile/toile 73x83cm/28x32in Rodez 96
HESSE Bruno 1905 [48]
$888 FF5 282 £543 Blühende Wiesenlandschaft mit Hügelzug Öl/Karton 25,5x33,5cm/10x13in Bern 97
$307 FF1 828 £188 Hügeliche Felderlandschaft bei Häcklingen mit den Alpen Aquarell/Papier 23,5x29,5cm/9x11in Bern 97
HESSE Eva 1936-1970 [33]
$11 000 FF56 000 £6 600 Untitled Oil/canvas 38x38cm/14x14in New-York 96
$62 000 FF370 369 £37 999 Boxes Mixed media 58x50cm/22x19in New-York 98
$55 000 FF319 027 £32 510 Untitled Sculpture 28x34,5x24cm/11x13x9in New-York 97
$1 100 000 FF6 296 510 £649 770 Vinculum I Construction 261,5x58,5x78,5cm/102x23x30in New-York 97
$22 000 FF127 833 £12 988 Untitled Ink/paper 28x21,5cm/11x8in New-York 97
HESSE Henri Joseph 1781-1849 [20]
$4 968 FF30 000 £3 018 Jeune aristocrate au chapeau à plumes d'autruches Huile/toile 84x65cm/33x25in Lyon 98
HESSE Hermann 1877-1962 [40]
$600 FF3 691 £360 Ohne Titel Watercolour 5,5x6cm/2x2in Stuttgart 98

HESSELBOM Otto 1848-1913 **[33]**
- *$539 FF3 218 £328* Träd i mansken Oil/panel 26,5x21cm/*10x8in* Stockholm 98
- *$2 376 FF12 300 £1 535* "Från Trollhättan, Göta alv" Oil/canvas 53x76cm/*20x29in* Stockholm 96

HESSING Gustav 1909-1983 **[129]**
- *$5 780 FF29 230 £3 794* Stilleben mit Flaschen und Obst Öl/Leinwand 61,4x86,5cm/*24x34in* Wien 96
- *$8 330 FF43 300 £5 510* "Rella" Öl/Leinwand 91x137cm/*35x53in* Wien 96
- *$1 793 FF8 810 £1 142* Landschaft Aquarell/Papier 48x40,5cm/*18x15in* Wien 95

HESSL Gustav August 1849-1926 **[8]**
- *$6 100 FF30 800 £4 000* The Treat Oil/panel 33,5x44cm/*13x17in* London 96
- *$6 202 FF36 060 £3 787* Jupiter und Jo Öl/Leinwand 161x72cm/*63x28in* Wien 97

HESSLER Otto Rudolf 1858-? **[3]**
- *$9 771 FF55 710 £6 000* An Allegory of Summer Oil/canvas 98x169cm/*38x66in* London 97

HESSMERT Karl 1869-1928 **[6]**
- *$3 564 FF21 217 £2 179* Spätsommerabend Öl/Leinwand 86x123cm/*33x48in* Berlin 98

HESTER Edward Gilbert ?-1903 **[8]**
- *$231 FF1 197 £150* Starting from the Kennels, after E.A.S. Douglas Aquatint 49x79cm/*19x31in* London 96

HESTER Joy 1920-1960 **[16]**
- *$5 265 FF30 684 £3 243* Nude, study of Pauline Mac Carthy Watercolour/paper 69,5x47cm/*27x18in* Melbourne 97

HESTER Robert Wallace XIX-XX **[1]**
- *$3 740 FF21 335 £2 300* The Daisy Girl Oil/canvas 38,5x28,5cm/*15x11in* Billingshurst, West Sussex 97

HETTNER Otto 1875-1931 **[6]**
- *$1 060 FF6 369 £636* Parkbank unter Bäumen, Ausblick auf Häuser am Hang und in eine Ebene Oil/canvas 83x110cm/*32x43in* Stuttgart 98

HETZ Carl 1828-1899 **[3]**
- *$3 200 FF15 950 £2 096* The Letter Oil/canvas 26,2x21,4cm/*10x8in* Philadelphia 95
- *$4 160 FF21 720 £2 476* Südliche Küstenansicht Öl/Leinwand 89x120cm/*35x47in* Wien 96

HETZEL George 1826-1906 **[10]**
- *$4 900 FF29 787 £2 973* Scalp Level Forest Interior Oil/board 26x33cm/*10x13in* Pittsburgh, PA 98
- *$16 000 FF92 860 £9 769* Still Life with Melons, Peaches, Apples, Grapes and Pears Oil/canvas/board 56x81,5cm/*22x32in* Los Angeles 97

HEUBERGER Felix 1888-1968 **[7]**
- *$2 412 FF14 271 £1 431* Grosslockner Oil/panel 84x100cm/*33x39in* Wien 97

HEUF Herman 1875-1945 **[6]**
- *$1 475 FF7 500 £942* Horses along a canal, Amsterdam Oil/canvas/panel 37x40cm/*14x15in* Amsterdam 96

HEULLANT Félix Armand 1834-? **[4]**
- *$8 285 FF49 000 £4 973* Couple au bord d'un bassin dans un paysage antique Huile/panneau 93x53cm/*36x20in* Paris 97

HEURLIN Mag. Colcord, Rusty 1895-1986 **[5]**
- *$10 000 FF58 617 £6 155* The Protector Oil/board 88x63cm/*35x25in* Anchorage, AK 97

HEURTAUX André 1898-1963 **[27]**
- *$385 FF2 282 £228* H 106, Geometrische Komposition Gouache/papier 13x23cm/*5x9in* Zürich 97

HEUSCH de Jacob 1656-1701 **[16]**
- *$24 000 FF118 400 £15 500* Arcadian Landscape with a Travellers conversing Oil/canvas 83x89cm/*32x35in* New-York 96

HEUSCH de Jacob (Attrib.) 1656-1701 **[5]**
- *$21 940 FF115 000 £13 200* Scènes de port de méditerranéen Huile/toile 61x95,5cm/*24x37in* Paris 96

HEUSCH de Willem 1618-1692 **[16]**
- *$6 510 FF33 140 £3 905* Italianate landscape Oil/panel 39x44,5cm/*15x17in* Amsterdam 96
- *$7 418 FF44 000 £4 492* Berger conduisant ses moutons à travers la Campagne romaine Huile/panneau 24x31cm/*9x12in* Paris 97

HEUSCH de Willem (Attrib.) 1618-1692 **[9]**
- *$6 592 FF37 731 £3 893* Peasants returning from market in an Italianate landscape, sunset Oil/canvas 56x67,5cm/*22x26in* Amsterdam 97

HEUSCHER Johann Jakob 1843-1901 **[4]**
- *$19 020 FF99 300 £11 500* Ansicht des Dorfes Walstatt Tempera 26x47,5cm/*10x18in* Zürich 96
- *$15 351 FF90 945 £9 266* Gasthof Sonne, Appenzell Pencil 19x24,5cm/*7x9in* Zürich 97

HEUSER Christian 1862-1942 **[5]**

$1 972 FF11 760 £1 224 Alter Bauer mit Pelzmütze und Tabakspfeife Oil/panel 13x9,5cm/*5x3in* Dresden 97

HEUSER Werner 1880-1964 **[14]**
$121 FF738 £74 Stehender weiblicher Akt mit erhobenen Händen vor Meereslandschaft Woodcut 30,9x15,8cm/*12x6in* Berlin 98

HEUSSER Heinrich 1886-1943 **[7]**
$1 642 FF9 520 £970 Deutsche Hochseeflotte im 1.Weltkrieg Aquarell/Papier 42x56cm/*16x22in* Wien 97

HEUVEL de Theodore Bernhard 1817-1906 **[5]**
$3 134 FF19 231 £1 951 Domestic Scene Oil/canvas 58x71,5cm/*22x28in* Melbourne 97

HEUVEL van den Karel Jan 1913-1991 **[52]**
$198 FF1 000 £130 Hiver Huile/papier 27x36cm/*10x14in* Antwerpen 96

HEUZE Edmond 1884-1967 **[110]**
$460 FF2 600 £282 Le guitariste Huile/panneau 33x24cm/*12x9in* Paris 97
$1 181 FF7 000 £700 Vase de fleurs Huile/carton 92x73cm/*36x28in* Paris 97
$290 FF1 500 £194 Femme Gouache/carton 34x24cm/*13x9in* Neuilly 96

HEUZE Victorine XIX **[2]**
$10 428 FF62 000 £6 460 Bouquet de fleurs Huile/toile 61x50cm/*24x19in* Paris 97

HEWETSON Christopher 1739-1798 **[1]**
$42 100 FF210 200 £27 500 Bust of a man Marble H52cm/*H20in* London 95

HEWTON Randolf Stanley 1888-1960 **[12]**
$4 421 FF26 650 £2 675 View from les Éboulements en haut Oil/canvas 25,5x30,5cm/*10x12in* Toronto 98
$6 210 FF32 300 £4 114 The Orchard Oil/canvas 63,5x77cm/*25x30in* Toronto 96

HEY Paul 1867-1952 **[45]**
$4 652 FF26 764 £2 746 Kutschfhart in sommerlicher Hügellandschaft Öl/Leinwand 52x26cm/*20x10in* München 97
$7 559 FF43 492 £4 462 Heuernte am Ammersee Öl/Leinwand 38x59cm/*14x23in* München 97
$121 FF619 £80 Sonntagnachmittag Lithographie 27,5x37,5cm/*10x14in* Pforzheim 96
$1 472 FF9 031 £882 Die Heuernte Watercolour, gouache/paper 12,5x26,5cm/*4x10in* Zürich 98

HEYART Sylvie XX **[8]**
$172 FF1 000 £101 Au plus intérieur silence Monotype 19,5x39,5cm/*7x15in* Paris 97

HEYBOER Anton 1924 **[326]**
$261 FF1 625 £156 "Trust" Acrylique/papier 105x78cm/*41x30in* Bruxelles 98
$10 030 FF58 555 £6 160 Innosens as Consciens Anton Heyboer as not normals Oil/canvas 100x260cm/*39x102in* Amsterdam 97
$334 FF1 947 £204 Wit Etching 71x100cm/*27x39in* Amsterdam 97
$1 397 FF8 323 £830 Vier Bruiden Watercolour 151x170cm/*59x66in* Amsterdam 97

HEYDE op den Herman Henry 1813-1857 **[4]**
$4 079 FF24 366 £2 500 Dutch Barges in a heavy Swell off the Coast of Holland Oil/panel 27,5x36cm/*10x14in* London 98

HEYDEN Karl 1845-1933 **[7]**
$6 436 FF37 401 £3 800 Vor dem Ball Oil/canvas 104x63,5cm/*40x25in* London 97

HEYDEN van der J.C.J. 1928 **[9]**
$2 296 FF12 030 £1 380 Blauwe Port Oil/canvas/panel 48x32cm/*18x12in* Amsterdam 96

HEYDEN van der Jan 1637-1712 **[10]**
$90 000 FF446 500 £56 900 A hawking party on a path in a river valley Oil/copper 21x23cm/*8x9in* New-York 95
$1 117 405 FF6 588 672 £661 500 Dusseldorf; a view of the jesuit church of ST. Andreas Oil/panel 51x57cm/*20x22in* London 97

HEYDEN van der Johan Jacob 1865-1928 **[3]**
$5 580 FF27 700 £3 530 A street vendor, Indonesia Oil/canvas 36x40cm/*14x15in* Singapore 95

HEYDEN van der Pieter XVI **[11]**
$2 749 FF16 533 £1 644 Superbia/Invidia, after Brueghel Pieter (1528-1569) Engraving 22,2x29,2cm/*8x11in* New-York 98

HEYDEN von Hubert 1860-1911 **[4]**
$1 138 FF6 739 £676 Abend am Wasser Pastell/Papier 40x60cm/*15x23in* München 97

HEYDENDAHL Joseph Fried. (Attr) 1844-1906 **[3]**

$2 224 FF13 513 £1 372 Vinterbild med jägare Oil/canvas 111x87cm/*43x34in* Stockholm 97
HEYDENDAHL Joseph Fried. Nico. 1844-1906 **[18]**
$2 243 FF13 386 £1 353 Vollmondbeschienene Winterliche Niederrheinlandschaft Öl/Leinwand 39,5x60cm/*15x23in* Köln 97
HEYER Arthur 1872-1931 **[125]**
$675 FF4 000 £400 A Jack Russel Terrier Oil/canvas 33x43cm/*12x16in* London 97
$997 FF5 928 £600 A Jack Russel Terrier with a white Persian Cat Oil/canvas 56x68,5cm/*22x26in* London 97
HEYERDAHL Catharine L.M. 1861-1952 **[14]**
$210 FF1 063 £135 Fjord Watercolour 57x42cm/*22x16in* Viby J, Århus 96
HEYERDAHL Hans 1857-1913 **[18]**
$5 649 FF33 843 £3 376 Kvinneportrett Oil/canvas 36x30cm/*14x11in* Oslo 98
HEYLIGERS Hendrik 1877-1967 **[17]**
$2 075 FF12 008 £1 268 A Mother and her Children reading Oil/canvas 60x50cm/*23x19in* Amsterdam 97
$2 090 FF12 526 £1 249 Meisje en jongen, met popspelend Oil/panel 18x14cm/*7x5in* Den Haag 98
HEYMAN Charles 1881-1915 **[1]**
$2 067 FF12 000 £1 262 Les Chemins de fer Aquarelle/papier 19,5x29,5cm/*7x11in* Paris 97
HEYMANS Adriaan Jozef 1839-1921 **[69]**
$3 080 FF17 974 £1 881 Travail aux champs Huile/panneau 84x119cm/*33x46in* Bruxelles 97
$16 800 FF87 200 £11 100 Dreef in de Herfst Huile/panneau 29,5x50cm/*11x19in* Lokeren 96
$23 800 FF118 400 £15 150 Automne Huile/toile 120x190cm/*47x74in* Bruxelles 95
HEYRAULD Louis Robert XIX **[4]**
$7 194 FF42 000 £4 393 Cavalier Huile/toile 58x72cm/*22x28in* Paris 97
HEYSEN Hans 1877-1968 **[110]**
$3 896 FF23 346 £2 324 Young Gum Impressions Oil/board 30x22cm/*11x8in* Melbourne 98
$33 445 FF200 885 £20 290 Still LIfe with Fruit and Basket Oil/canvas 55x74cm/*21x29in* Melbourne 98
$1 231 FF7 255 £735 Mount Wanaka Watercolour 13x23,5cm/*5x9in* Melbourne 97
HEYSEN Nora 1911 **[9]**
$2 160 FF12 798 £1 346 Elisabeth Street Oil/board 37x45cm/*14x17in* Sydney 97
HIBBARD Aldro Thompson 1886-1972 **[89]**
$2 200 FF11 330 £1 419 Spring Thaw Oil/board 18x22cm/*7x9in* Bolton, Mass. 96
$4 000 FF20 770 £2 646 Farm in winter Oil/canvas 56x69cm/*22x27in* New-York 96
HIBBERT Phyllis I. 1903 **[11]**
$651 FF3 898 £400 Still Life Watercolour/paper 55x75cm/*21x29in* Great Dunwow, Essex 98
HIBEL Edna Plotkin 1917 **[37]**
$200 FF1 044 £121 Young Shepherd with Donkey Color lithograph 49x67cm/*19x26in* Bolton, Mass. 96
HICKEL Joseph 1736-1807 **[4]**
$24 100 FF121 800 £15 800 Ritratto di Pietro Leopoldo, Granduca di Toscana, dopo Imperatore Öl/Leinwand 128x95,5cm/*50x37in* Wien 96
HICKEL Joseph (Attrib.) 1736-1807 **[5]**
$6 616 FF38 464 £4 040 Ferdinando III, Granduca di Toscana Öl/Leinwand 97x77,5cm/*38x30in* Wien 97
HICKEY Patrick 1927 **[2]**
$2 830 FF16 906 £1 732 Boland Mills, Dublin Oil/canvas 76x101cm/*30x40in* Dublin 98
HICKEY Thomas 1741-1824 **[21]**
$1 302 FF7 774 £800 Portrait of Robert Twiss when a Boy Oil/canvas 28x24cm/*11x9in* London 98
$133 472 FF814 336 £80 000 Portrait of Henry Vansittart and his family Oil/canvas 91,5x122cm/*36x48in* London 98
HICKEY Thomas (Attrib.) 1741-1824 **[3]**
$7 507 FF45 806 £4 500 Portrait of Lt. Col. George Hastings Oil/canvas 76x63,5cm/*29x25in* London 98
HICKS Edward 1780-1849 **[4]**
$210 000 FF1 243 347 £124 698 Washington at the Delaware Oil/canvas 82,5x80cm/*32x31in* New-York 97
HICKS Edward W. XX **[4]**
$3 500 FF20 759 £2 140 Mountain Road, September Oil/masonite 51x72cm/*20x28in* Los Angeles 97
HICKS George Edgar 1824-1914 **[36]**
$5 050 FF25 000 £3 210 La Nourrice Huile/panneau 25x20cm/*9x7in* Paris 95
$14 540 FF71 100 £9 200 Motherhood Oil/canvas 91x71cm/*35x27in* London 95
$1 638 FF9 578 £1 000 Cricket Studies Lithograph 28,5x21,5cm/*11x8in* London 97

HICKS Nicola 1960 **[17]**

$63 596 FF374 752 £38 000 Greyhounds Bronze H130cm/*H51in* London 97

$5 610 FF28 900 £3 500 Elephant Charcoal/paper 169x187cm/*66x73in* London 96

HICKS Thomas 1823-1890 **[8]**

$26 000 FF157 003 £15 607 Eagle Rock, Manchester Beach, Massachusetts, after Kensett Oil/canvas 35,5x61cm/*13x24in* New-York 98

$2 500 FF14 261 £1 527 "Hon. Abraham Lincoln" Lithograph 66x49cm/*25x19in* New-York 97

HIDALGO DE CAVIEDES Hipólito 1901-1994 **[35]**

$1 787 FF10 862 £1 072 Viejos al sol Oleo/tabla 80,5x64,5cm/*31x25in* Madrid 98

$650 FF3 927 £389 Piscina Gouache/paper 37x58cm/*14x22in* New-York 98

HIDDEMANN Friedrich Peter 1829-1892 **[8]**

$11 000 FF67 360 £6 583 The Mysterious Traveller Oil/canvas 61x74cm/*24x29in* New-York 98

HIDER Frank 1861-1933 **[53]**

$433 FF2 509 £270 The Evening Glory of the Western Sky/Near the North Foreland Oil/canvas 30x50cm/*12x20in* Birmingham 97

$501 FF3 117 £300 A Rocky Shore with Ship's Mast Washed Ashore Oil/canvas 40x60,5cm/*15x23in* Bristol, Avon 98

HIENL-MERRE Franz 1869-? **[21]**

$275 FF1 677 £167 Blick auf das winterliche Berchtesgaden Öl/Leinwand 60,5x70cm/*23x27in* Dresden 98

HIEPES Tomás c.1610-1674 **[11]**

$93 100 FF482 000 £60 100 Bodegón de flores/Bodegón de flores y párajos Oleo/lienzo 95,5x131cm/*37x51in* Madrid 96

HIERCK Huup 1917-1978 **[4]**

$1 515 FF9 280 £902 "Torra del barra, Spanje" Oil/canvas 50,5x60cm/*19x23in* Amsterdam 98

HIERHOLZ Gustav 1877-? **[7]**

$5 740 FF32 000 £3 570 Éléphant d'Asie et son cornac Bronze H53cm/*H20in* Aubagne 97

HIERL Alfred XX **[1]**

$1 800 FF10 727 £1 079 "Grosser Preis von Deutschland" Poster 119x83,5cm/*46x32in* New-York 98

HIERSCH-MINERBI Joachim 1834-? **[4]**

$1 544 FF9 524 £926 Fischerboot vor der Adriaküste Öl/Karton 32,5x42,5cm/*12x16in* Wien 98

HIGBY Wayne 1943 **[3]**

$3 500 FF21 341 £2 100 Breach Sculpture 20x23x9cm/*7x9x3in* New-York 98

HIGGINS Eugene 1874-1958 **[31]**

$750 FF4 598 £459 Returning home Oil/canvas 50x40cm/*20x16in* Mystic, Connecticut 98

HIGGINS George F. 1850-1884 **[11]**

$2 500 FF14 934 £1 530 Hudson River Landscape Oil/canvas 68,5x56cm/*26x22in* New-York 98

HIGGINS Victor, William 1884-1949 **[13]**

$8 000 FF46 728 £4 911 Aspens Oil/panel 35,5x38cm/*13x14in* New-York 97

$9 500 FF57 715 £5 719 "Harbor Scene" Oil/canvas 76x101cm/*30x40in* Elgin, Illinois 98

$4 000 FF24 082 £2 393 The Ambush Watercolour 16,5x67,5cm/*6x26in* San Francisco 98

HIGGINSON John Booth XIX **[1]**

$6 730 FF34 900 £4 500 Still life with cheese, bread and ale Oil/canvas 58x76cm/*22x29in* London 96

HIGGS Cecil 1900-1986 **[18]**

$1 123 FF6 725 £690 Still life with gourds Oil/canvas 23x36cm/*9x14in* Johannesburg 98

$3 522 FF21 096 £2 165 Forest scene Oil/canvas 51x40cm/*20x15in* Johannesburg 98

HIGHMORE Joseph 1692-1780 **[13]**

$4 745 FF28 366 £2 800 Portrait of a Gentleman, in a brown coat Oil/canvas 91x73cm/*35x28in* London 97

$7 836 FF46 783 £4 800 Study of Mother and Her Daughter Oil/canvas 128x101,5cm/*50x39in* London 97

HIGHMORE Joseph (Attrib.) 1692-1780 **[10]**

$4 749 FF28 305 £2 912 Portrait of a Lady, Half Lengh, wearing a blue Dress Oil/canvas 76x63cm/*30x25in* New-York 98

$6 000 FF35 377 £3 679 Portrait of a Girl Oil/canvas 45x35cm/*17x13in* New-York 98

HIGUERO Enrique Marin 1876-? **[9]**

$1 344 FF6 913 £827 Rincón granadino Acuarela/papel 34x24cm/*13x9in* Madrid 96

HIJNER Arend 1866-1916 **[3]**

$1 170 FF6 020 £730 A scanty meal Watercolour 75x51cm/*29x20in* Amsterdam 96

HILAIRE Camille 1916 **[539]**
- *$3 511 FF20 500 £2 123* En forêt Huile/toile 46x33cm/*18x12in* Coutances 97
- *$7 050 FF36 860 £4 200* Jockeys Oil/canvas 46x55cm/*18x21in* London 96
- *$271 FF1 500 £169* Paysage méditerranéen Lithographie 34x48cm/*13x18in* Pornic 97
- *$258 FF1 500 £159* Les arbres Encre Chine/papier 23x30cm/*9x11in* Arles 97

HILAIRE Jean-Baptiste 1753-1822 **[29]**
- *$7 100 FF35 000 £4 610* La récureuse au travail Huile/panneau 28x33,5cm/*11x13in* Paris 95
- *$1 376 FF8 500 £827* Vue de la Place At Meïdan Gravure 34x53cm/*13x20in* Paris 98
- *$3 570 FF18 000 £2 342* Vue de l'escalier d'un parc avec personnages Pierre noire 23x32,3cm/*9x12in* Paris 96

HILDEBRAND von Adolf 1847-1921 **[5]**
- *$8 115 FF48 592 £4 985* Knabenbildnis Pencil 19x16cm/*7x6in* Köln 98

HILDEBRANDT Eduard 1818-1869 **[27]**
- *$1 964 FF11 470 £1 188* "Fischerhütten auf Hela" Öl/Leinwand 27,5x43cm/*10x16in* Stuttgart 97
- *$9 134 FF53 728 £5 636* Der Angler Öl/Leinwand 48x64cm/*18x25in* Bremen 97
- *$998 FF4 950 £635* Südliche Stadt am Meer Pencil 17x55cm/*6x21in* Heidelberg 95

HILDEBRANDT Ferdinand Theodor 1804-1874 **[1]**
- *$4 487 FF26 773 £2 707* Der Liebesbrief Öl/Leinwand 37x30cm/*14x11in* Köln 97

HILDEBRANDT Howard Logan 1872-1958 **[15]**
- *$4 500 FF28 571 £2 810* Floral Arrangement Oil/masonite 60x50cm/*24x20in* Portland, Maine 97

HILDENBRAND Adolf 1881-1944 **[14]**
- *$92 FF538 £57* Winteraustreibung Radierung 19,9x19cm/*7x7in* Heidelberg 97

HILDER Jesse Jewhurst 1881-1916 **[14]**
- *$3 320 FF17 100 £2 197* Lennox Bridge, Parramatta Watercolour/paper 18,5x18,5cm/*7x7in* Melbourne 96

HILDER Richard 1813-1848 **[36]**
- *$1 512 FF7 880 £950* A young Shot Oil/board 30,5x38,5cm/*12x15in* London 96
- *$5 000 FF26 610 £2 948* Herdsman in a landscape Oil/panel 40,6x50,8cm/*15x20in* New-York 97

HILDER Richard (Attrib.) 1813-1848 **[3]**
- *$2 500 FF15 234 £1 551* Landscape with Figures and Cottage Oil/panel 30,5x38,5cm/*12x15in* New-York 98

HILDER Rowland 1905-1993 **[48]**
- *$600 FF3 809 £374* "Come to Britain for Golf" Poster 74x49cm/*29x19in* New-York 97
- *$1 010 FF6 228 £621* The Hoops Inn, Horns Cross, Near Bideford Watercolour, gouache 41x50,5cm/*16x19in* London 98

HILDITCH George 1803-1857 **[3]**
- *$15 398 FF89 369 £9 500* View of the Thames at Richmond Oil/canvas 75x108cm/*29x42in* London 97

HILDITCH George (Attrib.) 1803-1857 **[3]**
- *$1 734 FF8 850 £1 150* Petersham Lane Oil/panel 2x34cm/*x13in* Billingshurst, West Sussex 96

HILES Bartram, Fred. John 1872-1927 **[8]**
- *$739 FF4 505 £450* Elegant Figures walking along Chelsea Embankment, London Watercolour 19,5x34cm/*7x13in* London 98

HILGERS Carl 1818-1890 **[37]**
- *$3 100 FF15 500 £2 007* Winterliche Küstenlandschaft mit Pferdeschlitten Öl/Leinwand 25x39,5cm/*9x15in* Düsseldorf 96
- *$3 859 FF23 450 £2 324* Blick auf die nächtliche Küste der Insel Maderia Öl/Leinwand 40x55cm/*15x21in* Stuttgart 98
- *$7 708 FF45 643 £4 578* Holländische Winterlandschaft Aquarell/Papier 26,4x43,8cm/*10x17in* Zürich 97

HILHOUSE James Martin 1748-1822 **[1]**
- *$33 300 FF173 600 £22 000* The Battle of the Saints Oil/canvas 102,5x163,5cm/*40x64in* London 96

HILKER Reinhard 1899-? **[2]**
- *$585 FF3 051 £342* Männlicher Kopf Linocut 38x25cm/*14x9in* Berlin 96

HILL & ADAMSON David O./Robert 1802/21-1870/98 **[9]**
- *$3 276 FF19 455 £2 000* James Linton, Newhaven, June Calotype 19x13cm/*7x5in* London 98

HILL Arthur Trunbull 1868-1929 **[4]**
- *$3 100 FF18 518 £1 896* "First Snow" Oil/board 50x60cm/*20x24in* Dedham, Mass. 98

HILL Carl Fredrik 1849-1911 **[116]**
- *$9 230 FF48 200 £5 500* "Skånskt landskap om aftonen strax efter solens nedgång" Oil/canvas 26x32cm/*10x12in* Stockholm 96
- *$121 737 FF703 452 £75 051* Stilla kväll Oil/canvas 60x73cm/*23x28in* Stockholm 97

_$232 560_ _FF1 370 880_ _£138 960_ "Stenbrottet vid oise II" Oil/canvas 106x126cm/_41x49in_ Stockholm 97
_$2 361_ _FF13 782_ _£1 404_ Gigantisk frukt Coloured chalks/paper 18x22,5cm/_7x8in_ Stockholm 97
HILL David Octavius 1802-1870 **[29]**
_$3 893_ _FF22 663_ _£2 400_ Portrait of a Man, Rev. Dr. Andrew Sutherland Calotype 20x15cm/_7x5in_ London 97
HILL Derek 1916 **[10]**
_$1 771_ _FF10 242_ _£1 100_ Towards Bethlehem Oil/board 14x22cm/_5x8in_ London 97
_$6 523_ _FF38 461_ _£4 000_ Tory Gully Oil/canvas 91,5x51cm/_36x20in_ London 98
HILL Edward 1843-1923 **[7]**
_$9 000_ _FF53 254_ _£5 416_ An Oregon Logging Scene Oil/canvas 106x182cm/_42x72in_ Portland, OR 98
_$2 750_ _FF16 516_ _£1 649_ Echo lake Watercolour/paper 53x76cm/_21x30in_ North Berwick, Maine 98
HILL Edward Rufus 1851-1908 **[4]**
_$8 509_ _FF49 100_ _£5 214_ Yosemite Falls Oil/canvas 60x51cm/_24x20in_ New Orleans, Louisiana 97
HILL Howard c.1840-c.1880 **[5]**
_$5 000_ _FF29 002_ _£3 077_ Family of grouse Oil/canvas 75x126cm/_29x49in_ New-York 97
HILL James John 1811-1882 **[36]**
_$3 104_ _FF17 658_ _£1 900_ "A mountain stream" Oil/canvas 117x91,5cm/_46x36in_ London 97
_$3 249_ _FF18 537_ _£1 976_ Pastoral scene with a shepherd and his flock and a child by a fence Oil/paper/canvas 30,5x46,5cm/_12x18in_ San Francisco 97
HILL John 1770-1850 **[5]**
_$5 765_ _FF34 482_ _£3 500_ Views of Bath Aquatint 25x34cm/_9x13in_ London 97
HILL John Henry 1839-1922 **[14]**
_$3 300_ _FF16 700_ _£2 166_ Pond in Summer Watercolour/paper 27x40cm/_10x15in_ New-York 96
HILL John William 1812-1879 **[28]**
_$12 000_ _FF59 200_ _£7 820_ Fawn's Leap, Catskill, New York Oil/canvas 50x65cm/_19x25in_ New-York 95
_$3 500_ _FF17 185_ _£2 229_ River on a Cloudy Day Watercolour/paper 25x35cm/_10x14in_ North Berwick, Maine 95
HILL Philip Maurice 1892-1952 **[17]**
_$8 124_ _FF47 619_ _£5 000_ Continental Coastal Scene Oil/board 45x51cm/_18x20in_ Par, Cornwall 97
HILL Rowland 1919-1979 **[16]**
_$2 644_ _FF15 094_ _£1 634_ In the rosses, near Dungloe, Co. Donegal Oil/canvas 61x92cm/_24x36in_ London 97
HILL Rowland Henry 1873-1952 **[21]**
_$731_ _FF4 261_ _£449_ Path to the Sea Watercolour 25,5x36cm/_10x14in_ Billingshurst, West Sussex 97
HILL Thomas 1829-1908 **[68]**
_$4 000_ _FF23 909_ _£2 424_ Out for a Walk on a Mountain Path with Two Dogs Oil/canvas/board 47,6x30,5cm/_18x12in_ San Francisco-Los Angeles 97
_$19 000_ _FF99 100_ _£11 480_ Indian Encampment Beneath Oil/canvas 85x68,5cm/_33x26in_ San Francisco-Los Angeles 96
_$80 000_ _FF418 000_ _£48 300_ Niagara Falls Oil/canvas 102,5x124,5cm/_40x49in_ New-York 96
HILL Thomas c.1852-1926 **[5]**
_$300_ _FF1 825_ _£183_ Yosemite Falls and its towering cliffs Oil/board 34x23cm/_13x9in_ San Francisco 98
_$4 917_ _FF29 325_ _£3 000_ The Onion Gardener Oil/canvas 41x51cm/_16x20in_ Chiddingfold, Surrey 98
HILL Thomas (Attrib.) 1661-1734 **[1]**
_$4 110_ _FF20 100_ _£2 600_ Portrait of a Lady, three-quarter length Oil/canvas 93x76cm/_36x29in_ London 95
HILLAIRET Anatole Eugène 1885-1928 **[11]**
_$1 527_ _FF8 000_ _£918_ Péniches sur la Seine près du Louvre, Paris Huile/toile 65x92cm/_25x36in_ La Varenne Saint-Hilaire 96
HILLE van Hubert 1903-1983 **[7]**
_$488_ _FF2 556_ _£294_ Untitled Oil/canvas 45x35cm/_17x13in_ Amsterdam 96
HILLEGAERT François (Attrib.) 1627-? **[1]**
_$2 941_ _FF17 000_ _£1 812_ Combat entre Turcs et Chrétiens Huile/toile 48x74cm/_18x29in_ Paris 97
HILLEMACHER Eugène Ernest 1818-1887 **[7]**
_$2 073_ _FF10 717_ _£1 391_ Desnudo Oleo/lienzo 50x70cm/_19x27in_ Montevideo 96
HILLER Anton 1881-? **[5]**
_$2 646_ _FF15 141_ _£1 651_ Ohne Titel Black chalk/paper 67x46cm/_26x18in_ München 97
HILLER Heinrich XIX-XX **[16]**
_$2 516_ _FF12 460_ _£1 600_ The Ferry Crossing, Achensee, Austria Oil/canvas 61x89cm/_24x35in_ London 95

HILLERN-FLINSCH von Wilhelm 1884-1985 **[11]**
✐ *$323 FF1 924* £192 Häusergruppe/Gebirgslandschaft Mischtechnik/Papier 13x19cm/*5x7in* München 97
HILLERN-FÖLL Maria 1880-1943 **[13]**
👄 *$1 690 FF10 050* £1 047 Dahlien in einer Vase Öl/Leinwand 63x48cm/*24x18in* Stuttgart 97
HILLERS John K., Jack 1843-1925 **[33]**
📷 *$1 272 FF6 580* £850 "Moki spinning" Albumen print 22x18cm/*9x7in* London 96
HILLESTRÖM Carl Peter 1760-1812 **[6]**
👄 *$2 879 FF16 640* £1 775 Landskap med figurer Oil/canvas 52x72cm/*20x28in* Stockholm 97
✐ *$3 390 FF19 416* £2 069 Landskap med vattendrag Akvarell 39x50cm/*15x19in* Stockholm 97
HILLESTRÖM Pehr 1733-1816 **[70]**
👄 *$6 520 FF37 340* £3 980 "Akt 1, scen 1 ur Gustav Vasa" Oil/canvas 49x39,5cm/*19x15in* Stockholm 97
👄 *$10 960 FF57 000* £7 250 Seated boy in a kitchen interior Oil/canvas 36x30cm/*14x11in* Stockholm 96
HILLESTRÖM Pehr (Attrib.) 1733-1816 **[5]**
👄 *$16 246 FF96 933* £9 800 A Blacksmith's Forge Oil/panel 56x44cm/*22x17in* London 97
HILLEVELD Adrianus David 1838-1880 **[5]**
👄 *$4 761 FF27 605* £2 843 Fishermen returning Home, Katwijk Oil/panel 32,5x54cm/*12x21in* Amsterdam 97
HILLHOUSE May 1908-1989 **[3]**
👄 *$13 572 FF78 917* £8 087 The Party, The Bolton's Sunday Evening Oil/canvas 60x50cm/*23x19in* Johannesburg 97
HILLIARD Nicholas 1547-c.1619 **[5]**
👄 *$106 216 FF636 005* £65 000 A Young Gentleman beleived to be Francis Lawley Miniature 12,5x11cm/*4x4in* London 97
HILLIER H. Deacon XIX-XX **[12]**
👄 *$1 185 FF6 822* £700 Evening, Loch Katrine Oil/canvas 43x33cm/*16x12in* London 97
👄 *$3 895 FF22 514* £2 400 Near Ardhui, Loch Lomond, Dunbartonshire Oil/canvas 71x56cm/*27x22in* London 97
HILLIER Matthew 1958 **[8]**
👄 *$9 830 FF51 300* £6 500 A lion Acrylic/masonite 74x122cm/*29x48in* London 96
HILLIER Tristram 1905-1983 **[52]**
👄 *$4 660 FF22 600* £3 000 Las Torres de la Encina Oil/canvas/panel 25x31cm/*9x12in* London 95
👄 *$7 353 FF45 248* £4 500 Mud and Road Tempera/canvas 61x81,5cm/*24x32in* London 98
🛏 *$2 185 FF12 718* £1 346 'Tourists prefer Shell, you can be sure of Shell" Poster 114x75cm/*44x29in* New-York 97
HILLINGFORD Robert Alexander 1828-1904 **[48]**
👄 *$552 FF2 760* £360 Romeo Oil/canvas 36x24cm/*14x9in* Billingshurst, West Sussex 96
👄 *$3 020 FF17 441* £1 800 Cordelia and King Lear Oil/canvas 42x61cm/*16x24in* London 97
HILLS Anna Althea 1882-1930 **[22]**
👄 *$950 FF5 726* £574 Laguna Beach, California Oil/board 13x19cm/*5x7in* Pasadena, California 98
👄 *$3 000 FF17 626* £1 801 "Snow On Mt. Wilson, Pasadena, CA" Oil/canvas 35x45cm/*14x18in* Altadena, CA 97
HILLS Laura Coombs 1859-1952 **[20]**
✐ *$3 800 FF22 445* £2 361 Petunias Pastel/paper 28x33cm/*11x12in* Boston, Mass. 97
HILLS Robert 1769-1844 **[63]**
✐ *$1 273 FF7 276* £780 Cattle and Ducks in a Shaded Pond Watercolour/paper 37x50cm/*14x19in* London 97
HILLS Robert (Attrib.) 1769-1844 **[5]**
✐ *$244 FF1 492* £150 A Hind and Fawns Pencil/paper 14x16,5cm/*5x6in* London 98
HILLSMITH Fannie 1911 **[3]**
👄 *$3 000 FF17 804* £1 860 The Desk Oil/canvas 89x61cm/*35x24in* New-York 97
HILMAR Jiri 1937 **[11]**
✐ *$405 FF2 365* £248 Obsah 021/971 Tempera/papier 61x61cm/*24x24in* Köln 97
HILSØE Hans XIX-XX **[34]**
👄 *$1 061 FF6 332* £635 Interiör med kakkelovn Öl/canvas 60x50cm/*23x19in* Vejle 98
HILTON John William 1904-1983 **[8]**
👄 *$1 400 FF8 438* £847 Purple Desert Oil/board 53x73cm/*21x29in* Pasadena, California 98
HILTON Roger 1911-1975 **[139]**
👄 *$1 615 FF9 633* £1 000 Standing Nude Oil/canvas/board 58,5x34,5cm/*23x13in* London 97
👄 *$3 820 FF19 350* £2 500 Painting, or Composition in blue Oil/board 25x61cm/*9x24in* London 96
👄 *$32 958 FF200 844* £20 000 The Aral Sea Oil/canvas 213,5x244cm/*84x96in* London 98

$1 548 FF9 373 £950 Head of a Girl Mixed media/paper 18x15cm/*7x5in* London 98
HILTON William 1786-1839 **[5]**
$37 900 FF185 500 £24 000 Portrait of Harriet de Wint, née Hilton, aged 16 Oil/canvas 33x28cm/*12x11in* London 95
HILVERDINK Eduard Alexander 1846-1891 **[20]**
$1 730 FF8 560 £1 100 A town street Oil/panel 18x15cm/*7x5in* London 95
$746 FF4 473 £446 Stadsgezicht Watercolour/paper 34x26,5cm/*13x10in* Den Haag 98
HILVERDINK Johannes 1813-1902 **[25]**
$2 273 FF12 953 £1 419 River cityscape Oil/canvas 34x50cm/*13x19in* Warszawa 97
$6 537 FF38 036 £4 004 A wooded river landscape with a washerwoman and anglers Oil/panel 24,5x30cm/*9x11in* Amsterdam 97
$380 FF1 966 £247 Mountainous landscape with waterfalls, at sunset Watercolour 29x45cm/*11x17in* Amsterdam 96
HIMPEL Aernout ter 1634-1686 **[9]**
$1 401 FF8 019 £827 Landscape with Resting Travellers Ink 17x23cm/*6x9in* Amsterdam 97
HINCHCLIFFE C.F., Major c.1840-c.1900 **[1]**
$3 350 FF16 900 £2 200 The harbour, Muscat Watercolour 35x49,5cm/*13x19in* London 96
HINCKLEY Lawrence B. 1900-? **[2]**
$500 FF2 937 £300 Figures, Beach, Trailers Watercolour/paper 42x52cm/*16x20in* Altadena, CA 97
HINCKLEY Thomas Hewer 1813-1896 **[9]**
$3 250 FF19 592 £1 967 Jockey on Horseback Oil/panel 41x57cm/*16x22in* New-York 98
$17 000 FF98 608 £10 461 White and red Setter with her puppies Oil/canvas 104x117cm/*40x46in* New-York 97
HINCKS William XVIII-XIX **[3]**
$2 132 FF13 238 £1 300 The Linen Industry Engraving 34x42cm/*13x16in* London 97
HINDENLANG Charles, Karl 1894-1960 **[29]**
$1 652 FF9 650 £1 014 Stilleben mit Tulpen Huile/toile 41x52cm/*16x20in* Zofingen 97
$2 160 FF13 414 £1 303 Winterlicher Strassenzug mit angrenzenden Häusern Öl/Karton 27x37cm/*10x14in* St.Gallen 98
$4 140 FF24 097 £2 551 "Kunsthalle, Ausstellung Bauhaus Dessau" Poster 90x127cm/*35x50in* New-York 97
HINDER Francis H. Critchley 1906-1992 **[29]**
$286 FF1 700 £179 Bird Emerging Lithograph 21x17cm/*8x6in* Sydney 97
$2 816 FF17 163 £1 749 Seated Figures Pencil/paper 69x51cm/*27x20in* Melbourne 97
HINE Harry T. 1845-1941 **[13]**
$260 FF1 484 £160 A Garden in Summer Watercolour/paper 23,5x33,5cm/*9x13in* Billingshurst, West Sussex 97
HINE Henry George 1811-1895 **[28]**
$931 FF5 350 £580 Unlaoding the catch, Brighton Watercolour 30,5x46,5cm/*12x18in* London 97
HINE Lewis W. 1874-1940 **[97]**
$2 249 FF13 877 £1 350 Selected Images Photograph 12x16,5cm/*4x6in* New-York 98
HINES Frederick, Fred c.1860-c.1930 **[82]**
$441 FF2 777 £280 Waiting for the Ferry Watercolour/paper 36x26cm/*14x10in* Billingshurst, West Sussex 97
HINES Theodore XIX-XX **[44]**
$555 FF2 873 £360 Camstraddan Bay, Loch Lomond Oil/canvas 31x46cm/*12x18in* London 96
$85 984 FF493 603 £54 000 "Henley Regatta" Oil/canvas 64x127,5cm/*25x50in* London 97
HINGRE Louis Théophile ?-1911 **[11]**
$921 FF5 500 £556 "Parfumerie Violet à la Reine des Abeilles" Affiche 67,5x53cm/*26x20in* Orléans 97
$618 FF3 800 £370 Héron tenant une grenouille dans son bec Bronze H22,5cm/*H8in* Paris 98
HINKLE Clarence Keiser 1880-1960 **[23]**
$1 500 FF7 680 £914 Rockport Harbor Oil/board 26x34cm/*10x13in* Altadena, CA 96
$2 500 FF12 460 £1 638 Portrait of Sara Kolb Danner Oil/board 61x51cm/*24x20in* San Francisco-Los Angeles 95
$750 FF3 907 £471 Seated Woman with Pearched Bird Watercolour 65x49cm/*25x19in* Altadena, CA 96
HINSBERGER Alexis 1907-1996 **[56]**
$274 FF1 600 £165 La marchande de poteries Technique mixte 46x55cm/*18x21in* Provins 97

🪚 *$2 457 FF14 000 £1 534* Don Quichotte Bronze 28x32cm/*11x12in* Carquefou 97
HINSHAW Arthur Glenn 1881-1946 **[1]**
✏️ *$1 200 FF7 125 £732* At the Pier, New York Pastel/paper 33,5x42cm/*13x16in* Boston, Mass. 98
HINTERMEISTER Henry, Hy 1897-1972 **[18]**
🖌 *$2 700 FF13 980 £1 805* Old black man photographing children (calendar illustration) Oil/canvas 66x60cm/*26x24in* New-York 96
HINTERREITER Hans 1902-1989 **[16]**
🎞 *$462 FF2 334 £303* Komposition 7 Lithographie couleurs 56x76cm/*22x29in* Zürich 96
✏️ *$2 258 FF13 190 £1 336* Studie 328 B Tempera/paper 14x18cm/*5x7in* Luzern 97
HINTZ Julius 1805-1862 **[2]**
🖌 *$15 870 FF78 300 £10 350* Hamburger Hafen Öl/Leinwand 48x56cm/*18x22in* Hamburg 95
HINZ Johann Georg c.1630-1688 **[12]**
🖌 *$33 080 FF192 320 £20 200* Pfirsiche und Weintrauben in einer Wan Lischale... Öl/Leinwand 56x52cm/*22x20in* Wien 97
HIQUILY Philippe 1925 **[115]**
🪚 *$5 414 FF32 000 £3 353* Sans titre Fer 70x50x36cm/*27x19x14in* Paris 97
🪚 *$5 782 FF34 500 £3 463* Yen Sculpture 85x53cm/*33x20in* Paris 98
✏️ *$292 FF1 600 £175* Deux personnages Encre 19x15cm/*7x5in* Paris 97
HIREMY-HIRSCHL Adolf 1860-1933 **[12]**
✏️ *$1 475 FF7 150 £950* A seated nude, seen from the left Black & white chalks 48x33cm/*18x12in* London 95
HIRN Jean Georges 1777-1839 **[1]**
🖌 *$37 170 FF225 000 £22 815* Bouquet de fleurs sur un entablement Huile/cuivre 53x41cm/*20x16in* Orléans 98
HIRO 1936 **[1]**
📷 *$3 200 FF16 570 £2 047* Tilly Tizzani with Blue Scarf, Antigua/Barbara Carrera in Brigance, NY Dye-transfer print 46x34cm/*18x13in* New-York 96
HIROMORI Sumiyoshi 1705-1777 **[1]**
✏️ *$1 100 FF6 383 £650* From the Tale of Genji Ink 102,5x43cm/*40x16in* London 97
HIROSHI Yoshida 1876-1950 **[30]**
🖌 *$9 500 FF48 700 £5 770* Wakanoura Oil/canvas 46x61cm/*18x24in* New-York 96
🎞 *$132 FF820 £79* Osaka Castle Woodcut in colors 37,5x24,5cm/*14x9in* Sydney 98
✏️ *$2 800 FF16 203 £1 722* Tsukiyo no Fuji (Fuji on a moonlit night) Watercolour/paper 34x52cm/*13x20in* New-York 97
HIROSHIGE Andô Utagawa 1797-1858 **[244]**
🎞 *$2 000 FF12 255 £1 194* 100 Famous Views of Edo: Paulownia Plantation, Akasaka Woodcut in colors 35,5x24cm/*13x9in* New-York 98
HIROSHIGE II Suzuki Chimpei 1826-1869 **[13]**
🎞 *$730 FF4 550 £436* Paysages avec cascade, rivière, montagnes sous la neige Estampe 28x21cm/*11x8in* Liège 98
HIROYUKI Tajima 1911 **[5]**
🎞 *$400 FF2 457 £248* Sentimental red/Psychological Figure Woodcut in colors 40x50cm/*16x20in* Chicago, Illinois 97
HIRSCH Joseph 1910-1981 **[51]**
🖌 *$474 FF2 947 £289* Taking Aim Oil/canvas/board 25x38cm/*10x15in* Boston, Mass. 97
🖌 *$5 000 FF29 886 £3 030* Man with Sprite Oil/canvas 76,2x61cm/*29x24in* San Francisco-Los Angeles 97
🎞 *$324 FF1 856 £191* Hands with Wine Glasses Lithograph 29x29cm/*11x11in* New-York 97
HIRSCH Karl Jakob 1892-1952 **[7]**
🎞 *$520 FF2 712 £304* Liegendes Par Radierung 14,8x19,5cm/*5x7in* Berlin 96
HIRSCH Stefan 1899-1964 **[8]**
🖌 *$37 500 FF226 447 £22 511* Plants and Towers Oil/canvas 50x40,5cm/*19x15in* New-York 98
HIRSCHEL-PRÖTSCH Günter XIX-XX **[1]**
✏️ *$6 489 FF37 771 £4 000* "Der Olympische Meisterkaktus" Collage 34,7x26cm/*13x10in* London 97
HIRSCHELY Caspar 1698-1743 **[4]**
🖌 *$3 290 FF16 830 £2 110* Bildnis eines Spatzen aud einem Ast sitzend Öl/Metall 20,5x15,5cm/*8x6in* Wien 96
HIRSCHFELD Albert, Al 1903 **[39]**
🖌 *$4 000 FF19 570 £2 530* Magazine cover: Carol Burnett wearing a yellow sweater Tempera

58x40cm/*23x16in* New-York 95
  ▭ *$140 FF845 £88* John Wayne Etching 31x24cm/*12x9in* Bloomfield Hills, Michigan 97
  ✎ *$3 600 FF22 072 £2 157* High Spirits Ink/paper 55x50cm/*22x20in* New-York 98
HIRSCHFELD Emil Benediktoff 1867-1922 **[26]**
  ◌ *$1 936 FF11 500 £1 173* Le port à marée basse Huile/toile 60x72cm/*23x28in* Brest 97
  ◌ *$11 810 FF57 600 £7 500* An Attentive Audience Oil/canvas 141x207cm/*55x81in* London 95
HIRSCHFELD-MACK Ludwig 1893-1965 **[2]**
  ✎ *$371 FF2 182 £229* Komposition mit schwarzem Quadraten Indian ink 32,5x25cm/*12x9in* Heidelberg 97
HIRSCHMANN Johann Baptist 1770-? **[5]**
  ✎ *$5 726 FF34 205 £3 505* Herzog Maximilian von Bayern Pastell 38,5x33,5cm/*15x13in* Düsseldorf 98
HIRSCHVOGEL 1966 **[4]**
  ✎ *$2 285 FF13 565 £1 400* Untitled Pencil 80x61cm/*31x24in* London 97
HIRSCHVOGEL Augustin Hirssfogel c.1503-1553 **[7]**
  ▭ *$2 000 FF11 486 £1 219* Flusslandschaft mit dem grossen Baum links Radierung 14,2x21,2cm/*5x8in* Berlin 97
HIRSHFIELD Morris 1872-1946 **[1]**
  ◌ *$110 000 FF674 432 £67 298* Nude with Hairbrush Oil/canvas 122x101,5cm/*48x39in* New-York 98
HIRST Claude Raguet 1855-1942 **[8]**
  ◌ *$13 000 FF65 700 £8 530* A Winter's Tale Oil/canvas 20x25,5cm/*7x10in* New-York 96
  ✎ *$22 000 FF128 504 £13 505* Still Life with Open Book Watercolour/paper 20,5x25,5cm/*8x10in* New-York 97
HIRST Damien 1965 **[21]**
  ◌ *$5 551 FF32 945 £3 400* Bendroflumethiazide Oil/canvas 8x19,5cm/*3x7in* London 97
  ◌ *$17 730 FF91 700 £11 500* Abras toxin Oil 115,5x80,5cm/*45x31in* London 96
  ◌ *$51 300 FF264 000 £32 000* Ammonium Biborate Mixed media 170x200cm/*66x78in* London 96
  ⚒ *$1 192 FF6 795 £749* Relationships Sculpture H18cm/*H7in* London 97
  ⚒ *$284 665 FF1 709 741 £170 000* God Installation 140x104x23cm/*55x40x9in* London 98
  ✎ *$22 000 FF130 178 £13 422* "He Tried to Internalise Everything" Ink 83,5x58,5cm/*32x23in* New-York 98
HIRST Norman 1862-1956 **[10]**
  ▭ *$545 FF2 830 £360* A beautiful Lady Mezzotint 60x38cm/*23x14in* London 96
HIRSZENBERG Samuel 1865-1908 **[4]**
  ◌ *$2 002 FF11 940 £1 242* Bei der Lektüre Oil/panel 31x25cm/*12x9in* Wien 97
  ◌ *$4 500 FF27 239 £2 685* The Ardent Suitor Oil/canvas/board 39x49cm/*15x19in* New-York 97
HIRT Heinrich 1841-1902 **[8]**
  ◌ *$18 000 FF90 000 £11 650* The Pet Squirrel Oil/canvas 33x25,5cm/*12x10in* New-York 96
  ◌ *$47 200 FF239 000 £31 000* Grandmother's Tales Oil/canvas 65,5x54,5cm/*25x21in* London 96
HIRTH DU FRENES Rudolf 1846-1916 **[21]**
  ◌ *$3 575 FF18 645 £2 090* Kleines Mädchen mit federgeschmücktem Strohhut Öl/Leinwand 50x39cm/*19x15in* Berlin 96
HIRTH DU FRENES Rudolf (Attrib.) 1846-1916 **[1]**
  ◌ *$3 719 FF22 177 £2 308* "Hopfenernte" Öl/Karton 24,5x34,5cm/*9x13in* Dresden 97
HIS René 1877-1960 **[62]**
  ◌ *$2 025 FF12 000 £1 201* Bords de l'Eure Huile/toile 46x55cm/*18x21in* Calais 97
HITCHCOCK David Howard 1861-1943 **[7]**
  ◌ *$2 400 FF12 430 £1 536* Hawaiian scene Oil/board 30x40cm/*12x16in* Mystic, Connecticut 96
  ◌ *$3 500 FF21 328 £2 164* Hawaiian Landscape 1899 Oil/canvas 50x35cm/*20x14in* Oakland, Ca 98
HITCHCOCK George 1850-1913 **[20]**
  ◌ *$5 317 FF31 836 £3 266* Fischkutter auf der See Oil/canvas 111x70cm/*43x27in* Köln 98
  ✎ *$60 000 FF350 466 £36 834* Spring Crocus Fields Pastel/paper 43x58,5cm/*16x23in* New-York 97
HITCHCOCK Harold 1914 **[13]**
  ✎ *$2 116 FF13 037 £1 300* Woodland Fantasy Watercolour/paper 53,5x73,5cm/*21x28in* London 98
HITCHENS Ivon 1893-1979 **[137]**
  ◌ *$15 400 FF79 800 £10 000* Entmarsh Oil/canvas 56x122cm/*22x48in* London 96
HITCHENS John 1941 **[34]**
  ◌ *$534 FF2 690 £350* Clouds over Blue Hill Oil/board 30,5x56cm/*12x22in* London 96
HITZLER Franz 1946 **[33]**

→ $471 FF2 694 £288 Abstrakte Komposition Indian ink 30x21cm/*11x8in* München 97
HJERTÉN Sigrid 1885-1948 **[112]**
$8 490 FF43 700 £5 290 Seated model Oil/canvas 33x24cm/*12x9in* Stockholm 96
$26 180 FF151 280 £16 140 Husen på höjden, Roquebrune Oil/canvas 92x73cm/*36x28in* Stockholm 97
$4 430 FF21 960 £2 820 Det röda huset Gouache 54x63cm/*21x24in* Stockholm 95
HJORTH Bror 1894-1968 **[89]**
$44 982 FF261 324 £26 554 Ängeln Oil/board 65x52,5cm/*25x20in* Stockholm 97
$52 731 FF305 208 £32 440 "La Visite à l'hôpital" Oil/panel 32x39cm/*12x15in* Stockholm 97
$3 730 FF19 060 £2 460 Den mulliga modellen Bronze H50cm/*H19in* Stockholm 96
$604 FF3 070 £361 Lejon XI Pencil/paper 21x28cm/*8x11in* Stockholm 96
HJORTH NIELSEN Søren 1901-1983 **[97]**
$225 FF1 325 £138 Selvportraet Oil/panel 62x37cm/*24x14in* København 97
HJORTZBERG Olle 1872-1959 **[186]**
$1 376 FF6 870 £898 Still life with pears Oil/panel 32x40cm/*12x15in* Stockholm 95
$3 100 FF18 561 £1 905 Italiensk landskap med blommande fruktträd Oil/canvas 50x61cm/*19x24in* Stockholm 98
$2 416 FF12 560 £1 600 "Olympische Spiele, Stockholm 1912" Poster 104x74cm/*40x29in* London 96
$599 FF3 715 £358 "Tiden flyr" Gouache/paper 35x37,5cm/*13x14in* Stockholm 98
HLAVACEK Anton 1842-1926 **[39]**
$2 155 FF10 780 £1 396 Burg Liechtenstein bei Mödling Öl/Leinwand 58x73cm/*22x28in* Wien 96
$3 700 FF19 300 £2 200 Lake landscape Oil/canvas 29x38,5cm/*11x15in* Wien 96
HLINA Ladislav 1947 **[26]**
$891 FF5 060 £557 Entepaar Bronze 51x48x50cm/*20x18x19in* Köln 97
HLITO Alfredo 1923-1993 **[6]**
$3 200 FF18 486 £1 900 Sin título Acrílico/lienzo 7x7cm/*2x2in* Buenos Aires 97
$16 000 FF95 521 £9 828 Untitled Oil/canvas 100x75cm/*39x29in* New-York 98
HO KAN 1931 **[2]**
$9 930 FF59 070 £6 090 Abstract Oil/canvas 90x70cm/*35x27in* Taipei, Taiwan 97
HO Khoo Sui 1939 **[2]**
$3 803 FF21 467 £2 331 Girl Afloat Oil/canvas 51x98cm/*20x38in* Singapore 97
HOARE OF BATH William 1706-1799 **[38]**
$29 176 FF169 331 £18 000 Portrait of Gentleman and his Wife and daughter Oil/canvas 135,5x148cm/*53x58in* London 97
$2 153 FF10 450 £1 350 Portrait of a Lady Pastel 59x44cm/*23x17in* London 95
HOARE OF BATH William (Attrib.) 1706-1799 **[8]**
$3 622 FF21 717 £2 200 Portrait of a Gentleman/Portrait of a Lady Oil/canvas 62x50cm/*24x19in* Billingshurst, West Sussex 98
$1 791 FF10 989 £1 115 Portrait of Miss Molly Aston Pastel/paper 59x43,5cm/*23x17in* Melbourne 97
HOBART Clark 1868-1948 **[16]**
$2 500 FF15 051 £1 495 Allegorical Scene Oil/canvas 63,5x101,5cm/*25x39in* San Francisco 98
$4 000 FF23 909 £2 424 California Idyll Oil/paper/board 48,9x21cm/*19x8in* San Francisco-Los Angeles 97
HOBBEMA Meindert 1638-1709 **[14]**
$65 709 FF387 451 £38 900 Wooded landscape with figures on a path, cottages beyond Oil/panel 24x35,5cm/*9x13in* London 97
$84 195 FF498 505 £50 000 The Ruins of Brederode Oil/panel 53x68cm/*20x26in* London 97
HOBBEMA Meindert (Attrib.) 1638-1709 **[2]**
$64 100 FF319 500 £42 000 Canal landscape with barges moored by houses Oil/canvas 70x89cm/*27x35in* London 95
HOBBS Morris Henry 1892-1967 **[30]**
$40 FF203 £26 Fishing fleet Etching 8,4x10,6cm/*3x4in* Chicago, Illinois 96
$1 400 FF7 250 £896 Old Galatin St., New Orleans Watercolour/paper 28x20cm/*11x8in* New Orleans, Louisiana 96
HOBOKEN van Jemmy 1900-1962 **[5]**
$2 229 FF13 181 £1 338 Nostalgie Oil/canvas 100x85cm/*39x33in* Amsterdam 97
$1 610 FF9 221 £952 "Scheveningen, Holland" Poster 65x96cm/*25x37in* New-York 97
HOBSON Henry E. XIX **[9]**
$1 087 FF6 516 £650 The Harvester's Daughter Oil/panel 31x23cm/*12x9in* Bath 98

✍ $649 FF3 948 £400 Double Portrait: H. Agnes and E.G Carey/E. Caroline and C.J Carey Watercolour 51x42,5cm/*20x16in* Billingshurst, West Sussex 98
HÖCH Hannah 1889-1978 **[124]**
👆 $19 722 FF117 253 £12 218 Ende des Krieges Öl/Leinwand 91,5x104,5cm/*36x41in* Stuttgart! 97
▥ $311 FF1 840 £184 Neujahrsgruss 1967 Linogravure couleurs 10,6x21,3cm/*4x8in* Berlin 97
📷 $6 592 FF38 986 £4 000 "Aus einem ethnagraphischem museum" Silver print 11x6cm/*4x2in* London 98
✍ $1 690 FF8 830 £1 006 Landschaft Aquarell/Papier 21x15cm/*8x5in* München 96
HOCH Johann Jacob 1750-1829 **[4]**
👆 $5 000 FF28 490 £3 062 The interior of a Cathedral with Figures conversing Oil/copper 40x31,5cm/*15x12in* New-York 97
HOCHARD Gaston 1863-1913 **[11]**
👆 $920 FF4 750 £593 Au village Huile/panneau 54x45cm/*21x17in* Quimper 96
HOCHECKER Franz 1730-1782 **[9]**
👆 $3 804 FF19 689 £2 425 Flusslandschaft mit Wagen und Personen am Ufer Oil/canvas 37,5x57cm/*14x22in* Zürich 96
👆 $9 474 FF56 259 £5 738 Belebte Flusslandschaft mit Figuren, Häusern und Booten Oil/panel 28x41,5cm/*11x16in* Zürich 97
HÖCHL Anton 1820-1897 **[5]**
👆 $1 559 FF9 386 £933 Stadtbefestigung mit Rundturm Oil/panel 34x27cm/*13x10in* München 98
✍ $2 500 FF14 769 £1 553 Landshut - Blick auf das Ländttor und Brug Trausnitz Aquarell/Papier 29x35cm/*11x13in* Konstanz 97
HOCHMANN Franz Gustav 1861-? **[7]**
✍ $990 FF6 040 £604 Viehmarkt Watercolour 51,5x85cm/*20x33in* Dresden 98
HOCHSTETTER von Jakob 1812-1880 **[2]**
✍ $1 967 FF11 463 £1 202 Strassenszene in Chalkis Ink 42x32,5cm/*16x12in* München 97
HOCK Daniel 1858-1934 **[5]**
👆 $928 FF5 277 £568 Stilleben Öl/Leinwand 30x40cm/*11x15in* Wien 97
👆 $14 657 FF83 565 £9 000 A Still life with a Cat Oil/canvas 48,5x118cm/*19x46in* London 97
HÖCKELMANN Antonius, Anton 1937 **[54]**
▥ $255 FF1 506 £151 Frauenportrait Drypoint in colors 28,4x20,9cm/*11x8in* Berlin 97
✍ $680 FF4 016 £402 Ohne Titel Watercolour 52,4x37,5cm/*20x14in* Berlin 97
HÖCKNER Rudolf 1864-1942 **[21]**
👆 $1 248 FF7 360 £746 Landschaft mit Bäuerin und Kate Öl/Papier 21,7x26,8cm/*8x10in* München 97
👆 $1 608 FF9 757 £955 Birkenwald im Vorfrühling Oil/panel 35x50cm/*13x19in* Malmö 98
HOCKNEY David 1937 **[913]**
👆 $3 200 FF16 570 £2 140 Untitled Oil/canvas 30x23cm/*11x9in* New-York 96
👆 $52 200 FF257 400 £34 000 Revel's Garden, "from L'Enfant du Sortilège" Oil/canvas 51x76,5cm/*20x30in* London 95
👆 $132 280 FF772 200 £80 000 English garden Acrylic/canvas 122x122cm/*48x48in* London 97
▥ $3 200 FF18 285 £1 960 My Pool and Terrace from 8 by Eight to celebrate the Temporary Etching, aquatint in colors 74x106cm/*29x41in* New-York 97
📷 $4 000 FF19 840 £2 530 Billy Wilder Lighting His Cigar Photograph 68x44cm/*27x17in* New-York 95
✍ $1 627 FF9 504 £962 Christopher Isherwood en zijn hond in de tuin Black chalk/paper 74x99cm/*29x38in* Den Haag 97
HOCKS Teun 1947 **[2]**
📷 $2 224 FF13 377 £1 330 Brug Photograph 147x116cm/*57x45in* Amsterdam 98
HÖD Edmund XIX **[10]**
👆 $1 434 FF7 340 £930 Blick auf Grein an der Donau Öl/Leinwand 24x47,5cm/*9x18in* Wien 95
HODÉ Pierre 1889-1942 **[70]**
👆 $1 285 FF7 500 £787 Personnages dans rue de village Huile/toile 33x41cm/*12x16in* Paris 97
👆 $6 590 FF34 000 £4 240 Paris, les quais de Seine Huile/toile 54x65cm/*21x25in* Calais 96
✍ $2 474 FF12 000 £1 594 Rythme mécanique Dessin 49x68,5cm/*19x26in* Paris 95
HODEL Ernst 1881-1955 **[49]**
👆 $792 FF4 074 £494 Oberengadiner Lanschaft mit Silsersee Öl/Leinwand 49x78cm/*19x30in* Bern 96
▥ $1 800 FF10 727 £1 079 "Lötschbergbahn" Poster 126,5x89cm/*49x35in* New-York 98
HODGDON Sylvester 1830-1906 **[3]**

$7 000 FF42 656 £4 264 Landscape of New Hampshire Oil/canvas 83x114cm/*33x45in* Portsmouth, NH. 98
HODGE Francis Edwin 1883-? **[3]**
$12 500 FF64 700 £8 000 Still life Watercolour 41x56cm/*16x22in* London 96
HODGES Charles Howard 1764-1837 **[7]**
$99 FF604 £60 Kinderbildnisse Drawing 40x29cm/*15x11in* Dresden 98
HODGES Gary 1954 **[1]**
$20 007 FF120 168 £12 000 "Supreme", Siberian Tiger Pencil/paper 36,5x136cm/*14x53in* London 98
HODGES William 1744-1797 **[9]**
$77 400 FF401 000 £50 000 A Camp of a thousand Men formes by Augustus Cleveland Oil/canvas 122x160cm/*48x62in* London 96
$21 500 FF110 725 £14 239 Select views of India Aquatint 31x46cm/*12x18in* New-York 96
HODGKIN Eliot 1905-1987 **[53]**
$3 790 FF23 097 £2 300 Milkweed Tempera/board 49x33cm/*19x12in* Exeter, Devon 98
$4 580 FF23 200 £3 000 Spring flowers Oil/board 43x36cm/*16x14in* London 96
$2 343 FF14 030 £1 400 Milkweed Tempera/paper 29x24cm/*11x9in* London 98
HODGKIN Howard 1932 **[151]**
$59 526 FF347 490 £36 000 Night and Day Oil/wood 37x47cm/*14x18in* London 97
$320 000 FF1 858 304 £195 488 First portrait of Terence Mc Inerney Oil/wood 127x140cm/*50x55in* New-York 97
$100 FF564 £61 Interior with Figure Lithographie 64x46cm/*25x18in* Chicago, Illinois 97
$10 730 FF53 000 £7 000 Study for Jarid's Porch II Gouache 52x55cm/*20x21in* London 95
HODGKINS Frances 1870-1947 **[42]**
$48 383 FF295 196 £29 000 Refugee Children Mixed media/canvas 61x72,5cm/*24x28in* London 98
$1 900 FF11 356 £1 163 Arrangemnt of Jugs Color lithograph 51x66,5cm/*20x26in* San Francisco-Los Angeles 97
$11 511 FF65 666 £7 000 Still Life with Flowers and Vases Watercolour 56x43cm/*22x16in* London 97
HODGKINSON Frank George 1919 **[25]**
$195 FF1 174 £116 Sweet Lips Color lithograph 57,5x73,5cm/*22x28in* Melbourne 98
$555 FF2 851 £366 Rushcutters Bay Mixed media/paper 89x64cm/*35x25in* Sydney 96
HÖDICKE Karl Horst 1938 **[29]**
$2 818 FF16 773 £1 722 "Telefonzelle" Acrylic 99,5x70cm/*39x27in* Köln 98
$18 050 FF93 500 £11 730 Peep Show Acrylic/canvas 188,5x250,5cm/*74x98in* München 96
$1 261 FF7 370 £746 "Frauen lieben Diolen" Offset 96,5x150cm/*37x59in* Köln 97
$3 596 FF20 742 £2 142 Brandenburger Tor Gouache/board 78,5x105,5cm/*30x41in* München 97
HODIENER Hugo Hodina 1886-? **[22]**
$2 338 FF13 391 £1 383 Die Vajolettürme in den Dolomiten Tempera/canvas 140x120cm/*55x47in* Kempten 97
$2 793 FF16 667 £1 715 Gebirgslandschaft Öl/Leinwand 106x93cm/*41x36in* Wien 98
HODINA Karl 1935 **[8]**
$1 191 FF7 143 £723 Pfeifenraucher Mixed media/canvas 20,3x15,8cm/*7x6in* Wien 98
HODLER Ferdinand 1853-1918 **[279]**
$36 872 FF221 061 £22 192 Weibliches Bildnis Öl/Leinwand 38,5x32,5cm/*15x12in* Zürich 98
$190 200 FF993 000 £115 000 Weib am Bach Huile/panneau 120x118cm/*47x46in* Zürich 96
$173 600 FF1 013 375 £104 975 Ergriffenes Weib Öl/Leinwand 115x82,5cm/*45x32in* Bern 97
$504 FF3 097 £308 "Selbstbildnis" Lithographie 63x48cm/*24x18in* Wien 98
$2 959 FF18 300 £1 763 Studie zur mittleren Figur zu Einmütigkeit Crayon/papier 44x34,5cm/*17x13in* Zürich 98
HODSON John XX **[1]**
$4 734 FF27 540 £2 900 Heavy Downpour Bronze H43cm/*H16in* London 97
HODSON Samuel John 1836-1908 **[5]**
$7 500 FF45 592 £4 618 The Piazza Verona Watercolour 56x79cm/*22x31in* New-York 98
HOE Lim Cheng 1912-1979 **[2]**
$3 803 FF21 467 £2 331 Floral Composition Watercolour 60,5x45,5cm/*23x17in* Singapore 97
HOEBER Arthur 1854-1915 **[15]**
$1 200 FF6 900 £751 Landscape Oil/canvas/panel 53x43cm/*21x17in* Hatfield, Pennsylvania 97
HOECKE van den Gaspar 1585-c.1648 **[4]**
$58 000 FF353 440 £35 333 Judith and Holofernes Oil/canvas 136,5x149cm/*53x58in* New-York 98

HOECKE van den Gaspar (Attrib.) 1585-c.1648 **[7]**
- *$14 880 FF78 000 £8 950* Allégorie de la Fortune: Vanité Huile/toile 17x180cm/*6x70in* Paris 96
- *$16 800 FF83 700 £11 000* Flowers in a glass vase Oil/copper 27x21cm/*10x8in* London 95

HOECKE van den Robert 1622-1668 **[4]**
- *$20 400 FF105 600 £13 650* Winter Landscape with skaters on a frozen river by a mansion Oil/panel 24x33,5cm/*9x13in* Amsterdam 96

HOECKE van den Robert (Attrib.) 1622-1668 **[1]**
- *$2 340 FF12 050 £1 500* An execution at a gallows Oil/panel 24,5x23cm/*9x9in* London 96

HOECKE van der Jan 1611-1651 **[3]**
- *$11 802 FF70 000 £7 147* Nature morte à la corbeille de fruits, vase de fleurs Huile/panneau 70x108cm/*27x42in* Paris 97

HOECKER Paul 1854-1910 **[5]**
- *$1 732 FF10 111 £1 063* Ave Maria Öl/Leinwand 46x49cm/*18x19in* München 97

HOEDT Jan Hendrik Willem 1825-1868 **[1]**
- *$2 852 FF16 596 £1 747* A river landscape with fishermen in a rowing-boat by a ruin Oil/panel 22,5x31cm/*8x12in* Amsterdam 97

HOEF van der Abraham c.1600-c.1660 **[10]**
- *$8 073 FF46 885 £4 931* Calvary skirmish in a mountainous landscape Oil/panel 47x63cm/*18x24in* Amsterdam 97

HOEFNAGEL Jakob 1575-c.1630 **[2]**
- *$2 605 FF15 835 £1 565* Archetypa Studiaque Patris GeorgII HoefnagelII Engraving 15,5x21cm/*6x8in* London 98

HOEHME Gerhard 1920-1989 **[121]**
- *$1 736 FF10 133 £1 049* Dalmatien Oil 29,5x42cm/*11x16in* Zürich 97
- *$8 679 FF50 692 £5 328* Kleine Welt in Ocker Öl/Leinwand 45x45cm/*17x17in* Köln 97
- *$109 902 FF654 147 £67 177* Lebensraum Öl/Leinwand 210x320cm/*82x125in* Köln 98
- *$591 FF3 369 £362* Ohne Titel/Schnittmusterbild Etching 16x10cm/*6x3in* Hamburg 97
- *$1 160 FF6 691 £691* Pattern chart picture Felt pen/paper 59x71,5cm/*23x28in* München 97

HOEK van Hans 1947 **[3]**
- *$1 850 FF9 650 £1 117* The cello player Ink/paper 49x67cm/*19x26in* Amsterdam 96

HOELSCHER Richard 1867-1943 **[5]**
- *$2 029 FF12 076 £1 240* Portrait eines hessischen Bauernmädchens Pastell/Papier 42x35cm/*16x13in* Frankfurt 98

HOELZEL Adolf 1853-1934 **[40]**
- *$3 250 FF17 000 £1 935* Zwei Gestalten in weiter Lanschaft Pastel 11,5x14cm/*4x5in* München 96

HOEN Alfred-Georges 1869-1954 **[5]**
- *$984 FF5 739 £606* Nach August Stamm Silkscreen in colors 67x46cm/*26x18in* Köln 97

HOEN Cornelis Petrus 't 1814-1864 **[5]**
- *$3 042 FF15 652 £1 898* Figures Skating on a Frozen River Oil/panel 24x31,5cm/*9x12in* Amsterdam 96
- *$8 521 FF49 400 £5 088* A Storm Blown Over Oil/panel 41,5x59cm/*16x23in* Amsterdam 97

HOENIGER Paul 1865-1924 **[3]**
- *$1 851 FF11 044 £1 116* Die Gratulantin Pastell/Papier 39,5x22cm/*15x8in* Stuttgart 97

HOEPFNER Franz XIX-XX **[14]**
- *$310 FF1 841 £190* The Windmill Above Weston-Super-Mare Oil/board 18,5x30,5cm/*7x12in* Bristol, Avon 98
- *$701 FF4 297 £420* Portrait of a Bearded Man Oil/canvas 61x51cm/*24x20in* London 98

HOEPFNER Martha 1912 **[3]**
- *$2 045 FF11 717 £1 210* Komposition mit Schatten und Rose Gelatin silver print 21,5x28cm/*8x11in* Köln 97

HOERLE Heinrich 1895-1936 **[28]**
- *$19 827 FF117 330 £12 096* Frau im Wald Öl/Papier 42x22,5cm/*16x8in* Köln 98
- *$74 555 FF435 513 £44 122* Frau Oil/panel 70x46cm/*27x18in* Köln 97
- *$2 368 FF13 495 £1 479* Konstruktivistische Figur Indian ink 25x20cm/*9x7in* Bielefeld 97

HOERMAN Jan 1896-? **[1]**
- *$3 540 FF18 000 £2 182* Femme à sa couture Huile/panneau 27x21cm/*10x8in* Paris 96

HOESEN van Beth XX **[4]**
- *$324 FF2 560 £500* Persimmon/Magnolia bud/Freesia Color lithograph 48x38cm/*18x14in* Denver,

Colorado 95
HOESS Eugen Ludwig 1866-1955 **[10]**
$1 330 FF6 790 £880 Rehe auf der Salmaser Höhe mit Blick auf den Grünten Öl/Leinwand 85x100cm/*33x39in* Kempten 96
HOET Gerard 1648-1733 **[33]**
$3 210 FF16 500 £2 000 Portrait of a gentleman in a blue coat Oil/canvas 51x41cm/*20x16in* London 96
$7 000 FF42 656 £4 342 Classical Figures in a Landscape Oil/panel 21x28,5cm/*8x11in* New-York 98
$6 700 FF33 500 £4 340 Hommage à Diane Métal 22x28cm/*8x11in* Bruxelles 96
$258 FF1 542 £158 Mythologische Szene mit Elefant Ink/paper 17x22cm/*6x8in* München 98
HOET Gerard (Attrib.) 1648-1733 **[4]**
$19 320 FF109 480 £12 880 Sacrificio a Diana cacciatrice Olio/tela 84x102cm/*33x40in* Roma 98
HOETERICKX Emile 1858-1923 **[8]**
$1 492 FF8 496 £915 La voiture Huile/panneau 16x22cm/*6x8in* Bruxelles 97
$609 FF3 579 £376 Park bij avond Watercolour/paper 55x45cm/*21x17in* Lokeren 97
HOETGER Bernhard 1874-1949 **[42]**
$3 154 FF18 425 £1 866 Nachdenklich sitzende Frau Bronze 27,6x26,5x23,2cm/*10x10x9in* Köln 97
$299 FF1 813 £183 Hügelige Landschaft mit Bauernhaus Charcoal 26,3x27,3cm/*10x10in* Hamburg 98
HOETING Antoni 1827-1867 **[2]**
$3 796 FF23 218 £2 333 A Church Interior Oil/canvas 65x51cm/*25x20in* Amsterdam 98
HOEVENAAR Cornelis Willem Sr. 1802-1873 **[6]**
$856 FF5 037 £528 Die Anweisung der Magd Oil/panel 42x33,5cm/*16x13in* Bremen 97
HOEVENAAR William Pieter 1808-1863 **[3]**
$16 380 FF84 200 £10 220 A recital Oil/canvas 75x66cm/*29x25in* Amsterdam 96
HOEYDONCK van Paul 1925 **[68]**
$1 743 FF8 580 £1 123 Komposition Oil/panel 14,8x30,2cm/*5x11in* Köln 95
$1 680 FF8 400 £1 098 Oedipius Metal H49cm/*H19in* Stockholm 95
$191 FF986 £127 Composition Technique mixte/papier 55x73cm/*21x28in* Antwerpen 96
HOFBAUER Adolf 1889-? **[6]**
$925 FF4 830 £551 In der Lobau Mischtechnik/Papier 29x43cm/*11x16in* Wien 96
HOFBAUER Ferdinand 1801-1864 **[4]**
$1 077 FF6 590 £654 Et par portraetter af herre i brun frakke/Portraet af dame Watercolour/paper 24x34cm/*9x13in* Köbenhavn 98
HOFBAUER Josef, Snr. 1907-? **[104]**
$834 FF4 140 £528 Im Hühnerhof Oil/panel 13x18cm/*5x7in* Lindau 95
HOFBAUER Ludwig 1843-? **[8]**
$840 FF4 320 £524 Blick über den Schafberg Mischtechnik/Papier 29x39cm/*11x15in* Wien 96
HOFEL Johann Nepomuk 1786-1864 **[3]**
$7 146 FF42 840 £4 266 Kaiser Ferdinands Ausfahrt am 15. März 1848 Öl/Leinwand 32x40cm/*12x15in* Wien 98
HOFER Candida 1944 **[3]**
$1 400 FF8 284 £854 Zoologischer Garten Stuttgart I Photograph in colors 49,5x79cm/*19x31in* New-York 98
HOFER Carl 1878-1955 **[348]**
$84 FF501 £50 Hütte im Wilden Kaiser Öl/Karton 20,5x25,5cm/*8x10in* Dresden 97
$19 947 FF120 888 £12 232 Ballspiel Oil/canvas 31017x72cm/*12211x28in* Hamburg 98
$59 700 FF296 000 £38 000 Mädchen in der Kammer Oil/canvas 55x46cm/*21x18in* London 95
$406 FF2 355 £249 Meerweib Woodcut 22,2x23,3cm/*8x9in* Heidelberg 97
$2 789 FF16 583 £1 728 Mann in Ruinen Black chalk/paper 29x31cm/*11x12in* München 97
HÖFER Heinrich 1825-1878 **[7]**
$7 043 FF42 002 £4 372 Oberbayerisches Dorf im Winter Öl/Leinwand 30,5x46cm/*12x18in* Dresden 97
$13 461 FF80 320 £8 121 Winterliche Dorflandschaft Öl/Leinwand 47x65cm/*18x25in* München 97
HOFER Konrad 1928 **[34]**
$27 900 FF137 300 £17 960 Tonschale mit Äpfeln Oil/cardboard 28x38cm/*11x14in* Berlin 95
$41 800 FF206 000 £26 940 Stehende, Halbakt mit Lila Kopftuch Öl/Leinwand 61x40cm/*24x15in* Berlin 95
$554 FF2 766 £362 "Zenana" Lithographie 26,7x17,8cm/*10x7in* Stuttgart 95
$68 FF402 £42 Ohne Titel Aquarell/Papier 21x29cm/*8x11in* Zofingen 97
HOFF Charles 1905-1975 **[7]**
$2 500 FF14 723 £1 543 Selected Boxing Studies Photograph 19x24cm/*7x9in* New-York 97

HOFF Conrad 1816-1883 **[3]**
$20 210 FF120 726 £12 373 Santa Maria della Salute, Venedig Öl/Leinwand 92,7x121,3cm/*36x47in* Düsseldorf 98
HOFF Jakob 1838-1892 **[2]**
$15 740 FF81 500 £10 160 Jaktfrukost Oil/canvas 103x162cm/*40x63in* Stockholm 96
HOFF Karl Heinrich 1838-1890 **[6]**
$37 500 FF222 551 £22 968 "The Rückkehr" Oil/canvas 127x162,5cm/*50x63in* San Francisco 98
$53 600 FF276 000 £33 450 The Riva degli Schiavone with the Santa Maria della Salute, Venice Oil/canvas 55,5x104cm/*21x40in* Wien 96
HOFF Karl Heinrich II 1866-1904 **[2]**
$10 000 FF51 400 £6 230 The Betrothal Oil/canvas/board 84x66cm/*33x25in* New-York 96
HOFF van't Adrianus Johannes 1893-1939 **[13]**
$1 740 FF8 630 £1 100 "Postuluchen" Poster 86x61cm/*33x24in* London 95
HOFFBAUER Charles C.J. 1875-1957 **[43]**
$983 FF5 110 £650 On the deck Oil/canvas 33x51cm/*12x20in* London 96
$850 FF5 185 £510 Street Scene in Cairo, By Night Oil/canvas/board 23x30,5cm/*9x12in* Boston, Mass. 98
HOFFMAN Frank B. 1888-1958 **[11]**
$6 000 FF35 714 £3 724 Unexpected Visitor Oil/panel 68x59cm/*27x23in* Milwaukee, Wisconsin 97
$8 250 FF48 990 £5 036 Bear rears as man prepares a meal, calendar ill. for Brown & Bigelow Watercolour, gouache/paper 39x76cm/*15x30in* New-York 98
HOFFMAN Harry L. 1871-1964 **[8]**
$1 000 FF5 988 £612 Connecticut Landscape Oil/board 20x25cm/*8x10in* Altadena, CA 97
$8 749 FF45 235 £5 871 The last leaves Oil/canvas 101x76cm/*40x30in* New-York 96
$1 500 FF9 030 £897 River in Winter Pastel/paper 51x66cm/*20x25in* San Francisco 98
HOFFMAN Malvina Cornell 1887-1966 **[37]**
$6 000 FF30 340 £3 940 "La Gavotte" Bronze H36cm/*H14in* New-York 96
$55 000 FF326 408 £33 687 Young Neptune: Fountain Bronze H162,5cm/*H63in* New-York 98
HOFFMAN Saddie 1858-1903 **[1]**
$2 200 FF11 030 £1 392 Fresh strawberries Oil/canvas 30x45cm/*12x18in* Philadelphia 95
HOFFMANN Anker 1904-1985 **[30]**
$957 FF5 310 £591 Stäende pige Bronze H43cm/*H16in* Köbenhavn 97
HOFFMANN Anton 1863-1938 **[22]**
$2 417 FF14 549 £1 447 A Horseman Leading a Troup of Armed Peasants Oil/canvas 70x100cm/*27x39in* Amsterdam 98
HOFFMANN Georges Johannes 1833-1873 **[6]**
$1 989 FF10 234 £1 241 Shipping on an Estuary Oil/panel 34x45cm/*13x17in* Amsterdam 96
HOFFMANN Harry Leslie 1874-1966 **[10]**
$1 200 FF5 910 £773 Nassau Docks Oil/board 15x20cm/*5x7in* New-York 95
HOFFMANN Irene XX **[3]**
$1 682 FF10 040 £1 015 Sport Collage 57x42cm/*22x16in* Hamburg 97
HOFFMANN Josef 1870-1956 **[22]**
$1 586 FF9 528 £948 Blumenkorb Metal H69,5cm/*H27in* Wien 98
$723 FF4 281 £429 Pfau Indian ink/paper 28,5x21cm/*11x8in* Wien 97
HOFFMANN Karl 1893-1972 **[13]**
$654 FF3 360 £408 Im Süden Oil/panel 42x52cm/*16x20in* Wien 96
HOFFMANN Oskar Adolfovitch 1851-1913 **[3]**
$13 225 FF76 986 £8 021 Bauer mit Kind und Pferden in estnischer Landschaft Oil/canvas 132x223cm/*51x87in* Luzern 97
HOFFMANN von Ludwig 1861-1945 **[7]**
$989 FF6 032 £593 "Saalebogen, gesäumt von Wiesen und Laubwald" Pastel 31x42cm/*12x16in* Rudolstadt-Thüringen 98
HOFFMANN-FALLERSLEBEN Franz 1855-1927 **[24]**
$1 064 FF6 064 £652 Schloss Ahaus in Westfalen Oil/panel 65x45cm/*25x17in* Köln 97
$2 900 FF14 460 £1 890 Gartenpavillon Huile/panneau 27,5x36,5cm/*10x14in* Zofingen 95
HOFFMEISTER C.L. XIX **[3]**
$45 300 FF221 000 £28 730 Uhrenbild mit einer Ansicht von Innsbruck Öl/Metall 51x68cm/*20x26in*

Köln 95
HOFFMEISTER Johannes 1914-1990 **[12]**
   $890 FF5 447 £541 Landskab med traeer Oil/canvas 56x68cm/*22x26in* Köbenhavn 98
HOFKER Willem Gerard 1902-1981 **[111]**
   $11 305 FF65 578 £6 932 Westerkerk, Amsterdam Oil/canvas 91x46cm/*35x18in* Amsterdam 97
   $41 900 FF207 700 £26 500 A Balinese beauty Oil/canvas 43x26,4cm/*16x10in* Singapore 95
   $363 FF2 155 £222 A Balinese Beauty en Profil Color lithograph 30x20cm/*11x7in* Den Haag 97
   $8 770 FF45 150 £5 480 Geitenhoeder op't oude kerkhof van de Missipit, Batavia Black chalk 24,5x35,5cm/*9x13in* Amsterdam 96
HOFKUNST Alfred 1942 **[40]**
   $121 FF724 £74 Mäuse Radierung 75x55cm/*29x21in* Zürich 98
   $2 650 FF12 900 £1 677 Hidden Sandwich Crayon 99x70cm/*38x27in* Bern 95
HOFLAND Thomas Christopher 1777-1843 **[6]**
   $26 000 FF153 392 £15 922 Richmond Park with a Family seated in the foreground Oil/canvas 125x201cm/*49x79in* New-York 98
HOFLEHNER Rudolf 1916-1995 **[28]**
   $120 FF716 £74 O.T. Radierung 54x40cm/*21x15in* Wien 97
   $5 889 FF35 140 £3 553 Figur Iron 36x16x10,5cm/*14x6x4in* Hamburg 97
   $1 986 FF9 800 £1 290 Stilleben Mischtechnik/Papier 43,5x60cm/*17x23in* Wien 95
HOFLER Max XX **[29]**
   $134 FF816 £80 Landscape View Oil/board 32x38cm/*12x14in* London 97
HOFMAN Wlastimil 1881-1970 **[46]**
   $1 777 FF10 358 £1 094 "Wiosna" Oil/panel 24,5x35cm/*9x13in* Warszawa 97
   $3 789 FF22 559 £2 317 Aniol Stróz Oil/panel 35x50cm/*13x19in* Warszawa 98
HOFMANN Anker 1904 **[5]**
   $1 881 FF9 669 £1 144 Knaelende pige Tempera, dessin 26x38cm/*10x14in* Köbenhavn 96
   $575 FF3 628 £362 Kvindetorso Bronze H31cm/*H12in* Vejle 97
HOFMANN Hans 1880-1966 **[193]**
   $16 000 FF92 915 £9 774 Wicker Chair Oil/paper 39x39cm/*15x15in* New-York 97
   $45 000 FF218 000 £28 900 Landscape Oil/wood 76x89cm/*29x35in* New-York 95
   $150 000 FF777 000 £100 200 Frolic Oil/canvas 152,5x122cm/*60x48in* New-York 96
   $10 000 FF48 400 £6 420 Composition IV Watercolour 43x36cm/*16x14in* New-York 95
HOFMANN Veit 1944 **[13]**
   $173 FF1 013 £106 Stadtlandschaft I Farblithographie 49,7x60cm/*19x23in* Berlin 97
HOFMANN von Ludwig 1861-1945 **[130]**
   $1 720 FF10 050 £1 018 Wald mit durchbrechender Sonne Öl/Leinwand 34,2x46,4cm/*13x18in* Köln 97
   $4 500 FF27 239 £2 685 Fruhling Oil/canvas 54,5x83cm/*21x32in* New-York 97
   $175 FF1 004 £103 An der Quelle Radierung 23,9x15,9cm/*9x6in* Dresden 97
   $910 FF4 760 £542 Am Lietzensee in Berlin Pastel/board 32,4x15,5cm/*12x6in* Berlin 96
HOFMANN-ZEITZ Ludwig 1832-1895 **[4]**
   $1 960 FF12 000 £1 191 Jeunes bergères dans la montagne Huile/panneau 36x29cm/*14x11in* Paris 98
HOFMEISTER Johannes 1914-1990 **[61]**
   $1 519 FF8 826 £935 Figur i landskab Oil/masonite 43x63cm/*16x24in* Köbenhavn 97
HOFNER Johann Baptist 1832-1913 **[3]**
   $4 350 FF26 385 £2 634 Ung pige der fodrer en ged og et får Oil/canvas 72x55cm/*28x21in* Köbenhavn 98
HOFSTATTER Osias 1905-1995 **[16]**
   $220 FF1 126 £143 Figure Pastel 56x44,5cm/*22x17in* Tel Aviv 95
HOFSTETTER William Alfred 1884-? **[1]**
   $11 000 FF54 200 £7 090 Children fishing by a stream Oil/canvas 77x92cm/*30x36in* New-York 95
HOFTEN van Adriaan XX **[1]**
   $4 025 FF23 774 £2 501 Untitled Oil/canvas 76x91cm/*30x36in* Elgin, Illinois 97
HOGARTH Burne 1911-1996 **[6]**
   $3 600 FF18 450 £2 187 Tarzan, Sunday page entitled "Tragic Error" Ink/paper 71x50cm/*28x20in* New-York 96
HOGARTH William 1697-1764 **[94]**
   $300 FF1 783 £185 Scenes from Don Quixote Engraving 25x18cm/*10x7in* Chicago, Illinois 97
   $81 140 FF466 855 £50 000 An Illustration to Cervantes "Don Quixote" Pencil 26x29cm/*10x11in* London 97
HÖGER Josef 1801-1877 **[22]**

*$1 367 FF8 126 £836 Waldlandschaft mit Lichtung Öl/Leinwand 32x48cm/*12x18in* Bern 97*
*$1 017 FF5 310 £606 Landschaft mit einem Bergsee und einer Ruine Aquarell/Papier 31x26cm/*12x10in*
Wien 96*

HÖGER Rudolf Alfred 1877-1930 **[26]**
*$1 675 FF8 670 £1 081 Venezia Oil/panel 67x32,5cm/*26x12in* Wien 96*

HÖGFELDT Robert 1894-1986 **[265]**
*$428 FF2 647 £255 Till häst Mixed media 30x23cm/*11x9in* Stockholm 98*
*$1 072 FF5 280 £691 Flöjtspelande pan Oil/panel 38x47cm/*14x18in* Stockholm 95*
*$6 011 FF35 903 £3 680 Faders förmaning Akvarell/papper 21x27cm/*8x10in* Stockholm 98*

HOGGATT William 1880-? **[39]**
*$2 320 FF13 847 £1 400 Breakers on the Shore Oil/canvas 27x43cm/*11x17in* Isle of Man 97*
*$13 262 FF79 129 £8 000 Kewaigue Huile/toile 76x101cm/*30x40in* Isle of Man 97*
*$1 930 FF10 859 £1 173 St. Augustin, Paris/Paris view Pencil 30,6x22,8cm/*12x8in* London 97*

HOGLEY Stephen E. XIX-XX **[10]**
*$2 935 FF17 307 £1 800 On the Esk Oil/canvas 60x105,5cm/*23x41in* Billingshurst, West Sussex 98*

HOGUET Charles 1821-1870 **[36]**
*$1 641 FF10 056 £980 Markttreiben in einer französichen Stadt Oil/wood 14x29cm/*5x11in* Dresden 98*
*$2 576 FF13 240 £1 606 The good Samaritan Oil/canvas 55,5x78,5cm/*21x30in* Wien 96*
*$748 FF4 500 £447 Côte normande Aquarelle, gouache/papier 15,5x25,5cm/*6x10in* Paris 98*

HOGUET Louis XIX **[2]**
*$2 019 FF12 048 £1 218 Landschaften Oil/panel 8x10cm/*3x3in* Köln 97*

HOHENBERGER Enrico 1834-1897 **[5]**
*$960 FF5 440 £640 Barca di pescatori sotto costa Olio/tela 42x53cm/*16x20in* Trieste 98*

HOHENBERGER Franz 1867-1941 **[7]**
*$3 906 FF22 659 £2 403 Vase of flowers Oil/canvas 51x38cm/*20x14in* Malmö 97*

HOHENLEITER Y CASTRO Francisco 1889-1968 **[5]**
*$2 185 FF12 514 £1 292 "Sevilla, feria de Abril 1934" Poster 106x157,5cm/*41x62in* New-York 97*

HOHENLOHE von Gustav XVIII-XIX **[1]**
*$2 053 FF10 550 £1 280 "Vue de Langenburg" Watercolour 21x29cm/*8x11in* Wien 96*

HOHENSTEIN Adolf, Adolpho 1854-1917 **[29]**
*$1 600 FF8 150 £960 "Germania" Poster 257x119cm/*101x46in* New-York 96*

HOHLWEIN Ludwig 1879-1949 **[114]**
*$13 800 FF79 038 £8 164 "Mercedes" Poster 80x109,5cm/*31x43in* New-York 97*
*$583 FF3 463 £346 "Zigeunerlied von Jozsi v. Gans" Gouache/papier 32,5x26cm/*12x10in* München 97*

HOHNECK Adolf 1812-1879 **[4]**
*$360 FF2 071 £220 Portrait of a Lady, small half-length, seated, wearing a black dress Oil/canvas
29x22cm/*11x8in* London 97*
*$4 659 FF28 169 £2 790 Winterlandschaft Öl/Leinwand 50,5x71cm/*19x27in* München 98*

HOIN Claude J.-B. (Attr.) 1750-1817 **[7]**
*$685 FF4 000 £414 Portrait de jeune femme Pierre noire 23,5x19,3cm/*9x7in* Paris 97*

HOIN Claude Jean-Bapt. 1750-1817 **[17]**
*$4 220 FF25 000 £2 527 Portrait de Gentilhomme Huile/panneau 18x15cm/*7x5in* Lille 97*
*$4 160 FF21 000 £2 733 L'empressement du jeune archéologue Encre Chine 20,9x16,4cm/*8x6in* Paris 96*

HOITSU Sakai 1761-1829 **[4]**
*$2 003 FF12 042 £1 200 Album of Paintings of Sericulture Ink 28x20cm/*11x7in* London 98*

HOKE Giselbert 1927 **[15]**
*$6 570 FF33 700 £4 220 Die Katze Oil/panel 68x100cm/*26x39in* Wien 96*
*$3 288 FF19 168 £2 012 "Das rosa Schloss" Mischtechnik/Papier 50x66cm/*19x25in* Wien 97*

HOKKEI Totoya 1780-1850 **[21]**
*$800 FF4 558 £499 Humorous Poems Woodcut 29x20cm/*11x7in* New-York 97*

HOKUBA 1771-1844 **[4]**
*$11 000 FF63 657 £6 767 An Oiran and two geisha Ink 90x52,5cm/*35x20in* New-York 97*

HOKUSAI Katsushika 1760-1849 **[164]**
*$110 FF666 £67 Butterfly and Professor Woodcut in colors 20x31cm/*8x12in* Chicago, Illinois 98*

HOLAREK Emil 1867-1919 **[1]**
*$20 000 FF113 960 £12 250 Beauty on show Oil/canvas 104x135cm/*40x53in* New-York 97*

HOLBAK Niels 1884-1954 **[49]**
$174 FF1 056 £104 Vinterlandskab Oil/canvas 42x51cm/*16x20in* Viby J, Århus 98
HOLBEIN Hans I c.1465-1524 **[2]**
$145 000 FF723 000 £95 000 The Madonna Montenuovo Oil/panel 45,5x34,5cm/*17x13in* London 95
$20 700 FF105 400 £12 420 Saint Ursula Ink 16,4x11,5cm/*6x4in* Amsterdam 96
HOLBERTON Wakeman 1839-1898 **[2]**
$4 000 FF24 301 £2 408 "Surprised" Oil/canvas 35x55cm/*14x22in* Elgin, Illinois 98
HOLD Abel XIX **[21]**
$2 546 FF13 270 £1 600 A Game Larder Oil/canvas 39,5x81cm/*15x31in* London 96
$9 487 FF56 475 £5 800 A Pair of Snipe Oil/canvas 30,5x41,5cm/*12x16in* London 98
HOLDEN Albert William 1848-1932 **[5]**
$2 730 FF15 938 £1 684 Tempora mutantur (dressed for the occasion) Oil/canvas 96,5x50,5cm/*37x19in* Melbourne 97
HOLDER Edward Henry 1864-1917 **[42]**
$473 FF2 290 £304 Bergslandskap Oil/canvas 50x77cm/*19x30in* Göteborg 95
$1 380 FF6 810 £900 Highland landscapes Oil/board 29x44cm/*11x17in* London 95
HOLDER Johann Michael 1796-1861 **[1]**
$15 524 FF92 954 £9 500 A Young Oriental Gentleman Miniature 14x11cm/*5x4in* London 97
HOLDER van Frans 1881-1919 **[10]**
$3 093 FF18 604 £1 855 A Portrait of Nel Wouters in her Wedding Dress Oil/canvas 111x55cm/*43x21in* Amsterdam 98
$1 053 FF5 330 £690 Jong meisje Pastel/papier 47x40cm/*18x15in* Lokeren 96
HOLDERRIED-KAESDORF Romane 1922 **[11]**
$837 FF5 028 £502 A3 frauen stehen in 2 farbigen Booten" Mixed media/paper 65x45,5cm/*25x17in* Stuttgart 98
HOLDING Edgar Thomas 1870-1952 **[12]**
$337 FF1 733 £210 Morning, Poole Harbour Watercolour 27x46,5cm/*10x18in* Bristol, Avon 96
HOLDING Henry James 1833-1872 **[5]**
$1 399 FF7 969 £849 Young ladies gathering wild flowers/Young ladies beneath a tree Bodycolour 40x31cm/*15x12in* London 97
HOLDREDGE Ransome Gillette 1836-1899 **[19]**
$3 700 FF21 350 £2 267 Pastoral Landscape with Grazing Cattle Oil/canvas 45x68cm/*18x27in* New Orleans, Louisiana 97
HOLDSTOCK Alfred Worsley 1820-1901 **[19]**
$456 FF2 231 £293 Lac Du Bow, Bonnechere River Watercolour/paper 33x22cm/*13x9in* Calgary, Alberta 95
HOLGATE Edwin Headley 1892-1977 **[46]**
$5 238 FF28 700 £3 154 "Laurentian Lake" Huile/panneau 21,5x25,6cm/*8x10in* Montréal 97
$51 127 FF250 800 £32 472 Great Bug Pnd, Cache River Oil/canvas 66x76cm/*25x29in* Vancouver, BC. 95
$207 FF1 185 £126 Gulls/Winter night, old methodist .../Portrait/Good fighting evil Woodcut 14,6x16,5cm/*5x6in* Calgary, Alberta 97
$816 FF4 260 £487 Brittany Aquarelle 20x24cm/*7x9in* Montréal 96
HOLIDAY Gilbert Joseph 1879-1937 **[24]**
$4 560 FF28 200 £2 800 A Mare and Pony in a Downland Landscape Oil/canvas 35x45cm/*13x17in* Billingshurst, West Sussex 97
$12 354 FF76 026 £7 500 The Brewer's Dray Oil/canvas 102x129cm/*40x50in* London 98
HOLIDAY Henry George 1839-1927 **[11]**
$1 476 FF8 947 £880 Loughrigg Tarn, Westmorland Watercolour/paper 21x27,5cm/*8x10in* Bath 97
HOLL Francis 1815-1884 **[1]**
$752 FF4 356 £460 The Railway Station, after William Powell Frith Engraving 63,5x120cm/*25x47in* London 97
HOLL Frank 1845-1888 **[4]**
$59 157 FF338 817 £35 000 Absconded Oil/canvas 76x110cm/*29x43in* London 97
HOLL John XVIII **[2]**
$2 244 FF11 620 £1 500 View of Margate from the sea Watercolour 27x40cm/*10x15in* London 96
HÖLL Werner 1898-1984 **[5]**
$1 735 FF10 318 £1 075 Statische Komposition Öl/Karton 64x84,5cm/*25x33in* Stuttgart 97
HOLLAENDER Alfonso 1845-1923 **[16]**
$2 100 FF11 900 £1 400 Ritorno dalla pesca Olio/tavoletta 11x17cm/*4x6in* Firenze 98

HOLLAMS Florence Mabel 1877-1963 **[56]**
 ☞ *$924 FF5 397* £550 Hobday Oil/board 34x45cm/*13x17in* Nottingham 97
 ☞ *$1 605 FF9 504* £950 "Toody", a Poodle Oil/board 39x50cm/*15x19in* London 97
HOLLAND F. Humphrey XIX-XX **[1]**
 ☞ *$6 380 FF33 350* £3 800 A London street Oil/canvas 41x51cm/*16x20in* London 96
HOLLAND James 1800-1870 **[101]**
 ☞ *$2 258 FF13 309* £1 349 Figures in a Gondola approaching a Villa Oil/panel 35,5x29,5cm/*13x11in* Glasgow 97
 ☞ *$3 193 FF18 365* £2 000 Santa Maria della Salute, Venice, at sunset Oil/board 41x44,5cm/*16x17in* London 97
 ✎ *$2 109 FF12 195* £1 300 Figures on the beach at Margate, Kent Watercolour 12,5x41cm/*4x16in* London 97
HOLLAND James (Attrib.) 1800-1870 **[8]**
 ☞ *$5 685 FF33 663* £3 400 The Rialto Bridge, Venice Oil/canvas 26x36,8cm/*10x14in* London 97
 ☞ *$9 920 FF49 500* £6 500 The Doge's Palace and Santa Maria Della Salute Oil/canvas 102x127cm/*40x50in* London 95
HOLLAND John XIX **[11]**
 ☞ *$2 486 FF14 836* £1 500 Cattle Watering at St. Trinians Oil/canvas 43x66cm/*17x26in* Isle of Man 97
HOLLAND John, Jnr. 1830-1886 **[2]**
 ✎ *$3 344 FF20 785* £2 000 Parliament From the River/Misty Dawn in the Harbour/A Busy Harbour Watercolour 27x44cm/*10x17in* London 98
HOLLAND John, Snr. c.1831-1879 **[16]**
 ☞ *$328 FF1 857* £200 The Old Mill Oil/board 29,5x24cm/*11x9in* Billingshurst, West Sussex 97
 ☞ *$1 176 FF6 869* £700 The Cornish Coast Oil/canvas 62x92cm/*24x36in* London 97
HOLLAND Sebastopol Samuel XIX-XX **[7]**
 ☞ *$1 138 FF6 493* £700 A river landscape with figures by a Bridge Oil/canvas 64,5x105cm/*25x41in* Billingshurst, West Sussex 97
HOLLAND Tom 1936 **[29]**
 ☞ *$1 900 FF11 275* £1 163 62nd Street Seriees #14 Mixed media 116x89cm/*45x35in* San Francisco-Los Angeles 97
 ▥ *$1 200 FF6 932* £739 Untitled Monotype 77x113cm/*30x44in* San Francisco 97
 ✎ *$1 100 FF6 528* £673 Anglet #7 Charcoal 102x76cm/*40x29in* San Francisco-Los Angeles 97
HOLLANDER Hendrik 1823-1884 **[12]**
 ☞ *$2 131 FF12 145* £1 331 Interieur mit Brief schreibender Dame am Tisch Oil/panel 38x31cm/*14x12in* Köln 97
HOLLAR VON PRACHNA Wenceslaus, Wenzel 1607-1677 **[111]**
 ▥ *$470 FF2 702* £287 Zu Prag/Sebins/Wiedt/Ansicht von Unter-Assaw Radierung 4,5x12,1cm/*1x4in* Berlin 97
HOLLEGHA Wolfgang 1929 **[13]**
 ☞ *$16 020 FF95 140* £9 520 Ohne Titel Öl/Leinwand 120x116,5cm/*47x45in* Wien 97
 ▥ *$207 FF1 189* £122 Landschaft Lithographie 90x70cm/*35x27in* Wien 97
 ✎ *$5 480 FF26 940* £3 490 Spielzeugstoffter Aquarell/Papier 76,5x103,5cm/*30x40in* Wien 95
HOLLEIN Hans 1934 **[4]**
 ⬎ *$3 510 FF18 340* £2 090 Kerzenleuchter für 7 Kerzen Sculpture H30,2cm/*H11in* Wien 96
HOLLENBERG Felix 1868-1945 **[48]**
 ☞ *$3 907 FF23 466* £2 343 "Metzingen" Oil/canvas/board 69x99cm/*27x38in* Stuttgart 98
 ▥ *$105 FF542* £67 Winterlandschaft Etching 23x32cm/*9x12in* Heidelberg 96
HOLLENSTEIN Stephanie 1886-1944 **[2]**
 ☞ *$7 410 FF38 500* £4 900 "Terlaga" Öl/Karton 21,5x28cm/*8x11in* Wien 96
HOLLINGSWORTH William R., Jr. 1910-1944 **[5]**
 ☞ *$5 750 FF35 692* £3 467 Black Beauty Oil/canvas 55x76cm/*22x30in* New Orleans, Louisiana 98
 ✎ *$2 000 FF11 919* £1 242 Mississippi Blue Harp Man Watercolour/paper 22x20cm/*9x8in* New Orleans, Louisiana 97
HOLLINS Peter 1800-1886 **[2]**
 ⬎ *$5 727 FF33 143* £3 500 Bust of a Gentleman Marble H73cm/*H28in* Billingshurst, West Sussex 97
HOLLISTER Paul XX **[1]**
 ✎ *$4 000 FF24 140* £2 428 Design for a New Bahamas Parcel Post Stamp Watercolour 31x23cm/*12x9in* New-York 98

HOLLITZER Carl Leopold 1874-1942 **[4]**
  $1 447 FF8 587 £898 Abendstimmung Öl/Leinwand 30x40,5cm/*11x15in* Wien 97
HOLLOWAY Charles Edward 1838-1897 **[7]**
  $233 FF1 197 £150 "Winchester Cathedral from the River Itchen Meadows" Watercolour 20x30cm/*8x12in*
Leamington Spa, Warwickshire 96
HOLLYER Eva XIX-XX **[7]**
  $5 928 FF34 448 £3 500 Springtime Oil/canvas 77,5x54,5cm/*30x21in* London 97
HOLLYER Maud ?-1910 **[6]**
  $950 FF4 664 £605 House with flower garden Watercolour/paper 50x76cm/*20x30in* North Berwick,
Maine 95
HOLLYER William P. XIX-XX **[13]**
  $1 213 FF7 085 £734 Highland mountainous landscape with cows Oil/canvas 76x126cm/*29x49in* Viby J,
Århus 97
HOLM Åke 1900-1980 **[27]**
  $745 FF4 347 £459 Figur Sculpture H30cm/*H11in* Stockholm 97
HOLM Anders 1751-1824 **[6]**
  $3 860 FF20 000 £2 494 Insjölandskap med bondfolk och fiskare Oil/canvas 68x95cm/*26x37in*
Stockholm 96
HOLM Christian Frederik 1804-1846 **[6]**
  $3 368 FF19 470 £2 090 En bayersk jaeger Oil/canvas 39x36cm/*15x14in* København 97
HOLM Heinrich Gustav F. 1803-1861 **[20]**
  $2 226 FF13 180 £1 332 Sankt Annae Plads set ca. fra hjörnet af Store Strandstraede mod öst Watercolour
17x22,5cm/*6x8in* København 97
HOLM MØLLER Olivia 1875-1970 **[36]**
  $876 FF4 420 £575 Paeoner i vase Oil/canvas 43,5x37cm/*17x14in* København 96
  $1 805 FF8 870 £1 150 Figurkomposition Oil/canvas 37x36cm/*14x14in* København 95
HOLMAN Francis c.1740-c.1790 **[10]**
  $9 160 FF46 700 £5 500 Shipping off the Eddystone Lighthouse Oil/canvas 81x130cm/*31x51in* London 96
  $130 496 FF800 080 £80 000 The East Indiaman "Nottingham" in three positions off Fort St. Georg Oil/can-
vas 87,5x151cm/*34x59in* London 98
HOLMAN Francis (Attrib.) c.1740-c.1790 **[4]**
  $6 330 FF32 260 £3 800 The flagship's return Oil/canvas 3x61cm/*1x24in* London 96
  $10 000 FF59 952 £6 073 A Naval Skirmish between American and British Ships Oil/panel
67x135cm/*26x53in* Miami, Florida 98
HOLMAN Franck 1865-c.1920 **[3]**
  $1 400 FF8 505 £342 "The Letter" Oil/board 45x26cm/*18x10in* Elgin, Illinois 98
HOLMBOE Thorolf 1866-1935 **[64]**
  $1 372 FF6 930 £900 Cottage by a River, Winter Oil/canvas 64,5x66,5cm/*25x26in* London 96
  $13 000 FF77 151 £7 962 Girl in a White Hat Oil/canvas 122x120,5cm/*48x47in* New-York 97
  $477 FF2 490 £284 Bänk vid sjö Akvarell 73x53cm/*28x20in* Göteborg 96
HOLMEAD Clifford H. Phillips 1889-1975 **[5]**
  $690 FF4 200 £423 Automne Huile/panneau 61x76cm/*24x29in* Paris 98
HOLMES George Augustus ?-1911 **[14]**
  $6 550 FF33 050 £4 300 Friends Oil/canvas 60x90cm/*23x35in* London 96
HOLMES John J. XX **[3]**
  $2 121 FF12 670 £1 300 The "Titanic" Oil/canvas 60x90cm/*23x35in* London 98
HOLMES Kenneth 1902 **[3]**
  $7 000 FF42 373 £4 137 Hunting near the quarry Oil/panel 73x58cm/*28x22in* New-York 98
HOLMES Ralph 1876-1963 **[36]**
  $600 FF3 130 £363 Coastal Scene Oil/board 40,5x30,5cm/*15x12in* San Francisco-Los Angeles 96
  $900 FF5 484 £537 Autumn Trees Oil/board 40x50cm/*16x20in* Pasadena, California 98
HOLMES William Henry 1846-1933 **[21]**
  $4 000 FF24 829 £2 438 On a Maryland Hillside/Peru/A Tropical River/River Through the Valley
Watercolour/paper 36x50cm/*14x20in* Boston, Mass. 97
HOLMGREN Léo 1904-1990 **[4]**
  $6 100 FF31 900 £3 640 "Göran" Bronze H190cm/*H74in* Stockholm 96
HOLMGREN Wilhelm 1863-1943 **[16]**
  $1 534 FF9 166 £939 Kaj vid Seine Oil/panel 24x30cm/*9x11in* Stockholm 98

$1 615 FF9 520 £965 Kvinna i fåtölj Oil/canvas 46x38cm/*18x14in* Stockholm 97
HOLMLUND Josefina 1827-1905 **[39]**
$765 FF4 457 £472 Ulvik, hardangerfjorden Oil/canvas 30x44cm/*11x17in* Malmö 97
$1 717 FF8 760 £1 130 Gosse som metar Oil/canvas 38x58cm/*14x22in* Stockholm 96
HOLMSKOV Helge 1912-1982 **[15]**
$928 FF4 530 £587 Mother and child Bronze H24cm/*H9in* København 95
HOLMSTRÖM Tora Vega 1880-1967 **[33]**
$929 FF5 397 £549 Blommor i vas Oil/canvas 66x55cm/*25x21in* Malmö 97
$1 660 FF9 637 £981 Nature morte I Oil/canvas 41x33cm/*16x12in* Malmö 97
$423 FF2 167 £257 Kåseberga Pastel 48x34cm/*18x13in* Malmö 96
HOLSØE Carl Vilhelm 1863-1935 **[118]**
$10 359 FF61 875 £6 342 Salongsinteriör Oil/canvas 50x42cm/*19x16in* Stockholm 98
HOLSØE Niels 1865-1928 **[26]**
$929 FF5 397 £549 Lampbelyst interiör Oil/canvas 61x49cm/*24x19in* Malmö 97
HOLST Johan Carl 1747-1797 **[1]**
$1 033 FF6 092 £617 Landskap med drickande sällskap Woodcut 42x32cm/*16x12in* Stockholm 97
HOLST Johannes 1880-1965 **[20]**
$814 FF4 719 £480 The Raging Sea Oil/canvas 80x120cm/*31x47in* London 97
$2 916 FF17 402 £1 759 Dreimaster auf See Öl/Leinwand/Karton 35x28cm/*13x11in* Bremen 97
HOLST Lauritz B. 1848-1934 **[35]**
$1 288 FF7 950 £810 The Nile Oil/canvas 40x60cm/*15x23in* København 97
HOLST Richard Nicolaus R. 1868-1938 **[13]**
$524 FF3 002 £327 "Raden van Arbeid" Poster 80x110cm/*31x43in* Oostwoud 97
HOLST von Johan Gustav 1841-1917 **[6]**
$5 188 FF29 784 £3 164 The Retrieve - Irish setter with snipe Oil/canvas 59x49cm/*23x19in* Stockholm 97
HOLST von Theodore Matthias 1810-1844 **[7]**
$3 040 FF18 000 £1 800 Study of a Faceless Man with a Dart Watercolour 16x17cm/*6x6in* London 97
HOLSTEIN Gustav 1876-? **[4]**
$4 076 FF24 295 £2 500 At a Cafe Oil/canvas 77,5x87cm/*30x34in* London 98
HOLSTEYN Pieter I c.1580-1662 **[14]**
$1 059 FF6 081 £645 Ein Kranich in einer Landschaft Indian ink 15,7x20cm/*6x7in* Berlin 97
HOLSTEYN Pieter II 1614-1687 **[29]**
$3 434 FF17 470 £2 060 A peacock, a cock pheasant and domestic fowl Bodycolour 6,3x13,2cm/*2x5in* Amsterdam 96
HOLT Edwin Frederick XIX-XX **[47]**
$2 400 FF14 268 £1 445 Conversation and Music in the Gardens Oil/canvas 35,5x30,5cm/*13x12in* New-York 98
$2 601 FF14 842 £1 600 The Head Gardener: A portrait of Joseph Charles Oil/canvas 60x50,5cm/*23x19in* Billingshurst, West Sussex 97
HOLT Eric XX **[2]**
$1 854 FF9 480 £1 200 Dog in a Pram Tempera/panel 13x11cm/*5x4in* London 95
HOLT Geoffrey 1882-1977 **[4]**
$1 600 FF9 632 £957 Rolling Hills/Seascape/Inlet/Breaking Waves Oil/board 25,5x30,5cm/*10x12in* San Francisco 98
HOLT Herbert 1891-? **[6]**
$700 FF4 231 £420 Study of a Woman Washing her Hair Oil/canvas 76x51cm/*29x20in* London 98
HOLTHAUSEN Ludwig 1807-1890 **[1]**
$4 200 FF23 918 £2 549 An Elegant Still Life with Peaches, Pears, Currants, Cherries Oil/canvas 25x30cm/*9x11in* New-York 97
HOLTY Carl Robert 1900-1973 **[66]**
$800 FF4 579 £472 Abstract Composition Oil/board 34x44,5cm/*13x17in* New-York 97
$4 500 FF25 685 £2 781 Warrior bouquet Oil/masonite 91x74,5cm/*35x29in* New-York 97
$250 FF1 493 £152 Nude Reclining Pastel 44x59cm/*17x23in* Milwaukee, Wisconsin 98
HOLTZ Karl 1889-1978 **[17]**
$348 FF1 718 £227 Prag/Sächsische Schweiz Lithographie 34x22cm/*13x8in* Hamburg 95
HOLTZMANN Carl Friedrich 1740-1811 **[2]**

✏ *$3 031 FF18 108 £1 856* Heinrich von Schoenberg als Knabe Watercolour 15,8x10,3cm/*6x4in* Düsseldorf 98
HOLUB Georg 1861-1919 **[7]**
👁 *$2 579 FF15 232 £1 558* Gebirgslandschaft mit Almhütte und Weidevieh Öl/Leinwand 59x83,5cm/*23x32in* Wien 97
HOLWECK Oskar 1924 **[11]**
✏ *$1 289 FF7 376 £804* Ohne Titel Graphite 39x54cm/*15x21in* München 97
HOLY Adrien 1898-1979 **[62]**
👁 *$170 FF1 015 £104* Menschengruppe vor einem Kirchenportal Öl/Papier 57,5x38,5cm/*22x15in* Bern 97
👁 *$668 FF4 017 £400* Spaziergänger auf der Seepromenade von Toulon Öl/Leinwand 26,5x35cm/*10x13in* Zürich 98
HOLYOAKE Rowland XIX-XX **[13]**
👁 *$468 FF2 766 £280* An Eastern Beauty Oil/canvas 61x45,5cm/*24x17in* London 97
HOLYOAKE William 1834-1894 **[11]**
👁 *$3 000 FF18 237 £1 847* A Day at the Races Oil/canvas 61x51cm/*24x20in* New-York 98
👁 *$6 588 FF40 547 £4 000* The Girl I Left Behind Me Oil/canvas 128x103cm/*50x40in* London 98
HOLZ Johann Daniel 1867-1945 **[27]**
👁 *$1 997 FF11 764 £1 233* Kühe an der Tränke Öl/Leinwand 60x50cm/*23x19in* Lindau 97
HOLZAPFEL Carl 1865-1926 **[6]**
👁 *$527 FF3 172 £319* Solbelyst allée med hästparti Oil/canvas 80x60cm/*31x23in* Stockholm 98
HÖLZEL Adolf Richard 1853-1934 **[47]**
👁 *$61 700 FF323 000 £36 800* Heilige Ursula Öl/Leinwand 72x61,5cm/*28x24in* Berlin 96
✏ *$4 588 FF26 800 £2 715* Komposition Pastell/Papier 14,4x11,3cm/*5x4in* Köln 97
HOLZER Adi 1936 **[3]**
🞓 *$671 FF4 021 £412* "Der kleine Bär" Etching in colors 63,5x76cm/*25x29in* Köln 98
HOLZER J.-A. 1858-? **[2]**
👁 *$6 620 FF33 000 £4 340* Intérieur de mosquée, Damas Huile/toile 66x49cm/*25x19in* Paris 95
HOLZER Jenny 1950 **[55]**
👁 *$9 000 FF51 843 £5 552* Untitled, Selections from Truims Mixed media 13x81x11cm/*5x31x4in* New-York 97
👁 *$15 000 FF86 406 £9 253* Untitled, Selections from the Survival Series Mixed media 16,5x153x11,5cm/*6x60x4in* New-York 97
🞓 *$1 200 FF6 845 £733* Selection from the Survival Series Engraving 15,5x25,5cm/*6x10in* New-York 97
🖎 *$1 500 FF7 770 £1 003* Selection from the Living Series Sculpture 20x25,5cm/*7x10in* New-York 96
✏ *$200 FF1 170 £123* Protect me from what I want Felt pen/paper 14x20cm/*5x7in* Amsterdam 97
HOLZER Johann Evangelist 1709-1740 **[6]**
🞓 *$560 FF3 346 £338* Die Enthauptung des Johannes d. T. Radierung 8x6,5cm/*3x2in* Berlin 97
HOLZER Joseph 1824-1876 **[27]**
👁 *$2 729 FF15 866 £1 666* Reh an der Tränke/Wildbach Öl/Karton 17,5x14cm/*6x5in* Wien 97
👁 *$7 940 FF39 200 £5 160* Lake in a mountainous landscape Oil/canvas 76x60,6cm/*29x23in* Wien 95
HOLZHANDLER Dora 1928 **[11]**
👁 *$2 896 FF16 732 £1 700* Goddess Flora in Spring Oil/canvas 114x96,5cm/*44x37in* London 97
HOLZMAN Shimshon 1907-1986 **[27]**
✏ *$260 FF1 348 £169* The Artist in the studio Gouache/paper 48x63cm/*18x24in* Tel Aviv 96
HOLZMEISTER Clemens 1886-1983 **[8]**
✏ *$1 033 FF5 290 £664* Agrigent, Herakles temple Pencil/paper 23x28,5cm/*9x11in* Wien 96
HØM Paul 1905-1994 **[36]**
👁 *$964 FF4 860 £633* Pigeportraet Oil/canvas 60x73cm/*23x28in* København 96
HOMANN Johan Baptist 1663-1724 **[21]**
🞓 *$201 FF1 018 £132* Marocca Norum Kupferstich 48,5x56cm/*19x22in* Bern 96
HOMBRON Henri J.-Bapt. 1834-1907 **[5]**
👁 *$6 304 FF37 000 £3 855* Fleurs d'Automne dans un vase de Chine, carafe, raisins, citrons Huile/toile 116x89cm/*45x35in* Saint-Brieuc 97
HOMBURG Dirk 1885-1952 **[6]**
🞓 *$257 FF1 495 £158* Landscape, Preanger Java Etching 26x35cm/*10x13in* Den Haag 97
HOME Robert 1752-1834 **[5]**
👁 *$111 390 FF647 618 £68 000* Portrait of Lieutenant-Colonel William Sydenham and his Whife Oil/canvas 77,5x92cm/*30x36in* London 97

HOME Robert (Attrib.) 1752-1834 **[3]**
- $9 999 FF57 301 £6 200 Portrait of Mrs. Miles (c.1765-1814) Oil/canvas 200x166cm/*78x65in* London 97

HOMER Winslow 1836-1910 **[106]**
- $640 000 FF3 773 568 £392 448 The Strawberry Bed Oil/canvas 26,5x42cm/*10x16in* New-York 98
- $1 300 000 FF7 665 060 £797 160 Grace Hoops Oil/canvas 56x38cm/*22x14in* New-York 98
- $4 750 FF28 966 £2 850 Mending The Tears Etching 44x58,5cm/*17x23in* Boston, Mass. 98
- $180 000 FF940 000 £108 700 Tornado, Bahamas Watercolour 34,5x50cm/*13x19in* New-York 96

HOMES Frank XIX-XX **[1]**
- $2 275 FF13 000 £1 393 Tahiti: la Reine Pomaré IV, le Prince Juoï, son fils en uniforme... Photo 17x12cm/*6x4in* Paris 97

HOMMEL Conrad 1883-1971 **[2]**
- $11 500 FF60 000 £6 950 Eleftherios Venizelos Oil/hardboard 50x45cm/*19x17in* Athens 96

HONDECOETER de Gillis Cl. (Attrib.) c.1570-1638 **[7]**
- $9 620 FF47 100 £6 090 Paysage animé Huile/panneau 30x38,5cm/*11x15in* Bruxelles 95

HONDECOETER de Gillis Claesz c.1570-1638 **[22]**
- $11 659 FF67 437 £7 000 Rocky River Landscape with Herders and their Cattle Resting Oil/panel 41,5x72cm/*16x28in* London 97
- $19 850 FF99 000 £13 000 River landscape with cattle and swans Oil/panel 34x28cm/*13x11in* London 95
- $5 620 FF28 600 £3 370 Wooded river landscape Ink 22,7x34,8cm/*8x13in* Amsterdam 96

HONDECOETER de Gysbrecht Gillisz. 1604-1653 **[6]**
- $5 027 FF29 744 £3 025 Herd of Cows, Goats and Sheep near a Pond Oil/canvas 92,5x118cm/*36x46in* Amsterdam 98

HONDECOETER de Melchior 1636-1695 **[21]**
- $62 300 FF321 500 £40 000 Cockerels fighting in a park setting Oil/canvas 119x126cm/*46x49in* London 96
- $79 200 FF414 240 £48 000 Cockerels Fighting over a Hen and Chicks by a Plinth in a Garden Oil/canvas 88x109,5cm/*34x43in* London 96
- $89 147 FF507 927 £55 925 Studie von 10 Kühen in verschiedenen Positionen Öl/Leinwand 32x40cm/*12x15in* Zürich 97

HONDECOETER de Melchior (Attrib.) 1636-1695 **[4]**
- $18 340 FF95 000 £11 840 Combat de coqs dans une basse-cour sous l'oeil d'un renard Huile/toile 98x135cm/*38x53in* Paris 96

HONDECOETER de Melchior (Cercle) 1636-1695 **[2]**
- $13 660 FF69 800 £9 000 Cockerels, Hens and Chicks, a Peacock, a Turkey and other Birds Oil/canvas 114,5x172cm/*45x67in* London 96

HONDIUS Abraham D. (Attrib.) 1625-1695 **[10]**
- $1 900 FF11 620 £1 127 Hunting Scene Oil/panel 27x40cm/*10x16in* Washington 98
- $18 230 FF92 000 £11 970 Canards, hérons et grenouilles Huile/toile 13x203cm/*5x79in* Paris 96

HONDIUS Abraham Danielsz 1625-1695 **[32]**
- $8 020 FF40 000 £5 260 Chiens poursuivant un héron/Chiens poursuivant un cygne Huile/panneau 26x35cm/*10x13in* Paris 95
- $11 000 FF54 700 £7 000 Landscape with hounds Oil/canvas 87x142cm/*34x55in* London 95
- $13 050 FF79 155 £7 902 Björnejagt Oil/panel 90x125cm/*35x49in* Köbenhavn 98

HONDIUS Gerrit 1891-1970 **[16]**
- $550 FF3 273 £341 Provincetown Harbor Oil/board 40x53cm/*16x21in* Provincetown, MA. 97

HONDIUS Hendrick I 1573-1650 **[7]**
- $1 981 FF11 764 £1 200 The Four Seasons Etching 16x21cm/*6x8in* London 97

HONDSTEDT Peter Lanz 1872-1957 **[2]**
- $475 FF2 900 £285 Yosemite Landscape Oil/board 35,5x28cm/*13x11in* Boston, Mass. 98

HONDT de Lambert I 1620-1665 **[14]**
- $40 627 FF236 072 £25 000 Huntsmen and hounds in a landscape Oil/copper 88x118cm/*34x46in* London 97
- $45 780 FF280 000 £27 160 Scène de chasse à courre dans une forêt Huile/toile 168x236cm/*66x92in* Lyon 98
- $57 500 FF300 000 £34 700 Orphée charmant les animaux/L'Arche de Noé Huile/cuivre 25x35cm/*9x13in* Paris 96

HONDT de Philipp XVIII **[1]**
🖐 *$26 000 FF143 566 £16 224* Rachel at the Well/Jospeh sold into slavery Oil/canvas 231x175cm/*90x68in* New-York 97

HONE Evie Sydney 1894-1955 **[38]**
🖐 *$955 FF5 785 £600* Near Tallaght Oil/board 20x28cm/*7x11in* London 97
🖐 *$8 969 FF52 884 £5 500* Composition with Three Figures Oil/canvas 94x103,5cm/*37x40in* London 98
✏️ *$1 344 FF7 850 £800* From a Montparnasse Window Gouache/paper 35x23,5cm/*13x9in* London 97

HONE John Camillus 1759-1836 **[1]**
✏️ *$1 664 FF8 650 £1 100* Portrait of Col. John Bateman Fitzgerald, 24th Knight of Glin Watercolour 36x28cm/*14x11in* London 96

HONE Nathaniel 1718-1784 **[34]**
🖐 *$2 814 FF14 570 £1 800* Landscape with cows Oil/board 30x46cm/*11x18in* London 96
🖐 *$14 677 FF86 538 £9 000* Portrait of a Lady Playing the Harp Oil/canvas 91,5x72,5cm/*36x28in* London 98

HONE Nathaniel (Attrib.) 1718-1784 **[4]**
🖐 *$26 000 FF154 577 £16 107* Portrait of a Couple in a Landscape Oil/canvas 101,5x127cm/*39x50in* New-York 97

HONE Nathaniel II 1831-1917 **[28]**
🖐 *$5 765 FF32 833 £3 500* Evening, Malahide Sands Oil/canvas 23x30,5cm/*9x12in* London 97
🖐 *$13 617 FF77 989 £8 313* The Young Beggar, after Murillo Oil/canvas 76x63cm/*30x25in* Dublin 97
✏️ *$898 FF5 302 £550* Two Boys Watercolour/paper 16x21cm/*6x8in* London 98

HONEGGER Gottfried 1917 **[61]**
🖐 *$4 166 FF24 321 £2 519* "Biseautage Z. 118" Collage/canvas 75x100cm/*29x39in* Zürich 97
🖐 *$12 929 FF74 392 £7 966* Z. 619 Acrylique 179x140cm/*70x55in* Zürich 97
▭ *$338 FF1 965 £208* Kompositionen Farbserigraphie 45x45cm/*17x17in* Zürich 97
🔨 *$704 FF4 187 £436* Monoforme 26 Bronze 26x26x13cm/*10x10x5in* München 97
✏️ *$930 FF5 500 £558* Sans titre Crayon 105x75cm/*41x29in* Paris 97

HONG REN 1610-1664 **[3]**
✏️ *$129 100 FF752 400 £79 500* Pines and rocks of Mt. Huang Ink 101x44,5cm/*39x17in* Hong Kong 97

HONG RUILING Hung Juin-Lin 1911 **[9]**
🖐 *$94 500 FF484 000 £61 200* Seascape Oil/canvas 71x55cm/*27x21in* Taipei, Taiwan 95
✏️ *$7 417 FF44 075 £4 601* Coal miners Watercolour/paper 25,8x35cm/*10x13in* Taipei, Taiwan 97

HONG TONG 1920-1987 **[13]**
🖐 *$36 360 FF220 440 £21 600* Double Deities Oil/paper 108x38cm/*42x14in* Taipei, Taiwan 98
✏️ *$14 870 FF74 000 £9 460* Chinese Mixed media/paper 183x75cm/*72x29in* Taipei, Taiwan 95

HÖNIGSMANN Bela 1865-? **[4]**
🖐 *$1 265 FF7 718 £771* Feldblumenstrauss Öl/Leinwand 71x57cm/*27x22in* Dresden 98

HONNORAT Ernest XIX **[3]**
🖐 *$1 540 FF9 000 £945* Ruelle à Tunis Huile/panneau 32x40,5cm/*12x15in* Aubagne 97

HONNORAT Lillie XIX-XX **[7]**
🖐 *$937 FF4 800 £570* Jetée de fleurs Huile/toile 43x55cm/*16x21in* Rouen 96

HONTA Renée ?-1955 **[1]**
🖐 *$2 965 FF16 885 £1 800* Still life with fruits on a chair Oil/canvas 53x64cm/*20x25in* London 97

HONTHORST van Gerrit (Attrib.) 1590-1656 **[6]**
🖐 *$5 638 FF32 110 £3 500* Portrait of a Gentleman, half-lenght, as a Roman Oil/panel 74x59cm/*29x23in* London 97

HONTHORST van Gerrit delle Notti 1590-1656 **[12]**
🖐 *$1 712 FF10 074 £1 056* Das Hauskonzert Öl/Leinwand 130x103cm/*51x40in* Bremen 97
🖐 *$236 082 FF1 398 600 £140 000* A young Woman and her Maid Oil/canvas 110x89,5cm/*43x35in* London 97

HONTHORST van Willem 1594-1666 **[1]**
🖐 *$24 708 FF145 000 £15 109* La jeune chanteuse Huile/panneau 74x58cm/*29x22in* Paris 97

HOOCH de Carel Corn. (Attrib) c.1590-1638 **[3]**
🖐 *$5 422 FF31 522 £3 309* Travellers at rest by a fountain near classical ruins Oil/canvas 86x96cm/*33x37in* Amsterdam 97

HOOCH de Horatius ?-1686 **[1]**
🖐 *$3 098 FF18 012 £1 891* Figures with a Satyr in a classical landscape Oil/panel 38x54,5cm/*14x21in* Amsterdam 97

HOOCH de Pieter 1629-1684 **[12]**

$1 096 095 FF6 493 500 £650 000 A Gentleman reading a letter to his Wife (?) in an Interior Oil/canvas 78x70cm/*30x27in* London 97

HOOD George Washington 1869-? **[3]**
$1 540 FF8 881 £917 Turbanned Man and Bird Oil/paper 44x31cm/*17x12in* New-York 97
$1 300 FF7 566 £801 Woman in Tree, man at Pond Below Watercolour/paper 28x20cm/*11x8in* New-York 97

HOOG de Bernard Johann 1867-1943 **[96]**
$1 044 FF6 385 £641 Windmills in a Polder Landscape Oil/canvas 41x51cm/*16x20in* Amsterdam 98
$2 737 FF16 403 £1 636 Moeder en kind Oil/canvas 38x28cm/*14x11in* Den Haag 98
$16 000 FF97 028 £9 761 A Family Interior Oil/canvas 120,5x148,5cm/*47x58in* New-York 98

HOOGERHEYDEN Engel 1740-1809 **[2]**
$49 800 FF238 400 £31 000 East Indiaman "'t Slot ter Hooge" off a Dutch port, possibly Flushing Oil/canvas 86x137cm/*33x53in* London 95

HOOGERHEYDEN Engel (Attrib.) 1740-1809 **[1]**
$3 250 FF19 199 £2 019 The Eye of the Storm Oil/panel 27,5x40,5cm/*10x15in* Boston, Mass. 97

HOOGERS Hendrick 1747-1814 **[5]**
$2 698 FF15 444 £1 593 Noah Warning Mankind of the Impending Deluge Ink 23x25,5cm/*9x10in* Amsterdam 97

HOOGHE de Romeyn 1645-1708 **[14]**
$283 FF1 673 £167 Allegorie auf den Tod des Admirals Michiel de Ruyter Print 52,5x42cm/*20x16in* Berlin 97

HOOGSTEYNS Jan 1935 **[45]**
$403 FF2 010 £264 Nu assis Huile/toile 60x50cm/*23x19in* Lokeren 95
$189 FF1 136 £112 Zittende vrouw Gouache/papier 48x33cm/*18x12in* Antwerpen 98

HOOK Allan J. 1853-? **[2]**
$9 698 FF60 278 £5 800 A Cargo of Slates Oil/canvas 61x99cm/*24x38in* London 98

HOOK James Clarke 1819-1907 **[24]**
$1 143 FF6 965 £700 Coming Ashore Oil/canvas 35,5x23cm/*13x9in* London 98
$6 561 FF37 664 £4 000 Off to the Fishing Ground Oil/canvas 52x80cm/*20x31in* London 97
$10 164 FF58 479 £6 000 The Mirror of the Sea-Mew Oil/canvas 86,5x139,5cm/*34x54in* London 97

HOOK William 1948 **[4]**
$5 500 FF31 321 £3 391 Posthaste Acrylic/canvas 91x91cm/*36x36in* Dallas, Texas 97

HOOPER John Horace c.1850-c.1899 **[58]**
$2 611 FF15 238 £1 600 Harvest time, Rusper, Surrey Oil/canvas 40,5x66cm/*15x25in* London 97

HOORDE van Louis XIX-XX **[6]**
$1 626 FF9 500 £962 Le vendeur d'eau Huile/toile 131x90cm/*51x35in* Paris 97

HOORICKX Ernest 1859-1908 **[2]**
$3 146 FF17 952 £1 925 Sneeuwlandschap Oil/canvas 80x120cm/*31x47in* Lokeren 97

HOOSTE van Jozef 1884-1940 **[11]**
$568 FF3 108 £342 Paysage enneigé Huile/toile 66x48cm/*25x18in* Bruxelles 97

HOPE James Archi 1818-1892 **[11]**
$4 250 FF25 917 £2 550 Glen House, New Hampshire Oil/canvas 66x91,5cm/*25x36in* Boston, Mass. 98

HOPE John William 1889-? **[1]**
$5 500 FF34 013 £3 303 The Glen Mountain House Oil/canvas 66x91cm/*26x36in* East Dennis, Mass. 97

HOPE Thomas (Attrib.) 1832-1926 **[1]**
$13 500 FF83 488 £8 109 Still life of books Oil/canvas 63x76cm/*25x30in* East Dennis, Mass. 97

HOPFER Daniel c.1470-1536 **[32]**
$785 FF4 685 £473 Adam und Eva Radierung 28,5x11cm/*11x4in* Berlin 97

HOPFER Hieronymus c.1500-1563 **[16]**
$549 FF2 717 £349 Die Entführung der Proserpina auf dem Einhorn Engraving 29x21cm/*11x8in* Heidelberg 95

HOPFGARTEN August Ferdinand 1807-1896 **[3]**
$5 540 FF28 000 £3 630 Le Couronnement du Tasse Huile/toile 79x65,5cm/*31x25in* Paris 96

HOPFNER Wilhelm 1899-1968 **[8]**
$115 FF675 £71 Triadische Unterhaltung Etching 15x19cm/*5x7in* Berlin 97

HOPKIN Robert B. 1832-1909 **[39]**

$608 FF3 482 £379 Toilers of the Sea Oil/canvas 66x40cm/*26x16in* Detroit, Michigan 97

HOPKINS Arthur 1848-1930 **[40]**

$702 FF4 289 £420 "Blossom at Cookham Dene" Watercolour/paper 24x35cm/*9x13in* London 98

HOPKINS Milton W. (Attrib.) 1789-1844 **[1]**

$6 000 FF29 300 £3 795 Portrait of Emely Miller/Portrait of Nathan F. Miller Oil/canvas/panel 71x55cm/*28x22in* New-York 95

HOPKINS Peter 1911 **[8]**

$1 980 FF11 771 £1 211 Evening at Home Oil/masonite 45x38cm/*18x15in* Chester, NY 97

HOPKINS William H. ?-1892 **[11]**

$669 FF3 814 £420 Winter Landscape Oil/board 24x43cm/*9x16in* London 97

$16 460 FF84 300 £10 000 The Earl of Hardwick with two Hunters and a Groom Oil/canvas 84x132cm/*33x51in* London 96

HOPKINSON Charles Sydney 1869-1962 **[13]**

$112 500 FF583 875 £74 508 Three Dancing Girls Oil/canvas 167,5x199cm/*65x78in* New-York 96

HOPLEY Edward William John 1816-1869 **[5]**

$3 001 FF18 048 £1 800 Portrait of Lady with yellow Lace Dress and a Flower by a Fountain Oil/canvas/panel 76x61cm/*29x24in* London 98

HOPPÉ Emil Otto 1878-1972 **[30]**

$307 FF1 843 £184 Lady Diana Duff Cooper Photograph 16x13cm/*6x5in* München 98

HOPPE Erik 1897-1968 **[81]**

$1 065 FF6 183 £657 Laesende par i Söndermarken Oil/canvas 40x48cm/*15x18in* København 97

$2 347 FF11 530 £1 494 Søndermarken, sommerdag Oil/canvas 33x46cm/*12x18in* København 95

$9 020 FF44 400 £5 740 Vesterhavet ved Bovbjerg Oil/canvas 118x135cm/*46x53in* København 95

HOPPE Ferdinand Bernhard 1841-1922 **[11]**

$351 FF1 815 £228 Landscape with a mare Watercolour 33x53cm/*12x20in* Amsterdam 96

HOPPENBROUWERS Johannes Franciscus 1791-1866 **[47]**

$2 340 FF12 040 £1 460 Peasants in a blizzard Oil/panel 22x27,5cm/*8x10in* Amsterdam 96

$3 250 FF18 917 £1 971 Skating Scene Oil/panel 44x59cm/*17x23in* Mystic, Connecticut 97

HOPPER Edward 1882-1967 **[65]**

$10 000 FF63 492 £6 245 Seated Gentleman with Red Tie Oil/canvas 45x25cm/*18x10in* Portland, Maine 97

$1 150 000 FF6 808 805 £682 870 Squam Light Oil/canvas 61x73,5cm/*24x28in* New-York 97

$94 FF540 £58 Automat Offset 50x63cm/*19x24in* Bad Vilbel 97

$19 000 FF99 100 £11 480 The farm Family Charcoal/paper 37x41cm/*14x16in* New-York 96

HOPPER Humphrey XIX **[1]**

$67 052 FF404 408 £40 000 Bacchus /Hebe with ringlets/Hygeia holding a Snake/Ceres draped Plaster H150cm/*H59in* London 98

HOPPNER John 1758-1810 **[44]**

$9 500 FF55 200 £5 845 Jemima, Countess of Erroll Oil/canvas 89x70cm/*35x27in* Florida 97

$13 660 FF69 800 £9 000 Portrait of Lt. Gen. Sir Thomas Maitland (1759-1824) Oil/canvas 127x102cm/*50x40in* London 96

$17 060 FF87 700 £11 000 Portrait of the Rt. Hon. Thomas Grenville, M.P. (1755-1846) Oil/canvas 7x64cm/*2x25in* London 96

HOPWOOD Henry Silkstone 1860-1914 **[17]**

$1 307 FF7 827 £800 An Arab Bazaar Oil/canvas/board 28x21cm/*11x8in* Billingshurst, West Sussex 97

$580 FF3 554 £345 Flicka med bok Akvarell/papper 77x50cm/*30x19in* Stockholm 98

HORACIO 1912-1972 **[38]**

$1 900 FF11 275 £1 163 Cerros de Tepoztlan, Mix Oil/canvas 23x30cm/*9x11in* San Francisco-Los Angeles 97

$4 000 FF23 894 £2 446 Niña Oil/canvas 60x46cm/*23x18in* New-York 98

HÖRBERG Pehr 1746-1816 **[4]**

$2 576 FF15 420 £1 586 Aure Saturno Gouache/paper 21,5x22cm/*8x8in* Stockholm 98

HORDE Max XX **[30]**

$516 FF3 000 £305 In the Pocket Acrylique/toile 100x81cm/*39x31in* Paris 97

HORDIJK Gerard 1899-1958 **[15]**

$1 608 FF8 420 £966 Girl Oil/canvas 35x27cm/*13x10in* Amsterdam 96

HOREJC Jaroslaw 1886-1983 **[9]**

$7 502 FF46 087 £4 500 Scarf Dancer Bronze H64cm/*H25in* London 98

HOREL Albert 1876-1964 **[17]**

☞ *$244 FF1 500 £146* Ribeauvillé Huile/toile 99x59cm/*38x23in* Saint-Dié 98

HOREMANS Jan Jozef I 1682-1759 **[47]**

☞ *$3 331 FF19 267 £2 000* Bedroom Interior with a Man Holding a Baby Wrapped in a Blanket Oil/canvas 41,5x34,5cm/*16x13in* London 97

☞ *$6 085 FF34 829 £3 594* Family in an Interior with a Father about to punish a Child Oil/canvas 44,5x59cm/*17x23in* Amsterdam 97

✎ *$9 000 FF55 248 £5 514* Man Seated at the Table holdin a Pul and a Pipe Red chalk/paper 30x20cm/*11x7in* New-York 98

HOREMANS Jan Jozef I (Attrib) 1682-1759 **[16]**

☞ *$2 255 FF12 844 £1 400* Elegant Company taking Tea in an Interior Oil/canvas 39,5x33,5cm/*15x13in* London 97

☞ *$5 957 FF35 190 £3 600* Dancers, Musicians and other Figures/Mother and Child amid Topers Oil/canvas 51x58,5cm/*20x23in* London 97

HOREMANS Jan Jozef II 1714-1790 **[31]**

☞ *$3 770 FF22 308 £2 268* Peasant in an Interior saying grace before the Meal Oil/canvas 48x58cm/*18x22in* Amsterdam 98

☞ *$27 300 FF142 500 £16 500* A watchmaker and his apprentice in his workshop Oil/canvas 42x34cm/*16x13in* London 96

HOREMANS Jan Jozef II (Attr.) 1714-1790 **[6]**

☞ *$3 500 FF20 796 £2 135* Villagers Taking a Bull to Market Oil/canvas 49x57cm/*19x22in* New-York 98

HOREMANS Peter Jacob 1700-1776 **[13]**

☞ *$24 100 FF120 000 £15 770* Retour de la chasse Huile/toile 103x126cm/*40x49in* Paris 95

☞ *$21 654 FF125 240 £13 000* Interiors with the Holy Family, Saint Anne and Saint John the Baptist Oil/canvas 48x62,5cm/*18x24in* London 97

HORI Fusao 1897-1982 **[2]**

📷 *$4 000 FF23 350 £2 419* Woman at the Bar Gelatin silver print 28,5x24cm/*11x9in* Beverly Hills, Calif. 97

HORLOR George William XIX **[25]**

☞ *$3 913 FF23 323 £2 400* A Break From Work Oil/canvas 41x61cm/*16x24in* London 98

HORLOR Joseph 1809-1887 **[69]**

☞ *$674 FF3 230 £420* "Aberfeldy, Perthshire"/"Buttermere, Cubria" Oil/board 18x25cm/*7x9in* London 95

☞ *$1 646 FF8 430 £1 000* Fishermen resting by a coastal cottage Oil/canvas 46x66cm/*18x25in* London 96

HÖRMANN von Theodor 1814-1895 **[30]**

☞ *$14 450 FF73 100 £9 480* Aus dem Kriegsleben Öl/Leinwand 66x123cm/*25x48in* Wien 96

☞ *$17 000 FF86 800 £11 200* "Am Millstätter See in Kärnten" Oil/panel 20,5x32,5cm/*8x12in* Wien 96

HORN AF EKEBYHOLM Adam 1725-1796 **[3]**

☞ *$8 833 FF52 264 £5 426* Sjöhamn med figurer och fartyg Oil/canvas 56x46cm/*22x18in* Stockholm 98

HORN Carl 1874-? **[5]**

☞ *$1 625 FF8 500 £968* Bildnis einer jungen Frau in Interieur Öl/Leinwand 81x65cm/*31x25in* Hamburg 96

HORN Rebecca 1944 **[31]**

☞ *$1 888 FF11 200 £1 153* "Moon of Aran" Technique mixte 70x100cm/*27x39in* Paris 98

⚒ *$5 000 FF25 900 £3 340* Taking Over Sculpture H30,5cm/*H12in* New-York 96

⚒ *$30 000 FF155 400 £20 050* Painting Machine Metal H109cm/*H42in* New-York 96

📷 *$2 268 FF13 502 £1 386* Earthbound Manhattan Photograph in colour 67x78,5cm/*26x30in* Berlin 98

HORN Roni 1955 **[12]**

✎ *$4 000 FF19 370 £2 570* Untitled Mixed media/paper 23x35cm/*9x13in* New-York 95

HORNBROOK Thomas Lyde 1780-1855 **[10]**

☞ *$10 662 FF61 205 £6 500* Shipping in a dead Calm Oil/canvas 38x56cm/*14x22in* London 97

HORNBY Lester George 1882-1956 **[26]**

▥ *$200 FF1 197 £119* A Trouville/bord de la Mer/La petite Epicerie Etching 19x29cm/*7x11in* Bethesda, Maryland 98

✎ *$120 FF744 £72* Trolling Pencil/paper 17x24cm/*7x9in* East Dennis, Mass. 98

HORNEL Edward Atkinson 1864-1933 **[79]**

☞ *$10 041 FF59 171 £6 000* Dog Roses Oil/canvas 35,5x25,5cm/*13x10in* Glasgow 97

☞ *$18 450 FF93 700 £12 000* Girls by river Oil/canvas 76x92cm/*29x36in* Auchterarder, Perthshire 95

HORNEMANN Christian 1765-1844 **[7]**

$1 833 FF10 610 £1 136 Portraet af en dame i hvid kjole og blåt sjal/Herre i blå frakke Pastel/paper 31x26cm/*12x10in* København 97

HORNEMANN Christian (Attrib.) 1765-1844 **[2]**

$1 690 FF8 760 £1 130 Portrait of a woman Pastel 52x40cm/*20x15in* Viby J, Århus 96

HORNER Friedrich 1800-1864 **[15]**

$4 021 FF24 281 £2 413 Aussicht auf Neapel und den Vesuv Gouache/paper 26x34,5cm/*10x13in* Luzern 98

HORNIG Charles Guillaume 1824-? **[2]**

$46 437 FF264,598 £29 000 Hagia Sofia, Constantinople Oil/canvas 90x140cm/*35x55in* London 97

HORNUNG Charles Émile 1883-1956 **[8]**

$1 764 FF10 305 £1 044 Le parfum des roses Pastel 33,5x42cm/*13x16in* Genève 97

HORNUNG Joseph 1792-1870 **[4]**

$15 700 FF80 000 £9 420 Nu au bain Huile/toile 130x86cm/*51x33in* Paris 96

HORNUNG Preben 1919-1989 **[148]**

$568 FF3 514 £338 Tivoli små haver Gröften Oil/canvas 43x40cm/*16x15in* København 98

$939 FF5 742 £592 Jerbaneoverskaering Oil/canvas 43x37cm/*16x14in* København 97

$2 750 FF15 901 £1 695 Komposition Oil/canvas 162x77cm/*63x30in* København 97

$412 FF2 464 £252 Atelierbillede Watercolour 45x57cm/*17x22in* København 97

HORNUNG-JENSEN Carl 1882-1960 **[81]**

$272 FF1 420 £162 "Eftermiddag i skoven" Oil/canvas 29x40cm/*11x15in* København 96

$380 FF2 208 £234 Pottemager, Skovlunde Oil/canvas 80x95cm/*31x37in* København 97

HORNY Conrad 1764-1807 **[4]**

$283 FF1 673 £167 A Tivoli Radierung 25x19cm/*9x7in* Berlin 97

HORNYANSKY Nicholas 1896-1965 **[92]**

$62 FF378 £37 Woodland Village Aquatint in colors 9,5x11cm/*3x4in* Toronto 98

HOROVITZ Armin 1880-? **[1]**

$2 466 FF14 367 £1 518 "Minerva Radio" Poster 95x188cm/*37x74in* Wien 97

HOROVITZ Leopold 1838-1917 **[7]**

$1 700 FF10 094 £1 029 Portrait of Refined Gentleman Oil/canvas 66x53cm/*25x20in* Washington 97

$9 600 FF73 300 £6 200 Tish'a B'av Oil/panel 20x28cm/*7x11in* Tel Aviv 96

HORRAK Johann 1815-1870 **[4]**

$1 926 FF9 230 £1 200 The pet canary Watercolour 49x35cm/*19x14in* London 95

HORRIX Hendrikus Mattheus 1845-1923 **[18]**

$738 FF4 460 £443 Boslandschap met hout sprokkelende vrouw Oil/canvas 54x73cm/*21x28in* Den Haag 98

$21 903 FF131 225 £13 090 In de Haargsche Dierentuin Watercolour/paper 28x44cm/*11x17in* Den Haag 98

HORSCHELT Theodore 1829-1871 **[2]**

$1 449 FF8 645 £900 Persan Tartars by the Caspian Sean Watercolour 53x35cm/*20x13in* London 97

HORSFALL R. Bruce XIX-XX **[1]**

$1 200 FF6 228 £794 Jonquils in White, Red and Yellow Atop Narrow Bowed Green Stems Watercolour/paper 35x45cm/*14x18in* Cincinnati, Ohio 96

HORSFORD A.J. ?-1877 **[5]**

$5 370 FF26 300 £3 400 Ballet dancers Oil/canvas 72x91cm/*28x35in* London 95

HORSLEY John Callcott 1817-1903 **[15]**

$4 570 FF26 666 £2 800 The New Dress Oil/canvas 34,5x45cm/*13x17in* London 97

$12 817 FF73 327 £8 000 A Pleasant Corner Oil/canvas 81x60cm/*31x23in* London 97

HORSLEY Walter Charles 1855-? **[5]**

$19 800 FF100 000 £12 930 Stiking a bargain Huile/toile 91x71cm/*35x27in* Paris 96

HORST Franz 1862-1956 **[7]**

$2 296 FF13 378 £1 411 Badende Öl/Karton 23x39cm/*9x15in* Wien 97

HORST Horst Paul 1906 **[139]**

$519 FF3 015 £306 Ohne Titel Photograph in colour 50,5x40cm/*19x15in* Köln 97

HORSTINK Warnaar 1756-1815 **[3]**

$1 005 FF5 961 £630 Herders met schapen bij een stroom Watercolour 23,5x30,5cm/*9x12in* Den Haag 97

HORTER Earl 1881-1940 **[43]**

$1 600 FF9 609 £959 Still Life Oil/canvas 23x38cm/*9x15in* Philadelphia 98

$200 FF1 160 £118 P.S.F.S Building Etching 36x16cm/*14x6in* Philadelphia 97

$600 FF3 567 £371 Tabletop Abstraction Pencil/paper 26x40cm/*10x16in* Philadelphia 97

HORTIN Nan [6]

  ✏ *$625 FF3 636 £382* Philosopher's chair IV Red chalk/paper 53,5x35cm/*21x13in* Melbourne 97

HORTON Etty XIX-XX **[33]**

  ☞ *$301 FF1 490 £190* Wooded river landscape Oil/canvas 22x33cm/*9x13in* Aylsham, Norfolk 95

  ☞ *$425 FF2 471 £260* Heading Homewards Oil/canvas 47x61cm/*18x24in* London 97

HORTON George Edward 1860-? **[36]**

  ✏ *$310 FF1 843 £195* Street in old North Shields Watercolour/paper 25x19cm/*9x7in* Newcastle-upon-Tyne 97

HORTON William Samuel 1865-1936 **[74]**

  ☞ *$2 300 FF13 173 £1 360* The Bridge at Pontarlier, France Oil/board 44x54cm/*17x21in* Milford, Conn. 97

  ☞ *$4 200 FF21 240 £2 754* Melting snow in ploughed fields Oil/canvas 18x22cm/*7x8in* Chicago, Illinois 96

  ✏ *$2 453 FF12 660 £1 626* Balinese women holding offerings and passing a temple Pastel/paper 47x61cm/*18x24in* Amsterdam 96

HORVAT Frank 1944 **[8]**

  📷 *$800 FF4 739 £483* Portfolio "Frank Horvath 1" Silver print 16x11cm/*6x4in* New-York 97

HORWARTER Joseph Eugen 1854-1925 **[4]**

  ☞ *$2 899 FF17 291 £1 800* Picking Wild Flowers Oil/board 49x22,5cm/*19x8in* London 97

HORWOOD Charles XX **[6]**

  ☞ *$770 FF3 990 £500* Summer's day on the Beach Oil/board 29x39,5cm/*11x15in* London 96

HORY de Elmyr 1911-1979 **[32]**

  🕮 *$244 FF1 353 £149* El rapto Litografia 75x53cm/*29x20in* Madrid 97

HÖSCH Friedrich Carl XIX **[1]**

  ☞ *$3 288 FF20 333 £1 959* Am Zürichsee Öl/Leinwand 65x92cm/*25x36in* Zürich 98

HOSCH Karl 1900-1972 **[14]**

  ☞ *$1 486 FF8 856 £911* Bäuerinnen Öl/Leinwand 117x89cm/*46x35in* Zürich 98

HOSCHÉDE-MONET Blanche 1865-1947 **[16]**

  ☞ *$8 280 FF50 000 £5 030* La prairie Huile/toile 50x81cm/*19x31in* Neuilly-sur-Seine 98

HOSEMANN Theodor 1807-1875 **[24]**

  ☞ *$8 110 FF40 950 £5 330* Zwei junge Dame auf einer Gartenbank Öl/Leinwand 253x42cm/*99x16in* Stuttgart 96

  ☞ *$9 960 FF49 000 £6 340* Der kleine Ziegenhirte Öl/Leinwand 29x37cm/*11x14in* Wien 95

  🕮 *$1 765 FF10 135 £1 076* Erinnerung an Teplitz/Bade Saison 1833/Ohne Titel Lithographie 43,5x65,5cm/*17x25in* Berlin 97

  ✏ *$706 FF4 054 £430* Festkarte Pencil/paper 20,8x22,1cm/*8x8in* Berlin 97

HOSHI Joichi 1913 **[2]**

  🕮 *$650 FF3 797 £393* Constellation 23 Lithograph 72x49cm/*28x19in* Boston, Mass. 97

HOSIASSON Philippe 1898-1978 **[48]**

  ☞ *$2 670 FF13 500 £1 750* Composition Huile/toile 92x73cm/*36x28in* Paris 96

  ✏ *$600 FF3 500 £370* Sans titre Gouache/papier 49x64cm/*19x25in* Paris 97

HOSKINS Gayle Porter 1887-1962 **[7]**

  ☞ *$1 760 FF10 149 £1 048* Union Troops Riding Through Town, Surprised Young Woman Oil/canvas 81x63cm/*32x25in* New-York 97

HÖSLWANGER Wolfgang (Attrib.) c.1575-c.1610 **[1]**

  ✏ *$1 766 FF9 140 £1 130* Apollo und die Musen Ink 28,4x19,6cm/*11x7in* Heidelberg 96

HOSOTTE Georges 1936 **[24]**

  ☞ *$2 805 FF17 000 £1 720* Environ de Poggibonsi - Toscane Huile/toile 73x100cm/*28x39in* Quimper 98

  ✏ *$613 FF3 500 £374* Étude pour "Marie au violon" Aquarelle/papier 58x46cm/*22x18in* Auxerre 97

HØST Oluf 1884-1966 **[186]**

  ☞ *$120 FF706 £74* Landskab Oil/canvas 19x36cm/*7x14in* Köbenhavn 97

  ☞ *$976 FF5 804 £580* Portraet af ung mand Oil/canvas 74x60cm/*29x23in* Köbenhavn 97

  ☞ *$21 020 FF106 000 £13 800* Julenat-Bognemark Oil/canvas 90x145cm/*35x57in* Köbenhavn 96

  🕮 *$424 FF2 638 £253* Ildebrand Color lithograph 60,5x80,5cm/*23x31in* Köbenhavn 98

  ✏ *$171 FF881 £109* Bornholm Pastel 22x28cm/*8x11in* Köbenhavn 96

HOSTEIN Édouard 1804-1889 **[6]**

  ☞ *$780 FF4 524 £480* Castelnau Oil/canvas 49x73cm/*19x28in* London 97

HOTTOT Louis 1829-1905 **[19]**

  🗿 *$5 650 FF29 000 £3 734* Couple oriental Relief 85x43cm/*33x16in* Paris 96

Calendar & auction results: Internet   **www.artprice.com**   Minitel 3617 ARTPRICE

$5 402 FF33 000 £3 204 Jeune orientale à la Harpe Bronze H60cm/*H23in* Paris 98

HÖTZENDORFF von Theodor 1898-1974 **[11]**

$4 508 FF26 800 £2 792 Villa am Meer Öl/Leinwand 69x98cm/*27x38in* Stuttgart 97

HOU Axel 1860-1948 **[19]**

$877 FF5 300 £552 Drenge i leg ved Östre Gasvaerk Oil/canvas 44x37cm/*17x14in* Köbenhavn 97

HOUASSE Michel-Ange 1680-1730 **[4]**

$7 000 FF34 700 £4 430 Women on an arched bridge/Gardener raking gravel Oil/canvas 37x93cm/*14x36in* New-York 95

HOUBEN Charles 1871-1931 **[40]**

$256 FF1 544 £154 Paysage de neige Huile/toile 24x36cm/*9x14in* Bruxelles 98

$730 FF4 550 £436 Le port d'Ostende Huile/panneau 34x50,5cm/*13x19in* Bruxelles 98

HOUBEN Henri 1858-1931 **[45]**

$273 FF1 623 £162 Bouc dans la prairie Huile/panneau 27x36cm/*10x14in* Antwerpen 97

$600 FF3 570 £356 Entrée latérale d'une église au béguinage Huile/toile 35x53cm/*13x20in* Antwerpen 97

$6 006 FF35 706 £3 564 Troupeau de moutons avec berger devant la ferme Huile/toile 100x160cm/*39x62in* Antwerpen 97

HOUBRAKEN Arnold 1660-1719 **[9]**

$21 820 FF112 500 £14 000 Agamemnon sacrificing his daughter Oil/canvas 63,5x79,5cm/*25x31in* London 96

HOUBRON Frédéric Anatole 1851-1908 **[8]**

$4 500 FF27 190 £2 680 Boulevard du Palais Oil/board 35x47cm/*13x18in* New-York 97

HOUCKGEEST Gerrit c.1600-1661 **[4]**

$23 100 FF115 000 £15 100 Intérieur d'un église Renaissance Huile/panneau 41x32cm/*16x12in* Paris 95

$98 832 FF580 000 £60 436 Vue d'une ville imaginaire au bord d'une rivière Huile/panneau 65x69cm/*25x27in* Paris 97

HOUDIAKOFF André 1895-1985 **[4]**

$875 FF5 058 £520 Decor Design for a Balley Based on Beethoven's "Moonlight Sonata" Gouache 41x59,5cm/*16x23in* London 97

HOUDON J.-Antoine (Attrib.) 1741-1828 **[2]**

$20 000 FF119 760 £12 240 Bust of the Comtesse de Sabran (1749-1827) Plaster H64cm/*H25in* New-York 97

HOUDON Jean-Antoine 1741-1828 **[55]**

$87 500 FF430 000 £55 400 Buste de Voltaire Marbre H35cm/*H13in* Zürich 95

$76 673 FF445 000 £46 814 Portrait présumé de Madame Elisabeth, soeur du Roi Louis XVI Marbre H80cm/*H31in* Paris 97

HOUëL Jean Pierre Louis L. 1735-1813 **[22]**

$1 071 FF5 605 £649 A Grotto with Bathers Bodycolour 25,5x21cm/*10x8in* London 96

HOUGET Ferdinand XIX-XX **[2]**

$2 062 FF10 680 £1 320 Coucher de soleil sur la Mer du Nord Huile/toile 60x77,5cm/*23x30in* Liège 96

HOUGH William B. XIX-XX **[30]**

$3 851 FF22 886 £2 350 Raspberries in a Bowl Oil/panel 17,5x25,5cm/*6x10in* London 98

$3 314 FF16 300 £2 100 A bird's nest Watercolour 27x38cm/*10x14in* London 95

HOUGHTON William ?-1796 **[2]**

$3 073 FF17 992 £1 900 A still life with plums, raspberries and a peach Watercolour 26,6x36,7cm/*10x14in* London 97

HOUGHTON William B. XIX-XX **[4]**

$1 535 FF8 992 £949 Still life of grapes, strawberries and a peach Watercolour 23,5x30,5cm/*9x12in* London 97

HOUPIN Louis XX **[3]**

$163 FF900 £100 "Baie de Paimpol" Affiche 105x74,5cm/*41x29in* Versailles 97

HOURY Charles Borromée A. 1823-1898 **[3]**

$1 742 FF10 000 £1 062 Femme et enfants dans l'atelier Huile/toile 22x27cm/*8x10in* Barbizon 97

HOUSE Gordon XX **[11]**

$163 FF995 £100 "Dial Set" Screenprint in colors 52x52cm/*20x20in* London 98

HOUSER Allan Haozous 1915-1994 **[1]**

$5 500 FF32 107 £3 326 Indian mother and child Bronze H63cm/*H24in* Houston, Texas 97

HOUSEZ Charles Gustave 1822-c.1880 **[5]**

☞ *$4 417 FF25 342 £2 728* Portrait de jeune fille sur fond de plan d'eau Huile/toile 104x86cm/*40x33in* Bruxelles 97

☞ *$24 000 FF142 432 £14 700* La Mort de Vitellius Oil/canvas 114,5x146cm/*45x57in* New-York 97

HOUSMAN Laurence 1865-1959 **[4]**

✐ *$2 612 FF15 594 £1 600* Woman seated at a window overlooking a garden, her companion standing Ink/paper 18x11,2cm/*7x4in* London 97

HOUSSER Yvonne MacKague 1898-? **[17]**

☞ *$3 401 FF20 500 £2 058* Portrait of an indian woman Oil/canvas 91,5x101,5cm/*36x39in* Toronto 98

✐ *$1 829 FF11 125 £1 112* Indian Children Gouache/board 101,5x76cm/*39x29in* Toronto 98

HOUSSER-HARRIS Bess Larkin 1890-1969 **[5]**

☞ *$1 184 FF5 808 £752* Mountain Oil/panel 26,5x35cm/*10x13in* Vancouver, BC. 95

HOUSTON George 1869-1947 **[98]**

☞ *$533 FF3 082 £320* The Hill Lochan Oil/canvas 40,5x63,5cm/*15x25in* Glasgow 97

☞ *$1 241 FF6 480 £750* Aros Castle, Mull Oil/board 34x43cm/*13x16in* Glasgow 96

☞ *$8 525 FF43 285 £5 500* Highland Farmstead Oil/canvas 102x126cm/*40x49in* Auchterarder, Perthshire 96

✐ *$1 230 FF6 250 £800* View of Inveraray Watercolour 44x57cm/*17x22in* Auchterarder, Perthshire 95

HOUSTON Ian 1934 **[25]**

☞ *$1 001 FF5 190 £650* Morning sunlight, Burnham Overy Staithe Oil/canvas 35x50cm/*14x20in* Aylsham, Norfolk 96

✐ *$490 FF2 997 £300* Snow in North Walsham Watercolour/paper 25x36cm/*10x14in* Aylsham, Norfolk 98

HOUSTON John 1930 **[13]**

☞ *$1 885 FF10 824 £1 149* Late Summer Oil/canvas 85x110,5cm/*33x43in* London 97

HOUSTON John Adam Plimmer 1813-1884 **[13]**

☞ *$5 840 FF29 700 £3 800* Highland Produce Oil/panel 36x25cm/*14x9in* Auchterarder, Perthshire 95

✐ *$419 FF2 495 £260* Knock Castel Watercolour 12x17cm/*5x7in* Aylsham, Norfolk 97

HOUSTON Richard 1721-1775 **[8]**

▥ *$849 FF4 893 £499* James Payer Mezzotint 50,5x35,5cm/*19x13in* New-York 97

HOUSTON Robert 1891-1940 **[16]**

☞ *$3 255 FF16 527 £2 100* Firth Of Clyde Oil/canvas 70x91,5cm/*27x36in* Auchterarder, Perthshire 96

HOUTEN van Barbara Elisabeth 1862-? **[5]**

✐ *$415 FF2 419 £254* A still life with grapes and oranges Watercolour 23x42cm/*9x16in* Amsterdam 97

HOUTEN van den Henricus Leonardus 1801-1879 **[4]**

☞ *$7 792 FF46 693 £4 648* Riddells Creek Oil/canvas 70,5x90,5cm/*27x35in* Melbourne 98

HOUTHUYSEN van Jan Jansz c.1609-1662 **[2]**

☞ *$4 310 FF24 671 £2 546* Sportsman on a Path by a Wood in the Dunes Oil/panel 43x48cm/*16x18in* Amsterdam 97

HOUTIN François 1950 **[3]**

▥ *$500 FF3 003 £298* Le Rêve Etching 26x46,5cm/*10x18in* Los Angeles 98

HOUWALD von Werner 1901-1974 **[7]**

☞ *$2 456 FF14 750 £1 473* Bunter Blumenstrauss Oil/canvas 95x80cm/*37x31in* Stuttgart 98

HOUYOUX Léon 1856-1940 **[38]**

☞ *$408 FF2 434 £250* L'étang arboré Huile/toile 50x65cm/*19x25in* Bruxelles 97

HOUZE Florentin 1809-1905 **[3]**

☞ *$995 FF6 167 £592* Mater Dolorosa Oil/canvas 65x54cm/*25x21in* Antwerpen 98

HOVE van Barth. J. (Attrib.) 1790-1880 **[1]**

☞ *$9 673 FF58 207 £5 791* View of the Herengracht, Amsterdam Oil/canvas 51,5x65cm/*20x25in* Amsterdam 98

HOVE van Bartholomäus 1850-1914 **[3]**

☞ *$11 030 FF57 500 £6 660* Holländische Stadt im Winter Oil/panel 34,5x48,5cm/*13x19in* Stuttgart 96

✐ *$437 FF2 677 £260* A canal scene near a village Watercolour/paper 13x16cm/*5x6in* Amsterdam 98

HOVE van Bartholomeus Johanes 1790-1880 **[44]**

☞ *$36 850 FF214 386 £22 571* The Ashkenazic Synagoges on the Deventer Houtmarkt Oil/panel 46,2x57,5cm/*18x22in* Amsterdam 97

✐ *$2 810 FF14 450 £1 752* Winter in Deventer, a view of the Lebuinus church Ink 47x38,5cm/*18x15in* Amsterdam 96

HOVE van Hubertus 1814-1864 **[21]**

✏️ $1 755 FF9 030 £1 095 A girl standing by a well in a courtyard Oil/panel 31,5x23,5cm/*12x9in* Amsterdam 96
🖌 $12 494 FF75 133 £7 492 Elegant Figures in an Interior Oil/panel 66,5x52cm/*26x20in* Amsterdam 98
✏️ $720 FF4 164 £428 Meisje met dienstmaagd bij een rijgevulde tafel in een keukeninterieur Watercolour/paper 31x25cm/*12x9in* Rotterdam 97
HOVE van Johannes Huybertus 1827-1881 **[3]**
🖌 $1 450 FF8 727 £868 A Cavalier Lighting a Pipe in a Tavern Interior Oil/panel 25x20cm/*9x7in* Amsterdam 98
🖌 $4 240 FF25 984 £2 528 Innondation Huile/panneau 58x45cm/*22x17in* Antwerpen 98
HOVENDEN Thomas 1840-1895 **[13]**
🖌 $2 750 FF13 502 £1 751 "In from the Meadows: Charles I in Scotland" Oil/canvas 81x91cm/*32x36in* North Berwick, Maine 95
HOVING Per Folke 1871-1938 **[1]**
🖌 $3 260 FF18 670 £1 990 Sommarnatt, Lappland Oil/canvas 55x47cm/*21x18in* Stockholm 97
HOW Julia Beatrice 1867-1932 **[24]**
🖌 $1 656 FF8 000 £1 035 Maternité et tambourin Huile/toile 47x38cm/*18x14in* Paris 95
🖌 $1 415 FF8 184 £849 Anemones in a Glass Vase Oil/canvas 37x27cm/*14x10in* Glasgow 97
✏️ $803 FF4 926 £492 Woman Reading Pastel/paper 35x25cm/*14x10in* Mystic, Connecticut 98
HOWARD Cecil de Blaquière 1888-? **[6]**
🔨 $2 483 FF14 500 £1 516 Femme à la cigarette Sculpture 21x27x22cm/*8x10x8in* Paris 97
HOWARD George of Carlisle 1843-1911 **[32]**
🖌 $2 181 FF12 596 £1 300 Ruins Oil/panel 14,5x24cm/*5x9in* London 97
✏️ $1 646 FF8 430 £1 000 View of Genoa, from a sixth Floor Hotel Window overlooking the Harbour Watercolour 25x35cm/*9x13in* London 96
HOWARD Henry 1769-1847 **[2]**
🖌 $5 940 FF30 760 £3 840 Exemplus virtutis, Mucius Scaevola... Oil/canvas 60x51cm/*23x20in* Stockholm 96
HOWARD John Langley 1902 **[12]**
🖌 $3 500 FF18 130 £2 273 View Across San Francisco Oil/canvas 43x56cm/*16x22in* San Francisco-Los Angeles 96
HOWARD Ken 1932 **[129]**
🖌 $1 099 FF6 380 £649 Boats at Newlyn Harbour Oil/canvas 30,5x40,5cm/*12x15in* London 97
🖌 $3 750 FF19 420 £2 400 Lorraine, june Oil/canvas 61x51cm/*24x20in* London 96
✏️ $481 FF2 788 £300 Evening Light, San Giorgio Maggiore 1 Watercolour 13x18cm/*5x7in* London 97
HOWARD William XIX **[7]**
🖌 $2 875 FF15 000 £1 900 Continental town Oil/canvas 61x91cm/*24x35in* London 96
HOWARTH Albany E. 1872-1936 **[21]**
🖼 $84 FF510 £50 Architectural studies Etching 22x15cm/*9x6in* Aylsham, Norfolk 98
HOWE OF EDINBURGH James 1780-1836 **[3]**
🖌 $7 627 FF45 588 £4 500 A saddled grey Hunter and a saddled bay Hunter held by a Groom Oil/canvas 53x69cm/*20x27in* London 97
HOWE Oscar 1915 **[1]**
🖌 $15 500 FF92 814 £9 541 "Modern Sioux Dancer" Oil/paper 53x30cm/*20x11in* New-York 98
HOWE William Henry 1846-1929 **[12]**
🖌 $1 100 FF6 425 £650 Driving the Cattle to Pasture Oil/panel 26,5x35,5cm/*10x13in* Boston, Mass. 97
🖌 $3 750 FF18 975 £2 467 Tending the Flock Oil/canvas 76x132cm/*30x52in* Cincinnati, Ohio 96
HOWELL Felicia Waldo 1897-1968 **[4]**
🖌 $5 000 FF26 100 £3 020 Gramercy Park, New York Oil/canvas/board 35,5x20cm/*13x7in* New-York 96
HOWELL Frank XX **[1]**
🖌 $21 000 FF120 275 £12 423 Spirit of the West Acrylic/panel 182x121cm/*72x48in* Santa Fe, New Mexico 97
HOWELL Samuel XIX **[2]**
🖼 $4 046 FF24 000 £2 395 Chasse en Inde Lithographie couleurs 35x46cm/*13x18in* Paris 97
HOWES Jerome XX **[8]**
🖌 $700 FF3 950 £429 America's Cup Trials, The Puritan and the Galentia Oil/board 66x81cm/*26x32in* East Dennis, Mass. 97
HOWET Marie 1897-1984 **[81]**
🖌 $1 334 FF7 525 £837 L'heure du thé Huile/toile/panneau 56x53cm/*22x20in* Bruxelles 97
✏️ $270 FF1 626 £163 "Marine" Aquarelle/papier 24x33cm/*9x12in* Bruxelles 98

HOWITT John Newton 1885-1958 **[13]**

  $2 400 FF12 300 £1 460 "After the snow": probably calendar illustration Oil/canvas 63x76cm/*25x30in* New-York 96

HOWITT Samuel 1756-1822 **[51]**

  $8 869 FF52 986 £5 500 Surprised by the Tiger Oil/metal 16,5x21cm/*6x8in* London 97

  $13 811 FF80 113 £8 500 The Kill Oil/canvas 104x133,5cm/*40x52in* London 97

  $103 FF647 £65 Snipe, Shooting Etching in colors 15x21cm/*5x8in* London 97

  $1 516 FF7 350 £950 Near Richmond Castle, Yorkshire Watercolour 23x30,5cm/*9x12in* London 95

HOWLAND Alfred Cornelius 1838-1909 **[13]**

  $842 FF6 650 £1 300 Street in a rural town Oil/canvas 33x43cm/*12x16in* Denver, Colorado 95

  $24 000 FF142 432 £14 700 On the Connecticut at Brattleboro, Vermont Oil/canvas 61x122cm/*24x48in* New-York 98

HOWLAND John Dare 1843-1914 **[4]**

  $2 070 FF16 370 £3 200 Elk at James Paek Oil/board 38x51cm/*14x20in* Denver, Colorado 95

HOWLETT Robert 1830-1858 **[10]**

  $1 146 FF6 809 £700 Soldiers in front of a gun carriage at Greenwich Hospital Albumen print 23x18cm/*9x7in* London 98

HOWLEY John Richard 1931 **[7]**

  $391 FF2 349 £233 Inside Out People Gouache/paper 56x76,5cm/*22x30in* Melbourne 98

HOWSE George c.1800-1860 **[5]**

  $1 947 FF11 257 £1 200 View of the Harbour at Harfleur Watercolour 56x43cm/*22x16in* London 97

HOWSON Peter 1948 **[29]**

  $3 066 FF17 716 £1 800 Bridge to Nowhere Oil/canvas 73,5x59,5cm/*28x23in* London 97

  $9 620 FF49 500 £6 000 Te silent scream Oil/canvas 183x122cm/*72x48in* London 96

  $216 FF1 323 £130 Man on a Street Corner Linocut 23x18cm/*9x7in* Glasgow 98

  $905 FF4 640 £550 You're in the Army now Pastel 58,5x33cm/*23x12in* London 96

HOYER Edward XIX **[15]**

  $25 000 FF142 450 £15 312 Moonlight over the Bosphorus, Constantinople Oil/canvas 96,5x152,5cm/*37x60in* New-York 97

HØYER Vilhelm Julius 1827-1905 **[2]**

  $5 350 FF26 730 £3 460 Still life of roses and peonies Oil/canvas 39x55cm/*15x21in* København 96

HOYLAND John 1934 **[64]**

  $1 344 FF7 020 £800 Mother and child Oil/cardboard 61x41cm/*24x16in* London 96

  $2 636 FF16 067 £1 600 Untitled Acrylic/canvas 213x76cm/*83x29in* London 98

  $979 FF5 848 £600 Untitled Gouache/paper 43x68,5cm/*16x26in* London 98

HOYNCK VAN PAPENDRECHT Jan 1858-1933 **[27]**

  $1 096 FF6 242 £680 A drummer Oil/canvas/board 45,5x33,5cm/*17x13in* Amsterdam 97

  $16 039 FF92 989 £9 578 Cavalrists of the Regiment Huzaren No.6 Oil/canvas 46x59cm/*18x23in* Amsterdam 97

  $1 022 FF5 941 £609 De inlandische marechaussée de Javan Kromodikoro Chalks 25,5x14,5cm/*10x5in* Den Haag 97

HOYNINGEN-HUENE George 1900-1968 **[58]**

  $1 300 FF6 710 £832 Fashion study, early 1940s Silver print 18x24cm/*7x9in* New-York 96

HOYOLL Philipp 1816-? **[14]**

  $1 598 FF9 074 £1 000 Meditating mischief Oil/canvas 28x32cm/*11x12in* London 97

HOYOS Anna Mercedes 1942 **[28]**

  $11 000 FF64 820 £6 572 Naruraleza Muerta Oil/canvas 25,5x25,5cm/*10x10in* New-York 97

  $16 000 FF93 403 £9 518 Melon Oil/canvas 99,5x99,5cm/*39x39in* New-York 97

  $46 000 FF268 690 £27 218 Bazurto - El Universo de Julia Oil/canvas 125x295cm/*49x116in* New-York 97

HOYTE John Barr Clarke 1835-1913 **[20]**

  $1 791 FF11 078 £1 100 A Mountainous Lake Landscape, Possibly a New Zealand View Watercolour 46x35cm/*18x13in* Billingshurst, West Sussex 97

HOYTON Edward Bouverie c.1900-1988 **[15]**

  $147 FF858 £90 Newlyn old Harbour Etching in colors 30x53cm/*12x21in* Par, Cornwall 97

HRADIL Béla 1885-? **[23]**

  $371 FF2 158 £219 Blomsterstilleben med kanna Oil/panel 30x24cm/*11x9in* Malmö 97

H

HRADIL Rudolf 1925 **[24]**
$4 340 FF21 920 £2 845 Blumenstrauss mit Waschtisch Öl/Leinwand 61x85cm/*24x33in* Wien 96
$201 FF1 190 £121 Rom Radierung 35x50cm/*13x19in* Wien 97
$867 FF4 385 £570 Kitsch Ink/paper 20x28,5cm/*7x11in* Wien 96
HRDLICKA Alfred 1928 **[341]**
$37 700 FF186 000 £24 500 "Todeskuss" Tempera/canvas 218x248cm/*85x97in* Wien 95
$1 458 FF8 701 £879 The Rake's Progress Radierung 53x67,5cm/*20x26in* Hamburg 97
$302 FF1 544 £199 Januskopf Bronze H7,3cm/*H2in* Wien 96
$1 272 FF7 434 £781 Ohne Title Ink 48x62cm/*18x24in* Köln 97
HRYNKOWSKI Jan 1891-1971 **[2]**
$3 096 FF18 086 £1 901 Dana w berecie Oil/canvas 73x60cm/*28x23in* Warszawa 97
HSIA Yan 1937 **[4]**
$29 790 FF177 210 £18 270 City Birds Oil/canvas 100x142cm/*39x55in* Taipei, Taiwan 97
HU HANMAN 1978-1937 **[1]**
$1 940 FF9 940 £1 180 Calligraphy Couplet Ink/paper 147x34,5cm/*57x13in* Hong Kong 96
HU JIANBIN 1962 **[1]**
$3 620 FF18 560 £2 200 Antiques ceramics Oil/canvas 65x50cm/*25x19in* Hong Kong 96
HU NIANZU 1927 **[5]**
$9 204 FF55 143 £5 497 Landscape Coloured inks/paper 94x53,5cm/*37x21in* Hong Kong 98
HU PEIHENG 1892-1965 **[4]**
$3 235 FF18 657 £1 927 Paintings of a Scholar's Studio Coloured inks/paper 59x33cm/*23x12in* Hong Kong 97
HU YEFO 1908 **[6]**
$2 969 FF17 305 £1 828 "River scene" Ink 30,5x39,5cm/*12x15in* Hong Kong 97
HU YONGKAI 1945 **[4]**
$3 360 FF17 230 £2 043 Making New Year Pudding Ink 75x77cm/*29x30in* Hong Kong 96
HU ZAOBIN 1897-1942 **[1]**
$2 588 FF14 926 £1 542 Roaring Tigers Ink/paper 142x60cm/*55x23in* Hong Kong 97
HUA YAN 1682-1756 **[6]**
$26 000 FF146 892 £16 364 A family taking tea under an arbor Ink/paper 115,5x43,2cm/*45x17in* New-York 97
HUANG Anton 1935-1985 **[3]**
$4 249 FF25 116 £2 629 Figures in a Balinese garden with palmtrees Oil/canvas 42x60cm/*16x23in* Singapore 97
HUANG BANRUO 1901-1968 **[4]**
$2 588 FF14 926 £1 542 Shek O Coloured inks/paper 39,5x58,5cm/*15x23in* Hong Kong 97
HUANG BINHONG 1864-1955 **[65]**
$1 424 FF7 324 £878 Calligraphy in Zhuan Shu Ink/paper 108x35cm/*42x13in* Hong Kong 96
HUANG DAOZHOU 1585-1646 **[3]**
$9 500 FF56 547 £5 897 Small Standard Scrpit Calligraphy Ink 26x243cm/*10x96in* New-York 97
HUANG DING 1660-1730 **[1]**
$45 000 FF254 236 £28 323 Landscape Ink/paper 54x424cm/*21x166in* New-York 97
HUANG DUFENG 1913 **[2]**
$2 323 FF13 543 £1 431 Flowers and bird Ink/paper 125,6x51,1cm/*49x20in* Hong Kong 97
HUANG FONG 1936 **[5]**
$2 095 FF12 545 £1 287 Gadis Cari Air Acrylic/canvas 60x50cm/*23x19in* Singapore 98
HUANG HUANWU 1906-1985 **[6]**
$3 235 FF18 657 £1 927 Banana Tree Coloured inks/paper 138,5x68cm/*54x26in* Hong Kong 97
HUANG JUNBI 1898-1991 **[34]**
$7 770 FF39 954 £4 794 Excursion into the Mountains Ink 160x59,5cm/*62x23in* Hong Kong 96
HUANG MING-CH'ANG 1952 **[4]**
$39 930 FF231 440 £24 530 Call of the Island Oil 97x145cm/*38x57in* Taipei, Taiwan 97
HUANG MINGZHE Michell Hwang 1948 **[3]**
$12 120 FF73 480 £7 200 Yellow Rose Oil/canvas 121x60cm/*47x23in* Taipei, Taiwan 98
HUANG QIUYUAN 1914-1979 **[11]**
$12 910 FF75 240 £7 950 Landscape after Xiao Chao (12th century) Ink 150x79cm/*59x31in* Hong Kong 97
HUANG SHEN 1687-1772 **[7]**
$9 500 FF58 175 £5 659 Figure Ink/paper 94x42cm/*37x16in* New-York 98

HUANG SHULIANG 1958 [5]
$4 888 FF29 273 £3 003 Firstencounter Oil/canvas 80x104cm/*31x40in* Singapore 98
HUANG XIANGIJIAN 1609-1674 [1]
$8 000 FF48 221 £4 991 Album of landscapes Ink/paper 23x32cm/*9x12in* New-York 97
HUANG YONGYU 1924 [4]
$6 728 FF38 807 £4 009 Migratory Birds Coloured inks/paper 89x96cm/*35x37in* Hong Kong 97
HUANG ZHOU 1925-1997 [11]
$3 882 FF22 389 £2 313 Herding by the Willow Coloured inks/paper 92x68,5cm/*36x26in* Hong Kong 97
HUBACEK William 1866-1958 [7]
$700 FF4 345 £422 Hill Country of Sierra Nevadas Oil/canvas 25x40cm/*10x16in* New Orleans, Louisiana 98
$12 000 FF71 727 £7 273 Still Life with Fruit on a Table Oil/canvas 91,5x117cm/*36x46in* San Francisco-Los Angeles 97
HUBACHER Hermann 1881-1976 [11]
$8 000 FF44 493 £4 952 Stehender Torso Bronze H120cm/*H47in* Miami, Florida 97
HUBBARD John 1931 [9]
$983 FF5 964 £600 Water Garden Print in colors 62x55cm/*24x21in* Crewkerne, Somerset 98
HUBBARD Richard William 1816/17-1888 [4]
$3 000 FF17 762 £1 794 Summer Landscape with Cattle by a Stream Oil/canvas 53x60cm/*21x24in* New-York 97
HUBBELL Henry Salem 1870-1949 [6]
$6 500 FF37 100 £4 018 Augusta at the church fair Oil/canvas 61x51cm/*24x20in* New-York 97
HUBBUCH Karl 1891-1979 [163]
$149 072 FF887 291 £91 120 Caféhausszene Öl/Leinwand 74x74cm/*29x29in* Berlin 98
$186 852 FF1 095 237 £115 000 Jeder zeigt was er hat Oil/canvas 151x156cm/*59x61in* London 97
$418 FF2 060 £273 Zigeunerlager Etching 23x29cm/*9x11in* Hamburg 95
$1 293 FF7 702 £768 Schlafende Indian ink/paper 30,5x36cm/*12x14in* München 97
HUBER Chris [7]
$977 FF5 593 £577 Hill End Oil/board 71x91cm/*27x35in* Sydney 97
HUBER Conrad 1752-1830 [3]
$5 250 FF27 000 £3 270 Jacob et Rachel au puits Huile/toile 52x71cm/*20x27in* Paris 96
HUBER Ernst 1895-1960 [128]
$2 464 FF12 770 £1 600 Street Scene Oil/board 18x27cm/*7x10in* London 96
$7 380 FF43 002 £4 536 Sommertag Öl/Leinwand 60x73cm/*23x28in* Wien 97
$360 FF2 147 £224 Ernst Huber Mappe Lithograph 41x32cm/*16x12in* Wien 97
$277 FF1 679 £169 Blick auf die Skyline von Manhattan Watercolour 32x47cm/*12x18in* Berlin 98
HUBER Giovanni 1939 [6]
$165 FF965 £101 Kopositionen Farblithographie 60x60cm/*23x23in* Zofingen 97
HUBER Hermann 1888-1967 [41]
$2 685 FF13 580 £1 760 Die Versuchung Öl/Leinwand 75x92,5cm/*29x36in* Zürich 96
HUBER Johann Josef Anton 1737-1815 [2]
$1 247 FF7 362 £738 Die vier Weltteile Radierung 14x20cm/*5x7in* Berlin 97
HUBER Johann Kaspar 1752-1827 [7]
$1 403 FF7 274 £911 Baumlandschaft Black chalk 48x33,2cm/*18x13in* Luzern 96
HUBER Johann Rudolf 1668-1748 [9]
$1 907 FF11 793 £1 136 Portrait von Johann Rodolphus Zwingerus Huile/panneau 40x26cm/*15x10in* Zürich 98
$638 FF3 708 £377 Panorama von Bern Lithographie 34x63cm/*13x24in* Bern 97
HUBER Léon Charles 1858-1928 [56]
$2 107 FF11 000 £1 274 Jeunes chatons Huile/toile 38x46cm/*14x18in* Paris 96
$1 886 FF11 500 £1 131 Le chat et l'escargot Huile/panneau 19x24cm/*7x9in* Calais 98
HUBER Louis Édouard XIX [1]
$1 685 FF8 800 £1 003 La moisson Huile/toile 22x41cm/*8x16in* Pontoise 96
HUBER-SULZEMOOS Hans 1873-1951 [10]
$1 014 FF6 048 £629 Wallfahrtskirche auf einem Hügel in Gebirgslandschaft Öl/Karton 21,5x24cm/*8x9in* Dresden 97
HUBERT-ROBERT Marius XIX-XX [6]

🎨 *$3 545 FF18 500 £2 140* Place animée en Afrique du Nord Huile/toile 54x65cm/*21x25in* Paris 96
✏️ *$1 009 FF6 200 £605* Village animé Aquarelle/papier 36x52cm/*14x20in* Lille 98
HUBERTI Antonio Glauberman 1907 **[78]**
✏️ *$365 FF2 100 £215* Le compotier Gouache 29x34cm/*11x13in* Paris 97
HUBERTI Edouard Jules Joseph 1818-1880 **[19]**
🎨 *$593 FF3 000 £388* Paysage Huile/toile 45,5x30cm/*17x11in* Lokeren 96
✏️ *$987 FF5 000 £646* Paysage Crayon 64x46cm/*25x18in* Lokeren 96
HUBLIN Émile Auguste 1830-? **[4]**
🎨 *$9 000 FF53 699 £5 391* The Young Seamstress Oil/canvas 73x59cm/*29x23in* Houston, Texas 98
🎨 *$13 407 FF82 101 £8 000* Sweet Slumber Oil/canvas 131,5x91,5cm/*51x36in* London 98
HUBNER Anton 1818-1892 **[4]**
🎨 *$1 053 FF5 380 £698* Partie bei Tarvis, am Fusse der Karnischen Alpen Öl/Leinwand 74x100cm/*29x39in* Wien 96
HÜBNER Carl Wilhelm 1814-1879 **[23]**
🎨 *$4 134 FF20 670 £2 676* Die ersehnte Nachricht Öl/Leinwand 62x50cm/*24x19in* Düsseldorf 96
HÜBNER Eduard 1842-1926 **[4]**
🎨 *$15 111 FF90 482 £9 282* Margarethe Le Riche ihre Mitgefangenen im Kerker tröstend Oil/canvas 133x108cm/*52x42in* Köln 98
HÜBNER Heinrich 1869-1945 **[12]**
🎨 *$1 679 FF10 053 £1 031* Interieur eines japanischen Hauses in Kyoto Oil/canvas 71x81cm/*27x31in* Köln 98
HÜBNER Julius 1842-1874 **[10]**
🎨 *$4 780 FF24 470 £3 095* Der strenge Vater Öl/Leinwand 72x60cm/*28x23in* Wien 95
✏️ *$560 FF3 346 £338* Bildnis des Malers Carl Friedrich Lessing Pencil/paper 33,9x26cm/*13x10in* Köln 97
HUBNER Louis c.1710-c.1770 **[4]**
🎨 *$16 000 FF79 000 £10 340* A Squirrel eating Hazelnuts on a Tree Stump beside Apples Oil/canvas 71x89cm/*27x35in* New-York 96
HUCHTENBURG van Jan 1647-1733 **[53]**
🎨 *$4 900 FF24 470 £3 200* Cavalry skirmish Oil/canvas/panel 31x41cm/*12x16in* London 95
🎨 *$10 060 FF51 200 £6 030* Cavalry battle near Dinant Oil/canvas 91x115cm/*35x45in* Amsterdam 96
🎨 *$24 915 FF150 000 £14 910* Guillaume III d'Orange menant la charge de la cavalerie Huile/toile 155x197cm/*61x77in* Paris 98
HUCHTENBURG van Jan (Attrib.) 1647-1733 **[7]**
🎨 *$1 422 FF8 716 £849* Zwei Husaren greifen einen Reiter an Öl/Karton 31x41cm/*12x16in* Dresden 98
🎨 *$4 139 FF23 585 £2 535* Gefecht Öl/Leinwand 52x77cm/*20x30in* Köln 97
HUCLEUX Jean-Olivier 1923 **[4]**
✏️ *$6 752 FF40 000 £4 184* Autoportrait Mine plomb 111x76cm/*43x29in* Paris 97
HUDECEK Antonin 1872-1941 **[7]**
✏️ *$2 596 FF13 430 £1 735* Schwertlilien Mischtechnik/Papier 43x59cm/*16x23in* Wien 96
HUDSON Benjamin XIX **[9]**
🎨 *$685 FF4 179 £420* "Portrait of Mrs A. Briggs" Oil/canvas 112x93cm/*44x36in* London 98
HUDSON Eric 1864-1932 **[3]**
🎨 *$700 FF4 444 £437* Boats at Rest Oil/canvas 35x53cm/*14x21in* Portland, Maine 97
HUDSON Grace Carpenter 1865-1937 **[43]**
🎨 *$2 249 FF13 543 £1 345* Poppies and blue Lupine/Indian Paint Brush Oil/board 27x21cm/*10x8in* San Francisco 98
🎨 *$42 000 FF252 705 £25 141* Boy with Fox Oil/canvas 41x52,5cm/*16x20in* Beverly Hills, Calif. 98
HUDSON Thomas 1701-1779 **[37]**
🎨 *$9 250 FF44 900 £5 800* Portrait of Penelope Cholmeley of Easton, Lincolnshire Oil/canvas 74x62cm/*29x24in* London 95
🎨 *$12 130 FF61 800 £8 000* Portrait of Master John Chichester, aged 5 Oil/canvas 125x99cm/*49x38in* London 96
HUDSON Thomas (Attrib.) 1701-1779 **[8]**
🎨 *$4 670 FF23 770 £2 800* Portrait of Sir Richard Lloyd, in a green coat and blue waistcoat Oil/canvas 76,5x63,5cm/*30x25in* London 96
🎨 *$4 897 FF29 239 £3 000* Portrait of Benjamin Heath Of Exeter Oil/canvas 127x101,5cm/*50x39in* London 97
HUE Charles Désiré 1842-1899 **[9]**

$2 713 FF15 732 £1 600 The Soirée Oil/board 29x40,5cm/*11x15in* London 97

$8 000 FF47 818 £4 896 La lecture de la lettre Oil/panel 40x55cm/*15x21in* New-York 97

HUÉ Jean-Fr. (Attrib.) 1751-1823 [5]

$4 120 FF20 000 £2 656 Paysage animé Huile/toile 31,5x40cm/*12x15in* Tours 95

HUÉ Jean-François 1751-1823 [14]

$8 450 FF43 300 £5 430 Scène de naufrage dans un paysage rocheux Huile/panneau 36x50cm/*14x19in* Wien 96

HUE Magdelaine 1882-1943 [30]

$701 FF4 100 £415 Neige Huile/toile 54x65cm/*21x25in* Dieppe 97

HUEBER Douglas 1924 [3]

$10 000 FF59 172 £6 101 Duration Piece No.10 Object 28x21,5cm/*11x8in* New-York 98

HUEBER Luc 1888-1974 [7]

$1 197 FF6 200 £777 Rue Sainte-Madeleine Huile/toile 53x49cm/*20x19in* Entzheim 96

HUEBNER Reinhard XX [2]

$2 899 FF17 291 £1 800 A Chinese Style Still Life Oil/canvas 85x105cm/*33x41in* London 97

HUET Christophe 1700-1759 [4]

$45 700 FF230 600 £30 000 A Mastiff and her Puppies in an Outhouse Oil/canvas 127,5x146,5cm/*50x57in* London 96

HUET Christophe (Attrib.) 1700-1759 [6]

$9 000 FF54 744 £5 474 Chinoiserie of Flowers Oil/canvas 46,5x38cm/*18x14in* New-York 98

HUET Jacques 1932 [51]

$503 FF3 000 £312 Le landin Huile/toile 33x55cm/*12x21in* Paris 97

HUET Jean-Bapt. (Attrib.) 1745-1811 [23]

$7 330 FF38 000 £4 760 La jeune oiseleuse/Jeune fille au tambourin Huile/toile 54,5x45cm/*21x17in* Paris 96

$19 860 FF103 600 £12 000 Les lavandières Oil/canvas 197x148cm/*77x58in* London 96

$347 FF1 800 £229 Fermière Aquarelle 12x19cm/*4x7in* Paris 96

HUET Jean-Baptiste 1745-1811 [135]

$2 297 FF13 000 £1 402 Quatre têtes de chèvres Huile/toile 30x23,5cm/*11x9in* Paris 97

$17 138 FF95 000 £10 573 Portrait de jeune femme en robe rose dans un paysage Huile/toile 70x60cm/*27x23in* Paris 97

$210 000 FF1 289 127 £128 667 Venus Sleeping on a Bed Seen from the Rear with two Doves Oil/canvas 103x148cm/*40x58in* New-York 98

$170 000 FF939 233 £105 655 Pstoral Landscape with Women Preparing the Wash Gouache/papier 65x103cm/*25x40in* New-York 97

HUET Jérôme XX [1]

$1 527 FF8 000 £918 Vue du salon de Henri Samuel, rue du Faubourg Saint-Honoré Aquarelle 17x47,5cm/*6x18in* Monaco 96

HUET Louis Armand XIX [2]

$7 000 FF42 296 £4 169 Robinson Crusoe with his Man Friday Oil/canvas 104x195,5cm/*40x76in* New-York 97

HUëT Nicolas 1770-1830 [11]

$48 430 FF290 000 £28 942 Portrait de chien Aquarelle, gouache/papier 40x50cm/*15x19in* Orléans 98

HUET Paul 1803-1869 [111]

$3 474 FF18 000 £2 256 Étude de rochers, Carabasco (région de Nice) Huile/toile 32,5x46,5cm/*12x18in* Paris 96

$4 914 FF28 571 £3 000 Figures in an Autumnal Lake Landscape Oil/panel 49x61cm/*19x24in* London 97

$248 FF1 300 £149 Près de Fontainebleau Eau-forte 24x30cm/*9x11in* Provins 96

$861 FF5 000 £526 Village des environs de Grenoble Aquarelle/papier 17x14cm/*6x5in* Paris 97

HUFFMAN Laton Alton 1854-1931 [14]

$2 000 FF10 310 £1 325 Throwing the herd on water, Big Dry, Montana Albumen print 10x30cm/*4x12in* New-York 96

HUG Charles 1899-1979 [12]

$421 FF2 489 £251 Biskra Öl/Leinwand 33x41cm/*12x16in* Zürich 97

HUG Fritz Rudolf 1921-1989 [176]

$1 478 FF8 849 £907 Zürcher Bahnhofstrasse Oil/canvas 36x54cm/*14x21in* Bern 98

$1 913 FF11 377 £1 170 Junger Tiger von vorne Mixed media/panel 50x30,5cm/*19x12in* Bern 97

$167 FF848 £110 Robbe Farblithographie 37,5x53cm/*14x20in* Bern 96

$477 FF2 480 £315 Krähe Aquarelle 24,5x33,5cm/*9x13in* Bern 96

HUGARD XX [13]

$1 790 FF11 000 £1 073 Ombre de femme couchée Bronze 52x22x17cm/*20x8x6in* Paris 98

HUGARD Claude 1861-? [4]

$6 950 FF35 760 £4 200 Women Sewing Oil/panel 23x28,5cm/*9x11in* London 96

HUGARD DE LA TOUR Claude Sébastien 1818-1886 [8]

$2 298 FF13 423 £1 402 Romantische Landschaft mit figürlicher Staffage Öl/Karton 21x27cm/*8x10in* Wien 97

HUGENTOBLER Ivan Edwin 1886-1972 [51]

$2 027 FF12 038 £1 237 Pferdestudie Oil/canvas 60x46cm/*23x18in* Bern 98

$260 FF1 278 £167 Jinge Pferde Lithographie 17,5x24cm/*6x9in* Zürich 95

$888 FF5 282 £543 Soldaten mit Maultieren in Bündner Dorf mit Kirche Aquarell/Papier 25,5x21,5cm/*10x8in* Bern 97

HUGGINS William 1820-1884 [58]

$3 390 FF17 560 £2 200 Two donkeys Oil/board 21,5x16cm/*8x6in* London 96

$4 580 FF26 692 £2 800 A Family of Chickens Oil/canvas 61x49cm/*24x19in* London 97

$4 664 FF28 773 £2 800 Study of a Horse Black chalk 23,5x29cm/*9x11in* London 98

HUGGINS William John 1781-1845 [28]

$1 600 FF9 523 £993 Self-portrait Oil/board 12x10cm/*4x3in* North Berwick, Maine 97

$9 630 FF46 150 £6 000 A ship in two positions Oil/canvas 81x122cm/*31x48in* London 95

$38 000 FF232 700 £23 294 An East Indiaman... signaling for a Pilot off Dover Oil/canvas 107x152cm/*42x60in* New-York 98

$250 FF1 274 £150 A frigate, thought to be HMS "Bristol" sailing in a light breeze Watercolour 23,5x35cm/*9x13in* London 96

HUGGLER Arnold 1894-1988 [12]

$1 351 FF8 025 £825 Stehendes Pferd Bronze H34cm/*H13in* Bern 98

HUGHES Arthur 1832-1915 [50]

$3 003 FF18 136 £1 800 Pothleven, South Cornwall Oil/panel 21x36cm/*8x14in* Exeter, Devon 98

$97 698 FF570 342 £60 000 The sailing signal gun Oil/canvas 103,5x91cm/*40x35in* London 97

$2 768 FF16 159 £1 700 The Nativity, the Virgin and Child attended by Joseph and Angels.. Black chalk/paper 25,5x22cm/*10x8in* London 97

HUGHES Arthur Foord 1856-1934 [7]

$6 674 FF40 920 £4 000 Summer Harvest Oil/canvas 61x91,5cm/*24x36in* London 98

$440 FF2 637 £269 Looking Towards Winchelsea Watercolour 21x31,5cm/*8x12in* Billingshurst, West Sussex 97

HUGHES Bill 1932-1992 [3]

$6 500 FF33 865 £4 087 Medicine Peak Oil/canvas 91x121cm/*36x48in* Scottsdale, Arizona 96

$9 500 FF49 495 £5 974 Waterfall Oil/canvas 101x127cm/*40x50in* Scottsdale, Arizona 96

HUGHES Edward 1832-1908 [14]

$6 250 FF32 050 £3 800 A cup of tea Oil/canvas 30,5x25,5cm/*12x10in* London 96

$8 805 FF52 478 £5 400 Portrait of Mrs Anne Martin Oil/canvas 142,5x109cm/*56x42in* London 98

HUGHES Edward John 1913 [26]

$18 981 FF108 471 £11 629 "Abandoned log dump at Mill Bay" Oil/canvas 81,3x63,5cm/*32x25in* Toronto 97

$1 592 FF9 314 £983 "Bridges on beaver creek #44/60" Woodcut in colors 25x25cm/*9x9in* Calgary, Alberta 97

$1 480 FF7 260 £940 A Saw Mill at Cooper's Cove Saseenos Pencil/paper 21,5x30cm/*8x11in* Vancouver, BC. 95

HUGHES Edward Robert 1851-1914 [20]

$2 374 FF13 783 £1 450 A Head Study of a Young Girl Red chalk/paper 27,5x32,5cm/*10x12in* London 97

HUGHES Edwin XIX-XX [13]

$1 498 FF8 204 £900 The Necklace Oil/canvas 51x35cm/*20x13in* London 97

HUGHES George Hart 1839-1921 [8]

$820 FF4 170 £490 Camp indien Huile/toile 31x35cm/*12x13in* Montréal 96

HUGHES John Joseph c.1820-1909 [8]

☜ $527 FF3 073 £2 694 Distant view of Windermere Oil/canvas 42x51cm/*16x20in* London 96
☜ $1 100 FF6 547 £682 "Totnes on the Dart, S. Devon" Oil/canvas 20x30cm/*7x11in* North Berwick, Maine 97
HUGHES Nigel 1940 **[7]**
☜ $7 348 FF43 352 £4 500 Dancing Below the Ballynahinch Mountains, Co. Down Oil/canvas 67x115cm/*26x45in* London 98
HUGHES Robert XVIII-XIX **[1]**
✎ $5 510 FF26 900 £3 500 A Regency interior Watercolour 41x53cm/*16x20in* London 95
HUGHES Robert Morson 1873-1953 **[23]**
☜ $294 FF1 714 £180 Tintagel/Last Hills in Cornwall/Looking Towards the Lizard/Lamorna Oil/canvas 25x34,5cm/*9x13in* Billingshurst, West Sussex 97
HUGHES Talbot 1869-1942 **[18]**
☜ $455 FF2 747 £280 Self Portrait Oil/panel 40,5x32cm/*15x12in* London 98
HUGHES William 1842-1901 **[42]**
☜ $2 317 FF11 580 £1 500 Nature morte Oil/panel 35x31cm/*13x12in* Köbenhavn 96
☜ $4 070 FF23 764 £2 500 Still Life with Fruit and Game Oil/canvas 35,5x45,5cm/*13x17in* London 97
HUGHES Yvonne 1946 **[3]**
☜ $1 811 FF10 934 £1 100 Powerful Prescence Mixed media 32x43,5cm/*12x17in* Billingshurst, West Sussex 98
HUGHES-STANTON Blair 1902 **[12]**
☜ $715 FF3 450 £450 The dance Oil/canvas 51x61cm/*20x24in* London 96
✎ $1 127 FF6 517 £700 An Admirer Watercolour 35x50,5cm/*13x19in* London 97
HUGHES-STANTON Herbert Ed. Pelham 1870-1937 **[19]**
☜ $979 FF5 970 £600 A Woman Herding Sheep in a Valley Oil/canvas 63,5x76cm/*25x29in* London 98
✎ $316 FF1 910 £190 River Stour, Dedham Watercolour/paper 34x49cm/*13x19in* Bristol, Avon 98
HÜGIN Karl Otto 1887-1963 **[18]**
☜ $2 890 FF15 100 £1 750 Studie zu "Sport" Tempera/panneau 35x22cm/*13x8in* Zürich 96
HUGNET Georges 1904-1974 **[18]**
📷 $2 600 FF15 321 £1 605 L'amour s'attrape, l'amour satrape Photograph 30x25cm/*12x10in* New-York 97
✎ $349 FF2 100 £209 Sans titre Gouache/papier 38x15,5cm/*14x6in* La Varenne Saint-Hilaire 98
HUGO Charles V. 1826-1871 **[7]**
📷 $4 000 FF23 446 £2 462 Victor Hugo sur le Rocher des Proscrits, Jersey Salt print 9,5x7cm/*3x2in* New-York 97
HUGO Jean 1894-1984 **[158]**
☜ $2 200 FF11 340 £1 457 Paysage Oil/board 23x28cm/*9x11in* New-York 96
▥ $626 FF3 800 £372 Léda Sérigraphie 80x60cm/*31x23in* Paris 98
✎ $1 345 FF8 000 £833 Portrait de Paul Morand Crayon/papier 24,5x18,5cm/*9x7in* Paris 97
HUGO Valentine 1887-1968 **[127]**
☜ $5 150 FF26 000 £3 380 Mademoiselle Susana Huile/panneau 63x27cm/*24x10in* Paris 96
▥ $626 FF3 800 £372 Rimbaud Eau-forte 14,5x32cm/*5x12in* Paris 98
✎ $684 FF4 000 £405 Dessins originaux Crayon 12x15cm/*4x5in* Paris 97
HUGO Victor 1802-1885 **[35]**
✎ $13 977 FF83 000 £8 466 Les bains près de Landeck Lavis 11x27cm/*4x10in* Saint-Germain-en-Laye 97
HUGON Roland XX **[15]**
▥ $448 FF2 600 £264 "P.O & Midi, Pyrénées, Auvergne, Plaisir de neige" Affiche 99x61,5cm/*38x24in* Paris 97
HUGREL Claude Honoré 1880-1944 **[9]**
✎ $1 202 FF7 000 £735 Gerbes sur les hauteurs de la Saône Pastel/panneau 58x70cm/*22x27in* Paris 97
HUGUÉ Manolo 1872-1945 **[13]**
✎ $995 FF5 210 £598 Equilibrista Lápiz 21x15cm/*8x5in* Madrid 96
HUGUENIN-LASSAUGUETTE Fritz Edouard 1842-1926 **[15]**
☜ $1 058 FF5 450 £682 Weidende Kühe im Hochgebirge Öl/Leinwand 38x55cm/*14x21in* Rudolstadt-Thüringen 96
HUGUENIN-VIRCHAUX Henri Edouard 1878-1958 **[19]**
☜ $375 FF2 234 £230 Bergsee mit Blick auf Fletschhorn Öl/Karton 37x45cm/*14x17in* Bern 97
HUGUES Paul Jean 1891-c.1950 **[2]**
✎ $3 150 FF15 360 £2 000 A drawing room Pastel 45x53cm/*17x20in* London 95
HUGUES Victor Louis 1827-? **[1]**

$3 650 FF18 000 £2 370 La porteuse d'eau Huile/panneau 21,5x15,5cm/*8x6in* Paris 95
HUGUET Victor 1835-1902 **[71]**
$1 579 FF9 000 £986 Deux chevaux arabes Huile/panneau 32x24cm/*12x9in* Saint-Dié 97
$8 430 FF42 000 £5 520 Traversée de l'oued Huile/panneau 37,5x46cm/*14x18in* Paris 95
$33 396 FF200 702 £20 000 A Bedouin Encampment Oil/canvas 100,5x145cm/*39x57in* London 98
$792 FF4 074 £494 Nordwestafrikanische Landschaft Aquarell 23x40cm/*9x15in* Bern 96
HUHNEN Fritz 1895-1981 **[23]**
$492 FF2 845 £289 Beim Abendessen in der Heilanstalt Chalks/paper 44,5x49,5cm/*17x19in* Köln 97
HUI YI XVII **[1]**
$3 200 FF19 047 £1 986 Immortal Ink 142x73cm/*56x29in* New-York 97
HUILLIOT Claude 1632-1702 **[2]**
$12 850 FF65 000 £8 420 Compositions florales dans des vases de bronze doré Huile/toile
96x130cm/*37x51in* Paris 96
HUILLIOT Pierre N. (Attrib.) 1674-1751 **[11]**
$9 000 FF53 065 £5 518 Still Lifes of Flowers in Vases with Birds Oil/canvas 46x37cm/*18x14in* New-York 98
$32 452 FF190 000 £20 064 Grand buffet de fruits et orfèvrerie Huile/toile 110x211cm/*43x83in* Paris 97
HUILLIOT Pierre Nic. (Studio) 1674-1751 **[1]**
$23 311 FF137 450 £13 800 Still life:Flowers in an urn/Flowers in a sculpted vase Oil/canvas
49,5x57cm/*19x22in* London 97
HUILLIOT Pierre Nicolas 1674-1751 **[11]**
$4 226 FF24 000 £2 644 Bouquet de fleurs dans vase en bronze et coupe de fruits Huile/toile
58x65,5cm/*22x25in* Paris 97
$9 120 FF54 000 £5 454 Fleurs dans des vases en verre avec oiseaux Huile/toile 44,5x35,5cm/*17x13in*
Bordeaux 97
$180 000 FF1 061 316 £110 376 Buffet still life of elaborate gilt and silver vessels and platters Oil/canvas
195x147,5cm/*76x58in* New-York 98
HUISMAN Jopie 1922 **[3]**
$2 610 FF15 965 £1 604 Sailingboats in a Stiff Breeze Watercolour 23,3x30cm/*9x11in* Amsterdam 98
HUITTI Ilmari 1897-1960 **[10]**
$763 FF4 643 £464 Byväg Oil/canvas 38x46cm/*14x18in* Helsinki 98
HULDAH Cherry Jeffe XX **[14]**
$850 FF4 655 £510 Young Lady Seated at the Restaurant Oil/canvas 63x56cm/*25x22in* Florida 97
HULINGS Clark 1922 **[11]**
$11 500 FF57 960 £7 419 Jose On Mariana Oil/canvas 35x35cm/*14x14in* Hayden 96
$16 454 FF93 705 £10 147 Flower Kiosk Oil/canvas 60x81cm/*24x32in* Dallas, Texas 97
$1 900 FF9 063 £1 194 Patience Pencil/paper 14x18cm/*5x7in* Hayden 95
HULK Abraham XIX **[23]**
$3 907 FF22 813 £2 400 Near west Clandon, Surrey Oil/canvas 76x127cm/*29x50in* London 97
$4 750 FF27 747 £2 810 Fishing Ketches, a Shore View Oil/panel 15x20,5cm/*5x8in* Boston, Mass. 97
$5 547 FF31 307 £3 400 Seascapes just off the coast of Holland Watercolour/paper 26,5x22cm/*10x8in*
Leamington Spa, Warwickshire 97
HULK Abraham I 1813-1897 **[134]**
$1 773 FF10 107 £1 086 Abend an der Schelde Öl/Leinwand 40x60cm/*15x23in* Köln 97
$10 260 FF52 800 £6 200 Beached fishing boats Oil/panel 17x25,5cm/*6x10in* London 96
$2 971 FF17 289 £1 820 Fishermen preparing their vessels on a beach at sunset Watercolour
16,5x25cm/*6x9in* Amsterdam 97
HULK Abraham II 1851-1922 **[103]**
$133 FF790 £80 A Watermill in a wooded River Landscape Oil/canvas 61x40cm/*24x15in* London 97
$653 FF3 714 £400 Near Albury, a river landscape with figures beside a path, chickens... Oil/canvas
30x46cm/*11x18in* London 97
$158 FF954 £95 River Landscapes Watercolour/paper 17x24cm/*6x9in* Newbury, Berkshire 98
HULK F. XIX **[3]**
$10 092 FF57 552 £6 144 Motiv aus Amsterdam Oil/panel 41x31,5cm/*16x12in* Wien 97
HULK Hendrick 1842-1937 **[23]**
$1 827 FF10 406 £1 134 Bomschuiten setting out from the beach of Zandvoort Oil/canvas
44x67cm/*17x26in* Amsterdam 97
$2 248 FF13 072 £1 339 Zeegezicht met zeilschelpen Oil/canvas 18x30cm/*7x11in* Den Haag 97

HULK Hendrick (Attrib.) 1842-1937 **[1]**
  $1 509 FF8 912 £911 Shipping in a Calm Oil/panel 11,5x16,5cm/*4x6in* Amsterdam 97
HULK John Frederick I 1829-1911 **[33]**
  $5 128 FF29 391 £3 180 A capriccio view of the Oude Gracht, Utrecht, with numerous townsfolk Oil/panel 40,5x33cm/*15x12in* Amsterdam 97
  $7 000 FF42 373 £4 176 Fishing Boats along a Canal Oil/canvas 63,5x91,5cm/*25x36in* New-York 97
HULK John Frederick II 1855-1913 **[12]**
  $983 FF6 040 £589 In sumpfiger Landschaft stehen zwei Jäger im Gespräch Öl/Leinwand 60x80cm/*23x31in* Stuttgart 98
  $1 450 FF8 727 £868 Ducks in a Farmyard Oil/canvas 31x48,5cm/*12x19in* Amsterdam 98
  $4 972 FF25 585 £3 102 Ducks on a Pond Watercolour/paper 40x57,5cm/*15x22in* Amsterdam 96
HULK William Frederick 1852-c.1906 **[51]**
  $750 FF4 278 £458 Grazing Cows Oil/board 30x23cm/*12x9in* Bethesda, Maryland 97
  $2 480 FF12 830 £1 600 Cattle resting in a Meadow Oil/canvas 89x62cm/*35x24in* London 96
HULL Edward c.1840-c.1890 **[10]**
  $400 FF2 283 £243 Chevaux Aquarelle, gouache/papier 29x42cm/*11x16in* Bruxelles 97
HULL Marie Atkinson 1890-1980 **[7]**
  $1 200 FF7 448 £723 Mountainous Landscape Watercolour/paper 30x38cm/*12x15in* New Orleans, Louisiana 98
HULL William 1820-1880 **[14]**
  $3 008 FF18 112 £1 800 Figures by a Stile near a Harvest Field ands a North Country Rocky Oil/canvas 53x43cm/*21x17in* Leicester 98
  $702 FF4 142 £420 "St. Aubins, Jersey" Watercolour 23x33cm/*9x12in* Glasgow 97
HULLGREN Oscar 1869-1948 **[36]**
  $1 133 FF5 580 £730 Lilla Taara Oil/panel 42x49cm/*16x19in* Stockholm 95
HULME Frederick William 1816-1884 **[40]**
  $2 350 FF11 930 £1 500 Wayside gossip/A rest along the way Oil/canvas 34x24cm/*13x9in* London 96
  $7 605 FF43 562 £4 500 Moel Siabod, from near Bryntych, North Wales Oil/canvas 71x92cm/*27x36in* London 97
  $1 415 FF7 010 £900 Views of the Gold Regions of Australia, after George F. Angus Color lithograph 32,5x42,5cm/*12x16in* London 95
HULOT Suzanne XIX-XX **[6]**
  $449 FF2 854 £280 "Dieppe" Poster 99x61cm/*39x24in* New-York 97
HULSDONCK Gillis 1626-c.1675 **[3]**
  $280 000 FF1 706 264 £170 576 Peaches, Plums in a Wanli Kraak prselein Bowl with Cherries Oil/panel 34x47,5cm/*13x18in* New-York 98
HULSDONCK van Jacob 1582-1647 **[12]**
  $130 575 FF750 000 £81 300 Corbeille de fruits sur un entablement Huile/panneau 49,5x64cm/*19x25in* Paris 97
HULSE John XX **[2]**
  $11 000 FF66 385 £6 678 The Drawing Room at Moulin de La Tuilerie Oil/canvas 46x35,5cm/*18x13in* New-York 98
HULST de Frans 1610-1661 **[16]**
  $8 911 FF50 607 £5 577 Mächtiges Stadttor zwischen Rundturm und Windmühle am Wasser Oil/panel 30x41cm/*11x16in* München 97
  $17 483 FF103 088 £10 350 A view of an estuary with figures in a boat and a town beyond Oil/panel 36x58cm/*14x22in* London 97
HULST van der Maerten Fransz c.1600-c.1650 **[5]**
  $11 938 FF70 393 £7 320 Paysage animé avec villageois conversant près d'un arbre Huile/panneau 39x50cm/*15x19in* Genève 98
HULST van der Peter I c.1583-c.1628 **[4]**
  $11 670 FF71 490 £7 050 Flandrisches Dorf an einem Fluss mit Bauern und Soldaten Öl/Leinwand 88,5x121cm/*34x47in* Wien 98
HULST van der Peter IV 1651-1727 **[2]**
  $4 389 FF25 517 £2 679 Peasants resting by a country Oil/panel 27x46,5cm/*10x18in* Amsterdam 97
HULSTEIJN van Cornelis Jansz 1815-1887 **[7]**

$2 379 FF14 311 £1 427 A Woman spinning Flax Oil/canvas 41,5x33,5cm/*16x13in* Amsterdam 98
HULSTEIJN van Johan Cornelis 1860-1894 **[7]**
$669 FF3 866 £397 Vrouw aan de wastobbe bij een doorkijkje Oil/panel 21x16cm/*8x6in* Rotterdam 97
HULTÉN Carl Otto 1916 **[60]**
$764 FF3 816 £499 Komposition Oil/panel 24x33cm/*9x12in* Stockholm 95
$1 613 FF8 230 £1 062 Askskur Oil/panel 38x46cm/*14x18in* Stockholm 96
$3 124 FF18 086 £1 922 Landskap genom rum Oil/canvas 195x137cm/*76x53in* Stockholm 97
$257 FF1 316 £156 Komposition Color lithograph 44x59cm/*17x23in* Malmö 96
$1 695 FF10 132 £1 037 "Vad Syftar det gröna på ?" Gouache/paper 72x101cm/*28x39in* Stockholm 97
HUMBERT André L. 1879-? **[5]**
$83 FF500 £50 Portrait d'homme de trois-quart Huile/toile 73x60cm/*28x23in* Chaumont 98
HUMBERT Charles 1813-1881 **[15]**
$1 913 FF11 377 £1 170 Bauer mit Holzfuhrwerk Öl/Leinwand 65x101cm/*25x39in* Bern 97
$2 255 FF13 409 £1 379 Schafherde mit Hirtenhund Öl/Leinwand 96,5x145,5cm/*37x57in* Bern 97
HUMBERT DE MOLARD Louis Adolphe 1800-1874 **[1]**
$7 275 FF43 000 £4 502 Deux chasseurs Tirage papier salé 21,5x17cm/*8x6in* Paris 97
HUMBERT Ferdinand 1842-1934 **[8]**
$1 930 FF10 000 £1 247 Jeune femme rousse en robe à noeuds Huile/toile 66x50cm/*25x19in* Paris 96
HUMBERT Jean-Charles Ferd. 1813-1881 **[8]**
$3 000 FF17 931 £1 836 Taureau Oil/canvas 90x127cm/*35x50in* New-York 97
HUMBERT Manuel 1890-1975 **[5]**
$585 FF3 555 £360 Muchacha sentada en un sillón Oleo/lienzo 73,5x60,5cm/*28x23in* Barcelona 98
HUMBLOT Robert 1907-1962 **[82]**
$931 FF5 745 £585 Landscape Oil/canvas 41x52cm/*16x20in* Stockholm 97
$1 800 FF8 800 £1 140 Paysage des Baux Oil/canvas 33x46cm/*12x18in* New-York 95
HUMBORG Adolf 1847-1921 **[28]**
$2 400 FF14 268 £1 445 The Monk's Repast Oil/panel 40x31,5cm/*15x12in* New-York 98
$7 000 FF34 400 £4 440 Reveling Monks Oil/panel 41x51cm/*16x20in* New-York 95
HUME Edith, née Dunn XIX-XX **[11]**
$4 671 FF28 644 £2 800 On the Sands Oil/panel 37x27cm/*14x10in* London 98
$22 943 FF136 319 £14 000 The Toy Boat Oil/canvas 40x61cm/*15x24in* London 98
HUME Gary 1962 **[8]**
$18 000 FF104 590 £10 627 Magnolia Door Three Oil/canvas 25,5x162,5cm/*10x63in* New-York 97
$24 280 FF145 830 £14 500 Magnolia XXIV Oil/canvas 256x164cm/*100x64in* London 98
HUMMEL Carl 1769-? **[6]**
$1 020 FF6 024 £604 Küstenlandschaft Öl/Leinwand 24,5x31,5cm/*9x12in* Berlin 97
$1 814 FF10 709 £1 074 "Die Wartburg vom Rabenstein ausgesehen" Watercolour 27,5x52cm/*10x20in* Berlin 97
HUMMEL Carl (Attrib.) 1769-? **[1]**
$1 613 FF8 200 £963 Portrait de jeune femme devant la Baie de Naples Aquarelle 15x11cm/*5x4in* Paris 96
HUMMEL Carl Maria Nicolaus 1821-1907 **[42]**
$1 851 FF10 788 £1 131 Park v. Biberich Öl/Leinwand 50x36cm/*19x14in* München 97
$452 FF2 682 £276 Reichenau bei Chur Pencil/paper 51,5x35cm/*20x13in* Hamburg 98
HUMMEL Theodor 1864-1939 **[11]**
$1 950 FF10 170 £1 140 Blumenstilleben Öl/Karton 54x67cm/*21x26in* München 96
HUMPHREY Jack Weldon 1901-1967 **[14]**
$2 586 FF15 477 £1 620 Fall Flowers in a Yellow Jug/Portrait of a Girl Oil/board 61x51cm/*24x20in* Toronto 97
HUMPHREY Ozias 1742-1810 **[8]**
$2 310 FF12 030 £1 500 Portrait of Lord John Augustus Hervey (1757-1796) Pencil 10x9cm/*3x3in* London 96
HUMPHREY Walter Beach 1892-1966 **[3]**
$450 FF2 782 £270 Jimmy the Dog Oil/canvas 45x38cm/*18x15in* East Dennis, Mass. 97
HUMPHRISS Charles Harry 1867-1934 **[19]**
$1 200 FF6 070 £788 A Friend in Need Bronze H49,5cm/*H19in* New-York 96
HUMPLIK Josef 1888-1958 **[6]**
$598 FF3 000 £378 Frauenpaar bei der Morgentoilette Sculpture H26cm/*H10in* Wien 95

HUNAEUS Andreas Herman 1814-1866 **[17]**
  $3 420 FF16 840 £2 204 Christiansborg Slot Oil/canvas 55x46cm/*21x18in* Köbenhavn 95
HUNDERTWASSER Friedrich Stowasser 1928 **[532]**
  $34 900 FF171 400 £22 200 Tête-Kopf-Head" Oil/panel 54x51cm/*21x20in* Wien 95
  $2 275 FF11 865 £1 330 "10002 nights homo humus come va how do you do" Etching 69x48,7cm/*27x19in* Köln 96
  $1 206 FF7 135 £715 "10002 Nights Hommo Humus come va how do you do" Mischtechnik/Papier 64x43cm/*25x16in* Wien 97
HUNDT Hermann Baptist 1894-1974 **[7]**
  $2 294 FF13 400 £1 357 Konzert Öl/Leinwand 75,5x95cm/*29x37in* Köln 97
HÜNERFAUTH Irma 1907 **[8]**
  $2 415 FF12 040 £1 582 Mädchenkopf mit Zöpfen Öl/Leinwand 75x55,5cm/*29x21in* München 95
  $156 FF925 £95 "Schwebendes Orange" Monotype 48x63cm/*18x24in* München 98
HUNIN Alouis Pierre Paul 1808-1855 **[3]**
  $6 000 FF35 671 £3 670 The Conversation Oil/canvas 51x61cm/*20x24in* New-York 97
HUNN Thomas Henry, Tom 1857-1928 **[36]**
  $732 FF3 700 £480 Swans on the river Watercolour 43x64,5cm/*16x25in* London 96
HUNT Alan M. 1947 **[31]**
  $8 320 FF43 400 £5 500 A swimming tiger Acrylic/masonite 75x120,5cm/*29x47in* London 96
  $9 170 FF55 077 £5 500 Batchelor Herd Acrylic/board 20x51cm/*7x20in* London 98
  $4 574 FF26 022 £2 800 Blue and gold macaw Watercolour/paper 49x34,5cm/*19x13in* London 97
HUNT Alfred William 1830-1896 **[18]**
  $3 622 FF21 978 £2 200 Harlech Castle Oil/canvas 29x44cm/*11x17in* London 98
  $1 603 FF9 495 £949 Hay Barge on the Thames Watercolour 22,5x35,5cm/*8x13in* London 97
HUNT Arthur Ackland XIX-XX **[13]**
  $671 FF3 390 £440 A Lady in costume Watercolour 76x54,5cm/*29x21in* London 96
HUNT Bryan 1947 **[59]**
  $1 000 FF6 153 £612 Ghosts Etching, aquatint 55x20cm/*21x7in* New-York 98
  $5 000 FF30 769 £3 035 Landscape Bronze 24,5x12,5x13cm/*9x4x5in* New-York 98
  $18 000 FF103 687 £11 104 Reclining Figure Bronze 152x52x28cm/*59x20x11in* New-York 97
  $1 100 FF5 640 £669 Universal Joint Graphite 86x55,5cm/*33x21in* New-York 96
HUNT Cecil Arthur 1873-1965 **[42]**
  $612 FF3 538 £380 The Lagoons, Eastern Pyrenees Watercolour/paper 26,5x37cm/*10x14in* Exeter, Devon 97
HUNT Charles 1803-1877 **[20]**
  $6 312 FF38 348 £3 800 The Village Fair Oil/canvas 46x61cm/*18x24in* London 98
HUNT Charles 1829-1900 **[15]**
  $4 255 FF24 785 £2 600 The court martial Oil/panel 19,5x29,5cm/*7x11in* London 97
  $14 824 FF91 231 £9 000 Off to the Derby Oil/canvas 101x152,5cm/*39x60in* London 98
  $19 185 FF113 856 £11 750 "O You April Fool" Oil/canvas 49x59cm/*19x23in* Solihull, West Midlands 98
HUNT Charles XIX-XX **[2]**
  $3 056 FF15 480 £2 000 Paddy's Valentine Oil/board 31x25cm/*12x9in* London 96
HUNT Charles XIX **[6]**
  $1 854 FF9 480 £1 200 Up to Mischief Oil/canvas 34x46cm/*13x18in* London 95
  $6 470 FF33 500 £4 180 Jockey Club, Chantilly, Mai 1841: Prêts à s'élancer/Ils s'élancent Aquatinte couleurs 43x67,5cm/*16x26in* Paris 96
HUNT Charles 1806-? **[2]**
  $550 FF3 250 £340 The Grand Military Steeplechase, Newmarket, March 24th Engraving 46x56cm/*18x22in* New Orleans, Louisiana 97
HUNT Charles, Jnr. XIX-XX **[2]**
  $3 500 FF19 965 £2 138 Irish genre scene Oil/canvas 92x60cm/*36x24in* Morris Plains 97
HUNT Edgar 1876-1953 **[139]**
  $2 281 FF13 000 £1 397 Basse-cour Huile/cuivre 18x13cm/*7x5in* Vernon 97
  $28 839 FF164 986 £18 000 Fresh Provisions Oil/canvas 56,5x76cm/*22x29in* London 97
HUNT Edward Aubrey 1855-1922 **[35]**
  $600 FF3 724 £359 Landscape with Prison Ship Oil/canvas 24x34cm/*9x13in* Bloomfield Hills, Michigan 98

$3 130 FF15 900 £2 000 The Arab blacksmith Oil/panel 46x35cm/*18x13in* London 96
$13 086 FF76 263 £8 000 The Last Boat Up Oil/canvas 140x226cm/*55x88in* London 97
HUNT Esther Anna 1875-1951 **[16]**
$1 200 FF7 224 £718 Boy with Orange Watercolour/paper 35,5x23,5cm/*13x9in* San Francisco 98
HUNT Geoffrey William 1948 **[6]**
$1 210 FF6 310 £800 The brig "Merope" of New York off Marseille Oil/canvas 51x76cm/*20x29in* London 96
HUNT George XIX **[5]**
$690 FF4 200 £420 Tom Moody the Whipper-in Engraving 47x66cm/*18x26in* Ilkley, West Yorkshire 98
HUNT Lynn Bogue 1878-1960 **[17]**
$5 250 FF26 460 £3 387 Dog and Pheasant Oil/board 28x22cm/*11x9in* Hayden 96
$6 000 FF29 200 £3 800 Flock of geese coming into a group of live tethered decoys Oil/canvas 76x38cm/*30x15in* Boston, Mass. 95
$375 FF2 245 £224 "Shooting Redheads in Mexico" Pencil/paper 38x27cm/*15x11in* Bethesda, Maryland 98
HUNT Millson c.1850-1900 **[15]**
$666 FF4 110 £400 A Wreck off the Cornish Coast Oil/canvas 40,5x61cm/*15x24in* London 98
$1 004 FF5 916 £620 Shipping in the Pool of London Oil/canvas 24x39cm/*9x15in* Newbury, Berkshire 97
HUNT Richard 1935 **[6]**
$1 000 FF5 988 £614 Untitled Sculpture H28cm/*H11in* Chicago, Illinois 98
HUNT Thomas Lorraine 1882-1938 **[16]**
$18 000 FF93 200 £11 700 Small Harbor Oil/board 51x61cm/*20x24in* San Francisco-Los Angeles 96
HUNT Walter 1861-1941 **[39]**
$2 866 FF16 453 £1 800 Th Pet Robin Oil/canvas/board 28x22cm/*11x8in* London 97
$18 000 FF108 959 £10 639 Feeding the pony Oil/canvas 63x43cm/*24x16in* New-York 98
$55 400 FF284 000 £33 640 Feeding time Oil/canvas 101,5x138,5cm/*39x54in* London 96
HUNT William Henry 1790-1864 **[94]**
$3 622 FF21 717 £2 200 Lighting the Brazier Watercolour 35,5x25,5cm/*13x10in* Billingshurst, West Sussex 98
HUNT William Holman 1827-1910 **[40]**
$6 216 FF36 225 £3 800 "The Dead Mallard" Oil/canvas 50x59,5cm/*19x23in* London 97
$13 426 FF77 519 £8 000 Study for "The Flight of Madeline" Oil/board 26,5x19cm/*10x7in* London 97
$2 141 FF12 195 £1 300 The Sea of Galilee, Tiberias/Three Middle Eastern drawings Pencil/paper 34,2x49,5cm/*13x19in* London 97
HUNT William M. (Attrib.) 1824-1879 **[2]**
$3 249 FF18 981 £1 922 Summer Landscape with Sheep Grazing in the Distance Oil/canvas 38x65cm/*14x25in* Boston, Mass. 97
HUNT William Morris 1824-1879 **[22]**
$3 000 FF17 523 £1 775 On the Doorstep Oil/panel 21,5x15cm/*8x5in* Boston, Mass. 97
$5 500 FF27 800 £3 610 Wheat Field Oil/canvas 36x61cm/*14x24in* New-York 96
$750 FF4 529 £455 Study of a Woman Crayon 40x18cm/*16x7in* Bethesda, Maryland 98
HÜNTEN Franz Johann Wilhelm 1822-1887 **[7]**
$2 856 FF17 751 £1 800 A Coastal Scene with Shipping Oil/canvas 44x66cm/*17x25in* London 97
HUNTER Clementine 1887-1988 **[148]**
$300 FF1 801 £179 Bird on a Branch Oil/canvas/board 20x25cm/*8x10in* New Orleans, Louisiana 98
$900 FF5 405 £539 Zinnias Oil/canvas/board 50x40cm/*20x16in* Houston, Texas 98
$3 200 FF19 323 £1 944 Old Man Watercolour/paper 26x35cm/*10x14in* New Orleans, Louisiana 98
HUNTER Colin 1841-1904 **[19]**
$2 446 FF15 001 £1 500 A Sunlit Loch Landscape Oil/canvas 66x122cm/*25x48in* London 98
HUNTER E. XX **[4]**
$898 FF5 476 £550 Strolling Down the Boulevard Gouache/paper 21,5x29cm/*8x11in* London 98
HUNTER George Leslie 1877-1931 **[91]**
$6 200 FF31 600 £4 100 French field workers Oil/board 31x49cm/*12x19in* Glasgow 96
$20 150 FF102 310 £13 000 Still Life with Fruit and Flower Oil/board 50x40cm/*19x15in* Auchterarder, Perthshire 96
$1 452 FF8 797 £900 Female Nude Coloured chalks 39x27cm/*15x10in* Perthshire 97
HUNTER George Sherwood 1846-1919 **[88]**
$578 FF2 923 £380 Venedig Öl/Leinwand 35x17cm/*13x6in* Wien 96
HUNTER James c.1740-1792 **[2]**

$1 704 FF8 820 £1 100 Interior of Tipu Sultan's Palace, Bangalore Watercolour 25x32cm/*9x12in* London 96
HUNTER John Young 1874-1955 **[21]**
$1 425 FF8 598 £850 A Higland Torrent Oil/canvas 71x50,5cm/*27x19in* West Lothian 98
HUNTER Mary Sutherland 1899 **[1]**
$1 593 FF9 609 £950 Christmas Roses Oil/board 35x30cm/*13x11in* West Lothian 98
HUNTER OF ALNWICK M.H. [1]
$4 190 FF21 700 £2 800 Portrait of "Charlie", an ox bred by J. Smith of Goswick, Weight 180st Oil/canvas 39,5x60cm/*15x23in* London 96
HUNTER Robert (Attrib.) c.1752-c.1803 **[3]**
$2 800 FF16 980 £1 708 Portrait of a Gentleman Oil/canvas 75,5x49cm/*29x19in* New-York 98
HUNTER Robert Douglas 1928 **[6]**
$1 300 FF7 728 £805 Tabletop Still Life Oil/canvas 50x86cm/*20x34in* Bethesda, Maryland 97
HUNTINGTON Anna Vaughn Hyatt 1876-1973 **[46]**
$6 000 FF31 300 £3 626 "Jaguar" Bronze H23cm/*H9in* New-York 96
HUNTINGTON Chris XX **[3]**
$1 100 FF6 984 £687 "Mt. Kadahdin" Oil/canvas 66x81cm/*26x32in* Portland, Maine 97
HUNTINGTON Daniel 1816-1906 **[10]**
$3 250 FF16 960 £1 964 Ariadne on the Island of Naxos Oil/canvas 30,5x25,5cm/*12x10in* San Francisco-Los Angeles 96
$4 500 FF26 269 £2 763 Sunset River Landscape Oil/canvas 35x45cm/*14x18in* New-York 97
HUNTINGTON Dwight W. 1860-1906 **[3]**
$4 800 FF25 060 £2 900 Out Shooting, on the Point Watercolour 29x43,5cm/*11x17in* New-York 96
HUNTLEY Victoria Eb. Hutson 1900-? **[4]**
$350 FF2 108 £209 Steam Lithograph 30x40cm/*11x15in* New-York 98
HUOT Charles Ed. Masson 1855-1930 **[15]**
$966 FF5 522 £592 "Brook trout" Pastel 33x66cm/*12x25in* Toronto 97
HUPÉ Martial E.L. XIX-XX **[2]**
$4 630 FF23 840 £2 800 A Bouquet of Roses Oil/canvas 54,5x39cm/*21x15in* London 96
HUPIN Jacques XVII **[4]**
$20 000 FF119 760 £12 240 Still Life of Musical Instruments, Score, Book, Inkwell, Rug draped Oil/canvas 72x96,5cm/*28x37in* New-York 97
HUPIN Jacques (Attrib.) XVII **[2]**
$14 850 FF77 670 £9 000 A silver-gilt-covered Bowl and a Knife on a Plate Oil/canvas 72x93,5cm/*28x36in* London 96
HÜPPI Alfonso 1935 **[7]**
$135 FF776 £84 Ohne Titel Farbserigraphie 61x47cm/*24x18in* München 97
HUQUIER Jacques Gabriel 1725-1805 **[2]**
$1 129 FF6 469 £700 Portrait of a Man, Said to be the Count de Rochefort Pastel/paper 48x38cm/*18x14in* London 97
HURARD Joseph 1887-1956 **[55]**
$718 FF4 200 £438 Martigues Huile/panneau 45x59cm/*17x23in* Lyon 97
$576 FF3 000 £381 Les remailleuses de filets Gouache 37x54cm/*14x21in* Paris 96
HURD Peter 1904-1984 **[43]**
$6 000 FF36 231 £3 601 Church and Churchyard Oil/canvas 51x64cm/*20x25in* New-York 98
$425 FF2 207 £281 Sermon from "Revelations" Lithograph 25,3x34,3cm/*9x13in* New-York 96
$2 500 FF15 096 £1 518 The Old Farm Watercolour 42x71cm/*16x28in* Bethesda, Maryland 98
HUREL Clément XX **[5]**
$322 FF2 000 £194 "Un condamné à mort s'est échappé" Affiche 160x120cm/*62x47in* Paris 98
HURLEY Edward Timothy 1869-1950 **[12]**
$200 FF1 038 £132 Landscape with Wooden Bridge Etching 20x27cm/*8x11in* Cincinnati, Ohio 96
$4 000 FF20 760 £2 649 Trees with Green and Tan Leaves Porcelain 25x30cm/*10x12in* Cincinnati, Ohio 96
HURLEY Frank 1885-1962 **[17]**
$1 318 FF7 797 £800 Preparing for the Corroboree Silver print 45x34cm/*17x13in* London 98
HURLEY Jack XIX-XX **[1]**
$3 200 FF18 857 £1 976 View of a Photographer with His Camera on an Iceberg/A Camp/... 1910s Silver print 13x18cm/*5x7in* New-York 97

HURLEY Robert Newton 1894-1980 **[44]**

  🖌 *$291 FF1 520 £193* Prairie Newton Watercolour 25x36cm/*9x14in* Toronto 96

HURLEY Wilson 1924 **[6]**

  ☞ *$20 000 FF113 896 £12 334* Summer Cumulus on the Palo Dura Oil/canvas 81x101cm/*32x40in* Dallas, Texas 97

HURRELL George 1904-1992 **[55]**

  📷 *$1 300 FF6 700 £861* Cinema stars: Joan Crawford, Norma Shearer, Clark Gable, Lupe Velez Silver print 23x18cm/*9x7in* New-York 96

HURRY Leslie 1909-1978 **[51]**

  🖌 *$825 FF4 230 £501* Set Design for Turandot Ink 91,5x91,5cm/*36x36in* London 96

HURT Louis Bosworth 1856-1929 **[96]**

  ☞ *$1 632 FF9 950 £1 000* Highland Cattle Watering at a Loch Oil/board 12,5x21,5cm/*4x8in* London 98
  ☞ *$2 294 FF13 579 £1 400* Highland Cattle in a Loch Landscape Oil/canvas 61x91,5cm/*24x36in* London 98
  ☞ *$33 100 FF172 800 £20 000* Highland cattle Oil/canvas 127x101cm/*50x39in* Glasgow 96
  🖌 *$1 313 FF8 000 £800* Highland Cattle Watering Watercolour/paper 27x38cm/*11x15in* Scarborough 98

HUSAIN Maqbool Fida 1915 **[59]**

  ☞ *$2 046 FF12 437 £1 241* Hirtin mit Kuhherde Oil/canvas 27,5x35,5cm/*10x13in* Rorschach 98
  ☞ *$3 488 FF20 916 £2 100* Gandhi Oil/canvas 83,5x54cm/*32x21in* London 98
  ☞ *$31 440 FF156 400 £20 000* Madhuri as Menaka Acrylic/canvas 107x178cm/*42x70in* London 95
  🖌 *$5 648 FF33 864 £3 400* Tête VI Watercolour/paper 61,5x46,5cm/*24x18in* London 98

HUSS Johnson, John XX **[2]**

  ☞ *$1 930 FF10 000 £1 247* Le loup-garou Huile/bois 35x27cm/*13x10in* Paris 96

HUSS-WALLIN Mona 1944 **[29]**

  📇 *$286 FF1 661 £176* "Lilla Bommen" Color lithograph 48x60cm/*18x23in* Göteborg 97

HUSSEM Willem 1900-1974 **[47]**

  ☞ *$226 FF1 308 £139* Composition Huile/toile 80x40cm/*31x15in* Antwerpen 97
  ☞ *$8 610 FF45 100 £5 180* Untitled Oil 130x100cm/*51x39in* Amsterdam 96
  🖌 *$900 FF5 376 £550* Abstract composition Wax crayon 19x29cm/*7x11in* Amsterdam 98

HUSSMAN Albert Heinrich 1874-? **[22]**

  ⚒ *$2 019 FF11 470 £1 264* Trabendes Pferd Bronze 38x58x10cm/*14x22x3in* Köln 97
  ⚒ *$12 704 FF73 818 £7 500* Olymischer Sieger Bronze H93,5cm/*H36in* London 97

HUSSON Léon XIX-XX **[3]**

  📇 *$371 FF2 200 £222* "Piano Poussier" Affiche 88x122cm/*34x48in* Paris 97

HUSZAR Vilmos 1884-1960 **[26]**

  ☞ *$1 898 FF11 608 £1 166* Still Life with a Pipe and Cherries in a Jar Oil/hardboard 43x36,5cm/*16x14in* Amsterdam 98
  ☞ *$6 354 FF37 754 £3 779* Vrouw-compositie Oil/canvas 60x50cm/*23x19in* Amsterdam 97
  📇 *$1 035 FF6 024 £638* "Oslo, Norway" Poster 61x99cm/*24x38in* New-York 97
  🖌 *$1 215 FF7 097 £745* Stilleben Aquarell/Papier 16x11,1cm/*6x4in* Köln 97

HUTCHENS Frank Townsend 1869-1937 **[12]**

  ☞ *$2 300 FF13 905 £1 423* Spring Landscape Oil/board 60x68cm/*24x27in* Mystic, Connecticut 97

HUTCHEON Alexander XIX **[1]**

  ☞ *$2 856 FF17 751 £1 800* The Barque "Amy Louisa", built in Montrose in 1853 Oil/canvas 68,5x94cm/*26x37in* London 97

HUTCHINSON Frederick William 1871-1953 **[14]**

  ☞ *$887 FF5 820 £572* Baie St-Paul Huile/toile 20x26cm/*7x10in* Montréal 95
  ☞ *$1 410 FF8 350 £837* "The Old Barn" Oil/canvas 63,5x76cm/*25x29in* Toronto 97

HUTCHINSON Leonard 1896-1980 **[58]**

  📇 *$176 FF1 071 £107* The Kiln Woodcut 16,5x13cm/*6x5in* Toronto 98

HUTCHINSON Peter 1930 **[8]**

  🖌 *$980 FF5 830 £600* Rocked Circle - Fear Mixed media/paper 102x77cm/*40x30in* London 97

HUTCHISON Robert Gemmell 1855-1936 **[130]**

  ☞ *$1 073 FF6 148 £635* Liten flicka med blommor Oil/canvas 25x18cm/*9x7in* Malmö 97
  ☞ *$12 104 FF73 314 £7 500* Buckie Gatherer Oil/board 45,5x35,5cm/*17x13in* Perthshire 97
  ☞ *$13 000 FF79 705 £7 970* Awaiting his Return Oil/canvas 121x152cm/*48x60in* Mystic, Connecticut 98
  🖌 *$5 247 FF30 018 £3 200* "Pension Day" Pastel/paper 52x37cm/*20x14in* Glasgow 97

HUTCHISSON William Henry Florio 1773-1857 **[4]**

  ☞ *$24 474 FF146 199 £15 000* Portrait of Maharia Pratap Chand Oil/canvas 210x130cm/*82x51in* London 98

HUTH Franz 1876-1970 **[28]**
✎ *$1 089 FF6 365 £644* Porzellankavalier Aquarell/Papier 49x30cm/*19x11in* Konstanz 97
HUTH Julius 1838-1892 **[3]**
☞ *$1 541 FF7 866 £989* Lotsenboot auf rauher See Öl/Leinwand 35x27cm/*13x10in* Radolfzell 96
HUTH Walde 1923 **[6]**
📷 *$759 FF4 352 £449* Modell Jacques Fath-Hélène/Maggy Rouff Gelatin silver print 23x17cm/*9x6in* Köln 97
HUTH Willy Robert 1890-1977 **[19]**
☞ *$2 790 FF13 730 £1 796* Stilleben Öl/Leinwand 80,5x105,5cm/*31x41in* Berlin 95
▥ *$907 FF5 354 £537* Mädchen vor dem Spiegel Etching 24,5x18cm/*9x7in* Berlin 97
✎ *$252 FF1 506 £152* Selbsporträt Indian ink 39,5x30,5cm/*15x12in* Berlin 97
HÜTHER Julius 1881-1954 **[75]**
☞ *$285 FF1 467 £178* Alpenstrasse mit Dorf Öl/Papier 15x27cm/*5x10in* Bern 96
☞ *$2 070 FF12 399 £1 272* Vase mit Tulpen am Fenster Öl/Leinwand 65x51cm/*25x20in* München 98
✎ *$561 FF2 760 £357* Stehender weiblicher Rückenakt Aquarell 81x44cm/*31x17in* Stuttgart 95
HUTIN Charles-François 1715-1776 **[5]**
✎ *$6 000 FF36 832 £3 676* Saxon pulling a Wheelbarrow Black & white chalks/paper 50,5x34cm/*19x13in* New-York 98
HUTSCHENREUTER Arthur 1849-1915 **[6]**
☞ *$3 675 FF21 760 £2 182* Königlich-Bayerischer Postillion d'Amour Öl/Leinwand 54x42,5cm/*21x16in* Dresden 97
HUTTER Schang 1934 **[25]**
▥ *$151 FF774 £94* Figur Eau-forte 22,5x29,5cm/*8x11in* Bern 96
HUTTER Wolfgang 1928 **[64]**
☞ *$15 880 FF95 200 £9 480* Mädchenblüte Oil/panel 24x36cm/*9x14in* Wien 98
☞ *$37 850 FF186 000 £24 100* "Das Blumenschiff" Oil/panel 45x50cm/*17x19in* Wien 95
▥ *$184 FF1 054 £114* Zauberei Farbradierung 30x30cm/*11x11in* Wien 97
✎ *$4 764 FF28 560 £2 844* Ohne Titel Pencil 30x47cm/*11x18in* Wien 98
HUTTON Thomas Swift 1865-1935 **[81]**
✎ *$571 FF3 231 £350* Hartley Bay Watercolour 18x59cm/*7x23in* Guilford, Surrey 97
HUTTY Alfred Heber 1877-1954 **[50]**
☞ *$11 000 FF57 420 £6 667* Low Country Oaks Oil/canvas 60x76cm/*24x30in* New Orleans, Louisiana 96
▥ *$500 FF3 021 £297* "Phoebe Passes Our Gate" Etching 21x1cm/*8xin* Asheville, NC 97
✎ *$3 700 FF21 094 £2 291* Black Couple Traveling through the Oaks Watercolour/board 25x28cm/*10x11in* New Orleans, Louisiana 97
HUVEY Louis 1868-1954 **[3]**
▥ *$800 FF4 875 £487* "Les meilleures machines à coudre" Poster 159x108cm/*62x42in* New-York 98
HUYGENS Constantijn 1628-1697 **[5]**
✎ *$5 012 FF31 000 £2 985* Village sous les arbres Encre 10,7x17cm/*4x6in* Paris 98
HUYGENS Francois Joseph 1820-1908 **[18]**
☞ *$2 776 FF14 380 £1 856* Stilleben med frukter Oil/panel 18x14cm/*7x5in* Göteborg 96
☞ *$2 600 FF14 789 £1 591* A Still Life with Peonies, Wildflowers and Strawberries Oil/canvas 51,5x44,5cm/*20x17in* New-York 97
HUYS Bernhard 1896-1973 **[25]**
☞ *$651 FF3 711 £406* Moorlandschaft mit Birken Oil/wood 48,5x63,5cm/*19x25in* Bremen 97
☞ *$983 FF6 040 £589* "Nordsode" Öl/Karton 29,5x42cm/*11x16in* Bremen 98
HUYS Franz 1522-1562 **[3]**
▥ *$2 320 FF12 020 £1 484* Kriegsschiff, im Hintergrund aine Stadt, nach P. Brueghel Engraving 21,2x28,7cm/*8x11in* Heidelberg 96
HUYS Ludo 1947 **[30]**
☞ *$351 FF2 111 £209* Gespleten persoonlijkheid Huile/toile 60x50cm/*23x19in* Antwerpen 98
✎ *$94 FF568 £56* Drie mannen aan tafel Technique mixte/papier 25x16cm/*9x6in* Antwerpen 98
HUYS Modest 1875-1932 **[59]**
☞ *$3 013 FF15 600 £1 930* Leiezicht Huile/panneau 30x39,5cm/*11x15in* Lokeren 96
☞ *$12 672 FF78 000 £7 776* De leie in de Herfst te Oeselgem Huile/toile 50x60cm/*19x23in* Lokeren 98
HUYS Pieter 1519-1584 **[5]**
☞ *$24 000 FF118 400 £15 500* The Temptation of Saint Anthony Oil/panel 56,5x44cm/*22x17in* New-York 96

$37 600 FF192 400 £24 100 Die Versuchung des heiligen Antonius Öl/Leinwand 3x48cm/*1x18in* Wien 96
HUYSMANS Cornelis 1648-1727 **[8]**
$3 330 FF19 569 £2 000 A Rocky Wooded Landscape with Figures Conversing on a Path Oil/canvas 32,5x37cm/*12x14in* London 97
$7 525 FF44 554 £4 500 A wooded landscape with figures resting Oil/canvas 48x59cm/*18x23in* London 97
HUYSMANS Cornelis (Attrib.) 1648-1727 **[4]**
$5 620 FF28 000 £3 680 Paysage à la cascade Huile/toile 58,5x86cm/*23x33in* Paris 95
HUYSMANS Jacob c.1633-1696 **[8]**
$9 930 FF51 800 £6 000 Portrait of an elegant young gentleman, standing Oil/canvas 96x74cm/*37x29in* London 96
$16 684 FF101 792 £10 000 Portrait of a Gentleman Oil/canvas 205x117cm/*80x46in* London 98
HUYSMANS Jacob (Attrib.) c.1633-1696 **[4]**
$14 406 FF86 111 £8 500 Portrait of Catherine of Braganza Oil/canvas 76x63cm/*29x24in* London 97
HUYSMANS Jan Baptist 1654-1716 **[6]**
$3 668 FF22 722 £2 184 Mountainous Landscape with Fishermans House near the Water Oil/panel 37,5x53,5cm/*14x21in* Antwerpen 98
$4 680 FF24 100 £3 000 A rocky landscape with men by a pool in the foreground Oil/canvas 28x40,5cm/*11x15in* London 96
HUYSMANS Jan Baptist 1826-1906 **[21]**
$8 730 FF43 500 £5 720 The Market Fruit Seller Huile/panneau 31x40cm/*12x15in* Montréal 95
$43 000 FF250 000 £26 250 "Une rue d'Alger" Huile/panneau 61x50cm/*24x19in* Paris 97
$86 600 FF500 000 £62 700 Mon salut d'amitié et de respect à tous ceux qui vous parlerint de moi Huile/toile 95,5x161cm/*37x63in* Paris 96
HUYSMANS Jan Baptist (Attrib) 1654-1716 **[5]**
$9 430 FF49 300 £5 700 Chevaux s'abreuvant sur fond de ruines Huile/toile 66x87cm/*25x34in* Bruxelles 96
$12 614 FF73 260 £7 705 Finding a Moses Oil/canvas 118x161,5cm/*46x63in* Amsterdam 97
HUYSUM van Jacob c.1686-c.1740 **[2]**
$15 100 FF77 100 £10 000 Assorted flowers in a terracotta urn, standing on a plinth Oil/canvas 12x78cm/*4x30in* London 96
$38 300 FF200 000 £23 150 Vase de fleurs et fruits sur un entablement Huile/toile 128x102cm/*50x40in* Paris 96
HUYSUM van Jan 1682-1749 **[43]**
$16 000 FF82 800 £10 230 An Arcadian landscape with a shepherd crossing a bridge Oil/canvas 53,5x74,5cm/*21x29in* New-York 96
$3 351 FF20 234 £2 011 Arkadische Landschaft mit Figurenstaffage Indian ink 34x48,5cm/*13x19in* Luzern 98
HUYSUM van Jan (Attrib.) 1682-1749 **[8]**
$6 300 FF32 000 £4 140 Nature morte aux fruits Huile/toile 33x44cm/*12x17in* Lille 96
$2 950 FF15 000 £1 762 Fleurs et fruits sur un entablement Encre 51,5x36,5cm/*20x14in* Paris 96
HUYSUM van Jan I 1659-1716 **[9]**
$53 400 FF266 300 £35 000 Still life of assorted flowers in a glass vase Oil/canvas 64x54cm/*25x21in* London 95
HUYSUM van Justus 1659-1716 **[2]**
$9 707 FF59 523 £5 818 Blumen in einer Tonvase Öl/Leinwand 75,5x62,5cm/*29x24in* Zürich 98
HUYSUM van Justus (Attrib.) 1659-1716 **[3]**
$12 000 FF62 100 £7 680 Flowers in a vase Oil/canvas 15x91,5cm/*5x36in* New-York 96
HWANG Dennis 1941 **[4]**
$2 482 FF14 767 £1 522 Beyond the Cosmo Mixed media 61,5x47cm/*24x18in* Taipei, Taiwan 97
HYATT Anna Vaughn 1876-1973 **[6]**
$5 500 FF30 589 £3 404 Joan of Arc Bronze H40,5cm/*H15in* New-York 97
HYDE Frank XIX-XX **[2]**
$26 130 FF132 500 £17 000 The Eton boy/The Artist's studio Oil/canvas 88x127cm/*34x50in* London 96
HYDE Helen 1868-1919 **[49]**
$400 FF2 288 £249 Moon Bridge at Kameido Woodcut in colors 34x22,5cm/*13x8in* Boston, Mass. 97
HYDE-POWNALL George 1876-1932 **[40]**
$1 334 FF6 800 £800 Streatley on Thames Oil/board 16x23,5cm/*6x9in* London 96

☞ *$3 896 FF23 346* £2 324 Melbourne by Night Oil/board 45x59,5cm/*17x23in* Melbourne 98
HYDMAN-VALLIEN Ulrica 1938 **[24]**
☞ *$1 439 FF8 226* £882 Män, kvinnor och fåglar Oil/panel 46x37,5cm/*18x14in* Stockholm 97
▥ *$262 FF1 560* £160 Kvinnoporträtt Color lithograph 42x31cm/*16x12in* Malmö 98
✎ *$785 FF4 024* £477 Nude Watercolour 48x36cm/*18x14in* Malmö 96
HYLANDER Einar 1913 **[5]**
✎ *$1 223 FF6 100* £799 Der snöade blommor när du kom Collage 52x40cm/*20x15in* Stockholm 95
HYMAN Miles 1962 **[12]**
✎ *$430 FF2 500* £254 Paysage d'hiver Pastel/papier 13x33cm/*5x12in* Le Havre 97
HYMPAN XX **[3]**
☞ *$1 552 FF8 000* £1 030 Yaksha Huile/toile 92x73cm/*36x28in* Paris 96
HYNAïS Vojteck 1854-1925 **[2]**
☞ *$5 985 FF35 745* £3 667 Allegorie auf die Musik Oil/panel 26x104cm/*10x40in* Wien 98
HYNCKES Raoul 1893-1973 **[59]**
☞ *$303 FF1 535* £197 A hilly landscape Oil/board 52x65cm/*20x25in* Amsterdam 96
✎ *$1 033 FF5 410* £621 De Jager/De Viool Ink 19x9,5cm/*7x3in* Amsterdam 96
HYNEMAN Herman 1859-1907 **[3]**
☞ *$6 500 FF37 724* £3 968 Woman in the Snow with an Umbrella Oil/canvas 35,5x28cm/*13x11in* Los Angeles 97
HYNES Gladys XIX-XX **[3]**
☞ *$4 098 FF23 969* £2 500 Circus Clowns Oil/board 65,5x52cm/*25x20in* London 97
HYON Georges 1855-? **[16]**
☞ *$5 553 FF33 000* £3 389 Le Général de Mac Mahon passant la revue à Vincennes Huile/toile 64x91cm/*25x35in* Paris 98
HYPPOLITE Hector 1894-1948 **[18]**
☞ *$17 000 FF100 177* £10 157 La cueilleuse de fleurs Oil/board 48,5x65,5cm/*19x25in* New-York 97
HYSING Hans (Attrib.) 1678-1753 **[4]**
☞ *$9 195 FF55 293* £5 500 Portrait of a Gentleman Oil/canvas 86x67cm/*33x26in* West Wycombe, Buckinghamshire 98

I

I'ONS Frederick Timpson 1802-1887 **[6]**
☞ *$4 827 FF28 517* £3 000 A Southern Nguni family with a goat and kid by a track Oil/board 38x46cm/*14x18in* London 97
IACOVLEFF Alexandre 1887-1938 **[101]**
☞ *$4 430 FF21 630* £2 800 Paysage à Cassis Oil/canvas/board 51x63cm/*20x24in* London 95
▥ *$61 FF350* £38 Sans titre Lithographie 37x27,5cm/*14x10in* Paris 97
✎ *$816 FF5 000* £487 Portrait de femme Sanguine/papier 52x42cm/*20x16in* Paris 98
IACURTO Francesco, Frank 1908 **[43]**
☞ *$874 FF4 350* £573 Les Pêcheurs Huile/panneau 25,5x30cm/*10x11in* Montréal 95
☞ *$1 579 FF9 883* £993 Ferme sur une colline Huile/toile 41x51,5cm/*16x20in* Montréal 97
IAKOVLEV Alexander Evgenevich 1887-1938 **[16]**
☞ *$1 668 FF10 179* £1 000 Tchai-Khan à Ghazni/Himalayan Valleys Oil/canvas/board 40x70cm/*15x27in* London 98
✎ *$2 167 FF11 370* £1 300 Meo Elam Regions de Cash-Link Coloured chalks 76x55cm/*29x21in* London 96
IBAÑEZ DE ALDECOA Y ARANO Julián 1866-1952 **[22]**
☞ *$715 FF3 650* £475 Pescadores descansando en las barcas junto al muelle Oleo/tabla 32x26cm/*12x10in* Madrid 96
☞ *$2 800 FF16 000* £1 720 Marinero vasco Oleo/lienzo 50x70cm/*19x27in* Madrid 97
✎ *$1 950 FF11 850* £1 170 Marinero de Lequeitio Dibujo 45x30cm/*17x11in* Madrid 98
IBAÑEZ FLOREZ Eduardo XIX **[3]**
☞ *$2 310 FF13 895* £1 435 Casas de pescadores Oleo/tabla 16x26cm/*6x10in* Madrid 97
IBARRA de José 1688-1756 **[4]**
☞ *$2 292 FF11 440* £1 497 Santa Katarina Oil/copper 22,5x17cm/*8x6in* Stockholm 95

$15 000 FF78 000 £9 920 La Glorification de la Fé Cristiana Oil/copper 49,5x35cm/*19x13in* New-York 96
IBARZ Miquel 1920-1987 **[13]**
$715 FF3 650 £475 Figura sobre fondo azul Oleo/lienzo 65x81cm/*25x31in* Madrid 96
IBBETSON Julius C. (Attrib.) 1759-1817 **[9]**
$1 639 FF9 940 £1 000 Figures Outside an Inn Oil/panel 25x29cm/*9x11in* Sevenoaks, Kent 98
$3 120 FF16 080 £2 000 Figures by a lake in a wooded landscape Oil/canvas 51x66cm/*20x25in* London 96
$249 FF1 485 £150 Cattle Watering Outside a Country House Wash/paper 21x28cm/*8x11in* Billingshurst, West Sussex 98
IBBETSON Julius Caesar 1759-1817 **[68]**
$6 025 FF36 079 £3 600 Peasant resting before Chale Manor House, Isle of Wight Oil/canvas 29x46cm/*11x18in* London 98
$7 294 FF42 332 £4 500 Child's Hill, Hendon Oil/panel 45x61cm/*17x24in* London 97
$50 052 FF305 376 £30 000 Italianate Landscape with Figures on a Path/Wooded river Landscape Oil/canvas 97,5x129cm/*38x50in* London 98
$4 276 FF24 051 £2 600 Rustic Lovers Ink 13,5x19cm/*5x7in* London 97
IBELS Henri-Gabriel 1867-1936 **[63]**
$6 920 FF41 000 £4 145 Le saut de l'écuyère Huile/toile/carton 36x47cm/*14x18in* Paris 97
$14 040 FF80 000 £8 768 Yvette Guilbert sur scèene Huile/toile 40x25cm/*15x9in* Fontainebleau 97
$33 FF204 £20 Mother and Child Lithograph 26,5x17cm/*10x6in* London 97
$475 FF2 800 £293 Le Capitaine Alfred Dreyfus, deux enfants sur les genoux Crayon/papier 23x19,5cm/*9x7in* Rennes 97
ICART Louis 1888-1950 **[1323]**
$6 294 FF38 500 £3 734 Aux Courses Huile/isorel 33x41cm/*12x16in* Paris 98
$7 166 FF41 000 £4 473 "Dans les coussins" Huile/toile 55x45cm/*21x17in* Biarritz 97
$16 250 FF81 000 £10 640 Jeune femme assise, de face Huile/toile 130x98cm/*51x38in* Beauvais 95
$13 500 FF80 645 £8 258 Melody Hour Etching in colors 56x75,5cm/*22x29in* New-York 98
$656 FF4 000 £398 Femme et enfant sur un sofa Crayons couleurs/papier 18x29cm/*7x11in* Paris 98
ICAZA Ernesto 1866-1935 **[28]**
$3 000 FF15 670 £1 786 Enlazando un toro Oil/canvas/panel 11x15cm/*4x5in* New-York 96
$1 200 FF6 912 £705 Mockery Etching, aquatint 40,5x48,5cm/*15x19in* New-York 97
IEFIMENKO Viktor 1952 **[47]**
$1 008 FF5 185 £620 En primavera Oleo/lienzo 41x33cm/*16x12in* Madrid 96
$2 017 FF10 370 £1 241 En la ventana Oleo/lienzo 81x65cm/*31x25in* Madrid 96
IEPEREN van Johan Hendrik 1909-1995 **[14]**
$1 044 FF6 385 £641 A Farm in a Winter Landscape Oil/canvas 40,5x60,5cm/*15x23in* Amsterdam 98
IFFLAND Franz 1862-1935 **[34]**
$409 FF2 516 £245 Tänzerin Bronze H17cm/*H6in* München 98
IGLER Gustav 1842-1908 **[10]**
$8 740 FF53 691 £5 243 "Der erste Schultag" Oil/canvas 86x53cm/*33x20in* Köln 98
$9 716 FF57 730 £5 778 Auf der Eselsbank Öl/Leinwand 92,5x148cm/*36x58in* München 97
IGLESIAS SANZ Antonio XX **[14]**
$1 273 FF7 505 £779 Muelle de Gijón Oleo/lienzo 54x81cm/*21x31in* Madrid 98
IGNATOVITCH Boris Vsevolodovich 1899-1976 **[10]**
$1 400 FF7 230 £896 Regulators for trams, 1930s Silver print 28x19cm/*11x7in* New-York 96
IHLEE Rudolph 1883-1968 **[36]**
$686 FF3 861 £417 A village by a Coastal Inlet Oil/board 33x40,7cm/*12x16in* London 97
$786 FF4 424 £478 A cottage near collisure Oil/canvas 45,7x55,8cm/*17x21in* London 97
IHLY Jean Daniel 1854-1910 **[14]**
$735 FF4 419 £440 Waldweg im Winter Öl/Leinwand 32x40cm/*12x15in* Zürich 98
IHMALIAN Jak XX **[1]**
$3 750 FF19 420 £2 400 A peasant Oil/board 99x79cm/*38x31in* London 96
IKEDA Masuo 1934 **[11]**
$400 FF2 280 £247 Landscape in the Day Lithograph 66x53cm/*26x21in* Morris Plains 97
IKEMURA Leiko 1951 **[13]**
$395 FF1 942 £250 Figürliche Komposition Lithographie 32x48cm/*12x18in* Zürich 95
$1 147 FF6 700 £678 Ohne Titel Pastel 56x42cm/*22x16in* Köln 97
ILGNER Erika 1910-1945 **[2]**
$3 490 FF17 480 £2 205 Der Traum Marbre Carrare H60cm/*H23in* Wien 95

ILLENCZ Leopold 1882-? **[10]**

☞ *$872 FF5 018 £515* Mädchen auf einem Hügel vor weiter Landschaft Öl/Leinwand 70x95cm/*27x37in* München 97

ILLIERS d' Gaston 1876-1952 **[26]**

⚒ *$1 946 FF9 500 £1 233* Cheval "Prince" Bronze H11cm/*H4in* Paris 95

ILLIES Arthur 1870-1952 **[52]**

☞ *$4 404 FF25 590 £2 600* A Wooded Landscape Oil/board 68,5x56,5cm/*26x22in* London 97

▥ *$246 FF1 462 £146* Motiv an der Schwartau Etching 17,5x12cm/*6x4in* München 97

ILMONI Einar 1880-1946 **[7]**

✎ *$18 904 FF110 191 £11 642* Sjuksköterskan Pastel/paper 68x52cm/*26x20in* Helsinki 97

ILSTED Peter 1861-1933 **[255]**

☞ *$519 FF3 078 £308* En vippebrönd Oil/canvas 36x32cm/*14x12in* København 97

☞ *$7 200 FF35 450 £4 640* Interiør fra Liselund Oil/canvas 57x36cm/*22x14in* København 95

☞ *$15 142 FF91 551 £9 068* Helportraet af Ida Ilsted Oil/canvas 174x95cm/*68x37in* Viby J, Århus 98

▥ *$172 FF1 054 £104* Hendrik Mezzotint 50x50cm/*19x19in* København 98

✎ *$359 FF2 196 £218* Portraet af Saâed Morja, en Samaritaner Pencil/paper 27x17cm/*10x6in* København 98

IMAI Toshimitsu 1928 **[22]**

☞ *$1 560 FF9 255 £953* Composition abstraite Öl/Karton 50x64cm/*19x25in* München 98

✎ *$487 FF3 000 £296* Calligraphie Encre Chine/papier 76,5x60cm/*30x23in* Paris 98

IMANDT Willem 1882-1967 **[19]**

☞ *$1 521 FF7 826 £949* A River Landscape with Trees Reflecting in the Water Oil/canvas 38,5x55cm/*15x21in* Amsterdam 96

IMHOF Joseph A. 1871-1955 **[13]**

✎ *$4 200 FF25 270 £2 514* Taos Indian with Drum Watercolour, gouache/paper 72x56cm/*28x22in* Beverly Hills, Calif. 98

IMKAMP Wilhelm 1906-1990 **[40]**

☞ *$2 202 FF12 721 £1 292* Farbkomposition Öl/Karton 42,5x61,5cm/*16x24in* Köln 97

☞ *$3 099 FF18 450 £1 894* Ohne Titel Tempera 24x50cm/*9x19in* Köln 98

✎ *$1 738 FF10 043 £1 020* Komposition Gouache/Karton 27,5x64,5cm/*10x25in* Köln 97

IMMENDORF Jörg 1945 **[110]**

☞ *$2 535 FF15 075 £1 570* Café Deutschland Acryl/Papier 41x29,5cm/*16x11in* Stuttgart 97

☞ *$9 060 FF44 600 £5 840* Stuka-Flieger Beuys Öl/Leinwand 50x50cm/*19x19in* Köln 95

☞ *$21 534 FF127 575 £13 000* Ostjorg Oil/canvas 254x203cm/*100x79in* London 97

▥ *$910 FF4 746 £532* Freundenmann mit kleiner reise Linocut in colors 120x80cm/*47x31in* Köln 96

✎ *$953 FF5 689 £575* Musikgruppe/3 Vasen Gouache/papier 40x30cm/*15x11in* Hamburg 97

IMMERZEEL Christiaan 1808-1886 **[5]**

☞ *$1 641 FF9 404 £1 017* Farms in a wooded landscape with cows watering in the foreground Oil/panel 15x24,5cm/*5x9in* Amsterdam 97

IMPARATO Girolamo c.1550-1607 **[2]**

☞ *$10 080 FF48 800 £6 400* Adorazione dei Pastori Olio/tavola 100x135cm/*39x53in* Roma 95

IMPENS Josse 1840-1905 **[24]**

☞ *$704 FF3 520 £456* Artiste dans son atelier Huile/papier 24x26cm/*9x10in* Bruxelles 96

☞ *$707 FF4 087 £435* Le pêcheur Huile/toile 60x70cm/*23x27in* Bruxelles 97

INCE Joseph Murray 1806-1859 **[33]**

☞ *$5 060 FF24 740 £3 200* The High, Oxford Oil/canvas 56x70cm/*22x27in* London 95

✎ *$784 FF4 776 £480* The Moor, weir on the Lugg, near Presteigne, Radnorshire Watercolour/paper 17,5x25,5cm/*6x10in* Bath 98

INDENBAUM Léon 1892-c.1980 **[15]**

⚒ *$3 150 FF16 500 £1 894* Femme se coiffant Bronze H72cm/*H28in* Paris 96

INDIA Bernardino c.1528-1590 **[8]**

✎ *$2 400 FF11 840 £1 552* Design for an Overmantel, with 2 alternative designs for the pediment Ink 14x18cm/*5x7in* New-York 96

INDIANA Robert Clark 1928 **[145]**

☞ *$11 482 FF65 913 £7 000* Zero Oil/canvas 30,5x30,5cm/*12x12in* London 97

☞ *$17 000 FF98 722 £10 385* Coenties slip (#1) Oil/canvas 61x61cm/*24x24in* New-York 97

☞ *$43 000 FF215 000 £27 830* Hommage à Picasso Oil/canvas 152x127cm/*59x50in* New-York 96

*$100 FF515 £62 Denise Rene Silkscreen 78x78cm/*31x31in* Chicago, Illinois 96

INDONI Filippo 1883-? **[78]**
*$5 027 FF30 788 £3 000 Italian Beauty with a Tambourine Oil/canvas 99x75,5cm/*38x29in* London 98
*$42 582 FF247 148 £26 000 Peasants in the Roman Campagna Oil/canvas 108x163cm/*42x64in* London 97
*$640 FF3 950 £380 Campesina Acuarela/papel 49x32cm/*19x12in* Madrid 98

INDUNO Domenico 1815-1878 **[16]**
*$5 100 FF28 900 £2 550 Maddalena Olio/tela 133x107cm/*52x42in* Milano 97
*$57 500 FF295 550 £35 937 The Old Musician Oil/canvas 71x50cm/*27x19in* New-York 96
*$57 000 FF323 000 £28 500 Donna allo specchio Olio/tela 44x34cm/*17x13in* Milano 98
*$3 145 FF17 822 £1 572 La ruota degli esposti Acquarello/carta 21x16cm/*8x6in* Milano 98

INDUNO Domenico (Attrib.) 1815-1878 **[2]**
*$1 859 FF10 538 £929 Due episodi della vita di Garibaldi Olio/tavola 30,5x23cm/*12x9in* Roma 98

INDUNO Gerolamo 1827-1890 **[23]**
*$16 200 FF91 800 £10 800 Ritratto di popolana con violino Olio/tavola 22x16,5cm/*8x6in* Milano 97
*$44 800 FF234 500 £29 400 Carlotta Corday Olio/tela 89,5x109cm/*35x42in* Roma 96

INFANTINO Carmine 1925 **[4]**
*$2 000 FF11 890 £1 203 Batman Tempera/board 34x48cm/*13x19in* New-York 97
*$7 000 FF41 617 £4 211 Detective No. 344 Ink/paper 45x30cm/*18x12in* New-York 97

INFORMATION FICTION PUBLICITE JF.Brun/D.Pasqualini Formé en 1983 **[2]**
*$3 570 FF18 000 £2 316 Télécommande-Dépisteur de l'actualité-Ciel détail Photo 81x125cm/*31x49in* Lyon 96

INGANNI Angelo 1807-1880 **[9]**
*$7 212 FF40 872 £3 606 Testa di Diogène Olio/tela 28x22cm/*11x8in* Milano 97
*$44 800 FF234 500 £29 400 Il parroco e la perpetua Olio/tela 69x56cm/*27x22in* Roma 96

INGANNI Angelo (Attrib.) 1807-1880 **[4]**
*$2 640 FF14 960 £1 320 Portico di cascina con figure Olio/tavola 22x16cm/*8x6in* Milano 98
*$7 920 FF40 800 £5 040 Lo scherzo al prete Olio/tela 69x50cm/*27x19in* Venezia 96

INGELS Domien 1881-1946 **[3]**
*$5 166 FF29 412 £3 168 Groupe de jument et poulain Bronze 33x71x32cm/*12x27x12in* Bruxelles 97

INGELS Graham 1915-1991 **[2]**
*$1 300 FF7 728 £782 Vault Of Horror No. 39 Ink/paper 55x38cm/*22x15in* New-York 97

INGEMANN Lucie M. Mandix 1792-1868 **[5]**
*$5 930 FF30 700 £3 826 A bouquet of flowers on a ledge Oil/panel 15,5x21cm/*6x8in* Köbenhavn 96

INGEN van Hendrikus Alexander 1846-1920 **[16]**
*$844 FF5 058 £503 Twee koeien bij een hek Oil/panel 17,5x25,5cm/*6x10in* Rotterdam 98

INGERLE Rudolph F. 1879-1950 **[9]**
*$1 049 FF6 195 £621 "Mt Leconte, Smoky Mt. National Park, N.C Tenn" Oil/canvas 60x68cm/*24x27in* Elgin, Illinois 97

INGHAM Charles Cr. (Attrib) 1796-1863 **[2]**
*$585 FF3 600 £355 Portrait de Madame Adams, Née Anne Master, épouse du Président Huile/toile 92x73cm/*36x28in* Paris 98

INGLIS Jane ?-1916 **[5]**
*$1 470 FF8 806 £900 A Still Life of Holly and Apples in a Landscape Oil/canvas 34x44,5cm/*13x17in* Billingshurst, West Sussex 97

INGLIS John J. 1867-1946 **[5]**
*$1 200 FF6 210 £768 Winter snow scene Oil/canvas 60x76cm/*24x30in* Mystic, Connecticut 96

INGLIS Johnston J. XIX-XX **[6]**
*$12 587 FF72 674 £7 500 Fishing at a Weir Oil/canvas 85x127cm/*33x50in* London 97

INGRES Jean Dom. (Attrib.) 1780-1867 **[4]**
*$96 170 FF590 000 £58 764 Portrait de l'Architeste Antoine-Marie Chenavard (1878-1883) Mine plomb 18,5x14cm/*7x5in* Paris 98

INGRES Jean Dominique 1780-1867 **[85]**
*$1 760 FF10 538 £1 051 Portrait of a Woman with Conical Candle Snuffer in One Hand Oil/canvas 36x30cm/*14x12in* Delaware, Ohio 98
*$2 400 FF12 300 £1 460 Portrait of M. de Norvins Lithograph 16,5x13cm/*6x5in* New-York 96
*$21 650 FF127 201 £13 000 Study of Princesse de Broglie, née Pailine-Eléonore de Galard Pencil/paper 22x16cm/*8x6in* London 97

INGUIMBERTY Joseph 1896 **[5]**

$3 637 FF21 000 £2 223 Paysage du Nord Huile/toile 65x92cm/*25x36in* Paris 97
$10 989 FF66 000 £6 560 "La Promenade" Huile/toile 128x96cm/*50x37in* Paris 98
INJALBERT Jean Antoine 1845-1933 **[14]**
$991 FF6 012 £600 A Youth Bronze H33cm/*H12in* London 98
INMAN Henry 1801-1846 **[6]**
$450 FF2 672 £272 Portrait of a Gentleman Oil/canvas 76x63cm/*30x25in* Philadelphia 97
$2 700 FF16 052 £1 672 Portrait of Cephas G Childs Oil/panel 28x21cm/*11x8in* Philadelphia 97
$26 450 FF137 275 £17 517 The Children of Henry Livingston Oil/canvas 108x153cm/*42x60in* New-York 96
INMAN John O'Brien 1828-1896 **[4]**
$2 500 FF13 369 £1 486 Bird perched in a tree Oil/canvas 45x30cm/*18x12in* Portsmouth, NH. 97
INNERST Mark 1957 **[19]**
$10 000 FF57 971 £5 896 A Cloud Above First Avenue Acrylic/masonite 38x27cm/*14x10in* New-York 97
$13 000 FF75 493 £7 941 Seascape flanked by aircraft sightings Oil/wood 96,5x20cm/*37x7in* New-York 97
$1 600 FF9 275 £943 Flowers Mixed media/paper 25,5x35,5cm/*10x13in* New-York 97
INNES Callum 1962 **[9]**
$3 930 FF20 400 £2 600 Repetition 20 Oil/canvas 75x65cm/*29x25in* London 96
$2 480 FF14 478 £1 500 Chrime Yellow Deep, paynes Grey Watercolour/paper 56,5x74cm/*22x29in* London 97
INNES James Dickson 1887-1914 **[24]**
$11 760 FF61 400 £7 000 A bay with a figure on the shore Oil/panel 3x41cm/*1x16in* London 96
$18 027 FF105 363 £11 000 At the theatre Oil/canvas 61x46cm/*24x18in* London 97
$1 647 FF10 042 £1 000 "Rocks at Cerbere, Pyrénées Orientales" Watercolour 26,5x38cm/*10x14in* London 98
INNES John 1863-1941 **[12]**
$3 145 FF15 330 £1 998 Indians in a blizzard Oil/canvas 46x61cm/*18x24in* Calgary, Alberta 95
INNES William Henry 1905 **[42]**
$368 FF2 100 £224 Le hameau Pastel/papier 21x26cm/*8x10in* Paris 97
INNESS George 1825-1894 **[67]**
$16 000 FF79 700 £10 470 Lake Nemi Oil/canvas 26x39cm/*10x15in* San Francisco-Los Angeles 95
$30 000 FF178 041 £18 375 From the Shawangunk Mountains Oil/canvas 51x76cm/*20x29in* New-York 98
$40 000 FF232 152 £24 424 Hermit at the Shrine Oil/canvas 101,5x127cm/*39x50in* Los Angeles 97
$2 200 FF13 110 £1 366 Lonesome View of a Seaside Town Watercolour/paper 18x25cm/*7x10in* New Orleans, Louisiana 97
INNESS George (Attrib.) 1825-1894 **[9]**
$650 FF3 864 £402 Salt House near the Delaware Gap, Pennsylvania Oil/panel 25x30cm/*10x12in* Philadelphia 97
$2 500 FF15 262 £1 494 Pastoral Landscape with Farmhouse Oil/canvas 36x61cm/*14x24in* Downington, PA 98
INNESS George, Jr. 1853-1926 **[10]**
$3 250 FF19 649 £2 012 Nudes at the River Oil/panel 34x20cm/*13x8in* Mystic, Connecticut 97
$3 749 FF22 265 £2 289 After the Storm Oil/canvas 51x76cm/*20x29in* Boston, Mass. 98
INNOCENT Franck 1912-1983 **[77]**
$706 FF4 000 £431 Bouquet d'iris Huile/toile 54x65cm/*21x25in* Paris 97
INNOCENTI Bruno 1906-1986 **[2]**
$3 900 FF22 100 £1 950 Testa di giovane donna Terracotta H32,5cm/*H12in* Prato 98
INNOCENTI Camillo 1871-1961 **[96]**
$2 214 FF13 500 £1 328 Buveur près d'un tonneau en compagnie d'une villageoise Huile/toile 34x41,5cm/*13x16in* Pau 98
$3 000 FF18 159 £1 790 The musketeer Oil/panel 46x37cm/*18x14in* New-York 97
INNOCENTI Camillo (Attrib.) 1871-1961 **[1]**
$3 070 FF16 080 £2 016 Veduta da Monte Mario Olio/cartone 23x40cm/*9x15in* Roma 96
INNOCENTI Guglielmo XIX **[1]**
$10 361 FF59 037 £6 500 The New Model Oil/panel 29x40,5cm/*11x15in* London 97
INO Pierre 1909 **[22]**
$589 FF3 000 £388 La lionne Huile/toile 65x81cm/*25x31in* Paris 96

INOEL XIX **[5]**
- *$1 723 FF10 000 £1 017* Café su le Bosphre Huile/panneau 21,5x39cm/*8x15in* Paris 97
- *$3 916 FF20 000 £2 580* Campement arabe Huile/toile 49x65cm/*19x25in* Paris 96

INOKUMA Genichiro 1902-1993 **[16]**
- *$4 200 FF20 450 £2 660* Niwa (Garden) Oil/canvas 169x65cm/*66x25in* New-York 95
- *$9 500 FF54 131 £5 932* Japanese Festival #2 Oil/canvas 88,5x157cm/*34x61in* New-York 97
- *$1 800 FF10 688 £1 105* Compositions Watercolour/paper 42x34cm/*16x13in* New-York 97

INOUE Yuichi 1916 **[4]**
- *$4 000 FF22 792 £2 498* View in Yoshiwara, Cherry Woodcut 24,5x35,5cm/*9x13in* New-York 97
- *$4 250 FF24 219 £2 654* Mountain Ink/paper 60x90cm/*23x35in* New-York 97

INSHO Domoto 1891-1975 **[3]**
- *$3 000 FF17 094 £1 873* Untitled Ink/paper 58x71cm/*22x27in* New-York 97

INSKIPP James 1790-1868 **[3]**
- *$10 024 FF61.838 £6 300* Falskmöntere Oil/canvas 148x164cm/*58x64in* Köbenhavn 97

INSLEY Albert B. 1842-1937 **[20]**
- *$1 300 FF7 956 £790* Summertime Clareston NY Oil/canvas 30x48cm/*12x19in* Milford, Conn. 98
- *$2 400 FF13 945 £1 476* Cows by the River Oil/canvas 47x71cm/*18x28in* Florida 97

INUKPUK Johnny 1911 **[5]**
- *$363 FF2 122 £223* A Musk ox with inset horns Sculpture H23cm/*H9in* Toronto 97

IOANNIDIS Evangelos 1868-1942 **[1]**
- *$3 700 FF19 300 £2 234* Boy in sailor suit Oil/canvas 61x52cm/*24x20in* Athens 96

IONESCO Eugène 1912-1985 **[48]**
- *$156 FF909 £92* An Bord des Narrenschiffs Farblithographie 24x25cm/*9x9in* Zürich 97
- *$440 FF2 555 £271* Sans titre Gouache 43x30cm/*16x11in* Zürich 97

IPCAR Dahlov 1919 **[4]**
- *$1 600 FF8 080 £1 039* Winter Secrets Oil/canvas 50x91cm/*20x36in* Portland, Maine 96

IPOUSTEGUY Jean Robert 1920 **[35]**
- *$696 FF4 051 £422* Leaders et enfants nus Estampe 28,5x28,5cm/*11x11in* Bern 97
- *$2 480 FF13 000 £1 493* Sans titre Bronze 29x17x20cm/*11x6x7in* Monaco 96
- *$285 FF1 476 £179* Mains Fusain 47x61cm/*18x24in* Antwerpen 96

IPSEN Ernest Ludwig 1869-1934 **[4]**
- *$2 900 FF17 683 £1 740* Dread Ledge Off Swampscott Oil/canvas 35,5x61cm/*13x24in* Boston, Mass. 98
- *$22 500 FF135 461 £13 461* Portrait of Flora Feigenspan Oil/canvas 223,5x109cm/*87x42in* San Francisco 98

IPSEN Kent 1933 **[2]**
- *$15 000 FF78 300 £9 060* Seated dancer Sculpture H107cm/*H42in* New-York 96

IPSEN Poul Janus 1936 **[38]**
- *$507 FF2 649 £306* Spejlbillede af en naturelsker Oil/canvas 70x60cm/*27x23in* Köbenhavn 96
- *$2 750 FF15 901 £1 695* "Den Store Konferrence" Oil/canvas 170x170cm/*66x66in* Köbenhavn 97

IRELAND Thomas Tayler XIX-XX **[16]**
- *$621 FF3 696 £380* Waterfowl on a Pond in a Woodland clearing Watercolour 35x52,5cm/*13x20in* London 98

IRIARTE Ignacio (Attrib.) 1621-1685 **[1]**
- *$3 200 FF19 405 £1 952* The Prodigal Son Feeding Swine/The Return of the Prodigal Son Oil/canvas 72,5x97cm/*28x38in* New-York 98

IRIBE Paul 1883-1935 **[17]**
- *$1 100 FF6 555 £659* Three Nicolas Wine Promotions Poster 32,5x26cm/*12x10in* New-York 98
- *$586 FF3 000 £356* "De plus en plus fort..." Aquarelle, gouache 37x28cm/*14x11in* Vendôme 96

IRMER Carl 1834-1900 **[21]**
- *$479 FF2 849 £293* Reisigsammlerin auf einem Waldweg Öl/Karton 30x38cm/*11x14in* Köln 97
- *$1 818 FF10 741 £1 129* Stimmungsvolle Waldlandschaft mit Bach... Öl/Leinwand 66,5x49,5cm/*26x19in* Stuttgart 97

IRMINGER Valdemar 1850-1938 **[45]**
- *$580 FF3 518 £351* Soldater til hest på en landevej Oil/canvas 64x56cm/*25x22in* Köbenhavn 98

IROLLI Vincenzo 1860-1942 **[87]**
- *$6 585 FF37 318 £3 292* Natura morta con pesci Olio/tela 46x46cm/*18x18in* Milano 97
- *$10 540 FF53 000 £6 970* Figure Olio/tavola 29x22cm/*11x8in* Roma 95
- *$5 210 FF27 000 £3 370* Rêverie Pastel 62,5x46cm/*24x18in* Paris 96

IROLLI Vincenzo (Attrib.) 1860-1942 **[8]**
- *$1 550 FF9 448 £949* Head Study of an italian Girl Oil/canvas 38,5x29cm/*15x11in* Billingshurst, West Sussex 98
- *$8 320 FF43 550 £5 460* A fiori in convento Olio/tela 86x55cm/*33x21in* Roma 96

IRVIN Albert 1922 **[11]**
- *$818 FF4 734 £500* Rutland Screenprint in colors 51,5x73,5cm/*20x28in* London 97
- *$2 149 FF12 548 £1 300* Ely, series No.1 Gouache/paper 56x76cm/*22x29in* London 97

IRVIN Rea 1881-1972 **[2]**
- *$5 500 FF32 013 £3 390* Streetweeper with butterflies Watercolour/paper 34x25cm/*13x10in* New-York 97

IRVINE Gregory John 1947 **[23]**
- *$209 FF1 198 £123* Vase of Flowers Gouache/paper 102x25cm/*40x9in* Sydney 97

IRVINE Wilson Henry 1869-1936 **[54]**
- *$1 300 FF7 897 £782* "Maine Coast, Monhegan" Oil/canvas 45x60cm/*18x24in* Elgin, Illinois 98
- *$2 000 FF11 954 £1 212* "Monhegan's Shore" Oil/canvas/board 25,4x35,6cm/*10x14in* San Francisco-Los Angeles 97
- *$1 500 FF8 918 £929* Spring Landscape with Cottage Pastel/paper 17x22cm/*7x9in* Philadelphia 97

ISAAC John Raphael (Attr.) ?-1871 **[1]**
- *$4 249 FF25 446 £2 610* Reclining Nude Oil/canvas 76x101cm/*30x40in* Elgin, Illinois 98

ISAAC Terry A. 1958 **[4]**
- *$19 050 FF92 000 £12 000* "Face Off", a Polar bear Acrylic/board 66x99,5cm/*25x39in* London 95

ISAAKSZ Pieter 1569-1625 **[3]**
- *$4 664 FF28 166 £2 800* Allegory of the Pursuit of Knowledge Oil/copper 27,5x22cm/*10x8in* London 98

ISABEY Eugène (Attrib.) 1803-1886 **[8]**
- *$2 934 FF18 000 £1 792* Déchargement de deux voiliers près d'une maison Huile/toile 27x40cm/*10x15in* Paris 98
- *$5 420 FF31 189 £3 200* A Mediterranean Tartane Oil/canvas 40,5x53,5cm/*15x21in* London 97
- *$704 FF4 000 £440* Portrait de femme dans un médaillon de fleurs Crayon 19,4x15,5cm/*7x6in* Paris 97

ISABEY Eugène Louis Gabriel 1803-1886 **[215]**
- *$669 FF4 000 £409* La Communion Huile/toile 22x16cm/*8x6in* Paris 98
- *$5 493 FF31 000 £3 344* Marché à Rouen Huile/toile 66x54,5cm/*25x21in* Paris 97
- *$36 740 FF220 000 £22 572* Seigneurs français au départ des pêcheurs dans le vieux port, Boulogne Huile/toile 110x161cm/*43x63in* Paris 98
- *$1 400 FF7 238 £939* Les Elégantes au bal Watercolour, gouache/paper 28x18,5cm/*11x7in* New-York 96

ISABEY Jean Baptiste 1767-1855 **[73]**
- *$2 047 FF10 000 £1 295* Napoléon Ier en grand uniforme Miniature 9,4x5,3cm/*3x2in* Paris 95
- *$2 500 FF14 261 £1 520* Portrait of Pauline Bonaparte with a Garland of Rosebuds in her hair Oil/canvas 74x60cm/*29x23in* San Francisco 97
- *$1 800 FF11 049 £1 102* Caricature of Henri Auguste Wash 21x16cm/*8x6in* New-York 98

ISABEY Jean Baptiste (Attr) 1767-1855 **[16]**
- *$1 160 FF6 000 £742* Portrait d'enfant de profil Fusain 28,5x23cm/*11x9in* Paris 96

ISAKSON Karl 1878-1922 **[49]**
- *$1 026 FF5 274 £624* Ganymedes Oil/canvas 35x28cm/*13x11in* København 96
- *$1 550 FF7 910 £1 021* Portrait of a man smoking a pipe Oil/panel 46x41cm/*18x16in* København 96

ISBARY von Alice 1884-1971 **[6]**
- *$1 263 FF7 188 £774* Blick auf Wien vom Belvedere aus Aquarell/Papier 20x29cm/*7x11in* Wien 97

ISBERG Fredrik 1846-1904 **[12]**
- *$504 FF3 091 £300* Johannes klockstapel Akvarell/papper 15,5x10cm/*6x3in* Stockholm 98

ISBRAND Victor 1897-1988 **[29]**
- *$519 FF3 086 £319* Opstilling med kaffekande, skål og blomst på et bord Oil/canvas 54x65cm/*21x25in* Vejle 97

ISELI Rolf 1934 **[69]**
- *$11 110 FF64 856 £6 718* Peinture Öl/Leinwand 92x230cm/*36x90in* Zürich 97
- *$75 FF443 £46* Papier-Tragtasche Offset 48x32cm/*18x12in* Luzern 98
- *$1 376 FF8 041 £845* Bovist Gouache 27x35cm/*10x13in* Luzern 97

ISENBART Marie-Victor Emile 1846-1921 **[94]**
- *$1 618 FF9 500 £989* Paysage Huile/toile 65x53cm/*25x20in* Saint-Amand-Montrond 97

$1 732 FF10 500 £1 062 Pêcheurs et cerisiers en fleurs à Beure Huile/papier/toile 30,5x46cm/*12x18in* Besançon 98

$20 400 FF103 000 £13 250 Les Gorges du Val-Noir Huile/toile 125x200cm/*49x78in* Besançon 96

ISENBRANT Adriaen c.1490-1551 **[6]**

$590 000 FF3 480 823 £361 316 Triptych: centre: The Nativity; wings: St. Jerome and Catherine Oil/panel 28x37cm/*11x14in* New-York 98

ISENBRANT Adriaen (Attrib.) c.1490-1551 **[2]**

$19 100 FF95 100 £12 500 The Magdalene reading Oil/panel 78x65cm/*30x25in* London 95

ISENBURGER Eric(h) 1905-1994 **[16]**

$1 725 FF8 600 £1 130 Woman with cat Öl/Leinwand 64x89cm/*25x35in* München 95

ISENRING Johann Baptist 1796-1860 **[22]**

$409 FF2 343 £242 Rorschach Aquatinta 14x20cm/*5x7in* St.Gallen 97

ISERN Y ALIÉ Pedro 1876-1946 **[6]**

$5 002 FF28 782 £2 900 Baile en la terraza Oleo/lienzo 54,5x65cm/*21x25in* Madrid 97

ISGRO Emilio 1936 **[12]**

$840 FF4 760 £420 "Non c'è niente di male" Acrilico/tavola 21x14cm/*8x5in* Prato 98

ISHIKAWA KIN'ICHIRO 1871-1945 **[11]**

$7 998 FF39 775 £5 095 Temple Scene Watercolour/paper 32x23,5cm/*12x9in* Taipei, Taiwan 96

ISKANDAR Popo 1927 **[14]**

$1 699 FF10 046 £1 052 Cat Oil/canvas/board 30x40cm/*11x15in* Singapore 97

$2 942 FF17 388 £1 820 Bouquet of Flowers Oil/canvas 65x60cm/*25x23in* Singapore 97

ISKOWITZ Gershon 1921-1988 **[8]**

$2 760 FF15 777 £1 691 "Orange-C" Oil/canvas 99,1x86,4cm/*39x34in* Toronto 97

ISMAEL Juan 1907-1981 **[1]**

$1 040 FF6 320 £624 Maniquiés Tinta/papel 25x18cm/*9x7in* Madrid 98

ISOZAKI Arata XX **[2]**

$1 300 FF6 750 £860 Untitled Silkscreen in colors 56x56cm/*22x22in* San Francisco-Los Angeles 96

ISRAEL Daniel 1859-1901 **[19]**

$18 000 FF107 591 £11 017 Entertaining the Harem Oil/panel 25x33cm/*9x12in* New-York 97

ISRAELS Daniel ?-1901 **[2]**

$11 065 FF62 451 £6 782 Javanese Dancers, Solo Watercolour 36x51cm/*14x20in* Singapore 97

ISRAELS Isaac 1865-1934 **[220]**

$40 715 FF232 127 £25 000 A Portrait of Sophie de Vries, 1909 Oil/panel 32x24cm/*12x9in* London 97

$40 240 FF237 672 £24 312 The trevi fountains Oil/canvas 50,5x61cm/*19x24in* Amsterdam 97

$196 140 FF1 159 200 £121 380 A gamelan orchestra, The Hague Oil/canvas 117x127cm/*46x50in* Singapore 97

$481 FF2 829 £296 Kleedkammer in het theater Etching 17,5x12,5cm/*6x4in* Den Haag 97

$5 800 FF28 350 £3 670 Buddha Watercolour/paper 22x29cm/*8x11in* Amsterdam 95

ISRAELS Joseph 1824-1911 **[225]**

$2 480 FF12 600 £1 480 Vieille femme près de l'âtre Huile/panneau 26x20cm/*10x7in* Barbizon 96

$22 000 FF110 000 £14 240 While Baby Sleeps Oil/canvas 105x141cm/*41x55in* New-York 96

$21 125 FF123 396 £12 500 Mater dolorosa Oil/canvas 88x62cm/*34x24in* London 97

$140 FF856 £83 An Old Man Etching 23x15cm/*9x6in* Washington 98

$1 800 FF10 968 £1 113 Woman in white Head Scarf Charcoal 25x19,5cm/*9x7in* Tel Aviv 98

ISRAELS Joseph (Attrib.) 1824-1911 **[3]**

$2 600 FF14 806 £1 578 Figures seated in a Barn Oil/panel 28x36cm/*11x14in* New-York 97

ISSEL Georg Wilhelm 1785-1870 **[2]**

$3 600 FF18 620 £2 300 Burg Rötteln im Oberrheintal bei Lörrach Öl/Karton 20,5x29cm/*8x11in* Heidelberg 96

ISSUPOFF Alessio 1889-1957 **[36]**

$4 499 FF25 498 £2 999 Cavalli in un paesaggio Olio/tavola 29x22,5cm/*11x8in* Milano 97

$5 700 FF32 300 £2 850 Cosacchi a cavallo Olio/legno 50x65cm/*19x25in* Roma 97

ISTLER Josef 1919 **[5]**

$2 911 FF17 445 £1 736 An Abstract Still Life Oil/canvas/board 47x61cm/*18x24in* Amsterdam 98

ISTRATI Alexandre 1915-1991 **[77]**

$592 FF3 500 £366 Sans titre Huile/toile 97x76cm/*38x29in* Paris 97

$2 749 FF16 013 £1 679 Composition Oil/canvas 160x81,5cm/*62x32in* New-York 97

$308 FF1 800 £190 Composition Gouache 49x36cm/*19x14in* Paris 97

ISTVANFFY Gabriella Rainer 1877-1964 **[65]**
  $1 076 FF6 452 £650 The Best of Friends Oil/canvas 49,5x70cm/*19x27in* London 98
ITASSE Adolphe 1830-1893 **[1]**
  $9 558 FF58 104 £5 800 "L'Amour vainqueur", after William Bouguereau Bronze H87cm/*H34in* London 98
ITAYA Foussa 1919 **[29]**
  $477 FF2 819 £292 Pont à Paris Öl/Leinwand 46x33cm/*18x12in* Luzern 98
  $976 FF5 000 £593 Jeune fille pensive Huile/toile 73x54cm/*28x21in* Le Touquet 96
ITEN Hans 1867-1932 **[16]**
  $2 163 FF11 060 £1 400 Belvoir Park Oil/panel 34x44,5cm/*13x17in* London 95
  $6 197 FF36 538 £3 800 The Farmyard Oil/board 46x61cm/*18x24in* London 98
ITHAKISSIOS Vasilios 1879-1977 **[8]**
  $5 730 FF29 700 £3 830 View of an Island Oil/canvas 43,5x55,5cm/*17x21in* Athens 96
ITO Shinsui 1898-1972 **[2]**
  $1 500 FF8 907 £921 A woman in a long undergarment Print 43x27cm/*16x10in* New-York 97
ITSCHNER Karl 1868-1953 **[7]**
  $2 547 FF15 273 £1 533 Auf dem Wege ins Dorf Tempera/Karton 56x41,5cm/*22x16in* Zürich 98
ITTEN Johannes 1888-1967 **[54]**
  $6 798 FF40 227 £4 176 Flecken und Texturen Tempera 31,4x42,4cm/*12x16in* München 98
  $26 772 FF160 320 £15 996 Blaue Vase Öl/Leinwand 50,4x60cm/*19x23in* Bern 98
  $540 FF3 353 £325 Komposition Lithographie 34x31,5cm/*13x12in* Heidelberg 98
  $2 753 FF16 083 £1 690 Ohne Titel Watercolour 26x12cm/*10x4in* Luzern 97
ITTENBACH Franz 1813-1879 **[3]**
  $8 955 FF53 619 £5 500 Segnender Christusknabe Oil/wood 45x34cm/*17x13in* Köln 98
ITURBIDE Graciela XX **[9]**
  $749 FF4 325 £459 "Garden Dance" Silver print 42x30cm/*16x12in* New-York 97
ITURRIA de Ignacio 1949 **[51]**
  $3 000 FF15 150 £1 935 Mesa servida Oleo/lienzo 34x46cm/*13x18in* Montevideo 96
  $10 450 FF63 680 £6 463 Untitled Oil/canvas 65,5x49,5cm/*25x19in* Miami, Florida 98
  $42 000 FF218 500 £27 800 Mesa con Cucharas Oil/canvas 150x190cm/*59x74in* New-York 96
ITURRINO GONZALEZ Francisco 1864-1924 **[19]**
  $2 870 FF15 030 £1 725 Iglesia Oleo/cartón 27x34cm/*10x13in* Madrid 96
  $39 000 FF237 000 £23 400 Mujeres con mantones Oleo/lienzo 125x145cm/*49x57in* Madrid 98
  $1 650 FF9 875 £1 000 Mujeres toreros Grabado 35x40cm/*13x15in* Madrid 98
  $1 360 FF7 960 £840 Zingara Acuarela 30x18,5cm/*11x7in* Madrid 97
IUON Konstantin Fedorov. 1875-1958 **[14]**
  $11 670 FF61 200 £7 000 Village under snow Gouache/paper 24x32cm/*9x12in* London 96
IVACKOVIC Djoka 1930 **[17]**
  $779 FF4 500 £480 Peinture 4.V.87-1 Huile/toile 80x80cm/*31x31in* Paris 97
IVANKOVICH Basi 1815-1898 **[1]**
  $4 005 FF23 609 £2 393 "Krona af höganäs, kapt. Chr. Larsson" Oil/canvas 45x73cm/*17x28in* Stockholm 97
IVANOV Timofei 1975 **[2]**
  $4 000 FF24 375 £2 436 Smoke Oil/canvas 78x88cm/*30x34in* Tel Aviv 98
IVANOVITCH Arseny 1834-1902 **[2]**
  $2 894 FF16 737 £1 785 Künstenlandschaft Öl/Karton 30,5x50,5cm/*12x19in* Wien 97
  $2 047 FF10 600 £1 321 Die grosses Eiche Aquarell/Papier 60x46cm/*23x18in* Wien 96
IVARSON Ivan 1900-1939 **[130]**
  $2 356 FF13 462 £1 443 Cagnes sur mer Oil/panel 28x33cm/*11x12in* Stockholm 97
  $14 850 FF76 900 £9 600 Stilleben med blomster och frukter Oil/canvas 70x45cm/*27x17in* Stockholm 96
  $442 FF2 568 £272 Kvinna vid stranden Woodcut 49x34cm/*19x13in* Göteborg 97
  $807 FF4 824 £484 Flicka vid blomvas Akvarell/papper 18x11,5cm/*7x4in* Stockholm 98
IVASIUK Mikolai 1865-? **[3]**
  $8 998 FF53 500 £5 505 "Can-Can Français ou French quadrille Aquatinte 56x75cm/*22x29in* Paris 97
IVERSEN Kraesten 1886-1955 **[64]**
  $814 FF4 837 £484 Parti fra Ostre Anlaeg Oil/canvas 39x51cm/*15x20in* Köbenhavn 97
IVES Chauncey Bradley 1812-1870 **[10]**

🖌 *$15 000 FF91 687 £9 178* Shepherd with a Kid Carrare marble H213cm/*H84in* Detroit, Michigan 98
🖌 *$19 000 FF112 493 £11 362* Ariadne Marble H60,1cm/*H23in* New-York 97
IVES Percy 1864-1928 **[6]**
🖌 *$850 FF5 276 £509* Woman Picking Flowers Oil/board 22x17cm/*9x7in* Mystic, Connecticut 98
IVEY John J. 1842-1910 **[1]**
🖌 *$1 200 FF7 185 £734* Santa Monica Pier and Santa Monica Mountains Watercolour/paper 20x33cm/*8x13in* Altadena, CA 97
IWILL Marie-Joseph Clavel 1850-1923 **[55]**
🖌 *$1 776 FF10 121 £1 109* Sturmgepeitschte Felsküste in der Bretagne Oil/panel 20x54cm/*7x21in* Köln 97
🖌 *$2 777 FF16 300 £1 698* Venise en septembre au lever du soleil Huile/panneau 68x37cm/*26x14in* Bourges 97
🖌 *$827 FF4 800 £488* Côte Normande par temps d'orage Pastel/toile 41x60cm/*16x23in* Pontoise 97
IZIS Israël Biderman 1911-1980 **[28]**
📷 *$1 053 FF5 500 £627* Quai de Seine Photo 22,5x17cm/*8x6in* Paris 96
IZQUIERDO María 1906-1950 **[19]**
🖌 *$17 000 FF101 491 £10 443* Bañistas Gouache/paper 21x27,5cm/*8x10in* New-York 98

J

JAAKOLA Alpo 1929 **[14]**
🖌 *$1 472 FF8 846 £883* Gemensam ansträngning Oil/canvas 90x65cm/*35x25in* Helsinki 98
JAAR Alfredo 1956 **[7]**
🖌 *$1 100 FF5 640 £669* Images for the Military (Guess Who's Coming To Dinner) Sculpture 52x52x13cm/*20x20x5in* New-York 96
JABER 1938 **[15]**
🖌 *$253 FF1 500 £151* Personnage à la fleur Gouache/papier 63x50cm/*24x19in* Paris 97
JAC-LEM 1914-1995 **[21]**
🖌 *$117 FF700 £69* Nature morte aux fruits et à la canne à lait Huile/isorel 37x45cm/*14x17in* Cherbourg 97
JACCOBR Moïse 1786-1863 **[2]**
🖌 *$45 000 FF256 410 £27 562* A Trumpet Creeper, a Hyacinth, Poppies, a Dalhia, Morning Glory.. Oil/canvas 100,5x81cm/*39x31in* New-York 97
JACK Kenneth William D. 1924 **[55]**
🖌 *$3 149 FF16 140 £2 010* Canberra Oil/board 55x74cm/*21x29in* Melbourne 95
🖌 *$70 FF425 £43* Murray River Paddle Steamer No.6 Color lithograph 25x24cm/*9x9in* Sydney 98
🖌 *$649 FF3 891 £387* Candelo, N.S.W. Mixed media/paper 47,5x78cm/*18x30in* Sydney 98
JACK Richard 1866-1952 **[24]**
🖌 *$42 335 FF247 148 £26 000* Portrait of Mrs. C.H.B. Forth Oil/canvas 230x126cm/*90x49in* London 97
JÄCKEL Heinrich, Karl H. c.1810-c.1880 **[6]**
🖌 *$4 060 FF23 311 £2 475* Italienisches Dorf an einem Bergsee Öl/Leinwand 67,5x90,5cm/*26x35in* Berlin 97
JACKLIN Bill 1943 **[15]**
🖌 *$5 330 FF28 000 £3 200* The Coffee Drinker Oil/canvas 51x41cm/*20x16in* London 96
🖌 *$21 000 FF129 229 £12 749* The Boardwalk I Oil/canvas 122x145cm/*48x57in* New-York 98
🖌 *$6 139 FF36 608 £3 800* Sheep Meadow I Chalks/paper 101,5x152,5cm/*39x60in* London 97
JACKOWSKI Stanislaw 1887-1951 **[5]**
🖌 *$2 444 FF14 860 £1 483* Tancerka, Radosny Rytm Bronze H77cm/*H30in* Warszawa 98
JACKSON Alexander Young 1882-1974 **[169]**
🖌 *$891 FF4 650 £531* Brittany Trees Huile/panneau 21,5x26,5cm/*8x10in* Montréal 96
🖌 *$10 578 FF62 631 £6 282* Country at Lake Rouvière Oil/canvas 40,5x51cm/*15x20in* Toronto 97
🖌 *$2 291 FF13 570 £1 361* Landscape with Old House Watercolour/paper 28x39,5cm/*11x15in* Toronto 97
JACKSON Arthur 1911 **[2]**
🖌 *$16 338 FF97 656 £10 000* Abstract composition Oil/canvas/panel 51x62cm/*20x24in* London 97
JACKSON Carlyle 1891-1940 **[21]**
🖌 *$391 FF2 349 £233* Building the Stack Watercolour/paper 43x52cm/*16x20in* Melbourne 98
JACKSON Elbert McGran 1896-1962 **[11]**
🖌 *$3 500 FF20 372 £2 157* Couple Kissing on Stairs Oil/canvas 81x55cm/*32x22in* New-York 97
JACKSON Francis Ernest 1872-1945 **[6]**
🖌 *$369 FF1 872 £240* Sketches Pencil 96,5x66cm/*37x25in* London 96

JACKSON Frederick William 1859-1918 **[27]**
- *$1 317 FF7 897* £800 Cattle Resting in a Landscape Oil/canvas 34x45cm/*13x17in* Billingshurst, West Sussex 98
- *$1 593 FF9 252* £942 Flickor i skogsglänta Oil/canvas 39x47cm/*15x18in* Malmö 97
- *$1 255 FF7 543* £750 King's Mill, Montreuil sur mer/Riverscape Watercolour/paper 35x42cm/*13x16in* St. Helier, Jersey 98

JACKSON Gilbert c.1600-c.1660 **[1]**
- *$3 598 FF20 972* £2 200 Portrait of Fergus Conroy of Clonahee, bust length Oil/canvas 71x58,5cm/*27x23in* London 97

JACKSON Harry 1924 **[72]**
- *$17 000 FF98 608* £10 461 Study for "Stampede" Tempera/panel 55x120cm/*22x47in* New-York 97
- *$4 500 FF22 420* £2 950 Sacavawea II Bronze H46cm/*H18in* San Francisco-Los Angeles 95
- *$140 000 FF842 352* £83 804 John Wayne, First Unfinished Model for the Monument Bronze 97,5x67x87,5cm/*38x26x34in* Beverly Hills, Calif. 98

JACKSON Ianthe 1972 **[3]**
- *$500 FF3 046* £304 Contraptions and Machines I Print in colors 38,5x33cm/*15x12in* Tel Aviv 98

JACKSON James Ranalph 1886-1975 **[63]**
- *$1 638 FF9 562* £1 010 Springtime Oil/panel 34x28cm/*13x11in* Melbourne 97
- *$4 545 FF27 237* £2 711 Ovens Valley, Myrtleford, Victoria Oil/canvas 60x90cm/*23x35in* Melbourne 98

JACKSON John 1778-1831 **[7]**
- *$70 000 FF357 000* £46 300 Masters Russel, Edward and Frederick Gray Oil/canvas 210x164cm/*82x64in* New-York 96

JACKSON Lee 1909 **[9]**
- *$2 100 FF12 223* £1 273 Jiterbug Oil/board 35x43cm/*14x17in* Mystic, Connecticut 97

JACKSON Martin Jacob 1871-1955 **[15]**
- *$400 FF1 993* £262 Nocturnal view of Philadelphia skyline Oil/panel 15x18cm/*5x7in* Philadelphia 95

JACKSON Michael 1961 **[10]**
- *$5 835 FF35 049* £3 500 Caribbean Flamingo "Pirouette" Acrylic/board 59,5x39,5cm/*23x15in* London 98
- *$7 260 FF37 900* £4 800 Toco Toucans Watercolour 48x76cm/*18x29in* London 96

JACKSON OF BATERSEA John Baptist 1701-c.1780 **[10]**
- *$198 FF1 160* £122 The Virgin and Child in the Clouds with Six Saints Woodcut 59x37cm/*23x14in* Toronto 97

JACKSON Samuel 1794-1869 **[25]**
- *$2 877 FF16 472* £1 700 St. Michael's Mount, Cornwall Watercolour 21x29,5cm/*8x11in* London 97

JACKSON Samuel Phillips 1830-1904 **[70]**
- *$6 910 FF35 400* £4 200 St. Michael's Mount Oil/canvas 51x77cm/*20x30in* London 96
- *$1 040 FF6 304* £620 A House on the Thames Watercolour 37x70cm/*14x27in* Bath 97

JACKSON William Franklin 1850-1936 **[10]**
- *$2 500 FF15 051* £1 495 Sierra Canyon Oil/canvas 51x61cm/*20x24in* San Francisco 98
- *$3 500 FF20 313* £2 137 Flowering Sand Dunes Along the Golden Gate Oil/canvas/board 24x32cm/*9x12in* Los Angeles 97

JACKSON William Henry 1843-1942 **[44]**
- *$3 400 FF17 550* £2 175 The Sangre de Cristo from Marshall Pass/Veta Pass Albumen print 43x53cm/*17x21in* New-York 96

JACOB Alexandre 1876-1972 **[39]**
- *$421 FF2 400* £258 Embarcation sur la Seine au soleil couchant Huile/toile 46x64,5cm/*18x25in* Paris 97
- *$873 FF5 000* £516 Paysage d'étang Huile/carton 41x33cm/*16x12in* Paris 97

JACOB Julius 1842-1929 **[6]**
- *$11 873 FF70 423* £7 253 Berlin, Droschkenhaleplatz 2, Güte Mückernstr. Öl/Leinwand 61,5x47cm/*24x18in* Hamburg 98
- *$706 FF4 054* £430 Ein sandiger Weg, zu zwei Häuser führend Aquarell/Papier 22,8x31,4cm/*8x12in* Berlin 97

JACOB Max 1876-1944 **[96]**
- *$1 030 FF5 000* £646 Scène de théâtre Huile/papier 29x37cm/*11x14in* Paris 95
- *$1 000 FF5 210* £629 Notre-Dame, Paris Gouache 29x38cm/*11x14in* New-York 96

JACOB Ned 1938 **[6]**

$5 500 FF27 720 £3 548 Initiates Oil/canvas 45x55cm/*18x22in* Hayden 96

$1 900 FF10 820 £1 171 Indian With Rifle Charcoal/paper 48x60cm/*19x24in* Dallas, Texas 97

JACOB Walter 1893-1964 **[24]**

$5 648 FF33 761 £3 333 Waldinneres mit Bachlauf Öl/Leinwand 95x86cm/*37x33in* Kempten 97

$650 FF3 400 £387 Berg bei Kastelruth (Sass Songhar) Black chalk/paper 43,5x61,5cm/*17x24in* München 96

JACOBBER Moïse 1786-1863 **[3]**

$13 264 FF76 704 £8 208 Blumenstrauss in einem Korb mit Schmetterlingen Öl/Leinwand 53,5x42cm/*21x16in* Wien 97

JACOBI Lotte Johanna 1896-1987 **[56]**

$1 000 FF5 220 £605 Photogenic Gelatin silver print 47x38cm/*18x15in* New-York 96

JACOBI Marcus 1891-1969 **[46]**

$536 FF3 110 £330 A cottage, Dolgellau, North Wales Oil/canvas 25x40cm/*9x15in* Leamington Spa, Warwickshire 97

$806 FF4 827 £495 Thunerseelandschaft im Frühling Oil/canvas 69,5x88cm/*27x34in* Bern 98

JACOBI Otto Reinhold 1812-1901 **[39]**

$4 080 FF21 300 £2 560 Mountain landscape with figures Oil/canvas 66x92cm/*25x36in* Toronto 96

$297 FF1 550 £177 Pine Wood near Mississippi Aquarelle 16,5x25cm/*6x9in* Montréal 96

JACOBS Adolphe c.1887-c.1910 **[5]**

$2 760 FF13 440 £1 750 Vaches au pâturage Huile/toile 68x92cm/*26x36in* Bruxelles 95

JACOBS Edgar Pierre 1904-1987 **[18]**

$926 FF5 500 £561 "La Marque Jaune" Sérigraphie couleurs 76x57cm/*29x22in* Neuilly-sur-Seine 97

$570 FF2 800 £363 Esquisse préparatoire pour Sharkey, dans "L'Affaire du Collier" Mine plomb 20x15cm/*7x5in* Paris 95

JACOBS Gerard 1865-1958 **[13]**

$873 FF5 203 £534 Vue de l'Escaut Huile/toile 42x64cm/*16x25in* Antwerpen 98

JACOBS Helen 1888-1970 **[5]**

$7 803 FF47 536 £4 779 Masker i grönt Oil/canvas 42x65cm/*16x25in* Köbenhavn 98

$1 540 FF8 881 £917 Thumbelina Nursing Bird Back To Health Watercolour/paper 22x16cm/*9x6in* New-York 97

JACOBS Jacob Albrecht M. 1812-1879 **[47]**

$873 FF5 203 £534 Fortin dans la rade d'Alexandrie Huile/papier/toile 22,5x34cm/*8x13in* Bruxelles 98

$5 460 FF32 520 £3 340 Campagne près du Bosphore Huile/papier/toile 35x60cm/*13x23in* Bruxelles 98

$9 685 FF57 581 £6 000 View of the Golden Horn from Pera Watercolour, gouache/paper 26x37,5cm/*10x14in* London 97

JACOBS Paul Emil 1802-1866 **[6]**

$25 608 FF157 020 £15 349 Der König überrascht seine Geliebte Öl/Leinwand 195x218cm/*76x85in* Zürich 98

JACOBSEN Antonio Nicolo G. 1850-1921 **[161]**

$2 400 FF14 319 £1 437 Portrait of the Ship "Flying Cloud" Oil/board 30x49cm/*12x19in* Bolton, Mass. 98

$6 500 FF39 852 £3 976 The Allanwilde Oil/board 54x76cm/*21x29in* New-York 98

$20 000 FF120 772 £12 006 Stormy Seas Oil/canvas 91,5x183cm/*36x72in* New-York 98

$6 347 FF38 194 £3 800 Steam Ship Vanadis in choppy Seas Gouache/paper 56x91cm/*22x35in* Newbury, Berkshire 98

JACOBSEN Egill 1910 **[214]**

$5 780 FF35 212 £3 540 Gul maske Oil/canvas 41x31cm/*16x12in* Köbenhavn 98

$21 675 FF132 045 £13 275 Maskekomposition Oil/canvas 130x97cm/*51x38in* Köbenhavn 98

$89 528 FF546 282 £54 622 Maskekomposition Oil/canvas 80x64cm/*31x25in* Köbenhavn 98

$348 FF2 030 £214 Maskekomposition Color lithograph 65x48cm/*25x18in* Köbenhavn 97

$1 098 FF6 382 £670 Röd maske Soft pencil/paper 18x13cm/*7x5in* Köbenhavn 97

JACOBSEN Juriaen 1625-1685 **[2]**

$13 323 FF78 277 £8 000 A Mule Laden With Dead Game Surrounded By Hounds, a Hunting Party Oil/canvas 132x222cm/*51x87in* London 97

JACOBSEN Ludvig 1890-1957 **[133]**

$218 FF1 320 £130 Et barn leger med legetoj Oil/canvas 45x35cm/*17x13in* Viby J, Århus 98

$6 644 FF40 367 £4 000 Au Café Oil/canvas 52x40,5cm/*20x15in* London 98

JACOBSEN Robert 1912-1993 **[383]**

$1 484 FF8 803 £907 Komposition Acrylic 93x61cm/*36x24in* Köbenhavn 98

$289 FF1 759 £176 Komposition Etching 10x12cm/*3x4in* Viby J, Århus 98

$6 830 FF35 200 £4 370 "Markus" Metal H66cm/*H25in* København 96

$39 300 FF202 400 £25 140 "Vaelgeren og de Valgte" Metal H225cm/*H88in* København 96

$845 FF4 415 £510 Figurkomposition Watercolour 65x46cm/*25x18in* København 96

JACOBSEN Sophus 1833-1912 **[18]**

$13 146 FF80 900 £8 045 Wenecja, widok na San Giorgio Maggiore Oil/canvas 80,5x121cm/*31x47in* Warszawa 98

$14 795 FF88 638 £8 844 Norsk havn Oil/canvas 85x147cm/*33x57in* Oslo 98

JACOBSON Jacob 1818-1891 **[2]**

$4 650 FF24 100 £3 003 Blick auf einem Kirchenvorhof auf verschneite Berge mit einer Burgruin Öl/Leinwand 99x72,5cm/*38x28in* Wien 96

JACOBSZ Lambert c.1598-1636 **[4]**

$19 530 FF99 400 £11 710 Jacob shown the Cloak of Joseph Oil/canvas 160x207,5cm/*62x81in* Amsterdam 96

JACOMB-HOOD George Percy 1857-1929 **[15]**

$573 FF3 291 £349 Portrait of a Gentlemann, small bust-length, wearing a black suit Oil/panel 35,5x26,5cm/*13x10in* London 97

$32 944 FF202 736 £20 000 Entangled Oil/canvas 148,5x98cm/*58x38in* London 98

JACOMIN Alfred Louis Vigny 1842-1913 **[12]**

$6 500 FF32 500 £4 210 River landscape with rowers Oil/panel 33x41cm/*12x16in* New-York 96

JACOPS Joseph 1805-1855 **[2]**

$5 170 FF26 400 £3 410 La conversation Huile/toile 75x93cm/*29x36in* Bruxelles 96

JACOTTET Jean 1806-? **[10]**

$758 FF4 576 £450 Vue de la mer de glace prise du Montanvert Color lithograph 43x74cm/*16x29in* London 98

JACOULET Paul 1902-1960 **[206]**

$550 FF3 256 £328 Pacific Island Women Print 38x28cm/*15x11in* St. Louis, Miss. 97

$1 350 FF8 442 £847 Paul Jacoulet Hand-Colored Sketch Drawing 49x36cm/*19x14in* East Dennis, Mass. 97

JACQUE Charles Émile 1813-1894 **[284]**

$4 750 FF23 700 £3 100 Coq et poules Huile/panneau 15x23cm/*5x9in* Barbizon 95

$8 340 FF50 000 £5 020 Troupeau paissant, sous bois Huile/toile 65x54cm/*25x21in* Paris 98

$22 400 FF112 000 £14 500 Bergère et ses moutons Huile/toile 93x152cm/*36x59in* Paris 96

$6 370 FF33 000 £4 114 Série de 24 eaux-fortes Eau-forte 50x34cm/*19x13in* Barbizon 96

$48 000 FF249 300 £31 740 The shepherdess Pastel 54x96cm/*21x37in* New-York 96

JACQUE Émile 1848-1912 **[21]**

$3 276 FF19 500 £2 002 Chevaux à l'abreuvoir Huile/toile 46x32,5cm/*18x12in* Barbizon 98

JACQUELIN Jean 1905-1989 **[11]**

$496 FF2 900 £300 "Delage" Affiche 84x63cm/*33x24in* Neuilly-sur-Seine 97

JACQUEMART Henri Alfred M. 1824-1896 **[33]**

$2 194 FF13 000 £1 314 Chien observant une tortue Bronze 15x17,5cm/*5x6in* Lille 97

JACQUEMART Jules 1837-1880 **[5]**

$454 FF2 700 £273 Paysage montagneux Aquarelle/papier 22x28cm/*8x11in* Paris 97

JACQUEMIN André 1904-1992 **[95]**

$74 FF450 £45 Carriole en Beauce Eau-forte 21x16cm/*8x6in* Orléans 98

$269 FF1 400 £169 Visage de jeune fille Dessin 17,5x14cm/*6x5in* Saint-Dié 96

JACQUES André 1880-? **[110]**

$175 FF1 000 £107 Vieille maison à Bessans Eau-forte 7,5x14cm/*2x5in* Annecy 97

$821 FF4 000 £520 Bécasse s'envolant Bronze H33cm/*H12in* Paris 95

JACQUET Alain 1939 **[120]**

$1 260 FF6 500 £811 Thomas Eakin's swimming hole Acrylique/toile 82x52cm/*32x20in* Paris 96

$5 410 FF28 000 £3 460 Portrait of a man Sérigraphie/toile 161x113,5cm/*63x44in* Paris 96

$970 FF5 000 £622 La Source, d'après Ingres Sérigraphie 98x56cm/*38x22in* Paris 96

$7 732 FF48 000 £4 660 Le Déjeuner sur l'Herbe Technique mixte/papier 160x194cm/*62x76in* Paris 98

JACQUET Gustave 1846-1909 **[78]**

$6 860 FF34 700 £4 500 The Letter Oil/panel 32x40cm/*12x15in* London 96

$8 000 FF47 477 £4 900 Le chapeau rouge aux fleurs Oil/canvas 53,5x35,5cm/*21x13in* New-York 98

✏️ *$2 275 FF13 620 £1 344* Retrato de dama Pastel 46,5x38cm/*18x14in* Madrid 98
JACQUET Jan Jozef 1822-1898 **[6]**
🗿 *$4 883 FF30 087 £3 000* A Nubian Spearing a Lion Bronze 84x66cm/*33x25in* Billingshurst, West Sussex 98
🗿 *$7 520 FF39 000 £4 890* Adam et Eve Bronze H52cm/*H20in* Paris 96
JACQUETTE Yvonne 1934 **[9]**
🖼️ *$800 FF4 804 £477* Fog River IV Lithograph 42x46cm/*16x18in* Los Angeles 98
JADIN Louis Godefroy 1805-1882 **[4]**
🖌️ *$2 568 FF15 000 £1 519* Chiens de chasse assis Huile/toile 82x101cm/*32x39in* Barbizon 97
🖌️ *$3 695 FF18 000 £2 365* Renard et volaille Huile/panneau 30x24cm/*11x9in* L'Isle-Adam 95
JAECKEL Willi 1888-1944 **[93]**
🖌️ *$2 096 FF10 840 £1 354* Frauenkopf Öl/Leinwand 43x89cm/*16x35in* Köln 96
🖼️ *$64 FF385 £39* Heiliger Sebastian, hängend II Drypoint 24x16cm/*9x6in* Berlin 98
✏️ *$1 107 FF5 530 £723* Reclining female nude Charcoal/paper 50x64,5cm/*19x25in* München 95
JAEGER Carl 1833-1887 **[1]**
✏️ *$3 415 FF16 560 £2 200* Nude studies Black chalk 61x37cm/*24x14in* London 95
JAENISCH Hans 1907-1989 **[99]**
🖌️ *$744 FF4 273 £453* Bewegte Formen im Weissen Feld Mixed media 30x43cm/*11x16in* Berlin 97
🖌️ *$2 464 FF14 345 £1 507* Im Stall Tempera/board 70x51,5cm/*27x20in* München 97
✏️ *$390 FF2 034 £228* Surreale Tiergestalten Ink/paper 23,8x32cm/*9x12in* Berlin 96
JAFFIEN Luis XIX **[1]**
✏️ *$16 760 FF84 700 £11 000* Views of Andalucia Bodycolour 40,5x84,55cm/*15x33in* London 96
JAGER de Gerke Jans c.1748-1822 **[1]**
🖌️ *$115 500 FF604 100 £70 000* A banner, flowers in an urn, a relief, a globe, a compass in a niche Oil/canvas 249x192,5cm/*98x75in* London 96
JÄGER Gustav 1808-1871 **[5]**
✏️ *$729 FF4 350 £439* Aktstudien Pencil/paper 22x34,5cm/*8x13in* Köln 97
JAGGER David ?-1958 **[10]**
🖌️ *$7 336 FF44 466 £4 500* The Silk Scarf Oil/canvas 61x51cm/*24x20in* London 98
JAGODZINSKI Lucjan 1897-1945 **[2]**
🖌️ *$2 923 FF16 654 £1 825* Semi-nude model Oil/cardboard 95x71cm/*37x27in* Warszawa 97
JAHL Wladyslaw Ad. Alojzy 1886-1953 **[3]**
🖌️ *$1 682 FF9 750 £1 049* French landscape Oil/canvas 53x79,5cm/*20x31in* Warszawa 97
JAHN Georg 1869-1941 **[13]**
🖼️ *$108 FF670 £65* Badende am Teich Radierung 37x45,5cm/*14x17in* Heidelberg 98
JAHN Gustav 1879-1919 **[15]**
🖌️ *$13 900 FF72 100 £9 180* Schutzhütte Franzenshöhe mit Ortlermassiv Öl/Leinwand 95x59cm/*37x23in* Wien 96
🖼️ *$527 FF2 690 £349* Blick von einem blühenden Obstgarten auf das Stift Klosterneuburg Color lithograph 66x88cm/*25x34in* Wien 96
✏️ *$5 480 FF27 470 £3 466* Der Bismarksteig auf der Rax Watercolour, gouache/paper 16x27cm/*6x10in* Wien 95
JAHNS Rudolf 1896-1983 **[6]**
🖌️ *$5 098 FF30 170 £3 110* Stilleben mit Mandoline Oil/panel 42,5x56cm/*16x22in* Köln 98
🖌️ *$17 358 FF101 385 £10 656* Formen auf weissem Grund (I) Tempera 37x30cm/*14x11in* Köln 97
JAILLOT Alexis Hubert 1632-1712 **[5]**
🖼️ *$270 FF1 330 £174* "Le Royaume de Danemark" Engraving 60x89cm/*23x35in* København 95
JAIS-NIELSEN Jais 1885-1961 **[121]**
🖌️ *$770 FF3 960 £492* Still life Oil/canvas 71x90cm/*27x35in* København 96
🖌️ *$4 446 FF26 409 £2 712* Cirkusbillede/Figurkomposition Oil/masonite 43x36cm/*16x14in* København 98
✏️ *$197 FF1 147 £121* Fisker, Bretagne/MOdel, Paris/Hvilende model Ink/paper 24x19cm/*9x7in* København 97
JAKOBIDES Georgios 1853-1932 **[18]**
🖌️ *$8 200 FF42 400 £5 470* Landscape Oil/board 22,5x31cm/*8x12in* Athens 96
🖌️ *$267 000 FF1 393 000 £161 300* Grandmother's dearest Oil/canvas 78,5x60cm/*30x23in* Athens 96
✏️ *$4 571 FF27 290 £2 800* An Old Woman Holding a Knotted Rope Ink/paper 20x17,5cm/*7x6in* London 97
JAKOBSSON Fritz 1940 **[17]**
🖌️ *$6 075 FF36 491 £3 643* Stilleben med bröd och rotfrukter Oil/canvas 65x77cm/*25x30in* Helsinki 98
✏️ *$2 025 FF12 163 £1 214* Passion Gouache/paper 20x38cm/*7x14in* Helsinki 98

JAKSCH Mathilde 1899-? **[6]**
$753 FF3 685 £477 Flötespielender Ceramic H19cm/*H7in* Wien 95
JALABERT Charles François 1819-1901 **[8]**
$5 340 FF28 000 £3 214 Portrait du duc d'Aumale/Portrait de la duchesse d'Aumale Huile/toile 130x90cm/*51x35in* Monaco 96
$8 500 FF50 807 £5 202 Jeune mère italienne Oil/canvas 33,5x25cm/*13x9in* New-York 97
JAMAR Armand 1870-1946 **[260]**
$509 FF2 630 £330 Bourrasque aux environs d'Etales, Normandie Huile/panneau 27,5x35,5cm/*10x13in* Liège 96
$1 084 FF6 492 £660 Paysage avec étang Huile/panneau 36x50cm/*14x19in* Liège 97
$319 FF1 640 £199 Voiliers en mer Aquarelle/papier 33x50cm/*12x19in* Antwerpen 96
JAMAR Pauline 1850-1911 **[5]**
$6 760 FF39 486 £4 000 Hollyhocks in a basket Oil/canvas 131,5x90,2cm/*51x35in* London 97
$1 340 FF7 000 £798 Bouquet de fleurs Aquarelle 42x73cm/*16x28in* Pontoise 96
JAMBON Marcel 1848-1908 **[2]**
$870 FF5 200 £533 Vue d'un intérieur, la porte fenêtre ouverte sur un balcon ensoleillé Aquarelle/papier 28,5x43,5cm/*11x17in* Paris 98
JAMBOR Lajos, Louis 1884-1955 **[21]**
$1 080 FF6 120 £540 Donna in letttura Olio/tela 70x57cm/*27x22in* Trieste 98
$18 000 FF108 369 £10 769 Washerwoman at Dusk Oil/canvas 174,5x135,5cm/*68x53in* San Francisco 98
JAMES Charlotte Isa XIX-XX **[3]**
$1 260 FF6 140 £800 Roses Watercolour 21x31cm/*8x12in* London 95
JAMES David XIX-XX **[58]**
$1 173 FF6 317 £700 The Bass Rock Oil/canvas 30,5x51cm/*12x20in* London 97
$9 720 FF50 400 £6 500 "Home with the tide" Oil/canvas 75x126cm/*29x49in* London 96
JAMES Walter John 1869-1932 **[6]**
$811 FF4 668 £500 Holy Island Oil/canvas/board 22x40cm/*8x15in* London 97
JAMES Will 1892-1942 **[2]**
$42 900 FF265 306 £25 770 All's Fine Oil/canvas 60x91cm/*24x36in* Hayden 97
JAMES William c.1730-c.1790 **[39]**
$5 800 FF28 900 £3 800 Northumberland house, Charing Cross Oil/canvas 61x76cm/*24x29in* London 95
JAMES William (Attrib.) c.1730-c.1790 **[7]**
$53 300 FF271 700 £32 000 The Riva degli Schiavone, Venice Oil/canvas 73,5x125cm/*28x49in* London 96
JAMESON Frank 1899-1968 **[15]**
$832 FF4 330 £550 By the Window Oil/canvas 51x41cm/*20x16in* London 96
JAMESON Middleton ?-1919 **[6]**
$5 492 FF30 548 £3 400 A nude seated on a riverbank Oil/canvas 101,5x72,5cm/*39x28in* Billingshurst, West Sussex 97
JAMESON Rosa XIX-XX **[2]**
$1 564 FF8 100 £1 015 Chiots et poussins Aquarelle 30x66cm/*11x25in* Besançon 96
JAMIESON Alexander 1873-1937 **[60]**
$776 FF4 606 £460 An Estuary Scene At Low Tide Oil/panel 28x34cm/*11x13in* Billingshurst, West Sussex 97
$2 460 FF12 500 £1 600 The Mill Pond, Weston Turville Oil/canvas 67x94cm/*26x37in* Auchterarder, Perthshire 95
JAMIESON F.E. 1895-? **[34]**
$518 FF3 053 £320 Highland Cattle in a Landscape Oil/canvas 61x91,5cm/*24x36in* London 97
JAMIESON Frank E. 1834-1899 **[22]**
$493 FF2 554 £320 Highland Loch Views Oil/canvas 51x76cm/*20x29in* London 96
JAMIN Léon 1872-1944 **[7]**
$952 FF4 930 £610 Houthalen Huile/toile 90x110cm/*35x43in* Liège 96
JAMISON Philip 1929 **[12]**
$400 FF2 386 £241 Chester County, Pa. Farmhouse with Crows Flying in a Stormy Sky Watercolour/paper 54x76cm/*21x30in* Downington, PA 97
JAMONTT Bronislaw 1886-1957 **[4]**
$2 151 FF12 853 £1 316 Riverlandscape Tempera/panel 29,8x36,5cm/*11x14in* Warszawa 98
JAMOTTE Georges XX **[8]**

J

$2 376 FF14 625 £1 458 Jeune fille Huile/toile 84x48,5cm/*33x19in* Lokeren 98
JAN Elvire Kouyoumojian 1904-1996 **[68]**
$942 FF5 500 £569 Portrait Huile/toile 34,5x27cm/*13x10in* Versailles 97
$2 317 FF12 000 £1 483 Composition Huile/toile 40x80cm/*15x31in* Paris 96
$666 FF3 800 £416 Composition Aquarelle/papier 48x62cm/*18x24in* Douai 97
JAN Georges ?-1907 **[4]**
$425 FF2 451 £250 "T.A.M, Transport Aérien Maïcon, Nice, Alpes Maritimes" Affiche 40x30cm/*15x11in* London 97
JANAK Alois 1924 **[5]**
$140 FF690 £89 11 km (Profil)/Regenschirm Etching in colors 44x33,5cm/*17x13in* Hamburg 95
JANCE Paul Claude 1840-1915 **[6]**
$2 186 FF13 000 £1 354 Panier et jetée de fleurs Huile/toile 33x48cm/*12x18in* Lyon 97
JANCO Marcel 1895-1984 **[242]**
$1 800 FF10 968 £1 113 Nature couleur Oil/canvas/board 25,5x35,5cm/*10x13in* Tel Aviv 98
$8 720 FF45 200 £5 660 Voûte céleste Öl/Karton 35x50cm/*13x19in* Zürich 96
$225 FF1 337 £137 Magic Color lithograph 58x40cm/*23x16in* Chicago, Illinois 98
$2 800 FF14 973 £1 665 Composition Metal 49x34cm/*19x13in* Tel Aviv 97
$280 FF1 634 £169 Portrait of a man Charcoal 22,5x15,5cm/*8x6in* Tel Aviv 97
JANCZAK Jan 1938 **[9]**
$5 030 FF25 460 £3 300 Cyklus Golgatha 6 Öl/Leinwand 115x93cm/*45x36in* Zürich 96
JANDA von Hermine 1854-1925 **[17]**
$1 532 FF7 820 £1 016 "Obstgarten in Blüthe, Hietzing" Öl/Leinwand 45x64cm/*17x25in* Wien 96
JANEBÉ Jeanne Baraud-Pellet 1907-? **[9]**
$2 473 FF12 040 £1 566 Nature morte de fleurs Huile/panneau 94x61cm/*37x24in* Bern 95
JANECEK Ota 1919-1996 **[3]**
$3 700 FF19 300 £2 200 Stilleben mit Früchten Öl/Leinwand 50,5x70cm/*19x27in* Wien 96
JANIER Georges 1946 **[18]**
$2 090 FF12 500 £1 268 Le violoniste Tempera/toile 55x46cm/*21x18in* Paris 97
JANIN Jean 1898-1970 **[9]**
$6 140 FF30 200 £3 910 "Eve et Jean, Fazil" Gouache 138x98cm/*54x38in* Köbenhavn 95
JANINET Jean-François 1752-1814 **[52]**
$840 FF4 390 £500 Villa Sachetta, after Hubert Robert Etching, aquatint 40x51cm/*15x20in* London 96
JANK Angelo 1868-1940 **[36]**
$1 478 FF9 045 £877 Jagdgesellschaft Öl/Leinwand 70x91cm/*27x35in* Heidelberg 98
$79 FF408 £49 Rennpferd mit Reiter Lithographie couleurs 57x56cm/*22x22in* Bern 96
JANKAY Tibor 1899-1944 **[5]**
$8 500 FF44 300 £5 340 Three women Oil/canvas 86x134cm/*33x52in* New-York 96
JANKOWSKI J. Wilhelm c.1825-1870 **[34]**
$1 764 FF8 820 £1 142 Süddeutsche Stadt am See (Erfurt?) Öl/Leinwand 21x26cm/*8x10in* Wien 96
$2 002 FF11 940 £1 242 Gmunden Öl/Leinwand 74x105cm/*29x41in* Wien 97
$10 763 FF63 693 £6 477 Blick auf Heidelberg und das Alte Schloss Öl/Leinwand 121x154cm/*47x60in* Lindau 98
JANNECK Franz Ch. (Attrib.) 1703-1761 **[8]**
$51 723 FF315 000 £31 500 Scènes galantes dans des ports méditerranéens Huile/cuivre 16,5x26,5cm/*6x10in* Toulouse 98
JANNECK Franz Christoph 1703-1761 **[24]**
$19 860 FF103 600 £12 000 The Assumption of the Virgin Oil/canvas 107x123,5cm/*42x48in* London 96
$24 985 FF144 508 £15 000 Venus and Adonis/Diana resting with her Nymphs Oil/panel 26x35,8cm/*10x14in* London 97
$59 200 FF305 400 £38 000 A bacchanal Oil/copper 56,5x79cm/*22x31in* London 96
JANNEL Jean 1894-? **[8]**
$3 340 FF20 000 £2 052 Odalisque Huile/toile 92x73cm/*36x28in* Paris 98
JANNI Guglielmo 1872-1958 **[10]**
$15 600 FF88 400 £7 800 Soldati in riposo Olio/tavola 97x57cm/*38x22in* Roma 98
JANNIOT Alfred Auguste 1889-1969 **[45]**
$1 227 FF7 000 £753 Antilope impala Plâtre H36cm/*H14in* Paris 97
$10 300 FF52 000 £6 760 "L'Afrique de l'Ouest" Relief 196x67cm/*77x26in* Paris 96
$1 284 FF7 500 £777 Nymphe et Centaure Sanguine 43,5x56,5cm/*17x22in* Paris 97

JANNOT Henri F. 1909 **[6]**
- $1 030 FF6 168 £634 Stilleben med frukter Oil/panel 46x38cm/*18x14in* Stockholm 98

JANNY Georg 1864-1946 **[52]**
- $1 612 FF9 520 £974 Flötenspielender Hirtenknabe Öl/Karton 42,5x51,5cm/*16x20in* Wien 97
- $1 000 FF5 800 £615 "Salzburg Vom Mozarthauschen" Watercolour, gouache 42x63cm/*16x25in* Bethesda, Maryland 97

JANS Jan 1893-1963 **[11]**
- $605 FF3 070 £394 Op de plas Oil/canvas 28x39,5cm/*11x15in* Amsterdam 96
- $852 FF4 855 £529 In the duinen bij Koudekerke Oil/canvas 40,5x60,5cm/*15x23in* Amsterdam 97

JANSCHA Lorenz 1749-1812 **[5]**
- $303 FF1 808 £185 "Ansicht der Stadt Bingen"/"Ansicht des Mausturms bey Bingen" Print 29x44cm/*11x17in* Bern 98

JANSÉ Félix XIX-XX **[9]**
- $2 004 FF11 621 £1 197 Dans la loge Oil/canvas 33,5x25,5cm/*13x10in* Amsterdam 97
- $2 931 FF18 128 £1 800 Un début Oil/canvas 65x100cm/*25x39in* Billingshurst, West Sussex 97

JANSEM Jean-Léon 1920 **[360]**
- $1 400 FF8 013 £827 Young Girl in a Blue Dress Oil/canvas 18x12,5cm/*7x4in* New-York 97
- $12 000 FF62 000 £7 730 La marchande de fleurs Huile/toile 65x50cm/*25x19in* Calais 96
- $21 000 FF109 400 £13 200 The Procession Oil/canvas 226x350,5cm/*88x137in* New-York 96
- $320 FF1 900 £190 Jeune fille accroupie sur fond vert Lithographie couleurs 56,5x75cm/*22x29in* Paris 97
- $1 178 FF6 000 £776 Femme de profil Encre 65x48cm/*25x18in* Paris 96

JANSEN Dirk 1878-1952 **[5]**
- $2 500 FF15 024 £1 511 Child and Calf Oil/canvas 55x84cm/*22x33in* Miami, Florida 98

JANSEN Franz Maria 1885-1958 **[41]**
- $331 FF1 637 £210 Mondgöttin Woodcut 20x15,5cm/*7x6in* Heidelberg 95

JANSEN Hendrik Willebrord 1855-1908 **[19]**
- $3 797 FF23 253 £2 272 A Beached Bomschuit Oil/canvas 61x40cm/*24x15in* Amsterdam 98
- $963 FF4 920 £635 Sir Britten Etching 29x23cm/*11x9in* Heidelberg 96

JANSEN Joseph 1829-1905 **[7]**
- $2 255 FF13 409 £1 380 Abendstimmung an einem süddeutschen See mit Blick auf Fischerboot... Öl/Leinwand 22,5x32cm/*8x12in* Köln 97

JANSEN Louise 1835-1912 **[3]**
- $5 759 FF33 464 £3 400 The Pilatus, near Lucerne Oil/canvas 50x68,5cm/*19x26in* London 97
- $1 533 FF8 912 £913 Gezicht op een kastel Watercolour/paper 29,5x40cm/*11x15in* Den Haag 97

JANSEN Willem G.F. (Attrib) 1871-1949 **[2]**
- $1 932 FF11 419 £1 196 Grachtenszene Oil/panel 15x21cm/*5x8in* Zürich 97

JANSEN Willem George Fred. 1871-1949 **[120]**
- $847 FF4 300 £552 City folk strolling in a street, Amsterdam Oil/board 15x21,5cm/*5x8in* Amsterdam 96
- $3 835 FF19 500 £2 450 Shipping on the waal near Nijmegen Oil/canvas 49x100cm/*19x39in* Amsterdam 96
- $758 FF4 432 £465 Milking Time Watercolour/paper 24x34,5cm/*9x13in* Toronto 97

JANSMA Jacob ?-1972 **[3]**
- $99 FF595 £61 "Bad Woestduin Doorn Uw Badplaats" Poster 100x70cm/*39x27in* Oostwoud 98

JANSON Johannes 1729-1784 **[18]**
- $5 590 FF28 400 £3 340 Landskap med figurer Oil/panel 26x33,5cm/*10x13in* Stockholm 96
- $5 300 FF30 500 £3 129 Scène pastorale au pied d'une colline Huile/panneau 52x67cm/*20x26in* Paris 97
- $1 272 FF6 580 £825 The Twelve Months of the Year Etching 14x17cm/*5x6in* London 96

JANSON Johannes Christian 1763-1823 **[7]**
- $1 660 FF9 504 £980 Berglandschap met figuren bij een brug Oil/panel 36x31,5cm/*14x12in* Den Haag 97

JANSON Marc 1930 **[126]**
- $173 FF1 000 £106 Sans titre Huile/papier/toile 74x52cm/*29x20in* Paris 97
- $201 FF1 200 £125 Aloysius Bertrand Gouache/papier 50x64cm/*19x25in* Paris 97

JANSONS Ivars 1939 **[6]**
- $629 FF3 228 £402 The Bush Track Oil/board 48x59cm/*18x23in* Melbourne 95

JANSSAUD Mathurin 1857-1940 **[150]**
- $1 650 FF10 000 £1 012 Bord de Seine devant le Louvre Huile/toile 33x41cm/*12x16in* Quimper 98

🖌 *$2 910 FF14 500 £1 906* Concarneau Huile/toile 55x38cm/*21x14in* Marseille 95
🖌 *$3 003 FF15 500 £1 933* Bretagne, jour de fête Pastel 18x23cm/*7x9in* Calais 96
JANSSEN Horst 1929-1995 **[1324]**
🖌 *$372 FF2 132 £227* Baum in Streifen Radierung 22x15cm/*8x5in* Hamburg 97
🖌 *$188 FF1 141 £115* Selbstbildnis Indian ink/paper 23,2x10cm/*9x3in* Hamburg 98
JANSSEN Ludovic 1888-1954 **[79]**
🖌 *$631 FF3 594 £387* Moulin à Argenteau Huile/panneau 24x32,5cm/*9x12in* Liège 97
🖌 *$1 036 FF6 008 £610* Les bouleaux de Staelen Huile/toile 60x80cm/*23x31in* Liège 97
JANSSENS Abraham 1575-1632 **[10]**
🖌 *$9 614 FF55 000 £6 000* La main chaude Huile/toile 68x96cm/*26x37in* Nancy 97
🖌 *$15 000 FF85 567 £9 223* Diana holding a bow accompanied by three of her handmaidens Oil/copper 24x31cm/*9x12in* New-York 97
🖌 *$63 800 FF309 000 £40 000* The Virgin and Child with the Infant Saint John the Baptist Oil/canvas 144x110cm/*56x43in* London 95
JANSSENS DEN DANSER Hieronymus 1624-1693 **[16]**
🖌 *$7 800 FF40 000 £4 740* An elegant lady with two musicians in an interior Oil/panel 33x32cm/*12x12in* New-York 96
🖌 *$20 260 FF104 400 £13 000* Elegant company feasting, making music and dancing in a loggia Oil/canvas 11x163cm/*4x64in* London 96
🖌 *$70 400 FF347 000 £45 400* Elegant company making music and dancing Oil/canvas 114x166cm/*44x65in* Stockholm 95
JANSSENS DEN DANSER Hieronymus (Attrib.) 1624-1693 **[3]**
🖌 *$18 300 FF103 700 £9 150* Giocatori di carte in un salotto Olio/tela 56,5x68cm/*22x26in* Firenze 98
JANSSENS René 1870-1936 **[17]**
🖌 *$1 510 FF7 880 £912* Femme dans un intérieur Huile/toile 65x64cm/*25x25in* Bruxelles 96
JANSSENS V. XIX **[2]**
🖌 *$11 798 FF68 714 £7 208* Junge lesende Frau neben einem Tisch mit Obst, Krug, Gemüse und Ente Huile/panneau 53x43,5cm/*20x17in* Zürich 97
JANSSENS Victor Honoré 1658-1736 **[2]**
🖌 *$20 067 FF118 812 £12 000* Diana and her attendants resting in a wooded landscape Oil/panel 28x41cm/*11x16in* London 97
JANSSON Alfred 1863-1931 **[10]**
🖌 *$2 250 FF11 520 £1 372* Moonlight Wolf Lake, Mich Oil/canvas 45x66cm/*18x26in* Altadena, CA 96
JANSSON Eugène 1862-1915 **[24]**
🖌 *$11 910 FF62 200 £7 100* Boys on the beach Oil/canvas 52x87cm/*20x34in* Stockholm 96
🖌 *$2 941 FF17 569 £1 800* I skymningen Pastel/paper 40x52cm/*15x20in* Stockholm 98
JANSSON Karl Emanuel 1846-1874 **[3]**
🖌 *$3 190 FF18 839 £1 888* Äländsk bondgumma Watercolour/paper 24,5x20cm/*9x7in* Helsinki 97
JANSSON Rune 1918 **[86]**
🖌 *$795 FF3 970 £519* Mörk himmel I Oil/canvas 35x65cm/*13x25in* Stockholm 95
JANSZ. Pieter 1602-1672 **[2]**
🖌 *$2 960 FF15 070 £1 775* Esther and Ahasuerus Ink 28,8x18,9cm/*11x7in* Amsterdam 96
JANTHUR Richard 1883-1950 **[16]**
🖌 *$197 FF1 017 £127* Szene zu Dostojewskis Roman "Die Brüder Karamasow" Lithographie 34,5x27,5cm/*13x10in* Berlin 96
JANVIER Alex Simeon 1935 **[25]**
🖌 *$487 FF2 911 £292* The Code of the Wilderness Acrylic/canvas 60x76cm/*23x29in* Calgary, Alberta 98
🖌 *$383 FF2 287 £230* Away from Home Gouache/paper 36x58cm/*14x22in* Calgary, Alberta 98
JANZ Philipp 1813-1885 **[2]**
🖌 *$3 401 FF20 080 £2 014* Eichwald mit Viehhirten und Bachlauf Oil/panel 61x51cm/*24x20in* Frankfurt 97
JAPY Louis Aimé 1840-1916 **[123]**
🖌 *$1 743 FF10 121 £1 064* Prachtvolle Waldlandschaft mit Figurenstaffage Oil/panel 41x31,5cm/*16x12in* Lindau 97
🖌 *$5 900 FF30 000 £3 524* Chemin en forêt Huile/toile 56x46,5cm/*22x18in* Barbizon 96
🖌 *$30 000 FF154 200 £18 750* Le Retour du troupeau Oil/canvas 146x116cm/*57x45in* New-York 96
🖌 *$2 283 FF11 920 £1 380* Souvenir de Malsherbes au printemps Aquarelle, gouache/papier 38x33cm/*14x12in* Genève 96

JAQUES Bertha Evelyn 1863-1941 **[12]**
$949 FF5 595 £586 "Tall Meadow Rue-stems left after Seeds have Fallen" Photograph 39x25cm/*15x10in* New-York 97
JAQUES Francis Lee 1887-? **[1]**
$2 000 FF11 947 £1 223 Quail and Grouse Watercolour/paper 68x50cm/*27x20in* Dedham, Mass. 98
JAQUES Pierre 1913 **[6]**
$635 FF3 709 £375 Pont de la Coulouvrenière Huile/toile 26,5x46cm/*10x18in* Genève 97
JAQUET Alice Jacqueline 1906 **[18]**
$748 FF4 358 £461 "Pleine lune en Provence" Öl/Karton 67x32cm/*26x12in* Bern 97
JARABILI Charlie 1920-1985 **[1]**
$5 283 FF31 042 £3 172 Sugarbag Dreming Mixed media 124x51cm/*48x20in* Melbourne 97
JARDINES José Maria 1862-? **[28]**
$2 000 FF10 000 £1 295 Shepherdess with her flock Oil/canvas 49x65cm/*19x25in* New-York 96
$2 112 FF12 837 £1 267 Recolectando manzanas Oleo/tabla 27x35cm/*10x13in* Madrid 98
JARDON L.E. XIX-XX **[2]**
$578 FF3 333 £340 "Clément, Sté des Vélocipèdes Clément" Affiche 129x89cm/*50x35in* London 97
JARMAN Derek 1942-1993 **[8]**
$733 FF4 442 £450 Avesbury Series No.8 Watercolour 20x20cm/*7x7in* London 98
JARMAN Henry Thomas XIX-XX **[2]**
$3 000 FF18 126 £1 787 The Scamp Oil/canvas 76x63,5cm/*29x25in* New-York 97
JÄRNEFELT Eero 1863-1937 **[56]**
$3 190 FF18 839 £1 888 Landskap Oil/canvas 21x40cm/*8x15in* Helsinki 97
$11 966 FF71 877 £7 176 Landskap Oil/canvas 50x60cm/*19x23in* Helsinki 98
$3 378 FF19 947 £1 999 Rocky coastal landscape Watercolour/paper 30x47cm/*11x18in* Helsinki 97
JAROSZYNSKI Józef 1835-1900 **[5]**
$2 020 FF12 308 £1 254 Przeprawa Oil/panel 42x68cm/*16x26in* Warszawa 97
JAROWSKY Wladyslaw 1879-1965 **[1]**
$4 590 FF23 500 £2 786 Portrait de Bronka Gutouna, née Porovina, ou La Belle Polonaise Huile/toile 120x92cm/*47x36in* Bayeux 96
JARRIE Martin 1953 **[5]**
$654 FF3 800 £386 "Pour mieux s'entendre" Acrylique/toile 45x31cm/*17x12in* Le Havre 97
JARUSKA Wilhelm XX **[2]**
$526 FF3 180 £320 "Innsbruck 1964" Poster 94x62cm/*37x24in* London 98
JARVIS Georgina 1944-1990 **[7]**
$819 FF4 000 £519 Alberta Acrylic/panel 30x41cm/*11x16in* Calgary, Alberta 95
$1 414 FF6 910 £895 Harvest Acrylic/panel 51x76cm/*20x29in* Calgary, Alberta 95
JARVIS Henry C. 1867-1955 **[5]**
$637 FF3 890 £380 A Figure with Shire Horses Beside a Pond Watercolour/paper 19,5x29cm/*7x11in* London 98
JARVIS John Wesley 1780-1840 **[9]**
$10 000 FF61 312 £6 118 Portrait of General Jacob Brown Oil/canvas 109x91,5cm/*42x36in* New-York 98
JASCHKE Franz 1775-1842 **[5]**
$4 020 FF20 430 £2 400 Budapest Watercolour 27,5x40,5cm/*10x15in* London 96
JASINSKI Feliks Stanislaw 1862-1901 **[5]**
$2 366 FF13 552 £1 400 The Mirror of Venus, after Edward Coley Burne-Jones Engraving 44,5x63cm/*17x24in* London 97
JASINSKI Zdzislaw 1863-1932 **[1]**
$1 609 FF9 583 £1 007 A barn Watercolour/paper 33x43cm/*12x16in* Warszawa 97
JASMIN André 1922 **[9]**
$14 068 FF84 140 £8 540 Sans titre Huile/panneau 40,5x35,5cm/*15x13in* Montréal 97
JASMIN Joseph 1923 **[3]**
$6 080 FF31 000 £4 010 Le songe Huile/isorel 192x52cm/*75x20in* Paris 96
JAUBERT Henri Melchior XIX **[4]**
$230 FF1 200 £145 Pêcheurs à l'embouchure du Paillon à Nice Aquarelle 21x28cm/*8x11in* Grenoble 96
JAUDON Valérie 1945 **[18]**
$3 200 FF18 935 £1 952 "Polkville" Oil/canvas 91,5x91,5cm/*36x36in* New-York 98

JAUGEY Daniel 1929 **[24]**
 $599 FF2 900 £376 Comédiens Huile/toile 38x55cm/*14x21in* L'Isle-Adam 95
JAULMES Marc 1928 **[10]**
 $961 FF5 500 £600 Sans titre 6.3.96 Acrylique/toile 100x100cm/*39x39in* Paris 97
JAUMOTTE Gaston 1926 **[2]**
 $1 360 FF8 115 £820 Le pain de campagne Huile/toile 60x80cm/*23x31in* Lokeren 97
JAUNEZ Lina XX **[1]**
 $1 870 FF9 500 £1 116 Paysage animé Huile/toile 33x48cm/*12x18in* Saint-Dié 96
JAUSLIN Karl 1842-1904 **[5]**
 $4 008 FF24 164 £2 426 Washington's Army crossing the Delaware River 1775 Coloured chalks
150x200cm/*59x78in* Zürich 98
JAWLENSKY Andreas 1902-1984 **[10]**
 $7 936 FF46 853 £4 699 Der Fischer (Il Pescatore) Oil/panel 49,3x64cm/*19x25in* Berlin 97
 $2 064 FF12 019 £1 263 Blumen am Abend Watercolour 22x16cm/*8x6in* München 97
JAWLENSKY von Alexej 1864-1941 **[267]**
 $82 675 FF482 625 £50 000 Green Houses Oil/board 33x43cm/*12x16in* London 97
 $258 658 FF1 540 540 £153 732 Das Mädchen Marie Öl/Papier 49x38cm/*19x14in* München 97
 $140 FF871 £84 Frauenbildnis mit Fächer Poster 72,5x49cm/*28x19in* Heidelberg 98
 $11 070 FF55 300 £7 230 Flowers Ink/paper 11,5x14cm/*4x5in* München 95
JAY Florence XIX-XX **[13]**
 $1 959 FF11 695 £1 200 Waiting for Master Oil/canvas 50x76cm/*19x29in* Billingshurst, West Sussex 97
JAYAKAR XX **[1]**
 $2 159 FF12 948 £1 300 Woman with Bird Watercolour 36,5x36,5cm/*14x14in* London 98
JAYNE Vanessa XX **[2]**
 $1 976 FF11 928 £1 200 Ready to Play Oil/panel 44,5x28,5cm/*17x11in* Billingshurst, West Sussex 98
JAZET Jean Pierre M. 1788-1871 **[9]**
 $512 FF2 500 £325 La Vie d'un gentilhomme en toutes saisons: L'Été Aquatinte 46x71cm/*18x27in* Paris 95
JAZET Paul Léon 1848-? **[14]**
 $8 629 FF51 000 £5 344 "L'Alsace"/"La Lorraine" Huile/toile 72x100cm/*28x39in* Verdun 97
JEAN-HAFFEN Yvonne 1895-1993 **[16]**
 $252 FF1 495 £150 "Provins, La Tour de César, Est" Affiche 99x62cm/*38x24in* London 97
 $647 FF3 800 £396 La marché aux veaux, place Saint-Sauveur, Dinan Gouache/papier
47,5x30,5cm/*18x12in* Saint-Brieuc 97
JEANCLOS Georges Jeankelowich 1933-1997 **[29]**
 $2 930 FF18 000 £1 756 Le dormeur Terracotta 20x46x23cm/*7x18x9in* Paris 98
 $9 920 FF52 000 £5 970 Homme à Rachi 1 Terracotta H152cm/*H59in* Monaco 96
JEANES Sigismond 1863-? **[12]**
 $2 494 FF15 000 £1 492 Paysage méditerranéen Huile/panneau 114x78cm/*44x30in* Paris 98
 $1 925 FF9 500 £1 255 Neiges nocturnes, Tyrol Aquarelle 60x40cm/*23x15in* Paris 95
JEANIN Georges XIX-XX **[2]**
 $1 384 FF8 500 £844 Les pommes Huile/carton 26x36cm/*10x14in* Neuilly-sur-Seine 98
JEANJEAN Marcel 1893-? **[2]**
 $327 FF1 800 £201 "Goodrich, le bandage plein" Affiche 69,5x51,5cm/*27x20in* Versailles 97
JEANMAIRE Edouard 1847-1916 **[52]**
 $355 FF2 062 £210 Figuren- und Tierstaffage vor Bauernhaus Öl/Karton 25x34cm/*9x13in* Bern 97
 $995 FF5 775 £588 L'âne et la flûte de Florian Öl/Leinwand 78x68,5cm/*30x26in* Bern 97
 $12 794 FF74 257 £7 560 Les Pavots Öl/Leinwand 116x142cm/*45x55in* Bern 97
 $455 FF2 691 £269 A la Joux-Perret Indian ink 41x28,5cm/*16x11in* Zofingen 97
JEANNIN Georges 1841-1925 **[107]**
 $1 344 FF8 000 £821 Les pavots Huile/toile 32,5x24,5cm/*12x9in* Pontoise 98
 $5 400 FF32 066 £3 296 Bouquet of Flowers Oil/canvas 60x73cm/*23x28in* New-York 98
 $35 000 FF214 329 £20 947 Still Life with Hollyhocks Oil/canvas 97x146cm/*38x57in* New-York 98
JEANNIOT Pierre Georges 1848-1934 **[113]**
 $370 FF2 200 £220 Bord de rivière Huile/panneau 33x39cm/*12x15in* Toulouse 97
 $1 237 FF6 000 £797 Couple devant une bouteille d'absinthe Huile/toile 61x50cm/*24x19in* Paris 95
 $165 FF800 £106 femme sur un canapé Eau-forte 22x28,5cm/*8x11in* Paris 95
 $174 FF900 £116 La foule des notables Encre 26x20cm/*10x7in* Neuilly 96
JEANNOT Joseph-Clément-M. 1855-? **[7]**

✏ *$425 FF2 526 £260* Wooded Landscape in Spring Watercolour/paper 33x49cm/*13x19in* Asheville, NC 97
JEAURAT DE BERTRY Nicolas H. (Attrib.) 1728-c.1800 [2]
👁 *$32 860 FF170 000 £21 300* Nature morte aux instruments de musique et partitions Huile/toile 96x79cm/*37x31in* Paris 96
JEAURAT DU BERTRY Nicolas Henry 1728-c.1800 [5]
👁 *$8 230 FF50 000 £4 955* Nature morte à la marmite, ustensiles de cuisine et poisson Huile/toile 62x78cm/*24x30in* Paris 98
JEAURAT Edme 1688-1738 [1]
🖺 *$549 FF3 279 £336* "L'amour coquet" Mezzotint 39x30cm/*15x11in* München 98
JEAURAT Étienne 1699-1789 [28]
👁 *$46 000 FF271 225 £28 207* Figures playing Music in an Architectural Setting with Landscapes Oil/canvas 83x117cm/*32x46in* New-York 98
✏ *$2 340 FF12 050 £1 500* The Finding of Moses Black & white chalks 36,5x50cm/*14x19in* London 96
JEAURAT Étienne (Attrib.) 1699-1789 [17]
👁 *$15 000 FF85 470 £9 187* A Young Boy on a Hobbyhorse, with otherr Children playing Oil/canvas 75,5x89cm/*29x35in* New-York 97
✏ *$772 FF4 500 £475* Scène champêtre Lavis 24,5x24cm/*9x9in* Paris 97
JEFFERYS Jack 1896-1961 [6]
👁 *$3 444 FF19 608 £2 112* A Paris Huile/toile 39x44cm/*15x17in* Bruxelles 97
JEFFERYS Marcel 1872-1924 [54]
👁 *$710 FF4 062 £420* Vue ardennaise Huile/toile/panneau 27x13,5cm/*10x5in* Bruxelles 97
👁 *$1 740 FF9 020 £1 092* Les tulipes Technique mixte 53x54cm/*20x21in* Antwerpen 96
✏ *$544 FF2 680 £353* Portrait de mon père Dessin 48x40cm/*18x15in* Bruxelles 95
JEGERLEHNER Hans Gordon 1906-1974 [24]
👁 *$1 293 FF7 527 £797* "Hornsee" Öl/Karton 50x60cm/*19x23in* Bern 97
🖺 *$345 FF1 678 £218* "Weisshorn" Gravure bois couleurs 35,5x42,5cm/*13x16in* Bern 95
JEGHER Christoffel 1586-1653 [15]
🖺 *$2 690 FF14 040 £1 600* Rest on the Flight into Egypt, after Rubens Woodcut 46,5x60cm/*18x23in* London 96
JEGOROV Andrei 1878-1954 [9]
✏ *$2 255 FF13 075 £1 346* Winter Gouache/paper 35x50cm/*13x19in* Amsterdam 97
JEIHAN SUKMANTORO 1938 [4]
👁 *$4 190 FF25 091 £2 574* Portrait of a Boy Oil/canvas 93x89,5cm/*36x35in* Singapore 98
JELGERHUIS Johannes Rienksz. 1770-1836 [7]
✏ *$977 FF5 914 £595* Skating along the Canals Watercolour/paper 18x25cm/*7x10in* New-York 98
JELINEK Rudolph 1880-? [19]
👁 *$1 500 FF7 300 £950* The Connoisseur Oil/panel 52x41cm/*20x16in* New-York 95
JELLETT Mainie Harriet 1897-1944 [8]
👁 *$32 616 FF192 308 £20 000* Flowers Forms Oil/canvas 46x61cm/*18x24in* London 98
✏ *$16 329 FF96 339 £10 000* Composition with Figures Gouache/paper 65x50cm/*25x19in* London 98
JELLEY James Valentine c.1870-c.1940 [22]
👁 *$2 790 FF14 440 £1 800* Geese outside a Farmyard Oil/board 23,5x30,5cm/*9x12in* London 96
👁 *$8 757 FF50 274 £5 500* "The Lily Garden" Oil/canvas 74x103cm/*29x40in* London 97
✏ *$3 800 FF22 592 £2 324* Black and Crimson Iceland Poppies Watercolour/paper 42x16,5cm/*16x6in* New-York 97
JENÉ Edgar 1904-1984 [23]
✏ *$1 446 FF7 310 £948* Ohne Titel Gouache/papier 62x42,5cm/*24x16in* Wien 96
JENKINS F. Lynn 1870-1927 [2]
🏺 *$8 500 FF51 892 £5 080* Figure of Woman Reclining Over a Globe Bronze H44cm/*H17in* New-York 98
JENKINS George Henry 1843-1914 [50]
👁 *$841 FF4 260 £550* Le Mont Saint-Michel Oil/cardboard 28x44cm/*11x17in* London 96
👁 *$909 FF5 308 £550* Cattle by a Dartmoor Stream Oil/canvas 37,5x63,5cm/*14x25in* Exeter, Devon 97
✏ *$338 FF1 716 £220* The Mouth of a Busy West Country Estuary Watercolour 23,5x43cm/*9x16in* London 96
JENKINS Joseph John 1811-1855 [14]
✏ *$822 FF4 625 £500* A River Valley at Dusk Watercolour 21x31cm/*8x12in* London 97
JENKINS Paul 1923 [401]

☞ *$600 FF3 420* £368 Phenomena Green Sleeves Oil/canvas 38x30cm/*15x12in* Chicago, Illinois 97
☞ *$865 FF5 025* £511 "Andromeda" Öl/Leinwand 98x68cm/*38x26in* Dresden 97
☞ *$4 800 FF27 200* £2 400 "Phenomena Jaino Eye" Olio/tela 162x97cm/*63x38in* Milano 98
▥ *$350 FF2 000* £215 (1-2) Composition Lithographie couleurs 80,5x60,5cm/*31x23in* Paris 97
✎ *$183 FF1 063* £111 Composition Indian ink/paper 30x21cm/*11x8in* København 97

JENKINS Wilfred XIX-XX **[22]**
☞ *$1 215 FF6 200* £800 Harbour scene by night Oil/board 18x41cm/*7x16in* London 96
☞ *$1 100 FF6 380* £676 Evening Harbor Scenes Oil/canvas 40x60cm/*16x24in* Bethesda, Maryland 97

JENKS Phoebe A. 1847-1907 **[1]**
☞ *$6 000 FF36 742* £3 591 Portrait of a Gentleman Oil/canvas 122x89,5cm/*48x35in* New-York 98

JENNER Isaac Walter 1836-1901 **[12]**
☞ *$793 FF4 931* £500 The Eastern Arm of Shoreham Harbour at Southwick looking Westward Oil/board 14x26cm/*5x10in* London 97

JENNET Eugène 1826-? **[1]**
☞ *$7 605 FF44 422* £4 500 Stockholm Oil/panel 47x62cm/*18x24in* London 97

JENNEWEIN Carl Paul 1890-1978 **[3]**
⚒ *$5 500 FF28 700* £3 324 "Cupid and Psyche" A Group Bronze H32cm/*H12in* New-York 96

JENNEY Edgar W. 1869-1939 **[1]**
✎ *$1 800 FF10 739* £1 078 Nantucket Interior Watercolour, gouache 43x33cm/*17x13in* Bolton, Mass. 98

JENNEY Neil 1945 **[22]**
☞ *$50 000 FF290 360* £30 545 "Man and Beast" Oil/canvas 155x129,5cm/*61x50in* New-York 97

JENNY Neil 1949 **[2]**
☞ *$24 000 FF116 200* £15 400 Morning Oil/masonite 45,5x81cm/*17x31in* New-York 95

JENNYS William c.1770-c.1810 **[3]**
☞ *$4 249 FF24 649* £2 511 Reverend Cyprian Strong/Abigail Hart Strong Oil/canvas 73x63cm/*29x25in* New-York 97

JENSEN Alfred 1859-1935 **[57]**
☞ *$455 FF2 380* £271 Windmühle im Abendrot Oil/canvas 34x25cm/*13x9in* Rudolstadt-Thüringen 96
☞ *$2 490 FF11 920* £1 550 Danish shipping off a fortified harbour Oil/canvas 68x103cm/*26x40in* London 95

JENSEN Alfred 1903-1981 **[60]**
☞ *$4 800 FF27 826* £2 830 Untitled Oil/paper 27,5x34,5cm/*10x13in* New-York 97
☞ *$9 000 FF43 600* £5 780 Tun Oil/canvas 117x102cm/*46x40in* New-York 95
☞ *$20 000 FF119 190* £12 264 "The Nine Cauldrons" Oil/canvas 213,5x132cm/*84x51in* New-York 98
▥ *$289 FF1 658* £176 Sun is the hidden number Farblithographie 48,5x40cm/*19x15in* Hamburg 97
✎ *$3 500 FF21 752* £2 093 Untitled Felt pen 56x42cm/*22x16in* New-York 98

JENSEN Axel P. 1885-1972 **[179]**
☞ *$150 FF883* £92 Udsigt over sommerlandskab Oil/canvas 51x69cm/*20x27in* København 97

JENSEN Berit 1956 **[44]**
☞ *$820 FF4 230* £525 "Aevle"-symmetri Oil/canvas 120x120cm/*47x47in* København 96
✎ *$233 FF1 328* £144 Komposition i brunt Watercolour/paper 99x70cm/*38x27in* Vejle 97

JENSEN Bill 1945 **[22]**
☞ *$4 000 FF19 370* £2 570 King Friday Oil/canvas 84x84cm/*33x33in* New-York 95
▥ *$600 FF3 456* £352 Vanquished Etching, aquatint in colors 35x24,5cm/*13x9in* New-York 97
✎ *$8 000 FF40 750* £4 800 Greek Gardens Gouache 69x89cm/*27x35in* New-York 96

JENSEN Christian Albrecht 1792-1870 **[11]**
☞ *$3 675 FF18 640* £2 390 Portraet af Ferdinand Flachner (1792-1847) Oil/canvas 44x35cm/*17x13in* København 96
☞ *$17 820 FF89 100* £11 540 Portraet av kontreadmiral Carl Adolph Rothe (1767-1834) Oil/canvas 72x58cm/*28x22in* København 96

JENSEN Gabriel 1862-1930 **[10]**
☞ *$1 020 FF5 320* £607 Interior scene with a mandolin player Oil/canvas 57x73cm/*22x28in* København 96

JENSEN George 1878-? **[9]**
☞ *$1 200 FF6 220* £780 Trees by the River in Winter Oil/board 40,5x49cm/*15x19in* San Francisco-Los Angeles 96

JENSEN Holger J. 1900-1966 **[15]**
☞ *$390 FF2 296* £240 Huse og klitter, Liseleje Oil/canvas 60x80cm/*23x31in* København 97

JENSEN Johan L. (Attrib.) 1800-1856 **[9]**
☞ *$2 879 FF16 453* £1 764 Blomstergirland Oil/canvas 39x56cm/*15x22in* Stockholm 97

$5 870 FF34 985 £3 600 Still Life of Flowers Oil/panel 19x26,5cm/*7x10in* London 98
JENSEN Johan Laurents 1800-1856 **[246]**
  $1 397 FF8 163 £827 Roses and Forget-me-Nots Oil/wood 17,5x25cm/*6x9in* Melbourne 97
  $2 169 FF13 216 £1 315 Jagtbyttet Oil/paper/panel 47x35cm/*18x13in* København 98
  $1 446 FF8 834 £912 Hvide snerler Gouache/paper 19,5x15cm/*7x5in* København 97
JENSEN Judy Bally 1953 **[2]**
  $3 500 FF18 270 £2 115 Serpentine Sculpture H73,7cm/*H29in* New-York 96
JENSEN Karl 1851-1933 **[30]**
  $256 FF1 496 £151 Kirkeinteriör Oil/canvas 39x33cm/*15x12in* Vejle 97
  $1 440 FF7 090 £928 Mariekirken, Helsingør Oil/canvas 49x71cm/*19x27in* København 95
JENSEN Max 1887-? **[13]**
  $849 FF5 028 £511 Raddampfer bei schwerer See vor Helgoland Öl/Karton 39,5x65,5cm/*15x25in* Lindau 98
JENSEN Olaf Simony 1864-1923 **[41]**
  $260 FF1 583 £158 Kortspillere Oil/canvas 43x60cm/*16x23in* Viby J, Århus 98
JENSSEN Elois XX **[16]**
  $600 FF3 416 £368 Shelley Winters Costume Design from "Phone Call from a Stranger" Watercolour 50x33cm/*20x13in* Los Angeles 97
JENTSCH Adolph Stephan Fried 1888-1977 **[21]**
  $1 076 FF6 181 £663 Namibian Landscape with Hills in the Distance Watercolour/paper 14,5x26,5cm/*5x10in* Johannesburg 97
JEPSEN Morten 1826-1903 **[19]**
  $360 FF1 773 £232 Gammelt hus, fra Høndergade i Ribe Oil/canvas 20x15cm/*7x5in* København 95
  $957 FF5 731 £589 Interiör fra Vestervig Kirke Oil/canvas 40x46cm/*15x18in* Vejle 98
JEPSON Peter 1936 **[3]**
  $1 432 FF7 460 £900 Tiger in jungle undergrowth Watercolour 45x68cm/*18x27in* Aylsham, Norfolk 96
JERACE Vincenzo 1836-1947 **[1]**
  $2 249 FF13 592 £1 340 Venus and Cupid Marble 35,5x29cm/*13x11in* New-York 97
JERICHAU Harald 1851-1878 **[33]**
  $349 FF1 773 £226 Templer ved Satdas i Lilleasien Oil/canvas 16x22,5cm/*6x8in* København 95
  $5 358 FF30 975 £3 314 Optrukne både på stranden ved Sorrento Oil/canvas 54x115cm/*21x45in* København 97
JERICHAU Holger Hvitfeldt 1861-1900 **[97]**
  $145 FF880 £87 En kirke, aften Oil/canvas 49x39cm/*19x15in* Viby J, Århus 98
  $488 FF2 843 £300 Artist painting, a Town beyond Oil/board 21,5x35cm/*8x13in* Billingshurst, West Sussex 97
  $933 FF4 800 £582 Sorrento Watercolour/board 22x38cm/*8x14in* Wien 96
JERICHAU Jens Adolf 1890-1916 **[38]**
  $2 308 FF11 866 £1 404 Opstilling med løg, porrer og frugt Oil/canvas 30x38cm/*11x14in* København 96
  $3 705 FF22 007 £2 260 Salomos dom, kopi efter Rubens Oil/canvas 45x50cm/*17x19in* København 98
  $8 354 FF48 543 £5 142 Figurkomposition: "Pietà" Oil/canvas 116x136cm/*45x53in* København 97
  $293 FF1 496 £193 Figurstudie Pencil 25x17cm/*9x6in* København 96
JERICHAU-BAUMANN Anna Maria Elisabeth 1819-1881 **[44]**
  $900 FF4 430 £580 A meeting in an interior Oil/canvas 30x40cm/*11x15in* København 95
  $2 154 FF13 180 £1 309 Andagt, Studie Oil/canvas 51x58cm/*20x22in* København 98
  $100 188 FF602 106 £60 000 An Egyptian Pottery Seller near Gizeh Oil/canvas 98,5x138,5cm/*38x54in* London 98
JERKEN Erik 1898-1947 **[44]**
  $468 FF2 420 £313 Still life Oil/canvas 56x46cm/*22x18in* Göteborg 96
JERNBERG August 1826-1896 **[26]**
  $4 476 FF26 736 £2 740 Vinpovare Oil/canvas 55x46cm/*21x18in* Stockholm 98
  $5 216 FF29 872 £3 184 Stilleben med grönsaker och kärl Oil/panel 31x41cm/*12x16in* Stockholm 97
JERNBERG Olaf August Andreas 1855-1935 **[40]**
  $1 613 FF7 920 £1 026 Flusslandschaft vom Niederrhein Oil/canvas/panel 34x47cm/*13x18in* Bremen 95
  $1 660 FF9 606 £1 014 A Woman Gathering Wood Oil/canvas 39x58,5cm/*15x23in* Amsterdam 97
JERNDORFF August Andreas 1846-1906 **[24]**

$1 205 FF7 042 £713 Festlig aften i Venedig Oil/canvas 41x33cm/*16x12in* Vejle 97

JERVAS Charles c.1675-1739 **[19]**
$10 270 FF50 300 £6 500 Portrait of Lady Mary Wortley Montagu Oil/canvas 73x62cm/*28x24in* London 95
$8 808 FF50 682 £5 200 Portrait of Mrs Harrison Oil/canvas 191x144cm/*75x56in* London 97
$16 670 FF84 900 £10 000 Portrait of Lady Mary Wortley Montagu (1689-1762) Oil/canvas 10x96cm/*3x37in* London 96

JERVAS Charles (Attrib.) c.1675-1739 **[10]**
$8 996 FF52 430 £5 500 Portrait of a Lady, Seated Three Quarter Length Oil/canvas 127x102cm/*50x40in* London 97

JERZY Richard XX **[10]**
$450 FF2 627 £272 Iris in Bloom Watercolour/paper 66x43cm/*26x17in* Bloomfield Hills, Michigan 97

JESPERS Emile 1862-1918 **[6]**
$3 549 FF21 138 £2 171 Nu debout tenant un livre Marbre H78cm/*H30in* Bruxelles 98

JESPERS Floris 1889-1965 **[570]**
$220 FF1 300 £136 Marché africain Huile/panneau 70x90cm/*27x35in* Antwerpen 97
$1 012 FF5 250 £636 Négresse assise Huile/panneau 27x21cm/*10x8in* Antwerpen 96
$8 164 FF42 614 £4 966 Vlaams landschap Huile/panneau 100x121,5cm/*39x47in* Lokeren 96
$918 FF5 232 £560 Le déjeuner Estampe 14x12cm/*5x4in* Antwerpen 97
$441 FF2 601 £273 Char à foin Fusain/papier 43x34cm/*16x13in* Antwerpen 97

JESPERS Oscar 1887-1970 **[61]**
$5 100 FF25 400 £3 246 "Perle fine" Céramique H22,5cm/*H8in* Antwerpen 95
$17 220 FF98 100 £10 500 Fieda De Meulemeester Sculpture H130cm/*H51in* Antwerpen 97
$1 291 FF7 357 £787 Nu debout Dessin 35x20cm/*13x7in* Antwerpen 97

JESPERSEN Henrik Gamst 1853-1936 **[64]**
$720 FF3 546 £464 Mountainous landscape Oil/canvas 55x74cm/*21x29in* København 95

JESS Collins 1923 **[9]**
$15 000 FF89 820 £9 216 Untitled, Beautiful Hair Mixed media 35,5x34,5x7,5cm/*13x13x2in* New-York 98
$21 000 FF107 000 £12 600 Cover Design for A Lesbian Estate by Lynn Lonidier Collage 42x59,5cm/*16x23in* New-York 96

JESSEN Carl Ludwig 1833-1917 **[10]**
$2 925 FF15 300 £1 742 Portrait eines bärtigen Mannes Öl/Leinwand 34x28cm/*13x11in* Berlin 96

JESSEN Jes 1743-1807 **[3]**
$1 221 FF6 200 £791 Portrait of Agnete Cathrine Laurberg (b.1771) Oil/canvas 74x59cm/*29x23in* København 95

JESSUP Fred Arthur 1920 **[6]**
$2 604 FF15 949 £1 555 Lobster boats, Spain Oil/canvas 25,5x41cm/*10x16in* Sydney 97

JETOT Ernestine XIX-XX **[1]**
$4 968 FF30 000 £2 982 La belle Orientale Huile/toile 55x46cm/*21x18in* Paris 98

JETTEL Eugen 1845-1901 **[34]**
$5 170 FF26 450 £3 316 Landscape, Normandy Oil/panel 20,5x33,5cm/*8x13in* Wien 96
$15 100 FF77 200 £9 950 Landschaft Öl/Leinwand 46x65,5cm/*18x25in* Wien 96

JEUFFRAIN Paul 1808-1896 **[4]**
$1 806 FF9 000 £1 183 Biskra, l'Oasis d'el Hallia Tirage papier salé 18x24cm/*7x9in* Paris 95

JEWELL J. XVIII **[1]**
$28 400 FF147 200 £19 000 Still lifes with butterflies, insects, fruits and flowers Watercolour 36,5x45,5cm/*14x17in* London 96

JEWETT William 1790-1874 **[1]**
$5 500 FF33 721 £3 364 Portraits of Francis and Phebe Perrin Burrit Oil/panel 85x66cm/*33x25in* New-York 98

JIA HAOYI 1938 **[1]**
$1 308 FF7 554 £800 Conversation Ink/paper 69,5x50cm/*27x19in* London 97

JIA YOUFU 1943 **[12]**
$3 236 FF16 650 £1 997 Sunset Ink 44x71,5cm/*17x28in* Hong Kong 95

JIANG CHANGYI 1943 **[9]**
$12 940 FF66 600 £7 990 Embroider Oil/canvas 91x86cm/*35x33in* Hong Kong 95

JIANG GUOFANG 1951 **[1]**
$58 200 FF298 000 £35 360 Empress retreating Oil/canvas 112x145cm/*44x57in* Hong Kong 96

JIANG HANDONG 1929 **[1]**
 ✑ *$2 760 FF16 400 £1 712* Reclining nude Oil/canvas 20x25cm/*7x9in* Taipei, Taiwan 97
JIANG HANTING 1903-1963 **[7]**
 ✑ *$1 633 FF9 783 £975* Rock and Lingzhi Coloured inks/paper 18,5x49cm/*7x19in* Hong Kong 98
JIANG HONGWEI 1957 **[4]**
 ✑ *$1 810 FF10 526 £1 079* White Egret Ink 51,5x47cm/*20x18in* Hong Kong 97
JIANG MINGXIAN Chiang Ming-hsien 1942 **[7]**
 ✑ *$4 389 FF25 581 £2 703* Two boats Ink 82x57cm/*32x22in* Hong Kong 97
JIANG TINGXI 1669-1732 **[3]**
 ✑ *$2 582 FF15 048 £1 590* Birds and peony Ink 17x49,5cm/*6x19in* Hong Kong 97
JIANG YOUMEI Chiang Yomei 1961 **[1]**
 ✑ *$14 550 FF74 400 £9 410* Maze Oil/canvas 152x183cm/*59x72in* Taipei, Taiwan 95
JIANG ZHAOSHEN Chiang Chao-shen 1925-1996 **[5]**
 ✑ *$5 176 FF29 852 £3 084* Landscape after a Poem by Su Dongpo Coloured inks/paper 61,5x99cm/*24x38in* Hong Kong 97
JIANG ZHONGZHENG 1887-1975 **[1]**
 ✑ *$4 100 FF23 163 £2 580* Calligraphy in Kai Shu Ink/paper 127x44,5cm/*50x17in* New-York 97
JIJÉ Joseph Gillain, dit 1914-1980 **[21]**
 ✑ *$1 486 FF7 500 £970* "C'est signé, Jean Valhardi" Aquarelle, gouache 36,5x25cm/*14x9in* Paris 96
JIMENEZ FERNANDEZ Federico 1841-c.1910 **[12]**
 ✑ *$3 060 FF17 910 £1 845* Racimo de uvas, granadas y naranjas/Flores, fresas y mariposa Oleo/tabla 23x35cm/*9x13in* Madrid 97
 ✑ *$9 240 FF55 300 £5 600* El corral Oleo/lienzo 130x158cm/*51x62in* Madrid 97
 ✑ *$10 810 FF64 698 £6 387* Interior de un establo con ovejas, corderitos y aves Oleo/lienzo 85,5x135cm/*33x53in* Madrid 98
JIMENEZ NICANOR Federico XIX **[1]**
 ✑ *$1 750 FF10 000 £1 075* Bodegón Oleo/tabla 27x34cm/*10x13in* Madrid 97
JIMENEZ Y ARANDA José 1837-1903 **[44]**
 ✑ *$9 100 FF46 800 £5 500* The Broken Quill Oil/panel 32,5x23,5cm/*12x9in* London 96
 ✑ *$26 220 FF150 860 £15 580* Un bienaventurado Oleo/lienzo 62x76cm/*24x29in* Madrid 97
 ✑ *$170 000 FF1 016 141 £104 057* Un Lance en la plaza de toros Oil/canvas 169,5x143,5cm/*66x56in* New-York 97
 ✑ *$2 600 FF15 800 £1 560* Mijer desnuda vista de espaldas Dibujo 25,5x14,5cm/*10x5in* Madrid 98
JIMENEZ Y ARANDA Luis 1845-1928 **[48]**
 ✑ *$7 613 FF44 160 £4 500* On the River Bank Oil/panel 41x32,5cm/*16x12in* London 97
 ✑ *$16 000 FF83 100 £10 580* An afternoon enjoyement Oil/canvas 60x85cm/*23x33in* New-York 96
 ✑ *$987 FF6 041 £600* The Tambourine Player Watercolour/paper 31,5x48cm/*12x18in* London 98
JIMENEZ Y ARANDA Manuel 1848-? **[1]**
 ✑ *$15 839 FF97 296 £9 500* A Tactical Move Oil/canvas 71x60cm/*27x23in* London 98
JIMENEZ Y CARRILLO José XIX-XX **[1]**
 ✑ *$9 760 FF48 000 £6 210* Enfants jouant à la corrida Huile/toile 179x98cm/*70x38in* Saint-Jean-de-Luz 95
JIMENEZ Y MARTIN Juan 1858-1901 **[10]**
 ✑ *$116 FF643 £70* Cazador Acuarela/papel 26x36cm/*10x14in* Madrid 97
JIMENEZ Y PRIETO Manuel 1848-1887 **[7]**
 ✑ *$1 053 FF5 240 £690* Músicos frente al estanco Oleo/tabla 21,5x13,5cm/*8x5in* Madrid 95
JIN CHENG 1878-1926 **[6]**
 ✑ *$8 022 FF46 270 £4 780* Landscape in Ancient Style Coloured inks/paper 35,5x274cm/*13x107in* Hong Kong 97
JIN GAO 1933 **[6]**
 ✑ *$12 930 FF66 300 £7 860* Blessing Forever Oil/canvas 152x112cm/*59x44in* Hong Kong 96
JIN JIAN 1841-c.1909 **[3]**
 ✑ *$5 430 FF26 900 £3 360* Pavilion among Mountain Ink 27x433cm/*10x170in* Hong Kong 96
JIN JUNMING 1602-1675 **[1]**
 ✑ *$5 500 FF27 800 £3 610* Plum blossoms Irik 23,5x16,2cm/*9x6in* New-York 96
JIN NONG 1687-1764 **[8]**
 ✑ *$4 906 FF28 328 £3 000* Plum Blossoms Ink/paper 43x27,5cm/*16x10in* London 97

JIRLOW Lennart 1936 **[242]**
- *$638 FF3 714 £393* Franskt landskap med hus Mixed media 21,5x18cm/*8x7in* Malmö 97
- *$3 230 FF19 335 £1 985* Landskap, Provence Oil/panel 46x55cm/*18x21in* Stockholm 98
- *$25 400 FF129 600 £16 700* "Les Horticulteurs" Oil/canvas 97x129cm/*38x50in* Stockholm 96
- *$585 FF3 398 £360* Boulanger Color lithograph 42x57cm/*16x22in* Göteborg 97
- *$5 168 FF30 936 £3 176* Skulptören Bronze H59cm/*H23in* Stockholm 98
- *$2 067 FF12 374 £1 270* Le Figaro Drawing 50x37cm/*19x14in* Stockholm 98

JITOMIRSKY Alexander 1907-? **[1]**
- *$1 200 FF6 110 £720* "Georgian Military Highway" Poster 99x69cm/*38x27in* New-York 96

JOACHIMS Raimer 1935 **[1]**
- *$1 547 FF7 660 £983* "Entzündet" Collage 57x38,5cm/*22x15in* Heidelberg 95

JOACHIN Jean 1905-1990 **[4]**
- *$3 887 FF22 000 £2 373* Panthère assise Bronze H29,5cm/*H11in* Soissons 97

JOANES Vicente c.1555-c.1610 **[1]**
- *$3 644 FF18 600 £2 400* The Last Supper Ink 20x42cm/*7x16in* London 96

JOANOVITCH Paul 1859-1957 **[12]**
- *$6 000 FF34 965 £3 696* Harem Oil/canvas 76x60cm/*30x24in* Saugerties, New York 97
- *$13 400 FF68 100 £8 000* The falconer Oil/panel 15x11cm/*5x4in* London 96

JOB J-M. Onfray de Brév. 1858-1931 **[8]**
- *$1 800 FF9 320 £1 203* "De Dion-Bouton Automobiles" Poster 110x144cm/*43x56in* New-York 96
- *$1 433 FF7 300 £860* Lanciers polonais de la Garde impériale à Waterloo Aquarelle, gouache 34x25cm/*13x9in* Paris 96

JOBBÉ-DUVAL Félix 1821-1889 **[8]**
- *$9 000 FF54 711 £5 542* On the Beach Oil/canvas 46x65cm/*18x25in* New-York 98
- *$1 141 FF6 730 £700* "Popoff au meeting de Cannes" Poster 99x45cm/*38x17in* London 98

JOBBÉ-DUVAL Jacques 1854-? **[4]**
- *$673 FF4 000 £411* En sous-bois près de l'étang Huile/toile 54x72cm/*21x28in* Brest 98

JOBERT Fernand 1876-1949 **[30]**
- *$5 609 FF32 000 £3 427* Le 14 juillet à Penmarc'h Huile/toile 56x77cm/*22x30in* Quimper 97
- *$1 022 FF5 000 £647* Embarquement Aquarelle 18x22cm/*7x8in* Quimper 95

JOBLING Robert 1841-1923 **[53]**
- *$3 387 FF19 685 £2 000* My Ain Fireside Oil/canvas 70x91,5cm/*27x36in* London 97
- *$1 147 FF6 805 £720* Mother and Daughter on a Path by Whitby Abbey Watercolour/paper 24,5x18cm/*9x7in* Newcastle-upon-Tyne 97

JOBLING Robert (Attrib.) 1841-1923 **[1]**
- *$2 769 FF17 080 £1 740* Coastal landscape near Dover Oil/canvas 85x138cm/*33x54in* Stockholm 97

JOCELYN Nathanael Joscelyn 1796-1881 **[3]**
- *$3 000 FF17 123 £1 854* George/Clarissa/John Durrie Oil/panel 30,5x24,5cm/*12x9in* New-York 97

JOCHAMS Hyacinth XIX **[2]**
- *$21 000 FF121 810 £12 923* Breaking in horses Oil/canvas 63,5x100cm/*25x39in* New-York 97

JOCHEM Frans 1880-1949 **[2]**
- *$3 233 FF16 200 £2 044* Aapje spelend met kikker Bronze H31cm/*H12in* Lokeren 95

JOCHIMS Reimer 1934 **[27]**
- *$1 376 FF8 040 £814* Dreimal grün 67/13 Öl/Karton 13x24,5cm/*5x9in* Köln 97
- *$4 588 FF26 800 £2 715* "Vase 78/11" Oil/panel 118x92cm/*46x36in* Köln 97
- *$3 250 FF17 000 £1 935* Heraklit Sculpture 28x30x37cm/*11x11x14in* Köln 96
- *$1 302 FF7 710 £800* Ohne Titel Watercolour, gouache/paper 32,7x46,9cm/*12x18in* München 98

JODE de Hans XVII **[2]**
- *$7 510 FF38 600 £4 680* Italianate river landscape Oil/canvas 35,5x49cm/*13x19in* Wien 96
- *$18 395 FF108 911 £11 000* An Italianate river landscape at sunst with figures on a track Oil/canvas 106,5x156cm/*41x61in* London 97

JODE de Pieter I c.1570-1634 **[16]**
- *$477 FF2 849 £292* Portrait du Jugement Universel, nach Jean Cousin I Copper engraving 144x120cm/*56x47in* München 98
- *$1 400 FF6 780 £902* The Annunciation Black chalk 15,8x9,7cm/*6x3in* Amsterdam 95

JODELET Emmanuel 1883-1969 **[32]**
- *$2 216 FF11 000 £1 403* Danseuses en coulisses Huile/toile 55x46cm/*21x18in* Besançon 95

JOE Oreland C. 1958 **[2]**

🛶 *$3 500 FF19 931 £2 158* New Trade Blanket Alabaster H49cm/*H19in* Dallas, Texas 97

JOENSEN-MIKINES Samuel 1906-1979 **[93]**
🎨 *$1 420 FF8 795 £848* Fra Mykinaes Oil/canvas 54x68cm/*21x26in* København 98
🎨 *$8 030 FF41 400 £5 140* Folkedansere Oil/canvas 100x120cm/*39x47in* København 96
✏️ *$2 166 FF10 650 £1 380* Grindedrab Watercolour 69x87cm/*27x34in* København 95

JOFFRIN Guily 1909 **[13]**
🎨 *$796 FF3 980 £520* Femme au rameau d'olivier Huile/toile 55x46cm/*21x18in* München 95

JOHANN Heinrich, Hermann 1821-1884 **[2]**
🎨 *$3 575 FF18 700 £2 130* "Aufziehendes Gewitter" Öl/Leinwand 46x62cm/*18x24in* Rudolstadt-Thüringen 96

JOHANNESSEN Erik Harry 1902-1980 **[26]**
🎨 *$4 156 FF25 276 £2 547* I museet Oil/canvas 75x65cm/*29x25in* Oslo 98

JOHANNESSEN Jens 1934 **[20]**
🎨 *$1 948 FF11 848 £1 194* Rosa landskap Oil/canvas 24,5x24,5cm/*9x9in* Oslo 98
🎨 *$7 794 FF47 394 £4 776* Komposisjon Oil/canvas 59x68cm/*23x26in* Oslo 98
🎨 *$35 400 FF205 425 £20 900* Hjelmen Oil/canvas 181x121cm/*71x47in* Oslo 97
🖼️ *$331 FF1 960 £198* Safari I Serigraph 65x43cm/*25x16in* Oslo 97
✏️ *$7 929 FF46 015 £4 681* Komposisjon med figurer Watercolour/paper 55x75cm/*21x29in* Oslo 97

JOHANSEN Axel 1872-1938 **[26]**
🎨 *$365 FF2 208 £230* Kanalparti ved Holmens kirke med Nikolai kirke Oil/canvas 42x34cm/*16x13in* København 97
🎨 *$1 170 FF7 029 £699* Torvehandel i Nürnberg Oil/canvas 73x60,5cm/*28x23in* København 98
✏️ *$1 607 FF9 292 £997* Parti fra Dragör Havn med fiskere ved deres både Pastel/toile 70x86cm/*27x33in* København 97

JOHANSEN Svend 1890-1970 **[26]**
🎨 *$419 FF2 471 £259* Opstilling med gröntsager, gryde og kop Oil/canvas 46x50cm/*18x19in* København 97

JOHANSEN Viggo 1851-1935 **[112]**
🎨 *$601 FF3 697 £361* Udsigt over dansk höjlandskab Oil/canvas 24x32cm/*9x12in* Vejle 98
🎨 *$15 361 FF92 263 £9 177* Börnevask Oil/canvas 87x100cm/*34x39in* København 98
✏️ *$246 FF1 503 £153* Personer på en baenk ved kysten Soft pencil/paper 49x75cm/*19x29in* Viby J, Århus 97

JOHANSSON Albert 1926 **[117]**
🎨 *$904 FF5 413 £555* "Målning" Oil/panel 91x121cm/*35x47in* Stockholm 98

JOHANSSON Arvid 1862-1923 **[18]**
🎨 *$797 FF4 839 £473* Seglts på stilla vatten Oil/canvas 70x110cm/*27x43in* Malmö 98

JOHANSSON Carl Aug. 1863-1944 **[106]**
🎨 *$328 FF1 712 £195* Solbelyst villa Oil/canvas 37x51cm/*14x20in* Göteborg 96
🎨 *$1 485 FF7 690 £960* Skidspåret Oil/canvas 32,5x46,5cm/*12x18in* Stockholm 96
🎨 *$11 480 FF56 500 £7 400* Vinterdag vid Hamra Oil/canvas 150x209cm/*59x82in* Stockholm 95

JOHANSSON Eric 1896-1979 **[11]**
🎨 *$7 150 FF37 290 £4 180* Mutter ist tot Öl/Leinwand 70,5x101cm/*27x39in* Berlin 96
🖼️ *$357 FF1 864 £209* Sterik Print 30x13,8cm/*11x5in* Berlin 96
✏️ *$585 FF3 051 £342* "Der Diensteid" Aquarell 26,7x36,8cm/*10x14in* Berlin 96

JOHANSSON Helge 1886-1926 **[7]**
🎨 *$876 FF4 450 £524* Motiv från Haut-de-Cagnes Oil/canvas 46x61cm/*18x24in* Stockholm 96

JOHANSSON Johan 1879-1951 **[38]**
🎨 *$917 FF4 580 £599* Skånsk sydkust Oil/canvas 50x65cm/*19x25in* Stockholm 95

JOHANSSON Lars 1945 **[7]**
🎨 *$896 FF4 575 £590* Mansfigur Oil/canvas 101x80cm/*39x31in* Stockholm 96

JOHANSSON Stefan 1876-1955 **[22]**
🎨 *$3 710 FF19 220 £2 400* Lyktan vid älven Mixed media/canvas 24x16,5cm/*9x6in* Stockholm 96
✏️ *$5 060 FF26 450 £3 016* Gård i skymning Watercolour 26x24cm/*10x9in* Stockholm 96

JOHANSSON-THOR Emil 1889-1958 **[57]**
🖼️ *$132 FF771 £78* Ingvarsgården Lithograph 27x38cm/*10x14in* Malmö 97

JOHN Augustus Edwin 1878-1961 **[369]**
🎨 *$14 740 FF71 500 £9 500* Anna John Oil/canvas 66x56cm/*25x22in* London 95
🎨 *$24 500 FF123 700 £16 000* Dorelia wearing a yellow and red Scarf Oil/canvas 24x36cm/*9x14in* London 96

Calendar & auction results: Internet www.artprice.com   Minitel 3617 ARTPRICE

$492 FF3 055 £300 A Head and Shoulder Study of a Young Child Lithograph 34x31cm/*13x12in* London 97
$2 249 FF13 716 £1 350 Bacchanal Pencil 37x52cm/*14x20in* West Sussex 98
JOHN Gwendolen Mary, Gwen 1876-1939 **[52]**
$58 200 FF294 000 £38 000 Sitting Girl wearing a spotted blue Dress Oil/canvas 35,5x27,5cm/*13x10in* London 96
$62 800 FF317 000 £41 000 Young Woman with a Violin Oil/canvas 46x41cm/*18x16in* London 96
$981 FF5 758 £600 View at Meudon Watercolour/paper 12x16,5cm/*4x6in* London 97
JOHN Joseph W. c.1840-c.1890 **[1]**
$9 500 FF48 600 £6 150 Life's Morning and Evening Oil/canvas 76x102cm/*29x40in* New-York 95
JOHN Vivien 1916-1994 **[2]**
$1 150 FF5 800 £750 Dorelia in a red dress/Dorelia knitting on a ded/A Track Watercolour 36x24cm/*14x9in* London 96
JOHN William Goscombe 1860-1952 **[3]**
$6 531 FF38 759 £4 000 "The Elf" Bronze H58,5cm/*H23in* London 98
JOHNOVA Helena 1884-1962 **[6]**
$904 FF4 420 £572 Kleiner Mohr Ceramic H13,5cm/*H5in* Wien 95
JOHNS Jasper 1930 **[508]**
$550 000 FF3 148 255 £324 885 Untitled Oil/canvas 80x104cm/*31x40in* New-York 97
$850 000 FF4 936 120 £519 265 Target Collage/board 35,5x35,5cm/*13x13in* New-York 97
$7 200 000 FF41 213 520 £4 253 040 White Numbers Oil/canvas 135,5x102cm/*53x40in* New-York 97
$7 500 FF44 696 £4 496 Fizzles Etching 33,5x25,5cm/*13x10in* New-York 98
$26 000 FF159 998 £15 912 O Through 9 Relief 76x59,5cm/*29x23in* New-York 98
$210 000 FF1 202 061 £124 047 Study for "Souvenir 2" Mixed media/paper 21x16cm/*8x6in* New-York 97
JOHNSEN-SEBOY Ole 1800-1842 **[1]**
$4 800 FF25 100 £2 860 Flensburger Yacht "Jagten Havfruen af ABJ 1821 von Flensburdförd" Aquarell/Papier 34,5x49cm/*13x19in* Hamburg 96
JOHNSON Andrew XX **[6]**
$4 200 FF25 089 £2 569 "North Berwick" Color lithograph 106x131cm/*41x51in* New-York 98
JOHNSON Charles Edward 1832-1913 **[16]**
$975 FF5 687 £600 A Northeaster, Corrie, Arran Oil/canvas 56x89cm/*22x35in* West Lothian 97
JOHNSON Cornelius Ceulen 1593-1664 **[12]**
$8 008 FF48 860 £4 800 "Portrait of William Lenthall" Oil/panel 67x51cm/*26x20in* London 98
$11 670 FF59 400 £7 000 Portrait of a gentleman with a child Oil/canvas 12x97cm/*4x38in* London 96
JOHNSON David 1827-1908 **[69]**
$5 175 FF30 567 £3 215 Cattle Watering with Farm in Distance Oil/board 25x33cm/*10x13in* Elgin, Illinois 97
$20 000 FF120 772 £12 006 View of Mt. Lafayette, New Hampshire Oil/canvas 32x51,5cm/*12x20in* New-York 98
JOHNSON Eastman 1824-1906 **[29]**
$22 000 FF128 354 £13 477 Self-portrait Oil/board 75x58cm/*29x22in* New-York 97
$67 500 FF400 592 £41 343 Man with Scythe Oil/panel 37x27,5cm/*14x10in* New-York 98
JOHNSON Edward Killingworth 1825-1896 **[15]**
$4 110 FF20 750 £2 700 Gathering roses Watercolour 54x33,5cm/*21x13in* London 96
JOHNSON Ernest Borough 1866-1949 **[11]**
$636 FF3 854 £380 A Self-Portrait Pastel 24x17cm/*9x6in* London 97
JOHNSON Francis Norton 1878-1931 **[3]**
$10 200 FF52 000 £6 730 Femme à l'ombrelle Huile/toile 92x65cm/*36x25in* Paris 96
JOHNSON Frank Tenney 1874-1939 **[55]**
$8 500 FF49 332 £5 190 Wyoming Valley Oil/board 30,5x40,5cm/*12x15in* Los Angeles 97
$17 000 FF101 614 £10 303 Solitary Horseman Oil/canvas 91,4x61cm/*35x24in* San Francisco-Los Angeles 97
$6 500 FF33 865 £4 087 Indian Camp Pastel/paper 45x60cm/*18x24in* Scottsdale, Arizona 96
JOHNSON Harry John 1826-1884 **[29]**
$402 FF2 404 £249 Stone Pines in Rome Watercolour/paper 24,5x40cm/*9x15in* London 97
JOHNSON Harvey W. 1920 **[7]**
$3 600 FF18 756 £2 264 Travel by Moonlight Oil/canvas 40x66cm/*16x26in* Scottsdale, Arizona 96
JOHNSON Jonathan Eastman 1824-1906 **[14]**
$18 000 FF88 800 £11 730 Dropping Off Oil/board 51x39,5cm/*20x15in* New-York 95

☞ *$36 000 FF188 000 £21 750* Cachette Oil/board 16x22cm/*6x8in* New-York 96
JOHNSON Kåre Espolin 1907-1994 **[25]**
☞ *$5 455 FF33 175 £3 343* Kvinne og mann Mixed media/canvas 29x44cm/*11x17in* Oslo 98
▥ *$1 299 FF7 899 £796* Hövedsmann "Fra Den siste Viking" Etching 26x17cm/*10x6in* Oslo 98
JOHNSON Lester 1919 **[50]**
✐ *$900 FF4 500 £583* Autumn tree Watercolour 54x74cm/*21x29in* Delray Beach, Florida 96
JOHNSON Marshall 1850-1921 **[17]**
☞ *$375 FF2 321 £225* Rocky Seacoast Oil/canvas 30x50cm/*12x20in* East Dennis, Mass. 97
☞ *$2 600 FF15 430 £1 612* Sailing Ships and Lighthouse Oil/canvas 51x76cm/*20x29in* New-York 97
✐ *$1 200 FF7 207 £716* Ships at Sea Watercolour, gouache/paper 44x60cm/*17x24in* New-York 98
JOHNSON Marshall ?-1915 **[3]**
☞ *$2 600 FF16 507 £1 623* Day's Ending Oil/canvas 25x35cm/*10x14in* Portland, Maine 97
☞ *$2 800 FF17 777 £1 748* On the Blue Oil/canvas 48x60cm/*19x24in* Portland, Maine 97
JOHNSON Michael 1938 **[8]**
☞ *$4 112 FF24 909 £2 548* Yapese Oil/canvas 61x45,5cm/*24x17in* Melbourne 97
☞ *$16 504 FF96 348 £9 818* Return Oil/canvas 213,5x152,5cm/*84x60in* Melbourne 97
JOHNSON Nevill 1911 **[1]**
☞ *$14 696 FF86 705 £9 000* "The Fortune Teller" Oil/canvas 91,5x66cm/*36x25in* London 98
JOHNSON Patty, née Townsend XIX-XX **[11]**
✐ *$337 FF1 866 £210* Spring farmhouse scene Watercolour/paper 24,5x30cm/*9x11in* Leamington Spa, Warwickshire 97
JOHNSON Ray 1927-1994 **[8]**
☞ *$2 600 FF12 600 £1 670* Two Headed Snake Sundial Collage/board 15x15cm/*5x5in* New-York 95
✐ *$4 000 FF19 370 £2 570* Naomi Sims Fingernails Gouache 38x38cm/*14x14in* New-York 95
JOHNSON Robert 1890-1964 **[76]**
☞ *$1 650 FF9 634 £981* Country Town Oil/wood 27,5x37cm/*10x14in* Melbourne 97
☞ *$2 467 FF14 786 £1 472* Glen Helen Gorge Oil/canvas 54x64,5cm/*21x25in* Melbourne 98
JOHNSON Rosalie 1933 **[2]**
⚒ *$5 750 FF30 000 £3 800* Hippopotamus Sculpture 41x15cm/*16x5in* London 96
JOHNSON Sydney Yates XIX-XX **[74]**
☞ *$78 FF491 £49* The Crofters Cottage Oil/canvas 30x60,5cm/*11x23in* Billingshurst, West Sussex 97
☞ *$294 FF1 714 £180* Catttle Watering in a Highland Landscape Oil/canvas 29x44,5cm/*11x17in* Billingshurst, West Sussex 97
JOHNSON Tim 1947 **[17]**
☞ *$472 FF2 421 £301* Two Babies Acrylic/canvas 57x31cm/*22x12in* Brisbane 96
JOHNSSON Ivar 1885-1970 **[10]**
⚒ *$620 FF3 655 £370* Tycho brahe Bronze H33cm/*H12in* Stockholm 97
⚒ *$3 800 FF19 670 £2 540* "Kvinna ved havet" Bronze H115cm/*H45in* Göteborg 96
JOHNSTON Alexander 1815-1891 **[6]**
☞ *$2 635 FF13 379 £1 700* Young Love Oil/board 18x23cm/*7x9in* Auchterarder, Perthshire 96
JOHNSTON Alfred Cheney 1884-1971 **[33]**
📷 *$1 500 FF7 660 £988* Jean Ackerman, Ziegfeld Photograph 34x25cm/*13x9in* New-York 96
JOHNSTON David 1946 **[11]**
✐ *$2 420 FF12 620 £1 600* Vincent Amazon macaws Watercolour 44x28,5cm/*17x11in* London 96
JOHNSTON David Claypool 1798-1865 **[2]**
☞ *$3 249 FF19 296 £1 983* The Peep Show/Sketch Oil/panel 24x32cm/*9x12in* Boston, Mass. 98
JOHNSTON Frank (Franz) Hans 1888-1949 **[86]**
☞ *$2 376 FF12 360 £1 573* Great Bear Lake, N.W.T. Oil/board 30,5x35,5cm/*12x13in* Toronto 96
☞ *$4 141 FF23 666 £2 537* "Country life" Oil/board 61x76,2cm/*24x29in* Toronto 97
✐ *$1 330 FF6 430 £853* Landscape with lake Gouache/board 33x46cm/*12x18in* Toronto 95
JOHNSTON George Liddell XIX-XX **[9]**
✐ *$666 FF3 853 £400* Self portrait and other Characters Watercolour/paper 19x43cm/*7x16in* London 97
JOHNSTON Harry Hamilton c.1866-1927 **[2]**
☞ *$4 553 FF25 973 £2 800* A View of a Tunisian garden with a Berber and a Peacock Oil/canvas 52x19,5cm/*20x7in* Billingshurst, West Sussex 97
JOHNSTON John 1753-1818 **[2]**

$1 500 FF8 939 £899 Portrait of a Boston Gentleman Oil/canvas 76x63cm/*30x25in* Bethesda, Maryland 98
JOHNSTON Reuben Le Grand 1850-1914 **[9]**
$2 250 FF13 061 £1 374 Sheep Grazing in a Pasture Oil/canvas 46,5x77,5cm/*18x30in* Los Angeles 97
$524 FF3 124 £325 Street Scene in Tangier, Morocco Watercolour/paper 36,5x33cm/*14x12in* Washington 97
JOHNSTON Robert Brown 1840-1914 **[2]**
$8 310 FF43 200 £5 500 Within a Mile Of Edinburgh Town Oil/canvas 76x127cm/*29x50in* Edinburgh 96
JOHNSTON Robert Edwin 1885-1933 **[3]**
$8 000 FF48 840 £4 781 "The Sentementalist" Oil/canvas 76x56cm/*29x22in* New-York 98
JOHNSTON Ynez 1920 **[10]**
$325 FF1 878 £200 Indian village Woodcut in colors 38x61cm/*14x24in* San Francisco 97
$1 900 FF11 275 £1 163 City Park with Monuments Gouache/paper 38x53cm/*14x20in* San Francisco-Los Angeles 97
JOHNSTONE George Whitton 1849-1901 **[10]**
$530 FF2 765 £320 By the shore Oil/canvas 31x46cm/*12x18in* Glasgow 96
$838 FF5 055 £500 Autumn Oil/canvas 51x77cm/*20x30in* West Lothian 98
JOHNSTONE Henry James 1835-1907 **[11]**
$2 946 FF17 159 £1 800 The Young Violet Seller Watercolour/paper 25x17cm/*10x7in* Par, Cornwall 97
JOHNSTONE John Young 1887-1930 **[20]**
$1 125 FF6 745 £680 Gathering Clams at Low Tide Huile/toile 23x34cm/*9x13in* Montréal 97
JOHNSTONE William 1897-1983 **[61]**
$1 078 FF5 590 £700 Victor Bonham-Carter, composer (1880-1958) Oil/canvas 36x25cm/*14x9in* Glasgow 96
$2 002 FF10 370 £1 300 Rain in Ettrick Oil/canvas 71x92cm/*27x36in* Glasgow 96
$4 004 FF20 750 £2 600 Danse Macabre Oil/canvas 198x155cm/*77x61in* Glasgow 96
$400 FF2 443 £240 Red and Black Forms Watercolour/paper 79x59cm/*31x23in* Glasgow 98
JOINVILLE Antoine Edmond 1801-1849 **[5]**
$2 510 FF13 000 £1 620 Le grand escalier du Palais des Doges, Venise Huile/toile 41x33cm/*16x12in* Paris 96
JOINVILLE de François d'Orléans 1818-1900 **[3]**
$2 622 FF15 000 £1 636 Cavaliers Hongrois Aquarelle 18,5x34,5cm/*7x13in* Rouen 97
JOIRE Jean 1862-1950 **[15]**
$1 793 FF10 690 £1 100 Pair of Alsatians Bronze 51x66cm/*20x25in* London 98
JOKI Olli 1943 **[6]**
$284 FF1 766 £170 Segelbåtar Oil/canvas 15x30cm/*5x11in* Helsinki 98
JOLE van Joseph Gerardus 1877-1919 **[10]**
$477 FF2 831 £299 Visserscheepjes op het strand Oil/canvas/panel 20x30cm/*7x11in* Den Haag 97
JOLI DE DIPI Antonio c.1700-1777 **[38]**
$94 100 FF481 000 £62 000 The entrance of the Giudecca, with the Punta della Dogana to the left Oil/canvas 59x101cm/*23x39in* London 96
$1 262 925 FF7 512 750 £750 000 The Thames looking towards the City Oil/canvas 109x173cm/*42x68in* London 97
JOLI DE DIPI Antonio (Attrib.) c.1700-1777 **[5]**
$16 309 FF100 000 £9 775 Antike Ruinenlandschaft mit Ziervase Öl/Leinwand 49,5x75cm/*19x29in* Zürich 98
JOLIN Einar 1890-1976 **[232]**
$1 870 FF11 094 £1 144 Stockholms slott Oil/panel 32x34cm/*12x13in* Stockholm 97
$3 100 FF18 561 £1 905 Stilleben med fresia Oil/canvas 46x38cm/*18x14in* Stockholm 98
$22 785 FF131 880 £14 017 Ung dam i svart hatt Oil/canvas 100x809cm/*39x318in* Stockholm 97
$221 FF1 284 £136 Midsommardans Color lithograph 45x56cm/*17x22in* Malmö 97
$937 FF4 910 £564 Strandpromenad, Monte-Carlo Akvarell 49x82cm/*19x32in* Stockholm 96
JOLIN Ellen 1854-1939 **[10]**
$116 FF699 £69 Riva Lago di garda Watercolour/paper 27x44cm/*10x17in* Stockholm 98
JOLLAIN Nicolas René 1732-1804 **[3]**
$3 536 FF21 000 £2 142 Ulysse et Nausicaé sur l'île de Corcyre Huile/panneau 40,3x56,5cm/*15x22in* Paris 97
JOLLAIN Nicolas René (Attr.) 1732-1804 **[3]**
$2 798 FF17 000 £1 684 Joseph vendu par ses frères Huile/cuivre 18,5x23cm/*7x9in* Paris 98

JOLLAIN Pierre (Attrib.) 1720-? [2]
☞ *$8 000 FF49 109 £4 901* Allegory of the Birth of a Noble Child Oil/paper/canvas 26x33cm/*10x12in* New-York 98

JOLLIVET Pierre Jules 1794-1871 [3]
☞ *$3 383 FF21 000 £2 028* "Étude pour la fresque de Sainte Ambroise" Huile/toile 61,5x70cm/*24x27in* Paris 98

JOLLY Henri Jean Baptiste 1812-1853 [7]
☞ *$4 270 FF21 600 £2 800* The pedlar Oil/canvas 65x54cm/*25x21in* London 96

JOLY André 1706-? [2]
✎ *$1 077 FF6 000 £669* Voûte du Châtelet, galerie marchande Aquarelle 21,5x29,5cm/*8x11in* Reims 97

JOLYET Philippe 1832-1908 [3]
☞ *$50 000 FF284 250 £30 615* Deux fillettes postant une lettre Oil/canvas 142x70cm/*55x27in* New-York 97

JOMOUTON Frédéric 1858-? [11]
✎ *$542 FF3 244 £328* Marché villageois Aquarelle/papier 36x46cm/*14x18in* Bruxelles 97

JON-AND Agnes Cleve 1876-1951 [1]
☞ *$3 761 FF22 533 £2 247* Natt i staden Oil/panel 88x77cm/*34x30in* Stockholm 98

JON-AND John 1889-1941 [6]
☞ *$3 230 FF19 335 £1 985* Kustvy Oil/canvas 54x40cm/*21x15in* Stockholm 98

JONAS Josef 1805-1863 [8]
☞ *$1 450 FF8 568 £876* Blick auf eine Schlossanlage Öl/Leinwand 42x52,5cm/*16x20in* Wien 97

JONAS Lucien 1880-1947 [74]
☞ *$788 FF4 500 £482* Vue d'Annecy Huile/toile/panneau 33x41cm/*12x16in* Calais 97
☞ *$1 073 FF5 600 £649* Un canal Huile/toile 60x81cm/*23x31in* Paris 96
▥ *$185 FF1 096 £110* "Lloyds & National Provincial Foreign Bank Ltd. Emprunt Français 5%.. Affiche 80x120cm/*31x47in* London 97

JONAS Walter Hermann 1910-1977 [12]
☞ *$981 FF5 809 £582* Stilleben mit Flaschen, Pfeife und Kaffeemühle Öl/Leinwand 46x55cm/*18x21in* Zürich 97

JONCHERIE Gabriel Germain c.1800-c.1850 [7]
☞ *$17 388 FF105 000 £10 426* Natures mortes Huile/toile 50x61cm/*19x24in* Neuilly-sur-Seine 98

JONCHERY Charles 1873-? [6]
⚒ *$1 369 FF8 500 £821* Femme aux pavots Bronze H36,5cm/*H14in* Paris 98

JONES Adrian, Captain 1845-1938 [12]
☞ *$10 010 FF61 075 £6 000* A Zulu Warrior Oil/canvas 61x51cm/*24x20in* London 98

JONES Allen 1937 [147]
☞ *$23 000 FF113 500 £15 000* Chaste Oil/canvas 212x182cm/*83x71in* London 95
▥ *$79 FF478 £49* Album, one plate Lithograph 64x48cm/*25x18in* Buckinghamshire 97
✎ *$1 881 FF10 659 £1 254* Senza titolo Acquarello/carta 25x37cm/*9x14in* Milano 97

JONES Alun Leach 1937 [18]
☞ *$2 755 FF14 123 £1 758* "Sultan's Window" Acrylic/canvas 172x152cm/*67x59in* Brisbane 96
▥ *$130 FF783 £77* Air and Stone Screenprint 17x20cm/*6x7in* Melbourne 98
✎ *$787 FF4 035 £502* "Tower Storm"/"Grey Tower" Charcoal 77x62cm/*30x24in* Brisbane 96

JONES Amy 1899-? [6]
▥ *$1 800 FF10 968 £1 096* "Lake Placid Club" Poster 72x55cm/*28x22in* New-York 98

JONES Arne 1914-1976 [38]
⚒ *$2 274 FF11 700 £1 418* Rundlar Bronze H13cm/*H5in* Stockholm 96

JONES Calvert R., Rev. XIX [43]
▣ *$2 843 FF14 720 £1 900* Coast road, Naples, Spring Calotype 19,5x24cm/*7x9in* London 96
✎ *$1 318 FF7 797 £800* Study of Sailing Vessels Watercolour 16,5x20cm/*6x7in* London 98

JONES Charles 1836-1892 [39]
☞ *$947 FF4 720 £620* Donkey in winter landscape Oil/canvas 22x17cm/*9x7in* Aylsham, Norfolk 95
☞ *$4 653 FF27 667 £2 800* The Keeper's Coming Oil/canvas 76,5x64,5cm/*30x25in* London 97
☞ *$10 974 FF66 471 £6 800* Highland Drover Oil/canvas 91,5x142cm/*36x55in* Perthshire 97

JONES Charles c.1870-1959 [51]
☞ *$1 875 FF10 909 £1 148* Watsons bay Oil/cardboard 11x29,5cm/*4x11in* Melbourne 97
▣ *$1 197 FF6 200 £800* "Aster Ostrich Feather" Silver print 21,6x16,3cm/*8x6in* London 96

JONES David 1895-1974 **[35]**

▭ *$4 574 FF27 343* £2 800 Ancient Mariner Etching 17,5x13,5cm/*6x5in* London 97

✎ *$4 367 FF24 930* £2 700 Rainbow esplanade, Sidmouth Watercolour 58,5x46,5cm/*23x18in* London 97

JONES Francis Coates 1857-1932 **[21]**

☞ *$9 500 FF54 100* £5 832 The Water Carrier Oil/canvas 50x35cm/*20x14in* Bethesda, Maryland 97

JONES Georges 1786-1869 **[14]**

☞ *$4 141 FF25 375* £2 500 Interior of a Blacksmith's Workshop/Irish Cottage Interior Oil/panel 33,5x46cm/*13x18in* London 98

☞ *$50 000 FF291 885* £30 850 Wellington receiving news from.../Napoleon and his General Staff... Oil/canvas 59,7x90,2cm/*23x35in* New-York 97

✎ *$466 FF2 394* £300 The inhabitants of Naples fleeing an eruption of Mount Vesuvius Watercolour 24x42cm/*9x16in* London 96

JONES Harry C. XIX-XX **[3]**

✎ *$2 014 FF10 420* £1 300 The Woodman's Lunch, Staffhurst Wood, Near Epsom Watercolour 39x49cm/*15x19in* London 96

JONES Hugh Bolton 1848-1927 **[61]**

☞ *$260 FF1 343* £167 Venetian Canal scene Oil/canvas 56x91,5cm/*22x36in* New-York 96

☞ *$4 250 FF25 525* £2 549 Summer stream Oil/board 22x35cm/*9x14in* North Berwick, Maine 98

✎ *$2 400 FF14 554* £1 464 Landscape with Stream Watercolour/paper 26x45cm/*10x18in* Boston, Mass. 98

JONES Hugh Griffith 1872-1947 **[21]**

✎ *$63 FF379* £38 Lake Champlain Aquarelle/papier 10x13cm/*3x5in* Montréal 97

JONES Inigo 1573-1652 **[1]**

✎ *$6 830 FF34 800* £4 500 Heads of Men/Bust of a Man/Head of a Monk/A seated Figure Chalks 9x8cm/*3x3in* London 96

JONES Joe 1909-1963 **[16]**

☞ *$725 FF4 407* £439 The Art Dealer Oil/canvas 60x91cm/*24x36in* Shaker Heights, Ohio 98

☞ *$6 000 FF36 675* £3 671 Red Nudes in a Landscape Oil/canvas 35x35cm/*14x14in* Cincinnati, Ohio 98

✎ *$550 FF3 293* £337 "Missouri Mule" Indian ink/paper 35x25cm/*14x10in* Cincinnati, Ohio 98

JONES John c.1745-1797 **[6]**

▭ *$466 FF2 816* £280 View of Petersham and Twickenham Meadows from Richmond Hill Mezzotint 51x58cm/*20x22in* Leyburn, North Yorkshire 98

JONES Josiah Clinton 1848-1936 **[15]**

☞ *$1 152 FF6 993* £700 Picking Berries Oil/canvas 52x77cm/*20x30in* London 98

JONES Llewellyn Petley 1931 **[14]**

☞ *$1 073 FF5 263* £681 Petersham MEADOW IN May Oil/canvas 40,5x51cm/*15x20in* Vancouver, BC. 95

✎ *$262 FF1 332* £157 Evening Group-A Windmill, House & Barn(View 9 Miles South of edmonton) Watercolour/paper 19x25cm/*7x9in* Calgary, Alberta 96

JONES OF BATH William c.1730-c.1780 **[7]**

☞ *$15 800 FF77 300* £10 000 Still lives with fruit in a landscape Oil/canvas 51x67cm/*20x26in* London 95

JONES Paul XIX-XX **[5]**

☞ *$7 093 FF42 000* £4 200 After the deer hunt Oil/canvas 19x29cm/*7x11in* London 97

JONES Paul XIX **[26]**

☞ *$2 160 FF10 430* £1 350 Three terriers at a rabbit hole/Setters Oil/canvas 20x30cm/*7x11in* Bristol, Avon 95

JONES Paul Osborne 1921 **[12]**

▭ *$2 580 FF15 306* £1 619 Desire Etching 28x23cm/*11x9in* Sydney 97

✎ *$317 FF1 901* £191 Flower Study Ink 33,5x24cm/*13x9in* Sydney 97

JONES Robert M. 1913-? **[1]**

▭ *$800 FF4 075* £480 "Iron Clad, Hosiery" Poster 69x53cm/*27x20in* New-York 96

JONES Samuel John Egbert c.1800-1860 **[23]**

☞ *$4 397 FF27 193* £2 700 Pheasant Shooting Oil/panel 21x27cm/*8x10in* Billingshurst, West Sussex 97

☞ *$5 877 FF35 087* £3 600 Gentlemen Stag Hunting With Lurchers and a Gilly Oil/canvas 61x91,5cm/*24x36in* London 97

JONES Thomas 1743-1803 **[10]**

☞ *$25 555 FF147 637* £15 000 Landscape with View on the River Wye Oil/canvas 43x58cm/*16x22in* London 97

☞ *$26 744 FF155 220* £16 500 View near pencerrig Oil/paper 24x31,5cm/*9x12in* London 97

☞ *$76 182 FF442 143* £47 000 Landscape with view of Lake Avernus, the Island of Ischia beyond Oil/canvas

121x170cm/*47x66in* London 97
JONES Thomas (Attrib.) 1743-1803 **[3]**
 $65 000 FF359 118 £40 397 A View of the Certosa di San Martino with the castel Sant'Elmo, Naples Oil/canvas 44,5x86cm/*17x33in* New-York 97
JONES William c.1798-c.1860 **[6]**
 $1 800 FF10 915 £1 098 Gentleman out Shooting in a River Landscape Oil/canvas 24,5x29cm/*9x11in* New-York 98
JONES William XVIII **[7]**
 $5 000 FF25 470 £3 000 View of the Black Rocks Oil/canvas 48x99cm/*18x38in* London 96
JONES William Doyle 1873-1938 **[2]**
 $7 500 FF45 871 £4 585 The Prince of Wales in Riding Habit Bronze H43cm/*H16in* New-York 98
JONG de Germ 1886-1967 **[42]**
 $2 678 FF16 000 £1 638 "Illisie, Pyrennées" Oil/canvas 101x86cm/*39x33in* Amsterdam 98
 $402 FF2 480 £252 Calvi, Corsica Pencil 35x48cm/*13x18in* Amsterdam 97
JONG de Jan 1863-1901 **[9]**
 $7 003 FF40 528 £4 279 Townsfolk by a City Gate on a sunny day Oil/canvas 31x50cm/*12x19in* Amsterdam 97
 $247 FF1 463 £148 Sas van Gent Watercolour/paper 26,5x19cm/*10x7in* Amsterdam 97
JONG de Pieter de Josselin 1861-1906 **[9]**
 $854 FF5 230 £511 Horses Pulling a Wagon with Bricks Watercolour 51,5x38,5cm/*20x15in* Amsterdam 98
JONGE de Jan Martszen c.1609-1647 **[6]**
 $6 010 FF31 000 £3 860 Repos des militaires Huile/panneau 23x26cm/*9x10in* Paris 96
 $18 158 FF104 244 £11 074 Gustaf II Adolf at the battle of Lützen Oil/panel 88x120cm/*34x47in* Stockholm 97
JONGE de Johan Ant. (Attrib.) 1864-1927 **[1]**
 $2 164 FF11 137 £1 350 The Black Socks Oil/board 22x27cm/*8x10in* Amsterdam 96
JONGE de Johan Antonie 1864-1927 **[18]**
 $5 057 FF30 411 £3 032 Little Girls playing at the Beach Oil/board 22x16cm/*8x6in* Amsterdam 98
 $1 638 FF8 428 £1 022 A Day at the Beach Watercolour 48x44cm/*18x17in* Amsterdam 96
JONGERE de Marinus Johannes 1912-1978 **[59]**
 $1 452 FF7 360 £946 Cargo-boats and river vessels in a Rotterdam harbour Oil/canvas 51x81cm/*20x31in* Amsterdam 96
 $496 FF2 975 £296 Gezicht op Katwijk Watercolour/paper 19x37cm/*7x14in* Rotterdam 98
JONGERT Jacob 1883-1942 **[4]**
 $173 FF1 041 £106 "Van Nelle's Gebroken Thee" Poster 32x45cm/*12x17in* Oostwoud 98
JONGH de Gabriel Cornelis 1913 **[28]**
 $441 FF2 565 £262 Cottage Beneath the Mountain Oil/canvas 32x47cm/*12x18in* Johannesburg 97
 $998 FF5 920 £609 Cape Mountain Landscape Oil/canvas 67x100cm/*26x39in* Cape Town 98
JONGH de Ludolf 1616-1679 **[11]**
 $28 000 FF159 544 £17 150 The Reprimand, the interior of a Guardroom with Peasant Oil/panel 50x44cm/*19x17in* New-York 97
JONGH de Ludolf (Attrib.) 1616-1679 **[2]**
 $8 400 FF41 850 £5 500 A huntsman with his hounds Oil/canvas 98x69,5cm/*38x27in* London 95
JONGH de Oene Romkes 1812-1896 **[32]**
 $2 677 FF16 100 £1 605 A View of the Groenburgwal, Amsterdam Oil/canvas 45x35cm/*17x13in* Amsterdam 98
 $3 219 FF19 039 £1 932 The Amsterdame Poort, Haarlem Oil/canvas 51x71cm/*20x27in* Amsterdam 97
JONGH de Tinus 1885-1942 **[100]**
 $919 FF5 457 £561 Cottage in the Cape Mountains Oil/canvas 25x30cm/*9x11in* Cape Town 98
 $2 962 FF17 741 £1 813 A Farmer Herding His Cows, Late Afternoon Oil/canvas 65x111cm/*25x43in* Cape Town 97
 $490 FF2 908 £299 Farmhouse by the waterside Pastel/paper 22x28cm/*8x11in* Cape Town 98
JONGHE de Gustave Leonhard 1829-1893 **[31]**
 $12 168 FF71 076 £7 200 A fair reflection Oil/panel 61x49,5cm/*24x19in* London 97
JONGHE de Jan Baptiste 1785-1844 **[12]**
 $1 400 FF8 395 £850 Cattle and Drover in a Lake Landscape Oil/panel 12,5x16,5cm/*4x6in* Billingshurst,

J

West Sussex 98

  $13 104 FF78 048 £8 016 Paysage fluvial animé de vaches et de personnages Huile/panneau 41x54cm/*16x21in* Bruxelles 98

JONGKIND Johan-B. (Attrib.) 1819-1891 **[7]**

  $2 360 FF12 000 £1 410 Le boulevard Montparnasse Huile/panneau 28x44,5cm/*11x17in* Paris 96

  $5 154 FF26 715 £3 347 Mondlandschaft Oil/canvas 35x46cm/*13x18in* Luzern 96

JONGKIND Johan-Barthold 1819-1891 **[370]**

  $3 420 FF19 632 £2 088 Crépuscule Huile/toile 60x74cm/*23x29in* Bruxelles 97

  $14 250 FF71 000 £9 330 Canal sous la neige en Hollande Huile/toile 24,5x32,5cm/*9x12in* Paris 95

  $8 692 FF53 000 £5 215 Cahier des six eaux-fortes/Vues de Hollande Eau-forte 16x20,5cm/*6x8in* Paris 98

  $578 FF3 371 £353 Landschaft mit Häusern Watercolour 15x29cm/*5x11in* München 97

JONK Nic. 1928-1995 **[32]**

  $9 470 FF49 600 £5 690 Vrouw met gele boa Acrylic/canvas 165x100cm/*64x39in* Amsterdam 96

  $4 590 FF24 060 £2 760 Nereïde op Triton Bronze H30cm/*H11in* Amsterdam 96

  $15 500 FF81 200 £9 310 Sirene Bronze H87cm/*H34in* Amsterdam 96

JONNART L. XIX-XX **[2]**

  $1 960 FF10 000 £1 290 Rue animée dans le Sud Huile/carton 27x22cm/*10x8in* Paris 96

JONNEVOLD Carl Henrik 1856-1930 **[22]**

  $1 400 FF8 531 £835 "San Mateo Hills" Oil/canvas 22x30cm/*9x12in* Pasadena, California 98

  $3 250 FF16 200 £2 130 Landscape with distant cattle Oil/canvas 51x61cm/*20x24in* San Francisco-Los Angeles 95

JONSON Raymond 1891-1982 **[18]**

  $13 000 FF67 800 £7 850 Sea Patterns Oil/canvas 76x84cm/*29x33in* San Francisco-Los Angeles 96

  $25 000 FF145 095 £15 265 Portrait of Vera Jonson Oil/canvas 101,5x152,5cm/*39x60in* Los Angeles 97

  $7 000 FF40 626 £4 274 Canoncito Lithograph 48,5x61,5cm/*19x24in* Los Angeles 97

  $15 000 FF89 659 £9 091 Santa Fe Hills Watercolour 45x48cm/*17x18in* San Francisco-Los Angeles 97

JONSON Sven 1902-1981 **[135]**

  $209 FF1 194 £129 Sävjaån Oil/canvas 51x65cm/*20x25in* Uppsala 97

  $1 042 FF5 320 £690 "Arabesk" Oil/canvas 22x27cm/*8x10in* Malmö 96

  $249 FF1 482 £152 Utsikt genom terrassdörr Color lithograph 54,5x45,5cm/*21x17in* Malmö 98

  $1 686 FF10 101 £1 007 Surrealistiska fönster Gouache/papier 18,5x55cm/*7x21in* Stockholm 98

JONSON van Ceulen Cornelis I 1593-1661 **[9]**

  $15 500 FF79 800 £10 000 Double portrait of two young girls, holding hands Oil/canvas 133x119cm/*52x46in* London 96

JONSSON Asgrimur 1876-1958 **[9]**

  $4 440 FF22 900 £2 840 View of Thingvalla, Island Oil/canvas 68x87cm/*26x34in* København 96

  $2 589 FF15 017 £1 587 Arnafell vid Tingvallacatn Watercolour/paper 70x100cm/*27x39in* København 97

JÖNSSON Charlotta 1909 **[1]**

  $2 377 FF13 888 £1 407 Kanin i höst gräs Watercolour/paper 39,5x30cm/*15x11in* Stockholm 97

JÖNSSON Erik 1893-1950 **[40]**

  $347 FF2 107 £206 Figurer vid blommande fruktträd Oil/panel 46x55cm/*18x21in* Malmö 98

JÖNSSON Gittan 1948 **[7]**

  $4 230 FF21 500 £2 740 "Tennis" Oil/canvas 90x100cm/*35x39in* Stockholm 95

JONSSON Lars 1952 **[13]**

  $7 133 FF41 666 £4 222 Skärfläckor i vattenbrynet Oil/canvas 60x100cm/*23x39in* Stockholm 97

  $15 100 FF72 900 £9 500 Redbreasted Geese Oil/canvas 100,5x150cm/*39x59in* London 95

  $262 FF1 492 £161 Morkulla i vårvinterlandskap Color lithograph 49x67cm/*19x26in* Uppsala 97

  $2 540 FF12 270 £1 600 The Couple, Herring Gulls Watercolour 46x61cm/*18x24in* London 95

JONSSON Ragnar 1956 **[8]**

  $620 FF3 170 £409 Vidtstrakt fjeldlandskab, Island Watercolour 46x64cm/*18x25in* København 96

JONZEN Karin 1914 **[19]**

  $944 FF4 770 £620 Head of a Girl Terracotta H77cm/*H30in* London 96

JOO Seah Kim 1939 **[4]**

  $4 495 FF25 370 £2 755 Trengannu Beach Scene Oil/canvas/board 68x122cm/*26x48in* Singapore 97

  $3 196 FF16 120 £2 097 Harbour Scene Watercolour/paper 35x55,5cm/*13x21in* Singapore 96

JOORS Eugeen 1850-1910 **[15]**

  $1 365 FF8 130 £835 Portrait de jeune fille Huile/panneau 31x24cm/*12x9in* Bruxelles 98

  $24 100 FF117 600 £15 320 Elégante à l'Abbaye de la Cambre Huile/toile 120x85cm/*47x33in*

Bruxelles 95
JOOSTENS Paul 1889-1960 **[204]**
⌓ *$2 810 FF13 720 £1 776* Saint Anne et les musiciens Huile/toile 90x65cm/*35x25in* Antwerpen 95
✐ *$193 FF1 138 £119* Deux femmes Dessin 29x19cm/*11x7in* Antwerpen 97
JOPLING Louise 1843-1933 **[6]**
⌓ *$5 620 FF32 460 £3 300* Jeune femme et sa fille dans un intérieur Huile/toile 100x80cm/*39x31in*
Bruxelles 97
JORDAENS Hans II (Attrib.) 1581-1653 **[1]**
⌓ *$7 440 FF38 500 £4 800* Waldlandschaft mit der Predigt Johannes des Täufers Oil/panel
30,5x43,5cm/*12x17in* Wien 96
JORDAENS Hans III c.1595-1643/44 **[13]**
⌓ *$6 689 FF39 604 £4 000* Christ and the Captain of Kapharnaum Oil/panel 50,2x38cm/*19x14in* London 97
⌓ *$8 361 FF49 505 £5 000* The Return of the Prodigal Son Oil/panel 38,5x27,5cm/*15x10in* London 97
⌓ *$62 025 FF360 600 £37 875* Waldlansdchaft mit der Predigt Johannes des Täufers Öl/Leinwand
150x240cm/*59x94in* Wien 97
JORDAENS Hans III (Attrib.) c.1595-1643/44 **[5]**
⌓ *$26 200 FF162 300 £15 600* Rebecca and Eliezer near the Well Oil/copper 69x85cm/*27x33in* Antwerpen 98
JORDAENS Jacob 1593-1678 **[34]**
⌓ *$62 008 FF357 815 £38 000* The Holy Familie Oil/panel 62x49cm/*24x19in* London 97
⌓ *$141 892 FF836 656 £84 000* Portrait of the painter's daughter Anna Catharina Oil/canvas
135,5x114,5cm/*53x45in* London 97
✐ *$15 000 FF92 080 £9 190* Alternative Designs for the left Side of a Tapestry Border Bodycolour
40x13,5cm/*15x5in* New-York 98
JORDAENS Jacob (Studio) 1593-1678 **[2]**
⌓ *$10 000 FF49 400 £6 460* The Holy Family Oil/canvas 112x84,5cm/*44x33in* New-York 96
JORDAN de Henri 1944 **[40]**
⌓ *$15 787 FF92 000 £9 724* Le poulailler de Paulette Huile/toile 27x35cm/*10x13in* Sceaux 97
⌓ *$38 142 FF226 500 £23 103* Bord de mer Huile/toile 46x55cm/*18x21in* Sceaux 97
✐ *$183 FF900 £118* Plage aux parasols Pastel 15x20cm/*5x7in* Ourville-en-Caux 96
JORDAN Jack 1925 **[5]**
⌓ *$1 300 FF7 836 £786* "Cheyenne Camp" Oil/masonite 60x45cm/*24x18in* Pasadena, California 98
JORDAN Jakob 1886-1947 **[2]**
⌓ *$1 794 FF8 940 £1 175* Sonenblumen vor Wolkenhimmel Öl/Leinwand 84x103cm/*33x40in* München 95
JORDAN Rudolf 1810-1887 **[10]**
⌓ *$3 926 FF23 426 £2 368* Die Frau des Seemanns Öl/Leinwand 76x69cm/*29x27in* Köln 97
JORDAN Rudolf (Attrib.) 1810-1887 **[1]**
⌓ *$5 550 FF27 400 £3 590* Berglandschaft mit Kühen und Hirte Öl/Leinwand 75x95cm/*29x37in* Kempten 96
JORDAN Samuel 1803/4-c.1840 **[1]**
⌓ *$6 000 FF35 971 £3 611* Ursula Glover, a Dark Haired Young Woman Wearing a Pink Gown Oil/panel
72x55cm/*28x21in* New-York 98
JORDE Lars 1865-1939 **[12]**
⌓ *$4 826 FF28 595 £2 891* Fra Gudbrandsdalen: kvinne og barn i landskap Oil/canvas 75x85cm/*29x33in*
Oslo 97
JORDENS Jan Gerrit 1883-1962 **[4]**
⌓ *$3 165 FF18 909 £1 936* Masks Oil/canvas 30x25cm/*11x9in* Amsterdam 98
JØRGENSEN Aksel 1883-1957 **[81]**
⌓ *$595 FF3 080 £386* Portrait of a man, seated Oil/canvas 46x24cm/*18x9in* Viby J, Århus 96
⌓ *$1 065 FF6 156 £625* "Agitatoren", scene fra "Det Röde Hav", Holmensgade" Oil/canvas 50x40cm/*19x15in*
København 97
⌓ *$13 698 FF79 155 £8 046* "Dansesalonen Stjernen" Oil/canvas 105x125cm/*41x49in* København 97
✐ *$608 FF3 518 £357* Portraet af Hr. Haahr Pastel 55x32cm/*21x12in* København 97
JØRGENSEN Børge 1926 **[39]**
�/ *$751 FF4 489 £460* Untitled Metal H55cm/*H21in* København 98
⌐ *$1 252 FF7 482 £766* Variation over et tema Metal H83cm/*H32in* København 98
JORGENSEN Christian A. 1860-1935 **[26]**
⌓ *$3 000 FF17 931 £1 818* Mt. Tamalpais Oil/canvas 50,8x76,2cm/*20x29in* San Francisco-Los Angeles 97

Calendar & auction results: Internet www.artprice.com Minitel 3617 ARTPRICE

☞ *$14 000 FF83 682 £8 485* Majestic View into the Grand Canyon Oil/canvas 152,4x121,9cm/*59x47in* San Francisco-Los Angeles 97

✐ *$1 000 FF4 980 £655* The Road to a Mexican village Watercolour/paper 33x25cm/*12x9in* San Francisco-Los Angeles 95

JØRGENSEN Erling 1905-1977 **[17]**

☞ *$711 FF4 225 £435* Komposition Oil/canvas 52x58cm/*20x22in* København 97

JORIS Pio 1843-1921 **[39]**

☞ *$2 508 FF14 213 £1 254* Confidenze Olio/tela 10x17,5cm/*3x6in* Milano 97

☞ *$19 200 FF108 800 £12 800* Giornata di festa Olio/tela 78x55cm/*30x21in* Milano 97

✐ *$840 FF4 760 £420* Popolana in costume Acquarello/carta 28x20cm/*11x7in* Roma 97

JORN Asger Jorgensen 1914-1973 **[966]**

☞ *$9 386 FF57 271 £5 726* "L'homme au nez céleste" Decollage 35x26cm/*13x10in* København 98

☞ *$21 226 FF125 968 £13 000* Détournement de paysage Oil/canvas 50x64,5cm/*19x25in* London 97

☞ *$252 700 FF1 242 000 £161 000* "Fastelavn" Oil/masonite 183,5x160cm/*72x62in* København 95

▥ *$772 FF4 495 £472* Dans le sillage d'If-Aube Lithographie couleurs 32x25cm/*12x9in* Amsterdam 97

▨ *$3 056 FF17 730 £1 882* En trold Sculpture 22x19cm/*8x7in* Viby J, Arhus 97

✐ *$3 321 FF20 265 £2 026* Aggenakker Watercolour/paper 32x40cm/*12x15in* København 98

JORON Auguste XIX **[2]**

☞ *$6 354 FF37 623 £3 800* Figures by a neo-classical building near the ruins of a Gothic church Oil/paper/panel 20,3x27,3cm/*7x10in* London 97

JORON Maurice 1883-1937 **[5]**

☞ *$7 514 FF45 157 £4 500* Le repos de l'Odalisque Oil/canvas 54x73cm/*21x28in* London 98

JÖRRES Carl 1872-1947 **[9]**

☞ *$895 FF5 361 £550* Selbstportrait/Landschaftsstudie Öl/Karton 49,5x40cm/*19x15in* Bremen 98

JOSEN Hamada 1875-? **[2]**

▥ *$1 100 FF6 267 £687* New Beauties of Ukiyo-E Compared, December Fine Snowy Day Woodcut 44x28cm/*17x11in* New-York 97

JOSEPH Albert 1868-1952 **[21]**

☞ *$1 658 FF9 500 £981* Chemin à l'orée du bois Huile/toile 38x55cm/*14x21in* Calais 97

JOSEPH Denis Simon 1755-1813 **[1]**

☞ *$18 744 FF110 000 £11 462* "Le lac d'Albano, campagne de Rome" Huile/toile 46x56cm/*18x22in* Thonon-les-Bains 97

JOSEPH George Francis 1764-1846 **[3]**

✐ *$666 FF4 110 £400* A Group of Portrait of Three Children Watercolour 37,5x32cm/*14x12in* Billingshurst, West Sussex 98

JOSEPH I. VON ÖSTERREICH Kaiser 1678-1711 **[1]**

✐ *$2 335 FF13 417 £1 458* Darstellungen von Karikaturköpfen, in 8 Medaillons Karikaturköpfe Ink 29x19cm/*11x7in* Wien 97

JOSEPH Jasmin 1923 **[3]**

☞ *$1 725 FF10 360 £1 030* Untitled Oil/board 39,5x91,5cm/*15x36in* San Francisco 98

JOSEPHSON Ernst 1851-1906 **[102]**

☞ *$15 000 FF73 800 £9 660* Adam och Eva Oil/panel 23x17,5cm/*9x6in* Stockholm 95

☞ *$46 944 FF268 848 £28 656* Bäck i skogen, Eggedal Oil/panel 65x53cm/*25x20in* Stockholm 97

✐ *$1 936 FF10 110 £1 153* Kvinna med sjalett Ink/paper 30,5x17,5cm/*12x6in* Stockholm 96

JOSI Christian 1768-1828 **[4]**

✐ *$2 370 FF12 050 £1 420* Portrait of a man, after Rembrandt (1634) Black chalk 37,8x27,5cm/*14x10in* Amsterdam 96

JOSSOT G. Henri,Abdul Karim 1866-1951 **[20]**

▥ *$482 FF2 800 £284* "P.L.M, Fédération des Syndicats d'initiative de Tunisie" Affiche 107x78cm/*42x30in* Paris 97

JOST Joseph 1888-? **[11]**

☞ *$1 850 FF9 650 £1 100* Still life Oil/panel 51x68cm/*20x26in* Wien 96

☞ *$9 200 FF53 240 £5 659* Portrait of Rabbi studying and wearing a Tallit Oil/panel 18x14cm/*7x5in* Tel Aviv 97

JOTTI Carlo 1826-1905 **[7]**

☞ *$4 140 FF23 460 £2 070* Veduta di Firenze Olio/cartone 24x35cm/*9x13in* Roma 98

JOUANA Marie José XX **[38]**

☞ *$253 FF1 500 £157* Marée basse Huile/panneau 13x28cm/*5x11in* Blois 97

JOUANT Jules XIX-XX **[1]**
$2 932 FF17 126 £1 800 Mask of Beethoven Bronze H37cm/*H14in* London 97
JOUAS Charles 1866-1942 **[24]**
$479 FF2 800 £283 Le Lac d'Espingo Aquarelle 24x31cm/*9x12in* Paris 97
JOUBERT Léon 1876-1920 **[13]**
$1 136 FF6 957 £680 Extensive River Landscape Oil/canvas 32x46cm/*12x18in* London 98
JOUBIN Georges 1888-1983 **[240]**
$493 FF2 500 £323 Vieille bretonne de Ploumanach Huile/panneau 33,5x24,5cm/*13x9in* Paris 96
$991 FF5 000 £644 Le peintre sur le motif Huile/carton 46x38cm/*18x14in* La Varenne Saint-Hilaire 96
$599 FF3 000 £379 Jeune femme enfilant son bas Gouache 63x48cm/*24x18in* La Varenne Saint-Hilaire 95
JOUCLARD Adrienne 1881-1971 **[206]**
$366 FF2 200 £221 Cantine à la maternelle Huile/carton 27x35,5cm/*10x13in* Paris 98
$1 582 FF9 000 £975 Le troupeau de Chambley Huile/toile 82x130cm/*32x51in* Lyon 97
$347 FF2 000 £217 Le K.O Dessin 19x24,5cm/*7x9in* Biarritz 97
JOUDERVILLE de Isaac c.1613-1645/48 **[3]**
$6 500 FF38 644 £4 026 Saint Apollonia Oil/panel 50x38cm/*19x14in* New-York 97
JOUDREVILLE de Isaac c.1612-c.1650 **[1]**
$46 200 FF230 000 £30 200 Portrait de jeune femme de profil Huile/panneau 40x31,5cm/*15x12in* Paris 95
JOUENNE Michel 1933 **[69]**
$206 FF1 000 £133 Le port Huile/toile 61x27cm/*24x10in* Douai 95
$878 FF4 600 £528 "Marée-basse" Huile/toile 27x35cm/*10x13in* La Varenne Saint-Hilaire 96
JOUENNE Sylviane XX **[32]**
$358 FF2 200 £214 En famille Huile/toile 27x35cm/*10x13in* Saint-Dié 98
JOUFFROY Pierre XX **[11]**
$1 755 FF10 000 £1 075 Nature morte au sac de farine Huile/toile 81x100cm/*31x39in* Paris 97
JOUHAUD Léon 1874-1950 **[105]**
$1 748 FF10 500 £1 048 "Sur le chemin de la foire" Email/panneau 11x14cm/*4x5in* Paris 98
$171 FF1 050 £105 Paysage Limousin Pastel/papier 19x24cm/*7x9in* Limoges 98
JOUKOVSKI Stanislav Iulianov. 1871-1944 **[3]**
$4 470 FF23 000 £2 700 Pine forest, winter Oil/canvas 56x66cm/*22x25in* London 96
JOULLIN Amedee 1862-1917 **[10]**
$1 500 FF8 705 £915 View of the Coast from the Dunes Oil/board 28x35,5cm/*11x13in* Los Angeles 97
$7 000 FF42 143 £4 188 A Basket of Mixed Roses Oil/canvas 61x91,5cm/*24x36in* San Francisco 98
JOURDAIN Francis 1876-1958 **[35]**
$445 FF2 600 £263 Etude de nu couché Huile/carton 42x55,5cm/*16x21in* Paris 97
$1 253 FF7 264 £748 Middleburg Oil/board 20,5x40cm/*8x15in* Amsterdam 97
$411 FF2 500 £252 Scène d'intérieur Encre 117x32cm/*46x12in* Paris 98
JOURDAIN Henri 1864-1931 **[19]**
$575 FF3 335 £353 Winter, Dec. 1st, 1913/Winter Etching, aquatint in colors 55x72cm/*22x28in* Bethesda, Maryland 97
JOURDAIN Roger 1845-1918 **[6]**
$15 000 FF85 275 £9 184 Au bord de la Tamise Oil/canvas 44x61cm/*17x24in* New-York 97
JOURDAN Adolphe 1825-1889 **[6]**
$45 000 FF254 092 £27 364 Les Secrets de L'Amour Oil/canvas 107x79cm/*42x31in* New-York 97
JOURDAN Émile 1860-1931 **[15]**
$18 020 FF88 000 £11 420 barque dans la tempête Huile/panneau 56x52cm/*22x20in* Paris 95
$2 518 FF15 000 £1 515 Meule de foin Pastel/papier 25x40cm/*9x15in* Paris 97
JOURDAN Théodore 1833-? **[14]**
$392 FF2 400 £239 Ruelle de village Huile/panneau 27x18cm/*10x7in* Aubagne 98
JOURNAU Pierre 1921-1986 **[2]**
$4 108 FF24 000 £2 522 Le train manque Huile/toile 50x61cm/*19x24in* Lyon 97
JOURSON J. c.1760-c.1800 **[1]**
$1 210 FF6 290 £800 A Sandhill Crane Watercolour 30x20cm/*11x7in* London 96
JOUVE Auguste 1846-c.1905 **[6]**
$802 FF4 800 £487 Tigre rugissant Lavis 44x55cm/*17x21in* Paris 97

J

JOUVE Paul 1880-1973 **[274]**
  $6 100 FF30 744 £3 935 Boghar Lápices de color 76x98cm/*29x38in* Buenos Aires 96
  $49 FF300 £30 Les faucons Gravure bois 28x24cm/*11x9in* Orléans 98
  $4 082 FF25 000 £2 435 Semis floral, 5 plaques carrées Grès 46x48cm/*18x18in* Paris 98
  $7 511 FF46 000 £4 480 Le tigre Bas-relief 95x49cm/*37x19in* Paris 98
  $2 482 FF15 000 £1 491 Perroquet Fusain 57x39cm/*22x15in* Paris 98
JOUVEN Romain 1874-1929 **[25]**
  $388 FF2 000 £257 Bord de côte Aquarelle 60x72cm/*23x28in* Arles 96
JOUVENET François le Jeune 1664-1749 **[2]**
  $45 276 FF280 000 £26 964 Portrait d'homme au gilet brodé Huile/toile 102x81cm/*40x31in* Paris 98
JOUVENET Jean 1644-1717 **[12]**
  $22 960 FF114 700 £15 000 Christ in the House of Martha and Mary Oil/canvas 93x75cm/*36x29in* London 95
  $40 000 FF245 548 £24 508 "Saint Louis en action d'humilité, qui lave les pieds d'un pauvre..." Oil/canvas 112x145cm/*44x57in* New-York 98
  $34 235 FF205 000 £21 033 Étude pour une figure "La pêche Miraculeuse" Pierre noire 43x56cm/*16x22in* Montpellier 98
JOUVENET Jean (Attrib.) 1644-1717 **[7]**
  $4 929 FF30 000 £3 015 L'Apothéose de Saint Jean Huile/toile 74x93cm/*29x36in* Paris 98
  $387 FF2 000 £250 Académie d'homme nu de dos, tenant un poignard dans la main droite Pierre noire 58x41cm/*22x16in* Paris 96
JOUY Joseph Nicolas 1809-? **[2]**
  $8 550 FF44 631 £5 182 Portrait of three sisters Oil/canvas 177x132cm/*70x52in* New Orleans, Louisiana 96
JOWSEY John Wilson XIX-XX **[5]**
  $972 FF5 952 £580 A Bust od the Right Honourable Lord Kirkley Watercolour/paper 60x50cm/*23x19in* Newcastle-upon-Tyne 98
JOY George William 1844-1925 **[4]**
  $89 267 FF535 183 £54 000 Flora MacDonald's Farewell to Prince Charlie Oil/canvas 163,5x126cm/*64x49in* Glasgow 97
JOY Thomas Musgrave 1812-1866 **[9]**
  $5 790 FF29 200 £3 800 The Love Test, a German Legend Oil/canvas 109x80cm/*42x31in* London 96
  $7 740 FF40 100 £5 000 Travelling Post 1760/Travelling Present 1860 Oil/canvas 28,5x42cm/*11x16in* London 96
JOY William & John Can. 1803-67/1806-57 **[9]**
  $4 670 FF23 770 £2 800 Ferrying the crew ashore Watercolour 29x42cm/*11x16in* London 96
JOY William Cantiloe 1803-1867 **[29]**
  $6 437 FF37 037 £3 800 A Dutch vessel kedging off a Beach in squally Weather Oil/canvas 44x59,5cm/*17x23in* London 97
  $2 167 FF11 030 £1 300 Fishermen off shore Watercolour 18,5x26,5cm/*7x10in* London 96
JOYANT Jules Romain 1803-1854 **[11]**
  $2 998 FF18 497 £1 800 Shipping at Sea Watercolour 24x32cm/*9x12in* London 98
JOYCE Ena Elizabeth 1925 **[2]**
  $1 452 FF8 461 £892 Still Life, Flowers Oil/board 45x36cm/*17x14in* Sydney 97
JOZEFCZYK Zygmunt 1881-1966 **[3]**
  $1 039 FF6 330 £645 Powrót z Pola Oil/cardboard 70x95cm/*27x37in* Warszawa 97
JU CHAO 1811-1865 **[3]**
  $2 323 FF13 543 £1 431 Vegetables and flowers Ink 28,6x42,5cm/*11x16in* Hong Kong 97
JU LIAN 1828-1904 **[14]**
  $4 389 FF25 581 £2 703 Flowers and birds Ink 175x41,5cm/*68x16in* Hong Kong 97
JU MING 1938 **[5]**
  $12 640 FF62 900 £8 040 Tai-chi Sculpture, wood H49,5cm/*H19in* Taipei, Taiwan 95
JUBIER C.L. XVII **[2]**
  $507 FF3 000 £303 Vue d'une fontaine antique/Vue de l'intérieur d'une ferme Gravure 28x35,5cm/*11x13in* Paris 97
JUCH Ernst 1838-1909 **[7]**
  $1 210 FF6 260 £781 "Heimkehrende Fischer" Oil/panel 18x13cm/*7x5in* Wien 96
JUDD Donald 1928-1994 **[169]**

👁 *$107 477 FF627 412* £65 000 Untitled Mixed media 305x68,5x61cm/*120x26x24in* London 97

👁 *$1 477 FF8 460* £901 Kompositionen mit horizontalen Streifen Etching, aquatint 50x62cm/*19x24in* Hamburg 97

👁 *$5 000 FF25 000* £3 236 Untitled (Chair Prototype) Sculpture, wood 76x37,5x37,8cm/*29x14x14in* New-York 96

👁 *$91 600 FF481 000* £55 000 Untitled Relief 300x50x25cm/*118x19x9in* London 96

👁 *$17 000 FF82 300* £10 910 Screen Aug. 25 Gouache 159x370cm/*62x145in* New-York 95

JUDIKAëL Pierre Juhel, dit 1937 [58]

👁 *$432 FF2 450* £264 Le bouquet au chat Huile/toile 27x22cm/*10x8in* Metz 97

👁 *$799 FF4 600* £491 Au bar du port Acrylique/toile 55x46cm/*21x18in* Cherbourg 97

JUDSON William Lee 1842-1928 [30]

👁 *$1 600 FF8 000* £1 039 "In The High Sierra" Oil/canvas 50x76cm/*20x30in* Altadena, CA 96

👁 *$1 100 FF5 740* £665 Picking Wildflowers Watercolour/paper 15x23cm/*5x9in* San Francisco-Los Angeles 96

JUEL Jens 1745-1802 [46]

👁 *$4 190 FF21 270* £2 710 Portrait of Jorgen Madsen Brøndsted (1724-1787) Oil/canvas 33x25cm/*12x9in* Köbenhavn 95

👁 *$7 420 FF44 015* £4 535 Portraet af Catharina von Schimmelmann, f. Lexmond Oil/canvas 70x55cm/*27x21in* Köbenhavn 98

👁 *$2 673 FF13 370* £1 730 Portraet af Johan Harting Ernst von Berger (1757-1809) Pastel 48x33cm/*18x12in* Köbenhavn 96

JUHEL Jean-Luc 1951 [83]

👁 *$241 FF1 500* £145 Aujourd'hui j'ai les jambes coupées Acrylique/panneau 64x110cm/*25x43in* Paris 98

JUILLERAT Clotilde, née Gérard 1806-1904 [1]

👁 *$7 900 FF41 000* £5 220 Anne de Beaujeu, veuve, chassée par les Anglais Huile/toile 57,7x107,2cm/*22x42in* Lyon 96

JUILLERAT Jacques Henri 1777-1860 [9]

👁 *$1 135 FF6 592* £670 Maison de Paysan à Wichtrach Radierung 36x50,5cm/*14x19in* Bern 97

👁 *$151 FF884* £93 Mediterranes Fischerdorf Aquarell/Papier 22x35cm/*8x13in* Zofingen 97

JUKES Francis 1749-1812 [21]

👁 *$3 914 FF22 549* £2 300 Cape Brun to Sepet, Toulon/Balaguier to Eguillette, Toulon Aquatint in colors 27,5x39cm/*10x15in* London 97

JULES Mervin 1912 [15]

👁 *$150 FF821* £90 Jazz Singer and Band Color lithograph 35x43cm/*14x17in* Plainville, Conn. 97

JULIAN Rodolphe 1839-1907 [2]

👁 *$4 582 FF28 268* £2 880 Jeune femme nue assise sur l'herbe Oil/canvas 92x73cm/*36x28in* Köbenhavn 97

JULIANA Y ALBERT José 1844-1890 [11]

👁 *$11 200 FF63 520* £7 040 La sopa del covento Oleo/lienzo 40,5x51,5cm/*15x20in* Madrid 97

JULIEN Claude 1952 [80]

👁 *$220 FF1 200* £132 La cueillette Huile/panneau 17x24cm/*6x9in* Arles 97

JULIEN DE PARME Simon (Attrib.) 1735-1800 [2]

👁 *$2 866 FF17 000* £1 752 Jeune éphèbe et Cupidon près du feu sacré Huile/toile 58x42,5cm/*22x16in* Paris 97

👁 *$1 593 FF9 547* £950 Allegory of the Arts dropping Flowers over the Head of Father Time Black chalk 31x21,5cm/*12x8in* London 98

JULIEN Jean XX [12]

👁 *$258 FF1 500* £152 "P.L.M, Lac d'Annecy" Affiche 108x78cm/*42x30in* Paris 97

JULIEN Jos [2]

👁 *$12 000 FF68 454* £7 378 The Harvesters Oil/canvas 80,5x99,5cm/*31x39in* New-York 97

JULIEN Joseph Toussaint XVIII-XIX [1]

👁 *$8 481 FF49 164* £5 000 Gathering Flowers Oil/canvas 36x53cm/*14x20in* London 97

JULIEN René 1937 [20]

👁 *$655 FF4 062* £392 Camargue Huile/panneau 70x150cm/*27x59in* Liège 98

JULIO F. [1]

👁 *$3 740 FF19 000* £2 230 Fruits et oiseaux/Nature morte Huile/toile 54x65cm/*21x25in* Lyon 96

JULIUS Per 1951 [21]

👁 *$1 508 FF8 805* £897 Vinterlandskap med gård Watercolour/paper 40x74,5cm/*15x29in* Stockholm 97

JULLIAN Philippe 1919-1977 [20]

☞ *$709 FF4 351 £441* "La fenêtre" Watercolour, gouache 36x26cm/*14x10in* Melbourne 97
JULLIARD Nicolas Jacques 1715-1790 **[9]**
☞ *$7 977 FF49 000 £4 782* Groupe de pêcheurs au bord d'une rivière boisée Huile/toile 33x40,5cm/*12x15in* Lille 98
☞ *$8 938 FF51 935 £5 500* Wooded and rocky river landscapes with fishermen Oil/canvas 50,5x58,5cm/*19x23in* London 97
☞ *$14 440 FF74 200 £9 000* Rocky river landscape with fishermen Oil/canvas 98x131cm/*38x51in* London 96
JULLIEN Amédée Henri Antoine 1819-1887 **[3]**
☞ *$1 400 FF8 510 £849* "Landscape, Near Gilford" Oil/canvas 15x23cm/*6x9in* Elgin, Illinois 98
JUNCKER Justus 1703-1767 **[20]**
☞ *$5 610 FF28 930 £3 600* A kitchen interior with a woman peeling vegetables, a girl beside her Oil/panel 46x35,5cm/*18x13in* London 96
☞ *$6 550 FF33 760 £4 200* A scholar sharpening his quill Oil/panel 44,5x35cm/*17x13in* London 96
JUNCKER Justus (Attrib.) 1703-1762 **[4]**
☞ *$3 426 FF20 000 £2 072* Intérieur d'alchimiste Huile/panneau 28,5x20,5cm/*11x8in* Lille 97
JUNG Charles Frédéric 1865-1936 **[16]**
☞ *$687 FF4 000 £420* Oeillets et iris Huile/toile 45x38cm/*17x14in* Paris 97
JUNG Georg 1899-1957 **[15]**
☞ *$4 820 FF24 360 £3 160* Ohne Titel Oil/canvas 52x61,5cm/*20x24in* Wien 96
✐ *$224 FF1 344 £137* "Family Farm" Watercolour/paper 27x38cm/*11x15in* Altadena, CA 97
JUNG Otto 1867-1966 **[19]**
☞ *$1 103 FF5 750 £667* Das Hotel "König von England", Stuttgart Öl/Leinwand 25x35cm/*9x13in* Stuttgart 96
☞ *$1 444 FF8 434 £873* Nacktes Mädchen vor Landschaft Öl/Leinwand 63x39,5cm/*24x15in* Stuttgart 97
✐ *$275 FF1 675 £166* Blick in eine sommerliche Waldlandschaft Aquarell/Papier 38x27cm/*14x10in* Stuttgart 98
JUNG Théodore 1803-1865 **[10]**
✐ *$530 FF3 200 £326* Les arènes Aquarelle/papier 16,5x24cm/*6x9in* Paris 98
JUNGBLUT Johann 1860-1912 **[97]**
☞ *$1 704 FF10 070 £1 059* Bauern auf dem Weg durch Eis und Schnee Oil/panel 32x23cm/*12x9in* Konstanz 97
☞ *$2 320 FF11 500 £1 476* Abendlandschaft Öl/Leinwand 80x60cm/*31x23in* Düsseldorf 95
JUNGBLUTH Chrysis 1907 **[3]**
✐ *$1 650 FF8 000 £1 062* La Boule-Blanche à Montparnasse Gouache 46x37cm/*18x14in* Paris 95
JUNGHANNS Julius Paul 1876-1953 **[92]**
☞ *$1 094 FF6 704 £653* Bauer mit Pferdefuhrwerk auf dem Feldweg Oil/canvas 39x47cm/*15x18in* Dresden 98
☞ *$1 953 FF11 133 £1 220* Selbstbildnis des Künstlers im gelben Malerkittel Öl/Papier 34,5x24,5cm/*13x9in* Köln 97
▭ *$112 FF670 £66* Pflügender Bauer auf dem Feld Radierung 19,5x34cm/*7x13in* Köln 98
✐ *$168 FF1 004 £101* Sitzender männlicher Akt Pencil/paper 43,1x26,1cm/*16x10in* Köln 97
JUNGHEIM Carl 1803-1886 **[15]**
☞ *$2 200 FF11 380 £1 428* Wassermühle im Gebirge Öl/Leinwand 83x71cm/*32x27in* München 96
☞ *$22 246 FF135 569 £13 500* Elegant Figures Boating on a Lake Oil/canvas 115x154cm/*45x60in* Exeter, Devon 98
JUNGMANN Nico Wilhelm 1872-1935 **[20]**
☞ *$2 472 FF14 863 £1 478* Venetian woman with child Oil/panel 37x26cm/*14x10in* Amsterdam 98
☞ *$10 365 FF61 264 £6 200* Portrait of a Lady Mixed media 124,5x46cm/*49x18in* London 97
✐ *$493 FF2 500 £320* A Brittany maiden Watercolour 16,4x12,4cm/*6x4in* London 95
JUNGNICKEL Ludwig Heinrich 1881-1965 **[222]**
☞ *$3 490 FF17 140 £2 220* Südliches Motiv mit Palmen Mixed media/canvas 38x32cm/*14x12in* Wien 95
☞ *$12 015 FF71 355 £7 140* Hamburger Hafen mit schwerer See (?) Öl/Leinwand 60,2x80,6cm/*23x31in* Wien 97
▭ *$986 FF5 755 £596* Pantherkopf Woodcut in colors 15x14,5cm/*5x5in* Wien 97
✐ *$1 202 FF6 280 £716* Schlafende Welpen Black chalk 27x27cm/*10x10in* Wien 96
JUNGSTEDT Axel 1859-1933 **[3]**
☞ *$5 050 FF26 150 £3 260* Efter maskeradbalen Oil/panel 37x28cm/*14x11in* Stockholm 96
☞ *$19 300 FF100 000 £12 460* Eftermiddagsteet Oil/canvas 65x54cm/*25x21in* Stockholm 96
JUNGSTEDT Kurt 1894-1963 **[23]**

☞ *$2 723 FF16 317 £1 627* Flamencodans Oil/canvas 25x30cm/*9x11in* Stockholm 98
JUNGWIRTH Josef 1869-1950 **[28]**
☞ *$1 012 FF5 757 £620* Waldlichtung Öl/Karton 12x21,5cm/*4x8in* Wien 97
☞ *$3 234 FF16 863 £1 947* Mutter mit Kindern Öl/Leinwand 63,5x80cm/*25x31in* Heidelberg 96
✎ *$234 FF1 420 £140* A Vase of Roses Bodycolour 33x46cm/*12x18in* London 97
JUNGWIRTH Martha 1940 **[13]**
✎ *$1 312 FF7 644 £806* Dame im Bad Mischtechnik/Papier 49x63cm/*19x24in* Wien 97
JUNIPER Robert Litchfield 1929 **[25]**
☞ *$1 119 FF6 488 £659* Cue Oil/board 97x64cm/*38x25in* Sydney 97
JUNIUS François 1589-1677 **[1]**
☞ *$3 252 FF18 000 £2 003* Personnages et troupeau près d'un château Huile/toile 41x59cm/*16x23in* Paris 97
JUNK Rudolf 1880-1943 **[3]**
☞ *$1 588 FF9 520 £948* Park in Neuwaldegg, Herbstlandschaft Öl/Leinwand 24x32,5cm/*9x12in* Wien 98
JUNOD Marguerite 1883-? **[1]**
▥ *$5 000 FF29 797 £2 997* "2e Exposition Art Décoratif" Poster 115x71cm/*45x27in* New-York 98
JUPP George Herbert 1869-? **[4]**
✎ *$1 526 FF9 287 £936* Playing Cards Watercolour, gouache/paper 34x37cm/*13x14in* Toronto 98
JÜRGENSEN Sophus Michael 1873-? **[3]**
✎ *$1 420 FF8 795 £848* Liggende kvindemodel Watercolour, gouache/paper 33x55cm/*12x21in* Köbenhavn 98
JURRES Johannes Hendrikus 1875-1926 **[60]**
☞ *$530 FF2 694 £339* Portrait of an elegant beauty in classical dress Oil/board 18,5x23,5cm/*7x9in* Amsterdam 96
☞ *$1 827 FF10 406 £1 134* A view in the harbour of Nice Oil/canvas 76x104cm/*29x40in* Amsterdam 97
☞ *$12 338 FF75 465 £7 584* The Death of Jesabel Oil/canvas 131x92cm/*51x36in* Amsterdam 98
✎ *$544 FF3 221 £327* Roman soldiers passing beggars in a street Watercolour 64x97,5cm/*25x38in* Amsterdam 97
JUSKO Joe XX **[5]**
☞ *$1 200 FF6 150 £730* Jurassic Battle, from Tarzan and the Forbidden City Mixed media/board 27x20cm/*11x8in* New-York 96
JUSSEL Eugen 1912 **[5]**
✎ *$1 728 FF10 731 £1 042* Am Hafen von Beira Mischtechnik/Papier 56x46cm/*22x18in* St.Gallen 98
JUSTE de Juste XVI **[3]**
▥ *$29 763 FF173 745 £18 000* The Pyramids of Naked men Etching 28,5x21cm/*11x8in* London 97
JUSTITZ Alfred 1879-1934 **[13]**
☞ *$3 536 FF20 208 £2 166* Stilleben mit Krug und Pfeife Öl/Leinwand 48x32cm/*18x12in* München 97
☞ *$10 055 FF61 576 £6 000* Still Life with Flowers Oil/canvas 55x45cm/*21x17in* London 98
✎ *$5 027 FF30 788 £3 000* Bathers Watercolour 18,5x25cm/*7x9in* London 98
JUTAND Pierre 1935 **[45]**
☞ *$706 FF4 000 £431* Bouquet parme Huile/toile 55x38cm/*21x14in* Metz 97
JUTSUM Henry 1816-1869 **[23]**
☞ *$2 680 FF13 620 £1 600* The morning ride Oil/panel 48x33cm/*18x12in* London 96
☞ *$6 041 FF34 883 £3 600* Cattle by a River Oil/canvas 61x91cm/*24x35in* London 97
✎ *$2 248 FF13 868 £1 349* A Farmhouse in Kent Watercolour 28,5x41,5cm/*11x16in* London 98
JUTSUM Henry (Attrib.) 1816-1869 **[4]**
☞ *$2 857 FF16 682 £1 700* Outside the Cottage Oil/canvas 66x112cm/*25x44in* London 97
JÜTTNER Franz 1865-1926 **[5]**
✎ *$1 065 FF6 358 £643* "Glücksspiele und Strssenhandel im Scheunenviertel" Indian ink 38x30cm/*14x11in* Berlin 97
JUTZ Carl 1838-1916 **[57]**
☞ *$12 940 FF67 600 £7 700* Pfaffendorf am Teichufer Oil/panel 13x18cm/*5x7in* Wien 96
☞ *$40 000 FF205 600 £25 000* Fowl in a Farm Oil/canvas 38x48,5cm/*14x19in* New-York 96
JUUEL Andreas Thomas 1817-1868 **[22]**
☞ *$927 FF5 323 £565* Frederiksborg Slot, aftenstemning Oil/canvas 17x23cm/*6x9in* Köbenhavn 97
☞ *$6 630 FF33 700 £4 294* On the beach, Øresund Oil/canvas 59x85cm/*23x33in* Köbenhavn 95
JUVA Kari 1939 **[8]**
⛏ *$482 FF2 811 £297* Topparoikka Bronze H15cm/*H5in* Helsinki 97

KAAGMAN Hugo 1955 **[2]**

 $1 896 FF11 296 £1 127 Portrait of Rob Scholte Acrylic/canvas 65,5x50,5cm/*25x19in* Amsterdam 97

KAAP van der Gerald 1959 **[3]**

 $925 FF5 395 £565 Modern sleep II -Radical freestyle Cibachrome print 40x40cm/*15x15in* Amsterdam 97

KABAKOV Ilya 1933 **[20]**

 $1 584 FF8 112 £936 Der weggeflogene Kamarow Offset 51,5x31cm/*20x12in* Hamburg 96

 $3 260 FF19 000 £2 008 Sans titre Crayons couleurs 31,5x30cm/*12x11in* Paris 97

KABEL van der Adriaen 1631-1705 **[10]**

 $3 240 FF19 064 £2 000 Küstenlandschaft mit Schiffen und einem Turm Öl/Leinwand 22x31,5cm/*8x12in* Wien 97

 $1 950 FF10 170 £1 140 Hirten an einer Tränke Chalks/paper 15,4x20,8cm/*6x8in* Berlin 96

KABEL van der Adriaen (Attrib.) 1631-1705 **[1]**

 $2 373 FF12 100 £1 400 A Mediterranean harbour with stevedores on the hores Oil/canvas 2x31cm/*x12in* London 96

KABELL Ludvig 1853-1902 **[25]**

 $440 FF2 636 £266 En kvinde og to börn på en vej Oil/canvas 30x41cm/*11x16in* Viby J, Århus 97

 $1 158 FF5 790 £750 Rainy day Oil/canvas 76x110cm/*29x43in* Köbenhavn 96

KACERE John 1920 **[32]**

 $2 930 FF18 000 £1 756 Sans titre Mine plomb 45x60cm/*17x23in* Paris 98

KACZIANY Aladár 1887-1978 **[1]**

 $3 600 FF20 400 £1 800 Paravento cinese Olio/tela 80x75cm/*31x29in* Trieste 98

KACZOR-BATOWSKI Stanislas 1866-1946 **[7]**

 $2 362 FF13 688 £1 473 Pulaski pod Savannach Oil/cardboard 43x50,5cm/*16x19in* Warszawa 97

KADAR Béla 1877-1956 **[232]**

 $3 267 FF19 531 £2 000 Interior Oil/canvas 60,5x80cm/*23x31in* London 97

 $16 000 FF98 460 £9 713 Standing Nude with Fruit Bowl Gouache/paper 101,5x73,5cm/*39x28in* New-York 98

KADISHMAN Menashe 1932 **[63]**

 $2 990 FF17 850 £1 824 Head Acrylic/canvas 89,5x70cm/*35x27in* Tel Aviv 98

 $10 000 FF60 496 £5 936 Sheep Oil/canvas 166x143,5cm/*65x56in* Tel Aviv 98

 $4 000 FF21 750 £2 394 "Continum" Sculpture H104cm/*H41in* Dallas, Texas 97

 $4 000 FF23 148 £2 460 Elevation Sculpture H44,5cm/*H17in* Tel Aviv 97

 $460 FF2 469 £275 Shepp Pastel 35x43cm/*13x16in* Tel Aviv 97

KAELIN Charles Salis 1858-1929 **[22]**

 $3 000 FF17 301 £1 787 Study of Boats Oil/board 20x25cm/*8x10in* Cleveland, Ohio 97

 $4 250 FF26 010 £2 583 Harbor Scenne Oil/canvas 40x45cm/*16x18in* Milford, Conn. 98

 $749 FF4 378 £443 Rocky Stream Along the Forest Floor Pastel/paper 35,5x40,5cm/*13x15in* Boston, Mass. 97

KAEMMERER Frederick Hendrik 1839-1902 **[49]**

 $5 750 FF31 785 £3 528 Summer/Winter Oil/board 27x17cm/*11x7in* Concorville, Penn. 97

 $16 013 FF91 241 £10 000 Une femme élégante Oil/canvas 110,5x60,5cm/*43x23in* London 97

 $1 560 FF7 540 £1 000 Winter Pleasure Watercolour 27x18cm/*10x7in* London 95

KAEMMERER Johan Hendrik 1894-1979 **[22]**

 $671 FF4 022 £401 Holländische Kanallandschaft an einem sonnigen Summertag Öl/Leinwand 70x90cm/*27x35in* Köln 98

KAERCHER Amalie XIX **[4]**

 $10 394 FF63 693 £6 207 Früchtestilleben mit Trauben, Pfirsischen und Haselnuss Oil/canvas 20x25cm/*7x9in* Dresden 98

KAESBACH Rudolf 1873-? **[17]**

 $895 FF4 590 £576 Gladiator Bronze H43cm/*H16in* Warszawa 96

KAGAN Anna Aleksandrovna 1902-1974 **[6]**

 $6 370 FF31 800 £4 160 Red Triangle Öl/Karton 21,5x15,7cm/*8x6in* München 95

KÅGE Wilhelm 1889-1960 **[10]**

 $1 200 FF6 110 £720 "Pianist-Förbundets Cabaret" Poster 98x69cm/*38x27in* New-York 96

KAGER Johann Math. (Attr.) 1575-1634 **[4]**

 $1 971 FF11 286 £1 164 The Fall of Phaeton Ink 17x16,5cm/*6x6in* Amsterdam 97

KAGER Johann Mathias 1575-1634 **[4]**
🖊 *$1 700 FF10 040* £1 007 Venus in der Schmiede des Vulkan Ink 24,5x16,1cm/*9x6in* Berlin 97
KAGY Sheffield H. 1907 **[5]**
▥ *$110 FF668* £66 Banyan Tree Linocut 27x37cm/*11x14in* Shaker Heights, Ohio 98
KAHAN Louis 1905-1997 **[22]**
🖼 *$2 597 FF15 564* £1 549 Kings Cross Oil/board 58,5x120,5cm/*23x47in* Melbourne 98
KAHANA Aaron 1905-1967 **[46]**
🖼 *$1 300 FF7 589* £786 Grove Oil/paper/board 60x43cm/*23x16in* Tel Aviv 97
⬦ *$4 500 FF26 706* £2 756 View of Paris Plaster 38,5x41,5cm/*15x16in* Tel Aviv 97
🖊 *$700 FF4 086* £423 Untitled Watercolour, gouache/paper 49x33cm/*19x12in* Tel Aviv 97
KAHLER Carl 1855-1906 **[21]**
🖼 *$2 493 FF14 822* £1 500 A black Persian on a partially draped Table Oil/canvas 91,5x61cm/*36x24in* London 97
🖊 *$1 104 FF6 614* £658 Young Lady with Book Pastel/paper 91x57cm/*35x22in* Melbourne 98
KAHN Leo 1894-1983 **[6]**
🖼 *$1 752 FF10 111* £1 073 Landschaft Öl/Leinwand 37x59cm/*14x23in* Stuttgart 97
🖼 *$4 000 FF20 420* £2 650 Artist and model Oil/board 29x17cm/*11x6in* Tel Aviv 96
KAHN Wolf 1927 **[35]**
🖼 *$5 500 FF28 700* £3 324 Green Mountain Orchards II Oil/canvas 61x86,5cm/*24x34in* New-York 96
🖊 *$1 100 FF5 740* £665 Near Southport, Connecticut Pastel/paper 37x49,5cm/*14x19in* New-York 96
KAHRER Max 1878-1937 **[21]**
🖼 *$1 654 FF9 616* £1 010 Rosenvase Öl/Leinwand 59x44,5cm/*23x17in* Wien 97
KAIRA Alice 1913 **[11]**
🖼 *$545 FF3 317* £331 Stilleben Oil/canvas 27x46cm/*10x18in* Helsinki 98
KAISER Adolf 1804-1861 **[2]**
🖼 *$2 365 FF13 477* £1 448 Blick über die Elbe auf Magdeburg Oil/panel 25x36,5cm/*9x14in* Köln 97
KAISER Eduard 1820-1895 **[4]**
▥ *$333 FF1 916* £208 Kaiser Franz Joseph I. von Österreich Lithographie 24x36cm/*9x14in* Wien 97
KAISER Ernst 1803-1865 **[2]**
🖼 *$37 560 FF193 000* £23 400 Cattle watering at a Lakeside Oil/paper/canvas 33,5x50,5cm/*13x19in* Wien 96
KAISER Friedrich 1815-1889 **[8]**
🖼 *$2 200 FF13 414* £1 320 "Wild Boar"/"Plucking the Goose" Oil/panel 18x11cm/*7x4in* Washington 98
🖼 *$4 050 FF24 109* £2 476 Cavaliers arabes poursuivis par les troupes françaises Oil/canvas 59x80cm/*23x31in* Warszawa 98
KAISER Raffi 1931 **[6]**
🖊 *$260 FF1 580* £160 Landscape Pencil/paper 49x35cm/*19x13in* Tel Aviv 98
KAISER Richard 1868-1941 **[39]**
🖼 *$1 583 FF9 373* £940 Gehöft am stillen Teich Öl/Leinwand 76,5x102,5cm/*30x40in* Dresden 97
🖼 *$1 567 FF9 383* £962 Herbsttag am Inn Öl/Leinwand 28x42cm/*11x16in* Bremen 98
🖊 *$2 357 FF13 472* £1 444 Voralpenlandschaft Ink 61x66cm/*24x25in* München 97
KAISER-HERBST Carl 1858-1940 **[26]**
🖼 *$755 FF4 306* £459 Donau Auen Öl/Karton 35x44,5cm/*13x17in* Wien 97
🖼 *$2 774 FF14 480* £1 650 Aulandschaft Öl/Leinwand 54x78cm/*21x30in* Wien 96
KAISERMANN Franz 1765-1833 **[14]**
🖊 *$6 000 FF34 000* £3 000 Viandanti nel paesaggio Acquarello/carta 52x74cm/*20x29in* Roma 97
KAISERMANN Franz (Attrib.) 1765-1833 **[2]**
🖊 *$2 525 FF14 955* £1 500 A View of the Roman Forum Watercolour 52x74cm/*20x29in* London 97
KAISIN Luc 1901-1963 **[38]**
🖼 *$93 FF568* £57 Le remorqueur Huile/toile 40x50cm/*15x19in* Bruxelles 98
KAIVANTO Kimmo 1932 **[5]**
🖼 *$2 909 FF17 177* £1 722 Storstad Oil/canvas 68x119cm/*26x46in* Helsinki 97
🖼 *$14 467 FF84 330* £8 910 Supertillväxt Oil/canvas 195x195cm/*76x76in* Helsinki 97
🖊 *$2 314 FF13 492* £1 425 Gänget Gouache/paper 55x75cm/*21x29in* Helsinki 97
KÅKS Olle 1914 **[48]**
🖼 *$1 041 FF6 028* £640 Ur "Apollinaire-Sviten" Oil/canvas 130x92cm/*51x36in* Stockholm 97

K

☞ *$2 390 FF12 200 £1 573* Ur "Apolinairesviten" Oil/canvas 131x92cm/*51x36in* Stockholm 96
📰 *$260 FF1 510 £160* Komposition Serigraph 80x122cm/*31x48in* Malmö 97
KALAS Ernest 1861-? **[1]**
📰 *$2 800 FF16 686 £1 678* "Exposition d'Affiches Artistiques" Poster 135x81cm/*53x31in* New-York 98
KALCKREUTH von Jo 1912-1984 **[14]**
☞ *$1 793 FF10 451 £1 096* "Attika" Öl/Karton 25,5x34cm/*10x13in* München 97
✏ *$618 FF3 230 £368* Interieur mit Figuren Watercolour 50x71cm/*19x27in* München 96
KALCKREUTH von Leopold 1855-1928 **[23]**
☞ *$2 010 FF11 455 £1 231* Holländisches Interieur mit einer jungen Frau am Spinnrad Oil/panel 30x36cm/*11x14in* Köln 97
☞ *$9 400 FF46 400 £6 130* Vater mit seinen Kindern vor einem Haus sitzend, beim Frühstück Öl/Leinwand 52x74cm/*20x29in* Hamburg 95
📰 *$140 FF713 £92* Schnitter Etching 19,7x13cm/*7x5in* Heidelberg 96
KALCKREUTH von Patrick 1898-1970 **[81]**
☞ *$1 119 FF6 702 £687* Meeresbrandung bei Sonnenuntergang Öl/Leinwand 60x90cm/*23x35in* Bremen 98
KALCKREUTH von Pauline XX **[3]**
☞ *$1 738 FF8 620 £1 100* Morgendliche Meeresstimmung Öl/Leinwand 60x90cm/*23x35in* Lindau 95
KALCKREUTH von Stanislas Graf 1820-1894 **[12]**
☞ *$1 770 FF10 128 £1 104* Sonnenuntergang im Gebirge Öl/Leinwand 44x58cm/*17x22in* Stuttgart 97
KALF Willem 1619-1693 **[8]**
☞ *$9 127 FF52 244 £5 391* Maid in a Kitchen with a Copper pan, Cabbage, Gherkins, Pumpkin Oil/panel 36x27,5cm/*14x10in* Amsterdam 97
☞ *$115 000 FF598 000 £76 000* Still life with arms and armor, martial trumpets Oil/canvas 153x166cm/*60x65in* New-York 96
KÄLIN Joseph Meinrad 1790-1834 **[4]**
📰 *$1 148 FF6 830 £702* "Lachen am Zürichsee" Aquatint 10,3x26cm/*4x10in* Bern 98
KALINOWSKI Horst Egon 1924 **[48]**
☞ *$1 493 FF8 541 £931* Ohne Titel Mixed media/board 75x100cm/*29x39in* München 97
📰 *$115 FF675 £71* Jericho Etching, aquatint in colors 30x40cm/*11x15in* Köln 97
🖌 *$4 898 FF29 069 £3 000* Sarcophage pour Nagaraja Construction 75,5x114,5cm/*29x45in* London 97
✏ *$660 FF3 380 £390* Komposition Gouache/papier 62x44cm/*24x17in* Hamburg 96
KALISH Max 1891-1945 **[19]**
🖌 *$1 200 FF7 121 £744* Miner Bookends Bronze H19cm/*H7in* New-York 97
KALLMANN Hans Jürgen 1908-1991 **[13]**
✏ *$2 470 FF12 900 £1 470* Pferd in der Steppe von Venezuela Pastel/paper 61x81cm/*24x31in* München 96
KALLMORGEN Friedrich 1856-1924 **[61]**
☞ *$3 710 FF21 827 £2 289* Vor dem Haus Öl/Karton 43x65cm/*16x25in* Bremen 97
📰 *$131 FF678 £85* Spitzbergen, In's Meer hinaus!/Sommerlandschaft (Havelberg?) Lithograph 42x60cm/*16x23in* Hamburg 96
✏ *$565 FF3 353 £345* Hamburg, Viertel um die Michaeliskirche Pencil/paper 33x24,5cm/*12x9in* Hamburg 98
KALLOS Paul 1928 **[135]**
☞ *$1 740 FF9 000 £1 112* Composition Huile/toile 92x73cm/*36x28in* Paris 96
✏ *$167 FF850 £110* Composition Aquarelle 10x9cm/*3x3in* Paris 96
KALLSTENIUS Gottfrid 1861-1943 **[109]**
☞ *$383 FF2 286 £234* "Sommarnatt i Tjust" Oil/canvas 39x47cm/*15x18in* Stockholm 98
☞ *$504 FF3 091 £300* Insjölandskap Oil/panel 18x41cm/*7x16in* Stockholm 98
☞ *$4 020 FF21 000 £2 395* Skärgårdslandskap med tallar Oil/canvas 104x141cm/*40x55in* Stockholm 96
KALMAKOFF Nicolaï 1873-1958 **[9]**
✏ *$4 721 FF29 000 £2 830* La danse mystique Gouache/papier 35x19cm/*13x7in* Lille 98
KALMAN Zsuzanna 1938 **[18]**
☞ *$235 FF1 200 £156* La robe bleue Huile/panneau 18x13cm/*7x5in* Montauban 96
KALMAR Georg 1913-1994 **[1]**
☞ *$4 005 FF23 785 £2 380* "Madeleine Trinkend" Öl/Karton 76x63cm/*29x24in* Wien 97
KALMIKOFF N. XIX-XX **[1]**
✏ *$1 916 FF10 000 £1 158* La visite eu bord du Bosphore Aquarelle 34x50cm/*13x19in* Paris 96
KALMUS Leo 1904-1986 **[18]**
☞ *$1 426 FF7 330 £890* Bauernhof im Berner Voralpenland Öl/Leinwand 46x81cm/*18x31in* Bern 96

KALOGEROPOULOS Nicholaos 1889-1957 **[2]**
- *$1 966 FF10 170 £1 314* The Red Sailing Boat Oil/hardboard 33,5x45cm/*13x17in* Athens 96

KALTENMOSER Max 1842-1887 **[3]**
- *$13 961 FF79 284 £8 737* Würfelspieler in der Schwarzwälder Wirthausstube vorn amTisch Öl/Leinwand 91,5x136cm/*36x53in* München 97

KAMCHORN Soonpongsri 1937 **[1]**
- *$4 539 FF27 182 £2 788* Two Ladies Reclining Acrylic/canvas 80x100cm/*31x39in* Singapore 98

KAMEKURA Yusaku 1915-? **[5]**
- *$2 070 FF11 855 £1 224* "Tokyo 1964" Poster 72x104cm/*28x40in* New-York 97

KAMINSKI Stan 1952 **[3]**
- *$5 335 FF32 044 £3 200* The Big Five Acrylic/canvas 56x86cm/*22x33in* London 98

KAMKE Ivar 1882-1936 **[22]**
- *$2 558 FF15 278 £1 566* I skuggan Oil/canvas 52x62cm/*20x24in* Stockholm 98

KAMM Louis Philippe XX **[9]**
- *$2 409 FF14 000 £1 422* Paysage vosgien Huile/toile 54x46cm/*21x18in* Entzheim 97
- *$3 474 FF18 000 £2 256* Portrait d'un paysan de Hunspach Huile/toile 41,5x33cm/*16x12in* Entzheim 96
- *$292 FF1 700 £172* Loerich, illustrations de "L'ami Fritz" Lavis/papier 22,5x16cm/*8x6in* Entzheim 97

KÄMMERER Robert 1870-1950 **[4]**
- *$227 FF1 342 £141* Blick in das Münstertal (Schwarzwald) Tempera/paper 38,5x48,5cm/*15x19in* Bielefeld 97

KAMOCKI Stanislaw 1875-1944 **[48]**
- *$300 FF1 790 £181* Landscape with temple Oil/board 40x50cm/*16x20in* Chicago, Illinois 97
- *$1 933 FF9 910 £1 243* Barn in a winter landscape Oil/canvas 34x45,5cm/*13x17in* Warszawa 96
- *$5 960 FF30 860 £3 850* Wooded landscape, Summer Oil/canvas 120x136cm/*47x53in* Warszawa 96
- *$2 211 FF13 009 £1 365* Wooded landscape Watercolour/paper 74x106,5cm/*29x41in* Warszawa 97

KAMP Louise Mary 1867-1959 **[15]**
- *$325 FF1 625 £211* Winter landscape Oil/board 20x25cm/*8x10in* Delray Beach, Florida 96

KAMPER Godaert 1614-1679 **[3]**
- *$5 893 FF34 895 £3 500* A wooded River landscape with a Bridge and Peasants on a Path Oil/panel 56x67,5cm/*22x26in* London 97

KAMPF Arthur 1864-1950 **[34]**
- *$2 847 FF15 727 £1 769* Young Gypsy with Rose Oil/board 89x73cm/*35x28in* Johannesburg 97
- *$3 387 FF20 805 £2 031* Bildnis eines Kleinkindes mit Puppe Oil/canvas 43x34cm/*16x13in* Köln 98
- *$384 FF2 190 £235* Im Hochofen Gouache/paper 51x38cm/*20x14in* Köln 97

KAMPF Eugen 1861-1933 **[30]**
- *$2 059 FF11 824 £1 255* Bauernkate unter hohen Pappeln Oil/panel 32x44cm/*12x17in* Düsseldorf 97
- *$3 012 FF17 791 £1 871* Landschaft am Niederrhein Öl/Leinwand 61x80cm/*24x31in* Bielefeld 97

KÄMPF Max 1912-1982 **[70]**
- *$1 586 FF8 220 £1 030* Zwei Frauen Öl/Leinwand 60x80cm/*23x31in* Zürich 96
- *$159 FF815 £99* Doppelporträt Lithographie 36x33cm/*14x12in* Bern 96
- *$350 FF2 070 £207* Fasnachts-Trommler Indian ink/paper 29x14cm/*11x5in* Zofingen 97

KAMPMANN Gustav 1859-1917 **[47]**
- *$125 FF738 £77* Ruine im Wald Farblithographie 45x29cm/*17x11in* Heidelberg 97

KAMPMANN Jack 1914-1989 **[61]**
- *$599 FF3 530 £370* Gadeparti med hav i baggrunden Oil/canvas 38x46cm/*14x18in* Köbenhavn 97
- *$706 FF3 610 £465* Bygd, Faeröerne Oil/canvas 55x5cm/*21x1in* Köbenhavn 96

KAMPPURI Väinö 1891-1972 **[25]**
- *$1 639 FF9 557 £1 009* Stilleben Oil/board 46x33cm/*18x12in* Helsinki 97
- *$2 440 FF14 406 £1 444* Strandboden Oil/panel 49x44,5cm/*19x17in* Helsinki 97

KAMPTZ von Fritz XIX-XX **[2]**
- *$3 410 FF17 600 £2 200* Interior views Oil/canvas 38x26,5cm/*14x10in* London 96

KANAE Yamamoto 1882-1946 **[1]**
- *$2 000 FF10 250 £1 215* On the deck Woodcut 32x27cm/*12x10in* New-York 96

KANAGA Consuelo 1894-1978 **[7]**
- *$2 000 FF10 320 £1 280* Camelia in Water Gelatin silver print 24x19cm/*9x7in* New-York 96

KANAS Antonis 1915 **[2]**

K

$3 591 FF21 442 £2 200 A View of Plaka, Athens Oil/hardboard 51x70cm/*20x27in* London 97
KANDELIN Ole 1920-1947 **[6]**
$1 564 FF9 399 £938 Skrattande kvinna Oil/canvas 31x26,5cm/*12x10in* Helsinki 98
$2 761 FF16 587 £1 656 Blån tankar Oil/panel 46x38cm/*18x14in* Helsinki 98
KANDINSKY Wassily 1866-1944 **[370]**
$299 000 FF1 476 000 £195 000 Druck (Pressure) Oil/canvas 35x25,5cm/*13x10in* London 95
$711 005 FF4 150 575 £430 000 Tensions délicates Oil/canvas 81x100cm/*31x39in* London 97
$3 003 FF17 720 £1 839 Für die "Granymed-Mappe" Gravure bois 15x20cm/*5x7in* Luzern 98
$837 FF5 028 £502 "Kandinsky - Xylographies" Drawing 32,5x32,5cm/*12x12in* Stuttgart 98
KANDLER Ludwig 1856-1927 **[5]**
$1 530 FF9 383 £917 Der Kunstbetrachter Oil/cardboard 35x22cm/*13x8in* München 98
KANE Art 1925-1995 **[5]**
$1 200 FF6 190 £795 Louis Armstrong Dye-transfer print 55x41cm/*22x16in* New-York 96
KANE John 1860-1934 **[3]**
$11 000 FF67 155 £6 574 On the Susquehanna Oil/canvas 26,5x34cm/*10x13in* New-York 98
$25 000 FF135 942 £14 967 Scottish Fair Oil/canvas 47x68,5cm/*18x26in* New-York 97
KANEKO Jun 1942 **[2]**
$6 000 FF35 608 £3 675 Untitled Stone 75x56cm/*29x22in* San Francisco-Los Angeles 97
KANELBA Rajmund, Raymond 1897-1960 **[22]**
$2 505 FF15 077 £1 500 The Bounty of the Sea Oil/canvas 63,5x76cm/*25x29in* London 98
KANELLIS Orestis 1910-1979 **[2]**
$3 490 FF18 220 £2 110 Molyvos, Mytilini Oil/hardboard 64x80cm/*25x31in* Athens 96
KANERVA Aimo 1909-1991 **[23]**
$1 446 FF8 433 £891 Stilleben med frukter Oil/canvas 56x31cm/*22x12in* Helsinki 97
$1 157 FF6 746 £712 Bergssluttning Akvarell/papper 28x38cm/*11x14in* Helsinki 97
KANG YOUWEI 1858-1927 **[9]**
$1 936 FF11 286 £1 192 Calligraphy Ink/paper 18,4x67,6cm/*7x26in* Hong Kong 97
KANNEMANS Christiaan Cornelis 1812-1884 **[17]**
$2 051 FF11 754 £1 271 A rocky coastal landscape with a sailing barge in distress, with.... Oil/panel 33,5x44,5cm/*13x17in* Amsterdam 97
$8 213 FF49 209 £4 908 Zeilschepen bijde havenmond Oil/panel 47,5x62cm/*18x24in* Den Haag 98
KANNIK Frans 1949 **[35]**
$374 FF2 206 £231 Kvindemodel Oil/panel 37x45cm/*14x17in* Köbenhavn 97
$1 805 FF8 870 £1 150 Figurkomposition Oil/paper 210x135cm/*82x53in* Köbenhavn 95
KANO EIUN ?-1697 **[1]**
$32 000 FF185 184 £19 686 Hawks Ink 117x51cm/*46x20in* New-York 97
KANO GYOKUEN 1683-1743 **[1]**
$20 000 FF115 740 £12 304 Azaleas and waterfall Ink 164x475cm/*64x187in* New-York 97
KANO SANSETSU (Attrib.) 1589-1651 **[1]**
$39 333 FF229 884 £24 000 A six-fold screen Ink 17,5x63,5cm/*6x25in* London 97
KANO TANYU 1602-1674 **[3]**
$4 000 FF24 510 £2 388 Waterfall Ink/paper 117x19cm/*46x7in* New-York 98
KANO TANYU (Attrib.) 1602-1674 **[2]**
$3 200 FF18 518 £1 968 Landscape Ink 39x142cm/*15x55in* New-York 97
KANO Tsunenobu 1636-1713 **[1]**
$28 000 FF162 036 £17 225 Plover flying over waves Ink 137x330cm/*53x129in* New-York 97
KANOLDT Alexander 1881-1939 **[74]**
$18 340 FF95 000 £11 840 Klosterkapelle von Säben Öl/Leinwand 35x29cm/*13x11in* Köln 96
$23 312 FF135 702 £14 260 Welke Blumen Öl/Karton 79x49,5cm/*31x19in* München 97
$87 FF502 £51 Klausen Lithographie 28,3x23,5cm/*11x9in* Dresden 97
KANOLDT Edmund Friedrich 1845-1904 **[10]**
$1 577 FF9 370 £938 Blick auf Olevano Öl/Karton 20,5x31,5cm/*8x12in* München 97
$11 800 FF60 700 £7 360 A Monk with a Horse on a mountain Path Oil/canvas 136,5x98,5cm/*53x38in* Wien 96
KANSAI Mori 1814-1894 **[2]**
$2 500 FF15 318 £1 493 Sparrow in Flight Ink 38x20cm/*14x7in* New-York 98
KANTOR Maurice 1896-1974 **[11]**
$3 100 FF17 694 £1 916 On the beach Oil/canvas 99x79cm/*38x31in* New-York 97

KANTOR Tadeusz 1915-1991 **[22]**
  $1 175 FF7 060 £702 Pulkownik (caricature) Watercolour/board 35x25cm/*13x9in* Warszawa 98
KANTZOV von Elsa 1870-1956 **[1]**
  $6 940 FF35 300 £4 150 Self portrait in the studio, Paris Oil/canvas 130x80cm/*51x31in* Stockholm 96
KANZAN Shimomura 1873-1930 **[5]**
  $6 000 FF35 046 £3 550 Salmon Ink 132x32cm/*51x12in* New-York 97
KAPITANOVA Yulia Grigorievna 1890-1976 **[1]**
  $17 480 FF87 400 £11 500 Venus with sunflower seeds Oil/canvas 85x67cm/*33x26in* London 95
KAPKOV Iakov Fedorovich 1816-1854 **[2]**
  $4 487 FF26 773 £2 707 Weiblicher Rückenakt mit zurückgengeitem Kopf Öl/Leinwand 45x45cm/*17x17in* Bremen 97
KAPLAN Anatoli Lwowitsch 1902-1988 **[17]**
  $225 FF1 343 £140 Jüdische Musikanten Lithographie 43,5x62cm/*17x24in* Dresden 97
KAPLAN Hubert 1940 **[32]**
  $2 748 FF16 745 £1 699 Vorgebirgslandschaft mit Gehöft, Dorfansicht und Personen Oil/wood 20x30cm/*7x11in* Kempten 98
KAPLAN Joseph 1900-1980 **[8]**
  $325 FF1 673 £209 Untitled, Monhegan Island Gouache/paper 54x71cm/*21x28in* Provincetown, MA. 96
KAPOOR Anish 1954 **[21]**
  $16 860 FF100 000 £10 300 Untitled Plâtre 40x44x37cm/*15x17x14in* Paris 98
  $30 000 FF179 640 £18 432 Moonstruck Sculpture 98,5x69x13cm/*38x27x5in* New-York 98
  $6 028 FF36 206 £3 600 Untitled Mixed media/paper 79x58cm/*31x22in* London 98
KAPPIS Albert 1836-1914 **[47]**
  $4 600 FF23 200 £3 020 Treibendes Boot in einer vom Sturm gepeitschten See Öl/Leinwand 21x25cm/*8x9in* Stuttgart 96
  $16 032 FF97 166 £9 832 Sommerliche Seeuferlandschaft Oil/canvas 32,5x72cm/*12x28in* Zofingen 98
KAPPL Franco 1962 **[6]**
  $560 FF2 880 £349 Ohne Titel Mischtechnik/Papier 50x65cm/*19x25in* Wien 96
KAPROW Alan 1927 **[5]**
  $7 879 FF46 000 £4 765 Take-Off Photo 38,5x25,5cm/*15x10in* Paris 97
KAPUR Madhoor 1947 **[4]**
  $5 814 FF34 860 £3 500 Family Oil/canvas 91,5x122cm/*36x48in* London 98
  $8 307 FF49 801 £5 000 Temple at Pushkar Oil/canvas 114x183cm/*44x72in* London 98
KAPUSTIN Grigorij 1865-1925 **[4]**
  $5 241 FF30 418 £3 200 Evening camp by a woodland lake Oil/canvas 61x97,5cm/*24x38in* London 97
KAR Sanat 1935 **[2]**
  $2 824 FF16 932 £1 700 Biography of a Man Oil/board 92x62cm/*36x24in* London 98
KARAVAN Dani 1930 **[9]**
  $1 800 FF13 740 £1 164 Composition Bronze 25x32cm/*9x12in* Tel Aviv 96
KARAZIN Nikolai Nikolaevich 1842-1908 **[5]**
  $3 170 FF16 600 £1 900 Regimental manoeuvres at Krassnoe Selo Gouache/board 36x51cm/*14x20in* London 96
KARBOWSKY Adrien 1855-1945 **[4]**
  $4 510 FF26 897 £2 800 Still Life with Flowers Oil/canvas 59x72cm/*23x28in* London 97
KÄRCHER Amalia XIX-XX **[5]**
  $57 222 FF340 000 £34 918 Bouquet de fleurs et fruits sur un entablement Huile/toile 95x78cm/*37x30in* Paris 98
KARELLA Marina 1940 **[2]**
  $3 034 FF18 000 £1 854 "Colima" Huile/papier/toile 130x89cm/*51x35in* Paris 98
KARFIOL Bernard 1886-1952 **[21]**
  $900 FF5 376 £551 Nude Oil/canvas 33x23cm/*12x9in* New-York 98
  $2 700 FF17 142 £1 686 Young Girl in a Red Dress Oil/canvas 61x50cm/*24x20in* Portland, Maine 97
KÄRFVE Fritz 1880-1967 **[37]**
  $670 FF3 420 £444 Julidag i dynerna Oil/canvas 76x95cm/*29x37in* Malmö 96
KARGEL Axel 1896-1971 **[31]**
  $1 519 FF8 873 £899 Sädesfält Oil/canvas/panel 37x54cm/*14x21in* Stockholm 97

$211 FF1 300 £126 Le rendez-vous des sorcières Monotype 49x37cm/*19x14in* Paris 98
$457 FF2 300 £298 Bouleau Technique mixte/papier 35,5x25,5cm/*13x10in* Paris 96
KARSSEN Anton XX **[12]**
$800 FF4 130 £530 Children on beach Oil/panel 24x41cm/*9x16in* Delray Beach, Florida 96
$1 700 FF8 470 £1 113 Childen on a seashore Oil/canvas 40x50cm/*16x20in* Delray Beach, Florida 95
KARSSEN Kasparus 1810-1896 **[5]**
$10 151 FF58 881 £6 000 A Dutch Townscape Oil/panel 24,5x21cm/*9x8in* London 97
$12 018 FF73 825 £7 209 Mittelalterliche Stadt bei der Flussmühle Oil/canvas 51x60cm/*20x23in* Bremen 98
KARSTEN Ludwig 1876-1926 **[36]**
$5 174 FF29 903 £3 039 Portrait of a woman in green dress Oil/canvas 54x42cm/*21x16in* Köbenhavn 97
$29 590 FF177 276 £17 688 Landskap med rödt hus Oil/canvas 35x41cm/*13x16in* Oslo 98
$1 363 FF8 294 £835 Kvinneakt Charcoal/paper 53x40cm/*20x15in* Oslo 98
KÄSEBIER Gertrude Stanton 1852-1934 **[28]**
$4 500 FF26 377 £2 769 Tea Party Platinum print 16,5x21,5cm/*6x8in* New-York 97
KASIMIR Luigi 1881-1962 **[304]**
$10 510 FF53 800 £6 810 Grinzing im Schnee Oil/panel 32x38cm/*12x14in* Wien 95
$275 FF1 707 £165 Roman Ruins Etching 44x65cm/*17x25in* Chester, NY 98
$1 504 FF7 700 £965 Hof im Herbst Coloured crayons/paper 40,5x28cm/*15x11in* Wien 96
KASIMIR-HOERNES Tanna 1887-1972 **[16]**
$333 FF1 916 £207 Salzburg Mappe Etching 11x16cm/*4x6in* Wien 97
KASPAR Paul 1891-1953 **[70]**
$386 FF1 950 £253 Albaner Drawing 23x15cm/*9x5in* Wien 96
KASPARIDES Eduard 1858-1926 **[28]**
$2 412 FF14 313 £1 497 "Märzenschnee" Öl/Leinwand 65,5x101cm/*25x39in* Wien 97
$10 660 FF62 114 £6 552 Ragusa Öl/Leinwand 119x185cm/*46x72in* Wien 97
KASPER Ludwig 1893-1945 **[3]**
$15 904 FF91 301 £9 696 Weiblicher Torso Sculpture H117cm/*H46in* Berlin 97
KASS Joel 1937 **[19]**
$574 FF2 950 £358 Flutiste Huile/toile 85x115cm/*33x45in* Antwerpen 96
KASSAK Lajos 1887-1967 **[31]**
$1 400 FF8 383 £856 Abstract Oil/canvas/board 26x20cm/*10x8in* Chicago, Illinois 97
$2 730 FF16 109 £1 672 Organic diagram Öl/Leinwand 70x60cm/*27x23in* Luzern 98
$1 500 FF9 052 £929 Geometric Abstraction Ink/paper 25x17cm/*10x7in* Chicago, Illinois 97
KASTA Ketut 1945 **[1]**
$4 888 FF29 273 £3 003 2 Penari Acrylic/canvas 100x57,5cm/*39x22in* Singapore 98
KÄSTLI Johann Jakob 1839-1922 **[1]**
$1 395 FF8 267 £842 Ansicht von Speicher Indian ink 13x26cm/*5x10in* Zürich 97
KASYN John 1926 **[51]**
$1 115 FF6 519 £688 "Lane near Danforth avenue" Oil/masonite 19x30cm/*7x11in* Calgary, Alberta 97
$4 486 FF25 638 £2 748 "On huron street" (Toronto) Oil/board 66x50,8cm/*25x20in* Toronto 97
$438 FF2 561 £270 "On a street in Cabbagetown, Toronto" Watercolour/paper 13x18cm/*5x7in* Calgary, Alberta 97
KAT de Anne Pierre 1881-1968 **[70]**
$3 010 FF15 640 £1 990 Crépuscule sur l'étang Huile/toile 90x100cm/*35x39in* Lokeren 96
$379 FF2 276 £228 La lampe à pétrole Aquarelle 18,5x14cm/*7x5in* Bruxelles 98
KAT de Otto B. 1907-1995 **[25]**
$1 705 FF9 711 £1 058 Interieur Oil/canvas 24,5x33cm/*9x12in* Amsterdam 97
$3 992 FF23 781 £2 373 Still Life Oil/canvas 50x60cm/*19x23in* Amsterdam 97
$741 FF4 459 £443 Still life of flowers Pastel/paper 36,5x31cm/*14x12in* Amsterdam 98
KÄTHELHÖN Hermann 1884-1940 **[42]**
$130 FF742 £81 Feldarbeiter Woodcut 19,5x26cm/*7x10in* Bielefeld 97
KATHY Roger 1934-1979 **[22]**
$665 FF3 941 £395 Landschaft in der Dämmerung Öl/Leinwand 33x55cm/*12x21in* Zürich 97
KATSARI Christina 1971 **[2]**
$4 200 FF25 594 £2 558 Old Man in Train Mixed media/canvas 240x90cm/*94x35in* Tel Aviv 98

KATZ Alex 1927 **[202]**
- *$432 FF2 601 £260* Le Chaperon orange Huile/panneau 27x40cm/*10x15in* Bruxelles 98
- *$48 000 FF285 542 £29 352* Green Scarf Oil/canvas 122x152,5cm/*48x60in* New-York 98
- *$60 000 FF355 032 £36 606* Ann Acrylic/canvas 122x86,5cm/*48x34in* New-York 98
- *$50 FF291 £30* Skowhegan Costume Ball Poster 78x53cm/*31x21in* Cincinnati, Ohio 97
- *$3 148 FF18 045 £1 952* John and Larry Metal 74,5x94x7,5cm/*29x37x2in* New-York 97
- *$2 600 FF13 320 £1 580* Boy with open mouth Graphite 38x56cm/*14x22in* New-York 96

KATZ Marie 1894 **[1]**
- *$4 800 FF28 136 £2 954* Hassidic Man Oil/board 35,5x27cm/*13x10in* New-York 97

KATZEN-FLURY Burkhard 1862-1928 **[10]**
- *$10 812 FF64 204 £6 600* Spielende Kätzchen Oil/canvas 55,5x75cm/*21x29in* Bern 98

KATZIEFF Julius D. 1892 **[3]**
- *$600 FF3 724 £365* Harbor Views Monotype 39x44cm/*15x17in* Boston, Mass. 97

KAUB-CASALONGA Alice 1875-? **[4]**
- *$3 278 FF19 880 £2 000* Female Nude Seated on a Chair Oil/canvas 73x60cm/*28x23in* London 98

KAUBA Carl 1865-1922 **[91]**
- *$300 FF1 790 £179* Seated Indian Bronze H15cm/*H6in* Stonington, Connecticut 97

KAUFFER Edward McKnight 1890-1954 **[48]**
- *$3 678 FF21 739 £2 200* Accas Lilies in blue Vase Oil/canvas 60x56cm/*23x22in* London 97
- *$692 FF3 510 £450* "Explorers Prefer Shell" Poster 7x114cm/*2x44in* London 96

KAUFFMAN Angelica 1740-1807 **[89]**
- *$25 000 FF127 300 £15 000* Eloise Oil/canvas 31x26cm/*12x10in* London 96
- *$48 383 FF295 196 £29 000* The Sorrow of Telemachus on the Island of Calypso Oil/canvas 80x96,5cm/*31x37in* London 98
- *$64 752 FF380 000 £39 596* Portrait d'Henry Kuhff et son frère, fils de l'avocat d'Angelica.. Huile/toile 126x100cm/*49x39in* Paris 97
- *$907 FF5 354 £537* Brustbild eines jungen M&annes, im Dreiviertelprofil nach rechts Radierung 12x10cm/*4x3in* Berlin 97
- *$678 FF4 051 £415* Venus zeigt Aeneas den Weg nach Karthago Ink/paper 20x23cm/*7x9in* München 98

KAUFFMAN Angelica (Attrib.) 1740-1807 **[20]**
- *$10 038 FF60 000 £6 084* Portrait de femme à la rose dans les cheveux Huile/toile 81x65cm/*31x25in* Paris 97
- *$12 950 FF64 900 £8 190* Hebe Oil/paper/canvas 45x35cm/*17x13in* Wien 95

KAUFFMANN Hermann 1808-1889 **[21]**
- *$1 392 FF8 380 £833* Jäger und Dirnl in der Stube Öl/Leinwand 22x18cm/*8x7in* München 98
- *$16 000 FF95 011 £9 768* Gathering at the Inn Oil/canvas 51x67cm/*20x26in* New-York 98
- *$881 FF5 363 £540* Heimkehrende Bauern mit Pferden am Elbstrand Watercolour 24,8x36,4cm/*9x14in* Hamburg 98

KAUFFMANN Hugo Wilhelm 1844-1915 **[82]**
- *$2 735 FF16 761 £1 633* Alter Jäger, der sein linkes Auge zukneift Oil/wood 25,5x20cm/*10x7in* Dresden 98
- *$39 000 FF203 400 £22 800* Mädel mit zwei Burschen in der Stube Oil/panel 36,5x46,5cm/*14x18in* München 96
- *$1 570 FF8 120 £1 003* Strassenmusikanten Wash 10,5x10,3cm/*4x4in* Heidelberg 96

KAUFFMANN Paul A. 1849-? **[5]**
- *$147 FF858 £90* La Bretagne Pittoresque Affiche 105x75cm/*41x29in* London 97

KAUFFUNGEN Heinrich XIX-XX **[1]**
- *$2 998 FF18 103 £1 820* Strasse in Lunz Öl/Leinwand 71x54cm/*27x21in* Wien 98

KAUFMANN Adolf 1848-1916 **[130]**
- *$1 992 FF9 800 £1 270* Der Hirte mit seinen Schafen Oil/panel 32x24cm/*12x9in* Wien 95
- *$3 862 FF22 473 £2 366* La belle de mer Oil/panel 62x42cm/*24x16in* Amsterdam 97
- *$3 945 FF23 820 £2 395* Bauernhaus im herbslichen Birkenwald Öl/Leinwand 120x160cm/*47x62in* Wien 98

KAUFMANN Arthur 1888-1971 **[11]**
- *$1 380 FF8 288 £824* Nude before a Mirror Oil/canvas 77x61,5cm/*30x24in* San Francisco 98
- *$2 420 FF12 530 £1 547* Rotblühende Lilien Aquarell/Papier 57x38,6cm/*22x15in* Heidelberg 96

KAUFMANN Ferdinand 1864-1942 **[17]**
- *$1 100 FF5 731 £691* California Hills Oil/board 33x40cm/*13x16in* Altadena, CA 96
- *$7 500 FF45 153 £4 487* California Wildflowers Oil/board 63,5x76cm/*25x29in* San Francisco 98

KAUFMANN Hermann 1808-1889 **[5]**

🖐 *$9 022 FF53 636* £5 520 Sechspännige Postkutsche im Schneesturm vor einer norddeutschen Stadt Öl/Leinwand 45,5x63,5cm/*17x25in* Köln 97

🖐 *$10 400 FF54 240* £6 080 Einbringung der Heuernte Öl/Leinwand 28x37cm/*11x14in* München 96

✎ *$1 453 FF8 364* £858 Windiges Wetter Indian ink/paper 13x19cm/*5x7in* München 97

KAUFMANN Hugo 1868-1919 **[4]**

🖐 *$4 537 FF27 004* £2 773 Weiblicher Akt, Sandalen anziehend Bronze 57x22,5x24cm/*22x8x9in* Berlin 98

KAUFMANN Hugo Wilhelm 1844-1915 **[6]**

🖐 *$8 317 FF47 233* £5 205 Drei Stammtischbrüder im Streit am Bauerntisch Oil/panel 18x16cm/*7x6in* München 97

✎ *$1 352 FF6 820* £888 Brustbild eines Mannes im Trachtenrock Ink 19x14cm/*7x5in* Stuttgart 96

KAUFMANN Isidor 1853-1921 **[65]**

🖐 *$7 540 FF38 300* £4 500 A Rabbi Oil/panel 19,5x15,5cm/*7x6in* London 96

🖐 *$45 000 FF220 000* £28 460 The merchant bankers Oil/canvas 51x67cm/*20x26in* Tel Aviv 95

✎ *$3 190 FF15 670* £2 030 Sitzender Mädchenakt Charcoal/paper 32x21cm/*12x8in* Wien 95

KAUFMANN Joseph Clemens 1867-1925 **[24]**

🖐 *$1 505 FF7 740* £940 Friede am Bergsee Huile/panneau 31,5x41cm/*12x16in* Bern 96

🖐 *$3 170 FF16 300* £1 976 Sprengi Brücke in den Schöllenen Öl/Leinwand 68x58cm/*26x22in* Bern 96

✎ *$654 FF3 825* £387 Frühlingslandschaft Pastell/Papier 53,5x35,5cm/*21x13in* Luzern 97

KAUFMANN Karl, Charles 1843-1901 **[185]**

🖐 *$367 FF2 194* £216 Ansicht von Venedig Öl/Leinwand 32x19cm/*12x7in* Kempten 97

🖐 *$1 837 FF10 620* £1 136 Norsk fjord Oil/canvas 98x140cm/*38x55in* Köbenhavn 97

🖐 *$2 185 FF13 422* £1 310 Nürnberger Altstadt Öl/Leinwand 100x73,5cm/*39x28in* Stuttgart 98

KAUFMANN Philipp XIX-XX **[5]**

🖐 *$9 500 FF57 891* £5 893 Rabbi with Torah Oil/canvas 117x91,5cm/*46x36in* New-York 98

KAUFMANN Theodore 1814-c.1890 **[1]**

🖐 *$270 000 FF1 602 369* £165 375 Westward the Star of Empire (Railway train attacked by Indians) Oil/canvas 91,5x142cm/*36x55in* New-York 98

KAUFMANN Wilhelm 1895-1975 **[58]**

🖐 *$1 992 FF9 800* £1 270 Vase mit Sonnenblumen Öl/Leinwand 61x79cm/*24x31in* Wien 95

🖐 *$389 FF2 383* £232 Zwischen Wasser und Urwald -Land und Leute um Lambarene Lithograph 42x42cm/*16x16in* Wien 98

✎ *$1 986 FF9 800* £1 290 Klosterneuburg Gouache/paper 46x66cm/*18x25in* Wien 95

KAULA Lee Lufkin 1882-1957 **[3]**

🖐 *$26 000 FF151 868* £15 961 The Black Fan Oil/canvas 100x81cm/*39x31in* New-York 97

KAULA William Jurian 1871-1953 **[36]**

🖐 *$1 900 FF11 282* £1 159 Rolling Hills Oil/canvas/board 25,5x33cm/*10x12in* Boston, Mass. 98

🖐 *$7 000 FF41 346* £4 349 Hills and Valleys, Late Afternoon Oil/canvas 81x99,5cm/*31x39in* Boston, Mass. 97

✎ *$350 FF2 083* £217 Shoreline Watercolour/paper 13x20cm/*5x7in* North Berwick, Maine 97

KAULBACH Anton 1864-1930 **[14]**

✎ *$1 011 FF5 904* £611 Junge Frau mit entblösster Schulter Pastell/Papier 68x48cm/*26x18in* Stuttgart 97

KAULBACH Hermann 1846-1909 **[32]**

🖐 *$4 710 FF24 400* £3 060 Bauernbub mit Suppenschüssel Oil/panel 33x22cm/*12x8in* München 96

🖐 *$8 459 FF49 067* £5 000 In the Refectory Oil/canvas 116x83,5cm/*45x32in* London 97

✎ *$2 210 FF11 550* £1 316 Ludwig II. auf dem Totenbett Pencil/paper 17x17cm/*6x6in* München 96

KAULBACH von Friedrich A. (Attr.) 1850-1920 **[1]**

🖐 *$5 210 FF25 860* £3 300 Reizendes junges Mädchen im habit des Fin de siècle Öl/Leinwand 102x50,5cm/*40x19in* Lindau 95

KAULBACH von Friedrich August 1850-1920 **[42]**

🖐 *$732 FF4 361* £447 Herrenhaus im Wildpark Öl/Leinwand 42x63cm/*16x24in* Frankfurt 98

🖐 *$2 110 FF10 440* £1 341 Die zwei Schwestern Oil/panel 27x16,5cm/*10x6in* Heidelberg 95

🖐 *$5 960 FF29 400* £3 870 "Lautenschlägerin" Öl/Leinwand 199,5x100cm/*78x39in* Wien 95

✎ *$455 FF2 695* £270 Nymphen lauschen einem Geigenspiel Chalks/paper 18x23,5cm/*7x9in* München 97

KAULBACH von Wilhelm 1804-1874 **[14]**

🖐 *$11 770 FF61 000* £7 650 Spiekender Knabe/Mädchen mit Malbuch Öl/Leinwand 31x22,5cm/*12x8in* München 96

✏ *$520 FF3 034 £318* Sintflut (Auszug aus der Arche Noah) Pencil/paper 21x30cm/*8x11in* München 97
KAULBACH von Wilhelm (Attrib.) 1804-1874 **[4]**
🖌 *$6 307 FF35 970 £3 840* Portrait des Mädchens Desiree mit ihrem Hund vor weiter Landschaft Öl/Leinwand 91,5x75,5cm/*36x29in* Wien 97
KAULUM Haakon Jensen 1863-1933 **[8]**
🖌 *$5 240 FF31 046 £3 138* Marine, Mandal Oil/canvas 80x114cm/*31x44in* Oslo 97
KAUS Max 1891-1977 **[144]**
🖌 *$3 738 FF22 125 £2 281* Eugène Nestor de Kermadec. Le Manteau bleu Öl/Leinwand 46,5x33,5cm/*18x13in* Köln 98
🖌 *$9 420 FF49 300 £5 610* Trebelsee (Havel) Oil/panel 70x100cm/*27x39in* Berlin 96
🖾 *$532 FF2 715 £351* Männerkopf auf der Strasse Lithographie 30x25cm/*11x9in* Heidelberg 96
✏ *$207 FF1 032 £136* Baumstudie Aquarell 15x21cm/*5x8in* Pforzheim 95
KAUTSKY Johann 1827-1896 **[2]**
✏ *$1 213 FF6 240 £756* Der Corte del Teatro in Venedig Aquarell/Papier 36x26cm/*14x10in* Wien 96
KAUZMANN Paul 1874-1951 **[4]**
🖌 *$10 992 FF66 980 £6 798* Stubeninterieur mit Blumenstrauss in Vase Öl/Leinwand 69x77cm/*27x30in* Kempten 98
KAVANAGH Joseph Malachy 1856-1918 **[12]**
🖌 *$2 270 FF11 800 £1 500* A Suburban Stream Oil/board 36x26cm/*14x10in* London 96
🖌 *$30 985 FF182 692 £19 000* The Cokle Pickers Oil/canvas 40x53,5cm/*15x21in* London 98
KAVLI Arne 1878-1970 **[51]**
🖌 *$8 070 FF48 348 £4 824* Melon og blomster Oil/panel 42x36cm/*16x14in* Oslo 98
🖌 *$10 011 FF60 453 £6 000* In the Garden Oil/canvas 88x80cm/*34x31in* London 98
🖌 *$56 640 FF328 680 £33 440* Sommer, kvinne på hagetrapp Oil/canvas 126x130cm/*49x51in* Oslo 97
KAWABATA Minoru 1911 **[4]**
🖌 *$12 000 FF70 093 £7 100* Untitled Acrylic/canvas 165x218cm/*65x86in* New-York 97
KAWABATA Ryushi 1885-1966 **[1]**
✏ *$25 000 FF148 455 £15 350* Moon Ink 45x57cm/*17x22in* New-York 97
KAWAI Hiroyuki 1957 **[3]**
🖌 *$2 600 FF15 843 £1 583* "Volition and Fear" Acrylic/paper 86x75cm/*33x29in* Tel Aviv 98
KAWAKUBO Masana XIX-XX **[2]**
✏ *$1 400 FF6 820 £886* Shrine at Nikko Watercolour/paper 33x50cm/*12x19in* New-York 95
KAWARA On 1933 **[23]**
🖌 *$39 684 FF231 660 £24 000* 2. Dez. 1976 Acrylic/canvas 25x33cm/*9x12in* London 97
🖾 *$150 000 FF887 580 £91 515* One Million Years Object 31x8x25,5cm/*12x3x10in* New-York 98
KAWASAKI Kametaro 1902-1990 **[2]**
📷 *$3 800 FF22 183 £2 298* Surrealist Specimen Gelatin silver print 28x22cm/*11x8in* Beverly Hills, Calif. 97
KAY Archibald 1860-1935 **[36]**
🖌 *$130 FF779 £80* Avery Hill Dorchester Oil/board 39,5x27cm/*15x10in* London 97
🖌 *$2 015 FF10 231 £1 300* In the Trossacks Oil/canvas 92x71cm/*36x27in* Auchterarder, Perthshire 96
🖾 *$654 FF3 646 £400* "Callander, LMS" Poster 99x125cm/*38x49in* London 97
KAY James 1858-1942 **[74]**
🖌 *$3 250 FF19 290 £1 990* "Her Last Moorings Off Liverpool" Oil/canvas/board 91,5x122cm/*36x48in* San Francisco 98
🖌 *$3 227 FF19 550 £2 000* French fishing Port Oil/canvas 30,5x46cm/*12x18in* Perthshire 97
✏ *$2 248 FF13 793 £1 400* Le Havre Bodycolour 22x30cm/*8x11in* Glasgow 97
KAYAMA Matazo 1927 **[6]**
🖌 *$50 000 FF243 500 £31 640* Konchu (Insects) Mixed media 36x44cm/*14x17in* New-York 95
✏ *$120 000 FF694 440 £73 824* Hana (flowers) Ink 43x62cm/*16x24in* New-York 97
KAYE Otis 1885-1974 **[28]**
🖌 *$16 000 FF80 900 £10 500* The One Kay To It All Oil/panel 21x23cm/*8x9in* New-York 96
🖌 *$240 000 FF1 424 328 £147 000* Hot Stock Tips Oil/panel 57x89cm/*22x35in* New-York 98
✏ *$5 200 FF27 140 £3 140* Ten Dollar Bill Ink 7,5x18cm/*2x7in* New-York 96
KAYSER Conrad 1880-1954 **[10]**
🖌 *$1 793 FF9 160 £1 183* Baublüte bei Sasbachwalden Öl/Leinwand 46,5x36cm/*18x14in* Heidelberg 96
KAZAN Watanabe 1793-1841 **[1]**
✏ *$75 000 FF434 025 £46 140* Drinking tea in a ravine Ink 125,5x55cm/*49x21in* New-York 97

KCHAOUDOFF Jeantimir XX **[9]**
  $792 FF4 600 £468 Le New-York City Ballet Huile/isorel 50x70cm/*19x27in* Paris 97
KEATING Sean 1889-1977 **[19]**
  $11 220 FF58 100 £7 500 The Race of the Gael Oil/board 76x86cm/*29x33in* London 96
  $20 200 FF104 600 £13 500 The Playboy of the Western World Oil/board 122x122cm/*48x48in* London 96
  $2 990 FF15 500 £2 000 The Old Fisherman Pastel 59,7x48,2cm/*23x18in* London 96
KEATS Cecil Jack XIX-XX **[27]**
  $495 FF2 938 £300 Ghent, Market Scene with Figures and Narrow Streets Watercolour/paper 49x33cm/*19x13in* Oxford 97
KECK Emil 1867-1935 **[6]**
  $2 636 FF13 520 £1 604 Portrait des Prinzregenten Luitpold Öl/Leinwand 50x40cm/*19x15in* Kempten 96
  $1 318 FF6 760 £802 Allgäuer Bauer im Tracht Gouache 31x25cm/*12x9in* Kempten 96
KECK Leo 1906-1987 **[6]**
  $1 070 FF6 465 £650 "Zermatt" Poster 100x65cm/*39x25in* London 98
KECK Otto 1873-1948 **[7]**
  $2 500 FF12 410 £1 584 Besuch in einer Montafoner Stube Öl/Leinwand 72,5x54cm/*28x21in* Lindau 95
  $2 074 FF10 800 £1 303 Blick auf Wasserburg am Bodensee Gouache 35x49,5cm/*13x19in* Lindau 96
KECK Paul 1904-1973 **[5]**
  $1 523 FF7 360 £994 Nativity Pastel 51,5x40cm/*20x15in* Lindau 95
KECK William XX **[9]**
  $2 750 FF14 050 £1 812 Reflections and Mirroring Photograph 49,5x33cm/*19x12in* New-York 96
KEDL Rudolf 1928-1991 **[8]**
  $3 204 FF19 028 £1 904 Weibliche Figur Bronze H61cm/*H24in* Wien 97
KEDZIERSKI Apoloniusz 1861-1939 **[16]**
  $2 785 FF16 461 £1 725 Mloda pasterka Oil/pane! 43x34cm/*16x13in* Warszawa 97
  $19 320 FF99 100 £12 430 River wooded landscape Oil/panel 126x95cm/*49x37in* Warszawa 96
  $2 410 FF14 395 £1 474 Still Life with Flowers Watercolour/panel 42x62cm/*16x24in* Warszawa 98
KEELEY John 1849-1920 **[12]**
  $766 FF3 716 £480 Storm clouds over a river at dusk Watercolour 39x70cm/*15x27in* London 95
KEELHOFF Frans 1820-1893 **[13]**
  $2 086 FF10 740 £1 345 Troupeau au bord de la rivière Huile/toile 45x73cm/*17x28in* Bruxelles 96
KEEN Henry 1899-1935 **[3]**
  $533 FF3 082 £320 Grotesque man with heads Ink/paper 25,7x13,1cm/*10x5in* London 97
KEENE Charles Samuel 1823-1891 **[13]**
  $253 FF1 515 £149 Irish Beggar Woman, "Buy a box of Lucifers yer Reverence?.. Watercolour 24x18,5cm/*9x7in* London 97
KEETMAN Peter 1916 **[37]**
  $1 425 FF8 487 £871 Weg im Schnee Gelatin silver print 17x23cm/*6x9in* Berlin 98
KEHL Gerhard 1964 **[3]**
  $170 FF1 004 £100 The best a man can get Farbserigraphie 50x50cm/*19x19in* Berlin 97
KEHREN Josef 1817-1880 **[5]**
  $7 500 FF38 550 £4 687 Joseph gibt sich seinen Brüdern zu Erkennen Oil/canvas 145x189cm/*57x74in* New-York 96
KEHRER Eduard 1812-1863 **[2]**
  $4 543 FF27 108 £2 741 Ein kapitaler Kronenhirsch Öl/Leinwand 45x55cm/*17x21in* Köln 97
KEIL Robert 1905-1989 **[4]**
  $2 980 FF14 700 £1 936 Vor dem Parthenon Felt pen/paper 40x30cm/*15x11in* Wien 95
KEILHAU, MONZU BERNARDO Bernhard 1624-1687 **[21]**
  $19 800 FF112 200 £13 200 Contadini Olio/tela 73x97cm/*28x38in* Milano 97
  $27 600 FF156 400 £18 400 Due fanciulli (Allegoria dell'Udito e dell'Olfatto) Olio/tela 132x97cm/*51x38in* Roma 97
KEILHAU, MONZU BERNARDO Bernhard (Attrib.) 1624-1687 **[6]**
  $17 562 FF99 522 £8 781 Il Geografo Olio/tela 91x65,5cm/*35x25in* Milano 97
  $17 483 FF103 088 £10 350 An Allegory of sight Oil/canvas 95x130,5cm/*37x51in* London 97
  $22 670 FF110 000 £14 600 Le vendeur de légumes Huile/toile 9,5x131cm/*3x51in* Paris 95
KEIMEL Hermann 1889-1948 **[3]**

*$618 FF3 719 £370 "Nebel: Horn Oberstdorf Bahn" Poster 85x60cm/*33x23in* London 98
KEINÄNEN Sigfrid August 1841-1914 **[15]**
*$2 393 FF14 375 £1 435 Slogsäng Oil/canvas 43x34cm/*16x13in* Helsinki 98
*$4 970 FF29 856 £2 980 Solnedgång Oil/canvas 42,5x95cm/*16x37in* Helsinki 98
KEINHOLZ Edward 1927-1994 **[5]**
*$10 000 FF57 870 £6 152 "Dwowd #6" Mixed media/canvas 152,5x91,5cm/*60x36in* Los Angeles 97
*$1 200 FF6 110 £720 Untitlked (for $263.00) Watercolour 31x42x3,5cm/*12x16x1in* New-York 96
KEIRINCX Alexander 1600-1652 **[24]**
*$23 856 FF140 000 £14 588 Paysage boisé près d'une rivière avec deux personnages sur un chemin Huile/panneau 33x47cm/*12x18in* Paris 97
*$33 120 FF187 680 £22 080 Caino e Abele Olio/rame 85x114cm/*33x44in* Roma 98
*$62 025 FF360 600 £37 875 Waldlandschaft mit der Predigt Johannes des Täufers Öl/Leinwand 150x240cm/*59x94in* Wien 97
KEIRINCX Alexander (Attrib.) 1600-1652 **[4]**
*$10 827 FF62 620 £6 500 Wooded River Landscape with Huntsmen on a Path in the Foreground Oil/panel 90,5x108,5cm/*35x42in* London 97
*$17 020 FF85 000 £11 110 Saint Jérôme dans un paysage boisé de rivière Huile/cuivre 35,5x43,6cm/*13x17in* Paris 95
KEITEL Simon 1964 **[16]**
*$670 FF4 000 £401 Mariée à Jérusalem Huile/toile 60x73cm/*23x28in* L'Isle-Adam 98
KEITH Arthur [5]
*$650 FF3 762 £400 The Camel train/Arabs and Camels resting beneath a Desert Palm Tree Bodycolour 35x24cm/*13x9in* London 97
KEITH Castle 1863-1927 **[7]**
*$600 FF3 571 £372 Farm Scene Oil/board 8x10cm/*3x3in* North Berwick, Maine 97
KEITH Elizabeth 1887-1956 **[27]**
*$400 FF2 392 £242 Oriental Subject Matter, Garden Scene Print 38x27cm/*15x11in* Plainville, Conn. 97
KEITH William 1838-1911 **[120]**
*$2 750 FF16 717 £1 668 Mt. Pitt from Harrimon Lodge Oil/canvas/board 30x50cm/*12x20in* San Rafael, CA 98
*$4 500 FF22 420 £2 950 Bucolic scene Oil/canvas 76x101cm/*29x39in* San Francisco-Los Angeles 95
KEIZO Koyama 1897-1987 **[3]**
*$8 000 FF41 000 £4 860 River landscape Oil/canvas 27x35cm/*10x13in* New-York 96
KELDER Toon 1894-1973 **[116]**
*$1 033 FF5 410 £621 Roses in a vase Oil/canvas 39x27cm/*15x10in* Amsterdam 96
*$2 129 FF13 134 £1 338 Saint-George and the Dragon Oil/canvas 100x76cm/*39x29in* Amsterdam 97
*$32 600 FF190 304 £20 022 Liggend Naakt Oil/canvas 100x120cm/*39x47in* Amsterdam 97
*$170 FF968 £105 Church portal Charcoal/paper 67x50cm/*26x19in* Amsterdam 97
KÉLÉTY Alexandre XIX-XX **[26]**
*$3 000 FF14 950 £1 965 Simpering Ivory, bronze H35cm/*H13in* New-York 95
KELLEN van der David III 1827-1895 **[6]**
*$2 467 FF14 786 £1 472 The Conversation Oil/panel 56x48cm/*22x18in* Melbourne 98
*$6 842 FF41 144 £4 102 A Lady writing a Letter Oil/panel 33,5x27cm/*13x10in* Amsterdam 98
KELLER A. XIX **[5]**
*$2 800 FF15 945 £1 699 An Afternoon of Music Oil/panel 14x22cm/*5x8in* New-York 97
KELLER Adolphe 1880-1968 **[58]**
*$1 395 FF7 240 £922 Boten bij de Sluis Huile/carton 71x89cm/*27x35in* Lokeren 96
KELLER Albert 1844-1920 **[17]**
*$1 225 FF7 375 £733 Frauenhalbakt in der badewanne Oil/panel 32,5x23,5cm/*12x9in* München 98
*$5 942 FF36 888 £3 583 Junge Frau vor Kaminfeuer auf Sessel sitzend Öl/Leinwand 50x61cm/*19x24in* St.Gallen 98
*$11 700 FF61 020 £6 840 Gisela von Wehner in grosser Toilette Öl/Leinwand 146x98cm/*57x38in* München 96
*$2 794 FF16 150 £1 721 Porträt Lina Brakls mit Federhut Etching 62x46cm/*24x18in* München 97
KELLER Arthur Ignatius 1866-1924 **[10]**
*$1 210 FF7 185 £738 Book ill.: Young smiling woman wearing hat seated on a divan Pencil 45x33cm/*18x13in* New-York 98

KELLER Ernst 1891-1968 **[4]**

$1 100 FF5 360 £699 "Ausstellungen Walter Gropius" Poster 126x90cm/*49x35in* New-York 95

KELLER Ferdinand 1842-1922 **[22]**

$2 841 FF16 784 £1 765 Bildnis der Klara Müller Öl/Leinwand/Karton 13,5x9cm/*5x3in* Stuttgart 97

$3 486 FF20 825 £2 134 Orpheus am Eingang zur Unterwelt Öl/Leinwand 96,5x114cm/*37x44in* München 98

KELLER Henry George 1869-1949 **[24]**

$3 300 FF19 042 £2 022 "Artist at Work" Oil/canvas 66x53cm/*26x21in* Cleveland, Ohio 97

$140 FF800 £87 Street at Night Gouache 25x25cm/*10x10in* Shaker Heights, Ohio 97

KELLER Johan Hendrik 1692-1765 **[8]**

$4 240 FF22 000 £2 740 Danse du printemps Huile/cuivre 40,5x49,5cm/*15x19in* Paris 96

KELLER von Albert 1844-1920 **[35]**

$663 FF3 230 £420 Porträtstudie einer Dame Huile/panneau 17,5x11cm/*6x4in* Bern 95

$6 540 FF33 860 £4 180 Frauen beim nächtlichen Bade Öl/Leinwand 44x53,5cm/*17x21in* Düsseldorf 96

KELLER von Friedrich 1840-1914 **[53]**

$4 425 FF25 320 £2 762 Steinbrucharbeiter bei der Arbeit Öl/Leinwand 25x18cm/*9x7in* Stuttgart 97

$7 956 FF46 995 £4 943 Ein Steinbrucharbeiter hat seine Schubkarre abgestellt... Öl/Leinwand 61x44cm/*24x17in* Stuttgart 97

$9 441 FF54 017 £5 892 Der Steinbrucharbeiter mit beladener Schubkarre Öl/Leinwand 160x130cm/*62x51in* Stuttgart 97

KELLER-REUTLINGEN Paul Wilhelm 1854-1920 **[47]**

$8 000 FF41 140 £4 990 Overlooking the Bay of Naples Oil/panel 30x46cm/*11x18in* New-York 96

$8 194 FF50 335 £4 915 Schwäbisches Gehöft am Fluss in der sommerlichen Abendsonne Öl/Leinwand 80x120cm/*31x47in* Bad Vilbel 98

KELLEY Mike 1954 **[29]**

$8 588 FF52 049 £5 266 "Garbage Bag III" Acrylic 102x81,2cm/*40x31in* Hamburg 98

$17 000 FF86 600 £10 200 Incorrect Sexual Model: Utopia Mixed media 183x123cm/*72x48in* New-York 96

$45 000 FF218 000 £28 900 Fruit of Thy Loins Assemblage 96,5x51x25,5cm/*37x20x10in* New-York 95

$65 000 FF389 220 £39 936 Bladder Sculpture 43x48,5x91,5cm/*16x19x36in* New-York 98

$85 000 FF493 042 £50 243 Craft Morphology Flow Chart Photograph 32,5x20,5cm/*12x8in* New-York 97

$24 380 FF147 752 £14 951 Cocks and balls Collage 237,5x179,2cm/*93x70in* Hamburg 98

KELLEY Ramon 1939 **[5]**

$2 800 FF14 588 £1 760 The Gold Necklace Oil/canvas 30x40cm/*12x16in* Scottsdale, Arizona 96

$1 500 FF7 815 £943 The Straw Hat Pastel/paper 40x30cm/*16x12in* Scottsdale, Arizona 96

KELLIN Nicolas Joseph 1789-1858 **[15]**

$332 FF2 000 £199 Personnages dans un parc Aquarelle/papier 19x26,5cm/*7x10in* Paris 98

KELLY Carlo, Prof. XIX **[2]**

$57 500 FF326 887 £35 207 Paul and Virginia Marble H236cm/*H92in* New-York 97

KELLY Chloë Talbot 1927 **[1]**

$1 286 FF6 710 £850 A grey headed kingfisher, West Africa Watercolour/paper 14x22cm/*5x8in* London 96

KELLY Elisworth 1923 **[210]**

$8 000 FF41 400 £5 350 Red, Yellow, Blue Oil/paper 14,6x10,2cm/*5x4in* New-York 96

$170 000 FF988 380 £103 785 Red on white Oil/canvas 91,5x66cm/*36x25in* New-York 97

$480 000 FF2 787 456 £293 232 Red Blue green Yellow Oil/canvas 222x137x222cm/*87x53x87in* New-York 97

$375 FF2 245 £229 Light Shadows Lithograph 44x59cm/*17x23in* San Francisco-Los Angeles 97

$32 000 FF191 616 £19 660 Mirrored Concorde Metal 131,5x76x32,5cm/*51x29x12in* New-York 98

$200 000 FF1 189 760 £122 300 Curve in Relief III Sculpture 38x335x3cm/*14x131x1in* New-York 98

$4 000 FF20 700 £2 674 Untitled Graphite 89x72cm/*35x28in* New-York 96

KELLY Felix 1916-1994 **[58]**

$1 140 FF7 050 £700 Church at Capsi Oil/board 26,5x36,5cm/*10x14in* Billingshurst, West Sussex 97

$3 297 FF19 193 £2 000 Palacio De Liria, Madrid Oil/panel 42x49cm/*16x19in* London 97

$2 010 FF10 270 £1 300 Steamboats beside a stone jetty Gouache 38x30cm/*14x11in* London 95

KELLY Gerald Festus 1879-1972 **[75]**

$1 274 FF7 714 £800 The Grand Canyon, Shiva's Temple from El Tovar Oil/board 30,5x39,5cm/*12x15in* London 97

$4 310 FF22 340 £2 800 Spanish girl Oil/canvas 69x46,5cm/*27x18in* London 96
KELLY James Edward 1855-1933 **[1]**
$3 000 FF15 660 £1 813 Sheridan's Ride Bronze H52cm/*H20in* New-York 96
KELLY John 1878-1962 **[10]**
$725 FF4 336 £440 "Bread Fruit Boy" Aquatint 34x24cm/*13x9in* Plainville, Conn. 97
KELLY Ken 1946 **[3]**
$2 000 FF9 700 £1 290 NAL-Penguin Books: Memories of Milo Morai Oil/board 76x48cm/*30x19in* New-York 95
KELLY Leon 1901-1982 **[21]**
$425 FF2 526 £263 Two Dancers Watercolour/paper 35x27cm/*14x11in* Philadelphia 97
KELLY Lloyd 1947 **[3]**
$3 750 FF21 751 £2 307 The Great Meadow Gold Up Oil/canvas 60x91cm/*24x36in* Bethesda, Maryland 97
KELLY Richard Baret Talbot 1896-1971 **[28]**
$608 FF3 673 £369 Oystercatchers Watercolour/paper 57x39cm/*22x15in* Billingshurst, West Sussex 98
KELLY Robert George 1822-1910 **[7]**
$7 828 FF45 411 £4 800 A prospect of Gatehouse of Fleet from Disdow Wood Oil/canvas 45,5x71cm/*17x27in* Glasgow 97
KELLY Robert George Talbot 1861-1934 **[34]**
$6 090 FF30 740 £4 000 North Wind on the Upper Nile Oil/canvas 56x114cm/*22x44in* London 96
$1 107 FF6 706 £680 A Nile Village, with Figures and Dhows Before Watercolour/paper 18x31cm/*7x12in* Chester 98
KELLY Samuel Edward **[14]**
$584 FF3 526 £350 Oddicombe Beach/Watcombe Beach Watercolour/paper 26x38cm/*10x14in* Exeter, Devon 98
KELLY Walt 1913-1983 **[7]**
$1 800 FF10 714 £1 100 Pogo Daily Strip, 12/24 Ink 12x40,5cm/*4x15in* New-York 98
KELMAN Benjamin 1887-? **[1]**
$4 500 FF26 881 £2 752 The Swan Oil/canvas 91x71cm/*36x28in* Dedham, Mass. 98
KELPE Paul 1902-1985 **[6]**
$70 000 FF414 449 £41 566 Man and Machinery #36 Oil/canvas 62x52cm/*24x20in* New-York 97
KELSEY Richmond I. 1905-? **[4]**
$1 200 FF6 260 £725 Quiet Lagoon Watercolour/paper 34x50cm/*13x19in* San Francisco-Los Angeles 96
KEMBLE Edward Windsor 1861-1933 **[9]**
$350 FF2 136 £210 Young Man with a Rifle Graphite 17,5x12,5cm/*6x4in* Boston, Mass. 98
KEMENEDY Jeno 1860-1925 **[2]**
$15 000 FF85 470 £9 187 Das Porträt Oil/canvas 80x131cm/*31x51in* New-York 97
KEMENY Zoltan 1907-1965 **[21]**
$12 960 FF65 000 £8 200 Toit le monde est Roi Relief 106x84cm/*41x33in* Paris 95
$19 400 FF93 900 £12 450 Signes-Lignes Sculpture 68x98cm/*26x38in* Zürich 95
KEMM Robert 1849-1890 **[35]**
$2 710 FF15 594 £1 600 The Tambourine Girl Oil/canvas 91x71cm/*35x27in* London 97
$7 552 FF43 604 £4 500 The Halt Oil/canvas 128x102cm/*50x40in* London 97
KEMP Jeka 1876-1967 **[11]**
$679 FF3 878 £420 Still life of limes in a bowl Oil/canvas/board 31x41cm/*12x16in* London 97
KEMP Oliver 1887-1934 **[3]**
$1 600 FF9 313 £986 Battling A Rogue Kangaroo Oil/canvas/board 60x44cm/*24x17in* New-York 97
KEMP van der Gerald 1912 **[3]**
$2 749 FF15 658 £1 669 A corner by the window Felt pen/paper 64x48cm/*25x18in* New-York 97
KEMP-WELCH Lucy Elizabeth 1869-1958 **[64]**
$5 861 FF34 220 £3 600 Sheep resting Oil/canvas 86x111,5cm/*33x43in* London 97
$71 943 FF405 993 £44 090 The lumber team Oil/canvas 96,5x142,2cm/*37x55in* London 97
KEMPF VON HARTENKAMPF Gottlieb Theodor 1871-1964 **[25]**
$984 FF5 733 £604 Landschaft III (mit Hütte) Öl/Karton 15x19cm/*5x7in* Wien 97
$1 956 FF11 661 £1 200 Ophelia Oil/canvas 43x43cm/*16x16in* London 98
$3 032 FF18 095 £1 862 Mädchenportrait Mischtechnik/Papier 59x39,5cm/*23x15in* Wien 98
KENDALL William Sergeant 1869-1938 **[9]**
$1 500 FF8 655 £919 The Christening Oil/board 40x30cm/*16x12in* Detroit, Michigan 97
$74 000 FF384 060 £49 010 Girl in Blue with her Dog Oil/canvas 76x63,5cm/*29x25in* New-York 96

KENDE Geza 1889-1952 **[5]**
  $2 500 FF15 051 £1 495 Still Life with Mums and Apples Oil/canvas 76x63,5cm/*29x25in* San Francisco 98
KENDRICK Sydney Percy 1874-1955 **[7]**
  $2 857 FF16 682 £1 700 By a Window Oil/canvas 61,5x46cm/*24x18in* London 97
KENNA Michael 1953 **[37]**
  $2 000 FF11 778 £1 234 Broadway Tower Photograph 16x23cm/*6x9in* New-York 97
KENNEDY A.E. XX **[1]**
  $1 676 FF8 450 £1 100 The Birthday Cake Black chalk 27,5x37cm/*10x14in* London 96
KENNEDY Cecil 1905-1997 **[83]**
  $1 001 FF5 630 £608 "Uvongo Hatal" Oil/canvas/board 45,7x55,8cm/*17x21in* London 97
  $4 553 FF25 973 £2 800 Still life of primroses in a glass vase Oil/canvas 22x17cm/*8x6in* Billingshurst, West Sussex 97
KENNEDY William 1860-1918 **[11]**
  $4 358 FF26 286 £2 600 "Une esquisse du printemps à Hugh de Melville" Oil/panel 21,5x27cm/*8x10in* West Lothian 98
KENNEY John Theodore 1911-1972 **[6]**
  $2 443 FF14 815 £1 450 "Moving Off", The Belvoir Hounds in the Vale Oil/canvas 53x68cm/*21x27in* Leicester 98
KENNINGTON Eric Henri 1888-1960 **[20]**
  $10 860 FF52 700 £7 000 Portrait of T.E. Lawrence Bronze H42cm/*H16in* London 95
  $1 652 FF10 020 £1 000 Portrait of a young Girl Black chalk/paper 53x36cm/*20x14in* London 98
KENNINGTON Thomas Benjamin 1856-1916 **[16]**
  $13 043 FF77 640 £8 097 Burdens Oil/canvas 91x66cm/*36x26in* Detroit, Michigan 97
  $36 200 FF185 600 £22 000 Curiosity Oil/canvas 198,5x99cm/*78x38in* London 96
KENSETT John Fred. (Attrib.) 1816-1872 **[4]**
  $3 500 FF20 771 £2 143 Sky in the Morning Oil/canvas 33x30cm/*13x12in* New-York 98
KENSETT John Frederick 1816-1872 **[40]**
  $13 000 FF76 787 £8 078 A View Through the Trees, Early Autumn Oil/canvas 25,5x21cm/*10x8in* Boston, Mass. 97
  $75 000 FF438 082 £46 042 Narragansett Coast Oil/canvas 35,5x61cm/*13x24in* New-York 97
  $300 000 FF1 750 290 £183 780 Franconia Mountains Oil/canvas 101,5x152cm/*39x59in* New-York 97
KENSINGTON Ch. XIX-XX **[5]**
  $2 788 FF16 540 £1 750 Portrait of the Clipper Ship Tweed Oil/canvas 45x77,5cm/*17x30in* Newcastle-upon-Tyne 97
KENT Leslie 1890-? **[11]**
  $245 FF1 496 £150 Waiting for the Wind, Southwold Oil/canvas 35,5x46cm/*13x18in* London 98
KENT Rockwell 1882-1971 **[184]**
  $7 000 FF42 735 £4 183 Adirondack Landscape Oil/panel 30,5x40,5cm/*12x15in* New-York 98
  $47 500 FF281 233 £28 205 Kingsuak Harbor, Greenland Oil/canvas 86,5x112cm/*34x44in* New-York 97
  $500 FF2 972 £305 "Bringing Home the Christmas Tree" Lithograph 24x16cm/*9x6in* Shaker Heights, Ohio 97
  $1 500 FF8 960 £918 Study of Two Seated Female Nudes Pencil 18,5x28,5cm/*7x11in* New-York 98
KENTRIDGE William 1955 **[9]**
  $2 145 FF12 850 £1 318 Head Drypoint 103x79cm/*40x31in* Johannesburg 98
KENWORTHY Jonathan 1943 **[13]**
  $9 000 FF47 000 £5 440 A Bronze Figure of a Charging Cape Buffalo Bronze H63,5cm/*H25in* New-York 96
KENYON Henry Rodman 1861-1926 **[6]**
  $1 000 FF5 574 £611 Autumn landscapes Oil/board 18x26cm/*7x10in* Boston, Mass. 97
KEOGH Tom 1921-1980 **[16]**
  $255 FF1 300 £168 Les Ballets de Paris, de Roland Petit Encre Chine 56x38cm/*22x14in* Paris 96
KEPES György 1906 **[34]**
  $2 400 FF14 643 £1 438 Light Drawing Gelatin silver print 50x40,5cm/*19x15in* New-York 98
KEPETS Hugh 1946 **[3]**
  $34 FF206 £21 "Met Gates II" Aquatint 28x21cm/*11x8in* Shaker Heights, Ohio 97
KEPPIE Jessie ?-1951 **[6]**
  $1 065 FF6 538 £650 Honeysuckke Watercolour 39x26,5cm/*15x10in* London 98

KERÄNEN Veikko 1935 **[13]**

  $1 030 FF6 168 £634 Skjuta i höjd Polished bronze H54,5cm/*H21in* Stockholm 98

KERCKHOFF Frans XVII **[3]**

  $9 660 FF49 800 £6 200 A sportsman with dead game in a parlour Oil/canvas 139x206cm/*54x81in* London 96

KERCKHOVE van den Antoine Joseph 1849-? **[2]**

  $3 040 FF15 600 £1 956 Bust of a young woman Bronze H62cm/*H24in* Warszawa 96

KERCKHOVE van den Ernest 1840-1879 **[3]**

  $1 492 FF8 902 £900 Album of 43 leaves of costumes from Adam and Eve to 1500 Ink 24,7x33,6cm/*9x13in* London 97

KERCKHOVEN van de Jacob da Castello c.1637-c.1715 **[8]**

  $4 550 FF26 440 £2 800 Still life of hare, gamebirds in a basket and vegetables Oil/canvas 75,5x95cm/*29x37in* London 97

KERG Théo 1909-1993 **[32]**

  $1 409 FF8 386 £861 "The singing Wall" Mixed media 60x40cm/*23x15in* Köln 98

  $118 FF737 £71 Qui est la Victime? Lithographie 72x54cm/*28x21in* Heidelberg 98

KERGEL Carl Franz-Ludwig 1814-1874 **[5]**

  $1 748 FF10 392 £1 069 Winterlandschaft mit Blick auf Mühle und Gehöft an einem See... Öl/Leinwand 32,5x48,5cm/*12x19in* Köln 97

  $2 668 FF16 563 £1 600 A Winter Landscape with Figures Skating Oil/canvas 32x51cm/*12x20in* London 98

KERINEC Roger XX **[18]**

  $1 261 FF7 800 £757 Loctudy, chalutier en carénage Gouache/papier 54x74cm/*21x29in* Brest 97

KERKHOVE van de Ernest 1840-1872 **[1]**

  $2 910 FF14 860 £1 916 Chez le peintre Huile/panneau 33x26cm/*12x10in* Bruxelles 96

KERKHOVE van de Jan 1822-1881 **[7]**

  $861 FF4 905 £525 Les enchaînés Huile/panneau 21,5x19cm/*8x7in* Antwerpen 97

KERKOVIUS Ida 1879-1970 **[216]**

  $1 912 FF11 047 £1 122 Komposition mit Figur Oil 14x21cm/*5x8in* Köln 97

  $9 820 FF50 800 £6 340 Abstrakter Blumenstrauss in einer Vase Öl/Leinwand 60x51cm/*23x20in* Köln 96

  $70 FF349 £45 Adler am Horst Lithographie 19x15cm/*7x5in* Heidelberg 95

  $2 267 FF13 386 £1 342 Ohne Titel Chalks 15,4x21,6cm/*6x8in* Berlin 97

KERMADEC de Eugène 1899-1976 **[97]**

  $1 464 FF8 300 £732 Natura morta Olio/tela 27x22cm/*10x8in* Milano 97

  $4 014 FF20 000 £2 630 Composition, Octobre I Huile/toile 50x65cm/*19x25in* Paris 95

  $977 FF5 800 £598 Sans titre Aquarelle 24x35cm/*9x13in* Paris 97

KERMARREC Joël 1939 **[63]**

  $1 140 FF5 900 £736 Composition Huile/toile 100x80cm/*39x31in* Douai 96

  $1 650 FF10 000 £1 012 Composition à l'écharpe et au patron noir sur fond jaune Acrylique/toile 130x130cm/*51x51in* Paris 98

  $490 FF2 900 £294 Dessin Encre 65,5x48,5cm/*25x19in* Paris 97

KERN Anton 1710-1747 **[4]**

  $6 000 FF36 832 £3 676 The Adoration of the Magi Red chalk/paper 44x26cm/*17x10in* New-York 98

KERN Anton (Attrib.) 1710-1747 **[2]**

  $2 723 FF16 681 £1 645 Madonna mit Kind Öl/Leinwand 63x44cm/*24x17in* Wien 98

KERN Hermann 1839-1912 **[113]**

  $618 FF3 606 £378 Gentleman with Pipe Oil/panel 21x15cm/*8x5in* Toronto 97

  $4 158 FF23 616 £2 602 Winzer beim Weinzapfen vor dem fass Öl/Leinwand 42,5x52cm/*16x20in* München 97

KERN Hermann (Attrib.) 1839-1912 **[1]**

  $3 985 FF19 600 £2 537 Tanz im Gasthof Öl/Leinwand 79x63cm/*31x24in* Wien 95

KERN Josef 1953 **[8]**

  $3 700 FF19 300 £2 200 Fahrrad Öl/Leinwand 90x120cm/*35x47in* Wien 96

KERN Matthäus 1801-1852 **[6]**

  $907 FF5 275 £554 Bildnis einer Dame in fliederfarbenem Kleid Watercolour 8x6,5cm/*3x2in* Wien 97

KERN Melchior 1872-? **[1]**

  $1 155 FF6 747 £699 "Kirchgang in der rauhen Alb" Pastell/Karton 41,5x51cm/*16x20in* Lindau 97

KERNAN Joseph F. 1878-1958 **[18]**

  $3 500 FF18 120 £2 340 Calendar illustration: Soldier trying to reassemble riffle Oil/canvas

68x53cm/*27x21in* New-York 96
KERNN-LARSEN Rita 1914 **[23]**
 $994 FF6 150 £592 Komposition med stor krukke og aeble Oil/canvas 90x68cm/*35x26in* Köbenhavn 98
 $1 228 FF7 067 £756 "Aux deux Magots"/Fransk exteriör ved Seinen Pencil/paper 40,5x33cm/*15x12in* Köbenhavn 97
KERNOFF Harry Aaron 1900-1974 **[25]**
 $1 415 FF8 453 £866 Leprechaun Oil/board 27x16cm/*11x6in* Dublin 98
 $13 861 FF81 730 £8 500 Summer's Day at Leeson Bridge on the Grand Canal, Dublin Oil/panel 38x51cm/*14x20in* London 98
 $1 231 FF7 354 £753 Foynes, Co Limerick Watercolour/paper 25x34cm/*10x13in* Dublin 98
KERNY István 1879-1963 **[5]**
 $2 544 FF13 170 £1 700 "Mehr Kraft" Silver print 28,7x22,5cm/*11x8in* London 96
KERPEL Leopold 1818-1880 **[6]**
 $1 183 FF7 146 £718 Auf einem russichen Gut Öl/Leinwand 31,5x41,5cm/*12x16in* Wien 98
 $12 410 FF63 800 £7 500 The Roman Forum Oil/canvas 79x102cm/*31x40in* London 96
KERR Frederick B. c.1860-c.1930 **[25]**
 $650 FF3 284 £422 Battleground at Concord Watercolour/paper 22x28cm/*9x11in* Portland, Maine 96
KERR George Cochran XIX-XX **[9]**
 $4 790 FF24 800 £3 200 A Modern Convoy in Time of War Oil/canvas 63x101cm/*24x39in* London 96
 $1 142 FF6 822 £700 Swift Messenger, Spithead Watercolour 23x34,5cm/*9x13in* London 98
KERR Henry Wright 1857-1936 **[14]**
 $1 428 FF7 460 £850 An ederley gentleman carrying a Book Watercolour 42,5x30cm/*16x11in* London 96
KERR Illingworth Holey 1905-1989 **[117]**
 $927 FF5 336 £547 Churning Water, Storm Over Kitsilano Oil/panel 25,5x31cm/*10x12in* Vancouver, BC. 97
 $2 184 FF11 380 £1 443 South of 22 Oil/canvas 61x81,5cm/*24x32in* Calgary, Alberta 96
 $12 904 FF75 030 £7 690 "Bow Valley" Acrylic/canvas 138x199cm/*54x78in* Calgary, Alberta 97
 $136 FF785 £81 "Mule Deer" Monotype 19x27cm/*7x10in* Calgary, Alberta 97
 $331 FF1 704 £219 Terns Watercolour/paper 50x36cm/*19x14in* Calgary, Alberta 96
KERRICH Thomas 1748-1828 **[2]**
 $33 368 FF203 584 £20 000 Portrait of the Artist Chalks/paper 31x25,5cm/*12x10in* London 98
KERRICX Guillielmus 1652-1719 **[2]**
 $39 700 FF207 300 £24 000 Relief of two Putti supporting a cartouche Marble 87x66cm/*34x25in* London 96
KERRN-ECKERSBERG Hansine Sophie Joac. 1826-1860 **[8]**
 $6 780 FF38 833 £4 139 Blomsterstilleben med rosor i kylix Oil/panel 25x34cm/*9x13in* Stockholm 97
KERSCHBAUMER Anton 1885-1931 **[21]**
 $7 369 FF43 507 £4 364 Stilleben auf einer Truhe Öl/Leinwand 56,5x69,5cm/*22x27in* Berlin 97
 $221 FF1 343 £135 Häuser am See I (Gstadt am See) Color lithograph 30,3x40,2cm/*11x15in* Berlin 98
 $1 965 FF10 170 £1 270 Blaue Vase und roter Leuchter Aquarell/Papier 65x54cm/*25x21in* Berlin 96
KERSCHENSTEINER Josef 1864-1936 **[12]**
 $1 014 FF5 120 £666 Pelikan im Zoo Öl/Karton 28x38cm/*11x14in* Stuttgart 96
KERSTEN Wim Vanden 1908-1974 **[3]**
 $9 810 FF50 000 £6 470 Hollandaise dans un paysage Huile/toile 81x60cm/*31x23in* Paris 96
KERTÉSZ André 1894-1985 **[485]**
 $3 500 FF20 612 £2 160 Martinique Silver print 40x50cm/*15x19in* New-York 97
KERTON Sudjana 1922-1994 **[5]**
 $6 634 FF39 727 £4 076 Pepohonan Oil/canvas 50x76cm/*19x29in* Singapore 98
 $6 984 FF41 818 £4 290 Three Man Band Watercolour/paper 64x96cm/*25x37in* Singapore 98
KESSEL van Ferdinand 1648-1696 **[12]**
 $15 000 FF88 443 £9 198 Monkeys playing backgammon Oil/panel 49x63,5cm/*19x25in* New-York 98
 $19 120 FF99 000 £12 340 Nature morte aux fruits et aux légumes Huile/cuivre 16,5x36cm/*6x14in* Paris 96
KESSEL van Ferdinand (Attrib.) 1648-1696 **[8]**
 $2 106 FF12 000 £1 315 Singerie Huile/toile 37x46,5cm/*14x18in* Saint-Dié 97
 $55 481 FF320 150 £34 000 A concert of birds Oil/copper 19x25,5cm/*7x10in* London 97
KESSEL van Jan I 1626-1679 **[84]**

    $3 900 *FF22 663* £2 400 Still life of fish on a seashore Oil/panel 16x22cm/*6x8in* London 97

    $42 888 *FF249 083* £26 200 Noah, his family and the animals entering the Ark Oil/canvas 59,5x84,5cm/*23x33in* Amsterdam 97

KESSEL van Jan I (Attrib.) 1626-1679 **[10]**

    $11 836 *FF67 522* £7 212 Vogelkonzert Oil/panel 22,5x30,5cm/*8x12in* Hamburg 97

    $19 730 *FF100 800* £13 000 Allegory of Water Oil/panel 55,5x92,5cm/*21x36in* London 96

KESSEL van Jan II 1654-1708 **[14]**

    $46 000 *FF227 000* £29 730 An Allegory of Fire Oil/panel 28x37,5cm/*11x14in* New-York 96

KESSEL van Jan II (Attrib.) 1654-1708 **[5]**

    $8 620 *FF49 342* £5 092 Ostrich grilling Salamanders above a Fire and Pigeons by a Stone Wall Oil/copper 17x23,5cm/*6x9in* Amsterdam 97

    $5 620 *FF28 600* £3 370 A fight between cats, hedgehogs and snakes Watercolour 21,8x30,2cm/*8x11in* Amsterdam 96

KESSEL van Jan III 1641/42-1680 **[18]**

    $12 504 *FF75 105* £7 500 Partridges, a Woodcock, Thrushes, a Starling and Other Birds Oil/copper 16,5x22cm/*6x8in* London 98

    $34 966 *FF206 176* £20 700 Landscape with a waterfall and a church Oil/canvas 63,5x48cm/*25x18in* London 97

    $43 781 *FF259 222* £26 000 A Winter Landscape Oil/canvas 116x134,5cm/*45x52in* London 97

    $2 179 *FF12 474* £1 287 A Study of Burdock Leaves Black chalk 9x14,5cm/*3x5in* Amsterdam 97

KESSEL van Jan III (Attrib.) 1641/42-1680 **[3]**

    $7 940 *FF39 600* £5 200 River landscape with a watermill Oil/panel 20x28cm/*7x11in* London 95

KESSEL van Jean Thomas Nicolas 1677-c.1741 **[1]**

    $19 581 *FF112 994* £12 000 Village scenes with peasants merrymaking outside taverns Oil/panel 18x24cm/*7x9in* London 97

KESSELS Willy 1898-1974 **[58]**

    $185 *FF1 100* £112 Etreinte Photo 15x10cm/*5x3in* Paris 97

KESSLER August 1826-1906 **[8]**

    $2 900 *FF17 282* £1 800 Approaching Storm Oil/canvas 53,5x69,5cm/*21x27in* Washington 97

KESSLER Jon 1957 **[9]**

    $4 000 *FF23 242* £2 361 1967 Mixed media 85x61x61cm/*33x24x24in* New-York 97

    $1 376 *FF6 870* £898 B.C. Multiple 102x41x43cm/*40x16x16in* Stockholm 95

    $8 500 *FF50 296* £5 185 The Big Light Construction 233,5x82,5x52cm/*91x32x20in* New-York 98

KESTING Edmund 1892-1970 **[58]**

    $16 900 *FF88 300* £10 060 Kreise Mixed media/panel 31x29cm/*12x11in* München 96

    $171 *FF1 007* £105 Bildnis Herwarth Walden Woodcut 19x16cm/*7x6in* Heidelberg 97

    $526 *FF3 013* £311 Gerda Müller-Kesting Gelatin silver print 24x18cm/*9x7in* Köln 97

    $1 046 *FF5 150* £674 Abstrakte Komposition Coloured chalks 35x27cm/*13x10in* Köln 95

KET Dick 1902-1940 **[35]**

    $9 741 *FF58 189* £5 959 The artist's grandmother, Mrs. M. Otten-van Steenbergen Oil/canvas 45,5x36,5cm/*17x14in* Amsterdam 98

    $10 288 *FF59 952* £6 288 Strand te Scheveningen Oil/canvas 25,5x32cm/*10x12in* Amsterdam 97

    $648 *FF3 864* £385 De Schilder Zelf Woodcut 14x10cm/*5x3in* Amsterdam 97

    $442 *FF2 622* £277 Meisje Ink/paper 30x24cm/*11x9in* Den Haag 97

KETEL Cornelis 1548-1616 **[2]**

    $7 020 *FF35 000* £4 600 Adriaen Croumbouts, bourgmestre d'Amsterdam, né en 1517 Huile/panneau 41x32cm/*16x12in* Paris 95

    $51 111 *FF295 275* £30 000 Portrait of Registrar Thomas Pead (1539-1614) Oil/panel 86x70,5cm/*33x27in* London 97

KETTEMANN Erwin 1897-1971 **[73]**

    $710 *FF4 362* £426 Fischerboote am abendlichen Ufer des Chiemsees Oil/wood 15,5x24cm/*6x9in* Bremen 98

    $913 *FF5 378* £563 Winterabend bei Lermoos/Tirol Öl/Leinwand 80x100cm/*31x39in* Lindau 97

KETTINGER Gabor 1954 **[13]**

    $280 *FF1 500* £166 Chaton et papillon Huile/panneau 13x18cm/*5x7in* Doullens 97

KETTLE Tilly 1735-1786 **[16]**

    $12 244 *FF73 099* £7 500 Portrait of an Officer of the East India Compagny Oil/canvas 76x63,5cm/*29x25in* London 97

⌇ *$20 900 FF108 200 £13 500* Portrait of a Gentleman, traditionnaly identified as Sir Elijah Impey Oil/canvas 127x101,5cm/*50x39in* London 96
KETTLE Tilly (Attrib.) 1735-1786 **[5]**
⌇ *$28 626 FF170 289 £17 000* Portrait of a young Boy Oil/canvas 122,5x97,5cm/*48x38in* London 97
KEULEMANS Johannes Gerardus 1842-1878 **[35]**
▦ *$638 FF3 096 £400* Blueheaded Ground Roller Lithograph 35x26cm/*13x10in* London 95
✎ *$1 224 FF7 462 £750* A Type of Hen Partridge Watercolour/paper 22,5x34cm/*8x13in* Newbury, Berkshire 98
KEULLER Vital 1866-1945 **[53]**
⌇ *$551 FF2 787 £360* Woodland scene Oil/board 79x59cm/*31x23in* Billingshurst, West Sussex 96
✎ *$258 FF1 471 £159* La promenade en automne Pastel/papier 80x53cm/*31x20in* Antwerpen 97
KEUN Hendrik (Attr.) 1738-1788 **[2]**
⌇ *$3 665 FF21 674 £2 200* A Canal with Cattle resting on a Bank, a walled Mansion beyond Oil/canvas 46,5x55,5cm/*18x21in* London 97
KEUN Hendrik Keune 1738-1788 **[4]**
⌇ *$7 020 FF36 120 £4 380* Ouderkerk aan de Amstel met de Hervormde kerk Oil/panel 31x38cm/*12x14in* Den Haag 96
KEUNINCK de Kerstiaen I c.1560-1635 **[5]**
⌇ *$24 750 FF148 125 £15 000* Paisajers con escenas biblicas Oleo/lienzo 44x69cm/*17x27in* Madrid 98
KEUNINCK de Kerstiaen I (Attri.) c.1560-1635 **[2]**
⌇ *$9 421 FF55 000 £5 698* Paysage vallonné avec un berger et son troupeau Huile/cuivre 49x43cm/*19x16in* Paris 97
KEVER Jacob Simon H. 1854-1922 **[67]**
⌇ *$1 460 FF7 560 £948* Mother and child Oil/canvas 56x41cm/*22x16in* Amsterdam 96
⌇ *$1 547 FF7 660 £983* Blumenstilleben Oil/panel 25,5x33cm/*10x12in* Düsseldorf 95
⌇ *$10 893 FF66 707 £6 500* The Family Meal Oil/canvas 96x137,5cm/*37x54in* London 98
✎ *$1 045 FF6 498 £659* Interior Scene with a Woman Sewing Watercolour/paper 38x28cm/*15x11in* New Orleans, Louisiana 97
KEY Adriaen T. II(Attr.) c.1544-c.1590 **[8]**
⌇ *$1 820 FF10 752 £1 100* Portrait of a Bearded Gentleman, Bust Length, wearint a Black Cap Oil/panel 35x28,5cm/*13x11in* London 97
⌇ *$9 350 FF48 200 £6 000* Portrait of Princess Maria of Nassau Oil/panel 48x34cm/*18x13in* London 96
KEY Adriaen Thomasz II c.1544-c.1590 **[4]**
⌇ *$18 000 FF99 392 £11 232* Portrait of a bearded gentleman, bust lenght, wearing gold chains Oil/panel 53x39cm/*20x15in* New-York 97
KEY John Ross 1837-1920 **[18]**
⌇ *$3 500 FF20 920 £2 121* Boats on the River Oil/canvas 20,3x35,6cm/*7x14in* San Francisco-Los Angeles 97
⌇ *$5 500 FF28 435 £3 691* View along the river Oil/canvas 41x67cm/*16x26in* New-York 96
KEY Willem 1515/16-1568 **[11]**
⌇ *$12 439 FF72 194 £7 350* Die Beweinung Chriti Oil/panel 102x127cm/*40x50in* Bern 97
⌇ *$80 000 FF441 992 £49 720* Portrait of a Lady Oil/panel 54,5x43cm/*21x16in* New-York 97
KEYL Friedrich Wilhelm 1823-1871 **[9]**
⌇ *$6 046 FF36 203 £3 700* A Break in the Journey Oil/canvas 29x37cm/*11x14in* Billingshurst, West Sussex 97
⌇ *$14 330 FF82 267 £9 000* In The Highlands Oil/canvas 56x66cm/*22x25in* London 97
✎ *$1 070 FF6 093 £649* "Boy and sheep on Brighton Downs/A girl herding sheep" Watercolour 18,5x14,5cm/*7x5in* London 97
KEYMEULEN Emile 1840-1882 **[12]**
⌇ *$759 FF4 643 £466* A Coastal Landscape by Night Oil/panel 17x20cm/*6x7in* Amsterdam 98
KEYSE Thomas 1720-1800 **[4]**
⌇ *$9 860 FF50 400 £6 500* A Basket of Grapes, Fruit and a Roemer on a Ledge Oil/canvas 71x91,5cm/*27x36in* London 96
KEYSER de Albrecht 1829-1890 **[6]**
☞ *$652 FF3 902 £398* Vaches dans la drêve Huile/toile 36x46cm/*14x18in* Antwerpen 98
KEYSER de Auguste Paul actif 1851-1869 **[2]**
⌇ *$1 960 FF11 152 £1 200* The satin dress Oil/panel 22x14cm/*8x5in* London 97

KEYSER de Nicaise 1813-1887 **[17]**
- *$1 276 FF7 790 £777* "Sauvez-le" Huile/panneau 38,5x49cm/*15x19in* Bruxelles 98
- *$9 022 FF52 305 £5 388* The Raising of Jarius' Daughter Oil/canvas 121x130,5cm/*47x51in* Amsterdam 97

KEYSER de Thomas 1596/97-1667 **[9]**
- *$33 500 FF162 000 £21 000* Portrait of a gentleman/.. a lady Oil/panel 24x18cm/*9x7in* London 95
- *$30 780 FF181 108 £19 000* Reiterbildnis eines vornehmen Hernn mit seinem Diener Öl/Leinwand 94,5x78cm/*37x30in* Wien 97

KEYSER de Thomas (Attrib.) 1596/97-1667 **[6]**
- *$23 856 FF140 000 £14 588* Un homme recevant un pli dans un intérieur, Le jeune Messager Huile/panneau 56x44cm/*22x17in* Paris 97

KEYSER Elisabeth 1851-1898 **[9]**
- *$7 000 FF36 600 £4 170* Le Lettre Oil/canvas 82x66cm/*32x25in* Stockholm 96
- *$6 906 FF41 250 £4 228* Läsande ung kvinna Oil/canvas 27x21,5cm/*10x8in* Stockholm 98

KEYSER Emil 1846-1923 **[4]**
- *$283 FF1 676 £170* "Die kleinen Wäscherinnen" Mixed media 23,5x28,5cm/*9x11in* Lindau 98
- *$13 000 FF74 798 £7 673* Gathering Spring's First Blossoms Oil/canvas 85x65cm/*33x25in* New-York 97

KEYT George 1901-1993 **[10]**
- *$8 600 FF44 500 £5 500* Girl with mirror Oil/canvas 114x85cm/*44x33in* London 96
- *$12 500 FF64 700 £8 000* Woman bathing Oil/canvas 27x37cm/*10x14in* London 96
- *$4 651 FF27 888 £2 800* Sri Krishna Drawing 49,5x41,5cm/*19x16in* London 98

KHAKHAR Bhupen 1934 **[2]**
- *$5 030 FF25 000 £3 200* Weatherman Oil/canvas 101x101cm/*39x39in* London 95

KHALDEï Evgueni 1917 **[3]**
- *$1 900 FF11 196 £1 173* "Auf dem Berliner" Silver print 25x35cm/*10x14in* New-York 97

KHALIP Yakov 1908-1980 **[3]**
- *$650 FF4 022 £387* "Torpedo Gunners" Gelatin silver print 38x49,5cm/*14x19in* San Francisco 98

KHANINE Alexandre 1955 **[100]**
- *$150 FF900 £92* Au midi Huile/toile 60x100cm/*23x39in* Paris 98

KHANNA Balraj 1940 **[3]**
- *$3 910 FF20 230 £2 500* Rimjhim Oil/canvas 101x101cm/*39x39in* London 96

KHANNA Krishen 1925 **[8]**
- *$3 933 FF23 483 £2 400* Basket Carrier Oil/canvas 101,5x89cm/*39x35in* London 98
- *$7 030 FF36 400 £4 500* Reach Hither Thy Hand and Thrust it into my Side Acrylic/canvas 176x112cm/*69x44in* London 96

KHMELUK Vassyl 1903 **[46]**
- *$603 FF3 100 £376* Portrait d'enfant Huile/carton 72x50cm/*28x19in* Paris 96

KHNOPFF Fernand 1858-1921 **[89]**
- *$19 110 FF113 820 £11 690* Paysage à Fosset Huile/toile 18,5x23cm/*7x9in* Bruxelles 98
- *$38 100 FF192 600 £25 000* A Fosset, un crépuscule Oil/canvas 37,5x67cm/*14x26in* London 96
- *$453 FF2 677 £268* Frontispice pour l'album Exposion Universelle de Liège Lithographie 32,5x45cm/*12x17in* Berlin 97
- *$38 607 FF222 651 £23 000* "Hypnos" Bronze H37cm/*H14in* London 97
- *$3 603 FF21 400 £2 200* "En écoutant Schumann" Photograph 13x16cm/*5x6in* London 98
- *$11 080 FF65 080 £6 840* Etude de femme Crayon 46x30,5cm/*18x12in* Lokeren 97

KHODOSSIEVITCH-LEGER Nadia 1904-1982 **[5]**
- *$391 FF2 300 £241* Portrait de Gala(?) Crayon/papier 53x35cm/*20x13in* Corbeil-Essonnes 97

KIAERSCHOU Frederik Christian 1805-1891 **[129]**
- *$706 FF3 680 £467* Alykke skov, sommer Oil/panel 16x20cm/*6x7in* København 96
- *$861 FF5 272 £523* Parti antagelig fra Berchtesgarten med bjerget Watzmann Oil/canvas 50x66cm/*19x25in* København 98

KIBEL Wolf 1903-1938 **[24]**
- *$939 FF5 387 £576* Rural landscape Oil/board 13,5x20,5cm/*5x8in* Cape Town 97
- *$794 FF4 839 £483* Seated Male Monotype 20x11cm/*7x4in* Cape Town 98
- *$581 FF3 335 £357* Landscape with buildings Charcoal/paper 15,5x20,5cm/*6x8in* Cape Town 97

KICK Cornelis 1635-1681 **[9]**
- *$48 833 FF289 132 £29 000* A Silver Brandy Cup, a silver Spoon and an Orange on a pewter Plate Oil/panel 44x33,5cm/*17x13in* London 97
- *$93 500 FF482 000 £60 000* Roses, poppies, ranuncculus, fritillaria, geranium, iris... Oil/panel

49x41cm/*19x16in* London 96
KICK Simon 1603-1652 **[2]**
 $13 361 FF78 000 £8 080 Le repos des soldats dans une auberge Huile/panneau 43x55,5cm/*16x21in* Paris 97
 $38 851 FF229 084 £23 000 An officer pulling on his boot, a manservant removes his slippers Oil/panel 37x31,5cm/*14x12in* London 97
KIDD Joseph Bartholomew 1806-1899 **[5]**
 $3 934 FF20 500 £2 600 Fort George Granada from Hyde Park Oil/panel 23x31cm/*9x12in* London 96
 $50 000 FF298 865 £30 305 Peregrine Falcon (Great-Footed Hawk) Oil/canvas 91,4x127cm/*35x50in* San Francisco-Los Angeles 97
KIDD William 1790-1863 **[12]**
 $2 430 FF12 400 £1 600 Removing a splinter Oil/panel 28x23cm/*11x9in* London 96
KIECOL Hubert 1950 **[17]**
 $203 FF1 164 £127 Kompositionen Woodcut 50x35cm/*19x13in* München 97
 $4 537 FF27 004 £2 773 Friedrich II Stone 34x20x20cm/*13x7x7in* Berlin 98
 $1 352 FF8 051 £826 Ohne Titel (Zeichnung einer Skulptur) Mixed media drawing 30,5x21,4cm/*12x8in* Köln 98
KIEDERICH Franz Ludwig 1873-1950 **[12]**
 $454 FF2 676 £271 Auf dem Feld Öl/Leinwand 50x60cm/*19x23in* München 97
KIEFER Anselm 1945 **[92]**
 $15 000 FF89 820 £9 216 "Die Donauquelle" (The Source of the Danube) Mixed media 30,5x22x4cm/*12x8x1in* New-York 98
 $24 000 FF139 212 £14 186 Wolke Mixed media/board 64,5x86cm/*25x33in* New-York 97
 $270 000 FF1 307 000 £173 300 Die Sefiroth Mixed media/canvas 190x261cm/*74x102in* New-York 95
 $24 847 FF147 202 £15 000 "Hero + Leander" Construction 68x40cm/*26x15in* London 97
 $42 700 FF208 500 £27 000 Palette and Snake Photograph 130x170cm/*51x66in* London 95
 $19 000 FF112 426 £11 591 Dein Aschenes Haar Sulmaith Mixed media/paper 70x58,5cm/*27x23in* New-York 98
KIEFER Ernst F.W. 1898-1967 **[6]**
 $2 007 FF9 700 £1 310 Seelandschaft Tempera/canvas 84,5x65cm/*33x25in* Lindau 95
KIELBERG Ole 1911-1985 **[126]**
 $380 FF2 198 £223 "Sortbrogede kalve" Oil/masonite 20x25cm/*7x9in* Köbenhavn 97
 $761 FF4 417 £469 Dauglökke Oil/canvas 80x100cm/*31x39in* Köbenhavn 97
 $239 FF1 230 £145 Certosa di Firenza Watercolour/paper 43x59cm/*16x23in* Köbenhavn 96
KIELDRUP Anton Edvard 1827-1869 **[46]**
 $891 FF4 460 £577 Anemoner Oil/canvas 17x27cm/*6x10in* Köbenhavn 96
 $1 916 FF11 443 £1 172 Vej gennem skov Oil/canvas 47x62cm/*18x24in* Köbenhavn 98
KIELHOLZ Heiner 1942 **[6]**
 $1 052 FF6 211 £623 Interieur Aquarell/Papier 22x26cm/*8x10in* Zofingen 97
KIELLAND Kitty Christine 1843-1914 **[14]**
 $16 140 FF96 696 £9 648 Joerlandskap med sauer Oil/canvas 56x99cm/*22x38in* Oslo 98
KIEN Josef 1903-1985 **[24]**
 $5 173 FF30 810 £3 074 Scenario Öl/Leinwand 50x69,8cm/*19x27in* München 97
 $421 FF2 511 £250 Frau mit Katze am Tisch Aquarell/Karton 35x25cm/*13x9in* München 97
KIENERK Giorgio 1869-1948 **[6]**
 $2 220 FF12 580 £1 480 Fra i pagliai Olio/cartone 23x18cm/*9x7in* Firenze 98
 $9 000 FF51 000 £4 500 Nel campo di Fauglia Olio/tela/cartone 51x48cm/*20x18in* Milano 97
KIENHOLZ Edward 1927-1994 **[28]**
 $1 200 FF7 121 £735 For Training I German Shorthair Pointer Watercolour 30,5x40,5cm/*12x15in* San Francisco-Los Angeles 97
KIENHOLZ Edward & Nancy 1927 & 1943 **[7]**
 $8 500 FF43 300 £5 100 Girl Running Through Goat Mixed media 41x65x15cm/*16x25x5in* New-York 96
 $4 020 FF24 087 £2 402 "Double Cross" Installation H75cm/*H29in* Stockholm 98
KIERNEK Giorgio 1869-1948 **[2]**
 $9 240 FF47 200 £5 600 Sottobosco Olio/tavola 19x30cm/*7x11in* Prato 96
KIERS George Laurens 1838-1916 **[10]**

☞ *$2 912 FF16 970 £1 780* Off the Dutch Coast Oil/canvas/panel 32x48cm/*12x18in* Toronto 97

☞ *$5 787 FF32 957 £3 592* Fishermen unloadeding beached bomschuiten Oil/canvas 64x95,5cm/*25x37in* Amsterdam 97

✏ *$1 050 FF5 430 £672* "Bomschuiten" on the beach Pencil 35,5x46cm/*13x18in* Amsterdam 96

KIERS Petrus 1807-1885 **[9]**

☞ *$580 FF3 458 £360* An Evening Toilette Oil/panel 12x10,5cm/*4x4in* London 97

☞ *$6 684 FF38 957 £4 118* Bloemenverkoopster bij het licht ener olielamp Oil/panel 44,5x36cm/*17x14in* Den Haag 97

KIESEL Conrad 1846-1921 **[27]**

☞ *$4 202 FF24 533 £2 500* Arranging Flowers Oil/panel 42x34cm/*16x13in* London 97

☞ *$16 260 FF84 200 £10 500* Hesitation Oil/canvas 84x51cm/*33x20in* London 96

KIESEL Conrad (Attrib.) 1846-1921 **[2]**

☞ *$3 200 FF18 202 £1 958* A young Maiden Oil/panel 79x61cm/*31x24in* New-York 97

KIFF Ken 1935 **[6]**

✏ *$3 267 FF19 531 £2 000* Cheerful Man Charcoal/paper 53,5x38cm/*21x14in* London 97

KIFFER Charles 1902-1992 **[41]**

▥ *$540 FF3 200 £323* "Charles Trenet, Columbia" Affiche 80x120cm/*31x47in* Paris 97

KIHLE Harald 1905-1997 **[45]**

☞ *$2 727 FF16 587 £1 671* Gamlestoga og Gamleveien, Rofshustunet Oil/panel 22x27cm/*8x10in* Oslo 98

▥ *$1 630 FF8 510 £985* Høylasset Lithograph 49x57cm/*19x22in* Oslo 96

✏ *$3 247 FF19 747 £1 990* Fra Hakadal Coloured pencils/paper 23x31cm/*9x12in* Oslo 98

KIHN W. Langdon 1895-1957 **[7]**

✏ *$4 100 FF23 482 £2 425* Little Plume - Blackfeet Indian Chieftan, Glacier National Park Watercolour 91x69cm/*36x27in* Santa Fe, New Mexico 97

KIITSU Suzuki Motonaga 1796-1858 **[3]**

✏ *$4 000 FF23 752 £2 456* Flower Hina Dolls under Cherry Blossoms Ink 102x19,5cm/*40x7in* New-York 97

KIJNO Ladislas 1921 **[509]**

☞ *$389 FF2 300 £241* Retour du Japon, étude No.1 pour Hiroshima Acrylique/toile 46x38cm/*18x14in* Paris 97

☞ *$400 FF2 400 £239* Sans titre Technique mixte 22x15,5cm/*8x6in* Paris 98

☞ *$1 646 FF10 000 £991* "Poca" (série retour de Tahiti) Huile/papier/toile 136x103cm/*53x40in* Versailles 98

✏ *$654 FF3 200 £414* Composition Technique mixte/papier 64x49cm/*25x19in* Paris 95

KIKI DE MONTPARNASSE Alice Ernestine Prin 1901-1953 **[7]**

☞ *$919 FF5 500 £558* La nourrice Huile/toile 33x46cm/*12x18in* Paris 97

KIKOINE Michel 1892-1968 **[234]**

☞ *$1 600 FF8 556 £951* On the Beach Oil/canvas 26x27cm/*10x10in* Tel Aviv 97

☞ *$2 300 FF11 250 £1 456* Bouquet of flowers with lemons Oil/board 65x53cm/*25x21in* Delray Beach, Florida 95

✏ *$396 FF2 000 £260* Autoportrait Encre/papier 18x14cm/*7x5in* Paris 96

KILBURN William Edward XIX **[5]**

▣ *$3 340 FF20 000 £2 052* Portrait de la Duchesse de Nemours et ses fils Daguerreotype 8x10,5cm/*3x4in* Argenteuil 98

KILBURNE George Goodwin XIX-XX **[79]**

☞ *$2 000 FF11 890 £1 223* Woodcock Oil/panel 25,5x18cm/*10x7in* New-York 97

☞ *$3 360 FF17 030 £2 200* Fireside Thoughts Oil/canvas 63x76cm/*24x29in* London 96

✏ *$792 FF4 827 £490* Study of a young Girl Whispering into her Mother's Ear Watercolour/paper 16x12cm/*6x5in* Birmingham 98

KILBURNE George Goodwin, Jnr. 1863-1938 **[8]**

☞ *$2 160 FF12 845 £1 300* Contemplating the Brook/Into the Brook Oil/canvas/panel 18,5x29cm/*7x11in* London 97

✏ *$4 520 FF23 100 £3 000* Men Were Deceivers Ever Watercolour 26x35cm/*10x13in* Billingshurst, West Sussex 96

KILBURNE George Goodwin, Snr. 1839-1924 **[105]**

☞ *$3 000 FF17 804 £1 837* Full Cry Oil/panel 25,5x18cm/*10x7in* New-York 98

☞ *$9 540 FF48 900 £5 800* A Consultation Oil/canvas 61x46cm/*24x18in* London 96

☞ *$26 860 FF131 400 £17 000* Nubia, The Last Days of Pompeii Oil/canvas 213,5x122,5cm/*84x48in* London 95

✏ *$3 290 FF16 870 £2 000* Music hath charms Watercolour 17x24,5cm/*6x9in* London 96

KILBURNE George, Snr. (Attr.) 1839-1924 **[1]**
 $4 574 FF26 022 £2 800 An Interesting Story Oil/canvas 67,5x51cm/*26x20in* London 97
KILENYI Julio 1885-? **[2]**
 $4 430 FF21 960 £2 800 "Olympic Games, Los Angeles" Poster 100x62cm/*39x24in* London 95
KILIAN Georg Christoph 1709-1781 **[7]**
 $5 057 FF30 979 £3 055 Thesenblatt "Universa Theologia" Öl/Leinwand 80x136cm/*31x53in* Wien 98
 $111 FF578 £66 Restes eines Grabmals der metellischen Familia... Etching 25x19cm/*9x7in* Hamburg 96
KILIAN Lukas 1579-1637 **[10]**
 $224 FF1 300 £132 Portrait d'Albrecht Dürer Burin 34x20,5cm/*13x8in* Paris 97
KILIAN Wolfgang 1581-1662 **[2]**
 $560 FF3 346 £338 Die zwölf Monate Radierung 18x15cm/*7x5in* Berlin 97
KILIMNICK Karen 1962 **[2]**
 $1 818 FF10 617 £1 100 I'd Much Rather be with the Boys Pastel 72,5x57cm/*28x22in* London 97
KILLINGBECK Benjamin XVIII **[5]**
 $8 342 FF50 896 £5 000 A Bay Racehorce held by a Groom Oil/canvas 101,5x126,5cm/*39x49in* London 98
 $15 000 FF90 415 £9 078 The Fowlers Oil/canvas 47x61cm/*18x24in* New-York 98
KILPACK Sarah Louise c.1840-1909 **[94]**
 $1 136 FF6 957 £680 Two Figures on Harbour Wall with Sailing Ship in Background Oil/paper/board 28x18,5cm/*11x7in* St. Helier, Jersey 98
 $534 FF3 274 £320 Sailing Boats Off Casquets in Rough Seas Watercolour/paper 11,5x15cm/*4x5in* St. Helier, Jersey 98
KILPATRICK Aaron Edward 1872-1953 **[12]**
 $850 FF5 089 £520 "The Gerrito" Oil/masonite 30x40cm/*12x16in* Altadena, CA 97
 $4 000 FF23 952 £2 448 "#342 Sentinel Of The Valley" Oil/canvas 60x76cm/*24x30in* Altadena, CA 97
KILVERT B. Cory 1881-1946 **[5]**
 $922 FF5 673 £550 "Leslie's Monthly, The Golf Walk, November" Poster 61x33cm/*24x12in* London 97
 $700 FF3 590 £426 Celebration at the Washington Monument: "The Shaft in the Sky" Gouache 51x34cm/*20x13in* New-York 96
KIM Ku-Lim 1936 **[2]**
 $7 842 FF46 874 £4 800 Batu Stone 58x57x7cm/*22x22x2in* London 97
KIM Tschang-yeul 1929 **[3]**
 $7 587 FF45 000 £4 635 "Récurrence" Acrylique/toile 72,5x60cm/*28x23in* Paris 98
KIMBEI Kusakabe XIX-XX **[13]**
 $2 707 FF15 701 £1 600 Japanese Landscapes, Garden Views and Street Scenes 1880s Albumen print 20x25cm/*8x10in* London 97
KIMMEL Cornelis 1804-1877 **[6]**
 $4 275 FF25 252 £2 583 Skaters by a horse-drawn cart, a coek en zopie in the distance Oil/canvas 37x43cm/*14x16in* Amsterdam 97
KIMPE Raymond 1885-1970 **[34]**
 $2 546 FF15 428 £1 548 Jeune femme Huile/toile 37x34cm/*14x13in* Bruxelles 98
 $4 710 FF24 660 £2 830 Hofje met Wilgen Oil/canvas 68x66cm/*26x25in* Amsterdam 96
 $10 650 FF52 100 £6 740 La sirène Huile/toile 130x105cm/*51x41in* Bruxelles 95
KIMURA Kentaro 1928 **[2]**
 $2 153 FF12 757 £1 300 Abstract I and II Sculpture H33cm/*H12in* London 97
KIMURA Tshuta 1917 **[9]**
 $1 709 FF10 500 £1 024 Nature morte Huile/toile 27x46cm/*10x18in* Paris 98
 $5 139 FF30 000 £3 108 Fleurs Huile/toile 38x46cm/*14x18in* Paris 97
 $11 460 FF58 000 £7 520 Composition Huile/toile 121x120cm/*47x47in* Paris 96
 $768 FF4 000 £483 Les deux fenêtres Mine plomb 50x65cm/*19x25in* Paris 96
KINBORD Johan **[1]**
 $3 490 FF17 930 £2 174 Flicka på stig Oil/canvas 85x120cm/*33x47in* Stockholm 96
KINDBORG Johan 1861-1907 **[23]**
 $524 FF3 250 £313 Skogsparti vid vatten samt med figur Oil/canvas 24x35cm/*9x13in* Stockholm 98
 $2 230 FF11 530 £1 440 Skogsdunge med bärplockande flicka Oil/canvas 76x56cm/*29x22in* Stockholm 96
KINDERMANS Jean-Baptiste 1822-1876 **[8]**
 $4 250 FF22 000 £2 743 Paysage animé Huile/toile 50x71cm/*19x27in* Lille 96

KINDLER Albert 1833-1876 **[6]**

  $4 660 FF23 670 £2 780 Dorfidylle Öl/Leinwand 31,5x39cm/*12x15in* Köln 96

  $8 117 FF48 608 £4 850 "Der kleine Wilddieb" Öl/Leinwand 44x59cm/*17x23in* Köln 98

  $28 000 FF144 000 £17 450 After the wedding Oil/canvas 106,5x145cm/*41x57in* New-York 96

KING A.J. XX **[8]**

  $250 FF1 460 £147 River scene Watercolour/paper 21x29cm/*8x11in* East Dennis, Mass. 97

KING Albert F. 1854-1945 **[24]**

  $3 500 FF17 440 £2 292 Basket of apples Oil/canvas 12x18cm/*4x7in* Philadelphia 95

  $4 500 FF23 170 £2 880 Apples in a basket Oil/canvas/board 46x61cm/*18x24in* New-York 96

KING Baragwanath 1864-1939 **[30]**

  $124 FF642 £80 Estuary Watercolour 27x44cm/*11x17in* Penzance, Cornwall 96

KING Charles Bird 1785-1862 **[13]**

  $2 000 FF11 454 £1 183 Portrait of Mrs. Juliana Gales Oil/wood 44x34cm/*17x13in* Santa Fe, New Mexico 97

  $5 000 FF29 886 £3 030 The Chemist in Meditation/Smoker and Card Player Oil/panel 53,3x41,9cm/*20x16in* San Francisco-Los Angeles 97

KING Edith 1869-1962 **[5]**

  $1 194 FF6 942 £711 Washerwomen by a River Watercolour/paper 24x35cm/*9x13in* Johannesburg 97

KING Eric Meade 1911 **[6]**

  $810 FF4 800 £480 Racing at Aintree Watercolour 34x53,5cm/*13x21in* London 97

KING Haynes 1831-1904 **[34]**

  $1 628 FF10 071 £1 000 At Prayer Oil/canvas 44x34cm/*17x13in* Billingshurst, West Sussex 97

  $2 939 FF17 441 £1 800 The Proposal Oil/canvas 45,5x35,5cm/*17x13in* London 97

KING Henry John Yeend 1855-1924 **[163]**

  $1 306 FF7 960 £800 A Gypsy Encampment Oil/canvas 38x28cm/*14x11in* London 98

  $4 249 FF24 672 £2 512 Blommande sommarlandskap med flickor vid å med ankor Oil/canvas 46x61cm/*18x24in* Malmö 97

  $29 600 FF152 000 £18 000 The Peaceful Village Oil/canvas 137,5x102cm/*54x40in* London 96

  $91 FF463 £60 Sketch for the Mill on the Mmoor Watercolour 29x24cm/*11x9in* London 96

KING James S. 1852-1925 **[4]**

  $2 800 FF14 540 £1 852 The Cove, East Gloucester, Mass. Oil/canvas 51x76cm/*20x29in* New-York 96

KING Jessie Marion 1875-1949 **[29]**

  $4 500 FF27 422 £2 791 A Story by Starlight Watercolour 30,5x24cm/*12x9in* New-York 98

KING John Baragwanath 1864-1939 **[13]**

  $163 FF975 £100 Evening at the Watershed of the Plym Watercolour/paper 27x45cm/*11x18in* Stansted Mountfitchet, Essex 98

KING Muriel XX **[1]**

  $2 300 FF13 098 £1 396 Palm tree/Peacock Point/Trees/Potted plant Heliogravure 68,5x44,5cm/*26x17in* New-York 97

KING Paul 1867-1947 **[23]**

  $750 FF4 578 £448 Sailing Ships Oil/board 25x23cm/*10x9in* Downington, PA 98

  $4 749 FF28 389 £2 878 Late Afternoon, Brittany Oil/canvas 76,2x63,5cm/*29x25in* San Francisco-Los Angeles 97

KING Thomas William c.1790-c.1840 **[2]**

  $15 500 FF79 800 £10 000 Unkennelling the hounds Oil/canvas 231x307cm/*91x121in* London 96

KING William 1925 **[5]**

  $1 300 FF7 850 £779 The Gesture Bronze H66cm/*H25in* New-York 98

KING William Ch. Holland 1884-c.1955 **[1]**

  $2 720 FF14 130 £1 800 Family group Marble H56cm/*H22in* London 96

KING William Joseph 1857-? **[11]**

  $890 FF5 248 £550 Unloading Boats at Sunset Oil/canvas 40,5x61cm/*15x24in* London 97

KINGDON Jonathan 1937 **[6]**

  $727 FF3 790 £480 A rock hyrax Pencil 24x32cm/*9x12in* London 96

KINGMAN Dong 1911-1985 **[65]**

  $375 FF2 212 £229 The Rail Yard Watercolour/paper 58x46cm/*23x18in* Cedar Falls, Iowa 98

KINGMAN RIOFRIO Eduardo 1913 **[15]**

  $9 500 FF54 534 £5 791 Sin Título Oil/canvas 80x100,5cm/*31x39in* New-York 97

  $13 000 FF74 626 £7 924 Mujer en angustia Oil/canvas 119x160cm/*46x62in* New-York 97

KINGSBURY Alan 1960 **[8]**
  $646 FF3 593 £400 A still life Oil/board 23x34cm/*9x13in* London 97
KINGSBURY Edward R. 1879-1940 **[9]**
  $349 FF2 085 £210 California Landscape Oil/board 40x50cm/*16x20in* Chicago, Illinois 97
KINGSTON Peter 1943 **[8]**
  $136 FF807 £85 Au Revoir Luna Park Etching 42x37cm/*16x14in* Sydney 97
KINGSTON Steve 1951 **[3]**
  $5 335 FF32 044 £3 200 Portrait of a Snow Leopard Acrylic/canvas 40,5x51cm/*15x20in* London 98
  $7 502 FF45 063 £4 500 Cat Nap, Lioness Acrylic/board 20x34cm/*7x13in* London 98
KININGER Vincenz Georg 1767-1851 **[9]**
  $976 FF5 762 £577 Asna och häst Wash/paper 31x35cm/*12x13in* Helsinki 97
KINKADE Thomas 1947 **[2]**
  $5 300 FF30 182 £3 268 Winter Afterglow Oil/canvas 45x60cm/*18x24in* Dallas, Texas 97
KINLEY Peter 1926-1988 **[53]**
  $861 FF4 180 £540 Standing figure with easel Oil/paper 28x20cm/*11x7in* London 95
  $1 202 FF6 966 £749 Vertical Lanscape with Fields Oil/canvas 142x81cm/*55x31in* London 97
KINNAIRD Frederick Gerald c.1840-c.1890 **[17]**
  $1 917 FF10 889 £1 200 Portrait, full lenght, of a girl, seated, barefoot by the fireside Oil/canvas 71,2x61cm/*28x24in* London 97
  $3 437 FF20 019 £2 100 The Four Seasons Oil/board 19x15cm/*7x5in* London 97
KINNAIRD Henry John XIX-XX **[125]**
  $4 885 FF30 214 £3 000 Near the Chichsea Ferry, by the Crouch, Essex Oil/canvas 45x81cm/*17x31in* Billingshurst, West Sussex 97
  $1 284 FF7 324 £789 "A Sussex Mill" Watercolour/paper 26x37cm/*10x14in* Billingshurst, West Sussex 97
KINNAIRD Wiggs c.1870-c.1930 **[17]**
  $988 FF5 923 £600 "A Thames Backwater" Watercolour 34x49cm/*13x19in* Billingshurst, West Sussex 98
KINNEY Troy 1871-1938 **[12]**
  $100 FF596 £59 Ballet Dancers Etching 22x28cm/*9x11in* New Orleans, Louisiana 98
KINSBURGER Sylvain 1855-1935 **[13]**
  $1 065 FF6 400 £646 Nymphe et satyre Bronze H51cm/*H20in* Tours 98
KINSEY Alberta 1875-1955 **[31]**
  $475 FF2 852 £284 "Near Woodstock" Oil/canvas/board 26x31cm/*10x12in* New Orleans, Louisiana 98
  $1 100 FF6 752 £674 Still Life of Flowers and a Sugar Urn Oil/canvas 48x66cm/*19x26in* New Orleans, Louisiana 98
KINSLEY Albert 1852-? **[8]**
  $244 FF1 465 £147 A Highland River in Spring Watercolour/paper 52,5x38cm/*20x14in* London 97
KINSON François-J. (Studio) 1771-1839 **[1]**
  $6 370 FF33 000 £4 135 Portrait du duc d'Angoulême Huile/toile 65x49cm/*25x19in* Paris 96
KINSON François-Joseph 1771-1839 **[12]**
  $20 000 FF113 960 £12 250 Portrait of a Lady, her left hand holding a Billowing chiffon Oil/canvas 65x54,5cm/*25x21in* New-York 97
KINZEL Joseph 1852-1925 **[21]**
  $3 720 FF19 260 £2 403 Nähende am Fenster Oil/panel 18x12cm/*7x4in* Wien 96
  $6 838 FF41 903 £4 083 Jagdgesellschaft am Waldrand bei erlegtem Wind Oil/canvas 49x67,5cm/*19x26in* Dresden 98
KINZEL Liesl 1886-1961 **[8]**
  $1 328 FF7 670 £819 Garten Öl/Karton 30,5x32,5cm/*12x12in* Wien 97
  $535 FF2 877 £319 Innenhof mit barocker Figurengruppe Aquarell/Papier 29x22cm/*11x8in* Wien 97
KIÖRBOE Carl Fredrik 1799-1876 **[21]**
  $2 874 FF14 500 £1 866 Poney et deux chiens dans une écurie Huile/toile 75x94cm/*29x37in* Besançon 96
  $18 032 FF107 940 £11 102 Karl XV till häst iförd Kronprinsens Husarregements uniform... Oil/canvas 145x115cm/*57x45in* Stockholm 98
KIP Jan (Attrib.) c.1653-1722 **[1]**
  $3 620 FF18 560 £2 200 Whitehall from St. James's Park Ink 14x27cm/*5x10in* London 96
KIPNISS Robert 1931 **[16]**
  $150 FF933 £90 Garden balustrade seen through trees Lithograph 48x27cm/*19x11in* Bethesda,

Maryland 98
KIPPENBERGER Martin 1953-1997 **[38]**
   $3 770 FF21 746 £2 246 Wichsen bei Kopfschmerzen ist schlimmer als Starwars Mixed media
60x50cm/*23x19in* München 97
   $16 745 FF100 573 £10 000 2-Teiling Acrylic 100x122cm/*39x48in* London 98
   $15 000 FF90 579 £8 989 Lamp Metal H366cm/*H144in* New-York 98
   $988 FF5 712 £586 Kunsttrinker Pencil/paper 29,5x21cm/*11x8in* Wien 97
KIPRENSKII Orest Adamovich 1782-1836 **[5]**
   $166 500 FF856 000 £103 800 Portrait of Petr Vassilievich Basin Oil/canvas 47,5x37,5cm/*18x14in* Wien 96
   $3 040 FF15 200 £2 000 Portrait of Abbé Sartory Charcoal/paper 22x18cm/*8x7in* London 95
KIPS Erich 1869-c.1945 **[13]**
   $1 670 FF8 240 £1 090 Tanz des köninglichen Balletts in Bangkok Oil/cardboard 35x50cm/*13x19in*
Hamburg 95
   $2 080 FF10 848 £1 216 Blick über das Altmühltal Gouache/papier 65x95cm/*25x37in* Berlin 96
KIRA Hiromu 1898-1991 **[10]**
   $3 800 FF22 274 £2 338 Circles Plus Triangles Gelatin silver print 25x33cm/*9x12in* New-York 97
KIRALL Emmerich XIX-XX **[2]**
   $745 FF3 850 £481 Agnesgasse in Sievering Watercolour, gouache/paper 9x12,5cm/*3x4in* Wien 96
KIRBERG Otto Karl 1850-1926 **[9]**
   $6 200 FF36 904 £3 849 End of the Day Oil/canvas 68x50cm/*27x20in* Milwaukee, Wisconsin 97
KIRBY Jack, J. Kurtzberg 1917 **[7]**
   $1 900 FF11 296 £1 143 Fantastic Four No. 27, p. 5 Ink/paper 46x31cm/*18x12in* New-York 97
KIRBY John 1949 **[2]**
   $4 490 FF23 100 £2 800 Dog days Oil/board 43x37,5cm/*16x14in* London 96
KIRCHBACH Frank 1859-1912 **[4]**
   $1 406 FF6 960 £894 Musizierender Mönch auf Wanderschaft Öl/Leinwand 80x56cm/*31x22in*
Düsseldorf 95
KIRCHER Alexander 1867-? **[4]**
   $1 500 FF8 556 £912 Portrait of an old bavarian peasant smoking a pipe/Companion portrait Oil/panel
24x18cm/*9x7in* San Francisco 97
   $1 642 FF9 520 £970 Englische und französische Kriegsschiffe im Hafen von Malta Aquarell/Papier
47x65cm/*18x25in* Wien 97
KIRCHNER Albert Emil 1813-1885 **[21]**
   $3 099 FF18 481 £1 923 Das Portal der Spitalkirche in Meran Öl/Leinwand 33x29cm/*12x11in* Dresden 97
   $15 000 FF89 659 £9 181 An extensive landscape with Figures on a Road Oil/canvas 67x94cm/*26x37in*
New-York 97
   $706 FF4 054 £430 Italienische Gebirgslandschaft Indian ink/paper 19x23,6cm/*7x9in* Berlin 97
KIRCHNER Ernst Ludwig 1880-1938 **[610]**
   $53 308 FF309 738 £31 468 Landschaft Öl/Karton 35x41cm/*13x16in* Luzern 97
   $595 116 FF3 567 888 £360 000 Sertigweg im Sommer Oil/canvas 120x90cm/*47x35in* London 97
   $744 075 FF4 343 625 £450 000 Nudes Standing by Stove/Marriage Oil/canvas 150x95cm/*59x37in*
London 97
   $285 FF1 679 £176 Bordellszene Woodcut 15x9cm/*5x3in* Heidelberg 97
   $224 FF1 325 £132 Cabarettänzerin Indian ink/paper 22x17cm/*8x6in* Zofingen 97
KIRCHNER Eugen 1865-1938 **[18]**
   $227 FF1 186 £133 Der Antrag Ink/paper 26,8x26,3cm/*10x10in* Berlin 96
KIRCHNER Józefina 1931 **[2]**
   $2 081 FF12 302 £1 289 Old church, Gdansk Oil/cardboard 70x50cm/*27x19in* Warszawa 97
KIRCHNER Otto 1887-1960 **[68]**
   $804 FF4 856 £482 Mann mit Pfeife Öl/Leinwand 22,5x16,5cm/*8x6in* Luzern 98
   $1 384 FF7 100 £842 Gitarre spielender Bauer in der Stube Oil/panel 51x60cm/*20x23in* Kempten 96
KIRCHNER Raphael 1876-1917 **[28]**
   $487 FF2 750 £296 "Le Frou-Frou" (projet d'illustration) Encre Chine 28x21cm/*11x8in* Angers 97
KIRCHSBERG von Ernestine 1857-1924 **[11]**
   $2 310 FF12 070 £1 376 Am Waldrand Öl/Karton 57x68,5cm/*22x26in* Wien 96
   $2 480 FF12 240 £1 613 Frühlingsnachmittag im alten Hof Öl/Leinwand 42x32cm/*16x12in* Wien 95
   $953 FF5 689 £575 Blick über die winterliche Silhouette einer Stadt Gouache/paper 25x29cm/*9x11in*
Stuttgart 97

KIRK Joel 1948 [8]

✏ *$1 811 FF10 934 £1 100* Crouching Leopard Coloured chalks/paper 22,5x33cm/*8x12in* Billingshurst, West Sussex 98

KIRK John, Dr. 1832-1923 [2]

📷 *$14 483 FF85 551 £9 000* Livingstone's Zambezi Expedition Photograph 24x30,5cm/*9x12in* London 97

KIRKE Wilhelm 1940 [1]

☞ *$2 239 FF13 409 £1 338* Enten am Teich vor einem Kirchdorf Oil/hardboard 29,5x45,5cm/*11x17in* Köln 98

KIRKEBY Per 1938 [183]

☞ *$678 FF3 882 £423* Skizzen zu der Turmskulptur vor dem Abgeordnetenhaus des Landtages... Mixed media/board 63x86,5cm/*24x34in* München 97

☞ *$13 698 FF79 506 £8 451* Landskabskomposition Oil/masonite 122x122cm/*48x48in* Köbenhavn 97

▥ *$481 FF2 824 £296* Arkitektonisk komposition Etching in colors 91x121cm/*35x47in* Köbenhavn 97

✏ *$1 400 FF7 080 £896* Komposition Watercolour 30x42cm/*11x16in* Köbenhavn 96

KIRKHAM Norman XX [3]

☞ *$1 258 FF7 587 £750* "Copper and Bronze" Oil/canvas 50,5x61cm/*19x24in* West Lothian 98

KIRKMAN Jay XX [1]

✏ *$22 148 FF127 952 £13 000* Hurdle Race, Newbury Pastel 99x135,5cm/*38x53in* London 97

KIRKPATRICK Joseph 1872-c.1930 [45]

✏ *$749 FF4 536 £460* Girl Resting with a Basket in a Wood Watercolour/paper 39x29cm/*15x11in* Chester 98

KIRLEW George [1]

☞ *$3 210 FF16 500 £2 000* Messina Oil/canvas 10x117cm/*3x46in* St. Helier, Jersey 96

KIRMSE Marguerite 1885-1954 [43]

▥ *$244 FF1 492 £150* "Celestials" Etching 24x19,5cm/*9x7in* London 98

⬒ *$750 FF4 584 £458* Seated Scottie Bronze H7cm/*H3in* Chester, NY 98

KIRMSE Persis XIX-XX [4]

✏ *$909 FF5 022 £550* Heads of Seven Puppies Watercolour/paper 32x19cm/*12x7in* London 97

KIRNER Johan Baptist 1806-1866 [5]

☞ *$3 256 FF18 555 £2 033* "Almosen sammelnder Mönch" Oil/wood 36x29cm/*14x11in* Bremen 97

KIRNIG Alois 1840-1911 [5]

☞ *$867 FF5 240 £526* Blick auf den Schreckenstein in Böhmen Öl/Leinwand 26x38cm/*10x14in* Wien 98

KIROUAC Louise Lecor 1939 [40]

☞ *$544 FF2 786 £330* Immensité, Charlevoix Acrylic/canvas 20x41cm/*7x16in* Calgary, Alberta 96

☞ *$719 FF4 102 £438* "En Charlevoix" Acrylic/canvas 61x76,2cm/*24x29in* Calgary, Alberta 97

KIRSCH Hugo Friedrich 1873-1961 [10]

⬒ *$643 FF3 812 £392* Marktfrau Porcelain H20,7cm/*H8in* Wien 98

KIRZINGER Marianne 1770-1809 [2]

☞ *$7 940 FF39 600 £5 200* Scenes representing stages in a young Lady's life Oil/canvas 25x31cm/*9x12in* London 95

KISELEV Aleksandr Aleksandr. 1838-1911 [9]

☞ *$8 400 FF41 850 £5 500* Lake in a forest Oil/board 51x104cm/*20x40in* London 95

KISLING Moïse 1891-1953 [593]

☞ *$5 320 FF26 000 £3 366* "Printemps" Huile/toile 18x21cm/*7x8in* Argenteuil 95

☞ *$56 600 FF285 000 £36 600* Portrait de Madame Sborowska Huile/toile 100x73cm/*39x28in* Deauville 95

▥ *$672 FF4 000 £411* Nu au turban Eau-forte couleurs 57,5x42cm/*22x16in* Lille 97

✏ *$5 000 FF25 960 £3 310* "Amadeo Modigliani" Pencil 18x11cm/*7x4in* Delray Beach, Florida 96

KISS August Karl Eduard 1802-1865 [3]

⬒ *$4 039 FF22 941 £2 528* Amazone auf sich aufbäumendem Pferd wird von einem Tiger angegriffen Bronze 39x45x27cm/*15x17x10in* Köln 97

KISSONERGHIS Ioannis 1889-1963 [6]

✏ *$2 573 FF13 410 £1 700* Kakopetria village, Cyprus Watercolour 15x24cm/*5x9in* London 96

KITAGAWA TAMIJI 1894-1989 [3]

▥ *$3 000 FF14 600 £1 900* Mother and child with dog Lithograph 51x37cm/*20x14in* New-York 95

KITAJ Ronald Brooks 1932 [83]

☞ *$49 605 FF289 575 £30 000* The Cézannist Oil/canvas 152x61cm/*59x24in* London 97

▥ *$303 FF1 554 £179* Jot'em Down Store Farbserigraphie 50,7x35,5cm/*19x13in* Hamburg 96

✏ *$2 000 FF10 280 £1 247* Standing Nude in Contrapposto Charcoal/paper 63,5x48,5cm/*25x19in* San

Francisco-Los Angeles 96
KITAOJI Rosanjin 1883-1959 **[3]**
✎ *$3 500 FF17 050 £2 215* Firefly and bowl of flowers Ink 26x23,5cm/*10x9in* New-York 95
KITCHELL Hudson Mindell 1862-1944 **[26]**
☞ *$550 FF3 293 £328* Indian Emcampment Oil/canvas 40x50cm/*16x20in* Bethesda, Maryland 98
KITE Joseph Milner 1862-1946 **[26]**
☞ *$1 485 FF9 000 £910* Petit pêcheur Huile/toile 46x27cm/*18x10in* Saint-Germain-en-Laye 98
☞ *$1 610 FF9 311 £1 000* Portrait of an Old Man Oil/canvas 65,5x46cm/*25x18in* London 97
✎ *$952 FF4 800 £614* Jour de fête en Bretagtne Fusain 40x48cm/*15x18in* Douarnenez 96
KITT Ferdinand 1887-1961 **[40]**
☞ *$2 328 FF14 298 £1 422* Am Wolfgangsee Öl/Leinwand 47x59cm/*18x23in* Wien 98
✎ *$1 447 FF8 587 £898* Blumenvase Aquarell/Papier 62x48,5cm/*24x19in* Wien 97
KITTELSEN Theodor Severin 1857-1914 **[15]**
✎ *$10 491 FF62 852 £6 271* Siris dam, Kragerö Pencil/paper 20x28cm/*7x11in* Oslo 98
KITZ Marcin 1891-1943 **[2]**
☞ *$3 730 FF19 300 £2 405* Market place, Venice Oil/canvas 50x40cm/*19x15in* Warszawa 96
KIYOCHIKA Kobayashi 1847-1915 **[13]**
▥ *$800 FF4 558 £499* Night View of Towboats at Koume in Tokyo Woodcut 24x35,5cm/*9x13in* New-York 97
KIYOHIRO Torii c.1710-1776 **[6]**
▥ *$33 314 FF192 678 £20 000* A Courtesan with her kamuro Print 62x31cm/*24x12in* London 97
KIYOMASU Torii II 1706-1763 **[2]**
▥ *$4 164 FF24 084 £2 500* A scene from Haru No Akeba No Kuruwa Soga Print 31,4x15cm/*12x5in* London 97
KIYONAGA Torii 1752-1815 **[14]**
▥ *$518 FF3 056 £317* Woman with Dog Woodcut in colors 23x36cm/*9x14in* Cedar Falls, Iowa 98
KIYONOBU Torii II c.1729-1752 **[1]**
▥ *$5 330 FF30 828 £3 200* Segawa Kikunojo I as a courtsesan Print 31x14cm/*12x5in* London 97
KIYOSHI Saito 1907 **[17]**
▥ *$450 FF2 577 £266* Woman with Red Hairpiece/Children in Snow/Raod to the Village Woodcut in colors 25x38cm/*10x15in* Milford, Conn. 97
KJAER Anders 1940 **[4]**
☞ *$6 796 FF39 441 £4 012* Skumring Onikawa Acrylic/canvas 190x130cm/*74x51in* Oslo 97
KJARVAL Johannes S. 1885-1972 **[37]**
☞ *$2 004 FF11 904 £1 231* Portraet af Th. Krabbe Oil/canvas 41x28cm/*16x11in* Vejle 97
☞ *$5 049 FF29 981 £3 100* Islandsk landskab Oil/canvas 54x81cm/*21x31in* Vejle 97
☞ *$13 365 FF79 362 £8 208* Islandsk landskab Oil/canvas 83x150cm/*32x59in* Vejle 97
✎ *$1 368 FF7 032 £832* Tremaster Chalks 76x81cm/*29x31in* Köbenhavn 96
KJERNER Esther 1873-1952 **[105]**
☞ *$2 214 FF10 980 £1 410* Gårsinteriör Oil/canvas 66x55cm/*25x21in* Stockholm 95
☞ *$2 720 FF13 820 £1 624* Stilleben med ananas Oil/panel 24x33cm/*9x12in* Stockholm 96
KLAAS Joseph XIX-XX **[5]**
☞ *$966 FF4 920 £580* Panier de fleurs Huile/toile 61x45cm/*24x17in* Bruxelles 96
KLABLENA Eduard 1881-1933 **[17]**
⬧ *$1 233 FF7 167 £759* Krähe Ceramic H21cm/*H8in* Wien 97
KLAPHECK Konrad 1935 **[62]**
☞ *$5 801 FF33 456 £3 456* Ohne Titel Oil/canvas 26x26cm/*10x10in* München 97
☞ *$20 646 FF120 603 £12 218* Die Farben der Wonne Öl/Leinwand 52x65cm/*20x25in* Köln 97
▥ *$280 FF1 676 £171* Dampfbügeleisen (Die Schwiegermutter) Print 45,5x36,5cm/*17x14in* Hamburg 98
✎ *$5 102 FF30 120 £3 021* Studie zu: der Schürzenjäger Charcoal 84x61,5cm/*33x24in* Berlin 97
KLAPISCH Liliane 1933 **[23]**
☞ *$4 400 FF22 700 £2 815* Book and Notebook at the edge of a table Oil 24x54cm/*9x21in* Tel Aviv 96
☞ *$6 800 FF39 351 £4 183* Personnage à contre jour Oil/canvas 80x40cm/*31x15in* Tel Aviv 97
☞ *$15 500 FF94 453 £9 586* Construction Site Oil/canvas 146,5x97cm/*57x38in* Tel Aviv 98
KLAR Otto 1908-1994 **[18]**
☞ *$454 FF2 720 £279* Still life of anemones Oil/board 19x24cm/*7x9in* Johannesburg 98
☞ *$2 418 FF14 742 £1 473* Pollitsi, Northern Transvaal Oil/board 40x119cm/*15x46in* Cape Town 98
KLARL Joseph 1909-1986 **[8]**
☞ *$3 245 FF16 920 £1 960* Sommertag im Englischen Garten Öl/Leinwand 60x50,5cm/*23x19in* Lindau 96

KLASEN Peter 1935 **[360]**
- $1 187 FF6 200 £707 "Disque S" Acrylique/carton 35x32cm/*13x12in* Saint-Germain-en-Laye 96
- $3 411 FF20 500 £2 043 Manette fond bleu, rouge Acrylique/toile 56x47cm/*22x18in* Paris 98
- $7 073 FF43 000 £4 291 "Camion bâché bleu N 887" Acrylique/toile 97x130cm/*38x51in* Limoges 98
- $144 FF850 £85 Sans titres Pointe sèche couleurs 50x33cm/*19x12in* Paris 97
- $938 FF5 400 £554 Composition S. 84 Bleu jaune Gouache/papier 40x30cm/*15x11in* Paris 97

KLASMER Gabi 1950 **[1]**
- $7 000 FF42 347 £4 155 Abstract Composition Mixed media/paper 106x74cm/*41x29in* Tel Aviv 98

KLATT Hans 1876-1936 **[15]**
- $494 FF3 014 £305 Reh im Birkenwald Öl/Leinwand 55x45cm/*21x17in* Kempten 98

KLAUBER Joseph Sebastian 1700-1768 **[3]**
- $1 925 FF11 000 £1 182 La Torre de Babel/El Sueño de Jacob/La destrucción del Templo...... Grabado 22x35cm/*8x13in* Madrid 97

KLAUKE Jürgen 1943 **[27]**
- $2 688 FF15 399 £1 590 "So stell'ich mir die Liebe vor" Photograph in colour 70x50cm/*27x19in* Köln 97
- $1 765 FF9 070 £1 100 The Big Easy Mixed media/paper 41x56cm/*16x22in* London 96

KLAUS Christian 1843-1893 **[2]**
- $6 480 FF33 800 £4 070 Grossmutter erzählt Oil/panel 41x31,5cm/*16x12in* Lindau 96

KLAUS Reinhold 1881-1963 **[8]**
- $1 270 FF7 619 £771 "Eichgraben" Coloured pencils/paper 39,5x50cm/*15x19in* Wien 98

KLAUSNER R. XX **[4]**
- $3 080 FF15 960 £2 000 Still life of mixed flowers in a Vase Oil/canvas 61x51cm/*24x20in* London 96

KLEBE Ch. Eugene, Gene XX **[2]**
- $1 250 FF6 314 £812 Pemaquid Point Lighthouse Watercolour/paper 45x56cm/*18x22in* Portland, Maine 96

KLECZYNSKI von Bodhan 1850-1916 **[9]**
- $12 670 FF65 600 £8 170 Troika Oil/canvas 95x139cm/*37x54in* Warszawa 96
- $10 893 FF66 707 £6 500 A Cossack Rider Oil/canvas 54x37,5cm/*21x14in* London 98

KLEE Paul 1879-1940 **[547]**
- $142 800 FF809 200 £95 200 Hohenflora Olio/carta 24x33cm/*9x12in* Milano 97
- $1 200 000 FF6 857 160 £735 120 Bühnenlandschaft Oil/board 48,5x53,5cm/*19x21in* New-York 97
- $1 197 FF7 143 £735 "Kopf", bärtiger Mann Lithographie 22x15cm/*8x5in* Wien 98
- $60 000 FF358 422 £36 774 Gelassene Handlung Am Vasser Ink 15x22cm/*5x8in* New-York 98

KLEEHAAS Theodor 1854-1929 **[22]**
- $3 174 FF15 820 £2 080 Obstessende Kinder Öl/Leinwand 48x35cm/*18x13in* Pforzheim 95
- $5 610 FF27 160 £3 600 Children at a window Oil/panel 16,5x22cm/*6x8in* London 95

KLEIBER Hans 1887-1967 **[15]**
- $175 FF998 £106 Mallards in Snow Etching 27x22cm/*11x9in* Detroit, Michigan 97

KLEIMER Axel 1881-1945 **[44]**
- $484 FF2 477 £294 Malmö Oil/canvas 38x65cm/*14x25in* Malmö 96
- $796 FF4 626 £471 Kvinnor vid grönsaksstånd Oil/panel 11x18cm/*4x7in* Malmö 97

KLEIN Catharina 1861-1929 **[3]**
- $479 FF2 444 £318 Christosen Gouache/papier 60x30cm/*23x11in* Wien 96

KLEIN Cesar 1876-1954 **[41]**
- $10 074 FF60 321 £6 188 Weibliches Porträt Oil/canvas 51x40cm/*20x15in* München 98
- $11 700 FF61 200 £6 960 Drei Badende Frauen an einem Waldteich Öl/Leinwand 41,4x34cm/*16x13in* Köln 96
- $1 145 FF5 930 £732 Frau mit Blume Etching in colors 28,5x24cm/*11x9in* Heidelberg 96
- $843 FF4 390 £530 Strassenansicht in Innsbruck Watercolour 29,5x23cm/*11x9in* Lindau 96

KLEIN Frits 1898-1990 **[26]**
- $1 253 FF7 319 £770 Beach Scenes Oil/canvas 60x74cm/*23x29in* Amsterdam 97
- $1 386 FF8 200 £832 Peaches on a plate Oil/canvas 24x41,5cm/*9x16in* Amsterdam 97
- $693 FF4 100 £416 Flowergirl Pastel 40x32cm/*15x12in* Amsterdam 97

KLEIN Johan Adam 1792-1875 **[129]**
- $5 130 FF26 400 £3 200 Der Windhund Öl/Leinwand 70,5x81cm/*27x31in* Wien 96
- $13 400 FF67 800 £8 800 Italian Countryfolk resting on the way to Market Oil/canvas 30x40cm/*11x15in* London 96

Calendar & auction results: Internet www.artprice.com   Minitel 3617 ARTPRICE

🛏 *$206 FF1 182 £125* Thierstudien Radierung 15x17,9cm/*5x7in* Berlin 97

✏ *$248 FF1 507 £149* Frau mit Tracht in einem Boot Pencil/paper 16x13cm/*6x5in* Stuttgart 98

KLEIN Medard 1905-? **[4]**

☞ *$2 600 FF15 186 £1 538* Arrangement #55 Oil/board 50x60cm/*20x24in* Cincinnati, Ohio 97

KLEIN Paul Georges 1909-1995 **[25]**

☞ *$1 037 FF6 333 £635* Paysage d'hiver Huile/panneau 89x115cm/*35x45in* Bruxelles 98

KLEIN Philippe 1871-1907 **[7]**

☞ *$5 925 FF34 595 £3 583* Reiter in Sommerliche Landschaft Öl/Leinwand 66x80,5cm/*25x31in* München 97

KLEIN VON DIEPOLD Julian 1868-? **[5]**

☞ *$4 299 FF26 409 £2 580* Parklandskab, parti fra Tiergarten, Berlin Oil/canvas 90x105cm/*35x41in* Vejle 98

KLEIN VON DIEPOLD Maximilian 1873-? **[27]**

☞ *$1 311 FF8 053 £786* Weite Eifellandschaft mit der Nürburg im Hintergrund Oil/canvas 70x100cm/*27x39in* Köln 98

KLEIN Wilhelm 1821-1897 **[7]**

☞ *$3 362 FF19 627 £2 000* Mountain Landscape Oil/canvas 77x115cm/*30x45in* London 97

KLEIN William 1928 **[65]**

📷 *$549 FF3 171 £336* "On The Beach, Rome" Silver print 33x23cm/*13x9in* New-York 97

KLEIN Yves 1928-1962 **[207]**

☞ *$23 000 FF113 500 £15 000* Untitled Mixed media 22x18cm/*8x7in* London 95

☞ *$203 500 FF1 053 000 £132 000* "IKB 271" Mixed media 50x50cm/*19x19in* London 96

☞ *$339 000 FF1 756 000 £220 000* "Ant 175" Oil/paper/canvas 204x132cm/*80x51in* London 96

🛏 *$1 261 FF7 370 £746* Blau-Rosa-Gold Farbserigraphie 32x23,5cm/*12x9in* Köln 97

🗿 *$20 020 FF98 000 £12 670* Victoire de Samothrace Plâtre H51,5cm/*H20in* Paris 95

🗿 *$21 400 FF106 800 £13 970* Vénus bleue Plâtre H167cm/*H65in* Stockholm 95

✏ *$10 111 FF61 843 £6 000* D 41 Gouache/paper 32x44cm/*12x17in* London 98

KLEINDIENST Zdenek 1925 **[4]**

☞ *$1 362 FF6 950 £898* Mit Bällen jonglierender weiblicher Harlekin im schwarzen Kostüm Öl/Leinwand 97x75,5cm/*38x29in* Heidelberg 96

KLEINEH Oscar 1846-1919 **[45]**

☞ *$7 523 FF43 851 £4 633* Kvällsseglats Oil/panel 21,5x15,5cm/*8x6in* Helsinki 97

☞ *$22 092 FF132 696 £13 248* I Stormen Oil/canvas 60,5x100cm/*23x39in* Helsinki 98

☞ *$90 096 FF531 936 £53 328* Segelfartyg ved kusten Oil/canvas 130x138cm/*51x54in* Helsinki 97

KLEINER Salomon c.1700-1761 **[13]**

🛏 *$362 FF2 179 £216* Der Römer in Frankfurt am Main Copper engraving 27,5x34,5cm/*10x13in* München 98

KLEINERT Josef Edgar 1859-1949 **[2]**

☞ *$3 098 FF18 511 £1 897* Zeiserl beim Singunterricht Oil/panel 15x9,7cm/*5x3in* München 98

KLEINMANN Alain 1953 **[38]**

🛏 *$313 FF1 800 £191* La gondole Lithographie 45x55cm/*17x21in* Metz 97

KLEINSCHMIDT Johannes 1858-1905 **[6]**

☞ *$1 611 FF9 606 £1 000* Reading to the Convalescent Girl Oil/canvas 74x61cm/*29x24in* London 97

KLEINSCHMIDT Paul 1883-1949 **[101]**

☞ *$11 460 FF67 817 £7 040* Rosenstilleben Oil/canvas 35x25cm/*13x9in* München 98

☞ *$15 000 FF85 714 £9 189* Landscape near Marseille Oil/canvas 66x80cm/*25x31in* New-York 97

☞ *$80 500 FF417 000 £52 000* "Bar" Oil/panel 150x113,5cm/*59x44in* Berlin 96

🛏 *$455 FF2 380 £271* In Flagranti Etching 61,5x42,5cm/*24x16in* Köln 96

✏ *$7 993 FF46 526 £4 889* Brücke bei Arles Watercolour 43,5x38cm/*17x14in* München 97

KLEINT Boris Herbert 1903 **[7]**

✏ *$1 164 FF6 932 £691* Komposition Pencil/paper 20x18,2cm/*7x7in* München 97

KLEISS-HERZIG Yvonne 1895-1968 **[13]**

☞ *$3 300 FF20 000 £2 024* Au café Huile/toile 59,5x80cm/*23x31in* Paris 98

✏ *$1 378 FF8 000 £841* Portrait de femme Pastel/papier 59x41cm/*23x16in* Paris 97

KLEITSCH Joseph 1886-1931 **[16]**

☞ *$2 749 FF16 435 £1 666* San Juan Capistrano Oil/canvas 31x41cm/*12x16in* San Francisco-Los Angeles 97

☞ *$7 000 FF42 143 £4 188* Le Pont Napoléon Oil/canvas 45,5x53,5cm/*17x21in* San Francisco 98

KLEMCZYNSKI Pierre 1910 **[31]**

☞ *$928 FF5 700 £556* Paysage Huile/toile 26,5x41cm/*10x16in* Paris 98

☞ *$1 069 FF6 000 £649* Nature morte au pichet et aux huitres Huile/toile 46x61cm/*18x24in* Lons-Le-Saunier 97

KLEMENT Fon 1930 **[25]**
▭ *$151 FF767 £99* Assimilation Lithograph 50x50cm/*19x19in* Amsterdam 96
KLEMM Barbara 1939 **[5]**
▣ *$616 FF3 666 £376* "Joseph Brodsky, Zermatt" Gelatin silver print 39x29cm/*15x11in* Berlin 98
KLEMM Walther 1883-1957 **[86]**
▭ *$117 FF704 £70* Illustration zu Münchhausen Woodcut 30,5x23,5cm/*12x9in* Dresden 98
KLEMMER Robert 1938-1971 **[13]**
✎ *$1 410 FF7 210 £904* Klemmer breit Mischtechnik/Papier 50x83,5cm/*19x32in* Wien 96
KLENGEL Johann Christian 1751-1824 **[39]**
☞ *$6 224 FF38 128 £3 760* Heroische Landschaft im Sturm Öl/Leinwand 101x82cm/*39x32in* Wien 98
▭ *$142 FF839 £88* Der Hirte mit seinen Kühen/Das Almosen/Bewaldete Seelandschaft Etching 18,5x21,5cm/*7x8in* Heidelberg 97
✎ *$384 FF2 190 £235* Ein stehendes Rind Ink 20x23,5cm/*7x9in* Köln 97
KLENZE von Leo 1784-1864 **[3]**
✎ *$2 760 FF13 760 £1 810* Fassadenaufriss zum Projekt für die Befreieungshalle bei Kelheim Pencil 65x94,5cm/*25x37in* München 95
KLEPPER Erhard 1906-1980 **[9]**
✎ *$164 FF847 £105* Gesang Watercolour 22,5x20cm/*8x7in* Heidelberg 96
KLERK de Willem 1800-1876 **[22]**
☞ *$7 545 FF44 563 £4 558* Cows near a stream Oil/panel 22,5x18cm/*8x7in* Amsterdam 97
☞ *$16 096 FF95 068 £9 724* Figures on frozen river Oil/panel 47,5x67cm/*18x26in* Amsterdam 97
KLESTOVA Irene XIX-XX **[12]**
☞ *$1 273 FF7 242 £780* Still life study of red, pink and white roses in a vase Oil/board 23x18cm/*9x7in* London 97
KLEVER von Julius Sergius, Iuli 1850-1924 **[79]**
☞ *$1 183 FF7 146 £718* Mädchen im Wald Öl/Leinwand/Karton 15x20,5cm/*5x8in* Wien 98
☞ *$4 950 FF24 960 £3 200* Evening by the lake Oil/canvas 82x133cm/*32x52in* London 96
KLEY Heinrich 1863-1945 **[34]**
✎ *$1 037 FF5 400 £652* Surrealistische Schilderung Aquarell/Papier 26,5x36cm/*10x14in* Lindau 96
KLEY Louis 1833-1911 **[14]**
⚒ *$543 FF2 810 £351* Putto mit Schneckke Bronze H13cm/*H5in* Zofingen 96
KLEYDORFF von Eberhard Freiherr 1900-? **[5]**
✎ *$410 FF2 140 £244* Junge Dame im Pelz Coloured chalks 63,5x49cm/*25x19in* Hamburg 96
KLEYN Lodewijk Johannes 1817-1897 **[46]**
☞ *$11 027 FF63 930 £6 585* A River Landscape in Summer with a Haybarge Oil/canvas 45x69,5cm/*17x27in* Amsterdam 97
☞ *$17 830 FF103 736 £10 922* Skaters on a frozen river by a mansion, koek en zopie booths beyond Oil/panel 30,5x42,5cm/*12x16in* Amsterdam 97
✎ *$643 FF3 330 £417* Winterlandscape with figures by a push-sledge on a frozen river Watercolour/paper 23x31cm/*9x12in* Amsterdam 96
KLEYNE David 1753-1805 **[2]**
☞ *$4 500 FF22 320 £2 846* Smalschip sailing off the Dutch Coast Oil/panel 27x35cm/*10x13in* New-York 95
☞ *$11 769 FF69 930 £7 000* A Dutch yacht, a merchentman and a pink off a coastline Oil/panel 33,5x49,5cm/*13x19in* London 97
KLIEBER Anton XIX-XX **[4]**
⚒ *$1 030 FF6 193 £616* Akt auf dem Diwan Porcelain 15,5x20,5cm/*6x8in* Wien 98
KLIEBER Josef 1773-1850 **[6]**
✎ *$234 FF1 200 £146* Studie zu einem Gebäudeaufsatz Ink 25x39cm/*9x15in* Wien 96
KLIEMANN Carl-Heinz 1924 **[34]**
▭ *$227 FF1 351 £138* Am Strom Drypoint 59,5x49,5cm/*23x19in* Berlin 98
✎ *$1 042 FF6 168 £640* Flussniederung Gouache 48,7x62cm/*19x24in* München 98
KLIMEK Ludwig 1912 **[231]**
☞ *$776 FF4 000 £514* Scène animée Huile/carton 33x40cm/*12x15in* Arles 96
☞ *$1 631 FF8 500 £1 025* Jardin d'Antibes Huile/carton 64x89cm/*25x35in* Montauban 96
✎ *$307 FF1 600 £193* Nu couché Sanguine/papier 20x26cm/*7x10in* Montauban 96
KLIMO István 1883-1961 **[2]**

$367 FF2 226 £225 Die Künstlerin im Atelier Pastel 63x49cm/24x19in Zofingen 98

KLIMSCH Eugen Johann Georg 1839-1896 [9]

$6 674 FF40 920 £4 000 A Reclining Female Making Music with Cherubs Oil/canvas 142x204,5cm/55x80in London 98

$8 190 FF41 400 £5 370 Wirtshausszene Oil/panel 23,5x17,5cm/9x6in Wien 96

KLIMSCH Fritz 1870-1960 [98]

$6 270 FF30 900 £4 040 Ruhende mit Turban Bronze H30,5cm/H12in Berlin 95

$22 388 FF134 048 £13 752 Eva Bronze H148cm/H58in München 98

KLIMT Carl 1876-1945 [4]

$944 FF4 820 £623 Biedermeierdame mit Buch Ceramic H42,5cm/H16in Wien 96

KLIMT Ernst II 1864-1892 [2]

$9 240 FF48 300 £5 500 Bildnis eines auf ein Sofa gebettetes Baby mit Spitzenhaube Öl/Leinwand 100x74cm/39x29in Wien 96

KLIMT Gustav 1862-1918 [280]

$145 472 FF872 150 £88 000 Portrait Study Oil/canvas 38x33cm/14x12in London 97

$4 941 900 FF29 556 600 £3 000 000 Fruit Trees by Lake Attersee Oil/canvas 90x90cm/35x35in London 97

$21 447 360 FF125 714 200 £13 200 000 Schloss Kammer am Attersee II Oil/canvas 110x110cm/43x43in London 97

$659 FF3 808 £391 Ohne Titel Offset 70x50cm/27x19in Wien 97

$23 150 FF120 200 £15 300 Kopfstudie für die linke Figur des Deckenbildes "Der Tanz" Pencil 44,5x25,4cm/17x10in Wien 96

KLINDT SORENSEN Anna 1899-1985 [11]

$220 FF1 322 £136 Haveparti Watercolour/paper 23x31cm/9x12in Vejle 98

KLINE Franz 1910-1962 [115]

$30 000 FF174 318 £17 712 Untitled Oil/paper 28x21,5cm/11x8in New-York 97

$38 000 FF184 000 £24 400 Red Landscape (Pennsylvania) Oil 60x91cm/23x35in New-York 95

$850 000 FF4 930 425 £502 435 Bigard Oil/canvas 234,5x172cm/92x67in New-York 97

$2 000 FF10 250 £1 215 Untitled Ink 23x20cm/9x7in New-York 96

KLINGER Ernst 1900-? [1]

$758 FF4 404 £463 "Studentenhilfe-Balleest" Poster 125x93cm/49x36in Amsterdam 97

KLINGER Julius 1876-1950 [6]

$1 189 FF7 146 £711 Plakat Lithographie 83,5x103cm/32x40in Wien 98

KLINGER Klaus 1943 [3]

$664 FF4 029 £407 Genie (Künstler) Copper engraving 61,5x49,2cm/24x19in Hamburg 98

KLINGER Max 1857-1920 [374]

$402 FF2 378 £238 Dressur des Tigers Radierung 12,5x9cm/4x3in Wien 97

$3 584 FF21 775 £2 158 Badendes Mädchen sich im Wasser spiegelnd Bronze H41cm/H16in München 98

$3 401 FF20 080 £2 014 Gefesselter weiblicher Akt Indian ink 28,5x22,5cm/11x8in Berlin 97

KLINGSBÖGL Rudolf 1881-1943 [22]

$883 FF5 238 £540 Interieur mit Blick von det Terasse auf eine Seelandschaft Oil/panel 13x16cm/5x6in Wien 97

KLINGSEISEN Hugo XX [1]

$5 530 FF27 000 £3 500 Postier au trot Bronze H32cm/H12in Paris 95

KLINGSTEDT Karl-Gustav 1657-1734 [11]

$1 496 FF7 750 £1 000 Scènes galantes Miniature 5x7cm/1x2in London 96

KLINKAN Alfred 1950-1994 [19]

$4 620 FF24 140 £2 750 "Dualität" Öl/Leinwand 100x95cm/39x37in Wien 96

$5 780 FF29 230 £3 794 "Der lauchtende Pinsel" Öl/Leinwand 208x129cm/81x50in Wien 96

KLINKENBERG Johannes Christiaan 1852-1924 [68]

$4 022 FF24 811 £2 528 The Koepoort, Hoorn Oil/canvas 33,5x41cm/13x16in Amsterdam 97

$45 112 FF261 537 £26 940 The Singel, Amsterdam, with the Lutherse Kerk Oil/canvas 39,5x53,5cm/15x21in Amsterdam 97

$5 188 FF30 021 £3 170 The Piazza San Marco, Venice Watercolour/paper 24x35cm/9x13in Amsterdam 97

KLINT af Hilma 1862-1944 [15]

$12 790 FF76 390 £7 830 Sensommarkväll pä öland Oil/canvas 87x147cm/34x57in Stockholm 98

KLIOUNE Ivan 1870-1942 [36]

$11 700 FF61 200 £6 960 Komposition mit roter Scheibe und blauen Kreisen Oil/canvas/panel

19x18,7cm/*7x7in* München 96

✏ *$6 820 FF35 700 £4 060* Lineare Komposition mit weisser und schwarzer Scheibe Watercolour, gouache 13,2x15cm/*5x5in* München 96

KLIPPEL Robert Edward 1920 **[13]**

✏ *$756 FF4 416 £450* Untitled Drawing Watercolour 18x25cm/*7x9in* Melbourne 97

KLODT Michail Konstantin. 1832-1902 **[6]**

$20 754 FF118 391 £12 677 A Dummer Day Oil/canvas 70x106cm/*27x41in* Helsinki 97

KLOHSS Hans 1879-1953 **[4]**

$3 047 FF18 469 £1 868 Auf der sommerlichen Terrasse von Schloss Sanssouci in Potsdam Öl/Karton 58x61cm/*22x24in* Berlin 98

KLOMBECK Johann B. (Attrib.) 1815-1893 **[1]**

$4 033 FF24 671 £2 479 Village Street in Summer Oil/canvas 31x42cm/*12x16in* Amsterdam 98

KLOMBEEK Johann Bernard 1815-1893 **[31]**

$25 678 FF149 554 £15 688 Winterlandschaft mit Schlittschuhläufern Öl/Leinwand 102x118cm/*40x46in* Zürich 97

$42 500 FF246 521 £25 121 Landscape at Sunset with Peasant Oil/panel 48x62cm/*18x24in* San Francisco 97

$48 786 FF293 379 £29 254 Travellers near a Ruin in a Mountainous Landscape Oil/panel 16x18,5cm/*6x7in* Amsterdam 98

KLOMP Albert Jansz. c.1618-c.1688 **[13]**

$2 137 FF13 087 £1 279 A Bull and Sheep in a Wooded Landscape by a River Oil/panel 44x34cm/*17x13in* Amsterdam 98

$3 200 FF15 450 £2 000 Landscape with a drover and a shepherdess conversing Oil/canvas 74x91cm/*29x35in* London 95

KLONIS Kleovoulos 1907-1988 **[1]**

$1 640 FF8 480 £1 095 Stage design for a yard/Woman seated Oil/panel 31x20,5cm/*12x8in* Athens 96

KLOOS Cornelis XX **[5]**

$3 460 FF20 808 £2 069 Two nude children seen on the back Oil/canvas/board 80x80cm/*31x31in* Amsterdam 98

KLOOSTER ten Johan Frederik 1873-1940 **[12]**

$1 728 FF10 098 £1 023 Huizen te Veere Oil/canvas 50x40,5cm/*19x15in* Den Haag 97

✏ *$75 FF445 £46* A Boat in a River Ink/paper 27x37,5cm/*10x14in* Den Haag 97

KLOPFER Karl 1859-1937 **[1]**

$7 500 FF45 592 £4 618 Dusk on the Lake Oil/canvas 91,5x174cm/*36x68in* New-York 98

KLOSE Friedrich Wilhelm 1804-1863 **[1]**

$1 655 FF9 434 £1 014 Winterliche Strassenszene in einer Kleinstadt Öl/Papier 18,5x14cm/*7x5in* Köln 97

KLOSE Wilhelm 1830-1914 **[6]**

$270 FF1 676 £162 Felslandschaft Öl/Leinwand 26x36,5cm/*10x14in* Heidelberg 98

KLOSS Alice, Gene 1903-? **[60]**

▥ *$700 FF4 156 £424* "Clouds at Sunset" Etching, aquatint 22,5x35cm/*8x13in* Washington 97

✎ *$1 700 FF10 234 £1 017* Chama River Cliff Watercolour/paper 53,5x73,5cm/*21x28in* San Francisco 98

KLOSS Frederick Theodor 1802-1876 **[11]**

$870 FF5 277 £526 Kysparti, Italien Oil/canvas 16x30cm/*6x11in* København 98

KLOSSOWSKI Pierre 1903 **[12]**

✎ *$9 650 FF50 000 £6 180* Roberte endormie avec Gulliver Craies couleurs 99x149cm/*38x58in* Paris 96

KLOTZ Hermann 1850-1932 **[4]**

⬧ *$3 514 FF21 429 £2 110* Kaiser Franz Joseph I. von Österreich-Statuette Porcelain H47cm/*H18in* Wien 98

KLOTZ Lenz 1925 **[26]**

$1 906 FF11 093 £1 174 "Notiz II" Öl/Karton 24x19cm/*9x7in* Bern 97

▥ *$191 FF986 £124* Komposition Lithographie couleurs 56,5x76cm/*22x29in* Zürich 96

✎ *$2 556 FF12 760 £1 670* Macht Figur Dessin 65x50cm/*25x19in* Zofingen 95

KLUCIS Gustav Gustavovich 1895-1944 **[9]**

▥ *$4 077 FF24 038 £2 500* Workers in the Fight Poster 142x123cm/*55x48in* London 98

KLUGE Constantin 1920 **[83]**

$3 500 FF19 931 £2 172 Le Louvre, la Cour Napoléon Oil/canvas 81,3x129,5cm/*32x50in* New-York 97

KLUGE Gustav 1947 **[33]**

☞ *$10 613 FF62 984 £6 500* Zwirner III Oil/canvas 200x157cm/*78x61in* London 97

▥ *$390 FF2 313 £238* Das Meretlein/Abgestützter Kopf Woodcut 56x84,5cm/*22x33in* München 98

KLUMPP Gustav 1902-1980 **[4]**

☞ *$4 500 FF24 469 £2 694* Untitled Oil/board 39,5x50cm/*15x19in* New-York 97

KLUTSIS Gustav G. 1895-1938 **[4]**

▥ *$2 309 FF13 209 £1 441* "We staan voor vrede maar we vrezen geen bedreiging en zijn bereid..." Poster 174,5x69,5cm/*68x27in* Oostwoud 97

KLUYVER Pieter Lodeviik 1816-1900 **[33]**

☞ *$4 759 FF28 622 £2 854* A Figure seated on a Trunk on the Edge of a Forest Oil/panel 33,5x26cm/*13x10in* Amsterdam 98

☞ *$6 430 FF33 100 £4 015* Winter: a frozen waterway with an iced sailing-boat, figures on a quay Oil/canvas 34x50cm/*13x19in* Amsterdam 96

KMIT Michael 1910-1981 **[43]**

☞ *$422 FF2 529 £251* Abstract Oil/board 29x23cm/*11x9in* Sydney 98

☞ *$1 104 FF6 614 £658* Red Girl Oil/board 59x39cm/*23x15in* Sydney 98

KNAB Ferdinand 1834-1902 **[6]**

☞ *$1 412 FF8 364 £844* Flötenspieler in idyllischer Uferlandschaft Oil/wood 35x27cm/*13x10in* Dresden 97

KNACKFUSS Hermann Joseph 1848-1915 **[4]**

☞ *$8 994 FF52 782 £5 500* A Turkish Beauty Oil/canvas 52x30,5cm/*20x12in* London 97

KNAP Gerrit Willem 1873-1931 **[3]**

☞ *$2 972 FF17 576 £1 784* A view of the Nieuwmarkt, Amsterdam, with the Oude Waag Oil/canvas 78x100cm/*30x39in* Amsterdam 97

KNAPP Charles Wilson 1823-1900 **[32]**

☞ *$1 200 FF7 344 £729* Riverlandscape Oil/canvas 25x40cm/*10x16in* Milford, Conn. 98

☞ *$3 500 FF20 301 £2 153* New Hampshire Landscape Oil/canvas 50x91cm/*20x36in* New-York 97

KNAPP F. XIX **[1]**

☞ *$5 004 FF28 752 £3 126* Kaiser Franz Joseph I. von Österreich (1830-1916) Öl/Leinwand 71x80cm/*27x31in* Wien 97

KNAPTON George 1698-1778 **[14]**

☞ *$11 428 FF68 226 £7 000* Portrait of a Girl/Portrait of a Boy Oil/canvas 54,5x48cm/*21x18in* London 97

KNAPTON George (Attrib.) 1698-1778 **[6]**

☞ *$6 670 FF33 960 £4 000* Portrait of a Lady Oil/canvas 62x51cm/*24x20in* London 96

KNARREN Petrus Renier Hub. 1826-1896 **[3]**

☞ *$73 588 FF431 860 £45 000* An Interior with Fruit and Flowers Oil/panel 76x62cm/*29x24in* London 97

KNATHS Karl Otto 1891-1971 **[48]**

☞ *$600 FF3 024 £394* Seated Nude Oil/canvas 50x40cm/*20x16in* Baton Rouge, Louisiana 96

✎ *$175 FF1 041 £108* Untitled Pencil/paper 17x21cm/*7x8in* Provincetown, MA. 97

KNAUPP Werner 1936 **[19]**

☞ *$2 345 FF13 878 £1 440* Ohne Titel (Totenbild) Mixed media 76,4x106cm/*30x41in* München 98

▥ *$182 FF896 £116* Vulkan Lithographie 33x59,5cm/*12x23in* Hamburg 95

✎ *$1 690 FF8 814 £988* "Regenbild 10/71" Felt pen 100x150cm/*39x59in* Köln 96

KNAUS Ludwig 1829-1910 **[57]**

☞ *$4 440 FF25 303 £2 773* Der Rattenfäger von Hameln Öl/Leinwand 36x26,5cm/*14x10in* Köln 97

☞ *$6 728 FF38 368 £4 096* Blumenbekränztes Mädchen am Seeufer Öl/Leinwand 43x79cm/*16x31in* Wien 97

☞ *$341 000 FF1 754 000 £212 600* In the Schtetl Oil/canvas 108x147,5cm/*42x58in* Wien 96

✎ *$453 FF2 700 £277* Baumgruppe Chalks 38x52cm/*14x20in* Berlin 98

KNEALE Brian 1930 **[6]**

☞ *$3 295 FF20 084 £2 000* Man with Newspaper Oil/canvas 101,5x76cm/*39x29in* London 98

KNEBEL Franz Jnr. 1809-1877 **[20]**

☞ *$9 673 FF58 207 £5 791* A Lake Near Rome Oil/canvas 70,5x103,5cm/*27x40in* Amsterdam 98

✎ *$2 376 FF13 495 £1 487* Rom Aquarell/Papier 25,5x39cm/*10x15in* München 97

KNEE Ernest XX **[7]**

📷 *$1 300 FF6 480 £845* San Jose, Hernandez, N.M. Gelatin silver print 19,5x25cm/*7x9in* San Francisco-Los Angeles 95

KNEEN William 1862-1921 **[1]**

☞ *$26 198 FF150 047 £15 500* Portrait of a Moroccan Gentleman Oil/canvas 92x71cm/*36x27in* London 97

KNELL William Ad. (Attrib) 1805-1875 **[5]**

☞ *$1 251 FF7 768 £750* Shipping in choppy Waters off Dover Oil/canvas 30,5x61cm/*12x24in* London 98

KNELL William Adolphus 1805-1875 **[92]**

 $1 745 FF10 848 £1 100 Shippinh Offshore at Dusk Oil/canvas 20,5x38cm/*8x14in* London 97
 $2 936 FF17 543 £1 800 Returning Home at Sunset Oil/canvas 46x82cm/*18x32in* London 98
 $1 274 FF7 249 £780 Boats on a rough sea, a storm approaching Watercolour 17x26cm/*6x10in* London 97

KNELL William Call. (Attr) c.1830-c.1880 **[6]**

 $1 417 FF7 220 £850 Off Whitby/Off Scarborough Oil/canvas 22x44cm/*8x17in* London 96
 $2 021 FF12 261 £1 200 Shipping at Dusk off the Coast of Great Yarmouth Oil/canvas 29x59cm/*11x23in* Leicester 98

KNELL William Callcott c.1830-c.1880 **[52]**

 $1 646 FF8 520 £1 100 "Evening, Vessels in a Calm" Oil/canvas 20x41cm/*7x16in* London 96
 $2 775 FF16 472 £1 700 A Twin Masted Sailing Ship and Other Shipping Off Calais Oil/canvas 44x75cm/*17x29in* Solihull, West Midlands 98
 $868 FF4 270 £550 A quiet anchorage Watercolour 30x43cm/*11x16in* London 95

KNELLER Godfrey 1646-1723 **[60]**

 $3 562 FF20 992 £2 200 Portrait of a Lady Seated Oil/canvas 12,5x10cm/*4x3in* London 97
 $10 270 FF50 300 £6 500 Portrait of Matthew Prior (1664-1721) Oil/canvas 74x61cm/*29x24in* London 95
 $18 723 FF97 039 £12 159 Geschwisterpaar Öl/Leinwand 127,5x102,5cm/*50x40in* Luzern 96

KNELLER Godfrey (Attrib.) 1646-1723 **[25]**

 $4 580 FF23 200 £3 000 Portrait of Charlotte Middleton, Countess of Warwick Oil/canvas 76x65cm/*29x25in* London 96
 $27 982 FF170 000 £16 847 Anne Stuart, reine de Grande-Bretagne et d'Irlande (1665-1714) Huile/toile 239x146cm/*94x57in* Paris 98

KNGWARREYE Emily Kame 1910-1996 **[16]**

 $1 896 FF9 770 £1 255 My Country Acrylic/canvas 15x41cm/*5x16in* Melbourne 96
 $3 078 FF18 277 £1 878 Untitled Synthetic polymer silkscreened/canvas 61x50,5cm/*24x19in* Woollahra, Sydney 98
 $13 992 FF83 080 £8 540 "Arlatyite" Dreaming Synthetic polymer silkscreened/canvas 126x228cm/*49x89in* Woollahra, Sydney 98

KNIBBERGEN van François 1597-c.1670 **[3]**

 $7 063 FF41 023 £4 315 Peasants on a path by a ruined bridge, village on a hilltop Oil/panel 46,5x62,5cm/*18x24in* Amsterdam 97
 $15 155 FF89 730 £9 000 An extensive Landscape with a Rider on a Path Oil/canvas 105x144,5cm/*41x56in* London 97

KNIE Rolf 1949 **[28]**

 $57 FF340 £34 Die Bühne, Zirkusmotiv Offset 36x42cm/*14x16in* Zürich 97

KNIEP Christian Heinrich 1755-1825 **[7]**

 $4 095 FF19 820 £2 600 Paesaggio agreste con un fontanile Olio/tela 43x34cm/*16x13in* Roma 95
 $24 830 FF129 600 £15 000 A temple at Paestum Watercolour/paper 66x99cm/*25x38in* London 96

KNIGHT A. Roland XIX **[56]**

 $1 270 FF7 855 £780 The First Leap/An anxious Moment Oil/canvas 15,5x20cm/*6x7in* Billingshurst, West Sussex 97
 $1 452 FF8 797 £900 "Trout Fishing" Oil/canvas 41x61cm/*16x24in* Perthshire 97

KNIGHT Charles 1901 **[8]**

 $701 FF4 265 £430 Near Poynings Sussex Watercolour/paper 23x34cm/*9x13in* Cranbrook, Kent 98

KNIGHT Charles 1743-1826 **[4]**

 $1 275 FF7 348 £749 Scarcity in India/British Plenty, after Henry Singleton Engraving 60x44,5cm/*23x17in* London 97

KNIGHT Charles Parsons 1829-1897 **[16]**

 $389 FF2 014 £260 Ships sailing off the coast Oil/canvas 25x36cm/*9x14in* London 96
 $514 FF2 952 £320 A Coastal Scene at Runswick Watercolour 33,5x49cm/*13x19in* Billingshurst, West Sussex 97

KNIGHT Charles Robert 1874-1953 **[4]**

 $19 000 FF97 000 £12 570 Leaping Bengal Tiger Bronze H65cm/*H25in* New-York 96

KNIGHT Daniel Ridgway 1839-1924 **[76]**

 $3 250 FF19 999 £1 989 Harbor Scene Oil/canvas 20x40cm/*8x16in* Oakland, Ca 98
 $48 000 FF240 000 £31 060 Picking wild flowers Oil/canvas 83x67cm/*32x26in* New-York 96

_$70 000 FF342 000 £44 300_ Mother carrying child along a path Oil/canvas 213x139cm/_84x55in_ Detroit, Michigan 95

_$4 000 FF23 640 £2 477_ Pastoral River with Watermill Watercolour/paper 26x41cm/_10x16in_ New Orleans, Louisiana 97

KNIGHT Edward Loxton 1905 **[6]**

_$495 FF2 938 £300_ Still Life with Lobster, a Bottle of Wine and Vegetables Pastel/paper 44x58cm/_17x23in_ Oxford 97

KNIGHT George XIX **[21]**

_$1 000 FF5 100 £600_ Fishing boats off a fortified jetty Oil/canvas 25x35cm/_9x13in_ London 96

_$2 202 FF12 670 £1 300_ Fishing Fleet off the South Coast Oil/canvas 29x59,5cm/_11x23in_ London 97

KNIGHT Harold 1874-1961 **[20]**

_$1 161 FF7 010 £720_ Portrait of a Man Oil/canvas 36x31cm/_14x12in_ London 97

_$3 625 FF22 092 £2 200_ Portrait of a Girl in a Blue Dress Oil/canvas 61x57cm/_24x22in_ London 98

KNIGHT John Prescot 1803-1881 **[10]**

_$211 FF1 213 £130_ Cattle Watering from a Highland Stream Watercolour 21,5x41,5cm/_8x16in_ London 97

KNIGHT John William Buxton 1843-1908 **[33]**

_$341 FF1 717 £220_ Shipping in an estuary Oil/canvas 20x26cm/_7x10in_ London 96

_$1 383 FF7 889 £850_ Extensive river landscape with figures Oil/canvas 48,5x73cm/_19x28in_ Billingshurst, West Sussex 97

_$8 420 FF42 050 £5 500_ Magdalen College, Oxford Oil/canvas 152x101cm/_60x40in_ Nun Monkton, Yorkshire 95

_$338 FF1 716 £220_ River scene with boats Watercolour 33x49cm/_12x19in_ Billingshurst, West Sussex 96

KNIGHT Joseph 1837-1909 **[32]**

_$794 FF4 840 £500_ A Church Wedding Oil/canvas 89x59cm/_35x23in_ Billingshurst, West Sussex 97

_$1 307 FF7 774 £800_ Autumn Marsches Oil/canvas 33x43,5cm/_12x17in_ London 97

_$390 FF2 274 £240_ Beach Scene Watercolour 28x37cm/_11x14in_ Billingshurst, West Sussex 97

KNIGHT Laura, née Johnson 1877-1970 **[342]**

_$8 209 FF50 366 £5 111_ Grandmother and Child Oil/canvas 20x25cm/_7x9in_ Melbourne 97

_$17 735 FF100 088 £10 869_ Loosening up Oil/canvas 42,5x38cm/_16x14in_ London 97

_$492 FF2 951 £297_ The Circus Performers Eau-forte 25,5x13cm/_10x5in_ Montréal 97

_$29 080 FF173 410 £18 000_ Children on the Beach Watercolour 73,5x99cm/_28x38in_ London 97

KNIGHT Louis Aston 1873-1948 **[109]**

_$1 700 FF10 041 £1 056_ The Bridge Over the Dam, Smithtown Oil/panel 35x27cm/_13x10in_ Boston, Mass. 97

_$7 000 FF40 887 £4 141_ The Meadow Path Oil/canvas 66x54cm/_26x21in_ Cincinnati, Ohio 97

_$417 FF2 557 £250_ "Castle Cornet, Guernsey" Watercolour/paper 9x17cm/_3x6in_ St. Helier, Jersey 98

KNIGHT William Henry 1823-1863 **[8]**

_$1 850 FF9 570 £1 200_ The Go Kart Oil/panel 15x18cm/_5x7in_ London 96

_$16 500 FF84 810 £10 312_ In Training for the Derby Oil/panel 40x50cm/_15x19in_ New-York 96

KNIGHTON-HAMMOND Arthur Henry 1875-1970 **[98]**

_$734 FF4 347 £434_ The Back of Epsom Races Watercolour/paper 46x61cm/_18x24in_ London 97

KNIJFF Wouter c.1607-c.1693 **[11]**

_$5 310 FF31 000 £3 211_ Vue de la ville de Nimègue Huile/panneau 40,5x52cm/_15x20in_ Paris 97

KNIKKER Aris 1887-1962 **[51]**

_$582 FF3 569 £347_ Self-portrait Oil/board 30x21,5cm/_11x8in_ Amsterdam 98

_$643 FF3 808 £386_ A polder landscape with a village beyond Oil/canvas 40,5x60,5cm/_15x23in_ Amsterdam 97

KNIKKER Jan II 1911-1990 **[80]**

_$284 FF1 739 £174_ Men Chopping Wood by a Windmill Oil/canvas 35x45cm/_13x17in_ Amsterdam 98

_$760 FF3 913 £474_ The Plougher Oil/canvas 50x70cm/_19x27in_ Amsterdam 96

KNIKKER Jan Simon 1889-1957 **[39]**

_$411 FF2 379 £244_ Polderlandschap Oil/canvas 24x44cm/_9x17in_ Rotterdam 97

_$487 FF2 773 £302_ Spring in the polder Oil/canvas 40x60cm/_15x23in_ Amsterdam 97

KNIP August 1819-1852 **[9]**

_$3 867 FF23 255 £2 318_ Two hunting Dogs Oil/canvas 46x37,5cm/_18x14in_ Amsterdam 98

_$4 510 FF26 151 £2 693_ Ducks and Ducklings on a Riverbank Oil/board 30x37cm/_11x14in_ Amsterdam 97

KNIP Hendrick Johannes 1819-1897 **[18]**

✏ *$1 111 FF5 719 £693* Landschap met houten brug over een waterval Watercolour/paper 69x50cm/*27x19in* Den Haag 96
KNIP Henriette Geertruida 1783-1842 **[7]**
🎨 *$19 100 FF97 000 £12 430* Composition florale au nid Huile/panneau 50x38cm/*19x14in* Bruxelles 96
✏ *$1 300 FF7 230 £804* "Peony" Watercolour/paper 45x34cm/*17x13in* New-York 97
KNIP Joseph August 1777-1847 **[40]**
🎨 *$10 200 FF52 400 £6 350* Cows grazing in a Field Oil/canvas 77,5x107cm/*30x42in* Wien 96
✏ *$2 379 FF14 311 £1 427* Two Women near a River in a Mountainous Landscape Gouache/paper 63,5x95cm/*25x37in* Amsterdam 98
KNIP Mattheus Derk 1785-1845 **[4]**
✏ *$6 085 FF34 829 £3 594* Figures drinking in a tavern Watercolour 41,5x59,5cm/*16x23in* Amsterdam 97
KNIP Nicolaes F. I (Attr) 1742-1809 **[1]**
🎨 *$9 100 FF47 500 £5 500* Assorted flowers in a glass vase on a stone ledge with a bird's nest Oil/canvas 58x45cm/*22x17in* London 96
KNIP Nicolaes Frederik I 1742-1809 **[4]**
🎨 *$18 395 FF108 911 £11 000* Still life of Flowers in a vase with grapes/Still life of flowers Oil/panel 24,5x30cm/*9x11in* London 97
KNIP Willem Anton Alex. 1883-1967 **[63]**
🎨 *$1 331 FF6 750 £867* Winter in Blaricum Oil/board 31x41cm/*12x16in* Amsterdam 96
🎨 *$1 660 FF9 606 £1 014* Sailingvessels in the Harbour of Collioure, South of France Oil/canvas 45,5x60,5cm/*17x23in* Amsterdam 97
KNOBLOCH Josef Rolf 1891-1964 **[48]**
🎨 *$712 FF4 233 £423* Herbstlandschaft an der Amper Oil/panel 40x59,5cm/*15x23in* München 97
KNOEBEL Imi 1940 **[58]**
🎨 *$15 120 FF78 500 £10 000* 39A, 39B, 39C, 39D Oil/wood 169,5x249cm/*66x98in* London 96
🎨 *$2 860 FF14 950 £1 703* Untitled Multiple 22x55x9cm/*8x21x3in* Köln 96
🎨 *$2 327 FF14 103 £1 427* Ohne Titel Assemblage 22,1x19,8cm/*8x7in* Hamburg 98
🎨 *$21 055 FF127 604 £12 912* Zonder Titel 2 Assemblage 251,6x192,3cm/*99x75in* Hamburg 98
📷 *$8 500 FF43 400 £5 600* "Projections" Photograph 101,6x231cm/*40x90in* New-York 96
✏ *$550 FF3 185 £338* Japan Watercolor Watercolour 29x21cm/*11x8in* Los Angeles 97
KNOLL Waldemar 1839-1909 **[5]**
🎨 *$2 065 FF11 816 £1 289* Abendstimmung in Wladi Kankas im Kaukasus Öl/Leinwand 76,5x111cm/*30x43in* Stuttgart 97
KNOLLER Martin (Attrib.) 1725-1804 **[2]**
🎨 *$23 460 FF132 940 £15 640* Convivo galante e danze presso un'area lacustre Olio/tela 81x103cm/*31x40in* Roma 98
KNOOP August Hermann 1856-1900 **[24]**
🎨 *$2 355 FF12 200 £1 530* Der Zudringliche Kavalier Oil/panel 21,5x27cm/*8x10in* München 96
🎨 *$13 000 FF67 500 £8 600* Rêverie Oil/canvas 109x75cm/*42x29in* New-York 96
KNOPF Hermann 1870-1928 **[6]**
🎨 *$1 450 FF8 267 £890* Portrait einer Bäuerin Öl/Leinwand 54x45cm/*21x17in* Zürich 97
KNOPF Nellie Augusta 1875-1962 **[6]**
🎨 *$500 FF3 092 £300* Mountain Study Near Ziuapau Oil/canvas 30x40cm/*12x16in* East Dennis, Mass. 97
🎨 *$5 000 FF30 562 £3 059* Cameron's Cove, Pike's Peak Oil/canvas 66x71cm/*26x28in* Cincinnati, Ohio 98
KNÖPPEL Arvid 1892-1970 **[47]**
🗿 *$1 312 FF7 657 £780* Rådjurskalv Bronze H21cm/*H8in* Stockholm 97
KNORR Hugo 1834-1904 **[4]**
🎨 *$3 824 FF23 489 £2 293* "Abend am Pregel" Öl/Leinwand 48x67cm/*18x26in* Stuttgart 98
KNORR Karen 1954 **[5]**
📷 *$941 FF5 500 £557* Belgravia Series Photo 40,5x30,2cm/*15x11in* Paris 97
KNOWLES Arthur XIX-XX **[4]**
🎨 *$1 863 FF10 721 £1 100* The "Manx Queen" leaving Douglas, Isle of Man Oil/canvas 25,5x46cm/*10x18in* London 97
KNOWLES Davidson XIX **[9]**
🎨 *$1 477 FF8 727 £918* Waldlandschaft mit Kühen Öl/Leinwand 76x63cm/*29x24in* Bielefeld 97
KNOWLES Dorothy Elsie 1927 **[47]**

    $557 FF3 196 £342 "Riverbank" Oil/board 20,3x25,4cm/*7x10in* Calgary, Alberta 97
    $1 855 FF9 680 £1 163 Brown Hills Acrylic/canvas 61x61cm/*24x24in* Toronto 96
    $386 FF2 318 £234 Green Trees Aquarelle/papier 14,5x19cm/*5x7in* Montréal 97
KNOWLES Elizabeth McGillivr. 1866-1928 **[15]**
    $449 FF2 284 £269 Rooster Oil/board 19x17cm/*7x6in* Calgary, Alberta 96
KNOWLES Farquhar McGillivr. 1859-1932 **[18]**
    $884 FF5 330 £535 Autumn landscape Oil/board 40x30,5cm/*15x12in* Toronto 98
KNOWLES Frederick James 1874-? **[39]**
    $1 596 FF9 551 £1 000 "The Millers Dauthter" Oil/canvas 43x33,5cm/*16x13in* London 97
    $72 FF442 £45 Plumstead Church, Near Holt, Norfolk Watercolour 25x35cm/*10x14in* Aylsham, Norfolk 97
KNOWLES Gareth P. 1965 **[2]**
    $2 098 FF12 707 £1 300 Golfing Still Life Bronze 11x26,5cm/*4x10in* Perthshire 97
KNOWLES George Sheridan 1863-1931 **[36]**
    $8 456 FF48 237 £5 200 The wedding feast Oil/canvas 71,5x92cm/*28x36in* Billingshurst, West Sussex 97
    $1 436 FF6 970 £900 The See-Saw Watercolour 33x48cm/*13x19in* London 95
KNOX Archibald XIX-XX **[4]**
    $1 657 FF9 891 £1 000 Hilltop in the Isle of Man Watercolour 38x50cm/*15x20in* Isle of Man 97
KNOX George James 1810-1897 **[17]**
    $261 FF1 570 £156 Seaside Cottage with Ships in Distance Watercolour/paper 15x25,5cm/*5x10in* Toronto 98
KNOX James 1866-? **[3]**
    $5 000 FF29 673 £3 062 Moonlit Landscape Oil/canvas 63x76cm/*25x30in* New-York 98
KNOX John 1775-1845 **[19]**
    $27 200 FF141 300 £18 000 Extensive view of Loch Lomond looking North Oil/canvas 62x87cm/*24x34in* Edinburgh 96
KNOX Wilfred 1884-1966 **[2]**
    $718 FF4 104 £440 Dutch Pinks Unloading Fish Watercolour/paper 26x36cm/*10x14in* London 97
KNOX William 1862-1925 **[47]**
    $526 FF3 158 £320 A Venetian Canal Scene Watercolour 27,5x37cm/*10x14in* Billingshurst, West Sussex 98
KNOX William Dunn 1880-1945 **[13]**
    $1 225 FF6 310 £811 Landscape Oil/board 22x29cm/*8x11in* Melbourne 96
    $19 579 FF116 959 £12 000 On the River Barrow, Geelong, Victoria Oil/canvas 71x91cm/*27x35in* London 98
KNUDSEN Peder 1868-1944 **[40]**
    $467 FF2 657 £288 Gadeparti fra Paris med St. Germen des Pres Oil/canvas 69x79cm/*27x31in* Vejle 97
KNÜPFER Benes, Benedikt J. 1844-1910 **[6]**
    $2 799 FF16 761 £1 672 Antike Ruinen an südlicher Küste Öl/Leinwand 51x101cm/*20x39in* Köln 98
    $24 567 FF142 585 £15 000 Tritonenkampf Oil/canvas 113x225cm/*44x88in* London 97
KNÜPFER Nikolaus c.1603-1655 **[5]**
    $2 635 FF15 000 £1 630 Le jugement de Salomon (?) Huile/panneau 36,5x30cm/*14x11in* Paris 97
    $1 102 FF6 704 £675 Esther vor Ahasver Ink 15,6x20,8cm/*6x8in* Hamburg 98
KNUTSON Greta Tzara 1899-1983 **[38]**
    $1 178 FF6 731 £721 Komposition No 25 Oil/canvas 81x100cm/*31x39in* Stockholm 97
    $10 032 FF60 000 £6 090 Cadavres exquis Crayons couleurs 24x31,5cm/*9x12in* Paris 97
KNUTSON Johan 1816-1899 **[19]**
    $1 933 FF11 610 £1 159 Kustö ruiner Oil/panel 18x30cm/*7x11in* Helsinki 98
    $7 716 FF44 976 £4 752 Strandliv Oil/canvas 66,5x103cm/*26x40in* Helsinki 97
KNYFF de Alfred 1819-1885 **[11]**
    $3 880 FF20 000 £2 503 Deux jeunes femmes et un chien dans une clairière Huile/toile 55x71cm/*21x27in* Fécamp 96
KNYFF Wouter c.1607-1693 **[4]**
    $12 435 FF71 910 £7 695 Eine befestigte Stadt an einem Fluss Oil/wood 36x61cm/*14x24in* Wien 97
KO SOKUKU 1730-1804 **[1]**
    $2 294 FF13 409 £1 400 Passengers on a ferryboat in Spring Ink 99,5x42cm/*39x16in* London 97
KOBELL Ferdinand 1740-1799 **[82]**
    $144 FF871 £87 Landschaften Radierung 19,5x18cm/*7x7in* Pforzheim 98
    $403 FF2 387 £239 Flusslandschaft mit Hütte und zwei Fischern Ink/paper 9x12cm/*3x4in* München 97
KOBELL Franz Innocenz 1749-1822 **[84]**
    $243 FF1 413 £149 Felsige, kleine Landschaft Radierung 9x6cm/*3x2in* Heidelberg 97

✐ *$451 FF2 699 £276* Ideallandschaft mit Ziegenherde und Hirten am Ufer Ink/paper 17,5x24,5cm/*6x9in* München 98
KOBELL Hendrik II 1751-1779 **[9]**
👜 *$2 326 FF13 382 £1 373* Segelschiffe vor der Küste Oil/panel 19x26cm/*7x10in* München 97
🗔 *$797 FF4 759 £489* The Entrance to Oude Haven Docks at Rotterdam Etching 19x32,5cm/*7x12in* Haarlem 98
✐ *$3 854 FF22 757 £2 282* Eine Seeschlacht Watercolour 17x23,5cm/*6x9in* Berlin 97
KOBELL Jan II Baptist 1778-1814 **[25]**
👜 *$2 000 FF11 675 £1 189* Sheep and Cattle Resting by a Pond Oil/panel 37x30,5cm/*14x12in* New-York 97
👜 *$5 625 FF32 051 £3 513* Melkende Bäuerin mit Kühen an der Tränke Oil/panel 41x55cm/*16x21in* Köln 97
👜 *$336 FF2 008 £203* Kühe vor einem Bauerhaus Pencil/paper 35,5x51,3cm/*13x20in* Köln 97
KOBELL von Wilhelm A. (Attrib.) 1766-1855 **[7]**
✐ *$953 FF5 689 £575* Berglandschaft mit Vieh Indian ink/paper 26,5x31,5cm/*10x12in* Köln 97
KOBELL von Wilhelm Alexander W. 1766-1855 **[74]**
👜 *$28 175 FF168 010 £17 490* Bauernfuhrwerk in der Furt Oil/panel 30,4x39,6cm/*11x15in* Dresden 97
🗔 *$589 FF3 050 £383* "Das Pferde-Rennen..."   D Etching 38,5x61cm/*15x24in* München 96
✐ *$2 081 FF12 319 £1 235* Studie nach einem Reitpferd Aquarell/Papier 26,5x25cm/*10x9in* München 97
KOBERLING Bernd 1938 **[16]**
✐ *$3 814 FF22 757 £2 301* Komposition Gouache/papier 104x74cm/*40x29in* Hamburg 97
KOBERWEIN Georg 1820-1877 **[2]**
👜 *$12 013 FF73 657 £7 200* Princess Louise, Marchioness of Lorne Oil/canvas 53x43,5cm/*20x17in* London 98
KØBKE Christen 1810-1848 **[28]**
👜 *$10 330 FF51 700 £6 700* Parti ved en havemur, Italien, efter Fritz Petzholdt Oil/canvas 24x32cm/*9x12in* Köbenhavn 96
👜 *$12 730 FF66 500 £7 580* Sophie Hedevig Olivarius, b. Mohr (1752-1835) Oil/canvas 50x43cm/*19x16in* Köbenhavn 96
✐ *$1 719 FF9 726 £1 053* Stående mandlig model Pencil/paper 30x20cm/*11x7in* Köbenhavn 97
KOBLIHA Frantisek 1877-1962 **[5]**
🗔 *$229 FF1 186 £149* Weibliche Akte Lithographie 60x43,5cm/*23x17in* München 96
KOBOT Gusti Ketut 1917-? **[3]**
👜 *$5 480 FF26 800 £3 470* Village, Pengosekan, Ubud Tempera 65x47cm/*25x18in* Amsterdam 95
✐ *$1 070 FF6 210 £656* Shiva and Sang Hyang Kumara and Sung Hyang Gane Pencil 44x33cm/*17x12in* Amsterdam 97
KOCH Anton Joseph 1768-1839 **[27]**
👜 *$3 858 FF22 488 £2 376* Bergslandskap Oil/canvas 61x49cm/*24x19in* Helsinki 97
🗔 *$196 FF1 016 £126* San Stefano Rotondo in Roma Etching 16,5x21,5cm/*6x8in* Heidelberg 96
✐ *$4 390 FF26 224 £2 687* St. Georg tötet den Drachen Ink/paper 33x29cm/*12x11in* München 98
KOCH Georg 1878-? **[4]**
👜 *$4 010 FF23 441 £2 447* The meet Oil/canvas/board 65x100cm/*25x39in* Amsterdam 97
KOCH Georg 1857-1936 **[8]**
👜 *$5 737 FF32 859 £3 502* Boskap på strandäng vid Nordkusten Oil/canvas 75x150cm/*29x59in* Stockholm 97
KOCH Georg Moritz 1885-? **[1]**
🗔 *$3 127 FF18 886 £1 900* "Sports d'hiver dans les Grisons, Chemin de fer rhétique" Poster 102x70cm/*40x27in* London 98
KOCH George Joseph 1885-1951 **[3]**
👜 *$12 000 FF62 600 £7 250* Carmel Brakers Oil/board 106x127cm/*41x50in* San Francisco-Los Angeles 96
KOCH John 1909-1978 **[37]**
👜 *$2 000 FF11 976 £1 228* Portrait of a Contemplative Young Woman with Chinese Tea Bowl Oil/canvas 81x60cm/*32x24in* Elgin, Illinois 98
👜 *$19 000 FF112 027 £11 650* Farmers Nooning Oil/canvas 102x127cm/*40x50in* New-York 98
KOCH Josef XIX-XX **[10]**
👜 *$2 155 FF10 680 £1 364* "Lech in Vorarlberg" Oil/panel 18x24cm/*7x9in* Lindau 95
KOCH Ludwig 1866-1934 **[36]**
👜 *$3 047 FF18 122 £1 835* Berittene Soldaten vor dem Stadttor Mixed media 49x60cm/*19x23in* Wien 98

$804 FF4 757 £477 Salome Aquarell/Karton 48,5x35cm/*19x13in* Wien 97

KOCH Martin 1940 **[4]**
$5 720 FF27 600 £3 600 Desert Cheetah Oil/canvas 76x120cm/*29x47in* London 95

KOCH Max 1859-1930 **[5]**
$2 021 FF12 416 £1 212 "Alter Schiffsbauer" Oil/wood 35x50,5cm/*13x19in* Köln 98

KOCH Pyke 1901-1991 **[16]**
$28 900 FF151 000 £17 450 Apple Oil/panel 15x19cm/*5x7in* Amsterdam 96
$211 822 FF1 258 474 £125 974 De rustende Slaapwandelaarster IV - The Resting Sleepwalker IV Oil/canvas 45x75cm/*17x29in* Amsterdam 97

KOCH Walter 1875-1915 **[18]**
$1 955 FF11 197 £1 156 "Sports d'hiver dans les Grisons" Poster 70x100,5cm/*27x39in* New-York 97

KOCHANOWSKI Roman 1856-1945 **[17]**
$1 002 FF5 756 £611 Landscape with cows Oil/panel 9,5x17cm/*3x6in* Warszawa 97
$4 331 FF25 736 £2 576 Bauern in Moorlandschaft Öl/Leinwand 37x54cm/*14x21in* München 97

KOCHER Fritz 1904-1973 **[5]**
$750 FF4 520 £453 Road to the Mountains Oil/canvas 58x78cm/*23x31in* Pasadena, California 98

KOCHERSCHEIDT Kurt, Kappa 1943-1992 **[23]**
$4 160 FF21 720 £2 476 Kleopatra's Tod nach Makart Mixed media/canvas 76x62,5cm/*29x24in* Wien 96
$13 895 FF83 300 £8 295 Ohne Titel Öl/Leinwand 160x120cm/*62x47in* Wien 98
$1 588 FF9 520 £948 Ohne Titel Mischtechnik/Papier 42x58cm/*16x22in* Wien 98

KÖCKERT Julius 1827-1918 **[11]**
$1 782 FF10 121 £1 115 Junge Mutter mit ihrem Kind bei der Traubenernte Öl/Leinwand 35x29cm/*13x11in* München 97
$3 200 FF19 025 £1 927 Admiring the Landscape Oil/canvas 84x67cm/*33x26in* New-York 98

KOECHL Manfred 1956 **[6]**
$370 FF2 142 £220 Ohne Titel Mischtechnik/Papier 43,5x30,5cm/*17x12in* Wien 97

KOEHLER Henry 1927 **[30]**
$5 000 FF29 603 £2 969 Polo Track Room Oil/canvas/board 46x30,5cm/*18x12in* New-York 97
$8 000 FF41 800 £4 830 Belvoir Staff Hunting Kit Oil/canvas 74x61cm/*29x24in* New-York 96

KOEHLER Mela 1885-1960 **[9]**
$654 FF3 360 £408 Dame mit rotem Hut Aquarell/Papier 33x23cm/*12x9in* Wien 96

KOEHLER Paul R. 1866-1909 **[13]**
$400 FF2 482 £239 Homestead Pastel/paper 40x60cm/*16x24in* Mystic, Connecticut 98

KOEKE Hugo 1874-1956 **[1]**
$860 FF4 992 £525 "Hamburg-Amerika Linie, nach New York" Poster 120x83cm/*47x32in* Amsterdam 97

KOEKKEK Stephen 1887-1934 **[9]**
$1 400 FF8 521 £834 Crepuscular Oleo/tabla 30x36cm/*11x14in* Buenos Aires 97
$6 000 FF31 431 £3 608 Barcas y molino Oleo/lienzo 91x122cm/*35x48in* Montevideo 96

KOEKKOEK Barend-C. (Attrib.) 1803-1862 **[5]**
$3 564 FF20 242 £2 230 Waldlandschaft mit einem Teich vorn und einer Köhlerhütte Öl/Leinwand 37x47cm/*14x18in* München 97
$4 854 FF28 223 £2 892 Vagebond op een landweg Oil/panel 20x26,5cm/*7x10in* Den Haag 97
$673 FF4 016 £406 Rückenansicht eines stehenden Mannes Pencil/paper 22x16,5cm/*8x6in* Bremen 97

KOEKKOEK Barend-Cornelis 1803-1862 **[79]**
$35 661 FF207 472 £21 843 A river landscape with travellers on a path along ruins Oil/panel 36,5x47cm/*14x18in* Amsterdam 97
$59 150 FF345 509 £35 000 Country folk in a wooded landscape Oil/panel 29x39cm/*11x15in* London 97
$2 549 FF15 085 £1 534 Seenlandschaft mit Kühen an der Tränke Aquarell/Papier 18x26,5cm/*7x10in* Lindau 98

KOEKKOEK Gerard Joh. 1871-1956 **[8]**
$1 000 FF5 906 £621 Winter Landscape Oil/panel 31,5x43cm/*12x16in* Boston, Mass. 97
$2 230 FF11 300 £1 462 Winterliche Landschaft mit Kanal Öl/Leinwand 60x80cm/*23x31in* Frankfurt 96

KOEKKOEK Hendrik Barend 1849-1909 **[17]**
$3 250 FF19 819 £1 950 A Winter Walk Oil/panel 20x27cm/*7x10in* Boston, Mass. 98
$7 020 FF36 120 £4 380 Zomerse dag met wandelaars op landweggetje Oil/canvas 39x49cm/*15x19in* Den Haag 96

KOEKKOEK Hendrik Pieter 1843-1890 **[40]**
$6 030 FF30 650 £3 600 Near Haarlem Oil/canvas 63x99cm/*24x38in* London 96

$6 749 FF35 921 £3 980 At the farmhouse Oil/canvas 30,5x46,4cm/*12x18in* New-York 97
KOEKKOEK Hermanus I 1815-1882 [115]
$1 785 FF10 700 £1 065 The Headland Oil/canvas/board 33x48,5cm/*12x19in* Melbourne 98
$15 469 FF93 022 £9 275 Shipping on a Choppy Sea Oil/panel 24,5x33cm/*9x12in* Amsterdam 98
KOEKKOEK Hermanus I (Attrib.) 1815-1882 [3]
$1 640 FF8 450 £1 050 Sturmgepeitschte Küste Oil/panel 24x34cm/*9x13in* Stuttgart 96
KOEKKOEK Hermanus II 1836-1909 [110]
$2 400 FF12 216 £1 445 Dutch harbor scene Oil/canvas 44x59cm/*17x23in* Wethersfield, CT 96
$3 222 FF19 212 £2 000 Fishermen in a Choppy Sea Oil/canvas 29x44cm/*11x17in* London 97
$489 FF2 985 £300 Sailing Barges on a Dutch River Watercolour/paper 35,5x51cm/*13x20in* Billingshurst, West Sussex 98
KOEKKOEK Hermanus Willem 1867-1929 [34]
$2 750 FF16 053 £1 663 "Old Castle on the Vecht" Oil/board 18x30cm/*7x12in* Bloomfield Hills, Michigan 97
$7 935 FF46 869 £4 930 The Riderless Horse Oil/canvas 43x53cm/*17x21in* Elgin, Illinois 97
KOEKKOEK Jan Hermanus Barend 1840-1912 [85]
$8 770 FF45 150 £5 480 Fishing-family on a beach Oil/panel 26,5x35cm/*10x13in* Amsterdam 96
$9 640 FF48 200 £6 240 Schiffe auf stürmischer See Oil/panel 38x60cm/*14x23in* Düsseldorf 96
KOEKKOEK Johannes Hermanus 1778-1851 [36]
$9 530 FF49 400 £6 160 Le repos de pêcheurs Huile/toile 26x40cm/*10x15in* Bruxelles 96
$23 506 FF136 661 £14 007 Zeilschepen voor de kust Oil/panel 45x62,5cm/*17x24in* Den Haag 97
$1 120 FF6 496 £660 Une chaumière Lavis 16x23cm/*6x9in* Liège 97
KOEKKOEK Marinus A. (Attrib.) 1807-1868 [5]
$8 819 FF51 035 £5 389 A Summer landscape with Fishermen by a Boat Oil/canvas 45x58cm/*17x22in* Amsterdam 97
KOEKKOEK Marinus Adrianus 1807-1868 [53]
$1 001 FF5 708 £609 Paysage avec petit personnage Huile/toile 46x65cm/*18x25in* Bruxelles 97
$8 320 FF48 407 £5 096 A wooded river landscape with a peasant and flock on a country road Oil/panel 26,5x35cm/*10x13in* Amsterdam 97
KOEKKOEK Marinus Adrianus II 1873-1944 [17]
$693 FF4 100 £416 Poultry in a yard Oil/panel 27x36cm/*10x14in* Amsterdam 97
$3 750 FF22 257 £2 297 A Treelined Country Raod with a Cowherd and His Cattle Oil/canvas 49x64cm/*19x25in* San Francisco 98
KOEKKOEK Willem 1839-1895 [68]
$36 770 FF221 372 £22 000 Figures in a Dutch Town Square Oil/panel 31x40cm/*12x15in* London 98
$70 438 FF409 523 £43 000 Figures in a Street Scene, Summer Oil/canvas 71,5x61,5cm/*28x24in* London 97
KOEKKOEK Willem (Attrib.) 1839-1895 [1]
$5 360 FF27 250 £3 200 Dutch town scene Oil/panel 15x19cm/*5x7in* London 96
KOELIKER Hermann A. 1894-1965 [2]
$2 981 FF17 853 £1 782 Petit port Hollandais Huile/bois 16x20cm/*6x7in* Antwerpen 98
KOEMPEL 1912-1987 [10]
$669 FF3 866 £397 Ossekarren in een Indonesisch straatje Oil/panel 58x82cm/*22x32in* Rotterdam 97
KOENIG Fritz 1924 [25]
$4 176 FF24 225 £2 570 Reitergruppe Bronze 23x35,5x5,5cm/*9x13x2in* Heidelberg 97
$1 897 FF9 820 £1 233 Blumesntrauss Watercolour 24x25,5cm/*9x10in* München 96
KOENIG John-Franklin 1920 [28]
$224 FF1 230 £135 Composition Technique mixte/papier 27x23,5cm/*10x9in* Montréal 97
KOENIG Jules Raymond 1872-? [2]
$10 000 FF59 453 £6 118 Brittany Beach Oil/canvas 50x65cm/*19x25in* New-York 97
KOENIGER Walter 1881-1943 [38]
$1 800 FF10 238 £1 101 Afternoon Sunlight Oil/canvas 50x60cm/*20x24in* New-York 97
KOERNER Ernst Carl 1846-1927 [27]
$12 880 FF66 200 £8 020 The Acropolis, Athens Oil/canvas 51,5x100,5cm/*20x39in* Wien 96
$30 085 FF181 123 £18 000 The Alhambra Oil/canvas 126,5x190cm/*49x74in* London 98
KOERNER William H. Dethlef 1878-1938 [23]
$18 500 FF105 956 £10 944 He Wore a Steeple-Crowned Hat and He Carried a Long Rifle Oil/canvas

---

91x66cm/*36x26in* Santa Fe, New Mexico 97

  $230 000 FF1 364 981 £140 875 Indians Attacking Stagecoach Oil/canvas 102x127,5cm/*40x50in* New-York 98

  $1 000 FF6 131 £613 Mountainous Lake View Watercolour/paper 13x13cm/*5x5in* Mystic, Connecticut 98

KOESTER Alexandre Max 1864-1932 **[149]**

  $1 157 FF6 759 £710 Gehöftstudie Öl/Leinwand 49x42cm/*19x16in* Frankfurt 97

  $6 491 FF37 137 £4 051 Ruhende Ziege Öl/Leinwand/Karton 22,5x30cm/*8x11in* Stuttgart 97

  $179 FF1 070 £108 Die Kirche von Ingersheim im Elsass Ink/paper 34,7x27,8cm/*13x10in* Köln 97

KOETS Roelof I (Attrib.) c.1592-1655 **[2]**

  $17 673 FF106 156 £10 598 Stilleben Oil/panel 54x64cm/*21x25in* Helsinki 98

KOETSCHET Achille 1862-1895 **[9]**

  $1 294 FF7 754 £773 Glooiend landschap met dorpje Oil/canvas 27x41cm/*10x16in* Den Haag 98

KOGAN Moissey 1879-1942 **[45]**

  $344 FF1 722 £217 Opfergabe Etching 16x14,5cm/*6x5in* München 95

  $1 272 FF6 640 £768 Two female nudes Bronze H14,5cm/*H5in* Amsterdam 96

KOGAN Nina 1887-1942 **[27]**

  $1 098 FF6 532 £680 Komposition Watercolour 20x14,5cm/*7x5in* München 97

KOGELNIK Kiki 1935-1997 **[14]**

  $8 010 FF47 570 £4 760 Space Man Acryl 75x60cm/*29x23in* Wien 97

  $3 216 FF19 084 £1 996 Ohne Titel Print 76x64cm/*29x25in* Wien 97

  $2 780 FF13 710 £1 807 "Candy Head" Sculpture H37cm/*H14in* Wien 95

KOGEVINAS Lykourgos 1887-1940 **[3]**

  $1 734 FF9 040 £1 047 The Acropolis Oil/canvas 15x34cm/*5x13in* Athens 96

  $3 700 FF19 300 £2 234 Bell Tower in Tinos Oil/canvas/board 37x46cm/*14x18in* Athens 96

KÖGL Benedikt Paul Benno 1892-1973 **[44]**

  $2 020 FF9 920 £1 280 Katze mit vier Jungen Oil/panel 30x39cm/*11x15in* Zürich 95

KOGLER Peter 1959 **[14]**

  $804 FF4 757 £477 The colour of money Farbserigraphie 88x88x10cm/*34x34x3in* Wien 97

  $516 FF3 094 £308 Gebeugte Figur Charcoal/paper 60x85cm/*23x33in* Wien 98

KOHL Ludwig 1746-1821 **[7]**

  $1 658 FF9 588 £1 026 Nächtliches Opfer in einem heidnischen Tempel Oil/wood 66x86,5cm/*25x34in* Wien 97

  $2 067 FF12 020 £1 262 Blick auf eine Buchanlage der Romantik Oil/copper 13x19cm/*5x7in* Wien 97

KÖHLER August 1881-1964 **[16]**

  $791 FF4 701 £486 Schlafendes Mädchen Öl/Karton 25x32cm/*9x12in* Dresden 97

KÖHLER Florian 1935 **[11]**

  $550 FF3 273 £327 Zwei Figuren mit Motorrad Pastell/Papier 29x25cm/*11x9in* München 97

KOHLER Fritz 1887-1971 **[35]**

  $882 FF5 067 £538 Blühende Wiesenblumen in der Eifel Öl/Leinwand 76x100cm/*29x39in* Düsseldorf 97

  $231 FF1 349 £139 Am Niederrhein bei Kaiserswerth Pencil/paper 33x47cm/*12x18in* Köln 97

KOHLHOFF Wilhelm 1893-1971 **[56]**

  $5 876 FF35 187 £3 609 Schwarzwaldlandschaft bei Vollmond Oil/panel 80x70cm/*31x27in* Köln 98

  $17 007 FF100 401 £10 071 Paris, Place de la Concorde Oil/panel 279,1x97,7cm/*109x38in* Berlin 97

  $1 962 FF11 267 £1 196 Frau am Tisch Aquarell/Karton 34x49,5cm/*13x19in* Berlin 97

KOHLMANN Ejnar 1888-1968 **[47]**

  $302 FF1 795 £185 Hästar Oil/canvas 33x24cm/*12x9in* Helsinki 97

  $475 FF2 873 £289 Strandstigen Oil/canvas 40x50cm/*15x19in* Helsinki 98

KOHLMEYER Ida 1912-1997 **[9]**

  $4 600 FF26 697 £2 717 Cluster Oil/canvas 63x83cm/*25x33in* New Orleans, Louisiana 97

  $600 FF3 724 £361 "Portent" Serigraph 21x17cm/*8x7in* New Orleans, Louisiana 98

  $1 400 FF8 536 £840 Seated Male Figure Graphite 59x44cm/*23x17in* New Orleans, Louisiana 98

KÖHNHOLZ Johann Wilhelm J. 1839-1925 **[4]**

  $10 985 FF64 166 £6 500 Sunset near Bari Oil/canvas 123,2x90,2cm/*48x35in* London 97

KOHRL Ludwig Dominik 1858-1927 **[10]**

  $2 080 FF10 850 £1 238 Happy Memories Oil/panel 16x12cm/*6x4in* Toronto 96

KOISTINEN Unto 1917-1994 **[54]**

  $145 FF884 £88 Kvinna Oil/canvas 12x10cm/*4x3in* Helsinki 98

  $1 852 FF11 036 £1 136 Latoja Oil/canvas 37x50cm/*14x19in* Helsinki 98

$203 FF1 214 £125 Tummatukkainen Etching 32x25cm/*12x9in* Helsinki 98
$902 FF5 521 £535 Naken Pastell 77x50cm/*30x19in* Helsinki 98
KOKEN Gustav 1850-1910 **[7]**
$3 250 FF16 542 £1 957 Rural Landscape: The old church Oil/canvas 76x104cm/*30x41in* Middletown, RI 96
KOKEN Paul 1853-? **[1]**
$4 206 FF25 100 £2 538 An der Mosel Öl/Leinwand 83,5x134,5cm/*32x52in* Köln 97
KOKINE Mikhail 1921 **[45]**
$603 FF3 555 £360 Terraza de flores Oleo/lienzo 50x61cm/*19x24in* Madrid 97
KOKKEN Henri 1860-1941 **[14]**
$1 179 FF7 308 £706 Nature morte aux roses Huile/toile 32x48cm/*12x18in* Antwerpen 98
$3 440 FF17 800 £2 200 Pink roses in a Japanese vase Oil/canvas 71x46cm/*27x18in* London 96
KOKLIOUCHKINE Georgi 1926 **[19]**
$366 FF1 800 £232 Phlox dans un vase bleu Huile/toile 50x60cm/*19x23in* Grenoble 95
KOKO Demeter 1891-1929 **[11]**
$3 786 FF18 600 £2 410 Winterstimmung Öl/Karton 49x68,7cm/*19x27in* Wien 95
KOKO-MIKOLETSKY Friedrich Albin 1887-1981 **[29]**
$993 FF4 900 £646 Wintermorgen im Hochgebirge (Berner Alpen) Öl/Leinwand 61x77cm/*24x30in* Wien 95
KOKOCINSKI Alessandro 1948 **[6]**
$960 FF5 440 £480 Ritratto di donna Olio/tela 65x50cm/*25x19in* Prato 98
KOKOSCHKA Oskar 1886-1980 **[629]**
$302 400 FF1 580 000 £180 000 Capriccio, or Tales in the Forest Oil/canvas 62x75cm/*24x29in* London 96
$635 FF3 809 £385 "Drei Hirten, Hund und Schafe" Color lithograph 14x9cm/*5x3in* Wien 98
$228 FF1 343 £140 The Action Painter/Urvater der Fische Coloured chalks 43x40cm/*16x15in* Heidelberg 97
KOLAR Jiri 1914 **[261]**
$505 FF3 000 £306 Hommage à Delacroix Technique mixte/carton 26,5x20,5cm/*10x8in* Paris 97
$987 FF5 626 £604 Modigliani Collage/Karton 73,5x31cm/*28x12in* Hamburg 97
$409 FF2 416 £250 Tennis & art Eau-forte 64x49cm/*25x19in* Luzern 98
$2 408 FF14 070 £1 425 Nofretete Sculpture H37cm/*H14in* Köln 97
$745 FF4 355 £441 Jablko Noci Collage 40x30cm/*15x11in* Köln 97
KÖLARE Nils 1930 **[44]**
$1 045 FF5 340 £688 Ränder i purpur och svart Oil/canvas 70x70cm/*27x27in* Stockholm 96
KOLB Alois 1875-1942 **[27]**
$117 FF694 £71 Abenteuer Etching 47x32cm/*18x12in* München 98
KOLBE Carl Wilhelm I 1757-1835 **[65]**
$283 FF1 673 £167 Walddickicht, vor dem ein Stier nach links springt Radierung 22x16cm/*8x6in* Berlin 97
KOLBE Carl Wilhelm II 1781-1853 **[11]**
$405 FF2 515 £244 Kaiser Friedrich Barbarossa wird zu Grabe getragen Pencil 15x19cm/*5x7in* Heidelberg 98
KOLBE Ernst 1876-1945 **[11]**
$1 750 FF10 727 £1 045 Der Dom zu Regensburg von der Donau gesehen Öl/Karton 37x39cm/*14x15in* Dresden 98
KOLBE Georg 1877-1947 **[153]**
$4 750 FF24 760 £2 986 Nude young man Oil/canvas 95x60cm/*37x23in* New-York 96
$1 014 FF5 250 £648 Liegender weiblicher Akt Lithographie 19x28,5cm/*7x11in* Heidelberg 96
$19 650 FF101 700 £12 700 Statuette (Aufsteigende) Bronze H41cm/*H16in* Köln 96
$47 965 FF285 523 £29 784 Grosse Aufsteigende Bronze H159cm/*H62in* Dresden 97
$4 650 FF24 100 £3 003 Sitzender Akt Aquarell/Papier 47x36cm/*18x14in* Wien 96
KOLBE Heinrich Christoph 1771-1836 **[3]**
$60 000 FF308 400 £37 500 Helen and Paris Oil/canvas 131x164cm/*51x64in* New-York 96
KOLESNIKOFF Serguei 1889-c.1930 **[19]**
$5 598 FF33 523 £3 345 Russischer Markt Öl/Leinwand 83x115cm/*32x45in* Köln 98
$2 239 FF13 409 £1 338 Tanzende russische bauernmädchen in Festtagstracht Gouache/paper 40x48cm/*15x18in* Köln 98
KOLESNIKOV Ivan Feodorovich 1887-1929 **[1]**
$12 920 FF64 600 £8 500 The village across the river Oil/canvas 104x105cm/*40x41in* London 95
KÖLIG Anton 1886-1950 **[18]**

$3 475 FF17 140 £2 260 Two reclining male nudes Pencil/paper 35x49cm/*13x19in* Wien 95

KOLIG Cornelius 1942 **[5]**
$3 043 FF18 076 £1 808 Ohne Titel Metal 72x35x31cm/*28x13x12in* Wien 97
$1 230 FF7 167 £756 Ohne Titel Mischtechnik/Papier 50x65cm/*19x25in* Wien 97

KOLITZ Louis 1845-1914 **[5]**
$1 773 FF10 472 £1 071 Abendlicher Heimweg Öl/Leinwand 60x71cm/*23x27in* Wien 97

KOLLAR François 1904-1979 **[52]**
$1 164 FF7 000 £696 Paquebot Ile de France Photo 22x17,2cm/*8x6in* Paris 98

KØLLE Claus Anton 1827-1872 **[21]**
$725 FF4 397 £439 Ruiner ved Gurre Oil/canvas 29x40cm/*11x15in* Köbenhavn 98
$1 170 FF5 760 £754 Wooded river landscape, Rådvad Oil/canvas 65x96cm/*25x37in* Köbenhavn 95

KOLLE Helmut von Hügel 1899-1931 **[5]**
$3 346 FF16 470 £2 155 Stilleben mit Trauben und Pfirsichen Öl/Leinwand 30x46cm/*11x18in* Köln 95
$23 968 FF140 000 £14 182 Le marin Huile/toile 116x89cm/*45x35in* Paris 97
$709 FF4 043 £434 Legenden Lithographie 30,5x24cm/*12x9in* Hamburg 97

KOLLER Ben-Ami 1948 **[18]**
$438 FF2 500 £274 Sans titre Pierre noire/papier 32x31cm/*12x12in* Paris 97

KOLLER Johann Jakob 1746-c.1805 **[5]**
$273 FF1 677 £163 Aussicht der Stadt Frankfurt am Mayn von der Waldseite Etching, aquatint 30x47cm/*11x18in* Bad Vilbel 98

KOLLER Johann Rudolf 1828-1905 **[4]**
$2 948 FF17 806 £1 770 Landschaftstudie Öl/Leinwand 29x40cm/*11x15in* Luzern 98

KÖLLER Joseph actif 1845-1858 **[1]**
$3 322 FF19 845 £2 059 Jagdstilleben mit Fasan Öl/Leinwand 59x69cm/*23x27in* Zürich 97

KOLLER Oskar 1925 **[18]**
$159 FF806 £104 Menschen am Nil Farblithographie 28,5x38cm/*11x14in* Bern 96
$392 FF2 342 £236 Blumenbouquet Aquarell/Papier 19x28cm/*7x11in* Düsseldorf 97

KOLLER Rudolf 1828-1905 **[55]**
$400 FF2 429 £245 Herrenportrait, nach Tizian Oil/canvas 45x37,5cm/*17x14in* Zofingen 98
$3 340 FF17 288 £2 129 Kuh am Ufer des Zürichsees Oil/canvas 31,5x48cm/*12x18in* Zürich 96
$14 216 FF82 508 £8 400 Landschaft mit kleiner Schafherde Öl/Leinwand 132x110cm/*51x43in* Bern 97
$1 317 FF6 470 £834 Studie einer Bäuerin Charcoal 54x33,5cm/*21x13in* Zürich 95

KOLLER Silvia 1898-1966 **[33]**
$287 FF1 470 £186 Tigerkatze Charcoal/paper 42,5x60cm/*16x23in* Wien 95

KOLLER Wilhelm 1829-1884 **[7]**
$770 FF4 405 £480 Villa De Como Oil/canvas 78x127cm/*31x50in* Chester, NY 97

KOLLER-PINELL Broncia 1863-1934 **[47]**
$714 FF4 284 £426 Bildnis einer Frau Oil/board 38x35,5cm/*14x13in* Wien 98
$4 980 FF24 970 £3 150 Landschaft mit Häusern Öl/Leinwand 44x55cm/*17x21in* Wien 95
$307 FF1 564 £203 Marktfrau mit Organgen Woodcut in colors 26x26cm/*10x10in* Wien 96
$1 723 FF8 800 £1 143 Kapelle im Park des Gutes Oberwaltersdorf Mischtechnik/Papier 37,5x27,5cm/*14x10in* Wien 96

KOLLMANN Albert c.1905-1937 **[3]**
$1 297 FF7 644 £801 Bernstein Oil/panel 50x59,5cm/*19x23in* Wien 97

KOLLMANN Karl Ivanovitch 1788-1846 **[9]**
$1 260 FF6 180 £820 Santa Lucia Acquarello 19x26cm/*7x10in* Roma 95

KOLLNER Augustus 1813-1906 **[4]**
$3 750 FF22 782 £2 257 Landscape Depicting a Farm Scene in Lumberville, Bucks County Watercolour/paper 56x74cm/*22x29in* Downington, PA 98

KOLLNER Augustus (Attrib.) 1813-1906 **[4]**
$1 800 FF10 551 £1 107 View of Philadelphia at 34th Street Watercolour/paper 33,5x59cm/*13x23in* New-York 97

KOLLWITZ Käthe 1867-1945 **[957]**
$1 288 FF6 350 £840 Verbrüderung Lithographie 23,5x17cm/*9x6in* Hamburg 95
$396 FF2 000 £260 Head of a woman Bronze H14cm/*H5in* London 96
$26 842 FF139 121 £17 432 Die Gefangenen Charcoal/paper 28x43cm/*11x16in* Luzern 96

KOLOS-VARY Sigismond 1899-1983 **[241]**
$183 FF1 100 £109 Sans titre Technique mixte 40x30cm/*15x11in* Boulogne-sur-Seine 98

☞ *$632 FF3 800 £379* Composition XVII Huile/toile 100x80cm/*39x31in* Boulogne-sur-Seine 98
☞ *$1 048 FF6 300 £629* Silence Huile/toile 64x212cm/*25x83in* Boulogne-sur-Seine 98
☜ *$299 FF1 800 £179* Structure Sculpture 26x11x35cm/*10x4x13in* Boulogne-sur-Seine 98
✎ *$149 FF900 £89* Composition Gouache/papier 55x41cm/*21x16in* Boulogne-sur-Seine 98
KOLOZSVARY Lajos 1871-1937 **[13]**
☞ *$1 307 FF7 607 £800* Talmud study Oil/canvas 48x38cm/*18x14in* Amsterdam 97
KOLYADA Sergei 1907 **[2]**
☞ *$4 205 FF21 000 £2 747* Chemin des Haules, Bagatelle Huile/toile 70x50cm/*27x19in* Le Havre 95
KOMAR & MELAMID 1943/1945 **[7]**
☞ *$11 000 FF65 089 £6 711* The Venus de Milo Oil/canvas 123x122cm/*48x48in* New-York 98
KOMAROMI-KACZ Endre 1880-1969 **[49]**
☞ *$1 260 FF7 140 £630* La musicista Olio/tela 80x60cm/*31x23in* Trieste 98
KONARSKI Josef XIX **[5]**
☞ *$1 256 FF7 718 £753* Troikafahrt im Schnee Oil/wood 13x19cm/*5x7in* Köln 98
KONCHALOVSKY Piotr Petrovich 1876-1956 **[10]**
☞ *$2 047 FF11 959 £1 212* Still life with tea cup Mixed media 25x35cm/*9x13in* Stockholm 97
☞ *$6 542 FF40 012 £4 000* Still Life with Flowers and Berries Oil/canvas 61x47,5cm/*24x18in* London 98
KONDOS Greg XX **[3]**
✎ *$2 587 FF15 537 £1 545* Summer Beach/The Beach Pastel 19x23cm/*7x9in* San Francisco 98
KONDRATENKO Gavriil Pavlovich 1854-1924 **[11]**
☞ *$4 000 FF20 000 £2 590* Rocky landscape Oil/canvas 50x67cm/*19x26in* New-York 96
KONEK Ida 1856-? **[5]**
☞ *$4 651 FF28 257 £2 800* The Artist's Model Oil/canvas 109x80,5cm/*42x31in* London 98
KONG XIAOYU 1898-? **[1]**
✎ *$1 187 FF7 115 £709* Still Life Silk Worms Coloured inks/paper 14,5x39,5cm/*5x15in* Hong Kong 98
KONGSRUD Anders 1866-1938 **[8]**
☞ *$3 585 FF21 242 £2 147* Dompapper Oil/canvas 60x80cm/*23x31in* Oslo 97
KONI Nicolaus 1911 **[4]**
☜ *$2 500 FF12 500 £1 620* Standing nude Bronze H71cm/*H28in* Delray Beach, Florida 96
KÖNIG Anton Friedrich I 1722-1787 **[7]**
☞ *$8 120 FF42 500 £4 840* Altersbildnis von Friedrich dem Grossen Miniature 9x7,4cm/*3x2in* Berlin 96
KÖNIG Franz Niklaus 1765-1832 **[40]**
▥ *$155 FF924 £95* "Canton Bern. Jacob und Elis : Kÿbolz aus dem Ärgaü" Soft ground 27,2x22cm/*10x8in* Bern 98
✎ *$545 FF2 800 £340* Deux marchandes de légumes Aquarelle/papier 16,5x25cm/*6x9in* Paris 96
KÖNIG Friedrich 1857-1941 **[33]**
☞ *$1 860 FF9 630 £1 201* Stilleben mit Flieder, Azalee und Velchein Öl/Leinwand 100x70cm/*39x27in* Wien 96
☞ *$2 170 FF12 881 £1 347* Stiller Weiher Öl/Leinwand 30,5x25cm/*12x9in* Wien 97
✎ *$1 295 FF6 370 £825* Männlicher Rückenakt Mischtechnik/Papier 48,5x29,5cm/*19x11in* Wien 95
KÖNIG Fritz 1924 **[4]**
✎ *$473 FF2 695 £289* Tod und Mädchen Chalks/paper 50x20cm/*19x7in* Hamburg 97
KÖNIG Johann 1586-1642 **[13]**
☞ *$5 271 FF30 000 £3 261* La Flagellation du Christ Huile/panneau 43x53,5cm/*16x21in* Paris 97
☞ *$41 640 FF215 487 £26 545* Esau verkauft sein Ertsgeburtsrecht Oil/copper 17x23,5cm/*6x9in* Zürich 96
✎ *$28 345 FF167 335 £16 785* Josuas Sieg über die Amoriter bei Gideon Gouache/vellum 14,5x18,5cm/*5x7in* Berlin 97
KÖNIG Johann (Attrib.) 1586-1642 **[5]**
☞ *$4 330 FF22 000 £2 844* La Nativité Huile/cuivre 27x21cm/*10x8in* Lille 96
KÖNIG von Leo 1871-1944 **[16]**
☞ *$3 401 FF20 080 £2 014* Balgende Tiger Oil/panel 33,5x32cm/*13x12in* Berlin 97
☞ *$17 596 FF101 014 £10 728* Hafen von Rapallo Öl/Leinwand 43,5x62,5cm/*17x24in* Berlin 97
KÖNIGSBRUNN von Hermann Reichsfreih. 1823-1907 **[3]**
☞ *$1 972 FF11 910 £1 197* Abenddämmerung am Fluss Öl/Leinwand 28x50cm/*11x19in* Wien 98
KONIJNENBURG van Willem 1868-1943 **[71]**
☞ *$1 363 FF8 144 £834* Ducks near a farm Oil/panel 32x45cm/*12x17in* Amsterdam 98
☞ *$2 507 FF14 638 £1 540* Stad (Maastricht) , City (Maastricht) Oil/canvas 79x106cm/*31x41in* Amsterdam 97

✐ *$408 FF2 498 £243* Sitting man Pastel/paper 34,5x19,5cm/*13x7in* Amsterdam 98
KONINCK de Andries XVII **[2]**
☞ *$30 600 FF153 000 £20 000* Still life Oil/canvas 56,5x83cm/*22x32in* London 95
KONINCK de Daniel 1668-c.1730 **[5]**
☞ *$46 000 FF228 000 £29 100* Portrait of a man wearing a plumed turban Oil/panel 87x70,5cm/*34x27in* New-York 95
KONINCK de David (Attrib.) 1636-1660 **[1]**
☞ *$3 050 FF16 000 £1 837* Poules et oiseaux Huile/toile 59,5x78,5cm/*23x30in* Paris 96
KONINCK Jacob c.1614-c.1695 **[4]**
☞ *$10 750 FF56 100 £6 500* Wooded river landscape with a mother and child on a path Oil/panel 39,5x45cm/*15x17in* London 96
KONINCK Jacob I (Attrib.) c.1614-c.1695 **[4]**
☞ *$26 000 FF153 301 £15 943* Extensive Landscape with Figures by the Banks of a River Oil/canvas 66,5x85,5cm/*26x33in* New-York 98
✐ *$1 895 FF9 640 £1 136* Farm building by a tree Ink 9,6x15,5cm/*3x6in* Amsterdam 96
KONINCK Philips 1619-1688 **[15]**
☞ *$336 995 FF1 987 059 £199 500* Extensive lanscape with figures near a river Oil/canvas 124,5x167,5cm/*49x65in* London 97
☞ *$1 310 000 FF6 750 000 £840 000* Panoramic landscape Oil/canvas 53x77cm/*20x30in* London 96
✐ *$58 289 FF342 464 £35 000* A Scene from the Old Testament, the Anointing of a Queen Wash 20x36cm/*7x14in* London 97
KONINCK Salomon 1609-1656 **[9]**
☞ *$12 040 FF60 000 £7 880* Le cabinet du Philosophe Huile/panneau 18,5x23cm/*7x9in* Paris 95
▥ *$510 FF3 012 £302* Brustbildnis eines alten Mannes nach rechts Radierung 13x10cm/*5x3in* Berlin 97
KONING Edzard 1869-1954 **[11]**
☞ *$8 421 FF49 800 £5 055* La gouvernante Oil/canvas 27x21,5cm/*10x8in* Amsterdam 97
✐ *$617 FF3 569 £367* Vrouw bij hut Watercolour/paper 36x58cm/*14x22in* Rotterdam 97
KONING Elisabeth Joanna 1816-1888 **[2]**
☞ *$20 012 FF124 224 £12 000* Still Life of Flowers Oil/canvas 42x48cm/*16x18in* London 98
KONING Roeland 1898-? **[5]**
✐ *$1 467 FF8 383 £898* Chrysanten met fruit Watercolour 99x78cm/*38x30in* Den Haag 97
KONINGH de Arie Ketting 1815-1867 **[5]**
☞ *$1 128 FF6 466 £699* A wooded landscape with a peasantwoman by a farmhouse and a traveller. Oil/panel 32,5x45cm/*12x17in* Amsterdam 97
KONINGH de Leendert, Jnr. 1810-1887 **[8]**
☞ *$1 482 FF8 910 £896* Interieur met vrouw met wortels Oil/panel 44,5x35,5cm/*17x13in* Den Haag 98
☞ *$48 424 FF291 017 £29 000* Reading of the Koran Oil/panel 48x36cm/*18x14in* London 98
KONINGH de Leendert, Snr. 1777-1849 **[21]**
☞ *$3 745 FF21 775 £2 231* Cows in a Landscape Oil/canvas 67x98cm/*26x38in* Johannesburg 97
☞ *$4 200 FF24 000 £2 580* Juegos en la nieve Oleo/tabla 26x35cm/*10x13in* Madrid 97
✐ *$5 410 FF26 200 £3 485* A farmer bailing hay into a rowboat/A soldier and his attendants Ink 35x48cm/*13x18in* Amsterdam 95
KONINGSBRUGGEN van Rob 1948 **[9]**
☞ *$4 991 FF29 727 £2 967* Untitled Acrylic/canvas 100x100cm/*39x39in* Amsterdam 97
KONINGSVELD van Jacobus 1824-1866 **[5]**
☞ *$2 520 FF12 900 £1 634* Elegant beauty looking in a mirror Oil/canvas 87x72cm/*34x28in* Amsterdam 95
KONO Micao 1900-1979 **[95]**
☞ *$349 FF1 800 £224* Portrait d'un médecin Huile/toile 81x65cm/*31x25in* Paris 96
▥ *$250 FF1 500 £152* Nu Gravure 44x59cm/*17x23in* Paris 97
✐ *$171 FF1 000 £101* Femme aux bas Encre Chine/papier 22x11cm/*8x4in* Paris 97
KONOW von Jürgen Carl 1915-1959 **[26]**
☞ *$966 FF4 720 £613* Vy över Gamla Stan Oil/panel 46x55cm/*18x21in* Stockholm 95
KONTI Isidore 1862-1938 **[20]**
⬤ *$2 800 FF14 420 £1 790* "Literature and Drama", a pair of bronze bookends of two muses Bronze H22cm/*H8in* New-York 96
⬤ *$9 000 FF54 347 £5 402* Wood Nymph and Faun Marble H90cm/*H35in* New-York 98
KONTOPOULOS Alecos, Alex 1905-1975 **[4]**
☞ *$12 320 FF64 300 £7 440* Paysage chimérique Oil/canvas 111x100cm/*43x39in* Athens 96

KOOL Sipke, Spkee 1836-1902 **[9]**

  $1 650 FF10 128 £1 011 Girl Knitting Oil/panel 45x33cm/*18x13in* New Orleans, Louisiana 98

KOOL Willem Gillesz. 1608-1666 **[6]**

  $10 230 FF53 000 £6 600 Blick auf Scheveningen mit Fischerkäufern und einem Reiter Öl/Leinwand 36,5x71cm/*14x27in* Wien 96

KOONING de Elaine 1919-1989 **[19]**

  $18 000 FF104 166 £11 073 Southwestern Landscape Mixed media/board 122x152,5cm/*48x60in* Los Angeles 97

  $1 700 FF8 300 £1 075 Cliffs of Positano Watercolour 24x34cm/*9x13in* San Francisco-Los Angeles 95

KOONING de Willem 1904-1997 **[303]**

  $130 100 FF680 000 £77 500 Male Figure Huile/papier 75x60cm/*29x23in* Paris 96

  $480 000 FF2 787 456 £293 232 Duck Pond Oil/paper/canvas 122x150cm/*48x59in* New-York 97

  $2 750 FF16 391 £1 648 Untitled Color lithograph 71,5x63cm/*28x24in* New-York 98

  $135 000 FF783 972 £82 471 Head #4 Bronze 26,5x28cm/*10x11in* New-York 97

  $446 000 FF2 310 000 £298 000 Large Torso Bronze 91,5x79x67cm/*36x31x26in* New-York 96

  $3 400 000 FF17 600 000 £2 273 000 Mailbox Mixed media/paper 59x76cm/*23x29in* New-York 96

KOONS Jeff 1955 **[42]**

  $140 000 FF812 070 £82 754 Ilona on Top, Rosa Background Oil/canvas 244x366cm/*96x144in* New-York 97

  $111 FF670 £67 "Rabbit" Poster 67,5x48cm/*26x18in* Stuttgart 98

  $32 000 FF185 616 £18 915 Soccer Ball (Bumblebee) Bronze 21,5x21,5cm/*8x8in* New-York 97

  $225 000 FF1 308 150 £137 362 Stacked Sculpture, wood 154,9x134,6x78,7cm/*60x52x30in* New-York 97

  $9 939 FF58 881 £6 000 Sir Sid Photograph in colour 91,5x56cm/*36x22in* London 97

KOOPMAN Augustus B. 1869-1914 **[10]**

  $1 800 FF9 310 £1 167 French landscape Oil/canvas 66x50cm/*26x20in* Mystic, Connecticut 96

KOORNSTRA Metten 1912-1978 **[15]**

  $1 953 FF11 608 £1 162 A Still Life Oil/board 29x39cm/*11x15in* Amsterdam 97

KOPALLIK Franz 1860-1931 **[6]**

  $1 195 FF5 990 £756 Motiv aus der Wachau Watercolour 40x32,5cm/*15x12in* Wien 95

KÖPCKE Arthur 1928-1977 **[78]**

  $213 FF1 319 £127 Lommetörklaedecollage Oil/canvas 120x80cm/*47x31in* Köbenhavn 98

  $612 FF3 097 £392 Komposition Oil/paper 44x30cm/*17x11in* Köbenhavn 96

  $1 625 FF7 990 £1 034 Piece No. 91 Ink 70x46cm/*27x18in* Köbenhavn 95

KOPF Maxim 1892-? **[2]**

  $6 349 FF36 851 £3 751 Prag Öl/Leinwand 109x89cm/*42x35in* Dresden 97

KOPF von Joseph 1827-1903 **[2]**

  $9 773 FF55 658 £6 000 Figure of a young woman, emblematic of Winter Marble H110,5cm/*H43in* London 97

KOPFERMANN Sigrid 1925 **[8]**

  $651 FF3 855 £400 "Berge und Rosen blau schwarz" Oil/canvas 50x57,8cm/*19x22in* München 98

  $1 170 FF6 120 £697 Mit roter Blume Serigraph 86,5x62cm/*34x24in* Köln 96

KOPMAN Benjamin D. 1887-1965 **[22]**

  $1 100 FF6 278 £680 The cellist Oil/canvas 94x74cm/*37x29in* New-York 97

  $249 FF1 424 £154 Card players/Concert Watercolour 37,5x30cm/*14x11in* New-York 97

KÖPP VON FELSENTHAL E. XVIII-XIX **[4]**

  $598 FF3 000 £378 Die Prolling Engraving 40x49cm/*15x19in* Wien 95

KOPPAY Joszi Arpád, Jan 1859-c.1920 **[6]**

  $1 251 FF7 188 £781 Erzerzog Leopold Salvator (1863-1931) Pastel 76x63cm/*29x24in* Wien 97

KÖPPEN Theodor Hermann Wil. 1828-1903 **[7]**

  $2 355 FF13 805 £1 449 A Sleep by the roadside Oil/canvas 115x87cm/*45x34in* London 97

KOPPENOL Cornelis 1865-1946 **[33]**

  $2 340 FF12 040 £1 460 An Kitchen Interior with a Mother and Child Oil/canvas 61x81cm/*24x31in* Amsterdam 96

  $6 142 FF31 605 £3 832 Women Walking on the Beach, Scheveningen Oil/canvas 30,5x40cm/*12x15in* Amsterdam 96

  $1 911 FF11 289 £1 154 Motherly love Watercolour/paper 31,5x24cm/*12x9in* Amsterdam 97

KOPPERS Julia 1855-? **[2]**
- *$3 295 FF19 469 £2 048* Gelegenheit macht Diebe Öl/Leinwand 53,5x38cm/*21x14in* Stuttgart 97

KOPPITZ Rudolf 1884-1936 **[17]**
- *$5 000 FF28 851 £3 064* Study of Movement Photograph 25x18cm/*10x7in* New-York 97

KOPRIVA Erna 1894-1984 **[3]**
- *$2 563 FF15 283 £1 587* Golfspieler mit Caddie Ceramic H28,5cm/*H11in* Wien 97

KOR Paul 1926 **[5]**
- *$1 927 FF11 743 £1 196* La Toilette Oil/canvas 64x49cm/*25x19in* Melbourne 97

KORAB Karl 1937 **[233]**
- *$1 206 FF7 156 £748* Riots Mixed media 22x20cm/*8x7in* Wien 97
- *$6 352 FF38 080 £3 792* "Das rote Ding" Öl/Leinwand 110x90cm/*43x35in* Wien 98
- *$10 452 FF61 841 £6 201* Anrichte Öl/Leinwand 135x100cm/*53x39in* Wien 97
- *$162 FF965 £99* Stilleben Farbserigraphie 47x56,5cm/*18x22in* München 98
- *$1 479 FF8 625 £905* Stilleben Gouache/paper 19x26cm/*7x10in* Wien 97

KORBEL Mario Joseph 1882-1954 **[17]**
- *$4 000 FF20 600 £2 580* Standing Female Nude Bronze H72cm/*H28in* Bolton, Mass. 96

KORDIAN Pierre XX **[6]**
- *$372 FF1 900 £247* Voyage maritime Huile/panneau 26x25cm/*10x9in* Montauban 96

KORDIAN Roch 1950 **[52]**
- *$359 FF2 000 £223* Les élégantes Huile/toile 22x54cm/*8x21in* Provins 97
- *$851 FF4 100 £535* Les élégantes à la plage Huile/toile 30x60cm/*11x23in* Provins 95

KORECKI Wiktor 1890-1980 **[14]**
- *$1 449 FF8 676 £865* River landscape with a mill Oil/panel 49x78,5cm/*19x30in* Warszawa 98

KORFF Alexander H. Bakker 1824-1882 **[22]**
- *$5 365 FF32 072 £3 166* Stubeninterieur mit drei Damen Oil/panel 28x31cm/*11x12in* Kempten 97
- *$821 FF4 944 £491* "Poetsmeisje" Pencil/paper 15,5x13,5cm/*6x5in* Amsterdam 98

KORN Johan Philip 1728-1796 **[4]**
- *$2 673 FF13 840 £1 726* Fiskare vid sjökanten Oil/panel 21x32cm/*8x12in* Stockholm 96

KORN Johan Philip (Attr.) 1728-1796 **[5]**
- *$2 971 FF17 516 £1 775* Landskapbilder Oil/panel 17x25cm/*6x9in* Stockholm 97

KORNBECK Julius 1839-1920 **[34]**
- *$988 FF5 752 £609* Kirkeinteriör Oil/canvas 35x30cm/*13x11in* Viby J, Århus 97
- *$2 030 FF10 230 £1 332* Sommer am See Öl/Leinwand 38x82cm/*14x32in* Stuttgart 96

KORNBECK Peter 1837-1894 **[42]**
- *$2 597 FF15 377 £1 554* Gadeparti fra Torri ved Gardasöen Oil/canvas 29x47cm/*11x18in* København 97
- *$6 230 FF30 200 £4 000* Bellinzona, Switzerland Oil/canvas 70x62cm/*27x24in* London 95

KÖRNER Magnus Peter 1808-1864 **[2]**
- *$538 FF3 044 £329* Knipa/Pracka/Bergand Lithograph 18x26,5cm/*7x10in* Stockholm 97

KORNERUP Jacob 1825-1913 **[8]**
- *$235 FF1 410 £145* Portraet af soldat Oil/canvas 38x20cm/*14x7in* Vejle 98

KORNERUP Valdemar 1865-1924 **[35]**
- *$900 FF4 430 £580* Two young girls in the woods Oil/canvas 84x115cm/*33x45in* København 95

KÖRNIG Hans 1905 **[23]**
- *$226 FF1 338 £134* Das Monstrum Etching, aquatint 48,5x37,5cm/*19x14in* Berlin 97

KOROCHANSKY Michel 1866-1925 **[24]**
- *$1 027 FF6 000 £607* Jeune fermière dans son jardin Huile/toile 50x66cm/*19x25in* Toulouse 97
- *$1 328 FF8 073 £800* "L'Automne de la vie" Oil/canvas 41x27cm/*16x10in* London 98

KOROMPAY Giovanni 1904-1988 **[14]**
- *$5 400 FF30 600 £3 600* Composizione Olio/tavola 64x80cm/*25x31in* Milano 97

KOROMPAY von Gustav 1833-1907 **[3]**
- *$1 979 FF11 717 £1 175* Stephansplatz in Wien Aquarell 32x41,5cm/*12x16in* Dresden 97

KOROVIN Sergei Alexeivich 1858-1908 **[1]**
- *$3 648 FF18 240 £2 400* Wandering pilgrims outside a church Oil/canvas 44x53cm/*17x20in* London 95

KOROVINE Alexis 1928 **[22]**
- *$531 FF3 100 £321* Le bas Meudon Huile/toile 65x93cm/*25x36in* Provins 97

KOROVINE Constantin Aleweev. 1861-1939 **[131]**
- *$740 FF4 500 £446* Traineau à cheval devant une maison en Russie Huile/carton 38x48cm/*14x18in* Paris 98

KOTSCHENREITER G. Hugo 1854-1908 **[35]**
 $355 FF2 024 £221 "Jägerlenz" Oil/panel 22x28cm/*8x11in* Köln 97
 $4 360 FF22 030 £2 850 Der Kleiderflicker Öl/Leinwand 49x33,5cm/*19x13in* Zürich 96
KOTSIS Aleksander 1836-1877 **[6]**
 $4 480 FF23 260 £2 940 Barn interior with a seated man Oil/canvas 31x40cm/*12x15in* Warszawa 96
 $7 595 FF45 106 £4 600 Bust portrait of a young boy Oil/canvas 47,5x38cm/*18x14in* Warszawa 97
KOTTLER Howard 1935-1989 **[2]**
 $2 250 FF13 722 £1 350 Royal wood Vase Sculpture 31,5x16,5x9cm/*12x6x3in* New-York 98
KOUDELKA Josef 1938 **[33]**
 $5 000 FF28 851 £3 064 Roadway/Hospital Patient/Goat in the Road/Seascape/Old Woman 1960s Photograph 35,5x53,5cm/*13x21in* New-York 97
KOUNELAKIS Nicholaos 1829-1869 **[3]**
 $4 285 FF20 960 £2 710 The Letter Oil/paper/canvas 30x24,5cm/*11x9in* Athens 95
 $4 897 FF29 239 £3 000 Portrait of a Monk Watercolour/paper 13x11cm/*5x4in* London 97
KOUNELLIS Jannis 1936 **[88]**
 $9 000 FF51 000 £6 000 Senza titolo, 1961 Acrilico/cartone 71x100cm/*27x39in* Prato 97
 $212 264 FF1 259 687 £130 000 Untitled (Bachsche Fuge) Oil/canvas 170x160cm/*66x62in* London 97
 $2 122 FF12 670 £1 300 Untitled Lithograph 57,5x42x7cm/*22x16x2in* London 97
 $52 000 FF265 000 £31 200 Reliefs Iron 204x184x21cm/*80x72x8in* New-York 96
 $4 628 FF27 036 £2 841 Frammenti di danza Photograph 76x93cm/*29x36in* Köln 97
 $15 180 FF86 020 £7 590 Senza titolo Tempera/carta 70x100cm/*27x39in* Milano 98
KOUPER Léo XIX-XX **[2]**
 $1 265 FF7 363 £779 "La Revue de Charlot" Poster 110,5x155cm/*43x61in* New-York 97
KOUPETSIAN Aram 1928 **[39]**
 $689 FF4 000 £407 Composition au violon Huile/toile 50x61cm/*19x24in* Auxerre 97
 $670 FF3 950 £400 Repertoire Russe Collage 40x50cm/*15x19in* Madrid 97
KOUTSIS Ioannis 1860-1953 **[1]**
 $1 966 FF10 170 £1 314 Sailing boats Watercolour/paper 26x36cm/*10x14in* Athens 96
KOUVENHOVEN van Jacob 1777-1825 **[2]**
 $2 902 FF17 466 £1 737 A Boy Milking a Goat in an Extensive River Landscape Oil/panel 50,5x65cm/*19x25in* Amsterdam 98
KOUWENBERGH van Philip 1671-1729 **[4]**
 $11 740 FF59 300 £7 670 Blumenstilleben in einer Vase Öl/Leinwand 68x52cm/*26x20in* Zürich 96
KOVACS Jozef 1948 **[8]**
 $448 FF2 500 £279 Les barques Huile/panneau 18x24cm/*7x9in* Vernon 97
 $1 227 FF7 000 £749 Patinage au village Huile/panneau 50x70cm/*19x27in* Deauville 97
KOVALENKOVA Anastasia 1968 **[3]**
 $2 200 FF13 406 £1 340 Night on the Lake Mixed media/paper 58,5x79,5cm/*23x31in* Tel Aviv 98
KOVALIEVSKI Pavel 1843-1903 **[1]**
 $4 428 FF27 000 £2 700 The Camp Oil/canvas 71x143,5cm/*27x56in* London 98
KÖVER Gyula 1883-? **[5]**
 $4 200 FF23 800 £2 800 Donna del deserto Olio/tela 98x72cm/*38x28in* Milano 97
KÖVES Isidor 1853-1917 **[2]**
 $4 224 FF24 761 £2 600 The Daydreamer Oil/canvas 95x76cm/*37x29in* London 97
KÖVESKY Géza 1887-? **[4]**
 $960 FF5 440 £480 In campagna Olio/tela 58x75cm/*22x29in* Trieste 98
KOVO Philippe 1952 **[65]**
 $323 FF1 600 £204 Hommage à Picasso Huile/toile/panneau 35x27cm/*13x10in* Entzheim 95
 $262 FF1 300 £166 Construction cubiste Collage 20x30cm/*7x11in* Entzheim 95
KOW Alexis Kogeynikow 1900-1978 **[27]**
 $868 FF4 800 £540 "Winter Sports, Air France" Affiche 99x61cm/*38x24in* Boulogne-sur-Seine 97
 $278 FF1 600 £170 Renault Dauphine Gouache/papier 40x84cm/*15x33in* Paris 97
KOWALCZEWSKI Karl P. 1876-? **[5]**
 $2 572 FF15 366 £1 573 Der Froschkönig Bronze H34cm/*H13in* Zürich 98
KOWALCZEWSKI Paul Ludwig 1865-1910 **[19]**
 $520 FF2 710 £314 Allegorie der Bildhauerei Bronze H22cm/*H8in* Lindau 96

KOWALSKI Ludwig Peter 1891-? **[4]**
📇 *$708 FF4 183 £419* Frauenkopf Lithographie 31x20cm/*12x7in* Berlin 97
KOWALSKY Léopold-Francois 1856-1931 **[19]**
🖐 *$95 000 FF561 801 £57 636* The Tennis Game Oil/canvas 185,5x122cm/*73x48in* New-York 98
KOWANZ Brigitte 1957 **[15]**
🖐 *$1 504 FF7 700 £965* Ohne Titel Mixed media/canvas 50x40cm/*19x15in* Wien 96
✏ *$1 206 FF7 156 £748* Ohne Titel Indian ink 32x41cm/*12x16in* Wien 97
KOWANZ-GRAF Brigitte/Peter 1957/1954 **[13]**
✏ *$412 FF2 380 £244* Ohne Titel Gouache/papier 59x42cm/*23x16in* Wien 97
KOYANAGUI Sei 1896 **[32]**
🖐 *$2 097 FF12 000 £1 279* Combat de chiens Huile/toile 72x92cm/*28x36in* Paris 97
KOZAKIEWICZ Anton 1841-1929 **[21]**
🖐 *$2 586 FF15 533 £1 544* Babie lato Oil/canvas 30x23cm/*11x9in* Warszawa 98
🖐 *$8 859 FF54 519 £5 421* Pozegnadie Oil/canvas 58,5x42cm/*23x16in* Warszawa 98
KOZLOWSKI Jaroslaw 1910-1987 **[10]**
🖐 *$1 191 FF7 143 £723* Adam mit Auto Öl/Leinwand 60x46,5cm/*23x18in* Wien 98
KOZLOWSKY Justin XIX **[1]**
📷 *$3 610 FF18 000 £2 366* Le Canal de Suez (Album) Tirage albuminé 19,5x27,7cm/*7x10in* Paris 95
KOZMAN Myron 1916 **[7]**
📇 *$950 FF5 549 £562* Abstraction #302 Silkscreen in colors 30x40cm/*12x16in* Cincinnati, Ohio 97
KRABBE Heinrich Martin 1868-1931 **[13]**
🖐 *$2 502 FF15 345 £1 500* Sisters Oil/canvas 35,5x46cm/*13x18in* London 98
✏ *$2 112 FF12 477 £1 276* Children playing with kittens Watercolour/paper 42,5x31cm/*16x12in* Amsterdam 97
KRABBES Hermann 1840-1920 **[8]**
✏ *$725 FF4 363 £434* A Street in Tunis Watercolour/paper 36,5x26cm/*14x10in* Amsterdam 98
KRACHKOVSKY Iosif Yevstafievich 1854-1914 **[6]**
🖐 *$5 500 FF26 800 £3 480* Resting under a tree with her flock Oil/canvas 29x41cm/*11x16in* New-York 95
🖐 *$7 370 FF42 775 £4 500* Valta Oil/canvas 82x100,5cm/*32x39in* London 97
KRAEMER Hermann 1806-1886 **[8]**
🖐 *$1 425 FF8 097 £892* Fuchs am Wasser/Zwei Erpel am Wasser Öl/Karton 16,5x21,5cm/*6x8in* München 97
🖐 *$2 702 FF16 667 £1 620* Die Wassermühle Öl/Leinwand 63,5x90,5cm/*25x35in* Wien 98
KRAEMER Peter 1823-1907 **[15]**
🖐 *$3 190 FF18 839 £1 888* Utsökt öl Oil/panel 15x12cm/*5x4in* Helsinki 97
✏ *$2 121 FF11 970 £1 300* A peasant smoking a Pipe/An old Man selling Newspapers Watercolour 20x17cm/*7x6in* London 97
KRAEMER Peter II 1857-1939 **[36]**
🖐 *$1 600 FF9 523 £993* Tavern Scene Oil/board 16x13cm/*6x5in* Miami, Florida 97
✏ *$1 820 FF9 492 £1 064* Zeitungsverkäufer Aquarell/Papier 20,5x16,5cm/*8x6in* München 96
KRAEN van Adriaen XVII **[2]**
🖐 *$35 440 FF200 000 £21 580* Nature morte aux pièces d'étain et au vase Rohmer Huile/toile 78,5x94,5cm/*30x37in* Paris 97
KRAFFT Carl Rudolph 1884-1938 **[30]**
🖐 *$750 FF4 499 £453* The Camp Oil/canvas 40x50cm/*16x20in* Chicago, Illinois 97
🖐 *$2 600 FF15 892 £1 590* Boating in September Oil/board 25x35cm/*10x14in* Cincinnati, Ohio 98
KRAFFT Johann Peter 1780-1856 **[6]**
🖐 *$291 000 FF1 490 000 £187 000* Siegesmeldung nach der Schlacht bei Leipzig Öl/Leinwand 192x268cm/*75x105in* Wien 96
KRAFFT Per I 1724-1793 **[5]**
🖐 *$4 720 FF23 430 £3 005* Maria Elisabeth de La Grange Oil/canvas 64x54cm/*25x21in* Stockholm 95
🖐 *$12 200 FF63 800 £7 270* Portrait of a lady Oil/canvas/panel 44x34cm/*17x13in* Stockholm 96
KRAFFT Per I (Attrib.) 1724-1793 **[2]**
🖐 *$9 670 FF47 700 £6 310* Gustaf III i Svenska dräkten Oil/canvas 67x53cm/*26x20in* Stockholm 95
KRAFFT Per II 1777-1863 **[6]**
🖐 *$1 360 FF6 910 £812* Allegory Oil/canvas 74x61cm/*29x24in* Stockholm 96
KRAFFT Per II (Attrib.) 1777-1863 **[2]**
🖐 *$3 964 FF23 680 £2 427* Porträtt föreställande kung Karl XIII Oil/canvas 59x59cm/*23x23in* Stockholm 98
KRAFFT von David (Attrib.) 1655-1724 **[4]**

☞ *$6 035 FF35 222 £3 588* Porträtt av generalen och friherren Bernhard von Liewen... Oil/canvas 143x117cm/*56x46in* Stockholm 97
KRAFFT-STEINER Barbara 1764-1825 **[5]**
☞ *$4 279 FF26 213 £2 585* Bildnis einer jungen Dame mit einer goldenen Brosche... Öl/Leinwand 25,5x20cm/*10x7in* Wien 98
☞ *$9 525 FF55 675 £5 811* Portrait of a boy, seated three-quarter length, holding a rabbit Oil/canvas 60x48cm/*23x18in* Amsterdam 97
KRAFT Frederik 1823-1854 **[13]**
☞ *$490 FF2 486 £319* Mountainous landscape, South Germany Oil/canvas 29x37cm/*11x14in* Köbenhavn 96
☞ *$8 336 FF51 208 £5 000* The Forest Cottage Oil/canvas 85,5x121cm/*33x47in* London 98
KRÄGEN G. C. 1784-1839 **[3]**
▥ *$422 FF2 203 £247* Knorriger Baum am Waldweiher Radierung 23x17,5cm/*9x6in* Berlin 96
KRAJCBERG Frans 1921 **[10]**
✎ *$2 123 FF11 000 £1 380* Feuilles Collage 120x110cm/*47x43in* Paris 96
KRAKAUER Leopold 1890-1954 **[21]**
✎ *$2 600 FF15 843 £1 608* Olive Trees Charcoal/paper 41,5x61cm/*16x24in* Tel Aviv 98
KRAL Jaroslav 1883-1942 **[3]**
☞ *$13 583 FF77 132 £8 500* Peasant Woman Oil/canvas 63x51cm/*24x20in* London 97
KRALL Carl 1891-1975 **[5]**
☞ *$1 880 FF9 620 £1 206* Ossiachersee mit Mangard Öl/Leinwand 40x40cm/*15x15in* Wien 96
KRAMER Jacob 1892-1962 **[54]**
☞ *$980 FF6 012 £600* Standing Male Nude Oil/canvas/board 54x21cm/*21x8in* Lenton Lane, Nottingham 98
☞ *$7 270 FF36 100 £4 600* Three women (a set of wall panels) Oil/panel 115x38cm/*45x14in* London 95
✎ *$712 FF3 530 £450* Sara Coloured chalks 34x28cm/*13x11in* London 95
KRAMM Willibald 1891-1969 **[8]**
✐ *$173 FF882 £114* Blumen in Vase Ink 50x26,5cm/*19x10in* Heidelberg 96
KRAMPE Fritz 1913-1966 **[4]**
▥ *$670 FF4 015 £412* "Mozambique" Lithograph 60x43cm/*23x16in* Johannesburg 98
KRAMSKOI Ivan Nikolaevich 1837-1887 **[5]**
☞ *$16 720 FF83 600 £11 000* Portrait of Madame A. Suvorina Oil/canvas 61x50cm/*24x19in* London 95
KRAMSZTYK Roman 1885-1942 **[6]**
☞ *$15 845 FF92 215 £9 765* Portrait of a young woman Oil/canvas 130x100,5cm/*51x39in* Warszawa 97
KRASNER Lee 1908-1984 **[23]**
☞ *$85 000 FF412 000 £54 600* Abstract Oil/canvas 146x147cm/*57x57in* New-York 95
☞ *$120 000 FF696 864 £73 308* Collage in America Mixed media 122x71cm/*48x27in* New-York 97
▥ *$325 FF2 007 £195* Free Space Screenprint 49x66cm/*19x26in* Plainville, Conn. 98
✐ *$18 000 FF107 784 £11 059* Untitled, Twilight Gouache/paper 56x76cm/*22x29in* New-York 98
KRASSOULINE Valery 1947 **[57]**
☞ *$285 FF1 700 £174* Sur le pont Anitchkov Huile/toile/carton 46x55cm/*18x21in* Enghien 97
☞ *$303 FF1 800 £183* Jeune fille rêveuse Huile/toile 41x33cm/*16x12in* Boulogne-sur-Seine 97
KRASZEWSKA Otolia 1859-1945 **[5]**
☞ *$8 978 FF52 449 £5 512* Two young women in an interior Oil/canvas 61,5x95cm/*24x37in* Warszawa 97
KRASZEWSKI Józef Ignacy 1812-1887 **[1]**
☞ *$8 940 FF46 300 £5 770* Portret Wschodni Oil/canvas 82,5x65cm/*32x25in* Warszawa 96
KRATINA Joseph M. 1872-? **[4]**
⚒ *$2 624 FF15 314 £1 560* "Rêverie" Bronze H50cm/*H19in* Stockholm 97
KRATKE Charles Louis 1848-1921 **[18]**
☞ *$8 500 FF50 898 £5 232* Napoleon Standing Full Length in Winter Oil/panel 34x26cm/*13x10in* New-York 98
▥ *$396 FF2 050 £256* La baratteuse de J.F. Millet Gravure 46x31,2cm/*18x12in* Barbizon 96
KRATSCHKOWSKI Iossif J. 1854-1914 **[3]**
☞ *$1 870 FF11 044 £1 107* Bastkorb mit Veilchen Öl/Leinwand 49,5x65,5cm/*19x25in* Frankfurt 97
KRATZENSTEIN Eduard XX **[2]**
▣ *$2 595 FF15 108 £1 600* "Strauss" (ostrich) Silver print 28,5x22,3cm/*11x8in* London 97
KRATZER von Carl 1827-1903 **[9]**
☞ *$1 592 FF9 749 £950* "The midday Rest" Oil/panel 42,5x72cm/*16x28in* London 98

KRAUL Fritz 1862-1935 **[29]**
  $163 FF966 £98 Der læsses tang ved vandet Oil 27x47cm/*10x18in* Viby J, Århus 98
KRAUS August 1852-1917 **[9]**
  $132 FF805 £80 Landschaft Öl/Leinwand 14,5x24cm/*5x9in* Dresden 98
KRAUS Friedrich 1826-1894 **[5]**
  $2 388 FF14 271 £1 446 Bildnis eines Bauernmädchens in Trachtenschmuck Öl/Leinwand 35x27cm/*13x10in* Wien 97
KRAUS George Melchior 1737-1806 **[9]**
  $2 804 FF16 733 £1 692 Ein Mädchen sitzt an einem Tisch/Ein Mädchen sitzt an einem Tisch Oil/panel 24x18,5cm/*9x7in* Stuttgart 97
  $25 219 FF149 850 £15 000 The Kill at a foxhunt attended by an Artist sketching Oil/canvas 85x67cm/*33x26in* London 97
KRAUS Gustav Wilhelm 1804-1852 **[23]**
  $875 FF5 363 £522 Feierliche Frohnleichnamsprozession in der Ludwigstrasse zu München Lithograph 27,2x42cm/*10x16in* Dresden 98
  $4 140 FF20 640 £2 710 "München" Watercolour 25x41cm/*9x16in* München 95
KRAUS Johann Ulrich 1655-1719 **[13]**
  $61 FF375 £38 Coronación del Serenísimo Archiduque Joseph el Rey Ungria Grabado 35x22cm/*13x8in* Madrid 98
KRAUSE Emil Axel 1871-1945 **[46]**
  $517 FF3 071 £325 Conway Castle, the Suspension Bridge in the Distance Watercolour/paper 13x24cm/*5x9in* Scarborough 97
KRAUSE Emile A. XIX-XX **[15]**
  $405 FF2 334 £250 Autumn at Trefrew, Conwy Valley Watercolour 33,5x52cm/*13x20in* London 97
KRAUSE Franz Emil 1836-1900 **[10]**
  $2 000 FF11 607 £1 181 Shipwreck Observed by a Fisherman's Family Oil/canvas 25x33cm/*10x13in* New Orleans, Louisiana 97
  $2 500 FF14 261 £1 520 Coastal scene with figures by a lighthouse Oil/canvas 56x91,5cm/*22x36in* San Francisco 97
KRAUSE George 1937 **[3]**
  $759 FF4 352 £449 Die drei Grazien Gelatin silver print 22x18cm/*8x7in* Köln 97
KRAUSE Heinrich 1885-1985 **[16]**
  $1 429 FF8 568 £853 Blumen am Fensterbrett Öl/Leinwand 67,5x77,5cm/*26x30in* Wien 98
KRAUSE Karl Heinz 1924 **[10]**
  $2 268 FF13 502 £1 386 Sitzender weiblicher Akt Bronze 26x23x30,5cm/*10x9x12in* Berlin 98
KRAUSE Lina 1857-1916 **[7]**
  $1 679 FF10 053 £1 031 Stilleben. In einer Vase ein buntes Bouquet Oil/wood 26,5x21,5cm/*10x8in* Köln 98
KRAUSE Wilhelm August 1803-1864 **[7]**
  $2 660 FF16 008 £1 592 Sailors in a Rowing Boat Approaching a Clipper on a Choppy Sea Oil/canvas 48x60cm/*18x23in* Amsterdam 98
KRAUSKOPF Bruno 1892-1960 **[123]**
  $1 488 FF8 654 £909 Männerbildnis Öl/Leinwand 42x36cm/*16x14in* Wien 97
  $2 832 FF16 761 £1 728 Sitzender weiblicher Akt Öl/Leinwand 87x70cm/*34x27in* Köln 98
  $61 FF368 £37 Abstrakte Komposition Watercolour 38x55cm/*14x21in* Köln 98
KRAUSZ Simon Andreas 1760-1825 **[7]**
  $851 FF5 252 £535 A moonlit river Landscape with anglers and a windmill beyond Oil/panel 29,5x41cm/*11x16in* Amsterdam 97
KRAUSZ Wilhelm Victor 1878-1959 **[11]**
  $679 FF4 022 £409 Portrait eines jungen Mannes im Armlehnsessel Öl/Leinwand 80x68cm/*31x26in* Lindau 98
KRAWUTSCHKE Paul 1865-? **[1]**
  $2 400 FF12 430 £1 605 "2me. Exposition Suisse de l'Automobile" Poster 99x72cm/*38x28in* New-York 96
KRAY Wilhelm 1828-1889 **[16]**
  $1 690 FF8 570 £1 100 On the Rocks Oil/canvas 118x82cm/*46x32in* London 96
  $14 025 FF84 398 £8 397 Seelenheimkehr Oil/canvas 143x96,5cm/*56x37in* Amsterdam 98
KRCH Vaclav 1853-1935 **[1]**
  $2 390 FF12 230 £1 548 Motiv aus St. Andrä Wördern Öl/Leinwand 32x42cm/*12x16in* Wien 95
KRCHA Emil 1894-1972 **[5]**

$1 738 FF10 411 £1 038 Still life Oil/canvas 48x35cm/*18x13in* Warszawa 98
KREBS Walter 1900-1965 **[64]**
$971 FF4 730 £615 Innenansicht der Kathedral von Lausanne Tempera 84x74cm/*33x29in* Bern 95
$235 FF1 407 £144 "In Liebe trägt die Seele das irdische Leid in die Ewigkeit" Ink/paper 83x72cm/*32x28in* Bern 98
KREGTEN van Fedor 1871-1937 **[54]**
$757 FF4 640 £451 A shepherd with his flock Oil/canvas 60x80cm/*23x31in* Amsterdam 98
KREIDOLF Ernst 1863-1956 **[65]**
$1 122 FF6 625 £664 Gartenrosen Öl/Leinwand 34x25cm/*13x9in* Zofingen 97
$167 FF848 £110 Clematis Farblithographie 23,5x32,5cm/*9x12in* Bern 96
$1 032 FF6 031 £633 Orchideen Aquarell/Papier 28x22,5cm/*11x8in* Zofingen 97
KREIENBÜHL Jürg 1932 **[13]**
$948 FF4 884 £588 Vive la R... Oil/panel 13x19cm/*5x7in* Wetzikon 96
KREIJN Max 1947 **[5]**
$711 FF4 358 £425 "Winter Dreams" Oil/canvas 100x100cm/*39x39in* Amsterdam 98
KREITMAYR Johann Baptist c.1835-1880 **[3]**
$2 851 FF16 194 £1 784 Der Dogenpalast in Venedig Öl/Leinwand 34,5x28,5cm/*13x11in* München 97
KREJCAR Anton 1923 **[4]**
$3 176 FF19 040 £1 896 Ein kopfloses Urteil Oil/panel 65x44,5cm/*25x17in* Wien 98
$925 FF4 830 £551 Europa Ink 31x44cm/*12x17in* Wien 96
KREMEGNE Pinchus 1890-1981 **[264]**
$289 FF1 721 £177 Little Girl with Flowers Oil/canvas 45x40cm/*18x16in* Shaker Heights, Ohio 97
$1 345 FF8 000 £833 Petite nature morte à la théière Huile/toile 32x46cm/*12x18in* Paris 97
$333 FF1 700 £219 Nu assis Crayon 39x30cm/*15x11in* Paris 96
KREMER Alfred 1895-1965 **[2]**
$1 925 FF9 900 £1 200 La Mort Ink/paper 19x25cm/*7x9in* London 96
KREMER Mark 1928 **[23]**
$366 FF1 800 £232 Nature morte à la bougie Huile/toile/carton 40x49,5cm/*15x19in* Grenoble 95
KREMER Petrus 1801-1888 **[7]**
$31 440 FF194 760 £18 720 Peter Paul Rubens and his Wife in the Studio of the Painter D. Seghers Oil/canvas 105x120cm/*41x47in* Antwerpen 98
KRENEK Carl 1880-1948 **[23]**
$2 793 FF16 667 £1 715 "Kinderbildnis" Öl/Leinwand 97x49cm/*38x19in* Wien 98
$722 FF3 720 £462 "Die Jahreszeiten" Woodcut 13,4x8,2cm/*5x3in* Bielefeld 96
$1 447 FF8 587 £898 "Alt-Wien. Auf der Laimgruben" Mischtechnik/Papier 9,5x8,5cm/*3x3in* Wien 97
KRENN Edmund 1846-1902 **[8]**
$30 150 FF153 300 £18 000 Harem Pleasures Oil/canvas 113x134cm/*44x52in* London 96
$1 495 FF7 490 £945 Stift Herzogenburg Aquarell/Papier 36x50cm/*14x19in* Wien 95
KREPP Friedrich XIX **[2]**
$33 700 FF170 500 £22 130 Kaiserin Elisabeth, "Sisi" (1837-1898) Öl/Leinwand 144x109cm/*56x42in* Wien 96
KRESSEL Dieter 1925 **[27]**
$112 FF670 £68 Fenster und Tür/Opa durch die Brille Print 39,6x28cm/*15x11in* Hamburg 98
KRESTIN Lazar 1868-1938 **[9]**
$9 710 FF49 400 £5 800 A Rabbi reading Oil/canvas 54,5x44,5cm/*21x17in* London 96
$19 047 FF110 425 £11 374 Blessings for Shabbath Evening Oil/panel 26x20,5cm/*10x8in* Amsterdam 97
KRETSCHMAR Bernhard 1889-1972 **[8]**
$3 250 FF17 000 £1 935 Früchtestilleben Oil/panel 77x96cm/*30x37in* Rudolstadt-Thüringen 96
$874 FF5 369 £524 Vorstadtstrasse in Gostritz Etching 35x50cm/*13x19in* Bielefeld 98
KRETSCHMER Robert 1818-1872 **[4]**
$671 FF4 022 £401 Ikonenmaler auf Korfu Coloured pencils/paper 22,5x19cm/*8x7in* Köln 98
KRETZ Léopold 1907-1990 **[26]**
$2 116 FF13 000 £1 268 Jeune femme les bras noués derrière la nuque Bronze 51x14x12cm/*20x5x4in* Paris 98
KRETZSCHMAR Bernhard 1889-1972 **[55]**
$6 500 FF34 000 £3 870 Arbeiter in einer Lehmgrube Öl/Leinwand 74,5x74,5cm/*29x29in* Berlin 96

〰 *$78 FF469 £46* Frau Etching 25,5x21,2cm/*10x8in* Dresden 98
✎ *$997 FF6 044 £611* Vorstadtgegend Watercolour 29x39,2cm/*11x15in* Hamburg 98

KRETZSCHMER Johann Hermann 1811-1890 **[12]**
◒ *$1 992 FF10 170 £1 314* Lesender Knabe in Schwälmer Tracht Öl/Karton 32x20,5cm/*12x8in* Heidelberg 96
◒ *$4 800 FF27 491 £2 839* Lunch Time ofr Everyone Oil/canvas 63x53cm/*25x21in* Milford, Conn. 97
◒ *$33 654 FF200 802 £20 304* Schulschluss im Spreewald Öl/Leinwand 104x130cm/*40x51in* Stuttgart 97

KREUGER Nils 1858-1930 **[102]**
◒ *$2 941 FF17 569 £1 800* På landsborgens krön Oil/panel 27x37cm/*10x14in* Stockholm 98
◒ *$4 380 FF22 500 £2 820* "Vita oxar" Oil/panel 75x106cm/*29x41in* Stockholm 96
◒ *$5 814 FF34 272 £3 474* "På stubbåkern" Oil/canvas 120x150cm/*47x59in* Stockholm 97
✎ *$693 FF4 138 £422* Betande hästar Chalks 14,5x22,5cm/*5x8in* Stockholm 98

KREUL Johann Lorenz 1765-1840 **[9]**
✎ *$6 063 FF36 217 £3 712* Prinzessin von Hohenlohe in einer Landschaft Pastell 38,5x30cm/*15x11in* Düsseldorf 98

KREUTZ Heinz 1932 **[30]**
◒ *$2 943 FF15 250 £1 913* "Weit Draussen" Oil/panel 28x33cm/*11x12in* München 96
◒ *$12 540 FF61 800 £8 080* Licht im August Öl/Leinwand 65x92cm/*25x36in* Köln 95
〰 *$918 FF5 701 £553* Kompositionen Woodcut in colors 43x27,5cm/*16x10in* Heidelberg 98
✎ *$2 215 FF13 107 £1 360* Triptychon mit blassgrünen Mittelfiguren Soft pencil 76x56,5cm/*29x22in* München 98

KREUTZER Felix 1835-1876 **[9]**
◒ *$1 002 FF5 859 £611* Fisherfolk gathered around beached Bomschuiten on the beach Oil/panel 16x20,5cm/*6x8in* Amsterdam 97

KREUTZINGER Josef 1757-1829 **[5]**
◒ *$2 487 FF14 382 £1 539* Kaiser Franz I (II) von Österreich Öl/Leinwand 72x57cm/*28x22in* Wien 97

KREUTZMANN Johan Johansen 1862-1940 **[2]**
⬗ *$2 633 FF15 816 £1 573* Grönlandsk figur udskåret Sculpture H51cm/*H20in* Köbenhavn 98

KREUZER Vincenz 1809-1888 **[10]**
◒ *$5 239 FF30 940 £3 165* Landschaftsstück Öl/Karton 41x54cm/*16x21in* Wien 97
◒ *$23 100 FF115 000 £15 100* Nature morte aux raisins, pommes, prunes et châtaignes Huile/cuivre 2x27,5cm/*x10in* Paris 95

KREYDER Alexis 1839-1912 **[45]**
◒ *$1 056 FF6 200 £646* Coupe de raisins Huile/toile 24x35,5cm/*9x13in* Saint-Brieuc 97
◒ *$3 292 FF20 000 £1 982* Raisins Huile/toile 46x61cm/*18x24in* Fontainebleau 98

KREYENKAMP August 1875-1950 **[7]**
📷 *$1 347 FF6 970 £900* "Mailand: Die Fralen der Domes", 1930s-1940s Gelatin silver print 59x46cm/*23x18in* London 96

KRICHELDORF Carl 1863-1934 **[9]**
◒ *$1 400 FF8 036 £853* Interior scene with two women Oil/canvas 49x40cm/*19x16in* Pittsburgh, PA 97

KRICKE Norbert 1922-1986 **[31]**
⬗ *$9 920 FF58 567 £5 874* Flächenbahn Metal H13,8cm/*H5in* Berlin 97
⬗ *$15 907 FF97 475 £9 500* Untitled Metal 104x69x74cm/*40x27x29in* London 98
✎ *$1 851 FF10 814 £1 136* Ohne Titel Felt pen/paper 43,5x61cm/*17x24in* Köln 97

KRIEG Dieter 1937 **[7]**
◒ *$4 622 FF27 450 £2 800* Untitled Acrylic/canvas 31x20cm/*12x7in* London 97
◒ *$9 143 FF54 263 £5 600* Spiegelei Oil/canvas 180x290cm/*70x114in* London 97
〰 *$860 FF5 025 £509* Dieter Krieg, Schwarzwald Farbserigraphie 88x63cm/*34x24in* Köln 97

KRIEGER Joseph 1848-1914 **[3]**
◒ *$3 249 FF19 047 £2 000* A Young Shepherd and his Flock resting in a wooded landscape Oil/canvas 85,5x126cm/*33x49in* London 97

KRIEGHOFF Cornelius D. (Attr.) 1815-1872 **[21]**
◒ *$36 960 FF191 500 £24 000* French Canadians crossing the frozen St. Lawrence Oil/canvas 25,5x36cm/*10x14in* London 96

KRIEGHOFF Cornelius David 1815-1872 **[69]**
◒ *$18 981 FF108 471 £11 629* Hunter in winter Oil/canvas 33,7x27,3cm/*13x10in* Toronto 97
◒ *$30 609 FF184 500 £18 522* Bears in search of honey, Autumn, lower Canada Oil/canvas 34,5x47cm/*13x18in* Toronto 98

KRIEGHOFF William 1875-1930 **[1]**

✎ *$3 500 FF17 940 £2 126* Butterfly woman setting others free, cover for Cosmopilitan, Sept. Watercolour, gouache 57x41cm/*22x16in* New-York 96

KRIEHUBER Josef 1801-1876 **[49]**

▥ *$166 FF958 £104* Porträtbildnis eines kaiserlich österreichischen Generals Lithograph 24x30cm/*9x11in* Wien 97

✎ *$1 793 FF8 990 £1 134* Bewaldete Landschaft Watercolour/paper 30x36cm/*11x14in* Wien 95

KRIEHUBER Josef (Attrib.) 1800-1876 **[4]**

👌 *$3 336 FF19 168 £2 084* Porträtbildnis des erzherzog Johann von Österreich Oil/panel 17,5x22,5cm/*6x8in* Wien 97

✎ *$985 FF5 712 £582* Bildnis eines Herrn Watercolour 9x7cm/*3x2in* Wien 97

KRIESTER Rainer 1935 **[7]**

⬙ *$1 998 FF11 631 £1 222* Büste mit gespaltenem Kopf Bronze 43x50,5x22,5cm/*16x19x8in* München 97

KRIKHAAR Herman 1930 **[32]**

👌 *$5 870 FF29 300 £3 840* Stilleven Grotesque Oil/canvas 130x162cm/*51x63in* Amsterdam 95

▥ *$593 FF3 567 £354* Portret Constant/Portret Booskens/Portret Appel/Portret Corneille Silkscreen in colors 21,8x30,3cm/*8x11in* Amsterdam 98

KRILLÉ Jean 1923-1991 **[8]**

👌 *$4 470 FF22 040 £2 904* Winter Oil/panel 60x73cm/*23x28in* Wien 95

KRISCHKE Franz 1885-1960 **[14]**

👌 *$750 FF4 540 £470* A Tabletop Still Life Oil/canvas/board 59x49cm/*23x19in* Bethesda, Maryland 97

KRISTIANS Tony 1907-1977 **[6]**

👌 *$974 FF5 818 £595* Figures in a landscpae Oil/canvas 112x95cm/*44x37in* Amsterdam 98

👌 *$5 630 FF29 460 £3 380* Danseres Oil/canvas/panel 41x30cm/*16x11in* Amsterdam 96

✎ *$2 985 FF15 640 £1 794* Café de nuit Gouache/papier 40x55cm/*15x21in* Amsterdam 96

KRISTO de Bela 1920 **[12]**

👌 *$1 089 FF6 500 £657* Nu allongé Huile/panneau 22x42cm/*8x16in* Paris 97

👌 *$1 419 FF8 500 £872* Les deux modèles et l'esquisse Huile/toile 47x39cm/*18x15in* Paris 98

KRISTUPAS R. David 1954 **[6]**

✎ *$4 907 FF29 211 £3 000* Red House in Flight Watercolour, gouache 69x110cm/*27x43in* London 98

KRIZE Yehiel 1909-1968 **[39]**

👌 *$1 400 FF7 160 £906* Eilat Oil/paper 48x68cm/*18x26in* Tel Aviv 95

✎ *$900 FF5 253 £544* Houses Gouache/paper 49x69cm/*19x27in* Tel Aviv 97

KRIZHITSKY Konstantin Yiakovlev 1858-1911 **[1]**

✎ *$7 600 FF38 000 £5 000* Lady in a landscape Watercolour/paper 89x67cm/*35x26in* London 95

KRÖDEL Wolfgang c.1500-1561 **[2]**

👌 *$6 070 FF31 000 £4 000* Unequal Lovers Oil/canvas 39,5x25cm/*15x9in* London 96

KROEF van der Hans 1946 **[2]**

👌 *$4 764 FF27 812 £2 926* Hollands Glorie Oil/canvas 80x95cm/*31x37in* Amsterdam 97

KROHG Christian 1852-1925 **[48]**

👌 *$13 790 FF81 700 £8 260* En kondolansevisitt Oil/canvas 55x81cm/*21x31in* Oslo 97

👌 *$21 520 FF128 928 £12 864* Baby med melkflaske Oil/canvas 37x38cm/*14x14in* Oslo 98

👌 *$208 475 FF1 248 990 £124 620* Leif Eriksson oppdager Amerika Oil/canvas 117x175cm/*46x68in* Oslo 98

KROHG Guy 1917 **[13]**

👌 *$854 FF4 460 £516* Torg i Provence Oil/canvas 62x73cm/*24x28in* Oslo 96

KROHG Per 1889-1965 **[49]**

👌 *$4 409 FF26 418 £2 635* Fiskare vid lofoten Oil/panel 60x73cm/*23x28in* Stockholm 98

KRØJER Tom 1942 **[59]**

👌 *$639 FF3 954 £381* Komposition Oil/canvas 100x81cm/*39x31in* Köbenhavn 98

👌 *$6 291 FF37 069 £3 885* "Ok" Oil/canvas 161x135cm/*63x53in* Köbenhavn 97

KROLL Leon A. 1884-1974 **[66]**

👌 *$2 000 FF11 813 £1 242* View Along the Seine Oil/canvas 33,5x40,5cm/*13x15in* Boston, Mass. 97

👌 *$6 000 FF35 440 £3 728* Quarry Swimmers Oil/panel 38,5x45,5cm/*15x17in* Boston, Mass. 97

▥ *$175 FF1 009 £104* Monique Lithograph 31x25cm/*12x10in* Cleveland, Ohio 97

✎ *$1 300 FF6 750 £860* Female and male nudes Pastel/paper 33x23cm/*12x9in* New-York 96

KRÖN Paul 1869-1936 **[33]**

$1 247 FF6 500 £784 Honfleur, l'église Sainte-Catherine Huile/toile 60x73cm/*23x28in* Paris 96

KRONBERG Julius 1850-1921 **[26]**

$1 309 FF7 650 £775 Porträt eines jungen Herrn Oil/panel 33x23,5cm/*12x9in* Luzern 97

$2 144 FF10 550 £1 380 Stilleben med fiskar Oil/canvas 59x80cm/*23x31in* Stockholm 95

$10 376 FF59 568 £6 328 Bacchus and his suite Oil/canvas 88x518cm/*34x203in* Stockholm 97

KRONBERG Louis 1872-1965 **[70]**

$750 FF4 550 £457 "El Trovio, Music Hall at Seville" Oil/paper 33x24cm/*13x9in* Boston, Mass. 98

$1 600 FF9 345 £946 "The Young Harlequin" Oil/canvas 91,5x65cm/*36x25in* Boston, Mass. 97

$11 000 FF64 252 £6 508 In the Spotlight Oil/canvas 127x152,5cm/*50x60in* Boston, Mass. 97

$750 FF3 670 £475 "La petite Simone" Pastel/board 64x38cm/*25x15in* Delray Beach, Florida 95

KRONBERGER Carl 1841-1921 **[40]**

$4 923 FF30 170 £2 940 Feierabend. Junge Bäuerin und ihr Mann Oil/canvas 50x55cm/*19x21in* Dresden 98

$5 850 FF30 300 £3 800 An old Guard reading a paper Oil/panel 19x13cm/*7x5in* London 96

KRONENGOLD Adolph 1900-1986 **[12]**

$247 FF1 536 £155 St. Peter Street Watercolour/paper 55x18cm/*22x7in* New Orleans, Louisiana 97

KRÖNER Christian Johann 1838-1911 **[42]**

$3 552 FF20 242 £2 218 Hirschbrunft im Teutoburger Wald Öl/Leinwand 60x80cm/*23x31in* Köln 97

$4 487 FF26 773 £2 707 Rivalen Öl/Leinwand 100x120cm/*39x47in* Köln 97

$962 FF5 722 £579 Wildschweine im Winterwald Mixed media/paper 31x46cm/*12x18in* Wien 98

KROP Hildo Hildebrand L. 1884-1970 **[24]**

$1 905 FF11 125 £1 170 Clown Terracotta H26cm/*H10in* Amsterdam 97

KROPFF Joop 1892-1979 **[31]**

$271 FF1 633 £164 Prinzenhof, Delft Oil/canvas 24,5x19cm/*9x7in* Den Haag 98

$868 FF5 050 £517 Parijs' straatgezicht met in de verte de Sacé Coeur Oil/canvas 61x80cm/*24x31in* Den Haag 97

KROPP Martha 1880-1968 **[4]**

$1 052 FF5 170 £670 Tauwetter Öl/Leinwand 42x39,5cm/*16x15in* Göttingen 95

KROTOV Alexander Kirillovih 1913-1993 **[13]**

$819 FF4 863 £500 Study of a Soldier Oil/canvas 63,5x45,5cm/*25x17in* London 98

KROTOV Youri 1964 **[89]**

$1 681 FF8 642 £1 034 La lectura Oleo/lienzo 55x46cm/*21x18in* Madrid 96

KROTOWSKI Stephan 1881-? **[5]**

$2 000 FF10 180 £1 200 "PKZ" Poster 126x89cm/*49x35in* New-York 96

KROUTHEN Johan 1858-1932 **[228]**

$2 455 FF15 186 £1 462 Villa i blomstrande äppelträdgård Oil/canvas 31x40cm/*12x15in* Stockholm 98

$6 370 FF33 300 £4 300 Vårlandskap med blommande äppelträd Oil/canvas 50x75cm/*19x29in* Stockholm 96

$8 310 FF43 100 £5 370 Försommardag med blommande syréner Oil/canvas 100x146cm/*39x57in* Stockholm 96

KRØYER Peder Severin 1851-1909 **[102]**

$7 840 FF39 200 £5 080 Skagens Nordstrand Oil/canvas 28x46cm/*11x18in* København 96

$19 903 FF115 050 £12 311 Fiskere på Skagen Strand Oil/canvas 38x52cm/*14x20in* København 97

$163 FF966 £98 Portræt af en aeldre mand Etching 20x16cm/*7x6in* Viby J, Århus 98

$1 462 FF8 834 £920 Forstavn af fiskerkutter Pencil/paper 25,5x33,5cm/*10x13in* København 97

KRUCK Christian 1925-1985 **[63]**

$151 FF939 £91 Baumbestandene südliche Landschaft Farblithographie 61x81cm/*24x31in* Heidelberg 98

$1 508 FF8 748 £928 Fuerteventura Aquarell 45x72,7cm/*17x28in* Heidelberg 97

KRUG Karl Heinz 1915-1967 **[4]**

$445 FF2 681 £266 Aufwärts-Gefesselt Aquarell/Papier 61x49,5cm/*24x19in* München 98

KRUG Ludwig 1490-1532 **[11]**

$1 430 FF7 470 £852 Zwei nackte Frauen von hinten gesehen Engraving 12,3x8cm/*4x3in* Hamburg 96

KRÜGER Albert 1885-1965 **[36]**

$328 FF1 672 £217 River landscape Oil/canvas 39x50cm/*15x19in* Malmö 96

KRÜGER Andreas Ludwig 1743-1805 **[1]**

$5 159 FF30 120 £3 069 "Vue septentrionale du Château Royal de Potsdam" Copper engraving in colors 53x70cm/*20x27in* Berlin 97

KRUGER Barbara 1945 **[50]**

😊 *$12 250 FF61 900 £8 000* Untitled (Do You Laugh last) Mixed media 241x92cm/*94x36in* London 96

😊 *$36 377 FF212 355 £22 000* Untitled (There is only one Antidote to Mental Suffering...) Mixed media 58,5x51x5,5cm/*23x20x2in* London 97

🖼 *$950 FF5 548 £565* "Reach Out and Touch Someone" Lithograph 66x48cm/*25x18in* New-York 97

📷 *$7 500 FF38 200 £4 500* Untitled (You Colonize Lacerated Objects) Photograph in colour 244x120,5cm/*96x47in* New-York 96

KRÜGER Franz 1797-1857 **[29]**

😊 *$8 395 FF50 268 £5 157* Zar Nikolaus I und Gefolge zu Pferde Öl/Leinwand 72x53cm/*28x20in* Bremen 98

🖼 *$142 FF848 £87* "Auguste Fürstin von Liegnitz" Lithograph 33x25,5cm/*12x10in* München 98

✏ *$975 FF5 085 £570* Brustbild des Berliner Kammergerichtsrats Eduard Ludolff Black chalk/paper 21,5x17,8cm/*8x7in* Berlin 96

KRÜGER Franz (Attrib.) 1797-1857 **[5]**

😊 *$2 340 FF12 204 £1 368* Brustbild des Berliner Kammergerichtsrats Eduard Ludolff Öl/Leinwand 38,5x31,5cm/*15x12in* Berlin 96

KRUININGEN van Harry 1906 **[10]**

🖼 *$162 FF964 £97* Untitled from Acht Kleurenlitho's bij het Epos van Gilgamesj Color lithograph 20x14,5cm/*7x5in* Haarlem 97

KRUIS Ferdinand 1869-1944 **[4]**

✏ *$992 FF5 769 £606* "Markt in Klausen" Aquarell/Papier 28x43cm/*11x16in* Wien 97

KRULL Germaine 1897-1985 **[101]**

📷 *$2 142 FF12 670 £1 300* Study of Hands Silver print 22x16,5cm/*8x6in* London 98

KRUMBHOLZ Ferdinand 1810-1878 **[2]**

😊 *$13 350 FF70 000 £8 030* L'Impératrice du Brésil et ses enfants dans le Parc de San Christo Vao Huile/toile 39x32cm/*15x12in* Monaco 96

😊 *$14 300 FF75 000 £8 610* Portrait de l'Empereur du Brésil, Pierre II (1825-1891) Huile/toile 90,5x71,5cm/*35x28in* Monaco 96

KRUMLINDE Olof 1865-1945 **[55]**

😊 *$939 FF5 380 £555* Byväg med Barn Oil/canvas 29x43cm/*11x16in* Malmö 97

😊 *$2 680 FF13 680 £1 773* Kalkbrännerihamnen, Köpenhamn Oil/canvas 50x75cm/*19x29in* Malmö 96

KRUMMACHER Karl 1867-1955 **[17]**

😊 *$2 458 FF15 100 £1 474* Am Moorkanal Öl/Karton 56x43cm/*22x16in* Bremen 98

KRUMPER Hans 1570-1634 **[2]**

✏ *$1 455 FF8 713 £893* Wappenschild mit bekröntem Adler Ink 11,1x16cm/*4x6in* Köln 98

KRUSE Alexander Zerdin 1890-? **[5]**

😊 *$2 500 FF14 934 £1 530* The Butcher Shop Oil/canvas/panel 66x56cm/*25x22in* New-York 98

KRUSE-LITZENBURG Oskar 1847-1919 **[1]**

😊 *$4 550 FF23 800 £2 710* Hiddensee, Blick von der Lietzenburg auf Insel und Ostsee Öl/Leinwand 70x100cm/*27x39in* Hamburg 96

KRUSEMAN Cornelis 1797-1857 **[6]**

✏ *$1 287 FF7 615 £773* Portrait of an elegant lady, three quarter length Pencil/paper 22x16,5cm/*8x6in* Amsterdam 97

KRUSEMAN Frederik Marianus 1816-1882 **[61]**

😊 *$24 000 FF138 088 £14 167* Skaters by a Windmill in a Frozen Winter Landscape Oil/panel 29x38cm/*11x14in* New-York 97

😊 *$54 200 FF281 000 £35 000* Skaters on a frozen river before a windmill Oil/panel 48x64cm/*18x25in* London 96

KRUSEMAN Jan Adam Jansz. 1804-1862 **[7]**

😊 *$20 770 FF106 100 £13 700* Winterlandschaft Oil/panel 28,5x38,5cm/*11x15in* Wien 96

KRUSEMAN Jan Theodoor 1835-1895 **[5]**

😊 *$1 638 FF9 523 £1 000* Beached Vessels at Sunset Oil/panel 31x48cm/*12x18in* London 97

KRUSHENICK Nicholas 1929 **[36]**

🖼 *$50 FF254 £33* Rock soup Serigraph 34x25cm/*13x9in* Bern 96

KRÜSI Hans 1920-1995 **[50]**

😊 *$370 FF2 214 £227* Vogel Mixed media 29,5x42cm/*11x16in* Zürich 98

😊 *$2 538 FF15 304 £1 536* Selbstbildnis, der Appenzeller Acryl/Karton 137x81cm/*53x31in* Zürich 98

✐ *$512 FF3 047 £313* Vögel mit Blatt Mischtechnik/Papier 29,5x42cm/*11x16in* Bern 97

KRUUSE Rasmus Henrik XIX **[1]**
✐ *$3 360 FF17 530 £2 222* Street, Aalborg Watercolour 14x20cm/*5x7in* Köbenhavn 96

KRUYDER Herman 1881-1953 **[29]**
☞ *$4 140 FF24 730 £2 532* Stilleven schoorsteenhoeke Oil/canvas/board 32x24,5cm/*12x9in* Amsterdam 98
☞ *$4 263 FF24 885 £2 618* Stillven met Satsumabeeldje Oil/canvas/board 48x36,5cm/*18x14in* Amsterdam 97
▥ *$593 FF3 523 £352* Naar Beveren Lithographie 73,5x57,5cm/*28x22in* Amsterdam 97
✐ *$575 FF2 916 £375* Moored boats on the Spaarne, Haarlem Chalks/paper 20x13cm/*7x5in* Amsterdam 96

KRUYS Cornelius c.1620-c.1660 **[6]**
☞ *$28 594 FF170 000 £17 493* Nature morte aux fruits et vase sur une table drapée Huile/panneau 84,5x116,5cm/*33x45in* Lille 97

KRUYS Cornelius (Attrib.) c.1620-c.1660 **[2]**
☞ *$72 000 FF369 000 £43 700* A still life with a violin, a silver salt, a pewter ewer... Oil/canvas 74,5x106,5cm/*29x41in* New-York 96

KRUYSEN Antoon 1898-1977 **[65]**
☞ *$594 FF3 500 £367* Notre-Dame de Paris Huile/toile 35x27cm/*13x10in* Rennes 97
☞ *$764 FF4 500 £472* La place de l'église Huile/toile 55x38cm/*21x14in* Rennes 97
✐ *$169 FF1 000 £104* La ferme Feutre 34x27cm/*13x10in* Rennes 97

KRYCINSKI Walerian 1852-1929 **[1]**
☞ *$2 009 FF11 045 £1 233* Landscape at sunset Oil/panel 14x24cm/*5x9in* Warszawa 97

KRYNSKI Michael 1972 **[4]**
☞ *$1 600 FF9 750 £974* Sunflower Oil/canvas 74x74cm/*29x29in* Tel Aviv 98
⚒ *$8 800 FF53 625 £5 361* Lovers Plastic 237x17x38cm/*93x6x14in* Tel Aviv 98

KRYSCHITSKIJ Constantin 1858-1911 **[2]**
☞ *$10 379 FF63 758 £6 226* Winter in Russland. Tief verschneite Dorfstrasse Oil/canvas 51x72cm/*20x28in* Köln 98

KRYSTALLIS Andreas 1901-1951 **[4]**
☞ *$6 670 FF41 408 £4 000* Cafe on the Quayside Oil/canvas 47,5x59,5cm/*18x23in* London 98

KRZYZANOWSKI Konrad 1872-1922 **[6]**
☞ *$4 980 FF25 530 £3 200* Portret Marszalka Jósefa Pilsudskiego Oil/canvas 44x34,5cm/*17x13in* Warszawa 96
☞ *$6 520 FF33 750 £4 210* Portrait of Maria Grossek-Korycka Oil/canvas 74x65cm/*29x25in* Warszawa 96

KU FU-SHENG 1935 **[1]**
☞ *$10 592 FF63 008 £6 496* Empty Expanse Oil/canvas 168x72cm/*66x28in* Taipei, Taiwan 97

KUBA Ludvik 1863-1956 **[12]**
☞ *$1 473 FF8 420 £902* Männlicher Akt im Maleratelier Öl/Leinwand 76,5x52,5cm/*30x20in* München 97

KUBACH Wolfgang 1936 **[1]**
⚒ *$44 220 FF262 405 £27 445* Grosse Steinzeitung Marbre Carrare 303x118x62cm/*119x46x24in* Wien 97

KUBIERSCHKY Erich 1854-1944 **[18]**
☞ *$1 458 FF8 701 £879* Studie aus Bergheim an der alten Sieg Öl/Karton 32x42cm/*12x16in* Stuttgart 97

KUBIN Alfred 1877-1959 **[443]**
▥ *$1 459 FF8 600 £901* Hans von Weber Mappe Print 35,5x44cm/*13x17in* Wien 97
✐ *$130 FF771 £79* Salome, after Georg Müller Pencil/paper 11,5x12cm/*4x4in* München 98

KUBISTA Bohumil 1884-1918 **[6]**
▥ *$1 038 FF5 894 £649* Self-Portrait Linocut 145x205cm/*57x80in* London 97

KUBLER Ludwig XIX **[8]**
☞ *$1 025 FF6 193 £622* Pferde am Brunnen Öl/Leinwand 35x44,5cm/*13x17in* Wien 98
☞ *$2 184 FF10 770 £1 420* Pferde in der Pusta Öl/Leinwand 73,5x100cm/*28x39in* Wien 95

KUCHARSKI Alexander 1741-1819 **[1]**
✐ *$3 200 FF18 680 £1 903* Portrait of Seated Lady Pastel/paper 62x51cm/*24x20in* New-York 97

KÜCHENMEISTER Rainer 1926 **[31]**
☞ *$3 024 FF15 800 £1 800* Saturn Mixed media/board 109x92cm/*42x36in* London 96
✐ *$617 FF3 220 £361* Komposition Aquarell/Karton 40x30,2cm/*15x11in* Berlin 96

KÜCHLER Albert 1803-1886 **[13]**
☞ *$516 FF3 081 £316* Munk med krucifix Oil/panel 22x17,5cm/*8x6in* Köbenhavn 98

KUCHUMOV Vasili Nikitich 1888-1959 **[5]**
✐ *$3 040 FF15 200 £2 000* An interior in the Palace of Gatchina/The Blue Anteroom Gouache/paper 18,5x30cm/*7x11in* London 95

KUCZBORSKI Stanislaw 1881-1911 **[2]**

$2 813 FF16 787 £1 697 Barques de pêche à quai Oil/canvas 57x63,5cm/*22x25in* Warszawa 97

$521 FF3 123 £311 "Wesele", Teka Melpomeny Print 28,5x39,5cm/*11x15in* Warszawa 98

KUDO Tetsumi 1935 **[9]**

$4 830 FF25 000 £3 120 Buddha in Paris Technique mixte 44x46x23cm/*17x18x9in* Paris 96

$5 040 FF26 000 £3 235 For your Living Room for Nostalgic Purposes Sculpture H22cm/*H8in* Paris 96

KUDRIASHEV Ivan 1896-1972 **[12]**

$13 150 FF65 700 £8 580 Dreiecke und rote Scheibe Oil/cardboard 19x15,5cm/*7x6in* München 95

KUEHL Gotthard Johann 1850-1915 **[21]**

$1 980 FF10 010 £1 300 Huntsman Smoking at a Table Oil/panel 8,5x11,5cm/*3x4in* London 96

$8 974 FF53 547 £5 414 Eine Hochzeit in der Damenstiftskirche St. Johannes in München Oil/panel 95x60cm/*37x23in* Köln 97

$1 188 FF6 747 £743 Damenportrait Pastell/Karton 51,5x41cm/*20x16in* München 97

KUEHN Heinrich 1866-1944 **[23]**

$1 200 FF6 200 £768 Landscape with Hans, Walter, Edeltrude and the governess Mary Bromoil print 20x28cm/*8x11in* New-York 96

KUEHNE Max 1880-1968 **[66]**

$4 500 FF25 685 £2 781 Floral still life Tempera/panel 89x74cm/*35x29in* New-York 97

$7 500 FF45 126 £4 489 Studies of Spain Oil/panel 12,5x15,5cm/*4x6in* Beverly Hills, Calif. 98

$50 FF310 £30 Street in Toledo Etching 18x14cm/*7x5in* Bloomfield Hills, Michigan 98

KUEHNE Max (Attrib.) 1880-1968 **[3]**

$700 FF4 009 £414 East River Looking to the Bronx Oil/canvas 53x68cm/*21x27in* Milford, Conn. 97

KÜGELGEN von Franz Gerhard 1772-1820 **[10]**

$5 088 FF30 181 £3 108 Brustbildnis eines jungen Mädchens: Ferdinande von Dobisch Oil/panel 16x11cm/*6x4in* Hamburg 98

$11 338 FF66 934 £6 714 "Klio" Öl/Leinwand 75,5x60,5cm/*29x23in* Berlin 97

$529 FF3 040 £322 Dante Radierung 15,1x8cm/*5x3in* Berlin 97

$1 332 FF7 881 £800 Ganymede Graphite 28x19cm/*11x7in* London 97

KÜGELGEN von Wilhelm (Attrib.) 1802-1867 **[1]**

$5 038 FF30 170 £3 010 Bildnis des Friedrich Adolf Krummacher Öl/Leinwand 32,5x28cm/*12x11in* Köln 98

KUGELMAYR Max 1863-? **[5]**

$1 450 FF8 568 £876 Jägerlatein Oil/panel 31,5x41cm/*12x16in* Wien 97

KUGLMAYR Max 1863-? **[13]**

$581 FF3 345 £343 Profilporträt eines bayerischen Dirndls Oil/panel 22x14cm/*8x5in* München 97

KUHFELD Peter 1952 **[8]**

$1 063 FF5 430 £700 S. Giorgio Maggiore from the Zattere Oil/board 25,5x25,5cm/*10x10in* London 96

$1 804 FF11 201 £1 100 The courtyard, Early Afternoon Oil/board 51x76cm/*20x29in* London 97

KUHFUSS Paul 1883-1960 **[13]**

$650 FF3 400 £387 Bauernhof im Eulengebirge Black chalk/paper 48x64cm/*18x25in* Berlin 96

KUHLER Otto 1894-1977 **[10]**

$1 295 FF10 230 £2 000 Rails West/Sunrise on Sherman Hill, Wyoming Oil/canvas 76x91cm/*29x35in* Denver, Colorado 95

$551 FF4 350 £850 Locomotive at night Watercolour, gouache/paper 50x64cm/*19x25in* Denver, Colorado 95

KÜHLING Wilhelm 1823-1886 **[1]**

$6 440 FF33 100 £4 014 Cattle in a meadow Oil/canvas 70x103cm/*27x40in* Wien 96

KUHN Bob 1920 **[11]**

$39 000 FF186 030 £24 527 On the Skyline Oil/board 24x36cm/*9x14in* Hayden 95

$55 000 FF277 200 £35 486 Rio de Oro Acrylic/board 60x91cm/*24x36in* Hayden 96

$3 750 FF17 887 £2 358 Lion Watercolour/paper 16x11,5cm/*6x4in* Hayden 95

KUHN Charles 1903-? **[4]**

$2 265 FF11 780 £1 500 "Taxameter Selnau 77.77" Poster 127x90cm/*50x35in* London 96

KUHN Dina 1891-? **[3]**

$944 FF4 820 £623 1 Paar figurale Buchstützen Ceramic H13,6cm/*H5in* Wien 96

KUHN Friedrich 1928-1972 **[19]**

$5 404 FF32 206 £3 314 Traumlandschaft Oil/canvas/panel 60x41cm/*23x16in* Zürich 98

K

$101 FF589 £62 Wilhelm Tell Farbserigraphie 70x50cm/*27x19in* Zürich 97

$1 129 FF6 595 £668 Palmsessel Coloured pencils 50x51cm/*19x20in* Luzern 97

KUHN Hans 1905-1991 **[31]**

$1 444 FF7 430 £900 "Graublau-Schwarz und fahlgelbe Knickformen" Mixed media/panel 37,5x46cm/*14x18in* Stuttgart 96

$262 FF1 544 £162 Grosse Komposition Watercolour 24x26cm/*9x10in* Heidelberg 97

KÜHN Heinrich 1866-1944 **[66]**

$3 079 FF17 975 £1 900 Lotte and Hans Photograph 23x28cm/*9x11in* London 97

KUHN John 1949 **[6]**

$2 400 FF14 634 £1 440 Untitled Sculpture 43x89cm/*16x35in* New-York 98

KUHN Max 1838-1888 **[1]**

$1 039 FF6 066 £638 Ansicht des Hotels am Badersee bei Garmisch Watercolour 22,5x30,5cm/*8x12in* München 97

KUHN Robert 1920 **[2]**

$22 000 FF133 172 £13 004 Tigers at play Oil/masonite 61x106cm/*24x41in* New-York 98

KUHN Walter, Walt 1880-1949 **[98]**

$4 749 FF27 093 £2 888 Flowers Oil/canvas 25,5x20,5cm/*10x8in* New-York 97

$19 000 FF112 493 £11 282 Drum Majorette Oil/paper 89x63,5cm/*35x25in* New-York 97

$600 FF3 677 £365 Girl in a cocked hat Lithograph 23x16cm/*9x6in* Milford, Conn. 98

$1 700 FF9 792 £998 Reclining Nude/Crouching Nude Ink 28x41cm/*11x16in* New-York 97

KUHNAU Arthur 1891-1966 **[2]**

$650 FF3 400 £387 Haus unter Bäumen an einem Gewässer Aquarell/Papier 49x36cm/*19x14in* Hamburg 96

KÜHNEL Christian Benjamin XVIII **[1]**

$1 009 FF6 024 £609 Tanzvergnügen im Feldlager Aquarell/Papier 13x17,5cm/*5x6in* Köln 97

KÜHNEN Pieter Lodewijk 1812-1877 **[5]**

$5 863 FF33 426 £3 600 A view of a Town Oil/panel 37,5x34cm/*14x13in* London 97

KUHNEN Victor (Attrib.) 1836-? **[1]**

$1 776 FF10 121 £1 109 Vornehme junge Dame mit Lockenfrisur bei der Morgentoilette Oil/panel 36,5x28,5cm/*14x11in* Köln 97

KÜHNERT Manfred H. 1931 **[3]**

$4 400 FF21 800 £2 800 A lion Oil/canvas/board 32x47cm/*12x18in* London 95

KUHNERT Wilhelm 1865-1926 **[172]**

$14 000 FF82 889 £8 313 A Sleeping Monkey Oil/canvas/board 26x42cm/*10x16in* New-York 97

$16 677 FF103 520 £10 000 Tigers in the Snow Oil/canvas 86x137,5cm/*33x54in* London 98

$118 734 FF688 296 £70 000 Lion and Lioness on a Rocky Outcrop Oil/canvas 121x191cm/*47x75in* London 97

$793 FF4 685 £470 Löwin an der Tränke Etching 13,5x19cm/*5x7in* Berlin 97

$11 000 FF54 500 £7 000 Eines Büffels Bronze H14,5cm/*H5in* London 95

$48 000 FF236 300 £30 900 A tiger stalking his prey Watercolour, gouache/paper 39,5x65cm/*15x25in* New-York 95

KÜHRNER Georg Heinrich 1875-1940 **[3]**

$9 630 FF48 700 £6 320 "Yellow Hand" (Indian chief) Oil/canvas 184x124cm/*72x48in* Wien 96

KUHSTOSS Paul 1870-1898 **[8]**

$2 710 FF16 250 £1 660 Moulin dans unpaysage Huile/toile 60x100cm/*23x39in* Antwerpen 97

KUIK van Laurens 1889-1963 **[6]**

$1 526 FF7 900 £985 Composition Aquarelle/papier 22,5x22cm/*8x8in* Bruxelles 96

KUIPERS Abe 1918 **[3]**

$517 FF2 707 £311 Dorpgezicht Gouache/paper 50x60cm/*19x23in* Amsterdam 96

KUIPERS Dirk 1733-1796 **[4]**

$1 272 FF6 170 £820 Travellers on a road by a river Ink 17,4x24,7cm/*6x9in* Amsterdam 95

KUITCA Guillermo David 1961 **[38]**

$22 000 FF131 421 £13 457 "L'Enfance du Christ" Acrylic/canvas 114x58,5x10,5cm/*44x23x4in* New-York 98

$60 000 FF344 430 £36 576 Sueno y miseria de una generacion que no es la mia(idea de una pasion) Acrylic/canvas 119,5x150cm/*47x59in* New-York 97

KUKUK Willy 1875-1944 **[9]**

$916 FF4 740 £586 Bergdorf Öl/Leinwand 39,5x50,5cm/*15x19in* Düsseldorf 96

✎ *$1 420 FF8 094 £891* Strasse am Comer See Aquarell/Papier 29,5x44,5cm/*11x17in* Düsseldorf 97
KULAGINA Valentina 1902-1987 **[4]**
▤ *$10 000 FF48 800 £6 350* "Kunstausstellung der Sowjetunion" Poster 128x91cm/*50x35in* New-York 95
▣ *$17 000 FF98 095 £10 417* Technical Culture/Heavy Industry/Magnitakgorsk Silver print 28x16cm/*11x6in* New-York 97
KULLE Jakob 1838-1898 **[6]**
▤ *$4 770 FF24 900 £2 840* Linet häcklas Oil/canvas 80x107cm/*31x42in* Stockholm 96
KUMAR Ram 1924 **[11]**
▤ *$4 560 FF22 700 £2 900* Benaras Oil/canvas 84x101cm/*33x39in* London 95
▤ *$5 736 FF34 246 £3 500* Landscape Acrylic/canvas 127x132cm/*50x51in* London 98
KUMMER Karl Robert 1810-1899 **[18]**
▤ *$1 134 FF7 042 £684* Blick auf die Sächsische Schweiz mit der Grossen Bastei Oil/paper 19,5x19,5cm/*7x7in* Heidelberg 98
▤ *$2 664 FF15 182 £1 664* Schottische Küstenlandschaft am Abend Öl/Leinwand 56x70cm/*22x27in* Dresden 97
▤ *$30 400 FF147 100 £19 500* Teatro Greco, Taormina Oil/canvas 118x169cm/*46x66in* London 95
✎ *$1 170 FF6 929 £695* Inntallandschaft bei Kufstein Pencil/paper 30,5x43cm/*12x16in* München 97
KUMPF Gottfried 1930 **[70]**
▤ *$5 558 FF33 334 £3 374* Blumen Oil/panel 29x24cm/*11x9in* Wien 98
▤ *$639 FF3 809 £383* "Wien, der liebe Augustin" Color lithograph 55x76cm/*21x29in* Wien 98
⚒ *$1 690 FF8 650 £1 085* "Bella" Bronze H21cm/*H8in* Wien 96
✎ *$5 980 FF29 960 £3 780* Wanderung unter Sternen Mischtechnik/Papier 38x51cm/*14x20in* Wien 95
KUNC Milan 1944 **[31]**
▤ *$3 485 FF17 160 £2 245* Die Römer Öl/Leinwand 115x85cm/*45x33in* Köln 95
✎ *$660 FF3 740 £330* Senza titolo Tecnica mista/carta 50x70cm/*19x27in* Prato 97
KUNCANA A.Y. 1934 **[2]**
▤ *$3 492 FF20 909 £2 145* Girl with Dragonfly Oil/canvas 78x64cm/*30x25in* Singapore 98
KÜNDIG Reinhold 1888-1984 **[49]**
▤ *$3 013 FF15 620 £1 957* Der Waldweg Öl/Leinwand 65,5x81cm/*25x31in* Zürich 96
▤ *$9 206 FF56 933 £5 485* Grächen Öl/Leinwand 558,5x51,5cm/*219x20in* Zürich 98
✎ *$385 FF2 282 £228* Landschaft mit Gehöft im Morgendunst Aquarell/Papier 19x27cm/*7x10in* Zürich 97
KUNICHIKA Toyohara 1835-1900 **[28]**
▤ *$225 FF1 337 £137* Present Day Genji Woodcut in colors 36x25cm/*14x10in* Chicago, Illinois 98
KUNISADA III Utagawa 1786-1864 **[106]**
▤ *$403 FF2 377 £246* Calling the Waitress Woodcut in colors 25x36cm/*10x14in* Cedar Falls, Iowa 98
KUNIYOSHI Ichiyusai 1798-1861 **[7]**
▤ *$7 995 FF46 242 £4 800* Combing Nori, from Toto Meisho Print in colors 25,4x35,3cm/*10x13in* London 97
KUNIYOSHI Utagawa 1797-1861 **[62]**
▤ *$200 FF1 183 £120* Form his Actor Series Woodcut in colors 25x37cm/*10x14in* Portland, OR 98
KUNIYOSHI Yasuo 1889-1953 **[103]**
▤ *$2 000 FF12 026 £1 196* Summer, Girl leaning against a Tree Lithograph 36x25,5cm/*14x10in* New-York 98
✎ *$2 400 FF14 336 £1 471* Adam and Eve/Cow Pencil 22x28cm/*8x11in* New-York 98
KUNKA Lech 1920-1978 **[1]**
✎ *$2 250 FF13 443 £1 377* Reclining Nude Pencil/paper 39,5x50cm/*15x19in* New-York 98
KUNST Carl 1884-1912 **[10]**
▤ *$860 FF4 992 £525* "Münchner Skiwettläufe auf dem Sudelfeld" Poster 119x80cm/*46x31in* Amsterdam 97
KUNSTLER Mort 1931 **[4]**
▤ *$2 970 FF17 128 £1 769* Gene Hackman Turning Valve in Hold of Doomed Ship Oil/board 61x70cm/*24x27in* New-York 97
✎ *$3 410 FF20 856 £2 023* The Right to Freedom of Movement Gouache 51x66cm/*20x26in* Houston, Texas 98
KUNSTNER Johann (Attrib.) c.1670-1732 **[1]**
▤ *$7 000 FF35 900 £4 250* Flowers in ann urn and pomegranates on a ledge Oil/canvas 95x75cm/*37x29in* New-York 96
KUNTZ Karl 1770-1830 **[6]**
▤ *$26 160 FF135 400 £16 720* Weidende Kühe und Ziegen in einer baumbestandenen Wiesenlandschaft Oil/panel 34,5x43cm/*13x16in* Heidelberg 96

K

$6 870 FF35 550 £4 390 Ansicht von Mannheim Aquarell/Papier 9x15cm/*3x5in* Heidelberg 96
KUNTZ Pieter Corn. (Attr.) 1490-c.1540 **[2]**
$4 990 FF25 700 £3 200 The Lamentation Oil/panel 3x26cm/*1x10in* London 96
KUNTZ Rudolf 1797-1848 **[5]**
$13 120 FF67 600 £8 400 Zwei Pferde mit einem Fohlen in weiter badischer Landschaft Öl/Leinwand 60x72cm/*23x28in* Stuttgart 96
$4 190 FF21 670 £2 676 Tête à Tête im Salon Aquarell/Papier 34,6x34cm/*13x13in* Heidelberg 96
KUNZ Karl 1905-1971 **[7]**
$4 640 FF26 764 £2 764 Ohne Titel Oil/panel 85,5x122,5cm/*33x48in* München 97
KUNZ Ludwig Adam 1857-1929 **[36]**
$5 670 FF33 362 £3 500 Stilleben Öl/Leinwand 90x217cm/*35x85in* Wien 97
$6 500 FF33 900 £3 800 Prunkstilleben Öl/Leinwand 88x127cm/*34x50in* München 96
KUPCZYNSKI Zbiegniew Stanley 1928 **[10]**
$359 FF2 051 £219 Girl, Squirrel & Red Ox Pastel 61x76,2cm/*24x29in* Calgary, Alberta 97
KUPER Yuri 1940 **[125]**
$2 123 FF11 000 £1 380 Trois figues Huile/papier 43x64cm/*16x25in* Versailles 96
$2 057 FF12 500 £1 238 La scie Huile/panneau 58,5x25cm/*23x9in* Versailles 98
$5 226 FF31 000 £3 193 Truelle Huile/toile 120x120cm/*47x47in* Paris 98
$335 FF2 000 £202 Sans titre Lithographie couleurs 110,5x100,4cm/*43x39in* Paris 97
$1 475 FF9 000 £883 Les trois soldats Bronze 13x29,5x4,5cm/*5x11x1in* Paris 98
$4 170 FF25 000 £2 510 "Table à la brouette" Bronze 89x96x56cm/*35x37x22in* Paris 98
$1 860 FF9 500 £1 232 Composition Technique mixte/papier 41,5x34,5cm/*16x13in* Paris 96
KUPETZKY Johann (Attrib.) 1667-1740 **[7]**
$5 640 FF28 860 £3 620 Portrait of a man Oil/canvas 43x37cm/*16x14in* Wien 96
$16 680 FF85 000 £11 000 Portrait d'homme en habit turc/Portrait de femme en robe rouge Huile/toile 91x72,5cm/*35x28in* Paris 96
KUPFERMAN Lawrence Edward 1909 **[8]**
$260 FF1 271 £164 Saratoga Springs, Victorian Houses Drypoint 34x26cm/*13x10in* Cleveland, Ohio 95
$500 FF2 900 £307 "Evening Tide" Watercolour, gouache/paper 58x73cm/*23x29in* Bethesda, Maryland 97
KUPFERMAN Moshe 1926 **[32]**
$900 FF4 830 £538 Untitled Acrylic/paper 35x24cm/*13x9in* Tel Aviv 97
$3 500 FF21 328 £2 164 Untitled Oil/canvas 81x81cm/*31x31in* Tel Aviv 98
$1 100 FF6 074 £686 Untitled Mixed media/paper 52x38cm/*20x14in* Tel Aviv 97
KUPFERSCHMID Hermann 1885-1975 **[16]**
$151 FF939 £91 Industrieanlage in Karlsruhe/Rheinhafen Etching 28,5x37cm/*11x14in* Heidelberg 98
$308 FF1 592 £197 Mannheim, Verbindungskanal Aquarell/Papier 49x57cm/*19x22in* Heidelberg 96
KUPKA Frank, Frantisek 1871-1957 **[279]**
$52 400 FF271 300 £34 000 Composition: une pensée Oil/canvas 74x55cm/*29x21in* London 96
$900 FF5 538 £550 Satyr and a Nude Woman/Nude Woman/Female Acrobat Etching 12x13cm/*4x5in* New-York 98
$4 132 FF24 777 £2 500 Pour un autre langage Pencil/paper 20x21,5cm/*7x8in* London 97
KURAMATA Shiro 1934-1991 **[1]**
$4 520 FF23 000 £2 710 How hight the moon? Métal 72x95x82,5cm/*28x37x32in* Paris 96
KURDOFF Valentijn Iv. 1905-1989 **[7]**
$362 FF1 786 £236 Geometrische Komposition Gouache 24x16cm/*9x6in* Hamburg 95
KURELEK William 1927-1977 **[67]**
$3 526 FF20 877 £2 094 Bush Chores, Piling a Cord Mixed media/board 23,5x16,5cm/*9x6in* Toronto 97
$6 210 FF32 300 £4 114 Today we are emancipated Mixed media/board 38x62cm/*14x24in* Toronto 96
$95 228 FF574 000 £57 624 Smoothly fleet, they swept the long Savannas of blue Mixed media/canvas 131x495,5cm/*51x195in* Toronto 98
$639 FF3 646 £389 Toronto stock exchange Lithograph 41,9x49,5cm/*16x19in* Calgary, Alberta 97
$1 530 FF9 225 £926 Ukrainian Pioneer Barn, Gardenton, Manitoba Pencil 56x34,5cm/*22x13in* Toronto 98
KURELLA von Ludwig 1834-1902 **[2]**
$20 040 FF102 800 £12 900 Holowanie galarów Oil/canvas 66,5x100cm/*26x39in* Warszawa 96
KURODA Aki 1944 **[11]**
$3 709 FF22 000 £2 266 Sans titre Acrylique/toile 116x89cm/*45x35in* Paris 98
KURON Herbert 1888-? **[9]**
$1 320 FF6 760 £780 Bauernjunge Öl/Leinwand 50x33,5cm/*19x13in* Hamburg 96

KURTZ Helmut 1903-1959 **[1]**

  $1 070 FF6 465 £650 "Parsenn Bahn, Davos" Poster 127x91cm/*50x35in* London 98

KURZBAUER Eduard 1840-1879 **[7]**

  $2 080 FF10 870 £1 240 Junges Mädchen mit Schleppe Charcoal 42x28,6cm/*16x11in* Hamburg 96

KURZWEIL Maximilian 1867-1916 **[37]**

  $2 184 FF10 770 £1 420 Mädchen mit offenem Haar Öl/Leinwand 4x37cm/*1x14in* Wien 95

  $589 FF3 050 £383 Der Polster Woodcut in colors 29x26cm/*11x10in* München 96

  $6 157 FF35 700 £3 637 Pferde beim Dreschen Aquarell/Papier 35x61cm/*13x24in* Wien 97

KUSAMA Yayoi 1941 **[34]**

  $6 500 FF39 250 £3 895 Green Pumpin/White Pumpkin/Blue Pumpkin Oil/canvas 15,5x22,5cm/*6x8in* New-York 98

  $12 000 FF69 565 £7 075 Untitled Acrylic/canvas 72,5x90,5cm/*28x35in* New-York 97

  $25 000 FF149 700 £15 360 Pumpkin Acrylic 129,5x162,5cm/*50x63in* New-York 98

  $9 500 FF58 461 £5 767 "Gentuer Object" Sculpture, wood 39,5x27x12cm/*15x10x4in* New-York 98

  $3 000 FF18 115 £1 797 Birds Mixed media/paper 66x51cm/*25x20in* New-York 98

KÜSS Ferdinand 1800-1886 **[7]**

  $4 200 FF21 600 £2 620 Früchtestilleben Öl/Leinwand 32x40cm/*12x15in* Wien 96

KÜSTNER Carl 1861-1934 **[17]**

  $727 FF4 356 £446 Pappeln am Ufer Öl/Leinwand 55x70cm/*21x27in* Bremen 98

KUSTODIEV Boris Mikhailovich 1878-1927 **[35]**

  $106 307 FF650 195 £65 000 The Merchant's Wife Oil/canvas 95x75cm/*37x29in* London 98

  $2 280 FF11 400 £1 500 A drunken coachman/Village secne/Bathing in the forest Watercolour/paper 24x15cm/*9x5in* London 95

KUVEN Robert 1901-1983 **[8]**

  $585 FF3 400 £345 Maire d'Oerseebach Bas-Rhin Huile/panneau 42x34cm/*16x13in* Entzheim 97

KUWASSEG Charles E. (Attrib.) 1838-1904 **[5]**

  $8 500 FF42 500 £5 500 Busy river village Oil/canvas 56x92cm/*22x36in* New-York 96

KUWASSEG Charles Euphrasie 1838-1904 **[148]**

  $2 986 FF18 000 £1 834 Nouveautés, mercerie Huile/toile 32,5x24,5cm/*12x9in* Paris 98

  $8 320 FF42 000 £5 450 Partie de canotage aux abords d'un village Huile/toile 57x74cm/*22x29in* Paris 96

KUWASSEG Josef Kuvasseg 1779-1859 **[4]**

  $1 122 FF6 704 £687 Ansicht aus dem österreichischen Alpen Aquarell 25,3x34,3cm/*9x13in* München 98

KUWASSEG Karl Josef 1802-1877 **[17]**

  $1 713 FF9 790 £1 049 Chaumière Oil/board 29x24cm/*11x9in* London 97

  $19 000 FF112 759 £11 637 View of Chamonix Oil/canvas 129,5x98cm/*50x38in* New-York 98

  $26 200 FF135 700 £17 000 Fisherfolk on a beach, Etretat Oil/canvas 88x133cm/*34x52in* London 96

KUYCK van Frans Pieter 1852-1915 **[9]**

  $6 027 FF34 335 £3 717 Été sur les champs Huile/toile 40x56cm/*15x22in* Antwerpen 97

KUYCK van Jean-Louis 1821-1871 **[3]**

  $4 255 FF24 785 £2 600 A stable interior Oil/panel 33x40cm/*12x15in* London 97

KUYPERS Cornelis 1864-1932 **[41]**

  $1 189 FF7 155 £713 A View of Rhenen Oil/canvas 31x39cm/*12x15in* Amsterdam 98

  $2 000 FF10 280 £1 247 Cows grazing by a river Oil/canvas/panel 72x55cm/*28x21in* New-York 96

KUYPERS Johan 1894-? **[1]**

  $4 249 FF24 200 £2 637 The threshers Oil/canvas 76,2x59,7cm/*29x23in* New-York 97

KUYTEN Harrie 1883-1952 **[46]**

  $1 980 FF9 870 £1 293 Londen Oil/canvas 32x41cm/*12x16in* Amsterdam 95

  $2 100 FF10 750 £1 362 Young woman sleeping Oil/canvas 51x65cm/*20x25in* Amsterdam 95

  $10 876 FF65 399 £6 505 Still life of flowers Oil/canvas 120,5x100,5cm/*47x39in* Amsterdam 98

  $365 FF2 078 £226 The angler Charcoal/paper 46,5x61cm/*18x24in* Amsterdam 97

KUYTENBROUWER Martinus Antonius 1821-1897 **[7]**

  $1 696 FF10 043 £1 007 Pferdekustche in Parklandschaft Öl/Leinwand 32x53cm/*12x20in* Dresden 97

KUZMANOVSKI Pavle 1939 **[25]**

  $314 FF1 600 £208 Nature morte aux cinq pêches Huile/toile 75x94cm/*29x37in* Paris 96

KUZNETSOV Mikhail 1904-1989 **[26]**

  $509 FF2 635 £340 Yachts Oil/board 35x24cm/*13x9in* London 96

  $844 FF4 400 £510 Winterliche Landschaft Öl/Leinwand 39,5x59,5cm/*15x23in* Lindau 96
KUZNETSOVA Tatiana Nikoleievna 1915 **[7]**
  $334 FF2 078 £200 The Well Oil/board 43x37cm/*16x14in* London 98
KVAPIL Charles 1884-1957 **[348]**
  $554 FF3 258 £342 Nature morte à la bouilloire Huile/panneau 40x49,5cm/*15x19in* Liège 97
  $986 FF5 800 £608 Nature morte au bouquet de fleurs et aux pommes Huile/bois 27x21,5cm/*10x8in* Saint-Germain-en-Laye 97
  $354 FF1 800 £212 Modèle assis Fusain/papier 63x38cm/*24x14in* Paris 96
KVIUM Michael 1955 **[14]**
  $3 590 FF18 500 £2 296 Komposition Oil/canvas 210x140cm/*82x55in* København 96
  $137 FF797 £84 Man kan hvad man vil Etching 22x15cm/*8x5in* Viby J, Århus 97
KWEMENTWAYE ?-1996 **[2]**
  $5 265 FF30 035 £3 201 Yam Dreaming Acrylic/canvas 83,5x127,5cm/*32x50in* Sydney 97
KWIATKOWSKI Jan 1887-1971 **[3]**
  $3 000 FF15 420 £1 875 Jardin à Breuil-en-Vexin Oleo/lienzo 73x60cm/*28x23in* Buenos Aires 96
KWIATKOWSKI Teofil Antoni Antar 1809-1891 **[2]**
  $1 880 FF10 793 £1 146 Landscape, Avallon Watercolour/paper 14,5x25cm/*5x9in* Warszawa 97
KYHN Knud 1880-1967 **[54]**
  $342 FF1 758 £208 Måger på klipper ved havet Oil/canvas 78x88cm/*30x34in* København 96
  $680 FF3 550 £405 A barn by a pond, morning Oil/canvas 28x41cm/*11x16in* København 96
  $175 FF1 060 £110 Strandeng med køer Watercolour/paper 18x24,5cm/*7x9in* København 97
KYHN Vilhelm Peter C. 1819-1903 **[100]**
  $2 313 FF13 275 £1 420 Udsigt over Himmelbjergsöerne ved Ry Oil/canvas 41x54cm/*16x21in* København 97
  $13 024 FF77 396 £7 744 Mor med datter og pige i folkedragt Oil/canvas 44x32cm/*17x12in* København 97
KYLBERG Carl 1878-1952 **[128]**
  $6 040 FF30 700 £3 610 Vid kusten Oil/canvas 36x40cm/*14x15in* Stockholm 96
  $22 650 FF115 100 £13 530 Aftonbön vid stranden Oil/canvas 54x65cm/*21x25in* Stockholm 96
  $545 FF2 654 £345 Landskap Color lithograph 48x62cm/*18x24in* Uppsala 95
  $304 FF1 560 £189 Vilande akt Akvarell 20x33cm/*7x12in* Stockholm 96
KYLE Georgina Moutray 1865-1950 **[5]**
  $1 945 FF10 070 £1 300 Brixham Harbour Oil/canvas/board 45,7x33cm/*17x12in* London 96
KYMLI Franz Peter Joseph 1748-1813 **[2]**
  $2 804 FF16 000 £1 713 Portrait d'homme dans un ovale peint Huile/cuivre 20,5x15,5cm/*8x6in* Mayenne 97
KYNASTON Arthur XIX-XX **[2]**
  $1 800 FF10 909 £1 103 The Bathers Oil/board 27x33cm/*11x13in* New Orleans, Louisiana 98
KYYHKYNEN Juho 1875-1909 **[8]**
  $1 796 FF10 660 £1 100 Månsken Oil/canvas 47,5x33cm/*18x12in* Helsinki 97

L

L'ARCHEVEQUE André 1923 **[16]**
  $497 FF2 893 £296 Nature morte Huile/panneau 25,5x36cm/*10x14in* Montréal 97
  $1 098 FF5 690 £713 Près l'ondée Huile/toile 50x60cm/*20x24in* Montréal 96
L'AUBINIERE de Georgina, née Steple 1848-1930 **[27]**
  $474 FF2 753 £280 A River Landscape at Dusk Oil/panel 39,5x29cm/*15x11in* London 97
  $514 FF2 952 £320 An Evening Walk Watercolour 39x54,5cm/*15x21in* London 97
L'ÉPLATTENIER Charles 1874-1946 **[50]**
  $3 377 FF20 129 £2 071 Les Mythen Öl/Karton 80,5x99cm/*31x38in* Zürich 98
  $8 332 FF48 642 £5 038 Lumière au soir - printemps au Doubs Öl/Leinwand 114x114cm/*44x44in* Zürich 97
  $147 FF903 £88 Sitzender Frauenakt Charcoal 29x21cm/*11x8in* Zürich 98
L'ESPINASSE de Augustin (Attrib.) 1736-1816 **[1]**
  $27 589 FF159 475 £17 000 Bird's-eye view of Mecca Engraving 43,2x87cm/*17x34in* London 97
L'EVEQUE Henri 1769-1832 **[4]**
  $3 044 FF15 900 £1 840 Vue de Genève des Bains du bas de Chevelu Eau-forte 19x25cm/*7x9in* Zürich 96

*$5 598 FF33 523 £3 345 "Blick auf das Forum Romanum" Aquarell/Papier 48,5x66,5cm/19x26in Köln 98
L'ONS Frederick Timpson 1802-1887 **[3]**
*$8 345 FF48 522 £4 972 Xhosa Warriors Looking Out at Red Coats Oil/canvas 63x75cm/24x29in Johannesburg 97
LA BELLA Vincenzo 1872-? **[2]**
*$2 280 FF12 920 £1 520 Veduta di Piazza San Ferdinando/Veduta di Largo dello Spirito Santo Olio/cartone 29x39cm/11x15in Roma 97
LA BOULAYE de Paul 1849-1926 **[7]**
*$2 600 FF13 000 £1 683 The Music Hall Oil/canvas 100x82cm/39x32in New-York 96
LA CARCOVA de Ernesto 1866-1927 **[2]**
*$5 000 FF28 885 £2 969 Retrato de mujer de espalda Oleo/lienzo 55x46cm/21x18in Buenos Aires 97
LA CAVE Peter 1769-1811 **[24]**
*$3 000 FF14 680 £1 900 Paddington Green, London Oil/panel 29x36cm/11x14in San Francisco-Los Angeles 95
*$5 870 FF29 350 £3 800 Figures & a donkey on a track/Shepherd & sheep on the banks of a river Oil/canvas 49x65cm/19x25in London 96
*$750 FF3 790 £482 Courtyard landscape Watercolour/paper 25x32cm/10x12in Bloomfield Hills, Michigan 96
LA COUR Janus 1837-1909 **[150]**
*$199 FF1 150 £123 Store traeer ved söbredden Oil/canvas 37x44cm/14x17in København 97
*$468 FF2 652 £287 Flodparti fra Schweiz, Rosenlaui Oil/canvas 29x37cm/11x14in København 97
*$35 000 FF198 975 £21 430 Winter near Copenhagen Oil/canvas 110,5x165cm/43x64in New-York 97
LA CROIX de Pieter Frederik 1709-1782 **[2]**
*$2 250 FF11 450 £1 350 Portrait of a woman, three quarter length Pastel 30,8x25,3cm/12x9in Amsterdam 96
LA FARGE John 1835-1910 **[39]**
*$6 500 FF37 834 £3 942 Mural Study Oil/panel 45x35cm/18x14in Mystic, Connecticut 97
*$6 500 FF38 829 £3 979 The Resurrection Watercolour/paper 32x19cm/12x7in New-York 98
LA FARGE John (Attrib.) 1835-1910 **[1]**
*$1 500 FF7 560 £986 Japan Watercolour/paper 40x29cm/16x11in Baton Rouge, Louisiana 96
LA FARGUE Paulus Constantin 1732-1782 **[17]**
*$12 375 FF64 725 £7 500 A Dutch Canal with a Rowing boat and Sailing Boats, a Lady conversing Oil/panel 37x50cm/14x19in London 96
*$34 981 FF211 247 £21 000 Figures Strolling in a Wooded Landscape Oil/panel 22x34cm/8x13in London 98
*$6 510 FF33 140 £3 905 Country folk and cattle by a dyke Ink 19,2x32,5cm/7x12in Amsterdam 96
LA FOSSE de Charles 1636-1716 **[18]**
*$22 000 FF121 479 £13 728 Hector and Andromache Oil/canvas 122x143cm/48x56in New-York 97
*$4 000 FF24 554 £2 450 Putto in Flight Black chalk 24x31cm/9x12in New-York 98
LA FOSSE de Charles (Attrib.) 1636-1716 **[6]**
*$2 740 FF16 000 £1 657 Moïse sauvé des eaux Huile/toile 32x41cm/12x16in Paris 97
*$90 000 FF552 483 £55 143 Rebecca at the Well Oil/canvas 96,5x129cm/37x50in New-York 98
LA FOSSE de Jean-Charles 1734-1789 **[11]**
*$4 000 FF23 980 £2 419 Architectural Capriccio Ink 48x36cm/19x14in Chicago, Illinois 97
LA FOSSE de Jean-Charles (Attr.) 1734-1789 **[6]**
*$2 425 FF15 000 £1 444 Étude pour la tête d'une reine Huile/toile 42x34cm/16x13in Paris 98
LA FRESNAYE de Roger 1885-1925 **[195]**
*$14 603 FF85 000 £8 857 Nature morte à l'assiette fleurie Huile/toile 38x55cm/14x21in Paris 97
*$29 260 FF151 600 £19 000 Nu debout devant la cheminée Oil/canvas 7x59cm/2x23in London 96
*$1 665 FF10 200 £993 Nature morte Lithographie 39,5x53cm/15x20in Lyon 98
*$16 000 FF82 000 £9 720 Femme italienne Bronze H60,5cm/H23in New-York 96
*$26 000 FF159 021 £15 896 Grand nu Bronze H117cm/H46in New-York 98
*$1 920 FF9 500 £1 220 Danseuse à la barre Encre/papier 26x20,6cm/10x8in Paris 95
LA FUENTE de Manuel 1932 **[5]**
*$6 500 FF38 303 £3 883 Toro Derrotando Bronze 31x40,5x15cm/12x15x5in New-York 97
LA GANDARA de Antonio 1862-1917 **[14]**

$20 642 FF121 000 £12 705 Ida Rubinstein Huile/toile 201x103cm/*79x40in* Paris 97
$4 340 FF22 460 £2 800 Portrait of André Rouveyre Pastel 57x42cm/*22x16in* London 96
LA GRUA DE CARINI Antonio XVIII-XIX **[1]**
$51 000 FF289 000 £25 500 Interno del Colosseo Olio/tela 101x138,5cm/*39x54in* Roma 97
LA HAYE Reinier c.1640-c.1695 **[6]**
$11 160 FF54 000 £7 000 Interior scene with a Lady Oil/panel 30x24cm/*11x9in* London 95
LA HAYE Reinier (Attrib.) c.1640-c.1695 **[2]**
$3 663 FF21 526 £2 200 Portrait of a Lady, Three Quarter Length Oil/panel 31x23cm/*12x9in* London 97
LA HYRE de Laurent 1606-1656 **[12]**
$522 753 FF3 096 900 £310 000 Angelica and Medoro Oil/canvas 141,5x140,8cm/*55x55in* London 97
LA HYRE de Laurent (Attrib.) 1606-1656 **[4]**
$10 000 FF52 000 £6 610 Landscape with a waterfall Oil/panel 105x79cm/*41x31in* New-York 96
LA LYRE Adolphe Lalire, dit 1850-1935 **[18]**
$9 031 FF52 734 £5 511 Nereiden Oil/panel 74,5x60cm/*29x23in* Wien 97
LA MÉSANGERE Pierre de XVIII-XIX **[1]**
$15 000 FF90 090 £8 997 Interiors Furnishings in Empire Style Drawing 35x26,5cm/*13x10in* New-York 98
LA MONACA Francis 1882-1937 **[10]**
$1 968 FF12 000 £1 180 Portrait présumé de Maurice Ravel Bronze H61cm/*H24in* Pau 98
LA MONTAGNE de Émile Pierre B. 1873-1945 **[7]**
$1 325 FF8 125 £790 Dame assise Craies/papier 100x85cm/*39x33in* Antwerpen 98
LA MOTTE Bernard 1903 **[2]**
$1 100 FF6 555 £683 A Congregation of Monks Graphite 24x19cm/*9x7in* New Orleans, Louisiana 97
LA MOTTE de Jean-François 1635-1685 **[4]**
$10 280 FF52 000 £6 740 Vanitas (trompe-l'oeil) Huile/toile 63x48cm/*24x18in* Paris 96
LA NEZIERE de Jacques Davial XIX-XX **[17]**
$296 FF1 500 £193 "Visitez la Tunisie, Kairouan" Affiche 106x76cm/*41x29in* Paris 96
LA NEZIERE de Joseph 1879-1958 **[3]**
$10 432 FF63 000 £6 262 La Sortie du Sultan Moulay Youssef, Maroc Huile/toile 118x133cm/*46x52in* Paris 98
$39 100 FF195 000 £25 630 Départ de la Fantasia Huile/toile 75x150cm/*29x59in* Paris 95
LA NOUE Terence 1941 **[3]**
$1 200 FF7 151 £719 The Dreams of Gods Color lithograph 112x124,5cm/*44x49in* New-York 98
$2 750 FF13 740 £1 797 Tarantella Series Mixed media/paper 130x193cm/*51x75in* Stockholm 95
LA PATELLIERE de Amédée 1890-1932 **[79]**
$825 FF5 000 £506 Paysage de Vence aux sapins Huile/toile 54x65cm/*21x25in* Besançon 98
$1 150 FF6 000 £695 Repos sous un arbre Huile/toile 27,5x35cm/*10x13in* Paris 96
$26 150 FF130 000 £16 640 Cinq femmes dans l'atelier Huile/toile 150x180cm/*59x70in* Paris 95
$689 FF4 000 £424 Paysage Sanguine/papier 46x65cm/*18x25in* Paris 97
LA PIRA XIX-XX **[7]**
$2 177 FF12 837 £1 300 Piccola marina. Capri Gouache/carton 40,5x56cm/*15x22in* Madrid 97
LA PORTE de Adèle XIX **[3]**
$3 321 FF19 000 £2 072 L'Offrande à Esculape, ou La Piété filiale Huile/toile 115x90cm/*45x35in* Pau 97
LA PORTE Émile Henri 1841-1919 **[3]**
$11 720 FF60 700 £7 500 An Odalisque Oil/canvas 27x46cm/*10x18in* London 96
LA RIVA Y CALLOL DE MUÑOZ de Maria Luisa 1859-1926 **[2]**
$1 208 FF6 110 £792 Bodegón con cesto de rosas Pastel 38x46cm/*14x18in* Madrid 96
LA RIVE de Pierre Louis 1753-1817 **[8]**
$46 308 FF268 457 £28 539 Les environs de Cluses Öl/Leinwand 90x112cm/*35x44in* Zürich 97
$3 650 FF19 070 £2 210 Saturntempel, Rom Encre 37,5x47,5cm/*14x18in* Zürich 96
LA RIVIERE Adriaan Philippus 1857-1941 **[12]**
$804 FF4 961 £505 The flower market Oil/canvas 29x38cm/*11x14in* Amsterdam 97
LA ROCHEFOUCAULD de Antoine 1862-1960 **[5]**
$3 860 FF20 000 £2 494 Capri vue de Sorrento Huile/toile 65x92cm/*25x36in* Paris 96
LA ROSE de Jean-Bapt. (Attrib.) 1612-1687 **[1]**
$3 093 FF16 000 £2 006 Scène de port méditerranéen Huile/toile 42x57cm/*16x22in* Saint-Germain-en-Laye 96
LA RUE de L. Félix (Attrib.) 1720-1765 **[5]**

✏ *$376 FF2 200 £229* Frise de bacchanale Lavis 16x30cm/*6x11in* Paris 97
LA RUE de Louis Félix. 1720-1765 **[7]**
✏ *$2 249 FF12 367 £1 381* Classical Warriors fighting on the Staircase of a Palace Ink 32,5x44cm/*12x17in* New-York 97
LA SALLE Charles 1894-1958 **[4]**
$4 000 FF19 930 £2 620 Moonlit Hold-Up Oil/canvas 76x101cm/*29x39in* San Francisco-Los Angeles 95
LA SERNA de Ismaël 1897-1968 **[335]**
$2 137 FF13 000 £1 310 "Bouquet de roses dans un vase bleu" Huile/toile 40x50cm/*15x19in* Paris 98
$3 105 FF17 865 £1 935 Bañistas bajo palmeraa las orillas del mar Oleo/tabla 41x33cm/*16x12in* Madrid 97
✏ *$8 960 FF55 300 £5 320* Bodegón con violín y maipes Collage 87,5x79,5cm/*34x31in* Madrid 98
LA THANGUE Henry Herbert 1859-1929 **[19]**
$26 086 FF158 102 £16 000 A Girl with a Puppy Oil/canvas 47x27cm/*18x10in* London 98
$100 100 FF519 000 £65 000 Harnessing donkey Oil/canvas 89x81cm/*35x31in* London 96
LA TORRE de Antonio XIX-XX **[1]**
$6 860 FF34 700 £4 500 Coastal landscape Oil/canvas 52x124cm/*20x48in* London 96
LA TOUCHE de Gaston 1854-1913 **[95]**
$652 FF3 800 £401 Vague Huile/panneau 15x15cm/*5x5in* Saint-Dié 97
$2 514 FF15 000 £1 516 Après le cambriolage Huile/panneau 77x80cm/*30x31in* Paris 97
$330 000 FF1 952 676 £198 594 Les Pivoines Oil/canvas 140x143,5cm/*55x56in* New-York 98
✏ *$1 600 FF9 340 £951* A Mother and Child Pastel/paper 80x48cm/*31x18in* New-York 97
LA TRAVERSE de Charles François 1726-c.1780 **[7]**
✏ *$402 FF2 410 £240* The Abduction of a Nymph/Design for a Fountain Black chalk 52x26cm/*20x10in* London 98
LA VALLEY Jonas Joseph 1858-1930 **[8]**
$2 000 FF11 389 £1 233 Brook Scene Oil/panel 24,5x31,5cm/*9x12in* Boston, Mass. 97
$2 700 FF15 376 £1 665 Summer Fields Oil/canvas 56x76cm/*22x29in* Boston, Mass. 97
LA VEGA de Jorge 1930-1971 **[4]**
$42 000 FF219 400 £25 000 Cover Girl Oil/canvas 204x178,5cm/*80x70in* New-York 96
✏ *$3 749 FF22 095 £2 240* El Pejerrey Patagonico Ink 40x56cm/*15x22in* New-York 97
LA VERTEVILLE de Christian 1949 **[5]**
✏ *$588 FF3 500 £360* Hallali Gouache/papier 9,5x14cm/*3x5in* Soissons 97
LA VILLÉGLÉ de Jacques Mahé 1926 **[118]**
$2 100 FF11 000 £1 263 Affiches lacérées, Paris Decollage 11x32,5cm/*4x12in* Monaco 96
$5 840 FF29 500 £3 815 Madame Léon Jost Decollage 76x95cm/*29x37in* Saint-Germain-en-Laye 96
$5 925 FF36 000 £3 567 "39, Quai de Grenelle" Affiche lacérée, arrachage 158x130cm/*62x51in* Versailles 98
$3 864 FF23 000 £2 362 "Boulevard Rochechouard" Affiche 51x64cm/*20x25in* Paris 98
✏ *$4 920 FF25 470 £3 286* Rue Boubourt Collage 99x50cm/*38x19in* Antwerpen 96
LA VILLÉON de Emmanuel 1858-1944 **[226]**
$1 293 FF7 500 £795 Paysage du Midi Huile/carton 14x9cm/*5x3in* Honfleur 97
$3 720 FF19 500 £2 240 Paysage du Nivernais Huile/toile 46x55cm/*18x21in* Calais 96
✏ *$1 158 FF7 000 £690* Bouquet iris blanc et lilas Pastel/toile 61x46cm/*24x18in* Saint-Dié 97
LA VILLETTE Élodie 1848-? **[1]**
$3 600 FF21 911 £2 146 Marée basse Oleo/lienzo 75x120cm/*29x47in* Buenos Aires 97
LA VOLPE Alessandro 1820-1887 **[29]**
$4 830 FF27 370 £2 415 Vele a Sorrento/Marina con pescatori Olio/tavola 15,5x32,5cm/*6x12in* Roma 98
$8 450 FF43 400 £5 030 Nisida ed Ischia da Posillipo Olio/tela 59x74cm/*23x29in* Roma 96
✏ *$6 210 FF35 190 £3 105* Vita costiera Acquarello/cartone 51x74cm/*20x29in* Roma 98
LAABS Hans 1915 **[16]**
$715 FF3 729 £418 Komposition Oil/canvas/panel 24,7x32cm/*9x12in* Berlin 96
$4 535 FF26 773 £2 685 Stilleben Öl/Leinwand 75x107cm/*29x42in* Berlin 97
✏ *$947 FF5 439 £577* Ohne Titel Watercolour 36,5x49cm/*14x19in* Berlin 97
LAAGE Wilhelm 1868-1930 **[87]**
$1 819 FF11 055 £1 095 Rosenstrauss in einer Glassvase vor blauem Hintergrund Oil/panel 62x48,5cm/*24x19in* Stuttgart 98

Calendar & auction results: Internet www.artprice.com Minitel 3617 ARTPRICE

📖 *$421 FF2 503 £250* Garten im Frühling Woodcut 35x30,5cm/*13x12in* München 97
LAAN van der Gerard 1844-1915 **[11]**
🎨 *$1 343 FF8 045 £825* Blick gegen einen Hafen unter hohem, leicht bewölktem Himmel Oil/wood 49x71cm/*19x27in* Bern 98
✏️ *$284 FF1 739 £174* Sailing Boat a Sunset Watercolour 39x59cm/*15x23in* Amsterdam 98
LAAN van der Kees 1903-1983 **[6]**
📖 *$585 FF3 519 £350* "Graf Zeppelin, Zaterdag 18 Juni landing vlieg velden waalhaven..." Poster 110x79,5cm/*43x31in* London 98
LAANEN van der Jasper c.1590-c.1640 **[16]**
🎨 *$11 200 FF54 100 £7 000* Elegant figures dining in an interior Oil/panel 51x67cm/*20x26in* London 95
🎨 *$9 648 FF60 000 £6 084* Paysage d'hiver avec patineurs Huile/cuivre 16x21,5cm/*6x8in* Biarritz 97
LAANEN van der Jasper (Attrib.) c.1590-c.1640 **[9]**
🎨 *$4 800 FF29 108 £2 928* Wooded Landscape with Travellers on Horseback Oil/copper 12,5x19cm/*4x7in* New-York 98
LAAR de Pieter 1600-1642 **[8]**
🎨 *$21 500 FF112 300 £13 000* Soldiers playing cards Oil/canvas 35x48,5cm/*13x19in* London 96
LAAR de Pieter (Attrib.) 1600-1642 **[3]**
🎨 *$8 580 FF44 850 £5 070* Una pastora e tre pastori Olio/rame 29x39cm/*11x15in* Roma 96
LAAR van de Bernardus 1804-1872 **[1]**
🎨 *$2 417 FF14 549 £1 447* Gentlemen in a Church Oil/cardboard 36x34cm/*14x13in* Amsterdam 98
LAAR van de Jan Hendrik 1807-1874 **[8]**
🎨 *$4 440 FF25 303 £2 773* Die Wildauswahl. Junges Paar in der Metzgerstube Oil/wood 55x42cm/*21x16in* Bremen 97
LAASIO Mikko 1913 **[7]**
🎨 *$1 832 FF10 681 £1 128* Insjölandskap Oil/canvas 46x61cm/*18x24in* Helsinki 97
LABADYE J.B. 1777-1850 **[1]**
✏️ *$5 932 FF35 000 £3 633* Deux personnages et un chien dans un paysage de ruines antiques Encre 65,5x42cm/*25x16in* Cheverny 98
LABARTA Francesc 1883-1963 **[2]**
📖 *$2 070 FF11 855 £1 224* "Papitu" Poster 69x99cm/*27x38in* New-York 97
LABAT Fernand 1889-? **[5]**
✏️ *$1 180 FF6 000 £705* Catastrophe du "Volturno", 10 Octobre 1913 Aquarelle, gouache 50x72,5cm/*19x28in* Paris 96
LABATUT Suzanne Marie C. 1889-1970 **[1]**
🎨 *$4 960 FF25 000 £3 200* Bigoudènes devant le port Huile/toile 73x92cm/*28x36in* Douarnenez 96
LABHART Emanuel 1810-1874 **[7]**
✏️ *$1 293 FF7 527 £797* "Lausanne" Crayon 22x29cm/*8x11in* Bern 97
LABILLE-GUIARD Adélaïde 1749-1803 **[13]**
🎨 *$80 100 FF420 000 £48 200* Portrait de Madame Elisabeth Huile/toile 151x118cm/*59x46in* Paris 96
✏️ *$22 970 FF120 000 £13 670* "Portrait d'Hubert Robert" Pastel 60x48cm/*23x18in* Paris 96
LABISSE Félix 1905-1982 **[315]**
🎨 *$2 530 FF13 000 £1 576* La danse du ventre Huile/papier/panneau 26x30cm/*10x11in* Paris 96
🎨 *$2 876 FF15 000 £1 900* Rochers en bord de mer Huile/toile 153x119cm/*60x46in* Paris 96
🎨 *$4 310 FF22 000 £2 856* "Le grand Fulgurateur" Oil/canvas 81x65cm/*31x25in* Wien 96
📖 *$183 FF1 063 £112* Femme bleue Lithographie 54x45,5cm/*21x17in* Bruxelles 97
✏️ *$843 FF4 905 £516* Dame Justice Gouache/papier 26x50cm/*10x19in* Antwerpen 97
LABITTE Eugène 1858-1937 **[32]**
🎨 *$895 FF5 100 £552* Les foins en bretagne Huile/panneau 19x27cm/*7x10in* Brest 97
🎨 *$907 FF5 500 £556* Paysan devant les rochers Huile/toile 54,5x38,5cm/*21x15in* Quimper 98
LABORDE de Alexandre XIX **[1]**
✏️ *$14 300 FF75 000 £8 610* Quatre vues de Laeken Aquarelle/papier 14,5x18,5cm/*5x7in* Monaco 96
LABOUREUR Jean-Émile 1877-1943 **[532]**
📖 *$76 FF450 £45* Fleurs artificielles Gravure 17,5x15,5cm/*6x6in* Neuilly-sur-Seine 97
✏️ *$325 FF1 900 £196* Femme au profil en chemise Crayons couleurs/papier 18x13,5cm/*7x5in* Paris 97
LABRA de José Maria 1925-1994 **[7]**
🎨 *$1 122 FF6 749 £697* Encuentro impossible Técnica mixta 50x70cm/*19x27in* Madrid 97
LABROUCHE Pierre 1876-1956 **[9]**

☞ *$2 380 FF14 000 £1 468* Le port de Saint Jean de Luz Huile/carton 33x46cm/*12x18in* Anglet 97
LABRUZZI Carlo 1747-1817 **[11]**
☞ *$17 949 FF103 578 £11 000* An river landscape with the Augustan bridge at Narni Oil/canvas 99x135,5cm/*38x53in* London 97
☞ *$55 481 FF320 150 £34 000* A arcadian landscape with Adonis/A wooded landscape with peasants Oil/canvas 47,5x66,4cm/*18x26in* London 97
✎ *$621 FF3 801 £380* Madonna and Child, The Christchild Holding a Bird Ink 24x20cm/*9x7in* London 98
LABY Auguste Fr. 1784-1860 **[1]**
☞ *$3 270 FF20 000 £1 940* Portrait de Monsieur de Roux, député de Marseille Huile/toile 105x82cm/*41x32in* Versailles 98
LACASSE Joseph 1894-1975 **[69]**
☞ *$5 487 FF31 000 £3 453* Composition Huile/toile 100x65cm/*39x25in* Toulouse 97
☞ *$19 577 FF112 000 £12 219* Composition Huile/toile 196x260cm/*77x102in* Tourcoing 97
LACAZE Julien 1886-1971 **[44]**
▥ *$269 FF1 595 £160* "La Roche Maurice, Environs de Landerneau" Affiche 105x74,5cm/*41x29in* London 97
LACAZE Pierre 1816-1884 **[1]**
☞ *$3 616 FF22 366 £2 154* Bernertrachten Öl/Leinwand 65x48cm/*25x18in* Zürich 98
LACH Andreas 1817-1882 **[32]**
☞ *$3 557 FF21 680 £2 209* Still Life with Fruit Oil/canvas 37x46cm/*14x18in* Melbourne 97
☞ *$4 764 FF28 560 £2 844* Stilleben mit Weintrauben und Katze Öl/Leinwand 34,5x28,5cm/*13x11in* Wien 98
LACH Fritz 1868-1933 **[37]**
✎ *$3 720 FF18 600 £2 410* Motiv aus Hallstadt Aquarell/Papier 28x22cm/*11x8in* Wien 96
LACHAISE Gaston 1882-1935 **[66]**
⚒ *$8 500 FF50 444 £5 206* Portrait of the Artist's Niece Alabaster H27cm/*H10in* New-York 98
✎ *$4 000 FF20 900 £2 417* Kneeling Nude Pencil/paper 46x30,5cm/*18x12in* New-York 96
LACHANCE Georges 1888-? **[2]**
☞ *$1 400 FF8 510 £849* "Cloud Shadows"/"A Day in June" Oil/board 25x25cm/*10x10in* Elgin, Illinois 98
LACHENAL Edmond 1855-1930 **[6]**
⚒ *$8 866 FF53 000 £5 374* Jeune fille aux colombes parmi des pommiers du Japon et des roses Céramique 119x66,5cm/*46x26in* Paris 97
LACHENWITZ F. Sigmund 1820-1868 **[7]**
☞ *$3 000 FF14 680 £1 900* Extensive Bavarian landscape Oil/canvas 22x32cm/*8x12in* San Francisco-Los Angeles 95
☞ *$3 214 FF18 412 £1 901* Hirtenpaar mit Vieh beim Durchqueren einer Furt in Gebirgslandschaft Öl/Leinwand 32x80cm/*12x31in* Kempten 97
LACHER Max 1905-1988 **[4]**
✎ *$1 690 FF8 830 £1 006* Griechische Landschaft Aquarell/Papier 33x49cm/*12x19in* München 96
LACHEVRE Bernard 1885-1950 **[24]**
▥ *$572 FF3 336 £350* "Southern Railway, Chemins de Fer de l'Etat" Affiche 100x62cm/*39x24in* London 97
✎ *$269 FF1 600 £164* Sans titre Aquarelle, gouache/papier 38x58cm/*14x22in* Granville 97
LACHEVRE Henry XIX **[1]**
☞ *$2 842 FF17 000 £1 725* Le port Huile/toile 32,5x61cm/*12x24in* Paris 97
LACHIEZE-REY Henri 1927 **[8]**
☞ *$5 226 FF31 000 £3 193* Quai de Saône à Vaise Huile/toile 60x73cm/*23x28in* Lyon 98
LACHMAN Harry B. 1886-1974 **[22]**
☞ *$1 800 FF10 625 £1 065* The Welcoming Light Oil/canvas 43x30cm/*17x12in* Elgin, Illinois 97
☞ *$4 250 FF25 589 £2 543* View from Renoir's Garden Oil/canvas 45,5x56cm/*17x22in* San Francisco 98
LACHNIT Wilhelm, Max 1899-1962 **[27]**
▥ *$130 FF678 £76* Kind vor einem Aquarium Etching, aquatint 24,2x24,3cm/*9x9in* Berlin 96
✎ *$556 FF2 880 £356* Spaziergänger im Wald bei Dresden Watercolour 29x43cm/*11x16in* Heidelberg 96
LACHOVSKY Arnold Borisovich 1880-1937 **[1]**
☞ *$6 500 FF39 204 £3 859* Two Jews in a Russian Town Square Oil/canvas 56,5x32cm/*22x12in* Tel Aviv 98
LACINA Josef 1899-? **[13]**
☞ *$2 490 FF12 480 £1 576* Zwei Frauen Öl/Leinwand 120x100cm/*47x39in* Wien 95
LACKOVIC Ivan 1932 **[11]**
☞ *$367 FF2 226 £225* Die Erscheinung über dem verschneiten Dorf Painting 33,5x29,5cm/*13x11in*

Zofingen 98
LACOLLEY Jacques XX **[6]**

✏ *$144 FF750 £87* Pietà Encre/papier 14,5x21cm/*5x8in* Granville 96
LACOMBE Georges 1868-1916 **[128]**

🖌 *$3 645 FF19 000 £2 290* Paysage à l'arbre Huile/panneau 41x33cm/*16x12in* Lyon 96

🖌 *$87 500 FF431 000 £56 400* Les Pins rouges Huile/toile 61x46cm/*24x18in* Paris 95

🗿 *$303 FF1 800 £182* La victoire Terre cuite H31cm/*H12in* Brest 97

✏ *$48 FF250 £31* Etude de draperie Crayon/papier 31,4x19,8cm/*12x7in* Paris 96
LACOMBLEZ Jacques 1934 **[47]**

🖌 *$169 FF981 £103* Composition Huile/toile 38x28cm/*14x11in* Antwerpen 97

🖌 *$348 FF1 804 £219* Un mur pour oublier Huile/toile 46x61cm/*18x24in* Antwerpen 96
LACOSTE Charles 1870-1959 **[34]**

🖌 *$479 FF2 800 £292* Petit banc sous l'arbre Huile/carton 35x27,5cm/*13x10in* Paris 97
LACOSTE Jule Cheveu 1834-1893 **[4]**

✏ *$988 FF5 800 £604* Projet de vase japonisant à décor de fleurs et de héron Gouache 47x64cm/*18x25in*
Pontoise 97
LACOUR Charles 1863-1940 **[16]**

🖌 *$548 FF3 400 £327* Le pont Wilson et l'Hôtel Dieu Huile/toile/carton 16x36,5cm/*6x14in* Lyon 98

🖌 *$2 102 FF12 500 £1 302* Bouquet de lilas Huile/toile 73x57cm/*28x22in* Saint-Dié 97
LACOUR Pierre 1745-1814 **[10]**

🖌 *$21 484 FF122 000 £13 444* La bénédiction du troupeau avant le départ pour la transhumance Toile
82x114cm/*32x44in* Paris 97

🖌 *$23 850 FF125 000 £14 350* L'artiste peignant le portrait de sa femme Dorothée et de sa fille Huile/panneau 27x21cm/*10x8in* Paris 96
LACROIX DE MARSEILLE Charles-F. (Attrib.) c.1720-1782 **[9]**

🖌 *$146 590 FF885 227 £88 000* Naples, a View of the Bay of Naples Seen from Mergellina Oil/canvas
93,5x188,5cm/*36x74in* London 98
LACROIX DE MARSEILLE Charles-Ferdinand c.1720-1782 **[61]**

🖌 *$21 528 FF130 000 £12 909* Tempête aux abords d'une côte rocheuse Huile/toile 76x102cm/*29x40in*
Paris 98

🖌 *$48 000 FF294 657 £29 409* Capricci views of the Falls at Tivoli Oil/canvas 49x31cm/*19x12in* New-York 98

🖌 *$195 000 FF1 004 000 £125 000* Rocky Mediterranean coastline at dawn with fishermen ashore Oil/canvas
97x137cm/*38x53in* London 96
LACROIX Paul XIX **[7]**

🖌 *$12 000 FF61 800 £7 670* Strawberries in landscape Oil/board 20,5x25,5cm/*8x10in* New-York 96
LACROIX Tristan 1849-1914 **[10]**

🖌 *$1 210 FF7 500 £723* Plateau de la Mare aux Fées à Fontainebleau Huile/toile 54x73cm/*21x28in* Lyon 98
LACY George c.1817-1878 **[1]**

✏ *$2 014 FF10 420 £1 300* Gold Prospecto's camp Watercolour 26x37cm/*10x14in* London 96
LADA-MACIAG Malgorzata 1881-1969 **[1]**

✏ *$1 480 FF7 680 £970* La toilette Pastel/papier 31,5x23,5cm/*12x9in* Warszawa 96
LADBROOKE Frederick 1812-1865 **[29]**

🖌 *$3 892 FF22 140 £2 400* Horse in a Country Lane, Figure in Distance by Thatched Oil/canvas
33x35cm/*13x14in* Aylsham, Norfolk 97

✏ *$315 FF1 879 £190* "From Greetwell Fields, Lincoln" Pencil/paper 27x22cm/*11x9in* Aylsham, Norfolk 97
LADBROOKE Henry 1800-1870 **[5]**

🖌 *$897 FF5 178 £550* Young Shepherdess resting under Trees with Cattle and Distant Sheep Oil/canvas
30x20cm/*12x8in* Aylsham, Norfolk 97
LADBROOKE John Berney 1803-1879 **[43]**

🖌 *$900 FF5 223 £531* Fisherman in a Landscape Oil/cardboard 22x30cm/*9x12in* Bethesda, Maryland 97

🖌 *$6 320 FF30 900 £4 000* A woodland road Oil/canvas 101x76cm/*39x29in* London 95

✏ *$340 FF1 937 £210* Netly Abbey Watercolour 22x27cm/*9x11in* Aylsham, Norfolk 97
LADBROOKE John Berney (Attr.) 1803-1879 **[11]**

🖌 *$2 553 FF15 281 £1 600* Wooded Landscape with a Farm Oil/canvas 51x76cm/*20x29in* London 97
LADBROOKE Robert (Attrib.) 1770-1842 **[4]**

🖌 *$1 436 FF8 596 £900* Countryfolk resting with a view of Norwich beyond Oil/board 39,5x51cm/*15x20in*
London 97
LADD Anna Coleman 1878-1939 **[11]**

*$1 800 FF10 274 £1 112 Medieval queen Bronze H72,5cm/*H28in* New-York 97*
LADDEY Ernest XIX-XX **[2]**
*$2 274 FF13 333 £1 400 Portrait of a young Girl with a garland of flowers in her hair Oil/panel 40,5x33,5cm/*15x13in* London 97*
LADELL Edward 1821-1886 **[70]**
*$667 FF3 400 £400 A Tigerware Cup and a Leaf, a study Oil/board 29x19cm/*11x7in* London 96*
*$27 000 FF159 669 £16 380 Still Life with Summer Fruit and a Flaggon on a Marble Table Oil/canvas 46x35cm/*18x13in* New-York 98*
LADELL Ellen c.1853-? **[8]**
*$9 540 FF48 900 £5 800 Still Life with Chrysanthemums, Birds in a glass dome and Bird's nest Oil/canvas 46x35,5cm/*18x13in* London 96*
LADENSPELDER Johann c.1521-1561 **[3]**
*$336 FF2 008 £203 Das Meerwunder nach Albrecht Dürer Radierung 24,5x18,5cm/*9x7in* Berlin 97*
LADUREAU Pierre 1882-1975 **[25]**
*$417 FF2 100 £269 Barques sous voiles au port Huile/toile 38x46cm/*14x18in* Douarnenez 96*
LADURNER Adolf Ignatievich 1796-1856 **[7]**
*$31 340 FF160 000 £20 740 La duchesse de Gontaut, gouvernante, promenant les enfants de France Huile/toile 60x73cm/*23x28in* Vichy 96*
LADWIG Roland 1935 **[5]**
*$1 638 FF8 470 £1 058 Vase mit Blumen Öl/Leinwand 45x40,5cm/*17x15in* Berlin 96*
LAECK van der Reynier ?-1658 **[1]**
*$10 378 FF59 400 £6 130 A Dune Landscape with Shephereds and their Herds by a Ruined Tower Oil/panel 48x70,5cm/*18x27in* Amsterdam 97*
LAEISZ Carl Martin, Karl 1803-1864 **[7]**
*$2 071 FF11 816 £1 262 Italienische Stadt Gouache/paper 51x73,5cm/*20x28in* Hamburg 97*
LAEMEN van der Christoffel c.1606-1651 **[2]**
*$9 340 FF53 460 £5 517 Gezelschap in een interieur Oil/copper 49,5x65,5cm/*19x25in* Den Haag 97*
LAER van Alexander T. 1857-1920 **[16]**
*$650 FF3 320 £429 Catlin's meadow Oil/canvas 30x40cm/*12x16in* Dedham, Mass. 96*
*$800 FF4 576 £499 The Passing Front, Landscape with figure Oil/canvas 36x51cm/*14x20in* Boston, Mass. 97*
LAERMANS Eugène 1864-1940 **[49]**
*$19 300 FF98 400 £11 580 Le matin Huile/toile 100x60cm/*39x23in* Bruxelles 96*
*$216 FF1 298 £129 Travailleurs aux champs Crayon/papier 30x23cm/*11x9in* Antwerpen 98*
LAESSIG Robert 1913 **[2]**
*$1 700 FF9 454 £1 052 Landscape with Thistles Oil/board 24x46cm/*9x18in* New-York 97*
LAESSLE Albert 1877-1954 **[2]**
*$35 000 FF213 675 £20 919 "Victory" Bronze H94cm/*H37in* New-York 98*
LAESSØE Thorald 1816-1878 **[43]**
*$1 337 FF6 680 £866 Italiensk kystparti Oil/canvas 33x42cm/*12x16in* København 96*
*$2 447 FF14 619 £1 500 Pontikonissi, Corfu Oil/canvas 38x58cm/*14x22in* London 98*
LAET de Aloïs 1866-1949 **[34]**
*$185 FF1 136 £110 Paysage à Oorderen Huile/toile/panneau 25x33cm/*9x12in* Antwerpen 98*
LAEUGER Max 1864-1952 **[6]**
*$1 610 FF9 221 £952 "Piano, Harmonium, Schiedmayer" Poster 92,5x70cm/*36x27in* New-York 97*
LAEVERENZ Gustav 1851-1909 **[5]**
*$9 136 FF52 992 £5 400 The Children's Bath Oil/panel 47x34cm/*18x13in* London 97*
LAFAGE de Raymond 1656-1690 **[27]**
*$881 FF4 500 £580 Tobias and the Angel Ink 26x32,2cm/*10x12in* London 96*
LAFAY Octave 1878-? **[1]**
*$1 300 FF6 500 £850 "La Crème Paula blanchit le teint" Affiche 140x110cm/*55x43in* Boulogne 96*
LAFAYE Prosper 1806-1883 **[10]**
*$11 820 FF62 000 £7 120 Une Représentation à la Salle Ventadour en 1847 Huile/toile 54x64cm/*21x25in* Paris 96*
*$210 FF1 100 £126 Scène de bataille (étude pour Le Combat de Cerano, 1061) Lavis 29x29cm/*11x11in* Paris 96*

LAFFITTE Gérald XIX-XX **[2]**

 $3 000 FF17 814 £1 817 A Pair of French Interior Genre Scenes Oil/panel 40,5x25,5cm/*15x10in* Washington 97

LAFFITTE Théodore XIX **[1]**

 $10 000 FF60 533 £5 911 The hunt Oil/canvas 54x81cm/*21x31in* New-York 98

LAFFON Carmen 1934 **[9]**

 $845 FF5 135 £507 Paisaje de Sanlucar Crayon/papier 10x8cm/*3x3in* Madrid 98

LAFITE Carl 1830-1900 **[19]**

 $1 488 FF8 607 £918 Motiv aus Kärnten Oil/panel 33x48cm/*12x18in* Wien 97

 $636 FF3 708 £389 Ein Mädchen und ein Junge vor dem Stadttor Aquarell/Papier 27,5x22,5cm/*10x8in* München 97

LAFITE Ernst 1826-1885 **[8]**

 $1 700 FF8 800 £1 087 "Eine feine Sort" Oil/panel 39,5x26cm/*15x10in* Heidelberg 96

LAFITTE Alphonse 1863-? **[8]**

 $145 FF700 £91 Thoniers sous voiles Lithographie couleurs 33x55cm/*12x21in* Douarnenez 95

LAFITTE Gérard XIX-XX **[1]**

 $1 693 FF9 842 £1 000 On the Beach Watercolour/paper 26x38cm/*10x14in* London 97

LAFITTE Louis 1770-1828 **[18]**

 $581 FF3 500 £348 La Charité romaine Encre 9x12cm/*3x4in* Paris 98

LAFITTE Louis (Attrib.) 1770-1828 **[2]**

 $6 144 FF38 000 £3 659 L'arrivée de Charles X Encre 41x28,5cm/*16x11in* Paris 98

LAFON François 1846-? **[13]**

 $3 544 FF21 133 £2 200 A Woman with a Putto Oil/canvas 74x51cm/*29x20in* London 97

LAFOND Simon Daniel 1763-1831 **[6]**

 $358 FF2 129 £218 "La vallée de Lauterbrounnen avec la chute du Staubbach" Etching 34,5x50cm/*13x19in* Bern 98

 $1 258 FF6 364 £825 Ansicht von Bremgarten Indian ink 33x47cm/*12x18in* Bern 96

LAFONT Suzanne 1949 **[2]**

 $2 225 FF13 000 £1 316 Sans titre Photo 117x97cm/*46x38in* Paris 97

LAFONTAINE Marie-Jo 1945 **[6]**

 $16 040 FF82 500 £10 000 La Fleur du Mal Mixed media 136x312cm/*53x122in* London 96

 $1 052 FF6 026 £622 Ohne Titel Gelatin silver print 62x60,5cm/*24x23in* Köln 97

LAFOSSE Cécile Berthe XIX **[2]**

 $12 000 FF61 700 £7 480 Afternoon tea Oil/canvas 65x54cm/*25x21in* New-York 96

LAFRENSEN Niklas I (Attrib.) 1698-1756 **[2]**

 $1 049 FF6 125 £624 Porträtt av Karl XII Gouache/paper 23x15cm/*9x5in* Stockholm 97

LAFRENSEN Niklas I Lavreince 1698-1756 **[7]**

 $3 220 FF19 275 £1 982 Frederik I iklädd silverbroderad dräkt Gouache/paper 24x17cm/*9x6in* Stockholm 98

LAFRENSEN Niklas I! Lavreince 1737-1807 **[7]**

 $2 514 FF15 067 £1 500 Two young Ladies composing a Letter/Two young Ladies playing Black chalk 16x12cm/*6x4in* London 98

LAFUGIE madame Léa 1890-1972 **[125]**

 $179 FF1 100 £107 Temple Tibétain sur un rocher Huile/panneau 27x41cm/*10x16in* Paris 98

 $179 FF1 100 £107 Tibétain à la fleur d'ibiscus Huile/panneau 46x38cm/*18x14in* Paris 98

 $1 790 FF11 000 £1 073 Le calligraphiste Aquarelle/papier 35,5x30cm/*13x11in* Paris 98

LAGAE Jules 1862-1931 **[32]**

 $369 FF1 843 £239 Buste du sculpteur Julien Dillens Sculpture H53cm/*H20in* Bruxelles 96

LAGAGE Pierre César 1911-1977 **[67]**

 $1 190 FF6 100 £723 Les deux femmes Huile/toile 61x46cm/*24x18in* Le Touquet 96

LAGAR Celso 1891-1966 **[300]**

 $1 245 FF6 500 £753 Portrait de femme Huile/toile 65x54cm/*25x21in* Paris 96

 $5 491 FF32 000 £3 382 Clown trompéttiste Huile/carton 33x24cm/*12x9in* Villeneuve la Garenne 97

 $23 100 FF138 250 £14 000 Equilibrista Oleo/lienzo 129x97cm/*50x38in* Madrid 98

 $1 056 FF6 320 £656 Notre Dame y el sena Grabado 28x31cm/*11x12in* Madrid 98

 $712 FF3 600 £467 Danseur espagnol Aquarelle 30,5x21cm/*12x8in* Paris 96

LAGATTA John 1894-1977 **[5]**

 $4 000 FF23 282 £2 465 Seated Woman in Diaphanous Robe Oil/canvas 76x63cm/*30x25in* New-York 97

✏ *$2 500 FF12 620 £1 642* Golfing Watercolour/paper 50x86cm/*20x34in* Mystic, Connecticut 96
LAGERHOLM Wilhelmina 1826-1917 **[4]**
✏ *$1 032 FF6 366 £648* Portraits Pastel 58x43cm/*22x16in* Stockholm 97
LAGERSTRÖM Victor 1864-1948 **[7]**
☞ *$1 374 FF7 942 £847* Snö och lykta, motiv från Kaplansbacken vid Kungsholms kyrka Oil/canvas 74x60cm/*29x23in* Stockholm 97
✏ *$4 712 FF26 924 £2 887* "Hushållsbestyr" Akvarell/papper 53x33cm/*20x12in* Stockholm 97
LAGET Denis 1958 **[5]**
☞ *$1 240 FF6 500 £746* Fruit Huile/toile 29x33cm/*11x12in* Paris 96
LAGLENNE Jean-François 1899-1962 **[18]**
☞ *$547 FF3 000 £329* Reconstruction Huile/toile 117x89cm/*46x35in* Paris 97
LAGNEAU Nicolas (Attrib.) c.1590-1666 **[2]**
✏ *$1 326 FF7 913 £800* Portrait of a man in profile to the right, bust-length Black, red & white chalks/paper 31,6x25,6cm/*12x10in* London 97
LAGNEAU Nicolas Lanneau c.1590-1666 **[24]**
✏ *$2 800 FF15 469 £1 740* Portrait of an old Man, bust-length, turned to the right Black chalk 31,8x24,8cm/*12x9in* New-York 97
LAGO RIVERA Antonio 1916-1990 **[35]**
☞ *$625 FF3 745 £388* Paisaje Oleo/lienzo 30x40cm/*11x15in* Madrid 98
☞ *$1 380 FF6 860 £877* Paisaje gris Oleo/lienzo 38x46cm/*14x18in* Madrid 95
✏ *$343 FF1 784 £227* Dos mujeres Acuarela 22x16cm/*8x6in* Madrid 96
LAGOOR Johannes c.1600-1659 **[13]**
☞ *$2 592 FF15 251 £1 600* Waldlandschaft mit einem Teich, einem Fischerboot und Schafen Öl/Leinwand 67x85,5cm/*26x33in* Wien 97
LAGORIO Leon Felixowitsch 1827-1905 **[19]**
☞ *$5 472 FF27 360 £3 600* The Crimean Coast Oil/panel 25x33cm/*9x12in* London 95
LAGORIO Maria Aleksandrovna 1893-1979 **[3]**
☞ *$1 680 FF8 370 £1 100* Portrait of a man Oil/canvas 100x81cm/*39x31in* London 95
LAGRANGE de Alexis XIX-XX **[3]**
📷 *$4 960 FF25 670 £3 200* Temple Hindou Moderne à Mondlesir entre Agra & Bombay Photograph 21x15cm/*8x6in* London 96
LAGRANGE Jacques 1917-1995 **[93]**
☞ *$681 FF3 500 £425* Usines en banlieue Huile/toile 44x53cm/*17x20in* Toulouse 96
✏ *$428 FF2 500 £259* Paysage à Arcueil Aquarelle/papier 50x65cm/*19x25in* Paris 97
LAGRENÉE Anthelme-François 1774-1832 **[11]**
☞ *$1 584 FF9 000 £991* Portrait d'homme Miniature 13x10cm/*5x3in* Paris 97
LAGRENÉE Jean-Jacques (Attr.) 1739-1821 **[16]**
✏ *$1 613 FF8 200 £963* Allégorie de la Renommée Lavis 20,5x22,5cm/*8x8in* Paris 96
LAGRENÉE Jean-Jacques, Jeune 1739-1821 **[20]**
☞ *$15 260 FF80 000 £9 180* Renaud abandonnant Armide Huile/toile 50x66cm/*19x25in* Paris 96
☞ *$25 000 FF153 467 £15 317* Allégorie des Arts Oil/canvas 98,5x148,5cm/*38x58in* New-York 98
✏ *$1 691 FF10 500 £1 019* Cortège bacchique Aquarelle 16,5x42,5cm/*6x16in* Paris 98
LAGRENÉE Louis J-Fr. (Attrib) 1725-1805 **[10]**
☞ *$3 600 FF18 701 £2 133* Landscape with Figures in the Sky Oil/canvas 55x73cm/*22x29in* Asheville, NC 97
☞ *$3 840 FF20 000 £2 410* Bacchus et Ariane Huile/toile 40,5x33cm/*15x12in* Troyes 96
LAGRENÉE Louis J-Fr. l'Aîné 1725-1805 **[25]**
☞ *$15 000 FF82 873 £9 322* Tancred and Ermina Oil/canvas 65x96,5cm/*25x37in* New-York 97
☞ *$18 320 FF91 300 £12 000* Mothers and children in classical interiors Oil/canvas 25x36cm/*9x14in* London 95
☞ *$57 500 FF339 031 £35 259* The Centaur Chiron instructing Achilles Oil/canvas 147x146cm/*57x57in* New-York 98
✏ *$1 449 FF9 000 £869* Académie d'homme Sanguine/papier 52x38cm/*20x14in* Paris 98
LAGYE Raphaël 1862-1952 **[16]**
☞ *$341 FF1 692 £217* Rue de l'Escalier, Bruxelles Huile/toile 40x30cm/*15x11in* Antwerpen 95
LAGYE Victor 1825-1896 **[5]**
☞ *$624 FF3 120 £404* Italian kitchen interior with mother and child Oil/canvas 45x35cm/*17x13in*

København 96
LAHEY Frances Vida 1882-1968 **[4]**
✏ *$6 343 FF38 919 £3 949* The Grey Street Bridge Watercolour/paper 49x53,5cm/*19x21in* Melbourne 97
LAHS Curt 1893-1953 **[8]**
✑ *$2 294 FF13 400 £1 357* Komposition Öl/Leinwand 31,8x23,7cm/*12x9in* Köln 97
✑ *$3 900 FF20 400 £2 322* Stilleben vor einer abbrökelnden Mauer Öl/Leinwand 48x60cm/*18x23in* Köln 96
LAHUERTA Genaro 1905-1985 **[28]**
✑ *$15 400 FF76 600 £9 800* El sardinero Oleo/lienzo 62x46cm/*24x18in* Madrid 95
LAI FONG OF CALCUTTA XIX-XX **[8]**
✑ *$1 638 FF10 184 £980* Three Masted Schooner, Calcutta Oil/canvas 65x88cm/*25x34in* London 98
LAIB Wolfgang 1950 **[22]**
✍ *$1 163 FF7 051 £713* Ohne Titel Assemblage 25x26cm/*9x10in* Hamburg 98
LAIDLAY William James 1846-1912 **[14]**
✑ *$367 FF1 858 £240* Sailing Out to Sea Oil/board 31x39cm/*12x15in* London 96
LAING Annie R. 1869-1946 **[1]**
✑ *$3 424 FF20 408 £2 100* Breakfast Oil/canvas 68x58cm/*26x22in* London 98
LAING James Garden 1852-1915 **[17]**
✏ *$492 FF2 913 £294* Unloading the Catch Watercolour/paper 29x44cm/*11x17in* Toronto 97
LAING Tomson XIX-XX **[15]**
✑ *$999 FF5 780 £600* The Kelp Gatherers Oil/canvas 25,5x35,5cm/*10x13in* Glasgow 97
LAIRESSE de Gérard 1641-1711 **[37]**
✑ *$10 168 FF62 000 £6 200* The Annunciation Oil/canvas 31,5x29cm/*12x11in* London 98
✑ *$21 240 FF108 360 £12 600* Venus Mourning the Death of Adonis Oil/canvas 71x91cm/*27x35in*
Amsterdam 96
✑ *$48 600 FF248 000 £32 000* Venus and Cupid at the Forge of Vulcan Oil/canvas 121x193cm/*48x76in*
London 96
✏ *$462 FF2 697 £283* Quellnymphe mit Putto Ink 19x31cm/*7x12in* München 97
LAIRESSE de Gérard (Attrib.) 1641-1711 **[8]**
✑ *$3 197 FF19 097 £1 957* Ceres och Bacchus/Venus och Mars Oil/canvas 29x23cm/*11x9in* Stockholm 98
✑ *$3 781 FF21 657 £2 308* La Résurrection de Lazare Oil/canvas/panel 65x82cm/*25x32in* Stockholm 97
LAISSEMENT Henri Adolphe 1854-1921 **[17]**
✑ *$4 500 FF27 190 £2 680* Le remouleur Oil/canvas 73x93cm/*28x36in* New-York 97
✑ *$11 000 FF62 571 £6 733* Of Cardinal Importance Oil/panel 35,5x26,5cm/*13x10in* New-York 97
LAIT Edward Beecham XIX **[29]**
✏ *$371 FF2 203 £220* Figures in a Punt Watercolour/paper 14,5x30cm/*5x11in* Billingshurst, West Sussex 97
LAJOÜE de Jacques 1687-1761 **[11]**
✑ *$24 418 FF145 000 £14 790* La fontaine d'Amphitrite Huile/toile 96x126,5cm/*37x49in* Paris 97
LAJOÜE de Jacques (Attrib.) 1687-1761 **[8]**
✑ *$5 755 FF34 375 £3 523* Slottsexteriör med flanerare Oil/canvas 65x82cm/*25x32in* Stockholm 98
✑ *$5 940 FF35 550 £3 600* Paisaje con figuras Oleo/lienzo 89x149cm/*35x58in* Madrid 97
✏ *$1 266 FF7 500 £758* Le menuet Lavis 27,5x27cm/*10x10in* Paris 97
LAKIN Malcolm XIX **[1]**
✑ *$4 160 FF21 000 £2 716* Lad chamarré et étalons Huile/panneau 40x49cm/*15x19in* Paris 96
LAKOS Alfred 1870-? **[11]**
✑ *$700 FF3 995 £432* Jew Studying Torah Oil/cardboard 17x20,5cm/*6x8in* Herzelia Pituah 97
✑ *$1 440 FF8 160 £960* Natura morta con libri Olio/tela 75x100cm/*29x39in* Trieste 97
LALAISSE Hippolyte 1812-1884 **[18]**
✑ *$11 984 FF70 000 £7 091* Le Tilbury Huile/toile 68x100cm/*26x39in* Paris 97
✏ *$404 FF2 500 £248* Soldat en tenue devant un canon Aquarelle/papier 41,5x29cm/*16x11in* Quimper 97
LALANNE Claude 1927 **[6]**
✍ *$8 529 FF48 964 £5 200* Choupatte Sculpture 23x20x20cm/*9x7x7in* London 97
LALANNE Francois-Xavier 1924 **[28]**
▥ *$875 FF5 200 £534* Hippopotame Un Eau-forte 38x29cm/*14x11in* Paris 98
✍ *$2 230 FF11 480 £1 391* Grandes têtes de singes Sculpture H58cm/*H22in* Antwerpen 96
✍ *$6 500 FF40 000 £3 980* Brebis Bronze 90x102cm/*35x40in* Paris 98
LALANNE Maxime 1827-1886 **[30]**
▥ *$84 FF500 £52* L'Exposition Universelle de 1867, vue prise du Trocadéro Eau-forte 66,5x43,5cm/*26x17in*
Rouen 97

✐ *$562 FF2 800 £368* Paysage au lac Crayon 18x25,5cm/*7x10in* Paris 95
LALAUME-DUPRÉ André XX **[2]**
☞ *$5 960 FF30 000 £3 855* Plage de rêves Huile/toile 61x46cm/*24x18in* Royan 95
LALAUZE Alphonse 1872-? **[30]**
✐ *$437 FF2 500 £272* Officier de lanciers en 1812 Aquarelle 28,5x15,7cm/*11x6in* Pontoise 97
LALIBERTÉ Alfred 1878-1953 **[83]**
🖎 *$583 FF3 455 £361* "Le Diable aux forges St. Maurice le Dimanche" Sculpture 52x33cm/*20x12in* Montréal 97
LALIQUE René 1860-1945 **[205]**
🖎 *$4 445 FF22 800 £2 700* "Côte d'Azur" Sculpture H16,5cm/*H6in* London 96
✐ *$11 422 FF66 255 £7 027* Pragtspaende i form af to korslagte og torneranker prydet med safirer Gouache 22x28cm/*8x11in* Köbenhavn 97
LALIQUE Suzanne 1899 **[1]**
☞ *$4 500 FF26 117 £2 776* Shirt Collars Oil/canvas 53x65cm/*21x25in* New-York 97
LALLEMAND Jean-Bapt. (Attrib.) 1710-1803/05 **[15]**
☞ *$3 890 FF20 000 £2 576* Port au oriental au crépuscule Huile/toile 3x49cm/*1x19in* Paris 96
☞ *$16 564 FF101 000 £9 938* Vue imaginaire du Campo Vaccino Huile/toile 43x59cm/*16x23in* Dijon 98
✐ *$2 287 FF13 100 £1 353* Ruines antiques animées de personnages Gouache/papier 21x28cm/*8x11in* Paris 97
LALLEMAND Jean-Baptiste 1710-1803/05 **[95]**
☞ *$11 757 FF71 000 £7 142* Bacchanales d'architectures antiques Huile/toile 30,5x40cm/*12x15in* Lyon 98
☞ *$14 860 FF75 000 £9 750* Promenade devant un palais Huile/toile 54x65cm/*21x25in* Paris 96
☞ *$35 000 FF214 854 £21 444* Rustic Family Reaping Wheat Oil/canvas 105x136cm/*41x53in* New-York 98
✐ *$4 600 FF22 440 £2 920* La Fête champêtre Ink 33x55cm/*12x21in* Köln 95
LALLEMANT Georges c.1575-1636 **[4]**
✐ *$6 000 FF33 149 £3 729* The Madonna and Child Red chalk/paper 17,2x12,8cm/*6x5in* New-York 97
LALLEMANT Georges (Attrib.) c.1575-1636 **[1]**
☞ *$15 000 FF82 873 £9 322* Battle Scene Oil/canvas 89,5x109cm/*35x42in* New-York 97
LALLEMENT Marguerite A. 1821-? **[2]**
☞ *$4 220 FF25 000 £2 527* Chemin de Croix Huile/panneau 56x45,5cm/*22x17in* Lille 97
LALOY Yves 1920 **[12]**
☞ *$2 123 FF11 000 £1 380* Composition Huile/toile 89x130cm/*35x51in* Paris 96
LAM QUA c.1820-c.1860 **[2]**
☞ *$4 612 FF26 266 £2 800* Portrait of a Mandarin Oil/canvas 28x23cm/*11x9in* London 97
LAM QUA (Attrib.) c.1820-c.1860 **[2]**
☞ *$2 752 FF16 221 £1 700* Portrait of an Oriental Lady Oil/canvas 25x21,5cm/*9x8in* London 97
☞ *$11 201 FF63 790 £6 800* Portrait of the Hong merchant Ten Qua Oil/canvas 62x50cm/*24x19in* London 97
LAM Wilfredo 1902-1982 **[599]**
☞ *$12 000 FF68 000 £6 000* Senza titolo Olio/tela 45x35,5cm/*17x13in* Prato 97
☞ *$37 674 FF230 000 £22 586* Le Couple Huile/toile 100x81cm/*39x31in* Paris 98
☞ *$800 000 FF4 180 000 £476 000* Forêt Tropicale Oil/canvas 153,5x125cm/*60x49in* New-York 96
🖏 *$37 FF221 £22* Figure blanche et noire Lithographie 76,5x56cm/*30x22in* Zürich 98
🖎 *$5 500 FF33 515 £3 401* Ireme Bronze 40x46cm/*15x18in* Miami, Florida 98
✐ *$80 000 FF467 016 £47 592* Doble Desnudo, II (Mujeres Recostadas) Pastel 100,5x123,5cm/*39x48in* New-York 97
LAM Wladyslaw 1889-1984 **[3]**
☞ *$5 713 FF33 296 £3 519* Nature morte Oil/canvas 60x73cm/*23x28in* Warszawa 97
LAMA Giovan Battista c.1673-1748 **[4]**
☞ *$10 350 FF58 650 £6 900* Madonna con Bambino e San Giovannino, ed i Santi Giocchino, Zaccaria Olio/tela 125x99cm/*49x38in* Roma 97
LAMA Giulia 1681-1747 **[4]**
☞ *$7 700 FF39 000 £5 060* Il pittore e il suo modello Öl/Leinwand 76x64cm/*29x25in* Wien 96
LAMA Giulia (Attrib.) 1681-1747 **[2]**
☞ *$4 000 FF23 781 £2 478* Saint Dominic Reading Oil/canvas 44x36cm/*17x14in* New-York 97
LAMANTIA James XX **[3]**
🖏 *$450 FF2 611 £265* Still Life in Abstract Color lithograph 48x58cm/*19x23in* New Orleans, Louisiana 97

LAMASURE Edwin Morton 1866-1916 **[12]**

*$300 FF1 811 £182 House in a Country Landscape Watercolour/paper 31x66cm/*12x26in* Bethesda, Maryland 98

LAMB Charles Vincent 1893-1964 **[35]**

*$2 800 FF15 947 £1 700 Cottages, Carraroe, Co. Galway Oil/board 23x33cm/*9x12in* London 97

*$7 565 FF43 327 £4 618 Mending Nets, Connemara Oil/board 30x105cm/*12x41in* Dublin 97

LAMB Frederick Mortimer 1861-1936 **[18]**

*$2 500 FF14 551 £1 516 Little Girls at Play Oil/board 66x48cm/*26x19in* Mystic, Connecticut 97

*$550 FF2 845 £357 Old Stone Bridge Watercolour, gouache/paper 35x53cm/*14x21in* Mystic, Connecticut 96

LAMB Henry 1893-1960 **[101]**

*$2 943 FF17 274 £1 800 Girl knitting Oil/canvas 58x48cm/*22x18in* London 97

*$3 113 FF18 199 £1 900 Portrait of Mr and Mrs Behrend and family Oil/paper 17x22cm/*6x8in* London 97

*$427 FF2 152 £280 The Meeting in the Park Ink 19x24cm/*7x9in* London 96

LAMB Oscar Hermann 1876-1947 **[6]**

*$1 995 FF11 905 £1 225 Bildnis einer Frau mit schwarzem Kleid vor blauem Hintergrund Öl/Leinwand 100x73cm/*39x28in* Wien 98

LAMBDIN George Cochran 1830-1896 **[16]**

*$3 000 FF18 237 £1 820 Floral Still Life Oil/panel 60x35cm/*24x14in* Elgin, Illinois 98

LAMBEAUX Jef 1852-1908 **[202]**

*$315 FF1 892 £190 A Satyr and a Cupid Wrestling Plaster H37cm/*H14in* London 98

*$1 080 FF6 504 £652 Brabo Bronze H84,5cm/*H33in* Bruxelles 98

LAMBERT Antoine Eugène 1824-1903. **[2]**

*$6 334 FF37 000 £3 748 Jeune chatte et ses petits Huile/toile 82x66cm/*32x25in* Toulouse 97

LAMBERT Camille Nicolas 1876-? **[30]**

*$4 560 FF22 300 £2 886 Femme dans un intérieur Huile/toile 51x45cm/*20x17in* Antwerpen 95

*$4 806 FF29 250 £2 952 "Dimanche aux courses" Huile/panneau 24x33cm/*9x12in* Bruxelles 98

*$1 717 FF10 087 £1 060 Promenade Pastel 23,5x39,5cm/*9x15in* Lokeren 97

LAMBERT Clement 1854-1924 **[13]**

*$1 503 FF9 001 £920 Sorting Herrings on the Sussex Coast Oil/panel 31x46cm/*12x18in* Billingshurst, West Sussex 97

*$418 FF2 531 £249 The Railway Station Bodycolour 14,5x26cm/*5x10in* London 97

LAMBERT George 1710-1765 **[17]**

*$25 084 FF148 515 £15 000 An extensive landscape with a farm Oil/canvas 90,9x141,7cm/*35x55in* London 97

*$38 370 FF229 170 £23 490 Engelskt landskap Oil/canvas 90x115cm/*35x45in* Stockholm 98

LAMBERT Georges 1919 **[17]**

*$791 FF4 000 £519 Soleil sur le port Huile/toile 55x46cm/*21x18in* Calais 96

LAMBERT Georges Washington 1873-1930 **[23]**

*$2 515 FF14 693 £1 488 Landscape Oil/canvas 30x38cm/*11x14in* Melbourne 97

*$13 650 FF79 546 £8 408 The white Horse Oil/panel 45,5x60,5cm/*17x23in* Melbourne 97

*$31 171 FF186 772 £18 595 Bassiney Farmyard Oil/canvas 106,6x122cm/*41x48in* Sydney 98

*$236 FF1 210 £150 Portrait of Sir John Collins Ink/paper 20x13,5cm/*7x5in* Melbourne 95

LAMBERT Jacques 1877-? **[4]**

*$1 929 FF11 423 £1 154 En kavaler ved staffeliet Oil/canvas 73x90cm/*28x35in* København 97

LAMBERT Kurt 1908 **[8]**

*$560 FF3 346 £338 Boote am Strand Watercolour 47x60cm/*18x23in* Bremen 97

LAMBERT Louis Eugène 1825-1900 **[71]**

*$1 383 FF8 500 £829 Chatte et ses deux chatons Huile/panneau 22,5x15,5cm/*8x6in* Besançon 98

*$4 820 FF25 000 £3 180 L'intruse Huile/toile 38x46,5cm/*14x18in* Pontoise 96

*$932 FF5 408 £550 Terrier and Cats before a Stove in an Interior Watercolour 26x37,5cm/*10x14in* London 97

LAMBERT Terence H. 1891-? **[3]**

*$4 495 FF22 823 £2 900 First Drive, Red Grouse Oil/canvas 53x78,5cm/*20x30in* Auchterarder, Perthshire 96

LAMBERT Theodore Roosevelt 1905-1960 **[7]**

*$18 000 FF105 510 £11 079 Dog Team Oil/board 34x49cm/*13x19in* Anchorage, AK 97

LAMBERT-RUCKI Jean 1888-1967 **[473]**

*$3 070 FF15 500 £1 994 Les amoureux et la Tour Eiffel Huile/carton 37,5x30cm/*14x11in* Paris 96

_$4 890_ FF25 000 £3 224 "La Galupe" Huile/panneau 50x40cm/_19x15in_ La Varenne Saint-Hilaire 96

_$1 040_ FF5 430 £629 Madonna and Child Bronze H41cm/_H16in_ Amsterdam 96

_$3 840_ FF20 000 £2 410 Eve Bronze H119cm/_H46in_ Paris 96

_$106_ FF650 £63 Composition abstraite Fusain 54x38cm/_21x14in_ Paris 98

LAMBERTI Bonaventura (Attrib) 1652-1721 **[1]**

_$14 333_ FF84 915 £8 500 Jupiter and Juno Oil/canvas 55x49,5cm/_21x19in_ London 97

LAMBERTS Gerrit 1776-1850 **[6]**

_$1 318_ FF7 545 £778 The interior of a shed looking out through an open door, a farm beyond Black chalk 15,5x19,5cm/_6x7in_ Amsterdam 97

LAMBIL Willy Lambillotte 1936 **[3]**

_$634_ FF3 200 £414 "Le Sergent Chesterfield et le Caporal Blutch", couverture pour Spirou Encre Chine 24x18cm/_9x7in_ Paris 96

LAMBINET Emile Ch. (Attrib.) 1815-1877 **[3]**

_$1 641_ FF9 404 £1 017 A steam among rocks in a forest Oil/cardboard 24x32cm/_9x12in_ Amsterdam 97

LAMBINET Émile Charles 1815-1877 **[63]**

_$1 810_ FF11 000 £1 090 Paysage de campagne Huile/panneau 21x28cm/_8x11in_ Paris 98

_$3 484_ FF21 112 £2 119 Paysage boisé Huile/toile 54x81cm/_21x31in_ Bruxelles 98

LAMBLOT Albert 1892-1980 **[3]**

_$658_ FF3 334 £431 Arbre Monotype 54,5x41cm/_21x16in_ Lokeren 96

LAMBRECHT Constant 1915-1993 **[12]**

_$1 086_ FF5 500 £711 Kermis Huile/papier/panneau 71,5x53,5cm/_28x21in_ Lokeren 96

LAMBRECHTS Jan Baptist 1680-c.1735 **[41]**

_$3 704_ FF22 000 £2 244 La marchande de légumes Huile/toile 37,5x32cm/_14x12in_ Paris 97

_$4 279_ FF26 213 £2 585 Gesellschaft in einer Küche Öl/Leinwand 56x64cm/_22x25in_ Wien 98

LAMBRECHTS Jan Baptist (Attrib) 1680-c.1735 **[7]**

_$985_ FF5 643 £582 A Tavern Interior with Figures drinking and smoking Oil/canvas 39x32cm/_15x12in_ Amsterdam 97

LAMEN van der Christoph J. (Attr.) c.1606-c.1651 **[12]**

_$4 330_ FF25 048 £2 600 Interior with Figures Smoking, Drinking and Making Music Oil/panel 41,5x62,5cm/_16x24in_ London 97

LAMEN van der Christoph Jacobsz c.1606-c.1651 **[29]**

_$8 430_ FF50 000 £5 105 Scène d'intérieur de taverne Huile/panneau 39x32cm/_15x12in_ Paris 97

_$11 192_ FF68 000 £6 738 Réunion galante dans un intérieur Huile/cuivre 49,5x69,5cm/_19x27in_ Paris 98

LAMEN van der Jasper (Attrib.) 1592-c.1650 **[2]**

_$8 406_ FF49 950 £5 000 Two birdcatchers on a woodland path Oil/panel 6,5x9,5cm/_2x3in_ London 97

LAMEYER Y BERENGUER Francisco, Frederico 1825-1917 **[5]**

_$2 975_ FF17 000 £1 827 Escena andaluz Oleo/lienzo 35x42cm/_13x16in_ Madrid 97

_$2 304_ FF14 220 £1 368 Vistas de Estambul Dibujo 17,5x26cm/_6x10in_ Madrid 98

LAMI Eugène 1800-1890 **[102]**

_$2 000_ FF10 000 £1 295 A review of troops on the coast Oil/paper/canvas 21x27cm/_8x10in_ New-York 96

_$49_ FF250 £29 Napoléon à Waterloo Aquarelle, gouache 3,5x7,5cm/_1x2in_ Paris 96

LAMI Eugène (Attrib.) 1800-1890 **[4]**

_$10 344_ FF60 000 £6 114 Mademoiselle de Saint-Simon implorant Napoléon Huile/toile 30x25cm/_11x9in_ Paris 97

LAMME Arie Johannes 1812-1900 **[8]**

_$2 986_ FF17 894 £1 785 Het Afschied Oil/canvas 72x87cm/_28x34in_ Den Haag 98

LAMOISSE Eugène XIX **[1]**

_$8 225_ FF47 000 £5 038 Inauguration de la fontaine de Gueydon à Fort-de-France, 13 Juillet Daguerreotype 15,2x13cm/_5x5in_ Paris 97

LAMOND William Bradley 1852-1925 **[29]**

_$3 560_ FF18 600 £2 120 Herder with Flock at Pasture Gate/Herder with Grazing Flock Oil/canvas/board 25,5x30,5cm/_10x12in_ Toronto 96

_$4 680_ FF28 348 £2 900 Fishing Oil/canvas 51x76cm/_20x29in_ Perthshire 97

_$1 241_ FF6 480 £750 The Water Edge's Watercolour/paper 34x44cm/_13x17in_ Glasgow 96

LAMONT Joseph XX **[46]**

_$209_ FF1 200 £124 La plage Huile/panneau 19x24cm/_7x9in_ Quimper 97

LAMONT Thomas Reynolds 1826-1898 [3]

☞ *$44 474 FF273 693 £27 000* Hard Times , At The Pawnbroker's Oil/canvas 79x63,5cm/*31x25in* London 98

LAMORE François 1952 [3]

✐ *$1 665 FF8 500 £1 104* Nu allongé Gouache 70x100cm/*27x39in* Paris 96

LAMORINIERE François J.-P. 1828-1911 [38]

☞ *$674 FF3 924 £412* Paysage à Hastière Huile/panneau 19x38cm/*7x14in* Antwerpen 97

☞ *$3 360 FF16 730 £2 200* Vaches dans un paysage Huile/panneau 55x42cm/*21x16in* Antwerpen 95

☞ *$23 000 FF136 498 £14 087* Bois de trembles au bord du canal Oil/panel 132,5x106,5cm/*52x41in* New-York 97

LAMOTTE Bernard 1903-1983 [28]

☞ *$1 202 FF6 000 £785* Honfleur Huile/toile/carton 49x65cm/*19x25in* Le Havre 95

LAMOTTE Emmanuel XX [11]

✐ *$684 FF4 000 £405* Honfleur Gouache/papier 30x48cm/*11x18in* Le Havre 97

LAMOURDEDIEU Raoul Eug. 1877-? [13]

⛏ *$1 642 FF8 500 £1 060* La fuite Bronze H35cm/*H13in* Soissons 96

LAMPI Giovanni B. (Attrib) 1751-1830 [5]

☞ *$12 000 FF70 754 £7 358* The Defeat of Czar Peter the Great at the Siege of Azov Oil/canvas 47x67,5cm/*18x26in* New-York 98

LAMPI Giovanni Battista I 1751-1830 [13]

☞ *$3 501 FF21 447 £2 115* Angebliches Bildnis einer Fürstin Esterhazy Öl/Leinwand 50,5x39cm/*19x15in* Wien 98

LAMPI Giovanni Battista II 1775-1837 [12]

☞ *$15 491 FF91 724 £9 200* Portrait of a Dancer Häberle Oil/canvas 101,5x74cm/*39x29in* London 97

LAMPI Vilho 1898-1936 [5]

☞ *$6 944 FF41 003 £4 110* Bro och källare Oil/paper 56x70cm/*22x27in* Helsinki 97

☞ *$34 979 FF210 102 £20 976* Puukkojunkkari Oil/panel 112x122cm/*44x48in* Helsinki 98

LAMPLOUGH Augustus Osborne 1877-1930 [208]

✐ *$931 FF4 790 £600* A Sheik tomb on the banks of the Nile Watercolour 22x61cm/*8x24in* London 96

LAMPRECHT Anton 1901-1984 [29]

☞ *$1 826 FF10 814 £1 081* Pfingstrosenstrauss in einer Glasvase vor rotbraunem Hintergrund Öl/Leinwand 70x80cm/*27x31in* München 97

LAMY Aline 1862-? [1]

✐ *$4 400 FF22 600 £2 740* Vid aftonlampan Pastel 103x103cm/*40x40in* Stockholm 96

LAMY John Peter c.1791-1839 [9]

▥ *$1 110 FF5 700 £692* "Vue de la Ville de Berne" Aquatinte 3x39,5cm/*1x15in* Bern 96

LAMY Pierre Eugène 1855-1919 [11]

☞ *$2 060 FF10 000 £1 328* Le Lac de Gravelle à Vincennes Huile/toile 35,5x22,5cm/*13x8in* Pontoise 95

LAN YINDING Lan Yin-ting 1903-1979 [24]

✐ *$30 943 FF153 886 £19 714* Old Man and Umbrella Watercolour/paper 45x54,5cm/*17x21in* Taipei, Taiwan 96

LAN YING 1585-c.1664 [13]

✐ *$25 000 FF141 242 £15 735* Landscape Ink 180x66cm/*70x25in* New-York 97

LANA DA MODENA Lodovico 1597-1656 [2]

☞ *$6 600 FF34 500 £3 900* Figura femminile con turbane Olio/tela 45,5x35cm/*17x13in* Roma 96

LANAVE Henri Auguste XIX-XX [3]

☞ *$4 917 FF29 821 £3 000* The Snake Charmer Oil/canvas 84x120cm/*33x47in* London 98

LANCASTER Osbert 1908-1986 [16]

✐ *$489 FF2 985 £300* Tuesday Market Place, Kigns Lynn Watercolour 42x55,5cm/*16x21in* Billingshurst, West Sussex 98

LANCASTER Percy 1878-1951 [53]

✐ *$308 FF1 774 £190* Admiring the View Watercolour 42x33,5cm/*16x13in* London 97

LANCE George 1802-1864 [33]

☞ *$3 706 FF22 478 £2 200* Still Life study of Grapes and a Peach with Butterfly and Insects Oil/canvas 25x20cm/*10x8in* Leicester 98

☞ *$4 000 FF23 202 £2 461* Still Life of Fruit in a Gold Salver resting on a Drapes Ledge Oil/canvas 60x91cm/*24x36in* New-York 97

✐ *$340 FF1 960 £200* Fruit and Vines on a Table Watercolour 27x21,5cm/*10x8in* London 97

LANCE George (Attrib.) 1802-1864 [4]

☞ *$500 FF2 983 £301* Still Life with Plater of Fruit and Centerpiece Oil/paper/board 25x17cm/*10x7in* Cedar Falls, Iowa 97
LANCELEY Colin 1938 **[26]**
▭ *$117 FF704 £70* The Empire Builder Color lithograph 71x94cm/*27x37in* Melbourne 98
✎ *$1 433 FF8 503 £899* Seeds of Discontent II Mixed media/paper 107x109cm/*42x42in* Sydney 97
LANCERAY Eugen Alexandrovitch 1848-1886 **[103]**
⚒ *$1 000 FF6 038 £607* Siberian Roundup Bronze H20cm/*H8in* Bethesda, Maryland 98
LANCERAY Evgeni Evgenievich 1875-1946 **[4]**
☞ *$2 670 FF14 000 £1 600* Couple in 18th century dress: "La Dame de pique à Moscou" Oil/cardboard 26x20cm/*10x7in* London 96
✎ *$3 344 FF16 720 £2 200* Northern fishing outpost Gouache/paper 19x28cm/*7x11in* London 95
LANCEROTTO Egisto 1848-1916 **[19]**
☞ *$3 000 FF17 752 £1 842* Belleza Italiana Oleo/lienzo 60x48cm/*23x18in* Montevideo 98
LANCKOW Ludwig XIX-XX **[14]**
☞ *$2 743 FF13 870 £1 800* Skaters in a winter landscape Oil/canvas 29x78cm/*11x30in* London 96
LANÇON Auguste André 1836-1887 **[13]**
✎ *$839 FF4 800 £523* Le boulevard Montparnasse durant la Commune, le 11.2.71 Encre 15,5x45,5cm/*6x17in* Paris 97
LANCRET Nicolas 1690-1743 **[61]**
☞ *$25 290 FF150 000 £15 315* La lecture à la bougie Huile/panneau 19x15,5cm/*7x6in* Paris 97
☞ *$148 700 FF725 000 £94 200* Allegorie auf das Element Feuer Ol/Leinwand 77x109cm/*30x42in* Köln 95
☞ *$280 000 FF1 676 640 £171 360* "Que le Coeur d'un Amant est Sujet à Changer": Fête Champêtre Oil/canvas 97,5x129cm/*38x50in* New-York 97
▭ *$621 FF3 692 £380* Le Maitre Galant Engraving 38x44cm/*14x17in* London 97
✎ *$5 750 FF28 400 £3 720* Seated woman singing from a sheet of music Red chalk 19,7x24,1cm/*7x9in* New-York 96
LANCRET Nicolas (Attrib.) 1690-1743 **[11]**
✎ *$1 686 FF9 738 £990* Les oiseleurs Sanguine 28x25,5cm/*11x10in* Bruxelles 97
LANCY Bernard Blanc-Percy 1894-1950 **[19]**
▭ *$966 FF6 000 £582* "Dédée d'Anvers" Affiche couleur 80x60cm/*31x23in* Paris 98
LAND Lennart 1946 **[2]**
☞ *$5 080 FF24 550 £3 200* Bull Elephant Oil/canvas 131x108cm/*51x42in* London 95
LANDACRE Paul Hambleton 1893-1963 **[32]**
▭ *$116 FF672 £71* Sultry Day Woodcut 20,4x15,2cm/*8x5in* Heidelberg 97
LANDALUZE Víctor Patricio 1828-1889 **[22]**
☞ *$6 000 FF34 443 £3 657* Mulata Oil/canvas 35,5x26,5cm/*13x10in* New-York 97
☞ *$19 000 FF92 100 £12 240* Carnaval Oil/canvas 48x56cm/*18x22in* New-York 95
✎ *$171 FF1 027 £101* Trabajador del azúcar Dibujo 24x19cm/*9x7in* Madrid 98
LANDARA Benjamin 1921-1985 **[16]**
✎ *$236 FF1 210 £150* Central Australia Watercolour/paper 32,5x49,5cm/*12x19in* Melbourne 95
LANDAU Ergy 1896-1967 **[34]**
📷 *$900 FF5 559 £541* Tire Silver print 23x17cm/*9x6in* New-York 98
LANDAU Jacob 1917 **[10]**
▭ *$140 FF684 £88* Jefferson Woodcut 36x13cm/*14x5in* Cleveland, Ohio 95
LANDAU Sigmund 1898-1962 **[23]**
☞ *$1 394 FF8 500 £846* Bouquet de fleurs Huile/panneau 59x46cm/*23x18in* Paris 98
LANDECK Armin 1905-1984 **[67]**
▭ *$600 FF3 724 £359* Manhattan Nocturnes Etching 17x30cm/*7x12in* Mystic, Connecticut 98
✎ *$1 200 FF6 849 £741* Minetta lane Tempera/paper 53x72cm/*20x28in* New-York 97
LANDELLE Charles Zacharie 1812-1908 **[70]**
☞ *$676 FF3 500 £437* Femme à la melaya bleue Huile/carton 30x24cm/*11x9in* Paris 96
☞ *$5 544 FF33 500 £3 303* Le Houx, ou "Qui s'y frotte, s'y pique" Huile/toile 85x54cm/*33x21in* Troyes 97
☞ *$25 000 FF142 125 £15 307* Droits de l'Homme Oil/canvas 226x162cm/*88x63in* New-York 97
LANDELLS Robert Thomas 1833-1877 **[3]**
☞ *$4 404 FF25 590 £2 600* Foregate, Strand, entrance to Boswell Court Oil/canvas 28x22,8cm/*11x8in* London 97

LANDENBERGER Christian Adam 1862-1927 **[26]**
$3 099 FF18 425 £1 920 Herzogstand Öl/Karton 25,5x32,5cm/*10x12in* Stuttgart 97
$7 512 FF43 859 £4 543 Eine junge Frau sitzt mit teilweise entblösstem Rücken an einem Tisch Öl/Leinwand 83x107cm/*32x42in* Stuttgart 97
$62 FF369 £38 "Thersites" Radierung 20x14cm/*7x5in* Stuttgart 97
$1 298 FF6 770 £784 Das Mädchen und der Tod Charcoal 54x32cm/*21x12in* Stuttgart 96
LANDER Cyril George 1892-1983 **[1]**
$2 210 FF11 400 £1 465 Hay Street Perth Watercolour/paper 38x50cm/*14x19in* Melbourne 96
LANDER John St. Helier 1869-1944 **[13]**
$2 250 FF13 755 £1 374 Portrait of King Edward VIII as Sovereign on the Order of the Garter Lithograph 60,5x38cm/*23x14in* New-York 98
LANDERER Ferdinand 1730/46-1795 **[2]**
$423 FF2 210 £252 Brustbild eines Mannes mit pelzmütze, nach Martin J. Schmidt Etching 19x13,5cm/*7x5in* Hamburg 96
LANDERSET de Joseph 1753-1824 **[5]**
$5 152 FF31 000 £3 084 Paysages marins animés Aquarelle, gouache/papier 62x80,5cm/*24x31in* Paris 98
LANDESIO Eugenio 1809-1879 **[4]**
$25 200 FF131 600 £15 000 Paisaje con río Oil/panel 36x46cm/*14x18in* New-York 96
LANDGREBE Gustav 1837-1899 **[1]**
$5 360 FF28 060 £3 220 Busto de Beethoven Bronze H41cm/*H16in* Madrid 96
LANDI Giuseppe Antonio XVIII **[1]**
$25 090 FF142 177 £12 545 Due Architetture Olio/tela 107x156,5cm/*42x61in* Milano 97
LANDINI Andrea 1847-? **[17]**
$20 000 FF121 580 £12 316 Gorging on Melon Oil/panel 35,5x26,5cm/*13x10in* New-York 98
$39 000 FF222 222 £23 887 Ne bongeons plus Oil/canvas 50x61cm/*19x24in* New-York 97
LANDKROON Piet 1907 **[6]**
$182 FF1 037 £113 Milking time Oil/canvas 60x80cm/*23x31in* Amsterdam 97
LANDON Charles Paul (Attr.) 1760-1826 **[2]**
$2 267 FF11 000 £1 460 Hébé Huile/toile 6x48cm/*2x18in* Paris 95
LANDOWSKI Paul 1875-1961 **[31]**
$5 550 FF28 000 £3 640 Monument à Wilbur Wright et aux Précurseurs de l'Aviation Bronze H80,5cm/*H31in* Pontoise 96
$7 740 FF45 000 £4 725 Buste du champion de boxe Carpentier Bronze 43x26x28cm/*16x10x11in* Paris 97
LANDRÉ Louise Amélie 1852-? **[4]**
$3 624 FF21 500 £2 214 Danseuse dans sa loge Huile/toile 63x70cm/*24x27in* Rennes 98
LANDSDOWNE J. Fenwick XX **[4]**
$1 162 FF6 782 £712 Ducks Watercolour/paper 35,5x53,5cm/*13x21in* Toronto 97
LANDSEER Charles 1799-1879 **[8]**
$2 205 FF13 400 £1 328 Ein kleines Mädchen zeigt ihrem Spiegafährten eine gefangene Maus Oil/panel 30x40cm/*11x15in* Stuttgart 98
LANDSEER Edwin Henry 1802-1873 **[79]**
$4 897 FF29 239 £3 000 Robinson Crusoe Oil/panel 45,5x42,5cm/*17x16in* London 97
$21 700 FF112 300 £14 000 Moonlight Landscape Oil/panel 25,5x35,5cm/*10x13in* London 96
$268 600 FF1 314 000 £170 000 Favourite Pony and Dogs Oil/canvas 103x127cm/*40x50in* London 95
$1 064 FF6 178 £650 A Caricature of Sydney Smith Ink/paper 18x10cm/*7x3in* London 97
LANDSEER Edwin Henry (Attrib) 1802-1873 **[11]**
$1 483 FF8 803 £920 Thatched Roof Study for "The English Homestead" Oil/canvas 12x19,5cm/*4x7in* London 97
$3 870 FF20 050 £2 500 The Combat Oil/canvas 48x58,5cm/*18x23in* London 96
$1 555 FF9 316 £956 Hounds sleeping Ink 15x39cm/*5x15in* Johannesburg 98
LANDT Frantz 1885-1976 **[56]**
$103 FF615 £61 Marine med tremastet sejlskib Oil/canvas 53x71cm/*20x27in* København 97
LANDUYT Octave 1922 **[35]**
$948 FF4 920 £596 Composition Huile/panneau 30x25cm/*11x9in* Antwerpen 96
$6 292 FF35 882 £3 828 "Look in" Huile/panneau 82,5x86cm/*32x33in* Bruxelles 97
$546 FF3 252 £334 Scarabée Pochoir 21x17cm/*8x6in* Bruxelles 98
$1 075 FF5 580 £676 Crabe Lavis 40x50cm/*15x19in* Antwerpen 96
LANDUYT van Charles Joseph 1854-1934 **[4]**

☞ *$667 FF3 762 £418* Vase fleuri de mimosas Huile/toile 64x49cm/*25x19in* Bruxelles 97
LANDY Michael 1963 **[7]**
✏ *$1 471 FF8 789 £900* Scrapheap Services: We leave the Scum with no Place to hide Ink 83,5x29,5cm/*32x11in* London 98
LANE Abigail 1967 **[1]**
📷 *$2 288 FF13 671 £1 400* Making History Photograph 98x64,5cm/*38x25in* London 98
LANE Fitz Hugh 1804-1865 **[14]**
☞ *$350 000 FF2 063 670 £214 620* Boston Harbor Oil/canvas 35,5x43cm/*13x16in* New-York 98
☞ *$3 500 000 FF19 931 800 £2 158 450* View of West Beach, Beverly, Massachusetts, Sunset Oil/canvas 76x122cm/*29x48in* Boston, Mass. 97
▥ *$1 165 FF9 210 £1 800* Gloucester, Mass. Lithograph 54x91cm/*21x35in* Denver, Colorado 95
LANE Harry 1891-? **[1]**
☞ *$2 800 FF16 627 £1 709* "Death and Transfiguration", Scene in Brooklyn Heights, New York Oil/panel 50x40cm/*19x15in* Boston, Mass. 98
LANE Samuel 1780-1859 **[4]**
☞ *$1 600 FF9 122 £990* Portrait of Sir William Johnstone Hope, Vice-Admiral under Lord Nelson Oil/panel 22x16cm/*9x6in* New Orleans, Louisiana 97
LANEN van der Jasper c.1592-c.1630 **[15]**
☞ *$16 000 FF82 000 £9 720* A wagon and peasants by a cottage in a wood, a river beyond Oil/panel 48,5x64cm/*19x25in* New-York 96
☞ *$21 500 FF112 300 £13 000* Wooded river landscape with the Centau Nessus/..with soldiers Oil/copper 19x31cm/*7x12in* London 96
LANEN van der Jasper (Attrib.) c.1592-c.1630 **[2]**
☞ *$17 447 FF106 000 £10 504* Paysage au moulin Huile/cuivre 17x22,5cm/*6x8in* Senlis 98
LANFANT DE METZ François-Louis 1814-1892 **[185]**
☞ *$4 964 FF28 500 £3 026* Les amateurs d'art/L'escalade dans les arbres Huile/panneau 16x9,5cm/*6x3in* Barbizon 97
☞ *$8 275 FF50 000 £4 930* Cueillette de fleurs Huile/toile 67x41cm/*26x16in* Saint-Dié 97
✏ *$1 341 FF8 200 £819* Jeux d'enfants Gouache/papier 14,5x11cm/*5x4in* La Varenne Saint-Hilaire 98
LANFRANCO Giovanni 1583-1647 **[17]**
☞ *$17 000 FF103 594 £10 356* The Holy Family with the Infant Saint John the Baptist Oil/copper 34,5x23,5cm/*13x9in* New-York 98
☞ *$95 000 FF524 865 £59 042* Saint-Ursula holding a Banner and a Palm Branch Oil/canvas 209,5x138,5cm/*82x54in* New-York 97
✏ *$6 500 FF39 901 £3 982* The Head of a Man Black chalk/paper 35x22cm/*13x8in* New-York 98
LANFRANCO Giovanni (Attrib.) 1583-1647 **[5]**
☞ *$23 608 FF139 860 £14 000* Galatea and Polyphemus Oil/canvas 122x175cm/*48x68in* London 97
✏ *$336 FF2 008 £203* Die Verspottung Christi Ink/paper 20,5x23,7cm/*8x9in* Köln 97
LANG Albert 1847-1933 **[9]**
☞ *$3 480 FF20 188 £2 142* Spaziergang im Park Öl/Leinwand 44x54cm/*17x21in* Heidelberg 97
LANG August 1839-1895 **[5]**
☞ *$2 381 FF13 477 £1 454* Berglandschaft mit See und Personenstaffage Öl/Leinwand 69x106cm/*27x41in* Kempten 97
LANG Erwin 1886-1962 **[4]**
▥ *$161 FF952 £97* Heinrich von Kleist: Michael Kohlhaas Woodcut 47x35cm/*18x13in* Wien 97
LANG Fritz 1877-1961 **[59]**
☞ *$334 FF2 011 £200* "Rettich und Gurke" Öl/Karton 32x21cm/*12x8in* Stuttgart 98
☞ *$502 FF3 017 £301* Amsel nach rechts auf Kirschblütenzweig Oil/canvas 35x50cm/*13x19in* Stuttgart 98
▥ *$30 FF184 £18* Bildnis eines Mannes mit Hut, Stock und Zigarette Woodcut 23,5x16,8cm/*9x6in* Pforzheim 98
LANG Hans 1914-1986 **[4]**
☞ *$2 535 FF15 075 £1 570* Nachkriegsecke beim Tagblatt-Turm Oil/panel 46x55cm/*18x21in* Stuttgart 97
LANG Hans Caspar I 1571-1645 **[3]**
✏ *$3 900 FF20 100 £2 500* Design for a glass painting with the arms of Jacob Fugger Pencil 41,5x33,5cm/*16x13in* London 96
LANG Josef Adolf 1873-1936 **[3]**

⊞ $2 300 FF13 173 £1 360 "Düsseldorf, Kunst und Gartenbau" Poster 63,5x94cm/*25x37in* New-York 97
LANG Louis 1814-1893 **[15]**
☞ $1 500 FF8 640 £881 Young Girl Gathering strawberries Oil/canvas 35x25cm/*14x10in* Mystic, Connecticut 97
LANGASKENS Maurice 1884-1946 **[107]**
☞ $883 FF5 203 £547 Proverbe: Il ne faut pas semer des roses devant les pourceaux Huile/panneau 41x38cm/*16x14in* Bruxelles 97
☞ $883 FF5 203 £547 Ferme au printemps Huile/toile 33x75cm/*12x29in* Bruxelles 97
☞ $9 510 FF49 300 £6 090 Lente Huile/toile 100x135cm/*39x53in* Lokeren 96
✎ $633 FF3 280 £398 Le théâtre en éveil Aquarelle 32x25cm/*12x9in* Antwerpen 96
LANGBERG Juliane 1856-1930 **[2]**
☞ $4 274 FF25 327 £2 560 Interiör Oil/canvas 64x53cm/*25x20in* Oslo 97
LANGE Antoni 1779-1844 **[3]**
☞ $2 333 FF12 000 £1 455 Die Traum mit Traunstein Öl/Leinwand 34x43cm/*13x16in* Wien 96
LANGE Dorothea 1895-1965 **[61]**
▣ $4 800 FF24 860 £3 070 Crossroads Store, Alabama Gelatin silver print 35x49cm/*14x19in* New-York 96
LANGE Edward XIX-XX **[1]**
✎ $24 000 FF140 186 £14 200 Portrait of John C. Totten, Cold Spring Harbor, L.I. Watercolour, gouache 45x60cm/*18x24in* Huntington, New York 97
LANGE Frederik 1870-1941 **[11]**
☞ $765 FF4 425 £475 Både på Skagen Strand Oil/canvas 38x52cm/*14x20in* Köbenhavn 97
LANGE Fritz 1851-1922 **[8]**
☞ $2 824 FF16 216 £1 722 Entenfamilie am Bach Oil/panel 27x22cm/*10x8in* Düsseldorf 97
LANGE Gustav Johann 1811-1887 **[13]**
☞ $1 234 FF7 362 £744 Wintersturm am vereisten Fluss Öl/Leinwand 54x80cm/*21x31in* Bremen 97
☞ $13 950 FF71 700 £8 700 An extensive Landscape with Cattle grazing Oil/canvas 93x138,5cm/*36x54in* Wien 96
LANGE Julius 1817-1878 **[13]**
☞ $10 000 FF58 005 £5 911 An Alpine Village Scene Oil/canvas 84x119,5cm/*33x47in* San Francisco 97
LANGE Ludwig 1808-1868 **[37]**
✎ $594 FF3 373 £371 Griechische Landschaft mit See Aquarell/Papier 18x22,5cm/*7x8in* München 97
LANGE Otto 1879-1944 **[68]**
☞ $280 FF1 673 £169 Frau mit Katze/Männerporträt Acrylique/panneau 18x15,5cm/*7x6in* Berlin 97
⊞ $1 300 FF6 780 £760 Landschaft VIII Etching 39,2x55,2cm/*15x21in* Berlin 96
✎ $658 FF3 284 £430 Der Faschingsprinz Watercolour 30x37,5cm/*11x14in* München 95
LANGE von Emil 1841-1926 **[5]**
✎ $449 FF2 681 £275 "Das Trausnitz-Schloss zu Landshut" Pencil 16x26cm/*6x10in* München 98
LANGENDYK Dirk 1748-1805 **[55]**
✎ $2 370 FF12 050 £1 420 A military convoy passing through trees, near a village Ink 25,4x35,4cm/*10x13in* Amsterdam 96
LANGENDYK Jan Anth. (Attrib.) 1780-1818 **[2]**
☞ $5 460 FF27 900 £3 600 A Quack observed by the populace among whom number Napoleonic soldiery Oil/panel 57x47cm/*22x18in* London 96
LANGENDYK Jan Anthonie 1780-1818 **[10]**
✎ $2 137 FF13 000 £1 300 Village Scene Ink 13x20cm/*5x7in* London 98
LANGENEGGER Johannes 1879-1951 **[1]**
☞ $4 837 FF28 237 £2 970 Sennenstreiffen Öl/Papier 12,5x247cm/*4x97in* Zürich 97
LANGENHÖFFEL Johann Josef Fr. 1750-1807 **[3]**
☞ $8 780 FF43 150 £5 560 Ganymède et l'aigle Huile/toile 72x174cm/*28x68in* Zürich 95
LANGENMANTEL von Ludwig 1854-1922 **[3]**
☞ $7 205 FF41 058 £4 500 Spanish Dancers Oil/canvas 103x146,5cm/*40x57in* London 97
LANGER Viggo 1860-1942 **[152]**
☞ $445 FF2 636 £268 Byparti Oil/panel 34x42cm/*13x16in* Viby J, Århus 98
☞ $2 325 FF14 128 £1 400 A Summer Woodland Oil/canvas 97x125cm/*38x49in* London 98
☞ $10 837 FF66 571 £6 500 A Summer Afternoon on the Danish Coast Oil/canvas 74x88cm/*29x34in* London 98
LANGETTI Giovanni-B. (Attrib) 1635-1676 **[4]**

$4 144 FF24 728 £2 500 Diogenes Oil/canvas 105x84,5cm/*41x33in* London 97
LANGETTI Giovanni-Battista 1625-1676 **[7]**
$20 143 FF116 166 £12 000 Joseph interpreting Dreams Oil/canvas 129,5x159cm/*50x62in* London 97
$3 330 FF19 569 £2 000 A Nude, his Arms raised, looking down Black & white chalks 33x23cm/*12x9in* London 97
LANGEVELD Frans 1877-1939 **[28]**
$1 518 FF9 287 £933 Working Horses on a Quay, Amsterdam Oil/canvas 28,5x32cm/*11x12in* Amsterdam 98
$5 249 FF27 938 £3 095 "By the harbor, Amsterdam" Oil/canvas 60,3x76,8cm/*23x30in* New-York 97
LANGEVIN Claude 1942 **[69]**
$557 FF3 196 £342 "Laurentides" Oil/canvas 20,3x25,4cm/*7x10in* Calgary, Alberta 97
$1 007 FF5 991 £607 En remise Acrylic/canvas 61x76cm/*24x29in* Calgary, Alberta 98
LANGEWEG Ger 1891-1970 **[25]**
$1 504 FF8 781 £924 Two nudes Oil/canvas 49x32cm/*19x12in* Amsterdam 97
LANGHAMMER Arthur 1854-1901 **[6]**
$21 200 FF107 100 £13 900 Mädchen in weissem Kleid Öl/Leinwand 116,5x79cm/*45x31in* Wien 96
LANGHANS Carl Gotthard 1732-1808 **[1]**
$687 FF3 560 £447 Entwurf zu einem Monument Etching, aquatint 35,5x22,5cm/*13x8in* München 96
LANGKER Erik 1898-1982 **[63]**
$436 FF2 240 £288 Across the Bay Oil/canvas/board 29,5x36,5cm/*11x14in* Sydney 96
$454 FF2 635 £268 Coatal Landscape Oil/board 58x88cm/*22x34in* Sydney 97
LANGKO Dietrich 1819-1896 **[5]**
$6 440 FF33 100 £4 014 Hunters in a river Landscape Oil/canvas 23x27,5cm/*9x10in* Wien 96
LANGLADE J.S. XVIII **[1]**
$22 000 FF134 063 £13 402 "Le polisson de Toulouse": portrait of a young man Oil/canvas 61x49cm/*24x19in* New-York 98
LANGLADE Pierre 1812-1905 **[5]**
$3 485 FF17 160 £2 245 Promenade sur le port Huile/toile 54x65cm/*21x25in* Köln 95
LANGLAIS de Xavier 1906-1975 **[8]**
$3 418 FF19 500 £2 088 Jeune femme mi-nue agenouillée Huile/panneau 80x52cm/*31x20in* Quimper 97
$333 FF1 900 £203 Sainte Vierge aux mains jointes Lithographie 44x33cm/*17x12in* Quimper 97
LANGLANDS & BELL 1955/1959 **[4]**
$5 290 FF27 500 £3 500 D.G. Bank, Frankfurt Construction 90x90x15cm/*35x35x5in* London 96
$4 953 FF29 411 £3 000 "The Council of Europe" Sculpture 63x63x15cm/*24x24x5in* London 97
LANGLET Alexander 1870-1953 **[34]**
$402 FF2 492 £240 Plöjande man Oil/canvas 30x40cm/*11x15in* Stockholm 98
$730 FF4 182 £445 Vårplöjning med hästar Oil/canvas 41x50cm/*16x19in* Göteborg 97
LANGLEY Nina Scott XX **[5]**
$747 FF4 442 £449 The Reluctant Playmate Watercolour 30x35cm/*11x13in* London 97
LANGLEY Walter 1852-1922 **[73]**
$2 538 FF14 751 £1 548 Scène d'intérieur Huile/toile 63x77cm/*24x30in* Antwerpen 97
$4 832 FF27 933 £3 000 Study for "The Greeting" Watercolour/paper 17,5x11,5cm/*6x4in* London 97
LANGLEY William XIX-XX **[101]**
$567 FF3 279 £349 Cattle watering in an extensive Loch Landscape Oil/canvas 40,5x61cm/*15x24in* London 97
$1 057 FF5 450 £700 Cattle watering in a mountainous landscape Oil/canvas 30x51cm/*11x20in* London 96
$485 FF2 510 £310 Carrying fish Watercolour 23x16cm/*9x6in* Penzance, Cornwall 96
LANGLIN Victoriano Corina 1844-1911 **[2]**
$1 903 FF11 500 £1 133 Le petit déjeuner Huile/toile 46x25,5cm/*18x10in* Soissons 97
LANGLOIS J. XIX **[7]**
$688 FF4 175 £420 A Terrier by a Rat Trap Oil/canvas 30x44cm/*11x17in* Crewkerne, Somerset 98
$6 648 FF39 525 £4 000 Spaniels flushing out a Pheasant/Terriers rabbiting Oil/canvas 76x127cm/*29x50in* London 97
LANGLOIS Jérôme M. (Attrib.) 1779-1838 **[3]**
$16 673 FF100 140 £10 000 Portrait of a Gentleman, His Wife and Two Children in an Interior Oil/canvas 152x163cm/*59x64in* London 98

LANGLOIS Jérôme Martin 1779-1838 **[7]**

 $5 978   FF35 000   £3 696 Portrait de la baronne François Seillière Huile/toile 117x90cm/*46x35in* Paris 97

LANGLOIS Mark W. c.1850-c.1890 **[56]**

 $1 221   FF7 360   £750 The Recital Oil/canvas 53,5x43cm/*21x16in* London 98

 $2 343   FF14 446   £1 400 Helping Grandmother Oil/canvas 30,5x25,5cm/*12x10in* London 97

 $1 162   FF5 977   £750 The Courting Courtier Watercolour 51x69cm/*20x27in* London 96

LANGLOIS Paul 1858-1906 **[9]**

 $505   FF3 085   £307 Diane chasseresse Crayon 46x28,5cm/*18x11in* Bruxelles 98

LANGMAID Rowland 1897-1956 **[75]**

 $285   FF1 775   £180 London Bridge Drypoint 13x25,5cm/*5x10in* London 97

LANGMAN Eleazar 1895-1940 **[1]**

 $8 000   FF48 810   £4 795 Alexander Rodchenko Gelatin silver print 16x12cm/*6x4in* New-York 98

LANIAU Jean 1931 **[70]**

 $2 260   FF11 000   £1 445 Petite baigneuse Bronze H22cm/*H8in* La Varenne Saint-Hilaire 95

LANINO Bernardino c.1510-1583 **[5]**

 $29 800   FF155 500   £18 000 Madonna and Child Oil/panel 59x40cm/*23x15in* London 96

 $12 470   FF64 300   £8 000 The Adoration of the Magi Pencil 38x28,5cm/*14x11in* London 96

LANMAN Charles 1819-1895 **[5]**

 $35 000   FF206 367   £21 462 An Indian Encampment Oil/canvas 56x91,5cm/*22x36in* New-York 98

LANNES Mario 1900-1983 **[9]**

 $1 200   FF6 800   £800 Natura morta con bottiglia e fichi d'India Olio/cartone 49x39cm/*19x15in* Trieste 98

LANNFJALL Lennart 1933 **[7]**

 $1 112   FF5 370   £700 Adelie penguins on pack ice Oil/canvas 100x81cm/*39x31in* London 95

LANOë Alphonse 1926 **[5]**

 $1 261   FF7 370   £746 Bouquet de coquelicots Öl/Leinwand 32x21cm/*12x8in* St.Gallen 97

LANOUE Félix Hippolyte 1812-1872 **[6]**

 $1 045   FF5 900   £636 Paysage aux grands arbres Pastel 52x72cm/*20x28in* Angers 97

LANSAC de François Émile 1803-1890 **[8]**

 $2 620   FF15 000   £1 548 Le cheval blanc Huile/toile 54x65cm/*21x25in* Bayeux 97

LANSDOWNE James Fenwick 1940 **[19]**

 $713   FF4 229   £422 Pied wagtail Watercolour/paper 28x36cm/*11x14in* New-York 97

LANSIL Walter Franklin 1846-1925 **[22]**

 $424   FF2 365   £259 Beached fishing boat Oil/canvas 20x25cm/*8x10in* Boston, Mass. 97

 $1 300   FF8 069   £792 Along the Riva degli Schiavoni Venice Oil/canvas 71x102cm/*28x40in* Boston, Mass. 97

 $550   FF3 254   £335 Venetian Canal Scene Watercolour/paper 33x49cm/*13x19in* Bloomfield Hills, Michigan 98

LANSKOY André 1902-1976 **[895]**

 $561   FF2 800   £367 "Paysage de neige" Huile/toile 24x33cm/*9x12in* Saumur 95

 $10 200   FF57 800   £5 100 "Le 8 septembre" Olio/tela 73x100cm/*28x39in* Prato 97

 $20 182   FF115 000   £12 604 Extrêmement souple Huile/toile 96x146cm/*37x57in* Douai 97

 $243   FF1 413   £149 Kompositon in Orange auf gelbem Grund Farblithographie 68,4x44cm/*26x17in* Heidelberg 97

 $2 765   FF16 500   £1 668 Composition fond noir Gouache/papier 48x63cm/*18x24in* Sannois 97

LANSON Alfred Désiré 1851-1938 **[13]**

 $2 317   FF14 000   £1 380 Jason rapportant la Toison d'Or Bronze H51cm/*H20in* Soissons 97

 $9 000   FF52 539   £5 553 Jason and the golden fleece Bronze H114cm/*H44in* New-York 97

LANSYER Emmanuel 1835-1893 **[25]**

 $2 011   FF12 000   £1 232 L'Oratoire et les pins parasol au Cap Martin Huile/toile 25x33cm/*9x12in* Grenoble 98

 $3 152   FF19 000   £1 936 "Vue prise de Loches" Huile/toile 41x56cm/*16x22in* Paris 98

LANTARA Simon M. (Attrib.) 1729-1778 **[8]**

 $1 302   FF7 422   £813 Südliche Felsenlandschaft mit Wasserfall Oil/panel 13x16cm/*5x6in* Köln 97

LANTARA Simon Mathurin 1729-1778 **[30]**

 $8 060   FF41 000   £4 820 Le moulin à eau Huile/toile 28x40cm/*11x15in* Versailles 96

 $551   FF2 800   £329 Paysage d'Italie Aquarelle 18x30cm/*7x11in* Paris 96

LANTOINE Fernand 1878-1955 **[119]**

 $1 269   FF7 800   £761 Marché togolais Huile/carton 48,5x58,5cm/*19x23in* Lille 98

LANTS Gerrard 1927 **[29]**
  $358 FF2 153 £214 Girls at Play Watercolour/paper 53,5x71,5cm/*21x28in* Melbourne 98
LANYON Peter George 1918-1964 **[64]**
  $8 261 FF50 100 £5 000 Blue Square Oil/cardboard 28x28,5cm/*11x11in* London 98
  $61 600 FF319 000 £40 000 Beach Girl Oil/canvas 107x153cm/*42x60in* London 96
  $68 380 FF412 167 £42 000 "Corsham Summer" Oil/masonite 183x62cm/*72x24in* London 98
  $4 910 FF24 230 £3 200 The Glider's Flight Path Watercolour, gouache/paper 76x58,5cm/*29x23in* London 95
LANZA Giovanni 1827-? **[15]**
  $1 167 FF6 120 £700 Napoli dal Carmine Watercolour/paper 9x34cm/*3x13in* London 96
LANZA Luigi 1860-? **[12]**
  $3 053 FF17 699 £1 800 Figures on the Riva degli Schiavoni Oil/canvas 49,5x66cm/*19x25in* London 97
LANZA Vincenzo 1822-1902 **[4]**
  $9 380 FF48 900 £6 200 The Olympium with the Acropolis/The Parthenon, Athens Watercolour 35x54cm/*13x21in* London 96
LANZING Henriëtte 1879-1959 **[1]**
  $9 360 FF48 200 £5 840 Atjehers Oil/canvas 54x128cm/*21x50in* Amsterdam 96
LANZIROTTI Antonio Giovanni 1839-? **[3]**
  $4 950 FF28 205 £3 091 Girl at the Well Bronze H68cm/*H27in* Felton, CA 97
LANZONI P. XIX **[4]**
  $2 112 FF12 380 £1 300 A Stitch in Time Oil/panel 35x26cm/*13x10in* London 97
LAO CHENG c.1680-1720 **[1]**
  $2 400 FF14 285 £1 489 Landscape Ink 157x64cm/*62x25in* New-York 97
LAOUST André 1843-1924 **[3]**
  $3 254 FF19 000 £1 968 Personnage de la Comedia del Arte Bronze H61cm/*H24in* Paris 97
LAPARRA William J.E.E. 1873-1920 **[7]**
  $1 660 FF9 500 £1 036 La villa romaine Huile/toile 43x57cm/*16x22in* Paris 97
LAPAYESE DEL RIO José 1926 **[13]**
  $1 485 FF8 887 £922 "Paquete sin destino" Oleo/lienzo 73x54cm/*28x21in* Madrid 97
LAPEYRE Lucien XIX-XX **[9]**
  $168 FF1 000 £100 Moutons au pâturage Huile/toile 38x55cm/*14x21in* Paris 97
LAPEYRIERE de Evan **[2]**
  $1 504 FF9 000 £913 La médina de Tunis Aquarelle, gouache/papier 55x37,5cm/*21x14in* Paris 97
LAPICQUE Charles 1898-1988 **[686]**
  $591 FF3 500 £355 Paysage Huile/panneau 40x37cm/*15x14in* Paris 97
  $8 680 FF45 000 £5 640 "L'Enfance d'un chef" Huile/toile 60x73cm/*23x28in* Versailles 96
  $12 000 FF69 044 £7 083 L'Agape Oil/canvas 128,5x97cm/*50x38in* New-York 97
  $151 FF900 £94 Vue du port Lithographie couleurs 56x76cm/*22x29in* Paris 97
  $9 900 FF50 000 £6 430 Coeur de Lion Métal H120cm/*H47in* Lyon 96
  $177 FF1 100 £106 Calvaire Fusain 26,5x20,5cm/*10x8in* Paris 98
LAPINE Christian Andreas G. 1868-1952 **[25]**
  $557 FF3 259 £344 Untitled, summer sunset Oil/board 35x27cm/*13x10in* Calgary, Alberta 97
LAPINI Cesare 1848-1888 **[31]**
  $2 400 FF12 280 £1 554 Bust of a lady Marble H72cm/*H28in* New-York 95
  $9 775 FF57 738 £6 074 "Pegno Di Nozze" Marble H106cm/*H42in* Elgin, Illinois 97
LAPIRA Gioacchino XIX-XX **[4]**
  $3 400 FF20 668 £2 093 Fisherman off the Coast of Naples Gouache 32x44cm/*12x17in* New-York 98
LAPIRA P. XIX-XX **[4]**
  $10 888 FF62 043 £6 800 Naples from the Carmine Bodycolour 44,5x63,5cm/*17x25in* London 97
LAPIS Gaetano 1706-1758 **[2]**
  $5 560 FF27 800 £3 600 A Turk wearing a red waistcoat Oil/canvas 47x42cm/*18x16in* London 96
  $10 910 FF56 300 £7 000 Saint John of Capistrano preaching Oil/canvas 137x101,5cm/*53x39in* London 96
LAPITO Louis Auguste 1803-1874 **[11]**
  $2 044 FF12 000 £1 250 Un pont sur la route de Sartène en Corse Huile/toile 40x32cm/*15x12in* Saint-Brieuc 97
  $10 137 FF60 192 £6 187 Ansicht von Fribourg Oil/paper/canvas 44x74cm/*17x29in* Bern 98

LAPLANCHE Pierre, sculp. ?-1873 [4]
 $1 150 FF6 000 £761 Couple de chiens malinois au repos Bronze 30x37cm/*11x14in* Paris 96
LAPORTA ASTORT Ramón 1888-1936 [1]
 $5 470 FF28 330 £3 500 Grapes and apples in a basket Oil/canvas 80x65cm/*31x25in* London 96
LAPORTE Émile 1858-1907 [19]
 $2 541 FF15 000 £1 504 Sans titre Bronze H52cm/*H20in* Paris 97
 $4 200 FF21 640 £2 710 A boy with a rooster Bronze H97cm/*H38in* New-York 96
LAPORTE Émile Henri 1841-1919 [4]
 $8 700 FF45 000 £5 640 Femme turque allongée Huile/toile 27x45,5cm/*10x17in* Paris 96
LAPORTE George Henry 1799-1873 [17]
 $2 614 FF14 869 £1 600 Anstruther Thompson leading the Pychley Hunt/..hunting the Pychley Oil/board 22,5x38cm/*8x14in* London 97
 $6 000 FF31 300 £3 626 Over the Fence Oil/canvas 43,5x53cm/*17x20in* New-York 96
LAPORTE Georges 1926 [111]
 $636 FF3 626 £400 Vue d'une plage Oil/canvas 90x120cm/*35x47in* London 97
 $1 163 FF6 000 £748 Barques à marée-basse Huile/carton 23x32cm/*9x12in* Les Baux-de-Provence 96
 $368 FF1 900 £237 Soliflor Encre Chine 35x22cm/*13x8in* Calais 96
LAPORTE John 1761-1839 [16]
 $1 210 FF6 170 £800 Travellers by a river/Travellers resting by a river Bodycolour 13x18cm/*5x7in* London 96
LAPORTE-BLAISIN Léo L.-Blairsy 1865-1923 [16]
 $1 023 FF5 245 £653 A woman in Spanish dress Bronze H25cm/*H9in* Melbourne 96
LAPOSTOLET Charles 1824-1890 [32]
 $432 FF2 601 £260 "Rivière" Huile/toile 17,5x33cm/*6x12in* Bruxelles 98
 $1 085 FF6 500 £648 La rivière Huile/toile 38x56cm/*14x22in* Soissons 98
LAPOUJADE Robert 1921-1993 [49]
 $842 FF5 000 £510 Deux enfants Huile/toile 55x46cm/*21x18in* Marcq-en-Baroeul 97
 $92 FF550 £56 Portrait Crayon/papier 21,5x22,5cm/*8x8in* Marcq-en-Baroeul 97
LAPRADE Albert 1883-1978 [1]
 $3 695 FF18 000 £2 365 Patio au Maroc Aquarelle, gouache 49x66cm/*19x25in* Pontoise 95
LAPRADE Pierre 1875-1932 [174]
 $1 780 FF9 000 £1 167 Statue dans le parc Huile/toile 20x24cm/*7x9in* Calais 96
 $2 752 FF17 000 £1 654 Pierrot et Colombine Huile/toile 73x54cm/*28x21in* Paris 98
 $671 FF3 500 £406 Parc et bassin Gouache 29x44cm/*11x17in* Paris 96
LAPS de Theodore 1895-? [18]
 $573 FF2 963 £370 Après la pluie Huile/panneau 70x90cm/*27x35in* Bruxelles 96
LAQUY Joseph Willem 1738-1798 [8]
 $15 000 FF87 822 £9 274 An Elegant Family Seated Around a Table Oil/panel 58,5x51cm/*23x20in* New-York 97
 $2 275 FF13 220 £1 400 Figures making Music in an Interior/Figures at a Table in an Interior Ink 28,5x39cm/*11x15in* London 97
LARA Edwina W. XIX [8]
 $1 647 FF9 617 £980 Feeding Time Oil/canvas 45x35,5cm/*17x13in* London 97
 $3 076 FF18 129 £1 900 Low Tide/In the Catch Oil/canvas 30x61cm/*11x24in* London 97
LARA George XIX [4]
 $14 693 FF87 719 £9 000 Rural Life Oil/canvas 23,5x33cm/*9x12in* London 97
LARA Georgina XIX [34]
 $3 950 FF20 240 £2 400 Rural Farmsteals Oil/canvas 20,5x38cm/*8x14in* London 96
LARA Georgina (Attrib.) XIX [4]
 $3 681 FF22 055 £2 200 Outside the Smithy's Shop Oil/canvas 35x53cm/*13x20in* Bath 98
LARA Magali 1956 [2]
 $7 500 FF44 775 £4 607 Interior Mixed media/canvas 149x149cm/*58x58in* New-York 98
LARCHÉ Raoul Fr. 1860-1912 [132]
 $3 324 FF19 548 £2 052 La métarmorphose de Daphné Bronze H93,5cm/*H36in* Liège 97
 $3 674 FF22 000 £2 257 Amour Maternel Bronze H51cm/*H20in* Paris 98
LARDERA Berto 1911 [22]
 $224 FF1 282 £140 Komposition mit rotem, blauem und gelbem Fleck Farblithographie 66x51,5cm/*25x20in* München 97

🔨 *$17 960 FF106 588 £11 000* Élan Téméraire II Sculpture 123x88x67cm/*48x34x26in* London 97
LARGE James XIX-XX **[1]**
✏ *$3 290 FF16 870 £2 000* On Brighton Beach/The Chain Pier, Brighton Watercolour 29x48cm/*11x18in* London 96
LARGILLIERE de Nicolas 1656-1746 **[58]**
🖌 *$18 810 FF110 000 £11 473* Portrait présumé de Cosme de Bayon, seigneur de Forye Huile/toile 92x73cm/*36x28in* Paris 97
🖌 *$63 779 FF363 000 £39 458* Portrait présumé de la comtesse de Coullonges à côté d'un vase Huile/toile 138x106cm/*54x41in* Paris 97
LARGILLIERE de Nicolas (Attrib.) 1656-1746 **[8]**
🖌 *$2 400 FF14 302 £1 490* Portrait of a Duchesse de Chevreuse Oil/canvas/board 76x63,5cm/*29x25in* Washington 97
LARIONOV Michel 1881-1964 **[144]**
🖌 *$1 637 FF9 505 £1 000* Still life with fish Oil/board 23,5x36,5cm/*9x14in* London 97
🖌 *$6 458 FF39 000 £3 872* Fruits et pichet sur la table Huile/toile 50x61cm/*19x24in* Neuilly-sur-Seine 98
🖌 *$45 522 FF270 000 £27 567* L'été à la datcha Huile/toile 130x103cm/*51x40in* Paris 97
📷 *$5 000 FF30 921 £2 979* "Equilibre de danse" Gelatin silver print 24x16cm/*9x6in* San Francisco 98
✏ *$1 642 FF8 000 £1 051* Grappes de raisins Aquarelle 25x41,5cm/*9x16in* Paris 95
LARISCH Karol 1902-1935 **[1]**
🖌 *$7 780 FF40 450 £5 110* Picnic in the woods Oil/cardboard 87x140cm/*34x55in* Warszawa 96
LARIVIERE de Charles Philippe Aug 1798-1876 **[1]**
🖌 *$61 716 FF370 000 £37 148* "Aristée déplorant la mort de ses abeilles" Huile/toile 218x143cm/*85x56in* Paris 98
LARIVIERE Michel XX **[2]**
✏ *$799 FF5 000 £502* Pêche à pied Aquarelle/papier 86x65cm/*33x25in* Cherbourg 97
LARKIN William XVI-XVII **[2]**
🖌 *$35 000 FF182 000 £23 150* Portrait of a Lady Oil/panel 102x91cm/*40x35in* New-York 96
🖌 *$58 300 FF297 000 £35 000* Portrait of Frances Howard, Duchess of Richmond (1578-1639) Oil/panel 5x44cm/*1x17in* London 96
LARMESSIN Nicolas III le Jeune c.1640-1725 **[2]**
〰 *$1 046 FF5 420 £680* Costumes grotesques (Allégories) Engraving 28x20cm/*11x7in* München 96
LARMESSIN Nicolas IV 1684-1753 **[8]**
✏ *$8 598 FF51 000 £5 258* Le verrier fayencier Gouache/vélin 28x19,5cm/*11x7in* Paris 97
LAROCHE Armand 1826-1903 **[3]**
🖌 *$4 570 FF22 270 £2 900* Lady fishing Oil/canvas 61x38cm/*24x14in* London 95
LAROCHE Fernando c.1870-? **[7]**
🖌 *$3 390 FF16 940 £2 215* Santiago Oil/canvas 36x56cm/*14x22in* München 95
LARONZE Jean 1852-1937 **[2]**
🖌 *$6 874 FF40 038 £4 200* Le retour du pêcheur Oil/canvas 75,2x103cm/*29x40in* London 97
LAROT Dina 1943 **[10]**
🖌 *$1 985 FF11 905 £1 205* Mädchen Öl/Leinwand 100x60cm/*39x23in* Wien 98
✏ *$441 FF2 619 £270* "Anita" Aquarell/Papier 54x39,5cm/*21x15in* Wien 97
LARRAGA Y MONTANER Andrés 1862-1931 **[7]**
🖌 *$4 680 FF24 130 £3 000* Alegría gitana Oleo/tabla 85,5x117cm/*33x46in* Madrid 96
LARRAVIDE Manuel XX **[6]**
🖌 *$2 756 FF15 721 £1 679* Puerto Oleo/lienzo 79x117cm/*31x46in* Montevideo 97
LARRAZ Julio 1944 **[42]**
🖌 *$6 000 FF35 356 £3 585* Portrait of a Woman Oil/masonite 30,5x40,5cm/*12x15in* New-York 97
🖌 *$25 000 FF121 300 £16 100* Conversation Oil/canvas 65x113cm/*25x44in* New-York 95
🖌 *$50 000 FF287 025 £30 480* The big Watermelon Oil/canvas 153x183cm/*60x72in* New-York 97
✏ *$9 000 FF51 664 £5 486* Sunset Watercolour/paper 46x61cm/*18x24in* New-York 97
LARRICHIA Vincenzo 1940 **[15]**
🖌 *$520 FF2 900 £323* Paysage hivernal Huile/toile 24x30cm/*9x11in* Lesquin 97
🖌 *$883 FF5 000 £539* Balcon fleuri Huile/toile 50x60cm/*19x23in* Metz 97
LARSEN Adolph 1856-1942 **[26]**
🖌 *$340 FF1 774 £202* Sti ved Himmelbjergssøene Oil/canvas 68x95cm/*26x37in* København 96

$686 FF3 978 £428 Kystparti, Langeland, morgen Oil/canvas 26x44cm/*10x17in* København 97
LARSEN Emanuel 1823-1859 **[30]**
$875 FF4 951 £536 Sejlskibe udfor Kullen Oil/canvas 18x25cm/*7x9in* København 97
$5 180 FF30 782 £3 080 Ved havnen i en dansk probinsby Oil/canvas 58x85cm/*22x33in* København 97
LARSEN Johannes 1867-1961 **[155]**
$850 FF4 300 £558 Landscape with haystacks Oil/canvas 17x21,4cm/*6x8in* Chicago, Illinois 96
$3 210 FF16 040 £2 077 Stork i engen Oil/canvas 58x70cm/*22x27in* København 96
$10 650 FF62 721 £6 574 Flyvende svaner over mose Oil/canvas 95x130cm/*37x51in* København 97
$135 FF701 £90 En and Woodcut 26x36cm/*10x14in* Viby J, Århus 96
$718 FF3 691 £436 Gaes på mark Watercolour/paper 33x48cm/*12x18in* København 96
LARSEN Karl 1897-1977 **[81]**
$369 FF2 286 £220 Afrikansk kvinde Oil/canvas 81x60cm/*31x23in* København 98
LARSEN Knud 1865-1922 **[35]**
$1 250 FF7 073 £766 Portrait of Ellen von Stemann, née Hammerich (1890-1980), seated Oil/canvas 47x39cm/*18x15in* København 97
LARSEN Oskar 1882-1972 **[90]**
$1 307 FF6 720 £815 Stürmische Nacht Mischtechnik/Karton 73x103cm/*28x40in* Wien 96
$1 240 FF7 212 £757 Haremsfrauen Oil/panel 24,5x18,5cm/*9x7in* Wien 97
$79 FF476 £47 Mythologische Szene Pencil 19x16,3cm/*7x6in* Wien 98
LARSEN Peter Julius 1818-1852 **[6]**
$9 794 FF58 099 £5 986 En gammel landsbyskolelaerer i regnvejr Oil/canvas 80x67cm/*31x26in* København 98
LARSEN STEVNS Niels 1864-1941 **[49]**
$1 826 FF10 554 £1 072 Vase of flowers Oil/canvas 51x35cm/*20x13in* København 97
$473 FF2 814 £281 Bethesdas Dam/De skriftkole og Farisaerne Soft pencil 22x27cm/*8x10in* København 97
LARSEN-SAERSLØV Frederik 1870-1942 **[9]**
$1 965 FF11 884 £1 177 En kvinde på stranden Oil/canvas 33x42cm/*12x16in* Viby J, Århus 98
LARSON Amy Gessner 1954 **[3]**
$794 FF3 840 £500 Sleeping Beauties, white rhinocerous/Eagle studies Pencil/paper 31x46cm/*12x18in* London 95
LARSON Nils 1872-1914 **[1]**
$3 320 FF16 900 £1 984 Interior scene with seated woman Oil/panel 56x39cm/*22x15in* Stockholm 96
LARSSON Carl 1853-1919 **[196]**
$52 000 FF269 000 £33 560 Trädgårdsidyll Oil/canvas 46x38cm/*18x14in* Stockholm 96
$78 240 FF448 080 £47 760 Venus och Tummelisa Oil/canvas 250x345cm/*98x135in* Stockholm 97
$64 FF373 £39 Woman combing hair of a girl Etching 26,5x18cm/*10x7in* Amsterdam 97
$31 400 FF154 500 £20 200 "Anna-Stina" Watercolour 65x54,5cm/*25x21in* Stockholm 95
LARSSON Carl (Attrib.) 1853-1919 **[2]**
$5 585 FF33 049 £3 431 Sommarlandskap från Barbizon Oil/panel 35x29cm/*13x11in* Stockholm 98
LARSSON Carl Oscar 1887-1962 **[37]**
$333 FF1 703 £202 Marlet flower Oil/panel 33x42cm/*12x16in* Malmö 96
$308 FF1 873 £183 Lektyr Etching 20x15cm/*7x5in* Malmö 98
LARSSON Elvin 1913 **[3]**
$453 FF2 320 £275 Interiör Oil/canvas 89x79cm/*35x31in* Malmö 96
LARSSON Hans Sture 1910-1973 **[35]**
$772 FF4 683 £458 Bibliskt motiv Oil/canvas 53x68cm/*20x26in* Malmö 98
LARSSON Marcus 1825-1864 **[45]**
$1 634 FF8 460 £1 055 Self portrait Oil/canvas 27,5x24cm/*10x9in* Stockholm 96
$4 508 FF26 985 £2 775 Månskensnatt Oil/canvas 78x116cm/*30x45in* Stockholm 98
$19 350 FF101 100 £11 530 Månskensnatt Oil/canvas 110x153cm/*43x60in* Stockholm 96
LARTER Richard Charles 1929 **[28]**
$2 096 FF12 244 £1 240 "Convulse #3" Oil/canvas 179x113cm/*70x44in* Melbourne 97
$3 276 FF19 091 £2 018 Standing Nude Oil/board 122x61cm/*48x24in* Melbourne 97
$378 FF1 936 £241 Untitled/Sophistic/Untitled Ink/paper 40x50cm/*15x19in* Brisbane 96
LARTIGAU L. XIX-XX **[1]**
$1 305 FF6 500 £854 Jeune algérienne Aquarelle 26x19cm/*10x7in* Paris 95
LARTIGUE André 1924-1993 **[78]**

📷 *$2 600 FF13 570 £1 570* Renée Gelatin silver print 22x33cm/*9x13in* New-York 96
LARTIGUE Dany 1921 **[64]**
🎨 *$1 077 FF6 400 £652* La place des Vosges Huile/toile 130x90cm/*51x35in* Calais 97
LARTIGUE Jacques Henri 1894-1986 **[114]**
📷 *$5 515 FF32 105 £3 400* Renée Perle on the Beach Silver print 8,5x15cm/*3x5in* London 97
LARUE de Louis Félix 1720/31-1765 **[38]**
✏️ *$900 FF4 440 £582* Young slaves brought in front of a King Ink 26,6x42,8cm/*10x16in* New-York 96
LARUE de Louis Félix (Attrib) 1720/31-1765 **[3]**
✏️ *$149 FF850 £93* Mise au Tombeau Lavis 21,5x29,8cm/*8x11in* Paris 97
LARUE de Philibert Benoît 1718-1780 **[11]**
🎨 *$6 399 FF38 000 £3 876* Chocs de cavaleries Huile/toile 31,5x56cm/*12x22in* Paris 97
✏️ *$283 FF1 673 £167* Aufmarsch der Landsknechte Ink/paper 21x28cm/*8x11in* Berlin 97
LARUS Eliane 1944 **[40]**
🎨 *$865 FF5 200 £519* Hommage à Charlot Huile/panneau 38x55cm/*14x21in* Versailles 98
LARWIN Johann Hans 1873-1938 **[29]**
🎨 *$1 410 FF7 210 £904* Der Fisher Öl/Leinwand 72,5x74cm/*28x29in* Wien 96
LAS HERAS de Gaetano 1859-1931 **[3]**
🎨 *$2 789 FF15 894 £1 750* At the Bullfight Oil/canvas 46x38cm/*18x14in* London 97
LASANSKY Mauricio 1914 **[10]**
🗟 *$250 FF1 497 £149* "Doma" Engraving 50x34cm/*19x13in* Bethesda, Maryland 98
LASCAUX Elie 1888-1969 **[46]**
🎨 *$993 FF6 000 £603* "La route du Cap" Huile/toile 50x60cm/*19x23in* Senlis 98
✏️ *$203 FF1 200 £126* La haute cheminée Aquarelle/papier 64x54cm/*25x21in* Saint-Dié 97
LASCH Carl Johann 1822-1888 **[5]**
🎨 *$4 360 FF21 130 £2 800* Portrait of a young boy Oil/canvas 38x33cm/*14x12in* London 95
LASELLAZ Gustave François 1848-1910 **[2]**
🎨 *$2 889 FF16 869 £1 747* Eine bezaubernde junge Dame steht mit ihrem Blumenkorb... Öl/Leinwand 41x32,5cm/*16x12in* Stuttgart 97
LASH Lee 1864-1935 **[4]**
🎨 *$3 249 FF19 423 £1 969* Cannery Row, Monterey Oil/canvas 63,5x76,2cm/*25x29in* San Francisco-Los Angeles 97
LASINIO Carlo 1750-1838 **[10]**
🗟 *$176 FF1 013 £107* Porträt "Gi: Bata Sirani" Farbradierung 17,4x12,7cm/*6x5in* Berlin 97
LASINIO Fernando 1821-1865 **[1]**
🗟 *$539 FF3 058 £359* Gran Sala Eletta dei Cinquecento nel Palazzo Acquaforte 109x129cm/*42x50in* Roma 97
LASINSKY August Gustav 1811-1870 **[1]**
🎨 *$12 451 FF72 050 £7 608* A View og Trier Oil/canvas 82x120cm/*32x47in* Amsterdam 97
LASINSKY Johann Adolf 1808-1871 **[4]**
✏️ *$112 FF669 £67* Eine Burgruine am Rhein Pencil/paper 15x22cm/*5x8in* Köln 97
LASKARIDOU Sophia 1882-1965 **[6]**
🎨 *$3 430 FF16 770 £2 170* The Blue Cart Oil/panel 31,5x40cm/*12x15in* Athens 95
🎨 *$6 960 FF36 050 £4 650* The Letter Oil/canvas 96x70cm/*37x27in* Athens 96
LASKE Oskar 1874-1951 **[277]**
🎨 *$4 100 FF23 890 £2 520* Vase mit Dahlien Öl/Karton 36x31cm/*14x12in* Wien 97
🎨 *$26 464 FF153 856 £16 160* Motiv bei Enns Öl/Leinwand 51x60cm/*20x23in* Wien 97
🎨 *$70 000 FF402 759 £41 321* Parting of the Red Sea Oil/canvas 140,5x110,5cm/*55x43in* New-York 97
🗟 *$320 FF1 902 £190* Auf der Flucht nach Ägypten Radierung 35x44,5cm/*13x17in* Wien 97
✏️ *$6 470 FF33 800 £3 850* "Lofer, Salzburg" Mischtechnik/Papier 29x38,5cm/*11x15in* Wien 96
LASKE-KESSELBAUER Elisabeth 1884-1975 **[11]**
🎨 *$3 920 FF19 600 £2 537* Still life Oil/canvas 60x45cm/*23x17in* Wien 96
✏️ *$1 240 FF7 212 £757* "Passau" Mischtechnik/Papier 38,5x48,5cm/*15x19in* Wien 97
LASKER Jonathan 1948 **[17]**
🎨 *$9 000 FF46 100 £5 470* Televised Metaphysics Oil/canvas 76x61cm/*29x24in* New-York 96
LASKOWSKI François, Franz 1869-1918 **[7]**
🗟 *$1 100 FF5 600 £660* "Alcazar d'Été, Les Elks" Poster 118x79cm/*46x31in* New-York 96
LASS Jan 1890-? **[2]**

$2 103 FF10 330 £1 338 Frisenhaus in Steenodde (Amrum) Oil/panel 70x80cm/*27x31in* Bremen 95
LASSALLE Louis S. Cabaillot 1810-? **[6]**
$7 613 FF44 160 £4 500 Meeting by the Fountain Oil/panel 44,5x37cm/*17x14in* London 97
LASSALLE-BORDES Gustave (Attrib.) 1814-1886 **[2]**
$3 352 FF20 000 £2 022 La Mise au tombeau Huile/toile 32x24cm/*12x9in* Caen 97
LASSAW Ibram 1913 **[4]**
$6 000 FF35 026 £3 569 Akasa Bronze 51x66x61cm/*20x25x24in* New-York 97
LASSEN Hans August 1857-? **[10]**
$1 777 FF10 125 £1 091 Die knifflige Schachpartie Öl/Leinwand 36x48,5cm/*14x19in* Frankfurt 97
LASSER Hans 1891 **[1]**
$1 100 FF6 075 £686 Liegender weiblicher Akt Ink 30x23cm/*11x9in* Pforzheim 97
LASSIEUR Berthe 1882-1919 **[1]**
$3 007 FF17 879 £1 839 Sommerliche Wiesenlandschaft Öl/Leinwand 75,5x115cm/*29x45in* Bern 97
LASSNIG Maria 1919 **[43]**
$9 960 FF49 000 £6 340 Antropomorphe Landschaft Oil/panel 35x49,5cm/*13x19in* Wien 95
$11 560 FF58 500 £7 580 "Traurige Trauben" Öl/Leinwand 24x41cm/*9x16in* Wien 96
$96 480 FF572 520 £59 880 Sciencefiction Öl/Leinwand 192x128cm/*75x50in* Wien 97
$414 FF2 064 £271 Komposition mit drei Figuren Lithographie 39x49cm/*15x19in* München 95
$3 290 FF16 830 £2 110 Am Strand Aquarell/Papier 47,5x64,5cm/*18x25in* Wien 96
LASSONDE Omer Thomas 1903-1980 **[15]**
$425 FF2 311 £254 Shiva-Shiva, Samoan Dance Oil/canvas 60x83cm/*24x33in* Portsmouth, NH. 97
LASTMAN Pieter P. (Attrib.) 1583-1633 **[3]**
$3 528 FF20 196 £2 084 Study of a Man wearing a Loin Cloth/Fragments of Figure Sketches Ink 11x6cm/*4x2in* Amsterdam 97
LASZLO DE LOMBOS Philip Alexius 1869-1937 **[48]**
$1 389 FF8 153 £849 Littleworth Corner Oil/canvas/board 32x39,5cm/*12x15in* London 97
$3 104 FF15 060 £2 000 Mrs. Alfred Harmsworth Oil/board 92x71cm/*36x27in* London 95
$1 144 FF6 717 £700 Sketch of a Girl Charcoal 75x54,5cm/*29x21in* London 97
LATAPIE Louis 1891-1972 **[291]**
$427 FF2 200 £274 Nu Huile/panneau 24x35cm/*9x13in* Paris 96
$1 682 FF10 000 £1 042 Nu au paravent ou Nu à l'atelier Reille Huile/papier/toile 50x65cm/*19x25in* Paris 97
$8 730 FF45 000 £5 630 Le Coq jaune Huile/toile 130x97cm/*51x38in* Bergerac 96
$8 073 FF48 000 £5 001 La sous-marine Aquarelle/papier 133x86cm/*52x33in* Lyon 97
LATASTER Geer, Gerard 1920 **[73]**
$2 400 FF12 340 £1 497 Untitled Oil/canvas 63x96cm/*25x38in* Chicago, Illinois 96
$5 083 FF30 203 £3 023 An Abstract Composition Oil/canvas 139x149cm/*54x58in* Amsterdam 97
$309 FF1 543 £202 Love couple in a landscape Etching 26x29,8cm/*10x11in* Amsterdam 95
$884 FF5 281 £541 Komposition Pastel 45x56cm/*17x22in* Köbenhavn 98
LATCHOLASSIE Akesuk 1919 **[1]**
$3 657 FF21 876 £2 220 Oiseau Sculpture H46cm/*H18in* Montréal 97
LATHAM James 1696-1747 **[7]**
$58 394 FF356 272 £35 000 Portrait of General Thomas Bligh (1685-1775) Oil/canvas 125,5x99cm/*49x38in* London 98
LATHAM James (Attrib.) 1696-1747 **[4]**
$1 800 FF10 895 £1 074 Portrait of Henry Porter of Blackwater, Wex Ford Oil/canvas 76x63,5cm/*29x25in* New-York 97
LATHAM John 1921 **[2]**
$2 567 FF13 200 £1 600 The Cruel Sea Mixed media/canvas 42x31x18cm/*16x12x7in* London 96
$4 306 FF25 515 £2 600 Picture of Country Life Mixed media/canvas 105,5x59x15cm/*41x23x5in* London 97
LATHROP William Langson 1859-1938 **[16]**
$1 400 FF7 977 £857 Rocky shore lloyd's harbor, Long Island Oil/masonite 40x50cm/*16x20in* Chester, NY 97
$5 750 FF29 740 £3 730 New Hope Canal Oil/canvas 35x40cm/*14x16in* Mystic, Connecticut 96
$2 700 FF16 323 £1 671 Hilly Landscape Watercolour/paper 40x35cm/*16x14in* Mystic, Connecticut 97
LATILLA Eugenio c.1800-c.1859 **[1]**

$1 994 FF11 857 £1 200 Rebecca at the Well Oil/panel 26,5x21cm/*10x8in* London 97
LATIMER Lorenzo Palmer 1857-1941 **[11]**
$1 100 FF6 703 £656 Landscape Reflections Watercolour/board 17x27cm/*7x11in* Pasadena, California 98
LATOIX de Gaspard XIX-XX **[11]**
$18 000 FF91 000 £11 800 Indian on horseback in a desert landscape Oil/canvas 81x60cm/*31x23in* New-York 96
$4 800 FF27 729 £2 958 The Unlucky Hunter Watercolour 36x53,5cm/*14x21in* New-York 97
LATORTUE Phillipe XX **[2]**
$4 000 FF22 779 £2 428 Mariage au Jungle Oil/canvas 76x101,5cm/*29x39in* New-York 97
LATOUR de Élisabeth Marie 1750-1834 **[2]**
$4 566 FF26 490 £2 800 A Lady sitting for a portrait Painter in a Studio Oil/panel 30x42cm/*11x16in* London 97
LATOUR Joseph Pierre T. 1807-1865 **[4]**
$6 208 FF35 316 £3 800 French romantic landscapes Oil/canvas 72x100cm/*28x39in* London 97
LATROBE Benjamin Henry 1764-1820 **[1]**
$30 393 FF180 270 £18 000 Project of Hammerwood Lodge, near East Grinstead, Sussex Watercolour 43x80cm/*16x31in* London 97
LATRY Anna XIX-XX **[1]**
$2 448 FF14 200 £1 506 Petit Chaperon rouge Bronze H71cm/*H27in* Coutances 97
LATY Y. XX **[2]**
$1 086 FF6 560 £660 "Mont-Blanc, France, Summer Winter" Poster 97x63cm/*38x24in* London 98
LAUB Ernst 1839-1867 **[5]**
$5 328 FF31 662 £3 168 "Den lille skibsreder" Oil/canvas 47x39cm/*18x15in* Köbenhavn 97
LAUBI Hugo 1888-1959 **[21]**
$1 400 FF7 130 £840 "St. Moritz, XVImes Courses de Chevaux" Poster 128x90,5cm/*50x35in* New-York 96
LAUBIES René 1924 **[34]**
$1 240 FF7 000 £760 Composition Huile/papier/toile 50x68cm/*19x26in* Paris 97
$410 FF2 000 £260 Composition Pastel/panneau 28x39,5cm/*11x15in* Paris 95
LAUBSER Maggie 1886-1973 **[50]**
$3 916 FF23 452 £2 407 Pink birds Oil/board 45x34cm/*17x13in* Johannesburg 98
$8 760 FF48 392 £5 444 Portrait of a Fisher Boy Oil/board 44x39cm/*17x15in* Johannesburg 97
$473 FF2 837 £291 Woman with doek Pencil 47x30cm/*18x11in* Johannesburg 98
LAUCHERT Richard 1823-1869 **[3]**
$7 410 FF44 266 £4 536 Porträt des Herzogs Eugen von Württemberg Öl/Leinwand 120,7x98,4cm/*47x38in* Düsseldorf 98
$10 151 FF58 881 £6 000 Portrait of Friedrich Wilhelm Ludwig, Grossherzog of Baden Oil/canvas 156,5x126cm/*61x49in* London 97
LAUDER Charles James 1841-1920 **[32]**
$3 255 FF16 527 £2 100 The Customs House, Greenock Oil/canvas 46x31cm/*18x12in* Auchterarder, Perthshire 96
$437 FF2 280 £260 A Procession on a Bridge over a River Watercolour 50x32cm/*19x12in* London 96
LAUDY Jean 1877-1956 **[121]**
$337 FF1 947 £198 Portrait de femme Huile/carton 35,5x34cm/*13x13in* Bruxelles 97
$1 340 FF8 209 £798 A portrait of a lady Oil/paper/board 47x34,5cm/*18x13in* Amsterdam 98
$2 930 FF14 400 £1 866 Marchande de fleurs Huile/toile 132x91cm/*51x35in* Bruxelles 95
$171 FF978 £104 Le modèle souriant Aquarelle/papier 60x47cm/*23x18in* Bruxelles 97
LAUER Josef 1818-1881 **[33]**
$6 264 FF36 467 £3 799 Rebhuhn in Weinreben Oil/canvas 47,5x38,5cm/*18x15in* Luzern 97
$20 330 FF106 200 £12 100 Rosen und Schmetterling Öl/Leinwand 34x28,5cm/*13x11in* Wien 96
$2 880 FF13 900 £1 800 Mixed summer flowers Gouache/paper 40x28cm/*15x11in* London 95
LAUGE Achille 1861-1944 **[97]**
$7 114 FF42 000 £4 212 Paysage arboré Huile/toile 50x73cm/*19x28in* Clermont-Ferrand 97
$16 680 FF100 000 £10 040 La cueillette des fruits Huile/toile 52x29cm/*20x11in* Paris 98
$3 080 FF15 960 £2 000 Le Pont Saint-Michel à Toulouse Pastel 46,5x41,5cm/*18x16in* London 96
LAUGEE Georges 1853-? **[64]**
$5 500 FF29 271 £3 243 L'attente Oil/canvas 134,9x52,1cm/*53x20in* New-York 97

✏ *$250 FF1 500 £153* Jeune fille des champs Pierre noire 47x31cm/*18x12in* Auvers sur Oise 98
LAUGHLIN Alice Denniston 1895-? **[1]**
▥ *$649 FF3 718 £383* Untitled Woodcut 23x19cm/*9x7in* New-York 97
LAUGHLIN Clarence John 1905-1985 **[78]**
📷 *$1 900 FF11 027 £1 122* "The Iron Shell - Old Louisiana State Capitol" Gelatin silver print 26x34cm/*10x13in* New Orleans, Louisiana 97
LAUGIER Jean Nicolas 1785-1875 **[3]**
▥ *$450 FF2 424 £268* Washington Engraving 64x53cm/*25x20in* New-York 97
LAUNAY de Fernand XIX-XX **[8]**
☞ *$12 279 FF72 405 £7 529* Élégante dans un paysage Huile/toile 55x46cm/*21x18in* Genève 98
LAUNAY de Gustave 1864-? **[10]**
☞ *$4 730 FF23 040 £3 000* A sitting room Oil/canvas 40,5x32,5cm/*15x12in* London 95
LAUNAY de Nicolas 1739-1792 **[9]**
▥ *$236 FF1 220 £151* La Chute dangereuse, nach F. Meyer Etching 35,5x44,3cm/*13x17in* Heidelberg 96
LAUNOIS Jean 1898-1942 **[34]**
✏ *$1 270 FF6 500 £771* Le Bossu Gouache 62x75cm/*24x29in* Bayeux 96
LAUR Yvonne Marie, Yo 1879-1943 **[11]**
☞ *$3 250 FF19 417 £1 988* Playful Kittens Oil/panel 45x54cm/*18x21in* Dedham, Mass. 98
LAURENCE Sidney 1890-1970 **[15]**
☞ *$12 100 FF72 454 £7 434* Sketch near Anchorage Oil/canvas 25x35cm/*10x14in* Dallas, Texas 98
☞ *$15 000 FF90 307 £8 974* Vista Oil/canvas 51x40,5cm/*20x15in* San Francisco 98
LAURENCE Sydney Mortimer 1865-1940 **[77]**
☞ *$9 000 FF45 360 £5 806* Sunset with Cache, Alaska Oil/board 25x20cm/*10x8in* Hayden 96
☞ *$18 000 FF101 637 £10 945* Une épave (A Shipwreck) Oil/canvas 91,5x137cm/*36x53in* New-York 97
☞ *$22 000 FF128 957 £13 541* Clearing Mists, Mt. Mc Kinley Oil/canvas 50x38cm/*20x15in* Anchorage, AK 97
✏ *$2 000 FF10 080 £1 315* Mt McKinley, Alaska Watercolour, gouache/paper 22x15cm/*9x6in* Baton Rouge, Louisiana 96
LAURENCIN de H. XX **[3]**
▥ *$234 FF1 400 £143* "Priceless Oil, automobilistes! adoptez-la" Affiche 161x120cm/*63x47in* Orléans 98
LAURENCIN Marie 1885-1956 **[1159]**
☞ *$12 000 FF62 100 £7 680* Fleurs Oil/panel 22x27cm/*8x10in* New-York 96
☞ *$85 000 FF491 045 £49 886* Deux femmes au rideau Oil/canvas 73x54cm/*28x21in* New-York 97
▥ *$1 473 FF7 620 £955* Les deux Espagnoles Etching 27,5x20cm/*10x7in* London 96
✏ *$4 723 FF27 067 £2 928* Buste de femme Watercolour/paper 19x19cm/*7x7in* New-York 97
LAURENS Albert F. 1864-1934 **[5]**
☞ *$3 170 FF16 000 £2 070* La Baie d'Alger Huile/panneau 33x43,5cm/*12x17in* Paris 96
☞ *$4 000 FF24 169 £2 382* La rêverie au parc Oil/canvas 63,5x42cm/*25x16in* New-York 97
LAURENS Henri 1885-1954 **[192]**
☞ *$16 499 FF98 619 £10 000* Nu accroupi Tempera/board 26,5x21cm/*10x8in* London 97
▥ *$89 FF507 £54* Femme nude Farblithographie 25x11cm/*9x4in* Köln 97
⚒ *$500 000 FF2 880 200 £293 800* La lune Bronze H89cm/*H35in* New-York 97
⚒ *$793 680 FF4 633 200 £480 000* La Négresse Bronze H71,5cm/*H28in* London 97
✏ *$23 954 FF140 000 £14 616* Nu couché Gouache/carton 8x33cm/*3x12in* Paris 97
LAURENS Jean-Paul 1838-1921 **[26]**
☞ *$3 581 FF22 000 £2 147* Portrait de fillette Huile/toile 41,5x29cm/*16x11in* Paris 98
☞ *$5 880 FF29 000 £3 820* Le prisonnier Huile/toile 50x67cm/*19x26in* Paris 95
✏ *$1 181 FF7 000 £707* La mort de Sainte Geneviève Encre Chine 31,5x24,5cm/*12x9in* Soissons 97
LAURENS Joseph Bonaventure 1801-1890 **[18]**
✏ *$300 FF1 751 £178* Figures in an Idyllic Landscape Watercolour/paper 18,5x23,5cm/*7x9in* New-York 97
LAURENS Jules 1825-1901 **[22]**
☞ *$2 778 FF16 500 £1 683* Paysage de Provence Huile/toile 71x90cm/*27x35in* Mâcon 97
☞ *$22 000 FF125 356 £13 475* La baigneuse Oil/canvas 160x116cm/*62x45in* New-York 97
LAURENS Paul-Albert 1870-1934 **[7]**
☞ *$8 000 FF45 506 £4 896* An Elegant Lady by a Riverbank Oil/canvas 61x51cm/*24x20in* New-York 97
▥ *$800 FF4 075 £480* "Blessés espagnols" Poster 82x60cm/*32x23in* New-York 96
LAURENT A. **[2]**
☞ *$3 165 FF16 460 £2 093* L'atelier de couture Huile/toile 98x79cm/*38x31in* Bruxelles 96

LAURENT Bruno Émile 1928 [111]

$432 FF2 200 £285 Montmartre Huile/toile 24x33cm/*9x12in* Grenoble 96

$496 FF3 000 £301 Place Pigalle, Montmartre Huile/toile 45x54cm/*17x21in* Saint-Dié 98

$194 FF1 000 £124 Le Moulin de la Galette sous la neige Aquarelle, gouache 24x35cm/*9x13in* Saint-Dié 96

LAURENT Élie J. XIX-XX [4]

$1 743 FF10 800 £1 041 L'orange Huile/panneau 26,5x36cm/*10x14in* Lyon 98

LAURENT Ernest Joseph 1859-1929 [60]

$995 FF5 800 £608 Etude pour une maternité Huile/toile 65x50cm/*25x19in* Rennes 97

$1 674 FF8 500 £1 100 Pardon à Tronoën Huile/toile 19x24,5cm/*7x9in* Morlaix 96

$1 750 FF10 100 £1 072 Femme nue sur un canapé Monotype 20x23cm/*7x9in* Provins 97

LAURENT Eugène 1832-1898 [10]

$915 FF4 800 £549 Pêcheuse d'écrevisse Bronze H51cm/*H20in* Paris 96

LAURENT Jean XX [12]

$1 596 FF9 738 £972 Trois mâts sous toile Huile/panneau 40x56cm/*15x22in* Bruxelles 98

LAURENT Jean Émile 1906 [5]

$1 473 FF9 000 £873 Le moment du thé Aquarelle/papier 62x46cm/*24x18in* Paris 98

LAURENT Marcel XX [2]

$4 329 FF24 500 £2 643 Quai à Concarneau Huile/toile 73x91cm/*28x35in* Bernay 97

LAURENT Marie-P, née Laurent 1805-1860 [2]

$4 341 FF24 500 £2 643 Jeune femme en buste devant un paysage Huile/panneau 22x17,5cm/*8x6in* Paris 97

LAURENT Pierre Ant. 1868-? [1]

$10 210 FF50 800 £6 500 La Vague Marble H76cm/*H29in* London 95

LAURENT Robert 1890-1970 [13]

$4 000 FF24 420 £2 390 Reclining Nude Woman Alabaster H25,5cm/*H10in* New-York 98

LAURENT Yves XX [27]

$370 FF1 800 £237 L'orientale Aquarelle 36x25cm/*14x9in* Montauban 95

LAURENTI Cesare 1854-1936 [3]

$3 600 FF20 400 £1 800 Pennone di San Marco Olio/tavola 34,5x16cm/*13x6in* Milano 98

LAURER Johann 1892-1949 [13]

$2 350 FF12 020 £1 508 "Wartberg i.d. Stmk" (Steiermark) Öl/Leinwand 60,5x71cm/*23x27in* Wien 96

LAURET François 1820-1868 [14]

$3 784 FF22 000 £2 310 Famille juive d'Alger Huile/carton 26x19,5cm/*10x7in* Paris 97

$9 494 FF58 000 £5 631 La caravane en marche Huile/toile 68,5x108cm/*26x42in* Paris 98

LAUREUS Alexander Lauroeus 1783-1823 [15]

$3 781 FF21 657 £2 308 "Man, som Räknar Dukater" Oil/panel 38x30cm/*14x11in* Stockholm 97

$6 194 FF36 570 £3 666 Skogslandskap Oil/canvas 52x44cm/*20x17in* Helsinki 97

$10 819 FF64 764 £6 661 Venus och Amor Oil/canvas 159x102cm/*62x40in* Stockholm 98

LAURI Filippo 1623-1694 [21]

$11 470 FF57 300 £7 400 Le Stagione rendono omaggio al Tempo Olio/tela 57x72cm/*22x28in* Milano 95

$23 040 FF120 600 £15 480 Paesaggio con Venere e Adone Olio/tela 98x130cm/*38x51in* Roma 96

$23 226 FF140 000 £14 266 Bacchanale Huile/cuivre 18,5x24,2cm/*7x9in* Paris 98

LAURI Filippo (Attrib.) 1623-1694 [10]

$5 000 FF29 709 £3 051 Diana and Bacchus Oil/canvas 37,5x50cm/*14x19in* New-York 98

LAURIE Robert c.1755-1836 [4]

$2 042 FF11 764 £1 200 The lion and the horse Mezzotint 45,5x55,5cm/*17x21in* London 97

LAURITZ Paul 1889-1976 [65]

$1 800 FF10 575 £1 080 Landscape Oil/canvas/board 33x38cm/*13x15in* Altadena, CA 97

$1 800 FF10 778 £1 101 Farm near Foothills Oil/canvas 71x81cm/*28x32in* Altadena, CA 97

$36 000 FF216 738 £21 538 Moutain Silence Oil/canvas 101,5x127cm/*39x50in* San Francisco 98

LAURO Maurice 1878-? [4]

$1 091 FF6 000 £670 "La Baule, La Plage du Soleil, Bretagne" Affiche 100x62cm/*39x24in* Versailles 97

LAURO Roberto 1932 [4]

$3 012 FF17 432 £1 853 Herbst Öl/Leinwand 100x100cm/*39x39in* Wetzikon 97

LAUTENSACK Hans Sebald 1524-1563 [14]

$503 FF2 867 £314 Hieronymus Schurstab Bürgermeister von Nürnberg Radierung 20x24cm/*7x9in*

Bielefeld 97

LAUTERBURG Martin 1891-1960 **[20]**
$1 563 FF9 075 £924 Selbstbildnis im Atelier Öl/Karton 38x25,5cm/*14x10in* Bern 97

LAUTERS Paul 1806-1875 **[20]**
$246 FF1 500 £148 Famille devant une ferme Aquarelle, gouache/papier 15,5x27,5cm/*6x10in* Paris 98

LAUTREC Lucien 1909-1991 **[1]**
$1 175 FF6 000 £780 La femme et la mère Gouache 71x99cm/*27x38in* Paris 96

LAUVERGNE Barthélémy 1805-1875 **[8]**
$3 187 FF18 500 £1 946 Bateaux à l'approche d'Alger Huile/toile 30x50cm/*11x19in* Paris 97
$4 572 FF28 000 £2 727 Le siège de Sébastopol Huile/toile 60x98cm/*23x38in* Nantes 98

LAUVRAY Abel 1870-1950 **[85]**
$1 352 FF7 000 £873 Moustier Sainte-Marie Huile/panneau 25,5x35cm/*10x13in* Paris 96
$1 722 FF10 500 £1 050 Rangée d'arbres devant Vetheuil Huile/toile 59,5x73cm/*23x28in* Bordeaux 98
$787 FF4 000 £470 Arbres devant la Citadelle de Villeneuve-lès-Avignon Aquarelle/papier 15x18cm/*5x7in* Paris 96

LAUWERIER Rudolphus 1796-1883 **[2]**
$1 404 FF7 224 £876 A Farmhouse in a Hilly Landscape Oil/panel 21,5x26cm/*8x10in* Amsterdam 96

LAUWERS Balthasar 1570-1642 **[1]**
$2 370 FF12 050 £1 420 A rugged river landscape with fantastical buildings Ink 29,2x35,2cm/*11x13in* Amsterdam 96

LAUX August 1847-1921 **[42]**
$2 300 FF11 750 £1 516 Cat and kittens playing on a tabletop Oil/canvas 40x50cm/*16x20in* Dedham, Mass. 96
$2 600 FF13 460 £1 664 Fruit still life Oil/canvas 32x41cm/*12x16in* Mystic, Connecticut 96

LAVAGNA Francesco XVII-XVIII **[9]**
$22 770 FF116 300 £15 000 Still lifes of fruits, flowers and porcelain Oil/canvas 44,6x79cm/*17x31in* London 96

LAVAGNA Francesco (Attrib.) XVII-XVIII **[9]**
$4 354 FF25 242 £2 600 Flowers in an Urn on a Pedestal Oil/canvas 26x19cm/*10x7in* London 97
$6 240 FF32 150 £4 000 A vase of flowers/A basket of flowers and dish of cherries Oil/canvas 51,5x71,5cm/*20x28in* London 96

LAVAGNA Giuseppe 1684-c.1724 **[4]**
$20 675 FF120 200 £12 625 Blumen und Putten in einem Schlosspark Öl/Leinwand 97x131cm/*38x51in* Wien 97

LAVAGNA Giuseppe (Attrib.) 1684-c.1724 **[4]**
$3 290 FF20 000 £1 976 Guirlande de fleurs décorant une urne disposée à côté de fruits Huile/toile 74x30cm/*29x11in* Paris 98

LAVAL Charles 1862-1894 **[3]**
$5 730 FF28 000 £3 640 Scène de la Martinique Encre 14,5x22cm/*5x8in* Paris 95

LAVAL Fernand 1886-1966 **[131]**
$448 FF2 300 £289 Le port de Honfleur Huile/toile 46x55cm/*18x21in* Saint-Dié 96

LAVALLE John 1896-1971 **[11]**
$1 400 FF8 568 £850 The Man on the Park Bench Oil/canvas 76x101cm/*30x40in* Milford, Conn. 98

LAVALLÉE de Geeraert c.1600-c.1670 **[3]**
$7 340 FF38 000 £4 760 Sainte Cécile Huile/cuivre 55x72cm/*21x28in* Paris 96

LAVALLÉE-POUSSIN de Étienne 1733-1793 **[12]**
$994 FF5 934 £600 Allegory of Painting: a female figure standing before a canvas Wash 28x21,4cm/*11x8in* London 97

LAVALLEY Jonas Joseph 1858-1930 **[11]**
$2 000 FF11 890 £1 203 Raspberries Oil/canvas 7x23cm/*3x9in* South Deerfield, Mass. 97

LAVATELLI Carla 1929 **[2]**
$3 249 FF18 925 £1 985 The Cherry Tree Bronze H51cm/*H20in* New-York 97

LAVEAUX de Ludwik 1868-1894 **[4]**
$6 573 FF40 450 £4 022 W zachodzacym sloncu Oil/canvas 26x37cm/*10x14in* Warszawa 98

LAVENSON Alma 1897-1989 **[8]**
$4 200 FF21 750 £2 690 Self-Portrait (hands) Gelatin silver print 23x29cm/*9x11in* New-York 96

LAVERGNE Adolphe Jean XIX **[16]**
$975 FF5 565 £600 A young fisherboy Bronze H49cm/*H19in* London 97

LAVERGNE Georges Aug. Elie 1863-1942 **[27]**

$385 FF2 189 £236 Venecia Oleo/tabla 37x61cm/*14x24in* Madrid 97

$17 956 FF106 000 £10 631 "Les architectes réunis autour du plan du Grand Palais à Paris" Huile/toile 166x133cm/*65x52in* Vannes 97

LAVERY Hazel née Martin c.1887-1935 **[2]**

$2 420 FF13 864 £1 477 Self Portrait Lithograph 43x41cm/*17x16in* Dublin 97

LAVERY John 1856-1941 **[145]**

$20 000 FF101 600 £13 000 A Moorish Garden Oil/canvas 26x36cm/*10x14in* Auchterarder, Perthshire 95

$44 900 FF232 400 £30 000 Portrait of Phyllis in a white Dress Oil/canvas 77,5x64,8cm/*30x25in* London 96

$154 926 FF913 463 £95 000 Sunbathers Oil/canvas 141x111cm/*55x43in* London 98

$5 377 FF32 121 £3 292 Summer Evening in the Old Jetty, Grangemouth Watercolour/paper 21x28cm/*8x11in* Dublin 98

LAVES Werner 1903-1972 **[11]**

$4 060 FF23 311 £2 475 Stilleben mit Stuhl, Tisch und Krug Oil/wood 65x85,5cm/*25x33in* Berlin 97

$471 FF2 694 £288 Kaffekränzchen mit vier Damen Aquarell/Papier 48x61,5cm/*18x24in* München 97

LAVEZZARI Giovanni 1817-1881 **[4]**

$2 610 FF13 000 £1 710 Fontaine à Biskra Aquarelle 25x35cm/*9x13in* Paris 95

LAVEZZARI Jean 1876-? **[3]**

$3 252 FF19 000 £1 924 Marines Huile/toile 47x70cm/*18x27in* Compiègne 97

LAVIE Raffi 1937 **[89]**

$1 550 FF9 051 £937 Untitled Oil/canvas 27,5x46,5cm/*10x18in* Tel Aviv 97

$2 700 FF14 000 £1 753 Untitled Mixed media/canvas 81x61cm/*31x24in* Tel Aviv 96

$2 500 FF14 594 £1 512 Untitled Mixed media/panel 125x122cm/*49x48in* Tel Aviv 97

$600 FF3 502 £362 Untitled Mixed media/paper 50x35cm/*19x13in* Tel Aviv 97

LAVIEILLE Eugène 1820-1889 **[61]**

$2 077 FF12 545 £1 247 Winterlandschaft bei Paris Öl/Leinwand 80x62cm/*31x24in* Luzern 98

$2 545 FF13 000 £1 677 Paysage d'Espagne Huile/panneau 24x43cm/*9x16in* Paris 96

$26 000 FF148 317 £15 987 Les Derniers rayons à Précy-Pas-à-Mont (Oise) Oil/canvas 137x97cm/*53x38in* New-York 97

LAVIES Jan 1900-? **[14]**

$223 FF1 338 £137 "Ook ons brood is Vrij!" Poster 119x88cm/*46x34in* Oostwoud 98

LAVOINE L.P.Robert 1916 **[505]**

$322 FF1 904 £191 Courseules sur Mer Öl/Leinwand 40x79cm/*15x31in* Zofingen 97

$332 FF2 000 £202 Honfleur Huile/toile 27x35cm/*10x13in* Honfleur 98

$308 FF1 800 £182 Paysage de l'Orne Aquarelle/papier 31x46cm/*12x18in* Le Havre 97

LAVREINCE Nicolas 1737-1807 **[18]**

$10 829 FF64 039 £6 500 Les Harmonies de la Nature Watercolour, gouache/paper 21x16cm/*8x6in* London 97

LAVREINCE Nicolas (Attrib.) 1737-1807 **[3]**

$3 719 FF23 000 £2 214 "Qu'en dit l'abbé" Huile/papier/toile 33x25,5cm/*12x10in* Paris 98

LAVROFF Georges 1895-? **[23]**

$911 FF5 200 £556 Panthère menaçant Bronze H39cm/*H15in* Auxerre 97

LAVROV Konstantin 1943 **[3]**

$602 FF3 741 £360 A Girl with her Rabbit Oil/canvas/board 33x23cm/*12x9in* London 98

LAW Andrew 1873-1967 **[5]**

$3 227 FF19 550 £2 000 Still Life with Roses Oil/canvas 65x55cm/*25x21in* Perthshire 97

LAW Bob 1934 **[4]**

$1 504 FF8 984 £920 Untitled Watercolour/paper 56x75,5cm/*22x29in* London 98

LAW David 1831-1902 **[26]**

$3 017 FF18 198 £1 800 In the Heart of the Highlands Oil/canvas 77x128cm/*30x50in* West Lothian 98

$326 FF1 841 £200 A River winding though a Mountainous Landscape Watercolour 24x42cm/*9x16in* London 97

LAW Harry V. XIX-XX **[8]**

$450 FF2 540 £273 "Gold and Green" Watercolour/paper 10x12cm/*4x5in* Altadena, CA 97

LAWES Harold XIX-XX **[53]**

🖌 *$151 FF897 £89* Figures outside a Cottage in a Country Lane Watercolour/paper 19,5x29,5cm/*7x11in* Billingshurst, West Sussex 97
LAWES Lady Caroline 1842-1895 **[1]**
🖌 *$3 145 FF16 400 £1 900* On the Laxford, Sutherland Watercolour/paper 32x64cm/*12x25in* Glasgow 96
LAWLER Louise 1947 **[8]**
📷 *$188 FF1 100 £116* "Intérieur New Yorkais" Tirage argentique 50x54cm/*19x21in* Paris 97
LAWLESS Carl E. 1896-1934 **[18]**
🖎 *$700 FF3 626 £448* Winter snow scene Oil/canvas 38x38cm/*15x15in* Mystic, Connecticut 96
🖎 *$7 000 FF36 540 £4 230* Winter Evening Oil/canvas 76x76cm/*29x29in* San Francisco-Los Angeles 96
LAWLEY John Douglas 1906-1971 **[21]**
🖎 *$421 FF2 529 £255* Maple Syrup Time Huile/panneau 40,5x51cm/*15x20in* Montréal 97
LAWRANSON Thomas (Attrib.) c.1710-c.1780 **[1]**
🖎 *$2 500 FF15 160 £1 525* Portrait of George III/Portrait of the Queen Charlotte Oil/canvas 34,5x25,5cm/*13x10in* New-York 98
LAWRENCE Alfred Kingsley 1893-1978 **[22]**
🖎 *$19 000 FF113 500 £11 633* Portrait of Miss Jane Louise Flaccus Oil/canvas 228,5x153,5cm/*89x60in* New-York 98
LAWRENCE Bruce Cassels **[17]**
🖎 *$528 FF3 104 £317* Stormy Tucker Dreaming Oil/board 61x91cm/*24x35in* Sydney 97
LAWRENCE George Feather 1901-1981 **[91]**
🖎 *$569 FF3 488 £340* White House and Storm Clouds Oil/board 20x25cm/*7x9in* Sydney 97
🖎 *$1 512 FF8 831 £900* Amsterdam Oil/board 60,5x76cm/*23x29in* Melbourne 97
LAWRENCE Jacob 1917 **[18]**
▥ *$2 000 FF11 448 £1 181* "The 1920s - The Migrants Arrive and Cast Their Ballots" Silkscreen in colors 81,5x62cm/*32x24in* New-York 97
🖌 *$11 000 FF66 424 £6 592* Untitled #3 Crayon 27x37,5cm/*10x14in* New-York 98
LAWRENCE Thomas 1769-1830 **[99]**
🖎 *$6 632 FF38 352 £4 104* Weibliche Kopfstudie Oil/canvas 24x20cm/*9x7in* Wien 97
🖎 *$33 368 FF203 584 £20 000* Portrait of William Dacres Adams (1775-1862) Oil/canvas 75x62cm/*29x24in* London 98
🖎 *$56 731 FF329 255 £35 000* Portrait of Cropley, 6th earl of Shaftesbury (1768-1851) Oil/canvas 125x100cm/*49x39in* London 97
🖌 *$4 190 FF21 700 £2 800* Portrait of a young boy Coloured chalks 69,5x63cm/*27x24in* London 96
LAWRENCE Thomas (Attrib.) 1769-1830 **[10]**
🖎 *$385 FF2 305 £230* Portrait of a Lady Seated Oil/canvas 38x30cm/*15x12in* Aylsham, Norfolk 98
🖎 *$5 500 FF31 736 £3 370* Portrait of William Burton Oil/canvas 77x63cm/*30x25in* Cleveland, Ohio 97
LAWRIE Alexander S. 1828-1917 **[1]**
🖎 *$14 000 FF82 499 £8 646* Woodland Interior Oil/canvas 30,5x23,5cm/*12x9in* New-York 97
LAWSON Ernest 1873-1939 **[67]**
🖎 *$7 000 FF34 500 £4 510* Low Tide Oil/board 20x24cm/*7x9in* New-York 95
🖎 *$50 000 FF288 850 £30 820* Winter Scene Oil/board 49,5x61cm/*19x24in* New-York 97
▥ *$3 800 FF21 677 £2 336* Landscape with a lake in the Mountains Monotype 20,2x32,2cm/*7x12in* New-York 97
LAWSON Frederick, Fred 1888-1968 **[44]**
🖌 *$286 FF1 735 £180* Fallen Tree Watercolour/paper 25,5x32cm/*10x12in* London 97
LAXEIRO José Otero Abeledo 1908-1996 **[84]**
🖎 *$5 325 FF29 850 £3 300* Diosa celta Oleo/lienzo 46x38cm/*18x14in* Madrid 97
🖎 *$14 400 FF88 875 £8 550* Flautista Oleo/lienzo 41x33cm/*16x12in* Madrid 98
🖌 *$739 FF3 840 £489* Mariñeiro Tinta 35x24cm/*13x9in* Madrid 96
LAYRAUD Joseph Fortuné 1834-1912 **[4]**
🖎 *$5 220 FF31 000 £3 162* Le peintre dans son atelier Huile/toile 97x70cm/*38x27in* Paris 97
LAÿS Jean-Pierre 1825-1887 **[12]**
🖎 *$13 770 FF70 000 £8 480* Fruits et fleurs Huile/toile 94x70cm/*37x27in* Paris 96
🖎 *$65 400 FF317 000 £42 000* Assorted flowers in an urn and fruits on a carved ledge Oil/canvas 132x101cm/*51x39in* London 95
LAZARE-LEVY 1867-1933 **[26]**
🖎 *$372 FF1 950 £223* Place des Fêtes Huile/toile 33x41cm/*12x16in* Provins 96

  $3 066 FF15 000 £1 940 Turbet el-Bey à Tunis Huile/toile 92x65cm/*36x25in* Paris 95
LAZARIS Theodoros 1885-1978 **[4]**
  $2 870 FF14 840 £1 916 Reading in the Courtyard Oil/canvas 46x38cm/*18x14in* Athens 96
LAZELLE Blanche 1878-1956 **[3]**
  $946 FF5 802 £580 Edge of Town Charcoal/paper 23x40cm/*9x16in* Mystic, Connecticut 98
LAZERGES Hippolyte 1817-1887 **[47]**
  $5 218 FF31 098 £3 200 An Algerian Water-Carrier Oil/panel 24x16,5cm/*9x6in* London 98
  $8 500 FF43 775 £5 484 Afternoon Seranade Oil/panel 65x46cm/*25x18in* Bolton, Mass. 96
  $80 000 FF489 896 £47 880 Descent from the Cross Oil/canvas 350,5x240cm/*137x94in* New-York 98
  $346 FF1 700 £223 Académie de femme debout Crayon 29x16cm/*11x6in* Paris 95
LAZERGES Paul J.-Bapst. 1845-1902 **[46]**
  $1 313 FF7 900 £785 Rue de la Casba Huile/toile 28x35cm/*11x13in* Neuilly-sur-Seine 98
  $7 020 FF35 000 £4 600 Caravane Huile/toile 81x65cm/*31x25in* Paris 95
LAZI Adolf 1884-1955 **[17]**
  $759 FF4 352 £449 3 Stilleben Gelatin silver print 22x17cm/*8x6in* Köln 97
LAZO Agustín 1898-1971 **[3]**
  $40 000 FF194 000 £25 770 El Pintor Oil/canvas 95x67cm/*37x26in* New-York 95
  $20 000 FF97 000 £12 880 En el azilo Gouache 38x28cm/*14x11in* New-York 95
LAZZARI Alfredo 1871-1949 **[1]**
  $3 000 FF18 259 £1 788 Paisaje con Rancho Oleo 7x9cm/*2x3in* Buenos Aires 97
LAZZARI Bice 1900-1981 **[9]**
  $3 240 FF18 360 £1 620 Percorsi n.8 Olio/tela 55x70cm/*21x27in* Milano 98
LAZZARINI Alessandro 1869-1942 **[1]**
  $32 500 FF192 877 £19 906 Coppia di bimbi che cadono Marble H112cm/*H44in* New-York 97
LAZZARINI Gregorio 1655-1730 **[12]**
  $3 372 FF20 000 £2 062 Sainte Marie Madeleine Huile/toile 66,5x51cm/*26x20in* Paris 97
  $13 114 FF77 922 £7 800 Rebecca at the well/Rebecca before her father Oil/canvas 127x155cm/*50x61in* London 97
  $3 185 FF19 085 £1 900 Christ blessing, bust lenght Pastel/paper 39x30,5cm/*15x12in* London 98
LAZZARINI Pietro XIX-XX **[1]**
  $4 540 FF23 670 £3 000 Bust of a young girl Marble H55cm/*H21in* London 96
LAZZARO Walter 1914 **[3]**
  $8 400 FF47 600 £4 200 Inverno sul mare Olio/cartone/tela 20x49,5cm/*7x19in* Milano 98
LAZZELL Blanche 1878-1956 **[50]**
  $6 000 FF29 540 £3 870 Seated nude Oil/canvas 73x60cm/*28x23in* New-York 95
  $6 000 FF34 884 £3 575 The Blue Jug Woodcut in colors 35,5x31,5cm/*13x12in* New-York 97
  $550 FF2 739 £361 Double-sided abstract Watercolour/paper 28x38cm/*11x15in* Baton Rouge, Louisiana 95
LAZZERINI Giuseppe 1831-1895 **[3]**
  $65 568 FF387 972 £40 000 Paul and Virginia Marble H204cm/*H80in* London 98
LE BAELLEUR Cornelis 1607-1671 **[1]**
  $13 250 FF67 000 £8 680 Les Noces de Cana Huile/cuivre 5x3cm/*1x1in* Paris 96
LE BARBIER Jean-Jacques Fr. I 1738-1826 **[16]**
  $29 820 FF175 000 £18 235 Le Retour d'Ulysse Huile/toile 86x101cm/*33x39in* Paris 97
  $2 200 FF10 860 £1 423 The House of Jean-Jacques Rousseau at Motier-Travers, near Neufchatel Watercolour 21,5x29cm/*8x11in* New-York 96
LE BAS Edward 1904-1966 **[28]**
  $5 850 FF30 300 £3 800 Barmaid at the Garrick Oil/canvas 51x61cm/*20x24in* London 96
LE BAS Jacques Philippe 1707-1783 **[24]**
  $259 FF1 324 £171 "La Comète", nach Ch. Eisen Engraving 38,7x27cm/*15x10in* Heidelberg 96
LE BEAU Alcide 1872-1943 **[39]**
  $1 638 FF10 000 £979 Paysage de Provence, près de Sanary Huile/toile/panneau 17x26cm/*6x10in* Deauville 98
  $9 900 FF51 000 £6 560 Le port aux voiles rouges Huile/toile 39x75cm/*15x29in* Brest 96
LE BEUZE G. XX **[3]**
  $4 328 FF26 557 £2 695 French Speakeasy Oil/canvas 54x64cm/*21x25in* Melbourne 97
LE BIENVENU-DUTOURP Valentine 1879-1945 **[6]**

$495 FF2 962 £300 Paris Oleo/tabla 16x24cm/*6x9in* Madrid 98
LE BLONDEL Alphonse Bon 1812/13-1875 **[21]**
$756 FF4 500 £462 Groupes familiaux en diptyque Tirage papier salé 13x19,8cm/*5x7in* Paris 98
LE BOEUFF Pierre XIX-XX **[27]**
$2 946 FF17 159 £1 800 Leiden, Holland Oil/canvas 91,5x69cm/*36x27in* London 97
$520 FF3 033 £320 Boats on a River, Caen, Normandy Watercolour 72x47cm/*28x18in* Billingshurst, West Sussex 97
LE BRETON Constant 1895-1985 **[22]**
$490 FF3 000 £291 Paysage aux étangs Huile/toile 54x65cm/*21x25in* Paris 98
LE BROCQUY Louis 1916 **[55]**
$9 554 FF54 409 £5 800 Being Oil/panel 30,5x25cm/*12x9in* London 97
$197 676 FF1 125 708 £120 000 Man writing Oil/canvas 64x76cm/*25x29in* London 97
$3 250 FF16 940 £2 043 To the waters and the wild Watercolour 25x32cm/*9x12in* New-York 96
LE BRUN Charles 1619-1690 **[15]**
$11 700 FF60 300 £7 500 The hind legs of horse Red chalk 28,5x21,2cm/*11x8in* London 96
LE BRUN Charles (Attrib.) 1619-1690 **[7]**
$418 FF2 600 £251 Etudes de personnages et chevaux en transformation Pierre noire/papier 32x21,5cm/*12x8in* Paris 98
LE BRUN Christopher 1951 **[17]**
$14 500 FF72 500 £9 380 Red Horse (Iphigenia) Oil/canvas 267x218,5cm/*105x86in* New-York 96
LE CAIN Errol John 1941-1990 **[6]**
$3 265 FF19 493 £2 000 Father Christmas in his sleigh welcomed home by a host of elf Watercolour/paper 41x28,5cm/*16x11in* London 97
LE CAPELAIN John c.1814-1848 **[47]**
$5 680 FF32 833 £3 500 "Panoramic view of Rio de Janeiro and its surrounding scenery" Lithograph 36,4x54,3cm/*14x21in* London 97
$153 FF774 £100 Figures by cottages Watercolour 23x33cm/*9x12in* Guernsey 96
LE CARPENTIER Paul Claude Michel 1787-1877 **[1]**
$14 751 FF90 000 £9 000 Le sommeil d'Endymion/Daphnis et Chloé Huile/toile 46x38cm/*18x14in* Paris 98
LE CONTE Sauveur (Attrib.) c.1659-1694 **[1]**
$4 162 FF25 000 £2 525 Louis XIV à l'assaut d'une ville, probablement Ypres Huile/toile 37,5x46cm/*14x18in* Paris 98
LE CORBUSIER Charles Ed.Jeanneret 1887-1965 **[329]**
$9 270 FF48 000 £5 980 Composition Huile/panneau 27x40,2cm/*10x15in* Paris 96
$101 600 FF527 000 £66 000 Femme à la thérière rouge Oil/canvas 100x80cm/*39x31in* London 96
$1 100 FF5 665 £728 L'Unité Etching, aquatint in colors 41,5x31,5cm/*16x12in* San Francisco 96
$1 482 FF8 656 £877 La main ouverte Bronze 18x15x5cm/*7x5x1in* Luzern 97
$6 580 FF32 360 £4 170 Deux femmes assises Gouache 20,5x26cm/*8x10in* Zürich 95
LE DRU Albert Ferdinand 1848-? **[2]**
$19 070 FF100 000 £11 480 Le duc de CHartres à la bataille de Jemmapes (6 Novembre 1792) Huile/toile 166x247,5cm/*65x97in* Monaco 96
LE FAGUAYS Pierre XIX-XX **[94]**
$2 774 FF14 000 £1 810 Danseuse aux fleurs Ivory, bronze H26,5cm/*H10in* Paris 96
$17 000 FF101 432 £10 254 Leaving for the Crusades Sculpture 97,5x55,5cm/*38x21in* New-York 97
$9 400 FF54 210 £5 600 The Three Graces Pastel 52,5x67,5cm/*20x26in* London 97
LE FAUCONNIER Henri 1881-1946 **[69]**
$1 940 FF10 000 £1 248 Paysage Huile/toile 60x73cm/*23x28in* Paris 96
$1 236 FF7 431 £739 L'Aspedestra Watercolour/paper 71x49,5cm/*27x19in* Amsterdam 98
LE FEUBURE Carl 1847-1911 **[5]**
$2 755 FF14 200 £1 764 Frauenchiemsee umgeben von dichtem Schlif und dem klaren Wasser Öl/Leinwand 28x44cm/*11x17in* Stuttgart 96
LE FORESTIER René 1903-1972 **[80]**
$323 FF2 000 £194 Concarneau, La porte au vin Huile/toile 22x27cm/*8x10in* Brest 97
$485 FF3 000 £291 Paysage à la rivière Huile/toile 46x55cm/*18x21in* Brest 97
$269 FF1 600 £163 Concarneau, chalutiers à quai Aquarelle/papier 30x37cm/*11x14in* Brest 97
LE GAC Jean 1936 **[23]**
$9 273 FF55 000 £5 665 By Jove (avec malle) Technique mixte/toile 185x141x5cm/*72x55x1in* Paris 98

✏ *$1 288 FF8 000* £776 Le délassement du peintre Français Crayon 100x61cm/*39x24in* Saint-Germain-en-Laye 98
LE GRAY Gustave 1820-1882 **[70]**
📷 *$185 FF1 100* £114 Portrait d'un homme au cigare Tirage albuminé 23x17cm/*9x6in* Chartres 97
LE GROUMELLEC Loïc 1958 **[28]**
☞ *$966 FF6 000* £582 Mégalithe Huile/toile 25x25cm/*9x9in* Paris 98
☞ *$1 883 FF11 000* £1 114 Mégalithe Huile/toile 85x80cm/*33x31in* Douai 97
☞ *$10 272 FF60 000* £6 078 Mégalithe et maison Huile/toile 220x190cm/*86x74in* Paris 97
LE GULUCHE J. XIX-XX **[14]**
◢ *$826 FF4 200* £494 "Sauveteur" Terracotta H38,5cm/*H15in* Paris 96
LE HINGRAT VILLON Monique 1944 **[18]**
✏ *$177 FF1 100* £106 Sans titre Technique mixte/papier 38x38cm/*14x14in* Paris 98
LE JEUNE Henry 1819-1904 **[18]**
☞ *$2 470 FF12 650* £1 500 The young Farmers Oil/panel 12,5x20cm/*4x7in* London 96
☞ *$26 852 FF155 038* £16 000 Cinderella Oil/panel 75,5x49cm/*29x19in* London 97
LE JEUNE James 1910-1983 **[17]**
☞ *$1 300 FF7 850* £789 Pathway through the Forest Oil/canvas/board 45x60cm/*18x24in* Bethesda, Maryland 98
LE LORRAIN Claude Gellée, dit 1600-1682 **[97]**
☞ *$92 700 FF480 000* £60 200 Paysage pastoral Huile/toile 49,5x67,5cm/*19x26in* Paris 96
🎟 *$294 FF1 704* £180 La Danse villageoise (large plate) Etching 20x26,1cm/*7x10in* London 97
✏ *$1 160 FF6 000* £748 Bergers et leur troupeau Sanguine 11x14cm/*4x5in* Paris 96
LE LORRAIN Louis Joseph 1715-1759 **[2]**
☞ *$4 997 FF28 901* £3 000 Subject from Roman History Oil/canvas 43x35cm/*16x13in* London 97
LE MAYEUR DE MERPRES Adrien 1844-1923 **[19]**
☞ *$1 696 FF10 562* £1 014 Paysage au moulin Huile/toile 71x110cm/*27x43in* Bruxelles 98
✏ *$457 FF2 611* £280 Gezicht op Wassmunster Watercolour/paper 25x37,5cm/*9x14in* Lokeren 97
LE MAYEUR DE MERPRES Adrien Jean 1880-1958 **[145]**
☞ *$3 270 FF16 730* £2 116 Lavandières Huile/carton 22x26cm/*8x10in* Bruxelles 95
☞ *$48 400 FF236 200* £30 600 Balinese beauties offering Oil/canvas 75x90cm/*29x35in* Amsterdam 95
☞ *$98 000 FF502 000* £63 500 Plage à Bali Huile/toile 100x120cm/*39x47in* Bruxelles 95
✏ *$1 523 FF8 948* £940 Lagunes de Venise Technique mixte/papier 42x58cm/*16x22in* Bruxelles 97
LE MERDY Jean 1928 **[17]**
✏ *$1 756 FF10 000* £1 083 Paysage au champs jaunes Gouache 48x63cm/*18x24in* Brest 97
LE METTAY Pierre Charles 1726-1759 **[3]**
☞ *$36 700 FF190 000* £23 800 Vénus désarmant Cupidon Huile/toile 93,5x80cm/*36x31in* Monaco 96
LE MOAL Jean 1909 **[87]**
☞ *$1 508 FF9 000* £903 Composition Huile/toile/panneau 18,5x51cm/*7x20in* Paris 98
☞ *$3 722 FF22 000* £2 305 Formes et lumières Huile/toile 100x50cm/*39x19in* Paris 97
✏ *$877 FF5 000* £537 Composition abstraite jaune Aquarelle/papier 24x21cm/*9x8in* Paris 97
LE MONNIER Henry 1893-1978 **[28]**
🎟 *$268 FF1 600* £161 "La Chablaisienne, ses Chablis Authentiques" Affiche 78x51cm/*30x20in* Orléans 97
LE MOYNE DE MORGUES Jacques c.1533-1588 **[6]**
✏ *$100 000 FF554 320* £61 700 A thistle and a caterpillar Gouache/vellum 14,7x11cm/*5x4in* New-York 97
LE MOYNE François 1688-1737 **[43]**
☞ *$32 000 FF166 400* £21 160 Hercules and Omphale Oil/canvas 15x110cm/*5x43in* New-York 96
✏ *$8 620 FF45 000* £5 210 Portrait du roi Louis XV Pastel 40x32cm/*15x12in* Paris 96
LE MOYNE François (Attrib.) 1688-1737 **[5]**
✏ *$957 FF5 000* £570 Tête de femme Sanguine 19x15,8cm/*7x6in* Paris 96
LE PAON Louis, Jean-Baptiste 1736/38-1785 **[3]**
✏ *$12 787 FF74 000* £7 866 Vue d'un champ de course hippique Encre 35x71cm/*13x27in* Paris 97
LE PARC Julio 1928 **[33]**
☞ *$3 000 FF17 331* £1 781 Modulation 546 Acrílico/lienzo 8x6cm/*3x2in* Buenos Aires 97
☞ *$5 555 FF32 748* £3 319 "Volumen virtuel 9 no 1" Oil/canvas 200x100cm/*78x39in* Stockholm 97
🎟 *$550 FF3 305* £328 Relief 15/Relief 20 Multiple 40x40cm/*15x15in* Los Angeles 98
LE PETIT Alexander ?-c.1659 **[1]**

$2 820 FF14 430 £1 810 Flusslandschaft Öl/Kupfer 11x14cm/*4x5in* Wien 96
LE PETIT Alfred 1841-1909 **[4]**
$1 556 FF8 000 £970 Le marché sur la place de l'Hôtel de Ville à Arras Huile/panneau 27x41cm/*10x16in* Lille 96
LE PHO 1907 **[80]**
$1 385 FF8 000 £847 Bouquet de fleurs dans un vase Huile/toile 50x40cm/*19x15in* Paris 97
$4 196 FF26 000 £2 506 Portrait de jeune fille et fleurs Huile/papier/toile 35x27cm/*13x10in* Lyon 98
$19 000 FF116 207 £11 679 Après le bain Oil/canvas 130x196cm/*51x77in* Florida 98
$9 250 FF54 000 £5 594 Enfant au bol de riz Gouache 28,5x21,5cm/*11x8in* Paris 97
LE POITTEVIN Eugène Poidevin 1806-1870 **[45]**
$2 279 FF14 000 £1 366 Moulin au bord de la rivière Huile/papier/toile 26x33cm/*10x12in* Paris 98
$4 004 FF23 000 £2 502 Navire amarré à la grève Huile/toile 47x68cm/*18x26in* Paris 97
$234 FF1 400 £141 Paysan appelant son troupeau Aquarelle, gouache 29,3x22,7cm/*11x8in* Paris 97
LE POITTEVIN Louis 1847-1909 **[13]**
$2 031 FF12 000 £1 262 Bord de rivière Huile/toile 65,5x91cm/*25x35in* Paris 97
$8 840 FF44 700 £5 800 Shepherdess with her flock in an extensive river landscape Oil/canvas 158x251cm/*62x98in* London 96
LE PRINCE Jean-Baptiste 1734-1781 **[19]**
$12 000 FF59 200 £7 750 A Turquerie, Elegant Figures seated at a Table listening to Music Oil/canvas 29,5x43cm/*11x16in* New-York 96
$15 000 FF74 000 £9 700 Le Jaloux, Lovers in a Garden Oil/canvas 37x45,5cm/*14x17in* New-York 96
$4 000 FF24 213 £2 436 Studies of the Heads of Orientals/Four Studies of Heads Chalks/paper 23x15cm/*9x5in* New-York 98
LE RICHE Michel Josse 1767-c.1830 **[1]**
$10 920 FF53 000 £7 040 Vues des Monuments Antiques de Rome Lavis 18,5x13,5cm/*7x5in* Paris 95
LE RICHE Pierre c.1760-1811 **[1]**
$11 900 FF60 000 £7 720 Vase de fleurs Huile/toile 86x73cm/*33x28in* Lyon 96
LE ROY Hippolyte 1857-1943 **[8]**
$522 FF3 250 £312 Barques de pêche, Blankenberge Huile/toile 50x70cm/*19x27in* Bruxelles 98
$2 500 FF15 105 £1 489 Woman and Faun Bronze H58,5cm/*H23in* New-York 97
LE ROY Jules 1898-? **[7]**
$3 040 FF18 000 £1 800 Playful Kittens Oil/canvas 37,5x32cm/*14x12in* London 97
$4 265 FF21 500 £2 800 Mischievous Kittens Oil/canvas 65,5x54,5cm/*25x21in* London 96
LE SAUTEUR Claude 1926 **[27]**
$1 020 FF5 290 £674 Le défilé Oil/canvas 26x31cm/*10x12in* Montréal 96
LE SCOUEZEC Maurice 1881-1940 **[61]**
$4 883 FF29 000 £2 958 Scène de bar à Montparnasse Huile/panneau 64x47cm/*25x18in* Brest 97
$296 FF1 700 £175 Quatre personnages et deux chiens Eau-forte 20x15cm/*7x5in* Quimper 97
$1 336 FF7 000 £804 Portrait d'homme de profil Aquarelle 46x35cm/*18x13in* Brest 96
LE SECQ Henri 1811-1882 **[10]**
$7 180 FF37 200 £4 800 Notre-Dame de Reims, West front, right portal Salt print 25x34cm/*10x13in* London 96
LE SENÉCHAL DE KERDREORET Gustave Édouard 1840-1920 **[20]**
$2 405 FF13 947 £1 436 Bisquive cansole Oil/canvas 33,5x46cm/*13x18in* Amsterdam 97
LE SIDANER Annich 1945 **[2]**
$9 200 FF45 400 £6 000 Déjeuner au jardin Coloured crayons 24x30cm/*9x11in* London 95
LE SIDANER Henri 1862-1939 **[311]**
$6 004 FF36 000 £3 614 Thonet au crépuscule Huile/panneau 27x35cm/*10x13in* Paris 98
$52 204 FF310 000 £31 620 Le coteau, neige, Gerberoy Huile/toile 54x65cm/*21x25in* Paris 97
$650 000 FF3 882 905 £398 385 La Sérénade, Venise Oil/canvas 134,5x183,5cm/*52x72in* New-York 98
$7 440 FF39 000 £4 480 Le perron, Gerberoy Gouache 40x32cm/*15x12in* Paris 96
LE SUEUR Eustache 1617-1655 **[11]**
$5 500 FF33 293 £3 349 Study of a Putto Holding a Palm Black chalk 20x30cm/*7x11in* New-York 98
LE SUEUR Eustache (Attrib.) 1617-1655 **[4]**
$11 000 FF53 800 £6 960 Les disciples d'Emmaüs Huile/toile 115x159cm/*45x62in* Bruxelles 95
LE SUEUR Pierre Étienne c.1750-c.1820 **[2]**
$7 000 FF35 900 £4 250 Classical landscape with Homer and Calliope Oil/canvas 65x81cm/*25x31in* New-

York 96

✏ *$12 880 FF66 200 £8 020* Figures amongst a Roman Arcade Bodycolour 70x105cm/*27x41in* Wien 96
LE SUIRE von Hermann 1861-1933 **[8]**
✏ *$1 526 FF9 054 £932* Herbstliche Waldlichtung mit einem Reh Oil/panel 25,5x18cm/*10x7in* Hamburg 98
LE TAN Pierre 1950 **[1]**
✏ *$1 300 FF6 780 £817* Portrait of Tennesse Williams Ink 30x23cm/*11x9in* New-York 96
LE TOULLEC Jean-Louis XX **[47]**
✏ *$654 FF3 200 £414* Lavandières Huile/toile 46x55cm/*18x21in* Quimper 95
✏ *$412 FF2 500 £253* Sainte Marine Gouache/papier 24x34cm/*9x13in* Quimper 98
LE TOURNIER Joseph Marie 1892-1972 **[12]**
✏ *$224 FF1 300 £139* Revue de la Life Guards Aquarelle 22x33cm/*8x12in* Paris 97
LE TRIVIDIC Pierre 1898-1960 **[106]**
✏ *$803 FF4 100 £529* Nature morte aux poissons Huile/toile 60x73cm/*23x28in* Dieppe 96
✏ *$886 FF5 000 £543* Marché Halle aux Toiles à Rouen Aquarelle 53x64cm/*20x25in* Dieppe 97
LE VA Barry 1941 **[11]**
✏ *$2 500 FF12 100 £1 605* Twisted Chains (of Events); sketching a possibility for Sonnabend Gall Mixed media/paper 49,5x55cm/*19x21in* New-York 95
LE VEEL Armand Jules 1821-1905 **[4]**
✏ *$6 050 FF34 735 £3 800* Huguenot/Ligueur Bronze H71cm/*H27in* London 97
LE VERRIER Max 1891-1973 **[40]**
✏ *$650 FF3 895 £396* La force Sculpture 27x45cm/*10x17in* Bruxelles 97
✏ *$23 328 FF135 000 £14 256* Clarté Bronze H165cm/*H64in* Paris 97
LE VILLAIN Ernest 1834-1916 **[35]**
✏ *$998 FF6 000 £598* Jenes femmes et petites filles dans un paysage Huile/toile 73x54cm/*28x21in* Paris 98
✏ *$2 329 FF14 000 £1 395* Le déchargement du poisson en Bretagne Huile/toile 121x180cm/*47x70in* Paris 98
✏ *$392 FF2 400 £240* Le troupeau au bord de la rivière Aquarelle, gouache/papier 37x54cm/*14x21in* Soissons 98
LE VUO NG XX **[1]**
✏ *$3 492 FF20 909 £2 145* Still Life Oil/canvas 48,5x48,5cm/*19x19in* Singapore 98
LE YAOUANC Alain 1940 **[97]**
✏ *$427 FF2 200 £274* Sans titre Collage 31x37cm/*12x14in* Paris 96
LE-TAN Pierre 1950 **[14]**
✏ *$2 370 FF11 580 £1 500* Cecil Beaton's Roses Indian ink/paper 29x23cm/*11x9in* London 95
LEADER Benjamin W. (Attrib) 1831-1923 **[6]**
✏ *$1 186 FF7 038 £725* At Bettwys-Coed, North Wales Oil/canvas 46x66cm/*18x25in* Stockholm 97
✏ *$2 047 FF10 520 £1 276* Sommardag Oil/canvas 30x36cm/*11x14in* Stockholm 96
LEADER Benjamin William 1831-1923 **[166]**
✏ *$1 600 FF9 495 £980* View of a Cottage with Figures Oil/canvas 53x43cm/*20x16in* San Francisco 98
✏ *$2 285 FF13 645 £1 400* Angling in a Rocky Pool Oil/canvas 25,5x30,5cm/*10x12in* London 97
✏ *$36 680 FF225 317 £22 000* The Conway Near Bettws-y-Coed Oil/canvas 92x153cm/*36x60in* London 98
LEADER Charles XIX-XX **[13]**
✏ *$1 118 FF6 352 £700* Highland loch view at Dusk Oil/canvas 50,8x76,8cm/*20x30in* London 97
LEAKEY James 1775-1865 **[14]**
✏ *$935 FF4 820 £600* Portrait of a Lady and Gentleman seated at table Oil/panel 38x33cm/*14x12in* London 96
✏ *$3 950 FF20 240 £2 400* A group portrait of five of the children of Major Horatio Nelson Noble Oil/panel 45x61cm/*17x24in* London 96
LEANDRE Charles Lucien 1862-1930 **[68]**
✏ *$407 FF2 300 £256* "Fête Henry Monnier, 1904" Affiche 94x130cm/*37x51in* Paris 97
✏ *$976 FF5 000 £593* "Allons! Eugénie..." Pierre noire 44x41cm/*17x16in* Vendôme 96
LEAR Charles Hutton 1818-1903 **[2]**
✏ *$4 240 FF22 100 £2 800* Caricature of the sculptor Edward Hodges Bailey (1788-1867) Watercolour 51x37cm/*20x14in* Hadspen 96
LEAR Edward 1812-1888 **[357]**
✏ *$63 988 FF380 646 £38 000* Cavita Castellana Oil/canvas 36x55cm/*14x21in* London 97

☙ *$98 088 FF585 936* £60 000 Bethlelem Oil/canvas 24,5x46cm/*9x18in* London 98

☙ *$523 FF3 109* £320 Rock Ptarmigan and Short/Toed Eagle Color lithograph 30x48cm/*11x18in* London 97

☙ *$4 280 FF21 930* £2 600 View of Episkopi, Crete Pencil 8x35,5cm/*3x13in* London 96

LEAR John XX **[7]**

☙ *$825 FF4 110* £541 The green shell Oil/board 10,1x8cm/*3x3in* Philadelphia 95

LEAVER Charles XIX-XX **[12]**

☙ *$1 565 FF7 950* £1 000 A mill house in a frozen river landscape Oil/canvas 76x127cm/*29x50in* London 96

LEAVER Noel Harry 1889-1951 **[124]**

☙ *$1 792 FF10 848* £1 100 A Spanish Fruit Stall Watercolour/paper 25x36cm/*9x14in* Chester 98

LEAVERS Lucy Ann XIX-XX **[6]**

☙ *$2 296 FF13 182* £1 400 Farmyard Friends Oil/canvas 38x33cm/*14x12in* London 97

☙ *$5 043 FF29 440* £3 000 Keep off Oil/canvas 61x88,5cm/*24x34in* Nottingham 97

LEAVITT Edward Chalmers 1842-1904 **[34]**

☙ *$1 500 FF8 731* £909 Roses and Clay Pots Oil/canvas 88x45cm/*35x18in* Mystic, Connecticut 97

LEBADANG 1922 **[36]**

☙ *$591 FF3 500* £355 Chevauchée au soleil couchant Huile/toile 38x46cm/*14x18in* Paris 97

☙ *$160 FF883* £96 Sans titre Color lithograph 54x96cm/*21x38in* Portland, OR 97

☙ *$375 FF1 938* £243 Serene Vision Watercolour/paper 56x76cm/*22x30in* Bloomfield Hills, Michigan 96

LEBARBIER Jean-Jacq. (Attrib.) 1738-1826 **[4]**

☙ *$4 000 FF23 781* £2 478 Indian Family in a Landscape Oil/canvas 26x34cm/*10x13in* New-York 97

☙ *$5 987 FF34 000* £3 746 Scène antique Huile/toile 61x50cm/*24x19in* Paris 97

LEBAS Gabriel Hippolyte 1812-1880 **[13]**

☙ *$420 FF2 600* £253 Promeneur dans un paysage au soleil couchant Aquarelle 26,5x43,5cm/*10x17in* Paris 98

L

LEBASQUE Henri 1865-1937 **[874]**

☙ *$1 159 FF6 400* £723 Femme au châle Huile/papier 30,5x30cm/*12x11in* Paris 97

☙ *$39 500 FF195 000* £25 760 Bouquets de lilas et de tulipes Huile/toile 65,5x60,5cm/*25x23in* Paris 95

☙ *$72 600 FF370 000* £43 600 Mademoiselle Zampelli dans sa loge Huile/toile 130x97cm/*51x38in* Paris 96

☙ *$912 FF5 200* £564 Nu allongé, Saint Tropez Monotype 36x42cm/*14x16in* Paris 97

☙ *$134 FF800* £81 Étude de femme Crayon/papier 14,5x17cm/*5x6in* Saint-Dié 97

LEBASQUE Marthe 1895 **[7]**

☙ *$2 990 FF18 165* £1 800 Lemons, Pears and Apples on a Table Oil/canvas 33x55cm/*12x21in* London 98

LEBDUSKA Lawrence H. 1894-1966 **[44]**

☙ *$632 FF3 722* £390 "My Family" Oil/canvas 33x33cm/*13x13in* New-York 97

☙ *$1 200 FF6 674* £742 Hippos Oil/canvas 61x51cm/*24x20in* New-York 97

☙ *$1 600 FF9 132* £989 The carnival of life Pencil/paper 34x42cm/*13x16in* New-York 97

LEBEAU Chris 1878-1945 **[9]**

☙ *$209 FF1 247* £124 Portrait of Jan Toorop Lithograph 37x45cm/*14x17in* Amsterdam 97

☙ *$1 100 FF6 287* £674 Kindje Indian ink/paper 44x37,5cm/*17x14in* Den Haag 97

LEBECK Robert 1929 **[7]**

☙ *$818 FF4 686* £484 "Waschhaus in cullero bei Valencia" Gelatin silver print 23x34cm/*9x13in* Köln 97

LEBEDEV Vladimir Vasil'evich 1891-1967 **[46]**

☙ *$983 FF5 731* £601 Weiblicher Akt auf der Bühne Mischtechnik/Karton 34,5x26cm/*13x10in* München 97

☙ *$1 762 FF8 530* £1 132 Tanzende Frau Watercolour 20x14cm/*7x5in* Zürich 95

LEBEDEW Wladimir W. 1875-1946 **[25]**

☙ *$3 493 FF20 770* £2 164 Abstrakte Figur mit Hut Gouache 35,5x23,4cm/*13x9in* München 97

LEBEL Jean-Jacques 1936 **[5]**

☙ *$10 080 FF52 000* £6 470 "Machine à récupérer la Mort" Sculpture bois H105cm/*H41in* Paris 96

☙ *$4 850 FF25 000* £3 110 Composition Aquarelle 64x49cm/*25x19in* Paris 96

LEBENSTEIN Jean 1930 **[29]**

☙ *$756 FF4 500* £468 Figures surréalistes Pastel 64x48cm/*25x18in* Paris 97

LEBLANC Walter 1932-1986 **[26]**

☙ *$1 580 FF7 720* £1 000 Twisted Strings Technique mixte 79x60cm/*31x23in* Antwerpen 95

☙ *$1 716 FF10 562* £1 053 Twisted strings Technique mixte/papier 50x40cm/*19x15in* Lokeren 98

LEBOIT Joe 1907 **[2]**

☙ *$500 FF2 972* £305 "Swimming Hole" Color lithograph 41x33cm/*16x13in* Shaker Heights, Ohio 97

LEBON Charles 1906-1957 **[45]**

$111 FF574 £70 Paysage de dunes Huile/panneau 37x45cm/*14x17in* Antwerpen 96
LEBOURG Albert 1849-1928 **[677]**
$1 118 FF6 600 £662 Bord de Seine Huile/panneau 11x17cm/*4x6in* Orléans 97
$14 245 FF87 233 £8 500 Arbres, bords de Seine Oil/canvas 46x76cm/*18x29in* London 98
$921 FF5 500 £564 Paris, place de la Concorde Aquarelle 14,5x23,5cm/*5x9in* Cannes 97
LEBOURGEOIS Gaston Étienne 1880-? **[9]**
$2 774 FF17 000 £1 657 Pékinois Sculpture bois H42cm/*H16in* Paris 98
LEBOUYS Auguste 1812-1854 **[1]**
$5 980 FF31 200 £3 610 Marie-Antoinette faisant ses adieux à une servante Huile/toile 81x100cm/*31x39in* Bruxelles 96
LEBRET Frans 1820-1909 **[22]**
$1 509 FF8 912 £911 Sheep in a stable Oil/panel 27,5x42cm/*10x16in* Amsterdam 97
$5 949 FF35 778 £3 567 Watching over the Flock Oil/canvas 77x64cm/*30x25in* Amsterdam 98
LEBRETON Louis 1818-1866 **[9]**
$1 247 FF6 380 £800 "L'Astrolabe et la Zélée, Arrivée à Noukihiva" Lithograph 24,7x38cm/*9x14in* London 96
LEBRUN Louis J. 1844-1900 **[2]**
$3 254 FF18 802 £2 001 Les Bohémiens au corp de garde Huile/toile 71x102cm/*27x40in* Bruxelles 97
LEBRUN Rico 1900-1964 **[19]**
$1 200 FF6 170 £748 Double-sided drawing from the Crucifixion Series Ink/paper 73x56cm/*28x22in* San Francisco-Los Angeles 96
LEBSCHÉE Carl August 1800-1877 **[9]**
$3 250 FF18 753 £1 991 Garden Stairway Landscapes Oil/board 18x9cm/*7x3in* New Orleans, Louisiana 97
$845 FF4 420 £504 "Stadt und Schloss Füssen", nach D. Quaglio Lithographie 37x45,5cm/*14x17in* München 96
LECASBLE-VERMERSCH Stéphanie XX **[4]**
$347 FF2 100 £208 Plateau à la théière bleue Aquarelle/papier 40x60cm/*15x23in* Paris 98
LECHNER Alf 1925 **[13]**
$2 600 FF13 600 £1 550 Ohne Titel Metal H19cm/*H7in* Köln 96
$814 FF4 659 £508 Ohne Titel Pencil/paper 45,5x47,5cm/*17x18in* München 97
LECHTER Melchior 1865-1936 **[6]**
$1 176 FF6 140 £700 The Edge of a Villa with Woodland beyond Pastel 28x36cm/*11x14in* London 96
LECK van der Bart 1876-1958 **[38]**
$3 896 FF23 274 £2 383 A farm in Glanerburg Oil/canvas/panel 22x29cm/*8x11in* Amsterdam 98
$338 FF2 013 £201 Typedesign for a text by Goethe Lithographie 45x58cm/*17x22in* Amsterdam 97
$1 850 FF11 055 £1 132 A fish Terracotta 12x12cm/*4x4in* Amsterdam 98
$3 601 FF21 394 £2 141 A Seated Lady Watercolour 23,5x20cm/*9x7in* Amsterdam 97
LECKWYCK-CAMPENDONCK van Edith 1899-1987 **[35]**
$245 FF1 240 £160 Portrait studies of Italians Black & white chalks 47,5x30,5cm/*18x12in* London 96
LECLAIRE Victor 1830-1885 **[13]**
$6 955 FF41 634 £4 282 Stilleben med blommor i vas Oil/canvas 87x59cm/*34x23in* Stockholm 98
$5 800 FF29 500 £3 465 Bouquet de fleurs Aquarelle 100x66cm/*39x25in* Barbizon 96
LECLERC DES GOBELINS Sébastien J. (Attr.) 1734-1785 **[4]**
$6 676 FF40 100 £4 006 Réjouissances villageoises près des ruines antiques dans un paysage Huile/toile 60x76,5cm/*23x30in* Troyes 98
LECLERC DES GOBELINS Sébastien Jacques 1734-1785 **[22]**
$5 330 FF27 800 £3 220 Scène galante dans un parc Huile/toile 46x55cm/*18x21in* Genève 96
$12 266 FF76 000 £7 326 Les oies du frère Philippe Huile/panneau 28x38cm/*11x14in* Paris 98
LECLERC Louis Auguste 1688-1771 **[1]**
$12 000 FF73 664 £7 352 Nymphs bathing in a landscape Oil/panel 38,5x46cm/*15x18in* New-York 98
LECLERC Sébastien (Attrib.) 1676-1763 **[4]**
$4 000 FF24 213 £2 386 Mythological Landscape Oil/canvas 63,5x76cm/*25x29in* New-York 97
LECLERC Sébastien I 1637-1714 **[5]**
$5 358 FF32 183 £3 200 Diana restoring Hippolytus to Life Ink 21x25cm/*8x9in* London 98
LECLERCQ Lucien 1895-1955 **[16]**
$2 745 FF16 349 £1 631 Vieilles maisons à l'Honneux, le paysagiste Oil/panel 65x55cm/*25x21in*

Amsterdam 97
LECLERCQ Victor 1896-1944 **[3]**
  $2 374 FF12 340 £1 570 Vase de fleurs Huile/toile 75x62cm/*29x24in* Bruxelles 96
LECOEUR Jean-Baptiste 1795-1838 **[4]**
  $3 238 FF19 500 £1 938 Le garçonnet facétieux Huile/toile 32,5x24cm/*12x9in* Paris 98
LECOMTE DU NOÜY Jean Jules Ant. 1842-1923 **[13]**
  $10 837 FF66 571 £6 500 Demosthenes Oil/panel 47,5x38cm/*18x14in* London 98
  $2 063 FF12 200 £1 238 Jeune femme grecque et sa servante Crayon/papier 34x41cm/*13x16in* Paris 97
LECOMTE Emile 1866-1938 **[19]**
  $575 FF3 276 £352 Beach Oil/board 34x43cm/*13x17in* Bethesda, Maryland 97
LECOMTE Félix 1737-1817 **[4]**
  $3 916 FF20 000 £2 580 Buste de gentilhomme Marbre H62cm/*H24in* Versailles 96
LECOMTE Hippolyte 1781-1857 **[18]**
  $4 726 FF28 000 £2 830 Scène napolitaine Huile/toile 24,5x32,5cm/*9x12in* Lille 97
LECOMTE Paul 1842-1920 **[124]**
  $1 943 FF9 460 £1 230 Lavandières à la rivière Huile/toile 32,5x46cm/*12x18in* Bern 95
  $1 963 FF12 000 £1 201 Paysans Breton en forêt Huile/toile 38x55cm/*14x21in* Soissons 98
  $12 600 FF72 000 £7 718 Lavandières sur la plage de Saint-Enogat Huile/toile 120x160cm/*47x62in*
Paris 97
  $776 FF4 000 £515 Le Croisic, quais animés Aquarelle 25x34cm/*9x13in* Brest 96
LECOMTE Paul-Emile 1877-1950 **[142]**
  $1 685 FF9 600 £1 039 Thoniers au mouillage près de la ville close, Concarneau Huile/papier
20x26cm/*7x10in* Brest 97
  $3 050 FF16 000 £1 837 Paysage au moulin à eau Huile/toile 60x100cm/*23x39in* Brest 96
  $139 FF700 £90 Retour des bateaux à l'île d'Yeu Aquatinte 21x26cm/*8x10in* Douarnenez 96
  $211 FF1 250 £125 Rivage méditerranéen Aquarelle/papier 21x24cm/*8x9in* Calais 97
LECONTE Pierre 1894-1946 **[5]**
  $676 FF4 200 £407 Beaulieu-Persac à la Goulette, 29 Juillet 1609 Aquarelle/papier 34x50cm/*13x19in*
Paris 98
LECOQUE Alois 1891-1981 **[25]**
  $1 500 FF8 591 £887 Cityscape Gouache/paper 46x66cm/*18x26in* Miami, Florida 97
LECORNET Nicolas 1825-? **[4]**
  $402 FF2 500 £253 Jeune fille debout effeuillant une marguerite Sculpture H55cm/*H21in* Cherbourg 97
LECORNU Geneviève XX **[4]**
  $584 FF2 963 £380 "6e Exposition de l'Habitation" Poster 148x98cm/*58x38in* London 96
LECOUFLET Jean-Claude 1944 **[24]**
  $2 480 FF14 200 £1 465 Arlequin Bronze H62cm/*H24in* Bayeux 97
LECOURT Raymond Louis 1882-1946 **[109]**
  $1 284 FF7 500 £759 Jument et son poulain Huile/toile 48,5x72cm/*19x28in* Le Havre 97
  $3 050 FF15 000 £1 967 Chevaux Huile/toile 5x70cm/*1x27in* Ourville-en-Caux 96
  $4 049 FF23 500 £2 392 Déjeuner des laboureurs Huile/toile 110x180cm/*43x70in* Rouen 97
LECOURTIER Prosper 1855-c.1924 **[57]**
  $169 FF981 £104 Prenez garde au chien Bronze H15,5cm/*H6in* Bruxelles 97
  $4 411 FF27 100 £2 645 La Fantasia arabe Bronze 83x76cm/*32x29in* Saint-Germain-en-Laye 98
LECURIEUX Jacques Joseph 1801-? **[8]**
  $3 152 FF18 500 £1 927 Natures mortes aux fruits Huile/toile 33x41cm/*12x16in* Évreux 97
LEDA van Jean 1926 **[6]**
  $2 254 FF11 480 £1 352 Lucien à la chaise à porteur Huile/toile 75x75,5cm/*29x29in* Bruxelles 96
LEDOUX Eugène 1841-? **[1]**
  $14 000 FF83 085 £8 575 Vase de fleurs à la draperie Oil/canvas 89x114cm/*35x44in* New-York 97
LEDOUX Jeanne-Ph. (Attrib.) 1767-1840 **[3]**
  $3 863 FF22 500 £2 360 Ritratto di giovane donna dalla camicetta ornata da una rosa Olio/tela
71x56cm/*27x22in* Paris-Trieste 97
LEDRU Auguste 1860-1902 **[4]**
  $5 000 FF29 833 £3 016 Pair of Bat Sconces Bronze H44,5cm/*H17in* New-York 97
LEDUC Charles 1831-1911 **[12]**
  $2 357 FF14 000 £1 428 Le port de Sauzon Huile/panneau 22x27cm/*8x10in* Nantes 97
  $4 290 FF25 000 £2 642 Incendie du steamer "Austria" Huile/toile 44x73cm/*17x28in* Paris 97

🎨 $29 225 FF175 000 £17 465 "Départ de course à Pornichet" Huile/toile 105x200cm/*41x78in* Paris 98
📜 $115 FF600 £69 Paquebot "Le Panama" de Cie. Gle. Transatlantique Print 50,5x38cm/*19x14in* Paris 96
✏ $1 680 FF10 000 £1 027 Lancement du croiseur "Descartes" en service de 1894 à 1920 Fusain/papier 54x88cm/*21x34in* Paris 98

LEDUC Fernand 1916 **[14]**
🎨 $7 840 FF54 100 £5 150 Signes Huile/toile 65x81cm/*25x31in* Montréal 96

LEDUC Georges 1906-1968 **[21]**
✏ $134 FF800 £79 Les marais Fusain/papier 29,5x43,5cm/*11x17in* Cherbourg 97

LEDUC Lucien XIX-XX **[2]**
📜 $1 449 FF8 300 £884 "Restaurant Fouqueux, Saint-Avertin, Tours" Affiche 182x120cm/*71x47in* Nice 97

LEDUC Ozias 1864-1955 **[27]**
🎨 $1 417 FF8 088 £862 "Coucher de soleil" Huile 10,5x8cm/*4x3in* Montréal 97
✏ $218 FF1 244 £132 Dame à la chaise Crayon/papier 7,5x10cm/*2x3in* Montréal 97

LEDUC Paul 1876-1943 **[99]**
🎨 $1 124 FF6 540 £688 Vue de ville Huile/carton 36x45cm/*14x17in* Antwerpen 97
🎨 $1 344 FF6 690 £880 Brugge, de Gouden Handkaai Huile/toile 45x35cm/*17x13in* Lokeren 95

LEE Alan 1947 **[3]**
✏ $3 664 FF21 194 £2 200 Rivendell Watercolour/paper 47,8x29,6cm/*18x11in* London 97

LEE Bertha Stringer 1873-1937 **[14]**
🎨 $2 000 FF11 607 £1 221 Monterey Bay Oil/canvas 54x79cm/*21x31in* Los Angeles 97

LEE Doris Emrick 1905-1983 **[20]**
🎨 $2 249 FF13 350 £1 395 Faces in a Crowd Oil/board 35,5x28cm/*13x11in* New-York 97
🎨 $7 500 FF36 900 £4 830 Prospector's Home near Phantom Gulch Oil/canvas 68x56cm/*26x22in* New-York 95
📜 $300 FF1 783 £183 Horse by Lake Screenprint in colors 53x45cm/*21x18in* Shaker Heights, Ohio 97
✏ $950 FF5 777 £576 El Tropicana, Havana Gouache/paper 21x29cm/*8x11in* Chicago, Illinois 98

LEE Frederick R. (Attr.) 1798-1879 **[4]**
🎨 $2 149 FF12 884 £1 300 On the River, Ayr Oil/canvas/board 63x98cm/*24x38in* Glasgow 97

LEE Frederick Richard 1798-1879 **[41]**
🎨 $2 370 FF11 600 £1 500 The gamekeeper Oil/panel 39,5x46cm/*15x18in* London 95
🎨 $6 200 FF31 900 £4 000 Grasmere Oil/panel 28,5x41cm/*11x16in* London 96
🎨 $50 000 FF302 665 £29 555 Morning in the meadows Oil/canvas 177x153cm/*69x60in* New-York 98

LEE Henry, Jnr. XIX-XX **[3]**
📜 $425 FF2 591 £259 "Strut Your Stuff !" Poster 111x91cm/*44x36in* New-York 98

LEE James N. XIX-XX **[1]**
🎨 $8 342 FF51 151 £5 000 At the Easel Oil/canvas 56x75cm/*22x29in* London 98

LEE Joseph 1827-1880 **[2]**
🎨 $5 500 FF31 920 £3 358 A "Ketch" off the Coast Oil/canvas 63,5x91,5cm/*25x36in* Los Angeles 97

LEE Lindy 1954 **[2]**
🎨 $2 443 FF13 983 £1 443 Untitled Oil/canvas 188x143cm/*74x56in* Melbourne 97

LEE MAN FONG 1913-1988 **[18]**
🎨 $11 174 FF66 909 £6 865 Balinese Scene Oil/board 61x89cm/*24x35in* Singapore 98
✏ $3 910 FF19 700 £2 563 Peking landscape Watercolour/paper 34x48cm/*13x18in* Singapore 96

LEE TIEFU 1869-1952 **[1]**
🎨 $49 650 FF295 350 £30 450 Still life Oil/canvas 62x95,5cm/*24x37in* Taipei, Taiwan 97

LEE William 1810-1865 **[9]**
🎨 $4 890 FF24 770 £3 200 The Great Performance Oil/canvas 122x66cm/*48x25in* London 96

LEE-HANKEY William 1869-1952 **[100]**
🎨 $783 FF4 776 £480 Montreuil Oil/canvas 37x26,5cm/*14x10in* London 98
🎨 $2 846 FF14 120 £1 800 Women on a beach Oil/canvas 38x46cm/*14x18in* London 95
✏ $1 757 FF10 728 £1 050 A View of an Extensive Landscape Watercolour 59x89,5cm/*23x35in* London 98

LEECH John 1817-1864 **[27]**
🎨 $987 FF5 994 £600 Youth at the Prow, and Pleasure at the Helm Oil/canvas 51x43cm/*20x16in* London 98
✏ $297 FF1 764 £180 The toper collapses Watercolour 24x33cm/*9x12in* London 97

LEECH William John 1881-1968 **[35]**
🎨 $9 070 FF47 200 £6 000 Children playing on the shore Oil/canvas/board 20x30cm/*7x11in* London 96

✐ $68 493 FF403 846 £42 000 The kitchen, No.4 Steele's Studios Oil/canvas 91,5x71cm/*36x27in* London 98
LEEKE Ferdinand 1859-1923 **[23]**
✐ $1 914 FF11 733 £1 143 Höfischer Festzug von Damen und Herren in Gewändern des Mittelaters Oil/canvas 100x120cm/*39x47in* Dresden 98
LEEMANS Johannes c.1633-c.1688 **[6]**
✐ $31 900 FF154 400 £20 000 Still life Oil/canvas 111x134cm/*43x52in* London 95
LEEMANS Thomas XVIII **[1]**
✐ $7 590 FF38 800 £5 000 A British Man-of-War, and other shipping in a calm/The Morning Salute Oil/canvas 44,5x35cm/*17x13in* London 96
LEEMKER Bernard XX **[5]**
✐ $2 447 FF14 991 £1 458 Two sailors playing billiards Oil/board 91x110cm/*35x43in* Amsterdam 98
LEEMPOELS Jef 1867-1935 **[15]**
✐ $924 FF5 518 £567 Bacchante fleurie Huile/toile 80x65cm/*31x25in* Bruxelles 97
✐ $12 000 FF68 454 £7 378 Le Saule Oil/canvas 112x132cm/*44x51in* New-York 97
LEEMPUT van Remigius (Attrib.) 1607-1675 **[2]**
✐ $1 870 FF9 640 £1 200 Portrait of a Lady, small bust length Oil/panel 31x25cm/*12x9in* London 96
LEEMPUTTEN van Cornelis 1841-1902 **[79]**
✐ $1 892 FF10 781 £1 159 Geflügel im Freien Oil/panel 25x34cm/*9x13in* Köln 97
✐ $5 180 FF30 229 £3 163 Retour de l'auberge Huile/toile 45x57cm/*17x22in* Bruxelles 97
LEEMPUTTEN van Frans 1850-1914 **[37]**
✐ $1 273 FF7 362 £778 Retour du camp Huile/papier 35x28cm/*13x11in* Antwerpen 97
✐ $4 005 FF23 880 £2 485 Frische Milch Öl/Leinwand 69x50cm/*27x19in* Wien 97
✐ $700 FF3 624 £455 Paysan et son cheval Aquarelle/papier 29x46cm/*11x18in* Antwerpen 96
LEEMPUTTEN van Jef Louis 1865-1948 **[76]**
✐ $905 FF5 235 £553 Berger et troupeau Huile/toile 37x48cm/*14x18in* Antwerpen 97
✐ $1 250 FF7 221 £742 Two Dogs Oil/board 34x46cm/*13x18in* Florida 97
LEEN van Willem 1753-1825 **[10]**
✐ $10 116 FF60 000 £6 186 Nature morte à la corbeille de fruits sur un entablement Huile/toile 35x27cm/*13x10in* Paris 97
LEEN van Willlem (Attrib.) 1753-1825 **[2]**
✐ $16 980 FF88 000 £11 020 Bouquet de fleurs dans une corbeille d'osier dans un paysage Huile/toile 116x90cm/*45x35in* Paris 96
LEENE van de Jules 1887-1962 **[29]**
✐ $627 FF3 739 £384 La Meuse à Namur Huile/panneau 53,5x63,5cm/*21x25in* Bruxelles 98
✐ $867 FF5 193 £528 Vieille cour sous la neige Gouache/papier 79x64cm/*31x25in* Bruxelles 97
LEES Derwent 1885-1931 **[15]**
✐ $11 760 FF61 400 £7 000 Welsh Hills in Winter Oil/panel 25x36cm/*9x14in* London 96
LEEUW de Alexis c.1820-1890 **[51]**
✐ $168 FF980 £102 Patineurs dans un paysage d'hiver Huile/toile 50x69cm/*19x27in* Antwerpen 97
✐ $2 710 FF15 748 £1 600 Wood Gatherers and a Sledge in a Winter Landscape Oil/canvas 31x48cm/*12x18in* London 97
LEEUW de Alexis (Attrib.) c.1820-c.1890 **[1]**
✐ $2 668 FF16 563 £1 600 Loggers in a Winter wooded Landscape Oil/canvas 75,5x126,5cm/*29x49in* London 98
LEEUWEN van Gerrit Johan 1756-1825 **[7]**
✐ $13 000 FF76 112 £8 037 A Hyacinth, Tulips, Lilies, Hollyhocks, Jasmine and other Flowers Oil/canvas 67x54cm/*26x21in* New-York 97
✐ $31 200 FF160 700 £20 000 Assorted flowers in a terracotta vase on a marble ledge Pastel/paper 77x88cm/*30x34in* London 96
LEEUWEN van Henk 1890-1972 **[23]**
✐ $351 FF1 815 £228 Summer landscape Oil/panel 15x21cm/*5x8in* Amsterdam 96
✐ $484 FF2 456 £316 View of a village Oil/canvas 40x50cm/*15x19in* Amsterdam 96
LEEUWEN van Phillip c.1660-1723 **[1]**
✐ $3 225 FF18 484 £2 000 A Village on Fire Oil/panel 54,5x76,5cm/*21x30in* London 97
LEEUWEN van Wilhelmus Antonius 1901-? **[1]**
✐ $1 800 FF8 700 £1 175 Still life with book, eggs and jug Oil/canvas 24x30cm/*9x11in* Lindau 95
LEFEBVRE Charles V.E. 1805-1882 **[2]**

✐ *$5 000 FF28 522 £3 074* A rearing horse led by a man wearing a Neapolitan costume on a horse Watercolour 15,5x22cm/*6x8in* New-York 97

LEFEBVRE Charles Amable 1827-? **[3]**
✑ *$5 490 FF27 740 £3 600* An Arab musician Oil/panel 66x45cm/*25x17in* London 96

LEFEBVRE Claude 1632-1675 **[4]**
✑ *$5 307 FF32 500 £3 175* Portrait d'un avocat Huile/toile 96x71cm/*37x27in* Paris 98

LEFEBVRE Ernest Eugène 1850-1889 **[4]**
✑ *$1 984 FF11 583 £1 200* Oysters, a Cooking Pot and a Jar of Olives, on a Table Oil/canvas 24x32,5cm/*9x12in* London 97
✑ *$3 712 FF23 000 £2 217* Nature morte aux huîtres Huile/toile 53x64cm/*20x25in* Lyon 98

LEFEBVRE Georges XIX-XX **[2]**
✑ *$4 669 FF28 985 £2 800* A Reclining Lady Oil/canvas 80,5x131cm/*31x51in* London 98

LEFEBVRE Jules 1836-1911 **[30]**
✑ *$2 210 FF11 540 £1 316* La vendeuse de fruits Huile/panneau 41x32cm/*16x12in* Antwerpen 96

LEFEBVRE Louis Valère 1840-1902 **[11]**
✐ *$63 FF360 £38* Arboles Lápiz 32,5x24,8cm/*12x9in* Madrid 97

LEFEBVRE Maurice Jean 1873-1954 **[20]**
✑ *$516 FF2 946 £322* Danseuse au repos Huile/carton 27x70cm/*10x27in* Bruxelles 97

LEFEBVRE Paul ?-1908 **[1]**
✐ *$2 500 FF12 950 £1 600* Vue de Constantinople Watercolour 14,5x22cm/*5x8in* London 96

LEFEBVRE Valentin c.1642-c.1680 **[11]**
▥ *$67 FF350 £40* Berger endormi et animaux, d'après Titien Eau-forte 20,5x32cm/*8x12in* Paris 96
✐ *$569 FF3 439 £342* Allegorische Darstellung Indian ink/paper 17x20cm/*6x7in* Luzern 98

LEFER Richard 1949 **[3]**
◣ *$1 594 FF9 500 £955* Le cerf et la biche Bronze H13cm/*H5in* Soissons 98

LEFEUVRE Albert L. XIX-XX **[7]**
◣ *$1 180 FF6 000 £705* Nu à l'arbre Bronze H32cm/*H12in* Lyon 96

LEFEUVRE Jean 1882-1975 **[6]**
✑ *$13 360 FF80 000 £8 208* Enfant jouant dans les Calanques Huile/toile 153x232cm/*60x91in* Paris 98

LEFEVRE Lucien XIX-XX **[15]**
▥ *$486 FF2 900 £293* "Kangourou Boxeur" Affiche 123x88cm/*48x34in* Paris 97

LEFEVRE Robert (Attrib.) 1755-1830 **[17]**
✑ *$9 363 FF56 000 £5 684* Portrait de femme assise sur un canapé Huile/toile 104x91cm/*40x35in* Paris 97

LEFEVRE Robert J. Fr. Faust 1755-1830 **[16]**
✑ *$1 969 FF11 500 £1 191* Junon et l'Amour Huile/toile 33x24,5cm/*12x9in* Paris 97
✑ *$13 341 FF82 816 £8 000* Femme en blanc assise Oil/canvas 193x135,5cm/*75x53in* London 98
✑ *$17 000 FF100 235 £10 424* Jeanne Cécile de Maillet, Marquise de Lubersac Oil/canvas 64x53,5cm/*25x21in* New-York 98
✐ *$1 200 FF6 912 £705* Portrait of a Young Woman Pastel/paper 66x55cm/*26x22in* Mystic, Connecticut 97

LEFEVRE Valentin c.1642-1680 **[8]**
✑ *$28 466 FF170 974 £17 000* The Sacrifice of Iphigenia Oil/canvas 105,5x142,5cm/*41x56in* London 98
✐ *$1 326 FF7 913 £800* The Assumption of the Virgin, witnessed by two Saints and Angels Ink 38x19,6cm/*14x7in* London 97

LEFLER Heinrich 1863-1919 **[7]**
✑ *$1 850 FF9 650 £1 100* 4 Kostümentwürfe: Wotan Wanderer, Brunhilde, Fafner, Siegfried Mischtechnik/Karton 35x22cm/*13x8in* Wien 96
✐ *$1 177 FF6 100 £765* Friedrich Einzug Aquarell/Papier 28x22cm/*11x8in* München 96

LEFLER Heinrich (Attrib.) 1863-1919 **[1]**
✑ *$1 787 FF8 810 £1 162* Still life Oil/panel 48x32cm/*18x12in* Wien 95

LEFORT XIX **[2]**
✑ *$5 200 FF26 728 £3 250* Paysage, scène de chasse Oleo/lienzo 66,5x98cm/*26x38in* Buenos Aires 96

LEFRANC Jules 1887-1972 **[17]**
✑ *$357 FF2 200 £218* L'apogée d'un régime Huile/panneau 58x50cm/*22x19in* Versailles 98
✑ *$570 FF3 500 £348* Jardins de Chaillot et la Tour Eiffel Huile/panneau 26,5x30cm/*10x11in* Paris 98

LEFRANC Roland 1931 **[37]**
✑ *$834 FF4 800 £512* Les ramasseurs de varech Huile/toile 33x40cm/*12x15in* Cherbourg 97

L

$1 482 FF7 400 £968 Pêcheurs Huile/toile 46x55cm/*18x21in* Le Havre 95
LEGA Achille 1899-1934 **[9]**
$2 640 FF14 960 £1 320 Case Olio/cartone 25x26,5cm/*9x10in* Firenze 97
$5 040 FF24 700 £3 200 Viale delle stazione di Faenza Olio/tela 46x65cm/*18x25in* Prato 95
LEGA Silvestro 1826-1895 **[7]**
$213 195 FF1 208 105 £106 597 Il bindolo Olio/tela 80x52cm/*31x20in* Milano 98
$3 300 FF18 700 £1 650 Studio di scena famigliare Matita/carta 45,5x30cm/*17x11in* Milano 98
LEGAT Francis 1755-1809 **[2]**
$2 631 FF14 801 £1 600 King Lear Weeping over the Body of Cordellia, after James Barry Red chalk/paper 28x20cm/*11x7in* London 97
LEGAT Léon 1829-? **[15]**
$20 354 FF117 993 £12 000 A Farmyard in Cernay Oil/canvas 89x116,5cm/*35x45in* London 97
LEGEAY Jean Laurent 1710-1786 **[5]**
$1 800 FF9 977 £1 110 An architectural fantasy with classical motifs Black chalk/paper 18,5x27,6cm/*7x10in* New-York 97
LÉGER Fernand 1881-1955 **[1094]**
$45 400 FF226 000 £29 500 Natura morta Olio/tela 33x41cm/*12x16in* Milano 95
$500 000 FF2 560 000 £304 000 Nature morte Oil/canvas 96x128cm/*37x50in* New-York 96
$6 000 000 FF29 350 000 £3 800 000 La Pipe Oil/canvas 90x71cm/*35x27in* New-York 95
$1 070 FF6 365 £663 La parade Farblithographie 73,5x49cm/*28x19in* München 97
$7 500 FF42 955 £4 437 Visage aux deux mains sur fond orange Ceramic 49x32cm/*19x12in* New-York 97
$42 478 FF253 905 £26 000 Pot de lait Ceramic 92x75cm/*36x29in* London 97
$1 662 FF10 074 £1 019 Dessin mécanique Ink 15,2x8,1cm/*5x3in* Hamburg 98
LÉGER Jean XX **[6]**
$493 FF2 982 £300 "Wintersport in Frankreich" Poster 99x64cm/*38x25in* London 98
LEGGAT Robert 1963 **[1]**
$40 015 FF240 336 £24 000 Hippopotamus with Open Jaws Bronze 83x63x114cm/*32x24x44in* London 98
LEGGETT Alexander 1828-1884 **[23]**
$2 743 FF16 617 £1 700 Deerstalkers resting at the Spring, Dundonald Hills Oil/canvas 61x91,5cm/*24x36in* Perthshire 97
$4 668 FF28 039 £2 800 "Winnings of Herring" Oil/board 28x40cm/*11x16in* Dorking, Surrey 98
$385 FF2 359 £232 Fisherman Returning Home Watercolour, gouache/paper 23x35cm/*9x14in* Hatfield, Pennsylvania 98
LEGI Giacomo ?-1640 **[1]**
$145 200 FF740 000 £95 700 Nature morte aux ustensiles de cuisine Huile/toile 7x59,5cm/*2x23in* Paris 96
LEGILLON Jean-Francois 1739-1797 **[9]**
$2 347 FF14 063 £1 400 Peasant Girl spilling Milk distracted by Musicians Black chalk 37x50,5cm/*14x19in* London 98
LEGLER Wilhelm 1875-1951 **[12]**
$2 539 FF15 599 £1 523 Interieur mit Blumen und Ausblick ins Freie Oil/canvas 85x65cm/*33x25in* Zürich 98
LEGOUT-GÉRARD Fernand 1856-1924 **[230]**
$3 152 FF18 500 £1 927 Marché en Bretagne Huile/panneau 21x27cm/*8x10in* Nice 97
$9 340 FF45 000 £5 860 Retour des sardiniers, Concarneau Huile/toile 46x55cm/*18x21in* Douarnenez 95
$94 FF450 £59 Retour de pêche Lithographie 50x58cm/*19x22in* Douarnenez 95
$1 206 FF5 900 £776 Retour des pêcheurs au crépuscule Pastel 46x55cm/*18x21in* Brest 95
LEGRAND Auguste Claude 1765-1815 **[5]**
$1 250 FF7 385 £776 Paul et Virginie/Changement de lait de Paul et Virginie/... Etching 34x48cm/*13x18in* Stuttgart 97
LEGRAND DE LÉRANT Scott Pierre Nicolas 1758-1829 **[2]**
$10 946 FF65 000 £6 630 L'heureuse famille/Réunion familiale Huile/toile 60x72cm/*23x28in* Paris 97
LEGRAND François 1951 **[3]**
$2 145 FF13 000 £1 315 "L'Abandon" Huile/toile 81x64,5cm/*31x25in* Orléans 98
LEGRAND Louis Auguste M. 1863-1951 **[235]**
$1 345 FF8 000 £833 Femme ouvrant son armoir Huile/toile 73x60cm/*28x23in* Provins 97
$334 FF2 000 £203 Chattes/Portrait Pointe sèche 20,5x26,5cm/*8x10in* Paris 97
$1 100 FF6 646 £655 Souper galant Ink 31x26cm/*12x10in* New-York 97

LEGROS Alphonse 1837-1911 **[65]**
 $3 544 FF20 000 £2 158 La Vierge tutélaire Huile/toile 58x46,5cm/*22x18in* Paris 97
 $124 FF770 £75 Felling the Tree Etching 41x65cm/*16x25in* London 98
 $1 037 FF6 000 £622 Tête d'homme barbu, de face Sanguine 24,8x34,5cm/*9x13in* Paris 97
LEGROS Pierre II (Attrib.) 1666-1719 **[1]**
 $15 600 FF88 400 £10 400 San Domenico Terracotta H47cm/*H18in* Prato 98
LEGUAY Charles Étienne 1762-1846 **[10]**
 $5 720 FF30 000 £3 444 Portrait présumé de Laetitia Ramolino Bonaparte, Madame Mère Huile/toile 82x64,5cm/*32x25in* Paris 96
 $3 500 FF19 401 £2 159 Study of a woman looking to the left Black chalk/paper 14,6x17,2cm/*5x6in* New-York 97
LEGUEN Jean-Marie 1926 **[22]**
 $666 FF3 800 £412 Giverny, iris au bord de l'étang Huile/toile 46x55cm/*18x21in* Bordeaux 97
LEGUEULT Raymond 1898-1971 **[62]**
 $6 260 FF32 000 £4 130 Noémie songeuse Huile/toile 55x46cm/*21x18in* Paris 96
 $728 FF3 800 £440 Étude pour une jeune fille pensive Crayon/papier 40,5x53,5cm/*15x21in* Paris 96
LEGUEY Luc 1876-? **[4]**
 $842 FF4 300 £555 "Rhumicide, ne toussez plus ! Bonbons John Tavernier, les meilleurs" Affiche 93x124cm/*36x48in* Neuilly 96
LEHERB Helmut 1934 **[18]**
 $5 350 FF27 400 £3 440 Rückenakt Oil/panel 29,5x18,5cm/*11x7in* Wien 96
 $700 FF4 289 £418 "Blus Ladies" Farbradierung 42x31cm/*16x12in* Wien 98
LEHEUTRE Gustave 1861-1932 **[28]**
 $201 FF1 018 £132 Les bords de la Loire à Nevers Etching 14,5x24cm/*5x9in* Bern 96
LEHMANN Edvard 1815-1892 **[26]**
 $896 FF5 462 £543 Fiskerfamilie Oil/canvas 19x15cm/*7x5in* Köbenhavn 98
 $217 FF1 237 £133 Soldat der kurtiserer skovserpige Gouache/paper 24x17cm/*9x6in* Köbenhavn 97
LEHMANN Henri 1814-1882 **[42]**
 $2 457 FF14 000 £1 505 Portrait de femme au chapeau noir Huile/toile 56x46cm/*22x18in* Paris 97
 $4 430 FF25 000 £2 697 Vénus désarmant l'Amour Huile/panneau 26,5x21,5cm/*10x8in* Paris 97
 $2 380 FF12 000 £1 552 Études d'homme Crayon 28,7x42cm/*11x16in* Paris 96
LEHMANN Kurt 1905-1979 **[9]**
 $473 FF2 787 £292 Junges Mädchen, Gewand fallen lassend Etching 24x18cm/*9x7in* Heidelberg 97
LEHMANN Léon 1873-1953 **[23]**
 $349 FF2 100 £209 Crucifix Huile/isorel 20x16cm/*7x6in* Saint-Dié 98
LEHMANN Rudolf W.A. 1819-1905 **[8]**
 $12 000 FF72 771 £7 321 After the Fire, Terracina Oil/canvas 91,5x124,5cm/*36x49in* New-York 98
LEHMANN Rudy 1903-1977 **[8]**
 $220 FF1 284 £133 Storks Woodcut 46x32cm/*18x12in* Tel Aviv 97
 $3 600 FF21 778 £2 137 Cock Bronze H38cm/*H14in* Tel Aviv 98
LEHMANN Wilhelm Ludwig 1861-1932 **[15]**
 $2 380 FF12 330 £1 545 Flusslandschaft Öl/Leinwand 90x130cm/*35x51in* Zürich 96
LEHMANN-BRAUNS Paul 1885-1970 **[16]**
 $450 FF2 733 £270 A Riverside Landscape with Canyon in the Background Oil/canvas 60x79cm/*24x31in* St. Petersburg, Florida 98
LEHMBRUCK Wilhelm 1881-1919 **[141]**
 $618 FF3 010 £392 Kreuzignung Eau-forte 24x18cm/*9x7in* Bern 95
 $1 699 FF10 056 £1 036 Plakette zur goldenen Hochzeit Relief 8,5x7x0,5cm/*3x2xin* Köln 98
 $2 804 FF16 733 £1 692 Leda mit dem Schwan Red chalk 29,4x19,1cm/*11x7in* Hamburg 97
LEHMDEN Anton 1929 **[76]**
 $220 FF1 334 £132 "Schluchtlandschaft mit schwebendem Landstück 1956" Radierung 27,5x38cm/*10x14in* Wien 98
 $940 FF4 810 £603 Vogelflug Ink/paper 18x12cm/*7x4in* Wien 96
LEHNEN Jakob 1803-1847 **[3]**
 $3 996 FF23 506 £2 466 Stilleben mit Weintrauben und erlegten Vögeln auf einer Marmorplatte Oil/panel 22x26cm/*8x10in* Bremen 97

LEHNERER Thomas 1955 **[3]**
🎨 *$1 968 FF11 259 £1 228* "Betrachter" Öl/Leinwand 15x17cm/*5x6in* München 97
LEHNERT & LANDROCK Rudolf & Ernest XIX-XX **[15]**
📷 *$502 FF3 000 £308* Adolescente nue parée de bijoux Photo 21x16cm/*8x6in* Saint-Germain-en-Laye 98
LEHTO Nikolai 1905 **[40]**
🎨 *$427 FF2 649 £256* Landskap Oil/canvas 35x42cm/*13x16in* Helsinki 98
🎨 *$676 FF4 195 £405* Jona Oil/canvas 38x72cm/*14x28in* Helsinki 98
LEI TAN 1939 **[5]**
🎨 *$4 000 FF20 470 £2 590* Bay Area Oil/canvas 67x46cm/*26x18in* Taipei, Taiwan 95
LEIBER Otto Ferdinand 1878-1958 **[14]**
🎨 *$6 500 FF32 300 £4 140* "Unterer Gschwendhof im Güterbachtal" Öl/Karton 70x73cm/*27x28in* Staufen 95
LEIBL Wilhelm 1844-1900 **[102]**
🎨 *$28 802 FF167 353 £17 002* Bildnis eines Jägerburschen Öl/Papier 23x18cm/*9x7in* Luzern 97
🗜 *$452 FF2 682 £276* Alter Bauer mit Stock Radierung 14x11cm/*5x4in* Hamburg 98
✏ *$48 200 FF240 000 £31 540* Vieille femme lisant, étude pour "Trois Femmes à l'église" Encre Chine 23,5x17cm/*9x6in* Paris 95
LEIBOVITZ Edward 1946 **[1]**
🗿 *$3 070 FF16 000 £1 930* Grand théâtre Sculpture 38x38x38cm/*14x14x14in* Paris 96
LEIBOWITZ Annie 1950 **[20]**
📷 *$2 000 FF12 368 £1 191* Tony Curtis and Jack Lemmon #17 Photograph 40,5x51cm/*15x20in* San Francisco 98
LEICHER Felix Ivo 1727-c.1815 **[2]**
🎨 *$3 950 FF18 600 £2 600* The Assumption of the Virgin Oil/canvas 42x31cm/*16x12in* London 96
🎨 *$6 740 FF34 100 £4 430* Die Anbetung der Heiligen Drei Könige Öl/Leinwand 98,5x74cm/*38x29in* Wien 96
LEICHT William Leighton 1804-1883 **[4]**
✏ *$1 529 FF9 121 £949* A Horse and Cart in the Highlands, a Storm approaching Watercolour 14x22cm/*5x8in* London 97
LEICKERT Charles H.J. (Attr.) 1818-1907 **[34]**
🎨 *$4 000 FF24 183 £2 476* Winter Skating Scene Oil/panel 24x32cm/*9x12in* Mystic, Connecticut 97
LEICKERT Charles Henri Joseph 1818-1907 **[189]**
🎨 *$14 020 FF68 900 £8 920* Holländische Flussuferlandschaft mit Mühle Öl/Leinwand 24x28cm/*9x11in* Bremen 95
🎨 *$28 730 FF167 818 £17 000* Frozen winter landscape with skaters on a river Oil/canvas 47x61cm/*18x24in* London 97
🎨 *$72 935 FF430 780 £44 065* A summer landscape with ferry near a windmill, a view of town beyond Oil/canvas 90x145cm/*35x57in* Amsterdam 97
✏ *$2 900 FF17 629 £1 759* Fishing Village Watercolour/paper 28x43cm/*11x17in* Shaker Heights, Ohio 98
LEIGH William Robinson 1866-1955 **[51]**
🎨 *$19 000 FF95 760 £12 258* Moonlight Over the Badlands Oil/board 17x20cm/*7x8in* Hayden 96
🎨 *$90 000 FF534 123 £55 125* The Sand Painter Oil/canvas 63,5x76cm/*25x29in* New-York 98
🎨 *$180 000 FF1 065 726 £107 640* Land of the Navajos, Young Indian Goat Herder Oil/canvas 112x152cm/*44x60in* New-York 97
✏ *$3 750 FF17 887 £2 358* Pronghorns Ink 7x8cm/*2x3in* Hayden 95
LEIGH-PEMBERTON John XX **[24]**
🎨 *$685 FF4 179 £420* Study of a Coldstream Guards Drummer Oil/canvas 51x35,5cm/*20x13in* London 98
LEIGHTON Alfred Crocker 1901-1965 **[45]**
🎨 *$8 810 FF45 100 £5 350* Molar Pass Oil/canvas 61x76cm/*24x29in* Calgary, Alberta 96
✏ *$860 FF5 002 £512* "Nr. Tenterden, Kent" Watercolour/paper 25x31cm/*9x12in* Calgary, Alberta 97
LEIGHTON Barbara Barleigh 1911-1986 **[14]**
🗜 *$193 FF1 132 £114* Deer, Kananaskis Woodcut in colors 25,5x25cm/*10x9in* Calgary, Alberta 97
LEIGHTON Clare Veronica Hope 1901-1988 **[33]**
🗜 *$305 FF1 750 £185* Turning the Plough Woodcut 16x11cm/*6x4in* Pittsburgh, PA 97
LEIGHTON Edward Blair 1853-1922 **[37]**
🎨 *$979 FF5 813 £600* A Lion with a Corpse in the Temple of Larnak Oil/canvas 61x91,5cm/*24x36in* London 97
🎨 *$6 713 FF38 759 £4 000* Awaiting an Answer Oil/panel 22x17cm/*8x6in* London 97
🎨 *$38 000 FF186 800 £24 100* My Fair Lady Oil/canvas 171x111cm/*67x43in* New-York 95
LEIGHTON Frederick 1830-1896 **[112]**

☞ *$18 000 FF106 824* £11 025 Study for "Greek Girls playing a Ball" Oil/canvas 17x29cm/*6x11in* New-York 97

☞ *$139 400 FF722 000* £90 000 A Dancing Girl with Cymbals in a Green Robe Oil/canvas 221x128cm/*87x50in* London 96

☞ *$144 800 FF742 000* £88 000 Portrait of Miss Mabel Mills, Later the Hon. Mrs. Grenfeld Oil/canvas 61x51cm/*24x20in* London 96

🖐 *$10 163 FF59 055* £6 000 "The Sluggard" Bronze H52cm/*H20in* London 97

✎ *$1 859 FF10 648* £1 100 Elias, a study for "The Transfiguration" Pencil 47x39cm/*18x15in* London 97

LEIGHTON Kathryn Woodman 1876-1952 **[6]**

☞ *$550 FF3 293* £336 High Sierra Landscape Oil/canvas 20x25cm/*8x10in* Altadena, CA 97

LEIGHTON Nicholas W. Scott 1847-1898 **[6]**

☞ *$2 000 FF10 110* £1 286 Three horseback riders at rest Oil/canvas 30x38cm/*12x15in* Wolfeboro, NH 96

LEIGHTON Scott 1849-1898 **[31]**

☞ *$950 FF5 743* £588 White Ox Oil/canvas 17x22cm/*7x9in* Mystic, Connecticut 97

☞ *$3 249 FF19 296* £1 983 The End of the Day, A Barnyard Scene Oil/canvas 61x91,5cm/*24x36in* Boston, Mass. 98

LEIPOLD Karl 1864-1943 **[8]**

☞ *$856 FF5 037* £528 An der Niederelbe Öl/Leinwand 47x70cm/*18x27in* Bremen 97

LEIPPERT Jürgen 1944 **[2]**

☞ *$4 225 FF22 100* £2 516 "Corinne" Öl/Leinwand 120x90cm/*47x35in* Berlin 96

LEISSER Martin B. 1846-1940 **[11]**

☞ *$325 FF1 860* £203 "West Hall, Rothenberg" Oil/cardboard 35x25cm/*14x10in* Shaker Heights, Ohio 97

☞ *$3 200 FF19 230* £1 916 Union Station Riot Oil/canvas/board 66x91,5cm/*25x36in* New-York 98

LEIST Frederick William 1878-1946 **[11]**

☞ *$2 392 FF14 492* £1 482 Girl with Parasol by the Harbour Oil/board 41x54cm/*16x21in* Melbourne 97

✎ *$4 682 FF28 123* £2 840 Woman in a Garden Setting Pastel/paper 75x53cm/*29x20in* Melbourne 98

LEISTIKOW Hans 1892-1962 **[4]**

▥ *$280 FF1 673* £169 Exotische Tänzerin Linocut in colors 20x13cm/*7x5in* Berlin 97

LEISTIKOW Walter 1865-1908 **[99]**

☞ *$18 240 FF93 800* £11 370 A summer Garden by a Lakeside Oil/canvas 73,5x93cm/*28x36in* Wien 96

▥ *$2 942 FF16 892* £1 794 Schlachtensee Farblithographie 13x21cm/*5x8in* Berlin 97

✎ *$8 190 FF49 517* £4 905 Grunewald, Berlin Watercolour, gouache/paper 34,5x37cm/*13x14in* München 98

LEITCH Richard Principal c.1800-c.1880 **[18]**

✎ *$657 FF3 714* £400 Figures and cattle by the lake's Edge with a Castle beyond Watercolour 30,5x40,7cm/*12x16in* London 97

LEITCH William Leighton 1804-1883 **[103]**

✎ *$684 FF4 038* £420 Palermo Cathedral Pencil 26x37cm/*10x14in* London 98

LEITGEB Franz XIX-XX **[6]**

☞ *$5 750 FF33 508* £3 542 Succot Oil/canvas 40,5x51cm/*15x20in* Tel Aviv 97

LEITH-ROSS Harry 1886-1973 **[21]**

☞ *$2 200 FF11 420* £1 455 Lane with willow/Jericho Valley in Spring Oil/canvas/board 20x41cm/*7x16in* New-York 96

☞ *$6 600 FF40 441* £3 984 Hunter Oil/canvas 71x101cm/*28x40in* Hatfield, Pennsylvania 98

✎ *$1 900 FF11 350* £1 163 The Boatyard Watercolour/board 76x51cm/*29x20in* New-York 98

LEITNER Thomas 1876-1948 **[33]**

☞ *$2 572 FF15 267* £1 596 "Vorfrühling" Oil/panel 63x50cm/*24x19in* Wien 97

☞ *$2 716 FF16 681* £1 659 Pfingstrosen Öl/Leinwand 30x40cm/*11x15in* Wien 98

✎ *$742 FF3 840* £496 Flusslandschaft Pencil/paper 38x55cm/*14x21in* Wien 96

LEIVA Nicolás 1958 **[7]**

☞ *$7 000 FF33 960* £4 510 De la Serie de Las Tumbas Oil/canvas 127x76cm/*50x29in* New-York 95

☞ *$14 300 FF87 141* £8 844 Arbol de la fecundidad Oil/canvas 200,5x138cm/*78x54in* Miami, Florida 98

LEJEUNE Eugène 1818-1897 **[3]**

☞ *$3 106 FF19 047* £1 862 Galante Szene im Park Öl/Leinwand 34,5x28,5cm/*13x11in* Zürich 98

LEJEUNE Henry 1820-1904 **[4]**

☞ *$8 860 FF50 000* £5 395 Le jardin du couvent de Saint Bonaventure sur le Mont Palatin, Rome Huile/toile 85x121cm/*33x47in* Paris 97

$17 000 FF104 102 £10 174 Lear and Cordelia Oil/canvas 101,5x129cm/*39x50in* New-York 98
LEJEUNE Louis 1877-? **[2]**
$1 278 FF7 915 £763 Blomsteropstilling Oil/canvas 69x97cm/*27x38in* Köbenhavn 98
LEJEUNE Louis Aimé 1884-1969 **[3]**
$2 338 FF14 000 £1 436 Putto Terre cuite 124x34x33,5cm/*48x13x13in* Paris 98
$4 000 FF22 883 £2 496 Venus and Cupid Marble H42cm/*H16in* New-York 97
LEJEUNE Louis Fr., baron 1775-1848 **[8]**
$29 440 FF150 000 £17 660 Le château et le village de Niau Huile/toile 86x136cm/*33x53in* Paris 96
$31 000 FF158 000 £18 600 Chasse à l'ours vers la cascade du lac d'Oo près de Bagnères-de-Luchon
Huile/toile 181x152cm/*71x59in* Paris 96
LEJEUNE Philippe 1924 **[17]**
$120 FF741 £72 Chicago Board of Trade Etching in colors 36x28cm/*14x11in* Plainville, Conn. 98
LEJMANN Anna 1859-1945 **[1]**
$3 164 FF18 486 £1 873 "Bro bro brille" Oil/canvas 95x98cm/*37x38in* Vejle 97
LELÉE Léopold, Léo 1872-1947 **[40]**
$6 140 FF32 000 £4 055 Pélerinage aux Saintes-Maries-de-la-Mer Huile/toile 49x108cm/*19x42in* Paris 96
$327 FF1 906 £200 "Au départ de Nimes, Autocars P.L.M pour Uzès, le Pont du Gard" Affiche
108x79cm/*42x31in* London 97
$2 970 FF15 500 £1 964 Etudes d'Arlésiennes Crayon 48x106cm/*18x41in* Paris 96
LELEU René 1911-1984 **[1]**
$4 027 FF25 000 £2 415 Paire d'appliques à deux bras de lumière, décor de cordelettes Bronze
H27cm/*H10in* Paris 98
LELEUX Adolphe 1812-1891 **[11]**
$12 750 FF75 000 £7 867 Le départ des marins de Villerville Huile/toile 102x158cm/*40x62in* Avignon 97
$3 275 FF19 011 £2 000 Setting off on a donkey Watercolour, gouache/paper 44x36cm/*17x14in* London 97
LELEUX Armand 1818-1885 **[6]**
$6 344 FF32 880 £4 120 Junge Bäuerin beim Füttern der Hühner Oil/canvas 110x85cm/*43x33in* Luzern 96
LELIE de Adriaen 1755-1820 **[7]**
$2 535 FF14 512 £1 497 Portrait of Pierre Saraber (1762-1817), wearing dark costume Oil/panel
31,5x25cm/*12x9in* Amsterdam 97
$2 677 FF15 779 £1 600 A Quiet Smoke Watercolour/paper 53,5x43cm/*21x16in* Glasgow 97
LELIENBERGH Cornelis 1626-1676 **[11]**
$20 000 FF117 096 £12 366 A Dead Grouse, a Dead Cockerel, and other Birds on Stone Ledges Oil/panel
57x46,5cm/*22x18in* New-York 97
LELIENBERGH Cornelis (Attrib.) 1626-1676 **[2]**
$4 185 FF25 000 £2 562 Trophée de chasse sur un entablement Huile/toile 57x46cm/*22x18in* Paris 98
LELLI Giovan Battista 1827-1887 **[7]**
$4 893 FF27 727 £2 446 Bellagio visto da Menaggio Olio/tela 25x45cm/*9x17in* Milano 98
$22 200 FF125 800 £14 800 Lago di S. Moritz Olio/tela 70x150cm/*27x59in* Milano 97
LELLOUCHE Jules 1903-1963 **[36]**
$2 410 FF12 000 £1 578 Place Bab-Souika, Tunis Huile/carton 24x32,5cm/*9x12in* Paris 95
$2 310 FF14 000 £1 416 L'amphithéâtre à El Djem, Tunisie Huile/toile 46x55cm/*18x21in* Paris 98
LELLOUCHE Ofer 1947 **[29]**
$3 220 FF19 223 £1 964 Seated Nude Oil/canvas 60x90cm/*23x35in* Tel Aviv 98
$2 070 FF12 358 £1 262 Jerusalem Etching 56,2x76cm/*22x29in* Tel Aviv 98
$380 FF2 039 £227 Girl Reading Pencil 34x24cm/*13x9in* Tel Aviv 97
LELOIR Maurice 1853-1940 **[43]**
$9 826 FF57 034 £6 000 The elegant fisherwoman Oil/panel 35,5x25cm/*13x9in* London 97
$460 000 FF2 720 302 £279 082 Voltaire's Last Visit to Paris Oil/canvas 122x89cm/*48x35in* New-York 98
$1 716 FF10 000 £1 057 Le marionnettiste Aquarelle 48x38cm/*18x14in* Saint-Dié 97
LELONG XIX [6]
$4 914 FF28 000 £3 068 Natures mortes au partition Gouache/papier 16x20,5cm/*6x8in* Lille 97
LELONG Corinne XX [9]
$541 FF3 000 £335 Full Off Technique mixte/papier 50x50cm/*19x19in* Paris 97
LELONG Pierre 1908-1984 **[28]**
$576 FF3 000 £381 Nu dans un intérieur Huile/toile 65x54cm/*25x21in* Paris 96
$13 000 FF79 462 £7 937 Woman in a Park Oil/canvas 24,5x19cm/*9x7in* New-York 98

LELONG René 1871-1933 **[9]**

$2 168 FF13 457 £1 300 A Young Huntsman Oil/canvas 51,5x26,5cm/*20x10in* London 98

$52 000 FF293 618 £31 621 Longchamps Oil/canvas 42x71cm/*16x27in* New-York 97

$1 610 FF9 371 £992 "Savon Shyb, Science Hygiène Beauté" Poster 118x159cm/*46x62in* New-York 97

LELOUP Louis 1929 **[5]**

$1 087 FF6 500 £659 Symphonie Sculpture 45x20cm/*17x7in* Paris 97

LELU Pierre 1741-1810 **[17]**

$1 258 FF7 538 £750 Houses built in a dilapidated Gothic Church with Shepherds Black chalk 34x46cm/*13x18in* London 98

LELY Pieter (Attrib.) 1618-1680 **[11]**

$4 682 FF29 099 £2 800 Lady Glengary Oil/canvas 124,5x99cm/*49x38in* Bristol, Avon 98

$6 600 FF32 840 £4 200 A Lady, believed to be the Duchess of Portsmouth, seated Oil/canvas 18x105cm/*7x41in* London 95

LELY Pieter van der Faes 1618-1680 **[81]**

$4 032 FF24 000 £2 464 Portrait de Charles 1er. d'Angleterre Huile/toile 107,5x78,5cm/*42x30in* Paris 98

$25 026 FF152 688 £15 000 Portrait of Barbara Villiers, Duchess of Cleveland with her Son Oil/canvas 182,5x128cm/*71x50in* London 98

$18 579 FF110 000 £11 000 Study of the Head of a Woman Black, red & white chalks/paper 19,5x14,5cm/*7x5in* London 97

LEMAIRE Casimir XIX **[4]**

$2 669 FF16 368 £1 600 After the Performance Oil/canvas 55x47cm/*21x18in* London 98

LEMAIRE Henri 1879-1949 **[4]**

$1 400 FF7 130 £840 "Circuit des 3 Fleuves" Poster 90x58cm/*35x22in* New-York 96

LEMAIRE Jean Lemaire Poussin 1598-1659 **[9]**

$16 813 FF99 900 £10 000 A capriccio of figures in a courtyard surrounded by classical building Oil/canvas 55,5x73cm/*21x28in* London 97

$38 100 FF190 000 £24 970 Moïse enterrant l'Égyptien (Exode, II) Huile/toile 122,5x155cm/*48x61in* Paris 95

$5 000 FF27 624 £3 107 Loggia overlooking the Façade of a Palace with the Pyramid of Cestius Ink 25,7x37,2cm/*10x14in* New-York 97

LEMAIRE Louis Marie 1824-1910 **[7]**

$7 500 FF38 550 £4 687 Panier de fleurs des champs Oil/canvas 69x106cm/*27x41in* New-York 96

LEMAIRE Madeleine, née Coll 1845-1928 **[80]**

$1 263 FF7 200 £792 Bouquet de fleurs Huile/toile 55x43cm/*21x16in* Neuilly 97

$10 408 FF59 306 £6 500 Watering the Flowers Oil/canvas 47x32cm/*18x12in* London 97

$38 000 FF225 518 £23 275 Allégorie de l'automne: La Duchesse de Gramont, fruits et gibier Oil/canvas 213,5x259cm/*84x101in* New-York 97

$759 FF4 500 £450 Vase de fleurs Aquarelle/papier 36x25cm/*14x9in* Calais 97

LEMAITRE Albert 1886-1975 **[21]**

$631 FF3 594 £387 Tchécoslovaquie Huile/panneau 35x26cm/*13x10in* Liège 97

$1 680 FF8 360 £1 100 Douarnenez Huile/toile 38x46cm/*14x18in* Liège 95

LEMAITRE André 1909-1995 **[62]**

$2 345 FF12 000 £1 520 Nature morte au verre rouge Huile/toile 50x61cm/*19x24in* Bayeux 95

$2 634 FF16 100 £1 581 Coupe de fruits Huile/toile 33x41cm/*12x16in* Bayeux 98

$998 FF6 100 £599 Bouquet Gouache/papier 60x46cm/*23x18in* Bayeux 98

LEMAITRE Gustave 1850-1920 **[7]**

$3 446 FF20 000 £2 034 Chemin des arcades à Alger/Les pins à Birtrana, Alger Huile/toile 38x55cm/*14x21in* Paris 97

LEMAITRE Léon Jules 1850-1905 **[22]**

$3 510 FF18 000 £2 134 Rouen, rue animée Huile/panneau 41x16,5cm/*16x6in* Rouen 96

LEMAÏTRE Maurice 1929 **[229]**

$265 FF1 600 £159 Les flamands roses Huile/toile 50x61cm/*19x24in* Paris 98

$701 FF4 000 £428 Bord du lac Huile/toile 27x35cm/*10x13in* Auxerre 97

LEMAITRE Maurice Bismuth, dit 1926 **[19]**

$653 FF4 000 £389 Circulaire de Gauguin Huile/toile 81x65cm/*31x25in* Paris 98

$1 081 FF6 600 £660 Cl318, Contrat satanique, 69 Technique mixte/papier 73x60cm/*28x23in* Paris 98

LEMAITRE Nathanaël 1831-1897 **[11]**
 $940 FF5 631 £577 Seeuferweg mit Ochsengespann Oil/canvas 24x35cm/*9x13in* Bern 98
LEMAN Robert 1799-1863 **[8]**
 $322 FF1 968 £200 Barton Broad Watercolour 17x25cm/*7x10in* Aylsham, Norfolk 97
LEMAN Ulrich XIX-XX **[3]**
 $1 359 FF8 045 £829 Chorknabe Gouache/paper 64,5x49,5cm/*25x19in* Köln 98
LEMARCHAND Anne XIX **[2]**
 $30 900 FF150 000 £19 920 Fleurs et raisins Huile/toile 155x115cm/*61x45in* Paris 95
LEMASSON Jean-Paul 1954 **[22]**
 $312 FF1 500 £196 Le vase tunisien Huile/toile 13x18cm/*5x7in* Provins 95
LEMAY Olivier 1734-1797 **[5]**
 $6 399 FF38 000 £3 876 Personnages orientaux et caravane dans un paysage de bord de mer Huile/panneau 34x47cm/*13x18in* Paris 97
LEMBESSIS Polychronis 1849-1913 **[6]**
 $19 280 FF94 300 £12 200 Kneeling Angel Oil/canvas 69,5x49cm/*27x19in* Athens 95
 $3 265 FF19 493 £2 000 A Cottage House Watercolour/paper 24x17cm/*9x6in* London 97
LEME Bella Paes XX **[1]**
 $2 480 FF12 830 £1 600 Brazilian family Oil/canvas 41x33cm/*16x12in* London 96
LEMEUNIER Basile 1852-1922 **[17]**
 $5 953 FF37 000 £3 559 Vues de Paris Huile/toile 41x26,5cm/*16x10in* Paris 98
 $10 380 FF60 000 £6 444 Scène de la guerre de 1870 Huile/toile 136,8x240cm/*53x94in* Paris 97
 $34 500 FF180 000 £20 830 Trottin et ramoneur Huile/toile 63x47cm/*24x18in* Mayenne 96
LEMIEUX Annette 1957 **[12]**
 $2 600 FF15 116 £1 587 Differences, Connections, Paper Doll, Ash Wednesday Photograph 51x61cm/*20x24in* New-York 97
 $1 800 FF10 869 £1 078 Flesh Mixed media/paper 183x133,5cm/*72x52in* New-York 98
LEMIEUX Jean-Paul 1904-1990 **[70]**
 $4 430 FF21 450 £2 844 Juillet Oil/canvas 25x30cm/*9x11in* Toronto 95
 $7 380 FF35 750 £4 740 Femme en blanc Oil/panel 81x51cm/*31x20in* Toronto 95
 $129 FF746 £79 Homme en hiver Lithographie 25,5x35,5cm/*10x13in* Montréal 97
 $2 720 FF16 400 £1 646 La dame au chapeau Gouache/paper 42,5x33cm/*16x12in* Toronto 98
LEMIRE Elisa Émilie Maval c.1820-c.1870 **[2]**
 $2 912 FF17 000 £1 788 Bouquet de fleurs sur un entablement de marbre Aquarelle/papier 36,5x27cm/*14x10in* Paris 97
LEMKE Johann Philip (Attr) 1631-1711 **[3]**
 $3 081 FF18 391 £1 879 Strid mellan turkar och venetianska kavalleriet Oil/canvas 61x74cm/*24x29in* Stockholm 98
LEMM Georg 1867-? **[15]**
 $354 FF2 030 £216 Skizzen am Meer, darunter eine südliche Felsenküste Öl/Leinwand 30x39cm/*11x15in* Hamburg 97
LEMMEN Georges 1865-1916 **[315]**
 $500 FF2 955 £309 Interior with a Lady Sewing Oil/canvas 76x63cm/*30x25in* New Orleans, Louisiana 97
 $5 887 FF35 000 £3 647 Jeunes femmes penchées vers l'avant Huile/carton 42x30cm/*16x11in* Paris 97
 $762 FF3 940 £488 Mère et enfant Ink/paper 24,5x21,5cm/*9x8in* Lokeren 96
LEMMENS Émile Théophile V. 1821-1867 **[19]**
 $2 353 FF13 738 £1 400 The Watermill Oil/canvas 52x39,5cm/*20x15in* London 97
 $4 816 FF28 000 £2 940 Près de la mosquée Huile/toile 32,5x41cm/*12x16in* Paris 97
LEMMER August 1862-? **[9]**
 $2 750 FF15 960 £1 624 At the Seashore Oil/panel 22x30cm/*9x12in* Bethesda, Maryland 97
LEMMERS Georges 1871-1944 **[53]**
 $1 404 FF6 860 £888 Après-midi au soleil Huile/toile 33x44cm/*12x17in* Antwerpen 95
 $1 545 FF7 700 £1 012 Vue de Huy Huile/toile 60x80cm/*23x31in* Liège 95
LÉMO Armand XIX-XX **[2]**
 $4 239 FF25 267 £2 600 Medieval Knight bracing himself for a final blow Bronze H43cm/*H16in* London 98
LEMOINE Charles 1839-? **[2]**
 $3 383 FF20 172 £2 100 A Warrio Defending his Family Bronze H71cm/*H27in* London 97
LEMOINE Jacques A. (Attrib.) 1751-1824 **[5]**
 $696 FF4 000 £425 Portrait de jeune femme Aquarelle 29,5x21,5cm/*11x8in* Paris 97

LEMOINE Jacques Antoine M. 1751-1824 **[15]**
 $1 775 FF11 000 £1 060 Portrait de femme en médaillon Aquarelle 10x8cm/*3x3in* Paris 98
LEMOINE Marie-Vict. (Attrib) 1754-1820 **[4]**
 $6 852 FF40 000 £4 144 Portrait d'une jeune fille au ruban bleu Huile/toile 45,5x38cm/*17x14in* Neuilly-sur-Seine 97
LEMOINE Marie-Victoire 1754-1820 **[6]**
 $16 624 FF103 000 £9 929 Portrait de jeune fille tenant un bouquet de fleurs Huile/toile 60,5x49,5cm/*23x19in* Paris 98
LEMOINE Pierre Antoine 1605-1665 **[2]**
 $168 600 FF1 000 000 £102 100 Grappes de raisins, figues et grenades sur un entablement Huile/toile 84x69,5cm/*33x27in* Paris 97
LEMON Arthur 1850-1912 **[8]**
 $780 FF4 524 £480 Awaiting the fisherman's return Oil/canvas 50,8x76,2cm/*20x29in* London 97
 $1 012 FF5 783 £620 The Raiders, Gauls on the Roman Campagne Oil/canvas 38x28cm/*14x11in* London 97
LEMONNIER Anicet Charles G. 1743-1824 **[5]**
 $155 000 FF913 911 £95 046 A Reading of Voltaire's Tragedy "l'Orpheline de la Chine" Oil/canvas 35,5x58,5cm/*13x23in* New-York 98
LEMONNIER Henry 1837-? **[1]**
 $640 FF3 200 £418 "Cordon bleu, enfin ceci économise cela..." Affiche 157x102cm/*61x40in* Boulogne 96
LEMONNIER Louis 1907 **[100]**
 $98 FF600 £60 Fleurs dans un pot de terre Huile/toile 61x50cm/*24x19in* Paris 98
 $180 FF1 100 £110 Le Cheix (P de D) Huile/carton 32x25cm/*12x9in* Paris 98
LEMORDANT Jean-Julien 1878/82-1968 **[123]**
 $3 217 FF19 500 £1 973 Marée basse en baie d'Audienne Huile/toile 80x100cm/*31x39in* Quimper 98
 $5 240 FF27 000 £3 470 Bigoudens et Bigoudennes sur la plage Huile/carton 31x49cm/*12x19in* Brest 96
 $18 860 FF112 000 £11 513 Danse bretonne en spirale Huile/toile 138x138cm/*54x54in* Brest 98
 $561 FF3 400 £344 Bretonne dans le vent Eau-forte 18x24cm/*7x9in* Quimper 98
 $114 FF700 £70 Femme dans le vent Lavis 19x26cm/*7x10in* Coutances 98
LEMORE Paul XIX-XX **[8]**
 $4 930 FF25 000 £3 206 Promenade en attelage Huile/toile 45x60cm/*17x23in* Lille 96
LEMOS Luis 1954 **[6]**
 $402 FF2 500 £242 Couple Aquarelle/papier 75x105cm/*29x41in* Saint-Germain-en-Laye 98
LEMOS Pedro J. 1882-1954 **[6]**
 $450 FF2 628 £266 "Storm Trees" Woodcut 20x22cm/*8x9in* Cincinnati, Ohio 97
LEMPAD I. Gusti Nyoman 1865-1978 **[15]**
 $3 112 FF17 564 £1 907 Ajuna Ink/paper 40x33,5cm/*15x13in* Singapore 97
LEMPEREUR Edmond 1876-1909 **[9]**
 $8 830 FF45 000 £5 820 Aux courses Huile/toile 46x81cm/*18x31in* Paris 96
LEMPEREUR-HAUT Marcel 1898-? **[4]**
 $5 052 FF30 000 £3 060 Rosace Huile/toile 81x100cm/*31x39in* Marcq-en-Baroeul 97
LEMPESIS P. 1848-1913 **[1]**
 $6 473 FF37 162 £3 946 Bildnis eines jungen Mädchens Oil/panel 40x29cm/*15x11in* Düsseldorf 97
LEMPICKA de Tamara 1898-1980 **[183]**
 $18 000 FF105 510 £11 079 Femme au turban Oil/canvas 41x33cm/*16x12in* New-York 97
 $45 000 FF230 600 £27 340 Le coquillage Oil/canvas 40x51cm/*15x20in* New-York 96
 $1 046 FF5 350 £677 Femme au turban Aquatinte couleurs 29,5x24,5cm/*11x9in* Bruxelles 95
 $2 779 FF17 000 £1 708 Étude de rue Sanguine/papier 27x44cm/*10x17in* Paris 98
LENAIL Marie Joseph Ernest XIX **[3]**
 $6 000 FF34 803 £3 692 A carriage by the sea Oil/panel 29x41cm/*11x16in* New-York 97
LENARDI Giovanni Battista 1656-1704 **[1]**
 $9 000 FF55 865 £5 427 The Martyrdom of Saint Andrew Oil/canvas 48x34cm/*19x13in* Miami, Florida 98
LENBACH von Franz Seraph 1836-1904 **[96]**
 $341 FF2 014 £211 Damenportrait Oil/panel 50x37cm/*19x14in* Konstanz 97
 $3 201 FF18 505 £1 972 Neapolitanischer Dudelsackbläser Öl/Leinwand 42x24cm/*16x9in* München 97
 $8 194 FF50 335 £4 915 Die Tänzerin Saharet Oil/canvas 185x85cm/*72x33in* Köln 98
 $1 922 FF11 382 £1 141 Franz von Lenbach (Selbstporträt des Künstlers) Pastel 45x40cm/*17x15in*

L

Dresden 97
LENCI Marino 1874-1939 **[4]**
🖊 *$975 FF5 010 £581* Cane/Gatto Pastelli/carta 38x27cm/*14x10in* Roma 96
LENG MEI 1677-c.1745 **[1]**
🖊 *$64 550 FF376 200 £39 750* Harmony on Earth Ink 145x94cm/*57x37in* Hong Kong 97
LENGELÉ Maerten, Martinus 1604-1668 **[2]**
👁 *$7 790 FF38 000 £4 940* Bildnis einer Dame in Dreiviertelfigur, "aetatis 26" Oil/panel 110x86cm/*43x33in*
Köln 95
LENGELLE Paul 1908 **[11]**
🖊 *$1 287 FF7 500 £792* Patrouille de chasseurs D-520 en vol Aquarelle, gouache/papier 50x100cm/*19x39in*
Reims 97
LENGO MARTINEZ Horacio 1840-1890 **[7]**
👁 *$3 200 FF16 200 £2 100* Spanish Beauty with a Guitar Oil/panel 40,5x23,5cm/*15x9in* London 96
👁 *$5 610 FF33 745 £3 485* Balconada en verano Oleo/lienzo 128,5x75cm/*50x29in* Madrid 97
LENGYEL-RHEINFUSS Ede 1873-1942 **[6]**
👁 *$910 FF4 740 £549* Reiter mit Hundemeute Öl/Leinwand 60x80cm/*23x31in* Lindau 96
LENHART Franz 1898-1992 **[18]**
▥ *$1 380 FF7 903 £816* "Bolzano-Mendola" Poster 67,5x98cm/*26x38in* New-York 97
LENK Franz 1898-1968 **[60]**
👁 *$11 012 FF65 428 £6 549* Italienisches Dorf Oil 58,5x49cm/*23x19in* München 97
▥ *$1 060 FF6 369 £636* Landschaft mit Burg Stolpen Aquatint 35x66cm/*13x25in* Stuttgart 98
🖊 *$776 FF4 621 £461* Frauenkopf im Profil Pastell/Papier 35x23,5cm/*13x9in* München 97
LENK Kaspar Thomas 1933 **[18]**
⬤ *$2 327 FF13 864 £1 383* Schichtung Bronze 31,5x22x11cm/*12x8x4in* München 97
LENKEWICZ Robert O. XX **[15]**
👁 *$2 112 FF12 380 £1 300* The Painter with Anna, St Anthony theme, Painter with Woman Oil/board
34x18cm/*13x7in* Par, Cornwall 97
LENNON John 1940-1980 **[45]**
▥ *$1 400 FF8 484 £858* Untitled, From the "Bag One" Lithograph 56x76cm/*22x29in* New-York 98
🖊 *$3 491 FF21 338 £2 200* Self-portrait caricature of John and Yoko's faces Felt pen/paper
21,6x28cm/*8x11in* London 97
LENNOX Andrew XIX-XX **[2]**
👁 *$1 901 FF11 401 £1 150* A Highland Evening/Highland Cattle in the Stream Oil/canvas 30,5x51cm/*12x20in*
Glasgow 97
LENNOX John D. 1941 **[4]**
👁 *$3 160 FF16 300 £2 092* Sydney Terraces Oil/canvas 91x101cm/*35x39in* Melbourne 96
LENOIR Alexandre M. (Attr.) 1761-1839 **[1]**
🖊 *$2 486 FF14 836 £1 500* The façade of Louvre on the Cour Carrée Ink 18x36cm/*7x14in* London 97
LENOIR Charles Amable 1860-? **[14]**
👁 *$5 000 FF28 474 £3 083* Portrait of a Woman Oil/canvas 46,5x38cm/*18x14in* Boston, Mass. 97
LENOIR Maurice 1872-1931 **[7]**
👁 *$2 451 FF15 000 £1 489* Le passage du Gué Huile/toile 39x60cm/*15x23in* Paris 98
🖊 *$620 FF3 597 £387* La fenêtre nationale Gouache/papier 19x24cm/*7x9in* Lokeren 97
LENOIR Paul-Marie 1843-1881 **[5]**
👁 *$3 174 FF16 293 £2 094* Returning in State Oil/canvas 66x82cm/*25x32in* Sydney 96
LENOIR Simon Bernard 1729-1791 **[8]**
👁 *$7 992 FF48 000 £4 848* Portrait d'homme assis tenant une lettre Huile/toile 81x65cm/*31x25in* Paris 98
🖊 *$4 215 FF25 000 £2 577* Portrait de jeune femme à la robe bleue Pastel/papier 74x60cm/*29x23in* Paris 97
LENORDEZ Pierre XIX **[36]**
⬤ *$4 100 FF20 000 £2 595* Carossier harnaché trottant Bronze H20cm/*H7in* Paris 95
LENORMAND Charles 1835-1904 **[2]**
📷 *$1 629 FF9 000 £1 017* Monuments historiques, collection Tirage albuminé 32x24cm/*12x9in* Paris 97
LENS Andries Cornelis 1739-1822 **[17]**
👁 *$10 003 FF57 890 £6 200* A Bacchanalian Procession Oil/canvas 55,5x109,5cm/*21x43in* London 97
🖊 *$1 408 FF8 403 £849* An album of 106 heads of Gods, Heroes, Philosophers, Poets... Black chalk
24,6x20,3cm/*9x7in* London 97
LENS Bernard III 1682-1740 **[15]**
🖊 *$1 717 FF10 283 £1 026* Doctor Flamstead's House in Greenwich Park in Kent Pencil 22x30cm/*8x11in*

London 98
LENS Cornelis 1739-1822 **[2]**
⌾ *$4 527 FF28 000 £2 696* Fleurs décorant une vasque dans un jardin Huile/toile 88x70cm/*34x27in* Paris 98
⌾ *$7 500 FF45 703 £4 653* Floral Still Life Oil/canvas 148x146,5cm/*58x57in* New-York 98
LENTULOV Aristarkh Vasilievic 1882-1943 **[11]**
⌾ *$6 200 FF35 388 £3 832* Cityscape in Russia Oil/canvas 64x36cm/*25x14in* Herzelia Pituah 97
LENTZ Stanislas 1863-1920 **[6]**
✎ *$2 595 FF15 000 £1 599* Soultan Souliman Constantinople Aquarelle/papier 42x54cm/*16x21in* Paris 97
LENZ Karl 1898-1948 **[1]**
⌾ *$4 086 FF25 142 £2 500* Blick auf das winterliche Erdhausen Öl/Leinwand 66x93cm/*25x36in* Frankfurt 98
LENZ Maximilian, Max 1860-1948 **[19]**
⌾ *$1 800 FF8 860 £1 160* Marionetdukker Oil/canvas 60x60cm/*23x23in* Köbenhavn 95
LÉON Y ESCOSURA de Ignacio 1834-1901 **[35]**
⌾ *$5 860 FF29 800 £3 500* The Distraction Oil/panel 30x24cm/*11x9in* London 96
⌾ *$19 250 FF110 000 £11 825* El pequeño artista Oleo/tabla 37x48cm/*14x18in* Madrid 97
LÉONARD Agathon v.Weydeveldt 1841-1923 **[39]**
⪮ *$9 000 FF54 479 £5 524* A Figural Sculpture Bronze H45,5cm/*H17in* New-York 98
LEONARD Herman XX **[2]**
⌷ *$2 250 FF11 340 £1 450* Dizzy Gillespie, Royal Roost, NYC Gelatin silver print 45x37cm/*17x14in* San Francisco-Los Angeles 96
LÉONARD Jules 1827-1897 **[5]**
⌾ *$1 665 FF10 017 £998* The Little Cardplayers Oil/canvas 80x118cm/*31x46in* Amsterdam 98
LÉONARD Maurice 1899-1971 **[9]**
⌾ *$873 FF5 000 £516* Vase de fleurs Huile/panneau 46x38cm/*18x14in* Calais 97
LEONARD Michael 1933 **[2]**
✎ *$2 249 FF12 367 £1 381* Portrait of Robert Carleton Woolley in the Manner of Moroni Graphite 33,5x27cm/*13x10in* New-York 97
LEONARD Patrick 1918-1979 **[7]**
⌾ *$1 032 FF6 329 £616* Attending Mass Oil/board 29x24cm/*11x9in* Castlecomer 98
LEONARD Robert 1879-? **[2]**
✎ *$990 FF5 878 £604* "In a Kingdom of Her Own", ad. for Oneida Community Plate Pastel/paper 52x66cm/*20x26in* New-York 98
LEONARDI Achille XIX **[1]**
⌾ *$3 600 FF20 893 £2 126* Young Girl in Cloister Oil/canvas 99x71cm/*39x28in* New Orleans, Louisiana 97
LEONARDI Giovanni 1876-1957 **[7]**
✎ *$818 FF4 000 £518* Les Rois mages Gouache/papier 61x47cm/*24x18in* Quimper 95
LEONARDO DA BRESCIA ?-1598 **[1]**
⌾ *$9 158 FF51 898 £4 579* Gesù tra i dottori Olio/tavola 53x65cm/*20x25in* Roma 97
LEONARDO DA VINCI 1452-1519 **[5]**
✎ *$320 000 FF1 545 000 £200 000* Caricature of the head on an old man, in profile to the right Ink 11x8cm/*4x3in* London 95
LEONARDO José 1602-1656 **[3]**
⌾ *$17 500 FF100 000 £10 750* Milagro de San Isidro Oleo/lienzo 123x98cm/*48x38in* Madrid 97
LEONARDO José (Attrib.) 1602-1656 **[1]**
✎ *$5 460 FF28 130 £3 500* The Mocking of Christ Ink 20,2x17,8cm/*7x7in* London 96
LEONCILLO Leoncillo Leonardi 1915-1968 **[23]**
⌾ *$1 680 FF9 520 £840* San Sebastiano bianco Tecnica mista/cartone 58x25,5cm/*22x10in* Prato 97
⪮ *$8 153 FF46 204 £5 435* Taglio Terracotta 52,5x11,5x11cm/*20x4x4in* Milano 97
⪮ *$14 400 FF81 600 £7 200* Mediterranea Ceramic 158x55cm/*62x21in* Prato 98
✎ *$2 280 FF12 920 £1 520* Incontro d'inverno, 1960-62 Tecnica mista/carta 99,7x65cm/*39x25in* Prato 97
LEONE di Andrea 1595-1675 **[7]**
⌾ *$33 120 FF187 680 £22 080* Plotone di lancieri ed artiglieri turchi, su un'altura Olio/tela 50x78cm/*19x30in* Roma 97
LEONE di Andrea (Attrib.) 1595-1675 **[2]**
⌾ *$6 814 FF41 000 £4 079* Bataille de Turcs et de Chrétiens Huile/toile 92,5x129cm/*36x50in* Paris 98
LEONE John 1929 **[6]**

$2 350 FF12 243 £1 477 Survival Oil/canvas 76x101cm/30x40in Scottsdale, Arizona 96
LEONE Romolo XIX-XX **[12]**
$1 278 FF6 380 £834 Strassencarnevale Öl/Karton 44x75cm/17x29in Zofingen 95
LEONHARDI Eduard Emil August 1826-1905 **[3]**
$2 080 FF10 848 £1 216 Die Klosterruine Oybin Aquarell/Papier 35,5x25,2cm/13x9in Berlin 96
LEONI Ottavio M. (Attrib.) 1587-1630 **[8]**
$1 611 FF10 000 £971 Portrait d'homme à la fraise Pierre noire 13,5x10cm/5x3in Paris 98
LEONI Ottavio Maria 1587-1630 **[16]**
$8 377 FF52 000 £5 049 Portrait d'une jeune femme Pierre noire 18,5x13,5cm/7x5in Paris 98
LÉONNEC Georges 1881-1940 **[5]**
$200 FF1 200 £122 "Cigarettes Naja, tabac d'Orient" Affiche 59,5x39,5cm/23x15in Orléans 98
LEONOV Georgii Kuzmich XIX-XX **[1]**
$15 270 FF76 100 £10 000 Trompe l'oeil still life Watercolour 74x93,5cm/29x36in London 95
LEOPOLD von Carl XIX-XX **[2]**
$1 910 FF9 800 £1 163 Fischer am Ufer der Frauensinsel im Chiemsee Öl/Leinwand 55x90cm/21x35in
Kempten 96
LEPAGE Céline 1882-1928 **[7]**
$2 960 FF17 800 £1 771 Bédouine Terracotta H77,5cm/H30in Paris 98
LEPAPE Claude 1913-1994 **[7]**
$8 000 FF48 661 £4 866 A Basket with Green Ribbon/Spools of Rhread and Ribbon Oil/board
18x21cm/7x8in New-York 98
LEPAPE Georges 1887-1971 **[93]**
$516 FF2 500 £332 Le poudrier rouge Lithographie 24,5x17,5cm/9x6in Paris 95
$227 FF1 300 £140 Bord de mer Aquarelle/papier 28x22cm/11x8in Paris 97
LÉPAULLE Francois Gabriel G. 1804-1889 **[9]**
$3 744 FF18 760 £2 370 Cheval de course et son Jockey Huile/toile 46x64cm/18x25in Lokeren 95
$42 500 FF207 300 £27 000 Chasse à courre à Baden-Baden Oil/canvas 97x134cm/38x52in London 95
LEPCKE Ferdinand 1866-1909 **[11]**
$1 046 FF6 239 £649 Nymph and Herm Flute-Player Bronze H42,5cm/H16in London 97
LEPEINTRE Charles 1735-1803 **[4]**
$2 102 FF13 000 £1 251 Portrait présumé de Louise Marie Th. d'Orléans, duchesse de Bourbon Huile/toile
29x22cm/11x8in Paris 98
LEPEINTRE Mademoiselle (Attr.) XVIII **[1]**
$22 300 FF115 200 £14 280 Portrait de groupe de la famille de l'artiste Huile/toile 58,5x72,5cm/23x28in
Villa Diodati, Cologny 96
LEPELTIER Robert 1913 **[26]**
$2 862 FF16 319 £1 800 Les Elephants Oil/canvas 45,5x55cm/17x21in London 97
$6 440 FF31 800 £4 200 Chez la modiste Oil/canvas 41x34cm/16x13in London 95
LEPERE Auguste Louis 1849-1918 **[142]**
$3 266 FF20 000 £1 948 Ferme et chaumes en Vendée Huile/toile 59x72,5cm/23x28in Nantes 98
$425 FF2 207 £281 Grand marché aux pommes Etching 32x47,5cm/12x18in New-York 96
$345 FF1 800 £209 Paysage à l'arc-en-ciel Aquarelle 19x26,5cm/7x10in Paris 96
LEPERLIER Antoine 1953 **[2]**
$7 361 FF44 000 £4 461 "Ombre simultanée XVI" Sculpture 23x39cm/9x15in Paris 97
LEPIC Ludovic Napoléon 1839-1889 **[17]**
$7 620 FF38 000 £4 990 Plage de Berck animée de personnages Huile/toile 43x72cm/16x28in Lille 95
$10 391 FF62 000 £6 268 La baie de Naples par temps clair Huile/toile 94x128cm/37x50in Paris 97
$938 FF5 761 £572 Les pêcheurs de Berq Pastel/papier 63x92cm/24x36in Genève 98
LÉPICIÉ Nicolas B. (Attrib.) 1735-1784 **[16]**
$2 186 FF13 000 £1 337 Sacrifice antique Huile/toile 46x38cm/18x14in Paris 97
$3 723 FF22 968 £2 340 Head portrait of a man Oil/canvas 39x33cm/15x12in Köbenhavn 97
$314 FF1 875 £189 A girl sewing, bust-length/Study of a leg Black chalk 25,5x16,8cm/10x6in London 97
LÉPICIÉ Nicolas Bernard 1735-1784 **[34]**
$5 000 FF30 469 £3 102 Portrait of a Girl Oil/canvas 38x30,5cm/14x12in New-York 98
$74 500 FF380 000 £49 200 La fille du braconnier Huile/toile 45,5x37cm/17x14in Bayeux 96
$2 384 FF12 120 £1 424 La dentelière Encre 19,5x15cm/7x5in Montréal 96
LEPIÉ Ferdinand 1824-1883 **[27]**

$1 504 FF7 700 £965 Das Flusskreuz vor Bad Ischl Öl/Leinwand 53x71,5cm/*20x28in* Wien 96
$2 481 FF14 424 £1 515 "Blick auf Schloss Dürnstein"/"Schloss Orth, Traunsee" Öl/Leinwand 29,5x37cm/*11x14in* Wien 97

LÉPINAY Paul Ch. E. Gaillard 1842-1885 **[6]**
$1 960 FF10 000 £1 300 Marine Huile/toile 32,5x46cm/*12x18in* Troyes 96

LÉPINE Joseph 1867-1943 **[31]**
$2 430 FF12 500 £1 516 Intérieur Huile/papier/toile 38,5x55,5cm/*15x21in* Toulouse 96

LÉPINE Stanislas 1835-1892 **[108]**
$22 894 FF134 356 £14 000 Montmartre, La Rue du Mont-Cernis Oil/canvas 40x27cm/*15x10in* London 97
$40 000 FF237 388 £24 500 La Seine près du Pont d'Iéna Oil/canvas 52x85,5cm/*20x33in* New-York 97
$668 FF4 000 £399 Fête dans l'Oise et Orléans Dessin 9x14,5cm/*3x5in* Soissons 98

LÉPINE Stanislas (Attrib.) 1835-1892 **[3]**
$2 620 FF13 560 £1 700 La Seine à Paris Huile/panneau 27x39cm/*10x15in* Zürich 96
$11 000 FF58 542 £6 486 Un quai sur la Seine en sommeil Oil/canvas 99,7x124,5cm/*39x49in* New-York 97

LEPLAE Charles 1903-1962 **[9]**
$9 141 FF53 691 £5 643 Hommage au poète Jean Teugels, Auteur de l'Oeuf Bois Sculpture 39x11,5cm/*15x4in* Lokeren 97

LEPOULLE François 1804-1886 **[1]**
$1 837 FF11 000 £1 128 Fillette et petit chien devant la baie Huile/panneau 33x24cm/*12x9in* Calais 98

LEPPIEN Jean 1910-1991 **[57]**
$1 087 FF5 500 £713 Composition Huile/toile 35x27cm/*13x10in* Paris 96
$2 514 FF15 000 £1 516 Sans titre Huile/isorel 43,5x45,5cm/*17x17in* Paris 97
$975 FF5 100 £581 Komposition Gouache/paper 42x32cm/*16x12in* Köln 96

LEPREUX Albert 1868-1959 **[115]**
$303 FF1 800 £183 La cathédrale inachevée Huile/carton 29,5x38cm/*11x14in* Saumur 97

LEPRI Stanislas 1905-1980 **[44]**
$1 300 FF6 570 £853 Napoli Oil/canvas 14x11cm/*5x4in* Chicago, Illinois 96
$1 740 FF8 500 £1 100 La Mort Tempera/panel 41x48cm/*16x18in* London 95
$275 FF1 600 £169 Vers l'étang Encre 30x36cm/*11x14in* Paris 97

LEPRIN Marcel 1891-1933 **[182]**
$336 FF2 000 £208 Paysage à Villers-le-Bel Huile/toile 50x73cm/*19x28in* Saint-Dié 97
$3 112 FF19 000 £1 860 Scène de rue Huile/toile 27x35cm/*10x13in* Honfleur 98
$7 207 FF41 000 £4 411 La femme au châle Huile/toile 162x114cm/*63x44in* Paris 97
$671 FF3 500 £444 Soirée animée au cabaret du lapin agile à Montmartre Pastel 29x45cm/*11x17in* Paris 96

LEPRINCE Auguste Xavier 1799-1826 **[25]**
$3 030 FF15 000 £1 926 En promenade Huile/panneau 12x15cm/*4x5in* Paris 95
$5 000 FF30 266 £3 045 A Winter Scene, A Makeshift Shelter Set Up For Skaters Wash 29,5x38,5cm/*11x15in* New-York 98

LEPRINCE Jean-Baptiste 1734-1781 **[45]**
$15 417 FF90 000 £9 324 Portrait d'un Oriental Huile/toile 60x49,5cm/*23x19in* Paris 97
$16 860 FF100 000 £10 210 Le défilé des montreurs d'ours Huile/panneau 24x32cm/*9x12in* Paris 97
$1 680 FF9 520 £840 Pastori con armenti Inchiostro/carta 22,5x30,5cm/*8x12in* Milano 98

LEPRINCE Jean-Baptiste (Attr) 1734-1781 **[22]**
$4 020 FF21 000 £2 430 Esquisse d'intérieur de ferme avec animaux Huile/toile 24x34,5cm/*9x13in* Paris 96
$21 000 FF116 022 £13 051 A Chinoiserie Oil/canvas 169x72cm/*66x28in* New-York 97
$661 FF3 800 £404 Jeune femme et ses enfants Lavis 9,5x24cm/*3x9in* Paris 97

LEPRINCE Robert Léopold 1800-1847 **[6]**
$15 417 FF90 000 £9 324 Paysage de rivière au pont de bois à Thorigné Huile/papier/toile 32,5x40,5cm/*12x15in* Paris 97

LEPRINCE Xavier 1799-1826 **[2]**
$4 894 FF28 000 £3 054 Homme assis Huile/toile 32,5x24cm/*12x9in* Pontoise 97

LEQUESNE Eugène Louis 1815-1887 **[15]**
$1 350 FF8 000 £800 Faune dansant Bronze H28cm/*H11in* Fécamp 97

LEQUESNE Fernand 1856-? **[8]**
$1 460 FF7 410 £950 "Cie Gle Transatlantique, Havre-New York" Poster 100x69cm/*39x27in* London 96
LEQUEUX Emile XIX-XX **[4]**
$604 FF3 140 £400 "Manufacture Gle. de Caoutchouc" Poster 69x46cm/*27x18in* London 96
LEQUIER William XX **[2]**
$8 000 FF41 800 £4 830 Glass sculpture, from The Sentinel Series Sculpture H42cm/*H16in* New-York 96
LERAMBERT Henri c.1550-1610 **[1]**
$9 000 FF49 724 £5 593 Funerary Sacrifice Wash 29,2x43,3cm/*11x17in* New-York 97
LERAY Prudent Louis 1820-1879 **[8]**
$1 930 FF10 000 £1 273 Les messagers de l'amour Huile/panneau 32,5x24cm/*12x9in* Pontoise 96
LERCH Franz 1895-1977 **[14]**
$3 970 FF19 600 £2 580 "Strandszene" Öl/Leinwand 71x81cm/*27x31in* Wien 95
$2 326 FF12 040 £1 502 Himmel über New York Aquarell/Papier 42,5x35cm/*16x13in* Wien 96
LERCHE Vincent Stoltenberg 1837-1892 **[9]**
$3 050 FF15 800 £1 967 The connoisseur Oil/panel 31x23cm/*12x9in* Köbenhavn 96
$1 476 FF7 700 £891 San Gregorio Watercolour/paper 36x27cm/*14x10in* Oslo 96
LERFELDT Hans Henrik 1946-1990 **[62]**
$2 006 FF12 324 £1 204 Kvinde siddende i sofa Oil/canvas 35x27cm/*13x10in* Vejle 98
$139 FF796 £85 Kvindekrop med kranie Etching 20x15cm/*7x5in* Viby J, Arhus 97
$1 228 FF6 210 £806 Figurkomposition Watercolour 28x20cm/*11x7in* Köbenhavn 96
LERGAARD Niels 1893-1982 **[41]**
$132 FF793 £81 Udsigt over fjorden Oil/canvas 59x72cm/*23x28in* Vejle 98
LERIUS van Joseph 1823-1876 **[11]**
$3 958 FF23 577 £2 421 Portrait d'Hélène, fille du peintre Jacob Jacobs Huile/panneau 45x35cm/*17x13in* Bruxelles 98
$4 144 FF23 616 £2 588 Junges Schwarzwaldmädchen Oil/wood 100x65,5cm/*39x25in* Bremen 97
LERMITTE Jean-Pierre 1920-1977 **[21]**
$792 FF4 074 £494 Gesteinsformationen in Grau und Braun Lithographie couleurs 23,5x61cm/*9x24in* Bern 96
$2 027 FF12 038 £1 237 "Citerne jurassienne" Pencil/paper 26x96cm/*10x37in* Bern 98
LERNER Nathan 1913 **[2]**
$3 400 FF17 550 £2 175 Sleeping man, Maxwell Street Silver print 49x39cm/*19x15in* New-York 96
LEROLLE Henri 1848-1929 **[9]**
$7 000 FF35 980 £4 375 Returning Home from the Fields Oil/canvas 66x81,5cm/*25x32in* New-York 96
$10 000 FF56 980 £6 125 Après le travail Oil/canvas 145x100,5cm/*57x39in* New-York 97
LEROUX Auguste 1871-1954 **[119]**
$262 FF1 600 £157 Intérieur de la cathédrale de Chartres Huile/panneau 33x24cm/*12x9in* Paris 98
$1 400 FF8 521 £834 Seated Lady in Red Shawl Oil/canvas 80x64cm/*31x25in* Florida 97
LEROUX Francois 1943 **[15]**
$256 FF1 500 £151 Composition Pastel/papier 120x80cm/*47x31in* Douai 97
LEROUX Gaston Veuvenot 1854-1942 **[34]**
$4 470 FF23 100 £2 854 "Othello" Métal H95cm/*H37in* Angoulême 96
$6 548 FF40 000 £3 884 La lecture du Coran Bronze H65cm/*H25in* Paris 98
LEROUX Georges 1877-1957 **[46]**
$584 FF3 500 £357 Paysage méridional Huile/toile 38x61cm/*14x24in* Lyon 97
$9 070 FF47 300 £6 000 Aida Bronze H73,5cm/*H28in* London 96
$139 FF850 £83 Auvers-sur-Oise Encre 35,5x45cm/*13x17in* Orléans 98
LEROUX Hector 1829-1900 **[7]**
$17 000 FF101 614 £10 405 Sala dell'Iliad, Pitti Palace, Florence Oil/canvas 90x122cm/*35x48in* New-York 97
LEROUX Henri Louis-Ph. 1872-1942 **[11]**
$1 974 FF11 445 £1 232 Opschik voor de spiegel Huile/toile 60x50cm/*23x19in* Lokeren 97
LEROUX Pierre Albert 1890-1959 **[20]**
$230 FF1 200 £139 Charge du 1er Cuirassiers Gouache/carton 44x31cm/*17x12in* Paris 96
LEROY Eugène 1910 **[103]**
$5 076 FF30 000 £3 144 Portrait Huile/carton/toile 46x33cm/*18x12in* Paris 97
$6 150 FF31 000 £4 020 Les iris Huile/toile 73x60cm/*28x23in* Paris 96
$19 812 FF117 646 £12 000 Untitled Oil/canvas 130x96cm/*51x37in* London 97

$202 FF1 200 £122 Jeune homme assis dessinant, étude Crayon/papier 23x30,5cm/*9x12in* Marcq-en-Baroeul 97
LEROY Jean 1896-1939 **[2]**
$190 FF1 136 £114 Zittende man Huile/toile 65,5x41cm/*25x16in* Lokeren 97
LEROY Jeannette XX **[2]**
$927 FF5 500 £566 Décolleté au Châle Crayon/papier 48x38cm/*18x14in* Paris 98
LEROY Jules 1833-1865 **[52]**
$1 647 FF8 500 £1 060 Chatons dans un panier de roses Huile/panneau 18x24cm/*7x9in* Calais 96
$4 710 FF24 000 £2 827 Les chatons Huile/toile 64x54cm/*25x21in* Neuilly 96
LEROY Jules XIX-XX **[64]**
$2 085 FF10 500 £1 350 Les chatons Huile/panneau 32x23cm/*12x9in* Tonnerre 95
$3 500 FF21 135 £2 126 Mischievous Kittens Oil/canvas 43x38cm/*17x15in* Bethesda, Maryland 98
LEROY Patrick 1948 **[120]**
$445 FF2 600 £263 Composition Huile/carton 45x35cm/*17x13in* Saint-Dié 97
$917 FF4 600 £581 La promenade Huile/panneau 65x47cm/*25x18in* Paris 95
LEROY Paul Alexandre Alfr. 1860-1942 **[13]**
$1 960 FF9 500 £1 262 Le belle Orientale Huile/panneau 41x25,5cm/*16x10in* Aubagne 95
$2 736 FF13 940 £1 642 Vue de Venise Huile/panneau 37,5x54cm/*14x21in* Bruxelles 96
LERSKI Helmar Schmuklerski 1871-1956 **[6]**
$2 800 FF16 412 £1 723 Dr. Conrad Farner Gelatin silver print 29x23cm/*11x9in* New-York 97
LESAGE Augustin 1876-1964 **[4]**
$12 970 FF68 000 £7 800 "Lion rugissant gardien des temples" Huile/toile 125x88cm/*49x34in* Paris 96
LESAINT Charles Louis 1795-? **[6]**
$9 816 FF60 000 £5 994 Animation dans le faubourg au pied de la Cathédrale d'Amiens Huile/toile 60x74cm/*23x29in* La Varenne Saint-Hilaire 98
LESIEUR Pierre 1922 **[49]**
$1 015 FF6 000 £607 Le fauteuil rouge Huile/papier 26x25cm/*10x9in* Paris 97
$1 343 FF7 000 £844 Nature morte aux poissons Huile/toile 38x46cm/*14x18in* Paris 96
$5 500 FF31 645 £3 246 La Terrasse Oil/canvas 170,5x214,5cm/*67x84in* New-York 97
LESIRE Paul, Paulus 1611-1656 **[5]**
$25 009 FF150 210 £15 000 Portrait of a Mathematician Oil/panel 68,5x60cm/*26x23in* London 98
LESKOSCHEK von Axel 1889-1976 **[19]**
$287 FF1 678 £173 10 Scherze Woodcut 12,5x9cm/*4x3in* Wien 97
$319 FF1 904 £196 Landschaft mit Türmen Watercolour 34,5x24,5cm/*13x9in* Wien 98
LESLIE Alfred 1927 **[13]**
$2 000 FF12 232 £1 222 Untitled Mixed media/board 16x18,5cm/*6x7in* New-York 98
$1 422 FF7 326 £882 In der Manege/Reproduktion von Picasso Mischtechnik/Papier 35x47cm/*13x18in* Wetzikon 96
LESLIE Charles c.1835-1890 **[73]**
$655 FF3 879 £400 Evening, Ben Nevis Oil/canvas 25,5x45,5cm/*10x17in* London 98
$828 FF5 075 £500 A Figure in a Loch Landscape Oil/canvas 30,5x61cm/*12x24in* London 98
LESLIE Charles R. (Attrib.) 1794-1859 **[1]**
$3 912 FF22 404 £2 388 Young woman in the artist's studio Oil/canvas 59x44cm/*23x17in* Stockholm 97
LESLIE Charles Robert 1794-1859 **[13]**
$4 200 FF25 641 £2 510 Young Girl in White Oil/panel 34x26cm/*13x10in* New-York 98
LESLIE DUNLOP George 1835-1921 **[13]**
$2 500 FF14 836 £1 531 "Glycera" Oil/canvas/board 27x19,5cm/*10x7in* San Francisco 98
$4 580 FF22 400 £2 900 The Gleaners Oil/canvas 61x51cm/*24x20in* London 95
LESOURD DE BEAUREGARD Ange Louis Guillaume 1800-c.1875 **[12]**
$11 000 FF67 360 £6 583 Bouquet of pansies Oil/board 27x21cm/*10x8in* New-York 98
$30 000 FF177 411 £18 201 Flowers from the Meadow Oil/canvas 46x38cm/*18x14in* New-York 98
LESPINASSE de Louis-Nicolas 1734-1803 **[6]**
$32 800 FF191 425 £19 500 Audiens hos sultanen, interiörer från audienssalen i Seraljen Gouache/paper 25x38cm/*9x14in* Stockholm 97
LESREL Adolphe Alexandre 1839-1929 **[50]**
$2 325 FF12 000 £1 497 Les fileuses, Lorient Huile/panneau 46x38cm/*18x14in* Calais 96

$15 565 FF90 284 £9 200 Le Conoisseur Oil/panel 33x24cm/*12x9in* London 97
LESSEPS de Charles 1865-1889 **[16]**
$250 FF1 524 £150 Pirogue Boater Deep in the Bayou Pencil/paper 11x18cm/*4x7in* New Orleans, Louisiana 98
LESSEUR-LESSEROVITCH de Vincent 1745-1813 **[2]**
$2 317 FF12 000 £1 550 Brustbild einer dunkelhaarigen Beautée in Profilhaltung Miniature 13x10cm/*5x3in* Wien 96
LESSI Tito Giovanni 1858-1917 **[11]**
$3 500 FF21 033 £2 116 Aat His Desk Oil/panel 17x12cm/*6x4in* New-York 98
$7 500 FF42 500 £3 750 Giocatori di carte Olio/tela 40x53cm/*15x20in* Firenze 97
$1 440 FF8 160 £960 Paessaggiata alle Cascine Acquarello/carta 27x42,5cm/*10x16in* Firenze 97
LESSIEUX Ernest Louis 1848-1925 **[46]**
$457 FF2 797 £280 "Cie. Gle. Transatlantique": Edwardian cruising scene Poster 69x102cm/*27x40in* Hove, Sussex 98
$672 FF3 510 £400 View of Menton from the Bay Watercolour 14x26,5cm/*5x10in* London 96
LESSIEUX Louis Ernest 1874-1925 **[8]**
$785 FF4 724 £470 "Algérie Tunisie P.L.M" Poster 108x78,5cm/*42x30in* London 98
LESSING Carl Fried. (Attrib) 1808-1880 **[4]**
$1 683 FF10 043 £1 015 Das trauernde Königspaar Öl/Leinwand 42,5x37,5cm/*16x14in* Köln 97
LESSING Carl Friedrich 1808-1880 **[21]**
$4 530 FF22 300 £2 920 Self portrait Oil/panel 27x21cm/*10x8in* Berlin 95
$4 097 FF25 167 £2 457 Gebirgslandschaft mit aufkommenden Sturm Oil/canvas/panel 31,5x51cm/*12x20in* Stuttgart 98
$729 FF4 350 £439 Waldlandschaft Pencil/paper 45,7x63cm/*17x24in* Köln 97
LESSORE Émile Aubert 1805-1876 **[5]**
$3 000 FF17 985 £1 814 Pastoral Scene Oil/canvas 39x52cm/*15x20in* Chicago, Illinois 97
LESSORE Jules 1849-1892 **[23]**
$301 FF1 856 £180 Waterloo Bridge - Somerset House Watercolour 17x25,5cm/*6x10in* Bristol, Avon 97
LESTER Adrienne XX **[10]**
$1 220 FF7 462 £750 Study of a Cat on a Wall Oil/cardboard 21x28,5cm/*8x11in* Lymington 98
$1 910 FF9 950 £1 200 "Paddy", a blue Persian Cat on a table Oil/canvas 59,5x49,5cm/*23x19in* London 96
LESUEUR Charles-Alexandre 1778-1846 **[3]**
$142 063 FF860 510 £88 027 Animaux de la Nouvelle Hollande Watercolour 21x25,5cm/*8x10in* Melbourne 97
LESUEUR Eustache (Attrib.) 1617-1655 **[4]**
$3 331 FF19 267 £2 000 Aurora Oil/canvas 51,5x47,5cm/*20x18in* London 97
LESUR Henri Victor 1863-1900 **[36]**
$193 FF1 000 £125 Côtes rocheuses Huile/toile 56x73cm/*22x28in* Paris 96
$634 FF3 800 £389 Paysage Huile/panneau 41x35cm/*16x13in* Paris 98
LETELLIER Pierre 1928 **[27]**
$768 FF4 400 £454 Inondation Huile/toile 19x27cm/*7x10in* Paris 97
LETENDRE Rita 1929 **[47]**
$1 175 FF6 000 £775 "Saturnale" Huile/toile 61x76cm/*24x29in* Montréal 96
LETERREUX Gervais 1930 **[43]**
$481 FF2 400 £314 Honfleur Huile/toile 22x27cm/*8x10in* Le Havre 95
LETH de Hendrick II 1703-c.1766 **[2]**
$963 FF5 514 £569 View of Braubach and Marksburg on the Rhine, from the West bank Ink 18x28cm/*7x11in* Amsterdam 97
LETH Harald 1899-1986 **[46]**
$761 FF4 417 £469 Lansdkab med kirke i forggrunden Oil/masonite 61x76cm/*24x29in* Köbenhavn 97
$1 300 FF6 340 £821 Gåsepigen Oil/canvas 30x50cm/*11x19in* Köbenhavn 95
$163 FF968 £99 Landskab med hus Soft pencil/paper 16x20cm/*6x7in* Köbenhavn 98
LETHBRIDGE Julian 1947 **[11]**
$4 250 FF20 600 £2 730 Untitled Acrylic/paper 32,5x25,5cm/*12x10in* New-York 95
LETHBRIDGE Walter Stephens 1771-1831 **[5]**
$1 700 FF10 265 £1 032 Miniature Group Portrait Depicting Two Gentlemen and a Child Miniature 7x8cm/*3x3in* New Orleans, Louisiana 98

LETHIERE Guillaume 1760-1832 **[12]**
👁 *$32 000 FF182 544 £19 676* Brutus Condemning his Sons to Death Oil/canvas 47,5x84cm/*18x33in* New-York 97

LETO Antonino 1844-1913 **[33]**
👁 *$4 800 FF25 130 £3 150* L'acquaiolo Olio/tavola 27x18cm/*10x7in* Roma 96
👁 *$20 280 FF118 460 £12 000* I bambini nuotano a Capri con Vesuvius nel fondo Oil/canvas 50,5x81,8cm/*19x32in* London 97

LETOURNEAU Edouard 1851-1907 **[3]**
🖎 *$4 014 FF20 000 £2 630* Cheval arabe sellé Bronze H40,5cm/*H15in* Paris 95

LETSCH Louis 1856-1940 **[9]**
👁 *$1 472 FF8 716 £886* "Partie bei Schachen" Öl/Leinwand 29,5x45,5cm/*11x17in* Lindau 98
👁 *$2 718 FF16 144 £1 646* Rosa Rosen in einer Schale Öl/Leinwand 74x48cm/*29x18in* Zürich 97

LEU August 1852-1876 **[3]**
👁 *$4 103 FF25 142 £2 450* Gebirgssee mit Bauern in der Fähre vorne rechts am Ufer Oil/canvas 81x109cm/*31x42in* Dresden 98

LEU August Wilhelm 1819-1897 **[23]**
👁 *$4 563 FF23 478 £2 847* Travellers on a Path in a Mountainous Landscape Oil/canvas 92x130cm/*36x51in* Amsterdam 96
👁 *$13 495 FF80 181 £8 026* Partie bei Roccabruna bei Nizza, Abendlandschaft Öl/Leinwand 116,5x160,5cm/*45x63in* München 97

LEU Oskar 1864-1942 **[22]**
👁 *$875 FF5 363 £522* Mühle am Teich Oil/canvas 61x80cm/*24x31in* Dresden 98

LEU Otto Friedrich 1855-1922 **[8]**
👁 *$1 034 FF5 170 £670* Stadtansicht von Regensburg Öl/Leinwand 67,5x90,5cm/*26x35in* Düsseldorf 96

LEUPENIUS Johannes 1647-1693 **[4]**
✏ *$1 272 FF6 170 £820* Portrait of a Cleric Black chalk 25x21,8cm/*9x8in* Amsterdam 95

LEUPIN Herbert 1916 **[44]**
🖺 *$53 FF322 £33* Clown Farblithographie 70x49,5cm/*27x19in* Zürich 98

LEUPPI Leo 1893-1972 **[22]**
👁 *$2 041 FF11 746 £1 257* Stilleben Öl/Karton 23x29,5cm/*9x11in* Zürich 97
👁 *$2 650 FF12 900 £1 677* Abstrakte Komposition Öl/Leinwand 46x35cm/*18x13in* Bern 95

LEURS Johannes Karel 1865-1938 **[22]**
👁 *$1 632 FF9 328 £1 000* A Diutch River Landscape Oil/canvas 60x79cm/*23x31in* London 97

LEUSDEN van Willem 1886-1974 **[11]**
✏ *$2 057 FF11 990 £1 257* Untitled Pencil/paper 53x41,5cm/*20x16in* Amsterdam 97

LEUTEMANN Heinrich 1824-1905 **[2]**
✏ *$2 793 FF16 727 £1 716* Gighting Scene in Singapore Watercolour/paper 29,5x45cm/*11x17in* Singapore 98

LEUTERITZ Paul 1867-1919 **[4]**
👁 *$1 849 FF10 796 £1 118* Aufziehendes Gewitter Öl/Papier 19x31cm/*7x12in* München 97

LEUTZE Emmanuel Gottlieb 1816-1868 **[12]**
👁 *$3 600 FF20 618 £2 129* "Mrs Murray" Oil/canvas 50x40cm/*20x16in* Milford, Conn. 97

LEUUS Jésus Mariano 1948 **[27]**
👁 *$1 000 FF5 160 £640* La familia Oil/masonite 30x40cm/*12x16in* Tarzana, CA 96
👁 *$950 FF5 500 £584* Madre y niño Oil/board 60x37cm/*23x14in* Los Angeles 97

LEV Chava 1961 **[3]**
👁 *$4 000 FF24 375 £2 436* Dna Reproduction Oil/canvas 110x80cm/*43x31in* Tel Aviv 98
🖺 *$450 FF2 742 £274* Waterworks in colour Print in colors 27x30cm/*10x11in* Tel Aviv 98

LEVACHEZ Charles Fr. Gabriel XVIII-XIX **[6]**
🖺 *$2 263 FF13 800 £1 357* Napoléon, premier Empereur des Français Aquatinte couleurs 78x61,5cm/*30x24in* Paris 98

LEVANON Mordechai 1901-1968 **[83]**
👁 *$3 000 FF15 550 £1 950* A street in Rosh Pina Oil/panel 30x35,5cm/*11x13in* Tel Aviv 96
👁 *$11 000 FF65 398 £6 729* Fishing Boat on Lake Kinnereth Oil/canvas 130x97cm/*51x38in* Tel Aviv 97
👁 *$16 000 FF81 600 £10 600* Safed Oil/canvas 73x92cm/*28x36in* Tel Aviv 96
✏ *$1 400 FF7 160 £906* Landscape Gouache 48x68cm/*18x26in* Tel Aviv 95

LEVASSEUR Henri Louis 1853-1934 **[28]**

$2 035 FF11 591 £1 249 Two men barechested, tugging on a rope Bronze H50cm/*H19in* London 97

$3 074 FF15 500 £1 982 Première étoile Bronze H84,5cm/*H33in* Biarritz 96

LEVECQ Jacobus (Attrib.) 1634-1675 **[3]**

$11 000 FF64 858 £6 745 Man in Black, half-length, holding a pair of leather gloves Oil/panel 71x58,5cm/*27x23in* New-York 98

LEVEILLÉ André 1880-1963 **[27]**

$8 290 FF49 000 £4 958 Le pont neuf Huile/toile 73x92cm/*28x36in* Paris 97

$618 FF3 500 £377 La Seine au pont de Grenelle Aquarelle/papier 27x76cm/*10x29in* Saint-Germain-en-Laye 97

LEVEILLÉ J. Augustin XVIII **[1]**

$821 FF4 800 £486 Le charlatan, d'après Borel Gravure 42,5x57cm/*16x22in* Paris 97

LEVENE Ben 1938 **[6]**

$1 629 FF10 039 £1 001 "Tree in Hedgerow" Oil/board 30,5x44,5cm/*12x17in* London 98

$1 788 FF11 022 £1 099 "Poplar Tree" Oil/board 46x50cm/*18x19in* London 98

LEVENSTEIN Leon 1913-1990 **[9]**

$1 600 FF9 422 £987 Car, Coney Island, 1950s Photograph 21x37cm/*8x14in* New-York 97

LEVENTSEV Nikolaï 1930 **[9]**

$2 840 FF15 920 £1 760 Delante del Monasterio de Zagorsk Oleo/lienzo 90x120cm/*35x47in* Madrid 97

LÉVEQUE Auguste 1866-1921 **[9]**

$684 FF3 919 £420 L'Adoration Huile/toile 58x84cm/*22x33in* Antwerpen 97

$32 000 FF182 336 £19 600 Pomone Oil/canvas 145x187cm/*57x73in* New-York 97

$2 168 FF13 000 £1 328 Les fêtes dionysiaques Pastel/papier 51x71cm/*20x27in* Antwerpen 97

LEVEQUE Gabriel 1923 **[3]**

$4 750 FF28 192 £2 909 Breaking for Lunch Oil/board 40,5x51cm/*15x20in* San Francisco-Los Angeles 97

LEVEQUE Louis 1814-1875 **[4]**

$5 081 FF29 527 £3 000 Two Slave Women Bronze H48,5cm/*H19in* London 97

LEVER Hayley 1876-1958 **[7]**

$7 000 FF35 350 £4 545 President Wilson Leaves for Paris Oil/canvas 40x50cm/*16x20in* Portland, Maine 96

$400 FF2 418 £247 St. Ives Cornwall Watercolour/paper 23x33cm/*9x13in* Mystic, Connecticut 97

LEVER Richard Hayley 1876-1958 **[177]**

$460 FF2 233 £290 Smeartons Pier during reconstruction, St. Ives Harbour Oil/canvas 26x33cm/*10x12in* Honiton, Devon 95

$650 FF3 356 £416 Red house, City Island Oil/canvas/board 45x60,5cm/*17x23in* New-York 96

$10 000 FF61 050 £5 977 Fresh Breeze in the Moonlight Oil/canvas 102x127,5cm/*40x50in* New-York 98

$900 FF4 660 £584 Marblehead, MA Watercolour/paper 40x55cm/*16x22in* Mystic, Connecticut 96

LEVERD René 1872-1938 **[159]**

$632 FF3 300 £376 Le petit port de Cassis Aquarelle/papier 24x35,5cm/*9x13in* Cherbourg 96

LEVI Carlo 1902-1975 **[107]**

$2 880 FF16 320 £1 440 Danae Olio/tela 30x40cm/*11x15in* Vercelli 97

$3 584 FF18 700 £2 352 Natura morta di frutta Olio/tela 70x50cm/*27x19in* Venezia 96

$569 FF3 227 £284 Nido di colibri Tecnica mista/carta 50x40cm/*19x15in* Roma 97

LEVI Julian E. 1900-1982 **[5]**

$2 000 FF11 415 £1 236 Fisherman's family Oil/canvas 40,5x30,5cm/*15x12in* New-York 97

$175 FF1 041 £108 The Road to Provincetown Lithograph 21x30cm/*8x12in* Provincetown, MA. 97

LEVI Vassilij 1878-1954 **[5]**

$10 000 FF52 500 £6 000 Dancing couple Oil/canvas 63x68cm/*24x26in* London 96

LEVIER Charles 1920 **[296]**

$400 FF2 473 £240 Femmes dans le port Oil/canvas 76x101cm/*30x40in* Vestal, NY 97

$611 FF3 500 £361 Marguerites Huile/toile 24x35cm/*9x13in* Tulle 97

$250 FF1 509 £151 La Côte/Paysage avec Pont Watercolour/paper 55x76cm/*22x30in* Bethesda, Maryland 98

LEVIEUX Renaud, Reynaud c.1625-1690 **[2]**

$20 100 FF105 000 £12 150 Nature morte avec un hara et deux épagneuls nains Huile/toile 81,5x102cm/*32x40in* Paris 96

LEVIGNE Théodore 1848-1912 **[90]**

$572 FF3 500 £339 Marquise et marquis à la chasse Huile/panneau 26x35cm/*10x13in* Lyon 98

🌂 *$6 536 FF40 000 £3 972* Le déjeuner de chasse Huile/toile 89x116cm/*35x45in* Paris 98
🌂 *$9 460 FF49 000 £6 110* Le Passage du torrent Huile/toile 120x160cm/*47x62in* Lyon 96
LEVIGNES Amélie XVIII-XIX **[2]**
🌂 *$85 510 FF505 053 £51 663* A bouquet of flowers on a ledge Oil/canvas 87x67,5cm/*34x26in* Amsterdam 97
LEVILLY Jacques Philippe XVIII-XIX **[3]**
$2 054 FF12 000 £1 215 Planches d'illustrations des "Contes arabes ou persans", d'après Buruy Gravure 31x39cm/*12x15in* Paris 97
LEVINE David 1926 **[23]**
$954 FF5 000 £574 Femme blonde Aquarelle/papier 28x17cm/*11x6in* Monaco 96
LEVINE Jack 1915 **[61]**
🌂 *$13 000 FF64 000 £8 370* Kronos Oil/canvas 61x53cm/*24x20in* New-York 95
🌂 *$40 000 FF235 848 £24 528* Girls from Fluegel Street Oil/canvas 162,5x142cm/*63x55in* New-York 98
$200 FF1 201 £119 Vernissage Lithograph 45,5x56,5cm/*17x22in* Los Angeles 98
$300 FF1 476 £190 Volpone Ink/paper 29x42cm/*11x16in* New-York 95
LEVINE Sherrie 1947 **[54]**
🌂 *$11 000 FF53 300 £7 060* Untitled (White Knot) #11 Mixed media 89x64cm/*35x25in* New-York 95
🌂 *$16 000 FF93 024 £9 768* Untitled (Krazy kat: 4) Oil/board 29,9x23,5cm/*11x9in* New-York 97
🌂 *$18 000 FF104 590 £10 627* Untitled (Golden Knots: 6) Oil/wood 152,5x122cm/*60x48in* New-York 97
$15 500 FF90 011 £9 469 La Fortune (after Man Ray: 6) Installation 83,8x279,4x152,4cm/*32x110x59in* New-York 97
$55 000 FF280 000 £33 000 Fountain (After Marcel Duchamp) Bronze 66x38x35,5cm/*25x14x13in* New-York 96
$4 800 FF28 402 £2 928 After Walker Evans Gelatin silver print 20,5x25,5cm/*8x10in* New-York 98
$3 000 FF14 530 £1 926 After Fernand Leger Watercolour/paper 36x28cm/*14x11in* New-York 95
LEVINESS Osmund 1904-1966 **[5]**
$1 800 FF9 300 £1 152 Babe Ruth Silver print 2,5x11cm/*x4in* New-York 96
LEVINSEN Sophus Theobald 1869-1943 **[16]**
$1 210 FF7 283 £724 Les Martigues Oil/canvas 55x83cm/*21x32in* Amsterdam 98
LEVINSTEIN Leon 1913-1990 **[17]**
$3 200 FF16 570 £2 047 Lower East Side, NYC Gelatin silver print 37x48cm/*14x19in* New-York 96
LEVINTHAL David 1949 **[5]**
$2 000 FF11 675 £1 209 Untitled, from "The Wild West" Photograph 61x49,5cm/*24x19in* Beverly Hills, Calif. 97
LEVIS Maurice 1860-1940 **[123]**
🌂 *$2 930 FF15 000 £1 780* Biskra, l'Oasis et la chaîne des Aurès Huile/toile 29x41cm/*11x16in* Paris 96
🌂 *$3 317 FF19 000 £1 962* Village au bord de la rivière Huile/toile 36x54cm/*14x21in* Calais 97
$842 FF5 000 £514 Péniches et Chalands sur le fleuve Aquarelle/papier 18x24cm/*7x9in* Le Touquet 98
LEVIS Max 1863-1930 **[12]**
🌂 *$1 639 FF9 699 £1 000* In the Boudoir Oil/board 51,5x42cm/*20x16in* London 98
🌂 *$4 338 FF26 598 £2 600* Contemplation Oil/panel 37x30cm/*14x11in* London 98
LEVISON Birgitte 1832-1916 **[2]**
🌂 *$2 024 FF12 335 £1 227* Amagerinterieur med en mor, en lille pige med sin dukke samt hund Oil/canvas 42x33cm/*16x12in* Köbenhavn 98
LEVITAN Isaak Il'ich 1861-1900 **[46]**
🌂 *$13 150 FF66 300 £8 500* Country church in winter Oil/panel 26x15cm/*10x5in* London 96
🌂 *$28 340 FF148 700 £17 000* The Aspen Grove Oil/paper/canvas 48x35cm/*18x13in* London 96
$32 756 FF190 114 £20 000 Meadow on the edge of a forest Pastel 67x53cm/*26x20in* London 97
LEVITAN Isaak Il'ich (Attr.) 1861-1900 **[1]**
🌂 *$6 870 FF34 240 £4 500* Self-portrait Oil/canvas 46x61cm/*18x24in* London 95
LEVITSKY Dimitri Gregoriovitc 1735-1822 **[2]**
🌂 *$99 156 FF584 663 £58 700* Portrait of Denis Diderot Oil/canvas 69,5x52cm/*27x20in* London 97
LEVITT Helen 1913 **[34]**
$1 900 FF9 910 £1 148 New York Gelatin silver print 28x19cm/*11x7in* San Francisco-Los Angeles 96
LEVORATI Ernesto XIX-XX **[4]**
🌂 *$9 600 FF50 100 £6 300* Scena veneziana Olio/tela 74x50cm/*29x19in* Trieste 96

LEVRAC-TOURNIERES Robert 1667/68-1752 **[19]**
- *$4 218 FF23 500 £2 622* Sans titre Huile/toile 51x34cm/*20x13in* Deauville 97
- *$6 097 FF35 000 £3 717* Portrait de jeune femme en Flore Huile/toile 131x98cm/*51x38in* Vendôme 97

LEVRAC-TOURNIERES Robert (Attrib.) 1667/68-1752 **[14]**
- *$2 697 FF16 000 £1 649* Portrait d'homme Huile/toile 72x58cm/*28x22in* Paris 97

LEVREAU Georges 1867-? **[1]**
- *$4 065 FF23 622 £2 400* A reclining female Nude Oil/canvas 30,5x50,5cm/*12x19in* London 97

LEVREL René 1900-1981 **[110]**
- *$224 FF1 300 £132* La Rochelle Huile/toile 46x65cm/*18x25in* Paris 97
- *$51 FF300 £30* Poissons Aquarelle/papier 34x45cm/*13x17in* Paris 97

LEVY Alexander Oscar 1881-1947 **[7]**
- *$1 700 FF10 365 £1 020* Quiet Beauty, Portrait ofa Young Woman Oil/panel 23x22,5cm/*9x8in* Boston, Mass. 98
- *$2 300 FF11 477 £1 503* Guitar Player Oil/canvas 66x55cm/*26x22in* Cincinnati, Ohio 95

LEVY Alphonse, dit Saïd 1843-1918 **[70]**
- *$615 FF3 500 £379* Marchand d'étoffes Huile/toile 55x46cm/*21x18in* Lyon 97
- *$846 FF5 000 £506* Vieux juif sur son mulet Huile/panneau 22x15cm/*8x5in* Paris 97
- *$483 FF2 500 £312* Dockers sur le port, Alger Fusain 60x47cm/*23x18in* Paris 96

LÉVY Charles XIX-XX **[16]**
- *$420 FF2 500 £260* "Cirque d'Hiver, Les Saltimbanques" Affiche 123x88cm/*48x34in* Paris 97

LÉVY Charles, sculpt. c.1820-1899 **[24]**
- *$951 FF4 940 £629* Faneur Bronze 41,5x15,5cm/*16x6in* Lokeren 96
- *$4 635 FF27 000 £2 832* Salomé Bronze H82,5cm/*H32in* Paris 97

LEVY Emile 1826-1890 **[58]**
- *$1 470 FF8 364 £900* Wild child Oil/panel 14x10cm/*5x3in* London 97
- *$9 826 FF57 034 £6 000* Diana standing in the woods Oil/canvas 105x60,5cm/*41x23in* London 97
- *$27 027 FF154 000 £16 878* La promenade de Diane Huile/toile 200x130cm/*78x51in* Paris 97
- *$353 FF2 100 £212* "Hippodrome, Aux Pyrénées, Pantomine à Grand Spectacle" Affiche 180x129cm/*70x50in* Paris 97

LEVY Henri Léopold 1840-1904 **[30]**
- *$3 670 FF19 000 £2 380* Allégorie du Commerce/Allégorie de l'Industrie Huile/toile 46x38cm/*18x14in* Saint-Germain-en-Laye 96
- *$22 000 FF134 721 £13 167* The Dead Chrit with Angels Oil/canvas 188x300cm/*74x118in* New-York 98
- *$524 FF3 000 £327* Etude de personnage Fusain/papier 60x38,5cm/*23x15in* Pontoise 97

LÉVY Michel XIX-XX **[2]**
- *$2 804 FF16 000 £1 708* Crinolines Huile/toile 19x25cm/*7x9in* Paris 97

LEVY Michel 1949 **[17]**
- *$1 914 FF10 000 £1 140* Grand homme (sur échasses) Bronze H83cm/*H32in* Paris 96
- *$2 010 FF10 500 £1 197* Petite naissance d'Eve Bronze H73cm/*H28in* Paris 96

LEVY Moses 1885-1968 **[26]**
- *$1 800 FF10 200 £1 200* Donne orientali Olio/tavola 41x33cm/*16x12in* Milano 97
- *$6 000 FF34 000 £4 000* Spiaggia con figure femminili Olio/tela 55,5x110,5cm/*21x43in* Firenze 97
- *$300 FF1 700 £200* Al tavolo Pastelli 12,5x21cm/*4x8in* Firenze 97

LEVY Ra'anan 1954 **[9]**
- *$1 900 FF9 840 £1 234* Self portrait and a rope Tempera/canvas 38x46cm/*14x18in* Tel Aviv 96
- *$780 FF4 040 £507* Interior Pastel 25x36cm/*9x14in* Tel Aviv 96

LEVY Rudolf 1875-1943 **[20]**
- *$3 818 FF22 251 £2 334* Toskanisches Dorf Öl/Leinwand 30x40cm/*11x15in* München 97
- *$10 000 FF48 900 £6 320* Stilleben mit Karaffe und Skulptur Oil/canvas 61x50cm/*24x19in* Tel Aviv 95
- *$504 FF3 012 £304* Rückenakt Watercolour 27x19cm/*10x7in* Hamburg 97

LÉVY-DHURMER Lucien 1865-1953 **[119]**
- *$9 900 FF60 000 £6 072* Petit âne au repos Huile/toile 38,5x48cm/*15x18in* Saint-Germain-en-Laye 98
- *$36 000 FF213 649 £22 050* "Les roses d'Hispahan" Oil/canvas 160x211cm/*62x83in* New-York 97
- *$63 FF380 £38* "Journée Nationale des Tuberculeux" Affiche 81x113,5cm/*31x44in* Paris 97
- *$4 877 FF29 000 £2 934* La Sorcière Bronze 62x43cm/*24x16in* Paris 97
- *$2 310 FF12 000 £1 530* Gondole à Venise Crayon 43x58cm/*16x22in* Paris 96

LEVY-OPPEL Samuel 1884-1966 **[2]**
- *$2 400 FF18 320 £1 552* Washerwoman Oil/canvas 61x46,5cm/*24x18in* Tel Aviv 96

LEWANDOWSKI Edmund D. 1914 **[7]**
  $12 000 FF70 093 £7 366 Lifeboat Oil/canvas 113x91,5cm/*44x36in* New-York 97
  $1 300 FF7 926 £780 Barn and Silos Gouache/paper 23x30,5cm/*9x12in* Boston, Mass. 98
LEWIN Stephen 1890-1910 **[14]**
  $5 430 FF27 840 £3 300 Grandmother's Birthday Oil/canvas 71x92cm/*27x36in* London 96
LEWIS Charles George 1808-1880 **[4]**
  $317 FF1 918 £190 Hunters at Grass, after Edwin Landseer Engraving 68x99cm/*26x38in* Leicestershire 98
LEWIS Charles James 1830/36-1892 **[32]**
  $1 830 FF9 240 £1 200 The Reapers'Camps Oil/canvas 49,5x82,5cm/*19x32in* London 96
  $2 448 FF14 285 £1 500 "A Kentish Cottage Door" Oil/board 43x33cm/*16x12in* London 97
  $1 302 FF7 850 £800 A summer's Evening, The Thames at Medmenham near Henley Watercolour 28,5x53,5cm/*11x21in* London 98
LEWIS Edmund Darch 1835-1910 **[132]**
  $1 200 FF7 083 £710 Fishing in a Stream Oil/canvas 50x30cm/*20x12in* North Berwick, Maine 97
  $2 100 FF12 844 £1 246 Badger Valley, Fall Oil/canvas 50x40cm/*20x16in* Washington 98
  $7 500 FF44 829 £4 545 Afternoon shower Oil/canvas 97,2x153cm/*38x60in* San Francisco-Los Angeles 97
  $700 FF4 161 £433 Seascape Watercolour/paper 23x48cm/*9x19in* Philadelphia 97
LEWIS Edward Morland 1903-1943 **[2]**
  $1 438 FF8 236 £850 Riverside, Laugharne Oil/canvas 36x46cm/*14x18in* London 97
LEWIS Frederick XIX-XX **[6]**
  $4 574 FF26 022 £2 800 "Quiet old dobbin" Oil/canvas 33x48cm/*12x18in* London 97
  $4 539 FF26 496 £2 700 Quiet old Dobbin Oil/canvas 33x49cm/*12x19in* London 97
LEWIS Frederick Christ. II 1813-1875 **[2]**
  $8 190 FF47 619 £5 000 View of Ootacamund, with the Figure of a Toda in the Foreground Oil/canvas 63,5x76cm/*25x29in* London 97
  $18 019 FF104 761 £11 000 A Durbar with Viscount Hardinge, Governor-General of Bengal Oil/canvas 121x182cm/*47x71in* London 97
LEWIS Frederick Christian 1779-1856 **[7]**
  $1 844 FF11 049 £1 100 The Duke of Wellington/Two other portrait Studies Soft ground 61x48cm/*24x18in* London 98
LEWIS George Lennard 1826-1913 **[11]**
  $7 109 FF40 697 £4 200 "Pina Cintra", Summer Home of the King of Portugal Watercolour/paper 113x77,5cm/*44x30in* London 97
LEWIS George Robert 1782-1871 **[7]**
  $14 145 FF79 556 £8 600 The Bird-Scarers Oil/panel 15x20cm/*5x7in* London 97
  $729 FF4 217 £449 A farmhand by a pont inspecting a farmhouse Watercolour 20,5x28,5cm/*8x11in* London 97
LEWIS Harry Emerson 1892-1958 **[17]**
  $1 200 FF7 312 £716 "Scrub Oaks" Oil/canvas 35x45cm/*14x18in* Pasadena, California 98
LEWIS John Fred. (Attrib.) 1805-1876 **[4]**
  $4 110 FF20 100 £2 600 A Turkish maiden Watercolour 43,8x33,6cm/*17x13in* London 95
LEWIS John Frederick 1805-1876 **[63]**
  $636 000 FF3 235 000 £380 000 The Hosh of the House of the Coptic Patriarch, Cairo Oil/canvas 81x108cm/*31x42in* London 96
  $11 381 FF68 149 £6 800 The Court of the Myrtles, the Alhambra, Granada Watercolour 26x36cm/*10x14in* London 98
LEWIS Judith XVIII **[2]**
  $8 055 FF45 871 £5 000 Figures in a Romantic landscape Oil/canvas 27x42cm/*10x16in* London 97
  $45 000 FF231 750 £29 803 Elegant figures preparing for the hunt Oil/canvas 66x92cm/*25x36in* New-York 96
LEWIS Lennard 1826-1913 **[26]**
  $261 FF1 559 £160 Boats off the Coast Watercolour 23x53cm/*9x20in* Billingshurst, West Sussex 97
LEWIS Leonard XIX-XX **[16]**
  $296 FF1 671 £180 Figures walking along a riverside path Watercolour/paper 26,1x36,8cm/*10x14in* London 97
LEWIS Martin 1881-1962 **[144]**

👆 *$27 500 FF165 563 £16 453* Oncoming Storm Oil/canvas 63,5x76cm/*25x29in* San Francisco 98

🖨 *$3 750 FF22 471 £2 237* Building a Babylon Drypoint 33x20cm/*12x7in* Los Angeles 98

✏ *$4 250 FF22 020 £2 760* Bridge Over The East River Watercolour/paper 70x51cm/*27x20in* San Francisco-Los Angeles 96

LEWIS Maud 1903-1970 **[16]**

👆 *$1 042 FF6 270 £625* Untitled (man Ploughing with a Team of Two Horses) Oil/board 29,5x35cm/*11x13in* Toronto 98

LEWIS Morland 1903-1943 **[5]**

👆 *$4 160 FF21 550 £2 700* Gunter grove in winter Oil/board 28x19,5cm/*11x7in* London 96

LEWIS Neville 1895-1972 **[8]**

👆 *$4 999 FF29 069 £2 979* On the Beach Oil/board 30x40cm/*11x15in* Johannesburg 97

LEWIS Percy Wyndham 1882-1957 **[58]**

✏ *$500 FF2 607 £315* Mother and child Charcoal/paper 36x30cm/*14x11in* New-York 96

LEWIS Phillips Frisbee 1892-1930 **[4]**

👆 *$6 500 FF39 133 £3 888* Industrial Landscape Oil/canvas 61x71cm/*24x27in* San Francisco 98

LEWIS William 1791-1879 **[1]**

✏ *$1 448 FF7 320 £950* Old Basing Church, Hants Watercolour 35x45cm/*13x17in* London 96

LEWIS-BROWN John 1829-1890 **[5]**

👆 *$2 497 FF15 000 £1 498* La chasse à courre Huile/toile 65x50cm/*25x19in* Reims 98

LEWITT Helen 1918 **[1]**

📷 *$4 000 FF20 650 £2 560* Street drawing, 1950s Silver print 21x13cm/*8x5in* New-York 96

LEWITT Sol LeWitt 1928 **[401]**

👆 *$1 067 FF5 500 £685* Papier coupé R-39 Collage/carton 27,5x35,5cm/*10x13in* Paris 96

👆 *$1 388 FF8 500 £827* Papier déchiré. R-68 Technique mixte 50x65,5cm/*19x25in* Paris 98

👆 *$22 000 FF106 500 £14 120* Open Cube: Square Spiral Interior High Enamel 110,5x110,5x110,5cm/*43x43x43in* New-York 95

🖨 *$49 FF297 £29* Untitled Print in colors 22x67,5cm/*8x26in* Amsterdam 97

🔨 *$6 000 FF31 300 £3 770* Two part piece (1 2 3) Sculpture, wood H30,5cm/*H12in* New-York 96

🔨 *$20 000 FF116 212 £11 808* Incomplete open Cube 7/2 Sculpture 109x109x109cm/*42x42x42in* New-York 97

✏ *$600 FF3 729 £358* Untitled Ink/paper 10x10cm/*3x3in* New-York 98

LEWKOWICZ Leon 1890-1950 **[4]**

✏ *$1 548 FF9 043 £950* Young musician Pastel/paper 70x57cm/*27x22in* Warszawa 97

LEWY Kurt 1898-1963 **[42]**

✏ *$888 FF4 600 £594* Composition Technique mixte/papier 76x58cm/*29x22in* Antwerpen 96

LEX Franz 1895-1959 **[13]**

👆 *$1 133 FF5 790 £747* Beethovenhaus, Heiligenstadt Öl/Leinwand 52x62cm/*20x24in* Wien 96

👆 *$3 490 FF17 140 £2 220* Blick auf den Mondsee mit dem Schafberg Öl/Leinwand 30x35cm/*11x13in* Wien 95

LEXMOND van Johannes 1769-1838 **[6]**

✏ *$2 434 FF13 931 £1 437* The niuwe Vuilpoort, Dordrecht, with a mother and children Watercolour 32,5x23cm/*12x9in* Amsterdam 97

LEY van der S. XIX-XX **[3]**

👆 *$4 583 FF26 692 £2 800* Abbeville/Jew's Corner, Amsterdam Oil/panel 24,5x18,5cm/*9x7in* London 97

LEYBOLD Eduard Friedrich 1798-? **[6]**

✏ *$2 310 FF13 428 £1 411* Blick auf Wien vom Glacis aus Aquarell/Papier 22x40cm/*8x15in* Wien 97

LEYDE de Lucas 1494-1533 **[7]**

🖨 *$1 113 FF6 700 £666* La Vierge assise sous un arbre Burin 8,5x11cm/*3x4in* Paris 98

LEYDE Otto Theodore 1835-1897 **[5]**

👆 *$11 625 FF59 025 £7 500* Peace Offering Oil/canvas 80,5x108,5cm/*31x42in* Auchterarder, Perthshire 96

LEYDEN van Aertgen (Attrib.) 1498-1564 **[6]**

✏ *$2 960 FF15 070 £1 775* The Adoration of the Shepherds Ink 26x18,5cm/*10x7in* Amsterdam 96

LEYDEN van Ernest 1892-1969 **[34]**

👆 *$1 120 FF6 536 £684* Paysage de neige Huile/toile 76x86cm/*29x33in* Bruxelles 97

LEYDEN van Lucas 1494-1533 **[207]**

🖨 *$560 FF3 346 £338* Johannes der Täufer in der Wüste Kupferstich 8,5x11cm/*3x4in* Berlin 97

LEYDEN van Lucas (Attrib.) 1494-1533 **[2]**

  $15 400 FF78 000 £10 110 Loth und seine Töchter Oil/panel 30x41,5cm/*11x16in* Wien 96

LEYENDECKER Joseph Christian 1874-1951 **[40]**
  $2 400 FF12 300 £1 460 Bell hop girl saluting, probably for American Weekly Oil/canvas 28x28cm/*11x11in* New-York 96
  $18 000 FF107 784 £11 016 Polo Coat and Muffler Oil/canvas 66x47cm/*26x18in* Chicago, Illinois 97
  $1 200 FF7 151 £719 "Inland Printer, February" Poster 44x25,5cm/*17x10in* New-York 98

LEYENDECKER Paul Joseph 1842-? **[7]**
  $3 180 FF16 000 £2 056 La conversation Huile/toile 33x41,5cm/*12x16in* Deauville 95
  $2 954 FF17 500 £1 751 La Visite à la jeune accouchée Huile/toile 52x63,5cm/*20x25in* Fécamp 97

LEYGUE Louis 1905-1992 **[9]**
  $1 030 FF5 000 £664 L'Ange de la Victoire Bronze H27cm/*H10in* Paris 95

LEYMAN Alfred 1856-1933 **[30]**
  $784 FF4 669 £480 A West Country Lane Watercolour/paper 37x54,5cm/*14x21in* London 98

LEYPOLD Carl Julius 1806-1874 **[4]**
  $2 142 FF11 170 £1 294 Klosterruine Meissen im Winter Öl/Leinwand 35x30cm/*13x11in* Stuttgart 96
  $6 384 FF38 128 £3 912 Markt am Brunnen vor der Kirche Öl/Leinwand 61,5x57cm/*24x22in* Wien 98

LEYS Henri 1815-1869 **[42]**
  $4 878 FF29 250 £2 988 Furie espagnole à Anvers Huile/bois 46x62cm/*18x24in* Antwerpen 97
  $1 000 FF5 938 £610 "Proclamation of the Dutch Republic" Watercolour/paper 47x33,5cm/*18x13in* Boston, Mass. 98

LEYSALLE Pierre Émile 1847-? **[3]**
  $7 670 FF38 100 £4 860 "L'Inquiétude" Marble H77cm/*H30in* Singapore 95

LEYSTER Judith 1600-1660 **[3]**
  $550 000 FF3 351 590 £335 060 Young Lady holding a Lute, with a Music Score on her Lap Oil/panel 32x22,5cm/*12x8in* New-York 98

LEYSTER Judith (Attrib.) 1600-1660 **[1]**
  $8 000 FF39 500 £5 170 A young girl singing, half length Oil/panel 28x22cm/*11x8in* New-York 96

LEYTENS Gysbrecht 1586-1643/56 **[7]**
  $70 000 FF345 500 £45 250 Winter Landscape with Skaters on a frozen Waterway Oil/panel 30x40cm/*11x15in* New-York 96
  $100 914 FF586 079 £61 647 Faggot gatherers in a winter Landscape Oil/panel 36,5x55,5cm/*14x21in* Amsterdam 97

LEZARDIERE de Aymar 1917-1995 **[3]**
  $607 FF3 500 £357 Labrador dans les roseaux Gravure 38x45cm/*14x17in* Paris 97

LHARDY Y GARRIGUES Agustín 1848-1918 **[10]**
  $630 FF3 600 £387 Paisaje Oleo/tabla 45x35cm/*17x13in* Madrid 97

LHERMITTE Léon Augustin 1844-1925 **[248]**
  $15 138 FF86 328 £9 216 Im Stall Öl/Leinwand 126x177cm/*49x69in* Wien 97
  $32 500 FF189 725 £19 656 "Les Glaneuses" Oil/canvas 48x59cm/*19x23in* Bloomfield Hills, Michigan 97
  $66 000 FF376 497 £40 583 Study for "La Paye des Moissonneurs" Oil/canvas 22,5x27cm/*8x10in* New-York 97
  $10 278 FF60 000 £6 276 Les glaneuses Pastel/papier 25x33,5cm/*9x13in* Paris 97

LHOSTE Claude 1929 **[5]**
  $2 805 FF16 500 £1 730 L'Oiseau-Lyre Sculpture H37cm/*H14in* Mâcon 97

LHOTE André 1885-1962 **[1315]**
  $3 322 FF20 000 £2 022 Le village Huile/panneau 21x34cm/*8x13in* Honfleur 98
  $65 760 FF400 000 £40 320 "Les filles à Bordeaux" ou "Les Courtisanes" Huile/papier/toile 129x97cm/*50x38in* Paris 98
  $145 191 FF867 847 £88 000 Le port de Bordeaux Oil/canvas 85x131cm/*33x51in* London 97
  $210 FF1 300 £126 Femme au rectangle Lithographie couleurs 49x34cm/*19x13in* Provins 97
  $1 963 FF11 218 £1 203 La ferme à Saulce Gouache/paper 29x39cm/*11x15in* Stockholm 97

LI AIWEI Li Ai Vee 1932 **[1]**
  $2 975 FF14 800 £1 892 Homecoming Ink 68x62cm/*26x24in* Taipei, Taiwan 95

LI BIN 1949 **[2]**
  $12 940 FF66 600 £7 990 Memories of the Oil Lamp Oil/canvas 105x117cm/*41x46in* Hong Kong 95

LI FANGYING 1699-1755 **[4]**

✐ *$38 000 FF196 000 £24 500* Bamboo, plum blossom and chrysanthemun Ink/paper 24,5x27,6cm/*9x10in* New-York 96
LI GEMIN 1882-1978 **[2]**
✐ *$2 840 FF16 552 £1 749* Scenery in autumn Ink 111,4x34,3cm/*43x13in* Hong Kong 97
LI GENG 1949 **[1]**
✐ *$14 881 FF73 600 £9 200* Morning Breeze Oil/canvas 97x130cm/*38x51in* Hong Kong 96
LI HONGZHANG 1823-1901 **[3]**
✐ *$3 620 FF21 053 £2 158* Couplet in Running Script Calligraphy Ink/paper 119x28,5cm/*46x11in* Hong Kong 97
LI HUAYI 1948 **[8]**
✐ *$20 688 FF120 304 £12 336* Snowy Landscape Ink 67x133cm/*26x52in* Hong Kong 97
LI HUIFANG Lee Hui-fang 1948 **[5]**
✐ *$2 415 FF14 350 £1 498* Chinese teapot and peaches Oil/canvas 27x35cm/*10x13in* Taipei, Taiwan 97
✐ *$10 890 FF63 120 £6 690* The Red Trouser Pocket Oil/canvas 33x53cm/*12x20in* Taipei, Taiwan 97
LI JIAN 1747-1799 **[5]**
✐ *$3 225 FF16 570 £1 965* Reminiscence of the Great Mountain Peak Ink 50x45cm/*19x17in* Hong Kong 96
LI JIAZHAO Lee Kar-siu 1949 **[1]**
✐ *$4 650 FF23 100 £2 956* Carrefour à Montmartre Oil/canvas 65x130cm/*25x51in* Taipei, Taiwan 95
LI KERAN 1907-1989 **[48]**
✐ *$142 010 FF827 640 £87 450* Lofty mountains Ink 68,5x97,2cm/*26x38in* Hong Kong 97
LI LIUFANG 1575-1629 **[5]**
✐ *$15 000 FF84 745 £9 441* (1) Landscape in the style of Huang Gongwang/(2) Seven scholars of ... Ink/paper 17,1x51,5cm/*6x20in* New-York 97
LI QINGPING 1911 **[4]**
✐ *$5 454 FF33 066 £3 240* Tropical Reflection/Hometown Oil/masonite 48x52,5cm/*18x20in* Taipei, Taiwan 98
LI QUANWU 1957 **[4]**
✐ *$14 240 FF73 300 £8 780* Lady playing flute Oil/canvas 86x116cm/*33x45in* Hong Kong 95
LI RUIQING 1867-1920 **[2]**
✐ *$1 941 FF11 194 £1 156* Calligraphy Couplet in Li Shu Ink/paper 134x32,5cm/*52x12in* Hong Kong 97
LI SHAN 1686-1756 **[4]**
✐ *$10 000 FF61 237 £5 957* Fruits, vegetables and fish Ink/paper 25x29cm/*9x11in* New-York 98
LI SHANGDA 1885-1949 **[1]**
✐ *$2 227 FF13 341 £1 330* Hermitage by a River Coloured inks/paper 232x35cm/*91x13in* Hong Kong 98
LI SHIH-CH'IAO 1908-1995 **[13]**
✐ *$17 877 FF106 227 £11 089* Cattle Oil/canvas 31,5x40,8cm/*12x16in* Taipei, Taiwan 97
✐ *$65 340 FF378 720 £40 140* Vacation on the Beach Oil/canvas 60,5x72,5cm/*23x28in* Taipei, Taiwan 97
✐ *$7 260 FF42 080 £4 460* Still Life with bust of Venus Charcoal/paper 78,5x54,53cm/*30x21in* Taipei, Taiwan 97
LI SHIZHOU 1673-c.1750 **[1]**
✐ *$5 000 FF28 248 £3 147* Landscape Ink/paper 141,5x53cm/*55x20in* New-York 97
LI SHIZHUO 1687-1765 **[2]**
✐ *$6 000 FF35 714 £3 724* Herdman and Horses Ink 40x59cm/*16x23in* New-York 97
LI XIONGCAI 1912 **[14]**
✐ *$4 920 FF25 200 £2 986* Growling tiger Ink/paper 90x52cm/*35x20in* Hong Kong 96
LI XUBAI 1940 **[2]**
✐ *$3 563 FF21 345 £2 128* Mountain Studio Coloured inks/paper 116,5x52,5cm/*45x20in* Hong Kong 98
LI YANZHOU 1954 **[1]**
✐ *$12 940 FF66 600 £7 990* Harvest Oil/canvas 175x160cm/*68x62in* Hong Kong 95
LI YIHONG 1941 **[3]**
✐ *$4 454 FF26 682 £2 659* Landscape Coloured inks/paper 103x68,5cm/*40x26in* Hong Kong 98
LI YOUSONG 1968 **[1]**
✐ *$4 530 FF23 200 £2 750* Ambassador to Germany Oil/canvas 81x100cm/*31x39in* Hong Kong 96
LI ZHAOJIN Lee Chau-chin 1941 **[1]**
✐ *$8 000 FF40 940 £5 180* Landscape Oil/canvas 61x73cm/*24x28in* Taipei, Taiwan 95
LI ZHONGLIANG 1944 **[15]**
✐ *$7 110 FF36 460 £4 320* Water Town in Suzhou Oil/canvas 71x56cm/*27x22in* Hong Kong 96
✐ *$12 940 FF64 000 £8 000* Suzhou Garden Oil/canvas 178x117cm/*70x46in* Hong Kong 96

LI ZHONGSHENG Li Chun-shan 1912-1984 **[7]**
- *$5 445 FF31 560 £3 345* Abstract Acrylic/paper 27x39,5cm/*10x15in* Taipei, Taiwan 97
- *$89 414 FF516 230 £54 834* #A Oil/canvas 46x44cm/*18x17in* Taipei, Taiwan 97
- *$8 550 FF42 500 £5 440* Abstract Watercolour/paper 27x39cm/*10x15in* Taipei, Taiwan 95

LIANG TONSHU 1723-1815 **[4]**
- *$2 000 FF11 862 £1 221* Calligraphy in Running Script Ink/paper 28,5x16cm/*11x6in* San Francisco 98

LIANG YIFEN Lian Yi-fen 1937 **[4]**
- *$20 000 FF102 300 £12 950* Heart Broken Acrylic/canvas 127x94cm/*50x37in* Taipei, Taiwan 95

LIANG YUWEI ?-1930 **[2]**
- *$2 582 FF15 048 £1 590* Verdant hills Ink 96,5x44,5cm/*37x17in* Hong Kong 97

LIANI Francesco A. (Attr.) 1712/14-c.1780 **[3]**
- *$3 780 FF18 300 £2 400* Maria Caronina di Borbone, Regina di Napoli Olio/tela 74x61cm/*29x24in* Roma 95

LIAO CHI-CH'UN Liao Jichun 1902-1976 **[6]**
- *$51 510 FF312 290 £30 600* Venice Oil/canvas 25x30cm/*9x11in* Taipei, Taiwan 98
- *$305 400 FF1 585 000 £192 000* Garden Oil/canvas 116x91cm/*45x35in* Taipei, Taiwan 96

LIAO DEZHENG 1920 **[1]**
- *$152 700 FF792 000 £96 000* Sunny Moment (II) Oil/canvas 91x73cm/*35x28in* Taipei, Taiwan 96

LIARDO Filippo 1840-1917 **[2]**
- *$2 520 FF14 280 £1 260* Casetta tra gli scogli Olio/cartone 28x40cm/*11x15in* Roma 97

LIAUSU Camille 1894-1975 **[112]**
- *$298 FF1 500 £193* Juene filleau bouquet Encre Chine 16x19cm/*6x7in* La Varenne Saint-Hilaire 96

LIBALT Gottfried XVII **[4]**
- *$70 000 FF362 500 £44 800* Fruit and songbirds on a table/Plate of fruit in a copper caldron Oil/canvas 71,5x94cm/*28x37in* New-York 96

LIBERI Marco 1640-1725 **[9]**
- *$13 350 FF70 000 £8 030* Jupiter et Antiope Huile/toile 182x118cm/*71x46in* Paris 96
- *$17 000 FF104 357 £10 415* Allegory with a Woman and two Putti Oil/canvas 75,5x58cm/*29x22in* New-York 98

LIBERI Pietro (Attrib.) 1614-1687 **[15]**
- *$4 190 FF21 670 £2 703* Round dance of the Four Winds (?) Oil/canvas/panel 29x45cm/*11x17in* Wien 96
- *$12 302 FF70 621 £7 500* Vanitas Oil/canvas 84x70cm/*33x27in* London 97
- *$594 FF3 688 £358* Eine edle Gefangene in Demut vor dem römischen Kaiser Indian ink/paper 23x30cm/*9x11in* Heidelberg 98

LIBERI Pietro Libertino 1614-1687 **[20]**
- *$18 817 FF106 631 £9 408* Il ratto di Elena Olio/tela 110,5x83cm/*43x32in* Milano 97
- *$41 600 FF201 300 £26 400* Venere chi disarma un amorino Olio/tela 117x110cm/*46x43in* Roma 95

LIBERICH Nicolai Ivanovich 1828-1883 **[2]**
- *$4 500 FF22 120 £2 850* A Cossack with Russian wolfhounds Bronze H26cm/*H10in* New-York 95

LIBERT Georg Emil 1820-1908 **[114]**
- *$515 FF3 081 £315* Kystlandskab med ridende mand i solnedgang Oil/panel 20,5x25,5cm/*8x10in* København 98
- *$1 054 FF6 162 £624* Sommerlandskab med robåd ved en badebro Oil/canvas 40x60cm/*15x23in* Vejle 97

LIBESKI Robert 1892-1988 **[6]**
- *$1 927 FF9 740 £1 265* Stilleben Tisch mit Lampe Oil/canvas/panel 51,5x62cm/*20x24in* Wien 96

LIBUDA Walter 1950 **[3]**
- *$706 FF4 054 £430* Reiter in den Bergen Mischtechnik 48x62cm/*18x24in* Berlin 97

LICATA Riccardo 1929 **[55]**
- *$2 112 FF10 750 £1 248* C-4 Olio/tela 65x100cm/*25x39in* Milano 96
- *$2 770 FF14 500 £1 640* Senza titolo Olio/tela 33x24cm/*12x9in* Prato 96
- *$2 342 FF14 000 £1 419* Caraïbi Sculpture 30x23x9cm/*11x9x3in* Paris 97
- *$660 FF3 740 £330* Senza titolo Tecnica mista/carta 23x31cm/*9x12in* Milano 98

LICHANSKY Batia 1901-1992 **[11]**
- *$1 600 FF8 290 £1 040* The Dreamer Bronze H23cm/*H9in* Tel Aviv 96

LICHT Hans 1876-1935 **[32]**
- *$531 FF3 184 £317* Flusslandschaft im Schein der Abendsonne Öl/Karton 21,5x31,5cm/*8x12in* Köln 98

  $690 FF4 050 £422 Weite Seenlandschaft in Mecklenburg Öl/Karton 59,5x71cm/23x27in Dresden 97
LICHTENBERGER Hermann Julius ?-1897 **[2]**
  $1 703 FF8 810 £1 100 Skizzenbüchern Ink 25x35cm/9x13in Hamburg 96
LICHTENHELD Wilhelm 1817-1891 **[4]**
  $5 644 FF32 051 £3 532 Partie am Ammersee Öl/Leinwand 73,5x88cm/28x34in München 97
LICHTENSTEIN Roy 1923-1997 **[812]**
  $2 700 FF15 464 £1 597 Sunrise Enamel 22x28x2,5cm/8x11xin New-York 97
  $53 008 FF314 032 £32 000 Untitled Acrylic/canvas 41x50,5cm/16x19in London 97
  $300 000 FF1 554 000 £200 500 Still Life with Lamp Oil/canvas 137x188cm/53x74in New-York 96
  $600 FF3 610 £359 As I Opened Fire... Color lithograph 64x52,5cm/25x20in New-York 98
  $3 250 FF20 002 £1 989 Modern Sculpture with Apertures Sculpture H44cm/H17in New-York 98
  $140 000 FF811 594 £82 544 Standing Explosion Sculpture 91,5x65,5x71cm/36x25x27in New-York 97
  $17 000 FF98 608 £10 048 Seascape Collage 23,5x50cm/9x19in New-York 97
LICINI Oswaldo 1894-1968 **[41]**
  $54 000 FF306 000 £27 000 Fiore fantastico Olio/tela/cartone 17,5x24cm/6x9in Prato 97
  $4 620 FF23 500 £2 730 Composizione Matita/carta 20x27cm/7x10in Milano 96
LICINIO Bernardino c.1490-c.1565 **[7]**
  $13 000 FF76 650 £7 971 The Holy Family with the Infant St. John the Baptist Oil/panel 49,5x56,5cm/19x22in New-York 98
LICINIO Bernardino (Attrib.) c.1490-c.1565 **[2]**
  $12 470 FF64 300 £8 000 The Madonna and Child with two Donors Oil/canvas 66x87cm/25x34in London 96
LIDDELL John Davison XIX-XX **[26]**
  $880 FF5 068 £520 Paddel Tug going to the Aid of an incoming Brig Oil/canvas 51x75cm/20x29in London 97
LIDDELL T. Hodgson 1860-1925 **[5]**
  $2 936 FF17 543 £1 800 Hong Kong Harbour Oil/board 33x40,5cm/12x15in London 98
LIDDERDALE Charles Sillem 1831-1895 **[76]**
  $407 FF2 105 £260 Gathering Blackberries Oil/canvas 82x56,5cm/32x22in London 96
  $3 601 FF20 972 £2 200 Country lass Oil/canvas 47x33cm/18x12in London 97
LIE Jonas 1880-1940 **[26]**
  $24 000 FF141 508 £14 716 "Winter Blue" Oil/canvas 76x101,5cm/29x39in New-York 98
  $949 FF5 246 £590 "On the Job For Victory" Poster 99x138cm/39x54in New-York 97
LIE-JØRGENSEN Thorbjorn 1900-1961 **[9]**
  $1 172 FF6 944 £702 Röd sten Oil/canvas 50x60cm/19x23in Oslo 97
LIEBENAUER Ernst 1884-1970 **[14]**
  $335 FF1 914 £204 Doppeldecker im Gleitflug Aquarell/Papier 14x10cm/5x3in Wien 97
LIEBERICH Nicolaï Ivanovitch 1828-1883 **[7]**
  $6 000 FF36 319 £3 682 Equestrian Group Bronze H42cm/H16in New-York 98
LIEBERMAN Harry 1876-1983 **[2]**
  $1 500 FF8 561 £927 Religious school, Hasidim/Four men of Passover Gouache/paper 34x27cm/13x10in New-York 97
LIEBERMANN Ernst 1869-? **[53]**
  $1 340 FF8 093 £804 Ansicht von Laon Öl/Karton 45x33cm/17x12in Luzern 98
  $2 012 FF10 500 £1 215 Die Jägerin (Amazone) Öl/Leinwand 60x70cm/23x27in Lindau 96
  $93 FF539 £56 Der Engel des Herrn Fusain/papier 30x24cm/11x9in Lindau 97
LIEBERMANN Hermann 1814-1894 **[1]**
  $1 725 FF10 052 £1 062 Portrait of a Woman Pencil/paper 28,5x20,5cm/11x8in Tel Aviv 97
LIEBERMANN Max 1847-1935 **[802]**
  $48 610 FF289 334 £29 713 Dünen von Katwijk, Landschaft mit Kirche Oil/panel 26x35cm/10x13in Berlin 98
  $70 700 FF350 400 £45 000 Ein Winkel im Tuileriegarten, Paris Oil/panel 45x37cm/17x14in London 95
  $605 FF3 513 £358 Grasebde Ziegen Radierung 18x22cm/7x8in Zürich 97
  $4 009 FF23 878 £2 382 Badende Charcoal/paper 8,5x18,6cm/3x7in München 97
LIEBERT Alphonse J. 1827-1913 **[2]**
  $2 807 FF15 500 £1 751 Ruines de Paris et des environs Tirage albuminé 19x25cm/7x9in Paris 97
LIEBERT Georg Emil 1820-1908 **[4]**

✍ $3 049 FF17 716 £1 800 A marshy woodland Landscape Oil/canvas 70x91cm/*27x35in* London 97
LIEBSCHER Adolf 1857-? **[2]**
✍ $1 490 FF7 340 £968 Tepliz-Schönau, Böhmen Watercolour, gouache/paper 25x37cm/*9x14in* Wien 95
LIEDER D'ELLEVAUX Friedrich II 1807-1884 **[3]**
✍ $1 176 FF5 880 £761 Bildnis der Sophie, Erzherzogin von Österreich Aquarell/Papier 17x13cm/*6x5in* Wien 96
LIEFRINCK Hans II XVI **[1]**
✍ $26 000 FF153 392 £15 922 A rocky Coastal Landscape with a Man-of-War firing a Salute Oil/panel 14x19,5cm/*5x7in* New-York 98
LIEGEOIS Paul XVII **[8]**
✍ $8 877 FF55 000 £5 302 Nature morte de pêches et raisins sur un entablement, avec velour bleu Huile/panneau 22,5x29,5cm/*8x11in* Paris 98
LIEGEOIS Paul (Attrib.) XVII **[2]**
✍ $32 000 FF196 438 £19 606 Still Life of Grapes and Peaches on a Draped Table Oil/canvas 35x45cm/*13x17in* New-York 98
LIEGI Ulvi 1859-1939 **[41]**
✍ $11 780 FF59 300 £7 790 La casa di Vittor Pisani a San Vigilio Olio/cartone 25x35cm/*9x13in* Roma 95
✍ $19 800 FF112 200 £9 900 Viale all'Ardenza, Livorno Olio/cartone 49x37,5cm/*19x14in* Prato 98
✍ $1 380 FF7 820 £690 Fattori nello studio Acquaforte 12x25cm/*4x9in* Firenze 97
✍ $1 920 FF10 880 £960 Baita in Valsugana Matite colorate/carta 31x47cm/*12x18in* Firenze 97
LIEMAKER de Nicolaes (Attrib.) 1600-1646 **[1]**
✍ $4 080 FF21 130 £2 730 Saini Jerome Oil/panel 61x47cm/*24x18in* Amsterdam 96
LIENDER van Jacobus 1696-1759 **[6]**
✍ $891 FF4 320 £574 Two travellers resting by a tree/View of Prague Ink 12,4x21,3cm/*4x8in* Amsterdam 95
LIENDER van Paulus 1731-1797 **[17]**
✍ $4 750 FF23 440 £3 070 The city walls of Utrecht Ink 21x30cm/*8x11in* New-York 96
LIENDER van Paulus (Attrib.) 1731-1797 **[3]**
✍ $2 680 FF16 187 £1 609 Waldlandschaft mit Jäger Indian ink/paper 13x19cm/*5x7in* Luzern 98
LIENDER van Pieter Jacobsz. 1727-1779 **[8]**
✍ $6 085 FF35 355 £3 592 River landscape with a windmill Oil/panel 19x28cm/*7x11in* Stockholm 97
✍ $1 094 FF6 480 £650 A View of the Town of Leiderdorp Wash 17,5x28,5cm/*6x11in* London 97
LIER Adolf 1826-1882 **[39]**
✍ $4 806 FF28 456 £2 854 Bauernpaar mit Pferdefuhrwerk vor dem oberbayerischen Gehöft Öl/Leinwand 25x31cm/*9x12in* Dresden 97
✍ $11 025 FF63 913 £6 500 At the Watering Hole Oil/canvas/board 44,5x96,5cm/*17x37in* London 97
LIERDE van Nadine 1941 **[14]**
✍ $13 400 FF81 200 £8 150 Personnage et chien Dessin 41x29cm/*16x11in* Bruxelles 98
LIERNUR Martinus Wilhelmus XIX-XX **[4]**
✍ $977 FF5 693 £601 In de luwte van korenschoven koffie drinkende figuren Watercolour/paper 40x50cm/*15x19in* Den Haag 97
LIES Joseph Hendrik H. 1821-1865 **[8]**
✍ $803 FF4 575 £492 Scène historique Huile/toile 31,5x49cm/*12x19in* Bruxelles 97
✍ $3 260 FF16 860 £2 102 Zweierlei Botanik Oil/panel 69x59cm/*27x23in* Wien 96
LIESEGANG Helmut 1858-1945 **[67]**
✍ $477 FF2 466 £309 Paysage sous la neige Huile/panneau 27x37cm/*10x14in* Liège 96
✍ $2 840 FF17 449 £1 704 Spätsommer am Niederrhein Öl/Karton 46x59cm/*18x23in* Köln 98
LIESSNER-BLOMBERG Elena 1897-1978 **[6]**
✍ $1 768 FF10 660 £1 070 "Prologue to the Russian Adventure in Berlin" Collage/papier 35,5x32cm/*13x12in* Montréal 98
LIESTE Cornelis 1817-1861 **[16]**
✍ $1 722 FF9 810 £1 062 Paysage Huile/panneau 31x42cm/*12x16in* Antwerpen 97
✍ $7 139 FF42 933 £4 281 Travellers on the edge of a Forest Oil/canvas 83x103cm/*32x40in* Amsterdam 98
LIEUTAUD Pierre XX **[16]**
✍ $295 FF1 500 £177 Lavandières Huile/panneau 19x27cm/*7x10in* Troyes 96
LIEVENS Jan 1607-1674 **[34]**
✍ $1 007 129 FF5 959 034 £606 040 A Youth Embracing a Young Woman Oil/canvas 97x84cm/*38x33in*

L

Amsterdam 98

 $647 FF3 716 £394 Brustbild einer älteren Frau, Rembrandts Mutter Radierung 14,5x12,3cm/*5x4in*
Berlin 97

LIEVENS Jan (Attrib.) 1607-1674 **[6]**

 $36 400 FF190 000 £22 000 A boy with a mask Oil/panel 57x43,5cm/*22x17in* London 96

 $2 129 FF12 189 £1 257 Nine men around a table, some smoking or playing cards Black chalk
16x22cm/*6x8in* Amsterdam 97

LIEVIS Olivier XX **[1]**

 $1 861 FF11 500 £1 118 Paysage Huile/toile 20x36cm/*7x14in* Paris 98

LIFSHITZ Uri 1936 **[76]**

 $300 FF1 823 £184 Heads and Birds. The 80s Mixed media/board 65x49,5cm/*25x19in* Tel Aviv 98

 $3 910 FF23 343 £2 385 Head and Birds Mixed media 118,5x159cm/*46x62in* Tel Aviv 98

 $600 FF3 502 £362 Portfolio comprising 8 etchings Etching 53x42cm/*20x16in* Tel Aviv 97

 $400 FF2 431 £246 Landscape. The 80s Mixed media/paper 50,5x70cm/*19x27in* Tel Aviv 98

LIGABUE Antonio 1899-1965 **[14]**

 $5 440 FF28 400 £3 570 Lepre fugente Olio/faesite 11x11cm/*4x4in* Venezia 96

 $32 154 FF182 206 £21 436 Peasaggio Africano con giraffe e zebra Olio/tela 80x100cm/*31x39in* Roma 97

LIGARI Pietro 1686-1752 **[2]**

 $22 368 FF126 752 £14 912 Gesù consegna le chiavi a San Pietro Olio/tela 146x110cm/*57x43in* Milano 98

LIGARI Pietro (Attrib.) 1686-1752 **[2]**

 $25 090 FF142 177 £12 545 Giacobbe e Rachele al Pozzo/Rachele e Eliezer al Pozzo Olio/tela
147x197,5cm/*57x77in* Milano 97

LIGETI Antal 1823-1890 **[4]**

 $12 200 FF61 600 £8 000 A Street in an Ottoman Town Oil/canvas 34x47cm/*13x18in* London 96

 $14 720 FF74 290 £9 660 Veduta della costa ellenica Olio/tela 102x160cm/*40x62in* Roma 96

LIGNIER James XIX-XX **[2]**

 $18 000 FF108 959 £10 639 Hunting for skylarks Oil/canvas 249x297cm/*98x116in* New-York 98

LIGNON Bernard 1928 **[40]**

 $743 FF4 339 £449 Vase de fleurs Oil/canvas 92x65,5cm/*36x25in* London 97

LIGON Glenn 1960 **[2]**

 $13 000 FF75 493 £7 941 Untitled (I am an Invisible Man) Oil/canvas 86,4x50,8cm/*34x20in* New-York 97

LIGORIO Pirro c.1500-1583 **[7]**

 $5 500 FF33 762 £3 369 A Classical Oracle Black chalk/paper 32x23,5cm/*12x9in* New-York 98

LIGORIO Pirro (Attrib.) c.1500-1583 **[3]**

 $770 FF4 500 £469 L'Adoration des bergers Sanguine 14x17cm/*5x6in* Paris 97

LIGOZZI Bartolomeo 1630-1695 **[4]**

 $15 264 FF80 000 £9 184 Bouquet de fleurs dans un vase Huile/toile 67,5x48,5cm/*26x19in* Paris 96

 $76 300 FF380 400 £50 000 Allegory of the Redemption Oil/panel 48x32cm/*18x12in* London 95

LIGOZZI Jacopo (Attrib.) 1547-1626 **[4]**

 $3 000 FF17 688 £1 839 St. Francis in the Wilderness Oil/copper 35,5x29cm/*13x11in* New-York 98

 $5 920 FF30 540 £3 800 Marcus Aurelius Pencil 37,5x19cm/*14x7in* London 96

LIGOZZI Jacopo, Giacomo 1547-1626 **[10]**

 $21 370 FF106 500 £14 000 The Mocking of Christ Oil/panel 105x83,5cm/*41x32in* London 95

 $90 000 FF468 000 £59 500 Saint Louis of France (Louis IX) Oil/canvas 137x100cm/*53x39in* New-York 96

LIGTELIJN Evert Jan 1893-1977 **[34]**

 $913 FF5 201 £566 Ducks flying over a lake Oil/canvas 61x61,5cm/*24x24in* Amsterdam 97

LILIEN Ephraim Moshe 1874-1925 **[14]**

 $1 050 FF5 370 £680 The Jordan Etching 21x25,5cm/*8x10in* Tel Aviv 95

 $4 480 FF22 040 £2 854 Bildnis eines alten Mannes Ink 33x25cm/*12x9in* Wien 95

LILJEFORS Anders Bruno 1923-1970 **[4]**

 $1 686 FF10 449 £1 007 Berguv Indian ink/paper 9,5x13cm/*3x5in* Stockholm 98

LILJEFORS Bruno 1860-1939 **[461]**

 $14 100 FF73 000 £9 110 Räv på språng Oil/canvas 35x44cm/*13x17in* Stockholm 96

 $23 600 FF117 100 £15 020 Tjäderspel Oil/canvas 70x100cm/*27x39in* Stockholm 95

 $28 138 FF168 058 £17 226 Vinterrävar Oil/canvas 100x141cm/*39x55in* Stockholm 98

 $2 151 FF12 322 £1 313 Tyngdlyftare Sculpture H10,5cm/*H4in* Stockholm 97

 $1 439 FF8 226 £882 Krokodiler vid flodstranden Ink/paper 12x15cm/*4x5in* Stockholm 97

LILJEFORS Lindorm 1909-1985 **[217]**

☞ *$1 227 FF7 235* £733 Vinterhare Oil/panel 33x45cm/*12x17in* Stockholm 97
☞ *$2 750 FF13 740* £1 797 Vinterdag med domherrar Oil/panel 48x60cm/*18x23in* Stockholm 95
☞ *$7 212 FF43 176* £4 440 Städskall Oil/canvas 90x156cm/*35x61in* Stockholm 98
LILJELUND Arvid 1844-1899 **[14]**
☞ *$39 417 FF232 722* £23 331 The young violonist Oil/canvas 49x41cm/*19x16in* Helsinki 97
LILJESTROM Gustave 1882-1958 **[6]**
☞ *$1 900 FF11 439* £1 136 Monterey Coast Oil/board 60,5x120,5cm/*23x47in* San Francisco 98
LILLINGSTON G.B.P. XIX-XX **[6]**
✎ *$1 338 FF7 889* £800 The Shrimper Watercolour 51,5x35,5cm/*20x13in* Glasgow 97
LILLO Maria Rachele XVIII **[3]**
☞ *$5 244 FF32 000* £3 200 Vue d'une ville Vénitienne Huile/toile 78x105cm/*30x41in* Paris 98
LILLONI Umberto 1898-1980 **[128]**
☞ *$5 400 FF30 600* £2 700 "Sulla riva del Lago Maggiore" Olio/tela 30x40cm/*11x15in* Milano 97
☞ *$9 000 FF51 000* £4 500 "Siccità a Corniglia" Olio/tela 50x73cm/*19x28in* Prato 98
✎ *$1 656 FF9 384* £828 Nudino nel bosco Acquarello/carta 27x35cm/*10x13in* Milano 98
LILLYWHITE Raphael 1891-1980 **[4]**
☞ *$3 150 FF24 900* £4 870 Indian family in horsedrawn wagon Oil/canvas 63x91cm/*24x35in* Denver, Colorado 95
LIM CHEN HOE 1912-1979 **[6]**
✎ *$6 280 FF31 160* £3 974 Ebb Tide at Changi Watercolour/paper 58x73cm/*22x28in* Singapore 95
LIM KIM-HAI 1950 **[1]**
☞ *$15 350 FF76 200* £9 710 Woman & Apples Oil/canvas 162x130cm/*63x51in* Singapore 95
LIMBACH Hans Jörg 1928-1990 **[1]**
⚒ *$2 764 FF16 135* £1 697 Mutter mit Kind Bronze H25cm/*H9in* Zürich 97
LIMBORCH van Hendrick 1681-1759 **[5]**
☞ *$28 344 FF170 238* £17 000 The Golden Age Oil/panel 60x83cm/*23x32in* London 98
LIMNEL Emanuel 1766-1861 **[4]**
✎ *$1 328 FF7 710* £785 Mordet på Engelbrekt Indian ink 46x60cm/*18x23in* Malmö 97
LIMOUSE Roger 1894-1990 **[205]**
☞ *$540 FF3 300* £323 Le café Huile/papier/toile 23x27cm/*9x10in* Honfleur 98
☞ *$1 545 FF8 000* £997 Paysage Huile/toile 81x68cm/*31x26in* Paris 96
✎ *$167 FF1 000* £102 Paysage Pastel/papier 15x19cm/*5x7in* Paris 98
LIN FENGMIAN 1900-1991 **[139]**
☞ *$72 600 FF420 800* £44 600 White Lotus Acrylic/paper 69x136cm/*27x53in* Taipei, Taiwan 97
✎ *$4 000 FF22 598* £2 517 Winter landscape Ink 35,5x43cm/*13x16in* New-York 97
LIN HONGJI 1946 **[4]**
☞ *$5 820 FF30 000* £3 596 Blooming Garden Oil/canvas 61x73cm/*24x28in* Hong Kong 95
LIN LIANG c.1430-1490 **[5]**
✎ *$8 000 FF49 474* £4 805 Magpies and Birds of Prey in a Winter Landscape Ink 153x86cm/*60x34in* Bethesda, Maryland 97
LIN Richard 1933 **[13]**
☞ *$3 594 FF21 484* £2 200 Painted relief - November 1960 Mixed media/canvas 101,5x91,5cm/*39x36in* London 97
LIN SHU 1862-1924 **[3]**
✎ *$4 917 FF28 359* £2 929 Landscape of Minshan Ink/paper 174x47cm/*68x18in* Hong Kong 97
LIN ZEXU 1786-1850 **[2]**
✎ *$6 500 FF39 180* £4 055 Calligraphy in Xing Shu (running script) Ink/paper 119,5x49,5cm/*47x19in* New-York 97
LIN ZHIZHU Lin Chih-chu 1917 **[1]**
☞ *$12 726 FF77 154* £7 560 Autumnal Scene Mixed media/canvas 24,5x31cm/*9x12in* Taipei, Taiwan 98
LINARD Jacques c.1600-1645 **[13]**
☞ *$100 000 FF552 490* £62 150 Primroses in a Wickert basket with Two Leaves and a Petal Oil/panel 46,5x63,5cm/*18x25in* New-York 97
LINCE de Marcel 1886-1958 **[78]**
☞ *$487 FF2 921* £297 Paysages d'hiver Huile/panneau 19x24cm/*7x9in* Liège 97
☞ *$816 FF4 869* £492 Pêcheur sur un lac Huile/toile 43x63cm/*16x24in* Luxembourg 97

L

   ✏ *$318 FF1 644* £206 Fermette Encre Chine 27x35cm/*10x13in* Liège 96
LINCK Jean Antoine 1766-1843 **[20]**
    $5 582 FF33 071 £3 369 Vue du Lac de Geneve avec personnages Öl/Leinwand 41x62cm/*16x24in* Zürich 97
    $10 726 FF64 308 £6 456 Ansichten der Schweiz Radierung 36x48cm/*14x18in* Zürich 98
   ✏ *$446 FF2 666* £269 A sleeping spaniel Black & white chalks 9,9x14,7cm/*3x5in* London 97
LINCK Johann Anton 1766-1843 **[2]**
    $1 215 FF7 231 £743 "Vue de la vallée de Chamonix" Etching 36x51,5cm/*14x20in* Bern 98
LINCKE Hartmut 1942 **[6]**
    $895 FF5 361 £550 Zu : "Les Fleurs du Mal" Etching 53x41cm/*20x16in* Köln 98
LINCOLN Edwin Hale XIX-XX **[12]**
   📷 *$550 FF2 870* £333 White Cedar Platinum print 23x25cm/*9x9in* San Francisco-Los Angeles 96
LINCOLN James Sullivan 1811-1888 **[2]**
    $600 FF3 416 £368 Portrait of a Gentleman Oil/canvas 76x63cm/*30x25in* Bloomfield Hills, Michigan 97
LINDAU Dietrich Wilhelm 1799-1862 **[9]**
   ✏ *$673 FF4 016* £406 Pilger und Pilgerinnen beim Überqueren eines Flüsschens Aquarell/Papier 7,7x11,7cm/*3x4in* Köln 97
LINDAUER Gottfried 1830-1926 **[2]**
    $3 289 FF18 761 £2 000 Ana Rupene and Child Oil/canvas 86,5x68cm/*34x26in* London 97
LINDBERG Alf 1905-1990 **[70]**
    $1 499 FF8 588 £915 Husgavlar Oil/canvas 51x53cm/*20x20in* Göteborg 97
LINDBERG Harald 1901-1976 **[61]**
    $843 FF5 050 £503 Söder Märarstrand Oil/canvas 49x59cm/*19x23in* Stockholm 98
LINDE de la Paolino XIX **[2]**
   ✏ *$3 087 FF18 762* £1 852 "Plaza de Zocodover, Toledo" Acuarela/papel 34x50,5cm/*13x19in* Madrid 98
LINDE van der Jan 1864-1945 **[20]**
    $547 FF3 119 £340 A tjalk Oil/canvas 52x71cm/*20x27in* Amsterdam 97
LINDE van der Jan 1887-1956 **[3]**
    $4 205 FF24 766 £2 595 The sampling officials of the Amsterdam drapers guild Oil/canvas 119x80,5cm/*46x31in* Amsterdam 97
LINDEBURG Hans Peter 1854-1932 **[16]**
    $646 FF3 954 £392 Ludvig Holberg indstuderer en scene fra Erasmus Montanus... Oil/canvas 95x89cm/*37x35in* København 98
LINDELL Lage 1920-1980 **[72]**
    $1 045 FF5 340 £688 Bygata Mixed media 12,5x36cm/*4x14in* Stockholm 96
    $2 426 FF12 470 £1 512 Figurkomposition Tempera 37x45cm/*14x17in* Stockholm 96
    $23 500 FF120 800 £14 650 Komposition med två figurer Oil/canvas 198x170cm/*77x66in* Stockholm 96
   ✏ *$1 686 FF10 101* £1 007 Studie Gouache 21x35cm/*8x13in* Stockholm 98
LINDEMANN Kai 1931 **[35]**
    $787 FF3 982 £504 Röd komposition Oil/canvas 88x116cm/*34x45in* København 96
    $2 393 FF12 320 £1 530 "Vence" Oil/canvas 130x162cm/*51x63in* København 96
LINDEMANN-FROMMEL Karl August 1819-1891 **[14]**
    $6 600 FF37 400 £3 300 Veduta di Tivoli col Tempio di Vesta Olio/tela 33x27,5cm/*12x10in* Roma 97
   ✏ *$1 444 FF8 434* £873 Vesuv bei Sonnenaufgang Aquarell, Gouache/Papier 24x46cm/*9x18in* München 97
LINDENAU Martin **[22]**
    $1 811 FF10 000 £1 130 Jeux d'enfant sur la plage à Deauville Huile/toile 73x92cm/*28x36in* Saint-Dié 97
LINDENMUTH Tod 1885-1976 **[35]**
    $4 000 FF24 524 £2 452 Lindenmuth's Wife & Child on Cape Cod Oil/board 71x96cm/*28x38in* Mystic, Connecticut 98
    $400 FF2 362 £248 "Morning at the Weir" Woodcut in colors 36x28cm/*14x11in* Boston, Mass. 97
LINDENSCHMIT Hermann 1857-1939 **[14]**
    $1 668 FF9 584 £1 038 Torbogen bei Algund, Südtirol Oil/canvas/panel 48x33cm/*18x12in* Wien 97
    $4 960 FF24 500 £3 226 Young peasantwoman in a barn interior Oil/canvas 71x54cm/*27x21in* Wien 95
LINDENSCHMIT Wilhelm II 1829-1895 **[8]**
    $29 173 FF166 233 £17 869 Sunday reading in Frauerkirche-Munick Oil/panel 52x38cm/*20x14in* New-York 97
LINDENSTAEDT Hans 1874-? **[2]**

〰 *$1 380 FF7 903 £816* "Café Esplanade" Poster 95,5x71,5cm/*37x28in* New-York 97
LINDER Alf 1944 **[18]**
  $521 FF3 112 £312 Volyn Mixed media 64x45cm/*25x17in* Stockholm 98
LINDER Christian (Attrib.) XVIII **[1]**
  $11 324 FF66 536 £6 800 A Young Boy and a Spaniel Seated on a Red Cushion Oil/canvas 84x107cm/*33x42in* London 97
LINDER Philippe Jacques 1835-? **[7]**
  $1 674 FF10 023 £1 030 Kvinna med fåglar i trädgård Watercolour/paper 41x25cm/*16x9in* Stockholm 98
LINDERUM Richard 1851-? **[13]**
  $4 259 FF24 761 £2 600 The Duet Oil/panel 35x26cm/*13x10in* London 97
LINDGREN Emil 1866-1940 **[15]**
  $617 FF3 746 £366 Kvinna I Folkdräkt smyckande bord med blommor Oil/canvas 90x69cm/*35x27in* Malmö 98
LINDH Bror 1877-1941 **[17]**
  $2 833 FF16 962 £1 744 Landskapsvy - sommarutsikt med gård Oil/canvas 82x98cm/*32x38in* Stockholm 98
  $4 170 FF21 800 £2 484 Efter regn Oil/canvas 100x137cm/*39x53in* Stockholm 96
LINDHBERG Per 1785-1868 **[3]**
  $1 812 FF9 210 £1 082 Stockholms inlopp i månsken Gouache 46x60cm/*18x23in* Stockholm 96
LINDHE Ivan XIX-XX **[3]**
  $794 FF4 798 £500 Portrait of Miss Lucy Bingham, Three quarter lenght,seated in a chair Watercolour 100x66cm/*39x25in* West Midlands 97
LINDHOLM Berndt Adolf 1841-1914 **[115]**
  $5 707 FF34 279 £3 422 Strandbränningar Oil/canvas 29,5x40cm/*11x15in* Helsinki 98
  $15 100 FF76 800 £9 020 Kustlandskap, Särö Oil/canvas 48x69cm/*18x27in* Stockholm 96
  $2 158 FF12 744 £1 277 Skogsinteriör Charcoal/paper 44x55cm/*17x21in* Helsinki 97
LINDI Albert Lindegger 1904-1991 **[33]**
  $1 093 FF6 501 £669 Zirkusszene mit Pierrot und Paar Öl/Leinwand 34,5x56,5cm/*13x22in* Bern 97
LINDIN Carl Olaf Eric 1869-1942 **[3]**
  $2 249 FF13 350 £1 395 Snowy River Landscape Oil/canvas 52x74,5cm/*20x29in* New-York 97
LINDLAR Johann Wilhelm 1816-1896 **[4]**
  $3 565 FF21 057 £2 215 Coastal Scene with Fishermen in Their Boats with Heavy Weather Oil/canvas 111x91cm/*44x36in* Elgin, Illinois 97
LINDMAN Axel 1848-1930 **[27]**
  $1 530 FF7 630 £998 Sommarmotiv från Visby Oil/canvas 41x32cm/*16x12in* Stockholm 95
  $1 986 FF9 920 £1 298 Sommarlandskap, Barbizon Oil/canvas 42x72cm/*16x28in* Stockholm 95
LINDNER Ernest 1897-1988 **[37]**
  $24 833 FF144 974 £14 773 Birches Acrylic/canvas 101,5x76cm/*39x29in* Calgary, Alberta 97
〰 *$391 FF2 273 £233* "Snowbound" Print 10x15cm/*3x5in* Calgary, Alberta 97
  $2 276 FF11 740 £1 507 Emma Lake Watercolour/paper 53x70cm/*20x27in* Calgary, Alberta 96
LINDNER Karl 1871-? **[3]**
  $2 773 FF16 194 £1 677 Vor einem Stall repariert ein Kesselflicker eine Kupferschale Öl/Leinwand 43x58cm/*16x22in* Lindau 97
LINDNER Peter Moffat 1852-1949 **[10]**
  $397 FF1 980 £260 Shipping in a harbour Watercolour 26x37cm/*10x14in* London 95
LINDNER Richard 1901-1978 **[178]**
  $2 350 FF12 020 £1 508 Landschaft Öl/Leinwand 60x90cm/*23x35in* Wien 96
  $2 022 FF12 368 £1 200 Untitled Oil/cardboard 23,5x26,5cm/*9x10in* London 98
〰 *$3 352 FF20 000 £2 022* Fun City Lithographie 70x55cm/*27x21in* Paris 97
  $2 500 FF14 237 £1 551 "Stravinsky festival" Ink 57,2x45,7cm/*22x17in* New-York 97
LINDO F. XVIII **[1]**
  $4 838 FF27 726 £3 000 Portrait of Sir Harry Munro, 7th. Bt., of Foulis Castle, Ross-Shire Oil/canvas 77x63,5cm/*30x25in* London 97
LINDSAY Blanche of Balcarres ?-1912 **[4]**
  $983 FF5 842 £600 Still Life with Pointsettias Watercolour 34,5x24,5cm/*13x9in* London 98
LINDSAY Daryl Earnest 1890-1976 **[13]**

L

$324 FF1 945 £193 The Dromaderry from Bridgewater Watercolour/paper 28,5x36cm/*11x14in* Sydney 98
LINDSAY Lionel Arthur 1874-1961 **[259]**
$198 FF1 178 £124 Artichokes Woodcut 12,6x16,5cm/*4x6in* Sydney 97
$586 FF3 523 £350 Malaga, Spain Watercolour/paper 22,5x33,5cm/*8x13in* Melbourne 98
LINDSAY Norman Alfred W. 1879-1970 **[302]**
$3 582 FF21 978 £2 230 The Negress Oil/canvas 33x23cm/*12x9in* Melbourne 97
$20 067 FF120 531 £12 174 Garden Setting with Fountain, Pool and Figures at Springbrook Oil/board 67,5x57cm/*26x22in* Melbourne 98
$532 FF3 262 £317 Enter the Magician Print 30x36cm/*11x14in* Sydney 98
$3 543 FF18 158 £2 261 Down to Walguris Pencil 58,5x40,5cm/*23x15in* Melbourne 95
LINDSAY Percival Charles 1870-1952 **[23]**
$422 FF2 529 £251 Morning, Folly Point Oil/canvas/board 30x35cm/*11x13in* Sydney 98
LINDSAY Percy 1897-1952 **[1]**
$2 337 FF14 008 £1 394 Black Rock Vista Oil/board 22x27cm/*8x10in* Melbourne 98
LINDSAY Ruby 1887-1919 **[2]**
$521 FF3 132 £311 Showgirl Ink 25x13,5cm/*9x5in* Melbourne 98
LINDSAY Thomas 1793-1861 **[3]**
$799 FF4 828 £480 An Angler by an Overshot Mill Watercolour 35x26cm/*13x10in* Leyburn, North Yorkshire 98
LINDSTRAND Vicke 1904-1983 **[15]**
$2 713 FF16 241 £1 667 Greta Garbo Oil/panel 35x33cm/*13x12in* Stockholm 98
$3 100 FF18 561 £1 905 "Gösta Ekman" Oil/canvas 71x58,5cm/*27x23in* Stockholm 98
$1 098 FF6 573 £674 "Peace, New York" Ink 34,5x27cm/*13x10in* Stockholm 98
LINDSTRÖM Arvid Mauritz 1849-1923 **[31]**
$2 833 FF16 962 £1 744 Höstlandskap Oil/canvas 77x51cm/*30x20in* Stockholm 98
LINDSTRÖM Bengt 1925 **[547]**
$678 FF4 046 £420 Portrait Oil/canvas 46,5x38,5cm/*18x15in* London 97
$1 753 FF9 080 £1 173 "Underofficern" Oil/canvas 27x22cm/*10x8in* Göteborg 96
$7 316 FF42 000 £4 594 Personnages Huile/toile 162x130cm/*63x51in* Paris 97
$225 FF1 300 £134 Sans titres Lithographie couleurs 74x54,5cm/*29x21in* Paris 97
$1 234 FF7 500 £743 Sans titre Technique mixte/papier 76x56,5cm/*29x22in* Paris 98
LINDSTRÖM Fritz 1874-1962 **[14]**
$3 255 FF18 882 £2 002 Vinterskymning Oil/panel 71x63cm/*27x24in* Malmö 97
LINDSTRÖM Rikard 1882-1943 **[48]**
$1 170 FF6 050 £782 Venezia Oil/canvas 60x80cm/*23x31in* Göteborg 96
LINDT John William 1845-1926 **[2]**
$2 375 FF13 877 £1 405 Aboriginal Man and Woman/Two Aboriginal Men/Aboriginal Man Albumen print 19,5x15cm/*7x5in* Melbourne 97
LINER Carl August 1871-1946 **[34]**
$5 346 FF32 840 £3 206 Bildnis der Eva Schlatter Oil/canvas 40x40cm/*15x15in* Zürich 98
$280 FF1 606 £166 Der Tüchelbohrer Woodcut 19x30cm/*7x11in* St.Gallen 97
$2 294 FF13 400 £1 357 Dame mit Hut auf Stuhl sitzend Watercolour 38x16cm/*14x6in* St.Gallen 97
LINER Carl Walter 1914 **[117]**
$744 FF3 900 £448 Composition Huile/papier 33x21cm/*12x8in* Paris 96
$2 752 FF16 080 £1 629 Strassenszene in algerischem Dorf Öl/Leinwand 38x55cm/*14x21in* St.Gallen 97
$6 091 FF36 000 £3 772 Composition Huile/toile 130x162cm/*51x63in* Paris 97
$8 103 FF50 302 £4 887 Korporal Räss, ehemals Schützen-Bataillon 8, 1 Kompagnie Charcoal 69x67cm/*27x26in* St.Gallen 98
LINES Henry Harris 1800-1889 **[15]**
$3 950 FF19 270 £2 500 Lake in Switzerland Oil/canvas 66x100cm/*25x39in* London 95
$292 FF1 706 £180 Gathering Faggots Watercolour 50x35,5cm/*19x13in* Billingshurst, West Sussex 97
LINFORD Charles 1846-1897 **[7]**
$1 000 FF5 020 £633 Scalp Level Landscape Oil/board 45x66cm/*18x26in* Philadelphia 95
LINGELBACH Johannes 1622-1674 **[51]**
$7 500 FF37 000 £4 870 Enfant jouant près de la fileuse Huile/cuivre 24,5x31cm/*9x12in* Paris 95
$12 063 FF72 844 £7 241 Soldaten bei der Rast Öl/Leinwand 50x40cm/*19x15in* Luzern 98
$51 700 FF250 000 £32 400 Vue d'un port méditerranéen animé de nombreux personnages Huile/toile

114x158cm/*44x62in* Paris 95

  $6 179 FF37 000 £3 796 Scène Lavis 26x34cm/*10x13in* Montpellier 98

LINGELBACH Johannes (Attrib.) 1622-1674 **[11]**

  $7 929 FF47 361 £4 854 Två gossar i italienskt landskap, en spelar luta, en sjunger Oil/panel 17,5x22,5cm/*6x8in* Stockholm 98

LINGNER Otto 1856-? **[3]**

  $3 278 FF19 880 £2 000 Three Quarter Length Portrait of a Lady Dressing Oil/canvas 94x65,5cm/*37x25in* London 98

LINK O. Winston 1914 **[66]**

  $2 200 FF11 360 £1 408 Hot Shot Eastbound, Laeger Drive-In Theatre; W. Virginia Silver print 39x48cm/*15x19in* New-York 96

LINK Winston 1914 **[3]**

  $3 800 FF23 184 £2 277 Hot Shot Eastbound, Iaeger, West Virginia Gelatin silver print 39,5x49cm/*15x19in* New-York 98

LINKE Paul Rudolf 1844-1917 **[5]**

  $1 518 FF9 301 £909 "Jordanbruücke" Oil/canvas/board 30x40cm/*11x15in* Amsterdam 98

  $8 459 FF49 067 £5 000 Near Luxor, Upper Egypt Oil/canvas 52x77cm/*20x30in* London 97

LINKLATER Barrie R. 1931 **[3]**

  $6 330 FF32 260 £3 800 Lady Beaverbrook's "Bustino", a bay colt Oil/canvas 91x129cm/*35x50in* London 96

LINNELL James Thomas 1820-1905 **[12]**

  $3 832 FF22 038 £2 400 Portrait of G.W. Wood, in a black coat Oil/panel 48x39cm/*18x15in* London 97

  $3 000 FF17 401 £1 773 A Landscape After Summer Showers Watercolour 75x110cm/*29x43in* San Francisco 97

LINNELL John 1792-1882 **[101]**

  $4 670 FF23 770 £2 800 Portrait of Mr. and Mrs. D.L. Clare Oil/canvas 43x34,5cm/*16x13in* London 96

  $8 770 FF42 600 £5 500 A Fine Evening after rain, a scene in Wales Oil/panel 35x54cm/*13x21in* London 95

  $28 000 FF143 920 £17 500 Milking Time Oil/canvas 91,5x142cm/*36x55in* New-York 96

  $1 001 FF6 107 £600 Hay-Making in the Counrtyside Black & white chalks/paper 27,5x42cm/*10x16in* London 98

LINNELL William 1826-1906 **[22]**

  $1 565 FF7 950 £1 000 Redhill, Surrey Oil/canvas/panel 54x68cm/*21x26in* London 96

LINNIG Ben 1860-1929 **[1]**

  $3 794 FF22 750 £2 324 La remise du premier diamant taillé par Lode Van Berckel à Charles Huile/panneau 86x111cm/*33x43in* Antwerpen 97

LINNIG Egide 1821-1860 **[11]**

  $4 305 FF24 525 £2 655 Voiles aux bords de l'Escaut Huile/panneau 32x40cm/*12x15in* Antwerpen 97

  $4 939 FF30 062 £2 941 Bateau de pêche en mer Huile/toile 57x83cm/*22x32in* Bruxelles 98

LINNIG Jan Theodor Joseph 1815-1891 **[2]**

  $2 030 FF12 068 £1 242 Ländliche Idylle Öl/Leinwand 52,5x68,5cm/*20x26in* Köln 97

LINNIG Willem Jr. 1842-1890 **[17]**

  $1 881 FF10 791 £1 161 Le corniste Huile/panneau 32x24,5cm/*12x9in* Bruxelles 97

  $2 525 FF13 200 £1 504 Enfant jouant et écureuil Huile/panneau 51x42cm/*20x16in* Antwerpen 96

  $44 FF268 £26 Zu spät vom Tanz Etching 30x25cm/*11x9in* Rudolstadt-Thüringen 98

LINNIG Willem Sr. 1819-1885 **[12]**

  $7 330 FF37 000 £4 785 Le repas familial Huile/panneau 47,5x59cm/*18x23in* Paris 96

LINNOVAARA Juhani 1934 **[30]**

  $4 111 FF23 454 £2 511 På torget Oil/canvas 46x53cm/*18x20in* Helsinki 97

  $333 FF1 986 £204 Sade Color lithograph 78x58cm/*30x22in* Helsinki 98

  $2 467 FF14 072 £1 507 Amazon Gouache 33x52cm/*12x20in* Helsinki 97

LINNQVIST Hilding 1891-1984 **[84]**

  $7 830 FF38 640 £5 110 The River Nile at Assuan Oil/canvas 73x101cm/*28x39in* Stockholm 95

  $13 090 FF75 640 £8 070 Blommor i vas Oil/panel 35x27cm/*13x10in* Stockholm 97

  $772 FF4 000 £499 Hovs hallar Akvarell 29x36cm/*11x14in* Stockholm 96

LINO Gustave 1893-? **[14]**

*$1 345 FF8 200 £816 Bord de mer à Alger Huile/toile 54x65cm/*21x25in* Paris 98
LINS Adolf 1856-1927 **[25]**
*$4 440 FF25 303 £2 773 Auf dem Lande Oil/paper/panel 48x37cm/*18x14in* Köln 97
*$4 735 FF26 981 £2 970 Am Goldbach Oil/wood 24x48cm/*9x18in* Düsseldorf 97
*$11 194 FF67 024 £6 876 Enten auf dem Wasser Oil/canvas 100x140cm/*39x55in* Köln 98
LINSE Hendrik Jan Carel 1843-1906 **[3]**
*$4 000 FF23 081 £2 451 An Excited Artist Studying his Model Oil/panel 28x22cm/*11x9in* Cleveland, Ohio 97
LINSE Johannes 1875-1930 **[1]**
*$2 750 FF14 355 £1 666 Waiting for the catch Oil/panel 28x18cm/*11x7in* New Orleans, Louisiana 96
LINSENMAIER Walter 1917 **[4]**
*$597 FF2 980 £390 Zebrafohlen Dessin 18,5x15cm/*7x5in* Zofingen 95
LINT van Giacomo 1723-1790 **[17]**
*$12 470 FF64 300 £8 000 Figures on a balcony overlooking the River Tiber, the Vatican Oil/copper 16x24cm/*6x9in* London 96
*$44 800 FF234 500 £30 100 Veduta del Foro con Santa Francesca Roman Olio/tela 74,5x135cm/*29x53in* Roma 96
LINT van Hendrik Fr. (Attrib. 1684-1763 **[8]**
*$1 365 FF8 389 £819 Der blinde Oedipus mit seiner Tochter Antigone im Walde Öl/Leinwand 23,5x33cm/*9x12in* Stuttgart 98
*$4 578 FF28 000 £2 716 Repos de Bergers près d'une cascade/Bergères dans un paysage fluvial Huile/toile 42x52,5cm/*16x20in* Versailles 98
LINT van Hendrik,Monsù Studio 1684-1763 **[31]**
*$24 750 FF129 450 £15 000 River Landscape with Shepherd playing the Flute/The Flight into Egypt Oil/copper 14,5x18cm/*5x7in* London 96
*$60 000 FF340 000 £30 000 Paesaggio con il lavatoio di Marino Olio/tela 47,5x73,5cm/*18x28in* Roma 98
LINT van Jacob 1723-1790 **[1]**
*$24 421 FF126 573 £15 860 Ansicht der Piazza del Popolo in Rom Öl/Leinwand 69,5x108,5cm/*27x42in* Luzern 96
LINT van Louis 1909-1987 **[81]**
*$126 FF657 £76 Nature morte Huile/toile 38x46cm/*14x18in* Bruxelles 96
*$9 380 FF46 900 £6 070 Le songe de l'écologiste Huile/toile 146x114cm/*57x44in* Bruxelles 96
*$163 FF975 £99 Quatre hommes Encre/papier 40x55cm/*15x21in* Antwerpen 98
LINT van Peter 1609-1690 **[16]**
*$11 100 FF64 467 £6 781 Portrait of a gentleman, bust length, wearing black costume Oil/panel 44,5x33,5cm/*17x13in* Amsterdam 97
*$17 000 FF101 070 £10 531 Bacchus, Ceres, Proserpine and Pluto Oil/canvas/board 113x160cm/*44x62in* New-York 97
LINT van Peter (Attrib.) 1609-1690 **[6]**
*$1 286 FF7 795 £782 Saint Jacques Huile/toile 71,5x53,5cm/*28x21in* Bruxelles 98
*$9 630 FF48 700 £6 320 Die Unterweisung Mariens Öl/Leinwand 130x145cm/*51x57in* Wien 96
LINTON James Dromgole 1840-1916 **[26]**
*$1 469 FF8 571 £900 The Water Carrier Oil/canvas 61x85cm/*24x33in* London 97
*$962 FF4 960 £620 A Classical maiden Watercolour 32x23cm/*12x9in* London 96
LINTON William 1791-1876 **[17]**
*$6 200 FF31 900 £4 000 View of Mistra with a peasant and a donkey in the foreground Oil/paper/board 28x39cm/*11x15in* London 96
*$9 176 FF55 985 £5 500 An Extensive Landscape with a Hill-top Town Oil/canvas 71x106,5cm/*27x41in* London 98
*$1 446 FF8 329 £849 View of Capri Watercolour 32x41,5cm/*12x16in* London 97
LINTON William Evans 1878-? **[8]**
*$515 FF2 670 £340 Cattle in a watermeadow/A Longhorn plough team Watercolour 25x35cm/*9x13in* Bristol, Avon 96
LINTOTT Edward Barnard 1875-1951 **[30]**
*$848 FF5 000 £520 Study of Gardinia in a Glass Vase Oil/board 20,5x14,5cm/*8x5in* Billingshurst, West Sussex 98
*$6 000 FF35 356 £3 705 Cineraria and the New York Times Oil/canvas 63,5x76cm/*25x29in* New-York 97

LINTZ Frederick 1824-1909 **[11]**
 $3 276 FF19 476 £1 944 Intérieur Huile/toile 72x89cm/*28x35in* Antwerpen 97
LINVILLE Marlin 1950 **[5]**
 $1 050 FF6 250 £651 Ghost Valley Ranch Oil/canvas 60x91cm/*24x36in* Houston, Texas 97
LION Alexandre Louis 1823-1852 **[3]**
 $2 854 FF14 220 £1 870 Famille devant l'âtre Huile/panneau 24x38cm/*9x14in* Antwerpen 95
LIONEL Lionel Perrotte 1949 **[54]**
 $274 FF1 400 £181 Clio Technique mixte/toile 55x46cm/*21x18in* Paris 96
 $157 FF800 £103 Relation Carborandum 76x57cm/*29x22in* Paris 96
 $333 FF1 700 £219 L'Amour des Mondes Technique mixte/papier 76x57cm/*29x22in* Paris 96
LIONNE Enrico 1865-1921 **[4]**
 $5 520 FF31 280 £2 760 Pastorella al pascolo Olio/tela 44x85cm/*17x33in* Roma 98
LIONNI Leo 1910-? **[3]**
 $4 370 FF25 436 £2 693 "Keep'em Rolling!" Poster 75,5x102cm/*29x40in* New-York 97
LIOTARD Jean Étienne 1702-1789 **[26]**
 $8 265 FF49 554 £5 000 J.E Liotard, Effet, Clair obscur sans sacrifice Engraving 21x17cm/*8x6in* London 97
 $81 720 FF473 748 £50 364 Portrait der Kaiserin Maria-Theresia Pastell/Papier 79x60,5cm/*31x23in* Zürich 97
LIPCHITZ Jacques 1891-1973 **[179]**
 $280 FF1 701 £168 Tree of Life Color lithograph 46x65cm/*18x25in* Philadelphia 98
 $25 695 FF150 000 £15 540 Nature morte aux instruments de musique Bas-relief 57,5x71cm/*22x27in* Paris 97
 $60 000 FF342 858 £36 756 Prometheus Strangling the Vulture Bronze H95,5cm/*H37in* New-York 97
 $2 361 FF13 533 £1 464 Deux figures avec flûte/Deux figures avec guitare Ink 21x26,5cm/*8x10in* New-York 97
LIPHART von Ernest Friedrich 1847-1924 **[5]**
 $3 645 FF21 753 £2 199 Die Frau des Künstlers hir Kind stillend Oil/panel 23,5x32,5cm/*9x12in* Köln 97
LIPPENS Piet 1890-1981 **[27]**
 $479 FF2 460 £298 La roulotte Huile/toile 50x60cm/*19x23in* Antwerpen 96
LIPPI Lorenzo 1606-1665 **[5]**
 $28 730 FF150 000 £17 360 La Vierge à l'Enfant et Saint Jean Baptiste Huile/toile 117x84cm/*46x33in* Paris 96
LIPPI Lorenzo (Attrib.) 1606-1665 **[8]**
 $5 395 FF32 000 £3 299 Sainte Marguerite Huile/toile 25x21cm/*9x8in* Paris 97
 $11 074 FF66 150 £6 866 Elieser und Rebecca am Brunnen Öl/Leinwand 150x128cm/*59x50in* Zürich 97
 $18 700 FF96 400 £12 000 A personification of music Oil/canvas 87x67cm/*34x26in* London 96
LIPPINCOTT William Henry 1849-1920 **[20]**
 $800 FF4 750 £488 Newark Countryside Oil/canvas 25x35cm/*10x14in* Chicago, Illinois 98
 $3 442 FF20 104 £2 113 Das Mädchen Laura Öl/Leinwand 55x65cm/*21x25in* Zofingen 97
 $850 FF4 260 £538 Chase Through the Desert Gouache 25x20cm/*10x8in* Philadelphia 95
LIPPS Richard 1857-1926 **[14]**
 $1 408 FF8 400 £874 Altstadt-Idylle Öl/Leinwand 68x53cm/*26x20in* Dresden 97
 $500 FF2 969 £305 Outdoor Marketplace, Bologna Watercolour/paper 35,5x50cm/*13x19in* Boston, Mass. 98
LIPS Jacob Friedrich 1825-1885 **[5]**
 $265 FF1 290 £168 Reisespiel durch die Schweiz Lithographie 48,4x51,6cm/*19x20in* Bern 95
LIPS Johann Heinrich 1758-1817 **[7]**
 $6 016 FF35 163 £3 670 Portrait of a gentleman, small half length, wearing light grey costume Oil/canvas 35x26cm/*13x10in* Amsterdam 97
LIPSKY Donald 1947 **[5]**
 $4 250 FF20 600 £2 730 Untitled #104 Metal H75cm/*H29in* New-York 95
LIPSZYC Samuel XIX-XX **[3]**
 $3 511 FF20 500 £2 123 Femme au cerceau Bronze H50cm/*H19in* Paris 97
LIPTON Seymour 1903-1986 **[6]**
 $10 000 FF57 971 £5 896 Glow Worm Sculpture 81,5x56x57cm/*32x22x22in* New-York 97
LISA Esteban 1895-1983 **[1]**

$8 000 FF46 701 £4 759 Composición Oil/board 30x23cm/*11x9in* New-York 97
LISAERT Pieter IV 1595-1629/30 **[4]**
$43 100 FF225 000 £26 040 Les Vierges sages et les Vierges folles Huile/panneau 68x101cm/*26x39in* Paris 96
LISEE Jacques 1948 **[8]**
$596 FF2 910 £377 A l'entrée du village Oil/canvas 76x91cm/*29x35in* Calgary, Alberta 95
LISIO de Arnaldo 1869-? **[21]**
$1 020 FF5 780 £510 Giovane popolane Acquarello/carta 68x48cm/*26x18in* Roma 97
LISLE de Édith Fortunée Tita 1866-1911 **[1]**
$1 465 FF8 832 £900 A Lady holding Hydrangeas Pastel/paper 125x61cm/*49x24in* London 98
LISMANN Hermann 1878-1943 **[12]**
$2 798 FF16 756 £1 719 Blumenstilleben Öl/Leinwand 60x50cm/*23x19in* München 98
$1 850 FF9 650 £1 100 Zwei Badende Watercolour 27,5x34,5cm/*10x13in* London 96
LISMER Arthur 1885-1969 **[94]**
$4 000 FF20 500 £2 660 Georgian Bay Oil/board 20x25cm/*8x10in* Delray Beach, Florida 96
$13 556 FF77 996 £8 002 Old Log Pine, Georgian Bay Oil/canvas 41x51cm/*16x20in* Vancouver, BC. 97
$202 FF1 180 £123 Ambulances Lithographie 43x63cm/*16x24in* Montréal 97
$109 FF622 £66 Les feuilles mortes Encre/papier 41x51cm/*16x20in* Montréal 97
LISMONDE Jules 1908 **[31]**
$1 132 FF6 544 £692 "Les horizons d'ailleurs" Fusain 65x50cm/*25x19in* Antwerpen 97
LISS Johann (Attrib.) 1597-1630 **[5]**
$4 938 FF30 000 £2 973 La Tentation du Christ Huile/toile 95,5x79,5cm/*37x31in* Paris 98
$1 000 FF5 913 £600 The Head of a Bearded Man, Looking Up Ink 34x24,5cm/*13x9in* New-York 97
LISSE van der Dirck c.1600-1669 **[14]**
$10 360 FF50 200 £6 500 Nymphs drying themselves after bathing Oil/panel 28,5x23cm/*11x9in* London 95
$10 224 FF60 000 £6 252 La toilette de Diane dans un paysage valloné Huile/panneau 49x59cm/*19x23in* Paris 97
LISSE van der Dirck (Attrib.) c.1600-1669 **[6]**
$3 000 FF14 880 £1 898 Italianate landscape Oil/panel 30x37cm/*11x14in* New-York 95
LISSITZKY El, Lazar Markovitch 1890-1941 **[60]**
$12 401 FF72 393 £7 500 Chad Gadya Print 25x20cm/*9x7in* London 97
$58 500 FF306 000 £34 800 Grosse stehende Kuh (Grosse Schweizer Kuh) Bronze H25cm/*H9in* Berlin 96
$750 FF4 355 £443 Der Konstrukteur Gelatin silver print 40x30cm/*15x11in* Köln 97
$30 000 FF180 942 £17 811 Studies for Illustrations Ink 10,5x13cm/*4x5in* Tel Aviv 98
LIST Herbert 1903-1975 **[104]**
$1 900 FF9 910 £1 148 Spanish Steps, Roma Gelatin silver print 25x22cm/*10x8in* New-York 96
LIST Wilhelm 1864-1918 **[12]**
$41 800 FF216 500 £27 000 Death of an Angel Tempera 161x79cm/*63x31in* London 96
$106 457 FF617 870 £65 000 Night rises from the sea Tempera 158x64,5cm/*62x25in* London 97
$985 FF5 712 £582 Sonnatagsausflug im Helenental bei Wien Aquarell/Papier 38x43,5cm/*14x17in* Wien 97
LISTER William Lister 1859-1943 **[41]**
$635 FF3 258 £418 On the River Bank Watercolour/paper 32x49cm/*12x19in* Sydney 96
LISZEWSKA Anna Rosina de Gasc 1716-1783 **[3]**
$7 000 FF42 450 £4 270 Portrait of Cristina Amalla Ernestine de Schlaberndorff Oil/canvas 91x74cm/*35x29in* New-York 98
$96 600 FF492 000 £58 000 Portrait of King George III/Portrait of Queen Charlotte Oil/canvas 143x98cm/*56x38in* London 96
LISZEWSKA-THERBUSCH Anna Dorothea 1721/22-1782 **[7]**
$56 300 FF294 000 £34 000 A scientist seated at his desk by candlelight Oil/canvas 10x81cm/*3x31in* London 96
LITH van Jean-Paul 1940 **[14]**
$1 087 FF6 500 £659 Compression Sculpture 24x25x10cm/*9x9x3in* Paris 97
LITTEN Sydney Mackenzie 1887-? **[4]**
$121 FF673 £75 The Lower Pool, London Etching 17x30cm/*6x11in* London 97
LITTLE James XIX-XX **[3]**
$1 010 FF6 130 £600 Sawmills, Rotterdam Watercolour 34,5x23cm/*13x9in* Glasgow 98

LITTLE John G. Carruthers 1928 [45]

☞ *$1 599 FF9 124 £972* "Côte Sainte-Marie, Québec" Huile/toile 30,5x38cm/*12x14in* Montréal 97
☞ *$4 820 FF25 200 £2 873* Old Rue Bonsecours, Montreal Huile/toile 76x91,5cm/*29x36in* Montréal 96

LITTLE John Wesley 1867-1923 [2]

✐ *$1 827 FF9 530 £1 104* Hollandaises sur la côte Aquarelle 27x35cm/*10x13in* Genève 96

LITTLE Philip 1857-1942 [13]

☞ *$3 000 FF17 411 £1 772* Massachussets Oil/canvas 63x76cm/*25x30in* Bethesda, Maryland 97

LITTLE Robert c.1855-1954 [4]

✐ *$999 FF6 035 £600* Landscape with Cattle and a Distant Town Watercolour/paper 35x38cm/*13x14in* Leyburn, North Yorkshire 98

LITTROW von Lea 1860-1914 [24]

☞ *$1 127 FF5 800 £727* Coastal landscape, Istria Öl/Karton 14,5x25cm/*5x9in* Wien 96
☞ *$4 250 FF21 700 £2 800* Fischerboote am Meeresufer Öl/Leinwand 63x98cm/*24x38in* Wien 96

LITVINOVSKY Pinchas 1894-1985 [59]

☞ *$1 000 FF5 180 £650* Figures Oil/paper 29x43cm/*11x16in* Tel Aviv 96
☞ *$5 000 FF30 469 £3 092* The Fiddler and his Spouse. The 50s Oil/paper/canvas 99x68cm/*38x26in* Tel Aviv 98
▥ *$700 FF3 580 £454* Rabbis Lithograph 78x55cm/*30x21in* Tel Aviv 95
✐ *$750 FF4 458 £457* Mother Breast Feeding and a Flutist Gouache/paper 31x47cm/*12x18in* Tel Aviv 98

LIU BONONG 1935 [1]

✐ *$2 587 FF13 260 £1 572* Wild geese by reeds Ink 37x52,5cm/*14x20in* Hong Kong 96

LIU CHEN 1087-1167 [1]

✐ *$42 000 FF250 000 £26 073* Running and Cursive Script Calligraphy Ink/paper 35x51cm/*14x20in* New-York 97

LIU DANZHAI 1931 [8]

✐ *$3 882 FF22 389 £2 313* Seven Sages in Bamboo Grove Coloured inks/paper 137x69cm/*53x27in* Hong Kong 97

LIU GUOSHU 1919 [2]

☞ *$11 000 FF56 600 £6 790* Thinking Oil/canvas 53x76cm/*20x29in* Hong Kong 95
☞ *$12 730 FF65 100 £8 240* Dai Girl/Road trip Oil/board 28x41cm/*11x16in* Taipei, Taiwan 95

LIU GUOSONG Liu Kuo-Sung 1932 [14]

☞ *$19 860 FF118 140 £12 180* Dance Oil/canvas 73x52,5cm/*28x20in* Taipei, Taiwan 97
✐ *$5 500 FF32 621 £3 359* Abstract Landscape Ink 91,5x57cm/*36x22in* San Francisco 98

LIU HAIMING 1954 [2]

☞ *$3 925 FF22 663 £2 400* Fisherman in the Morning Oil/canvas 91,5x72,5cm/*36x28in* London 97

LIU HAISU 1895-1994 [8]

☞ *$18 498 FF91 995 £11 785* Guilin Landscape Oil/canvas 58,5x75cm/*23x29in* Taipei, Taiwan 96
✐ *$21 981 FF127 823 £13 107* Landscape of Mount Huang Ink 115x336,5cm/*45x132in* Hong Kong 97

LIU JIAN 1961 [2]

✐ *$3 880 FF20 000 £2 397* Red Wall Ink 184x143,5cm/*72x56in* Hong Kong 95

LIU JINCHENG 1956 [2]

☞ *$11 000 FF56 300 £6 680* Three generations Oil/canvas 137x117cm/*53x46in* Hong Kong 96

LIU KANG 1911 [4]

☞ *$16 750 FF83 100 £10 600* Reading at Night Oil/canvas 75x60cm/*29x23in* Singapore 95

LIU KUILING 1885-1968 [13]

✐ *$5 827 FF29 965 £3 595* Goldfish Ink 19x54cm/*7x21in* Hong Kong 96

LIU NING 1959 [1]

☞ *$7 760 FF40 000 £4 790* Tibetan Mascots Oil/canvas 111x144cm/*43x56in* Hong Kong 95

LIU QIWEI Max Liu Ch'i-wei 1912 [4]

✐ *$3 630 FF21 040 £2 230* Zebra Mixed media/paper 26x38cm/*10x14in* Taipei, Taiwan 97

LIU WENQUAN 1956 [1]

☞ *$3 365 FF17 320 £2 077* First Generation Oil Painter Oil/canvas 66x53cm/*25x20in* Hong Kong 95

LIU XUN 1958 [2]

✐ *$10 999 FF63 435 £6 553* Scenic Impression Ink/paper 14x33cm/*5x12in* Hong Kong 97

LIU YE 1964 [2]

☞ *$11 640 FF59 600 £7 070* Ocean Oil/canvas 91x99,5cm/*35x39in* Hong Kong 96

LIU YIN 1618-1664 **[2]**
 $4 500 FF25 423 £2 832 Fishermen on ihe river Ink/paper 84,5x39,5cm/*33x15in* New-York 97
LIU YINGZHAO 1956 **[8]**
 $11 640 FF59 600 £7 070 Still life Oil/canvas 120x110cm/*47x43in* Hong Kong 96
LIU YIWEN 1919 **[2]**
 $3 620 FF18 560 £2 200 Apples and vase Oil/canvas 45x60cm/*17x23in* Hong Kong 96
LIU YONG 1719-1805 **[1]**
 $3 000 FF16 949 £1 888 Running Script Calligraphy Ink/paper 29x398cm/*11x156in* New-York 97
LIVENS Henry XIX-XX **[11]**
 $1 863 FF10 721 £1 100 Hawthorn, Apple Blossom, Primroses, Violets, Geranium, a Basket Oil/canvas 30,5x25,5cm/*12x10in* London 97
LIVENS Horace Mann 1862-1936 **[53]**
 $421 FF2 508 £250 Thames Bridges Oil/board 13x18cm/*5x7in* Billingshurst, West Sussex 97
 $1 100 FF6 331 £649 Spring Flowers and a wicker Basket on a mossy Bank Oil/canvas 35,5x46cm/*13x18in* London 97
 $261 FF1 515 £160 Portrait of a girl sewing Etching 10,8x8,8cm/*4x3in* London 97
 $147 FF880 £90 Barges on Chelsea Reach Pastel/paper 11,5x26,5cm/*4x10in* London 97
LIVESAY Richard c.1750-c.1823 **[11]**
 $1 935 FF11 560 £1 200 Portrait of a Gentleman/His Wife Oil/canvas 24,5x21cm/*9x8in* London 97
LIVINGS Henry [4]
 $2 857 FF16 682 £1 700 Fishing Oil/canvas 101,5x76cm/*39x29in* London 97
LIVINGSTON Nan C. 1876-1952 **[8]**
 $2 849 FF17 187 £1 700 Castle Street, Edinburgh Oil/canvas 53,5x43,5cm/*21x17in* West Lothian 98
LIZCANO Y MONEDERO Angel 1846-1929 **[25]**
 $2 856 FF16 716 £1 764 Agustina de Aragon Oleo/lienzo 100x50cm/*39x19in* Madrid 97
 $5 250 FF30 000 £3 225 La plebe madrileña divirtiéndose en san Antonio de Florida Oleo/tabla 28x55cm/*11x21in* Madrid 97
LJUBA Ljuba Popovitch, dit 1934 **[109]**
 $1 304 FF6 800 £862 La contriction Huile/toile 41x32cm/*16x12in* Paris 96
 $3 270 FF16 000 £2 103 Le Désir Huile/toile 60x50cm/*23x19in* Saint-Germain-en-Laye 95
 $7 850 FF40 000 £5 170 "La tentatrice" Huile/toile 195,5x160cm/*76x62in* Paris 96
 $485 FF2 900 £294 Personnages Lavis 53x41cm/*20x16in* Paris 97
LJUNGBERG Sven 1913 **[17]**
 $1 513 FF7 370 £958 Motiv från min trädgård Oil/canvas 39x55cm/*15x21in* Stockholm 95
LJUNGGREN Reinhold 1920 **[36]**
 $221 FF1 284 £136 Vintermotiv med kyrka Lithograph 26x43cm/*10x16in* Göteborg 97
LJUNGQUIST Birger 1894-1965 **[47]**
 $1 087 FF5 570 £661 Restaurantinteriör, Stockholm Oil/panel 68x93cm/*26x36in* Malmö 96
LLANOS Y VALDES Sebastian c.1605-1677 **[3]**
 $16 500 FF86 300 £10 000 The Heads of Saints Paul, John the Baptist and James of Compostella Oil/canvas 108x133cm/*42x52in* London 96
LLAVERIAS LABRO Joan 1865-1938 **[6]**
 $845 FF5 135 £520 Casta Mallorquina Oleo/lienzo 39,5x28cm/*15x11in* Madrid 98
 $6 436 FF37 401 £3 800 The Marketplace Oil/board 53,5x79cm/*21x31in* London 97
LLEWELLYN William Samuel Henry 1858-1941 **[8]**
 $627 FF3 824 £380 Church by the River Oil/canvas/board 35,5x27cm/*13x10in* London 98
 $80 000 FF489 000 £48 848 A Portrait of Queen Mary, in the Robes of the Order of the Garter Oil/canvas 105,5x67,5cm/*41x26in* New-York 98
LLEWELLYN-DAVIS Owen 1950 **[2]**
 $2 834 FF17 023 £1 700 Cheetah Running Bronze H21,5cm/*H8in* London 98
LLEWELLYN-ROBERTS C.R. XX **[3]**
 $1 376 FF6 960 £900 "Aquarius" Bronze 46x47cm/*18x18in* London 96
LLIMONA Rafael 1896-1957 **[2]**
 $13 200 FF79 000 £8 000 Paisaje Oleo/lienzo 44,5x54cm/*17x21in* Madrid 98
LLONA Ramiro 1947 **[7]**
 $30 000 FF179 211 £18 351 La silla verde Oil/canvas 152,5x152,5cm/*60x60in* New-York 98
LLORENS DiAZ Francisco 1874-1948 **[6]**
 $845 FF5 135 £520 Vaca Lápiz/papel 18x25cm/*7x9in* Madrid 98

LLORENTE Bernardo Germán 1680-1759 **[2]**

  $5 610 FF33 575 £3 485 Vanitas Oleo/lienzo 65x53,5cm/*25x21in* Madrid 98

LLOVERAS Federico 1912-1983 **[18]**

  $495 FF2 962 £292 "Cadaqués" Oleo/lienzo 38x46cm/*14x18in* Barcelona 98

  $429 FF2 567 £253 Plaza e iglesia Acuarela/papel 36x51cm/*14x20in* Barcelona 98

LLOYD James 1905-1974 **[18]**

  $1 186 FF5 800 £750 Fruits of the Land Watercolour 35x24cm/*13x9in* London 95

LLOYD Llewelyn 1879-1949 **[9]**

  $14 520 FF74 100 £8 800 Brocca e melagrana Olio/tavola 34x29cm/*13x11in* Prato 96

  $20 400 FF115 600 £13 600 Le cascine Olio/tavola 41x55cm/*16x21in* Prato 97

LLOYD Norman 1897-1985 **[77]**

  $2 400 FF14 319 £1 447 The Footbridge Oil/canvas 33x40cm/*13x16in* New Orleans, Louisiana 97

  $129 FF778 £77 French Canal Scene Watercolour/paper 17x25cm/*6x9in* Sydney 98

LLOYD Robert Malcolm XIX-XX **[44]**

  $199 FF1 006 £130 A steamer and other shipping leaving a harbour Watercolour 35x52cm/*13x20in* London 96

LLOYD Stuart 1875-1929 **[27]**

  $871 FF5 336 £520 "Near Poole, Dorset"/"Moonrise, Christchurch Bay" Watercolour/paper 35x25cm/*13x9in* Newcastle-upon-Tyne 98

LLOYD Thomas Ivester 1873-1942 **[21]**

  $434 FF2 210 £260 A Bay lightweight Hunter in a Stable Oil/panel 32x35,5cm/*12x13in* London 96

  $609 FF3 362 £380 The Hunting Party Watercolour 23x33,5cm/*9x13in* London 97

LLOYD Thomas James 1849-1910 **[27]**

  $4 800 FF24 700 £2 993 A Coastal Reverie Oil/canvas 31x71cm/*12x27in* New-York 96

  $21 817 FF125 968 £13 000 The End of the Day Oil/canvas 106x202cm/*41x79in* London 97

  $3 350 FF17 030 £2 000 "A bit of Barley Mow" Watercolour/paper 61x102cm/*24x40in* London 96

LLOYD Walter Stuart 1875-1929 **[62]**

  $16 341 FF97 847 £10 000 Arundel, Early Morning Oil/canvas 95x181cm/*37x71in* Billingshurst, West Sussex 97

  $1 223 FF7 215 £750 Figures in a rowing Boat before a Cottage with a Church Watercolour 49,5x87cm/*19x34in* London 98

LO SAVIO Francesco 1935-1963 **[4]**

  $91 107 FF539 742 £55 000 Spazio Luce Oil/canvas 100x121cm/*39x47in* London 97

LOATES Glen, Martin 1945 **[20]**

  $1 128 FF6 680 £670 "Elk" Watercolour/paper 40,5x31,5cm/*15x12in* Toronto 97

LOBDELL Frank 1921 **[3]**

  $900 FF5 405 £537 "li.II.81" Monotype 44x58cm/*17x22in* Los Angeles 98

LOBEL-RICHE Alméry 1880-1950 **[54]**

  $4 500 FF23 000 £2 966 Bab Mansour, Meknès Huile/toile 54x78cm/*21x30in* Paris 96

  $435 FF2 600 £266 "Peugeot Cycles" Affiche 80x60cm/*31x23in* Orléans 98

LOBIN Lucien L. 1847-? **[14]**

  $108 FF650 £64 Homme nu debout Mine plomb 25x15cm/*9x5in* Tours 98

LOBISSER Switbert 1878-1943 **[64]**

  $411 FF2 398 £248 Josef und Maria kommen zur Volkszählung Woodcut 26,5x40cm/*10x15in* Wien 97

LOBO Balthazar 1910-1993 **[43]**

  $4 908 FF30 000 £2 946 Mère et enfant Bronze 19x18x8cm/*7x7x3in* Honfleur 98

  $1 072 FF5 200 £691 Maternité Encre Chine 29x41cm/*11x16in* Paris 95

LOBRICHON Timoléon 1831-1914 **[24]**

  $5 500 FF32 738 £3 414 Story Time Oil/canvas 33x50cm/*13x20in* Chicago, Illinois 97

  $10 855 FF65 000 £6 669 L'heure du déjeuner Huile/toile 205x138cm/*80x54in* Paris 98

LOCATELLI Andrea 1693-1741 **[40]**

  $11 671 FF70 098 £7 000 Soldiers Resting by a Tree Oil/canvas 43,5x33cm/*17x12in* London 98

  $31 350 FF163 970 £19 000 Moses stricking the Rock Oil/canvas 97x136cm/*38x53in* London 96

  $37 260 FF211 140 £24 840 Un pastore ed una figura in costume classico in un paesaggio laziale Olio/tela 40,5x96cm/*15x37in* Roma 98

LOCATELLI Andrea (Attrib.) 1693-1741 **[7]**

⍟ *$19 240 FF99 000 £12 000* Wooded landscapes with figures Oil/canvas 33x43cm/*12x16in* London 96
LOCATELLI Romualdo [1]
⍟ *$8 299 FF46 838 £5 086* Portrait of a Boy Oil/canvas 84x55cm/*33x21in* Singapore 97
LOCHER Carl 1851-1915 **[146]**
⍟ *$1 105 FF6 602 £676* Optrukne både på stranden Oil/canvas 21x30cm/*8x11in* København 98
⍟ *$2 048 FF12 301 £1 223* Marine med "Helgoland" og "Valkyrien" Oil/canvas 41x57cm/*16x22in*
København 98
⍟ *$4 422 FF26 409 £2 706* Redningsbåden på vej ud til et nödstedt skib Oil/canvas 88x138cm/*34x54in*
København 98
▤ *$60 FF354 £36* Skibe på havet, måneskin Etching 22x26cm/*8x10in* Viby J, Århus 97
LOCHER Gottfried 1730-1795 **[6]**
▤ *$674 FF3 914 £398* Les Caresses du Gouguisberg Radierung 16x13cm/*6x5in* Bern 97
LOCHER Thomas 1956 **[9]**
✀ *$12 190 FF73 876 £7 475* Innere Ordnung des Grundwortschatzes Construction
176,2x132,7x25,2cm/*69x52x9in* Hamburg 98
LOCHHEAD John 1866-1921 **[13]**
⍟ *$1 135 FF5 920 £750* The Old Story Oil/canvas 14x29cm/*5x11in* Hadspen 96
LOCHHEAD Kenneth Campbell 1926 **[5]**
⍟ *$1 013 FF5 190 £615* Luccent Light Acrylic/canvas 108x91cm/*42x35in* Calgary, Alberta 96
LOCK Freida 1902-1962 **[4]**
⍟ *$2 622 FF15 980 £1 597* Interior of the Artist's Home Oil/board 37x46cm/*14x18in* Cape Town 98
LOCKE Alice G. 1883-? **[3]**
⍟ *$1 800 FF10 575 £1 080* "Lane At Pigeon Hill" Oil/board 40x50cm/*16x20in* Altadena, CA 97
LOCKE Charles Wheeler 1899-1983 **[11]**
▤ *$220 FF1 308 £134* "Waterfront (East River)" Lithograph 22x30cm/*8x12in* Shaker Heights, Ohio 97
LOCKHART John Gibson 1794-1854 **[1]**
✎ *$13 508 FF80 120 £8 000* Album of caricatures Watercolour 42,5x50cm/*16x19in* London 97
LOCKHART William Ewart 1846-1900 **[12]**
⍟ *$1 800 FF10 268 £1 099* Extensive Landscape Oil/canvas 63x126cm/*25x49in* Bethesda, Maryland 97
LOCKWOOD Ward 1894-1963 **[2]**
▤ *$600 FF3 482 £354* Prize Fight in the Prairie town Lithograph 30x46cm/*12x18in* New Orleans, Louisiana 97
LOCKWOOD Wilton 1862-1914 **[9]**
⍟ *$3 500 FF20 219 £2 157* Lady in White Oil/canvas 99x79cm/*38x31in* New-York 97
LODDER Capt. Charles Arthur c.1840-1865 **[3]**
✎ *$1 167 FF5 940 £700* The "Emma" trapped in the ice Watercolour 27x39cm/*10x15in* London 96
LODER Matthäus 1781-1828 **[3]**
⍟ *$12 140 FF62 000 £8 000* A Gypsy Family Oil/canvas 104,5x80cm/*41x31in* London 96
LODER OF BATH James c.1800-c.1860 **[24]**
⍟ *$4 671 FF28 211 £2 800* "Old John" a Dark Bay Hunter in a Landscape Oil/canvas 57x74cm/*22x29in*
London 98
LODGE George Edward 1860-1954 **[283]**
⍟ *$833 FF5 007 £500* A Pair of Black-Necked Grebes at the Water's Edge Oil/canvas 29x44,5cm/*11x17in*
London 98
⍟ *$6 370 FF31 100 £4 000* Fujiyama, Japan Oil/canvas 61x92cm/*24x36in* London 95
✎ *$1 047 FF6 215 £649* Herring Gulls struggling against a heavy Wind Bodycolour 33x50cm/*12x19in*
London 97
LODI Carlo 1701-1765 **[2]**
⍟ *$67 500 FF351 000 £44 600* Finding of moses/Moses driving the Bandits Tempera/canvas
179x343cm/*70x135in* New-York 96
LODI da Gilardo XVII-XVIII **[4]**
⍟ *$14 400 FF81 600 £7 200* Natura morta di fiori e frutta Olio/tela 40,5x53,5cm/*15x21in* Milano 97
LODI da Gilardo (Attrib.) XVII-XVIII **[1]**
⍟ *$21 200 FF110 000 £13 680* Nature morte à la grappe de raisin et fleurs Huile/toile 64x48,5cm/*25x19in*
Paris 96
LODI Ermengildo c.1580-c.1620 **[2]**
✎ *$1 593 FF9 547 £950* Man sheathing his Sword/Man sheathing his Sword Black chalk 10,5x6cm/*4x2in*
London 98

LODOLA Marco 1955 **[5]**
  $1 080 FF6 120 £540 Chi spia chi Smalto 98x43cm/*38x16in* Prato 97
LODS Marcel 1891-1978 **[1]**
  $626 FF3 240 £400 "Paris" Poster 99x61cm/*38x24in* London 96
LOEB Leonard B. 1891-1978 **[4]**
  $4 500 FF23 230 £2 880 Grant's Tomb, Riverside Drive Photograph 16,5x23cm/*6x9in* New-York 96
LOEBER Lou, Louise 1894-1983 **[40]**
  $4 940 FF24 700 £3 230 Bouwsels Oil/board 88x61cm/*34x24in* Amsterdam 95
LOEDING Harmen c.1637-c.1680 **[2]**
  $12 140 FF62 000 £8 000 Still life of lobster on a pewter plate on a table Oil/panel 54x43cm/*21x16in* London 96
LOEFF Jacob Gerristsz c.1607-1670/75 **[3]**
  $7 495 FF43 352 £4 500 "Christ on the Sea of Galilee" Oil/panel 45,5x76cm/*17x29in* London 97
LOEMANS Alexander Francis 1894-? **[19]**
  $1 224 FF7 380 £740 Trout FIshing From the Riverbank Huile/panneau 62x47cm/*24x18in* Montréal 98
LOEWENSBERG Verena 1912-1986 **[26]**
  $6 469 FF37 505 £3 987 Ohne Titel Öl/Leinwand 32x32cm/*12x12in* Zürich 97
  $19 728 FF122 001 £11 754 Ohne Titel Acryl/Leinwand 70,5x141cm/*27x55in* Zürich 98
  $250 FF1 459 £151 Komposition Farbserigraphie 50x36cm/*19x14in* Zürich 97
  $3 742 FF21 534 £2 306 Vier Variationen um ein Quadrat Crayons couleurs/papier 50x36cm/*19x14in* Zürich 97
LOEWY Raymond 1893-1986 **[30]**
  $323 FF1 800 £201 Étude de combinaison pour la NASA Encre/papier 20,5x18cm/*8x7in* Angoulême 97
LÖFDAHL Oscar Magnus 1811-1895 **[2]**
  $1 830 FF9 240 £1 200 Figures conversing on a path Oil/canvas 28x37cm/*11x14in* London 96
  $3 810 FF19 260 £2 500 Figures resting in a landscape Oil/canvas 39,5x55cm/*15x21in* London 96
LÖFFLER August 1822-1866 **[5]**
  $3 770 FF19 700 £2 245 Teneriffa Watercolour 38,5x31,5cm/*15x12in* Hamburg 96
LÖFFLER Bertold 1874-1960 **[55]**
  $2 412 FF14 313 £1 497 Kleiner Pan Öl/Leinwand 45,5x36,5cm/*17x14in* Wien 97
  $411 FF2 394 £253 Ohne Titel Color lithograph 58x84cm/*22x33in* Wien 97
  $1 646 FF9 546 £970 Dose mit Zwerg Ceramic 21,2x12cm/*8x4in* Wien 97
  $328 FF2 000 £200 Nikolai Ljesskow Am Ende Der Welt Gouache/paper 30x22,5cm/*11x8in* London 98
LØFFLER Emma 1843-1929 **[6]**
  $8 830 FF46 100 £5 260 Roses and strawberries Oil/canvas 26x34cm/*10x13in* København 96
LÖFFLER Franz 1875-1955 **[19]**
  $552 FF3 205 £337 Stilleben mit Äpfel und kupfernem Krug Öl/Karton 35x46cm/*13x18in* Lindau 97
  $1 452 FF8 434 £887 Blick auf die Halbinsel Wasserburg Oil/panel 25,5x33cm/*10x12in* Lindau 97
LÖFFLER-RADYMNO Leopold 1827-1898 **[7]**
  $10 500 FF54 600 £6 900 Dispute Oil/panel 47x40cm/*18x15in* Warszawa 96
LOFFREDO Silvio 1932 **[18]**
  $540 FF3 060 £270 Ritratto femminile Olio/cartone/tela 50x80cm/*19x31in* Firenze 98
LÖFGREN Clara 1843-1923 **[6]**
  $201 FF1 208 £121 "Vägen till Askersund" Oil/panel 16x23cm/*6x9in* Stockholm 98
LOGAN Maurice 1886-1977 **[26]**
  $4 000 FF20 720 £2 600 Hunter's Point Oil/canvas 30,5x38cm/*12x14in* San Francisco-Los Angeles 96
  $4 500 FF26 897 £2 727 Rocky Sea Coast Oil/canvas/board 35,5x45,5cm/*13x17in* San Francisco-Los Angeles 97
  $1 600 FF9 632 £957 The Loading Dock Watercolour/paper 43x56,5cm/*16x22in* San Francisco 98
LOGELAIN Henri 1889-1968 **[36]**
  $460 FF2 759 £280 La Grand' Place de Bruxelles Huile/panneau 26,5x34,5cm/*10x13in* Bruxelles 97
  $1 082 FF5 370 £684 Champignons et fruits Huile/toile 70x86cm/*27x33in* Liège 95
  $1 450 FF7 350 £943 Docks No. 1 à Anvers Aquarelle/papier 85x70cm/*33x27in* Bruxelles 96
LOGEROT Louise, née Lenot XIX **[3]**
  $16 000 FF94 955 £9 800 Vase de fleurs et fruits exotiques sur une balustrade Oil/canvas 130x98cm/*51x38in* New-York 97

LOGHI Kimon 1871-? **[7]**
- *$450 FF2 629 £268* A Castle in the Woods Oil/board 75x73,5cm/*29x28in* New-York 97

LOGSDAIL William 1859-1944 **[23]**
- *$8 194 FF48 685 £5 000* Venice Oil/canvas 26x33cm/*10x12in* London 98
- *$9 832 FF58 422 £6 000* Going to the Procession Oil/canvas 111,5x68cm/*43x26in* London 98

LOHAUS Bernd 1940 **[3]**
- *$1 221 FF7 256 £726* Untitled (Ja/Teil/bist) Crayon 174,5x109x10cm/*68x42x3in* Amsterdam 97

LOHR August 1843-1919 **[41]**
- *$5 000 FF25 960 £3 310* The Tyrol Alps Oil/canvas 91x117cm/*35x46in* New-York 96
- *$9 176 FF55 985 £5 500* Italian Consulate, Mexico Oil/board 22x32,5cm/*8x12in* London 98
- *$63 568 FF384 311 £38 070* Schloss Chapultepec Öl/Leinwand 112x175cm/*44x68in* München 98
- *$6 000 FF31 340 £3 570* Campesino Arando Watercolour/paper 11x15cm/*4x5in* New-York 96

LÖHR Emil 1809-1876 **[11]**
- *$3 755 FF19 340 £2 420* Landschaft in Südtirol Öl/Leinwand 34x26cm/*13x10in* Wien 96
- *$5 550 FF28 960 £3 300* Bad Gastein Öl/Leinwand 53x38,5cm/*20x15in* Wien 96

LOHSE Karl 1895-1965 **[4]**
- *$790 FF4 702 £490* Sumpfdotterblumen Tempera 57,5x77cm/*22x30in* Dresden 97
- *$1 412 FF8 108 £861* Paar Chalks 88x65cm/*34x25in* Berlin 97

LOHSE Richard Paul 1902-1988 **[62]**
- *$12 700 FF65 700 £8 240* Drei horizontale Gruppen mit hellrotem Zentrum Acrylique/toile 29,5x29,5cm/*11x11in* Zürich 96
- *$17 403 FF100 368 £10 368* Sechs ineinandergehende Gruppen mit gleichen farbmengen Oil/canvas 20x120cm/*7x47in* München 97
- *$471 FF2 818 £289* Komposition Farbserigraphie 70x70cm/*27x27in* Zürich 98

LOHSE-WÄCHTER Elfriede 1899-1940 **[8]**
- *$2 480 FF12 520 £1 625* Drei Frauen beim Tratsch Oil chalks/paper 62x50cm/*24x19in* München 96

LOIR Alexis III 1712-1785 **[1]**
- *$3 970 FF20 730 £2 400* Four Classical figures at an altar Terracotta H33,7cm/*H13in* London 96

LOIR Luigi 1845-1916 **[293]**
- *$5 441 FF33 000 £3 230* Bord de Seine animé au crépuscule Huile/carton 33x46cm/*12x18in* Arles 98
- *$28 700 FF150 000 £17 100* Un soir d'hiver sur le Quai du Louvre Huile/toile 70x95cm/*27x37in* Nantes 96
- *$532 FF3 200 £318* Paris sous la pluie Gravure 48x63cm/*18x24in* Paris 98
- *$1 061 FF6 200 £628* Vue de Paris Aquarelle/papier 17x23cm/*6x9in* Paris 97

LOIR Marianne (Attrib.) c.1715-c.1770 **[5]**
- *$3 860 FF20 000 £2 490* Portrait d'une dame de qualité Huile/toile 29x22cm/*11x8in* Paris 96
- *$5 400 FF28 000 £3 484* Portrait d'un chasseur Huile/toile 82,5x70,5cm/*32x27in* Paris 96

LOIR Nicolas 1624-1679 **[12]**
- *$9 070 FF47 000 £5 890* Vierge à l'Enfant avec Saint Jean Baptiste Enfant dans un paysage Huile/toile 24,5x31cm/*9x12in* Monaco 96
- *$10 962 FF66 000 £6 560* Moïse sauvé des eaux Huile/toile 57x75,5cm/*22x29in* Paris 98
- *$941 FF5 500 £557* Saintes familles/Vierge Eau-forte 15x12cm/*5x4in* Paris 97

LOISEAU Gustave 1865-1935 **[431]**
- *$3 288 FF19 000 £1 953* Trois gardons Huile/carton 38x46cm/*14x18in* Paris 97
- *$6 440 FF31 800 £4 200* Usine au bord de l'Oise, Pontoise Oil/canvas 28,5x46cm/*11x18in* London 95
- *$1 014 FF6 000 £609* Bord de mer Aquarelle/papier 18,5x28,5cm/*7x11in* Paris 97

LOISEAU-ROUSSEAU Paul Louis 1861-1927 **[9]**
- *$759 FF4 500 £458* Vase en forme de tête d'éléphant Bronze H38cm/*H14in* Paris 97

LOISEL Régis 1951 **[8]**
- *$1 579 FF9 000 £986* "Peter Pan", planche No. 26 Encre Chine/papier 42x31cm/*16x12in* Paris 97

LOJACONO Francesco 1841-1915 **[22]**
- *$6 000 FF34 000 £4 000* La Valle dei Templi ad Agrigento Olio/tela 81x103cm/*31x40in* Roma 97
- *$10 400 FF53 400 £6 190* Pescatori a Palermo Olio/tavola 13x38cm/*5x14in* Roma 96
- *$58 960 FF342 205 £36 000* A view of Taormina with Etna in the background Oil/canvas 78,5x159cm/*30x62in* London 97

LOJACONO Francesco (Attrib.) 1841-1915 **[2]**
- *$3 250 FF16 700 £1 935* Palermo, Monte Pellegrino Olio/tela 29x50cm/*11x19in* Roma 96

LOKHORST van Jan 1837-1872 **[14]**
- *$901 FF5 514 £554* A Cowherdess and Cattle Oil/canvas 50x70cm/*19x27in* Amsterdam 98

☞ *$1 221 FF7 500* £745 Vue de Dordrecht Huile/panneau 27x39cm/*10x15in* Neuilly-sur-Seine 98
LOLLI Lorenzo Loli 1612-1691 **[6]**
▥ *$396 FF2 342* £235 Die Madonna mit den hll. Antonius und Nicholas Radierung 29,5x20cm/*11x7in* Berlin 97
LOLMO Gian Paolo 1550-1595 **[2]**
☞ *$14 350 FF69 400* £9 000 Portrait of Contessa Barbara Pigetta Persica Oil/canvas 208x108cm/*81x42in* London 95
LOMAX John Arthur 1857-1923 **[30]**
☞ *$3 762 FF21 322* £1 881 The Connoisseur Olio/tavola 40x30cm/*15x11in* Milano 97
☞ *$7 770 FF45 285* £4 750 "Discord" Oil/panel 46x35,5cm/*18x13in* London 97
LOMBARD Alfred 1884-1973 **[1]**
☞ *$15 850 FF80 000* £10 340 Sur le balcon Huile/toile 73x92cm/*28x36in* Paris 96
LOMBARD Jean 1895-1983 **[35]**
☞ *$154 FF850* £94 Rocher à Beaurecueil Huile/toile 81x100cm/*31x39in* Paris 97
LOMBARD Louis Auguste XIX **[1]**
☞ *$4 360 FF22 400* £2 720 Winterlandschaft mit Mutter und Kind Öl/Leinwand 29,5x46cm/*11x18in* Bern 96
LOMBARDI Giovanni Battista 1823-1880 **[16]**
▱ *$13 000 FF79 608* £7 780 Veiled Lady Marble H66cm/*H25in* New-York 98
▱ *$32 632 FF194 932* £20 000 Figure of Ruth Marble H155cm/*H61in* London 98
LOMI Aurelio 1556-1622 **[3]**
✎ *$7 000 FF42 970* £4 288 The Visitation Mixed media/paper 64,5x38cm/*25x14in* New-York 98
LOMI Giovanni 1889-1969 **[37]**
☞ *$1 920 FF10 880* £960 Veduta di Ginevra Pintura 23x31,5cm/*9x12in* Firenze 97
☞ *$6 291 FF35 649* £3 145 Marina verso il tramonto Olio/tavola 59,5x80cm/*23x31in* Milano 98
LOMIKIN Constantin 1924 **[15]**
☞ *$326 FF1 685* £210 Woman in a garden Oil/canvas 33x25cm/*12x9in* St. Helier, Jersey 96
☞ *$642 FF3 690* £400 Ships docked in an Estuary Oil/canvas 48,2x99cm/*18x38in* London 97
LÖNBLAD Emilia 1865-1946 **[16]**
☞ *$5 350 FF27 700* £3 450 Flicka med blåsippor Oil/canvas 46x55cm/*18x21in* Stockholm 96
LONDERSEEL van Jan 1570/75-1624/25 **[6]**
▥ *$470 FF2 702* £287 Die Landschaft mit der Salbung Sauls zum König Radierung 29,8x42,2cm/*11x16in* Berlin 97
LONDONiO Francesco 1723-1783 **[12]**
☞ *$4 960 FF24 800* £3 200 Pastori con armenti Olio/carta/tela 59x44cm/*23x17in* Milano 95
LONECHILD Ken 1960 **[10]**
☞ *$710 FF3 616* £426 Moshum, Fowes Acrylic/canvas 40,5x51cm/*15x20in* Calgary, Alberta 96
LONECHILD Michael 1955 **[8]**
☞ *$1 059 FF6 185* £626 The Bull is Coming Out Oil/canvas 61x76cm/*24x29in* Calgary, Alberta 97
LONG Edwin 1829-1891 **[39]**
☞ *$1 423 FF8 523* £850 Arab, head and shoulders in a Turban Oil/canvas 34x23cm/*13x9in* London 98
☞ *$5 243 FF31 319* £3 210 Korgossar och liten städerksa med nötter Oil/canvas 84x110cm/*33x43in* Stockholm 98
LONG Frank Weathers 1906-? **[2]**
☞ *$2 100 FF12 266* £1 242 "Maidens of the Rock" Oil/canvas 86x71cm/*34x28in* Cincinnati, Ohio 97
LONG L. XIX **[3]**
☞ *$2 127 FF11 000* £1 380 Au bord de l'eau, scène d'Afrique du Nord Huile/toile 33x45,5cm/*12x17in* Paris 96
LONG LIYOU 1958 **[5]**
☞ *$25 880 FF128 000* £16 000 Morning in fort Haoli Oil/canvas 112x145,5cm/*44x57in* Hong Kong 96
LONG Richard 1945 **[51]**
☞ *$4 200 FF24 390* £2 565 Untitled Oil/paper 29,9x44,8cm/*11x17in* New-York 97
☞ *$19 000 FF92 000* £12 200 River Mud Mixed media 182x93cm/*71x36in* New-York 95
▥ *$950 FF5 848* £581 "Mud Finger Piece" Print 30,5x45cm/*12x17in* New-York 98
▱ *$5 500 FF33 845* £3 339 Fosil Lline Stone 5x56x3cm/*1x22x1in* New-York 98
▱ *$20 518 FF121 905* £12 202 White Carrara Line Installation 1540x200cm/*606x78in* Amsterdam 97
▣ *$5 280 FF27 660* £3 174 Stones in Switzerland Photograph 84x120cm/*33x47in* Amsterdam 96

🖌 *$950 FF5 739* £569 Fingprints/"Finger Print River Avon Mud Drawing" Mixed media/paper 25x20cm/*9x7in* New-York 98

LONG Stanley M. 1892-1972 **[6]**
🖌 *$325 FF1 620* £214 Night in Town Watercolour/paper 16x20cm/*6x7in* Baton Rouge, Louisiana 95

LONG Sydney 1872-1955 **[79]**
🎨 *$1 975 FF10 180* £1 308 Late afternoon Oil/panel 35x45cm/*13x17in* Melbourne 96
🎨 *$46 823 FF281 239* £28 406 Fawn and Nymph Oil/canvas 66x75cm/*25x29in* Melbourne 98
🖌 *$52 FF310* £31 Country Road Etching 11x15cm/*4x5in* Sydney 97
🖌 *$2 028 FF11 839* £1 251 Magpies Watercolour/paper 24x30cm/*9x11in* Melbourne 97

LONG Ted 1933 **[3]**
🎨 *$2 750 FF14 327* £1 729 Bridger's Beaver Men Oil/canvas 60x121cm/*24x48in* Scottsdale, Arizona 96

LONGA Louis 1809-1869 **[3]**
🎨 *$76 600 FF400 000* £46 300 Musiciens arabes sur la Place de la Brèche, Constantine Huile/toile 123x180cm/*48x70in* Paris 96

LONGA René 1878-? **[2]**
🎨 *$7 500 FF43 528* £4 579 Printemps Oil/canvas 114x93cm/*44x36in* New-York 97

LONGABAUGH Charles Oglesby [6]
🖌 *$124 FF742* £77 "Bayou Cabin, Old Louisiana" Watercolour/paper 13x16cm/*5x6in* New Orleans, Louisiana 97

LONGARETTI Trento 1916 **[17]**
🎨 *$1 140 FF6 460* £570 Famiglia di viandanti Olio/cartone/tela 20x30cm/*7x11in* Milano 98
🎨 *$2 340 FF13 260* £1 170 "Il vecchio musicante e i bambini" Olio/tela 40x50cm/*15x19in* Vercelli 98
🖌 *$1 140 FF6 460* £760 Figure Tempera/carta 69x49cm/*27x19in* Milano 97

LONGCROFT Thomas ?-1811 **[1]**
🖌 *$9 137 FF54 781* £5 500 The Mosque Adjacent to the Imambara of Nawab Asaf-ud-daulah, Lucknow Watercolour 49,5x61,5cm/*19x24in* London 98

LONGCROFT Thomas (Attrib.) ?-1811 **[1]**
🖌 *$1 579 FF9 466* £950 View of an Indian Palace, by the River, in a Mountainous Landscape Watercolour 23x58,5cm/*9x23in* London 98

LONGE W.V. XIX-XX **[9]**
🖌 *$357 FF2 140* £220 Eclipse stakes/Orme Wins Watercolour/paper 49x66cm/*19x25in* Ipswich 98

LONGEUIL de Joseph 1730-1792 **[3]**
🖌 *$900 FF5 200* £554 Le matin/Le midi/L'après-midi/Le soir Eau-forte 16,5x21,5cm/*6x8in* Paris 97

LONGFELLOW Ernest Wadsworth 1845-1921 **[11]**
🎨 *$7 000 FF42 735* £4 183 "Shobo Temple, Tokio" Oil/canvas 31,5x48cm/*12x18in* New-York 98

LONGHI Allessandro 1733-1813 **[6]**
🎨 *$5 310 FF27 140* £3 500 Beata Oil/canvas 41x32cm/*16x12in* London 96
🎨 *$95 000 FF494 000* £62 800 Portrait of a Child, said to be Marie Louise of Parma Oil/canvas 96,5x72cm/*37x28in* New-York 96

LONGHI Luca 1507-1580 **[3]**
🎨 *$15 507 FF90 000* £9 468 Santa Famiglia Olio/tela 50,5x44cm/*19x17in* Paris-Trieste 97

LONGHI Pietro 1702-1785 **[10]**
🎨 *$160 000 FF975 008* £97 472 An elegant Lady at her morning Toilet with Attendants and Maids Oil/canvas 61x49,5cm/*24x19in* New-York 98
🖌 *$10 000 FF49 400* £6 460 La toilette/Half length portrait of a young woman Black & white chalks 27,5x22,5cm/*10x8in* New-York 96

LONGHI Pietro (Attrib.) 1702-1785 **[2]**
🖌 *$1 500 FF9 140* £930 Study of a Praying Woman, and Detailed Study of Her Head Red chalk/paper 18,5x23,5cm/*7x9in* New-York 98

LONGI Carlantonio 1921-1980 **[4]**
🎨 *$1 540 FF9 418* £913 Lady in Red Oil/canvas 78x79cm/*31x31in* Houston, Texas 98
🖌 *$1 448 FF7 320* £950 "L'Avventura, de Michelangelo Antonioni" Poster 160x119cm/*62x46in* London 96

LONGMAID William H. XIX-XX **[2]**
🎨 *$8 500 FF41 600* £5 380 A Roman maiden with a flute player Oil/canvas 84x127cm/*33x50in* San Francisco-Los Angeles 95

LONGMAN Evelyn Beatrice 1874-1954 **[4]**
🗿 *$2 000 FF11 554* £1 232 Bronze Portrait Bust of Thomas Edison Bronze H66cm/*H25in* New-York 97

$75 000 FF444 052 £44 535 Playful Putti - Fountain Bronze H104cm/*H40in* New-York 97
LONGO Robert 1953 **[87]**
$4 500 FF21 800 £2 890 Songs of Silent Running #7 Enamel 61x20x14cm/*24x7x5in* New-York 95
$4 500 FF21 800 £2 890 Songs of Silent Running #6 Enamel 66x30,5x6,5cm/*25x12x2in* New-York 95
$300 FF1 781 £181 Empire Trilogy, Brandenburg Gate, Berlin Silkscreen 84x144cm/*33x56in* Washington 97
$8 200 FF49 516 £4 914 "Men in the Cities, La Wall" Gouache 76x110,5cm/*29x43in* New-York 98
LONGOBARDI Nino 1953 **[38]**
$575 FF2 900 £372 "Composition du crâne" Technique mixte/carton 76x57cm/*29x22in* Versailles 96
$3 727 FF21 775 £2 206 Ohne Titel Öl/Leinwand 262x203cm/*103x79in* Köln 97
$725 FF3 800 £437 Sans titre Mine plomb 47,5x33cm/*18x12in* Paris 96
LONGONI Baldassare 1876-1956 **[11]**
$27 960 FF158 440 £13 980 Riflessi e sorrisi Olio/tela 136x136cm/*53x53in* Milano 98
LONGONI Emilio 1859-1932 **[17]**
$10 800 FF61 200 £5 400 Disgelo - Bernina Olio/tela/cartone 31,5x40cm/*12x15in* Milano 97
$30 000 FF170 000 £15 000 Mattino di primavera Olio/cartone 35x55cm/*13x21in* Milano 97
LONGPRÉ de Paul 1855-1911 **[47]**
$3 749 FF22 574 £2 243 Cockatoo Oil/canvas 38x30,5cm/*14x12in* San Francisco 98
$8 500 FF50 776 £5 204 Cherry Blossoms Oil/canvas 81x54,5cm/*31x21in* New-York 98
$6 000 FF35 863 £3 636 Orchids Watercolour/paper 47x29cm/*18x11in* San Francisco-Los Angeles 97
LONGSTAFF William Fred., Will 1879-1953 **[46]**
$400 FF2 319 £249 Boatyard on the Arun estuary, Littlehampton Oil/canvas 51x61cm/*20x24in* London 97
LONGSTAFFE Edgar c.1850-c.1900 **[25]**
$619 FF3 747 £380 A Mountain Track with Bridge/An Extensive Coastal Landscape Oil/board 26x36cm/*10x14in* Chester 98
$1 087 FF6 516 £650 Near Guildford, Surrey Oil/canvas 40x61cm/*15x24in* Bath 98
LONGUET Frédéric 1904-1987 **[44]**
$123 FF600 £78 Péniche à quai Huile/toile 50x61cm/*19x24in* Paris 95
$205 FF1 000 £131 Le pont de Créteil Aquarelle 36x45cm/*14x17in* La Varenne Saint-Hilaire 95
LONSDALE James 1777-1839 **[4]**
$877 FF5 046 £549 Portrait of Captain Morris, in a black coat and white stock Oil/canvas 127x102cm/*50x40in* London 97
LOO van Carle 1705-1765 **[43]**
$17 876 FF103 871 £11 000 Fortitude Oil/canvas 158,5x106cm/*62x41in* London 97
$40 000 FF235 848 £24 528 Neptune and Amymone Oil/canvas 43x43cm/*16x16in* New-York 98
$5 500 FF33 762 £3 369 Portrait of the Artist's Son, Jules-César-Denis Vanloo Black, red & white chalks/paper 24x21,5cm/*9x8in* New-York 98
LOO van Carle (Attrib.) 1705-1765 **[23]**
$6 224 FF38 128 £3 760 Allegorie der Bildhauerei Öl/Leinwand 89x112,5cm/*35x44in* Wien 98
$300 FF1 774 £180 A Triton Surprised by a Traveller Black chalk/paper 20,5x43cm/*8x16in* New-York 97
LOO van Charles A. (Attrib.) 1719-1795 **[5]**
$3 216 FF20 000 £2 028 Portrait d'homme en buste de trois-quarts portant l'armure Huile/toile 73x59,5cm/*28x23in* Biarritz 97
LOO van Charles Amédée Ph. 1719-1795 **[7]**
$2 702 FF16 000 £1 616 Jésus enfant auprès d'un ange présente les instruments de la Passion Huile/toile 62x43cm/*24x16in* Paris 97
$1 676 FF10 045 £1 000 Project for a Ceiling: Jupiter and Juno in the Center with hercules Black & white chalks 52x66cm/*20x25in* London 98
LOO van Jacob c.1614-1670 **[5]**
$11 330 FF57 800 £7 500 Portrait of a gentleman, half length Oil/canvas 94x77cm/*37x30in* London 96
$39 700 FF198 000 £26 000 Portrait of a child in rose pink dress Oil/canvas 153x115cm/*60x45in* London 95
LOO van Jacob (Attrib.) c.1614-1670 **[7]**
$4 679 FF28 123 £2 802 Diana mit Bogen und Jagdhund Öl/Leinwand 48,5x41,5cm/*19x16in* Zürich 98
LOO van Jean-Bapt. (Attrib.) 1684-1745 **[12]**
$2 330 FF11 500 £1 515 Tête de jeune garçon Huile/toile 32,5x28,5cm/*12x11in* Paris 95
$4 842 FF30 000 £2 892 Portrait d'homme à la veste rose dans un ovale peint Huile/toile

79x63cm/*31x24in* Paris 98

  $25 099 FF145 000 £14 906 Portrait de femme en vestale Huile/toile 145,5x114,5cm/*57x45in* Paris 97

LOO van Jean-Baptiste 1684-1745 **[24]**

  $3 512 FF20 000 £2 132 Amours jouant avec des Coeurs Huile/toile 32,5x24,5cm/*12x9in* Paris 97

  $10 270 FF50 300 £6 500 Portrait: Ethelreda Harrison, wife of Charles, 3rd viscount Townshend Oil/canvas 74x61cm/*29x24in* London 95

  $40 986 FF230 000 £24 909 Sylvie-Gabrielle de Bruc avec sa mère Huile/toile 130x101cm/*51x39in* Bayeux 97

LOO van Jules Cesar Denis 1749-1821 **[13]**

  $15 050 FF75 000 £9 850 Paysage de montagne enneigé animé Huile/toile 48,5x62cm/*19x24in* Paris 95

LOO van Louis-Michel 1707-1771 **[33]**

  $5 000 FF29 481 £3 066 Portraits of elegant ladies Oil/canvas 26x21cm/*10x8in* New-York 98

  $14 000 FF69 400 £8 850 Portrait de Louise Elisabeth de Bourbon, duchesse de Parme Oil/canvas 103,5x83cm/*40x32in* New-York 95

  $80 000 FF455 840 £49 000 A young Sultan reading a Letter Oil/canvas 112x137cm/*44x53in* New-York 97

LOO van Louis-Michel (Attr.) 1707-1771 **[11]**

  $1 320 FF7 500 £826 Etude de bras et de main Sanguine 20,5x15,5cm/*8x6in* Paris 97

LOO van Louis-Michel(Studio) 1707-1771 **[2]**

  $8 000 FF41 600 £5 290 Portrait of Madame Joly de Fleury, Marquise de Montfort Oil/canvas 62x51cm/*24x20in* New-York 96

LOO van Pieter van Loon 1731-1784 **[12]**

  $363 FF2 079 £214 Study of a Flower Ink 37x26cm/*14x10in* Amsterdam 97

LOOBY Keith 1940 **[35]**

  $1 537 FF8 979 £909 The Meaning of Life Oil/board 81x118cm/*31x46in* Melbourne 97

  $3 149 FF16 140 £2 010 "P.P. McGuinness with Paddy Doll" Mixed media/canvas 213x182x20cm/*83x71x7in* Brisbane 96

  $130 FF783 £77 Aboriginal Family Macarthur's Sheep Etching 44,5x60,5cm/*17x23in* Melbourne 98

  $547 FF3 224 £327 "Fertility Corroboree" Watercolour 54,5x70,5cm/*21x27in* Melbourne 97

LOOMIS Andrew 1892-1959 **[8]**

  $3 250 FF18 917 £2 003 Young Woman Riding Horse Towards Viewer Oil/canvas 81x66cm/*32x26in* New-York 97

LOON van Gustaaf 1912-1980 **[20]**

  $270 FF1 624 £162 Sous-bois Huile/toile 31x25cm/*12x9in* Antwerpen 98

LOON van Theodoor 1581/82-1667 **[3]**

  $82 400 FF430 000 £54 500 Sainte Cécile et un concert d'Anges Huile/toile 158x192cm/*62x75in* Paris 96

LOOS Friedrich 1797-1890 **[8]**

  $7 894 FF46 932 £4 830 Partie aus dem Kahlenberg Öl/Leinwand/Karton 28x42cm/*11x16in* Köln 97

  $12 020 FF62 800 £7 150 Blick auf Wien Öl/Leinwand 47,5x64cm/*18x25in* Wien 96

LOOS Henry XIX **[4]**

  $4 359 FF23 465 £2 600 The Barquentine "Countess of Devon" Off the Eddystone Lighthouse Oil/canvas 60,5x91cm/*23x35in* London 97

LOOS John F. XIX-XX **[7]**

  $18 000 FF110 361 £11 012 The Ship Hagarstown 1903 Tons.. Oil/canvas 61x94cm/*24x37in* New-York 98

LOOSE de Basile 1809-1885 **[21]**

  $14 150 FF81 800 £8 650 En visite chez les dentelières Huile/panneau 58x80cm/*22x31in* Antwerpen 97

LOOTEN Jan c.1618-1681 **[14]**

  $6 120 FF30 600 £4 000 Extensive landscape with a rider Oil/canvas 10x139cm/*3x54in* London 95

  $7 291 FF43 507 £4 399 Blick in eine bizarr anmutende Waldlandschaft mit Spaziergänger Öl/Leinwand 105x87cm/*41x34in* Stuttgart 97

  $23 000 FF113 500 £14 870 Extensive River Landscape with a Hawking Party in the Foreground Oil/canvas 142x176cm/*55x69in* New-York 96

LOOY van Jacobus, Jac 1855-1930 **[6]**

  $133 006 FF800 352 £79 632 Papaver-bed Oil/canvas 100,5x115cm/*39x45in* Amsterdam 98

LOOY van Jan 1882-1971 **[40]**

  $143 FF740 £91 Begijnhof te mechelen Huile/panneau 54,5x40cm/*21x15in* Lokeren 96

  $471 FF2 343 £308 Vue de Kiksyde Huile/panneau 20x29cm/*7x11in* Antwerpen 95

LOPEZ AMOROS Antonio **[2]**

  $1 675 FF9 875 £1 000 La Madre Litografía 35x49,5cm/*13x19in* Madrid 97

LOPEZ Antonio 1943-1988 **[31]**

✏ *$259 FF1 600 £155* Création pour Armani/Création pour Bill Blass Technique mixte/papier 53x35,5cm/*20x13in* Paris 98

LOPEZ Bernardo [2]

👆 *$7 680 FF47 400 £4 560* Retrato de niña bordando Oleo/lienzo 84,5x69,5cm/*33x27in* Madrid 98

LOPEZ CABRERA Ricardo 1864-1950 **[26]**

👆 *$726 FF4 345 £429* Paisaje con ciudad al fondo Oleo/tabla 9x14cm/*3x5in* Madrid 98

LOPEZ DE LEAO LAGUNA Baruch 1864-1943 **[8]**

👆 *$1 661 FF10 173 £994* Helping with Homework Oil/canvas 55x43cm/*21x16in* Amsterdam 98

LOPEZ DEI FIORI Gasparo (Attrib.) 1650-1732 **[4]**

👆 *$5 670 FF33 362 £3 500* Natura morta di fiori Ol/Leinwand 44x35cm/*17x13in* Wien 97

LOPEZ GARCIA Antonio 1936 **[7]**

👆 *$38 000 FF192 200 £24 900* Women and Martins Oil/canvas 41x34cm/*16x13in* Chicago, Illinois 96

👆 *$116 700 FF612 000 £70 000* Carmencita en la cuna Oil/wood 63x83cm/*24x32in* London 96

LOPEZ GARCIA Juan Luis 1894-1984 **[1]**

👆 *$6 070 FF30 250 £3 975* A presa do Muiño Oleo/lienzo 59,5x92cm/*23x36in* Madrid 95

LOPEZ Gasparo di Fiori 1650-1732 **[9]**

👆 *$11 000 FF54 700 £7 000* Flowers in sculpted urns Oil/canvas 47x35cm/*18x13in* London 95

👆 *$11 774 FF70 000 £7 294* Composition florale Huile/toile 47x32,5cm/*18x12in* Lyon 97

LOPEZ MEZQUITA José María 1883-1954 **[9]**

👆 *$600 FF3 337 £371* Havana Oil/canvas 50x45cm/*19x17in* New-York 97

👆 *$4 485 FF25 805 £2 795* El diablo en mujer Oleo/tabla 32x24cm/*12x9in* Madrid 97

LOPEZ NAGUIL Gregorio 1894-1953 **[1]**

✏ *$2 275 FF12 902 £1 430* Mujer andaluza Gouache 31,5x25,5cm/*12x10in* Madrid 97

LOPEZ PIQUER Bernardo 1800-1874 **[4]**

👆 *$1 485 FF8 887 £922* El Rey Fernando VII Oleo/lienzo 34x24cm/*13x9in* Madrid 97

LOPEZ RAMON Ramón López Muñoz 1905-1984 **[11]**

✏ *$237 FF1 422 £140* Pla de Palau Acuarela/papel 35x48,5cm/*13x19in* Barcelona 98

LOPEZ SILVA Lucien 1862-? **[4]**

🖐 *$2 400 FF12 430 £1 605* "Bénédictine" Poster 154x112cm/*60x44in* New-York 96

LOPEZ Y PORTANA Vincente 1772-1850 **[10]**

👆 *$20 000 FF118 906 £12 236* The Golden Glove Oil/canvas 100,5x75,5cm/*39x29in* New-York 97

LOPEZ-MORENO R. [1]

✏ *$1 168 FF6 000 £747* "Zuleima" Gouache 194x187cm/*76x73in* Paris 96

LOPISGICH Antonio Georges 1854-1913 **[2]**

👆 *$1 900 FF9 576 £1 225* Paysage au matin Oleo/tabla 33x41cm/*12x16in* Buenos Aires 96

LOPPÉ Gabriel 1825-1913 **[16]**

👆 *$2 709 FF15 440 £1 700* Sunset in the Alps Oil/canvas 25,5x33cm/*10x12in* London 97

LORAIN Gustave 1882-? **[5]**

🖐 *$600 FF3 809 £374* "Art et Décoration" Poster 63x43cm/*25x17in* New-York 97

LORAN Erle 1905 **[49]**

👆 *$1 700 FF10 265 £1 032* View of Sea a,d Railroad Tracks Oil/canvas 63x76cm/*25x30in* Oakland, Ca 98

✏ *$1 500 FF9 030 £897* "Small Town" Gouache/paper 38x53,5cm/*14x21in* San Francisco 98

LORANT-HEILBRONN Vincent 1874-? **[14]**

🖐 *$657 FF3 200 £416* "Idylle d'un Jour" Affiche 120x160cm/*47x62in* Paris 95

LORCH Melchior Lorick 1527-c.1595 **[4]**

🖐 *$1 765 FF10 135 £1 076* Natura Woodcut 34,3x24,5cm/*13x9in* Berlin 97

LÖRCHER Alfred 1875-1962 **[20]**

🗿 *$3 471 FF20 277 £2 131* Zwei Reiterinnen Bronze 9,8x13,1x6,3cm/*3x5x2in* Köln 97

✏ *$513 FF3 022 £317* Sich umarmendes Paar Pencil 21x30cm/*8x11in* Heidelberg 97

LORCK Karl 1828-1882 **[3]**

👆 *$18 000 FF108 959 £10 740* Tidings from across the Sea Oil/canvas 69x84,5cm/*27x33in* New-York 97

LORD Elyse Ashe ?-1971 **[66]**

🖐 *$367 FF1 858 £240* Oriental lady singing under a blossom tree Etching 26x26cm/*10x10in* London 96

✏ *$3 046 FF15 370 £2 000* The procession Watercolour 79x155cm/*31x61in* London 96

LORENTZEN Christian A.(Attrib) 1746-1828 **[2]**

$4 899 FF28 320 £3 040 Gudinden Hertes udtog af Leire skov i Herthedalen i Siaelland Oil/canvas 58x72cm/*22x28in* Köbenhavn 97
LORENTZEN Christian August 1746-1828 **[27]**
$180 FF1 056 £107 Den Svenske Rigsgarde og General Feldt Marskal Grev Steebock Oil/canvas 36x46cm/*14x18in* Vejle 97
LORENTZEN Ida 1951 **[4]**
$9 093 FF55 293 £5 572 Interiör med stol og bord Oil/canvas 127x89cm/*50x35in* Oslo 98
LORENTZON Waldemar 1899-1984 **[66]**
$3 030 FF15 600 £1 890 Blå kväll Oil/panel 21x33cm/*8x12in* Stockholm 96
$5 310 FF27 300 £3 310 Hamnmosaik Oil/canvas 38x55cm/*14x21in* Stockholm 96
$249 FF1 482 £152 Dörrar Color lithograph 50x37,5cm/*19x14in* Malmö 98
LORENZ Carl 1871-1945 **[7]**
$2 350 FF12 020 £1 508 "Die Haselburg bei Bozen" Öl/Leinwand 72x120cm/*28x47in* Wien 96
LORENZ Richard 1858-1915 **[7]**
$1 625 FF9 689 £991 Coach Oil/board 25x32cm/*10x12in* Milwaukee, Wisconsin 98
LORENZ Willy 1901-1981 **[17]**
$874 FF5 369 £524 Rehbock mit zwei Ricken auf einer Waldlichtung Öl/Karton 50x61cm/*19x24in* Köln 98
LORENZ-MUROWANA Ernst 1872-? **[15]**
$780 FF4 056 £504 Havellandschaft im Mondschein Öl/Leinwand 70x100cm/*27x39in* Bremen 96
LORENZI René XX **[2]**
$1 725 FF9 879 £1 020 "Monaco, 29 mai 1960, XVIII Grand Prix" Poster 119x157,5cm/*46x62in* New-York 97
LORENZL XIX-XX **[5]**
$2 963 FF15 200 £1 800 Dancer Sculpture H49cm/*H19in* London 96
LORENZL Josef 1892-1950 **[29]**
$1 069 FF6 204 £630 Tänzerin Ceramic H33,5cm/*H13in* Wien 97
LORENZO Antonio 1922 **[7]**
$2 484 FF14 292 £1 476 No. 449 Oleo/lienzo 60,5x60,5cm/*23x23in* Madrid 97
LORENZO D. XIX-XX **[1]**
$15 000 FF77 900 £9 920 The sleeping infant Oil/canvas 203x140cm/*79x55in* New-York 96
LORIA Vincenzo 1849-1894 **[36]**
$1 300 FF6 680 £774 Pescatori in mare Olio/tela 41x32,5cm/*16x12in* Roma 96
$1 296 FF6 550 £850 Fishermen tending their nets, Naples Watercolour 40x75cm/*15x29in* London 96
LORIEUX F.B. XVIII-XIX **[1]**
$547 FF3 200 £324 La marchande d'amours/Veillez amans si l'amour dort, d'après Kauffman Gravure 21x23cm/*8x9in* Paris 97
LORIMER John Henry 1856-1936 **[10]**
$4 180 FF21 650 £2 700 The Favourites of the Emperor Honorius, after John W. Waterhouse Oil/panel 24x40cm/*9x15in* London 96
$4 841 FF29 325 £3 000 Kellie Castle Oil/canvas 94x73cm/*37x28in* Perthshire 97
LORIMIER Henriette 1775-1854 **[4]**
$7 051 FF42 000 £4 191 Portrait de la Marquise de Reinepont dans le château de Saint-Privat Huile/toile 112x92cm/*44x36in* Paris 97
$8 000 FF45 584 £4 900 Portrait of the Artist, wearing a white dress and holding a sketching Oil/canvas 160x128cm/*62x50in* New-York 97
LORIOT Bernard 1925 **[64]**
$787 FF4 000 £470 "Honfleur" Huile/toile 22x27cm/*8x10in* Le Havre 96
$1 540 FF9 000 £911 Les halles de Trouville Huile/toile 47x38cm/*18x14in* Le Havre 97
$413 FF2 100 £247 L'estuaire de la seine à Honfleur Aquarelle 16x30cm/*6x11in* Le Havre 96
LORJOU Bernard 1908-1986 **[287]**
$2 290 FF12 000 £1 378 La carriole Huile/toile 27x35cm/*10x13in* Calais 96
$3 653 FF21 099 £2 145 Vase de fleurs Acrylique/carton 65x46cm/*25x18in* Bruxelles 97
$7 770 FF39 000 £4 920 L'Assassinat de Sharon Tate Acrylique/papier/toile 156x188cm/*61x74in* Paris 95
$119 FF700 £73 Cavalier Lithographie couleurs 35x29cm/*13x11in* Paris 97
$1 044 FF6 000 £638 La corrida Aquarelle 48x63cm/*18x24in* Paris 97
LORME de Anthonie (Attrib.) c.1610-1673 **[1]**
$24 564 FF145 344 £14 781 Elegant Gentlemen Greeting an Acolyte Oil/copper 38x49,5cm/*14x19in*

LORMIER Edouard 1847-1919 **[4]**
 $2 403 FF14 625 £1 476 Elégante à l'éventail Bronze H63cm/*H24in* Bruxelles 98
LORTET Leberecht 1826-1901 **[4]**
 $1 620 FF8 440 £1 018 Sommerliche Hochgebirgslandschaft Öl/Leinwand 27x22cm/*10x8in* Lindau 96
LORY Gabriel Ludwig I 1763-1840 **[34]**
 $55 FF285 £35 Oberländer Bauernhaus Eau-forte 17,5x23cm/*6x9in* Bern 96
 $7 550 FF39 300 £4 990 "La Cascade de Nant d'Arpenas près de Salenche..." Aquarelle 45x68cm/*17x26in* Bern 96
LORY Mathias Gabriel II 1784-1846 **[87]**
 $8 849 FF51 506 £5 454 Selbstbildnis mit Malerpalette Öl/Leinwand 32x25,5cm/*12x10in* Bern 97
 $532 FF3 090 £314 Vue de l'Hospice du St. Bernard Aquatinte couleurs 19x28cm/*7x11in* Bern 97
 $3 097 FF18 094 £1 901 Tellskapelle am Vierwaldstättersee Aquarell/Papier 25,5x34cm/*10x13in* Zofingen 97
LOS RIOS de Ricardo 1846-1929 **[5]**
 $1 489 FF8 928 £900 The Scholar Oil/panel 33x23,5cm/*12x9in* London 98
LOS Waldemar 1849-1888 **[3]**
 $5 780 FF29 230 £3 794 Motiv aus Polen (Poland) Öl/Leinwand 52x82cm/*20x32in* Wien 96
LOSADA Manuel 1865-1949 **[3]**
 $1 650 FF9 875 £1 000 Paisaje urbano Pastel/papier 50x70cm/*19x27in* Madrid 98
LOSEN Thomas XIX **[1]**
 $3 110 FF16 000 £1 940 Deux femmes arabes Encre 23,5x19cm/*9x7in* Paris 96
LOSQUES de Daniel Thouroude 1880-1915 **[17]**
 $849 FF5 394 £530 "Mistinguett" Poster 193x105cm/*76x41in* New-York 97
LOSSOUARN Jacques XX **[34]**
 $507 FF3 000 £314 Village en Haute-PROVENCE Huile/toile 65x54cm/*25x21in* Blois 97
LOSSOW Friedrich 1837-1872 **[2]**
 $11 908 FF67 386 £7 270 Bub bei der Brotzeit im Stall Öl/Leinwand 57x44cm/*22x17in* Kempten 97
 $2 535 FF15 120 £1 574 Viehmarkt zu Keferloh Aquarell/Papier 32x44cm/*12x17in* Dresden 97
LOSSOW Heinrich 1843-1897 **[17]**
 $4 671 FF28 644 £2 800 The Fairy Queen Oil/canvas 99x80,5cm/*38x31in* London 98
LOT Henri, Hendrik 1822-1876 **[6]**
 $1 755 FF9 030 £1 095 Sheep on a hill with Kleve beyond Oil/board 32x40cm/*12x15in* Amsterdam 96
 $16 470 FF86 400 £9 920 Wald bei Neuburg Huile/toile 133x172cm/*52x67in* Montréal 96
LOTAR Eli 1905-1969 **[12]**
 $2 600 FF16 059 £1 562 Film Still From "Crabe et Crevette"/"Ship Masts" Silver print 23x16,5cm/*9x6in* New-York 98
LOTH Johan Karl (Attrib.) 1632-1698 **[13]**
 $7 630 FF40 000 £4 590 Bacchanale Huile/toile 79,5x95cm/*31x37in* Paris 96
 $9 408 FF53 313 £4 704 L'Ebbrezza di Noé Olio/tela 154x158,5cm/*60x62in* Milano 97
LOTH Johan Karl, Carlo 1632-1698 **[22]**
 $7 770 FF45 816 £4 600 Apollo and Marsyas Oil/canvas 98x115cm/*38x45in* London 97
LOTH Wilhelm 1920-1993 **[43]**
 $1 302 FF7 710 £800 Torso Biggi (Relief 32/71) Metal 26,5x25x17cm/*10x9x6in* München 98
 $520 FF2 712 £304 Komposition 3XF Watercolour 75x64cm/*29x25in* Köln 96
LOTI Pierre 1850-1923 **[5]**
 $4 347 FF26 000 £2 639 "Sorciers, Dakar 5h du soir 1871" Aquarelle/papier 22x30,5cm/*8x12in* Paris 97
LOTIRON Robert 1886-1966 **[129]**
 $1 402 FF8 500 £860 Le port de Dieppe Huile/toile 33x42cm/*12x16in* Saint-Germain-en-Laye 98
 $2 490 FF12 000 £1 564 La ferme à Marsainville Huile/toile 38x46cm/*14x18in* Granville 95
 $87 FF500 £51 Les foins Gravure 25x18cm/*9x7in* Quimper 97
 $245 FF1 500 £146 Les vendanges Fusain/papier 30x41cm/*11x16in* Deauville 98
LOTT Frederick Tully XIX-XX **[6]**
 $2 353 FF13 738 £1 400 The Cafe Royal Oil/canvas 40,5x31cm/*15x12in* London 97
 $753 FF4 560 £449 Children climbing the Hill above St. Brelade's Bay, Jersey Watercolour 16,5x36cm/*6x14in* London 97

LOTTER Heinrich 1875-1941 **[7]**
 $214 FF1 244 £132 Blick auf Insel Reichenau Pencil 8,5x22cm/*3x8in* Radolfzell 97
LOTTIER Louis 1815-1892 **[6]**
 $19 752 FF120 000 £11 892 Vue de la baie de Beyrouth, Liban Huile/toile 30,7x47cm/*12x18in* Paris 98
LOTZE Moritz Eduard 1809-1890 **[5]**
 $3 198 FF18 400 £1 888 Junge Schäferin mit ihrer Herde Öl/Leinwand 53x43cm/*20x16in* München 97
LOU BO'AN Lao Pakon 1947 **[2]**
 $6 180 FF31 640 £4 000 Autumn landscape Ink 79x61cm/*31x24in* Taipei, Taiwan 95
LOUBON Émile Charles J. 1809-1863 **[22]**
 $1 141 FF7 000 £698 Reunion de Prêtre dans le Choeur Huile/toile 55x43cm/*21x16in* Arles 98
 $2 300 FF12 000 £1 390 Le dandy Huile/panneau 30,5x19cm/*12x7in* Paris 96
LOUCHANSKY Jacob 1882-1978 **[2]**
 $2 875 FF17 164 £1 754 Horse and Rider Bronze H47cm/*H18in* Tel Aviv 98
LOUCHE Constant XIX-XX **[35]**
 $1 038 FF6 000 £639 Campement près de l'Oued Huile/toile 34x100cm/*13x39in* Paris 97
LOUCHET Paul 1854-1936 **[31]**
 $966 FF5 000 £624 La forêt de Fontainebleau Huile/toile 46x55cm/*18x21in* Barbizon 96
 $1 234 FF6 400 £815 La mare à la Frette Huile/toile 33x45,5cm/*12x17in* Pontoise 96
LOUDEN Albert 1942 **[12]**
 $1 437 FF8 345 £849 Composition Pastel/paper 80x110,5cm/*31x43in* London 97
LOUDET Alfred 1836-1895 **[1]**
 $6 130 FF30 000 £3 880 Portrait du Bey Sidi Ali Pacha Huile/toile 65x54cm/*25x21in* Paris 95
LOUGHEED Robert Elmer 1901-1982 **[21]**
 $1 154 FF6 753 £704 Wellington Township, a team of Whites Huile/panneau 21,5x26,5cm/*8x10in* Montréal 97
 $11 000 FF63 001 £6 507 Mustangs on the Move Oil/panel 50x76cm/*20x30in* Santa Fe, New Mexico 97
 $12 000 FF60 480 £7 742 Through the Gates of Home Watercolour/paper 50x101cm/*20x40in* Hayden 96
LOUIS Morris 1912-1962 **[58]**
 $45 000 FF261 022 £26 599 Number 1-77, Spring Acrylic/canvas 200x49,5cm/*78x19in* New-York 97
 $150 000 FF898 200 £92 160 Gamma Alpha Mixed media/canvas 260,5x364,5cm/*102x143in* New-York 98
LOUND Thomas 1802-1861 **[39]**
 $726 FF4 318 £450 Coastal Scene with Fisher Folk on a Shore, Fishing Boat at Anchor Watercolour 25x50cm/*10x20in* Aylsham, Norfolk 97
LOUPOT Charles 1892-1960 **[57]**
 $5 000 FF25 470 £3 000 "Cointreau" Poster 159x120cm/*62x47in* New-York 96
 $972 FF5 000 £606 Perruche Pastel 26x21cm/*10x8in* Paris 96
LOUPPE Léo 1869-? **[3]**
 $10 000 FF61 237 £5 985 Bouquet of Flowers on an Elegant Table Oil/canvas 63,5x89,5cm/*25x35in* New-York 98
LOUREIRO Arthur José de Souza 1853-1932 **[2]**
 $22 218 FF129 250 £13 608 Young companions Oil/canvas 51x76cm/*20x29in* Melbourne 97
LOURENCO Armand 1925 **[134]**
 $414 FF2 500 £251 Le carrosse et le cabriolet sur les grands boulevards Huile/toile 27x35cm/*10x13in* Saint-Dié 98
 $637 FF3 900 £378 Les deux singes Huile/toile 65x81cm/*25x31in* Paris 98
LOUSTAUNAU Louis Auguste 1846-1898 **[9]**
 $27 000 FF160 236 £16 537 Un Mariage de raison Oil/canvas 66,5x96,5cm/*26x37in* New-York 97
LOUTCHANSKY Jacob, Jacques 1882-1978 **[15]**
 $3 000 FF16 565 £1 872 Bison Bronze H43cm/*H16in* Tel Aviv 97
LOUTHERBOURG de Ph. Jakob II (Attr.) 1740-1812 **[9]**
 $5 250 FF30 000 £3 225 Paisaje con pastores cuidando el rebaño/Paisaje con pastoras dando de. Acuarela 113x63cm/*44x24in* Madrid 97
LOUTHERBOURG de Philip Jakob II 1740-1812 **[56]**
 $2 966 FF15 000 £1 945 Incendie sur la lagune Huile/panneau 11x16,5cm/*4x6in* Paris 96
 $5 138 FF29 000 £3 129 Bergers et troupeau dans un paysage Huile/toile 50,5x61,2cm/*19x24in* Paris 97
 $21 674 FF130 182 £13 000 A Rocky Coast in a Storm with a Shipwrecked Sailing Boat Oil/canvas 150x209cm/*59x82in* London 98

✏️ *$580 FF3 000 £376* La traite des vaches Lavis 9x13,5cm/*3x5in* Paris 96
LOUTREL Victor J.-B. 1821-1908 **[7]**
☞ *$2 516 FF13 100 £1 582* La sieste Huile/panneau 30x21,5cm/*11x8in* Bruxelles 96
☞ *$4 600 FF22 440 £2 920* Junger Kavalier in Kostüm des 16. Jahrhunderts bei einer elegant Dame Oil/panel 66x78cm/*25x30in* Köln 95
LOUTREUIL Maurice 1885-1925 **[22]**
☞ *$2 813 FF17 000 £1 689* Petit nu au fauteuil noir Huile/toile 40,5x34cm/*15x13in* Paris 98
☞ *$3 061 FF18 500 £1 838* Nature morte à la théière Huile/toile 50,5x58cm/*19x22in* Paris 98
✏️ *$2 252 FF14 000 £1 346* Nu assis Aquarelle/papier 50x27,5cm/*19x10in* Paris 98
LOUTTRE B. Marc-Antoine 1926 **[59]**
☞ *$408 FF2 498 £243* Pollution Oil/canvas 50x65cm/*19x25in* Amsterdam 98
LOUVRIER Maurice 1878-1954 **[85]**
☞ *$757 FF4 500 £459* Nature morte aux fruits Huile/toile/carton 33x46cm/*12x18in* Deauville 97
☞ *$2 103 FF10 500 £1 374* Soir à La Bouille Huile/toile/panneau 47x60cm/*18x23in* Rouen 95
LOUYOT Edmond Loujot 1860-1918 **[12]**
☞ *$901 FF5 242 £550* Tmber Before a Village in a Winter Landscape Oil/board 32x54cm/*12x21in* London 97
LOUYS Pierre 1870-1925 **[7]**
▭▭ *$1 409 FF8 407 £850* "Citroën, une 8cv de série Petite Rosalie a parcouru 300.00 kms" Affiche 158x118cm/*62x46in* London 97
LOVATTI E. Augusto 1816-? **[16]**
☞ *$5 120 FF26 800 £3 360* "Capri" Olio/tela 35x50cm/*13x19in* Roma 96
☞ *$11 020 FF54 100 £7 170* Pescatori, Capri/Terrazza fiorita Olio/tela 30,5x49,5cm/*12x19in* Roma 95
LOVATTI Matteo 1861-? **[3]**
☞ *$2 280 FF12 920 £1 140* Sfilata militare a piazza di Spagnia Olio/tavola 39x27cm/*15x10in* Roma 97
LOVEGROVE Jim XX **[1]**
✏️ *$1 153 FF5 850 £750* The Ballet Class Watercolour 58x51cm/*22x20in* London 96
LOVEJOY Rupert S. 1885-1975 **[18]**
☞ *$2 000 FF11 806 £1 184* "Stroudwater Dam" Oil/board 63x76cm/*25x30in* North Berwick, Maine 97
LOVEJOY Tim XX **[1]**
✏️ *$3 250 FF17 869 £1 996* The Ballroom at Palazzo Albrizzi, Venice Watercolour 46,5x56cm/*18x22in* New-York 97
LOVELL Margaret 1939 **[3]**
⚒ *$7 810 FF40 500 £5 000* Leaf Bronze H102cm/*H40in* London 96
LOVELL Tom 1909-1997 **[34]**
☞ *$6 180 FF37 005 £3 797* Comanche Moon Detail Study Oil/canvas/board 30x39cm/*12x15in* Dallas, Texas 98
☞ *$11 000 FF65 281 £6 737* Painting by the Seashore Oil/board 56x48,5cm/*22x19in* New-York 98
✏️ *$6 600 FF40 219 £4 041* Sundown Mandan Village Charcoal/paper 86x66cm/*34x26in* Houston, Texas 98
LOVEN Frank W. 1869-1941 **[12]**
☞ *$900 FF5 005 £557* Winter Lake Landscape Oil/board 30,5x40,5cm/*12x15in* New-York 97
LOVERIDGE Clinton 1824-1902 **[16]**
☞ *$800 FF4 176 £484* At the Watering Hole Oil/canvas 25x20cm/*10x8in* Bolton, Mass. 96
LOVERIDGE Clinton (Attrib.) 1824-1902 **[1]**
☞ *$1 600 FF9 523 £993* Cattle Watering Oil/board 6x12cm/*2x4in* North Berwick, Maine 97
LOVERINI Ponziano 1845-1929 **[1]**
☞ *$3 600 FF20 400 £2 400* Il viatico Olio/tela 85x57cm/*33x22in* Milano 97
LOVEROFF Frederick Nicholas 1894-1960 **[10]**
☞ *$1 350 FF6 910 £820* Pines Oil/panel 26x22cm/*10x8in* Calgary, Alberta 96
LOVET-LORSKI Boris 1894-1973 **[22]**
⚒ *$5 000 FF26 100 £3 020* "God Unknown", A White Head Bronze H45,8cm/*H18in* New-York 96
LOVING Eugene E. XX **[6]**
▭▭ *$350 FF2 031 £206* "Pirate's Alley, Old New Orleans" Etching 23x17cm/*9x7in* New Orleans, Louisiana 97
LØVMAND Christine Marie 1803-1872 **[15]**
☞ *$957 FF5 731 £589* Roser og blomstrende frugtgrene Oil/paper 16x22cm/*6x8in* Vejle 98
☞ *$5 152 FF30 840 £3 172* Stilleben med frukter i korg Oil/canvas 53x63cm/*20x24in* Stockholm 98
LOW Charles c.1860-c.1920 **[8]**

✏ *$782 FF4 615 £480* A Lady Reading by the Rivers Edge, the River Kennet Watercolour 26x35cm/*10x13in* Billingshurst, West Sussex 98

LOW David 1891-1963 **[7]**
🖼 *$4 000 FF24 301 £2 408* Portrait of P.G Wodehouse Lithograph 32,5x22,5cm/*12x8in* New-York 98
✏ *$2 000 FF12 150 £1 204* Portrait of P.G Wodehouse Pencil/paper 21,5x13cm/*8x5in* New-York 98

LOW Mabel Bruce XIX-XX **[1]**
✏ *$1 401 FF8 540 £850* Cheyne Walk Watercolour 34x52cm/*13x20in* London 98

LOW William Hicok 1853-1932 **[8]**
👁 *$3 100 FF16 050 £1 983* Study from nature of Georgina Oil/canvas 53x71cm/*21x28in* Mystic, Connecticut 96

LOWCOCK Charles Frederick 1878-1922 **[15]**
👁 *$4 560 FF26 641 £2 800* The Bather Oil/board 47x21cm/*18x8in* London 97

LOWE Jacques XX **[2]**
📷 *$4 249 FF24 521 £2 604* Jackie Kennedy and Caroline/John and Jackie/John Kennedy... 1950s Photograph 34x23cm/*13x9in* New-York 97

LOWELL Milton H. 1848-1927 **[19]**
👁 *$891 FF4 650 £531* Rural New England Oil/canvas 51x71cm/*20x27in* Toronto 96

LOWELL Nat 1880-1956 **[19]**
🖼 *$150 FF931 £91* Manhattan Tower/Fulton Market Etching 30x22cm/*12x9in* Cedar Falls, Iowa 97

LOWELL Orson Byron 1871-1932 **[17]**
✏ *$160 FF934 £95* Missing Bird Gouache/board 64,5x35,5cm/*25x13in* New-York 97

LOWENSTERN von Christian Ludwig 1701-1754 **[3]**
👁 *$897 FF5 354 £541* Reitergefecht Öl/Leinwand 22,5x30,5cm/*8x12in* Köln 97

LÖWITH Wilhelm 1861-1931 **[14]**
👁 *$1 200 FF7 312 £744* A Cardinal Reading Oil/panel 20x13cm/*7x5in* New-York 98

LOWNDES Alan 1921-1978 **[55]**
👁 *$1 308 FF7 677 £800* The Shooting Range Oil/board 30,5x35,5cm/*12x13in* London 97
👁 *$2 008 FF11 834 £1 200* Two Clowns Oil/board 63,5x52cm/*25x20in* London 97

LOWRY Lawrence Stephen 1887-1976 **[442]**
👁 *$1 409 FF8 407 £850* Yacht in a Calm Sea Oil/canvas 45x63cm/*18x25in* Isle of Man 97
👁 *$38 500 FF199 500 £25 000* The ferry Oil/board 14x22cm/*5x8in* London 96
🖼 *$325 FF1 972 £200* Meeting Point Print in colors 47x71cm/*18x27in* Chester 98
✏ *$61 867 FF372 913 £38 000* Woman in a Cloche Hat Pencil/paper 26,5x20cm/*10x7in* London 98

LOWRY Strickland c.1737-c.1785 **[2]**
👁 *$3 192 FF19 102 £2 000* Portrait of Lieutenant Neptune Blood/Portrait of Mrs Neptune Oil/canvas 91,5x70,5cm/*36x27in* London 97

LOWRY Strickland (Attrib.) c.1737-c.1785 **[2]**
👁 *$2 500 FF15 133 £1 491* Portrait of Hannah Porter Oil/canvas 76x63,5cm/*29x25in* New-York 97

LOYEUX Charles 1823-1898 **[5]**
👁 *$3 960 FF24 000 £2 428* Le messager Huile/toile 92x73cm/*36x28in* Paris 98

LOZANO José Honorato c.1815-c.1885 **[1]**
✏ *$382 000 FF1 864 000 £240 000* "Album de Manille et ses environs" Watercolour 25x34cm/*9x13in* London 95

LOZANO SANCHIS Francisco 1912 **[19]**
👁 *$3 135 FF18 857 £1 947* Paisaje de dunas Oleo/lienzo 27x39cm/*10x15in* Madrid 97
👁 *$8 580 FF51 350 £5 330* Desnudo femenino Oleo/lienzo 105x172cm/*41x67in* Madrid 97
👁 *$14 000 FF80 000 £8 600* Paisaje Betera Oleo/lienzo 65x81cm/*25x31in* Madrid 97

LOZOWICK Louis 1892-1973 **[101]**
🖼 *$100 FF594 £61* "Candelabrum" Lithograph 33x21cm/*13x8in* Shaker Heights, Ohio 97
✏ *$4 249 FF24 255 £2 627* Luna Park Pencil/paper 23x30cm/*9x11in* New-York 97

LU CHEN 1935 **[1]**
✏ *$1 962 FF11 331 £1 200* Good Wine Ink 46x68,5cm/*18x26in* London 97

LU HUI 1851-1920 **[9]**
✏ *$3 880 FF19 900 £2 360* Landscape Ink 31,6x110cm/*12x43in* Hong Kong 96

LÜ JI 1477-? **[4]**
✏ *$22 000 FF130 952 £13 657* Sparrow, Bambo and Plum Blossom Indian ink 58x33cm/*23x13in* New-York 97

LÜ JIREN 1944 **[7]**

$4 658 FF23 040 £2 880 Take the Lead Oil/canvas 101,5x76cm/*39x29in* Hong Kong 96
$4 520 FF22 400 £2 800 Canal in Autumn Ink 76,5x105,5cm/*30x41in* Hong Kong 96
LU PUSHI Lu P'u-shih 1911-1989 **[2]**
$19 965 FF115 720 £12 265 Seascape Oil/panel 21x41cm/*8x16in* Taipei, Taiwan 97
$34 485 FF199 880 £21 185 Still Life Oil/panel 53x41cm/*20x16in* Taipei, Taiwan 97
LÜ SHOUKUN 1919-1975 **[12]**
$10 392 FF62 258 £6 206 Hong Kong as a Fishing Village Coloured inks 46x93cm/*18x36in* Hong Kong 98
LU YANSHAO 1909-1993 **[39]**
$12 619 FF75 599 £7 536 Landscape with Thatched Huts Coloured inks/paper 100x51cm/*39x20in* Hong Kong 98
LÜ YIBIN Lu Yi-pin 1934 **[1]**
$3 273 FF16 750 £2 120 Venice Oil/canvas 46x54cm/*18x21in* Taipei, Taiwan 95
LU ZHI 1496-1576 **[3]**
$45 150 FF232 000 £27 500 Autumn Mountains Ink 58x28cm/*22x11in* Hong Kong 96
LUARD John, Lt.-Colonel 1790-1875 **[1]**
$1 246 FF7 474 £750 Views in India, Saint Helena, and Car Nicobarm drawn from nature Lithograph 36x26cm/*14x10in* London 98
LUBBERS Adriaan 1892-1954 **[18]**
$4 250 FF22 250 £2 553 View of Chicago Oil/canvas 61x76cm/*24x29in* Amsterdam 96
$449 FF2 571 £280 The L at Chatham Square Lithograph 37,5x23cm/*14x9in* Boston, Mass. 97
LÜBBERS Holger P.S. 1855-1928 **[143]**
$486 FF2 905 £297 Sejlskibe ud for kysten Oil/canvas 20x27cm/*7x10in* Köbenhavn 98
$2 540 FF13 160 £1 640 Marine Oil/canvas 62x91cm/*24x35in* Köbenhavn 96
$8 994 FF52 782 £5 500 Fishermen mending their Nets Oil/canvas 105,5x152,5cm/*41x60in* London 97
LUBBERT Ernst 1879-1916 **[2]**
$1 600 FF8 150 £960 "Weidenhof Casino" Poster 69x93cm/*27x36in* New-York 96
LÜBEN Adolf 1837-1905 **[8]**
$563 FF3 346 £335 Träumender Hirtenbub Pencil/paper 21x31cm/*8x12in* München 97
LUBET Jean XIX-XX **[1]**
$2 800 FF16 696 £1 738 View of the Seine Oil/panel 56x80cm/*22x31in* New-York 97
LUBIN Aryeh 1897-1980 **[71]**
$1 400 FF8 318 £854 Landscape Oil/canvas 38x34cm/*14x13in* Tel Aviv 98
$3 600 FF18 650 £2 340 Zichron Yaakov Oil/canvas 66x50cm/*25x19in* Tel Aviv 96
$1 000 FF6 079 £615 Narghile Smokers Gouache/paper 34x48,5cm/*13x19in* Tel Aviv 98
LUBY Franz 1902 **[4]**
$1 746 FF10 472 £1 042 Hermelin mit Fledermaus Oil/canvas/panel 33x39cm/*12x15in* Wien 98
$7 940 FF47 600 £4 740 "Auferstehung in Brügge" Oil/panel 60x77cm/*23x30in* Wien 98
LUC Jean XX **[4]**
$1,400 FF8 000 £857 "6E Festival International du Film, Cannes" Affiche 60x100cm/*23x39in* Cannes 97
LUC-DEJÉ L. XX **[3]**
$751 FF4 523 £450 "Hyères Var son golf, ouvert été hiver P.L.M" Poster 100x62cm/*39x24in* London 98
LUCANDER Anitra 1918 **[16]**
$3 221 FF19 351 £1 932 Stadsvy Oil/canvas 27x37cm/*10x14in* Helsinki 98
$5 631 FF33 246 £3 333 Flicka med flöjt Oil/canvas 73x60cm/*28x23in* Helsinki 97
LUCANO Pietro 1878-1972 **[15]**
$924 FF4 830 £546 Fiori nel cortile Olio/cartone 40x50cm/*15x19in* Trieste 96
$10 800 FF61 200 £5 400 La passeggiata Olio/tela 110x150cm/*43x59in* Trieste 97
LUCAS Albert Durer 1828-1918 **[37]**
$3 046 FF15 370 £2 000 The Proposal Oil/canvas 39x28cm/*15x11in* London 96
LUCAS Auger c.1685-1765 **[3]**
$10 700 FF55 000 £6 670 Allégorie du Théâtre/Allégorie de l'Amérique Huile/panneau 71x79cm/*27x31in* Lille 96
LUCAS August 1803-1863 **[5]**
$1 793 FF9 160 £1 183 "Tivoli" Aquarell/Papier 20x29,5cm/*7x11in* Heidelberg 96
LUCAS Charles XIX **[3]**
$700 FF4 006 £413 "Léon Daudet" Poster 139,5x101cm/*54x39in* New-York 97

Calendar & auction results: Internet www.artprice.com   Minitel 3617 ARTPRICE

LUCAS David 1802-1881 **[11]**
$305 FF1 462 £190 The cornfields, after John Constable Mezzotint 68x51cm/*26x20in* London 95
LUCAS DE MONTIGNY Jean Robert (Attrib) 1747-1810 **[2]**
$4 093 FF23 100 £2 492 Buste d'Honoré Gabriel de Riquetti, comte de Mirabeau Plâtre H51,5cm/*H20in* Paris 97
LUCAS Edward George Handel 1861-1936 **[14]**
$2 938 FF17 142 £1 800 "Smarting from a Hard Hit" Oil/canvas 35,5x46,5cm/*13x18in* London 97
$6 500 FF38 575 £3 981 "Merely This and Nothing More" Oil/panel 15x20cm/*5x7in* San Francisco 98
LUCAS George Seymour **[3]**
$7 410 FF38 000 £4 500 "Bright Robes of Gold the Fields Adorn" Watercolour 67,5x101,5cm/*26x39in* London 96
LUCAS Hippolyte 1854-1925 **[4]**
$15 000 FF77 100 £9 375 Jeune femme et Amour cueillant les fleurs Oil/canvas 216,5x134cm/*85x52in* New-York 96
LUCAS John Seymour 1849-1923 **[33]**
$688 FF4 105 £420 An'Be You Blithe and Bonny Oil/canvas 40,5x60cm/*15x23in* Chiddingfold, Surrey 98
$717 FF4 293 £449 Hidden Booty Oil/canvas 35,5x25,5cm/*13x10in* London 97
$341 FF1 753 £220 The Ferry Boat Watercolour 21x29,5cm/*8x11in* London 96
LUCAS John Templeton 1836-1880 **[8]**
$7 502 FF46 087 £4 500 The Taxidermist Oil/canvas 51x41cm/*20x16in* London 98
LUCAS VELASQUEZ Eugenio 1817-1870 **[52]**
$3 630 FF21 835 £2 255 "El mimarete" Oleo 34x25cm/*13x9in* Madrid 97
$10 880 FF64 000 £6 560 Tienta en la dehesa Oleo/lienzo 44,5x58,5cm/*17x23in* Madrid 97
$3 250 FF19 750 £1 950 Romería Acuarela 45x55cm/*17x21in* Madrid 98
LUCAS VILLAAMIL Eugenio 1840-1907 **[20]**
$6 800 FF40 000 £4 100 Merienda campestre Oleo/lienzo 49x70cm/*19x27in* Madrid 97
LUCAS Wilhelm, Willi 1884-1918 **[16]**
$1 119 FF6 704 £669 Verschneite Felder an der Erft Oil/panel 16x21cm/*6x8in* Köln 98
$2 840 FF17 449 £1 704 Partie in Rotterdam Oil/canvas 80x60cm/*31x23in* Köln 98
LUCAS William 1840-1895 **[15]**
$1 274 FF7 249 £780 The capture Watercolour 51x39cm/*20x15in* London 97
LUCAS Y PADILLA Eugenio 1824-1870 **[16]**
$9 500 FF54 007 £5 816 Detail of "Gloria di S. Lorenzo" Oil/canvas 61x80cm/*24x31in* New-York 97
$1 425 FF8 542 £850 Tavern Scene/Soldier speaking with an old Woman and a Man Wash 20x30cm/*7x11in* London 98
LUCAS Y VILAAMIL Eugenio Lucas 1858-1918 **[49]**
$4 800 FF29 179 £2 955 Woman in Spanish Dress/Madador Oil/panel 40,5x24cm/*15x9in* New-York 98
$18 240 FF90 700 £11 600 Baile en palacio Oleo/lienzo 56x113cm/*22x44in* Madrid 95
$3 040 FF18 762 £1 805 Romería de San Isidro Aguada/papel 17,5x24cm/*6x9in* Madrid 98
LUCAS-LUCAS Henry Frederick c.1848-1943 **[41]**
$1 975 FF11 846 £1 200 "Gentlewoman"/"Splash, studies of Horses" Oil/canvas 23x31cm/*9x12in* Billingshurst, West Sussex 98
$6 120 FF35 820 £3 780 Suerte de varas Oleo/lienzo 46,5x72cm/*18x28in* Madrid 97
LUCAS-ROBIQUET Marie E. Aimée 1858-1959 **[22]**
$3 640 FF19 000 £2 200 Portrait d'Arabe en turban Huile/toile 64,5x50cm/*25x19in* Paris 96
$8 580 FF42 000 £5 430 Récolte des dattes à Touggourt Huile/toile 31x46cm/*12x18in* Paris 95
$60 305 FF350 000 £36 820 Intérieur à Beni-Ounif (Sud-Oranais) Huile/toile 122x166cm/*48x65in* Paris 97
$349 FF2 000 £215 "Tahadat & Khadidja, Colomb-Béchar, Sud-Oranais" Affiche 71x52cm/*27x20in* Paris 97
$3 830 FF20 000 £2 315 "Dans l'oued, Biskra" Gouache 34x70cm/*13x27in* Paris 96
LUCASSEN Reinier 1939 **[25]**
$3 086 FF17 985 £1 886 Untitled Oil/canvas 50x40cm/*19x15in* Amsterdam 97
$6 504 FF38 952 £3 888 Een holparty met moeder Huile/toile 160x120cm/*62x47in* Antwerpen 98
$324 FF1 932 £192 "Rl.1" Color lithograph 70x50cm/*27x19in* Amsterdam 97
LUCATELLI Pietro 1634-1710 **[2]**
$2 295 FF13 175 £1 399 Rosenkranzmadonna mit dem hl. Dominikus & der hl. Katharina von Siena Ink 36,2x25,4cm/*14x10in* Berlin 97
LUCCHESI Bruno 1926 **[17]**
$3 749 FF22 252 £2 325 Seated Woman Bronze H38cm/*H14in* New-York 97

🖩 $11 000 FF65 710 £6 735 Musing Bronze H133,5cm/*H52in* New-York 98
LUCCHINI Cesare 1941 **[2]**
✏ $1 092 FF6 443 £668 Senza titolo Mischtechnik/Papier 62x34cm/*24x13in* Luzern 98
LUCE Maximilien 1858-1941 **[1337]**
👁 $3 700 FF22 000 £2 292 Bord de rivière au crépuscule Huile/panneau 27x37,5cm/*10x14in* Paris 97
👁 $7 842 FF46 874 £4 800 Étang à Moulineaux Oil/canvas 38,5x541cm/*15x212in* London 97
👁 $13 072 FF80 049 £7 800 Bouquet de fleurs Oil/board/canvas 55x46cm/*21x18in* London 98
🖐 $745 FF4 355 £441 Mazas Lithographie 36,5x29,8cm/*14x11in* Köln 97
✏ $325 FF1 928 £198 "La cour nuit"/Landschaftsstudie mit Gehöft Chalks 12,5x21,5cm/*4x8in* München 98
LUCE Molly 1896-1986 **[35]**
👁 $2 000 FF11 540 £1 225 "Wild Life" Oil/canvas 89x120cm/*35x47in* Cleveland, Ohio 97
✏ $125 FF720 £74 At The Bar Crayon 39x23cm/*15x9in* Cleveland, Ohio 97
LUCEBERT Jean van Swaanswijk 1924-1994 **[446]**
👁 $5 870 FF29 300 £3 840 Two figures Mixed media/canvas 40x30cm/*15x11in* Amsterdam 95
👁 $8 100 FF42 200 £4 890 De Gangster Mixed media/board 61x46cm/*24x18in* Amsterdam 96
👁 $9 820 FF51 300 £5 930 Dream of Enrico Baj Oil/canvas 97x130cm/*38x51in* Amsterdam 96
🖐 $355 FF2 177 £212 Untitled Offset 41x27cm/*16x10in* Amsterdam 98
✏ $123 FF731 £75 Animal Dessin 27x21cm/*10x8in* Antwerpen 98
LUCERO Michael 1953 **[5]**
🖩 $8 500 FF49 419 £5 189 Dreamer with Moth Sculpture 51x61x52cm/*20x24x20in* New-York 97
LUCIANI Ascanio (Attrib.) c.1621-1706 **[2]**
👁 $5 161 FF29 574 £3 200 Architectural Capriccio with Figures walking along a Quay Oil/canvas 124x92,5cm/*48x36in* London 97
LUCIANO Ascanio 1621-1706 **[2]**
👁 $5 000 FF29 481 £3 066 Saint Peter Healing Cripples Oil/canvas 63,5x75,5cm/*25x29in* New-York 98
LUCIONI Luigi 1900-1988 **[142]**
👁 $7 000 FF40 887 £4 141 Related Yellows Oil/canvas 20x30cm/*8x12in* Boston, Mass. 97
👁 $14 000 FF83 134 £8 547 Tree Portraits Oil/canvas 66x48cm/*26x19in* St. Louis, Miss. 98
👁 $35 000 FF204 438 £21 486 The Concert Oil/canvas 122x152,5cm/*48x60in* New-York 97
🖐 $200 FF1 187 £122 Summer Shadows/Stones and Shadows Etching 15x27cm/*6x11in* St. Louis, Miss. 98
✏ $1 900 FF11 350 £1 163 Still Life with Grapes Pastel/paper 58x46,5cm/*22x18in* New-York 98
LÜCKE von Christoph Ludwig c.1703-1780 **[2]**
🖩 $66 616 FF391 388 £40 000 Friedrich Christian, Elector of Saxony overcoming Despair Sculpture H26cm/*H10in* London 97
LÜCKEROTH Jupp Johannes 1919-1993 **[23]**
👁 $1 343 FF8 042 £825 "Duell im Morgengrauen" Oil 60x80cm/*23x31in* Köln 98
LUCKHARDT Karl 1886-1970 **[48]**
👁 $1 014 FF5 140 £665 Vor der Dorfschenke Öl/Karton 24,5x32,5cm/*9x12in* Frankfurt 96
👁 $1 916 FF11 405 £1 171 Römerberg in Frankfurt mit Blick auf dem Dom Öl/Leinwand 51x75cm/*20x29in* Frankfurt 98
LUCKX Frans Josef 1802-1849 **[6]**
👁 $2 610 FF14 724 £1 638 Trois enfants dans un intérieur Huile/panneau 37x28,5cm/*14x11in* Bruxelles 97
LUCY Charles 1814-1873 **[5]**
👁 $24 582 FF146 056 £15 000 Children in the Wood Oil/canvas 81x65cm/*31x25in* London 98
LUCZYNSKI Jan Piotr 1816-1855 **[2]**
👁 $4 285 FF22 200 £2 766 Bathing Nymphs Oil/canvas 70x91cm/*27x35in* Warszawa 96
LUDBY Max 1858-1943 **[32]**
👁 $3 177 FF19 746 £1 900 The Welcoming Party Oil/canvas 41x30,5cm/*16x12in* London 98
✏ $555 FF3 383 £340 Driving The Flock Homewards at Dusk Watercolour/paper 35x52cm/*13x20in* London 98
LÜDECKE-CLEVE August 1868-1957 **[16]**
👁 $2 622 FF16 107 £1 573 Hyazinthernte in Holland Oil/canvas 65x87cm/*25x34in* Köln 98
LUDENS Gerrit 1622-c.1683 **[1]**
👁 $17 560 FF87 500 £11 500 Le chirurgien Huile/panneau 30x21,5cm/*11x8in* Paris 95
LUDOVICI Albert, Jnr. 1852-1932 **[42]**
👁 $3 401 FF20 080 £2 014 Auslosung der Paare Öl/Leinwand 76x127,5cm/*29x50in* Frankfurt 97
✏ $385 FF2 247 £237 Zittende dame in haar boudoir Watercolour/paper 28x19cm/*11x7in* Den Haag 97

LUDOVICI Albert, Snr. 1820-1894 **[21]**

  $2 442 FF15 107 £1 500 Portrait of a Young Lady Oil/canvas 35x29,5cm/*13x11in* Billingshurst, West Sussex 97

  $72 500 FF376 500 £47 950 The four-in-hand, Hyde Park Oil/canvas 102x145cm/*40x57in* New-York 96

LUDOVICI Marguerite Cathelin XIX-XX **[1]**

  $4 553 FF25 973 £2 800 A still life of mixed flowers on a ledge Oil/canvas 52x72,5cm/*20x28in* Billingshurst, West Sussex 97

LUDWIG Karl Julius 1839-1901 **[8]**

  $3 722 FF21 368 £2 269 Italienische Landschaft Öl/Leinwand 57x84cm/*22x33in* Berlin 97

LUEGER Michael 1804-1883 **[3]**

  $20 400 FF104 800 £12 700 Schloss Hohenschwagau Oil/canvas/board 90x75cm/*35x29in* Wien 96

LUGAN Franz 1864-? **[5]**

  $2 040 FF10 640 £1 213 Flowers in a jug Oil/canvas 81x93cm/*31x36in* Köbenhavn 96

LUGARDON Albert 1827-1909 **[35]**

  $1 896 FF9 768 £1 176 Berglandschaft mit Kühen und Senn Oil/canvas 52x75,5cm/*20x29in* Zürich 96

LUGARDON Jean Léonard 1801-1848 **[4]**

  $3 489 FF20 669 £2 106 Le Serment du Grütli Oil/panel 46x37,5cm/*18x14in* Zürich 97

LÜGERTH Ferdinand 1885-1915 **[20]**

  $1 077 FF5 470 £700 A stag roaring Bronze H37,5cm/*H14in* Auchterarder, Perthshire 95

LUGINBÜHL Bernhard 1929 **[77]**

  $1 617 FF9 661 £991 Gun for Sparrow Copper engraving 59x168cm/*23x66in* Zürich 98

  $30 553 FF178 354 £18 475 Aggression Fer H134cm/*H52in* Bern 97

  $64 695 FF375 050 £39 871 C Figur II Fer H55cm/*H21in* Zürich 97

  $7 130 FF36 100 £4 680 Sans titre Crayon 29x40cm/*11x15in* Zürich 96

LUGLI Albano 1835-? **[1]**

  $3 500 FF17 120 £2 215 The Broken Plate Oil/canvas 42x32cm/*16x12in* San Francisco-Los Angeles 95

LUGO Amador 1922 **[5]**

  $1 800 FF10 607 £1 075 Taxco Gouache/paper 23x29cm/*9x11in* New-York 97

LUGO Emil 1840-1902 **[24]**

  $2 230 FF11 260 £1 466 Landschaftsstudie Öl/Karton 29,5x21,5cm/*11x8in* Stuttgart 96

  $3 306 FF19 178 £2 034 Chiemseelandschaft Öl/Karton 64x92cm/*25x36in* Heidelberg 97

  $3 540 FF20 256 £2 209 Weiden am See Öl/Leinwand 132x180cm/*51x70in* Stuttgart 97

  $1 463 FF7 440 £874 Landschaft Ink 26,6x32,8cm/*10x12in* Köln 96

LUGOSSY Maria 1950 **[1]**

  $5 000 FF26 100 £3 020 "Voyage" Sculpture H17,8cm/*H7in* New-York 96

LUHN Joachim 1640-1717 **[1]**

  $24 940 FF128 600 £16 000 A Lady, identified as Anne, Marquise of Basville (b.1643) Oil/canvas 110x93cm/*43x36in* London 96

LUIGI de Ludovico 1933 **[2]**

  $4 290 FF21 840 £2 730 Campo S. Maria Formosa Tempera/tela 69x84,5cm/*27x33in* Fossano (Cuneo) 96

LUIGINI Ferdinand 1870-1943 **[28]**

  $1 263 FF7 500 £765 Canal à Venise Aquarelle/papier 36x56cm/*14x22in* Calais 97

LUINI Aurelio 1530-1593 **[7]**

  $14 660 FF86 699 £8 800 Studies of the Head of a Bearded man and Figures for a Lamentation Wash 34x21cm/*13x8in* London 97

LUINI Aurelio (Attrib.) 1530-1593 **[6]**

  $2 380 FF12 000 £1 562 Le Mariage de la Vierge Lavis 28x24cm/*11x9in* Paris 96

LUINI Bernardino c.1480/85-1532 **[3]**

  $62 548 FF380 000 £37 658 La Vierge à l'Enfant avec Saint Jean Baptiste Huile/panneau 84x66cm/*33x25in* Paris 98

LUIS Juan López García 1894-1978 **[4]**

  $2 587 FF14 887 £1 612 Bodegón con instrumentos musicales y pinceles Oleo/tabla 46x37cm/*18x14in* Madrid 97

LUISE de Enrico 1840-1915 **[3]**

  $1 747 FF10 000 £1 032 La Porteuse de raisin/Le jeune garçon Huile/toile 49x33cm/*19x12in* Bayeux 97

LUKA Madeleine Kula, dite 1894 **[82]**

  $425 FF2 400 £260 Fillette à la poupée Huile/panneau 15x11cm/*5x4in* Paris 97

  $574 FF2 800 £364 Portrait du petit Assant Huile/toile 61x50cm/*24x19in* Paris 95

✏ *$290 FF1 500 £188* Petite fille à la branche de fleurs Aquarelle, gouache 30x22cm/*11x8in* Paris 96
LUKE John 1906-1975 **[9]**
☞ *$101 357 FF605 467 £62 000* Slievemore Tempera 55,5x77,5cm/*21x30in* London 98
☞ *$127 100 FF658 000 £85 000* The Locks at Edenderry Tempera/board 26,6x36,8cm/*10x14in* London 96
✏ *$3 953 FF22 514 £2 400* The harvesters Gouache/paper 32x29cm/*12x11in* London 97
LUKER William I 1828-1905 **[14]**
☞ *$1 151 FF6 875 £704* Kamelkaravan Oil/canvas 30x45cm/*11x17in* Stockholm 98
☞ *$3 104 FF18 590 £1 900* Cattle Resting in a Landscape Oil/canvas 50x80cm/*19x31in* Billingshurst, West Sussex 97
LUKER William II 1851-1889 **[13]**
☞ *$1 500 FF8 542 £925* Bedouin Encampment, Sunset Oil/canvas 30,5x45,5cm/*12x17in* Boston, Mass. 97
☞ *$2 905 FF17 595 £1 800* Highland Cattle Oil/canvas 51x76cm/*20x29in* Perthshire 97
LUKITS Theodore N. 1897-1992 **[3]**
☞ *$4 750 FF28 631 £2 874* Still life with fan, shells, figurine and cased portrait Oil/board 63x76cm/*25x30in* Pasadena, California 98
LUKOMSKII Georgi Kreskentevich 1884-1954 **[3]**
✏ *$738 FF4 504 £450* An Illustration for Turgenev's "A Nest of Gentlefolk" Coloured crayons 30,5x48cm/*12x18in* London 98
LUKS George Benjamin 1867-1933 **[63]**
☞ *$10 000 FF52 200 £6 040* Portrait of maurice Prendergast Oil/canvas 53,5x41cm/*21x16in* New-York 96
☞ *$19 000 FF115 995 £11 356* Young Boy Oil/canvas 41x31cm/*16x12in* New-York 98
✏ *$2 250 FF12 234 £1 347* Two Horses Watercolour/paper 33x48cm/*13x19in* Portsmouth, NH. 97
LUM Bertha Boynton 1879-1954 **[33]**
☞ *$2 250 FF11 740 £1 360* Temple at Osaka, Japan Oil/board 35,5x33cm/*13x12in* San Francisco-Los Angeles 96
▥ *$550 FF2 871 £333* Junks, Wei-hai-wei Print in colors 20x10cm/*8x4in* Bolton, Mass. 96
LUMERMAN Juana 1905-1982 **[7]**
☞ *$5 600 FF27 170 £3 610* Ciudad Porteña Oil/masonite 60x80cm/*23x31in* New-York 95
LUMIERE Auguste 1862-1954 **[5]**
▣ *$4 490 FF23 240 £3 000* Self portrait with Louis crochetting with pink wool, early 1900s Autochrome 17x12cm/*7x5in* London 96
LUMINAIS Evariste 1822-1896 **[28]**
☞ *$1 311 FF6 800 £866* Famille Vendéenne en prière/Famille du pêcheur naufragé Huile/panneau 35x24,5cm/*13x9in* Pontoise 96
☞ *$8 038 FF45 549 £5 358* Battaglia tra Celti e Romani Olio/tela 55x70cm/*21x27in* Milano 98
☞ *$35 000 FF209 205 £21 423* Départ pour la chasse dans les Gaules Oil/canvas 150x118cm/*59x46in* New-York 97
LUMINAIS Hélène Vital XIX **[1]**
☞ *$19 215 FF109 489 £12 000* Allegory of Wisdom Oil/canvas 64x50cm/*25x19in* London 97
LUMIS Hariet Randall 1867-1953 **[17]**
☞ *$4 749 FF27 109 £2 936* The little red bush Oil/canvas 61x71cm/*24x27in* New-York 97
LUMSDEN Ernest Stephen 1883-1945 **[35]**
☞ *$2 258 FF13 139 £1 383* On the Ganges, Benares Oil/board 24,5x33cm/*9x12in* Amsterdam 97
▥ *$141 FF824 £83* Sword Markers, Jodphur Etching 15x20,5cm/*5x8in* Calgary, Alberta 97
LUNA Y NOVICIO Juan 1857-1900 **[15]**
✏ *$1 650 FF9 875 £1 025* Alegoría de la música Lápiz/papel 27,5x22cm/*10x8in* Madrid 98
LUND Aage XIX-XX **[5]**
☞ *$3 829 FF22 867 £2 353* Lille pige der broderer Oil/canvas 60x51cm/*23x20in* København 98
LUND Carl Ove J. 1857-1936 **[41]**
☞ *$510 FF2 660 £304* Skovparti, Fredensborg Oil/canvas 94x63cm/*37x24in* København 96
LUND Frederick Christian 1826-1901 **[45]**
☞ *$890 FF5 272 £532* Madonna ved barnet Oil/canvas 26x21cm/*10x8in* København 97
☞ *$1 735 FF10 600 £1 094* Portrait of an elderly woman Oil/canvas 63x54cm/*24x21in* København 97
LUND Hedevig 1824-1888 **[1]**
☞ *$6 680 FF34 850 £4 030* Bunadkledd kvinne Oil/canvas 81x64cm/*31x25in* Oslo 96
LUND Henrik 1879-1935 **[18]**

$6 108 FF35 466 £3 611 Älvlandskap Oil/canvas 64x76cm/*25x29in* Malmö 97
LUND Johan Ludvig G. 1777-1867 **[6]**
$2 720 FF14 200 £1 618 Young woman at her toilet Oil/canvas 38x28cm/*14x11in* Köbenhavn 96
LUND Soren 1852-1933 **[15]**
$301 FF1 760 £178 Kreaturer på engen Oil/canvas 38x56cm/*14x22in* Vejle 97
LUNDAHL Amélia H. 1850-1914 **[11]**
$10 758 FF62 787 £6 396 Ung kvinna bärande kärve Oil/canvas 60x39cm/*23x15in* Stockholm 97
$5 216 FF29 872 £3 184 Tamburindanserskan Pastel 68x54cm/*26x21in* Stockholm 97
LUNDAHL Nadine 1958 **[8]**
$1 018 FF6 191 £619 Stilleben Oil/canvas 20x30cm/*7x11in* Helsinki 98
$3 660 FF21 609 £2 166 Stilleben med vindruvor Oil/panel 49x39cm/*19x15in* Helsinki 97
LUNDBERG August Frederick 1878-1928 **[4]**
$2 000 FF12 041 £1 196 Fall Landscape Oil/canvas 66x76cm/*25x29in* San Francisco 98
LUNDBERG Gustaf 1695-1786 **[21]**
$11 610 FF60 700 £6 920 Porträtt av Anna Johanna Grill (1720-1778) Pastel 65x50cm/*25x19in* Stockholm 96
LUNDBERG Gustaf (Attrib.) 1695-1786 **[3]**
$5 350 FF26 700 £3 493 Porträtt av Jean Adelheim Pastel/paper 65x50cm/*25x19in* Stockholm 95
LUNDBERG Robert 1861-1903 **[6]**
$2 249 FF13 066 £1 327 I gryningen vid Gustaf II Adolfs torg Oil/canvas 28x41cm/*11x16in* Stockholm 97
LUNDBERG Sture 1900-1930 **[5]**
$7 752 FF46 404 £4 764 Stilleben med väckarklocka Watercolour 16x17cm/*6x6in* Stockholm 98
LUNDBERG Theodor 1852-1926 **[8]**
$430 FF2 640 £263 Bölgen og Stranden Porcelain H47cm/*H18in* Köbenhavn 98
LUNDBOHM Sixten 1895-1982 **[82]**
$712 FF3 695 £471 "Nordringå" Oil/panel 33x41cm/*12x16in* Stockholm 96
$886 FF4 390 £564 Blomsterstillleben Oil/canvas 73x54cm/*28x21in* Stockholm 95
LUNDBORG Karl 1893-1972 **[29]**
$345 FF2 004 £204 Vårdag på Roslätt Oil/canvas 20x22cm/*7x8in* Malmö 97
$574 FF3 343 £354 Höstag vid asbjer Oil/canvas 65x55cm/*25x21in* Malmö 97
LUNDBYE Johan Thomas 1818-1848 **[66]**
$4 482 FF27 385 £2 827 Coastal landscape, Refnaes Oil/canvas 9x17,5cm/*3x6in* Köbenhavn 97
$19 800 FF97 400 £12 760 Bakketrolden Sindre uden for sin hule Oil/canvas 37x47,5cm/*14x18in* Köbenhavn 95
$1 426 FF7 130 £923 Two donkeys Ink 16x19,5cm/*6x7in* Köbenhavn 96
LUNDE Anders Chistian 1809-1886 **[20]**
$1 223 FF6 380 £728 Landscape near Rome Oil/canvas 24x39cm/*9x15in* Köbenhavn 96
$2 602 FF15 045 £1 609 Fra Napolibugten Oil/canvas 34x54cm/*13x21in* Köbenhavn 97
LUNDEBERG Helen 1908-? **[8]**
$2 500 FF14 509 £1 526 Two Apples Oil/canvas 51x61cm/*20x24in* Los Angeles 97
$15 000 FF78 300 £9 060 Micro-Macrocosmic Landscape Oil/board 30,5x40,5cm/*12x15in* San Francisco-Los Angeles 96
LUNDEGÅRD Justus 1860-1924 **[24]**
$1 340 FF7 000 £799 Skogsstigen, Frankrike Oil/canvas/panel 55x46cm/*21x18in* Stockholm 96
LUNDENS Gerrit 1622-1683 **[22]**
$7 496 FF45 267 £4 500 Tavern Interiors with Peasants Playing The Slipper Game Oil/canvas 35x41,5cm/*13x16in* London 98
$8 923 FF50 840 £5 571 Ankunft der Sabinerinnen in Rom Öl/Leinwand 99x126cm/*38x49in* Zürich 97
$30 011 FF180 252 £18 000 A Bridal Couple Dancing in an Interior Oil/panel 38,5x51cm/*15x20in* London 98
LUNDENS Gerrit (Attrib.) 1622-1683 **[2]**
$10 103 FF59 820 £6 000 Peasants making Music in a Tavern Oil/panel 47x68cm/*18x26in* London 97
LUNDGREN Egron Sillif 1815-1875 **[52]**
$378 FF2 318 £225 Teaterscen ur Richard III Oil/canvas 24x35cm/*9x13in* Stockholm 98
$7 929 FF47 361 £4 854 Sydialienskt sällskap Oil/canvas 92x136cm/*36x53in* Stockholm 98
$682 FF3 466 £442 Gosse med vindruvsklase Akvarell 35x24cm/*13x9in* Stockholm 95
LUNDGREN Eric 1906 **[4]**

$11 000 FF62 749 £6 689 Blue Plumbago Oil/masonite 61x51cm/*24x20in* New-York 97
LUNDGREN Tyra Carolina 1897-1979 **[27]**
$1 054 FF6 146 £649 Fågel Sculpture H13,5cm/*H5in* Stockholm 97
LUNDH Theodor 1812-1896 **[9]**
$2 094 FF11 966 £1 283 Landskap med rovfågel sittande på stubbe Oil/canvas 55x45cm/*21x17in* Stockholm 97
LUNDHAL Amelie 1850-1914 **[6]**
$11 046 FF66 348 £6 624 Landskap Oil/canvas 22x28cm/*8x11in* Helsinki 98
LUNDMARK Leon 1875-1942 **[13]**
$700 FF4 166 £434 Rough Play. Seascape Oil/board 73x90cm/*29x35in* Milwaukee, Wisconsin 97
LUNDQVIST Evert 1904-1994 **[157]**
$2 225 FF12 714 £1 363 Kvinna på vägen Oil/canvas 19x14cm/*7x5in* Stockholm 97
$8 171 FF48 951 £4 882 "Duken" Oil/canvas 55x81cm/*21x31in* Stockholm 98
$24 630 FF125 800 £16 220 Badaren Oil/canvas 105x120cm/*41x47in* Stockholm 96
$307 FF1 795 £189 Sagomotiv, studie Watercolour/paper 38x27cm/*14x10in* Stockholm 97
LUNDSTRÖM Knut 1892-1945 **[22]**
$1 073 FF6 148 £635 "Lento misterioso" Oil/panel 46x33cm/*18x12in* Malmö 97
$2 303 FF11 360 £1 502 Sommarlandskap, Crécy-sur-Marne Oil/canvas 45x54cm/*17x21in* Stockholm 95
$378 FF2 318 £225 Komposition Pastel/paper 64x52cm/*25x20in* Stockholm 98
LUNDSTRØM Steen 1945 **[9]**
$599 FF3 530 £370 Tre kompositioner Gouache/paper 72x52cm/*28x20in* København 97
LUNDSTRØM Vilhelm 1893-1950 **[86]**
$9 442 FF54 770 £5 790 Opstilling på et bord, glasbonbonniere Oil/canvas 32x30cm/*12x11in* København 97
$13 540 FF66 500 £8 610 Still life (abstract) Oil/canvas 75x63cm/*29x24in* København 95
$18 810 FF96 690 £11 440 Les deux soeurs Oil/canvas 192x140cm/*75x55in* København 96
$380 FF2 208 £234 Siddende model Pencil/paper 39x29cm/*15x11in* København 97
LUNEL Ferdinand 1857-? **[13]**
$1 835 FF9 500 £1 185 "Rouxel & Dubois" Affiche 139x100cm/*54x39in* Nice 96
LUNGKWITZ Hermann 1813-1890 **[2]**
$4 025 FF23 625 £2 461 Spaziergänger in sonniger Berglandschaft Öl/Leinwand 63x88cm/*24x34in* Dresden 97
LUNGREND Fernand Harvey 1859-1932 **[4]**
$1 100 FF6 703 £656 "In Red Rock Canyon in the Mojavi Desert" Watercolour/board 28x21cm/*11x8in* Pasadena, California 98
LUNOIS Alexandre 1863-1916 **[49]**
$969 FF5 800 £588 Femmes près d'un Oued Huile/toile 80x85cm/*31x33in* Paris 97
$306 FF1 600 £184 Le Bain de la mariée juive Lithographie couleurs 44,3x36cm/*17x14in* Paris 96
LUNTZ Adolf 1875-1924 **[27]**
$350 FF1 770 £230 Landscape with road Oil/board 13x16cm/*5x6in* Chicago, Illinois 96
$1 409 FF8 380 £862 Blick auf Weilderstadt Öl/Karton 40x63cm/*15x24in* Köln 97
LUNY Thomas 1759-1837 **[132]**
$3 491 FF21 696 £2 200 An Italian Polacca off North Africa Oil/panel 25,5x35,5cm/*10x13in* London 97
$8 959 FF51 401 £5 500 Esat indiaman and other shipping off Dover Oil/canvas 39x51,5cm/*15x20in* London 97
$32 498 FF188 502 £20 000 The Ceres in three Positions off St. Helena Oil/canvas 87x147,5cm/*34x58in* London 97
LUNY Thomas (Attrib.) 1759-1837 **[5]**
$3 500 FF20 301 £2 068 Shipping Offshore at Yarmouth Oil/panel 20x25,5cm/*7x10in* San Francisco 97
$12 500 FF63 700 £7 500 British men-of-war and other shipping in choppy seas off the coast Oil/canvas 71x92cm/*27x36in* London 96
LUO ERCHUN 1929 **[1]**
$6 470 FF33 300 £3 995 Village Oil/canvas 62x50cm/*24x19in* Hong Kong 95
LUO MU 1622-1706 **[2]**
$15 492 FF90 288 £9 540 Landscape and calligraphy Ink 26x182,5cm/*10x71in* Hong Kong 97
LUO PING 1733-1799 **[7]**

$14 000 FF83 333 £8 691 Bodhidharma Ink 55x33cm/*22x13in* New-York 97
LUO ZHONGLI 1948 **[14]**
$36 204 FF210 532 £21 588 Mother and Son Oil/canvas 108x76cm/*42x29in* Hong Kong 97
LUONGO Aldo 1940 **[12]**
$550 FF2 713 £358 Nude Serigraph 71x86cm/*28x34in* Tarzana, CA 95
LÜPERTZ Markus 1941 **[169]**
$3 257 FF19 275 £2 001 Ohne Titel Oil 45x35cm/*17x13in* München 98
$11 550 FF57 700 £7 550 Figur Mischtechnik/Karton 60,7x42cm/*23x16in* München 95
$28 067 FF166 666 £17 000 "Kopf mit Schnurrbart + Roten Hauen" Oil/canvas 176,5x144,5cm/*69x56in* London 97
$525 FF3 033 £322 Gesicht Radierung 32x24cm/*12x9in* Stuttgart 97
$7 110 FF34 760 £4 500 Turnerkopf Bronze H46cm/*H18in* London 95
$2 987 FF17 779 £1 825 Ohne Titel (Zu : "Alice in Wunderland") Gouache 61x43cm/*24x16in* Köln 98
LUPIAC André Pierre 1873-1956 **[5]**
$4 500 FF27 272 £2 759 Couple devant le Parthénon Oil/canvas 89x115cm/*35x45in* New-York 98
LUPIANEZ Y CARRASCO José 1864-1933 **[29]**
$2 925 FF15 080 £1 875 Lavanderas en el río Oleo/tabla 16x27cm/*6x10in* Madrid 96
$3 500 FF20 000 £2 150 Lavadero, Paseo Virgen del Puerto Oleo/tabla 33x50cm/*12x19in* Madrid 97
LUPLAU Marie 1848-1925 **[13]**
$310 FF1 776 £189 Gadeparti (surrealistisk komposition) Oil/canvas 24x20cm/*9x7in* København 97
LUPO Alessandro 1876-1953 **[22]**
$1 800 FF10 200 £1 200 "Granta Parey" Olio/cartone 30x24cm/*11x9in* Milano 97
$3 600 FF20 400 £1 800 Baite Olio/tavola 40x50cm/*15x19in* Vercelli 98
LUPPEN van Joseph G. 1834-1891 **[25]**
$924 FF5 528 £564 Vaches près de la rivière Huile/panneau 25x40cm/*9x15in* Antwerpen 98
$1 344 FF6 690 £880 Rivière Huile/toile 53x81cm/*20x31in* Antwerpen 95
LUPPEN van Joseph G. (Attrib.) 1834-1891 **[1]**
$2 803 FF16 716 £1 739 Bachlandschaft mit Weidevieh Oil/panel 39x32cm/*15x12in* Wien 97
LURÇAT Charlotte [3]
$1 737 FF9 000 £1 128 Lion et poissons Tapisserie 88x150cm/*34x59in* Paris 96
LURÇAT Jean 1892-1966 **[379]**
$2 400 FF13 848 £1 470 Reclining Woman Oil/canvas 25x33cm/*10x13in* Cleveland, Ohio 97
$4 000 FF19 570 £2 530 Jeune fille aux voiliers Oil/canvas 122x145cm/*48x57in* New-York 95
$5 481 FF32 000 £3 347 Le belvédère Huile/toile 50,5x50,5cm/*19x19in* Paris 97
$12 285 FF75 000 £7 342 Sans titre Tapisserie 260x320cm/*102x125in* Limoges 98
$1 386 FF7 180 £900 Le Coq Ceramic 51x46cm/*20x18in* London 96
$99 FF600 £61 Mère et Enfant Encre/papier 29x22cm/*11x8in* Paris 98
LURIA Corinna Morgiana 1890-c.1975 **[2]**
$1 400 FF8 125 £827 French Quarter Courtyard Watercolour/paper 35x23cm/*14x9in* New Orleans, Louisiana 97
LUSINI Enrico XIX-XX **[1]**
$19 000 FF98 600 £12 560 The courtship Oil/canvas 81x112cm/*31x44in* New-York 96
LUSKINA Wlodzimierz 1849-1894 **[3]**
$3 575 FF20 450 £2 230 W oranzerii (Dans l'orangerie) Oil/canvas 93x66cm/*36x25in* Warszawa 97
LUSSENBURG Jos 1889-1975 **[10]**
$699 FF4 283 £416 Sailing boats on a lake Oil/panel 23x34cm/*9x13in* Amsterdam 98
$1 340 FF7 632 £831 A shed in a forest Oil/canvas 70x100cm/*27x39in* Amsterdam 97
LÜSSI Otto 1882-1942 **[4]**
$605 FF3 510 £357 Brücke beim Kloster Fahr Öl/Karton 22x27cm/*8x10in* Zürich 97
LUST de Antoni Adriaan XVII **[4]**
$34 000 FF209 487 £20 889 A Still Life of Roses, Tulips, Carnations, Convolvulus Oil/canvas 56x46cm/*22x18in* New-York 98
LUSTY Otto [4]
$2 030 FF11 900 £1 249 A Dhow running down the Coast Oil/canvas 66x97cm/*25x38in* London 97
LUSURIER Catherine (Attrib.) c.1753-1785 **[3]**
$159 970 FF947 159 £95 000 "Le petit dessinateur" Oil/canvas 75x63,5cm/*29x25in* London 97
LUTHER Adolf 1912-1990 **[63]**

☁ *$2 752 FF16 080* £1 629 Ohne Titel Oil/hardboard 80x70cm/*31x27in* Köln 97
⬚ *$666 FF3 877* £407 Ohne Titel Multiple 33x23cm/*12x9in* München 97
✎ *$1 720 FF10 050* £1 018 Spiegelobjekt Installation 32x52x7,5cm/*12x20x2in* Köln 97
✎ *$4 550 FF23 800* £2 710 Licht und Materie Sculpture 122,5x87x9cm/*48x34x3in* Köln 96
LÜTHI Karl 1840-1910 **[1]**
✎ *$3 660 FF19 000* £2 415 Zunftgruppe der Gesellschaft zu Kaufleuten Aquarell 52x71,5cm/*20x28in* Bern 96
LÜTHI Urs 1947 **[16]**
📷 *$1 620 FF8 440* £977 Selfportrait Photograph 70x95cm/*27x37in* Amsterdam 96
LÜTHY Oskar Wilhelm 1882-1945 **[26]**
☁ *$812 FF4 717* £501 Landschaft bei Kilchberg Öl/Karton 29,5x35,5cm/*11x13in* Zürich 97
☁ *$2 230 FF13 242* £1 361 "Walliser Häuser" Oil/canvas 60x89cm/*23x35in* Bern 98
LUTI Benedetto 1666-1724 **[13]**
✎ *$14 949 FF90 000* £8 946 Saint Pierre Pastel/papier 53x41cm/*20x16in* Paris 98
LUTI Benedetto (Attrib.) 1666-1724 **[15]**
☁ *$4 550 FF23 000* £2 980 L'Adoration des Mages Huile/cuivre 29x21cm/*11x8in* Paris 96
☁ *$5 737 FF34 500* £3 432 Loth et ses filles Huile/toile 49x65cm/*19x25in* Paris 98
✎ *$713 FF4 200* £440 L'adoration des mages Sanguine/papier 14x26cm/*5x10in* Paris 97
LÜTKE Ludwig Eduard 1801-1850 **[3]**
⬚ *$573 FF3 346* £341 Nikolskoe Lithograph 18,5x28cm/*7x11in* Berlin 97
LUTMA Johannes II 1624-1685/89 **[3]**
⬚ *$856 FF5 000* £506 Pieter Corneliz Hooft, poète/Joost van den Vondel, poète Gravure 28,5x21cm/*11x8in* Paris 97
LUTSCHER Fernand XIX **[11]**
☁ *$1 483 FF8 805* £898 Jagd im herbstlichen Wald bei einer Lichtung Öl/Leinwand 63x93cm/*24x36in* Zürich 97
LUTTERELL Edward Luttrel c.1650-c.1725 **[5]**
✎ *$979 FF5 800* £580 Portrait of Johannes Vosterman Pastel/paper 27,5x23cm/*10x9in* London 97
LUTTEROTH Ascan 1842-1923 **[26]**
☁ *$2 648 FF15 202* £1 614 Italienische Landschaft Öl/Leinwand 22,3x39,4cm/*8x15in* Berlin 97
☁ *$3 630 FF18 900* £2 280 Frühlingstag am Bodensee Öl/Karton 41x61cm/*16x24in* Lindau 96
LUTTICHUYS Isaak 1616-1673 **[7]**
☁ *$13 040 FF74 680* £7 960 Portrait of a Nobleman Oil/panel 90x68cm/*35x26in* Stockholm 97
☁ *$36 400 FF190 000* £22 000 Portraits of a man and his wife Oil/canvas 132x102cm/*51x40in* London 96
LUTTICHUYS Simon 1612-1662 **[7]**
☁ *$69 762 FF420 000* £41 748 Nature morte au verre Rohmer, orange, raisins et miche de pain Huile/panneau 40x33cm/*15x12in* Paris 98
LUTTICHUYS Simon (Attrib.) 1612-1662 **[1]**
☁ *$7 350 FF36 700* £4 800 Still life Oil/panel 41x32,5cm/*16x12in* London 95
LUTTRELL Edward 1650-1710 **[3]**
✎ *$1 134 FF5 770* £680 Portrait of a man holding a glass Pastel/paper 31x24,5cm/*12x9in* London 96
LUTTRINGSHAUSEN Johann Heinrich 1783-1857 **[3]**
✎ *$14 360 FF73 000* £8 570 Maison donnant sur un jardin Aquarelle, gouache 20x27,2cm/*7x10in* Paris 96
LUTYENS Charles Henry Aug. 1829-1915 **[22]**
☁ *$639 FF3 629* £400 Cherub Oil/canvas 25,4x20,2cm/*10x7in* London 97
☁ *$2 434 FF14 071* £1 500 Disporting Putti Oil/canvas 68,5x51cm/*26x20in* London 97
☁ *$3 980 FF22 852* £2 500 The Little Master Oil/canvas 126x103cm/*49x40in* London 97
✎ *$9 610 FF48 794* £6 200 "Jorrocks" a Jolly Huntsman Bronze 36,5x38cm/*14x14in* Auchterarder, Perthshire 96
LUTZ Bertha 1889-? **[1]**
☁ *$1 986 FF9 800* £1 290 Still life Oil/panel 31x20cm/*12x7in* Wien 95
LUTZ Louis 1940 **[5]**
✎ *$2 622 FF15 000* £1 636 Spirale Bronze H39cm/*H15in* Paris 97
LUTZ Rudolf XX **[2]**
☁ *$8 239 FF47 297* £5 023 Liegender weiblicher Akt Öl/Leinwand 66x96,5cm/*25x37in* Berlin 97
LÜTZEN Niels Aagaard 1826-1890 **[10]**
☁ *$441 FF2 645* £272 Hundeportraet Oil/canvas 16x13cm/*6x5in* Vejle 98

LUYCKX Christiaen 1623-c.1675 **[9]**
  $248 200 FF1 296 000 £150 000 Elaborate still life upon a table top draped Oil/canvas 78x95cm/*30x37in* London 96
LUYKEN Jan 1649-1712 **[17]**
  $468 FF2 816 £280 Prisoners being taken into a City Ink 14,7x20cm/*5x7in* London 98
LUYKS Christian 1623-1653 **[2]**
  $2 920 FF14 300 £1 850 Sainte Claire Huile/cuivre 42,5x32,5cm/*16x12in* Bruxelles 95
LUYKS Frans (Attrib.) 1604-1668 **[1]**
  $3 370 FF17 050 £2 213 Portrait of King Ferdinand III (1608-1657) Oil/canvas 96,5x79cm/*37x31in* Wien 96
LUYT Arie Marthinus 1879-1951 **[2]**
  $1 189 FF7 155 £713 Trafalgar Square, London Watercolour/paper 48x32,5cm/*18x12in* Amsterdam 98
LUYTEN Henri Jean 1859-1945 **[48]**
  $53 FF324 £31 Sous-bois Huile/panneau 15x22cm/*5x8in* Antwerpen 98
  $4 742 FF27 559 £2 800 Off to Market Oil/canvas 80x101cm/*31x39in* London 97
LUYTENS Charles Augustus H. 1829-1915 **[3]**
  $4 740 FF23 130 £3 000 Putti Oil/canvas 36x91cm/*14x35in* London 95
LUZURIAGA Juan Ramón 1938 **[24]**
  $1 190 FF6 800 £731 Remolcando Oleo/lienzo 73x60cm/*28x23in* Madrid 97
  $274 FF1 385 £180 Hombre con jarra de cerveza Acuarela 48x41cm/*18x16in* Madrid 96
LUZZI Cleto XIX-XX **[8]**
  $2 446 FF14 577 £1 500 Gentle Gossip Watercolour 57x78,5cm/*22x30in* London 98
LUZZO Antonio 1855-1907 **[7]**
  $1 272 FF6 580 £850 The barquentine "Lord March" signalling for a pilot Watercolour 41x58,5cm/*16x23in* London 96
LUZZO Giovanni, John XIX-XX **[3]**
  $10 830 FF55 200 £6 500 The topsail schooner "Cynosure" leaving the port of Venice Bodycolour 37x56cm/*14x22in* London 96
LYBAERT Théophile M.F. 1848-1927 **[4]**
  $1 214 FF7 475 £745 Jongetje Huile/panneau 35,5x27cm/*13x10in* Lokeren 98
  $16 073 FF93 228 £9 500 A l'entrée de la mosquée Oil/canvas 74x54cm/*29x21in* London 97
LYCETT Joseph 1774-c.1825 **[10]**
  $260 FF1 566 £155 Mount Dromedary, Van Dieman's Land Color lithograph 18x27cm/*7x10in* Melbourne 98
LYDIS Mariette 1890-1970 **[186]**
  $1 158 FF6 000 £752 Les mains de l'artiste Huile/toile 26x24cm/*10x9in* Paris 96
  $1 247 FF7 431 £741 Two Girls Oil/canvas 74x60cm/*29x23in* Amsterdam 97
  $7 000 FF41 766 £4 222 La dame à l'Afghan Oil/canvas 175x124cm/*68x48in* New-York 97
  $82 FF450 £49 Petite écolière Lithographie 45x38cm/*17x14in* Arles 97
  $120 FF700 £73 Les deux amies Crayon 32x21,8cm/*12x8in* Paris 97
LYMAN John Goodwin 1886-1967 **[16]**
  $3 741 FF22 550 £2 263 Paysage d'été Huile/toile 74x61cm/*29x24in* Montréal 98
  $1 387 FF7 910 £872 Lumière la nuit Pastel/papier 53x46cm/*20x18in* Montréal 97
LYMAN Joseph 1843-1913 **[5]**
  $3 000 FF18 061 £1 794 Springtime Oil/canvas 28x42cm/*11x16in* San Francisco 98
LYMBURNER Francis 1916-1972 **[45]**
  $1 956 FF11 428 £1 157 Beach scene Oil/canvas/board 61x75cm/*24x29in* Melbourne 97
  $3 900 FF22 768 £2 406 Minstrel Oil/board 52x28cm/*20x11in* Melbourne 97
  $330 FF2 050 £197 Bear Ink 25x17,5cm/*9x6in* Sydney 98
LYNAS-GRAY John Abernethy 1869-c.1940 **[22]**
  $671 FF3 390 £440 A cat outside a thatched cottage Watercolour 24x35cm/*9x13in* London 96
LYNCH Albert 1851-? **[49]**
  $8 500 FF50 535 £5 200 Portrait of a Young Girl Oil/canvas 35,5x28cm/*13x11in* New-York 97
  $20 759 FF127 516 £12 452 Die Überfahrt Oil/wood 55x77cm/*21x30in* Köln 98
  $981 FF6 000 £600 Portrait de jeune femme Aquarelle/papier 19x16cm/*7x6in* Coutances 98
LYNDE Raymond XIX-XX **[16]**
  $3 000 FF15 430 £1 870 A beauty bathed in lilacs Oil/canvas 58x43cm/*22x16in* New-York 96
LYNE Michael 1912-1989 **[80]**
  $2 230 FF11 610 £1 400 On the Scent/Hounds chasing a hare Oil/board 24x39,5cm/*9x15in* London 96

$3 180 FF16 600 £2 000 The VWH (Earl Balthursth) moving off from the meet at Charlton Park Oil/board 33x49,5cm/*12x19in* London 96
 $1 122 FF6 505 £700 The Quorn, New Plantation Watercolour 29x42cm/*11x16in* London 97
LYNEN Amédée M. 1852-1938 **[69]**
 $633 FF3 290 £419 Portrait de M. Léopold Merckx, Maître d'escrime Huile/toile 50x27cm/*19x10in* Bruxelles 96
 $1 174 FF7 312 £702 Vue portuaire Huile/toile 41x55cm/*16x21in* Bruxelles 98
 $71 FF408 £44 Homme au chapeau Encre Chine 21x11,5cm/*8x4in* Bruxelles 97
LYNES George Platt 1907-1955 **[89]**
 $1 500 FF7 730 £993 Eugene Loring, 1940s Silver print 18x13cm/*7x5in* New-York 96
LYNN Elwyn Augustus 1917-1997 **[21]**
 $977 FF5 593 £577 Epilogue, Sepia Mixed media/canvas 77x102cm/*30x40in* Melbourne 97
LYNN John XIX **[10]**
 $7 390 FF38 300 £4 800 A Royal Visit to the Isle of Wight Oil/canvas 47x70cm/*18x27in* London 96
LYNTON Henry S. XIX-XX **[16]**
 $419 FF2 504 £260 Arabs before a Middle Eastern Town Watercolour 34,5x27cm/*13x10in* London 97
LYON Danny 1942 **[45]**
 $1 500 FF8 834 £925 Selected Images from "Conversations with the Dead" Photograph 20x30,5cm/*7x12in* New-York 97
LYON Thomas Bonar 1873-? **[7]**
 $640 FF3 882 £380 Pont de Cheval, Bruges Oil/board 25,5x30,5cm/*10x12in* Glasgow 98
 $1 056 FF6 157 £649 By the Shore Coloured chalks/paper 47x62cm/*18x24in* West Lothian 97
LYONGRÜN Arnold E. 1871-? **[8]**
 $327 FF2 013 £196 Sommertag im Schwarzwald bei Hinterzarten Painting 70x100cm/*27x39in* Köln 98
LYTENS Gysbrecht 1586-c.1650 **[1]**
 $60 000 FF365 628 £36 552 Winter Landscape with the Massacre of the Innocents Oil/panel 48,5x83cm/*19x32in* New-York 98
LYTH Harald 1937 **[23]**
 $4 172 FF24 940 £2 553 "Her Back, (Ryggen)" Mixed media/canvas 72x43,5cm/*28x17in* Stockholm 97
 $9 114 FF52 752 £5 607 "Insegel" Oil/canvas 162x220cm/*63x86in* Stockholm 97
 $166 FF990 £101 Komposition Color lithograph 91x59cm/*35x23in* Stockholm 98
LYTRAS Nicholaos 1883-1927 **[6]**
 $16 280 FF79 600 £10 300 Portrait of a little girl Oil/canvas/board 68x50cm/*26x19in* Athens 95
 $18 000 FF88 000 £11 400 Young boy Oil/canvas 28x17,5cm/*11x6in* Athens 95
LYTRAS Nikoforos 1832-1904 **[9]**
 $63 700 FF332 000 £38 500 Approaching the coast Oil/canvas 88x114cm/*34x44in* Athens 96
 $84 895 FF506 823 £52 000 Laundry Day in an Athenian River Oil/canvas/panel 32,5x19cm/*12x7in* London 97
 $27 850 FF136 300 £17 630 19th Century couple, Greece Pencil/paper 37,5x47,5cm/*14x18in* Athens 95
LYTZEN Niels Aagaard 1826-1890 **[22]**
 $958 FF5 716 £574 Dansk sommerlandskab Oil/canvas 51x75cm/*20x29in* Vejle 98

M

MA ANG 1655-c.1738 **[2]**
 $5 000 FF25 760 £3 224 Mountain stream after snow Ink 148x52cm/*58x20in* New-York 96
MA CHENGKUAN Ma Singfoon 1940 **[5]**
 $10 344 FF60 152 £6 168 Landscape with Waterfall Ink 135x67,5cm/*53x26in* Hong Kong 97
MA FUTU 1614-1681 **[2]**
 $30 000 FF178 041 £18 375 Leopard and Magpies Ink 208x111,5cm/*81x43in* Beverly Hills, Calif. 98
MA JIN 1900-1971 **[9]**
 $4 140 FF21 300 £2 557 Horses Ink 16x136cm/*6x53in* Hong Kong 95
MA SHOUZHEN 1548-1604 **[2]**
 $5 164 FF30 096 £3 180 Bamboo and orchid by a rock Ink/paper 92x30cm/*36x11in* Hong Kong 97
MA XIAOGUANG 1956 **[2]**
 $2 845 FF14 580 £1 730 Autumn fruit Oil/canvas 50x60cm/*19x23in* Hong Kong 96

MA YUAN c.1180-c.1230 **[2]**

✏ *$48 000 FF243 000 £31 500* Tasting Tea by a Garden Stream Ink 25,5x25cm/*10x9in* New-York 96

MA YUAN (Attrib.) c.1180-c.1230 **[1]**

✏ *$15 000 FF84 745 £9 441* Scholar in Mountain Landscape Ink 23,5x26,5cm/*9x10in* New-York 97

MAAR Dora Markovic 1909-1997 **[29]**

☞ *$820 FF5 036 £511* Sur les plateaux Oil/canvas 21x32cm/*8x12in* Melbourne 97

☞ *$4 619 FF27 000 £2 818* Conversation Huile/toile 162x130cm/*63x51in* Paris 97

📷 *$3 480 FF17 000 £2 200* Marie-Laure de Noailles Silver print 22,5x17,5cm/*8x6in* London 95

MAAR Johann 1815-? **[2]**

✏ *$2 970 FF16 869 £1 859* Der Schöne Brunnen in Nürnberg Aquarell/Papier 32x24cm/*12x9in* München 97

MAARNI Elvi 1907 **[22]**

☞ *$1 639 FF9 557 £1 009* Musikern Oil/canvas 28x25cm/*11x9in* Helsinki 97

✏ *$685 FF4 083 £420* Huilunsoittaja Charcoal/paper 33x25cm/*12x9in* Helsinki 98

MAAS David XX **[1]**

☞ *$3 200 FF16 620 £2 117* Ducks in flight Oil/canvas 68x93cm/*27x37in* Chicago, Illinois 96

MAAS Henri Franz, Harry 1906-1982 **[17]**

☞ *$2 677 FF15 466 £1 590* Zeilster aan het roer in de kuip Oil/canvas 68x58cm/*26x22in* Rotterdam 97

✏ *$228 FF1 368 £136* Liggend naakt Watercolour/paper 32x58cm/*12x22in* Rotterdam 98

MAAS Paul 1890-1962 **[68]**

☞ *$1 424 FF8 460 £894* Rue animée Huile/toile 50x65cm/*19x25in* Bruxelles 97

✏ *$662 FF3 760 £414* Allée dans le Midi Dessin 24x32cm/*9x12in* Bruxelles 97

MAASDIJK van Alexander Henri R. 1856-1931 **[4]**

☞ *$4 917 FF30 000 £3 000* Palazzo Reale à Gênes Huile/toile 90x105cm/*35x41in* Paris 98

MAASS David A. XX **[5]**

☞ *$7 500 FF36 900 £4 830* Late Migration, Bluebills Oil/board 66x107cm/*25x42in* New-York 95

☞ *$8 000 FF38 160 £5 031* Grouse in Winter Oil/board 24x30cm/*9x11in* Hayden 95

MAASS Ernst 1904-1971 **[19]**

✏ *$988 FF5 770 £584* Tessiner-Garten Pastell/Papier 61x44cm/*24x17in* Luzern 97

MAASS Harro 1939 **[1]**

☞ *$4 668 FF28 039 £2 800* "Lions at Rest, with Common Agama" Acrylic/board 78,5x99cm/*30x38in* London 98

MAATEN van der Jacob Jan 1820-1879 **[8]**

☞ *$7 518 FF43 589 £4 490* The Morning Ride Oil/panel 27x31,5cm/*10x12in* Amsterdam 97

☞ *$18 108 FF106 952 £10 940* A Riverlandscape with a Mill Oil/canvas 80x118cm/*31x46in* Amsterdam 97

MAATSCH Thilo 1900-1983 **[14]**

☞ *$3 343 FF19 484 £2 043* Composition Oil/board 66,5x59,5cm/*26x23in* Amsterdam 97

MABE Manabu 1924 **[9]**

☞ *$8 000 FF47 760 £4 914* Untitled Oil/panel 78,5x78,5cm/*30x30in* New-York 98

☞ *$40 000 FF229 620 £24 384* Energia Oil/canvas 130x163cm/*51x64in* New-York 97

MABLORD Jean 1909-1978 **[58]**

☞ *$249 FF1 300 £151* Jockeys et leurs montures au galop Huile/panneau 22x27cm/*8x10in* Soissons 96

☞ *$1 130 FF5 900 £683* Jockeys devant le Pavillon Roumain, Auteuil Huile/toile 51x81cm/*20x31in* Soissons 96

✏ *$67 FF350 £41* Couple enlacé Encre Chine 21x31cm/*8x12in* Soissons 96

MAC ALPINE William XIX **[23]**

☞ *$1 445 FF6 920 £900* A wreck at a harbour entrance Oil/canvas 75x125cm/*29x49in* London 95

MAC ARTHUR Charles M. XIX **[6]**

✏ *$489 FF2 762 £300* Rural scene with thatched cottages on rises Watercolour 43x67cm/*16x26in* Leamington Spa, Warwickshire 97

MAC AULIFF James J. 1848-1921 **[9]**

☞ *$5 000 FF27 188 £2 993* Bishop Tuttle on His Way to Parish in Horse Drawn Carriage Oil/canvas 61x81cm/*24x31in* New-York 97

✏ *$1 100 FF6 732 £668* Horse in a landscape Gouache/paper 18x26cm/*7x10in* Milford, Conn. 98

MAC AVOY Édouard 1905-1991 **[77]**

☞ *$352 FF2 100 £212* Garçonnet Huile/toile 23x40cm/*9x15in* Paris 97

☞ *$1 553 FF9 500 £954* Le port en méditerranée Huile/toile 86x81cm/*33x31in* Paris 98

✏ *$702 FF4 000 £438* Portrait de jeune homme Mine plomb 59x45cm/*23x17in* Calais 97

MAC AVOY Harold 1891-1977 **[3]**

$2 616 FF16 000 £1 608 Vue de Venise Huile/toile 89x116cm/*35x45in* Paris 98
MAC BETH Anne 1870-1948 **[1]**
$3 020 FF15 430 £2 000 Angels garlanding Infant Christ Watercolour 44x62cm/*17x24in* Glasgow 96
MAC BETH James 1847-1891 **[4]**
$19 226 FF109 990 £12 000 The Oxford and Cambridge Boat Race, 1879 Oil/canvas 46x154cm/*18x60in* London 97
MAC BETH Robert Walker 1848-1910 **[28]**
$40 300 FF204 620 £26 000 The Cider Orchard Oil/canvas 91,5x101,5cm/*36x39in* Auchterarder, Perthshire 96
$199 FF1 233 £120 The Meeting Etching 47x63cm/*18x24in* London 98
$1 646 FF8 430 £1 000 The ghost story Watercolour 19x27cm/*7x10in* London 96
MAC BEY James 1883-1959 **[107]**
$2 149 FF12 884 £1 300 Mowing Hay Oil/canvas/board 28x35,5cm/*11x13in* Glasgow 97
$360 FF2 240 £220 Dust, Beersheba Etching 23x39cm/*9x15in* London 97
$120 FF713 £73 "Greetings from Tangier" Ink 7x17cm/*3x6in* Shaker Heights, Ohio 97
MAC BRIDE Will 1931 **[5]**
$603 FF3 065 £360 Barbara in unserem Bett, Berlin Gelatin silver print 35x54cm/*14x21in* London 96
MAC BRIDE William ?-1913 **[5]**
$2 680 FF13 620 £1 600 "Underwood" Oil/canvas 41x51cm/*16x20in* London 96
MAC BRYDE Robert 1913-1966 **[14]**
$9 181 FF53 691 £5 600 The Cardsharp Oil/canvas 45x40cm/*17x15in* London 97
$2 388 FF14 285 £1 450 Sideboard with Fruit Lithograph 28,5x38cm/*11x14in* London 97
MAC BURNEY James Edwin 1868-? **[6]**
$1 000 FF4 990 £653 California Landscape Oil/canvas 50x40cm/*20x16in* Cincinnati, Ohio 95
MAC CAHON Colin 1919-1987 **[2]**
$9 783 FF57 142 £5 789 Load Bearing Structures Series 2-Truth from the King Country Oil/board 27,5x35cm/*10x13in* Melbourne 97
MAC CALL Charles James 1907-1989 **[43]**
$481 FF2 788 £300 Old Buildings, Graham Terrace Oil/canvas 36x46cm/*14x18in* London 97
$492 FF3 055 £300 Justice Walk, Chelsea Oil/board 25,5x20cm/*10x7in* London 97
MAC CALLUM Andrew 1821-1902 **[18]**
$5 800 FF28 900 £3 800 The edge of Sherwood forest Oil/canvas 160x216cm/*62x85in* London 95
$2 470 FF14 071 £1 500 The Citadel, Corfu Watercolour/paper 36x88cm/*14x34in* London 97
MAC CANCE J. XIX-XX **[2]**
$24 208 FF146 628 £15 000 Kimono Study, Portrait of Agnes Miller Parker, the Artist's Wife Oil/canvas 112x76cm/*44x29in* Perthshire 97
MAC CANCE William 1894-1970 **[5]**
$2 790 FF14 166 £1 800 Tarbet Loch Fyne Oil/canvas 25,5x31cm/*10x12in* Auchterarder, Perthshire 96
MAC CARTAN Edward 1879-1947 **[9]**
$2 000 FF10 440 £1 210 A Girl Drinking from a Shell Bronze H26,5cm/*H10in* New-York 96
MAC CARTER Henry 1866-1942 **[8]**
$3 500 FF21 021 £2 099 Gwentlands Park, Newnham on Seven Oil/masonite 81x101cm/*32x40in* Philadelphia 98
MAC CARTHY Charles W. XIX-XX **[1]**
$22 047 FF112 985 £14 070 Portrait of the Emperor Napoleon, shown half length Marble H21cm/*H8in* Melbourne 96
MAC CARTHY Doris Jean 1910 **[15]**
$550 FF3 148 £343 "Baie Fine" Oil/panel 27x33cm/*11x13in* Shaker Heights, Ohio 97
$3 210 FF18 472 £1 895 From Mt. Revelstoke Oil/canvas 61x68,5cm/*24x26in* Vancouver, BC. 97
$808 FF4 170 £535 Village under the hill, Broughton Watercolour/paper 37x55cm/*14x21in* Calgary, Alberta 96
MAC CARTHY Frank C. 1924 **[25]**
$5 750 FF29 957 £3 616 Indian on Horse Oil/canvas 30x40cm/*12x16in* Scottsdale, Arizona 96
$17 500 FF91 175 £11 005 "Comanche War Trail" Oil/canvas 60x45cm/*24x18in* Scottsdale, Arizona 96
$1 400 FF8 308 £868 The Power of two Hundred Horses Gouache/board 39,5x54,5cm/*15x21in* New-York 97

M

MAC CARTHY Justin 1891-1977 **[27]**
  $1 500 FF9 196 £917 Chicago Vs Rangers Oil/masonite 45,5x81cm/*17x31in* New-York 98
MAC CARTHY Paul 1945 **[1]**
  $3 500 FF21 538 £2 124 First One Plastic 75x40,5x40,5cm/*29x15x15in* New-York 98
MAC CARTNEY Jack 1893-1976 **[1]**
  $2 750 FF16 576 £1 664 Farm in panoramic Landscape "Salinas Valley" Oil/canvas 50x76cm/*20x30in* Pasadena, California 98
MAC CARTNEY Linda 1942 **[5]**
  $2 593 FF15 137 £1 600 Jimi Hendrix 1960s Platinum print 51x35cm/*20x14in* London 97
MAC CAUGHERTY Irene E. 1914 **[9]**
  $401 FF2 090 £265 Fairday 1927, Lethbridge, Alta Mixed media/paper 19x54cm/*7x21in* Calgary, Alberta 96
MAC CAUSLAND Katherine ?-1930 **[1]**
  $5 750 FF29 900 £3 800 Portrait of a young boy in cap Oil/canvas 35x27cm/*13x10in* London 96
MAC CAW Dan 1942 **[4]**
  $3 300 FF20 109 £2 020 New York City Oil/canvas 45x30cm/*18x12in* Houston, Texas 98
  $6 600 FF40 219 £4 041 Expressions Oil/canvas 50x71cm/*20x28in* Houston, Texas 98
MAC CAW Terence 1913-1968 **[22]**
  $1 073 FF6 157 £659 Upper church street, Malay Quarter, Cape town Oil/canvas 49x39cm/*19x15in* Cape Town 97
MAC CAY Winsor 1867-1934 **[28]**
  $2 900 FF15 020 £1 940 Flying carpet above road rally Ink 40x28cm/*16x11in* New-York 96
MAC CHESNEY Robert 1913 **[3]**
  $1 200 FF7 121 £735 Little Man with White Mustache Watercolour/paper 58x39,5cm/*22x15in* San Francisco-Los Angeles 97
MAC CLELLAND Suzanne 1953 **[3]**
  $2 480 FF14 478 £1 500 "He He" Mixed media 7x107cm/*2x42in* London 97
  $5 500 FF31 939 £3 359 "Always" Mixed media/canvas 182,9x182,9cm/*72x72in* New-York 97
MAC CLOSKEY William Joseph 1859-1941 **[5]**
  $2 750 FF15 963 £1 679 Harriet C. Bentel, April Oil/canvas 112x91,5cm/*44x36in* Los Angeles 97
  $150 000 FF900 900 £89 580 Wrapped Oranges Oil/canvas 27x43cm/*11x17in* Chester Heights, PA 98
MAC CLURE David 1926 **[15]**
  $1 846 FF9 380 £1 200 The jetty, Cuckein, Drumbeg Oil/board 31x39cm/*12x15in* Auchterarder, Perthshire 95
  $3 336 FF20 358 £2 000 Spanish Harbour with Black Figure Oil/board 48x71cm/*18x27in* Glasgow 98
MAC CLYMONT John I. J. XIX-XX **[3]**
  $2 408 FF14 778 £1 500 A Quiet Sunday Oil/canvas 63,5x76cm/*25x29in* Glasgow 97
MAC COLL Dougald Sutherland 1859-1949 **[7]**
  $3 017 FF18 198 £1 800 On the Beach Watercolour/paper 20x26cm/*7x10in* West Lothian 98
MAC COLLUM Allan 1944 **[66]**
  $4 000 FF20 700 £2 674 Untitled Mixed media/canvas 99x258cm/*38x101in* New-York 96
  $6 500 FF33 660 £4 345 Plaster Surrogates Enamel 12,7x10,2cm/*5x4in* New-York 96
  $8 500 FF43 300 £5 100 Eight Plaster Surrogates Enamel 24,5x139cm/*9x54in* New-York 96
  $8 000 FF46 457 £4 887 Five Perfect Vehicles Sculpture 49,5x20x20cm/*19x7x7in* New-York 97
  $13 396 FF80 458 £8 000 144 Plaster Surrogates No. 1 Installation 174,5x335,5cm/*68x132in* London 98
  $2 800 FF14 500 £1 872 Perpetual Photo (No. 233) Photograph 103x103cm/*40x40in* New-York 96
  $3 500 FF18 120 £2 340 Untitled Paper Construction (6 works in three frames) Mixed media/paper 41x61cm/*16x24in* New-York 96
MAC COMAS Francis J. 1875-1938 **[24]**
  $27 500 FF159 604 £16 791 Cliff Dwellings Oil/canvas 293,5x264cm/*115x103in* Los Angeles 97
  $2 200 FF10 830 £1 418 Buttes Watercolour/paper 32x38cm/*12x14in* New-York 95
MAC COMB Leonard 1930 **[3]**
  $2 296 FF13 182 £1 400 Portrait of Megan Davies Crayon 65x58cm/*25x22in* London 97
MAC CORD George Herbert 1848-1909 **[45]**
  $1 300 FF7 382 £813 Shoreline View Oil/canvas 21x35cm/*8x14in* New-York 97
  $2 500 FF14 594 £1 487 Early Settlers, Manhatten Oil/canvas 76x63,5cm/*29x25in* New-York 97
  $8 000 FF41 800 £4 830 Windsor Castle, England Oil/canvas 103x152,5cm/*40x60in* New-York 96
MAC CORD Mary Nicholena 1864-1955 **[4]**

☞ *$11 000 FF65 750 £6 667* Looking Toward the Sea, St. Ives, Cornwall Oil/canvas 63,5x76,2cm/*25x29in* San Francisco-Los Angeles 97
MAC CORMICK Arthur David 1860-1943 **[38]**
☞ *$5 030 FF25 540 £3 000* The Pride of the Fleet Oil/canvas 51x76cm/*20x29in* London 96
☞ *$27 885 FF160 075 £17 000* Changing the Sails Oil/canvas 22,5x28cm/*8x11in* London 97
✐ *$1 673 FF9 924 £1 050* Crew of Pirates entertained in a Tavern by a Flamenco Dancer Watercolour/paper 53,5x73,5cm/*21x28in* Newcastle-upon-Tyne 97
MAC COUCH Gordon Mallet 1885-? **[1]**
☞ *$4 410 FF27 093 £2 645* Häuser am Seeufer Öl/Leinwand 62x86,5cm/*24x34in* Zürich 98
MAC COY John W. 1909 **[2]**
✐ *$2 000 FF11 954 £1 212* The Lone Gull Watercolour/paper 54x74,3cm/*21x29in* San Francisco-Los Angeles 97
MAC CRACKEN James XX **[1]**
☞ *$4 750 FF27 745 £2 810* Egrets Oil/board 91x91cm/*36x36in* Cincinnati, Ohio 97
MAC CRACKEN John 1934 **[13]**
⚒ *$5 250 FF26 740 £3 150* Green #10 Sculpture 61x51x21cm/*24x20x8in* New-York 96
⚒ *$21 000 FF107 000 £12 600* The Case for Fakery in Beauty Sculpture 305x46x80cm/*120x18x31in* New-York 96
MAC CRADY John 1911-1968 **[24]**
☞ *$280 000 FF1 595 440 £174 860* Steamboat Oil/canvas 15x35cm/*6x14in* New Orleans, Louisiana 97
▥ *$660 FF4 051 £404* Carnival in New Orleans Lithograph 21x32cm/*8x12in* New Orleans, Louisiana 98
✐ *$3 740 FF22 958 £2 291* Artist and Friends, Mardi Gras Day Pencil/paper 25x17cm/*10x7in* New Orleans, Louisiana 98
MAC CREA Harold Wellington 1887-1969 **[7]**
☞ *$577 FF3 377 £352* After Chirch Huile/panneau 51x66cm/*20x25in* Montréal 97
MAC CROSSAN Mary 1865-1934 **[20]**
☞ *$3 972 FF22 419 £2 434* Regatta Oil/canvas 46x61cm/*18x24in* London 97
MAC CUBBIN Frederick 1855-1917 **[23]**
☞ *$7 477 FF45 290 £4 633* Country Cottage Oil/canvas 22x32,5cm/*8x12in* Melbourne 97
☞ *$66 890 FF401 770 £40 580* The Hillside Macedon Oil/canvas 49,5x72cm/*19x28in* Melbourne 98
✐ *$10 482 FF61 224 £6 202* The Lady in White Watercolour, gouache/paper 62x41,5cm/*24x16in* Melbourne 97
MAC CULLOCH Horatio 1805-1867 **[37]**
☞ *$2 514 FF15 165 £1 500* View of a River Oil/board 23x30,5cm/*9x12in* West Lothian 98
☞ *$4 800 FF25 050 £2 900* Catthe watering in the Highlands Oil/canvas 41x61cm/*16x24in* Glasgow 96
MAC CULLOCH James c.1850-1915 **[5]**
✐ *$973 FF5 602 £600* Stacking Peat Watercolour 40x59cm/*15x23in* London 97
MAC CUTCHEON John Tinney 1870-? **[1]**
✐ *$6 500 FF39 731 £3 968* "Britain's Star Commercial Traveller prepares to Take the Road" Ink/paper 50x36cm/*19x14in* New-York 98
MAC DERMOTT & MAC GOUGH David & Peter 1952/1958 **[27]**
☞ *$3 000 FF17 472 £1 832* The Advent Oil/canvas 179x180cm/*70x70in* New-York 97
📷 *$3 000 FF15 540 £1 920* Children in Kindred Workship (1907)/The Invocation (1907) Photograph 26x34cm/*10x13in* New-York 96
MAC DERMOTT David 1952 **[1]**
📷 *$2 500 FF15 422 £1 500* Selected Photogravures Photogravure 35x28,5cm/*13x11in* New-York 98
MAC DERMOTT E.F. XIX-XX **[1]**
⚒ *$5 000 FF25 950 £3 311* Landscape of Trees Porcelain 26x21cm/*10x8in* Cincinnati, Ohio 96
MAC DONALD Alexander 1847-? **[1]**
⚒ *$3 389 FF20 527 £2 100* A Bust of a Lady Marble H62cm/*H24in* Perthshire 97
MAC DONALD Daniel 1821-1853 **[1]**
☞ *$13 178 FF75 047 £8 000* A group of toy spaniels Oil/canvas 36,5x98cm/*14x38in* London 97
MAC DONALD Grant 1944 **[10]**
☞ *$6 500 FF31 785 £4 113* Bandalier garden Oil/canvas 76x101cm/*30x40in* Santa Fe, New Mexico 95
☞ *$13 000 FF74 032 £8 017* Winter Fire Oil/canvas 101x152cm/*40x60in* Dallas, Texas 97
MAC DONALD James Edward Hervey 1873-1932 **[61]**

🥚 *$5 850 FF30 400* £3 870 Mont Shafer Oil/board 21,5x27cm/*8x10in* Toronto 96
🥚 *$16 320 FF85 200* £10 230 Sleeping Fields Oil/canvas 41x51cm/*16x20in* Toronto 96
✏️ *$1 360 FF8 200* £823 Woods in winter Gouache/board 9x14cm/*3x5in* Toronto 98
MAC DONALD James W.G., Jock 1897-1960 **[12]**
🥚 *$3 090 FF18 039* £1 897 Untitled Oil/canvas 61,5x76cm/*24x29in* Toronto 97
🥚 *$4 994 FF28 735* £2 948 Orchard and Fields, Kelowna, B.C. Oil/canvas/board 30,5x38cm/*12x14in* Vancouver, BC. 97
✏️ *$1 855 FF9 680* £1 163 Life's Everchanging Mosaic Watercolour/paper 37x49cm/*14x19in* Toronto 96
MAC DONALD John Blake 1829-1901 **[16]**
🥚 *$1 312 FF6 500* £835 L'écolier au coin de la rue Huile/toile 62x43cm/*24x16in* Paris 95
MAC DONALD Lawrence 1799-1878 **[5]**
🗿 *$3 712 FF22 483* £2 300 Henry Pelham Fiennes Pelham-Clinton, 5th Duke of Newcastle Marble H76cm/*H29in* Perthshire 97
MAC DONALD Manly Edward 1889-1971 **[48]**
🥚 *$801 FF4 180* £530 Winter Creek with barn beyond Oil/canvas/board 22x27cm/*8x10in* Toronto 96
🥚 *$1 845 FF8 930* £1 185 Morning Light Oil/canvas 51x66cm/*20x25in* Toronto 95
MAC DONALD Murray XIX-XX **[6]**
🥚 *$5 164 FF31 280* £3 200 "Harvest Time near Liberton, Midlothian" Oil/canvas 51x76cm/*20x29in* Perthshire 97
MAC DONALD William Alister 1861-1948 **[47]**
✏️ *$137 FF698* £90 A bit of old Westminster, behind Cowley Street Watercolour 25x17cm/*10x7in* Aylsham, Norfolk 96
MAC DONALD-WRIGHT Stanton 1890-1974 **[21]**
🥚 *$5 000 FF29 673* £3 101 Synchromy Oil/canvas 21,5x23cm/*8x9in* New-York 97
🥚 *$12 000 FF69 444* £7 382 "Chanson chinoise" Oil/canvas 73,5x51cm/*28x20in* Los Angeles 97
🥚 *$42 500 FF256 640* £25 512 Jeunesse Oil/canvas 152,5x91,5cm/*60x36in* New-York 98
MAC DONNELL Hector 1947 **[6]**
🥚 *$3 587 FF21 153* £2 200 Road Menders Oil/canvas/board 30,5x25,5cm/*12x10in* London 98
MAC DOUGAL James 1828-1901 **[2]**
🥚 *$12 000 FF62 600* £7 250 Among Friends Oil/canvas 162,5x107cm/*63x42in* New-York 96
MAC DOUGAL John c.1860-c.1941 **[22]**
✏️ *$711 FF4 133* £420 Country Cottage at dusk Watercolour/paper 25x36cm/*10x14in* Cheadle Hulme-Cheshire 97
MAC DOWELL William 1888-1950 **[16]**
🖼️ *$523 FF3 000* £319 "Cunard White Star, Queen Mary" Affiche 89x57cm/*35x22in* Nice 97
✏️ *$296 FF1 776* £180 Our Shore Defence Gouache/paper 41x64cm/*16x25in* Billingshurst, West Sussex 98
MAC DUFF Frederick H. 1931 **[20]**
🥚 *$1 000 FF6 097* £609 Sunlit Park Scene Oil/canvas 50x60cm/*20x24in* New-York 98
🥚 *$7 500 FF39 150* £4 530 At the Beach Oil/canvas 24x36cm/*9x14in* New-York 96
🖼️ *$125 FF749* £76 Banks of the marine Lithograph 30,5x49,5cm/*12x19in* Washington 98
MAC ELCHERAN William Hadd 1927 **[28]**
🗿 *$3 451 FF19 722* £2 114 "Bust of A. Y. Jackson" Bronze H16,5cm/*H6in* Toronto 97
🗿 *$7 420 FF38 750* £4 650 Businessman on a horse Bronze H103cm/*H40in* Toronto 96
MAC ENTEE Jervis 1828-1891 **[34]**
🥚 *$2 600 FF15 020* £1 602 Hunter in a Winter Sunset Oil/board 25,5x20,5cm/*10x8in* New-York 97
🥚 *$9 500 FF60 317* £5 932 A Winter Camp Oil/canvas 50x76cm/*20x30in* Portland, Maine 97
MAC ENTEE Jervis (Attrib.) 1828-1891 **[4]**
🥚 *$2 200 FF13 365* £1 324 Adirondack Landscape with Cottage next to a Lake Oil/panel 18x28cm/*7x11in* Downington, PA 98
MAC EVOY Ambrose 1878-1927 **[45]**
🥚 *$2 459 FF14 071* £1 500 Portrait of August John (1878-1961), bust length, in Dark Grey Smock Oil/canvas 51x40,5cm/*20x15in* Glasgow 97
✏️ *$735 FF4 481* £450 Portrait of a young Woman Watercolour 40,5x21,5cm/*15x8in* London 98
MAC EVOY Henry Nesbitt 1828-1914 **[20]**
🥚 *$401 FF2 090* £265 Eusopus Creek, N.Y. State Oil/board 15x30,5cm/*5x12in* Toronto 96
MAC EVOY William XIX-XX **[6]**
🥚 *$1 330 FF7 656* £820 River landscape with Figure on a path/Cattle Watering Oil/canvas 25x45,5cm/*9x17in*

London 97
MAC EWAN Tom 1846-1914 **[37]**
- *$547 FF2 850 £330* Weary Oil/canvas 46x36cm/*18x14in* Glasgow 96
- *$1 133 FF5 790 £750* Her morning meal Oil/canvas 34x25,5cm/*13x10in* Glasgow 96
MAC EWEN Jean Albert 1923 **[30]**
- *$3 710 FF19 370 £2 210* Square des Groges Oil/canvas 76x76cm/*29x29in* Toronto 96
- *$3 710 FF19 370 £2 325* Les Jardins d'Aube M3 Oil/canvas 183x183cm/*72x72in* Toronto 96
- *$1 163 FF6 791 £714* Rouge Gouache/board 40,5x32cm/*15x12in* Toronto 97
MAC EWEN Walter 1860-1943 **[8]**
- *$2 750 FF15 963 £1 679* Lady in a Black Hat Oil/canvas 81,5x65cm/*32x25in* Los Angeles 97
- *$18 000 FF102 330 £11 021* The Interlude Oil/canvas 193x171cm/*75x67in* New-York 97
MAC FALL David 1919 **[3]**
- *$9 950 FF50 300 £6 500* Pocahontas Bronze H157,5cm/*H62in* London 96
- *$14 630 FF75 800 £9 500* Sir Winston Churchill Bronze H40,5cm/*H15in* London 96
MAC FARLANE Duncan c.1810-c.1890 **[2]**
- *$60 000 FF341 688 £36 936* The Francis A. Palmer, off Point Lynas Oil/canvas 76x114cm/*29x44in* New-York 97
MAC FEE Henry Lee 1886-1953 **[9]**
- *$7 500 FF44 829 £4 545* Still Life Oil/canvas 76x101,5cm/*29x39in* San Francisco-Los Angeles 97
MAC GARRY Phillip 1955 **[3]**
- *$3 668 FF22 030 £2 200* Hippopotami in the River Oil/canvas 40,5x101,5cm/*15x39in* London 98
MAC GARY Dave 1958 **[5]**
- *$6 500 FF39 609 £3 980* Touch the Clouds, Study Bronze H35cm/*H14in* Houston, Texas 98
MAC GEEHAN Jessie M. ?-1913 **[14]**
- *$2 000 FF11 123 £1 238* The Music Lesson Oil/canvas 51x76cm/*20x30in* Miami, Florida 97
- *$2 695 FF16 348 £1 600* Sailing the Toyboat Oil/panel 22x14cm/*8x5in* Glasgow 98
MAC GEORGE William Stewart 1861-1931 **[26]**
- *$1 436 FF7 330 £950* Enjoying the view Oil/board 18x22,5cm/*7x8in* Glasgow 96
- *$5 140 FF26 230 £3 400* Autumn Oil/canvas 40x50,5cm/*15x19in* Glasgow 96
MAC GHIE John 1867-1941 **[28]**
- *$3 253 FF18 957 £2 000* Looking out the Sea Oil/canvas 25,5x35,5cm/*10x13in* West Lothian 97
- *$5 540 FF28 130 £3 600* Swimming off the rocks Oil/canvas 46x61cm/*18x24in* Auchterarder, Perthshire 95
- *$9 610 FF48 794 £6 200* Carrying Home the Catch Oil/canvas 99x127cm/*38x50in* Auchterarder, Perthshire 96
- *$533 FF3 082 £320* Farewell/Brining Home the Catch Etching 17,5x22,5cm/*6x8in* Glasgow 97
- *$1 775 FF10 752 £1 100* Fisherwoman knitting on a Shore Watercolour 34,5x24,5cm/*13x9in* Perthshire 97
MAC GILL David XIX-XX **[3]**
- *$10 587 FF61 845 £6 500* The Victor Bronze H31cm/*H12in* London 97
MAC GILL Donald Fraser Gould 1875-1962 **[24]**
- *$466 FF2 739 £280* "Oh, Daddy !, Has That Poor Little Boy Got to Wait Till he Grows..." Watercolour 27,5x17cm/*10x6in* London 97
MAC GILLIVRAY James Pittendrigh 1856-1938 **[3]**
- *$3 873 FF23 460 £2 400* Woodland Nymph Relief 53x28,5cm/*20x11in* Perthshire 97
MAC GILVARY Norwood Hodge 1874-1949 **[17]**
- *$280 FF1 683 £168* Landscape with Extensive Sky Oil/board 26x35cm/*10x14in* Philadelphia 98
- *$1 700 FF8 810 £1 104* A Little Girl in Pink Reading a Book Oil/canvas 76x56cm/*29x22in* San Francisco-Los Angeles 96
MAC GINNIS Robert 1926 **[10]**
- *$3 250 FF18 917 £2 003* Standing Exotic Dancer Tempera 34x20cm/*13x8in* New-York 97
- *$7 000 FF35 900 £4 250* Lounging dark-haired nude with arm raised (Renee Streim) Tempera 53x71cm/*21x28in* New-York 96
- *$2 800 FF16 298 £1 725* Pink Panther Manipulating Various Characters Tempera/paper 44x64cm/*17x25in* New-York 97
MAC GLYNN Thomas A. 1878-1966 **[11]**
- *$2 750 FF14 080 £1 676* Landscape, Summer Trees Oil/canvas 60x66cm/*24x26in* Altadena, CA 96
- *$1 200 FF7 312 £716* Grassy Coastal Pastel/paper 17x16cm/*7x6in* Pasadena, California 98

MAC GONIGAL Maurice Joseph 1900-1979 **[23]**
- *$6 294 FF38 103 £3 863* Ely Place, Dublin Oil/board 31x35,5cm/*12x13in* Dublin 98
- *$7 782 FF46 492 £4 765* Awaiting the Turf Boats, Aran Oil/board 40x53cm/*16x21in* Dublin 98
- *$2 238 FF13 547 £1 373* Cattlemen at a Wall, Connemara Watercolour/paper 11x41cm/*4x16in* Dublin 98

MAC GOUGH Peter 1958 **[1]**
- *$2 500 FF15 422 £1 500* Selected Photogravures Photogravure 35x28,5cm/*13x11in* New-York 98

MAC GOUN Hannah Clarke Prest. 1864-1913 **[8]**
- *$2 790 FF14 166 £1 800* At the Pump Watercolour/paper 38,5x30,5cm/*15x12in* Auchterarder, Perthshire 96

MAC GRADY John 1911-1968 **[2]**
- *$750 FF4 559 £455* Robert E. Lee and the Natchez Lithograph 24x36cm/*9x14in* Shaker Heights, Ohio 98

MAC GRAW Deloss 1945 **[3]**
- *$1 000 FF5 934 £612* Dem Watercolour 75,5x56cm/*29x22in* San Francisco-Los Angeles 97

MAC GREGOR Robert 1848-1922 **[30]**
- *$2 927 FF17 061 £1 800* A young Fishergirl Oil/canvas 29,5x22cm/*11x8in* West Lothian 97
- *$7 273 FF43 607 £4 400* Mending the nets Oil/canvas 66x51cm/*25x20in* Glasgow 97
- *$19 677 FF112 570 £12 000* The Blind Pedlar Oil/canvas 152x122cm/*59x48in* Glasgow 97

MAC GREGOR William York 1855-1923 **[7]**
- *$1 936 FF11 730 £1 200* Village by the Sea Oil/board 25,5x35,5cm/*10x13in* Perthshire 97

MAC GREW Ralph Brownell 1916-1994 **[9]**
- *$6 000 FF30 240 £3 871* Desert Landscape Oil/board 45x60cm/*18x24in* Hayden 96

MAC GUINNESS Norah Allison 1903-1980 **[25]**
- *$2 874 FF16 464 £1 755* Boy Playing with Hoop Oil/canvas 48x63cm/*19x25in* Dublin 97
- *$826 FF5 063 £493* "Dunmore, East" Gouache/board 16x21cm/*6x8in* Castlecomer 98

MAC GUINNESS William Bingham ?-1928 **[41]**
- *$897 FF5 292 £550* Showery Weather, Moorland, Donegal Watercolour 26x36cm/*10x14in* Billingshurst, West Sussex 98

MAC GUIRE Jan Martin 1955 **[3]**
- *$3 330 FF17 360 £2 200* South american panther Oil/board 40,5x50,5cm/*15x19in* London 96

MAC INNES Robert 1801-1886 **[4]**
- *$3 249 FF19 670 £1 939* Three Dancing maidens Oil/canvas 73,5x56,5cm/*28x22in* New-York 97
- *$33 566 FF193 798 £20 000* Luther Listening to the Sacred Ballad Oil/canvas 145x115cm/*57x45in* London 97

MAC INNES Violet 1892-? **[5]**
- *$912 FF5 481 £545* Spring Bunch Oil/canvas/board 54x54,5cm/*21x21in* Melbourne 98

MAC INNES William Beckwith 1889-1939 **[14]**
- *$699 FF4 055 £412* At Dawn Oil/board 29x39,5cm/*11x15in* Sydney 97

MAC INNIS Robert Ford M. 1942 **[43]**
- *$333 FF1 624 £212* Grey Coat Oil/board 30x51cm/*11x20in* Calgary, Alberta 95
- *$526 FF3 037 £313* Near Beiseker Oil/canvas 86x102cm/*33x40in* Calgary, Alberta 97

MAC INTIRE Kenneth Stevens 1891-1979 **[54]**
- *$400 FF2 402 £239* Three Small Unframed Paintings Oil/board 20x25cm/*8x10in* North Berwick, Maine 98
- *$11 000 FF66 066 £6 597* Woman sitting under a Tree Oil/canvas/board 111x71cm/*44x28in* North Berwick, Maine 98
- *$110 FF660 £66* Polo Pencil/paper 38x40cm/*15x16in* North Berwick, Maine 98

MAC INTYRE Arthur 1945 **[4]**
- *$367 FF2 096 £223* Landscape Mixed media/paper 150x130cm/*59x51in* Sydney 97

MAC INTYRE Donald 1923 **[43]**
- *$428 FF2 167 £280* Norfolk Coast Oil/board 36x46cm/*14x18in* London 96
- *$466 FF2 400 £300* River Ogwen, No. 1 Oil/board 24x34cm/*9x13in* London 96

MAC INTYRE John H. XIX-XX **[4]**
- *$2 469 FF14 807 £1 500* Twickenham Ferry/Brentford Ferry Oil/canvas 51x76cm/*20x29in* Billingshurst, West Sussex 98

MAC INTYRE Joseph XIX-XX **[4]**
- *$1 437 FF6 940 £900* Stranded on Godwin Sands Oil/canvas 61x112cm/*24x44in* London 95

MAC INTYRE Peter 1910-1995 **[5]**
- *$1 070 FF5 480 £650* Venice Oil/canvas 48x58,4cm/*18x22in* London 96
- *$4 650 FF24 060 £3 000* Piazzetta di San Marco, Venice/Trafalgar Square, London Watercolour 51x70cm/*20x27in* London 96

MAC IVER Loren 1909 **[3]**
  $1 045 FF6 212 £639 "The Past Recaptured" Oil/panel 41x39cm/*16x15in* Chester, NY 97
MAC KAIN Bruce 1900-? **[5]**
  $900 FF5 148 £561 Provincetown Cottages overlooking the harbor Oil/panel 35,5x51cm/*13x20in* Boston, Mass. 97
MAC KAY Thomas 1851-1920 **[42]**
  $1 845 FF9 480 £1 150 Young girl seated on a river bank Watercolour 18,5x27cm/*7x10in* London 96
MAC KAY William Darling 1844-1924 **[35]**
  $1 490 FF7 770 £900 Field Work Oil/board 25x34cm/*9x13in* Glasgow 96
  $3 369 FF20 435 £2 000 Leading the Plough Team Oil/canvas 53,5x70cm/*21x27in* Glasgow 98
MAC KELLAR Duncan c.1848-1908 **[5]**
  $1 316 FF6 686 £849 The Chess Players Watercolour/paper 39x60cm/*15x23in* Auchterarder, Perthshire 96
MAC KELVEY Frank 1895-1974 **[86]**
  $3 330 FF17 300 £2 200 On the Cardonagh River, County Donegal Oil/canvas 51x69cm/*20x27in* London 96
  $5 680 FF29 440 £3 800 The Moyola River at Moyola Park Oil/panel 32x42cm/*12x16in* London 96
  $1 512 FF9 259 £900 Beach Picnic, Co. Clare Watercolour/paper 18x26cm/*7x10in* Blackrock, Co.Dublin 98
MAC KENDRICK Lilian 1906-1987 **[3]**
  $15 000 FF90 525 £9 106 Flower Market Oil/canvas 91,5x76cm/*36x29in* New-York 98
MAC KENNALL Edgar Bertram 1863-1931 **[16]**
  $13 260 FF77 273 £8 168 Fame Bronze H50cm/*H19in* Melbourne 97
MAC KENNEY Henrietta XIX **[1]**
  $15 000 FF85 422 £9 106 The Silver city Oil/canvas 76x106cm/*29x41in* New-York 97
MAC KENZIE Alexander 1923 **[31]**
  $979 FF5 848 £600 "Heraldic" Oil/board 17,5x12,5cm/*6x4in* London 98
  $2 170 FF11 230 £1 400 The Dark Interior Oil/canvas 49x74cm/*19x29in* Penzance, Cornwall 96
MAC KENZIE Frederick 1787-1854 **[6]**
  $5 698 FF34 347 £3 500 Lincoln Cathedral Watercolour/paper 26x36cm/*10x14in* London 98
MAC KENZIE James Hamilton 1875-1926 **[17]**
  $650 FF3 925 £394 A Spring Morning Oil/canvas/board 25x35cm/*10x14in* Bethesda, Maryland 98
  $1 232 FF7 459 £750 Dutch Mill Interior/Canal Bridge/Porte de Grand Bruges/... Etching 25x33cm/*9x12in* London 98
  $529 FF3 171 £320 A Cow in a Barn Coloured chalks/paper 22x31,5cm/*8x12in* Glasgow 97
MAC KENZIE Jim 1953 **[3]**
  $629 FF3 085 £399 Lifeboat 1 Pastel/paper 39,5x59,5cm/*15x23in* Vancouver, BC. 95
MAC KENZIE Marie Henri 1878-1961 **[68]**
  $502 FF2 980 £315 Riviergezicht Oil/cardboard 15,5x24,5cm/*6x9in* Den Haag 97
  $1 661 FF10 173 £994 A View of the Oude Schans, Amsterdam, with the Montelbaanstoren Oil/canvas 40x60cm/*15x23in* Amsterdam 98
  $234 FF1 410 £141 Kuiperspoort te Middelburg Charcoal 42x30cm/*16x11in* Den Haag 98
MAC KENZIE Robert Tait 1867-1938 **[14]**
  $13 000 FF76 969 £7 719 The Competitor Bronze H52cm/*H20in* New-York 97
  $20 700 FF107 433 £13 709 Plunger Bronze H198cm/*H77in* New-York 96
MAC KENZIE William G. XIX-XX **[4]**
  $815 FF4 730 £500 The Faggot Gatherer Oil/canvas 35x25,5cm/*13x10in* Glasgow 97
MAC KEWAN David Hall 1816-1873 **[24]**
  $375 FF2 177 £224 A Torrent in the Highlands, Scotland Ink 39,5x60,5cm/*15x23in* Amsterdam 97
MAC KINLEY Hazel XX **[2]**
  $600 FF3 452 £354 The Revelers Watercolour, gouache 45x57cm/*17x22in* New-York 97
MAC KINNON Sine 1901-? **[11]**
  $2 772 FF16 346 £1 700 Aux Basses-Alpes Oil/canvas 27x46cm/*10x18in* London 98
MAC KNIGHT Dodge 1860-1950 **[17]**
  $1 300 FF7 593 £769 Haying in The Salt Marshes Watercolour/paper 40,5x58,5cm/*15x23in* Boston, Mass. 97
MAC KNIGHT Thomas 1941 **[16]**
  $275 FF1 391 £181 Brooklyn Bridge Serigraph in colors 31x27cm/*12x10in* Chicago, Illinois 96
MAC LAUGHLIN Donald Shaw 1876-1938 **[24]**

*$70 FF427 £42 Trees and Fences Etching 18x23,5cm/*7x9in* Toronto 98
MAC LAUGHLIN John 1898-1976 **[31]**
*$12 000 FF69 686 £7 330 Untitled #5 Oil/panel 183x61cm/*72x24in* New-York 97
*$38 000 FF226 461 £23 301 "#10" Oil/canvas 122x152,5cm/*48x60in* New-York 98
*$900 FF5 134 £553 Untitled/Untitled Color lithograph 44,5x51,5cm/*17x20in* New-York 97
MAC LEA Duncan Fraser XIX-XX **[14]**
*$958 FF5 748 £580 Boats on the Dutch caost Oil/board 30x50cm/*11x19in* Newcastle-upon-Tyne 97
MAC LEAN Alexander 1840-1877 **[10]**
*$1 200 FF7 264 £716 Trees over the Water Oil/canvas 45,5x61cm/*17x24in* New-York 97
MAC LEAN Bruce 1944 **[53]**
*$2 753 FF16 083 £1 690 From Pillar to Pillar and Post to Post Mixed media 144x154cm/*56x60in* Luzern 97
*$317 FF1 974 £190 Red, Black and Blue Screenprint 103x80cm/*40x31in* London 98
*$1 292 FF7 707 £800 Interior Chalks 125x80cm/*49x31in* London 97
MAC LEARY Bonnie 1898-1971 **[5]**
*$2 600 FF15 321 £1 605 "Ouch", a Girl with Crab Bronze H16,5cm/*H6in* New-York 97
MAC LEAY Kenneth 1802-1878 **[4]**
*$2 720 FF14 130 £1 800 Loch Laggan, Inverness-shire Oil/canvas 19x39cm/*7x15in* Edinburgh 96
*$825 FF4 931 £500 Portrait of Margaret, Ddaughter of Alexander Lamont/Portrait of Jean Watercolour 28,5x23,5cm/*11x9in* Glasgow 97
MAC LEAY Mac Neil 1802-1878 **[16]**
*$3 000 FF17 084 £1 841 Scottish Landscape at Dawn Oil/canvas 50x76cm/*20x30in* Bethesda, Maryland 97
*$2 849 FF17 187 £1 700 View of Stirling Bodycolour 28x45,5cm/*11x17in* West Lothian 98
MAC LELLAN Ralph XIX-XX **[1]**
*$3 000 FF17 921 £1 836 Portrait of a Young Girl Oil/canvas 101,5x76cm/*39x29in* New-York 98
MAC LEOD Alexander S. 1888-? **[2]**
*$1 000 FF6 064 £610 Japanese Street Scene Gouache 18x16cm/*7x6in* Boston, Mass. 98
MAC LEOD Jessie XIX **[3]**
*$5 820 FF29 100 £3 800 Visiting an old friend in prison Oil/panel 41x33cm/*16x12in* London 96
MAC LEOD Juliet 1917 **[6]**
*$1 110 FF6 766 £680 Aurelius with Lester Piggot Up Oil/canvas 76x102cm/*29x40in* Newbury, Berkshire 98
MAC LEOD Pegi Nicol 1904-1949 **[11]**
*$446 FF2 325 £265 Boy in Window Oil/panel 27x28cm/*10x11in* Toronto 96
*$1 462 FF7 600 £968 Autumn Woods Oil/panel 66x61cm/*25x24in* Toronto 96
MAC LEOD William Douglas 1892-1963 **[30]**
*$116 FF719 £70 Moored on the Lagoon Etching 23x35cm/*9x13in* London 98
MAC LIAMMOIR Michael 1899-1978 **[2]**
*$1 319 FF8 080 £786 Aran Islanders/Figures, Playboy of the Western World Watercolour/paper 34x26cm/*13x10in* Blackrock, Co.Dublin 98
MAC LOY E.L. c.1850-c.1920 **[2]**
*$1 760 FF8 800 £1 150 Portrait of a girl Watercolour 55x44cm/*21x17in* Billingshurst, West Sussex 96
MAC LOY Samuel 1831-1904 **[3]**
*$5 854 FF33 395 £3 600 The harvest girl/Stepping stones Watercolour 34x23,5cm/*13x9in* Billingshurst, West Sussex 97
MAC MANUS George 1869-1954 **[9]**
*$1 200 FF5 820 £773 Bringing Up Father, Sunday page Ink/paper 55x40cm/*22x16in* New-York 95
MAC MASTER James 1856-1913 **[20]**
*$1 058 FF5 400 £700 At limekilns Watercolour 17x24,5cm/*6x9in* Glasgow 96
MAC MEIN Neysa 1890-1949 **[3]**
*$1 000 FF5 060 £657 Young Lady fixing her hair, "June cover" Pastel 48x55cm/*19x22in* St. Petersburg, Florida 96
MAC MIADHACHAIN Padraig 1924 **[5]**
*$575 FF3 294 £340 The Lighthouse, Swanage Acrylic/canvas 61x71cm/*24x27in* London 97
MAC MONNIES Frederick William 1863-1937 **[55]**
*$6 000 FF30 700 £3 884 Pan of Rohallion Bronze H73cm/*H28in* New-York 95
*$8 500 FF44 400 £5 140 "Bacchante and Infant Faun" Bronze H89cm/*H35in* New-York 96
MAC MONNIES LOW Mary L. Fairchild 1858-1946 **[9]**
*$550 FF2 850 £352 Plattekill Creek Oil/board 30x40cm/*12x16in* Mystic, Connecticut 96

$10 000 FF51 200 £6 470 Garden in Giverny Oil/canvas 76x141cm/*29x55in* New-York 95
MAC NAB Iain 1890-1967 **[27]**
$484 FF2 921 £300 Sailing Along the Riverbank Oil/canvas 76x101,5cm/*29x39in* London 97
$194 FF1 133 £120 The Hill Road Charcoal 30,5x45,6cm/*12x17in* London 97
MAC NAB Peter ?-1900 **[3]**
$8 613 FF52 781 £5 200 Waiting for the Tide Oil/canvas 77x108cm/*30x42in* London 98
MAC NALLY Matthew James 1874-1943 **[32]**
$586 FF3 523 £350 View from the Hill Watercolour/paper 24x31cm/*9x12in* Melbourne 98
MAC NEE Daniel 1806-1882 **[6]**
$7 500 FF45 703 £4 653 The Harvest Oil/panel 61x91,5cm/*24x36in* New-York 98
MAC NEE Robert Russell 1880-1952 **[61]**
$1 033 FF6 242 £650 Cattle Grazing Oil/canvas 30,5x40,5cm/*12x15in* Glasgow 97
$3 540 FF17 970 £2 300 Poultry feeding Oil/canvas/board 38x53cm/*14x20in* Auchterarder, Perthshire 95
$581 FF3 519 £360 Near Tiree Watercolour 18x28,5cm/*7x11in* Perthshire 97
MAC NEIL Herman Atkins 1866-1947 **[18]**
$4 750 FF28 273 £2 948 "Her Heritage" Bronze H56cm/*H22in* Miami, Florida 97
$700 FF4 166 £434 Brakeman Pastel/paper 39x30cm/*15x12in* Miami, Florida 97
MAC NICOL Bessie 1869-1904 **[5]**
$74 400 FF377 760 £48 000 Vanity Oil/canvas 114x127,5cm/*44x50in* Auchterarder, Perthshire 96
MAC NULTY William Charles 1884-1963 **[8]**
$600 FF3 456 £352 The Roaring Forties, New York Etching 31x23cm/*12x9in* New-York 97
MAC PHAIL Rodger 1953 **[27]**
$12 899 FF76 555 £8 000 Cock Pheasant with his Harem Oil/board 84,5x120cm/*33x47in* London 97
$6 050 FF31 460 £4 000 A woodcock among autumn leaves Watercolour 28x15cm/*11x5in* London 96
MAC PHERSON John ?-1884 **[18]**
$3 238 FF19 084 £2 000 Unloading the Catch Oil/canvas 38x58,5cm/*14x23in* London 97
$585 FF2 970 £380 Sheep resting in a field Watercolour 6,2x13cm/*2x5in* London 95
MAC PHERSON Robert 1811-1872 **[9]**
$812 FF4 712 £500 Rome 1850s-60s Etching in colors 35x27cm/*14x11in* London 97
$3 500 FF21 354 £2 097 The Theater of Marcellus, from the Piazza Montanara Albumen print 40,5x28cm/*15x11in* New-York 98
MAC PHERSON Robert 1937 **[3]**
$2 795 FF16 326 £1 654 Scale from a Tool Oil/canvas 177x14,5cm/*69x5in* Melbourne 97
MAC QUEEN Kenneth Robertson 1897-1960 **[13]**
$1 794 FF10 869 £1 111 Brolga Hill Watercolour/paper 37,5x48,5cm/*14x19in* Melbourne 97
MAC QUOID Percy Thomas 1852-1925 **[6]**
$32 000 FF164 600 £19 950 Penelope Oil/canvas 88x121cm/*34x47in* New-York 96
MAC QUOID Thomas Robert 1820-1912 **[12]**
$417 FF2 398 £260 Caudebec Watercolour/paper 24x34cm/*9x13in* London 97
MAC RAE Emma Fordyce 1887-1974 **[8]**
$4 000 FF23 081 £2 451 "Iris and Oriental Rug" Oil/canvas 78x88cm/*31x35in* Cleveland, Ohio 97
MAC RAE John C. XIX **[5]**
$150 FF908 £90 The Courtship of Washington Engraving 48x60cm/*18x23in* New-York 98
MAC SWINEY Eugene Joseph 1866-? **[8]**
$1 500 FF8 282 £936 Young Woman Speaking to Boy in Rowboat Oil/canvas 49x74cm/*19x29in* New Orleans, Louisiana 97
MAC TAGGART William 1835-1910 **[84]**
$9 588 FF57 482 £5 800 Homeward Bound Oil/panel 34x26,5cm/*13x10in* Glasgow 97
$25 822 FF156 403 £16 000 On the Bents, Carnoustie Oil/canvas 46,5x62cm/*18x24in* Perthshire 97
$45 300 FF231 400 £30 000 Playing in the surf Oil/canvas 93x143cm/*36x56in* Glasgow 96
$5 270 FF26 758 £3 400 Caernazrie Mill Watercolour 34x52cm/*13x20in* Auchterarder, Perthshire 96
MAC TAGGART William II 1903-1981 **[36]**
$1 818 FF10 901 £1 100 Norwegian Fjord Oil/board 26x39cm/*10x15in* Glasgow 97
$6 231 FF35 647 £3 800 Summer Flowers Oil/board 67x49cm/*26x19in* Glasgow 97
$1 322 FF7 928 £800 Pittenween, Fife Coloured chalks 27,5x37,5cm/*10x14in* Glasgow 97
MAC VICKER J. Jay 1911 **[2]**

〰️ *$349 FF2 078 £213* "Oklahoma Twilight" Aquatint 24x39cm/*9x15in* Shaker Heights, Ohio 97
MAC WHIRTER John 1839-1911 **[96]**
$4 345 FF22 400 £2 877 Woman in a landscape Oil/canvas 75x49cm/*29x19in* Melbourne 96
$8 000 FF39 140 £5 060 Distant Thoughts Oil/canvas 96x135cm/*37x53in* San Francisco-Los Angeles 95
$771 FF3 920 £460 In the woods Watercolour/paper 33x24cm/*12x9in* London 96
MAC WILLIAM F. E. 1909-1992 **[43]**
$2 942 FF17 492 £1 800 Head and Shoulders Bronze H50,5cm/*H19in* London 97
MACARA Andrew 1944 **[20]**
$805 FF4 655 £500 Boating Oil/canvas 40x75cm/*15x29in* London 97
MACARRON JAIME Ricardo 1926 **[12]**
$1 348 FF8 245 £800 Madre con nino Oil/canvas 92,5x74cm/*36x29in* London 98
MACBETH-RAEBURN Henry 1860-1947 **[8]**
〰️ *$550 FF3 337 £334* Portraits of Scottish Noblemen Mezzotint 64x38cm/*25x15in* New-York 98
MACCALLUM Andrew 1821-1902 **[1]**
$16 022 FF91 659 £10 000 From the Telegraph Hill Oil/canvas 93x133cm/*36x52in* London 97
MACCARI Cesare 1840-1919 **[10]**
$11 000 FF56 540 £6 875 The Fortune Teller Oil/panel 31x41,5cm/*12x16in* New-York 96
MACCARI Mino 1898-1989 **[328]**
$660 FF3 740 £440 Figura Femminile di Schiena Olio/carta/tela 28,5x22,5cm/*11x8in* Firenze 97
$4 750 FF24 840 £2 810 Tre figure Olio/tela 45x40cm/*17x15in* Venezia 96
〰️ *$210 FF1 190 £105* Figure Litografia a colori 40x30cm/*15x11in* Firenze 97
✏️ *$660 FF3 740 £440* I fotografati Acquarello 23,5x33cm/*9x12in* Prato 97
MACCHIATI Serafino 1860-1916 **[9]**
$2 330 FF11 430 £1 517 Scena spiritica Olio/tela 55x38cm/*21x14in* Milano 95
MACCHIETTI DEL CROCEFISSAIO Girolamo 1535-1592 **[3]**
✏️ *$75 000 FF460 402 £45 952* A Partly Draped Nude Seated on a Balustrade Red chalk 17x14cm/*6x5in* New-York 98
MACCIO Demostene 1824-1910 **[3]**
$17 400 FF90 000 £11 280 Galilée et les envoyés du Pape Huile/toile 126x191cm/*49x75in* Paris 96
MACCIO Romulo 1931 **[7]**
$3 250 FF16 700 £2 026 Por fuera por dentro Oil/canvas 65x91,5cm/*25x36in* San Francisco-Los Angeles 96
$23 000 FF134 267 £13 682 Sin Título Oil/canvas 210x150cm/*82x59in* New-York 97
MACCO Georg 1863-1933 **[35]**
$350 FF2 008 £207 Männerbildnis Öl/Leinwand 43x33cm/*16x12in* St.Gallen 97
$1 594 FF9 000 £971 Devant la Mosquée au Caire Huile/toile 53,5x38,5cm/*21x15in* Paris 97
MACE Nick XX **[4]**
$540 FF2 800 £357 Battue de grouses Huile/panneau 19x29cm/*7x11in* Paris 96
MACH David 1956 **[6]**
$2 781 FF16 500 £1 699 African Matchhead Assemblage 18,5x15x12cm/*7x5x4in* Paris 98
MACHARD Jules Louis 1839-1900 **[12]**
$4 105 FF20 500 £2 680 Joueuse de mandoline Huile/toile 116x89cm/*45x35in* Paris 95
MACHAULT Paul Émile 1800-1886 **[1]**
$8 780 FF43 150 £5 560 Jeux de trois Putti Bronze H45cm/*H17in* Zürich 95
MACHETANZ Fred 1908 **[10]**
$16 000 FF76 320 £10 062 The Chief Dances Oil/board 52x32cm/*20x12in* Hayden 95
MACHO Victorio 1887-1966 **[34]**
$7 790 FF40 500 £5 150 Mujer con cántaro Bronze H69cm/*H27in* Madrid 96
$13 800 FF79 600 £8 400 Boceto de la Victoria del Monumento a Elcano Bronze 81x42,5x26cm/*31x16x10in* Madrid 97
MACHUCA Pedro ?-1550 **[2]**
$16 512 FF96 000 £10 080 La Saine Famille Huile/panneau 60x44cm/*23x17in* Paris 97
MACHUCA Pedro (Attrib.) ?-1550 **[1]**
$15 180 FF86 020 £10 120 Matrimonio mistico della Vergine Olio/tela 125x147cm/*49x57in* Roma 97
MACIUNAS George 1931-1978 **[1]**
$2 154 FF11 000 £1 430 New Flux Year Technique mixte 11,9x6,9x6,9cm/*4x2x2in* Paris 96
MACK Heinz 1931 **[104]**
$14 465 FF84 487 £8 880 Ohne Titel Mixed media 80x100cm/*31x39in* Köln 97

$281 FF1 675 £174 Ohne Titel Sérigraphie 38x38cm/*14x14in* Stuttgart 97
$3 780 FF19 630 £2 500 Aluminium relief Relief 44,5x34,5cm/*17x13in* London 96
$7 686 FF43 800 £4 708 Bettina Metal 244x23,5x2,5cm/*96x9xin* Hamburg 97
$1 272 FF7 434 £781 Ohne Titel Encre Chine/papier 41x30cm/*16x11in* Köln 97

MACKE August 1887-1914 **[127]**
$942 384 FF5 523 804 £580 000 Studie zu hellem Schaufenster Oil/canvas 62x43cm/*24x16in* London 97
$842 FF5 030 £515 Begrüssung Linocut 24,1x19,5cm/*9x7in* Hamburg 98
$780 000 FF4 080 000 £464 000 Spaziergänger unter Bäumen Pastel 35,5x45,5cm/*13x17in* Berlin 96

MACKE Helmut 1891-1936 **[28]**
$3 760 FF21 966 £2 308 Weisse Lilien Öl/Leinwand 92,5x54,5cm/*36x21in* Köln 97
$1 032 FF6 030 £610 Martin Buber im Gebetsmantel Indian ink 27,4x24,3cm/*10x9in* Köln 97

MACKENNAL Bertram 1863-1931 **[5]**
$2 716 FF15 000 £1 695 L'Empereur Nicolas II en costume d'officier Bronze H53cm/*H20in* Paris 97

MACKENSEN Fritz 1866-1953 **[33]**
$5 609 FF33 467 £3 384 Abenddämerung im Moor Öl/Leinwand 35,5x43cm/*13x16in* Bremen 97
$8 280 FF41 300 £5 420 Acker Ol/Leinwand 42x58cm/*16x22in* Bremen 95
$8 970 FF44 700 £5 880 Bildnis der Frau Prof. Gocht Ol/Leinwand 128x107cm/*50x42in* Bremen 95
$355 FF1 823 £221 Fleth (Frau in Bauernstube) Etching 22x37cm/*8x14in* Hamburg 96

MACKEPRANG Adolf Heinrich 1833-1911 **[82]**
$412 FF2 469 £254 To aellinger Oil/canvas 24x31cm/*9x12in* Vejle 98
$1 495 FF9 082 £900 Cows on a Hillside Oil/canvas 60,5x78,5cm/*23x30in* London 98
$3 660 FF18 600 £2 373 Landscape with stags Oil/canvas 95x138cm/*37x54in* Köbenhavn 95

MACKIE Charles Hodge 1862-1920 **[10]**
$5 810 FF35 190 £3 600 Santa Maria della Salute, Venice Oil/canvas 76x101,5cm/*29x39in* Perthshire 97
$15 332 FF92 864 £9 500 Arrival, Venice Evening or Night Scene, St Mark's Venice Oil/canvas 119,5x104cm/*47x40in* Perthshire 97
$4 400 FF25 540 £2 600 The Japanese Album Watercolour/paper 29x33cm/*11x12in* London 97

MACKIE Hamish 1973 **[3]**
$1 482 FF8 946 £900 Vietnamese Grossed Sow Bronze H13cm/*H5in* Billingshurst, West Sussex 98

MACKIEWICZ Konstanty 1894-1985 **[3]**
$2 912 FF16 875 £1 816 Snowy wooded landscape with river Oil/canvas 60x81cm/*23x31in* Warszawa 97

MACKINTOSH Charles Rennie 1868-1928 **[44]**
$2 441 FF14 619 £1 500 A Section of Wrought-iron Screen Iron 33x11,5cm/*12x4in* Edinburgh 98
$38 100 FF198 600 £23 000 "Cintra" Watercolour 25x20cm/*9x7in* Glasgow 96

MACKLIN Thomas Eyre 1867-1943 **[8]**
$357 FF1 810 £230 Awaiting The Return Oil/canvas 33x25cm/*13x10in* Aylsham, Norfolk 96
$10 000 FF53 220 £5 897 An afternoon's outing Oil/canvas 44,5x61,6cm/*17x24in* New-York 97

MACKOWIAK Erwin 1926 **[11]**
$2 160 FF12 992 £1 296 Le mystère du voyage Huile/toile 10x130cm/*3x51in* Antwerpen 98

MACKRILL Martyn R. XX **[34]**
$24 604 FF141 243 £15 000 "Britannia" and "Vigilant" off Cowes Oil/canvas 91x153cm/*35x60in* London 97
$29 361 FF180 018 £18 000 "Light Airs" Oil/canvas 65,5x122cm/*25x48in* London 98
$2 936 FF18 001 £1 800 The Clipper Derwent off Gravesend Watercolour/paper 40x65cm/*15x25in* London 98

MACLET Élisée 1881-1962 **[990]**
$2 110 FF11 000 £1 327 Vase de fleurs Huile/panneau 30x47cm/*11x18in* Saint-Dié 96
$3 000 FF18 461 £1 821 Paysage en montagne Oil/canvas 54x72,5cm/*21x28in* New-York 98
$2 586 FF15 000 £1 585 Couple de Paysans Sculpture 20x7cm/*7x2in* Paris 97
$186 FF1 100 £111 Bergerie de Gabrielle d'Estrées à Passy Aquarelle/papier 21x27cm/*8x10in* Paris 97

MACLISE Daniel 1806-1870 **[28]**
$26 860 FF131 400 £17 000 Othello and Desdemona Oil/panel 65x77,5cm/*25x30in* London 95
$33 428 FF201 248 £20 000 The Dream of Charlemagne Oil/canvas 132,5x93cm/*52x36in* London 98
$2 693 FF13 950 £1 800 The Page Watercolour 20,3x14cm/*7x5in* London 96

MACRAE Emma Fordyce 1887-1974 **[6]**
$2 750 FF16 467 £1 643 Foxglove Oil/canvas 91x76cm/*36x30in* Bethesda, Maryland 98

MACREAU Michel 1935 **[66]**

☞ *$1 848 FF11 000 £1 129* Portrait Huile/toile 92x65cm/*36x25in* Paris 98
☞ *$6 460 FF33 000 £4 250* L'homme à trois mains Huile/toile 131x97cm/*51x38in* Paris 96
✎ *$1 054 FF5 200 £685* Indien Encres couleurs/papier 64,5x50cm/*25x19in* Paris 95
MACRIS Constantin George 1917-1984 **[17]**
☞ *$485 FF2 800 £289* Composition jaune Huile/toile 92x113cm/*36x44in* Paris 97
MACROU Jean [1]
🔨 *$3 085 FF16 000 £1 990* Bacchus Bronze H28cm/*H11in* Paris 96
MACY William Ferdinand 1852-1901 **[4]**
☞ *$1 700 FF10 094 £1 037* Autumn on Nantucket Oil/canvas 20,5x30,5cm/*8x12in* Boston, Mass. 98
MAD-JAROVA Antoinette 1937 **[4]**
☞ *$5 163 FF30 000 £3 048* Sans parole Huile/toile 65x54cm/*25x21in* Paris 97
MADDOX Conroy 1912 **[50]**
✎ *$659 FF3 375 £400* Mad Love Gouache 54x39,5cm/*21x15in* London 96
MADELAIN Gustave 1867-1944 **[197]**
☞ *$2 080 FF10 500 £1 350* Péniches à quai dans le Bassin de La Villette Huile/panneau 32,5x46cm/*12x18in*
La Varenne Saint-Hilaire 96
☞ *$2 860 FF14 500 £1 860* Autoportrait de l'artiste à son chevalet sur les quais Huile/toile 81x54cm/*31x21in*
Saint-Dié 96
✎ *$725 FF4 300 £434* Paris, place animée Aquarelle, gouache 36x44cm/*14x17in* Provins 97
MADELAINE Hippolyte 1871-1966 **[31]**
✎ *$820 FF4 200 £498* Vase de fleurs Pastel 30x36cm/*11x14in* Rouen 96
MADELINE Paul 1863-1920 **[187]**
☞ *$1 686 FF10 000 £1 030* Les arbres rouges Huile/toile 73x100cm/*28x39in* Rennes 98
☞ *$2 025 FF11 828 £1 243* Dans le parc Ol/Karton 23,7x34,3cm/*9x13in* Köln 97
✎ *$795 FF4 500 £485* L'escarmouche dans une cour de ferme Encre Chine 48x60cm/*18x23in* La Flèche 97
MADIAI Mario 1944 **[11]**
☞ *$780 FF4 420 £390* Venezia Olio/tela 70x60cm/*27x23in* Prato 98
MADIOL Adrien Jean Madyol c.1845-1892 **[17]**
☞ *$852 FF4 875 £504* La prière dominicale Huile/toile 80x64cm/*31x25in* Bruxelles 97
☞ *$1 843 FF9 330 £1 206* Scènes d'intérieur Huile/panneau 27x21cm/*10x8in* Bruxelles 96
MADIOL Jacques, Jakob 1871-1950 **[6]**
☞ *$3 432 FF21 125 £2 106* Het ophalen van de boot Huile/toile 80x100cm/*31x39in* Lokeren 98
MADLENER Antonius 1827-1890 **[4]**
☞ *$2 883 FF16 715 £1 700* Shepherd with His Flock in an Extensive River Landscape Oil/panel
21,5x29,5cm/*8x11in* London 97
MADLENER Jörg 1939 **[18]**
☞ *$821 FF4 290 £489* "Long Island VIII" Huile/toile 137x119cm/*53x46in* Antwerpen 96
MADLENER Josef 1881-1967 **[9]**
✎ *$697 FF4 048 £425* Verschneites Feld mit Tannenschonung und kleinem Bachlauf Gouache/papier
12x12cm/*4x4in* Lindau 97
MADOU Jean-Baptiste 1796-1877 **[77]**
☞ *$5 210 FF26 000 £3 400* La diseuse de bonne aventure Huile/toile/panneau 27x32cm/*10x12in* Paris 95
☞ *$13 600 FF81 150 £8 200* Scène d'intérieur Huile/panneau 46x37cm/*18x14in* Lokeren 97
▨ *$68 FF405 £41* Visite d'une exposition Lithographie 13x22cm/*5x8in* Bruxelles 97
✎ *$841 FF5 190 £518* "Discussion" Crayon/papier 25x18,5cm/*9x7in* Bruxelles 98
MADRASSI Luca 1848-1919 **[33]**
🔨 *$2 794 FF16 595 £1 754* Baigneuse Bronze H66cm/*H25in* Bruxelles 97
🔨 *$5 538 FF32 350 £3 400* An Arabian Watercarrier Alabaster H80,5cm/*H31in* London 97
MADRAZO de Tito Livio 1899-1979 **[7]**
▨ *$1 400 FF6 830 £890* "Mila Cirul" Poster 109x74cm/*42x29in* New-York 95
MADRAZO Y GARRETA de Raimundo 1841-1920 **[43]**
☞ *$5 500 FF27 500 £3 560* The Young Coquette Oil/canvas 33x25cm/*12x9in* New-York 96
☞ *$8 400 FF47 640 £5 280* Retrato de caballero Oleo/lienzo 130x97cm/*51x38in* Madrid 97
☞ *$9 000 FF68 670 £5 844* In the Garden Oil/canvas 47x36cm/*18x14in* Colorado Springs 96
✎ *$18 000 FF110 496 £11 028* Christopher Columbus bowing Wash 60x38,5cm/*23x15in* New-York 98
MADRAZO Y GARRETA de Ricardo 1852-1917 **[13]**
✎ *$980 FF5 572 £588* Retrato de caballero Carbón/papel 47x30cm/*18x11in* Madrid 97

MADRAZO Y KUNTZ de Federico 1815-1894 **[11]**
  $17 770 FF90 400 £10 620 Retrato de la Condesa de Sagasta Oleo/lienzo 57,5x44,5cm/*22x17in* Madrid 96
MADRAZO Y KUNTZ de Federico (Attrib.) 1815-1894 **[2]**
  $14 300 FF75 000 £8 610 Portrait d'Isabelle de Montpensier enfant Huile/toile 64x52cm/*25x20in* Monaco 96
MADRAZO Y KUNTZ de Luis 1825-1897 **[2]**
  $9 400 FF48 100 £6 030 Don Sebastian Gabriel de Bourbon/Dona Maria Cristina Oil/canvas 177x134cm/*69x52in* Wien 96
MADRAZO Y OCHOA de Federico 1875-1934 **[6]**
  $10 240 FF63 200 £6 080 Retrato de Isabel il Oleo/lienzo 141x100cm/*55x39in* Madrid 98
MADRITSCH Karl 1908-1986 **[9]**
  $334 FF2 008 £200 Clown beim Schminken Aquarell/Papier 25x17cm/*9x6in* Zürich 98
MADSEN Andreas Peter 1822-1911 **[21]**
  $1 578 FF9 528 £958 Fuchs Öl/Leinwand 90x115cm/*35x45in* Wien 98
MADSEN Viggo Svend 1885-1954 **[18]**
  $372 FF1 927 £249 Interior Oil/canvas 53x68cm/*20x26in* Viby J, Århus 96
MADSEN-OHLSEN Jeppe 1891-1948 **[69]**
  $388 FF2 212 £241 Volden ved Fredericia Oil/canvas 43x57cm/*16x22in* Vejle 97
  $1 693 FF10 140 £1 043 Opstilling med krus i en vindueskarm Oil/canvas 37,5x29cm/*14x11in* Vejle 98
MADYOL Jacques 1871-1950 **[47]**
  $452 FF2 617 £276 Porte romaine au Cap Ferrat Huile/toile 33x43cm/*12x16in* Bruxelles 97
  $677 FF4 200 £404 Chanson gitane Huile/toile 67x79cm/*26x31in* Lyon 98
MAEDA Josaku 1926 **[6]**
  $20 094 FF123 127 £12 000 "Éclair et ombre célestes" Oil/canvas 100x81cm/*39x31in* London 98
  $16 000 FF93 457 £9 467 Ningen seiza Collage 131x97cm/*51x38in* New-York 97
MAEGLIN Rolf 1892-1971 **[13]**
  $300 FF1 821 £184 Der Winzer beim Rebenschnitt Woodcut 26,5x29,5cm/*10x11in* Zofingen 98
MAELLA Mariano S. (Attrib.) 1738-1819 **[2]**
  $8 280 FF47 640 £4 920 La Virgen con el Niño y San Juanito Oleo/tabla 36x26,5cm/*14x10in* Madrid 97
MAELLA Mariano Salvador 1738-1819 **[15]**
  $17 140 FF89 100 £11 330 Immaculada Oleo/lienzo 176x124cm/*69x48in* Madrid 96
  $52 500 FF300 000 £32 250 Apoteosis de Adriano Oleo/lienzo 76x101cm/*29x39in* Madrid 97
  $2 177 FF12 837 £1 332 San Antonio Sanguina 29x21,5cm/*11x8in* Madrid 98
MAENTEL Jacob 1763-1863 **[15]**
  $16 000 FF97 204 £9 632 Portrait of a Husband with Hat/A Wife with a rose/A Son/A Daughter Watercolour/paper 25x18cm/*10x7in* Downington, PA 98
MAENTEL Jacob (Attrib.) 1763-1863 **[1]**
  $22 000 FF126 291 £13 411 A Couple Standing in a Landscape Watercolour/paper 36x40cm/*14x16in* Pittsburgh, PA 97
MAERTENS Médard 1875-1949 **[40]**
  $767 FF4 555 £481 L'été Huile/toile/panneau 35,5x24cm/*13x9in* Bruxelles 97
MAES Dirk 1659-1717 **[27]**
  $8 869 FF50 539 £5 433 Jagdgesellschaft an einem Brunnen Öl/Leinwand 52x64cm/*20x25in* Köln 97
  $15 000 FF74 000 £9 700 Mountainous river Landscape with Travellers on a path Oil/panel 25x33cm/*9x12in* New-York 96
  $1 184 FF6 030 £710 A hunting scene Red chalk 16,6x21cm/*6x8in* Amsterdam 96
MAES Eugène Rémy 1849-1931 **[42]**
  $3 180 FF16 000 £2 056 Basse-cour Huile/panneau 18x27cm/*7x10in* Deauville 95
  $7 000 FF40 045 £4 368 Chicken and Rabbits in Barnyard Oil/canvas 89x60cm/*35x24in* Shaker Heights, Ohio 97
MAES Godfried 1649-1700 **[11]**
  $2 806 FF14 470 £1 800 The sisters of Achelous transformed into mermaids Ink 17,5x23cm/*6x9in* London 96
MAES J.-Baptist Lodewijk 1794-1856 **[9]**
  $13 000 FF77 704 £7 957 The Tambourine Players Oil/canvas 119,5x100,5cm/*47x39in* New-York 97
MAES Jacques 1905-1968 **[63]**

*$574 FF3 268 £352 Nature morte Huile/toile 80x65cm/*31x25in* Bruxelles 97
*$154 FF898 £94 Personnage dans un intérieur Aquarelle 34x26,5cm/*13x10in* Bruxelles 97
MAES Jacques XIX **[1]**
*$28 350 FF138 200 £18 000 A view of Rome Oil/canvas 70x107cm/*27x42in* London 95
MAES Jan 1876-1974 **[14]**
*$950 FF5 850 £583 De dender te dendermonde Huile/toile 40x50cm/*15x19in* Lokeren 98
MAES Nicolaes 1634-1693 **[76]**
*$19 100 FF95 100 £12 500 Portrait of a gentleman Oil/canvas 108x88cm/*42x34in* London 95
*$18 097 FF107 078 £10 890 Portrait of a Lady, Bust lenght, wearing a white Dress Oil/canvas 44x33cm/*17x12in* Amsterdam 98
MAES Nicolaes (Attrib.) 1634-1693 **[12]**
*$38 851 FF229 084 £23 000 The poultry shop Oil/canvas 71x89cm/*27x35in* London 97
*$3 550 FF18 080 £2 130 Moses fleeing from a snake at the Burning Bush Ink 19,7x28,6cm/*7x11in* Amsterdam 96
MAESTOSI F. XIX-XX **[2]**
*$13 000 FF63 900 £8 240 Sala dell'Iliad, Palazzo Pitti, Firenze Oil/canvas 81x100cm/*31x39in* New-York 95
MAESTRI Michelangelo ?-c.1812 **[32]**
*$2 600 FF15 108 £1 600 "Fama" Etching 50x37,5cm/*19x14in* London 97
*$2 400 FF14 732 £1 470 The Triumph of Silenus Bodycolour 36x52,5cm/*14x20in* New-York 98
MAESTRI Michelangelo (Attr.) ?-c.1812 **[11]**
*$5 424 FF32 000 £3 321 Scène d'offrande/Scène d'hypnose Gouache/papier 18x45cm/*7x17in* Cheverny 98
MAETZEL Emil 1877-1955 **[77]**
*$327 FF1 693 £209 Frühling Linocut 24,6x16,5cm/*9x6in* Heidelberg 96
*$408 FF2 359 £250 Buben im Baum Gouache 29x21cm/*11x8in* Stuttgart 97
MAETZEL-JOHANNSEN Dorothea 1886-1930 **[49]**
*$1 040 FF5 440 £620 Mutter und Kind Etching 18,8x11,9cm/*7x4in* Hamburg 96
*$533 FF3 095 £328 Stilleben mit Buddha-Masken/Stilleben Aquarell/Papier 16,6x26cm/*6x10in* Heidelberg 97
MAEYER de Lode 1903-1981 **[5]**
*$972 FF5 846 £583 Abstract figur Technique mixte/papier 66x52cm/*25x20in* Antwerpen 98
MAFAI Antonietta Raphaël 1900-1975 **[5]**
*$3 600 FF20 400 £1 800 Paesaggio con chiesa Olio/tavola 37,5x64cm/*14x25in* Roma 98
MAFAI Mario 1902-1965 **[54]**
*$8 400 FF47 600 £5 600 Rose appassite Olio/tela 60x80cm/*23x31in* Milano 97
*$9 158 FF51 898 £4 579 Nudo Olio/tela 35,5x29cm/*13x11in* Milano 97
*$1 440 FF8 160 £720 Ritratto del poeta Matita/carta 30x21cm/*11x8in* Roma 97
MAFFEI Alexandre 1780-1859 **[3]**
*$4 650 FF24 060 £3 000 The Aeneas Silvins Piccolomini Library, Siena cathedral Watercolour 89x68,5cm/*35x26in* London 96
MAFFEI Francesco c.1620-1660 **[6]**
*$7 577 FF44 865 £4 500 Hagar and the Angel Oil/canvas 49x39cm/*19x15in* London 97
*$12 626 FF74 452 £7 475 The Flight into Egypt Oil/copper 13x19cm/*5x7in* London 97
*$2 665 FF15 763 £1 600 Two Figures, possibly a Study for an Assumption Wash 19x28,5cm/*7x11in* London 97
MAFLI Walter 1915 **[33]**
*$618 FF3 010 £392 Landschaft Öl/Karton 19x24cm/*7x9in* Bern 95
*$1 022 FF5 100 £668 Komposition Huile/toile 53x73cm/*20x28in* Zofingen 95
MAGAARD Valdemar 1864-1937 **[21]**
*$683 FF4 179 £420 An Interior Scene Oil/canvas 25x30,5cm/*9x12in* London 98
MAGAFAN Ethel 1916 **[5]**
*$3 600 FF17 720 £2 320 Approaching Storm Tempera/panel 58x83cm/*22x32in* New-York 95
MAGANZA Alessandro 1556-1630 **[19]**
*$7 832 FF45 197 £4 800 The supper at Emmaus Oil/canvas 97x195,5cm/*38x76in* London 97
*$1 666 FF9 852 £1 000 The Lamentation Wash 26x19,5cm/*10x7in* London 97
MAGAUD Dominique Antoine 1817-1899 **[3]**
*$4 770 FF25 000 £2 870 Les Aygolades (?), environs de Marseille Huile/toile 73x92cm/*28x36in* Paris 96
MAGAZZINI Salvatore 1955 **[10]**

$720 FF4 080 £480 Piazza a Parrakech Olio/cartone 50x60cm/*19x23in* Prato 97
MAGE Edouard Mathurin ?-1904 **[1]**
$14 660 FF74 000 £9 570 Carnaval à Paris Huile/toile 130x195cm/*51x76in* Preuilly-sur-Claise 96
MAGER Gus, Charles A. 1898-1978 **[6]**
$600 FF3 075 £365 Sunday comic strip: Sherlocko finds the onion-loving socialite Ink 59x54cm/*23x21in* New-York 96
MAGERFLEISCH Johannes 1885-1968 **[2]**
$800 FF4 075 £480 "Backerei, Konditorei" Poster 80x60cm/*31x23in* New-York 96
MAGGI Cesare 1881-1961 **[47]**
$3 299 FF18 698 £1 649 Le Torbe del Lago d'Iseo Olio/tavola 20x28,5cm/*7x11in* Milano 97
$20 400 FF115 600 £13 600 Il lago blu Olio/tela 70x100cm/*27x39in* Trieste 98
$41 241 FF233 699 £20 620 Il Monte Bianco Olio/tela 100x140cm/*39x55in* Milano 98
MAGGIOTTO Domenico (Attrib.) 1713-1794 **[9]**
$8 083 FF48 000 £4 896 Héraclite Huile/toile 42,5x56cm/*16x22in* Paris 97
$23 000 FF119 600 £15 200 Women bathing in a forest pool/Shepherdesses Oil/canvas 44x35cm/*17x13in* New-York 96
MAGGIOTTO Domenico Majotto 1713-1794 **[6]**
$31 994 FF189 431 £19 000 A Youth as Bacchus/A Maiden as Ceres Oil/canvas 77,5x59cm/*30x23in* London 97
$45 690 FF263 653 £28 000 Joseph interpreting the dreams of Pharaoh's butler and backer Oil/canvas 110x130cm/*43x51in* London 97
MAGGIOTTO Francesco (Attrib.) 1750-1805 **[1]**
$11 000 FF55 000 £7 120 Les baigneuses/Le sommeil perturbé Huile/toile 47x36,5cm/*18x14in* Paris 96
MAGGS John Charles 1819-1896 **[53]**
$2 600 FF13 270 £1 720 Four-in-Hand Oil/board 31x46,5cm/*12x18in* New-York 96
$3 262 FF18 921 £2 000 A Halt for the Hunt/Setting off from the Tavern Oil/canvas 35,5x68,5cm/*13x26in* Glasgow 97
MAGINI Carlo 1720-1806 **[4]**
$25 450 FF130 000 £16 760 Nature morte au repas servi sur une nappe blanche Huile/toile 69x84cm/*27x33in* Mayenne 96
MAGNASCO IL LISSANDRO Alessandro c.1667-1749 **[30]**
$9 600 FF47 600 £6 070 Carthusian monks praying at a wayside shrine Oil/canvas 5,5x43,5cm/*2x17in* New-York 95
$61 900 FF318 000 £38 600 An Alchemist conjuring Demons Oil/canvas 74x59cm/*29x23in* Wien 96
$217 740 FF1 233 860 £108 870 Paesaggio costiero mediterraneo con rovine/Paesaggio costiero Olio/tela 93x131cm/*36x51in* Milano 98
$6 664 FF39 408 £4 000 A landscape with a bird shoot Red chalk/paper 17x28cm/*6x11in* London 97
MAGNASCO IL LISSANDRO Alessandro (Attrib.) c.1667-1749 **[23]**
$2 925 FF16 997 £1 800 Three monks walking in a landscape Oil/paper/canvas 40x28,5cm/*15x11in* London 97
$14 000 FF72 800 £9 260 Dancers and Musicians in a Guardroom Oil/canvas 60x118cm/*23x46in* New-York 96
MAGNASCO Stefano c.1635-c.1685 **[4]**
$5 100 FF28 900 £3 400 Sant'Antonio da Padova col Bambino Gesù Olio/tela 45x30cm/*17x11in* Prato 98
$30 540 FF152 200 £20 000 The Finding of Moses Oil/canvas 160x215cm/*62x84in* London 95
$2 551 FF15 060 £1 510 Die Anbetung der Könige Black chalk/paper 33x22cm/*12x8in* Berlin 97
MAGNE Antoine 1883-1968 **[13]**
$672 FF4 000 £416 "Cirque des 4 Frères Bouglione, Chasse au rhinocéros..." Affiche 229x309cm/*90x121in* Paris 97
MAGNE Désiré Alfred 1855-1936 **[7]**
$5 339 FF32 736 £3 200 Apricots and a copper Pan on a Stone Wall Oil/canvas 60x81cm/*23x31in* London 98
$8 000 FF47 676 £4 968 Trompe l'oeil: After the Hunt Oil/canvas 130x96,5cm/*51x37in* Washington 97
MAGNELLI Alberto 1888-1971 **[194]**
$28 109 FF164 092 £17 000 Proportions Bellevue Oil/canvas 73x60cm/*28x23in* London 97
$467 FF2 650 £233 Composizione Litografia a colori 38,5x50cm/*15x19in* Roma 97

✏ *$3 474 FF18 000 £2 256* Composition Encre 27x21cm/*10x8in* Versailles 96
MAGNI Giuseppe 1869-1956 **[30]**
🎨 *$3 070 FF16 030 £2 016* Pastorelli Olio/cartone 43x32cm/*16x12in* Trieste 96
🎨 *$12 214 FF69 638 £7 500* Courtship Oil/canvas 68x46cm/*26x18in* London 97
MAGNI Giuseppe (Attrib.) 1869-1956 **[2]**
🎨 *$4 249 FF24 649 £2 511* "The Courtship" Oil/canvas 68,5x59,5cm/*26x23in* San Francisco 97
MAGNI Pietro 1817-1877 **[2]**
🗿 *$30 000 FF170 940 £18 375* The reader (La leggitrice) Marble H122cm/*H48in* New-York 97
MAGNI Ricardo XX **[1]**
🎨 *$5 760 FF35 041 £3 504* The Duchess of Windsor Oil/canvas 40,5x30,5cm/*15x12in* New-York 98
MAGNUS Camille 1850-? **[47]**
🎨 *$1 463 FF8 926 £891* Le chemin de la ferme Huile/toile 75x98cm/*29x38in* Bruxelles 98
🎨 *$2 268 FF13 500 £1 386* Intérieur de forêt en Automne Huile/toile 33x40cm/*12x15in* Barbizon 98
🎨 *$4 830 FF25 000 £3 120* Sous-bois en forêt de Fontainebleau Huile/toile 98x132cm/*38x51in* Barbizon 96
MAGNUS Edouard 1799-1872 **[1]**
🎨 *$10 400 FF54 240 £6 080* Weibliches Bildnis: in italienischer Tracht Öl/Leinwand 90x70cm/*35x27in* Berlin 96
MAGNUSSON Gustaf 1890-1957 **[13]**
🎨 *$669 FF4 059 £397* Flicka i röd kofta Oil/panel 50x61cm/*19x24in* Malmö 98
MAGONIGLE H. Van Buren 1867-1935 **[2]**
🎨 *$1 700 FF10 552 £1 019* Hamburg Fair Oil/board 30x40cm/*12x16in* Mystic, Connecticut 98
MAGOSSE Paul 1921 **[6]**
🎨 *$486 FF2 774 £297* Pajottenland onder de sneeuw Oil/canvas/panel 30x45cm/*11x17in* Lokeren 97
MAGRATH William 1838-1918 **[3]**
✏ *$2 007 FF12 030 £1 200* Churning Butter Watercolour/paper 45x35cm/*17x13in* Bath 98
MAGRITTE René 1898-1967 **[463]**
🎨 *$578 585 FF3 468 780 £350 000* L'echelle du feu Oil/canvas 54x73cm/*21x28in* London 97
🎨 *$880 000 FF5 083 760 £516 472* La Prêtre marié Oil/masonite 40x30cm/*15x11in* New-York 97
📜 *$66 FF400 £40* "Salon de Mai" Affiche 46x65cm/*18x25in* Paris 98
✏ *$13 800 FF68 100 £9 000* Design for a Page Heading Collage 27x8cm/*10x3in* London 95
MAGROTTI Ercole 1890-1967 **[10]**
🎨 *$932 FF5 408 £550* Landscape Oil/canvas 39,5x80cm/*15x31in* London 97
MAGUIRE Cecil XX **[3]**
🎨 *$4 240 FF25 000 £2 600* At the Races, Galway Oil/board 101x76cm/*39x29in* London 98
MAGUIRE Helena J. 1860-1909 **[9]**
✏ *$1 980 FF10 000 £1 300* A Little Girl sewing by a French Window with her Cats Watercolour 41x33cm/*16x12in* London 96
MAGY Jules Édouard 1827-1878 **[4]**
🎨 *$15 660 FF80 000 £10 310* Convoi de moissonneurs dans un défilé de l'Atlas Huile/toile 188x135cm/*74x53in* Paris 96
MAHAINZ Julius 1882-1966 **[3]**
🎨 *$2 053 FF10 550 £1 280* Krems Öl/Leinwand 65x72cm/*25x28in* Wien 96
MAHIAS Robert 1890-? **[4]**
📜 *$2 095 FF12 000 £1 279* "Automobiles Cottin & Desgouttes, Lyon-Paris" Affiche 120x160cm/*47x62in* Nice 97
MAHLANGU Judas 1951 **[1]**
📜 *$608 FF3 538 £362* "Bovani Bazaar" Etching 24x39cm/*9x15in* Johannesburg 97
MAHLAU Alfred 1894-1967 **[9]**
✏ *$280 FF1 676 £171* Die Blume in Kunst und Natur - Plakatentwurf Gouache 46x35,5cm/*18x13in* Hamburg 98
MAHLKNECHT Edmund 1820-1903 **[44]**
🎨 *$6 010 FF31 400 £3 580* Berglandschaft Oil/panel 16,5x21cm/*6x8in* Wien 96
🎨 *$9 120 FF46 900 £5 690* Cattle in a river Landscape with an approaching Storm Oil/canvas 38x47cm/*14x18in* Wien 96
MAHN Richard 1866-? **[3]**
🎨 *$1 694 FF10 128 £999* Blick auf Schongau an einem Sommertag mit Bergpanorama Öl/Leinwand 45x60cm/*17x23in* Kempten 97

MAHOKIAN Wartan 1869-1937 **[26]**

    $1 181 FF7 000 £707 Moutons dans les collines Huile/toile 16x28cm/*6x11in* Paris 97

    $3 312 FF20 000 £1 988 Coucher de Soleil sur la mer Huile/toile 53x69cm/*20x27in* Paris 98

MAHONEY James 1816-1879 **[4]**

    $1 141 FF6 730 £700 The Gypsy Camp Watercolour 17x24cm/*6x9in* Billingshurst, West Sussex 98

MAHRINGER Anton 1902-1974 **[22]**

    $14 886 FF86 544 £9 090 Waldinneres Öl/Leinwand 54,5x45,5cm/*21x17in* Wien 97

    $993 FF4 900 £646 "Côte d'Azur" Print 41,6x48,4cm/*16x19in* Wien 95

    $3 591 FF21 429 £2 205 Landschaft Pastell/Papier 58x46cm/*22x18in* Wien 98

MAHU Cornelis c.1613-1689 **[24]**

    $17 800 FF90 000 £11 670 Intérieur de cuisine Huile/panneau 41x71cm/*16x27in* Paris 96

MAHU Cornelis (Attrib.) c.1613-1689 **[7]**

    $4 620 FF24 150 £2 730 Rissa tra giocatori di carte in un'osteria Olio/tavola 20,5x38cm/*8x14in* Roma 96

MAHU Victor c.1665-1700 **[6]**

    $12 000 FF59 200 £7 750 Musicians playing to Villagers merrymaking in an Interior Oil/canvas 56,5x81cm/*22x31in* New-York 96

MAHU Victor (Attrib.) c.1665-1700 **[2]**

    $6 900 FF36 000 £4 170 Paysans devant une chaumière Huile/panneau 29x32cm/*11x12in* Paris 96

MAï TRUNG THU 1906-1980 **[27]**

    $4 215 FF22 000 £2 547 Femme assise Peinture 25x12cm/*9x4in* Paris 96

    $10 056 FF60 000 £6 066 Couple de jeunes musiciens au clair de lune Huile/toile 73x97cm/*28x38in* Paris 97

    $4 394 FF24 800 £2 690 Jeune femme à l'éventail Gouache 24x23cm/*9x9in* Paris 97

MAIDMENT Henry XIX-XX **[37]**

    $931 FF5 356 £549 Figures on a Track before a Cottage in a sunlit Landscape Oil/panel 23x40cm/*9x15in* London 97

    $1 305 FF7 619 £800 A Shepherd and his Flock before a pondside Cottage Oil/canvas 40,5x61cm/*15x24in* London 97

MAIER Johann B. ?-1942 **[1]**

    $2 000 FF9 750 £1 270 "Grand Café Imperial am Hauptbahnhof" Poster 182x89,5cm/*71x35in* New-York 95

MAIGNAN Albert Pierre René 1845-1908 **[20]**

    $500 FF3 000 £301 Allégorie à la Croix et aux anges Huile/toile 65,5x43,5cm/*25x17in* Paris 98

    $1 050 FF6 300 £632 Jeune flûtiste Huile/toile 34x38cm/*13x14in* Paris 98

MAIGRET Georges Edmond XIX-XX **[4]**

    $4 144 FF24 626 £2 464 Muslingesamler på stranden Oil/canvas 85x131cm/*33x51in* København 97

MAILAND Gustave N. 1810-? **[1]**

    $3 440 FF18 040 £2 070 Scène d'intérieur Oleo/lienzo 40,5x55,5cm/*15x21in* Madrid 96

MAILLARD Émile 1846-? **[17]**

    $1 360 FF7 100 £810 Coucher de soleil sur la mer Oil/canvas 88x130cm/*34x51in* København 96

    $1 476 FF7 500 £881 Remontée des filets Huile/panneau 34x47cm/*13x18in* Le Havre 96

MAILLAUD Fernand 1862-1948 **[199]**

    $1 680 FF8 700 £1 090 Bergère et son troupeau près de la rivière Huile/toile/carton 27x35cm/*10x13in* Paris 96

    $3 530 FF18 500 £2 124 Les moissonneurs Huile/toile 53x63cm/*20x24in* Nice 96

    $456 FF2 800 £279 Couple de paysans/Paysan sur le pas de la porte Fusain 28x17cm/*11x6in* Coutances 98

MAILLOL Aristide 1861-1944 **[470]**

    $8 588 FF51 000 £5 273 La Vague Gravure bois 17x19,5cm/*6x7in* Paris 97

    $44 776 FF268 096 £27 504 "Leda" Bronze H28,3cm/*H11in* Bremen 98

    $450 000 FF2 200 000 £285 000 Torse de Vénus Bronze H113cm/*H44in* New-York 95

    $6 900 FF34 100 £4 500 Femme debout Red chalk 38,5x24cm/*15x9in* London 95

MAINARDI IL CHIAVEGHINO Andrea c.1550-1613 **[1]**

    $3 500 FF21 485 £2 144 The Assumption of the Virgin Ink/paper 43x26cm/*16x10in* New-York 98

MAINARDI Sebastiano di Bartol c.1460-1513 **[4]**

    $21 600 FF122 400 £14 400 Natività Tempera/tavola 49x32cm/*19x12in* Prato 97

MAINCENT Gustave 1850-1887 **[24]**

    $3 424 FF20 000 £2 102 Paris, vue de Montmartre Huile/panneau 18x24cm/*7x9in* Pontoise 97

⌛ *$4 500 FF26 721 £2 747* The Little Shepherdess Oil/canvas 45x75cm/*17x29in* New-York 98
MAINELLA Raffaele 1858-1907 **[33]**
✎ *$794 FF4 488 £500* Figures in a gondola and sailing boats before Venice Watercolour/paper 31x16,5cm/*12x6in* London 97
MAINSSIEUX Lucien 1885-1958 **[221]**
⌛ *$467 FF2 300 £303* Paysage Huile/panneau 22x33cm/*8x12in* Grenoble 95
⌛ *$870 FF5 000 £544* Une jeune femme sur les rochers de Tipasa Huile/toile 50x67cm/*19x26in* Grenoble 97
✎ *$193 FF1 100 £121* Vue de Rome Aquarelle 13,5x21,5cm/*5x8in* Paris 97
MAIRE André 1898-1984 **[258]**
⌛ *$3 860 FF19 500 £2 520* Jeune vietnamienne Huile/toile 65x54cm/*25x21in* Paris 96
⌛ *$11 421 FF68 226 £7 000* Elephants in Front of Hindhu Temples Oil/canvas 162x180cm/*63x70in* London 98
✎ *$149 FF900 £89* Le cavalier Fusain/papier 20,5x15cm/*8x5in* Paris 98
MAIRE Edmond XIX-XX **[3]**
⌛ *$16 273 FF95 000 £9 937* Roses et pivoines Huile/toile 90x116cm/*35x45in* Paris 97
MAIROVITCH Zvi 1911-1974 **[84]**
⌛ *$700 FF4 086 £423* Vase and flowers Oil/panel 33,5x24cm/*13x9in* Tel Aviv 97
⌛ *$2 070 FF12 358 £1 262* Red Light in the Window Oil/canvas 61x50cm/*24x19in* Tel Aviv 98
✎ *$5 600 FF29 000 £3 640* Bird in the thicket Pastel 100x57,5cm/*39x22in* Tel Aviv 96
MAIRWÖGER Gottfried 1951 **[17]**
⌛ *$225 FF1 337 £137* Nebbio Oil/canvas 104x91cm/*41x36in* Chicago, Illinois 98
MAISIAT Jean Etienne Joanny 1824-1910 **[4]**
⌛ *$5 600 FF28 300 £3 600* Pink and white roses Oil/canvas 74x58cm/*29x22in* London 96
MAISON Rudolf 1854-1904 **[2]**
👓 *$3 000 FF18 281 £1 861* Male Athlete Bronze H38cm/*H14in* New-York 98
MAISSEM Fernand 1873-? **[4]**
▤ *$922 FF4 680 £600* "Cartouche Tunet, la Cartouche de Qualité" Poster 120x79cm/*47x31in* London 96
MAISTRE de Leroy Leveson Joseph 1894-1968 **[45]**
⌛ *$3 433 FF21 062 £2 137* River Landscape Oil/board 25x33cm/*9x12in* Melbourne 97
⌛ *$11 940 FF73 260 £7 435* Crucifixion Oil/canvas 90x63cm/*35x24in* Melbourne 97
✎ *$189 FF968 £120* The Scotsman Pencil/paper 26x19cm/*10x7in* Melbourne 95
MAITLAND Paul 1863-1909 **[8]**
⌛ *$11 170 FF54 200 £7 200* Kensington Gardens Oil/canvas 24x34cm/*9x13in* London 95
MAITRE AU PERROQUET (Anvers/Antwerpen) XVI **[3]**
⌛ *$68 160 FF400 000 £41 680* Vierge à l'enfant dans un paysage valloné, une corbeille de fruits Huile/panneau 74x53cm/*29x20in* Paris 97
MAITRE AU PERROQUET actif Anvers (Attr.) début XVI **[2]**
⌛ *$38 877 FF231 000 £23 723* Marie-Madeleine dans son cabinet Huile/panneau 35,5x27,5cm/*13x10in* Paris 98
MAITRE DE CABANYES (Attrib.) actif c.1507 **[1]**
⌛ *$37 950 FF230 000 £23 276* Adoration des Mages Huile/panneau 115x71cm/*45x27in* Rouen 98
MAITRE DE HUESCA XV **[1]**
⌛ *$9 542 FF56 000 £5 835* Le Martyre de Saint Barthélemy Huile/panneau 83x66cm/*32x25in* Paris 97
MAITRE DE INCISA SCAPACCINO c.1400-c.1450 **[1]**
⌛ *$38 700 FF200 000 £25 070* Vierge en trône allaitant l'Enfant Huile/panneau 45,7x25,7cm/*17x10in* Paris 96
MAITRE DE L'ADORATION D'ANVERS (Attrib.) XVI **[1]**
⌛ *$33 957 FF210 000 £20 223* La Visitation/Deux Anges Huile/panneau 58,5x65,5cm/*23x25in* Paris 98
MAITRE DE L'ADORATION DE L'UNIVERSITE B.JONES XVI **[1]**
⌛ *$51 120 FF300 000 £31 260* La Sainte Famille sur fond de paysage avec une nature morte Huile/panneau 60x46cm/*23x18in* Paris 97
MAITRE DE LA LEGENDE DE SAINTE-MADELEINE XV **[2]**
⌛ *$22 070 FF110 000 £14 460* Vierge à l'Enfant Huile/panneau 33x23cm/*12x9in* Paris 95
MAITRE DE LA VUE DE LA FONDATION LANGMATT c.1710-c.1780 **[1]**
⌛ *$42 150 FF250 000 £25 775* Vue de la place Saint-Marc Huile/toile 82x129,5cm/*32x50in* Paris 97
MAITRE DES DEMI-FIGURES (Attrib.) XVI **[5]**
⌛ *$12 000 FF73 664 £7 352* Virgin and Child Oil/panel 40x28cm/*15x11in* New-York 98
⌛ *$24 160 FF125 000 £15 670* Saint Jérôme dans un paysage Huile/panneau 48,5x40,5cm/*19x15in* Paris 96

MAITRE DU SAINT-SANG (Attrib.) c.1520 **[2]**
 $22 638 FF140 000 £13 482 La déposition de Croix entre donateurs Huile/panneau 103x142cm/*40x55in* Paris 98
MAJER Gustav 1847-1900 **[7]**
 $3 884 FF23 000 £2 323 Scène de taverne Huile/panneau 58x42cm/*22x16in* Paris 97
MAJOR Isaac (Attrib.) 1588-c.1642 **[2]**
 $1 177 FF6 756 £717 Waldlandschaft Chalks/paper 39x26,5cm/*15x10in* Berlin 97
MAJORE Frank 1948 **[6]**
 $2 600 FF15 384 £1 586 "Nefertiti" Cibachrome print 99x74cm/*38x29in* New-York 98
MAJOREL Fernand 1898-1965 **[15]**
 $1 002 FF6 000 £598 Le modèle au chale rose Pastel/papier 44x58cm/*17x22in* Soissons 98
MAJORELLE Jacques 1886-1962 **[135]**
 $8 330 FF41 500 £5 450 Marchand de graisse à Marrakech Huile/carton 24x33cm/*9x12in* Paris 95
 $10 822 FF65 000 £6 493 "Bakal au souk de Bab el-Khémis Huile/carton/toile 54x66cm/*21x25in* Paris 98
 $1 570 FF9 000 £971 "Maroc, le Grand-Atlas, Vallée d'Ounila" Affiche 104,5x74,5cm/*41x29in* Paris 97
 $13 520 FF70 500 £8 930 Marché à Marrakech Aquarelle, gouache 58x62cm/*22x24in* Aubagne 96
MAKART Hans 1840-1884 **[51]**
 $13 000 FF68 000 £7 740 Kentauren im Wald Öl/Leinwand 100x75cm/*39x29in* München 96
 $23 100 FF120 700 £13 750 Profile of a young woman Öl/Leinwand 33x24cm/*12x9in* Wien 96
 $27 860 FF166 495 £16 870 Blumenstück Öl/Leinwand 205x118cm/*80x46in* Wien 97
 $330 FF1 918 £201 Figurenstudie Pencil/paper 26x33cm/*10x12in* Wien 97
MAKHORINE Viktor 1923 **[7]**
 $1 122 FF5 810 £750 Still life Oil/canvas 41x51cm/*16x20in* London 96
MAKIN Jeffrey T. 1943 **[18]**
 $1 181 FF6 052 £753 Glen Harrow Summer Oil/canvas 91x61cm/*35x24in* Melbourne 95
 $78 FF403 £50 Ceda Creek Falls 3 Screenprint in colors 83x59cm/*32x23in* Melbourne 95
MAKOVSKII Aleksandr Vladimir. 1869-1924 **[12]**
 $4 640 FF23 400 £3 000 The church across the water Oil/canvas 38x53cm/*14x20in* London 96
 $7 244 FF44 015 £4 468 Samtal på bygatan/Två män spelar bräde Oil/paper/panel 15x24cm/*5x9in* Stockholm 97
MAKOVSKII Konstantin Egorovich 1839-1915 **[54]**
 $10 181 FF58 078 £6 219 Marauding Oil/canvas 71x48cm/*27x18in* Helsinki 97
 $13 740 FF68 500 £9 000 A peasant girl in a flowered head-dress Oil/board 37x28cm/*14x11in* London 95
 $11 448 FF70 021 £7 000 Blindman's Buff Watercolour/paper 36,5x54cm/*14x21in* London 98
MAKOVSKII Vlad. Egor. (Attr.) 1846-1920 **[2]**
 $7 508 FF44 328 £4 444 A meeting Oil/canvas 106x143cm/*41x56in* Helsinki 97
MAKOVSKII Vladimir Egorovitch 1846-1920 **[68]**
 $4 895 FF27 922 £2 990 Rural surrounding Oil/canvas 42x54cm/*16x21in* Helsinki 97
 $6 384 FF31 920 £4 200 Washing by the river bank Oil/board 19x19cm/*7x7in* London 95
 $3 040 FF15 200 £2 000 Fortune telling Watercolour/paper 77x25cm/*30x10in* London 95
MAKOWSKI Alexander 1869-1924 **[2]**
 $2 761 FF16 587 £1 656 Den unga sjömannen Oil/canvas 30,5x28cm/*12x11in* Helsinki 98
MAKOWSKI Tadeusz, Tadé 1882-1932 **[35]**
 $7 716 FF47 484 £4 722 Dziewczynka z grzywka Oil/panel 15x15cm/*5x5in* Warszawa 98
 $50 634 FF302 166 £30 546 Two puppets Oil/canvas 55x46,5cm/*21x18in* Warszawa 97
 $6 080 FF31 200 £3 910 "Posilek" Pencil/paper 21x27cm/*8x10in* Warszawa 96
MAKROULAKIS Michalis 1940 **[3]**
 $10 270 FF53 600 £6 200 Landscape Oil/panel 42x66cm/*16x25in* Athens 96
MAKS Kees 1876-1965 **[80]**
 $4 944 FF29 727 £2 957 Circus Oil/cardboard 31,5x41cm/*12x16in* Amsterdam 98
 $7 410 FF37 000 £4 850 Amsterdamse Hartjes Oil/canvas 78x102cm/*30x40in* Amsterdam 95
 $8 472 FF50 339 £5 039 Portret van mijn vrouw - Portrait of my Wife Oil/canvas 185,5x136,5cm/*73x53in* Amsterdam 97
 $2 780 FF13 900 £1 820 Reclining nude Watercolour/paper 18,5x27,5cm/*7x10in* Amsterdam 95
MALACHOWSKI Soter Jaxa 1867-1952 **[5]**
 $1 169 FF6 661 £730 Rocky coastal landscape Gouache/paper 66x90cm/*25x35in* Warszawa 97

MALACREA Francesco 1812-1886 **[11]**
$1 920 FF10 880 £1 280 Natura con uva, fichi e pere Olio/tela 53x72cm/*20x28in* Trieste 98
MALAGOLI Francesco XVIII **[5]**
$6 663 FF40 237 £4 000 Still Life of Grapes, Peaches and an Open Melon Oil/canvas 72x44cm/*28x17in*
London 98
MALAGOLI Francesco (Attrib.) XVIII **[2]**
$5 420 FF27 640 £3 200 Grapes and figs on a bank Oil/canvas 34x33cm/*13x12in* London 96
MALAINE Joseph L. (Attrib.à) 1745-1809 **[1]**
$3 338 FF19 500 £2 049 Motif classique Estampe 144x72cm/*56x28in* Tonnerre 97
MALAINE Joseph Laurent 1745-1809 **[6]**
$24 000 FF146 251 £14 620 Bunches of Green and Red Grapes suspended from a Rope Oil/panel
40,5x32cm/*15x12in* New-York 98
MALANGI David 1927 **[3]**
$3 706 FF22 583 £2 301 Sacred Dreaming Tree Mixed media/panel 85x53cm/*33x20in* Melbourne 97
MALAUSSENA Jean-Pierre 1935 **[24]**
$856 FF5 000 £518 Les parques Bronze 32x28x15cm/*12x11x5in* Paris 97
MALAVAL Robert 1937-1980 **[94]**
$1 353 FF8 000 £838 La danse du fossile Huile/toile 45x26cm/*17x10in* Paris 97
$4 770 FF25 000 £2 870 "Gold Falls" Technique mixte/panneau 64,5x49cm/*25x19in* Versailles 96
$7 735 FF45 000 £4 738 Sécoué-tâche bleue Technique mixte/toile 195x195cm/*76x76in* Paris 97
$131 FF800 £77 Samuel Fuller Sérigraphie 50x65cm/*19x25in* Paris 98
$4 662 FF28 000 £2 797 Le cornet Sculpture 31x27x28cm/*12x10x11in* Versailles 98
$8 810 FF44 500 £5 780 Grand nu Sculpture 100x200cm/*39x78in* Paris 96
$818 FF5 000 £485 Composition multicolore Gouache 63x48,5cm/*24x19in* Paris 98
MALBET Aurélie Léontine XIX-XX **[3]**
$6 500 FF39 513 £4 002 Floral Still Life with Peaches, Grapes and Pomegranates Oil/canvas
81x65cm/*31x25in* New-York 98
MALBON William XIX **[10]**
$1 857 FF11 000 £1 100 A Spaniel and Parrot Oil/panel 30,5x27cm/*12x10in* London 97
MALBRANCHE Louis Claude 1790-1838 **[7]**
$2 493 FF13 000 £1 648 Paysage de neige Huile/panneau 21,5x41,5cm/*8x16in* Paris 96
$7 550 FF39 000 £4 860 Les patineurs Huile/toile 54x70cm/*21x27in* Les Baux-de-Provence 96
MALCHAIR John Baptiste 1731-1812 **[4]**
$2 005 FF12 277 £1 200 Canon Foundry from the Water above the Works Watercolour/paper
18,5x22,5cm/*7x8in* London 98
MALCLES Jean-Denis 1912 **[15]**
$173 FF1 041 £106 "Les frères Jacques" Poster 121x80cm/*47x31in* Oostwoud 98
$6 652 FF40 000 £3 988 Sans titres, tirés des "Caves du Vatican" d'André Gide Gouache/papier
25x38cm/*10x15in* Paris 98
MALCZEWSKI Jacek 1854-1929 **[112]**
$4 380 FF21 930 £2 770 Landscape Oil/cardboard 97,5x67cm/*38x26in* Warszawa 95
$8 523 FF51 190 £5 089 Portret mlodej kobiety z profilu Oil/panel 24x18,5cm/*9x7in* Warszawa 98
$150 300 FF771 000 £96 600 "Thanatos" Oil/canvas 247x196cm/*97x77in* Warszawa 96
$744 FF4 418 £451 Study of a tree Pencil/paper 24x18cm/*9x7in* Warszawa 97
MALCZEWSKI Rafal 1892-1965 **[9]**
$928 FF5 425 £570 Landscape Watercolour/board 33,5x48cm/*13x18in* Warszawa 97
MALDARELLI Giuseppe 1855-1958 **[7]**
$1 048 FF5 939 £524 Figure ai tavoli di un caffè Olio/tavola 33x47cm/*12x18in* Milano 98
MALDEGHEM van Eugène Romain 1813-1867 **[11]**
$3 660 FF18 500 £2 400 In The Harem Oil/panel 34,5x25cm/*13x9in* London 96
$2 728 FF15 926 £1 650 Campment/Refreshment Watercolour 30x25,5cm/*11x10in* Exeter, Devon 97
MALEAS Konstantinos 1879-1928 **[16]**
$7 836 FF46 783 £4 800 The Tower of Leandros, Constantinople Oil/cardboard 18x28cm/*7x11in* London 97
$30 000 FF146 800 £19 000 Monemvasia, the Castle Oil/cardboard 50x58cm/*19x22in* Athens 95
MALECKI Wladyslaw Aleksander 1836-1900 **[3]**
$8 983 FF55 021 £5 378 Wnetrze pracowni Oil/canvas 40x59,5cm/*15x23in* Warszawa 98
MALEMPRÉ Leo XIX-XX **[10]**
$1 057 FF6 467 £650 Children Making Floral Necklaces in an Orchard Oil/canvas 30x50cm/*11x19in*

London 98
MALENCHINI Peter XX **[5]**
✏ *$420 FF2 426 £249* Desnudo Acuarela/papel 33,5x33,5cm/*13x13in* Buenos Aires 97
MALER ZU SCHWAZ Hans (Attrib.) c.1480-c.1540 **[1]**
🖌 *$58 000 FF289 000 £38 000* Portrait of a young woman aged 18 Oil/panel 34x24cm/*13x9in* London 95
MALESPINA Louis-Ferdinand 1874-1940 **[42]**
🖌 *$677 FF3 500 £439* Cheval effrayé Huile/carton 16x22cm/*6x8in* Paris 96
🖌 *$1 340 FF8 000 £808* Les courses Huile/toile 54x81cm/*21x31in* Troyes 97
✏ *$498 FF2 928 £307* Courses de chevaux Gouache/papier 9x16cm/*3x6in* Luxembourg 97
MALET Albert 1905-1986 **[235]**
🖌 *$298 FF1 700 £182* Sous-bois en automne Huile/panneau 55x46cm/*21x18in* Paris 97
MALET Guy Seymour Warre 1900-1973 **[18]**
🖌 *$159 FF768 £100* Spring in Warwickshire Oil/board 41x60cm/*16x23in* London 96
MALET Harold Esdaile, Col. 1841-1918 **[7]**
✏ *$1 497 FF7 300 £950* The Hall and staircase, Racketts/The East Front, Racketts Watercolour 18x24cm/*7x9in* London 95
MALEVITCH Kasimir Sevrinovitch 1878-1935 **[21]**
▥ *$1 300 FF7 789 £775* The Carousel of Wilhelm Color lithograph 35,5x52cm/*13x20in* Los Angeles 98
✏ *$23 604 FF140 000 £14 420* Suprematist Design Mine plomb 16,5x10,5cm/*6x4in* Paris 98
MALFAIT Hubert 1898-1971 **[67]**
🖌 *$1 180 FF6 867 £722* Nature morte aux légumes Huile/panneau 52x75cm/*20x29in* Antwerpen 97
🖌 *$1 012 FF5 250 £636* Femme au bracelet Aquarelle 145x107cm/*57x42in* Antwerpen 96
MALFATTI Andrea 1832-1917 **[1]**
▱ *$230 000 FF1 194 000 £152 000* Venus and Cupid Marble H208cm/*H81in* New-York 96
MALFRAY Charles Alexandre 1887-1940 **[70]**
▱ *$3 230 FF19 000 £1 993* Sans titre Bronze H43cm/*H16in* Orléans 97
▱ *$5 111 FF30 500 £3 083* Femme nue Bronze 212x66cm/*83x25in* Caen 97
✏ *$197 FF1 000 £118* Nu Sanguine 26x20cm/*10x7in* Paris 96
MALFROY XIX-XX **[13]**
🖌 *$2 567 FF15 600 £1 546* Port méditerranéen Huile/toile 55x92cm/*21x36in* Limoges 98
MALFROY Charles 1862-? **[63]**
🖌 *$1 302 FF8 000 £780* Martigues, ruelle animée et vue du phare Huile/toile 22,5x27cm/*8x10in* Besançon 98
🖌 *$2 632 FF15 000 £1 644* Les Martigues Huile/toile 46x73cm/*18x28in* Mont-Saint-Michel 97
MALFROY Henry 1895-1944 **[99]**
🖌 *$2 780 FF13 500 £1 744* Bord de mer animé Huile/toile 24x33cm/*9x12in* Les Baux-de-Provence 95
🖌 *$2 596 FF15 000 £1 542* Le port de Toulon Huile/toile 38,5x55,5cm/*15x21in* Paris 97
MALGO Simon 1745-c.1800 **[1]**
🖌 *$160 000 FF790 000 £103 400* Lake Geneva from the slopes of Coligny looking towards Eaux-Vives Oil/canvas 58x81cm/*22x31in* New-York 96
MALHERBE William 1884-1951 **[40]**
🖌 *$1 500 FF9 157 £896* "Harumi" Oil/canvas 61x66cm/*24x25in* New-York 98
MALI Christian F. (Attr.) 1832-1906 **[2]**
🖌 *$8 133 FF48 527 £4 906* Almabtrieb Öl/Leinwand 152x140cm/*59x55in* München 97
MALI Christian Friedrich 1832-1906 **[59]**
🖌 *$5 290 FF26 000 £3 345* Eine Kuhherde hat sich an einem Wasserloch eingefunden Öl/Karton 22x35cm/*8x13in* Schloss Osterberg 95
🖌 *$9 287 FF57 046 £5 570* Kühe im Bach Öl/Leinwand 85x55cm/*33x21in* Stuttgart 98
MALIARENKO Dimitri Petrovich 1824-1860 **[1]**
🖌 *$5 410 FF27 300 £3 500* A young man smoking in an interior Oil/canvas 56x46cm/*22x18in* London 96
MALIAVINE Philippe A. (Attrib) 1869-1939 **[14]**
🖌 *$4 910 FF24 000 £3 110* Scène d'auberge Huile/papier 49x63cm/*19x24in* Senlis 95
MALIAVINE Philippe Andreevitch 1869-1939 **[162]**
🖌 *$808 FF4 800 £489* Femmes russes Huile/toile 27x35cm/*10x13in* Calais 97
🖌 *$981 FF6 001 £600* A Pair of Sea Oil/board 38x46cm/*14x18in* London 98
🖌 *$98 130 FF600 180 £60 000* Nude in Floral Hat Oil/canvas 143x97cm/*56x38in* London 98
✏ *$1 389 FF8 498 £849* The Young Ballerina Monika Tchemerzine Pencil 44x30,5cm/*17x12in* London 98

MALICHEFF Nicolaï XIX **[2]**

  $10 103 FF58 782 £6 189 The antiques shop Oil/canvas 39,5x59,5cm/*15x23in* Amsterdam 97

MALICOAT Philip Cecil 1908-1981 **[3]**

  $3 000 FF17 857 £1 862 Beach Oil/canvas/board 25x30cm/*10x12in* Provincetown, MA. 97

  $1 000 FF5 952 £620 Nude Pencil/paper 35x27cm/*14x11in* Provincetown, MA. 97

MALIK Karl XIX-XX **[1]**

  $1 387 FF7 240 £825 Kreuz Coloured crayons/paper 35,5x48,5cm/*13x19in* Wien 96

MALINCONICO Andrea c.1624-1698 **[3]**

  $10 827 FF65 386 £6 500 Christ in the House of Simon the Pharisae Oil/canvas 86x100,5cm/*33x39in* London 98

  $17 640 FF85 400 £11 200 Susanna e i vecchioni Olio/tela 127x198cm/*50x77in* Roma 95

MALINCONICO Nicola 1663-1721 **[8]**

  $4 485 FF25 415 £2 242 Maddalena penitente Olio/tela 98x74cm/*38x29in* Milano 98

  $12 000 FF68 000 £8 000 Cacciata dei mercanti dal Tempio Olio/tela 100x127cm/*39x50in* Roma 97

MALINOVSKII Adam 1829-1892 **[2]**

  $6 106 FF35 398 £3 600 Fishing at a Pool in a Forest Clearing Oil/canvas 55x86,5cm/*21x34in* London 97

MALISSARD Georges 1877-1942 **[16]**

  $3 690 FF18 000 £2 335 Jument "Flûte" Bronze H37cm/*H14in* Paris 95

MALIVER Émilie 1885-1944 **[5]**

  $821 FF4 000 £520 Jeune femme nue marchant au collier et au voile Bronze H13cm/*H5in* Reims 95

MALKINE Georges 1898-1970 **[7]**

  $7 090 FF36 000 £4 650 Le Bain Huile/toile 53,5x64,5cm/*21x25in* Paris 96

MALLE Charles 1935 **[57]**

  $878 FF5 000 £539 Fécamp, les quais sous la neige Huile/toile 46x55cm/*18x21in* Provins 97

MALLE Charles **[31]**

  $901 FF4 500 £589 Rouen, les quais Huile/toile 50x61cm/*19x24in* Le Havre 95

MALLEBRANCHE Louis-Claude 1790-1838 **[30]**

  $2 369 FF13 500 £1 479 Paysage de neige Huile/toile 37x50cm/*14x19in* Saint-Dié 97

  $2 900 FF14 640 £1 904 Skating scene Oil/canvas/panel 33x45cm/*13x18in* Mystic, Connecticut 96

MALLESON Katherine XIX **[2]**

  $1 678 FF9 689 £1 000 Autumn Sunset Watercolour 16,5x27cm/*6x10in* London 97

MALLET Jean Bapt. (Attrib.) 1759-1835 **[2]**

  $1 665 FF9 500 £1 017 Portrait de jeune femme dans un paysage Aquarelle, gouache/papier 36,5x29,5cm/*14x11in* Paris 97

MALLET Jean Baptiste 1759-1835 **[34]**

  $13 350 FF70 000 £8 030 La visite chez la nourrice Huile/toile 32,5x40cm/*12x15in* Neuilly 96

  $68 160 FF400 000 £41 680 La partie de musique Huile/panneau 40,5x51cm/*15x20in* Paris 97

  $6 000 FF33 259 £3 702 Three Drunken Nymphs resting in a garden Gouache 29,5x22,9cm/*11x9in* New-York 97

MALLET Paul 1845-1911 **[2]**

  $1 640 FF10 000 £984 Petit village de Provence au pied de la Forteresse Huile/toile 31x48cm/*12x18in* Calais 98

MALLET-STEVENS Robert 1886-1945 **[5]**

  $3 153 FF16 000 £2 052 "Saint-Jean-de-Luz" Affiche 160x120cm/*62x47in* Paris 96

MALLETT Robert **[24]**

  $125 FF751 £75 A Norfolk River Landscape Oil/canvas 33x45cm/*13x18in* Aylsham, Norfolk 98

MALLINA Erich 1873-1954 **[23]**

  $1 447 FF8 562 £858 Daphne Gouache/papier 25,7x19cm/*10x7in* Wien 97

MALLO Cristino 1908 **[12]**

  $5 900 FF35 855 £3 540 Maternidad Bronze 18x18,5x12cm/*7x7x4in* Madrid 98

  $455 FF2 600 £279 Composición Collage 17x12cm/*6x4in* Madrid 97

MALLO GONZALEZ Maruja 1910 **[6]**

  $23 450 FF138 250 £14 350 Máscaras Oleo/tabla 45x54cm/*17x21in* Madrid 98

MALLOL SUAZO Josep Maria 1910-1986 **[18]**

  $5 760 FF35 550 £3 420 Niña con silla mallorquina Oleo/lienzo 55x46cm/*21x18in* Madrid 98

MALMSTRÖM August 1829-1901 **[35]**

  $624 FF3 623 £369 Vinterbrasa Oil/canvas 43x28cm/*16x11in* Malmö 97

  $3 864 FF23 130 £2 379 Bataljscen Oil/panel 56x85cm/*22x33in* Stockholm 98

✎ *$227 FF1 161 £138* "Tomten" Akvarell 15x9cm/*5x3in* Malmö 96
MALNOVITZER Zvi 1945 **[10]**
✎ *$1 000 FF5 837 £604* Nuns in landscape Oil/canvas 38x65cm/*14x25in* Tel Aviv 97
MALO-RENAULT Émile A. 1870-1938 **[102]**
✎ *$280 FF1 600 £171* La porteuse Gravure 36,5x28,5cm/*14x11in* Quimper 97
✎ *$352 FF1 800 £214* Jeune fille de Pont-Aven Pastel 43,5x29cm/*17x11in* Quimper 96
MALSKAT Lothar 1913-1988 **[32]**
✎ *$641 FF3 320 £417* Mädchenakt Pastel 62x46cm/*24x18in* Überlingen 96
MALTAIS Marcella 1933 **[30]**
✎ *$236 FF1 223 £151* Sans titre Technique mixte/papier 26x35cm/*10x13in* Montréal 96
MALTBY Peggy, Peg 1899-1984 **[3]**
✎ *$2 467 FF14 786 £1 472* Gathering Apple Pips Watercolour/paper 29,5x22cm/*11x8in* Melbourne 98
MALTESTE Louis XIX-XX **[6]**
✎ *$900 FF5 151 £531* "Les Apaches de Paris" Poster 127,5x92cm/*50x36in* New-York 97
MALTMAN William 1901-1971 **[24]**
✎ *$239 FF1 392 £146* "Broom on cattle point, Victoria" Watercolour/paper 23x34cm/*9x13in* Calgary, Alberta 97
MALTON James c.1766-1810 **[7]**
✎ *$21 160 FF110 100 £14 000* A Picturesque and Descriptive View of the City of Dublin Aquatint 40x51cm/*15x20in* London 96
✎ *$11 190 FF67 739 £6 868* An Extensive View towards Dublin from Phoenix Park with the Liffey Watercolour/paper 52x75cm/*20x29in* Dublin 98
MALTON Thomas I 1726-1801 **[4]**
✎ *$403 FF2 086 £260* Views of Cambridge Etching, aquatint 35,5x51cm/*13x20in* London 96
✎ *$1 737 FF8 480 £1 100* Worksop Manor House, Nottinghamshire Ink 13x18cm/*5x7in* London 95
MALTON Thomas II 1748-1804 **[5]**
✎ *$4 855 FF24 740 £3 200* Oriel College, Oxford, with Saint Mary's Church in the Distance Watercolour 30,5x46cm/*12x18in* London 96
MALYCH Gavriil 1907 **[8]**
✎ *$1 695 FF8 500 £1 072* Nature morte sur la nappe bleue Aquarelle 73x102cm/*28x40in* Paris 95
MALYSH Gavriil Kondratiev. 1907-? **[32]**
✎ *$123 FF750 £75* Spring in Caucasus Watercolour/paper 43x17cm/*16x6in* London 98
MAMBOR Renato 1936 **[10]**
✎ *$1 980 FF11 220 £990* "Senza tetto" Olio/tela/tavola 120x80cm/*47x31in* Prato 98
MAMBOUR Auguste 1896-1968 **[92]**
✎ *$2 310 FF11 900 £1 490* Jeune femme de face Huile/panneau 45x31cm/*17x12in* Bruxelles 96
✎ *$6 504 FF39 024 £3 912* Africaine Huile/panneau 60x46cm/*23x18in* Bruxelles 98
✎ *$19 100 FF96 500 £12 520* "Créer" Huile/toile 109x151cm/*42x59in* Liège 96
✎ *$196 FF1 136 £115* La négresse bambole Lithographie 70x57cm/*27x22in* Liège 97
✎ *$471 FF2 343 £308* Erotique Encre Chine 30x23cm/*11x9in* Liège 95
MAMMEN Jeanne 1890-1976 **[27]**
✎ *$2 470 FF14 654 £1 509* Kaschemme Print 48x34,5cm/*18x13in* München 98
✎ *$1 722 FF8 983 £1 007* Selbstporträt als Halbakt Pencil/paper 50,4x37,8cm/*19x14in* Berlin 96
MAMMERI Azouaoui 1890-1954 **[10]**
✎ *$1 922 FF11 500 £1 167* Remparts de Mogador, Maroc Huile/panneau 51x65cm/*20x25in* Paris 97
✎ *$1 337 FF8 000 £812* Baie d'Alger vue du Boulevard Bru Gouache/papier 49x63,5cm/*19x25in* Paris 97
MAMPASO Manuel 1924 **[7]**
✎ *$910 FF5 530 £560* Sin título Aguada/papel 32x23cm/*12x9in* Madrid 98
MAN COLLOT 1903-1962 **[144]**
✎ *$534 FF2 700 £350* Nu aux bras croisés Huile/toile 27x41cm/*10x16in* Soissons 96
✎ *$870 FF4 400 £571* Le pull jaune Huile/toile 81x65cm/*31x25in* Soissons 96
✎ *$198 FF1 000 £130* Rêverie Fusain 62x45cm/*24x17in* Soissons 96
MAN de Cornelis 1621-1706 **[10]**
✎ *$65 672 FF388 833 £39 000* An Interior with a Carpet, a Sword and a Jug on a Table Oil/canvas 66,5x66cm/*26x25in* London 97
MAN de Cornelis W. (Attr.) 1621-1706 **[1]**

🦪 *$15 000 FF82 873 £9 322* The "Oude Kerk", Delft with the Tomb of William the Silent Oil/panel 13x12,5cm/*5x4in* New-York 97

MAN Felix Hans S.Baumann 1893-? **[11]**
📷 *$800 FF4 130 £530* Haager Kourfeseuz Silver print 12x16cm/*5x6in* New-York 96

MAN RAY Emanuel Rabonovitch 1890-1976 **[1251]**
🦪 *$5 607 FF32 192 £3 455* Composition VI Oil/masonite 24x19cm/*9x7in* Johannesburg 97
🦪 *$45 786 FF260 000 £28 652* Tableau à ton goût Huile/panneau 58x71cm/*22x27in* Paris 97
🦪 *$250 000 FF1 493 425 £153 225* Image à deux faces Oil/canvas 200x150cm/*78x59in* New-York 98
🗂 *$592 FF3 373 £369* Post Columbian Object Farblithographie 57x38cm/*22x14in* Bielefeld 97
⚒ *$3 749 FF21 389 £2 291* Cadeau Sculpture H16cm/*H6in* New-York 97
⚒ *$7 150 FF35 000 £4 530* Silent Harp Sculpture H103cm/*H40in* Paris 95
📷 *$220 000 FF1 357 180 £132 066* Champs délicieux: Album de Photographies Photograph 22x17cm/*8x6in* New-York 98
✏ *$3 522 FF20 000 £2 204* Sketch for the positioning of revolving doors Encre 13x16,5cm/*5x6in* Paris 97

MANAGO Vincent 1880-1936 **[76]**
🦪 *$236 FF1 200 £155* La plage et les pêcheurs Huile/toile 38x55cm/*14x21in* Paris 96
🦪 *$800 FF4 600 £500* Port Huile/toile 33x44cm/*12x17in* Paris 97

MANAIGO Silvestro Maniago c.1670-c.1735 **[2]**
🦪 *$23 604 FF140 000 £14 294* Moïse enfant foulant au pied la couronne du Pharaon Huile/toile 76x95cm/*29x37in* Paris 97

MANARESI Ugo 1851-1917 **[7]**
🦪 *$1 680 FF9 520 £840* Naufragio Olio/tavola 17x27cm/*6x10in* Prato 98
🦪 *$13.011 FF77 582 £8 076* Der hafen von Livorno Öl/Leinwand 64x95cm/*25x37in* Zürich 97

MANASSÉ FOTO-SALON Olga & A. v.Wlassics XX **[5]**
📷 *$727 FF4 358 £434* Konzertsängerin Berta Scherf Photograph 22,2x16cm/*8x6in* München 98

MANCANDAN Jacobus Sibrandi 1602-1680 **[12]**
🦪 *$4 496 FF26 418 £2 700* A Woodcutter Standing on a Felled Tree Conversing With a Companion Oil/panel 31,5x45cm/*12x17in* London 97
🦪 *$18 240 FF93 800 £11 370* A woodman stranding before a blasted oak on a forest path Oil/panel 55x41cm/*21x16in* Wien 96

MANCEAU Georges-Paul 1872-1955 **[1]**
🦪 *$5 880 FF35 000 £3 594* L'auberge du petit port, le Pouldu Huile/panneau 25x33cm/*9x12in* Pontoise 98

MANCINELLI Giuseppe 1813-1875 **[4]**
🦪 *$14 000 FF79 863 £8 608* The Apotheosis of Homer Oil/canvas 110x131cm/*43x51in* New-York 97

MANCINELLI Gustavo 1842-1906 **[2]**
🦪 *$41 745 FF250 877 £25 000* The Odalisque Oil/canvas 93x66cm/*36x25in* London 98

MANCINI Antonio 1852-1930 **[51]**
🦪 *$10 000 FF51 900 £6 610* View of the rooftops of Naples Oil/panel 18,5x42cm/*7x16in* New-York 96
🦪 *$16 000 FF82 240 £10 000* Fruit Seller Oil/canvas 54,5x43cm/*21x16in* New-York 96
✏ *$1 800 FF10 200 £1 200* Ritratto di signora Carboncino 58x47cm/*22x18in* Milano 97

MANCINI Carlo 1829-1910 **[4]**
🦪 *$7 339 FF41 588 £3 669* Paesaggio lacustre Olio/tela 48x67cm/*18x26in* Milano 98

MANCINI Francesco 1679-1758 **[7]**
🦪 *$10 600 FF53 600 £6 950* Flora Öl/Leinwand 61,5x48cm/*24x18in* Wien 96

MANCINI Francesco (Attrib.) 1829-1905 **[2]**
🦪 *$3 900 FF20 030 £2 322* Bersaglieri in marcia Olio/tela 38x74cm/*14x29in* Roma 96

MANCINI Francesco Longo 1880-? **[10]**
🦪 *$4 800 FF25 130 £3 150* Pescatori a riva Olio/tavola 23x35,5cm/*9x13in* Roma 96
🦪 *$6 900 FF39 100 £3 450* Nudo di donna Olio/tela 90x70cm/*35x27in* Roma 98

MANCINI Francesco Paolo 1900 **[2]**
🦪 *$3 000 FF17 000 £2 000* Arlecchino Olio/tela 47x39cm/*18x15in* Milano 97

MANCINI Francesco, Lord 1829-1905 **[12]**
🦪 *$6 610 FF32 440 £4 200* Ufficiale a cavallo Olio/tela 34x43cm/*13x16in* Prato 95
🦪 *$19 800 FF103 500 £11 700* Campagna romana con rovine Olio/tela 86x160cm/*33x62in* Trieste 96
🦪 *$36 680 FF225 317 £22 000* "Da Napoli a Pozzuoli" Oil/canvas 66x131cm/*25x51in* London 98
✏ *$2 208 FF12 512 £1 104* Battaglia Acquarello/carta 20,5x39,5cm/*8x15in* Roma 98

MANCIOLI Corrado 1904-1958 **[3]**

⊞ *$1 495 FF8 562* £884 "Pelota Diana" Poster 88x97,5cm/*34x38in* New-York 97
MANDELLI Pompilio 1914 **[6]**
☞ *$1 980 FF11 220* £990 Scogliera Olio/masonite 52x63cm/*20x24in* Vercelli 98
MANDER van Carel I 1548-1606 **[8]**
☞ *$12 212 FF73 000* £7 475 Le festin des Dieux Huile/cuivre 34x49cm/*13x19in* Paris 97
MANDER van Carel III c.1610-1672 **[4]**
☞ *$67 500 FF414 362* £41 357 Standing Black Woman, her Hand at her Breast and Pearls in her Hair Oil/canvas 134x115,5cm/*52x45in* New-York 98
MANDER William Henry 1850-1922 **[62]**
☞ *$750 FF4 246* £458 On the Llugwy, North Wales Oil/canvas 60x96cm/*24x38in* Boston, Mass. 97
☞ *$1 964 FF11 439* £1 200 River landscape with cattle watering Oil/canvas 30x46cm/*11x18in* London 97
MANDEVARE Alphonse N. Michel 1759-1829 **[22]**
✎ *$3 083 FF18 000* £1 834 Personnages dans une barque près d'une villa italienne Crayon 41x55,5cm/*16x21in* Paris 97
MANDEVARE Alphonse N.(Attrib.) 1759-1829 **[2]**
✎ *$1 341 FF8 036* £800 Roman Landscape with the arch of Janus Quadrifons Red chalk/paper 33,5x48cm/*13x18in* London 98
MANDIN Richard 1909 **[47]**
☞ *$326 FF2 000* £194 Vase, tête d'homme Huile/toile/carton 14x9cm/*5x3in* Cannes 98
☞ *$457 FF2 800* £272 Femme de profil à droite Huile/panneau 59,5x45,5cm/*23x17in* Cannes 98
MANDLICK August 1860-1934 **[5]**
✎ *$2 040 FF10 550* £1 363 Die Fasangasse in Wien Aquarell/Papier 36x48cm/*14x18in* Wien 96
MANDONNET Pierre 1891-1970 **[11]**
✎ *$165 FF1 000* £101 Étang des Briou près Brinon Aquarelle/papier 34x51cm/*13x20in* Orléans 98
MANDYN Jan (Attrib.) 1500-1560 **[5]**
☞ *$9 075 FF51 916* £5 663 Temptation of St. Anthony Oil/panel 71x96cm/*28x38in* Chester, NY 97
☞ *$15 232 FF88 000* £9 046 La Tentation de Saint-Antoine Huile/panneau 23x32cm/*9x12in* Paris 97
MANÉ-KATZ 1894-1962 **[485]**
☞ *$6 200 FF36 860* £3 793 La circoncision Oil/canvas 19x24cm/*7x9in* Tel Aviv 97
☞ *$8 130 FF48 690* £4 950 Trois personnages devant une fermette Huile/toile 90x180cm/*35x70in* Antwerpen 97
☞ *$17 000 FF93 870* £10 608 The Prayer Oil/canvas 74x61cm/*29x24in* Tel Aviv 97
⊞ *$300 FF1 790* £181 Lithographies pour Stempeniou Lithograph 69x52cm/*27x20in* Chicago, Illinois 97
⚒ *$1 717 FF9 000* £1 033 Le sage Bronze H50cm/*H19in* Paris 96
✎ *$3 200 FF18 680* £1 935 Rabbi with Torah Watercolour/paper 58,5x46cm/*23x18in* Tel Aviv 97
MANES Pablo Curatella 1891-? **[3]**
⚒ *$16 000 FF92 860* £9 769 Guitariste Sculpture H59,5cm/*H23in* New-York 97
MANESSIER Alfred 1911-1993 **[251]**
☞ *$7 190 FF42 000* £4 254 Noël Huile/toile 33x24cm/*12x9in* Paris 97
☞ *$10 104 FF60 000* £6 120 Nature mrte aux instruments de musique Huile/toile 65,5x81cm/*25x31in* Paris 97
☞ *$23 130 FF119 600* £15 000 Hommage au saint poète Jean de la Croix Oil/canvas 189x149,5cm/*74x58in* London 96
⊞ *$943 FF5 636* £578 Blätter aus "Paques" Farblithographie 65,5x50cm/*25x19in* Zürich 98
⚒ *$9 070 FF47 000* £5 890 Composition abstraite Céramique 31x37cm/*12x14in* Saint-Germain-en-Laye 96
✎ *$1 680 FF8 200* £1 064 Composition Aquarelle/papier 25x31cm/*9x12in* Paris 95
MANET Édouard 1832-1883 **[260]**
☞ *$216 905 FF1 309 828* £130 000 La Leçon d'Anatomie Oil/panel 25x39cm/*9x15in* London 98
☞ *$262 000 FF1 357 000* £170 000 Marine Oil/canvas 38x47cm/*14x18in* London 96
⊞ *$1 200 FF6 912* £705 Les Gitanos Etching 32x24cm/*12x9in* New-York 97
✎ *$25 695 FF150 000* £15 690 Caricature du Commandant Besson dit "Le Viking" Aquarelle/papier 24,5x17,5cm/*9x6in* Paris 97
MANETTI Domenico 1608-1663 **[1]**
☞ *$9 600 FF50 250* £6 450 Estasi di Santa Caterina da Siena Olio/tela 176x120cm/*69x47in* Roma 96
MANETTI Rutilio di Lorenzo 1571-1639 **[3]**
☞ *$9 920 FF50 100* £6 510 Loth e le figlie Olio/carta 19,8x25,2cm/*7x9in* Milano 96

$42 000 FF207 300 £27 150 The Madonna and Child with the Infant Saint John the Baptist Oil/canvas 101x75cm/*39x29in* New-York 96
MANETTI Xaverio XVIII **[1]**
$737 FF4 265 £450 Ornithologia Methodice Etching 47x36cm/*18x14in* London 97
MANFREDI Alberto 1930 **[42]**
$1 980 FF11 220 £990 Figure Olio/cartone/tela 40x30cm/*15x11in* Prato 98
$2 400 FF13 600 £1 600 Paesaggio con case Olio/tela 80x80cm/*31x31in* Milano 97
$515 FF2 696 £338 Volto di donna Acquarello/carta 29x29cm/*11x11in* Milano 96
MANFREDI Bartolomeo c.1580-c.1620 **[3]**
$55 200 FF312 800 £36 800 Coronazione di spine Olio/tela 80x113cm/*31x44in* Prato 98
MANGANELLI Feruccio 1883-? **[2]**
$3 000 FF17 000 £1 500 Estate Olio/tela 64x69cm/*25x27in* Milano 97
MANGE Joseph C., José 1866-1935 **[42]**
$1 540 FF9 000 £911 Paysage Huile/toile 48x63cm/*18x24in* Paris 97
MANGLARD Adrien 1695-1760 **[21]**
$12 560 FF65 000 £8 150 Le repos du pêcheur Huile/toile 58x70cm/*22x27in* Paris 96
$210 000 FF1 289 127 £128 667 Figures on an Estuary with a Ship Careened in the Background Oil/canvas 96x185,5cm/*37x73in* New-York 98
$230 FF1 200 £145 Les Chasseurs au repos Eau-forte 21x30cm/*8x11in* Paris 96
MANGLARD Adrien (Attrib.) 1695-1760 **[13]**
$2 806 FF14 470 £1 800 A capriccio mediterranean coastal view Oil/canvas 29x49cm/*11x19in* London 96
$3 500 FF17 940 £2 126 The Bay of Baia, Naples, with a French warship off a quay Oil/canvas 49x65cm/*19x25in* New-York 96
MANGO de Leonardo 1843-? **[5]**
$4 370 FF26 845 £2 621 Motiv vom Basar in Konstantinopel Öl/Karton 49x36cm/*19x14in* Köln 98
$14 070 FF72 800 £9 000 A young girl on the outskirts of Istanbul Oil/panel 24x33cm/*9x12in* London 96
$1 204 FF6 000 £789 La prière du soir Aquarelle 39x25,5cm/*15x10in* Paris 95
MANGOLD Burkhard 1873-1950 **[38]**
$1 907 FF11 793 £1 136 Kunsthallenfest Basel Tempera/Karton 55x45cm/*21x17in* Zürich 98
$2 453 FF13 673 £1 500 "Zucerberg Wintersport, Schweiz" Poster 74x100cm/*29x39in* London 97
MANGOLD Josef 1884-1942 **[11]**
$9 820 FF50 800 £6 340 Harzlandschaft Oil/panel 54x46cm/*21x18in* Köln 96
$10 763 FF63 693 £6 566 Blumenstilleben (Kapuzinerkresse und Ackerwinde in einer Glasvase) Oil/panel 30x26cm/*11x10in* Köln 98
MANGOLD Robert 1937 **[77]**
$22 000 FF106 500 £14 120 Four Color Frame Painting #6 Acrylic 48x36cm/*18x14in* New-York 95
$55 000 FF325 446 £33 555 "+ Cream Painting" Acrylic 320x221cm/*125x87in* New-York 98
$688 FF4 020 £407 Book of silk screen prints, Multiple Panel Paintings Serigraph in colors 30x61cm/*11x24in* Köln 97
$5 000 FF25 470 £3 000 3 Rectangles Within a Rectangle Drawing 58x80cm/*22x31in* New-York 96
MANGOLD Sylvia Plimack 1938 **[7]**
$4 500 FF25 773 £2 662 One Exact, One Diminishing on Random Floor Mixed media/paper 46x101,5cm/*18x39in* New-York 97
MANGOTTI B. XIX **[1]**
$1 162 FF6 020 £750 The fruit vendor Watercolour 51x35cm/*20x13in* London 96
MANGRAVITE Peppino G. 1896-1978 **[11]**
$1 100 FF8 700 £1 700 Nostalgia Oil/canvas 76x63cm/*29x24in* Denver, Colorado 95
MANGUIN Henri 1874-1949 **[257]**
$9 750 FF50 000 £5 930 Vase de fleurs Huile/toile/carton 35x27cm/*13x10in* Arles 96
$387 320 FF2 300 000 £234 600 Les gravures Huile/toile 81x100cm/*31x39in* Paris 97
$2 770 FF14 370 £1 800 Chateau de Colombier Watercolour/paper 13,5x20cm/*5x7in* London 96
MANHART Eduard 1880-1945 **[3]**
$1 845 FF10 527 £1 122 Blick auf Treibach Watercolour 30x40cm/*11x15in* Wien 97
MANIQUET Marius 1822-1896 **[3]**
$1 524 FF9 000 £902 Bateaux près de la plage Huile/toile 41x65cm/*16x25in* Lyon 97
MANKES Jan 1889-1920 **[36]**
$12 709 FF75 508 £7 558 Douwe met Spade Oil/canvas 26x29cm/*10x11in* Amsterdam 97

☗ *$1 098 FF6 539* £652 Egel, naar Rechts Lopend Woodcut 10x15cm/*3x5in* Amsterdam 97
✏ *$4 660 FF27 686* £2 771 A Still Life with a Skull Pencil/paper 26x40cm/*10x15in* Amsterdam 97
MANKOVSKI Konstantin 1861-1897 [1]
☞ *$5 130 FF30 500* £3 178 Vues de monuments Huile/toile 50x40cm/*19x15in* Orléans 97
MANLY Charles MacDonald 1855-1924 [8]
✏ *$502 FF3 009* £315 Sheep Grazing under Trees Watercolour/paper 51x66,5cm/*20x26in* Toronto 97
MANN Alexander 1853-1908 [18]
☞ *$3 550 FF21 505* £2 200 Horses at a Gate Oil/canvas 41x61,5cm/*16x24in* Perthshire 97
MANN Cathleen S. 1896-1959 [15]
☞ *$1 223 FF6 190* £800 Lilies and tulips Oil/canvas 76x63cm/*29x24in* London 96
MANN Cyril 1911-1980 [3]
☞ *$1 924 FF11 152* £1 200 The Artis's Studio Oil/canvas 86x76cm/*33x29in* London 97
MANN David 1948 [12]
☞ *$4 510 FF27 483* £2 761 Wagon Tracks and Warm Coals Oil/canvas 50x60cm/*20x24in* Houston, Texas 98
☞ *$6 000 FF28 620* £3 773 Smoke of the Green Sage Oil/canvas 24x36cm/*9x14in* Hayden 95
MANN Harrington 1864-1937 [27]
☞ *$1 530 FF7 740* £1 000 Portrait of a young girl in a pink dress Oil/canvas 114x83cm/*44x32in* London 96
☞ *$2 080 FF10 770* £1 350 The flower girl Oil/canvas 46x30,5cm/*18x12in* London 96
MANN James Scrimgeour 1883-1946 [13]
✏ *$1 304 FF7 736* £772 Round the world and home again Watercolour/paper 58x86cm/*22x33in* New-York 97
MANN Joshua Hargrave Sams ?-1886 [20]
☞ *$1 987 FF12 180* £1 200 A Spanish Beauty Oil/board 30,5x25,5cm/*12x10in* London 98
☞ *$4 800 FF23 400* £3 040 The Church or the World Oil/canvas 76x64cm/*29x25in* New-York 95
MANN Sally 1951 [39]
📷 *$800 FF4 714* £494 "Torn Jeans" Silver print 19x24cm/*7x9in* New-York 97
MANNERS William XIX-XX [87]
☞ *$583 FF2 880* £380 Bringing in the Hay Oil/board 20x31cm/*7x12in* London 95
☞ *$1 656 FF9 486* £980 Flowing Yorkshire river scene, with angler Oil/canvas 50x76cm/*20x30in* Birmingham 97
✏ *$815 FF4 807* £500 Figures on a Country Path Watercolour 17,5x25cm/*6x9in* Billingshurst, West Sussex 98
MANNHEIM Jean 1863-1945 [42]
☞ *$2 000 FF11 954* £1 212 Abandoned Road Oil/canvas/board 30,5x40,5cm/*12x15in* San Francisco-Los Angeles 97
☞ *$2 750 FF14 350* £1 662 Snowcapped Mountain from desert Wash Oil/canvas 71x91,5cm/*27x36in* San Francisco-Los Angeles 96
MANNIN Mary A. Millington c.1800-1864 [1]
☞ *$19 375 FF99 625* £12 500 Portrait of Charles Dickens as a Young Man Miniature 19x15cm/*7x5in* London 96
MANNING Samuel 1788-1842 [1]
⚒ *$7 560 FF39 260* £5 000 Bust of Margaret Blanshard Marble H55,6cm/*H21in* London 96
MANNIX Max 1939 [24]
☞ *$466 FF2 854* £277 Hook, Line & Sinker Oil/board 25x30cm/*9x11in* Sydney 98
MANNLICH von Christian 1741-1822 [2]
✏ *$589 FF3 050* £377 Einer der Evangelisten Red chalk 15,2x13,3cm/*5x5in* Heidelberg 96
MANNOZZI Giovanni di San Giov 1592-1636 [2]
✏ *$1 330 FF6 760* £794 Die Erweckung eines Toten Ink/paper 8,3x10cm/*3x3in* Köln 96
MANNUCCI Cipriano 1882-1970 [20]
☞ *$1 500 FF8 500* £1 000 Ritratto Femminile Olio/cartone 41x34cm/*16x13in* Firenze 97
☞ *$1 500 FF8 907* £915 Idillia di Marchere Oil/canvas 37,5x46,5cm/*14x18in* Boston, Mass. 98
MANOLO Manuel M. Hugué 1872-1945 [30]
⚒ *$4 100 FF25 000* £2 460 Académie de femme Bronze H31cm/*H12in* Marseille 98
✏ *$1 670 FF10 262* £1 002 "Deux espagnoles" Gouache 21,1x13,9cm/*8x5in* Zürich 98
MANRIQUE CABRERA César 1919-1992 [9]
✏ *$231 FF1 382* £143 Felicitación navideña Técnica mixta/papel 13x32cm/*5x12in* Madrid 97
MANSER Albert 1937 [9]
☞ *$1 811 FF10 378* £1 072 Alpfahrt und Szenen aus dem Landleben Oil/panel 30x50cm/*11x19in* St.Gallen 97

$2 838 FF16 853 £1 732 "Schwendetal mit Ebenalp, Schäfler und Säntis" Öl/Karton 35x75cm/13x29in Bern 98

MANSFELD August H. 1816-1901 **[5]**
$3 682 FF21 789 £2 215 Feierabend mit musizierendem Bauer Öl/Leinwand 63x84cm/24x33in Lindau 98

MANSFELD Josef 1819-1894 **[17]**
$4 960 FF24 500 £3 226 Kitchen interior Oil/panel 31,5x26cm/12x10in Wien 95
$4 588 FF27 261 £2 728 Vogelhändler Oil/panel 48x38cm/18x14in München 97

MANSFELD Moritz c.1850-c.1890 **[13]**
$2 613 FF13 440 £1 630 Küchenstilleben Oil/panel 26,5x21cm/10x8in Wien 96

MANSHIP Paul Howard 1885-1966 **[45]**
$30 000 FF154 500 £19 200 "Briseis", a bronze figure Bronze H54,5cm/H21in New-York 96

MANSION André Léon Larue 1785-c.1840 **[10]**
$1 012 FF6 000 £606 L'homme au turban Miniature 5,9x5,8cm/2x2in Paris 97

MANSKIRCH Jakob c.1750-c.1810 **[3]**
$4 646 FF28 485 £2 784 Baumlandschaft, in der linken Bildhälfte Bauernhaus & Personenstaffage Oil/canvas 42x58cm/16x22in München 98

MANSKIRSCH Franz Joseph 1768-1830 **[8]**
$2 262 FF13 391 £1 343 Hirten mit Schafen auf einer von Wald gesäumten Wiese Oil/wood 37x46cm/14x18in Dresden 97
$1 667 FF8 490 £1 000 Wild boar attacking/Wild boar wounded/Wild boar shooting Watercolour 13x18cm/5x7in London 96

MANSON James Bolivar 1879-1945 **[26]**
$3 586 FF21 739 £2 200 The Cuckmere, Alfriston Oil/panel 25,5x35,5cm/10x13in London 98
$9 370 FF55 876 £5 800 Still Life Oil/canvas 41x51cm/16x20in London 97

MANSOUROFF Paul 1896-1983 **[72]**
$5 400 FF28 000 £3 510 "Formule picturale" Huile/panneau 96,5x29cm/37x11in Versailles 96
$6 370 FF31 800 £4 160 Komposition mit rotem Kreis im Zentrum Oil/panel 32x23cm/12x9in München 95
$536 FF2 800 £319 "Projet de tissu" Gouache/papier 36x27cm/14x10in Versailles 96

MANTE Louis Amédée 1826-1913 **[1]**
$7 000 FF36 140 £4 480 Selected autochromes Photograph 13x18cm/5x7in New-York 96

MANTEGAZZA Giacomo 1853-1920 **[21]**
$3 554 FF19 766 £2 200 The minstrel Oil/panel 24,5x15cm/9x5in Billingshurst, West Sussex 97
$8 000 FF47 620 £5 004 Lo Inesperado Oleo/lienzo 73x120cm/28x47in Montevideo 97

MANTEL Carl c.1830-c.1883 **[1]**
$1 931 FF11 006 £1 211 Locanda auf Baja Huile/toile 26,5x40cm/10x15in Zürich 97

MANTOVANI Luigi 1880-1957 **[17]**
$1 139 FF6 458 £759 Il bacino di San Marco Olio/masonite 24,5x54cm/9x21in Milano 97
$5 382 FF30 498 £2 691 Il Duomo di Milano Olio/tela 91x88cm/35x34in Milano 98

MÄNTYNEN Jussi 1886-1978 **[108]**
$3 682 FF22 116 £2 208 Naarasleijona Bronze H36cm/H14in Helsinki 98
$55 100 FF271 300 £35 500 Excelcior Bronze H130cm/H51in Stockholm 95

MANTZ Werner 1901-1983 **[22]**
$3 500 FF18 050 £2 320 Movie House Gelatin silver print 16x22cm/6x8in New-York 96

MANUEL Víctor 1897-1969 **[71]**
$12 000 FF71 641 £7 371 Gitana Oil/board 42x30cm/16x11in New-York 98
$20 000 FF114 810 £12 192 A la orilla del rio Oil/canvas 61x51cm/24x20in New-York 97
$6 600 FF40 219 £4 082 Gitana Watercolour/paper 54,5x47cm/21x18in Miami, Florida 98

MANZANA-PISSARRO Georges 1871-1961 **[162]**
$751 FF4 600 £448 "Oulad Nail" Technique mixte/carton 31x40cm/12x15in Paris 98
$4 756 FF29 000 £2 853 La Seine aux Andelys Huile/panneau 38x45cm/14x17in Calais 98
$372 FF2 200 £230 L'Adolescente orientale Estampe 32x41cm/12x16in Rouen 97
$250 FF1 500 £153 M. Gaudin et Flore Pissarro/Petit lever de la Reine/Commentaire... Mine plomb 27x21cm/10x8in Auvers sur Oise 98

MANZONI Piero 1933-1963 **[91]**
$1 209 FF6 998 £749 A Figure on a woodland Path Oil/canvas 91,5x61cm/36x24in London 97
$25 700 FF133 500 £17 000 Achrome Mixed media 41x36cm/16x14in London 96
$566 FF3 296 £346 "Abc" Silkscreen 50x34,5cm/19x13in Amsterdam 97

$9 921 FF57 915 £6 000 "Corpo d'Aria" Sculpture 12,7x42,5x7,4cm/*5x16x2in* London 97
$4 290 FF21 905 £2 600 Ominide spaziale Inchiostro/carta 31x22,5cm/*12x8in* Vercelli 96
MANZU Giacomo 1908-1990 **[206]**
$5 760 FF30 150 £3 780 Nudo Olio/tela 31x40cm/*12x15in* Milano 96
$757 FF3 890 £450 Il pittore e la modella Acquaforte 34x25cm/*13x9in* Roma 96
$4 500 FF25 500 £2 250 Composizione Bronzo 19x20x18cm/*7x7x7in* Prato 97
$120 000 FF716 844 £73 548 Tebe in Costume Bronze 145x106,5x100,5cm/*57x41x39in* New-York 98
$1 134 FF5 490 £720 Ritratto di Bartoli China/carta 31x20cm/*12x7in* Milano 95
MANZUOLI MASO DA SAN FRIANO Tommaso 1532-c.1571 **[8]**
$80 000 FF491 096 £49 016 Portrait of a Young Architect holding the Ground Plans of a Palazzo Oil/panel 92,5x73,5cm/*36x28in* New-York 98
$5 051 FF29 910 £3 000 Two Angels Supporting The Death Christ Black chalk/paper 19,5x17cm/*7x6in* London 97
MANZUOLI MASO DA SAN FRIANO Tommaso (Attrib.) 1532-c.1571 **[6]**
$20 400 FF115 600 £13 600 Madonna col Bambino e San Giovannino Olio/tavola 62x51cm/*24x20in* Prato 97
MANZUR David 1929 **[9]**
$5 800 FF33 294 £3 535 Lección 160 Charcoal 50x65cm/*19x25in* New-York 97
MAO LIZI 1951 **[9]**
$6 470 FF32 000 £4 000 News Oil/canvas 73,5x91,5cm/*28x36in* Hong Kong 96
MAPPLETHORPE Robert 1946-1989 **[297]**
$5 000 FF29 586 £3 050 Untitled (Julius of California) Enamel 27,5x21,5cm/*10x8in* New-York 98
$2 800 FF16 175 £1 662 America Color lithograph 75x63cm/*29x24in* New-York 97
$7 000 FF34 700 £4 430 Hermes Gelatin silver print 48x48cm/*19x19in* New-York 95
MAR de la David 1832-1898 **[7]**
$1 546 FF9 307 £926 A Peasant Woman Knitting in a Field Oil/canvas 45x35,5cm/*17x13in* Amsterdam 98
MARA LO SCARPETTA Antonio 1680-c.1750 **[9]**
$6 850 FF34 600 £4 500 A trompe l'oeil with cards, engraving, a portrait of a Spaniel Oil/canvas 6x76cm/*2x29in* London 96
$23 920 FF115 700 £15 000 Trompe l'oeil still lifes Oil/canvas 70x92cm/*27x36in* London 95
MARA Pol 1920 **[148]**
$3 360 FF17 200 £2 040 Dans une diagonale Acrylique/toile 100x100cm/*39x39in* Bruxelles 96
$3 510 FF20 493 £2 156 Profil et Face Mixed media 162x195cm/*63x76in* Amsterdam 97
$93 FF463 £61 A figure with a duck Ink 75x33cm/*29x12in* Amsterdam 95
MARAGLIANO Federico 1873-1952 **[6]**
$2 099 FF11 898 £1 049 Natura morta con ortaggi Olio/tela 42x59cm/*16x23in* Milano 97
MARAIS Adolphe 1856-1940 **[6]**
$23 492 FF138 359 £14 500 Cattle and Sheep Being Lead to Pasture Oil/canvas 96x136cm/*37x53in* Newbury, Berkshire 97
MARAIS Jean 1913 **[7]**
$1 500 FF7 300 £949 Série de cinq dessins: Les Sirènes Encre Chine 48x36cm/*18x14in* Avignon 95
MARAIS-MILTON Victor 1872-1968 **[62]**
$4 404 FF25 590 £2 600 Un moment de repos Oil/panel 24x19cm/*9x7in* London 97
$8 000 FF41 540 £5 290 A Good Laugh Oil/canvas 50x61cm/*19x24in* New-York 96
$2 610 FF14 724 £1 638 Les chats en visite chez le Cardinal Aquarelle/papier 42x34cm/*16x13in* Antwerpen 97
MARAK Julius Eduard 1832-1899 **[2]**
$7 836 FF44 776 £4 800 The Young Goat-Keeper Oil/canvas 105x76cm/*41x29in* London 97
$12 270 FF62 700 £8 090 Idylle am Waldbach Öl/Leinwand 95x131cm/*37x51in* Wien 96
MARANGIO Carlo 1936 **[34]**
$335 FF2 000 £202 Sans titre Gouache/papier 63,5x49cm/*25x19in* Sannois 97
MARASCO Antonio 1896-1985 **[33]**
$3 465 FF17 000 £2 200 Natura sul tavolo Olio/tela 60x50cm/*23x19in* Prato 95
$6 000 FF34 000 £4 000 Scomposizione di una testa Olio/tela/cartone 29,5x24,8cm/*11x9in* Prato 97
$768 FF4 355 £384 Velocità di motociclista Pastelli 50x70cm/*19x27in* Roma 98
MARASS Giuseppe 1862-1926 **[17]**

$626 FF3 549 £313 Ritratto di ragazza Olio/tela 44x32cm/*17x12in* Milano 97
$2 770 FF14 500 £1 640 Ritratto con ventaglio Olio/tela 106x60cm/*41x23in* Trieste 96
$330 FF1 725 £195 Ragazza orientale Acquarello/carta 26x37cm/*10x14in* Trieste 96
MARASTONI Giuseppe 1834-1895 **[4]**
$1 546 FF9 307 £926 A Game of Marbles Oil/canvas 24x34cm/*9x13in* Amsterdam 98
MARATTA Carlo 1625-1713 **[46]**
$294 FF1 689 £179 Christus und die Samariterin am Brunnen Radierung 20x26,7cm/*7x10in* Berlin 97
$180 FF1 025 £110 Mary Magdalene Ink/paper 8x5cm/*3x2in* Bethesda, Maryland 97
MARATTA Carlo (Attrib.) 1625-1713 **[25]**
$1 740 FF9 000 £1 122 Etude d'homme et d'ange pour un écoinçon : Saint Jean (?) Pierre noire 43x28,5cm/*16x11in* Paris 96
MARATTA Carlo (Studio) 1625-1713 **[1]**
$4 000 FF20 800 £2 646 Tobias of Carlo Maratta Oil/copper 22,5x17,5cm/*8x6in* New-York 96
MARATTI Carlo 1625-1713 **[9]**
$347 FF2 085 £210 Madonna with Young Child Sleeping Etching 17,5x13cm/*6x5in* London 97
$6 000 FF33 259 £3 702 Half-length study of female figure seen from behind/A sketch .. Black chalk/paper 26x35,2cm/*10x13in* New-York 97
MARC Franz 1880-1916 **[124]**
$120 000 FF615 000 £72 900 Abstraktes Aquarell I Tempera 22x16,5cm/*8x6in* New-York 96
$1 104 FF5 500 £723 Zwei Fabeltiere Woodcut 10x12cm/*3x4in* München 95
$35 745 FF209 523 £22 000 "Nach Norden" Gouache 22x15cm/*8x5in* London 97
MARC Robert 1943-1993 **[151]**
$580 FF3 000 £374 Composition Huile/papier 31x23,5cm/*12x9in* Paris 96
$1 269 FF7 800 £761 Paysage industriel cubisant avec des cheminées Huile/toile 78x65cm/*30x25in* Paris 98
MARC Wilhelm 1839-1907 **[5]**
$5 460 FF33 011 £3 270 In der Almhütte Öl/Leinwand 35x27cm/*13x10in* München 98
MARCA-RELLI Conrad 1913 **[57]**
$1 300 FF7 696 £777 Untitled Collage/canvas 47x33cm/*18x13in* New-York 97
$2 470 FF12 000 £1 550 East Hampton Blues Huile/toile/panneau 61,5x52cm/*24x20in* Paris 95
$10 000 FF48 400 £6 420 A + B Acrylic 152x269cm/*59x105in* New-York 95
$7 800 FF47 999 £4 735 "Turbox" Sculpture 183x183cm/*72x72in* New-York 98
$200 FF1 187 £121 Metal repeat Collage C Collage 46x46,5cm/*18x18in* Washington 97
MARCEL-BERONNEAU Pierre Amédée 1869-1937 **[44]**
$3 894 FF20 000 £2 490 Femme au glaive Huile/toile 54x65cm/*21x25in* Paris 96
$18 460 FF92 000 £12 100 Salomé Huile/panneau 177,5x114cm/*69x44in* Paris 95
MARCEL-CLÉMENT Amédée J. 1873-? **[45]**
$4 110 FF24 735 £2 461 "Ciel au Croisie" Oil/canvas 38,5x61cm/*15x24in* Amsterdam 98
$488 FF2 800 £289 Le départ des pêcheurs Aquarelle/papier 21x29cm/*8x11in* Calais 97
MARCEL-LENOIR Jules Oury, dit 1872-1931 **[67]**
$1 264 FF6 512 £784 Pont-Neuf über die Seine Öl/Leinwand 44,5x54cm/*17x21in* Wetzikon 96
$100 FF600 £60 Le Monstre Lithographie 73,5x48,5cm/*28x19in* Paris 97
$387 FF2 000 £250 Femme debout Fusain/papier 56x37cm/*22x14in* Paris 96
MARCELLO Adèle d'Affry, dite 1836-1879 **[9]**
$25 290 FF150 000 £15 465 Buste de Bianca Capello Marbre 90x70x40cm/*35x27x15in* Paris 97
MARCETTE Alexandre 1853-1929 **[17]**
$504 FF2 630 £304 Paysage Aquarelle 37x51,5cm/*14x20in* Liège 96
MARCH Charlotte XX **[8]**
$648 FF3 857 £396 Torso Gelatin silver print 37x28,5cm/*14x11in* Berlin 98
MARCH Esteban 1610-1668 **[3]**
$19 250 FF110 000 £11 825 La muerte de Jezabel Oleo/lienzo 120x168cm/*47x66in* Madrid 97
MARCH Giovanni 1894-1974 **[22]**
$1 680 FF9 520 £840 Natura morta con bottiglie Olio/tela 70x50cm/*27x19in* Prato 98
MARCH Sydney 1875-1968 **[11]**
$565 FF3 099 £340 Portrait of Lord Roberts, standing in uniform, "South Africa" Bronze H25cm/*H9in* Billingshurst, West Sussex 97
MARCH Vernon XIX-XX **[10]**

$834 FF5 087 £508 A South African Soldier Bronze H22cm/*H8in* Cape Town 98
MARCH Y MARCO Vicente 1859-1914 **[10]**
$33 100 FF170 300 £20 000 An Attentive Audience Oil/panel 51x33,5cm/*20x13in* London 96
$45 500 FF276 500 £27 300 Lectura de una novela picaresca Oleo/tabla 25x41,5cm/*9x16in* Madrid 98
$112 FF635 £70 Paisaje nocturno Lápiz/papel 23x23cm/*9x9in* Madrid 97
MARCHAIS Pierre-Antoine 1763-1859 **[2]**
$13 600 FF70 000 £8 480 Bergers et moutons près d'une rivière Huile/toile 90x130cm/*35x51in* Paris 96
MARCHAND André 1907-1998 **[104]**
$245 FF1 400 £150 Bord de mer dans le Midi Huile/carton 42x52cm/*16x20in* Paris 97
$750 FF4 474 £465 Riders on the Beach at Low Tide Oil/panel 32x45cm/*12x18in* New-York 97
$5 940 FF30 000 £3 900 "Envol des grands flamants (Delta du Rhône)" Huile/toile 130x98cm/*51x38in* Paris 96
$521 FF3 200 £312 Femme assise Aquarelle/papier 38x57cm/*14x22in* Paris 98
MARCHAND André 1877-1951 **[41]**
$3 066 FF17 716 £1 800 Le Grand Prix en 1947 Oil/board 38,5x64cm/*15x25in* London 97
$791 FF3 860 £500 Portrait de jeune paysan Pencil/paper 25x17,5cm/*9x6in* London 95
MARCHAND Jean Hippolyte 1883-1940 **[77]**
$1 535 FF8 000 £965 Paysage à la route Huile/toile 54x65cm/*21x25in* Paris 96
$22 399 FF130 000 £13 676 Trois femmes dans un paysage Huile/toile 162x130cm/*63x51in* Paris 97
MARCHAND John Norval 1875-1921 **[2]**
$4 750 FF28 377 £2 908 Cowboys roping a Steer Oil/canvas 63,5x91,5cm/*25x36in* New-York 98
MARCHESI IL SANSONE Giuseppe 1699-1771 **[1]**
$24 000 FF132 523 £14 976 Achilles and the Daughters of Lycomedes Oil/canvas 105x138cm/*41x54in* New-York 97
MARCHESI IL SANSONE Giuseppe (Attrib.) 1699-1771 **[2]**
$61 100 FF304 300 £40 000 Hercules and Omphale Oil/canvas 269,5x198cm/*106x77in* London 95
MARCHESI Pompeo 1783/89-1859 **[2]**
$11 396 FF68 000 £6 874 Buste d'homme drapé à l'Antique Marbre H72cm/*H28in* Saint-Germain-en-Laye 97
$93 700 FF487 000 £62 000 Classical male figure sailing a boat, possibly Odysseus Marble H193cm/*H75in* London 96
MARCHESI Pompeo (Attrib.) 1783/89-1859 **[1]**
$18 000 FF102 000 £12 000 Cimone e Pero Marbre H102cm/*H40in* Milano 97
MARCHESINI Alessandro (Attrib.) 1664-1738 **[1]**
$8 723 FF45 210 £5 665 Die Ausgiessung des heiligen Geistes Oil/canvas 89x69cm/*35x27in* Luzern 96
MARCHESINI L'ORTOLANINO Pietro 1692-1757 **[1]**
$7 010 FF36 200 £4 500 Christ and St. Margaret of Cortona Red chalk 50x31,5cm/*19x12in* London 96
MARCHETTI DA FAENZA Marco (Attrib.) 1520-1588 **[4]**
$1 454 FF8 500 £887 Saint Marc écrivant Encre 26x17,5cm/*10x6in* Paris 97
MARCHETTI Ludovico 1853-1909 **[31]**
$2 231 FF12 715 £1 400 The Traveller Oil/canvas 29,5x45,5cm/*11x17in* London 97
$28 344 FF174 108 £17 000 Jolly Tars Oil/panel 46x35cm/*18x13in* London 98
$2 614 FF14 869 £1 600 Old and new Watercolour/paper 33x51cm/*12x20in* London 97
MARCHI Vincenzo 1818-1894 **[5]**
$1 800 FF10 200 £1 200 Interno della Cappella Sistina Acquarello 38x49cm/*14x19in* Milano 97
MARCHIONI Elisabetta XVII-XVIII **[14]**
$22 960 FF114 700 £15 000 Assorted flowers Oil/canvas 106x126cm/*41x49in* London 95
$24 100 FF125 000 £15 660 Bouquet de fleurs dans des vases sculptés Huile/toile 104x74,5cm/*40x29in* Paris 96
MARCHIONI Elisabetta (Attrib.) XVII-XVIII **[8]**
$9 000 FF54 578 £5 490 Still Lifes of Flowers in Gilt Bowls Oil/panel 42x30cm/*16x11in* New-York 98
MARCHIS de Alessio 1684-1752 **[12]**
$9 660 FF54 740 £6 440 Paesaggio invernale/Paesaggio fluviale con un albero Olio/tela 46,5x32cm/*18x12in* Roma 98
$34 747 FF205 000 £21 279 Scène de pêche au bord d'une rivière Huile/toile 99x129cm/*38x50in* Cheverny 98

MARCHIS de Alessio (Attrib.) 1684-1752 **[9]**

☞ *$4 066 FF23 696 £2 500* A Mediterranean Harbour with Stevedores on a Boat Oil/canvas 31x37,5cm/*12x14in* London 97

MARCHISIO Andrea 1850-1927 **[4]**

☞ *$9 500 FF50 559 £5 602* The artist's studio Oil/canvas 30,5x40,6cm/*12x15in* New-York 97

MARCILLY Claude 1944 **[47]**

☞ *$403 FF2 100 £253* La coupole Huile/toile 33x41cm/*12x16in* Montauban 96

MARCIUS-SIMONS Pinkney 1867-1909 **[9]**

☞ *$2 500 FF12 950 £1 600* Venetian scene Oil/canvas 58x81cm/*23x32in* Mystic, Connecticut 96

☞ *$50 000 FF292 055 £30 695* Toilette de nature (from the Nibelung Rhing) Oil/canvas 114,5x143cm/*45x56in* New-York 97

✐ *$6 100 FF32 000 £3 670* The Madonna model, Amiens Aquarelle/papier 67x94cm/*26x37in* Paris 96

MARCKE DE LUMMEN van Émile 1827-1890 **[50]**

☞ *$923 FF5 500 £548* Les falaises à Yport Huile/toile/carton 33x26cm/*12x10in* Cherbourg 97

☞ *$3 100 FF17 877 £1 846* Returning from Pasture Oil/canvas 74x60cm/*29x24in* Cleveland, Ohio 97

MARCKE DE LUMMEN van Jean 1875-1918 **[5]**

☞ *$39 000 FF225 303 £23 162* Steeplechase Oleo/lienzo 16x20cm/*6x7in* Buenos Aires 97

MARCKE van Emile 1797-c.1850 **[4]**

☞ *$2 249 FF13 617 £1 342* Vaches dans la prairie Oil/canvas 93x74cm/*36x29in* New-York 97

MARCKS Gerhard 1889-1981 **[291]**

▥ *$28 FF167 £16* Hamburger Sezession Woodcut 35,5x29,5cm/*13x11in* Köln 97

⚒ *$616 FF3 666 £376* Europa auf dem Stier Relief 16x18,5cm/*6x7in* Berlin 98

⚒ *$25 925 FF154 311 £15 847* Stehender Jüngling, Arm eingestützt Bronze 117x40x33cm/*46x15x12in* Berlin 98

✐ *$392 FF2 342 £236* Akt mit Kugel Pencil/paper 35,9x8,5cm/*14x3in* Hamburg 97

MARCOLA Giovan Battista 1711-1780 **[6]**

✐ *$1 290 FF6 590 £850* A Design for an Overdoor: Neptune and a Dolphin and a Goddess Ink 17,5x27cm/*6x10in* London 96

MARCOLA Marco 1740-1793 **[8]**

✐ *$1 145 FF5 710 £750* A sacrifice/Angels Black chalk 37,4x51,6cm/*14x20in* London 95

MARCOLA Marco (Attrib.) 1740-1793 **[4]**

✐ *$719 FF4 200 £428* La chute du Christ portant la croix Lavis 33x22,5cm/*12x8in* Paris 97

MARCOUSSIS Louis Markus 1883-1941 **[144]**

☞ *$3 876 FF22 500 £2 391* Portrait de Roland Dorgelès Huile/toile 91x56cm/*35x22in* Paris 97

☞ *$21 786 FF133 415 £13 000* Nature morte Mixed media/canvas 37x30,5cm/*14x12in* London 98

▥ *$179 FF900 £116* Enfances Eau-forte 19,5x13cm/*7x5in* Paris 96

✐ *$412 FF2 500 £253* Composition Encre 28x19cm/*11x7in* Besançon 98

MARCOVIC Maja 1970 **[2]**

☞ *$2 800 FF17 062 £1 705* "Thor 2" Oil/canvas 103x60cm/*40x23in* Tel Aviv 98

MARCUCCI Mario 1910-1992 **[42]**

☞ *$314 FF1 781 £157* Nell'orto del convento Olio/tela 50x70cm/*19x27in* Roma 98

☞ *$1 200 FF6 800 £800* Marina Olio/carta/tela 22,7x35,8cm/*8x14in* Prato 97

✐ *$1 080 FF6 120 £720* Vaso di Papaveri Acquarello/carta 45,5x37,5cm/*17x14in* Firenze 97

MARCUEYZ Paul XX **[9]**

✐ *$193 FF1 200 £116* Les chevreuils à l'écoute Encre/papier 12,5x24,5cm/*4x9in* Soissons 98

MARCUS Kaete Ephraim 1892-1970 **[22]**

☞ *$2 600 FF14 840 £1 607* Woman by the Sea of Galilee Oil/canvas 56x74,5cm/*22x29in* Herzelia Pituah 97

⚒ *$2 600 FF15 178 £1 572* Flutist Bronze H46cm/*H18in* Tel Aviv 97

✐ *$800 FF4 753 £488* Galilee, Figures on a Farm Gouache 33x44cm/*12x17in* Tel Aviv 98

MARCUSE Rudolf 1878-? **[22]**

⚒ *$502 FF2 879 £297* Traubenträgerin Porcelain H16cm/*H6in* München 97

MARDEN Brice 1938 **[107]**

☞ *$260 000 FF1 507 246 £153 296* Study Oil/canvas 89x153,5cm/*35x60in* New-York 97

☞ *$430 000 FF2 568 691 £263 547* 2 Part Study Mixed media/canvas 66x76cm/*25x29in* New-York 98

▥ *$1 800 FF11 076 £1 101* Untitled Etching 37,5x59,5cm/*14x23in* New-York 98

✐ *$75 000 FF436 050 £45 787* Adriatic study Graphite 55,3x76,2cm/*21x29in* New-York 97

MARDIGAN Charlie 1926-1986 **[2]**

☞ *$8 302 FF48 780 £4 985* Untitled Mixed media 91x41cm/*35x16in* Melbourne 97

MARE André 1885-1932 **[22]**

 $725 FF3 800 £435 Jeune femme sur la terrasse Huile/toile 100x90cm/*39x35in* Paris 96

 $33 620 FF200 000 £20 560 Tapis du Salon Gontrat Delompré Tapisserie 490x261cm/*192x102in* Paris 98

 $555 FF2 800 £365 Portrait de Severini Encre 27x22,3cm/*10x8in* Pontoise 96

MARÉCHAUX Charles c.1710-c.1770 **[1]**

 $1 540 FF8 000 £1 020 Projet pour un Hôtel de Ville, place Dauphine Encre 18x48,5cm/*7x19in* Paris 96

MAREES von Hans 1837-1887 **[16]**

 $3 661 FF22 133 £2 192 Selbstbildnis Pencil/paper 15x12cm/*5x4in* München 98

MAREVNA Marie Vorobieff 1892-1984 **[47]**

 $1 688 FF8 330 £1 100 Portrait de Jeannot Oil/canvas/board 36x24cm/*14x9in* London 95

 $3 411 FF19 548 £2 115 Adolescente, Portrait of a Young Girl Oil/panel 46x38cm/*18x14in* New-York 97

 $1 596 FF8 330 £950 Femme nue debout Watercolour 38x28cm/*14x11in* London 96

MAREY Etienne Jules 1830-1904 **[4]**

 $6 000 FF35 170 £3 693 Chronophotograph of Movements of Boxer Photograph 7x7cm/*2x2in* New-York 97

MARFAING André 1925-1987 **[55]**

 $970 FF5 000 £642 Composition blanche et noire Huile/toile 43x29cm/*16x11in* Arles 96

 $3 451 FF19 500 £2 172 Composition abstraite Huile/toile 73x60cm/*28x23in* Toulouse 97

 $8 684 FF52 000 £5 335 Composition Huile/toile 97x130cm/*38x51in* Douai 98

 $997 FF5 000 £631 Composition Lavis/papier 65x50cm/*25x19in* Paris 95

MARFURT Leo 1894-1977 **[3]**

 $749 FF4 759 £468 "Bruxeles" Poster 104x72cm/*41x28in* New-York 97

MARGANTIN Louis A. 1900-1965 **[15]**

 $3 885 FF23 100 £2 377 Féerie pétrolière Huile/toile 100x73cm/*39x28in* Vernon 97

MARGARETA Kronprinsesse 1851-1920 **[1]**

 $3 567 FF20 426 £2 178 View of Waldemarssude, Stockholm, winter Oil/canvas 32x40cm/*12x15in*
Köbenhavn 97

MARGAT André 1903 **[56]**

 $4 387 FF25 000 £2 740 Eléphants d'Afrique Technique mixte/panneau 33x34cm/*12x13in* Calais 97

 $1 485 FF8 500 £906 Pélicans Fusain 63x50cm/*24x19in* Paris 97

MARGETSON William Henry 1861-1940 **[22]**

 $244 FF1 465 £147 A Young Couple passing a Woman resting in a Cave Oil/canvas 43x53cm/*16x20in*
London 97

 $5 067 FF30 273 £3 100 Girl by a Lock Oil/panel 39,5x33cm/*15x12in* London 98

MARGITAY Tihamér 1859-1922 **[12]**

 $2 480 FF12 240 £1 613 Hofmachen Oil/panel 35x50cm/*13x19in* Wien 95

MARGITSON Maria XIX **[6]**

 $5 550 FF32 380 £3 400 Grapes, Plums, Pears, Apples, Pineapple, Bird's Nest, stoneware Jug Oil/canvas
53,5x65cm/*21x25in* London 97

MARGOLIES Samuel L. 1897-1974 **[21]**

 $2 200 FF12 549 £1 352 Storm over City Hall Etching, aquatint 30,3x22,7cm/*11x8in* New-York 97

MARGOTTET Edouard Hippolyte 1848-1887 **[2]**

 $27 000 FF163 736 £16 472 Grandfather's Day Oil/canvas 95,5x136cm/*37x53in* New-York 98

MARGULIES Joseph 1896-1984 **[34]**

 $200 FF1 030 £125 Sunny Day, Gloucester Watercolour 55x73cm/*22x29in* Chicago, Illinois 96

MARIA de Mario 1852-1924 **[3]**

 $1 311 FF7 429 £655 Crepuscolo a Bergamo Alta Olio/tavola 34x18cm/*13x7in* Roma 98

MARIA de Walter 1935 **[20]**

 $100 000 FF594 180 £61 020 Dirt Box Metal 10x33x10cm/*3x12x3in* New-York 98

 $130 000 FF772 434 £79 326 Ball drop Construction 193x61x16cm/*75x24x6in* New-York 98

 $5 500 FF32 544 £3 355 Blue Mountain with Tanks Crayon 59,5x89cm/*23x35in* New-York 98

MARIANI Carlo Maria 1931 **[35]**

 $5 400 FF30 600 £3 600 Ciparisso, 1982 Tecnica mista/cartone 100x70cm/*39x27in* Prato 97

 $15 000 FF86 406 £9 253 Universalia Ante Rem Oil/canvas 120x100cm/*47x39in* New-York 97

 $4 800 FF27 826 £2 830 Studies per Castore e Poliduce Coloured pencils 70x99,5cm/*27x39in* New-York 97

MARIANI Cesare 1826-1901 **[4]**

 $11 184 FF63 376 £5 592 Venditore di maschere Olio/tela 95x65cm/*37x25in* Milano 98

✏ *$6 000 FF34 227 £3 689* Studies of a reclining female nude, seen from the back Black & white chalks 30x43,5cm/*11x17in* New-York 97
MARIANI Pompeo 1857-1927 **[113]**
👁 *$1 800 FF10 200 £1 200* Porto di Genova al tramonto Olio/cartone 49,5x35cm/*19x13in* Milano 97
👁 *$2 880 FF16 320 £1 920* Uliveto a Bordighera Olio/cartone 25,5x29cm/*10x11in* Milano 97
✏ *$1 320 FF7 480 £660* Studio di teste di bambini Carboncino/carta 25,5x17cm/*10x6in* Milano 97
MARIBONA Armando R. 1895-1964 **[2]**
👁 *$11 000 FF67 031 £6 803* Interior con dos mujeres Oil/canvas 129,5x99,5cm/*50x39in* Miami, Florida 98
MARIE Adrien E. 1848-1891 **[9]**
👁 *$14 850 FF74 000 £9 720* La Bohémienne Huile/toile 89x148cm/*35x58in* Paris 95
✏ *$1 513 FF8 832 £900* Une plage bourgeoise Watercolour 26,5x40,5cm/*10x15in* London 97
MARIE Gustave XIX-XX **[9]**
🖼 *$324 FF1 792 £201* "Edmund Sagot, Étrennes aux Dames" Poster 89x63cm/*35x25in* New-York 97
MARIE Raoul E. XIX **[2]**
👁 *$9 000 FF55 113 £5 386* Boating on the Seine at Chatou Oil/canvas 93x72cm/*36x28in* New-York 98
MARIëN Marcel 1920-1993 **[58]**
🔨 *$476 FF2 465 £305* L'odeur de mon pied Relief 60x65cm/*23x25in* Lokeren 96
✏ *$843 FF4 905 £516* Viol blue Technique mixte/papier 16x23cm/*6x9in* Antwerpen 97
MARIENHOF Jan (Attrib.) c.1610-c.1650 **[2]**
👁 *$4 630 FF24 200 £2 800* The Annunciation Oil/panel 60,5x51cm/*23x20in* London 96
MARIESCHI Michele 1696-1743 **[34]**
👁 *$297 000 FF1 553 400 £180 000* The Molo, Venice, from the Bacino di S. Marco Oil/canvas 48x73cm/*18x28in* London 96
👁 *$2 310 000 FF12 082 000 £1 400 000* The Courtyard of the Doge's Palace, Venezia Oil/canvas 118,5x181cm/*46x71in* London 96
🖼 *$1 755 FF9 153 £1 026* Forum maius, et Basilica D: Marci Radierung 31x44,7cm/*12x17in* Berlin 96
MARIESCHI Michele (Attrib.) 1696-1743 **[5]**
👁 *$7 430 FF37 540 £4 880* Riva degli Schiavoni Öl/Leinwand 52x74cm/*20x29in* Stuttgart 96
MARIETTE Jean 1660-1742 **[1]**
🖼 *$2 600 FF14 977 £1 527* L'Architecture Françoise, ou Recueil des plans, Elevations, Coupes... Etching 45x30cm/*17x11in* New-York 97
MARIKA Mawalan 1908-1967 **[1]**
👁 *$9 812 FF57 649 £5 891* The Bremer Island Turtle Hunter Mixed media 70x47cm/*27x18in* Melbourne 97
MARIKA Wandjuk 1927-1987 **[3]**
👁 *$3 335 FF20 325 £2 071* Sunrise on the Sacred Beach Mixed media/panel 121x39cm/*47x15in* Melbourne 97
👁 *$18 115 FF106 430 £10 876* Dian'Kawu at Yalan'Bara Mixed media 158x83,5cm/*62x32in* Melbourne 97
MARILHAT Prosper Georges Ant. 1811-1847 **[25]**
👁 *$5 375 FF33 000 £3 293* Entrée de village oriental Huile/toile 26x39cm/*10x15in* Aubagne 98
👁 *$46 200 FF239 400 £30 000* Arabs and Camels at Rest Oil/canvas 82x65cm/*32x25in* London 96
✏ *$1 330 FF6 760 £794* Ein Haus auf der Kykladeninsel Naxos Aquarell/Papier 12x18cm/*4x7in* Köln 96
MARILLIER Clément Pierre 1740-1808 **[10]**
✏ *$701 FF4 100 £415* Rosalie Encre 14x9,5cm/*5x3in* Paris 97
MARIN Augusto 1922 **[5]**
👁 *$5 500 FF32 410 £3 286* Homosapien Oil/masonite 78,5x124,5cm/*30x49in* New-York 97
MARIN BALDO José 1826-1891 **[3]**
👁 *$11 679 FF70 529 £7 000* The Washerwomen Oil/canvas 97x130cm/*38x51in* London 98
MARIN Claude 1914 **[40]**
👁 *$365 FF2 100 £215* Le Luxembourg Huile/panneau 27x35cm/*10x13in* Paris 97
MARIN Emile 1876-1940 **[54]**
👁 *$1 148 FF6 010 £690* Junto a las carretas Oleo/cartón 8,5x13,5cm/*3x5in* Madrid 96
👁 *$3 620 FF18 320 £2 376* Vista de Granada desde la Vega Oleo/lienzo 42x54cm/*16x21in* Madrid 96
✏ *$702 FF3 620 £450* Jardín con arcos Acuarela 38x29cm/*14x11in* Madrid 96
MARIN HIGUERO Enrique 1876-? **[4]**
✏ *$1 050 FF6 000 £645* Calle de Grenada Acuarela/papel 33x23cm/*12x9in* Madrid 97
MARIN Jacques 1877-1950 **[9]**
🔨 *$1 236 FF7 167 £730* Profil de femme Marbre 40x46cm/*15x18in* Bruxelles 97

MARIN John 1870-1953 **[130]**
 $42 000 FF216 300 £26 850 Trees and Hillside Oil/canvas 63,5x56cm/*25x22in* New-York 96
 $2 250 FF13 532 £1 345 Downtown, the El Etching 173x222cm/*68x87in* New-York 98
 $18 000 FF105 139 £11 050 Rocks, Bit of Sea, Cape Split, Maine Watercolour/paper 38x49,5cm/*14x19in* New-York 97
MARIN Joseph Ch. (Attrib.) 1759-1834 **[2]**
 $8 000 FF44 174 £4 992 Bust of a Nymph, probably allegorical for Autumn Terracotta H16,5cm/*H6in* New-York 97
MARIN Joseph Charles 1759-1834 **[4]**
 $118 800 FF621 360 £72 000 A standing Nymph Terracotta H42cm/*H16in* London 96
MARiN Mari Jose 1962 **[3]**
 $16 000 FF93 457 £9 467 Ni tú, ni yo Bronze H91cm/*H35in* New-York 97
MARIN-MARIE D.C. de Saint-Front 1901-1987 **[100]**
 $33 FF200 £20 Un canot de sauvetage par mer forte Gravure 34x44cm/*13x17in* Paris 98
 $7 443 FF43 000 £4 588 La frégate et le caboteur Aquarelle, gouache 54x73cm/*21x28in* Maisons-Lafitte 97
MARINALI Orazio (Attrib.) 1643-1720 **[1]**
 $197 835 FF1 210 000 £117 370 Junon/Hercule/Actéon/Chronos Pierre H225cm/*H88in* Paris 98
MARINARI Onorio 1627-1715 **[7]**
 $10 870 FF64 356 £6 500 A girl holding a dove Oil/canvas 62x51cm/*24x20in* London 97
 $7 000 FF38 674 £4 350 A sleeping Boy, bust-length Black chalk 19,2x14,9cm/*7x5in* New-York 97
MARINARI Onorio (Attrib.) 1627-1715 **[5]**
 $3 984 FF19 970 £2 520 Cleopatra Öl/Leinwand 68x53,5cm/*26x21in* Wien 95
MARINI Antonio 1788-1861 **[5]**
 $614 FF3 687 £368 "Personnages du Sacre du Printemps VI" Color lithograph 52x39,5cm/*20x15in* Stuttgart 98
MARINI Antonio M. (Attrib.) 1668-1725 **[4]**
 $4 215 FF25 000 £2 577 Navire dans la tempête près d'une côte rocheuse Huile/toile 37,5x65cm/*14x25in* Paris 97
 $23 600 FF121 400 £14 720 A River Landscape with Drovers and Cattle and an Encampment at Dawn Oil/canvas 98x133cm/*38x52in* Wien 96
MARINI Antonio Maria 1668-1725 **[6]**
 $8 680 FF43 400 £5 600 Mischia di cavalieri Olio/tela 74x98cm/*29x38in* Milano 95
MARINI Marino 1901-1980 **[750]**
 $9 000 FF46 100 £5 470 Cavallo e cavaliere Tempera 42x33,5cm/*16x13in* New-York 96
 $65 000 FF333 000 £39 500 Cavallo Tempera 100x75cm/*39x29in* New-York 96
 $170 000 FF972 536 £103 666 The Figure Studio Oil/canvas 165x114,5cm/*64x45in* New-York 97
 $1 380 FF6 880 £904 Bunter Reiter I Color lithograph 80x58cm/*31x22in* München 95
 $130 000 FF636 000 £82 200 Piccolo cavaliere Bronze H26cm/*H10in* New-York 95
 $200 000 FF1 035 000 £133 700 Ballerina Bronze H162,5cm/*H63in* New-York 96
 $1 044 FF6 022 £622 Without title Felt pen 16x11,5cm/*6x4in* München 97
MARINKO George J. 1908-1990 **[42]**
 $470 FF2 726 £288 Pears on branches Oil/canvas 38x30cm/*15x12in* Wallingford, Connecticut 97
MARINO DI TEANA Francisco 1920 **[5]**
 $3 387 FF20 246 £2 072 Konstruktion Sculpture H51cm/*H20in* Köbenhavn 97
 $9 150 FF48 000 £5 510 Parcours sans fin Sculpture H80cm/*H31in* Paris 96
MARINOT Maurice 1882-1960 **[9]**
 $325 FF2 000 £199 Au Maroc Huile/bois 18x14cm/*7x5in* Troyes 98
MARINUS Ferdinand 1808-1890 **[22]**
 $1 800 FF10 440 £1 064 Landscape with Peasants and Donkeys on a Path Oil/canvas 41x73cm/*16x28in* San Francisco 97
 $13 100 FF81 200 £7 850 Chargement du bac en hiver Huile/toile 103x145cm/*40x57in* Antwerpen 98
MARIO DEI FIORI Mario Nuzzi 1603-1673 **[26]**
 $10 500 FF60 658 £6 236 Vase aux fleurs Oleo/lienzo 13,5x10cm/*5x3in* Buenos Aires 97
 $18 000 FF106 131 £11 037 Still Life of Roses, Anemones and Tulips in a Vase Oil/canvas 71,5x54cm/*28x21in* New-York 98
 $27 700 FF134 200 £17 600 Allegoria dello Studio e della Vigilanza Olio/tela 96x130cm/*37x51in* Roma 95

MARIO DEI FIORI Mario Nuzzi (Attrib 1603-1673 [4]
  $6 730 FF40 160 £4 060 Blumenstilleben Oil/canvas/panel 60x80cm/*23x31in* Köln 97
MARIOTON Claudius 1844-1919 **[12]**
  $1 341 FF7 765 £820 Faun feeding Grapes to a Bear skin Bronze H43,5cm/*H17in* Billingshurst, West Sussex 97
MARIOTON Eugène 1854-1933 **[56]**
  $998 FF5 955 £620 Le Vainqueur Bronze H69,5cm/*H27in* London 97
  $3 490 FF16 800 £2 190 Archer victorieux Bronze H95cm/*H37in* Fontainebleau 95
MARIS Frits, Ferdinand J. 1873-1935 **[9]**
  $484 FF2 456 £316 A farmhouse Oil/canvas 16x21,5cm/*6x8in* Amsterdam 96
MARIS Jacob Marcus 1837-1899 **[63]**
  $913 FF5 467 £562 Hollandsk landskab med mölle og huse samt både på kanal Oil/canvas 44x60cm/*17x23in* Vejle 98
  $7 545 FF44 563 £4 558 A horseman on a towing path Oil/panel 15,5x21cm/*6x8in* Amsterdam 97
  $6 969 FF41 753 £4 165 Huizen bij een bruggetje Watercolour/paper 29,5x37,5cm/*11x14in* Den Haag 98
MARIS Matthijs 1839-1917 **[20]**
  $2 974 FF17 889 £1 783 A Polder Landscape Oil/paper/panel 13,5x30cm/*5x11in* Amsterdam 98
  $15 037 FF87 179 £8 980 Childhood Susan Oil/canvas/panel 49,5x39,5cm/*19x15in* Amsterdam 97
MARIS Simon Wzn. 1873-1935 **[39]**
  $791 FF4 509 £491 The bride Oil/panel 21,5x15cm/*8x5in* Amsterdam 97
  $757 FF4 640 £451 View of "Het Gijn" near Abcoude Oil/canvas 46x56,5cm/*18x22in* Amsterdam 98
MARIS Willem 1844-1910 **[57]**
  $4 462 FF26 833 £2 675 A Boy with an Ox-Drawn Cart along the River Rhine Oil/canvas 35x53cm/*13x20in* Amsterdam 98
  $6 500 FF38 644 £3 976 At Rest Along the Riverbank Oil/canvas 24x33cm/*9x12in* New-York 97
  $9 500 FF57 506 £5 668 Milking Time Oil/canvas 101,5x142cm/*39x55in* New-York 97
  $1 111 FF5 719 £693 Koeien aan de slootkant Charcoal/paper 53x35cm/*20x13in* Den Haag 96
MARIS Willem Matthijs 1872-1929 **[10]**
  $1 090 FF5 520 £710 Portrait of a young woman, seated in a garden, with flowers on her lap Watercolour 61x41cm/*24x16in* Amsterdam 96
MARISOL Escobar 1930 **[19]**
  $6 500 FF33 660 £4 345 Untitled Sculpture, wood 44,5x84cm/*17x33in* New-York 96
  $48 000 FF278 424 £28 372 The Bathers Sculpture 213,5x178,5x160cm/*84x70x62in* New-York 97
  $1 020 FF5 310 £674 Nude Coloured pencils 65x50cm/*25x19in* Toronto 96
MARISTANY Vives XX **[61]**
  $107 FF640 £64 Arboleda Oleo/tabla 19x11cm/*7x4in* Madrid 97
MARK Mary Ellen 1941 **[14]**
  $800 FF4 714 £494 "Tiny Smith for Halloween, Seattle" Silver print 33x21cm/*13x8in* New-York 97
MARKES Albert Ernest 1865-1901 **[34]**
  $504 FF2 991 £298 Shipping becalmed Watercolour/paper 20,5x16,5cm/*8x6in* New-York 97
MARKES Richmond 1875-1920 **[31]**
  $512 FF2 650 £330 H.M.S. "Warrior" under full sail Watercolour 31x49cm/*12x19in* Penzance, Cornwall 96
MARKHAM Kyra 1891-1967 **[28]**
  $300 FF1 823 £182 In the Wings Lithograph 34x25cm/*13x10in* Shaker Heights, Ohio 98
MARKIN Vitaly Alexandrov. 1924 **[16]**
  $449 FF2 325 £300 Fishermen Oil/board 25x55cm/*9x21in* London 96
MARKINO Yoshiko XIX-XX **[12]**
  $9 664 FF55 866 £6 000 A Busy Street Watercolour 31,5x23cm/*12x9in* London 97
MARKKULA Mauno 1905-1959 **[12]**
  $768 FF4 642 £467 Strandstenar Oil/panel 41x33cm/*16x12in* Helsinki 98
MARKLUND Bror 1907-1977 **[28]**
  $1 047 FF5 983 £641 Gycklaren Bronze H45cm/*H17in* Stockholm 97
  $12 130 FF62 400 £7 560 Gelstalt i Storm Bronze H88cm/*H34in* Stockholm 96
MARKO Andreas 1824-1895 **[37]**
  $4 750 FF23 240 £3 006 A mother and child on an Alpine pass Oil/canvas 76x102cm/*29x40in* San Francisco-Los Angeles 95
  $8 775 FF45 150 £5 475 A Shepherd Family in a Mountainous Lanscape Oil/canvas 103x134cm/*40x52in* Amsterdam 96

✏ $2 080 FF10 680 £1 240 Vedita di Sorrento Carboncillo 78x109cm/*30x42in* Roma 96
MARKO Karl I, Carlo 1791-1860 **[21]**
✏ $3 750 FF22 644 £2 278 Figures in an Extensive Landscape Oil/canvas 49x63cm/*19x25in* Bethesda, Maryland 98
✏ $5 038 FF30 168 £3 095 Landschaft bei Rom Oil/canvas 27x41,5cm/*10x16in* Bern 98
MARKO Karl I, Carlo (Attr) 1791-1860 **[4]**
✏ $3 050 FF15 670 £1 900 Christ with his Disciples in a classical Italianate Landscape Oil/paper/panel 26,5x37cm/*10x14in* London 96
MÁRKO Karl II, Carlo 1822-1891 **[28]**
✏ $3 200 FF16 750 £2 100 Paesaggio con figure Olio/tela 22x25cm/*8x9in* Roma 96
✏ $4 974 FF28 764 £3 078 Landschaft in Latinum bei Rom Öl/Leinwand 48x63cm/*18x24in* Wien 97
✏ $10 489 FF60 843 £6 200 View of Capri Oil/canvas 98x131cm/*38x51in* London 97
MARKOS Andras 1950 **[5]**
✏ $844 FF4 180 £537 Komposition IV Mixed media/paper 70x100cm/*27x39in* Heidelberg 95
MARKOS Lajos 1917-1993 **[7]**
✏ $9 250 FF52 676 £5 704 Indian Deal Oil/canvas 60x76cm/*24x30in* Dallas, Texas 97
MARKOV Léonid 1926 **[54]**
✏ $139 FF800 £85 L'hiver est arrivé Huile/toile/carton 20x25cm/*7x9in* Cherbourg 97
MARKOV-GRINBERG Mark XX **[4]**
✏ $1 000 FF5 892 £617 "We Can Never Forget, Stutthoph Death Camp" Silver print 31x41cm/*12x16in* New-York 97
MARKOVITCH Nicolas XX **[8]**
✏ $134 FF700 £80 Chapelle à Figeac (Lot) Aquarelle/papier 20x27cm/*7x10in* Orléans 96
MARKOWICZ Arthur 1872-1934 **[34]**
✏ $1 863 FF9 640 £1 203 Street in Krakowie Oil/cardboard 23x29,5cm/*9x11in* Warszawa 96
✏ $8 000 FF48 251 £4 749 Viduy Oil/canvas/board 40x60cm/*15x23in* Tel Aviv 98
✏ $220 FF1 307 £134 Portrait of a Young Woman and Head of a Bearded Man Charcoal/paper 29,5x21,5cm/*11x8in* Tel Aviv 98
MARKS Ferdinund Louis 1861-? **[4]**
✏ $2 120 FF11 000 £1 400 Bords de l'Oise, Pontoise Huile/panneau 55,5x37,5cm/*21x14in* Pontoise 96
MARKS George XIX-XX **[14]**
✏ $1 098 FF6 109 £680 In norbury Park Watercolour/paper 24x16,5cm/*9x6in* Billingshurst, West Sussex 97
MARKS Henry Stacy 1829-1898 **[45]**
✏ $5 610 FF27 160 £3 600 The Letter Oil/canvas 109x79cm/*42x31in* London 95
✏ $42 255 FF242 012 £25 000 The Bookworn Oil/canvas 86,5x145cm/*34x57in* London 97
✏ $1 232 FF6 380 £800 A Banksian cockatoo Watercolour 24,5x12cm/*9x4in* London 96
MARLET Jean Henri 1771-1847 **[9]**
✏ $1 982 FF10 000 £1 287 Les bonnes oeuvres Huile/toile 50x6cm/*19x2in* Soissons 96
MARLIER de Philips c.1600-c.1669 **[7]**
✏ $4 962 FF28 848 £3 030 Blumenkranz mit Madonna und Kind Oil/copper 36x29cm/*14x11in* Wien 97
MARLOW William 1740-1813 **[26]**
✏ $7 910 FF40 000 £5 190 Vue du Rhône près de la Tour de l'Herf et du château de Montfaucon Huile/toile 635x91,5cm/*250x36in* Paris 96
✏ $19 591 FF116 959 £12 000 The Adelphi and the York Water Tower from the Thames Oil/canvas 51x76cm/*20x29in* London 97
✏ $49 000 FF239 700 £31 000 Elegant figures walking in the garden at Kew by the pagoda Oil/copper 23x53cm/*9x20in* London 95
MARLOW William (Attrib.) 1740-1813 **[3]**
✏ $4 571 FF27 290 £2 800 London Bridge Oil/canvas 53x83cm/*20x32in* London 97
MARLOWE Florence XIX-XX **[1]**
✏ $9 870 FF50 600 £6 000 Learning to ride Oil/canvas 91x71cm/*35x27in* London 96
MARNEFFE de François 1793-1877 **[1]**
✏ $10 510 FF53 800 £6 810 Skaters on the frozen river Oil/panel 46x67cm/*18x26in* Wien 95
MARNEFFE Ernest 1866-1921 **[31]**
✏ $1 460 FF7 560 £934 Esquisse Huile/toile 23x16cm/*9x6in* Liège 96
✏ $2 855 FF14 800 £1 827 Espagnole à l'éventail Huile/carton 75x40,5cm/*29x15in* Liège 96

MARNY Paul 1829-1914 **[77]**

✎ *$7 540 FF45 725 £4 600* Moussac, Gironde Watercolour/paper 60x103cm/*23x40in* Crewkerne, Somerset 98

MAROCHETTI Charles, Carlo 1805-1867 **[12]**

⚒ *$644 FF3 842 £400* The Duke of Wellington, A Bust Bronze H20cm/*H7in* London 97

MARÖHN Ferdinand Maronnio XIX **[15]**

☞ *$3 960 FF20 370 £2 470* L'Hiver Öl/Leinwand 29x42cm/*11x16in* Bern 96

☞ *$5 000 FF29 002 £2 955* Numerous Figures Gathered on the Ice with Figures Playing Catch Oil/canvas 53x81cm/*20x31in* San Francisco 97

MAROLD Ludwig, Ludek 1865-1898 **[14]**

▭ *$2 800 FF14 500 £1 872* "Nàs Dúm Vasanaci" Poster 124x93cm/*48x36in* New-York 96

✎ *$1 128 FF6 743 £700* Une Elégante se chauffant les mains Watercolour/paper 38x26,5cm/*14x10in* London 97

MARON von Anton 1733-1808 **[5]**

☞ *$11 340 FF66 724 £7 000* Bildnis einer Dame als Juno (Pfau!) Öl/Leinwand 95,5x74cm/*37x29in* Wien 97

MARON von Anton (Attrib.) 1733-1808 **[4]**

☞ *$4 340 FF21 920 £2 845* Kaiserin Maria Theresia in Witwentracht Öl/Leinwand 98x5cm/*38x1in* Wien 96

MARONEY Ken [8]

☞ *$347 FF1 690 £220* Girl on the beach Oil/board 27x20cm/*10x7in* London 95

MARONIEZ Georges Philibert 1865-1933 **[110]**

☞ *$848 FF4 916 £500* Unloading the Catch at Sunset Oil/canvas 45,5x61cm/*17x24in* London 97

☞ *$877 FF5 000 £548* Le Moulin Huile/carton 26x38cm/*10x14in* Douai 97

✎ *$472 FF2 800 £283* Effets de vague Pastel 29x45cm/*11x17in* Brest 97

MAROT Francois 1666-1719 **[3]**

☞ *$30 000 FF165 747 £18 645* A Woman playing a Guitar at a Balustrade with a Girl and a Boy Oil/canvas 145x96,5cm/*57x37in* New-York 97

MARPLE William Lewis 1827-1910 **[10]**

☞ *$3 000 FF18 061 £1 794* Waiting for the Ferry Oil/canvas 30,5x50,5cm/*12x19in* San Francisco 98

MARQUARD DE TREY Joseph Nathan 1713-1796 **[1]**

☞ *$28 000 FF143 500 £17 000* Trompe l'oeils Oil/canvas 89x72cm/*35x28in* New-York 96

MARQUARDT Hedwig 1884-1969 **[1]**

✎ *$3 900 FF20 400 £2 322* Drei Pferdeköpfe im Profil Soft pencil 54x40cm/*21x15in* Hamburg 96

MARQUES Joaquín XVIII **[1]**

☞ *$34 701 FF215 000 £20 726* Vue du Port de Ceuta Huile/toile 60x73cm/*23x28in* Paris 98

MARQUESTE Laurent Honoré 1848-1920 **[2]**

⚒ *$2 835 FF16 000 £1 737* Hébé Bronze H77,5cm/*H30in* Nice 97

MARQUET Albert 1875-1947 **[663]**

☞ *$10 104 FF60 000 £6 120* Rue rue Prieuré, le vieux Chatenois, Vosges Huile/toile 27x41cm/*10x16in* Saint-Germain-en-Laye 97

☞ *$95 800 FF500 000 £63 400* Le port de Boulogne-sur-Mer Huile/toile 60x81cm/*23x31in* Cheverny 96

▭ *$368 FF2 200 £222* Une planche de la suite des "Bords de Seine" Pointe sèche 22,7x30cm/*8x11in* Paris 97

✎ *$1 883 FF11 000 £1 156* Nu allongé Encre/papier 19x34cm/*7x13in* Paris 97

MARQUET Gaston 1848-? **[4]**

☞ *$1 311 FF8 053 £786* Bauernmädchen vorm Haus am Waschbottich Oil/wood 24x18cm/*9x7in* Köln 98

MARQUEZ Roberto 1959 **[2]**

☞ *$13 000 FF75 890 £7 733* La Noche del Cazador Oil/canvas 122,5x157,5cm/*48x62in* New-York 97

MARQUIS James Richard ?-1885 **[9]**

☞ *$7 630 FF38 040 £5 000* Shipping off the coast Oil/canvas 72x122cm/*28x48in* London 95

MARR Joseph Heinrich L. 1807-1871 **[7]**

☞ *$8 580 FF44 150 £5 350* Going to Market Oil/canvas 37x46,5cm/*14x18in* Wien 96

MARR von Carl 1858-1936 **[37]**

☞ *$3 400 FF16 570 £2 155* Flora in Begleitung von blumenstreuenden Eroten Öl/Leinwand 76x52cm/*29x20in* Köln 95

☞ *$12 181 FF70 657 £7 200* Sea Nymphs Oil/canvas 220x170cm/*86x66in* London 97

✎ *$487 FF2 894 £298* Der Sophist Gouache 59,5x33cm/*23x12in* München 98

MARRALWANGA Peter 1916-1987 **[4]**

☞ *$2 079 FF11 909 £1 230* Djun the black headed Python Mixed media/panel 119x56cm/*46x22in* Sydney 97

MARRE Henri 1858-1927 **[11]**

☞ *$4 188 FF26 000 £2 524* Scène de couture dans le verger Huile/toile 73x60cm/*28x23in* Albi 98

MARREL Jacob 1614-1681 **[18]**

   $16 863 FF99 900 £10 000 Pears, Orange, Lemons, parrot on a silver Tazza Oil/canvas 70x61cm/*27x24in* London 97

   $36 078 FF210 000 £22 071 La Vierge à l'Enfant entourée d'une guirlande de fruits Huile/toile 136x102cm/*53x40in* Toulouse 97

   $8 043 FF46 035 £4 750 A Tulip "Cleijnen Alexander" Watercolour 22,5x16cm/*8x6in* Amsterdam 97

MARRIOT Frederick 1860-1941 **[5]**

   $6 256 FF37 962 £3 800 Admiring Her Looks Oil/canvas 65x131cm/*25x51in* London 98

MARRIOTT Frederick & Pickford XIX-XX **[2]**

   $3 786 FF18 860 £2 480 Admiration Huile/toile 67x132cm/*26x51in* Montréal 95

MARRIS Robert c.1750-1827 **[1]**

   $1 240 FF6 376 £800 Lynmouth Bridge, North Devon, from the Quay Wash 33x54,5cm/*12x21in* London 96

MARSEUS VAN SCHRIECK Otto c.1619-1678 **[3]**

   $74 800 FF386 000 £48 000 Flowers by an architectural fragment with a chameleon, butterfflies Oil/canvas 45,5x36cm/*17x14in* London 96

MARSH Arthur Hardwick 1842-1909 **[6]**

   $3 825 FF21 798 £2 400 Springtime Oil/canvas 34,5x115,5cm/*13x45in* London 97

   $1 800 FF10 727 £1 117 An Ethereal Day with a Wood Nymph and a Boy with His Pups Watercolour/paper 116x71cm/*46x28in* New Orleans, Louisiana 97

MARSH Dale 1940 **[7]**

   $2 467 FF14 786 £1 472 Balmy Summer's Endless Days Oil/canvas/board 88,5x121cm/*34x47in* Melbourne 98

MARSH Reginald 1898-1954 **[233]**

   $4 200 FF25 641 £2 510 Walking Woman Oil/masonite 25,5x20cm/*10x7in* New-York 98

   $25 000 FF146 027 £15 347 Striptease Tempera 46x61cm/*18x24in* New-York 97

   $1 300 FF7 488 £763 Loco - Erie Watering Etching 17,5x25,5cm/*6x10in* New-York 97

   $400 FF2 378 £240 Herkimer, The Talking Horse, Girl on carousel Horse Pencil 26x26cm/*10x10in* South Deerfield, Mass. 97

MARSHALL Benjamin 1767-1835 **[27]**

   $26 000 FF153 938 £15 438 General John Peel's Archibald with a Groom at Newmarket Oil/canvas 63,5x77cm/*25x30in* New-York 97

   $44 067 FF263 398 £26 000 Portrait of Captain, later Lieutenant Colonel, Henry Francis Mellish Oil/canvas 240x147cm/*94x57in* London 97

MARSHALL Charles 1806-1890 **[6]**

   $3 591 FF21 447 £2 200 Landschaft mit einem Fischer am Flussufer Öl/Leinwand 51x76cm/*20x29in* Wien 98

MARSHALL Herbert Menzies 1841-1913 **[63]**

   $6 187 FF36 121 £3 800 From the Tower Quay Oil/canvas 46x36cm/*18x14in* London 97

   $404 FF2 047 £260 Figures gathered by the shore Watercolour 14x21cm/*5x8in* London 96

MARSHALL J. Fitz 1859-1932 **[17]**

   $1 626 FF9 276 £1 000 Feeding the Birds Oil/canvas 40x20cm/*15x7in* Billingshurst, West Sussex 97

   $3 415 FF19 480 £2 100 Disdain Oil/canvas 35,5x45,5cm/*13x17in* Billingshurst, West Sussex 97

MARSHALL James Miller XIX-XX **[11]**

   $310 FF1 890 £190 Springtime, Portbury Lane Watercolour/paper 32x64cm/*12x25in* Bristol, Avon 98

MARSHALL Joseph c.1740-c.1790 **[1]**

   $22 100 FF108 600 £14 000 The model of the "Royal George", painting of a bow view Oil/panel 73x115cm/*28x45in* London 95

MARSHALL Lambert 1810-1870 **[4]**

   $6 644 FF38 385 £3 900 Bay Racehorse held by a Groom, on a Racecourse Oil/canvas 61x73,5cm/*24x28in* London 97

MARSHALL Maude c.1877-1967 **[3]**

   $1 146 FF5 970 £720 Young Scotties Pastel/paper 27x30,5cm/*10x12in* London 96

MARSHALL Roberto Angelo Kitt. 1818-1878 **[18]**

   $717 FF4 306 £428 Near Abergavenny Monmouthshire Watercolour/paper 52x37cm/*20x14in* Melbourne 98

MARSHALL Roberto Kittermaster 1849-c.1923 **[14]**

   $1 448 FF7 320 £950 A country lane near Heathfield, Sussex Watercolour 34,5x52,5cm/*13x20in* London 96

MARSHALL Thomas Falcon 1818-1878 **[12]**
$2 758 FF15 873 £1 700 Sweet Pastures Oil/panel 30x40cm/*11x15in* London 97
$3 350 FF17 030 £2 000 Primroses Oil/canvas 47x37cm/*18x14in* London 96
$12 354 FF76 026 £7 500 The Arrest of Louis XVI and His Family at the House of the Registrar Oil/canvas 105x142,5cm/*41x56in* London 98
MARSHALL Thomas William 1850-1874 **[6]**
$1 000 FF5 938 £610 Village by the River Oil/board 16x30cm/*6x11in* Boston, Mass. 98
MARSHALL William Calder 1813-1894 **[4]**
$3 278 FF19 398 £2 000 Hermione Marble H65cm/*H25in* London 98
MARSHALL Willis Elstob XIX-XX **[9]**
$4 234 FF24 606 £2 500 Midday Rest Oil/canvas 61x91,5cm/*24x36in* London 97
MARSIMENKO Taras Nikitiyevich 1890-1969 **[3]**
$1 134 FF6 673 £700 A Girl Combing her Hair Oil/canvas 57x41cm/*22x16in* London 97
MARSTBOOM Antoon 1905-1960 **[17]**
$176 FF858 £111 Nu debout Dessin 33x18cm/*12x7in* Antwerpen 95
MARSTON Freda, née Clulow 1895-1949 **[13]**
$1 283 FF7 435 £800 Boating on the Lake Oil/canvas 46x61cm/*18x24in* London 97
MARSTON George Edward 1882-1940 **[14]**
$4 544 FF26 266 £2 800 Landing the Boats, Elephant Island Oil/board 20x33cm/*7x12in* London 97
$12 171 FF70 356 £7 500 Cape Wild, Elephant Island Oil/canvas 36x51cm/*14x20in* London 97
$5 149 FF30 418 £3 200 S.Y. "Nimrod" in Pack Ice Ink 16x19,5cm/*6x7in* London 97
MARSTRAND Troels 1919-1992 **[26]**
$51 FF250 £32 La femme esquimau Encre Chine 24x65cm/*9x25in* Paris 95
MARSTRAND Wilhelm 1810-1873 **[178]**
$2 030 FF11 776 £1 200 A Young MOther feeding her Child Oil/panel 25x19cm/*9x7in* London 97
$3 982 FF23 768 £2 440 Portraet af Magdalene Sörina Swane, född Bruun (1827-1909) Oil/canvas 39x49cm/*15x19in* Köbenhavn 98
$387 FF2 372 £235 Italiensk klaedehandler/Italienerinder på trappe foran palazzo Pencil 19,5x16,5cm/*7x6in* Köbenhavn 98
MARTEL Jan, Joël 1896-1966 **[42]**
$2 964 FF15 100 £1 780 Femme à la rose Terracotta H59,5cm/*H23in* Paris 96
MARTEL Paul Jean 1879-1944 **[18]**
$637 FF3 180 £412 Portrait d'Yvonne Hermans enfant Huile/toile/panneau 46x38cm/*18x14in* Bruxelles 96
MARTELLY de John Stockton 1903-1979 **[36]**
$350 FF1 800 £218 Light-Kansas Memorial Etching 29,5x36,5cm/*11x14in* Bloomfield Hills, Michigan 96
MARTEN Elliot Henry XIX-XX **[25]**
$470 FF2 730 £278 On the Lugwy/The Arun at Haughton Watercolour/paper 26x36cm/*10x14in* West Midlands 97
MARTEN OF CANTERBURY John XVIII-XIX **[2]**
$1 334 FF6 800 £800 Views of Canterbury cathedral Ink 18x27cm/*7x10in* London 96
MARTENS Conrad 1801-1878 **[50]**
$9 376 FF54 546 £5 743 Sydney Oil/board 20,3x30,4cm/*7x11in* Melbourne 97
$2 200 FF11 524 £1 323 Entrandoa Montevideo por la aguada Lápiz 23x33cm/*9x12in* Montevideo 96
MARTENS Ernest 1865-? **[4]**
$22 800 FF129 200 £11 400 Il pasto dei cigni Olio/tela 59x74cm/*23x29in* Milano 98
MARTENS Friedrich 1809-1875 **[3]**
$1 294 FF7 432 £789 Panorama von Stuttgart Print 21x94cm/*8x37in* Berlin 97
MARTENS Henry ?-c.1860 **[5]**
$38 340 FF195 200 £23 000 The Yorkshire Hussars Oil/canvas 142x151cm/*55x59in* London 96
MARTENS von Louise Henriette 1828-1897 **[6]**
$1 940 FF9 680 £1 266 Auf einem Steinpodest liegen Weintrauben und Äpfel Öl/Leinwand 29x38cm/*11x14in* Stuttgart 95
MARTENS Willem Johannes 1838-1895 **[9]**
$2 614 FF14 869 £1 600 Jeune femme à l'éventail Oil/panel 31,5x21,5cm/*12x8in* London 97
$18 480 FF95 700 £12 000 La Bella Addormentata Oil/panel 46x36cm/*18x14in* London 96
MARTENS Willy 1856-1927 **[7]**
$3 500 FF21 276 £2 155 Tending the Garden Oil/canvas 57,5x64,5cm/*22x25in* New-York 98
MARTI Marcel 1925 **[5]**

✎ *$1 190 FF6 766 £731* Grupo Bronze 28x30x21cm/*11x11x8in* Barcelona 97
MARTI Y ALSINA Ramón 1826-1894 **[21]**
◉ *$3 300 FF19 750 £2 000* Rocas en la costa Oleo/lienzo 44x98,5cm/*17x38in* Barcelona 97
◉ *$17 225 FF104 675 £10 600* Paisaje con pinos y camino Oleo/lienzo 177x114cm/*69x44in* Barcelona 98
✎ *$495 FF2 962 £300* Edificios Lápiz 12,5x24,5cm/*4x9in* Barcelona 98
MARTIN Agnes 1912 **[56]**
◉ *$48 000 FF244 500 £28 800* Untitled Oil/canvas 30,5x30,5cm/*12x12in* New-York 96
◉ *$55 000 FF316 822 £33 929* Night Harbor Oil/canvas 63,5x63,5cm/*25x25in* New-York 97
◉ *$200 000 FF1 035 000 £133 700* Untitled #7 Mixed media/canvas 183x183cm/*72x72in* New-York 96
▤ *$3 400 FF20 359 £2 089* On a clear day Screenprint 22x22cm/*9x9in* Chicago, Illinois 98
✎ *$24 000 FF139 454 £14 169* Untitled Pencil/paper 23x23,5cm/*9x9in* New-York 97
MARTIN Alex. Louis 1887-1954 **[12]**
◉ *$560 FF3 272 £342* Autoportrait Huile/toile 66x54cm/*25x21in* Bruxelles 97
MARTIN Alfred 1888-1950 **[47]**
◉ *$252 FF1 470 £153* "Vieille lessiveuse (au quai de la Maladrine, Bouillon)" Huile/carton/toile 34,5x24cm/*13x9in* Bruxelles 97
✎ *$1 357 FF8 450 £811* Les meules Pastel/papier 47x62cm/*18x24in* Liège 98
MARTIN Andréas XVII **[12]**
◉ *$5 029 FF30 135 £3 000* A Fisherman Briging his Catch Ashore on a River Bank Oil/panel 25x39,5cm/*9x15in* London 98
◉ *$8 708 FF52 023 £5 400* The Castle at Saint Cloud, Paris Oil/panel 43x69cm/*16x27in* London 97
MARTIN C.J. XIX **[1]**
◉ *$36 038 FF209 523 £22 000* Shipping on the Hooghly River, Calcutta Oil/canvas 39,5x63cm/*15x24in* London 97
MARTIN Charles 1848-1934 **[9]**
✎ *$396 FF2 287 £242* Juene femme court vêtue assise de profil Encre/papier 75x56cm/*29x22in* Bruxelles 97
MARTIN Claude René XIX-XX **[3]**
◉ *$14 000 FF72 000 £8 720* The Betrothal Oil/canvas 47x70cm/*18x27in* New-York 96
MARTIN DES GOBELINS Pierre Denis c.1663-1742 **[2]**
◉ *$3 540 FF17 260 £2 245* Landschaft mit einer Hirschhatz des Grand Dauphin Öl/Leinwand 80x99,5cm/*31x39in* Köln 95
MARTIN Elias 1739-1818 **[28]**
◉ *$4 723 FF27 565 £2 808* Kvinna i månsekenlandskap Oil/panel 36x49cm/*14x19in* Stockholm 97
▤ *$2 246 FF11 730 £1 516* Sophie Hagman Engraving 18x12cm/*7x4in* Stockholm 96
✎ *$2 492 FF14 548 £1 482* "Bondgård vid väg med lantfolk"/Studie Indian ink 23,5x28cm/*9x11in* Stockholm 97
MARTIN Étienne 1858-1945 **[10]**
◉ *$856 FF5 000 £525* Les environs de Digne Huile/panneau 21x32cm/*8x12in* Paris 97
MARTIN Fletcher 1904-1979 **[31]**
◉ *$9 000 FF47 000 £5 440* The Corner Oil/canvas 61x76,5cm/*24x30in* New-York 96
▤ *$110 FF554 £71* Gesture Silkscreen in colors 59x29cm/*23x11in* Cleveland, Ohio 96
MARTIN François 1945 **[23]**
✎ *$423 FF2 500 £262* Angle de regard lampe de poche Collage 107x160cm/*42x62in* Paris 97
MARTIN François, sculpt. ?-1804 **[6]**
✎ *$2 222 FF13 500 £1 337* Buste de Monsieur de Rostaing Terracotta 42x34cm/*16x13in* Paris 98
MARTIN Gilbert XIX **[1]**
◉ *$5 005 FF30 690 £3 000* A Basket of Pansies Oil/canvas 33x41cm/*12x16in* London 98
MARTIN Henri 1860-1943 **[310]**
◉ *$4 000 FF22 857 £2 450* Le laboureur Oil/panel 41,5x33cm/*16x12in* New-York 97
◉ *$53 800 FF262 600 £34 000* Le vieux port, Marseille Oil/canvas 60x80cm/*23x31in* London 95
◉ *$309 209 FF1 861 544 £185 000* Bergère cousant dans le pré Oil/canvas 195x113cm/*76x44in* London 98
✎ *$2 658 FF15 000 £1 629* Le crépuscule Fusain 34x90cm/*13x35in* Deauville 97
MARTIN Henry 1835-1908 **[28]**
◉ *$1 639 FF9 587 £1 000* Boats Moored in a Cove Oil/bcard 15x25,5cm/*5x10in* London 97
✎ *$2 877 FF16 472 £1 700* A View in Doretshire Watercolour 19x29cm/*7x11in* London 97
MARTIN Homer Dodge 1836-1897 **[25]**

M

Calendar & auction results: Internet www.artprice.com   Minitel 3617 ARTPRICE

☞ *$1 900   FF9 700* £1 252 Landscape Oil/board 13x23cm/*5x9in* Dedham, Mass. 96
☞ *$2 000   FF11 601* £1 230 Autumn Landscape with Distant Valley Oil/canvas 35x50cm/*14x20in* Bethesda, Maryland 97
MARTIN Homer Dodge (Attrib) 1836-1897 [1]
☞ *$1 600   FF9 768* £956 Cabin in a landscape at sunset Oil/canvas 20x30,5cm/*7x12in* New-York 98
MARTIN Ira W. XX [4]
📷 *$4 800   FF27 842* £2 942 Chairs and Shadows Platinum print 16x12cm/*6x4in* New-York 97
MARTIN Jacques 1844-1919 [44]
☞ *$555   FF3 300* £343 Nature morte au gibier et aux écrevisses Huile/toile 50x61cm/*19x24in* Paris 97
☞ *$854   FF5 230* £511 Peasant Women Doing the Laundry Oil/canvas 31,5x43cm/*12x16in* Amsterdam 98
MARTIN Jacques 1921 [8]
✐ *$1 992   FF11 500* £1 221 "Le Dernier Spatiarte", de la série Alix Encre Chine/papier 48x36cm/*18x14in* Paris 97
MARTIN Jean-Bapt. (Attrib.) 1659-1735 [2]
✐ *$5 445   FF28 479* £3 300 Siege of Freiburg-im-Bresgau, 1713 Watercolour 35,5x52cm/*13x20in* London 96
MARTIN Jean-Baptiste 1659-1735 [1]
☞ *$49 380   FF300 000* £29 730 L'armée de Louis XV devant le siège de Liège Oil/canvas 70x110cm/*27x43in* Paris 98
MARTIN Johan Fred. (Attrib) 1755-1816 [2]
✐ *$1 040   FF5 380* £672 Utflykt i det gröna Ink 22x34,5cm/*8x13in* Stockholm 96
MARTIN Johan Fredrik 1755-1816 [27]
▤ *$657   FF3 900* £401 Baron Patirc Alströmer/Christoffer Pohlem, after Scheffel Print 11,5x7cm/*4x2in* Malmö 98
✐ *$1 982   FF11 840* £1 213 Linköping Akvarell/papper 16,5x22cm/*6x8in* Stockholm 98
MARTIN John 1789-1854 [55]
▤ *$653   FF3 887* £400 The Eve of the Deluge Mezzotint 42x68,5cm/*16x26in* London 97
✐ *$5 065   FF30 045* £3 000 The Destroying Angel/Esau selling his Birthright Pencil 9x14cm/*3x5in* London 97
MARTIN Jules Léon Gabriel A 1850-? [2]
☞ *$7 500   FF45 703* £4 653 Death of the Father Oil/canvas 109x133,5cm/*42x52in* New-York 98
MARTIN Mary 1907-1967 [1]
⬢ *$5 741   FF32 956* £3 500 Expanding Form Sculpture 54,5x54,5x4,5cm/*21x21x1in* London 97
MARTIN Maurice 1894-1978 [76]
☞ *$1 767   FF9 000* £1 060 Moret-sur-Loing Huile/toile 54x65cm/*21x25in* Soissons 96
MARTIN Paul, Paulin 1830-1903 [3]
✐ *$2 240   FF11 000* £1 425 Bords de la Durance Aquarelle 54x75cm/*21x29in* Aubagne 95
MARTIN Peter XX [1]
✐ *$3 210   FF16 500* £2 000 God Gouache/paper 69x99cm/*27x38in* London 96
MARTIN Philip 1927 [14]
☞ *$1 932   FF10 948* £1 288 Où vont nos morts ? Tempera 63,5x77,5cm/*25x30in* Milano 97
MARTIN Raymond, sculpt. 1910-1992 [5]
⬢ *$2 856   FF17 500* £1 706 "Méditation" Bronze 57x40cm/*22x15in* Paris 98
MARTIN REBOLLO Tomás 1858-1919 [4]
✐ *$3 400   FF19 900* £2 100 Joven con mantilla Acuarela/papel 35x23cm/*13x9in* Madrid 97
MARTIN Sylvester 1856-1906 [20]
☞ *$907   FF5 400* £539 Two sporting dogs with houndsman in an open landscape Oil/paper 30x25cm/*11x9in* West Midlands 97
☞ *$6 500   FF39 346* £3 842 Two pointers in a landscape Oil/canvas 50x40cm/*19x15in* New-York 98
MARTIN Thomas Mower 1838-1934 [67]
☞ *$2 010   FF10 450* £1 331 Resting at the Water's Edge Oil/canvas 66x91cm/*25x35in* Toronto 96
✐ *$510   FF2 660* £337 Lake and Mountain range, Banff. Watercolour 33x49cm/*12x19in* Toronto 96
MARTIN Vicente XX [11]
☞ *$559   FF2 849* £337 Iroshima Acrílico/tabla 45x45cm/*17x17in* Montevideo 96
MARTIN-FERRIERES Jacques, Jac 1893-1972 [171]
☞ *$384   FF2 000* £241 Tête d'Espagnol Huile/toile 61x38cm/*24x14in* Besançon 96
☞ *$886   FF5 000* £543 Bouquet de primevères, 1949 Huile/panneau 40x32cm/*15x12in* Paris 97
MARTIN-KAVEL François 1861-1931 [22]
☞ *$4 249   FF25 677* £2 531 Jeune femme près d'une rivière Oil/canvas 122x84cm/*48x33in* New-York 97

_$11 770 FF61 000 £7 600 Vanitas Oil/canvas 129x96cm/_50x37in_ London 96
_$1 798 FF11 000 £1 067 Jeune femme Aquarelle/papier 38x23cm/_14x9in_ Lyon 98
MARTINATI Luigi 1893-1984 **[5]**
_$2 185 FF12 514 £1 292 "Lotteria di Tripoli" Poster 100,5x139,5cm/_39x54in_ New-York 97
MARTINE Albert 1888-? **[1]**
_$11 358 FF66 000 £6 705 Quatre musiciennes Peinture 200x135cm/_78x53in_ Orléans 97
MARTINEAU Edith 1842-1909 **[25]**
_$1 524 FF7 700 £1 000 Ragwort growing on stony ground Watercolour 23x17cm/_9x6in_ London 96
MARTINEAU Joseph 1911-1996 **[5]**
_$381 FF2 300 £230 Auto-portrait Encre/papier 57,5x48,5cm/_22x19in_ Angers 98
MARTINELLI Giovanni 1600/04-1659 **[13]**
_$7 630 FF38 040 £5 000 Saint Cecilia Oil/canvas 66x53cm/_25x20in_ London 95
MARTINELLI IL TROMETTA Niccolo c.1540-1611 **[4]**
_$3 704 FF21 934 £2 200 A Standing Female Martyr/A Praying Woman Ink 22x10cm/_8x3in_ London 97
MARTINELLI Vincenzo 1737-1807 **[1]**
_$20 000 FF98 700 £12 930 A Wreath of Flowers surrounding a mountainous River Landscape Oil/canvas 128x101,5cm/_50x39in_ New-York 96
MARTINET François Nicolas 1731-? **[13]**
_$7 172 FF43 000 £4 317 Oiseaux exotiques Gravure 25x21cm/_9x8in_ Paris 98
MARTINET Henri Émile 1893-1965 **[1]**
_$31 700 FF160 000 £20 800 Buste de François Pompon (1855-1933) Plâtre H45cm/_H17in_ Pontoise 96
MARTINET Milo 1904 **[2]**
_$850 FF4 300 £549 "F/N, Van Hauteghem Frères, Bruges" Poster 119x79cm/_47x31in_ New-York 96
MARTINETTI Maria 1864-? **[18]**
_$4 000 FF20 570 £2 494 An Arab warrior inspecting his sword Watercolour/paper 82x60cm/_32x23in_ New-York 96
MARTINEZ ABADES Juan 1862-1920 **[49]**
_$7 350 FF42 000 £4 515 Acantilado. Gijón Oleo/lienzo 70x40cm/_27x15in_ Madrid 97
_$8 160 FF47 760 £5 040 Marina Oleo/tabla 34,5x24,5cm/_13x9in_ Madrid 97
_$46 200 FF276 500 £28 000 Puerto exterior y Abra con Punta Galera Oleo/lienzo 90x200cm/_35x78in_ Madrid 98
MARTINEZ Ana María 1937 **[2]**
_$12 000 FF58 200 £7 730 Naturaleza Muerta con Uvas y Naranjas Mixed media/canvas 100x100cm/_39x39in_ New-York 95
MARTINEZ CHECA Fernando 1858-? **[16]**
_$487 FF2 962 £300 Florera con rosas Oleo/lienzo 59,5x20cm/_23x7in_ Madrid 98
MARTINEZ CUBELLS Y RUIZ Enrique 1874-1947 **[30]**
_$5 850 FF35 550 £3 600 Estudio de barco Oleo/lienzo 41x37cm/_16x14in_ Madrid 98
_$14 173 FF86 128 £8 503 Barcas en la ensenada Oleo/lienzo 57x72cm/_22x28in_ Madrid 98
MARTINEZ de Ana Maria 1937 **[2]**
_$9 500 FF54 534 £5 791 Racimo de naranjas Acrylic/canvas 85x120cm/_33x47in_ New-York 97
MARTINEZ DEL RINCON Y TRIVES Serafin 1840-1892 **[3]**
_$10 560 FF63 520 £6 560 "La Cruz de Mayo" Oleo/lienzo 41x56cm/_16x22in_ Madrid 97
MARTINEZ LOZANO Josep 1923 **[7]**
_$1 072 FF6 320 £656 Mercadillo Oleo/tabla 24x29,5cm/_9x11in_ Barcelona 98
MARTINEZ MOYANO Sebastián 1956 **[46]**
_$303 FF1 817 £179 Puerto de Bretagne, Francia Oleo/tablex 18x14cm/_7x5in_ Madrid 98
MARTINEZ NOVILLO Cirilo 1921 **[33]**
_$1 650 FF9 925 £1 025 Iglesia Oleo/lienzo 41x32cm/_16x12in_ Madrid 97
_$7 920 FF47 400 £4 920 Bodegón Oleo/lienzo 65x81cm/_25x31in_ Madrid 97
_$710 FF3 980 £440 Paisaje Acuarela/papel 21x30cm/_8x11in_ Madrid 97
MARTINEZ ORTIZ DE ZARATE Nicolás 1907-1990 **[13]**
_$2 970 FF17 775 £1 845 Puerto de Bilbao Oleo/lienzo 65x50cm/_25x19in_ Madrid 98
MARTINEZ PEDRO Luis 1910-1990 **[18]**
_$7 000 FF33 960 £4 510 Marina Oil/canvas 91x76cm/_35x29in_ New-York 95
_$6 500 FF37 313 £3 962 La Leyenda del Cemí Daguerreotype 65x49,5cm/_25x19in_ New-York 97

✐ *$2 100 FF10 180 £1 353* Perros Gouache 47x46cm/*18x18in* New-York 95
MARTINEZ Raoul 1876-1973 **[22]**
☞ *$876 FF4 540 £569* Still life with peaches Oil/board 39x49cm/*15x19in* Amsterdam 96
☞ *$1 017 FF5 940 £601* Een stilleven met vruchten Oil/canvas 31x41cm/*12x16in* Den Haag 97
MARTINEZ Raymundo 1915-1982 **[1]**
☞ *$4 014 FF23 810 £2 453* Sin título Oleo/lienzo 50x70cm/*19x27in* México 98
MARTINEZ Ricardo 1918 **[40]**
☞ *$1 100 FF6 528 £673* Sketch of a Head in Profile Tempera 30x24cm/*11x9in* San Francisco-Los Angeles 97
☞ *$21 000 FF125 447 £12 845* Madre e hijo Oil/canvas 105x80cm/*41x31in* New-York 98
☞ *$38 000 FF227 000 £23 244* Figura Oil/canvas 190x111cm/*74x43in* New-York 98
✐ *$1 720 FF10 204 £1 051* Pareja Tinta 28x22cm/*11x8in* México 98
MARTINEZ Sergio 1938 **[2]**
✐ *$1 870 FF10 784 £1 114* Pinocchio Speaking To Seated Fairy Watercolour 44x36cm/*17x14in* New-York 97
MARTINEZ TARRASSO Casimirà 1900-? **[4]**
☞ *$3 040 FF18 762 £1 805* Paisaje Oleo/lienzo 55x60cm/*21x23in* Madrid 98
MARTINEZ VAZQUEZ Eduardo 1886-1971 **[11]**
☞ *$2 625 FF14 925 £1 575* Vista de la Sierra al amanecer Oleo/lienzo 24,5x33cm/*9x12in* Madrid 97
☞ *$7 290 FF36 300 £4 770* Vista de la Sierra de Gredos Oleo/lienzo 81x98cm/*31x38in* Madrid 95
MARTINEZ VILLAFINEZ Lino 1892-1960 **[2]**
☞ *$4 320 FF23 880 £2 640* Plaza de platerías, Santiago de Compostela Oleo/lienzo 96x74cm/*37x29in* Madrid 97
MARTINEZ Xavier 1869-1943 **[19]**
☞ *$2 500 FF12 460 £1 638* Gate to the Mission Oil/canvas 41x51cm/*16x20in* San Francisco-Los Angeles 95
☞ *$4 500 FF27 092 £2 692* San Francisco Bay Oil/canvas/board 25,5x35,5cm/*10x13in* San Francisco 98
MARTINI Alberto 1876-1954 **[55]**
☞ *$4 784 FF25 041 £3 139* Madre e figlio in giardino Olio/cartone/tela 50x68cm/*19x26in* Milano 96
▥ *$899 FF5 098 £449* La sirena e il mostro/Ex Libris/Carezze II, il baci II Pointe sèche 10x15cm/*3x5in* Milano 98
✐ *$1 054 FF5 130 £663* San Giorgio China/carta 22,5x15,5cm/*8x6in* Milano 95
MARTINI Arturo 1885-1947 **[51]**
◿ *$660 FF3 360 £390* Pensieroso Terracotta H25cm/*H9in* Milano 96
◿ *$15 600 FF88 400 £10 400* La zingara (Maternita') Bronzo 88x25x24cm/*34x9x9in* Milano 97
MARTINI Bruno 1911-1979 **[61]**
✐ *$238 FF1 222 £148* Panthéon und Rue Soufflot, Paris Mischtechnik/Papier 41x62cm/*16x24in* Bern 96
MARTINI de Joseph 1896-? **[11]**
☞ *$950 FF5 549 £562* Window Oil/canvas 25x20cm/*10x8in* Cincinnati, Ohio 97
MARTINI Quinto 1908-1990 **[4]**
☞ *$2 100 FF11 900 £1 400* Il rifugio nella piazza Olio/cartone 72x49,5cm/*28x19in* Prato 97
MARTINIE Berthe XX **[15]**
◿ *$2 738 FF15 682 £1 671* Stående tjur Bronze H39cm/*H15in* Stockholm 97
MARTINO Antonio Pietro 1902-1988 **[24]**
☞ *$4 000 FF23 894 £2 480* "The White Barn" Oil/canvas 63x76cm/*25x30in* Hatfield, Pennsylvania 97
MARTINO DA GAVARDO XIV-XVI **[1]**
☞ *$23 040 FF120 600 £15 480* Madonna in trono col Bambino Olio/tavola 122x67cm/*48x26in* Roma 96
MARTINO de Eduardo F. (Attrib.) 1838-1912 **[3]**
✐ *$18 600 FF96 200 £12 000* A bird's-eye view of the Docks at Buenos aires Watercolour 61x91cm/*24x35in* London 96
MARTINO de Eduardo Federico 1838-1912 **[24]**
☞ *$1 215 FF7 156 £750* H.M.S. St Giogio, Naples Oil/panel 12,5x21,5cm/*4x8in* Newbury, Berkshire 97
☞ *$3 400 FF17 173 £2 194* Fragata Oleo/lienzo 54x65cm/*21x25in* Montevideo 96
✐ *$609 FF3 532 £360* The SS. Venus dressed overall at the Port of La Plata, Argentina Watercolour/paper 15x21cm/*5x8in* London 97
MARTINO de Giovanni 1908-? **[15]**
☞ *$550 FF2 760 £348* New England Lighthouse, East Point Oil/panel 30x40cm/*12x16in* Philadelphia 95
MARTINOTTI Evangelista G.(Attr) 1634-1694 **[2]**
☞ *$6 760 FF35 000 £4 390* La halte des soldats Huile/toile 7x61cm/*2x24in* Paris 96
MARTINZ Fritz 1924 **[3]**

✏ *$801 FF4 757 £476* Akt mit grünen Strümpfen Mischtechnik/Papier 56,5x78cm/*22x30in* Wien 97
MARTON Lajos 1891-1952 **[9]**
▭ *$503 FF2 600 £324* "Peugeot" Affiche 78x119cm/*30x46in* Nice 96
MARTSZEN Jan II 1609-1647 **[9]**
👁 *$6 400 FF30 900 £4 000* A cavalry skirmish Oil/panel 44x71cm/*17x27in* London 95
👁 *$6 500 FF32 000 £4 190* Repos des militaires Huile/panneau 23x26cm/*9x10in* Lille 95
✏ *$40 000 FF245 548 £24 508* Spanish Garrison leaving Het Huys te Gennep on 29 July 1641 Ink
19x120cm/*7x47in* New-York 98
MARTTINEN Veikko 1917 **[9]**
👁 *$1 564 FF9 399 £938* Flicka i svart Oil/panel 46x38cm/*18x14in* Helsinki 98
MARUCELLI Giovanni Stefano 1586-1646 **[1]**
✏ *$1 600 FF7 720 £1 000* The Ecstasy of Saint Francis Black chalk 18,9x15,1cm/*7x5in* London 95
MARUSSIG Piero 1879-1937 **[54]**
👁 *$4 500 FF25 500 £2 250* Donna con garofano Olio/tela/cartone 40x36cm/*15x14in* Prato 98
👁 *$12 211 FF69 199 £6 105* Vita Solitaria Olio/tela 60,5x50cm/*23x19in* Milano 97
MARVAL Jacqueline 1866-1932 **[85]**
👁 *$983 FF5 000 £588* Jeune femme au noeud rouge Huile/toile 92x73cm/*36x28in* Grenoble 96
👁 *$6 560 FF34 000 £4 260* Bouquet Huile/toile 90x3cm/*35x1in* Paris 96
👁 *$10 620 FF55 000 £6 860* Le bal Huile/toile 95x130cm/*37x51in* Paris 96
▭ *$452 FF2 700 £273* Bal de l'Amicale aux Artistes Lithographie 120x80cm/*47x31in* Orléans 97
✏ *$1 150 FF5 800 £750* Nu étendu Fusain 81x131cm/*31x51in* Paris 96
MARVILLE Charles 1816-1878/79 **[69]**
📷 *$192 FF1 000 £114* Caserne de la Cité Tirage albuminé 20,2x37cm/*7x14in* Paris 96
MARWAN 1934 **[6]**
▭ *$260 FF1 356 £152* Grosser Kopf im Profil Etching, aquatint in colors 34,9x42,3cm/*13x16in* Berlin 96
MARX Alphonse XIX **[9]**
✏ *$10 000 FF61 237 £5 985* The Yellow Rose Pastel/paper 63,5x48,5cm/*25x19in* New-York 98
MARX Franz 1889-1960 **[19]**
👁 *$643 FF3 682 £380* Oberbayerische Landschaft mit Blick zum Wendelstein Öl/Leinwand 50,5x60cm/*19x23in*
Kempten 97
MARX Gustav 1855-1928 **[8]**
👁 *$5 921 FF35 199 £3 622* Partie am Elbeufer bei Hamburg Öl/Karton 38,5x57cm/*15x22in* Köln 97
MARX Otto 1887-1962 **[6]**
👁 *$1 622 FF9 373 £952* Feldlandschaft Öl/Leinwand 75x80cm/*29x31in* Köln 97
MARX VON SÖHNEN Gustav 1882-? **[13]**
✏ *$228 FF1 343 £140* Holländische Landschaft mit Windmühle/Das rote Kliff auf Sylt Aquarell
34x41cm/*13x16in* Heidelberg 97
MARXER Alfred 1876-1945 **[20]**
👁 *$686 FF3 910 £428* Selbstbildnis Öl/Leinwand 49x42cm/*19x16in* Zürich 97
✏ *$954 FF5 804 £579* Badende in der Brandung Coloured chalks 48x37cm/*18x14in* Rorschach 98
MARYAN M. Pinchas Burstein 1927-1977 **[118]**
👁 *$400 FF2 047 £259* Galilee Oil/paper/canvas 49x34cm/*19x13in* Tel Aviv 95
👁 *$1 112 FF5 800 £735* Femme assise Huile/panneau 22x15cm/*8x5in* Paris 96
👁 *$5 740 FF30 000 £3 420* Deux personnages Huile/toile 131x97,5cm/*51x38in* Paris 96
✏ *$1 344 FF8 000 £821* Fleur blanche Aquarelle, gouache/papier 75x55cm/*29x21in* Paris 98
MARZELLE Jean 1916 **[73]**
👁 *$354 FF2 200 £213* Le petit canal Huile/toile 33x24cm/*12x9in* Le Havre 98
👁 *$1 180 FF6 000 £705* "Paysage" Huile/toile 45x55cm/*17x21in* Le Havre 96
MARZOCCHI DE BELLUCI Numa XIX-XX **[6]**
👁 *$11 550 FF70 000 £7 084* "Paysage de Msila - Algérie" Huile/toile 123x202cm/*48x79in* Paris 98
MARZORATI Johann Wilhelm 1795-1870 **[1]**
✏ *$1 658 FF8 430 £994* A spray of rose buds Watercolour 33x25,5cm/*12x10in* Amsterdam 96
MAS Félix XX **[3]**
👁 *$1 040 FF6 320 £624* Retrato de dama con pájaro y pavo real Oleo/lienzo 80x44,5cm/*31x17in* Madrid 98
MAS Y FONDEVILLA Arturo, Arcadio 1852-1934 **[23]**
👁 *$5 330 FF27 000 £3 500* A backstreet, Rome Oil/panel 32x20cm/*12x7in* London 96

✏ *$2 145 FF12 837 £1 300* Figuras cerca del mar Aguada/papel 50x38cm/*19x14in* Barcelona 97
MASAMICHI Kotaki 1961 **[4]**
✏ *$800 FF4 875 £487* Neither a Point Nor a Line #42 Mixed media/paper 38x53cm/*14x20in* Tel Aviv 98
MASANOBU Okumura 1686-1764 **[4]**
▥ *$18 322 FF105 972 £11 000* The Great Gate of Shin Yoshiwara Print 33x45,5cm/*12x17in* London 97
MASCART Gustave 1834-1914 **[94]**
👌 *$630 FF3 284 £380* Moulin dans un paysage Huile/toile 31x23cm/*12x9in* Antwerpen 96
👌 *$2 187 FF13 000 £1 342* Paysage au moulin Huile/toile 50x65cm/*19x25in* Paris 97
MASCART Rolland 1909 **[5]**
👌 *$722 FF3 500 £465* Flamboyant à Nouméa Huile/toile 55x46cm/*21x18in* Paris 95
MASCHERINI Marcello 1906-1983 **[10]**
🗿 *$7 500 FF42 500 £3 750* La bagnate Bronzo H27cm/*H10in* Prato 97
🗿 *$10 200 FF57 800 £5 100* Flora Bronzo H95cm/*H37in* Trieste 97
MASCII Jean 1936 **[11]**
▥ *$257 FF1 600 £155* "Désirs humains" Affiche couleur 160x120cm/*62x47in* Paris 98
MASEK Vitezlav Karl 1865-1927 **[4]**
👌 *$30 090 FF174 121 £18 386* An Allegorial scene Oil/canvas 394x222cm/*155x87in* Amsterdam 97
MASELLI Titina 1924 **[11]**
👌 *$3 840 FF20 100 £2 580* Boxeur Olio/tavola 120x122cm/*47x48in* Milano 96
👌 *$4 800 FF27 200 £2 400* "Grattacielo" Olio/tela/tavola 94x71cm/*37x27in* Roma 97
MASEREEL Frans 1889-1972 **[580]**
👌 *$229 FF1 342 £140* Portrait of Romain Rolland Oil/panel 56x46cm/*22x18in* London 97
👌 *$2 440 FF12 010 £1 572* Liegende Frau Öl/Karton 33x45cm/*12x17in* Berlin 95
▥ *$68 FF401 £40* Abschied Woodcut 31x23cm/*12x9in* Köln 97
✏ *$732 FF3 604 £472* Vier Männer in Aufruhr Ink/paper 25,5x21,5cm/*10x8in* Berlin 95
MASHKOV Ilya Ivanovich 1881-1944 **[3]**
👌 *$10 330 FF54 200 £6 200* Still life Oil/canvas 40x56cm/*15x22in* London 96
✏ *$2 460 FF15 000 £1 500* Still Life with Fruit and Basket Watercolour/paper 35x51cm/*13x20in* London 98
MASI Roberto 1940 **[3]**
👌 *$2 040 FF11 560 £1 020* Pescatori Olio/tela 40x50cm/*15x19in* Prato 98
MASIC Nikola 1852-1902 **[4]**
👌 *$9 838 FF57 030 £5 800* Tending the Vegetable Garden Oil/canvas 41x98cm/*16x38in* London 97
MASINI Girolamo 1840-c.1895 **[3]**
🗿 *$40 350 FF195 700 £26 000* Rebecca seated at the Well Marble H140cm/*H55in* London 95
MASLOWSKI Stanislaw 1856-1926 **[10]**
👌 *$2 135 FF12 375 £1 331* W Marcowy Dzien Oil/canvas 18x34,4cm/*7x13in* Warszawa 97
👌 *$13 018 FF77 494 £7 960* Targowanie Oil/canvas 41,5x91,5cm/*16x36in* Warszawa 98
✏ *$1 304 FF6 750 £842* Ducks flying over the pond Watercolour/board 65,5x96cm/*25x37in* Warszawa 96
MASO DE FALP Felip 1851-1929 **[3]**
👌 *$4 897 FF27 985 £3 000* The Suitor Oil/panel 46x51cm/*18x20in* London 97
MASON Barry 1947 **[26]**
👌 *$815 FF4 873 £500* The Clipper "Titania" running before the Wind Oil/canvas 49,5x75cm/*19x29in* London 98
MASON Benjamen Franklin 1804-1871 **[1]**
👌 *$2 600 FF16 139 £1 567* Portrait of Mrs. Sampson and daughter, Frances Adela Oil/board 86x66cm/*34x26in* New Orleans, Louisiana 98
MASON Finch c.1850-1915 **[11]**
✏ *$261 FF1 592 £160* 110 to 1 on Mr Abingdon Watercolour 25x35cm/*9x13in* Billingshurst, West Sussex 98
MASON Frank Henry 1876-1965 **[189]**
👌 *$2 307 FF14 059 £1 400* Moorings Oil/canvas 30x40,5cm/*11x15in* London 98
👌 *$4 240 FF22 100 £2 800* The Lower Pool, London Oil/canvas 51x76cm/*20x29in* London 96
▥ *$604 FF3 368 £369* "The Trawl Fishers, LNER" Poster 99x61cm/*38x24in* London 97
✏ *$148 FF878 £88* Marine Watercolour/paper 18x41cm/*7x16in* Köbenhavn 97
MASON George Finch XIX-XX **[14]**
✏ *$612 FF3 096 £400* Nesting Grey Phalaropes Watercolour 25x35cm/*9x13in* Guernsey 96
MASON George Heming 1818-1872 **[8]**
👌 *$797 FF4 541 £500* Telling his Beads, Rome/An Italian Piffero Oil/panel 27x20cm/*10x7in* London 97

MASON Roy Martell 1886-1972 **[19]**
$1 000 FF5 704 £611 Sea Eagles Watercolour/paper 54x76cm/*21x30in* Bethesda, Maryland 97
MASON William Henry XIX-XX **[15]**
$467 FF2 821 £280 Italian Hotel Watercolour/paper 26x35,5cm/*10x13in* West Wycombe,
Buckinghamshire 98
MASQUERIER John James 1778-1855 **[8]**
$9 261 FF55 093 £5 500 Portrait of Louisa Stevens, nee Whitehall with her Dauther Charlotte Oil/canvas
89,5x69cm/*35x27in* London 97
$3 967 FF25 000 £2 500 Lady Devonshire Pastel/papier 76x64cm/*29x25in* Cannes 97
MASQUERIER John James (Attrib.) 1778-1855 **[4]**
$16 000 FF94 339 £9 811 Portrait of a Mother and a Child Oil/canvas 75x62,5cm/*29x24in* New-York 98
MASRELIER Louis 1748-1810 **[9]**
$1 100 FF5 430 £711 Design for a Pediment, Cybele, Jupiter and Neptune on Clouds Ink 17x43cm/*6x16in*
New-York 96
MASRELIER Louis (Attrib.) 1748-1810 **[2]**
$4 604 FF27 500 £2 818 De nio muserna Watercolour 20x91cm/*7x35in* Stockholm 98
MASRIERA Lluis 1872-1958 **[3]**
$241 FF1 422 £147 Bodegón y flores Oleo/lienzo 46x55cm/*18x21in* Barcelona 98
MASRIERA Y MANOVENS Francesco 1842-1902 **[25]**
$4 620 FF27 650 £2 800 Despedida Oleo/lienzo 46,5x27cm/*18x10in* Barcelona 97
$22 000 FF130 101 £13 347 A Reclining Woman and her Cat Oil/canvas 42x73,5cm/*16x28in* New-York 98
$30 000 FF155 800 £19 840 L'Odalisque Oil/canvas 175x85cm/*68x33in* New-York 96
MASRIERA Y MANOVENS José 1841-1912 **[3]**
$2 535 FF13 070 £1 625 Paisaje de Vichy Oleo/lienzo 32x40cm/*12x15in* Madrid 96
$7 150 FF43 450 £4 290 La Garriga Oleo/lienzo 61x100cm/*24x39in* Madrid 98
MASSA de André de Gronau XIX **[4]**
$513 FF3 000 £303 Paysage près de la terrasse du château de Montcontour Tirage albuminé
35,7x47,2cm/*14x18in* Paris 97
MASSA Georges 1917 **[40]**
$76 FF450 £47 Quai des Esclaves, Venise Aquarelle/papier 60x35cm/*23x13in* Paris 97
MASSANI Pompeo 1850-1920 **[46]**
$1 782 FF10 121 £1 115 Ein alter Schmied am Amboss bei der Arbeit Öl/Leinwand 40x30cm/*15x11in*
München 97
$3 111 FF18 060 £1 900 The Conspiration Oil/canvas 48x62cm/*18x24in* London 97
MASSARO DA VITERBO del Antonio Pastura c.1478-c.1516 **[2]**
$10 000 FF58 962 £6 132 Madonna and Child with Saint john the Baptist Tempera/panel 32x26cm/*12x10in*
New-York 98
MASSAU Edmond 1860-? **[3]**
$7 000 FF40 091 £4 141 Atelier Oil/canvas 72x91cm/*28x36in* Milford, Conn. 97
MASSE Charles 1855-1913 **[6]**
$468 FF2 800 £283 Buste d'homme mauresque Terracotta H36,5cm/*H14in* Paris 97
MASSE Jean 1856-1950 **[92]**
$116 FF700 £69 Paysage Huile/toile 33x41cm/*12x16in* Paris 98
$416 FF2 500 £249 Femme au jardin Huile/toile 46x37cm/*18x14in* Paris 98
MASSE Jules 1825-1899 **[4]**
$5 075 FF29 440 £3 000 Jeune fille aux fleurs Oil/canvas 116x70cm/*45x27in* London 97
MASSEN Daniel 1896-1972 **[3]**
$1 200 FF7 009 £710 Intersection Gouache/board 50x60cm/*20x24in* Cincinnati, Ohio 97
MASSENOT Charles Antoine Aug. 1821-1871 **[3]**
$6 858 FF42 000 £4 103 Campement dans la campagne italienne Huile/toile 103x164cm/*40x64in* Paris 98
MASSIER Delphin XIX-XX **[7]**
$2 819 FF17 500 £1 699 Coq Céramique H59cm/*H23in* Beaune 98
MASSINI Pompeo 1850-1920 **[3]**
$4 000 FF24 316 £2 463 Late Night at the Tavern Oil/canvas 49,5x64cm/*19x25in* New-York 98
MASSIOT Georges XIX-XX **[1]**
$6 000 FF30 560 £3 600 "Porto & Sherry Sandeman" Poster 155x114cm/*61x44in* New-York 96

MASSMANN Hans 1887-1973 **[35]**
- *$2 333 FF12 000 £1 455* Holzfuhre im Winterwald Oil/panel 100x100cm/*39x39in* Wien 96
- *$1 395 FF6 990 £882* Berglandschaft im Winter Aquarell/Papier 27x30,5cm/*10x12in* Wien 95

MASSON Alfred Joseph 1898-1992 **[1]**
- *$3 720 FF18 200 £2 355* Misty Morning Oil/paper/board 30x37cm/*11x14in* Calgary, Alberta 95

MASSON André 1896-1987 **[1028]**
- *$5 827 FF34 000 £3 570* Aix après la pluie Huile/toile 46x33cm/*18x12in* Paris 97
- *$22 044 FF132 000 £13 173* "Scène Classique I" Huile/toile 65x58cm/*25x22in* Paris 98
- *$57 000 FF323 000 £28 500* Un cenotaphe dans les nuages Olio/tela 130x97cm/*51x38in* Prato 97
- *$1 156 FF7 000 £709* Sisyphe Eau-forte, aquatinte 42,5x54,5cm/*16x21in* Paris 98
- *$15 466 FF95 000 £9 272* Dans la forêt Bronze 49,5x68,5x35cm/*19x26x13in* Paris 98
- *$32 500 FF187 213 £19 097* Animal pris au piège Pastel/paper 60x44,5cm/*23x17in* New-York 97

MASSON Benedict 1819-1893 **[18]**
- *$1 088 FF6 200 £671* Jeune femme allanguie au chale Huile/toile 60x52cm/*23x20in* La Varenne Saint-Hilaire 97

MASSON Clovis Edmond 1838-1913 **[64]**
- *$1 145 FF7 000 £700* Lionne couchée Bronze H33cm/*H12in* Soissons 98

MASSON Edouard 1881-1950 **[50]**
- *$448 FF2 616 £270* Terrasses et orangeries au château de Brienne Huile/panneau 26,5x35cm/*10x13in* Liège 97
- *$1 148 FF6 536 £704* Bouquet de roses blanches Technique mixte/toile 80x100cm/*31x39in* Liège 97
- *$1 000 FF5 140 £625* Gatos Pastel 62x50cm/*24x19in* Buenos Aires 96

MASSON Henri Gustave 1869-1957 **[2]**
- *$1 632 FF9 500 £998* La partie de Pelote basque Huile/panneau 18x23cm/*7x9in* Paris 97

MASSON Henri Léopold 1907-1996 **[142]**
- *$1 500 FF7 680 £910* Rural View Oil/masonite 25x30cm/*9x11in* Calgary, Alberta 96
- *$1 796 FF10 443 £1 096* Untitled, spring landscape Oil/canvas 41x51cm/*16x20in* Calgary, Alberta 97
- *$132 FF683 £86* 'T'as ri de moi ?..." Lithographie 40x51cm/*15x20in* Montréal 96
- *$284 FF1 653 £169* Grosses Roches Encre 34x41cm/*13x16in* Montréal 97

MASSON Joseph Antoine 1845-? **[1]**
- *$3 500 FF18 120 £2 240* Cupid & Daphne Oil/canvas 101x81cm/*40x32in* Mystic, Connecticut 96

MASSON Jules Edmond 1871-1932 **[27]**
- *$9 001 FF52 000 £5 548* "Sarah Bernhardt, portrait d'après une photographie de Nadar" Huile/panneau 45x37cm/*17x14in* Paris 97
- *$1 956 FF11 661 £1 200* Cock Pheasant Bronze 47x22,5cm/*18x8in* London 98

MASSONET Armand 1892-1979 **[35]**
- *$817 FF4 060 £520* Pont sur la Seine Huile/toile 54x65cm/*21x25in* Bruxelles 95

MASSONI Egisto 1880-? **[5]**
- *$13 100 FF63 400 £8 400* The Bay of Naples Oil/canvas 46x94cm/*18x37in* London 95
- *$800 FF4 965 £479* Fishermen Hauling in Nets Watercolour/paper 35x53cm/*14x21in* Mystic, Connecticut 98

MASSOT Firmin 1766-1849 **[8]**
- *$2 041 FF10 565 £1 301* Portrait von rodolphe Toepffer Watercolour 24,5x23,5cm/*9x9in* Zürich 96

MASSYS Cornelis c.1510-c.1565 **[6]**
- *$44 800 FF216 300 £28 000* Extensive world landscape with Jupiter Oil/panel 30x44,5cm/*11x17in* London 95
- *$588 FF3 378 £358* Venus auf der Muschel Print 11,8x7,4cm/*4x2in* Berlin 97

MASSYS Jan (Attrib.) c.1510-c.1575 **[3]**
- *$8 775 FF50 000 £5 375* Le Mariage inégal Huile/panneau 71,5x99cm/*28x38in* Vichy 97

MASSYS Quentin (Attrib.) 1466-1530 **[2]**
- *$4 767 FF28 446 £2 876* Die Geburt Christi Oil/panel 39x27cm/*15x10in* Stuttgart 97
- *$12 520 FF63 300 £8 220* Maria mit Kind Oil/panel 56x42,5cm/*22x16in* Wien 96

MASSYS Quentin (Cercle) 1466-1530 **[1]**
- *$6 000 FF29 600 £3 880* A Banker and his Client Oil/canvas 109x83cm/*42x32in* New-York 96

MASTENBROEK van Johann Hendrik 1875-1945 **[91]**
- *$4 905 FF28 520 £2 923* Riviergezicht Oil/panel 16x25cm/*6x9in* Den Haag 97
- *$18 000 FF102 681 £11 068* A view of Dordrecht with Grote Kerk Oil/canvas 47x71cm/*18x27in* New-York 97
- *$64 700 FF335 000 £42 000* Rotterdam harbour Oil/canvas 106x207,5cm/*41x81in* London 96

✐ *$1 585 FF9 373 £951* A view of Delfshaven, Rotterdam Watercolour 9x11,5cm/*3x4in* Amsterdam 97
MASTER OF ALKMAAR c.1470-c.1520 [2]
☞ *$25 000 FF148 632 £15 487* The Virgin and Child with Saints Catherine and Barbara Oil/panel 23x40cm/*9x15in* New-York 97
MASTER OF ASTORGA [1]
☞ *$12 140 FF57 200 £8 000* Saint John the Baptist visited in prison Oil/panel 81x83cm/*31x32in* London 96
MASTER OF MARRADI c.1500 [2]
☞ *$60 000 FF351 288 £37 098* The Triumph of Jason Oil/panel 40,5x133cm/*15x52in* New-York 97
MASTER OF THE BENTINCK-THYSSEN MADONNA XVI [1]
☞ *$145 000 FF723 000 £95 000* The Virgin and Child Oil/panel 95x64cm/*37x25in* London 95
MASTER OF THE BORGHESE TONDO XV [1]
☞ *$21 000 FF109 200 £13 900* The Annunciation Oil/panel 26x49cm/*10x19in* New-York 96
MASTER OF THE BUDAPEST SKETCHBOOK (Attrib.) XVI [1]
✐ *$3 000 FF14 800 £1 940* Landscape with farms and a mill Ink 18x28,2cm/*7x11in* New-York 96
MASTER OF THE FEMALE HALF LENGTHS XVI [5]
☞ *$99 200 FF495 000 £65 000* The Magdalen writing in an interior Oil/panel 41x28,5cm/*16x11in* London 95
MASTER OF THE FIESOLE EPIPHANY XV [2]
☞ *$44 700 FF233 200 £27 000* The Coronation of the Virgin Tempera/tavola 27x52cm/*10x20in* London 96
☞ *$74 800 FF386 000 £48 000* The Madonna and Child Oil/panel 49x36cm/*19x14in* London 96
MASTER OF THE FRANCISCAN BREVIARY XV [1]
☞ *$8 200 FF40 500 £5 300* The Coronation of the Virgin Painting 14,7x15,2cm/*5x5in* New-York 96
MASTER OF THE GHISLIERI APSE XVI [2]
✐ *$15 600 FF80 400 £10 000* The Flagellation Black chalk 27,5x16,6cm/*10x6in* London 96
MASTER OF THE GOTHIC BUILDINGS XV [1]
☞ *$70 100 FF362 000 £45 000* Madonna and child Oil/panel 75x57cm/*29x22in* London 96
MASTER OF THE IMOLA TRIPTYCH c.1400-c.1450 [1]
☞ *$15 720 FF80 800 £9 800* Madonna and Child Tempera/panel 58x31cm/*22x12in* London 96
MASTER OF THE JOHNSON ASSUMPTION MAGDALEN XIV-XV [1]
☞ *$22 000 FF125 499 £13 527* The Madonna and Child Oil/panel 61x43cm/*24x16in* New-York 97
MASTER OF THE LILLE ADORATION (Attrib.) c.1500-c.1540 [1]
☞ *$24 300 FF124 000 £16 000* Saint Jerome Oil/panel 62x48,5cm/*24x19in* London 96
MASTER OF THE LITOMERICE ALTARPIECE c.1495-c.1520 [2]
☞ *$30 000 FF176 886 £18 396* St Catherine of Alexandria & Maxentius/Angels supporting body St.Cath Oil/panel 77,5x45,1cm/*30x17in* New-York 98
MASTER OF THE MANSI MAGDALENE c.1480-c.1530 [1]
☞ *$312 000 FF1 607 000 £200 000* The Virgin and Child seated by a tree Oil/panel 102x73cm/*40x28in* London 96
MASTER OF THE MILLER TONDO XV [1]
☞ *$42 000 FF245 901 £25 968* The Madonna and Child with the Infant Saint John the Baptist Oil/panel 122x70,5cm/*48x27in* New-York 97
MASTER OF THE POLLINGER ALTAR XV [1]
☞ *$44 700 FF233 200 £27 000* Saint Peter/Saint Paul Oil/panel 92x39cm/*36x15in* London 96
MASTER OF THE PRODIGAL SON c.1500-c.1560 [5]
☞ *$17 500 FF90 500 £11 700* Loth and his Daughters Oil/panel 8x120,5cm/*3x47in* Amsterdam 96
MASTER OF THE RANGERSDORF ALTARPIECE (Attrib.) XV [1]
☞ *$11 220 FF57 900 £7 200* The Agony in the Garden/The Crucifixion Oil/panel 37,7x41,7cm/*14x16in* London 96
MASTER OF THE ROTTERDAM SAINT JOHN OF PATMOS XV [1]
☞ *$70 000 FF412 979 £42 868* Saint-Jérome praying in a Landscape Oil/panel 30,5x23cm/*12x9in* New-York 98
MASTER OF THE SCHWABACHER ALTARPIECE XV-XVI [1]
☞ *$248 200 FF1 296 000 £150 000* Christ taking leave of His Mother Oil/panel 148,6x118cm/*58x46in* London 96
MASTER OF VERUCCHIO XIV [1]
☞ *$72 800 FF372 000 £48 000* Madonna and Child Oil/panel 5x52cm/*1x20in* London 96
MASTERS Edward XIX [5]

$3 000 FF17 411 £1 772 Bridge in Mountain Landscape Oil/canvas 91x71cm/*36x28in* New Orleans, Louisiana 97
MASTERS Edwin XIX-XX **[6]**
$2 484 FF15 225 £1 500 Figures before a Cottage in a Wooded Landscape Oil/canvas 25,5x45,5cm/*10x17in* London 98
MASTROIANNI Umberto 1910-1996 **[101]**
$540 FF3 060 £270 Composizione Tecnica mista/cartone 30x28cm/*11x11in* Prato 98
$1 500 FF8 500 £1 000 Composizione Tecnica mista/cartone 68x57,5cm/*26x22in* Vercelli 97
$175 FF998 £106 Busto di donna Terracotta H44cm/*H17in* Bethesda, Maryland 97
$3 430 FF17 470 £2 030 Totem Bronze H99cm/*H38in* Milano 96
$540 FF3 060 £360 Senza titolo Inchiostro/carta 42x29,7cm/*16x11in* Prato 97
MASTURZO Marzio (Attrib.) XVII **[5]**
$9 158 FF51 898 £4 579 Scontro tra cavalieri turchi e cristiani Olio/tela 73x109cm/*28x42in* Roma 97
MASUCCI Agostino M. (Attrib) 1691-1758 **[10]**
$1 174 FF6 500 £723 Sainte Ursule Huile/toile 65x41cm/*25x16in* Paris 97
$1 832 FF10 837 £1 100 St. Francis adoring tge Crucifix Red chalk/paper 33x22cm/*12x8in* London 97
MASUCCI Agostino Masucco 1691-1758 **[6]**
$2 100 FF12 711 £1 278 Study for an Altarpiece Wash 34x18cm/*13x7in* New-York 98
MASUCCI Lorenzo ?-1785 **[2]**
$4 280 FF21 300 £2 800 The Assumption Oil/panel 40x32cm/*15x12in* London 95
MASUI Paul Aug. 1888-1981 **[16]**
$1 478 FF7 360 £968 Le tango Pastel/carton 80x60cm/*31x23in* Bruxelles 95
MASUREL Johannes Engel 1826-1915 **[5]**
$2 379 FF14 311 £1 427 Figures in a Winter Landscape Oil/panel 25,5x32cm/*10x12in* Amsterdam 98
MASWIENS Joseph 1828-1880 **[8]**
$3 360 FF19 608 £2 052 Service dominical à l'église St. Agnès de Liège Huile/toile 113x90cm/*44x35in* Antwerpen 97
MATALONI Giovanni 1869-1944 **[2]**
$3 600 FF18 640 £2 407 "Brevetto-Auer" Poster 151x100cm/*59x39in* New-York 96
MATANIA Fortunino 1881-1963 **[53]**
$5 510 FF28 700 £3 460 Junge Frau in Tracht mit der gerade erworbenen Madonna auf dem Heimweg Öl/Leinwand 76x50,5cm/*29x19in* Lindau 96
$625 FF3 751 £380 The Coronation of King George V and Queen Mary Watercolour 52,5x37,5cm/*20x14in* Billingshurst, West Sussex 98
MATANIA Franco XIX-XX **[33]**
$220 FF1 095 £140 Standing nude Pastel 66x44,5cm/*25x17in* London 95
MATARE Ewald 1887-1965 **[147]**
$3 380 FF17 670 £2 012 Vier Kühe auf der Weide I Woodcut in colors 20x26,5cm/*7x10in* München 96
$2 700 FF13 480 £1 763 Talisman Sculpture H4,5cm/*H1in* München 95
$8 413 FF50 200 £5 076 Beim Kloster Eberbach im Rheingau Aquarell/Papier 32,8x24,3cm/*12x9in* Hamburg 97
MATEJKO Jan 1838-1893 **[16]**
$77 532 FF461 522 £47 409 Ostatni Pustelnik z Góry Sw. Bronislawy Oil/canvas 52x41cm/*20x16in* Warszawa 98
$1 116 FF6 707 £666 Anna Jagielonka - szkic postaci (portrait) Pencil/paper 12x10cm/*4x3in* Warszawa 98
MATEJKO Theo 1893-1946 **[7]**
$1 800 FF10 727 £1 079 "Wiener Filmtag" Poster 125x94cm/*49x37in* New-York 98
MATEOS GONZALEZ Francisco 1894-1976 **[89]**
$2 010 FF11 850 £1 230 Paisaje Oleo/lienzo 24x29cm/*9x11in* Madrid 98
$5 230 FF26 470 £3 430 "Jaula n° 1" Oleo/lienzo 81x100cm/*31x39in* Madrid 96
$201 FF1 037 £124 Figuras Serigrafia 55x66cm/*21x25in* Madrid 96
$350 FF1 985 £220 Mujeres y toro Acuarela 15x15cm/*5x5in* Madrid 97
MATET Jean 1870-? **[10]**
$354 FF2 000 £222 Cycles Griffon Affiche 116x155cm/*45x61in* Paris 97
MATHAM Adriaen 1599-1660 **[3]**
$673 FF4 016 £406 Das goldene Zeitalter, nach H. Goltzius Kupferstich 30,5x41,5cm/*12x16in* Berlin 97
MATHAM Jacob 1571-1631 **[36]**

ШІШ $471 FF2 854 £288 Die hl. Veronika mit dem Schweisstuch, nach Abraham Bloemaert Kupferstich 42,7x31,9cm/*16x12in* Berlin 98

✐ $2 281 FF13 060 £1 347 The adoration of the kings, after Goltzius Pencil 32x24,5cm/*12x9in* Amsterdam 97
MATHAM Theodor D. (Attrib.) 1606-1676 **[2]**

$100 000 FF609 380 £60 920 View of Paris from the Pointe de la Cité, looking towards the Louvre Oil/canvas 96x138,5cm/*37x54in* New-York 98
MATHER John 1848-1916 **[12]**

✐ $170 FF995 £105 At the Foot of the Hills Watercolour/paper 13,5x23cm/*5x9in* Sydney 97
MATHEWS Arthur Frank 1860-1945 **[5]**

$72 000 FF433 209 £43 099 Landscape, Bay Area Oil/canvas 68x77cm/*26x30in* Beverly Hills, Calif. 98
MATHEWSON Frank Convers 1862-1941 **[13]**

$2 100 FF12 266 £1 242 Still Life With Vegetables Oil/canvas 45x68cm/*18x27in* Boston, Mass. 97
MATHEY Georg Alexander 1884-1968 **[7]**

ШІШ $340 FF2 008 £201 Cirque de Paris Woodcut 25x22,5cm/*9x8in* Berlin 97
MATHEY Paul 1844-1929 **[18]**

$1 600 FF9 378 £984 La flotille de pêche-Concarneau Oil/canvas/board 27x34,5cm/*10x13in* New-York 97

$3 964 FF20 000 £2 573 Femme pensive Huile/toile 75x104cm/*29x40in* Soissons 96
MATHIESEN Egon 1907-1976 **[77]**

$610 FF3 546 £372 Pernille og traeskulpturen Oil/canvas 65x50cm/*25x19in* København 97

✐ $210 FF1 062 £134 Model Pencil/paper 40x29cm/*15x11in* København 96
MATHIESON John G. XIX-XX **[6]**

ШІШ $71 FF448 £45 The Windmill Etching 19x33cm/*7x12in* London 97
MATHIEU Gabriel 1848-1921 **[27]**

$1 158 FF7 000 £690 Barques en bord de rivière Huile/toile 33x49,5cm/*12x19in* Saint-Dié 97
MATHIEU Georges 1921 **[369]**

$1 894 FF9 500 £1 198 Composition Huile/toile 40x32cm/*15x12in* Paris 95

$2 705 FF16 000 £1 624 Composition verte Huile/papier 58,5x95cm/*23x37in* Paris 97

$16 816 FF98 000 £10 358 "Houx" Huile/toile 97x195cm/*38x76in* Paris 97

✐ $3 047 FF18 469 £1 868 Compostion auf Schwarz Mischtechnik/Papier 45,5x60,7cm/*17x23in* Hamburg 98
MATHIEU Paul 1872-1932 **[77]**

$4 016 FF23 591 £2 479 Maisons ensoleillées au bord de la rivière Huile/carton 40x54cm/*15x21in* Lokeren 97

$11 070 FF57 600 £7 320 Vue de la Meuse à Huy avec la Collégiale et le fort Huile/toile 110x115cm/*43x45in* Bruxelles 96
MATHIEU-MEUSNIER Roland 1824-1896 **[3]**

$2 749 FF16 613 £1 637 Lais Bronze 47x37cm/*18x14in* New-York 97
MATHIOPOULOS Pavlos 1876-1959 **[10]**

$12 850 FF62 900 £8 130 Athens, Vasilissis Olgas Street Mixed media 46x65cm/*18x25in* Athens 95

✐ $3 890 FF20 140 £2 600 Roses Pastel/paper 49x44cm/*19x17in* Athens 96
MATHIS Hans 1882-1944 **[6]**

$3 200 FF18 202 £1 958 A Still Life with Fruit and Flowers Oil/canvas 73,5x62cm/*28x24in* New-York 97
MATHON Émile Louis XIX **[9]**

$2 400 FF14 897 £1 439 Spanish Village Oil/panel 58x33cm/*23x13in* Mystic, Connecticut 98
MATIFAS Louis R. 1847-1896 **[13]**

$2 504 FF12 500 £1 635 Sous-bois Huile/toile 57x86,5cm/*22x34in* Barbizon 95

$30 000 FF183 711 £17 955 Hollyhocks Oil/canvas 241x151cm/*94x59in* New-York 98
MATIGNON Albert 1860-1937 **[12]**

$2 080 FF10 500 £1 366 Bergère et son troupeau à la mare Huile/toile 65x92cm/*25x36in* Saint-Dié 96
MATILLA Y MARINA Segundo 1862-1937 **[30]**

$3 450 FF19 850 £2 050 El vergel Oleo/lienzo 28,5x20cm/*11x7in* Madrid 97

$28 140 FF165 900 £17 220 Paisaje con vacas y pastor Oleo/lienzo 100x60,5cm/*39x23in* Barcelona 98

✐ $990 FF5 925 £615 "Figuras en la calle"/"Jinete a caballo" Lápiz/papel 14,5x11cm/*5x4in* Madrid 97
MATISSE Auguste 1866-1931 **[8]**

ШІШ $3 000 FF17 878 £1 798 "Chamonix, Mont-Blanc" Poster 105,5x76,5cm/*41x30in* New-York 98
MATISSE Henri 1869-1954 **[1155]**

$220 000 FF1 257 146 £134 772 Tête de femme, fleurs dans les cheveux Oil/canvas/panel

M

36x28cm/*14x11in* New-York 97

🎨 *$550 000 FF3 148 255 £324 885* Jeune fille à la fenêtre Oil/canvas 46x38cm/*18x14in* New-York 97

▥ *$6 010 FF36 341 £3 600* La Pompadour, plate 362 Lithograph 38,5x27,5cm/*15x10in* London 98

⚒ *$90 942 FF530 887 £55 000* Jaguar dévorant un lièvre Bronze H56,5cm/*H22in* London 97

✏ *$5 800 000 FF28 400 000 £3 670 000* Poissons chinois Gouache 192x91cm/*75x35in* New-York 95

MATON Bartholomeus Mathon 1645-c.1685 **[3]**

🎨 *$230 000 FF1 411 901 £140 921* Portrait of a Moor holding a Flag at a Window Oil/panel 28x24cm/*11x9in* New-York 98

MATOSSY Pierre 1891-1969 **[13]**

✏ *$1 005 FF6 000 £602* Le Port de la Joliette Aquarelle, gouache/papier 44x52cm/*17x20in* Paris 98

MATOUT Louis 1811-1888 **[5]**

🎨 *$6 652 FF40 000 £3 980* Bacchus enfant Huile/toile 88x73cm/*34x28in* Paris 98

🎨 *$8 256 FF50 500 £4 898* L'Assemblée des Dieux Huile/toile 132x360cm/*51x141in* Aix-en-Provence 98

MATSCH von Franz 1861-1942 **[25]**

🎨 *$2 085 FF11 980 £1 297* April Öl/Leinwand 32,5x39,5cm/*12x15in* Wien 97

🎨 *$6 010 FF31 400 £3 580* Stilleben mit Seerosen Öl/Leinwand 48x40cm/*18x15in* Wien 96

🎨 *$42 000 FF249 257 £25 725* Der Sieg des Lichtes über des Dunkeln Oil/canvas 146x97cm/*57x38in* New-York 97

✏ *$1 762 FF10 465 £1 047* Christuskind Pastell/Karton 22x21,5cm/*8x8in* Wien 97

MATSCHINSKY-DENNINGHOFF Brigitte 1923 **[10]**

⚒ *$8 710 FF42 900 £5 610* Bleifigur Sculpture 24x20x24cm/*9x7x9in* Köln 95

⚒ *$13 650 FF71 300 £8 120* Pharos IV Metal H80cm/*H31in* Köln 96

MATSCHINSKY-DENNINGHOFF Martin & Brigitte 1921/1923 **[9]**

⚒ *$3 124 FF18 249 £1 918* Verwandlung 6. Metal 37,5x28x19cm/*14x11x7in* Köln 97

⚒ *$23 144 FF135 180 £14 208* Pharos II (61/18) Metal 121x43x37cm/*47x16x14in* Köln 97

MATSUME Yoshikazu 1954 **[2]**

✏ *$1 667 FF10 014 £1 000* A White Tailed Eagle on a Shipwreck Watercolour/paper 61x44cm/*24x17in* London 98

MATSUO Ken 1960 **[2]**

✏ *$600 FF3 656 £365* Freshness Is Certainly The Spring Of Life I Indian ink/paper 79x106cm/*31x41in* Tel Aviv 98

MATTA Federica XX **[16]**

▥ *$217 FF1 300 £132* Isis-Osiris Gravure 57x76cm/*22x29in* Paris 97

MATTA Sebastian Echauren 1911 **[840]**

🎨 *$2 900 FF17 220 £1 770* Untitled Mixed media 99x150cm/*38x59in* Boston, Mass. 98

🎨 *$22 000 FF128 429 £13 087* Sin Titulo Oil/canvas 65,5x54cm/*25x21in* New-York 97

▥ *$347 FF2 022 £212* Homm'mère (L'Eautre) V/Komposition Etching, aquatint in colors 49,5x37,5cm/*19x14in* München 97

⚒ *$1 890 FF11 000 £1 158* Sans titre Bronze 41x7,5cm/*16x2in* Paris 97

✏ *$5 175 FF29 325 £2 587* "A Bruno un solo sole" Pastelli/carta 100x101cm/*39x39in* Milano 98

MATTA-CLARK Gordon 1943-1978 **[9]**

📷 *$17 000 FF86 600 £10 200* Bingo Photograph in colour 150,5x53,5cm/*59x21in* New-York 96

MATTEIS de Francesco 1852-? **[3]**

⚒ *$5 699 FF32 298 £3 799* Ragazzi a Piedigrotta Bronzo 33x92cm/*12x36in* Milano 97

MATTEIS de Paolo 1662-1728 **[35]**

🎨 *$15 176 FF89 910 £9 000* The Holy Family with the Infant Saint John the Baptist and St Anne Oil/canvas 61,5x69cm/*24x27in* London 97

🎨 *$26 500 FF136 600 £17 000* The goddess iris appearing to the goddess Cybele Oil/canvas 128,5x152,5cm/*50x60in* London 96

MATTEIS de Paolo (Attrib.) 1662-1728 **[11]**

🎨 *$8 099 FF45 898 £4 049* Madonna col Bambino Olio/tela 47,5x35,5cm/*18x13in* Roma 98

MATTENHEIMER Andreas Theodor 1787-1856 **[8]**

🎨 *$18 608 FF107 059 £10 985* Früchtestilleben Oil/panel 34x27cm/*13x10in* München 97

MATTER Herbert 1907-1984 **[23]**

▥ *$249 FF1 378 £155* "Bad" Poster 128x90cm/*50x35in* New-York 97

MATTESON Ross 1960 **[2]**

⚒ *$4 450 FF21 500 £2 800* Falco Mexicanus Bronze H40,5cm/*H15in* London 95

MATTHEUER Wolfgang 1927 **[28]**

$9 074 FF54 009 £5 546 Gartenbild mit Sonnenschirm Oil/panel 60x80cm/*23x31in* Berlin 98
$95 FF569 £59 Blitzschlag Linocut 29,6x24cm/*11x9in* Stuttgart 97
MATTHEWS David 1956 **[2]**
$494 FF2 982 £300 Tawny Owl Coloured pencils 49x29cm/*19x11in* Billingshurst, West Sussex 98
MATTHEWS Edward XIX **[5]**
$387 FF2 312 £240 The Grampian Mountains Bodycolour 33,5x51,5cm/*13x20in* London 97
MATTHEWS George Bagby 1857-1944 **[2]**
$4 500 FF27 472 £2 689 You Naughty Dolly Oil/canvas 72x36cm/*28x14in* New-York 98
MATTHEWS James XIX-XX **[33]**
$613 FF3 414 £380 The way at newark, Surrey Watercolour, gouache/paper 24,5x54,5cm/*9x21in* Billingshurst, West Sussex 97
MATTHEWS Marmaduke 1837-1913 **[51]**
$594 FF3 100 £354 The Paliser Range from Canmore Watercolour 35,5x78cm/*13x30in* Toronto 96
MATTHEWS Michael 1933 **[7]**
$950 FF5 634 £575 Harpooning the Whale Oil/canvas 30x45cm/*12x18in* New-York 97
MATTHEWS T.L. XX **[2]**
$3 000 FF15 120 £1 935 Bongo Bronze 33x43cm/*13x17in* Hayden 96
MATTHEWS William F. 1878-? **[7]**
$8 000 FF39 920 £5 228 Landscape Oil/canvas 129x149cm/*51x59in* Cincinnati, Ohio 95
MATTHIASDOTTIR Louisa XX **[3]**
$1 800 FF10 869 £1 078 Vesturgata Oil/canvas 24x48cm/*9x18in* New-York 98
MATTHIESEN Oscar Adam Otto 1861-1957 **[22]**
$318 FF1 943 £200 Brun hest Oil/canvas 53x69cm/*20x27in* Köbenhavn 97
MATTHIEU Cornelis c.1610-c.1660 **[4]**
$7 350 FF35 540 £4 600 Wooded river landscape with the Flight into Egypt Oil/panel 59x73cm/*23x28in* London 95
MATTHIEU Georg David (Attrib) 1737-1776 **[2]**
$12 410 FF64 800 £7 500 A noblewoman, said to be Electress Amalie of Bavaria Oil/canvas 13x103cm/*5x40in* London 96
MATTHIEU Ludovica 1748-1795 **[1]**
$11 000 FF65 359 £6 712 Portrait of Princess Sophie Friedrich Albertine of Anhalt Oil/canvas 141,5x110,5cm/*55x43in* New-York 98
MATTHISON William XIX-XX **[15]**
$495 FF2 958 £300 Jesus College, Oxford Bodycolour 22x14cm/*8x5in* London 97
MATTHYS Lode 1915 **[5]**
$737 FF3 685 £477 L'appel Gouache 37x45cm/*14x17in* Bruxelles 96
MATTINEN Seppo 1930 **[27]**
$336 FF1 943 £207 De ydre årsager Oil/canvas 22x32cm/*8x12in* Köbenhavn 97
MATTIO Laurent 1892-1965 **[13]**
$680 FF4 000 £419 Campement de Bohémiens Huile/isorel 46x55cm/*18x21in* Anglet 97
$850 FF5 000 £524 Le mas provençal Huile/isorel 33x46cm/*12x18in* Anglet 97
MATTIOLI Carlo 1911-1994 **[64]**
$6 000 FF34 000 £4 000 Paesaggio Tecnica mista/cartone 43x35,2cm/*16x13in* Prato 97
$13 200 FF74 800 £8 800 Rittratto di Pier Carlo Santini Olio/tela 60x50cm/*23x19in* Prato 97
$900 FF5 100 £450 Paesaggio Serigrafia 33x100,5cm/*12x39in* Prato 98
$3 000 FF17 000 £1 500 Il ramo di fico Acquarello/carta 42x52cm/*16x20in* Vercelli 98
MATTIS-TEUTCH Hans Janos 1884-? **[3]**
$2 600 FF13 560 £1 520 Stilisierte Landschaft Öl/Leinwand 29,5x20cm/*11x7in* Berlin 96
MATTO Francisco 1911 **[35]**
$2 100 FF10 879 £1 363 Ciudad Oleo/cartón 24x33cm/*9x12in* Montevideo 96
$3 000 FF15 543 £1 948 El bautismo Oleo/cartón 52x40cm/*20x15in* Montevideo 96
$350 FF1 816 £227 Jarra con flores Acuarela 24x21cm/*9x8in* Montevideo 96
MATTON Arsène 1873-1953 **[8]**
$422 FF2 200 £251 Allégories Bronze 41x9,5cm/*16x3in* Paris 96
$10 163 FF59 055 £6 000 A Native Fisherman Bronze H127cm/*H50in* London 97
MATTONI DE LA FUENTE Virgilio 1842-1923 **[7]**

*$7 250 FF43 029 £4 440 Royal Reading Oil/panel 44,5x32,5cm/*17x12in* New-York 98*

*$22 000 FF134 721 £13 167 "Las Termas de Caracalla" Oil/canvas 58,5x113cm/*23x44in* New-York 98*

*$60 066 FF362 721 £36 000 Mercader Arabe (Arab Merchant) Oil/canvas 200x101cm/*78x39in* London 98*

MATULKA Jan 1890-1972 **[57]**

*$5 000 FF25 750 £3 200 Storm King Mountain Oil/canvas 66,5x80,5cm/*26x31in* New-York 96*

*$7 500 FF44 802 £4 592 New England Farm Buildings Oil/canvas 51x3,5cm/*20x1in* New-York 98*

*$550 FF3 213 £327 Evening Cassis Lithograph 25,5x33cm/*10x12in* New-York 97*

*$1 800 FF10 752 £1 102 A Stroll in the Park Watercolour/paper 22x30cm/*8x11in* New-York 98*

MATUSZCZAK Edward 1906-1965 **[3]**

*$2 380 FF13 873 £1 466 La Seine à Notre-Dame Oil/canvas 70x62cm/*27x24in* Warszawa 97*

MAUFRA Maxime 1861-1918 **[287]**

*$1 431 FF8 600 £865 Paysage de campagne Huile/carton 46x61cm/*18x24in* Paris 98*

*$3 368 FF20 000 £2 056 Lever de lune Huile/toile 24x33cm/*9x12in* Brest 98*

*$15 579 FF90 000 £9 252 Bord de mer en Bretagne Huile/toile 150x210cm/*59x82in* Paris 97*

*$388 FF2 000 £250 Les grands arbres Lithographie 27,5x31,5cm/*10x12in* Quimper 96*

*$1 339 FF8 045 £803 Flusslandschaft Aquarell 33x41cm/*12x16in* Stuttgart 98*

MAUGENDRE Adolphe 1809-1895 **[11]**

*$147 FF900 £88 Etreham/Le Château Lithographie 26x36cm/*10x14in* Bayeux 98*

*$903 FF4 600 £595 Vue de Saint-Lô depuis la berge Aquarelle 22x34,5cm/*8x13in* Bayeux 96*

MAUGERI Concetto 1919-1951 **[1]**

*$4 200 FF23 800 £2 100 Composizione Olio/tela 56x65cm/*22x25in* Roma 98*

MAULBERTSCH Frans Anton 1724-1796 **[6]**

*$6 100 FF31 400 £3 910 The Crucifixion Oil/canvas 36x26cm/*14x10in* London 96*

*$23 600 FF121 400 £14 720 The Vision of Bishop Leopold Oil/canvas 79x42cm/*31x16in* Wien 96*

MAULBERTSCH Frans Anton (Attrib) 1724-1796 **[8]**

*$1 627 FF9 500 £984 La glorification de la Foi Catholique Huile/papier/toile 38,5x32cm/*15x12in* Paris 97*

MAUNDRELL Charles Gilder 1860-c.1924 **[3]**

*$1 223 FF6 902 £749 Beside the Kitchen Window Watercolour 47x36cm/*18x14in* London 97*

MAUPERCHÉ Henri 1602-1686 **[4]**

*$55 000 FF313 747 £33 819 Landscape with Figures by Ruins in the Roman Campagna Oil/canvas 72x116cm/*28x45in* New-York 97*

MAUPERCHÉ Henri (Attrib.) 1602-1686 **[1]**

*$3 426 FF20 000 £2 072 Cavalier dans un paysage fluvial Huile/toile 75x98cm/*29x38in* Paris 97*

MAURER Alfred Henry 1868-1932 **[43]**

*$17 000 FF101 552 £10 409 Landscape Oil/board 22x27,5cm/*8x10in* New-York 98*

*$21 000 FF124 334 £12 469 Two Blonde Heads Oil/board 54,5x45,5cm/*21x17in* New-York 97*

*$6 500 FF32 760 £4 276 Head of a Woman Gouache/board 60x50cm/*24x20in* Baton Rouge, Louisiana 96*

MAURER Eugen Adolf 1885-1961 **[20]**

*$3 500 FF18 200 £2 310 Winterliche Seelandschaft mit Bootshaus Öl/Leinwand 66,5x142cm/*26x55in* Bern 96*

MAURER Louis 1852-1932 **[6]**

*$250 000 FF1 483 675 £153 125 The Great Royal Buffalo Hunt Oil/canvas 86,5x137cm/*34x53in* New-York 98*

*$1 500 FF9 063 £909 Feeding The Swans Watercolour/paper 43x33cm/*17x13in* Florida 98*

MAURER Sascha 1897-1961 **[7]**

*$1 200 FF7 151 £719 "The New Haven" Poster 107x70cm/*42x27in* New-York 98*

*$1 100 FF6 703 £670 "Hospital Brand Razor Blades" Watercolour, gouache 61x44cm/*24x17in* New-York 98*

MAURI Fabio 1926 **[3]**

*$5 400 FF30 600 £3 600 Senzarte Assemblage 73x145cm/*28x57in* Prato 97*

MAURIN Charles 1856-1914 **[39]**

*$249 FF1 437 £146 Le Temple de l'Amour Aquatint in colors 45x24,5cm/*17x9in* New-York 97*

*$812 FF4 761 £500 The Artist's Model Watercolour 30x21cm/*11x8in* London 97*

MAURIN Nicolas Eustache 1799-1850 **[3]**

*$553 FF3 200 £343 Tendre aveu/Mariage d'inclination/Chambre nuptiale/Lendemain de noce Lithographie 36x28,8cm/*14x11in* Paris 97*

MAURUS Edmond XX **[12]**

*$298 FF1 780 £180 "Franziskaner Leist Bräu, Munich" Affiche 80x61cm/*31x24in* London 97*

MAURUS Hans 1901-1942 **[65]**

☞ *$1 187 FF7 042 £725* "Rottach-Egern" Öl/Leinwand 50x40cm/*19x15in* Hamburg 98

MAURY François 1861-1933 **[25]**

☞ *$1 377 FF7 000 £849* Jeunes femmes dans les bois Huile/panneau 44,5x52cm/*17x20in* Paris 96

☞ *$1 261 FF7 500 £771* Pêcheur en bord de rivière Huile/panneau 32x47cm/*12x18in* Lille 97

MAUTNER VON MARKHOF Magda 1881-1944 **[1]**

▥ *$1 350 FF6 820 £885* Kalenderbilderbuch Woodcut in colors 22,4x12cm/*8x4in* Wien 96

MAUVE Anton 1838-1888 **[117]**

☞ *$5 249 FF31 434 £3 225* Pastoral Scene with Shepherd, Sheep and Border Collie Oil/canvas 49x64cm/*19x25in* Elgin, Illinois 98

☞ *$78 975 FF406 350 £49 275* Boys with Donkeys on the Beach Oil/canvas 31x50cm/*12x19in* Amsterdam 96

✐ *$1 500 FF8 756 £907* Sheep Grazing Watercolour/paper 23x34cm/*9x13in* Bloomfield Hills, Michigan 97

MAUZAN Achille L. 1883-1952 **[92]**

☞ *$921 FF5 500 £556* Jeune fille aux fleurs de cognassier Huile/carton 34,5x25cm/*13x9in* Paris 97

▥ *$18 000 FF107 271 £10 791* "Crosley Radio" Poster 155,5x306cm/*61x120in* New-York 98

✐ *$2 095 FF12 500 £1 263* "Texto" Gouache 75,5x53cm/*29x20in* Paris 97

MAVIGNIER Almir de Silva 1925 **[15]**

☞ *$2 296 FF11 810 £1 432* Permutation Öl/Leinwand 32,5x24cm/*12x9in* Hamburg 96

▥ *$228 FF1 190 £136* Strukturen in Rotation Silkscreen 38x25,5cm/*14x10in* Berlin 96

MAVRIDES Paul XX **[1]**

✐ *$2 200 FF11 270 £1 337* "Bob" in Hell holding glass, comic book cover for Bob's Favorite Comic Gouache 35x23cm/*14x9in* New-York 96

MAVRINA Tatyana XX **[2]**

☞ *$2 952 FF18 000 £1 800* Promenade in the Park Oil/canvas 63x62cm/*24x24in* London 98

MAVRO Mania 1889-? **[17]**

☞ *$496 FF2 500 £320* Bord de mer Huile/carton 38x45cm/*14x17in* Douarnenez 96

MAVROGORDATO Alexander James XIX-XX **[12]**

✐ *$285 FF1 742 £180* A Moment's Thought Watercolour/paper 27x38cm/*10x14in* London 97

MAVROIDIS Giorgios 1913 **[3]**

☞ *$2 050 FF10 600 £1 370* Village Oil/canvas 34x46cm/*13x18in* Athens 96

MAX Peter 1937 **[65]**

☞ *$130 FF720 £80* By the Waters Edge Acrylic/paper 16x27cm/*6x10in* Miami, Florida 97

☞ *$1 200 FF6 200 £768* Burlesque Queen Acrylic/canvas 120x89cm/*47x35in* Tarzana, CA 96

▥ *$475 FF2 455 £318* Toulouse-Lautrec, Light Grey Serigraph in colors 105x76cm/*41x30in* Bloomfield Hills, Michigan 96

✐ *$950 FF5 513 £561* Neptune Sail Mixed media/paper 15x23cm/*6x9in* Bethesda, Maryland 97

MAX René XIX-XX **[1]**

☞ *$3 864 FF23 000 £2 362* Odalisque devant son miroir Huile/toile 65x50cm/*25x19in* Aix-les-Bains 98

MAX von Gabriel 1840-1915 **[52]**

☞ *$1 907 FF11 133 £1 153* Bildnis eines jungen Mädchens mit einem Effeukranz im Haar Öl/Leinwand 36x27cm/*14x10in* Stuttgart 97

☞ *$8 575 FF51 408 £5 119* "Schwalbenrückkehr" Öl/Leinwand 60,5x45cm/*23x17in* Wien 98

MAXENCE Edgard 1871-1954 **[69]**

☞ *$2 225 FF13 000 £1 316* La religieuse Huile/panneau 45x21cm/*17x8in* Paris 97

☞ *$15 080 FF76 600 £9 000* Femme au violoncelle Oil/panel 67x55cm/*26x21in* London 96

✐ *$862 FF5 000 £530* Buste de fillette Pastel 35x28,5cm/*13x11in* Paris 97

MAXFIELD Clara 1879-1959 **[4]**

✐ *$1 200 FF6 984 £727* Nantucket Cottage Watercolour/paper 35x26cm/*14x10in* Mystic, Connecticut 97

MAXFIELD James E. 1848-? **[3]**

☞ *$1 200 FF6 845 £733* Summer Landscape with Lake Oil/canvas 25x33cm/*10x13in* Bethesda, Maryland 97

MAXIMINO Javier XX **[2]**

✐ *$2 000 FF9 770 £1 265* Sátira al Buen Humor Watercolour/paper 68x51cm/*26x20in* San Francisco-Los Angeles 95

MAXIMUCHKINA Vera 1923 **[20]**

☞ *$1 400 FF7 960 £880* Preparativos de navidad Oleo/lienzo 38x37cm/*14x14in* Madrid 97

MAXWELL Donald 1877-1936 **[5]**

M

〰 *$900 FF4 590* £585 The weald of Kent Southern Railway Poster 126x101cm/*49x39in* Oostwoud 96
MAXWELL John 1905-1962 **[5]**
👐 *$33 472 FF197 238* £20 000 "Pale Serenade" Oil/panel 101,5x91,5cm/*39x36in* Glasgow 97
✎ *$11 715 FF69 033* £7 000 Flowerpiece Watercolour 56,5x36,5cm/*22x14in* Glasgow 97
MAXY Léo XIX-XX **[2]**
〰 *$572 FF3 336* £350 "Navigation Mixte Compagnie Touache" Affiche 127,5x98cm/*50x38in* London 97
MAY Georg Oswald 1738-1816 **[1]**
👐 *$2 371 FF14 131* £1 472 Interieur mit Frau am Spinnrad und Katze Öl/Leinwand 40x34,2cm/*15x13in* Frankfurt 97
MAY Heinz 1878-1954 **[7]**
👐 *$1 700 FF10 040* £1 007 Landschaft mit Turm, Häusern und Mauerwerk Öl/Leinwand 60x65cm/*23x25in* Köln 97
MAY Henrietta Mabel 1884-1971 **[18]**
👐 *$1 567 FF9 053* £930 "Knowlton" Oil/panel 16x22cm/*6x8in* Calgary, Alberta 97
✎ *$1 181 FF7 024* £711 Untitled, Calla Lilies Gouache/paper 61x45cm/*24x17in* Calgary, Alberta 98
MAY Philip W., Phil May 1864-1903 **[32]**
✎ *$199 FF1 174* £120 A Head Study ofa Lady Pencil/paper 12,5x14,5cm/*4x5in* London 97
MAY Walter William 1831-1896 **[18]**
✎ *$360 FF2 110* £220 Sailing Ships at Low Tide Aquarelle/papier 18,5x26,5cm/*7x10in* Montréal 97
MAYAN Théophile 1860-c.1937 **[8]**
👐 *$3 027 FF18 000* £1 875 Le pêcheur/Sortie de messe à Saint-Laurent Huile/toile 45x30cm/*17x11in* Marseille 97
MAYBERY Edgard James 1887-? **[9]**
✎ *$228 FF1 393* £140 Monnow Bridge, Monmouth Watercolour/paper 19,5x27cm/*7x10in* Bristol, Avon 98
MAYBURGER Joseph 1813-1908 **[7]**
👐 *$20 330 FF106 200* £12 100 Blick auf die Stadt Salzburg Öl/Leinwand 97x143cm/*38x56in* Wien 96

M

MAYER Auguste 1805-1890 **[20]**
👐 *$4 453 FF26 000* £2 649 La baie de Naples Huile/panneau 18,5x24cm/*7x9in* Lyon 97
👐 *$14 800 FF71 700* £9 500 On the Bosphorus Oil/canvas 38x51cm/*14x20in* London 95
MAYER Constant 1832-1911 **[4]**
👐 *$16 919 FF98 135* £10 000 Le livre d'images Oil/board 76x59cm/*29x23in* London 97
MAYER Erich 1876-1960 **[58]**
👐 *$414 FF2 484* £255 Rondavels in a bushveld landscape Oil/board 19x36cm/*7x14in* Johannesburg 98
✎ *$156 FF912* £93 A Cottage Under a Big Tree Watercolour 19x26cm/*7x10in* Johannesburg 97
MAYER Friedrich Carl 1824-1903 **[9]**
👐 *$385 FF2 277* £228 Tiroler Landschaft Oil/copper 17,5x35cm/*6x13in* Zofingen 97
MAYER Heinrich 1803-1836 **[2]**
👐 *$174 FF1 003* £103 Christuskopf Oil/paper/panel 11x9cm/*4x3in* München 97
MAYER Heinz Peter 1944 **[1]**
👐 *$4 750 FF27 908* £2 852 "Incoming Fog" Oil/masonite 68x91cm/*27x36in* Altadena, CA 97
MAYER Johann Nepomuk 1805-1866 **[4]**
👐 *$2 015 FF11 900* £1 217 Porträt einer adeligen Dame mit Kleinkind Öl/Leinwand 120x80cm/*47x31in* Wien 97
MAYER LA MARTINIERE Constance (Attrib.) 1775-1821 **[2]**
👐 *$4 940 FF25 000* £3 240 Petite fille au chat Huile/toile 55x46cm/*21x18in* Paris 96
MAYER Luigi c.1750-1803 **[23]**
👐 *$1 833 FF9 500* £1 190 Vue orientaliste Huile/panneau 21x41cm/*8x16in* Saint-Dié 96
👐 *$4 590 FF22 940* £3 000 Peasants resting beside Roman ruins Oil/canvas 43x68cm/*16x26in* London 95
✎ *$4 620 FF23 000* £3 023 Cortile nel caravanseray della gitta di Bongas/Ponte grande... Aquarelle 22x31cm/*8x12in* Paris 95
MAYER Martin 1931 **[6]**
⚒ *$4 591 FF28 504* £2 769 Sich Waschende Bronze 51x24x24cm/*20x9x9in* Heidelberg 98
MAYER Nicolas 1852-1929 **[3]**
⚒ *$10 000 FF61 237* £5 985 A Duel Bronze H94cm/*H37in* New-York 98
MAYER Peter Bela 1888-1954 **[14]**
👐 *$1 300 FF6 480* £851 Summer Clouds, Long Islands Oil/canvas 25x30cm/*9x11in* Philadelphia 95
👐 *$2 500 FF14 916* £1 508 Winter Light, New Jersey Hills Oil/canvas 63x76cm/*25x30in* Cedar Falls, Iowa 97

MAYES William Edward 1861-1952 **[49]**

✏ *$244 FF1 481 £145* "Horning Ferry" Watercolour/paper 17x22cm/*7x9in* Aylsham, Norfolk 98

MAYGER Chris 1919-1994 **[9]**

✏ *$2 460 FF14 124 £1 500* French Fleet at Oran, Mers El Kebir Gouache/papier 40,5x57,5cm/*15x22in* London 97

MAYO Antoine Malliakaris 1905-1990 **[9]**

👁 *$1 284 FF7 500 £759* L'illusionniste Huile/toile 46x38cm/*18x14in* Paris 97

MAYO Eileen Rosemary 1906 **[3]**

▭ *$200 FF1 201 £121* Mother and Son Linocut 13,5x10cm/*5x3in* Sydney 97

MAYODON Jean 1893-1967 **[33]**

🖌 *$3 310 FF20 000 £1 988* Grand bol Céramique 14,5x18cm/*5x7in* Paris 98

🖌 *$50 460 FF300 000 £30 360* "Les Ages de la Vie" Céramique 300x340cm/*118x133in* Neuilly-sur-Seine 97

✏ *$466 FF2 800 £279* Couple Encre Chine 26x32cm/*10x12in* Paris 98

MAYOKOK Robert XX **[5]**

✏ *$2 000 FF11 723 £1 231* Untitled Collage 45x73cm/*18x29in* Anchorage, AK 97

MAYOL Jorge XX **[1]**

👁 *$11 000 FF55 440 £7 097* Leopard Oil/canvas 58x69cm/*23x27in* Hayden 96

MAYR Josef 1829-1865 **[2]**

👁 *$3 199 FF18 209 £1 960* Stilleben Öl/Leinwand 34x29,5cm/*13x11in* Wien 97

MAYR Karl Viktor 1882-1974 **[10]**

👁 *$750 FF3 870 £480* The connoisseur Oil/canvas 63,5x45,5cm/*25x17in* New-York 96

MAYR von Heinrich 1806-1871 **[5]**

✏ *$3 267 FF18 555 £2 044* Die Altenberg bei Bamberg Aquarell/Papier 37x30cm/*14x11in* München 97

MAYR-GRAETZ Karl 1850-1929 **[9]**

👁 *$1 017 FF6 026 £604* Alte Bäuerin auf der Ofenbank Oil/wood 15x10,5cm/*5x4in* Dresden 97

MAYREDER Rosa 1858-1938 **[2]**

✏ *$3 190 FF15 980 £2 016* Flowers Watercolour/paper 70x90cm/*27x35in* Wien 95

MAYRSHOFER Max 1875-1950 **[83]**

👁 *$549 FF3 349 £339* Drei Pferde mit Reitern in bewaldeter Landschaft Öl/Karton 18x27cm/*7x10in* Kempten 98

👁 *$1 560 FF9 255 £953* Zwei junge Damen im Freien Öl/Karton 49x51cm/*19x20in* München 98

✏ *$139 FF807 £85* Mädchenakt am Strand Charcoal/paper 21,6x30,6cm/*8x12in* Heidelberg 97

MAYS Brian XX **[16]**

👁 *$3 010 FF18 707 £1 800* "Yankee" Winning Southend Regatta of 1935 Oil/canvas 76x101,5cm/*29x39in* London 98

MAYWALD Wilhelm 1907-1985 **[38]**

📷 *$420 FF2 500 £256* Deux Portraits dont un Japonais Tirage argentique 30x23cm/*11x9in* Paris 98

MAZE Paul 1887-1979 **[296]**

👁 *$1 445 FF8 867 £900* Anemones in a jug Oil/board 39x31cm/*15x12in* Glasgow 97

👁 *$6 121 FF35 381 £3 800* Leaving the Paddock Oil/board 37x73cm/*14x28in* London 97

✏ *$374 FF2 306 £230* A View of the Tuileries Gardens, Paris Watercolour 13x40cm/*5x15in* London 98

MAZEILIE Maurice XX **[62]**

👁 *$3 216 FF19 084 £1 996* Baumlandschaft Öl/Leinwand 60x95cm/*23x37in* Wien 97

MAZELLA J. XIX **[7]**

👁 *$4 790 FF25 000 £2 850* Port animé avec vapeurs, voiliers et barque Huile/toile 54,5x64,5cm/*21x25in* Paris 96

MAZER Karl Peter 1807-1884 **[4]**

👁 *$2 910 FF16 909 £1 718* Porträtt av Antoinette Mazer i grön klänning Oil/canvas 80x63cm/*31x24in* Stockholm 97

MAZEROLLE Alexis Joseph 1826-1889 **[8]**

👁 *$1 700 FF8 500 £1 100* Still life with branches and a butterfly Oil/canvas 26x51cm/*10x20in* New-York 96

👁 *$22 020 FF127 952 £13 000* An Allegory of Plenty Oil/canvas 75,5x305cm/*29x120in* London 97

MAZO del Juan Baut. (Attrib.) 1612-1667 **[2]**

👁 *$2 790 FF14 450 £1 802* Portrait of a Philosopher Oil/canvas 5x64cm/*1x25in* Wien 96

👁 *$12 036 FF73 750 £7 187* Gaspar de Guzman, Graf von Olivarez, Herzog von Sanlucar (1587-1645) Oil/canvas 74x67cm/*29x26in* Dresden 98

MAZOT Louis 1919 **[5]**
$876 FF5 000 £535 Coupe de fruits Huile/toile 22x33cm/*8x12in* Calais 97

MAZUR Michael 1935 **[12]**
$549 FF3 290 £337 Easter lily I/Easter lily II Monotype 78x59cm/*31x23in* Chicago, Illinois 98

MAZZA Aldo 1880-1964 **[7]**
$2 400 FF14 302 £1 438 "Inchiostri Ancora" Poster 150x99,5cm/*59x39in* New-York 98

MAZZA Giuseppe M. (Attrib) 1653-1741 **[1]**
$5 100 FF28 900 £3 400 Riposo dalla fuga in Egitto Terracotta 49,5x36,5cm/*19x14in* Prato 98

MAZZA Salvatore 1819-1886 **[5]**
$4 200 FF23 800 £2 800 La scorta Olio/tela 57x80cm/*22x31in* Milano 97

MAZZACURATI Marino 1907-1969 **[3]**
$3 000 FF17 000 £1 500 Monumento alla Quattro Giornate di Napoli Bronzo 43x30,5x30,5cm/*16x12x12in* Roma 97

MAZZANOVICH Lawrence 1872-1946 **[15]**
$2 800 FF14 400 £1 746 Troyon, North Carolina Landscape Oil/panel 58x68cm/*23x27in* Chicago, Illinois 96

MAZZELLA J. XIX-XX **[5]**
$3 049 FF17 543 £1 800 An Outward Bound Paddle Steamer and other Shipping off a Channel Port Oil/canvas 33x64cm/*12x25in* London 97

MAZZOLA DI VALDUGGIA Giuseppe 1748-1838 **[4]**
$12 000 FF70 964 £7 280 Reading Time Oil/canvas 28x45,5cm/*11x17in* New-York 98

MAZZOLA Enrico 1891-1911 **[2]**
$1 550 FF9 000 £915 Sentinelles à cheval Aquarelle/papier 50,5x76,5cm/*19x30in* Paris 97

MAZZOLA Girolamo Bedoli c.1500-c.1569 **[3]**
$4 663 FF27 397 £2 800 Saint Sigismund Standing in a Fictive Niche Wash 19x9cm/*7x3in* London 97

MAZZOLA IL PARMIGIANO Girolamo Francesco 1503-1540 **[23]**
$16 380 FF79 300 £10 400 Madonna con Bambino Olio/tavola 7x55cm/*2x21in* Roma 95
$586 FF3 595 £350 St. James major Etching 12x6cm/*4x2in* London 98
$10 829 FF64 039 £6 500 Study of a Putto, and a separate study of a Hand Ink 8x7cm/*3x2in* London 97

MAZZOLA Paolo 1925 **[1]**
$12 000 FF66 518 £7 404 A young man in a plumed hat playing a transverse flute Ink 10,8x10,7cm/*4x4in* New-York 97

MAZZOLINI Giuseppe 1806-1876 **[19]**
$1 677 FF8 470 £1 100 Mother and Child Oil/canvas 60x47cm/*23x18in* London 96

MAZZOLINO Ludovico c.1480-1528/30 **[4]**
$17 640 FF90 700 £11 000 The Holy Family Oil/panel 56x46cm/*22x18in* London 96

MAZZONI Sebastiano c.1611-1678 **[5]**
$13 000 FF77 288 £8 053 The Raising of the Cross Oil/panel 72x37,5cm/*28x14in* New-York 97
$110 000 FF548 000 £72 000 Lot and his daughters Oil/canvas 124x154cm/*48x60in* London 95

MAZZONI Sebastiano (Attrib.) c.1611-1678 **[3]**
$4 163 FF24 461 £2 500 The Massacre of the Innocents Oil/canvas 36,5x52,5cm/*14x20in* London 97

MAZZONOVICH Lawrence 1872-1946 **[2]**
$16 000 FF95 808 £9 792 Spring Idyll Oil/canvas 79x100cm/*31x39in* Chicago, Illinois 97

MAZZOTTA Americo 1941 **[2]**
$2 400 FF13 600 £1 200 Il tributo di Anna Olio/tela 60x50cm/*23x19in* Prato 98

MAZZOTTA Federico XIX **[11]**
$9 000 FF51 194 £5 508 Entertaining the Baby Oil/canvas 76x100,5cm/*29x39in* New-York 97

MAZZUCCHELLI IL MORAZZONE Pier Fr. (Attrib.) 1573-1626 **[6]**
$13 000 FF77 288 £8 053 Marriage of the Virgin Oil/canvas 110x153cm/*43x60in* New-York 97

MAZZUCCHELLI IL MORAZZONE Pier Francesco 1573-1626 **[4]**
$115 500 FF604 100 £70 000 The Agony in the Garden Oil/canvas 11x85,5cm/*4x33in* London 96

MBATHA Azaria 1941 **[3]**
$157 FF942 £96 Religious images Linocut 21x27cm/*8x10in* Johannesburg 98

MEACCI Riccardo 1856-? **[19]**
$2 132 FF10 760 £1 400 The Garden of the Hesperides Watercolour 21x31cm/*8x12in* London 96

MEAD Larkin Goldsmith 1835-1910 **[9]**
$9 000 FF52 569 £5 525 Echo Marble H102cm/*H40in* New-York 97
$20 000 FF98 700 £13 040 The Inauguration of George Washington as First President Bronze 63,5x106cm/*25x41in* New-York 95

MEAD Ray 1921 **[9]**
🖋 *$1 890 FF11 035* £1 160 Images Oil/masonite 68,5x117cm/*26x46in* Toronto 97
MEADE Charles 1827-1858 **[1]**
📷 *$3 750 FF19 150* £2 470 Portrait of L.J.M. Daguerre Salt print 18,7x13,3cm/*7x5in* New-York 96
MEADMORE Clement 1929 **[9]**
⚒ *$4 339 FF25 346* £2 664 Ohne Titel Metal 62x110x66cm/*24x43x25in* Köln 97
MEADOWS Arthur Gordon 1868-? **[5]**
🖋 *$5 672 FF34 782* £3 400 Off The Creek, Hammersmith/Barges Going Down with Tide Near Putney Oil/canvas 51x76cm/*20x29in* London 98
MEADOWS Arthur Joseph 1843-1907 **[99]**
🖋 *$4 265 FF21 500* £2 800 Bordeaux on the Garonne Oil/canvas 30,5x51,5cm/*12x20in* London 96
🖋 *$5 894 FF33 544* £3 612 Blick auf Luzern Öl/Leinwand 35x50cm/*13x19in* Wien 97
✏ *$2 610 FF15 594* £1 600 Preparing to put to Sea/Mending the Nets Watercolour 16,5x27cm/*6x10in* London 98
MEADOWS Bernard 1915 **[39]**
⚒ *$1 130 FF6 743* £700 Startled Bird Bronze relief 23,5x18cm/*9x7in* London 97
MEADOWS Edwin L. XIX **[26]**
🖋 *$293 FF1 791* £180 Castle of Philtz? Oil/canvas 30x25,5cm/*11x10in* Billingshurst, West Sussex 98
🖋 *$3 184 FF18 281* £2 000 A Gypsy Camp Oil/canvas 61x107cm/*24x42in* London 97
🖋 *$13 348 FF80 604* £8 000 View of Exeter from the West Oil/canvas 90x151cm/*35x59in* Exeter, Devon 98
MEADOWS James Edwin 1828-1888 **[58]**
🖋 *$8 194 FF48 685* £5 000 Country Road on a Sunny Day Oil/canvas 61x102cm/*24x40in* London 98
🖋 *$14 000 FF71 960* £8 750 Returning Home from the Fields Oil/canvas 101x142cm/*39x55in* New-York 96
MEADOWS James M. 1798-1864 **[3]**
🖋 *$4 190 FF21 700* £2 800 Hauling in the Nets Oil/canvas 76x125cm/*29x49in* London 96
MEADOWS W.G. XIX **[12]**
🖋 *$3 000 FF18 281* £1 861 The Village Gossips Oil/canvas 86,5x112cm/*34x44in* New-York 98
MEADOWS William XIX-XX **[41]**
🖋 *$1 452 FF7 350* £950 The Grand Canal/The Grand Canal, Venice Oil/canvas 20x40cm/*7x15in* London 96
🖋 *$1 619 FF9 542* £1 000 Venice Oil/canvas 40,5x61cm/*15x24in* London 97
MEARNS Fanny XIX **[9]**
✏ *$713 FF4 433* £449 The fishermen's Children Watercolour/paper 26x47cm/*10x18in* London 97
MEARS George 1865-1910 **[11]**
🖋 *$1 100 FF6 331* £649 The Royal Yacht "Victoria and Albert" II off the Seven Sisters Oil/canvas 29x39,5cm/*11x15in* London 97
🖋 *$4 398 FF25 233* £2 700 On the seafront Oil/canvas 51x76,5cm/*20x30in* London 97
MEATYARD Ralph Eugene 1925-1972 **[11]**
📷 *$2 800 FF14 460* £1 792 I Have Refused To Accept Silver print 18x17cm/*7x7in* New-York 96
MECATTI Dario 1909-1976 **[5]**
🖋 *$1 730 FF10 000* £1 066 Le Casbah d'Alger Huile/toile 76x56cm/*29x22in* Paris 97
MECHAU Jacob Wilhelm 1745-1808 **[16]**
🗞 *$181 FF1 106* £107 "Arco di Druso, ora, Porta di St: Sebastiano" Print 40x30cm/*15x11in* Dresden 98
MECHEL von Christian 1737-1817 **[13]**
🗞 *$230 FF1 120* £145 Paysanne de la Forêt-Noire/Jeune Paysan de la Forêt-Noire Eau-forte 20x12,5cm/*7x4in* Bern 95
MECKEL VON HEMSBACH Adolf 1856-1893 **[2]**
🖋 *$31 160 FF159 600* £20 000 Tahiti Oil/canvas 51x90cm/*20x35in* London 96
MECKEL VON HEMSBACH Adolf (Attrib.) 1856-1893 **[2]**
✏ *$1 163 FF6 691* £686 Ansicht von Jerusalem mit der Omarmoschee Aquarell/Papier 42x62cm/*16x24in* München 97
MECKENEM van Israhel c.1445-1503/17 **[29]**
🗞 *$2 016 FF10 530* £1 200 The Betrayal and Capture of Christ Engraving 20,7x14,6cm/*8x5in* London 96
MECKLENBURG Ludwig 1820-1882 **[5]**
🖋 *$5 175 FF31 846* £3 167 Venedig bei Mondbeleuchtung Öl/Leinwand 30,5x45,5cm/*12x17in* Hildrizhausen 98
MECKSEPER Friedrich 1936 **[199]**

$24 000 FF125 200 £14 500 Raspberries in a white and blue porcelain bowl, a melon Oil/canvas 66,5x56cm/*26x22in* London 96
MEER van der Barend (Attrib.) 1659-1690/1702 **[5]**
$7 630 FF38 040 £5 000 Still life on a draped ledge Oil/canvas 52x48cm/*20x18in* London 95
MEER van der Jan III 1656-1705 **[16]**
$14 400 FF81 600 £9 600 Veduta di paesaggio laziale con viandanti Olio/tela 75x105cm/*29x41in* Milano 97
$3 295 FF18 864 £1 946 An Italianate landscape with Herdsmen near a Pond Black chalk 28x39cm/*11x15in* Amsterdam 97
MEERHOUT Jan ?-1677 **[7]**
$2 839 FF17 513 £1 784 View of the Nieuwenaart, Amsterdam Oil/panel 34x47,5cm/*13x18in* Amsterdam 97
$3 891 FF22 275 £2 298 Fishermen pulling in their Nets on the Banks of a Water Meadow, a Town Oil/panel 29,5x40,5cm/*11x15in* Amsterdam 97
MEERMANN Arnold 1829-1908 **[13]**
$3 268 FF20 113 £2 000 Weinhaus, Motiv aus Salzburg Oil/panel 28x21,5cm/*11x8in* Hildrizhausen 98
$9 110 FF44 800 £5 800 Motiv an der Würm bei München Öl/Leinwand 54,5x45cm/*21x17in* Stuttgart 95
$720 FF3 730 £468 Gedenkblatt zur projektierten Vermählung I.M. Königs Ludwig II, Sophie Print 68x42,5cm/*26x16in* München 96
$2 276 FF13 474 £1 351 Schlafgemach im Königlichen Jagdschloss Schachen Aquarell/Papier 31,5x43,5cm/*12x17in* München 97
MEERTS Franz 1836-1896 **[31]**
$1 284 FF6 330 £830 Le marchand de cuivre Huile/toile 59x39cm/*23x15in* Bruxelles 96
$1 078 FF6 463 £652 Cleaning Pots Oil/panel 47x34cm/*18x13in* London 97
MEESTER DE BETZENBROECK de Raymond 1904-1995 **[47]**
$614 FF3 140 £405 Lionne Terracotta H30cm/*H11in* Bruxelles 96
MEETEREN BROUWER van Menno Simon Jacobus 1882-1974 **[19]**
$309 FF1 794 £190 Figures by boat on a mountain lake Oil/board 30x23,5cm/*11x9in* Den Haag 97
$2 044 FF10 550 £1 355 Tandjong Priok harbour, Jakarta Oil/canvas 70x100cm/*27x39in* Amsterdam 96
$1 285 FF6 630 £852 Gamelan players Watercolour 22x36cm/*8x14in* Amsterdam 96
MEGANCK Joseph 1807-1891 **[5]**
$2 830 FF14 780 £1 710 Paysage italien Pastel 48x69cm/*18x27in* Bruxelles 96
MEGE DU MALMONT René 1859-1911 **[3]**
$1 836 FF11 064 £1 100 Nu et vanité Oil/canvas 17,5x38,5cm/*6x15in* Amsterdam 98
$40 000 FF202 700 £26 000 La cigale (A water nymph) Oil/canvas 74x198cm/*29x77in* London 96
MEGGENDORFER Lothar 1847-1925 **[12]**
$140 FF838 £86 "Der Traum" Ink 12x6,7cm/*4x2in* München 98
MÉGUIN Régine 1938 **[92]**
$257 FF1 500 £155 Nature morte aux trois pommes rouges Huile/toile 19x24cm/*7x9in* Toulon 97
$482 FF3 000 £304 Nature morte à la corbeille de fruits au pain et aux asperges Huile/toile 38x46cm/*14x18in* Cannes 97
MÉHEUT François [11]
$2 393 FF14 800 £1 425 2 bretons portant un panier de poissons Bronze 33x25cm/*12x9in* Tours 98
MÉHEUT Mathurin 1882-1958 **[759]**
$1 002 FF6 200 £602 Le lavage des peaux Huile/papier 24x30cm/*9x11in* Brest 97
$2 610 FF15 500 £1 593 Femmes et jeunes filles de Plougastel au Pardon de Penhors Huile/toile 54x65cm/*21x25in* Brest 98
$9 650 FF50 000 £6 230 Volatiles dans le potager Huile/toile 124x228cm/*48x89in* Paris 96
$50 FF300 £30 Le débarquement des thons Gravure 27x20cm/*10x7in* Rennes 98
$516 FF2 700 £310 Bretonne en coiffe Fusain 43x30cm/*16x11in* Brest 96
MEHOFFER Józef 1869-1946 **[15]**
$14 600 FF85 090 £8 993 Landscape Oil/canvas 75x100cm/*29x39in* Warszawa 97
$544 FF3 229 £329 "Zemsta" Lithograph 60x45cm/*23x17in* Warszawa 97
$2 980 FF15 430 £1 924 Dysputa, Stanislaw Niegoszewski w Kosciele Watercolour/board 38,5x48cm/*15x18in* Warszawa 96
MEHOFFER von Rudolf 1857-1938 **[5]**

M

$4 336 FF26 915 £2 600 Portrait of the Princess Metternich Pastel/paper 149x88,5cm/*58x34in* London 98
MEHUS Lieven 1630-1691 **[7]**
$9 274 FF54 945 £5 500 The Apple of Discord throuwn among the Gods Oil/canvas 37x46cm/*14x18in* London 97
$1 380 FF8 022 £849 The Gathering of Manna, after Tintoretto Black & white chalks/paper 31x29,5cm/*12x11in* London 97
MEI GENG 1639-c.1716 **[1]**
$25 000 FF141 242 £15 735 Landscapes Ink 28x40,5cm/*11x15in* New-York 97
MEI QING 1622-1697 **[5]**
$12 000 FF71 428 £7 449 Playing Chess at a Pavillon by a Stream Ink 157x48cm/*62x19in* New-York 97
MEID Hans 1883-1957 **[149]**
$190 FF1 115 £117 Ruhe auf der Flucht nach Ägypten Etching 24x24cm/*9x9in* Berlin 97
$648 FF4 024 £391 Don Ottavios Racheschwur Pencil 28,5x21cm/*11x8in* Heidelberg 98
MEIDNER Ludwig 1884-1966 **[198]**
$2 797 FF16 284 £1 711 Stilleben mit Fischen und Zitronen Öl/Karton 30x46cm/*11x18in* München 97
$11 330 FF67 046 £6 912 Frauenportrait Öl/Karton 69x47,5cm/*27x18in* Köln 98
$2 526 FF15 009 £1 502 Strasse in Wilmersdorf Drypoint 17x14cm/*6x5in* München 97
$671 FF4 021 £412 Männerbildnis Pencil/paper 14,5x13cm/*5x5in* München 98
MEIER Emil 1877-? **[10]**
$1 213 FF6 240 £756 "Herbst" Ceramic H29cm/*H11in* Wien 96
MEIER Theo 1908-1984 **[74]**
$7 191 FF42 504 £4 450 Njoman Pespes Oil/panel 25,5x23cm/*10x9in* Singapore 97
$10 115 FF58 676 £6 202 Garuda dance, Bali Oil 100x75cm/*39x29in* Amsterdam 97
$83 686 FF494 592 £51 788 Figures in a Tahitian landscape Oil/canvas 91x145cm/*35x57in* Singapore 97
$1 237 FF7 177 £763 Balinese landscape with sawah-terraces Charcoal/paper 48x62,5cm/*18x24in* Den Haag 97
MEIER-DENNINGHOFF Brigitte 1923 **[7]**
$7 541 FF43 492 £4 492 Kleiner Greif Sculpture 37,5x8,5x8cm/*14x3x3in* München 97
MEIER-MICHEL Johanna 1876-? **[37]**
$1 189 FF7 146 £711 Herbst aus einer Jahreszeitenfolge Ceramic H24cm/*H9in* Wien 98
MEIERHANS Joseph 1890-? **[5]**
$650 FF3 785 £397 Abstract Oil/board 76x121cm/*30x48in* Hatfield, Pennsylvania 97
MEIFRÉN Y ROIG Eliseo 1859-1940 **[88]**
$715 FF4 345 £440 Paisaje Oleo/tabla 13x20cm/*5x7in* Madrid 98
$15 180 FF87 340 £9 020 El remanso Oleo/lienzo 46x49cm/*18x19in* Madrid 97
$167 500 FF851 000 £100 000 Puerto de Barcelona Oil/canvas 150x300cm/*59x118in* London 96
$792 FF4 740 £468 Barrendero en una calle de París Lápiz/papel 15x21,5cm/*5x8in* Barcelona 98
MEIJER Christoffel 1776-1813 **[2]**
$2 028 FF11 608 £1 197 Summer: elegant company in boats/Winter:elegant company skating in the Pencil 25,5x36cm/*10x14in* Amsterdam 97
MEIJER Jan 1927 **[73]**
$530 FF2 694 £339 Escice. Fleur pour un tombeau marin Oil/paper 66x102cm/*25x40in* Amsterdam 96
$1 061 FF5 400 £678 L'été dernier Oil/canvas 163x131cm/*64x51in* Amsterdam 96
$669 FF4 022 £401 Ohne Titel Etching in colors 59x49,5cm/*23x19in* Stuttgart 98
MEIJER Johan 1885-1970 **[36]**
$641 FF3 926 £382 A forest clearing Oil/canvas 27,5x33cm/*10x12in* Amsterdam 98
$1 285 FF6 650 £834 Zonnige winterdag, Blaricum Oil/canvas 45x84cm/*17x33in* Amsterdam 96
MEIJER Johan Hendrik Louis 1809-1866 **[5]**
$3 276 FF19 047 £2 000 The Ferry Oil/panel 24x35,5cm/*9x13in* London 97
MEIJER Louis 1809-1866 **[18]**
$3 797 FF23 253 £2 272 Shipping Along a Rocky Coastline Oil/panel 45x62cm/*17x24in* Amsterdam 98
MEIJER Sal 1877-1965 **[36]**
$1 882 FF11 131 £1 130 Women in a street Oil/panel 21x27cm/*8x10in* Amsterdam 97
$6 600 FF34 600 £3 970 Veldboeket Oil/canvas 51x41cm/*20x16in* Amsterdam 96
MEIJIER de Anthony Andreas 1806-1867 **[3]**
$8 176 FF47 534 £4 872 Figuren op een bospad in de winter Oil/panel 51x72cm/*20x28in* Den Haag 97
MEILI Conrad 1895-1970 **[24]**

$1 943 FF9 460 £1 230 Liegender weiblicher Akt Huile/panneau 16x22,5cm/*6x8in* Bern 95
MEILINGER Lothar Rudolf 1887-1935 **[9]**
$348 FF2 007 £206 Chiemseelandschaft Öl/Papier 24x30cm/*9x11in* München 97
MEINDL Albert 1891-1967 **[15]**
$862 FF4 400 £572 Kleine Landschaft mit Postkutsche und Mühle Öl/Karton 13,5x15cm/*5x5in* Wien 96
$776 FF4 766 £474 "Ein stiller Winkel im Schlosshof Runkelstein" Black chalk/paper 43x29cm/*16x11in* Wien 98
MEINERS Claas Hendrik 1819-1894 **[11]**
$520 FF3 080 £308 Weidelandschaft mit Bauernhäusern Oil/panel 38x50cm/*14x19in* München 97
$2 925 FF15 050 £1 825 Waterval in berglandschap Oil/canvas 33x43cm/*12x16in* Den Haag 96
MEINERS Piet 1857-1903 **[12]**
$1 450 FF8 727 £868 The Outskirts of Arnhem Oil/canvas 26x36,5cm/*10x14in* Amsterdam 98
$2 453 FF12 700 £1 592 Atelier Oil/paper/panel 67x52,5cm/*26x20in* Amsterdam 96
$2 803 FF16 871 £1 678 A Still Life with Honesty and a Pair of Gloves Watercolour 32x41cm/*12x16in* Amsterdam 98
MEINTJIES Johannes 1923-1980 **[9]**
$167 FF1 001 £102 Head of a woman Mixed media/paper 33x27cm/*12x10in* Johannesburg 98
MEINZ Domenicus XVIII **[1]**
$5 000 FF25 900 £3 200 A Mediterranean port Oil/canvas 72x97cm/*28x38in* New-York 96
MEIRELES Cildo 1948 **[1]**
$8 000 FF46 701 £4 759 Metros I Assemblage 38x38cm/*14x14in* New-York 97
MEIREN van der Jan B. (Attrib.) 1664-c.1708 **[6]**
$6 000 FF35 377 £3 679 Figures disembarking from a boat Oil/panel 22x31cm/*8x12in* New-York 98
MEIREN van der Jan Baptiste 1664-c.1708 **[13]**
$9 030 FF45 000 £5 910 Scène de port de la Méditerranée orientale Huile/panneau 26x33cm/*10x12in* Paris 95
MEISENBACH Karl 1898-? **[4]**
$1 620 FF9 462 £994 Stilleben mit Zinnien Öl/Leinwand 77x95cm/*30x37in* Köln 97
MEISSEL Ernst 1838-1895 **[7]**
$28 000 FF166 468 £16 864 The Jewel Box Oil/canvas 63,5x76cm/*25x29in* New-York 98
MEISSER Leonhard 1902-1977 **[47]**
$3 063 FF17 829 £1 888 Distelfeld in Korinth mit antiker Tempelruine Öl/Leinwand 55x65cm/*21x25in* Bern 97
$3 743 FF21 791 £2 307 Abendliche Feldlandschaft Öl/Leinwand 33x41cm/*12x16in* Bern 97
$40 FF241 £24 Winterlandschaft/Haus mit Treppen Color lithograph 29x20cm/*11x7in* Bern 98
$337 FF2 012 £206 Am Hafen Aquarell/Papier 24x33cm/*9x12in* Zürich 98
MEISSL von August 1867-? **[7]**
$1 604 FF9 538 £966 Der Besuch des österreichichen Kaisers Karl Watercolour 38x58cm/*14x22in* Wien 98
MEISSNER Ernst Adolf 1837-1902 **[21]**
$7 200 FF35 450 £4 640 Alpine landscape with cows Oil/canvas 80x55cm/*31x21in* Köbenhavn 95
MEISSONIER Louis-Ernest 1815-1891 **[123]**
$576 FF3 000 £381 Etude de Cavalier Huile/panneau 14x9cm/*5x3in* Paris 96
$3 890 FF19 000 £2 465 Hussard à cheval Bronze H22cm/*H8in* Paris 95
$849 FF4 962 £502 A Satirical Scene Watercolour/paper 16x18,5cm/*6x7in* Boston, Mass. 97
MEISSONIER Louis-Ernest (Attr.) 1815-1891 **[11]**
$2 100 FF11 959 £1 274 A Game of Cards Oil/panel 18x23,5cm/*7x9in* New-York 97
MEISTER Nikolaus 1811-1884 **[1]**
$1 903 FF11 397 £1 137 Blick vom Ostufer über den Rhein auf Boppart Öl/Leinwand 34,5x45,5cm/*13x17in* Köln 98
MEISTER Simon 1796-1844 **[3]**
$1 247 FF7 362 £738 Pferdebildnis Öl/Leinwand 55x65cm/*21x25in* Staufen 97
MEISTERMANN Georg 1911-1990 **[100]**
$1 720 FF10 050 £1 018 Vogel im Flug Oil/panel 28x36,5cm/*11x14in* Köln 97
$25 996 FF152 380 £16 000 Die Gelbe Sichel/Untitled Oil/canvas 95x95cm/*37x37in* London 97
$46 FF267 £27 Figurenkomposition in Rot Farblithographie 39x58cm/*15x22in* Köln 97
$1 950 FF10 170 £1 140 Abstrakte komposition Charcoal/paper 45,3x62,5cm/*17x24in* Köln 96

MEIXMORON DE DOMBASLE de Charles 1839-1912 **[13]**
- *$892 FF4 500 £580* L'orée du village Huile/carton 23x32cm/*9x12in* Paris 96
- *$1 840 FF11 000 £1 115* Paysage de Lorraine à l'aurore Huile/toile 41x69cm/*16x27in* Paris 97

MELBYE Anton 1818-1875 **[72]**
- *$1 461 FF8 538 £865* Marine med skibe på havet Oil/canvas 12x17cm/*4x6in* Vejle 97
- *$3 787 FF22 142 £2 312* Marine med sejlskibe Oil/canvas 45x66cm/*17x25in* Vejle 97
- *$10 140 FF59 230 £6 000* The Bellerophon carrying the body of Napoleon I from Elba to Paris Oil/canvas 95,3x146cm/*37x57in* London 97
- *$211 FF1 232 £124* Marine med sejlskibe Ink/paper 12x19,5cm/*4x7in* Vejle 97

MELBYE Fritz 1826-1896 **[7]**
- *$38 950 FF199 400 £25 000* Off Caracas, Venezuela Oil/canvas 52x72cm/*20x28in* London 96
- *$3 336 FF20 358 £2 000* Santo Domingo, St. Thomas Watercolour 18x26cm/*7x10in* London 98

MELBYE Wilhelm 1824-1882 **[74]**
- *$694 FF4 240 £437* Mountainous landscape Oil/canvas 10x17cm/*3x6in* Köbenhavn 97
- *$3 150 FF19 434 £1 980* Marine, Gibraltar Oil/canvas 57x88cm/*22x34in* Köbenhavn 97
- *$14 300 FF72 700 £9 260* Marine Oil/canvas 92x150cm/*36x59in* Köbenhavn 95

MELCHER Chaspar Otto 1945 **[12]**
- *$397 FF2 055 £258* Il Bravo Soldato, Groschenoper Oil chalks/paper 69,5x49,5cm/*27x19in* Zürich 96

MELCHER TILMES Jan Hermanus 1847-1920 **[6]**
- *$1 450 FF8 568 £876* Waldbach Öl/Leinwand 63x90cm/*24x35in* Wien 97
- *$3 566 FF20 746 £2 184* Fishermen by a wooded stream, a village beyond Oil/panel 11,5x16cm/*4x6in* Amsterdam 97

MELCHERS Franz 1869-1944 **[6]**
- *$5 980 FF31 200 £3 610* Buveuse d'absinthe Huile/toile 65x78cm/*25x30in* Liège 96

MELCHERS Julius, Gari 1860-1932 **[27]**
- *$30 000 FF183 375 £18 357* Grand-Father and Baby Oil/canvas 34x25cm/*13x10in* Detroit, Michigan 98
- *$40 000 FF195 400 £25 300* The chicken house Oil/canvas 56x45cm/*22x18in* Detroit, Michigan 95
- *$1 100 FF6 429 £671* Seated female nude Charcoal 28,5x29cm/*11x11in* San Francisco 97

MELCHIOR Wilhelm 1817-1860 **[13]**
- *$2 523 FF14 388 £1 536* Ruhende Schafe auf der Weide Öl/Leinwand 33,5x42cm/*13x16in* Wien 97
- *$3 633 FF21 411 £2 170* Auf der Alm Öl/Leinwand 73x87cm/*28x34in* München 97

MELDOLLA Andrea Sch. (Attrib) 1522-1563 **[5]**
- *$3 000 FF16 574 £1 864* The Mystic Marriage of Saint Catherine Ink 36,2x25,1cm/*14x9in* New-York 97

MELDOLLA Andrea Schiavone 1522-1563 **[7]**
- *$28 429 FF168 317 £17 000* Nymphs in a landscape, other figures by a temple in the right distance Oil/panel 25x118cm/*9x46in* London 97

MELE Juan N. 1923 **[2]**
- *$47 500 FF277 290 £28 257* Marco recortado No. 2 Oil/panel 71,1x50,2cm/*27x19in* New-York 97

MELENDEZ Bill Melendez Studio **[3]**
- *$5 000 FF30 048 £2 994* It Was a Short Summer, Charlie Brown Gouache 23x53cm/*9x21in* New-York 98

MELENDEZ Gerardo 1856-? **[1]**
- *$2 310 FF13 895 £1 435* A la puerta de un cuartel Oleo/lienzo 28,5x40cm/*11x15in* Madrid 97

MELÉNDEZ José Agustín 1724-1800 **[1]**
- *$7 760 FF40 200 £5 010* Autorretrato Oleo/lienzo 39x31cm/*15x12in* Madrid 96

MELENDEZ Luis 1716-1780 **[7]**
- *$213 700 FF1 065 000 £140 000* Apples in a basket, a jar and condiment boxes on a table Oil/canvas 49x36cm/*19x14in* London 95

MELENDEZ Miguel Jacinto 1679-1726 **[7]**
- *$23 760 FF142 200 £14 400* Retrato de Felipe V Oleo/lienzo 83x63cm/*32x24in* Madrid 97

MELENDEZ Miguel Jacinto (Att) 1679-1726 **[1]**
- *$4 620 FF27 650 £2 870* Felipe V Oleo/lienzo 59x45cm/*23x17in* Madrid 98

MELI Giosué 1807-1893 **[1]**
- *$1 600 FF7 720 £1 000* Album: studies from life, genre scenes, copies after old masters Drawing 25x34,5cm/*9x13in* London 95

MELI Salvatore 1929 **[2]**
- *$16 388 FF97 371 £10 000* "La Forme della Materia" Terracotta H216cm/*H85in* London 98

MELIDA Y ALINARI Enrique 1834-1892 **[6]**
- *$6 716 FF40 000 £3 992* L'arrivée de l'huissier Huile/toile 42x56,5cm/*16x22in* Paris 97

MELIK Edgar 1904-1976 **[50]**
- *$530 FF3 100 £314* Ouvriers du bâtiment Huile/carton 31x49cm/*12x19in* Paris 97
- *$654 FF4 000 £402* Le couple Huile/carton 73x51cm/*28x20in* Paris 98

MELIN Joseph Urbain 1814-1886 **[7]**
- *$8 000 FF46 404 £4 923* Le départ de la meute Oil/canvas 91x58cm/*35x22in* New-York 97
- *$12 980 FF66 000 £7 750* Couple de chiens Huile/toile 97x130cm/*38x51in* Paris 96
- *$477 FF2 500 £286* Vingt-quatre académies d'homme Crayon 45,5x61cm/*17x24in* Paris 96

MELISSENT André **[3]**
- *$1 369 FF8 000 £810* Bateau rentrant dans le port du Havre Aquarelle, gouache/papier 51x68cm/*20x26in* Le Havre 97

MELKUS H. XIX **[5]**
- *$440 FF2 609 £263* Alter Mann mit Weinglas Öl/Karton 30x24cm/*11x9in* Dresden 97

MELLAN Claude 1598-1688 **[16]**
- *$270 FF1 676 £162* Der heilige Fraziskus auf den Knien im Gebet, Nachtbeleuchtung Copper engraving 44,5x29cm/*17x11in* Heidelberg 98

MELLAN Claude (Attrib.) 1598-1688 **[4]**
- *$1 555 FF9 000 £956* Portrait de Cardinal (Mazarin?) Pierre noire 13,5x11,5cm/*5x4in* Paris 97

MELLE 1908-1976 **[33]**
- *$4 236 FF25 169 £2 519* Interior with Vase and Mirror Oil/panel 20x15cm/*7x5in* Amsterdam 97
- *$11 014 FF65 440 £6 550* Het Bloemenmeisje Oil/canvas 50x75cm/*19x29in* Amsterdam 97
- *$636 FF3 320 £384* Varkenshoedester Tapestry 24,5x46,5cm/*9x18in* Amsterdam 96
- *$304 FF1 732 £188* A figure Watercolour 46x31cm/*18x12in* Amsterdam 97

MELLERUP Tage 1911 **[12]**
- *$776 FF3 820 £495* Komposition Oil/canvas 70x53cm/*27x20in* Köbenhavn 95

MELLERY Xavier 1845-1921 **[35]**
- *$1 200 FF7 475 £717* Façade Huile/toile 94x74cm/*37x29in* Bruxelles 98
- *$775 FF4 555 £478* Oude hoeve Crayon 24,5x18cm/*9x7in* Lokeren 97

MELLI Roberto 1885-1958 **[7]**
- *$4 800 FF27 200 £2 400* Rotonda di Celle Ligure Olio/tela 33x40cm/*12x15in* Roma 98

MELLIN Charles 1597-1647 **[3]**
- *$60 600 FF293 000 £38 000* The Triumph of Galatea Oil/canvas 121x124cm/*47x48in* London 95

MELLIN Ernst 1674-1746 **[4]**
- *$1 421 FF8 377 £849* Flodjlandskap med vandrare vid hus Gouache/paper 15x20cm/*5x7in* Stockholm 97

MELLIN Joseph Urbain 1814-1886 **[1]**
- *$5 560 FF27 000 £3 586* Couple de chiens Huile/toile 95x125cm/*37x49in* Paris 95

MELLING Antoine-I. (Attrib.) 1763-1831 **[2]**
- *$18 750 FF97 100 £12 000* The Golden Horn Watercolour 35x60cm/*13x23in* London 96

MELLING Antoine-Ignace 1763-1831 **[11]**
- *$19 432 FF119 000 £11 590* Vue de la Fontaine de Top-Hané Gouache 72x92cm/*28x36in* Paris 98

MELLON Campbell A. 1876-1955 **[97]**
- *$4 043 FF24 522 £2 400* Extensive Norfolk coastal scene (pssibly near Hopton) Oil/canvas 48x60cm/*19x24in* Aylsham, Norfolk 98
- *$8 500 FF48 350 £5 202* The English Channel/On the Beach with Cloud Approaching Oil/panel 22,5x30,5cm/*8x12in* New-York 97

MELLOR Everet W. **[9]**
- *$2 428 FF14 313 £1 500* Windermere and Belle Isle Oil/canvas 35,5x76cm/*13x29in* London 97
- *$4 070 FF23 598 £2 400* Sheep Grazing by a Lake/Flying over Calm Waters Oil/board 24x34cm/*9x13in* London 97

MELLOR William 1851-1931 **[117]**
- *$2 998 FF18 106 £1 800* A Mountainous Landscape with a Stream Oil/canvas/board 45x30cm/*17x11in* Leyburn, North Yorkshire 98
- *$4 860 FF24 800 £3 200* Bow Ghyll, near Ilkley, Yorkshire Oil/canvas 61x91cm/*24x35in* London 96

MELLSTRÖM Rolf 1896-1953 **[28]**
- *$4 286 FF25 363 £2 633* Ejdersträck i motljus Oil/canvas 140x170cm/*55x66in* Stockholm 98

MELNIK Camillo XIX-XX **[1]**
- *$3 109 FF18 112 £1 900* The Conversation Oil/panel 44x37cm/*17x14in* London 97

MELO Attilio 1917 **[8]**

🥄 *$1 200 FF6 800 £800* Venezia veduta di San Giorgio dalle Zattere Olio/masonite 36x48cm/*14x18in* Milano 97

MELONI Gino 1905-1989 **[39]**

🥄 *$2 160 FF12 240 £1 440* Natura morta Olio/tela 67x45cm/*26x17in* Milano 97

✏️ *$1 320 FF6 720 £780* Natura morta con mele Tempera/carta 34x47cm/*13x18in* Milano 96

MELOTTI Fausto 1901-1986 **[96]**

▥ *$1 080 FF6 120 £540* Scultura A 1968 Multiplo 15x8cm/*5x3in* Milano 98

🔧 *$7 680 FF38 760 £5 040* Damine Ceramic H45cm/*H17in* Milano 96

🔧 *$30 000 FF170 000 £20 000* Senza titolo Metal 144,5x38x25cm/*56x14x9in* Milano 98

✏️ *$1 408 FF7 370 £924* Senza titolo Tecnica mista/carta 35x25cm/*13x9in* Milano 96

MELROSE Andrew W. 1836-1901 **[37]**

🥄 *$3 000 FF15 580 £1 984* In the Berkshire Hills Oil/canvas 31x26cm/*12x10in* New-York 96

🥄 *$3 249 FF16 800 £2 180* The way to Ambleside, Westmoreland Oil/canvas 50x40cm/*20x16in* New-York 96

MELROSE Walter B. XIX-XX **[1]**

🥄 *$5 070 FF29 041 £3 000* After the Bazaar, Edinburgh Oil/canvas 36x26cm/*14x10in* London 97

MELSEN Marten 1870-1947 **[27]**

🥄 *$1 193 FF6 228 £725* De Tredmolen Huile/toile 31x50cm/*12x19in* Lokeren 96

🥄 *$1 350 FF8 120 £810* Zittende boer met pijp Huile/toile 51x40cm/*20x15in* Antwerpen 98

✏️ *$414 FF2 439 £256* Le marché aux poissons Aquarelle/papier 36x27cm/*14x10in* Antwerpen 97

MELTZER Arthur 1893-1989 **[9]**

🥄 *$2 200 FF12 672 £1 292* Old Apple Tree Oil/canvas 40x50cm/*16x20in* Mystic, Connecticut 97

🥄 *$4 000 FF23 296 £2 443* "Mill Ruins, New Hope" Oil/board 20x25cm/*8x10in* Hatfield, Pennsylvania 97

MELTZOFF Stanley 1917-? **[12]**

🥄 *$660 FF4 036 £391* Study for "Settlement Rises on the James" Oil/canvas 30x40cm/*12x16in* Houston, Texas 98

🥄 *$3 600 FF20 022 £2 228* Mackerel Eating Oil/canvas/board 91,5x91,5cm/*36x36in* New-York 97

MELVILLE Arthur 1855-1904 **[20]**

🥄 *$3 322 FF20 183 £2 000* An Oriental Courtyard Oil/canvas 40,5x30,5cm/*15x12in* London 98

🥄 *$7 800 FF39 000 £5 050* A Normandy shepherd Oil/canvas 55x32cm/*21x12in* New-York 96

✏️ *$5 580 FF28 332 £3 600* Italian Curio Shop Watercolour/paper 27x43,5cm/*10x17in* Auchterarder, Perthshire 96

MELVILLE Harden Sidney XIX-XX **[23]**

🥄 *$832 FF4 557 £500* The Timber Wagon Oil/canvas 77x128cm/*30x50in* London 97

✏️ *$235 FF1 230 £140* A Figure and Horses before a Cottage Pencil 25x34cm/*9x13in* London 96

MELVILLE Henry c.1790-c.1850 **[1]**

✏️ *$5 270 FF27 270 £3 400* The death of Bishop Heber (1783-1826), Bishop of Calcutta Watercolour 21x32cm/*8x12in* London 96

MELVILLE John 1902-1986 **[26]**

🥄 *$653 FF3 887 £400* Woman with Cat Oil/canvas 65x50cm/*25x19in* London 97

🥄 *$653 FF3 887 £400* Portrait of the Artist's Wife Oil/canvas 39,5x31,5cm/*15x12in* London 97

✏️ *$254 FF1 228 £160* The Road through the Village Pastel 24x31cm/*9x12in* London 95

MELZER Moritz 1877-1966 **[42]**

▥ *$100 FF611 £61* Untitled Lithograph 22x27cm/*9x11in* Cincinnati, Ohio 98

MEMMO DI FILIPPUCCIO XIII-XIV **[1]**

🥄 *$13 000 FF64 200 £8 400* The Resurrection Mixed media 22,2x21,7cm/*8x8in* New-York 96

MÉNAGEOT Francois-Guillaume 1744-1816 **[8]**

🥄 *$57 252 FF338 983 £34 000* A Lady, said to be Madame Danloux, nursing her Child Oil/panel 26x19cm/*10x7in* London 97

MENARD Émile René 1862-1930 **[75]**

🥄 *$752 FF4 500 £456* Baigneuses au bord d'un lac Huile/carton 27x37,5cm/*10x14in* Paris 97

🥄 *$2 754 FF14 000 £1 645* Nymphe au bord de l'eau Huile/toile 63x86cm/*24x33in* Saint-Dié 96

🥄 *$16 700 FF100 000 £10 260* "L'âge d'or" Huile/toile 89x151cm/*35x59in* Paris 98

✏️ *$2 500 FF15 105 £1 489* Moonlight Idyll Pastel 48x74cm/*18x29in* New-York 97

MÉNARD René Joseph 1827-1887 **[9]**

🥄 *$1 306 FF7 500 £796* Pâturage en Normandie Huile/toile 27x41cm/*10x16in* Barbizon 97

🥄 *$2 930 FF15 000 £1 898* Halte sur le chemin Huile/panneau 31x52cm/*12x20in* Bayeux 95

✏️ *$1 000 FF5 837 £594* Classically Draped Women Pastel/paper 53,5x104cm/*21x40in* New-York 97

MENARD Victor P. 1857-1930 **[2]**
  $3 600 FF18 340 £2 160 "Vélodromme de Rennes" Poster 87x102cm/*34x40in* New-York 96
MENARDEAU Maurice 1897-1977 **[33]**
  $663 FF3 800 £392 Village de Beaulieu Huile/panneau 30x22cm/*11x8in* Quimper 97
  $1 250 FF7 397 £767 Marina Oleo/lienzo 55x65cm/*21x25in* Montevideo 98
MENASSADE Emilia 1860-? **[1]**
  $2 730 FF14 070 £1 750 Grappe de raisin Huile/panneau 50x26,5cm/*19x10in* Madrid 96
MENDELSOHN Erich 1887-1953 **[4]**
  $17 007 FF100 401 £10 071 "Das Quartier White City, London" Pencil/paper 28,5x45cm/*11x17in* Berlin 97
MENDELSON Marc 1915 **[32]**
  $5 660 FF32 720 £3 460 Vue de ville Huile/toile 90x110cm/*35x43in* Antwerpen 97
  $1 111 FF6 654 £664 Arlequin et femme assise Pastel/papier 47x37cm/*18x14in* Bruxelles 98
MENDELSSOHN-BARTHOLDY Felix 1809-1847 **[2]**
  $13 046 FF76 923 £8 000 Landscape of Monastery in an Alpine Setting Wash 20x24,5cm/*7x9in* London 98
MENDES DA COSTA Joseph 1863/64-1939 **[14]**
  $14 612 FF87 284 £8 939 Jeremia, de klaagliederen Bronze H19,5cm/*H7in* Amsterdam 98
MENDES-FRANCE René 1888-1985 **[9]**
  $960 FF5 000 £634 La cuisinière Huile/toile 73x61cm/*28x24in* Arles 96
MENDEZ BRINGA Narciso 1868-1933 **[1]**
  $3 440 FF18 040 £2 070 Contemplando la exposición en el Círculo de Bellas Artes Gouache 45x32cm/*17x12in* Madrid 96
MENDEZ Leopoldo 1902-1969 **[18]**
  $200 FF1 189 £122 "Mother and Child" Linocut 16x14cm/*6x5in* Shaker Heights, Ohio 97
MENDIVE Manuel 1944 **[8]**
  $2 000 FF11 396 £1 225 Untitled Oil/canvas 12x48cm/*5x19in* Bethesda, Maryland 97
  $4 950 FF30 164 £3 061 Untitled Oil/canvas 62x88cm/*24x34in* Miami, Florida 98
  $2 800 FF16 666 £1 738 Los Peces Pastel/paper 71x92cm/*28x36in* Miami, Florida 97
MENDJISKY Serge 1929 **[155]**
  $668 FF4 000 £406 Paysage Huile/toile 50x65cm/*19x25in* Paris 97
MENE Jules 1810-1879 **[763]**
  $1 772 FF10 566 £1 100 A Retriever Bronze 11x20cm/*4x7in* London 97
  $8 083 FF48 000 £4 934 Le Fauconnier arabe à cheval Bronze H80cm/*H31in* Le Touquet 98
MENEGHELLI Enrico 1853-c.1895 **[1]**
  $2 200 FF12 994 £1 367 An Elegant Interior Oil/panel 22,5x17cm/*8x6in* Boston, Mass. 97
MENEGHETTI Renato 1947 **[3]**
  $4 140 FF23 460 £2 070 Pareti perdute Olio/tavola 50x70cm/*19x27in* Milano 98
  $7 510 FF45 000 £4 486 Résonnance magnétique Technique mixte/toile 118x138cm/*46x54in* Paris 98
MENENDEZ Aldo XX **[1]**
  $3 500 FF20 907 £2 140 "Camaron que se duerme, se lo come un extranjero" Acrylic/canvas 81x113,5cm/*31x44in* New-York 98
MENENDEZ PIDAL Luis 1864-1932 **[6]**
  $8 400 FF47 760 £5 040 El Gaitero Oleo/lienzo 68x48cm/*26x18in* Madrid 97
MENESES Jesús **[3]**
  $660 FF3 950 £390 Interior Acuarela/papel 68x48cm/*26x18in* Madrid 98
MENESSONS Jacques 1923 **[1]**
  $2 917 FF17 000 £1 796 La petite église Huile/toile 64x54cm/*25x21in* Entzheim 97
MENG Siew Hock 1942 **[3]**
  $6 224 FF35 128 £3 815 Lelap Pastel/paper 49,5x54cm/*19x21in* Singapore 97
MENGE Charles 1920 **[9]**
  $1 199 FF7 007 £709 Maison et cerisier Huile/carton 29x36cm/*11x14in* Genève 97
  $1 505 FF7 740 £940 "Puissance et faiblesse" Gouache 17x13cm/*6x5in* Bern 96
MENGIN Paul Eugène 1853-1937 **[8]**
  $1 952 FF10 100 £1 266 Passage du ruisseau Bronze H62cm/*H24in* Provins 96
  $18 100 FF93 000 £11 270 "Le Puits qui parle" Bronze H150cm/*H59in* Brive-la-Gaillarde 96
MENGS Anton Rafael 1728-1779 **[17]**
  $60 000 FF296 000 £38 800 Portrait of the Elector Friedrich Christian of Saxony Oil/canvas

M

Calendar & auction results: Internet **www.artprice.com**   Minitel **3617 ARTPRICE**

53,5x41,5cm/*21x16in* New-York 96

    $65 500 FF337 600 £42 000 Portrait of the Infanta Maria Ludovica de Borbon Oil/canvas 45x33cm/*17x12in* London 96

    $75 000 FF460 402 £45 952 Portrait of Frau Thiele, lust-length, wearing a Lace Cap Pastel/paper 50,5x39cm/*19x15in* New-York 98

MENGS Anton Rafael (Attr.) 1728-1779 **[12]**

    $6 000 FF31 200 £3 970 The Virgin and Child with the Infant Baptist Oil/paper/panel 35x35cm/*13x13in* New-York 96

    $11 200 FF54 100 £7 000 The Penitent Magdalene Oil/canvas 132x184cm/*51x72in* London 95

    $1 676 FF10 045 £1 000 Nude holding a Jug and looking down Red chalk/paper 53x31cm/*20x12in* London 98

MENGUE Jean-Marie 1855-1949 **[1]**

    $3 249 FF17 294 £1 916 Head of a woman Bronze H35,6cm/*H14in* New-York 97

MENGUY Frédéric 1927 **[104]**

    $1 095 FF6 000 £659 Les grands arbres Huile/toile 46,5x55cm/*18x21in* Paris 97

MENIN Roger 1925 **[21]**

    $645 FF3 200 £409 La famille et la mer Huile/toile 65x54cm/*25x21in* Entzheim 95

MENINSKY Bernard 1891-1950 **[112]**

    $2 109 FF12 275 £1 300 Portrait of a young Woman Oil/canvas 46x30,5cm/*18x12in* London 97

    $2 636 FF16 067 £1 600 Seated Woman Oil/canvas 76x63,5cm/*29x25in* London 98

    $1 471 FF8 789 £900 Mother and Child Pastel/paper 51x37,5cm/*20x14in* London 98

MENJAUD Alexandre 1773-1832 **[3]**

    $6 920 FF35 000 £4 540 Joseph interprétant les songes de Pharaon (La Genèse) Huile/toile 81x109,5cm/*31x43in* Paris 96

MENKES Zygmunt, Joseph 1896-1986 **[109]**

    $3 500 FF17 870 £2 317 Girl seated beside a vase of flowers Oil/canvas 41x33cm/*16x12in* Tel Aviv 96

    $5 000 FF31 075 £2 990 Still Life of Flowers in a Green Vase Oil/canvas 81,5x63,5cm/*32x25in* New-York 98

    $1 700 FF9 781 £1 003 Study for Flute Player/Ther Artist and his Model Ink 39,5x29cm/*15x11in* New-York 97

MENN Barthélémy 1815-1893 **[17]**

    $5 363 FF32 154 £3 228 Paysage Huile/toile/carton 26,5x39,5cm/*10x15in* Zürich 98

MENNET Louis 1829-1875 **[14]**

    $670 FF3 915 £396 Yvoire Huile/carton 23,5x32cm/*9x12in* Genève 97

    $4 108 FF24 000 £2 522 Bord de rivière Huile/toile 66x90cm/*25x35in* Saint-Dié 97

MENNICKE Gustav 1899-1988 **[5]**

    $95 FF570 £58 Haus auf Föhr Woodcut 32,5x32,8cm/*12x12in* Hamburg 98

MENOCAL Armando G. 1863-1942 **[7]**

    $4 250 FF24 216 £2 654 Cuban woman Oil/canvas 60x50cm/*24x20in* Bethesda, Maryland 97

MENON Anjolie Ela 1940 **[14]**

    $7 070 FF35 200 £4 500 Partha Oil/masonite 46x31cm/*18x12in* London 95

    $11 800 FF70 449 £7 200 Madonna and Child Oil/masonite 91,5x84cm/*36x33in* London 98

    $16 400 FF85 000 £10 500 Ritual at Kollengode Mixed media/canvas 150x101cm/*59x39in* London 96

    $2 159 FF12 948 £1 300 Untitled Watercolour 30x22cm/*11x8in* London 98

MENPES Mortimer L. 1855-1938 **[93]**

    $2 943 FF15 240 £1 900 A Rajput Retainer Oil/board 42,5x34,5cm/*16x13in* London 96

    $249 FF1 449 £152 Nautch dancers Drypoint 23x27cm/*9x10in* New-York 97

    $1 176 FF6 140 £700 Japanese Children Bodycolour 40x31cm/*15x12in* London 96

MENS van Isidore 1890-1985 **[53]**

    $991 FF6 175 £592 Sur la route de Fez Huile/toile 41x60cm/*16x23in* Bruxelles 98

    $1 755 FF10 500 £1 065 Groupe de personnages Huile/panneau 34,5x33,5cm/*13x13in* Paris 97

    $351 FF1 806 £219 "Zeedijk, Amsterdam"/Terrasje in Den Haag Charcoal/paper 27x20cm/*10x7in* Den Haag 96

MENSA SALAS Manuel 1875-? **[3]**

    $1 925 FF11 000 £1 182 "Posada de gitanos sevillanos" Oleo/lienzo 69x59cm/*27x23in* Madrid 97

MENSE Carlo 1886-1965 **[69]**

    $6 882 FF40 201 £4 072 Handballspieler Oil/panel 49,2x37cm/*19x14in* Köln 97

    $10 400 FF54 400 £6 190 Siesta in Süden Oil/panel 100,5x125,5cm/*39x49in* Köln 96

$62 FF369 £38 Arkadische Landschaf Lithographie 14x20cm/*5x7in* Heidelberg 97
$2 549 FF15 085 £1 555 Mittelgebirgslandschaft mit heimkehrendem Bauernpaar Watercolour, gouache/paper 31x41cm/*12x16in* Köln 98
MENSINGA Jan R. 1924 [1]
$666 FF3 376 £434 Portrait of a young woman Etching 28x15,5cm/*11x6in* Amsterdam 96
MENTA Edouard J. 1858-1915 [18]
$1 202 FF6 000 £785 Bouquet d'oeillets Huile/panneau 46x37cm/*18x14in* Paris 95
$5 030 FF25 460 £3 300 Clown mit Aeffchen Öl/Leinwand 46x32cm/*18x12in* Zürich 96
MENTESSI Giuseppe 1857-1931 [2]
$3 299 FF18 698 £2 199 Paesaggio lacustre Olio/tavola 49x75cm/*19x29in* Milano 97
$3 637 FF20 611 £1 818 Ritratto di donna con gatto Pastelli/carta 54x44cm/*21x17in* Milano 97
MENTOR Blasco 1918 [121]
$878 FF4 500 £534 Urbino Huile/toile 35x50cm/*13x19in* Paris 96
$4 120 FF21 500 £2 450 On l'appelle l'oiseau Huile/toile 93x130cm/*36x51in* Versailles 96
$870 FF4 500 £581 L'artiste et son modèle Pastel 29,5x41cm/*11x16in* Paris 96
MENZ von Max 1824-1895 [3]
$7 044 FF41 877 £4 363 Ksiaze Wilhelm Bawarski z Malzonka Renata Lotarynska Wspierajacy U. Oil/canvas 146x117cm/*57x46in* Warszawa 97
MENZEL von Adolph 1815-1905 [154]
$3 254 FF19 000 £1 936 La partie de cartes Huile/toile 60x80cm/*23x31in* Lyon 97
$38 995 FF228 571 £24 000 Ein Mantel Oil/board 26,5x18cm/*10x7in* London 97
$203 FF1 165 £123 Zweihundert Illustrationen zu den Werken Friedrichs der Grossen Woodcut 9x6cm/*3x2in* Berlin 97
$112 FF669 £67 Bildnis des Generals v. Manteuffel Aquarell/Papier 5,3x4,6cm/*2x1in* Köln 97
MENZIES John XIX-XX [2]
$2 255 FF13 035 £1 400 Summer Days Oil/canvas 41x30,5cm/*16x12in* London 97
MENZIO Francesco 1899-1979 [18]
$3 899 FF22 098 £1 949 Natura morta con iris e papaveri Olio/tela 50x70cm/*19x27in* Roma 97
$960 FF5 440 £640 Cascinale China 35x52cm/*13x20in* Vercelli 97
MENZLER Wilhelm 1846-1900 [20]
$2 950 FF16 880 £1 841 Stilleben mit Chrysanthemenstrauss Öl/Leinwand 65,5x53cm/*25x20in* Stuttgart 97
$3 340 FF17 060 £2 200 A young lady in blue velvet Oil/panel 38x24cm/*14x9in* London 96
MENZOCCHI Francesco (Attrib.) c.1502-1574 [1]
$1 852 FF10 967 £1 100 The Virgin and Child Adoredby Saints Wash 29x23cm/*11x9in* London 97
MERANO Giovan Battista 1632-1698 [3]
$2 749 FF15 115 £1 688 The Martyrdom of Saint Sebastian Ink 55x42cm/*21x16in* New-York 97
MERCADE Benet 1821-1897 [2]
$11 880 FF71 100 £7 380 Felipe IV y Velázquez Oleo/lienzo 186x223cm/*73x87in* Madrid 98
MERCADE Jordi 1923 [6]
$1 020 FF5 955 £600 Puerto con barcs de pesca Oleo/lienzo 73x100cm/*28x39in* Barcelona 97
MERCADE QUERALT Jaime 1889-1967 [13]
$5 280 FF31 760 £3 280 La Masia Oleo/lienzo 91x70cm/*35x27in* Madrid 97
MERCANTI Gaetano XIX-XX [2]
$25 100 FF124 600 £15 900 Venus Marble H94cm/*H37in* Singapore 95
MERCATOR Gerardus, G. Kremer 1512-1594 [7]
$236 FF1 414 £144 Karte der Gegend von Zürich und Basel Print 33,5x45,3cm/*13x17in* Bern 97
MERCER Frederick XIX-XX [12]
$359 FF2 189 £220 The Harvesters Watercolour/paper 35,5x52cm/*13x20in* London 98
MERCEY de Frédéric 1805-1860 [6]
$9 640 FF50 000 £6 260 Vue du Port de Bastia Huile/toile 46,5x74cm/*18x29in* Monaco 96
MERCHI Gaetano 1747-1829 [1]
$14 930 FF73 300 £9 450 Buste de Madame Guimard Terracotta H68cm/*H26in* Zürich 95
MERCIE Fernand Adrien XX [1]
$8 251 FF49 000 £4 998 Le vainqueur Bronze H111cm/*H43in* Aix-en-Provence 97
MERCIE Marius Jean Antonin 1845-1916 [124]
$2 615 FF13 500 £1 570 David vainqueur Bronze H73cm/*H28in* Soissons 96

$8 231 FF49 500 £4 925 David vainqueur de Goliath Bronze H111cm/*H43in* Tours 98
MERCIER Charles 1832-1909 **[25]**
$5 990 FF31 000 £3 890 Paysages et ruines, d'après Hubert Robert Huile/toile 66x34cm/*25x13in* Paris 96
$1 632 FF9 738 £984 Marché à Étaples Aquarelle, gouache/papier 35x53cm/*13x20in* Luxembourg 97
MERCIER Jean A. 1899-1995 **[64]**
$492 FF2 824 £300 "Cointreau, Liqueur, Angers" Poster 161,5x120,5cm/*63x47in* London 97
$1 842 FF11 000 £1 128 Bouquet de fleurs Aquarelle/papier 48,5x38cm/*19x14in* Angers 97
MERCIER Philippe 1689-1760 **[33]**
$12 967 FF75 258 £8 000 Scene from Farquhar's recruting officer Oil/canvas 106x132cm/*41x51in* London 97
$16 863 FF99 900 £10 000 Portrait of a Lady, half-length, in a blue dress Oil/canvas 76x63cm/*29x24in* London 97
MERCIER Philippe (Attrib.) 1689-1760 **[6]**
$22 000 FF129 716 £13 490 Elegant figures in a park playing music Oil/canvas 87,5x105cm/*34x41in* New-York 98
MERCK van der Jacob Fransz. 1610-1664 **[10]**
$34 966 FF206 176 £20 700 Still life of peaches, grapes, melons and quinces on a stone ledge Oil/panel 43,5x76,5cm/*17x30in* London 97
MERCKAERT Jules 1872-1924 **[24]**
$725 FF3 660 £475 Ruisseau dans un paysage Huile/panneau 30x40cm/*11x15in* Antwerpen 96
$1 090 FF5 410 £693 Bouillard à Dieghem Huile/toile 46x56cm/*18x22in* Antwerpen 95
MERCKER Erich 1891-1973 **[67]**
$874 FF5 369 £524 Das Maschinen-und Güterabfertigungsgelände bei Krupp in Essen Öl/Karton 50x68cm/*19x26in* Köln 98
MERCULIANO Giacomo 1859-1935 **[6]**
$2 363 FF14 000 £1 415 Lionne à l'affût Bronze 36x70cm/*14x27in* Paris 97
MEREDITH John 1933 **[11]**
$1 308 FF7 640 £803 Untitled drawing XXVII Ink/paper 35x43cm/*13x16in* Toronto 97
MEREGEG Anak Agung Gde XX **[2]**
$2 082 FF12 080 £1 277 Arja Pencil 63,5x88cm/*25x34in* Amsterdam 97
MERIAN Kaspar 1627-1686 **[5]**
$240 FF1 476 £144 Einzug der Churfürstl. Brandenburgischen Herrn Abgestanden Kupferstich 27x66cm/*10x25in* Bad Vilbel 98
MERIAN Maria Sybilla 1647-1717 **[11]**
$655 FF4 026 £393 Pflanzendarstellung mit Insekten, Raupen und Schmetterlingen Kupferstich 35x27cm/*13x10in* Bad Vilbel 98
$45 000 FF222 000 £29 100 A Parrot Tulip, Auriculas, Red Currants, with a Magpie Moth Watercolour 32x26cm/*12x10in* New-York 96
MERIAN Matthäus I 1593-1650 **[60]**
$33 FF200 £20 "Wahre Contrafactur des Wunderlichen Bad zu Pfäffers" Copper engraving 26,2x18,2cm/*10x7in* Bern 98
$1 587 FF9 370 £940 Vermessung einer mittelalterlichen Stadt Ink 17,2x28,9cm/*6x11in* Berlin 97
MERIAN Matthäus I (Attrib.) 1593-1650 **[5]**
$1 303 FF6 630 £781 View of the Sankt Jobst on the River Pegnitz, near Nuremberg Ink 13x18cm/*5x7in* Amsterdam 96
MERIDA Carlos 1891-1984 **[145]**
$35 000 FF204 319 £20 821 Cha Xib Ek Xib Oil/canvas 80x80cm/*31x31in* New-York 97
$1 300 FF7 765 £796 Estampas del Popol Vuh Color lithograph 41,5x31,5cm/*16x12in* New-York 98
$6 500 FF31 540 £4 190 Dos Figuras Gouache 41x25cm/*16x9in* New-York 95
MÉRIEL-BUSSY André 1902-1985 **[53]**
$397 FF2 000 £256 Côte bretonne Aquarelle 30x48cm/*11x18in* Douarnenez 96
MERINO Daniel 1941 **[12]**
$685 FF3 460 £449 "Madrid, castillos y plazas fuertes" Grabado 48x40cm/*18x15in* Madrid 96
MÉRITE Edouard Paul 1867-1941 **[68]**
$511 FF3 100 £313 Perdrix cacabant Huile/carton 26,5x35cm/*10x13in* Orléans 98
$156 FF900 £91 Le paon Crayon 13x21cm/*5x8in* Paris 97
MERK Eduard 1816-1888 **[9]**

$467 FF2 834 £286 Bauern mit Pferdefuhrwerk bei der Rast vor einer Dorfkneipe Öl/Karton 42x60cm/*16x23in* Zofingen 98
MERKE Henri XVIII-XIX **[8]**
$400 FF2 321 £236 Tiger hunted by wild dog/Tiger in a village/Tiger killed/Buffalo Mezzotint 31x43cm/*12x17in* Philadelphia 97
MERKEL Georg, Jerzy 1881-1976 **[24]**
$18 830 FF97 600 £12 240 Flucht nach Ägypten Öl/Karton 38,5x46cm/*15x18in* München 96
$637 FF3 856 £382 Mädchen Indian ink/paper 46x29,5cm/*18x11in* München 98
MERKER Erich 1891-1971 **[8]**
$982 FF5 735 £594 Fischerboote in bewegter See vor der Küste Öl/Leinwand 67x89cm/*26x35in* Köln 97
MERLE Georges H. XIX **[3]**
$3 646 FF21 600 £2 162 Étretat, conversation de pêcheurs Huile/toile 54x45cm/*21x17in* Fécamp 97
MERLE Hugues 1823-1881 **[20]**
$9 176 FF55 415 £5 500 Return from the Hunt/Return from Fishing Oil/canvas 19x24cm/*7x9in* London 98
$16 000 FF91 168 £9 800 Prière pour un bon retour Oil/canvas 131x99cm/*51x38in* New-York 97
$41 000 FF231 506 £24 932 Rocking the Cradle Oil/canvas 50x60,5cm/*19x23in* New-York 97
MERLICEK Elisabeth 1911-1988 **[5]**
$9 960 FF49 000 £6 340 Abendsonne Öl/Leinwand 92,5x110,5cm/*36x43in* Wien 95
MERLIN Daniel 1861-1933 **[24]**
$2 702 FF16 667 £1 620 Spielende Kätzchen Oil/panel 22x27cm/*8x10in* Wien 98
$4 300 FF23 744 £2 600 A Basket of Mischief Oil/canvas 39x54,5cm/*15x21in* London 97
MERLO Camillo 1856-1931 **[4]**
$2 400 FF13 600 £1 600 Passeggiata nel bosco Olio/cartone 36x26cm/*14x10in* Vercelli 98
MERO Istvan 1873-1938 **[6]**
$2 078 FF12 451 £1 239 In the Shallows Oil/canvas/board 34x26cm/*13x10in* Melbourne 98
MÉRODACK-JEANNEAU Alexis 1873-1919 **[41]**
$2 510 FF13 000 £1 620 Méditation Huile/toile 46x38cm/*18x14in* Paris 96
$270 FF1 400 £176 L'écuyère Encre Chine/papier 18,5x31cm/*7x12in* Paris 96
MERODE von Carl Freiherr 1853-1909 **[6]**
$7 000 FF36 600 £4 170 At the market Oil/panel 24x28cm/*9x11in* Stockholm 96
$8 580 FF44 150 £5 350 In the Forge Oil/panel 52,5x41,5cm/*20x16in* Wien 96
MERRIFIELD Tom 1932 **[22]**
$937 FF5 587 £580 Pamela Bronze H27,5cm/*H10in* London 97
MERRILD Knut 1894-1954 **[4]**
$2 435 FF14 134 £1 502 Kubistik opstilling Watercolour 18x22,5cm/*7x8in* København 97
MERRIOTT Jack 1901-1968 **[22]**
$153 FF882 £90 "The River Tay see Scotland by Rail, Brithish Railways" Affiche 101,5x63,5cm/*39x25in* London 97
$268 FF1 324 £170 Polperro Harbour Watercolour 23x32cm/*9x12in* Honiton, Devon 95
MERRITT Anna Massey Lea 1844-1930 **[11]**
$1 338 FF8 020 £800 Two Young Boys with a Kitten Pastel/paper 54x72cm/*21x28in* Bath 98
MERS de Joseph, Joe 1910-1984 **[4]**
$1 300 FF6 730 £870 Woman in her boudoir, for Ladie's Home Journal Gouache 41x41cm/*16x16in* New-York 96
MERSHIMER Frederic W. 1945 **[4]**
$500 FF3 103 £299 New-York Stock Exchange Mezzotint 59x46cm/*23x18in* Bethesda, Maryland 98
MERSON Charles Olivier 1822-1902 **[1]**
$3 350 FF16 950 £2 200 Pan et une Chimère Oil/panel 34x67cm/*13x26in* London 96
MERSON Luc Olivier 1846-1920 **[25]**
$2 569 FF15 000 £1 554 La Sainte Famille Huile/panneau 41x31,5cm/*16x12in* Paris 97
$491 FF2 864 £300 Enfant nu debout Pencil 46x18cm/*18x7in* München 97
MERTENS Charles 1865-1919 **[23]**
$772 FF4 552 £478 Rivière en hiver Huile/toile 36x52cm/*14x20in* Antwerpen 97
$629 FF3 588 £382 Tête de paysan Technique mixte/papier 20x27,5cm/*7x10in* Bruxelles 97
MERTENS Jan Frans Josephus XVIII **[1]**
$26 980 FF159 840 £16 000 Roses, Tulips, Narciss and other Flowers in a sculpted Urn Oil/canvas

---

Calendar & auction results: Internet www.artprice.com   Minitel 3617 ARTPRICE

68,5x49,5cm/*26x19in* London 97
MERTENS Wouter XVII **[2]**
☞ *$45 530 FF269 730 £27 000* Bunches of Grapes in a Basket on a partly draped Table Oil/canvas
84x106,5cm/*33x41in* London 97
MERTZ Albert 1920-1991 **[51]**
☞ *$779 FF4 589 £481* Da helveds maskinerne trådtedansen Oil/canvas 74x91cm/*29x35in* København 97
✎ *$355 FF2 196 £211* "Grön linie" Gouache/paper 24x32cm/*9x12in* København 98
MERTZ Johannes Cornelis 1819-1891 **[11]**
☞ *$2 697 FF13 960 £1 726* De brief Huile/panneau 36,5x28cm/*14x11in* Lokeren 96
MERWART Paul 1855-1902 **[11]**
☞ *$5 500 FF31 902 £3 251* "M'aime-t'il ?" Oil/panel 32,5x21,5cm/*12x8in* San Francisco 97
☞ *$24 000 FF136 908 £14 757* A reclining beauty Oil/canvas 86x120cm/*33x47in* New-York 97
MÉRYON Charles 1821-1868 **[131]**
▥ *$157 FF937 £94* Chateau de Chenonceau Radierung 12x18,5cm/*4x7in* Berlin 97
MERZ Gerhard 1947 **[23]**
☞ *$6 640 FF32 440 £4 200* Untitled Oil/canvas 198x198cm/*77x77in* London 95
MERZ Mario 1924 **[53]**
☞ *$18 000 FF87 100 £11 550* Due rite con la spirale di Leonardo Pisano Oil 103x72cm/*40x28in* New-York 95
☞ *$16 328 FF96 899 £10 000* Animal in Fog Mixed media/canvas 162x160cm/*63x62in* London 97
▥ *$635 FF3 809 £385* Ohne Titel Lithograph 70x49cm/*27x19in* Wien 98
⚒ *$117 215 FF704 011 £70 000* Igloo del Palacio de las Alhajas Installation 250x500cm/*98x196in* London 98
✎ *$5 250 FF26 550 £3 360* Composition Soft pencil 74x150cm/*29x59in* København 96
MES de Isack c.1600-c.1650 **[1]**
☞ *$7 500 FF42 783 £4 611* A Shrimp Vendor Oil/panel 51x43cm/*20x16in* New-York 97
MESCHERSKY Arsenii Ivanovich 1834-1902 **[10]**
☞ *$7 500 FF39 350 £4 500* Mountainous landscape Oil/canvas 62x42cm/*24x16in* London 96
MESDAG Gesina van Calcor 1851-? **[2]**
☞ *$466 FF2 855 £277* A farm on the moor Oil/canvas 36x52,5cm/*14x20in* Amsterdam 98
MESDAG Hendrick Willem 1831-1915 **[94]**
☞ *$6 006 FF36 828 £3 600* Fishing Boats Moored by the Shore Oil/panel 14x29cm/*5x11in* London 98
☞ *$30 180 FF178 254 £18 234* Returning bomschutten Oil/canvas 52x41cm/*20x16in* Amsterdam 97
☞ *$135 424 FF814 901 £81 079* Schepen voor de kust Oil/canvas 100x126cm/*39x49in* Amsterdam 98
✎ *$2 500 FF12 925 £1 677* Fishing boats at Schveningen near the Hague Watercolour, gouache
46,5x63cm/*18x24in* New-York 96
MESDAG VAN HOUTEN Sientje, Sina 1834-1909 **[42]**
☞ *$2 260 FF13 595 £1 355* A Forest Lane Oil/panel 116x78,5cm/*45x30in* Amsterdam 98
☞ *$2 983 FF17 125 £1 819* Still life with Japanese vase Oil/canvas 124x98cm/*48x38in* Stockholm 97
☞ *$5 012 FF29 059 £2 993* Tulips Oil/panel 33x17,5cm/*12x6in* Amsterdam 97
✎ *$662 FF4 085 £416* Still life with red Poppies in a blue Glass Vase Watercolour/paper 27x18cm/*10x7in*
Amsterdam 97
MESENS Edouard Léon Théod. 1903-1971 **[58]**
✎ *$1 850 FF9 650 £1 100* Composition aux étoiles Collage 18x30cm/*7x11in* London 96
MESGRINY de Claude François A. 1836-1884 **[5]**
☞ *$9 000 FF54 380 £5 361* Lavandières au bord de la rivière Oil/canvas 37x56cm/*14x22in* New-York 97
MESLY David 1918 **[41]**
⚒ *$2 658 FF16 500 £1 602* Sagesse Bronze H24cm/*H9in* Le Havre 98
MESNAGER Jérôme 1961 **[136]**
☞ *$318 FF1 900 £192* Cache-cache Acrylique/bois 19,5x15cm/*7x5in* Paris 97
☞ *$740 FF4 500 £446* Sans titre Peinture 81x44x37cm/*31x17x14in* Versailles 98
▥ *$111 FF650 £65* La ronde Lithographie couleurs 37,5x27cm/*14x10in* Paris 97
MESONES Antonio 1965 **[1]**
☞ *$4 317 FF24 780 £2 651* A pond in a landscape Oil/canvas 47x81cm/*18x31in* København 97
MESQUITA de Samuel Jessurun 1868-1944 **[31]**
▥ *$802 FF4 684 £492* Ara Etching 34,5x20cm/*13x7in* Amsterdam 97
✎ *$376 FF2 226 £224* Two Figures Pencil/paper 22x33cm/*8x12in* Haarlem 97
MESSAGER Annette 1943 **[4]**
✎ *$8 580 FF50 000 £5 285* Trophée: pied de profil avec oursons Fusain 44x69cm/*17x27in* Paris 97
MESSAGIER Jean 1920 **[352]**

$701 FF4 200 £418 Composition Huile/toile 16x27cm/*6x10in* Paris 98
$761 FF4 500 £456 Chiens de rives Huile/toile 105x170cm/*41x66in* Paris 97
$1 175 FF6 000 £778 "Blasôn pour une journée difficile" Acrylique/toile 85x102cm/*33x40in* Versailles 96
$617 FF3 800 £375 "Après-midi montante" Bas-relief 31x45x17cm/*12x17x6in* Paris 98
$670 FF3 500 £399 Machine à arrêter une migrâtion de pigeons Mixed media/paper 36,5x51,5cm/*14x20in* Paris 96

MESSEG Aharon 1942 **[53]**
$1 000 FF5 120 £648 Figure Oil/panel 34x41cm/*13x16in* Tel Aviv 95
$4 000 FF22 087 £2 496 Donkey Oil/canvas 73x92,5cm/*28x36in* Tel Aviv 97
$7 000 FF42 656 £4 329 Landscape Oil/canvas 120x115cm/*47x45in* Tel Aviv 98
$460 FF2 384 £299 Crows Mixed media/paper 64x76,5cm/*25x30in* Tel Aviv 96

MESSELL Oliver 1904-1978 **[22]**
$840 FF4 390 £500 "Café Riche" Oil/cardboard 38x53cm/*14x20in* London 96
$325 FF1 644 £213 Tribal offering to the Kabaka Charcoal/paper 25x25cm/*9x9in* Chicago, Illinois 96

MESSENSEE Jürgen 1937 **[57]**
$1 340 FF7 831 £793 Frau mit verschränkten Armen Öl/Papier 70x50cm/*27x19in* Luzern 97
$11 270 FF57 700 £7 230 "Sitzende" Öl/Leinwand 146x114cm/*57x44in* Wien 96
$160 FF954 £99 Kopf Radierung 13x9cm/*5x3in* Wien 97
$1 667 FF8 650 £1 102 Ohne Titel Mischtechnik/Papier 49,5x35cm/*19x13in* Wien 96

MESSICK Benjamin, Ben 1901-1981 **[18]**
$8 500 FF50 807 £5 151 "Weiner Roast" Oil/canvas 66x56cm/*25x22in* San Francisco-Los Angeles 97
$100 FF489 £63 Rainy Morning Lithograph 28x20cm/*11x8in* Cleveland, Ohio 95

MESSINA Francesco 1900-1995 **[42]**
$5 100 FF28 900 £2 550 Danzatrice Bronzo H67cm/*H26in* Milano 97
$16 560 FF93 840 £8 280 Ragazza col gonnellino Bronzo 145x40x49cm/*57x15x19in* Milano 98
$1 058 FF6 183 £626 Danzatrice Ink 32x42cm/*12x16in* Luzern 97

MESTRES BORRELL Félix 1872-1933 **[4]**
$7 870 FF38 400 £5 000 Las Caramellas Oil/canvas 80x49cm/*31x19in* London 95

MESTROVICH Ivan 1883-1962 **[10]**
$9 630 FF48 700 £6 320 Frau im Gebet Bronze H51cm/*H20in* Wien 96

MESZÖLY Géza 1844-1887 **[8]**
$2 025 FF10 080 £1 325 Cosecha en la llanura Oleo/tabla 14x18cm/*5x7in* Madrid 95
$16 000 FF97 264 £9 852 Figures by a Stream Oil/panel 30,5x62cm/*12x24in* New-York 98

METCALF Conger 1914 **[16]**
$12 000 FF72 771 £7 122 Giordamo Oil/paper 55x43cm/*22x17in* Cedar Falls, Iowa 98
$549 FF3 210 £325 Study of Children Pencil 28x39cm/*11x15in* Boston, Mass. 97

METCALF Willard Leroy 1858-1925 **[35]**
$10 500 FF54 810 £6 364 Babbling Brook Oil/canvas 38x30cm/*15x12in* New Orleans, Louisiana 96
$38 000 FF194 400 £24 600 Hillside pasture Oil/canvas 74x84cm/*29x33in* New-York 95
$1 739 FF10 093 £1 027 Rural City near the Coast Watercolour/paper 17x33cm/*7x13in* Detroit, Michigan 97

METCALFE Bruce 1890-1962 **[4]**
$3 000 FF15 540 £1 920 Spectacles Gelatin silver print 20x15cm/*8x6in* New-York 96

METELLI Orneore 1938 **[1]**
$4 252 FF24 000 £2 589 Vins et cuisine Huile/carton 51x27cm/*20x10in* Paris 97

METEYARD Sidney Harold 1868-1947 **[13]**
$3 720 FF19 250 £2 400 Self portrait Oil/canvas 41x31cm/*16x12in* London 96
$3 164 FF18 304 £1 900 "Would I were dead! Would I were dead!" Watercolour 45,5x29cm/*17x11in* London 97

METHEY André 1871-1920 **[3]**
$9 720 FF48 000 £6 340 Le pâtre endormi Ceramic 42x154cm/*16x60in* Paris 95

METHFESSEL Adolf 1836-1909 **[10]**
$1 584 FF8 150 £988 Der Zugang zur Kirchenfeldbrücke Öl/Leinwand 29x39cm/*11x15in* Bern 96

METHUEN Paul Ayshford 1886-1974 **[39]**
$609 FF3 536 £360 Wellow Oil/board 28x40,5cm/*11x15in* London 97
$1 295 FF6 530 £850 North Cadbury Oil/canvas 61x75cm/*24x29in* London 96

$372 FF2 131 £220 Power Station Pastel 58,5x71cm/*23x27in* London 97

METIVET Lucien M. Fr., Luc 1863-1937 **[21]**
$196 FF1 000 £129 "Les Joyeuse Commères de Paris" Affiche 150x100cm/*59x39in* Paris 96

METLICOVITZ Leopoldo 1868-1944 **[35]**
$1 000 FF6 093 £609 "Impermeabili Moretti" Poster 139x97cm/*55x38in* New-York 98

METSU Gabriël 1629-1667 **[9]**
$185 000 FF1 022 106 £114 977 Girl Eating at a Table Oil/panel 23,5x20cm/*9x7in* New-York 97

METTEE Holmes I. 1881-1947 **[1]**
$2 400 FF14 643 £1 438 Industrial studies Gelatin silver print 43x35,5cm/*16x13in* New-York 98

METTENHOVEN Marcel XIX-XX **[25]**
$1 545 FF8 800 £953 Sortie de messe en Morbihan Huile/toile 54x73cm/*21x28in* Brest 97
$835 FF4 000 £521 Plage animée et voiliers Aquarelle 54,5x39,5cm/*21x15in* Morlaix 95

METTES Franz 1909-1984 **[6]**
$168 FF1 011 £103 "Lucky Strike" Poster 116x83cm/*45x32in* Oostwoud 98

METTHEY André 1871-1920 **[5]**
$7 200 FF43 583 £4 419 Vase Ceramic H22cm/*H8in* New-York 98

METTLING Louis 1847-1904 **[11]**
$500 FF3 004 £302 Seated Lady with Book Oil/panel 34x23cm/*13x9in* Miami, Florida 98

METTON Edouard Louis Aug. 1856-1927 **[7]**
$2 809 FF17 438 £1 694 Kühe an Wasserstelle im Waadtländer Jura Öl/Leinwand 60x75cm/*23x29in* St.Gallen 98

METZ Cäsar 1823-1895 **[3]**
$4 648 FF26 990 £2 839 Mondaufgang an der Isar Öl/Leinwand 70x126cm/*27x49in* Lindau 97

METZ Conrad Martin 1749-1827 **[7]**
$777 FF4 691 £471 Hebe, halbnackt auf Wolken Ink/paper 35x25cm/*13x9in* Köln 97

METZ Friedrich 1820-1901 **[3]**
$4 800 FF23 400 £3 040 Italianate landscape Oil/canvas 41x54cm/*16x21in* New-York 95

METZ Gerry Michael 1943 **[6]**
$800 FF4 168 £503 Trackin Dinner Watercolour/paper 35x45cm/*14x18in* Scottsdale, Arizona 96

METZ Hermann 1865-1945 **[1]**
$1 983 FF10 210 £1 278 Waschfrauen am Flussufer Öl/Leinwand 29x37cm/*11x14in* Rudolstadt-Thüringen 96

METZGER Henry 1877-1949 **[5]**
$1 488 FF8 600 £884 "Chief Pimotah" Oil/canvas 57x56cm/*22x22in* Calgary, Alberta 97

METZINGER Jean 1883-1956 **[227]**
$15 710 FF92 200 £9 607 Mère et enfant admirant un cygne Huile/carton 26x20,5cm/*10x8in* Saint-Germain-en-Laye 97
$39 762 FF235 000 £23 782 Femme nue allongée Huile/toile 54x73cm/*21x28in* Paris 97
$79 990 FF475 000 £48 450 Composition au chat gris Huile/toile 162x130cm/*63x51in* Paris 97
$407 FF2 329 £254 Stadtlandschaft Etching, aquatint in colors 18x11cm/*7x4in* München 97
$5 800 FF30 000 £3 740 Projet d'affiche pour "Crème de Rufisque" Gouache/papier 37x27cm/*14x10in* Paris 96

METZINGER Kilian 1806-1869 **[1]**
$3 393 FF20 086 £2 014 Blick auf das Alte und das Neue Schloss Schleissheim Öl/Leinwand 52,7x62,5cm/*20x24in* Dresden 97

METZKER Ray K. 1931 **[7]**
$7 500 FF37 200 £4 740 Chicago Rain Dance Mixed media/canvas 32x46cm/*12x18in* New-York 95
$6 500 FF39 658 £3 896 Mykonos, Greece from "Pictus Interuptus" Gelatin silver print 30,5x42cm/*12x16in* New-York 98

METZKES Harald 1929 **[16]**
$139 FF838 £83 Stilleben mit Muschel Color lithograph 42,5x60cm/*16x23in* Dresden 98

METZLER Karl Ernst 1909-? **[3]**
$650 FF3 796 £384 Balancing Act Oil/board 50x73cm/*20x29in* Cincinnati, Ohio 97

METZNER Sheila 1939 **[21]**
$2 500 FF14 654 £1 538 Mouille, Prototypes Photograph 49x33cm/*19x12in* New-York 97

MEUCCI Angiola 1892-? **[4]**
$1 912 FF11 000 £1 197 Nature morte de puits Huile/toile 100x65cm/*39x25in* Biarritz 97

MEUCCI Michelangelo c.1840-c.1890 **[100]**
- $125 FF734 £74 Still Life of Song Birds Oil/wood 21x16cm/*8x6in* Melbourne 97
- $2 660 FF13 760 £1 700 Still life with fruits Oil/canvas 84x60cm/*33x23in* London 96

MEULEN van der Adam Frans 1632-1690 **[34]**
- $19 060 FF95 000 £12 480 Louis XIV devcant la ville d'Arras Huile/cuivre 22x36cm/*8x14in* Paris 95
- $29 700 FF155 340 £18 000 A Coach Train being ambushed in a Wood Oil/canvas 84x120cm/*33x47in* London 96
- $40 000 FF242 132 £24 360 A Group of Elegant Horsemen Black chalk/paper 47,5x42cm/*18x16in* New-York 98

MEULEN van der Adam Frans (Attrib.) 1632-1690 **[12]**
- $24 840 FF140 760 £12 420 Scena di bataglia Olio/tela 121x166,5cm/*47x65in* Milano 98
- $430 FF2 541 £260 Five Men Playing Cards Black chalk/paper 22x39,5cm/*8x15in* London 97

MEULEN van der Adam Frans (Cercle) 1632-1690 **[1]**
- $994 FF5 934 £600 An army outside a Northern fortified town Wash 20,5x54,8cm/*8x21in* London 97

MEULEN van der Adam Frans (Studio) 1632-1690 **[5]**
- $88 700 FF460 000 £57 600 Jeune Page sur un cheval qui se cabre/Officier de cavalerie de dos Huile/toile 48,5x39cm/*19x15in* Monaco 96

MEULEN van der Edmond 1841-1905 **[9]**
- $2 583 FF14 715 £1 575 Intérieur Bourgeois avec lévrier près de la cheminée Huile/toile 79x109cm/*31x42in* Antwerpen 97

MEULEN van der Steven (Attrib.) c.1525-c.1575 **[4]**
- $23 574 FF140 238 £14 000 Portrait of John, 6th Baron Lumley Oil/panel 102,5x80cm/*40x31in* London 97

MEULENAERE de Edmond 1884-1963 **[52]**
- $84 FF490 £52 Verger à Linkebeek Huile/panneau 48x59cm/*18x23in* Bruxelles 97

MEULENER Pieter 1602-1654 **[28]**
- $2 582 FF15 010 £1 576 A cavalry battle Oil/panel 25,5x41,5cm/*10x16in* Amsterdam 97
- $11 600 FF60 000 £7 520 Choc de cavalerie Huile/panneau 44x65cm/*17x25in* Saint-Germain-en-Laye 96

MEULENER Pieter (Attrib.) 1602-1654 **[4]**
- $13 991 FF85 000 £8 423 Entrée du cardinal infant Ferdinand d'Espagne à Anvers le 17 avr. 1639 Huile/toile 55x84cm/*21x33in* Paris 98

MEUNIER Constantin 1831-1905 **[138]**
- $1 883 FF11 368 £1 127 L'Orchestre Huile/toile 24x16cm/*9x6in* Bruxelles 98
- $2 152 FF12 255 £1 320 Atre à la ferme Huile/toile 58x40cm/*22x15in* Liège 97
- $15 675 FF89 925 £9 680 Le repas du paysan Huile/panneau 170x100cm/*66x39in* Bruxelles 97
- $921 FF4 600 £602 Profil de mineur Bronze 34,5x27,5cm/*13x10in* Soissons 95
- $5 669 FF33 467 £3 357 An der Tränke Bronze H85,5cm/*H33in* Berlin 97
- $2 405 FF13 897 £1 479 Deux têtes de mineurs Technique mixte/papier 28x21cm/*11x8in* Bruxelles 97

MEUNIER Georges 1869-1942 **[28]**
- $485 FF3 000 £288 "Le Mont-Blanc, en chemin de fer par Le Fayet, St-Gervais, le Voza" Affiche 108x78cm/*42x30in* Paris 98

MEUNIER Georgette 1859-1951 **[6]**
- $750 FF4 276 £464 Still Life with Fruits and Flowers Pastel/paper 40x58cm/*16x23in* San Rafael, CA 97

MEUNIER Henri, Marc-Henry 1873-1922 **[8]**
- $2 200 FF10 720 £1 397 "Rajah" Poster 61x77,5cm/*24x30in* New-York 95

MEUNIER Jules Alexis 1863/69-1942 **[3]**
- $7 502 FF46 087 £4 500 The Flower Arranger Oil/board 60,5x38cm/*23x14in* London 98

MEUNIER Pierre Louis c.1780-? **[2]**
- $3 460 FF20 000 £2 148 Paysage animé de jeunes femmes ramassant du bois Huile/toile 23x32cm/*9x12in* Paris 97

MEURER Charles Alfred 1865-1955 **[18]**
- $1 000 FF5 070 £655 Farmyard with sheep Oil/canvas 35x45cm/*14x18in* New Orleans, Louisiana 96

MEURET François 1800-1887 **[19]**
- $2 598 FF15 000 £1 548 Victoire Ernestine de Longpré, dans un paysage marin en robe blanche Miniature 10x7,6cm/*3x2in* Paris 97
- $4 066 FF23 696 £2 500 A Knight of Calatrava, facing left in black robes with red cuffs Miniature 411,1x8,6cm/*161x3in* London 97

MEURIS Emmanuel 1894-1969 **[29]**
$631 FF3 594 £387 Vue de village Huile/panneau 46x56cm/*18x22in* Liège 97
MEURON de Albert 1823-1897 **[10]**
$5 528 FF32 271 £3 395 Le troupeau Öl/Leinwand 80x120cm/*31x47in* Zürich 97
MEURON de Louis 1868-1949 **[28]**
$798 FF4 135 £515 Der Künstler mit Staffelei in blühender Frühlingswiese Öl/Karton 38x46cm/*14x18in* Zofingen 96
MEURON de Maximilien (Attrib.) 1785-1868 **[2]**
$1 144 FF5 850 £740 Italienische Landschaft Öl/Karton 22x18cm/*8x7in* Frankfurt 95
MEURS Harmen Hermanus 1891-1964 **[40]**
$990 FF5 858 £594 A woman with a shawl Oil/canvas 81x65cm/*31x25in* Amsterdam 97
$585 FF3 480 £348 Boat in a Canal Watercolour/paper 30,5x47cm/*12x18in* Amsterdam 97
MEURS Peeter (Attrib.) XVII-XVIII **[1]**
$5 803 FF33 558 £3 591 Die Heimkehr der Jäger Öl/Leinwand 58x49,5cm/*22x19in* Wien 97
MEUSE de Jane XIX-XX **[1]**
$3 257 FF18 552 £2 000 Bust of a young woman, possibly Queen Astrid Marble H58cm/*H22in* London 97
MEVIUS Hermann 1820-1864 **[8]**
$10 200 FF52 900 £6 630 Hamburger Hafen Öl/Leinwand 79x122,5cm/*31x48in* München 96
$546 FF3 236 £324 Südliche Küstenlandschaft Aquarell/Papier 27,4x46cm/*10x18in* Zürich 97
MEY de Jos 1938 **[5]**
$775 FF4 555 £478 Portret van de zandleurder Theophiel Eeckhout, bijgenaamd "Den Hamsen" Oil/canvas 58x44cm/*22x17in* Lokeren 97
MEYBODEN Hans 1901-1965 **[24]**
$11 218 FF66 934 £6 768 Herbst Öl/Leinwand 76x130cm/*29x51in* Hamburg 97
$115 FF675 £71 Spaziergänger auf der Promenade Etching 20,1x31,5cm/*7x12in* Berlin 97
MEYER Carl V. 1870-1938 **[14]**
$1 260 FF6 570 £833 Interiør med lille pige Oil/canvas 63x52cm/*24x20in* København 96
MEYER Christophe 1958 **[19]**
$217 FF1 092 £142 Tête de bison avec bois Technique mixte/papier 47x37cm/*18x14in* Hamburg 96
MEYER Claus 1856-1919 **[12]**
$1 184 FF6 747 £739 Im Wirtshaus Öl/Leinwand 91x111cm/*35x43in* Köln 97
MEYER de Antonij Andreas 1806-1867 **[2]**
$2 388 FF14 652 £1 487 Dutch Windmills and Sailing Boat Oil/wood 21x31cm/*8x12in* Melbourne 97
MEYER DE HAAN Jacob I. 1852-1895 **[6]**
$5 249 FF31 989 £3 256 Still Life with Lobster and Lemon Oil/canvas 57x59,5cm/*22x23in* New-York 98
$2 880 FF15 000 £1 810 Brodeuse de Pont-Aven Trois crayons/papier 40x31cm/*15x12in* Rennes 96
MEYER de Hendrick I c.1600-c.1690 **[10]**
$10 980 FF64 102 £6 640 Am Strand von Schevingen Oil/panel 37x49cm/*14x19in* Köln 97
$22 000 FF108 600 £14 220 Dune Landscape with Figures on a Beach Oil/panel 142x91cm/*55x35in* New-York 96
MEYER de Hendrick II 1737-1793 **[13]**
$16 723 FF99 010 £10 000 A village scene with figures drinking and filling up their vessels Oil/canvas 35,5x48,5cm/*13x19in* London 97
$900 FF4 972 £559 A Horse-draw Toboggan crossing a Bridge in the Snow, a town behind Ink 14,3x16,5cm/*5x6in* New-York 97
MEYER de Maurice 1911 **[39]**
$514 FF2 936 £313 Travellers on tree-lined path in stormy weather Oil/canvas 60x70cm/*23x27in* Rumbeke (Kortrijk) 97
MEYER Elias 1763-1809 **[4]**
$2 664 FF15 831 £1 584 Udsigt til Köbenhavn kopi efter Jens Juel Oil/canvas 41x50cm/*16x19in* København 97
MEYER Ernst 1797-1861 **[13]**
$802 FF4 010 £520 Italiensk interiør med en lille dreng og gammel kone Oil/canvas 21x27cm/*8x10in* København 96
$12 325 FF74 757 £7 463 En dreng, der föres til klostret af sine foraeldre Oil/canvas 54x68cm/*21x26in* København 98
MEYER Felix 1653-1713 **[13]**
$249 FF1 511 £152 Weite felsige Lanschaft, im Hintergrund eine Wassermühle Chalks/paper

28,5x24,8cm/*11x9in* Berlin 98
MEYER Frederick William 1869-1922 **[7]**
  $522 FF3 196 £320 Sportsman with Dogs Oil/canvas 35x60cm/*14x24in* Manchester 98
MEYER Georg Fried. (Attr.) 1735-1779 **[1]**
  $3 530 FF18 300 £2 257 Mittagsruhe Oil/panel 26,5x35,5cm/*10x13in* Heidelberg 96
MEYER Heinrich 1760-1832 **[2]**
  $6 290 FF31 140 £4 000 Lustige Reisende vor einem Gasthaus Oil/panel 26x20cm/*10x7in* London 95
MEYER Hendrik II 1737-1793 **[6]**
  $5 189 FF29 700 £3 065 Peasants before a Rustic Inn Gouache/paper 32x26,5cm/*12x10in* Amsterdam 97
MEYER Jenny XX **[6]**
  $453 FF2 671 £280 Playing in the Dands Oil/panel 12x17cm/*4x6in* London 97
MEYER Johann 1813-1886 **[3]**
  $44 118 FF263 542 £27 355 Mutter mit Kind im Wald Öl/Leinwand 59x56cm/*23x22in* Zürich 97
MEYER Johann Jakob 1787-1858 **[13]**
  $3 267 FF19 728 £1 961 Ansicht des Berner Oberlandes mit Wellhorn und Wetterhorn Aquarell/Papier 76x111cm/*29x43in* Luzern 98
MEYER Louis 1809-1866 **[15]**
  $5 500 FF32 934 £3 379 Boats on a Stormy Sea Oil/panel 20,5x28,5cm/*8x11in* Washington 98
  $23 864 FF138 096 £14 582 Figures skating near a castle Oil/canvas 49x72cm/*19x28in* Amsterdam 97
MEYER Sal 1877-1965 **[6]**
  $2 331 FF14 277 £1 389 Trees at a lake Oil/canvas/board 30x39cm/*11x15in* Amsterdam 98
MEYER VON BREMEN Johann Georg 1813-1886 **[55]**
  $12 359 FF71 811 £7 295 Mädchenporträt Oil/panel 14,5x11cm/*5x4in* Luzern 97
  $32 500 FF192 877 £19 906 Das Lesende Mädchen Oil/canvas 321x24cm/*126x9in* New-York 97
  $6 310 FF31 000 £4 014 Mother and children Gouache 18x14cm/*7x5in* Stuttgart 95
MEYER-AMDEN Otto 1885-1933 **[19]**
  $26 816 FF160 772 £16 140 Vorbereitung, gesamtkomposition IV Öl/Karton 23,5x35,5cm/*9x13in* Zürich 98
  $11 043 FF66 132 £6 598 Stehender Knabenakt Crayon 21,5x13,8cm/*8x5in* Bern 98
MEYER-WALDECK Kunz 1859-1953 **[8]**
  $1 642 FF9 588 £1 002 Stiefmütterchensträusse in kleinen Vasen Öl/Leinwand 30x48cm/*11x18in* Wien 97
  $2 842 FF16 755 £1 698 Dam i violette Oil/canvas 91x60cm/*35x23in* Stockholm 97
MEYER-WIEGAND Rolf Dieter 1929 **[13]**
  $550 FF3 273 £327 Studie einer Frau Öl/Leinwand 29x23,5cm/*11x9in* München 97
MEYER-WISMAR Ferdinand 1833-1917 **[4]**
  $18 414 FF104 927 £11 500 A Critical Eye Oil/canvas 77,5x63,5cm/*30x25in* London 97
MEYERHEIM Franz Eduard 1838-1880 **[9]**
  $2 005 FF11 719 £1 223 A guitar player Oil/panel 32,5x19cm/*12x7in* Amsterdam 97
  $5 002 FF28 716 £3 049 Die Liebeskranke Öl/Leinwand 40x48cm/*15x18in* Düsseldorf 97
MEYERHEIM Friedrich Edouard 1808-1879 **[14]**
  $6 580 FF32 360 £4 170 Der Abschied Öl/Leinwand 42x37cm/*16x14in* Zürich 95
  $29 690 FF176 399 £17 657 Familienglück Öl/Leinwand 44,5x52,5cm/*17x20in* München 97
MEYERHEIM Hermann 1840-1880 **[7]**
  $3 894 FF19 000 £2 470 Blick auf einen Turm und Häuser in einer süddentschen Kleinstadt Oil/panel 29,5x22cm/*11x8in* Köln 95
  $14 657 FF83 565 £9 000 A Port Scene Oil/canvas 66x96cm/*25x37in* London 97
MEYERHEIM Paul Friedrich 1842-1915 **[33]**
  $1 810 FF8 830 £1 150 Portrait of a dark haired girl Oil/canvas 43x31cm/*16x12in* London 95
  $9 660 FF46 800 £6 200 Frühlingsnacht Oil/canvas 112x154cm/*44x60in* London 95
  $327 FF2 013 £196 Skizzenblatt mit Hand- und Fusstudien Pencil/paper 21,7x13,9cm/*8x5in* Bielefeld 98
MEYERHEIM Robert Gustave 1847-1920 **[5]**
  $1 562 FF9 091 £957 Fishing Oil/panel 24,5x35cm/*9x13in* Melbourne 97
MEYERHEIM Wilhelm Alexander 1815-1882 **[24]**
  $8 739 FF49 371 £5 500 At the cottage door Oil/canvas 42,5x49cm/*16x19in* London 97
MEYERINGH Aelbert 1645-1714 **[10]**
  $9 712 FF58 332 £5 800 A Classical Italianate Landscape with Shepherds and Goats Resting Oil/canvas 79x66cm/*31x25in* London 98

▱ $1 027 FF6 000 £607 Paysages Eau-forte 21,5x31,5cm/*8x12in* Paris 97
MEYEROWITZ Joel 1938 **[18]**
▱ $650 FF3 797 £386 Untitled Print 47,5x60,5cm/*18x23in* New-York 97
◉ $700 FF3 490 £455 Harting House Photograph 19,5x25cm/*7x9in* San Francisco-Los Angeles 95
MEYEROWITZ William 1898-1981 **[28]**
☞ $1 600 FF9 495 £992 Cubist Still Life Oil/canvas 61x51cm/*24x20in* New-York 97
▱ $324 FF1 807 £198 View of Central Park and Skyline Etching 29x24cm/*11x9in* Boston, Mass. 97
MEYERS Frank Harmon 1899-1956 **[8]**
☞ $1 400 FF8 438 £847 "Open Sea" Oil/board 30x40cm/*12x16in* Pasadena, California 98
MEYERS Isidoor 1836-1917 **[46]**
☞ $600 FF3 425 £365 L'Escaut à Saint-Amand Huile/panneau 24x35cm/*9x13in* Bruxelles 97
☞ $1 288 FF6 500 £836 Fleurs Huile/toile 64x81cm/*25x31in* Nancy 96
MEYNIER Charles 1768-1832 **[15]**
☞ $9 131 FF52 000 £5 543 La Renommée devant Homère Huile/toile 29x24,5cm/*11x9in* Paris 97
☞ $30 695 FF175 000 £19 005 "Milon de Crotone" Huile/toile 60,5x50,2cm/*23x19in* Pau 97
☞ $485 000 FF2 904 180 £296 820 Wisdom defending Youth against Love Oil/canvas 242x206cm/*95x81in* New-York 97
✐ $4 780 FF23 300 £3 000 Alexander covering the body of Arius Ink 41x62cm/*16x24in* London 95
MEYNIER Charles (Attrib.) 1768-1832 **[2]**
✐ $2 989 FF18 000 £1 789 "Le 76e retrouve ses drapeaux dans l'arsenal d'Ynspruck en 1805" Aquarelle 13x21,5cm/*5x8in* Paris 98
MEYTENS van Martin c.1695-1770 **[11]**
☞ $25 360 FF130 000 £16 280 Kaiserin Maria Theresia Öl/Leinwand 124x91,5cm/*48x36in* Wien 96
MEYTENS van Martin (Attrib.) c.1695-1770 **[11]**
☞ $3 897 FF23 058 £2 394 Porträtt av Henric Wilhelm Peill Oil/canvas 65x50cm/*25x19in* Stockholm 98
MEZA Guillermo 1917 **[21]**
☞ $4 000 FF22 962 £2 438 La flor del mal Oil/canvas 51x38cm/*20x14in* New-York 97
✐ $1 100 FF6 828 £659 Seated Nude In The Wilds Gouache/paper 35x40cm/*14x16in* Mystic, Connecticut 98
MGM STUDIO **[15]**
✐ $1 600 FF9 615 £958 The Shooting of Dan McGoo, Droopy Gouache 22x27cm/*9x11in* New-York 98
MGUDLANDLU Gladys 1925-1979 **[6]**
☞ $4 864 FF28 860 £2 971 Up down the Slopes Oil/board 39x76,5cm/*15x30in* Cape Town 98
✐ $3 175 FF19 016 £1 944 Wooded Mountain Landscape Gouache/paper 47x64cm/*18x25in* Cape Town 97
MI GENGYUN 1911 **[2]**
✐ $3 563 FF21 345 £2 128 Waterfall in Green Mountain Coloured inks/paper 18x44cm/*7x17in* Hong Kong 98
MI HANWEN c.1640-c.1700 **[2]**
✐ $3 500 FF19 773 £2 202 Running script calligraphy Ink 15,75x12cm/*6x4in* New-York 97
MI WANZHONG 1570-1628 **[1]**
✐ $3 614 FF21 067 £2 226 Lake view after rain Ink 17x51cm/*6x20in* Hong Kong 97
MIAHLE Federico 1800-1868 **[4]**
▱ $125 FF755 £74 Isla de Cuba, Matanzas Color lithograph 22x30cm/*9x12in* Miami, Florida 97
MIALHE Pierre Toussaint F. 1810-? **[1]**
✐ $2 014 FF10 420 £1 300 "Le Taj Mahal à Agra" Watercolour 27x30,5cm/*10x12in* London 96
MIARCZYNSKI Aleksandra 1916 **[22]**
☞ $590 FF3 000 £353 Les lys Huile/toile 61x50cm/*24x19in* Grenoble 96
MIASOEDOV Grigori Grigorievich 1834-1911 **[3]**
☞ $9 826 FF57 034 £6 000 Detail of the harvesters Oil/canvas 49x27cm/*19x10in* London 97
☞ $53 200 FF266 000 £35 000 Grand Prince Vladimir receiving instructions on Christianity Oil/canvas 145x205cm/*57x80in* London 95
MICAELLES Ruggero 1898-1976 **[5]**
☞ $1 152 FF6 030 £774 Metafisico Olio/tavola 37x45cm/*14x17in* Milano 96
MICCINI Eugenio 1925 **[10]**
☞ $6 270 FF32 800 £3 705 Anche il silenzio è parola Tecnica mista 69x104cm/*27x40in* Prato 96
▱ $8 400 FF47 600 £5 600 Gli Dei non amano I disordine, 1990 Serigrafia 104x184x8cm/*40x72x3in* Prato 97
⛏ $3 300 FF18 700 £1 650 Ex libris Assemblage 49x67cm/*19x26in* Prato 98
MICEU Giuseppe 1873-1909 **[2]**

☞ *$2 760 FF15 640 £1 840* Calma in laguna Olio/cartone 15x27cm/*5x10in* Trieste 98
MICH Jean XIX-XX **[4]**
☞ *$1 108 FF6 825 £680* La promenade Bronze 35x21cm/*13x8in* Lokeren 98
MICH Michel Liebaux, dit 1881-1923 **[34]**
▥ *$640 FF3 200 £418* "Hutchinson, Bandes pleines..." Affiche 152,5x127cm/*60x50in* Boulogne 96
✎ *$1 200 FF5 850 £762* Maquette Drawing 61,5x42cm/*24x16in* New-York 95
MICHA Maurice 1890-1969 **[31]**
☞ *$409 FF2 130 £257* Paysage campagnard Huile/toile 70x80cm/*27x31in* Bruxelles 96
MICHAEL Frederick Howard XIX-XX **[1]**
☞ *$9 050 FF46 400 £5 500* A Grecian Holiday Oil/canvas 100x127cm/*39x50in* London 96
MICHAEL Max 1823-1891 **[9]**
☞ *$510 FF3 012 £302* Bildnis einer jungen Italienerin mit Trachtenhaube Öl/Leinwand 18,5x16,5cm/*7x6in* Berlin 97
☞ *$16 500 FF93 964 £10 017* Harvesting the Fields Oil/canvas/panel 70x104cm/*27x40in* New-York 97
MICHAELIS Gerrit Jan 1775-1857 **[2]**
✎ *$1 600 FF8 130 £959* A seashore in winter with ships at anchor Ink 31x54,4cm/*12x21in* Amsterdam 96
MICHALEK Ludwig 1859-1942 **[8]**
✎ *$1 122 FF6 676 £676* Bildnis Richard Wagner Pastel/paper 68x50cm/*26x19in* Wien 98
MICHALLON Achille Etna 1796-1822 **[11]**
☞ *$8 000 FF47 562 £4 818* Villa in the Hills Oil/canvas 24,5x33cm/*9x12in* New-York 98
☞ *$94 300 FF470 000 £61 800* Bergers contemplant les ruines d'un tombeau Huile/toile 81x100cm/*31x39in* Paris 95
MICHALOWSKI Piotr 1801-1855 **[27]**
☞ *$89 784 FF524 494 £55 129* Upadek z Konia Oil/canvas 39,5x48,5cm/*15x19in* Warszawa 97
✎ *$5 480 FF28 100 £3 520* Horse in a stable Watercolour 34x35cm/*13x13in* Warszawa 96
MICHALS Duane 1932 **[70]**
▣ *$3 000 FF17 310 £1 838* "The Old Man kills the Minotaur" Photograph 8x13cm/*3x5in* New-York 97
MICHAU Theobald 1676-1765 **[48]**
☞ *$15 808 FF94 211 £9 816* Markttreiben am Flussufer Oil 13,5x19,2cm/*5x7in* Frankfurt 97
☞ *$26 700 FF135 000 £17 500* Scène villageoise Huile/panneau 42x57,5cm/*16x22in* Paris 96
MICHAU Theobald (Attrib.) 1676-1765 **[7]**
☞ *$8 310 FF40 200 £5 200* Italianate landscape with drovers watering cattle Oil/panel 24x32cm/*9x12in* London 95
MICHAUD Hippolyte 1831-1886 **[1]**
☞ *$6 765 FF41 000 £4 149* Portrait de deux enfants dans un intérieur Huile/toile 150x112cm/*59x44in* Paris 98
MICHAUD R. XX **[4]**
▥ *$2 139 FF12 922 £1 300* "Par le téléphérique de Mégène à Rochebrune" Poster 97x69cm/*38x27in* London 98
MICHAUT Angel Alexio 1879-? **[5]**
☞ *$2 600 FF13 370 £1 620* Arrival of the Harvesters in the Pontine Marshes, after Léopold Robert Oil/panel 18x27cm/*7x10in* New-York 96
MICHAUX Henri 1899-1984 **[300]**
☞ *$473 FF2 334 £306* Vue de ruelle Huile/toile 40x35cm/*15x13in* Bruxelles 96
☞ *$6 118 FF35 000 £3 818* Sans titre Acrylique/carton/toile 38x55cm/*14x21in* Paris 97
▥ *$796 FF4 700 £471* Sans titre Eau-forte 17,8x19cm/*7x7in* Paris 97
✎ *$93 170 FF550 000 £55 165* Illustrations pour "Mouvements" Encre Chine/papier 32x24cm/*12x9in* Paris 97
MICHAUX John 1876-1956 **[75]**
☞ *$477 FF2 390 £302* Twee Vissers Huile/papier/panneau 28x38cm/*11x14in* Lokeren 95
✎ *$377 FF2 126 £236* Voiliers Technique mixte/papier 50x63cm/*19x24in* Antwerpen 97
MICHEL Alfonso 1897-1957 **[5]**
☞ *$80 000 FF477 896 £48 984* Retrato de Mujer Oil/canvas 85x65,5cm/*33x25in* New-York 98
MICHEL Charles 1874-1972 **[18]**
☞ *$770 FF3 970 £497* Gardienne de chèvres Huile/toile 92x73cm/*36x28in* Bruxelles 96
▥ *$800 FF4 045 £517* "Lampe Edison" Poster 98x64cm/*38x25in* New-York 96
MICHEL Émile Fr. 1818-1909 **[5]**

$9 245 FF52 679 £5 800 Tranquil river landscape Oil/canvas 85x113cm/*33x44in* London 97
MICHEL Eugène XIX-XX **[2]**
$3 475 FF17 000 £2 200 Scènes de harem Aquarelle 44,5x30cm/*17x11in* Paris 95
MICHEL Georges 1763-1843 **[74]**
$600 FF3 422 £366 Stormy landscape Oil/canvas 103x34cm/*40x13in* Elgin, Illinois 97
$8 500 FF44 000 £5 490 Rencontre sur le chemin du village Huile/toile 28,5x41cm/*11x16in* Barbizon 96
$12 550 FF65 000 £8 100 Retour au village Huile/toile 495x60,5cm/*194x23in* Barbizon 96
$1 638 FF10 000 £982 Scène de rue à Paris Craies 19x29cm/*7x11in* Paris 98
MICHEL Georges (Attrib.) 1763-1843 **[9]**
$2 590 FF13 500 £1 630 Spätsommerliche Weidelandschaft Öl/Leinwand 46x54cm/*18x21in* Lindau 96
MICHEL Gustave F. 1851-1924 **[9]**
$842 FF5 000 £517 Allégorie de la Pensée Chryséléphantine H23,5cm/*H9in* Paris 97
$9 364 FF55 343 £5 800 "Fleurs du Printemps" Marble H88cm/*H34in* London 97
MICHEL Pierre Aug. 1889-1969 **[5]**
$3 292 FF19 880 £2 000 "Barcelonnette, PLM" Poster 108x77cm/*42x30in* London 98
MICHEL Robert 1897-1983 **[27]**
$2 511 FF15 085 £1 506 "Alu-Pendel" Mixed media 56x62cm/*22x24in* Stuttgart 98
$3 251 FF19 282 £1 986 "Come back Achter" Ink 47,5x63,5cm/*18x25in* München 98
MICHEL-HENRY 1928 **[82]**
$351 FF2 000 £216 La rose rouge Huile/toile 27x22cm/*10x8in* Soissons 97
$1 489 FF8 800 £890 Bouquet à fond rouge Huile/toile 100x65cm/*39x25in* Neuilly-sur-Seine 97
$280 FF1 700 £166 Vase au bouquet rouge Gouache/papier 31x23cm/*12x9in* Arles 98
MICHEL-LÉVY Henri 1846-1912 **[10]**
$12 000 FF71 727 £7 345 Sur la plage Oil/canvas 19x24,5cm/*7x9in* New-York 97
MICHELACCI Luigi 1879-1959 **[16]**
$120 FF680 £60 Scorcio di paese Olio/cartone 14x9cm/*5x3in* Vercelli 98
$1 380 FF7 820 £920 Bagno Al Tramonto Olio/tela 72x48cm/*28x18in* Firenze 97
MICHELANGELO Ludovico Buonarroti 1475-1564 **[2]**
$6 800 000 FF41 162 440 £4 141 200 Study of Christ and the Woman of Samaria/A Further Profile Study
Black chalk/paper 43,5x33,5cm/*17x13in* New-York 98
MICHELI Guglielmo 1866-1926 **[4]**
$4 290 FF21 900 £2 600 Casolare con pagliai Olio/tavola 24x34cm/*9x13in* Prato 96
$8 060 FF39 260 £5 070 Velieri nel porto Olio/tavola 73x32cm/*28x12in* Milano 95
MICHELI Parrasio c.1516-1578 **[2]**
$18 150 FF94 930 £11 000 Two girls and a Youth making Music Oil/canvas 106x99,5cm/*41x39in*
London 96
MICHELIN Jean (Attrib.) 1623-1695 **[1]**
$3 816 FF20 000 £2 296 La jeune mendiante Huile/toile 59x76cm/*23x29in* Paris 96
MICHELINO di Domenico 1417-1491 **[8]**
$15 000 FF85 567 £9 223 Madonna and Child Tempera 52x40cm/*20x15in* New-York 97
$70 824 FF419 580 £42 000 The Madonna and Child Tempera 44x33cm/*17x12in* London 97
MICHELOZZI Corrado 1883-1965 **[5]**
$3 300 FF18 700 £2 200 Il chitarrista Olio/tela 75,5x95cm/*29x37in* Prato 97
MICHETTI Francesco Paolo 1851-1929 **[80]**
$4 685 FF28 711 £2 798 Studie eines Ritters Öl/Leinwand 48x28cm/*18x11in* Zürich 98
$8 700 FF49 300 £5 800 Contadinella Tecnica mista/cartone 50x36,5cm/*19x14in* Prato 97
$2 080 FF10 200 £1 353 Innocenzo X (da Velasquez) Pastelli/carta 39x29cm/*15x11in* Milano 95
MICHIE David Alan Redpath 1928 **[13]**
$1 362 FF7 895 £849 Man in the Market Oil/canvas 91,5x127cm/*36x50in* London 97
MICHIELI Giuseppe XIX-XX **[3]**
$29 664 FF180 324 £18 000 A pair of candelabra with a winged lion of Saint Mark Bronze H233cm/*H91in*
London 98
MICHIELI VICENTINO Andrea c.1542-c.1617 **[5]**
$16 750 FF86 700 £10 800 Ritratto di Sebastiano Venerio Öl/Leinwand 18x95cm/*7x37in* Wien 96
$83 565 FF485 000 £51 022 La Dogaressa Morosina Morosini-Grimani sfila col corteo in Piazzetta Olio/tela
118x327cm/*46x128in* Paris-Trieste 97
MICHIELI VICENTINO Andrea (Attrib.) c.1542-c.1617 **[2]**

🖐 $4 738 FF27 500 £2 893 La Vergine che appare a un Santo Vescovo Olio/rame 54x32,5cm/*21x12in* Paris-Trieste 97
MICHIELSEN Louis c.1650-c.1695 [1]
🖐 $65 500 FF337 600 £42 000 Assorted flowers in a silver vase with a red admiral butterfly & snail Oil/canvas 71x59cm/*27x23in* London 96
MICHL Ferdinand 1877-1951 [4]
▥ $211 FF1 077 £136 Hundebridge Etching in colors 21x24cm/*8x9in* Wien 95
MICHONZE Grégoire 1902-1982 [238]
🖐 $520 FF3 161 £320 Dance Oil/board 14,5x20,5cm/*5x8in* Tel Aviv 98
🖐 $2 262 FF11 500 £1 350 Composition surréaliste Huile/toile 81x65cm/*31x25in* Paris 96
🖐 $16 350 FF80 000 £10 340 Rixe Huile/toile 114x146cm/*44x57in* Paris 95
✏ $256 FF1 500 £157 Paysanne de profil Encre/papier 31x22cm/*12x8in* Troyes 97
MICKELBORG Finn 1932 [37]
🖐 $351 FF1 774 £230 Komposition, Opus 608 Oil/canvas 100x80cm/*39x31in* Köbenhavn 96
MICKER Jan Christiansz. c.1598-1664 [5]
🖐 $3 316 FF19 176 £2 052 Aeneas trägt seinen Vater Anch ises aus dem brennenden Troja Oil/copper 41x48,5cm/*16x19in* Wien 97
MICUS Eduard 1925 [8]
✏ $2 009 FF12 068 £1 205 Ohne Titel Collage 39x26cm/*15x10in* Stuttgart 98
MIDART Lorenz Ludwig 1773-1800 [6]
▥ $1 030 FF5 300 £643 "Bataille de Morat", le 16 Juin 1476 Gravure 36x49,5cm/*14x19in* Bern 96
MIDDELEER Joseph 1865-1934 [10]
🖐 $4 760 FF24 650 £3 045 De Wandeling Huile/toile 60x42cm/*23x16in* Lokeren 96
🖐 $10 000 FF61 237 £5 985 Paolo and Francesca Oil/canvas 131x161,5cm/*51x63in* New-York 98
MIDDENDORF Helmut 1953 [97]
🖐 $8 000 FF40 750 £4 800 Caligari II Acrylic/canvas 180x227cm/*70x89in* New-York 96
▥ $553 FF2 890 £329 Sänger Color lithograph 57x77cm/*22x30in* Berlin 96
✏ $170 FF1 004 £100 Glieder-Paar Watercolour 21x15cm/*8x5in* Berlin 97
MIDDLEDITCH Edward 1923-1987 [27]
🖐 $1 148 FF6 591 £700 Carnation Oil/canvas 97x85cm/*38x33in* London 97
✏ $917 FF5 541 £550 "Suffolk, Stormclouds" Charcoal/paper 51,5x75cm/*20x29in* London 98
MIDDLETON Colin 1910-1983 [72]
🖐 $5 094 FF30 431 £3 119 March Finntown Oil/canvas 30x30cm/*12x12in* Dublin 98
🖐 $7 565 FF43 327 £4 618 Dunglow Oil/canvas 60x76cm/*24x30in* Dublin 97
MIDDLETON James Godsell c.1810-c.1877 [6]
🖐 $45 662 FF269 231 £28 000 Portrait of Charles William Stewart, 3rd. Marquis of Londonderry Oil/canvas 284x190cm/*111x74in* London 98
MIDDLETON John 1828-1856 [26]
🖐 $9 725 FF56 443 £6 000 A view of Intwood, Norwich Oil/canvas 29x47cm/*11x18in* London 97
🖐 $45 465 FF270 459 £27 000 The Forest Lane Oil/canvas 60x108cm/*23x42in* London 97
✏ $3 040 FF18 000 £1 800 A Wooded Pond in Sunlit Fields Watercolour 22x34cm/*8x13in* London 97
MIDDLETON Max 1922 [19]
🖐 $629 FF3 228 £402 Roses Oil/canvas 49x74,5cm/*19x29in* Melbourne 95
MIDDLETON Sam 1927 [33]
▥ $582 FF3 569 £347 Everybody's music book Silkscreen 50,8x65,5cm/*20x25in* Amsterdam 98
✏ $879 FF5 222 £522 Grand Prix Mixed media/paper 64x72cm/*25x28in* Amsterdam 97
MIDWOOD William H. (Attrib.) XIX [1]
🖐 $5 339 FF32 736 £3 200 The Fishing Party Oil/canvas 52x61cm/*20x24in* London 98
MIDWOOD William Henry XIX [22]
🖐 $9 820 FF57 197 £6 000 Welcome Home Oil/canvas 71x91,5cm/*27x36in* London 97
MIDY Arthur 1887-1944 [55]
🖐 $684 FF3 900 £422 Composition florale au pichet faïence de Quimper Huile/toile 73x60cm/*28x23in* Brest 97
🖐 $984 FF6 000 £590 Marché en Bretagne Huile/panneau 22x27cm/*8x10in* Calais 98
MIEDEMA Rein 1835-1912 [4]
🖐 $1 787 FF10 711 £1 066 Schepen op zee Oil/canvas 39x56cm/*15x22in* Rotterdam 98

MIEDUCH Dan 1947 **[4]**
- *$11 000 FF55 440 £7 097* Behind the Blue Rockies Oil/canvas 60x91cm/*24x36in* Hayden 96

MIEG Peter 1906-1990 **[7]**
- *$597 FF2 980 £390* 2 Rosen Aquarell/Papier 27,5x20cm/*10x7in* Zofingen 95

MIEGHEM van Eugeen 1875-1930 **[356]**
- *$4 370 FF21 750 £2 860* Garçonnet et âne Huile/panneau 29x49cm/*11x19in* Antwerpen 95
- *$18 420 FF92 100 £11 920* Meisje van de dokken Huile/toile 81x100cm/*31x39in* Bruxelles 96
- *$102 000 FF508 000 £64 900* Hymne au port d'Anvers Huile/toile 165x250cm/*64x98in* Antwerpen 95
- *$956 FF4 920 £597* Deux dames en promenade Monotype 9x12cm/*3x4in* Antwerpen 96
- *$132 FF812 £79* Le soldat tué Lavis/pupier 24x34cm/*9x13in* Antwerpen 98

MIEL Jan 1599-1663 **[15]**
- *$14 030 FF72 300 £9 000* An elegant couple taking refreshment outside an inn Oil/canvas 45x59cm/*17x23in* London 96
- *$58 065 FF350 000 £35 665* Le retour de Cinnatus (?) Huile/cuivre 19x24,5cm/*7x9in* Paris 98
- *$74 197 FF439 560 £44 000* A wooded Landscape with Peasants resting on a Track Oil/canvas 117x174,5cm/*46x68in* London 97

MIEL Jan (Attrib.) 1599-1663 **[7]**
- *$2 473 FF14 000 £1 510* Les fileuses dans un paysage Huile/panneau 24x30,5cm/*9x12in* Paris 97
- *$4 643 FF28 523 £2 785* Romische landschaft mit Bauern Oil/canvas 54x65cm/*21x25in* Köln 98

MIELATZ Charles F. 1864-1919 **[13]**
- *$110 FF668 £66* Entrance to the Creek Drypoint 11x17cm/*4x6in* Shaker Heights, Ohio 98

MIELDS Rune 1935 **[13]**
- *$5 161 FF30 150 £3 054* "B 1/1971" Acryl/Leinwand 200x150cm/*78x59in* Köln 97

MIELICH Alphons Leopold 1863-1929 **[13]**
- *$2 774 FF14 480 £1 650* Beduinen am Flussufer Oil/panel 38x49cm/*14x19in* Wien 96
- *$2 242 FF13 319 £1 332* Orientalischer Zug mit Musikanten und Kamel-Wagen Mischtechnik/Papier 24x21cm/*9x8in* Wien 97

MIEREVELT van Michiel (Attrib.) 1567-1641 **[7]**
- *$8 860 FF50 458 £5 500* Portrait of a Gentleman, in a black coat, wearing the orange Oil/panel 63,5x52,5cm/*25x20in* London 97

MIEREVELT van Michiel Jansz. 1567-1641 **[9]**
- *$9 620 FF49 500 £6 000* Portrait of an old lady Oil/panel 69x58,5cm/*27x23in* London 96

MIERIS van Frans I 1635-1681 **[15]**
- *$64 752 FF380 000 £39 596* Vanité sous les traits d'une élégante au petit chien et au pli cacheté Huile/panneau 27x20,5cm/*10x8in* Paris 97
- *$600 000 FF3 539 820 £367 440* Old Alchemist and his Assistant in their Workshop Oil/panel 49x35,5cm/*19x13in* New-York 98
- *$45 000 FF249 444 £27 765* The card-player Black chalk 19,3x14,8cm/*7x5in* New-York 97

MIERIS van Frans I (Attrib.) 1635-1681 **[2]**
- *$14 992 FF90 534 £9 000* A Man Playing The Cittern Oil/canvas 18x14,5cm/*7x5in* London 98

MIERIS van Frans II 1689-1763 **[14]**
- *$6 466 FF37 393 £4 001* Bildnis eines vornehmen jungen Herrn Oil/copper 49,5x41cm/*19x16in* Wien 97
- *$12 400 FF60 000 £7 770* La marchande de gaufres Huile/panneau 22x16,5cm/*8x6in* Paris 95

MIERIS van Frans II (Attrib.) 1689-1763 **[3]**
- *$4 664 FF26 974 £2 800* Portrait of a Gentleman in a Blue Silk Dressing Gown Oil/copper 49,5x41,5cm/*19x16in* London 97

MIERIS van Jan 1660-1690 **[4]**
- *$16 170 FF100 000 £9 630* Portrait d'homme à sa fenêtre prisant son tabac Huile/panneau 19x15cm/*7x5in* Paris 98
- *$76 858 FF453 189 £45 500* Minerva protecting the arts Oil/canvas 80x64cm/*31x25in* London 97

MIERIS van Willem 1662-1747 **[50]**
- *$17 540 FF84 900 £11 000* Flora Oil/panel 19x16cm/*7x6in* London 95
- *$101 733 FF607 000 £61 367* Pâris et Oenone Huile/panneau 51,5x44cm/*20x17in* Mayenne 97
- *$2 055 FF12 000 £1 243* Bacchanale Pierre noire 31x25,5cm/*12x10in* Paris 97

MIERLO van Eugene Victor Joseph 1880-1972 **[16]**
- *$1 638 FF9 756 £1 002* Paysage aux peupliers Huile/toile 100x80cm/*39x31in* Bruxelles 98

MIETH Hansel 1912 **[4]**
- *$750 FF4 445 £453* Mad Monkey, Puerto Rico Silver print 34x26cm/*13x10in* New-York 97

MIETH Hugo 1865-? **[3]**

☞ *$4 321 FF26 828 £2 606* Garten einer Villa Oil/panel 66x92cm/*25x36in* Heidelberg 98

MIGETTE Auguste Karl 1802-1884 **[1]**

☞ *$5 430 FF28 100 £3 510* Escena urbana Oleo/lienzo 47x39cm/*18x15in* Madrid 96

MIGLIARA Giovanni 1785-1837 **[14]**

☞ *$11 580 FF60 500 £7 000* The Grand Canal, Venice, looking East Oil/canvas 4,5x54cm/*1x21in* London 96

☞ *$40 542 FF229 738 £20 271* Interno della Cappella Bellei in Altacomba Olio/tela 57x48cm/*22x18in* Milano 98

✎ *$5 100 FF28 900 £3 400* Paesaggio con contadino ed armenti Tempera/carta 15x25cm/*5x9in* Roma 97

MIGLIARA Giovanni (Attrib.) 1785-1837 **[4]**

☞ *$13 400 FF80 000 £8 208* Vue du Grand Canal à Venise Huile/toile 28,5x39cm/*11x15in* Paris 97

MIGLIARO Vincenzo 1858-1938 **[35]**

☞ *$4 500 FF25 500 £3 000* Mercatino a Napoli Tecnica mista/cartone 42x32cm/*16x12in* Roma 97

☞ *$14 300 FF73 500 £8 510* Luisella Olio/tela 60x39cm/*23x15in* Roma 96

✎ *$1 019 FF5 778 £679* Testa di donna Pastelli/carta 62x43cm/*24x16in* Roma 97

MIGNARD Nicolas d'Avignon 1606-1668 **[6]**

✎ *$6 495 FF39 874 £3 979* The Annunciation Ink 39,5x28cm/*15x11in* New-York 98

MIGNARD Pierre I (Attrib.) 1612-1695 **[16]**

☞ *$3 243 FF17 000 £1 950* Portrait de jeune femme au collier Huile/toile 66x54cm/*25x21in* Paris 96

✎ *$2 547 FF15 000 £1 572* Etude de têtes et de main/Etude de pied avec éperon et études de tête Sanguine 29,5x20,5cm/*11x8in* Paris 97

MIGNARD Pierre I le Romain 1612-1695 **[14]**

☞ *$7 500 FF45 045 £4 498* Italian Countess, Maria Montseny Oil/canvas 139x91cm/*55x36in* Cleveland, Ohio 98

☞ *$9 542 FF56 000 £5 835* Portrait de la comtesse de Lauzun Huile/toile 115x92cm/*45x36in* Paris 97

MIGNECO Giuseppe 1908-1997 **[181]**

☞ *$1 800 FF10 200 £1 200* Donna del sud Olio/cartone 15,2x10,2cm/*5x4in* Prato 97

☞ *$3 052 FF17 297 £1 526* "Angela Zitella" Olio/tela 59x50cm/*23x19in* Milano 97

▱ *$299 FF1 698 £149* Figure Litografia a colori 55x40cm/*21x15in* Milano 97

✎ *$1 800 FF10 200 £1 200* Figura China 21x30cm/*8x11in* Vercelli 97

MIGNEREY Claude 1959 **[10]**

☞ *$275 FF1 500 £165* Se ressourcer Huile/toile 24x33cm/*9x12in* Paris 97

MIGNON Abraham 1640-1679 **[11]**

☞ *$104 800 FF530 000 £68 500* Früchtestilleben Oil/panel 33x26cm/*12x10in* Zürich 96

☞ *$1 182 000 FF6 080 000 £737 000* Peonis, Roses, Tulips, and Poppies in a glass Vase with Caterpillars.. Huile/toile 59x49cm/*23x19in* Wien 96

MIGNON Jean XVI **[3]**

▱ *$5 677 FF34 322 £3 400* The Judgment of Paris, after Luca Penni Etching 30,5x42,5cm/*12x16in* London 98

MIGNON Léon 1847-1898 **[18]**

⚒ *$1 272 FF6 570 £825* Arlequin Bronze H50cm/*H19in* Liège 96

MIGNON Lucien 1865-1944 **[56]**

☞ *$699 FF4 200 £417* Nature morte au pichet Huile/toile 32x45cm/*12x17in* Paris 98

☞ *$1 600 FF7 800 £1 025* Danseuse assise Huile/toile 64x50cm/*25x19in* Avignon 95

MIGNOT Louis Rémy 1831-1870 **[11]**

☞ *$26 000 FF135 700 £15 700* Winter Skating Scene Oil/canvas 78x102cm/*30x40in* New-York 96

MIJARES José Maria 1921 **[33]**

☞ *$4 750 FF27 269 £2 895* Bodegon con vaso Oil/canvas 66x46,5cm/*25x18in* New-York 97

☞ *$8 000 FF46 701 £4 759* Niñas con Pajaros Oil/canvas 122x122cm/*48x48in* New-York 97

✎ *$2 450 FF14 000 £1 505* Payaso Gouache 33,5x27cm/*13x10in* Madrid 97

MIKHAILOV Dimitri 1953 **[17]**

☞ *$191 FF1 000 £120* Canal à Saint-Petersbourg Huile/toile 40x60cm/*15x23in* Montauban 96

MIKHAILOV Oleg 1938 **[51]**

☞ *$406 FF2 100 £262* Palanga Huile/panneau 90x79cm/*35x31in* Grenoble 96

MIKI Josef 1929 **[2]**

☞ *$16 020 FF95 140 £9 520* 2 Figuren Öl/Leinwand 110x98cm/*43x38in* Wien 97

MIKKELSEN Lauritz Martin 1879-1966 **[19]**

◕ *$4 500 FF25 626* £2 731 Figures in an interior Oil/canvas 89,5x94,5cm/*35x37in* New-York 97
MIKL Josef 1929 **[61]**
◕ *$2 780 FF14 430* £1 837 Ohne Titel Öl/Karton 23,5x17,3cm/*9x6in* Wien 96
◕ *$6 030 FF35 782* £3 742 Ohne Titel Öl/Leinwand 89,5x58cm/*35x22in* Wien 97
◕ *$289 FF1 462* £190 Ohne Titel Color lithograph 62x43cm/*24x16in* Wien 96
◕ *$1 880 FF9 620* £1 206 Ohne Titel Mischtechnik/Papier 43x61cm/*16x24in* Wien 96
MIKLOS Gustave 1888-1967 **[29]**
◕ *$2 168 FF13 000* £1 305 "Sérénité" Plâtre H155cm/*H61in* Paris 98
◕ *$2 993 FF18 000* £1 791 Le furet Bronze 13,5x37cm/*5x14in* Paris 98
◕ *$491 FF3 000* £291 Projet d'ornementation Gouache/papier 17x16,5cm/*6x6in* Paris 98
MIKOLA Armas 1901-1983 **[18]**
◕ *$472 FF2 805* £289 Strand Oil/canvas 25x33cm/*9x12in* Helsinki 97
◕ *$866 FF5 300* £514 Strandbodar Oil/canvas 43x55cm/*16x21in* Helsinki 98
MIKOLA Nandor 1911 **[8]**
◕ *$722 FF4 416* £428 Björkar Akvarell/papper 70x47cm/*27x18in* Helsinki 98
MIKULSKI Kazimierz 1918-? **[4]**
◕ *$4 347 FF26 028* £2 596 "Strzelnica noca czyli księzycowe omamienie" Oil/canvas 100x73cm/*39x28in*
Warszawa 98
MILA Y FONTANALS Pablo 1810-1883 **[5]**
◕ *$396 FF2 370* £240 Noble dieciochesco con casacón amarillo Acuarela 34x28cm/*13x11in* Madrid 98
MILANESI Rocco XIX **[2]**
◕ *$21 000 FF124 628* £12 862 Female Nude Marble H117cm/*H46in* New-York 97
MILANI Aureliano 1675-1749 **[9]**
◕ *$41 500 FF200 600* £26 000 The workship of the Golden Calf Oil/panel 38x56cm/*14x22in* London 95
◕ *$2 664 FF15 655* £1 600 Christ Tempted in the Wilderness Black & white chalks 30x25cm/*11x9in* London 97
MILANI Aureliano (Attrib.) 1675-1749 **[6]**
◕ *$12 210 FF60 900* £8 000 The Flagellation of Christ Oil/canvas 10x76cm/*3x29in* London 95
◕ *$25 600 FF134 000* £16 800 Tobiolo e l'Angelo Olio/tela 98,5x74,5cm/*38x29in* Roma 96
MILANI Umberto 1912-1969 **[29]**
◕ *$4 620 FF23 500* £2 730 Macchie rose Olio/tela 120x79cm/*47x31in* Milano 96
MILANO da Giulio 1895 **[4]**
◕ *$300 FF1 700* £200 Casa nel bosco Acquarello/carta 23x30cm/*9x11in* Vercelli 97
MILATZ Franciscus Andreas 1764-1808 **[4]**
◕ *$760 FF4 351* £449 A view of the Zomervaart near Haarlem Black chalk 15x22,5cm/*5x8in* Amsterdam 97
MILBOURNE Henry 1781-1826 **[9]**
◕ *$4 171 FF25 448* £2 500 A Wooded Landscape, with Cattle Watering and Travellers on a Track Oil/canvas
63,5x76cm/*25x29in* London 98
◕ *$11 345 FF69 218* £6 800 The Market Place at St. Albans Oil/canvas 123x167,5cm/*48x65in* London 98
MILCENDEAU Charles 1872-1919 **[56]**
◕ *$2 357 FF14 000* £1 439 Jeune femme au papillon Huile/toile 35x28cm/*13x11in* Brest 98
◕ *$10 520 FF55 000* £6 270 Portrait de Mme. Milcendeau de profil Huile/toile/panneau 87x40cm/*34x15in*
Paris 96
◕ *$1 477 FF8 800* £888 La Bretonne Gouache/carton 9x13cm/*3x5in* Fontenay-Le-Comte 97
MILEHAM Harry Robert 1873-1957 **[6]**
◕ *$7 430 FF38 500* £4 800 Autolycus in the Kitchen Oil/canvas 74x64cm/*29x25in* London 96
◕ *$8 050 FF41 700* £5 200 The Pied Piper of Hamelin Oil/canvas 112x143cm/*44x56in* London 96
MILES Arthur XIX-XX **[2]**
◕ *$3 591 FF20 952* £2 200 The Penny Whistle Oil/canvas 61x51cm/*24x20in* London 97
MILES John Cristopher 1831/2-1911 **[4]**
◕ *$3 000 FF17 720* £1 864 "Cherries" Oil/canvas 45,5x25,5cm/*17x10in* Boston, Mass. 97
MILES OF NORTHLEACH John XVIII-XIX **[6]**
◕ *$1 985 FF9 900* £1 300 A prize longhorn cow in a field Oil/canvas 61x79cm/*24x31in* London 95
MILES Thomas Rose c.1869-1888 **[69]**
◕ *$2 900 FF15 130* £1 956 Fishing boats in choppy sea Oil/canvas 76x128cm/*29x50in* Stockholm 96
MILESI Alessandro 1856-1945 **[28]**
◕ *$4 550 FF23 400* £2 710 Davanti a San Marco Olio/cartone 27x34cm/*10x13in* Roma 96
◕ *$6 990 FF39 610* £3 495 Ritratto di giovane donna Olio/tela 60x45cm/*23x17in* Milano 98

 *$34 000 FF175 000 £21 200 After tea Oil/canvas 129,5x150cm/*50x59in* New-York 96*
 *$600 FF3 400 £300 Cavalli Puntasecca 33x27cm/*12x10in* Firenze 97*
MILET-MOREAU Iphigénie de Caux 1780-? [3]
 *$16 970 FF86 500 £11 200 Bouquet de roses sur un entablement Huile/panneau 46x37,5cm/*18x14in*
Paris 96*
MILHOUS Katherine 1894-1977 [4]
 *$1 000 FF4 880 £635 "Visit Historic Ephrata, Pennsylvania" Poster 57x44,5cm/*22x17in* New-York 95*
MILI Gjon 1904-1984 [10]
 *$7 000 FF43 183 £4 202 Championship Match, joe Walcott - Joe Louis Photograph 35x27cm/*13x10in* New-
York 98*
MILIADIS Stelios 1881-1965 [7]
 *$4 110 FF21 430 £2 480 Seaside/Fishing boats Oil/panel 23x35cm/*9x13in* Athens 96*
MILIAN Raúl 1921-1986 [3]
 *$110 FF626 £68 Composition #43 Watercolour/paper 54x36cm/*21x14in* Bethesda, Maryland 97*
MILICH Abram Adolphe 1884-1964 [22]
 *$2 164 FF11 000 £1 292 Oliviers à Saint-Paul-de-Vence Huile/toile 65x81cm/*25x31in* Le Havre 96*
 *$160 FF934 £96 Landscape, houses and palms Watercolour 46x39cm/*18x15in* Tel Aviv 97*
MILIUS Félix Augustin 1843-1894 [4]
 *$38 000 FF197 300 £25 130 An afternoon reading Oil/canvas 100x81cm/*39x31in* New-York 96*
MILLAIS John Everett 1829-1896 [63]
 *$95 000 FF489 000 £59 200 Merry Oil/canvas 92x71,5cm/*36x28in* New-York 96*
 *$132 339 FF801 566 £82 000 Scotch Firs Oil/canvas 190,5x143,5cm/*75x56in* Perthshire 97*
 *$176 242 FF1 008 249 £110 000 The Farmer's Daughter Oil/canvas 45,5x35cm/*17x13in* London 97*
 *$1 354 FF7 751 £800 Tonbridge Wells Watercolour/paper 12,5x25,5cm/*4x10in* London 97*
MILLAIS John Guille 1865-1931 [13]
 *$1 120 FF6 759 £680 Golden Eagles with Prey Grisaille 40x56cm/*15x22in* Billingshurst, West Sussex 98*
MILLAIS Raoul 1901 [63]
 *$3 280 FF18 832 £2 000 Horses grazing before a Lake/Mares and Foals in a Landscape Oil/canvas
20,5x25,5cm/*8x10in* London 97*
 *$3 094 FF19 135 £1 900 The Waiting Carriage Oil/canvas 50x60cm/*19x23in* Billingshurst, West Sussex 97*
 *$424 FF2 531 £260 Grey Carron - Study of a grey Pony Pastel 15x17,5cm/*5x6in* Bath 98*
MILLAIS William Henry 1828-1899 [10]
 *$13 090 FF75 581 £7 800 "Fishing in Flooded Pool" Oil/panel 30x40,5cm/*11x15in* London 97*
 *$1 452 FF8 797 £900 The Trossachs Watercolour 43,5x60,5cm/*17x23in* Perthshire 97*
MILLAR Addison Thomas 1850-1913 [50]
 *$1 400 FF8 158 £862 Exterior scene Oil/panel 23x13cm/*9x5in* Downington, PA 97*
 *$2 946 FF17 159 £1 800 The blue vase Oil/canvas 35,5x46cm/*13x18in* London 97*
 *$120 FF729 £72 Panoramic Lakeside Landscape Watercolour/paper 16x37cm/*6x14in* St. Petersburg,
Florida 98*
MILLARD Frederick, Fred 1857-1919 [6]
 *$10 328 FF63 713 £6 200 Awaiting His Return Oil/canvas 63,5x40,5cm/*25x15in* Salisbury, Wiltshire 98*
MILLARES Manolo 1926-1972 [69]
 *$33 250 FF188 575 £20 900 Negro, rojo y blanco Oleo/lienzo 48,5x69cm/*19x27in* Madrid 97*
 *$161 FF966 £99 Troquemada Farbserigraphie 50x70cm/*19x27in* Zürich 98*
 *$9 343 FF58 000 £5 631 Sans titre Gouache 50x70cm/*19x27in* Paris 98*
MILLASSON Anne XX [8]
 *$1 860 FF9 100 £1 196 Petit phare sur la dune Pastel 48x64cm/*18x25in* Brest 95*
MILLE Albert XIX-XX [3]
 *$652 FF3 957 £396 Portraet af en kvinde Oil/canvas 39x47cm/*15x18in* Viby J, Århus 98*
MILLÉ Jan Baptiste XVIII [2]
 *$6 000 FF31 000 £3 840 Classical landscape with a traveller Oil/canvas 65x77cm/*25x30in* New-York 96*
MILLER Alfred Jacob 1810-1874 [27]
 *$18 000 FF88 800 £11 730 Artist's Studio, the critic Oil/board 30x26cm/*11x10in* New-York 95*
 *$300 000 FF1 780 410 £183 750 Sioux Camp Oil/canvas 44,5x61cm/*17x24in* New-York 98*
 *$52 500 FF310 836 £31 174 White Plume Watercolour, gouache/paper 25x19,5cm/*9x7in* New-York 97*
MILLER Barse 1904-1973 [13]

● *$2 000 FF12 041 £1 196* Christmas at the Firehouse Oil/canvas 71x51cm/*27x20in* San Francisco 98
● *$1 500 FF7 830 £906* Porthole Watercolour/paper 35x53cm/*13x20in* San Francisco-Los Angeles 96
MILLER Carol 1933 **[13]**
● *$6 000 FF29 100 £3 870* Three versions of Tezcatlipoca Bronze H69cm/*H27in* New-York 95
MILLER Charles Keith, Capt. XIX-XX **[8]**
● *$2 508 FF15 589 £1 500* S.S "Warrnambool" Oil/canvas 76,5x142,5cm/*30x56in* London 98
MILLER Donald XX **[1]**
● *$5 500 FF30 589 £3 404* Allegory of Africa Bronze H51cm/*H20in* New-York 97
MILLER Evylena Nunn 1888-1966 **[13]**
● *$425 FF2 592 £254* Venice Canal Scene Oil/canvas 25x18cm/*10x7in* Pasadena, California 98
● *$500 FF2 610 £302* Early Chinatown, Los Angeles Oil/canvas 63,5x76cm/*25x29in* San Francisco-Los Angeles 96
MILLER Frederick XIX-XX **[7]**
● *$374 FF1 937 £250* Looking across the fields towards Cuckfield Church, Sussex Watercolour 20x34cm/*7x13in* London 96
MILLER Godfrey Clive 1893-1964 **[18]**
● *$3 563 FF20 816 £2 108* London Street Oil/canvas/panel 27,5x27cm/*10x10in* Melbourne 97
● *$25 374 FF155 679 £15 799* Apples Oil/canvas 50x40,5cm/*19x15in* Melbourne 97
● *$293 FF1 707 £179* Abstract drawing/Abstract drawing Pencil/paper 10x14,5cm/*3x5in* Melbourne 97
MILLER Henry 1897 **[2]**
● *$1 600 FF9 259 £984* Hill Town Watercolour 19,5x42,5cm/*7x16in* Los Angeles 97
MILLER Henry 1891-1980 **[7]**
● *$2 604 FF16 000 £1 561* Couple Aquarelle/papier 48x60,5cm/*18x23in* Paris 98
MILLER Ian 1946 **[1]**
● *$1 166 FF6 743 £700* The magic egg in the tree Watercolour 30,5x25,4cm/*12x10in* London 97
MILLER Kenneth Hayes 1876-1952 **[12]**
● *$2 300 FF12 791 £1 423* Nedra Oil/canvas 86x112cm/*34x44in* Miami, Florida 97
MILLER Lee 1907-1977 **[23]**
● *$11 000 FF67 943 £6 612* Tuba Player Silver print 24x23cm/*9x9in* New-York 98
MILLER Lilian May 1895-1943 **[10]**
● *$250 FF1 532 £153* Sunrise in Fujiyama Woodcut in colors 38x50cm/*15x20in* Mystic, Connecticut 98
MILLER Mildred Bunting 1892-1964 **[4]**
● *$1 600 FF9 557 £979* The Wedgwood Pitcher Oil/canvas 68,5x51cm/*26x20in* New-York 98
MILLER Oscar 1867-? **[4]**
● *$750 FF3 884 £480* Roses in a green pot Oil/canvas 30x38cm/*12x15in* Mystic, Connecticut 96
MILLER Richard Edward 1875-1943 **[55]**
● *$37 500 FF222 026 £22 267* Café de Paris Oil/panel 31,5x40,5cm/*12x15in* New-York 97
● *$85 000 FF511 428 £50 881* Seated Nude Oil/masonite 87,5x92,5cm/*34x36in* Beverly Hills, Calif. 98
● *$80 FF475 £49* Head of a Woman Charcoal/paper 30x22cm/*12x9in* Chicago, Illinois 97
MILLER Roy XX **[16]**
● *$2 214 FF12 795 £1 300* The Paddock, York Oil/canvas 66x46cm/*25x18in* London 97
MILLER Samuel c.1807-1853 **[1]**
● *$42 000 FF205 200 £26 560* Girl in blue dress holding a red book Oil/canvas 116x66cm/*46x26in* New-York 95
MILLER Terry 1945 **[14]**
● *$2 500 FF15 021 £1 500* Termite Hill, Leopards Pencil/paper 51x61cm/*20x24in* London 98
MILLER von Ferdinand II 1842-1929 **[2]**
● *$51 000 FF307 045 £30 513* Young Native American Hunter Bronze H1085cm/*H427in* New-York 98
MILLER William Rickarby 1818-1893 **[38]**
● *$1 800 FF9 162 £1 084* The Moorland Boy Oil/board 20x15cm/*8x6in* Middletown, RI 96
● *$5 250 FF31 364 £3 211* New York Homestead Oil/canvas 35x50cm/*14x20in* Dedham, Mass. 98
● *$1 600 FF7 900 £1 034* Young girl in landscape Watercolour 25x36cm/*10x14in* Mystic, Connecticut 96
MILLER-DIFLO Otto 1878-1949 **[11]**
● *$1 203 FF7 375 £718* Uferweg im Herbst Oil/canvas 46,3x50,5cm/*18x19in* Dresden 98
MILLES Carl 1875-1955 **[195]**
● *$1 199 FF7 054 £740* Kvindebuste Bronze H23cm/*H9in* København 97
● *$38 048 FF222 053 £22 620* "De svävande" Bronze H110cm/*H43in* Stockholm 97

🖉 *$997 FF5 958* £610 Kvinnohuvud Pencil/paper 41,5x30cm/*16x11in* Stockholm 98
MILLES Ruth 1873-1941 **[57]**
🖾 *$1 044 FF6 200* £632 Yvonne Bronze H26cm/*H10in* Brest 97
MILLESON Royal Hill 1849-1926 **[12]**
👁 *$400 FF2 445* £244 Autumn Skies Oil/canvas 55x71cm/*22x28in* Cincinnati, Ohio 98
MILLET Clarence 1897-1959 **[38]**
👁 *$5 250 FF32 012* £3 150 Sur le bateau Oil/board 40x50cm/*16x20in* New Orleans, Louisiana 98
👁 *$6 000 FF36 036* £3 598 "Old Napoleon House" Oil/board 26x32cm/*10x12in* New Orleans, Louisiana 98
🖾 *$425 FF2 200* £272 Claibourne Court Woodcut 15x16cm/*6x6in* New Orleans, Louisiana 96
MILLET Francis David, Frank 1846-1912 **[14]**
👁 *$500 FF3 032* £305 Seated Indian Oil/canvas 66x51cm/*26x20in* Boston, Mass. 98
MILLET Francisque J-Fr. I 1642-1679/80 **[20]**
👁 *$6 120 FF30 600* £4 000 Noli Me Tangere Oil/canvas 3x39cm/*1x15in* London 95
👁 *$17 400 FF90 000* £11 280 Personnages près d'une fontaine dans un paysage classique Huile/toile 74x93cm/*29x36in* Paris 96
👁 *$16 000 FF97 500* £9 747 An Extensive mountainous Landscape with Travellers resting on a Path Oil/canvas 114,5x147cm/*45x57in* New-York 98
🖉 *$705 FF4 227* £420 Extensive River Landscape/Extensive River Landscape Black chalk 20x32cm/*7x12in* London 98
MILLET Francisque J-Fr. II 1666-1723 **[2]**
👁 *$9 640 FF50 000* £6 260 Promeneurs aux abords d'une ville égyptienne Huile/toile 3x47cm/*1x18in* Paris 96
MILLET François 1851-1917 **[9]**
👁 *$8 800 FF45 300* £5 490 Still life Oil/canvas 50x65cm/*19x25in* New-York 96
🖉 *$3 800 FF19 730* £2 514 Paysage, Barbizon Watercolour 30,5x50cm/*12x19in* New-York 96
MILLET Frédéric 1786-1859 **[8]**
🖉 *$3 260 FF17 000* £1 970 Jeune femme dessinant Pierre noire 26,5x20,2cm/*10x7in* Paris 96
MILLET Jean-Baptiste 1831-1906 **[21]**
🖾 *$2 147 FF13 000* £1 318 La grande bergère assise Gravure bois 27x22cm/*10x8in* Paris 98
🖉 *$301 FF1 784* £179 Küstenlandschaft mit Kühen und Schafen Pastell/Papier 22x29,3cm/*8x11in* Zürich 97
MILLET Jean-Charles XIX **[19]**
👁 *$404 FF2 500* £248 Chevaux de labours Huile/toile 50x60cm/*19x23in* Quimper 97
MILLET Jean-François 1814-1875 **[361]**
👁 *$92 700 FF480 000* £60 200 Portrait d'Auguste Feuardent Huile/toile 22x16,5cm/*8x6in* Paris 96
👁 *$140 000 FF832 342* £84 322 Chasse aux oiseaux à la lumière des torches Mixed media/canvas 57x71cm/*22x27in* New-York 98
🖾 *$2 200 FF12 790* £1 311 Les Glaneuses Etching 9x25,5cm/*3x10in* New-York 97
🖉 *$16 000 FF94 619* £9 707 Le repas des moissonneuses Pencil/paper 32,5x44,5cm/*12x17in* New-York 98
MILLIADIS Stelios 1881-1965 **[2]**
👁 *$4 244 FF25 341* £2 600 Village Street with Houses and Figures/View of a Park in France Oil/cardboard 50x45cm/*19x17in* London 97
MILLIAN Raúl 1914 **[4]**
🖉 *$2 000 FF11 947* £1 223 Untitled Ink 38x28cm/*14x11in* New-York 98
MILLICAN Joseph XIX **[1]**
🖉 *$1 235 FF7 496* £750 The Passenger Pigeon/A Cuckoo Watercolour 13x16cm/*5x6in* London 98
MILLIERE Maurice 1871-1946 **[76]**
👁 *$5 500 FF34 013* £3 303 At the Cafe Oil/paper 127x87cm/*50x34in* Bethesda, Maryland 97
🖾 *$315 FF1 800* £197 Femme au chien Eau-forte 53x74cm/*20x29in* Le Havre 97
MILLIKEN James W. c.1897-1930 **[43]**
🖉 *$652 FF3 996* £400 Lakeland Scene with Sheep Grazing Watercolour/paper 41x55cm/*16x22in* Manchester 98
MILLIKEN Robert W. c.1880-c.1930 **[24]**
🖉 *$947 FF5 390* £580 Snipe over Marshland Watercolour/paper 36x49cm/*14x19in* London 97
MILLION Joseph 1861-1931 **[6]**
👁 *$1 202 FF7 000* £735 Pêcheurs en barque sur l'azergues Huile/toile 56x73cm/*22x28in* Paris 97
MILLITZ Johann Michael 1725-1779 **[3]**

$4 050 FF23 830 £2 500 Karl Thaddäus Freiherr von Rehbach Öl/Leinwand 93,5x74cm/*36x29in* Wien 97

MILLNER Carl 1825-1895 **[47]**
$819 FF5 033 £491 Benediktenwand Öl/Karton 15,3x24,6cm/*6x9in* Bielefeld 98
$3 295 FF19 568 £1 996 Hirten mit Kühen am Ufer eines Gebirgssees Öl/Leinwand 83x113cm/*32x44in* Zürich 97

MILLNER William Edward 1849-1895 **[9]**
$2 988 FF16 617 £1 849 The woodman's daughter Oil/canvas 59x44cm/*23x17in* Billingshurst, West Sussex 97

MILLOT Adolphe Philippe 1857-1921 **[4]**
$1 830 FF9 240 £1 200 Young beauties Oil/panel 18x14cm/*7x5in* London 96

MILLS Reginald XX **[10]**
$3 431 FF20 547 £2 100 The Model Oil/panel 22x16,5cm/*8x6in* Billingshurst, West Sussex 97

MILLS V.A.W XIX-XX **[1]**
$3 129 FF17 823 £1 900 A trompe l'oeil still life Oil/canvas 56x46cm/*22x18in* London 97

MILNE David Brown 1882-1953 **[36]**
$19 978 FF114 942 £11 793 Autumn Landscape Oil/canvas 30,5x40,5cm/*12x15in* Vancouver, BC. 97
$74 822 FF451 000 £45 276 Passing car Oil/canvas 40,5x51cm/*15x20in* Toronto 98
$856 FF4 926 £505 Painting Place Drypoint in colors 13x18cm/*5x7in* Vancouver, BC. 97
$7 330 FF36 600 £4 780 Croton-on-Hudson Watercolour 59x46cm/*23x18in* Toronto 95

MILNE John 1931-1978 **[19]**
$685 FF4 093 £420 Small Form Polished bronze H19,5cm/*H7in* London 98

MILNE John Maclauchlan 1885-1957 **[73]**
$8 060 FF40 924 £5 200 A Mediterranean Town Oil/board 32,5x40,5cm/*12x15in* Auchterarder, Perthshire 96
$10 409 FF60 663 £6 400 Still Life with Flowers in a Jug Oil/canvas 61x51cm/*24x20in* West Lothian 97
$770 FF4 729 £480 Highland Cattle on a Moor Watercolour/paper 35,5x51cm/*13x20in* Glasgow 97

MILNE Joseph 1861-1911 **[28]**
$1 210 FF6 170 £800 The Hyne, Buckhaven Oil/board 30x45,5cm/*11x17in* Glasgow 96
$2 927 FF17 061 £1 800 On the coast Oil/canvas 51x76cm/*20x29in* West Lothian 97

MILNE Malcolm 1887-1954 **[13]**
$1 647 FF10 042 £1 000 The Screen, St. Mark's, Venice Oil/panel 41,5x32,5cm/*16x12in* London 98

MILNE William Watt 1873-1951 **[34]**
$2 790 FF14 166 £1 800 Still Life with Roses Oil/canvas 51,45x61cm/*20x24in* Auchterarder, Perthshire 96
$3 173 FF16 200 £2 100 After Church Oil/canvas 33x43cm/*12x16in* Glasgow 96

MILNER Karl 1825-1894 **[1]**
$12 000 FF62 300 £7 930 ...Horn bei Lofer in Tirol Oil/canvas 95x117,5cm/*37x46in* New-York 96

MILO Jean van Gindertael 1906-1993 **[124]**
$1 335 FF8 125 £820 Neige à Bourgeois Huile/toile 65x81cm/*25x31in* Bruxelles 98
$2 184 FF13 008 £1 336 La lecture Huile/toile 33,5x41cm/*13x16in* Bruxelles 98
$142 FF740 £86 "Sport et charité" Aquarelle/papier 38x48cm/*14x18in* Antwerpen 96

MILON Joseph 1868-1947 **[5]**
$6 390 FF31 000 £4 120 Le coup du lapin Huile/toile 46x38cm/*18x14in* Aubagne 95

MILONE Antonio XIX-XX **[15]**
$2 020 FF10 200 £1 320 Fillette et son âne Huile/papier 29x38,5cm/*11x15in* Paris 96

MILONE Antonio (Attrib.) XIX-XX **[3]**
$1 560 FF8 840 £780 Al pascolo Olio/tela 42x30cm/*16x11in* Roma 97
$3 267 FF18 587 £2 000 A shepherdess Oil/canvas 51x66cm/*20x25in* London 97

MILROY Lisa 1959 **[6]**
$11 109 FF66 406 £6 800 Glasses Oil/canvas 170x270,5cm/*66x106in* London 97

MILTON JENSEN Carl 1855-1928 **[63]**
$458 FF2 652 £284 Kalö Slotsruin Oil/canvas 62x88cm/*24x34in* København 97

MILTON Peter 1930 **[23]**
$1 000 FF5 150 £662 "Interiors IV, Soundings" Etching, aquatint 76x60,5cm/*29x23in* San Francisco 96

MIMNAUGH Terry XX **[2]**
$9 500 FF45 315 £5 974 Shore Harvest Oil/board 36x8cm/*14x3in* Hayden 95
$10 000 FF50 400 £6 452 The Berry Pickers Oil/canvas 91x121cm/*36x48in* Hayden 96

MIMRAN Patrick 1956 **[1]**

$73 678 FF451 466 £44 000 Number Six Mixed media/panel 150x122cm/*59x48in* London 98
MIN Jaap 1914-1987 **[22]**
$1 233 FF7 545 £758 Portrait of a Girl Oil/canvas 60x45cm/*23x17in* Amsterdam 98
$1 331 FF6 750 £867 A blackyard Charcoal 51x72cm/*20x28in* Amsterdam 96
MIN XIWEN 1918 **[3]**
$7 760 FF40 000 £4 790 Flowers Oil/canvas 51x61cm/*20x24in* Hong Kong 95
MINARD E.A. XIX-XX **[14]**
$289 FF1 500 £191 Coupe de fruits Huile/panneau 11,5x18cm/*4x7in* Grenoble 96
$906 FF4 700 £599 Homme et son chien près d'une maison Huile/toile 38x55cm/*14x21in* Grenoble 96
MINARDI Tommaso 1787-1871 **[7]**
$1 140 FF6 460 £760 Ritratto di gentiluomo Disegno 20x15cm/*7x5in* Prato 97
MINARDI Tommaso (Attrib.) 1787-1871 **[1]**
$3 840 FF19 380 £2 520 Trionfo di Amore Matita/carta 70x49cm/*27x19in* Roma 96
MINARTZ Antoine G., dit Tony 1870-1944 **[26]**
$2 457 FF14 000 £1 505 Elégante au fiacre Huile/papier/toile 50x65cm/*19x25in* Paris 97
MINAUX André 1923-1986 **[70]**
$719 FF4 200 £435 Intérieur gris Huile/toile 60x73,5cm/*23x28in* Paris 97
$84 FF500 £51 Vase de fleurs Lithographie 58x42cm/*22x16in* Douai 98
$687 FF3 500 £413 Portrait de femme Technique mixte/papier 73x48cm/*28x18in* Paris 96
MINAUX H. [1]
$4 215 FF25 000 £2 575 Femme debout Huile/toile 80,5x65cm/*31x25in* Paris 98
MIND Gottfried 1768-1814 **[17]**
$1 069 FF6 443 £647 Mäusejagd Aquatint 17x25cm/*6x9in* Zürich 98
$1 013 FF6 026 £619 Hundefamilie Watercolour 19,5x26cm/*7x10in* Bern 98
MINDERHOUT van Hendrik 1632-1696 **[10]**
$19 000 FF108 385 £11 683 Italianate Landscape with Coopers, Hunters and other Figures Oil/canvas 84x113cm/*33x44in* New-York 97
$23 968 FF140 000 £14 714 Scène portuaire Huile/toile 115x182cm/*45x71in* Reims 97
MINET Louis Émile 1850-1920 **[12]**
$3 816 FF20 000 £2 296 Hérons près des rivages fleuris Huile/toile 150x105cm/*59x41in* Calais 96
$8 380 FF41 000 £5 390 Vase de dahlias Huile/toile 105x85cm/*41x33in* Calais 95
$2 620 FF16 000 £1 566 La plage de Trouville Pastel/papier 32x48cm/*12x18in* Deauville 98
MINGELMANGANU Alec ?-1981 **[1]**
$29 110 FF166 731 £17 224 Wandjina Mixed media/canvas 122x65cm/*48x25in* Sydney 97
MINGO Norman [14]
$2 250 FF13 395 £1 375 Book Cover Art to "MAD About the Buoy" Gouache/board 37,5x23,5cm/*14x9in* New-York 98
MINGUILLON IGLESIAS Julia 1906-1965 **[1]**
$13 770 FF68 600 £9 010 La Espera Oleo/lienzo 82x66cm/*32x25in* Madrid 95
MINGUZZI Luciano 1912 **[27]**
$5 400 FF30 600 £3 600 Guerriero Fer 43x20x34cm/*16x7x13in* Milano 98
$26 400 FF149 600 £17 600 Il Contorsionista Bronzo H107cm/*H42in* Milano 98
$3 000 FF17 000 £1 500 Dalla serie, "le nuove polene" Gouache/carta 100x70cm/*39x27in* Milano 98
MINKOWSKI Maurice 1889-1930 **[4]**
$8 500 FF51 453 £5 072 Homeless Oil/canvas 86x201cm/*33x79in* New-York 97
$6 000 FF33 130 £3 744 Interior a religious Jew Watercolour/paper 51x38cm/*20x14in* Tel Aviv 97
MINNAERT Frans 1929 **[20]**
$948 FF5 677 £574 Les musiciens Gouache/papier 64x49cm/*25x19in* Bruxelles 97
MINNE George 1866-1941 **[118]**
$913 FF5 500 £546 Buste de femme Plâtre 52,5x32cm/*20x12in* Paris 98
$26 315 FF154 565 £16 245 De geknielde van de fontein Plâtre 147x80cm/*57x31in* Lokeren 97
$3 128 FF18 664 £1 886 Christus met kruis Fusain/papier 31x23cm/*12x9in* Lokeren 97
MINNE Joris 1897-1988 **[43]**
$205 FF1 071 £124 Procession Etching 10x7cm/*3x2in* Amsterdam 96
MINNEBO Hubert 1940 **[15]**
$758 FF4 544 £453 Denker met een C. Bronze H18cm/*H7in* Antwerpen 98

MINNIGERODE Ludwig 1847-c.1917 **[9]**
$1 675 FF8 670 £1 081 Gesellschaftliches Treiben im Park Öl/Leinwand 44,5x27cm/*17x10in* Wien 96
MINNS Benjamin Edward 1864-1937 **[52]**
$602 FF3 615 £365 Figures Seated on the Beach Watercolour/paper 12x18cm/*4x7in* Melbourne 98
MINOLI Paolo 1942 **[10]**
$819 FF4 832 £501 "Permutationi..." 4 Rotazioni per 4 Mutationi Acrylique 40x40x4cm/*15x15x1in* Luzern 98
MINONZIO Giuseppe 1884-1959 **[1]**
$1 563 FF8 100 £1 000 "G.B. Borsalino, Alesandria, Italia" Poster 140x99cm/*55x38in* London 96
MINOR Robert Crannell 1839-1904 **[16]**
$1 232 FF6 400 £730 Fishing at the River Oil/panel 20x30cm/*8x12in* Mystic, Connecticut 97
$1 400 FF7 981 £866 Wijauk Pool Oil/canvas 76x55cm/*30x22in* Elgin, Illinois 97
MINTCHINE Abraham 1898-1931 **[51]**
$2 300 FF11 200 £1 472 Le Moulin de la Galette, 14-Juillet Huile/carton 16x21cm/*6x8in* Paris 95
$5 500 FF26 900 £3 480 The bridge Oil/canvas 60x73cm/*23x28in* Tel Aviv 95
$1 700 FF10 565 £1 016 Quarry/Hillside Watercolour/paper 40x45cm/*15x17in* New-York 98
MINTON John 1917-1957 **[132]**
$10 010 FF51 900 £6 500 Corsican fisherman Oil/canvas 102x127cm/*40x50in* London 96
$19 332 FF112 855 £11 500 A Forest Lane Oil/board 68,5x61cm/*26x24in* London 97
$501 FF3 117 £300 In Jamaica Color lithograph 38x25,5cm/*14x10in* London 98
$721 FF4 178 £449 Standing Male Nude Ink 38x28cm/*14x11in* London 97
MINUS Walter 1958 **[20]**
$1 154 FF6 700 £682 "Céline..toujours pressée.." Acrylique 60x40cm/*23x15in* Le Havre 97
MION Luigi c.1850-c.1920 **[2]**
$7 365 FF42 898 £4 500 The rose vendor Oil/canvas 73x53cm/*28x20in* London 97
MIOT Paul Émile 1827-1900 **[2]**
$1 344 FF8 000 £821 Vues de Terre Neuve Tirage albuminé 19,2x16cm/*7x6in* Paris 98
MIOTTE Jean 1926 **[104]**
$1 746 FF9 000 £1 120 Composition Acrylique/toile 81x65cm/*31x25in* Paris 96
$4 227 FF25 000 £2 537 Sans titre Huile/toile 130x97cm/*51x38in* Paris 97
$157 FF900 £96 Sans titres Lithographie 76x56cm/*29x22in* Paris 97
$304 FF1 800 £182 Sans titre Encre/papier 31,5x22,5cm/*12x8in* Paris 97
MIR TRINXET Joaquin 1873-1940 **[27]**
$7 260 FF43 670 £4 510 Paisaje de Figols Oleo/lienzo 33x41,5cm/*12x16in* Madrid 97
$12 220 FF64 100 £7 340 Paisaje rural Oleo/lienzo 60x73cm/*23x28in* Madrid 96
$396 FF2 370 £246 "Acantilado" Lápiz/papel 20x25cm/*7x9in* Madrid 97
MIRA Alfred S. XX **[6]**
$5 250 FF30 455 £3 231 Washington Square Oil/canvas 50x60cm/*20x24in* New-York 97
$5 500 FF32 855 £3 367 Still Life with Plates of Fruits and Pitcher on a Table Oil/canvas 3x5cm/*1x1in* New-York 98
MIRA Víctor 1949 **[18]**
$2 177 FF12 837 £1 300 "Pinturas de la noche" Oleo/lienzo 104x71cm/*40x27in* Madrid 97
MIRADORI IL GENOVESINO Luigi (Attrib.) 1610/20-c.1654 **[3]**
$33 100 FF172 800 £20 000 The Holy Family Oil/canvas 183x127cm/*72x50in* London 96
MIRAGLIA Ermogene 1907-1964 **[5]**
$1 300 FF6 680 £774 Natura morta con pesci Olio/tela 80x104cm/*31x40in* Roma 96
MIRALDA Antoni 1942 **[15]**
$1 050 FF5 500 £632 Sans titre Accumulation H38cm/*H14in* Monaco 96
MIRALLES DARMANIN José 1851-? **[12]**
$12 730 FF75 050 £7 790 Reencuentro de dos viejos amigos Oleo/lienzo 46x70cm/*18x27in* Madrid 98
MIRALLES Enrique ?-1883 **[8]**
$2 805 FF13 580 £1 800 The love letter Oil/panel 40x32cm/*15x12in* London 95
$2 948 FF17 380 £1 804 Arpista en la intimidad Oleo/lienzo 46,5x38cm/*18x14in* Barcelona 98
MIRALLES Y GALUP Francisco 1848-1901 **[54]**
$10 560 FF63 520 £6 560 En la playa Oleo/tabla 23,5x17,5cm/*9x6in* Madrid 97
$25 125 FF148 125 £15 375 Conversación en el Parque Monceau junto al estanque Oleo/lienzo 60,5x50cm/*23x19in* Madrid 98
$15 000 FF84 697 £9 121 A game of Croquet/Figures in a Park Watercolour/paper 27,5x21,5cm/*10x8in*

New-York 97
MIRANDA Sebastian 1895-1975 **[8]**
  $780 FF4 010 £486 Retrato caricaturesco de doctor Sculpture H34cm/*H13in* Madrid 96
MIRER Rudolf 1937 **[8]**
  $630 FF3 685 £373 Umarmung Farblithographie 30x21cm/*11x8in* St.Gallen 97
MIRKO Mirko Basaldella 1910-1969 **[10]**
  $3 495 FF19 805 £1 747 Senza titolo Bronzo 33x16,5x15cm/*12x6x5in* Roma 98
  $2 280 FF12 920 £1 140 Torre di Babele Tempera/carta 45,5x59cm/*17x23in* Milano 98
MIRO Joan 1893-1983 **[2348]**
  $5 680 FF33 178 £3 362 Tête au Soleil couchant Acrylic/canvas/board 28x38cm/*11x14in* Stockholm 97
  $205 200 FF1 200 000 £125 160 La Cabane du garde-voies Huile/carton/toile 36x46cm/*14x18in* Paris 97
  $820 000 FF4 685 726 £502 332 Jack in the box Oil/canvas 193x129,5cm/*75x50in* New-York 97
  $2 363 FF14 000 £1 401 L'arbre des voyageurs III Lithographie 36x27,5cm/*14x10in* Paris 97
  $32 500 FF187 213 £19 097 Tête Bronze H28cm/*H11in* New-York 97
  $110 000 FF628 573 £67 386 Femme Bronze H113cm/*H44in* New-York 97
  $32 100 FF160 000 £21 020 Sans titre Crayon gras/papier 62x45,5cm/*24x17in* Paris 95
MIRO Joaquín 1849-1914 **[6]**
  $3 135 FF18 762 £1 947 Mercado árabe Oleo/tabla 21x33cm/*8x12in* Madrid 98
  $3 399 FF20 117 £2 088 Arabes Oleo/lienzo 33,5x55cm/*13x21in* Montevideo 98
  $1 254 FF7 505 £779 Dando de comer a las palomas Acuarela/papel 27x16,5cm/*10x6in* Madrid 98
MIRO LLEO Gaspar 1859-1930 **[26]**
  $2 680 FF15 800 £1 640 Venecia, Luz crepuscular Oleo/lienzo 50x65cm/*19x25in* Barcelona 98
  $2 640 FF15 800 £1 640 Porte Saint Denis Oleo/tabla 15x23cm/*5x9in* Madrid 97
MIROU Antoine (Attrib.) c.1580-c.1665 **[5]**
  $19 992 FF118 226 £12 000 A wooded River Landscape with Huntsmen resting on a Track.. Oil/copper
27x35,5cm/*10x13in* London 97
MIROU Antoine Miruleus c.1580-c.1665 **[19]**
  $26 400 FF138 000 £15 600 Cacciatori a riposo in un bosco Olio/rame 55x72cm/*21x28in* Roma 96
  $34 080 FF200 000 £20 840 L'Appel de Saint-Pierre Huile/cuivre 17x22cm/*6x8in* Paris 97
MIROW Viktor XIX **[2]**
  $3 072 FF17 597 £1 875 Strand von Rügen bei Lohme Öl/Leinwand 47x67cm/*18x26in* Hamburg 97
MISKY Ludwik 1884-1938 **[2]**
  $3 000 FF18 466 £1 836 Egzotyczny kwiat Oil/panel 70x49cm/*27x19in* Warszawa 98
MISONNE Leonard 1870-1922 **[5]**
  $1 060 FF6 300 £642 Au bord de l'eau Photo 29x40cm/*11x15in* Paris 97
MISRACH Richard 1949 **[22]**
  $3 000 FF17 513 £1 814 View from Travertine Rock/Pink Lightening, Salton Sea Photograph
46x59cm/*18x23in* Beverly Hills, Calif. 97
MISS TIC XX **[5]**
  $337 FF2 000 £202 Perspective Pochoir 41x27cm/*16x10in* Paris 97
MISSONE Léonard 1887-1943 **[7]**
  $2 800 FF14 440 £1 854 Etude de reflets Photograph 28x38cm/*11x15in* New-York 96
MISTI Ferdinand Mifliez 1865-1923 **[41]**
  $147 FF858 £90 "Clement Cycles & Automobiles" Affiche 35x49,5cm/*13x19in* London 97
MISTRY Dhruva 1957 **[2]**
  $25 533 FF145 404 £15 500 Reclining Woman Sculpture 2300x2400x3900cm/*905x944x1535in*
Billingshurst, West Sussex 97
MITARAS Dimitri 1934 **[1]**
  $2 460 FF12 720 £1 643 Mirror Gouache/paper 58x74cm/*22x29in* Athens 96
MITCHELL Alfred R. 1888-1972 **[53]**
  $1 800 FF9 378 £1 132 Seascape Oil/canvas/board 29x40cm/*11x16in* Altadena, CA 96
  $6 500 FF32 400 £4 260 Building the Dam Oil/board 41x51cm/*16x20in* San Francisco-Los Angeles 95
MITCHELL Denis 1912-1993 **[33]**
  $1 553 FF9 277 £950 Endellion Bronze H28cm/*H11in* London 98
MITCHELL Flora H. 1890-1973 **[3]**
  $2 098 FF12 701 £1 287 "The Bank of Ireland" Wash 25x36cm/*9x14in* Dublin 98

MITCHELL George Bertrand 1872-1966 **[4]**
  $3 250 FF18 614 £1 922 Sheepherder and Sheep Oil/canvas 50x60cm/*20x24in* Santa Fe, New Mexico 97
MITCHELL Janet 1915 **[48]**
  $598 FF3 481 £365 Untitled, eight figures and five birds Watercolour/paper 36x55cm/*14x21in* Calgary, Alberta 97
MITCHELL Joan 1926-1992 **[115]**
  $15 000 FF86 956 £8 844 Untitled Oil/canvas 121,5x121,5cm/*47x47in* New-York 97
  $47 400 FF230 000 £40 100 Saint Martin la Garenne, VII Huile/toile 81x120cm/*31x47in* Paris 95
  $2 250 FF13 411 £1 349 Trees II Color lithograph 144,5x209cm/*56x82in* New-York 98
  $8 000 FF40 750 £4 800 Untitled Chalks 34x41,5cm/*13x16in* New-York 96
MITCHELL John 1837-1929 **[2]**
  $4 959 FF29 732 £3 000 Highland Harvest Oil/canvas 79x122cm/*31x48in* Glasgow 97
MITCHELL John Campbell 1862-1922 **[18]**
  $621 FF3 718 £380 Landscape with Sheep Oil/canvas 29x34cm/*11x13in* Billingshurst, West Sussex 97
  $1 705 FF8 657 £1 100 Low Tide Oil/canvas 50,5x61cm/*19x24in* Auchterarder, Perthshire 96
MITCHELL Marshall XX **[4]**
  $175 FF1 002 £103 Indian with Raised Arms Bronze H61cm/*H24in* Miami, Florida 97
MITCHELL OF MARYPORT Wiliam c.1806-1900 **[6]**
  $3 290 FF17 040 £2 200 "Looking from the sea into Maryport 30 years ago, the "Lady Gordon"... Oil/canvas 48x73cm/*18x28in* London 96
MITCHELL Philip 1814-1896 **[34]**
  $243 FF1 428 £150 View onto a River Watercolour/paper 18x33cm/*7x13in* Par, Cornwall 97
MITCHELL Willard Morse 1881-1953 **[22]**
  $162 FF949 £99 Old Indian Church Tadoussac/Thousand Islands Aquarelle/papier 5x6,5cm/*1x2in* Montréal 97
MITCHELL William Frederick 1845-1914 **[64]**
  $867 FF5 061 £529 Hms Canada built 1881 Aquarelle/papier 16,5x24cm/*6x9in* Montréal 97
MITELLI Agostino 1609-1660 **[6]**
  $1 844 FF11 049 £1 100 Two Atlantes supporting a Pediment flanking a decorative Frame Black chalk 18x38cm/*7x14in* London 98
MITELLI Giuseppe Maria 1634-1718 **[9]**
  $23 412 FF138 614 £14 000 The Temptation of Saint Anthony. Oil/canvas 125,5x86,5cm/*49x34in* London 97
  $715 FF3 729 £418 La caducita delle cose umane attraverso i personaggi della commedia Radierung 28,7x54,2cm/*11x21in* Berlin 96
  $1 330 FF6 760 £794 Chronos, Gott der Zeit Drawing 20,5x30,3cm/*8x11in* Köln 96
MITI ZANETTI Giuseppe 1860-1946 **[11]**
  $6 200 FF30 200 £3 900 Paesaggio lacustre Olio/tela 46x81cm/*18x31in* Milano 95
  $8 400 FF47 600 £4 200 Caseggiati in laguna/Barche in laguna Olio/tela 25x47cm/*9x18in* Roma 97
MITORAJ Igor 1944 **[31]**
  $1 160 FF6 000 £752 Les mains Bronze 13,5x18x13cm/*5x7x5in* Paris 96
  $1 348 FF8 000 £824 Sans titre Fusain 41,5x58cm/*16x22in* Paris 98
MITTERAND-DELAHAYE Edwige XX **[14]**
  $255 FF1 500 £157 Voiliers sur la Rance Acrylique/toile 27x22cm/*10x8in* Entzheim 97
MITTERFELLNER Andreas 1912-1972 **[16]**
  $1 073 FF6 356 £642 Eibsee mit Zugspitzmassiv Öl/Leinwand 60x80cm/*23x31in* Dresden 97
  $1 690 FF10 080 £1 049 Der Chiemsee mit der Herreninsel Oil/panel 20x40cm/*7x15in* Dresden 97
MITTERTREINER Johannes Jacobus 1851-1890 **[4]**
  $4 275 FF25 252 £2 583 Two townviews Oil/panel 19x14cm/*7x5in* Amsterdam 97
MITTEY Joseph 1853-1936 **[7]**
  $25 000 FF147 842 £15 167 A Mandolin among Daffodils and Lilacs Oil/canvas 130x98cm/*51x38in* New-York 98
MIU GUYING 1875-1955 **[1]**
  $1 781 FF10 672 £1 064 Autumn Fragance Coloured inks/paper 97x47cm/*38x18in* Hong Kong 98
MIXELLE Félix XVIII-XIX **[2]**
  $3 595 FF21 000 £2 127 Illustrations pour "Paul et Virginie" Gravure 41x55,5cm/*16x21in* Paris 97
MIYAJIMA Tatsuo 1957 **[6]**
  $12 960 FF63 300 £8 200 No. 1932 - No. 1938 (7 elements) Sculpture 11x26x3,5cm/*4x10x1in* London 95

MIZEN Frederick K. 1888-1965 **[8]**
⌒ *$850 FF4 250 £552* Seascape Oil/canvas 91x106cm/*36x42in* Altadena, CA 96
MLACKI Dariusz 1963 **[3]**
⌒ *$1 639 FF9 557 £1 009* Kvinnan Mixed media 30x23cm/*11x9in* Helsinki 97
MO YOUZHI 1811-1871 **[1]**
✎ *$2 672 FF16 009 £1 596* Calligraphy Couplet in Zhuan Shu Ink/paper 164x37,5cm/*64x14in* Hong Kong 98
MÖBIUS J.G. XIX **[1]**
✎ *$6 825 FF41 264 £4 087* Innenansicht der Walhalla Ink 77x63cm/*30x24in* München 98
MOCCHI Orazio ?-1625 **[2]**
⬟ *$16 100 FF82 000 £10 600* Deux paysans jouant à la Pignatta, ou Saccomazza Bronze
42x45x28cm/*16x17x11in* Paris 96
MOCHKOVA Inna 1975 **[9]**
✎ *$174 FF1 000 £106* Jeune fille debout Aquarelle 25x30cm/*9x11in* Cherbourg 97
MOCHTAR But 1930 **[1]**
⌒ *$13 729 FF81 144 £8 496* Dancers Oil/canvas 92x86cm/*36x33in* Singapore 97
MODEL Lisette 1906-1983 **[40]**
📷 *$1 200 FF6 924 £735* Promenade des Anglais Silver print 48x38cm/*19x15in* New-York 97
MODELL Elisabeth 1820-1865 **[2]**
⌒ *$4 690 FF24 200 £3 030* Blumenstilleben Öl/Leinwand 51x46cm/*20x18in* Wien 96
MODERSOHN Otto 1865-1943 **[108]**
⌒ *$5 316 FF31 700 £3 300* A Seascape with Cliffs Oil/canvas 81x99cm/*31x38in* London 97
⌒ *$16 827 FF100 401 £10 152* Morgen an der Wümme Oil/panel 41x31,5cm/*16x12in* Bremen 97
✎ *$11 826 FF67 386 £7 244* Frühling in Fischerschude Gouache/papier 46x65cm/*18x25in* Hamburg 97
MODERSOHN-BECKER Paula 1876-1907 **[53]**
⌒ *$56 300 FF291 400 £36 000* Mädchenkopf zwischen Birken Oil/cardboard 37x37cm/*14x14in* London 96
⌒ *$99 186 FF594 648 £60 000* Girl in Front of Birch Trees Oil/board 34x57cm/*13x22in* London 97
▭ *$2 638 FF15 410 £1 561* Zwei Bauernmädchen Radierung 27,3x21cm/*10x8in* Köln 97
✎ *$12 354 FF73 274 £7 547* Mutter mit Kind auf dem Schoss, sitzend Charcoal 31,7x19,5cm/*12x7in*
München 98
MODICA Giuseppe 1953 **[1]**
⌒ *$3 600 FF20 400 £2 400* Vassoio con cedri Olio/tela 70x50cm/*27x19in* Prato 97
MODIGLIANI Amedeo 1884-1920 **[262]**
⌒ *$900 000 FF5 199 300 £528 210* Portrait de Monsieur Chéron Oil/canvas 45,5x32,5cm/*17x12in* New-
York 97
⌒ *$2 400 000 FF13 737 840 £1 417 680* Beatrice Hastings assise Oil/board 73,5x49,5cm/*28x19in* New-
York 97
⬟ *$13 040 FF64 300 £8 500* Tête de femme Bronze H25,4cm/*H10in* London 95
✎ *$580 000 FF2 840 000 £367 000* Caryatid Gouache/paper 73x51cm/*28x20in* New-York 95
MODIGLIANI Jeanne 1918-1984 **[32]**
✎ *$456 FF2 300 £296* Autiportrait Gouache 63x47cm/*24x18in* Montauban 96
MODOTTI Tina 1893-1942 **[61]**
📷 *$7 500 FF38 700 £4 800* The Night of the Poor Silver print 23x18cm/*9x7in* New-York 96
MOE Louis 1857-1945 **[28]**
▭ *$124 FF707 £76* Se söde moer, vi leger fugle Etching 25x17cm/*9x6in* Viby J, Århus 97
✎ *$256 FF1 496 £151* "Gaasepigen" Ink/paper 34x22cm/*13x8in* Vejle 97
MOEGLE Willi 1897-1989 **[6]**
📷 *$842 FF5 015 £515* Hotelporzellan Schönwald Gelatin silver print 22,5x16,5cm/*8x6in* Berlin 98
MOELLER Arnold 1886-1963 **[12]**
⌒ *$1 982 FF11 783 £1 212* Herbstsonne Öl/Leinwand 47x68cm/*18x26in* Bern 97
MOELLER Louis Charles 1855-1930 **[40]**
⌒ *$4 000 FF23 202 £2 364* "Reading the News" Oil/canvas 40,5x30,5cm/*15x12in* San Francisco 97
⌒ *$15 000 FF89 020 £9 187* The Toast Oil/canvas 46,5x61,5cm/*18x24in* New-York 98
MOER van Jean Baptiste 1819-1884 **[19]**
⌒ *$4 249 FF24 649 £2 511* A View of an Interior with a Servant at the Kitchen Door Oil/panel
33,5x24cm/*13x9in* San Francisco 97
⌒ *$9 828 FF56 000 £6 137* Village méditerranéen Huile/toile 73x100cm/*28x39in* Calais 97

M

$36 960 FF227 360 £22 540 L'artiste dans son atelier Huile/toile 112x154cm/*44x60in* Bruxelles 98

$491 FF2 921 £291 Cour intérieure d'une ville orientale Technique mixte/papier 49x59cm/*19x23in* Antwerpen 97

MOERENHOUT Jozef Jodocus 1801-1875 **[38]**

$2 240 FF11 636 £1 327 Barn Interior Oil/panel 17x23cm/*7x9in* Mystic, Connecticut 97

$10 041 FF59 171 £6 000 Unloading the Catch, low Tide Oil/canvas 61,5x78cm/*24x30in* Glasgow 97

MOERKERK Herman 1879-1949 **[10]**

$742 FF4 392 £445 The old musician Chalks/paper 36x40cm/*14x15in* Amsterdam 97

MOERMAN Albert Edouard 1808-1856 **[8]**

$16 055 FF93 781 £9 500 A winter landscape with figures on a frozen river Oil/canvas 42x54cm/*16x21in* London 97

MOERMAN Jan 1850-1896 **[15]**

$2 296 FF13 080 £1 416 Dans le café Huile/panneau 38x46cm/*14x18in* Antwerpen 97

$3 432 FF19 572 £2 088 Au café du port (Anvers) Huile/panneau 19x24,5cm/*7x9in* Bruxelles 97

MOES Wally 1856-1918 **[7]**

$9 673 FF58 207 £5 791 Sleeping Baby Watercolour 41,5x49cm/*16x19in* Amsterdam 98

MOEYART Claes Cornelisz. c.1590/91-1655 **[15]**

$8 073 FF46 885 £4 931 Raising of the Cross/Resurrection Oil/panel 49,5x38cm/*19x14in* Amsterdam 97

$50 000 FF306 935 £30 635 Mordecai Honored by King Ahasuerus Oil/canvas 120x148,5cm/*47x58in* New-York 98

$2 535 FF14 512 £1 497 The Deposition Black & white chalks/paper 39x28,5cm/*15x11in* Amsterdam 97

MOEYART Nicolas (Attrib.) 1592-1655 **[3]**

$2 484 FF14 076 £1 656 Cristo al calvario Olio/rame 7x22cm/*2x8in* Roma 98

$3 675 FF19 000 £2 350 Scène biblique Huile/toile 54x65cm/*21x25in* Château de La Brillane 96

$5 150 FF25 000 £3 320 Abraham et les Trois Anges Lavis 18x13,5cm/*7x5in* Paris 95

MOFFATT James 1775-1815 **[2]**

$1 827 FF10 956 £1 100 South View of the New Government House, Calcutta/View of Calcutta Etching, aquatint 48x61cm/*18x24in* London 98

MOFFETT Ross E. 1888-1971 **[11]**

$2 749 FF16 317 £1 705 Abstract Composition Oil/canvas/board 35,5x50cm/*13x19in* New-York 97

MOGANO Phoshoko David 1932 **[4]**

$1 654 FF9 617 £985 Ceremony for Rain and Ancestors Watercolour 70x50cm/*27x19in* Johannesburg 97

MOGFORD John 1821-1885 **[48]**

$1 404 FF8 333 £860 Figures and Fishing Boats on the Beach Oil/canvas 39,5x59,5cm/*15x23in* Bristol, Avon 98

$1 467 FF8 653 £900 The Coastal Cottage, Port Madoc Oil/canvas 29x50cm/*11x19in* Billingshurst, West Sussex 98

$1 146 FF6 654 £700 Golden Light, Sunset after Wind Watercolour/paper 72x119cm/*28x46in* London 97

MOGFORD OF EXETER Thomas 1809-1868 **[6]**

$9 920 FF50 800 £6 600 The Slaughterhouse Oil/canvas 50x61cm/*19x24in* London 96

$12 000 FF70 796 £7 348 A Boy standing in a Landscape with a Dog and Kitten Oil/canvas 122x102cm/*48x40in* New-York 98

$569 FF2 944 £380 Portrait of a Lady Watercolour 39,5x29,5cm/*15x11in* London 96

MOGGIOLI Umberto 1886-1919 **[4]**

$4 090 FF21 400 £2 420 Venezia, Lido Olio/tavola 40x28cm/*15x11in* Trieste 96

MOGISSE Robert 1933 **[130]**

$349 FF1 700 £221 Bouquet multicolore Huile/toile 22x27cm/*8x10in* Provins 95

$590 FF3 500 £353 Venise Huile/toile 50x61cm/*19x24in* Provins 97

MOHIDIN Latiff 1938 **[3]**

$20 748 FF117 096 £12 717 Pago-Pago Oil/canvas 100x75cm/*39x29in* Singapore 97

MOHLITZ Philippe 1941 **[37]**

$288 FF1 500 £190 Les compteurs d'étoiles Burin 22,5x30,6cm/*8x12in* Paris 96

MOHLTE John Alfred 1865-1952 **[2]**

$1 000 FF5 180 £640 Duck, hunter and pointers Oil/board 18x28cm/*7x11in* New Orleans, Louisiana 96

MOHN Victor Paul 1842-1911 **[16]**

$3 272 FF19 482 £2 032 Campagna-Landschaft Öl/Leinwand 56x85,5cm/*22x33in* Dresden 97

$780 FF4 550 £477 Einsiedler mit Knaben auf einer Brücke Pencil 14,5x19,5cm/*5x7in* München 97

MOHOLY Lucia 1894-1989 **[16]**

📷 *$1 795 FF9 300* £1 200 reflected light buld, late 1920s Silver print 9,1x14,8cm/*3x5in* London 96

MOHOLY-NAGY László 1895-1946 **[127]**

〰 *$49 605 FF289 575* £30 000 Tp3 Oil/panel 30x15cm/*11x5in* London 97

📜 *$224 FF1 282* £140 Kompositionen Print 23,5x18cm/*9x7in* München 97

📷 *$2 000 FF11 682* £1 183 Untitled Vintage gelatin silver print 12x15cm/*5x6in* Cincinnati, Ohio 97

✏ *$4 200 FF24 619* £2 585 Abstraction Crayon 28x21,5cm/*11x8in* New-York 97

MOHR Arno 1910 **[13]**

📜 *$162 FF847* £95 Junge Mutter mit Kind Etching 15,3x11,4cm/*6x4in* Berlin 96

MOHR Johann Georg 1864-1943 **[11]**

〰 *$725 FF3 730* £468 Idyllische Flusslandschaft Öl/Karton 48x64cm/*18x25in* Kempten 96

✏ *$793 FF4 685* £470 Blick auf die Burgruine Königstein Aquarell/Papier 17,5x25cm/*6x9in* Frankfurt 97

MOHR Paul XIX-XX **[7]**

📜 *$1 106 FF6 372* £650 "Bicyclettes Dainty" Affiche 119,5x79cm/*47x31in* London 97

MOHRMANN John Henry 1857-1916 **[18]**

〰 *$5 000 FF28 474* £3 078 The Steamer Rhone off the Coast Oil/canvas 60x99cm/*23x38in* New-York 97

MOIETTA Nicolà (Attrib.) XVI **[1]**

〰 *$5 550 FF28 000* £3 620 La découverte de sainte Marguerite par le gouverneur Olibrius Huile/panneau 95x72cm/*37x28in* Paris 96

MOIGNIEZ Jules 1835-1894 **[235]**

🗿 *$2 026 FF10 500* £1 316 Héron hupé près d'un cours d'eau Bronze H52cm/*H20in* Paris 96

MOILLIET Louis 1880-1962 **[15]**

〰 *$4 390 FF21 570* £2 780 Brustbild einer Frau Öl/Leinwand 46x38cm/*18x14in* Zürich 95

✏ *$9 183 FF57 009* £5 538 Hafenquartier von Tunis Aquarell/Papier 34x41cm/*13x16in* St.Gallen 98

MOILLON Isaac 1614-1673 **[1]**

〰 *$12 504 FF75 105* £7 500 Aeolus Giving The Winds to Odysseus Oil/canvas 65,5x66cm/*25x25in* London 98

MOILLON Louyse 1610-1696 **[3]**

〰 *$55 000 FF286 000* £36 400 Still life of peaches in a blue and white bowl resting on a table Oil/panel 48x64cm/*18x25in* New-York 96

MOINE Antonin Marie 1796-1849 **[3]**

🗿 *$3 700 FF21 600* £2 237 La Dame au faucon Bronze H46cm/*H18in* Menton 97

MOIR James c.1776-1857 **[2]**

〰 *$4 538 FF26 340* £2 800 View of Castle Gandolfo across Lake Albano Oil/canvas 89,5x120,5cm/*35x47in* London 97

MOïSE Gustave 1879-c.1955 **[29]**

〰 *$265 FF1 350* £174 "Escamillo", Théâtre des Arts, Rouen Huile/panneau 27x41cm/*10x16in* Dieppe 96

MOISELET Gabriel 1885-1961 **[21]**

〰 *$1 040 FF5 430* £619 Nu au repos Huile/toile 68,5x101,5cm/*26x39in* Montréal 96

MOISÉS Julio 1888-1968 **[8]**

〰 *$2 925 FF17 775* £1 755 Mujer joven gitana, Soleá Oleo/lienzo 65,5x42,5cm/*25x16in* Madrid 98

MOISSET Maurice 1860-1946 **[34]**

〰 *$424 FF2 600* £258 Retour de pêche Huile/carton/toile 23,8x34,8cm/*9x13in* Paris 98

MOISSET Raymond 1906 **[39]**

〰 *$423 FF2 500* £262 Les figuiers Huile/toile 51x80,5cm/*20x31in* Paris 97

MOITTE Alexandre 1750-1829 **[5]**

✏ *$2 727 FF13 600* £1 780 Danseuse nue près d'un buste de Pan Aquarelle 27x20,5cm/*10x8in* Zofingen 95

MOITTE Jean Guillaume 1746-1810 **[16]**

✏ *$4 680 FF24 100* £3 000 The Plague of David Ink 32,3x42,9cm/*12x16in* London 96

MOJA Frederico Moia 1802-1885 **[9]**

〰 *$13 530 FF70 000* £8 770 Départ d'une procession à l'intérieur de l'église St.-Étienne-du-Mont Huile/toile 118x89cm/*46x35in* Paris 96

MOKADY Moshe 1902-1975 **[87]**

〰 *$800 FF4 115* £499 Untitled Oil/paper 22x30cm/*9x12in* Chicago, Illinois 96

〰 *$14 000 FF71 400* £9 260 Two figures at the window Oil/canvas/board 54,5x69cm/*21x27in* Tel Aviv 96

✏ *$900 FF5 471* £554 Woman with Flowers. The 40s Gouache/paper 32,5x22,5cm/*12x8in* Tel Aviv 98

MOKWA Marian 1889-1986 **[6]**

M

$2 025 FF12 054 £1 238 Seascape Oil/panel 56x60,5cm/*22x23in* Warszawa 98
MOL van Pieter 1599-1650 **[3]**
$380 000 FF2 099 462 £236 170 Diogenes with his Lantern Looking for an Honest Oil/panel 76x83cm/*29x32in* New-York 97
MOL van Pieter (Attrib.) 1599-1650 **[3]**
$7 023 FF41 000 £4 247 La sainte famille et Saint-Jean Baptiste Huile/panneau 34x44cm/*13x17in* Paris 97
MOLA Pier Fr. (Attrib.) 1612-1666 **[15]**
$8 820 FF45 400 £5 500 A Hermit Oil/canvas 74x62cm/*29x24in* London 96
$10 350 FF58 650 £5 175 San Vincenzo Ferrer Olio/tela 123x172cm/*48x67in* Milano 98
$515 FF3 200 £309 St. François Encre 17,5x10,5cm/*6x4in* Paris 98
MOLA Pier Francesco 1612-1666 **[27]**
$7 657 FF44 570 £4 644 Der Hl. Bruno in der Verbannung Oil/canvas 73x97,5cm/*28x38in* Luzern 97
$559 FF3 209 £340 Die Ruhe auf der Flucht nach Ägypten Radierung 47,1x31,5cm/*18x12in* Berlin 97
$4 680 FF24 100 £3 000 Saint Barnaba baptising Ink 13,4x8,3cm/*5x3in* London 96
MOLANUS Mattheus c.1590-1645 **[8]**
$28 400 FF144 600 £17 040 Figures on a country road by a windmill Oil/copper 1x21cm/*x8in* Amsterdam 96
$32 425 FF184 747 £20 341 Blick auf ein Dorf an einem Fluss Huile/panneau 40x50cm/*15x19in* Zürich 97
MOLANUS Mattheus (Attrib.) c.1590-1645 **[3]**
$6 432 FF38 976 £3 912 Paysage boisé avec moulin à eau et personnages Huile/panneau 45x65cm/*17x25in* Bruxelles 98
MOLARSKY Maurice, Morris 1885-1950 **[5]**
$12 500 FF62 700 £7 900 Portrait of a woman in black Oil/canvas 116x81cm/*46x32in* Philadelphia 95
MOLDOVAN Kurt 1918-1977 **[110]**
$298 FF1 542 £192 Südliche Landschaft Color lithograph 50x65cm/*19x25in* Wien 96
$1 812 FF10 472 £1 075 Katzen Indian ink/paper 22x21cm/*8x8in* Wien 97
MOLE John Henry 1814-1886 **[79]**
$299 FF1 880 £189 A Rest by the Way Watercolour/paper 27,5x44cm/*10x17in* Billingshurst, West Sussex 97
MOLENAAR Johannes Petrus 1914-? **[11]**
$546 FF3 272 £325 Havengezicht met graanelevators Oil/canvas 30x60cm/*11x23in* Rotterdam 98
MOLENAER Bartholomeus c.1600-1650 **[15]**
$3 000 FF17 825 £1 830 Boors Drinking and Smoking in an Interior Oil/panel 17x20cm/*6x7in* New-York 98
$9 630 FF48 700 £6 320 Eine Dorfschule Oil/panel 38x55cm/*14x21in* Wien 96
MOLENAER Bartholomeus (Attr.) c.1600-1650 **[6]**
$8 775 FF45 150 £5 475 Schooltje Oil/panel 35,5x30cm/*13x11in* Den Haag 96
MOLENAER Jan 1654-c.1690 **[7]**
$4 997 FF30 178 £3 000 A Tavern Interior with a Man Oil/panel 36x25,5cm/*14x10in* London 98
MOLENAER Jan Miense 1609/10-1668 **[74]**
$7 230 FF37 300 £4 660 Raucher und Trinker in einem Interieur Oil/panel 22,5x19cm/*8x7in* Zürich 96
$12 535 FF72 000 £7 804 Fête villageoise au bord de l'eau Huile/panneau 67,5x93cm/*26x36in* Paris 97
$29 800 FF155 500 £18 000 A peasant interior with figures around a table Oil/canvas 111x145cm/*43x57in* London 96
MOLENAER Jan Miense (Attrib.) 1609/10-1668 **[10]**
$2 900 FF15 000 £1 870 Le fumeur Huile/panneau 29,5x23cm/*11x9in* Lille 96
MOLENAER Klaes c.1630-1676 **[77]**
$5 836 FF33 507 £3 559 View over Haarlem, in the background Groote church Oil/panel 31,5x38cm/*12x14in* Stockholm 97
$14 280 FF74 400 £8 620 Holländische Küstenlandschaft Öl/Leinwand 47,5x66cm/*18x25in* Stuttgart 96
MOLENAER Klaes (Attrib.) c.1630-1676 **[11]**
$7 000 FF36 200 £4 680 Peasants and Travellers on the Beach near Scheveningen on a cloudy day Oil/panel 58x73,5cm/*22x28in* Amsterdam 96
$13 000 FF80 000 £7 960 "Les Joies de l'Hiver" Huile/panneau 33,5x46,5cm/*13x18in* Paris 98
MOLENAER Nicolaes c.1630-1676 **[1]**
$32 300 FF190 400 £19 300 Bymiljö vid vatten i vinterskrud Oil/panel 45x61cm/*17x24in* Stockholm 97
MOLENKAMP Nico 1920 **[6]**
$9 741 FF58 189 £5 959 Kind met vogel Oil/canvas 110x110cm/*43x43in* Amsterdam 98
MOLFENTER Hans 1884-1979 **[8]**

$1 234 FF7 362 £744 Strassenszene mit Marktständen Pencil/paper 18x26cm/*7x10in* Stuttgart 97
MOLIN Benoît H. 1810-1894 **[1]**
$7 890 FF47 640 £4 790 Portrait einer Dame in weissem spitzenbasetztem Kleid Öl/Leinwand 130x98cm/*51x38in* Wien 98
MOLIN Johann Peter 1814-1873 **[3]**
$3 453 FF20 625 £2 114 Bältespännare Bronze H50cm/*H19in* Stockholm 98
MOLIN Lei 1927-1990 **[10]**
$689 FF3 610 £414 Stenen van Kafar Naüm Watercolour/paper 78x105cm/*30x41in* Amsterdam 96
MOLINA CAMPOS Florencio 1891-1959 **[34]**
$6 000 FF34 443 £3 657 La taverna Oil/board 33x48cm/*12x18in* New-York 97
$10 000 FF57 405 £6 096 March Oil/canvas/board 34x50,5cm/*13x19in* New-York 97
$9 500 FF54 534 £5 791 Gaucho Gouache/paper 37x52cm/*14x20in* New-York 97
MOLINARI Antonio 1665-1728/34 **[13]**
$1 013 FF5 220 £650 The Assumption of the Virgin Black chalk 55x47,2cm/*21x18in* London 96
MOLINARI Guido 1933 **[10]**
$20 406 FF123 000 £12 348 Abstract composition Acrylic/canvas 229x203cm/*90x79in* Toronto 98
MOLINARY Andres 1847-1915 **[7]**
$3 400 FF19 373 £2 123 Portrait of New Orleans Artist Paul Poincy Oil/canvas 41x36cm/*16x14in* New Orleans, Louisiana 97
MOLINARY Marie Seebold 1876-1948 **[2]**
$3 750 FF22 006 £2 293 Floral Still Life Oil/canvas 55x44cm/*22x17in* New Orleans, Louisiana 97
MOLINE de Alfred XIX **[5]**
$2 032 FF11 500 £1 240 Le sonneur et ses chiens Huile/toile 25x23cm/*9x9in* Soissons 97
$6 429 FF37 291 £3 800 Guards by a Gate Oil/canvas 116x85cm/*45x33in* London 97
MOLINER Manes Fernandez 1921 **[16]**
$204 FF1 194 £123 Paisaje asturiano con figura Oleo/tabla 27x22cm/*10x8in* Madrid 97
MOLINERI Giovanni Antonio 1577-c.1645 **[1]**
$29 700 FF151 200 £18 900 Il Conte e la Contessa di Savigliano Olio/tela 130x100cm/*51x39in* Fossano (Cuneo) 96
MOLINIER Pierre 1900-1976 **[114]**
$7 353 FF45 000 £4 468 Le Duel Huile/isorel 73x100cm/*28x39in* Paris 98
$20 256 FF120 000 £12 228 Grand Combat Huile/toile 130x196cm/*51x77in* Bordeaux 97
$1 500 FF8 655 £919 Mes jambes Silver print 15x11cm/*6x4in* New-York 97
MOLINS de Alfred XIX **[7]**
$3 605 FF18 000 £2 355 Chasse à courre Huile/toile 33x55cm/*12x21in* Lyon 95
MOLIS Anton XIX **[1]**
$5 339 FF32 736 £3 200 Roses in a Basket with Grapes, Peaches, a Songbird and a Wasp Oil/canvas 54,5x67,5cm/*21x26in* London 98
MOLITOR Mathieu 1873-1929 **[26]**
$946 FF4 780 £622 Rückenansicht eines nackten jungen Mannes Öl/Karton 47x28cm/*18x11in* Stuttgart 96
$2 095 FF10 160 £1 350 Napoléon Ier Bronze H34cm/*H13in* London 95
$1 181 FF6 080 £756 Szenen aus dem antiken Griechenland Gouache 28,5x15cm/*11x5in* Stuttgart 96
MÖLK van Joseph Adam c.1714-1794 **[2]**
$4 980 FF24 970 £3 150 Der Tod des heiligen Josef Öl/Kupfer 26x39,5cm/*10x15in* Wien 95
MOLKENBOER Antonius H.J., Anton 1872-1960 **[8]**
$450 FF2 295 £292 St. Franciscus Gebarenspel Poster 75x110,5cm/*29x43in* Oostwoud 96
MOLL Carl 1861-1945 **[58]**
$28 770 FF167 720 £17 605 Park Oil/wood 35x34,8cm/*13x13in* Wien 97
$46 200 FF241 400 £27 500 Die Jesuitenwiese im Prater Öl/Leinwand 70x60cm/*27x23in* Wien 96
$741 FF4 284 £440 Bäckerhäusl Woodcut in colors 44x44cm/*17x17in* Wien 97
MOLL Evert 1878-1955 **[164]**
$300 FF1 801 £179 View of an Italian lake town Oil/canvas 20x40cm/*8x16in* North Berwick, Maine 98
$1 430 FF7 470 £852 Niederländische Hafenstadt Öl/Leinwand 43x41,5cm/*16x16in* Köln 96
MOLL Margarete 1884-1977 **[9]**
$3 240 FF19 288 £1 980 Stehende Bronze 63,5x15x11cm/*25x5x4in* Berlin 98
MOLL Oskar 1875-1947 **[39]**

*$5 537 FF32 768 £3 401 Waldweg zum Wasser Öl/Karton 31,3x47cm/*12x18in* München 98*
*$12 790 FF76 390 £7 830 Stilleben med bock och blomster Oil/panel 55x50cm/*21x19in* Stockholm 98*
*$907 FF5 400 £554 See mit 2 Segelbooten und Ufergebüsch Pencil 30x44cm/*11x17in* Berlin 98*
MØLLBACK Christian 1853-1921 **[5]**
*$731 FF4 417 £460 Flowers in a glass vase Oil/canvas 39,5x30,5cm/*15x12in* Köbenhavn 97*
MOLLENHAUER Ernst 1892-1963 **[4]**
$7 062 FF40 540 £4 305 Abendsonne; Bauer mit Ochsengespann und Erntewagen Öl/Karton
56x70cm/*22x27in* Düsseldorf 97
*$5 665 FF33 523 £3 456 "See vor Kampen" Watercolour, gouache/paper 48,5x63,5cm/*19x25in* Köln 98*
MØLLER Carl H.K. 1845-1920 **[13]**
*$753 FF4 401 £446 Parti fra sluse med åkander på vandet Oil/canvas 54x79cm/*21x31in* Vejle 97*
MOLLER Georg 1784-1852 **[2]**
*$1 642 FF9 520 £970 Kircheninterieur Aquarell/Papier 68x58cm/*26x22in* Wien 97*
MØLLER Jens Peter 1783-1854 **[20]**
*$850 FF4 434 £506 Landscape Oil/canvas 24x35cm/*9x13in* Köbenhavn 96*
*$4 308 FF26 361 £2 619 Parti fra Giesbach ved Brinzersöen Oil/canvas 62x97cm/*24x38in* Köbenhavn 98*
MÖLLER Niels Björnson 1827-1887 **[7]**
*$11 611 FF67 379 £6 855 Folkeliv i fjellanskap (mountainous landscape) Oil/canvas 117x99cm/*46x38in*
Oslo 97
MÖLLER Rudolf 1881-1967 **[6]**
*$1 900 FF11 309 £1 179 Marsh Landscapes Oil/canvas 49x25cm/*19x10in* St. Louis, Miss. 97*
MØLLER Thorvald C. Benjamin 1842-1925 **[8]**
*$1 473 FF8 818 £907 Marine med sejlskibe ved klippekyst Oil/canvas 60x94cm/*23x37in* Vejle 98*
MÖLLER-HOLMLUND Jeanette, Jonanna 1825-1872 **[1]**
*$7 720 FF40 000 £4 990 Sömmerska insomnad vid sitt arbete Oil/canvas 60x48cm/*23x18in* Stockholm 96*
MÖLLERBERG Nils 1892-1954 **[21]**
*$1 421 FF8 377 £849 "Dansen" Bronze H37cm/*H14in* Stockholm 97*
MÖLLGAARD Christian 1919 **[14]**
*$1 592 FF9 299 £982 Slaget på Köge Oil/canvas 68x98cm/*26x38in* Viby J, Århus 97*
MOLLICA Achille XIX **[10]**
*$1 680 FF9 520 £1 120 Ritratto femminile in costume tradizionale Olio/tela 39x25cm/*15x9in* Firenze 98*
*$9 140 FF46 200 £6 000 The Blrd Catcher's Children Oil/canvas 77x50,5cm/*30x19in* London 96*
MOLLICA Emanuele XIX **[1]**
*$1 600 FF9 750 £979 Dancers Oil/paper 25x20cm/*10x8in* New-York 98*
MOLLIET Clémence XIX-XX **[4]**
*$8 000 FF47 818 £4 896 Panier de roses Oil/canvas 68x78cm/*26x30in* New-York 97*
*$1 612 FF9 200 £985 Jeune paysanne près des roses trémières Pastel/papier 60x50cm/*23x19in*
Quimper 97
MOLLINGER Gerrit Alexander G. 1836-1867 **[3]**
*$3 958 FF23 577 £2 421 Le retour de la ferme Huile/toile 72x110cm/*28x43in* Bruxelles 98*
*$3 107 FF18 014 £1 855 Return fromthe field Watercolour 26x50cm/*10x19in* Amsterdam 97*
MOLLO Salvatore (Attrib.) XVIII **[1]**
*$1 586 FF8 992 £793 San Michele Arcangelo/San Gabriele Arcangelo Huile/cuivre 16x13cm/*6x5in* Roma 97*
MOLLWEIDE Werner 1889-1978 **[10]**
*$809 FF4 723 £489 Sommertag im Hegau Öl/Karton 52,5x69cm/*20x27in* Lindau 97*
MOLNAR George 1953 **[3]**
*$26 000 FF127 140 £16 455 The search Oil/canvas 121x91cm/*48x36in* Santa Fe, New Mexico 95*
MOLNAR János Z. 1880-1960 **[34]**
$436 FF2 346 £260 A tea set, a newspaper and a bow on a ledge/An orange, an apple... Oil/panel
21,5x26,8cm/*8x10in* London 97
*$960 FF5 440 £640 Mele, bicchiere e brocca di vino Olio/tela 80x60cm/*31x23in* Trieste 97*
MØLNAR József 1821-1899 **[5]**
*$4 005 FF23 880 £2 485 Bauernmädchen am Seeufer Öl/Karton 31x47cm/*12x18in* Wien 97*
*$11 910 FF58 800 £7 740 Rendezvous Öl/Leinwand 112x96cm/*44x37in* Wien 95*
MOLNÉ Hector 1935 **[18]**
*$1 810 FF9 200 £1 080 Couple à l'enfant Huile/panneau 122x81cm/*48x31in* Paris 96*
*$1 574 FF8 000 £940 Jeune fille au chapeau Aquarelle 56x42cm/*22x16in* Paris 96*

MOLNÉ Luis Vidal 1907-1970 **[33]**
 $575 FF3 000 £348 Enfant au coq Huile/toile 65x54cm/*25x21in* Paris 96
MOLOCH B. Colomb 1849-1909 **[9]**
 $184 FF1 100 £112 "Le véritable Genov, la plus exquise des liqueurs" Affiche 56x35cm/*22x13in* Orléans 98
MOLS Florent 1815-? **[4]**
 $25 861 FF156 171 £15 500 View of Greek Clasical Ruins Oil/canvas 80x150cm/*31x59in* London 98
 $40 950 FF243 900 £25 050 Vue d'Athènes Huile/panneau 80x111,5cm/*31x43in* Bruxelles 98
MOLS Niels Pedersen 1859-1921 **[52]**
 $392 FF1 960 £254 En flok gaes på en stubmark Oil/canvas 23x29cm/*9x11in* Viby J, Århus 96
 $2 077 FF12 301 £1 243 Parti fra Holmslands Klit med bonde der töjrer sine köer Oil/canvas
72x98cm/*28x38in* København 97
MOLS Robert 1848-1903 **[39]**
 $1 847 FF11 062 £1 103 Strandpartie an der belgischen Küste Oil/panel 31x41cm/*12x16in* Köln 98
 $6 500 FF39 346 £3 878 Chateau dans la campagne Oil/canvas 45,5x94,5cm/*17x37in* New-York 97
 $9 214 FF55 250 £5 678 La Rade d'Anvers Huile/toile 100x200cm/*39x78in* Antwerpen 98
MØLSTED Christian 1862-1930 **[44]**
 $466 FF2 655 £282 Marine Oil/canvas 29x40cm/*11x15in* København 97
 $2 730 FF15 942 £1 652 Parti fra Københavns havn Oil/canvas 58x80cm/*22x31in* Viby J, Århus 97
MOLTINO Francis 1818-1874 **[13]**
 $732 FF4 416 £450 Venetian Canal View Oil/canvas 30,5x38cm/*12x14in* London 98
 $2 899 FF17 291 £1 800 Westminster Oil/canvas 50,5x76cm/*19x29in* London 97
MOLTKE Harald 1871-1960 **[21]**
 $317 FF1 626 £193 Vårplöjning Oil/canvas 56x67cm/*22x26in* Malmö 96
MOLVIG Jon 1923-1970 **[29]**
 $3 092 FF18 939 £1 847 The Cat Oil/paper 63x48cm/*24x18in* Sydney 97
 $3 255 FF19 936 £1 944 Blue Portrait Oil/board 43x29cm/*16x11in* Sydney 97
 $537 FF3 188 £337 Portrait of a woman Charcoal/paper 48x36,5cm/*18x14in* Sydney 97
MOLYN Pieter 1595-1661 **[46]**
 $4 264 FF26 000 £2 600 Soldier smoking a Pipe outside a Tent, a Village beyond Oil/panel
23,5x30cm/*9x11in* London 98
 $6 032 FF35 692 £3 630 Wooded Landscape with Travellers on a Path Oil/panel 42,5x65cm/*16x25in*
Amsterdam 98
 $4 929 FF28 215 £2 911 Landscape with a Peasant and a Gate by a Tree Black chalk 19,5x15cm/*7x5in*
Amsterdam 97
MOLYNEUX Edward Frank 1896-c.1930 **[3]**
 $8 000 FF48 661 £4 866 Carnation in Pot Oil/canvas 34,5x27cm/*13x10in* New-York 98
MOLZAHN Johannes 1892-1965 **[19]**
 $924 FF4 732 £546 An Christophe Colombus Woodcut 23x35cm/*9x13in* Hamburg 96
MOMAL Jacques François 1754-1832 **[2]**
 $6 076 FF36 000 £3 639 Les adieux de Didon et Enée Huile/toile 65,5x81cm/*25x31in* Lille 97
MOMEN Karl 1935 **[6]**
 $5 890 FF29 940 £3 520 Temple of Mercury Bronze H79cm/*H31in* Stockholm 96
MOMMERS Hendrick 1623-1693 **[29]**
 $9 161 FF55 326 £5 500 An Italianate Landscape with Travellers on Their Way Oil/panel
57,5x70,5cm/*22x27in* London 98
MOMMERS Hendrick (Attrib.) 1623-1693 **[4]**
 $3 252 FF18 531 £1 992 Ein Hirtenpaar Oil/panel 53x64cm/*20x25in* Köln 97
MOMPER de Frans 1603-1660 **[32]**
 $18 800 FF96 200 £12 060 Blick auf Antwerpen Oil/panel 60x83,5cm/*23x32in* Wien 96
 $34 500 FF180 000 £20 830 Paysage hivernal Huile/panneau 5,5x77cm/*2x30in* Paris 96
MOMPER de Frans (Attrib.) 1603-1660 **[7]**
 $20 000 FF117 924 £12 264 A Wooded Landscape Surrounding a Lake with Fisherman Oil/canvas
100,5x161,5cm/*39x63in* New-York 98
 $43 800 FF230 000 £26 300 Scène villageoise Huile/panneau 53x72cm/*20x28in* Paris 96
MOMPER de Jan, Monsu X 1614-c.1690 **[1]**
 $6 676 FF38 000 £4 130 Couple de paysan dans la Campagne italienne Huile/toile 31x49cm/*12x19in*

Paris 97
MOMPER de Joos II Jod.(Attrib) 1564-1635 **[15]**
  $24 390 FF146 250 £15 030 Wilhelm Tell Huile/panneau 74x100cm/*29x39in* Lokeren 98
  $1 194 FF6 200 £790 Paysage d'Italie Lavis 18x26,5cm/*7x10in* Paris 96
MOMPER de Joos II Jodocus 1564-1635 **[72]**
  $14 680 FF74 100 £9 600 Gebirgslandschaft mit Reitern und Wanderern Oil/panel 2,5x31,5cm/*x12in* Zürich 96
  $46 621 FF274 901 £27 600 The temptation of christ in the wilderness; St John the baptist Oil/panel 55x76cm/*21x29in* London 97
  $75 000 FF442 477 £45 930 An extensive mountainous Landscape with Huntsmen and Travellers Oil/canvas 169,5x212cm/*66x83in* New-York 98
  $3 113 FF17 820 £1 839 A Mountainous Landscape with a Bridge Ink 18,5x26cm/*7x10in* Amsterdam 97
MOMPER de Philippe I c.1585-1634 **[5]**
  $9 924 FF57 696 £6 060 Zwei Reiter Oil/wood 13x21cm/*5x8in* Wien 97
  $50 250 FF300 000 £30 780 Foire de village en bordure d'un canal Huile/panneau 75x105cm/*29x41in* Paris 97
MOMPO Manuel Hernández 1927-1992 **[54]**
  $3 832 FF23 287 £2 299 Sin título Oleo/lienzo 33x41cm/*12x16in* Madrid 98
  $11 040 FF63 520 £6 560 Con luz vive Oleo/lienzo 42x73cm/*16x28in* Madrid 97
  $5 604 FF34 059 £3 362 Sin título Acuarela 71,5x51cm/*28x20in* Madrid 98
MOMPOU DENCAUSE Josep 1888-1968 **[1]**
  $23 100 FF138 250 £14 000 Puente de San Miguel Oleo/lienzc 61x74cm/*24x29in* Madrid 98
MONA Domenico c.1550-1602 **[1]**
  $8 000 FF44 199 £4 972 The Birth of the Virgin Ink 40x34,7cm/*15x13in* New-York 97
MONACHESI Sante 1910-1991 **[60]**
  $2 040 FF11 560 £1 020 Paesaggio parigino Olio/tela 60x80cm/*23x31in* Prato 98
MONAHAN Hugh 1914-1970 **[27]**
  $766 FF3 700 £480 "Back to the Shore at Dawn, Solway" Oil/canvas 41x51cm/*16x20in* London 95
MONALDI Paolo c.1725-c.1780 **[13]**
  $3 600 FF18 450 £2 187 Shepherds and a shepherdess conversing and drinking with a Monk Oil/canvas 43,5x34,5cm/*17x13in* New-York 96
MONAMY Peter 1681-1749 **[37]**
  $4 447 FF26 871 £2 800 British Men O'War off Channel Islands Port after a Storm Oil/canvas 41,5x91,5cm/*16x36in* Bristol, Avon 97
  $11 500 FF58 000 £7 460 Marine Huile/toile 425x80cm/*167x31in* Lyon 96
  $22 842 FF136 452 £14 000 Two-decker leaving her Anchorage/Ships of the Fleet under reduced Sail Oil/canvas 24x29cm/*9x11in* London 98
MONAMY Peter (Attrib.) 1681-1749 **[4]**
  $3 590 FF18 600 £2 400 A two-decker firing a salute and making to sail Oil/canvas 44x36cm/*17x14in* London 96
MONANTEUIL Jean J. 1785-1860 **[2]**
  $11 396 FF70 000 £6 832 Vieux breton lisant Huile/toile 40x32cm/*15x12in* Laval 98
MONARD de Louis 1873-1939 **[13]**
  $2 200 FF11 480 £1 330 A Bronze Figure of a Prancing Horse Bronze H29,3cm/*H11in* New-York 96
MONASTERIO Luis Ortiz 1906 **[3]**
  $3 749 FF22 095 £2 240 Mujer con Niño y Alcatraces Bronze H34,5cm/*H13in* New-York 97
MONCEAU DE BERGENDAEL du Comtesse Mathilde 1877-1952 **[16]**
  $746 FF4 248 £457 Bassin à Versailles Huile/toile 70x80cm/*27x31in* Liège 97
MONCEL DE PERRIN de Alphonse Emmanuel 1866-1930 **[5]**
  $8 730 FF45 600 £5 200 A cloaked maiden Marble H160cm/*H62in* London 96
MONCHABLON Jean Ferdinand, Jan 1855-1904 **[34]**
  $6 087 FF37 092 £3 764 Rives de la Saône, près Lironcourt Oil/panel 23x33cm/*9x13in* Detroit, Michigan 98
  $13 500 FF77 010 £8 301 Champs Savaine à Crignon Court (Oatfields) Oil/canvas/board 38,1x56cm/*14x22in* New-York 97
MONCHAUX de Kathy 1960 **[1]**
  $12 056 FF72 412 £7 200 Hide Sculpture 24x200x15cm/*9x78x5in* London 98
MONCORNET Balthasar c.1600-1668 **[4]**
  $210 FF1 300 £126 Emine Sultane, épouse du Sultan Ibrahim (1640-1648) Gravure 20x14,5cm/*7x5in*

Paris 98
MONDINO Aldo 1938 [45]

☞ *$1 280 FF6 700 £860* Iberia Acrilico/tela 81,5x65,5cm/*32x25in* Milano 96

☞ *$1 800 FF10 200 £1 200* "Rever e revenir" Acrilico/tela 90x140cm/*35x55in* Milano 98
MONDO Domenico 1723-1806 [11]

☞ *$6 000 FF35 377 £3 679* Allegory of Force and Prudence : Design for a Ceiling Oil/canvas 48x87,5cm/*18x34in* New-York 98

✎ *$946 FF5 487 £580* The madonna in glory/Studies for a seated figure Ink 19x16cm/*7x6in* London 97
MONDO Domenico (Attrib.) 1723-1806 [7]

✎ *$760 FF3 880 £500* A sheet of studies of figures seen from below Ink 24x36,6cm/*9x14in* London 96
MONDRIAAN Frits, Frederic H. 1853-1932 [16]

☞ *$847 FF4 300 £552* At dawn Oil/panel 40x23,5cm/*15x9in* Amsterdam 96

✎ *$72 019 FF427 881 £42 831* White rose Pastel 27,5x18cm/*10x7in* Amsterdam 97
MONDRIAN Piet 1872-1944 [117]

☞ *$24 073 FF140 531 £14 785* Wilgen aan de Sloot - Willows along a Stream near Amsterdam Oil/canvas/panel 27x53cm/*10x20in* Amsterdam 97

☞ *$155 000 FF895 435 £90 969* Oostzijdse Mill with Woman at Dock of Landzicht Farm Oil/canvas 61x77cm/*24x30in* New-York 97

▥ *$1 270 FF7 550 £755* Piet Mondrian Screenprint in colors 43x43cm/*16x16in* Amsterdam 97

✎ *$28 900 FF151 000 £17 450* Field with three trees Charcoal/paper 69x97cm/*27x38in* Amsterdam 96
MONDZAIN Simon 1890-1979 [39]

☞ *$2 126 FF12 000 £1 303* Paysage Huile/toile 60x73cm/*23x28in* Paris 97

✎ *$7 667 FF45 099 £4 732* Bust portrait of a young woman in shawl Black chalk/paper 59x44cm/*23x17in* Warszawa 97
MONET Claude 1840-1926 [229]

☞ *$27 740 FF140 000 £18 000* Nymphéas (fragment) Huile/toile 49,5x25,5cm/*19x10in* Paris 96

☞ *$5 250 000 FF30 242 100 £3 084 900* Nymphéas Oil/canvas 135x145cm/*53x57in* New-York 97

☞ *$30 054 600 FF181 708 200 £18 000 000* Bassin aux nymphéas et sentier au bord de l'eau Oil/canvas 89x100cm/*35x39in* London 98

✎ *$21 728 FF130 811 £13 000* Vaches à l'étable Wax crayon/paper 24x46,5cm/*9x18in* London 98
MONEY Fred 1882-1956 [20]

☞ *$1 306 FF7 475 £772* Allée dans le parc Monceau Huile/toile 46x38cm/*18x14in* Bruxelles 97

▥ *$218 FF1 296 £130* "Les Sables d'Olonne, Vendée" Affiche 100x62,5cm/*39x24in* London 97

☞ *$538 FF3 200 £326* Scène de place Gouache/papier 21x15cm/*8x5in* Deauville 97
MONFALLET Adolphe François 1816-1900 [7]

☞ *$1 350 FF7 000 £877* Maternité napolitaine Huile/toile 46x36,5cm/*18x14in* Besançon 96

☞ *$2 576 FF13 000 £1 680* La partie de dés Huile/panneau 32x24,5cm/*12x9in* Paris 96
MONFREID de Georges Daniel 1856-1929 [18]

☞ *$3 970 FF19 500 £2 525* Nature morte aux deux roses Huile/toile 41x33cm/*16x12in* Montauban 95

☞ *$4 910 FF24 230 £3 200* Meules de foin à Saint-Clément, Août Oil/canvas 49x65cm/*19x25in* London 95

✎ *$3 500 FF19 931 £2 172* Portrait de sa belle fille Pastel/paper 74,6x54,9cm/*29x21in* New-York 97
MONGE Jules 1855-? [21]

☞ *$925 FF5 500 £568* Paysage en Dauphiné Huile/toile 34x46,5cm/*13x18in* Paris 97
MONGIN Antoine P. (Attrib.) 1762-1827 [7]

✎ *$16 654 FF97 847 £10 000* The Garden and Château de Saint Cloud seen the Seine, near Paris Bodycolour 54,5x80cm/*21x31in* London 97
MONGIN Antoine Pierre 1762-1827 [13]

☞ *$4 180 FF24 000 £2 548* Scène de la campagne d'Italie: le départ du Soldat Huile/toile 46x38cm/*18x14in* Vendôme 97

✎ *$15 350 FF80 000 £9 640* Parc animé avec ruines Gouache 43x53cm/*16x20in* Paris 96
MONGINOT Charles 1825-1900 [12]

☞ *$4 800 FF23 500 £3 090* Colombes dans un nid Huile/toile 73x92cm/*28x36in* Nice 95

☞ *$10 730 FF55 000 £6 520* L'oie blanche Huile/toile 200x146cm/*78x57in* Toulouse 96
MONGINOT Charlotte 1872-? [2]

⬔ *$15 500 FF91 499 £9 177* Art Deco Fountain with Decoration Bronze 166x64cm/*65x25in* Elgin, Illinois 97
MONGRELL Y TORRENT José 1874-1937 [6]

$16 500 FF99 250 £10 250 La niña de la palma Oleo/lienzo 98x88cm/*38x34in* Madrid 97
MONGUZZI Bruno 1941 **[2]**
$2 185 FF12 718 £1 346 "Museo Cantonale d'Arte Poster 90,5x128cm/*35x50in* New-York 97
MONI de Louis 1698-1771 **[4]**
$3 295 FF18 864 £1 946 Scholar seated small three quarter length at his desk Oil/panel 26x21cm/*10x8in* Amsterdam 97
MONIC Daniel 1948 **[11]**
$6 480 FF31 840 £4 120 Couple de chevaux Bronze H31,5cm/*H12in* Bruxelles 95
MONIER Emile Adolphe 1883-? **[4]**
$10 310 FF52 000 £6 660 Tête de Soudanaise Plâtre H52cm/*H20in* Quimper 96
MONIES David 1812-1894 **[34]**
$630 FF3 100 £406 Portraits Oil/canvas 35x29cm/*13x11in* Köbenhavn 95
$3 181 FF19 384 £1 929 Drenge badende i en skovsö Oil/canvas 66x48cm/*25x18in* Köbenhavn 98
MONINOT Bernard 1949 **[8]**
$1 548 FF8 000 £988 Sans titre Technique mixte 14,5x40,5cm/*5x15in* Paris 96
$2 569 FF15 000 £1 554 Sans titre Graphite 42x42cm/*16x16in* Versailles 97
MONIUSZKO Jan Czeslaw 1853-1908 **[3]**
$12 000 FF71 216 £7 350 Revelry in the Tavern Oil/canvas 97x169,5cm/*38x66in* New-York 98
MONJO Francesc Hernandez 1862-1939 **[9]**
$3 135 FF18 762 £1 947 Barcos Oleo/lienzo 79x90cm/*31x35in* Madrid 97
MONK William 1863-1937 **[22]**
$978 FF6 000 £600 Figures on the Embankment with Big Ben and the Palace of Westminster Oil/panel 25,5x16,5cm/*10x6in* London 98
$80 FF486 £50 Westminster Abbey Etching 18x25cm/*7x9in* London 97
MONLEON Y TORRES Rafael 1847-1900 **[6]**
$1 276 FF7 642 £784 Küstenlandschaft bei Ebbe Oil/wood 24x36cm/*9x14in* Bern 98
MONNET Charles 1732-1808 **[9]**
$804 FF4 821 £480 Allegory of Justice/Judge balancing Valuables against a Heart Black chalk 11x18cm/*4x7in* London 98
MONNET Madeleine 1940 **[8]**
$646 FF3 700 £382 Soir de fête Huile/toile 60x73cm/*23x28in* Alençon 97
MONNICKENDAM Martin 1874-1943 **[18]**
$426 FF2 613 £255 A View of Amsterdam with the Westertoren beyond Pastel 38x26,5cm/*14x10in* Amsterdam 98
MONNICKS Johannes c.1600-c.1680 **[1]**
$2 072 FF10 540 £1 243 The interior of a church Ink 12,6x14,8cm/*4x5in* Amsterdam 96
MONNIER Charles 1925 **[4]**
$1 218 FF6 360 £736 Ferme en Savoie Huile/panneau 33x46cm/*12x18in* Genève 96
MONNIER Henry Bonaventure 1805-1877 **[57]**
$77 FF450 £45 Homme debout Encre 18x11cm/*7x4in* Entzheim 97
MONNOT Maurice Louis 1869-1937 **[15]**
$790 FF4 700 £483 Nature morte au cuivre Huile/toile 33x25cm/*12x9in* La Varenne Saint-Hilaire 97
MONNOT Pierre Étienne 1657-1733 **[2]**
$20 569 FF122 000 £12 578 Buste d'un homme de qualité à perruque Marbre H176cm/*H69in* Paris 97
$60 000 FF296 000 £38 800 Head of Proserpina weeping, after Gianlorenzo Nerbini Marble H44cm/*H17in* New-York 96
MONNOYER Antoine 1670-1747 **[10]**
$86 088 FF510 000 £51 561 Vases de fleurs Huile/toile 151x71cm/*59x27in* Lille 97
MONNOYER Jean-Bapt. (Attrib) 1636-1699 **[12]**
$5 410 FF28 000 £3 510 Bouquet de fleurs Huile/toile 4,5x38cm/*1x14in* Paris 96
$28 000 FF154 697 £17 402 Still life of Flowers in a Glass Vase on a Plinth Oil/canvas 44,5x36,5cm/*17x14in* New-York 97
$30 650 FF160 000 £18 520 Composition florale dans un parc Huile/toile 111x170cm/*43x66in* Paris 96
MONNOYER Jean-Baptiste 1636-1699 **[70]**
$2 915 FF17 875 £1 738 Nature morte, fleurs dans un vase Huile/toile 100x80cm/*39x31in* Bruxelles 98
$15 850 FF80 000 £10 300 Bouquet de fleurs dans un vase de pierre Huile/toile 9x75cm/*3x29in* Paris 96
$168 390 FF997 010 £100 000 Still life of roses, carnations, parrot tulips, lilac... Oil/canvas

114x124cm/*44x48in* London 97

◫ *$390 FF2 375 £234* Livres de plusieurs corbeilles de fleurs Engraving 47x41cm/*18x16in* London 98
MONOD Isabelle 1945 **[4]**

⬟ *$2 174 FF13 000 £1 318* Le mur Sculpture 45x46x5,5cm/*17x18x2in* Paris 97
MONORY Jacques 1924 **[91]**

☞ *$3 600 FF20 400 £2 400* "Exercice de style" Olio/tela 92x73cm/*36x28in* Milano 97

☞ *$5 535 FF34 000 £3 318* Milan-Turin Huile/toile 147x113cm/*57x44in* Paris 98

◫ *$338 FF2 000 £203* Sans titre Sérigraphie couleurs 116,5x89,7cm/*45x35in* Paris 97

✎ *$493 FF3 000 £297* La Terrasse Collage 120x126cm/*47x49in* Versailles 98
MONRO Alasdair Burns 1946 **[26]**

☞ *$200 FF1 044 £132* My garden Oil/board 20,5x25,5cm/*8x10in* Calgary, Alberta 96
MONSEN Frederick 1865-1929 **[9]**

▣ *$6 500 FF39 658 £3 896* Eagle's Flight, Hopi/Hopi Study, Pueblo of Walpi/Hopi Images Gelatin silver print 62x48cm/*24x18in* New-York 98
MONSIAUX Nicolas A. (Attrib.) 1755-1837 **[2]**

☞ *$6 624 FF40 000 £3 972* Scène tirée de l'histoire antique Huile/toile 45x73cm/*17x28in* Paris 98

✎ *$998 FF6 200 £598* Deux études de personnages néoclassiques Lavis 11,5x10,5cm/*4x4in* Paris 98
MONSIAUX Nicolas André 1755-1837 **[13]**

☞ *$93 916 FF530 000 £57 187* Ulysse dans son palais, après avoir tué les amants de Pénélope Huile/toile 97x244cm/*38x96in* Paris 97

✎ *$658 FF4 000 £396* Vénus et Adonis Aquarelle 23,2x16,2cm/*9x6in* Paris 98
MØNSTED Peder Mork 1859-1941 **[419]**

☞ *$287 FF1 757 £174* Herreportraet Oil/canvas 56x44cm/*22x17in* København 98

☞ *$18 000 FF107 015 £11 012* Painting off a Path near a River Oil/canvas 29,5x39,5cm/*11x15in* New-York 97

☞ *$25 777 FF153 912 £15 837* Sommerdag i skoven Oil/canvas 102x180cm/*40x70in* København 98

✎ *$578 FF3 533 £364* Sö omgivet af skråninger med graessende ko Watercolour, gouache/paper 30x45cm/*11x17in* København 97
MONTAGNA Benedetto c.1481-c.1558 **[8]**

◫ *$462 FF2 366 £281* Junger Mann neben einer Palm sitzend Etching 11x7,8cm/*4x3in* München 96
MONTAGNA della Rinaldo (Attrib.) ?-1644 **[1]**

☞ *$6 555 FF40 268 £3 932* Handelsschiffe in südlicher Felsenbucht Öl/Leinwand 103x138cm/*40x54in* Köln 98
MONTAGNE Agricol Louis 1879-1960 **[111]**

☞ *$541 FF3 300 £324* Le retour de la charrette près de Menton Huile/panneau 26x35cm/*10x13in* Arles 98

☞ *$2 300 FF12 000 £1 520* Le Pont Saint-Nicolas sur la Route d'Uzès Huile/toile 65x81cm/*25x31in* Paris 96

✎ *$219 FF1 300 £130* Rue du vieil Avignon Lavis 27x19cm/*10x7in* Calais 97
MONTAGUE Alfred 1832-1883 **[86]**

☞ *$1 418 FF8 803 £850* Shipping in a Continental Harbour Oil/board 20x34cm/*7x13in* London 98

☞ *$3 790 FF18 620 £2 400* A fishing vessel salvaging some wreckage Oil/canvas 51x76cm/*20x29in* London 95

☞ *$9 832 FF58 422 £6 000* An Old Water Mill Oil/canvas 91,5x183cm/*36x72in* London 98

✎ *$733 FF4 209 £450* Shipping and old hulk off a coast Watercolour/paper 18,5x29,5cm/*7x11in* London 97
MONTAGUE Clifford XIX-XX **[19]**

☞ *$1 628 FF10 071 £1 000* Continental Town Scenes Oil/canvas 44x34cm/*17x13in* Billingshurst, West Sussex 97

☞ *$2 032 FF11 695 £1 200* An old Cottage, Welford Oil/canvas 40,5x61cm/*15x24in* London 97
MONTALANT de I.O. XIX **[6]**

☞ *$2 530 FF15 149 £1 511* Mediterranean Landscape Oil/canvas 83x125cm/*33x49in* Delaware, Ohio 98
MONTALBA Clara 1842-1929 **[21]**

✎ *$590 FF2 990 £380* A mother and child before shipping in a bay Watercolour 16,5x21cm/*6x8in* London 96
MONTALBA Hilda ?-1919 **[2]**

☞ *$3 620 FF18 560 £2 200* A Venetian Canal at Sunset Oil/panel 29,5x55cm/*11x21in* London 96
MONTALBO Bartolomé 1768-1846 **[1]**

☞ *$16 220 FF84 600 £9 800* Still life of a mallard and a game bird suspended from a hook Oil/panel 53x72,5cm/*20x28in* London 96
MONTALD Constant 1862-1944 **[56]**

$5 412 FF33 312 £3 321 Baadsters Huile/panneau 42,5x75cm/*16x29in* Lokeren 98
$13 960 FF72 300 £9 320 A la source Huile/toile 230x160cm/*90x62in* Antwerpen 96
$6 380 FF31 800 £4 180 Les vendanges Bronze H61cm/*H24in* Bruxelles 95
$1 340 FF6 700 £867 Jeune femme au drap rouge Gouache 54x37cm/*21x14in* Bruxelles 96
MONTAN Anders 1845-1917 **[16]**
$1 029 FF6 244 £611 Interiör med gruvarbetare Oil/canvas 89x76cm/*35x29in* Malmö 98
MONTANARINI Luigi 1906-1998 **[46]**
$360 FF2 040 £240 Piccola variazione in verde Olio/tavola 24,5x18cm/*9x7in* Roma 97
$1 320 FF6 800 £840 Studio di nudi Olio/cartone 68x46cm/*26x18in* Venezia 96
$300 FF1 700 £200 Nudo Inchiostro/carta 44,2x30cm/*17x11in* Prato 97
MONTANE Roger 1916 **[17]**
$520 FF3 000 £309 Les tours du cloître Elne Huile/toile 50x61cm/*19x24in* Paris 97
MONTANI Carlo 1868-1936 **[7]**
$550 FF3 414 £329 Mountainous Lake Oil/board 25x34cm/*10x13in* Mystic, Connecticut 98
MONTANO Giovanni Battista 1534-1621 **[7]**
$1 100 FF6 131 £672 Design for an antique temple Ink/paper 26,7x18,3cm/*10x7in* New-York 97
MONTASSIER Henri 1880-1946 **[19]**
$18 200 FF93 600 £11 000 The Siesta Oil/canvas 121x201cm/*47x79in* London 96
$20 750 FF105 200 £13 500 Reclining female nude Oil/canvas 91,5x73cm/*36x28in* London 96
MONTAUT Ernest 1879-1936 **[60]**
$677 FF3 876 £400 "Old England" Affiche 200x68cm/*78x26in* London 97
MONTE Fridan XIX **[1]**
$5 340 FF26 000 £3 380 Concert italien Huile/toile 87,5x125,5cm/*34x49in* Bains-les-Bains 95
MONTEFORTE Edoardo 1849-1932 **[6]**
$3 000 FF15 966 £1 769 "Il Vesuvio, Napoli" Oil/panel 24,8x38,1cm/*9x14in* New-York 97
$18 000 FF102 000 £9 000 Canale con anitre Olio/tela 85x130cm/*33x51in* Roma 97
MONTELATICCI CECCO BRAVO Francesco 1607-1661 **[14]**
$21 600 FF122 400 £14 400 Allegoria dell'olfatto Olio/tela 119,5x96cm/*47x37in* Prato 97
$37 857 FF214 527 £18 928 Riposo nella Fuga in Egitto Olio/tela 101x147,5cm/*39x58in* Roma 97
$7 480 FF38 600 £4 800 Study of a nude Red chalk 18,7x10,9cm/*7x4in* London 96
MONTELATICCI CECCO BRAVO Francesco (Attrib.) 1607-1661 **[6]**
$4 720 FF23 460 £3 000 Angelica and Ruggiero Oil/canvas 47x63cm/*18x24in* London 95
MONTELATICI Mario 1894-1974 **[2]**
$50 000 FF253 000 £32 700 Shepherds and flock, snowy landscape Tecnica mista 66x91,4cm/*25x35in* New-York 96
MONTEMAZZO Antonio 1841-1898 **[6]**
$17 800 FF92 200 £11 500 Pastoral scene Oil/panel 36x47cm/*14x18in* London 96
MONTEMEZZO Antonio Matteo 1841-1898 **[6]**
$1 700 FF10 107 £1 023 A Farm House Oil/canvas/board 23x35,5cm/*9x13in* New-York 98
$10 937 FF65 260 £6 598 Gänseliesel Öl/Leinwand 34x50cm/*13x19in* München 97
MONTENARD Frédéric 1849-1926 **[36]**
$3 169 FF19 000 £1 907 Les vendanges Huile/panneau 35x45cm/*13x17in* Paris 98
$7 500 FF44 536 £4 578 Children at Play During the Harvest Oil/canvas 54x73cm/*21x28in* New-York 98
$12 608 FF76 000 £7 744 "Coup de mistral en Méditerrannée" Huile/toile 95,5x153cm/*37x60in* Paris 98
$130 FF800 £79 Rencontre Crayon gras 46x80cm/*18x31in* Aubagne 98
MONTENEGRO Roberto 1881-1968 **[37]**
$7 000 FF41 815 £4 281 Naturaleza Muerta con Granada Oil/canvas 80x70cm/*31x27in* New-York 98
MONTENEGRO Y CAPELL José ?-1929 **[18]**
$1 139 FF6 715 £697 Afueras de Madrid Oleo/lienzo 38x24cm/*14x9in* Madrid 98
$3 606 FF21 338 £2 200 A Moorish Courtyard, Seville Oil/canvas 51x40,5cm/*20x15in* London 98
MONTES ITURRIOZ Gaspar 1901 **[9]**
$1 575 FF9 000 £967 Paisaje del Bidasoa Oleo/tabla 26x28cm/*10x11in* Madrid 97
MONTESANO Gian Marco 1943 **[11]**
$1 680 FF9 520 £840 "Pour le mérit" Olio/tela 106x83cm/*41x32in* Prato 98
MONTESQUIOU de Robert 1855-1921 **[1]**
$1 600 FF8 000 £1 036 Paysage au couchant Pastel 6,5x14cm/*2x5in* Paris 96
MONTEVERDE Giulio 1937-1917 **[2]**

✂ *$2 475 FF14 812 £1 500* Busto femenino Sculpture H74cm/*H29in* Madrid 98
MONTEYNE Roland 1932 **[9]**
✂ *$1 300 FF7 800 £801* Figuur Bronze 34x29cm/*13x11in* Lokeren 98
MONTEZIN Bernard 1951 **[25]**
✎ *$340 FF2 000 £204* Le cygne Huile/toile/panneau 25,5x25,5cm/*10x10in* Montauban 97
✎ *$232 FF1 200 £151* Nu de dos Aquarelle 31x24cm/*12x9in* Montauban 96
MONTEZIN Pierre Eugène 1874-1946 **[365]**
✎ *$1 755 FF10 000 £1 075* Le chemin vert Huile/papier/toile 31x52cm/*12x20in* Paris 97
✎ *$4 941 FF29 556 £3 000* Les lavandières Oil/canvas 31x26cm/*12x10in* London 97
✎ *$41 900 FF250 000 £25 275* Fenaison à Mizy Huile/toile 132x142cm/*51x55in* Paris 97
✎ *$331 FF2 000 £203* Marine à St Georges de Royan Aquarelle/papier 11,5x17cm/*4x6in* Paris 98
MONTFALLET Adolphe-François 1816-1900 **[6]**
✎ *$3 840 FF20 000 £2 410* La Leçon de musique française/La Leçon de musique espagnole Huile/panneau 27,5x21,5cm/*10x8in* Lyon 96
MONTFORT van Franz 1889-1980 **[26]**
✎ *$1 495 FF8 180 £900* Jeune fille au bouquet Huile/toile 48x63,5cm/*18x25in* Bruxelles 97
MONTGOMERY Alfred 1857-1922 **[8]**
✎ *$1 250 FF7 664 £764* Still Life with Corn Oil/board 50x71cm/*20x28in* Felton, CA 98
✎ *$1 900 FF11 439 £1 136* Hanging Corn Oil/canvas 45,5x30,5cm/*17x12in* San Francisco 98
MONTHOLON de François Richard 1856-? **[23]**
✎ *$1 793 FF8 990 £1 134* Roses Huile/toile 27x41cm/*10x16in* Wien 95
MONTI IL BOLOGNESE Francesco 1685-1768 **[6]**
✎ *$46 680 FF285 960 £28 200* Il trovimento di Mose, die Auffindung des Mosesknaben Öl/Leinwand 125x186cm/*49x73in* Wien 98
MONTI IL BOLOGNESE Francesco (Attrib.) 1685-1768 **[7]**
✎ *$1 472 FF7 700 £966* Giove Olio/tela 44x28cm/*17x11in* Roma 96
✎ *$95 000 FF578 911 £57 874* Antique Sculpture and Urns with a Relief of The Death of Cleopatra Oil/canvas 125x173cm/*49x68in* New-York 98
MONTI IL BRESCIANINO Francesco 1646-1712 **[15]**
✎ *$11 184 FF63 376 £7 456* Scena di battaglia Olio/tavola 52x67cm/*20x26in* Milano 98
✎ *$46 680 FF285 960 £28 200* Scontro di cavalleria sotto le mura di una fortezza Öl/Leinwand 133x182,5cm/*52x71in* Wien 98
MONTI IL BRESCIANINO Francesco (Attrib.) 1646-1712 **[6]**
✎ *$9 462 FF57 942 £5 800* A Cavalry Engagement beneath a Citadel Oil/canvas 75x101,5cm/*29x39in* London 98
✎ *$59 020 FF349 650 £35 000* A Cavalry Battle by classical Ruins in an extensive Landscape Oil/canvas 165,5x242cm/*65x95in* London 97
MONTI Nicolà 1780-1854 **[2]**
✎ *$1 063 FF5 430 £700* Charles VIII visiting Galeazzo Visconti in the Castle of Pavia Watercolour 13x19cm/*5x7in* London 96
MONTI Rafaello 1818-1881 **[1]**
✂ *$102 400 FF497 000 £66 000* Lady Godiva Marble H122cm/*H48in* London 95
MONTICELLI Adolphe 1824-1886 **[215]**
✎ *$2 068 FF12 000 £1 222* Portrait de Mlle Victorine Aubanel Huile/toile 97x72cm/*38x28in* Bordeaux 97
✎ *$9 000 FF44 000 £5 700* Esméralda Huile/panneau 24x16cm/*9x6in* Aix-en-Provence 95
✎ *$13 944 FF83 000 £8 524* Portraits d'enfants de la famille Samana-Cassoute Huile/toile 97x130cm/*38x51in* Versailles 98
✎ *$4 785 FF29 000 £2 934* Élégante dans un parc Aquarelle/papier 40x26cm/*15x10in* Cassis 98
MONTIGNY Jenny 1875-1937 **[29]**
✎ *$2 440 FF12 670 £1 614* Maltebrugge Huile/toile 34,5x24cm/*13x9in* Lokeren 96
✎ *$4 940 FF25 000 £3 230* Leielandschap onder de sneeuw Oil/canvas 37x63cm/*14x24in* Lokeren 96
✎ *$2 829 FF16 486 £1 729* Bathing women Watercolour/paper 48,5x40cm/*19x15in* Amsterdam 97
MONTIGNY Jules 1840-1899 **[18]**
✎ *$2 690 FF14 000 £1 780* Les chevaux de trait Huile/toile 50x75cm/*19x29in* Bruxelles 96
MONTLAKE Elijah 1921-1992 **[3]**
✎ *$374 FF2 173 £221* Fantasies of a Wild Lady Graphite 58x77cm/*23x30in* New Orleans, Louisiana 97

MONTLEVAULT Charles Joly, dit 1835-1897 **[13]**
  $1 120 FF5 800 £727 Paysage aux deux clochers Huile/panneau 19x31cm/*7x12in* Lyon 96
MONTMARIN de Consuelo XX **[5]**
  $274 FF1 400 £181 Le temps chaviré Technique mixte/papier 25x25cm/*9x9in* Paris 96
MONTOBIO Guillaume 1883-1962 **[22]**
  $635 FF3 286 £424 Meules de foin Huile/panneau 30x40cm/*11x15in* Antwerpen 96
  $1 256 FF6 556 £764 Paysage Huile/toile 56x56cm/*22x22in* Lokeren 96
MONTOYA Gustavo 1925 **[37]**
  $4 000 FF22 962 £2 438 Niña con parasol Oil/canvas 62x46cm/*24x18in* New-York 97
MONTPEZAT de Henri d'A. (Attrib. 1817-1859 **[1]**
  $5 052 FF30 000 £3 060 Le break de chasse à courre en automne Huile/toile 49x72cm/*19x28in* Paris 97
MONTPEZAT de Henri d'Ainecy 1817-1859 **[19]**
  $2 500 FF12 950 £1 600 Two riders along a wooded path Oil/canvas 24x29cm/*9x11in* New Orleans,
Louisiana 96
  $14 000 FF73 100 £8 460 The Meeting Oil/canvas 66x95,5cm/*25x37in* New-York 96
MONTRESOR Beni XX **[1]**
  $1 000 FF6 131 £599 Set design of Debussy's "Pelleas and Melisande" Ink 26x36cm/*10x14in* New-York 98
MONTVALLON de Valérie XX **[7]**
  $940 FF4 800 £619 Sans titre Huile/toile 117x88cm/*46x34in* Paris 96
  $612 FF3 800 £369 Carré d'ange Technique mixte/papier 52x37cm/*20x14in* Paris 98
MONTYN Jean 1924 **[25]**
  $371 FF1 852 £243 Bottles Etching 17,5x22cm/*6x8in* Amsterdam 95
MONTZAIGLE de Edgard de St-Pierre XIX-XX **[8]**
  $15 000 FF77 900 £9 920 La Loge Oil/panel 25,5x28cm/*10x11in* New-York 96
  $27 000 FF153 846 £16 537 Entracte de matinée à l'Opéra de Paris Gouache 55x37cm/*21x14in* New-
York 97

MONVOISIN Raymond A. Quinsac 1794-1870 **[5]**
  $1 576 FF9 500 £968 Portrait présumé de Monsieur de Montaignon/...de Madame de Montaignon
Huile/toile 35x27cm/*13x10in* Paris 98
  $34 100 FF176 400 £22 000 Guanabara Bay from Corcovado, Rio de Janeiro Oil/canvas 43x61cm/*16x24in*
London 96
MONVOISIN Raymond A.Q.(Attrib) 1794-1870 **[2]**
  $60 000 FF358 422 £36 738 View of Rio de Janeiro From The Church of Gloria Oil/canvas
47,5x65,5cm/*18x25in* New-York 98
MOODIE Susanna Strickland 1803-1885 **[1]**
  $1 170 FF6 080 £775 Forget me not Watercolour 32x23cm/*12x9in* Toronto 96
MOODY Fannie 1861-c.1948 **[17]**
  $7 186 FF41 322 £4 500 A Critical moment Oil/board 61x48cm/*24x18in* London 97
  $9 436 FF57 711 £5 800 A Critical Moment Oil/board 27x38cm/*10x14in* London 98
  $8 642 FF51 383 £5 200 "Spoilt Darlings" Coloured chalks/paper 62,5x80cm/*24x31in* London 97
MOOG Peter XX **[2]**
  $574 FF3 010 £345 Zeignung E4 Watercolour, gouache/paper 45x62cm/*17x24in* Amsterdam 96
MOOK Friedrich W. 1888-1944 **[21]**
  $428 FF2 072 £276 Waldweg Öl/Leinwand 32x23,5cm/*12x9in* Frankfurt 95
  $451 FF2 691 £280 Brustbild des Bruders, Franz Mook Öl/Leinwand 80,5x60,5cm/*31x23in* Frankfurt 97
MOOKHERJEA Sailoz 1907-1960 **[2]**
  $6 977 FF41 832 £4 200 Village Scene Oil/board 45x60,5cm/*17x23in* London 98
MOON Carl 1879-1948 **[15]**
  $2 249 FF13 248 £1 388 Before the Dance Gelatin silver print 22x17cm/*8x6in* New-York 97
MOON Karl 1878-1948 **[29]**
  $1 300 FF7 946 £795 Laguna Girl Photograph 15x19cm/*6x7in* Cincinnati, Ohio 98
MOON Mick XX **[3]**
  $2 932 FF17 751 £1 800 The Other Half Acrylic 124x83cm/*48x32in* London 98
MOONY Robert James Enraght 1879-1946 **[11]**
  $1 500 FF9 322 £897 Knight/Woman with Stork Oil/canvas 40,5x56cm/*15x22in* New-York 98
  $7 338 FF43 269 £4 500 The Legend Pencil/paper 66x56cm/*25x22in* London 98
MOOR de Bob 1925-1992 **[10]**
  $252 FF1 500 £153 Croquis pour "Agent Spatial" (Tintin) Dessin 21x29,7cm/*8x11in* Neuilly-sur-Seine 97

MOOR de Carel 1656-1738 **[8]**
 $13 114 FF77 922 £7 800 Portrait of a lady wearing a purple dress Oil/canvas 52,5x44cm/*20x17in* London 97
MOOR de Christiaan 1899-1981 **[10]**
 $2 340 FF12 040 £1 460 Boeket in witte vaas Oil/canvas 52x40cm/*20x15in* Den Haag 96
MOOR Dimitri S. Orlov 1883-1946 **[1]**
 $3 000 FF15 280 £1 800 "Pomogi, Help!" Poster 106x72cm/*41x28in* New-York 96
MOOR Karl 1904-1991 **[15]**
 $801 FF4 858 £491 Atelier-Stilleben mit Malutensilien des Künstlers Oil/canvas 34x27cm/*13x10in* Zofingen 98
 $1 336 FF8 210 £801 Die Lesestunde Oil/canvas 70x80cm/*27x31in* Zürich 98
MOORE Albert Joseph 1841-1892 **[26]**
 $34 100 FF176 400 £22 000 Ellen Terry as Portia Oil/canvas 29x23,5cm/*11x9in* London 96
 $600 000 FF3 418 800 £367 500 A quartet; a painter's tribute to the art of Music, A.D. 1868 Oil/canvas 61x88,5cm/*24x34in* New-York 97
 $8 050 FF41 700 £5 200 Young female in toga with staff Black & white chalks 32,5x14cm/*12x5in* London 96
MOORE Barlow 1834-1897 **[14]**
 $6 198 FF38 003 £3 800 Running out of Ramsgate with the tide Oil/canvas 51x76cm/*20x29in* London 98
 $491 FF2 859 £300 Rough Weather Watercolour/paper 53x86cm/*21x34in* Par, Cornwall 97
MOORE Benson Bond 1882-1974 **[22]**
 $500 FF2 597 £296 "Summer on the Anacostia D.C" Oil/board 21x20cm/*8x8in* Asheville, NC 97
 $500 FF3 021 £297 "Along Sligo Creek, MD" Oil/masonite 50x40cm/*20x16in* Asheville, NC 97
MOORE Claude T. Stanfield 1853-1901 **[26]**
 $2 334 FF11 880 £1 400 Northfleet Oil/canvas 32x47cm/*12x18in* London 96
 $6 580 FF33 740 £4 000 Frigate Outward Bound off Shoeburyness Oil/canvas 51x76,5cm/*20x30in* London 96
 $1 003 FF6 235 £600 Sunset Watercolour/paper 13,5x18,5cm/*5x7in* London 98
MOORE Frank Montague 1877-1967 **[16]**
 $1 000 FF5 988 £612 "Pines and Sea, Pt. Lobos" Oil/board 25x50cm/*10x20in* Altadena, CA 97
 $1 400 FF8 383 £856 "Laughing Waters" Oil/masonite 66x91cm/*26x36in* Altadena, CA 97
MOORE Guernsey 1874-1925 **[1]**
 $2 200 FF13 064 £1 343 Knight on horseback, castle in background Gouache/paper 41x31cm/*16x12in* New-York 98
MOORE Harry Humphrey 1844-1926 **[26]**
 $849 FF4 962 £502 Self Portrait Oil/panel 17x12cm/*7x5in* Boston, Mass. 97
 $4 670 FF22 640 £3 000 A young beauty Oil/canvas 58x46cm/*22x18in* London 95
MOORE Henrik 1876-1942 **[2]**
 $13 000 FF74 285 £7 963 Standing Woman: Bonnet Bronze H18,5cm/*H7in* New-York 97
MOORE Henry 1898-1986 **[1088]**
 $55 000 FF328 553 £33 709 Ideas for Sculpture: Internal/External Forms Mixed media/board 43x32cm/*16x12in* New-York 98
 $900 FF5 586 £542 Eva Lithograph 44x51cm/*17x20in* Miami, Florida 98
 $38 350 FF189 200 £25 000 Standing Figure No. 3 Bronze H21cm/*H8in* London 95
 $650 000 FF3 180 000 £411 000 Bronze Form Bronze H442cm/*H174in* New-York 95
 $2 886 FF16 750 £1 705 Figurenstudien Pencil/paper 18,5x25,5cm/*7x10in* Dresden 97
MOORE Henry 1831-1895 **[97]**
 $444 FF2 761 £280 A Fishing Fleet on the Open Sea Oil/canvas 25,5x54,5cm/*10x21in* London 97
 $3 950 FF20 240 £2 400 Monsaldale on the Wye, Derbyshire Oil/canvas 56x77,5cm/*22x30in* London 96
 $15 640 FF80 100 £9 500 Every Cloud hath ist Silver Lining Oil/canvas 96,5x178cm/*37x70in* London 96
 $656 FF3 766 £400 Off Spithead/getting Wet/Half Stage/Entering Bolougne/Leaving/Foreland Crayon/papier 7,5x11cm/*2x4in* London 97
MOORE John Drummond McPh. 1888-1958 **[9]**
 $4 313 FF26 415 £2 576 Watsons bay Oil/canvas/board 34,5x42,5cm/*13x16in* Sydney 97
MOORE Leslie L.H. XIX-XX **[17]**
 $261 FF1 506 £160 Wroxham Bridge Pencil 27x38cm/*11x15in* Aylsham, Norfolk 97

MOORE Neil 1959 [3]
 $2 370 FF11 670 £1 527 Untitled Öl/Leinwand 45x35,5cm/*17x13in* Köln 95
MOORE Nelson Augustus 1824-1902 [11]
 $2 200 FF12 709 £1 356 Path to the Park Gazebo Oil/canvas 25,5x44cm/*10x17in* New-York 97
MOORE OF HULL Henry XIX-XX [5]
 $16 000 FF91 116 £9 849 Fleet of Shore Oil/canvas 63,5x101,5cm/*25x39in* New-York 97
MOORE OF IPSWICH John 1820-1902 [26]
 $905 FF4 640 £550 Fishing boats in a choppy sea Oil/panel 25,5x43,5cm/*10x17in* London 96
 $12 817 FF73 327 £8 000 Leaving the Harbour Oil/canvas 35,5x54,5cm/*13x21in* London 97
MOORE Robert 1964 [15]
 $378 FF1 936 £241 "Holden FC" Enamel/panel 63x132cm/*24x51in* Brisbane 96
MOORE William, Snr. 1790-1851 [5]
 $1 517 FF7 730 £1 000 The young Archers Watercolour 41x31cm/*16x12in* London 96
MOORE-PARK Carlton (Attrib.) 1877-1956 [1]
 $2 370 FF14 192 £1 450 Storks Pastel/paper 46x36cm/*18x14in* Billingshurst, West Sussex 97
MOORMANS Franciscus 1832-1884 [4]
 $4 034 FF23 552 £2 400 Interior Scene Oil/panel 32x24cm/*12x9in* London 97
MOORMANS Frans 1831-1893 [13]
 $3 200 FF16 000 £2 070 The News Oil/panel 31x41cm/*12x16in* New-York 96
 $8 800 FF46 000 £5 240 La lecture Huile/panneau 37,5x46cm/*14x18in* Pontoise 96
MOOS Carl 1879-1959 [15]
 $961 FF5 580 £587 "Die Herrin des Nil's, München" Poster 125x91cm/*49x35in* Amsterdam 97
MOOS von Max 1903-1979 [152]
 $1 514 FF8 846 £929 Ohne Titel Tempera 30x26cm/*11x10in* Luzern 97
 $3 140 FF18 526 £1 922 "Villarosa" Technique mixte/panneau 30x130cm/*11x51in* Luzern 98
 $194 FF1 135 £117 Surreale Figurenkomposition Lithographie 47x60cm/*18x23in* Zürich 97
 $630 FF3 180 £413 Portraits Encre/papier 20,6x29,6cm/*8x11in* Zürich 96

MOOSBRUGGER Josef 1810-1869 [3]
 $9 460 FF47 800 £6 220 Blick von Allmannsdorfer Höhe auf Staad und Horn Öl/Leinwand
33x48cm/*12x18in* Stuttgart 96
MOOY Jaap 1915-1987 [14]
 $1 850 FF9 650 £1 117 Souvenir de Jeunesse Assemblage 57x31cm/*22x12in* Amsterdam 96
 $925 FF4 830 £559 De Boom Collage 49,5x32,5cm/*19x12in* Amsterdam 96
MOOY Jan 1776-1847 [3]
 $4 190 FF21 700 £2 800 T'Schip "Archangel Michell", Capt. H. Lubau Uyt Watercolour 43x57cm/*16x22in*
London 96
MOR VAN DASHORST Antonio (Attrib.) 1512/19-1575/77 [2]
 $73 361 FF440 616 £44 000 Portrait of a Gentleman, Bust-length, in a dark Slashed Doublet Oil/panel
42,5x32,5cm/*16x12in* London 98
MORA Francis Luis 1874-1940 [55]
 $2 400 FF13 864 £1 479 Peasants Relaxing in a Mountainous Landscape Oil/canvas 40,5x91,5cm/*15x36in*
New-York 97
 $5 500 FF33 092 £3 292 Paris Street Scene Oil/panel 14x24cm/*5x9in* Beverly Hills, Calif. 98
 $400 FF2 383 £248 Out for a Sail/Marine Scene/On a Sailboat Pencil/paper 20x12,5cm/*7x4in*
Washington 97
MORA Joseph Jacinto 1876-1947 [5]
 $1 900 FF11 452 £1 149 Young boy in sailor top Bronze H41cm/*H16in* Pasadena, California 98
MORACH Otto 1887-1973 [33]
 $14 220 FF73 260 £8 820 Die Fabriken von Estaque Oil/canvas 60x92cm/*23x36in* Zürich 96
 $2 180 FF11 030 £1 430 Kirchenraum Paris Crayon/papier 32,5x25,3cm/*12x9in* Zürich 96
MORADEI Arturo 1840-1901 [1]
 $4 194 FF23 766 £2 097 Nonno con la nipotina Olio/tela 74x56,5cm/*29x22in* Milano 98
MORAL Jean 1906 [16]
 $2 600 FF16 059 £1 562 Feet and Glass Balls Silver print 28,5x20cm/*11x7in* New-York 98
MORALES Armando 1927 [145]
 $7 000 FF41 249 £4 182 Sin Titulo Oil/board 40,5x51cm/*15x20in* New-York 97
 $13 000 FF76 606 £7 767 Two Nudes Oil/paper 27x22cm/*10x8in* New-York 97
 $90 000 FF468 000 £59 500 Fonografo III Mixed media/canvas 101,5x127cm/*39x50in* New-York 96

$1 100 FF5 710 £728 Dos Banistas Color lithograph 71x56cm/*27x22in* San Francisco-Los Angeles 96
MORALES Dario 1944-1988 **[16]**
$35 000 FF204 438 £20 709 El Baño Bronze 44,5x57x49,5cm/*17x22x19in* New-York 97
$2 200 FF12 842 £1 308 Desnudo Femenino Ballpoint pen 23,5x31cm/*9x12in* New-York 97
MORALES de Luis, El Divino 1509-1586 **[9]**
$13 110 FF75 430 £7 790 Ecce Homo Oleo/tabla 40x29,5cm/*15x11in* Madrid 97
MORALES Eduardo 1868-1938 **[11]**
$2 750 FF16 757 £1 700 Carreta Oil/wood 21,5x26,5cm/*8x10in* Miami, Florida 98
MORALES Juan Antonio 1912-1984 **[14]**
$4 750 FF26 418 £2 940 Mural Studies Oil/canvas 59x149cm/*23x59in* Miami, Florida 97
MORALES Rodolfo 1925 **[24]**
$13 000 FF63 100 £8 370 Sin título Oil/canvas 100x100cm/*39x39in* New-York 95
$28 000 FF163 550 £16 567 Sin título Oil/canvas 117x148cm/*46x58in* New-York 97
MORALIS Yannis 1916 **[7]**
$9 010 FF46 650 £6 020 Section Oil/canvas 35x29cm/*13x11in* Athens 96
$17 958 FF107 212 £11 000 Angel Oil/canvas 116x89cm/*45x35in* London 97
$34 060 FF166 700 £21 560 The Visit Acrylic/canvas 123x146cm/*48x57in* Athens 95
MORALT Willy 1884-1947 **[66]**
$8 974 FF53 547 £5 414 Der Ausflug Oil/panel 20,5x29,2cm/*8x11in* Köln 97
$11 000 FF54 500 £7 000 Am Chiemsee Oil/board 51x61cm/*20x24in* London 95
$2 459 FF15 080 £1 474 Die Loisachbrücke bei Garmisch mit Wettersteingebirge Mixed media drawing 44x59cm/*17x23in* München 98
MORAN Earl 1893-1984 **[1]**
$15 000 FF73 400 £9 500 Calendar illustration: woman seated on rock at moonlit beach Pastel 116x91cm/*46x36in* New-York 95
MORAN Edward 1829-1901 **[60]**
$3 024 FF15 709 £1 792 Pulling in the Nets Oil/board 20x33cm/*8x13in* Mystic, Connecticut 97
$6 500 FF37 228 £3 845 Autumn Landscape Oil/canvas 73x58cm/*29x23in* Milford, Conn. 97
$2 500 FF15 024 £1 511 "White Cliffs of Dover" Pastel/paper 93,5x68cm/*36x26in* New-York 98
MORAN Edward 1819-1878 **[9]**
$6 500 FF38 575 £4 031 Storm at sea Oil/canvas 51x76cm/*20x29in* New-York 97
MORAN Edward Percy 1862-1935 **[33]**
$750 FF4 491 £448 Courting Scene Oil/canvas 30x26cm/*12x10in* Bethesda, Maryland 98
$3 000 FF15 660 £1 813 The Guests Oil/canvas 71x96,5cm/*27x37in* New-York 96
$425 FF2 188 £274 The Courtship Watercolour/paper 38x34cm/*15x13in* Bolton, Mass. 96
MORAN Henry Marcus 1877-1960 **[3]**
$7 500 FF38 940 £4 960 The Empire State Building Oil/canvas 76x55cm/*29x21in* New-York 96
MORAN John 1831-1903 **[2]**
$8 000 FF47 789 £4 898 A Medley of Fowl Oil/panel 12x19,5cm/*4x7in* New-York 98
MORAN Leon John 1864-1941 **[18]**
$1 900 FF11 196 £1 173 The Mussel Gatherers Oil/panel 45x28cm/*17x11in* New-York 97
MORAN Paul Nimmo 1864-1907 **[1]**
$2 000 FF11 806 £1 184 Young Woman at an Open Window Oil/canvas 30x25cm/*12x10in* Elgin, Illinois 97
MORAN Peter 1841-1914 **[20]**
$75 000 FF445 102 £45 937 Horses Threshing Wheat, San Juan, New Mexico Oil/panel 35x76cm/*13x29in* New-York 98
$800 FF4 747 £496 View of Pittsburgh/Shore Fishing, Gloucester Watercolour/paper 15x23cm/*5x9in* New-York 97
MORAN Thomas 1837-1926 **[124]**
$40 000 FF239 092 £24 244 Salute From the Lagoon Oil/canvas 25,4x31,1cm/*10x12in* San Francisco-Los Angeles 97
$90 000 FF534 123 £55 125 Autumn, Peconic Bay, Long Island Oil/canvas 51x76cm/*20x29in* New-York 98
$550 FF2 816 £335 View of the Grand Canyon Print 64x87cm/*25x34in* Altadena, CA 96
$90 500 FF469 695 £59 938 Yellowstone Lake Watercolour/paper 24x48cm/*9x18in* New-York 96
MORAN Thomas Sydney XIX-XX **[2]**
$1 500 FF9 146 £900 Moonlight on the Humber River, new Foundland Oil/canvas/board

---

25,5x30,5cm/*10x12in* Boston, Mass. 98
MORANDI Giorgio 1890-1964 **[565]**
  $190 106 FF1 139 742 £115 000 Paesaggio Oil/canvas 25,5x50,5cm/*10x19in* London 97
  $420 000 FF2 055 000 £266 000 Natura morta Oil/canvas 35x49cm/*13x19in* New-York 95
  $18 240 FF92 000 £11 970 Natura morta con il panneggio Acquaforte 24,8x31,5cm/*9x12in* Milano 96
  $16 100 FF79 500 £10 500 Natura morta Pencil/paper 22,3x27,6cm/*8x10in* London 95
MORANDI Giovanni M. (Attrib) 1622-1717 **[3]**
  $6 620 FF34 560 £4 000 Portrait of a Cardinal Oil/canvas 64,5x51cm/*25x20in* London 96
MORANDO Pietro 1892-1980 **[15]**
  $1 320 FF7 700 £880 Suorina sul mare Olio/tela 35x25cm/*13x9in* Vercelli 97
  $3 360 FF19 040 £1 680 Tavolata di giramondo Olio/tela 55x65cm/*21x25in* Vercelli 98
MORAS Walter 1854-1925 **[41]**
  $1 205 FF7 195 £727 Hühnerhof in der Mark Öl/Leinwand 30x47cm/*11x18in* Bremen 97
  $1 849 FF10 796 £1 118 Hochgebirgslandschaft mit spiegelndem See Öl/Leinwand 39x64,5cm/*15x25in* Lindau 97
  $1 041 FF6 083 £639 Weite märkische Landschaft Aquarell/Papier 31x46cm/*12x18in* Berlin 97
MORATH-MILLER Inge 1923 **[9]**
  $775 FF4 751 £464 Marilyn Monroe with Arthur Miller, Reno Silver print 33x48cm/*13x19in* Philadelphia 98
MORAZZONE Pier Fr. (Attrib.) 1573-1626 **[3]**
  $3 200 FF17 738 £1 974 A study for a Martyrdom Black chalk/paper 21,7x27,5cm/*8x10in* New-York 97
MORAZZONE Pier Francesco 1573-1626 **[2]**
  $11 655 FF68 725 £6 900 The Mariage at Cana Oil/canvas 58,5x38cm/*23x14in* London 97
MORBELLI Angelo 1853-1919 **[26]**
  $14 880 FF72 500 £9 360 Mare tranquillo Olio/tavola 14x33cm/*5x12in* Milano 95
  $102 408 FF580 313 £51 204 Dalla Colma Olio/tela 70x100cm/*27x39in* Milano 97
  $66 000 FF374 000 £44 000 Vecchie calzette Pastelli 59x100cm/*23x39in* Milano 97
MORCHAIN Paul 1876-1939 **[110]**
  $1 222 FF7 000 £723 Le retour des pêcheurs Huile/toile 50x61cm/*19x24in* Calais 97
  $1 464 FF8 800 £877 Port Breton Huile/toile 32x40cm/*12x15in* Paris 98
  $183 FF1 100 £109 Bateaux en port Crayon/papier 21x28cm/*8x11in* Paris 98
MORCILLO RAYA Gabriel 1888-1973 **[17]**
  $2 230 FF11 100 £1 420 Joven manola Oleo/cartón 37x28cm/*14x11in* Madrid 95
  $19 500 FF100 500 £12 500 Bacos Oleo/lienzo 107x95cm/*42x37in* Madrid 96
MORE Jacob c.1740-1793 **[8]**
  $16 249 FF94 251 £10 000 An Italian River landscape, with Figures in the Foreground Oil/canvas 66x89,5cm/*25x35in* London 97
MOREAU Adolphe Ferdinand 1827-1882 **[2]**
  $4 000 FF23 781 £2 409 Boating Party Oil/canvas 53x68,5cm/*20x26in* New-York 98
  $2 800 FF14 000 £1 812 The Wedding Procession Watercolour/paper 36x46cm/*14x18in* New-York 96
MOREAU Adrien 1843-1906 **[36]**
  $2 185 FF12 757 £1 300 A Mother and Her Child Oil/panel 34,5x26cm/*13x10in* London 97
  $16 000 FF91 168 £9 800 L'Averse Oil/canvas 90x60cm/*35x23in* New-York 97
  $67 000 FF340 600 £40 000 Les Noces d'argent Oil/canvas 93x132cm/*36x51in* London 96
  $4 233 FF25 200 £2 588 Portrait de jeune fille assise pensive Pastel/papier 91x64cm/*35x25in* Aix-les-Bains 98
MOREAU Auguste 1834-1917 **[84]**
  $3 808 FF22 722 £2 296 Pêcheuse de crevettes Bronze 63x26cm/*24x10in* Lokeren 97
  $5 538 FF32 350 £3 400 The Infant Psyche Bronze H80cm/*H31in* London 97
MOREAU Auguste, Louis 1855-1919 **[34]**
  $2 416 FF14 409 £1 500 A Mother and Child Alabaster H57cm/*H22in* London 97
MOREAU DE TOURS Georges 1848-1901 **[19]**
  $377 FF1 900 £247 Étude de pêcheurs Huile/panneau 21x26,5cm/*8x10in* Paris 96
  $792 FF4 000 £520 Pierre le Grand chez Madame de Maintenon Huile/toile/carton 72x58cm/*28x22in* Paris 96
  $15 000 FF85 275 £9 184 Jeune fille assise dans un jardin fleuri Oil/canvas 169x133cm/*66x52in* New-York 97
MOREAU Gustave 1826-1898 **[55]**
  $58 476 FF330 000 £35 607 La barque de Cléopâtre Huile/toile 28,5x35,5cm/*11x13in* Paris 97

◑ *$200 000 FF1 028 000 £124 700* Diomedes devoured by his horses Oil/canvas 46,5x38cm/*18x14in* New-York 96

✎ *$13 675 FF84 000 £8 198* Saint Sébastien Mine plomb 16,5x9cm/*6x3in* Paris 98

MOREAU Henri 1869-1943 **[3]**

◑ *$4 018 FF22 890 £2 450* Nu de dos à la fenêtre Huile/toile 81x60cm/*31x23in* Bruxelles 97

MOREAU Hippolyte 1832-1927 **[76]**

◂ *$2 700 FF16 109 £1 617* "Le chant d'Alouette" Bronze H91cm/*H36in* Houston, Texas 98

◂ *$3 738 FF22 750 £2 282* Jeune femme aux fleurs Bronze H62,5cm/*H24in* Bruxelles 98

MOREAU Jean-Michel II 1741-1814 **[39]**

✎ *$4 370 FF22 500 £2 800* Soldiers fighting on horseback Ink 14,5x21,5cm/*5x8in* London 96

MOREAU Jean-Michel II (Att) 1741-1814 **[7]**

✎ *$3 751 FF21 759 £2 300* Manière de voyager en Espagne Ink 29x40cm/*11x15in* London 97

MOREAU Louis Gab. I (Attr.) 1740-1806 **[10]**

✎ *$845 FF4 800 £529* Lavandières sur un îlot Gouache 14,5x22cm/*5x8in* Paris 97

MOREAU Louis Gabriel l'Ainé 1740-1806 **[46]**

◑ *$4 196 FF24 201 £2 500* A hilly Landscape with a large Rock and Shepherd and Shepherdess Oil/panel 31x39,5cm/*12x15in* London 97

✎ *$2 020 FF11 964 £1 200* A View of Ruins by a River Watercolour 17,5x28cm/*6x11in* London 97

MOREAU Mathurin 1822-1912 **[236]**

◂ *$2 505 FF15 000 £1 533* L'homme scrutant l'horizon Bronze H71cm/*H27in* Lyon 97

◂ *$8 285 FF49 000 £4 973* Enfant tressant une guirlande de fleurs Bronze H100cm/*H39in* Paris 97

MOREAU Max 1902-1992 **[45]**

◑ *$2 010 FF10 210 £1 200* The Encampment at Night Oil/canvas 92,5x71cm/*36x27in* London 96

✎ *$650 FF3 895 £396* Berbère au turban Aquarelle/papier 42,5x30cm/*16x11in* Bruxelles 97

MOREAU Nicolas XIX **[4]**

◑ *$5 780 FF30 000 £3 730* Valet et ses chiens/Halte du piqueux au point d'eau Huile/toile 97x62,5cm/*38x24in* Paris 96

✎ *$4 417 FF25 000 £2 697* Hallali sur pied de sanglier bon ragot Aquarelle, gouache/papier 29x39cm/*11x15in* Soissons 97

MOREAU-NÉLATON Étienne Adolphe 1859-1927 **[28]**

▦ *$189 FF1 100 £111* "Saint-Jean du doigt, bains de mer, Grand Pardon" Affiche 140x100cm/*55x39in* Paris 97

MOREAU-VAUTHIER Augustin Edme 1831-1893 **[10]**

◂ *$201 FF1 200 £121* "Astharté" Bas-relief 16x17cm/*6x6in* Paris 97

◂ *$8 158 FF48 733 £5 000* Figure of Fortuna Bronze H129,5cm/*H50in* London 98

MOREAU-VAUTHIER Paul G. 1871-1936 **[12]**

◂ *$1 563 FF9 287 £929* A race car Bronze 7x18cm/*2x7in* Amsterdam 97

MOREELSE Paulus 1571-1638 **[19]**

◑ *$12 000 FF66 298 £7 458* Portrait of a Young Woman Oil/canvas 126,5x96cm/*49x37in* New-York 97

◑ *$38 851 FF229 084 £23 000* A shepherdess Oil/canvas 72,5x59cm/*28x23in* London 97

▦ *$2 314 FF13 513 £1 400* Cupid dancing with two allegorical women Woodcut 23x28,5cm/*9x11in* London 97

MOREELSE Paulus (Attrib.) 1571-1638 **[3]**

◑ *$6 559 FF38 093 £4 006* Portrait of a gentleman, half length/Portrait of a lady, hal length Oil/panel 68,5x57,5cm/*26x22in* Amsterdam 97

MOREL Casparus Johannes 1798-1861 **[6]**

◑ *$8 320 FF43 400 £5 500* A Dutch royal state yacht Oil/canvas 77x104cm/*30x40in* London 96

MOREL DE TANGUY XIX-XX **[15]**

◑ *$1 645 FF10 000 £988* Saint-Paul-de-Vence Huile/toile 46x65cm/*18x25in* Nice 98

▦ *$267 FF1 608 £160* "Saint Raphaël, la Côte d'Azur, été hiver" Poster 101x63cm/*39x24in* London 98

MOREL François c.1768-c.1840 **[6]**

▦ *$1 095 FF6 608 £650* Arco di Tito/Tempio della Sibilla/Tempio di Vesta/Arco di S. Severo Engraving 35,5x48cm/*13x18in* London 98

MOREL Jan Bapt. (Attrib.) 1662-1732 **[2]**

◑ *$25 430 FF129 600 £15 000* Roses, peonies, carnations, morning glory in a sculpter urn Oil/canvas 106x80cm/*41x31in* London 96

MOREL Jan Baptiste 1662-1732 **[3]**

$8 577 FF49 815 £5 239 Madonna and Child in a feigned sculpted cartouche within a garland Oil/canvas 124x84,5cm/*48x33in* Amsterdam 97

$31 440 FF156 400 £20 000 Flowers in vases Oil/canvas 162x118cm/*63x46in* London 95

MOREL Jan Evert 1777-1808 **[8]**

$1 509 FF8 912 £911 A riverside scene Oil/canvas 31,5x26,5cm/*12x10in* Amsterdam 97

MOREL Jan Evert II 1835-1905 **[52]**

$3 566 FF20 746 £2 184 An extensive river landscape with a drover and cows Oil/canvas/board 56x75cm/*22x29in* Amsterdam 97

$4 415 FF21 500 £2 795 Holländsiche Flusslandschaft Oil/panel 26x35cm/*10x13in* Bern 95

MOREL Pierre XVIII **[1]**

$7 640 FF38 000 £4 860 Paysage d'Italie Gouache 42x57cm/*16x22in* Paris 95

MOREL-FATIO Antoine Léon 1810-1871 **[32]**

$7 026 FF43 000 £4 269 Panorama d'une ville italienne Huile/toile 38x55cm/*14x21in* Paris 98

$252 FF1 500 £154 Bateau à quai Mine plomb 9x11,5cm/*3x4in* Paris 98

MOREL-LADEUIL Léonard 1820-1888 **[2]**

$10 000 FF51 500 £6 450 La Danse des Willis Bronze H71cm/*H27in* New-York 96

MORELL Josep Marcia 1899-1949 **[9]**

$492 FF2 496 £320 "Alpinismo en España" Poster 99x64cm/*38x25in* London 96

MORELL Pit 1939 **[43]**

$69 FF403 £42 Ca y est ! Arrangement culturel ... Radierung 32,3x56cm/*12x22in* Heidelberg 97

MORELLET François 1926 **[50]**

$3 278 FF20 000 £1 964 "40 000 carrés, répétition aléatoire, 50% gris, 50% jaune" Acrylique/toile 80x80cm/*31x31in* Paris 98

$20 000 FF105 000 £12 000 Tirets 0°-90° Acrylic/canvas 81x160cm/*31x62in* London 96

$136 FF800 £82 Sin titulo Serigrafia 38x31,5cm/*14x12in* Madrid 97

$8 598 FF51 000 £5 253 Stainless Still Life No.3 Bas-relief 100x100x1,5cm/*39x39xin* Paris 98

$3 900 FF20 340 £2 280 "Géométrie No. 55" Collage 48x37cm/*18x14in* Köln 96

MORELLI Domenico 1823-1901 **[30]**

$3 300 FF20 522 £2 081 Harem Girl with Sheik Oil/canvas 59x48cm/*23x19in* New Orleans, Louisiana 97

$15 000 FF85 000 £10 000 Quartiere arabo Olio/tavola 27x35cm/*10x13in* Milano 97

$1 048 FF5 939 £524 Mater Purissima Acquarello/carta 22,5x11,5cm/*8x4in* Milano 98

MORELLI Domenico (Attrib.) 1823-1901 **[7]**

$720 FF4 080 £360 "Le tentazioni di Sant'Antonio" Acquarello/carta 26x20cm/*10x7in* Roma 97

MORELLO Federico 1885-? **[2]**

$2 310 FF11 800 £1 400 Paesaggio con pecore (Capri) Olio/tavola 60x70cm/*23x27in* Prato 96

MORENI Mattia 1920 **[39]**

$8 400 FF47 600 £4 200 "Un'anguria come apparizione e come un'incubo" Olio/tela 44,5x80,5cm/*17x31in* Prato 97

$27 600 FF156 400 £13 800 Un albero Olio/tela 114x146cm/*44x57in* Prato 97

$1 560 FF8 840 £1 040 Composizione China/carta 65x50cm/*25x19in* Vercelli 97

MORENO CAPDEVILLA Francisco 1926 **[3]**

$850 FF4 250 £551 Camino al Tepozteco Etching 48x31cm/*19x12in* Delray Beach, Florida 96

MORENO CARBONERO José 1858-1942 **[17]**

$1 914 FF11 455 £1 131 Escena del Quijote Oleo/lienzo 61x98cm/*24x38in* Madrid 98

$2 354 FF14 309 £1 412 Rincón malagueño Oleo/lienzo 33,5x26cm/*13x10in* Madrid 98

MORENO Michel 1945 **[99]**

$281 FF1 400 £183 Composition aux personnages Gouache 39x29cm/*15x11in* Paris 95

MORENO VILLA José 1887-1955 **[5]**

$2 112 FF12 837 £1 300 Personaje surrealista Acuarela/papel 23x16,5cm/*9x6in* Madrid 98

MORERA Y GALICIA Jaime 1855-1927 **[4]**

$19 250 FF110 000 £11 825 Actividad portuaria, Normandia Oleo/lienzo 95x230cm/*37x90in* Madrid 97

MORERE René 1907-1942 **[29]**

$1 630 FF8 500 £1 025 Jeune femme à la fourrure Huile/toile 56x38cm/*22x14in* Paris 96

$2 270 FF13 500 £1 389 Femme endormie Huile/toile 33x41cm/*12x16in* L'Isle-Adam 97

MOREROD Edouard 1879-1919 **[3]**

$1 470 FF9 031 £881 Profilportrait einer Spanierin Pastel 61x47cm/*24x18in* Zürich 98

MORET Henry 1856-1913 **[353]**

$4 206 FF25 100 £2 538 Küstenansicht Öl/Leinwand 56x77cm/*22x30in* Hamburg 97
$32 886 FF191 084 £19 413 Jeune fille au bord de la mer Öl/Leinwand 27x39,5cm/*10x15in* Luzern 97
$1 187 FF6 200 £707 Bateaux de pêche en file indienne Aquarelle 11x19,5cm/*4x7in* Paris 96

MORETH J. XVIII-XIX [2]
$1 387 FF7 000 £911 Promenade en barque Aquarelle 53x71,5cm/*20x28in* Saint-Germain-en-Laye 96

MORETTI FOGGIA Mario 1882-1954 [22]
$1 920 FF10 880 £1 280 "Mercato a Venezia" Olio/cartone 25,5x34cm/*10x13in* Milano 97
$3 240 FF18 360 £2 160 "Arrivo del vaporetto a Chioggia" Olio/tavola 35x65cm/*13x25in* Vercelli 98

MORETTI Giovanni Battista XVIII [1]
$32 737 FF190 000 £19 988 Architettura immaginaria, porto animato Olio/tela 133,5x322cm/*52x126in* Paris-Trieste 97

MORETTI Giuseppe 1870-1953 [2]
$2 249 FF13 592 £1 340 Man on Horse Bronze H40,5cm/*H15in* New-York 97

MORETTI Lucien-Philippe 1922 [183]
$1 510 FF7 680 £902 Le jeu de dames Oil/canvas 24x19cm/*9x7in* Stockholm 96
$5 559 FF34 000 £3 298 Projets et confidences Huile/toile 46x55cm/*18x21in* Rouen 98
$97 FF500 £64 Filles de joie/Salon de coiffure Lithographie couleurs 54x76cm/*21x29in* Paris 96
$1 802 FF9 000 £1 177 "Espoir & Vie" Crayon gras 41x52cm/*16x20in* Le Havre 95

MORETTI Luigi 1884-? [17]
$1 577 FF7 970 £1 013 Couple en gondole, Venise Oil/canvas 87x64cm/*34x25in* Viby J, Århus 96

MORETTI R. XIX [4]
$1 298 FF7 782 £774 The Chess Game Watercolour/paper 37x64,5cm/*14x25in* Melbourne 98

MORETTI Raymond 1931 [64]
$2 366 FF14 000 £1 443 Trompettiste au repos Huile/toile 73x100cm/*28x39in* Nice 98
$275 FF1 700 £165 Personnages Aquarelle 49x52cm/*19x20in* Paris 98

MORGAN Barbara Brooks J. 1900-1992 [65]
$1 000 FF5 973 £612 "Hudson River at 34th, Street New York"/"Harlem Pool" Lithograph 28x35cm/*11x13in* New-York 98
$1 600 FF8 260 £1 024 Martha Graham, Letter to the World (Kick) Silver print 23x32cm/*9x12in* New-York 96

MORGAN Cole 1950 [7]
$2 469 FF14 388 £1 509 Sorc Start Gouache 100x70cm/*39x27in* Amsterdam 97

MORGAN de Evelyn née Pickering 1855-1919 [17]
$1 021 FF5 882 £600 Study of a Leg Pastel/paper 25,5x19,5cm/*10x7in* London 97

MORGAN Frederick 1856-1927 [31]
$22 200 FF114 000 £13 500 A flood Oil/canvas 139x120,5cm/*54x47in* London 96
$65 000 FF334 000 £40 500 The joy ride Oil/canvas 51x76cm/*20x29in* New-York 96

MORGAN Frederick (Attrib.) 1856-1927 [5]
$3 130 FF16 030 £1 900 Children feeding rabbits Oil/canvas 29,5x39,5cm/*11x15in* London 96
$14 000 FF79 727 £8 499 Picking Apples Oil/canvas 102x81,5cm/*40x32in* New-York 97

MORGAN Gertrude, Sister 1900-1980 [14]
$4 500 FF24 469 £2 694 Untitled Mixed media/board 25x30,5cm/*9x12in* New-York 97
$2 750 FF16 489 £1 655 Weeding Watercolour, gouache 25,5x30,5cm/*10x12in* New-York 98

MORGAN Howard [5]
$7 914 FF46 065 £4 800 Louisianna Oil/canvas 71x91,5cm/*27x36in* London 97

MORGAN John 1823-1886 [19]
$9 666 FF57 636 £6 000 The Guard of the Hareem Oil/board 53,5x36cm/*21x14in* London 97
$10 909 FF62 984 £6 500 Toddles Oil/board 26x21cm/*10x8in* London 97
$52 441 FF311 587 £32 000 A Moment of Affection Oil/canvas 127x96,5cm/*50x37in* London 98

MORGAN Mary DeNeale 1868-1948 [46]
$2 310 FF14 285 £1 387 Dark Waters Oil/board 27x27cm/*11x11in* Felton, CA 97
$4 500 FF26 117 £2 747 Monterey Cypress Oil/canvas 76x76cm/*29x29in* Los Angeles 97
$1 600 FF9 563 £969 Monterey Coast Watercolour, gouache 38,1x36,8cm/*14x14in* San Francisco-Los Angeles 97

MORGAN Matt ?-1890 [2]
$1 800 FF10 727 £1 079 "Haverly's United Mastodon Minstrels" Poster 76x100cm/*29x39in* New-York 98

MORGAN R.F. XX **[2]**
 $4 000 FF20 160 £2 580 The Hostile Takeover Oil/canvas 81x121cm/*32x48in* Hayden 96
MORGAN Sally 1951 **[13]**
 $88 FF532 £54 After Sorrow Silkscreen 56,5x34,5cm/*22x13in* Sydney 98
MORGAN Wallace 1873-1948 **[3]**
 $1 300 FF7 897 £782 Untitled to illustrate "the Inferiority Complex of Old Sippy" Pencil
38,5x49,5cm/*15x19in* New-York 98
MORGAN Walter Jenks 1847-1924 **[10]**
 $228 FF1 361 £140 An Arab Drinks Vendor Watercolour 35x24cm/*13x9in* London 98
MORGAN William 1826-1900 **[9]**
 $1 800 FF11 428 £1 124 The Banjo Player Oil/canvas 45x35cm/*18x14in* Portland, Maine 97
MORGENROTH Johann Martin 1800-1859 **[2]**
 $1 177 FF6 100 £753 Mutter mit Kind Aquarell 19,6x16cm/*7x6in* Heidelberg 96
MORGENSTERN Carl 1811-1893 **[8]**
 $4 099 FF25 134 £2 457 Gebirgslandschaft mit Alm Oil/canvas 58x47cm/*22x18in* München 98
MORGENSTERN Carl (Attrib.) 1811-1893 **[2]**
 $1 788 FF9 340 £1 064 Dorf Tirol bei Meran Öl/Papier 26x34,5cm/*10x13in* München 96
MORGENSTERN Carl Ernst 1847-1928 **[9]**
 $6 759 FF40 160 £4 020 Sorrento Öl/Leinwand 25,5x39cm/*10x15in* München 97
MORGENSTERN Christian Bernhard 1805-1867 **[13]**
 $1 733 FF10 121 £1 048 Waldinneres Oil/panel 13x21cm/*5x8in* München 97
 $7 961 FF46 020 £4 940 Italiensk landskab Oil/canvas 55x70cm/*21x27in* Köbenhavn 97
MORGENSTERN Friedrich Ernst 1853-1919 **[14]**
 $3 627 FF21 420 £2 191 Bei Vlissingen Öl/Leinwand 45x62cm/*17x24in* Wien 97
MORGENSTERN Johann Ludwig Ernst 1738-1819 **[10]**
 $2 832 FF16 748 £1 700 Capriccio Landscapes with Travellers on a Quayside Oil/panel 15,5x24,5cm/*6x9in*
London 97
MORGENSTJERNE Munthe Gerhard 1875-1927 **[7]**
 $3 042 FF15 652 £1 898 A View of a Harbourg Oil/panel 32,5x24cm/*12x9in* Amsterdam 96
 $18 720 FF96 320 £11 680 A Beach Scene with Women by a Moored Boat Oil/canvas 39x49cm/*15x19in*
Amsterdam 96
 $1 665 FF10 017 £998 A Moored Boat Watercolour/paper 18x23cm/*7x9in* Amsterdam 98
MORGENTHALER Ernst 1887-1962 **[125]**
 $606 FF3 623 £371 Orion aus der Erinnerung Öl/Leinwand 60x60cm/*23x23in* Zürich 98
 $1 213 FF7 246 £743 Kinder im Garten Öl/Leinwand 45x33cm/*17x12in* Zürich 98
 $10 056 FF60 289 £6 052 Auswanderer Öl/Leinwand 97x130cm/*38x51in* Zürich 98
 $231 FF1 366 £137 Schiffspassagiere auf dem Oberdeck Farblithographie 30x42cm/*11x16in* Zofingen 97
 $527 FF3 120 £315 Blühender Baum Aquarell/Papier 23x29cm/*9x11in* Zürich 97
MORGHEN Filippo 1730-1807 **[4]**
 $1 920 FF10 880 £1 280 Paesaggi italiani Acquaforte 56x66cm/*22x25in* Roma 97
MORGHEN Giovanni Elia 1721-1789 **[13]**
 $1 980 FF10 356 £1 200 Murals from Herculaneum Black chalk 26,5x24cm/*10x9in* London 96
MORGHEN Raphael 1758-1833 **[8]**
 $210 FF1 273 £128 Aurora, il carro di Apollo Kupferstich 44x90,5cm/*17x35in* Pforzheim 98
MORGNER Michael 1942 **[46]**
 $44 FF268 £27 "Brennender mann" Etching 53x39cm/*20x15in* Köln 98
MORGNER Wilhelm 1891-1917 **[66]**
 $43 012 FF251 257 £25 455 Landschaft mit drei Bäumen Öl/Leinwand 88,5x97,5cm/*34x38in* Köln 97
 $520 FF2 720 £310 Kartoffelernte Linocut 50x70,6cm/*19x27in* Köln 96
 $6 514 FF38 551 £3 974 Reiter vor Golgotha (Kreuzabnahme) Watercolour 22x26,5cm/*8x10in* Köln 98
MORGUE Fr. **[2]**
 $595 FF3 000 £391 "J'emploie le Coke de Gaz..." Affiche 120,5x80,5cm/*47x31in* Boulogne 96
MORI Mariko 1967 **[1]**
 $17 000 FF98 780 £10 036 Love Hotel Cibachrome print 121x152cm/*47x59in* New-York 97
MORICCI Giuseppe 1806-1880 **[5]**
 $9 442 FF58 000 £5 660 Venise Huile/toile 73x124cm/*28x48in* Lille 98
MORIER David 1704/05-1770 **[5]**
 $4 720 FF23 460 £3 000 Equestrian portrait of George III with the Duke of Cumberland Oil/canvas

100x79cm/*39x31in* London 95
MORIER David (Attrib.) 1704/05-1770 **[3]**
  $4 800 FF23 800 £3 036 Equestrian portrait of a country Squire Oil/canvas 6x51cm/*2x20in* New-York 95
MORILLOT Octave 1878-? **[3]**
  $2 631 FF15 009 £1 600 Vahine, Tahiti "Raivaru-Papeete-Tiva-VIII" Watercolour/paper 46x29cm/*18x11in* London 97
MORIMURA Yasumasa 1951 **[9]**
  $7 000 FF43 076 £4 249 Doublonnage Photograph in colour 240x119,5cm/*94x47in* New-York 98
MORIN Claude 1932 **[7]**
  $2 686 FF16 000 £1 616 La Discrétion Huile/toile 54x65cm/*21x25in* Paris 97
  $4 365 FF26 000 £2 626 Femme allongée Bronze 48x23x24cm/*18x9x9in* Paris 97
MORIN Edmond 1824-1882 **[4]**
  $7 700 FF39 900 £5 000 The sled race Oil/canvas 160x107cm/*62x42in* London 96
MORIN Georges 1874-? **[9]**
  $447 FF2 681 £267 Orientalische Tänzerin Bronze H28,5cm/*H11in* Bad Vilbel 98
MORIN Mathilde XIX-XX **[4]**
  $1 690 FF10 080 £1 049 Sonnenblumen Öl/Leinwand 150x55cm/*59x21in* Dresden 97
MORINET G. XIX-XX **[4]**
  $900 FF4 500 £588 "Petit-Renaud & Fils, Appareils pour la photographie, Nantes" Affiche
128x98,5cm/*50x38in* Boulogne 96
MORIS Louis M. 1818-1883 **[7]**
  $6 800 FF35 300 £4 500 Napoléon on horseback Bronze H64cm/*H25in* London 96
MORISE Louis Marie XIX **[3]**
  $1 124 FF6 658 £672 Francis I Bronze H53,5cm/*H21in* Toronto 97
MORISOT Berthe 1841-1895 **[133]**
  $42 687 FF255 000 £26 137 Le vase bleu Huile/toile 51x28,5cm/*20x11in* Nice 98
  $262 260 FF1 550 000 £156 860 Alice Gamby dans le salon Huile/toile 68x51cm/*26x20in* Paris 97
  $436 FF2 200 £283 L'oie/Fillette au chat/Berthe Morissot dessinant avec sa fille Pointe sèche
15x12cm/*5x4in* Paris 96
  $15 566 FF92 000 £9 310 La Malmaison Aquarelle/papier 30x19cm/*11x7in* Paris 97
MORISOT Berthe (Attrib.) 1841-1895 **[1]**
  $2 940 FF15 000 £1 935 Femme lisant au jardin Aquarelle 21x12,5cm/*8x4in* Paris 96
MORITA Shiryu 1912 **[1]**
  $5 000 FF28 935 £3 076 Untitled Ink/paper 91x67cm/*35x26in* New-York 97
MORITZ Friedrich Wilhelm 1783-1855 **[8]**
  $1 400 FF7 200 £873 "Livorno" Aquarell/Papier 25x32cm/*9x12in* Wien 96
MORITZ Louis 1773-1850 **[1]**
  $4 680 FF24 100 £2 920 Disobedience Oil/panel 35x44,5cm/*13x17in* Amsterdam 96
MORITZ William 1816-1860 **[7]**
  $1 052 FF6 211 £623 Trachtenmädchen aus dem Berner Oberland bei der Sonntagstoilette Aquarell/Papier
41x31,5cm/*16x12in* Zofingen 97
MORIZET Paul XIX-XX **[7]**
  $1 094 FF6 500 £668 Sur le chemin près de la mare Huile/toile 65x92cm/*25x36in* Brest 98
MORLAIX Emile 1910-1990 **[1]**
  $5 092 FF29 000 £3 140 Pêcheur ramenant son filet Bronze 40x62cm/*15x24in* Brest 97
MORLAND George 1763-1804 **[155]**
  $4 000 FF23 350 £2 419 Winter Landscape with Figures Oil/canvas 38x48cm/*15x19in* Bloomfield Hills,
Michigan 97
  $4 650 FF23 930 £3 000 Sheltering from the storm Oil/canvas 37,5x29,5cm/*14x11in* London 96
  $22 964 FF131 826 £14 000 Fishermen on the shore Oil/canvas 91x137cm/*35x53in* London 97
  $500 FF2 901 £295 Family Group-Feeding the New Baby Indian ink 14x11cm/*5x4in* Bethesda, Maryland 97
MORLAND George (Attrib.) 1763-1804 **[32]**
  $3 080 FF19 154 £1 942 Rest at a Roadside Inn Oil/canvas 45x60cm/*18x24in* New Orleans, Louisiana 97
MORLAND Henry Robert 1730-1797 **[10]**
  $26 652 FF164 422 £16 000 Portrait said to be Maria Gunning, Lady Coventry, seated at a Table Oil/canvas
77x63,5cm/*30x25in* London 98

Calendar & auction results: Internet **www.artprice.com**   Minitel **3617 ARTPRICE**

MORLAND James Smith 1846-1921 **[7]**
 $350 FF1 802 £225 A Summer Day on the Lake Watercolour/paper 25x34cm/*10x13in* Bolton, Mass. 96
MORLAND Samuel (Attrib.) XVII-XVIII **[1]**
 $5 310 FF27 140 £3 500 Portrait of Sir Thomas Abdy, 1st Bt. (1612-1685), bust length Oil/canvas 36x29,5cm/*14x11in* London 96
MORLEY Harry 1881-1943 **[55]**
 $2 214 FF10 810 £1 400 River Bathing Oil/canvas 56x46cm/*22x18in* London 95
 $11 850 FF57 900 £7 500 The Marriage Feast at Cana Oil/canvas 122x156cm/*48x61in* London 95
 $654 FF3 787 £400 The Willow Gatherers Gouache/paper 38x28cm/*14x11in* London 97
MORLEY Malcolm 1931 **[119]**
 $16 000 FF92 808 £9 457 Columbus Day Oil/canvas 71x91,5cm/*27x36in* New-York 97
 $155 000 FF750 000 £99 400 National Open Acrylic/canvas 127x152cm/*50x59in* New-York 95
 $451 FF2 632 £277 S.S. Amsterdam in front of Rotterdam Screenprint in colors 58x86cm/*22x33in* Amsterdam 97
 $26 000 FF150 813 £15 368 Sailing Construction 152,5x218,5x40,5cm/*60x86x15in* New-York 97
 $2 400 FF12 000 £1 554 Untitled (Self-Portrait) Pencil/paper 46x37cm/*18x14in* New-York 96
MORLEY Robert 1857-1941 **[36]**
 $501 FF2 590 £320 Frogs on the River Bank Oil/board 14x22cm/*5x8in* London 96
 $1 370 FF7 932 £849 A Woodland Landscape Oil/canvas 71x92,5cm/*27x36in* London 97
 $9 458 FF55 769 £5 800 The Old Manor House Oil/canvas 103x152cm/*40x59in* Billingshurst, West Sussex 98
MORLEY Thomas William 1859-1925 **[51]**
 $91 FF463 £60 Figures on a road Watercolour 26x37cm/*10x14in* London 96
MORLON Alexandre 1878-? **[7]**
 $1 092 FF6 512 £676 Groupe de jeune femme etc hèvre Bronze 37x82x22cm/*14x32x8in* Bruxelles 97
MORLON Antony 1835-? **[16]**
 $3 148 FF18 376 £1 872 Läsande page Oil/canvas 46x33cm/*18x12in* Stockholm 97
MORLOTTI Ennio 1910-1992 **[166]**
 $1 440 FF8 160 £720 Figure Tempera 35,5x50cm/*13x19in* Milano 97
 $8 699 FF49 298 £5 799 Nudi Olio/tela 27,5x34cm/*10x13in* Milano 97
 $30 000 FF170 000 £15 000 Vegetazione R4 Olio/tela 130x97,5cm/*51x38in* Milano 98
 $1 600 FF8 375 £1 050 Figura femminile seduta China/carta 33,2x36,3cm/*13x14in* Milano 96
MORMILE Gaetano 1839-1890 **[15]**
 $1 335 FF7 922 £816 En lille italienerdreng på et aesel Oil/canvas 23x26cm/*9x10in* Köbenhavn 98
 $2 250 FF13 966 £1 349 Feeding the Cow Oil/canvas 35x50cm/*14x20in* Mystic, Connecticut 98
MÖRNER Hjalmar 1794-1837 **[4]**
 $4 300 FF21 200 £2 803 Karl IX räddas av Wrede Oil/canvas 61x82cm/*24x32in* Stockholm 95
 $11 068 FF67 131 £6 570 Utsikt över Stockholm från Mosebacke Oil/canvas 140x226cm/*55x88in* Malmö 98
 $1 374 FF7 853 £842 Ekipage/Italiensk gatubild/... Drawing 15x10cm/*5x3in* Stockholm 97
MÖRNER Stellan 1896-1979 **[172]**
 $201 FF1 236 £120 Komposition Oil/panel 24x33cm/*9x12in* Stockholm 98
 $2 880 FF14 820 £1 796 Legende om ett träd, Guldkronan Oil/canvas 56x45cm/*22x17in* Stockholm 96
 $538 FF3 141 £332 "Trettondagsafton" Watercolour/paper 24x47cm/*9x18in* Stockholm 97
MORNET Pierre 1972 **[4]**
 $482 FF2 800 £285 Après l'orage Acrylique/papier 23x17cm/*9x6in* Le Havre 97
MORNEWICK Charles Augustus Jnr c.1800-c.1880 **[2]**
 $26 000 FF148 064 £16 005 The British Frigate San Fiorenzo Engaging the French Frigate Oil/canvas 107x57,5cm/*42x22in* New-York 97
MORO del Battista Ang.(Attr.) c.1514-c.1574 **[1]**
 $1 170 FF6 102 £684 Der hl. Hieronymus mit dem Löwen Print 14x19cm/*5x7in* Berlin 96
MORO Ferrucio 1859-? **[2]**
 $3 000 FF17 964 £1 836 The Recital Oil/canvas 50x64cm/*20x25in* Chicago, Illinois 97
MORO Franz 1875-1961 **[7]**
 $670 FF3 420 £445 Landschaft Mischtechnik/Papier 20x29cm/*7x11in* Wien 96
MORODER-LUSENBERG Josef 1846-1939 **[6]**
 $9 018 FF55 294 £5 405 Porträt eines Pfeife rauchenden Bauern Oil/wood 32x24cm/*12x9in* München 98
MORONEY Ken c.1940 **[26]**

  $787 FF4 888 £480 The Family Outing Oil/board 28x38cm/*11x14in* London 97
  $1 476 FF9 165 £900 A day on the beach Fishing Oil/canvas 46x86cm/*18x33in* London 97
MORONI Giovan Batt. (Attr.) 1520-1578 **[3]**
  $6 000 FF36 562 £3 655 Portrait of a Gentleman, half length, wearing a black Coat Oil/canvas 68,5x58cm/*26x22in* New-York 98
  $45 800 FF228 200 £30 000 Portrait of Bartolomeo Cappello in a black biretta Oil/canvas 8,5x73,5cm/*3x28in* London 95
MORONI Giovan Battista 1520-1578 **[1]**
  $1 103 000 FF5 500 000 £723 000 Portrait de Prospero Alessandri, "Noble Hombre Prospero..." Huile/toile 105x83,5cm/*41x32in* Paris 95
MOROT Aimé 1850-1913 **[15]**
  $38 870 FF227 049 £23 000 A lion Oil/canvas 117,2x268,3cm/*46x105in* London 97
MORREAU Jacqueline 1929 **[2]**
  $1 000 FF6 120 £607 Mother with Child on Lap Color lithograph 3810x5cm/*1500x2in* Milford, Conn. 98
MORRELL Wayne Beam 1923 **[11]**
  $2 200 FF13 064 £1 343 The Tropical Pool Oil/board 61x75cm/*24x29in* Boston, Mass. 98
MORREN Georges 1868-1941 **[21]**
  $813 FF4 866 £492 L'Ecluse Royers à Anvers Huile/toile 90x105cm/*35x41in* Antwerpen 97
  $5 800 FF29 500 £3 476 Arbres en automne Huile/carton 37x34cm/*14x13in* Bruxelles 96
  $296 FF1 773 £180 Voiliers au Port Pastel/paper 23x30,5cm/*9x12in* London 97
MORRET Jean-Baptiste XVIII-XIX **[6]**
  $473 FF2 800 £283 Le Café des Patriotes Eau-forte 28x53,5cm/*11x21in* Paris 97
MORRICE James Wilson 1865-1924 **[23]**
  $7 050 FF36 800 £4 420 Sailboat off rocky shore Oil/panel 11,5x15cm/*4x5in* Toronto 96
  $133 500 FF697 000 £83 700 Winter sleigh scene Oil/canvas 60x81cm/*23x31in* Toronto 96
  $1 336 FF6 970 £796 Venetian Studies Pencil 16,5x11cm/*6x4in* Toronto 96
MORRIS Alfred XIX **[8]**
  $2 541 FF14 619 £1 500 Sheep resting on a Hilltop Oil/canvas 76,5x127cm/*30x50in* London 97
MORRIS Cedric Lockwood 1889-1982 **[71]**
  $3 126 FF16 200 £2 000 Portrait of Miss Picton-Turbeville Oil/canvas 61x50cm/*24x19in* London 96
  $588 FF3 004 £380 cafe interior, Paris Pencil 36x25cm/*14x9in* London 95
MORRIS Charles XIX **[21]**
  $606 FF3 629 £380 Traveller by a Pond in a wooded Landscape/Cottage by a Pond Oil/canvas 25,5x30,5cm/*10x12in* London 97
MORRIS Edmund G. Montague 1871-1913 **[6]**
  $527 FF3 161 £319 The Artist Huile/panneau 25x34cm/*9x13in* Montréal 97
MORRIS Garman XIX-XX **[26]**
  $183 FF1 143 £110 "Off the East Coast" Watercolour/paper 12,5x38cm/*4x14in* Bristol, Avon 98
MORRIS George L.K. 1905-1975 **[23]**
  $3 750 FF21 827 £2 274 Ascent In Depth Oil/canvas 35x27cm/*14x11in* Mystic, Connecticut 97
  $10 350 FF53 716 £6 854 Foreboding Oil/canvas 152,5x136cm/*60x53in* New-York 96
  $13 000 FF75 231 £7 997 "Monte Carlo" Acrylic/canvas 84,5x68cm/*33x26in* Los Angeles 97
  $3 000 FF17 331 £1 849 Fractured Disk Gouache/paper 45x35cm/*17x13in* New-York 97
MORRIS J.C. XIX **[3]**
  $1 086 FF6 418 £649 Sheep Resting in a Landscape Oil/canvas 34x43,5cm/*13x17in* London 97
MORRIS James Charles XIX **[5]**
  $1 626 FF9 950 £1 000 The Keepers Companions Oil/canvas 68,5x93cm/*26x36in* London 98
MORRIS John c.1800-c.1850 **[18]**
  $5 380 FF27 350 £3 500 The Day's Bag Oil/canvas 71x91cm/*27x35in* Auchterarder, Perthshire 95
MORRIS Kathleen Moir 1893-1986 **[14]**
  $3 110 FF16 160 £2 057 Mary, Queen of the World Cathedral, in Winter Oil/panel 36x26cm/*14x10in* Toronto 96
MORRIS Maurice De Bevere 1923 **[7]**
  $753 FF3 800 £492 "Terrific My Salik" (publicité) Encre Chine 15x21cm/*5x8in* Paris 96
MORRIS Philip Richard 1833-1902 **[17]**
  $6 477 FF38 168 £4 000 The Sea Weed Gatherers Oil/canvas 75x127,5cm/*29x50in* London 97

Calendar & auction results: Internet www.artprice.com   Minitel 3617 ARTPRICE

MORRIS Robert 1931 **[45]**
- *$13 000 FF76 923 £7 931* Memory Drawings Assemblage 53,5x33cm/*21x12in* New-York 98
- *$14 000 FF80 645 £8 636* Untitled Assemblage 198x386x38cm/*77x151x14in* New-York 97
- *$3 200 FF16 400 £1 944* Labyrinth Ink/paper 107x152cm/*42x59in* New-York 96

MORRIS Roger 1935 **[2]**
- *$620 FF3 210 £400* Sailing boats in Old Penzance Harbour Watercolour 51x73cm/*20x29in* Penzance, Cornwall 96

MORRIS Roger 1695-1749 **[1]**
- *$38 000 FF217 515 £22 446* Untitled Construction 183x354x9cm/*72x139x3in* New-York 97

MORRIS W. Walker c.1820-c.1880 **[5]**
- *$4 653 FF27 667 £2 800* West Highland Terriers Oil/canvas 71x91,5cm/*27x36in* London 97

MORRIS Wright 1910-1992 **[21]**
- *$2 000 FF11 778 £1 234* "Nebraska" Silver print 20x25cm/*7x9in* New-York 97

MORRISH Sydney S. XIX-XX **[5]**
- *$2 949 FF17 526 £1 800* Patchwork Oil/panel 35,5x26cm/*13x10in* London 98

MORRISH William Sidney 1844-1917 **[15]**
- *$7 605 FF43 562 £4 500* A Goat-Herder in a Mountainous Landscape/Resting among the Flowers Watercolour 64x97,5cm/*25x38in* London 97

MORRISON James 1932 **[12]**
- *$1 360 FF6 940 £900* Caledon riverbank II, Canada Oil/board 37x67cm/*14x26in* Glasgow 96
- *$2 267 FF11 570 £1 500* Formal landscape II Oil/board 27x34cm/*10x13in* Glasgow 96
- *$141 FF865 £85* Psinthos, Rhodes Ink/paper 8x19cm/*3x7in* Glasgow 98

MORRISSEAU Norval H. 1932 **[54]**
- *$1 162 FF6 782 £712* Just Being Acrylic/canvas 63,5x155cm/*25x61in* Toronto 97
- *$219 FF1 140 £144* Metamorphosis, Man into bear/Man into Thunderbird Serigraph in colors 57x45,5cm/*22x17in* Calgary, Alberta 96

MORROCCO Alberto 1917 **[20]**
- *$4 495 FF22 823 £2 900* Campo San Stepano, Venezia Oil/board 41x39,5cm/*16x15in* Auchterarder, Perthshire 96
- *$4 256 FF24 021 £2 608* Still life with a basket of fruit and a pear Oil/canvas/panel 29,2x39,3cm/*11x15in* London 97

MORROCCO Leon Fr. 1942 **[7]**
- *$861 FF4 490 £520* The music table Oil/board 29x29cm/*11x11in* Glasgow 96

MORSE Jonathan Bradley 1834-1898 **[4]**
- *$2 000 FF6 580 £873* Cattle grazing Oil/canvas 45x76cm/*18x30in* Detroit, Michigan 95

MORSING Ivar 1919 **[50]**
- *$1 981 FF11 574 £1 173* "Bländade motljus" Oil/canvas 100x95cm/*39x37in* Stockholm 97
- *$3 372 FF20 202 £2 015* "Morgonljus med frukter i motljus" Oil/canvas 130x120cm/*51x47in* Stockholm 98

MORSTADT Anna 1874-? **[6]**
- *$2 970 FF15 500 £1 794* Cavalier arabe Pastel 46x45cm/*18x17in* Paris 96

MORTEL Jan c.1650-1719 **[6]**
- *$60 000 FF331 308 £37 440* A bowl of strawberries, a bottle and a rose on a ledge Oil/panel 44x36cm/*17x14in* New-York 97

MORTEL Jan (Attrib.) c.1650-1719 **[1]**
- *$5 540 FF28 000 £3 630* Nature morte à la grenade et au raisin Huile/panneau 25x31,5cm/*9x12in* Paris 96

MORTELMANS Frans 1865-1936 **[60]**
- *$692 FF3 610 £418* La bruyère à Weelde Huile/toile 80x114cm/*31x44in* Antwerpen 96
- *$1 271 FF6 590 £826* Roses jaunes Huile/toile 43x36cm/*16x14in* Antwerpen 96
- *$3 252 FF19 476 £1 944* Ferme ensoleillée à Kalmthout Gouache/papier 55x45cm/*21x17in* Antwerpen 98

MORTENSEN Christian 1908-? **[2]**
- *$560 FF3 349 £340* Der Funfte Gesang Screenprint in colors 38,5x57,5cm/*15x22in* London 97

MORTENSEN Richard 1910-1993 **[245]**
- *$8 750 FF44 500 £5 230* Composition Oil/canvas 100x121cm/*39x47in* Stockholm 96
- *$10 654 FF61 838 £6 573* Komposition Oil/canvas 65x80cm/*25x31in* København 97
- *$226 FF1 320 £133* Komposition Lithographie 50x65cm/*19x25in* Vejle 97
- *$3 295 FF19 417 £2 035* "Relief no. IX" Relief 100x70cm/*39x27in* København 97
- *$140 FF710 £92* Komposition Ink 22x30cm/*8x11in* København 96

MORTENSEN William 1897-1965 **[22]**

⬤ *$1 600 FF7 970 £1 040* Youth Gelatin silver print 18,5x13cm/*7x5in* San Francisco-Los Angeles 95

MORTIER Antoine 1908 **[27]**

👁 *$1 075 FF5 580 £676* Composition Technique mixte 28x19cm/*11x7in* Antwerpen 96

👁 *$4 878 FF29 214 £2 916* "Volume d'ombre" Huile/toile 146x97cm/*57x38in* Antwerpen 98

👁 *$10 070 FF61 750 £6 004* Composition Huile/toile 60x92cm/*23x36in* Bruxelles 98

✏ *$1 415 FF8 180 £865* Nu Fusain 100x70cm/*39x27in* Antwerpen 97

MORTIER Pierre 1611-1711 **[2]**

▦ *$1 000 FF6 120 £607* Coupe Dun Amiral de 104 Pièces de Canon Print in colors 43,5x55,5cm/*17x21in* New-York 98

MORTIER-RAMUS A. XIX **[3]**

👁 *$3 210 FF16 580 £2 130* Indonesian mountainous river landscape with houses Oil/canvas 41x56cm/*16x22in* Amsterdam 96

MORTIMER Geoffrey XIX-XX **[23]**

👁 *$130 FF799 £80* Figures in a Lane and Foal in Forground Oil/canvas 20x27cm/*8x11in* Aylsham, Norfolk 98

MORTIMER John H. (Attrib.) 1741-1779 **[1]**

👁 *$53 648 FF321 446 £32 000* The Connoisseurs: Portrait of Peter Friell and a Companion Oil/canvas 76x63,5cm/*29x25in* London 98

MORTIMER John Hamilton 1741-1779 **[15]**

👁 *$5 460 FF27 830 £3 600* Progress of Vice, preparing for the execution Oil/canvas 75x62cm/*29x24in* London 96

✏ *$580 FF3 458 £360* The Burning of John Wycliffe's Bones Forty-one Years after his death Ink 31x26,5cm/*12x10in* London 97

MORTIMER Thomas XIX-XX **[46]**

✏ *$162 FF972 £100* Kerswells Lane, Nr. Ewminster, Devon Watercolour/paper 39x26,5cm/*15x10in* Ipswich 98

MORTON Andrew 1802-1845 **[4]**

▦ *$2 464 FF12 832 £1 600* King William IV Engraving 64,5x44cm/*25x17in* London 96

MORTON Cavendish 1911 **[14]**

✏ *$278 FF1 629 £170* "Brockhampton court" Watercolour 38x56cm/*14x22in* London 97

MORVAN Hervé 1917-1980 **[21]**

▦ *$291 FF1 700 £176* "Gitanes , Régie française des tabacs" Affiche 120x140cm/*47x55in* Neuilly-sur-Seine 97

MORVILLER Joseph c.1800-c.1870 **[12]**

👁 *$7 000 FF41 542 £4 287* Angler and family in a river Landscape Oil/canvas 55x76cm/*22x30in* New-York 98

👁 *$30 000 FF156 600 £18 120* A Winter's Day Oil/canvas 91,5x163,5cm/*36x64in* New-York 96

MOSBACHER Alois 1954 **[70]**

👁 *$729 FF4 300 £450* Ohne Titel Öl/Papier 66x47,5cm/*25x18in* Wien 97

👁 *$7 236 FF42 813 £4 293* Freunde Acryl/Papier 180x135cm/*70x53in* Wien 97

✏ *$493 FF2 875 £301* Ohne Titel Mischtechnik/Papier 64x50cm/*25x19in* Wien 97

MOSCARDO José 1953 **[2]**

👁 *$1 815 FF10 862 £1 100* La Plaza de la Villa, Madrid Oleo/lienzo 65x81cm/*25x31in* Madrid 98

MOSCARDO Ramón 1953 **[6]**

👁 *$1 216 FF7 505 £722* Mercadillo en Amsterdam Oleo/lienzo 46x55cm/*18x21in* Madrid 98

MOSENGEL Adolf 1837-1885 **[12]**

👁 *$1 863 FF11 103 £1 157* Ansicht von Iseltwald am Brienzer See Öl/Leinwand 28x39cm/*11x15in* Frankfurt 97

👁 *$3 715 FF22 863 £2 273* Nad alpejskim jeziorem Oil/canvas 45,5x72,5cm/*17x28in* Warszawa 98

MOSER Carl 1873-1939 **[42]**

▦ *$401 FF2 386 £249* Der Rosengarten Woodcut in colors 18x44,5cm/*7x17in* Wien 97

MOSER James Henry 1854-1913 **[9]**

✏ *$275 FF1 651 £164* House at the Foot of a Cliff Pastel/paper 50x25cm/*20x10in* North Berwick, Maine 98

MOSER Koloman, Kolo 1868-1918 **[79]**

👁 *$16 880 FF83 200 £10 960* Geranium Oil/canvas 50x50cm/*19x19in* Wien 95

▦ *$240 FF1 431 £149* Kopf eines jungen Mädchens neben Rosen/Frauenkopf hinter eine Blume Color lithograph 20x20cm/*7x7in* Wien 97

⬧ *$11 895 FF71 460 £7 110* Vase Metal H20,5cm/*H8in* Wien 98

✏ *$1 552 FF9 532 £948* Sitzender Pencil/paper 38x23,5cm/*14x9in* Wien 98

M

MOSER Maria 1948 **[9]**

✏ *$378 FF1 930 £249* Ohne Titel Mischtechnik/Papier 43,5x48cm/*17x18in* Wien 96

MOSER Mary 1744-1819 **[2]**

🎨 *$25 000 FF127 300 £15 000* Still life of flowers Oil/canvas 54x36cm/*21x14in* London 96

MOSER Wilfrid 1914 **[37]**

🎨 *$1 823 FF10 766 £1 079* Dame / 1.138 Öl/Leinwand 24x19cm/*9x7in* Zofingen 97

🎨 *$6 290 FF31 800 £4 125* Composition Huile/toile 81x100cm/*31x39in* Zürich 96

✏ *$630 FF3 734 £374* Interieur mit Figuren Pastell/Papier 18x21cm/*7x8in* Zürich 97

MOSES Anna Mary 1860-1951 **[8]**

🎨 *$13 000 FF75 934 £7 980* When the Apples are in Blossom Tempera/board 14,5x18,5cm/*5x7in* New-York 97

🎨 *$50 000 FF296 035 £29 690* At the Well Oil/masonite 54,5x64cm/*21x25in* New-York 97

MOSES Ed 1926 **[11]**

▥ *$1 000 FF6 006 £597* Untitled Portfolio "EM3" Aquatint in colors 38x105cm/*14x41in* Los Angeles 98

✏ *$350 FF2 045 £208* Untitled Graphite 89x61cm/*35x24in* New-York 97

MOSES Grandma A.Robertson 1860-1961 **[73]**

🎨 *$31 000 FF183 975 £18 987* Down the Hudson Many Years ago Tempera/board 31x40,5cm/*12x15in* New-York 98

🎨 *$34 000 FF208 460 £20 801* Goddbye All Oil/board 39,5x51cm/*15x20in* New-York 98

MOSES Stefan 1928 **[18]**

📷 *$419 FF2 514 £250* Gerhard Richter im Atelier Photograph 30,4x40,2cm/*11x15in* München 98

MOSES Thomas G. 1856-1934 **[6]**

🎨 *$460 FF2 717 £285* Red Bluff, Mt Larson, California, Interruption 1915 Oil/canvas 60x66cm/*24x26in* Elgin, Illinois 97

MOSKOWITZ OF SAFED Shalom XX **[4]**

✏ *$1 700 FF9 924 £1 028* Beit Hamidrash Gouache/paper 25x36cm/*9x14in* Tel Aviv 97

MOSKOWITZ Robert S. 1935 **[16]**

🎨 *$1 912 FF10 899 £1 200* Swimmer Oil/paper 10x25cm/*3x9in* London 97

✏ *$800 FF4 637 £471* Red Cross (White on Black) Chalks 70x70cm/*27x27in* New-York 97

MOSLER Henry 1841-1920 **[12]**

🎨 *$6 500 FF38 484 £3 887* Morning Feeding Oil/canvas 37x45cm/*14x18in* New-York 97

MOSNER Ricardo 1948 **[22]**

✏ *$672 FF3 900 £397* "Barrio sur" Gouache/papier 31x24cm/*12x9in* Le Havre 97

MOSNIER Jean Laurent 1743/44-1808 **[9]**

🎨 *$9 000 FF53 412 £5 512* Portrait of the Honorable Mrs Pelham Oil/canvas 61x49,5cm/*24x19in* San Francisco 98

🎨 *$12 000 FF59 200 £7 750* Portrait of Anne Catherine, Viscountess Fielding Oil/canvas 147x109,5cm/*57x43in* New-York 96

MOSSA Alexis 1844-1926 **[105]**

✏ *$420 FF2 200 £253* Saint-Pons Aquarelle/papier 18x25,5cm/*7x10in* Nice 96

MOSSA Gustave-Adolphe 1883-1971 **[117]**

🎨 *$10 410 FF52 000 £6 800* Jeune femme Huile/toile 125x60cm/*49x23in* Paris 95

✏ *$2 286 FF11 560 £1 500* A Lady dressed in furlined cape/An elegant Lady in an interior Watercolour 18x16cm/*7x6in* London 96

MOSSCHER van Jacob c.1635-1655 **[5]**

🎨 *$4 078 FF24 975 £2 500* Cattle Drover in a wooded Dune Landscape with Church Spires Oil/panel 39,5x59,5cm/*15x23in* London 98

MOSSET Olivier 1944 **[43]**

🎨 *$3 685 FF19 000 £2 364* Peinture Acrylique/toile 10x100cm/*3x39in* Paris 96

🎨 *$3 368 FF20 000 £2 040* Monochrome vert Huile/toile 280x140cm/*110x55in* Paris 97

🎨 *$3 496 FF20 000 £2 182* Sans titre Huile/toile 100x100cm/*39x39in* Paris 97

MÖSSMER Joseph 1780-1845 **[8]**

🎨 *$4 378 FF26 163 £2 651* Moriv aus dem Salzkammergut Öl/Karton 17,5x27cm/*6x10in* Wien 97

✏ *$1 195 FF5 990 £756* Landschaft mit einem kleinen Bauernhof Aquarell/Papier 23x28cm/*9x11in* Wien 95

MÖSSMER Raimund 1813-1874 **[4]**

✏ *$3 047 FF18 122 £1 835* Dürnstein, Stadtmauer Aquarell/Papier 29x42cm/*11x16in* Wien 98

MOST Ludwig August 1807-1883 **[3]**

🎨 *$10 011 FF61 381 £6 000* A Village Fiesta Oil/canvas 78,5x94,5cm/*30x37in* London 98

MOSTAERT Gillis I c.1534-1598 **[13]**

$25 300 FF131 700 £16 740 La prédication de Saint Jean-Baptiste Huile/panneau 95x110cm/*37x43in* Bruxelles 96

$24 564 FF145 344 £14 781 The Flight into Egypt with Peasants Resting Under a Tree Oil/canvas 190,5x231cm/*75x90in* Amsterdam 98

MOSTAERT Gillis I (Attrib.) c.1534-1598 **[4]**

$4 800 FF23 200 £3 000 Lot and his daughters fleeing the Destruction of Troy Oil/panel 25x34cm/*9x13in* London 95

MOSTYN Thomas Edwin, Tom 1864-1930 **[64]**

$272 FF1 416 £180 Lake at the edge of a forest Oil/canvas 51x68cm/*20x26in* London 96

$1 309 FF7 575 £800 The wooded glen Oil/canvas 24x34cm/*9x13in* London 97

$13 936 FF80 000 £8 752 Jardins à Devon Huile/toile 102x128cm/*40x50in* Paris 97

MOTA Y MORALES Vicente XIX-XX **[9]**

$1 332 FF8 097 £820 Pastor con ovejas Oleo/tabla 17x24cm/*6x9in* Madrid 98

MOTE George William 1832-1909 **[30]**

$1 895 FF9 250 £1 200 Children playing on a hillside/Sheep on a track Oil/canvas 51x76cm/*20x29in* London 95

MOTELEY Georges 1865-1923 **[16]**

$2 106 FF11 000 £1 254 "Omonville-la-Rogue" Huile/toile 50,5x73cm/*19x28in* Cherbourg 96

MOTHERWELL Robert 1915-1991 **[475]**

$20 000 FF122 324 £12 228 "Two Figures, No. 12" Oil/board 19x24cm/*7x9in* New-York 98

$65 000 FF315 000 £41 700 Night Music Acrylic/canvas 76x61cm/*29x24in* New-York 95

$140 000 FF836 318 £85 806 Beside the Sea with black Stripe Oil/canvas 167,5x137,5cm/*65x54in* New-York 98

$42 500 FF253 278 £25 478 Blue Elegy Color lithograph 105x146,5cm/*41x57in* New-York 98

$6 294 FF37 291 £3 800 Composition Gouache/paper 29x37cm/*11x14in* London 97

MOTI Kaïko 1921-1981 **[18]**

$130 FF669 £81 Two Siamese Cats Aquatint in colors 53x45cm/*21x18in* Chicago, Illinois 96

$250 FF1 487 £152 Deer Watercolour/paper 47x59cm/*18x23in* Chicago, Illinois 98

MOTONAGA Sadamasa 1922 **[1]**

$28 980 FF164 220 £14 490 Senza titolo Tecnica mista/tela 91x116cm/*35x45in* Milano 98

MOTTA Camillo XVII **[1]**

$83 600 FF430 000 £52 100 David et la tête de Goliath Huile/toile 17x138cm/*6x54in* Lille 96

MOTTE Henri P. 1846-1922 **[2]**

$1 557 FF9 674 £980 The Mistress's Dressing Room Oil/panel 35,5x24cm/*13x9in* London 97

MOTTET Yvonne 1906-1968 **[13]**

$2 226 FF13 000 £1 346 Nature morte au panier Huile/toile 100,5x81cm/*39x31in* Paris 97

MOTTEZ Victor Louis 1809-1897 **[8]**

$23 000 FF136 578 £14 041 Nude Combing her Hair Oil/canvas 46x38cm/*18x14in* New-York 98

$440 FF2 500 £275 Illustration de "Lysistrate" d'Aristophane Aquarelle 19x27,5cm/*7x10in* Paris 97

MOTTRAM Charles 1807-1876 **[4]**

$339 FF1 670 £220 The Straits of Ballachulish, after Rosa Bonheur Engraving 63,5x90cm/*25x35in* London 95

MOTTRAM Charles Sim 1876-1903 **[44]**

$458 FF2 816 £280 "Off the Lizard" Watercolour/paper 43x61cm/*16x24in* London 98

MOTZ Wim 1900-1977 **[13]**

$1 170 FF6 020 £730 Stilleven met blauwe kan Oil/canvas 58,5x48,5cm/*23x19in* Den Haag 96

MOUALLA Fikret M. Saygi 1903-1967 **[286]**

$1 452 FF8 637 £900 Faces in violet and yellow Oil/canvas 31,5x27cm/*12x10in* London 97

$3 435 FF17 500 £2 264 L'église Saint-Etienne-du-Mont Huile/toile 70x58cm/*27x22in* Paris 96

$22 598 FF134 356 £14 000 The Orchestra/The Ball Watercolour 53x64cm/*20x25in* London 97

MOUCHERON de Frédéric 1633-1686 **[43]**

$6 085 FF34 829 £3 594 Italianate Mountainous Landscape with a Birchtree Oil/panel 36,5x32cm/*14x12in* Amsterdam 97

$8 869 FF52 986 £5 500 Italianate Wooded landscape with Travellers resting, Mountains beyond Oil/canvas 46x38,5cm/*18x15in* London 97

$28 900 FF146 200 £18 960 Grosses südliche Waldlandschaft mit Reitern Öl/Leinwand 110x145cm/*43x57in* Wien 96

MOUCHERON de Frédéric (Attrib.) 1633-1686 **[10]**
$4 664 FF26 974 £2 800 Cascade in a Rocky Wooded Landscape Oil/canvas 99,5x89,5cm/*39x35in* London 97
$13 093 FF75 507 £7 800 A mountainous River landscape, with Travellers on a Path Oil/canvas 37,5x41cm/*14x16in* London 97

MOUCHERON de Isaac 1670-1744 **[45]**
$19 501 FF113 314 £12 000 Figures in a classical wooded landscape, with mountains Oil/canvas 51x68cm/*20x26in* London 97
$5 720 FF27 750 £3 690 The terrace of a villa Ink 18,4x27,7cm/*7x10in* Amsterdam 95

MOUCHERON de Isaac (Attrib.) 1670-1744 **[3]**
$6 030 FF31 000 £3 890 Cavalier arrivant près d'un village Huile/panneau 83,5x60,5cm/*32x23in* Paris 96

MOUCHOT Hippolyte Louis 1846-1893 **[1]**
$1 640 FF8 500 £1 058 Le violoniste Huile/panneau 35x27cm/*13x10in* Paris 96

MOUCHOT Louis Claude 1830-1891 **[11]**
$6 736 FF40 000 £4 080 La Mosquée du Caire Huile/toile 66x52cm/*25x20in* Aubagne 97

MOUGINS Pierre XX **[21]**
$358 FF2 200 £222 Bateaux à quai Huile/panneau 33x46cm/*12x18in* Nîmes 97

MOULINET Antoine Edouard J. 1833-1891 **[9]**
$2 805 FF13 580 £1 800 A Break from School Oil/panel 25x31cm/*9x12in* London 95

MOULINNEUF Étienne XVIII **[2]**
$34 700 FF175 000 £22 630 Nature morte au trompe-l'oeil aux objets scientifiques, coquillages Huile/toile 75,5x63cm/*29x24in* Paris 96

MOULLION Alfred 1832-1886 **[3]**
$1 868 FF10 859 £1 150 A meadow pool with trees Oil/panel 44x36cm/*17x14in* Bristol, Avon 97

MOULTHROP Reuben (Attrib.) 1763-1814 **[1]**
$2 800 FF16 241 £1 655 Elizabeth Prescott Dagget/Henry Dagget of New Haven, Conn. Oil/canvas 91x72cm/*36x28in* New-York 97

MOULTRY James Douglas XIX **[2]**
$1 484 FF8 875 £900 "On the Fiddich, Banffshire" Oil/canvas 30,5x45,5cm/*12x17in* Glasgow 97
$3 540 FF17 970 £2 300 In the Perthshire Hills Oil/canvas 76x137cm/*29x53in* Auchterarder, Perthshire 95

MOULY Marcel 1918 **[66]**
$614 FF3 624 £376 "Matin", Paris Öl/Leinwand 16x27cm/*6x10in* Luzern 98
$803 FF4 100 £529 "Ismalia à Kandy" Acrylique/papier 55,5x75cm/*21x29in* Paris 96

MOUNCEY William 1852-1901 **[11]**
$923 FF4 690 £600 In the meadows Oil/board 58x28cm/*22x11in* Auchterarder, Perthshire 95
$1 010 FF6 130 £600 The Encampment Oil/canvas 30,5x40,5cm/*12x15in* Glasgow 98
$10 420 FF53 200 £6 900 Golden autumn, Galloway Oil/canvas 100,5x126,5cm/*39x49in* Glasgow 96

MOUNT Rita 1888-1967 **[31]**
$324 FF1 899 £198 Fishing Boats, gaspé, Quebac Huile/panneau 23x28cm/*9x11in* Montréal 97
$782 FF4 715 £473 Cape Cove, Gaspé Huile/toile 46x56cm/*18x22in* Montréal 98

MOUNT William Sidney 1807-1868 **[11]**
$70 000 FF414 449 £41 566 Portrait of William Wickham Mills Smith Oil/canvas 122x101,5cm/*48x39in* New-York 97

MOUNTAIN Robert Frederick 1821-1871 **[1]**
$3 253 FF16 840 £2 100 Lake St. Louis and Pointe Claire, from Nuns Island, Quebec Watercolour 17x27cm/*6x10in* London 96

MOUNTFORD Arnold 1878-? **[3]**
$6 387 FF36 730 £4 000 The Flirtatious Look Oil/canvas 71,5x92cm/*28x36in* London 97

MOUR van Jan Bapt. (Attrib.) 1671-1737 **[5]**
$35 065 FF210 737 £21 000 Portrait of a Girl, Half Length, in Turkish Costume Oil/canvas 61x52cm/*24x20in* London 98
$93 500 FF482 000 £60 000 A dinner given by the Grand Vizier in honour of the French Ambassador Oil/canvas 99x126cm/*38x49in* London 96

MOUR van Jan Baptiste 1671-1737 **[12]**
$15 600 FF80 400 £10 000 A Turkish Lady with her Son Oil/canvas 34,5x26,5cm/*13x10in* London 96

$73 471 FF441 544 £44 000 Ahmet III and his Retinue Oil/canvas 61,5x81cm/*24x31in* London 98
MOUREN Henri Laurent 1844-1926 **[80]**
$315 FF1 800 £197 L'Eglise Huile/panneau 26,5x38,5cm/*10x15in* Saint-Dié 97
$175 FF1 000 £109 Paysage Aquarelle/papier 15x11cm/*5x4in* Saint-Dié 97
MOURGUE Pierre XIX-XX **[5]**
$785 FF4 500 £479 "Bain de Vichy, le Flacon 1f.50" Affiche 93x129cm/*36x50in* Nice 97
MOURIER Claude 1930 **[101]**
$791 FF4 500 £487 Promenade printanière Huile/toile 33x41cm/*12x16in* Paris 97
$1 077 FF6 000 £669 Un après-midi d'été Huile/toile 46x55cm/*18x21in* Lesquin 97
MOURIER-PETERSEN Christian 1858-1945 **[19]**
$1 632 FF9 665 £976 "Randers Fjord udfor Holbaekgaard i baggrunden Gjessinggaard skov" Oil/canvas 50x65cm/*19x25in* Köbenhavn 97
MOUS Jozef 1896-1968 **[41]**
$157 FF821 £95 Ramasseur de charbon Huile/carton 40x30cm/*15x11in* Antwerpen 96
MOUSSEAU Jean-Paul 1927-1991 **[15]**
$278 FF1 696 £170 "A Shirley, in to What" Encre 51x31cm/*20x12in* Montréal 98
MOUTON Georges XIX-XX **[3]**
$4 950 FF25 000 £3 233 Le déplacement du clan/Trois caïds à cheval Huile/toile 38x55cm/*14x21in* Paris 96
MOUTTE Alphonse 1840-1913 **[3]**
$2 925 FF17 775 £1 755 Desnudo Oleo/lienzo 115x90cm/*45x35in* Madrid 98
MOWBRAY Henry Siddons 1858-1928 **[5]**
$9 044 FF51 594 £5 500 The Test Oil/panel 47x39cm/*18x15in* London 97
$38 000 FF192 000 £24 930 Repose, a Game of Chess Oil/canvas 30x35cm/*11x13in* New-York 96
MOY Maurice 1883-1945 **[9]**
$504 FF2 600 £325 Marché en Pays Bigouden Gouache 17x24cm/*6x9in* Quimper 96
MOY Seong 1921 **[13]**
$200 FF1 030 £129 The Royal Family/Winters Path Woodcut in colors 76x33cm/*30x13in* Bolton, Mass. 96
MOYA Federico 1802-1885 **[3]**
$1 080 FF6 345 £666 Vue d'une place à Florence Encre/papier 17,5x23cm/*6x9in* Luxembourg 97
MOYA Victor 1890-1972 **[6]**
$576 FF3 184 £352 Retrato de dama ante paisaje Oleo/lienzo 90x69cm/*35x27in* Madrid 97
MOYAERT Cornelis Claes 1592/93-1669 **[2]**
$5 560 FF28 460 £3 600 Saint John the Baptist preaching Oil/panel 80x114cm/*31x44in* London 95
MOYANO Luis 1907 **[22]**
$530 FF3 250 £316 Souveraineté, composition abstraite Huile/toile 81x116cm/*31x45in* Bruxelles 98
MOYAUX Constant 1835-1911 **[2]**
$166 FF1 000 £100 Monument au baron Taylor à Paris Aquarelle/papier 29x21cm/*11x8in* Paris 98
MOYERS William 1916 **[6]**
$6 500 FF37 016 £4 008 Chili Baskets Oil/canvas 60x76cm/*24x30in* Dallas, Texas 97
MOYNAN Richard Thomas 1856-1906 **[7]**
$9 120 FF47 300 £6 100 Home Again Oil/canvas 61x45,7cm/*24x17in* London 96
MOYNIHAN Rodrigo 1910-1991 **[27]**
$652 FF3 360 £420 Trees, Grey Wall Oil/canvas/board 36x25cm/*14x9in* London 96
$654 FF3 787 £400 The Sluice gate Oil/canvas 51x61cm/*20x24in* London 97
MOYREAU Jean 1690-1762 **[10]**
$266 FF1 512 £163 Dos partisad de caza Grabado 45x54cm/*17x21in* Madrid 97
MOYSE Edouard 1827-1908 **[6]**
$20 000 FF97 700 £12 650 The Covenant of Abraham Oil/canvas 58x86cm/*22x33in* Tel Aviv 95
$40 000 FF204 000 £26 470 Rabbi and Talmid Oil/canvas 595x35cm/*234x13in* Tel Aviv 96
$6 000 FF36 188 £3 562 Portrait of a Young Jew Pastel/paper 31x25,5cm/*12x10in* Tel Aviv 98
MOYSEY Philip 1912-1991 **[15]**
$898 FF5 274 £549 Yellow Irises, Paeonies, rhododenrons, delphiniums and Lupins Oil/canvas 76x63,5cm/*29x25in* London 97
$571 FF3 354 £349 Ton resting by the Gypsy Caravan, the Canary-coloured Cart Watercolour 28x30,5cm/*11x12in* London 97

MOZART Anton 1573-1625 **[2]**

✐ *$1 530 FF9 036 £906* Die Anbetung der Hl. Drei Könige Ink 19x23,2cm/*7x9in* Berlin 97

MOZART Anton (Attrib.) 1573-1625 **[2]**

👁 *$6 460 FF38 000 £3 986* Paysage anthropomorphique Huile/panneau 30,5x71,5cm/*12x28in* Paris 97

MOZERT Zoë 1904-1993 **[4]**

✐ *$3 300 FF19 031 £1 965* Woman in Abbreviated Uniform with Lipstick Pastel/panel 57x40cm/*22x16in* New-York 97

MOZIER Joseph 1812-1870 **[8]**

⬳ *$27 000 FF157 709 £16 575* The White Lady Marble H140cm/*H55in* New-York 97

MOZIN Charles Louis 1806-1862 **[26]**

👁 *$1 900 FF11 585 £1 140* A Launch in Rough Seans Oil/panel 17x26,5cm/*6x10in* Boston, Mass. 98

👁 *$3 844 FF23 500 £2 352* Le port de pêche Huile/toile 36x54cm/*14x21in* Soissons 98

✐ *$119 FF720 £71* Régates Mine plomb 19x29cm/*7x11in* La Rochelle 97

MOZOS Pedro 1915-1982 **[46]**

✐ *$355 FF1 792 £233* Maternidad Acuarela 34x28cm/*13x11in* Madrid 96

MUAFANGEJO John 1943-1987 **[8]**

▥ *$473 FF2 837 £291* A man is hunting an eland in a forest and skinning it Linocut 52,5x44,5cm/*20x17in* Johannesburg 98

MUCCHI Gabriele 1899-? **[15]**

✐ *$1 080 FF6 120 £540* Mattino Tecnica mista/carta 46x67cm/*18x26in* Milano 98

MUCCINI Marcello 1926-1978 **[9]**

👁 *$1 560 FF8 840 £780* Natura morta con oggetti e vaso di peonie Olio/tela 50x70cm/*19x27in* Roma 97

MUCHA Alphonse 1860-1939 **[519]**

👁 *$85 000 FF507 161 £51 272* Spring Night Oil/canvas 99,5x75cm/*39x29in* New-York 97

▥ *$46 000 FF263 460 £27 213* The Seasons Poster 54x104cm/*21x40in* New-York 97

✐ *$5 500 FF28 700 £3 460* La tête de mort Pastel 43x33cm/*16x12in* New-York 96

MUCHA Reinhard 1950 **[3]**

▥ *$15 000 FF77 700 £10 020* BBK Edition Print 115x173cm/*45x68in* New-York 96

⬳ *$49 605 FF289 575 £30 000* Norden Assemblage 111x223x25,5cm/*43x87x10in* London 97

MUCHA Willy 1905-1995 **[19]**

✐ *$685 FF3 878 £420* Pêcheurs Gouache/paper 48x61cm/*18x24in* London 97

MUCHE Georg 1895-1987 **[13]**

👁 *$5 353 FF31 825 £3 316* Graues Stilleben mit Früchten Öl/Leinwand 47x80cm/*18x31in* Stuttgart 97

▥ *$1 121 FF6 693 £676* Eine Hand und zwei Herzen über Schachbrett Radierung 14,7x13,2cm/*5x5in* Hamburg 97

✐ *$1 944 FF11 573 £1 188* Oben Himmel unten Erde, zwischen Gap und La Mure Pencil 38,5x32cm/*15x12in* Berlin 98

MUCHE Marianne XIX **[1]**

👁 *$4 700 FF24 050 £3 015* Assorted flowers in an urn Oil/canvas 72x54,5cm/*28x21in* Wien 96

MÜCKE Karl Anton H. 1806-1891 **[3]**

✐ *$1 272 FF7 417 £778* Konradin nimmt Abschied von seiner Mutter Gouache 29,5x46cm/*11x18in* München 97

MÜCKE Karl Emil 1847-1923 **[5]**

👁 *$2 600 FF15 457 £1 590* Trimming the Tree Oil/canvas 30,5x26cm/*12x10in* New-York 97

MUCKLEY Louis Fairfax 1862-1926 **[4]**

👁 *$43 945 FF251 693 £26 000* A Sainted Maiden Oil/canvas 88x61,5cm/*34x24in* London 97

MUCKLEY William Jabez 1837-1905 **[15]**

👁 *$5 948 FF35 856 £3 600* A Still Life of Roses, Delphiniums and Primroses with Butterflies Oil/canvas 57x69cm/*22x27in* Oakwellgate, Gateshead 98

✐ *$3 007 FF18 416 £1 800* A Still Life of Grapes and Oranges Watercolour/paper 45x55cm/*17x21in* London 98

MUELLER Otto 1874-1930 **[220]**

👁 *$125 400 FF618 000 £80 800* Landschaft mit Baum Tempera/canvas 85x98cm/*33x38in* Berlin 95

👁 *$1 624 800 FF9 523 800 £1 000 000* Zigeunerinnen am Lagerfeuer/Zwei junge weibliche Akte Tempera/canvas 110,5x161cm/*43x63in* London 97

▥ *$6 850 FF40 296 £4 227* Waldsee mit drei badenden und einem sitzenden Mädchen Lithographie 33x27cm/*12x10in* Heidelberg 97

✐ *$6 970 FF34 300 £4 490* Zwei Baume am Wasser Ink 13,9x9,1cm/*5x3in* Berlin 95

MUENCH John 1914-1992 **[7]**
  $2 000 FF10 100 £1 298 Haying I Oil/board 60x42cm/*24x16in* Portland, Maine 96
MUENIER Jules Alexis 1863/69-1942 **[16]**
  $1 956 FF11 661 £1 200 In the Artist's Studio Oil/canvas 41x33cm/*16x12in* London 98
  $4 000 FF24 375 £2 481 Snowy Landscape Oil/canvas 100x73,5cm/*39x28in* New-York 98
MÜHL Otto 1925 **[98]**
  $973 FF5 733 £601 Ohne Titel Acryl/Papier 54,5x75cm/*21x29in* Wien 97
  $22 540 FF115 400 £14 470 "Massaker in Arles" Acrylic/canvas 180x120cm/*70x47in* Wien 96
  $794 FF4 762 £482 "Aus 12 Aktionen" Serigraph in colors 100x70cm/*39x27in* Wien 98
  $621 FF3 606 £379 Ohne Titel Mischtechnik/Papier 29,5x21cm/*11x8in* Wien 97
MÜHL Roger 1929 **[183]**
  $1 017 FF5 800 £635 "Automne" Huile/toile 15x25cm/*5x9in* Saint-Dié 97
  $1 800 FF10 483 £1 099 La montagne au printemps Oil/canvas 97x162cm/*38x63in* New-York 97
  $2 648 FF16 000 £1 577 Paysage cannois Huile/toile 44x48cm/*17x18in* Saint-Dié 97
  $1 053 FF6 000 £657 Personnage en bleu Gouache/papier 43x30cm/*16x11in* Saint-Dié 97
MÜHLBECK Josef 1878-1948 **[21]**
  $710 FF4 048 £443 Sommertag im Voralpenland Öl/Leinwand 70x80cm/*27x31in* Köln 97
  $904 FF5 356 £537 Sommerlandschaft mit einem Teich rechts, links Bäume vor einem Hang Oil/wood
17x29cm/*6x11in* Dresden 97
MÜHLENEN von Max Rudolf 1903-1971 **[35]**
  $3 530 FF17 200 £2 236 Schlachtenszene Tempera 100x166cm/*39x65in* Bern 95
  $4 134 FF21 500 £2 730 Landschaft in Stuckishaus Öl/Leinwand 89x116cm/*35x45in* Bern 96
MUHLENHAUPT Curt 1921 **[55]**
  $815 FF4 827 £501 Arndtstrasse Oil/canvas 40x30cm/*15x11in* München 98
  $1 300 FF6 780 £760 Der Trödler Öl/Leinwand 65x50cm/*25x19in* Berlin 96
  $162 FF946 £99 Trudeljungs Offset 38x55cm/*14x21in* Berlin 97
  $1 202 FF6 271 £703 "Wat soll die Brille Lehmann! biste uff eenmal kurzsichtich ..." Pencil
73x51cm/*28x20in* Berlin 96
MÜHLHAUS Daan 1907-? **[4]**
  $1 833 FF10 518 £1 125 Ice skaters on a canal, Amsterdam Oil/canvas 49x69cm/*19x27in* Cape Town 97
MÜHLIG Albert Ernst 1862-? **[11]**
  $959 FF5 710 £595 Pferdefuhrwerk im Buchenwald Öl/Papier 35x24,5cm/*13x9in* Dresden 97
  $263 FF1 506 £155 Augustabend an der Elbe bei Diesbar Aquarell/Papier 10x21cm/*3x8in* Dresden 97
MÜHLIG Bernhard 1829-1910 **[39]**
  $1 444 FF8 434 £873 Hirtin mit Kühen auf einem Gebirgsweg Öl/Leinwand 27,5x44,5cm/*10x17in*
München 97
  $1 690 FF10 080 £1 049 Ein Wachtmeister hält Ordnung unter den Passanten auf dem Gehsteig Öl/Karton
37x51cm/*14x20in* Dresden 97
MÜHLIG Hugo 1854-1929 **[91]**
  $3 277 FF20 134 £1 966 Heidelandschaft Oil/canvas 28x47cm/*11x18in* Köln 98
  $21 122 FF123 809 £13 000 An der Elbe Oil/canvas 37x59cm/*14x23in* London 97
  $273 FF1 428 £163 Gebirgslandschaft mit Bauerngehöften im Sonnenlicht Pencil/paper 33x24cm/*12x9in*
Rudolstadt-Thüringen 96
MÜHLIG Meno 1823-1873 **[20]**
  $1 953 FF11 129 £1 225 Die Schachpartie Öl/Leinwand 16,5x14cm/*6x5in* Düsseldorf 97
  $2 750 FF13 889 £1 786 Triumphal Parade Oil/canvas 57x50cm/*22x20in* Portland, Maine 96
MUHLSTOCK Louis 1904 **[43]**
  $91 FF454 £60 Val David, Québec Fusain 51x61cm/*20x24in* Montréal 95
MUIR Anne Davidson ?-1951 **[3]**
  $927 FF5 624 £550 Anemones, Hyacinths and other Spring Flowers in a glass Vase Oil/canvas
31,5x25,5cm/*12x10in* Glasgow 98
MUIR William Temple XIX-XX **[2]**
  $968 FF5 865 £600 Looking South over North Bridge, Edinburgh Watercolour 24,5x33cm/*9x12in*
Perthshire 97
MUIRHEAD David Thomson 1867-1930 **[13]**
  $4 600 FF26 151 £2 816 A Spanish Good Friday Etching 31x19cm/*12x7in* Morris Plains 97

MULCAHY Jeremiah Hodges c.1820-c.1890 **[5]**
$3 254 FF19 442 £1 992 A View on the Banks of the Shannon Oil/canvas 43x56cm/*17x22in* Dublin 98
MULDER Joseph 1659/60-c.1718 **[3]**
$2 606 FF14 842 £1 600 Metamorphosis Insectorum Engraving 46x34cm/*18x13in* London 97
MULDERS van Camille 1868-1949 **[9]**
$1 638 FF10 067 £983 Blumenstilleben mit gelben Rosen in einer grünen Glasvase Öl/Leinwand
65x35cm/*25x13in* Stuttgart 98
MULERTT Carl Eugene 1869-1915 **[4]**
$920 FF5 427 £563 Digging Clams Oil/canvas 60x45cm/*24x18in* Cedar Falls, Iowa 98
MULET Y CLAVER Vicente 1897-1945 **[1]**
$16 750 FF85 100 £10 000 Retrato de niño con aves Oil/canvas 55x50,5cm/*21x19in* London 96
MULFORD Stockton 1886-? **[4]**
$3 250 FF16 830 £2 173 Man seated in chair with cigarette and dog (advertisement) Oil/canvas
73x71cm/*29x28in* New-York 96
MULHAUPT Frederick John 1874-1939 **[32]**
$2 000 FF11 402 £1 238 Wooded landscape with barn and river Oil/board 30x40cm/*12x16in* Dallas,
Texas 97
$8 000 FF40 450 £5 250 Harbor scene Oil/canvas 46x61cm/*18x24in* New-York 96
MULHOLLAND Sydney A. XIX **[9]**
$18 000 FF106 824 £11 025 View Tobards St. Marks/Along the Grand Canal Oil/canvas
77,5x127cm/*30x50in* New-York 97
$300 FF1 515 £197 Venetian scene Watercolour/paper 27x58cm/*11x23in* Mystic, Connecticut 96
MULIER IL CAVALIER TEMPESTA Pietro 1637-1701 **[35]**
$13 000 FF79 219 £8 065 Landscape with Shepherds and Shepherdesses with Their Flocks Oil/canvas
81,5x107,5cm/*32x42in* New-York 98
$22 800 FF129 200 £15 200 Coppia di paesaggi Olio/tela 123x111cm/*48x43in* Milano 97
MULIER IL CAVALIER TEMPESTA Pietro (Attrib.) 1637-1701 **[10]**
$9 620 FF49 500 £6 000 A shipwreck off a rocky coast Oil/canvas 12x173cm/*4x68in* London 96
$9 720 FF57 192 £6 000 Einzug in die Arche Noah Öl/Leinwand 93x153cm/*36x60in* Wien 97
MULIER Pieter I Tempesta 1615-1670 **[14]**
$15 705 FF93 707 £9 475 Schiffe im Sturm Oil/panel 57x89cm/*22x35in* Köln 97
MULIERE Claude 1940 **[5]**
$3 735 FF21 615 £2 282 A Lazy Afternoon Oil/canvas 50,5x60,5cm/*19x23in* Amsterdam 97
MÜLLER Adam 1811-1844 **[7]**
$4 755 FF24 830 £2 830 Castel Sant'Angelo, Roma Oil/canvas 71x94cm/*27x37in* Köbenhavn 96
MÜLLER Albert 1897-1926 **[95]**
$2 580 FF15 075 £1 527 Wartenberg Öl/Karton 26x34cm/*10x13in* St.Gallen 97
$7 160 FF42 417 £4 321 Selbstbildnis an Staffelei (recto)/Brustbild einer Frau (verso) Öl/Leinwand
80x69,5cm/*31x27in* Zürich 97
$92 064 FF569 338 £54 852 Wald Öl/Leinwand 112,5x109cm/*44x42in* Zürich 98
$613 FF3 637 £375 Porträt Anna III - Junge Frau Woodcut 58,7x39,7cm/*23x15in* Bern 97
$13 225 FF76 986 £8 021 Portrait der Kinder Kaspar und Judith Aquarell 60x46cm/*23x18in* Bern 97
MÜLLER Albert 1884-1963 **[7]**
$589 FF3 050 £383 "Traum" Lithograph 23,8x20,6cm/*9x8in* München 96
$2 219 FF12 807 £1 360 Hafen Aquarell/Papier 42x32cm/*16x12in* Stuttgart 97
MÜLLER Alfredo 1869-1940 **[37]**
$10 800 FF61 200 £7 200 Donna Franca Florio con il Principe Villahermosa Olio/tela 172x221cm/*67x87in*
Prato 97
$500 FF2 983 £307 Cleo de Merode Aquatint in colors 36,5x34,5cm/*14x13in* San Francisco 98
MÜLLER Anton 1853-1897 **[7]**
$11 430 FF57 800 £7 500 Pay Day Oil/panel 46x53cm/*18x20in* London 96
MÜLLER August 1836-1885 **[10]**
$2 159 FF12 755 £1 341 Zwei Bauernkinder am Brunnen Öl/Leinwand 38x33cm/*14x12in* Stuttgart 97
$3 467 FF20 242 £2 097 Eine Grossmutter unterrichtet einen kleinen Lausbub im Lesen... Öl/Leinwand
56x45cm/*22x17in* Stuttgart 97
MÜLLER Carl Leopold 1834-1892 **[15]**
$1 866 FF9 600 £1 164 Portrait einer Nubien mit fes Öl/Leinwand 52x42cm/*20x16in* Wien 96
MÜLLER Carl Wilhelm 1839-1904 **[9]**

🖼 $2 956 FF16 846 £1 811 Hochgebirgslandschaft Öl/Leinwand 71x110cm/*27x43in* Köln 97
✏ $393 FF2 034 £254 Mädchen und Jäger/Hirte unter einer Eiche Pencil 20,5x12cm/*8x4in* Hamburg 96
MULLER Charles Arthur 1868-? **[1]**
🗿 $2 820 FF14 250 £1 850 La Victoire Ivory, bronze H63,5cm/*H25in* Madrid 96
MULLER Charles Louis 1902 **[2]**
🖼 $8 547 FF52 500 £5 124 Scène d'une tragédie de Shakespeare Huile/toile 148x111cm/*58x43in* Reims 98
MULLER Charles Louis Lucien 1815-1892 **[23]**
🖼 $18 676 FF108 075 £11 412 A Languissant Lady on a Sofa Oil/canvas 97x79cm/*38x31in* Amsterdam 97
✏ $600 FF3 502 £356 A Study for a Group in "Calling of the Last Victims..." Pencil/paper 33x43,5cm/*12x17in* New-York 97
MULLER Edmund Gustavus XIX **[6]**
🖼 $2 521 FF14 720 £1 500 The old Road to Holyhead and Beaver Bridge Oil/canvas 54x85,5cm/*21x33in* London 97
MÜLLER Emma von Seehofen 1859-1925 **[8]**
🖼 $1 062 FF6 077 £662 Bildnis eines jungen Mädchens in Tracht Öl/Karton 29x23cm/*11x9in* Stuttgart 97
MÜLLER Friedrich 1749-1825 **[9]**
🖼 $524 FF2 710 £335 Baumlandschaft Etching 14x17,5cm/*5x6in* Heidelberg 96
MÜLLER Fritz 1913-? **[1]**
🖼 $2 250 FF13 355 £1 378 Portrait of a Bavarian Woman Drinking Tea Oil/panel 24x18cm/*9x7in* San Francisco 98
MÜLLER Hans 1873-? **[9]**
🗿 $282 FF1 443 £181 Steinarbeiter Bronze H23cm/*H9in* Wien 96
MÜLLER Jacob c.1630-c.1680 **[1]**
🖼 $31 350 FF163 970 £19 000 Group portrait of four children, full length, with a dog Oil/canvas 128x169cm/*50x66in* London 96
MULLER Jan 1922-1958 **[4]**
🖼 $44 000 FF255 222 £26 008 Of This Time, Of That Place Oil/canvas 122x244cm/*48x96in* New-York 97
MULLER Jan Harmensz 1571-1628 **[29]**
🖼 $2 146 FF12 745 £1 300 The Creation Engraving 26,5x27,5cm/*10x10in* London 97
MÜLLER Johann Georg 1913-1986 **[9]**
🖼 $10 460 FF54 200 £6 690 Landschaft 2 "November" Herbst Öl/Leinwand 111x120cm/*43x47in* Düsseldorf 96
🖼 $14 552 FF87 131 £8 938 Stahlrohr Öl/Leinwand 100x100cm/*39x39in* München 98
✏ $1 269 FF7 370 £750 Auf Lesbos Gouache/board 21,5x23cm/*8x9in* Dresden 97
MÜLLER Johannes 1806-1897 **[4]**
🖼 $5 931 FF35 138 £3 580 Senn, Kuh und Bless Öl/Papier 13x20cm/*5x7in* Zürich 97
MÜLLER Josef Felix 1955 **[7]**
✏ $1 315 FF8 133 £783 Ohne Titel Sanguine/papier 50x38cm/*19x14in* Zürich 98
MÜLLER Leopold Carl 1834-1892 **[33]**
🖼 $162 FF974 £97 Boerderij Huile/panneau 25x40cm/*9x15in* Antwerpen 98
✏ $463 FF2 414 £275 Markttag Pencil/paper 24x36cm/*9x14in* Wien 96
MÜLLER Maria 1847-c.1902 **[4]**
✏ $2 251 FF13 358 £1 397 Portrait des Malers August von Pettenkofen Watercolour 10x8,5cm/*3x3in* Wien 97
MÜLLER Max 1911 **[24]**
🖼 $1 051 FF5 320 £690 Femme à la fenêtre de son pavillon, Suresnes Oil/masonite 52x52cm/*20x20in* Köbenhavn 96
🖼 $1 368 FF7 040 £875 Folkmotiv Oil/masonite 26x47,5cm/*10x18in* Köbenhavn 96
MULLER Mic 1928 **[23]**
🖼 $551 FF3 000 £330 Composition aux anémones Huile/toile 27x41cm/*10x16in* Lyon 97
MÜLLER Moritz 1841-1899 **[23]**
🖼 $845 FF5 040 £524 Ein Jagdhund vertreibt Rehe am Waldrand Öl/Leinwand 41x66cm/*16x25in* Dresden 97
MÜLLER Moritz Feuer-Müller 1807-1865 **[9]**
🖼 $9 441 FF54 017 £5 892 Ein Apotheker wird in seinen nächtlichen Studien aufgeschreckt Öl/Leinwand 31x27,5cm/*12x10in* Stuttgart 97
🖼 $14 623 FF85 714 £9 000 Andreas Hofer mit seiner Familie auf der Flucht. Fackellicht Oil/canvas 124,5x106cm/*49x41in* London 97

MÜLLER Morten 1828-1911 **[33]**
- $673 FF4 016 £406 Abend am Bootssteg Öl/Karton 25x35cm/*9x13in* Bremen 97
- $2 137 FF12 663 £1 280 Skogslandskap Oil/canvas 49x38cm/*19x14in* Oslo 97

MÜLLER Otto 1874-1930 **[16]**
- $2 798 FF16 756 £1 719 Mädchen im Schilf Woodcut 37,5x42,5cm/*14x16in* Köln 98

MÜLLER Paul Jakob 1894-1983 **[129]**
- $396 FF2 037 £247 "Ascona" Huile/panneau 41,5x33,5cm/*16x13in* Bern 96
- $707 FF3 440 £448 Die Schlafende Akt Huile/panneau 39x47cm/*15x18in* Bern 95
- $143 FF848 £87 Sitzender weiblicher Akt Sanguine/papier 39x23cm/*15x9in* Bern 97

MÜLLER Peter Paul 1853-1915 **[19]**
- $1 666 FF8 220 £1 078 Sitzende Fischerin am Strand Öl/Leinwand 70x53cm/*27x20in* Kempten 96

MÜLLER Richard 1874-1954 **[117]**
- $1 620 FF9 440 £990 Liegender Männerakt Öl/Leinwand 27x58cm/*10x22in* München 97
- $16 900 FF88 300 £10 060 Kürbis mit Amsel Öl/Leinwand 58x76cm/*22x29in* München 96
- $260 FF1 356 £152 Ohne Titel Etching 21,2x27,6cm/*8x10in* Berlin 96
- $390 FF2 313 £238 Betender Mönch im "Franziskaner Kloster in Kaaden" Pencil 24x18cm/*9x7in* München 98

MÜLLER Robert 1920 **[14]**
- $121 FF707 £75 Komposition Gravure bois 67,5x52cm/*26x20in* Zürich 97
- $1 340 FF7 831 £793 Ohne Titel Indian ink 41,5x15cm/*16x5in* Luzern 97

MULLER Robert 1773-c.1820 **[2]**
- $296 000 FF1 527 000 £190 000 General George Washington (1732-1799) at the Battle of Trenton Oil/canvas 236x160cm/*92x62in* London 96

MÜLLER Robert Antoine XIX **[9]**
- $475 FF2 875 £298 Story Time Oil/canvas 50x38cm/*20x15in* Bethesda, Maryland 97
- $5 355 FF31 558 £3 200 The Lovers/The Letter Oil/panel 25,5x20cm/*10x7in* Glasgow 97

MÜLLER Rosa XIX-XX **[12]**
- $836 FF5 196 £500 "Moel Siabod from the Llugwy" Watercolour/paper 44x72cm/*17x28in* Bristol, Avon 98

MÜLLER Rudolf 1802-1885 **[23]**
- $10 056 FF60 289 £6 052 Blick auf Basel Öl/Leinwand 67,5x100,5cm/*26x39in* Zürich 98
- $2 580 FF13 180 £1 700 Ruins by the sea Watercolour 62x95cm/*24x37in* London 96

MÜLLER Rudolf, Rudi 1895-1972 **[84]**
- $314 FF1 869 £192 Vorfrühling bei Mörigen am Bielersee Öl/Leinwand 27x46,5cm/*10x18in* Bern 97
- $503 FF3 016 £309 Wintersei bei Hasle Öl/Karton 38x54,5cm/*14x21in* Bern 98

MÜLLER Victor 1871-1951 **[4]**
- $1 661 FF10 091 £1 000 A Musical Evening in Wachau, Austria Oil/canvas 39x102cm/*15x40in* London 98

MÜLLER VOM SIEL Georg Bernhard 1865-1939 **[12]**
- $446 FF2 200 £291 Eichen/Buchen Etching 57x28cm/*22x11in* Hamburg 95

MÜLLER von Emma 1859-1925 **[12]**
- $2 592 FF15 431 £1 584 Sitzendes Mädchen in Gasteiner Tracht Oil/panel 33x22cm/*12x8in* Frankfurt 98

MÜLLER Walter Emil 1896-1963 **[47]**
- $139 FF682 £89 Plage Huile/panneau 33x26,5cm/*12x10in* Zürich 95

MULLER William J. (Attrib.) 1812-1845 **[13]**
- $264 FF1 577 £160 "House of Sir Hans Sloane, Chelsea" Watercolour 30,5x49cm/*12x19in* London 97

MULLER William James 1812-1845 **[103]**
- $828 FF4 320 £500 Figures on a path by a watermill Oil/panel 27x34cm/*10x13in* London 96
- $1 975 FF11 846 £1 200 Arabs in an Eastern Landscape, a Waterfall beyond Oil/canvas 66,5x92cm/*26x36in* Billingshurst, West Sussex 98
- $24 800 FF127 600 £16 000 The falls of Tivoli Oil/canvas 168x119,5cm/*66x47in* London 96
- $20 286 FF117 261 £12 500 Tombs at Xanthus, Lycia Watercolour 35x53cm/*13x20in* London 97

MULLER Wout 1946 **[11]**
- $2 344 FF13 931 £1 394 Tuin Oil/panel 43,5x29,5cm/*17x11in* Amsterdam 97
- $4 513 FF26 347 £2 772 A Nude and Sunflowers at Night Oil 115x85cm/*45x33in* Amsterdam 97

MÜLLER-BAUMGARTEN Karl 1879-1946 **[21]**
- $714 FF3 724 £432 "Benediktenwand" Öl/Leinwand 60,5x75,5cm/*23x29in* Lindau 96
- $842 FF4 892 £514 Portrait eines bärtigen Jägers mit rauchender Pfeife Oil/panel 18x14cm/*7x5in* Lindau 97

MÜLLER-BRITTNAU Willy 1938 **[21]**

$135 FF786 £83 Komposition in vier Farben Farbserigraphie 65x50cm/*25x19in* Zürich 97

$1 239 FF7 237 £760 Ohne Titel Tempera/paper 58x67cm/*22x26in* Luzern 97

MÜLLER-BROCKMANN Josef 1914 [4]

$1 600 FF8 150 £960 Collection of 21 Posters Poster 128x90cm/*50x35in* New-York 96

MÜLLER-CASSEL Adolf Leonhard 1864-? [3]

$4 742 FF27 559 £2 800 The Dreyfuss Affair Oil/canvas 99x84cm/*38x33in* London 97

MÜLLER-CORNELIUS Ludwig 1864-1943 [48]

$1 696 FF10 043 £1 007 Heufuhrwerk vor dem Bauernhaus Öl/Leinwand 11x13cm/*4x5in* Dresden 97

MÜLLER-DIFLO Otto 1878-1949 [4]

$3 178 FF18 555 £1 922 Blick auf Frauensciemsee Oil/panel 42x61cm/*16x24in* Stuttgart 97

MÜLLER-FELLNER A. XIX [1]

$3 140 FF16 270 £2 040 St. Gilgen am Wolfgangsee Oil/panel 11x20,5cm/*4x8in* München 96

MÜLLER-HOFSCHMIED Willy 1890-1966 [15]

$413 FF2 368 £252 "Ruderer" Ink 29,5x21cm/*11x8in* Hamburg 97

MÜLLER-KAEMPFF Paul 1861-1941 [36]

$2 458 FF15 100 £1 474 Am Bodden bei Ahrenshoop Oil/canvas 60x80cm/*23x31in* Köln 98

$3 197 FF18 804 £1 972 Blaue Kate am Dünenrand Öl/Karton 16x23,5cm/*6x9in* Bremen 97

$11 210 FF55 100 £7 130 Norddeutsche Landschaft Öl/Leinwand 90x150cm/*35x59in* Stuttgart 95

$1 912 FF11 745 £1 146 Sommerliches Boddenufer nach dem regen Watercolour 40x32cm/*15x12in* Bremen 98

MÜLLER-KRAUS Erich 1911-1967 [5]

$325 FF1 695 £190 Varolö Woodcut in colors 20,8x28,7cm/*8x11in* Berlin 96

MÜLLER-KURZWELLY Konrad Alexander 1855-1914 [18]

$1 422 FF8 716 £849 Abendstimmung an einem Teich mit einem Gehöft am Ufer rechts Oil/canvas 22x35cm/*8x13in* Dresden 98

MÜLLER-LANDAU Rolf 1903-1956 [12]

$1 598 FF9 402 £986 "Herbst" Monotype 54x44cm/*21x17in* Heidelberg 97

MÜLLER-LINGKE Albert 1844-c.1900 [12]

$6 220 FF36 825 £3 693 Der Ehevertrag Öl/Leinwand 85x114cm/*33x44in* Dresden 97

MÜLLER-LINOW Bruno 1909-1997 [27]

$115 FF675 £71 Weite Flusslandschaft mit Kirche Radierung 6,9x17,8cm/*2x7in* Berlin 97

$1 133 FF6 693 £671 Blumenwiese mit Schmetterlingen Gouache 46x61cm/*18x24in* Berlin 97

MÜLLER-MASSDORF Julius 1863-? [5]

$1 638 FF9 523 £1 000 The Laundry Miad Oil/canvas 25x17cm/*9x6in* London 97

MÜLLER-SCHNUTTENBACH Hans 1889-1974 [4]

$5 233 FF30 110 £3 089 Ansicht von Neuburg an der Donau Tempera/canvas 52,5x89cm/*20x35in* München 97

MÜLLER-WERLAU Peter Paul 1864-? [5]

$1 679 FF10 056 £1 003 Blick von einer Anhöhe mit Kirche auf das Rheintal bei St. Goar Oil/canvas/panel 27,5x35cm/*10x13in* Köln 98

MÜLLER-WISCHIN Anton 1865-1949 [21]

$367 FF2 144 £217 Südliche Steilküste Öl/Karton 38x50cm/*14x19in* Konstanz 97

$548 FF3 352 £325 Waldstück/Haus im Garten Öl/Karton 30x38,5cm/*11x15in* Dresden 98

MULLEY Oskar 1891-1949 [57]

$2 212 FF12 785 £1 363 Moorlandschaft Öl/Papier 25x33cm/*9x12in* München 97

$3 604 FF21 406 £2 142 Bauerngehöft Öl/Karton 61,5x75,5cm/*24x29in* Wien 97

$12 450 FF62 200 £8 130 Bergbauernhof vor mächtiger Gebirgskulisse Öl/Leinwand 85x156cm/*33x61in* Stuttgart 95

$983 FF6 032 £589 "Tirol Kufstein im Alpenparadies des Wilden Kaiser" Color lithograph 62x92cm/*24x36in* München 98

$1 805 FF11 062 £1 078 Abendstimmung in einer Kleinstadt Mixed media/paper 25x28,5cm/*9x11in* Dresden 98

MULLICAN Matt 1951 [24]

$5 000 FF30 769 £3 035 Untitled Mixed media/canvas 243,5x122cm/*95x48in* New-York 98

$4 800 FF27 826 £2 830 Untitled (Cosmology) Etching 244x244cm/*96x96in* New-York 97

MULLINS George XVIII [6]

$5 707 FF33 653 £3 500 Landscape with Figures Oil/copper 35x43cm/*13x16in* London 98
$45 662 FF269 231 £28 000 Landscape with Figures on a Path by a Lake, and distant Mountains Oil/canvas 74,5x105,5cm/*29x41in* London 98

MÜLLNER Josef 1879-1968 **[5]**
$9 045 FF52 650 £5 575 Centaur and Nude Bronze H91cm/*H36in* Dallas, Texas 97

MULOCK Benjamin R. XIX **[1]**
$4 790 FF24 800 £3 200 "Bahia" Albumen print 18x23cm/*7x9in* London 96

MULOCK Frederick C. ?-1932 **[4]**
$1 090 FF6 533 £650 Bath from the Hill Watercolour/paper 45x25cm/*17x9in* London 98

MULREADY Augustus E. c.1863-1905 **[27]**
$2 500 FF12 540 £1 582 The Pony Ride Oil/canvas 50x27cm/*20x11in* Philadelphia 95
$7 365 FF42 898 £4 500 Carol singers Oil/canvas 46x35cm/*18x13in* London 97
$3 640 FF18 370 £2 390 Feeding the Birds/The little Street Urchim Watercolour 33x21cm/*12x8in* London 96

MULREADY William 1786-1863 **[24]**
$4 810 FF28 100 £24 630 "Edith" Oil/board 31x21cm/*12x8in* London 96

MULREADY William (Attrib.) 1786-1863 **[8]**
$1 773 FF10 530 £1 082 Sängkammarinteriör med smågrisar Oil/copper 13x15cm/*5x5in* Malmö 98

MULVAD Emma 1838-1903 **[7]**
$1 446 FF8 811 £877 Brotgede roser i en kurv Oil/canvas 33x35cm/*12x13in* København 98

MULVANY Thomas J. 1779-1845 **[2]**
$4 490 FF23 240 £3 000 Peasants winnoving Corn with the Sugarloaf in the distance Oil/canvas 30,5x45,2cm/*12x17in* London 96

MUMFORD Elizabeth XX **[2]**
$3 500 FF21 725 £2 110 The Crosby Boatyard in Osterville Oil/masonite 76x76cm/*30x30in* East Dennis, Mass. 98

MUMPRECHT Walter Rudolf 1918 **[94]**
$1 148 FF5 590 £727 "Quand la nuit tombera..." Technique mixte/toile 11,5x26,5cm/*4x10in* Bern 95
$2 730 FF16 109 £1 672 Ohne Titel Huile/panneau 40x150cm/*15x59in* Luzern 98
$251 FF1 272 £165 Trois cavaliers Radierung 36x48cm/*14x18in* Bern 96
$683 FF4 063 £418 Landschaft mit Reben zwischen Baumreihen Aquareli 30x50,5cm/*11x19in* Bern 97

MUNAKATA Shiko 1903-1975 **[70]**
$4 000 FF24 783 £2 389 Sumizuri kakemono-e, Christ Woodcut 63x27cm/*24x10in* New-York 98
$2 002 FF12 215 £1 200 Ustensils in a Temple Ink 27x24,5cm/*10x9in* London 98

MUNARI Bruno 1907 **[26]**
$2 280 FF12 920 £1 140 "Scrittura illeggibile di un popolo sconosciuto" Collage/cartone 68x68cm/*26x26in* Prato 98
$1 098 FF6 224 £549 Bozzetto di scena simultanea per il dramma futurista "il Dottor..." Acquarello/cartone 22x31cm/*8x12in* Milano 97

MUNARI Cristoforo 1667-1720 **[13]**
$66 000 FF345 200 £40 000 A Trompe l'oeil Still life of Porcelain, a silver gilt Oil/canvas 77,5x59cm/*30x23in* London 96

MUNARI Cristoforo (Attrib.) 1667-1720 **[3]**
$11 500 FF65 601 £7 071 Still life of Peaches on a Silver plate and Glass beakers Oil/canvas 51x40cm/*20x15in* New-York 97

MUNCASTER Claude Graham 1903-1974 **[55]**
$1 302 FF8 023 £800 "Looking at the Leven Estuary" Oil/canvas 50,5x76,5cm/*19x30in* London 98
$63 FF312 £40 Open Farmland Watercolour 14x19cm/*5x7in* Honiton, Devon 95

MUNCH Edvard 1863-1944 **[381]**
$29 831 FF171 258 £18 193 By the Sea Oil/panel 25x35cm/*9x13in* Stockholm 97
$974 880 FF5 714 280 £600 000 Dorfstrasse Kragero (Gate i Kragero) Oil/canvas 80x100cm/*31x39in* London 97
$386 FF2 287 £231 Norsk landskap Etching 13x18cm/*5x7in* Oslo 97
$13 660 FF70 000 £8 300 Etude préparatoire: la bergère Dessin 25x20cm/*9x7in* Quimper 96

MÜNCH-K'HE Willi 1885-1960 **[33]**
$78 FF406 £49 St. Antonius Etching 22x14,5cm/*8x5in* Lindau 96

MUNCH-PETERSEN Gustav 1912-1938 **[1]**
$3 530 FF20 318 £2 175 Surrealistik komposition Tempera 32x25cm/*12x9in* København 97

MUND Hugo 1892-1962 **[6]**

✏ *$996 FF5 752 £614* Fenster Crayon/papier 9,5x8cm/*3x3in* Wien 97

MUNDNWALAWALA Ginger Riley 1939 **[1]**

✏ *$4 447 FF27 100 £2 761* Untitled Synthetic polymer silkscreened/canvas 90x119cm/*35x46in* Melbourne 97

MUNDO Ignasi 1918 **[7]**

✏ *$650 FF3 950 £400* "Peu Vallvidreda" Oleo/lienzo 100x65cm/*39x25in* Barcelona 98

MUNDT Emilie 1842-1922 **[34]**

✏ *$650 FF3 964 £394* Dagens avis studeres Oil/canvas 35x29cm/*13x11in* Köbenhavn 98

✏ *$1 288 FF7 950 £810* Den unge kunstner ved staffeliet Oil/canvas 95x76cm/*37x29in* Köbenhavn 97

MUNDUWALAWALA Ginger Riley 1937 **[1]**

✏ *$15 248 FF87 335 £9 022* The Four Archers and Garimala Mixed media/canvas 168x168cm/*66x66in* Sydney 97

MUNERET G.(Attrib.) XVIII-XIX **[1]**

✏ *$1 626 FF9 478 £1 000* Joachim Murat, Roi de Naples, facing left in white uniform Miniature 12,9x10,7cm/*5x4in* London 97

MUNG MUNG George, Jambin 1924-1991 **[1]**

✏ *$3 812 FF21 833 £2 255* Jarcarloon (The Artsits Country) Mixed media/canvas 90x120cm/*35x47in* Sydney 97

MUNGER Gilbert D. (Attrib.) 1837-1903 **[2]**

✏ *$4 000 FF19 930 £2 620* In the Rockies Oil/paper/canvas 20x31cm/*7x12in* San Francisco-Los Angeles 95

MUNIER Émile 1810-1895 **[22]**

✏ *$7 500 FF44 589 £4 588* Sprig of Berries Oil/canvas 82,5x61cm/*32x24in* New-York 97

✏ *$32 000 FF194 528 £19 705* After Dinner Oil/canvas 44,5x29cm/*17x11in* New-York 98

✏ *$235 000 FF1 389 719 £142 574* Mother and Child Oil/canvas 138,5x96,5cm/*54x37in* New-York 98

MUNIER-ROMILLY Amélie 1788-1875 **[2]**

✏ *$2 413 FF14 814 £1 472* Franck Duval et son tambourin Fusain/papier 28x34cm/*11x13in* Genève 98

MUNK Jacob ?-1885 **[4]**

✏ *$6 500 FF33 900 £3 800* Auf dem Getreidemarkt Öl/Leinwand 45,5x54cm/*17x21in* München 96

MUNKACSI Martin Marmorstein 1896-1963 **[34]**

📷 *$5 000 FF28 851 £3 064* "Neger am strand" Photograph 23,5x29,5cm/*9x11in* New-York 97

MUNKACSY Mihály 1844-1900 **[47]**

✏ *$7 973 FF48 440 £4 800* Study of a Young Girl Oil/panel 42x31,5cm/*16x12in* London 98

✏ *$33 900 FF175 600 £22 000* Pharisäer Oil/canvas 114x86cm/*44x33in* London 96

✏ *$74 500 FF383 000 £45 000* Wine, Women and Song Oil/panel 139x92cm/*54x36in* London 96

✏ *$645 FF3 856 £395* Besuch bei der Wöchnerin Chalks/paper 21,5x34cm/*8x13in* München 98

MUNKACSY Mihály (Attrib.) 1844-1900 **[4]**

✏ *$6 150 FF30 200 £3 890* Frau mit Kind Huile/panneau 50x37cm/*19x14in* Zürich 95

MUNN Paul Sandby 1773-1845 **[28]**

✏ *$424 FF2 202 £280* Figures bathing in a stream Watercolour/paper 28x21cm/*11x8in* London 96

MUNN Paul Sandby (Attr.) 1773-1845 **[3]**

✏ *$835 FF5 115 £500* The Vale of the Conway two Miles above Llanwrst Watercolour 36x51cm/*14x20in* London 98

MUNNICHHOVEN Hendrik (Attrib.) ?-1664 **[2]**

✏ *$4 798 FF27 550 £2 926* Portrait of baroness Sparre Oil/canvas 112x90cm/*44x35in* Stockholm 97

MUNNICKS Hendrick XVII **[1]**

✏ *$18 507 FF106 000 £11 299* Le joueur de flûte Huile/toile 81x63,5cm/*31x25in* Paris 97

MÜNNINGHOF Xeno 1873-1944 **[20]**

✏ *$569 FF3 480 £349* A Heath in Autumn Oil/canvas 60,5x100,5cm/*23x39in* Amsterdam 98

MUNNINGS Alfred James 1878-1959 **[290]**

✏ *$600 FF3 482 £354* A Landau Drawn by a Pair of Greys Acrylic 37x66cm/*14x26in* Bethesda, Maryland 97

✏ *$24 060 FF116 700 £15 500* Study of a jockey Oil/panel 21x26cm/*8x10in* London 95

✏ *$2 100 000 FF12 612 600 £1 273 860* H.R.H. The Prince of Wales on "Forest Witch" Oil/canvas 138,5x186cm/*54x73in* New-York 98

🖼 *$500 FF2 982 £300* The Paddock at Epsom, Spring Meeting Print in colors 52x49,5cm/*20x19in* Suffolk 98

✏ *$6 018 FF35 573 £3 600* River Landscape, Suffolk Watercolour 17x34cm/*6x13in* London 97

MUNNS Henry Turner XIX-XX **[2]**

$4 776 FF27 422 £3 000 The Favourite Oil/canvas 87x56cm/*34x22in* London 97
MUÑOZ CONDADO Pedro 1903-1988 **[3]**
$2 925 FF17 775 £1 755 Pescadores Oleo/lienzo 114x84,5cm/*44x33in* Madrid 98
MUÑOZ DE LA RIVA María Dolores XX **[1]**
$1 485 FF8 887 £922 Retrato de dama Pastel 45x36cm/*17x14in* Madrid 98
MUÑOZ DEGRAIN Antonio Gomez 1841-1924 **[33]**
$6 600 FF39 500 £4 000 Paisaje Oleo/lienzo 62x110cm/*24x43in* Madrid 97
MUÑOZ Juan 1953 **[21]**
$16 017 FF95 000 £9 785 Laughing Matter Sculpture 35x50x23cm/*13x19x9in* Paris 98
$50 849 FF291 902 £31 000 Albuquerque Balcony Iron 108x57x46cm/*42x22x18in* London 97
MUÑOZ Lucio 1929 **[46]**
$6 750 FF40 061 £4 134 Gradefes Mixed media/panel 92x73cm/*36x28in* San Francisco-Los Angeles 97
$8 710 FF51 350 £5 330 Homenaje a Mompó Oleo/tabla 26x33cm/*10x12in* Madrid 98
$12 920 FF66 900 £8 340 "Tek Rojo" Mixed media/panel 183x204cm/*72x80in* Stockholm 96
$264 FF1 580 £164 Abstracción Aguafuerte 56x76cm/*22x29in* Madrid 98
MUÑOZ OTERO Manuel 1850-? **[2]**
$1 578 FF9 386 £966 Gondeln und Dampfschiffe in der Lagune vor Venedig Oil/panel 22,5x34cm/*8x13in* Köln 97
$1 188 FF6 747 £743 Venedig Aquarell/Papier 43x45,5cm/*16x17in* München 97
MUÑOZ RUBIO Ramón XIX-XX **[8]**
$6 270 FF37 715 £3 895 Lección de música Oleo/lienzo 98x63cm/*38x24in* Madrid 97
MUÑOZ Y CUESTA Domingo 1850-1912 **[19]**
$2 310 FF13 825 £1 365 El pequeño mosquetero Oleo/lienzo 61x75cm/*24x29in* Madrid 98
MUÑOZ Y CUESTA Domingo 1850-1935 **[12]**
$7 260 FF43 670 £4 510 Feliz encuentro Oleo/lienzo 47x39cm/*18x15in* Madrid 97
MUNOZ Y LUCENA Tomás 1860-1942 **[9]**
$9 660 FF55 580 £5 740 ¿Esta rica? Oleo/lienzo 30x45cm/*11x17in* Madrid 97
$15 000 FF77 900 £9 920 The Flower Seller Oil/canvas 120x69cm/*47x27in* New-York 96
$1 188 FF7 110 £720 Pescadora de cangrejos/La hora de la siesta Tinta/papel 35x22cm/*13x8in* Madrid 98
MUÑOZ-VERA Guillermo 1949 **[6]**
$23 100 FF138 950 £14 350 La carretilla Oleo/lienzo 130,5x97cm/*51x38in* Madrid 97
$42 500 FF250 444 £25 393 Calabazas con Fondo Naranja Oil/canvas/board 80x115cm/*31x45in* New-York 97
MUNRO Alexander 1825-1871 **[4]**
$3 227 FF19 550 £2 000 Mrs Mary Ann Matilda Roby, portrait relief Relief 54,5x45cm/*21x17in* Perthshire 97
MUNRO Charles C. Binning 1874-1910 **[1]**
$6 750 FF41 899 £4 070 Boats in an Estuary Oil/canvas/panel 48x84cm/*19x33in* New Orleans, Louisiana 98
MUNRO Hugh 1873-1928 **[10]**
$1 983 FF11 893 £1 200 The Lark Oil/panel 40,5x40,5cm/*15x15in* Glasgow 97
$2 479 FF14 866 £1 500 Feeding the Seagulls Oil/panel 38x38cm/*14x14in* Glasgow 97
MUNRO Peter 1954 **[3]**
$2 120 FF11 040 £1 400 Otter on the River Foyers Acrylic/canvas 39,5x49,5cm/*15x19in* London 96
MUNROE Sarah Sewell XX **[1]**
$6 500 FF32 000 £4 190 By the Boudoir Oil/canvas 56x46cm/*22x18in* New-York 95
MUNSCH Josef 1832-1896 **[6]**
$8 000 FF48 632 £4 926 The Procession Oil/canvas 98x126,5cm/*38x49in* New-York 98
$16 298 FF94 211 £10 043 Jagdgesellschaft beim fröhlichen Umtrunk im Kellergewölbe Oil/panel 30x40cm/*11x15in* München 97
MUNSCH Leopold 1826-1888 **[25]**
$1 866 FF9 600 £1 164 Am Heimweg von der Weide Oil/panel 37x29cm/*14x11in* Wien 96
$3 480 FF18 160 £2 350 Bondgård i Tyrolen Oil/panel 42x59cm/*16x23in* Stockholm 96
$3 116 FF18 156 £1 915 Weissenkirchen Aquarell/Papier 27x41cm/*10x16in* Wien 97
MUNSTERHJELM Ali 1873-1944 **[41]**
$30 970 FF182 853 £18 331 Insjö Oil/canvas 46x70cm/*18x27in* Helsinki 97
MUNSTERHJELM Hjalmar 1840-1905 **[71]**

$8 446 FF49 869 £4 999 Moonlit landscape Oil/panel 11x18cm/*4x7in* Helsinki 97
$29 456 FF176 928 £17 664 Sommardag Oil/canvas 41x51cm/*16x20in* Helsinki 98
MÜNTER Gabriele 1877-1962 [127]
$28 950 FF150 000 £18 700 Signe, Stocksund Oil/canvas 84x58cm/*33x22in* Stockholm 96
$48 400 FF242 000 £31 640 Dorfstrasse im Winter Oil/panel 25,5x35cm/*10x13in* München 95
$2 300 FF13 500 £1 406 Sommerstrauss mit Fruchtschale Farblithographie 57,5x43,5cm/*22x17in* Dresden 97
$8 497 FF50 284 £5 220 Mohn und Mohnblüten am Busch Watercolour 62x44,7cm/*24x17in* München 98
MUNTHE Gerhard Peter Frantz 1849-1929 [28]
$1 755 FF9 030 £1 095 The arrival of the fleet Oil/board 26x20cm/*10x7in* Amsterdam 96
$9 673 FF58 207 £5 791 A Shell Fisher in the Breakers Oil/canvas 73,5x55cm/*28x21in* Amsterdam 98
MUNTHE Ludwig 1841-1896 [46]
$2 484 FF12 380 £1 628 Flusslandschaft Oil/panel 21x15,5cm/*8x6in* Bremen 95
$5 371 FF32 083 £3 288 Vinterfiske Oil/panel 60x46cm/*23x18in* Stockholm 98
MUNTHE MORGONSTJERNE Gerhard Arij Ludwig 1875-1927 [46]
$2 453 FF12 700 £1 592 Bomschuit in the breakers, Katwijk Oil/panel 36x26cm/*14x10in* Amsterdam 96
$9 940 FF51 200 £6 200 Shell-fishers in the breakers Oil/canvas 58x76cm/*22x29in* Amsterdam 96
$1 124 FF6 536 £669 Vissersvrouwen op het strand Watercolour/paper 12,5x10cm/*4x3in* Den Haag 97
MUNTHE-NORSTEDT Anna 1854-1936 [21]
$2 584 FF15 232 £1 544 Blomsterstilleben med blåklint Oil/panel 27x20cm/*10x7in* Stockholm 97
$4 522 FF26 656 £2 702 Påskblommor i kopparvas Oil/panel 57x40cm/*22x15in* Stockholm 97
MUNTZ-ADAMS Josephine 1862-1952 [9]
$383 FF2 197 £226 Figure Study Oil/canvas 38x24cm/*14x9in* Sydney 97
MUNTZ-LYALL Laura Adeline 1860-1930 [11]
$7 400 FF36 300 £4 700 In the Park Oil/canvas 58,5x86cm/*23x33in* Vancouver, BC. 95
$1 224 FF7 380 £740 Portrait of a Young Girl Mixed media/paper 24x18cm/*9x7in* Toronto 98
MÜNZER Adolf 1870-1953 [14]
$3 139 FF18 587 £1 859 Sommerblumenstrauss Öl/Leinwand 50x60cm/*19x23in* München 97
MURA de Francesco Fr.(Attr.) 1696-1782 [10]
$6 920 FF35 000 £4 540 Deux angelots Huile/toile 37,5x22,5cm/*14x8in* Paris 96
MURA de Francesco Francesch. 1696-1782 [37]
$12 600 FF71 400 £8 400 Puti su sfondo di paesaggio Olio/tela 20,5x27cm/*8x10in* Roma 97
$17 000 FF96 866 £10 412 The Penitent Magdalen Oil/canvas 65x52cm/*25x20in* New-York 97
$90 000 FF513 405 £55 341 Putti with a parrot and other birds and putti at rest from the hunt Oil/canvas 97x140cm/*38x55in* New-York 97
MURA della Angelo 1867-1922 [7]
$3 049 FF17 716 £1 800 On the coast at Maiori, near Amalfi Oil/canvas 33,5x68,5cm/*13x26in* London 97
MURABITO Rosario 1907-1972 [3]
$950 FF5 640 £582 Familyu Portrait Pastel 89x72cm/*35x28in* San Francisco-Los Angeles 97
MURANT Emanuel 1622-c.1700 [15]
$4 911 FF29 060 £2 955 A Gypsy Woman with Travellers by a Ruined Barn in a Landscape Oil/panel 20x30cm/*7x11in* Amsterdam 98
$11 160 FF57 800 £7 200 Dorf mit Kirche an einem Fluss und Fischern Oil/panel 48x64,5cm/*18x25in* Wien 96
MURAT J. XIX-XX [1]
$15 000 FF85 470 £9 187 Daydreaming/The butterfly Oil/canvas 91x71cm/*35x27in* New-York 97
MURATON Euphémie,née Duhanot 1836-1914 [18]
$1 270 FF7 419 £751 Nature morte aux mirabelles Huile/toile 29x45,5cm/*11x17in* Genève 97
$3 861 FF22 467 £2 365 Pink roses and peaches Oil/canvas 32x51cm/*12x20in* Amsterdam 97
MURATORI Agostino XX [2]
$2 310 FF12 070 £1 365 Cerimonia a S. Giovanni Olio/tavola 56x45cm/*22x17in* Venezia 96
MURATORI Domenico Maria 1661-1742 [4]
$54 600 FF285 000 £33 000 Allegory of Painting Oil/canvas 101x78cm/*39x30in* London 96
MURAVIEV Vladimir Leonidovich 1861-c.1915 [5]
$2 624 FF16 000 £1 600 Hares in a Winter Landscape Tempera/board 32,5x48,5cm/*12x19in* London 98
$1 470 FF7 410 £950 Bunny rabbits in a moonlit winter night Tempera/paper 33x48cm/*12x18in* London 96

MURAY Nickolas 1892-1965 **[20]**
  $1 200 FF6 924 £735 Nude Photograph 19x24cm/*7x9in* New-York 97
MURCH Arthur James 1902-1990 **[44]**
  $732 FF4 485 £437 Boy at the Rockpool Oil/board 24,5x29,5cm/*9x11in* Sydney 97
  $2 222 FF11 405 £1 466 The Orchestra Oil/board 37x67cm/*14x26in* Sydney 96
  $198 FF1 018 £130 Portrait of a Girl Pastel/paper 28x23cm/*11x9in* Sydney 96
MURCH Walter Tandy 1907-1967 **[25]**
  $11 000 FF66 424 £6 603 Governer Oil/board 26x18,5cm/*10x7in* New-York 98
  $21 000 FF124 334 £12 469 Door Lock Oil/masonite 85x65,5cm/*33x25in* New-York 97
  $52 500 FF311 571 £32 156 Two Doors Oil/canvas 101,5x124,5cm/*39x49in* New-York 98
  $12 000 FF72 463 £7 203 Wig Forms Chalks 101,5x66cm/*39x25in* New-York 98
MURDAY J. XIX **[4]**
  $3 290 FF17 040 £2 200 A barque, in two positions, approaching the Eddystone Lighthouse Oil/canvas 46x63cm/*18x24in* London 96
MURER Augusto 1922-1985 **[30]**
  $2 160 FF12 240 £1 080 Figura di giovane Bronzo H23,5cm/*H9in* Prato 97
MURER Christoph 1558-1614 **[2]**
  $237 FF1 217 £145 Die Vision des Hesekiel Ink/paper 20,6x17,8cm/*8x7in* München 96
MURER Eugène Meunier, dit 1846-1906 **[9]**
  $2 259 FF13 200 £1 387 La vallée, un jour de printemps Huile/toile 33,5x46cm/*13x18in* Pontoise 97
MURET Albert 1874-1955 **[4]**
  $3 786 FF22 862 £2 300 "Chemin-de-fer Martigny-Orsières Poster 100x68cm/*39x26in* London 98
MURILLO Bartolomé E.(Attrib) 1617-1682 **[5]**
  $2 025 FF11 915 £1 250 Der Heilige Antonius mit dem Jesusknaben Öl/Leinwand 96x71,5cm/*37x28in* Wien 97
  $62 300 FF321 500 £40 000 Santa Rosa de Lima Oil/canvas 163x106,5cm/*64x41in* London 96
MURILLO Bartolomé E.(Cercle) [1]
  $14 000 FF69 100 £9 050 Christ the Shepherd Oil/canvas 115x84cm/*45x33in* New-York 96
MURILLO Bartolomé Esteban 1617-1682 **[26]**
  $125 600 FF650 000 £81 500 Autoportrait dans un oval peint Huile/toile 74,5x60,5cm/*29x23in* Paris 96
  $200 000 FF1 227 740 £122 540 The Archangel Raphael Oil/canvas 30,5x22cm/*12x8in* New-York 98
  $475 745 FF2 848 520 £292 230 Die "Kinnaird-Madonna" Oil/canvas 169x110cm/*66x43in* Köln 98
  $4 378 FF25 922 £2 600 St. Joseph with the Sleeping Christ Child Wash 16x13,5cm/*6x5in* London 97
MURILLO Salvador 1841-? **[1]**
  $12 730 FF62 100 £8 000 The Valley of Mexico with Mexico City and the Volcanos beyond Oil/canvas 27x46,5cm/*10x18in* London 95
MURILLO Y BRACHO José María 1827-1882 **[16]**
  $2 475 FF14 887 £1 537 Flores Oleo/cartón 28x40cm/*11x15in* Madrid 97
MURILLO Y BRAVO DE VELA Josefa c.1810-c.1870 **[1]**
  $3 300 FF17 070 £2 130 Retrato de Antonio de Orleans, duque de Montpensier (1824-1890) Oleo/lienzo 77x63cm/*30x24in* Madrid 96
MURNOT Félix 1924 **[338]**
  $278 FF1 400 £179 Marine Huile/panneau 16x22cm/*6x8in* Cherbourg 96
  $607 FF3 800 £381 Plage Aquarelle/papier 13x27cm/*5x10in* Cherbourg 97
MURPHY Catherine XX **[2]**
  $2 200 FF12 790 £1 343 Black and White Pillow Graphite 56,5x76cm/*22x29in* New-York 97
MURPHY Frank XX **[6]**
  $100 FF612 £60 Mevagissey Harbour, Cornwall Oil/board 51x41cm/*20x16in* London 97
MURPHY Gladys Wilkins 1907 **[23]**
  $225 FF1 158 £145 Motif No.1 Rockport Woodcut in colors 8x13cm/*3x5in* Bolton, Mass. 96
MURPHY Hermann Dudley 1867-1945 **[40]**
  $2 500 FF13 904 £1 547 Mexican Villa Oil/board 30,5x40,5cm/*12x15in* New-York 97
  $6 500 FF32 900 £4 265 Still life of flowers Oil/canvas 61x51cm/*24x20in* New-York 96
MURPHY John c.1748-c.1820 **[3]**
  $7 488 FF43 137 £4 400 A tigress Mezzotint 48,5x61cm/*19x24in* London 97
MURPHY John Francis 1853-1921 **[67]**
  $2 000 FF12 041 £1 196 Fall Landscape Oil/canvas 12,5x18cm/*4x7in* San Francisco 98
  $7 000 FF41 567 £4 273 Water Meadows Oil/canvas 40,5x56cm/*15x22in* Boston, Mass. 98

MUZZIOLI Giovanni 1854-1894 **[11]**
- *$2 200 FF11 000 £1 424* A bowl of soup Oil/canvas 30x23cm/*11x9in* New-York 96
- *$48 000 FF291 086 £29 284* Flirtation Oil/canvas 70x48,5cm/*27x19in* New-York 98

MY van der Hieronymus 1687-1761 **[6]**
- *$3 434 FF17 470 £2 060* Portrait of a Magistrate Oil/panel 53x41,5cm/*20x16in* Amsterdam 96
- *$17 540 FF84 900 £11 000* Portrait of the composer Anton Wihlhelm Solnitz Oil/panel 19x15cm/*7x5in* London 95

MYDANS Carl 1907 **[2]**
- *$2 800 FF14 620 £1 692* On the 6:25 from Grand Central to Stamford, November 22 Gelatin silver print 21x29cm/*8x11in* New-York 96

MYERS Frank Harmon 1899-1956 **[21]**
- *$1 300 FF7 638 £780* Seascape Oil/canvas 50x60cm/*20x24in* Altadena, CA 97

MYERS Jerome 1867-1940 **[26]**
- *$6 000 FF36 123 £3 589* At the Fair Oil/canvas 51x40,5cm/*20x15in* San Francisco 98
- *$1 800 FF10 274 £1 112* Playground tent Watercolour 20x27cm/*7x10in* New-York 97

MYN van der Frans (Attrib.) 1719-1783 **[1]**
- *$19 392 FF114 885 £11 500* Apricots on a silver Tazza, Peaches and Plums on a Plate Oil/canvas 51x40,5cm/*20x15in* London 97

MYN van der Frans, Francis 1719-1783 **[17]**
- *$25 147 FF150 678 £15 000* The Wine Merchant, Portrait of a Gentleman, Seated on a Barrel Oil/canvas/panel 86x70cm/*33x27in* London 98
- *$13 323 FF78 277 £8 000* Portrait of Lady,wearing a straw/Portrait of Gentleman wearing Costume Black & white chalks 31,6x26cm/*12x10in* London 97

MYN van der Herman 1684-1741 **[15]**
- *$4 420 FF22 800 £2 850* Blumenstilleben Öl/Leinwand 105x84cm/*41x33in* Zürich 96

MYNTTI Eemu 1890-1943 **[10]**
- *$4 786 FF28 750 £2 870* Landskap Oil/canvas 65x80cm/*25x31in* Helsinki 98

MYOE WIN AUNG 1972 **[6]**
- *$523 FF3 091 £323* Fending the Pigeons Watercolour/paper 38x28cm/*14x11in* Singapore 97

MYRBACH-REINFELD von Felician 1853-1940 **[13]**
- *$399 FF2 000 £252* Festplatz in Tovaros vor der Ankunft von Kaiser Franz Joseph I. Pencil/paper 38x54cm/*14x21in* Wien 95

MYRICK Frank 1840-1914 **[2]**
- *$1 400 FF8 149 £849* California Lupines Watercolour/paper 44x58cm/*17x23in* Mystic, Connecticut 97

MYTENS Jan c.1614-1670 **[10]**
- *$9 910 FF51 300 £6 630* Portrait of Henriette Catharina van Nassau Orange Oil/panel 43x32cm/*16x12in* Amsterdam 96
- *$17 049 FF100 704 £10 593* Porträt der Cornelia Vivien und ihres Sohnes Anthony Öl/Leinwand 113x91,5cm/*44x36in* Stuttgart 97
- *$80 000 FF491 096 £49 016* Portrait of Six Children in a Landscape Oil/canvas 126,5x150,5cm/*49x59in* New-York 98

MYTENS Jan (Attrib.) c.1614-1670 **[1]**
- *$27 142 FF155 417 £16 572* Maria Theresa (1717-1780)/Franz I (1708-1765) Oil/canvas 156x116cm/*61x45in* Köbenhavn 97

MYTENS van Marten I 1648-1736 **[3]**
- *$7 674 FF45 834 £4 698* Porträtt av dam med ros, Sigrid von Liewen Oil/canvas 146x119cm/*57x46in* Stockholm 98

MYTENS van Marten II 1695-1770 **[6]**
- *$12 760 FF61 700 £8 000* Portrait of a young boy Oil/canvas 52x44cm/*20x17in* London 95

MYTTHEIS Viktor 1874-1936 **[8]**
- *$2 898 FF16 828 £1 771* Dorfstrasse Öl/Leinwand 45x70cm/*17x27in* Wien 97

MÜLLER Paul Jakob 1894-1983 **[129]**
- $396 **FF2 037** *£247* "Ascona" Huile/panneau 41,5x33,5cm/*16x13in* Bern 96
- $707 **FF3 440** *£448* **Die Schlafende Akt** Huile/panneau 39x47cm/*15x18in* Bern 95
- $143 **FF848** *£87* **Sitzender weiblicher Akt** Sanguine/papier 39x23cm/*15x9in* Bern 97

MÜLLER Peter Paul 1853-1915 **[19]**

$387 FF2 190 *£236* **Weite Landschaft mit Bachlauf, Bäumen und Blick auf ein Gehöft** Öl/Karton 35x44cm/*13x17in* Kempten 97

$1 666 FF8 220 *£1 078* **Sitzende Fischerin am Strand** Öl/Leinwand 70x53cm/*27x20in* Kempten 96

$528 FF3 160 *£320* **Calle árabe** Acuarela/papel 28x21cm/*11x8in* Madrid 98

MÜLLER Richard1874-1954**[114]**

$1 620 FF9 440 *£990* **Liegender Männerakt** Öl/Leinwand 27x58cm/*10x22in* München 97

$16 900 FF88 300 *£10 060* **Kürbis mit Amsel** Öl/Leinwand 58x76cm/*22x29in* München 96

$260 FF1 356 *£152* **Ohne Titel** Etching 21,2x27,6cm/*8x10in* Berlin 96

$368 FF2 175 *£218* **Milwaukee** Chalks/paper 18,5x33,2cm/*7x13in* Berlin 97

MULLER Robert1773-c.1820**[2]**

$296 000 FF1 527 000 *£190 000* **General George Washington (1732-1799) at the Battle of Trenton** Oil/canvas 236x160cm/*92x62in* London 96

MÜLLER Robert1920**[14]**

$121 FF707 *£75* **Komposition** Gravure bois 67,5x52cm/*26x20in* Zürich 97

$1 340 FF7 831 *£793* **Ohne Titel** Indian ink 41,5x15cm/*16x5in* Luzern 97

MÜLLER Robert AntoineXIX**[9]**

$475 FF2 875 *£298* **Story Time** Oil/canvas 50x38cm/*20x15in* Bethesda, Maryland 97

$5 355 FF31 558 *£3 200* **The Lovers/The Letter** Oil/panel 25,5x20cm/*10x7in* Glasgow 97

MÜLLER RosaXIX-XX**[11]**

$836 FF5 196 *£500* **"Moel Siabod from the Llugwy"** Watercolour/paper 44x72cm/*17x28in* Bristol, Avon 98

MÜLLER Rudolf1802-1885**[23]**

$10 056 FF60 289 *£6 052* **Blick auf Basel** Öl/Leinwand 67,5x100,5cm/*26x39in* Zürich 98

$2 580 FF13 180 *£1 700* **Ruins by the sea** Watercolour 62x95cm/*24x37in* London 96

MÜLLER Rudolf, Rudi1895-1972**[84]**

$314 FF1 869 *£192* **Vorfrühling bei Mörigen am Bielersee** Öl/Leinwand 27x46,5cm/*10x18in* Bern 97

$503 FF3 016 *£309* **Wintersei bei Hasle** Öl/Karton 38x54,5cm/*14x21in* Bern 98

$159 FF815 *£99* **Winterlandschaft bei Fraubrunnen** Aquarell 25,5x28cm/*10x11in* Bern 96

MÜLLER TheodorXIX**[3]**

$426 FF2 517 *£264* **Alpenlandschaft mit Alm** Oil/panel 33x42cm/*12x16in* Bielefeld 97

MÜLLER Victor1871-1951**[3]**

$6 976 FF42 385 *£4 200* **Bathing Beauties in an Oriental Garden** Oil/canvas 74,5x100,5cm/*29x39in* London 98

MÜLLER VOM SIEL Georg Bernhard1865-1939**[12]**

$446 FF2 200 *£291* **Eichen/Buchen** Etching 57x28cm/*22x11in* Hamburg 95

MÜLLER von Emma1859-1925**[12]**

$2 592 FF15 431 *£1 584* **Sitzendes Mädchen in Gasteiner Tracht** Oil/panel 33x22cm/*12x8in* Frankfurt 98

MÜLLER Walter Emil1896-1963**[47]**

$139 FF682 *£89* **Plage** Huile/panneau 33x26,5cm/*12x10in* Zürich 95

MULLER William J. (Attrib.)1812-1845**[12]**

$557 FF3 257 *£330* **A Cottage in an Open Landscape** Oil/board 24,5x49,5cm/*9x19in* Torquay, Devon 97

$750 FF3 820 *£450* **In the Medina** Oil/canvas 51x35,5cm/*20x13in* London 96

$264 FF1 577 *£160* **"House of Sir Hans Sloane, Chelsea"** Watercolour 30,5x49cm/*12x19in* London 97

MULLER William James1812-1845**[97]**

$828 FF4 320 *£500* **Figures on a path by a watermill** Oil/panel 27x34cm/*10x13in* London 96

$1 975 FF11 846 *£1 200* **Arabs in an Eastern Landscape, a Waterfall beyond** Oil/canvas 66,5x92cm/*26x36in* Billingshurst, West Sussex 98

$24 800 FF127 600 *£16 000* **The falls of Tivoli** Oil/canvas 168x119,5cm/*66x47in* London 96

$459 FF2 322 *£300* **A horse and cart before a windmill** Watercolour 19x29cm/*7x11in* London 96

MULLER Wout1946**[11]**

$2 344 FF13 931 *£1 394* **Tuin** Oil/panel 43,5x29,5cm/*17x11in* Amsterdam 97

$4 513 FF26 347 *£2 772* **A Nude and Sunflowers at Night** Oil 115x85cm/*45x33in* Amsterdam 97

$2 198 FF13 060 *£1 307* **Wagen om uw Herinneringen met u mee te Dragen** Sculpture H1991cm/*H783in* Amsterdam 97

MÜLLER-BAUMGARTEN Karl1879-1946**[21]**

$714 FF3 724 *£432* **"Benediktenwand"** Öl/Leinwand 60,5x75,5cm/*23x29in* Lindau 96

$842 FF4 892 *£514* **Portrait eines bärtigen Jägers mit rauchender Pfeife** Oil/panel 18x14cm/*7x5in* Lindau 97

MÜLLER-BRESLAU Georg1856-1911**[4]**

$1 950 FF10 200 *£1 161* **Pan und Nymphe** Öl/Leinwand 100x100cm/*39x39in* Rudolstadt-Thüringen 96

MÜLLER-BRIGHEL Wilhelm1860-?**[3]**

$1 577 **FF9 660** *£940* **Fiskare i eka** Oil/canvas 88x141cm/*34x55in* Stockholm 98

MÜLLER-BRITTNAU Willy1938[21]
$491 **FF2 898** *£290* **Komposition** Tempera 45x45cm/*17x17in* Zofingen 97
$135 **FF786** *£83* **Komposition in vier Farben** Farbserigraphie 65x50cm/*25x19in* Zürich 97
$1 239 **FF7 237** *£760* **Ohne Titel** Tempera/paper 58x67cm/*22x26in* Luzern 97

MÜLLER-BROCKMANN Josef1914[4]
$1 600 **FF8 150** *£960* **Collection of 21 Posters** Poster 128x90cm/*50x35in* New-York 96

MÜLLER-CASSEL Adolf Leonhard1864-?[3]
$4 742 **FF27 559** *£2 800* **The Dreyfuss Affair** Oil/canvas 99x84cm/*38x33in* London 97

MÜLLER-COBURG Gustav Adolf1828-1901[2]
$1 007 **FF6 032** *£618* **Bildnis einer junger Dame** Oil/canvas 26x21cm/*10x8in* Köln 98

MÜLLER-CORNELIUS Ludwig1864-1943[48]
$1 521 **FF9 072** *£944* **Sommerstrauss in bauchiger Vase** Öl/Leinwand 66,5x46,5cm/*26x18in* Dresden 97
$1 648 **FF9 734** *£1 024* **Vor einem Bauernhaus hält die Postkutsche** Oil/panel 12x16cm/*4x6in* Stuttgart 97
$769 **FF4 384** *£482* **Aufmarsch der Kavallerie** Aquarell/Papier 11x17cm/*4x6in* Düsseldorf 97

MÜLLER-DIFLO Otto1878-1949[4]
$3 178 **FF18 555** *£1 922* **Blick auf Frauensciemsee** Oil/panel 42x61cm/*16x24in* Stuttgart 97

MÜLLER-FELLNER A.XIX[1]
$3 140 **FF16 270** *£2 040* **St. Gilgen am Wolfgangsee** Oil/panel 11x20,5cm/*4x8in* München 96

MÜLLER-GERHARD Rudolf1873-?[1]
$1 092 **FF6 711** *£655* **Sommerfrische am Ostseestrand** Öl/Leinwand 50x65cm/*19x25in* Bremen 98

MÜLLER-HEINBACH W.XIX-XX[1]
$650 **FF3 250** *£421* **Peasants haing in a field** Oil/panel 11,5x27cm/*4x10in* New-York 96

MÜLLER-HOFSCHMIED Willy1890-1966[15]
$413 **FF2 368** *£252* **"Ruderer"** Ink 29,5x21cm/*11x8in* Hamburg 97

MÜLLER-KAEMPFF Paul1861-1941[36]
$2 458 **FF15 100** *£1 474* **Am Bodden bei Ahrenshoop** Oil/canvas 60x80cm/*23x31in* Köln 98
$3 197 **FF18 804** *£1 972* **Blaue Kate am Dünenrand** Öl/Karton 16x23,5cm/*6x9in* Bremen 97
$11 210 **FF55 100** *£7 130* **Norddeutsche Landschaft** Öl/Leinwand 90x150cm/*35x59in* Stuttgart 95
$1 912 **FF11 745** *£1 146* **Sommerliches Boddenufer nach dem regen** Watercolour 40x32cm/*15x12in* Bremen 98

MÜLLER-KRAUS Erich1911-1967[5]
$325 **FF1 695** *£190* **Varolö** Woodcut in colors 20,8x28,7cm/*8x11in* Berlin 96

MÜLLER-KURZWELLY Konrad Alexander1855-1914[18]
$1 177 **FF6 756** *£717* **Holländische Landschaft mit Windmühle bei untergehender Sonne** Öl/Leinwand 38,7x58,5cm/*15x23in* Berlin 97
$1 422 **FF8 716** *£849* **Abendstimmung an einem Teich mit einem Gehöft am Ufer rechts** Oil/canvas 22x35cm/*8x13in* Dresden 98
$1 754 **FF10 170** *£1 047* **A Wooded Landscape with a Pond in Autumn** Oil/canvas 102x151,5cm/*40x59in* Amsterdam 97

MÜLLER-LANDAU Rolf1903-1956[12]
$1 598 **FF9 402** *£986* **"Herbst"** Monotype 54x44cm/*21x17in* Heidelberg 97

MÜLLER-LANDECK Fritz1865-1942[12]
$1 022 **FF5 100** *£668* **Bauerngehöft im bayrischen Alpenvorland** Öl/Leinwand 50x70cm/*19x27in* Zofingen 95

MÜLLER-LINGKE Albert1844-c.1900[12]
$6 220 **FF36 825** *£3 693* **Der Ehevertrag** Öl/Leinwand 85x114cm/*33x44in* Dresden 97

MÜLLER-LINOW Bruno1909-1997[26]
$115 **FF675** *£71* **Weite Flusslandschaft mit Kirche** Radierung 6,9x17,8cm/*2x7in* Berlin 97
$1 133 **FF6 693** *£671* **Blumenwiese mit Schmetterlingen** Gouache 46x61cm/*18x24in* Berlin 97

MÜLLER-MASSDORF Julius1863-?[5]
$1 638 **FF9 523** *£1 000* **The Laundry Miad** Oil/canvas 25x17cm/*9x6in* London 97

MÜLLER-MÜNSTER Franz1867-?[2]
$1 119 **FF6 704** *£669* **Petrus und vier Engelputten in Landschaft** Öl/Leinwand 28x40cm/*11x15in* Köln 98

MÜLLER-SCHNUTTENBACH Hans1889-1974[3]
$5 233 **FF30 110** *£3 089* **Ansicht von Neuburg an der Donau** Tempera/canvas 52,5x89cm/*20x35in* München 97

MÜLLER-WERLAU Peter Paul1864-?[5]
$1 700 **FF10 040** *£1 007* **Fronleichnamsprozession in Cochem an der Mosel** Öl/Karton 60x46cm/*23x18in* Bonn 97

$1 679 FF10 056 £1 003 **Blick von einer Anhöhe mit Kirche auf das Rheintal bei St. Goar** Oil/canvas/panel 27,5x35cm/*10x13in* Köln 98

MÜLLER-WISCHIN Anton1865-1949[20]

$367 FF2 144 £217 **Südliche Steilküste** Öl/Karton 38x50cm/*14x19in* Konstanz 97

$548 FF3 352 £325 **Waldstück/Haus im Garten** Öl/Karton 30x38,5cm/*11x15in* Dresden 98

MULLEY Oskar1891-1949[57]

$2 212 FF12 785 £1 363 **Moorlandschaft** Öl/Papier 25x33cm/*9x12in* München 97

$3 604 FF21 406 £2 142 **Bauerngehöft** Öl/Karton 61,5x75,5cm/*24x29in* Wien 97

$12 450 FF62 200 £8 130 **Bergbauernhof vor mächtiger Gebirgskulisse** Öl/Leinwand 85x156cm/*33x61in* Stuttgart 95

$983 FF6 032 £589 **"Tirol Kufstein im Alpenparadies des Wilden Kaiser"** Color lithograph 62x92cm/*24x36in* München 98

$1 805 FF11 062 £1 078 **Abendstimmung in einer Kleinstadt** Mixed media/paper 25x28,5cm/*9x11in* Dresden 98

MÜLLI Rudolf1882-1926[4]

$534 FF3 238 £327 **Selbstportrait des Künstlers in Interieur** Oil/canvas 34x44cm/*13x17in* Zofingen 98

MULLICAN Lee1919[3]

$1 000 FF4 890 £633 **Guardian Phantom** Oil/canvas 127x76cm/*50x29in* San Francisco-Los Angeles 95

$2 400 FF13 913 £1 415 **Electric Night** Oil/canvas 89x190,5cm/*35x75in* New-York 97

MULLICAN Matt1951[24]

$5 000 FF30 769 £3 035 **Untitled** Mixed media/canvas 243,5x122cm/*95x48in* New-York 98

$4 800 FF27 826 £2 830 **Untitled (Cosmology)** Etching 244x244cm/*96x96in* New-York 97

MULLINS GeorgeXVIII[6]

$5 707 FF33 653 £3 500 **Landscape with Figures** Oil/copper 35x43cm/*13x16in* London 98

$45 662 FF269 231 £28 000 **Landscape with Figures on a Path by a Lake, and distant Mountains** Oil/canvas 74,5x105,5cm/*29x41in* London 98

MÜLLNER Josef1879-1968[5]

$1 207 FF7 232 £720 **A Boy Sitting on the Shoulders of a Bear** Bronze H56cm/*H22in* Billingshurst, West Sussex 98

$9 045 FF52 650 £5 575 **Centaur and Nude** Bronze H91cm/*H36in* Dallas, Texas 97

MULOCK Benjamin R.XIX[1]

$4 790 FF24 800 £3 200 **"Bahia"** Albumen print 18x23cm/*7x9in* London 96

MULOCK Frederick C.?-1932[3]

$1 090 FF6 533 £650 **Bath from the Hill** Watercolour/paper 45x25cm/*17x9in* London 98

MULREADY Augustus E.c.1863-1905[27]

$2 500 FF12 540 £1 582 **The Pony Ride** Oil/canvas 50x27cm/*20x11in* Philadelphia 95

$7 365 FF42 898 £4 500 **Carol singers** Oil/canvas 46x35cm/*18x13in* London 97

$3 640 FF18 370 £2 390 **Feeding the Birds/The little Street Urchim** Watercolour 33x21cm/*12x8in* London 96

MULREADY William1786-1863[24]

$4 810 FF28 100 £24 630 **"Edith"** Oil/board 31x21cm/*12x8in* London 96

MULREADY William (Attrib.)1786-1863[6]

$1 440 FF7 320 £920 **A Day in the Country** Oil/panel 51x68cm/*20x26in* London 96

MULTERER Franz1864-1920[2]

$2 400 FF12 456 £1 589 **Blacksmith** Oil/canvas 66x45cm/*26x18in* Cincinnati, Ohio 96

MULVAD Emma1838-1903[7]

$1 446 FF8 811 £877 **Brotgede roser i en kurv** Oil/canvas 33x35cm/*12x13in* København 98

MULVANY Thomas J.1779-1845[2]

$4 490 FF23 240 £3 000 **Peasants winnoving Corn with the Sugarloaf in the distance** Oil/canvas 30,5x45,2cm/*12x17in* London 96

MUMFORD ElizabethXX[2]

$3 500 FF21 725 £2 110 **The Crosby Boatyard in Osterville** Oil/masonite 76x76cm/*30x30in* East Dennis, Mass. 98

MUMMA Ed, Mr. Eddy1908-1986[2]

$800 FF4 905 £489 **Portrait with Orange Hands** Acrylic/masonite 45,5x37cm/*17x14in* New-York 98

$1 000 FF6 131 £611 **Portrait** Acrylic/canvas 40x30cm/*15x11in* New-York 98

MUMPRECHT Walter Rudolf1918[93]

$1 093 FF6 501 £669 **Komposition mit Wörtern und Symbolen** Öl/Leinwand 11x25,5cm/*4x10in* Bern 97

$2 730 FF16 109 £1 672 **Ohne Titel** Huile/panneau 40x150cm/*15x59in* Luzern 98

$251 FF1 272 £165 **Trois cavaliers** Radierung 36x48cm/*14x18in* Bern 96

$683 FF4 063 £418 **Landschaft mit Reben zwischen Baumreihen** Aquarell 30x50,5cm/*11x19in* Bern 97

MUNAKATA Shiko1903-1975[67]

⊞ $4 000 **FF24 783** *£2 389* **Sumizuri kakemono-e, Christ** Woodcut 63x27cm/*24x10in* New-York 98
✎ $2 002 **FF12 215** *£1 200* **Ustensils in a Temple** Ink 27x24,5cm/*10x9in* London 98
MUNARI Bruno1907[22]
⊙ $2 280 **FF12 920** *£1 140* **"Scrittura illeggibile di un popolo sconosciuto"** Collage/cartone 68x68cm/*26x26in* Prato 98
⊙ $6 900 **FF39 100** *£3 450* **"Negativo-positivo"** Acrilico/tela 160x160cm/*62x62in* Prato 98
✎ $1 098 **FF6 224** *£549* **Bozzetto di scena simultanea per il dramma futurista "il Dottor..."** Acquarello/cartone 22x31cm/*8x12in* Milano 97
MUNARI Cristoforo1667-1720[13]
⊙ $66 000 **FF345 200** *£40 000* **A Trompe l'oeil Still life of Porcelain, a silver gilt** Oil/canvas 77,5x59cm/*30x23in* London 96
MUNARI Cristoforo (Attrib.)1667-1720[3]
⊙ $11 500 **FF65 601** *£7 071* **Still life of Peaches on a Silver plate and Glass beakers** Oil/canvas 51x40cm/*20x15in* New-York 97
MUNCASTER Claude Graham1903-1974[53]
⊙ $1 302 **FF8 023** *£800* **"Looking at the Leven Estuary"** Oil/canvas 50,5x76,5cm/*19x30in* London 98
✎ $306 **FF1 522** *£200* **Misty Island** Watercolour 34x50cm/*13x19in* London 95
MUNCH Alice1894-?[2]
⊞ $151 **FF900** *£90* **Paysage d'Alsace, le Mont Saint Odile** Gravure bois 29x21cm/*11x8in* Calais 97
MUNCH Edvard1863-1944[369]
⊙ $29 831 **FF171 258** *£18 193* **By the Sea** Oil/panel 25x35cm/*9x13in* Stockholm 97
⊙ $429 806 **FF2 576 808** *£260 000* **Portrait of Lucien Dedichen** Oil/canvas 101x68,5cm/*39x26in* London 97
⊞ $5 280 **FF27 040** *£3 120* **Portrait de Stéphane Mallarmé** Lithographie 40,5x29cm/*15x11in* Hamburg 96
✎ $13 660 **FF70 000** *£8 300* **Étude préparatoire: la bergère** Dessin 25x20cm/*9x7in* Quimper 96
MÜNCH Gustav Heinrich1884-1922[5]
⊙ $1 357 **FF8 034** *£805* **Dorf mit Steinbrücke** Oil 26,5x38cm/*10x14in* Dresden 97
MÜNCH-K'HE Willi1885-1960[33]
⊞ $78 **FF406** *£49* **St. Antonius** Etching 22x14,5cm/*8x5in* Lindau 96
✎ $301 **FF1 779** *£187* **Bildnis Hans Thoma "zum 75. Geburstag"** Watercolour 32x26cm/*12x10in* Pforzheim 97
MUNCH-PETERSEN Gustav1912-1938[1]
⊙ $3 530 **FF20 318** *£2 175* **Surrealistik komposition** Tempera 32x25cm/*12x9in* Köbenhavn 97
MUND Hugo1892-1962[6]
✎ $996 **FF5 752** *£614* **Fenster** Crayon/papier 9,5x8cm/*3x3in* Wien 97
MUNDNWALAWALA Ginger Riley1939[1]
⊙ $4 447 **FF27 100** *£2 761* **Untitled** Synthetic polymer silkscreened/canvas 90x119cm/*35x46in* Melbourne 97
MUNDO Ignasi1918[6]
⊙ $1 960 **FF11 116** *£1 232* **Clara** Oleo/lienzo 38x55cm/*14x21in* Madrid 97
MUNDT Emilie1842-1922[34]
⊙ $650 **FF3 964** *£394* **Dagens avis studeres** Oil/canvas 35x29cm/*13x11in* Köbenhavn 98
⊙ $1 288 **FF7 950** *£810* **Den unge kunstner ved staffeliet** Oil/canvas 95x76cm/*37x29in* Köbenhavn 97
MUNDUWALAWALA Ginger Riley1937[1]
⊙ $15 248 **FF87 335** *£9 022* **The Four Archers and Garimala** Mixed media/canvas 168x168cm/*66x66in* Sydney 97
MUNERET G.(Attrib.)XVIII-XIX[1]
⊙ $1 626 **FF9 478** *£1 000* **Joachim Murat, Roi de Naples, facing left in white uniform** Miniature 12,9x10,7cm/*5x4in* London 97
MUNG MUNG George, Jambin1924-1991[1]
⊙ $3 812 **FF21 833** *£2 255* **Jarcarloon (The Artsits Country)** Mixed media/canvas 90x120cm/*35x47in* Sydney 97
MUNGER Gilbert D. (Attrib.)1837-1903[2]
⊙ $4 000 **FF19 930** *£2 620* **In the Rockies** Oil/paper/canvas 20x31cm/*7x12in* San Francisco-Los Angeles 95
MUNIER Emile1810-1895[22]
⊙ $7 500 **FF44 589** *£4 588* **Sprig of Berries** Oil/canvas 82,5x61cm/*32x24in* New-York 97
⊙ $32 000 **FF194 528** *£19 705* **After Dinner** Oil/canvas 44,5x29cm/*17x11in* New-York 98
⊙ $235 000 **FF1 389 719** *£142 574* **Mother and Child** Oil/canvas 138,5x96,5cm/*54x37in* New-York 98
MUNIER-ROMILLY Amélie1788-1875[2]
✎ $2 413 **FF14 814** *£1 472* **Franck Duval et son tambourin** Fusain/papier 28x34cm/*11x13in* Genève 98
MUNINGER LudwigXX[9]

  $1 100 **FF6 532** *£666* **Autumn Landscape** Oil/canvas 58x78cm/*23x31in* Detroit, Michigan 97

MUNIZ Vik1961[3]

  $846 **FF5 000** *£524* **Bonsai Table** Technique mixte 34x33x25cm/*13x12x9in* Paris 97

MUNK Jacob?-1885[4]

  $6 500 **FF33 900** *£3 800* **Auf dem Getreidemarkt** Öl/Leinwand 45,5x54cm/*17x21in* München 96

MUNKACSI Martin Marmorstein1896-1963[34]

  $5 000 **FF28 851** *£3 064* **"Neger am strand"** Photograph 23,5x29,5cm/*9x11in* New-York 97

MUNKACSY Mihály1844-1900[45]

  $9 380 **FF48 400** *£6 050* **Kaiphas, Studie zu Christus vor Pilatus** Öl/Leinwand 46x34cm/*18x13in* Wien 96

  $33 900 **FF175 600** *£22 000* **Pharisäer** Oil/canvas 114x86cm/*44x33in* London 96

  $74 500 **FF383 000** *£45 000* **Wine, Women and Song** Oil/panel 139x92cm/*54x36in* London 96

  $1 400 **FF7 200** *£873* **Studie zu der Figur des berittenen Arabers in "Golgotha"** Pencil 22x18cm/*8x7in* Wien 96

MUNKACSY Mihály (Attrib.)1844-1900[4]

  $581 **FF3 391** *£356* **Well at Toledo** Oil/board 24x32,5cm/*9x12in* Toronto 97

  $6 150 **FF30 200** *£3 890* **Frau mit Kind** Huile/panneau 50x37cm/*19x14in* Zürich 95

MUNN Paul Sandby1773-1845[25]

  $424 **FF2 202** *£280* **Figures bathing in a stream** Watercolour/paper 28x21cm/*11x8in* London 96

MUNN Paul Sandby (Attr.)1773-1845[3]

  $835 **FF5 115** *£500* **The Vale of the Conway two Miles above Llanwrst** Watercolour 36x51cm/*14x20in* London 98

MÜNNICH HeinzXIX-XX[2]

  $1 318 **FF6 770** *£850* **Blick auf Obertstdorf mit Krottenspitze und Kratzer** Öl/Leinwand 90x120cm/*35x47in* Kempten 96

MUNNICHHOVEN Hendrik (Attrib.)?-1664[2]

  $3 182 **FF18 830** *£1 955* **Porträtt av Maria Stierna** Oil/canvas 132x109cm/*51x42in* Stockholm 98

  $4 798 **FF27 550** *£2 926* **Portrait of baroness Sparre** Oil/canvas 112x90cm/*44x35in* Stockholm 97

MUNNICKS HendrickXVII[1]

  $18 507 **FF106 000** *£11 299* **Le joueur de flûte** Huile/toile 81x63,5cm/*31x25in* Paris 97

MÜNNINGHOF Xeno1873-1944[19]

  $569 **FF3 480** *£349* **A Heath in Autumn** Oil/canvas 60,5x100,5cm/*23x39in* Amsterdam 98

  $787 **FF4 060** *£504* **Weidelandschaft** Oil/canvas/panel 31x47cm/*12x18in* Bielefeld 96

MUNNINGS Alfred James1878-1959[286]

  $24 060 **FF116 700** *£15 500* **Study of a jockey** Oil/panel 21x26cm/*8x10in* London 95

  $56 933 **FF348 860** *£34 000* **The Ratcatcher** Oil/canvas 64x76cm/*25x29in* London 98

  $2 100 000 **FF12 612 600** *£1 273 860* **H.R.H. The Prince of Wales on "Forest Witch"** Oil/canvas 138,5x186cm/*54x73in* New-York 98

  $500 **FF2 982** *£300* **The Paddock at Epsom, Spring Meeting** Print in colors 52x49,5cm/*20x19in* Suffolk 98

  $6 050 **FF31 600** *£3 600* **Returning home** Watercolour 23x28,5cm/*9x11in* London 96

MUNNS Henry TurnerXIX-XX[2]

  $4 776 **FF27 422** *£3 000* **The Favourite** Oil/canvas 87x56cm/*34x22in* London 97

MUÑOZ Ana Maria1947[3]

  $1 625 **FF9 875** *£975* **Tres mosqueteros y un soldado** Oleo/lienzo 35x55cm/*13x21in* Madrid 98

MUNOZ CONDADO Pedro1903-1988[3]

  $2 925 **FF17 775** *£1 755* **Pescadores** Oleo/lienzo 114x84,5cm/*44x33in* Madrid 98

  $3 900 **FF23 700** *£2 340* **Toledo** Oleo/lienzo 120x100cm/*47x39in* Madrid 98

MUÑOZ DEGRAIN Antonio Gomez1841-1924[31]

  $5 280 **FF31 760** *£3 280* **Marina** Oleo/lienzo 38x55cm/*14x21in* Madrid 97

MUÑOZ Juan1953[20]

  $16 017 **FF95 000** *£9 785* **Laughing Matter** Sculpture 35x50x23cm/*13x19x9in* Paris 98

  $50 849 **FF291 902** *£31 000* **Albuquerque Balcony** Iron 108x57x46cm/*42x22x18in* London 97

MUÑOZ Lucio1929[42]

  $4 620 **FF27 790** *£2 870* **Proyecto para el Foreign Office** Técnica mixta 23x17cm/*9x6in* Madrid 97

  $6 750 **FF40 061** *£4 134* **Gradefes** Mixed media/panel 92x73cm/*36x28in* San Francisco-Los Angeles 97

  $12 920 **FF66 900** *£8 340* **"Tek Rojo"** Mixed media/panel 183x204cm/*72x80in* Stockholm 96

  $264 **FF1 580** *£164* **Abstracción** Aguafuerte 56x76cm/*22x29in* Madrid 98

MUÑOZ Oscar1951[1]

  $1 100 **FF5 370** *£696* **Cortinas de Bano** Acrylic 185x63cm/*72x24in* San Francisco-Los Angeles 95

MUÑOZ OTERO Manuel1850-?[2]

  $1 578 **FF9 386** *£966* **Gondeln und Dampfschiffe in der Lagune vor Venedig** Oil/panel 22,5x34cm/*8x13in* Köln 97

🖌~ $1 188 FF6 747 *£743* **Venedig** Aquarell/Papier 43x45,5cm/*16x17in* München 97
MUÑOZ RUBIO RamónXIX-XX**[8]**
🖼~ $6 270 FF37 715 *£3 895* **Lección de música** Oleo/lienzo 98x63cm/*38x24in* Madrid 97
MUÑOZ RUBIO Ramon (Attrib.)XIX-XX**[1]**
🖼~ $1 409 FF8 564 *£845* **La caza del raton** Oleo/tabla 50x33cm/*19x12in* Madrid 98
MUÑOZ Y CUESTA Domingo1850-1912**[19]**
🖼~ $2 310 FF13 825 *£1 365* **El pequeño mosquetero** Oleo/lienzo 61x75cm/*24x29in* Madrid 98
MUÑOZ Y CUESTA Domingo1850-1935**[8]**
🖼 $8 580 FF51 610 *£5 330* **Batalla** Oleo/lienzo 53,5x73cm/*21x28in* Madrid 97
MUNOZ Y LUCENA Tomás1860-1942**[8]**
🖼 $9 660 FF55 580 *£5 740* **¿Esta rica?** Oleo/lienzo 30x45cm/*11x17in* Madrid 97
🖼~ $15 000 FF77 900 *£9 920* **The Flower Seller** Oil/canvas 120x69cm/*47x27in* New-York 96
MUÑOZ-VERA Guillermo1949**[6]**
🖼 $23 100 FF138 950 *£14 350* **La carretilla** Oleo/lienzo 130,5x97cm/*51x38in* Madrid 97
🖼 $42 500 FF250 444 *£25 393* **Calabazas con Fondo Naranja** Oil/canvas/board 80x115cm/*31x45in* New-York 97
MUNRO Alexander1825-1871**[4]**
🗿 $3 227 FF19 550 *£2 000* **Mrs Mary Ann Matilda Roby, portrait relief** Relief 54,5x45cm/*21x17in* Perthshire 97
MUNRO George, Geo.[1]
✏ $447 FF2 170 *£280* **Sheep being driven on a country track** Watercolour 22x33cm/*9x13in* London 95
MUNRO Hugh1873-1928**[10]**
🖼 $1 983 FF11 893 *£1 200* **The Lark** Oil/panel 40,5x40,5cm/*15x15in* Glasgow 97
🖼 $2 479 FF14 866 *£1 500* **Feeding the Seagulls** Oil/panel 38x38cm/*14x14in* Glasgow 97
MUNRO Peter1954**[3]**
🖼 $2 120 FF11 040 *£1 400* **Otter on the River Foyers** Acrylic/canvas 39,5x49,5cm/*15x19in* London 96
MUNRO ThomasXIX-XX**[2]**
✏ $296 FF1 812 *£180* **A Rocly Glade** Wash 16x20,5cm/*6x8in* London 98
MUNROE Sarah SewellXX**[1]**
🖼 $6 500 FF32 000 *£4 190* **By the Boudoir** Oil/canvas 56x46cm/*22x18in* New-York 95
MUNSCH Josef1832-1896**[6]**
🖼 $8 000 FF48 632 *£4 926* **The Procession** Oil/canvas 98x126,5cm/*38x49in* New-York 98
🖼 $16 298 FF94 211 *£10 043* **Jagdgesellschaft beim fröhlichen Umtrunk im Kellergewölbe** Oil/panel
30x40cm/*11x15in* München 97
MUNSCH Leopold1826-1888**[25]**
🖼 $1 866 FF9 600 *£1 164* **Am Heimweg von der Weide** Oil/panel 37x29cm/*14x11in* Wien 96
🖼 $3 480 FF18 160 *£2 350* **Bondgård i Tyrolen** Oil/panel 42x59cm/*16x23in* Stockholm 96
✏ $3 116 FF18 156 *£1 915* **Weissenkirchen** Aquarell/Papier 27x41cm/*10x16in* Wien 97
MUNSELL Albert H.1858-1918**[2]**
✏ $475 FF2 683 *£291* **The Tugboat "W. Woolley"** Gouache/paper 15x20cm/*6x8in* East Dennis, Mass. 97
MÜNSTER Sebastian1488-1552**[3]**
🗞 $81 FF472 *£49* **Baden Gesamtansicht** Estampe couleurs 30x36cm/*11x14in* Lindau 97
MUNSTER von Jan1939**[2]**
🗞 $172 FF1 012 *£106* **Plus-minus** Print 62x61cm/*24x24in* Den Haag 97
MÜNSTERFELD F.[2]
🖼 $1 315 FF7 428 *£800* **The Day's Catch** Oil/canvas 79x127cm/*31x50in* Billingshurst, West Sussex 97
MUNSTERHJELM Ali1873-1944**[41]**
🖼 $2 707 FF16 563 *£1 606* **Vinterhamn** Oil/canvas 50x70cm/*19x27in* Helsinki 98
MUNSTERHJELM Hjalmar1840-1905**[71]**
🖼 $8 446 FF49 869 *£4 999* **Moonlit landscape** Oil/panel 11x18cm/*4x7in* Helsinki 97
🖼 $29 456 FF176 928 *£17 664* **Sommardag** Oil/canvas 41x51cm/*16x20in* Helsinki 98
✏ $81 FF497 *£49* **Untitled** Drawing 15x9cm/*5x3in* Helsinki 98
MÜNTER Gabriele1877-1962**[124]**
🖼 $28 950 FF150 000 *£18 700* **Signe, Stocksund** Oil/canvas 84x58cm/*33x22in* Stockholm 96
🖼 $48 186 FF284 469 *£28 534* **Weg am Iseosee** Öl/Karton 25,5x36cm/*10x14in* Berlin 97
🗞 $2 300 FF13 500 *£1 406* **Sommerstrauss mit Fruchtschale** Farblithographie 57,5x43,5cm/*22x17in* Dresden 97
✏ $8 497 FF50 284 *£5 220* **Mohn und Mohnblüten am Busch** Watercolour 62x44,7cm/*24x17in* München 98
MUNTHE Gerhard Peter Frantz1849-1929**[28]**

$1 755 FF9 030 *£1 095* **The arrival of the fleet** Oil/board 26x20cm/*10x7in* Amsterdam 96

$9 673 FF58 207 *£5 791* **A Shell Fisher in the Breakers** Oil/canvas 73,5x55cm/*28x21in* Amsterdam 98

MUNTHE Ludwig1841-1896**[46]**

$2 484 FF12 380 *£1 628* **Flusslandschaft** Oil/panel 21x15,5cm/*8x6in* Bremen 95

$5 371 FF32 083 *£3 288* **Vinterfiske** Oil/panel 60x46cm/*23x18in* Stockholm 98

MUNTHE MORGONSTJERNE Gerhard Arij Ludwig1875-1927**[45]**

$2 453 FF12 700 *£1 592* **Bomschuit in the breakers, Katwijk** Oil/panel 36x26cm/*14x10in* Amsterdam 96

$3 702 FF21 576 *£2 281* **Vissersschuit op het strand bij ondergaande zon** Oil/canvas 52x37,5cm/*20x14in* Den Haag 97

$1 124 FF6 536 *£669* **Vissersvrouwen op het strand** Watercolour/paper 12,5x10cm/*4x3in* Den Haag 97

MUNTHE-NORSTEDT Anna1854-1936**[21]**

$2 584 FF15 232 *£1 544* **Blomsterstilleben med blåklint** Oil/panel 27x20cm/*10x7in* Stockholm 97

$4 522 FF26 656 *£2 702* **Påskblommor i kopparvas** Oil/panel 57x40cm/*22x15in* Stockholm 97

MUNTZ Johann Heinrich1727-1798**[4]**

$51 FF297 *£30* **Wandelaars bij een obelisk** Watercolour 12,5x14cm/*4x5in* Den Haag 97

MUNTZ-ADAMS Josephine1862-1952**[9]**

$383 FF2 197 *£226* **Figure Study** Oil/canvas 38x24cm/*14x9in* Sydney 97

MUNTZ-LYALL Laura Adeline1860-1930**[10]**

$7 400 FF36 300 *£4 700* **In the Park** Oil/canvas 58,5x86cm/*23x33in* Vancouver, BC. 95

$486 FF2 926 *£291* **The Old Fisherman** Watercolour/paper 32,5x29cm/*12x11in* Toronto 98

MÜNZER Adolf1870-1953**[13]**

$3 139 FF18 587 *£1 859* **Sommerblumenstrauss** Öl/Leinwand 50x60cm/*19x23in* München 97

$206 FF1 200 *£122* **"Tirolerwagen Reisen"** Lithographie 108x71,5cm/*42x28in* Paris 97

$668 FF4 022 *£400* **Schlafende** Pencil/paper 60x80cm/*23x31in* München 98

MURA de Francesco Fr.(Attr.)1696-1782**[10]**

$6 920 FF35 000 *£4 540* **Deux angelots** Huile/toile 37,5x22,5cm/*14x8in* Paris 96

MURA de Francesco Francesch.1696-1782**[33]**

$12 600 FF71 400 *£8 400* **Puti su sfondo di paesaggio** Olio/tela 20,5x27cm/*8x10in* Roma 97

$17 000 FF96 866 *£10 412* **The Penitent Magdalen** Oil/canvas 65x52cm/*25x20in* New-York 97

$90 000 FF513 405 *£55 341* **Putti with a parrot and other birds and putti at rest from the hunt** Oil/canvas 97x140cm/*38x55in* New-York 97

$581 FF2 890 *£380* **Hercules in the Garden of the Hesperides** Ink 18,5x13,2cm/*7x5in* London 95

MURA della Angelo1867-1922**[7]**

$3 049 FF17 716 *£1 800* **On the coast at Maiori, near Amalfi** Oil/canvas 33,5x68,5cm/*13x26in* London 97

$524 FF3 041 *£320* **Amalfi** Watercolour/paper 33x21cm/*12x8in* London 97

MURABITO Rosario1907-1972**[3]**

$950 FF5 640 *£582* **Familyu Portrait** Pastel 89x72cm/*35x28in* San Francisco-Los Angeles 97

MURANT Emanuel1622-c.1700**[15]**

$2 664 FF13 560 *£1 598* **A farmer with cattle walking along a village street** Oil/canvas 23x29,5cm/*9x11in* Amsterdam 96

$11 160 FF57 800 *£7 200* **Dorf mit Kirche an einem Fluss und Fischern** Oil/panel 48x64,5cm/*18x25in* Wien 96

MURAT J.XIX-XX**[1]**

$15 000 FF85 470 *£9 187* **Daydreaming/The butterfly** Oil/canvas 91x71cm/*35x27in* New-York 97

MURATON Euphémie,née Duhanot1836-1914**[18]**

$1 270 FF7 419 *£751* **Nature morte aux mirabelles** Huile/toile 29x45,5cm/*11x17in* Genève 97

$3 861 FF22 467 *£2 365* **Pink roses and peaches** Oil/canvas 32x51cm/*12x20in* Amsterdam 97

MURATORI AgostinoXX**[2]**

$2 310 FF12 070 *£1 365* **Cerimonia a S. Giovanni** Olio/tavola 56x45cm/*22x17in* Venezia 96

MURATORI Domenico M. (Attrib)1661-1742**[2]**

$638 FF3 260 *£420* **The Massacre of the Innocents** Ink 21,5x33cm/*8x12in* London 96

MURATORI Domenico Maria1661-1742**[4]**

$54 600 FF285 000 *£33 000* **Allegory of Painting** Oil/canvas 101x78cm/*39x30in* London 96

MURAVIEV Vladimir Leonidovich1861-c.1915**[5]**

$1 468 FF8 376 *£897* **Ptarmigan in winterlandscape** Oil/canvas 45x62cm/*17x24in* Helsinki 97

$2 624 FF16 000 *£1 600* **Hares in a Winter Landscape** Tempera/board 32,5x48,5cm/*12x19in* London 98

$1 470 FF7 410 *£950* **Bunny rabbits in a moonlit winter night** Tempera/paper 33x48cm/*12x18in* London 96

MURAY Nickolas1892-1965**[20]**

$1 200 FF6 924 *£735* **Nude** Photograph 19x24cm/*7x9in* New-York 97

MURCH Arthur James1902-1990[41]

- $732 FF4 485 £437 **Boy at the Rockpool** Oil/board 24,5x29,5cm/*9x11in* Sydney 97
- $2 222 FF11 405 £1 466 **The Orchestra** Oil/board 37x67cm/*14x26in* Sydney 96
- $277 FF1 425 £183 **Portrait of a Gentleman** Pencil/paper 26x20cm/*10x7in* Sydney 96

MURCH Walter Tandy1907-1967[24]

- $11 000 FF66 424 £6 603 **Governer** Oil/board 26x18,5cm/*10x7in* New-York 98
- $21 000 FF124 334 £12 469 **Door Lock** Oil/masonite 85x65,5cm/*33x25in* New-York 97
- $52 500 FF311 571 £32 156 **Two Doors** Oil/canvas 101,5x124,5cm/*39x49in* New-York 98
- $12 000 FF72 463 £7 203 **Wig Forms** Chalks 101,5x66cm/*39x25in* New-York 98

MURDAY J.XIX[4]

- $3 290 FF17 040 £2 200 **A barque, in two positions, approaching the Eddystone Lighthouse** Oil/canvas 46x63cm/*18x24in* London 96

MURER Augusto1922-1985[30]

- $1 680 FF9 520 £1 120 **Crocifissione** Olio/tavola 65,5x46,5cm/*25x18in* Milano 97
- $160 FF835 £105 **Arlecchini** Serigrafia a colori 70x50cm/*27x19in* Venezia 96
- $2 160 FF12 240 £1 080 **Figura di giovane** Bronzo H23,5cm/*H9in* Prato 97
- $7 499 FF42 498 £3 749 **Piccolo pescatore** Sculpture bois 88x60x50cm/*34x23x19in* Roma 97

MURER Christoph1558-1614[2]

- $237 FF1 217 £145 **Die Vision des Hesekiel** Ink/paper 20,6x17,8cm/*8x7in* München 96

MURER Eugène Meunier, dit1846-1906[8]

- $2 259 FF13 200 £1 387 **La vallée, un jour de printemps** Huile/toile 33,5x46cm/*13x18in* Pontoise 97
- $657 FF4 000 £400 **Marching to Battle** Ink 38,5x49cm/*15x19in* London 98

MURER Heinrich1774-1822[4]

- $1 279 FF7 425 £756 **Maderanertal im Kanton Uri** Öl/Leinwand 47,5x61,5cm/*18x24in* Bern 97
- $92 FF535 £54 **Ansicht von Leukerbad** Aquatinte couleurs 15,5x18cm/*6x7in* Bern 97

MURILLO Bartolomé E.(Attrib)1617-1682[5]

- $2 025 FF11 915 £1 250 **Der Heilige Antonius mit dem Jesusknaben** Öl/Leinwand 96x71,5cm/*37x28in* Wien 97
- $62 300 FF321 500 £40 000 **Santa Rosa de Lima** Oil/canvas 163x106,5cm/*64x41in* London 96

MURILLO Bartolomé E.(Cercle)[1]

- $14 000 FF69 100 £9 050 **Christ the Shepherd** Oil/canvas 115x84cm/*45x33in* New-York 96

MURILLO Bartolomé Esteban1617-1682[26]

- $125 600 FF650 000 £81 500 **Autoportrait dans un oval peint** Huile/toile 74,5x60,5cm/*29x23in* Paris 96
- $200 000 FF1 227 740 £122 540 **The Archangel Raphael** Oil/canvas 30,5x22cm/*12x8in* New-York 98
- $475 745 FF2 848 520 £292 230 **Die "Kinnaird-Madonna"** Oil/canvas 169x110cm/*66x43in* Köln 98
- $4 378 FF25 922 £2 600 **St. Joseph with the Sleeping Christ Child** Wash 16x13,5cm/*6x5in* London 97

MURILLO RAMS Tomas1890-1934[1]

- $1 054 FF5 250 £671 **Niña con su padre junto a una barca varada en la playa** Oleo/lienzo 55x70cm/*21x27in* Madrid 95

MURILLO Salvador1841-?[1]

- $12 730 FF62 100 £8 000 **The Valley of Mexico with Mexico City and the Volcanos beyond** Oil/canvas 27x46,5cm/*10x18in* London 95

MURILLO Y BRACHO José María1827-1882[14]

- $2 475 FF14 887 £1 537 **Flores** Oleo/cartón 28x40cm/*11x15in* Madrid 97

MURILLO Y BRAVO DE VELA Josefac.1810-c.1870[1]

- $3 300 FF17 070 £2 130 **Retrato de Antonio de Orleans, duque de Montpensier (1824-1890)** Oleo/lienzo 77x63cm/*30x24in* Madrid 96

MURK Dea1932[2]

- $948 FF4 884 £588 **Hafen** Öl/Leinwand 65x65cm/*25x25in* Wetzikon 96

MURNOT Félix1924[322]

- $504 FF3 000 £308 **Marine** Huile/papier 20x25cm/*7x9in* L'Isle-Adam 97
- $345 FF2 050 £207 **Vapeur auport** Aquarelle 17x25cm/*6x9in* Provins 97

MURPHY Ada CliffordXIX-XX[2]

- $550 FF2 710 £355 **Ducks beneath the apple tree** Oil/canvas 19x24cm/*7x9in* New-York 95

MURPHY Alice Harold1896-1966[3]

- $60 FF326 £35 **The Rock and the Wave** Lithograph 22x35cm/*9x14in* Portsmouth, NH. 97

MURPHY CatherineXX[2]

☞ $2 200 **FF12 790** *£1 343* **Black and White Pillow** Graphite 56,5x76cm/*22x29in* New-York 97
MURPHY Christopher P.H. Jr.1902-1969[3]
☞ $1 000 **FF4 890** *£624* **Fish bait** Oil/canvas/board 34x38cm/*13x15in* New Orleans, Louisiana 95
☞ $900 **FF4 660** *£576* **Fort Jackson/Fort Pulaski/Fort Pulaski the North Wall** Graphite 25x17cm/*10x7in* New Orleans, Louisiana 96
MURPHY Dennis BrownwellXVIII-XIX[1]
☞ $3 100 **FF16 040** *£2 000* **Prince Charles Edward Stuart, facing left** Miniature 1500x2000x2300cm/*590x787x905in* Glasgow 96
MURPHY FrankXX[6]
☞ $100 **FF612** *£60* **Mevagissey Harbour, Cornwall** Oil/board 51x41cm/*20x16in* London 97
MURPHY Gladys Wilkins1907[22]
▨ $225 **FF1 158** *£145* **Motif No.1 Rockport** Woodcut in colors 8x13cm/*3x5in* Bolton, Mass. 96
MURPHY Hermann Dudley1867-1945[39]
☞ $2 500 **FF13 904** *£1 547* **Mexican Villa** Oil/board 30,5x40,5cm/*12x15in* New-York 97
☞ $4 200 **FF21 800** *£2 780* **In Puerto Rico** Oil/canvas 63x76cm/*24x29in* New-York 96
MURPHY Johnc.1748-c.1820[3]
▨ $7 488 **FF43 137** *£4 400* **A tigress** Mezzotint 48,5x61cm/*19x24in* London 97
MURPHY John Francis1853-1921[62]
☞ $3 250 **FF16 960** *£1 964* **Evening** Oil/canvas 21,5x28cm/*8x11in* San Francisco-Los Angeles 96
☞ $7 000 **FF41 567** *£4 273* **Water Meadows** Oil/canvas 40,5x56cm/*15x22in* Boston, Mass. 98
☞ $1 700 **FF10 161** *£1 030* **As the Crows Fly** Watercolour/paper 36,2x50,2cm/*14x19in* San Francisco-Los Angeles 97
MURPHY John J.A.XIX-XX[2]
▨ $700 **FF4 161** *£428* **Adam, Eve and Apple** Woodcut 17x19cm/*7x7in* Shaker Heights, Ohio 97
MURPHY Minnie Lois1901[4]
☞ $2 000 **FF11 520** *£1 175* **Under the Brooklyn Bridge** Pastel 43x57,5cm/*16x22in* New-York 97
MURPHY Robbin1956[3]
☞ $1 100 **FF6 769** *£667* **"Twain, Ruin"** Mixed media/canvas 91,5x91,5cm/*36x36in* New-York 98
MURPHY StanleyXX[3]
☞ $900 **FF5 257** *£532* **Still Life with Flowers** Oil/board 30x22cm/*12x9in* Boston, Mass. 97
☞ $4 749 **FF27 742** *£2 810* **Gay Head Harbor in Winter** Oil/canvas 101x152cm/*40x60in* Boston, Mass. 97
MURPHY Terry J.XX[1]
☜ $4 000 **FF20 160** *£2 580* **Dalls, The Cloud Runners** Bronze 71x91cm/*28x36in* Hayden 96
MURRAY Andrew1917[2]
☞ $784 **FF4 690** *£480* **Herald of the Reconciliation** Oil/canvas 50x60cm/*19x23in* Cape Town 97
MURRAY Charles1894-1954[8]
☞ $677 **FF3 430** *£440* **The Intruder** Oil/board 40x60cm/*15x23in* Billingshurst, West Sussex 96
MURRAY Charles Fairfax1849-1919[17]
☞ $2 420 **FF12 620** *£1 600* **At the Spring/Three Graces** Oil/panel 24x24cm/*9x9in* Hadspen 96
☞ $7 200 **FF40 800** *£4 800* **Orfeo e Euridice** Olio/tela 86x112cm/*33x44in* Prato 98
MURRAY David1849-1933[44]
☞ $704 **FF3 580** *£420* **Landscape at dusk** Oil/panel 14x20cm/*5x7in* London 96
☞ $2 680 **FF13 620** *£1 600* **Time of the Golden Leaves in the Test Valley, Hampshire** Oil/canvas 61x92cm/*24x36in* London 96
MURRAY Eben H.XIX[4]
☞ $2 368 **FF13 471** *£1 449* **Returning from school** Oil/canvas 60,5x50,5cm/*23x19in* London 97
MURRAY Elizabeth1940[55]
☞ $25 000 **FF145 180** *£15 272* **"With"** Acrylic/canvas 128x149cm/*50x58in* New-York 97
☞ $50 000 **FF242 000** *£32 100* **Pompeii (Winter 1987)** Oil/canvas 21x177cm/*8x69in* New-York 95
▨ $1 800 **FF9 320** *£1 203* **Undoing** Etching, aquatint 73x58,4cm/*28x22in* New-York 96
☞ $12 000 **FF69 727** *£7 084* **Die Drawing** Pastel/paper 87,5x56cm/*34x22in* New-York 97
MURRAY Frank Stuart1848-1915[2]
☞ $2 600 **FF15 457** *£1 590* **An Old Courtyard** Watercolour, gouache/paper 44,5x26cm/*17x10in* New-York 97
MURRAY GeorgeXIX-XX[8]
☞ $1 301 **FF7 421** *£800* **At the Forge** Oil/canvas 43x58cm/*16x22in* Billingshurst, West Sussex 97
☞ $1 471 **FF7 473** *£949* **Spanish Dancer with Marracas** Oil/canvas 21x21cm/*8x8in* Auchterarder, Perthshire 96
MURRAY H.XIX[5]
☞ $700 **FF4 176** *£422* **Lanscape with Cattle/Landscape with the Hay Wagon and Horses** Watercolour/paper 23x34cm/*9x13in* East Dennis, Mass. 97

MURRAY JimXX[2]

[camera] $21 425 **FF126 705** £13 000 **The Taj Mahal, from The Gateway** Albumen print 34,5x44cm/13x17in London 98

MURRAY JohnXIX[18]

[camera] $11 610 **FF60 100** £7 500 **Principal Street at Agra** Salt print 36x46cm/14x18in London 96

MURRAY John Reed1861-1906[1]

$1 222 **FF7 091** £749 **A Shepherd driving Sheep by a Windmill, Anvers** Oil/canvas/panel 225,5x35,5cm/88x13in Glasgow 97

MURRAY John, J.B.1908-1988[2]

$750 **FF4 080** £449 **Untitled** Mixed media/paper 60,5x45,5cm/23x17in New-York 97

MURRAY Thomas1663-1734[12]

$4 000 **FF24 213** £2 386 **Portrait of a Lady** Oil/canvas 94x66cm/37x25in New-York 97

MURRAY Thomas (Attrib.)1663-1734[4]

$11 925 **FF68 897** £7 000 **Portrait of William Fytche/His Wife Elizabeth** Oil/canvas 122,5x98,5cm/48x38in London 97

MURRAY William Grant1877-1950[4]

$89 **FF519** £55 **Carr Bridge** Watercolour/paper 36x52,5cm/14x20in Bristol, Avon 97

MURTRIE Martha Darley1824-1885[2]

$2 790 **FF14 450** £1 802 **Flowers in a glass vase** Oil/panel 25x19,7cm/9x7in Wien 96

MURUA Mario1952[20]

$6 500 **FF38 303** £3 883 **Mazateca City** Oil/canvas 130x97cm/51x38in New-York 97

MUS Italo1892-1967[11]

$1 920 **FF10 880** £960 **Il Ticino a Golasecca** Olio/tavola 40,5x31cm/15x12in Milano 97

$8 500 **FF41 700** £5 530 **Natura morta con zucche** Olio/tela 66x91,5cm/25x36in Milano 95

MUSANTE Franc./Gruppo Aperto1950[2]

$900 **FF5 100** £450 **"Le case che nascono sugli alberi"** Olio/tavola 40x30cm/15x11in Vercelli 98

MUSCHAMP Francis Sydney?-1929[35]

$1 223 **FF7 138** £749 **"Footsteps"** Oil/canvas 33x23cm/12x9in London 97

$2 894 **FF14 600** £1 900 **A Lady of fashion** Oil/canvas 81,5x38cm/32x14in London 96

MUSGRAVE Arthur Franklin1876-?[9]

$4 200 **FF23 701** £2 574 **Street Scene with Figure of a Child** Oil/canvas 86x71cm/34x28in East Dennis, Mass. 97

MUSIC Zoran Antonio1909[569]

$12 420 **FF70 380** £6 210 **"Ida"** Olio/tela 41x36cm/16x14in Milano 98

$25 200 **FF142 800** £12 600 **"Canale della Giudecca"** Olio/tela 60x81,5cm/23x32in Prato 98

$34 800 **FF197 200** £17 400 **"Lieu monotone"** Olio/tela 164x114cm/64x44in Milano 97

$610 **FF3 494** £381 **Katalogbeilage I und II** Etching, aquatint in colors 9x12cm/3x4in München 97

$3 786 **FF19 454** £2 254 **Nasse in laguna** Pastelli/carta 20x25,5cm/7x10in Roma 96

MUSIN Auguste1852-1923[53]

$1 710 **FF10 101** £1 033 **Marine** Oil/panel 14x25cm/5x9in Amsterdam 97

$8 260 **FF42 800** £5 370 **Calme au coucher du soleil sur l'Escaut** Huile/toile 68x100cm/26x39in Antwerpen 96

$325 **FF1 946** £196 **Marine** Aquarelle/papier 20x12cm/7x4in Antwerpen 97

MUSIN François1820-1888[99]

$4 721 **FF29 000** £2 830 **Marine** Huile/panneau 25x35cm/9x13in Lille 98

$7 600 **FF39 100** £4 750 **A frigate in distress off the coast, other shipping beyond** Oil/canvas 32,5x82cm/12x32in Amsterdam 96

$18 600 **FF96 200** £12 000 **Fishing boats off a city, thought to be Rotterdam** Oil/canvas 117x180cm/46x70in London 96

MUSIN Maurice1939[32]

$825 **FF4 270** £528 **Portrait de face** Huile/panneau 40x30cm/15x11in Liège 96

$988 **FF5 000** £648 **L'Arbre** Huile/panneau 80x98,5cm/31x38in Liège 96

$2 303 **FF13 795** £1 402 **Le violoncelle** Huile/panneau 116x116cm/45x45in Liège 97

MUSKETT Alice J.c.1870-c.1935[1]

$3 077 **FF17 842** £1 814 **The Horse Ferry** Oil/panel 20x35,5cm/7x13in Sydney 97

MUSS-ARNOLDT Gustav1858-1927[8]

$8 500 **FF41 850** £5 480 **On the Scent** Oil/canvas 431x41cm/169x16in New-York 95

$13 000 **FF75 934** £7 692 **On the Alert** Oil/canvas 31x41cm/12x16in Boston, Mass. 97

$14 000 **FF81 207** £8 615 **Champion "Bracket" and "Freedom", two English pointers** Oil/canvas

---

48x60cm/*18x23in* New-York 97
MUSSCHER van Michiel1646-1705**[22]**
　　 $8 020 **FF40 000** *£5 260* **La couturière endormie** Huile/panneau 32x25cm/*12x9in* Paris 95
　　 $12 972 **FF74 250** *£7 662* **Portrait of a Lady/Portrait of a Gentlemen** Oil/canvas 48,5x41cm/*19x16in*
Amsterdam 97
MUSSCHER van Michiel (Attrib.)1646-1705**[6]**
　　 $658 **FF4 000** *£396* **Portrait d'un lord anglais** Huile/bois 22,5x17,5cm/*8x6in* Paris 98
　　 $4 164 **FF25 148** *£2 500* **Portrait of a Seated Lady and Child** Oil/canvas 51,5x42cm/*20x16in* London 98
MUSSIL William?-1906**[10]**
　　 $595 **FF3 427** *£349* **Study of a Macaw Parrot and another exotic Bird** Watercolour 57,5x42,5cm/*22x16in*
London 97
MUSSO Carlo1907-1968**[4]**
　　 $1 260 **FF6 180** *£820* **In alta Val d'Ayas** Olio/tavola 30x40cm/*11x15in* Milano 95
　　 $3 000 **FF17 000** *£1 500* **Meriggio nel Monferrato** Olio/tavola 59x79cm/*23x31in* Vercelli 98
MUSSO Giulio1851-1915**[1]**
　　 $480 **FF2 720** *£240* **"Il Tanaro a Bistagno"** Olio/tavola 30x36cm/*11x14in* Vercelli 98
MUSSO Nicolo'c.1595-c.1625**[1]**
　　 $11 400 **FF64 600** *£5 700* **Ritratto dei gemelli Ercole Gioseffo e Angiola Maria Riario Sforza** Olio/tela
55x67cm/*21x26in* Milano 97
MUSSON Suzanne[1]
　　 $573 **FF2 950** *£367* **"Remiremont, Vosges"** Affiche 100x65cm/*39x25in* Boulogne 96
MUSTIELES Benjamin1919**[2]**
　　 $288 **FF1 777** *£171* **Figuras** Acuarela 49x31cm/*19x12in* Madrid 98
MUT TORROJA Antoni1921**[6]**
　　 $149 **FF873** *£88* **Paisaje con masia y almiar** Oleo/lienzo 50x61cm/*19x24in* Barcelona 97
MUTER Mela, née Klingsland1886-1967**[47]**
　　 $8 950 **FF46 500** *£5 880* **Vase of sunflowers** Oil/panel 67,5x53,5cm/*26x21in* Warszawa 96
　　 $780 **FF4 080** *£465* **Flusskähne im Hafen** Watercolour, gouache/paper 35x50,5cm/*13x19in* Köln 96
MUTH Ida1897-?**[1]**
　　 $455 **FF2 380** *£271* **Kompositionen** Collage 14x19cm/*5x7in* München 96
MUTI Rutilio1904-?**[1]**
　　 $600 **FF3 400** *£400* **Paesaggio** Olio/tavoletta 26x42cm/*10x16in* Firenze 98
MUTRIE Annie Feray1826-1893**[8]**
　　 $1 747 **FF9 571** *£1 050* **Still Life with Fruit, Flowers and a Bird nest on a Ledge** Oil/canvas
30,5x25,5cm/*12x10in* London 97
　　 $89 **FF535** *£55* **A Shetchbook of Continental Views** Pencil/paper 8x15cm/*3x6in* London 98
MUTRIE Martha D. (Attrib.)1824-1885/86**[1]**
　　 $5 234 **FF30 505** *£3 200* **A Riot of Flowers** Oil/canvas 61x51cm/*24x20in* London 97
MUTRIE Martha Darlay1824-1885/86**[7]**
　　 $28 000 **FF159 180** *£17 144* **Still Life with Pink and white Azaleas** Oil/canvas 82x63,5cm/*32x25in* New-York 97
MUTSAERS Frank1920**[3]**
　　 $299 **FF1 533** *£190* **Summer Time Near Grampians** Oil/board 19x50cm/*7x19in* Melbourne 95
MUTTICH Kamil Vlasdislav1873-1924**[5]**
　　 $1 972 **FF12 000** *£1 200* **A Lady with Cockatoos** Oil/panel 79,5x57cm/*31x22in* London 98
MUTTONI Pietro della Vecchia1603-1678**[9]**
　　 $4 616 **FF26 500** *£2 814* **Diseuse de bonne aventure** Encre 214x198cm/*84x77in* Chaumont 97
MUUKKA Elias1853-1938**[28]**
　　 $2 562 **FF15 474** *£1 556* **Molnig sommardag** Oil/canvas 62x89cm/*24x35in* Helsinki 98
　　 $4 692 **FF27 705** *£2 777* **De sista slantarna** Oil/panel 30x38cm/*11x14in* Helsinki 97
MUXART Jaime1922**[5]**
　　 $891 **FF5 332** *£553* **Arlequin** Oleo/papel 70x52cm/*27x20in* Madrid 97
MUXEL Johann Nepomuk1790-1870**[1]**
　　 $931 **FF4 740** *£556* **Bildnis des Malers Ludwig Grimm (1790-1863)** Pencil/paper 19,5x17cm/*7x6in* Köln 96
MUYBRIDGE Eadweard1830-1904**[68]**
　　 $2 200 **FF12 694** *£1 348* **Yosemite Valley from Rocky Point** Albumen print 37x52cm/*14x20in* New-York 97
MUYDEN van Ewert Louis1853-1922**[18]**
　　 $156 **FF936** *£95* **Half Length Portrait of a Lady** Drypoint 8x11,5cm/*3x4in* London 97
　　 $368 **FF2 225** *£221* **Angriffsszene aus dem 1. Weltkrieg** Indian ink/paper 28x42,5cm/*11x16in* Luzern 98

MUYDEN van Henri1860-1936[5]

▭ $176 **FF1 030** *£104* **Jeune femme** Lithographie 20,5x15,5cm/*8x6in* Genève 97
MUYDEN van Jacques Alfred1818-1898[16]

◠ $5 028 **FF30 144** *£3 026* **Mutter mit Kind** Öl/Leinwand 62x50cm/*24x19in* Zürich 98

✎ $354 **FF1 720** *£224* **Südländische Bauern** Aquarell 12x13cm/*4x5in* Bern 95
MUYS Nicolaes1740-1808[3]

✎ $520 **FF2 713** *£310* **Gentleman with Walking Stick/gentleman with His Hand in Pocket** Chalks/paper
29,5x20,5cm/*11x8in* Toronto 96
MUYS Robert1742-1825[1]

▭ $583 **FF3 020** *£373* **Het gevecht op de Doggersbank, after E. Hoogerheyden** Etching 41,6x60cm/*16x23in*
Amsterdam 96
MUYSENBERG van den Toon1901-1967[3]

✎ $726 **FF3 680** *£473* **A view in a village street** Gouache/paper 47x66cm/*18x25in* Amsterdam 96
MUZIANO Girolamo (Attrib.)1528-1592[3]

◠ $4 453 **FF26 000** *£2 693* **Saint Jérome en prière** Huile/toile 129x99,5cm/*50x39in* Paris 97
MUZIANO Girolamo (Circle)1528-1592[2]

✎ $600 **FF2 960** *£388* **A Statue holding a Bow and Arrow/Foliage Studies** Red chalk 17x7,5cm/*6x2in* New-York 96
MUZZIOLI Giovanni1854-1894[11]

◠ $2 200 **FF11 000** *£1 424* **A bowl of soup** Oil/canvas 30x23cm/*11x9in* New-York 96

◠ $48 000 **FF291 086** *£29 284* **Flirtation** Oil/canvas 70x48,5cm/*27x19in* New-York 98

✎ $945 **FF4 640** *£615* **Baccanale** Matita/carta 20x28cm/*7x11in* Milano 95
MY van der Hieronymus1687-1761[6]

◠ $3 434 **FF17 470** *£2 060* **Portrait of a Magistrate** Oil/panel 53x41,5cm/*20x16in* Amsterdam 96

◠ $17 540 **FF84 900** *£11 000* **Portrait of the composer Anton Wihlhelm Solnitz** Oil/panel 19x15cm/*7x5in*
London 95
MYCOCK Mike1936[2]

◠ $1 446 **FF7 310** *£948* **In the Hollow** Öl/Leinwand 91x91cm/*35x35in* Wien 96

✎ $807 **FF4 492** *£500* **The felled tree** Watercolour/paper 23x17cm/*9x6in* London 97
MYDANS Carl1907[2]

▣ $2 800 **FF14 620** *£1 692* **On the 6:25 from Grand Central to Stamford, November 22** Gelatin silver print
21x29cm/*8x11in* New-York 96
MYERS Frank Harmon1899-1956[21]

◠ $700 **FF4 112** *£420* **"Brittany Coast"** Oil/board 25x33cm/*10x13in* Altadena, CA 97

◠ $1 300 **FF7 638** *£780* **Seascape** Oil/canvas 50x60cm/*20x24in* Altadena, CA 97

✎ $700 **FF4 112** *£420* **"Monterey Harbor"** Watercolour/paper 35x51cm/*14x20in* Altadena, CA 97
MYERS Jerome1867-1940[19]

◠ $8 000 **FF41 800** *£4 830* **Children at Play** Oil/canvas 35,5x45,5cm/*13x17in* New-York 96

▭ $200 **FF1 241** *£121* **Old New York House** Engraving 19x23cm/*7x9in* Boston, Mass. 97

✎ $1 000 **FF5 190** *£662* **Washington Square, looking South** Watercolour, gouache 23x20cm/*9x7in* New-York 96
MYGIND Samuel1784-1817[2]

◠ $3 056 **FF15 960** *£1 820* **Spijck, Holland** Oil/canvas 93x140cm/*36x55in* København 96
MYHRA René Pagnard1939[4]

▭ $83 **FF424** *£55* **Brauner Berg** Farbserigraphie 43x30cm/*16x11in* Bern 96
MYJAK Adam1947[1]

⬟ $1 403 **FF7 320** *£835* **Glowa** Bronze H40cm/*H15in* Warszawa 96
MYN van der Frans (Attrib.)1719-1783[1]

◠ $19 392 **FF114 885** *£11 500* **Apricots on a silver Tazza, Peaches and Plums on a Plate** Oil/canvas
51x40,5cm/*20x15in* London 97
MYN van der Frans, Francis1719-1783[16]

◠ $25 147 **FF150 678** *£15 000* **The Wine Merchant, Portrait of a Gentleman, Seated on a Barrel**
Oil/canvas/panel 86x70cm/*33x27in* London 98

✎ $13 323 **FF78 277** *£8 000* **Portrait of Lady, wearing a straw/Portrait of Gentleman wearing Costume** Black &
white chalks 31,6x26cm/*12x10in* London 97
MYN van der Herman1684-1741[15]

◠ $4 420 **FF22 800** *£2 850* **Blumenstilleben** Öl/Leinwand 105x84cm/*41x33in* Zürich 96
MYNOTT Derek1926-1994[3]

M

✏️ $680 FF3 480 £440 "Kew Landing Stage" Watercolour 25x29cm/*9x11in* London 95
MYNTTI Eemu1890-1943[10]
👁 $4 786 FF28 750 £2 870 **Landskap** Oil/canvas 65x80cm/*25x31in* Helsinki 98
MYOE WIN AUNG1972[3]
✏️ $523 FF3 091 £323 **Fending the Pigeons** Watercolour/paper 38x28cm/*14x11in* Singapore 97
MYRBACH-REINFELD von Felician1853-1940[12]
👁 $2 074 FF10 800 £1 303 **Besuch Napoleons im Feldlazarett nach der Schlacht** Öl/Leinwand 68,5x48cm/*26x18in* Lindau 96
✏️ $399 FF2 000 £252 **Festplatz in Tovaros vor der Ankunft von Kaiser Franz Joseph I.** Pencil/paper 38x54cm/*14x21in* Wien 95
MYRHA René Pagnard1939[5]
👁 $801 FF4 858 £491 **Konstruktion mit Farben** Tempera 26x21cm/*10x8in* Zofingen 98
MYRICK Frank1840-1914[2]
✏️ $1 400 FF8 149 £849 **California Lupines** Watercolour/paper 44x58cm/*17x23in* Mystic, Connecticut 97
MYSTKOWSKI Czeslaw1898-1938[8]
👁 $2 903 FF14 170 £1 836 **Javanese woman** Oil/panel 46x35cm/*18x13in* Amsterdam 95
✏️ $594 FF3 451 £364 **A church in Caen** Watercolour 63x48cm/*24x18in* Amsterdam 97
MYTENS Janc.1614-1670[10]
👁 $9 910 FF51 300 £6 630 **Portrait of Henriette Catharina van Nassau Orange** Oil/panel 43x32cm/*16x12in* Amsterdam 96
👁 $17 049 FF100 704 £10 593 **Porträt der Cornelia Vivien und ihres Sohnes Anthony** Öl/Leinwand 113x91,5cm/*44x36in* Stuttgart 97
👁 $80 000 FF491 096 £49 016 **Portrait of Six Children in a Landscape** Oil/canvas 126,5x150,5cm/*49x59in* New-York 98
MYTENS Jan (Attrib.)c.1614-1670[1]
👁 $27 142 FF155 417 £16 572 **Maria Theresa (1717-1780)/Franz I (1708-1765)** Oil/canvas 156x116cm/*61x45in* Köbenhavn 97
MYTENS van Marten I1648-1736[3]
👁 $1 837 FF9 040 £1 183 **Portrait of Christer Samuel Duse/Portrait of Margarethe Armsköld** Oil/canvas 94x71cm/*37x27in* Stockholm 95
👁 $7 674 FF45 834 £4 698 **Porträtt av dam med ros, Sigrid von Liewen** Oil/canvas 146x119cm/*57x46in* Stockholm 98
MYTENS van Marten II1695-1770[6]
👁 $12 760 FF61 700 £8 000 **Portrait of a young boy** Oil/canvas 52x44cm/*20x17in* London 95
MYTTHEIS Viktor1874-1936[8]
👁 $2 898 FF16 828 £1 771 **Dorfstrasse** Öl/Leinwand 45x70cm/*17x27in* Wien 97

N

N'GUYEN PHAN CHANH XX [2]
✏️ *$10 430 FF54 000 £6 770* Marchande de canne à sucre Aquarelle 65x50cm/*25x19in* Paris 96
NADAL Carlos 1917 [48]
👁 *$1 564 FF9 364 £972* Paisaje Oleo/lienzo 27x41,5cm/*10x16in* Madrid 98
👁 *$3 201 FF19 583 £1 900* "Le grand tenis" Oil/canvas 64,5x54,5cm/*25x21in* London 98
✏️ *$2 457 FF12 550 £1 620* Au jardin Aquarelle/papier 72x100cm/*28x39in* Bruxelles 96
NADAR Adrien A. Tournachon 1825-1903 [7]
📷 *$10 080 FF60 000 £6 162* Cavalier d'Afrique du Nord Photo 29,7x22,2cm/*11x8in* Bièvres 98
NADAR Félix Tournachon,dit 1820-1910 [33]
📷 *$930 FF5 500 £575* Portrait de Victor Hugo sur son lit de mort, Mai Photo 19,4x24,4cm/*7x9in* Paris 97
NADELMAN Elie 1882-1946 [51]
🗿 *$3 500 FF20 771 £2 170* Standing Woman Sculpture H33cm/*H12in* New-York 97
🗿 *$700 000 FF4 154 290 £428 750* Chanteuse Sculpture, wood H93cm/*H36in* New-York 98
✏️ *$2 600 FF13 500 £1 720* Standing female nude Ink/paper 31,5x22,5cm/*12x8in* New-York 96
NADERA Ida Bagus Made 1915 [7]
👁 *$936 FF4 820 £584* Balinese farmers Tempera 64x32cm/*25x12in* Amsterdam 96
NAEGELE Charles Frederick 1857-1944 [4]
👁 *$2 000 FF11 376 £1 233* The Lockett Oil/canvas 40x30cm/*16x12in* Cincinnati, Ohio 97
NAEGELE Otto Ludwig 1880-1952 [4]

🛢 *$2 800 FF16 686 £1 678* "Forstenriederpark Prinz Heinrich Fahrt" Poster 118,5x88cm/*46x34in* New-York 98
NAEKE Gustav H. (Attrib.) 1786-1835 [1]
✏ *$13 038 FF76 974 £7 721* Brustbild eines jungen Mann nach rechts Pencil 28,5x23,5cm/*11x9in* Berlin 97
NAEKE Gustav Heinrich 1786-1835 [6]
✏ *$299 FF1 527 £197* Bildnis eines knienden Mannes in weitfallendem Gewand Pencil/paper 27,5x18,7cm/*10x7in* Heidelberg 96
NAEYER de C. XIX-XX [6]
🖌 *$9 009 FF53 658 £5 511* Gerbe de roses sur un entablement Huile/toile 76x101cm/*29x39in* Bruxelles 98
NAFTEL Isabel XIX [11]
✏ *$2 339 FF14 323 £1 400* Portrait, Half Length, of Young Girl Holding a Posy of Wild Flowers Watercolour 33x26cm/*12x10in* St. Helier, Jersey 98
NAFTEL Maud 1859-1890 [5]
✏ *$4 520 FF23 100 £3 000* The Crow's Pickings Watercolour 59x90cm/*23x35in* Billingshurst, West Sussex 96
NAFTEL Paul Jacob 1817-1891 [32]
🖌 *$4 177 FF25 578 £2 500* Fishermen on a Riverbank Oil/canvas 61x91,5cm/*24x36in* St. Helier, Jersey 98
🛢 *$501 FF3 069 £300* "The Landing"/"The Departure of Her Most Gracious Majesty the Queen.." Lithograph 42x30cm/*16x11in* St. Helier, Jersey 98
✏ *$2 840 FF13 880 £1 800* Paestum, near Naples Watercolour 35x78,5cm/*13x30in* London 95
NAGAI Kazumasa 1929 [2]
🛢 *$1 495 FF8 562 £884* 5 Exhibition Posters Poster 73x103cm/*28x40in* New-York 97
NAGAOKA Kunito 1940 [5]
🛢 *$229 FF1 187 £148* "Horizonte" Etching in colors 27x21cm/*10x8in* Berlin 96
NAGARE Masayuki 1923 [10]
🗡 *$8 000 FF41 000 £4 860* Untitled Sculpture H44cm/*H17in* New-York 96
NAGEL Hanna 1907-1975 [57]
✏ *$194 FF1 157 £118* Umarmung Ink 15,5x20cm/*6x7in* Berlin 98
NAGEL Jan ?-1613 [2]
🖌 *$34 341 FF195 680 £21 448* Paradieslandschaft Oil/panel 76x137cm/*29x53in* Köln 97
NAGEL Otto 1894-1967 [13]
🖌 *$2 368 FF13 598 £1 444* Drei Arbeiter am Tisch Mixed media 22x30cm/*8x11in* Berlin 97
🖌 *$5 850 FF30 600 £3 483* Abendliche Strassenszene Oil/cardboard 48x64cm/*18x25in* Berlin 96
✏ *$1 620 FF9 462 £994* Kleine Strasse im Morgenlicht Pastell/Papier 29,8x39,2cm/*11x15in* Köln 97
NAGEL Peter 1941 [21]
🖌 *$3 900 FF20 400 £2 322* Stürzendes Spielzeug Tempera/canvas 100x100cm/*39x39in* Köln 96
NAGEL Wilhelm 1866-1944 [52]
🖌 *$1 328 FF6 780 £876* Birken am winterlichen Bachlauf Tempera/board 55,5x84cm/*21x33in* Heidelberg 96
✏ *$383 FF2 345 £227* Dorfansicht wohl Edingen Aquarell/Papier 22,5x28,5cm/*8x11in* Heidelberg 98
NÄGELE Reinhold 1884-1972 [161]
🖌 *$6 760 FF34 100 £4 440* "Ostergruss" Tempera 18x14cm/*7x5in* Stuttgart 96
🖌 *$10 500 FF54 000 £6 540* "Lebensbaum" Tempera/board 48x38cm/*18x14in* Stuttgart 96
🛢 *$284 FF1 678 £176* Postpferde Radierung 8,5x8,5cm/*3x3in* Stuttgart 97
✏ *$738 FF4 363 £459* Showbusiness Pencil/paper 29,5x29cm/*11x11in* Stuttgart 97
NAGELKERKE Louis 1949 [4]
🖌 *$4 249 FF25 116 £2 629* "Kecak" Oil/canvas 100x80cm/*39x31in* Singapore 97
NAGTEGAAL Jan 1920 [2]
🖌 *$2 300 FF13 577 £1 361* Still Life with Peaches, Plums, Grapes and Roses Oil/canvas/board 50x40cm/*20x16in* Elgin, Illinois 97
NAGY Ernö 1886-? [7]
🖌 *$921 FF4 960 £549* Market day Oil/canvas 50,2x40cm/*19x15in* London 97
NAGY Vilmos 1874-1953 [21]
🖌 *$677 FF3 921 £420* Ladies with a Greyhound in a Landscape Oil/canvas 70,5x84cm/*27x33in* London 97
NÄHER Christa 1947 [4]
🖌 *$2 818 FF16 773 £1 722* Ohne Titel Öl/Leinwand 110x90cm/*43x35in* Köln 98
NAHL Carl, Charles Chr. 1818-1878 [12]
🖌 *$4 250 FF25 327 £2 639* Portrait of a Gentleman Oil/canvas 106x78cm/*42x31in* San Rafael, CA 97
NAIDITCH Vladimir 1903-1980 [32]

$1 612 FF8 000 £1 020 Femme dans un intérieur Huile/toile 60x73cm/*23x28in* Paris 95

NAILLOD Charles 1876-? **[5]**
$1 265 FF7 245 £748 "Moulin de la Galette" Poster 58,5x80cm/*23x31in* New-York 97

NAISH John George 1824-1905 **[7]**
$3 270 FF19 193 £2 000 South Side of the Gull Rock (Serpentine), Mullion Cove Oil/canvas 77,5x127cm/*30x50in* London 97

NAIVEU Matthijs 1647-1721 **[19]**
$5 970 FF29 700 £3 800 A young girl at a draped window Oil/canvas 40x33cm/*15x12in* London 95
$31 994 FF189 431 £19 000 A blue and white Flagon and a Candlestick with an upturned Glass Oil/canvas 57x49cm/*22x19in* London 97

NAIWINCX Herman c.1624-c.1655 **[5]**
$2 664 FF13 560 £1 598 Wooded river landscape Black & white chalks 23,3x36,6cm/*9x14in* Amsterdam 96

NAJEAN Aristide XX **[13]**
$2 580 FF13 000 £1 686 "Princesse Soraya" Sculpture H52cm/*H20in* Paris 96

NAKACHE Armand 1894-1976 **[45]**
$1 082 FF6 500 £649 Clown Huile/toile 46x38cm/*18x14in* Saint-Dié 98

NAKAGAWA Hachiro 1877-1922 **[1]**
$6 000 FF35 629 £3 684 Untitled Oil/canvas 44x37cm/*17x14in* New-York 97

NAKAGAWA Masahiro 1967 **[3]**
$3 600 FF21 937 £2 193 Untitled III Mixed media/panel 71,5x101,5cm/*28x39in* Tel Aviv 98

NAKAMURA Gakuryo 1890-1969 **[1]**
$2 000 FF10 250 £1 215 Carp Ink/paper 66x40,5cm/*25x15in* New-York 96

NAKAMURA Katzuo 1926 **[11]**
$1 246 FF6 220 £813 Morning calm Oil/canvas 48x61cm/*18x24in* Toronto 95

NAKAMURA Makato 1926 **[2]**
$1 035 FF5 927 £612 Schseido Perfumes Poster 73x103cm/*28x40in* New-York 97

NAKAMURA Naondo 1905 **[3]**
$1 284 FF7 500 £759 Jeune Tahitien Aquarelle 23x17,5cm/*9x6in* Paris 97

NAKAZAWA Hiromitsu 1874-1964 **[1]**
$10 840 FF56 100 £7 000 Enjoying the cool of the Evening on the Kamo River, Kyoto Oil/canvas 61x37cm/*24x14in* London 96

NAKIAN Reuben 1897-1986 **[43]**
$3 500 FF21 752 £2 093 Europa and the Bull and Nymph Terracotta H15cm/*H5in* New-York 98
$375 FF2 142 £229 Leda and the Swan Wash 25,5x34cm/*10x13in* Washington 97

NAKKEN William Carel 1835-1926 **[41]**
$4 160 FF24 203 £2 548 Horses and carts and cattle on a riverbank Oil/panel 27,5x44cm/*10x17in* Amsterdam 97
$11 000 FF64 214 £6 787 The awaiting carriage Oil/canvas 49,5x80cm/*19x31in* New-York 97
$1 181 FF7 136 £709 Winterlandschap met figuren bij een hondenkar Watercolour/paper 28x45,5cm/*11x17in* Den Haag 98

NALDINI Giovanni Battista 1537-1591 **[6]**
$3 250 FF19 368 £1 948 Bachiaccia Pencil 23x40cm/*9x16in* Bethesda, Maryland 98

NALECZ Wlodzimierz 1865-1946 **[6]**
$1 725 FF10 489 £1 047 Bretoni nad brzegiem morza, przed Oil/canvas 43x31cm/*16x12in* Warszawa 98

NALLARD Louis 1918 **[13]**
$580 FF3 000 £371 Le carrefour dans la brume Huile/papier/panneau 34x39cm/*13x15in* Paris 96

NAM Jacques Lehmann, dit 1881-1974 **[21]**
$4 490 FF23 000 £2 727 Trois chats blancs Huile/toile 65x50cm/*25x19in* Le Touquet 96
$327 FF2 000 £194 Chat tigré couché Aquarelle, gouache/papier 26x34cm/*10x13in* Paris 98

NAM SON 1890-1973 **[1]**
$3 142 FF18 818 £1 930 Fishing Oil/canvas 38x55cm/*14x21in* Singapore 98

NAMATJIRA Albert 1902-1959 **[73]**
$2 121 FF12 670 £1 300 Gum Trees, Central Australia Watercolour 37x28cm/*14x11in* London 98

NAMATJIRA Ewald 1930-1984 **[6]**
$195 FF1 174 £116 Central Australia Watercolour/paper 28,5x37cm/*11x14in* Melbourne 98

NAMATJIRA Gabriel 1941-1969 **[8]**
$472 FF2 421 £301 Under the Ghost Gum Watercolour/paper 27x35cm/*10x13in* Melbourne 95

NAMATJIRA Keith 1938-1977 **[7]**

✏ *$195 FF1 174 £116* The James Ranges Watercolour/paper 26x37cm/*10x14in* Melbourne 98

NAMATJIRA Oscar 1922 **[8]**

✏ *$152 FF925 £91* Central Australia Watercolour/paper 24x35cm/*9x13in* Sydney 98

NAMBATA Tatsuoki 1905 **[1]**

🎨 *$5 291 FF30 888 £3 200* Rhythmic Oil/canvas 33,5x47,5cm/*13x18in* London 97

NAMINGHA Dan 1950 **[1]**

🎨 *$8 000 FF41 680 £5 031* "Canyon Wren" Acrylic/canvas 116x177cm/*46x70in* Scottsdale, Arizona 96

NAMIR Boris Streimann XIX-XX **[7]**

🖼 *$1 336 FF8 185 £800* "Cecil B. DeMille, Im Zeichen des Kreuzes, ein Paramount-Film" Poster 137x94cm/*53x37in* London 98

NAMUR Emile Jean Fr. 1852-1908 **[4]**

🗿 *$710 FF4 062 £420* Fillette Terracotta H41cm/*H16in* Bruxelles 97

NANCELLE de G. XIX-XX **[1]**

🎨 *$4 503 FF26 000 £2 753* Portrait d'Honoré de Balzac Huile/toile 80x63cm/*31x24in* Paris 97

NANG HIEN 1921 **[1]**

✏ *$3 492 FF20 909 £2 145* Nude Charcoal/paper 64x57cm/*25x22in* Singapore 98

NANI Giacomo 1701-1770 **[2]**

🎨 *$48 000 FF281 030 £29 678* A Garden Landscape with Flowers in Vases and Urns Oil/canvas 28x38,5cm/*11x15in* New-York 97

NANI Giacomo (Attrib.) 1701-1770 **[3]**

🎨 *$4 480 FF22 470 £2 835* Blumen und Früchte Öl/Leinwand 72x100cm/*28x39in* Wien 95

NANI Mariano c.1725-1804 **[1]**

🎨 *$34 800 FF180 000 £22 560* Nature morte de gibier et raisins/Nature morte de gibier aux pêches Huile/toile 117,5x78cm/*46x30in* Paris 96

NANI Napoleone 1841-1899 **[2]**

🎨 *$1 890 FF9 270 £1 230* Testa di zingarella Olio/tavola 45x33,5cm/*17x13in* Milano 95

NANNINGA Dirk Berend 1868-1954 **[9]**

🎨 *$426 FF2 427 £264* Bloeien en verwelken Oil/canvas 37x52cm/*14x20in* Amsterdam 97

🎨 *$610 FF3 564 £361* Gootsteen in de bijkeuken Oil/canvas 38x22cm/*14x8in* Den Haag 97

NANNINGA Jaap 1904-1962 **[37]**

🎨 *$3 460 FF20 808 £2 069* Still life with fruit Oil/canvas 30x39cm/*11x15in* Amsterdam 98

🎨 *$14 920 FF78 200 £8 970* Nachtzee Oil/canvas 60x71cm/*23x27in* Amsterdam 96

✏ *$3 389 FF20 135 £2 015* A Composition Gouache 49x63,5cm/*19x25in* Amsterdam 97

NANNINI Raffaello XIX-XX **[8]**

🗿 *$2 013 FF12 003 £1 249* An Hussar On Horseback Bronze H45cm/*H17in* London 97

NANSEN Fridtjof 1861-1930 **[1]**

🖼 *$1 241 FF7 353 £743* Fram Lithograph 45x58cm/*17x22in* Oslo 97

NANSKY 1964 **[13]**

🎨 *$1 550 FF8 000 £1 027* Border Line Huile/carton 50x65cm/*19x25in* Paris 96

NANTEUIL Célestin François 1813-1873 **[17]**

🖼 *$202 FF1 200 £121* "Lalla Roukh Opéra Comique Mus. de Félicien David" Affiche 51x66cm/*20x25in* Paris 97

NANTEUIL Robert 1623-1678 **[22]**

🖼 *$231 FF1 351 £142* Bildnis Louis Hesselin Print 32,5x25,3cm/*12x9in* Berlin 97

✏ *$105 000 FF644 563 £64 333* Portrait of Simon Arnauld, Marquis de Pomponne Pastel/paper 57x45,5cm/*22x17in* New-York 98

NAOUMOV Oleg 1946 **[4]**

🎨 *$544 FF3 200 £336* "Las cigüeñas" Oleo/lienzo 33x41cm/*12x16in* Madrid 97

NAPIER William Henry Edward 1830-1894 **[5]**

✏ *$1 088 FF6 560 £658* Montmorency Falls Watercolour/paper 30,5x20,5cm/*12x8in* Toronto 98

NAPOLETANO Francesco (Attrib.) XV-XVI **[1]**

🎨 *$22 000 FF135 051 £13 479* Madonna and Child behind a ledge with a potted plant and Bible Oil/panel 63x48cm/*24x18in* New-York 98

NAPPER John 1916 **[10]**

🎨 *$667 FF4 030 £400* By the Fire Oil/canvas 40,5x30,5cm/*15x12in* London 98

NARAHA Tajashi 1930 **[8]**

  $2 842 FF17 014 £1 746 Innesluten kub Stone 47x62x58cm/*18x24x22in* Stockholm 98
NARANJO Eduardo 1944 **[28]**
  $651 FF3 410 £391 Contraluz Grabado 60x45cm/*23x17in* Madrid 96
  $5 070 FF26 140 £3 250 Sentadas en un banco Dibujo 25x17cm/*9x6in* Madrid 96
NARAY Aurel 1883-1948 **[19]**
  $412 FF2 521 £260 An Angel and Child Oil/canvas 68,5x56cm/*26x22in* London 97
NARAYAN Badri 1929 **[8]**
  $902 FF5 385 £550 Winged Figure with a Woman Coloured inks 50,5x45cm/*19x17in* London 98
NARBONA BELTRAN Francisco 1860-1926 **[2]**
  $3 173 FF19 000 £1 949 La rêverie Huile/panneau 25x15cm/*9x5in* Paris 98
NARBONNE Eugène 1892-1966 **[2]**
  $10 230 FF53 000 £6 610 Nus sur la plage à Menton Huile/toile 130,5x195cm/*51x76in* Paris 96
NARDI Enrico 1864-? **[13]**
  $3 478 FF20 412 £2 127 "Rejected" Oil/canvas 40x30cm/*16x12in* Detroit, Michigan 97
  $14 020 FF67 900 £9 000 Pommeriggio musicale, Pompei Oil/canvas 57x43cm/*22x16in* London 95
  $1 422 FF8 685 £850 Villa d'Este Watercolour 66x32,5cm/*25x12in* London 98
NARDI François 1861-1936 **[25]**
  $1 756 FF9 000 £1 067 Le port de Marseille Huile/panneau 19x27cm/*7x10in* Le Touquet 96
NARDONE Vincent 1937 **[1]**
  $2 100 FF12 612 £1 259 Nature Lovers Only Watercolour 41x56cm/*16x22in* Philadelphia 98
NARDONI Sergio 1947 **[3]**
  $1 800 FF10 200 £900 "Viandanti" Olio/tela 50x40cm/*19x15in* Prato 98
NARICI Francesco (Attrib.) c.1719-1785 **[1]**
  $5 500 FF31 374 £3 381 Madonna presenting the Rosary to Saint Dominic Oil/canvas
73,5x49,5cm/*28x19in* New-York 97
NARJOT Ernest 1826-1898 **[2]**
  $17 000 FF84 700 £11 130 The Ambush Oil/canvas 68,5x112cm/*26x44in* San Francisco-Los Angeles 95
NARTOWSKI Tadeusz 1892-1971 **[4]**
  $611 FF3 757 £366 Wisnicz (landscape) Watercolour/paper 59x44,5cm/*23x17in* Warszawa 98
NARVAEZ Francisco 1905-1982 **[6]**
  $35 000 FF208 953 £21 500 Torso en reposo Stone H45cm/*H17in* New-York 98
NASCHBERGER Gerhard 1955 **[11]**
  $1 677 FF9 800 £1 030 Ohne titel Acrylic 110x90cm/*43x35in* Köln 97
NASH David 1945 **[13]**
  $6 744 FF40 000 £4 120 "Cut Corners Square" Sculpture bois 38x31,5x16cm/*14x12x6in* Paris 98
NASH Frederick 1782-1856 **[20]**
  $1 325 FF6 830 £850 London from Hampstead Heath Watercolour 14x22cm/*5x8in* London 96
NASH Graham 1942 **[1]**
  $17 000 FF103 722 £10 189 Portraits Portfolio Photograph 39,5x57cm/*15x22in* New-York 98
NASH John 1889-1924 **[25]**
  $1 876 FF9 710 £1 200 Lock Gates, Bath Oil/canvas 45x60cm/*17x23in* London 96
  $1 224 FF7 314 £750 Festo, Isle of Skye Pencil 28,5x21,5cm/*11x8in* London 98
NASH John Northcote 1893-1977 **[59]**
  $2 451 FF14 577 £1 500 The Stile Oil/board 41x30,5cm/*16x12in* London 97
  $7 029 FF41 420 £4 200 Cats Oil/board 71x58,5cm/*27x23in* London 97
  $3 046 FF15 370 £2 000 River Box, Tharrington Street Watercolour 43x51cm/*16x20in* London 96
NASH Jørgen 1919 **[24]**
  $591 FF3 090 £357 Komposition Oil/canvas 96x120cm/*37x47in* Köbenhavn 96
NASH Joseph 1808-1878 **[48]**
  $569 FF3 488 £340 Views of the Great Exhibition Color lithograph 37x48cm/*14x18in* London 98
  $1 523 FF8 720 £900 Interior of a Church Watercolour 32,5x48cm/*12x18in* London 97
NASH Joseph (Attrib.) 1808-1878 **[2]**
  $1 638 FF10 000 £982 Les calèches, place Vendôme Aquarelle 14x20cm/*5x7in* Paris 98
NASH Manley Kerchaval XIX-XX **[2]**
  $7 500 FF43 808 £4 437 The Scouting Party Oil/canvas 86x111cm/*34x44in* Cincinnati, Ohio 97
NASH Paul 1889-1946 **[107]**
  $32 680 FF201 106 £20 000 Window, Iver Heath Oil/canvas 76x49,5cm/*29x19in* London 98

_$831 FF4 320 £550 "You Can be Sure of Shell, Kimmeridge Folly, Dorset" Poster 76x114cm/_29x44in_ London 96
_$6 230 FF36 433 £3 800 Dorset Landscape Watercolour 39x57cm/_15x22in_ London 97
NASH Tom 1891-1968 **[11]**
_$2 406 FF13 940 £1 500 "The Betrayal" Oil/paper 35,5x44,5cm/_13x17in_ London 97
NASH Willard 1898-1943 **[7]**
_$3 000 FF17 182 £1 774 Still Life With Pistol Watercolour/paper 35x48cm/_14x19in_ Santa Fe, New Mexico 97
NASINI Giuseppe Nicola 1657-1736 **[16]**
_$666 FF3 940 £400 Design for an Altar/Descent of the Holy Spirit Wash 41x29cm/_16x11in_ London 97
NASKE Frantisek 1884-1959 **[3]**
_$975 FF5 100 £581 Dame in Schwarz Aquarell/Papier 51x32cm/_20x12in_ Rudolstadt-Thüringen 96
NASMYTH Alexander 1758-1840 **[50]**
_$2 098 FF12 707 £1 300 Source of the Teith at Loch Katrine Oil/canvas 40,5x29,5cm/_15x11in_ Perthshire 97
_$12 911 FF78 201 £8 000 The Falls of Tummel Oil/canvas 44x60cm/_17x23in_ Perthshire 97
_$3 670 FF18 680 £2 200 Scottish views Pencil 14x18,5cm/_5x7in_ London 96
NASMYTH Alexander (Attrib.) 1758-1840 **[12]**
_$2 436 FF13 876 £1 500 Countryfolk on a Track in a mountainous loch Landscape Oil/canvas 43x58,5cm/_16x23in_ London 97
_$2 439 FF14 218 £1 500 The Ferry Oil/canvas/board 33x43cm/_12x16in_ West Lothian 97
NASMYTH Charlotte 1804-1866 **[9]**
_$6 339 FF38 681 £3 800 View of London from Hampstead with a distant View of St. Pauls Oil/canvas 23x30cm/_9x11in_ London 98
_$15 926 FF95 429 £9 500 On Putney Heath, Labourers and Cattle at a Pond Oil/canvas 45,5x61cm/_17x24in_ London 98
NASMYTH James 1808-1890 **[5]**
_$646 FF3 280 £420 Fisherman on the banks of a river Oil/panel 24x32cm/_9x12in_ London 95
NASMYTH Jane 1778-1866 **[9]**
_$7 750 FF39 350 £5 000 Overlooking the River Oil/canvas 50,5x66cm/_19x25in_ Auchterarder, Perthshire 96
NASMYTH Margaret 1791-1869 **[2]**
_$2 000 FF10 160 £1 300 On the Tay, near Kinfauns Oil/canvas 31x41cm/_12x16in_ Auchterarder, Perthshire 95
_$3 389 FF20 527 £2 100 Fishermen by a Loch Oil/canvas 46x61cm/_18x24in_ Perthshire 97
NASMYTH Patrick (Attrib.) 1737-1831 **[41]**
_$2 140 FF10 960 £1 300 A rural village in an extensive landscape Oil/canvas 35,5x58,5cm/_13x23in_ London 96
_$3 032 FF18 147 £1 900 Horse and Rider with a Dog in a wooded Lake Landscape Oil/panel 28x39,5cm/_11x15in_ London 97
NASMYTH Patrick, Peter 1787-1831 **[40]**
_$2 835 FF17 598 £1 700 Figures on a Track by a Cottage Oil/panel 25,5x35,5cm/_10x13in_ London 98
_$13 904 FF81 029 £8 500 "The Weald of Harrow" Oil/canvas 42x56,5cm/_16x22in_ London 97
_$1 073 FF6 437 £649 The Farm Watercolour 19,5x26,5cm/_7x10in_ Glasgow 97
NASON Peter 1612-1690 **[20]**
_$6 169 FF36 813 £3 722 Bildnis des Rittmeisters Adriaen Tromp Öl/Leinwand 128x104cm/_50x40in_ Köln 97
_$19 900 FF99 300 £13 000 Portrait of an elegant Lady Oil/canvas 19x95cm/_7x37in_ London 95
NASON Peter (Attrib.) 1612-1690 **[3]**
_$1 683 FF9 970 £1 000 Judith and Holofernes Gouache/paper 12x10,5cm/_4x4in_ London 97
NASON Thomas Willoughby 1889-1971 **[23]**
_$225 FF1 360 £139 In New Hampshire/Woman in Doorway/Man Smoking Pipe Woodcut 15x18cm/_6x7in_ Mystic, Connecticut 97
NAST Gustave L. 1826-? **[2]**
_$7 170 FF35 000 £4 540 Combat de chevaux Bronze H35cm/_H13in_ Paris 95
_$32 290 FF190 840 £20 000 Life-size figure of a semi-nude dancer Bronze H190cm/_H74in_ London 97
NAST Thomas 1840-1902 **[9]**
_$1 000 FF5 868 £611 Queen of industry in the New South Ink 43x55cm/_17x22in_ Morris Plains 97
NAT van der Willem Hendrik 1864-1929 **[48]**

NAUDIN Jules A. 1817-1876 **[5]**

⌇ *$2 170 FF10 960 £1 423* Baigneuse Huile/panneau 15,5x9cm/*6x3in* Wien 96

✎ *$2 910 FF14 800 £1 740* Le port de La Rochelle Aquarelle 36x50cm/*14x19in* Paris 96

NAUEN Heinrich 1880-1941 **[71]**

⌇ *$802 FF4 690 £475* Kopfstudien Joachim Nauen Tempera 40x30,2cm/*15x11in* Köln 97

⌇ *$15 862 FF93 864 £9 744* Levkojen und Sonnenblumen Oil/canvas 89,7x75cm/*35x29in* München 98

▭ *$372 FF2 138 £227* Portrait Ludwig Justi Lithographie 57,5x44,5cm/*22x17in* Berlin 97

✎ *$1 755 FF9 170 £1 045* Kopf einer Frau Aquarelle/carton 38x58cm/*14x22in* Berlin 96

NAUEN Heinrich (Attrib.) 1880-1941 **[1]**

⌇ *$5 045 FF26 981 £3 000* Schimmel am Ufer in hügeliger Landschaft Oil/panel 32x42cm/*12x16in* Kempten 97

NAUEN Paul 1859-? **[4]**

⌇ *$481 FF2 844 £285* Stilleben mit Trauben und Puppe Öl/Leinwand 64x50cm/*25x19in* Staufen 97

NAULEAU André-Charles **[35]**

⌇ *$186 FF1 100 £115* Automne, paysage vendéen Huile/toile 46x55cm/*18x21in* La Roche-sur-Yon 97

NAUMAN Bruce 1941 **[137]**

⌇ *$15 511 FF92 054 £9 500* Untitled Mixed media/canvas 57x76cm/*22x29in* London 97

▭ *$1 900 FF10 838 £1 160* Learned Helplessness in Rats/I Learned Helplessness from Rats Etching 22,5x30cm/*8x11in* New-York 97

⚒ *$34 410 FF201 006 £20 364* Double Poke in the Eye II Installation 61x91,5x23,5cm/*24x36x9in* Köln 97

⚒ *$350 000 FF1 793 000 £212 600* Untitled (Wheels and suspended double pyramid) Sculpture H274cm/*H107in* New-York 96

📷 *$12 270 FF60 600 £8 000* Waxing Hot Photograph 51x51cm/*20x20in* London 95

✎ *$22 000 FF106 500 £14 120* Diamond Mind Pencil/paper 76x101,5cm/*29x39in* New-York 95

NAUMAN Ivar 1851-1906 **[5]**

⌇ *$820 FF5 023 £488* Insjölandskap Oil/panel 21x32cm/*8x12in* Stockholm 98

NAUMANN Hermann 1930 **[31]**

⌇ *$589 FF3 521 £360* Farbfelder Acryl/Karton 100x69,5cm/*39x27in* Hamburg 98

▭ *$93 FF539 £57* "Roter Fisch" Print 29x41cm/*11x16in* Dresden 97

✎ *$350 FF2 008 £207* Stillende Mutter Aquarell/Papier 51,4x42cm/*20x16in* Dresden 97

NAUMBERG Otto Günther 1856-1941 **[2]**

⌇ *$2 500 FF14 836 £1 531* An Extensive Hilly Landscape with a Lake in the Foreground Oil/canvas 84x120cm/*33x47in* San Francisco 98

NAUMER Helmuth 1907 **[1]**

✎ *$7 000 FF40 091 £4 141* House in Chimayo Pastel/paper 39x49cm/*15x19in* Santa Fe, New Mexico 97

NAUMOV Oleg 1946 **[3]**

⌇ *$806 FF4 170 £520* Three little anglers Oil/canvas/board 31x23cm/*12x9in* St. Helier, Jersey 96

NAUR Albert 1889-1973 **[86]**

⌇ *$111 FF573 £72* Portrait of a girl Oil/canvas 50x43cm/*19x16in* Aalborg 96

NAVARA Frank 1898-1986 **[6]**

📷 *$1 400 FF7 230 £896* The Coffee Pot Silver print 26x25cm/*10x10in* New-York 96

NAVARRE Henri 1885-1971 **[3]**

⚒ *$2 576 FF13 500 £1 550* Tête de femme Sculpture H25cm/*H9in* Paris 96

NAVARRO LLORENS José 1867-1923 **[66]**

⌇ *$4 485 FF25 805 £2 665* Faenando en la playa Oleo/lienzo 14x20,5cm/*5x8in* Madrid 97

⌇ *$9 800 FF56 000 £6 020* El desfiladero Oleo/lienzo 109x59cm/*42x23in* Madrid 97

⌇ *$112 000 FF636 800 £68 800* Amenaza de naufragio Oleo/lienzo 176x270cm/*69x106in* Barcelona 97

✎ *$8 920 FF44 400 £5 680* Llegada a la ciudad Acuarela 33x50cm/*12x19in* Madrid 95

NAVELLIER Edouard 1865-1944 **[11]**

⚒ *$1 646 FF9 990 £1 000* Chien Colley Bronze 18x35cm/*7x13in* London 98

NAVEZ Arthur 1881-1931 **[20]**

⌇ *$345 FF2 109 £210* Nature morte au poisson et huîtres Huile/toile 35,5x45cm/*13x17in* Bruxelles 98

⌇ *$2 261 FF13 795 £1 377* Maisons et jardins Huile/panneau 55x74cm/*21x29in* Bruxelles 98

NAVEZ François Jos. (Attr) 1787-1869 **[4]**

⌇ *$3 770 FF21 268 £2 366* Portrait d'une dame Huile/toile 110x87cm/*43x34in* Bruxelles 97

NAVEZ François Joseph 1787-1869 **[32]**

👉 *$2 406 FF11 760 £1 522* Portrait de dame Huile/toile 66x50cm/*25x19in* Bruxelles 95
👉 *$2 301 FF13 666 £1 444* Etude pour l'Ange d'un tableau de Sainte Cécile Huile/panneau 36,8x25cm/*14x9in* Bruxelles 97
👉 *$28 000 FF171 463 £16 758* Christ Giving to the Poor Oil/canvas 167,5x234cm/*65x92in* New-York 98
NAVEZ Léon 1900-1967 **[32]**
👉 *$3 620 FF18 330 £2 370* Zittend kindje Huile/panneau 57,5x45cm/*22x17in* Lokeren 96
NAVLET Joseph 1821-1889 **[17]**
👉 *$2 970 FF18 000 £1 821* Avant la chasse à Reichshoffen Huile/toile 63x126cm/*24x49in* La Varenne Saint-Hilaire 98
✏ *$2 332 FF13 500 £1 435* Scène de bataille Aquarelle 21x42,5cm/*8x16in* Paris 97
NAVONE Pasquale 1746-1791 **[1]**
✏ *$7 500 FF37 000 £4 850* 12 drawings: designs for theater sets Ink 23x34cm/*9x13in* New-York 96
NAY Ernst Wilhelm 1902-1968 **[267]**
👉 *$18 138 FF107 763 £10 787* Der Abendruf Öl/Karton 24x32cm/*9x12in* München 97
👉 *$82 800 FF409 000 £54 000* Komposition Oil/canvas 80x100cm/*31x39in* London 95
👉 *$161 000 FF812 000 £105 000* Irisch Blau Oil/canvas 200x160cm/*78x62in* London 96
🖐 *$124 FF737 £76* Komposition Offset 66,5x60cm/*26x23in* Stuttgart 97
✏ *$2 216 FF13 432 £1 359* Liegender weiblicher Akt Indian ink/paper 17,5x44cm/*6x17in* Hamburg 98
NAYLOR Francis Ives 1892-? **[4]**
✏ *$1 226 FF7 342 £750* Views in Hastings Watercolour/paper 34x50cm/*13x19in* Billingshurst, West Sussex 97
NAZARETH van Herman 1936 **[12]**
👉 *$328 FF1 814 £204* Landscape with Orange Fields Oil/board 33x33cm/*12x12in* Johannesburg 97
NAZZARI Bartolomeo 1699-1758 **[4]**
👉 *$4 390 FF24 877 £2 195* Ritratto di Guerriero a mezzo busto Olio/tela 57,5x47,5cm/*22x18in* Milano 97
NEAGLE John 1796-1865 **[8]**
👉 *$2 000 FF11 947 £1 224* Portrait Sstudy of Mrs. Neagle and her Son Garrett Oil/panel 53,5x42cm/*21x16in* New-York 98
👉 *$5 500 FF33 052 £3 293* Portrait of Maurice Naegle Oil/canvas 40x32cm/*15x12in* New-York 98
✏ *$32 000 FF182 649 £19 782* Scrapbook: 38 works on paper Mixed media/paper 14x19cm/*5x7in* New-York 97
NEAL James 1918 **[15]**
👉 *$2 636 FF16 067 £1 600* Fishermen's Huts Oil/board 25x335cm/*9x131in* London 98
👉 *$3 131 FF19 080 £1 900* Girl at the Oven Oil/panel 29x26cm/*11x10in* London 98
NEALE John Preston 1771/80-1847 **[10]**
✏ *$468 FF2 857 £280* Interior of St. Mary's Church, Tattingstone, Suffolk Watercolour/paper 20,5x32,5cm/*8x12in* London 98
NEATBY William James 1860-1910 **[5]**
✏ *$2 665 FF15 414 £1 600* Monna Rosa Ink 25x18cm/*9x7in* London 97
NEBBIA Cesare c.1536-1614 **[13]**
✏ *$972 FF5 826 £580* Draped female Figure seadted under a Tree, with a putto holding Death Black chalk 23x19,5cm/*9x7in* London 98
NEBBIA Cesare (Attrib.) c.1536-1614 **[5]**
✏ *$1 112 FF6 500 £658* Les douze travaux d'Hercule Encre 25x12cm/*9x4in* Paris 97
NEBEKER Bill 1942 **[2]**
🗿 *$3 100 FF16 151 £1 949* Leaving a Legacy Bronze H55cm/*H22in* Scottsdale, Arizona 96
NEBEL Carl, Carlos 1805-1855 **[6]**
🖐 *$750 FF3 667 £474* Storming of Chapultepec, pillows attack Lithograph 46x36cm/*18x14in* Santa Fe, New Mexico 95
NEBEL Otto 1892-1973 **[160]**
👉 *$953 FF5 546 £587* "Zu Herzen genommen" Huile/panneau 32,5x22cm/*12x8in* Bern 97
👉 *$4 728 FF28 180 £2 900* Zunehmend heiter "U 609" Öl/Karton 51x70,5cm/*20x27in* Zürich 98
🖐 *$230 FF1 120 £145* Vegetabile Elemente Gravure bois couleurs 64x38cm/*25x14in* Bern 95
✏ *$988 FF5 870 £598* Männerkopf Indian ink 32x22,5cm/*12x8in* Zürich 97
NEBOT Balthasar c.1700-c.1770 **[6]**
👉 *$15 000 FF87 007 £9 231* A fishmonger's stall by an estuary Oil/canvas 62x84,5cm/*24x33in* New-York 97
NEDELKOPOULOS Nicholas, Nick 1955 **[9]**
🖐 *$312 FF1 818 £192* Spiritual warfare Etching 105x55cm/*41x21in* Melbourne 97

NEDER Johann Michael 1807-1882 **[29]**
- $1 183 FF7 146 £718 Frauenportrait Oil/panel 13x9cm/*5x3in* Wien 98
- $17 688 FF104 962 £10 978 Hochzeitsfeier Öl/Leinwand 46x58cm/*18x22in* Wien 97
- $618 FF3 597 £378 Das Lottospiel Pencil/paper 26x29,5cm/*10x11in* Wien 97

NEDJAR Michel 1947 **[4]**
- $2 449 FF14 534 £1 500 Untitled Mixed media 110x75cm/*43x29in* London 97
- $2 449 FF14 534 £1 500 Untitled Mixed media 31x41cm/*12x16in* London 97
- $2 085 FF10 720 £1 300 Untitled Charcoal 100x70cm/*39x27in* London 96

NEEF von Friedrich 1851-1894 **[1]**
- $33 082 FF191 793 £19 756 A Daughter of Tsar Nicholas I as an Angel Oil/canvas 154,5x127cm/*60x50in* Amsterdam 97

NEEFS Pieter I 1578-1656/61 **[39]**
- $9 274 FF54 945 £5 500 The Transept of a Gothic Cathedral with Worshippers and Beggars Oil/panel 25x19,5cm/*9x7in* London 97
- $18 150 FF94 930 £11 000 The Interior of a Gotic Cathedral with a Priest conversing Oil/panel 40,5x54cm/*15x21in* London 96

NEEFS Pieter II 1620-1675 **[20]**
- $14 520 FF73 900 £9 240 Interno di cattedrale Olio/tela 108x175cm/*42x68in* Fossano (Cuneo) 96
- $23 869 FF136 620 £14 099 The Interior of the Onze-Lieve-Vrouwekerk in Antwerp with a Procession Oil/panel 49x63,5cm/*19x25in* Amsterdam 97
- $37 400 FF193 000 £24 000 The interior of a Gothic Church, looking East Oil/copper 13x17cm/*5x6in* London 96
- $12 920 FF76 160 £7 720 Katedralen i antwerpen Copper engraving in colors 9x13cm/*3x5in* Stockholm 97

NEEFS Pieter II (Attrib.) 1620-1675 **[5]**
- $9 996 FF59 113 £6 000 The Interior of a Gothic Cathedral Oil/panel 22,5x28cm/*8x11in* London 97
- $12 393 FF72 050 £7 564 A Church interior Figures Oil/canvas 61x84,5cm/*24x33in* Amsterdam 97

NEEL Alice 1900-1984 **[11]**
- $20 000 FF115 942 £11 792 Untitled (Portrait) Oil/canvas 61x35,5cm/*24x13in* New-York 97
- $549 FF3 165 £322 Beny Andrews Lithographie 83,5x63cm/*32x24in* New-York 97

NEELMEYER Ludwig 1814-1870 **[4]**
- $6 616 FF40 201 £3 984 Blick über weite Wiesen auf Kloster Schledorf am Kochelsee Öl/Leinwand 28x31,5cm/*11x12in* Stuttgart 98

NEER van der Aert I c.1603-1677 **[30]**
- $58 030 FF335 580 £35 910 Eisvergnügen Oil/wood 19x34cm/*7x13in* Wien 97
- $127 600 FF617 000 £80 000 Wooded river landscape with a woman and child by a cottage Oil/panel 34x51cm/*13x20in* London 95

NEER van der Aert I (Attrib.) c.1603-1677 **[10]**
- $9 735 FF56 146 £5 800 A River Landscape with a Fisherman Laying Lobster Pots by Moonlight Oil/panel 46x67cm/*18x26in* London 97
- $15 000 FF92 080 £9 190 Moonlit Landscape with Figures Boating on an Estuary Oil/panel 19x27cm/*7x10in* New-York 98

NEER van der Eglon Hendrick 1634-1703 **[7]**
- $20 800 FF100 400 £13 000 Granida and Daifilo Oil/panel 29x41cm/*11x16in* London 95

NEERGARD Hermania Sigvardine 1799-1874 **[13]**
- $6 930 FF35 900 £4 500 Roses, pansies and fuchsia in a glass vase on a ledge Oil/canvas 36x28cm/*14x11in* London 96
- $7 000 FF37 254 £4 127 Still life with lilies, roses and pansies Oil/canvas 48,3x68,6cm/*19x27in* New-York 97

NEF Ulrich 1863-1912 **[1]**
- $2 791 FF16 535 £1 684 Appenzellerhaus Öl/Karton 21x26,5cm/*8x10in* Zürich 97

NEFF von Timoléon Carl Nehf 1805-1876 **[1]**
- $139 017 FF850 255 £85 000 Portrait of the Grand Duchess Maria Nikolaievna Oil/canvas 154,5x127cm/*60x50in* London 98

NEFKENS Martinus Jacobus 1866-1941 **[21]**
- $1 330 FF6 790 £880 Heimkehrender Schäfer mir Herde und Hund Öl/Leinwand 41x61cm/*16x24in* Kempten 96

NEGRE Charles 1820-1880 **[14]**

📷 *$892 FF4 500* £586 Cathédrale de Chartres, côté occidental, porte latérale Photograph 59,8x45cm/*23x17in* Chartres 96

NEGRI IL BOCCIA Girolamo (Attrib.) 1648-c.1720 **[2]**

🖼 *$10 256 FF63 000* £6 148 Le mariage mystique de Sainte-Catherine Huile/toile 89x74cm/*35x29in* Saint-Germain-en-Laye 98

NEGRI Mario 1916 **[13]**

🗿 *$10 000 FF61 538* £6 071 Stille Dille Amazzoni Bronze H165cm/*H64in* New-York 98

🗿 *$12 000 FF74 580* £7 176 Il muro Bronze H76cm/*H29in* New-York 98

NEGRI Pietro ?-c.1680 **[2]**

🖼 *$16 800 FF95 200* £11 200 Maddalena penitente Olio/tela 133x96cm/*52x37in* Prato 97

🖼 *$23 600 FF117 300* £15 000 Mercury and Argus Oil/canvas 12x168cm/*4x66in* London 95

NEHER Caspar 1897-1962 **[9]**

✏ *$462 FF2 747* £286 Hinterhäuser im Rahmen Watercolour 24,5x36cm/*9x14in* München 97

NEHER Michael 1798-1876 **[9]**

🖼 *$10 000 FF61 237* £5 985 City Gate, Essing, in the Altmühl Valley Oil/canvas 32x37,5cm/*12x14in* New-York 98

🖼 *$36 175 FF218 701* £21 664 Strasse in Tivoli Öl/Leinwand 57,5x48cm/*22x18in* München 98

NEHRING Maciej 1901-1977 **[3]**

✏ *$733 FF4 362* £454 Krutynia Zima (winter landscape) Watercolour/paper 50x72cm/*19x28in* Warszawa 97

NEILL John R. 1877-1943 **[2]**

✏ *$3 250 FF16 830* £2 173 Woman carrying patchwork mannequin, for Patchwork Girl of Oz Ink 28x23cm/*11x9in* New-York 96

NEILLOT Louis 1898-1973 **[76]**

🖼 *$1 298 FF7 500* £771 Nature morte aux fruits Huile/toile 38x55cm/*14x21in* Paris 97

NEIMAN LeRoy 1926 **[74]**

🖼 *$4 750 FF23 150* £3 006 Cannes Oil/board 51x16cm/*20x6in* Tarzana, CA 95

🖼 *$7 800 FF40 500* £5 160 The Middleweight Oil/canvas 82x56cm/*32x22in* Chicago, Illinois 96

🗻 *$325 FF1 836* £200 Jack of Diamonds Color lithograph 74x55cm/*29x22in* Morris Plains 97

NEIMANN Edmund John [1]

🖼 *$21 320 FF107 600* £14 000 Chester Cathedral Oil/canvas 137x104cm/*53x40in* London 96

NEJEDLY Otakar 1883-1957 **[5]**

🖼 *$6 392 FF36 297* £4 000 Still life with Glass Oil/board 19,5x23,5cm/*7x9in* London 97

✏ *$1 118 FF6 352* £700 Still life with Glass Ink 30x23cm/*11x9in* London 97

NELIMARKKA Eero 1891-1977 **[82]**

🖼 *$1 245 FF7 619* £739 Moln Oil/canvas 37x34cm/*14x13in* Helsinki 98

🖼 *$1 689 FF9 973* £999 Snowy wooded landscape Oil/canvas 59x51cm/*23x20in* Helsinki 97

NELLENS Roger 1937 **[25]**

🖼 *$773 FF3 940* £464 L'orage Huile/toile 59x89cm/*23x35in* Bruxelles 96

NELLIUS Martinus N. c.1660-c.1710 **[9]**

🖼 *$6 500 FF32 100* £4 200 A Roemer, an Orange, a Pear, an Oyster and a Tobacco Pouch Oil/panel 23,5x21,5cm/*9x8in* New-York 96

🖼 *$13 184 FF75 465* £7 788 Giant Roemer, Prunes, Medlars in a Wan-li Dish, Quince, Peeled Lemon Oil/panel 44x38,5cm/*17x15in* Amsterdam 97

NELSON Alphonse Henri 1854-? **[7]**

🗿 *$264 FF1 609* £160 Bust of a Girl Bronze H17cm/*H6in* Cape Town 98

🗿 *$26 600 FF135 000* £17 450 "La France maritime" Bronze H180cm/*H70in* Lille 96

NELSON Bruce 1888-1952 **[2]**

🖼 *$3 100 FF18 562* £1 904 Autumnal Landscape with Otsego Lake in Distance Oil/canvas 60x76cm/*24x30in* Plainville, Conn. 98

NELSON Ernest Bruce 1888-1952 **[2]**

🖼 *$20 000 FF121 876* £11 942 Looking Across the Bay to Santa Cruz Oil/canvas 76x66cm/*30x26in* Pasadena, California 98

NELSON George Laurence 1887-1978 **[13]**

🖼 *$3 750 FF21 827* £2 311 Rapids on the Housatonic Oil/canvas 66x76cm/*26x30in* Cincinnati, Ohio 97

NELSON Joan 1958 **[38]**

🖼 *$17 000 FF82 300* £10 910 Untitled #224 Oil/panel 38x38cm/*14x14in* New-York 95

🖼 *$18 000 FF107 784* £11 059 "Untitled, #229" Oil/panel 76x77,5cm/*29x30in* New-York 98

◫ $2 200 FF12 549 £1 344 Untitled Lithographie 34,5x34cm/*13x13in* New-York 97
NEME Clarel 1926 **[6]**
◠ $8 000 FF47 789 £4 893 Tres desnudos Oil/canvas 96,5x130cm/*37x51in* New-York 98
NEMES Andrej 1909-1985 **[60]**
◠ $1 199 FF7 170 £734 "Stegring" Tempera/canvas 38x45cm/*14x17in* Stockholm 97
◠ $3 390 FF20 264 £2 074 Livshjulet Oil/canvas 248x129cm/*97x50in* Stockholm 97
◫ $299 FF1 737 £184 "Pyramiden öga" Etching in colors 79x66cm/*31x25in* Göteborg 97
✐ $1 112 FF6 357 £681 Solförmörkelse Collage 27,5x34,5cm/*10x13in* Stockholm 97
NEMETHY Albert 1920 **[5]**
◠ $1 749 FF10 383 £1 085 Sunday Afternoon in Winter Oil/canvas 40,5x51cm/*15x20in* New-York 97
NEMON Oscar XX **[11]**
⬚ $3 250 FF19 616 £1 973 A Bust of Winston Churchill Bronze H18cm/*H7in* New-York 98
NEMOURS Aurélie 1910 **[15]**
◠ $2 230 FF11 500 £1 430 "Translation" Acrylique/toile 20x20cm/*7x7in* Paris 96
◠ $7 069 FF43 000 £4 334 Les angles noirs 21 Huile/toile 92x73cm/*36x28in* Paris 98
◫ $1 517 FF9 000 £927 "Nombre et Hasard" Sérigraphie 70x56cm/*27x22in* Paris 98
NEOGRADY Antal 1861-1942 **[56]**
◠ $1 542 FF9 043 £949 The young Gooseherder Oil/canvas 64,5x100cm/*25x39in* London 97
✐ $745 FF3 850 £481 Beim Blumenpflücken Aquarell/Papier 47x56cm/*18x22in* Wien 96
NEOGRADY László 1896-1962 **[106]**
◠ $963 FF4 870 £633 Waschtag im Dorf Öl/Karton 33x44cm/*12x17in* Wien 96
◠ $3 900 FF23 708 £2 366 Winter Landscape Oil/canvas 58x78cm/*23x31in* Pittsburgh, PA 98
NEPO Ernst 1895-1971 **[10]**
◠ $9 924 FF57 696 £6 060 Herbstblumenstrauss/Mutter mit Kind Oil/panel 52,5x44cm/*20x17in* Wien 97
NEPPEL Heinrich 1874-1936 **[17]**
◠ $834 FF4 140 £528 Chiemsee-Landschaft Öl/Leinwand 34x56cm/*13x22in* Lindau 95
NERDRUM Odd 1944 **[14]**
◫ $663 FF3 863 £409 Figurkomposition Color lithograph 47x76cm/*18x29in* Malmö 97
NEREE-GAUTHIER Jane 1877-1948 **[3]**
◠ $4 000 FF23 781 £2 409 Still Life with Tea Cup Oil/canvas 100,5x81cm/*39x31in* New-York 98
NERENZ Wilhelm 1804-1871 **[5]**
◠ $2 849 FF17 446 £1 700 Family Resting Before an Italian Lake Oil/canvas 81x126cm/*31x49in* London 98
◠ $5 779 FF33 738 £3 495 Das Mädchen mit der blühenden Rose Öl/Leinwand 40x30,5cm/*15x12in* München 97
NERI DA VOLTERRA di Francesco c.1310-1375 **[1]**
◠ $21 674 FF130 182 £13 000 Saint Paul/Saint Andrew Tempera/panel 38x23,5cm/*14x9in* London 98
NERI Manuel 1930 **[13]**
◠ $9 200 FF55 255 £5 494 Gesture Study No. 12 Acrylic 30,5x23cm/*12x9in* San Francisco 98
⬚ $10 000 FF59 347 £6 125 Standing Female Nude Plaster H166,5cm/*H65in* San Francisco-Los Angeles 97
✐ $5 500 FF32 640 £3 368 Untitled Charcoal 105,5x76cm/*41x29in* San Francisco-Los Angeles 97
NÉRI Paul 1910-1965 **[22]**
◠ $2 743 FF14 200 £1 770 Vue de Tiznit, Orientales à l'oued Huile/toile 62x128cm/*24x50in* Paris 96
NERLI Girolamo Pieri Ball. 1863-1926 **[19]**
◠ $909 FF5 271 £536 The Rocking Chair Oil/board 21x15cm/*8x5in* Sydney 97
◠ $3 144 FF18 367 £1 860 Bellevue Hill Garden Oil/canvas/board 37,5x50cm/*14x19in* Melbourne 97
✐ $4 682 FF28 123 £2 840 Portrait of Dame Nellie Melba Pastel/paper 53x43cm/*20x16in* Melbourne 98
NERLICH Georg 1892-1982 **[7]**
◫ $765 FF4 391 £466 Eisenbahnbrücke Etching 22,5x27,5cm/*8x10in* Berlin 97
NERLY Christ. Friederich I 1807-1878 **[28]**
◠ $10 860 FF53 400 £6 910 Blick auf Palermo mit dem Monte Pellegrino Öl/Leinwand 36x45cm/*14x17in* Göttingen 95
✐ $1 484 FF8 730 £916 Der Canale Grande im Mondschein Watercolour 46x59,5cm/*18x23in* Heidelberg 97
NERLY Friedrich Paul 1824-1919 **[11]**
◠ $7 098 FF41 461 £4 200 Una pescata nel golfo di Catania, Sicilia Oil/canvas 25x58,5cm/*9x23in* London 97
◠ $15 009 FF93 168 £9 000 Fishing in Italy Oil/canvas 58x103cm/*22x40in* London 98
NERMAN Einar 1888-1983 **[36]**

✐ *$337 FF1 660 £217* Dansande par Ink/paper 28x36,5cm/*11x14in* Stockholm 95
NEROCCIO DI BARTOLOMEO de' Landi 1447-1500 **[1]**
☞ *$124 700 FF643 000 £80 000* The Madonna and Child with Saints Jerome and Mary Magdalene Tempera/panel 63x43cm/*24x16in* London 96
NERONI Bartolomeo (Attrib.) c.1500-c.1571 **[4]**
✐ *$1 141 FF6 622 £700* The adoration of the Shepherds Ink 26x22cm/*10x8in* London 97
NERONI Bartolomeo il Riccio c.1500-c.1571 **[6]**
☞ *$48 954 FF282 486 £30 000* The Holy Family with the Infant Saint John and Saint Elizabeth Oil/panel 76x58cm/*29x22in* London 97
NESBITT Frances E. c.1864-1934 **[19]**
✐ *$823 FF4 690 £500* The Cheese market, Edain Bodycolour 24,6x33,6cm/*9x13in* London 97
NESBITT Jackson Lee 1913 **[12]**
▥ *$700 FF4 161 £428* "Auction Bar" Lithograph 31x43cm/*12x17in* Shaker Heights, Ohio 97
NESBITT John 1831-1904 **[14]**
☞ *$1 100 FF6 769 £667* Highland Landscape Oil/canvas/board 45x76cm/*18x30in* New-York 98
☞ *$13 090 FF75 581 £7 800* In the Deer Forest, Inverary Oil/canvas 114,5x167,5cm/*45x65in* London 97
✐ *$899 FF4 650 £580* Fishing Vessels at Anchor Watercolour 48,5x70cm/*19x27in* London 96
NESBITT Lowell 1933-1993 **[81]**
☞ *$1 200 FF6 833 £744* "Red anemone" Oil/canvas 86,4x86,4cm/*34x34in* New-York 97
☞ *$2 749 FF15 747 £1 626* Two Spotted Lilies Oil/canvas 221x178cm/*87x70in* New-York 97
▥ *$100 FF604 £63* "Flamingos" Serigraph in colors 77x94cm/*30x37in* Bloomfield Hills, Michigan 97
✐ *$400 FF2 277 £245* Tulips Gouache 153x102cm/*60x40in* Bloomfield Hills, Michigan 97
NESCH Rolf 1893-1975 **[150]**
☞ *$5 256 FF30 333 £3 221* Innere Brücke in Esslingen Öl/Leinwand 80,5x100cm/*31x39in* Stuttgart 97
▥ *$1 066 FF6 371 £653* Männerportrait en face mit angeschnittenem Hut Etching 22,8x17cm/*8x6in* Hamburg 98
✐ *$604 FF3 106 £377* 9 Bll. Tierskizzen mit 17 Motiven Pencil/paper 21,5x31,5cm/*8x12in* Hamburg 96
NESFIELD William Andrew 1793-1881 **[10]**
✐ *$1 894 FF9 310 £1 200* Mending the nets Watercolour 41x57cm/*16x22in* London 95
NESPOLO Ugo 1941 **[110]**
☞ *$1 056 FF5 392 £640* Composizione Acrilico/cartone 29,5x21cm/*11x8in* Vercelli 96
☞ *$2 160 FF12 240 £1 080* Senza titolo Acrilico/carta 70x100cm/*27x39in* Milano 98
☞ *$6 000 FF34 000 £4 000* "Go Long Blues" Acrilico/legno 140,5x140,5cm/*55x55in* Milano 98
▥ *$210 FF1 190 £140* Messico Litografia 70x100cm/*27x39in* Vercelli 97
⚱ *$2 699 FF15 298 £1 799* Senza titolo Ceramic 56x36x31cm/*22x14x12in* Milano 97
✐ *$2 706 FF14 140 £1 600* Composizione Tecnica mista/carta 150x100cm/*59x39in* Venezia 96
NESSI Marie-Lucie Valtat 1900-1992 **[149]**
☞ *$244 FF1 200 £158* Laurier rose Huile/carton 33x24cm/*12x9in* Grenoble 95
☞ *$330 FF1 900 £202* Bouquet d'orchis dans un vase Huile/toile 53x51cm/*20x20in* Grenoble 97
NESTE van Alfred 1874-1969 **[54]**
☞ *$472 FF2 463 £285* Soleil couchant sur le fleuve Huile/carton 63x75cm/*24x29in* Antwerpen 96
NESTEROV Mikhail Vasil'evich 1862-1942 **[12]**
☞ *$9 330 FF49 000 £5 600* Woman in a traditional costume Oil/board 39x25cm/*15x9in* London 96
☞ *$19 653 FF114 068 £12 000* The departure Oil/canvas 52x70,5cm/*20x27in* London 97
✐ *$6 551 FF38 022 £4 000* Vision of the Virgin Watercolour 23,5x32cm/*9x12in* London 97
NETER de Laurentius c.1600-1650 **[2]**
☞ *$7 500 FF42 735 £4 593* A Militiaman standing, in a brown coat Oil/panel 30x24cm/*11x9in* New-York 97
NETHERWOOD Arthur ?-1930 **[16]**
✐ *$545 FF3 270 £330* The Strid, Bolton Woods Watercolour/paper 96x60cm/*38x24in* Scarborough 97
NETSCHER Caspar 1635/39-1684 **[37]**
☞ *$15 000 FF85 470 £9 187* Portrait of a Lady, holding a spray of roses Oil/canvas 49x40cm/*19x15in* New-York 97
☞ *$39 303 FF232 555 £23 651* Portrait of a Gentleman, Standing Small half length on a Balcony Oil/panel 33x25cm/*12x9in* Amsterdam 98
✐ *$227 FF1 186 £133* Eine junge Frau auf einem Balkon Indian ink/paper 11,6x10cm/*4x3in* Berlin 96
NETSCHER Caspar (Attrib.) 1635/39-1684 **[9]**
☞ *$2 006 FF12 471 £1 200* Portrait of a Lady Oil/panel 22,5x12,5cm/*8x4in* Bristol, Avon 98

NETSCHER Caspar (Cercle) [1]
- *$8 000   FF39 500   £5 170* Portrait of an Officer, standing three-quarter lenght, in armor Oil/canvas 52x44,5cm/*20x17in* New-York 96

NETSCHER Constantin c.1668-c.1723 **[27]**
- *$4 592   FF26 365   £2 800* Portrait of a Soldier in Armour Oil/panel 44,5x33,5cm/*17x13in* London 97
- *$7 000   FF39 931   £4 304* Portrait of Johan Francois van Hogendorp Oil/canvas 52x42cm/*20x16in* New-York 97
- *$3 256   FF16 570   £1 953* Portrait of two girls with a parrot Ink 41x32cm/*16x12in* Amsterdam 96

NETSCHER Constantin (Attrib.) c.1668-c.1723 **[4]**
- *$3 090   FF16 000   £2 005* Dame de qualité avec serviteur nègre Huile/toile 47x36cm/*18x14in* Entzheim 96

NETTER Benjamin 1811-1881 **[5]**
- *$1 810   FF11 000   £1 090* Pêcheur à la barque/Paysanne avec ses vaches Huile/panneau 11,5x19cm/*4x7in* Paris 98

NETTLESHIP John Trivett 1841-1902 **[11]**
- *$10 845   FF65 491   £6 500* Adrift Oil/canvas 96,5x137cm/*37x53in* London 98

NEUBAUER Max 1890-1920 **[38]**
- *$745   FF3 850   £481* Das Dreilauferhaus am Kohlmarkt Watercolour, gouache 27,5x22cm/*10x8in* Wien 96

NEUBERGER Daniel (Attr) c.1620-c.1680 **[1]**
- *$54 126   FF310 000   £32 023* Épisodes des Métamorphoses d'Ovide (Livre I-III) Relief 64x85cm/*25x33in* Paris 97

NEUBERT Ludwig, Louis 1846-1892 **[22]**
- *$1 782   FF10 121   £1 115* Gehöft am Seeufer Öl/Leinwand 61x100cm/*24x39in* München 97

NEUBÖCK Maximilian 1893-1960 **[9]**
- *$1 245   FF6 350   £825* Wehr Öl/Leinwand 70x71cm/*27x27in* Wien 96

NEUENSCHWANDER Albert 1902-1984 **[46]**
- *$940   FF5 631   £577* "Goldswil" Oil/canvas 52x66cm/*20x25in* Bern 98

NEUFCHATEL Nicholas 1527-1590 **[1]**
- *$21 286   FF121 294   £13 039* Bildnis einer Nürenberger Patrizierin Öl/Leinwand 88x68cm/*34x26in* Köln 97

NEUFFER Hans 1936-1973 **[5]**
- *$1 850   FF9 650   £1 100* Frühstücktablett Oil/panel 26,5x41,5cm/*10x16in* Wien 96
- *$2 290   FF11 260   £1 460* "Päpste" Mischtechnik/Papier 275x130cm/*108x51in* Wien 95

NEUFVILLE de Louise Charlotte XIX **[1]**
- *$1 165   FF7 138   £694* A toddler playing with flowers on a blue cushion Coloured pencils/paper 25x22,5cm/*9x8in* Amsterdam 98

NEUGEBAUER Josef 1810-1895 **[9]**
- *$2 430   FF14 298   £1 500* Stilleben von Äpfel, Birnen und einer Glasschale Öl/Leinwand 35x51cm/*13x20in* Wien 97

NEUHAUS Ervin XX **[10]**
- *$103   FF500   £66* Mage Monotype 64x49cm/*25x19in* Paris 95

NEUHAUS Werner 1897-1934 **[13]**
- *$1 584   FF8 150   £988* Felsige Strandpartie mit Holzhütten Aquarelle 42,5x56,5cm/*16x22in* Bern 96

NEUHUYS Albertus Johan 1844-1914 **[51]**
- *$2 855   FF17 173   £1 712* A Peasantwoman in an Interior Oil/canvas 34x50cm/*13x19in* Amsterdam 98
- *$6 537   FF38 036   £4 004* Mother's pride Oil/canvas 35x25cm/*13x9in* Amsterdam 97
- *$550   FF3 213   £327* Three Generations Watercolour/paper 48x39,5cm/*18x15in* New-York 97

NEUHUYS Jan Antoon 1832-1891 **[4]**
- *$2 749   FF16 643   £1 640* Faust et Marguerite dans le jardin Oil/panel 61x47,5cm/*24x18in* New-York 97

NEUHUYS Joseph Hendrikus 1841-1890 **[5]**
- *$9 673   FF58 207   £5 791* A Sunlit Farmyard with Children Playing Amongst Geese Oil/canvas 36,5x62cm/*14x24in* Amsterdam 98

NEUJEAN Nat 1923 **[2]**
- *$6 340   FF32 860   £4 060* Vier Naakten Bronze 41x34cm/*16x13in* Lokeren 96

NEUKOMM Fred 1905-1988 **[6]**
- *$920   FF5 355   £567* "Splendid, Habana, Rund" Poster 42,5x55,5cm/*16x21in* New-York 97

NEUMANN Balthasar 1687-1753 **[2]**
- *$14 988   FF88 062   £9 000* A Design for the Town Gate at Sankt Simeon, Trier Ink 42x47cm/*16x18in*

London 97
NEUMANN Carl Johan 1833-1891 **[83]**
$124 FF707 £76 Udsigt mod Årthus fra kysten ved Moesgård Oil/canvas 40x53cm/*15x20in* Viby J, Århus 97
$585 FF3 514 £349 Parti fra Bovbjerg Oil/canvas 20x31cm/*7x12in* Köbenhavn 98
$29 089 FF168 150 £17 993 Slaget på Rheden 2. April 1801 Oil/canvas 88x148cm/*34x58in* Köbenhavn 97
NEUMANN Ernest 1907-1955 **[49]**
$110 FF570 £71 L'avocat et le juge Eau-forte 26x21cm/*10x8in* Montréal 96
NEUMANN Fritz XIX-XX **[8]**
$1 150 FF5 800 £755 Kosaken im Kampf Oil/panel 70x55cm/*27x21in* Stuttgart 96
NEUMANN Hans 1888-1960 **[10]**
$319 FF1 630 £210 Reitgesellschaft Woodcut in colors 27,5x22,2cm/*10x8in* Heidelberg 96
NEUMANN Johan 1860-1940 **[110]**
$166 FF974 £103 Kystparti med sejlbåd Oil/canvas 32x44cm/*12x17in* Viby J, Århus 97
$785 FF3 990 £509 Marine off Kronborg Oil/canvas 80x120cm/*31x47in* Köbenhavn 95
NEUMANN Max 1949 **[20]**
$976 FF4 810 £629 Die Mildere Hälfte Tempera 42x31cm/*16x12in* Berlin 95
$1 064 FF6 064 £652 Ohne Titel (Zufall) Gouache 37x33cm/*14x12in* Hamburg 97
NEUMANN von Robert 1888-1976 **[14]**
$125 FF746 £76 "Launching the Boat" Lithograph 22x33cm/*9x13in* Milwaukee, Wisconsin 98
NEUMONT Maurice 1868-1930 **[9]**
$462 FF2 340 £300 "Pauvre Pierrot, Pantomime de G. Séverin" Poster 125x89cm/*49x35in* London 96
NEUQUELMAN Lucien 1909-1988 **[124]**
$1 000 FF5 753 £590 Paris, Montmartre Oil/canvas 33x41,5cm/*12x16in* New-York 97
$1 303 FF8 000 £798 Côte méditerranéene Huile/toile 38x54,5cm/*14x21in* Avranches 98
$770 FF4 500 £466 Bord de mer dans le Midi de la France Aquarelle/papier 23x28cm/*9x11in* Provins 97
NEURAC de L. XIX-XX **[2]**
$676 FF3 500 £437 "Luchon-Superbagnères" Affiche 63x96cm/*24x37in* Nice 96
NEUREUTHER Eugen Napoleon 1806-1882 **[31]**
$2 480 FF12 080 £1 572 Bewaldete Felsen in der Umgebung von Nemi Oil/panel 26,5x39,5cm/*10x15in* Köln 95
$195 FF1 155 £115 Aus dem Münchner Radierverein Radierung 14x18cm/*5x7in* München 97
$260 FF1 540 £154 Kostümstudien Indian ink/paper 20x32,5cm/*7x12in* München 97
NEUSCHUL Ernst 1895-1968 **[8]**
$1 175 FF7 037 £722 Bauernpaar bei der Ernte Öl/Leinwand 85x100cm/*33x39in* München 98
NEUSTEIN Joshua 1940 **[7]**
$450 FF2 629 £272 Landscape Drawing 69x28cm/*27x11in* Tel Aviv 97
NEUSTÜCK Maximillian 1756-1834 **[7]**
$3 340 FF20 137 £2 022 Die Insel Borromeen Öl/Leinwand 45,5x85cm/*17x33in* Zürich 98
NEUSTÜCK Maximillian (Attrib) 1756-1834 **[2]**
$3 834 FF19 130 £2 500 Landschaft Öl/Leinwand 4x118cm/*1x46in* Zofingen 95
NEUVILLE de Alphonse Marie 1835-1885 **[42]**
$599 FF3 503 £355 Etude pour la passerelle de la gare de Styring Huile/carton 14x23,5cm/*5x9in* Genève 97
$4 620 FF23 940 £3 000 "Halte!", French artillery on manoeuvre Oil/canvas 49,5x40cm/*19x15in* London 96
$309 FF1 745 £189 The Battlefield Charcoal 29x42cm/*11x16in* London 97
NEUWIRTH Arnulf 1912 **[13]**
$7 182 FF42 858 £4 410 Segen des Meeres Tapestry 175x320cm/*68x125in* Wien 98
NEVE Cornelius c.1612-1678 **[1]**
$6 370 FF38 171 £3 800 Gentleman, Half Length, Wearing a Black Tunic and White Collar Oil/canvas 77x63,5cm/*30x25in* London 98
NEVELSON Louise 1900-1987 **[217]**
$5 500 FF31 977 £3 357 Volcanic Magic XXVIII Mixed media/board 102x81x11,5cm/*40x31x4in* New-York 97
$800 FF4 579 £472 Untitled Aquatint in colors 75,5x51cm/*29x20in* New-York 97
$7 000 FF33 900 £4 490 Figure Bronze H36cm/*H14in* New-York 95
$47 000 FF239 400 £28 200 Rain Garden Zag III Sculpture, wood 86,5x150x18cm/*34x59x7in* New-York 96
$1 200 FF6 170 £748 Four Figures Ink/paper 32x22,5cm/*12x8in* San Francisco-Los Angeles 96

NEVEN-DUMONT August 1866-1909 **[2]**
 $4 740 FF24 700 £3 130 Das Picknick Oil/panel 29,5x38,5cm/*11x15in* Düsseldorf 96
NEVEU Marcel 1935 **[5]**
 $1 045 FF6 000 £637 Personnages Gouache 45x56cm/*17x22in* Vendôme 97
NEVILLE George W. 1889-1955 **[6]**
 $2 394 FF14 107 £1 430 The Stage Watercolour 31x64cm/*12x25in* Melbourne 97
NEVINSON Christopher R. Wynne 1889-1946 **[100]**
 $2 423 FF13 477 £1 500 Peak country Oil/panel 29x39cm/*11x15in* Billingshurst, West Sussex 97
 $16 488 FF95 969 £10 000 Hampstead Heath Oil/canvas 44,5x60cm/*17x23in* London 97
 $1 231 FF6 070 £800 Tugs and barges Lithograph 44x56cm/*17x22in* London 95
 $5 719 FF35 193 £3 500 A Boulevard, Paris Watercolour 35,5x25,5cm/*13x10in* London 98
NEWBOTT John c.1805-1867 **[8]**
 $4 171 FF25 448 £2 500 The Roman Campagna Oil/canvas 31,5x46,5cm/*12x18in* London 98
 $12 629 FF75 127 £7 500 View fo Lake Nemi Oil/canvas 58x87cm/*22x34in* London 97
NEWBOULD Frank 1887-1951 **[18]**
 $535 FF3 218 £320 "Through trucks to and from the continent via Harwich-Zeebrugge..." Poster
101x64cm/*39x25in* London 98
NEWCOMB Mary 1922 **[30]**
 $3 208 FF18 587 £2 000 Swans on their Nests Oil/board 25x29cm/*9x11in* London 97
 $4 807 FF28 684 £2 900 Brightly Coloured Sailing Boats on a Lake Oil/canvas 58x73cm/*23x29in* Aylsham,
Norfolk 97
NEWCOMB Rock 1945 **[2]**
 $6 002 FF36 050 £3 600 Whispers on the Breeze Acrylic/board 33x91,5cm/*12x36in* London 98
NEWCOME Frederick Clive 1847-1894 **[1]**
 $1 370 FF6 920 £900 Scarfel Pike from Sty Head Tarn, Cumbria Watercolour 67x99cm/*26x38in* London 96
NEWELL George Glenn 1870-1947 **[8]**
 $1 200 FF6 833 £740 Cows in an Early Autumn Pasture Oil/canvas/board 20x25,5cm/*7x10in* Boston,
Mass. 97
 $3 250 FF20 173 £1 948 Cows at the river Oil/canvas 106x91cm/*42x36in* Mystic, Connecticut 98
NEWELL Hugh 1830-1915 **[14]**
 $1 500 FF8 705 £915 The House Boat Oil/canvas 33x51cm/*12x20in* Los Angeles 97
 $2 000 FF10 130 £1 310 Portrait of young Gypsy street musician Oil/canvas 43x35cm/*17x14in* New
Orleans, Louisiana 96
NEWMAN Arnold 1918 **[52]**
 $1 300 FF6 700 £861 Piet Mondrian Gelatin silver print 24x13cm/*9x5in* New-York 96
NEWMAN Barnett 1905-1970 **[18]**
 $160 000 FF958 080 £98 304 The Slaying of Osiris Oil/paper 50,5x37,5cm/*19x14in* New-York 98
 $2 750 000 FF13 320 000 £1 765 000 The World II Oil/canvas 230,5x179cm/*90x70in* New-York 95
 $24 000 FF137 457 £14 198 Untitled Lithographie 37x28,5cm/*14x11in* New-York 97
 $110 000 FF658 680 £67 584 Untitled Crayon 30,5x23cm/*12x9in* New-York 98
NEWMAN Elias 1903 **[11]**
 $3 500 FF21 367 £2 091 Marine Festival Oil/canvas/board 30,5x45,5cm/*12x17in* New-York 98
 $4 249 FF25 219 £2 635 Through the Nets Oil/board 51x61cm/*20x24in* New-York 97
 $3 000 FF17 835 £1 835 Haifa Bay Watercolour/paper 27,5x37cm/*10x14in* Tel Aviv 97
NEWMAN George Allen 1875-1940 **[4]**
 $1 100 FF6 740 £664 Forest Landscape with Stream Oil/canvas 60x91cm/*24x36in* Hatfield, Pennsylvania 98
NEWMAN Henry Roderick 1843-1917 **[16]**
 $17 250 FF89 527 £11 424 Abu Simbel Watercolour/paper 66x43cm/*25x16in* New-York 96
NEWMAN Irene Hodes XX **[28]**
 $125 FF711 £76 Pheasants and Rabbit Watercolour/paper 55x77cm/*22x30in* Bethesda, Maryland 97
NEWMARCH Strafford XIX-XX **[6]**
 $849 FF5 018 £527 Under the Arbor Oil/canvas 66,5x47cm/*26x18in* Boston, Mass. 97
NEWMARK Marylin 1928 **[4]**
 $2 000 FF12 077 £1 215 Chasse au lapin Bronze 21x38cm/*8x15in* Bethesda, Maryland 98
NEWTON Algernon 1880-1968 **[26]**
 $1 758 FF10 773 £1 050 A Country Path Oil/board 23x28cm/*9x11in* London 98

✋ *$2 458 FF14 910 £1 500* An English Hedgerow Oil/canvas 45x60cm/*17x23in* Crewkerne, Somerset 98
NEWTON Harry Robert ?-1889 **[1]**
✎ *$13 521 FF77 444 £8 000* A Proposed Scheme for remodelling the Banks of the Thames Watercolour 60,5x129,5cm/*23x50in* London 97
NEWTON Helmut 1920 **[86]**
📷 *$301 FF1 800 £184* Photographie de mode "Tiktiner", jeune fille avec léopard Tirage argentique 22,8x16cm/*8x6in* Saint-Germain-en-Laye 98
NEWTON Lilias Torrance 1896-1980 **[2]**
✋ *$7 420 FF38 750 £4 650* The Dreamer Oil/canvas 51x41cm/*20x16in* Toronto 96
NEWTON William Frederick 1853-1935 **[1]**
✋ *$5 030 FF25 540 £3 000* Mediterranean harbour scene/St. Margherita Oil/canvas 31x48cm/*12x18in* London 96
NEWTON William John 1785-1869 **[10]**
✋ *$4 720 FF23 460 £3 000* Mrs. Goad, later Lady Bradford Miniature 11,4x8,7cm/*4x3in* London 95
NEYN de Pieter P. (Attrib.) 1597-1639 **[1]**
✋ *$3 837 FF22 917 £2 349* Flodlandskap med figurer och båtar Oil/panel 20x29,5cm/*7x11in* Stockholm 98
NEYN de Pieter Pietersz. 1597-1639 **[27]**
✋ *$5 660 FF29 560 £3 370* Cavalry skirmish Oil/panel 27x38cm/*10x14in* Stockholm 96
✋ *$12 313 FF73 726 £7 563* Flusslandschaft mit Bauernhäusern und Anglern Oil/wood 36,5x54,5cm/*14x21in* Köln 98
NEYRAC de Guy XX **[9]**
✎ *$325 FF1 587 £204* Bouquinistes along the Seine, Paris Watercolour 42x58cm/*16x23in* Delray Beach, Florida 95
NEYTS Gillis 1623-1687 **[20]**
✋ *$12 520 FF63 300 £8 220* Bewaldete Flusslandschaft mit einer Bauernhaus Oil/panel 24x35cm/*9x13in* Wien 96
✋ *$15 000 FF78 000 £9 920* An Extensive Landscape with Figures Shooting by a Marsh Oil/panel 37x60cm/*14x23in* New-York 96
✎ *$1 657 FF9 891 £1 000* Trees on a bank Ink/paper 29,7x19cm/*11x7in* London 97
NGUYEN ANH 1914 **[33]**
✋ *$606 FF3 500 £370* La fraîcheur dans mon jardin Huile/toile 65x50cm/*25x19in* Paris 97
✎ *$1 145 FF6 000 £689* Matin des pêcheurs Gouache/papier 25x33cm/*9x12in* Paris 96
NGUYEN GIA TRI 1908-1993 **[1]**
✋ *$12 571 FF75 273 £7 723* Ladies in Garden Mixed media/board 84x61,5cm/*33x24in* Singapore 98
NGUYEN HUN NGOC XX **[1]**
✋ *$2 793 FF16 727 £1 716* Scooping Water Oil/canvas 81,5x62cm/*32x24in* Singapore 98
NGUYEN KHANG 1912-1984 **[4]**
✋ *$4 888 FF29 273 £3 003* The Return of the Laureate Oil/panel 60x120cm/*23x47in* Singapore 98
✎ *$2 615 FF15 456 £1 618* Three Women Talking Watercolour 47x59cm/*18x23in* Singapore 97
NGUYEN PHAN CHANH 1882-1984 **[1]**
✎ *$8 380 FF50 182 £5 148* Riverbank Gouache 47,5x29,5cm/*18x11in* Singapore 98
NGUYEN SANG 1923-1988 **[6]**
✋ *$12 571 FF75 273 £7 723* Girl Tying Hair Oil/canvas 66x80,5cm/*25x31in* Singapore 98
✎ *$3 112 FF17 564 £1 907* Cats Gouache/paper 35,5x51cm/*13x20in* Singapore 97
NGUYEN TIEN CHUNG 1916-1976 **[7]**
✋ *$6 224 FF35 128 £3 815* Man and Woman on a Beach Oil/panel 50x70cm/*19x27in* Singapore 97
✎ *$286 FF1 500 £172* Paysan et buffle Encre Chine 41x29cm/*16x11in* Paris 96
NGUYEN TRUNG 1940 **[2]**
✋ *$5 587 FF33 454 £3 432* Hiding Oil/canvas 108,5x98,5cm/*42x38in* Singapore 98
NGUYEN TU NGHIEM 1922 **[4]**
✎ *$1 299 FF7 500 £794* La fête de la mi-automne (Trang Thu Canh Tunh) Gouache/papier 35x51cm/*13x20in* Paris 97
NI TIAN 1855-1919 **[7]**
✎ *$3 356 FF19 562 £2 067* Dedication Ink 148x78,7cm/*58x30in* Hong Kong 97
NI YUANLU 1593-1644 **[1]**
✎ *$17 000 FF101 190 £10 553* Running Scipt Calligraphy Ink 130x44cm/*51x17in* New-York 97
NI ZAN 1301-1374 **[2]**
✎ *$80 000 FF412 000 £51 600* The Western Garden Ink/paper 105,5x31cm/*41x12in* New-York 96

NIBBRIG Hart Ferd. (Attrib.) 1866-1915 [4]
 $8 280 FF49 460 £5 065 A View of Rhenen Oil/canvas 40,5x75,5cm/*15x29in* Amsterdam 98
NIBBRIG Hart Ferdinand 1866-1915 [19]
 $13 374 FF77 937 £8 174 Three girls from Zoutelande in traditional costume Oil/canvas 37x59,5cm/*14x23in* Amsterdam 97
 $16 098 FF95 644 £9 574 Landscape near Zoutelande Oil/canvas 30x40cm/*11x15in* Amsterdam 97
NIBBS Richard Henry c.1816-1893 [57]
 $2 065 FF11 669 £1 300 A Fishing Smack and Other Boats Off a Fort Oil/canvas 25x34,5cm/*9x13in* Newcastle-upon-Tyne 97
 $4 100 FF23 540 £2 500 Greenwich in the evening Oil/canvas 50,5x76cm/*19x29in* London 97
 $712 FF3 530 £450 Busy river estuary scene Watercolour 38x55cm/*15x22in* Aylsham, Norfolk 95
NIBLETT Gary 1943 [7]
 $5 500 FF27 720 £3 548 The Honeymoon Trail Oil/canvas 38x76cm/*15x30in* Hayden 96
 $1 500 FF7 815 £943 Woman of Naranja Watercolour/paper 20x30cm/*8x12in* Scottsdale, Arizona 96
NICCOLO di Lorenzo c.1380-c.1415 [5]
 $18 000 FF88 800 £11 630 Christ appearing to Saint Eustace Tempera/panel 44x23cm/*17x9in* New-York 96
 $35 000 FF214 854 £21 444 Madonna and Child with Saints Francis, Dorothy, Stephen, Young Male Tempera/panel 78,5x43cm/*30x16in* New-York 98
NICCOLO DI SEGNA c.1310-c.1350 [3]
 $45 050 FF224 400 £29 500 King David Tempera/panel 27,5x17,8cm/*10x7in* London 95
NICE Don 1932 [8]
 $4 600 FF27 627 £2 747 Mechanic's Shop Watercolour/paper 39x56,5cm/*15x22in* San Francisco 98
NICHOLAS Hilda Emma Rix 1884-1961 [15]
 $1 560 FF9 107 £962 Rhododendrons Oil/canvas/board 25x32cm/*9x12in* Melbourne 97
 $936 FF5 464 £577 The spanish shawl Coloured pencils 54x36cm/*21x14in* Melbourne 97
NICHOLAS Thomas Andrew 1934 [9]
 $300 FF1 545 £193 Mont St. Michel Watercolour/paper 34x44cm/*13x17in* Bolton, Mass. 96
NICHOLL Agnes Rose 1842-? [5]
 $1 108 FF6 538 £680 The Fair Seams Tress Watercolour 49x30cm/*19x11in* Billingshurst, West Sussex 98
NICHOLL Andrew 1804-1886 [88]
 $4 566 FF26 923 £2 800 Finnegan's Cave Mixed media 61x43cm/*24x16in* London 98
 $2 720 FF14 160 £1 800 The Rope Bridge at Carrick-a-Rede, near Ballycastle, County Antrim Watercolour 31x48cm/*12x18in* London 96
NICHOLLS Bertram 1883-? [14]
 $490 FF2 915 £300 Towards the Campagna Oil/canvas 33x40,5cm/*12x15in* London 97
NICHOLLS Burr H. 1848-1915 [6]
 $16 500 FF99 099 £9 896 Vieille Maison à Pont-Aven Oil/canvas 91x71cm/*36x28in* Philadelphia 98
NICHOLLS Charles George XVIII-XIX [20]
 $830 FF4 980 £500 South Gate of Monghyr Fort Watercolour 21x24,5cm/*8x9in* London 98
NICHOLLS John E. XX [16]
 $1 210 FF7 302 £750 Summer flowers with red peonies Oil/board 61x51cm/*24x20in* London 97
NICHOLLS Joseph XVIII [3]
 $12 500 FF63 700 £7 500 Brentford Mill Oil/canvas 61x101cm/*24x39in* London 96
NICHOLLS Rhonda Holmes 1854-1938 [3]
 $2 000 FF12 240 £1 215 The Large Rock at Casa del Ponte, Tokeneke, Darien CT Oil/board 25x20cm/*10x8in* Milford, Conn. 98
NICHOLLS W.A. XIX [1]
 $2 963 FF15 200 £1 800 Lower Richmond Road/Putney church Watercolour/paper 32x47,5cm/*12x18in* London 96
NICHOLS Audley Dean 1886-1941 [4]
 $1 550 FF9 144 £949 Arizona Desert Scene Oil/canvas 25x34cm/*10x13in* Pittsburgh, PA 98
NICHOLS Catherine Maude c.1848-1923 [23]
 $213 FF1 086 £140 Derelict Norfolk barn Watercolour 22x30cm/*9x12in* Aylsham, Norfolk 96
NICHOLS Dale Nichols 1904-1989 [51]
 $6 000 FF34 662 £3 698 House in Winter Oil/canvas 76x101,5cm/*29x39in* New-York 97
 $300 FF1 781 £183 The Golden Harvest Lithograph 19x29cm/*7x11in* St. Louis, Miss. 98

✏ *$300 FF1 746 £184* Farm Scene Watercolour/paper 21x17cm/*8x7in* Cincinnati, Ohio 97
NICHOLS Edward W. 1819-1871 **[4]**
🎨 *$3 500 FF17 230 £2 255* Hartford, Conn. Oil/canvas 21x36cm/*8x14in* New-York 95
NICHOLS H. [1]
🎨 *$3 200 FF16 620 £2 117* Ships on the Water Oil/canvas 65,5x107cm/*25x42in* New-York 96
NICHOLS Henry Hobart 1869-1962 **[25]**
🎨 *$2 000 FF9 960 £1 310* In the backyard Oil/board 31x41cm/*12x16in* San Francisco-Los Angeles 95
🎨 *$2 750 FF13 700 £1 800* Distant mountain Oil/board 41x51cm/*16x20in* San Francisco-Los Angeles 95
NICHOLSON Alice Hogarth XIX-XX **[4]**
✏ *$5 741 FF32 956 £3 500* Stripes and Red Bodycolour 16x15cm/*6x5in* London 97
NICHOLSON Ben 1894-1982 **[356]**
🎨 *$38 000 FF233 844 £23 069* "Locmariaquer 2" Oil/board 28,5x33cm/*11x12in* New-York 98
🎨 *$66 100 FF320 000 £42 450* Composition Huile/toile 38x56cm/*14x22in* Zürich 95
🎨 *$314 165 FF1 833 975 £190 000* Balearic Oil/canvas 109x120cm/*42x47in* London 97
▭ *$1 440 FF8 160 £720* Mug and Goblet Acquaforte, acquatinta 27x23,5cm/*10x9in* Milano 98
✏ *$10 888 FF62 646 £6 708* Ronco 29 Gouache 26x22cm/*10x8in* Zürich 97
NICHOLSON Charles Westly 1886-1965 **[5]**
🎨 *$300 FF1 563 £188* Landscape Oil/canvas 45x68cm/*18x27in* Altadena, CA 96
NICHOLSON Edward H. 1901-1966 **[11]**
🎨 *$1 100 FF5 566 £723* Indianan Dunes Oil/board 50x60cm/*20x24in* Cincinnati, Ohio 96
NICHOLSON Francis 1753-1844 **[56]**
✏ *$776 FF4 000 £500* Labourers resting by a lake before a rotunda at Stourhead Watercolour 48x58cm/*18x22in* London 96
NICHOLSON Francis (Attrib.) 1753-1844 **[6]**
✏ *$492 FF2 500 £294* Vue de Zürich Aquarelle 19,2x15,6cm/*7x6in* Paris 96
NICHOLSON George Washington 1832-1912 **[52]**
🎨 *$1 500 FF8 907 £908* "A Bit of Calais Coast, France" Oil/canvas/board 10x30cm/*4x12in* Bethesda, Maryland 97
🎨 *$3 800 FF18 700 £2 450* Venice Oil/canvas 71x127cm/*27x50in* New-York 95
NICHOLSON John H. XX **[18]**
✏ *$497 FF2 967 £300* Ben Vooar Berthed at Ramsey Shipyard Watercolour 35x45cm/*14x18in* Isle of Man 97
NICHOLSON John Miller XIX **[7]**
🎨 *$6 631 FF39 564 £4 000* Douglas Harbour Oil/canvas 48x73cm/*19x29in* Isle of Man 97
NICHOLSON Kate 1928 **[14]**
🎨 *$1 513 FF8 832 £900* "Cup, Bottle and Pears" Oil/canvas 54x65,5cm/*21x25in* London 97
NICHOLSON Lillie May 1884-1964 **[6]**
🎨 *$3 000 FF16 939 £1 824* Yellow Coast and Rugged Rocks Oil/board 30x40cm/*12x16in* Altadena, CA 97
NICHOLSON William 1872-1949 **[75]**
🎨 *$27 700 FF143 700 £18 000* Still life with glass and spoon Oil/canvas/board 3x42cm/*1x16in* London 96
🎨 *$39 074 FF235 524 £24 000* White Stone Pond Oil/canvas/board 315x39cm/*124x15in* London 98
🎨 *$85 690 FF522 194 £52 000* White Carnations in a Glass Vase Oil/canvas 47x37,5cm/*18x14in* London 98
▭ *$413 FF2 413 £250* Pastimes and Sports of the Months Print in colors 25x22cm/*10x9in* Aylsham, Norfolk 97
✏ *$988 FF6 025 £600* Wadham College, Oxford Watercolour 25,5x34cm/*10x13in* London 98
NICHOLSON Winifred 1893-1981 **[55]**
🎨 *$10 215 FF57 650 £6 260* Stone circle, Orkneys Oil/board 58,4x71cm/*22x27in* London 97
✏ *$4 690 FF24 300 £3 000* Harvest Dance, Acra, Corinth Gouache 53x74cm/*20x29in* London 96
NICKEL Hans 1916 **[5]**
🎨 *$1 712 FF10 083 £1 056* Pflügender Bauer mit 2 vorgespannten Braunen Öl/Leinwand 70x80cm/*27x31in* Lindau 97
NICKELE van Isaak Nikkelen c.1640-1703 **[8]**
🎨 *$3 277 FF20 134 £1 966* Blick in das Hauptschiff der St. Bravo Kirche in Haarlem Öl/Leinwand 34,5x30cm/*13x11in* Stuttgart 98
🎨 *$4 550 FF23 260 £3 000* The interior of the Saint Bavo church in Haarlem Oil/panel 60x48cm/*23x18in* London 96
NICKELE van Isaak Nikkelen(Attr) c.1640-1703 **[2]**
🎨 *$2 840 FF14 000 £1 844* Intérieur d'une église gothique Huile/toile 29,5x31,5cm/*11x12in* Paris 95
NICKERSON Reginald Eugene 1915-? **[15]**
🎨 *$3 000 FF17 762 £1 781* The Schooner Benjamin F. Poole Built in 1886, Bath, Maine Oil/canvas

63x106cm/*25x42in* St. Louis, Miss. 97
NICOL Erskine 1825-1904 **[41]**
  $781 FF4 664 £480 Rustic Interior with Dancing Peasants Oil/canvas 48x58cm/*19x23in* Cranbrook, Kent 98
  $8 969 FF52 884 £5 500 The Hooligan/The Busker Oil/canvas 35,5x27,5cm/*13x10in* London 98
NICOL John Watson 1856-1926 **[3]**
  $2 606 FF15 549 £1 600 Miss Mariam McAll/Pony Pip Oil/canvas 50x60cm/*20x24in* Cranbrook, Kent 98
NICOLA DI MAESTRO ANTONIO DI ANCONA c.1450-c.1490 **[1]**
  $132 000 FF690 400 £80 000 Saint Anthony Abbot enthroned with members of a Confraternity
Tempera/panel 68,5x38cm/*26x14in* London 96
NICOLAI Carsten 1965 **[6]**
  $312 FF1 846 £194 Im Inneren frisst das Helle das Dunkle Woodcut 98x65cm/*38x25in* Bielefeld 97
NICOLAS Joep 1897-1972 **[2]**
  $1 804 FF11 034 £1 109 Christus op de Olijfberg Gouache/paper 117x207cm/*46x81in* Amsterdam 98
NICOLAU COTANDA Vicente 1852-1898 **[9]**
  $1 170 FF6 090 £773 Cura rural Oleo/tabla 24x35cm/*9x13in* Madrid 96
  $7 920 FF47 640 £4 920 "Amor y Fraternidad" Oleo/lienzo 43x63,5cm/*16x25in* Madrid 97
NICOLAUS Enrich 1955 **[2]**
  $571 FF3 500 £340 Sans titre Technique mixte/papier 30x21cm/*11x8in* Paris 98
NICOLAY Helen 1866-1954 **[9]**
  $3 200 FF20 317 £1 998 Poppies, A Holderness Garden on Shepard Hill Oil/canvas 50x35cm/*20x14in*
Portland, Maine 97
  $1 500 FF7 575 £974 The Grand Canyon Watercolour/paper 25x38cm/*10x15in* Portland, Maine 96
NICOLET Gabriel Émile Ed. 1856-1921 **[7]**
  $3 854 FF23 604 £2 300 An Elegant Connoisseur Oil/canvas 41,5x32cm/*16x12in* London 98
NICOLI Claudio 1958 **[8]**
  $1 140 FF6 460 £570 Amanti Terracotta 60x18,5x28cm/*23x7x11in* Prato 98
NICOLI Y MANFREDI Carlo c.1850-? **[3]**
  $12 216 FF71 360 £7 500 "Le Travail" Bronze H130cm/*H51in* London 97
NICOLICH Obrad XIX-XX **[2]**
  $1 000 FF5 060 £646 "Persan Export, Apéritif anisé sec, Marseille" Poster 313x114cm/*123x45in* New-York 96
NICOLIER J. XIX **[2]**
  $1 450 FF8 727 £868 A Merry Drinker Oil/panel 33,5x26cm/*13x10in* Amsterdam 98
NICOLL James Craig 1864-1918 **[16]**
  $2 149 FF12 548 £1 300 Sunset on the Coast Oil/canvas 35,5x57cm/*13x22in* Exeter, Devon 97
  $2 700 FF16 033 £1 648 Maine Coats in Winter Oil/canvas 22x35,5cm/*8x13in* Boston, Mass. 98
NICOLL James McLaren, Jim 1892-1986 **[22]**
  $834 FF4 958 £502 Pegasus Oil/board 41x51cm/*16x20in* Calgary, Alberta 98
  $411 FF2 093 £247 Prairie Farm Print 28x48cm/*11x18in* Calgary, Alberta 96
  $206 FF1 057 £125 Four horses Pencil/paper 20x28cm/*7x11in* Calgary, Alberta 96
NICOLL Marion Florence 1909-1985 **[35]**
  $215 FF1 242 £127 "Sundogs" Print in colors 42x46cm/*16x18in* Calgary, Alberta 97
  $274 FF1 584 £162 "Sylvan Lake" 1940's Watercolour/paper 29x37cm/*11x14in* Calgary, Alberta 97
NICOLLE Victor Jean 1754-1826 **[213]**
  $1 641 FF9 500 £1 009 Palais de l'Ambassadeur de Venise et des jardins collone, Quirinal Aquarelle
6x9cm/*2x3in* Paris 97
NICOLLE Victor Jean (Attrib) 1754-1826 **[12]**
  $1 172 FF7 040 £700 View from the Collosseum Ink 15,5x21cm/*6x8in* London 98
NICZKY Eduard 1850-1919 **[9]**
  $2 371 FF13 779 £1 400 Portrait of a Lady, wearing a crown and medieval dress Oil/canvas
45x30,5cm/*17x12in* London 97
  $10 700 FF55 000 £6 670 Jeune femme assise au jardin près d'un azalée Huile/toile 84x56cm/*33x22in*
Paris 96
NIDZGORSKI Adam XX **[8]**
  $236 FF1 200 £141 Sans titre Pastel gras/papier 25x17cm/*9x6in* Paris 96
NIE OU 1948 **[8]**

$6 470 FF33 140 £3 930 Album of figures and landscapes Ink 40,5x59,5cm/15x23in Hong Kong 96

NIEDERHAUSERN de François Louis Fritz 1828-1888 **[7]**
$4 162 FF25 000 £2 497 Ane, chèvre et mouton à l étable Huile/toile 91x114cm/35x44in Nice 98

NIEDERMANN Johann 1759-1833 **[3]**
$3 186 FF15 530 £2 020 Der Abschied des Jean Calas von seiner Familie Oil/panel 42x48cm/16x18in Köln 95

NIEDERREUTHER Thomas 1909-1990 **[13]**
$2 070 FF12 432 £1 236 Chausses Noires Oil/canvas 80x100cm/31x39in San Francisco 98

NIEHAUS Kasper 1889-1974 **[22]**
$3 549 FF21 893 £2 231 Arcadia Oil/canvas/board 61x94cm/24x37in Amsterdam 97
$6 890 FF36 100 £4 140 Badende figuren Oil/canvas 6x100cm/2x39in Amsterdam 96

NIELSEN Amaldus Clarin 1838-1932 **[17]**
$14 122 FF84 609 £8 442 Roende mann i fjordlandskap Oil/canvas 27x60cm/10x23in Oslo 98
$17 485 FF104 754 £10 452 Gårdsbruk fra Balestrand i Sogn Oil/canvas 26x38cm/10x14in Oslo 98

NIELSEN Carl 1848-1904 **[7]**
$900 FF5 714 £562 View of Maderno, Italy Oil/board 26x38cm/10x15in Portland, Maine 97

NIELSEN Christian V. 1833-1910 **[9]**
$445 FF2 636 £268 Partier fra Rosenborg Watercolour 25x35cm/9x13in Viby J, Århus 98

NIELSEN Kai 1882-1924 **[96]**
$757 FF4 428 £462 Liggende pige med spejl Bronze H12cm/H4in Vejle 97

NIELSEN Kay 1886-1957 **[34]**
$4 997 FF28 901 £3 000 Solitude Pencil 22x13,5cm/8x5in London 97

NIELSEN Kehnet 1947 **[27]**
$355 FF2 112 £217 "Tranegården 15 år" Oil/paper 60x50cm/23x19in København 97
$1 833 FF10 600 £1 130 "Frost" Oil/canvas 200x130cm/78x51in København 97
$271 FF1 332 £173 Siddende figur Gouache 75x55cm/29x21in København 95

NIELSEN Knud 1916 **[71]**
$311 FF1 771 £192 Komposition Acrylic/paper 30x39,5cm/11x15in Vejle 97
$856 FF4 871 £528 Komposition Oil/canvas 65x50cm/25x19in Vejle 97
$3 790 FF18 630 £2 413 Musikanter Oil/panel 126x126cm/49x49in København 95

NIELSEN Palle 1920 **[8]**
$147 FF845 £87 Soldaten og Barnet Woodcut 7,5x12cm/2x4in Malmö 97

NIELSEN Poul 1920 **[28]**
$217 FF1 060 £139 Nytorv med Nyhavn Oil/canvas 39x44cm/15x17in Viby J, Århus 95

NIELSSEN Clementine XIX-XX **[2]**
$6 620 FF32 260 £4 190 Drei spielende Katzen Öl/Leinwand 48x43,5cm/18x17in Bern 95

NIEMANN Ed. John (Attrib.) 1813-1876 **[4]**
$10 611 FF63 352 £6 500 Figures in a Wooded Lake Landscape Oil/canvas 98x127cm/38x50in London 97

NIEMANN Edmund John 1813-1876 **[129]**
$2 530 FF12 370 £1 600 Barges on the River Witham Oil/board 24,5x19,4cm/9x7in London 95
$4 200 FF23 958 £2 566 "View of St. Albans" Oil/canvas 63,5x101,5cm/25x39in Washington 97

NIEMANN Edmund John, Jnr. XIX **[11]**
$1 524 FF7 700 £1 000 A distant view of windsor Oil/canvas 46x66cm/18x25in London 96

NIEMANN Edward H. XIX-XX **[64]**
$809 FF4 771 £500 A Country Walk/River Landscape Oil/canvas 28,5x44cm/11x17in Billingshurst, West Sussex 97
$1 504 FF8 893 £900 A Tranquil Stretch of the River Oil/canvas 40,5x61cm/15x24in London 97

NIEMANTSVERDRIET Jan Frank 1885-1945 **[9]**
$584 FF3 025 £379 Still life with seashells Oil/panel 11x22cm/4x8in Amsterdam 96
$26 152 FF154 560 £16 184 Village scene Oil/canvas/panel 57x76cm/22x29in Singapore 97
$2 810 FF14 450 £1 752 Katjong Charcoal/paper 55x45cm/21x17in Amsterdam 96

NIEMEYER-HOLSTEIN Otto 1896-1984 **[18]**
$3 926 FF23 426 £2 368 Abend an der Kieler Förde bei Friedrichsort Öl/Leinwand 56x50,5cm/22x19in Bremen 97
$492 FF2 535 £315 Blumen im Garten Aquarell/Papier 40,5x35,5cm/15x13in Bielefeld 96

NIERMAN Leonardo 1932 **[91]**
$800 FF4 044 £515 Abstract Acrylic/masonite 89x121cm/35x48in Bloomfield Hills, Michigan 96
$125 FF775 £74 The Birth of Fire Color lithograph 34x43cm/13x17in Bloomfield Hills, Michigan 98

NIERMEIJER Theo 1940 **[20]**

  $374 FF2 229 £222 Ode à Lipchitz Iron H22,5cm/*H8in* Amsterdam 97

NIESIOLOWSKI Tymon 1882-1963 **[14]**

  $2 427 FF14 063 £1 513 Las (wooded landscape) Oil/canvas 73x57cm/*28x22in* Warszawa 97

  $7 032 FF41 765 £4 260 River landscape Pastel/paper 31x46,5cm/*12x18in* Warszawa 97

NIESSEN Johannes 1821-1910 **[6]**

  $520 FF2 700 £344 Étude de draperie Crayon 24,4x17,5cm/*9x6in* Paris 96

NIETO Anselmo Miguel 1881-1964 **[9]**

  $1 917 FF11 652 £1 180 Dama con florero Oleo/cartón 48,5x42cm/*19x16in* Madrid 98

NIEULANDT van Adriaen I 1587-1658 **[10]**

  $13 756 FF81 395 £8 278 Diana and Her Nymphs Resting in a Cave, Among Classical Statues Oil/panel 82,5x113,5cm/*32x44in* Amsterdam 98

  $25 320 FF150 000 £15 165 Moïse sauvé des eaux Huile/panneau 89x142,5cm/*35x56in* Lille 97

NIEULANDT van Adriaen I (Attrib.) 1587-1658 **[3]**

  $2 748 FF17 000 £1 637 Paysage alpestre Encre 18,2x28,4cm/*7x11in* Paris 98

NIEULANDT van Will. II (Attrib.) 1584-1635/36 **[9]**

  $12 504 FF73 000 £7 562 Le Massacre des Innocents Huile/cuivre 36,5x27cm/*14x10in* Paris 97

  $54 870 FF310 000 £34 534 Vue d'une place de ville romaine avec les sept Actes de Charité Huile/panneau 74x103cm/*29x40in* Paris 97

NIEULANDT van Will. II G.Terranova 1584-1635/36 **[23]**

  $10 300 FF50 400 £6 520 Les animaux embarquent sur l'arche de Noé Huile/toile 111x200cm/*43x78in* Bruxelles 95

  $11 218 FF66 934 £6 768 Römische Ruinenlandschaft Oil/copper 26x34cm/*10x13in* Stuttgart 97

  $14 500 FF72 300 £9 500 The Forum, Roma Oil/panel 76x96cm/*29x37in* London 95

  $168 FF1 004 £101 Italienische Landschaft mit der Begegnung von Jesus und Petrus Radierung 22,5x30,5cm/*8x12in* Berlin 97

NIEUWENHOVEN van Willem 1879-1973 **[25]**

  $1 080 FF5 530 £700 The shoemaker lighting his pipe Oil/canvas 31x36cm/*12x14in* Amsterdam 95

NIEUWENHUS Jan 1922-1986 **[7]**

  $14 612 FF87 284 £8 939 A cat Oil/canvas 60x70cm/*23x27in* Amsterdam 98

  $1 552 FF9 304 £926 Nudes Gouache 70x50cm/*27x19in* Amsterdam 98

NIEUWENKAMP Wynand Otto jan 1874-? **[7]**

  $237 FF1 412 £145 "Tempel in Kloengkoeng-Bali" Lithograph 35x47cm/*13x18in* Den Haag 97

NIEUWERKERKE de Alfred Emilien 1811-1892 **[13]**

  $2 300 FF13 888 £1 397 Cavalier on Horseback Bronze 55x55cm/*22x22in* Bethesda, Maryland 98

NIEWEG Jaap 1877-1955 **[36]**

  $701 FF3 630 £455 Roses Oil/board 35x35cm/*13x13in* Amsterdam 96

  $753 FF4 470 £473 Vrouwenportret Oil/canvas 60x40cm/*23x15in* Den Haag 97

  $495 FF3 033 £295 Parrot Black chalk 21,5x14cm/*8x5in* Amsterdam 98

NIGG Hermann 1849-1929 **[2]**

  $5 938 FF35 279 £3 531 Bildnis einer eleganten Dame Öl/Leinwand 116,5x76,5cm/*45x30in* München 97

NIGG Joseph 1782-1863 **[7]**

  $44 055 FF262 295 £26 950 Blumenstück Oil 21,5x24,5cm/*8x9in* Wien 98

  $794 FF3 900 £512 Bouquet Lithographie 7x58cm/*2x22in* Ourville-en-Caux 96

NIGG Joseph (Attrib.) 1782-1863 **[2]**

  $3 000 FF14 630 £1 900 Nature morte Huile/toile 38x46cm/*14x18in* Bern 95

NIGHTINGALE Basil 1864-1940 **[31]**

  $350 FF1 690 £220 Study of a horse's head Ink 33x48cm/*13x19in* Leamington Spa, Warwickshire 95

NIGHTINGALE Leonard Charles XIX-XX **[1]**

  $62 593 FF385 198 £38 000 Welcome Visitors Oil/canvas 127x96,5cm/*50x37in* London 98

NIGHTINGALE Robert 1815-1895 **[11]**

  $1 490 FF9 135 £900 Plums, Peaches, Redcurrants in a Cabbage Leaf on a Stone Ledge Oil/canvas 34,5x43cm/*13x16in* London 98

  $3 600 FF21 556 £2 211 Big Red in Harness Oil/canvas 45x36cm/*18x14in* Summit, NJ 98

NIGNET Georges 1926 **[15]**

  $2 200 FF13 064 £1 332 Boulevard des Italiens Oil/canvas 76x101cm/*30x40in* Philadelphia 97

☞ *$2 700 FF13 450 £1 770* Port scene Oil/canvas 36x27cm/*14x10in* Philadelphia 95
NIGRO Adolfo 1942 **[12]**
☞ *$3 500 FF20 624 £2 091* Ritmos el Mar Oil/canvas 80,5x99,5cm/*31x39in* New-York 97
NIGRO Mario 1917-1992 **[66]**
☞ *$3 000 FF17 000 £2 000* 23-A 4 Olio/tavola 60x60cm/*23x23in* Vercelli 97
▥ *$539 FF3 058 £269* Sei variazioni dallo Spazio totale Litografia a colori 68x47,5cm/*26x18in* Milano 97
✐ *$2 112 FF10 752 £1 248* Spazio totale Tempera/carta 30x22cm/*11x8in* Milano 96
NIIZUMA Minoru 1930 **[3]**
⬗ *$20 000 FF97 400 £12 660* Castle of the Eye II Marble H284,5cm/*H112in* New-York 95
NIJINSKY Vaslav Fomich 1888-1950 **[2]**
✐ *$7 420 FF45 000 £4 405* Autoportrait en danseur Encre 25x25cm/*9x9in* Paris 98
NIJLAND Dirk 1881-1955 **[27]**
☞ *$934 FF4 840 £607* Laagwater Oil/canvas 61x80cm/*24x31in* Amsterdam 96
☞ *$1 952 FF10 220 £1 173* Interior of a stable Oil/canvas 42x25cm/*16x9in* Amsterdam 96
✐ *$205 FF1 060 £133* A harbour Charcoal/paper 27x44cm/*10x17in* Amsterdam 96
NIJMEGEN van Dionys 1705-1798 **[3]**
✐ *$2 250 FF11 450 £1 350* Children reading a book Black & white chalks 41,2x28,5cm/*16x11in* Amsterdam 96
NIJMEGEN van Elias 1667-1755 **[2]**
☞ *$9 634 FF55 146 £5 691* Personification of Christian Religion, enthroned in a Classical Arcade Oil/canvas 94x143,5cm/*37x56in* Amsterdam 97
NIJMEGEN van Gerard 1735-1808 **[3]**
☞ *$10 142 FF58 050 £5 990* Shepherd, Shepherdess driving Cattle along a Track by a Meadow Oil/panel 60x78cm/*23x30in* Amsterdam 97
NIKEL Lea 1918 **[68]**
☞ *$650 FF3 954 £400* Untitled Oil/board/canvas 31,5x23cm/*12x9in* Tel Aviv 98
☞ *$6 000 FF32 085 £3 568* Untitled Oil/canvas 128x128cm/*50x50in* Tel Aviv 97
☞ *$7 200 FF35 200 £4 555* Abstract Oil/canvas 61x38cm/*24x14in* Tel Aviv 95
✐ *$700 FF4 255 £431* Untitled Gouache/paper 70x49,5cm/*27x19in* Tel Aviv 98
NIKIFOR Krynicki 1895-1966 **[41]**
✐ *$537 FF2 755 £346* "Widok miejski z kosciolem" Pencil/paper 19,5x24cm/*7x9in* Warszawa 96
NIKITIN Youri **[1]**
✐ *$4 422 FF25 665 £2 700* A Gentleman at his writing desk in a biedermeyer bedroom Gouache 21x27cm/*8x10in* London 97
NIKODEM Arthur 1870-1940 **[7]**
☞ *$3 236 FF16 900 £1 926* Herbstlandschaft mit Staffage Öl/Karton 22,5x26,5cm/*8x10in* Wien 96
NIKOLAOU Nikos 1909-1986 **[1]**
☞ *$8 570 FF41 900 £5 420* Female figure Oil/paper/board 100,5x70cm/*39x27in* Athens 95
NIKUTOWSKI Arthur Johan Severin 1830-1888 **[6]**
☞ *$16 220 FF84 600 £9 800* Blinde Passagiere Öl/Leinwand 39x60cm/*15x23in* Stuttgart 96
NIKUTOWSKI Erich 1872-1921 **[22]**
☞ *$828 FF4 721 £519* Bauernhof an der Eifel Öl/Leinwand 26x34cm/*10x13in* Düsseldorf 97
NILOUSS Peter Alexandrovitch 1869-1943 **[9]**
☞ *$1 612 FF9 100 £988* Elégante au clair de lune, et deux bords de mer Huile/carton/toile 21x41cm/*8x16in* Deauville 97
✐ *$762 FF4 300 £467* Paysage romantique Aquarelle 28x42cm/*11x16in* Deauville 97
NILSON Johann Esaias 1721-1788 **[15]**
▥ *$175 FF915 £102* Une Pendile Radierung 27,1x20cm/*10x7in* Berlin 96
NILSON Karl Gustaf 1942 **[22]**
☞ *$1 043 FF6 235 £638* New Heaven Oil/canvas 100x115cm/*39x45in* Stockholm 97
NILSON Severin 1846-1918 **[273]**
☞ *$3 215 FF15 830 £2 070* Landscape Oil/canvas 53,5x93cm/*21x36in* Stockholm 95
☞ *$5 371 FF32 083 £3 288* Mor och dotter Oil/panel 27x34cm/*10x13in* Stockholm 98
✐ *$1 049 FF6 501 £626* Vinterlandskap Pastel/paper 33x52cm/*12x20in* Stockholm 98
NILSSON Axel 1889-1981 **[120]**
☞ *$646 FF3 867 £397* "Hedlandskap" Oil/panel 38x46cm/*14x18in* Stockholm 98
☞ *$3 631 FF21 756 £2 170* "Gamla stan" Oil/canvas 27x35cm/*10x13in* Stockholm 98
✐ *$6 210 FF32 000 £3 875* Sommarkväll vid Sveavägen Akvarell 21,5x25cm/*8x9in* Stockholm 96

NILSSON Bert-Johnny 1934 **[25]**

$156 FF906 £96 Surrealistisk komposition med kvinna och elefanter Color lithograph 44x57cm/*17x22in* Göteborg 97

NILSSON Ernst 1892-1937 **[44]**

$209 FF1 194 £129 Gamla Uppsala Woodcut in colors 20x31cm/*7x12in* Uppsala 97

NILSSON Gladys 1940 **[3]**

$2 220 FF12 941 £1 365 Untitled Figures Watercolour/paper 56x75cm/*22x29in* Sydney 97

NILSSON Gunnar 1904-1995 **[8]**

$916 FF4 580 £593 Flicka med flätor Terracotta H30cm/*H11in* Stockholm 96

NILSSON Nils 1901-1949 **[52]**

$1 792 FF9 150 £1 180 På väg Oil/canvas 92x100cm/*36x39in* Stockholm 96

$6 485 FF38 850 £3 875 Komposition Oil/canvas 274x257cm/*107x101in* Stockholm 98

$425 FF2 467 £251 Kommen till mig i allee... Gouache/paper 40x79cm/*15x31in* Malmö 97

NILSSON Olof Walfrid 1868-1956 **[43]**

$1 950 FF9 720 £1 278 Sommarafton Oil/canvas 66,5x85,5cm/*26x33in* Stockholm 95

NILSSON SKUM Nils 1872-1951 **[15]**

$3 560 FF18 470 £2 352 River landscape at sunset Oil/canvas 68x100cm/*26x39in* Stockholm 96

$856 FF5 295 £510 Renhjord och järv Pencil 26x35cm/*10x13in* Stockholm 98

NILSSON Vera 1888-1979 **[50]**

$1 421 FF8 507 £873 "Badande flickor, öland" Oil/panel 28x22cm/*11x8in* Stockholm 98

$2 853 FF17 094 £1 705 Stockholmsutsikt med hyacinter Oil/canvas 67x42,5cm/*26x16in* Stockholm 98

$464 FF2 754 £284 Två flickor Watercolour/paper 51x42cm/*20x16in* Stockholm 97

NINAS Paul 1903-1964 **[4]**

$2 700 FF15 845 £1 651 New Orleans Cemetery Graphite 28x42cm/*11x16in* New Orleans, Louisiana 97

NING FUCHENG 1897-1966 **[4]**

$2 750 FF15 539 £1 731 Landscape Ink 134,5x68,5cm/*52x26in* New-York 97

NINHAM Henry 1793-1874 **[6]**

$1 190 FF6 949 £720 Norwich back street scene with two children playing with a hopp Oil/canvas 30x22cm/*12x9in* Aylsham, Norfolk 97

NINNES Bernard 1899-1971 **[19]**

$358 FF2 169 £220 Hurricanes in an Airfield Oil/board 49x59cm/*19x23in* Par, Cornwall 98

NINO Carmelo 1951 **[5]**

$7 500 FF43 053 £4 572 Bajo la luz Oil/canvas 120x150cm/*47x59in* New-York 97

NISBET Noel Laura 1887-1956 **[32]**

$246 FF1 407 £150 Cabbage Patch, Twickenham Ink 35x23cm/*13x9in* London 97

NISBET Pollok Sinclair 1848-1922 **[24]**

$800 FF4 080 £480 An Eastern Market Oil/board 33x24,5cm/*12x9in* London 96

$2 015 FF10 231 £1 300 The Haigh Farm, East Linton Oil/canvas 76x56cm/*29x22in* Auchterarder, Perthshire 96

NISBET Robert Buchan 1857-1942 **[17]**

$328 FF1 814 £204 Evening Landscape Oil/canvas/board 25x33cm/*9x12in* Johannesburg 97

$260 FF1 554 £160 Fishing Boat Leaving Lossiemouth Harbour Watercolour/paper 34x25,5cm/*13x10in* Carlisle, Cumbria 98

NISBET Robert Hogg 1879-1961 **[31]**

$560 FF2 909 £331 The Lake and Figures At a Fountain Oil/board 27x17cm/*11x7in* Mystic, Connecticut 97

$1 800 FF10 663 £1 086 Bathing Nudes Oil/canvas 60x50cm/*24x20in* Hatfield, Pennsylvania 97

NISHIZAWA Luis 1920 **[11]**

$17 205 FF102 045 £10 515 Tepoztlán I Tinta/papel 78x168cm/*30x66in* México 98

NISS Thorvald 1842-1905 **[80]**

$361 FF2 202 £219 Landskab ved Horneby, Nordsjaelland Oil/panel 29x37cm/*11x14in* København 98

$1 105 FF6 602 £676 Plöjescene Oil/canvas 38x67cm/*14x26in* København 98

NISSL Rudolf 1870-1955 **[18]**

$1 749 FF10 723 £1 048 Frauenakt auf Diwan Oil/canvas 52x58cm/*20x22in* München 98

NISTRI Giulano 1926 **[2]**

$991 FF5 010 £650 "La Notte, di Michelangelo Antonioni" Poster 201x140cm/*79x55in* London 96

NISTRI Lorenzo, Enzo 1923 **[1]**

⊞ *$2 440 FF12 330 £1 600* "Audrey Hepburn in Colazione da Tiffany" Poster 140x99cm/*55x38in* London 96
NITSCH Hermann 1938 **[161]**
⬭ *$266 FF1 550 £163* Kompositionen Acryl/Papier 21x14cm/*8x5in* München 97
⬭ *$2 536 FF15 095 £1 550* Wiener Secession Acrylic 79x69cm/*31x27in* Köln 98
⬭ *$10 381 FF62 355 £6 200* Untitled Mixed media 199x299cm/*78x117in* London 98
⊞ *$993 FF5 769 £607* "Unterirdische Stadt (Plan). Nach dem Bild des Gekreuzigten" Silkscreen in colors 95x77,5cm/*37x30in* Wien 97
⬚ *$983 FF5 745 £603* Das O.M. Theater 7 Photograph 25,5x33cm/*10x12in* Köln 97
✎ *$1 542 FF7 800 £1 012* Ohne Titel Mischtechnik/Papier 21x30,5cm/*8x12in* Wien 96
NITSCH Richard 1866-1945 **[8]**
⬭ *$534 FF3 214 £320* Bildnis einer Dame in mittelfränkischer Tracht Oil/panel 18x13,5cm/*7x5in* Zürich 98
NITSCHE Erik 1908-? **[1]**
⊞ *$6 900 FF40 162 £4 253* "General Dynamics" Poster 89x127cm/*35x50in* New-York 97
NIVARD Charles François 1739-1821 **[5]**
⬭ *$6 320 FF31 500 £4 140* Paysage au château avec personnages près de la rivière, clair de lune Huile/panneau 23x36cm/*9x14in* Besançon 95
⬭ *$17 787 FF110 000 £10 593* Vue de l'église de Saint Évremont à Creilli Huile/toile 58x82cm/*22x32in* Paris 98
✎ *$5 870 FF29 650 £3 840* Weite Landschaft mit Figuren/Weite Landschaft mit Hütten Gouache 29,5x44cm/*11x17in* Zürich 96
NIVELT Roger R. 1899-1962 **[12]**
⬭ *$3 300 FF20 000 £2 024* Nu allongé Huile/papier/panneau 45,5x60,5cm/*17x23in* Paris 98
NIVOULIES de PIERREFORT Marie-Anne 1879-1968 **[10]**
⬭ *$750 FF3 690 £475* Arabs and camels in a courtyard Oil/canvas 81x100cm/*31x39in* New-York 95
NIXON John 1760-1818 **[26]**
✎ *$675 FF4 000 £400* The Artist, his Brother, Edward Gorman and others in a farmhouse Watercolour 17,5x24cm/*6x9in* London 97
NIXON Kay 1895-1988 **[23]**
✎ *$261 FF1 556 £160* Black and White Gouache 39,5x54,5cm/*15x21in* London 98
NIXON Nicholas 1947 **[18]**
⬚ *$1 900 FF9 840 £1 216* Heather B. Sawitsky, Mimi Brown, Bebe Brown Nixon, Laurie B. Tranchin Gelatin silver print 19x24cm/*7x9in* New-York 96
NIZAM-GÜNER XX **[17]**
⬤ *$899 FF5 500 £549* La femme qui marche Bronze H63cm/*H24in* Avignon 98
NIZZOLI Marcello 1887-1969 **[4]**
⊞ *$1 100 FF5 360 £699* "Olivetti" Poster 70x50cm/*27x19in* New-York 95
NOACK Astrid 1888-1954 **[4]**
⬤ *$1 978 FF11 484 £1 220* Stående kvindemodel Bronze H55cm/*H21in* København 97
NOAILLES de Marie-Laure 1902-1970 **[12]**
⬭ *$862 FF4 500 £521* Visage Huile/toile 24x33cm/*9x12in* Paris 96
NOAILLY Francisque 1855-1942 **[4]**
⬭ *$1 550 FF9 000 £946* Nomades en marche Huile/toile 24,5x29cm/*9x11in* Paris 97
NOAKOWSKI Stanislaw 1867-1928 **[4]**
✎ *$1 266 FF7 718 £775* Wenecja Watercolour 33x25,5cm/*12x10in* Warszawa 98
NOBAUER Hans **[1]**
⬭ *$3 144 FF15 570 £2 000* Parsifal before the Castle of Mount Salvat Oil/board 38x19cm/*14x7in* London 95
NOBEL W.C. XIX-XX **[1]**
⬤ *$2 963 FF15 200 £1 800* Swirling waters, with a male torso emerging from the waters Bronze H49,5cm/*H19in* London 96
NOBILI Elena 1833-1900 **[1]**
⬭ *$2 019 FF12 048 £1 218* Familienszene Öl/Leinwand 32x37cm/*12x14in* Köln 97
NOBILI Luigi XX **[3]**
⬭ *$16 998 FF100 464 £10 519* Reclyning nude Oil/canvas 76x85cm/*29x33in* Singapore 97
NOBLE James 1919 **[17]**
⬭ *$473 FF2 692 £290* Still life of pink and white roses in a glass vase on a ledge Oil/canvas 54,5x19,5cm/*21x7in* London 97
⬭ *$4 228 FF24 118 £2 600* Still Life of Crimson Roses in a Glass vase Oil/canvas 60x49,5cm/*23x19in* Billingshurst, West Sussex 97

NOBLE James Campbell 1846-1913 **[23]**
  📷 *$1 291 FF6 740 £780* Sawmill on the Nord Dyke Oil/canvas 51x61cm/*20x24in* Glasgow 96
NOBLE John A. 1913-1983 **[5]**
  📷 *$200 FF1 219 £120* Quickwater Lithograph 24,5x34cm/*9x13in* Boston, Mass. 98
  ✏ *$1 100 FF6 336 £646* Vioew of Lower Manhattan and New York Harbor with Tugboats Black chalk 43x51cm/*16x20in* New-York 97
NOBLE John Sargent 1848-1896 **[24]**
  📷 *$4 583 FF26 692 £2 800* Gamekeepers Oil/canvas 36x46,5cm/*14x18in* London 97
NOBLE Matthew 1818-1876 **[6]**
  🗿 *$6 852 FF40 935 £4 200* Bust of Harriet, Duchess of Sutherland Sculpture H17cm/*H6in* London 98
NOBLE Richard Pratchett c.1829-c.1861 **[11]**
  ✏ *$1 692 FF9 689 £1 000* Teston Bridge Watercolour/paper 31x45cm/*12x17in* London 97
NOBLE Robert 1857-1917 **[24]**
  📷 *$463 FF2 332 £300* French town street scene, Moret (?) Oil/board 14x23cm/*5x9in* Bristol, Avon 95
  📷 *$1 540 FF7 810 £1 000* On the Tyne Oil/canvas 51x77cm/*20x30in* Auchterarder, Perthshire 95
NOBLE Thomas Satterwhite 1835-1907 **[4]**
  📷 *$4 250 FF24 230 £2 631* View of Mt. Adams from Bellevue, Kentucky Oil/canvas 30x46cm/*12x18in* New Orleans, Louisiana 97
NOBLE W.R. XIX **[2]**
  📷 *$20 444 FF118 110 £12 000* The Hares Revenge Oil/canvas 42x52,5cm/*16x20in* London 97
NOCI Arturo 1874-1923 **[9]**
  ✏ *$2 560 FF13 400 £1 680* La veletta Pastelli/carta 43x36cm/*16x14in* Roma 96
NOCKEN Wilhelm Theodor 1830-1905 **[22]**
  📷 *$2 141 FF12 768 £1 329* Der Eibsee mit Blick auf die Zugspitze Oil/canvas/panel 81x112cm/*31x44in* Dresden 97
NOCKOLDS Roy 1911-1979 **[22]**
  ✏ *$751 FF4 516 £450* Lancaster Bombers On Night Raid Over Germany Watercolour/paper 65x44cm/*25x17in* Billingshurst, West Sussex 98
NOCRET Jean 1615-1672 **[2]**
  📷 *$3 338 FF19 000 £2 065* Portrait de jeune femme Huile/toile 47,5x38cm/*18x14in* Paris 97
NOCRET Jean (Attrib.) 1615-1672 **[3]**
  📷 *$2 651 FF16 000 £1 568* Portrait de Louis XIV enfant Huile/toile 41x34cm/*16x13in* Bayeux 97
  📷 *$9 920 FF49 500 £6 500* Allegory of King Louis XIV in armour hailed as King of the Sea Oil/canvas 151x208,5cm/*59x82in* London 95
NOE Luis Felipe 1933 **[12]**
  📷 *$6 500 FF37 313 £3 962* Cuadro de la angustia Oil/canvas 80,5x101x4cm/*31x39x1in* New-York 97
  ✏ *$1 200 FF6 888 £731* Sin título Mixed media/paper 35x42,5cm/*13x16in* New-York 97
NOEH Anna T. 1926 **[36]**
  📷 *$366 FF1 920 £221* Mother and child Technique mixte/panneau 30x41cm/*11x16in* Montréal 96
  📷 *$1 262 FF6 590 £791* Preparing for winter camp Mixed media/board 48x83cm/*18x32in* Toronto 96
NOEL A. XIX **[2]**
  📷 *$1 482 FF8 442 £900* Coastal view near Rio de Janeiro Oil/canvas 31x48,5cm/*12x19in* London 97
NOEL Alexandre (Attrib.) 1752-1834 **[8]**
  📷 *$4 219 FF24 390 £2 600* The Garden of an Estuary in Mexico (?) Oil/canvas 32,5x40cm/*12x15in* London 97
  📷 *$45 800 FF240 000 £27 550* Grand paysage à la fontaine et aux lavandières près d'une rivière Huile/toile 97x136cm/*38x53in* Paris 96
NOëL Alexandre Jean 1752-1834 **[22]**
  ✏ *$4 500 FF22 200 £2 910* View of a harbour at sunset Gouache 63x93cm/*24x36in* New-York 96
NOEL Edmé Antony, Tony 1845-1909 **[4]**
  🗿 *$14 460 FF75 000 £9 330* Baigneuse mauresque Marbre H76cm/*H29in* Paris 96
NOEL Georges Noël Bédart 1924 **[113]**
  📷 *$4 680 FF24 000 £2 845* Composition Technique mixte/toile 89x116cm/*35x45in* Paris 96
  📷 *$5 674 FF34 000 £3 389* Paysage ocre, I Technique mixte/toile 120x120cm/*47x47in* Paris 98
  ✏ *$1 670 FF10 000 £1 026* Composition Technique mixte/papier 52,5x73cm/*20x28in* Douai 98
NOëL Guy-Gérard XX **[11]**

$209 FF1 300 £126 "Mirage" Affiche couleur 160x120cm/*62x47in* Paris 98

NOEL John Bates XIX-XX **[35]**
$1 418 FF8 803 £850 Departing Day, Near Malvern Oil/canvas 45,5x61cm/*17x24in* London 98
$2 772 FF16 346 £1 700 'The Back of the Farm"/"The Crest of the Hill" Oil/canvas 29,5x39,5cm/*11x15in* Billingshurst, West Sussex 98
$435 FF2 204 £280 Hay making in olden times Watercolour 25x33cm/*10x13in* Aylsham, Norfolk 96
NOEL Jules A. (Attrib.) 1815-1881 **[26]**
$2 936 FF15 000 £1 933 La barbière sur la grève Huile/toile 32,5x41cm/*12x16in* Paris 96
NOEL Jules Achille 1815-1881 **[219]**
$924 FF4 790 £600 Wooded river landscape Oil/canvas 25x36cm/*9x14in* London 96
$5 477 FF34 000 £3 301 Pêcheurs en Normandie Huile/toile 55x46cm/*21x18in* Le Havre 98
$19 000 FF112 360 £11 527 Landscape with Animals Watering Oil/canvas 108x160cm/*42x62in* New-York 98
$791 FF4 700 £483 Voiliers sur la grève Aquarelle/papier 18x15cm/*7x5in* Brest 98
NOëL Léon 1807-1884 **[11]**
$1 228 FF7 000 £767 Un port au clair de lune Huile/toile 30,5x48cm/*12x18in* Paris 97
NOELSMITH Thomas ?-1900 **[26]**
$776 FF3 936 £500 Cottages before a windmill in an open landscape Watercolour 34x59cm/*13x23in* London 96
NOERR Julius 1827-1897 **[18]**
$3 148 FF17 881 £1 970 Junge Wäscherin am brunnentrog und Reiter im Gespräch Oil/panel 24x17,5cm/*9x6in* München 97
NOGALES SEVILLA José 1860-1939 **[3]**
$4 285 FF22 300 £2 833 Flores y espina Oleo/lienzo 75x119cm/*29x46in* Madrid 96
NOGARI Giuseppe 1699-1763 **[17]**
$10 910 FF56 300 £7 000 Portrait of an elderly woman Oil/canvas 56x40cm/*22x15in* London 96
NOGARI Giuseppe (Attrib.) 1699-1763 **[6]**
$6 500 FF39 609 £3 959 Portrait of a Gentleman, half length, wearing a green Jacket Oil/canvas/board 98x75cm/*38x29in* New-York 98
NOGUCHI Isamu 1904-1988 **[53]**
$15 000 FF76 800 £9 110 Funny Face (A working model in 2 elements) Plaster 17,8x24x22,8cm/*7x9x8in* New-York 96
$85 000 FF440 000 £56 800 Passage Sculpture H226cm/*H88in* New-York 96
$4 249 FF24 339 £2 514 Portrait of a Man Charcoal/paper 40x31cm/*15x12in* New-York 97
NOGUCHI Koko 1970 **[3]**
$1 800 FF10 968 £1 096 Niwa #9 Mixed media/paper 158x158cm/*62x62in* Tel Aviv 98
NOGUE MASSO José 1880-1973 **[8]**
$910 FF5 530 £546 Playa al atardecer Oleo/lienzo 72x97cm/*28x38in* Madrid 98
NOGUEREIRA Lucia 1950 **[1]**
$1 322 FF7 722 £800 Untitled Watercolour/paper 38,5x28,5cm/*15x11in* London 97
NOIRE Maxime 1861-1927 **[92]**
$441 FF2 200 £288 Paysage d'Afrique du Nord Huile/toile 32x75cm/*12x29in* Saumur 95
NOIREL Marguerite XX **[2]**
$3 071 FF17 500 £1 918 Portrait de famille II Fer H78cm/*H30in* Paris 97
NOIROT Émile 1853-1924 **[74]**
$1 592 FF9 500 £975 L'hiver sur la Loire Huile/panneau 21x32cm/*8x12in* Lyon 98
$2 755 FF16 500 £1 692 Côte rocheuse Huile/toile 38x55cm/*14x21in* Paris 98
NOLAN Sidney Robert 1917-1992 **[348]**
$2 052 FF12 091 £1 226 Bird 2 Mixed media 29,5x24,5cm/*11x9in* Melbourne 97
$20 316 FF118 183 £12 443 "Santorini" Oil/board 121x121cm/*47x47in* Melbourne 97
$151 294 FF883 190 £90 002 Kelly with Horse Oil/board 122x91,5cm/*48x36in* Melbourne 97
$24 960 FF145 456 £15 376 Glemrowan Tapestry 310x400cm/*122x157in* Melbourne 97
$3 100 FF16 040 £2 000 Three studies Mixed media/paper 25x30,5cm/*9x12in* London 96
NOLAND Cady 1956 **[12]**
$10 000 FF59 172 £6 101 Usa 1 Mixed media 66x127,5cm/*25x50in* New-York 98
$4 800 FF23 250 £3 080 Trashed Mailbox Metal 51x61x41cm/*20x24x16in* New-York 95
$13 852 FF83 950 £8 495 Ohne Titel Installation 90x380x205cm/*35x149x80in* Hamburg 98

NOLAND Kenneth 1924 **[179]**
- *$10 720 FF54 100 £7 000* Silent Adios II Acrylic/canvas 43x102cm/*16x40in* London 96
- *$11 574 FF67 567 £7 000* Lift in Abeyance Acrylic/canvas 25,5x61cm/*10x24in* London 97
- *$180 000 FF871 000 £115 500* Course Mixed media 175x162,5cm/*68x63in* New-York 95
- *$50 FF291 £30* Untitled Serigraph in colors 12x19cm/*4x7in* Chicago, Illinois 97

NOLDE Emil Hansen 1867-1956 **[585]**
- *$406 000 FF2 104 000 £260 000* Heller Mohn und weisse Päonien Oil/canvas 67x88cm/*26x34in* London 96
- *$4 380 FF22 660 £2 800* Alpensee Etching 15,5x19,5cm/*6x7in* London 96
- *$9 749 FF56 951 £5 769* Bärtiger Mann Bronze H24cm/*H9in* Köln 97
- *$59 524 FF351 403 £35 248* Dahlien und Lilien Aquarell/Papier 47,5x34,2cm/*18x13in* Berlin 97

NÖLKEN Franz 1884-1918 **[17]**
- *$45 500 FF238 000 £27 100* Drei weibliche Akte Öl/Leinwand 175,5x110,5cm/*69x43in* Berlin 96
- *$470 FF2 702 £287* Porträt Max Reger Etching 29,5x23,5cm/*11x9in* Berlin 97
- *$1 589 FF9 367 £949* Sitzender Mädchenakt Charcoal 43x33cm/*16x12in* München 97

NOLL Alexandre 1890-1970 **[21]**
- *$2 532 FF15 000 £1 528* Forme abstraite en développement continue Sculpture bois H29cm/*H11in* Paris 97

NOLLEKENS Joseph 1737-1823 **[4]**
- *$11 480 FF57 300 £7 500* Bust of Princesse Charlotte Augusta Marble H48cm/*H18in* London 95

NOLLET Paul 1911-1996 **[11]**
- *$625 FF3 732 £384* Nu assis au miroir Huile/toile 74x60cm/*29x23in* Bruxelles 97

NOLPE Pieter c.1613-c.1652 **[7]**
- *$13 170 FF64 700 £8 340* Landschaft mit Figuren Oil/panel 39x1cm/*15xin* Zürich 95

NOLPE Pieter (Attrib.) c.1613-c.1652 **[4]**
- *$7 720 FF40 000 £5 010* Paysage de la campagne hollandaise avec chaumière Huile/panneau 32x53,5cm/*12x21in* Paris 96

NOLTEE Cornelis, Cor 1903-1967 **[30]**
- *$420 FF2 150 £273* Honesty in a vase Oil/canvas/board 41x32cm/*16x12in* Amsterdam 95
- *$726 FF3 680 £473* Washing day Oil/canvas 40,5x60,5cm/*15x23in* Amsterdam 96

NOMÉ MONSU DESIDERIO François c.1593-c.1640 **[13]**
- *$22 200 FF125 800 £14 800* Architettura fantastica con figure Olio/tela 113x162cm/*44x63in* Roma 97
- *$48 000 FF283 185 £29 395* Capriccio of a ruined Temple with a Colosseum beyond Oil/canvas 47,5x57cm/*18x22in* New-York 98

NOMELLINI Plinio 1866-1943 **[25]**
- *$12 000 FF68 000 £8 000* Marina Olio/cartone 31,5x41cm/*12x16in* Prato 97
- *$52 200 FF295 800 £34 800* Nell'uliveta, Le Fascinaie Olio/tela 60x100cm/*23x39in* Milano 97
- *$52 800 FF299 200 £26 400* Paesaggio Olio/tela 110x141cm/*43x55in* Prato 98
- *$922 FF4 680 £600* "Il Reporter, Giornale quotidiano" Poster 135x97cm/*53x38in* London 96
- *$5 040 FF24 700 £3 280* Fiumana Acquarello/carta 37,5x50,5cm/*14x19in* Milano 95

NONELL Y MONTURIOL Isidro 1872-1911 **[18]**
- *$1 815 FF10 862 £1 127* Sobre el barco Lápiz/papel 22x16cm/*8x6in* Madrid 97

NONN Carl 1876-1949 **[8]**
- *$1 317 FF8 045 £780* "Der Rhein bei Rolandseck" Öl/Karton 56x71cm/*22x27in* Dresden 98

NONNENBRUCH Max 1857-1922 **[7]**
- *$13 995 FF83 807 £8 362* Flora. Junges Mädchen mit einer Blumenvase Öl/Leinwand 114x64cm/*44x25in* Köln 98

NONO Luigi 1850-1918 **[7]**
- *$139 800 FF792 200 £69 900* Sant'Anna ad Asolo, l'ora del vespro Olio/tela 81x126cm/*31x49in* Milano 98

NONO Luigi (Attrib.) 1850-1918 **[2]**
- *$2 461 FF15 085 £1 470* Junge Dame mit ihrem Hund bei der Promenade am Seeufer Oil/canvas 28,5x32cm/*11x12in* Dresden 98

NONO Urbano 1849-? **[1]**
- *$4 320 FF24 480 £2 880* Figura d'uomo Bronzo H60cm/*H23in* Trieste 97

NONOTTE Donat, Donatien 1708-1785 **[9]**
- *$13 000 FF79 219 £7 919* Portrait of a Lady, half-length, playing a hurdy gurdy Oil/canvas 81x65,5cm/*31x25in* New-York 98

NOORDE van Cornelis 1731-1795 **[9]**

✐ *$5 410 FF26 200 £3 485* View of Haarlem seen from the "De Blinkert'" in the dunes Ink 18,7x30,2cm/*7x11in* Amsterdam 95
NOORDERWIEL Hendrick 1620-1661 **[1]**
☞ *$3 380 FF16 770 £2 140* Portrait d'enfant Huile/toile 70x60cm/*27x23in* Liège 95
NOORDIJK Willem 1887-? **[17]**
☞ *$852 FF4 855 £529* Langs de Eem bij Soest Oil/canvas 40,5x80,5cm/*15x31in* Amsterdam 97
NOORDT van Jan c.1620-1676 **[11]**
☞ *$7 194 FF42 000 £4 351* Le jugement de Pâris Huile/toile 146,5x114cm/*57x44in* Paris 97
☞ *$9 500 FF54 192 £5 641* Portrait of a Child with a Basket of flowers Oil/canvas 72x56,5cm/*28x22in* New-York 97
☞ *$14 100 FF72 100 £9 040* Mädchen mit Federbarett Oil/panel 44x34cm/*17x13in* Wien 96
NOORT van Adam 1562-1641 **[3]**
☞ *$3 480 FF18 000 £2 257* Erection de la Croix Huile/panneau 53x40,5cm/*20x15in* Paris 96
NOORT van Adrianus Cornelis 1914 **[110]**
☞ *$544 FF3 221 £327* Children with a parasol on a beach, Zandvoort Oil/panel 24x30cm/*9x11in* Amsterdam 97
☞ *$1 300 FF7 800 £801* Strandgenoegens Huile/toile 40x60cm/*15x23in* Lokeren 98
✐ *$744 FF4 463 £444* Spelende kinderen op het strand Watercolour/paper 36x50cm/*14x19in* Rotterdam 98
NOORT van Jan, Johannes IV c.1620-c.1680 **[1]**
▥ *$2 154 FF12 717 £1 275* Die Landschaft mit der Herde und dem Milchmädchen Radierung 16x21,5cm/*6x8in* Berlin 97
NOORT van Lambert (Attrib.) 1520-1570 **[3]**
☞ *$4 344 FF26 683 £2 605* Szenen aus dem Leben des Heiligen Sebastian Oil/wood 90x128cm/*35x50in* Zürich 98
☞ *$5 750 FF29 000 £3 774* Allegorie des Sommers Oil/panel 2x18cm/*x7in* Stuttgart 96
NOORT van Pieter 1602-1648 **[5]**
☞ *$6 980 FF42 000 £4 179* Nature morte de poissons Huile/toile 120x150cm/*47x59in* Paris 98
☞ *$8 431 FF48 511 £4 977* Stilleben mit Fischen Öl/Leinwand 81x69cm/*31x27in* München 97
NOOTEBOOM Jacobus Hendricus J. 1811-1878 **[9]**
☞ *$2 723 FF13 800 £1 773* The castle of Bentheim/A ruin in a rocky hilly landscape Oil/panel 25,5x34,5cm/*10x13in* Amsterdam 96
☞ *$4 095 FF21 070 £2 555* An Extensive Landscape with Travellers Resting near a Watermill Oil/canvas 60,5x83cm/*23x32in* Amsterdam 96
NOOY de Wouterus 1765-c.1825 **[1]**
☞ *$18 883 FF112 000 £11 435* Réunion dans l'allée devant une auberge Huile/toile 49x59cm/*19x23in* Paris 97
NORBERTO Proietti Norberto 1927 **[11]**
☞ *$4 680 FF26 520 £2 340* "Struttura" Olio/tavola 40x30cm/*15x11in* Roma 98
NORBLIN DE LA GOURDAINE Jean-P. (Attrib.) 1745-1830 **[11]**
☞ *$7 806 FF47 000 £4 671* Collation pendant la partie de chasse Huile/toile 78x93cm/*30x36in* Paris 98
✐ *$784 FF4 000 £519* Personnages conversant à l'entrée d'une grotte Encre 29,5x20,8cm/*11x8in* Paris 96
NORBLIN DE LA GOURDAINE Jean-Pierre 1745-1830 **[56]**
☞ *$10 959 FF65 000 £6 701* L'Embarquement pour Cythère Huile/toile 38x40cm/*14x15in* Paris 97
▥ *$340 FF2 008 £201* Der Abschied Radierung 12,5x9cm/*4x3in* Berlin 97
✐ *$1 630 FF10 000 £996* Guetteur debout, l'épée au côté, désignant à l'horizon un point Sanguine 20x15,5cm/*7x6in* Paris 98
NORBLIN DE LA GOURDAINE Sébastien Louis Gui. 1796-1884 **[5]**
☞ *$47 500 FF270 655 £29 093* L'âge d'or Oil/canvas 145x200,5cm/*57x78in* New-York 97
NORBLIN Stefan Juliusz 1892-1952 **[5]**
✐ *$3 580 FF18 360 £2 300* "Mgla" Gouache 33x50,5cm/*12x19in* Warszawa 96
NORDAHL-GROVE Fritz 1822-1885 **[41]**
☞ *$757 FF4 394 £447* Motiv från Jaegersborg Oil/canvas 64x91cm/*25x35in* Malmö 97
NORDALM Federico 1949 **[13]**
☞ *$6 000 FF35 842 £3 670* Naranjas Oil/canvas 121,5x83,5cm/*47x32in* New-York 98
☞ *$9 000 FF52 539 £5 354* Caja con Naranjas Oil/canvas 121,5x149,5cm/*47x58in* New-York 97
NORDBERG Olle 1905-1986 **[153]**
☞ *$492 FF3 013 £293* Logdans Oil/panel 32x40cm/*12x15in* Stockholm 98
☞ *$1 071 FF5 230 £680* Flicka med kalvar Oil/canvas 65x81cm/*25x31in* Stockholm 95

NORDEN Gerald XX **[5]**
  $1 170 FF7 210 £719 Eggshibition Oil/board 19,5x24,5cm/*7x9in* London 98
NORDENBERG Bengt 1822-1902 **[75]**
  $2 673 FF13 840 £1 726 Hästskjut i gränd Oil/canvas 31x26cm/*12x10in* Stockholm 96
  $6 400 FF33 450 £3 814 Interior scene Oil/canvas 39x47cm/*15x18in* Stockholm 96
  $19 185 FF114 585 £11 745 Branden Oil/canvas 110x160cm/*43x62in* Stockholm 98
  $1 782 FF9 220 £1 151 Allmogeinteriör Akvarell 40x53cm/*15x20in* Stockholm 96
NORDENBERG Henrik 1857-1928 **[25]**
  $1 577 FF9 408 £979 Alte Bäuerin bei der Näharbeit am Küchenfenster sitzend Öl/Leinwand 44,5x53,5cm/*17x21in* Dresden 97
NORDFELDT Bror Julius Olsson 1878-1955 **[53]**
  $5 500 FF33 577 £3 287 Double Tulips Oil/masonite 81x56cm/*31x22in* New-York 98
  $200 FF1 190 £124 Washington Arch Etching 25x33cm/*10x13in* Provincetown, MA. 97
NORDGREN Anna 1847-1916 **[16]**
  $1 340 FF7 000 £799 Kitchen interior with a young girl Oil/canvas 35x46cm/*13x18in* Stockholm 96
NORDGREN Axel W. 1828-1888 **[33]**
  $2 630 FF13 620 £1 760 Skogslandskap med figurstaffage Oil/canvas 55x86cm/*21x33in* Göteborg 96
NORDHOLM Thage 1927-1990 **[11]**
  $1 570 FF8 974 £962 Timmerflottning Oil/canvas 74x90cm/*29x35in* Stockholm 97
NORDIN Alice 1871-1948 **[14]**
  $717 FF4 397 £433 Tre piger Bronze H25cm/*H9in* København 98
NORDLING Adolf 1840-1888 **[5]**
  $3 473 FF17 660 £2 075 Marine Oil/canvas 80x112cm/*31x44in* Stockholm 96
NORDSTROM Carl Harold 1876-1934 **[13]**
  $500 FF2 575 £322 Bringing in the Nets Oil/canvas 60x76cm/*24x30in* Bolton, Mass. 96
  $600 FF3 525 £360 Sailboat at Dock Oil/board 20x25cm/*8x10in* Altadena, CA 97
NORDSTRÖM Karl Fr. 1855-1923 **[45]**
  $3 194 FF19 095 £1 955 "Väg på Malmen" Oil/canvas 38x46cm/*14x18in* Stockholm 97
  $1 421 FF8 377 £849 Trägårdsbild från Grez Indian ink/paper 45x34cm/*17x13in* Stockholm 97
NØRGÅRD Lars 1956 **[24]**
  $296 FF1 760 £181 Dame i interiör Oil/paper 59x41cm/*23x16in* København 97
  $2 347 FF11 530 £1 494 Komposition Oil/canvas 150x130cm/*59x51in* København 95
NORIE Frank V. XIX-XX **[6]**
  $976 FF5 642 £580 Marine studies Watercolour 14x19cm/*5x7in* Billingshurst, West Sussex 97
NORIE Orlando 1832-1901 **[76]**
  $882 FF5 069 £549 Infantry Soldiers in the Crimean War Watercolour 44x73,5cm/*17x28in* Billingshurst, West Sussex 97
NORIERI August 1860-1898 **[3]**
  $4 000 FF22 792 £2 498 Dueling Steamboats on the Mississippi River Oil/board 16x23cm/*6x9in* New Orleans, Louisiana 97
  $37 500 FF223 747 £22 620 Lake Pontchartrain Clippers Oil/canvas 66x106cm/*26x42in* New Orleans, Louisiana 97
NORLIND Ernst 1877-1952 **[22]**
  $695 FF3 560 £422 Stork i kärr Oil/panel 55x46cm/*21x18in* Malmö 96
NORMAN Dorothy 1905 **[13]**
  $1 600 FF8 260 £1 024 Portrait of Alfred Stieglitz Silver print 9x6cm/*3x2in* New-York 96
NORMAN van Evelyn XIX-XX **[1]**
  $3 734 FF22 373 £2 227 Boy Reading Oil/canvas/board 84,5x94,5cm/*33x37in* Melbourne 98
NORMAND Alfred Nicolas 1822-1909 **[18]**
  $811 FF4 721 £500 "Tonnerre, maison de Léon, porte de l'escalier" Albumen print 22,5x16,5cm/*8x6in* London 97
NORMAND Charles Pierre 1765-1840 **[2]**
  $2 011 FF12 054 £1 200 Design for a Funeral Monument of a Roman General Black chalk 34x19cm/*13x7in* London 98
NORMAND Ernest 1857-1923 **[6]**
  $48 066 FF274 977 £30 000 Pandora Oil/canvas 104x122cm/*40x48in* London 97

---

*$50 000 FF303 950 £30 790 Pandora Oil/canvas 109x63,5cm/*42x25in* New-York 98
NORMANN Adelsteen 1848-1918 **[132]**
*$1 100 FF5 360 £697 Fjord in Norway Oil/canvas 91x124cm/*36x49in* Boston, Mass. 95
*$1 400 FF8 149 £849 Fjord Oil/canvas 33x48cm/*13x19in* Mystic, Connecticut 97
*$14 070 FF72 400 £8 500 A Fjord Scene Oil/canvas 104x145cm/*40x57in* London 96
NORMANN Christine XIX **[1]**
*$8 470 FF43 850 £5 470 Still life with fruit and flowers Oil/canvas 55x70cm/*21x27in* København 96
NORMANN Emil Wilhelm 1798-1881 **[5]**
*$1 288 FF7 684 £800 The Customs House, Copenhagen Wash 34,5x54,5cm/*13x21in* London 97
NORRIS Hugh L. c.1863-1942 **[8]**
*$1 035 FF6 343 £620 Tropaeolum Speciosum and Senecio Clivorum Watercolour/paper 23,5x29cm/*9x11in*
London 98
NORRMAN Gunnar 1912-1996 **[34]**
*$180 FF1 092 £107 Det vita huset Print 11x14,5cm/*4x5in* Malmö 98
*$437 FF2 654 £259 Sommaräng Pencil/paper 11x18cm/*4x7in* Malmö 98
NORRMAN Herman 1864-1906 **[5]**
*$6 847 FF40 364 £4 091 Syende flicka Oil/canvas 94x75cm/*37x29in* Stockholm 97
NORSELIUS Eric 1874-1956 **[13]**
*$430 FF2 636 £261 To småpiger ved måltidet Oil/canvas 91x63cm/*35x24in* København 98
NORSTEDT Reinhold 1843-1911 **[7]**
*$1 360 FF6 910 £812 Djurgårdsskog Oil/panel 23x26cm/*9x10in* Stockholm 96
NORTH John William 1842-1924 **[13]**
*$2 042 FF11 764 £1 200 Sir George's Pool Watercolour 27x44cm/*10x17in* London 97
NORTH Noah (Attrib.) 1809-1880 **[2]**
*$3 000 FF18 393 £1 835 Portrait of James Pierce Oil/canvas 96x68cm/*38x27in* New-York 98
NORTHCOTE James 1746-1831 **[39]**
*$8 340 FF42 500 £5 500 The young huntsman Oil/canvas 114x87cm/*44x34in* London 96
*$11 925 FF68 897 £7 000 Portrait of Sir Charles Frederick K.B. (1709-1785) Oil/canvas
140x111,5cm/*55x43in* London 97
NORTHCOTE James 1822-1904 **[3]**
*$1 600 FF9 340 £982 Anglers by a River in Summer Oil/canvas 30x40cm/*12x16in* New-York 97
NORTHCOTE James (Attrib.) 1746-1831 **[6]**
*$2 343 FF14 030 £1 400 Portrait of a Lady said to be Margaret Joy Oil/canvas 76x63,5cm/*29x25in*
London 98
NORTON Benjamin Cam 1835-1900 **[12]**
*$3 908 FF24 171 £2 400 A Horse and a Dog in a Landscape Oil/canvas 47,5x65cm/*18x25in* Billingshurst,
West Sussex 97
NORTON Elizabeth 1887-? **[7]**
*$400 FF2 445 £244 Goldfish #1 Woodcut in colors 15x22cm/*6x9in* Cincinnati, Ohio 98
NORTON Jim C. 1953 **[3]**
*$5 250 FF25 042 £3 301 Late November Oil/canvas 24x32cm/*9x12in* Hayden 95
*$8 000 FF40 320 £5 161 Riders of the Cheyenne Oil/canvas 45x60cm/*18x24in* Hayden 96
NORTON Louis Doyle 1867-1940 **[5]**
*$1 700 FF10 094 £1 037 "The Critics", A Harbour View in Maine Pastel/paper 41,5x31cm/*16x12in* Boston,
Mass. 98
NORTON William Edward 1843-1916 **[40]**
*$400 FF2 416 £242 Boat on the Beach Holland Oil/canvas 30x40cm/*12x16in* Florida 98
*$2 249 FF13 350 £1 395 Sailing in Choppy Seas Oil/canvas 51x76cm/*20x29in* New-York 97
*$11 000 FF56 870 £7 382 Clipper ship at sea Oil/canvas 120x161cm/*47x63in* New-York 96
NORWELL Graham Noble 1901-1967 **[125]**
*$360 FF2 110 £220 The Little Red Sleigh Huile/panneau 40,5x50,5cm/*15x19in* Montréal 97
*$147 FF1 011 £96 Laurentian farm in winter Aquarelle, gouache/papier 26,5x33,5cm/*10x13in* Montréal 96
NOSKE Hugo 1886-1960 **[5]**
*$1 036 FF5 292 £616 Botanical studies Woodcut in colors 39x32,5cm/*15x12in* Toronto 96
NOSKOWIAK Sonya 1900-1975 **[11]**
*$3 750 FF19 360 £2 400 Bridge Detail (San Simeon Highway) Gelatin silver print 10x7,6cm/*3x2in* New-
York 96

NOSSIGNON Octavia XIX-XX **[1]**
 $5 030 FF24 900 £3 200 The shepherdesses Oil/paper/canvas 61x51cm/*24x20in* London 95
NOTER de David 1825-1912 **[41]**
 $7 063 FF41 488 £4 360 Stilleven Huile/panneau 28x36,5cm/*11x14in* Lokeren 97
 $8 980 FF46 500 £5 800 Still life with fruits Oil/canvas 40x60cm/*15x23in* London 96
NOTER de David Emile Joseph 1818-1892 **[15]**
 $31 225 FF177 920 £19 500 Preparing the Meal Oil/panel 79,5x66cm/*31x25in* London 97
NOTER de Jean-Baptiste André 1787-1855 **[1]**
 $3 255 FF19 436 £2 000 Backwater in Bruges, with Figures in a Boat at the Ssteps of a Hhouse Oil/panel 24,5x19cm/*9x7in* London 98
NOTER de Pierre François 1779-1843 **[10]**
 $5 710 FF34 191 £3 507 Stadtansicht mit Hinterhof Oil/canvas 38x41,5cm/*14x16in* Bern 98
NOTERMAN Emanuel 1808-1863 **[11]**
 $1 452 FF8 932 £885 Le lecteur Huile/panneau 31x23,5cm/*12x9in* Bruxelles 98
 $6 740 FF35 000 £4 460 Chiens savants jouant dans les coulisses d'un cirque Huile/toile 81x100cm/*31x39in* Paris 96
NOTERMAN Zacharie 1820-1890 **[43]**
 $1 865 FF10 627 £1 137 Intérieur bourgeois aux singes Huile/toile 33x44cm/*12x17in* Antwerpen 97
 $4 200 FF21 460 £2 770 Singes à la taverne Huile/panneau 40x52cm/*15x20in* Bruxelles 96
NOTHNAGEL Johann Andreas B. 1729-1804 **[8]**
 $195 FF1 017 £114 Alter Jude unterweist einen Jüngling Radierung 23,5x14,8cm/*9x5in* Berlin 96
NOTMAN William 1826-1891 **[4]**
 $3 800 FF22 274 £2 338 Selected Images of the Canadian Pacific Railway Albumen print 19x24cm/*7x9in* New-York 97
NOTT Raymond 1888-1948 **[10]**
 $650 FF3 328 £396 Eucalyptus landscape Pastel/paper 27x32cm/*11x12in* Altadena, CA 96
NOTTE Emilio 1891-1982 **[15]**
 $1 650 FF8 620 £975 Paesaggio rosa Olio/tela 40x50cm/*15x19in* Trieste 96
 $1 188 FF6 732 £594 Natura morta con vasi e teiera Pastelli 65x50cm/*25x19in* Roma 98
NOUJARET Marguerite [1]
 $1 535 FF8 000 £965 Panier de fleurs Aquarelle/papier 61x48cm/*24x18in* Lyon 96
NOURSE Elisabeth 1859-1938 **[19]**
 $15 000 FF76 700 £9 700 Cuppuching Monk Oil/canvas 99x74cm/*38x29in* New-York 95
 $150 000 FF903 075 £89 745 Dans l'église à Volendam (In the Church at Volendam) Oil/canvas/board 127x160cm/*50x62in* San Francisco 98
 $1 000 FF4 980 £657 Standing woman Pastel/board 55x35cm/*22x14in* Baton Rouge, Louisiana 95
NOURY Gaston 1866-? **[25]**
 $1 417 FF8 516 £850 Ocelot in the Snow Oil/canvas 28x46cm/*11x18in* London 98
 $380 FF1 900 £248 "Cycles Le Chevreuil" Affiche 80x62,5cm/*31x24in* Boulogne 96
 $177 FF900 £117 Salomé/La Juive Aquarelle, gouache 36x22cm/*14x8in* Paris 96
NOUTS Michiel (Attrib.) 1628-? **[1]**
 $4 370 FF21 750 £2 860 Mère et enfant Huile/toile 106x87cm/*41x34in* Antwerpen 95
NOUVEAU Germain 1851-1920 **[5]**
 $692 FF4 200 £419 Tata de l'Asilo Aquarelle/papier 21x12cm/*8x4in* Paris 98
NOUVEAU Henri Neugeboren 1901-1959 **[94]**
 $1 316 FF8 000 £792 Composition Huile/papier 24x16,5cm/*9x6in* Versailles 98
 $738 FF4 500 £448 Kinnderzenhung rue Ceis Fur Salamndorang Zum Geburtitag Collage 30,5x23cm/*12x9in* Paris 98
NOVAK Ernst 1853-1919 **[8]**
 $6 723 FF40 162 £4 168 Zwei Mönche als Gärtner Oil/panel 35,5x50,5cm/*13x19in* Zürich 97
NOVARO Jean-Claude 1941 **[23]**
 $836 FF5 000 £507 Vase aux cordons Sculpture 24x19cm/*9x7in* Paris 97
NOVATI Marco 1895-1975 **[5]**
 $1 980 FF10 200 £1 260 Bacino di San Marco Olio/faesite 17x23cm/*6x9in* Venezia 96
NOVELLI Gastone 1925-1968 **[54]**
 $8 400 FF47 600 £4 200 "Scrivere non serve più" Tecnica mista/tela 38x117cm/*14x46in* Milano 98

  $11 880 FF60 500 £7 020 Quadrato in evoluzione Olio/tela 30x50cm/*11x19in* Milano 96
  $66 754 FF349 419 £43 807 "La montagna degli adepti" Tecnica mista/tela 135x135cm/*53x53in* Milano 96
  $7 173 FF40 872 £4 500 I cominciamenti sono sempre uguali Mixed media/paper 50x70cm/*19x27in* London 97

NOVELLI IL MONREALESE Pietro 1603-1647 **[14]**
  $800 FF3 950 £518 A monastic Saint/Putti and a male figure Ink 20,3x18,4cm/*7x7in* New-York 96
NOVELLI IL MONREALESE Pietro (Attrib.) 1603-1647 **[6]**
  $14 992 FF90 534 £9 000 The Incredulity of Saint Thomas Oil/canvas/panel 116,5x155cm/*45x61in* London 98
  $3 500 FF21 485 £2 144 The Holy Family with the Infant Baptist Ink 26x18cm/*10x7in* New-York 98
NOVELLI Pier Antonio 1729-1804 **[47]**
  $16 000 FF83 750 £10 750 Ercole e Onfale Olio/tela 78x95cm/*30x37in* Roma 96
  $1 320 FF6 904 £800 A Queen Ink 28x19cm/*11x7in* London 96
NOVELLI Pier Antonio (Attr.) 1729-1804 **[7]**
  $1 000 FF4 940 £647 Seated Nude, in profile to the left Black & white chalks 37x51cm/*14x20in* New-York 96
NOVO Stefano 1862-? **[29]**
  $6 540 FF31 700 £4 200 A Fond Farewell/Waiting Oil/panel 39x19cm/*15x7in* London 95
  $12 000 FF62 300 £7 930 The flower seller Oil/panel 76x37cm/*29x14in* New-York 96
NOVOA Leopoldo 1929 **[4]**
  $2 535 FF15 405 £1 560 Sin titulo Técnica mixta/papel 160x113cm/*62x44in* Madrid 98
NOVOPACKY Johann 1821-1908 **[9]**
  $1 450 FF8 568 £876 Am Heimweg Öl/Leinwand 20,5x26cm/*8x10in* Wien 97
NOVOSKOLTSEV Alexander Nikanorov. 1853-1919 **[2]**
  $27 840 FF140 400 £18 000 After the party Oil/canvas 133x180cm/*52x70in* London 96
NOVOTNY Elmer L. 1909 **[3]**
  $4 750 FF27 393 £2 829 "The Dreamer" or "Stanley" Oil/canvas 89x59cm/*35x23in* Cleveland, Ohio 97
NOWAK Anton 1865-1932 **[9]**
  $670 FF3 420 £445 Die Donau bei der Insel Wörth Öl/Leinwand 60x80cm/*23x31in* Wien 96
  $10 036 FF61 906 £6 019 Aschenputtel am Herd Öl/Leinwand 130x96cm/*51x37in* Wien 98
NOWAK Ernst 1853-1919 **[20]**
  $1 447 FF8 587 £898 Der Klingelbeutel Öl/Leinwand 41,5x33cm/*16x12in* Wien 97
  $3 990 FF23 830 £2 445 Bauernmädchen bei der Gartenarbeit Öl/Leinwand 50x63,5cm/*19x25in* Wien 98
NOWAK Franz 1885-1973 **[9]**
  $562 FF3 329 £336 Porcelain, Appel and Pears/Grapes and Apples Oil/panel 7,5x11cm/*2x4in* Toronto 97
NOWAK Vilém, Willi 1886-1977 **[11]**
  $1 500 FF8 907 £915 Orchards and Vineyards Oil/canvas 47x62,5cm/*18x24in* Boston, Mass. 98
NOWEY Adolf c.1835-? **[8]**
  $798 FF4 572 £490 Dans la bergerie Huile/panneau 12,5x25cm/*4x9in* Bruxelles 97
NOWLAN Frank T. c.1835-1919 **[4]**
  $2 028 FF11 592 £1 243 Mother and child Gouache/paper 53x42cm/*20x16in* Stockholm 97
NOWOSIELSKI Jerzy 1923 **[16]**
  $4 222 FF24 056 £2 636 Pejzaz Zielony (landscape) Oil/canvas 50,5x70cm/*19x27in* Warszawa 97
NOYER Philippe H. 1917-1985 **[52]**
  $200 FF954 £125 Street Scene Oil/canvas 22x30cm/*9x12in* Portland, Maine 95
  $1 500 FF9 322 £897 "Pêcheuse d'huîtres" Oil/canvas 92x73cm/*36x28in* New-York 98
  $1 700 FF8 600 £1 098 "Source Brault, Merveilleusement gazeuse" Poster 157x119cm/*62x47in* New-York 96
  $2 300 FF13 813 £1 373 The Clamdigger Felt pen 103x72,5cm/*40x28in* San Francisco 98
NOYES George Loftus 1864-1954 **[64]**
  $2 100 FF12 805 £1 260 Sketch at Cannes, France Oil/canvas/board 30,5x40cm/*12x15in* Boston, Mass. 98
  $9 000 FF46 350 £5 750 Italian hilltop town Oil/canvas 81,5x91,5cm/*32x36in* New-York 96
NOZAL Alexandre 1852-1929 **[57]**
  $331 FF2 000 £201 Etang au crépuscule Huile/toile 50x61cm/*19x24in* Neuilly-sur-Seine 98
  $3 920 FF19 000 £2 524 Clair de lune à Saint-Briac Huile/carton 24,5x32,5cm/*9x12in* Pontoise 95
  $634 FF3 260 £396 Lac dans un paysage de montagne, "Les Septlaux" Pastel 52,5x79,5cm/*20x31in* Bern 96
NUBLAT Marc 1948 **[40]**
  $319 FF1 900 £198 Cerises Huile/carton 30,5x24cm/*12x9in* Paris 97

NUCCI Avanzino 1551-1629 [3]

  $921 FF5 535 £550 A kneeling Figure Red chalk/paper 24x19cm/*9x7in* London 98

NÜCKEL Otto 1888-1956 [18]

  $236 FF1 220 £153 Figürliche Darstellungen Woodcut 17,5x13cm/*6x5in* München 96

NUDERSCHER Frank Bernard 1880-1959 [18]

  $350 FF2 072 £207 Stream Encampment Oil/board 35x41cm/*14x16in* St. Louis, Miss. 97

  $700 FF4 156 £427 Arcadia Valley Landscape Oil/board 40x50cm/*16x20in* St. Louis, Miss. 98

NUFFEL van G. [12]

  $491 FF2 921 £291 Chien de chasse avec canards Huile/panneau 26x33cm/*10x12in* Antwerpen 97

  $764 FF4 544 £453 Nu de dos Huile/toile 60x50cm/*23x19in* Antwerpen 97

NUIJEN Wijnandus J.J. 1813-1839 [3]

  $26 659 FF157 457 £16 106 Fishermen and sailing vessels at the beach Oil/panel 52x61cm/*20x24in* Amsterdam 97

NUMAN Hermanus 1744-1820 [6]

  $5 973 FF35 788 £3 570 Velserbeek te Velsen Watercolour 17x23,5cm/*6x9in* Den Haag 98

NUNAMAKER Alfred R. 1915-1988 [2]

  $5 500 FF33 701 £3 320 Homeville Oil/canvas 40x60cm/*16x24in* Hatfield, Pennsylvania 98

NUNAMAKER Kenneth Rollin 1890-1957 [7]

  $4 000 FF20 770 £2 646 Black Road Oil/canvas 36x36cm/*14x14in* New-York 96

  $25 000 FF150 965 £15 007 Winter Hills, center Bridge, Pennsylvania Oil/canvas 91,5x91,5cm/*36x36in* New-York 98

NUNES VAIS Italo 1860-1932 [5]

  $15 000 FF77 100 £9 350 Before dinner Oil/canvas 76x108cm/*29x42in* New-York 96

  $1 080 FF6 120 £720 Ritratto di diego Pastelli 39x32cm/*15x12in* Firenze 97

NUÑEZ DE CELIS Francisco 1919-1996 [13]

  $1 188 FF7 110 £738 Picos de Europa Oleo/lienzo 61x51cm/*24x20in* Madrid 97

NUÑEZ DEL PRADO Marina 1912 [5]

  $7 000 FF41 790 £4 300 Mujer al viento Bronze 45,5x33,5x43cm/*17x13x16in* New-York 98

NUÑEZ Gabriel XIX-XX [1]

  $4 500 FF26 102 £2 659 At the Antique Dealer's Shop Oil/canvas 43x73cm/*16x28in* San Francisco 97

NUÑEZ LOSADA Francisco 1889-1973 [10]

  $3 150 FF17 910 £1 890 Paisaje Oleo/lienzo 100x110cm/*39x43in* Madrid 97

NUNZIO 1954 [7]

  $2 656 FF15 051 £1 328 Senza titolo Tecnica mista/cartone 72x51,5cm/*28x20in* Roma 98

NURI Iyem 1915 [1]

  $4 600 FF22 700 £3 000 Portrait of a woman Oil/canvas 46x37cm/*18x14in* London 95

NUSSBAUM Felix 1904-1944 [26]

  $71 043 FF421 621 £43 514 Port Scene Oil/panel 46x60,5cm/*18x23in* Tel Aviv 97

  $19 444 FF115 733 £11 885 Im Hafen von Ostende Gouache 50x65cm/*19x25in* Berlin 98

NUTT Jim 1938 [15]

  $450 FF2 674 £275 You're so Coarse Etching 22x20cm/*9x8in* Chicago, Illinois 98

  $6 500 FF37 228 £3 845 I'm almost ready and Right on Time Coloured pencils 35,5x58,5cm/*13x23in* New-York 97

NUVOLONE Carlo Fr. (Attrib.) 1608-1661/65 [9]

  $11 500 FF65 601 £7 071 An Angel with a Viola in a Landscape Oil/canvas 114x72,5cm/*44x28in* New-York 97

NUVOLONE Carlo Fr. il Panfilo 1608-1661/65 [15]

  $3 698 FF21 978 £2 200 A Saint receiving a mantle from the Virgin Mary Oil/canvas 72,5x51cm/*28x20in* London 97

  $303 102 FF1 794 618 £180 000 Portrait of a Count Flaminio Crivelli Oil/canvas 196x118cm/*77x46in* London 97

NUYEN Wynard Jan Joseph 1813-1839 [20]

  $14 092 FF84 396 £8 580 Vue de ville sous la neige Huile/panneau 39x30cm/*15x11in* Liège 97

  $1 573 FF7 980 £1 024 A winter landscape with sportsmen conversing on a frozen pond Watercolour 21x26cm/*8x10in* Amsterdam 96

NUYSSEN van Abraham Janssens 1575-1632 [4]

◎ *$24 000 FF146 251 £14 620* Atalanta and Meleager Oil/panel 122x95,5cm/*48x37in* New-York 98
◎ *$60 000 FF341 880 £36 750* The Death of Procris Oil/canvas 125x106cm/*49x41in* New-York 97
NYBERG Frans 1882-1962 **[21]**
✎ *$259 FF1 545 £159* Porvoosta Watercolour/paper 36x26cm/*14x10in* Helsinki 98
NYBERG Ivar 1855-1925 **[5]**
✎ *$3 020 FF15 360 £1 804* View of Humlegården Pastel/paper 74x119cm/*29x46in* Stockholm 96
NYBO Poul Friis 1869-1929 **[63]**
◎ *$203 FF1 237 £126* Interiör med kvinde, der reder hår Oil/canvas 44x33cm/*17x12in* Viby J, Århus 97
◎ *$580 FF3 518 £351* Interiör med en dame ved en bogrecl Oil/canvas 72x59cm/*28x23in* København 98
NYBORG Peter 1937 **[79]**
◎ *$479 FF2 824 £296* "Völunds-nights"/Komposition Oil/canvas 50x38cm/*19x14in* København 97
◎ *$1 067 FF6 199 £652* Sons of Jupiter Acrylic/paper/canvas 146x95cm/*57x37in* København 97
✍ *$183 FF1 063 £111* "Skyggeland" Watercolour, gouache/paper 35x47cm/*13x18in* København 97
NYE Edgar Hewitt 1879-1943 **[14]**
◎ *$525 FF2 996 £320* Grazing Cattle/Sunday Afternoon/Farmhouse/Female Nudes Oil/board
80x90cm/*31x35in* Washington 97
NYEL Robert 1930 **[30]**
◎ *$531 FF3 000 £325* Fête à Perpignan Huile/toile 33x46cm/*12x18in* Deauville 97
◎ *$919 FF5 000 £550* Marché aux fleurs Huile/toile 46x55cm/*18x21in* Lyon 97
NYFELER Albert 1883-1969 **[67]**
◎ *$1 486 FF8 828 £907* "Vorfrühling im Lötschental" Oil/canvas 60x73cm/*23x28in* Bern 98
✍ *$328 FF1 950 £200* Winterlandschaft im Lötschental Aquarell/Papier 27,5x36,5cm/*10x14in* Bern 97
NYHOLM Arvid Frederick 1866-1927 **[6]**
◎ *$5 600 FF31 927 £3 438* The Letter Oil/canvas 68x55cm/*27x22in* Chicago, Illinois 97
✍ *$472 FF2 460 £285* Kvinna i folkdräkt Watercolour 32x24cm/*12x9in* Uppsala 96
NYL-FROSCH Marie 1857-1914 **[10]**
◎ *$2 103 FF10 330 £1 338* Roses Oil/canvas 20x32cm/*7x12in* Bremen 95
NYMAN Olle 1909 **[58]**
◎ *$495 FF2 957 £297* Karl XIV Johan till häst Mixed media 25x50cm/*9x19in* Stockholm 98
◎ *$1 014 FF5 300 £685* Övregården Oil/canvas 56x46cm/*22x18in* Stockholm 96
⚒ *$4 042 FF24 161 £2 473* Rokokodam Sculpture H45cm/*H17in* Stockholm 97
NYOMAN BATUAN Dewa 1917 **[3]**
✍ *$3 870 FF18 900 £2 450* De boshaan laat de ondeugende Watercolour 60x45cm/*23x17in* Amsterdam 95
NYROP Borge C. 1881-1948 **[30]**
◎ *$31 701 FF191 436 £19 000* Paris in the Spring Oil/canvas 68x60cm/*26x23in* London 98
NYRS de XIX-XX **[1]**
▭ *$570 FF3 365 £350* "Corset N.D" Poster 152x112cm/*59x44in* London 98
NYS Francis 1863-1900 **[2]**
◎ *$4 275 FF24 540 £2 610* Vue des Polders Huile/toile 65x90cm/*25x35in* Bruxelles 97
NYSTRÖM Helmtrud 1939 **[22]**
▭ *$132 FF771 £78* Oh, dessa elefanter i mina rabatter Woodcut in colors 49x49cm/*19x19in* Malmö 97
NYSTRÖM Jenny 1854-1946 **[278]**
◎ *$2 895 FF17 857 £1 819* Flickor vid grind Oil/canvas 27,5x22cm/*10x8in* Stockholm 97
◎ *$4 092 FF24 444 £2 505* Flicka med pälshatt Oil/canvas 50x37cm/*19x14in* Stockholm 98
✍ *$1 767 FF10 211 £1 089* Han är din! Han är din! Gouache 26x16,5cm/*10x6in* Stockholm 97

O

O'BRIEN Dermod William 1865-1945 **[9]**
◎ *$3 026 FF17 331 £1 847* Summer Pasture, Co. Limerick Oil/canvas 45x60cm/*18x24in* Dublin 97
O'BRIEN Justin Maurice 1917-1996 **[23]**
◎ *$13 430 FF69 200 £8 900* Portrait of a boy Oil/board 42x30cm/*16x11in* Melbourne 96
◎ *$20 631 FF120 435 £12 273* "Jesus in the House of Martha and Mary" Oil/canvas 64x48cm/*25x18in*
Melbourne 97
✍ *$2 985 FF18 315 £1 858* Farm Doorway Watercolour 46x35cm/*18x13in* Melbourne 97
O'BRIEN Lucius Richard 1832-1899 **[22]**
◎ *$5 522 FF32 217 £3 382* Sunset Reflections Oil/board 34x56cm/*13x22in* Toronto 97
✍ *$1 262 FF6 590 £791* A walk on the lakeshore Watercolour/paper 23x38cm/*9x14in* Toronto 96

O'BRIEN OF NEW YORK William XIX-XX **[1]**

✏ *$1 250 FF6 370 £750* The armoured cruiser "Doneraile" at sea under Irish colours Bodycolour 41,5x64cm/*16x25in* London 96

O'BRIEN Richard XX **[2]**

✏ *$2 200 FF12 585 £1 373* Indian Trappers in Canoes Watercolour/paper 10x18cm/*4x7in* Chester, NY 97

O'CONNOR Andrew 1874-1941 **[3]**

⬧ *$7 920 FF40 000 £5 200* Victoire (monument à Liscum, Arlington) Bronze H60cm/*H23in* Pontoise 96

O'CONNOR James Arthur 1792-1841 **[49]**

◔ *$3 261 FF19 230 £2 000* Coastal Landscape with a Figure on a Path Oil/board 24,5x30cm/*9x11in* London 98

◔ *$33 960 FF202 874 £20 793* Figures in a Parkland Setting Oil/canvas 45x35cm/*18x14in* Dublin 98

O'CONNOR John Scorror 1913 **[11]**

✏ *$423 FF2 587 £260* Sailing Boat at Sea Watercolour 34x51cm/*13x20in* London 98

O'CONNOR Kathleen Letitia 1876-1968 **[5]**

◔ *$25 740 FF150 001 £15 856* Still Life with Flowers Oil/board 58x46,5cm/*22x18in* Melbourne 97

O'CONNOR Victor George 1918 **[19]**

◔ *$1 108 FF6 656 £661* Melons, Paris Oil/canvas/board 27x16,5cm/*10x6in* Melbourne 98

O'CONOR Roderick 1860-1940 **[50]**

◔ *$45 400 FF236 000 £30 000* Still life with flowers in a vase Oil/canvas 65x55cm/*25x21in* London 96

▥ *$218 FF1 100 £141* Vent sur la lande Gravure 19x27cm/*7x10in* Douarnenez 96

✏ *$690 FF4 100 £418* Portrait de jeune femme de face Fusain/papier 29x19cm/*11x7in* Brest 97

O'DOHERTY William James 1835-1868 **[1]**

⬧ *$15 000 FF85 275 £9 184* Erin/Alethe Marble H81cm/*H31in* New-York 97

O'GALOP Marius Rossillon 1869-1946 **[13]**

▥ *$911 FF5 440 £550* "Pneu vélo Michelin, le meilleur, le moins cher" Affiche 120x80,5cm/*47x31in* London 97

O'GORMAN Juan 1905-1982 **[15]**

◔ *$270 000 FF1 612 899 £165 321* "Latifundio época colonial y feudal de México" Tempera/panel 70x150cm/*27x59in* New-York 98

✏ *$7 000 FF41 815 £4 281* Retrato de Diego Rivera Charcoal 56x36,5cm/*22x14in* New-York 98

O'HARA Helen 1881-1919 **[6]**

✏ *$4 408 FF26 011 £2 700* The Entrance to Clonakilty Bay, Co. Cork Watercolour 33,5x52,5cm/*13x20in* London 98

O'HARA Heliot 1890-1969 **[6]**

✏ *$500 FF2 853 £309* Old city gate, Moscow Watercolour 50x69,5cm/*19x27in* New-York 97

O'HIGGINS Pablo 1904-1983 **[20]**

◔ *$5 000 FF24 260 £3 220* Dos hombres con perro Oil/canvas 40x28,5cm/*15x11in* New-York 95

✏ *$5 000 FF29 673 £3 062* Wheat Harvesters Watercolour 51x61cm/*20x24in* San Francisco-Los Angeles 97

O'KEEFFE Georgia 1887-1986 **[38]**

◔ *$230 000 FF1 343 453 £141 197* Pink Petunias in a White Glass Oil/canvas 25,5x18cm/*10x7in* New-York 97

◔ *$850 000 FF4 194 000 £554 000* My Autumn Oil/canvas 101,5x76cm/*39x29in* New-York 95

▣ *$9 500 FF55 104 £5 824* Patio Door, Abiquiu/The Patio, Abiquiu Gelatin silver print 9x14cm/*3x5in* New-York 97

✏ *$85 000 FF503 259 £50 473* Black Lines Watercolour/paper 62x47cm/*24x18in* New-York 97

O'KELLY Aloysius 1853-1892 **[18]**

◔ *$3 080 FF15 960 £2 000* The game of draughts Oil/panel 24,5x37cm/*9x14in* London 96

◔ *$11 220 FF58 100 £7 500* Breton Figures in a Street Oil/canvas 37,5x45,7cm/*14x17in* London 96

O'LYNCH VAN TOWN Karl 1869-1942 **[23]**

◔ *$2 490 FF14 382 £1 536* Abend am Meer Öl/Leinwand 82x115cm/*32x45in* Wien 97

✏ *$1 504 FF7 700 £965* Aulandschaft Pastel/board 50x65cm/*19x25in* Wien 96

O'MALLEY Tony 1913 **[14]**

◔ *$1 793 FF10 576 £1 100* Untitled Oil/paper 56x76,5cm/*22x30in* London 98

✏ *$1 957 FF11 538 £1 200* St. Martin's Gouache/paper 41,5x29,5cm/*16x11in* London 98

O'NEIL Henry Nelson 1817-1880 **[12]**

◔ *$15 104 FF87 209 £9 000* Spring Flowers/Buy my Oranges, two for a penny Oil/board 21x18cm/*8x7in* London 97

☞ *$18 000 FF104 409 £11 077* The Trout Stream Oil/canvas 91x71cm/*35x27in* New-York 97
O'NEILL Daniel 1920-1974 **[62]**
☞ *$1 459 FF8 302 £900* Snow Oil/canvas 35x48cm/*14x19in* Aylsham, Norfolk 97
☞ *$5 980 FF31 000 £4 000* Two Heads Oil/board 44x34cm/*17x13in* London 96
O'NEILL George B. (Attrib.) 1829-1817 **[1]**
☞ *$2 002 FF12 276 £1 200* Letter from Afar Oil/canvas 29,5x41cm/*11x16in* London 98
O'NEILL George Bernard 1828-1917 **[24]**
☞ *$13 170 FF67 500 £8 000* The Auction Oil/canvas 20,5x32cm/*8x12in* London 96
☞ *$14 800 FF76 000 £9 000* Just post time Oil/canvas 61x51cm/*24x20in* London 96
O'NEILL LATHOM Rose Cecil 1875-1944 **[11]**
✐ *$2 090 FF12 053 £1 245* Old Woman and Girl Visiting Weeping Woman and Bulldog Ink 34x49cm/*13x19in* New-York 97
O'RYAN Fergus 1911-1989 **[7]**
☞ *$2 420 FF13 864 £1 477* Winter Spate Oil/board 111x86cm/*44x34in* Dublin 97
O'SULLIVAN Sean 1904-1964 **[5]**
☞ *$4 612 FF26 266 £2 800* Cottage interior, Kerry Oil/board 30,5x38cm/*12x14in* London 97
☞ *$7 075 FF42 265 £4 332* Glendalough, Co. Wicklow Oil/board 53x60cm/*21x24in* Dublin 98
O'SULLIVAN Timothy 1840-1882 **[20]**
📷 *$3 500 FF17 115 £2 215* South side of inscription rock, New Mexico/The church of San Miguel Albumen print 35x27cm/*14x11in* Santa Fe, New Mexico 95
OAKE Herbert Walter XIX-XX **[40]**
☞ *$203 FF1 162 £120* Falls of Falloch, Loch Lomond Oil/board 31x41cm/*12x16in* London 97
☞ *$304 FF1 744 £180* Portrait of the Artist's Daughter with a Tennis Racket Oil/canvas 76x64cm/*29x25in* London 97
OAKES George 1927 **[1]**
☞ *$13 720 FF69 300 £9 000* Capriccii: Country house in an extensive garden/Palladian villa Oil/canvas/board 162x295cm/*63x116in* London 96
OAKES John Wright 1820-1887 **[17]**
☞ *$1 200 FF6 845 £733* "Port St. Mary" Oil/board 30x39cm/*12x15in* Bethesda, Maryland 97
☞ *$5 580 FF28 900 £3 600* The Rivals, from Malldraeth Bay, Anglesey Oil/canvas 31x77cm/*12x30in* London 96
OAKLEY Octavius 1800-1867 **[24]**
✐ *$956 FF5 671 £600* Two young Gipsy Girls at a Fair Watercolour/paper 47x36cm/*18x14in* Newcastle-upon-Tyne 97
OAKLEY Thornton 1881-1953 **[13]**
✐ *$2 000 FF9 840 £1 290* The Lantern Painter Watercolour, gouache/paper 52x48cm/*20x18in* New-York 95
OAKLEY Violet 1874-1960 **[6]**
☞ *$4 675 FF27 761 £2 854* Woman curtsying before rising colonial man Oil/canvas 46x27cm/*18x11in* New-York 98
OATES Bennett XX **[4]**
☞ *$5 780 FF27 700 £3 600* Still life od mixed flowers Oil/canvas 50x43cm/*20x17in* Aylsham, Norfolk 95
OATES William Edwards 1831-1896 **[4]**
✐ *$6 673 FF40 716 £4 000* Pretoria, Tranvaal Watercolour/paper 25,5x43,5cm/*10x17in* London 98
OBER Hermann 1920 **[10]**
▥ *$40 FF234 £23* Rot Linocut in colors 54x74,5cm/*21x29in* Köln 97
OBERHUBER Oswald 1931 **[121]**
☞ *$2 793 FF16 667 £1 715* Ohne Titel Tempera 203x166,5cm/*79x65in* Wien 98
☞ *$3 280 FF19 112 £2 016* Gruppe Oil/panel 30x19cm/*11x7in* Wien 97
☞ *$5 300 FF26 800 £3 480* Otto Breicha Öl/Leinwand 55x35,5cm/*21x13in* Wien 96
▥ *$1 111 FF5 770 £735* Frau Monotype 50x35cm/*19x13in* Wien 96
✐ *$185 FF1 061 £109* Blume Pencil/paper 42x56cm/*16x22in* Wien 97
OBERLÄNDER Adolf 1845-1923 **[26]**
✐ *$195 FF1 016 £118* Komposition Drawing 15x29,5cm/*5x11in* Stuttgart 96
OBERMAN Antonie 1781-1845 **[18]**
☞ *$8 395 FF50 268 £5 157* Blumenstilleben mit Muscheln und einer Orange Oil/canvas 67,6x58cm/*26x22in* Köln 98
OBERMÜLLER Franz 1869-1917 **[8]**

$575 FF2 865 £377 Gypsy girl Oil/panel 7,1x5cm/*2x1in* Philadelphia 95
OBERMÜLLNER Adolf 1833-1898 **[10]**
$2 531 FF15 251 £1 532 Motiv aus Tirol Öl/Leinwand 65x44cm/*25x17in* Wien 98
$8 720 FF44 300 £5 650 Extensive mountainous landscape Oil/canvas 100x145cm/*39x57in* Köbenhavn 95
OBERTEUFFER George 1878-1937 **[21]**
$2 016 FF11 376 £1 235 Paris Street Scene Oil/board 20x25cm/*8x10in* Mystic, Connecticut 97
$3 750 FF19 150 £2 470 The little village Oil/canvas 54x45cm/*21x18in* Dedham, Mass. 96
OBERTEUFFER Henriette Amiard 1878-? **[1]**
$7 000 FF35 760 £4 610 Peonies in a Chinese vase Oil/canvas 81x63cm/*32x25in* Dedham, Mass. 96
OBERTHÜR J. **[2]**
$1 352 FF7 000 £904 Cerf à l'hallali Crayon 26,5x20cm/*10x7in* Paris 96
OBHOLZER Walter 1953 **[1]**
$10 143 FF60 301 £6 283 Swinging Porzellan Acrylic 120x150cm/*47x59in* Stuttgart 97
OBIN Philomé 1892-1986 **[35]**
$6 000 FF34 443 £3 657 La fête de Ste. Anne à Limonade Oil/masonite 60,5x76,5cm/*23x30in* New-York 97
OBIOLS DELGADO Mariano 1860-? **[14]**
$825 FF4 937 £500 Jinete andaluz Oleo/tabla 18x12cm/*7x4in* Madrid 98
$1 513 FF8 832 £900 Un Mariage Oil/canvas 35x50cm/*13x19in* London 97
OBOZNENKO Dimitri 1930 **[36]**
$1 795 FF9 300 £1 200 At the Club Vodnik Oil/canvas 57x46cm/*22x18in* London 96
OBREGON Alejandro 1920-1992 **[46]**
$16 000 FF93 403 £9 518 Sin Título Oil/panel 39,5x40,5cm/*15x15in* New-York 97
$35 000 FF169 800 £22 550 Icaro Entre las Rocas Oil/canvas 77,5x89,5cm/*30x35in* New-York 95
$70 000 FF418 159 £42 861 Nocturno Acrylic/canvas 150x150cm/*59x59in* New-York 98
$9 900 FF60 328 £6 123 Iguana Gouache/paper 49,5x73,5cm/*19x28in* Miami, Florida 98
OBROVSKY Jakub 1882-1949 **[9]**
$1 900 FF11 282 £1 159 Daydreaming Oil/canvas/board 30,5x35cm/*12x13in* Boston, Mass. 98
$12 000 FF71 258 £7 326 Morning Light Oil/board 66,5x47,5cm/*26x18in* Boston, Mass. 98
OCHOA Y MADRAZO de Rafael 1858-? **[7]**
$4 000 FF23 364 £2 366 The Letter Oil/panel 37x46cm/*14x18in* Boston, Mass. 97
$760 FF4 200 £472 "Suisse Express Trains de Luxe Bi-Hebdomadaires" Affiche 106,5x73,5cm/*41x28in* Boulogne-sur-Seine 97
OCHSTEIN Shimon XX **[2]**
$375 FF2 176 £221 Variarions on the Zipper Screenprint 106x81cm/*42x32in* Philadelphia 97
OCHTERVELT Jacob c.1634-1708/10 **[13]**
$9 320 FF48 300 £6 240 A Man holding a giant Roemer and a woman emptying a bowl Oil/canvas 33x27,5cm/*12x10in* Amsterdam 96
$33 678 FF199 402 £20 000 Tric-Trac Players with a Lady and Her Dog in an Interior Oil/canvas 68x55cm/*26x21in* London 97
OCHTERVELT Jacob (Attrib.) c.1634-1708/10 **[6]**
$7 220 FF37 100 £4 500 Interior scene with a couple seated at a table Oil/canvas 78x72cm/*30x28in* London 96
OCHTMAN Dorothy 1892-1971 **[9]**
$1 400 FF8 018 £828 "Still Life with Barley" Oil/canvas 76x101cm/*30x40in* Milford, Conn. 97
OCHTMAN Leonard 1854-1935 **[25]**
$2 200 FF13 301 £1 362 Wooden Bridge Spanning the River Oil/canvas 40x50cm/*16x20in* Mystic, Connecticut 97
$2 800 FF14 476 £1 879 Autumn fields Oil/canvas 30x41cm/*12x16in* New-York 96
OCHTMAN Mina Fonda 1862-1924 **[6]**
$2 000 FF11 954 £1 212 "The Orchard by Moonlight" Oil/canvas 61x76,2cm/*24x29in* San Francisco-Los Angeles 97
OCKER Adriaen Jansz. 1621/22-c.1670 **[2]**
$7 020 FF35 000 £4 600 Cascade dans un paysage italianisant Huile/toile 60x76cm/*23x29in* Paris 95
OCTAVIEN François 1695-1732/40 **[3]**
$20 000 FF103 500 £12 800 Personifications of the Four Seasons Oil/canvas 41x33,5cm/*16x13in* New-York 96

ODAZZI Giovanni Odosi 1663-1731 **[4]**
 $32 060 FF159 800 £21 000 The Annunciation Oil/canvas 98x74cm/*38x29in* London 95
ODEKERKEN van Willem ?-1677 **[2]**
 $16 000 FF95 124 £9 912 A Woman at her Spinning Wheel Oil/panel 68x54,5cm/*26x21in* New-York 97
ODELMARK Frans Wilhelm 1849-1937 **[167]**
 $433 FF2 524 £265 Motiv från Eriksbergsgatan Oil/panel 10x9cm/*3x3in* Stockholm 97
 $3 200 FF16 000 £2 070 Mouskaen Sultan Hassan, Cairo Oil/canvas 92x68,5cm/*36x26in* New-York 96
 $8 622 FF52 300 £5 118 Gatuliv i Kairo Oil/canvas 170x86cm/*66x33in* Malmö 98
 $654 FF4 037 £411 Kairo, stadsbild med figurer Watercolour/paper 52x37cm/*20x14in* Stockholm 97
ODILE Christian 1945 **[32]**
 $165 FF950 £102 A la pêche Huile/carton/toile 12x22cm/*4x8in* Morlaix 97
ODIN Blanche 1865-? **[53]**
 $49 FF278 £30 Saint-Cast, Côte du Nord, France Watercolour/paper 21x27,9cm/*8x10in* London 97
ODJIG Daphne 1928 **[14]**
 $185 FF902 £118 Nanabojan and his daughter Serigraph 119x78cm/*46x30in* Calgary, Alberta 95
OECONOMO Aristide 1821-1887 **[7]**
 $1 880 FF9 620 £1 206 Griechisches Mädchen Öl/Karton 16x12cm/*6x4in* Wien 96
OEDER Georg 1846-1931 **[12]**
 $1 696 FF10 043 £1 007 Herbstlandschaft mit einer Bäuerin links beim Feuer am Waldrand Öl/Leinwand
101x74cm/*39x29in* Dresden 97
OEHLEN Albert 1954 **[24]**
 $5 072 FF30 191 £3 100 Schauen, nur schauen Tempera/canvas 90x120cm/*35x47in* Köln 98
 $18 147 FF108 018 £11 092 Sie mussten sterben, denn es gab keine Hilfe Mixed media/canvas
160x191cm/*62x75in* Berlin 98
OEHLEN Markus 1956 **[15]**
 $136 FF805 £84 Angler Radierung 28,5x19,5cm/*11x7in* Bielefeld 97
 $1 594 FF7 830 £1 015 Ohne Titel Mischtechnik/Papier 58x58cm/*22x22in* Wien 95
OEHLER Max 1887-? **[10]**
 $785 FF4 070 £510 Blick auf ein Dorf bei Weinar Oil/panel 19x34cm/*7x13in* Rudolstadt-Thüringen 96
OEHME Ernst Erwin 1831-1907 **[10]**
 $366 FF2 183 £227 Verliebter Künstler vor Staffelei Aquarell/Papier 25,2x17,5cm/*9x6in* Dresden 97
OEHME Ernst Ferdinand 1797-1855 **[9]**
 $64 992 FF380 952 £40 000 Aus Moritzburg Oil/canvas 50x75cm/*19x29in* London 97
OEHME Georg 1890-? **[4]**
 $927 FF5 356 £544 Gemüsestilleben Öl/Leinwand 80x100cm/*31x39in* Köln 97
OEHMICHEN Hugo 1843-1933 **[31]**
 $7 998 FF41 713 £4 675 in der Schulklasse Öl/Leinwand 72x51,5cm/*28x20in* München 96
OEHRING Hedwig 1855-? **[14]**
 $509 FF2 630 £328 Et par maend med tyrolerhatte Oil/panel 16x12cm/*6x4in* København 96
OELTZJEN Jan 1880-1968 **[12]**
 $304 FF1 809 £188 Pferdestudie Charcoal/paper 23x42cm/*9x16in* München 97
OELZE Richard 1900-1980 **[9]**
 $35 750 FF187 000 £21 300 Anthropomorphe Landschaft Oil/paper/canvas 46,5x63cm/*18x24in* Köln 96
 $37 222 FF213 683 £22 694 Landschaft Worpswede Pastel 38x53cm/*14x20in* Berlin 97
OEPTS Willem, Wim 1904-1988 **[37]**
 $3 600 FF20 983 £2 200 Vieux port de Saint-Tropez Oil/canvas 11,5x13,5cm/*4x5in* Amsterdam 97
 $15 586 FF93 102 £9 535 Arles Oil/canvas 38x45cm/*14x17in* Amsterdam 98
 $399 FF2 378 £237 Portret van Miek Havelaar Pencil/paper 28,5x21cm/*11x8in* Amsterdam 97
OERDER Frans David 1866-1944 **[70]**
 $1 188 FF7 029 £713 Sweet William Oil/cardboard 15x18,7cm/*5x7in* Amsterdam 97
 $1 471 FF8 812 £900 Still Life of Asters and Oranges Oil/canvas 77x42cm/*30x16in* Cape Town 97
 $572 FF3 426 £351 Collecting mushrooms Watercolour/paper 41x24cm/*16x9in* Johannesburg 98
OERTEL Wilhelm 1870-? **[1]**
 $2 065 FF10 640 £1 332 Ducks and duckling Oil/panel 20x24cm/*7x9in* Wien 96
OESCH Albert Sebastian 1893-1920 **[10]**
 $2 473 FF12 040 £1 566 Mädchen, auf dem Bett liegend Pastel 39x32cm/*15x12in* Bern 95
OESTERLE Wilhelm 1876-1928 **[8]**
 $195 FF1 017 £114 Eisläufer Etching 13,2x30,4cm/*5x11in* Berlin 96

OFEK Avraham 1935-1990 **[19]**
✐ *$700 FF3 630 £455* Woman in armchair Gouache 49x70cm/*19x27in* Tel Aviv 96
OFEN van Michael 1956 **[2]**
☞ *$3 100 FF18 343 £1 891* Untitled Oil/canvas 60x65cm/*23x25in* New-York 98
OFFEL van Edmond 1871-1959 **[57]**
☞ *$319 FF1 640 £199* Vue de Marseille Huile/panneau 49x58cm/*19x22in* Antwerpen 96
✐ *$127 FF735 £78* Nu aux fleurs Encre 34x32cm/*13x12in* Antwerpen 97
OFFERMANS Anthony Jacobus 1796-1872 **[9]**
☞ *$10 888 FF62 043 £6 800* Countryfolk and Sheep on a wooded path with an extensive Landscape... Oil/canvas 93,5x104cm/*36x40in* London 97
OFFERMANS Tony Lodewijk George 1854-1911 **[25]**
☞ *$766 FF4 456 £456* Dwarsfluitspelende man Oil/canvas 28x23cm/*11x9in* Den Haag 97
☞ *$3 102 FF18 029 £1 892* Mère et enfant dans un intérieur Huile/toile 74x60cm/*29x23in* Antwerpen 97
✐ *$575 FF3 282 £355* Woman Ponring Milk Pastel/paper 43x50cm/*17x20in* Concorville, Penn. 97
OFILI Chris 1968 **[2]**
☞ *$15 907 FF95 544 £9 500* 7 Bitches Tossing their Pussies before the Divine Dung Mixed media/canvas 184x123cm/*72x48in* London 98
✐ *$3 537 FF21 235 £2 200* Untitled Watercolour/paper 25,5x20,5cm/*10x8in* London 97
ÖFVERSTRÖM Hugo 1900-1973 **[60]**
☞ *$479 FF2 337 £303* Landscape Oil/canvas 46x55cm/*18x21in* Göteborg 95
OGASAWARA RINTARO 1870-? **[1]**
✐ *$2 000 FF10 250 £1 215* Sisters Pastel/paper 63x48cm/*24x18in* New-York 96
OGÉ Eugène 1861-1936 **[38]**
▥ *$688 FF4 100 £421* "Végétaline" Affiche 165x112cm/*64x44in* Bièvres 98
OGILVIE William Abernathy 1901-1989 **[18]**
✐ *$218 FF1 271 £133* Sumach and moonlight Watercolour/paper 25,5x37cm/*10x14in* Toronto 97
OGILVY Charles (Attrib.) 1832-1890 **[1]**
☞ *$4 240 FF22 100 £2 800* The Liverpool pilot schooner "Lancashire Witch" Oil/board 37x56cm/*14x22in* London 96
OGIWARA MORIE Rokuzan 1879-1909 **[1]**
⚒ *$5 500 FF26 800 £3 480* Ashtray Bronze H11,5cm/*H4in* New-York 95
OGLE John Connel XIX **[7]**
✐ *$521 FF3 041 £320* After the Gale Watercolour/paper 27x57cm/*10x22in* Newbury, Berkshire 97
OGUISS Takanari 1901-1986 **[178]**
☞ *$30 000 FF173 310 £17 607* Le Kiosque à fleurs Oil/canvas 41x33cm/*16x12in* New-York 97
☞ *$63 700 FF330 000 £41 140* Passage de l'église Huile/toile 73x60cm/*28x23in* Lille 96
✐ *$3 090 FF16 000 £2 005* Le parc Lavis 23,5x34cm/*9x13in* Saint-Germain-en-Laye 96
OHL Frits 1904-1976 **[38]**
☞ *$801 FF4 756 £490* Figures near a Flamboyant/Figure with Bougainville Oil/board 15,5x22cm/*6x8in* Den Haag 97
☞ *$2 353 FF13 910 £1 456* A pasar scene Oil/cardboard 69x50cm/*27x19in* Singapore 97
ÖHRSTRÖM Alma 1897-1980 **[17]**
☞ *$823 FF4 780 £486* Tåg utanför höganäs museum Oil/panel 50x69cm/*19x27in* Malmö 97
OINONEN Mikko 1883-1956 **[17]**
☞ *$1 736 FF10 119 £1 069* Strandalar Oil/canvas 66x81cm/*25x31in* Helsinki 97
OJA Onni 1909 **[20]**
☞ *$2 440 FF14 406 £1 444* Landskap från Byn Zennor Oil/canvas 59x94cm/*23x37in* Helsinki 97
OKA Shumboku 1680-1763 **[1]**
✐ *$7 500 FF44 536 £4 605* Chinese Pavilion Ink 160x338,5cm/*62x133in* New-York 97
OKADA Kenzo 1902-1982 **[19]**
☞ *$3 500 FF20 045 £2 070* #28 Oil/canvas 38x45,5cm/*14x17in* New-York 97
☞ *$30 000 FF152 800 £18 000* Port of Time Oil/canvas 152x202cm/*59x79in* New-York 96
OKADA Saburosuke 1869-1939 **[1]**
✐ *$14 000 FF68 200 £8 860* View of Nice (Nizza): la Promenade des Anglais Watercolour/paper 23x30,5cm/*9x12in* New-York 95
OKASHY Avshalom 1916-1980 **[20]**

⦿ *$4 800 FF24 860 £3 070* Woman with a bird Oil/canvas 100x81cm/*39x31in* Tel Aviv 96
⦿ *$9 000 FF54 282 £5 343* Woman Oil/canvas 145,5x100cm/*57x39in* Tel Aviv 98
✏ *$600 FF3 647 £369* Acre Gouache/paper 48,5x68,5cm/*19x26in* Tel Aviv 98
OKEY Samuel XVIII **[1]**
✊ *$8 510 FF49 019 £5 000* Mr. Samuel Adams, after J. Mitchell Mezzotint 35,5x25cm/*13x9in* London 97
OKIIE Hashimoto 1899 **[4]**
✊ *$750 FF4 482 £459* "Uchi No.15" Print 57,5x44,5cm/*22x17in* San Francisco 98
OKNINSKI Ryszard 1848-1925 **[1]**
⦿ *$5 840 FF30 330 £3 830* Street scene in winter Oil/canvas 63,5x105cm/*25x41in* Warszawa 96
OKUN Edward, Edouard 1872-1945 **[6]**
⦿ *$3 094 FF18 376 £1 874* Villa Borghese Oil/panel 18x24cm/*7x9in* Warszawa 97
⦿ *$29 350 FF174 490 £18 180* Driada, Bokinga Lesna (nude woman) Oil/canvas 81x121cm/*31x47in* Warszawa 97
OKUYA Naomy 1930 **[29]**
⦿ *$145 FF893 £86* "Peinture 353 MY" Huile/toile 100x81cm/*39x31in* Bruxelles 98
OLAFSSON Sigurdson 1908-1982 **[3]**
✋ *$59 000 FF304 000 £37 700* Fótboltamenn Plaster H101cm/*H39in* København 96
OLBERG Christiane XX **[1]**
⦿ *$6 670 FF34 000 £4 400* Nature morte à la théière et à la coupe Huile/toile 42x60cm/*16x23in* Paris 96
OLBRICHT Alexander 1876-1942 **[22]**
✊ *$169 FF973 £103* "Bahndamm in Oberweimar" Lithographie 14,5x18,5cm/*5x7in* Berlin 97
OLDE Hans, Joh. Wilhelm 1855-1917 **[13]**
⦿ *$2 616 FF15 055 £1 544* In der Toskana Öl/Leinwand 65x92cm/*25x36in* München 97
OLDENBURG Claes 1929 **[352]**
⦿ *$4 500 FF23 040 £2 744* Tea Bag Mixed media 99,5x68,5cm/*39x26in* New-York 96
⦿ *$10 000 FF48 400 £6 420* Envelope Oil 5x26,6x12cm/*1x10x4in* New-York 95
⦿ *$250 000 FF1 451 800 £152 725* Mannikin with One Leg Enamel 219x70x43cm/*86x27x16in* New-York 97
✊ *$849 FF4 832 £523* Bat Spinning at the Speed of Light Lithographie couleurs 79,5x52cm/*31x20in* New-York 97
✋ *$5 820 FF30 000 £3 730* Gâteau sur une assiette Plâtre 23x15cm/*9x5in* Paris 96
✋ *$150 000 FF871 080 £91 635* Fag End Study Sculpture 114x74x127cm/*44x29x50in* New-York 97
✏ *$11 000 FF66 424 £6 592* Study for a Soft Clarinet Charcoal 34x28cm/*13x11in* New-York 98
OLDENBURG Serge III 1926 **[2]**
✊ *$804 FF4 817 £480* "Aplle core-winter" Color lithograph 101x76cm/*39x29in* Stockholm 98
OLDEWELT Ferdinand Gustaaf W. 1857-1935 **[9]**
⦿ *$854 FF5 067 £536* Portraet van een zittend meisje Oil/canvas 66x52,5cm/*25x20in* Den Haag 97
OLDFIELD Otis 1890-1969 **[9]**
✏ *$1 500 FF7 470 £982* Children on Telegraph Hill Watercolour/paper 30x23cm/*11x9in* San Francisco-Los Angeles 95
OLDS Elizabeth 1897-1991 **[5]**
✊ *$649 FF3 718 £383* Merry goRound Silkscreen in colors 30x35,5cm/*11x13in* New-York 97
OLEFFE Auguste 1867-1931 **[43]**
⦿ *$2 466 FF14 643 £1 530* Marine Huile/panneau 38x62cm/*14x24in* Bruxelles 97
✊ *$571 FF2 963 £378* L'Estacade (Blankenberghe) Eau-forte 45x54cm/*17x21in* Lokeren 96
✏ *$191 FF984 £119* Paysage Fusain/papier 32x43cm/*12x16in* Antwerpen 96
OLGA ALEXANDROVNA Grand Duchess 1882-1960 **[11]**
⦿ *$611 FF3 100 £396* Landscapes, Canada Oil/canvas 40x50cm/*15x19in* København 95
✏ *$635 FF3 250 £386* Flowers by the window Watercolour 30x36cm/*11x14in* Malmö 96
OLGIATI Rodolfo 1887-1930 **[2]**
⦿ *$3 180 FF15 500 £2 012* La Valle di Poschiavo Huile/toile 60x81cm/*23x31in* Bern 95
OLIN Nahui 1893-1978 **[2]**
⦿ *$14 000 FF82 499 £8 365* Nahui y Agacino entre Palmeras Oil/board 85x59,5cm/*33x23in* New-York 97
OLINSKY Ivan Gregorevitch 1878-1962 **[20]**
⦿ *$2 600 FF15 531 £1 590* Dorothy Oil/canvas 40x30cm/*16x12in* Dedham, Mass. 98
⦿ *$3 200 FF15 760 £2 062* Portrait of Marie Oil/canvas 92x76cm/*36x29in* New-York 95
✏ *$1 750 FF10 580 £1 083* Female Nude Pastel/paper 53x26cm/*21x10in* Mystic, Connecticut 97
OLIS Jan c.1610-1676 **[11]**

$9 500 FF57 891 £5 787 Merry Company in an Interior Oil/panel 48x58,5cm/*18x23in* New-York 98

OLITSKI Jules 1922 **[95]**
$4 227 FF25 000 £2 537 "5Th Oyo" Acrylique/toile 123,5x61cm/*48x24in* Paris 97
$13 000 FF67 300 £8 690 Green Flip Out Acrylic/canvas 79x234cm/*31x92in* New-York 96
$1 546 FF9 155 £924 Graphic Suite #1 Serigraph 89x66cm/*35x25in* Toronto 97

OLIVA José XIX-XX **[2]**
$4 000 FF22 753 £2 448 La senorita del Abanico Oil/canvas 100,5x50,5cm/*39x19in* New-York 97

OLIVA Pedro Pablo 1949 **[13]**
$4 400 FF26 812 £2 721 Las Aberraciones Acrylic/canvas 71x71cm/*27x27in* Miami, Florida 98
$10 000 FF59 737 £6 117 "Retrato hereditario" Oil/canvas 126,5x111cm/*49x43in* New-York 98
$4 400 FF26 812 £2 721 Consejo de mama Mixed media/paper 101,5x81cm/*39x31in* Miami, Florida 98

OLIVA Y RODRIGO Eugenio 1857-1925 **[19]**
$357 FF2 172 £214 Cabeza masculina Oleo/lienzo 43x26cm/*16x10in* Madrid 98
$3 036 FF17 468 £1 760 Jugando con las Redes Oleo/lienzo 40,5x68cm/*15x26in* Madrid 97

OLIVE Ceferino 1907-1995 **[30]**
$528 FF3 160 £320 Interior de iglesia Acuarela/papel 51x49cm/*20x19in* Barcelona 97

OLIVE FONT Jacint 1896-1967 **[11]**
$972 FF5 373 £594 Rincon de patio Oleo/lienzo 44x56cm/*17x22in* Madrid 97

OLIVE Jean-Baptiste 1848-1936 **[141]**
$5 466 FF32 500 £3 344 Le Port de Marseille Huile/toile 67x97cm/*26x38in* Marseille 97
$9 999 FF58 000 £6 153 Marseille, Corniche & Petit Nice, l'île Gaby & îles du Friou Huile/panneau 33x46cm/*12x18in* Clermont-Ferrand 97
$38 442 FF231 435 £23 000 Port de Bouc Oil/canvas 140,5x240,5cm/*55x94in* London 98
$1 285 FF6 500 £843 Grande rade de Méditerranée Encre Chine 23x21cm/*9x8in* Calais 96

OLIVEIRA CEZAR Eduardo XX **[2]**
$5 500 FF31 773 £3 266 "No.13" Acrilico/lienzo 11,5x9cm/*4x3in* Buenos Aires 97

OLIVEIRA Nathan 1928 **[29]**
$9 500 FF46 400 £6 010 Bather Oil/canvas 51x41cm/*20x16in* San Francisco-Los Angeles 95
$11 000 FF65 281 £6 737 Untitled Ink 50x35cm/*19x13in* San Francisco-Los Angeles 97

OLIVER Isaac c.1560-1617 **[11]**
$8 008 FF48 860 £4 800 Study of Venus and Cupid Ink 9,5x8cm/*3x3in* London 98

OLIVER William 1804-1853 **[29]**
$4 650 FF24 060 £3 000 A Classical beauty Oil/canvas 104x36cm/*40x14in* London 96

OLIVER William XIX **[7]**
$12 504 FF76 812 £7 500 Flirtation Oil/canvas 127,5x102cm/*50x40in* London 98
$29 000 FF168 214 £17 846 Confidences Oil/canvas 105x72cm/*41x28in* New-York 97

OLIVERO Pietro Domenico 1680-1755 **[5]**
$15 759 FF92 000 £9 678 Fête villageoise Huile/toile 113x137cm/*44x53in* Paris 97
$39 514 FF230 000 £24 173 Danse paysane/Danse sous la treille Huile/toile 81,5x101cm/*32x39in* Paris 97

OLIVETTI Luigi XIX-XX **[17]**
$550 FF3 213 £332 Crossing the Stream Watercolour/paper 53x35cm/*21x14in* New-York 97

OLIVIER Ferdinand 1873-1957 **[23]**
$5 952 FF34 749 £3 600 Donnerstag Berchtesgaden und der Watzmann from Seven places... Lithograph 21x28cm/*8x11in* London 97

OLIVIER Heinrich 1783-1848 **[1]**
$4 690 FF23 840 £2 800 Portrait of a gentleman, full length, seated at his desk Watercolour 37x29cm/*14x11in* London 96

OLIVIER Herbert Arnauld 1861-1952 **[11]**
$9 317 FF53 606 £5 500 The Annunciation Oil/canvas 91,5x153,5cm/*36x60in* London 97

OLIVIER L' Allard 1883-1933 **[19]**
$3 386 FF20 000 £2 046 La Côte d'Azur Huile/toile 81x100cm/*31x39in* Paris 97

OLIVIER Olivier 1931 **[10]**
$343 FF2 000 £211 Poires et pommes Pastel/papier 64x49cm/*25x19in* Paris 97

OLIVIER von Ferdinand 1785-1841 **[2]**
$32 200 FF165 600 £20 060 The Kalvarienberg near Berchtesgaden Pencil 47x60,5cm/*18x23in* Wien 96

OLIVIER von Friedrich 1791-1859 **[3]**

✏️ *$453 FF2 677 £268* Kopf eines Farbigen im Profil Pencil/paper 10,5x8,5cm/*4x3in* Berlin 97
OLIVIER William 1805-1853 **[3]**
👆 *$12 000 FF73 125 £7 444* The Flower Girl Oil/canvas 91,5x71cm/*36x27in* New-York 98
OLIVIERA Nathan 1928 **[6]**
📰 *$1 600 FF9 609 £955* Intimate Fantasies Lithograph 51x38,5cm/*20x15in* Los Angeles 98
✏️ *$7 000 FF40 509 £4 306* "Couple on the Mountain" Tempera/paper 65x52cm/*25x20in* Los Angeles 97
OLiVIER! Claudio 1934 **[23]**
👆 *$1 020 FF5 780 £510* "Fatuo" Acrilico/tela 90x70cm/*35x27in* Prato 98
OLIVIERI Leonardo (Attrib.) 1692-c.1750 **[2]**
👆 *$4 730 FF22 870 £3 000* Maddalena penitente Olio/tela 68x56cm/*26x22in* Roma 95
OLIVIERO Domenico 1679-1755 **[3]**
👆 *$18 200 FF95 000 £11 000* A friars giving alms outside a monastery in the Roman Camapgna Oil/canvas 83x126cm/*32x49in* London 96
OLIVIERO Domenico (Attrib.) 1679-1755 **[1]**
👆 *$7 839 FF45 000 £4 779* La collation dans la campagne Toile 51x77cm/*20x30in* Paris 97
OLLENDORF Julian XX **[9]**
✏️ *$310 FF1 786 £193* Bailarina Egipcia Lápiz 75x55cm/*29x21in* Madrid 97
OLLERS Edvin 1888-1959 **[70]**
👆 *$299 FF1 460 £189* Grundsund Oil/panel 22x29cm/*8x11in* Göteborg 95
👆 *$566 FF2 783 £358* Gårdsmotiv Oil/canvas 42x50cm/*16x19in* Stockholm 95
✏️ *$214 FF1 229 £127* Strand med klippor Akvarell 34,5x48,5cm/*13x19in* Malmö 97
OLLEY Margaret Hannah 1923 **[25]**
👆 *$7 814 FF45 455 £4 786* "David strachan's kitchen" Oil/board 67x89,5cm/*26x35in* Melbourne 97
👆 *$8 972 FF54 348 £5 559* Pears Oil/board 29x36cm/*11x14in* Melbourne 97
✏️ *$761 FF4 434 £467* Walking to Market/Goroka Sing Sing/Wahgi Valley Wash 11x17,5cm/*4x6in* Sydney 97
ØLLGAARD Hans 1911-1969 **[63]**
👆 *$116 FF707 £71* Personer skuer ud over marken Oil/canvas 67x89cm/*26x35in* Viby J, Århus 97
OLLILA Yrjö 1887-1932 **[8]**
👆 *$1 808 FF10 827 £1 111* "Skogens son" Oil/canvas 38x36cm/*14x14in* Stockholm 98
OLLIVIER Michel B. (Attrib.) 1712-1784 **[2]**
👆 *$3 246 FF18 500 £1 988* Le Repas champêtre Huile/panneau 27x41cm/*10x16in* Rambouillet 97
OLLIVIER Michel Barthélémy 1712-1784 **[8]**
👆 *$61 300 FF320 000 £37 040* Fêtes galantes dans des paysages Huile/toile 42x33cm/*16x12in* Paris 96
OLOFSSON Pierre 1921 **[77]**
👆 *$1 302 FF7 536 £801* Svart abstrakt Mixed media 29,5x21cm/*11x8in* Stockholm 97
👆 *$2 750 FF13 740 £1 797* Organiska former Mixed media/panel 65x92cm/*25x36in* Stockholm 95
📰 *$208 FF1 208 £128* "Rotunda" Serigraph in colors 25x29cm/*9x11in* Göteborg 97
OLOVSON Per Gudmar 1936 **[5]**
🗿 *$607 FF3 120 £378* Kvinnlig torso Bronze H18cm/*H7in* Stockholm 96
OLPINSKI Jan Kazimierz 1875-1936 **[6]**
👆 *$5 898 FF34 692 £3 640* Portrait of a young Italian girl, seated Oil/canvas 98x78cm/*38x30in* Warszawa 97
OLRIK Henrik 1830-1890 **[10]**
👆 *$1 473 FF8 795 £905* Ung pige, der har modtaget et brev Oil/canvas 39x26cm/*15x10in* København 98
OLSEN Alfred Theodor 1854-1932 **[34]**
👆 *$294 FF1 759 £176* Kysptarti med sejlskibe Oil/canvas 24x35cm/*9x13in* Vejle 98
👆 *$854 FF5 105 £523* Fiskerbåde der krydser ud for Hornbaek Oil/canvas 58x82cm/*22x32in* København 98
OLSEN Carl 1818-1878 **[26]**
👆 *$1 540 FF9 226 £931* Marine Oil/canvas 42x69cm/*16x27in* Viby J, Århus 97
OLSEN Christian Benjamin 1873-1935 **[124]**
👆 *$457 FF2 365 £305* En sejlbåd på havet, Kronborg Oil/canvas 33x42cm/*12x16in* Viby J, Århus 96
👆 *$934 FF4 880 £556* Marine with a three-masted Oil/canvas 66x88cm/*25x34in* København 96
OLSEN Gudmund 1913-1985 **[33]**
👆 *$412 FF2 110 £251* Jesus vandrer på søen Oil/canvas 100x95cm/*39x37in* Viby J, Århus 96
OLSEN John 1928 **[126]**
👆 *$4 477 FF27 472 £2 788* Tree of Life Oil/paper 75x55cm/*29x21in* Melbourne 97
👆 *$30 000 FF154 800 £19 870* Summer by the Sea Oil/canvas 165x220cm/*64x86in* Melbourne 96
📰 *$20 280 FF118 183 £12 493* The paella Tapestry 152,5x366cm/*60x144in* Melbourne 97

🔨 *$2 187 FF12 727 £1 340* Ceramic pot with lid Ceramic 49x34cm/*19x13in* Melbourne 97
✏ *$412 FF2 483 £253* Pilbara Charcoal/paper 37x55cm/*14x21in* Sydney 98
OLSEN Otto 1905-1966 **[18]**
🎨 *$412 FF2 462 £247* Havneparti fra Kbh. med talrige både og personer Oil/canvas 48x65cm/*18x25in* Vejle 98
OLSKY XX **[4]**
🖼 *$2 400 FF11 450 £1 500* "Chapeau Mossant" Poster 119x158cm/*47x62in* New-York 95
OLSOMMER Charles Clos 1883-1966 **[28]**
🎨 *$6 247 FF38 633 £3 722* Symbolisches Szene Technique mixte 48x49cm/*18x19in* Zürich 98
✏ *$878 FF5 216 £536* "Vierge et enfant divin" Ink 17x15,5cm/*6x6in* Bern 98
OLSON Albert Byron 1885-1940 **[3]**
✏ *$906 FF7 160 £1 400* White houses, Capri/Capri/Perugia Watercolour/paper 48x69cm/*18x27in* Denver, Colorado 95
OLSON Anders 1880-1955 **[37]**
🎨 *$292 FF1 696 £172* Utsikt över Triangeln, Malmö Oil/panel 36x30cm/*14x11in* Malmö 97
OLSON Axel 1899-1986 **[196]**
🎨 *$4 830 FF24 570 £2 887* Mot aftonen Oil/canvas 55x75cm/*21x29in* Stockholm 96
🎨 *$7 880 FF40 550 £4 910* Du är Petrus Oil/canvas 140x211cm/*55x83in* Stockholm 96
🎨 *$22 049 FF132 090 £13 175* "Spader Kung" Oil/canvas/panel 27x19cm/*10x7in* Stockholm 98
🖼 *$198 FF974 £125* Strandbild Color lithograph 38,5x50cm/*15x19in* Stockholm 95
✏ *$390 FF2 334 £234* Röd kväll Akvarell/papper 15x22cm/*5x8in* Stockholm 98
OLSON Bengt 1930 **[63]**
🎨 *$942 FF5 384 £577* Utan titel Oil/canvas 100x80cm/*39x31in* Stockholm 97
OLSON Erik 1901-1986 **[139]**
🎨 *$269 FF1 522 £164* Stalsbo gård, Halland Oil/panel 28x36cm/*11x14in* Stockholm 97
🎨 *$920 FF4 770 £608* "Aftonklockor" Oil/panel 46x38cm/*18x14in* Stockholm 96
🎨 *$18 150 FF88 400 £11 500* Tyngdlyftaren Oil/panel 470x431cm/*185x169in* Stockholm 95
🖼 *$197 FF1 170 £120* Surrealistiskt kvinnoporträtt Color lithograph 63x47cm/*24x18in* Malmö 98
✏ *$775 FF4 640 £476* Interiör med man Watercolour 14x17cm/*5x6in* Stockholm 98
OLSON Erik H. 1909-1995 **[54]**
🔨 *$3 129 FF18 705 £1 915* Optochromie S.10 Sculpture H32cm/*H12in* Stockholm 97
OLSON Glen 1945 **[2]**
🎨 *$5 760 FF28 800 £3 600* Don't Badger Me Acrylic/canvas 55x91cm/*22x36in* Calgary, Alberta 95
OLSON Joseph Olaf 1894-1979 **[6]**
🎨 *$2 750 FF16 006 £1 667* Resting Nude Oil/board 45x76cm/*18x30in* Mystic, Connecticut 97
OLSSON Gottfrid 1890-1979 **[35]**
🎨 *$1 284 FF6 580 £780* Beach in Danmark Oil/canvas 40x50cm/*15x19in* Malmö 96
OLSSON HAGALUND Olle 1904-1972 **[116]**
🎨 *$9 907 FF57 870 £5 865* Vase of flowers Oil/cardboard 41x32,5cm/*16x12in* Stockholm 97
🎨 *$19 815 FF115 740 £11 730* Höstpromenad Oil/canvas 50x61cm/*19x24in* Stockholm 97
🖼 *$469 FF2 801 £281* Hagalundstorg, gul skylt Color lithograph 38x43cm/*14x16in* Stockholm 98
✏ *$3 373 FF19 599 £1 991* Specerier Engström Ink/paper 44x56cm/*17x22in* Stockholm 97
OLSSON Julius 1864-1942 **[90]**
🎨 *$742 FF4 479 £460* Night Seascape Oil/panel 25x35cm/*9x13in* London 97
🎨 *$1 798 FF10 690 £1 100* Lighthouse Oil/canvas 102x75cm/*40x29in* London 97
✏ *$48 FF295 £30* Sunset and Moon Watercolour/paper 27x40cm/*11x16in* Par, Cornwall 98
ØLSTED Peter 1824-1887 **[17]**
🎨 *$319 FF1 945 £198* Jaegersborg Dyrehave Oil/canvas 26x37cm/*10x14in* Viby J, Århus 97
OMAN Valentin 1935 **[26]**
🎨 *$648 FF3 822 £400* Ohne Titel Mixed media 60x40cm/*23x15in* Wien 97
🎨 *$5 740 FF33 446 £3 528* Ohne Titel Mischtechnik 200x130cm/*78x51in* Wien 97
✏ *$832 FF4 350 £496* "Houston Mai 69" Aquarell/Papier 34x49,5cm/*13x19in* Wien 96
OMERTH Georges XIX-XX **[28]**
🔨 *$715 FF4 500 £453* Alsacienne patriote Bronze H16,5cm/*H6in* Cannes 97
OMICCIOLI Giovanni 1901-1975 **[103]**
🎨 *$600 FF3 400 £300* Vaso con fiori Olio/cartone 51x36cm/*20x14in* Firenze 97

O

$1 984 FF9 660 £1 248 Paesaggio Olio/masonite 39x29cm/*15x11in* Milano 95
$314 FF1 781 £209 Contadini nei campi China/carta 21,3x31,3cm/*8x12in* Roma 97
OMMEGANCK Balthazar (Attrib.) 1755-1826 [13]
$1 820 FF10 621 £1 111 Bélier et brebis dans un paysage Huile/panneau 46,5x40,5cm/*18x15in* Bruxelles 97
OMMEGANCK Balthazar Paul 1755-1826 [51]
$3 003 FF17 886 £1 837 Moutons dans un paysage Huile/panneau 25,5x31,5cm/*10x12in* Bruxelles 98
$4 140 FF23 460 £2 760 Pastore e una pastora tra armenti in un paesaggio agreste Olio/tavola 43x58cm/*16x22in* Roma 98
$471 FF2 923 £282 Figure sur un chemin rural Aquarelle/papier 49x61cm/*19x24in* Antwerpen 98
ONAT Hikmet 1882-1977 [2]
$16 142 FF95 969 £10 000 The Garden of a Mosque Oil/canvas 54x72cm/*21x28in* London 97
ONDERDONK Robert Julian 1882-1922 [16]
$4 100 FF23 536 £2 499 The Woodland Pool Oil/canvas 15x22cm/*6x9in* Pittsburgh, PA 97
$35 000 FF211 351 £21 010 Late afternoon, Valleyn of the Leon Oil/canvas 68x93cm/*26x36in* New-York 98
$1 600 FF8 000 £1 039 Country Road in Landscape Mixed media/paper 11x19cm/*4x7in* Altadena, CA 96
ONFROY DE BRÉVILLE Jacques XIX-XX [3]
$3 352 FF20 000 £2 022 Saltimbanque Huile/toile 145x75cm/*57x29in* Neuilly-sur-Seine 97
ONG KIM SENG 1945 [6]
$5 532 FF31 225 £3 391 Morning in Ubud Oil/canvas 61x76cm/*24x29in* Singapore 97
$4 190 FF25 091 £2 574 Puri Besakhi Watercolour/paper 37,5x77cm/*14x30in* Singapore 98
ONGANIA Umberto XIX [52]
$480 FF2 720 £240 Venezia, Canal Grande Acquarello/carta 17,5x30cm/*6x11in* Milano 97
ONGENAE Joseph 1921 [5]
$7 486 FF44 590 £4 450 Untitled Oil/board 82x83cm/*32x32in* Amsterdam 97
$12 860 FF74 940 £7 860 Zen Oil/board 119x119cm/*46x46in* Amsterdam 97
ONKEN Carl Eduard 1846-1934 [13]
$1 602 FF9 552 £994 Stadtansicht Öl/Leinwand 28x35cm/*11x13in* Wien 97
$3 530 FF18 300 £2 295 Motiv aus Burghausen Öl/Leinwand 46,5x36cm/*18x14in* München 96
ONKEN-PALME Marie 1871-1951 [8]
$771 FF3 900 £506 Motiv aus Italien Öl/Leinwand 23x34cm/*9x13in* Wien 96
ONKRUID Theodor 1707-1771 [1]
$8 008 FF45 671 £4 872 Putti disporting, one Holding a Basket of Fruit, a ceiling decoration Oil/canvas 208,5x219cm/*82x86in* Rumbeke (Kortrijk) 97
ONLEY Norman Anthony, Toni 1928 [44]
$1 278 FF7 293 £779 "Silent farm" Oil/board 50,8x65,4cm/*20x25in* Calgary, Alberta 97
$136 FF785 £81 "Scott Point, Western Suite" Silkscreen 28x38cm/*11x14in* Calgary, Alberta 97
$399 FF2 320 £243 "Harrison lake, B.C., August 7, 1978" Watercolour/paper 29x38cm/*11x14in* Calgary, Alberta 97
ONNES Harm Kamerlingh 1893-1985 [60]
$701 FF3 630 £455 A factory Oil/canvas 47x63cm/*18x24in* Amsterdam 96
$1 322 FF7 722 £782 Een bloemstilleven Oil/cardboard 23x17,5cm/*9x6in* Den Haag 97
$420 FF2 526 £251 Dromenland Watercolour 17,5x26,5cm/*6x10in* Amsterdam 98
ONNES Menso Kamerlingh 1860-1925 [1]
$15 037 FF87 179 £8 980 Orange and Apples Watercolour/paper 41,5x48cm/*16x18in* Amsterdam 97
ONOFRIO d' Crescenzio c.1632-1698 [8]
$1 600 FF8 839 £994 Monks approaching a fortified Village Ink 22x33cm/*8x12in* New-York 97
ONOFRIO d' Crescenzio (Attrib.) c.1632-1698 [4]
$2 340 FF12 050 £1 500 Extensive wooded river landscape Ink 23,6x38,6cm/*9x15in* London 96
ONOSATO Toshinobu 1912-1986 [4]
$42 000 FF215 200 £25 500 Two circles Oil/canvas 49,5x60,5cm/*19x23in* New-York 96
ONSAGER Søren 1878-1946 [13]
$1 516 FF8 987 £908 Elv i vinterlandskap Oil/canvas 35x31cm/*13x12in* Oslo 97
$12 744 FF73 953 £7 524 Kvinne og speil (nude before a mirror) Oil/canvas 55x45cm/*21x17in* Oslo 97
$14 938 FF90 838 £9 154 Badende kvinner Oil/canvas 102x124cm/*40x48in* Oslo 98
ONSLOW Edouard Amable 1843-? [4]

  ⌣ *$1 618 FF9 500* £989 Conversation devant le château Huile/toile 38x52cm/*14x20in* Saint-Amand-Montrond 97

ONTANI Luigi 1943 **[16]**
  ⌣ *$10 240 FF53 600* £6 720 "Prestantin" Tecnica mista/cartone 243x151cm/*95x59in* Milano 96
  ✏ *$2 160 FF12 240* £1 080 "Bali Bàlio, abulia balneare" Acquarello 48x36cm/*18x14in* Prato 98

ONWY John XIX-XX **[3]**
  ▥ *$382 FF1 950* £252 "Alcool de menthe Ricqlès" Affiche 40x31cm/*15x12in* Neuilly 96

OOLEN van Adriaen ?-1694 **[4]**
  ⌣ *$14 580 FF85 788* £9 000 Geflügelhof mit Hühnern, Enten und Küken Öl/Leinwand 87,5x73,5cm/*34x28in* Wien 97

OOLEN van Adriaen (Attrib.) ?-1694 **[4]**
  ⌣ *$3 795 FF19 400* £2 500 A cockerel with ducks in a farmyard Oil/canvas 86x75cm/*33x29in* London 96

OOLEN van Jan (Attrib.) 1651-1698 **[1]**
  ⌣ *$5 298 FF31 500* £3 241 Animaux de basse-cour Huile/toile 80x72cm/*31x28in* La Flèche 97

OONARK Jessie 1906-1985 **[8]**
  ▥ *$654 FF3 820* £401 Hight Play Print 55x79cm/*21x31in* Toronto 97
  ✏ *$2 924 FF15 200* £1 936 Fantastic Circles Pencil 56x76cm/*22x29in* Toronto 96

OORTHUYS Cas 1908-1975 **[1]**
  📷 *$7 500 FF44 196* £4 632 Untitled Photograph 16x21cm/*6x8in* New-York 97

OOST van Jacob I 1601-1671 **[4]**
  ⌣ *$249 400 FF1 286 000* £160 000 A youth lighting his pipe at a table Oil/canvas 114x151cm/*44x59in* London 96

OOSTEN van Izaack 1613-1661 **[32]**
  ⌣ *$19 920 FF99 800* £12 600 Weite flämische Landschaft Öl/Kupfer 17x22cm/*6x8in* Wien 95
  ⌣ *$27 202 FF155 000* £16 988 L'auberge dans la forêt Huile/panneau 51x64,5cm/*20x25in* Lille 97

OOSTEN van Izaack (Attrib.) 1613-1661 **[14]**
  ⌣ *$9 660 FF48 900* £6 340 Avenida junto a un canal con jinetes y figuras Oleo/cobre 21x32cm/*8x12in* Madrid 96
  ⌣ *$9 702 FF60 000* £5 778 La chasse au Cerf dans la campagne Flamande Huile/panneau 35x46cm/*13x18in* Paris 98

OOSTERHOUDT van Daniël 1781-c.1840 **[2]**
  ⌣ *$2 756 FF15 981* £1 646 A Shepherdess fording Cattle through a Stream in a Valley Oil/canvas 75,5x89cm/*29x35in* Amsterdam 97

OOSTERLYNCK Jean Emile 1915 **[17]**
  ⌣ *$822 FF4 264* £517 Portrait d'un artiste Huile/toile 70x81cm/*27x31in* Antwerpen 96

OOSTERWYCK van Maria 1630-1693 **[7]**
  ⌣ *$6 279 FF37 398* £3 841 Nature morte aux fleurs et aux insectes Huile/panneau 29x35,5cm/*11x13in* Bruxelles 98
  ⌣ *$260 000 FF1 533 922* £159 224 Roses, Tulips, Peonies, Poppies, Narcissi, Carnations, an Iris a Lily Oil/canvas 87,5x76cm/*34x29in* New-York 98

OOSTERWYCK van Maria (Attrib.) 1630-1693 **[4]**
  ⌣ *$13 900 FF71 000* £9 220 Vase de fleurs Huile/toile 74x55cm/*29x21in* Troyes 96

OPALKA Roman 1931 **[26]**
  ⌣ *$1 787 FF10 225* £1 115 Nature morte Oil/canvas 48x62,5cm/*18x24in* Warszawa 97
  ⌣ *$54 000 FF279 000* £35 000 "65/1-oo: Detail - 3029180 - 3047372" Acrylic/canvas 197x135cm/*77x53in* London 96
  📷 *$3 119 FF18 500* £1 905 "Opalka 1965/1-oo Détail 2563119"/"Opalka 1965/1-oo Détail 5164389" Photo 30,5x24cm/*12x9in* Paris 98
  ✏ *$2 690 FF13 500* £1 703 1965/1 - >: détail 524449 Encre 29x20cm/*11x7in* Paris 95

OPAZO Rodolfo 1935 **[6]**
  ⌣ *$15 000 FF88 392* £8 962 El Abatimiento Oil/canvas 159,5x134,5cm/*62x52in* New-York 97

OPDAHL Ørnulf 1944 **[4]**
  ⌣ *$3 897 FF23 697* £2 388 Komposisjon Oil/canvas 91x100cm/*35x39in* Oslo 98
  ✏ *$3 897 FF23 697* £2 388 Akt Mixed media/paper 106x77cm/*41x30in* Oslo 98

OPDENHOFF George Wilhelm 1807-1873 **[27]**
  ⌣ *$6 660 FF34 700* £4 400 Return of the fishermen Oil/canvas 50x67cm/*19x26in* London 96

👆 *$7 518 FF43 589 £4 490* Coastal Craft Passing a Jetty in a Stiff Breeze Oil/panel 18x25,5cm/*7x10in*
Amsterdam 97
OPHEY Walter 1882-1930 **[38]**
👆 *$6 016 FF35 163 £3 670* Dürre Oil/canvas 75x75cm/*29x29in* Amsterdam 97
👆 *$7 520 FF43 956 £4 588* Alpenveilchen Oil/canvas 42x34,5cm/*16x13in* Amsterdam 97
🗔 *$695 FF4 017 £408* "Turm" Etching 33x20cm/*12x7in* Köln 97
✏ *$1 504 FF8 786 £923* Sonne über einem Dorf Pastell/Papier 41,1x25,2cm/*16x9in* Köln 97
OPIE John 1761-1807 **[30]**
👆 *$3 831 FF23 635 £2 300* Portrait of the Artist, seated half length, wearing dark Coat Oil/canvas
30,5x25,5cm/*12x10in* London 98
👆 *$4 570 FF26 666 £2 800* Portrait of a young Girl, three-quarter-length, in a white dress Oil/canvas
76x63,5cm/*29x25in* London 97
👆 *$20 000 FF101 800 £12 000* Boadicea haranguing the Britons Oil/canvas 216x162,5cm/*85x63in*
London 96
OPIE John (Attrib.) 1761-1807 **[7]**
👆 *$6 980 FF35 900 £4 500* Portrait of Sir James Lowther, 5th Bt.> Oil/panel 59x56cm/*23x22in* London 96
OPIE Julian 1958 **[25]**
👆 *$3 630 FF18 840 £2 400* Painting of Two Shelf Sculptures Acrylic/board 84x122cm/*33x48in* London 96
🗿 *$7 381 FF42 372 £4 500* The Source Sculpture H94cm/*H37in* London 97
OPISSO Alfredo 1907-1980 **[16]**
✏ *$636 FF3 800 £380* Partida de ajedrez en el café Dibujo 51x65cm/*20x25in* Madrid 97
OPISSO SALA Ricardo 1880-1960 **[42]**
✏ *$398 FF2 383 £247* Pareja en el parque Gouache 21,5x19cm/*8x7in* Madrid 98
OPITZ Franz Karl 1916 **[31]**
👆 *$5 925 FF30 525 £3 675* An der Limmat Oil/canvas 85x128cm/*33x50in* Zürich 96
🗔 *$151 FF763 £99* Stilleben Aquatint in colors 49x49cm/*19x19in* Bern 96
OPITZ Georg Emanuel 1775-1841 **[35]**
✏ *$694 FF4 045 £424* Caecillie Ink 12x8cm/*4x3in* München 97
OPPEL Gustav 1891-1978 **[4]**
🗿 *$966 FF5 706 £600* Japanische Tänzerin Porcelain H25cm/*H9in* Stuttgart 97
OPPEL Liesel 1897-1960 **[5]**
👆 *$3 277 FF20 134 £1 966* Krug mit Narzissen vor dem fenster Oil/panel 50x43cm/*19x16in* Bremen 98
OPPEN van Levinus Petrus 1764-1837 **[1]**
👆 *$1 754 FF10 170 £1 047* A maid offering refreshments to a soldier in an interior Oil/panel
36x28cm/*14x11in* Amsterdam 97
OPPENHEIM Alfred N. 1873-? **[6]**
🗔 *$2 000 FF9 750 £1 270* "Luftschiffahrt Ausstellung" Poster 91x60cm/*35x23in* New-York 95
OPPENHEIM Dennis 1938 **[87]**
👆 *$6 500 FF38 461 £3 965* New York Stock Exchange Mixed media/board 71x167,5cm/*27x65in* New-York 98
🗔 *$119 FF600 £77* Newton Discovering Gravity Sérigraphie couleurs 62x90cm/*24x35in* Paris 96
🗿 *$4 152 FF24 671 £2 469* Second Generation Image Zebra Sculpture 142x130cm/*55x51in* Amsterdam 97
✏ *$2 505 FF15 000 £1 497* Study for dead beats Technique mixte/papier 194x127cm/*76x50in* Pontoise 98
OPPENHEIM Méret 1913-1985 **[65]**
👆 *$12 349 FF72 135 £7 308* Personnages Tempera 51x38cm/*20x14in* Luzern 97
🗔 *$436 FF2 240 £272* Männliche Figur vor hohem Haus Estampe 29,6x20,9cm/*11x8in* Bern 96
🗿 *$667 FF3 869 £410* Das Ohr von Giacometti Bronze 10,5x7,5cm/*4x2in* Heidelberg 97
✏ *$2 389 FF14 095 £1 463* Katze und Vogelkralle Collage 20x20cm/*7x7in* Luzern 98
OPPENHEIM Rudolf XIX **[3]**
👆 *$1 900 FF11 027 £1 122* The Chimney Sweep Oil/canvas 46x55cm/*18x22in* San Rafael, CA 97
OPPENHEIMER Charles 1875-1961 **[22]**
👆 *$5 140 FF26 230 £3 400* Winter Oil/canvas 51x61cm/*20x24in* Glasgow 96
✏ *$1 291 FF7 820 £800* Burnside in Galloway Watercolour 36x51cm/*14x20in* Perthshire 97
OPPENHEIMER Joseph 1876-1966 **[28]**
👆 *$14 064 FF84 318 £8 508* Boating on the River Thames at Henley Huile/toile 66x81cm/*25x31in*
Montréal 97
✏ *$102 FF620 £64* Portrait of a Girl Pencil/paper 22,5x15cm/*8x5in* London 97
OPPENHEIMER Max, Mopp 1885-1954 **[58]**

👉 *$5 789 FF33 656 £3 535* Bildnis Mrs. Brown Öl/Leinwand 41x31cm/*16x12in* Wien 97
👉 *$75 600 FF395 000 £45 000* A game of chess Oil/canvas 50x65cm/*19x25in* London 96
👉 *$687 FF3 560 £447* Bildnis Franz Blei Drypoint 16,5x12,5cm/*6x4in* München 96
👉 *$2 301 FF13 417 £1 408* Selbstbildnis, Kopf Chalks/paper 21x14cm/*8x5in* Wien 97
OPPENOORDT Gilles Marie 1672-1742 [11]
👉 *$3 500 FF17 270 £2 263* Design for a stained-glass Window with the Arms of France Watercolour 37x24cm/*14x9in* New-York 96
OPPENOORDT Gilles Marie (Attr.) 1672-1742 [4]
👉 *$2 332 FF13 500 £1 435* Fantaisie d'architecture Lavis 42x55,5cm/*16x21in* Paris 97
OPPENOORTH Willem J. 1847-1905 [21]
👉 *$1 131 FF6 592 £697* Vrouwenfiguur in een moestuin Oil/panel 35x53cm/*13x20in* Den Haag 97
OPPER Frederick Burr 1857-1937 [1]
👉 *$2 900 FF14 860 £1 762* Sunday comic strip: Happy's brother tries to square the wedding Ink 68x53cm/*27x21in* New-York 96
OPPERDOES Jan Pietersz 1631/32-? [1]
👉 *$8 912 FF52 000 £5 460* Navires hollandais aux abords du port de la ville d'Amsterdam Huile/panneau 55x97cm/*21x38in* Bordeaux 97
OPPI Ubaldo 1889-1942 [7]
👉 *$12 400 FF60 400 £7 800* Gruppo di tre femmine Gouache/cartone 78x58cm/*30x22in* Milano 95
OPPLER Ernst 1867-1929 [46]
👉 *$1 800 FF11 187 £1 076* Landschaft Oil/board 30,5x40,5cm/*12x15in* New-York 98
👉 *$14 259 FF84 871 £8 715* Metropoltheaterball I Berlin Öl/Leinwand 39x62cm/*15x24in* Berlin 98
👉 *$134 FF804 £80* Bildnis der Anna Pawlowa als "Sterbender schwan" Radierung 31x23cm/*12x9in* Köln 98
OPPO Cipriano Efisio 1891-1962 [10]
👉 *$15 681 FF88 859 £10 454* Nudo Olio/tavola 145x88cm/*57x34in* Milano 97
OPRANDI Giorgio 1883-1962 [4]
👉 *$5 100 FF28 900 £3 400* Piazzetta San Marco dal mare Olio/tela 60x92cm/*23x36in* Roma 97
OPSOMER Isidore 1878-1967 [40]
👉 *$596 FF3 575 £365* La place Teniers et la rue Leys à Anvers Huile/toile 74x92cm/*29x36in* Antwerpen 97
OPSTAL van Gaspard Jacob 1654-1717 [1]
👉 *$10 530 FF60 000 £6 576* La Toilette de Vénus Huile/toile 135x94cm/*53x37in* Moulins 97
OPZOOMER Simon 1819-1878 [1]
👉 *$3 322 FF20 346 £1 988* Erasmus in his Study Oil/panel 19x16,5cm/*7x6in* Amsterdam 98
OQUTAQ Sheokjuk 1920-1982 [4]
👉 *$3 780 FF22 071 £2 321* Two Birds standing back to back, their heads swept back Marble H43cm/*H16in* Toronto 97
ORACKI-SERWIN Mieczyslaw 1912-1947 [1]
👉 *$3 700 FF19 200 £2 426* Nu couché Oil/panel 50x70cm/*19x27in* Warszawa 96
ORANGE d' Dominique XX [6]
👉 *$7 625 FF45 305 £4 535* Jardin Oil/canvas 90x110cm/*35x43in* Amsterdam 97
ORANGE Jean XX [7]
👉 *$650 FF3 800 £384* Harlem Pastel/papier 65x50cm/*25x19in* Le Havre 97
ORANGE Maurice 1867-1916 [15]
👉 *$1 013 FF6 200 £615* Village oriental Huile/toile 27x35cm/*10x13in* Paris 98
👉 *$2 755 FF17 000 £1 654* Le caire Huile/toile 40x61cm/*15x24in* Paris 98
👉 *$1 753 FF10 500 £1 077* Officier subalterne de dragon Aquarelle/papier 43,5x33cm/*17x12in* Paris 98
ORANJE-NASSAU van Wilhelmina 1880-1962 [3]
👉 *$301 FF1 788 £189* Studie van een bossage/Studie van diverse objekten Charcoal/paper 15x22cm/*5x8in* Den Haag 97
ORANT Marthe 1874-1957 [308]
👉 *$134 FF800 £81* Assiette de pêches et bouteille Huile/carton 33x41cm/*12x16in* Saumur 97
👉 *$387 FF2 000 £258* Marécage Huile/toile 73x120cm/*28x47in* Neuilly 96
ORAZI Manuel 1860-1934 [21]
👉 *$1 573 FF9 400 £962* "Olympia, Rêve de Noël" Affiche 148x107,5cm/*58x42in* Orléans 98
ORBAN Dezsö, Desiderious 1884-1987 [53]
👉 *$166 FF1 019 £99* Self Portrait Pastel/paper 60x48cm/*23x18in* Sydney 98

ORCHARDSON William Quiller 1832-1910 **[18]**
 $15 120 FF78 500 £10 000 The Forest Pet Oil/canvas 74x109cm/*29x42in* Edinburgh 96
ORCHART Stanley XIX-XX **[32]**
 $310 FF1 898 £190 The Village of Harold, Bedfordshire Watercolour/paper 20x22cm/*8x9in* Aylsham, Norfolk 98
ORD Joseph Biyas 1805-1865 **[4]**
 $15 000 FF77 700 £9 740 Thus Do All Things Perish Oil/canvas 157,5x134,5cm/*62x52in* San Francisco-Los Angeles 96
 $70 000 FF345 400 £45 600 Vase, fruit and nuts Oil/canvas 46x61cm/*18x24in* New-York 95
ORDE POWLETT Thomas, Lord Bolton 1746-1807 **[2]**
 $2 682 FF16 072 £1 600 Design for a Garden Pavilion, with Columns Formed Tree Stumps Wash 30,5x39cm/*12x15in* London 98
ORDINAIRE Marcel 1848-1896 **[2]**
 $33 400 FF200 000 £20 520 Le Puits Noir, cerf s'abreuvant Huile/toile 80x102cm/*31x40in* Paris 98
ORDNER Paul 1900-1969 **[14]**
 $823 FF4 970 £500 "Mont-Revard, Ecole de ski, PLM" Poster 99x62cm/*38x24in* London 98
ORDONEZ Sylvia 1956 **[4]**
 $6 000 FF34 443 £3 657 Autorretrato Oil/canvas 60,5x50,5cm/*23x19in* New-York 97
ORDWAY Alfred 1819-1897 **[7]**
 $2 500 FF15 015 £1 499 White Mt.iew Oil/board 22x35cm/*9x14in* North Berwick, Maine 98
ORDYNSKA-MORAWSKA Stefania 1882-1968 **[1]**
 $3 540 FF18 320 £2 285 Place à Paris Oil/canvas 50x65,5cm/*19x25in* Warszawa 96
ORELL Argio 1884-1942 **[5]**
 $3 700 FF19 320 £2 184 "Estate" Acquarello 48x34cm/*18x13in* Trieste 96
ORELLI Vincenzo Angelo 1751-1813 **[1]**
 $6 600 FF37 400 £4 400 La morte di Catone Uticense Olio/tela 74x99cm/*29x38in* Milano 97
ORGEIX d' Christian 1927 **[34]**
 $3 713 FF22 000 £2 224 Sans titre Huile/toile 91x59cm/*35x23in* Paris 97
 $3 882 FF23 000 £2 325 Peinture sur contreplaquée bleu Huile/panneau 33x23cm/*12x9in* Paris 97
 $990 FF5 000 £649 Composition Aquarelle, gouache 30,5x24cm/*12x9in* Paris 96
ORI Luciano 1926 **[8]**
 $2 400 FF13 600 £1 200 "Il quotidiano cancellato" Collage/cartone 70x50cm/*27x19in* Prato 98
ORIANI Pippo 1909-1972 **[50]**
 $660 FF3 740 £330 Grande arlecchino Tecnica mista/cartone 32x37cm/*12x14in* Prato 98
 $897 FF5 083 £598 Arlecchino e Pulcinella Olio/cartone 58,5x48,5cm/*23x19in* Milano 97
 $300 FF1 700 £200 Natura morta Carboncino/carta 22x31cm/*8x12in* Vercelli 97
ORIOLI degli Pietro di Francesco 1458-1596 **[3]**
 $310 000 FF1 596 000 £193 400 The Madonna and Child with Saints John the Baptist, Bernardino,... Oil/panel 57x42cm/*22x16in* Wien 96
ORKIN Ruth 1921-1985 **[28]**
 $3 250 FF16 600 £2 140 American girl in Italy, Florence Photograph 30x45,4cm/*11x17in* New-York 96
ORLANDO Felipe 1911 **[3]**
 $10 500 FF60 000 £6 450 "La bordadora" Oleo/lienzo 75x101cm/*29x39in* Madrid 97
ORLÉANS d' Louisa Maria 1759-1822 **[4]**
 $2 870 FF15 030 £1 725 Paisaje con pastores Oleo/lienzo 32,5x40cm/*12x15in* Madrid 96
 $4 210 FF22 050 £2 530 Marina con puerto y faro Oleo/lienzo 50x66cm/*19x25in* Madrid 96
ORLÉANS d' Louise 1812-1850 **[1]**
 $1 145 FF6 000 £689 Rose, 10 Juillet Aquarelle/papier 25x20,5cm/*9x8in* Monaco 96
ORLÉANS d' Madame Adélaïde 1777-1847 **[1]**
 $1 430 FF7 500 £861 Bouquet de fleurs Aquarelle/vélin 19x13cm/*7x5in* Monaco 96
ORLÉANS d', duc de Chartres Ferdinand Philippe 1810-1842 **[2]**
 $2 100 FF11 000 £1 263 Paysages, personnages historiques Aquarelle 15,5x23cm/*6x9in* Monaco 96
ORLÉANS d', duc de Joinville François 1818-1900 **[34]**
 $1 050 FF5 500 £632 Accident de chasse Aquarelle, gouache 33,5x49,5cm/*13x19in* Monaco 96
ORLEY van Barend (Attrib.) c.1492-c.1542 **[5]**
 $15 560 FF95 320 £9 400 Die Kreuzigung Christi Oil/panel 104,5x76cm/*41x29in* Wien 98
 $474 FF2 856 £284 Susannah and the Elders Ink 12x8cm/*4x3in* New-York 98
ORLEY van Barend Bernard c.1492-c.1542 **[6]**

$594 000 FF3 106 800 £360 000 The risen Christ visiting His Mother followed by His Ancestors Oil/panel 26,5x21,5cm/*10x8in* London 96

ORLEY van Richard 1663-1732 **[7]**
$5 448 FF31 185 £3 218 Meder en kind Oil/panel 65,5x54,5cm/*25x21in* Den Haag 97

ORLIAC M. XIX-XX **[1]**
$1 210 FF6 180 £797 "Société des Artistes Bretons, Nantes, Déc." Affiche 89,5x126cm/*35x49in* Neuilly 96

ORLIK Emil 1870-1932 **[385]**
$2 275 FF13 497 £1 390 Sommerstrauss in blauer Vase Oil/panel 16,5x23,5cm/*6x9in* München 98
$6 550 FF33 900 £4 230 Abendstimmunbg aus dem Atelier Öl/Leinwand 36,5x52cm/*14x20in* Berlin 96
$325 FF1 695 £190 Selbstporträt mit Hut und Zigarette Lithographie 26,5x22cm/*10x8in* Berlin 96
$715 FF3 740 £426 Porträt Nelly Neppach Chalks/paper 20,5x13cm/*8x5in* München 96

ORLINA Ramon 1944 **[2]**
$4 249 FF25 116 £2 629 Glass sculpture "Dalaga" Bronze H40cm/*H15in* Singapore 97

ORLOFF Alexandre 1899-1979 **[51]**
$217 FF1 300 £130 Femme à Fleur Huile/isorel 20x16cm/*7x6in* Paris 98

ORLOFF Chana 1888-1968 **[109]**
$971 FF5 773 £577 Macha Skibin Bronze 44,5x21x23cm/*17x8x9in* München 97
$27 000 FF162 847 £16 029 Femme à la cruche Bronze H96cm/*H37in* Tel Aviv 98

ORLOV Vasily Sergeyevich 1910 **[10]**
$324 FF1 906 £200 Volleyball Oil/canvas/board 11x18,5cm/*4x7in* London 97

ORLOVSKII Vladimir Donatovich 1842-1914 **[11]**
$6 232 FF38 000 £3 800 The River Bank Oil/canvas 38x52cm/*14x20in* London 98

ORLOVSKY Aleksandr Osipovich 1777-1832 **[6]**
$3 200 FF18 223 £1 942 The Day's Catch Oil/panel 26x35cm/*10x14in* New-York 97
$1 334 FF7 000 £800 The chess game Ink/paper 48x32cm/*18x12in* London 96

ORLOWSKY Alexander Ossipovich 1777-1832 **[32]**
$1 804 FF10 706 £1 093 Cavalry battles Color lithograph 4,5x77,5cm/*1x30in* Warszawa 97
$2 757 FF14 020 £1 647 Un noble du Caucase Sanguine 43x46cm/*16x18in* Montréal 96

ORLOWSKY Hans 1894-1967 **[16]**
$195 FF1 020 £116 Gesichter Woodcut 31x45,5cm/*12x17in* Hamburg 96

ORME Daniel c.1766-1832 **[9]**
$279 FF1 440 £180 The Victory of the British Fleet over the French Fleet (1791) Engraving 42x57cm/*16x22in* London 96

ORME William (Attrib.) XVIII-XIX **[1]**
$1 394 FF7 220 £900 Mount St. Thomas, near Madras/The South East Angle of Osar Watercolour 31,5x41cm/*12x16in* London 96

OROZCO Eugenio XVII **[1]**
$20 082 FF122 037 £12 049 La adoración de los Reyes Magos Oleo/lienzo 117x140cm/*46x55in* Madrid 98

OROZCO Gabriel 1962 **[1]**
$3 968 FF23 166 £2 400 Chalma Cibachrome print 51x69,5cm/*20x27in* London 97

OROZCO José Clemente 1893-1949 **[106]**
$50 000 FF242 600 £32 200 Discordia Oil/canvas/panel 34x43cm/*13x16in* New-York 95
$190 000 FF1 090 695 £115 824 Cortés y la victoria (caballo mecanico) Oil/canvas 72,5x92,5cm/*28x36in* New-York 97
$550 FF2 779 £357 Mexican Landscape Lithograph 44x35cm/*17x14in* Portland, Maine 96
$4 500 FF23 370 £2 976 Soldadera y Guerrero Pencil 37x26,5cm/*14x10in* San Francisco-Los Angeles 96

OROZCO ROMERO Carlos 1898-1984 **[25]**
$4 588 FF27 212 £2 804 Retrato de mujer Oleo/lienzo 43x33cm/*16x12in* México 98
$8 000 FF38 800 £5 150 Las Lagunas Oil/canvas 70x100cm/*27x39in* New-York 95
$2 000 FF9 700 £1 290 Niños jugando Ink/paper 29x28cm/*11x11in* New-York 95

ORPEN Richard Caulfield 1863-1938 **[6]**
$721 FF4 178 £449 At the Fair Watercolour 19x15cm/*7x5in* London 97

ORPEN William 1878-1931 **[113]**
$16 000 FF96 096 £9 705 Edward, Prince of Wales Oil/board 7x4,5cm/*2x1in* New-York 98
$60 500 FF314 600 £40 000 Miss Annie Harmsworth in an interior Oil/canvas 92x71cm/*36x27in* London 96
$310 251 FF1 830 441 £190 000 Portrait of Mrs Oscar Lewisohn, Edna May Oil/canvas

206x92,5cm/*81x36in* London 98

✏ *$131 FF795* £80 Study of Hands Red chalk/paper 20x15cm/*7x5in* Crewkerne, Somerset 98

ORR Eric 1939 **[10]**

🦪 *$2 500 FF12 860* £1 560 Night Shift#16 Oil/canvas/panel 74x61cm/*29x24in* San Francisco-Los Angeles 96

ORR Patrick W. XIX-XX **[2]**

🦪 *$1 676 FF10 110* £1 000 Confidences Oil/canvas 29x23cm/*11x9in* West Lothian 98

ORRENTE IL BASSANO SPAGNOLO Pietro (Attrib.) c.1570-1644 **[3]**

🦪 *$8 100 FF40 340* £5 300 Escena biblica, Isaac y Jacob Oleo/lienzo 93x128cm/*36x50in* Madrid 95

ORROCK James 1829-1913 **[64]**

✏ *$434 FF2 702* £260 Pen-y-fan, Brecon Beacons Watercolour/paper 49x74cm/*19x29in* Bristol, Avon 98

ORSAY d' Alfred Guillaume G. 1801-1852 **[3]**

⚒ *$3 000 FF17 857* £1 862 Lord with Poddle Bronze H68cm/*H27in* Miami, Florida 97

ORSELLI Arturo XIX **[11]**

✏ *$881 FF5 373* £540 The Dress Maid Watercolour/paper 36x23,5cm/*14x9in* Newbury, Berkshire 98

ORSI 1889-1947 **[10]**

🎞 *$2 600 FF13 240* £1 560 "Mistinguett" Poster 160x120cm/*62x47in* New-York 96

ORSI Lelio c.1508/11-1587 **[9]**

🦪 *$574 000 FF2 780 000* £360 000 The Descent into Limbo Oil/panel 68,5x55cm/*26x21in* London 95

✏ *$16 660 FF98 522* £10 000 Two Herms Wash 20,5x18cm/*8x7in* London 97

ORSI Lelio (Attrib.) c.1508/11-1587 **[2]**

🦪 *$3 450 FF19 550* £2 300 Madonna con Bambino durante il riposo in Egitto Olio/tela 66,5x45cm/*26x17in* Roma 97

✏ *$6 629 FF41 000* £3 948 Arrière-train d'un cheval au galop Encre 27,3x34,5cm/*10x13in* Paris 98

ÖRSKOV Willy 1920 **[14]**

⚒ *$991 FF5 757* £605 Untitled Plastic 27x31x27cm/*10x12x10in* København 97

ORTE Aurélien 1926 **[11]**

🦪 *$879 FF4 900* £546 Paysage de Saint-Zacharie Huile/toile 38x46cm/*14x18in* Lesquin 97

ORTEGA Charles 1925 **[22]**

🦪 *$694 FF3 950* £428 Bouquet dans un intérieur Huile/toile 55x46cm/*21x18in* Arles 97

ORTEGA José 1921-1991 **[33]**

🦪 *$4 194 FF23 766* £2 097 Natura morta con frutti in rilievo Tecnica mista/tavola 165x60cm/*64x23in* Roma 98

🎞 *$200 FF1 144* £118 Viol Aquatint in colors 69x63cm/*27x24in* New-York 97

✏ *$990 FF5 040* £585 Fiera Tempera/carta 63x70cm/*24x27in* Milano 96

ORTEGA MUÑOZ Godofredo 1905-1982 **[10]**

🦪 *$2 940 FF16 800* £1 806 Calle Oleo/lienzo 45x35cm/*17x13in* Madrid 97

🦪 *$35 750 FF217 250* £21 450 Campo de castaños Oleo/lienzo 74x93cm/*29x36in* Madrid 98

ORTEGO Y VEREDA Francisco Javier 1833-1881 **[17]**

🦪 *$4 690 FF27 650* £2 800 Esperando al señor cura/El neófito Oleo/tabla 31,5x22,5cm/*12x8in* Madrid 97

ORTIZ DE ZARATE Manuel 1886-1946 **[99]**

🦪 *$1 197 FF6 000* £757 Bouquet de fleurs Huile/toile 60x40cm/*23x15in* Paris 95

✏ *$162 FF800* £105 Vase de roses Gouache 32x24,5cm/*12x9in* Paris 95

ORTIZ ECHAGÜE Antonio 1883-1942 **[5]**

✏ *$1 950 FF10 050* £1 250 Mujer jóven desnuda Pastel/papier 45x100cm/*17x39in* Madrid 96

ORTIZ ECHAGÜE José 1886-1980 **[1]**

📷 *$3 800 FF19 700* £2 430 A castle, Segovia, 1930s Photograph 35x48cm/*14x19in* New-York 96

ORTIZ Emilio 1936-1988 **[2]**

🦪 *$4 250 FF25 375* £2 611 Pájaros Oil/canvas 80x99,5cm/*31x39in* New-York 98

ORTIZ Manuel Angeles 1895-1984 **[27]**

🦪 *$2 354 FF14 309* £1 412 Cabeza femenina Oleo 34,5x29,5cm/*13x11in* Madrid 98

🦪 *$3 795 FF21 835* £2 255 Cabeza Oleo/tablex 55x45,5cm/*21x17in* Madrid 97

🦪 *$17 250 FF99 250* £10 250 Campo de Granada Oleo/lienzo 97x130cm/*38x51in* Madrid 97

🎞 *$960 FF5 925* £570 Floreros Grabado 24x32cm/*9x12in* Madrid 98

✏ *$1 070 FF5 610* £643 Composicion Acuarela 23,5x30,5cm/*9x12in* Madrid 96

ORTMANS François Auguste 1827-1884 **[16]**

🦪 *$1 176 FF7 000* £718 Vaches en lisière de forêt Huile/panneau 29,5x45cm/*11x17in* Barbizon 98

🦪 *$5 500 FF32 660* £3 357 Cowherd in the Forest of Fontainebleau Oil/canvas 47x68,5cm/*18x26in* New-York 98

ORTVAD Erik 1917 [34]

  $10 108 FF61 677 £6 167 Dansende fugle og fabeldyr i landsby Oil/canvas 75x100cm/*29x39in* København 98

  $43 350 FF264 090 £26 550 "Tornado" Oil/canvas 130x156cm/*51x61in* København 98

  $260 FF1 584 £159 Landskab Watercolour/paper 22x30cm/*8x11in* København 98

ORTWED Kirsten XX [9]

  $4 155 FF25 185 £2 548 Ohne Titel Sculpture, wax 188,2x187x3,5cm/*74x73x1in* Hamburg 98

OS van Georgius Jacobus J. 1782-1861 [42]

  $8 462 FF50 700 £5 057 Bloemstilleven Oil/canvas 26,5x20,5cm/*10x8in* Den Haag 98

  $11 000 FF56 540 £6 875 Vase aux fleurs Oleo/lienzo 89x79cm/*35x31in* Buenos Aires 96

  $464 FF2 385 £280 Figures in a Mountainous Landscape Watercolour 7x12cm/*2x4in* London 96

OS van Jan 1744-1808 [16]

  $8 190 FF48 780 £5 010 Nature morte de fleurs et nid Huile/panneau 46,5x34cm/*18x13in* Bruxelles 98

  $202 068 FF1 196 412 £120 000 Still life of flowers in a sculpted urn. Oil/panel 68,5x52cm/*26x20in* London 97

OS van Koen 1910-1983 [6]

  $159 FF952 £97 "Bierkenners vragen Grolsch" Poster 116x82,5cm/*45x32in* Oostwoud 98

OS van Maria 1780-1862 [3]

  $2 146 FF12 477 £1 278 Stilleven met appeln en druiven op een plint Oil/panel 26x22cm/*10x8in* Den Haag 97

OS van Pieter Frederick 1808-1860 [7]

  $4 009 FF23 246 £2 394 Refreshing the Horses Oil/canvas 67x82cm/*26x32in* Amsterdam 97

OS van Pieter Gerardus 1776-1839 [28]

  $3 004 FF18 456 £1 802 Vieh am Ufer eines Flusses Oil/wood 37x49,5cm/*14x19in* Köln 98

  $6 500 FF37 016 £3 946 The Rendez-Vous Oil/panel 32x29cm/*12x11in* New-York 97

OS-DELHEZ van Henri 1880-1976 [48]

  $284 FF1 739 £174 "Dat Wat Je Niet Hebt" Oil/canvas 30,5x40,5cm/*12x15in* Amsterdam 98

  $773 FF4 485 £476 Still Life with a kris Oil/canvas 38,5x48,5cm/*15x19in* Den Haag 97

OSBERT Alphonse 1857-1939 [48]

  $685 FF4 100 £416 Bord de mer Huile/toile 27x21,5cm/*10x8in* Paris 97

  $3 805 FF19 000 £2 485 Harmonie Huile/toile 46x61cm/*18x24in* Paris 95

OSBORN Emily Mary 1834-c.1908 [7]

  $12 169 FF69 699 £7 200 God's Acre Oil/canvas 91x70cm/*35x27in* London 97

OSBORNE James 1940-1992 [8]

  $2 036 FF12 593 £1 250 Racehorse Bronze H27cm/*H10in* Billingshurst, West Sussex 97

  $59 629 FF344 487 £35 000 "Eclipse" Bronze 120x210cm/*47x82in* London 97

OSBORNE Walter Frederick 1859-1903 [27]

  $47 354 FF279 383 £29 000 Connemara Landscape, Gathering Wrack, Galway Bay with the 12 Pins Oil/canvas/board 19x27cm/*7x10in* London 98

  $155 125 FF915 220 £95 000 The Thornbush Oil/canvas 70x90cm/*27x35in* London 98

  $6 800 FF35 400 £4 500 Study for Life in the Streets, "Hard Times" Pencil 48x36cm/*18x14in* London 96

OSCAR I 1799-1859 [1]

  $3 450 FF17 200 £2 260 Uniformsbilder Akvarell 35x25,5cm/*13x10in* Stockholm 95

OSCARSSON Bernhard 1894-1971 [21]

  $344 FF1 754 £226 Insjölandskap Oil/panel 33x24cm/*12x9in* Stockholm 96

OSIPOW Paul 1937 [9]

  $866 FF5 300 £514 Blått och gult Oil/canvas 64x32cm/*25x12in* Helsinki 98

OSMENT Philip, Phil XIX-XX [15]

  $301 FF1 825 £180 A Sailing Vessel in choppy Seas Watercolour 24x35,5cm/*9x13in* London 97

OSNAGHI Josefine XIX-XX [5]

  $930 FF5 500 £558 Nature morte à l'éventail et coquillage Huile/panneau 23,5x18cm/*9x7in* Paris 97

OSNIS Benedict A. 1872-? [1]

  $6 500 FF39 731 £3 968 Portrait of Elisabeth Bosley Oil/canvas 76x63,5cm/*29x25in* New-York 98

OSSANI Alessando XIX-XX [5]

  $1 953 FF11 133 £1 220 Spielende Kinder Oil/panel 19x23cm/*7x9in* Köln 97

  $4 070 FF24 533 £2 500 Portrait of an Italian Beauty Playing a Lyre Oil/canvas 81,5x68,5cm/*32x26in*

OSSENBECK van Jan c.1624-1674 **[7]**
 $2 513 FF15 436 £1 507 Hirtenpaar mit Ziegen und Schafen in einerr waldigen Landschaft Oil/panel 48x33cm/*18x12in* Stuttgart 98
OSSLUND Helmer 1866-1938 **[222]**
 $1 963 FF9 980 £1 173 Landskap Oil/cardboard 3x45cm/*1x17in* Stockholm 96
 $17 120 FF89 400 £10 200 Indalsälven Oil/çanvas 82x152cm/*32x59in* Stockholm 96
 $39 350 FF203 700 £25 400 Höststämning, Ångermanland Oil/panel 68x74cm/*26x29in* Stockholm 96
 $2 750 FF13 740 £1 797 Norrländskt sommarlandskap med ren Gouache 40x75cm/*15x29in* Stockholm 95
OSSORIO Alfonso 1916-1990 **[16]**
 $2 210 FF11 550 £1 316 Wrong Keys for the Peacock Mixed media/panel 79x58cm/*31x22in* Köln 96
 $4 800 FF23 250 £3 080 Self portrait: Balanced Head Mixed media 41x33x13cm/*16x12x5in* New-York 95
 $5 500 FF31 884 £3 242 Wrong Keys for the Peacock Construction 79,5x58,5cm/*31x23in* New-York 97
 $2 210 FF11 526 £1 292 "Wrong keys for the peacock" Collage 79x58cm/*31x22in* Köln 96
OSSWALD Eugen 1879-1960 **[23]**
 $1 100 FF6 984 £687 "Stay Young, Playing" Poster 100x54cm/*39x21in* New-York 97
OSSWALD Fritz 1878-1966 **[54]**
 $1 231 FF7 372 £756 Winterlandschaft Öl/Leinwand 83x94,5cm/*32x37in* München 98
OSSWALD-TOPPI Margherita 1897-1971 **[20]**
 $1 069 FF6 568 £641 Bildnis einer jungen Frau mit blumengeschmücktem Hut Öl/Karton 52,5x40,5cm/*20x15in* Zürich 98
OST Alfred 1884-1945 **[113]**
 $396 FF2 290 £242 Chat Technique mixte 28x36cm/*11x14in* Antwerpen 97
 $210 FF1 071 £136 Drukkery Kotting Straatbiljetten Poster 79,5x109,5cm/*31x43in* Oostwoud 96
 $8 992 FF52 320 £5 504 Paysan avec charette Technique mixte/papier 60x46cm/*23x18in* Antwerpen 97
OSTADE van Adriaen (Cercle) [21]
 $1 700 FF10 222 £1 016 The Knife Grinder Etching 8,4x7,4cm/*3x2in* New-York 98
OSTADE van Adriaen J. (Attrib.) 1610-1685 **[11]**
 $800 FF4 670 £483 Three Figures at a Table Oil/canvas 21x15cm/*8x6in* Chicago, Illinois 97
 $1 500 FF8 640 £881 Peasant with his Hand in his Cloak Etching 8,5x6,5cm/*3x2in* New-York 97
OSTADE van Adriaen Jansz. 1610-1685 **[274]**
 $60 620 FF358 923 £36 000 Peasants merrymaking in an Inn Oil/panel 38x49cm/*14x19in* London 97
 $73 531 FF420 869 £43 433 Couple dancing, with other Boors merry-making, in a barn Oil/panel 30,5x40cm/*12x15in* Amsterdam 97
 $631 FF3 224 £417 Der Schuflicker Etching 17,8x14cm/*7x5in* Heidelberg 96
 $7 100 FF36 160 £4 260 A couple with a baby in an interior Ink 15,8x16,4cm/*6x6in* Amsterdam 96
OSTADE van Isaac (Attrib.) 1621-1649 **[13]**
 $2 935 FF17 029 £1 800 A Boor in an Interior Oil/panel 23,5x18,5cm/*9x7in* London 97
 $1 521 FF8 706 £898 Fishermen selling their catch on the shore Ink 9x16cm/*3x6in* Amsterdam 97
OSTADE van Isaac Jansz. 1621-1649 **[18]**
 $24 564 FF145 344 £14 781 Horses, a Goat and a Sheep in a Stable with a Groom Sweeping the Floor Oil/panel 31x42,5cm/*12x16in* Amsterdam 98
 $46 600 FF241 500 £31 200 An elegant couple watching a fishmonger loading a horsedrawn waggon Oil/panel 67x93cm/*26x36in* Amsterdam 96
OSTENDORFER Michael c.1490-1559 **[7]**
 $4 000 FF23 668 £2 440 "Forebearance" Mixed media/canvas 91,5x64cm/*36x25in* New-York 98
ÖSTERLIN Anders 1926 **[51]**
 $2 669 FF15 483 £1 642 Komposition i rött och grått Oil/canvas 81x65cm/*31x25in* Malmö 97
ÖSTERLIND Allan 1855-1938 **[67]**
 $1 047 FF6 051 £645 Spanjorskor Oil/canvas 53x31,5cm/*20x12in* Stockholm 97
 $388 FF2 023 £231 Spanskt kustmotiv med fruktplockerskor Akvarell 72x53cm/*28x20in* Göteborg 96
OSTERLIND Anders 1887-1960 **[136]**
 $1 237 FF7 600 £741 Paysage en bordure de rivière Huile/toile 60x73cm/*23x28in* Paris 98
 $495 FF3 000 £303 Jeune femme cousant à la fenêtre Aquarelle/papier 48x33cm/*18x12in* Quimper 98
ÖSTERLUND Herman 1873-1964 **[39]**
 $637 FF3 700 £376 Utsikt över hav och strand Oil/canvas 51x66cm/*20x25in* Malmö 97
ÖSTERLUND John 1875-1953 **[24]**
 $104 FF597 £64 No title Woodcut in colors 26x19cm/*10x7in* Uppsala 97

OSTERMILLER Dan 1956 **[2]**

$3 330 FF17 360 £2 200 A scatching doe Bronze H37cm/*H14in* London 96

OSTERROTH Gustav 1836-1875 **[3]**

$1 696 FF9 832 £1 000 Mother and Child on a Mountain Pass Oil/canvas 34x26,5cm/*13x10in* London 97

OSTERSETZER Carl 1865-1914 **[40]**

$1 552 FF8 000 £995 Rabbin Huile/toile 21,5x16cm/*8x6in* Paris 96

$4 800 FF28 537 £2 936 At the Music Shop Oil/panel 48x41,5cm/*18x16in* New-York 97

OSTERWALD d' Rose 1795-1831 **[3]**

$4 101 FF24 380 £2 508 Bauernhof mit Ziegenhirte Öl/Leinwand 30x43cm/*11x16in* Bern 97

OSTERWALD Georg 1803-1884 **[5]**

$2 000 FF11 601 £1 182 A Court Scene with a King Kneeking in Gratitude to a Knight Oil/panel 32x35cm/*12x13in* San Francisco 97

$4 971 FF30 000 £3 081 Allégorie des arts italiens Huile/toile 125x94cm/*49x37in* Toulouse 97

OSTHAUS Edmund Henry 1858-1928 **[68]**

$17 000 FF88 200 £11 240 Three Spaniels in an Autumn landscape Oil/canvas 49x100cm/*19x39in* Detroit, Michigan 96

$3 100 FF15 872 £2 066 Interior with hunter and setters Watercolour, gouache 25x33cm/*10x13in* St. Louis, Miss. 96

ÖSTLUND Egon 1889-1952 **[1]**

$3 880 FF19 820 £2 556 "På 40-Årsdagen, Gästbok" Watercolour 24x20cm/*9x7in* Stockholm 96

OSTROUHOV Ilya Semenovich 1858-1929 **[2]**

$7 296 FF36 480 £4 800 Woodland pond Oil/canvas 30x41cm/*11x16in* London 95

OSTROUMOVA-LEBEDEVA Anna Petrovna 1871-1955 **[4]**

$4 256 FF21 280 £2 800 Ice breaking on the Neva Watercolour/paper 45x65cm/*17x25in* London 95

OSUITOK Ipeelee 1923 **[4]**

$1 454 FF8 489 £893 Three leaping narwhal Sculpture H63,5cm/*H25in* Toronto 97

OSWALD Charles W. XIX-XX **[30]**

$484 FF2 493 £320 Highland cattle in a mountainous landscape Oil/canvas 50x76cm/*19x29in* London 96

OSWALD John H. 1843-1895 **[10]**

$586 FF3 524 £350 Spring Time, The Gravel Pits, Burnham Oil/canvas 35,5x25,5cm/*13x10in* London 98

$1 676 FF10 110 £1 000 "Spring Time, The Millers's Park" Oil/canvas 61x92cm/*24x36in* West Lothian 98

OTEIZA de Jorge 1908 **[1]**

$3 630 FF21 725 £2 255 Irtenezin Navarra Bronze H5cm/*H1in* Madrid 97

OTERO Alejandro 1921-1990 **[8]**

$50 000 FF291 885 £29 745 Candelero (de la serie Las Cafeteras) Oil/canvas 65,1x54cm/*25x21in* New-York 97

OTERO BESTEIRO Francisco 1933-1994 **[5]**

$11 880 FF71 100 £7 380 Gato Scultura 58x42x152cm/*22x16x59in* Madrid 97

$102 FF597 £61 Cabeza de navegante Acuarela 9,5x7cm/*3x2in* Madrid 97

OTERO Camilo 1932 **[1]**

$4 860 FF25 000 £3 134 Sérénité Bronze H29cm/*H11in* Paris 96

OTERO Carlos 1886-1977 **[1]**

$6 000 FF35 842 £3 670 Retrato de Simon Bolivar Oil/canvas 75x58cm/*29x22in* New-York 98

OTHONEOS Nicholaos 1877-1950 **[1]**

$4 520 FF23 600 £2 730 Collecting the tobacco Oil/hardboard 43x63cm/*16x24in* Athens 96

OTHONIEL Jean-Michel 1964 **[5]**

$3 877 FF23 000 £2 369 "The Rosary" Sculpture verre 35x3x3cm/*13x1x1in* Paris 98

OTIEV Viktor 1935 **[10]**

$688 FF3 565 £460 V. Alexeyev Street Oil/board 39x20cm/*15x7in* London 96

OTIS Bass 1784-1861 **[6]**

$2 750 FF16 489 £1 655 Portrait of a Rosy Cheeked, Auburn Haired Boy with Dog Oil/canvas 58,5x45,5cm/*23x17in* New-York 98

OTIS George Demont 1879-1962 **[49]**

$1 600 FF9 580 £979 "Laguna Beach, California" Oil/board 29x39cm/*11x15in* Altadena, CA 97

$4 750 FF23 670 £3 110 Eucalyptus trees by the lake Oil/canvas 66x81cm/*25x31in* San Francisco-Los Angeles 95

O

Calendar & auction results: Internet www.artprice.com   Minitel 3617 ARTPRICE

OTT Jerry 1947 **[9]**
 ☞ *$2 738 FF16 367 £1 675* "Toy Room" Oil/canvas 195x244cm/*76x96in* Stockholm 97
OTTE William Louis 1871-1957 **[11]**
 ☞ *$3 500 FF21 071 £2 094* West Winds (Cedars of Lebanon, Monterey Coast, California) Oil/board
35,5x56cm/*13x22in* San Francisco 98
 ☞ *$7 500 FF45 126 £4 489* "Eucayptus at Sunset, Santa Barbara, California" Oil/masonite 28x36cm/*11x14in*
Beverly Hills, Calif. 98
 ✐ *$10 000 FF60 205 £5 983* Eucalyptus Grove in Morning Light Gouache 56x101,5cm/*22x39in* San
Francisco 98
OTTENFELD von Rudolf Otto 1856-1913 **[6]**
 ☞ *$21 330 FF108 000 £14 000* The Game of Backgammon Oil/panel 26,5x35,5cm/*10x13in* London 96
OTTERNESS Tom 1952 **[11]**
 ⬟ *$1 200 FF6 976 £732* Kings Parade-Konig's Haus Sculpture 20x25x17cm/*7x9x6in* New-York 97
OTTESEN Otto Didrik 1816-1892 **[76]**
 ☞ *$2 968 FF17 574 £1 776* Lyseröde roser Oil/panel 15x21cm/*5x8in* Köbenhavn 97
 ☞ *$13 000 FF74 074 £7 962* Still Life with Fruit and Flowers under a Grape Vine Oil/panel 81x51cm/*31x20in*
New-York 97
OTTEWELL Benjamin John ?-1937 **[12]**
 ✐ *$334 FF2 004 £200* Grey Day at St Pons Watercolour/paper 17x25cm/*7x10in* Aylsham, Norfolk 98
OTTLER Otto 1891-1965 **[1]**
 ▥ *$1 300 FF7 921 £792* "Strand-Hotel" Poster 119x84cm/*47x33in* New-York 98
OTTMANN Henri 1877-1927 **[116]**
 ☞ *$409 FF2 500 £250* Le Garde chasse Huile/toile 46x38cm/*18x14in* Soissons 98
 ☞ *$737 FF4 400 £444* Jeune femme au vase de fleurs Huile/panneau 35x26,5cm/*13x10in* Paris 97
 ✐ *$807 FF4 600 £494* Le Croisic Aquarelle 31,5x39cm/*12x15in* Paris 97
OTTO Heinrich 1858-1923 **[31]**
 ▥ *$46 FF269 £28* Sommerlandschaft Farblithographie 15,8x20,4cm/*6x8in* Heidelberg 97
OTTO Walt 1895-1963 **[1]**
 ☞ *$3 250 FF16 660 £1 975* Smiling woman with ski poles, cover for Saturday Evening Post, January Oil/canvas
45x35cm/*18x14in* New-York 96
OU HAONIAN Au Ho-nien 1935 **[2]**
 ✐ *$2 588 FF14 926 £1 542* Buddha/Calligraphy Ink 24,5x27,5cm/*9x10in* Hong Kong 97
OUATTARA XX **[3]**
 ✐ *$1 224 FF7 500 £729* Magic Men Pastel/papier 65x103cm/*25x40in* Paris 98
OUBORG Pieter, Piet 1893-1956 **[90]**
 ☞ *$2 746 FF16 228 £1 699* Landscape Oil/canvas 27x35cm/*10x13in* Singapore 97
 ✐ *$533 FF3 118 £315* Man veulen haantje Ink/paper 14,5x21cm/*5x8in* Den Haag 97
OUDART Paul Louis 1796-1850 **[5]**
 ✐ *$1 160 FF6 050 £700* Paradise Flycatcher, Fork-Tailed flycatcher, Scaly-Breasted illadopsis Watercolour,
gouache 16,5x10cm/*6x3in* London 96
OUDENDIJCK Evert XVIII **[1]**
 ☞ *$4 272 FF26 162 £2 556* A Page Holding a Grey in a Classical Garden Oil/canvas 26x21cm/*10x8in*
Amsterdam 98
OUDENHOVEN van Joseph c.1825-c.1900 **[3]**
 ☞ *$2 743 FF13 870 £1 800* The Elopment Oil/panel 49x58cm/*19x22in* London 96
OUDERAA van der Piet 1841-1915 **[27]**
 ☞ *$4 471 FF26 812 £2 739* Oedipe et sa fille en exil Huile/toile 70x108cm/*27x42in* Antwerpen 97
 ☞ *$28 665 FF170 415 £17 010* Les prisonniers du Steen Huile/toile 113x186cm/*44x73in* Antwerpen 97
OUDINOT Achille François 1820-1891 **[12]**
 ☞ *$2 311 FF13 500 £1 367* Vaches et vachères au bord de la mare Huile/toile 23,5x34cm/*9x13in* Barbizon 97
OUDOT Georges 1928 **[51]**
 ⬟ *$892 FF5 200 £549* Modèle allongé Bronze 12x21cm/*4x8in* Saint-Dié 97
 ✐ *$86 FF500 £53* Tête d'enfant Fusain/papier 26x19cm/*10x7in* Besançon 97
OUDOT Roland 1897-1981 **[355]**
 ☞ *$1 048 FF6 200 £629* La baignade Huile/toile 22x33cm/*8x12in* Paris 97
 ☞ *$2 368 FF14 000 £1 416* La grève le soir à Vasouy (Honfleur) Huile/toile 33x55cm/*12x21in* Paris 97
 ▥ *$65 FF400 £39* Vue de la Salute à Venise Lithographie couleurs 43,5x63,5cm/*17x25in* Paris 98
 ✐ *$341 FF1 700 £223* Le chemin Aquarelle 18x24cm/*7x9in* Le Havre 95

OUDRY Jacques-Ch. (Attrib) 1720-1778 **[5]**
- $4 851 FF30 000 £2 889 Chien à l'arrêt Huile/toile/panneau 33x46,5cm/*12x18in* Paris 98
- $8 100 FF47 660 £5 000 Stilleben von Früchten mit einem Spaniel Öl/Leinwand 76,5x63,5cm/*30x25in* Wien 97

OUDRY Jacques-Charles 1720-1778 **[29]**
- $14 795 FF87 912 £8 800 A still life of a sprig of apricots in a glass vase Oil/canvas 45x30cm/*17x11in* London 97
- $17 240 FF90 000 £10 410 Nature morte de pêche, perdreaux gris et céleri Huile/toile 62x80cm/*24x31in* Paris 96
- $129 558 FF780 000 £77 532 Renard & cigogne/Corbeau & renard/Loup & agneau/Chien & sa proie Huile/toile 193x104cm/*75x40in* Paris 98
- $3 946 FF23 000 £2 431 Chien chassant une perdrix Pierre noire 29,5x42cm/*11x16in* Paris 97

OUDRY Jean-Bapt. (Attrib.) 1686-1755 **[8]**
- $9 430 FF47 000 £6 180 Plat de pêches, tourte, perdreau et bouteille Huile/toile 65x81,5cm/*25x32in* Paris 95

OUDRY Jean-Baptiste 1686-1755 **[78]**
- $10 000 FF58 548 £6 183 Hounds Attacking a Wolf in a River Landscape Oil/canvas 65x200,5cm/*25x78in* New-York 97
- $22 862 FF140 000 £13 622 Nature morte aux bécasses et aux canards Huile/toile 78x63cm/*30x24in* Paris 98
- $5 120 FF24 730 £3 200 Portrait of a woman in a garden Ink 20x20cm/*7x7in* London 95

OULESS Philip John 1817-1885 **[26]**
- $6 526 FF38 986 £4 000 Express of Jersey in heavy Seas Oil/canvas 26,5x41cm/*10x16in* London 98
- $8 730 FF45 000 £5 600 The paddle steamer "La Comète" off Pointe de La Rocque, Granville Oil/canvas 39x64cm/*15x25in* St. Helier, Jersey 96

OULINE A. XIX-XX **[12]**
- $1 123 FF5 770 £700 Head of a worker Bronze H30,5cm/*H12in* London 96

OULTON Therese 1953 **[20]**
- $2 293 FF11 200 £1 450 Untitled Oil/canvas 56x76cm/*22x29in* London 95
- $8 201 FF47 081 £5 000 Spinner Oil/canvas 234x213,5cm/*92x84in* London 97

OURY Léon-Louis 1846-? **[6]**
- $815 FF4 807 £500 "Exposition Internationale de Bruxelles 1897" Poster 121x76cm/*47x29in* London 98

OURY Louis XIX-XX **[7]**
- $193 FF1 000 £125 "Trio Dufour, des Ambassadeurs de Paris" Affiche 60x80cm/*23x31in* Nice 96

OUSELEY William Gore 1797-1866 **[1]**
- $11 610 FF60 100 £7 500 The aqueduct and convent of Santa Teresa, Matacavallos, Rio de Janeiro Watercolour 15,5x21cm/*6x8in* London 96

OUSLEY William XIX-XX **[7]**
- $900 FF5 434 £546 Bayou with Cypress Oil/canvas 60x36cm/*24x14in* New Orleans, Louisiana 98

OUTCAULT Richard Felton 1863-1928 **[3]**
- $1 700 FF10 359 £1 035 "New York Journal's Colored Comic Supplement" Poster 13x50cm/*5x19in* New-York 98
- $2 800 FF13 580 £1 804 Buster Brown Watercolour 53x46cm/*21x18in* New-York 95

OUTER Nestor 1865-1930 **[11]**
- $886 FF4 610 £586 Paysage Aquarelle/papier 26x37cm/*10x14in* Bruxelles 96

OUTERBRIDGE Paul, Jnr. 1896-1958 **[137]**
- $12 000 FF70 340 £7 386 Still Life with Hat Box Platinum print 12x9,5cm/*4x3in* New-York 97

OUTHWAITE Idu Sherbourne Rent. 1888-1960 **[9]**
- $6 355 FF38 496 £3 938 Fairies By a Tree Watercolour/paper 33x28cm/*12x11in* Melbourne 97

OUTIN Pierre 1839-1899 **[8]**
- $17 000 FF100 889 £10 412 Les bonbons de Madame Oil/canvas 45,5x32cm/*17x12in* New-York 97

OUVRIE Justin P. 1806-1879 **[50]**
- $1 908 FF10 000 £1 144 Scène animée près du village Huile/panneau 18x27cm/*7x10in* Soissons 96
- $15 080 FF76 600 £9 000 Le Cours Saleya, Nice Oil/canvas 109x84cm/*42x33in* London 96
- $808 FF4 800 £489 La cathédrale de Strasbourg Aquarelle/papier 21,5x12,5cm/*8x4in* Paris 97

OUWATER Isaak 1750-1793 **[12]**

$206 927 FF1 220 124 £122 500 Utrecht, the catharijnepoort/the wittevrouwepoort Oil/canvas 47,5x57cm/*18x22in* London 97
OVADYAHU Samuel 1892-1963 **[51]**
$1 800 FF10 695 £1 098 Seascape, Figures on the Shore Oil/canvas 34x43cm/*13x16in* Tel Aviv 98
$2 200 FF12 557 £1 360 Landscape Oil/board 50x40cm/*19x15in* Herzelia Pituah 97
$550 FF3 213 £332 Nude Charcoal/paper 99x64cm/*38x25in* Tel Aviv 97
OVENDEN Graham 1943 **[11]**
$2 055 FF10 200 £1 300 The Druid's Grove Oil/board 28x20cm/*11x7in* London 95
$226 FF1 348 £140 Lorraine Aquatint 36x23,5cm/*14x9in* London 97
OVENS Jurgen 1623-1678 **[8]**
$9 586 FF55 675 £5 856 Deathbed effigy of a child lying on a sculpted bed Oil/canvas 65x76,5cm/*25x30in* Amsterdam 97
$15 400 FF80 200 £10 000 Portrait of a Cleric holding a book Oil/panel 41x31cm/*16x12in* London 96
$17 080 FF88 400 £11 030 Lekande barn och munkar Oil/canvas 100x126cm/*39x49in* Stockholm 96
OVERBECK Fritz 1869-1909 **[50]**
$8 580 FF43 940 £5 070 Landschaft Oil/canvas/panel 41,5x54cm/*16x21in* Hamburg 96
$503 FF2 867 £314 "Aus meinem Fenster" Etching 178x265cm/*70x104in* Bremen 97
OVERBECK Johann Friedrich 1789-1869 **[10]**
$170 FF1 004 £100 Der hl. Philipus Neri mit Buch und Kreuz Radierung 14x8cm/*5x3in* Berlin 97
$1 195 FF5 920 £760 Stehender männlicher Akt Pencil 21,5x14cm/*8x5in* Heidelberg 95
OVERBEEK Leendert 1752-1815 **[6]**
$1 419 FF8 124 £838 Peasants by a farm in a wood, a village by a lake beyond Pencil 24,5x29cm/*9x11in* Amsterdam 97
OVERBEEK van Gijsbertus Johannes 1882-1947 **[16]**
$796 FF4 771 £476 Pointer Oil/canvas 44,5x49cm/*17x19in* Den Haag 98
OVERBEEKE van Olav Cleofas 1946 **[7]**
$2 931 FF17 414 £1 743 Still Life with a Vase, Onion and an Egg Oil/canvas 9x75cm/*3x29in* Amsterdam 97
OVERDAM Ab 1937 **[5]**
$1 340 FF7 632 £831 Hommage à B. Brecht Oil/canvas 80x70cm/*31x27in* Amsterdam 97
OVERLAET Antoon 1720-1774 **[5]**
$267 FF1 609 £160 Three copies after paintings of Men's Head, including Van Dyck Ink 14x13,5cm/*5x5in* London 98
OVERSCHIE van Pieter c.1620-c.1672 **[5]**
$2 104 FF12 000 £1 303 Nature morte au homard Huile/panneau 48x64cm/*18x25in* Besançon 97
OVERSTRAETEN van War 1891-1981 **[47]**
$278 FF1 705 £166 Femme assise Huile/toile 80x66cm/*31x25in* Bruxelles 98
$191 FF984 £119 Fille rêvant Technique mixte/papier 67x52cm/*26x20in* Antwerpen 96
OVISSI Nasser 1934 **[9]**
$1 170 FF6 030 £750 Tauromaquia Aguafuerte 51x38cm/*20x14in* Madrid 96
OWCZAREK Jacques XX **[1]**
$2 631 FF15 000 £1 629 Epsoakio Bronze H19,5cm/*H7in* Paris 97
OWEN Bill 1942 **[15]**
$1 000 FF5 210 £628 Sioux Brave Oil/canvas 40x20cm/*16x8in* Scottsdale, Arizona 96
$6 050 FF37 003 £3 590 Two Calves Oil/canvas 50x40cm/*20x16in* Houston, Texas 98
$1 870 FF11 437 £1 109 Cutting One Out Pencil/paper 30x43cm/*12x17in* Houston, Texas 98
OWEN Gladys Mary 1889-1960 **[7]**
$233 FF1 402 £141 San Gimignano/Thatched Cottage/Cottage by River/The corral, Segovia Woodcut 21x15cm/*8x5in* Sydney 97
OWEN Joel XIX-XX **[31]**
$450 FF2 567 £275 Landscape at Twilight Oil/canvas 60x39cm/*24x15in* Bethesda, Maryland 97
OWEN Robert Emmett 1878-1957 **[60]**
$1 000 FF6 097 £600 The Old Maple, Summe Oil/canvas 33x35,5cm/*12x13in* Boston, Mass. 98
$1 600 FF9 495 £992 Autumn Landscape Oil/canvas 71x112cm/*27x44in* New-York 97
OWEN Samuel 1768/69-1857 **[35]**
$163 FF932 £100 Shipping in a Bay Wash 12x43cm/*4x16in* London 97
OWEN William 1769-1825 **[14]**
$9 570 FF46 450 £6 000 Portrait of Miss Sledmere, seated Oil/canvas 111x92cm/*43x36in* London 95
$9 000 FF53 635 £5 518 Portrait of a Lady, three-quarter lengh Oil/canvas 128x101cm/*50x40in* New-York 98

OWEN William (Attrib.) 1769-1825 [5]
☞ *$3 950 FF20 240 £2 400* Portrait of a girl, in a brown dress and tartan shawl Oil/canvas 71x91,5cm/*27x36in* London 96
OXENHAM Michael N. 1949 [2]
☞ *$1 500 FF9 012 £900* "Heron Passing" Oil/canvas 21x51cm/*8x20in* London 98
OYENS David 1824-1902 [18]
☞ *$1 981 FF12 135 £1 180* In the artist's studio Oil/canvas 36,5x32cm/*14x12in* Amsterdam 98
OYENS Pieter 1842-1894 [8]
☞ *$5 012 FF29 059 £2 993* An Italian Peasant Girl Laughing Oil/canvas 102,5x74cm/*40x29in* Amsterdam 97
OYSTON George XIX-XX [81]
✎ *$90 FF537 £56* Hay Field Watercolour/paper 34x49cm/*13x19in* Downington, PA 97
OZANNE Nicolas Marie 1728-1811 [24]
✎ *$2 850 FF17 076 £1 700* Fishermen by the Coast with an elegant Couple watching a Man-o-War Pencil 18x33,5cm/*7x13in* London 98
OZENFANT Amédée 1886-1966 [85]
☞ *$15 808 FF95 000 £9 471* Nature morte aux mains Huile/toile 80x65cm/*31x25in* Paris 98
✎ *$1 872 FF11 500 £1 122* Maternité Crayon gras/papier 49,5x39cm/*19x15in* Paris 98

P

PAALEN Wolfgang 1905-1959 [19]
☞ *$9 438 FF55 000 £5 813* Faucon No.5 Huile/panneau 49x62cm/*19x24in* Paris 97
PAAR Ernst 1906-1986 [6]
☞ *$8 330 FF43 300 £5 510* Liegender weiblicher Akt Öl/Leinwand 96x121cm/*37x47in* Wien 96
▥ *$661 FF3 846 £404* Harkelein im Mondlicht/Landschaft Woodcut 45x60cm/*17x23in* Wien 97
PABST Camille Alfred 1821-1898 [8]
☞ *$3 224 FF19 308 £1 981* Magd in Treppenhaus Oil/canvas 65x54cm/*25x21in* Bern 98
PACE DA CAMPIDOGLIO Michelangelo c.1610-1670 [9]
☞ *$15 390 FF90 000 £9 387* Nature morte aux raisins, grenades et figues sur un entablement Huile/toile 75,5x92,5cm/*29x36in* Paris 97
☞ *$132 400 FF691 000 £80 000* Still life of grapes, melons, pomegranates, pears with a servant girl Oil/canvas 108x132cm/*42x51in* London 96
PACE DA CAMPIDOGLIO Michelangelo (Attr.) c.1610-1670 [8]
☞ *$36 909 FF217 630 £21 850* Still life of grapes, apples, figs and a lizzard in a landscape Oil/canvas 88x107,5cm/*34x42in* London 97
PACE Nicholas 1957 [3]
☞ *$4 001 FF24 033 £2 400* A Toco Toucan and a Chesnut Mandibled Oil/canvas 51x40,5cm/*20x15in* London 98
PACHECO Francesco (Attrib.) 1564-1654 [2]
☞ *$3 630 FF21 725 £2 255* Santa Catalina de Siena Oleo/tabla 47x19cm/*18x7in* Madrid 97
PACHECO Joaquín 1934 [4]
✎ *$1 151 FF6 566 £700* Forest Path, Rio de Janeiro Gouache/papier 26x13cm/*10x5in* London 97
PACHER Ferdinand 1852-1911 [4]
☞ *$7 144 FF40 431 £4 362* Jäger mahnt seinen Dackel am Wirtsaustisch Öl/Leinwand 43x33cm/*16x12in* Kempten 97
PACHT Vilhelm 1843-1912 [20]
☞ *$350 FF1 990 £215* Monjes en el claustro de un covento en Amalfi Oleo/lienzo 36x53cm/*14x20in* Madrid 97
PACZKA Ferencz 1856-1925 [6]
☞ *$3 680 FF19 200 £2 225* Mother and child Oil/canvas 91x75cm/*35x29in* Stockholm 96
PACZKA-WAGNER Cornelia 1864-? [3]
☞ *$44 050 FF220 000 £28 800* Le Songe du peintre Huile/toile 205x300cm/*80x118in* Paris 95
PADAMSEE Akbar 1928 [4]
☞ *$16 400 FF85 000 £10 500* Red landscape Oil/canvas 180x123cm/*70x48in* London 96
✎ *$1 993 FF11 952 £1 200* Head/Head Charcoal 37x26,5cm/*14x10in* London 98
PADDAY Charles Murray 1868-1954 [12]

✏ *$12 492 FF72 254 £7 500* A Mermaid Oil/canvas 36x46cm/*14x18in* London 97

✏ *$1 557 FF8 941 £949* International Yacht Racing Rules No.43 "Protest" Watercolour 31x45cm/*12x17in* London 97

PADUA Paul Mathias 1903-1984 **[61]**

$2 534 FF14 482 £1 552 Fisherman's cottage Öl/Leinwand 30x40cm/*11x15in* München 97

$4 477 FF26 809 £2 750 Blumenstilleben Oil/canvas 55x60cm/*21x23in* Köln 98

$7 850 FF45 165 £4 634 Frauenakt mit Stilleben Öl/Leinwand 120x172cm/*47x67in* München 97

✏ *$753 FF4 388 £464* Studie zu einem weiblichen Akt Charcoal 67x49cm/*26x19in* Köln 97

PADURA Miguel 1957 **[4]**

$20 900 FF127 360 £12 926 The Green Room Oil/canvas 179x127cm/*70x50in* Miami, Florida 98

PAEDE Paul 1868-1929 **[37]**

$901 FF5 376 £559 Alte Dachauer Bäuerin in Tracht Öl/Karton 31x24,5cm/*12x9in* Dresden 97

$2 072 FF11 808 £1 294 Weiblicher Akt unter Bäumen Öl/Leinwand 70x90cm/*27x35in* Köln 97

PAEFFGEN Carl Otto 1930 **[23]**

$5 225 FF31 007 £3 200 Untitled Acrylic/canvas 70x100,5cm/*27x39in* London 97

$8 164 FF48 449 £5 000 Landschaft Acrylic/canvas 109x160cm/*42x62in* London 97

✏ *$1 690 FF8 830 £1 006* Mond Ink 40x30cm/*15x11in* Köln 96

PAELINCK Joseph 1781-1839 **[8]**

$160 000 FF822 400 £100 000 Orpheus and Eurydice Oil/canvas 209,5x145,5cm/*82x57in* New-York 96

PAEMEL van Jules 1896-1968 **[16]**

$707 FF4 232 £434 Le monstre de l'Escaut Eau-forte 60x75,5cm/*23x29in* Bruxelles 98

PAEP de Thomas c.1628-1670 **[2]**

$9 320 FF48 300 £6 240 Bunch of Grapes hanging from a nail in a stone wall Oil/canvas/board 70x55cm/*27x21in* Amsterdam 96

PAERELS Willem 1878-1962 **[122]**

$4 730 FF23 340 £3 056 Plongeur dans le port de Marseille Huile/toile 83x102cm/*32x40in* Bruxelles 96

✏ *$574 FF2 950 £358* Femme se reposant Sanguine/papier 40x26cm/*15x10in* Antwerpen 96

PAESCHKE Paul 1875-1943 **[67]**

$65 FF340 £39 "Paris, Jardin des Tuileries" Etching 16,5x23cm/*6x9in* München 96

✏ *$3 575 FF18 645 £2 090* Wintersportler in Spindelmühle im Riesengebirge Pastell/Papier 30x40cm/*11x15in* Berlin 96

PAEZ de José 1720-1790 **[13]**

$2 310 FF13 825 £1 435 "La Anunciación" Oleo/cobre 23x20cm/*9x7in* Madrid 97

$10 000 FF58 377 £5 949 Joseph and Christ Oil/metal 63,5x47,5cm/*25x18in* New-York 97

PAGANI Gregorio 1558-1605 **[4]**

✏ *$1 340 FF8 093 £804* Vertreibung der Händler aus dem Tempel Indian ink/paper 38x42,5cm/*14x16in* Luzern 98

PAGANI Paolo 1661-1716 **[3]**

$3 600 FF20 400 £1 800 Giove e lo sorpresi da Giunone Olio/tela 62x83cm/*24x32in* Roma 97

PAGANINI L. XIX-XX **[1]**

$21 000 FF125 672 £13 158 Cherub Marble H107cm/*H42in* New-York 97

PAGANO Michele c.1697-c.1732 **[5]**

$6 000 FF34 000 £4 000 Paesaggio fluviale Olio/rame 24x41,5cm/*9x16in* Milano 97

PAGE Edward A. 1850-1928 **[19]**

$1 000 FF5 643 £612 Coastal Scene with Fishermen Oil/canvas 35x53cm/*14x21in* East Dennis, Mass. 97

PAGE Fred 1908-1984 **[30]**

$438 FF2 419 £272 The Birds Oil/board 75x37cm/*29x14in* Johannesburg 97

✏ *$325 FF1 980 £197* "Then the Thread Snapped" Ink/paper 67x42cm/*26x16in* Cape Town 98

PAGE Henry Maurice XIX-XX **[11]**

$655 FF3 910 £400 Waiting for the Ferry near Dort, Holland Oil/canvas 30x45cm/*11x17in* Chiddingfold, Surrey 98

PAGE William 1811 1885 **[1]**

✏ *$1 317 FF7 504 £800* Cappriccio of Grecian ruins Watercolour 44x59,5cm/*17x23in* London 97

PAGE William 1794-1872 **[18]**

✏ *$570 FF3 405 £350* Album of Drawings of Greece, Turkey and Italy Ink/paper 12x20cm/*4x7in* London 98

PAGENKOPF Louise 1856-1922 **[3]**

$3 284 FF19 176 £2 004 Rotwild Öl/Leinwand 63x47cm/*24x18in* Wien 97

PAGES Alfred XIX-XX **[1]**

👄 *$51 100 FF260 000 £31 500* La vie de Bohême Huile/toile 227x322cm/*89x126in* Paris 96
PAGES Bernard 1940 **[7]**
🔨 *$5 930 FF30 000 £3 890* Assemblages jumelés Sculpture bois 28x60cm/*11x23in* Paris 96
PAGES Jules Eugène 1867-1946 **[19]**
👄 *$2 000 FF12 187 £1 237* Depicting Batteau on the Seine Oil/canvas 35x45cm/*14x18in* Detroit, Michigan 98
PAGES Jules François 1833-1910 **[3]**
👄 *$3 000 FF15 660 £1 813* Chinatown Street Scene, San Francisco Oil/canvas 45,5x25,5cm/*17x10in* San Francisco-Los Angeles 96
PAGGI Giovanni B. (Attrib) 1554-1627 **[14]**
👄 *$3 250 FF18 885 £2 000* Venus and Cupid Oil/copper 25x16cm/*9x6in* London 97
✏️ *$1 273 FF7 500 £786* Chronos sur son char tiré par des éléphants Encre 25,5x19,5cm/*10x7in* Paris 97
PAGGI Giovanni Battista 1554-1627 **[12]**
👄 *$130 000 FF766 961 £79 612* The Adoration of the Magi Oil/panel 139x110cm/*54x43in* New-York 98
✏️ *$2 000 FF11 049 £1 243* The Death of Saint Onofrio Ink 32,7x21,4cm/*12x8in* New-York 97
PAGLIA Giovanni 1766-1846 **[2]**
✏️ *$1 137 FF6 610 £700* Interior of a Gothic Palace: Design for the Stage Ink 38,5x50cm/*15x19in* London 97
PAGLIANO Eleuterio 1826-1903 **[10]**
👄 *$4 800 FF27 200 £2 400* Ghiffa Olio/tela/tavola 25,5x28cm/*10x11in* Milano 98
👄 *$18 000 FF102 000 £9 000* Venditrice di frutta Olio/tela 110x77cm/*43x30in* Vercelli 98
PAGNI Ferruccio 1866-1935 **[3]**
👄 *$4 200 FF23 800 £2 800* Tramonto in padule Olio/tavoletta 37x72,5cm/*14x28in* Firenze 98
👄 *$7 260 FF37 100 £4 400* Paesaggio lacustre Olio/cartone 24,5x34,5cm/*9x13in* Prato 96
👄 *$9 408 FF53 313 £4 704* La Pineta Olio/tavola 118x121cm/*46x47in* Milano 97
PAHL Manfred 1900 **[21]**
👄 *$3 684 FF22 125 £2 209* "Affekt" Oil/panel 82x76,5cm/*32x30in* Stuttgart 98
PAHNKE Serge 1875-1950 **[2]**
👄 *$4 926 FF28 752 £3 018* Meditation Öl/Leinwand 80x125cm/*31x49in* Wien 97
PAICE George 1854-1925 **[45]**
👄 *$1 094 FF5 670 £700* Henrietta Oil/canvas 50,5x68,5cm/*19x26in* London 96
👄 *$1 197 FF6 883 £749* Trimmer, a Jack Russel Oil/board 23x29,5cm/*9x11in* London 97
PAIK Nam June 1932 **[48]**
👄 *$25 117 FF153 909 £15 000* T.V Boys, Beuys Mixed media/canvas 343,5x213cm/*135x83in* London 98
🎞️ *$559 FF3 209 £340* Brennender Hut Farbserigraphie 51x58,5cm/*20x23in* Berlin 97
🔨 *$3 878 FF23 506 £2 378* M S-Fluxussus (Symphonie Nr. 7) Assemblage 11,8x59,8x21cm/*4x23x8in* Hamburg 98
🔨 *$35 000 FF178 300 £21 000* First Feminist Accumulation 147x117x84cm/*57x46x33in* New-York 96
PAïL Edouard 1851-1916 **[50]**
👄 *$441 FF2 636 £270* Au Bretagne Oil/canvas 21x29cm/*8x11in* Köbenhavn 98
👄 *$1 450 FF7 500 £935* Promeneuses en forêt Huile/toile 65,5x81cm/*25x31in* Soissons 96
PAILES Isaac 1895-1978 **[85]**
👄 *$267 FF1 600 £162* Portrait d'homme assis Huile/toile 92x60cm/*36x23in* Paris 97
PAILHES Fred 1902-1991 **[183]**
✏️ *$293 FF1 800 £182* Nu féminin Sanguine/papier 16,5x30cm/*6x11in* Avranches 97
PAILLER Henri 1876-1954 **[24]**
👄 *$1 312 FF7 533 £800* Eglise de St. Mathieur, Morlaix Oil/canvas 49,5x38cm/*19x14in* London 97
PAILLET Charles 1871-1937 **[25]**
🔨 *$3 418 FF21 000 £2 049* Cerf et biche Bronze 63x57cm/*24x22in* Reims 98
PAILLET Fernand 1850-1918 **[3]**
👄 *$7 000 FF39 931 £4 256* Reviewing the Proposal Oil/canvas 33x40,5cm/*12x15in* San Francisco 97
PAILLOT DE MONTABERT Jacques Nicolas 1771-1849 **[1]**
👄 *$40 200 FF200 000 £25 600* Portrait de Lord Byron dans un paysage Huile/toile 140x103cm/*55x40in* Paris 95
PAILLOU Peter (Attrib.) c.1745-c.1806 **[7]**
✏️ *$146 FF824 £89* Variete da Cardon bleu Cotinga Bodycolour 31x22cm/*12x8in* London 97
PAILLOU Peter, Jnr. c.1757-c.1831 **[6]**
✏️ *$1 531 FF9 086 £949* A Pail of Waders Watercolour 37,5x52,5cm/*14x20in* London 97

P

PAILOS Manuel 1918 **[15]**
- *$965 FF5 008* £639 Constructivo pez Oil/canvas 20x20cm/*7x7in* Montevideo 96
- *$6 500 FF33 673* £4 221 Máquina constructiva Enamel/canvas 80x83,5cm/*31x32in* Montevideo 96
- *$850 FF4 403* £552 Desnudo Acuarela 32x21,5cm/*12x8in* Montevideo 96

PAILTHORPE Grace 1883-1971 **[13]**
- *$198 FF1 008* £130 Fantastic Creature Watercolour 28x36cm/*11x14in* London 96

PAJETTA Guido Paolo 1898-1987 **[7]**
- *$4 499 FF25 498* £2 249 Nudi con scimmia Olio/tela 85x122cm/*33x48in* Milano 98

PAJETTA Pietro 1845-1911 **[16]**
- *$4 150 FF21 500* £2 680 Vaches et chevaux dans une étable Huile/toile 37x44,5cm/*14x17in* Paris 96
- *$21 084 FF124 835* £12 606 Knabe mit Kochbuch Öl/Leinwand 35,5x45cm/*13x17in* Zürich 97

PAJOT Gilbert 1902-1952 **[19]**
- *$2 740 FF16 000* £1 657 L'Alice et Isabelle Aquarelle 40x54cm/*15x21in* Nantes 97

PAJOT Paul Émile 1870-1930 **[29]**
- *$547 FF3 000* £329 La barque sardinière L'Etoile rentrant au port des Sables Aquarelle, gouache 46,5x58,5cm/*18x23in* Paris 97

PAJOU Augustin 1730-1809 **[18]**
- *$5 463 FF32 679* £3 316 Bust of a boy, probably the marquis de Lubersac Terracotta H51cm/*H20in* Amsterdam 97
- *$7 140 FF37 000* £4 610 Bossuet en pied Sanguine 48x51cm/*18x20in* Paris 96

PAKENHAM Katherine **[1]**
- *$1 365 FF6 540* £850 St. Peter the Martyr Watercolour 7x135cm/*3x53in* London 95

PAKOSTA Florentina 1933 **[2]**
- *$1 127 FF5 770* £724 Sitzender Knabe Aquarell/Papier 51x42cm/*20x16in* Wien 96

PAL Fried 1914 **[43]**
- *$244 FF1 398* £144 Cowboys Oil/canvas 50x76cm/*19x29in* Sydney 97
- *$2 500 FF11 925* £1 572 Chief's Regalia Oil/canvas 30x24cm/*11x9in* Hayden 95

PAL Gogi Saroj 1945 **[3]**
- *$1 329 FF7 968* £800 Woman/Woman Pastel 32,5x23cm/*12x9in* London 98

PAL Jean de Paléologue 1855-1942 **[154]**
- *$2 829 FF16 400* £1 722 Terraza con la Giralda al fondo Oleo/tabla 20x11cm/*7x4in* Madrid 97
- *$1 590 FF9 500* £972 "Chemin de Fer du Nord, Ault-Onival Plages" Affiche 122,5x80,5cm/*48x31in* Orléans 98

PALACIOS Alirio 1944 **[11]**
- *$15 000 FF87 565* £8 923 Preparados para la fiesta N. 1 Mixed media/paper 182x152cm/*71x59in* New-York 97

PALACIOS Irma 1943 **[1]**
- *$7 500 FF43 808* £4 437 El pajaro de fuego Oil/canvas 120x150cm/*47x59in* New-York 97

PALADINI Filippo di Lorenzo 1554-1616 **[2]**
- *$19 000 FF105 907* £11 618 Adoration of the Magi Oil/canvas 196,9x144,8cm/*77x57in* New-York 97

PALADINI Vinicio 1902-1971 **[11]**
- *$548 FF3 110* £274 Bozetto per la copertina del libro "noi, gli Aria" Tecnica mista/cartone 35x52,5cm/*13x20in* Milano 97
- *$487 FF2 764* £243 Progetto di pubblicità per calze di nylon Acquarello 25,5x23cm/*10x9in* Milano 97

PALADINO Mimmo 1948 **[250]**
- *$1 849 FF10 802* £1 094 "Eccisé" Mixed media 36x77cm/*14x30in* Stockholm 97
- *$2 600 FF15 384* £1 586 Untitled Oil/paper 30x40cm/*11x15in* New-York 98
- *$10 900 FF57 100* £6 550 Untitled Acrylic/paper/canvas 99,5x151cm/*39x59in* Amsterdam 96
- *$549 FF3 145* £324 The Skater Etching, aquatint 96,5x77,5cm/*37x30in* New-York 97
- *$18 000 FF104 590* £10 627 Untitled Stone 75x86,5cm/*29x34in* New-York 97
- *$66 000 FF374 000* £33 000 Ragazzo con cani e anfora Bronzo 140x106x155cm/*55x41x61in* Prato 98
- *$270 FF1 530* £180 Silenzioso China/carta 20x13cm/*7x5in* Vercelli 97

PALAMEDES Anthonie S. (Attrib) 1601-1673 **[6]**
- *$5 090 FF25 900* £3 000 Portrait of a Lady, small-half-length Oil/panel 2,5x16cm/*x6in* London 96

PALAMEDES Anthonie Stevers 1601-1673 **[33]**
- *$21 921 FF129 870* £13 000 Elegant Company making Music in an Interior Oil/panel 51x74cm/*20x29in* London 97
- *$87 562 FF518 445* £52 000 A Guardroom Interieur Oil/panel 30x38cm/*11x14in* London 97

$150 057 FF901 260 £90 000 The Interior of a Renaissance Style Church at Night Oil/panel 117,5x157cm/*46x61in* London 98
PALAMEDES Palamedesz I 1607-1638 [16]
$9 994 FF60 356 £6 000 A Cavalry Engagement Oil/panel 46x77,5cm/*18x30in* London 98
$12 448 FF76 256 £7 520 Reitergefecht zwischen Kaiserlichen Öl/Papier 20,5x31cm/*8x12in* Wien 98
PALANTI Giuseppe 1881-1946 [10]
$1 957 FF11 090 £978 L'attrice Dina Galli Tempera/carta 30x19cm/*11x7in* Milano 98
PALAU Albertina XIX [3]
$12 168 FF71 076 £7 200 The musicians Oil/canvas 49,5x85,1cm/*19x33in* London 97
PALAZUELO Pablo 1916 [24]
$248 FF1 366 £149 Composición 19 Grabado 64x46cm/*25x18in* Madrid 97
$1 665 FF10 000 £999 "Série Lagunas I" Encre/papier 39,5x29cm/*15x11in* Versailles 98
PALAZZI Bernardino 1907 [11]
$1 499 FF8 498 £999 Tre nudi femminili Olio/cartone 14,5x19,5cm/*5x7in* Milano 97
$6 899 FF39 098 £3 449 Bagnante Olio/tela 100x98,5cm/*39x38in* Roma 98
$1 499 FF8 498 £999 La toilette Pastelli/carta 77x52cm/*30x20in* Milano 97
PALAZZI Gaetano 1892-? [1]
$21 000 FF119 000 £10 500 Tentazione respinta Olio/tela 187x131cm/*73x51in* Milano 97
PALDI Israel 1892-1979 [25]
$1 200 FF6 441 £717 Birds Oil/canvas 33,5x41cm/*13x16in* Tel Aviv 97
$2 700 FF13 820 £1 748 Landscape in Galile Oil/canvas 46x56cm/*18x22in* Tel Aviv 95
$600 FF3 070 £389 Fishermen in a storm Ink 33,5x47cm/*13x18in* Tel Aviv 95
PALENCIA Benjamín 1894-1980 [201]
$4 200 FF23 820 £2 640 Paisaje Oleo/tabla 20x39cm/*7x15in* Madrid 97
$12 540 FF75 430 £7 790 Paisaje Oleo/tablex 61x81cm/*24x31in* Madrid 97
$1 400 FF8 000 £860 Las Gaviotas Tinta 29x41cm/*11x16in* Madrid 97
PALERMO Blinky 1943-1977 [64]
$24 000 FF142 012 £14 642 Captagon Mixed media/board 96x68cm/*37x26in* New-York 98
$250 000 FF1 312 000 £150 000 Untitled Mixed media 200x200cm/*78x78in* London 96
$88 FF506 £55 Projektion Offset 19,5x26cm/*7x10in* Bielefeld 97
PALET Joan 1911 [11]
$520 FF3 160 £320 Figura femenina sentada en un sofá Oleo/lienzo 81x65cm/*31x25in* Barcelona 98
PALEZIEUX de Edmond 1850-1924 [1]
$2 156 FF12 300 £1 313 Mélancolie Huile/panneau 24x33cm/*9x12in* Paris 97
PALEZIEUX de Gérard 1919 [8]
$2 850 FF14 670 £1 780 Landschaft bei Finges Aquarell 15,3x26cm/*6x10in* Bern 96
PALFFY Peter 1899-1988 [9]
$2 814 FF16 649 £1 669 Ohne Titel Öl/Karton 50,5x71,5cm/*19x28in* Wien 97
$1 400 FF7 200 £873 Kopf und Hände Mischtechnik/Papier 24x31,5cm/*9x12in* Wien 96
PALIN William Mainwaring 1862-1947 [13]
$816 FF4 845 £500 Porlock Weir/an Extensive Landscape with a Village beyond Oil/canvas 35,5x51cm/*13x20in* London 97
$3 920 FF19 600 £2 540 Interior with mother and children Oil/canvas 128x102cm/*50x40in* København 96
$977 FF5 830 £600 The Sun Bathers, a Classical Scene Watercolour/paper 31x43cm/*12x17in* Cranbrook, Kent 98
PALING Isaak 1630-1719 [3]
$3 790 FF18 500 £2 400 Portrait of a Lady, half-length Oil/canvas 77x64cm/*30x25in* London 95
PALIZZI Filippo 1818-1899 [60]
$827 FF4 960 £500 The Milkmaid Oil/panel 91,5x71cm/*36x27in* London 98
$13 230 FF64 900 £8 610 Pastore con cane Olio/tavola 26x39cm/*10x15in* Milano 95
$2 827 FF17 000 £1 691 Le petit berger Aquarelle/papier 30x45cm/*11x17in* Paris 98
PALIZZI Filippo (Attrib.) 1818-1899 [10]
$1 800 FF10 200 £1 200 A cavallo del somarello Olio/tela/cartone 15x13cm/*5x5in* Roma 97
$4 499 FF25 498 £2 249 Paesaggio fluviale Olio/tela 92x129cm/*36x50in* Milano 97
PALIZZI Franco Paolo 1825-1871 [3]
$1 681 FF9 500 £1 036 Scène de chasse à courre Huile/panneau 22x13cm/*8x5in* Troyes 97

PALIZZI Giuseppe 1812-1888 **[51]**
- $4 253 FF26 000 £2 597 Berger Huile/panneau 23,5x34,5cm/*9x13in* Montauban 98
- $7 560 FF37 100 £4 800 Pascolo Olio/cartone 55x49cm/*21x19in* Prato 95
- $2 944 FF17 000 £1 754 Enfants sur un rocher, Sorrente, juin 1872 Gouache/papier 20,5x29cm/*8x11in* Lyon 97

PALIZZI Nicola 1820-1870 **[16]**
- $3 000 FF17 000 £1 500 Sentiero montano Olio/tela 34,5x27cm/*13x10in* Milano 97
- $11 050 FF56 800 £6 580 Il frutto della beccaccia Olio/tela 76x62cm/*29x24in* Roma 96

PALIZZI Nicola (Attrib.) 1820-1870 **[3]**
- $3 200 FF16 750 £2 100 Scena di paese Olio/tela 27x39cm/*10x15in* Roma 96
- $6 000 FF34 000 £4 000 La vendemmia Olio/tela 61x49cm/*24x19in* Roma 97

PALKINE Igor 1951 **[9]**
- $172 FF1 000 £101 Après-midi dans le parc Huile/carton 30x40cm/*11x15in* Auxerre 97

PALLANDT van Charlotte 1898-1997 **[34]**
- $4 491 FF26 754 £2 670 Koningin Wilhelmina Bronze H17cm/*H6in* Amsterdam 97
- $1 224 FF7 495 £729 Seated nude Coloured pencils/paper 36x25cm/*14x9in* Amsterdam 98

PALLARES Y ALLUSTANTE Joaquín 1858-1935 **[30]**
- $2 202 FF12 795 £1 300 A Parisian Street Oil/board 25x34cm/*9x13in* London 97
- $2 665 FF16 195 £1 640 Escena cortesana Oleo/lienzo 49x78cm/*19x30in* Madrid 98

PALLENBERG Joseph Franz 1882-1945 **[16]**
- $451 FF2 681 £276 Zwei Eisbären auf der Lauer Bronze 8x18x8cm/*3x7x3in* Köln 97
- $348 FF1 718 £227 Reiterszenen in Landschaften Pencil 9x15cm/*3x5in* Hamburg 95

PALLEZ Lucien 1853-? **[3]**
- $2 447 FF14 619 £1 500 Venus and Cupid Bronze H79cm/*H31in* London 98

PALLIERE Armand Julien 1784-1862 **[2]**
- $170 000 FF1 035 946 £103 564 View of Villa Rica with the Hills of Pico do Itacolomi beyond Oil/canvas 34x83cm/*13x32in* New-York 98

PALLIERE Arnaud J. (Attrib.) 1784-1862 **[1]**
- $496 000 FF2 567 000 £320 000 The courtyard of a Palace, environs of Rio de Janeiro/An architect Oil/canvas 120x162cm/*47x63in* London 96

PALLIERE Jean Léon 1823-1887 **[5]**
- $4 145 FF21 430 £2 781 Escena de Montevideo colonial con la puerta de la Ciudadela Tinta 17x22,8cm/*6x8in* Montevideo 96

PALLIK Bela 1845-1908 **[4]**
- $7 352 FF41 821 £4 500 Sheep Oil/panel 79x121cm/*31x47in* London 97

PALLMANN Peter Götz 1908-1966 **[19]**
- $2 466 FF14 405 £1 459 Biergartenszene Öl/Papier 40,3x34,8cm/*15x13in* Köln 97
- $2 817 FF16 750 £1 745 Boulevard Oil/panel 48,5x44cm/*19x17in* Stuttgart 97

PALLUT Pierre 1918 **[8]**
- $2 997 FF18 000 £1 798 Poissons noirs Huile/toile 65x81cm/*25x31in* Versailles 98

PALLYA Carolus 1875-1930 **[8]**
- $600 FF3 562 £363 A Pause in the Day-Villagers with their Horse Drawn Covered Wagons Oil/panel 11x17cm/*4x6in* Bethesda, Maryland 97

PALM DE ROSA Anna 1859-1924 **[165]**
- $3 220 FF19 275 £1 982 Stockholms slott med båtar på Strömmen Oil/canvas 9,5x18cm/*3x7in* Stockholm 98
- $2 868 FF16 429 £1 751 Riddarholmskyrkan Akvarell 8,5x11cm/*3x4in* Stockholm 97

PALM Gustaf Wil.(Attrib.) 1810-1890 **[3]**
- $1 135 FF6 732 £694 Italiensk landskap Oil/canvas 20x30cm/*7x11in* Stockholm 97

PALM Gustaf Wilhelm 1810-1890 **[51]**
- $4 380 FF22 260 £2 616 Svensk landskap med kyrka Oil/canvas 73x92cm/*28x36in* Stockholm 96
- $3 837 FF22 917 £2 349 Vue på ön Ischia vid Neapel Oil/canvas 27x34cm/*10x13in* Stockholm 98
- $926 FF5 380 £546 Olevano i de Sabinska bergen, utanför Rom Ink/paper 23x35cm/*9x13in* Stockholm 97

PALM Torsten 1885-1934 **[17]**
- $387 FF2 295 £236 Landskap, skogsbacke Oil/panel 29x35cm/*11x13in* Stockholm 97

PALMA Antonio c.1510-1575 **[1]**
- $9 500 FF49 400 £6 280 Virgin and Child with Saints John the Baptist and Jerome Oil/canvas 67x102cm/*26x40in* New-York 96

PALMA IL GIOVANNE Jacopo N. (Attrib.) 1544-1628 [25]
- *$4 608 FF26 500 £2 830* La Flagellation du Christ Huile/panneau 52x39cm/*20x15in* Toulouse 97
- *$1 568 FF8 000 £1 037* Assomption de la Vierge Lavis 27x16,5cm/*10x6in* Paris 96

PALMA IL GIOVANNE Jacopo Negretti 1544-1628 [90]
- *$30 310 FF179 461 £18 000* Christ shown to the People Oil/canvas 90,5x65cm/*35x25in* London 97
- *$42 000 FF232 045 £26 103* Saint Jerome in the Wilderness Oil/paper 31x22,5cm/*12x8in* New-York 97
- *$3 083 FF18 000 £1 864* Christ aux Limbes Encre 20x27,5cm/*7x10in* Paris 97

PALMA IL VECCHIO Jacopo de N. (Attr.) 1480-1528 [3]
- *$7 510 FF38 500 £4 820* Il Battesimo di Cristo Öl/Leinwand 60,5x73cm/*23x28in* Wien 96

PALMAROLI Y GONZALEZ Vicente 1834-1896 [22]
- *$16 685 FF100 756 £10 000* The Distracted Lady Oil/panel 40x30,5cm/*15x12in* London 98
- *$2 418 FF14 472 £1 428* Retrato de dama Acuarela 35,5x24cm/*13x9in* Madrid 98

PALMEIRO José 1903-1984 [154]
- *$342 FF2 000 £210* Bouquet de pivoines Huile/carton 40x30cm/*15x11in* Paris 97
- *$384 FF2 000 £232* Femme au coq Huile/toile 62x64cm/*24x25in* Paris 96
- *$330 FF1 975 £195* Puerto francés Tinta/papel 24x24,5cm/*9x9in* Madrid 98

PALMER Alfred 1877-1951 [7]
- *$12 000 FF71 727 £7 345* Baron von Voss, full length Oil/canvas 190,5x85cm/*75x33in* New-York 97

PALMER Cornelis XVII-XVIII [1]
- *$2 243 FF12 500 £1 395* "Paysage animé" Encre 40x53cm/*15x20in* Versailles 97

PALMER Ethleen Mary 1906-1958 [8]
- *$397 FF2 460 £237* The Homestead Linocut 17,5x22cm/*6x8in* Sydney 98

PALMER Gerald XIX-XX [7]
- *$181 FF1 090 £110* Church interior scenes Watercolour/paper 35x25cm/*13x9in* Newcastle-upon-Tyne 97

PALMER Harry Sutton 1854-1933 [105]
- *$229 FF1 156 £150* The road across the common Watercolour 20,5x31cm/*8x12in* London 96

PALMER Herbert Sidney 1881-1970 [51]
- *$862 FF5 159 £540* "Haliburton, Pasture" Oil/canvas 26,5x33,5cm/*10x13in* Toronto 97
- *$1 939 FF11 482 £1 151* "Early October, Northern Ontario" Oil/canvas 76x91,5cm/*29x36in* Toronto 97

PALMER James Lynwood 1868-1941 [19]
- *$1 700 FF10 131 £1 019* Little Wonder Oil/canvas 50x63cm/*20x25in* Bethesda, Maryland 98
- *$14 481 FF83 661 £8 500* Tom Cannon on Horseback Oil/canvas 113,5x148cm/*44x58in* London 97

PALMER Pauline Lennards 1867-1938 [22]
- *$5 500 FF33 192 £3 408* Portrait of a Young Woman Oil/canvas 106x91cm/*42x36in* Chicago, Illinois 97

PALMER Randall (Attrib.) c.1800-c.1850 [1]
- *$18 000 FF97 878 £10 776* Self-portrait seated at an easel Oil/canvas 151x127cm/*59x50in* New-York 97

PALMER Samuel 1805-1881 [69]
- *$456 FF2 799 £278* An English Version of the Eclogues of Virgil Etching 13,5x19cm/*5x7in* London 98
- *$19 186 FF117 060 £11 500* On the River Machwy, Wales Watercolour/paper 28,5x22cm/*11x8in* London 98

PALMER Samuel (Attrib.) 1805-1881 [3]
- *$30 797 FF178 738 £19 000* The Evening Star Mixed media/panel 22,5x27,5cm/*8x10in* London 97

PALMER Walter Launt 1854-1932 [48]
- *$1 800 FF9 320 £1 152* Sunrise with crescent moon Oil/board 25x34cm/*10x13in* Mystic, Connecticut 96
- *$19 000 FF112 825 £11 599* Snow and Sunlight Oil/canvas 46x68,5cm/*18x26in* Boston, Mass. 98
- *$5 750 FF28 100 £3 585* Winter Brook Watercolour, gouache 60x45cm/*24x18in* New Orleans, Louisiana 95

PALMER William C. 1906-1987 [6]
- *$6 000 FF35 863 £3 636* Fish Story Oil/canvas 76,2x91,4cm/*29x35in* San Francisco-Los Angeles 97

PALMERO DE GREGORIO Alfredo 1901-1991 [21]
- *$2 840 FF15 920 £1 760* Paris Oleo/lienzo 81x100cm/*31x39in* Madrid 97

PALMERO Maestro 1898-1991 [7]
- *$2 633 FF13 100 £1 723* L'Opéra, Paris Oleo/lienzo 89x116cm/*35x45in* Madrid 95

PALMEZZANO Marco 1458-1539 [5]
- *$5 699 FF32 298 £3 799* Cristo benedicente Olio/tavola 50x40cm/*19x15in* Milano 97

PALMIE Gisbert 1897-? [4]
- *$1 114 FF6 704 £667* Zwei Frauenakte auf der Veranda Öl/Leinwand 100x131cm/*39x51in* München 98

PALMIER Charles Joh. 1863-1911 [21]

P

🎨 *$7 521 FF43 933 £4 617* Giverny Öl/Leinwand 73x92cm/*28x36in* Köln 97
PALMIERI Georges 1922 **[30]**
✏️ *$115 FF700 £68* Château basque Gouache/papier 32x44cm/*12x17in* Arles 98
PALMIERI Giuseppe (Attrib.) 1677-1740 **[1]**
✏️ *$3 740 FF19 300 £2 400* The Immaculate Conception Ink 66,4x47,9cm/*26x18in* London 96
PALMIERI Pietro il Vecchio 1737-1804 **[16]**
✏️ *$2 112 FF12 275 £1 300* An extensive River Landscape with Shepherds Ink 41,5x54cm/*16x21in* London 97
PALOCZY Viktor [2]
🎨 *$4 004 FF20 750 £2 600* The travelling entertainers Oil/canvas 96x117cm/*37x46in* London 96
PALOMBA Onofrio c.1600-c.1650 **[1]**
🎨 *$3 000 FF16 722 £1 834* Archangel Gabriel presenting the Virgin and Child to a Host of Saints Oil/canvas 75x74cm/*29x29in* New-York 97
PALOMINO DE CASTRO Y VELASCO Agiselo Ant. (Attr.) 1653-1726 **[1]**
🎨 *$22 585 FF132 000 £13 780* Saint-Michel chassant les Anges rebelles et les Damnés Huile/toile 242x154cm/*95x60in* Paris 97
PALOMINO DE CASTRO Y VELASCO Agiselo Antonio don 1653-1726 **[4]**
🎨 *$4 680 FF24 070 £2 916* San Miguel Arcángel Oleo/lienzo 49x36cm/*19x14in* Madrid 96
PALSA Kalervo 1947-1987 **[2]**
🎨 *$1 656 FF9 952 £993* Stilleben Oil/panel 33x41cm/*12x16in* Helsinki 98
PALTRINIERI Oreste 1873-? **[2]**
🎨 *$3 200 FF16 750 £2 100* Paesaggio d'autunno Olio/tela 50x101cm/*19x39in* Roma 96
PALTRONIERI IL MIRANDOLESE Pietro 1673-1741 **[8]**
🎨 *$26 000 FF152 224 £16 075* A River Landscape with Travellers and Traders Tempera/canvas 197x297cm/*77x116in* New-York 97
PALUMBO Alphonse 1890-1947 **[13]**
🎨 *$850 FF4 400 £552* Farm chores Oil/canvas 67x78cm/*26x31in* Mystic, Connecticut 96
PAMBOUJIAN Gérard 1941 **[152]**
🎨 *$1 752 FF8 500 £1 098* Pêcheurs dans les Calanques Huile/toile 60x81cm/*23x31in* Les Baux-de-Provence 95
PAN GONGSHOU 1741-1794 **[3]**
✏️ *$5 422 FF31 600 £3 339* Washing the elephant Ink 126x62cm/*49x24in* Hong Kong 97
PAN HONGHAI 1942 **[3]**
🎨 *$6 465 FF37 595 £3 855* Nude Oil/canvas 90x71cm/*35x27in* Hong Kong 97
🎨 *$10 350 FF53 300 £6 390* Water village at dusk Oil/canvas 115x124cm/*45x48in* Hong Kong 95
PAN SHIMU 1756-c.1842 **[2]**
✏️ *$3 200 FF16 500 £2 063* Temple in Misty Mountains Ink/paper 95x46cm/*37x18in* New-York 96
PAN TIANSHOU 1897-1971 **[16]**
✏️ *$6 470 FF37 315 £3 855* Calligraphy in Xing Shu Ink/paper 24x130cm/*9x51in* Hong Kong 97
PAN YULIANG 1895-1977 **[32]**
🎨 *$14 520 FF84 160 £8 920* Wild Chrysanthemum in a vase Oil/canvas 32x41cm/*12x16in* Taipei, Taiwan 97
🎨 *$54 500 FF279 000 £35 300* Tulips Oil/canvas 55x45cm/*21x17in* Taipei, Taiwan 95
▦ *$2 546 FF13 200 £1 600* Solitary Beauty Silkscreen 31x23,5cm/*12x9in* Taipei, Taiwan 96
✏️ *$126 FF754 £78* The reader Ink 64x80cm/*25x31in* Taipei, Taiwan 97
PANABAKER Frank Shirley 1904-1992 **[20]**
🎨 *$1 243 FF6 460 £823* Cutting through the waves Oil/canvas 77x64cm/*30x25in* Toronto 96
PANAMARENKO 1940 **[37]**
▦ *$3 914 FF19 600 £2 475* Meganeudon Multiple 23x50cm/*9x19in* Lokeren 95
⚒ *$40 000 FF236 688 £24 404* Portable Air Transport Construction 21,5x99x50cm/*8x38x19in* New-York 98
⚒ *$120 000 FF710 064 £73 212* Flugobjekt (Rakete) Construction 271,5x345,5x249cm/*106x136x98in* New-York 98
✏️ *$2 922 FF17 456 £1 787* Cybister/A Study Coloured crayons 22,5x30cm/*8x11in* Amsterdam 98
PANAT de A., Marquis 1886-1965 **[16]**
✏️ *$218 FF1 300 £130* La Place de Toreilles Aquarelle, gouache/papier 17x24cm/*6x9in* Toulouse 97
PANCETTI José 1902-1958 **[2]**
🎨 *$20 000 FF104 000 £13 230* Marinha Oil/canvas 38,5x53,5cm/*15x21in* New-York 96
PANCHINE Youri XX **[12]**
🎨 *$403 FF2 400 £247* Début d'hiver Huile/toile 40x50cm/*15x19in* Le Havre 97

PANCKOUCKE Ernestine XIX-XX **[4]**
 $1 043 FF6 000 £653 Bouquet de roses Aquarelle 32x23,5cm/*12x9in* Paris 97
PANCOAST Morris Hall 1877-1963 **[25]**
 $900 FF4 698 £545 Morris Hall Pancoast Oil/board 20x25cm/*8x10in* Bolton, Mass. 96
 $750 FF4 598 £459 Boats in the Harbor Pastel/paper 22x30cm/*9x12in* Mystic, Connecticut 98
PANDIANI Antonio 1838-1928 **[6]**
 $736 FF4 511 £440 The fountain of the tortoises Bronze H31cm/*H12in* Billingshurst, West Sussex 97
 $14 684 FF87 719 £9 000 Figure of Garibaldi Marble H207cm/*H81in* London 98
PANDURO Henry Kostar 1863-1930 **[5]**
 $3 164 FF18 486 £1 873 Vasketöjet haenges til törre Oil/canvas 67x80cm/*26x31in* Vejle 97
PANEK Jerzy 1918 **[2]**
 $632 FF3 295 £376 Profil (Dr. Mitarski) Print 24x18,5cm/*9x7in* Warszawa 96
PANERAI Ruggero 1862-1923 **[37]**
 $3 844 FF21 783 £1 922 Cavalli al pascolo Olio/tavola 22,5x32cm/*8x12in* Milano 98
 $13 640 FF68 600 £9 020 Piazza della Signoria sotto la pioggia Olio/tela 36x86cm/*14x33in* Roma 95
 $7 200 FF40 800 £4 800 La stazione Acquarello/carta 32,3x53,6cm/*12x21in* Prato 97
PANERAI Ruggero (Attrib.) 1862-1923 **[2]**
 $2 262 FF11 550 £1 500 Figures in a park Oil/panel 23x33cm/*9x12in* Billingshurst, West Sussex 96
PANFILOV Victor 1924 **[5]**
 $479 FF2 480 £320 Riga Oil/board 17,5x26cm/*6x10in* London 96
PANHUIS van Louise Konst. Vorden 1843-1931 **[2]**
 $3 273 FF19 065 £2 000 View of Antwerp Oil/panel 20x29cm/*7x11in* London 97
PANIARAS Costas 1934 **[1]**
 $2 612 FF15 594 £1 600 The Head of Alexander the Great Plaster 30x33cm/*11x12in* London 97
PANINI Francesco 1745-1812 **[8]**
 $9 299 FF52 698 £4 649 Capriccio architettonico con figure Olio/tela 55x100cm/*21x39in* Milano 97
 $1 507 FF9 234 £900 Six views of Roman churches Etching 47x70cm/*18x27in* London 98
PANINI Francesco (Attrib.) 1745-1812 **[3]**
 $15 180 FF79 300 £8 970 Capriccio architettonico con l'Apollo del Belvedere Olio/tela 98,5x135cm/*38x53in* Roma 96
 $15 180 FF86 020 £10 120 Veduta della navata della Basilica S. Pietro/Veduta del portico Acquarello/carta 51x81cm/*20x31in* Roma 98
PANINI Giovanni P. (Attrib) 1691-1765 **[12]**
 $11 550 FF70 000 £7 084 Ruines antiques animées de personnages Huile/toile 95x73cm/*37x28in* Rouen 98
 $780 FF4 020 £500 Figures conversing by an antique sculpture Pencil 8x13cm/*3x5in* London 96
PANINI Giovanni P. (Cercle) 1691-1765 **[2]**
 $8 000 FF41 600 £5 290 Study for a ceiling decoration : Jesus drives the moneychangers Oil/canvas 64x78cm/*25x30in* New-York 96
PANINI Giovanni Paolo 1691-1765 **[66]**
 $32 500 FF199 507 £19 912 Figures at a Balustrade by a Fountain Oil/canvas 35x29cm/*13x11in* New-York 98
 $80 000 FF416 000 £52 900 Capriccio of Overgrown Roman Ruins with Figures Oil/canvas 118x91cm/*46x35in* New-York 96
 $117 817 FF667 631 £58 908 Figure entro rovine con in Pantheon, il Tempio di Sibilla Olio/tela 134x115cm/*52x45in* Milano 97
 $5 000 FF27 624 £3 107 A Colonnade with the Farnese Hercules in the foreground and Figures Ink 19x21,8cm/*7x8in* New-York 97
PANISSE Jean-Louis 1750-1842 **[1]**
 $7 090 FF35 000 £4 620 La Sibylle persique Huile/toile 125x84,5cm/*49x33in* Paris 95
PANITZSCH Robert 1879-1949 **[83]**
 $1 479 FF9 000 £900 Interior in Sunshine Oil/canvas 50,5x40,5cm/*19x15in* London 98
PANKIEWICZ Józef 1866-1940 **[28]**
 $7 878 FF46 736 £4 771 A village in Provence Oil/cardboard 28,5x36cm/*11x14in* Warszawa 97
 $17 159 FF101 906 £10 394 Nature morte Oil/canvas 46x55cm/*18x21in* Warszawa 97
 $655 FF3 280 £414 Rouen Eau-forte 12x17cm/*4x6in* Warszawa 96
PANKOK Bernhard 1872-1943 **[54]**

$3 277 FF20 134 £1 966 Bildnis des Dr. Ludwig Möller Oil/wood 91x69,5cm/*35x27in* Bielefeld 98

$236 FF1 220 £152 Geigenbspieler am Seeufer sitzend Mezzotint 25,8x34,9cm/*10x13in* Hamburg 96

$2 896 FF16 880 £1 784 Harlekin Aquarell/Papier 87x63cm/*34x24in* Köln 97

PANKOK Otto 1893-1966 **[146]**

$166 FF1 007 £101 Frau im Wind Woodcut 46,2x32cm/*18x12in* Hamburg 98

$6 798 FF40 227 £4 176 Stehendes Mächen in langer Jacke Bronze 49x17x17cm/*19x6x6in* München 98

PANN Abel Pfeffermann 1883-1963 **[43]**

$7 000 FF37 433 £4 162 Homeless Oil/board 31x30cm/*12x11in* Tel Aviv 97

$7 500 FF43 782 £4 536 In the railway station Oil/canvas/panel 35,5x48,5cm/*13x19in* Tel Aviv 97

$220 FF1 300 £131 Les trois rabbins Lithographie 26x38cm/*10x14in* Paris 97

$1 200 FF7 005 £725 Head of man with red Tarboosh Pastel/paper 20x15,5cm/*7x6in* Tel Aviv 97

PANNART Mathias 1935 **[4]**

$1 308 FF6 770 £836 Unter dem Sternenhimmel Mischtechnik/Papier 82x53cm/*32x20in* Heidelberg 96

PANNEELS Willem c.1600-c.1640 **[2]**

$368 FF2 175 £218 Die hl. Cäcilia Radierung 15x14cm/*5x5in* Berlin 97

PANNETT Richard XIX-XX **[2]**

$2 094 FF12 487 £1 300 The Duet Oil/panel 15x20,5cm/*5x8in* London 97

PANNIER Willy 1952 **[43]**

$407 FF2 000 £263 Retour de pêche Huile/toile 19x27cm/*7x10in* Ourville-en-Caux 96

PANSING Fred 1844-1916 **[6]**

$8 500 FF52 051 £5 210 The Allan Line Tunisian and Bavarian Oil/canvas 71x106cm/*28x42in* New-York 98

PANT van der Theresia 1924 **[9]**

$1 423 FF8 719 £852 A Heron Spreading Its Wings Bronze H15cm/*H5in* Amsterdam 98

PANTALEON Theodoros 1945 **[1]**

$2 570 FF12 580 £1 627 Nude Soft pencil/paper 37,5x28cm/*14x11in* Athens 95

PANTAZIS Périclès 1849-1884 **[29]**

$4 730 FF23 040 £3 000 A bearded man smoking a pipe Oil/canvas 36x28cm/*14x11in* London 95

$20 748 FF126 594 £12 636 Nature morte au gibier Huile/toile 97x129cm/*38x50in* Bruxelles 98

$32 800 FF169 600 £21 900 Good Friends Oil/panel 70x53,5cm/*27x21in* Athens 96

$13 700 FF67 100 £8 670 Portrait of an old man Watercolour/paper 39,5x29,5cm/*15x11in* Athens 95

PANTON Alexander XIX-XX **[2]**

$3 600 FF20 524 £2 229 The Old Watermill Oil/canvas 76x127cm/*30x50in* New Orleans, Louisiana 97

PANTON Lawrence Arthur C. 1894-1954 **[19]**

$492 FF2 995 £299 Ripples in a Mountain Stream near Indian Harbour, Atlantic Coast Oil/masonite 31x40,5cm/*12x15in* Toronto 98

PANTON Verner 1926 **[2]**

$620 FF3 682 £380 Untitled Screenprint 66,5x66,5cm/*26x26in* London 98

PANZA Giovanni 1894-1989 **[41]**

$1 965 FF11 406 £1 200 The Vegetable Market Oil/board 25,5x30,5cm/*10x12in* London 97

$2 690 FF14 070 £1 764 Mercato Olio/tela 40x60cm/*15x23in* Roma 96

PAOLETTI Antonio 1834-1912 **[41]**

$4 144 FF23 615 £2 600 An Idle Moment Oil/panel 21x35cm/*8x13in* London 97

$23 600 FF119 400 £15 500 Venditrice di Pulcini a Riva degli Schiavoni Oil/canvas 51x76cm/*20x29in* London 96

$960 FF5 440 £480 Il venditore di uccelli Acquarello/carta 15,5x12cm/*6x4in* Roma 98

PAOLETTI Paolo (Attrib.) c.1671-1735 **[3]**

$5 139 FF30 000 £3 108 Nature morte aux raisins, coloquinte et figues Huile/toile 62x75,5cm/*24x29in* Paris 97

PAOLETTI Silvio 1864-1921 **[8]**

$1 513 FF8 624 £949 Castel d'Ivano, Trentino Oil/panel 36x20,5cm/*14x8in* London 97

$8 370 FF42 600 £5 000 The card game Oil/panel 37x45cm/*14x17in* London 96

PAOLI Bruno 1915 **[11]**

$300 FF1 700 £150 Cabaret Olio/tela 40x30cm/*15x11in* Firenze 98

$990 FF5 060 £600 Fiori Olio/tela 60x50cm/*23x19in* Prato 96

$840 FF4 760 £420 "La straniera" Tecnica mista/carta 50x35cm/*19x13in* Vercelli 98

PAOLINI Giulio 1940 **[48]**

$24 540 FF121 100 £16 000 IF Mixed media 40x40cm/*15x15in* London 95

*$36 377 FF212 355 £22 000 Souvenir IV Mixed media 115x115cm/*45x45in* London 97
*$10 800 FF55 800 £7 000 Les échos (le temple de la gloire) Sculpture 18x53x31cm/*7x20x12in* London 96
*$17 361 FF101 351 £10 500 L'altra Figura Sculpture 127x40,5x40,5cm/*50x15x15in* London 97
*$2 400 FF13 600 £1 600 "Allegri" Tecnica mista/carta 25x25cm/*9x9in* Milano 98

PAOLINI Pietro 1603-1681 **[9]**
*$49 200 FF278 800 £32 800 Vecchio che accorda il liuto Olio/tela 99x74cm/*38x29in* Prato 97

PAOLINI Pietro (Attrib.) 1603-1681 **[3]**
*$55 100 FF275 000 £36 000 The Sense of Smell Oil/canvas 83x132cm/*32x51in* London 95
*$77 600 FF400 000 £49 600 Déploration sur le corps du Christ Huile/toile 111x184cm/*43x72in* Versailles 96

PAOLO di Giovanni 1399-1482 **[6]**
*$600 000 FF3 314 940 £372 900 A Franciscan Saint Meeting Saint-James the Greater and pilgrims Tempera 24,5x41,5cm/*9x16in* New-York 97

PAOLOZZI Eduardo 1924 **[102]**
*$182 FF1 046 £114 To Leonardo Farbserigraphie 65x50cm/*25x19in* München 97
*$3 182 FF18 587 £1 953 Dumont Head Bronze 22,5x11x12cm/*8x4x4in* Köln 97
*$14 000 FF67 800 £8 980 Figure Bronze H88cm/*H34in* New-York 95
*$1 812 FF11 046 £1 100 Fairground Gouache/paper 35,5x27cm/*13x10in* London 98

PAOLUCCI Flavio 1934 **[9]**
*$705 FF4 122 £417 Nuages Mischtechnik/Papier 50x65cm/*19x25in* Luzern 97

PAOLUCCI Giorgio Dario 1926 **[1]**
*$2 880 FF16 320 £1 440 Paesaggio veneto Olio/tela 70x100cm/*27x39in* Roma 98

PAP Emil 1884-? **[27]**
*$247 FF1 443 £149 Vanity Oil/canvas 80x61cm/*31x24in* London 97

PAPALOUCAS Spyros 1892-1957 **[3]**
*$6 980 FF36 440 £4 220 Four Apostles Tempera/paper 25x32cm/*9x12in* Athens 96

PAPALUCA Louis, Luca XIX-XX **[15]**
*$917 FF4 670 £550 S.Y. "Eilen" of the Royal London Yacht Club in the Bay of Naples Bodycolour 35x65cm/*13x25in* London 96

PAPANAGIOUTOU Stavros 1885-1955 **[1]**
*$1 930 FF9 430 £1 220 Monastery Oil/panel 25,5x37cm/*10x14in* Athens 95

PAPART Max 1911-1994 **[490]**
*$794 FF4 100 £508 Le bouquet dans un vase Huile/panneau 35x27cm/*13x10in* Soissons 96
*$1 916 FF10 500 £1 153 Intérieur en Provence Huile/toile 60,5x73cm/*23x28in* Paris 97
*$3 170 FF16 120 £1 894 Summertime Oil/canvas 138x138cm/*54x54in* Stockholm 96
*$1 813 FF10 776 £1 078 Un lot de joyeuses affiches Etching, aquatint in colors 62x52cm/*24x20in* München 97
*$2 258 FF13 500 £1 332 Nature morte LXVIII Collage/papier 50x65cm/*19x25in* Paris 97

PAPASSO Antonio 1932 **[3]**
*$2 244 FF11 730 £1 326 Composizione Technique mixte 97x110cm/*38x43in* Venezia 96

PAPAZOFF Georges 1894-1972 **[113]**
*$1 880 FF9 500 £1 232 Composition Huile/toile 33x41cm/*12x16in* Paris 96
*$3 705 FF18 500 £2 420 Composition surréaliste Huile/toile 65x50cm/*25x19in* Paris 95
*$856 FF4 400 £534 Composition surréaliste Gouache/papier 26x17cm/*10x6in* Toulouse 96

PAPAZOGLOUS Georgios 1866-? **[1]**
*$6 203 FF37 037 £3 800 The First Smoke Oil/canvas 94x72cm/*37x28in* London 97

PAPE C. XIX-XX **[4]**
*$6 315 FF35 940 £3 870 Blick auf die Stadt Salzburg mit dem Kloster Nonnberg im Vordergrund Öl/Leinwand 48x68cm/*18x26in* Wien 97

PAPE de Abraham (Attrib.) 1620-1666 **[1]**
*$16 500 FF86 300 £10 000 An old Woman at a spinning-wheel in an Interior Oil/panel 42,5x34cm/*16x13in* London 96

PAPE Eduard 1817-1905 **[8]**
*$1 654 FF10 050 £996 Das Känzeli auf Seelisberg am Vierwaldstättersee Öl/Leinwand 50,5x41cm/*19x16in* Stuttgart 98

PAPE Eric 1870-1938 **[21]**

$2 600 FF13 570 £1 570 An Exotic Woman at her Toilette Oil/canvas 86,5x68,5cm/*34x26in* New-York 96
$3 000 FF17 814 £1 831 Old Houseboat Gardens, Edgewater, New Jersey Oil/canvas/board 30,5x35cm/*12x13in* Boston, Mass. 98
$1 600 FF8 096 £1 052 Mrs. Tabby Tip-Tail and Small Teddy Gouache/paper 41x26cm/*16x10in* Bolton, Mass. 96

PAPÉ Frank Cheyne 1878-1972 **[3]**
$5 996 FF34 682 £3 600 The Story of the Little Merman Ink/paper 29,4x19,2cm/*11x7in* London 97

PAPE William 1859-1920 **[3]**
$24 868 FF141 699 £15 531 "Fest im hause Leichner" Oil/canvas 185x252cm/*72x99in* Bremen 97

PAPETY Dominique L. (Attr.) 1815-1849 **[2]**
$1 278 FF6 200 £824 Portrait de jeune femme Crayon 13,2x9,8cm/*5x3in* Paris 95

PAPETY Dominique Louis 1815-1849 **[11]**
$56 859 FF330 000 £34 716 La Romantique/L'Odalisque étendue Huile/panneau 13x26cm/*5x10in* Paris 97
$28 661 FF166 349 £17 500 A Greek family in a classical landscape Watercolour/paper 29x43cm/*11x16in* London 97

PAPIN Jean Pascal Ad. 1800-1880 **[1]**
$3 200 FF18 223 £1 942 Portrait of a Young Intellectual Oil/canvas 81x65cm/*31x25in* New-York 97

PAPPERITZ Fritz Georg 1846-1918 **[12]**
$167 FF1 004 £100 Weiblicher Halbakt in einer Landschaft Oil/panel 11x16cm/*4x6in* Zürich 98
$12 070 FF70 444 £7 176 Morisk man hållande fat Oil/canvas 113x75cm/*44x29in* Stockholm 97

PAPRILL Henry A. XIX **[8]**
$220 FF1 270 £137 La fragata inglesa Cyclops Grabado 49x67cm/*19x26in* Madrid 97

PAQUET Henry 1898-1975 **[1]**
$4 822 FF28 468 £2 855 Frauenakt Bronze H64cm/*H25in* Zofingen 97

PAQUIN Pauline T. 1952 **[22]**
$875 FF5 022 £537 "Children by the river" Oil/canvas 40,6x50,8cm/*15x20in* Calgary, Alberta 97

PARADIES Herman Cornelis A. 1883-1966 **[8]**
$1 544 FF8 923 £917 Rotterdams stadsgezicht met watertoren Oil/canvas/panel 32x47,5cm/*12x18in* Rotterdam 97
$427 FF2 449 £262 Vue de Rotterdam Gouache/papier 37x57cm/*14x22in* Bruxelles 97

PARADISE Phillip Herschel 1905 **[5]**
$1 900 FF11 452 £1 149 Figures at "The Well" Watercolour/panel 46x67cm/*18x26in* Pasadena, California 98

PARANT Louis Bertin 1768-1851 **[4]**
$4 779 FF28 653 £2 891 Porträt der Josephine Bonaparte Miniature 6,5x2,5cm/*2xin* Zürich 97

PARAVANO Dino 1935 **[10]**
$3 026 FF15 780 £2 000 A prowling cheetah Oil/canvas 54,5x100,5cm/*21x39in* London 96

PARDO Gennaro 1865-1927 **[5]**
$1 656 FF9 384 £828 Scorcio di Palermo con Monte Pellegrino Olio/tavola 12,5x24,5cm/*4x9in* Roma 98

PARDO Isaak XX **[4]**
$975 FF5 925 £600 Hombre y mijer Acuarela/papel 32x25cm/*12x9in* Madrid 98

PARDON OF CANTERBURY James c.1800-1850 **[5]**
$2 387 FF12 440 £1 500 Portrait of John Eede Butt of Littlehampton Sussex Oil/canvas 75x62cm/*29x24in* London 96

PARDONNEAU Jules XIX **[1]**
$11 673 FF72 464 £7 000 Nature morte aux objets orientaux Oil/canvas 82x96,5cm/*32x37in* London 98

PAREDES Y JUAN de Vincente 1857-1903 **[38]**
$104 FF632 £64 Marina Oleo/lienzo 27x35cm/*10x13in* Madrid 98
$7 420 FF38 450 £4 800 Interior scene with numerous figures Oil/canvas 66x98cm/*25x38in* Stockholm 96
$490 FF2 500 £323 Cuillette de pommes/Ramassage de raisin Gouache 17x11cm/*6x4in* Paris 96

PAREKH Manu 1939 **[8]**
$1 258 FF6 260 £800 Untitled Mixed media/paper 99x74cm/*38x29in* London 95

PARENT Roger 1881-1986 **[22]**
$835 FF4 300 £538 Le Crabbegat à Uccle Huile/toile 59,5x83cm/*23x32in* Bruxelles 96
$4 690 FF23 450 £3 035 La baignade Encre Chine 70x90cm/*27x35in* Bruxelles 96

PARENTINO Bernardo c.1437-1531 **[1]**
$48 486 FF276 282 £29 700 Imago Pietatis Oil/panel 58x36cm/*22x14in* Köln 97

PARENTINO Bernardo (Attrib.) c.1437-1531 **[1]**
✏️ *$3 031 FF17 946* £1 800 Three Putti Dancing around a Vase Ink 19x20cm/*7x7in* London 97
PAREROULTJA Otto 1914-1973 **[8]**
✏️ *$206 FF1 059* £136 Hillside Watercolour/paper 34,5x26cm/*13x10in* Sydney 96
PARESCE Renato, René 1866-1937 **[32]**
🎨 *$38 300 FF195 000* £22 600 La fenêtre Olio/tela 76x60cm/*29x23in* Milano 96
✏️ *$1 560 FF8 840* £780 La casa accanto al faro China/carta 25x35cm/*9x13in* Roma 97
PARIGI Giulio c.1568-1635 **[5]**
✏️ *$2 834 FF16 733* £1 678 Die Schiffe der Argonauten Ink/paper 7,5x12cm/*2x4in* Berlin 97
PARIN Gino F. 1876-1944 **[12]**
🎨 *$3 600 FF20 400* £2 400 Lo sguardo Olio/tela 70x50cm/*27x19in* Trieste 98
PARIS Amiral François Ed. 1806-1888 **[1]**
✏️ *$4 360 FF22 340* £2 800 The "Artémise" at Papette, Tahiti Watercolour 38x58,5cm/*14x23in* London 96
PARIS Auguste 1850-1915 **[4]**
🔨 *$395 FF2 400* £239 Le Combattant Anglais Bronze H48cm/*H18in* Rennes 98
PARIS Joseph, Giuseppe 1784-1871 **[9]**
🎨 *$1 358 FF7 800* £828 Troupeau dans le pays breton Huile/toile 29x42cm/*11x16in* Barbizon 97
🎨 *$2 296 FF11 800* £1 520 Troupeau de moutons près de la rivière Huile/toile 55x67cm/*21x26in* Paris 96
PARIS Pierre Adrien 1745-1819 **[6]**
✏️ *$2 574 FF15 000* £1 585 Loggia d'une villa italienne Pierre noire/papier 18x24,5cm/*7x9in* Paris 97
PARIS Pierre Adrien (Attr) 1745-1819 **[4]**
✏️ *$2 255 FF14 000* £1 352 Le jardin d'une villa italienne Sanguine/papier 22,5x36,5cm/*8x14in* Paris 98
PARIS René 1881-1970 **[10]**
🔨 *$1 196 FF7 141* £721 Paard Bronze 31x39cm/*12x15in* Lokeren 97
PARIS Roland 1894-? **[8]**
🔨 *$3 500 FF21 212* £2 146 Mephistopheles Ivory, bronze H40cm/*H15in* New-York 98
PARIS Walter 1842-1906 **[6]**
✏️ *$449 FF2 679* £279 Mountain landscape with Cabin Watercolour/paper 27,5x37cm/*10x14in* Washington 97
PARISON Gaston 1889-? **[3]**
🎨 *$4 620 FF28 000* £2 833 Rue animée Huile/carton 48x59cm/*18x23in* Paris 98
PARISOT Pierre Alexandre 1750-1820 **[2]**
✏️ *$6 584 FF40 000* £3 964 Montauban prise du cours Foulcaut/Montauban prise du Tarn Technique mixte/papier 54x33cm/*21x12in* Paris 98
PARISSE Raphaël 1964 **[66]**
🎨 *$392 FF2 100* £233 Petits chevaux sur la plage Huile/panneau 19x27cm/*7x10in* Doullens 97
🎨 *$692 FF4 100* £410 Sous le soleil d'été Huile/toile 50x61cm/*19x24in* Lyon 97
PARIZEAU Philippe Louis 1740-1801 **[25]**
✏️ *$1 950 FF11 331* £1 200 A Mother and her Child at a Table in a Kitchen Black chalk/paper 31,5x44cm/*12x17in* London 97
PARK Bertram 1883-1972 **[11]**
📷 *$1 300 FF7 845* £789 Edward, Prince of Wales, in uniform of Colonel-in-Chief Silver print 20x30,5cm/*7x12in* New-York 98
PARK ChungHwan 1961 **[4]**
🎨 *$1 100 FF6 703* £670 Untitled Oil/canvas 35,5x51cm/*13x20in* Tel Aviv 98
🎨 *$12 000 FF73 125* £7 310 Untitled Oil/canvas 183x122,5cm/*72x48in* Tel Aviv 98
PARK David 1911-1960 **[23]**
🎨 *$6 000 FF30 850* £3 740 Woman with a Black Bod Oil/paper 25,5x20,5cm/*10x8in* San Francisco-Los Angeles 96
🎨 *$16 000 FF93 457* £9 467 The Van Horn Family Oil/canvas 56x56cm/*22x22in* Cincinnati, Ohio 97
✏️ *$3 750 FF19 100* £2 250 Male nude Wash/paper 29x22cm/*11x8in* New-York 96
PARK Henry 1816-1871 **[5]**
🎨 *$2 448 FF13 992* £1 500 Donkey Racing Oil/board 26x45,5cm/*10x17in* London 97
PARK James Stuart 1862-1933 **[78]**
🎨 *$2 682 FF16 176* £1 600 Yellow Roses Oil/canvas 51x76cm/*20x29in* West Lothian 98
🎨 *$3 227 FF19 550* £2 000 Still Life with White Flowers Oil/canvas 31x46cm/*12x18in* Perthshire 97
PARK John Anthony 1880-1962 **[116]**

$579 FF2 920 £380 On the Exeter Canal Oil/board 23x28cm/*9x11in* London 96
$3 320 FF16 470 £2 100 Spring Has Come Oil/canvas 63x76cm/*24x29in* London 95
PARK Stuart XIX-XX **[5]**
$2 541 FF15 488 £1 600 Still Life of Flowers Oil/canvas 30,5x40,5cm/*12x15in* London 97
PARKER Al 1906-1985 **[2]**
$1 700 FF8 710 £1 033 Woman seated on pillow, illustration for McCall's Magazine Mixed media/paper 38x54cm/*15x21in* New-York 96
PARKER Bill 1922 **[261]**
$105 FF600 £65 Sans titre Acrylique/toile 18x14cm/*7x5in* Paris 97
$1 317 FF7 500 £815 Sans titre Acrylique/toile 92x73cm/*36x28in* Paris 97
$103 FF600 £63 Sans titre Gouache/papier 76x57cm/*29x22in* Paris 97
PARKER Gill 1957 **[8]**
$472 FF2 800 £280 A Mare and Foal Bronze H17cm/*H6in* London 97
PARKER Harold 1873-1962 **[2]**
$2 467 FF14 786 £1 472 A Pensive Nude Plaster H43,5cm/*H17in* Melbourne 98
PARKER Henry H. 1858-1930 **[180]**
$768 FF4 706 £460 River Landscape Oil/canvas 51x76cm/*20x29in* London 98
$3 188 FF18 410 £1 900 "Reigate, Surrey" Oil/canvas 30,5x46cm/*12x18in* London 97
$1 147 FF6 705 £700 A Drover and Cattle on a Country Road Watercolour 54,5x37cm/*21x14in* London 97
PARKER Henry Perlee 1795-1873 **[30]**
$1 453 FF8 086 £900 Old scarborough, Yorkshire Oil/canvas 28x44cm/*11x17in* Billingshurst, West Sussex 97
$2 203 FF13 502 £1 315 "The Highland Piper" Oil/panel 48x35cm/*18x13in* Castlecomer 98
PARKER Henry Perlee (Attr.) 1795-1873 **[5]**
$2 190 FF13 399 £1 300 Looking Out the Sea, a Coastal Whaler Oil/panel 36x30cm/*14x12in* Suffolk 98
$2 963 FF17 982 £1 800 The Catch Oil/canvas 61x50,5cm/*24x19in* London 98
PARKER John 1839-1915 **[11]**
$869 FF5 157 £515 East street, Corfe, Dorset Watercolour/paper 25,5x36cm/*10x14in* New-York 97
PARKER Lawton Silas 1868-1954 **[21]**
$1 100 FF6 630 £665 Potted flowers in an interior with a Queen Ann side chair Mixed media/panel 16x12cm/*6x5in* Pasadena, California 98
$14 000 FF84 287 £8 376 Château in Autumn Oil/canvas 71x81,5cm/*27x32in* San Francisco 98
$700 FF3 647 £440 Portrait of Man Charcoal 37x30cm/*14x12in* Altadena, CA 96
PARKER Olivia 1941 **[14]**
$1 500 FF7 830 £906 Moonsnails Gelatin silver print 25x20cm/*10x8in* New-York 96
PARKER Raymond, Ray 1922-1990 **[10]**
$4 025 FF24 174 £2 403 Untitled Acrylic/canvas 66x80,5cm/*25x31in* San Francisco 98
PARKER Ron 1942 **[2]**
$7 000 FF33 390 £4 402 Early Winter Coyote Acrylic/paper 22x36cm/*8x14in* Hayden 95
PARKINSON Norman 1913-1990 **[32]**
$1 016 FF5 905 £600 Wenda Rogerson in a Charles Creed Coat-dress 1940s-50s Gelatin silver print 29x22cm/*11x9in* London 97
PARKMAN Alfred Edward 1852-c.1930 **[20]**
$245 FF1 463 £150 Chapel of Henry VII, Westminster Watercolour/paper 45x28cm/*18x11in* Stansted Mountfitchet, Essex 98
PARLADE Y HEREDIA Andrés de Aguiar 1859-1933 **[4]**
$20 700 FF119 100 £12 300 Zagal con mastin Oleo/lienzo 84x58cm/*33x22in* Madrid 97
$35 445 FF215 400 £21 267 Hazañas de la Monteria Oleo/lienzo 196x270cm/*77x106in* Madrid 98
PARME de Jean Antoine Julien 1736-1799 **[6]**
$1 679 FF9 900 £1 003 Dido mottager Eneas Wash/paper 20x27cm/*7x10in* Stockholm 97
PARMEGGIANI Romano 1930 **[4]**
$4 750 FF24 760 £2 986 Assolo Oil/masonite 69x99cm/*27x38in* New-York 96
PARMEGGIANI Tancredi 1927-1964 **[8]**
$23 400 FF132 600 £15 600 Senza titolo Olio/tavola 90x105cm/*35x41in* Milano 97
$1 280 FF6 680 £840 Volto Carboncino/carta 24x20cm/*9x7in* Venezia 96
PARMENTIER Félix Marie 1821-? **[2]**
$6 509 FF38 000 £3 936 Jeune couple et enfant avec guitariste sous une tonnelle Huile/toile 97x120cm/*38x47in* Paris 97

PARMENTIER Jacques, James 1658-1730 **[4]**

  $7 500 FF45 482 £4 575 Portrait of Joseph Wade (c.1664-1743) Oil/canvas 91x50,5cm/*35x19in* New-York 98

PARMIGIANI Ciriaco 1641-1704 **[1]**

  $5 400 FF30 600 £2 700 Scena di battaglia Olio/tela 38x50cm/*14x19in* Milano 97

PARPAN Ferdinand 1902 **[9]**

  $1 228 FF7 000 £767 Torse Bronze H53cm/*H20in* Versailles 97

PARR 1893-1969 **[7]**

  $1 163 FF6 791 £714 Hunters Print 60x86,5cm/*23x34in* Toronto 97

  $316 FF1 927 £192 Seated Figures with Animals Pencil/paper 14x45,5cm/*5x17in* Toronto 98

PARR Mike 1945 **[3]**

  $3 937 FF20 176 £2 512 "Fear and Insanity" Charcoal 127,5x923cm/*50x363in* Brisbane 96

PARR Nuna 1949 **[2]**

  $3 490 FF20 373 £2 143 A Polar Bear, it's open with inset teeth and tongue Sculpture H61cm/*H24in* Toronto 97

PARR Samuel ?-1921 **[3]**

  $1 716 FF9 652 £1 043 Spring Oil/panel 47x26,5cm/*18x10in* London 97

PARRA Ginés 1895-1960 **[73]**

  $1 890 FF9 630 £1 135 Desnudo con un puente al fondo Oleo/lienzo 33x41cm/*12x16in* Madrid 96

  $3 347 FF20 342 £2 060 Paisaje de Brasil Oleo/lienzo 59x49cm/*23x19in* Madrid 98

  $564 FF2 850 £370 Bodegón con porrones Gouache 46x61cm/*18x24in* Madrid 96

PARRA José Felipe 1824-? **[9]**

  $1 600 FF8 273 £1 025 Naturaleza muerta con Pecera y Venus de Milo Oleo/lienzo 68x50cm/*26x19in* Montevideo 96

PARRÉ Mathias 1811-1849 **[4]**

  $1 815 FF9 200 £1 182 A winter landscape with several skaters on a frozen waterway Oil/panel 22x29,5cm/*8x11in* Amsterdam 96

PARREIRAS Antonio D. da Silva 1869-1937 **[3]**

  $5 890 FF30 500 £3 800 A storm on the Brazilian Coast Oil/canvas 13x27cm/*5x10in* London 96

PARRIS Edmund Thomas 1793-1873 **[18]**

  $2 190 FF11 330 £1 400 Lodge entrance to Norbury Park Oil/board 25,5x35,5cm/*10x13in* London 96

  $3 000 FF17 084 £1 821 A midnight Reverie Oil/canvas 35,5x51cm/*13x20in* New-York 97

  $482 FF2 310 £300 Portrait of Queen Victoria Watercolour 17x13cm/*7x5in* London 95

PARRISH Maxfield Frederick 1870-1966 **[72]**

  $87 500 FF519 286 £53 593 Title Page: The Poems of Childhood Oil/paper 54x39cm/*21x15in* New-York 98

  $140 000 FF731 000 £84 600 The Egyptian Sculptor Oil/paper/board 38x28cm/*14x11in* New-York 96

  $600 000 FF3 115 000 £397 000 Old King Cole Oil/canvas 112x335cm/*44x131in* New-York 96

  $40 FF237 £24 "November" Etching 12x21cm/*5x8in* Shaker Heights, Ohio 97

  $4 000 FF23 282 £2 465 Servant Presenting King and Queen With Dessert Watercolour 6x8cm/*2x3in* New-York 97

PARRISH Stephen 1849-1932 **[13]**

  $252 FF1 531 £151 Artist in His Studio Engraving 13x10cm/*5x4in* Philadelphia 98

PARROCEL Charles 1688-1752 **[44]**

  $14 000 FF79 772 £8 575 The Battle of Bruges, with Officers assembled on a Hill Oil/canvas 23,5x33cm/*9x12in* New-York 97

  $45 900 FF229 400 £30 000 A Roman battle Oil/canvas 92x200cm/*36x78in* London 95

  $1 960 FF10 000 £1 297 Soldat allongé Pierre noire 23,7x22cm/*9x8in* Paris 96

PARROCEL Charles (Attrib.) 1688-1752 **[24]**

  $10 030 FF50 000 £6 570 Départ pour la chasse Huile/toile 116x107cm/*45x42in* Paris 95

  $13 464 FF80 000 £8 216 Scène orientale de chasse au faucon, avec personnages assis Huile/toile 59x98cm/*23x38in* Paris 98

  $2 124 FF11 000 £1 372 La Chasse au lion/Etude d'homme casqué Sanguine 28x42,5cm/*11x16in* Paris 96

PARROCEL Étienne (Attrib.) 1696-1776 **[14]**

  $764 FF4 500 £471 Le Christ jardinier/Jésus et la Samaritaine Pierre noire/papier 25,5x20,5cm/*10x8in* Paris 97

PARROCEL Étienne, le Romain 1696-1776 **[32]**

🎨 $8 720 FF45 000 £5 580 La Visitation Huile/toile 51x36cm/*20x14in* Versailles 96
✏️ $1 173 FF7 031 £700 Two Studies of a seated Nude Black & white chalks/paper 45,5x39cm/*17x15in* London 98
PARROCEL Ignace Jacq. (Attr.) 1667-1722 **[3]**
🎨 $5 550 FF28 000 £3 640 Cavaliers Huile/toile 3,5x51,5cm/*1x20in* Saint-Germain-en-Laye 96
✏️ $1 980 FF10 000 £1 301 Cavaliers dans un paysage de collines Aquarelle, gouache 32x40cm/*12x15in* Paris 96
PARROCEL Ignace Jacques 1667-1722 **[3]**
🎨 $16 840 FF85 000 £11 000 Choc de cavalerie Huile/toile 6x124cm/*2x48in* Paris 96
PARROCEL Joseph (Attrib.) 1646-1704 **[5]**
🎨 $15 600 FF80 700 £10 070 Engagement de cavalerie Oil/canvas 147x193cm/*57x75in* Stockholm 96
PARROCEL Joseph des Batailles 1646-1704 **[25]**
🎨 $5 698 FF34 000 £3 491 Champ de bataille sur fond de marine au crépuscule Huile/toile 64x98cm/*25x38in* Lyon 98
✏️ $1 086 FF6 600 £654 Mousquetaire à cheval/Choc de cavalerie Pierre noire 16x22cm/*6x8in* Paris 98
PARROCEL Joseph Fr. (Attrib.) 1704-1781 **[14]**
🎨 $3 450 FF17 000 £2 240 Prise d'une place-forte/Choc de cavalerie Huile/toile 14,5x36cm/*5x14in* Paris 95
✏️ $682 FF3 966 £420 Apollo and Daphne Black & white chalks 24x24cm/*9x9in* London 97
PARROCEL Joseph François 1704-1781 **[38]**
🎨 $22 423 FF135 000 £13 419 La Terre figurée par des amours chassant le sanglier/L'Eau figurée... Huile/toile 55x115cm/*21x45in* Paris 98
✏️ $1 173 FF7 031 £700 The Adoration of the Child with God-the-Father and the Holy Spirit Black chalk 24x19,5cm/*9x7in* London 98
PARROT William 1813-1869 **[7]**
🎨 $9 789 FF58 479 £6 000 No Man's Land, Margate, Kent Oil/board 35x46cm/*13x18in* London 98
PARROTT William 1813-1869 **[6]**
🎨 $6 700 FF34 060 £4 000 "Saint-Malo" Oil/canvas 48x113cm/*18x44in* London 96
🗿 $580 FF3 445 £360 London from the Thames Lithograph 23x41cm/*9x16in* London 97
PARROTT William Samuel 1844-1915 **[7]**
🎨 $1 900 FF11 309 £1 179 Mt Hood Oil/board 6x8cm/*2x3in* North Berwick, Maine 97
PARROW Karin 1900-1984 **[34]**
🎨 $298 FF1 556 £178 Kvinna med kruka Oil/canvas 50x61cm/*19x24in* Göteborg 96
PARRY David 1942 **[4]**
✏️ $1 153 FF6 958 £700 Bullfinch Watercolour 24x30cm/*9x11in* Billingshurst, West Sussex 98
PARRY Roger 1905-1978 **[34]**
📷 $891 FF5 189 £549 Crime Scene with Woman's Body Silver print 24x18cm/*9x7in* London 97
PARRY William 1742-1791 **[4]**
🎨 $4 770 FF27 559 £2 800 Portraits of Thomas Puleston of Emral/Mrs Thomas Puleston of Emral Oil/canvas 12,5x10cm/*4x3in* London 97
PARS William 1742-1782 **[3]**
✏️ $15 700 FF81 300 £10 500 St. Peter's, Rome, from the Circus Maximus Watercolour 36x54cm/*14x21in* London 96
PARSHALL Douglas E. 1899-? **[7]**
🎨 $1 100 FF6 462 £660 "Live Oaks" Oil/masonite 91x76cm/*36x30in* Altadena, CA 97
✏️ $2 500 FF13 050 £1 510 Galloping Horses Watercolour/paper 40x74cm/*15x29in* San Francisco-Los Angeles 96
PARSONS Alfred William 1847-1920 **[33]**
🎨 $3 356 FF19 379 £2 000 The Winter Buddha Oil/canvas 49x66cm/*19x25in* London 97
🎨 $7 106 FF41 216 £4 200 The Vale of Yamato, Japan Oil/canvas 24x33cm/*9x12in* London 97
✏️ $519 FF2 987 £320 Sea Shore at Dawn Watercolour 31,5x45cm/*12x17in* London 97
PARSONS Arthur Wilde 1854-1931 **[70]**
🎨 $299 FF1 640 £180 Before a Voyage Oil/paper 25,5x35,5cm/*10x13in* London 97
🎨 $889 FF5 374 £560 Autumn in Somerset Oil/canvas 44x59cm/*17x23in* Bristol, Avon 97
✏️ $953 FF4 840 £620 Newquay Harbour Watercolour 38x55cm/*15x22in* Penzance, Cornwall 96
PARSONS Beatrice Emma 1870-1955 **[81]**
🎨 $5 082 FF29 239 £3 000 The Christ Child in Majesty Oil/canvas 63,5x46cm/*25x18in* London 97
🎨 $27 900 FF144 400 £18 000 The Annunciation, "Hail, Thou Art Highly Favoured!" Oil/canvas 183x114cm/*72x44in* London 96

✏ *$1 757 FF9 981* £1 100 Loch Earn from St. Fillans Watercolour/paper 22x30cm/*8x11in* London 97
PARSONS Edith Baretto Stev. 1878-1956 **[38]**
✏ *$1 300 FF7 719* £793 Terrier Puppies Bronze H18cm/*H7in* Boston, Mass. 98
✏ *$19 600 FF101 818* £11 616 Frog Baby Bronze H132cm/*H52in* Mystic, Connecticut 97
PARSONS Marion Randall 1878-1953 **[6]**
✏ *$1 000 FF6 020* £598 "Spain in California" Oil/board 51x40,5cm/*20x15in* San Francisco 98
PARSONS Orrin Sheldon 1866-1943 **[7]**
✏ *$1 300 FF7 488* £763 Hilly Landscape Oil/board 20x25cm/*8x10in* Mystic, Connecticut 97
✏ *$8 500 FF50 444* £5 206 Winter Woods Oil/canvas 76x112cm/*30x44in* New-York 98
PARSONS Sheldon 1866-1943 **[7]**
✏ *$2 500 FF14 318* £1 479 Truchas Oil/panel 22x30cm/*9x12in* Santa Fe, New Mexico 97
✏ *$4 000 FF23 952* £2 448 Taos Pueblo Oil/board 40x50cm/*16x20in* Altadena, CA 97
PARTENHEIMER Jürgen 1947 **[31]**
✏ *$220 FF1 272* £129 Ohne Titel Etching, aquatint 39x29cm/*15x11in* Köln 97
✏ *$1 972 FF11 741* £1 205 Zeitstab Pencil 106x78cm/*41x30in* Köln 98
PARTHENIS Constantin 1878-1967 **[15]**
✏ *$55 508 FF331 384* £34 000 A Scene from Greek Mythology Oil/canvas 68,5x51cm/*26x20in* London 97
✏ *$4 885 FF27 855* £3 000 Study of a Tree Ink 38x25,5cm/*14x10in* London 97
PARTIKEL Alfred 1888-1945 **[8]**
✏ *$3 111 FF18 517* £1 901 Heilige Familie Pencil 33x26cm/*12x10in* Berlin 98
PARTINGTON Richard Langtry 1868-1929 **[6]**
✏ *$4 250 FF22 200* £2 570 Land's End, San Francisco Oil/canvas 100x74cm/*39x29in* San Francisco-Los Angeles 96
PARTNER Jason XX **[36]**
✏ *$81 FF470* £50 Winter on the Marshes, Acle, Norfolk/The Church at Stratton Strawless Watercolour 7x20cm/*3x8in* Aylsham, Norfolk 97
PARTON Arthur B. 1842-1914 **[37]**
✏ *$3 500 FF18 270* £2 115 Herding Cattle by the Lake Oil/canvas 66x92cm/*25x36in* New-York 96
✏ *$3 000 FF18 552* £1 802 Landscape with a Man Guiding Cows over a Bridge Oil/canvas 27x40cm/*11x16in* East Dennis, Mass. 97
PARTON Ernest 1845-1933 **[40]**
✏ *$2 844 FF13 920* £1 800 Late Autumn, England Oil/canvas 92x68cm/*36x26in* London 95
PARTOS Paul 1943 **[4]**
✏ *$2 964 FF17 272* £1 825 Untitled Gouache 114,5x85,5cm/*45x33in* Melbourne 97
PARTRIDGE Frank H. XIX-XX **[7]**
✏ *$308 FF1 560* £200 The Big Sandhill, Brancaster Island Watercolour 25x68cm/*10x27in* Aylsham, Norfolk 96
PARTRIDGE John 1790-1872 **[7]**
✏ *$3 390 FF19 416* £2 069 Portrait of a young woman in hat Oil/canvas 48x46cm/*18x18in* Stockholm 97
PARTRIDGE John (Attrib.) 1790-1872 **[3]**
✏ *$7 873 FF45 197* £4 800 Portrait of a Lady Oil/canvas 73,5x60,5cm/*28x23in* London 97
PARTRIDGE Roi 1888-1984 **[18]**
✏ *$175 FF1 051* £105 Adancing Water" Etching 33x22cm/*13x9in* North Berwick, Maine 98
PARTURIER Marcel 1901-1976 **[75]**
✏ *$702 FF4 000* £433 Le villag de Pont Aven au creux du coteau Huile/panneau 24x33cm/*9x12in* Brest 97
✏ *$1 159 FF7 000* £704 Paysage du Midi, Saint-Rémy Huile/toile 60x73cm/*23x28in* Saint-Dié 98
✏ *$566 FF3 500* £339 En régate, en route après la bouée Gouache/papier 44x60cm/*17x23in* Brest 97
PARVEZ Achmed XX **[4]**
✏ *$2 824 FF16 932* £1 700 Untitled Oil/board 79x61cm/*31x24in* London 98
PASCAL Antoine 1803-1863 **[2]**
✏ *$1 890 FF9 800* £1 265 Vase de fleurs élaboré sur un entablement Huile/panneau 27x21,5cm/*10x8in* Lindau 96
PASCAL François-Michel 1810-1882 **[3]**
✏ *$3 210 FF16 020* £2 096 Trois Putti aux pampres de vignes Bronze H44cm/*H17in* Stockholm 95
PASCAL Paul 1832-1903 **[126]**
✏ *$60 FF363* £37 Arabs in North African Landscape Gouache/board 34x13cm/*13x5in* Bethesda, Maryland 97
PASCALI Pino 1935-1968 **[10]**

   $2 508 FF14 213 £1 672 Baco da setola Scultura 40x30x30cm/*15x11x11in* Milano 97
   $1 881 FF10 659 £1 254 Plastica dei liquidi profondità Inchiostro 50x70cm/*19x27in* Milano 97
PASCH Johan I 1706-1769 **[4]**
   $14 850 FF76 900 £9 600 Vintern Oil/canvas 180x128cm/*70x50in* Stockholm 96
   $1 900 FF9 370 £1 228 Design for the Celebration of the Wedding of the Dauphin de France Ink 39x29cm/*15x11in* New-York 96
PASCH Lorenz II 1733-1805 **[10]**
   $3 017 FF17 611 £1 794 Porträtt av riksrådet Baron Otto Fleming iförd röd herminbrämad mantel Oil/canvas 76x62cm/*29x24in* Stockholm 97
   $1 852 FF10 760 £1 093 "Sophia Magdalena" Engraving 38x27cm/*14x10in* Stockholm 97
PASCH Lorenz II (Attrib.) 1733-1805 **[2]**
   $4 854 FF28 330 £2 886 Porträtt av Gustav III som barn Oil/canvas 34x26cm/*13x10in* Stockholm 97
PASCH Ulrica 1735-1796 **[5]**
   $1 932 FF11 565 £1 189 Porträtt av Adolf Fredrik iförd kyller Oil/panel 21,5x15,5cm/*8x6in* Stockholm 98
PASCH Ulrica (Attrib.) 1735-1796 **[5]**
   $32 614 FF194 794 £19 966 Porträtt förestallande Gustav III Oil/canvas 64x51cm/*25x20in* Stockholm 98
PASCHKE Ed 1939 **[33]**
   $1 700 FF8 740 £1 060 Pure Rice Oil/canvas 27x35cm/*11x14in* Chicago, Illinois 96
   $10 500 FF53 500 £6 300 La Seductrica Oil/canvas 66x96,5cm/*25x37in* New-York 96
   $14 000 FF84 540 £8 390 "La Bravia" Acrylic/canvas 106,5x203cm/*41x79in* New-York 98
   $350 FF1 807 £224 One On One (Michael Jordan), Version II Color lithograph 81x116cm/*32x46in* Tarzana, CA 96
   $4 000 FF23 952 £2 457 "Le gel (frost)" Ink 61x76cm/*24x30in* Chicago, Illinois 98
PASCIN Jules Pincas, dit 1885-1930 **[1039]**
   $8 690 FF44 770 £5 390 Mädchenportrait Oil/canvas 81x65cm/*31x25in* Zürich 96
   $24 640 FF127 700 £16 000 La Dame au turban Oil/canvas 41x33cm/*16x12in* London 96
   $52 500 FF272 000 £35 100 Hamman-Life, Tunisie Oil/paper 237,5x301cm/*93x118in* New-York 96
   $3 852 FF23 000 £2 359 Cendrillon Vernis mou 68x52cm/*26x20in* Paris 97
   $1 300 FF7 415 £799 Sur la plage Watercolour 25,2x30,3cm/*9x11in* New-York 97
PASCUAL DUCE Antonio XX **[26]**
   $363 FF2 172 £214 Bodegón Oleo/tabla 27x32cm/*10x12in* Madrid 98
PASINELLI Lorenzo 1629-1700 **[6]**
   $11 000 FF62 749 £6 763 The Virgin of Sorrows Oil/canvas 89x73cm/*35x28in* New-York 97
   $19 140 FF92 600 £12 000 Rebecca and Eliezer Oil/canvas 126x172cm/*49x67in* London 95
PASINELLI Lorenzo (Attrib.) 1628-1700 **[8]**
   $11 000 FF56 400 £6 680 A woman, wearing a turban Oil/canvas 61x51cm/*24x20in* New-York 96
   $24 374 FF140 000 £15 176 Judith et Olopherne Huile/toile 113x151cm/*44x59in* Paris 97
   $3 800 FF21 064 £2 344 Diana and her Handmaidens Red chalk 25,7x21,6cm/*10x8in* New-York 97
PASINI Alberto 1826-1899 **[107]**
   $870 FF5 000 £544 Chaumières le soir Huile/papier 12x22,5cm/*4x8in* Paris 97
   $69 700 FF361 000 £45 000 The Palace guard Oil/canvas 38,5x46,5cm/*15x18in* London 96
   $2 400 FF13 600 £1 200 Giovane orientale Acquarello/carta 34x41cm/*13x16in* Roma 97
PASINI Lazzaro 1861-1949 **[11]**
   $1 800 FF10 200 £1 200 Uliveto Olio/tavola 19,5x29cm/*7x11in* Milano 97
PASKELL William Frederick 1866-1951 **[52]**
   $475 FF2 912 £291 Setting Sun Oil/canvas 38x55cm/*15x22in* Mystic, Connecticut 98
   $225 FF1 138 £145 Lake Chocorua, New Hampshire Watercolour 26x36cm/*10x14in* Wolfeboro, NH 96
PASKO XX **[1]**
   $1 837 FF9 500 £1 174 Portrait de femme Aquarelle 125x49cm/*49x19in* Paris 96
PASMORE Daniel 1829-1865 **[9]**
   $3 064 FF18 304 £1 900 Portraits of Mr. and Mrs. Brymer and Their two Children Oil/canvas 74,5x62cm/*29x24in* London 97
PASMORE John F. 1841-1866 **[10]**
   $4 249 FF24 241 £2 584 Hawking Party, Arundel Castle, Sussex Oil/canvas 46x60cm/*18x23in* San Francisco 97
PASMORE Victor 1908-1998 **[96]**
   $17 554 FF103 754 £10 500 From a Window, Chiswick Oil/panel 25,5x30,5cm/*10x12in* London 97
   $65 556 FF383 140 £40 000 Bouquet: everlasting flowers Oil/canvas 71x92cm/*27x36in* London 97

▥ $314 FF1 878 £192 Komposition Etching, aquatint 39,8x39,9cm/*15x15in* Hamburg 98
⬈ $8 201 FF47 081 £5 000 Transparent Relief Construction in White, Black, Green and Crimson Sculpture, wood 51x56x9cm/*20x22x3in* London 97
✎ $4 901 FF29 296 £3 000 Points of Contact 7 Watercolour 63,5x44,5cm/*25x17in* London 97
PASQUAROSA Marcelli Bertoletti 1896-1973 **[9]**
⌣ $2 099 FF11 898 £1 049 Natura morta con ranuncoli e specchio Olio/tela 48,5x58cm/*19x22in* Roma 98
PASQUIER Noël 1941 **[9]**
⌣ $514 FF3 000 £317 Marine Technique mixte/panneau 16x16cm/*6x6in* Entzheim 97
⌣ $1 372 FF8 000 £845 Composition rouge et bleue Technique mixte/panneau 50x50cm/*19x19in* Entzheim 97
PASQUINELLI G.C. XIX-XX **[1]**
⬈ $13 170 FF67 500 £8 000 Five busts of an Officer of the Raj and four children Marble H57cm/*H22in* London 96
PASSARO Pablo Emilio 1878-? **[3]**
⌣ $1 390 FF8 500 £850 Femme à l'éventail Huile/toile 60x51cm/*23x20in* Saint-Christol-les-Alès 98
PASSAROTTI Bartolommeo 1529-1592 **[19]**
⌣ $7 200 FF40 800 £3 600 Ritratto di gentiluomo Olio/tavola 39x31cm/*15x12in* Milano 98
✎ $6 000 FF33 149 £3 729 Studies of two écorché Shoulders and a Leg Ink 43,4x28,3cm/*17x11in* New-York 97
PASSAROTTI Bartolommeo (Attrib) 1529-1592 **[7]**
⌣ $23 100 FF120 300 £15 000 The Holy Family with the Infant Saint John the Baptist Oil/metal 35,5x26cm/*13x10in* London 96
✎ $2 400 FF11 840 £1 552 Skulls of a Bird and a Ram, and a webbed Foot Ink 23,5x36cm/*9x14in* New-York 96
PASSAURO Edmondo 1893-1969 **[5]**
✎ $960 FF5 010 £630 Pomeriggio al mare Acquarello/carta 38x49cm/*14x19in* Trieste 96
PASSE van de Crispin I c.1564-1637 **[27]**
▥ $366 FF1 866 £241 Landschaft mit Pferdekarren, nach Jan Brueghel Engraving 22x32cm/*8x12in* Heidelberg 96
✎ $11 840 FF60 300 £7 100 The head of a girl Black chalk 10,4x9,2cm/*4x3in* Amsterdam 96
PASSE van de Crispin II c.1593-1670 **[4]**
▥ $1 579 FF9 518 £955 Three engravings of tulips from the Hortus Floridus Engraving 31x21cm/*12x8in* Amsterdam 98
PASSE van de Magdalena 1600-1638 **[5]**
▥ $252 FF1 506 £152 Gebirgslandschaft, nach P. Bril Etching 21x26cm/*8x10in* Berlin 97
PASSERI Giuseppe 1654-1714 **[21]**
✎ $1 600 FF9 685 £974 Mary Magdalen Wash 10x9cm/*3x3in* New-York 98
PASSERI Giuseppe (Attrib.) 1654-1714 **[7]**
✎ $1 247 FF6 430 £800 The Nymph Arethusa rescued by Diana from Alpheus Ink 20,9x27,3cm/*8x10in* London 96
PASSEROTI Bartolomeo 1529-1592 **[7]**
⌣ $28 200 FF159 800 £18 800 Ritratto di speziale Olio/tela 75x59cm/*29x23in* Milano 97
⌣ $220 000 FF1 350 514 £134 794 Coronation of the Virgin with Saints John the Evangelist and Luke Oil/canvas 303x193,5cm/*119x76in* New-York 98
✎ $3 000 FF16 629 £1 851 Christ on the Cross Ink 36,7x26,3cm/*14x10in* New-York 97
PASSEY Charles Henry XIX **[27]**
⌣ $1 502 FF9 154 £920 Landscape with Sheep Resting Along a Country Road Oil/canvas 74x130cm/*29x51in* London 98
✎ $1 556 FF9 405 £980 Harvesters gathering cornstooks, evening Watercolour 74x100cm/*29x39in* West Midlands 97
PASSIG B. 1857-1915 **[2]**
⌣ $5 000 FF25 700 £3 125 A Field in Bloom Oil/canvas 60x120cm/*23x47in* New-York 96
PASSIGLI Carlo 1881-1953 **[18]**
⌣ $1 080 FF6 120 £540 Casupola sul mare Olio/tavola 26x36,5cm/*10x14in* Prato 98
PASSINI Johann Nepomuk 1798-1874 **[4]**
✎ $1 907 FF11 378 £1 150 In einem Tiroler Wirtshaus Aquarell/Papier 28x19,2cm/*11x7in* Köln 97
PASSINI Ludwig Johann 1832-1903 **[19]**
✎ $6 600 FF38 368 £4 032 Im Inneren des Dogenpalastes in Venedig Aquarell/Karton 49x62cm/*19x24in*

P

Wien 97

PASSMORE John Richard 1904-1984 **[35]**
 $1 428 FF8 560 £852 Still Life Oil/board 19,5x24cm/*7x9in* Melbourne 98
 $3 438 FF20 072 £2 045 Untitled Mixed media 59x83cm/*23x32in* Melbourne 97

PASSONI Mario 1937 **[10]**
 $833 FF4 600 £519 Boulevard animé Huile/toile 50x60cm/*19x23in* Nevers 97

PASTEGA Luigi 1858-1927 **[25]**
 $3 850 FF19 600 £2 300 A New Brood Oil/canvas 33x45cm/*12x17in* London 96
 $32 524 FF185 528 £20 000 The mischievous Cat Oil/canvas 58x79cm/*22x31in* Billingshurst, West Sussex 97

PASTOR Hanns 1917 **[9]**
 $1 622 FF9 453 £999 Ohne Titel Collage 62x47cm/*24x18in* Köln 97

PASTOR Y CALPENA Vicente XIX-XX **[2]**
 $1 188 FF7 110 £720 Lluvia en Rupit Acuarela/papel 64x88cm/*25x34in* Madrid 98

PASTORINI Benedetto c.1746-c.1805 **[2]**
 $3 063 FF17 647 £1 800 A Stranger at Sparta Etching, aquatint 38,5x34,5cm/*15x13in* London 97

PASTOUR Louis 1876-1948 **[95]**
 $121 FF738 £73 Fischer an der Küste bei Sonnenuntergang Öl/Karton 17x26cm/*6x10in* Dresden 98
 $519 FF3 021 £320 Anemomies Oil/panel 46x38cm/*18x14in* London 97

PATA Chérubin 1827-1899 **[33]**
 $1 534 FF9 200 £927 Le balcon Saint-Raphaël à El-Biar au dessus d'Alger Huile/toile 24x32,5cm/*9x12in* Paris 98
 $8 000 FF47 818 £4 896 Rocks in the forest Oil/canvas 55x65,5cm/*21x25in* New-York 97
 $60 000 FF338 790 £36 486 Paysage de Jura Oil/canvas 179x140,5cm/*70x55in* New-York 97

PATAKY VON SOSPATAK László 1857-1912 **[13]**
 $571 FF3 369 £350 Gypsies with Caravans Oil/canvas 25x32cm/*9x12in* Billingshurst, West Sussex 98
 $3 249 FF17 294 £1 916 Market day Oil/canvas 94x64,8cm/*37x25in* New-York 97

PATCH Thomas 1720-1782 **[6]**
 $243 000 FF1 240 000 £160 000 View of the Arno with the Ponte Santa Trinita, Florence Oil/canvas 89,5x122,5cm/*35x48in* London 96

PATEK Carl XIX-XX **[2]**
 $1 004 FF5 200 £672 Billarzimmer Aquarell 62x46,5cm/*24x18in* Lindau 96

PATEL Antoine Pierre II 1648-1707 **[32]**
 $10 972 FF65 000 £6 571 Bûcherons et promeneurs dans un paysage de neige/Tour en ruine Huile/cuivre 17x28,5cm/*6x11in* Paris 97
 $24 160 FF124 600 £15 500 Extensive mountainous landscape with the goddesses Juno and Iris Oil/canvas 66x98,5cm/*25x38in* London 96
 $6 880 FF35 000 £4 110 La Fuite en Égypte Gouache/papier 16,5x22cm/*6x8in* Paris 96

PATER Jean-Baptiste 1695-1736 **[23]**
 $200 000 FF1 104 980 £124 300 The Signing of a Wedding Contract in a Village Oil/canvas 65x90cm/*25x35in* New-York 97
 $480 000 FF2 650 464 £299 520 A Fête Champêtre during the Grape Harvest/Nymphs bathing at a Pool Oil/canvas 130x98,5cm/*51x38in* New-York 97
 $1 404 FF7 230 £900 Seated woman with a child breast-feeding Red chalk 8,5x8,1cm/*3x3in* London 96

PATERSON Caroline XIX-XX **[4]**
 $3 268 FF19 569 £2 000 Ride a Cock Horse Watercolour 30,5x23cm/*12x9in* Billingshurst, West Sussex 97

PATERSON Emily Murray 1855-1934 **[22]**
 $233 FF1 257 £140 Fishing boats at Anchor Watercolour/paper 18,4x27,9cm/*7x10in* London 97

PATERSON James 1854-1932 **[50]**
 $2 645 FF15 857 £1 600 Suffolk Windmill Oil/canvas/board 17,5x25cm/*6x9in* Glasgow 97
 $4 132 FF24 777 £2 500 Blockston Crag Oil/canvas 63,5x76cm/*25x29in* Glasgow 97
 $18 409 FF108 480 £11 000 "The German Fleet After Surrender" Oil/canvas 103x183cm/*40x72in* Glasgow 97
 $91 FF551 £55 Boats on a River Watercolour/paper 36x25cm/*14x10in* Ilkley, West Yorkshire 98

PATERSON John Ford 1851-1912 **[7]**
 $324 FF1 945 £193 Cattle Grazing, Berwick Oil/board 29x22cm/*11x8in* Sydney 98

PATERSON Mary Viola 1899-1981 **[6]**
 $2 314 FF13 875 £1 400 The Bathing Huts Oil/board 18x23cm/*7x9in* Glasgow 97

$3 009 FF17 786 £1 800 St Tropez Oil/panel 40,5x60cm/*15x23in* London 97
PATERSON Tom XIX-XX **[20]**
$616 FF3 040 £400 At the seaside/Children playing outside a cottage Watercolour 26x36cm/*10x14in* London 95
PATINI Teofilo 1840-1906 **[10]**
$4 278 FF24 242 £2 139 Interno di casa colonica Olio/legno 17x25cm/*6x9in* Roma 98
PATINO Virgilio 1947 **[4]**
$8 500 FF41 240 £5 480 Cascada Oil/canvas 100x140cm/*39x55in* New-York 95
PATOCCHI Aldo 1907-1986 **[27]**
$106 FF517 £67 Nächtliche Strasse Gravure bois 29x34cm/*11x13in* Bern 95
PATOCCHI Remo 1876-1953 **[5]**
$1 486 FF8 828 £907 Ansicht des Mont Blanc von einer Hochebene Oil/canvas/panel 72x70cm/*28x27in* Bern 98
PATON Amelia Robertson 1820-1904 **[1]**
$2 574 FF15 209 £1 600 Dr. David Livingston (1813-1873) Bronze H20cm/*H7in* London 97
PATON Frank 1856-1909 **[63]**
$3 970 FF20 120 £2 600 Puss in boots Oil/canvas 36x31cm/*14x12in* London 96
$6 838 FF39 923 £4 200 An Affair of Honour Oil/canvas 76,5x102cm/*30x40in* London 97
$108 FF643 £65 Rough and Ready Engraving 20x25cm/*8x10in* Ilkley, West Yorkshire 97
$1 060 FF6 254 £650 A Study of a Pheasant Watercolour 34,5x52cm/*13x20in* Billingshurst, West Sussex 98
PATON James Fraser XIX-XX **[2]**
$1 016 FF6 218 £625 Figures on a Country Lane Watercolour/paper 16x21,5cm/*6x8in* London 98
PATON Joseph Noel 1821-1901 **[30]**
$13 170 FF67 500 £8 000 The Man with the Muck Rake Oil/panel 40,5x26cm/*15x10in* London 96
$1 499 FF8 670 £900 Pan and the Nymphs Red chalk/paper 31x25,5cm/*12x10in* London 97
PATON Richard (Attrib.) 1717-1791 **[1]**
$12 000 FF68 000 £8 000 Paesaggio con tempio romano, edicola e faro/Paesaggio fluviale Olio/tela 35,5x45,5cm/*13x17in* Prato 98
PATON Walter Hugh 1828-1895 **[64]**
$5 840 FF29 700 £3 800 On the Tay at Murthly Oil/board 19x46cm/*7x18in* Auchterarder, Perthshire 95
$7 423 FF44 965 £4 600 In the Deer Forest Oil/canvas 62x94cm/*24x37in* Perthshire 97
$1 360 FF6 940 £900 The dee at park Watercolour 17,5x35cm/*6x13in* Glasgow 96
PATOUX Emile Joseph 1893-1985 **[37]**
$743 FF3 670 £481 Pensive Huile/toile 140x80cm/*55x31in* Bruxelles 96
PATRICK James H. 1911-1944 **[2]**
$6 000 FF31 300 £3 626 The Sulphur Plant Watercolour/paper 37x56cm/*14x22in* San Francisco-Los Angeles 96
PATRICK James McIntosh 1907 **[67]**
$8 424 FF51 088 £5 000 St.Monance, Fife Oil/panel 25,5x43cm/*10x16in* Glasgow 98
$23 070 FF117 200 £15 000 Braes of Dron, Perthshire Oil/canvas 64x76cm/*25x29in* Auchterarder, Perthshire 95
$988 FF5 911 £600 A Quaint Corner of Avignon Etching 21x15cm/*8x5in* London 97
$4 230 FF22 000 £2 800 The Tay from Perth Yacht Club Watercolour 53x76cm/*20x29in* Edinburgh 96
PATRIX Michel 1917-1973 **[38]**
$436 FF2 500 £258 Les barques Huile/toile 65x81cm/*25x31in* Calais 97
PATROIS Isidore 1815-1884 **[8]**
$1 280 FF7 877 £783 Auf einem Stuh in der Stube sitzende Mutte Oil/panel 35x26cm/*13x10in* Hildrizhausen 98
PATRONE Giovanni 1904-1963 **[3]**
$1 610 FF9 221 £952 "Amérique du Nord Express" Poster 64x94cm/*25x37in* New-York 97
PATRU Émile 1877-1940 **[10]**
$599 FF3 503 £355 Campagne Genevoise Huile/papier 12,5x19cm/*4x7in* Genève 97
PATRY Alexandre L. 1810-1879 **[1]**
$27 000 FF138 780 £16 875 Souvenirs Oil/canvas 131x114,5cm/*51x45in* New-York 96
PATTEIN César 1850-1931 **[26]**
$1 345 FF8 000 £823 La becquée Huile/toile 32,5x40,5cm/*12x15in* Lille 97

☜ $5 887 FF35 000 £3 601 Retour des champs Huile/toile 94x124cm/*37x48in* Lille 97
PATTEN Alfred Fowler 1829-1888 **[7]**
☜ $6 850 FF34 600 £4 500 A Little Stage Fairy Oil/canvas 76x51cm/*29x20in* London 96
PATTEN Marion 1889-1941 **[2]**
☜ $3 200 FF19 025 £1 982 Woman Chinese Costume Oil/canvas 63x76cm/*25x30in* Philadelphia 97
PATTERSON Howard Ashman 1891-? **[3]**
☜ $4 000 FF20 770 £2 646 Wet Oil/canvas 51x41cm/*20x16in* New-York 96
PATTERSON Jim 1944 **[5]**
✎ $944 FF4 842 £603 Untitled Mixed media/paper 125x65cm/*49x25in* Brisbane 96
PATTERSON Margaret Jordan 1867-1950 **[170]**
☜ $1 000 FF5 060 £657 Coming into harbor Oil/canvas 38x45cm/*15x18in* Bolton, Mass. 96
▤ $1 400 FF8 333 £869 Flowers in Green Vase Woodcut in colors 25x18cm/*10x7in* Provincetown, MA. 97
✎ $900 FF5 316 £559 Mountain View Watercolour 39x46,5cm/*15x18in* Boston, Mass. 97
PATTERSON Neil 1947 **[25]**
☜ $705 FF4 074 £418 "Big Sky Kananaskis" Oil/canvas 61x76cm/*24x29in* Calgary, Alberta 97
PATTERSON Richard 1963 **[1]**
📷 $2 645 FF15 444 £1 600 Heat Cibachrome print 72x101cm/*28x39in* London 97
PATTERSON Simon 1967 **[1]**
▤ $7 440 FF43 436 £4 500 Mata Hari Silkscreen 152,5x122cm/*60x48in* London 97
PATTERSON Viola M. 1899-? **[3]**
✎ $1 098 FF6 109 £680 The game of cards Watercolour/panel 23x28cm/*9x11in* London 97
PATTI Tom XX **[3]**
⚒ $7 000 FF36 540 £4 230 Tubated Solar Rised Sculpture H13,3cm/*H5in* New-York 96
PATURIER Marcel **[2]**
☜ $385 FF2 300 £235 Rivière Huile/panneau 23x30cm/*9x11in* Paris 98
PAU DE SAINT-MARTIN Alexandre 1771-1850 **[10]**
☜ $4 550 FF23 000 £2 980 Paysage au pont de pierre/Paysage au chemin bordé d'arbres Huile/panneau 58x74cm/*22x29in* Paris 96
☜ $6 335 FF38 053 £3 800 Landscape with Travellers by a Path and Sheep and a Sherpherd Oil/panel 24x30cm/*9x11in* London 98
PAUDISS Christoph c.1625-1666 **[1]**
☜ $30 040 FF154 500 £18 730 A bearded old Man, half-length, in profile Oil/panel 64x48,5cm/*25x19in* Wien 96
PAUELSEN Erik 1749-1790 **[13]**
☜ $2 062 FF12 313 £1 267 Badende nymfe Oil/canvas 36x30cm/*14x11in* København 98
☜ $2 856 FF14 900 £1 890 Portrait of Hans Didrick Brinck-Seidelin, Assessor Oil/canvas 73x58cm/*28x22in* København 96
PAUL Ernst XIX-XX **[3]**
☜ $4 607 FF26 032 £2 900 The goatherd Oil/canvas 67x96,5cm/*26x37in* London 97
PAUL John XIX **[43]**
☜ $6 814 FF39 370 £4 000 Westminster Abbey and Bridge from Stangate Stairs, in 1755 Oil/canvas 76x102cm/*29x40in* London 97
PAUL Joseph 1804-1887 **[25]**
☜ $663 FF3 956 £400 A Norfolk Wooded Landscape Oil/canvas 30x27cm/*12x11in* Aylsham, Norfolk 97
☜ $1 590 FF9 520 £950 A Gypsy Encampment at Dedham, Suffolk Oil/canvas 43x71cm/*17x28in* Aylsham, Norfolk 98
PAUL Peter 1943 **[8]**
▤ $171 FF979 £106 Il Gesú/S.S.Annunziata/Découvert...(nach Tinttoretto) Farblithographie 56,5x75,5cm/*22x29in* München 97
PAULI Fritz 1891-1968 **[106]**
☜ $3 277 FF19 000 £1 932 Weihnact Öl/Leinwand 73x59cm/*28x23in* Zürich 97
▤ $1 148 FF5 590 £727 Karneval Eau-forte 39x47cm/*15x18in* Bern 95
PAULI Georg 1855-1935 **[81]**
☜ $344 FF1 754 £228 Skärgårdsmotiv Oil/cardboard 37x46cm/*14x18in* Stockholm 96
☜ $2 416 FF12 280 £1 444 Albert "Aetatis suae XXIV" Oil/panel 30,5x25cm/*12x9in* Stockholm 96
☜ $6 297 FF36 753 £3 744 "Morgonrodnaden" Oil/canvas 86x145cm/*33x57in* Stockholm 97
✎ $514 FF2 615 £308 "Sju giftermålskandidater" Gouache 10,5x16cm/*4x6in* Stockholm 96

PAULI Hanna 1864-1940 **[16]**

  $2 558 FF15 278 £1 566 Sydländskt landskap Oil/canvas 24,5x36cm/*9x14in* Stockholm 98

  $8 480 FF44 350 £5 060 Högläsning hos familjen Georg Pauli Oil/canvas 82x100cm/*32x39in* Stockholm 96

PAULIDES Hendrik 1892-1967 **[8]**

  $15 180 FF78 300 £10 060 A flower still life Oil/canvas 80x48cm/*31x18in* Amsterdam 96

  $26 152 FF154 560 £16 184 "Pastorale" Oil/cardboard 102x122cm/*40x48in* Singapore 97

  $297 FF1 724 £182 Mother and child Lithograph 60x44,5cm/*23x17in* Amsterdam 97

  $13 685 FF79 386 £8 391 Javanese dancer Watercolour 68,5x51,5cm/*26x20in* Amsterdam 97

PAULIN Paul 1852-1937 **[5]**

  $1 628 FF10 000 £976 Buste de Rodin Plâtre 48x18x20cm/*18x7x7in* Paris 98

PAULMANN Joseph XIX **[18]**

  $2 938 FF17 142 £1 800 At the End of the Day Oil/canvas 71,5x91,5cm/*28x36in* London 97

PAULSEN Fritz 1838-1898 **[2]**

  $4 076 FF24 295 £2 500 The Bride Oil/canvas 93x55,5cm/*36x21in* London 98

PAULSEN Ingwer 1883-1943 **[30]**

  $35 FF214 £20 Mediterranean Courtyard with Figures Etching 56x41cm/*22x16in* Washington 98

PAULSEN Julius 1860-1940 **[131]**

  $672 FF3 506 £445 Interieur med P.S. Krøyer med guitar Oil/canvas 26x34cm/*10x13in* København 96

  $1 410 FF8 347 £849 Opstilling med kobertöj Oil 47x56cm/*18x22in* Viby J, Århus 98

PAULUCCI Enrico 1901 **[108]**

  $450 FF2 550 £225 Marina Olio/tela 23x17cm/*9x6in* Vercelli 97

  $3 240 FF18 360 £1 620 Fiori Olio/tela 60x39,5cm/*23x15in* Roma 97

  $1 020 FF5 780 £680 Spiaggia China 44x54,5cm/*17x21in* Vercelli 97

PAULUS DU CHATELET Pierre, baron 1881-1959 **[83]**

  $2 040 FF10 150 £1 300 Fleurs Huile/carton 27x38cm/*10x14in* Antwerpen 95

  $2 680 FF13 400 £1 735 Hiercheuse Huile/toile 93x62cm/*36x24in* Bruxelles 96

  $252 FF1 314 £152 Jeunesse Eau-forte 34x45cm/*13x17in* Liège 96

  $3 800 FF19 750 £2 510 Hiercheuse Technique mixte/papier 60x49cm/*23x19in* Bruxelles 96

PAUS Herbert Andrew 1880-1946 **[6]**

  $400 FF2 437 £243 "The United States Army Builds Men" Poster 75x49cm/*29x19in* New-York 98

PAUSER Sergius 1896-1970 **[27]**

  $11 835 FF61 726 £6 919 Mädchen vor dem Spiegel Öl/Leinwand 92x73cm/*36x28in* München 96

  $2 563 FF15 222 £1 523 Stadtpark Aquarell/Papier 34x45,8cm/*13x18in* Wien 97

PAUSINGER von Franz 1839-1915 **[30]**

  $2 646 FF15 385 £1 616 Hirschbrunt Oil/panel 32x51cm/*12x20in* Wien 97

  $3 980 FF23 785 £2 410 Rotwild bei Abenddämmerung Öl/Leinwand 172x113cm/*67x44in* Wien 97

  $330 FF1 918 £201 Rotwild Radierung 68x48cm/*26x18in* Wien 97

  $3 244 FF16 800 £2 170 Stürmende Reiter Charcoal/paper 67x121cm/*26x47in* Wien 96

PAUTROT Ferdinand 1832-1874 **[57]**

  $1 000 FF6 097 £600 Four Birds & Bumble Bee Bronze 30x26cm/*12x10in* Chester, NY 98

PAUTSCH Fryderyk 1877-1950 **[8]**

  $2 199 FF12 996 £1 362 River landscape Oil/cardboard 46x61,5cm/*18x24in* Warszawa 97

PAUVERT D. XIX-XX **[1]**

  $40 000 FF207 700 £26 450 Les Derniers instants de Cléôpatre Oil/canvas 200x270cm/*78x106in* New-York 96

PAUW de Gabriel, Gaby 1924 **[64]**

  $291 FF1 786 £173 Paysage Huile/toile 62x70cm/*24x27in* Antwerpen 98

PAUW de Jef 1888-1930 **[43]**

  $337 FF1 962 £206 Maisons dans le bois Huile/toile 50x60cm/*19x23in* Antwerpen 97

  $397 FF2 436 £237 Hiver Huile/panneau 24x31cm/*9x12in* Antwerpen 98

PAUWELS Henri Jozef 1903-1983 **[76]**

  $1 495 FF9 082 £900 An Arab Street Oil/canvas 61x101,5cm/*24x39in* London 98

PAVAN Angelo 1893-1945 **[15]**

  $1 320 FF7 480 £660 Vele in mare Olio/tela/cartone 30x30cm/*11x11in* Roma 97

  $4 200 FF23 800 £2 100 Casone a Cadevigo, Padova Olio/tavola 45x50cm/*17x19in* Milano 97

PAVEC Georges XIX-XX **[2]**

🖐 *$1 900 FF9 900 £1 255* Raimu et les fruits rouges Huile/toile 128x86cm/*50x33in* Provins 96

PAVESI Mario 1875-1928 **[1]**
✏ *$1 200 FF7 250 £714* Breakfast with Mother Watercolour, gouache/paper 54x36,5cm/*21x14in* New-York 97

PAVESI Pietro XIX **[3]**
✏ *$5 200 FF30 915 £3 181* Arab Bazar/Arab Carpet Seller Watercolour 70x52cm/*27x20in* New-York 97

PAVIL Elie Anatole 1873-1948 **[151]**
🖐 *$788 FF4 600 £476* Le jardin public Huile/panneau 22x27cm/*8x10in* Rouen 97
🖐 *$2 007 FF10 000 £1 315* La roulotte au Moulin-Rouge Huile/toile 50x61cm/*19x24in* Paris 95
🖼 *$1 463 FF8 700 £906* "Médrano, Antonet & Beby" Affiche 145x228cm/*57x89in* Paris 97
✏ *$386 FF2 400 £233* Femme arabe Encre Chine/papier 13x20cm/*5x7in* Le Havre 98

PAVIOT Louis Claude XIX-XX **[8]**
🖐 *$1 063 FF6 200 £650* Scène de marché espagnol Huile/toile 72,5x91cm/*28x35in* Lyon 97

PAVIS Georges A. 1886-1951 **[6]**
🖼 *$313 FF1 600 £206* "Dans le Bled marocain, "Alcyon" sillonne le monde..." Affiche 39x50cm/*15x19in* Neuilly 96

PAVLOS P. Dionyssopoulos 1930 **[32]**
🖐 *$3 670 FF19 000 £2 453* Chemise d'homme Technique mixte 46x28,5cm/*18x11in* Paris 96
🖐 *$4 210 FF22 000 £2 507* Rouleau, bouteille, verre Technique mixte/panneau 50,5x61x13,5cm/*19x24x5in* Paris 96
🖐 *$6 094 FF35 794 £3 762* Manteau Technique mixte 120x100cm/*47x39in* Lokeren 97
🗿 *$2 529 FF15 000 £1 545* Nature morte Sculpture 41x27x19cm/*16x10x7in* Paris 98
✏ *$485 FF2 500 £311* "Catalogue de mon exposition à la Galerie Lavigne-Bastille en 1989" Collage 30x41cm/*11x16in* Paris 96

PAVONA DE UDINE Francesco 1695-1777 **[1]**
✏ *$1 992 FF9 980 £1 260* Blonder Putto Pastel/paper 64x53cm/*25x20in* Wien 95

PAVY Eugène c.1850-c.1905 **[23]**
🖐 *$1 644 FF10 000 £1 000* Orientalist Street Scene Oil/panel 28x23cm/*11x9in* London 98
🖐 *$3 681 FF21 696 £2 200* Arab Figures at a Doorway Oil/panel 35,5x45,5cm/*13x17in* Glasgow 97

PAVY Philippe c.1850-c.1900 **[29]**
🖐 *$7 341 FF45 012 £4 400* The Artisan Oil/panel 32x18cm/*12x7in* London 98
🖐 *$9 100 FF46 800 £5 500* The Amourers Oil/panel 61x90cm/*24x35in* London 96

PAWLA Frederick A. 1876-1964 **[3]**
🖐 *$750 FF4 598 £459* Tropical Island Scene Oil/canvas 50x60cm/*20x24in* Mystic, Connecticut 98

PAWLEY James XIX **[6]**
🖐 *$14 000 FF85 731 £8 379* The Pet Cockatoo Oil/canvas 77,5x94,5cm/*30x37in* New-York 98

PAWLISZAK Waclaw 1866-1905 **[12]**
🖐 *$2 150 FF11 020 £1 381* Street scene with soldiers, Albania Oil/cardboard 32x25,5cm/*12x10in* Warszawa 96
🖐 *$6 487 FF38 161 £4 004* Arab horsemen Oil/canvas 52,5x71cm/*20x27in* Warszawa 97
🖐 *$85 170 FF501 840 £50 880* Podarunek Kozacki Oil/canvas 124x213cm/*48x83in* Warszawa 97

PAXSON Edgar Samuel 1852-1919 **[21]**
🖐 *$29 000 FF151 090 £18 238* Buffalo Hunt Oil/canvas 60x91cm/*24x36in* Scottsdale, Arizona 96
🖐 *$40 000 FF190 800 £25 156* Tracking Oil/canvas 28x20cm/*11x7in* Hayden 95
✏ *$4 200 FF25 270 £2 514* Indian Chief Watercolour, gouache/paper 24,5x19cm/*9x7in* Beverly Hills, Calif. 98

PAXTON Elizabeth V. Okie 1877-1971 **[5]**
🖐 *$16 000 FF94 284 £9 881* The Kitchen Table Oil/canvas 63,5x76cm/*25x29in* New-York 97

PAXTON William MacGregor 1869-1941 **[58]**
🖐 *$2 100 FF10 605 £1 363* Harbor, Italy Oil/panel 25x35cm/*10x14in* Portland, Maine 96
🖐 *$6 000 FF30 340 £3 940* Portrait of Frederick Redfield Weed Oil/canvas 91x74cm/*35x29in* New-York 96
✏ *$600 FF2 923 £380* Woman with robe Watercolour 34x21cm/*13x8in* Boston, Mass. 95

PAYEN Ennemond ?-1896 **[1]**
🖐 *$9 500 FF54 100 £5 767* Avant le bal Oil/paper/canvas 97x91,5cm/*38x36in* New-York 97

PAYER Julius J.P. 1841-1915 **[3]**
🖐 *$7 051 FF42 000 £4 191* Going out to Dinner Huile/toile 95x72cm/*37x28in* Paris 97

PAYMAL-AMOUROUX Blanche XIX-XX **[1]**
🖐 *$9 500 FF48 900 £5 920* Playing the mandolin Oil/canvas 92x73cm/*36x28in* New-York 96

PAYNE David XIX **[20]**

🎨 *$2 521 FF14 720 £1 500* Lane Scene Harbourne Oil/canvas 30,5x51cm/*12x20in* London 97
🎨 *$5 370 FF31 007 £3 200* Of Llanwrst, North Wales Oil/canvas 51x76,5cm/*20x30in* London 97
PAYNE Edgar (Attrib.) 1882-1947 **[2]**
🎨 *$3 250 FF19 188 £1 924* Desert Landscape with Distant City Oil/canvas 76x101cm/*30x40in* Elgin, Illinois 97
PAYNE Edgar Alwin 1882-1947 **[235]**
🎨 *$1 800 FF10 575 £1 080* "Distant Mountains" Oil/panel 38x24cm/*15x9in* Altadena, CA 97
🎨 *$19 000 FF94 600 £12 440* Tunna Boats, Douarnenez, France Oil/canvas 71x81cm/*27x31in* San Francisco-Los Angeles 95
🎨 *$85 000 FF430 000 £55 800* Lake in the High Sierra Oil/canvas 126x150cm/*49x59in* New-York 96
✏️ *$2 500 FF14 943 £1 515* Riders in Canyon de Chelley Pencil 32,5x36cm/*12x14in* San Francisco-Los Angeles 97
PAYNE Edith A. XIX-XX **[1]**
✏️ *$980 FF5 830 £600* Mischabe Horner from Saas-Fee, Valais Switzerland/Eiger and Schneehorn Watercolour/paper 43x56cm/*16x22in* London 97
PAYNE Elsie Palmer 1884-1971 **[49]**
✏️ *$1 400 FF8 383 £860* Market Day Gouache/paper 25x33cm/*10x13in* Plainville, Conn. 98
PAYNE Frances Mallalieu XX **[7]**
🎨 *$3 160 FF16 300 £2 092* Waves Oil/canvas/board 49,5x33cm/*19x12in* Melbourne 96
PAYNE Henry Albert 1868-1940 **[9]**
✏️ *$2 116 FF12 757 £1 300* The Valley of Humiliation Watercolour/paper 39,5x56,5cm/*15x22in* London 98
PAYNE Leslie J. 1907-1981 **[1]**
🔨 *$7 000 FF42 918 £4 282* Boat, G.H Mc Neal Sculpture, wood 66x106,5cm/*25x41in* New-York 98
PAYNE William 1744/5-1833 **[101]**
✏️ *$160 FF774 £100* Shanklin Chine, Isle of Wight Pencil 16x23cm/*6x9in* London 95
PAYNE William (Attrib.) 1744/5-1833 **[10]**
✏️ *$424 FF2 587 £260* Figures by a Cottage Watercolour/paper 15x20cm/*5x7in* London 98
PAYZANT Charles 1898-1980 **[8]**
✏️ *$1 500 FF8 966 £909* Christmas Card Designs Watercolour/paper 27x40cm/*10x15in* San Francisco-Los Angeles 97
PAZZINI Norberto 1856-1937 **[3]**
🎨 *$4 363 FF25 193 £2 600* A Roman Garden Oil/board 25x20cm/*9x7in* London 97
🎨 *$8 400 FF47 600 £5 600* Ore di pace Olio/tela 48x81,5cm/*18x32in* Milano 97
PEACOCK George Edward 1806-c.1890 **[10]**
🎨 *$12 687 FF77 839 £7 899* View in Port Jackson N.S.W. Looking N.W. from Kiewa, The Property Oil/paper/board 23x30,5cm/*9x12in* Melbourne 97
PEACOCK Ralph 1868-1946 **[8]**
🎨 *$4 638 FF28 420 £2 800* Portrait of Gladys Cooper, in White Dress Oil/canvas/board 18,5x34,5cm/*7x13in* London 98
PEAK Robert, Bob 1928-1992 **[6]**
✏️ *$2 600 FF12 720 £1 646* Magazine cover: black-haired man in water Pastel 66x50cm/*26x20in* New-York 95
PEAKE Mervyn Lawrence 1911-1968 **[49]**
✏️ *$678 FF4 052 £400* An Illustration for Quest for Sita Ink 30x22cm/*11x8in* London 97
PEAKE Robert I c.1551-1619 **[3]**
🎨 *$80 083 FF488 601 £48 000* Portrait of a Lady Oil/panel 92x64cm/*36x25in* London 98
PEAKE Robert I (Attrib.) c.1551-1619 **[6]**
🎨 *$40 522 FF235 182 £25 000* Portrait of a Young Lady Oil/panel 90,5x70,5cm/*35x27in* London 97
PEALE Charles Willson 1741-1827 **[13]**
🎨 *$1 600 FF9 501 £976* Reverend Hallet Parker Oil/panel 33x27cm/*13x11in* Chicago, Illinois 98
🎨 *$37 500 FF229 920 £22 942* Portrait of Mr. and Mrs. Andrew Summers Oil/canvas 70x60cm/*27x23in* New-York 98
PEALE Harriet Cany 1800-1869 **[3]**
🎨 *$6 500 FF37 724 £3 968* View of the Catskill Mountains Oil/canvas 89,5x67cm/*35x26in* Los Angeles 97
PEALE James 1749-1831 **[12]**
🎨 *$3 000 FF17 985 £1 805* Apples Oil/canvas 26x33cm/*10x12in* New-York 98
🎨 *$90 000 FF534 123 £55 125* Still Life of Grapes Oil/panel 46x67,5cm/*18x26in* New-York 98
PEALE Mary Jane 1826-1902 **[8]**

☞ *$450 FF2 567 £275* "Mary Magelene" Oil/canvas 76x63cm/*30x25in* Bethesda, Maryland 97
PEALE Raphaelle, Raphael 1774-1825 **[5]**
☞ *$3 000 FF17 730 £1 858* Portrait of Thomas Linnard (1777-1861) Miniature 34x28cm/*13x11in* Delaware, Ohio 97
PEALE Rembrandt 1778-1860 **[19]**
☞ *$4 750 FF29 051 £2 818* Saint Cecilia Oil/canvas 91x73cm/*36x29in* Washington 98
PEALE Rembrandt (Attrib.) 1778-1860 **[3]**
☞ *$10 000 FF51 200 £6 470* Portrait of George Washington, after Gilbert Stuart Oil/canvas 50x39cm/*19x15in* New-York 95
PEALE Rubens 1784-1864 **[2]**
☞ *$37 000 FF216 120 £21 892* Composition with Watermelons and Grapes Oil/panel 32,5x48,5cm/*12x19in* Boston, Mass. 97
PEALE Sarah Miriam 1800-1885 **[7]**
☞ *$42 000 FF257 510 £25 695* Still Life with Flowers and Book Oil/panel 45,5x35cm/*17x13in* New-York 98
PEALE Titian Ramsey 1800-1885 **[3]**
☞ *$90 000 FF534 123 £55 125* Four Elk Oil/canvas 104x134,5cm/*40x52in* New-York 98
✍ *$4 750 FF28 875 £2 854* Design for Half Eagle Watercolour/paper 26,5x21,5cm/*10x8in* New-York 98
PÉAN René 1875-1945 **[65]**
▥ *$503 FF2 600 £324* "Moulin de la Galette, grand bal" Affiche 105x154cm/*41x60in* Nice 96
✍ *$497 FF3 000 £294* Les lampions Pastel/papier 46x38cm/*18x14in* Bayeux 97
PEARCE Bryan 1929 **[28]**
☞ *$2 200 FF12 770 £1 300* A House in Hammersmith Oil/board 91,5x71cm/*36x27in* London 97
✍ *$655 FF3 976 £400* Blue Flowers Bodycolour 28x41cm/*11x16in* Par, Cornwall 98
PEARCE Charles Sprague 1851-1914 **[17]**
☞ *$10 000 FF52 200 £6 040* A Lady of the Directoire Oil/panel 24,5x19cm/*9x7in* New-York 96
☞ *$75 000 FF391 500 £45 300* L'Italienne (At the Foutain) Oil/canvas 79x103,5cm/*31x40in* New-York 96
PEARCE Stephen 1819-1804 **[3]**
☞ *$3 989 FF23 715 £2 400* An Equestrian Portrait of T.T.C. Lister Esq. of Beamsley Hall Oil/canvas 43x53,5cm/*16x21in* London 97
PEARLSTEIN Philip 1924 **[78]**
☞ *$5 000 FF24 200 £3 210* Untitled Oil/canvas 80x60cm/*31x23in* New-York 95
☞ *$28 000 FF145 000 £18 700* Reclining Nude on Pink and Purple Drapes Oil/canvas 122x154,5cm/*48x60in* New-York 96
▥ *$500 FF2 844 £308* Machu Picchu Aquatint in colors 72x101,5cm/*28x39in* New-York 97
✍ *$3 000 FF15 540 £2 005* Untitled Ink 57x76cm/*22x29in* New-York 96
PEARS Charles 1873-1958 **[40]**
☞ *$1 683 FF10 017 £1 000* In tow, a four masted vessel onder tow by tug, on a calm sea Oil/paper 71x92cm/*27x36in* West Midlands 97
▥ *$1 610 FF9 371 £992* "The Musician Travels" Poster 62x99,5cm/*24x39in* New-York 97
PEARS Dion XX **[13]**
✍ *$2 197 FF13 262 £1 300* Monaco Grand Prix 1960: Stirling Moss in Rob Walker's winning Lotus 18 Watercolour, gouache/paper 76x102cm/*29x40in* London 97
PEARSON Cornelius 1805-1891 **[54]**
✍ *$898 FF5 377 £549* Richmond Hill, Surrey/A View of Grange, Lancashire Watercolour 12,5x24cm/*4x9in* Billingshurst, West Sussex 97
PEARSON John 1777-1813 **[2]**
✍ *$1 343 FF6 570 £850* Crayke Castle, Yorkshire Watercolour 20,4x29,6cm/*8x11in* London 95
PEARSON Marguerite Stuber 1898-1978 **[62]**
☞ *$550 FF3 325 £340* Flowers and Girandole Mirror Oil/board 30x22cm/*12x9in* Mystic, Connecticut 97
☞ *$2 600 FF13 370 £1 620* Woman reading Oil/canvas 88x76cm/*35x30in* Chicago, Illinois 96
PEARSON William Henry XIX-XX **[27]**
✍ *$293 FF1 791 £180* A Fishing Vessel Caught in Rough Waters Watercolour 24x68,5cm/*9x26in* London 98
PEART John 1945 **[14]**
☞ *$10 140 FF59 091 £6 246* Ceano blue Oil/canvas 24x36cm/*9x14in* Melbourne 97
✍ *$234 FF1 363 £144* Untitled Ink 52x37cm/*20x14in* Melbourne 97
PECCATTE Charles M. 1870-1962 **[50]**
☞ *$362 FF2 000 £226* Paysage Huile/toile 25x41cm/*9x16in* Saint-Dié 97
☞ *$446 FF2 300 £285* La Mélancolie Huile/toile 81x100cm/*31x39in* Saint-Dié 96

PECHAUBES Eugène 1890-1967 **[149]**
- $979 FF5 800 £586 Le sprint final Huile/isorel 27x35cm/*10x13in* Paris 97
- $1 850 FF11 000 £1 131 "Yacoba" Huile/toile 54x65cm/*21x25in* Chartres 97
- $423 FF2 550 £259 Joueurs de polo Gravure bois 30x42cm/*11x16in* Paris 98
- $544 FF3 246 £328 Les courses à Enghien Aquarelle, gouache 47x64cm/*18x25in* Luxembourg 97

PECHE Dagobert 1887-1923 **[14]**
- $2 814 FF16 681 £1 718 Deckeldose Ceramic 23,5x16cm/*9x6in* Wien 98
- $1 092 FF5 390 £710 "Lichtechte Tapeten der Wiener Werkstaette" Pencil/paper 34x27,5cm/*13x10in* Wien 95

PECHEUR Anne-Marie 1950 **[5]**
- $2 710 FF14 000 £1 730 Sans titre Technique mixte/papier 210x150cm/*82x59in* Paris 96

PECHEUX Benoît 1779-c.1835 **[2]**
- $6 260 FF31 200 £4 100 Portrait en buste d'un dessinateur Huile/toile 65x55cm/*25x21in* Orléans 95

PECHEUX Laurent 1729-1821 **[7]**
- $1 256 FF7 547 £750 Susannah and the Elders Ink/paper 19x26cm/*7x10in* London 98

PECHSTEIN Hermann Max 1881-1955 **[636]**
- $25 911 FF153 948 £15 410 Stilleben mit Krügen Tempera 30,2x39,8cm/*11x15in* München 97
- $144 650 FF844 875 £88 800 Dorfende und Wanderdüne in Nidden/Frank im Lupinenfeld ... Öl/Leinwand 79x100cm/*31x39in* Köln 97
- $1 170 FF6 102 £684 Am Strand Etching 24,2x17,3cm/*9x6in* Berlin 96
- $1 293 FF7 702 £768 In der Schmiede Indian ink/paper 34,7x27,3cm/*13x10in* München 97

PECK Sheldon 1797-1869 **[3]**
- $70 000 FF429 184 £42 826 Portrait of a Dark-Haired Blue-Eyed Gentleman Oil/panel 62x51cm/*24x20in* New-York 98

PECK Sheldon (Attrib.) 1797-1869 **[1]**
- $20 000 FF108 754 £11 974 A Dark Haired Lady Wearing a Black Dress/Dark Haired Gentleman Oil/canvas 66,5x58,5cm/*26x23in* New-York 97

PECNAR Jacques XIX-XX **[3]**
- $490 FF2 734 £300 "Scoutisme de l'Air" Poster 92x61cm/*36x24in* London 97

PÉCRUS Charles 1826-1907 **[100]**
- $3 762 FF23 000 £2 297 Jeune femme élégante à l'éventail Huile/toile 117x81cm/*46x31in* Rouen 98
- $4 562 FF25 000 £2 747 Laveuses sur la Touques Huile/toile 24x35cm/*9x13in* Paris 97

PECTORALIUS Johannes XVII **[1]**
- $1 715 FF8 840 £1 100 The Abduction of Helen Ink 11,4x25,3cm/*4x9in* London 96

PECZELY Antal 1891-? **[10]**
- $1 933 FF10 000 £1 254 Marchands au Souk Huile/toile 40x49cm/*15x19in* Paris 96

PEDDER John 1850-1929 **[16]**
- $394 FF2 400 £240 Border Stream, Roxburghshire Watercolour 35,5x52cm/*13x20in* London 98

PEDERSEN Carl-Henning 1913-1993 **[267]**
- $10 404 FF63 381 £6 372 "Dialog" Oil/canvas 60x70cm/*23x27in* København 98
- $19 850 FF97 600 £12 640 Phoenix Oil/canvas 107x126cm/*42x49in* København 95
- $606 FF3 697 £369 "Röd og grön"/"Barbizon suite" Color lithograph 87x60cm/*34x23in* København 98
- $2 023 FF12 324 £1 239 "Havmanden" Bronze H22cm/*H8in* København 98
- $15 189 FF93 227 £9 264 Grön fugl Watercolour/paper 22x22cm/*8x8in* København 98

PEDERSEN Finn 1944 **[145]**
- $676 FF3 924 £422 Compositie Huile/toile 60x50cm/*23x19in* Lokeren 97
- $1 278 FF7 908 £762 Maskebillede Oil/canvas 98x130cm/*38x51in* København 98

PEDERSEN Hugo Vilfred 1870-1959 **[77]**
- $371 FF2 203 £220 An Indian Town by Moonlight Oil/canvas 29,5x41,5cm/*11x16in* Billingshurst, West Sussex 97
- $1 015 FF6 156 £614 "Watching budist tempel i Bangkok Siam Thailand" Oil/canvas 126x90cm/*49x35in* København 98
- $7 817 FF44 568 £4 800 The Bay at Liseleje, North zeeland Oil/canvas 114x162,5cm/*44x63in* London 97

PEDERSEN Ole 1856-1898 **[13]**
- $1 163 FF6 660 £710 Gade i Perugia Oil/canvas 36x47cm/*14x18in* København 97

PEDERSEN Thorolf 1858-1942 **[9]**

☞ *$589 FF3 527* £362 Havneparti med fiskerbåde Oil/canvas 43x62,5cm/*16x24in* Vejle 98
PEDERSEN Viggo C.F.V 1854-1926 **[192]**
☞ *$415 FF2 460* £248 Personer ved vandløb Oil/panel 12x17cm/*4x6in* København 97
☞ *$939 FF5 727* £570 Frisk Septemberdag på klipperne ved Skelderviken, Kullen Oil/canvas
56x75cm/*22x29in* København 98
☞ *$2 712 FF15 845* £1 605 Kvinde i lang hvid kjole og paraply spadserende ned af allé med sin... Oil/canvas
133x120cm/*52x47in* Vejle 97
✎ *$394 FF2 385* £248 Køer og hest ved skovsbryn Gouache/paper 84x113cm/*33x44in* København 97
PEDON Bartolomeo 1665-1733 **[4]**
☞ *$30 000 FF170 000* £20 000 Navi in burrasca Olio/tela 170x230cm/*66x90in* Milano 97
PEDONE Bartolomeo (Attrib.) 1665-1732 **[1]**
☞ *$15 450 FF77 000* £10 120 Paysages de rivière avec promeneurs Huile/toile 81x112,5cm/*31x44in* Paris 95
PEDRETTI Turo 1896-1964 **[14]**
☞ *$13 246 FF78 472* £7 995 Val Roseg Öl/Leinwand 50x60cm/*19x23in* Zürich 97
PEDRINI Domenico 1728-1800 **[3]**
☞ *$15 700 FF80 000* £10 350 Saint Marc/Saint Luc Huile/toile 115x85,5cm/*45x33in* Paris 96
☞ *$42 880 FF224 450* £28 810 La benedizione di Giacobbe/La cacciata di Agar Olio/tela 140x96cm/*55x37in*
Roma 96
PEDRINI Gianpietrino Rizzo c.1500-c.1550 **[5]**
☞ *$45 000 FF248 620* £27 967 Christ Carrying the Cross Oil/canvas 110x72,5cm/*43x28in* New-York 97
PEDRIZZI Domenico 1833-? **[1]**
☞ *$3 217 FF16 555* £2 007 A Fishermen's Family Oil/canvas 31,5x40,5cm/*12x15in* Amsterdam 96
PEEL James 1811-1906 **[52]**
☞ *$1 452 FF7 350* £950 Young girls before a watermill Oil/canvas 36x32cm/*14x12in* London 96
☞ *$2 002 FF10 370* £1 300 An impressive highland view, with drover and cattle and a fisherman Oil/canvas
61x101,5cm/*24x39in* London 96
PEEL James (Attrib.) 1811-1906 **[7]**
☞ *$2 000 FF9 740* £1 266 Wooded landscape Oil/canvas/panel 38x61cm/*14x24in* New-York 95
PEEL Paul 1860-1892 **[11]**
☞ *$4 421 FF26 650* £2 675 Boy on a stool Oil/canvas 21,5x15cm/*8x5in* Toronto 98
☞ *$34 511 FF197 220* £21 143 The afternoon nap Oil/canvas 63,5x76,2cm/*25x29in* Toronto 97
PEELE James 1847-1905 **[5]**
☞ *$1 925 FF11 240* £1 145 Gathering Wildflowers Oil/canvas 93x61cm/*36x24in* Melbourne 97
☞ *$3 606 FF21 338* £2 200 Mitre Peak and Milford Sound Oil/canvas 31x47cm/*12x18in* London 98
PEELE John Thomas 1822-1897 **[10]**
☞ *$13 070 FF74 478* £8 200 "The Approach of an Enemy" Oil/canvas 71x91,5cm/*27x36in* London 97
PEERLESS Thomas, Tom [10]
✎ *$358 FF2 153* £214 Murchison Mountains, Lake Teanau, Otago, New Zealand Watercolour/paper
76x55cm/*29x21in* Melbourne 98
PEETERS Bonaventura 1614-1652 **[35]**
☞ *$12 529 FF72 934* £7 599 Segelschiffe im Sturm Oil/wood 30x48cm/*11x18in* Luzern 97
☞ *$19 300 FF95 000* £12 430 Chaloupe en train d'accoster Huile/panneau 44x73cm/*17x28in* Lille 95
☞ *$109 453 FF648 056* £65 000 The Lifekenshoek on the River schelde near Antwerp or Saint Anneke
Oil/panel 96,5x157,5cm/*37x62in* London 97
✎ *$3 803 FF21 769* £2 246 View of Camisavo near Monte Santo, Italy Ink 19,5x40cm/*7x15in* Amsterdam 97
PEETERS Bonaventura (Attrib) 1614-1652 **[9]**
☞ *$3 510 FF20 000* £2 192 Galion avec le drapeau portant la croix de Malte devant une forteresse Huile/pan-
neau 20x30cm/*7x11in* Lille 97
☞ *$5 737 FF32 859* £3 502 Skeppsbrott Oil/panel 46,5x62,5cm/*18x24in* Stockholm 97
☞ *$13 900 FF72 000* £9 020 Naval Engagement View Huile/panneau 108,5x153,5cm/*42x60in* Montréal 96
PEETERS Bonaventura II 1648-1702 **[1]**
☞ *$21 600 FF110 000* £14 230 Vaisseau et chaloupe en train d'accoster Huile/panneau 44x73,5cm/*17x28in*
Paris 96
PEETERS Clara c.1585-c.1655 **[7]**
☞ *$1 699 FF10 100* £1 037 Nature morte au pichet et l'assiette de fromages Huile/panneau
34,5x49cm/*13x19in* Paris 98
☞ *$200 000 FF1 179 940* £122 480 Roses, Tulips, Narcissi, Poppies and other Flowers in a Glass Vase Oil/panel
42,5x30,5cm/*16x12in* New-York 98

PEETERS Gillis Eg.(Attrib.) 1612-1653 [2]
- *$5 596 FF34 000 £3 369* Jeune femme abandonnée sur le rivage Huile/bois 63,5x92cm/*25x36in* Paris 98
- *$16 800 FF83 700 £11 000* Mountainous landscape Oil/panel 25x36cm/*9x14in* London 95

PEETERS Gillis Egidius I 1612-1653 [9]
- *$11 655 FF68 725 £6 900* A wooded landscape with hunters and other figures on a path Oil/canvas 64x54cm/*25x21in* London 97

PEETERS Henk 1925 [3]
- *$1 197 FF7 134 £712* Untitled Mixed media/paper 46,5x46,5cm/*18x18in* Amsterdam 97

PEETERS Jan I 1624-1677/80 [18]
- *$14 459 FF84 058 £8 825* Shipping in rough water Oil/canvas 25,5x37cm/*10x14in* Amsterdam 97
- *$66 632 FF402 376 £40 000* A Mountainous River Landscape with a Crowded Market Scene Oil/canvas 76x119cm/*29x46in* London 98

PEETERS Jan I (Attrib.) 1624-1677/80 [3]
- *$3 720 FF19 450 £2 220* The wreck Oil/canvas 44x70cm/*17x27in* Stockholm 96

PEETERS Jozef 1895-1960 [22]
- *$1 215 FF7 308 £729* Vissershaven Huile/toile 63x77cm/*24x30in* Antwerpen 98
- *$6 380 FF32 800 £3 974* "Zonsopgang" Pastel/papier 57x49cm/*22x19in* Antwerpen 96

PEETS Orville Houghton 1884-1968 [2]
- *$4 000 FF19 700 £2 580* The Open Trunk Oil/canvas 92x76cm/*36x29in* New-York 95

PÉGOT-OGIER Jean-Bertrand 1877-1915 [73]
- *$2 050 FF10 000 £1 300* Bretonne de Concarneau de profil Huile/panneau 22x12,5cm/*8x4in* Paris 95
- *$2 975 FF15 000 £1 920* Jardin et maisons roses Huile/carton 84x46cm/*33x18in* Douarnenez 96
- *$814 FF5 000 £488* Le Bac du Pouldu Crayon 45,5x31,5cm/*17x12in* Quimper 98

PEGRAM A. Bertram 1873-1941 [3]
- *$658 FF3 340 £420* A labourer with shovel, his wife cradling child Bronze H34cm/*H13in* Bristol, Avon 96

PEGURIER Auguste 1856-1936 [24]
- *$876 FF5 000 £534* La baie de Camarat Huile/toile 29x38cm/*11x14in* Paris 97

PEHRSON Karl Axel 1921 [60]
- *$2 420 FF11 800 £1 533* Flourescens Oil/canvas 53x65cm/*20x25in* Stockholm 95
- *$3 247 FF19 215 £1 995* Calogeralia Elegans Oil/panel 27x34cm/*10x13in* Stockholm 98
- *$246 FF1 476 £147* Landskap med exotiska växter Color lithograph 41x57,5cm/*16x22in* Stockholm 98

PEIFFER Auguste Joseph 1832-1886 [10]
- *$4 886 FF27 829 £3 000* Cupid Bronze H48cm/*H18in* London 97

PEIFFER-WATENPHUL Max 1896-1976 [194]
- *$16 226 FF93 738 £9 522* Venedig, Segel von San Giogio Öl/Leinwand 66x95cm/*25x37in* Köln 97
- *$525 FF3 004 £327* Suleika Farblithographie 37x24cm/*14x9in* München 97
- *$3 300 FF16 900 £1 950* Heilbrunner Allee Watercolour/paper 51,5x45,5cm/*20x17in* Hamburg 96

PEIKERT Martin 1901-1975 [32]
- *$225 FF1 372 £137* "Scuol-Tarasp-Vulpera" Poster 100x64cm/*39x25in* New-York 98

PEILER Frans Xaver 1897-1952 [4]
- *$3 003 FF18 414 £1 800* A Vase of Flowers with a Snail and a Grasshopper Oil/panel 38x28,5cm/*14x11in* London 98

PEINADO Joaquín 1898-1975 [59]
- *$2 210 FF13 000 £1 365* Frutero Oleo/tabla 35x27cm/*13x10in* Madrid 97
- *$4 900 FF28 000 £3 010* Bodegón con molinillo de café Oleo/lienzo 50x61cm/*19x24in* Madrid 97
- *$528 FF3 176 £328* Bodegón con flores Acuarela 33,5x26cm/*13x10in* Madrid 97

PEINER Werner 1897-1984 [27]
- *$379 FF2 320 £233* A Mediterranean Coastal Landscape Ink 60,5x80cm/*23x31in* Amsterdam 98

PEIPERS Friedrich Eugen 1805-1885 [5]
- *$609 FF3 693 £373* "Porta orientale di Sorento (Sorrento)" Pencil/paper 18,5x26cm/*7x10in* Berlin 98

PEIRCE Waldo 1884-1970 [18]
- *$1 400 FF8 490 £854* Portrait of Ernest Hemingway Oil/canvas 76x63cm/*30x25in* Boston, Mass. 98
- *$1 200 FF6 060 £779* The Christmas Tree Sleigh Watercolour/paper 35x48cm/*14x19in* Portland, Maine 96

PEIRE Luc 1916-1994 [92]
- *$780 FF4 800 £477* Etude 1556 Huile/papier 35x27cm/*13x10in* Versailles 98
- *$2 137 FF13 000 £1 310* Sienna Huile/toile 65x50cm/*25x19in* Paris 98

$9 620 FF49 000 £5 770 Adriatic Huile/toile 162x97cm/*63x38in* Paris 96
$151 FF900 £92 Voltaire Eau-forte, aquatinte 63x44cm/*24x17in* Douai 98
$1 018 FF5 889 £622 Composition Gouache 27x21cm/*10x8in* Antwerpen 97

PEISER Kurt 1887-1962 **[154]**
$756 FF4 547 £453 Estacade à Hemiksem Huile/toile/panneau 30x40cm/*11x15in* Antwerpen 98
$1 084 FF6 488 £656 Les toits Huile/toile 101x72cm/*39x28in* Bruxelles 97
$180 FF1 057 £111 Au coin du quai Etching 39,5x30cm/*15x11in* Lokeren 97
$625 FF3 170 £409 Twee figuren op een bank Pastel 48x35cm/*18x13in* Lokeren 96

PEITHNER VON LICHTENFELS Eduard 1833-1912 **[25]**
$3 337 FF20 460 £2 000 A Derelict Mill in an Alpine Landscape Oil/panel 32x44cm/*12x17in* London 98
$5 670 FF28 940 £3 730 Bootsfahrt am Seeufer Oil/panel 56x74,5cm/*22x29in* Wien 96
$1 312 FF7 644 £806 Flusslandschaft mit Staffage Mischtechnik/Papier 32x41cm/*12x16in* Wien 97

PEIZEL Bart 1887-1974 **[13]**
$8 742 FF53 539 £5 209 A lady with a mirror Oil/panel 26x19cm/*10x7in* Amsterdam 98
$31 382 FF185 472 £19 420 R.S. Hardjodiringo as a Dalang Oil/canvas 120x150cm/*47x59in* Singapore 97
$370 FF2 227 £224 Portret van een dame met hoed Pastel/paper 44x44cm/*17x17in* Den Haag 98

PEKALSKI Leonard 1896-1944 **[3]**
$1 567 FF8 994 £955 Landscape with buildings Oil/canvas 55x43cm/*21x16in* Warszawa 97

PEKEK Djoko 1938 **[2]**
$7 682 FF46 000 £4 719 Ketoprak Oil/canvas 50x60cm/*19x23in* Singapore 98
$9 079 FF54 364 £5 577 Trumpet Seller Oil/canvas 95,5x131,5cm/*37x51in* Singapore 98

PEKUSTO Piotr 1925 **[12]**
$1 380 FF7 940 £860 Noche de luna llena Oleo/lienzo 52x80cm/*20x31in* Madrid 97

PELAEZ Amelia 1897-1968 **[67]**
$1 621 FF9 712 £968 Sin titulo Mixed media 46x32cm/*18x12in* Stockholm 98
$45 000 FF257 733 £27 472 Femme Hindoue Oil/canvas 99x80,5cm/*38x31in* New-York 97
$6 000 FF35 356 £3 585 Sin Título Gouache/paper 60,5x45cm/*23x17in* New-York 97

PELARDON Jean-Baptiste 1936 **[2]**
$3 396 FF17 500 £2 190 Double portrait de Mathurine et Léon Acrylique/panneau 92x65cm/*36x25in*
Bourg-en-Bresse 96

PELAYO Orlando 1920-1990 **[159]**
$1 377 FF6 860 £901 Composición abstracta Oleo/lienzo 22x27cm/*8x10in* Madrid 95
$3 250 FF17 040 £1 955 Figuras Técnica mixta 50x64cm/*19x25in* Madrid 96
$8 810 FF45 000 £5 830 En ella misma eternamente transformada Huile/toile 130x130cm/*51x51in*
Paris 96
$644 FF3 260 £423 Figuras sonrientes/Figuras abrazadas Acuarela 13x17cm/*5x6in* Madrid 96

PELC Antonin 1895-1967 **[3]**
$6 348 FF36 996 £3 910 Portrait of a young girl Oil/canvas 121x70cm/*47x27in* Warszawa 97

PELEVIN Ivan Andreevich 1840-1917 **[5]**
$3 040 FF15 200 £2 000 Old man and his cat Oil/canvas 30x35cm/*11x13in* London 95

PELEZ Fernand 1843-1913 **[6]**
$4 400 FF25 085 £2 724 The Beggar Boy Oil/canvas 139x82cm/*55x32in* New Orleans, Louisiana 97

PELGROM Jacobus 1811-1861 **[6]**
$11 010 FF63 976 £6 500 The Original Works of the Amsterdamsche-Pijp Gas Company Oil/canvas
77,5x101cm/*30x39in* London 97

PELHAM Peter 1695-1751 **[1]**
$2 200 FF12 842 £1 351 "The Reverend Charles Brockwell, A.M." Mezzotint 35x25cm/*14x10in* New-York 97

PELHAM Thomas Kent XIX **[24]**
$1 916 FF11 019 £1 200 The Milkmaid Oil/canvas 38x28cm/*14x11in* London 97
$2 730 FF14 020 £1 700 Under the amber sky pensive of sweet days Oil/canvas 61x45,5cm/*24x17in*
London 96

PELLAN Alfred 1906-1988 **[101]**
$3 320 FF16 100 £2 133 Abstract Oil/board 16,5x19cm/*6x7in* Toronto 95
$4 800 FF23 240 £3 080 A Quebec farmstead Oil/canvas 43x58cm/*16x22in* Toronto 95
$151 FF908 £93 "Polychromie C" Lithographie 66x30,5cm/*25x12in* Montréal 98
$2 805 FF14 520 £1 794 Tête Fusain/papier 30,5x46cm/*12x18in* Montréal 96

PELLEGRIN Joseph Honoré Maxime 1793-1849 **[14]**
$5 000 FF25 900 £3 250 U.S. Ship "Leopard", Captain W.E. Sherman approaching Marseilles

Watercolour/paper 46x61cm/*18x24in* San Francisco-Los Angeles 96
PELLEGRINI Alfred Heinrich 1881-1958 **[79]**..
   $3 805 FF19 870 £2 300 Liegende Paar Öl/Leinwand 21,5x31,5cm/*8x12in* Zürich 96
   $8 548 FF52 867 £5 093 Studie I zur Komposition mit Badenden Öl/Karton 44x54cm/*17x21in* Zürich 98
   $308 FF1 560 £200 "Kunsthalle Basel" Poster 127x90cm/*50x35in* London 96
   $2 073 FF12 101 £1 273 Fc Basel Craies/papier 22x29cm/*8x11in* Zürich 97
PELLEGRINI Carlo 1839-1889 **[5]**
   $1 584 FF8 150 £988 Sensender Bauer Öl/Karton 49x29cm/*19x11in* Bern 96
PELLEGRINI Domenico 1759-1840 **[2]**
   $46 700 FF237 700 £28 000 Portrait of Emma Hamilton (c.1765-1815) Oil/canvas 75x65cm/*29x25in* London 96
PELLEGRINI Gian Antonio 1675-1741 **[17]**
   $42 000 FF257 825 £25 733 Alexander and his Soldiers Oil/paper/canvas 38,5x24cm/*15x9in* New-York 98
   $4 500 FF27 624 £2 757 The Madonna and Child Appearing to Saint George and another Wash 19x14,5cm/*7x5in* New-York 98
PELLEGRINI Gian Antonio (Attr.) 1675-1741 **[18]**
   $16 000 FF94 339 £9 811 Martyrdom of a Soldier Saint Oil/canvas/board 62x32,5cm/*24x12in* New-York 98
   $1 339 FF8 045 £800 St. Matthew Ink 16,5x10,5cm/*6x4in* London 98
PELLEGRINI Honoré XIX **[2]**
   $7 500 FF40 782 £4 490 Ship Leopard Capt. W.E Sherman, Approaching Marseilles Watercolour, gouache/paper 45,5x60cm/*17x23in* New-York 97
PELLEGRINI Riccardo 1863-1934 **[58]**
   $2 376 FF13 467 £1 188 Mercato degli uccelli Olio/tavola 24x17,5cm/*9x6in* Milano 98
   $5 005 FF30 690 £3 000 A Woman in an Oriental Interior with a Lute Oil/canvas 69x53,5cm/*27x21in* London 98
   $1 640 FF8 030 £1 066 Il veglione Acquarello/carta 42x32cm/*16x12in* Milano 95
PELLEGRINO DA SAN DANIELE Martino di Battista 1467-1546/47 **[1]**
   $10 825 FF63 600 £6 500 The Holy Family with a Donor and His Wife and Son Oil/canvas/panel 77,5x101cm/*30x39in* London 97
PELLEGRINO DI MARIANO c.1425-c.1495 **[1]**
   $25 294 FF149 850 £15 000 The Madonna and Child Tempera/panel 42x29cm/*16x11in* London 97
PELLET Alphonse XIX **[2]**
   $30 000 FF155 800 £19 840 A Harem beauty Oil/canvas 85x113cm/*33x44in* New-York 96
PELLETIER Auguste c.1780-c.1850 **[12]**
   $4 300 FF22 460 £2 600 White-Tailed Trogon Watercolour, gouache 52,5x39cm/*20x15in* London 96
PELLETIER Jean c.1736-? **[2]**
   $3 120 FF16 080 £2 000 A pair of scenes of children at play Gouache 7,5x11cm/*2x4in* London 96
PELLETIER Pierre Jacques 1869-1931 **[30]**
   $1 173 FF5 960 £700 A French River Town Oil/canvas 51x66cm/*20x25in* London 96
   $540 FF2 700 £350 Inondation de la Seine près de Rouen Pastel 58,5x80cm/*23x31in* Paris 96
PELLI Giammaria Cigogna 1813-1849 **[1]**
   $4 700 FF26 198 £2 874 In the Loggia Oil/panel 13x9,5cm/*5x3in* New-York 97
PELLICCIOTTI Armando **[2]**
   $2 000 FF10 080 £1 290 Porta Soprana-Bordiguera Oleo/cartón 48x38cm/*18x14in* Buenos Aires 96
PELLICCIOTTI Tito 1871-1950 **[39]**
   $2 323 FF13 815 £1 421 Stall mit Mädchen und Hühnern Öl/Leinwand 32,5x67cm/*12x26in* Bern 97
   $3 012 FF17 073 £2 008 Bambini che giocano Olio/cartone 27,5x30cm/*10x11in* Milano 97
PELLINI Eugenio 1864-1934 **[3]**
   $1 440 FF8 160 £720 Una Maternità Bronzo H30cm/*H11in* Milano 98
PELLION J. Alphonse XVIII-XIX **[5]**
   $3 500 FF17 100 £2 200 Aiguade de Rio de Janeiro Pencil 41x29cm/*16x11in* London 95
PELLIS Napoleone 1888-1967 **[8]**
   $10 200 FF57 800 £5 100 Neve al sole Olio/tela 33x39,5cm/*12x15in* Prato 97
   $11 400 FF64 600 £5 700 Nevicata a Forni di sopra Olio 48,5x40cm/*19x15in* Prato 97
PELLIZZA DA VOLPEDO Giuseppe 1868-1907 **[12]**

P

$21 600 FF122 400 £10 800 La roggia e la strada per Porta Sottana Olio/tavola 12,5x21,5cm/*4x8in* Vercelli 98

$3 410 FF16 600 £2 145 Donna addormentata Matita/carta 11x9,5cm/*4x3in* Milano 95

PELLON Gina 1926 **[11]**

$3 500 FF19 943 £2 143 Prisonnière de la liberté Oil/canvas 81x79cm/*32x31in* Bethesda, Maryland 97

PELOUSE Léon Germain 1838-1891 **[90]**

$2 436 FF14 181 £1 477 Barque de pêche au bord de la rivière Oil/canvas 46x65cm/*18x25in* Luzern 97

$13 202 FF80 952 £7 913 Landschaft im Frühling mit blühenden Bäumen Öl/Leinwand 270x152cm/*106x59in* Zürich 98

PELS Albert 1910 **[22]**

$110 FF668 £66 Venus and Adonis Oil/canvas/board 27x39cm/*11x15in* Shaker Heights, Ohio 98

$500 FF3 065 £306 Female Figure Oil/board 50x60cm/*20x24in* Mystic, Connecticut 98

PELTON Agnes 1881-1961 **[14]**

$5 500 FF32 875 £3 333 Desert in Spring, San Jacinto Mountains Oil/canvas 56x76cm/*22x29in* San Francisco-Los Angeles 97

PELUSO Francesco 1836-? **[38]**

$1 800 FF10 895 £1 074 The Serenade Oil/canvas 40x26,5cm/*15x10in* New-York 97

$3 109 FF18 112 £1 900 The compliment Oil/canvas 50,8x64,2cm/*20x25in* London 97

PEMBERTON Sophie Theresa 1869-1959 **[5]**

$1 569 FF9 031 £926 Mt. Baker Oil/canvas 33x33cm/*12x12in* Vancouver, BC. 97

PEN KOAT Pierre 1945 **[105]**

$554 FF2 800 £359 Paysage Huile/papier 32x23cm/*12x9in* Morlaix 96

$217 FF1 300 £131 Composition abstraite Gouache 33x48cm/*12x18in* Paris 97

PEÑA Feliciano 1915-1982 **[6]**

$2 064 FF12 245 £1 261 Arboleda de las fuentas Oleo/cartón 22,5x30cm/*8x11in* México 98

$9 000 FF43 700 £5 800 El Pastor Oil/canvas/board 100x86cm/*39x33in* New-York 95

PENA Tonita 1895-1949 **[2]**

$1 900 FF11 336 £1 166 Santo Domingo Corn Dance Gouache 24x34cm/*9x13in* San Francisco 98

PEÑA Y MUNOZ Maximino 1863-1940 **[43]**

$1 040 FF6 320 £640 Lago con patos Oleo/tabla 15,5x23,5cm/*6x9in* Madrid 98

$3 000 FF15 715 £1 804 El Canilita Oleo/lienzo 104x60cm/*40x23in* Montevideo 96

$740 FF3 850 £490 Mujer jóven con capa Pastel 64x46cm/*25x18in* Madrid 96

PENAGOS ZALABARDO Rafael 1889-1954 **[10]**

$4 140 FF24 097 £2 551 "Chocolate Amatller, Marca Luna" Poster 74x110cm/*29x43in* New-York 97

PENALBA Alicia Perez 1918-1982 **[25]**

$4 460 FF23 000 £2 860 Fleur Bronze H25cm/*H9in* Paris 96

$47 100 FF240 000 £31 040 Le Signe Bronze H80cm/*H31in* Paris 96

PENCK A.R. Ralf Winckler 1939 **[449]**

$6 020 FF31 200 £3 910 Idol vor rotem Grund Acrylic/canvas 50x40cm/*19x15in* München 96

$32 407 FF192 889 £19 808 Ohne Titel Acryl/Leinwand 101x122cm/*39x48in* Berlin 98

$520 FF2 712 £304 Komposition mit Figuren Farbserigraphie 93,5x68cm/*36x26in* Berlin 96

$1 773 FF10 745 £1 087 Krug, Komposition mit 3 stehenden Figuren Sculpture 22,1x16cm/*8x6in* Hamburg 98

$176 FF887 £115 Komposition Pencil 23x15cm/*9x5in* København 96

PENCZ Georg 1500-1550 **[66]**

$2 400 FF14 336 £1 471 The Capture of Carthage Engraving 41x54,5cm/*16x21in* New-York 98

PENDER Jack 1918 **[77]**

$962 FF5 576 £600 Moorings 2 Oil/board 61x61cm/*24x24in* London 97

PENDINI Ugo 1853-c.1895 **[1]**

$18 000 FF92 520 £11 250 In the Conservatory Oil/canvas 132x78cm/*51x30in* New-York 96

PENDL Erwin 1875-1945 **[46]**

$2 566 FF15 260 £1 545 Dorfstrasse Aquarell/Papier 30x21cm/*11x8in* Wien 98

PENFIELD Edward 1866-1925 **[63]**

$2 200 FF12 687 £1 310 Policeman on Horseback Oil/board 34x26cm/*13x10in* New-York 97

$150 FF905 £90 "On Snow Shoes to the Barren Grounds" Poster 45,5x29cm/*17x11in* New-York 98

$3 750 FF21 827 £2 311 Dutch Couple in Field of Tulips Gouache/board 53x74cm/*21x29in* New-York 97

PENFOLD Frank C. 1849-1920 **[9]**

$2 600 FF15 178 £1 596 Time Out Oil/canvas 46x38cm/*18x15in* New-York 97

PENGUILLY-L'HARIDON Octave 1811-1870 **[2]**
◠ *$8 305 FF49 000 £5 086* Les Mages à Bethléem Huile/toile 85x171cm/*33x67in* Pau 98
PENLEY Aaron Edwin 1807-1870 **[45]**
✐ *$423 FF2 537 £260* Heron in a Mountainous Tarn Watercolour/paper 14,5x39cm/*5x15in* London 98
PENN Irving 1917 **[273]**
▣ *$900 FF5 300 £555* Marchand de concombres Platinum, palladium print 39,5x32cm/*15x12in* New-York 97
PENN Yehuda XIX-XX **[1]**
◠ *$9 000 FF44 000 £5 690* Portrait of a Jewish porter Oil/board 24x19cm/*9x7in* Tel Aviv 95
PENNACHINI Domenico 1860-? **[8]**
◠ *$7 500 FF38 600 £4 680* Summer Pleasures Oil/canvas 51x90cm/*20x35in* New-York 96
✐ *$3 450 FF19 550 £1 725* Ragazza in costume con fiori, appoggiata allo steccato Acquarello/carta 87x57cm/*34x22in* Roma 98
PENNASILICO Giuseppe 1861-1940 **[12]**
◠ *$4 194 FF23 766 £2 097* Sestri Ponente, localita Erzelli Olio/tavola 28,5x21cm/*11x8in* Milano 98
PENNASILICO Giuseppe (Attrib.) 1861-1940 **[2]**
◠ *$3 105 FF17 595 £1 552* Il Porto di Ancona Olio/tela 45x76cm/*17x29in* Roma 98
PENNE de Charles Olivier 1831-1897 **[107]**
◠ *$5 052 FF30 000 £3 060* Trois épagneuls Huile/toile 40x32cm/*15x12in* Paris 97
◠ *$12 300 FF60 000 £7 780* Chasse au loup en hiver Huile/toile 79,5x111cm/*31x43in* Soissons 95
▥ *$402 FF2 500 £242* Hallali du sanglier Lithographie couleurs 56x70cm/*22x27in* Soissons 98
✐ *$1 600 FF7 880 £1 031* Hounds at rest Watercolour/paper 28,5x42cm/*11x16in* New-York 95
PENNELL Harry XIX-XX **[11]**
◠ *$1 811 FF10 989 £1 100* Fishing Village Oil/canvas 51,5x87cm/*20x34in* London 98
PENNELL Joseph 1860-1926 **[139]**
▥ *$224 FF1 330 £135* Building Dover Pier Etching 23x31cm/*9x12in* Hatfield, Pennsylvania 97
✐ *$700 FF3 893 £433* London Street Scene Charcoal/paper 28x21cm/*11x8in* New-York 97
PENNI Giovanni Francesco 1488-1528 **[2]**
◠ *$125 780 FF760 000 £75 544* La Vierge à l'Enfant sur fond feuillagé Huile/panneau 97,5x70cm/*38x27in* Neuilly-sur-Seine 98
PENNINGTON Harper 1854-1920 **[2]**
✐ *$4 000 FF20 900 £2 417* A Baker's Assistant Mixing Dough Pastel/paper 100,5x75cm/*39x29in* New-York 96
PENNINKS IL PENNITO Johannes 1627-c.1700 **[1]**
◠ *$3 042 FF17 414 £1 797* A Nymph seated on a river bank by a wood Oil/canvas 41x38,5cm/*16x15in* Amsterdam 97
PENNY Edwin 1930 **[20]**
✐ *$3 001 FF18 025 £1 800* House Martins Watercolour/paper 51x37cm/*20x14in* London 98
PENNY William Daniel 1834-1924 **[6]**
◠ *$1 587 FF9 719 £950* Shipping Oil/canvas 30,5x45,5cm/*12x17in* London 98
PENONE Giuseppe 1942 **[13]**
⬧ *$30 589 FF178 571 £18 500* Squash III Bronze 279,5x104x40,5cm/*110x40x15in* London 97
✐ *$2 072 FF11 807 £1 300* Untitled Pastel 42x59cm/*16x23in* London 97
PÉNOT Albert Joseph c.1870-? **[34]**
◠ *$1 419 FF8 500 £872* Jeune femme blottie Huile/carton 22x27,3cm/*8x10in* Auvers sur Oise 98
◠ *$5 540 FF27 200 £3 610* Nudo femminile Olio/tela 55x130cm/*21x51in* Milano 95
PENOT J. Valette Falgores 1710-c.1790 **[6]**
◠ *$56 780 FF340 000 £33 932* Deux trompe-l'oeil avec des dessins et des Lettres sur un panneau Huile/toile 80x63,5cm/*31x25in* Monte-Carlo 98
PENROSE Roland 1900-1984 **[11]**
✐ *$994 FF5 800 £609* La Tour de Londres Technique mixte/papier 54,5x80cm/*21x31in* Paris 97
PENSÉE Charles 1799-1871 **[14]**
✐ *$520 FF3 100 £311* Fenaison en Dauphiné Aquarelle/papier 23x38cm/*9x14in* Soissons 98
PENTELEI-MOLNAR János 1878-1924 **[6]**
◠ *$1 700 FF9 047 £1 002* Still life with tea tray Oil/board 21,6x26,7cm/*8x10in* New-York 97
PENUELA de la Rita Matilde 1840-? **[2]**
◠ *$8 000 FF45 924 £4 876* Gatos Oil/canvas 50x61cm/*19x24in* New-York 97
PEPLOE Samuel John 1871-1935 **[61]**

⌬ *$25 408 FF147 637 £15 000* The Sands, Barra Oil/panel 16,5x24cm/*6x9in* Glasgow 97
⌬ *$74 400 FF377 760 £48 000* The Green Vase Oil/canvas 41x48cm/*16x18in* Auchterarder, Perthshire 96
✏ *$1 843 FF11 121 £1 100* Study of a Child Watercolour 21x14cm/*8x5in* West Lothian 98
PEPPER Beverly 1924 **[33]**
⚒ *$950 FF5 548 £565* Untitled Sculpture 58,5x45,5x30,5cm/*23x17x12in* New-York 97
⚒ *$3 000 FF14 530 £1 926* Ramses Column Sculpture H104cm/*H40in* New-York 95
PEPPER Charles Hovey 1864-1950 **[9]**
✏ *$300 FF1 824 £189* Woman Walking Her Dog with Antique Statues Crayon 30x22cm/*12x9in* Plainville, Conn. 97
PEPPER George Douglas 1903-1962 **[17]**
⌬ *$1 320 FF7 943 £792* Eskimo Summer Tents, Resolute Bay Oil/canvas 61x76cm/*24x29in* Toronto 98
⌬ *$3 392 FF19 725 £2 071* "The Athabasca glacier" Oil/panel 32x37cm/*12x14in* Calgary, Alberta 97
PEPPER Kathleen Daly 1898-1994 **[9]**
⌬ *$5 530 FF26 800 £3 555* Village street Oil/panel 53x68cm/*20x26in* Toronto 95
PEPYN Marten 1575-1643 **[5]**
⌬ *$30 000 FF184 161 £18 381* The Marriage at Cana Oil/panel 74x105cm/*29x41in* New-York 98
⌬ *$46 232 FF269 904 £27 960* Der alte Fischmarkt in Antwerpen Ol/Leinwand 194,5x184cm/*76x72in* Köln 97
PERA Baptiste XVI-XVII **[1]**
⌬ *$15 593 FF88 000 £9 495* Apollon et les Muses Huile/toile 178x198cm/*70x77in* Paris 97
PÉRADON Pierre-Edmond 1893-1981 **[21]**
⌬ *$604 FF3 500 £376* Alsace: chemin dans la vallée Huile/panneau 50x65cm/*19x25in* Chantilly 97
✏ *$193 FF1 100 £119* Maison près de la Seulles Aquarelle/papier 14x23cm/*5x9in* Paris 97
PERAIRE Paul E. 1829-1893 **[30]**
⌬ *$1 476 FF8 853 £893* Figures Walking Down a Country Road Huile/panneau 31x26cm/*12x10in* Montréal 97
⌬ *$3 390 FF16 500 £2 144* Paysage animé à la rivière Huile/toile 38x61cm/*14x24in* Nîmes 95
⌬ *$32 000 FF164 600 £19 950* A French river landscape Oil/canvas 127x217cm/*50x85in* New-York 96
PERATES John W. 1894-1970 **[2]**
⚒ *$7 000 FF42 918 £4 282* Virgin Icon Sculpture, wood 72,5x122cm/*28x48in* New-York 98
PERAUX Lionel 1871-? **[6]**
✏ *$400 FF2 437 £245* Les danseuses Watercolour 34x46cm/*13x18in* New-York 98
PERAVA Humberto XX **[1]**
⚒ *$3 500 FF17 640 £2 258* Matador and Bull Bronze 30x48cm/*12x19in* Hayden 96
PERBANDT von Carl 1832-1911 **[10]**
⌬ *$2 500 FF15 051 £1 495* Lake Country Landscape with Cow Oil/canvas 61x40,5cm/*24x15in* San Francisco 98
PERBOYRE Paul Emile Léon 1851-1929 **[51]**
⌬ *$742 FF4 100 £463* Scène d'assaut en Alsace en 1915 Huile/panneau 31,5x40,5cm/*12x15in* Paris 97
⌬ *$2 946 FF17 159 £1 800* The afternoon ride Oil/canvas 38,2x46,5cm/*15x18in* London 97
PERCEVAL John de Burgh 1923 **[69]**
⌬ *$12 378 FF72 261 £7 363* Landscape Oil/canvas 74,5x90,5cm/*29x35in* Melbourne 97
⚒ *$6 630 FF38 636 £4 084* Island Feast Ceramic 61x95cm/*24x37in* Melbourne 97
✏ *$852 FF5 183 £512* Spring Pastel/paper 27x37cm/*10x14in* Sydney 98
PERCIER Charles 1764-1838 **[20]**
✏ *$2 962 FF18 000 £1 783* Projet de frontispice pour un marchand d'objets de toilette Encre 22,5x18,5cm/*8x7in* Paris 98
PERCY Carl Arthur C:son 1886-1976 **[63]**
⌬ *$681 FF3 880 £421* Seated nude Oil/canvas 74x54cm/*29x21in* Stockholm 97
⌬ *$2 820 FF14 600 £1 822* Göteborgsutsikt Oil/canvas 46x33cm/*18x12in* Stockholm 96
PERCY Sidney R. (Attrib.) 1821-1886 **[7]**
⌬ *$2 713 FF16 236 £1 700* Wattle watering at Lake Windermere Oil/canvas 30,5x51cm/*12x20in* London 97
⌬ *$12 911 FF78 201 £8 000* Glen Sannox, Arran Oil/canvas 80x119,5cm/*31x47in* Perthshire 97
PERCY Sidney Richard 1821-1886 **[129]**
⌬ *$2 988 FF17 769 £1 800* Llyn-Gwm-y-Fyfnnon, North Wales Oil/canvas 49x75cm/*19x29in* Billingshurst, West Sussex 98
⌬ *$12 504 FF76 812 £7 500* "Grange in Borrowdale, Cumberland" Oil/canvas 23x38cm/*9x14in* London 98
⌬ *$32 000 FF157 300 £20 270* Near Dolgelly, North Wales Oil/canvas 112x183cm/*44x72in* New-York 95
PERDICARIS Ion XIX-XX **[1]**

$24 930 FF120 700 £16 000 A welcome distraction Oil/canvas 107x76cm/*42x29in* London 95
PERDRIAT Hélène 1894-1969 **[12]**
$450 FF2 715 £276 Autumn Charcoal 48x39cm/*18x15in* New-York 98
PEREDA de Antonio c.1600-1678 **[5]**
$6 270 FF32 794 £3 800 Saint Jérome Oil/canvas 117x94cm/*46x37in* London 96
$18 000 FF106 131 £11 037 Putti with Flowers Oil/canvas 101x143,5cm/*39x56in* New-York 98
$1 758 FF8 700 £1 118 Dem heiligen Ildefonso Ink 26x21cm/*10x8in* Heidelberg 95
PEREDA de Antonio (Attrib.) c.1600-1678 **[6]**
$12 005 FF73 702 £7 356 Putti spielen mit der Weltkugel Öl/Leinwand 100x144cm/*39x56in* Stuttgart 98
$21 000 FF124 851 £13 009 Madonna and Child Oil/canvas 78,5x63cm/*30x24in* New-York 97
PEREDA Raimondo 1840-1915 **[2]**
$8 070 FF39 150 £5 200 Bust of a Negro boy Bronze H54cm/*H21in* London 95
PEREHUDOFF William 1919 **[23]**
$776 FF4 530 £461 Ac-87-44 Acrylic/canvas 81,5x81,5cm/*32x32in* Calgary, Alberta 97
PÉRELLE Adam 1638-1695 **[5]**
$1 200 FF7 264 £730 A River Landscape with Men Loading Wood Ink 98x83cm/*38x32in* New-York 98
PERELLI Achille 1822-1891 **[11]**
$3 600 FF20 512 £2 248 Bust Portrait in Profile of a Gentleman Plaster 30x22cm/*12x9in* New Orleans, Louisiana 97
$4 000 FF19 540 £2 494 Nature morte, redfish Pastel 71x52cm/*28x20in* New Orleans, Louisiana 95
PÉREZ Alfonso 1881-1914 **[7]**
$7 500 FF44 829 £4 590 The suitor Oil/panel 61x49cm/*24x19in* New-York 97
PEREZ Alonso 1853-1929 **[36]**
$5 500 FF26 800 £3 480 The Serving Maiden Oil/panel 46x29cm/*18x11in* New-York 95
$7 000 FF34 100 £4 430 Afternoon Respite Oil/panel 61x49cm/*24x19in* New-York 95
PEREZ BARRADAS Rafael 1890-1929 **[27]**
$6 811 FF35 349 £4 510 Marinero de San Juan Lápices de color/papel 25x20cm/*9x7in* Montevideo 96
$65 000 FF339 600 £38 700 Hombre en la Taberna Oil/canvas 74x56cm/*29x22in* New-York 96
$273 FF1 420 £180 Pareja paseando del brazo Lápiz 20x14cm/*7x5in* Madrid 96
PÉREZ Bartolomé 1634-1693 **[12]**
$33 600 FF167 400 £22 000 Flowers in a sculpted urn on a pedestal Oil 34x28,6cm/*13x11in* London 95
$49 700 FF259 000 £30 000 Assorted flowers in a glass bowl on a stone ledge Oil/canvas 50x64,5cm/*19x25in* London 96
PÉREZ Bartolomé (Attrib.) 1634-1693 **[6]**
$8 700 FF45 000 £5 640 Vase de fleurs Huile/toile 42x33cm/*16x12in* Paris 96
PÉREZ Marta 1934 **[1]**
$10 000 FF58 377 £5 949 Transmutación con la Paloma Acrylic/canvas 147,5x99cm/*58x38in* New-York 97
PEREZ RUBIO Antonio 1822-1888 **[2]**
$3 325 FF18 905 £2 090 Descubrimiento de la Imprenta Oleo/tabla 32x45cm/*12x17in* Madrid 97
PEREZ VILLAAMIL Genaro 1807-1854 **[54]**
$3 880 FF20 100 £2 505 Paisaje fantástico Oleo/lienzo 16,5x21cm/*6x8in* Madrid 96
$159 FF811 £106 Puerta de la Sala Capitular de la Catedral de Toledo Litografía 44x32cm/*17x12in* Madrid 96
$2 010 FF11 850 £1 230 "Patio de la casa de los miranda en burgos" Lápiz 29x39cm/*11x15in* Madrid 98
PEREZ VILLALTA Guillermo 1948 **[16]**
$3 182 FF18 762 £1 900 "Carambola" Acrílico/papel 99x69cm/*38x27in* Madrid 97
PEREZZOLI Francesco XVII **[1]**
$5 099 FF28 898 £3 399 "Toilette" Olio/tela 65x88cm/*25x34in* Milano 97
PERFALL von Erich Freiherr 1882-1961 **[15]**
$1 184 FF6 747 £739 An der holländischen Küste Öl/Leinwand 50x60cm/*19x23in* Köln 97
PERFETTI Giorgio 1932-1961 **[9]**
$1 100 FF5 710 £728 Costume design Watercolour 30x23cm/*12x9in* Delray Beach, Florida 96
PERI Lucien 1880-1948 **[13]**
$409 FF2 383 £250 "La Corse" Affiche 99x62,5cm/*38x24in* London 97
$337 FF2 000 £200 Rivage méditerranéen Gouache/papier 27x21cm/*10x8in* Calais 97
PERICOLI Tullio 1936 **[9]**

✏ *$3 299 FF18 698 £2 199* Combattimento Acquarello 38x57cm/*14x22in* Milano 97
PERIES Ivan 1921-1988 **[3]**
🎨 *$3 655 FF21 912 £2 200* Still Life with Musical Instruments Oil/canvas 72x51cm/*28x20in* London 98
PERIGAL Arthur 1816-1889 **[37]**
🎨 *$2 814 FF14 700 £1 700* Loch Achray by moonlight/Loch Katrine Oil/canvas 21x31cm/*8x12in* Glasgow 96
🎨 *$2 905 FF17 595 £1 800* Hundalee Rocks and Cave on Jed Water, Roxburghshire Oil/canvas
53,5x76cm/*21x29in* Perthshire 97
✏ *$420 FF2 427 £249* Menaggio, Lake Como Watercolour/paper 20x36cm/*7x14in* Billingshurst, West
Sussex 97
PERIGNON Alexis N. le jeune 1785-1864 **[4]**
🎨 *$6 348 FF40 000 £4 000* Nu aux fleurs Huile/toile 146x105cm/*57x41in* Cannes 97
PERIGNON Alexis Nicolas 1726-1782 **[26]**
🎨 *$10 074 FF60 321 £6 188* Blumenstilleben Oil/paper/canvas 48x36cm/*18x14in* Köln 98
✏ *$822 FF5 000 £494* Ruines d'un Château-Fort Crayon 15,5x28,5cm/*6x11in* Paris 98
PERiLLI Achille 1927 **[115]**
🎨 *$1 200 FF6 800 £800* Gun Tecnica mista/tela 20x20cm/*7x7in* Vercelli 97
🎨 *$4 579 FF25 947 £2 289* Il cromorivelatore Tecnica mista/tela 100x81cm/*39x31in* Milano 97
🎨 *$8 280 FF46 920 £4 140* "Inventario della mirabilia" Acrilico/tela 162x130cm/*63x51in* Milano 98
✏ *$960 FF5 440 £480* Senza titolo Tempera/carta 50x65cm/*19x25in* Roma 97
PÉRIN-SALBREUX Lié-Louis 1753-1817 **[11]**
🎨 *$8 336 FF50 070 £5 000* Chestnuts in a Basket, Apples, a Pomegranate, a Glass of Wine Oil/panel
29x40,5cm/*11x15in* London 98
🎨 *$9 274 FF54 945 £5 500* Roses, Carnations, Convolvulus, other Flowers, Peaches, Grapes... Oil/canvas
40,5x50cm/*15x19in* London 97
PERINO DEL VAGA Pietro Buonaccorsi 1500/01-1547 **[10]**
✏ *$9 500 FF46 900 £6 140* Frieze: The Battle of the Lapiths and Centaurs Ink 17,8x28,7cm/*7x11in* New-
York 96
PERIZI Nino 1917-1994 **[5]**
✏ *$627 FF3 280 £371* Il sole China 52x42cm/*20x16in* Trieste 96
PERJONS Pär Hilding 1911 **[9]**
🎨 *$851 FF4 851 £525* Spelmannen nästan sjävporträtt -spegelbild, interiör med figurer... Oil/canvas
66x81cm/*25x31in* Uppsala 97
PERKINS David J. 1936 **[7]**
🎨 *$1 797 FF10 223 £1 100* Following the lure, Atlantic Salmon Oil/canvas 61x92cm/*24x36in* London 97
PERKINS Grandville 1830-1895 **[30]**
🎨 *$1 500 FF9 118 £910* Tropical Landscapa Oil/canvas 44x59cm/*17x23in* Shaker Heights, Ohio 98
🎨 *$2 000 FF11 415 £1 236* Ships on a stormy sea Oil/canvas 30,5x46cm/*12x18in* New-York 97
✏ *$1 100 FF6 610 £665* The Waterfall Watercolour/paper 54x37,5cm/*21x14in* New-York 98
PERKINS Parker S. 1862-1949 **[9]**
🎨 *$325 FF1 934 £201* Seascape Oil/board 14x18cm/*5x7in* North Berwick, Maine 97
PERKO Anton 1833-1905 **[12]**
✏ *$1 605 FF7 890 £1 015* Gasse in Ragusa Aquarell/Papier 27x12cm/*10x4in* Wien 95
PERKOIS Jacobus 1752-1804 **[6]**
✏ *$966 FF6 000 £582* Scène de rue Aquarelle/papier 33x22,5cm/*12x8in* Paris 98
PERLBERG Friedrich 1848-1921 **[29]**
🎨 *$3 060 FF15 170 £1 936* Nubische Tallandschaft Öl/Leinwand 35x31,5cm/*13x12in* Lindau 95
🎨 *$9 000 FF54 054 £5 398* Orientalist Market Scene with Architectural Backdrop Oil/canvas
97x148cm/*38x58in* Cleveland, Ohio 98
✏ *$1 402 FF8 502 £860* Belebter Markt in Les Halles von Paris & La Fontaine des Innocents Watercolour
56x43cm/*22x16in* Zofingen 98
PERLBERG Georg 1807-1884 **[6]**
🎨 *$3 430 FF17 150 £2 220* Lastkähne und Dampfboot auf dem Vierwaldstädter Öl/Leinwand
82x67,5cm/*32x26in* Wien 96
PERLE Edmund 1854-1935 **[3]**
🎨 *$3 000 FF15 966 £1 769* The grave Oil/canvas 37,5x27,3cm/*14x10in* New-York 97
✏ *$1 863 FF9 640 £1 203* Szames (street scene) Watercolour/board 51x30cm/*20x11in* Warszawa 96
PERLIN Firmin ?-1783 **[1]**

✏ *$24 255 FF150 000 £14 445* Visite à la Basilique Saint Pierre à Rome Aquarelle 50,5x46cm/*19x18in* Paris 98
PERMEKE Constant 1886-1952 **[201]**
🖼 *$5 658 FF32 973 £3 458* Kleine Lichte Zee Oil/canvas/panel 25x35cm/*9x13in* Amsterdam 97
🖼 *$14 832 FF89 181 £8 871* Marine Oil/canvas 120x140cm/*47x55in* Amsterdam 98
🖼 *$127 100 FF664 000 £76 800* The Trial Oil/canvas 93x113cm/*36x44in* Amsterdam 96
🗿 *$2 770 FF16 270 £1 710* Masker Bronze 22x15,5cm/*8x6in* Lokeren 97
✏ *$5 400 FF32 480 £3 240* Ruggelings liggend naakt Technique mixte/papier 32x50cm/*12x19in* Antwerpen 98
PERMEKE Paul 1918-1990 **[110]**
🖼 *$598 FF3 570 £360* Besneeuwde straar Huile/panneau 30x40cm/*11x15in* Lokeren 97
🖼 *$1 308 FF6 690 £847* Poste frontière Huile/toile 50x70cm/*19x27in* Bruxelles 95
🖼 *$2 255 FF13 366 £1 402* Paysage Huile/toile 100x120cm/*39x47in* Bruxelles 97
PERNES Léo ?-1960 **[17]**
🖼 *$673 FF4 000 £411* Le port de Concarneau, quai animé Huile/toile 45x61cm/*17x24in* Brest 98
PERNET Alexandre (Attrib.) 1763-? **[13]**
✏ *$2 970 FF15 000 £1 940* Fantaisie architecturale Encre 50,5x36cm/*19x14in* Paris 96
PERNET Alexandre J. Henry 1763-? **[30]**
✏ *$2 437 FF12 000 £1 570* Caprice architectural animé Aquarelle 23,5x19,3cm/*9x7in* Paris 95
PERNET Percival 1890-1977 **[5]**
🖼 *$1 000 FF5 959 £599* "Schweiz. Comptoir, Lausanne" Poster 129x88cm/*50x34in* New-York 98
PERNOT Henri 1859-1937 **[5]**
🗿 *$400 FF2 446 £237* Water Carrier Bronze H39cm/*H15in* Washington 98
PÉRON Pierre ?-1988 **[43]**
🖼 *$926 FF5 500 £561* La Penfeld et le château Huile/panneau 50x65cm/*19x25in* Brest 97
🖼 *$194 FF950 £123* "Itroun Varia ar Folgoat" Gravure bois couleurs 31,5x24,5cm/*12x9in* Quimper 95
✏ *$218 FF1 300 £132* Brest, le Grand Pont Lavis 29x45cm/*11x17in* Brest 97
PÉRON René XX **[25]**
🖼 *$580 FF3 600 £349* "Les visiteurs du soir" Affiche couleur 80x60cm/*31x23in* Paris 98
PEROT Luc 1922-1985 **[8]**
🖼 *$2 278 FF13 804 £1 385* Femme s'appuyant Huile/toile 50x60cm/*19x23in* Bruxelles 98
PÉROT Roger 1908-1976 **[20]**
🖼 *$800 FF4 822 £491* "Delahaye" Poster 155x109,5cm/*61x43in* New-York 98
PEROW Wassili Grigoriev. 1834-1882 **[4]**
🖼 *$7 359 FF45 013 £4 500* The Old Bird Catcher Oil/canvas 45,5x34,5cm/*17x13in* London 98
🖼 *$18 412 FF109 937 £11 312* Bedstemor laeser historie Oil/canvas 98x130cm/*38x51in* København 98
PERRACHON André 1827-1909 **[11]**
🖼 *$4 810 FF24 000 £3 140* Couronne d'épines et fleurs dans un paysage Huile/toile 54x65cm/*21x25in* Paris 95
🖼 *$4 960 FF28 957 £3 000* Nature morte aux roses Oil/canvas 23x28cm/*9x11in* London 97
PERRAULT Henry 1867-1932 **[3]**
🖼 *$981 FF5 469 £600* "Ville de Perpignan, Carnaval" Poster 158x120cm/*62x47in* London 97
PERRAULT Léon Jean Basile 1832-1908 **[42]**
🖼 *$5 414 FF31 403 £3 200* Jeune femme embrassant un amour/Jeune fille se regardant Oil/board 26,5x21cm/*10x8in* London 97
🖼 *$7 630 FF40 000 £4 590* Attaque de Constantine: les colonnes d'assaut en mouvement, 13.X.1837 Huile/toile 78,5x162cm/*30x63in* Monaco 96
🖼 *$24 930 FF120 700 £16 000* L'Hôtesse Oil/canvas 112x87cm/*44x34in* London 95
PERRET Aimé 1847-1927 **[25]**
🖼 *$877 FF5 000 £548* Pêcheur en barque Huile/toile 33x41cm/*12x16in* Calais 97
🖼 *$1 600 FF9 111 £993* The local tram Oil/canvas 45,7x59,7cm/*17x23in* New-York 97
🖼 *$50 000 FF296 735 £30 625* Le Retour de la moisson Oil/canvas 150x127cm/*59x50in* New-York 97
✏ *$181 FF1 084 £110* Peasants in Conversation at a Well Charcoal 23x19,5cm/*9x7in* Glasgow 97
PERRET Julien A. 1871-? **[1]**
✏ *$1 635 FF8 000 £1 035* Café au Caire Aquarelle 45x30cm/*17x11in* Paris 95
PERRET Marius 1853-1900 **[2]**

$1 631 FF9 746 £1 000 The "Piroguiers" of Guet-N'Dar, Senegal Oil/canvas 45,5x94cm/*17x37in* London 98
PERRET Pieter c.1610-c.1670 **[2]**
$907 FF5 354 £537 Die Gruppe des Laokoon Kupferstich 42,5x33cm/*16x12in* Berlin 97
PERREY Louis 1856-? **[2]**
$2 800 FF16 018 £1 747 Love Letter Oil/canvas 46,5x38cm/*18x14in* Boston, Mass. 97
PERRIER Alexandre 1862-1936 **[10]**
$10 365 FF60 508 £6 366 Mont-Blanc à l'aube Öl/Leinwand 91,5x116,5cm/*36x45in* Zürich 97
PERRIER LE BOURGUIGNON François 1590-1650 **[16]**
$14 203 FF88 000 £8 483 Achille parmi les filles de Lycomède Huile/toile 178x352cm/*70x138in* Paris 98
$2 996 FF17 500 £1 772 Camaïeux, la plupart d'après l'antique Gravure 17x10cm/*6x3in* Paris 97
$8 500 FF47 117 £5 244 The Finding of Moses Ink 20,2x29,6cm/*7x11in* New-York 97
PERRIER LE BOURGUIGNON François (Attrib.) 1590-1650 **[8]**
$28 600 FF150 000 £17 220 Apollon et la déesse Thémis Huile/toile 96x135cm/*37x53in* Paris 96
PERRIGARD Hal Ross 1891-1960 **[27]**
$316 FF1 647 £188 Mount Burgess, Emerald Lake, Canadian Rockies Oil/panel 24x30,5cm/*9x12in* Toronto 96
PERRIN Alfred Feyen ?-1918 **[6]**
$655 FF3 879 £400 Cottage at Criccieth, North Wales Oil/canvas 50,5x76cm/*19x29in* London 98
PERRIN Jean Ch. N. (Attrib) 1754-1831 **[2]**
$2 738 FF17 000 £1 642 La mort de Sénèque Pierre noire 24,5x24,5cm/*9x9in* Paris 98
PERRIN Léon 1860-1931 **[4]**
$2 866 FF17 000 £1 751 Jeune fille aux fleurs Huile/toile 70x54cm/*27x21in* Lyon 98
PERRIN Olivier Stanislas 1761-1832 **[1]**
$12 270 FF64 000 £7 710 Cavalcade de noce en Bretagne/Partie de cartes au cabaret Huile/toile 35x43cm/*13x16in* Brest 96
PERRINE van Dearing 1868-1955 **[5]**
$3 500 FF20 907 £2 143 A Woodland Pool Oil/canvas 66x89cm/*25x35in* New-York 98
PERRON Charles Clément 1893-1958 **[34]**
$954 FF5 000 £574 Géraniums sur le pas de la porte Huile/panneau 27x35cm/*10x13in* Paris 96
$1 400 FF8 374 £850 La vieille porte Oil/canvas 54x65cm/*21x25in* London 97
PERRONNEAU Jean-Baptiste 1715-1783 **[13]**
$4 080 FF21 130 £2 730 Portrait of a Noblewoman, bust length Oil/canvas 60x49,5cm/*23x19in* Amsterdam 96
$22 000 FF135 051 £13 479 Portrait of Madame Chevotet, bust-length wearing a Pale Green Dress Pastel 52,5x42,5cm/*20x16in* New-York 98
PERRONNET Maurice 1877-1950 **[39]**
$1 384 FF8 000 £853 "Sarah Bernard dans Esther" Pastel/papier 36,5x28cm/*14x11in* Paris 97
PERROT Adolphe 1818-1887 **[2]**
$30 000 FF178 041 £18 375 San Marco, venice Oil/canvas 93x136cm/*36x53in* New-York 98
PERROT Ferdinand 1808-1841 **[13]**
$7 359 FF45 013 £4 500 The Visit Oil/board 21,5x31cm/*8x12in* London 98
PERRY Arthur W. XIX-XX **[4]**
$385 FF1 950 £250 Fishing vessels heading out to sea Watercolour 16,5x41cm/*6x16in* London 96
PERRY Enoch Wood 1831-1915 **[24]**
$1 800 FF10 995 £1 117 Landscape Oil/canvas 12x16cm/*4x6in* Ossipee, NH 97
$3 200 FF16 700 £1 934 Canal Scene Oil/canvas 32x59cm/*12x23in* New-York 96
PERRY Lilla Cabot 1848-1933 **[9]**
$5 500 FF32 640 £3 411 The Forest Carpet Oil/canvas 46x61cm/*18x24in* New-York 97
PERRY Roland Hinton 1870-1941 **[3]**
$3 000 FF17 678 £1 852 A dancing Nymph Bronze H68cm/*H26in* New-York 97
PERSIN Marie XIX **[1]**
$12 000 FF73 484 £7 182 Preparing the Meal Oil/canvas 56,5x39,5cm/*22x15in* New-York 98
PERSOGLIA von Franz 1852-1912 **[13]**
$862 FF4 400 £572 Mädchen mit einer Rose Oil/panel 41x26,5cm/*16x10in* Wien 96
$6 230 FF30 200 £4 000 Artistic License Oil/canvas 74x100,5cm/*29x39in* London 95
PERSON Henri 1876-1926 **[45]**
$3 840 FF20 000 £2 410 Les Tartanes dans le port de Saint-Tropez Huile/toile 43,5x56,5cm/*17x22in* Paris 96

$5 824 FF35 000 £3 489 Paysage méditérranéen Huile/panneau 31x39cm/12x15in Paris 98
$1 044 FF6 000 £652 Sous les pins Aquarelle 26x41cm/10x16in Paris 97
PERSON Ragnar 1905-1992 **[231]**
$1 482 FF7 700 £980 Gifatsbruden Oil/panel 39x33cm/15x12in Stockholm 96
$10 030 FF49 800 £6 380 Vila på åkerren Oil/canvas 81x100cm/31x39in Stockholm 95
$24 500 FF127 000 £15 820 Bruden Oil/canvas 110x140cm/43x55in Stockholm 96
PERSSON Peter Adolf 1862-1914 **[27]**
$571 FF3 315 £337 Skånsk korsvirkesgård Oil/canvas 41x59cm/16x23in Malmö 97
$1 782 FF9 130 £1 082 Skånskt landskap Oil/canvas 32x47cm/12x18in Malmö 96
PERTUS Ferdinand 1883-1948 **[5]**
$537 FF2 800 £355 Le Troubadour Gouache 22x35cm/8x13in Paris 96
PÉRUGIER Auguste 1856-1936 **[9]**
$2 454 FF12 500 £1 473 Vue de Saint-Tropez Huile/toile 32x44cm/12x17in Neuilly 96
$1 120 FF5 700 £672 Barque dans un paysage Pastel 15x23cm/5x9in Neuilly 96
PERUGINI Charles Edward 1839-1918 **[10]**
$971 FF5 725 £600 An Italian Girl Oil/board 20,5x12,5cm/8x4in Billingshurst, West Sussex 97
$75 099 FF448 343 £46 000 Girl Reading Oil/canvas 77x58,5cm/30x23in London 97
PERUGINI Kate, née Dickens 1839-1929 **[2]**
$30 011 FF184 350 £18 000 Feeding Time, a Portrait of Agnes Pheobe Burra Oil/canvas 77x56cm/30x22in London 98
PERUZZI Osvaldo 1907 **[3]**
$5 592 FF31 688 £2 796 "Sintesi modernolatria" Tecnica mista/tavola 110x67cm/43x26in Roma 98
PERUZZINI IL PERUGINO Antonio Fr. (Attrib) 1668-1707 **[4]**
$11 400 FF64 600 £7 600 Paesaggio Olio/tela 91x67cm/35x26in Prato 98
PERUZZINI IL PERUGINO Antonio Francesco 1668-1735 **[6]**
$10 560 FF55 200 £6 240 Paesaggio agreste presso una costa mediterranea Olio/tela 51x76cm/20x29in Roma 96
$10 560 FF55 200 £6 240 Pescatori di anguille sulla riva di una costa mediterranea Olio/tela 92,5x131,5cm/36x51in Roma 96
PERVOLARAKIS Othon 1887-1974 **[1]**
$3 290 FF17 150 £1 985 Roses Oil/canvas 48,5x31,5cm/19x12in Athens 96
PESARO IL TROMETTA Nicoló Martinelli da c.1540-1610/15 **[2]**
$28 000 FF169 492 £17 052 The Presentation in the Temple/Drapery Study Black chalk 31x23cm/12x9in New-York 98
PESCE CASTRO César A. 1891-? **[1]**
$3 600 FF21 428 £2 252 "Crepúsculo en la Entancia" Oleo/lienzo 80x70cm/31x27in Montevideo 97
PESCE Jean 1926 **[76]**
$327 FF1 900 £201 La plage de Bestouan, Cassis Huile/toile 46x33cm/18x12in Arles 97
$478 FF2 600 £286 Calanque de Malmousque Huile/toile 50x61cm/19x24in Arles 97
$163 FF1 000 £100 Montmartre, place du Calvaire Aquarelle/papier 25x20cm/9x7in Arles 98
PESCE Luigi XIX **[2]**
$1 861 FF10 794 £1 100 Views and architectural studies, Persia Salt print 19x23cm/7x9in London 97
PESCH van Christiaan XVIII **[3]**
$592 FF3 013 £355 Four studies of flowers Watercolour 32x21,5cm/12x8in Amsterdam 96
PESCHEL Carl Gottlieb 1798-1879 **[8]**
$1 820 FF9 510 £1 084 Eliezar und Rebekka am Brunnen Black chalk 30x38cm/11x14in Hamburg 96
PESCHIER N. L. XVII **[3]**
$22 764 FF136 332 £13 860 Nature morte au lièvre et au perdreau Huile/toile 86x58cm/33x22in Liège 97
PESCHKA Anton Emanuel 1885-1940 **[40]**
$2 016 FF10 000 £1 276 Stilleben mit Blumenstrauss Öl/Leinwand 60x80cm/23x31in Lindau 95
$984 FF5 733 £604 Bienenhaus Mischtechnik/Papier 32x47cm/12x18in Wien 97
PESCI Girolamo 1684-1759 **[2]**
$7 040 FF36 850 £4 730 Sacra Famiglia e santi Olio/tela 124x91cm/48x35in Roma 96
PESCI Girolamo (Attrib.) 1684-1759 **[1]**
$18 032 FF107 940 £11 102 Batseba i badet/Potifars hustru Oil/canvas 67x52cm/26x20in Stockholm 98
PESELLINO Francesco di Stefano c.1422-1457 **[2]**

$450 000 FF2 220 000 £291 000 The Madonna and Child with Saints Julian and Francis Tempera/panel 74,5x48cm/*29x18in* New-York 96
PESKE Geza 1859-1934 **[11]**
$2 000 FF10 000 £1 295 Young boy carving his sword Oil/canvas/board 81x91cm/*31x35in* New-York 96
PESKÉ Jean 1870-1949 **[266]**
$1 309 FF7 500 £774 Vase de fleurs Huile/panneau 50x61cm/*19x24in* Calais 97
$1 540 FF9 000 £911 Nature morte aux raisins et aux pommes Huile/panneau 31,8x40,8cm/*12x16in* Paris 97
$19 162 FF110 000 £12 034 Paysage de bord de mer Huile/toile 179x251cm/*70x98in* Paris 97
$602 FF3 500 £367 Entrée du chenal/Église d'un port Lithographie 25x36cm/*9x14in* Paris 97
$334 FF2 000 £205 Bébé endormi Encre/papier 48x37cm/*18x14in* Paris 98
PESNE Antoine 1683-1757 **[16]**
$3 400 FF20 618 £2 074 Portrait of Maturin Veissiere de la Croze, Half Length Oil/canvas 102x81cm/*40x31in* New-York 98
$37 045 FF219 342 £22 000 A Portrait of Friederike Charlotte Leopoldine Luise Oil/canvas 125,5x105cm/*49x41in* London 97
$2 707 FF15 540 £1 650 Portrait Stanislaus Leszczynski, König von Polen ... Red chalk 24x15cm/*9x5in* Berlin 97
PESNE Antoine (Attrib.) 1693-1757 **[10]**
$5 460 FF28 130 £3 500 Allegorical figure with fame and Putti above Black & white chalks 72x48cm/*28x18in* London 96
PESNELLE Charles Albert XIX-XX **[3]**
$80 000 FF485 144 £48 808 An Indian Interior Oil/canvas 118x156,5cm/*46x61in* New-York 98
PESSAUX Michel 1942 **[1]**
$1 627 FF8 500 £970 L'ombrelle déchiquetée Huile/toile 80x5cm/*31x1in* Marseille 96
PETEL Georg (Attrib.) 1601/02-1634 **[1]**
$217 400 FF1 100 000 £142 600 Christ aux liens Sculpture bois H22,4cm/*H8in* Paris 96
PETER Emanuel Thomas 1799-1873 **[20]**
$2 990 FF15 500 £2 000 A young Lady, facing right Miniature 10,8x8,6cm/*4x3in* London 96
$3 376 FF20 038 £2 095 Bildnis Mariu Neubert Watercolour 10,5x9cm/*4x3in* Wien 97
PETER Johann Wenzel 1745-1829 **[9]**
$18 549 FF109 890 £11 000 A Peacock, Turkey, other Birds and a Rabbit by a Classical Column Oil/canvas 103x127cm/*40x50in* London 97
$22 000 FF129 793 £13 472 A Turkey in a Landscape Oil/canvas 81x63,5cm/*31x25in* New-York 98
PETER Victor 1840-1918 **[7]**
$1 369 FF8 200 £841 Invalides de la chasse, étude de lièvre Bronze 18x15cm/*7x5in* Paris 98
PETER-REININGHAUS Maria 1883-? **[2]**
$4 833 FF28 818 £3 000 Portrait of an Eastern Man Oil/canvas 54x45cm/*21x17in* London 97
PETERDI Gabor 1915 **[20]**
$175 FF997 £108 Sky and Water/Red, Red Eclipse Color lithograph 63x76cm/*25x30in* Morris Plains 97
PÉTERELLE Adolphe 1874-1947 **[47]**
$734 FF3 800 £477 Deux nus féminins Huile/carton 35x25cm/*13x9in* Paris 96
$2 193 FF12 500 £1 370 La Mine Huile/toile 54x81cm/*21x31in* Douai 97
PETERHANS Walter A. 1897-1960 **[5]**
$6 349 FF36 851 £3 751 Karfreitagszauber Gelatin silver print 23x32,5cm/*9x12in* Köln 97
PETERMAN Daniel 1797-1871 **[1]**
$2 500 FF13 455 £1 490 "Certificate of Birth & Baptism" for Levy Altland of York County Watercolour 34x27cm/*13x10in* New-York 97
PETERS Anna 1843-1926 **[71]**
$7 430 FF37 540 £4 880 Frühling Öl/Leinwand 38,5x38,5cm/*15x15in* Stuttgart 96
$7 987 FF48 290 £4 783 Feldblumenstrauss Öl/Leinwand 73x58,5cm/*28x23in* München 98
$3 225 FF15 850 £2 052 Sommerstrauss Color lithograph 24x18cm/*9x7in* Stuttgart 95
$1 638 FF10 067 £983 Sommerlandschaft bei Taparz Aquarell/Papier 35x24cm/*13x9in* Stuttgart 98
PETERS Bernhardt 1817-1866 **[1]**
$6 547 FF38 131 £4 000 A winter landscape with figures on a frozen river Oil/canvas 61,1x104,2cm/*24x41in* London 97
PETERS Carl William 1897-1980 **[34]**
$2 100 FF12 485 £1 284 Winter Landscape Oil/canvas 50x60cm/*20x24in* Shaker Heights, Ohio 97

PETERS Charles Rollo 1862-1928 [34]

   $2 250 FF11 210 £1 474 Custom House: Monterey Oil/canvas 32x39,5cm/*12x15in* San Francisco-Los Angeles 95

   $4 000 FF20 480 £2 439 House in Nocturnal Landscape, "Casa Lagunitas" Oil/canvas 48x63cm/*19x25in* Altadena, CA 96

PETERS Jean Antoine 1725-1795 [10]

   $2 080 FF10 500 £1 366 Vierge à l'Enfant avec des saints Lavis 44,2x53,8cm/*17x21in* Paris 96

PETERS Matthew W. (Attrib.) 1741/42-1814 [4]

   $9 820 FF51 100 £6 500 Portrait of a young girl as Lesbia Oil/canvas 83x69cm/*32x27in* London 96

PETERS Matthew William 1741/42-1814 [10]

   $762 FF4 738 £480 Hervey Redmond 2nd Viscount Mountmorres, in a Dark Suit Oil/canvas 61x51cm/*24x20in* London 97

PETERS Pieter Francis 1818-1903 [44]

   $7 081 FF40 513 £4 419 Nachbarschaft Öl/Leinwand 34,5x28,5cm/*13x11in* Stuttgart 97

   $7 322 FF44 266 £4 385 Blick über la Spezia Öl/Leinwand 75,5x111cm/*29x43in* München 98

   $2 124 FF12 154 £1 325 Blick auf die ehemalige Zisterzienserabtei Bebenhausen bei Tübingen Aquarell 44x64cm/*17x25in* Stuttgart 97

PETERS Pietronella 1848-1924 [12]

   $3 142 FF19 269 £1 883 Drei spielende Kinder in der Stube Oil/panel 29,5x20,5cm/*11x8in* München 98

PETERS Udo 1884-1964 [13]

   $5 048 FF30 120 £3 045 Mai in Worpswede Öl/Karton 54x69cm/*21x27in* Bremen 97

PETERS Wilhelm Otto 1851-1935 [12]

   $4 090 FF20 000 £2 590 Maison blanche, Tunis Huile/toile 67x99cm/*26x38in* Paris 95

PETERSEN Anna Sofie 1845-1910 [3]

   $3 700 FF21 987 £2 200 Interiör med legende börn Oil/canvas 50x64cm/*19x25in* København 97

PETERSEN Armand 1891-1969 [9]

   $3 488 FF18 000 £2 233 Le marabout Bronze H34cm/*H13in* Soissons 96

PETERSEN Edvard Frederik 1841-1911 [41]

   $519 FF3 075 £312 En årehyrde på en markvej Oil/panel 23x32cm/*9x12in* Viby J, Århus 98

   $589 FF3 527 £362 Stråtaekt hus, bonde og ko Oil/canvas 35x56cm/*13x22in* Vejle 98

PETERSEN Emanuel A. 1894-1948 [151]

   $108 FF618 £66 En sejlbåd på havet Oil/canvas 29x46cm/*11x18in* Viby J, Århus 97

   $772 FF4 573 £458 Midnatssol Oil/canvas 55x70cm/*21x27in* København 97

PETERSEN Heinrich And. Sophus 1834-1916 [4]

   $10 340 FF54 100 £6 160 Die "Brillante", Capt. N. Meyer Gouache/paper 47x63cm/*18x24in* Hamburg 96

PETERSEN Jacob 1774-1855 [15]

   $8 404 FF51 011 £5 104 Skibsportraet af brikkerne Frode og Thorvald fra Heering udfor Malaga Oil/canvas 57x80cm/*22x31in* Viby J, Århus 98

   $4 170 FF21 220 £2 500 The Danish armed lugger "Le Revinant" Watercolour 42,5x60cm/*16x23in* London 96

PETERSEN Martin 1870-1943 [8]

   $110 FF620 £67 In the Elevated Train Etching 17x15cm/*7x6in* Chicago, Illinois 97

PETERSEN Oswald 1903 [4]

   $2 019 FF12 048 £1 218 Strandszene vor spanischem Fischerdorf Aquarell/Papier 15x32cm/*5x12in* Düsseldorf 97

PETERSEN Roland 1926 [18]

   $1 600 FF9 661 £958 "Figure with Parasol" Oil/canvas 73x87,5cm/*28x34in* New-York 98

   $8 000 FF41 540 £5 290 California I Ching Oil/canvas 122x110cm/*48x43in* San Francisco-Los Angeles 96

PETERSEN Sophus 1837-1904 [18]

   $992 FF5 683 £606 Roses Oil/canvas 31x26cm/*12x10in* København 97

   $2 490 FF12 770 £1 514 Still life Oil/canvas 44x60cm/*17x23in* Malmö 96

PETERSEN Tom 1861-1926 [21]

   $884 FF5 281 £541 Gadeparti, Fåborg Oil/canvas 77x63cm/*30x24in* København 98

PETERSEN Vilhelm P.C. (Attr.) 1812-1880 [1]

   $5 177 FF31 000 £3 093 Vue de la côte napolitaine Huile/toile 29,5x43cm/*11x16in* Paris 98

PETERSEN Vilhelm Peter Carl 1812-1880 [12]

$2 020 FF11 505 £1 225 Landscape of Brunenburg, Tirol Oil/paper/panel 29x41cm/*11x16in* København 97
PETERSEN von Hans Ritter 1850-1914 **[5]**
$5 500 FF31 321 £3 385 The Ship Gibraltar, N.G. Clifford Master, passing Heligoland Oil/canvas 46,5x64cm/*18x25in* New-York 97
PETERSEN-ANGELN Heinrich 1850-1906 **[6]**
$2 869 FF16 348 £1 800 A Moonlit Harbour Oil/panel 34x53,5cm/*13x21in* London 97
PETERSEN-FLENSBURG Heinrich 1861-1908 **[18]**
$780 FF4 080 £465 Hafen an der Nordsee (Cuxhaven?) Öl/Leinwand 22x29,5cm/*8x11in* Hamburg 96
$1 248 FF7 360 £746 Hafenmauer bei Ebbe in kleinem Nordseehafen Ol/Leinwand 51x33cm/*20x12in* München 97
$827 FF4 737 £505 Der Hafen von Ekensund Aquarell/Papier 26x36,5cm/*10x14in* Hamburg 97
PETERSON Jane Philipp 1876-1968 **[155]**
$1 400 FF7 126 £843 Venice Oil/board 27x35cm/*11x14in* Middletown, RI 96
$160 000 FF949 552 £98 000 After the Race Oil/canvas 46x61cm/*18x24in* New-York 98
$1 900 FF11 350 £1 163 Boat, Marble Head, Massachussetts Gouache/board 45,5x60,5cm/*17x23in* New-York 98
PETERSON Roger Tory 1908-1996 **[5]**
$2 500 FF15 244 £1 500 Black-Crowned Night Herons Gouache 24,5x37cm/*9x14in* Boston, Mass. 98
PETERSSEN Eilif 1852-1928 **[9]**
$20 532 FF119 146 £12 122 Fra Borkehullet, Christinia Oil/canvas 46x54cm/*18x21in* Oslo 97
PETERSSON Axel Döderhultarn 1868-1925 **[51]**
$8 508 FF49 166 £5 245 Bröllop Sculpture, wood H25cm/*H9in* Stockholm 97
PETERZANO Simone (Attrib.) c.1550-c.1595 **[1]**
$10 827 FF65 386 £6 500 The Holy Family Oil/panel 812x61cm/*319x24in* London 98
PETHER Abraham 1756-1812 **[12]**
$3 225 FF19 267 £2 000 Landscape at Sunset with Cattle by Stream/Landscape with Anglers Oil/canvas 24,5x30cm/*9x11in* London 97
$11 840 FF57 800 £7 500 Wooded river landscape Oil/canvas 104x135cm/*40x53in* London 95
$18 352 FF111 971 £11 000 A River Landscape, Children fishing in the forderground Oil/canvas 104,5x84cm/*41x33in* London 98
PETHER Abraham (Attrib.) 1756-1812 **[2]**
$7 000 FF41 592 £4 271 Moonlit River Landscapes with Fisherfolk/Washerwomen by the Shore Oil/canvas 63x76cm/*24x29in* New-York 98
PETHER Henry c.1800-c.1870 **[22]**
$1 250 FF6 480 £800 River in an landscape, a ruin Beyond/Park landscape with a Waterfall Oil/panel 34x38,5cm/*13x15in* London 96
$6 440 FF38 496 £3 800 A moonlit river Landscape, with a ruined abbey and a Cottage Oil/canvas 46x61cm/*18x24in* London 97
PETHER Sebastian 1790-1844 **[27]**
$1 935 FF11 090 £1 200 Moonligt River Landscape Oil/canvas 20,5x27cm/*8x10in* London 97
$2 332 FF13 487 £1 400 Moonlit River Landscape with Men fishing near a fortified Tower Oil/panel 45,5x61cm/*17x24in* London 97
PETHER Sebastian (Attrib.) 1790-1844 **[10]**
$1 008 FF5 120 £650 Moonlit river landscape with figure on a bridge Oil/canvas 22x33cm/*9x13in* Aylsham, Norfolk 96
$2 300 FF13 593 £1 424 Moonlit Landscape with Figures Oil/canvas 63x76cm/*25x30in* New Orleans, Louisiana 97
PETHER William 1731-1821 **[10]**
$2 893 FF16 666 £1 700 A Farrier's Shop, after Wright of Derby Mezzotint 50x35cm/*19x13in* London 97
PETILLON Jules 1845-1899 **[11]**
$1 198 FF7 000 £709 Le printemps, les arbres en fleurs Huile/panneau 27x35cm/*10x13in* Paris 97
$7 003 FF40 693 £4 134 Baumbestandene Wiese mit Figuren Ol/Leinwand 90x150cm/*35x59in* Luzern 97
PETION Françoise 1944 **[78]**
$1 364 FF8 100 £832 Petite Bretonne au tablier Pastel/papier 19x24cm/*7x9in* Brest 98
PETIT Adrien XIX **[1]**
$1 264 FF6 500 £788 Bouquet de felurs, d'après Adèle Rohl Aquarelle/papier 46x34,5cm/*18x13in* Paris 96
PETIT Antoine Baptiste 1800-1864 **[1]**
$2 129 FF13 000 £1 276 L'octopolis d'Enée en Égypte Huile/toile 32,5x46cm/*12x18in* Paris 98

PETIT Charles c.1840-c.1896 **[11]**

☙ *$4 300 FF25 841 £2 599* A Day Out Oil/panel 55x44cm/*21x17in* New-York 98

☙ *$5 897 FF34 285 £3 600* Her Pride and Joy Oil/panel 32x23cm/*12x9in* London 97

PETIT Corneille XIX **[3]**

☙ *$4 860 FF24 700 £2 900* Gathering Hay Oil/canvas 56x45,5cm/*22x17in* London 96

PETIT Eugène 1839-1886 **[37]**

☙ *$1 922 FF11 000 £1 200* Deux épagneuls Huile/toile 54x65cm/*21x25in* Brive-la-Gaillarde 97

PETIT Eugène c.1840-c.1890 **[1]**

☙ *$11 774 FF70 000 £7 294* Les Bâtiments de la Cie des Chargeurs Réunis au Brésil Huile/toile 100x152cm/*39x59in* Paris 97

PETIT Jean Louis 1795-1876 **[3]**

☙ *$10 791 FF63 000 £6 526* Course d'avirons sur la Seine près du parc de Saint-Cloud Huile/toile 54x92cm/*21x36in* Neuilly-sur-Seine 97

PETIT John Louis 1801-1868 **[17]**

✎ *$150 FF852 £95* Maastricht Cathedral, Belgium/Continental views Watercolour/paper 38,1x27,9cm/*14x10in* London 97

PETIT Nicholas Martin 1777-1804 **[6]**

☙ *$1 636 FF8 370 £1 050* Standing figure, Timor Tempera 34x22cm/*13x8in* London 96

✎ *$2 025 FF10 370 £1 300* Soldat d'infanterie malaise, Timor Ink 27x21cm/*10x8in* London 96

PETIT Paul 1877-1958 **[28]**

☙ *$217 FF1 100 £129* Le Pont-Neuf Huile/toile 46x55cm/*18x21in* Paris 96

PETIT Pierre 1832-1909 **[13]**

📷 *$981 FF5 800 £607* Portrait de Gustave Courbet Tirage albuminé 26x19cm/*10x7in* Paris 97

PETIT Pierre-Joseph 1768-1825 **[9]**

☙ *$15 156 FF90 000 £9 180* Paysages forestiers animés de personnages Huile/toile 54,4x81,5cm/*21x32in* Paris 97

PETIT Victor Jean Baptiste 1817-? **[4]**

🗜 *$567 FF3 296 £335* Glarus & Ennenda Lithographie 33x43cm/*12x16in* Bern 97

PETITDIDIER Gérard 1952 **[18]**

✎ *$354 FF1 800 £212* Paysage vosgien Aquarelle 46x71cm/*18x27in* Saint-Dié 96

PETITEAU Edmond XIX **[1]**

☙ *$6 340 FF38 874 £3 800* The Gulf of Palermo Oil/canvas 40,5x66,5cm/*15x26in* London 98

PETITI Filiberto 1845-1924 **[23]**

☙ *$3 720 FF21 080 £1 860* Raccoglitori di legna nel paesaggio Olio/tela 75x55cm/*29x21in* Roma 97

PETITJEAN Edmond 1844-1925 **[223]**

☙ *$917 FF5 500 £552* Péniches et lavandière Huile/toile 26,5x36cm/*10x14in* Paris 98

☙ *$4 445 FF26 653 £2 700* "Le Vieux Font É Bliers" Oil/canvas 47x67cm/*18x26in* Billingshurst, West Sussex 98

☙ *$20 182 FF121 000 £12 148* Ville au bord de l'eau Huile/toile 112x160cm/*44x62in* Paris 98

🗜 *$2 400 FF12 220 £1 440* "Paris Vivant, Journal humoristique" Poster 148x106cm/*58x41in* New-York 96

PETITJEAN Hippolyte 1854-1929 **[118]**

☙ *$1 853 FF11 337 £1 100* Les baigneurs Oil/panel 23x30,5cm/*9x12in* London 98

☙ *$25 000 FF129 500 £16 700* Les baigneuses Oil/canvas 65,5x81cm/*25x31in* New-York 96

✏ *$750 FF4 288 £459* Paysage Black chalk 31x21cm/*12x8in* New-York 97

PETITOT Ennemonde A. (Attr.) 1727-1801 **[2]**

✎ *$1 950 FF11 331 £1 200* Vases, Arms and an Incense Burner on a Ledge/A Study of an Overdoor Ink 21x23cm/*8x9in* London 97

PETITOT Ennemonde Alexandre 1727-1801 **[4]**

🗜 *$527 FF3 152 £320* Mascarade à la greque Etching 22,5x16cm/*8x6in* London 97

PETITOT Jean II 1653-1699 **[4]**

☙ *$7 169 FF42 980 £4 336* "Das Urteil des Paris" Miniature 13,2x17,8cm/*5x7in* Zürich 97

PETLEY Roy 1951 **[131]**

☙ *$789 FF4 456 £480* Yachts at Anchor Oil/board 26,5x31cm/*10x12in* Billingshurst, West Sussex 97

☙ *$1 558 FF9 674 £950* An Avenue af Poplars Oil/board 51x76cm/*20x29in* London 97

✏ *$227 FF1 291 £140* Norfolk beach scene with figures Watercolour 35x48cm/*14x19in* Aylsham, Norfolk 97

PETLEY-JONES Llewellyn 1908-1986 **[25]**

$306 FF1 707 £190 Eel Pie Island Oil/panel 15x25cm/*5x9in* London 97
PETLIN Irving 1934 **[7]**
$2 899 FF18 000 £1 747 Personnage dans un paysage Pastel/papier 64x49cm/*25x19in* Paris 98
PETO John Frederick 1854-1907 **[32]**
$26 000 FF153 212 £16 057 Tea Cup and bread on a Ledge Oil/board 25x23,5cm/*9x9in* New-York 97
$500 000 FF2 917 150 £306 300 Rack picture with telegraph, letter and postcards Oil/canvas
61x51cm/*24x20in* New-York 97
PETRAZZI Adolfo 1579-1665 **[4]**
$20 400 FF115 600 £13 600 Salomè con la testa di san Giovanni Battista Olio/tela 104x82cm/*40x32in*
Prato 97
$25 860 FF133 000 £16 120 Jeunes femmes près de bouquets de fleurs Huile/toile 113x129cm/*44x50in*
Lille 96
PETRES Janine XX **[25]**
$492 FF2 500 £294 Le jardin de ville Huile/toile 22x27cm/*8x10in* Grenoble 96
PETRICK Wolfgang 1939 **[9]**
$975 FF5 085 £570 Figurale Komposition Aquarell, Gouache/Papier 63x53,5cm/*24x21in* Berlin 96
PETRIDES Konrad 1864-1943 **[28]**
$1 986 FF9 800 £1 290 Ortler-Königspitze Öl/Leinwand 60x80cm/*23x31in* Wien 95
PETRIE George 1790-1866 **[1]**
$5 750 FF29 900 £3 800 The River Blackwater at Mallow Castle, County Cork Oil/canvas 61x75cm/*24x29in*
London 96
PETRIK Rudolf 1922-1992 **[14]**
$794 FF4 760 £474 "Schriftbild: Gegen die Gewohnheit des Rechecks..." Mixed media/canvas
73x69cm/*28x27in* Wien 98
PETRILLI A. XIX **[6]**
$4 250 FF25 664 £2 581 "Saffo" Marble H16cm/*H6in* Bethesda, Maryland 98
$90 000 FF467 000 £59 500 Nymph of the Lillies Marble H152cm/*H59in* New-York 96
PETRINI Alessandro XIX **[2]**
$1 495 FF9 049 £910 Madonna and Child Oil/panel 20x15cm/*8x6in* New-York 98
PETRINI Giuseppe Antonio 1677-1758 **[7]**
$13 800 FF78 200 £9 200 Santo in preghiera davanti ad un braciere Olio/tela 104x80cm/*40x31in* Roma 98
PETROV VODKIN Kuzma Sergievitch 1878-1939 **[14]**
$1 691 FF10 056 £1 035 Blick in das innere der Sultan-Achmed-Moschee Öl/Karton 48x30cm/*18x11in*
Köln 97
$65 420 FF400 120 £40 000 Chaikhana in Samarkand Oil/canvas 51,5x62,5cm/*20x24in* London 98
$7 500 FF39 350 £4 500 The arrist and his family Wash 38x30,5cm/*14x12in* London 96
PETROVITS Ladislaus Eugen 1839-1907 **[12]**
$547 FF3 352 £326 Souvenirblatt aus Böhmen mit 6 Ansichten. Watercolour 56x65,5cm/*22x25in*
Dresden 98
PETRUOLO Salvatore 1857-1946 **[30]**
$6 600 FF37 400 £4 400 Costiere Sorrentina Olio/tela 65x90cm/*25x35in* Roma 97
$1 300 FF7 678 £807 Walking Along the Cliffs Watercolour/paper 55x31,5cm/*21x12in* Boston, Mass. 97
PETSCHOW Robert 1888-1945 **[3]**
$139 FF838 £83 "Das neue Frankfurt, Luftaufnahme" Photograph 9x11,9cm/*3x4in* München 98
PETTENKOFEN von August Xaver Ritter 1822-1889 **[71]**
$10 920 FF53 900 £7 100 Market in Szolnok Huile/papier/toile 24,5x30cm/*9x11in* Wien 95
$10 348 FF61 841 £6 266 Venezianische Küche mit zwei knienden Mädchen am Küchentisch Öl/Leinwand
48x37,5cm/*18x14in* Wien 97
$962 FF5 722 £579 Markttag Pencil/paper 11x18cm/*4x7in* Wien 98
PETTER Franz Xaver 1791-1866 **[16]**
$25 900 FF135 200 £15 400 Rosen Öl/Karton 19x23,5cm/*7x9in* Wien 96
$59 200 FF305 400 £38 000 Assorted flowers in a gilt vase beside a bird's nest on a stone ledge Oil/panel
74x55cm/*29x21in* London 96
$1 075 FF6 250 £656 Rose Aquarell/Papier 16x14cm/*6x5in* Wien 97
PETTER Theodor 1822-1872 **[3]**
$1 400 FF7 200 £873 Gemüsestudien Aquarell/Papier 11x20cm/*4x7in* Wien 96
PETTIBONE Raymond 1957 **[4]**

✏ *$12 000 FF69 686 £7 330* If Tom's life../California would../God is so../The end was so../My... Ink/paper 35,6x28cm/*14x11in* New-York 97
PETTIBONE Richard 1938 **[16]**
✏ *$1 500 FF7 260 £963* Roy Lichenstein, Sock Acrylic/canvas 21x15cm/*8x5in* New-York 95
PETTIE John 1839-1893 **[16]**
✏ *$2 600 FF15 186 £1 538* The Unpleasant nd to a card game Oil/panel 39x35cm/*15x14in* Houston, Texas 97
PETTITT George 1831-1863 **[7]**
✏ *$1 795 FF10 261 £1 100* Wastwater/Rydal Mere, westmoreland Oil/board 12,5x18,5cm/*4x7in* London 97
PETTITT Joseph Paul ?-1882 **[10]**
✏ *$3 662 FF21 023 £2 300* Venice Oil/canvas 44,5x61cm/*17x24in* London 97
PETTORUTI Emilio 1892-1971 **[29]**
✏ *$20 000 FF104 400 £11 900* Midi en Hiver Oil/canvas 33x22cm/*12x8in* New-York 96
✏ *$450 000 FF2 686 545 £276 435* "El Morocho Maula" Oil/canvas 160x62cm/*62x24in* New-York 98
✏ *$14 000 FF80 367 £8 534* Composizione Indian ink 30x21cm/*11x8in* New-York 97
PETTY George 1894-1975 **[7]**
▥ *$1 448 FF7 320 £950* "M.G.M.'s Ziegfeld Follies" Poster 104x86cm/*40x33in* London 96
✏ *$10 000 FF51 200 £6 070* Gatefold illustration: Woman in bathing suite, for Esquire, August Watercolour, gouache 28x39cm/*11x15in* New-York 96
PETZHOLDT Frederik Ernst Ch. 1805-1838 **[10]**
✏ *$3 060 FF15 070 £1 972* Landscape Oil/canvas 24x37cm/*9x14in* Köbenhavn 95
✏ *$5 250 FF26 630 £3 414* View of Rocca di Papa Oil/canvas 38x48cm/*14x18in* Köbenhavn 96
PETZL Joseph 1803-1871 **[3]**
✏ *$4 144 FF23 615 £2 600* King Otto of Greece and his Dog resting on a Rock Oil/canvas 66,5x85cm/*26x33in* London 97
PEVERELLI Cesare 1922 **[60]**
✏ *$806 FF3 930 £507* Esorcismo Tecnica mista/tela 72x59cm/*28x23in* Milano 95
PEVERNAGIE Erik 1939 **[7]**
✏ *$2 970 FF17 864 £1 782* "My Kingdom for a Horse" Huile/panneau 90x60cm/*35x23in* Antwerpen 98
PEVERNAGIE Louis 1904-1970 **[10]**
✏ *$3 264 FF19 476 £1 968* Landschap met hoeve Huile/toile 80x100cm/*31x39in* Lokeren 97
PEVETZ Georg 1893-1971 **[13]**
✏ *$383 FF1 955 £254* Herbstlandschaft Aquarell/Papier 43,5x59cm/*17x23in* Wien 96
PEVSNER Antoine 1884-1962 **[73]**
✏ *$80 100 FF415 000 £52 000* Abstract composition Oil/canvas/board 44,5x44,5cm/*17x17in* London 96
✏ *$1 155 FF7 000 £708* Composition Dessin 23x32cm/*9x12in* Paris 98
PEYNET Raymond 1908 **[38]**
▥ *$233 FF1 200 £149* "Pays Basque, une chaumière et un coeur..." Affiche 51x32,5cm/*20x12in* Boulogne 96
✏ *$506 FF3 000 £303* Ces amoureux des cadres Stylo bille 24x19cm/*9x7in* Paris 97
PEYNOT Emile Ed. 1850-1932 **[13]**
◢ *$1 523 FF8 948 £940* Interrompue Porcelain 75x146,5x126cm/*29x57x49in* Bruxelles 97
PEYO Pierre Cullifard 1928-1992 **[6]**
✏ *$357 FF1 800 £233* "QCQS? MQSQS", pour Spirou No. 2053 du 18 Août Encre Chine 18x25cm/*7x9in* Paris 96
PEYRANNE Louis 1883-? **[2]**
◢ *$10 000 FF51 900 £6 610* Lyre player Bronze H48cm/*H18in* New-York 96
PEYRAUD Frank Charles 1858-1948 **[15]**
✏ *$3 800 FF23 100 £2 305* The Top of the Dune Oil/canvas 55x71cm/*22x28in* Elgin, Illinois 98
PEYRE Louise Marie 1897-1975 **[3]**
✏ *$3 610 FF18 000 £2 366* Sidi-bou-Saïd Huile/panneau 23x32,5cm/*9x12in* Paris 95
✏ *$1 245 FF6 500 £753* Jardins andalous du palais du Baron d'Erlanger, Sidi bou-Saïd Gouache 48x37cm/*18x14in* Paris 96
PEYRE Raphaël Charles 1872-1949 **[6]**
◢ *$2 128 FF13 000 £1 280* Deux enfants jouant Bronze H50cm/*H19in* Bruxelles 98
PEYRET Isidore Marie 1880-1962 **[33]**
✏ *$150 FF900 £91* L'église Huile/toile 18x12cm/*7x4in* Troyes 97
PEYRISSAC Jean 1895-1974 **[14]**

$3 620 FF21 500 £2 193 Composition abstraite Huile/carton 25x34cm/*9x13in* Saumur 97
PEYROL-BONHEUR Juliette 1830-1891 **[8]**
$3 267 FF18 587 £2 000 Landscape with goats and sheep Oil/canvas 40x65cm/*15x25in* London 97
$5 915 FF34 550 £3 500 Ducks and ducklings on a riverbank Oil/canvas 32,5x41,3cm/*12x16in* London 97
PEYRON Guido 1898-1960 **[8]**
$1 560 FF8 840 £1 040 Ritratto in rosso Olio/tela 45x35cm/*17x13in* Firenze 98
$1 850 FF9 430 £1 120 Fiori Olio/tela 65x45,5cm/*25x17in* Prato 96
PEYRON Pierre 1744-1814 **[4]**
$5 500 FF28 000 £3 620 Fulvie révèle à Cicéron la conjuration de Catilina Encre 25,5x19cm/*10x7in* Paris 96
PEYRONNET Dominique 1872-1943 **[4]**
$18 400 FF90 000 £11 640 Trois lapins au clair de lune Huile/toile 38x55cm/*14x21in* Paris 95
PEYROTTE Alexis 1699-1769 **[4]**
$661 FF3 270 £420 Nouveaux Cartouches Chinois Etching 34x48cm/*13x18in* London 95
PEZANT Aymar 1846-1916 **[28]**
$1 094 FF6 363 £670 Cattle in a pasture Oil/canvas 33,5x44cm/*13x17in* Melbourne 97
$1 406 FF8 500 £838 Berger et Moutons Huile/toile 60x73cm/*23x28in* Corbeil-Essonnes 97
PEZILLA Mario XIX-XX **[7]**
$304 FF1 744 £180 "Marseille 1908, Exposition Internationale des Applications..." Affiche 102x71,5cm/*40x28in* London 97
PEZZI DA LUGANO Domenico XVI **[1]**
$23 400 FF132 600 £11 700 Madonna col Bambino et San Giovannino Olio/tavola 58,5x46,5cm/*23x18in* Milano 97
PEZZO del Lucio 1933 **[31]**
$600 FF3 400 £400 Casellario con tabella Acrilico/cartone 28x38cm/*11x14in* Vercelli 97
$2 520 FF14 280 £1 260 Senza titolo Collage/tavola 70x50cm/*27x19in* Milano 98
$4 200 FF23 800 £2 800 "Casellario con 15 elementi" Tecnica mista/tavola 120x100cm/*47x39in* Milano 97
$371 FF2 275 £221 Composition Collage/papier 65x49cm/*25x19in* Bruxelles 98
PFAFF Hans 1875-? **[4]**
$3 200 FF19 115 £1 957 "Pianos Kaps" Color lithograph 75x105cm/*29x41in* New-York 98
PFAFF Judy 1946 **[14]**
$11 000 FF56 000 £6 600 Hair of the Dog Mixed media/paper 183x122cm/*72x48in* New-York 96
PFAHL Charles XX **[1]**
$2 000 FF10 080 £1 290 Afternoon Rest Oil/board 20x38cm/*8x15in* Hayden 96
PFAHL John 1939 **[17]**
$3 000 FF15 540 £1 920 Altered Landscapes: The Photographs of John Pfahl Dye-transfer print 19x25cm/*7x10in* New-York 96
PFAHLER Georg Karl 1926 **[95]**
$2 275 FF11 900 £1 355 Komposition Mixed media/canvas 18x24cm/*7x9in* München 96
$9 100 FF47 600 £5 420 Metro-RotBot/B Öl/Leinwand 116x110cm/*45x43in* München 96
$8 373 FF50 284 £5 022 Ohne Titel Tempera/canvas 60,5x50cm/*23x19in* Stuttgart 98
$1 954 FF11 565 £1 200 Kpp 16 (a-i) Serigraph in colors 64,8x64,8cm/*25x25in* München 98
$1 987 FF12 187 £1 185 Composition Gouache/papier 64x48cm/*25x18in* Bruxelles 98
PFAU Konrad 1885-1954 **[8]**
$524 FF2 710 £340 Damenbildnis Öl/Leinwand 78x58cm/*30x22in* Rudolstadt-Thüringen 96
PFEFFERMANN-PANN Abel 1883-1963 **[1]**
$6 961 FF40 519 £4 222 Zigeunerin mit Schaf (Verso : Adam und Eva) Pastel 42x56cm/*16x22in* Luzern 97
PFEIFFER Gordon Edward 1899-1983 **[49]**
$149 FF775 £88 Ferme en hiver Huile/panneau 15x20cm/*5x7in* Montréal 96
PFEIFFER Henri Hans, Henry 1907-1952 **[86]**
$1 292 FF7 734 £794 Composition Watercolour 47x32cm/*18x12in* Stockholm 98
PFEIFFER L. 1906-1969 **[1]**
$3 924 FF23 500 £2 345 Nature morte aux fleurs et aux prunes Huile/toile 89x116cm/*35x45in* Saint-Dié 98
PFEIFFER-WATENPUHL Max 1896-1976 **[9]**
$408 FF2 359 £250 Mond über Venedid/Venedig, Blick auf den Canal Grande Lithograph 49x25cm/*19x9in* Stuttgart 97
$4 806 FF28 542 £2 856 Ischia, Hafen von Casamicciola Gouache/papier 45,5x60,5cm/*17x23in* Wien 97

PFEILER Maximilian XVIII **[7]**
- 🦪 *$12 435 FF71 910 £7 695* Stilleben von Pfirsichen Öl/Leinwand 34x51cm/*13x20in* Wien 97
- 🦪 *$64 100 FF3!9 500 £42 000* Still lifes Oil/canvas 117x174cm/*46x68in* London 95

PFERSCHY Karl 1888-1930 **[4]**
- ▥ *$1 104 FF5 500 £723* Flaaserinnen Woodcut in colors 46,5x34,5cm/*18x13in* München 95

PFISTER Albert 1884-1978 **[17]**
- 🦪 *$4 284 FF25 010 £2 631* Zürichseelandschaft Öl/Leinwand 54x62cm/*21x24in* Zürich 97

PFIZENMAIER Ed. XX **[7]**
- 📷 *$500 FF2 888 £308* "Salvador Dali", 1959 Later Gelatin silver print 26x20,5cm/*10x8in* San Francisco 97

PFLUG Johann Baptist 1785-1865 **[5]**
- 🦪 *$1 693 FF10 402 £1 015* Ungarische Infanteristen auf einer Anhöhe Oil/panel 18x13cm/*7x5in* Stuttgart 98
- ✏ *$5 500 FF32 640 £3 368* 'The Homecoming" Gouache 16x21cm/*6x8in* San Francisco 98

PFORR Johann Georg 1745-1798 **[12]**
- 🦪 *$5 640 FF28 700 £3 383* Gehöft mit Stallbursche und Pferd Oil/panel 27,5x20cm/*10x7in* Frankfurt 96
- ✏ *$23 730 FF141 750 £14 713* Reitergesellschaft Gouache/papier 45,5x64,5cm/*17x25in* Zürich 97

PFÜGL von Alfred Edler 1863-1929 **[2]**
- 🦪 *$5 460 FF26 940 £3 550* Piazza San Marco Oil/canvas 52,5x41,5cm/*20x16in* Wien 95

PFYFFER VON ALTISHOFEN Vincenz 1824-1858 **[1]**
- 🦪 *$10 750 FF55 300 £6 500* Piaeea San Pietro, Roma Oil/canvas 58x79cm/*22x31in* London 96

PHELAN Charles T. 1840-? **[11]**
- 🦪 *$1 000 FF5 841 £591* Herder with Flock at the River's Edge Oil/canvas 30,5x40,5cm/*12x15in* Boston, Mass. 97

PHELPS William Preston 1848-1917 **[13]**
- 🦪 *$1 600 FF9 501 £976* An Alpine Pasture View Oil/canvas 23,5x33cm/*9x12in* Boston, Mass. 98
- 🦪 *$1 900 FF11 098 £1 124* German Landscape Oil/canvas 87x68cm/*34x27in* Boston, Mass. 97

PHILIPAULT Julie 1780-1834 **[1]**
- 🦪 *$5 270 FF27 500 £3 485* Jeune femme dessinant Huile/toile 111x82,5cm/*43x32in* Paris 96

PHILIPP Martin E. 1887-1978 **[55]**
- ▥ *$140 FF836 £84* Ex Libris Helene Erfurth/Otto Ehrhardt Radierung 14,5x9cm/*5x3in* Berlin 97

PHILIPP Robert 1895-1981 **[73]**
- 🦪 *$600 FF3 724 £359* Portrait Of The Artist's Wife Oil/canvas 30x25cm/*12x10in* Mystic, Connecticut 98
- 🦪 *$2 500 FF15 015 £1 499* Still Life Oil/canvas 60x73cm/*24x29in* North Berwick, Maine 98
- 🦪 *$7 500 FF44 196 £4 632* Patio Royal I Oil/canvas 127x101,5cm/*50x39in* New-York 97

PHILIPPE Paul XIX-XX **[38]**
- 🗿 *$495 FF3 000 £303* L'éveil Bronze H33,5cm/*H13in* Quimper 98

PHILIPPE-AUGUSTE Salnave 1908 **[6]**
- 🦪 *$2 200 FF12 542 £1 350* The Jungle Oil/board 60x91cm/*24x36in* Chicago, Illinois 97

PHILIPPEAU Karel Frans 1825-1897 **[11]**
- 🦪 *$13 889 FF83 170 £8 500* The Young Dancers Oil/panel 34x45cm/*13x17in* Billingshurst, West Sussex 97

PHILIPPI Peter 1866-1958 **[5]**
- 🦪 *$19 539 FF111 335 £12 203* In der Sommerfrische Öl/Leinwand 69,5x77cm/*27x30in* Köln 97

PHILIPPI Robert 1877-1959 **[6]**
- ✏ *$925 FF4 830 £551* Sitzender Akt Red chalk 55x35,5cm/*21x13in* Wien 96

PHILIPPOTEAUX Henri F. (Attrib.) 1815-1884 **[3]**
- 🦪 *$8 000 FF41 300 £5 120* Portrait of Napoleon, half length, in military uniform Oil/canvas 91x41cm/*35x16in* New-York 96

PHILIPPOTEAUX Henri Félix Emmanuel 1815-1884 **[21]**
- 🦪 *$10 500 FF55 000 £6 310* La prise du Col de Mouzaia Huile/toile 80x112cm/*31x44in* Monaco 96
- 🦪 *$16 840 FF100 000 £10 280* Chef arabe et sa suite passant le Gué Huile/panneau 29x49cm/*11x19in* Le Touquet 98
- 🦪 *$18 000 FF110 226 £10 773* Invasion of the Gauls by the Romans Oil/canvas 141x204cm/*55x80in* New-York 98
- ✏ *$2 715 FF16 500 £1 635* Turc tenant son cheval par le harnais Aquarelle, gouache 23,5x35,5cm/*9x13in* Paris 98

PHILIPPOTEAUX Paul Dominique 1846-1923 **[15]**
- 🦪 *$10 732 FF61 224 £6 600* The gleaners Oil/canvas 79x63,5cm/*31x25in* Billingshurst, West Sussex 97

*$80 000 FF474 776 £49 000 Examen de la momie de Ta-uza-râ, prêtresse d'Ammon Oil/canvas 151x202cm/*59x79in* New-York 97

PHILIPS Charles 1708-1747 **[5]**
*$2 163 FF11 850 £1 300 Portrait of a Lady wearing a White Silk dress and holding a flower Oil/canvas 52x42cm/*20x16in* London 97

PHILIPS Frank Albert c.1840-c.1890 **[2]**
*$29 485 FF171 428 £18 000 Portrait of Kamtoo Oil/canvas 96,5x58,5cm/*37x23in* London 97

PHILIPSBORN von Dorothea 1894-? **[1]**
*$2 790 FF13 730 £1 796 Stehendes Mädchen mit Halskette Bronze H41cm/*H16in* Köln 95

PHILIPSEN Sally 1879-1936 **[47]**
*$324 FF1 936 £198 Både i havn Oil/canvas 49x62cm/*19x24in* København 98

PHILIPSEN Theodore Esbern 1840-1920 **[71]**
*$918 FF5 225 £566 Kaptajn Markussen paa Vaeddelöbsbanen Oil/canvas 25x17cm/*9x6in* Vejle 97
*$2 317 FF11 580 £1 500 A track in a wooded landscape Oil/canvas 88x63cm/*34x24in* København 96
*$560 FF2 840 £365 Heste ved et laeskur Ink 24x34cm/*9x13in* København 96

PHILIPSON Robin 1916-1993 **[67]**
*$2 015 FF10 231 £1 300 Byzantine Interior Oil/canvas 38x38cm/*14x14in* Auchterarder, Perthshire 96
*$5 607 FF32 192 £3 455 Red Roses Oil/canvas 110x60cm/*43x23in* Johannesburg 97
*$27 200 FF141 300 £18 000 Poppies Oil/canvas 122x122cm/*48x48in* Edinburgh 96
*$1 540 FF7 810 £1 000 The worthy judge Watercolour 16x16cm/*6x6in* Auchterarder, Perthshire 95

PHILLIP John, Spanish 1817-1867 **[24]**
*$1 696 FF10 317 £1 040 "Dona Dolores de Seville" Oil/board 46,5x34cm/*18x13in* Toronto 98
*$3 255 FF16 527 £2 100 A Spanish Beauty Oil/canvas 91x71cm/*35x27in* Auchterarder, Perthshire 96

PHILLIP Martin E. 1887-1978 **[7]**
*$70 FF404 £42 Silberfasane Woodcut in colors 22x30cm/*8x11in* Dresden 97

PHILLIP Robert 1895-1981 **[6]**
*$1 300 FF7 589 £773 Portrait of a young girl Pastel/paper 34x37cm/*13x14in* New-York 97

PHILLIPS Ammi 1788-1865 **[20]**
*$2 000 FF9 770 £1 265 Portrait of a man reading The Spectator Oil/canvas 7x68cm/*3x27in* New-York 95
*$7 000 FF41 966 £4 213 A Dark Haired and Dark Eyed Gentleman Wearing a Striped Vest Oil/canvas 72x62cm/*28x24in* New-York 98

PHILLIPS Bert Greer 1868-1956 **[21]**
*$13 500 FF76 967 £8 359 Adobe Ranch in Taos Foothills Oil/board 40x50cm/*16x20in* Elgin, Illinois 97
*$22 500 FF128 866 £13 311 The Scout Oil/board 30x30cm/*12x12in* Santa Fe, New Mexico 97
*$1 500 FF8 591 £887 Counting the Days Watercolour 33x23cm/*13x9in* Santa Fe, New Mexico 97

PHILLIPS Charles 1708-1747 **[5]**
*$27 300 FF139 600 £18 000 Ladies and Maids of Honour in Greenwich Park Oil/canvas 91,5x114,5cm/*36x45in* London 96

PHILLIPS Coles 1880-1927 **[5]**
*$18 000 FF104 772 £11 095 Woman Kneeling Before Chest of Silver Watercolour, gouache/paper 61x83cm/*24x33in* New-York 97

PHILLIPS George Henry c.1800-? **[4]**
*$217 FF1 280 £134 Partido de cricket entre Sussex y Kent en Brighton Grabado 84x11cm/*33x4in* Madrid 97

PHILLIPS Gordon 1927 **[9]**
*$2 750 FF16 330 £1 665 Snap of a Twig Oil/canvas 50x76cm/*20x30in* St. Ignatius, Montana 97

PHILLIPS Henry Wyndham 1820-1868 **[1]**
*$5 963 FF34 448 £3 500 Portrait of Sir Joseph Paxton (1801-1865) Oil/canvas 73,5x61cm/*28x24in* London 97

PHILLIPS James March 1864-? **[4]**
*$300 FF1 693 £182 Boats Passing Under Golden Gate Bridge, San Francisco Watercolour/paper 35x54cm/*14x21in* Altadena, CA 97

PHILLIPS Joel 1960 **[5]**
*$3 500 FF19 931 £2 158 Evening Falling Watercolour/paper 76x101cm/*30x40in* Dallas, Texas 97

PHILLIPS John XIX **[7]**
*$2 234 FF13 371 £1 400 The May Pole Oil/canvas 25,5x35,5cm/*10x13in* London 97

PHILLIPS Peter 1939 **[31]**
*$71 FF413 £42 Lion with engins Serigraph in colors 61x95,5cm/*24x37in* Zürich 97
*$1 632 FF9 689 £1 000 Untitled Pencil 70x100cm/*27x39in* London 97

PHILLIPS Thomas 1770-1845 **[20]**

   $10 010 FF61 075 £6 000 Portrait of Napoleon Bonaparte Oil/canvas 75x62cm/*29x24in* London 98

   $19 345 FF112 736 £11 826 Portrait of George Granville Leveson Gower and His Family Oil/canvas 113x143cm/*44x56in* London 97

PHILLIPS Thomas (Attrib.) 1770-1845 **[7]**

   $6 500 FF38 325 £3 985 Portrait of William Napier Oil/canvas 92x72,5cm/*36x28in* New-York 98

PHILLIPS Tom 1937 **[30]**

   $5 479 FF32 671 £3 391 Dante in His Study Oil/canvas 86x67,5cm/*33x26in* London 97

   $870 FF5 018 £518 Fast disappearing Gouache/board 28x40,5cm/*11x15in* München 97

PHILLIPS Walter Joseph 1884-1963 **[233]**

   $638 FF3 713 £389 Canmore Woodcut in colors 10x13cm/*3x5in* Calgary, Alberta 97

   $3 349 FF19 833 £1 989 "Patricia Bay, Vancouver Island" Watercolour/paper 37x54,5cm/*14x21in* Toronto 97

PHILLOTT Constance 1842-1931 **[13]**

   $449 FF2 325 £300 Steps at Tintagel Watercolour 36x43cm/*14x16in* London 96

PHILP James George 1816-1885 **[9]**

   $1 967 FF11 639 £1 200 Vessels in the Golden Horn, Istanbul Watercolour/paper 33x49cm/*12x19in* London 98

PHILPOT Glyn Warren 1884-1937 **[44]**

   $3 137 FF18 609 £1 900 Head and Shoulders Portrait of a Lady Oil/canvas 17x17cm/*7x7in* Oxford 97

   $7 396 FF43 179 £4 400 A Problem Oil/canvas 48x43cm/*18x16in* London 97

   $6 980 FF33 900 £4 500 Perseus Bronze H32cm/*H12in* London 95

   $428 FF2 167 £280 Study of a negro Pencil 33x23,5cm/*12x9in* Billingshurst, West Sussex 96

PHINNEY Emma XIX-XX **[1]**

   $7 950 FF40 500 £4 780 Büste eines farbigen Knaben Bronze H64cm/*H25in* Frankfurt 96

PHIPPEN George 1916-1966 **[12]**

   $6 000 FF31 260 £3 773 The Jackpot Roper Oil/canvas 60x76cm/*24x30in* Scottsdale, Arizona 96

   $2 000 FF11 454 £1 183 The Cowboy Bronze 34x19x13cm/*13x7x5in* Santa Fe, New Mexico 97

PiACESI Walter 1929 **[5]**

   $420 FF2 380 £210 Ritratto Inchiostro/carta 49,5x44,5cm/*19x17in* Prato 98

PIAGGIO DA ZOAGLI Teramo c.1500-c.1560 **[1]**

   $55 000 FF271 500 £35 550 The Marriage of the Virgin Oil/panel 36,8x83,2cm/*14x32in* New-York 96

PIAN Giovanni B. (Attrib) 1813-1857 **[1]**

   $1 482 FF7 630 £950 Monumental square with Classical buildings and equestrian statue Ink 25,2x36,5cm/*9x14in* London 96

PIANCA Giuseppe Antonio 1703-c.1760 **[4]**

   $6 400 FF33 500 £4 200 Contadina col figlio in un paesaggio boschivo Olio/tela 78x100cm/*30x39in* Roma 96

PIANE dalle, il Mulinaretto Giovanni Maria 1660-1745 **[5]**

   $4 680 FF24 100 £3 000 Portrait of Philip V of Spain, half length, wearing armour Oil/canvas 7x6cm/*2x2in* London 96

   $6 706 FF40 180 £4 000 Portrait of a Gentleman Standing Half Lengh Wearing a Jabot Oil/canvas 112x99,5cm/*44x39in* London 98

PIATKOWSKI Henryk 1853-1932 **[6]**

   $2 654 FF15 611 £1 638 Lesna aleja (Une allée) Oil/canvas 49,5x28cm/*19x11in* Warszawa 97

   $1 558 FF9 495 £967 Scena Ogrodowa Ink/paper 59x42cm/*23x16in* Warszawa 97

PIATTI Antonio 1875-1962 **[9]**

   $1 800 FF10 200 £900 Vele nel porto Olio/tela 57x42,5cm/*22x16in* Milano 98

PIATTI Celestino 1922 **[36]**

   $101 FF589 £62 Eule Farblithographie 76x57cm/*29x22in* Zürich 97

PIATTOLI Gaetano 1703-1774 **[2]**

   $17 941 FF104 067 £11 000 A young Lady in a blue dress with a lace collar holding a book Oil/canvas 43x57cm/*16x22in* London 97

PIATTOLI Giuseppe c.1740-c.1815 **[8]**

   $700 FF4 139 £420 A Triton and Two Sea-Nymphs/An Elegantly Dressed Cavalier Wash 26x18cm/*10x7in* New-York 97

PIAUBERT Jean 1900 **[238]**
- *$194 FF1 000 £125* Sans titre Huile/toile 73x60cm/*28x23in* Paris 96
- *$389 FF2 200 £245* Sans titre Technique mixte 27x41cm/*10x16in* Toulouse 97
- *$2 024 FF10 500 £1 337* "Levitation" Huile/toile 88,5x145,5cm/*34x57in* Paris 96
- *$150 FF877 £92* Grande composition Farblithographie 42x80cm/*16x31in* Köln 97
- *$167 FF1 000 £101* Composition Technique mixte/papier 50x65cm/*19x25in* Paris 97

PIAZ Teddy XX **[6]**
- *$302 FF1 800 £182* "Serge Lifar dans Le Spectre de la Rose" Affiche 158x118cm/*62x46in* Paris 97

PIAZZA Calisto c.1500-1562 **[2]**
- *$12 000 FF66 261 £7 488* The Betrayal of Christ Oil/panel 22x65cm/*8x25in* New-York 97

PIAZZA DI LODI Martino (Attrib.) ?-c.1527 **[1]**
- *$22 514 FF118 000 £13 546* Madone et l'Enfant Jésus Huile/bois 80x60cm/*31x23in* Monaco 96

PIAZZETTA Giovanni B. (Attrib) 1682-1754 **[8]**
- *$10 530 FF61 958 £6 500* Schlafendes Mädchen mit GemüseKorb Öl/Leinwand 46,5x37cm/*18x14in* Wien 97
- *$2 652 FF15 825 £1 600* A nude leaning on a rock and holding a staff Black & white chalks 54,2x40cm/*21x15in* London 97

PIAZZETTA Giovanni Battista 1682-1754 **[25]**
- *$30 000 FF148 000 £19 400* A young girl with orange blossom in her hair Black & white chalks 39,2x31cm/*15x12in* New-York 96

PIAZZONI Gottardo 1872-1945 **[10]**
- *$360 FF2 133 £220* Lake Tahoe at Emerald Bay, California Oil/canvas 16,5x23cm/*6x9in* London 98

PICABIA Francis 1879-1953 **[482]**
- *$6 079 FF36 232 £3 728* Tulpies Öl/Karton 44,5x36,5cm/*17x14in* Zürich 98
- *$10 134 FF60 000 £6 060* Le Loing à Moret Huile/carton 27x35cm/*10x13in* Bordeaux 97
- *$148 815 FF868 725 £90 000* Iodis Oil/canvas 151x85cm/*59x33in* London 97
- *$305 FF1 783 £184* Petite solitude au milieu des soleils, aus "Art d'aujourd'hui" Farbserigraphie 64x49cm/*25x19in* Zürich 97
- *$5 440 FF27 500 £3 566* Transparence Crayon 28x19cm/*11x7in* Paris 96

PICARD Georges 1857-c.1945 **[4]**
- *$27 016 FF155 000 £16 585* Vive l'auto Huile/toile 150x120cm/*59x47in* Paris 97

PICART Bernard 1673-1733 **[41]**
- *$140 000 FF714 000 £92 600* The Curiel family at Passover Oil/canvas 97x114cm/*38x44in* Tel Aviv 96
- *$242 FF1 400 £150* La Bataille d'Alexandre, d'après C. Le Brun Gravure 43x84cm/*16x33in* Paris 97
- *$1 499 FF8 867 £900* Design for a book illustration: The Virtues Wash 6x8,5cm/*2x3in* London 97

PICART Jean-Michel 1600-1682 **[8]**
- *$350 000 FF2 148 545 £214 445* Still Life of Flowers in an Ormulu mounted Lapis Lazzuli handled Vase Oil/canvas 93x75cm/*36x29in* New-York 98

PICART LE DOUX Charles A. 1881-1959 **[202]**
- *$276 FF1 363 £180* Le siffleur du cirque Amar Oil/panel 27x22cm/*10x8in* London 95
- *$346 FF1 800 £217* La Seine aux Andelys Huile/toile 60x81cm/*23x31in* Paris 96
- *$105 FF650 £64* Le village aux grands arbres Aquarelle/papier 24x31,5cm/*9x12in* Coutances 98

PICART LE DOUX Jean 1902-1982 **[54]**
- *$627 FF3 200 £413* Faisans et papillons Tapisserie 147x101cm/*57x39in* Paris 96

PICASSO Matteo 1794-1879 **[2]**
- *$2 295 FF12 020 £1 380* Retrato del rey Luis Felipe Acuarela 23,5x18cm/*9x7in* Madrid 96

PICASSO Pablo 1881-1973 **[4799]**
- *$12 627 FF72 282 £7 459* Nu couché Oil/canvas 129,5x195cm/*50x76in* New-York 97
- *$34 200 FF200 000 £20 860* Le Picador Peinture 18x23cm/*7x9in* Paris 97
- *$74 148 FF453 516 £44 000* Composition en jaune, rouge et bleu Oil/canvas 56x43,5cm/*22x17in* London 98
- *$4 749 FF27 093 £2 888* Les Saltimbanques au repos Drypoint 12x9cm/*4x3in* New-York 97
- *$4 022 FF24 630 £2 400* Chouette Ceramic H30cm/*H11in* London 98
- *$5 000 FF29 002 £3 065* Diurnes: Découpages et photographies Photograph 40x30cm/*15x11in* New-York 97
- *$4 887 FF29 351 £2 918* Tête barbu Felt pen/paper 28x20cm/*11x7in* San Francisco 98

PICAULT Émile L. 1833-1915 **[168]**
- *$2 032 FF12 165 £1 230* Propter gloriam Bronze H72cm/*H28in* Bruxelles 97

$3 166 FF18 747 £1 880 Bellrophon Bronze 94x75x34cm/*37x29x13in* Dresden 97
PICCINELLI IL BRESCIANINO Andrea c.1485-1525 **[3]**
$60 000 FF340 000 £40 000 Madonna col Bambino Olio/tavola 82x61cm/*32x24in* Prato 98
PICCINI Gaetano c.1700-c.1750 **[3]**
$1 400 FF8 125 £827 Fantastic Heads Indian ink 13x14cm/*5x5in* Bethesda, Maryland 97
PICCIONI Felice c.1800-c.1850 **[1]**
$1 966 FF10 220 £1 300 Portrait of Gertrude, Christina and Adelaide Domville Watercolour 27x21cm/*10x8in* London 96
PICENARDI Mauro 1735-1809 **[2]**
$40 800 FF231 200 £20 400 Marco Polo contempla le valli della Cina/M.P Davanti al Kublai Kahn Olio/tela 185,5x113,5cm/*73x44in* Milano 98
$65 000 FF358 917 £40 560 Venus/Juno Oil/canvas 89x118cm/*35x46in* New-York 97
PICHAT Olivier c.1825-1912 **[8]**
$505 FF3 000 £306 Trotteurs aux Sulkies Aquarelle/carton 65x91cm/*25x35in* Saint-Germain-en-Laye 97
PICHETTE James 1920-1996 **[210]**
$135 FF800 £80 Composition Huile/toile 24x19cm/*9x7in* Paris 97
$332 FF2 000 £201 Composition Huile/toile 129x96,5cm/*50x37in* Paris 98
$1 145 FF6 000 £689 Rythmique J5 Huile/toile 50x50cm/*19x19in* Paris 96
$210 FF1 100 £126 Composition Gouache/papier 76x51cm/*29x20in* Paris 96
PICHHAZDE Meir 1955 **[7]**
$2 875 FF17 164 £1 754 Composition Mixed media/canvas 100x75cm/*39x29in* Tel Aviv 98
PICHLER Rudolf 1874-1950 **[15]**
$654 FF3 360 £408 Blick auf Fribourg Aquarell/Papier 21x29cm/*8x11in* Wien 96
PICHLER Walter 1936 **[26]**
$2 814 FF16 698 £1 746 Frau und Betrachter Pencil/paper 29,5x20,5cm/*11x8in* Wien 97
PICHON-TONY 1879-1958 **[1]**
$2 919 FF16 772 £1 823 Kaiserin Elisabeth von Österreich im ungarischen Krönungskostüm Porcelain H26cm/*H10in* Wien 97
PICHOT Emile Jules XIX **[3]**
$3 000 FF18 281 £1 837 The Story Oil/canvas 81x64cm/*32x25in* New-York 98
PICHOT GIRONES Ramón Antonio 1872-1925 **[20]**
$3 860 FF20 000 £2 494 Nature morte à la coupe de fruits Huile/carton 38x46cm/*14x18in* Paris 96
PICINELLI IL BRESCIANINO Andrea (Attrib.) c.1487-1545 **[1]**
$7 387 FF43 638 £4 590 Darstellung der Maria mit dem Jesuskind Oil/panel 72x57cm/*28x22in* Stuttgart 97
PICK Anton 1840-c.1905 **[22]**
$1 397 FF7 130 £924 Sonnenuntergang am See Öl/Leinwand 68x105cm/*26x41in* Kempten 96
PICK-MORINO Edmund 1877-1958 **[7]**
$2 310 FF12 070 £1 376 Sitzender weiblicher Akt Öl/Leinwand 34x21cm/*13x8in* Wien 96
$3 618 FF21 469 £2 245 Stilleben mit Birnen Öl/Leinwand 60x70cm/*23x27in* Wien 97
PICKEN George 1898-? **[4]**
$2 749 FF16 435 £1 666 Launching the Ship Oil/canvas 76,2x61cm/*29x24in* San Francisco-Los Angeles 97
PICKEN Thomas **[2]**
$732 FF4 170 £449 Abolition of Slavery in Jamaica Color lithograph 29x40cm/*11x15in* London 97
PICKERING George c.1794-1857 **[1]**
$5 364 FF32 352 £3 200 "Edinburgh From Calton Hill" Watercolour 41,5x61,5cm/*16x24in* West Lothian 98
PICKERING Henry c.1720-c.1775 **[10]**
$4 150 FF20 120 £2 600 Portrait of a gentleman wearing uniform Oil/canvas 76x63cm/*29x24in* London 95
$21 000 FF127 969 £12 793 Portrait of a Young Lady, seated full length in a Landscape Oil/canvas 126,5x101cm/*49x39in* New-York 98
PICKERING Joseph Langsdale 1845-1912 **[6]**
$3 256 FF19 627 £2 000 "A March Gloaming" Oil/canvas 76x127cm/*29x50in* Suffolk 98
PICKERSGILL Frederick Richard 1820-1900 **[24]**
$2 800 FF17 021 £1 724 Peace Oil/panel 43x54,5cm/*16x21in* New-York 98
$63 503 FF370 722 £39 000 Britomart Unarming Oil/canvas 125x105,5cm/*49x41in* London 97
$585 FF3 582 £360 The Pestilence of Thebes Pencil/paper 28x42cm/*11x16in* London 98
PICKERSGILL Henry William 1782-1875 **[8]**

✍ *$1 345 FF8 016* £800 Bust length portrait of Miss Manson in a pink dress Oil/canvas 76x60cm/*30x24in* London 97
PICKNELL George W. 1864-1943 **[2]**
✍ *$4 000 FF24 480* £2 431 Conneticut Landscape Oil/canvas 59x81cm/*23x32in* Milford, Conn. 98
PICKNELL William Lamb 1853-1897 **[14]**
✍ *$17 000 FF88 700* £10 270 Ocean Landscape Oil/canvas 75,5x90,5cm/*29x35in* New-York 96
PICO Maurice XX **[1]**
✍ *$3 359 FF20 500* £2 013 Rugby Huile/panneau 101x101cm/*39x39in* Paris 98
PICOLO Y LOPEZ Manuel 1855-1912 **[11]**
✍ *$5 025 FF29 625* £3 075 Campesinas Oleo/tabla 65x33cm/*25x12in* Madrid 98
PICOT François Edouard 1786-1868 **[3]**
✍ *$3 213 FF19 688* £1 919 Hirschjagd in herbstlicher Landschaft Öl/Leinwand 65x92cm/*25x36in* Zürich 98
PICOU Henri Pierre 1824-1895 **[50]**
✍ *$6 200 FF32 100* £4 000 L'Amour plus léger que le papillon Oil/canvas 81x32cm/*31x12in* London 96
PICQUÉ Charles 1799-1869 **[3]**
✍ *$5 852 FF35 706* £3 564 La sérénade Huile/toile 102x85cm/*40x33in* Bruxelles 98
PIDELASERRA Y BRIAS Mariano 1877-1946 **[4]**
✍ *$1 072 FF6 517* £660 "Señora en el jardín" Oleo/lienzo 87x70cm/*34x27in* Madrid 98
PIECHOWSKI Wojciech 1849-1901 **[1]**
✍ *$1 822 FF10 849* £1 114 Sziewczynka Przy Biurku Oil/canvas 40x32cm/*15x12in* Warszawa 98
PIECK Anton 1895-1986 **[23]**
✍ *$5 270 FF27 100* £3 285 Zierikzee Oil/panel 17x16cm/*6x6in* Amsterdam 96
PIECK Henri 1895-1972 **[10]**
◓ *$204 FF1 040* £132 Jaarbeurs Utrecht Poster 72,5x100cm/*28x39in* Oostwoud 96
PIELER Frans Xaver 1876-1952 **[74]**
✍ *$1 448 FF7 080* £916 Flowers Oil/cardboard 35x28cm/*13x11in* Praha 95
✍ *$6 860 FF34 300* £4 440 Grosses Blumenstück Öl/Leinwand 120x85cm/*47x33in* Wien 96
PIENE Otto 1928 **[143]**
✍ *$1 735 FF10 138* £1 065 Ohne Titel Mixed media/canvas 24x30cm/*9x11in* Köln 97
✍ *$7 560 FF39 260* £5 000 Black Fire Oil/canvas 81x100,5cm/*31x39in* London 96
✍ *$13 764 FF80 402* £8 145 Ohne Titel Öl/Leinwand 130x196cm/*51x77in* Köln 97
◓ *$1 398 FF8 142* £855 Rose oder Stern Serigraph in colors 65x50cm/*25x19in* München 97
✎ *$2 440 FF12 010* £1 572 You're Nothing Gouache 50x69cm/*19x27in* Köln 95
PIENEMAN Nikolaas 1809/10-1860 **[6]**
✍ *$1 520 FF7 820* £950 Tender care Oil/canvas 28x23,5cm/*11x9in* Amsterdam 96
✍ *$4 144 FF23 616* £2 588 Der Sendbote Oil/canvas 48x40cm/*18x15in* Bremen 97
✍ *$24 000 FF136 440* £14 695 Columbus Discovers America Oil/canvas 112x146cm/*44x57in* New-York 97
PIENG Cheong Soo 1917-1983 **[9]**
✍ *$16 598 FF93 676* £10 173 Dressing her Hair Oil/canvas 64x42cm/*25x16in* Singapore 97
PIENKOWSKI Ignacy 1877-1948 **[7]**
✍ *$1 468 FF8 775* £898 Summer landscape with flowers Oil/cardboard 34x47cm/*13x18in* Warszawa 97
✍ *$3 715 FF21 703* £2 281 Nude model seated on an armchair Oil/canvas 95x63,5cm/*37x25in* Warszawa 97
PIEPHO Carl 1869-1920 **[7]**
✍ *$1 647 FF9 574* £972 Stilleben Öl/Leinwand 60x69cm/*23x27in* Luzern 97
PIERCE Charles Franklin 1844-1920 **[12]**
✍ *$1 098 FF6 733* £673 Cows in a Landscape Oil/canvas 25x40cm/*10x16in* Mystic, Connecticut 98
PIERCE Elijah 1892-1982 **[3]**
✍ *$6 000 FF35 170* £3 693 African Queen Oil/panel 29x44,5cm/*11x17in* New-York 97
PIERDON François 1821-1904 **[7]**
✍ *$424 FF2 600* £254 Paysage à l'étang animé de personnages Huile/panneau 6x10cm/*2x3in* Paris 98
PIERI Stefano 1542-1629 **[1]**
✍ *$33 400 FF170 600* £22 000 The Holy Family with the Infant Saint John the Baptist Oil/canvas 101x81cm/*39x31in* London 96
PIERIS Harry 1904-1988 **[1]**
✍ *$4 651 FF27 888* £2 800 Santiniketan Oil/canvas 65x54cm/*25x21in* London 98
PIERNEEF Jacob Hendrik 1886-1957 **[168]**
✍ *$3 862 FF22 813* £2 400 Nakop, South West Africa Oil/board 23x31cm/*9x12in* London 97

☞ *$12 336 FF70 823 £7 601* Mountain Landscape with a Stream in the Foreground Oil/canvas 40x55,5cm/*15x21in* Johannesburg 97
☞ *$13 572 FF78 917 £8 087* Summer Rain in the Bushveld Oil/board 88x140cm/*34x55in* Johannesburg 97
▨ *$376 FF2 188 £224* "Wilgerboom in die Winter" Linocut 37x28,5cm/*14x11in* Johannesburg 97
✐ *$1 235 FF7 185 £736* "Karibib, Swa" Watercolour 24,5x34cm/*9x13in* Johannesburg 97
PIERRE & GILLES [5]
📷 *$2 500 FF14 425 £1 532* Saint Michel Photograph 51,5x37cm/*20x14in* New-York 97
PIERRE Gustave 1875-? [19]
☞ *$7 170 FF35 000 £4 545* Conversation Huile/toile 65x85cm/*25x33in* Paris 95
PIERRE Jean-B.-M. (Attrib.) 1713-1789 [10]
☞ *$3 093 FF16 000 £2 006* La Pythonisse d'Endor (épisode de l'histoire de Saül) Huile/papier/panneau 29,8x21,2cm/*11x8in* Paris 96
☞ *$46 621 FF274 901 £27 600* The Adoration of the Shepherds Oil/canvas 91,5x73,1cm/*36x28in* London 97
✐ *$540 FF2 800 £357* Enfant jouant avec une chèvre Sanguine 16,5x22cm/*6x8in* Paris 96
PIERRE Jean-Baptiste Marie 1713-1789 [31]
☞ *$15 820 FF80 000 £10 370* L'Heureuse famille Huile/toile 79x67cm/*31x26in* Paris 96
✐ *$4 000 FF22 099 £2 486* A draped Woman descending a Step, hiding her face in her hand Black & white chalks 38,5x22cm/*15x8in* New-York 97
PIERRE Vicki 1970 [2]
☞ *$2 800 FF17 062 £1 705* Keeper of Gardens Oil/canvas 92x101,5cm/*36x39in* Tel Aviv 98
PIERRI Orlando 1913 [2]
☞ *$8 000 FF46 701 £4 759* Figura Oil/panel 21x15cm/*8x5in* New-York 97
☞ *$13 000 FF77 658 £7 952* Figura en la ciudad Oil/masonite 75x50cm/*29x19in* New-York 98
PIERSON Jack 1960 [7]
☞ *$19 500 FF112 327 £12 029* The One and Only Mixed media 142x113cm/*55x44in* New-York 97
▨ *$661 FF3 861 £400* Untitled Etching 43x35,5cm/*16x13in* London 97
📷 *$1 300 FF7 850 £779* Shower at the Calvert Arms Photograph in colors 101,5x76cm/*39x29in* New-York 98
PIET Fernand 1869-1942 [212]
☞ *$1 192 FF6 800 £728* Les lavandières en Bretagne Huile/carton 24,5x33cm/*9x12in* Quimper 97
☞ *$3 480 FF18 000 £2 257* Les petites bretonnes Huile/carton 54x46cm/*21x18in* Paris 96
✐ *$1 960 FF11 445 £1 183* Conversation au café Mine plomb 24,5x34,5cm/*9x13in* Luxembourg 97
PIETERCELIE Alfred 1879-1955 [54]
☞ *$969 FF5 562 £591* La mare aux canards Huile/toile 50x76cm/*19x29in* Bruxelles 97
PIETERS Evert 1856-1932 [122]
☞ *$772 FF4 461 £458* Zonnige dag in het bos Oil/canvas/panel 38x57cm/*14x22in* Rotterdam 97
☞ *$1 069 FF6 221 £655* A summer landscape with a windmill Oil/panel 31,5x40cm/*12x15in* Amsterdam 97
PIETERS Geertje c.1680-1722 [1]
☞ *$9 200 FF48 000 £5 790* Vase de fleurs sur un entablement Huile/toile 56x44,5cm/*22x17in* Paris 96
PIETERSZ Pieter c.1540-1603 [2]
☞ *$83 840 FF519 360 £49 920* The Last Supper Oil/panel 81x125,5cm/*31x49in* Antwerpen 98
PIETRI de Pietro Antonio 1663-1716 [14]
☞ *$10 892 FF66 724 £6 580* Der heilige Vincent de Paul verteilt Brot an die Armen Öl/Leinwand 99x73,5cm/*38x28in* Wien 98
✐ *$999 FF5 911 £600* The presentation in the Temple Wash 27x20cm/*10x7in* London 97
PIETRO DA CORTONA Pietro Berettini 1596-1669 [20]
☞ *$1 948 FF11 529 £1 197* Religiösa motiv, ett par Oil/canvas 36x28cm/*14x11in* Stockholm 98
☞ *$45 000 FF255 000 £30 000* Angelo Annunciante Olio/tela 137x98cm/*53x38in* Milano 97
✐ *$28 060 FF144 700 £18 000* Moses and the Israelites building the Tabernacle Ink 26,7x41,5cm/*10x16in* London 96
PIETRO DA PISA di Cecco (Attrib.) c.1350-c.1400 [1]
☞ *$22 275 FF116 505 £13 500* Christ on the Cross with the Madonna Tempera/panel 55x32cm/*21x12in* London 96
PIETRO DI DOMENICO (Attrib.) 1457-c.1533 [1]
☞ *$14 333 FF84 915 £8 500* The Madonna and Child Tempera/panel 41,5x27cm/*16x10in* London 97
PIETRO di Sano 1405-1481 [5]
☞ *$55 000 FF286 000 £36 400* Virgin and Child Tempera/panel 43x32cm/*16x12in* New-York 96

$200 000 FF1 104 360 £124 800 The Nativity Tempera 52x40,5cm/*20x15in* New-York 97
PIETSCHMANN Max 1865-? **[7]**
$1 020 FF5 320 £607 Niederpoyritz, Dresden Oil/canvas 82x68cm/*32x26in* Köbenhavn 96
PIETTE DE MONTFOUCAULT Ludovic Piette, dit 1826-1977 **[22]**
$2 144 FF11 200 £1 276 Le paysan Huile/papier 22,5x14,5cm/*8x5in* Pontoise 96
$8 230 FF43 000 £4 900 Chasseur à l'affût Huile/toile 100,5x81cm/*39x31in* Pontoise 96
$35 000 FF214 329 £20 947 Meadow Flowers Oil/canvas 185,5x112cm/*73x44in* New-York 98
$3 400 FF16 500 £2 190 L'église Saint-Léonard Aquarelle 21,5x27cm/*8x10in* Pontoise 95
PIFFARD Harold Hume XIX-XX **[22]**
$2 952 FF16 949 £1 800 The Jolly Roger Oil/canvas 76,5x64cm/*30x25in* London 97
$1 185 FF7 107 £720 The New Page/Entry of the Boar's Head Gouache/paper 40,5x51cm/*15x20in*
Billingshurst, West Sussex 98
PIGAL Edme Jean 1798-1872 **[10]**
$567 FF3 200 £345 L'aristocrate salué Aquarelle/papier 21,5x17,5cm/*8x6in* Angers 97
PIGALLE Jean-Baptiste 1714-1785 **[4]**
$1 957 FF12 187 £1 170 Mercure rattachant sa talonnière Bronze H60cm/*H23in* Liège 98
PIGEON Maurice 1883-1944 **[9]**
$1 466 FF7 400 £945 La Hougue sous la jetée, le soir Aquarelle/papier 19,5x35cm/*7x13in* Cherbourg 96
PIGEON Michel 1937 **[2]**
$4 060 FF21 000 £2 595 La coiffure Bronze H29,5cm/*H11in* Pontoise 96
PIGEOT Pierre XX **[4]**
$1 127 FF7 000 £679 "Toute la ville en parle" Affiche couleur 160x120cm/*62x47in* Paris 98
PIGLHEIM Bruno 1848-1894 **[7]**
$2 544 FF15 065 £1 511 Kleines Mädchen mit Kätzchen in den Armen Pastel/paper 45x36,5cm/*17x14in*
Dresden 97
PIGNA Alessandro XIX-XX **[2]**
$24 000 FF142 432 £14 700 Paying Homage to the Emperor Oil/canvas 99x75cm/*38x29in* New-York 97
PIGNATELI Ercole 1935 **[38]**
$1 140 FF6 460 £570 Siccità chiara Olio/tela 60x71cm/*23x27in* Prato 98
PIGNIOLLET René 1905-1986 **[63]**
$49 FF300 £30 Cour de ferme Aquarelle/papier 44x30cm/*17x11in* La Varenne Saint-Hilaire 98
PIGNOLAT Pierre 1838-1913 **[11]**
$4 730 FF28 089 £2 887 "Portrait d'un communard" Oil/canvas 26x22cm/*10x8in* Bern 98
PIGNON Édouard 1905-1993 **[538]**
$900 FF5 100 £450 Nu blanc au cactus Tecnica mista 24,5x33cm/*9x12in* Milano 98
$5 136 FF30 000 £3 039 Les battages Huile/toile 75x92cm/*29x36in* Douai 97
$8 798 FF52 000 £5 449 Les hommes de la terre, à l'arbre noir Huile/toile 130x162cm/*51x63in* Paris 97
$125 FF636 £82 Holzarbeiter Farblithographie 27x42cm/*10x16in* Bern 96
$761 FF4 500 £460 Paysage Gouache/papier 37x57cm/*14x22in* Toulouse 97
PIGNON-ERNEST Ernest 1942 **[11]**
$402 FF2 400 £242 Rimbaud Lithographie couleurs 50x40cm/*19x15in* Paris 97
$5 301 FF30 000 £3 237 Composition Technique mixte/papier 175x122cm/*68x48in* Saint-Germain-en-
Laye 97
PIGNONE Simone 1614-1698 **[17]**
$15 000 FF85 000 £7 500 Maddalena penitente Olio/tela 111x151cm/*43x59in* Milano 97
$17 400 FF98 600 £11 600 Santa Maria Maddalena penitente Olio/tela 86,5x71cm/*34x27in* Prato 98
$21 000 FF110 000 £12 620 Sainte Lucie Huile/toile 17x82cm/*6x32in* Paris 96
PIGNONE Simone (Attrib.) 1614-1698 **[6]**
$5 000 FF29 797 £2 997 St. Theresa of Liseaux Oil/canvas 64x54cm/*25x21in* Bethesda, Maryland 98
PIGNOTTI Lamberto 1926 **[5]**
$2 640 FF13 800 £1 560 La festa dei pazzi Collage/cartone 13,2x16,2cm/*5x6in* Prato 96
$3 600 FF20 400 £1 800 "Questo pazzo mondo" Collage/cartone 35x50cm/*13x19in* Prato 98
PIGOTT Charles XIX-XX **[11]**
$371 FF2 207 £230 North Eastern Coastal Scene with Figures and Fishing Boats Watercolour 15x22cm/*6x9in*
Aylsham, Norfolk 97
PIGOTT Walter Henry c.1810-1901 **[13]**
$895 FF5 397 £550 The Plough team Watercolour/paper 63,5x97cm/*25x38in* London 98
PIGUENIT William Charles 1836-1914 **[23]**

☞ *$4 018 FF23 471* £2 377 Mount Gell From Northern Side of Mount Arrowsmith Oil/paper 17x27cm/*6x10in* Melbourne 97

☞ *$7 814 FF45 455* £4 786 "Mt. Kosciusko from the South-East, New South Wales" Oil/canvas 45x75cm/*17x29in* Melbourne 97

✎ *$4 447 FF27 100* £2 761 Lane Cove River Watercolour/paper 24x43cm/*9x16in* Melbourne 97

PIGUET Rodolf 1840-1915 **[15]**

☞ *$618 FF3 010* £392 Rivière près du village Huile/toile 15x20cm/*5x7in* Bern 95

PIJUAN Hernández 1931 **[4]**

☞ *$1 897 FF10 917* £1 182 Tijeras cortando Oleo/lienzo 37x24cm/*14x9in* Madrid 97

PIKE Sidney XIX-XX **[23]**

☞ *$691 FF4 030* £422 On the Dorney Road Below Taplow Station, Taplow Bucks Oil/board 22x30,5cm/*8x12in* Toronto 97

PIKE William Henry 1846-1908 **[19]**

☞ *$1 406 FF8 431* £850 Stolen Goods Huile/panneau 24x33cm/*9x12in* Montréal 97

☞ *$3 772 FF22 281* £2 279 In the village of nessenford, cornwall Oil/canvas 51x78cm/*20x30in* Amsterdam 97

✎ *$290 FF1 722* £180 Salvaging the Mast Watercolour/paper 30x50,5cm/*11x19in* London 97

PIKELNY Robert 1904-1986 **[23]**

✎ *$62 FF300* £39 Chorale Encre 26x40cm/*10x15in* Paris 95

PILAR VON BAYERN Prinzessin Maria 1891-1987 **[4]**

☞ *$2 397 FF14 117* £1 479 Nacktes, tändelndes Paar an einer Quelle im sonnigen Licht Öl/Leinwand 96,5x74cm/*37x29in* Lindau 97

PILATI F. 1948 **[16]**

☞ *$267 FF1 300* £169 Le violoniste Huile/panneau 22x16cm/*8x6in* Provins 95

PILET Léon 1840-1916 **[13]**

🗿 *$800 FF4 044* £515 Oriental falconer/Watercarrier Bronze H38cm/*H15in* Bloomfield Hills, Michigan 96

PILLE Charles-Henri 1844-1897 **[21]**

✎ *$133 FF800* £79 Boucher et ses chiens Encre/papier 24x12cm/*9x4in* Troyes 98

PILLEAU Henry 1815-1899 **[25]**

☞ *$2 502 FF15 345* £1 500 The Venetian Lagoon Oil/canvas 25x76cm/*9x29in* London 98

✎ *$658 FF3 752* £400 Minarets at the Bab Tuweyleh, Cairo Watercolour 48x32cm/*18x12in* London 97

PILLEMENT Jean-Bapt. (Attrib.) 1728-1808 **[34]**

☞ *$7 037 FF42 492* £4 224 Italienische Landschaft Öl/Leinwand 43x62cm/*16x24in* Luzern 98

✎ *$1 957 FF11 352* £1 200 Landscapes with peasants tending their animals Pastel 26x35cm/*10x13in* London 97

PILLEMENT Jean-Baptiste 1728-1808 **[139]**

☞ *$12 470 FF64 300* £8 000 Landscapes with figures Oil/paper 13x20,5cm/*5x8in* London 96

☞ *$26 108 FF150 659* £16 000 The interior of a barn with a peasant family and animals Oil/canvas 40,5x54cm/*15x21in* London 97

☞ *$83 365 FF500 700* £50 000 A Rocky Coast by the Mouth of the Tagus, with Survivors Oil/canvas 149,5x198cm/*58x77in* London 98

✎ *$3 575 FF20 774* £2 200 An extensive mountainous Landscape, with Shepherds Pastel 47x58,5cm/*18x23in* London 97

PILLET Edgard 1912-1996 **[58]**

☞ *$1 653 FF9 652* £1 000 Pistil Oil/canvas 80x80cm/*31x31in* London 97

PILLHOFER Joseph 1921 **[14]**

🗿 *$5 580 FF28 900* £3 604 Kubischer Rhythmus Bronze H59cm/*H23in* Wien 96

🗿 *$24 040 FF125 500* £14 300 "Hamurabi" Bronze H188cm/*H74in* Wien 96

✎ *$1 590 FF7 830* £1 032 Figur Ink/paper 43x29,5cm/*16x11in* Wien 95

PILLIG Gustave Michael 1877-1940 **[4]**

🗿 *$1 688 FF10 101* £1 025 Female nude Bronze H73cm/*H28in* Amsterdam 97

PILLOT Lucien M. 1882-1973 **[9]**

☞ *$862 FF5 000* £530 Vue des environs de Mouthier, Haute-Pierre Huile/toile 54x126cm/*21x49in* Besançon 97

🗂 *$400 FF2 210* £248 "Besancon La Mouillère" Poster 99x63cm/*39x25in* New-York 97

PILNY Otto 1866-1936 **[62]**

☞ *$395 FF2 035* £245 "Kleiner Schmetterling" Öl/Leinwand 70x44cm/*27x17in* Wetzikon 96

☞ *$764 FF4 698* £458 Haremsszene ein weisses Mädchen wird von einer Araberin zum Bade Oil/copper

---

Calendar & auction results: Internet www.artprice.com   Minitel 3617 ARTPRICE

16,5x13,5cm/*6x5in* Bad Vilbel 98
$21 555 FF128 000 £13 158 Danse dans le désert Huile/toile 120x150cm/*47x59in* Le Touquet 98
PILON Germain 1528-1580 **[1]**
$10 742 FF66 192 £6 600 Three Graces Supportng a Clock Gilded bronze H101,5cm/*H39in* Billingshurst, West Sussex 98
PILOT Robert Wakeham 1898-1967 **[106]**
$2 774 FF15 820 £1 745 En ville Huile/panneau 20x27cm/*7x10in* Montréal 97
$15 350 FF79 800 £10 160 The Three Sisters, Percé Oil/canvas 56x81cm/*22x31in* Toronto 96
$216 FF1 266 £132 Cathedral and Trees, Chartres Eau-forte 21x26,5cm/*8x10in* Montréal 97
PILOTY von Carl Theodor 1826-1886 **[15]**
$13 950 FF71 700 £8 700 The Interior of the Doge's Palace, Venice Oil/canvas 59x74,5cm/*23x29in* Wien 96
PILS François 1785-1867 **[3]**
$668 FF3 500 £401 Armée napoléonienne, "L'Empereur donnant des ordres", Arcis-sur-Aube Aquarelle 30,8x39,7cm/*12x15in* Paris 96
PILS Isidore 1813-1875 **[46]**
$1 543 FF9 500 £937 Tête de femme voilée Huile/toile 20,5x16cm/*8x6in* Paris 98
$1 933 FF11 527 £1 200 Sketch for a Classical Scene Oil/canvas 55x64cm/*21x25in* London 97
$534 FF3 200 £328 Militaires à leur batterie Aquarelle/papier 25x35cm/*9x13in* Paris 98
PILSBURY Wilmot Clifford 1840-1908 **[39]**
$900 FF5 243 £550 Ploughing the Cabbage field Watercolour/paper 15x25cm/*6x10in* Par, Cornwall 97
PILTZ Otto 1846-1910 **[13]**
$11 000 FF57 100 £7 270 Visiting the new baby Oil/panel 54x66cm/*21x25in* New-York 96
PILZ Otto 1876-1934 **[11]**
$1 152 FF7 039 £683 Der Ziegenhirte Porcelain H34cm/*H13in* Dresden 98
PIMENTEL Vincente 1948 **[13]**
$734 FF4 500 £437 Composition Technique mixte/papier 141x101cm/*55x39in* Paris 98
PINA Alfredo 1883-1966 **[76]**
$524 FF3 000 £327 Beethoven Terre cuite H39,5cm/*H15in* Paris 97
$15 000 FF91 855 £8 977 "Suprême effort" Bronze H97cm/*H38in* New-York 98
PINACCI Giuseppe 1642-1718 **[2]**
$6 500 FF33 560 £4 160 A cavalry skirmish above a plain Oil/canvas 48x96cm/*18x37in* New-York 96
PINAL Fernand 1881-1958 **[62]**
$541 FF2 700 £353 Jardin fleuri sous la fenêtre d'Henri IV, à Bruyères et Mont Bérault Huile/carton 27x22cm/*10x8in* Soissons 95
$708 FF4 000 £434 Vaux Huile/toile 46x55cm/*18x21in* Soissons 97
PINARD René XIX-XX **[9]**
$555 FF3 400 £331 La Loire à Nantes Gravure 50x71cm/*19x27in* Nantes 98
PINART Hippolyte Alexandre 1808-1871 **[3]**
$3 500 FF17 120 £2 215 A Franch peasant family Oil/panel 29x37cm/*11x14in* San Francisco-Los Angeles 95
PINATEL R. XIX-XX **[4]**
$1 332 FF8 000 £799 Laneuvelle Aquarelle/papier 31x45cm/*12x17in* Saint-Dié 98
PINAZO MARTINEZ José Ignacio 1879-1933 **[4]**
$6 210 FF35 730 £3 690 Valencianas con cantaros Oleo/lienzo 76x91,5cm/*29x36in* Madrid 97
PINAZO Y CAMARLENCH Ignacio 1849-1916 **[14]**
$2 970 FF17 775 £1 800 Figura de época Oleo/lienzo 65x43cm/*25x16in* Madrid 98
$6 240 FF32 100 £3 890 Gatito jugnado con una rosa Oleo/lienzo 22x33cm/*8x12in* Madrid 96
PINCEMIN Jean-Pierre 1944 **[108]**
$1 217 FF7 067 £751 Komposition Oil/canvas 76x76cm/*29x29in* København 97
$1 833 FF9 500 £1 190 Composition abstraite Huile/toile 18x22,4cm/*7x8in* Paris 96
$1 753 FF10 500 £1 047 Composition aux cercles Huile/papier/toile 160x120cm/*62x47in* Troyes 98
$192 FF1 000 £114 Arbre Eau-forte 36,5x24cm/*14x9in* Paris 96
PINCHART Auguste Émile 1842-1924 **[37]**
$1 741 FF10 500 £1 069 Femme devant une porte mauresque Huile/toile 32,5x24,5cm/*12x9in* Paris 98
$7 920 FF40 100 £5 200 The Temptation of Saint Anthony Oil/canvas 144x117cm/*56x46in* London 96
$8 479 FF50 534 £5 200 Tunisian Girl with Tambourine Oil/canvas 88,5x63,5cm/*34x25in* London 98
PINCHON Joseph Porphyre 1871-1953 **[11]**

✐ *$557 FF3 300 £330* Le départ de la chasse Aquarelle, gouache/papier 25x20cm/*9x7in* Calais 97
PINCHON Robert Antoine 1886-1943 **[302]**
☞ *$2 934 FF18 000 £1 792* Fermes sur les côteaux de Rouen Huile/toile 23x33cm/*9x12in* Paris 98
☞ *$8 430 FF44 000 £5 090* Bord de rivière Huile/toile 73x92cm/*28x36in* Paris 96
✐ *$81 FF500 £48* Sentier parmi les arbres Crayon/papier 10x16cm/*3x6in* Coutances 98
PINDER Douglas Houzen 1886-1949 **[40]**
✐ *$185 FF936 £120* Newquay Harbour/The Gannell Watercolour 17x30cm/*7x12in* Penzance, Cornwall 96
PINEDO Émile 1840-1916 **[31]**
⚒ *$1 600 FF9 780 £979* Napoléon Bronze H50cm/*H20in* Detroit, Michigan 98
PINEL DE GRANDCHAMP Louis Émile 1831-1894 **[21]**
☞ *$4 194 FF24 500 £2 574* Portrait Huile/toile 99x74cm/*38x29in* Brive-la-Gaillarde 97
☞ *$5 855 FF35 000 £3 549* Jeune Orientale à la perruche Huile/toile 27x22cm/*10x8in* Paris 97
PINEL Gustave N. 1842-1896 **[11]**
☞ *$1 370 FF7 000 £903* Ruelle dans le Sud algérien Huile/panneau 27x19cm/*10x7in* Paris 96
☞ *$3 916 FF20 000 £2 580* Campement à Gabès Huile/toile 34x55cm/*13x21in* Paris 96
PINELLI Bartolomeo 1781-1835 **[99]**
▥ *$720 FF3 725 £460* Nuova Raccolta di cinquanta motivi Pittoreschi e Costumi di Roma... Etching
15x11cm/*5x4in* Heidelberg 96
⚒ *$6 900 FF39 100 £4 600* Popolano romano che suona il mandolino Terracotta H35cm/*H13in* Prato 98
✐ *$1 492 FF8 902 £900* A Neapolitan peddler walking in a landscape Watercolour 21x17,4cm/*8x6in*
London 97
PINELLI de Auguste 1823-1892 **[4]**
☞ *$6 000 FF36 697 £3 560* A Moorish School Oil/canvas 34x52,5cm/*13x20in* Pittsburgh, PA 98
PINELLI ROMANO Bartolomeo 1596-1659 **[1]**
▥ *$1 487 FF8 919 £900* Raccolta di Cinquanta Costuma Pittoreschi/Nuova Raccolta... Etching
28x43cm/*11x16in* London 97
PINET Claude XIX **[1]**
☞ *$8 460 FF41 000 £5 320* Un repaire de brigands Huile/toile 48x67,5cm/*18x26in* Monaco 95
PINGGERA Heinz XIX-XX **[9]**
☞ *$7 007 FF42 966 £4 200* At the Concert Oil/canvas 74x100cm/*29x39in* London 98
☞ *$12 200 FF59 000 £7 630* Galilée à la Cour d'Espagne Huile/toile 120x127cm/*47x50in* Paris 95
PINGRET Édouard 1788-1875 **[33]**
☞ *$3 199 FF19 000 £1 938* Madame de Maintenon à Saint Cyr Huile/papier/toile 21x40cm/*8x15in* Paris 97
☞ *$10 820 FF54 500 £7 000* Les bains de mer au Havre Huile/toile 77x103cm/*30x40in* Deauville 95
☞ *$15 687 FF90 000 £9 630* Moines en prière Huile/toile 130x195cm/*51x76in* Paris 97
PINGUET Victor XIX-XX **[3]**
☞ *$6 391 FF38 000 £3 959* Près du Musée Guimet, l'ancien Trocadéro au loin, Paris Huile/toile
54x81cm/*21x31in* Montluçon 97
PINK Edmund XIX **[5]**
✐ *$11 140 FF54 400 £7 000* Iron Manufactory of St. Jao d'Ypanéma, Province of St. Paul's, Brazil Watercolour
22,6x38,2cm/*8x15in* London 95
PINKAS Ignacy 1888-1935 **[5]**
☞ *$1 637 FF8 200 £1 035* Portrait of a young woman, seated Oil/canvas 79x89cm/*31x35in* Warszawa 96
PINKER Stanley 1924 **[4]**
☞ *$2 145 FF12 850 £1 318* Enchanted garden Oil/board 58x89cm/*22x35in* Johannesburg 98
PINO Marco da Siena c.1520-c.1590 **[3]**
☞ *$106 067 FF612 053 £65 000* The raising of Lazarus Oil/panel 103x137cm/*40x53in* London 97
✐ *$31 654 FF187 191 £19 000* The Siege of Tyre Wash 21,5x27cm/*8x10in* London 97
PIÑOLE Y RODRIGUEZ Nicanor 1878-1978 **[45]**
☞ *$3 700 FF20 150 £2 200* Paisaje asturiano Oleo/tablex 37x47cm/*14x18in* Madrid 97
☞ *$4 551 FF27 241 £2 689* Paisaje de Asturia Oleo/tablex 23x30,5cm/*9x12in* Madrid 98
✐ *$1 170 FF6 080 £773* Veraneantes en la playa Acuarela 24x30cm/*9x11in* Madrid 96
PINOT Albert 1875-1962 **[36]**
☞ *$239 FF1 308 £143* Vase fleuri de roses Huile/panneau 35,5x27cm/*13x10in* Bruxelles 97
☞ *$894 FF5 362 £551* Bloemenstilleven Huile/toile 60x48,5cm/*23x19in* Lokeren 98
PINTI Enedina 1884-? **[1]**

$2 240 FF11 720 £1 470 Fattori nello studio Olio/tavola 25x40cm/*9x15in* Roma 96
PINTO Salvatore [10]
$425 FF2 523 £257 Woman with Red Wrap Around Waist Oil/canvas 40x50cm/*16x20in* Philadelphia 97
$549 FF3 208 £332 Locomotive and factory Engraving 17x25cm/*7x10in* Shaker Heights, Ohio 97
PINTURICCHIO Bernardino di Betto c.1454-1513 **[3]**
$18 800 FF96 200 £12 060 La Madonna col Bambino Tempera/panel 12,5x10cm/*4x3in* Wien 96
$42 500 FF221 000 £28 100 Madonna and Child Tempera 46x37cm/*18x14in* New-York 96
PIOLA Domenico I 1627-1703 **[49]**
$29 760 FF148 800 £19 200 Amore cacciatore Olio/tela 192x124cm/*75x48in* Milano 95
$2 165 FF12 720 £1 300 The Madonna and Child seated on a Cloud supported by Angels Wash 43x29,5cm/*16x11in* London 97
PIOLA Domenico I (Attrib.) 1627-1703 **[12]**
$900 FF5 586 £539 Putti Drawing 11x6cm/*4x2in* Mystic, Connecticut 98
PIOLA Paolo Gerolamo 1666-1724 **[8]**
$1 172 FF7 040 £700 Study for a pendentive: St. Mark the Evangelist Ink 22x21cm/*8x8in* London 98
PIOT Adolphe Étienne 1850-1910 **[31]**
$8 500 FF52 762 £5 125 Dark Haired Beauty Oil/canvas 84x64cm/*33x25in* Miami, Florida 98
PIOT Eugène 1812-1890 **[2]**
$5 245 FF31 000 £3 245 Le Dôme de Florence Tirage papier salé 33x23cm/*12x9in* Paris 97
PIOT Jeanne, Mme. Charles c.1805-c.1875 **[1]**
$5 793 FF34 000 £3 542 Vase de fleurs sur une colonne dans un buisson Huile/toile 115x88cm/*45x34in* Thonon-les-Bains 97
PIOT René 1869-1934 **[12]**
$817 FF4 766 £500 "Art Indigène, Colonies Françaises, Congo Belge, Musée des Arts" Affiche 120x79,5cm/*47x31in* London 97
PIOTROWSKI Antoni 1853-1924 **[12]**
$4 773 FF27 619 £2 935 "Lato" Oil/cardboard 56x115cm/*22x45in* Warszawa 97
$12 624 FF75 465 £7 727 "Kopanie kartoflie" Oil/canvas 120x180cm/*47x70in* Warszawa 97
PIOUS Robert S. 1908-1983 **[2]**
$800 FF4 045 £517 "American Negro Exposition, Chicago Coliseum" Poster 54x34cm/*21x13in* New-York 96
PIPAL Viktor 1887-1971 **[34]**
$2 120 FF10 710 £1 391 Das Beethoven-Haus in Wien-Heiligenstadt Oil/panel 37x47cm/*14x18in* Wien 96
$3 290 FF16 830 £2 110 Beethovenhaus, Wien Oil/panel 27x34cm/*10x13in* Wien 96
$873 FF5 236 £521 "Eroicagasse im Winter" Black chalk 38x48,5cm/*14x19in* Wien 98
PIPER John 1903-1992 **[455]**
$8 359 FF49 407 £5 000 Houses and a Church Oil/canvas/board 21,5x35,5cm/*8x13in* London 97
$18 027 FF105 363 £11 000 Autumn flowers Oil/canvas 122x152,5cm/*48x60in* London 97
$17 974 FF110 608 £11 000 The Palladian Bridge, Stowe Oil/canvas 76x63,5cm/*29x25in* London 98
$615 FF3 626 £380 Venice, Death in Venice Suite Color lithograph 76x68cm/*29x26in* Newbury, Berkshire 97
$4 660 FF22 600 £3 000 Chischester cathedral Watercolour 39x58cm/*15x22in* London 95
PIPPAL Hans Robert 1915 **[65]**
$2 502 FF14 376 £1 557 Im Volksgarten Oil/panel 23x36cm/*9x14in* Wien 97
$3 880 FF23 830 £2 370 "Ringstrasse mit Oper" Oil/panel 52,5x55,5cm/*20x21in* Wien 98
$581 FF3 355 £358 Blick auf die Oper Craies couleurs/papier 29x20,5cm/*11x8in* Wien 97
PIPPEL Otto Eduard 1878-1960 **[254]**
$3 661 FF22 133 £2 192 Frühling im Schwarzwald Öl/Leinwand 80x70cm/*31x27in* München 98
$3 878 FF23 506 £2 378 Paris, Ile de la Cité Oil/panel 24,2x30,2cm/*9x11in* Hamburg 98
$10 000 FF51 400 £6 230 Haystacks in a landscape Oil/canvas 96x127cm/*37x50in* New-York 96
PIPPICH Carl 1862-1932 **[29]**
$1 495 FF7 490 £945 Bauernhof Aquarell/Papier 26x36cm/*10x14in* Wien 95
PIPPIN Horace 1888-1946 **[2]**
$240 000 FF1 420 968 £142 512 John Brown Reading his Bible Oil/canvas 40,5x51cm/*15x20in* New-York 97
PIQUEMAL François Alphonse XIX-XX **[7]**
$921 FF5 500 £552 Bouquetière, profil de femme échevellée Bronze H12,5cm/*H4in* Paris 98
PIRAINO Pietro 1878-1950 **[1]**
$22 000 FF113 080 £13 750 Middle Eastern water carrier Marble H146cm/*H57in* New-York 96

PIRANDELLO Fausto 1899-1975 **[72]**

 $12 600 FF71 400 £6 300 Natura morta Olio 40x37cm/*15x14in* Prato 97

 $18 317 FF103 801 £9 158 Natura morta con scatola di cioccolatini Olio/tavola 45x55cm/*17x21in* Milano 97

 $840 FF4 760 £420 Bagnanti Litografia a colori 44,5x54,5cm/*17x21in* Roma 97

 $650 FF3 772 £400 Bull Pastel 27x21cm/*10x8in* New-York 97

PIRANESI Francesco c.1758-1810 **[36]**

 $800 FF4 563 £488 Roman Sages Etching 41x30cm/*16x12in* New Orleans, Louisiana 97

PIRANESI Giovanni Battista 1720-1778 **[593]**

 $812 FF4 710 £499 Veduta dell' interno dell'Antiteatro Flavio detto il Colosseo Radierung 46x70cm/*18x27in* Heidelberg 97

 $13 328 FF78 817 £8 000 A Young Man wearing an Apron, Pulling a lever Ink 19x11cm/*7x4in* London 97

PIRANESI Laura c.1755-1785 **[2]**

 $165 FF1 006 £100 Veduta del Zempio di Bacco oggi detto S. Urbano Radierung 21x30cm/*8x11in* Dresden 98

PIRCHAN Emil I 1844-1928 **[2]**

 $4 983 FF30 275 £3 000 Young Beauties bathing in a Landscape Oil/canvas 123x72,5cm/*48x28in* London 98

PIRE Marcel 1913-1981 **[33]**

 $878 FF4 290 £555 Vue d'Elisabethville Huile/toile 65x80cm/*25x31in* Antwerpen 95

PIREZ DA EVORA Alvaro XV **[2]**

 $26 000 FF159 606 £15 930 Head of a Male Saint, Either Saint Cosmas or Damian Tempera/panel 28,5x21cm/*11x8in* New-York 98

PIRIE George 1863-1946 **[8]**

 $6 975 FF35 415 £4 500 In Glasgow Market Oil/canvas 51x76,5cm/*20x30in* Auchterarder, Perthshire 96

PIRINCCIOGLU Türkan Özgüç 1932 **[1]**

 $2 032 FF10 520 £1 300 Palyaço Pastel 50x65cm/*19x25in* London 96

PIRINGER Benedikt 1780-1826 **[3]**

 $410 FF2 514 £245 Wetterschrofen und Sonnspitz bei Lermoos, nach Ferdinand Runk Aquatint 45x58cm/*17x22in* Dresden 98

PIRNGADI Mas 1875-1936 **[1]**

 $3 530 FF20 865 £2 184 Landscape on Java Oil/board 34x95,5cm/*13x37in* Singapore 97

PIRON Eugène D. 1875-1928 **[4]**

 $2 290 FF12 000 £1 378 Danseur à la grenouille Bronze H32,5cm/*H12in* Paris 96

PIRON Leo 1899-1962 **[13]**

 $1 415 FF8 180 £865 Vue à Nukerke Huile/toile 80x100cm/*31x39in* Antwerpen 97

 $5 440 FF32 460 £3 280 Wolkenspel Huile/toile 27x35cm/*10x13in* Lokeren 97

PIROUS Abdul Djalil 1933 **[2]**

 $4 576 FF27 048 £2 832 A Boy with two Dogs Oil/canvas 89x66cm/*35x25in* Singapore 97

 $16 998 FF100 464 £10 519 Two Brothers Oil/canvas 98x125cm/*38x49in* Singapore 97

PIRSCH Adolf 1858-1929 **[8]**

 $7 862 FF45 714 £4 800 Paul Preaching Before The Temple Of Diana At Ephesus Oil/canvas 79x114cm/*31x44in* London 97

PIRSCHER Karl Dietrich 1791-1857 **[1]**

 $984 FF5 070 £630 Serie von 5 Jadggarstellungen Lithographie 26,5x36cm/*10x14in* Stuttgart 96

PIRYNS D. 1874-1942 **[7]**

 $272 FF1 394 £165 Fermiers Fusain/papier 25x34cm/*9x13in* Bruxelles 96

PISA Alberto 1864-1930 **[26]**

 $626 FF3 549 £313 Mulino ad acqua Olio/tela/cartone 35x25cm/*13x9in* Milano 97

 $46 176 FF265 083 £29 000 Reading Oil/canvas 51x68,5cm/*20x26in* London 97

 $2 570 FF12 300 £1 600 High Holborn, London Watercolour 32x45cm/*12x18in* London 95

PISANI Ettore 1870-1947 **[1]**

 $8 000 FF38 800 £5 150 Estancias Argentinas Watercolour 36x31cm/*14x12in* New-York 95

PISANI Gustavo 1877-? **[9]**

 $840 FF4 760 £420 Bimba con una colomba sul terrazzo Olio/tavola 26x14cm/*10x5in* Milano 98

PISANI Vettor 1938 **[7]**

P

☞ *$8 400 FF47 600* £5 600 La Maria allo scorrevole, 1972 Collage 78x119cm/*30x46in* Prato 97
PISANO Eduardo 1912 **[36]**
☞ *$684 FF4 000* £405 Don Quichotte et Sancho Pansa attaquant le Moulin Rouge Huile/toile 81x100cm/*31x39in* Paris 97
PISCHINGER Carl 1823-1886 **[7]**
☞ *$2 458 FF15 100* £1 474 Zigeuner lagern mit ihren Tieren in weiter Landschaft Öl/Leinwand 54x71cm/*21x27in* Stuttgart 98
PISCHINGER Carl (Attrib.) 1823-1886 **[2]**
☞ *$2 002 FF11 940* £1 242 Rastendes Treidelpferd Oil/panel 29x21,5cm/*11x8in* Wien 97
PISEMSKY Aleksey Alexandrov. 1859-1913 **[1]**
☞ *$2 209 FF13 269* £1 324 Blommande vallmo Watercolour/paper 34x52cm/*13x20in* Helsinki 98
PISENTI IL SABBIONETA Pietro Martire c.1500-c.1550 **[1]**
☞ *$33 000 FF187 000* £16 500 Carlo Gonzaga tra Rodolfo Gonzaga e Ludovico Pico Olio/tela 214x166cm/*84x65in* Milano 98
PISIS de Filippo 1896-1956 **[333]**
☞ *$2 909 FF17 331* £1 729 An der Hafenmole Oil/canvas/panel 24x30cm/*9x11in* München 97
☞ *$35 126 FF199 049* £23 417 Natura morta Olio/tela 72x100,5cm/*28x39in* Milano 97
☞ *$108 000 FF612 000* £54 000 Il piede romano Olio/tela 97x146cm/*38x57in* Milano 97
☞ *$4 290 FF22 420* £2 535 Tartaruga antica Litografia 28,5x20cm/*11x7in* Venezia 96
☞ *$2 330 FF11 280* £1 480 Anemoni nel bicchiere Acquarello/carta 30x22cm/*11x8in* Milano 95
PISSARRO Camille 1830-1903 **[829]**
☞ *$31 800 FF162 000* £20 950 La moisson Huile/panneau 14x27cm/*5x10in* Paris 96
☞ *$661 400 FF3 861 000* £400 000 Jardin potager à Eragny, après-midi Oil/canvas 55x65,5cm/*21x25in* London 97
☞ *$42 835 FF256 512* £25 593 Paysage sous Bois, à l'Hermitage à Pontoise Aquatinte 22x26,8cm/*8x10in* Bern 98
☞ *$516 FF2 500* £332 Architecture au Vénézuela/Rivière Mine plomb 30,5x22,5cm/*12x8in* Pontoise 95
PISSARRO Félix 1874-1897 **[5]**
☞ *$3 436 FF20 000* £2 118 Bord de Seine en octobre Huile/toile 46x55cm/*18x21in* Lons-Le-Saunier 97
PISSARRO Hugues Claude 1935 **[252]**
☞ *$1 074 FF6 269* £649 Femmes au jardin Oil/canvas 27,5x22cm/*10x8in* London 97
☞ *$7 000 FF40 275* £4 132 Paris la tour Saint-Jacques Oil/canvas 59,5x73,5cm/*23x28in* New-York 97
☞ *$700 FF3 454* £455 Avenue of Street Vendor Aquatint in colors 48x35cm/*19x14in* Tarzana, CA 95
☞ *$362 FF2 167* £220 Personnage devant la maison Watercolour 20x30,5cm/*7x12in* London 97
PISSARRO Lelia 1963 **[3]**
☞ *$3 530 FF18 430* £2 100 Le village de Raymonde sous la neige Oil/canvas 28x36cm/*11x14in* London 96
☞ *$3 968 FF23 166* £2 400 Le bouquet de Lyora Oil/canvas 47x38cm/*18x14in* London 97
PISSARRO Lucien 1863-1944 **[87]**
☞ *$1 600 FF9 116* £999 Spring Time, Finchfield Oil/board 15x22cm/*6x9in* Bethesda, Maryland 97
☞ *$41 000 FF246 393* £24 788 Garden at Auvers Oil/canvas 81x115cm/*32x45in* Miami, Florida 98
☞ *$135 FF800* £83 Le Roi Soliman Gravure bois couleurs 9x13,6cm/*3x5in* Rouen 97
☞ *$2 636 FF16 067* £1 600 Devon Landscape Coloured pencils 11,5x19cm/*4x7in* London 98
PISSARRO Ludovic Rodo 1878-1952 **[249]**
☞ *$719 FF4 200* £441 Yonne, Bessy-sur-Cure Huile/carton 22x27cm/*8x10in* Paris 97
☞ *$1 628 FF8 500* £969 Nu allongé Huile/carton 40x53cm/*15x20in* Paris 96
☞ *$325 FF1 600* £212 "Tabarin" Monotype 50x40cm/*19x15in* Paris 95
☞ *$7 280 FF38 000* £4 332 Femmes au café Gouache/papier 61x47cm/*24x18in* Paris 96
PISSARRO Orovida 1893-1968 **[32]**
☞ *$2 911 FF16 620* £1 800 The Gypsies Oil/board 100x76cm/*39x29in* London 97
☞ *$333 FF1 728* £220 Pigs Etching 20x25cm/*7x9in* London 96
☞ *$837 FF5 130* £500 Tom Cat Gouache/paper 51x61cm/*20x24in* London 98
PISSARRO Paul Emile 1884-1972 **[184]**
☞ *$2 749 FF15 820* £1 623 Haystacks Oil/canvas 46,5x61,5cm/*18x24in* New-York 97
☞ *$2 980 FF17 300* £1 761 Sur la Seine Huile/carton 24x34cm/*9x13in* Pontoise 97
☞ *$1 150 FF6 693* £708 "8Eme Bal de l'A.A.A.A" Poster 77x107cm/*30x42in* New-York 97
☞ *$114 FF700* £68 Rangée d'arbres bordant un plan d'eau Fusain 24x32cm/*9x12in* Paris 98
PISSIS Amaro, Noel Aimé c.1810-1850 **[4]**

✎ *$7 790 FF39 900* £5 000 Saint-Paul, Vue prise du chemin de Santos Watercolour 16,5x26cm/*6x10in* London 96
PISTILLI Enrico 1854-? **[4]**
🖋 *$3 921 FF22 304* £2 400 The Bay of Naples Oil/canvas 69x104cm/*27x40in* London 97
PISTOIA da Leonardo (Attrib.) c.1502-c.1545 **[2]**
🖋 *$19 000 FF104 973* £11 808 Madonna and Child Tempera 100,5x74,5cm/*39x29in* New-York 97
PISTOLETTO Michelangelo 1933 **[65]**
🖋 *$33 000 FF168 000* £19 500 Autostoppista Tecnica mista/tavola 230x125cm/*90x49in* Milano 96
💾 *$840 FF4 760* £420 Lo specchio Serigrafia a colori 100x70cm/*39x27in* Milano 97
🖌 *$9 300 FF52 700* £4 650 Senza titolo Scultura 100x66x132cm/*39x25x51in* Prato 97
PISTORIUS Eduard Karl 1796-1862 **[3]**
🖋 *$10 179 FF60 260* £6 044 Beim Barbier von Rom Öl/Leinwand 95x78cm/*37x30in* Dresden 97
PISTORIUS Maximilian, Max 1894-1960 **[32]**
🖋 *$827 FF4 808* £505 Nelken und Kirschblüten Öl/Leinwand 70x70cm/*27x27in* Wien 97
PISTRE Marcel 1917-1979 **[45]**
🖋 *$2 019 FF12 000* £1 201 La Noce espagnole Huile/toile 73x100cm/*28x39in* Toulouse 97
PITATI de' Bonifacio Veronese 1487-1553 **[4]**
🖋 *$8 000 FF46 838* £4 946 The Birth of Adonis Oil/panel 39,5x61cm/*15x24in* New-York 97
PITCHER Neville E. Sotheby XIX-XX **[11]**
✎ *$391 FF2 400* £240 Erebus off Southend Watercolour/paper 16,5x20cm/*6x7in* London 98
PITCHFORTH Roland Vivian 1895-1982 **[180]**
✎ *$131 FF761* £80 Loch Scene Watercolour 43,5x59cm/*17x23in* Billingshurst, West Sussex 97
PITHAWALA Manchershaw 1872-1937 **[2]**
🖋 *$8 600 FF44 500* £5 500 Hindu brahmin Oil/canvas 55x40cm/*21x15in* London 96
PITLOO Antonio Sm. (Attrib) 1791-1837 **[8]**
🖋 *$2 480 FF12 480* £1 640 Paesaggi con ruderi e figure Oil/metal 17x25cm/*6x9in* Roma 95
PITLOO Antonio Sminck 1791-1837 **[14]**
🖋 *$1 837 FF10 479* £1 119 Paisaje Nápoles Oleo/cartón 14,5x20,5cm/*5x8in* Montevideo 97
PITT William c.1830-c.1890 **[34]**
🖋 *$1 500 FF8 700* £886 "A View of a Branch of the Tamar, South Devon" Oil/canvas 25,5x45,5cm/*10x17in* San Francisco 97
🖋 *$1 811 FF10 989* £1 100 Old Cottages Oil/canvas 50,5x71,5cm/*19x28in* London 98
✎ *$3 573 FF21 593* £2 250 The village street, Radway, Warwickshire/Upper Tysoe, Warwickshire Watercolour/paper 22x38,5cm/*8x15in* West Midlands 97
PiTT William (Attrib.) c.1830-c.1890 **[7]**
🖋 *$1 096 FF6 503* £670 "West Quarry, Chepstow" Oil/canvas 55x56cm/*21x22in* Stockholm 97
PITTARA Carlo 1836-1890 **[10]**
🖋 *$15 900 FF90 100* £7 950 Paesaggio montano con pastorelli Olio/tela 172x148cm/*67x58in* Firenze 98
PITTERI Giovanni Marco, Al. 1702-1786 **[7]**
💾 *$104 FF518* £66 Büste einer junger Frau, nach Piazzetta Engraving 44,5x34cm/*17x13in* Lindau 95
PITTINO Fred 1906-? **[4]**
🖋 *$1 800 FF10 200* £900 "Ventaglio e conchiglie" Olio/tela 40x50cm/*15x19in* Prato 97
PITTMAN Hobson Pittman 1899-1972 **[15]**
🖋 *$8 500 FF50 776* £5 204 Summer Day Oil/canvas 77x63,5cm/*30x25in* New-York 98
✎ *$600 FF3 623* £364 The Beach at Seal Harbor Watercolour/paper 16x33cm/*6x13in* Downington, PA 98
PITTMAN Lari 1952 **[2]**
🖋 *$9 500 FF48 400* £5 700 Anthem Mixed media/panel 81x206cm/*31x81in* New-York 96
PITTONI Giovanni B.II(Attr.) 1687-1767 **[10]**
🖋 *$5 699 FF32 298* £2 849 Tobiolo e l'angelo Olio/tela 118x80cm/*46x31in* Roma 98
✎ *$817 FF5 000* £485 Une Reine et ses Servantes Pierre noire 16,5x23,5cm/*6x9in* Versailles 98
PITTONI Giovanni Battista II 1687-1767 **[25]**
🖋 *$17 000 FF104 357* £10 415 Saint Peter in Prison Oil/canvas 44,5x33cm/*17x12in* New-York 98
🖋 *$67 568 FF398 408* £40 000 The Nativity Oil/canvas 52,5x67cm/*20x26in* London 97
✎ *$3 031 FF17 946* £1 800 The Head of a Young Boy Wearing a Turban Red chalk 12,5x15cm/*4x5in* London 97
PITXOT Antonio Pichot 1934 **[3]**

P

$1 950 FF11 850 £1 200 "Astrotemps" Oleo/lienzo 65x53,5cm/*25x21in* Barcelona 98
PITZ Karl Kaspar 1756-1795 **[3]**
$14 400 FF74 500 £9 200 Aufziehendes Gewitter Öl/Leinwand 81x101cm/*31x39in* Heidelberg 96
PITZNER Max Joseph 1855-1912 **[7]**
$3 282 FF20 113 £1 960 Mittagsmahl vor dem oberbayerischen Haus hält der Bauer Oil/wood 16x22cm/*6x8in* Dresden 98
$3 556 FF21 789 £2 123 Rast des Husaren bei der schönen Wirtin vor dem Gasthaus Oil/canvas 45x58cm/*17x22in* Dresden 98
PIVETTA Osvaldo 1922-1993 **[6]**
$690 FF3 910 £460 Aurora Olio/tela 40x50cm/*15x19in* Milano 97
PIVIDOR Giovanni ?-1872 **[1]**
$2 170 FF11 200 £1 400 The Lagoon from the entrance of the Grand Canal Watercolour 25x34cm/*9x13in* London 96
PIXIS Theodor 1831-1907 **[6]**
$5 200 FF27 120 £3 040 An den Sonnenschein Charcoal 118x84cm/*46x33in* München 96
PIZA Arthur Luis 1928 **[41]**
$162 FF820 £107 Komposition Etching, aquatint in colors 53,5x42,5cm/*21x16in* Hamburg 96
PIZZELLA Edmund 1868-? **[5]**
$2 249 FF12 367 £1 381 Portrait of Maria de Simone Pastel/paper 61x45,5cm/*24x17in* New-York 97
PIZZI Angelo 1775-1819 **[1]**
$217 000 FF1 065 000 £137 300 Buste de Napoléon et Marie-louise, en couple impérial romain Marbre H81cm/*H31in* Zürich 95
PIZZI CANNELLA Piero 1955 **[34]**
$540 FF3 150 £360 Tutte le stelle del cielo Tecnica mista/cartone 49x69cm/*19x27in* Vercelli 97
$5 700 FF32 300 £2 850 Ferro battuto Olio 180x122cm/*70x48in* Prato 97
$908 FF4 669 £541 Gli animali, le ombre e tutte le piante cinesi Carboncino/carta 63x45cm/*24x17in* Roma 96
PIZZINATO Armando 1910 **[9]**
$3 720 FF21 080 £2 480 Fiori, 1942 Olio/tela 41,5x28,5cm/*16x11in* Prato 97
$6 300 FF35 700 £3 150 Composizione Olio/cartone/tela 45x54,5cm/*17x21in* Prato 97
$1 680 FF9 520 £840 Senza titolo Tempera/carta 48x67cm/*18x26in* Milano 98
PLA GALLARDO Cecilio 1860-1934 **[91]**
$2 730 FF14 040 £1 700 Paisaje Oleo/cartón 27,5x41cm/*10x16in* Madrid 96
$2 475 FF14 812 £1 500 Personaje árabe Oleo/lienzo 62x51cm/*24x20in* Madrid 98
$528 FF3 160 £328 Paisaje de Portugal Lápiz/papel 10,5x16,5cm/*4x6in* Madrid 98
PLA Y RUBIO Alberto 1867-1929 **[15]**
$2 418 FF14 472 £1 428 Pastor con rebaño Oleo/cartón 26,5x35cm/*10x13in* Madrid 98
$9 000 FF44 240 £5 700 "Carreta" (The Haywagon) Oil/canvas 74x63cm/*29x24in* New-York 95
PLACE Francis 1647-1728 **[4]**
$500 FF3 053 £300 Study of a Man fishing, a woman watching Wash 16,5x11cm/*6x4in* London 98
PLACE George (Attrib.) 1755-c.1809 **[3]**
$2 621 FF15 238 £1 600 Portrait of an Indian gentleman of rank, half-length Pencil 11x9cm/*4x3in* London 97
PLAES van der David 1647-1704 **[3]**
$31 923 FF184 412 £18 959 "Herck en Dirck Waarden" Oil/canvas 67x83cm/*26x32in* Rotterdam 97
PLAGEMANN Anna Augusta 1799-1888 **[6]**
$3 224 FF15 900 £2 102 Assorted flowers Oil/canvas 51x67cm/*20x26in* Stockholm 95
PLAISANT F. XIX **[2]**
$4 415 FF22 000 £2 890 La caravane Huile/toile 38x46cm/*14x18in* Paris 95
PLAISANT F. (Attrib.) XIX **[1]**
$2 280 FF11 500 £1 488 Chasse au faucon Huile/toile 27,5x38cm/*10x14in* Paris 96
PLANCKH Viktor 1904-1941 **[1]**
$14 820 FF77 000 £9 800 Kniender Akt mit weissem Tuch Öl/Leinwand 118x94cm/*46x37in* Wien 96
PLANELLS CRUANYES Angel 1904-1987 **[8]**
$1 105 FF6 715 £663 Paisaje del Ampurdán Oleo/lienzo 54x72,5cm/*21x28in* Madrid 98
PLANGG Warner 1934 **[7]**
$4 000 FF20 160 £2 580 Caribou Oil/canvas 55x76cm/*22x30in* Hayden 96
$2 420 FF12 620 £1 600 The day of the bull Bronze 30,5x40,5cm/*12x15in* London 96

PLANK Hans 1925 **[1]**
  $4 160 FF21 720 £2 476 Heimgehende Arbeiter Öl/Leinwand 84x118,5cm/*33x46in* Wien 96
PLANK Josef 1900 **[5]**
  $3 139 FF17 178 £1 890 Portrait de l'Empereur François-Joseph d'Autriche Huile/panneau 40x27cm/*15x10in* Bruxelles 97
  $553 FF3 344 £348 Sitzender weiblicher Akt Pastell/Papier 78x59cm/*30x23in* Wien 97
PLANK Josef 1815-1901 **[1]**
  $4 962 FF28 848 £3 030 Kaiser Franz Joseph als ungarischer Husarengeneral... Öl/Karton 39x27cm/*15x10in* Wien 97
PLANQUETTE Félix 1873-1964 **[49]**
  $588 FF3 600 £349 Moutons dans la Hague Huile/panneau 22x32cm/*8x12in* Coutances 98
  $1 419 FF8 500 £872 Vaches à la mare Huile/toile 60x73cm/*23x28in* Paris 98
  $7 682 FF46 000 £4 590 Vaches au bord de l'étang Huile/toile 115x145cm/*45x57in* Lille 98
  $2 340 FF11 800 £1 520 Ambiance bleue à l'étang de Giverny Pastel 46x55cm/*18x21in* Paris 96
PLANSON André 1898-1981 **[212]**
  $1 666 FF9 500 £1 031 Repos au bois de Boulogne Huile/panneau 3x41cm/*1x16in* Paris 97
  $3 012 FF17 000 £1 834 Sur la plage de la Trinité-sur-Mer Huile/toile 46x62cm/*18x24in* Paris 97
  $202 FF1 200 £121 Le marchand de quatre saisons Aquarelle, gouache 18x15cm/*7x5in* Provins 97
PLANTU Jean Plantureux, dit 1952 **[54]**
  $863 FF4 500 £543 Les juges à la ficelle Plâtre H28,5cm/*H11in* Paris 96
  $768 FF4 000 £483 Mitterand et Chirac: "J'aurai du mal à m'y faire!..." Encre 20x25,5cm/*7x10in* Paris 96
PLAS Pieter 1810-1853 **[7]**
  $2 660 FF16 008 £1 592 Goats in a Landscape Oil/panel 28,5x33,5cm/*11x13in* Amsterdam 98
PLAS van der Nicholas 1954 **[25]**
  $600 FF3 432 £365 Hollywood Beach-Florida Oil/panel 29x38cm/*11x15in* Florida 97
  $2 000 FF10 380 £1 323 Beach scene Oil/board 30x54cm/*12x21in* Delray Beach, Florida 96
PLASKETT Joseph Francis 1918 **[46]**
  $1 762 FF9 090 £1 167 Ranunculi Oil/canvas 61x50cm/*24x19in* Calgary, Alberta 96
  $291 FF1 520 £193 The Lake from the Porch Pastel/paper 65x50cm/*25x19in* Calgary, Alberta 96
PLASKY Eugène 1851-1905 **[5]**
  $4 320 FF25 984 £2 592 Bloeiende kerselaar te Ukkel Huile/toile 118x94cm/*46x37in* Antwerpen 98
PLASSAN Antoine E. 1817-1903 **[21]**
  $2 274 FF11 500 £1 490 L'atelier Huile/carton 30x40cm/*11x15in* Paris 96
  $11 725 FF66 852 £7 200 Tea-Time Oil/panel 37x46cm/*14x18in* London 97
PLATHNER Hermann 1831-1902 **[10]**
  $1 539 FF8 771 £961 In der Falle Oil/panel 20x14,5cm/*7x5in* Köln 97
  $2 900 FF17 210 £1 776 A Guest at Supper Oil/canvas 56x63,5cm/*22x25in* New-York 98
PLATSCHEK Hans 1923 **[27]**
  $4 551 FF26 995 £2 780 "Alter Italiener" Öl/Leinwand 116x89,5cm/*45x35in* München 98
  $660 FF3 380 £390 Alle Tiere Lithographie 60x44cm/*23x17in* Hamburg 96
PLATT Charles Adams 1861-1933 **[9]**
  $350 FF2 172 £209 Dordrecht Etching 27x41cm/*11x16in* Mystic, Connecticut 98
PLATTEMONTAGNE de Nicolas 1631-1706 **[5]**
  $4 000 FF22 099 £2 486 Study of Saint Augustine holding the flaming Heart (3) Red chalk 12,7x8,9cm/*5x3in* New-York 97
PLATTEMONTAGNE de Niçolas (Attrib.) 1631-1706 **[2]**
  $966 FF6 000 £582 Étude de draperie, tête de main Sanguine/papier 27x27,5cm/*10x10in* Paris 98
PLATTENBERG van Matthieu (Attrib.) c.1608-1660 **[2]**
  $4 640 FF23 700 £3 000 Ships foundering on a rocky coast in a storm Oil/canvas 83x121cm/*32x47in* London 95
PLATTNER Karl 1919-1987 **[56]**
  $5 400 FF30 600 £3 600 Testa di mucca Olio/tavola 29,5x27cm/*11x10in* Milano 97
  $25 350 FF132 500 £15 100 Stier Oil/cardboard 76,5x77cm/*30x30in* München 96
  $171 FF979 £106 "Im Zug" Lithographie 32,5x43cm/*12x16in* München 97
  $5 632 FF33 365 £3 400 Seated Figure with Bird Gouache 48,5x34cm/*19x13in* London 97
PLATTNER Otto 1886-1951 **[14]**

P

⊞ *$2 070 FF12 048 £1 275* "Landung Basel" Poster 90x126,5cm/*35x49in* New-York 97

✎ *$426 FF2 127 £278* Schweizer Soldat Gouache 21x49cm/*8x19in* Zofingen 95

PLATZ Ernst 1867-1940 **[9]**

⊞ *$151 FF939 £91* Im wilden Felsgebirg Farblithographie 75x55cm/*29x21in* Heidelberg 98

PLATZER Johann Georg 1704-1761 **[29]**

🎨 *$10 240 FF52 400 £6 570* Salomon und die Königin von Saba Öl/Leinwand 405x48cm/*159x18in* Wien 96

🎨 *$39 700 FF207 300 £24 000* The Adoration of the Shepherds/The Entombment of Christ Oil/panel
38x47cm/*14x18in* London 96

🎨 *$70 000 FF347 000 £44 300* Travellers dancing beside the walls of a town/Mediterranean port Oil/copper
17,2x24,2cm/*6x9in* New-York 95

PLAUSZEWSKI W. XIX-XX **[2]**

🎨 *$10 750 FF55 300 £6 500* The Chosen One Oil/canvas 50x91cm/*19x35in* London 96

PLAUT Charles Henri XIX **[13]**

📷 *$1 198 FF7 000 £709* Vue prise au bas du pont de la Concorde Tirage papier salé 16,2x21,5cm/*6x8in*
Paris 97

PLAUZEAU Alfred 1875-1918 **[8]**

🎨 *$1 035 FF6 000 £610* Femme rousse en prière Huile/toile/carton 32x40cm/*12x15in* Poitiers 97

PLAYFAIR James Charles XIX-XX **[5]**

✎ *$448 FF2 575 £276* The Engrossing Letter Watercolour/paper 32x22cm/*12x8in* Johannesburg 97

PLAZZOTTA Enzo 1921-1981 **[61]**

⚒ *$172 FF1 000 £101* La main de l'industrie Bronze H46cm/*H18in* Paris 97

⚒ *$1 469 FF8 547 £900* Relevee Bronze H91,5cm/*H36in* London 97

PLÉ Henri Honoré 1853-1922 **[23]**

⚒ *$1 404 FF8 000 £876* Chef gaulois et jeune garçon Bronze H61cm/*H24in* Paris 97

⚒ *$5 390 FF27 930 £3 450* Rêverie Bronze 87x44cm/*34x17in* Lokeren 96

PLEDGER Morris J. 1955 **[3]**

✎ *$1 210 FF6 310 £800* Tench Watercolour 39,5x27cm/*15x10in* London 96

PLEISSNER Ogden Minton 1905-1983 **[111]**

🎨 *$7 200 FF37 600 £4 350* Camp Harmony Oil/canvas/board 21,5x26cm/*8x10in* New-York 96

🎨 *$14 000 FF72 100 £8 950* Split Rock Ranch Oil/canvas 61x76,5cm/*24x30in* New-York 96

⊞ *$440 FF2 657 £267* Salmon fishing from Canoe Print 41x67cm/*16x26in* Long Island, NY 98

✎ *$3 100 FF18 408 £1 877* Rocky Stream Watercolour/paper 16x23cm/*6x9in* Philadelphia 97

PLENDERLEITH Donald XX **[3]**

⊞ *$555 FF3 139 £340* War Dance Woodcut 23x15,5cm/*9x6in* London 97

PLENSA Jaume 1955 **[47]**

🎨 *$4 423 FF26 878 £2 653* Interior VII Técnica mixta 110x100cm/*43x39in* Madrid 98

⚒ *$4 210 FF22 000 £2 507* Suite Del Silenci No. V Bronze 48x50x30cm/*18x19x11in* Paris 96

✎ *$1 876 FF11 060 £1 148* Sin título Técnica mixta/papel 54x46cm/*21x18in* Barcelona 98

PLEPP Hans Jacob 1560-1595 **[1]**

✎ *$2 400 FF14 732 £1 470* Design for an armorial stained Glass Window Wash 37x28cm/*14x11in* New-
York 98

PLESSEN Hans Wilhelm XIX-XX **[5]**

⊞ *$424 FF2 344 £263* "Winter in Deutschland" Poster 100x64cm/*39x25in* New-York 97

PLESSEN von Victor 1900-1988 **[9]**

🎨 *$1 358 FF8 139 £810* Masks Oil/cardboard 60x50cm/*23x19in* Amsterdam 98

PLEUER Hermann 1863-1911 **[11]**

🎨 *$4 334 FF25 303 £2 621* Herbstliche Alblandschaft mit seitlichem Gehöft Öl/Leinwand 28x44cm/*11x17in*
Lindau 97

🎨 *$27 278 FF161 126 £16 948* Stuttgarter Westbahnhof am Abend Öl/Leinwand 59x76cm/*23x29in*
Stuttgart 97

PLEUER Hermann (Attrib.) 1863-1911 **[2]**

🎨 *$3 365 FF16 540 £2 140* Anbetung der Hirten im Stall zu Bethlehem Öl/Leinwand 51,5x20cm/*20x7in*
Stuttgart 95

PLEŸSER Ary 1809-1879 **[10]**

🎨 *$8 206 FF47 026 £5 088* Sailors in a rowing-boat hauling in their nets, other shipping beyond Oil/panel
31,5x40,5cm/*12x15in* Amsterdam 97

PLISSON Henri 1908 **[29]**

✎ *$127 FF650 £77* La Tour de la Chaîne Gouache 32x49cm/*12x19in* Paris 96

PLOEG Maarten 1958 **[13]**

$499 FF2 972 £296 Untitled Acrylic 117x66cm/*46x25in* Amsterdam 97

PLOMTEUX Léopold 1920 **[47]**

$1 582 FF8 020 £1 030 Composition Huile/panneau 61x121cm/*24x47in* Bruxelles 96

$475 FF2 925 £291 Compositie Gouache/papier 48x63cm/*18x24in* Lokeren 98

PLOTNIKOV Vladimir Alexandrov. 1853-1919 **[1]**

$19 653 FF114 068 £12 000 In the bath house Oil/canvas 115,5x148cm/*45x58in* London 97

PLOZ XIX-XX **[7]**

$1 223 FF7 211 £750 "Cycles Terrot, Dijon" Poster 159x114cm/*62x44in* London 98

PLÜCKEBAUM Meta 1876-1945 **[24]**

$157 FF813 £100 Verwickelte Sache Etching 7x11cm/*2x4in* Düsseldorf 96

PLUMMER William H. 1839-? **[11]**

$400 FF2 321 £236 Under FullSail Oil/canvas 50x76cm/*20x30in* Bethesda, Maryland 97

PLUMOT André 1829-1906 **[26]**

$576 FF3 572 £345 La bergère Huile/panneau 34x30cm/*13x11in* Antwerpen 98

$3 668 FF22 736 £2 198 Le gendarme et l'enfant Huile/panneau 43x50cm/*16x19in* Antwerpen 98

PLÜSCHOW Guillaume, Guglielmo XIX-XX **[24]**

$520 FF3 016 £320 Male Nude Reclining on a Leopard Skin Albumen print 16x21cm/*6x8in* London 97

PO del Giacomo 1652-1726 **[12]**

$5 494 FF31 137 £2 747 Cherubino con simbolo episcopali Olio/tela 81x68cm/*31x26in* Roma 97

POCCI von Franz Graf 1807-1876 **[21]**

$484 FF2 894 £296 "Landschatzmeister als Obermünzmeister ..." Watercolour 23,5x17cm/*9x6in* München 98

POCHWALSKI Kazimierz 1855-1940 **[10]**

$2 953 FF17 626 £1 781 Fruit still life Oil/canvas 38x66cm/*14x25in* Warszawa 97

POCK Alexander 1871-1950 **[14]**

$1 220 FF6 150 £800 A black and tan Terrier on a Windowsill Oil/canvas 51x39,5cm/*20x15in* London 96

$698 FF3 610 £451 Osterr. Soldatenkalender Aquarell/Papier 23x16cm/*9x6in* Wien 96

POCOCK Nicholas 1740-1821 **[71]**

$1 795 FF10 476 £1 100 Cattle watering at Sunset, a Castle beyond Oil/panel 16,5x21cm/*6x8in* London 97

$47 500 FF287 531 £28 077 The battle of the Saintes, April 12, 1782 Oil/canvas 46x72cm/*18x28in* New-York 98

$8 000 FF49 049 £4 894 The Java and the constitution Etching, aquatint in colors 58,5x82cm/*23x32in* New-York 98

$1 670 FF10 231 £1 000 The Avon Gorge from Durdham Down Watercolour 25,5x38cm/*10x14in* London 98

POCOCKE Edward 1843-1901 **[22]**

$138 FF849 £85 Norwich Views Watercolour 12x7cm/*5x3in* Aylsham, Norfolk 98

PODCHERNIKOFF Alexis M. 1886-1933 **[60]**

$1 200 FF7 233 £726 Wooded Landscape/cattle Watering - "Golden Glow, Valley Of The Moon" Oil/masonite 20x25cm/*8x10in* Pasadena, California 98

$1 900 FF11 550 £1 152 Barbazon Landscape Oil/canvas 50x66cm/*20x26in* Elgin, Illinois 98

PODECHERNIKOFF Alexis Matthew 1886-1933 **[2]**

$1 900 FF11 282 £1 150 Southwestern Landscape Oil/canvas 51x76cm/*20x29in* Washington 97

PODESTA August 1813-1858 **[2]**

$2 082 FF10 270 £1 347 Tiroler Berglandschaft mit Burganlage Öl/Leinwand 26x36cm/*10x14in* Kempten 96

PODESTA Giovanni Andrea c.1620-c.1670 **[6]**

$1 004 FF6 156 £600 Allegory with cupid and putti Etching 27x40cm/*10x15in* London 98

PODESTI Francesco 1800-1895 **[3]**

$76 714 FF476 192 £46 000 The Birth of Venus Oil/canvas 183x244cm/*72x96in* London 98

PODKOWINSKI Wladyslaw 1866-1895 **[8]**

$11 003 FF67 710 £6 733 Polanka w Leslie Oil/cardboard 15x27cm/*5x10in* Warszawa 98

$14 500 FF74 400 £9 320 "Miraze", symbolist composition Oil/canvas 64x78,5cm/*25x30in* Warszawa 96

$2 685 FF13 770 £1 726 A bridge, Paris Chalks 24,5x30cm/*9x11in* Warszawa 96

PODOBEDOV Roman Leonidovich 1920 **[39]**

$163 FF972 £100 At the Market Oil/board 42x51,5cm/*16x20in* London 98

PODWYSOCKI Edward 1948 **[2]**

☜ *$3 963 FF23 692 £2 425* "Andromeda" Oil/canvas 89x71cm/*35x27in* Warszawa 97
POE Hugh W. 1902-? **[36]**
☜ *$725 FF4 161 £442* Desert Landscape Oil/canvas 47x59cm/*18x23in* Pittsburgh, PA 97
☜ *$1 300 FF7 462 £792* Canyon with a River Oil/board 33x46cm/*13x18in* Pittsburgh, PA 97
POEL van der Adriaen Lievensz. 1626-c.1685 **[3]**
☜ *$4 800 FF27 649 £2 820* Peasants gathered around a basket by Moonlight Oil/panel 44,5x35,5cm/*17x13in* New-York 97
POEL van der Egbert Lievensz. 1621-1664 **[26]**
☜ *$4 394 FF22 200 £2 886* Nächtliche Strandansicht Oil/panel 27,5x21,5cm/*10x8in* Stuttgart 96
☜ *$6 714 FF38 722 £4 000* A Cottage ablaze with Villagers firefighting at Night Oil/panel 35x47cm/*13x18in* London 97
POELENBURGH van Cornelis c.1586-1667 **[58]**
☜ *$9 570 FF46 300 £6 000* A Campagnan landscape Oil/panel 20x26cm/*7x10in* London 95
☜ *$33 726 FF199 800 £20 000* The Annunciation Oil/canvas 48,5x42cm/*19x16in* London 97
☜ *$179 055 FF1 055 781 £106 000* Mercury and herse Oil/canvas 151x109cm/*59x42in* London 97
✎ *$6 226 FF35 640 £3 678* Figures on a Road Through an Italianate Town/A Putto With an Urn Chalks 18,5x23cm/*7x9in* Amsterdam 97
POELENBURGH van Cornelis (Attrib.) c.1586-1667 **[19]**
☜ *$3 501 FF21 447 £2 115* Susanna im Bade Oil/panel 44,5x28cm/*17x11in* Wien 98
☜ *$34 528 FF200 460 £20 410* Italienskt ruinlandskap med figurer och boskap Oil/copper 41x56cm/*16x22in* Malmö 97
POELL Alfred 1867-1929 **[2]**
☜ *$13 870 FF72 400 £8 250* Winterlandschaft Öl/Leinwand 91,5x91,5cm/*36x36in* Wien 96
POELS Albert 1903-1984 **[24]**
☞ *$1 887 FF9 850 £1 140* Tijl Uylenspiegel Sculpture bois H44cm/*H17in* Antwerpen 96
POERSON Charles 1609-1667 **[4]**
☜ *$40 000 FF245 548 £24 508* The Rest on the Flight into Egypt Oil/copper 22x18,5cm/*8x7in* New-York 98
POERTZEL Otto 1876-? **[29]**
☞ *$1 482 FF7 600 £900* An Arab woman Sculpture H41cm/*H16in* London 96
POETOU Émile François 1885-1975 **[7]**
☞ *$19 650 FF96 000 £12 430* Torso Bronze H118cm/*H46in* Antwerpen 95
POGGENBEEK Geo, Jan Hendrick 1853-1903 **[61]**
☜ *$664 FF4 062 £408* Cows in a Meadow Oil/cardboard 23,5x34,5cm/*9x13in* Amsterdam 98
☜ *$1 755 FF9 030 £1 095* A Quiet Streetscene in a Village Oil/panel 52x35,5cm/*20x13in* Amsterdam 96
✏ *$2 022 FF12 164 £1 213* Cows in a Polder Landscape Watercolour/paper 32x47cm/*12x18in* Amsterdam 98
POGNA Giuseppe 1845-1907 **[7]**
☜ *$924 FF4 830 £546* Sul fiume Olio/cartone 22x37cm/*8x14in* Trieste 96
POGOLOTTI Marcelo 1902-1988 **[2]**
✎ *$5 500 FF32 410 £3 286* Aniversario de Octubre. Fiesta Obrera Graphite 33,5x49cm/*13x19in* New-York 97
POHL Edward H. 1874-1956 **[5]**
☜ *$1 100 FF6 630 £665* Seascape/coastal Tempera/board 48x58cm/*19x23in* Pasadena, California 98
POHLE Friedrich Leon 1841-1908 **[2]**
☜ *$3 907 FF23 340 £2 392* Porträt des Fürsten Heinrich XIV Öl/Leinwand 124,5x86,4cm/*49x34in* Düsseldorf 98
POHLE Hermann 1831-1901 **[13]**
☜ *$3 400 FF19 395 £2 077* Children Playing near an Old Castle Oil/canvas 45x61cm/*18x24in* New Orleans, Louisiana 97
POIGNANT Lucien 1905-1941 **[9]**
☜ *$1 706 FF10 500 £1 036* Le lac du Bourget en direction de Châtillon Huile/panneau 65x103cm/*25x40in* Paris 98
POILLY de Nicolas II 1675-1747 **[2]**
✏ *$2 155 FF12 858 £1 300* Christ visited by angels/Angels flying with a basket Ink 30x50,7cm/*11x19in* London 97
POINCY Paul E. 1833-1909 **[1]**
☜ *$15 000 FF85 519 £9 288* Portrait of a Little Girl with Basket of Flowers and Orange Oil/canvas 104x68cm/*41x27in* New Orleans, Louisiana 97
POINGDESTRE Charles Henry ?-1905 **[11]**

🕊 *$6 707 FF38 567 £4 200* The Road from the marble Quarries, Carrara Oil/canvas 50,5x79,5cm/*19x31in* London 97
POINT Armand 1860-1932 **[75]**
🕊 *$676 FF3 500 £439* Bourricot d'Alger Huile/panneau 17x21cm/*6x8in* Saint-Dié 96
🕊 *$3 595 FF21 000 £2 127* Odalisque aux raisins Huile/panneau 37x46cm/*14x18in* Paris 97
✏ *$830 FF5 100 £497* Portrait de femme symboliste Crayon 49x38,5cm/*19x15in* Paris 98
POINTER Jonathan 1975 **[2]**
🕊 *$3 001 FF18 025 £1 800* Swaledale and Whinchat Acrylic/board 61x81cm/*24x31in* London 98
POIRET Paul 1879-1944 **[3]**
🕊 *$891 FF5 271 £535* A still life with flowers and books Oil/canvas 80x62cm/*31x24in* Amsterdam 97
POIRIER Anne & Patrick 1941/1942 **[15]**
🕊 *$3 034 FF18 000 £1 854* "Journal de l'Archéologue" Technique mixte 105x75cm/*41x29in* Paris 98
POIRIER Jacques 1928 **[15]**
🕊 *$710 FF3 616 £426* La petite maison bleu Acrylic/canvas 40,5x51cm/*15x20in* Calgary, Alberta 96
POIRIER Narcisse 1883-1983 **[109]**
🕊 *$198 FF1 214 £121* Près du fleuve Huile/panneau 20x25,5cm/*7x10in* Montréal 98
🕊 *$437 FF2 591 £271* Maison Huile/toile 41x51cm/*16x20in* Montréal 97
✏ *$300 FF1 558 £199* "St. Laurent", Août Coloured crayons 35x44cm/*14x17in* Delray Beach, Florida 96
POIRSON Maurice 1850-1882 **[3]**
✏ *$8 045 FF50 000 £4 810* Rêverie Aquarelle, gouache/papier 44x25cm/*17x9in* Paris 98
POISSON Pierre Marie 1876-1953 **[9]**
🗿 *$2 584 FF15 000 £1 525* Danseuse Ouled-Naïl Bronze 33x21x14cm/*12x8x5in* Paris 97
POKHITONOV Ivan Pavlovich 1851-1924 **[16]**
🕊 *$4 860 FF29 000 £2 931* Les dindons dans la clairière Huile/panneau 15x27cm/*5x10in* Paris 97
🕊 *$35 196 FF210 000 £21 231* Animation sur l'avenue Foch, en fond, l'Arc de Triomphe Huile/toile 38x56,5cm/*14x22in* Paris 97
POKORNY Richard 1907-? **[22]**
✏ *$1 203 FF7 153 £724* "Wien, Laurenzgasse" Aquarell/Papier 24x34cm/*9x13in* Wien 98
POL van Christiaen 1752-1813 **[12]**
🕊 *$57 000 FF290 000 £34 060* Bouquet de fleurs et urne en marbre sur un entablement Huile/toile 62x52cm/*24x20in* Versailles 96
🕊 *$56 858 FF336 634 £34 000* Still Life of Roses, Primroses, and other Flowers. Oil/panel 34,5x24cm/*13x9in* London 97
POL van der Louis 1896-1982 **[19]**
🕊 *$350 FF1 934 £214* Windmill Along the Canal Oil/board 35x44cm/*14x17in* Florida 97
POL Willem Jilts 1905-1988 **[3]**
🕊 *$4 249 FF25 116 £2 629* Two boys Oil/canvas 63x76cm/*24x29in* Singapore 97
POLANZANI Francesco, Felice 1700-c.1785 **[3]**
🖼 *$519 FF3 000 £322* Giovanni Battista Piranesi en buste à l'antique, sur fond de ruines Eau-forte 38,8x29,8cm/*15x11in* Paris 97
POLARD Henry XIX-XX **[3]**
🖼 *$311 FF1 789 £190* "Les Terrasses, Altitude 100m., Seine-Inférieure" Poster 97x75cm/*38x29in* London 97
POLASEK Albin 1879-1965 **[9]**
🗿 *$2 400 FF14 142 £1 482* Fantasy Bronze H51cm/*H20in* New-York 97
POLAZZO Francesco (Attrib.) 1683-1753 **[2]**
🕊 *$9 994 FF60 356 £6 000* The Adoration of the Magi Oil/canvas 64x88cm/*25x34in* London 98
POLEDNE Franz 1873-1932 **[27]**
✏ *$1 493 FF7 680 £931* Alt-Wiener Hinterhof Aquarell/Papier 23x17,5cm/*9x6in* Wien 96
POLENOV Vasili Dimitrevich 1844-1927 **[13]**
🕊 *$4 250 FF25 898 £2 602* Forest Pool Oil/canvas 30x34cm/*12x13in* New-York 98
🕊 *$42 523 FF260 078 £26 000* Road Down to the River Oil/canvas 104,5x55cm/*41x21in* London 98
POLEO Héctor 1918-1989 **[19]**
🕊 *$24 000 FF137 772 £14 630* Paisaje con Casas Oil/canvas 45,5x66cm/*17x25in* New-York 97
POLI Gherardo c.1680-c.1740 **[4]**
🕊 *$6 550 FF33 760 £4 200* A view of Paris Oil/canvas 41x62cm/*16x24in* London 96
POLI Giuseppe 1700-1767 **[5]**

P

$22 221 FF135 000 £13 378 Caprices architecturaux Huile/toile 56x90cm/*22x35in* Paris 98

POLIAKOFF Alexis 1959 **[2]**
$10 502 FF64 000 £6 374 Composition bleu, blanc, rouge Gouache/papier 63,5x48,5cm/*25x19in* Paris 98

POLIAKOFF Serge 1900-1969 **[640]**
$14 430 FF70 000 £12 210 Composition rose et gris Huile/toile 24x19cm/*9x7in* Paris 95
$15 250 FF79 000 £9 900 Composition Rouge, Blanc, Noir Huile/toile 73x60cm/*28x23in* Paris 96
$66 040 FF392 156 £40 000 Forme Oil/canvas 162x130cm/*63x51in* London 97
$2 784 FF16 150 £1 713 Composition carmin, jaune, grise et bleue Farblithographie 57,4x44,6cm/*22x17in* Heidelberg 97
$16 800 FF95 200 £11 200 Composition bleue Gouache/carta 45x60cm/*17x23in* Milano 98

POLIANSKY Branko XX **[1]**
$1 504 FF8 781 £924 A nude Oil/panel 21x33cm/*8x12in* Amsterdam 97

POLIDORI Giancarlo XX **[2]**
$4 709 FF27 659 £2 907 Een oosters verhaal Huile/panneau 23x17,5cm/*9x6in* Lokeren 97

POLIDORO DA CARAVAGIO Polidoro C. (Attrib) 1492-1543 **[3]**
$317 FF1 630 £198 Merkur und Herakles Lavis 25x37,7cm/*9x14in* Bern 96

POLIDORO DA CARAVAGIO Polidoro Caldara 1492-1543 **[2]**
$12 490 FF73 385 £7 500 A Nude seen from behind, his left Arm raised, a Kneeling Woman.. Ink 21,5x17cm/*8x6in* London 97

POLIDORO DA LANCIANO c.1510-c.1565 **[6]**
$24 940 FF128 600 £16 000 The Madonna and Child with Saint John the Baptist and a Donor Oil/canvas 87x109cm/*34x42in* London 96
$45 000 FF222 000 £29 100 The Madonna and Child with Tobias and the Angel Oil/panel 5x86cm/*1x33in* New-York 96

POLIGNAC de Ghislaine XX **[1]**
$7 500 FF45 843 £4 579 La Duchesse de Windsor à Ferrières Pastel 39x28cm/*15x11in* New-York 98

POLITO IL MALTESE Franceso Maria XVII-XVIII **[1]**
$8 548 FF48 438 £4 274 Paesaggi Inchiostro/carta 20,5x21cm/*8x8in* Roma 97

POLIZZI Franco 1954 **[7]**
$1 800 FF10 200 £900 Oggetti su un piano Olio/tela 100x100cm/*39x39in* Roma 98

POLKE Sigmar 1941 **[261]**
$2 640 FF13 520 £1 560 Confetti Tempera 25,8x18cm/*10x7in* Hamburg 96
$8 267 FF48 262 £5 000 Untitled Oil/panel 101x126cm/*39x49in* London 97
$36 240 FF178 400 £23 350 Spiegeleier auf Bügeleisen Braten nach Prof. Corchon Acrylic/paper 100x70cm/*39x27in* Köln 95
$947 FF5 439 £577 Weisser Klecks Silkscreen in colors 98,5x67cm/*38x26in* Berlin 97
$12 000 FF69 606 £7 093 Potato Machine Construction 80x41,5x41,5cm/*31x16x16in* New-York 97
$1 350 FF8 000 £808 Biennale de Venise Photo 23x30cm/*9x11in* Paris 97
$15 070 FF90 515 £9 000 Untitled Watercolour, gouache/paper 100x70cm/*39x27in* London 98

POLL Hugo 1867-1931 **[7]**
$548 FF3 118 £336 Der Fischer Pastel/paper 32x50cm/*12x19in* Wien 97

POLLAK Leopold 1806-1880 **[3]**
$3 340 FF20 113 £1 999 Porträt des Males Emil Löhr mit 30 Jahren Öl/Leinwand 48x46cm/*18x18in* München 98

POLLAK Max 1886-1950 **[20]**
$143 FF857 £86 "Die Tänzerin Kitty Starling" Etching in colors 36x15cm/*14x5in* Wien 98

POLLAK Zsigmond, Siegmund 1837-1912 **[2]**
$4 206 FF25 100 £2 538 Der Internatsausflig Öl/Leinwand 63x94cm/*24x37in* Stuttgart 97

POLLARD James 1792-1867 **[36]**
$5 500 FF31 902 £3 384 The last mail leaving Newcastle 5th July 1847 Oil/panel 22x30,5cm/*8x12in* New-York 97
$29 176 FF169 331 £18 000 Hatchetts, The White Horse Cellar, Picadilly the Devonport mail Oil/canvas 45,5x66cm/*17x25in* London 97
$720 FF4 166 £440 Coursing, after John Norst Sartorius Aquatint 39x15cm/*15x5in* London 97

POLLENTINE Alfred 1836-1890 **[104]**
$2 231 FF12 715 £1 400 Venice Oil/board 20,5x30,5cm/*8x12in* London 97
$2 600 FF15 615 £1 559 View from the Grand Canal of Palazzo Dei Doge, St. Mark's Square Oil/canvas 41x60cm/*16x24in* Houston, Texas 98

POLLENTINE Alfred (Attrib.) 1936-1890 [4]
  $4 000 FF24 038 £2 418 View of San Marco with Gondolas on the Canal, Venice Oil/canvas 38x61cm/*14x24in* New-York 98
POLLET Jean 1929 [8]
  $1 747 FF9 000 £1 126 Payage Huile/toile 27x35cm/*10x13in* Paris 96
POLLET Joseph 1897-1979 [2]
  $4 200 FF20 700 £2 706 The Sleepers Oil/canvas 125x58cm/*49x22in* New-York 95
POLLET Joseph Michel-Ange 1814-1870 [5]
  $1 528 FF7 800 £1 011 Une Heure de la Nuit Bronze H34cm/*H13in* Saint-Dié 96
  $30 000 FF178 041 £18 375 Une Heure de la nuit Marble H120cm/*H47in* New-York 97
POLLET Victor 1811-1882 [2]
  $3 011 FF18 384 £1 800 Un rêve d'une fille d'Eve Watercolour 32,5x49cm/*12x19in* London 98
POLLINGER Felix 1817-1877 [7]
  $1 390 FF6 860 £903 Flowers and fruit Oil/panel 48,5x34cm/*19x13in* Wien 95
POLLITT Albert XIX-XX [49]
  $547 FF3 165 £340 Figures on a Shore Watercolour/paper 28x45cm/*11x17in* Exeter, Devon 97
POLLITZER Sigmund 1913-1982 [2]
  $779 FF4 571 £480 Seated Boy Wash 55x46cm/*22x18in* Par, Cornwall 97
POLLOCK Jackson 1912-1956 [49]
  $475 000 FF2 300 000 £305 000 Grey Center Oil/canvas 58x46cm/*22x18in* New-York 95
  $2 200 000 FF11 400 000 £1 470 000 Something of the Past Oil/canvas 142x96,5cm/*55x37in* New-York 96
  $3 000 FF17 281 £1 762 Stacking Hay Lithographie 24x33,5cm/*9x13in* New-York 97
  $75 000 FF435 037 £44 332 Untitled Crayon 45,5x35,5cm/*17x13in* New-York 97
POLLONI Silvio 1888-1972 [13]
  $660 FF3 740 £330 Paesaggio Olio/tela 40x60cm/*15x23in* Prato 98
POLO Bernabé XVII [2]
  $60 000 FF350 262 £35 694 Fiestas Triunfales Oil/canvas 119,5x197cm/*47x77in* New-York 97
POLS D. XIX [2]
  $13 880 FF80 840 £8 480 Gemüseverkäufer in einer holländischen Stadt Huile/panneau 30x46cm/*11x18in* Zürich 97
POLYAKOV Valentin Ivanovich 1915-1977 [6]
  $810 FF4 766 £500 Children Playing in the River Oil/canvas 57x43cm/*22x16in* London 97
POLYKANDRIOTIS Antonios 1904-1988 [1]
  $1 640 FF8 480 £1 095 Kifissia Watercolour/paper 31x46cm/*12x18in* Athens 96
POLZER-HODITZ Arthur Graf 1870-? [1]
  $5 090 FF26 550 £3 026 Hirschbrunft, ein Oktobermorgen Öl/Leinwand 85x70cm/*33x27in* Wien 96
POMA Silvio 1841-1932 [30]
  $2 040 FF11 560 £1 020 Contadine con la gerla Olio/tavola 22,5x11,5cm/*8x4in* Milano 97
  $5 941 FF33 666 £2 970 L'isola dei pescatori sul Lago Maggiore Olio/cartone 39x61cm/*15x24in* Milano 98
POMARANCIO Antonio c.1570-c.1630 [1]
  $1 487 FF7 250 £943 Skizze von drei Ineinander verschlungenen Figuren Black chalk/paper 27x22,5cm/*10x8in* Köln 95
POMARDI Simone 1760-1830 [7]
  $3 105 FF17 595 £2 070 Veduta di Tivoli Acquarello 43x59cm/*16x23in* Roma 98
POMEY Louis Edmond 1831-1891 [2]
  $18 000 FF90 720 £11 613 La bonne aventure Oleo/tabla 80x64cm/*31x25in* Buenos Aires 96
POMFRET Tom 1920-1997 [5]
  $457 FF2 786 £280 St. Funt, Périgueux Gouache/paper 48,5x62cm/*19x24in* London 98
POMI Alessandro 1890-? [5]
  $467 FF2 800 £279 Villa à Cannes Huile/carton 46x55cm/*18x21in* Pontoise 98
POMMAYRAC de Pierre Paul 1807-1880 [10]
  $536 FF3 160 £328 Retrato de dama Miniature 17x12cm/*6x4in* Madrid 98
  $18 000 FF106 824 £11 025 Nymphe désarmant l'Amour Oil/canvas 225x139cm/*88x54in* New-York 97
POMODORO Arnaldo 1926 [143]
  $350 FF2 085 £217 Chaotic Red Sphere Print 67x49cm/*26x19in* New Orleans, Louisiana 97
  $4 887 FF29 351 £2 918 Sphere Bronze H13cm/*H5in* San Francisco 98

*$19 200 FF96 900 £12 600 La colonna del viaggiatore Bronzo H126cm/*H49in* Milano 96
*$4 782 FF27 248 £3 000 Untitled Silver print 22x10,5cm/*8x4in* London 97
*$780 FF4 420 £520 Bozzetti N 9 Inchiostro 53x74cm/*20x29in* Vercelli 97

POMODORO Gio' 1930 [68]
*$2 314 FF13 518 £1 420 Ohne Titel Polished bronze 17x20,5x4cm/*6x8x1in* Köln 97

POMPE Gerrit XVII [6]
*$14 814 FF90 000 £8 919 Marine aux abords d'une ville hollandaise Huile/toile 90x122,5cm/*35x48in* Paris 98
*$18 700 FF96 400 £12 000 Dutch Shipping off a Beacon and a Pile/A Man-o'-War Oil/panel 22x32cm/*8x12in* London 96

POMPON François 1855-1933 [108]
*$761 FF4 500 £455 Chien boston terrier toy Plâtre H18cm/*H7in* Paris 97

PONÇ Joan 1927-1984 [28]
*$1 925 FF10 945 £1 155 Autorretrato Oleo/papel 31x21cm/*12x8in* Madrid 97
*$10 050 FF59 250 £6 150 Fons de l'Esser Técnica mixta 65x70cm/*25x27in* Madrid 98
*$1 400 FF7 960 £860 Condenados Gouache 31,5x21,5cm/*12x8in* Barcelona 97

PONCE Antonio 1608-c.1665 [9]
*$28 700 FF139 000 £18 000 Still life with a basket of fruit Oil/canvas 60x92cm/*23x36in* London 95

PONCE DE LEON Fidelio 1896-1957 [35]
*$9 000 FF53 035 £5 377 Vieja Beata con una Tarjeta Oil/board 57x47cm/*22x18in* New-York 97
*$70 000 FF364 000 £46 300 Niños Oil/canvas 121,5x167cm/*47x65in* New-York 96
*$3 249 FF19 149 £1 941 Retrato de Cabeza de Niña Pastel/paper 49,5x38,5cm/*19x15in* New-York 97

PONCE Nicolas 1746-1831 [4]
*$513 FF3 000 £303 L'Innocence sous la garde de la Fifélité, d'après Bounieu Gravure 25x30,5cm/*9x12in* Paris 97

PONCELET Maurice Georges 1897-1978 [44]
*$493 FF3 000 £297 Bouquet sans fleur Huile/toile 115x81cm/*45x31in* L'Isle-Adam 98

PONCELET Thierry XIX-XX [6]
*$1 740 FF9 050 £1 151 "Mimi Pinçon" Peinture 71x58cm/*27x22in* Bruxelles 96

PONCET Antoine 1928 [45]
*$1 488 FF8 687 £900 L'Arbre à Reflets Bronze H40,5cm/*H15in* London 97
*$11 264 FF66 731 £6 800 Sans titre Bronze H85cm/*H33in* London 97

PONCET François Marie XVIII [2]
*$27 000 FF138 000 £17 800 Buste de jeune femme Marbre H59cm/*H23in* Versailles 96

PONGRATZ Peter 1940 [35]
*$8 844 FF52 327 £5 247 Reise in eine seltsame Welt Tempera/panel 150x130cm/*59x51in* Wien 97
*$620 FF3 812 £379 Sans titre Coloured pencils/paper 64x49cm/*25x19in* Wien 98

PONS ARNAU Francisco 1886-1965 [8]
*$1 722 FF9 020 £1 035 Veleros amarrados en el muelle Oleo/cartón 15,5x24cm/*6x9in* Madrid 96

PONS Jean 1913 [85]
*$420 FF2 200 £253 Composition Huile/toile 46x55cm/*18x21in* Paris 96

PONSARD Andrée XIX-XX [5]
*$1 695 FF10 000 £1 038 Pavets et delphiniums blancs Aquarelle/papier 139x67cm/*54x26in* Fontainebleau 98

PONSEN Tunis 1891-1968 [17]
*$1 900 FF9 770 £1 185 Landscape With Windmill and Cattle Oil/canvas 66x76cm/*26x30in* Chicago, Illinois 96

PONSON Raphaël L. 1835-1904 [27]
*$1 466 FF7 500 £950 La Rade de Marseille Huile/panneau 32x45cm/*12x17in* Toulon 95
*$4 212 FF24 000 £2 630 Rocher à Cassis Huile/toile/carton 33x65cm/*12x25in* Marseille 97

PONTE dal Giovanni di Marco 1385-1437/38 [4]
*$78 000 FF442 000 £39 000 Madonna dell'Umiltà Tempera/tavola 146x69cm/*57x27in* Milano 97

PONTHUS-CINIER Antoine 1812-1885 [29]
*$1 350 FF7 000 £877 La Saône au pont d'Ainay Huile/papier/toile 20,5x31,5cm/*8x12in* Lyon 96
*$8 680 FF45 000 £5 640 Paysage d'Italie Huile/toile 100x166cm/*39x65in* Lyon 96
*$1 374 FF8 000 £840 Homme pêchant les écrevisses Lavis 26x40cm/*10x15in* Paris 97

PONTI Giò 1897-1979 [7]
*$3 480 FF19 720 £1 740 Figura Tecnica mista/carta 65x44cm/*25x17in* Prato 97

PONTICELLI Giovanni 1855-1877 **[6]**

  $1 220 FF6 160 £800 The Boys's Camp Oil/panel 16,5x27cm/*6x10in* London 96
  $10 800 FF61 200 £5 400 Donne in giardino Olio/tela 100x72cm/*39x28in* Roma 97

PONTING Herbert George 1871-1935 **[46]**

  $2 896 FF17 110 £1 800 The "Terra Nova" in McMurdo Sound Carbon print 54x72cm/*21x28in* London 97

PONTIUS Paulus 1603-1658 **[6]**

  $369 FF1 800 £233 Diligentes in vino, d'après Jordaens Eau-forte 37,5x57cm/*14x22in* Paris 95

PONTORMO Jacopo da C. (Attr.) 1494-1556/57 **[1]**

  $3 283 FF17 000 £2 120 Homme nu allongé Crayon 18x25cm/*7x9in* Paris 96

PONTORMO Jacopo da Carucci 1494-1556/57 **[3]**

  $383 240 FF2 200 000 £233 640 La Vierge et l'Enfant Jésus entouré de Saints (Verso) Sanguine 25,5x22,5cm/*10x8in* Chaumont 97

PONTOY Henri 1888-1968 **[126]**

  $1 308 FF8 000 £799 Quiberon, Port Mara Huile/bois 26x42cm/*10x16in* Provins 98
  $4 215 FF22 000 £2 547 Promeneurs devant Bab Mansour, Meknès Huile/toile 54x81cm/*21x31in* Paris 96
  $6 930 FF42 000 £4 250 Village camerounais Huile/toile 95x127cm/*37x50in* Paris 98
  $123 FF700 £75 La route de Fez Crayon 25x34cm/*9x13in* Orléans 97

PONTY Max 1904-1972 **[22]**

  $572 FF3 336 £350 "Cie de Navigation Paquet, Maréchal Lyautey" Affiche 103,5x72,5cm/*40x28in* London 97

POOKE-DUITS Marion Louise 1883-1975 **[6]**

  $5 250 FF26 800 £3 460 The Waif Oil/canvas 77x68cm/*30x27in* Dedham, Mass. 96

POOL Juriaen 1665-1745 **[1]**

  $14 780 FF72 300 £9 340 Autoportrait avec son épouse Rachel Ruysch Huile/panneau 22x35cm/*8x13in* Bruxelles 95

POOLE Earle L. 1891-1972 **[3]**

  $1 500 FF8 547 £918 Wood Ducks in a River Landscape Watercolour/paper 40x30cm/*15x11in* Kutztown, Penn. 97

POOLE Frederick Victor 1865-1936 **[2]**

  $6 500 FF38 598 £3 968 Lacquer Oil/canvas/board 115,5x90cm/*45x35in* Boston, Mass. 98

POOLE James 1804-1886 **[16]**

  $819 FF4 970 £500 A Womun Seated Before Hillside Oil/canvas 40x55cm/*16x22in* Par, Cornwall 98
  $361 FF2 215 £220 A Welsh River Landscape Watercolour 38x56cm/*14x22in* London 98

POOLE Paul Falconer 1807-1879 **[27]**

  $7 165 FF41 133 £4 500 Across the Heath, Pick-a-Back Oil/canvas 61x47,5cm/*24x18in* London 97

POOLEY Thomas Pooly 1646-1723 **[2]**

  $7 440 FF38 300 £4 800 Sir Philip Perceval, 2nd Bt. (1656-1680)/Sir John P., 3rd Bt. (d.1686) Oil/canvas 76x63,5cm/*29x25in* London 96

POONS Larry 1937 **[45]**

  $2 500 FF14 318 £1 479 Of Jak Acrylic/canvas 148,5x50cm/*58x19in* New-York 97
  $6 000 FF31 100 £4 010 Untitled Acrylic/canvas 233x71cm/*91x27in* New-York 96
  $1 600 FF9 163 £946 Untitled Graphite 20,5x23cm/*8x9in* New-York 97

POOR Henry Varnum 1888-1970 **[21]**

  $400 FF2 386 £239 Winter Landscape Acrylic/paper 56x49cm/*22x19in* Bolton, Mass. 98

POORE Henry Rankin 1859-1940 **[14]**

  $2 400 FF14 423 £1 451 Horse and Rider by the Sea Oil/canvas 61x96,5cm/*24x37in* New-York 98

POORTENAAR Jan Christian 1886-1958 **[51]**

  $249 FF1 448 £153 Javaansch Landschap Etching 22x17,5cm/*8x6in* Amsterdam 97

POORTER de Willem 1608-c.1660 **[8]**

  $4 860 FF24 800 £3 200 The Entombment Oil/panel 23x18cm/*9x7in* London 96
  $12 000 FF70 257 £7 419 A Lady Making a Sacrifice at a Pagan Altar Oil/panel 33,5x58cm/*13x22in* New-York 97

POORTVLIET Rien 1932 **[11]**

  $7 926 FF46 871 £4 758 Foxes in the snow Oil/canvas 60,5x80cm/*23x31in* Amsterdam 97
  $2 724 FF16 110 £1 635 Wild boars in an autumn forest Watercolour 29x24cm/*11x9in* Amsterdam 97

POOSCH von Max 1872-1968 **[7]**

P

☭ *$1 880 FF9 620 £1 206* In den Voralpen Oil/panel 83x67cm/*32x26in* Wien 96
POOT Rik 1924 **[31]**
☭ *$1 258 FF7 176 £765* Stèle Bronze H37,5cm/*H14in* Bruxelles 97
POOTOOGOOK Eegyvudluk 1931 **[4]**
☭ *$690 FF4 032 £424* Dog of Fertility Print 32x60,5cm/*12x23in* Toronto 97
POOTOOGOOK Kananginak 1935 **[18]**
☭ *$218 FF1 273 £133* Musk-Ox Lithograph 30,5x43cm/*12x16in* Toronto 97
POPE Alexander 1849-1924 **[15]**
☭ *$2 500 FF14 934 £1 530* Portrait of La Belle Wanda Oil/canvas 61x71cm/*24x27in* New-York 98
POPE Arthur Wybrow 1877-? **[2]**
☭ *$1 400 FF8 269 £870* Stone Lion, Fenway Court Watercolour 24,5x35cm/*9x13in* Boston, Mass. 97
POPE Gustav c.1830-c.1895 **[8]**
☭ *$5 229 FF31 311 £3 200* A Spaniel Guarding a Slepping Child Oil/canvas 70x90cm/*27x35in* Billingshurst, West Sussex 97
POPE Henry Martin 1843-1908 **[10]**
☭ *$254 FF1 535 £160* Cattle and drover in a rocky landscape Watercolour 33x50,5cm/*12x19in* West Midlands 97
POPE-STEVENS Thomas (Attrib.) XVIII **[1]**
☭ *$3 780 FF19 660 £2 500* Portrait of Miss Aldworth of Doneraile Oil/canvas 74x63cm/*29x24in* London 96
POPELKA Vojtech Hynek 1888-? **[2]**
☭ *$3 984 FF19 970 £2 520* Ducks Oil/canvas 95x113cm/*37x44in* Wien 95
POPIEL Thaddeus Sulima 1862-1913 **[3]**
☭ *$16 034 FF95 685 £9 672* Branki tatarskie Oil/canvas 75x114,5cm/*29x45in* Warszawa 97
POPLAVSKI Ludwig L. 1852-1885 **[3]**
☭ *$1 696 FF9 832 £1 000* The Mill Oil/canvas 28x40cm/*11x15in* London 97
POPOTTI N.C. XIX-XX **[1]**
☭ *$25 000 FF129 800 £16 530* The Genius of Art Marble H231cm/*H90in* New-York 96
POPOWSKI Stefan 1870-1937 **[2]**
☭ *$3 471 FF20 665 £2 122* Zachód Slonca Oil/canvas 34x94cm/*13x37in* Warszawa 98
POPP Jon 1862-1953 **[6]**
☭ *$3 609 FF20 922 £2 155* An Indecent Proposal Oil/panel 31,5x23cm/*12x9in* Amsterdam 97
POPPEL van Peter 1945 **[3]**
☭ *$1 850 FF9 650 £1 117* Kussende Oil/panel 12,5x11cm/*4x4in* Amsterdam 96
PORCAR RIPOLLÉS Juan Bautista 1888-1974 **[13]**
☭ *$8 400 FF47 760 £5 040* Maceta con flores Oleo/lienzo 92x65cm/*36x25in* Madrid 97
✏ *$608 FF3 752 £361* Niño comiendo melón Lápiz/papel 25x20cm/*9x7in* Madrid 98
PORCELLIS Jan c.1584-1632 **[12]**
☭ *$3 549 FF21 099 £2 106* Marine Huile/panneau 28x40cm/*11x15in* Antwerpen 97
☭ *$35 000 FF181 000 £22 400* "hoeker" and "smalschepen" on choppy seas, a storm approaching beyond Oil/canvas 128x214,5cm/*50x84in* Amsterdam 96
PORCELLIS Jan (Attrib.) c.1584-1632 **[6]**
☭ *$11 400 FF64 600 £7 600* Navi in burrasca/Navi al porto Olio/tavola 56x107cm/*22x42in* Milano 97
PORCELLIS Julius c.1609-1645 **[6]**
☭ *$52 003 FF302 172 £32 000* Shipping in Stormy Seas Oil/panel 44x63cm/*17x24in* London 97
PORCELLIS Julius (Attrib.) c.1609-1645 **[3]**
☭ *$8 250 FF43 150 £5 000* A Smalschip and other Shipping in a stiff Breeze Oil/panel 19x29,5cm/*7x11in* London 96
☭ *$13 000 FF76 650 £7 971* a Dutch Hoeker, a Frigate and Other Shipping in Choppy seas Offshore Oil/panel 39,5x56cm/*15x22in* New-York 98
PORDENONE Giov. Ant.de'Sacchis 1483-1539 **[1]**
☭ *$19 840 FF100 100 £13 020* Busto di uomo barbuto (Apostolo ?) Olio/tela 45x38cm/*17x14in* Milano 96
POREAU Oswald 1877-1955 **[83]**
☭ *$324 FF1 951 £195* "Les Hauts-Fourneaux" Huile/panneau 23x24cm/*9x9in* Bruxelles 98
☭ *$979 FF6 000 £584* Joueurs de boules en pays Bigouden Huile/panneau 45x37cm/*17x14in* Nantes 98
PORET de Xavier 1894-1975 **[31]**
☭ *$902 FF5 200 £530* La meute, "Relais de chien" Lithographie couleurs 43x32cm/*16x12in* Paris 97
✏ *$2 043 FF12 500 £1 212* Trophée à la pardrix Mine plomb 38x27cm/*14x10in* Lyon 98
PORGES Clara 1879-1963 **[25]**

＄ *$3 974 FF19 360* £2 516 Ansicht von Soglio mit Scioragruppe Öl/Leinwand 70x61cm/*27x24in* Bern 95
✎ *$1 974 FF11 489* £1 216 Gebirgsmassiv und Bergsee Aquarell/Papier 69,5x54,5cm/*27x21in* Bern 97
PORPORA Paolo (Attrib.) 1617-1673 [2]
＄ *$70 736 FF422 541* £43 306 Blumen in einer dekorativen Vase auf einem steinernen Vorsprung Öl/Leinwand 93,1x73,7cm/*36x29in* Düsseldorf 98
PORSON Josep Serra 1824-1910 [2]
＄ *$3 575 FF21 725* £2 145 En el estudio del artista Oleo/tabla 34x26cm/*13x10in* Madrid 98
PORTA Andrea 1656-1723 [1]
＄ *$4 800 FF27 200* £3 200 Ritratto virile Olio/tela 50x39cm/*19x15in* Milano 97
PORTA della Fra Guglielmo c.1490-1577 [2]
✎ *$576 FF3 500* £346 Étude de cuirasse d'après l'antique Encre 24,9x16,9cm/*9x6in* Paris 98
PORTAELS Jean-François 1818-1895 [38]
＄ *$2 870 FF16 350* £1 750 La dame au chapeau rouge Huile/toile 102x84cm/*40x33in* Antwerpen 97
＄ *$3 876 FF20 000* £2 482 La mendiante gitane Huile/toile 40x28cm/*15x11in* Soissons 96
PORTAIL Jacques-André 1691-1759 [9]
✎ *$14 750 FF75 000* £8 800 Jeune fille à sa toilette Aquarelle 27x22,5cm/*10x8in* Paris 96
PORTELLI Carlo ?-1574 [2]
＄ *$37 200 FF210 800* £18 600 Madonna col Bambino Olio/tavola 102x75cm/*40x29in* Milano 97
PORTELLI Carlo (Attrib.) ?-1574 [2]
＄ *$46 884 FF265 676* £23 442 Sacra Famiglia con San Giovannino Olio/tavola 93x70cm/*36x27in* Milano 98
PORTER C. Ethen ?-1923 [3]
＄ *$8 500 FF50 776* £5 204 Apples Oil/panel 18,5x26,5cm/*7x10in* New-York 98
PORTER Eliot 1901-1990 [31]
📷 *$4 749 FF27 971* £2 931 Selected Nature Studies of Utah and California, 1960s-70s Photograph 26x20cm/*10x7in* New-York 97
PORTER Fairfield 1907-1975 [50]
＄ *$23 000 FF109 710* £14 464 "White Head, Monhegan" Oil/board 24x59cm/*9x23in* Portland, Maine 95
＄ *$30 000 FF177 621* £17 940 View through the laundry room window Oil/canvas 76,2x60,9cm/*29x23in* New-York 97
▦ *$750 FF3 789* £487 Apple Blossoms Color lithograph 50x63cm/*20x25in* Portland, Maine 96
✎ *$1 800 FF10 297* £1 123 Remembering Southampton Watercolour 21,5x29cm/*8x11in* Boston, Mass. 97
PORTER Katherine 1941 [19]
＄ *$3 100 FF18 310* £1 926 Untitled Acrylic/paper 89x114,5cm/*35x45in* Boston, Mass. 97
PORTER Liliana 1941 [3]
＄ *$12 000 FF70 052* £7 138 El Libro Azul Acrylic/canvas 127x127cm/*50x50in* New-York 97
PORTER Rufus 1792-1884 [4]
✎ *$4 500 FF24 469* £2 694 An Elegant Lady Wearing a Blue Dress Watercolour, gouache 8,5x7cm/*3x2in* New-York 97
PORTIELJE Edward Antoon 1861-1949 [80]
＄ *$4 040 FF19 720* £2 553 deux femmes à la cuisine Huile/panneau 16x25cm/*6x9in* Antwerpen 95
＄ *$10 000 FF51 400* £6 230 The Letter Oil/canvas 45x38cm/*18x15in* Chicago, Illinois 96
＄ *$9 900 FF59 550* £6 150 El tramposo Oleo/lienzo 103x143cm/*40x56in* Madrid 97
PORTIELJE Gerard 1856-1929 [59]
＄ *$4 081 FF23 321* £2 500 The Spanish Beauty Oil/panel 68x51cm/*26x20in* London 97
＄ *$8 870 FF46 100* £5 870 De Leurder Huile/toile 28x36,5cm/*11x14in* Lokeren 96
✎ *$267 FF1 625* £164 "Le quart d'heure de Rabelais" Crayon 39x29cm/*15x11in* Antwerpen 98
PORTIELJE Jan Frederik Pieter 1829-1908 [32]
＄ *$2 710 FF16 250* £1 670 Une offre gracieuse Huile/panneau 29x22cm/*11x8in* Lokeren 98
＄ *$11 627 FF70 642* £7 000 A Spanish Beauty Oil/panel 68x51,5cm/*26x20in* London 98
PORTIER Alain 1954 [12]
✎ *$516 FF3 000* £305 Sans titre Technique mixte/papier 60x75cm/*23x29in* Paris 97
PORTIER Francis 1876-1961 [9]
＄ *$1 199 FF7 007* £709 Valaisanne Huile/toile 46x38cm/*18x14in* Genève 97
PORTINARI Cándido 1903-1962 [34]
＄ *$60 000 FF313 400* £35 700 Menina Oil/board 39x30cm/*15x11in* New-York 96
＄ *$60 000 FF350 262* £35 694 Sacrificio de Abraham Oil/canvas 45,5x38cm/*17x14in* New-York 97

☞ *$240 000 FF1 432 824 £147 432* Preparando enterro na rede n.2 Oil/panel 150x200cm/*59x78in* New-York 98

✐ *$26 000 FF135 800 £15 480* Borracha Gouache 40x41cm/*15x16in* New-York 96

PORTOCARRERO René 1912-1986 **[154]**

☞ *$7 150 FF43 570 £4 422* Ciudad Oil/masonite 26,5x39,5cm/*10x15in* Miami, Florida 98

☞ *$11 200 FF64 000 £6 880* Mujer en gris Oleo/lienzo 54x44,5cm/*21x17in* Madrid 97

✐ *$4 000 FF22 962 £2 438* Sin titulo Watercolour/paper 46x30,5cm/*18x12in* New-York 97

PORTWAY Douglas 1922-1993 **[34]**

☞ *$493 FF2 832 £304* Black Sun Oil/paper 66x49cm/*25x19in* Johannesburg 97

☞ *$1 682 FF9 657 £1 036* Untitled Oil/canvas 126x125cm/*49x49in* Johannesburg 97

✐ *$354 FF2 120 £217* "Dordogne" Mixed media/paper 68x50cm/*26x19in* Johannesburg 98

PORTZAMPARC de Christian XX **[1]**

✐ *$1 686 FF10 000 £1 030* Esquisse Maison Koren Crayons couleurs 66x108cm/*25x42in* Paris 98

POSADA José Guadalupe 1852-1913 **[21]**

▥ *$150 FF925 £92* La Carestia De La Manteca/Combate Entre Federales y Zapatistas/... Woodcut 33,5x21,5cm/*13x8in* New-York 98

POSCHINGER von Richard 1839-1915 **[12]**

☞ *$1 806 FF10 553 £1 109* Returning Home Oil/canvas 48,5x68,5cm/*19x26in* Toronto 97

POSE Friedrich Wilhelm 1793-1870 **[1]**

☞ *$1 635 FF8 460 £1 045* Die Ruine im Walde Öl/Leinwand 23,5x30cm/*9x11in* Heidelberg 96

POSENAER Joseph 1876-1935 **[31]**

☞ *$435 FF2 596 £262* De koetsier Huile/toile 45,5x50cm/*17x19in* Lokeren 97

✐ *$269 FF1 340 £176* Vaste paysage Pastel 49x80cm/*19x31in* Antwerpen 95

POSKAS Peter 1939 **[1]**

☞ *$6 500 FF38 575 £4 031* Petal Fall, Portals of Spring Oil/canvas 88,5x132cm/*34x51in* New-York 97

POSSART Felix 1837-1928 **[9]**

☞ *$1 949 FF11 428 £1 200* The Sierra Nevada, from a Courtyard. Oil/board 58x37,5cm/*22x14in* London 97

POSSENTI Antonio 1933 **[103]**

☞ *$630 FF3 570 £315* Uccelli sul ramo/Vasetto e uccelli Acrilico/carta 33x34cm/*12x13in* Prato 98

☞ *$3 000 FF17 000 £1 500* Il burattinaio Tecnica mista/tavola 80x39cm/*31x15in* Milano 97

▥ *$540 FF3 060 £270* Tre grafiche Litografia a colori 34x45cm/*13x17in* Prato 98

✐ *$600 FF3 400 £400* Uomo con Cappello e Uccellino Tempera/carta 34x24cm/*13x9in* Firenze 97

POSSIN Rudolf 1861-1922 **[14]**

☞ *$600 FF3 575 £372* Man seated in an Interior Cossack Oil/canvas 63,5x48,5cm/*25x19in* Washington 97

POSSOZ Mily 1888-? **[6]**

▥ *$150 FF865 £91* "Les Tulipes" Drypoint in colors 48x34cm/*19x13in* Cleveland, Ohio 97

POST Frans Jansz. 1612-1680 **[13]**

☞ *$1 246 086 FF7 377 874 £740 000* A Brazilian Landscape with a Large Coco Palm Oil/canvas 55x71,5cm/*21x28in* London 97

POST George 1906 **[8]**

✐ *$700 FF3 647 £440* Cityscape Watercolour/paper 44x58cm/*17x23in* Altadena, CA 96

POST William B. 1857-1925 **[15]**

▣ *$3 000 FF15 470 £1 987* Woman Picking Waterlilies Platinum print 12x22cm/*5x9in* New-York 96

POST William Merritt 1856-1935 **[33]**

☞ *$400 FF2 020 £263* Sun setting Oil/canvas 30x40cm/*12x16in* Mystic, Connecticut 96

☞ *$2 500 FF15 188 £1 493* The Peace of Eventide Oil/canvas 76x102cm/*30x40in* Florida 97

✐ *$550 FF3 414 £335* Fall Landscape Watercolour/paper 36x40cm/*14x16in* Cedar Falls, Iowa 97

POSTEL Jules 1867-1955 **[49]**

☞ *$560 FF3 412 £333* Ruelle en Flandres Huile/toile 58x74cm/*22x29in* Bruxelles 98

POSTIGLIONE Luca 1876-1936 **[26]**

☞ *$4 550 FF23 400 £2 710* Il ventaglio di struzzo Olio/tela 90x70cm/*35x27in* Roma 96

☞ *$5 520 FF31 280 £2 760* Signora in terrazza Olio/tela 44x34cm/*17x13in* Roma 98

POSTIGLIONE Salvatore 1862-1906 **[12]**

☞ *$4 360 FF21 130 £2 800* L'Incontro Oil/canvas 100x60cm/*39x23in* London 95

POSTMA Cornelius, Kor 1903-1977 **[9]**

☞ *$1 457 FF8 923 £868* "Le canard bleu" Oil/board 20,5x31,5cm/*8x12in* Amsterdam 98

POT Hendrick Gerritsz 1600-1656 **[8]**

☞ *$50 517 FF299 103 £30 000* The Five Senses Oil/panel 56,5x71cm/*22x27in* London 97

👝 *$239 200 FF1 157 000* £150 000 Portraits of Jacob van der Merckt and his wife Petronella Witsen Oil/panel 42x32cm/*16x12in* London 95

POTAMIANOS Haralambos 1909-1958 **[8]**
👝 *$976 FF6 000* £585 Nature morte aux cuivres et pommes Huile/toile 46x55cm/*18x21in* Paris 98
👝 *$1 500 FF9 316* £900 Still Life of Apples and a Jug Oil/canvas 18x22,5cm/*7x8in* London 98

POTEMONT Adolphe Théodore J. 1828-1883 **[9]**
👝 *$1 963 FF9 980* £1 173 Lavandières en bord de Seine Oil/panel 16x25,5cm/*6x10in* Stockholm 96
👝 *$6 856 FF39 179* £4 200 A Walk Among the Vines in Summer Oil/panel 36x56cm/*14x22in* London 97

POTHAST Bernard 1882-1966 **[69]**
👝 *$728 FF4 242* £445 Polishing the Copper Oil/canvas 50x40,5cm/*19x15in* Toronto 97
👝 *$10 100 FF52 300* £6 520 Three children in an interior Oil/canvas 30x40cm/*11x15in* Stockholm 96

POTRONAT Lucien 1889-? **[19]**
👝 *$734 FF3 715* £480 L'Estérel Oil/canvas 60x72cm/*23x28in* London 96

POTRZEBOWSKI Jerzy 1921-1974 **[5]**
👝 *$974 FF5 778* £589 Wesele krakowskie Oil/canvas 50x80cm/*19x31in* Warszawa 97

PÖTSCH Igo 1884-1943 **[16]**
✏️ *$1 026 FF5 280* £640 Orientalische Terrasse Aquarell/Papier 13x16cm/*5x6in* Wien 96

POTT Laslett John 1837-1898 **[17]**
👝 *$1 229 FF7 500* £750 The Card Game Oil/canvas 33x48cm/*12x18in* London 98
👝 *$9 000 FF51 340* £5 472 Spinning the Wool Oil/canvas 82,5x61cm/*32x24in* San Francisco 97

POTTEAU Philippe Jacques 1807-1876 **[5]**
📷 *$13 923 FF82 684* £8 500 Annamite ambassadors and officials, Paris Albumen print 17x12cm/*7x5in* London 98

POTTER Ernest XIX-XX **[15]**
✏️ *$228 FF1 298* £140 The old Windmill Watercolour/paper 30x44,5cm/*11x17in* London 97

POTTER Joan XX **[3]**
👝 *$6 600 FF40 219* £4 041 Lily Mix Oil/canvas 55x66cm/*22x26in* Houston, Texas 98

POTTER Louis McLellan 1873-1912 **[8]**
🔧 *$2 000 FF10 230* £1 295 Monks Bronze H24,5cm/*H9in* New-York 95

POTTER Mary 1900-1981 **[46]**
👝 *$4 284 FF26 109* £2 600 Blue Flower Oil/canvas 51x76cm/*20x29in* London 98
👝 *$5 273 FF32 135* £3 200 "Floating, Leaves" Oil/board 25x35cm/*9x13in* London 98
✏️ *$930 FF5 398* £549 The Wave Watercolour/paper 14x18cm/*5x7in* London 97

POTTER Paulus 1625-1654 **[19]**
👝 *$61 332 FF380 000* £36 632 Scène pastorale: deux vaches et une chèvre dans un paysage Hollandais Huile/panneau 37,5x39,5cm/*14x15in* Paris 98
👝 *$140 000 FF773 052* £87 360 God appearing to Abraham at Sichem Oil/canvas 100,5x131cm/*39x51in* New-York 97
👝 *$207 000 FF1 080 000* £125 000 Wooded river landscape with cattle and goats Oil/panel 66x114,5cm/*25x45in* London 96
🖼️ *$506 FF3 079* £304 Cows in Landscapes Etching 10x14cm/*3x5in* London 98

POTTER Pieter Symonsz 1597-1652 **[9]**
👝 *$7 734 FF45 954* £4 600 A trompe l'oeil of a bird cageportrait of a gentleman, bust length. Oil/panel 28,5x25cm/*11x9in* London 97
👝 *$12 409 FF74 000* £7 703 Le Paiement du tribut Huile/panneau 44x59cm/*17x23in* Paris 97

POTTHAST Edward Henry 1857-1927 **[83]**
👝 *$32 000 FF167 000* £19 330 Playtime Oil/panel 32x41cm/*12x16in* New-York 96
👝 *$90 000 FF534 123* £55 125 A Summer Vacation Oil/canvas 40,5x51cm/*15x20in* New-York 98
✏️ *$7 000 FF35 800* £4 530 Beach scene Watercolour 12x15cm/*4x5in* New-York 95

POTTHOF Hans 1911 **[32]**
👝 *$3 776 FF19 100* £2 475 Sängerin Öl/Leinwand 40x30cm/*15x11in* Zürich 96
👝 *$4 306 FF25 599* £2 634 Sommerabend auf dem Zugerberg Öl/Papier 40,5x58cm/*15x22in* Bern 97
🖼️ *$115 FF560* £73 Fischergruppe Lithographie 57x76,5cm/*22x30in* Bern 95
✏️ *$2 595 FF12 780* £1 670 Winterlandschaft Gouache 29x43,5cm/*11x17in* Zürich 95

POTTIER Gaston XIX-XX **[21]**
👝 *$363 FF2 200* £222 Dournenez, la plage du Ris Huile/toile 24x33cm/*9x12in* Quimper 98

POTTIN Henri 1820-1864 **[3]**

⌣ *$2 983 FF17 000 £1 863* Les adieux de Marie Stuart à ses serviteurs Huile/toile 95x120cm/*37x47in* Paris 97

POTTNER Emil 1872-? **[31]**

▭ *$203 FF1 024 £133* Zwei Krähne Etching 22x25cm/*8x9in* Bielefeld 96

POTUYL Hendrik 1630-1660 **[4]**

⌣ *$7 580 FF39 240 £5 070* A Peasant Woman peeling Turnips in a Barn Oil/panel 68x116cm/*26x45in* Amsterdam 96

✐ *$4 310 FF24 671 £2 546* A winter scene with skaters Ink 17,5x34cm/*6x13in* Amsterdam 97

POTUZNIK Heribert 1910-1984 **[16]**

▭ *$952 FF5 714 £578* "Akt" (Liebespaar) Woodcut in colors 46x61,7cm/*18x24in* Wien 98

✐ *$1 315 FF6 730 £844* Aus der Serie zu Sibelius "Finlandia" Aquarell/Papier 44,5x59cm/*17x23in* Wien 96

POTWOROWSKI Piotr 1898-1962 **[2]**

⌣ *$4 303 FF25 560 £2 607* Landscape Oil/canvas 40,5x61cm/*15x24in* Warszawa 97

POUGET Marcel 1923-1985 **[19]**

⌣ *$876 FF4 540 £569* Concentration Oil/canvas 90x116cm/*35x45in* Amsterdam 96

POUGHEON Robert 1886-1955 **[14]**

▭ *$2 000 FF12 285 £1 199* "Le Cheval Libre" Lithograph 70x59,5cm/*27x23in* New-York 98

✐ *$1 500 FF8 949 £904* Study of two woman, for "Femmes et Faunes" Charcoal/paper 41x31cm/*16x12in* New-York 97

POUGNY Jean 1894-1956 **[151]**

⌣ *$2 392 FF13 500 £1 456* Nature morte au 7 de pique Huile/toile 20,5x14,5cm/*8x5in* Paris 97

⌣ *$7 742 FF45 226 £4 581* Nature morte Öl/Leinwand 81x100,7cm/*31x39in* Köln 97

▭ *$81 FF471 £50* Composition Farblithographie 54x43cm/*21x16in* Zürich 97

✐ *$673 FF3 800 £410* Sans titre Aquarelle, gouache/papier 7,5x6,5cm/*2x2in* Paris 97

POULAKAS Ioannis 1863/64-? **[1]**

⌣ *$42 447 FF253 411 £26 000* The Naval Battle of Itea Oil/canvas 72x110cm/*28x43in* London 97

POULBOT Francisque 1879-1946 **[74]**

▭ *$262 FF1 506 £160* "Journée de Paris, Au profit des oeuvres de guerre..." Affiche 119x77cm/*46x30in* London 97

✐ *$220 FF1 300 £131* Jeux d'enfants Encre 10x10,8cm/*3x4in* Paris 97

POULET Raymond 1934 **[12]**

▭ *$456 FF2 600 £281* Colombier Lithographie 57x87cm/*22x34in* La Bresse 97

POULLAIN Edmond Marie XIX-XX **[2]**

⌣ *$2 886 FF14 000 £1 860* Oiseau dans un cerisier/Oiseaux dans un pêcher Huile/toile 25x33cm/*9x12in* Bordeaux 95

POULSEN Margrethe Svenn 1877-? **[5]**

⌣ *$1 167 FF6 642 £720* Interiör med ammende moder, og et lidt större barn Oil/canvas 110x87cm/*43x34in* Vejle 97

POULTON James XIX **[9]**

⌣ *$1 608 FF9 255 £949* Grapes, Apples, Prunes, a Romer and ceramic Dish on a Ledge Oil/canvas 38x30,5cm/*14x12in* London 97

⌣ *$3 706 FF22 478 £2 200* A Basket of Grapes, Apples, a Rummer, Peaches, Melons and a Knife Oil/canvas 51x61cm/*20x24in* Glasgow 98

POUPAERT Charles 1874-1935 **[5]**

✐ *$379 FF2 276 £228* Marché à Bruges Pastel/papier 49x65cm/*19x25in* Bruxelles 98

POURBUS Frans 1545-1581 **[2]**

⌣ *$27 020 FF159 876 £16 259* A Triptych, the Raising of Lazarus on the Central Compartment Oil/panel 102x73cm/*40x28in* Amsterdam 98

POURBUS Frans (Attrib.) 1545-1581 **[7]**

⌣ *$13 304 FF80 000 £7 960* Portrait d'un donateur et de sa femme entourés de leur famille Huile/panneau 129,5x55cm/*50x21in* Paris 98

POURBUS Frans II 1569-1622 **[7]**

⌣ *$24 981 FF146 770 £15 000* Portrait of Louis XIII as a Young Boy Oil/canvas 63x52cm/*24x20in* London 97

⌣ *$44 679 FF263 447 £26 450* Portrait of a bearded man, wearing a white ruff collar Oil/panel 47x34cm/*18x13in* London 97

POURBUS Pieter 1524-1584 **[3]**

⌣ *$28 000 FF159 200 £17 600* Calvario Oleo/tabla 90x56cm/*35x22in* Madrid 97

POURCELLY Jean-Baptiste XVIII-XIX **[2]**

🖌 $3 228 FF20 000 £1 928 Bergers dans des ruines antiques Gouache/papier 46x68cm/*18x26in* Paris 98
POUSETTE-DART Richard 1916-1992 **[29]**
🖌 $5 500 FF33 845 £3 339 Untitled Oil/board 36x25,5cm/*14x10in* New-York 98
🖌 $24 000 FF139 212 £14 186 Black and White Garden Oil/canvas 120,5x61cm/*47x24in* New-York 97
🖌 $25 000 FF153 845 £15 177 White Garden Mixed media/canvas 134x111cm/*52x43in* New-York 98
🖌 $3 000 FF17 182 £1 774 Untitled Sculpture H18cm/*H7in* New-York 97
POUSSIN Nicolas 1594-1665 **[5]**
🖌 $82 500 FF431 500 £50 000 Putti fighting on Goats Oil/canvas 33,5x38cm/*13x14in* London 96
🖌 $303 102 FF1 794 618 £180 000 Narcissus Oil/canvas 53x42cm/*20x16in* London 97
POUSSIN Nicolas (Attrib.) 1594-1665 **[3]**
🖌 $1 682 FF10 040 £1 015 Das Martyrium des hl. Erasmus Ink/paper 18,3x26,1cm/*7x10in* Köln 97
POUSSOVSKI Vladimir 1951 **[106]**
🖌 $84 FF500 £51 Port de pêche au petit matin Huile/carton 18x27cm/*7x10in* Boulogne-sur-Seine 97
POUYAUD Robert 1901-1970 **[1]**
🖌 $3 700 FF22 000 £2 292 Composition Cubiste Huile/toile/panneau 79x62cm/*31x24in* Paris 97
POVEDA Y JUAN Vicente 1857-? **[3]**
🖌 $28 364 FF171 285 £17 000 First Communion Oil/canvas 54x40cm/*21x15in* London 98
POWDITCH Peter Allen 1942 **[18]**
🖌 $866 FF4 438 £552 "Sun Torso XXII" Enamel 66x61cm/*25x24in* Brisbane 96
POWELL Alfred XIX-XX **[12]**
🖌 $399 FF2 466 £240 Cattle in a Hilly Landscape Watercolour/paper 36,5x54,5cm/*14x21in* Billingshurst, West Sussex 98
POWELL Arthur James Emery 1864-1956 **[8]**
🖌 $892 FF5 474 £547 Snow scene Oil/board 30x40cm/*12x16in* Mystic, Connecticut 98
POWELL Charles M. (Attrib.) 1775-1824 **[4]**
🖌 $553 FF3 383 £340 In Stormy Seas Oil/board 16x24cm/*6x9in* London 98
POWELL Charles Martin 1775-1824 **[27]**
🖌 $5 553 FF34 516 £3 500 Dutch Pinks and a Large Merchantman off Amsterdam Oil/panel 25,5x35,5cm/*10x13in* London 97
🖌 $10 010 FF61 075 £6 000 Men-o-War and Other Shipping in a Calm Oil/canvas 90x136cm/*35x53in* London 98
🖌 $13 330 FF67 900 £8 000 A Man-of-War and fishing vessels, off the Dutch coast Oil/canvas 46x61,5cm/*18x24in* London 96
POWELL Ella Folliot XIX-XX **[1]**
🖌 $2 440 FF12 330 £1 600 Shading My Dolly (portrait of Irene Powell) Oil/canvas 31x32cm/*12x12in* London 96
POWELL Joseph 1780-1834 **[14]**
🖌 $1 165 FF7 100 £695 On the Beach, Hasting? Watercolour/paper 35x56cm/*13x22in* London 98
POWELL Lucien Whiting 1846-1930 **[20]**
🖌 $900 FF5 134 £549 Grand Canal, Venice Oil/board 35,5x52cm/*13x20in* Washington 97
🖌 $1 800 FF10 739 £1 085 Ocean Sunset Watercolour/paper 74x49cm/*29x19in* Cedar Falls, Iowa 97
POWELL William E. 1878-c.1955 **[41]**
🖌 $728 FF4 242 £445 The Force of Nature, Salmon Leaping Up Falls Watercolour/paper 26x37cm/*10x14in* Toronto 97
POWER Cyril Edward 1874-1951 **[56]**
🖌 $3 700 FF19 300 £2 200 The Tube Staircase Linocut in colors 48,3x32,5cm/*19x12in* London 96
POWER Harold Septimus 1878-1951 **[47]**
🖌 $787 FF4 035 £502 View from Lorne Oil/canvas 30,5x31,5cm/*12x12in* Melbourne 95
🖌 $2 362 FF12 105 £1 507 Two Drauht Horses Oil/canvas/board 54x74,5cm/*21x29in* Melbourne 95
🖌 $586 FF3 523 £350 Betty Grable on Horseback Watercolour/paper 38,5x41cm/*15x16in* Melbourne 98
POWERS Hiram 1805-1873 **[23]**
🖌 $10 500 FF53 700 £6 800 The Greek Slave Marble H189cm/*H74in* New-York 95
🖌 $46 100 FF236 000 £28 000 Bust of Proserpine Marble H62cm/*H24in* London 96
POWIS Paul XX **[4]**
🖌 $225 FF1 396 £135 Russian Troika-Wolves Oil/canvas 55x91cm/*22x36in* Chester, NY 98
POWOLNY Michael 1871-1954 **[95]**

🔨 *$2 057 FF11 932* £1 212 Schöne Helena Ceramic H39cm/*H15in* Wien 97
POY DALMAU Emilio 1876-1933 **[30]**
👁 *$1 300 FF6 500* £842 A Mexican courtyard Oil/canvas 28x38cm/*11x14in* New-York 96
👁 *$1 950 FF10 050* £1 250 La vida a tragos Oleo/lienzo 50x65cm/*19x25in* Madrid 96
POYNTER Edward John, Bt. 1836-1919 **[97]**
👁 *$3 380 FF19 361* £2 000 A Study for "The Fortune Teller" Oil/canvas 19x25,5cm/*7x10in* London 97
👁 *$34 100 FF176 400* £22 000 Nymph of the Stream Oil/canvas 82x56cm/*32x22in* London 96
✏ *$1 066 FF5 380* £700 Portrait of Baldassare Castiglione Pencil 26x19,5cm/*10x7in* London 96
POZIER Jacinthe 1844-1915 **[15]**
👁 *$1 164 FF6 100* £700 Chemin du Castel, Pont-Aven Huile/toile 38x55cm/*14x21in* Brest 96
POZZATI Concetto 1935 **[29]**
👁 *$1 140 FF6 460* £760 A che punto siamo con i fiori ? Acrilico/tela 40x50cm/*15x19in* Milano 97
▥ *$1 800 FF10 200* £900 Jaquette Serigrafia a colori 120x120cm/*47x47in* Prato 98
✏ *$3 600 FF20 400* £2 400 Seconda porta della ritmo, 1979 Collage 100x70cm/*39x27in* Prato 97
POZZI Ennio 1893-1972 **[6]**
👁 *$660 FF3 740* £440 Composizione con fiori Olio/tela 60,5x90,5cm/*23x35in* Prato 97
POZZI Stefano (Attrib.) 1699-1768 **[3]**
✏ *$167 FF1 004* £100 Nude leaning forward, his arms resting on his laft knee Black & white chalks/paper 551,5x34,5cm/*217x13in* London 98
POZZO Andrea 1642-1709 **[6]**
👁 *$21 371 FF121 102* £10 685 La disputa di Gesù con i dottori Olio/tela 60x96cm/*23x37in* Roma 97
POZZO Giovanni B. (Attrib) c.1561-1591 **[1]**
👁 *$6 335 FF38 053* £3 800 The Lamentation Oil/copper 29x33,5cm/*11x13in* London 98
POZZO Stefano c.1707-1768 **[5]**
👁 *$12 000 FF73 125* £7 310 Venus and Cupid, in a painted oval Oil/canvas 73,5x62cm/*28x24in* New-York 98
POZZO Ugo 1900-1981 **[29]**
✏ *$360 FF2 040* £180 Ritratto del pittore Fillia Inchiostro 35x25cm/*13x9in* Milano 98
POZZOSERRATO Lodewijk Toeput, dit 1550-1605 **[4]**
👁 *$12 448 FF76 256* £7 520 Elegante musizierende Gesellschaft in einem Schlosspark Oil/panel 39,5x56cm/*15x22in* Wien 98
PRAAG van Alexander Salomon 1812-1865 **[2]**
👁 *$16 055 FF93 781* £9 500 A Dutch street market Oil/canvas 57,2x73cm/*22x28in* London 97
PRABHA B. XX **[5]**
👁 *$5 648 FF33 864* £3 400 Kashmiri Women Oil/board 63x76cm/*24x29in* London 98
PRACHENSKY Markus 1932 **[44]**
👁 *$3 618 FF21 469* £2 245 "Sokol-XXV" Oil/panel 18,5x13cm/*7x5in* Wien 97
👁 *$4 120 FF23 800* £2 445 Rechberg Mischtechnik 65x50cm/*25x19in* Wien 97
👁 *$12 520 FF63 300* £8 220 "Etruria orizontale 6" Acrylic/canvas 130x175cm/*51x68in* Wien 96
✏ *$1 325 FF6 520* £853 Ohne Titel Gouache 48x65cm/*18x25in* Köln 95
PRACHENSKY Wilhelm Nikolaus 1898-1956 **[29]**
👁 *$19 296 FF114 504* £11 976 Salzburg Öl/Karton 62x87cm/*24x34in* Wien 97
✏ *$4 389 FF26 191* £2 695 Blumen Aquarell/Papier 20,5x29cm/*8x11in* Wien 98
PRADA Carlo 1884-1960 **[8]**
👁 *$11 400 FF64 600* £5 700 Alba sul mare Olio/tela 80x100cm/*31x39in* Milano 97
PRADES de Alfred F. c.1820-c.1890 **[23]**
👁 *$4 000 FF24 213* £2 364 H.R.H. the Prince of Wales' bay colt in a stable Oil/board 31x42cm/*12x16in* New-York 98
👁 *$10 560 FF63 200* £6 400 La diligencia Oleo/lienzo 51x92cm/*20x36in* Madrid 98
👁 *$42 500 FF257 265* £25 121 "Robert The Devil" with jockey up Oil/canvas 104x142cm/*40x55in* New-York 98
PRADIER James 1792-1852 **[105]**
🔨 *$491 FF2 836* £291 Kneeling Nude Bronze H48cm/*H19in* Florida 97
🔨 *$7 070 FF35 200* £4 500 A bloodhound Bronze H89,5cm/*H35in* London 95
PRADILLA Y ORTIZ Francisco 1848-1921 **[57]**
👁 *$5 360 FF31 600* £3 280 Noria de feria/Acampada en las afueras de Madrid Oleo/cartón 8,5x12,5cm/*3x4in* Madrid 98
👁 *$9 500 FF54 038* £5 815 Un Paseo poe el Pueblo Oil/canvas 59,5x45cm/*23x17in* New-York 97
✏ *$899 FF5 239* £549 The vegetable seller Watercolour 33,4x24cm/*13x9in* London 97

PRAGER Heinz-Günter 1944 [8]
- *$4 225 FF22 035 £2 470* Torso Bronze 27x47x40cm/*10x18x15in* Köln 96

PRAGNELL Bartley Robilliard 1908-1966 [18]
- *$336 FF1 713 £202* British Columbia Coast Watercolour/paper 26x29cm/*10x11in* Calgary, Alberta 96

PRAHAR Renée 1880-1962 [3]
- *$950 FF5 600 £587* "Dancing Woman" Bronze H46,5cm/*H18in* New-York 97

PRAMPOLINI Enrico 1894-1956 [65]
- *$3 070 FF16 080 £2 064* Jerma, Atto III Tempera/cartone 24x33cm/*9x12in* Milano 96
- *$10 485 FF59 415 £5 242* Piante acquatiche Olio/tavola 145x120cm/*57x47in* Roma 98
- *$24 000 FF136 000 £12 000* Simultaneità ritmica Tecnica mista/tela 65x80cm/*25x31in* Prato 98
- *$1 703 FF10 200 £1 046* Composition géométrique futuriste Aquarelle/papier 21,5x17cm/*8x6in* Douai 98

PRANDJAYA Rudy 1948 [2]
- *$5 680 FF28 650 £3 730* Two dancers Acrylic/canvas 116x79cm/*45x31in* Singapore 96

PRANGENBERG Norbert 1949 [16]
- *$100 FF573 £62* Abstrakte Komposition Woodcut 45,5x27cm/*17x10in* München 97

PRANGEY Marcel XX [1]
- *$1 190 FF6 200 £748* Le clown Grock jouant du bandonéon Gouache 20,5x12cm/*8x4in* Paris 96

PRANISHNIKOFF Ivan ?-c.1920 [3]
- *$4 732 FF27 577 £2 893* Tsarist Cavalry Officers at Rest Oil/panel 22,5x41cm/*8x16in* Toronto 97
- *$8 000 FF45 662 £4 945* Smoke signals on the horizon Watercolour/paper 30x46,5cm/*11x18in* New-York 97

PRANTL Karl 1923 [8]
- *$4 550 FF23 800 £2 710* Zur Meditation Marble 4,1x27x8,8cm/*1x10x3in* Köln 96

PRASCHL Stefan 1910-1994 [6]
- *$1 787 FF8 810 £1 162* Tigerkopf Öl/Papier 31,5x44cm/*12x17in* Wien 95
- *$1 110 FF5 790 £661* Piazza San Marco, Venezia Mischtechnik/Papier 41x60cm/*16x23in* Wien 96

PRASSINOS Mario 1916-1985 [133]
- *$1 796 FF10 500 £1 096* Paysage Turc Huile/toile 73x92cm/*28x36in* Paris 97
- *$4 113 FF24 000 £2 520* "Paysage turc No.30" Acrylique/toile 130x161cm/*51x63in* Paris 97
- *$606 FF3 623 £371* Mer de Chine Tapisserie 107x144cm/*42x56in* Zürich 98
- *$513 FF3 000 £313* Le mangeur de fleur Encre 37x52cm/*14x20in* Paris 97

PRATELLA Attilio 1856-1949 [178]
- *$5 400 FF30 600 £2 700* Pescatori sulla riva Olio/tela 31,5x59cm/*12x23in* Milano 98
- *$10 000 FF60 790 £6 158* A Bustling Avenue Oil/panel 24,5x35cm/*9x13in* New-York 98
- *$3 100 FF15 600 £2 050* Nei pressi di Porta Capuana a Napoli Acquarello/cartone 17x13cm/*6x5in* Roma 95

PRATELLA Attilio (Attrib.) 1856-1949 [8]
- *$3 250 FF16 700 £1 935* Pescatori a riva Olio/tela 69,5x99,5cm/*27x39in* Roma 96
- *$4 546 FF26 264 £2 700* Hauling the fishing boats Oil/panel 22x35cm/*8x13in* Billingshurst, West Sussex 97
- *$1 900 FF11 377 £1 167* Street Scene Pastel/board 24x40cm/*9x15in* Washington 98

PRATELLA Fausto 1888-1964 [37]
- *$1 280 FF6 700 £840* Scorcio di costa a Capri Olio/tela 36x46cm/*14x18in* Roma 96
- *$1 428 FF8 610 £864* Fishing Boats in Harbour Huile/panneau 23,5x23,5cm/*9x9in* Montréal 98

PRATELLA Paolo 1892-? [3]
- *$1 890 FF9 270 £1 230* Capri/Barche sulla spiaggia Olio/tavola 22x29cm/*8x11in* Roma 95

PRATER Ernest XIX-XX [2]
- *$4 059 FF23 809 £2 500* Footballer Watercolour/paper 29x23,5cm/*11x9in* Glasgow 97

PRATERE de Edmond 1826-1888 [10]
- *$5 740 FF32 700 £3 500* Deux chevaux et âne près de l'eau Huile/toile 99x146cm/*38x57in* Antwerpen 97
- *$5 316 FF33 000 £3 204* Chien poursuivant Huile/toile 105x65cm/*41x25in* Soissons 98

PRATERE de Henri 1815-1890 [4]
- *$1 963 FF10 000 £1 178* Paysage au moulin et personnages Huile/panneau 24x30cm/*9x11in* Paris 96

PRATI Eugenio 1842-1907 [2]
- *$5 126 FF30 475 £3 135* Wasserträgerin auf winterlicher Dorfstrasse Oil/panel 46x30cm/*18x11in* Bern 97

PRATT Christopher 1935 [20]
- *$1 345 FF6 850 £807* Sackville Attic Serigraph in colors 44x51cm/*17x20in* Calgary, Alberta 96

PRATT Claude 1860-c.1935 [4]

P

✏ *$1 184 FF6 869 £700* The Notary Watercolour/paper 69x49,5cm/*27x19in* London 97
PRATT Henry Lark XIX **[5]**
✎ *$23 357 FF142 508 £14 000* A view of Derby Market Oil/canvas 66x94,5cm/*25x37in* London 98
PRATT Hilton L. XIX **[6]**
✎ *$3 520 FF21 231 £2 100* Fighting Cocks Oil/canvas 52x41cm/*20x16in* Guildford, Surrey 98
PRATT Hugo 1927-1995 **[11]**
✏ *$1 684 FF8 500 £1 100* Corto Maltese marchant sur une plage Encre Chine 30x20cm/*11x7in* Paris 96
PRATT Jonathan 1835-1911 **[9]**
✎ *$3 190 FF16 300 £2 100* A wayside rest Oil/canvas 34x44cm/*13x17in* London 96
✎ *$14 182 FF86 956 £8 500* Market Day/At Prayer Oil/canvas 100x80cm/*39x31in* London 98
PRATT William 1855-c.1936 **[24]**
✎ *$2 920 FF14 850 £1 900* Homeward Bound Oil/canvas 51x76cm/*20x29in* Auchterarder, Perthshire 95
PRAX Valentine 1899-1981 **[177]**
✎ *$12 922 FF75 000 £7 890* La partie de cartes Huile/toile 89x116cm/*35x45in* Paris 97
✏ *$831 FF4 881 £513* Scène de café Aquarelle, gouache/papier 40x35cm/*15x13in* Luxembourg 97
PRÉAUX L'AGENT Raymond 1916 **[76]**
✎ *$227 FF1 100 £146* Toits rouges Huile/carton 17,5x19cm/*6x7in* Paris 95
✏ *$113 FF700 £69* Totem Gouache 40x10,5cm/*15x4in* Versailles 98
PRECHTL Michael Mathias 1926 **[15]**
▥ *$311 FF1 550 £204* "Hausmeisters Hund" Color lithograph 37x45cm/*14x17in* München 95
PREDA Ambrogio 1839-1906 **[9]**
✎ *$3 960 FF20 370 £2 470* Monte Brè und Lugano Öl/Leinwand 21x38cm/*8x14in* Bern 96
PREDIGER Hermann 1886-1970 **[8]**
✎ *$1 011 FF5 904 £611* "Der Geniesser" Oil/panel 17x14,5cm/*6x5in* Lindau 97
PREECE Patricia 1900-? **[7]**
✎ *$3 605 FF21 072 £2 200* Still life with fruit and bottles Oil/canvas 40,5x51cm/*15x20in* London 97
PREGARTBAUER Lois 1899-1971 **[38]**
✏ *$496 FF2 884 £303* Dorflandschaft Coloured chalks/paper 31x43cm/*12x16in* Wien 97
PREGNO Enzo 1898-1972 **[25]**
✎ *$900 FF5 100 £450* Veduta di S. Maria del Cestello Olio/tela 70x50cm/*27x19in* Firenze 98
PREGO DE OLIVER Manuel 1915-1986 **[4]**
✎ *$4 420 FF26 000 £2 730* Bodegón Oleo/lienzo 54x65cm/*21x25in* Madrid 97
PREHN Elise 1848-? **[2]**
✎ *$2 756 FF13 780 £1 784* Stilleben mit Rosen und Kirschblütenzweigen Öl/Leinwand 54x28,5cm/*21x11in* Düsseldorf 96
PREISS Fritz Ferdinand 1882-1943 **[159]**
◣ *$420 FF2 382 £264* Jugadora de golf Ivory, bronze H31,5cm/*H12in* Madrid 97
PREISSIG Vojtech Adalbert 1873-1944 **[3]**
▥ *$500 FF2 762 £310* "Czechoslovaks! Join" Poster 90x64cm/*35x25in* New-York 97
PREISSLER Johann Martin 1715-1794 **[2]**
▥ *$711 FF3 680 £475* Saly's rytterstatue af Frederik V Engraving 88x63cm/*34x24in* Viby J, Århus 96
PRÉJELAN René 1907-1992 **[6]**
▥ *$851 FF4 902 £500* "Cycles Cottereau, Dijon" Affiche 99x140,5cm/*38x55in* London 97
PRELLER Alexis 1911-1975 **[33]**
✎ *$3 326 FF19 343 £1 982* Still LIfe of Strawberries Oil/board 19,5x23,5cm/*7x9in* Johannesburg 97
✎ *$12 945 FF75 270 £7 714* A Still Life of Fruit and a Book Oil/canvas 46x56cm/*18x22in* Johannesburg 97
PRELLER Friedrich I 1804-1878 **[27]**
✎ *$3 825 FF21 959 £2 332* Sturmbewegte Felsenküste mit gestrandetem Schiff Öl/Leinwand 62x84cm/*24x33in* Berlin 97
✏ *$1 537 FF8 760 £941* Szene aus der "Odyssee" Pencil/paper 40,5x57cm/*15x22in* Köln 97
PRELLER Friedrich II 1838-1901 **[6]**
✎ *$30 040 FF154 500 £18 730* The Bay of Salerno Oil/canvas 176x128cm/*69x50in* Wien 96
PRELOG Drago 1939 **[9]**
✎ *$8 200 FF47 780 £5 040* Vierlichon Acryl/Leinwand 160x180cm/*62x70in* Wien 97
✏ *$2 382 FF14 280 £1 422* "Servatius am Samstag" Mischtechnik/Papier 71,5x53,5cm/*28x21in* Wien 98
PREM Heimrad 1934-1978 **[74]**
✎ *$7 875 FF39 825 £5 040* Kinder II Oil/canvas 80x60cm/*31x23in* København 96
✎ *$14 502 FF83 640 £8 640* Without title Oil/canvas 100x120cm/*39x47in* München 97

*$258 FF1 540 £153 Erotische Komposition Linocut in colors 49,5x64,8cm/*19x25in* München 97
*$1 330 FF7 754 £813 "Billettzwicker 5" Indian ink 74,5x53cm/*29x20in* München 97

PREMAZZI Luigi Ossipovitch 1814-1891 **[8]**
*$974 FF5 714 £600 The Forum, Rome Watercolour/paper 42,5x31cm/*16x12in* London 97

PRENDERGAST Charles 1863-1948 **[4]**
*$160 000 FF947 312 £95 680 The riders Tempera 54,6x91,5cm/*21x36in* New-York 97
*$1 300 000 FF7 665 060 £797 160 The Spirit of the Hunt Tempera 139,5x204,5cm/*54x80in* New-York 98

PRENDERGAST Maurice Brazil 1859-1924 **[61]**
*$65 000 FF383 253 £39 858 "Le Crépuscule" Oil/panel 26,5x35cm/*10x13in* New-York 98
*$340 000 FF2 017 798 £208 250 The Inlet Oil/canvas 46x56cm/*18x22in* New-York 98
*$1 300 000 FF7 665 060 £797 160 The Spirit of the Hunt Tempera 139,5x204,5cm/*54x80in* New-York 98
*$70 000 FF342 500 £44 300 Primrose Hill Monotype 25,7x20cm/*10x7in* New-York 95
*$85 000 FF444 000 £51 400 Beach Scene, New England Watercolour/paper 34,5x49,5cm/*13x19in* New-York 96

PRENNER von Anton Joseph 1683-1761 **[3]**
*$4 650 FF24 100 £3 003 Bildnis einer jungen Dame in blauem Kleid Öl/Leinwand 80x65cm/*31x25in* Wien 96
*$1 400 FF7 200 £873 "Theatrum Artis Pictorae" Etching 42x29cm/*16x11in* Wien 96

PRENTICE Levi Wells 1851-1935 **[54]**
*$12 000 FF59 800 £7 860 Blue Mountain Lake Oil/canvas 10,6x19cm/*4x7in* Philadelphia 95
*$19 000 FF95 200 £12 020 Blue Mt. Lake from Blue Mt., Adirondack Mts., NY Oil/canvas 35x50cm/*14x20in* Philadelphia 95

PRESCOTT-DAVIES Norman 1862-1915 **[14]**
*$1 811 FF10 858 £1 100 Head Study of a Young Woman Oil/panel 29x21,5cm/*11x8in* Billingshurst, West Sussex 98
*$4 280 FF21 300 £2 800 Portrait of a red-head, bust-length Oil/canvas 51x38cm/*20x14in* London 95

PRESSMANE Joseph 1904-1967 **[117]**
*$1 171 FF6 700 £731 Péniche à quai Huile/toile 33x46cm/*12x18in* Paris 97
*$2 276 FF13 500 £1 391 La vallée de l'Oise Huile/toile 60x73cm/*23x28in* Grenoble 97

PRESTEL Johann Gottlieb 1739-1808 **[9]**
*$294 FF1 743 £179 Brustbild eines alten Mannes mit langem Bart, after A. Dürer Radierung 50,5x37cm/*19x14in* Hamburg 98

PRESTEL Marie Catherine 1747-1794 **[5]**
*$200 FF1 014 £130 Laocoon, after Raymond La Fage Etching, aquatint 23x35,5cm/*9x13in* London 96

PRESTON Henry XIX-XX **[3]**
*$1 150 FF6 717 £680 Approaching Evening by Windsor Castle Watercolour/paper 33x49cm/*13x19in* Houston, Texas 97

PRESTON Lawrence XX **[3]**
*$2 637 FF13 600 £1 700 Classical idyll Oil/canvas 71x92cm/*27x36in* London 96

PRESTON Margaret Rose 1875-1963 **[48]**
*$9 627 FF56 203 £5 727 Middle Harbour Oil/board 34x44,5cm/*13x17in* Melbourne 97
*$26 485 FF135 729 £16 902 Basket of Hibiscus Oil/canvas 45,5x44,5cm/*17x17in* Melbourne 95
*$2 750 FF16 058 £1 636 "Waratahs" Print 42,5x30cm/*16x11in* Melbourne 97

PRESTON William XIX **[2]**
*$9 900 FF60 922 £6 058 The Sugar House Oil/canvas 66x87cm/*26x34in* Amesbury, Massachusetts 98

PRESTOPINO Gregorio 1907-1984 **[17]**
*$500 FF2 918 £297 City Lights Gouache/paper 50,5x65,5cm/*19x25in* New-York 97

PRETI IL CAVALIERE CALABRESE Mattia 1613-1699 **[22]**
*$96 000 FF544 000 £48 000 Gli evangelisti Luca e Giovanni Olio/tela 133x98cm/*52x38in* Roma 97
*$3 751 FF21 759 £2 300 A Saint in glory Black chalk 25x19cm/*9x7in* London 97

PRETI IL CAVALIERE CALABRESE Mattia (Attrib.) 1613-1699 **[8]**
*$15 000 FF85 000 £10 000 Santo Vescovo Olio/tela 102x75cm/*40x29in* Milano 97
*$37 044 FF215 208 £21 868 L'Adoration des Mages Oil/canvas 96x125cm/*37x49in* Stockholm 97

PRêTRE Jean Gabriel c.1780-c.1845 **[26]**
*$993 FF5 180 £600 Probably a Variety of Domestic Pigeon, European Turtle Dove... Watercolour, gouache 16x10cm/*6x3in* London 96

PREUSS Rudolf 1879-1961 **[13]**

  $1 231 FF7 140 £727 Wien Aquarell/Papier 8,5x13,5cm/*3x5in* Wien 97

PREUSSER Robert Ormerod 1919 **[6]**

  $3 500 FF21 341 £2 100 Color Action Oil/canvas 61x71cm/*24x27in* Boston, Mass. 98

PRÉVAL Jules XIX-XX **[3]**

  $572 FF2 965 £372 Amis fidèles Huile/panneau 17x14cm/*6x5in* Antwerpen 96

PRÉVERT Jacques 1900-1977 **[36]**

  $2 371 FF14 000 £1 404 "De retour de l'île d'Elbe..., ton vieil ami Napoléon Bonapôtre" Collage 15x20cm/*5x7in* Paris 97

PREVIATI Gaetano 1852-1920 **[16]**

  $4 200 FF23 800 £2 100 "Quiete" Olio/cartone 29x47cm/*11x18in* Roma 97

  $30 000 FF170 000 £20 000 Vaso con rose rosse Olio/tela 69x57cm/*27x22in* Milano 97

PREVITALI Andrea (Attrib.) 1470/80-1528 **[3]**

  $114 021 FF672 313 £67 500 Portrait of a man, an extensive landscape with buildings beyond Oil/panel 28,5x20,5cm/*11x8in* London 97

PRÉVOST Alexandre C.G. XIX **[3]**

  $4 110 FF25 000 £2 500 Nature morte aux fruits Oil/canvas 92x73cm/*36x28in* London 98

PRÉVOST Jean Louis (Attrib.) c.1740-1815 **[9]**

  $3 939 FF23 000 £2 382 Nature morte à la bécasse et aux perdreaux Huile/toile 21x27cm/*8x10in* Chambord 97

  $21 918 FF130 000 £13 273 Nature morte au vase de fleurs et corbeille de fruits Huile/toile 70x80,5cm/*27x31in* Paris 97

PRÉVOST Jean Louis, le Jeune c.1740-1815 **[15]**

  $30 000 FF165 747 £18 645 Roses in a glass vase on a stone ledge Oil/canvas 42x32cm/*16x12in* New-York 97

  $3 997 FF23 483 £2 400 Gooseberries and wild Strawberries Bodycolour 44x29cm/*17x11in* London 97

PREVOST Joseph Léon XIX-XX **[2]**

  $30 600 FF157 500 £18 500 In the Moorish Baths Oil/canvas 79x114cm/*31x44in* London 96

PREVOST Nicolas Louis A. 1817-1864 **[1]**

  $5 931 FF35 138 £3 580 Berglandschaft Oil/panel 72x58,5cm/*28x23in* Zürich 97

PRÉVOT-VALERI André 1890-1959 **[109]**

  $185 FF1 100 £113 La rentrée des moutons Huile/toile 19x24,5cm/*7x9in* Granville 97

  $667 FF4 146 £420 Along the Coast Oil/canvas 46x55cm/*18x21in* London 97

PRÉVOT-VALERI Auguste 1857-1930 **[21]**

  $924 FF4 830 £550 A shepherd and his flock Oil/canvas 36x53cm/*14x20in* London 96

PREY de Juan XIX-XX **[1]**

  $4 500 FF25 832 £2 743 In the sugar plantation Oil/canvas/board 31x25,5cm/*12x10in* New-York 97

PREY Johannes Zacharias S 1749-1822 **[2]**

  $2 960 FF15 070 £1 775 An elegant family by a table in an interior Watercolour 36,8x50,6cm/*14x19in* Amsterdam 96

PREYER Emilie 1849-1930 **[36]**

  $848 FF5 200 £521 Nature morte aux raisins Huile/toile 92x71cm/*36x27in* Bruxelles 98

  $27 950 FF145 770 £16 340 Stilleben mit Pfirsichen, Trauben und Nüssen Öl/Leinwand 16x22cm/*6x8in* München 96

  $1 038 FF5 410 £687 Studie einer Pfingstrose vor dunklem Grund Gouache/papier 9,5x11cm/*3x4in* Düsseldorf 96

PREYER Johann Wilhelm 1803-1889 **[17]**

  $1 998 FF11 753 £1 233 Stilleben mit grünem Wein, Pflaumen, Erbeeren und Dompfaff Öl/Leinwand 36x45cm/*14x17in* Bremen 97

  $46 221 FF269 845 £27 953 Stilleben Öl/Leinwand 39x34,5cm/*15x13in* München 97

  $650 FF3 384 £429 Stilleben mit Früchten Ink/paper 11x17,7cm/*4x6in* Düsseldorf 96

PREZIOSI Amadeo (Attrib.) 1816-1882 **[34]**

  $321 FF1 650 £200 A Turkish guard Watercolour 23x16cm/*9x6in* London 96

PREZIOSI Amadeo, 5th Count 1816-1882 **[61]**

  $6 310 FF32 500 £4 070 Paysage animé en Turquie Huile/panneau 34x57cm/*13x22in* Bergerac 96

  $777 FF4 800 £467 Caïques sur le Bosphore Lithographie couleurs 56,5x36,5cm/*22x14in* Paris 98

  $106 294 FF623 798 £65 000 Turkish ladies with their Servants in an Araba Bodycolour 44x54,5cm/*17x21in* London 97

PRIANISHNIKOV Ivan Petrovich 1841-1909 **[3]**
  $10 830 FF56 800 £6 500 Cossack transport Oil/canvas 37x65cm/*14x25in* London 96
PRICE Clayton S. 1874-1950 **[5]**
  $7 000 FF41 741 £4 345 View from My Window Oil/panel 40x50cm/*16x20in* Portland, OR 97
PRICE Garrett 1896-1979 **[2]**
  $2 500 FF14 551 £1 541 Woman riding Bike as Bermudan Children Watercolour 33x21cm/*13x8in* New-York 97
PRICE James XIX **[8]**
  $322 FF1 913 £200 Herding the Sheep Watercolour/paper 22,5x46cm/*8x18in* London 97
PRICE Julius Mendes 1857-1924 **[4]**
  $1 677 FF10 315 £1 000 "An Easy First" Poster 197x152cm/*77x59in* London 97
PRICE Kenneth, Ken 1935 **[19]**
  $300 FF1 538 £182 Coffe Shop at the Chicago Art Institute Screenprint in colors 102x170cm/*40x66in* New-York 96
  $2 500 FF14 934 £1 529 Untitled Ceramic 15x16,5x12,5cm/*5x6x4in* New-York 98
PRICE Lydia Jemina Jeal XIX-XX **[3]**
  $5 500 FF33 536 £3 300 Bowl Sculpture 11,5x10x8cm/*4x3x3in* New-York 98
  $657 FF3 714 £400 A Still Life of Oriental Dolls and a Figurine Watercolour 34x52cm/*13x20in* Billingshurst, West Sussex 97
PRICE Mary Elizabeth XX **[3]**
  $2 970 FF18 198 £1 793 Landscape Oil/board 43x53cm/*17x21in* Hatfield, Pennsylvania 98
PRICE Michael B. 1940 **[1]**
  $10 000 FF49 300 £6 494 Pregnant figure Bronze H68cm/*H27in* Bloomington, Illinois 96
PRICE Nick XX **[4]**
  $733 FF4 326 £450 "Camel Filter, gewoon geweldig lekker!" Poster 116x84cm/*45x33in* London 98
PRICE Norman M. 1877-1951 **[7]**
  $9 000 FF52 386 £5 547 Pirates Watching Ship Burn, Lifeboat Between Oil/board 49x72cm/*19x28in* New-York 97
  $2 530 FF15 023 £1 544 Pirates entering room, preliminary study for Liberty Watercolour 29x55cm/*11x22in* New-York 98
PRIDDEY James [6]
  $333 FF2 015 £210 Lichfield Cathedral Watercolour 34x52cm/*13x20in* West Midlands 97
PRIEBE Karl 1914-1976 **[25]**
  $110 FF638 £67 Head of a Girl with Flower in Her Hair Ink 15x10cm/*6x4in* Milwaukee, Wisconsin 97
PRIECHENFRIED Alois Heinrich 1867-1953 **[37]**
  $2 205 FF12 782 £1 300 Arabs in a North African Street Oil/panel 57,5x36,5cm/*22x14in* London 97
  $12 500 FF61 100 £7 900 Rabbi at his table Oil/panel 40x31,5cm/*15x12in* Tel Aviv 95
PRIECHENFRIED Grete Kalla [2]
  $1 441 FF8 596 £894 Nachdenklicher Kardinal Oil/panel 35x27,5cm/*13x10in* Wien 97
PRIEST Alfred 1874-1929 **[7]**
  $836 FF5 028 £500 Portrait of a Gentleman, thought to be Henry Mitchell Oil/canvas 117x91,5cm/*46x36in* London 98
PRIEST Thomas XVIII **[2]**
  $6 398 FF38 064 £3 800 View of Lambeth Palace from the Thames with a distant Vue of St Paul's Oil/canvas 54x79cm/*21x31in* London 97
PRIESTLEY Philip Colingwood 1901 **[9]**
  $21 422 FF130 548 £13 000 Hambleden, Buckinghamshire Oil/canvas 87x169cm/*34x66in* London 98
PRIESTMAN Bertram 1868-1951 **[50]**
  $752 FF4 455 £450 Cattle Grazing Oil/canvas 22x33cm/*9x13in* Ilkley, West Yorkshire 97
  $1 471 FF8 637 £900 A Watermeadow with a Farmstead and Cattle in a Valley Oil/canvas 51x76cm/*20x29in* London 97
PRIETO Gregorio 1897-1992 **[28]**
  $1 235 FF7 505 £741 Composición Oleo/lienzo 56x46cm/*22x18in* Madrid 98
  $2 762 FF16 787 £1 657 Caserío Oleo/papel 28x52cm/*11x20in* Madrid 98
  $281 FF1 460 £186 Mano con flores y párajo Litografía 45x33cm/*17x12in* Madrid 96
PRIEUR Barthélémy (Attrib.) ?-1611 **[4]**

P

$7 072 FF42 000 £4 342 Buste Henry IV Bronze 47x33x15cm/*18x12x5in* Paris 97
PRIEUR-BARDIN François Léon 1870-1939 **[20]**
$15 792 FF94 000 £9 653 Istambul et la Corne d'Or Huile/toile/panneau 27x34cm/*10x13in* Aubagne 98
$20 030 FF117 000 £12 296 Sur le Bosphore Huile/toile 62x92cm/*24x36in* Marseille 97
$63 075 FF375 000 £38 587 Quais de Contantinople Huile/toile 86x152cm/*33x59in* Montpellier 97
PRIKING Franz 1927-1979 **[485]**
$1 146 FF7 000 £685 Nature morte au bouquet Huile/toile 35x27cm/*13x10in* Honfleur 98
$3 250 FF20 000 £1 990 Bateaux à sec à Collioure Huile/toile 73x60cm/*28x23in* Paris 98
$4 249 FF24 200 £2 637 Poires et pommes Oil/canvas 97,8x135,3cm/*38x53in* New-York 97
$1 178 FF7 000 £719 Nature morte aux fruits et aux pichets Aquarelle, gouache/papier 32x49cm/*12x19in* Le Touquet 98
PRIM GUYTO José María 1907-1973 **[4]**
$13 200 FF79 000 £8 000 El aperitivo Oleo/lienzo 88,5x145cm/*34x57in* Barcelona 97
PRIMATICCIO Francesco 1504-1570 **[5]**
$76 608 FF450 096 £46 000 Minerva, design for the Compartment of a Ceiling Wash 23x20cm/*9x7in* London 97
PRIMATICCIO Francesco (Attrib.) 1504-1570 **[2]**
$1 449 FF9 000 £869 Scène de sacrifice Lavis 29,5x25cm/*11x9in* Paris 98
PRIMAVESI Joh. Georg 1774-1855 **[4]**
$1 590 FF9 717 £1 003 Landscapes, Cassel Oil/panel 20x28cm/*7x11in* Köbenhavn 97
PRIME William 1825-1906 **[2]**
$1 188 FF7 110 £720 "El molino de Cornwall" Oleo/lienzo 35x45cm/*13x17in* Madrid 98
PRINA André Julien 1887-1941 **[21]**
$1 794 FF10 166 £897 Josette en bleu Pastelli/carta 60x49cm/*23x19in* Milano 98
PRINA Stephen 1954 **[12]**
$3 200 FF18 583 £1 954 Upon the occasion of receivership, language type A/Lawrence weiner... Print 46,7x39,7cm/*18x15in* New-York 97
$650 FF4 002 £394 Untitled Felt pen 58,5x48cm/*23x18in* New-York 98
PRINCE Richard 1949 **[58]**
$16 000 FF92 808 £9 457 Competition Orange Mixed media/panel 155x131,5x17,5cm/*61x51x6in* New-York 97
$9 000 FF45 850 £5 400 Untitled (War) Photograph 221,5x121,5cm/*87x47in* New-York 96
$1 400 FF7 170 £851 Joke Drawing Felt pen 19x33cm/*7x12in* New-York 96
PRINCE William Mead 1893-1951 **[1]**
$990 FF5 878 £604 "The lonesome gigolo", story ill. for Saturday Evening Post Pencil 40x49cm/*16x19in* New-York 98
PRINCETEAU René Pierre 1844-1914 **[27]**
$15 174 FF90 000 £9 189 L'habit rouge Huile/panneau 32,5x24cm/*12x9in* Bordeaux 97
$50 000 FF285 225 £30 745 Scene de Chasse à Cour Oil/canvas 92x73,5cm/*36x28in* New-York 97
$60 000 FF311 500 £39 700 Veneux mettant à la voix Oil/canvas 161x119cm/*63x46in* New-York 96
$458 FF2 800 £275 Le Carlin Mine plomb 27,5x20cm/*10x7in* Paris 98
PRINET René Xavier Fr. 1861-1946 **[24]**
$3 545 FF18 500 £2 140 Étude pour La Sonate à Kreutzer, ou The Violonist Huile/toile 32,5x41cm/*12x16in* Compiègne 96
$6 900 FF36 000 £4 170 Le Cirque ambulant, ou Les Saltimbanques Huile/toile 73x100cm/*28x39in* Compiègne 96
PRINGLE John Quinton 1864-1925 **[2]**
$9 530 FF48 500 £6 200 Spring in the meadow Oil/canvas 23x28cm/*9x11in* Auchterarder, Perthshire 95
PRINNER Anton 1902-1983 **[31]**
$42 000 FF250 000 £25 675 "Du calme" Technique mixte 106x53cm/*41x20in* Paris 98
$1 575 FF9 200 £966 Femme à la tresse Bronze H31,5cm/*H12in* Troyes 97
PRINS Johannes Huibert 1757-1806 **[31]**
$6 075 FF35 745 £3 750 Marktplatz in einer holländischen Stadt Oil/panel 33,5x41cm/*13x16in* Wien 97
$2 774 FF14 000 £1 822 Scène d'intérieur hollandaise Aquarelle 33x28,5cm/*12x11in* Troyes 96
PRINS Pierre 1898-1981 **[13]**
$823 FF5 000 £495 Paysage Pastel/toile 21x35cm/*8x13in* L'Isle-Adam 98
PRINS Pierre Ernest 1838-1913 **[85]**
$1 772 FF10 500 £1 061 Pêcheur dans les gorges du Tarn Huile/toile 80x64cm/*31x25in* L'Isle-Adam 97

✏ *$841 FF5 000 £514* Les côteaux Mauves Pastel/papier 20x33cm/*7x12in* L'Isle-Adam 97
PRINSEP William 1794-1874 **[18]**
✏ *$2 343 FF14 030 £1 400* Figures before a Waterfall thought to be the Dhuan Kund Watercolour 12x19,5cm/*4x7in* London 98
PRINTZ Christian August 1819-1867 **[6]**
🖐 *$2 336 FF13 558 £1 379* Fra en bondestue (interior scene) Oil/canvas 36x43cm/*14x16in* Oslo 97
PRINTZ Hans 1865-1925 **[3]**
✏ *$218 FF1 340 £131* Blocksbergritt Watercolour 42x30cm/*16x11in* München 98
PRINZ Bernhard 1953 **[2]**
📷 *$4 330 FF25 278 £2 659* Ohne Titel Cibachrome print 80x60cm/*31x23in* Hamburg 97
PRINZ Karl Ludwig 1875-1944 **[44]**
🖐 *$940 FF4 810 £603* Kötschachtal bei Gastein Oil/panel 28x36cm/*11x14in* Wien 96
🖐 *$1 405 FF8 571 £844* Der Dom von Gorlize Öl/Leinwand 48x37cm/*18x14in* Wien 98
✏ *$937 FF5 714 £562* Stellung im Hochgebirge Gouache/Karton 98x68cm/*38x26in* Wien 98
PRIOR Melton 1845-1910 **[2]**
✏ *$110 FF644 £65* "Howling Whalers through the Great Cape"/"The Road to Tokar..." Wash/paper 27,5x43,5cm/*10x17in* New-York 97
PRIOR William M. (Attrib.) 1803-1873 **[2]**
🖐 *$3 500 FF17 100 £2 214* Portrait of a young woman Oil/board 39x31cm/*15x12in* New-York 95
PRIOR William Matthew 1803-1873 **[24]**
🖐 *$1 800 FF10 739 £1 078* Portrait of a Young Man Holding a Telescope Oil/board 35x25cm/*14x10in* Bolton, Mass. 98
🖐 *$10 000 FF61 312 £6 118* Portrait of a Red-Haired Girl Wearing a White Dress Oil/masonite 57x50cm/*22x19in* New-York 98
PRIOU Gaston XIX-XX **[3]**
🖐 *$6 858 FF42 000 £4 090* "Rêve d'Opium" Huile/panneau 180,5x120cm/*71x47in* Paris 98
📜 *$35 000 FF208 831 £21 112* "Pluvia Felonda" Multiple 188x93cm/*74x36in* New-York 97
PRIOU Louis 1845-? **[9]**
🖐 *$1 362 FF7 000 £902* Jeune fille en bleu Huile/toile 41x32cm/*16x12in* Paris 96
🖐 *$3 662 FF21 841 £2 273* Venus und Amor vor Parklandschaft Öl/Leinwand 100x60cm/*39x23in* Dresden 97
PRITCHARD Edward F.D. 1809-1905 **[9]**
🖐 *$751 FF4 662 £450* Kelp Gatherers Oil/canvas 30,5x53cm/*12x20in* London 98
PRITCHARD Edward F.D. (Attrib) 1809-1905 **[1]**
🖐 *$6 270 FF32 300 £3 990* Campo San Giovanni e Paolo Olio/tela 36x28cm/*14x11in* Venezia 96
PRITCHARD George Thompson 1878-1962 **[29]**
🖐 *$1 228 FF7 176 £754* Sailing Ships at Anchor, Sunset Oil/canvas 63,5x75cm/*25x29in* Toronto 97
PRITCHARD J. Ambrose 1858-1905 **[5]**
🖐 *$3 500 FF20 783 £2 136* June Meadows Oil/canvas 46x60,5cm/*18x23in* Boston, Mass. 98
PRITCHETT Edward XIX **[62]**
🖐 *$6 760 FF38 722 £4 000* St. Mark's Column and the Doge's Palace, Venice Oil/board 31x24cm/*12x9in* London 97
🖐 *$11 398 FF66 539 £7 000* Grand Canal, Venice Oil/canvas 35,5x53cm/*13x20in* London 97
✏ *$1 863 FF10 721 £1 100* Fishing Craft on the Lagoon, Venice Watercolour 54x76cm/*21x29in* London 97
PRITCHETT Edward (Attrib.) XIX **[9]**
🖐 *$1 547 FF7 800 £1 000* On the Nile Oil/canvas 29x43cm/*11x16in* London 96
PRITCHETT Robert Taylor 1823-1907 **[16]**
✏ *$565 FF3 310 £349* Cairo Watercolour 47,5x31,5cm/*18x12in* London 97
PRITCHETT Samuel 1827-1907 **[2]**
🖐 *$3 000 FF18 360 £1 823* View on the Grand Canal Venice Oil/canvas 53x91cm/*21x36in* Milford, Conn. 98
PRIVAT LIVEMONT Henri 1852/61-1936 **[76]**
🖐 *$416 FF2 130 £253* Nature morte aux fraises Huile/panneau 23x28cm/*9x11in* Bruxelles 96
🖐 *$930 FF5 500 £576* Marines Huile/toile 36x54cm/*14x21in* La Baule 97
📜 *$600 FF3 616 £368* Woman in the Countryside Holding a Pear and Some Roses Lithograph 76x44cm/*29x17in* New-York 98
✏ *$1 251 FF7 465 £768* Paysage aux fleurs Pastel/papier 60x92cm/*23x36in* Bruxelles 97
PRIVATO Cosimo 1889-1971 **[18]**

P

---

*$1 280 FF6 680 £840 Ballo in campagna Olio/faesite 29x39cm/*11x15in* Trieste 96
PRIVER Aharon 1902-1979 **[4]**
*$5 000 FF25 900 £3 200 The Embrace Stone H65cm/*H25in* Tel Aviv 96
PROBST Johann Balthasar 1673-1748 **[7]**
*$425 FF2 510 £251 Szenen aus der Commedia dell'Arte Etching 14x18cm/*5x7in* Berlin 97
PROBSTHAYN Carl 1770-1818 **[2]**
*$3 396 FF17 730 £2 022 Mytologisk scene med tre kvinder Oil/canvas 85x64cm/*33x25in* København 96
PROCACCINI Camillo 1551-1629 **[21]**
*$3 367 FF19 940 £2 000 A Prophet Holding a Scroll Red chalk/paper 22x14cm/*8x5in* London 97
PROCACCINI Camillo (Attrib.) 1551-1629 **[7]**
*$471 FF2 791 £280 St. Laurence Wash 16,5x11cm/*6x4in* London 97
PROCACCINI Carlo Antonio 1551-c.1605 **[2]**
*$16 000 FF88 348 £9 984 A mountainous wooded Landscape with the stoning of Saint Stephen Oil/copper 45,5x70cm/*17x27in* New-York 97
PROCACCINI Ercole II 1596-1676 **[4]**
*$582 FF3 444 £349 The Lamentation Red chalk/paper 18x14,5cm/*7x5in* London 97
PROCACCINI Giulio C. (Attrib.) 1570-1625 **[6]**
*$2 600 FF15 375 £1 560 The Head of Woman in Profile Red chalk/paper 14,5x10cm/*5x3in* New-York 97
PROCACCINI Giulio C. (Cercle) 1570-1625 **[2]**
*$4 500 FF22 200 £2 910 Three heads Ink 21x27cm/*8x10in* New-York 96
PROCACCINI Giulio Cesare 1570-1625 **[20]**
*$19 000 FF109 447 £11 164 Judith with the Head of Holofernes Oil/canvas 104x98,5cm/*40x38in* New-York 97
*$780 FF4 068 £456 Der Leichnam Jesu, von den Seinen beweint, halbe Figuren Radierung 21,5x15,8cm/*8x6in* Berlin 96
*$10 130 FF52 200 £6 500 Three Angels Red chalk 17,5x12cm/*6x4in* London 96
PROCHAZKA Antonín 1882-1945 **[25]**
*$28 764 FF163 339 £18 000 Still life with Coffe and Apricots Oil/canvas 48x60cm/*18x23in* London 97
*$7 670 FF43 557 £4 800 Head Pencil/paper 29x18,5cm/*11x7in* London 97
PROCHOROFF Alexander Vassiliev. 1848-? **[1]**
*$8 500 FF51 671 £5 234 The Wilding Stream Oil/canvas 102x69cm/*40x27in* New-York 98
PROCKTOR Patrick 1936 **[48]**
*$2 153 FF12 757 £1 300 Nude study of Patrick Procktor and Gervase Oil/canvas 25,5x20,5cm/*10x8in* London 97
*$3 147 FF18 645 £1 900 A. Swann clothed/Recling male Nude - A. Swann Oil/canvas 58,5x33cm/*23x12in* London 97
*$140 FF722 £90 Tabby Cat Aquatint 14x12cm/*5x4in* London 96
*$577 FF2 947 £380 John Muirhead-Gould Watercolour 35x45cm/*13x17in* London 96
PROCTER Albert XIX-XX **[9]**
*$410 FF2 519 £250 Rocky Coastal Scene Watercolour 47x68cm/*18x26in* West Sussex 98
PROCTER Burt 1901-1980 **[6]**
*$5 000 FF30 102 £2 991 The Catch Oil/canvas 56x71cm/*22x27in* San Francisco 98
PROCTER Dod, née Shaw 1892-1972 **[40]**
*$3 295 FF20 084 £2 000 Portrait of a Boy in a Hat Oil/canvas/board 30x23cm/*11x9in* London 98
*$7 580 FF46 194 £4 600 "Hibiscus" Oil/canvas 40,5x50,5cm/*15x19in* London 98
PROCTER Ernest 1886-1935 **[23]**
*$3 231 FF19 267 £2 000 Port Gwarra Oil/canvas 36x46cm/*14x18in* London 97
*$1 153 FF7 029 £700 Le Treport, Red Cross Convoy Gouache 31,5x50cm/*12x19in* London 98
PROCTOR Adam Edwin 1864-1913 **[18]**
*$1 004 FF5 916 £620 Children Fishing Oil/canvas 30,5x46cm/*12x18in* London 97
PROCTOR Alexander Phimister 1862-1950 **[29]**
*$7 500 FF45 153 £4 487 Prowling Panther Bronze H23,5cm/*H9in* San Francisco 98
PROCTOR Althea Mary 1879-1966 **[46]**
*$1 256 FF7 191 £742 The Picnic Lithographie 31x30cm/*12x11in* Sydney 97
*$1 719 FF10 000 £1 052 Spring Pencil 26x19cm/*10x7in* Melbourne 97
PROCTOR Burt 1901-1980 **[3]**
*$1 700 FF9 599 £1 033 Rocky Coastal, Fishing Boat Oil/canvas 76x121cm/*30x48in* Altadena, CA 97

PROIETTI Norberto 1927 **[5]**
☞ *$2 340 FF13 260 £1 170* "Struttura" Olio/tavola 21x16cm/*8x6in* Vercelli 98
PROKHOROV Constantin 1924 **[23]**
☞ *$312 FF1 751 £193* Recogiendo las redes Oleo/lienzo 34x47cm/*13x18in* Madrid 97
PROKOFJEV Dimitrij ?-1944 **[12]**
☞ *$1 791 FF10 723 £1 100* Hirsche am Waldrand im letzten Winterschnee Öl/Leinwand 56x86cm/*22x33in* Bremen 98
✎ *$1 455 FF8 713 £893* Rebhühner im Schnee/Fuchs auf Jagd/Hirsche am Waldrand/Enten Aquarell/Papier 14x20cm/*5x7in* Bremen 98
PROKOPENKO Alexsei Andreyevich 1926 **[12]**
☞ *$303 FF1 803 £180* A Stroll in the Park Oil/canvas/board 28x38cm/*11x14in* London 97
PROKSCH Peter 1935 **[6]**
☞ *$4 764 FF28 560 £2 844* Ohne Titel Oil/panel 50,5x70cm/*19x27in* Wien 98
PRÖLLS Friedrich Anton Otto 1855-1934 **[9]**
☞ *$14 182 FF85 642 £8 500* A Tavern Interior Oil/canvas 108x141cm/*42x55in* London 98
PRON Hector 1817-1905 **[6]**
☞ *$1 712 FF10 000 £1 013* Le grand chêne Huile/panneau 29,5x38cm/*11x14in* Barbizon 97
☞ *$13 240 FF68 100 £8 000* A River Landscape Oil/canvas 113x225cm/*44x88in* London 96
☞ *$30 000 FF177 411 £18 201* The Seine Oil/canvas 89,5x124,5cm/*35x49in* New-York 98
PRONASZKO Zbigniew 1885-1958 **[13]**
☞ *$3 451 FF20 979 £2 094* Martwa natura z jablkami Oil/panel 33x48,5cm/*12x19in* Warszawa 98
☞ *$11 252 FF67 148 £6 788* Portrait of a woman in black dress, seated by a window Oil/canvas 160x122cm/*62x48in* Warszawa 97
✎ *$579 FF3 470 £346* Kwiaty Watercolour/board 45x30cm/*17x11in* Warszawa 98
PROOIJEN van Albert Jurardus 1834-1898 **[22]**
☞ *$1 207 FF7 130 £729* Children playing on the beach Oil/panel 30x50cm/*11x19in* Amsterdam 97
☞ *$4 970 FF25 600 £3 100* Sailing boats off the coast in a breeze Oil/panel 43,5x63cm/*17x24in* Amsterdam 96
PROOST Alfons 1880-1957 **[17]**
☞ *$4 566 FF26 923 £2 800* "A peaceful Nook, Hyde Park" Oil/canvas 63x76cm/*24x29in* Billingshurst, West Sussex 98
PROOYEN van Albert Jurardus 1834-1898 **[19]**
☞ *$787 FF3 990 £513* Returning from the fields Oil/panel 14,5x20,5cm/*5x8in* Amsterdam 96
PROPER Ida Sedgwick 1876-1957 **[3]**
☞ *$3 000 FF18 028 £1 813* Unloading the Catch Oil/canvas 30x39,5cm/*11x15in* New-York 98
☞ *$37 500 FF219 041 £23 021* Paris at Night (Pont du Carrousel) Oil/canvas 60x72,5cm/*23x28in* New-York 97
PROSALENTIS Emilios 1859-1926 **[34]**
☞ *$5 730 FF29 700 £3 830* Moonlithting Oil/cardboard 30x43,5cm/*11x17in* Athens 96
☞ *$13 600 FF71 000 £8 210* Sailing at dawn/Sailing a dusk Oil/canvas 36,5x52cm/*14x20in* Athens 96
✎ *$3 490 FF18 220 £2 110* Two seascapes Watercolour/paper 15x25cm/*5x9in* Athens 96
PROSALENTIS Spyros 1830-1895 **[4]**
☞ *$13 387 FF79 922 £8 200* Portrait of Epaminonda Deligiorgis 1829-1879 Oil/canvas 120x95cm/*47x37in* London 97
✎ *$3 700 FF19 300 £2 234* Two seascapes with sailing boats Watercolour/paper 20x21cm/*7x8in* Athens 96
PROSDOCINI Alberto 1852-? **[45]**
✎ *$960 FF5 025 £630* Pescatore in laguna Acquarello/carta 27,5x42cm/*10x16in* Roma 96
PROSSER George Frederick c.1800-c.1880 **[13]**
▥ *$921 FF5 535 £550* Selected Illustrations of Hampshire; London Lithograph 28x21,5cm/*11x8in* London 98
✎ *$1 117 FF5 750 £720* Looking towards Compton and Winchester Watercolour 24x37cm/*9x14in* London 96
PROST Maurice 1894-? **[28]**
⬒ *$1 630 FF9 500 £996* "Antilope" à la feuille de laurier Bronze H45cm/*H17in* Lyon 97
PROTAIS Alexandre 1826-1890 **[5]**
☞ *$3 000 FF17 814 £1 831* Soldiers Washing Oil/panel 30x22cm/*11x8in* New-York 98
PROUD Alastair 1954 **[2]**
☞ *$5 835 FF35 049 £3 500* "Changing Seasons, Ptarmingan" Oil/board 61x92,5cm/*24x36in* London 98

PROUD Geoffrey 1946 **[17]**
  $324 FF1 945 £193 Park Landscape Oil/canvas 56,5x51cm/*22x20in* Sydney 98
PROUT John Skinner 1806-1876 **[39]**
  $980 FF5 870 £600 The Cow Pasture, New South Wales Watercolour 19,5x36,5cm/*7x14in* Billingshurst, West Sussex 97
PROUT Margaret Fisher 1875-1963 **[34]**
  $1 647 FF10 042 £1 000 The Pond at East Runton Oil/board 51x61cm/*20x24in* London 98
PROUT Samuel 1783-1852 **[130]**
  $573 FF3 318 £350 "Jumielles" Lithograph 26,5x35,5cm/*10x13in* London 97
  $73 FF427 £45 A Continental Town on the River Pencil/paper 14x22,5cm/*5x8in* London 97
PROUT Samuel (Attrib.) 1783-1852 **[13]**
  $362 FF2 063 £220 Figures before a thatched cottage beside a church Bodycolour 21,5x30,5cm/*8x12in* London 97
PROUT Samuel Gillespie 1822-1911 **[25]**
  $827 FF4 717 £507 In Boppard am Rhein Aquarell/Papier 28x20,5cm/*11x8in* Köln 97
PROUT Samule Gill. (Attr.) 1822-1911 **[2]**
  $871 FF5 274 £520 Figures mending the Nets before the Molo, Venice Bodycolour 57,5x76,5cm/*22x30in* London 97
PROUVÉ Victor 1858-1943 **[53]**
  $1 167 FF7 246 £700 A Dutch River Landscape Oil/canvas 25,5x34cm/*10x13in* London 98
  $3 510 FF20 000 £2 192 Odalisque Huile/tcile 54x65cm/*21x25in* Fécamp 97
  $454 FF2 691 £270 "Société des Amis des Arts de Strasbourg, Bas-Rhin, Exposition.." Affiche 89x120cm/*35x47in* London 97
PROVIS Alfred 1843-1886 **[20]**
  $2 122 FF12 670 £1 300 Reading Lesons Oil/canvas 24x33cm/*9x12in* Billingshurst, West Sussex 97
PROVOST J. XIX **[1]**
  $2 800 FF16 000 £1 715 Route impériale No. 119 de Carcassonne à Saint-Girons Photo 38,4x27,8cm/*15x10in* Paris 97
PROWETT James Christie ?-1946 **[6]**
  $1 138 FF6 635 £700 View of a Farm Oil/canvas 35,5x45,5cm/*13x17in* West Lothian 97
PROWSE Ruth 1883-1967 **[11]**
  $1 345 FF7 726 £829 Figures by a Fisherman's Cottage Oil/board 29x34cm/*11x13in* Johannesburg 97
PRUCHA Gustav 1875-1934 **[29]**
  $1 420 FF8 724 £852 Schlittenfahrt Oil/canvas 69x55cm/*27x21in* Bremen 98
PRUD'HON Jean 1778-? **[1]**
  $575 FF3 000 £342 L'Amour les conduit/L'Amitié les ramène, d'après Jean-Baptiste Mallet Gravure 33,5x43,5cm/*13x17in* Paris 96
PRUD'HON Pierre-P. (Attrib.) 1758-1823 **[5]**
  $1 810 FF11 000 £1 090 Portrait de fillette Huile/panneau 17,5x11,5cm/*6x4in* Paris 98
PRUD'HON Pierre-Paul 1758-1823 **[49]**
  $11 872 FF68 000 £7 024 Portrait d'homme assis, la main posée sur le dossier de la chaise Huile/toile 54x46cm/*21x18in* Paris 97
  $92 FF550 £56 Sans titre Estampe 16x12cm/*6x4in* Granville 97
  $30 240 FF155 000 £18 370 Etude pour Le Rêve du Bonheur Crayon 29,5x45,5cm/*11x17in* Tours 96
PRUIM Derk Jan 1816-1866 **[2]**
  $3 882 FF23 262 £2 320 Boslandschap met hutjes en figuren op een weg Oil/canvas 47,5x61cm/*18x24in* Den Haag 98
PRUITT & EARLY 1964/1963 **[7]**
  $6 000 FF30 560 £3 600 Big Portraits of the artists in their studio Ink 282x190,5cm/*111x75in* New-York 96
PRUNA Pedro 1904-1977 **[77]**
  $17 131 FF102 339 £10 500 The Musicians Oil/canvas 100x80cm/*39x31in* London 98
  $32 160 FF189 600 £19 680 Las Tres Gracias Oleo/lienzo 146x97cm/*57x38in* Barcelona 98
  $1 050 FF6 000 £645 Desnudo de espaldas Acuarela/papel 27x32cm/*10x12in* Madrid 97
PRUNATI Santo 1652-1728 **[1]**
  $3 120 FF16 080 £2 000 An Angel, head and shoulders Oil/panel 28x21cm/*11x8in* London 96
PRUNETTI Pierre XX **[51]**
  $588 FF3 200 £352 Promeneurs au bord de la seine Huile/toile 38x46cm/*14x18in* Arles 97
PRÜSSEN Clemens **[6]**

$1 092 FF6 711 £655 Sommertag am Mosenberg in der Eifel Oil/canvas 75x86cm/*29x33in* Köln 98
PRUSZKOWSKI Witold 1846-1896 **[6]**
$2 600 FF14 872 £1 622 Landscape at sunset Oil/cardboard 15x19,5cm/*5x7in* Warszawa 97
$6 075 FF36 164 £3 714 Zaduszki Pastel 51x41,5cm/*20x16in* Warszawa 98
PRUTSCHER Otto 1880-1949 **[6]**
$2 055 FF11 945 £1 265 Bodenvase Ceramic H59,5cm/*H23in* Wien 97
PRYCE George Willis XIX-XX **[27]**
$191 FF1 152 £114 The Seven Sisters Symonds Yah/Ruined Castle Overlooking River Oil/board 25,5x47cm/*10x18in* Toronto 98
$799 FF4 932 £480 Highland Cattle by a Loch Oil/canvas 61x92cm/*24x36in* Salisbury, Wiltshire 98
PRYDE James 1869-1941 **[17]**
$10 059 FF60 271 £6 000 The Archway Oil/canvas 40,5x30,5cm/*15x12in* London 98
$15 926 FF95 429 £9 500 The Phantom Ship Oil/canvas 91,5x73,5cm/*36x28in* London 98
$9 200 FF52 692 £5 442 "Rowntree's Elect Cocoa" Poster 76,5x101,5cm/*30x39in* New-York 97
$28 500 FF170 768 £17 000 The Coster Girl Gouache/paper 35,5x30,5cm/*13x12in* London 98
PRYN Harald 1891-1968 **[178]**
$133 FF792 £81 Parti fra Böllemosen Oil/canvas 36x52cm/*14x20in* Köbenhavn 98
$3 660 FF18 500 £2 400 Wooded winter landscape, Ravneholm Oil/canvas 102x137cm/*40x53in* London 96
$1 262 FF7 728 £752 Vinterlandskap med hus Black chalk 69x99cm/*27x38in* Stockholm 98
PRYNE Rolf E. 1914-1974 **[2]**
$1 380 FF7 888 £845 "Sugar bush" Watercolour/paper 68,6x50,8cm/*27x20in* Toronto 97
PRYNNE Edward A. Fellowes 1854-1921 **[3]**
$15 521 FF88 290 £9 500 Enthroned Oil/canvas 148x111,5cm/*58x43in* London 97
PRYSE Gerald Spencer 1882-1956 **[5]**
$1 635 FF9 115 £1 000 "Gathering Cocoa Pods, Empire Marketing Board" Poster 102x152cm/*40x59in* London 97
PSEUDO FARFELLA Attrib. XVII **[1]**
$16 570 FF84 300 £9 940 Still life of grape fruit and mushrooms on a stone ledge Oil/canvas 64x86cm/*25x33in* Amsterdam 96
PSEUDO GHERARDI XVII **[3]**
$2 000 FF9 870 £1 293 The Holy Family/The Adoration of the Shepherds Ink 41x31cm/*16x12in* New-York 96
PSEUDO GUARDI XVIII **[2]**
$20 000 FF117 924 £12 264 Vases of flowers Oil/canvas 65,5x51cm/*25x20in* New-York 98
PSEUDO GUARDI (Attrib.) XVIII **[1]**
$5 985 FF35 500 £3 660 Bouquets de fleurs devant un paysage Huile/toile 44x50,5cm/*17x19in* Paris 97
PSEUDO PIER FRANCESCO FLORENTINO XV **[10]**
$92 500 FF448 000 £58 000 Madonna and Child Oil/panel 71x36cm/*27x14in* London 95
PU HUA 1834-1911 **[8]**
$4 660 FF24 000 £2 876 Peonies and narcissus Ink 147x78cm/*57x30in* Hong Kong 95
PU JIN 1879-1966 **[1]**
$5 176 FF29 852 £3 084 Landscapes in ancient style Ink/paper 21x16cm/*8x6in* Hong Kong 97
PU QUAN 1913 **[1]**
$7 850 FF45 325 £4 800 Birds and Calligraphy Ink 27,5x34,5cm/*10x13in* London 97
PU RU 1896-1963 **[110]**
$71 170 FF410 465 £42 405 Four Landscapes Coloured inks/paper 128x32cm/*50x12in* Hong Kong 97
PU ZUO 1918 **[1]**
$7 764 FF44 778 £4 626 A Hundred Fine Horses Ink 80x224cm/*31x88in* Hong Kong 97
PUCCI Emilio XX **[2]**
$4 566 FF27 211 £2 800 Abstract geometric design in shades of pale blue Tapestry 222x151cm/*87x59in* London 98
PUCCI Silvio 1892-1961 **[11]**
$1 080 FF6 120 £540 Strada di sera Olio/tela 50x63cm/*19x24in* Roma 98
PUCCINI Mario 1869-1920 **[31]**
$12 000 FF68 000 £6 000 Ardenza Olio/cartone 27x24,5cm/*10x9in* Milano 98
$74 400 FF362 400 £46 800 Contadinella al pozzo Olio/tavola 63x60cm/*24x23in* Milano 95

$3 000 FF17 000 £1 500 Porto Mediceo di Livorno Carboncino 33x41cm/12x16in Firenze 97

PÜCHLER Johann Michael XVII-XVIII **[1]**
$6 065 FF36 851 £3 652 Eleonora, Magdalena, Teresia röm.Keyserin Print 24,5x18,5cm/9x7in Stuttgart 98

PUDLAT Pudlo 1916-1992 **[11]**
$399 FF2 334 £245 Umingmunga Print 63,5x86,5cm/25x34in Toronto 97

PUDLICH Robert 1905-1962 **[24]**
$1 165 FF7 037 £707 Schausterllerbude eines Moritaten vorführenden Kriegsveteranen Öl/Karton 29x50cm/11x19in Köln 97
$1 554 FF9 383 £943 Zimmerszenerie mit stehenden blonden jungen Mädchen Oil/canvas/panel 44,5x61cm/17x24in Köln 97
$681 FF3 977 £418 Sitzender weiblicher Akt Pencil/paper 59,1x43cm/23x16in Köln 97

PUECH Denys 1854-1942 **[16]**
$2 540 FF14 763 £1 500 Enfant au poisson Bronze H42cm/H16in London 97
$7 880 FF47 500 £4 769 La sirène Bronze H96,3cm/H37in Angers 98

PUEYRREDON Prilidiano P. 1823-1870 **[1]**
$135 000 FF821 664 £80 500 El Naranjero Oleo/lienzo 15,5x12cm/6x4in Buenos Aires 97

PUGET Pierre 1620-1694 **[9]**
$1 092 FF6 536 £663 Milo of Croton Bronze H37cm/H14in Amsterdam 97
$4 191 FF25 113 £2 500 Design for an ornamental Cartouche framed by a winged Triton's Head... Black chalk/paper 18,5x29,5cm/7x11in London 98

PUGET Pierre (Attrib.) 1620-1694 **[9]**
$2 139 FF13 000 £1 288 Descente de Croix Huile/toile 36,5x28cm/14x11in Paris 98

PUGH Clifton Ernest 1924-1990 **[78]**
$2 050 FF11 775 £1 281 The Edge of the Salt Pan Oil/board 68x90cm/26x35in Sydney 97
$3 782 FF22 079 £2 250 "Summer Landscape" Oil/board 90x135,5cm/35x53in Melbourne 97
$130 FF783 £77 Primordial Nude Etching in colors 45x29,5cm/17x11in Melbourne 98
$507 FF2 944 £300 An Encampment in the Negev Desert, Southern Israel Watercolour 55x74cm/21x29in London 97

PUGH David Darwin 1946-1994 **[25]**
$564 FF3 299 £334 Untitled: Large Boulder & Lake Oil/canvas 61x76cm/24x29in Calgary, Alberta 97

PUGI G. XIX-XX **[16]**
$2 935 FF17 492 £1 800 Dancer in Oriental Dress Alabaster H70cm/H27in London 98

PUGIN Augustus Charles 1769-1832 **[8]**
$354 FF2 105 £220 India House - The Sale Room Aquatint 22,5x27,5cm/8x10in London 97
$1 216 FF7 031 £749 Queen Elizabeth receiving the Bishops in the dining room, Hampton.. Watercolour 27,5x33,5cm/10x13in London 97

PUGLIESE LEVI Clemente 1855-1936 **[5]**
$1 398 FF7 922 £699 Brutto tempo ad Alagna Olio/tela 45x62cm/17x24in Milano 98

PUHONNY Ivo 1876-? **[3]**
$5 267 FF31 809 £3 200 "Winter Sport, Triberg" Poster 89x59cm/35x23in London 98

PUHONNY Victor 1838-1909 **[8]**
$1 794 FF10 709 £1 082 Bewalddte Landschaft Oil/panel 17,5x33,5cm/6x13in Köln 97
$2 534 FF15 060 £1 507 Schwarzwaldbach Öl/Leinwand 71,5x51,5cm/28x20in München 97

PÜHRINGER Walter Michael 1945 **[1]**
$2 120 FF10 710 £1 391 Ohne Titel Mischtechnik/Papier 44x60cm/17x23in Wien 96

PUIG RODA Gabriel 1865-1919 **[21]**
$2 450 FF13 930 £1 470 Estudio de plantas silvestres Oleo/tabla 19,5x29,5cm/7x11in Madrid 97
$3 724 FF22 750 £2 240 La pose Aquarelle/papier 40x35cm/15x13in Bruxelles 98

PUIG Vicente, Vicens XIX-XX **[3]**
$1 700 FF9 820 £1 009 En el Teatro Oleo/lienzo 3x5cm/1x1in Buenos Aires 97

PUIGAUDEAU du Ferdinand Loyen 1864-1930 **[154]**
$3 340 FF20 000 £2 052 Place d'un village de Bretagne Huile/panneau 15,5x21,5cm/6x8in Paris 98
$16 780 FF86 000 £10 200 Village de pêcheurs en Bretagne Huile/toile 46x55cm/18x21in Quimper 96
$1 396 FF8 000 £826 L'église de Batz Pastel/papier 28x23cm/11x9in Quimper 97

PUIGDENGOLAS BARELLA Josep 1906-1987 **[10]**
$4 830 FF24 430 £3 170 "La Foradada, Mallorca" Oleo/lienzo 60x75cm/23x29in Madrid 96
$630 FF3 582 £387 Ramo de margaritas Gouache 41x33cm/16x12in Barcelona 97

PUJOL DE GUASTAVINO Clément 1850-1905 **[21]**
  $2 310 FF13 895 £1 435 El boticario Oleo/tabla 35x26cm/*13x10in* Madrid 97
  $58 000 FF344 212 £35 525 Le visiteur honoré Oil/panel 78,5x99cm/*30x38in* New-York 97
PUJOL Paul, Casimir-Paul 1848-? **[6]**
  $8 000 FF45 480 £4 898 Paris, la sortie de l'atelier, rue de la Paix Gouache 37x48,5cm/*14x19in* New-York 97
PULHAM Peter Rose 1910-1956 **[6]**
  $950 FF4 640 £600 Jean Cocteau Silver print 27,6x25cm/*10x9in* London 95
PULICINO Alberto (Attrib.) c.1719-c.1765 **[6]**
  $27 700 FF140 000 £18 150 Vue de La Valette Huile/toile 5x126cm/*1x49in* Paris 96
PULLAN Ayrton, Colonel 1834-1911 **[1]**
  $11 794 FF68 571 £7 200 Album of watercolours: views of India Watercolour/paper 63x88cm/*24x34in* London 97
PULLER John Anthony XIX **[17]**
  $4 749 FF28 942 £2 946 Return From a Day's Work/Evening Entertainment Oil/board 16,5x20cm/*6x7in* New-York 98
PULZONE IL GAETANO Scipione c.1550-1598 **[2]**
  $27 599 FF156 395 £13 799 Ritratto di Gentiluomo in abito rosso a mezzo busto Olio/tela 60x51cm/*23x20in* Milano 97
PULZONE IL GAETANO Scipione (Attrib.) c.1550-1598 **[3]**
  $9 400 FF48 100 £6 030 Ritratto dii un cardinale Öl/Leinwand 12x95cm/*4x37in* Wien 96
PUMMIL Robert 1936 **[5]**
  $3 100 FF17 653 £1 911 Night at the Dallas Opera Oil/canvas 76x121cm/*30x48in* Dallas, Texas 97
PÜMPIN Fritz 1901-1972 **[9]**
  $3 962 FF23 395 £2 346 Schweizer Grenzsoldaten, Winter 1940 im Jura Öl/Leinwand 54x60cm/*21x23in* Zofingen 97
  $2 314 FF13 664 £1 370 Baselbieter Dorf Gouache/papier 49x42cm/*19x16in* Zofingen 97
PUPINI Biagio dalle Lame c.1510-c.1551 **[13]**
  $26 000 FF128 300 £16 800 The Adoration of the Magi Ink 22x41cm/*8x16in* New-York 96
PURCHAS Thomas James XIX-XX **[7]**
  $811 FF4 690 £500 The River Crossing Oil/board 29x38,5cm/*11x15in* London 97
PURGAU von Franz M. (Attrib.) 1677/78-c.1751 **[4]**
  $2 067 FF12 020 £1 262 Ein Strauss von Wiesenblumen Oil/copper 15x11,5cm/*5x4in* Wien 97
PURGAU von Franz Michael 1677/78-c.1751 **[4]**
  $5 460 FF27 900 £3 600 Wild flowers, mushrooms, strawberries, a snail, a lizard Oil/copper 2x17,5cm/*x6in* London 96
  $5 102 FF30 120 £3 021 Zwei wiesenstücke mit Schmetterlingen und Reptilien Gouache/paper 5,5x8,7cm/*2x3in* Berlin 97
PURIFICATO Domenico 1915-1984 **[56]**
  $6 600 FF37 400 £3 300 Sangue negro Olio/tela 100x80cm/*39x31in* Prato 97
  $1 327 FF7 524 £663 Contadinello Acquarello 35x25cm/*13x9in* Roma 98
PURRMANN Hans 1880-1966 **[141]**
  $21 600 FF106 300 £13 920 Kleiner Akt Oil/panel 19,5x16cm/*7x6in* Köln 95
  $73 562 FF422 300 £44 850 Landschaft bei Langenargen am Bodensee Öl/Leinwand 65x81cm/*25x31in* Berlin 97
  $283 FF1 673 £167 Kapelle und Brunnen in Levanto Lithograph 47x57cm/*18x22in* Berlin 97
  $3 078 FF18 431 £1 890 Mädchenporträt Gouache/Karton 25,6x22,5cm/*10x8in* München 98
PURRMANN-HAUFLER Karl 1877-1966 **[21]**
  $1 014 FF6 030 £628 Ebersberg bei Backnang Öl/Leinwand 47x64cm/*18x25in* Stuttgart 97
  $986 FF5 862 £610 Der Stuttgarter Schillerplatz Gouache/papier 39x31cm/*15x12in* Stuttgart 97
PURSELL Weimer 1906-1974 **[3]**
  $1 600 FF8 090 £1 033 "Chicago World's Fair, A Century of Progress" Poster 105x69cm/*41x27in* New-York 96
PURSER Sarah Henrietta 1848-1943 **[4]**
  $9 784 FF57 692 £6 000 The Kerry Fisherwoman Oil/panel 23,5x15,5cm/*9x6in* London 98
PURSER William c.1790-c.1852 **[11]**

P

✐ *$2 175 FF13 028* £1 300 Studies of turks including musician's Watercolour 15x17,5cm/*5x6in* London 98
PURTSCHER Alfons 1885-1962 **[12]**
✐ *$652 FF3 370* £421 Hyde-Park/Im Hafen/Gemüsefeld/Aus dem Soldatenleben Mischtechnik/Papier 28,6x28cm/*11x11in* Wien 96
PURVIS John Milne, Tom 1888-1957 **[10]**
▥ *$1 400 FF8 531* £852 "Visit India" Poster 100x125cm/*39x49in* New-York 98
PURVIS T.G. XIX-XX **[5]**
☞ *$1 169 FF7 000* £698 "Le navire à vapeur NYROCA appuyé par une voilure" Huile/toile 33x54cm/*12x21in* Paris 98
PURVIS Tom 1888-1957 **[12]**
▥ *$1 382 FF8 457* £850 "Felixstowe" Lithograph 102x127cm/*40x50in* London 98
PURY de Edmond Jean 1845-1911 **[30]**
☞ *$4 860 FF25 000* £3 030 Jeune femme à la vasque verte Huile/toile 111x63,5cm/*43x25in* Paris 96
☞ *$9 930 FF51 100* £6 000 Sisterly Affection Oil/canvas 165x103cm/*64x40in* London 96
PURYEAR Martin 1941 **[8]**
⚒ *$130 000 FF662 000* £78 000 Own Sculpture 120x120x5,7cm/*47x47x2in* New-York 96
✐ *$11 500 FF58 600* £6 900 Untitled Charcoal/paper 74x58cm/*29x22in* New-York 96
PUSA Unto 1913-1973 **[5]**
☞ *$3 866 FF23 221* £2 318 Boddör Oil/canvas 65x54cm/*25x21in* Helsinki 98
PUSHMAN Hovsep T. 1877-1966 **[35]**
☞ *$6 750 FF41 035* £4 096 Portrait of a Woman in a Floral Sari Oil/board 40x25cm/*16x10in* Elgin, Illinois 98
☞ *$15 000 FF85 519* £9 210 Ever Enchanting Peace Oil/panel 56x71cm/*22x28in* Chicago, Illinois 97
▥ *$106 FF623* £65 Still life of oriental figures and a vase Print 46,3x58,4cm/*18x22in* London 97
PUSOLE Pierluigi 1963 **[4]**
☞ *$3 120 FF17 680* £2 080 Paesaggi, trittico, 1989 Acrilico/tela 60x180cm/*23x70in* Prato 97
PUTEANI von Friedrich 1849-1917 **[13]**
☞ *$1 133 FF5 760* £677 In the artist's studio Oil/panel 22x16cm/*8x6in* Stockholm 96
☞ *$2 132 FF13 000* £1 279 Le cheval blanc Huile/toile 90x130cm/*35x51in* Calais 98
PUTHUFF Hanson Duvall 1875-1972 **[51]**
☞ *$600 FF3 000* £389 "Corona del Mar, Calif." Oil/cardboard 20x25cm/*8x10in* Altadena, CA 96
☞ *$900 FF4 700* £544 The Old Post Road Oil/canvas 45,5x40,5cm/*17x15in* San Francisco-Los Angeles 96
☞ *$32 500 FF168 400* £21 100 San Gabriel Wash Oil/canvas 137x168,5cm/*53x66in* San Francisco-Los Angeles 96
▥ *$374 FF2 242* £229 Landscape Serigraph 28x37cm/*11x14in* Altadena, CA 97
PUTMAN Donald 1926 **[2]**
☞ *$7 100 FF40 433* £4 378 Don't Pass Acrylic/canvas 76x101cm/*30x40in* Dallas, Texas 97
PUTNAM Arthur 1873-1930 **[11]**
⚒ *$2 100 FF12 470* £1 282 Sleeping Mountain Lion Bronze H26cm/*H10in* Boston, Mass. 98
PUTTER de Pieter c.1600-1659 **[7]**
☞ *$3 401 FF20 317* £2 108 Fischstilleben Oil/panel 39x54cm/*15x21in* Zürich 97
PÜTTNER Josef Carl Berthold 1821-1881 **[21]**
☞ *$2 228 FF13 319* £1 349 Brandung Oil/panel 19,5x31,5cm/*7x12in* Wien 97
☞ *$4 205 FF23 980* £2 560 Ein Fischerdorf mit Segelbooten Öl/Leinwand 50,5x87,5cm/*19x34in* Wien 97
PUTZ Leo 1869-1940 **[86]**
☞ *$6 160 FF32 100* £3 870 Portrait einer jungen rotblonden Frau Öl/Leinwand 68x51cm/*26x20in* Lindau 96
☞ *$13 240 FF65 200* £8 530 Im herbstlichen Wald Öl/Papier 30,5x31,5cm/*12x12in* Berlin 95
☞ *$101 394 FF602 406* £60 300 Die Badende Öl/Leinwand 166x161cm/*65x63in* München 97
✐ *$1 436 FF8 571* £882 Der Erlenkönig Pencil/paper 20,5x33,5cm/*8x13in* Wien 98
PUTZ Michel Richard XIX **[2]**
☞ *$35 000 FF206,979* £21 234 At the Piano Oil/canvas 100,5x81,5cm/*39x32in* New-York 98
PÜTZHOFEN-HAMBÜCHEN Paul XIX-XX **[13]**
☞ *$1 361 FF7 759* £850 Beilstein an der Mosel Öl/Leinwand 71x91cm/*27x35in* Köln 97
PUVIS DE CHAVANNES Pierre C. 1824-1898 **[171]**
☞ *$17 949 FF108 000* £10 746 Ruth et Booz Huile/toile 55x48cm/*21x18in* Paris 98
▥ *$236 FF1 400* £146 Le Jeu, ou Etude de femme Lithographie 14x31cm/*5x12in* Rouen 97
✐ *$1 592 FF7 770* £1 000 Self portrait Ink 13x10,5cm/*5x4in* London 95
PUVREZ Henri 1893-1971 **[16]**
⚒ *$3 047 FF17 897* £1 881 Staand Naakt Bronze 59,5x17cm/*23x6in* Lokeren 97

PUY Jean 1876-1960 **[209]**
☞ *$2 543 FF14 500 £1 561* Marine Huile/toile 21,5x32cm/*8x12in* Lyon 97
☞ *$7 670 FF40 000 £5 070* La Plage de Bénodet Huile/panneau 38x55cm/*14x21in* Paris 96
▨ *$1 375 FF8 500 £843* Femme à sa fenêtre Gravure 32,5x33,5cm/*12x13in* Quimper 97
✎ *$770 FF4 500 £469* Voilier Aquarelle 10x17cm/*3x6in* Lyon 97
PUYENBROECK van Vital 1906 **[11]**
☞ *$609 FF3 579 £376* Ecluse Royers à Anvers Huile/toile 39x49cm/*15x19in* Antwerpen 97
PUYET José 1926 **[14]**
☞ *$852 FF4 776 £528* Pensativa Oleo/lienzo 61x51cm/*24x20in* Madrid 97
PUYL van der Gérard, Louis Fr. 1750-1824 **[6]**
☞ *$4 870 FF24 000 £3 140* Portrait présumé de la famille Pigault Huile/toile 94,5x79cm/*37x31in* Paris 95
PUYO Constant Emile Joac. 1857-1933 **[22]**
▣ *$918 FF5 500 £564* Femme voilée au rivage Photo 25,5x36cm/*10x14in* Argenteuil 98
PYCKE François 1890-1970 **[19]**
☞ *$762 FF3 940 £509* Couché devant la fenêtre Huile/panneau 34x44cm/*13x17in* Antwerpen 96
☞ *$3 390 FF17 560 £2 200* Monsieur et Madame Bonnel dans un intérieur Oil/canvas 60x50cm/*23x19in* London 96
PYK Madeleine 1934 **[276]**
☞ *$807 FF4 682 £496* Tigerögon Oil/canvas 47x34cm/*18x13in* Malmö 97
☞ *$1 563 FF9 338 £938* Nice qui lunel Oil/canvas 65x51cm/*25x20in* Stockholm 98
☞ *$3 302 FF19 290 £1 955* Slussen med Katarinahissen Oil/canvas 135x112cm/*53x44in* Stockholm 97
▨ *$212 FF1 288 £126* Frukost med jamare Color lithograph 60x62cm/*23x24in* Malmö 98
✎ *$206 FF1 224 £126* Svensk turist Drawing 16x20cm/*6x7in* Stockholm 97
PYKE Guelda 1905-1994 **[7]**
✎ *$837 FF5 105 £520* Figure and Still Life Watercolour 55x75cm/*21x29in* Melbourne 97
PYLE Howard 1853-1911 **[12]**
☞ *$24 000 FF114 480 £15 093* The Old Violin Oil/canvas 30x19cm/*12x7in* Portland, Maine 95
✎ *$15 000 FF80 731 £8 944* Two Boys Fishing with a Dog at Their Side Watercolour 19x15cm/*7x5in* New-York 97
PYNACKER Adam 1622-1673 **[17]**
☞ *$6 224 FF38 128 £3 760* Römische Campagna, Landschaft im Abendlicht mit Herde Öl/Leinwand 38,5x48cm/*15x18in* Wien 98
PYNACKER Adam (Attrib.) 1622-1673 **[5]**
☞ *$3 564 FF17 820 £2 310* Mountainous landscape Oil/panel 45x36cm/*17x14in* København 96
PYNAS Jacob Symonsz c.1585-c.1640 **[7]**
☞ *$3 390 FF17 280 £2 000* The Shunamite woman saking Elisha to awaken ger dead son Oil/panel 51x66cm/*20x25in* London 96
☞ *$6 620 FF40 000 £3 976* Ruines antiques animées de personnages Huile/panneau 26,5x40cm/*10x15in* Neuilly-sur-Seine 98
PYNAS Jan Symonsz 1583/84-1631 **[9]**
☞ *$7 800 FF45 325 £4 800* The flagellation of Christ Oil/panel 46x33,5cm/*18x13in* London 97
☞ *$12 820 FF66 400 £8 580* The Madgalen kneeling at the Foot of the Cross Oil/panel 82x59cm/*32x23in* Amsterdam 96
PYNAS Jan Symonsz (Attr.) 1583/84-1631 **[4]**
✎ *$6 997 FF41 379 £4 200* A Group of Pilgrims Ink 28x26cm/*11x10in* London 97
PYNE Ganesh 1937 **[35]**
☞ *$13 111 FF78 277 £8 000* The Mask Tempera/canvas 37x32cm/*14x12in* London 98
☞ *$17 200 FF89 000 £11 000* Woman, the Serpent Tempera/canvas 48x55cm/*18x21in* London 96
✎ *$2 492 FF14 940 £1 500* Woman with Pitcher Ink 17,5x20cm/*6x7in* London 98
PYNE George 1800-1884 **[50]**
✎ *$1 841 FF11 024 £1 100* Balliol College, Oxford from St. Giles Watercolour 16x23cm/*6x9in* London 98
PYNE James Baker 1800-1870 **[85]**
☞ *$1 031 FF6 162 £631* Kystparti med både, i baggrunden en borg Oil/canvas 34x46cm/*13x18in* København 98
☞ *$2 788 FF16 007 £1 700* A Pick-nick on the Lago d'Arta, with the Town of Amegna beyond Oil/canvas 53,5x84cm/*21x33in* London 97

P

$34 000 FF175 000 £21 200 Sunrise on the Thames, Windsor Castle Oil/canvas 87,5x138,5cm/*34x54in* New-York 96
$560 FF3 414 £340 Weir and Waterfall, Cheddar Watercolour/paper 25,5x42cm/*10x16in* Exeter, Devon 98
PYNE Thomas 1843-1935 **[39]**
$935 FF5 387 £549 Swings and Cocoa Nuts at Walberswick, Suffolk Watercolour 23,5x33,5cm/*9x13in* London 97
PYNE William Henry 1769-1843 **[10]**
$1 503 FF9 208 £900 Fisherman on the Coast Watercolour 20x26cm/*7x10in* London 98
PYTLAK Leonard 1910 **[4]**
$200 FF1 144 £118 The Operation/Floral Still Life Silkscreen in colors 33x29,5cm/*12x11in* New-York 97

Q

QI BAISHI 1863-1957 **[175]**
$2 327 FF13 534 £1 387 Landscape Carborandum in colors 24x64,5cm/*9x25in* Hong Kong 97
$5 500 FF32 738 £3 414 The seals read Stone H11cm/*H4in* New-York 97
$110 000 FF654 764 £68 288 Flowers and Insects Ink 21x36cm/*8x14in* New-York 97
QI GONG 1912 **[3]**
$1 295 FF6 659 £799 Boating by the Bank/Calligraphy Ink 18,5x44cm/*7x17in* Hong Kong 96
QI WEIYI Chi Weiyi 1937 **[1]**
$5 090 FF26 060 £3 300 Harvest season Acrylic/board 54x72cm/*21x28in* Taipei, Taiwan 95
QIAN DAJING 1955 **[1]**
$4 400 FF22 650 £2 717 Dandelion Oil/canvas 36x46cm/*14x18in* Hong Kong 95
QIAN DU 1763-1844 **[13]**
$4 000 FF20 600 £2 580 Scholar brewing tea under the pines Ink/paper 96x28cm/*37x11in* New-York 96
QIAN GONG c.1573-1620 **[3]**
$10 000 FF50 600 £6 560 The Joy of Fishing Ink 32x310cm/*12x122in* New-York 96
QIAN SHOUTIE 1896-1967 **[4]**
$2 197 FF10 870 £1 360 Vegetables and Fruits Ink 65x53,5cm/*25x21in* Hong Kong 96
QIAN SONGYAN 1898-1985 **[9]**
$2 586 FF15 038 £1 542 Landscape Ink 66x43cm/*25x16in* Hong Kong 97
QIAN WEIQIAO 1739-1806 **[2]**
$1 549 FF9 028 £954 Landscape Ink 19x58,5cm/*7x23in* Hong Kong 97
QIAN ZAI 1708-1793 **[3]**
$5 000 FF29 762 £3 104 Golden Osmanthus Ink 94x25cm/*37x10in* New-York 97
QIAO XIAOGUANG 1957 **[1]**
$7 760 FF40 000 £4 790 Corn Field Oil/canvas 89x131cm/*35x51in* Hong Kong 95
QINNUAYUAK Lucy 1915-1982 **[16]**
$279 FF1 454 £166 We all have something to do Print 45,5x62cm/*17x24in* Toronto 96
QIU YACAI Chiu Ya-Tsai 1949 **[5]**
$10 900 FF56 600 £6 860 Portrait of a gentleman Oil/canvas 182x147cm/*71x57in* Taipei, Taiwan 96
QIU YING (Attrib.) c.1495-1552 **[2]**
$38 000 FF232 700 £22 636 Landscape Ink 156x47cm/*61x18in* New-York 98
QUACKENBUSH Ralph 1933 **[4]**
$2 250 FF11 740 £1 360 Spring on Grass Mountain Oil/canvas/board 30,5x40,5cm/*12x15in* San Francisco-Los Angeles 96
QUADRONE Giovanni Battista 1844-1898 **[9]**
$9 710 FF49 400 £5 800 Il biglietto amoroso Oil/panel 27x23cm/*10x9in* London 96
$105 490 FF597 777 £52 745 Per viaggio, Sardegna Olio/tela 63x147cm/*24x57in* Milano 97
QUADT Jan c.1650-1696 **[2]**
$3 438 FF20 346 £2 069 Rinaldo and Armida Oil/canvas 46x53cm/*18x20in* Amsterdam 98
QUAEDVLIEG Carel Max Gerlach 1823-1874 **[11]**
$1 480 FF7 540 £888 Romaine à la fontaine Huile/toile 46x36,5cm/*18x14in* Bruxelles 96
$2 134 FF10 800 £1 400 Travellers on the Via Appia Antica Oil/canvas 20x35cm/*7x13in* London 96
QUAGLIA Carlo 1903-1970 **[32]**
$1 188 FF6 732 £594 Natura morta con melagrane Olio/faesite 25x35cm/*9x13in* Roma 98
$1 379 FF7 815 £919 Paesaggio Olio/tavola 40x50cm/*15x19in* Milano 97

QUAGLIO Domenico 1787-1837 **[29]**

$153 FF903 £90 Ehemaliger Domkirchhof nächst der alten Pfarre und Nieder-Münster Lithographie 41x32,5cm/*16x12in* Berlin 97

$1 007 FF4 870 £630 The courtyard of a Palace with the Imperial arms Ink 52,2x73,9cm/*20x29in* London 95

QUAGLIO Franz 1844-1920 **[37]**

$2 492 FF14 548 £1 482 Berglandskap med kaukasiska ryttare Oil/panel 23x17,5cm/*9x6in* Stockholm 97

QUAGLIO Giovanni Maria 1772-1813 **[5]**

$1 735 FF10 114 £1 061 Tempelruine in Griechenland mit figürlicher Staffage Wash 46,5x61cm/*18x24in* München 97

QUAGLIO Lorenzo 1793-1869 **[19]**

$4 103 FF25 142 £2 450 Im Park von Schloss Hohenschwangau Watercolour 24,5x33,5cm/*9x13in* Dresden 98

QUANTIN Henry 1865-? **[10]**

$650 FF3 902 £391 Intérieur de café Huile/toile 45,5x55,5cm/*17x21in* Bruxelles 98

QUAREZ Michel 1938 **[3]**

$1 610 FF9 371 £992 Collection of 14 hand-signed Posters Poster 118,5x174,5cm/*46x68in* New-York 97

QUARTARARO Riccardo XV **[2]**

$16 000 FF94 339 £9 811 Archangel Michael defeating Satan Tempera/panel 134,5x127cm/*52x50in* New-York 98

QUARTLEY Arthur 1839-1886 **[17]**

$900 FF4 485 £590 Early Moonlight, Narragansett, Rhode Island Oil/canvas 36x25cm/*14x9in* San Francisco-Los Angeles 95

QUARTO Andrea 1959 **[6]**

$1 920 FF10 880 £960 "Paesaggio fantastico" Olio/tela 90x120cm/*35x47in* Vercelli 98

QUAST Johann Zacharias 1814-1891 **[3]**

$1 526 FF9 054 £932 Zwei Portraits eines Ehepaares in einem Interieur Watercolour, gouache/paper 36x27,5cm/*14x10in* Hamburg 98

QUAST Pieter Jansz 1606-1647 **[50]**

$6 410 FF33 200 £4 290 Boors drinking at Table in an Inn Oil/panel 21,5x20,5cm/*8x8in* Amsterdam 96

$31 134 FF178 200 £18 390 Soldiers and a Woman around a Fire Oil/panel 38x46cm/*14x18in* Amsterdam 97

$912 FF5 222 £539 A bare-breasted lady holding a mirror Black chalk 29x19cm/*11x7in* Amsterdam 97

QUATREMAIN William Wells XIX-XX **[5]**

$784 FF4 696 £480 The Riverside Castle Watercolour 16,5x27cm/*6x10in* Billingshurst, West Sussex 97

QUATTROCIOCCHI Domenico 1874-1941 **[5]**

$1 560 FF8 840 £780 Paesaggio estivo Olio/tavola 20,5x30cm/*8x11in* Roma 98

$3 600 FF20 400 £1 800 Il ritorno Olio/legno 75x95cm/*29x37in* Roma 97

QUAYLE E. Christian XIX-XX **[6]**

$2 155 FF12 858 £1 300 Old Red Pier, Douglas/South Quayside at Douglas Huile/toile 43x27cm/*17x11in* Isle of Man 97

$718 FF4 263 £440 Fishing Boats by a Pier Watercolour/paper 24x34,5cm/*9x13in* Solihull, West Midlands 98

QUAYTMAN Harvey 1937 **[9]**

$1 100 FF6 406 £672 Untitled Pencil 101,5x81,5cm/*39x32in* New-York 97

QUELLINUS Artus (Attrib.) 1609-1668 **[2]**

$24 199 FF137 417 £15 144 Merkur und Psyche Marbre H95cm/*H37in* Zürich 97

QUELLINUS Erasmus II 1607-1678 **[27]**

$30 000 FF148 000 £19 400 Swags of Flowers surrounding a stone Cartouche Oil/canvas 85x61cm/*33x24in* New-York 96

$36 813 FF210 000 £22 491 La Sainte famille avec Saint-Jean-Baptiste et Sainte-Anne Huile/toile 145x106cm/*57x41in* Paris 97

$4 151 FF23 760 £2 452 An Allegory of the Trinity Ink 54,5x39cm/*21x15in* Amsterdam 97

QUELLINUS Erasmus II (Attrib.) 1607-1678 **[7]**

$1 441 FF8 926 £858 Saint Joseph and Child Tempera 16x13cm/*6x5in* Antwerpen 98

$4 940 FF25 000 £3 240 Vierge à l'Enfant Huile/toile 102,5x84,5cm/*40x33in* Paris 96

✐ *$2 129 FF12 189 £1 257* Three scenes from the life of Saint Anthony Black chalk 30x48,5cm/*11x19in* Amsterdam 97
QUELLINUS Jan Erasmus Ceder 1634-1715 **[1]**
✐ *$27 000 FF159 197 £16 556* Saint Augustine washing the Feet of Christ Oil/canvas 102x82,5cm/*40x32in* New-York 98
QUELVÉE François 1884-1967 **[35]**
✐ *$788 FF4 000 £518* Goba el Mour el Ein Huile/toile 46x61cm/*18x24in* Lille 96
✐ *$118 FF600 £78* Ecuyère Encre Chine 42x35cm/*16x13in* Paris 96
QUENDRAY A. XIX-XX **[6]**
▥ *$359 FF2 097 £220* "Parc de la Bédoyère, Garches" Affiche 106x75,5cm/*41x29in* London 97
QUENEAU Raymond 1903-1976 **[4]**
✐ *$3 167 FF18 700 £1 875* Quatre personnages dont l'un joue de l'accordéon Aquarelle/papier 27,2x37cm/*10x14in* Paris 97
QUENEDEY Edme 1756-1830 **[1]**
✐ *$1 610 FF9 745 £980* Portraits:Talleyrand/Walweska Wash 11x8cm/*4x3in* New-York 98
QUENTIN Bernard 1923 **[323]**
✐ *$113 FF700 £69* Ocre Technique mixte 40x42cm/*15x16in* Versailles 98
✐ *$613 FF3 200 £365* Bataille Technique mixte 20x50cm/*7x19in* Saint-Germain-en-Laye 96
✐ *$408 FF2 100 £262* Blue Encre/papier 50x84cm/*19x33in* Paris 96
QUENTIN DE LA TOUR Maurice 1704-1788 **[20]**
✐ *$96 600 FF500 000 £62 700* Portrait de la maréchale de Belle-Isle, fille du comte de Béthune Pastel 59x50cm/*23x19in* Paris 96
QUENTIN DE LA TOUR Maurice (Attrib.) 1704-1788 **[2]**
✐ *$10 850 FF62 000 £6 646* Portrait de l'artiste Pastel 65x54cm/*25x21in* Paris 97
QUERALT Jaume 1949 **[6]**
✐ *$4 875 FF29 625 £3 000* Bodegón de cristales Oleo/lienzo 100x100cm/*39x39in* Madrid 98
✐ *$910 FF5 530 £546* La Muñeca azul Collage 55x46cm/*21x18in* Madrid 98
QUÉRÉ René **[11]**
✐ *$214 FF1 300 £131* Bord de mer Aquarelle, gouache/papier 23x31cm/*9x12in* Quimper 98
QUERENA Luigi 1820-1887 **[10]**
✐ *$18 513 FF110 000 £11 011* Vue d'ensemble de la lagune à Venise Huile/toile 34x66cm/*13x25in* Toulouse 97
QUERFURT August 1696-1761 **[49]**
✐ *$6 110 FF30 430 £4 000* Waggoners at a halt by a stream Oil/panel 3x16cm/*1x6in* London 95
✐ *$5 830 FF35 207 £3 500* A Cavalry Encampment Oil/canvas 42x53cm/*16x20in* London 98
QUERFURT August (Attrib.) 1696-1761 **[17]**
✐ *$3 177 FF18 243 £1 937* Aufbruch der Jagdgesellschaft Öl/Leinwand 35x44cm/*13x17in* Düsseldorf 97
✐ *$3 399 FF20 113 £2 045* Rastende Reitergruppe und Handelsreisende vor Gehöft Öl/Leinwand 62x82cm/*24x32in* Lindau 98
✐ *$2 250 FF11 450 £1 350* A company leaving for a hunting party/A rider leading a horse Ink 32,2x23,4cm/*12x9in* Amsterdam 96
QUERNER Curt 1904-1976 **[17]**
✐ *$1 430 FF7 470 £852* Sitzender weiblicher Akt Gouache/carton 62x48cm/*24x18in* Berlin 96
QUERNER Ursula 1921-1969 **[3]**
✐ *$2 954 FF16 920 £1 803* Börnchen/Landschaft mit Bäumen Aquarell/Papier 61x48cm/*24x18in* Hamburg 97
QUERVAIN de Daniel 1937 **[20]**
▥ *$133 FF646 £84* Aufwind Etching 32x49cm/*12x19in* Bern 95
QUESADA Antonio 1932 **[2]**
✐ *$650 FF3 892 £393* Composition Huile/toile 115x98cm/*45x38in* Antwerpen 97
QUESNEL François (Attrib.) 1543-1619 **[4]**
✐ *$1 492 FF8 902 £900* Portrait of a lady, bust-length, wearing a ruff Black chalk 28,1x21,6cm/*11x8in* London 97
QUESNOY du François (Attrib.) 1594-1643 **[2]**
✐ *$7 800 FF40 200 £5 000* Cupid with a bow and arrow Black & white chalks 14,6x31cm/*5x12in* London 96
QUESSADA Jaime 1937 **[2]**
✐ *$1 462 FF8 887 £877* Mujer joven de perfil Aguada 49x27cm/*19x10in* Madrid 98
QUEST Charles Francis 1904 **[5]**

🔲 *$150 FF890* £90 Horseman Woodcut in colors 30x23cm/*12x9in* Bethesda, Maryland 97
QUESTA della Francesco (Attrib.) c.1639-1724 **[3]**
☞ *$3 415 FF19 905* £2 100 A Still of Narcissi, Poppies, Hyacinths and other Flowers Oil/canvas 50x36cm/*19x14in* London 97
☞ *$17 940 FF101 660* £8 970 Cavolfiore, lattuga, rape, sedani, funghi, peperoncini Olio/tela 99x128cm/*38x50in* Milano 98
QUEVERDO François 1748-1797 **[8]**
✍ *$2 447 FF14 500* £1 465 Trois Nymphes portant un panier de fleurs Gouache/papier 32,5x24,5cm/*12x9in* Lille 97
QUIESSE Claude 1938 **[39]**
☞ *$1 080 FF5 500* £712 Les cavaliers bleus Huile/toile 54x73cm/*21x28in* Bayeux 96
QUIGLEY Daniel XVIII **[4]**
☞ *$12 500 FF63 700* £7 500 "Flying Childers" and "Dimple" on a racecourse Oil/canvas 93x118,5cm/*36x46in* London 96
☞ *$62 000 FF319 000* £40 000 The great carriage match on newmarket heath, on 29th August, 1750 Oil/canvas 142,5x247cm/*56x97in* London 96
QUIGLEY Edward B. 1895-1986 **[16]**
☞ *$1 600 FF9 275* £955 Red Cloud, Towner, Klamath Indian Oil/panel 30x40cm/*12x16in* Portland, OR 97
☞ *$5 000 FF28 985* £2 985 Dreaming Oil/canvas 55x71cm/*22x28in* Portland, OR 97
✍ *$425 FF2 417* £260 Horses Standing in Shade Pencil/paper 27x43cm/*11x17in* Portland, OR 97
QUIGLEY Edward W. 1898-1977 **[41]**
📷 *$1 600 FF7 940* £1 012 View From Above Gelatin silver print 40x33cm/*16x13in* New-York 95
QUIGNON Fernand 1854-1941 **[23]**
☞ *$1 973 FF11 800* £1 197 Les moissons Huile/toile 83x140cm/*32x55in* Paris 97
QUILICI Jean-Claude 1920 **[28]**
☞ *$1 430 FF8 300* £844 Mas aux Alpilles Huile/toile 50x65cm/*19x25in* Aubagne 97
QUILICI Pancho 1954 **[2]**
☞ *$12 000 FF71 684* £7 340 "Dans les deux cas le monologue est parallel" Oil/canvas 121x85cm/*47x33in* New-York 98
QUILLIVIC Raymond Louis 1942 **[8]**
✍ *$394 FF2 000* £258 Portrait de femme Gouache 39x29cm/*15x11in* Brest 96
QUILLIVIC René 1879-1969 **[19]**
🔲 *$404 FF2 400* £244 Le pêcheur Gravure bois 22x11cm/*8x4in* Brest 97
⚒ *$4 125 FF25 000* £2 530 Tête de jeune Bigoudenne Bronze H33cm/*H12in* Quimper 98
QUIN Carmelo Arden 1913 **[6]**
☞ *$8 102 FF48 000* £4 852 Quarto Huile/panneau 61x50x3cm/*24x19x1in* Versailles 97
☞ *$37 500 FF218 913* £22 308 "Plan vert" Oil/board 41x28,9cm/*16x11in* New-York 97
✍ *$739 FF4 500* £453 Composition Dessin 31,5x24cm/*12x9in* Paris 98
QUINAUX Joseph 1822-1895 **[21]**
☞ *$4 350 FF24 540* £2 730 Paysage aux bestiaux Huile/toile 59x95cm/*23x37in* Bruxelles 97
✍ *$2 767 FF17 000* £1 659 Grand paysage animé Pastel/papier 81x130cm/*31x51in* Besançon 98
QUINCY de Marquis 1666-1736 **[1]**
✍ *$1 700 FF8 800* £1 103 Croquis topographiques: villes fortifiées, matériel d'artillerie Crayon 18,5x25cm/*7x9in* Paris 96
QUINET Mig 1906 **[12]**
☞ *$1 148 FF6 536* £704 Les poissons Huile/toile 40x70cm/*15x27in* Bruxelles 97
QUINETTE Jean-Claude XX **[28]**
✍ *$114 FF700* £67 Étude de pêcheurs Aquarelle/papier 21x43cm/*8x16in* Coutances 98
QUINN Anthony 1915 **[7]**
⚒ *$4 290 FF21 000* £2 760 L'Oeil du Grand Sorcier Bronze 46x36cm/*18x14in* Calais 95
QUINN Lorenzo 1966 **[1]**
⚒ *$10 521 FF62 112* £6 229 "Hand of God" Bronze H70cm/*H27in* Zürich 97
QUINN Marc 1964 **[1]**
⚒ *$19 128 FF108 992* £12 000 Younger Dancer (d'après La Jeune Fille de quatorze ans) Bronze H101,5cm/*H39in* London 97
QUINN Noel 1915-1993 **[3]**

✏ *$374 FF2 282 £223* San Francisco Cityscape Watercolour/paper 50x68cm/*20x27in* Pasadena, California 98
QUINQUAND Anna 1890-1984 **[8]**
🖌 *$2 826 FF16 500 £1 709* Tradition ou le culte de la mère Sculpture 110x76cm/*43x29in* Paris 97
QUINQUELA MARTIN Benito 1890-1977 **[27]**
☞ *$14 000 FF67 900 £9 020* Llegada de pescadores Oil/board 60x70cm/*23x27in* New-York 95
QUINSA Giovanni XVII **[4]**
☞ *$48 564 FF286 355 £28 750* Still life:Watermelon, figs and hazelnuts/Cherries in a glass bowl Oil/canvas 53x69,5cm/*20x27in* London 97
QUINSAC Paul-François 1858-1932 **[15]**
☞ *$11 000 FF62 749 £6 763* A beauty in violet Oil/canvas 55,3x38,1cm/*21x14in* New-York 97
QUINTAINE Roger 1921 **[41]**
☞ *$1 020 FF5 200 £674* Venise Huile/toile 54x73cm/*21x28in* Versailles 96
QUINTE Lothar 1923 **[24]**
☞ *$1 192 FF7 312 £711* Composition linéaire Huile/toile 71x100cm/*27x39in* Bruxelles 98
▥ *$104 FF516 £68* Komposition in Gelb Sérigraphie couleurs 49x49cm/*19x19in* München 95
QUINTERO Daniel 1949 **[4]**
✏ *$2 600 FF15 800 £1 560* La ventana Lápiz/papel 94x105cm/*37x41in* Madrid 98
QUINTON Alfred Robert 1853-1934 **[12]**
☞ *$3 918 FF23 391 £2 400* Herding Sheep Past a Hamlet Oil/canvas 46x86cm/*18x33in* London 97
✏ *$963 FF5 535 £600* The Post Office, Clovelly Watercolour/paper 17,5x25cm/*6x9in* London 97
QUINTON Charles, Clément 1851-1879 **[50]**
☞ *$958 FF6 000 £603* Vaches au pâturage Huile/panneau 21x32,5cm/*8x12in* Cherbourg 97
☞ *$1 558 FF7 500 £977* Chemin de halage Huile/toile 46x38cm/*18x14in* Saint-Dié 95
▥ *$303 FF1 794 £180* "Lourdes, pélerinage renommé, funiculaire du pic de Grand Jer, 1000m" Affiche 106x72cm/*41x28in* London 97
QUIROS Antonio 1912-1984 **[10]**
☞ *$6 500 FF39 500 £3 900* Paisaje de Molina de Segura Oleo/lienzo 88,5x115cm/*34x45in* Madrid 98
▥ *$612 FF3 383 £374* "La vida del Busca vida" de D. Francisco de Quevedo Litografía 7,5x62x49cm/*2x24x19in* Madrid 97
✏ *$1 216 FF7 505 £722* Figuras entrelazadas Tinta/papel 64x48cm/*25x18in* Madrid 98
QUIROS de Cesareo Bernaldo 1881-1968 **[5]**
✏ *$715 FF4 345 £429* Aperos de caza Dibujo 60x46cm/*23x18in* Madrid 98
QUISPEL Matthijs 1805-1858 **[4]**
☞ *$1 948 FF11 168 £1 208* A milkmaid with cattle by an entrance gate Oil/panel 34x45cm/*13x17in* Amsterdam 97
QUITTER Herman Hendrick I 1628-1708 **[2]**
☞ *$65 000 FF399 015 £39 825* Equestrian portrait of a German prince Oil/canvas 275x260cm/*108x102in* New-York 98
QUITTNER Rudolf 1872-1910 **[4]**
☞ *$3 038 FF18 000 £1 801* Paris, le square d'Anvers et le Sacré-Coeur Huile/toile 73x54cm/*28x21in* Calais 97
QUITTON Edward 1842-? **[10]**
☞ *$1 636 FF8 540 £988* Nature morte suspendue Huile/panneau 36,5x26cm/*14x10in* Bruxelles 96
QUIZET Alphonse 1885-1955 **[287]**
☞ *$1 464 FF7 100 £943* Le Moulin de la Galette, l'hiver Huile/isorel 22x33cm/*8x12in* Paris 95
☞ *$1 325 FF7 500 £809* Péniches amarrées Huile/panneau 53,5x81cm/*21x31in* Paris 97
☞ *$16 999 FF105 000 £10 216* Peintre à son chevalet à Montmartre Huile/panneau 114x147cm/*44x57in* Paris 98
✏ *$350 FF2 100 £210* La baie animée de bateaux Aquarelle/papier 30x43cm/*11x16in* Paris 98
QUOST Ernest 1844-1931 **[56]**
☞ *$552 FF3 200 £344* Rosiers au bord de l'étang Huile/panneau 15x21cm/*5x8in* Paris 97
☞ *$4 630 FF24 000 £3 055* Nature morte aux pêches et aux raisins Huile/toile 70x77cm/*27x30in* Paris 96
✏ *$396 FF2 370 £240* Paisaje Pastel/papier 13,5x18,5cm/*5x7in* Madrid 98
QVAREBO Thomas 1940 **[4]**
🖌 *$2 509 FF14 660 £1 485* Kulstöterska Bronze H72,5cm/*H28in* Stockholm 97
QVISTORFF Victor H.W. 1883-1953 **[49]**
☞ *$388 FF2 212 £235* Fragtdamper i faerd med at losse Oil/panel 19x28cm/*7x11in* København 97

RAAB George 1866-1943 **[4]**
🖑 *$2 749 FF16 435* £1 666 Washington Square Park Oil/canvas/board 83,8x64,8cm/*32x25in* San Francisco-Los Angeles 97

RAADSIG Peter Johann 1806-1882 **[63]**
🖑 *$1 165 FF6 637* £723 Italiensk landskab med figurer på en terrasse Oil/canvas 38x34cm/*14x13in* Vejle 97
🖑 *$1 800 FF8 860* £1 160 Street scene, near Rome Oil/canvas 45x59cm/*17x23in* Köbenhavn 95

RAALTE van Henri Benedictus 1881-1929 **[11]**
🖽 *$252 FF1 493* £157 Hills and Saplings Etching 21x24cm/*8x9in* Sydney 97

RAAPHORST Cornelis 1875-1954 **[75]**
🖑 *$2 700 FF13 820* £1 797 Kittens in a basket Oil/panel 38x53cm/*15x21in* Delray Beach, Florida 96
🖑 *$2 924 FF16 651* £1 814 Curious kittens Oil/canvas 24,5x30,5cm/*9x12in* Amsterdam 97

RABAN Zeev 1890-1970 **[10]**
✏ *$800 FF4 094* £518 "And a great and strong eagle descended at night..." Watercolour 26x18cm/*10x7in* Tel Aviv 95

RABE Johannes 1827-? **[3]**
✏ *$2 352 FF14 414* £1 404 Nil-Überfahrt mit Reisenden/Der Nil mit Raddampfer und Schiffen Watercolour/paper 11,5x20cm/*4x7in* Dresden 98

RABEL Daniel c.1578-1637 **[1]**
✏ *$1 933 FF12 000* £1 165 Paysan accoudé à un tronc d'arbre Encre 14x7cm/*5x2in* Paris 98

RABEL Gustave XIX-XX **[2]**
🖑 *$5 610 FF28 700* £3 600 Spitzbergen Oil/canvas 40,5x60cm/*15x23in* London 96

RABEL Jean 1540-1603 **[1]**
✏ *$16 787 FF98 000* £9 986 Femme au bains entourée de deux hommes qui lui parlent Encre 19,5x24,7cm/*7x9in* Paris 97

RABES Max Friedrich 1868-1944 **[26]**
🖑 *$888 FF5 060* £554 Der Weg nach Molda Öl/Leinwand 28x21cm/*11x8in* Bielefeld 97

RABIER Benjamin A. 1869-1939 **[27]**
🖽 *$458 FF2 669* £280 "Belle Jardinière, Vêtements pour l'Automobile" Affiche 206x133cm/*81x52in* London 97
✏ *$486 FF2 366* £308 "Journée d'aventure..." Encre 30x40cm/*11x15in* Bern 95

RABINOVITCH Gregor 1884-1958 **[25]**
🖽 *$82 FF482* £50 Zürcher Altstadt Radierung 30x37cm/*11x14in* Zofingen 97

RABINOWITCH David 1943 **[5]**
🔨 *$4 985 FF28 571* £3 091 Untitled Sculpture 6,5x153x6,5cm/*2x60x2in* New-York 97

RABOY Emmanuel, Mac 1914-1967 **[2]**
✏ *$2 100 FF10 870* £1 404 Flash Gordon abducted on Marsh (9 comic strips) Ink 33x46cm/*13x18in* New-York 96

RABUT Paul 1914-1983 **[2]**
✏ *$2 200 FF12 805* £1 356 Farmyard Scene Watercolour, gouache/paper 56x77cm/*22x30in* New-York 97

RABUZIN Ivan 1919 **[17]**
🖑 *$3 622 FF20 500* £2 211 Rivière Huile/toile 53x72cm/*20x28in* Saint-Germain-en-Laye 97

RACIM Mohammed 1896-1975 **[10]**
✏ *$7 093 FF41 000* £4 370 Le Sultan et sa compagne Miniature 15,5x10,5cm/*6x4in* Paris 97
✏ *$10 530 FF55 000* £6 370 Double page du Coran Gouache 24,5x31,5cm/*9x12in* Paris 96

RACITI Mario 1934 **[28]**
🖑 *$1 177 FF6 164* £772 Senza titolo Tecnica mista/tela 70x50cm/*27x19in* Milano 96
✏ *$226 FF1 165* £135 Senza titolo Tecnica mista/carta 33x48cm/*12x18in* Roma 96

RACKHAM Arthur 1867-1939 **[52]**
✏ *$4 614 FF27 290* £2 800 Peter Pan sitting in his sailing boat Ink/paper 23,2x17,3cm/*9x6in* London 98

RACKHAM Edyth, née Starkie 1867-1940 **[1]**
✏ *$3 831 FF22 158* £2 300 Hanging up new moons and cutting out stars Watercolour 39,3x26cm/*15x10in* London 97

RACKHAM W. Leslie 1864-1944 **[96]**
🖑 *$185 FF1 123* £110 Two wherries on the Norfolk Broads passing a mill Oil/canvas 25x20cm/*10x8in* Aylsham, Norfolk 98

*$326 FF1 998 £200 A Norfolk Windmill with Figure Watercolour/paper 17x22cm/*7x9in* Aylsham, Norfolk 98
RACOFF Rastilaw 1904 **[14]**
*$733 FF4 500 £448 Bretagne, retour de la pêche Huile/carton 17,5x25cm/*6x9in* Paris 98
RADAL Erik 1905-1941 **[11]**
*$3 341 FF19 417 £2 057 Landscape, Resenbro Oil/canvas 85x125cm/*33x49in* København 97
RÄDECKER Anton 1887-1960 **[4]**
*$6 331 FF37 821 £3 873 A lamb Sculpture, wood 16,5x20,5cm/*6x8in* Amsterdam 98
RÄDECKER John 1885-1956 **[18]**
*$9 393 FF56 481 £5 618 Masker Bronze H24cm/*H9in* Amsterdam 98
*$495 FF3 033 £295 Church in groet Charcoal/paper 64x49,5cm/*25x19in* Amsterdam 98
RADEMAKER Abraham 1675-1735 **[34]**
*$1 419 FF8 124 £838 A rhineland landscape Watercolour 18x128,5cm/*7x50in* Amsterdam 97
RADEMAKER Abraham (Attrib.) 1675-1735 **[6]**
*$605 FF2 930 £390 View of Egmond aan Zee/View of Diemen Ink 12x19,6cm/*4x7in* Amsterdam 95
RÄDERSCHEIDT Anton 1892-1970 **[81]**
*$2 064 FF12 060 £1 221 Selbsportrait Tempera/Karton 64,7x49,7cm/*25x19in* Köln 97
*$1 950 FF10 200 £1 161 Blick auf der Kirche Ste. Madeleine in Paris Tempera/paper 60,4x46cm/*23x18in*
Köln 96
RADFORD Edward 1831-1920 **[5]**
*$1 800 FF10 695 £1 098 Lady at Her Bath Watercolour/paper 31x21cm/*12x8in* New-York 98
RADICE Casimiro 1834-1908 **[1]**
*$60 000 FF308 400 £37 500 La Festa campestre di S. Michele Presso Galbiate, versante di Lecco Oil/canvas
100x153cm/*39x60in* New-York 96
RADICE Mario 1898-1987 **[20]**
*$4 650 FF22 650 £2 925 Composizione astratta Olio/tela 33,5x24,5cm/*13x9in* Milano 95
*$8 580 FF43 810 £5 200 R.S.Q.A Olio/tela 38x45cm/*14x17in* Vercelli 96
*$1 440 FF8 160 £720 Composizione R.S Inchiostro/carta 27x10cm/*10x3in* Prato 98
RADL Anton 1774-1852 **[5]**
*$66 132 FF402 276 £40 548 Blick vom Schaumainkai auf die Frankfurter Altstadt Oil/canvas
46x61cm/*18x24in* Hamburg 98
RADLER Max 1904-1971 **[7]**
*$1 520 FF7 570 £994 "Halle 24 Eisenbahn-Ausbesserung-Werk" Charcoal/paper 42x59cm/*16x23in*
München 95
RADZIEJOWSKI Stanislaw 1863-1950 **[1]**
*$2 925 FF16 731 £1 825 Sleeping Nymph and a Faun Oil/canvas 73x122cm/*28x48in* Warszawa 97
RADZIWILL Franz 1895-1983 **[115]**
*$57 551 FF342 770 £34 205 Landschaft mit gewasserten Flugzeugen Oil/canvas/panel
32,8x41,3cm/*12x16in* München 97
*$62 817 FF376 610 £38 000 Sluice near Bonzsiel Mixed media/canvas 75x100cm/*29x39in* London 97
*$970 FF5 777 £576 Zwei Akte Radierung 24,3x19,5cm/*9x7in* München 97
*$4 880 FF24 020 £3 143 Einer von den Vielen des 20. Jahrunderts (Studie) Watercolour 45,4x37cm/*17x14in*
Berlin 95
RAE Barbara 1943 **[3]**
*$4 591 FF26 266 £2 800 Harbour at Aultbea Mixed media/paper 81x109cm/*31x42in* Glasgow 97
RAE Fiona 1963 **[1]**
*$4 629 FF27 027 £2 800 Untitled, Fig. 8 Acrylic 20x25,5cm/*7x10in* London 97
RAE Henrietta 1859-1928 **[8]**
*$2 140 FF12 833 £1 300 "Mirriam", a Study of a Young Woman in Classical Dress Oil/canvas
52x42cm/*20x16in* Billingshurst, West Sussex 98
RAE Isobel XIX-XX **[3]**
*$14 992 FF90 534 £9 000 Le marchand de volaille Oil/canvas 81x65cm/*31x25in* Leyburn, North
Yorkshire 98
RAEBURN Henry 1756-1823 **[69]**
*$9 000 FF45 900 £5 960 Portrait of Joseph Hume (d.1829) Oil/canvas 76x63,5cm/*29x25in* New-York 96
*$11 840 FF57 800 £7 500 Double portrait of William Thorold Wood and Charles Th. Wood Oil/canvas
128x102cm/*50x40in* London 95
RAEBURN Henry (Attrib.) 1756-1823 **[6]**
*$3 770 FF19 500 £2 445 Portrait d'homme Huile/toile 76x4cm/*29x1in* Paris 96

🖼 *$5 000 FF25 470 £3 000* Portrait of Master Erskine of Kinnedder, Fife Oil/canvas 75x62cm/*29x24in* London 96
RAEBURN Henry Mac Beth 1860-1947 **[12]**
🖼 *$420 FF2 336 £260* An English colonel Mezzotint 66x41cm/*25x16in* London 97
RAEDECKER John 1885-1956 **[8]**
🗿 *$1 328 FF8 124 £816* Portrait of a Woman Relief 34,5x32,5x5cm/*13x12x1in* Amsterdam 98
RAEMAEKERS Louis 1869-1970 **[12]**
🖼 *$202 FF1 226 £120* Six First World War Subjects Color lithograph 33x25cm/*13x10in* Aylsham, Norfolk 98
RAETZ Markus 1941 **[32]**
🖼 *$229 FF1 368 £140* Zucker und Salz Sérigraphie 46x66cm/*18x25in* Zürich 98
✏ *$1 974 FF11 448 £1 217* Kopf IV/79 Aquarell 21x29,5cm/*8x11in* Zürich 97
RAFART Pepe 1946 **[1]**
🗿 *$8 000 FF47 789 £4 893* Sin título Sculpture H28cm/*H11in* New-York 98
RAFFAEL Joseph 1933 **[19]**
🖼 *$10 000 FF61 538 £6 071* Fish Returns Acrylic/canvas 213x121cm/*83x47in* New-York 98
🖼 *$23 000 FF141 537 £13 963* Five Calves Foot Jelly Jars Oil/canvas 76x152,5cm/*29x60in* New-York 98
🖼 *$600 FF3 603 £358* Spirit Lily Aquatint in colors 44,5x59cm/*17x23in* Los Angeles 98
✏ *$14 000 FF80 183 £8 282* Lily in October Watercolour/paper 105,5x128,5cm/*41x50in* New-York 97
RAFFAELLI Jean-François 1850-1924 **[214]**
🖼 *$2 500 FF13 305 £1 474* Nature morte aux fleurs Oil/board 64,8x53,3cm/*25x20in* New-York 97
🖼 *$5 000 FF30 321 £3 050* La Toilette Oil/panel 18x16cm/*7x6in* New-York 98
🖼 *$31 760 FF160 000 £20 560* Fleurs, fruits et champagne sur une table dressée Huile/toile 134,5x94,5cm/*52x37in* Deauville 95
🖼 *$346 FF2 000 £206* Le boulevard des Italiens, petite planche Eau-forte couleurs 32x18,5cm/*12x7in* Lyon 97
✏ *$29 018 FF174 616 £17 373* Fleurs d'Automne Gouache 76x62,5cm/*29x24in* Amsterdam 98
RAFFAELLO DA MONTELUPO Raffaello Sinibaldi 1505-1566 **[1]**
✏ *$8 500 FF46 961 £5 282* The dead Body of Christ/Three écorché heads and one leg Ink 26,8x20,3cm/*10x7in* New-York 97
RAFFAELLO SANZIO 1483-1520 **[6]**
✏ *$35 000 FF206 979 £21 007* Studies of the Head of a Griffin/A View of a River Ink 21x27cm/*8x10in* New-York 97
RAFFALT Ignaz 1800-1857 **[23]**
🖼 *$8 670 FF43 850 £5 690* Ungarische Landschaft Öl/Leinwand 30x42cm/*11x16in* Wien 96
🖼 *$22 160 FF112 000 £14 540* River landscape at sunset Oil/panel 53,5x73cm/*21x28in* Wien 96
✏ *$1 195 FF5 990 £756* Weite Landschaft Aquarell/Papier 15x20cm/*5x7in* Wien 95
RAFFALT Johann Gualbert 1836-1865 **[5]**
🖼 *$3 861 FF21 929 £2 416* Reitergruppe in Steppenlandschaft Öl/Leinwand 50x82cm/*19x32in* München 97
🖼 *$5 887 FF33 572 £3 584* Ungarische Dorfstrasse Oil/panel 23,5x33,5cm/*9x13in* Wien 97
RAFFET Auguste 1804-1860 **[60]**
🖼 *$2 363 FF14 000 £1 415* La Retraite de Russie Huile/toile 24x36cm/*9x14in* Fontainebleau 97
✏ *$303 FF1 650 £181* Départ au combat Crayon 21x32cm/*8x12in* Arles 97
RAFFIN André 1927 **[54]**
🖼 *$630 FF3 200 £376* L'Estuaire de Honfleur Huile/toile 38x55cm/*14x21in* Le Havre 96
RAFFLER Max 1902-1988 **[35]**
✏ *$228, FF1 351 £135* Gebirgsee mit Enten Aquarell/Papier 29x40cm/*11x15in* München 97
RAFFORT Étienne 1802-1880 **[4]**
🖼 *$7 408 FF43 000 £4 523* Rue du Caire Huile/toile 73x60cm/*28x23in* Paris 97
🖼 *$21 707 FF130 456 £13 000* Sultan Ahmet III's Fountain by the entrance to Topkapi Sarayi Oil/canvas 33x46,5cm/*12x18in* London 98
RAFFY LE PERSAN Jean 1912 **[117]**
🖼 *$490 FF2 500 £323* Le Coran: Purification du Coeur de Mahommet Huile/panneau 13,5x19cm/*5x7in* Paris 96
🖼 *$1 000 FF5 899 £612* Dog up on Hind Legs trying to Steal bread from a small Girl Oil/canvas 60x44cm/*24x17in* Pittsburgh, PA 98
RAFOLS CASAMADA Alberto 1923 **[26]**
🖼 *$2 437 FF14 812 £1 500* Sin título Técnica mixta 100x149cm/*39x58in* Barcelona 98

$3 450 FF19 850 £2 000 Composición Oleo/lienzo 71x49cm/*27x19in* Madrid 97
$264 FF1 580 £164 Composición Grabado 69,5x49,5cm/*27x19in* Madrid 98
$650 FF3 950 £400 Ventana Técnica mixta/papel 64,5x50cm/*25x19in* Madrid 98
RAFTERY Ted 1938 **[6]**
$1 095 FF5 355 £705 Morning Tracks at Sunwapta Pass Oil/canvas 60x91cm/*24x36in* Calgary, Alberta 95
RAGAN Leslie 1897-1972 **[8]**
$1 800 FF9 944 £1 118 New York Central System Poster 82x66cm/*32x26in* New-York 97
RAGGI Giovanni 1712-1792/94 **[4]**
$3 000 FF16 574 £1 864 Two Men seen from behind, one pouring water in a Vase Ink 34,1x25,3cm/*13x9in* New-York 97
RAGGIO Giuseppe 1823-1916 **[18]**
$2 044 FF10 000 £1 315 Retour du marché Huile/panneau 18x24cm/*7x9in* Calais 95
$5 000 FF26 610 £2 948 The round up Oil/board 35,9x68,9cm/*14x27in* New-York 97
$2 604 FF13 100 £1 722 Mandria e butteri nella Campagna Romana Acquarello/cartone 43x76cm/*16x29in* Roma 95
RAGIONE Raffaele 1851-1919 **[57]**
$5 500 FF33 515 £3 412 Children in a Park Oil/board 25,5x34,5cm/*10x13in* New-York 98
$27 600 FF156 400 £18 400 Carrozze ai Champs Élysées Olio/tela 50x77cm/*19x30in* Roma 97
RAGLESS Maxwell Richard Ch. 1901-1981 **[23]**
$674 FF3 462 £445 Townsville Harbour Oil/board 59x74cm/*23x29in* Sydney 96
RAGOCZY Joachim 1895-1975 **[11]**
$283 FF1 673 £167 Selbstporträt Woodcut 28x22cm/*11x8in* Berlin 97
RAGOT Jules Félix 1835-1912 **[27]**
$349 FF2 141 £208 A portrait of a lady Oil/canvas 83,5x67cm/*32x26in* Amsterdam 98
$2 000 FF11 607 £1 181 Still Life of Apples, Knife and Wine Glass on a Table Oil/panel 26x38cm/*10x15in* New Orleans, Louisiana 97
RAHL Carl 1812-1865 **[14]**
$1 209 FF7 140 £730 Prometheus an den Felsen geschmiedet Öl/Leinwand 76,5x54,5cm/*30x21in* Wien 97
$1 735 FF10 480 £1 053 Muythologische Szene Öl/Leinwand 18x63,5cm/*7x25in* Wien 98
RAHN Eduard 1801-1851 **[2]**
$19 300 FF99 300 £12 040 Classical Landscape with a Drover with Cattle and Goats Oil/canvas 55,5x76,5cm/*21x30in* Wien 96
RAHON Alice 1914-1987 **[10]**
$5 500 FF32 855 £3 364 "Le Nil" Mixed media/canvas 36x99cm/*14x38in* New-York 98
RAHOULT Diodore Charles 1819-1874 **[12]**
$20 000 FF100 000 £12 940 Allegory of Summer: the Goddess Ceres & Putti/Picnic near a waterfall Oil/canvas 155x134cm/*61x52in* New-York 96
$28 000 FF159 726 £17 217 An Allegory of Summer: The Goddess Ceres surrounded by Putti; A picnic Oil/canvas 64,2x130,2cm/*25x51in* New-York 97
RAI Ida Bagus Nyoman 1915 **[7]**
$7 191 FF42 504 £4 450 Temple-procession Tempera/canvas 225x130cm/*88x51in* Singapore 97
$2 184 FF13 086 £1 302 Tourism in Bali Watercolour 70x99,5cm/*27x39in* Amsterdam 98
RAIEV Vassili Iegorovich 1807-1871 **[2]**
$8 189 FF47 528 £5 000 Figures on a hilltop in the Caucasus Oil/canvas 63x80,5cm/*24x31in* London 97
RAIMONDI Aldo 1902-? **[23]**
$174 FF1 038 £108 Motivo à Ischia Aquarell/Papier 31,5x24cm/*12x9in* München 97
RAIMONDI Marcantonio c.1480-1534 **[40]**
$980 FF5 859 £600 Two Nude Women Engraving 16,5x12,5cm/*6x4in* London 97
RAIMONDI Roberto 1877-1957 **[3]**
$1 070 FF6 548 £650 Afternoon Gossip Watercolour 52x73cm/*20x28in* London 98
RAINBIRD Victor Noble 1888-1936 **[123]**
$213 FF1 203 £129 An Impression, Vide, Normandy Watercolour 35x26,5cm/*13x10in* Billingshurst, West Sussex 97
RAINE Herbert 1875-1951 **[11]**
$204 FF1 230 £123 "St. Vincent Street Looking Towards St. Paul Street, Montreal" Eau-forte 25,5x29cm/*10x11in* Montréal 98
RAINER Arnulf 1929 **[405]**
$3 290 FF16 830 £2 110 Totenmaskenübermalung "Shakespeare" Mixed media 30x20,5cm/*11x8in* Wien 96

☞ *$10 854 FF64 408 £6 736* "Roter Rausch" Mixed media 50,5x61cm/*19x24in* Wien 97
☞ *$99 060 FF588 234 £60 000* Übermalung Oil/canvas 179,5x78,5cm/*70x30in* London 97
▥ *$2 607 FF15 065 £1 530* Darbringbietung Etching 31x49cm/*12x19in* Köln 97
▣ *$926 FF4 810 £613* "Face Farces" Photograph 60x48cm/*23x18in* Wien 96
✎ *$6 470 FF31 830 £4 120* Ohne Titel Mischtechnik/Papier 41x29cm/*16x11in* Wien 95

RAINERI Vittorio 1797-1869 [2]
✎ *$3 762 FF21 322 £1 881* Uccelli esotici Gouache/carta 40,5x28,5cm/*15x11in* Milano 97

RAINEY William 1852-1936 [11]
✎ *$405 FF2 403 £240* An elderly Woman in an Interior Watercolour/paper 48,5x28cm/*19x11in* Billingshurst, West Sussex 97

RAITTILA Tapani 1921 [15]
☞ *$1 656 FF9 952 £993* Skatudden Oil/canvas 25x38cm/*9x14in* Helsinki 98

RAJADELL Jorge Eduardo 1952 [3]
✎ *$1 906 FF9 200 £1 200* A pair of wood duck Watercolour 60x70cm/*23x27in* London 95

RAJLICH Thomas 1940 [11]
☞ *$1 363 FF8 144 £834* Untitled Oil/canvas 45x45cm/*17x17in* Amsterdam 98

RAJON Paul A. 1842/43-1888 [7]
▥ *$175 FF1 056 £106* Portrait of Whistler, c.1880s Lithograph 21x15cm/*8x6in* Bethesda, Maryland 98

RAKEMANN Carl 1878-? [7]
☞ *$700 FF4 191 £430* Octagon House, Washington, D.C. Oil/canvas 81,5x66cm/*32x25in* Washington 98

RAKOWSKY de Mecislas 1887-1947 [17]
☞ *$1 262 FF7 194 £792* Les meules Huile/toile 54x65cm/*21x25in* Bruxelles 97

RAKSSANYI Dezsö, Desiderius 1879-? [5]
☞ *$7 000 FF42 219 £4 155* Rabbi with Torah on the Walls of Jerusalem Oil/canvas 70x60cm/*27x23in* Tel Aviv 98

RALEIGH Charles S. 1830-1925 [2]
☞ *$3 000 FF17 084 £1 846* The Americain three master, the Herbert J. Young Oil/canvas 56x91,5cm/*22x36in* New-York 97

RALEIGH Henry P. 1880-1944 [8]
✎ *$1 200 FF6 984 £739* Fashionable Couple Looking Over Garden Wall Wash 43x39cm/*17x15in* New-York 97

RALL George F. 1885-1952 [5]
▥ *$1 141 FF6 730 £700* "Dernburg, Teehaus" Poster 124x92cm/*48x36in* London 98

RALLI Théodore Scaramanga 1852-1909 [26]
☞ *$32 130 FF157 200 £20 330* Relclining Odalisque Oil/canvas 16x22cm/*6x8in* Athens 95
☞ *$32 000 FF182 336 £19 600* La concubine endormie Oil/canvas 47x49cm/*18x19in* New-York 97
✎ *$6 850 FF33 540 £4 340* Oriental girl Watercolour/paper 27x18,5cm/*10x7in* Athens 95

RAMACHANDARAN A. 1935 [2]
✎ *$2 360 FF11 730 £1 500* Incarnation I Watercolour/paper 65x49cm/*25x19in* London 95

RAMAH Henri Raemacker 1887-1947 [46]
☞ *$1 273 FF7 362 £778* Nature morte aux immortels Huile/toile 50x36cm/*19x14in* Antwerpen 97
✎ *$527 FF2 573 £333* Paysanne Aquarelle 74x46cm/*29x18in* Antwerpen 95

RAMBAUD Bernard [11]
✎ *$393 FF2 000 £259* Chasseurs alpins près du lac Aquarelle 20x34cm/*7x13in* Grenoble 96

RAMBERG Johann Heinrich 1763-1840 [36]
▥ *$290 FF1 682 £178* Tanzendes Paar bei Frascati Radierung 42,5x54,8cm/*16x21in* Heidelberg 97
✎ *$652 FF3 996 £400* A Riotous Scene in a Kitchen with an Old Woman defending a young Maid Ink 23,5x35,5cm/*9x13in* London 98

RAMBERG von Arthur Georg 1819-1875 [8]
☞ *$13 543 FF80 618 £8 409* Einzug Heinrich des Vogelers auf der Burg Püchau Öl/Leinwand 165x245cm/*64x96in* Dresden 97

RAMBERT Charles 1867-1932 [6]
▥ *$2 453 FF13 673 £1 500* "Grande Semaine d'Aviation, Rouen" Poster 130x94cm/*51x37in* London 97

RAMBIE Paul 1919 [20]
☞ *$13 740 FF70 000 £8 240* Les Trois Grâces Huile/toile 180x250cm/*70x98in* Paris 96

RAME Jules Louis 1855-1927 [20]
☞ *$1 354 FF7 751 £800* Sheep on the Hillside Oil/canvas 81x117cm/*31x46in* London 97

R

Calendar & auction results: Internet www.artprice.com   Minitel 3617 ARTPRICE

👋 $11 452 FF70 000 £6 874 L'automne, paysage animé Huile/toile 137x179cm/*53x70in* Bayeux 98
RAMEL J. XX **[10]**
📺 $1 100 FF5 500 £718 "Monaco, 14ème. Grand Prix Automobile" Affiche 119x79cm/*46x31in* Boulogne 96
RAMELET Charles 1805-1851 **[4]**
👋 $3 139 FF18 487 £1 937 Ausreitende Damen tauschen Geheimnisse aus Öl/Leinwand 70x95cm/*27x37in* Lindau 97
RAMENGHI IL BAGNACAVALLO Bartolomeo I 1485-1542 **[4]**
👋 $24 000 FF136 000 £12 000 Madonna col Bambino, San Giovanni Battista e San Girolamo Olio/tavola 70x59cm/*27x23in* Roma 98
RAMENGHI IL BAGNACAVALLO Bartolomeo II XVI **[1]**
✏️ $999 FF5 911 £600 St. Peter Black chalk/paper 21x9cm/*8x3in* London 97
RAMENGHI IL BAGNACAVALLO Giovanni Battista II 1521-1601 **[2]**
👋 $13 200 FF69 040 £8 000 The Mystic Marriage of Saint-Catherine Oil/panel 66x52,5cm/*25x20in* London 96
RAMET Jules 1842-1915 **[2]**
👋 $2 850 FF14 670 £1 780 Moutons dans la bergerie Huile/toile 65x91,5cm/*25x36in* Bern 96
RAMIREZ IBAÑEZ Manuel 1856-1925 **[8]**
👋 $5 379 FF27 655 £3 310 El triunfador Oleo/lienzo 59x84cm/*23x33in* Madrid 96
RAMIREZ Martin 1895-1963 **[1]**
✏️ $27 000 FF146 817 £16 164 Untitled Pencil 87x61cm/*34x24in* New-York 97
RAMIREZ Saturnino 1946 **[2]**
👋 $5 000 FF29 188 £2 974 Billares Oil/canvas 91,5x81,5cm/*36x32in* New-York 97
RAMON Luis XX **[5]**
👋 $1 034 FF6 000 £636 Jeux de plage Huile/toile 30x40cm/*11x15in* Paris 97
RAMON Y CAJAL Santiago 1852-1934 **[12]**
✏️ $663 FF3 410 £414 "Corte longitudinal de una laminilla cerebelosa" Dibujo 22x16cm/*8x6in* Madrid 96
RAMOS ARTAL Manuel 1855-1900 **[29]**
👋 $1 400 FF8 000 £860 Paisaje boscoso Oleo/tabla 18x33cm/*7x12in* Madrid 97
RAMOS Domingo E. 1894-1967 **[26]**
👋 $4 200 FF24 000 £2 580 Valle Viñales Oleo/lienzo 30x41cm/*11x16in* Madrid 97
👋 $12 000 FF71 684 £7 340 Paisaje Oil/canvas 76x102cm/*29x40in* New-York 98
👋 $15 400 FF93 844 £9 524 El valle Esmeralda, panes asturias Oil/canvas 150x125cm/*59x49in* Miami, Florida 98
RAMOS IBAÑEZ Francisco XIX-XX **[3]**
👋 $2 636 FF13 110 £1 677 Procesión en Córdoba Oleo/tabla 19x26,5cm/*7x10in* Madrid 95
RAMOS MARTINEZ Alfredo 1872-1946 **[50]**
👋 $15 000 FF86 107 £9 144 Magnolias Painting 60,5x49cm/*23x19in* New-York 97
👋 $24 000 FF116 400 £15 460 Mujer con flores Tempera 141x106cm/*55x41in* New-York 95
✏️ $14 000 FF80 367 £8 534 Sin título Gouache 55,5x71cm/*21x27in* New-York 97
RAMOS Mel 1935 **[113]**
👋 $25 000 FF125 000 £16 180 I Still Get a Thrill When I See Bill #1 Oil/canvas 203x178cm/*79x70in* New-York 96
👋 $38 000 FF196 800 £25 400 The Phantom #2 Oil/canvas 80x47cm/*31x18in* New-York 96
📺 $770 FF4 533 £475 Doggie Dinah Farbserigraphie 8x49cm/*3x19in* Heidelberg 97
✏️ $2 600 FF12 600 £1 670 Chiquita Collage 66x52cm/*25x20in* New-York 95
RAMPAZO Luciano 1936 **[39]**
👋 $1 000 FF6 042 £629 "Gare du Nord" Oil/canvas 33x45cm/*13x18in* New-York 97
👋 $1 500 FF9 140 £918 Les Champs-Élysées Oil/canvas 60x50cm/*24x20in* New-York 98
RAMSAY Allan 1713-1784 **[44]**
👋 $21 230 FF108 200 £14 000 Portrait of Elisabeth Williams, née Elizabeth Gregor Oil/canvas 72x60cm/*28x23in* London 96
👋 $40 413 FF240 408 £24 000 Portrait of Catherine Hall of Dunglass Oil/canvas 127x104cm/*50x40in* London 97
RAMSAY Allan XIX-XX **[7]**
👋 $1 550 FF7 870 £1 000 Dykenenk Glenesk Oil/canvas 40,5x61cm/*15x24in* Auchterarder, Perthshire 96
RAMSAY Allan (Attrib.) 1713-1784 **[3]**
👋 $11 500 FF65 601 £7 026 Portrait of King George III/Queen Charlotte Oil/canvas 76x63cm/*30x25in* Bethesda, Maryland 97
RAMSAY Hugh 1877-1906 **[2]**

*$5 970 FF36 630 £3 717 Still Life, Cucumbers, Pumpkin and Passionfruit Oil/canvas 50x87cm/*19x34in* Melbourne 97
RAMSDELL Frederick Winthrop 1865-1915 **[5]**
*$2 370 FF11 760 £1 500 "American Crescent Cycles" Poster 159x110cm/*62x43in* London 95
RAMSEY Milne 1847-1915 **[10]**
*$10 000 FF49 900 £6 530 Still life with peaches and wine Oil/canvas 50x41cm/*19x16in* New-York 95
RAMUS Aubrey XIX-XX **[9]**
*$309 FF1 864 £190 Coastal Scenes Watercolour/paper 25x35cm/*10x14in* Henley-on-Thames, Oxon 98
RANC Jean 1674-1735 **[7]**
*$130 200 FF680 000 £78 700 La main chaude/La partie de cartes Huile/toile 80x98cm/*31x38in* Paris 96
RANC Jean (Attrib.) 1674-1735 **[5]**
*$10 130 FF50 000 £6 580 Louis Alexandre de Bourbon, comte de Toulouse Huile/toile 98x84cm/*38x33in* Paris 95
*$16 657 FF96 339 £10 000 Portrait of Daniel-François de Gélos de Voisins d'Ambres Oil/canvas 135,5x108,5cm/*53x42in* London 97
RANCHICOURT D'AMiENS Philibert 1781-1825 **[6]**
*$943 FF5 500 £581 Couple vue de dos Crayon 58,5x45cm/*23x17in* Paris 97
RANCILLAC Bernard 1931 **[112]**
*$3 785 FF23 000 £2 279 "Tyree Glenn" Acrylique/toile 100x81cm/*39x31in* Versailles 98
*$6 988 FF42 000 £4 187 Anita (d'après la photographie de W.Claxton) Acrylique/toile 250x200cm/*98x78in* Paris 98
*$230 FF1 200 £137 Royal Garden Blues Lithographie 24x24cm/*9x9in* Versailles 96
*$766 FF4 500 £468 Composition Technique mixte/papier 64x50cm/*25x19in* Douai 97
RANCOULET Ernest XIX-XX **[38]**
*$546 FF3 172 £336 Femme à l'enfant Bronze H38cm/*H14in* Malmö 97
*$3 952 FF23 500 £2 418 Les jeux de l'amour Bronze H89cm/*H35in* La Varenne Saint-Hilaire 97
RAND Paul 1896-1970 **[15]**
*$1 150 FF6 693 £708 "El Producto, every Cigar says Merry Christmas" Poster 105,5x71cm/*41x27in* New-York 97
*$1 388 FF7 110 £842 Mount Garibaldi, Garibaldi Park Watercolour/paper 39x51cm/*15x20in* Calgary, Alberta 96
RANDALL John c.1850-c.1900 **[1]**
*$2 212 FF10 820 £1 400 The Piano Lesson Watercolour 38x56cm/*14x22in* London 95
RANDALL Maurice XIX-XX **[17]**
*$385 FF1 950 £250 "Blue Star Line" Poster 101x64cm/*39x25in* London 96
RANDANINI Carlo ?-1884 **[3]**
*$4 076 FF23 099 £2 038 Scena di genere in un giardino Olio/tela 51,5x66cm/*20x25in* Milano 97
RANDON Claude 1674-1704 **[1]**
*$1 035 FF6 186 £633 "La Galere Reale a la fonde"/"La Galere Patronne a la rame" Engraving 36x54cm/*14x21in* New-York 97
RANFT Richard 1862-1931 **[40]**
*$2 299 FF14 100 £1 407 Danseuses et Arlequin Huile/carton 48x60cm/*18x23in* Arles 98
*$449 FF2 700 £268 Jeune femme et costumes de Pierrots Eau-forte couleurs 29,6x35,4cm/*11x13in* Paris 98
RANFTL Mathias Jo. (Attr.) 1805-1854 **[7]**
*$1 720 FF8 810 £1 114 Studie zu einem Mädchen Öl/Karton 23x20,5cm/*9x8in* Wien 95
RANFTL Mathias Johann 1805-1854 **[28]**
*$1 500 FF8 705 £925 An Italian Peasant Oil/canvas 41x31cm/*16x12in* New-York 97
*$3 266 FF16 800 £2 036 Junge Frau am Fenster Aquarell/Papier 22x16cm/*8x6in* Wien 96
RANGER Henry Ward 1858-1916 **[41]**
*$325 FF1 850 £199 Figure with Horsecart in a Landscape Oil/board 20x30cm/*8x12in* Bethesda, Maryland 97
*$4 000 FF20 360 £2 409 Impressionist Landscape Oil/canvas 71x91cm/*28x36in* Middletown, RI 96
*$1 400 FF8 172 £859 Landscape with Figures Watercolour, gouache/paper 30x40cm/*12x16in* New-York 97
RANIERI de Aristide XIX-XX **[9]**
*$1 335 FF7 900 £803 Amours Sculpture 54x32cm/*21x12in* Périgueux 98
RANITZ de Sebastiaan Mattheus 1847-1917 **[6]**

✏ *$1 002 FF5 810 £598* A Winter Landscape and Peasants with a Sledge on a Frozen Ditch Ink 25,5x35,5cm/*10x13in* Amsterdam 97
RANKAITIS Susan 1949 [1]
📷 *$3 000 FF14 880 £1 898* Passing the Evening Gelatin silver print 175x137cm/*69x54in* New-York 95
RANKIN David G. 1946 [36]
$669 FF3 429 £427 Untitled Acrylic/board 60x83,5cm/*23x32in* Brisbane 96
$1 298 FF7 782 £774 Wanda, Sand Hills II Oil/canvas 152x167,5cm/*59x65in* Melbourne 98
✏ *$200 FF1 201 £121* Brown Rice Charcoal 51x77cm/*20x30in* Sydney 97
RANKLEY Alfred 1819-1872 [3]
$5 340 FF27 700 £3 530 Evening Hymn Oil/canvas 90x130cm/*35x51in* Stockholm 96
$9 804 FF58 708 £6 000 The Gypsy Fiddler Oil/canvas 100x146cm/*39x57in* Billingshurst, West Sussex 97
✏ *$1 422 FF6 960 £900* The village church Watercolour 53x71cm/*20x27in* London 95
RANN Vollian Burr 1897-1956 [6]
$3 000 FF15 580 £1 984 Provincetown Cottages Oil/canvas 76x92cm/*29x36in* New-York 96
RANNEY William Tylee 1813-1857 [6]
$1 100 000 FF6 528 170 £673 750 Kit Carson Oil/canvas 74x62cm/*29x24in* New-York 98
RANSON Paul Elie 1861-1909 [31]
$20 220 FF106 000 £12 160 Paysage impressioniste Huile/toile 64x80cm/*25x31in* Brest 96
$65 996 FF394 476 £40 000 Vignes Oil/canvas 85x170cm/*33x66in* London 97
✏ *$1 670 FF10 000 £998* Nonne à la cueillette Crayon/papier 26x16cm/*10x6in* Paris 98
RANSON Pierre (Attrib.) 1736-1786 [2]
✏ *$1 444 FF8 200 £903* Portrait d'un jeune homme de profil Pierre noire 35x27cm/*13x10in* Paris 97
RANUCCI Lucio 1934 [23]
$1 863 FF10 557 £931 "Morte di un uomo libero" Olio/tela 73x100cm/*28x39in* Milano 98
RANVIER Joseph Victor 1832-1896 [4]
$6 450 FF31 500 £4 090 Jeune femme au drapé rouge Huile/toile 55x37cm/*21x14in* Enghien 95
$34 000 FF203 228 £20 811 Apollo and Daphne Oil/canvas 152,5x121cm/*60x47in* New-York 97
RANZONI Daniele 1843-1889 [12]
$11 220 FF57 300 £6 800 Vacche all'abbeverata Olio/cartone 20,5x28cm/*8x11in* Prato 96
$48 000 FF272 000 £24 000 La punta di Pallanza Olio/tela 68x90cm/*26x35in* Roma 97
✏ *$20 271 FF114 869 £10 135* Ritratto di Antonietta Tzikos di Saint Leger Acquarello/carta 29x24cm/*11x9in* Milano 98
RANZONI Gustav 1826-1900 [20]
$1 049 FF6 125 £624 Sommarlandskap med figurer Oil/panel 29x46cm/*11x18in* Stockholm 97
$1 650 FF10 067 £1 006 Mädchen am Bachufer Öl/Leinwand 37x51cm/*14x20in* Dresden 98
RANZONI Hans 1868-1956 [17]
$2 223 FF13 333 £1 349 "Aus Ulm" Öl/Leinwand 71,5x104cm/*28x40in* Wien 98
$2 947 FF16 772 £1 806 Frühling am Lande Öl/Karton 23x24cm/*9x9in* Wien 97
✏ *$2 050 FF11 945 £1 260* Loibner Tor in Dürnstein Aquarell/Papier 32,5x25,5cm/*12x10in* Wien 97
RAO ZONGYI 1917 [3]
✏ *$4 518 FF26 334 £2 782* Lotus Ink 137,5x70,4cm/*54x27in* Hong Kong 97
RAON Jean (Attrib.) 1630-1707 [1]
$64 980 FF380 000 £39 634 Bustes d'une faunesse et d'un faune Marbre H57cm/*H22in* Paris 97
RAOUX Albert XIX [8]
$3 670 FF22 506 £2 200 Summer Roses on a Bank Oil/panel 25x35,5cm/*9x13in* London 98
RAOUX Jean 1677-1734 [9]
$10 000 FF59 595 £6 132 Young Girl with a Flower Basket standing before an extensive Landscape Oil/canvas 138x104cm/*54x41in* New-York 98
$15 300 FF80 000 £9 110 Mademoiselle de Pressoy en vestale Huile/toile 69x84cm/*27x33in* Lyon 96
RAOUX Jean (Attrib.) 1677-1734 [9]
$16 550 FF86 400 £10 000 The guitar player Oil/canvas 86x74cm/*33x29in* London 96
$19 041 FF110 000 £11 737 Les jeunes musiciens Huile/toile 122x176cm/*48x69in* Paris 97
RAPACKI Józef 1871-1929 [15]
$2 813 FF15 463 £1 727 Droga wsrod brzoz (landscape) Oil/canvas 28x45cm/*11x17in* Warszawa 97
$4 484 FF26 692 £2 741 Odjezdzajacy Pociag Oil/canvas 118x64cm/*46x25in* Warszawa 98
✏ *$724 FF4 338 £432* Dziewczyna zbierajaca kwiaty Watercolour/board 38x23,5cm/*14x9in* Warszawa 98
RAPENO Armand 1858-? [5]
$692 FF3 510 £450 "Le Petit Journal publie La Lune d'Or, par Belly" Poster 152x117cm/*59x46in* London 96

RAPHAEL Joseph 1872-1950 **[30]**
$1 500 FF7 470 £982 Haystacks Oil/board 13x35cm/*5x13in* San Francisco-Los Angeles 95
$20 000 FF98 700 £13 040 Hilly landscape with houses Oil/canvas 80x100cm/*31x39in* New-York 95
$1 500 FF7 830 £906 Barbe Lago Maggiore Watercolour/paper 46x60cm/*18x23in* San Francisco-Los Angeles 96
RAPHAEL William 1833-1914 **[22]**
$562 FF3 365 £341 Maison en bord de mer Huile/toile 30,5x43cm/*12x16in* Montréal 97
$1 453 FF8 478 £890 Woman Leaning on a Fence Watercolour/paper 46x33cm/*18x12in* Toronto 97
RAPIN Aimée 1869-? **[8]**
$1 361 FF7 924 £839 Sinnender Mann Pastell/Papier 69x90cm/*27x35in* Bern 97
RAPIN Henri 1873-? **[3]**
$7 807 FF45 500 £4 809 Baigneuses Huile/toile 237x202cm/*93x79in* Reims 97
RAPOUS Michele A. (Attrib.) 1733-1819 **[7]**
$8 660 FF50 880 £5 200 A Still Life of Roses, Tulips, Carnations, Convolvulus and Others Oil/canvas 119,5x87,5cm/*47x34in* London 97
$34 000 FF167 800 £22 000 Flowers in terracotta Vases Oil/canvas 230x108cm/*90x42in* New-York 96
RAPP Alex 1869-1927 **[12]**
$618 FF3 759 £376 Ule älv Oil/canvas 33x50cm/*12x19in* Helsinki 98
$1 407 FF8 311 £833 Helsingfors Oil/canvas 42x32cm/*16x12in* Helsinki 97
RAPPARD van Anthon G.A. (Attrib) 1858-1892 **[2]**
$10 980 FF65 399 £6 527 De werver Oil/canvas/panel 26x35,5cm/*10x13in* Amsterdam 97
RAPPINI Vittorio XIX-XX **[11]**
$907 FF4 700 £580 An Eastern fruit trader Watercolour 34x23cm/*13x9in* Penzance, Cornwall 96
RAQUIN Iris Michelle 1933 **[26]**
$469 FF2 400 £285 Bord de rivière Huile/toile 60x30cm/*23x11in* Le Touquet 96
RASCH Heinrich 1840-1913 **[10]**
$2 851 FF16 194 £1 784 Junge Mädchen beim Spiel auf der Wiese Oil/panel 17,5x24cm/*6x9in* München 97
RASCHEN Henry 1854-1937 **[7]**
$1 000 FF5 988 £612 The Trapper Oil/canvas 35x20cm/*14x8in* Chicago, Illinois 97
$65 000 FF385 755 £39 812 Interior of a Pomo Dwelling Oil/canvas 70,5x101,5cm/*27x39in* New-York 98
RASCHKA Robert 1847-? **[3]**
$985 FF5 712 £582 Hofburg-Michaelplatz Aquarell/Papier 22x34cm/*8x13in* Wien 97
RASENBERGER Alfred 1885-1949 **[17]**
$706 FF4 054 £430 Heuernte am Hof Öl/Leinwand 40x50cm/*15x19in* Düsseldorf 97
RASETTI Georges I 1851-1931 **[4]**
$27 400 FF142 000 £17 800 Les ramasseuses de pommes de terre Huile/carton 43x63,5cm/*16x25in* Paris 96
RASKIN Joseph 1897-1981 **[13]**
$1 500 FF8 960 £918 Vase with Gladiolas Oil/canvas 76x51cm/*29x20in* New-York 98
RASMUSSEN Aage 1913-1975 **[5]**
$1 200 FF7 151 £719 "D.S.B" Poster 98x60cm/*38x23in* New-York 98
RASMUSSEN Carl I.E.C. 1841-1893 **[45]**
$964 FF5 711 £577 Parti fra Oresund med Kronborg Oil/canvas 12,5x24,5cm/*4x9in* Köbenhavn 97
$2 256 FF13 328 £1 363 Fjordlandschaft Öl/Leinwand 61x91,4cm/*24x35in* Wien 97
$2 357 FF13 958 £1 400 Visitor's to an Artist's Studio Watercolour/paper 17,5x26,5cm/*6x10in* London 97
RASMUSSEN Georg Anton 1842-1914 **[52]**
$1 313 FF8 045 £784 Norwegischer Fjord Oil/wood 18x27cm/*7x10in* Dresden 98
$3 876 FF22 848 £2 316 Fjordlandskap Oil/canvas 55x60cm/*21x23in* Stockholm 97
RASMUSSEN Niels Peter 1847-1918 **[50]**
$436 FF2 652 £269 Nature morte Oil/canvas 28x41cm/*11x16in* Viby J, Århus 97
$795 FF4 846 £482 Glas med lethyrus Oil/canvas 41x45cm/*16x17in* Köbenhavn 98
RASMUSSEN-EILERSEN Eiler 1827-1912 **[41]**
$632 FF3 697 £374 Sommerlandskab med udsigt til Raadvad? Oil/canvas 39x57cm/*15x22in* Vejle 97
$1 930 FF11 463 £1 185 Udsigt fra en pergola over italiensk landskab Oil/canvas 33x47cm/*12x18in* Vejle 97
RASPAIL Benjamin fils 1823-1899 **[2]**

R

$5 845 FF35 000 £3 493 Coquillage Gouache 41x29,5cm/*16x11in* Monte-Carlo 98
RASPAL Antoine (Attrib.) 1738-1811 **[2]**
$5 540 FF28 000 £3 630 Portrait présumé du marquis François de Loras à son chevalet Huile/toile
6x50cm/*2x19in* Paris 96
RASSENFOSSE Armand 1862-1934 **[239]**
$3 132 FF19 500 £1 872 La toilette Huile/panneau 32x24,5cm/*12x9in* Liège 98
$9 555 FF56 910 £5 845 Maternité Huile/panneau 64x53cm/*25x20in* Bruxelles 98
$475 FF2 470 £314 Le gandin ivre Pointe sèche 28x41,5cm/*11x16in* Bruxelles 96
$1 080 FF5 590 £691 La folie livresque Crayon 23x18,5cm/*9x7in* Liège 96
RASTOUX Jules Gaspard XIX-XX **[4]**
$2 352 FF14 000 £1 437 Jardinage Huile/panneau 32x40,5cm/*12x15in* Pontoise 98
RASTRUP Lars 1862-1949 **[11]**
$222 FF1 318 £134 Interiör med en ældre kvinde Oil 64x76cm/*25x29in* Viby J, Århus 98
RATEAU Armand Albert 1882-1938 **[3]**
$34 636 FF215 000 £20 769 Boîte en ivoire à décor sculpté d'une femme drapée Sculpture
4,5x20,5x11,5cm/*1x8x4in* Paris 98
RATH Heine 1873-1920 **[5]**
$334 FF2 011 £200 "Iris" Woodcut 17,7x13,3cm/*6x5in* Stuttgart 98
RATHBONE John 1750-1807 **[39]**
$2 371 FF13 645 £1 400 Figures on a Bridge, a Town beyond Oil/panel 32,5x49,5cm/*12x19in* London 97
$50 052 FF305 376 £30 000 Italianate Landscape with Figures on a Path/Wooded river Landscape Oil/canvas 97,5x129cm/*38x50in* London 98
RATHSMAN Siri 1895-1974 **[63]**
$125 FF755 £76 "Från Alba" Oil/canvas 54x65cm/*21x25in* Stockholm 98
$135 FF686 £89 Kompositioner Etching 21x28cm/*8x11in* Stockholm 96
$154 FF897 £94 Komposition Mixed media drawing 47x63cm/*18x24in* Stockholm 97
RATNAVIRA Gamini P. 1949 **[2]**
$4 611 FF27 833 £2 800 Blazing Acrylic/canvas 75x49,5cm/*29x19in* Billingshurst, West Sussex 98
RATTNER Abraham 1895-1978 **[28]**
$2 900 FF16 599 £1 713 Three Heads Oil/canvas 33x46cm/*12x18in* New-York 97
$5 500 FF32 855 £3 367 Christ and two soldiers Oil/canvas 81,5x65cm/*32x25in* New-York 98
$400 FF2 446 £237 Window Cleaner Screenprint in colors 55x43cm/*22x17in* Washington 98
$550 FF2 739 £361 Composition Watercolour 48x41cm/*19x16in* Baton Rouge, Louisiana 95
RATY Albert 1889-1970 **[122]**
$1 215 FF7 317 £733 "Pont en Ardennes" Huile/toile/panneau 22,5x30cm/*8x11in* Bruxelles 98
$3 393 FF21 125 £2 028 Village et pont dans les Ardennes Huile/toile 57x51cm/*22x20in* Bruxelles 98
$489 FF2 921 £295 Ardeens interieur Aquarelle/papier 43x35cm/*16x13in* Lokeren 97
R

RAU André XX **[1]**
$3 410 FF17 000 £2 234 Portrait de Catherine Deneuve, Paris Photo 4x50cm/*1x19in* Paris 95
RAU Emil 1858-1937 **[56]**
$4 524 FF26 782 £2 686 Junge Wäscherinnen in der Bauernküche bei der Arbeit Öl/Leinwand
115,5x96cm/*45x37in* Dresden 97
$15 000 FF91 855 £8 977 In the Tavern Oil/canvas 101x132cm/*39x51in* New-York 98
RAU Johann Georg 1814-1867 **[2]**
$1 100 FF5 854 £648 Abel Slain Graphite 30x22cm/*11x8in* New-York 97
RAU William H. 1855-1920 **[9]**
$1 200 FF6 924 £735 Sweeping View of the Canadian Falls, Niagara 1890s Albumen print
43x50cm/*17x20in* New-York 97
RÄUBER Wilhelm Carl 1849-1926 **[10]**
$2 817 FF16 801 £1 749 Die Vision des Hl. Hubertus Öl/Leinwand 72x121cm/*28x47in* Dresden 97
RAUCH Charles 1791-1857 **[3]**
$2 635 FF15 000 £1 630 Portrait de Charles François Dumouriez Huile/toile 66,5x54,5cm/*26x21in* Paris 97
RAUCH Christian Daniel 1777-1857 **[10]**
$8 194 FF50 335 £4 915 Jungfer Lorenzen von tangermünde Bronze 43,5x15x36cm/*17x5x14in* Köln 98
RAUCH DE MILAN Johann Nepomuk 1804-1847 **[4]**
$60 800 FF304 000 £40 000 A family group in the park of a suburban villa of Moscow Oil/canvas
70x100cm/*27x39in* London 95
$3 404 FF17 160 £2 200 Arrival of Dowager Empress Maria Feodorovna at the Galitzin Country Gouache

33x47cm/*12x18in* London 96
RAUCH Hans Georg 1939 [5]
  ✏ *$273 FF1 677 £163* Kulturstufe Ink/paper 33x24cm/*12x9in* Bielefeld 98
RAUCH Johann Andreas XVI-XVII [1]
  ✏ *$7 936 FF46 853 £4 699* Allegorie der Bildhauerei Ink/paper 16,9x10,2cm/*6x4in* Berlin 97
RAUCH Johann Josef c.1805-1866 [6]
  $1 684 FF9 584 £1 032 Italienische Hirten Öl/Leinwand 24x33cm/*9x12in* Wien 97
RAUCHINGER Heinrich 1858-1942 [5]
  $6 100 FF31 440 £3 935 Italienisches Mädchen Öl/Leinwand 53x36cm/*20x14in* Wien 96
RAUCHWERGER Jan 1942 [6]
  $2 500 FF15 078 £1 484 A French Landscape Oil/canvas 54,5x46cm/*21x18in* Tel Aviv 98
RAUDNITZ Albert 1814-1899 [6]
  $4 065 FF23 622 £2 400 The Elegant Gossips Oil/canvas 60,5x48cm/*23x18in* London 97
RAUFER-REDWITZ A. XIX [2]
  $2 823 FF17 156 £1 700 Peaches, Pears, Cherries and Plums in Bowls, a Teapot and an Urn Oil/canvas 74x100cm/*29x39in* London 98
RAUH Caspar Walter 1912-1983 [35]
  ✏ *$386 FF1 933 £244* Kompositionen Watercolour 24x31cm/*9x12in* München 95
RAULIN Alexandre XIX [6]
  $7 569 FF43 164 £4 608 Riva degli Schiavone in Venedig, mit reicher figürlicher Staffage Öl/Leinwand 35,5x51cm/*13x20in* Wien 97
RAUMANN Joseph 1908 [47]
  $483 FF3 000 £291 Sur la plage Huile/toile 49x64cm/*19x25in* Le Havre 98
RAUPP Karl 1837-1918 [30]
  $1 660 FF8 030 £1 085 River landscape Oil/cardboard 26,5x40cm/*10x15in* Lindau 95
  $6 000 FF36 319 £3 580 The Goodbye Oil/panel 47x35cm/*18x13in* New-York 97
  ✏ *$3 260 FF15 880 £2 065* Kleines Mädchen mit Giesskanne am Bach Aquarell/Papier 42,5x21,5cm/*16x8in* Köln 95
RAURICH Y PETRE Nicolás 1871-1945 [5]
  $480 FF2 962 £285 Mar Oleo/lienzo 12,5x18,5cm/*4x7in* Madrid 98
RAUSCHENBERG Robert 1925 [585]
  $212 FF1 300 £130 "Je t'appelle devant le médaillon" Huile/toile 50x60cm/*19x23in* Bruxelles 98
  $72 000 FF417 636 £42 559 Lilac Litany Mixed media 216x282cm/*85x111in* New-York 97
  $80 000 FF479 040 £49 152 Untitled Mixed media 26x19,5cm/*10x7in* New-York 98
  $100 000 FF572 410 £59 070 Fast Slip Print 39x57,5cm/*15x22in* New-York 97
  $8 267 FF48 262 £5 000 Counter Ale Early Winter Glut Assemblage 50x110x23cm/*19x43x9in* London 97
  $14 000 FF81 348 £8 265 Fresco (Jammer) Installation 213,5x190,5x12,5cm/*84x75x4in* New-York 97
  $1 378 FF8 022 £849 "Ceiling + Lightbiulb, #6" Silver print 50x40,5cm/*19x15in* London 97
  ✏ *$10 000 FF50 900 £6 000* Untitled Mixed media/paper 168x102cm/*66x40in* New-York 96
RAUSCHER Ludwig, Lajos 1845-1914 [2]
  ✏ *$3 050 FF15 400 £2 000* San Antonio, Padua Watercolour 63x51cm/*24x20in* London 96
RAVANNE Léon Gustave 1854-1904 [4]
  $12 000 FF71 258 £7 326 Fishing Boats, Le Havre Oil/canvas 61x81,5cm/*24x32in* Boston, Mass. 98
RAVAULT Ange René 1766-1845 [2]
  $25 652 FF132 108 £16 989 L'Impératrice en petit costume Engraving 54,5x33cm/*21x12in* New-York 96
RAVEEL Roger 1921 [70]
  $6 238 FF37 158 £3 708 Zulma Daalde de trap af Acrylic/paper 50x65cm/*19x25in* Amsterdam 97
  $11 978 FF71 344 £7 120 Een Zwoele Dag Oil/canvas 100x130cm/*39x51in* Amsterdam 97
  $324 FF1 932 £192 Painter in the Studio Color lithograph 75,5x54,5cm/*29x21in* Amsterdam 97
  ✏ *$2 023 FF10 560 £1 222* Untitled Coloured crayons 29x21,5cm/*11x8in* Amsterdam 96
RAVEL Edouard John E. 1847-1920 [19]
  $1 469 FF8 906 £901 Rast eines Hirtenknaben Oil/canvas 57x70cm/*22x27in* Zofingen 98
  ✏ *$1 634 FF9 475 £1 007* Beim Malen Aquarell/Papier 45x35cm/*17x13in* Zürich 97
RAVEL Jules Hippolyte 1826-1898 [6]
  $3 368 FF20 000 £2 040 Chanteurs espagnols autour d'une table Huile/panneau 77x62cm/*30x24in* Paris 97

  $32 500 FF167 050 £20 312 Le prisonnier de Chillon, Fr. de Bonnivard, devant le duc de Savoies Oil/canvas 134x206cm/*52x81in* New-York 96

RAVEN John Samuel 1829-1877 **[3]**
  $4 697 FF28 469 £2 800 Sussex Mill, Midsummer Afternoon Oil/panel 12x19,5cm/*4x7in* Bath 97
  $24 424 FF142 585 £15 000 A Hampshire Homested Oil/canvas 119,5x148,5cm/*47x58in* London 97

RAVEN Samuel 1775-1847 **[13]**
  $2 991 FF17 786 £1 800 Out Shooting Oil/canvas 47x61cm/*18x24in* London 97
  $4 004 FF24 430 £2 400 Two Pointers in a Landscape Oil/panel 17x22cm/*6x8in* London 98

RAVEN Samuel (Attrib.) 1775-1847 **[4]**
  $1 476 FF8 474 £900 Study of a Spaniel Oil/panel 23x19,5cm/*9x7in* London 97

RAVENSTEIN von Paul 1854-1938 **[6]**
  $3 025 FF18 779 £1 824 Sonnenglanz Öl/Leinwand 27x37cm/*10x14in* Heidelberg 98

RAVENSWAAIJ van Alexander Theo 1922 **[1]**
  $4 520 FF22 050 £2 856 Washing Day Oil/canvas 75x65cm/*29x25in* Amsterdam 95

RAVENSWAAY van Adriana 1816-1872 **[4]**
  $6 960 FF36 000 £4 510 Bouquet de fleurs et fruits sur un entablement Huile/toile 45x36cm/*17x14in* Paris 96

RAVENSWAAY van Detlev 1956 **[3]**
  $1 207 FF5 878 £763 Only a Job Acrylic 50x50cm/*20x20in* Beverly Hills, Calif. 95

RAVENSWAAY van Jan 1789-1869 **[18]**
  $1 730 FF8 940 £1 115 Flodlandskab Oil/canvas 27x35cm/*10x13in* København 96
  $18 900 FF96 400 £12 440 Idyllische Landschaft mit figürlicher Staffage Öl/Leinwand 110x93cm/*43x36in* Wien 96
  $333 FF2 039 £199 Cows in a Stable Wash 30x36,5cm/*11x14in* Amsterdam 98

RAVENSWAAY van Johannes Gijsb. 1815-1849 **[3]**
  $6 784 FF39 331 £4 000 Figures on a Path in a Wooded River Landscape Oil/canvas 83x111,5cm/*32x43in* London 97

RAVESTEYN van Arnold 1615-1690 **[1]**
  $2 920 FF14 300 £1 850 Portrait d'homme au livre Huile/panneau 36,5x28cm/*14x11in* Bruxelles 95

RAVESTEYN van Dirck de Q. (Attrib) 1565/70-c.1620 **[1]**
  $17 570 FF100 000 £10 870 Vénus et l'Amour Huile/toile 68x103cm/*26x40in* Paris 97

RAVESTEYN van Hubert 1638-c.1690 **[4]**
  $11 778 FF70 280 £7 106 Stallinterieur Oil/panel 39x48cm/*15x18in* Köln 97
  $17 170 FF87 300 £10 300 Fish and vegetables on a table Oil/panel 30,5x35cm/*12x13in* Amsterdam 96

RAVESTEYN van Jan Anthon.(Attrib.) c.1570-1657 **[8]**
  $4 590 FF22 940 £3 000 Portrait of a gentleman Oil/panel 15x85cm/*5x33in* London 95
  $42 500 FF250 588 £26 061 Portrait of a woman with red hair Oil/panel 114,5x85,5cm/*45x33in* New-York 98

RAVESTEYN van Jan Anthonisz c.1570-1657 **[17]**
  $13 378 FF79 208 £8 000 Portrait of a Lady, half Length, wearing a black dress Oil/panel 70x57cm/*27x22in* London 97

RAVET Victor 1840-? **[4]**
  $1 474 FF8 932 £896 Le repos Huile/panneau 29,5x40,5cm/*11x15in* Bruxelles 98

RAVI VARMA Raja XIX-XX **[8]**
  $29 700 FF153 800 £19 000 Mahashweta Oil/canvas 48x31cm/*18x12in* London 96
  $31 260 FF162 000 £20 000 Visvamitra and Menaka Oil/canvas 74x48cm/*29x18in* London 96

RAVIER François-Auguste 1814-1895 **[216]**
  $3 204 FF16 000 £2 093 Paysage Huile/toile 38x46,5cm/*14x18in* Lyon 95
  $2 996 FF17 500 £1 839 Environs de Morestel Huile/panneau 26,5x20cm/*10x7in* Pontoise 97
  $2 421 FF15 000 £1 446 Bord d'étang Aquarelle/papier 23x32cm/*9x12in* Lyon 98

RAVILIOUS Eric 1903-1942 **[11]**
  $3 690 FF22 369 £2 200 Submariner preparing to Dive Lithographie couleurs 32x28cm/*12x11in* Bath 97
  $23 000 FF116 000 £15 000 The Cement Pit Watercolour 45x56cm/*17x22in* London 96

RAVN Lars 1959 **[28]**
  $701 FF3 540 £460 Dansehaender Oil/canvas 120x93cm/*47x36in* København 96
  $383 FF2 288 £234 "Jomfruer og grön mand"/"Fuldmåne"/"Kanin"/"Jord" Watercolour/paper 21x31cm/*8x12in* København 97

RAVO René 1904-? **[5]**
📇 *$338 FF1 938* £200 "Radiola, toutes les nuances musicales..." Affiche 160x120cm/*62x47in* London 97
RAWORTH William Henry 1820-1905 **[5]**
✏ *$259 FF1 556* £155 By the Lake, New Zealand Watercolour/paper 37x57,8cm/*14x22in* Sydney 98
RAWSON Carl W. 1884-1970 **[4]**
👆 *$1 700 FF10 041* £1 056 The Lake Beyond the Birch Grove Oil/canvas 81x81cm/*31x31in* Boston, Mass. 97
RAY Charles 1953 **[1]**
⛏ *$60 000 FF290 500* £38 500 32 x 33 x 35 = 34 x 33 x 35 Metal 86,4x83,8x88,9cm/*34x32x35in* New-York 95
RAYA-SORKINE Alain de Bouvier,dit 1936 **[251]**
👆 *$1 245 FF6 500* £741 Mariage Huile/toile 35x27cm/*13x10in* Saint-Germain-en-Laye 96
👆 *$1 284 FF7 500* £759 Alain de Bouvier de Cachard dit "Un peu de Paix de moi" Huile/toile 54x65cm/*21x25in* Saint-Dié 97
👆 *$5 540 FF27 000* £3 550 Mariage en musique Huile/toile 97x130cm/*38x51in* La Varenne Saint-Hilaire 95
📇 *$156 FF900* £95 Mariage sur un air de Wagner Lithographie 13x18cm/*5x7in* Metz 97
✏ *$2 230 FF11 500* £1 477 Les mariés aux voiliers Aquarelle 63x48cm/*24x18in* Arles 96
RAYMOND Alex 1909-1956 **[3]**
✏ *$9 500 FF56 547* £5 807 Original Art for Flash Gordon Sunday Newspaper Page Ink 49,5x61cm/*19x24in* New-York 98
RAYMOND Alexandre XIX **[3]**
✏ *$8 120 FF42 100* £5 200 Basilique d'Ayia Sophia, coupe transversale Watercolour, gouache 64x86cm/*25x33in* London 96
RAYMOND Casimir 1870-1965 **[26]**
✏ *$475 FF2 900* £285 Martigues, le chemin creux Aquarelle/papier 36x54cm/*14x21in* Arles 98
RAYMOND Marie 1908-1988 **[55]**
👆 *$2 062 FF12 000* £1 263 Composition Huile/toile 73x92cm/*28x36in* Paris 97
✏ *$520 FF3 200* £318 Composition Gouache/papier 47,5x63cm/*18x24in* Versailles 98
RAYNAUD Auguste 1855-? **[8]**
👆 *$3 921 FF22 304* £2 400 La jeune bouquetière Oil/canvas 80,5x55cm/*31x21in* London 97
RAYNAUD Aurélien 1970 **[4]**
👆 *$9 830 FF51 300* £6 500 A Spotted Panther Oil/canvas 128x160cm/*50x62in* London 96
✏ *$10 600 FF55 200* £7 000 Black Panthers Pastel/canvas 111x160cm/*43x62in* London 96
RAYNAUD Fortuné XIX-XX **[1]**
📇 *$1 405 FF7 000* £920 "An interessante game", ou La partie d'échecs, d'après Fr. Bridgman Eau-forte 53x67cm/*20x26in* Paris 95
RAYNAUD Jean-Pierre 1939 **[73]**
👆 *$10 110 FF53 000* £6 080 "Mur 700" Huile/panneau 100x75cm/*39x29in* Versailles 96
⛏ *$3 265 FF19 379* £2 000 Boîte de secours Construction 25,5x21x7cm/*10x8x2in* London 97
⛏ *$11 473 FF70 000* £6 874 Block secour seau Sculpture 240x43cm/*94x16in* Paris 98
✏ *$3 207 FF19 000* £1 936 "Centimètre 54" Collage/papier 100x65cm/*39x25in* Paris 97
RAYNER Louise J. 1829-1924 **[58]**
✏ *$7 120 FF36 900* £4 600 The Falcon Cocoa House Watercolour 26x21cm/*10x8in* London 96
RAYNER Margaret XIX-XX **[23]**
✏ *$525 FF3 125* £325 Interior of a Cathedral Watercolour/paper 28x48cm/*11x19in* St. Louis, Miss. 97
RAYNER Samuel A. ?-1874 **[19]**
✏ *$600 FF3 571* £372 The Fallen Knight Watercolour/paper 44x61cm/*17x24in* St. Louis, Miss. 97
RAYPER Ernesto 1840-1873 **[2]**
👆 *$19 200 FF108 800* £12 800 Scena di caccia Olio/tela 70x120cm/*27x47in* Prato 97
RAYSKI von Ferdinand 1806-1890 **[9]**
👆 *$2 076 FF10 370* £1 356 Kopf eines Rehbocks Oil/copper 16,8x11,6cm/*6x4in* Dresden 95
👆 *$2 874 FF14 130* £1 830 Portrait einer jungen Frau Öl/Leinwand 45x40cm/*17x15in* Göttingen 95
RAYSSE Martial 1936 **[68]**
👆 *$3 370 FF17 000* £2 200 Bel été concentré Acrylic 190,5x49,5cm/*75x19in* London 96
👆 *$4 270 FF22 000* £2 740 Coin découpé Acrylique/toile 22x16cm/*8x6in* Paris 96
📇 *$203 FF1 164* £127 Star/Cross Offset 50x64,5cm/*19x25in* München 97
⛏ *$3 640 FF19 000* £2 165 Lanterne magique Sculpture 48x40x17cm/*18x15x6in* Paris 96

$2 620 FF13 500 £1 680 Forme et palmier Collage 35,5x26,5cm/*13x10in* Paris 96
RAZA Sayed Haider 1922 **[25]**
$1 661 FF9 960 £1 000 Oliviers Oil/canvas 40,5x33cm/*15x12in* London 98
$2 458 FF14 677 £1 500 Sea-Scape Oil/canvas 65x25cm/*25x9in* London 98
$13 280 FF68 800 £8 500 Oliviers Oil/canvas 146x113cm/*57x44in* London 96
$3 933 FF23 483 £2 400 Three women Watercolour/paper 45,5x35,5cm/*17x13in* London 98
RAZZIA Gérard Courbouleix 1950 **[12]**
$249 FF1 428 £147 "La Coupole" Poster 159,5x120cm/*62x47in* New-York 97
REA Louis Edward 1868-1927 **[2]**
$2 200 FF13 189 £1 330 South Fork of Nicasio Canyon Oil/canvas 55x91cm/*22x36in* Chicago, Illinois 97
READ David Charles 1790-1851 **[3]**
$532 FF3 179 £321 The twister trees Etching 14x20,5cm/*5x8in* Berlin 97
READ Katherine (Attrib.) 1723-1778 **[3]**
$17 040 FF88 200 £11 000 Portrait of Prince Charles Edward Stuart, in armour Oil/canvas
62x49cm/*24x19in* Glasgow 96
READ Samuel 1815-1883 **[9]**
$685 FF3 867 £420 Figures praying in a Cathedral Interior Watercolour 56x43cm/*22x16in* London 97
READ Thomas Buchanan 1822-1872 **[2]**
$2 300 FF13 888 £1 397 Portrait of a Lady/Portrait of a Gentleman Oil/board 43x34cm/*17x13in* Bethesda,
Maryland 98
READY William James Durant 1823-1873 **[8]**
$2 117 FF12 291 £1 250 Figures on a Beach with Jetty Oil/board 16,5x34,5cm/*6x13in* London 97
REALFONZO Tommaso (Attrib.) c.1677-c.1750 **[4]**
$26 866 FF152 243 £13 433 Garofani e altri fiori in un vaso di rame Olio/tela 75x50cm/*29x19in* Roma 97
REALFONZO Tommaso Masillo c.1677-c.1750 **[5]**
$17 483 FF103 088 £10 350 Still life of roses, carnations, and other flowers Oil/canvas
126,5x70cm/*49x27in* London 97
RÉALIER-DUMAS Maurice 1860-1928 **[15]**
$28 400 FF145 000 £18 700 Napoléon Bonaparte à l'École de Brienne Huile/toile 150x200cm/*59x78in*
Paris 96
$474 FF2 713 £280 "Société Internationale de Peinture et de Sculpture" Affiche 129x88cm/*50x34in*
London 97
REAM Carduc. Plantagenet 1837-1917 **[20]**
$2 749 FF16 435 £1 666 Oranges, Grapes and Plums Oil/board 30,5x35,6cm/*12x14in* San Francisco-Los
Angeles 97
$3 000 FF17 931 £1 818 Still Life with Grapes Oil/canvas 46,4x61,6cm/*18x24in* San Francisco-Los
Angeles 97
REAM Morston Constantine 1840-1898 **[19]**
$3 749 FF22 252 £2 325 Still life with fruit in a Fancy Vase Oil/canvas 30,5x26cm/*12x10in* New-York 97
$4 250 FF25 390 £2 602 Still Life With Fruits, Flowers and a Glass on a Table Oil/canvas
91,5x81,5cm/*36x32in* New-York 98
REASON Florence XIX-XX **[2]**
$3 204 FF18 331 £2 000 In full Bloom Watercolour 25,5x35cm/*10x13in* London 97
REBAY Hilla 1890-1967 **[28]**
$1 500 FF9 057 £899 "Emphasis" Watercolour/paper 52,5x57cm/*20x22in* New-York 98
REBELL Josef 1787-1828 **[16]**
$38 442 FF231 435 £23 000 Fisherfolk in a Harbour with Vesuvius beyond Oil/canvas 133x179cm/*52x70in*
London 98
$1 155 FF6 714 £705 Idyllische Landschaften Indian ink 37x50cm/*14x19in* Wien 97
REBELL Josef (Attrib.) 1787-1828 **[5]**
$8 558 FF52 426 £5 170 Landschaft bei Tivoli mit dem Sibyllentempel Öl/Leinwand
111,5x156,5cm/*43x61in* Wien 98
REBEYROLLE Paul 1926 **[104]**
$3 722 FF22 000 £2 305 La grenouille Huile/toile 50x100cm/*19x39in* Paris 97
$5 930 FF29 000 £3 750 Grenouille Huile/toile 130x162cm/*51x63in* Paris 95
$138 FF850 £84 Sans titre Lithographie couleurs 56,5x75,5cm/*22x29in* Versailles 98
$1 767 FF10 300 £1 088 Nu Gouache/papier 48x64cm/*18x25in* Paris 97
REBOLLEDO CORREA Benito 1880-1964 **[10]**

$3 200 FF16 000 £2 070 Nude boys at the beach Oil/canvas 46x56cm/*18x22in* New-York 96
REBOUL XVIII-XIX **[1]**
$3 595 FF21 000 £2 127 Portrait présumé de Léonille de Polignac Crayon 25x18cm/*9x7in* Paris 97
REBOUSSIN Roger 1881-1965 **[17]**
$2 704 FF14 000 £1 807 Le vieux solitaire Huile/toile 38x26cm/*14x10in* Paris 96
$245 FF1 500 £150 Les oiseaux Crayon/papier 23x17cm/*9x6in* Soissons 98
REBRY Gaston 1933 **[48]**
$486 FF2 474 £291 Hiver au bord de la rivière Oil/canvas 25,5x30,5cm/*10x12in* Calgary, Alberta 96
$834 FF4 958 £502 On a Windy Afternoon Oil/canvas 61x45cm/*24x17in* Calgary, Alberta 98
RECALCATI Antonio 1938 **[65]**
$145 FF893 £86 Empreintes Huile/toile 55x44,5cm/*21x17in* Bruxelles 98
$3 496 FF20 000 £2 182 Third Avenue & Sixth Avenue NTC Huile/toile 200x300cm/*78x118in* Paris 97
RECCO Elena XVII-XVIII **[4]**
$10 000 FF51 800 £6 400 A catch of fish tumbling from a basket and shells on a rocky shore Oil/canvas
95,5x132cm/*37x51in* New-York 96
RECCO Elena (Attrib.) XVII-XVIII **[5]**
$11 040 FF62 560 £7 360 Pesci su un piano di pietra presso un bacile di rame, en plein air Olio/tela
33x84cm/*12x33in* Roma 97
RECCO Gaetano XVII **[1]**
$10 910 FF56 300 £7 000 Saint Joseph Oil/canvas 102x77,5cm/*40x30in* London 96
RECCO Giacomo 1603-c.1650 **[10]**
$30 348 FF180 000 £18 558 Nature morte au vase de tulipes et anémones sur un entablement Huile/toile
61x47cm/*24x18in* Paris 97
RECCO Giacomo (Attrib.) 1603-c.1650 **[9]**
$4 724 FF29 000 £2 894 Vase de fleurs sur entablement Huile/toile 53x39cm/*20x15in* Troyes 98
$12 000 FF66 261 £7 488 Assorted Flowers in glass Vases Oil/panel 27,5x22cm/*10x8in* New-York 97
RECCO Giovan Battista c.1615-c.1660 **[2]**
$48 000 FF272 000 £32 000 Natura morta con pesci e crostacei con figura femminile Olio/tela
115x168,5cm/*45x66in* Roma 97
RECCO Giuseppe 1634-1695 **[8]**
$31 500 FF152 500 £20 000 La punizione di Re Adonibezec Olio/tela 148x200cm/*58x78in* Roma 95
$31 440 FF164 000 £19 000 Assorted flowers in glass vases Oil/canvas 64x51cm/*25x20in* London 96
RECCO Giuseppe (Attrib.) 1634-1695 **[4]**
$13 350 FF70 000 £8 030 L'araignée de mer Huile/toile 36x47,5cm/*14x18in* Paris 96
RECCO Nicola Ma. (Attrib.) XVII-XVIII **[3]**
$7 590 FF38 800 £5 000 Still lifes of fish Oil/canvas 37x99cm/*14x38in* London 96
RECCO Nicola Maria XVII-XVIII **[7]**
$10 499 FF59 498 £5 249 Natura morta di pesci Olio/tela 77x104cm/*30x40in* Roma 98
RECHBERGER Franz (Attrib.) 1771-1841 **[1]**
$1 849 FF10 796 £1 118 Berglandschaft mit Bogenbrücke/Blick von Warte auf ein Tal Oil/panel
15x19,5cm/*5x7in* Stuttgart 97
RECHLIN Karl 1804-1882 **[4]**
$27 900 FF143 500 £17 400 Dragoons and Cuirassiers at an Encampment Oil/canvas 59,5x77cm/*23x30in*
Wien 96
RECKELBUS Louis 1864-1958 **[21]**
$502 FF2 622 £305 "Un coin de ma cuisine" Gouache/papier 44,5x54cm/*17x21in* Lokeren 96
RECKNAGEL John H., Jnr. 1870-1940 **[12]**
$613 FF3 500 £374 Calme plat Fusain 31x39cm/*12x15in* Quimper 97
RECKNAGEL Otto 1845-1926 **[12]**
$841 FF5 020 £507 Hirsch im Gebirge Oil/panel 33x22cm/*12x8in* München 97
RECKNAGEL Theodor XIX-XX **[12]**
$467 FF2 852 £285 Stilleben mit Weinglas und Kirschen Oil/panel 35x42cm/*13x16in* Dresden 98
$3 322 FF20 183 £2 000 An Oriental Beauty Oil/canvas 57,5x48,5cm/*22x19in* London 98
RECKZIEGEL Anton 1865-1936 **[35]**
$482 FF2 800 £284 "Chemin de fer, Jura-Simplon" Affiche 107x70cm/*42x27in* Paris 97
$317 FF1 630 £198 Hochgebirgslandschaft mit Bergsee Aquarell 25x36,5cm/*9x14in* Bern 96

R

REDER Bernhard 1897-1963 **[18]**

  $2 600 FF14 356 £1 622 A Zellist Bronze H37cm/*H14in* Tel Aviv 97

  $985 FF5 691 £578 Sitzender Frauenakt Graphite 73x57cm/*28x22in* Köln 97

REDER Christian L. (Attr.) 1656-1729 **[9]**

  $12 760 FF61 700 £8 000 A cavalry skirmish Oil/canvas 56x97cm/*22x38in* London 95

  $45 000 FF255 000 £30 000 Mercato in piazza Navona a Roma Olio/tela 123x170cm/*48x66in* Milano 97

  $794 FF4 800 £476 Scène de bataille Pierre noire/papier 30x43cm/*11x16in* Paris 98

REDER Christian Leandro 1656-1729 **[2]**

  $16 000 FF83 200 £10 580 A Battle Scene with four mounted Horsemen/A Battle Scene with Soldiers Oil/canvas 37x51cm/*14x20in* New-York 96

REDER Giovanni 1693-c.1765 **[2]**

  $5 940 FF31 050 £3 510 Incontro fra cavalieri in un paesaggio laziale Olio/tela 46x21cm/*18x8in* Roma 96

REDER Giovanni (Attrib.) 1693-c.1765 **[4]**

  $7 510 FF38 000 £4 930 Le Quirinal, Rome Huile/toile 86x106cm/*33x41in* Paris 96

REDER Heinrich Richard 1862-1942 **[11]**

  $797 FF4 568 £486 Fächerbild: Alpenlandschaft mit Bach und Holzsteg Oil/wood 26,5x49cm/*10x19in* Hamburg 97

  $875 FF5 363 £522 Mondscheinlandschaft. Vorn ein Wanderer mit Laterne Oil/canvas 39,5x50cm/*15x19in* Dresden 98

REDER-BROILY Franz 1854-1918 **[13]**

  $947 FF5 398 £591 Abendstimmung im Dachauer Moos Oil/panel 12x21cm/*4x8in* Köln 97

  $2 161 FF13 333 £1 296 Moorlandschaft bei untergehender Sonne Öl/Leinwand 60x105cm/*23x41in* Wien 98

REDFIELD Edward Willis 1869-1965 **[49]**

  $37 375 FF193 976 £24 753 Monthegan Home Oil/canvas 53,5x63,5cm/*21x25in* New-York 96

  $130 000 FF759 343 £79 807 The Old Homestead Oil/canvas 101,5x127cm/*39x50in* New-York 97

REDGATE Arthur William 1860-1906 **[34]**

  $647 FF3 350 £420 A Tranquil Stream Oil/panel 25x35cm/*9x13in* London 96

  $2 400 FF13 683 £1 486 Watermill Landscape Oil/canvas 51x77cm/*20x30in* New Orleans, Louisiana 97

REDGRAVE Richard 1804-1888 **[8]**

  $24 582 FF146 056 £15 000 The Well-Known Footstep Oil/canvas 76x64cm/*29x25in* London 98

REDI Tommaso 1665-1726 **[3]**

  $1 200 FF6 651 £740 A view of a watermill, a fisherman & two washerwomen on the riverbank Ink 29,3x42,6cm/*11x16in* New-York 97

REDIG Laurent Herman 1822-1861 **[11]**

  $3 460 FF17 130 £2 200 A village track Oil/canvas 34x47cm/*13x18in* London 95

REDKO Kliment Nikolaevich 1897-1956 **[7]**

  $12 350 FF64 500 £7 350 Suprematistische Komposition mit rotem und schwarzem Kreis Öl/Leinwand 33x36cm/*12x14in* München 96

  $15 180 FF75 700 £9 940 Suprematistische Komposition mit Rot und Blau Öl/Leinwand 56x37cm/*22x14in* München 95

REDMAN Mikael 1941 **[1]**

  $3 000 FF15 630 £1 886 Southwest Indian Series Sculpture H10cm/*H4in* Scottsdale, Arizona 96

REDMOND Granville S. 1871-1935 **[65]**

  $7 500 FF44 829 £4 545 Catalina Island, California Oil/board 28x35,5cm/*11x13in* San Francisco-Los Angeles 97

  $22 000 FF131 500 £13 334 Twilight Landscape Oil/canvas 66x91,5cm/*25x36in* San Francisco-Los Angeles 97

REDMORE Edward King 1860-1941 **[33]**

  $277 FF1 407 £180 A rocky coastline Oil/panel 30x23cm/*11x9in* London 95

  $4 403 FF25 961 £2 700 Fishing Boats in a Rough Sea Oil/canvas 50x76cm/*19x29in* Billingshurst, West Sussex 98

REDMORE Edward King (Attrib) 1860-1941 **[3]**

  $150 FF918 £90 Fishing Boats at Sea Oil/board 17x22cm/*6x8in* Chester 98

REDMORE Henry 1820-1887 **[57]**

  $5 530 FF27 060 £3 500 A merchantman off the coast Oil/canvas 26x41cm/*10x16in* London 95

  $12 241 FF65 884 £7 300 Shipping at the Mouth of the Humber Oil/canvas 61x102cm/*24x40in* London 97

REDON Georges 1869-1943 **[31]**

🖐 *$251 FF1 300 £162* "A la Place Clichy, Blanc Lundi 28 Janvier" Affiche 100x150cm/*39x59in* Nice 96
REDON Odilon 1840-1916 **[344]**
🖐 *$9 500 FF58 103 £5 808* Etude d'après L'Enlèvement des filles de Leucippe par Rubens Oil/paper 51x43,5cm/*20x17in* New-York 98
🖐 *$28 560 FF149 200 £17 000* Violette Heymann Oil/canvas 30,5x23cm/*12x9in* London 96
🖐 *$1 599 FF9 500 £982* L'Intelligence fut à moi ! Je devins le Bouddha Lithographie 32x22cm/*12x8in* Paris 97
✏ *$1 237 FF6 000 £797* Le Christ au Jardin des Oliviers Crayon 12x10cm/*4x3in* Paris 95
REDONDELA Agustín González A. 1922 **[64]**
🖐 *$2 890 FF17 000 £1 785* Puente de Vivero Oleo/tablex 36x44cm/*14x17in* Madrid 97
🖐 *$3 850 FF22 000 £2 365* Paisaje con castillo Oleo/lienzo 46x55cm/*18x21in* Madrid 97
🖐 *$264 FF1 580 £156* Paisajes rurales Litografía 25x27cm/*9x10in* Madrid 98
✏ *$710 FF3 980 £440* Pueblo segoviano Acuarela/papel 15x24cm/*5x9in* Madrid 97
REDOUTÉ Henri Joseph 1766-1852 **[6]**
🖐 *$624 FF3 560 £386* Rosa Pompania Flora Subsimplica Engraving 36x25cm/*14x10in* New Orleans, Louisiana 97
REDOUTÉ Pierre-Joseph 1759-1840 **[60]**
🖐 *$1 350 000 FF7 020 000 £892 000* An Elaborate Still Life of Flowers in a Glass Vase Oil/canvas 99x80cm/*38x31in* New-York 96
🖐 *$420 FF2 510 £253* Rosen Print 35x25cm/*13x9in* München 97
✏ *$12 400 FF65 000 £7 460* Pavots Aquarelle/papier 44x36cm/*17x14in* Paris 96
REDPATH Anne 1895-1965 **[78]**
🖐 *$9 838 FF56 285 £6 000* Moored Boats Oil/board 51x61cm/*20x24in* Glasgow 97
🖐 *$15 062 FF88 757 £9 000* The Mexican Bird Oil/canvas 30,5x40,5cm/*12x15in* Glasgow 97
✏ *$3 706 FF22 478 £2 200* A French Landscape Charcoal 26,5x35cm/*10x13in* Glasgow 98
RÉE Anita 1885-1933 **[10]**
✏ *$1 571 FF9 389 £962* Andalusische Frau Charcoal 44x37cm/*17x14in* Hamburg 98
REEB David 1952 **[15]**
🖐 *$1 300 FF7 724 £793* Painting Oil/canvas 90x70cm/*35x27in* Tel Aviv 98
🖐 *$3 100 FF18 844 £1 909* Green Purple Yellow Line Acrylic/canvas 120x100cm/*47x39in* Tel Aviv 98
✏ *$1 100 FF6 074 £686* Seated Young Woman on a Chair Mixed media/paper 98,5x67cm/*38x26in* Tel Aviv 97
REED Bryan 1934 **[2]**
✏ *$1 060 FF5 520 £700* A barn owl Watercolour 59x48cm/*23x18in* London 96
REED David 1946 **[7]**
🖐 *$8 000 FF46 457 £4 887* Untitled Acrylic/canvas 76x304cm/*29x119in* New-York 97
REED Doel 1894-1985 **[17]**
🖐 *$3 500 FF20 045 £2 070* Thir Morning at Eight Oil/canvas 71x121cm/*28x48in* Santa Fe, New Mexico 97
🖐 *$600 FF3 575 £359* Evening Music Etching, aquatint 39x28cm/*15x11in* Bethesda, Maryland 98
✏ *$750 FF4 456 £458* Reclining nude Watercolour 22x53cm/*9x21in* Chicago, Illinois 98
REED Ethel 1876-? **[6]**
🖐 *$704 FF3 640 £450* "Miss Träumerei" Poster 56x36cm/*22x14in* London 96
REED Joseph Charles 1822-1877 **[4]**
✏ *$2 606 FF14 842 £1 600* Sheep in the Higlands Watercolour 60x96cm/*23x37in* London 97
REED Marjorie 1915 **[15]**
🖐 *$500 FF2 575 £320* Country landscape Oil/canvas/board 26x33cm/*10x12in* New-York 96
🖐 *$1 700 FF8 857 £1 069* Into the Sandwash on Old Stage Trail Oil/canvas 60x91cm/*24x36in* Scottsdale, Arizona 96
REED Roland W. 1864-1934 **[24]**
📷 *$1 500 FF7 830 £906* "At the Spring", Ojibway, Minn. Gelatin silver print 49x39cm/*19x15in* New-York 96
REED William Thomas ?-1881 **[5]**
🖐 *$1 335 FF8 086 £820* "Haddon Hall From Near Dorothy Vernon's Bridge" Oil/canvas 31x51cm/*12x20in* Chester 98
REEDY Leonard Howard 1899-1956 **[30]**
✏ *$550 FF3 210 £332* Riders in the Moonlight Watercolour/paper 21x27cm/*8x11in* Chicago, Illinois 97
REEKERS Hendrik 1815-1854 **[5]**
🖐 *$54 300 FF285 000 £32 600* Fruits en fleurs sur un entablement Huile/panneau 58x44,5cm/*22x17in*

R

Paris 96
REEKERS Hendrik (Attrib.) 1815-1854 [1]
 $2 372 FF14 531 £1 420 A Fruit Still Life with Pears, Grapes, a Peach, Raspberries Oil/panel
36x44cm/*14x17in* Amsterdam 98
REEKERS Johannes II 1824-1895 [3]
 $1 974 FF11 897 £1 194 Still life with tulips and red anemone Watercolour/paper 29x20cm/*11x7in*
Amsterdam 98
REEP Edward 1918 [1]
 $1 600 FF9 286 £977 Los Angeles Street Corner Ink 44,5x56,5cm/*17x22in* Los Angeles 97
REES Darren 1961 [5]
 $762 FF3 680 £480 An owl in the branches of a tree Watercolour 36x52cm/*14x20in* London 95
REES John XIX [5]
 $2 710 FF15 594 £1 600 Morning/A Beached Wreck Oil/board 13x18cm/*5x7in* London 97
REES Lloyd Frederic 1895-1988 [105]
 $14 220 FF73 300 £9 410 Russet Hills Oil/board 28x48cm/*11x18in* Melbourne 96
 $17 190 FF100 001 £10 529 Mountain stream, Tasmania Oil/board 48,5x53,5cm/*19x21in* Melbourne 97
 $444 FF2 636 £278 Vortex Lithograph 51x66cm/*20x25in* Sydney 97
 $1 271 FF7 699 £787 Townsvale Watercolour 16,5x24cm/*6x9in* Melbourne 97
REES van Otto 1884-1957 [27]
 $2 100 FF10 750 £1 362 La statuette Oil/cardboard 53x38cm/*20x14in* Amsterdam 95
 $762 FF4 455 £451 Figuren bij waterput Gouache/paper 50x65cm/*19x25in* Den Haag 97
REETZ Wilhelm 1887-? [3]
 $2 071 FF11 804 £1 299 Am bergisch-märkischen Bahnhof zu Düsseldorf Öl/Leinwand 63x84,5cm/*24x33in*
Düsseldorf 97
REEVE Richard Gilson 1803-1889 [11]
 $212 FF1 264 £130 One Mile from Gretna, after C.B. Newhouse Aquatint in colors 32x44cm/*12x17in*
Leicestershire 98
REGAGNON Albert 1874-1961 [27]
 $349 FF1 900 £209 Auberge à Tolède Huile/panneau 24x30cm/*9x11in* Arles 97
 $1 204 FF6 000 £789 Une métairie Huile/toile 80x60cm/*31x23in* Toulouse 95
 $8 000 FF45 636 £4 864 Rocky Mediterranean Cove Oil/panel 100x130cm/*39x51in* San Francisco 97
REGGIANI Mauro 1897-1980 [83]
 $4 500 FF25 500 £3 000 Composizione n.18, 1974 Olio/tela 37x41cm/*14x16in* Prato 97
 $6 000 FF34 000 £4 000 Composizione Olio/tela 90x50cm/*35x19in* Milano 97
 $8 700 FF49 300 £4 350 "Bianco e rosso" Olio/tela 195x114cm/*76x44in* Prato 98
 $66 FF336 £42 Composizione Serigrafia a colori 48x44cm/*18x17in* Fossano (Cuneo) 96
 $1 881 FF10 659 £1 254 Composizione Tecnica mista/carta 50x35cm/*19x13in* Milano 97

REGGIANINI Vittorio 1858-1938 [45]
 $24 429 FF139 276 £15 000 Sleeping Beauty Oil/canvas 96x202cm/*37x79in* London 97
 $28 000 FF159 544 £17 150 A Declaration of Love Oil/canvas 75x101,5cm/*29x39in* New-York 97
REGGIANINI Vittorio (Attrib.) 1858-1938 [2]
 $17 000 FF103 343 £10 468 Far Away Thoughts Oil/canvas 76x61cm/*29x24in* New-York 98
REGILD Carsten 1941 [28]
 $1 820 FF9 350 £1 134 Komposition med symboler Oil/canvas 96x125cm/*37x49in* Stockholm 96
REGIS Augustin 1813-1880 [4]
 $2 491 FF15 137 £1 500 Un jeu de trictrac Oil/panel 16x22cm/*6x8in* London 98
REGIS Emma 1854-? [2]
 $1 675 FF8 510 £1 000 The Bracante Oil/panel 31x40,5cm/*12x15in* London 96
REGNAULT DE MAULMAIN Émile 1836-1897 [4]
 $4 602 FF27 645 £2 760 Falkenerare Oil/canvas 32x46cm/*12x18in* Helsinki 98
REGNAULT Henri 1843-1871 [39]
 $2 026 FF10 000 £1 321 Étude pour L'Andalou Huile/toile 32x23cm/*12x9in* Paris 95
 $13 439 FF78 000 £8 205 Vue intérieure d'une mosquée Huile/toile 117x73cm/*46x28in* Paris 97
 $255 000 FF1 310 700 £159 375 Automedon and Horses of Achilles Oil/canvas 160,5x119cm/*63x46in*
New-York 96
 $2 560 FF13 000 £1 527 Portrait présumé du peintre Bida dessinant, "par son ami Regnault" Crayon
34,3x26cm/*13x10in* Paris 96
REGNAULT Henri Victor 1810-1878 [1]

📷 *$2 693* *FF13 950* £1 800 Still life with vegetables Salt print 21,4x16cm/*8x6in* London 96
REGNAULT Jean-Bapt. (Attrib.) 1754-1829 **[8]**
👆 *$11 640* *FF56 500* £7 500 Dying Patroclus Oil/canvas 121x174cm/*47x68in* London 95
✏ *$6 661* *FF39 138* £4 000 Portrait of a Young Woman, wearing a red Ribbon in her Hair Pastel 43,5x34cm/*17x13in* London 97
REGNAULT Jean-Baptiste, baron 1754-1829 **[15]**
👆 *$10 000* *FF52 000* £6 610 Head of a Woman in the Guise of a Bacchante Oil/canvas 55x46cm/*21x18in* New-York 96
👆 *$15 700* *FF80 000* £10 350 Tarquin et Lucrèce/Joseph et la femme de Putiphar Huile/panneau 31,5x26cm/*12x10in* Paris 96
REGNAULT Nicolas François 1746-c.1810 **[1]**
🎨 *$919* *FF5 000* £550 "Matin" Gravure 63x53cm/*24x20in* Poitiers 97
REGNIER Nicolas (Attrib.) 1590-1667 **[8]**
👆 *$5 943* *FF35 033* £3 551 Kvinna med kors vid hund Oil/canvas 72x59cm/*28x23in* Stockholm 97
👆 *$8 222* *FF48 000* £4 972 Marie Madeleine repentante Huile/toile 180x119cm/*70x46in* Paris 97
REGNIER Nicolas Renieri 1590-1667 **[11]**
👆 *$49 900* *FF257 000* £32 000 The Mocking of Christ Oil/canvas 123x156cm/*48x61in* London 96
RêGO Paula 1935 **[18]**
🎨 *$1 226* *FF7 086* £720 Peter Pan Etching in colors 30x44,5cm/*11x17in* London 97
✏ *$5 797* *FF34 347* £3 500 Young Girl with two Dogs Ink 28,5x25,5cm/*11x10in* London 97
REGOS Polykleitos 1903-1984 **[5]**
👆 *$2 938* *FF17 543* £1 800 Church in Mykonos Oil/cardboard 21x23,5cm/*8x9in* London 97
👆 *$13 100* *FF67 800* £8 760 Woman from Naoussa Oil/canvas 90x62cm/*35x24in* Athens 96
REGOYOS Y VALDES de Dario 1857-1913 **[30]**
👆 *$3 182* *FF18 762* £1 900 La caseta del ferrocarril Oleo/tabla 9,5x16,5cm/*3x6in* Madrid 97
👆 *$59 082* *FF359 037* £35 449 Por los muertos Oleo/lienzo 116x89cm/*45x35in* Madrid 98
🎨 *$184* *FF1 106* £114 Bateleras de pasajes Litografia 31x42,5cm/*12x16in* Madrid 97
✏ *$2 275* *FF13 825* £1 365 Retrato de Doña Marie Darroquy Dibujo 12,5x16cm/*4x6in* Madrid 98
REGSCHEK Kurt 1923 **[8]**
👆 *$2 234* *FF13 333* £1 372 "Der Mensch mit sich selbst" Oil/hardboard 92x68cm/*36x26in* Wien 98
REGT de Pieter 1877-1960 **[16]**
👆 *$198* *FF1 171* £118 A ditch Oil/panel 28x19cm/*11x7in* Amsterdam 97
👆 *$1 170* *FF6 020* £730 Winterse bosvaart Oil/canvas 144x79cm/*56x31in* Den Haag 96
REGTEREN ALTENA van Marie Engelina 1868-1958 **[26]**
👆 *$2 602* *FF16 053* £1 636 Eggs on a plate with dried Flowersin a Vase on a table Oil/canvas 54x50,5cm/*21x19in* Amsterdam 97
👆 *$2 853* *FF16 511* £1 743 A Still Life with a Blue Jug Oil/canvas 31x41cm/*12x16in* Amsterdam 97
REGTERS Tibout 1710-1768 **[5]**
👆 *$5 045* *FF29 304* £3 082 Portrait of a lady, standing half length by a curtain Oil/canvas 97,5x73,5cm/*38x28in* Amsterdam 97
👆 *$8 406* *FF49 950* £5 000 A gentleman seated at an arched window/A woman seated at a window Oil/panel 30x24,5cm/*11x9in* London 97
REHBERG Friedrich 1758-1835 **[2]**
👆 *$3 141* *FF18 741* £1 895 Der schlafende Amor wird von jungen Nymphen überrascht Öl/Leinwand 43x32cm/*16x12in* Stuttgart 97
REHDER Julius Christian 1861-1955 **[12]**
👆 *$1 879* *FF11 454* £1 140 Börn på en vej i landsbyen Oil/canvas 80x116cm/*31x45in* København 98
REHFISCH Alison Baily 1900-1975 **[25]**
👆 *$2 028* *FF11 839* £1 251 The farm house Oil/board 34x49,5cm/*13x19in* Melbourne 97
REHN Frank Knox Morton 1848-1914 **[32]**
👆 *$500* *FF3 065* £306 Harbor Scene Oil/board 45x66cm/*18x26in* Mystic, Connecticut 98
REHN Jean Eric 1717-1793 **[3]**
✏ *$3 117* *FF18 446* £1 915 Bykstugan Wash/paper 16,5x21cm/*6x8in* Stockholm 98
REICH Adolf 1887-1963 **[12]**
👆 *$2 540* *FF15 232* £1 516 Kanzlei-Wartezimmer Oil/panel 32x25cm/*12x9in* Wien 98
👆 *$3 217* *FF19 425* £1 931 Kunstexperten Öl/Leinwand 39x50cm/*15x19in* Luzern 98

R

🖌 *$658 FF3 370 £422* Heldentaten unseres Landwehr-Infanterie-Regiments Nr. 1 Gouache/papier 38,5x56,5cm/*15x22in* Wien 96
REICH AN DER STOLPE Siegfried 1912 **[10]**
👆 *$988 FF5 945 £591* Mondgesrpäche Oil/paper 30x21cm/*11x8in* Amsterdam 98
👆 *$1 594 FF8 140 £1 051* "Ayashi" Mischtechnik 95x25cm/*37x9in* Heidelberg 96
🖌 *$549 FF2 717 £349* Komposition Mixed media/paper 15x14cm/*5x5in* Heidelberg 95
REICHEL Hans 1892-1958 **[46]**
👆 *$9 546 FF58 000 £5 747* Fond marin Huile/carton 22x30cm/*8x11in* Paris 98
🖌 *$2 529 FF15 000 £1 546* Composition à la plume Aquarelle 21x14cm/*8x5in* Paris 97
REICHERT Carl 1836-1918 **[80]**
👆 *$2 463 FF14 750 £1 471* Nach der Jagd (Münsterländer Pointer und Dackel) Öl/Leinwand 45x56cm/*17x22in* Köln 98
👆 *$3 425 FF17 900 £2 040* Portrait of a hound Oil/panel 14x16cm/*5x6in* Stockholm 96
REICHLEN Jean-Joseph 1846-1913 **[5]**
👆 *$1 633 FF9 508 £1 007* Waldweg im Sommer Öl/Leinwand/Karton 41,5x30cm/*16x11in* Bern 97
👆 *$11 080 FF57 000 £6 910* Vue de la fenêtre de l'atelier, Fribourg Huile/toile 40x51cm/*15x20in* Bern 96
REICHMANN Franz 1868-? **[3]**
👆 *$6 670 FF33 960 £4 000* Mare and foal Oil/canvas 72x94cm/*28x37in* London 96
REID Archibald David 1844-1908 **[6]**
🖌 *$1 070 FF6 497 £650* Shrimp Boats Watercolour, gouache/paper 36,5x55cm/*14x21in* London 98
REID Bill, William Ronald 1920 **[5]**
▥ *$777 FF3 811 £493* Haida Wolf Silkscreen 71x53,5cm/*27x21in* Vancouver, BC. 95
REID Flora MacDonald c.1879-1929 **[7]**
👆 *$2 431 FF14 664 £1 450* The List of Honours Oil/canvas 27x37cm/*10x14in* West Lothian 98
REID George 1841-1913 **[13]**
👆 *$1 076 FF5 620 £650* Portrait of the Rev. Charles Pritchard/Portrait of Emily Pritchard Oil/canvas 38x31cm/*14x12in* Glasgow 96
👆 *$2 790 FF14 166 £1 800* Blossom Oil/canvas 36x68,5cm/*14x26in* Auchterarder, Perthshire 96
REID George Davison 1871-1933 **[1]**
📷 *$17 950 FF93 000 £12 000* The Cities and London and Westminster Gelatin silver print 25x20cm/*10x8in* London 96
REID George Ogilvy 1851-1928 **[19]**
👆 *$850 FF5 167 £515* Port Scene at Dusk Oil/board 22x34cm/*9x13in* Pittsburgh, PA 98
👆 *$2 608 FF15 528 £1 619* Scene with Gentlemen dressed in Coat Oil/canvas 46x59cm/*18x23in* Detroit, Michigan 97
REID John Robertson 1851-1926 **[41]**
👆 *$1 680 FF8 370 £1 100* When the boats come in Oil/canvas 64x76cm/*25x29in* London 95
👆 *$7 543 FF45 495 £4 500* The Day's Catch Oil/canvas 122,5x185cm/*48x72in* West Lothian 98
🖌 *$1 157 FF6 937 £700* Looe Harbour Watercolour 26,5x37cm/*10x14in* Glasgow 97
REID Mary Augusta Heister 1854-1921 **[10]**
👆 *$1 028 FF5 300 £681* Winter Twilight Oil/canvas 30x36cm/*11x14in* Calgary, Alberta 96
👆 *$5 250 FF30 242 £3 084* Roses in a brown Jug Oil/canvas 55x45cm/*22x18in* Mystic, Connecticut 97
REID Robert Lewis 1862-1929 **[27]**
👆 *$8 000 FF47 505 £4 845* Spring Glory Oil/canvas/board 60x48cm/*24x19in* Detroit, Michigan 97
👆 *$10 000 FF59 067 £6 214* Nude in Forrest Pond Oil/canvas 46x33cm/*18x12in* Boston, Mass. 97
🖌 *$1 600 FF8 280 £1 024* Art Deco Lady Electric Gouache/board 45x32cm/*18x12in* New Orleans, Louisiana 96
REID Robert Payton 1859-1945 **[77]**
👆 *$6 102 FF37 438 £3 800* Picking Poppies Oil/board 25,5x35,5cm/*10x13in* Glasgow 97
👆 *$35 244 FF203 487 £21 000* Idle Hours Oil/canvas 84x127cm/*33x50in* London 97
REID Stephen 1873-1940 **[20]**
👆 *$618 FF3 729 £380* The Carpet Seller Oil/canvas 40,5x51cm/*15x20in* London 98
👆 *$28 440 FF139 100 £18 000* The Appeal for Mercy Oil/canvas 123x181,5cm/*48x71in* London 95
🖌 *$770 FF4 440 £458* Three Characters on Hillock Watercolour/paper 36x52cm/*14x20in* New-York 97
REID-DICK William 1879-1961 **[2]**
🗿 *$18 480 FF95 700 £12 000* Sir Winston Churchill Bronze H32cm/*H12in* London 96
REID-HENRY David Morrison 1891-1977 **[9]**
🖌 *$1 071 FF6 465 £650* Drowsing Away in Daylight, Long Eared Owl Watercolour 36x25,5cm/*14x10in*

Billingshurst, West Sussex 98
REIFFEL Charles 1862-1942 **[38]**
 $3 500 FF20 045 £2 070 Winter Prob. Wilton, CT Oil/canvas 36x36cm/*14x14in* Milford, Conn. 97
 $16 000 FF96 268 £9 577 In the Banner Valley Oil/canvas 87,5x95cm/*34x37in* Beverly Hills, Calif. 98
 $1 000 FF5 210 £628 Landscape Mixed media/paper 23x24cm/*9x9in* Altadena, CA 96
REIFFENSTEIN Karl Theodor 1820-1893 **[8]**
 $8 500 FF44 100 £5 520 "Venedig" Oil/panel 12x18,5cm/*4x7in* München 96
 $850 FF5 020 £503 Gehöft mit Staffage Aquarell/Papier 12x9cm/*4x3in* Frankfurt 97
REIGNER Léopold 1897-1981 **[15]**
 $2 357 FF14 000 £1 428 Composition à la figure Huile/toile 81x60cm/*31x23in* Saumur 97
REIGNIER Jean Marie 1815-1886 **[4]**
 $7 670 FF40 000 £4 820 Vase de pivoines, insectes et papillons Huile/panneau 34x26cm/*13x10in* Lyon 96
REIJNTJENS Henricus Engelbertus 1817-1900 **[25]**
 $4 095 FF21 070 £2 555 La nouvelle Oil/panel 19,5x15cm/*7x5in* Amsterdam 96
 $4 860 FF29 761 £2 900 Elegant Figures in a Park Oil/canvas/board 57x49cm/*22x19in* London 98
REILLE Karl 1886-1974 **[123]**
 $2 870 FF14 000 £1 816 Départ pour la chasse Huile/carton 18,5x23cm/*7x9in* Soissons 95
 $3 189 FF18 000 £1 954 Sicambre et Freeman, premier et deuxième du Jockey-Club à Chantilly Huile/toile
46x55cm/*18x21in* Deauville 97
 $382 FF2 000 £229 "Yolande" Aquarelle, gouache/papier 29x22cm/*11x8in* Paris 96
REILLY Michael 1898-? **[4]**
 $1 223 FF6 902 £749 The Frozen River Watercolour 25,4x34,3cm/*10x13in* London 97
REIMERS Heinrich XIX **[2]**
 $2 866 FF17 606 £1 720 Skibsportraet af Mercur af Rudkjöbing Oil/canvas 48,5x71,5cm/*19x28in* Vejle 98
REIMS Iwan Iwanow. (Attr.) 1818-1868 **[1]**
 $1 860 FF9 630 £1 201 Römische Wandermusiker Öl/Leinwand 20x16cm/*7x6in* Wien 96
REINAGLE George Philip 1802-1835 **[3]**
 $5 030 FF28 945 £3 100 View of Constatinople, Istambul, across the Harbour, Turkey Watercolour
43x33cm/*16x12in* London 97
REINAGLE Philip 1749-1833 **[21]**
 $15 000 FF76 500 £9 920 A Peregrine Falcon attacking a Bittern Oil/canvas 87x114cm/*34x44in* New-
York 96
REINAGLE Philip (Attrib.) 1749-1833 **[6]**
 $2 300 FF14 223 £1 381 Duck and Ducklings Along the Shore/A Covey of Ptarmigan Oil/canvas
68x109cm/*27x43in* Bethesda, Maryland 97
 $23 340 FF118 800 £14 000 Portrait of a gentleman Oil/canvas 114x139cm/*44x54in* London 96
REINAGLE Ramsay R. (Attrib.) 1775-1862 **[5]**
 $70 072 FF427 526 £42 000 The Carey Children Oil/canvas 143,5x167,5cm/*56x65in* London 98
REINAGLE Ramsay Richard 1775-1862 **[35]**
 $12 500 FF63 800 £8 270 View of the Thames with Barges and Cattle and another with Figures Oil/canvas
53x91cm/*20x35in* New-York 96
 $17 142 FF102 339 £10 500 Study of a Spaniel in a Wooded Landscape Oil/canvas 33x38cm/*12x14in*
London 97
 $917 FF4 670 £550 A shepherd playing pipes in an Italianate landscape Watercolour 22x28cm/*8x11in*
London 96
REINBOLD Anton 1881-? **[12]**
 $5 061 FF29 374 £3 090 "Berchtesgaden, Winterkurort" Poster 98x66cm/*38x25in* Amsterdam 97
REINDEL Edna 1900-1990 **[9]**
 $10 000 FF57 078 £6 182 Contemplation Oil/canvas 81x66,5cm/*31x26in* New-York 97
REINEKING James 1937 **[4]**
 $147 FF844 £92 Ohne Titel Radierung 18x15,5cm/*7x6in* München 97
REINERMANN Friedrich Chr. 1764-1835 **[4]**
 $2 727 FF13 870 £1 628 Burg Hohenstein im Taunus Pencil 46,5x63,6cm/*18x25in* Köln 96
REINGANUM Victor 1907-1976 **[9]**
 $517 FF3 082 £320 City in a Plain Gouache/paper 36,5x50,5cm/*14x19in* London 97
REINHARD Holga 1853-1902 **[3]**

R

$1 258 FF7 475 £748 Ung pige der ordner blomster i haven Oil/canvas 40x33cm/*15x12in* København 97
REINHARDT Ad 1913-1967 **[54]**
$28 000 FF167 664 £17 203 Untitled Mixed media 21,5x27cm/*8x10in* New-York 98
$65 000 FF336 600 £43 450 Untitled Oil/masonite 142x54,5cm/*55x21in* New-York 96
$74 318 FF431 833 £43 877 Collage Collage/paper 19,5x25cm/*7x9in* New-York 97
REINHARDT Johann Jakob 1835-? **[4]**
$1 127 FF6 720 £699 Die Niagara-Fälle bei Mondlicht Öl/Leinwand 58,5x74cm/*23x29in* Dresden 97
REINHARDT Louis, Ludw. (Attr.) 1849-1870 **[1]**
$5 228 FF29 739 £3 200 On the Bosphorus Oil/canvas 60x106cm/*23x41in* London 97
REINHARDT Louis, Ludwig 1849-1870 **[25]**
$1 235 FF7 619 £740 Kuhherde am Seeufer Öl/Leinwand 49x39cm/*19x15in* Wien 98
REINHART Johann Christian 1761-1847 **[52]**
$173 FF882 £114 Die Mühle in alten Gebäuden Etching 24x27,5cm/*9x10in* Heidelberg 96
$694 FF4 045 £424 Felsabsturz "Subiaco" Pencil 26x23cm/*10x9in* München 97
REINHOLD Bernhard (Attrib.) 1824-1892 **[1]**
$4 290 FF22 070 £2 676 An Artist at Sunset Oil/paper 29x38cm/*11x14in* Wien 96
REINHOLD Franz 1816-1893 **[22]**
$2 409 FF14 073 £1 479 Bergbauernhof mit Ausblick auf Gebirgspanorama Huile/bois 30x41cm/*11x16in* Zofingen 97
$2 530 FF15 502 £1 527 Mountainside Path Overlooking Water Oil/canvas 52x41cm/*20x16in* Hatfield, Pennsylvania 98
REINHOLD Friedrich II 1814-1881 **[8]**
$4 620 FF24 140 £2 750 View of Ebensee Oil/panel 31,5x42cm/*12x16in* Wien 96
REINHOLD Heinrich 1788-1825 **[4]**
$1 814 FF10 709 £1 074 Blick auf Capri, im Hintergrund Monte Solario Ink/paper 19x28cm/*7x11in* Berlin 97
REINHOLD Johann Friedrich L. 1744-1807 **[3]**
$16 168 FF96 580 £9 898 Fürst Heinrich XI Bodycolour 59x48cm/*23x18in* Düsseldorf 98
REINHOLD Thomas 1953 **[12]**
$1 527 FF9 064 £948 Ohne Titel, Diptychon Acryl/Leinwand 115x70cm/*45x27in* Wien 97
REINICKE Charles 1906-1983 **[6]**
$750 FF4 529 £455 Catch of the Day Watercolour/paper 25x36cm/*10x14in* New Orleans, Louisiana 98
REINICKE Emil 1859-? **[4]**
$5 088 FF29 498 £3 000 Der Schnappshahn Oil/canvas 120x90,5cm/*47x35in* London 97
REINICKE René 1860-1926 **[10]**
$891 FF5 060 £557 Günstige Gelegeheit Aquarell, Gouache/Karton 38,5x26cm/*15x10in* München 97
REINIGER Otto 1863-1909 **[36]**
$1 346 FF8 032 £812 Landschaftsstudie Öl/Karton 9,5x17cm/*3x6in* Stuttgart 97
$4 546 FF26 854 £2 824 Blühende Kirschbäume im Abendsonnenlicht Öl/Leinwand 42,5x55cm/*16x21in* Stuttgart 97
REISER Carl 1877-1950 **[14]**
$2 554 FF14 507 £1 598 Blumenstilleben Watercolour 49,5x38cm/*19x14in* München 97
REISER Jean-Marc 1941-1983 **[61]**
$9 210 FF45 000 £5 840 Le père Noé Aquarelle 41,5x32cm/*16x12in* Paris 95
REISER-VANEY Leopold 1921 **[1]**
$1 577 FF9 380 £977 Insel, Sonne, Strand und Meer Gouache 50x60cm/*19x23in* Stuttgart 97
REISMAN Ori 1924-1991 **[30]**
$2 100 FF11 230 £1 248 Landscape Oil/paper/canvas 17,5x25cm/*6x9in* Tel Aviv 97
$9 000 FF45 900 £5 960 Reclining woman Oil/paper 70x100cm/*27x39in* Tel Aviv 96
$14 000 FF84 439 £8 311 Alley in Jerusalem Oil/canvas 130x97cm/*51x38in* Tel Aviv 98
REISMAN Philip 1904-1992 **[19]**
$5 500 FF33 618 £3 365 "East 59th Street Behind Old Bloomingdales" Oil/masonite 48x78cm/*19x31in* Chester, NY 98
$475 FF2 830 £284 City College Watercolour/paper 48x31cm/*19x12in* Chester, NY 98
REISNER Martin Andreas 1798-1862 **[2]**
$11 000 FF59 814 £6 585 Niagara Falls Oil/canvas 84x112,5cm/*33x44in* New-York 97
REISS Albert, Ali 1909-1989 **[39]**
$266 FF1 350 £175 Morphologic Phenomena II Huile/panneau 33x22cm/*12x8in* Paris 96

⌬ $394 FF2 000 £259 Private Cosmos Huile/panneau 50x61cm/*19x24in* Paris 96
REISS Fritz 1857-1916 **[7]**
⌬ $1 717 FF10 140 £1 017 Kirchzarten bei Freiburg Öl/Papier 25x42cm/*9x16in* Staufen 97
REISZ Hermann 1865-? **[17]**
⌬ $1 423 FF8 600 £896 Am Bauernhof Oil/panel 11,5x16,5cm/*4x6in* Wien 97
REITER Erwin 1933 **[5]**
⌬ $3 017 FF18 088 £1 801 Engel landend Bronze H31cm/*H12in* Wien 98
⌬ $2 980 FF14 700 £1 936 "Struwelpeter" Drawing 65x50cm/*25x19in* Wien 95
REITER Johann Baptist 1813-1890 **[13]**
⌬ $2 613 FF13 440 £1 630 Portrait eines Kleinkindes Öl/Karton 20x14,5cm/*7x5in* Wien 96
⌬ $11 910 FF58 800 £7 740 Mädchen vor dem Spiegel Ol/Leinwand 53x42,5cm/*20x16in* Wien 95
REITER Joseph 1803-1875 **[1]**
⌬ $55 700 FF286 500 £34 700 Paul und Virginie Oil/canvas 128,5x100cm/*50x39in* Wien 96
REITZEL Marques 1896-1963 **[4]**
⌬ $3 750 FF21 766 £2 290 The Pea Pickers Oil/canvas/panel 71x92cm/*27x36in* Los Angeles 97
REJLANDER Oscar Gustave 1813-1875 **[13]**
⌬ $14 391 FF82 000 £8 987 Nu féminin de dos Tirage albuminé 21x16,5cm/*8x6in* Chartres 97
RELRIZIN Yvan XX **[3]**
⌬ $1 747 FF9 000 £1 126 Paysage d'été aux trois collines Huile/toile 26x44cm/*10x17in* Paris 96
⌬ $2 523 FF13 000 £1 627 Paysage aux sept collines Huile/toile 59x89cm/*23x35in* Paris 96
REMBRANDT H. van Rijn (Attrib) 1606-1669 **[8]**
⌬ $350 FF2 030 £215 Portrait of a Man in a Window Etching 15x12cm/*6x5in* Milwaukee, Wisconsin 97
⌬ $44 400 FF226 000 £26 600 A man with a turban Ink 16,5x11,8cm/*6x4in* Amsterdam 96
REMBRANDT Harmensz (Studio) 1606-1669 **[1]**
⌬ $230 000 FF1 411 901 £140 921 Portrait of a young woman Oil/panel 63x50,5cm/*24x19in* New-York 98
REMBRANDT Harmensz van Rijn 1606-1669 **[1431]**
⌬ $2 700 000 FF14 917 230 £1 678 050 Portrait of an Old Man with Beard, en brunaille Oil/paper/panel 11x7cm/*4x2in* New-York 97
⌬ $8 250 000 FF50 644 280 £5 054 775 Portrait of a Bearded Man in a Red Coat Oil/panel 63,5x51cm/*25x20in* New-York 98
⌬ $2 942 FF16 892 £1 794 Die Anbetung der Hirten mit der Lampe Radierung 10,5x12,9cm/*4x5in* Berlin 97
⌬ $74 000 FF377 000 £44 400 Two men in hats and coats conversing Black chalk 11,4x10,2cm/*4x4in* Amsterdam 96
REMENICK Seymour 1923 **[11]**
⌬ $525 FF3 117 £318 Seated Nude Oil/panel 30x35cm/*12x14in* Philadelphia 97
REMFRY David 1942 **[4]**
⌬ $1 099 FF6 380 £649 Girl reading Watercolour/paper 54,5x41cm/*21x16in* London 97
REMILLIEUX Pierre Etienne 1811-1856 **[4]**
⌬ $4 660 FF23 000 £3 030 Enfant tenant un arc devant une balustrade Huile/toile 131x90cm/*51x35in* Paris 95
⌬ $8 000 FF41 120 £5 000 Poire, pêche et prune sur un entablement Oil/panel 18,5x23cm/*7x9in* New-York 96
REMINGTON Frederic Sackrider 1861-1909 **[153]**
⌬ $35 000 FF206 248 £21 616 Field Drill the Prussian Infantry Oil/canvas 21,5x36,5cm/*8x14in* New-York 97
⌬ $280 000 FF1 650 936 £171 696 Lawton's Pursuit of Geronimo Oil/canvas 89x61cm/*35x24in* New-York 98
⌬ $2 000 FF11 454 £1 183 An Old - Time Trapper From a Bunch of Buckskins Color lithograph 50x38cm/*20x15in* Santa Fe, New Mexico 97
⌬ $4 305 FF24 525 £2 625 Indien à cheval descendant la montagne Bronze H30cm/*H11in* Bruxelles 97
⌬ $2 000 FF11 454 £1 183 Four Figure Studies Ink 28x24cm/*11x9in* Santa Fe, New Mexico 97
RÉMOND Jean 1872-1913 **[11]**
⌬ $1 191 FF5 880 £774 Paysage au crépuscule Huile/carton 60x73cm/*23x28in* Wien 95
REMOND Jean Charles Joseph 1795-1875 **[29]**
⌬ $6 359 FF37 475 £3 800 "L'Ermitage de la Cava, Napoli" Oil/canvas 25,5x36,5cm/*10x14in* Glasgow 97
⌬ $8 000 FF40 000 £5 180 Paysage d'Italie Huile/toile 62x90cm/*24x35in* Paris 96
REMONDINI Giovanbattista XVIII **[2]**
⌬ $1 735 FF10 130 £1 049 Nuovo e ultimo ritratto di tutte l'Arte che vanno vendendo per Roma Engraving

21,2x45cm/*8x17in* London 97
REMPS Andrea Dom. (Attrib) c.1620-c.1699 [3]
  $12 520 FF63 300 £8 220 Trompe l'oeil con quadro Öl/Leinwand 71x86cm/*27x33in* Wien 96
REMPS Andrea Domenico c.1620-c.1699 [2]
  $16 030 FF79 900 £10 500 A trompe l'oeil: prints, score, pamphlets and letters Oil/canvas 7x61cm/*2x24in*
London 95
REN Henri 1930 [24]
  $790 FF4 000 £514 Maternité Huile/toile 100x100cm/*39x39in* Douai 96
  $356 FF1 800 £231 Têtes Lavis 56x46cm/*22x18in* Douai 96
REN XIAOLIN 1963 [3]
  $6 470 FF33 300 £3 995 April Oil/canvas 80x80cm/*31x31in* Hong Kong 95
REN XIONG 1823-1857 [4]
  $7 126 FF42 691 £4 255 Landy Standing by a Rock Coloured inks 24x24cm/*9x9in* Hong Kong 98
REN YI 1840-1896 [41]
  $5 000 FF30 138 £3 119 Remembering chrysanthemums Ink/paper 110,5x37cm/*43x14in* New-York 97
RENALDI Francesco 1755-1799 [1]
  $6 801 FF40 076 £4 200 Portrait of an Officer in Mess Uniform Oil/canvas 45x37cm/*17x14in* London 97
RENAN Cornelis Ary 1857-1900 [29]
  $339 FF2 100 £202 Orphée Crayon/papier 40,5x18cm/*15x7in* Paris 98
RENARD Camille 1832-1921 [3]
  $2 692 FF16 000 £1 652 Bouquet de coquelicots et marguerites dans un vase de cuivre Huile/toile
73,5x87cm/*28x34in* Paris 97
RENARD DE SAINT-ANDRÉ Simon 1613-1677 [3]
  $12 247 FF74 000 £7 355 Vanité Huile/toile 47x56cm/*18x22in* Neuilly-sur-Seine 98
RENARD Emile 1850-1930 [3]
  $3 950 FF20 350 £2 450 Junger Bergbauer mit Heubündel auf dem Rücken Öl/Leinwand 90x79cm/*35x31in*
Wetzikon 96
RENARD Fernand 1912 [27]
  $12 000 FF72 420 £7 285 Still Life Spring Flowers in Glass Vase/Primroses and Forget-Me-Nots Oil/panel
24x19cm/*9x7in* New-York 98
  $15 000 FF91 687 £9 159 Still Life with Oranges and Bananas Oil/canvas 54x74cm/*21x29in* New-York 98
  $2 750 FF16 812 £1 679 Five Still Lifes and Landscape Gouache/papier 9,5x13cm/*3x5in* New-York 98
RENARD François Auguste XIX [11]
  $1 369 FF8 000 £810 L'Hôtel de Ville, Paris Tirage papier salé 16,6x21,6cm/*6x8in* Paris 97
RENARD Stephen J. 1947 [39]
  $3 511 FF21 824 £2 100 "Schooners Racing in the Solent" Oil/canvas 30x38cm/*11x14in* London 98
  $13 410 FF66 000 £8 500 "Cicely" in the Solent (1905) Oil/canvas 70x101cm/*27x39in* London 95
  $26 755 FF166 284 £16 000 "Yankee" and "endeavour" Off The Royal Yacht Squadron 1935 Oil/canvas
101,5x127cm/*39x50in* London 98
RENAU MONTORO Josep 1907-1982 [3]
  $2 760 FF15 807 £1 632 "Las Arenas" Poster 69x100cm/*27x39in* New-York 97
RENAUCOURT de Henry XIX-XX [7]
  $255 FF1 300 £168 "Château de Fougères, Excursion en Bretagne" Affiche 105x74,5cm/*41x29in* Neuilly 96
RENAUD Jean-Charles 1891-? [2]
  $6 500 FF39 561 £3 875 Chiens de chasse en forêt Oleo/lienzo 65x54,5cm/*25x21in* Buenos Aires 97
RENAUD Madeleine XX [15]
  $135 FF800 £80 Oeillets dans un vase Aquarelle/papier 38x29cm/*14x11in* Paris 97
RENAUDIN Alfred 1866-1944 [36]
  $2 338 FF14 000 £1 397 Après-midi d'orage à Vezelise Huile/toile 38x54cm/*14x21in* Nancy 98
  $2 457 FF14 000 £1 534 Orléansville Huile/toile 24x48cm/*9x18in* Saint-Dié 97
RENAULT Charles Edmond 1829-1905 [8]
  $1 112 FF6 500 £658 Barque sur la rivière Huile/toile 16x31,5cm/*6x12in* Barbizon 97
  $2 656 FF13 500 £1 586 La chaumière au bord de la rivière Huile/toile 48,5x73cm/*19x28in* Barbizon 96
RENAULT Gaston XIX-XX [3]
  $12 456 FF72 000 £7 675 Intérieur à Biskra Huile/toile 73x92cm/*28x36in* Paris 97
RENDA Giuseppe 1862-1939 [7]
  $3 606 FF21 338 £2 200 Bacchus with a Cup of Wine Bronze H45cm/*H17in* London 98
RENDERS Maurice 1877-? [9]

⎈ $582 FF2 800 £365 Le modéliste de petits navires Huile/toile 24x30cm/*9x11in* Douarnenez 95
RENDON Manuel 1894-1980 **[14]**
⎈ $12 000 FF71 641 £7 371 Pintura Oil/panel 92x122cm/*36x48in* New-York 98
✎ $5 000 FF28 702 £3 048 Untitled, a Set of Seven Drawings Graphite 27x21cm/*10x8in* New-York 97
RENÉ Jean-Jacques 1943 **[111]**
⎈ $1 586 FF8 000 £1 041 Trouville Huile/toile 33x41cm/*12x16in* Saint-Dié 96
⎈ $2 281 FF13 000 £1 424 Trouville Huile/toile 54x73cm/*21x28in* Mont-Saint-Michel 97
RENÉ-JACQUES René Giton 1908 **[46]**
📷 $588 FF3 500 £359 Étude de nu Tirage argentique 40x22cm/*15x8in* Paris 98
RENÉ-JUST René Camille Juste 1868-1954 **[10]**
⎈ $582 FF3 500 £349 Le moulin de Pencastel (?) Huile/toile 60x43cm/*23x16in* Chaumont 98
RENEFER Raymond 1879-1957 **[85]**
✎ $201 FF1 200 £125 Le peintre Aquarelle/papier 27x20cm/*10x7in* Paris 97
RENESSE van Constantin 1626-1680 **[4]**
✎ $3 113 FF17 820 £1 839 Ss. Peter and John Heal a Cripple at the Gate of the Temple Ink 17x26cm/*6x10in* Amsterdam 97
RENEVIER Julien 1847-1907 **[4]**
✎ $2 117 FF12 070 £1 300 The Pont Neuf and the Statue of Henri IV, Paris Watercolour/paper 23x28,5cm/*9x11in* London 97
RENGER-PATZSCH Albert 1897-1966 **[149]**
📷 $257 FF1 500 £155 Minéraux Photo 23x17cm/*9x6in* Paris 97
RENI Guido 1575-1642 **[28]**
⎈ $30 540 FF152 200 £20 000 The Christ Child asleep upon the Cross Oil/canvas 24x31cm/*9x12in* London 95
▦ $780 FF4 068 £456 Der hl. Rochus, Almosen verteilend Radierung 28,1x44,1cm/*11x17in* Berlin 96
✎ $24 000 FF133 036 £14 808 Study of the head of a woman Chalks/paper 32,7x24,6cm/*12x9in* New-York 97
RENI Guido (Attrib.) 1575-1642 **[15]**
✎ $2 094 FF13 000 £1 262 Etude de mains et de jambes pour une Vierge à l'Enfant Encre 7,5x10cm/*2x3in* Paris 98
RENICA Giovanni 1808-1884 **[5]**
⎈ $2 950 FF17 458 £1 800 Travellers before a Middle Eastern Coastal Town at Dusk Oil/canvas 75x99,5cm/*29x39in* London 98
RENIÉ Émile Jean 1835-1910 **[49]**
⎈ $206 FF1 200 £121 Tête de paysanne Huile/panneau 20,5x13cm/*8x5in* Paris 97
⎈ $516 FF3 000 £304 Rochers et sous-bois à l'automne Huile/toile 50x65cm/*19x25in* Paris 97
✎ $129 FF750 £76 Maison à Colombages Aquarelle/papier 18,5x27cm/*7x10in* Paris 97
RENNER Paul Friedrich 1878-1956 **[1]**
▦ $1 400 FF7 250 £936 "Tonhalte Zürich, Maskenball" Poster 112x90cm/*44x35in* New-York 96
RENNERALL Louis XIX **[1]**
⎈ $11 720 FF59 600 £7 000 Caught ! Oil/canvas 106x89cm/*41x35in* London 96
RENNERTZ Karl Manfred 1952 **[9]**
✎ $268 FF1 400 £160 Sans titre Aquarelle/papier 98x68cm/*38x26in* Paris 96
RENNIE George Melvin 1874-1953 **[33]**
⎈ $993 FF5 180 £600 The Heart of the Cuillins, Skye Oil/canvas 46x61cm/*18x24in* Glasgow 96
RENOIR Jean 1894-1979 **[3]**
⛲ $3 027 FF18 000 £1 852 Buste de maternité Bronze 22x19,5x13cm/*8x7x5in* Versailles 97
RENOIR Pierre-Auguste 1841-1919 **[1348]**
⎈ $45 000 FF230 600 £27 340 Nature morte aux poissons Oil/canvas 31,5x51,5cm/*12x20in* New-York 96
⎈ $90 744 FF542 404 £55 000 Femme drapée, esquisse pour Oedipe Oil/canvas 28x22cm/*11x8in* London 97
⎈ $554 000 FF2 873 000 £360 000 La Famille Oil/canvas 161x130cm/*63x51in* London 96
▦ $110 000 FF639 540 £65 549 "Le Chapeau épinglé", 1ère. planche Lithograph 61x49,5cm/*24x19in* New-York 97
⛲ $12 775 FF70 000 £7 693 Maternité ou La Mère et l'enfant Bronze H53,5cm/*H21in* Paris 97
⛲ $176 880 FF1 100 000 £111 540 Grande Vénus Vitrix Bronze H180cm/*H70in* Cannes 97
✎ $75 000 FF427 837 £45 825 Portrait de jeune fille Red chalk/paper 28x22cm/*11x8in* New-York 97
RENOUARD Paul 1845-1924 **[49]**

$8 410 FF43 000 £5 540 Le banquet Huile/carton 27x35cm/*10x13in* Paris 96

$285 FF1 735 £170 Girl in a Tutu Etching 33x23cm/*12x9in* London 97

$451 FF2 800 £270 Personnages surpris par un coup de ventsur les toits Lavis 39,5x34,5cm/*15x13in* Paris 98

RENOUF Émile 1845-1894 **[8]**

$1 053 FF6 000 £657 Chaumière dans un verger Huile/toile 62x82cm/*24x32in* Lille 97

$1 000 000 FF5 685 000 £612 300 "Un coup de main", The Helping hand Oil/canvas 152,5x226cm/*60x88in* New-York 97

RENOUX André 1939 **[15]**

$655 FF4 000 £392 Rue du Chevalier de la Barre à Montmartre Huile/toile 41x34cm/*16x13in* Paris 98

$1 064 FF6 500 £638 La rue Dauphiné à Paris Huile/toile 61x38cm/*24x14in* Paris 98

RENOUX Charles (Attrib.) 1795-1846 **[1]**

$2 120 FF11 000 £1 370 Bandits près d'un château italien Huile/panneau 24x31cm/*9x12in* Paris 96

RENOUX Jules Ernest 1863-1932 **[27]**

$4 000 FF23 724 £2 422 Le Havre Oil/board 25x35cm/*10x14in* New-York 97

RENQVIST Torsten 1924 **[85]**

$1 133 FF5 760 £677 Kallt landskap Oil/canvas 30x42cm/*11x16in* Stockholm 96

$1 426 FF8 547 £852 Stilleben på bord Oil/canvas 58x65cm/*22x25in* Stockholm 98

$717 FF3 660 £472 Måshuvud Bronze H12cm/*H4in* Stockholm 96

$850 FF4 861 £521 Stilleben Mixed media/paper 19x29cm/*7x11in* Stockholm 97

RENTZELL von August 1810-1891 **[5]**

$5 199 FF30 476 £3 200 Die Post geht ab Oil/canvas 29x24cm/*11x9in* London 97

RENUCCI Renuccio 1880-1947 **[14]**

$744 FF3 744 £492 Nei campi Olio/tavola 30x30cm/*11x11in* Roma 95

$1 920 FF10 880 £960 Barca con pescatori nel mare di Livorno Olio/tavola 70x100cm/*27x39in* Milano 97

RENVALL Ben 1903-1979 **[7]**

$788 FF4 654 £466 Vilande kvinna Bronze H25cm/*H9in* Helsinki 97

RENWICK Lionel Hamilton 1919 **[8]**

$836 FF4 931 £500 The Gallant at Newmarket Oil/canvas 63,5x76cm/*25x29in* London 97

RÉOL Marie Marguerite 1880-1960 **[24]**

$907 FF5 500 £556 La pergola fleurie sur la côte d'Azur Huile/toile 47x55cm/*18x21in* Quimper 98

REPIN Il'ia Efimovich 1844-1930 **[85]**

$7 296 FF36 480 £4 800 Domakha Oil/canvas 30,5x22cm/*12x8in* London 95

$11 480 FF56 500 £7 400 Street scene in a Russian village Oil/canvas 84x124cm/*33x48in* Stockholm 95

$667 000 FF3 500 000 £400 000 The Cossacks of the Black Sea Oil/canvas 360x254cm/*141x100in* London 96

$2 630 FF13 260 £1 700 Savva Mamontov at the piano at Abramtsevo with Spiro and V.D. Polenov Drawing 17x10cm/*6x3in* London 96

REPTON Humphrey 1752-1818 **[5]**

$46 715 FF285 017 £28 000 Plans and Remarks on the Improvement of Gaines Hall in Huntingdonshire Watercolour/paper 22x29cm/*8x11in* London 98

REQUICHOT Bernard 1929-1961 **[33]**

$686 FF3 500 £455 Sans titre Huile/papier 31,5x44cm/*12x17in* Paris 96

$2 870 FF14 500 £1 880 Sans titre, de la Série des Traces Graphiques Technique mixte 92x73cm/*36x28in* Paris 96

$1 540 FF7 500 £985 Lettre d'insultes Encre/papier 21x13cm/*8x5in* Paris 95

RESANI Arcangelo (Attrib.) 1670-c.1740 **[3]**

$6 619 FF39 100 £4 000 Cowherd with his two Sons and Livestock Oil/canvas 114,5x85cm/*45x33in* London 97

$7 610 FF39 740 £4 600 A cowherd with his two sons and livestock Oil/canvas 14x85cm/*5x33in* London 96

RESCALLI Don Angelo 1884-1956 **[8]**

$12 000 FF68 000 £8 000 Gregge a riposo Olio/tela 76x98cm/*29x38in* Milano 97

RESCHI Pandolfo 1633-1699 **[20]**

$7 510 FF38 500 £4 820 Paesaggio fluviale Öl/Leinwand 40x56,5cm/*15x22in* Wien 96

RESCHI Pandolfo (Attrib.) 1633-1699 **[8]**

$7 630 FF40 000 £4 590 Promeneurs dans un paysage fluvial Huile/cuivre 3x42,5cm/*1x16in* Paris 96

$8 270 FF43 200 £5 000 A cavalry skirmish Oil/canvas 50x66cm/*19x25in* London 96

RESCHREITER Robert 1868-? [12]
✏ *$596 FF3 519 £353* Bergkette mit Hospiz und Figuren-Staffage Gouache/papier 32x47cm/*12x18in* Zofingen 97
RESNICK Milton 1917 [22]
⊜ *$6 000 FF29 050 £3 850* Straw Oil/cardboard 101,5x76cm/*39x29in* New-York 95
⊜ *$21 000 FF101 700 £13 480* Untitled Oil/canvas 191x130cm/*75x51in* New-York 95
RESTOUT Jean Bernard 1732-1797 [18]
⊜ *$5 813 FF35 000 £3 479* Ananie imposant les mains à Saint Paul Huile/toile 96,5x79,5cm/*37x31in* Paris 98
RESTOUT Jean II (Attrib.) 1692-1768 [10]
✏ *$3 939 FF23 000 £2 343* Bacchanale Pierre noire 21x25cm/*8x9in* Paris 97
RESTOUT Jean II (Studio) 1692-1768 [1]
⊜ *$8 810 FF45 000 £5 800* Allégorie de la Peinture Huile/toile 55x43,5cm/*21x17in* Mayenne 96
RESTOUT Jean, le Jeune 1692-1768 [13]
⊜ *$5 824 FF34 000 £3 522* Saint Luc Huile/toile 31,5x40cm/*12x15in* Paris 97
⊜ *$7 100 FF35 000 £4 610* Saint Paul Ermite Huile/toile 66x54,5cm/*25x21in* Paris 95
⊜ *$150 000 FF828 270 £93 600* Hector taking leave of Andromache Oil/canvas 129x192cm/*50x75in* New-York 97
✏ *$1 715 FF8 840 £1 100* Ecorche study of a standing man Black chalk 42x26,5cm/*16x10in* London 96
RESTOUT Thomas 1671-1754 [1]
⊜ *$3 670 FF19 000 £2 380* Portrait de la marquise de Saint-Cloud Huile/toile 73x58cm/*28x22in* Paris 96
RETH Alfred 1884-1966 [227]
⊜ *$527 FF3 000 £326* Paysage Huile 34x42cm/*13x16in* Paris 97
⊜ *$2 530 FF12 360 £1 600* Composition géométrique Mixed media/board 99x59cm/*38x23in* London 95
⊜ *$5 220 FF25 500 £3 310* Composition Huile/isorel 200x153cm/*78x60in* Paris 95
✏ *$386 FF2 300 £236* Sans titre Crayon/papier 30x23cm/*11x9in* Versailles 97
RETH von Caspar 1858-1913 [3]
⊜ *$6 405 FF36 496 £4 000* Barnyard Friends Oil/canvas 59,5x75cm/*23x29in* London 97
RETHEL Alfred 1816-1859 [7]
✏ *$1 700 FF10 040 £1 007* "Sauls Bekehrung" Pencil 18x14cm/*7x5in* Berlin 97
RETHI Lili 1894 [6]
✏ *$850 FF4 846 £526* Early Steel Work/Tower/WTC Foundation Work/WTC Site/West Side Pencil/paper 35x58cm/*14x23in* Morris Plains 97
RETS Jean 1910 [51]
⊜ *$1 325 FF8 125 £790* "Orto" Huile/toile 64x49cm/*25x19in* Bruxelles 98
⊜ *$6 042 FF34 451 £3 800* Maternité Oil/masonite 48x30cm/*18x11in* London 97
✏ *$689 FF4 225 £410* "Polenza" Collage/papier 80x70cm/*31x27in* Bruxelles 98
RETTIG John 1860-1932 [3]
⊜ *$2 000 FF10 440 £1 210* Yannetje, The little Dutch Maid Oil/board 40,5x30,5cm/*15x12in* San Francisco-Los Angeles 96
REUL Alexandre 1874-1937 [1]
⬧ *$8 000 FF47 225 £4 736* Laughing Child on a Hobby Horse Bronze 56x35cm/*22x14in* Elgin, Illinois 97
REUMERT Niels 1949 [69]
⊜ *$676 FF3 532 £408* Dobbelt portraet Oil/canvas 132x81cm/*51x31in* Köbenhavn 96
⊜ *$1 178 FF7 042 £720* Figurkomposition Oil/canvas 120x135cm/*47x53in* Köbenhavn 97
REUSCH Erich 1925 [5]
⬧ *$3 140 FF15 440 £2 020* Elektrostatisches Objekt Sculpture 4,5x74,5x74,5cm/*1x29x29in* Köln 95
REUSCH Friedrich Johann 1843-1906 [4]
⬧ *$2 899 FF17 291 £1 800* Ingot and Tongs, a Foundry-Man Bronze H40cm/*H15in* London 97
REUSCH Josef 1887-1976 [3]
✏ *$1 567 FF9 386 £936* Akt in orientalischem Interieur Pastell/Papier 70x90cm/*27x35in* Köln 98
REUSSWIG William 1902-1978 [10]
⊜ *$1 600 FF9 313 £970* The Intruders Oil/board 60x91cm/*24x36in* Mystic, Connecticut 97
REUTER Erich Fritz 1911 [6]
⬧ *$3 888 FF23 146 £2 377* Badendes Mädchen Bronze 27x34x30cm/*10x13x11in* Berlin 98
REUTER Wilhelm Friedrich 1768-1834 [1]
▥ *$3 655 FF21 632 £2 200* Pluto raubt Proserpina Lithograph 28,1x18,5cm/*11x7in* London 98

REUTER Willem (Attrib.) c.1642-1681 **[1]**
 $15 170 FF78 000 £9 450 Fête villageoise Huile/toile 96x128cm/*37x50in* Lille 96

REUTERDAHL Henry 1871-1925 **[6]**
 $700 FF4 444 £437 "U.S Navy, Help Your Country" Poster 104x70cm/*41x27in* New-York 97

REUTERSWÄRD Carl Fredrik 1934 **[110]**
 $938 FF5 603 £563 Studie för Desastrologien Acrylic/canvas 46x55cm/*18x21in* Stockholm 98
 $4 085 FF19 900 £2 587 Setting for Cannonball Oil/panel 89x154cm/*35x60in* Stockholm 95
 $205 FF1 226 £125 "25 years in the branch" Lithograph 50,5x40,5cm/*19x15in* Stockholm 98
 $6 450 FF38 255 £3 945 "Non-Violence" Bronze H18,5cm/*H7in* Stockholm 97
 $846 FF4 898 £520 "Studie för Freds Symbol för United Nations" Ink/paper 34x54cm/*13x21in* Stockholm 97

REUTERSWÄRD Oscar 1915 **[37]**
 $1 801 FF10 928 £1 069 Omöjlig figur Oil/canvas 81x65cm/*31x25in* Malmö 98
 $224 FF1 095 £142 Perspective japonaise No. 91 Akvarell 37x22cm/*14x8in* Göteborg 95

REVEL Paul 1906-? **[43]**
 $128 FF750 £78 L'allée dans la parc Huile/toile 46x61cm/*18x24in* Orléans 97

REVELEY Henry John XIX **[1]**
 $1 200 FF7 134 £734 A Jacobean Interior Watercolour 28x36cm/*11x14in* New-York 97

REVERE Paul 1735-1818 **[1]**
 $50 000 FF306 560 £30 590 "The Bloody Massacre Perpetrated in King Street Boston, March 1770..." Engraving 26,5x22,5cm/*10x8in* New-York 98

REVERON Armando 1889-1956 **[32]**
 $100 000 FF597 010 £61 430 Maja Tempera/board 102x89,5cm/*40x35in* New-York 98
 $300 000 FF1 751 310 £178 470 Retrato de Casilda Oil/canvas 30x30cm/*11x11in* New-York 97
 $45 000 FF262 696 £26 770 Máscara y Manos Mixed media/paper 16,5x14,5cm/*6x5in* New-York 97

REVESZ Imre 1859-1945 **[2]**
 $6 500 FF33 400 £4 050 Time to Go Home Oil/canvas 90x130cm/*35x51in* New-York 96

REVILLIOD Horace Ernest 1811-1858 **[1]**
 $4 603 FF28 466 £2 742 Marine Ol/Leinwand 52,5x79cm/*20x31in* Zürich 98

REVY Heinrich 1883-1949 **[1]**
 $1 850 FF9 650 £1 100 König Drosselbart am Hauptplatz in Mödling Öl/Karton 31x47,5cm/*12x18in* Wien 96

REX Oscar 1857-? **[2]**
 $3 784 FF21 582 £2 304 Szene aus der Napoleonischen Zeit Oil/panel 19x45,5cm/*7x17in* Wien 97

REY Alphonse 1865-1938 **[24]**
 $235 FF1 400 £144 Le pont de Sospel Aquarelle/papier 21x49cm/*8x19in* Nice 97

REYCEND Enrico 1855-1928 **[17]**
 $6 000 FF34 000 £3 000 Paesaggio con ruscello Olio/tela 34x26cm/*13x10in* Milano 97
 $8 459 FF49 067 £5 000 A Riverscape Oil/canvas/board 33x50cm/*12x19in* London 97

REYERS Nicholas 1719-c.1790 **[4]**
 $3 890 FF23 830 £2 350 Eine Dame gustiert ein Glas Likör in gesellschaft dreier Herren Oil/panel 41,5x32cm/*16x12in* Wien 98

REYES Juan Cruz 1914 **[1]**
 $1 100 FF6 365 £676 Rearing Horse Tempera/paper 69x50cm/*27x19in* Los Angeles 97

REYMERSWAEL van Marinus (Attrib.) 1493-1567 **[3]**
 $37 260 FF211 140 £24 840 La vocazione di San Matteo e la guarigione del paralitico Olio/tavola 81x114cm/*31x44in* Roma 98

REYNA MANESCAU de Antonio María 1859-1937 **[112]**
 $4 370 FF22 469 £2 689 Costa de Amalfi, cosiendo redes Oleo/lienzo 28x55cm/*11x21in* Madrid 96
 $16 000 FF83 100 £10 580 Giudecca, Venezia Oil/canvas 31x61cm/*12x24in* New-York 96
 $22 000 FF125 070 £13 470 Gondola alla Giudecca Oil/canvas 166,5x94cm/*65x37in* New-York 97

REYNAL Kay Bell 1910-1977 **[7]**
 $1 236 FF7 314 £750 Fashion Study on Breakwater Silver print 28x26,5cm/*11x10in* London 98

REYNARD Grant 1887-1968 **[4]**
 $200 FF1 140 £122 Harbor Scene Watercolour/paper 34x48cm/*13x19in* Bethesda, Maryland 97

REYNAUD François 1825-1909 **[16]**
 $2 670 FF14 000 £1 607 Une halte Huile/toile 33x46cm/*12x18in* Saint-Dié 96
 $10 000 FF51 400 £6 250 Trophée de chasse/Nature morte aux fruits de Septembre Oil/canvas 200x78cm/*78x30in* New-York 96

REYNAUD LE VIEUX (Attrib.) 1613-1699 **[1]**

  $7 848 FF48 000 £4 656 Nature morte à la miche de pain/Nature morte aux bouquets de fleurs Huile/toile 35,5x53cm/*13x20in* Versailles 98

REYNAUD Marius 1860-1935 **[7]**

  $862 FF4 500 £513 Port-de-Bouc Huile/toile 34x41cm/*13x16in* Orléans 96

REYNE Charles XIX-XX **[7]**

  $1 626 FF9 500 £998 Vue du pont de la Barre à l'Aigle, Orne Huile/toile 38x55cm/*14x21in* Pontoise 97

REYNES José Maria 1850-1926 **[2]**

  $52 800 FF256 000 £34 000 Wolfgang Amadeus Mozart Marble H152cm/*H59in* London 95

REYNI av Ingálvur 1920 **[14]**

  $2 308 FF11 866 £1 404 Bygd ved havet Oil/canvas 65x89cm/*25x35in* Köbenhavn 96

REYNOLDS Alan 1926 **[86]**

  $1 265 FF6 270 £800 Composition - Legend B Oil/board 46x51cm/*18x20in* London 95

  $1 876 FF9 710 £1 200 Experiment with Fen Motifs (A): Spring Oil/board 24x41cm/*9x16in* London 96

  $1 664 FF8 630 £1 100 Landscape with Hop-Poles Watercolour 27x37,5cm/*10x14in* London 96

REYNOLDS Charles XX **[2]**

  $1 200 FF7 172 £727 Christmas Eve Processional, Ranchos Church, Taos Watercolour, gouache/paper 39,4x39,4cm/*15x15in* San Francisco-Los Angeles 97

REYNOLDS Frank 1876-1953 **[25]**

  $508 FF2 949 £300 The Tea Party Ink 17x21,5cm/*6x8in* London 97

REYNOLDS Frederick George 1828-1921 **[7]**

  $182 FF1 083 £108 Enjoying the view Watercolour/paper 17x24,5cm/*6x9in* New-York 97

REYNOLDS James XX **[1]**

  $11 500 FF57 960 £7 419 The Warrior Oil/canvas 50x40cm/*20x16in* Hayden 96

REYNOLDS Joshua 1723-1792 **[105]**

  $12 513 FF76 344 £7 500 Portrait of John Frederick, 3rd Duke of Dorset (1745-1799) Oil/cardboard 32x22cm/*12x8in* London 98

  $23 340 FF118 800 £14 000 Portrait of Admiral Lord Barrington Oil/canvas 75x61cm/*29x24in* London 96

  $88 000 FF450 000 £58 000 Portrait of Sir Gerard Napier, 6th (1739-1765) Oil/canvas 127x102cm/*50x40in* London 96

  $1 603 FF9 509 £949 Portrait of a Lady, after Guercino Ink 17x17cm/*6x6in* London 97

REYNOLDS Joshua (Attrib.) 1723-1792 **[15]**

  $3 026 FF17 331 £1 847 Portrait of Oliver Goldsmith Oil/canvas 76x60cm/*30x24in* Dublin 97

REYNOLDS Samuel William I 1773-1835 **[11]**

  $1 407 FF7 280 £900 Yussuf Adjiah Effendi, after Carl Frederick van Breda Mezzotint 54x38cm/*21x14in* London 96

REYNOLDS Samuel William II 1794-1872 **[2]**

  $653 FF3 693 £400 The Army and Navy, after J.P. Knight Engraving 62x48,5cm/*24x19in* London 97

REYNTJENS Henrich Engelbert 1817-1900 **[9]**

  $3 393 FF17 458 £2 117 The Letter Oil/panel 14,5x19cm/*5x7in* Amsterdam 96

REYZNER Miecislaw 1861-1941 **[10]**

  $440 FF2 647 £263 Nasturcje Oil/panel 26x22cm/*10x8in* Warszawa 98

  $3 438 FF20 394 £2 082 Bust portrait of a young woman in white dress Pastel/paper 76x59cm/*29x23in* Warszawa 97

REZIA Felice A. 1866-1904 **[48]**

  $580 FF3 458 £360 In the Tyrol Oil/board 35x17cm/*13x6in* Lymington 97

  $850 FF5 023 £526 The Sandberg Family Home Oil/canvas 41x81cm/*16x32in* New Orleans, Louisiana 97

REZNICEK Ferdinand 1868-1909 **[11]**

  $1 560 FF8 136 £912 Devoter Kunsthändler Black chalk 40,5x29,8cm/*15x11in* Berlin 96

REZVANI Serge 1928 **[25]**

  $588 FF3 500 £364 Composition bleue Huile/toile 100x81cm/*39x31in* Paris 97

RHAYE Yves 1936 **[88]**

  $84 FF490 £52 "Ceci est le visage du maître du monde" Technique mixte 54x57cm/*21x22in* Antwerpen 97

  $1 132 FF6 540 £696 Sans titre Huile/toile 120x120cm/*47x47in* Bruxelles 97

  $652 FF3 895 £393 Vorm Glazed ceramic 58x32,5cm/*22x12in* Lokeren 97

RHEAD Louis J. 1857-1926 **[33]**

   $2 000 FF11 675 £1 209 Classical Woman in a Field of Flowers Oil/board 37x19cm/*14x7in* Chicago, Illinois 97
   $3 500 FF18 120 £2 340 Woman playing pipe at garden wall Oil/canvas 68x25cm/*27x10in* New-York 96
   $1 400 FF8 343 £839 "Scribner's For Xmas" Poster 56,5x36cm/*22x14in* New-York 98
   $1 200 FF6 230 £794 The Forest Nymph Ink 58,5x45,5cm/*23x17in* New-York 96

RHEAM Henry Meynell 1859-1920 **[22]**
   $4 956 FF30 060 £3 000 Sennen Cove looking towards the longships Watercolour/paper 63,5x46cm/*25x18in* London 98

RHEE Seund Ja 1918 **[21]**
   $4 270 FF22 000 £2 740 Composition Huile/toile 46x61cm/*18x24in* Paris 96

RHEIMS Bettina 1952 **[13]**
   $1 400 FF7 230 £896 Lynn, Paris Silver print 53x42cm/*21x16in* New-York 96

RHEIN Fritz 1873-1948 **[6]**
   $2 295 FF12 000 £1 366 Self-portrait Oil/cardboard 43,5x33,5cm/*17x13in* Hamburg 96
   $3 830 FF20 000 £2 280 Eisenbahnbrücke am Main Öl/Leinwand 54x81cm/*21x31in* Hamburg 96

RHEINER Louis 1863-1924 **[26]**
   $1 746 FF10 458 £1 073 "Le petit Salève" Oil/canvas 59x45,5cm/*23x17in* Bern 98

RHIND William Birnie 1853-1933 **[5]**
   $1 300 FF8 069 £783 Standing Scottish Soldier Bronze H57cm/*H22in* Boston, Mass. 98

RHO Manlio 1901-1957 **[6]**
   $12 800 FF64 600 £8 400 Composizione 1930s Olio/tela 34x23,5cm/*13x9in* Milano 96
   $27 960 FF158 440 £13 980 Composizione Olio/tela/tavola 65x50cm/*25x19in* Roma 98
   $3 419 FF19 378 £2 279 Composizione Tempera/carta 18,5x15,5cm/*7x6in* Milano 97

RHODES John Nicholas XIX **[2]**
   $1 680 FF8 510 £1 100 A grey pony in a landscape/A young boy leading a shire horse Oil/board 31x41cm/*12x16in* London 96

RHOMBERG Hanno 1820-1869 **[4]**
   $16 905 FF100 806 £10 494 Der Uhrmacher Öl/Leinwand 73x62cm/*28x24in* Dresden 97

RHOMBERG Joseph Anton 1786-1855 **[11]**
   $7 450 FF38 600 £4 850 Gemsenjäger und Sennerin Öl/Leinwand 58x46,5cm/*22x18in* München 96

RHYS Oliver c.1850-c.1900 **[21]**
   $6 400 FF32 300 £4 200 Wistful Oil/canvas 71x91,5cm/*27x36in* London 96

RIAN Johannes 1891-1981 **[36]**
   $3 106 FF16 200 £1 876 Kompisisjon Oil/panel 50x40cm/*19x15in* Oslo 96

RIANCHO Y MORA Agustín 1841-1929 **[23]**
   $7 020 FF36 100 £4 374 Paisaje con arboleda Oleo/tabla 25,5x32,5cm/*10x12in* Madrid 96
   $19 320 FF111 160 £11 480 Paseo por el río Oleo/lienzo 40x70cm/*15x27in* Madrid 97

RIBALTA Francisco 1565-1628 **[2]**
   $92 746 FF549 450 £55 000 Christ at the Column Oil/canvas 198x136,5cm/*77x53in* London 97

RIBARZ Rudolf 1848-1904 **[37]**
   $5 960 FF29 400 £3 870 Landscape Oil/panel 26x35cm/*10x13in* Wien 95
   $11 330 FF57 900 £7 460 Kleines Bauernhaus in Niederösterreich Öl/Leinwand 58x79cm/*22x31in* Wien 96

RIBAS MONTENEGRO Federico 1890-1952 **[16]**
   $219 FF1 126 £140 Pescadores gallegos Aguada 31x40cm/*12x15in* Madrid 96

RIBAS OLIVIER Antonio 1845-1911 **[3]**
   $1 495 FF9 085 £920 Vista de Mallorca Oleo/cartón 9x12,5cm/*3x4in* Madrid 98

RIBAUPIERRE de François 1886-1981 **[6]**
   $2 130 FF11 120 £1 288 Walliser Dorfwinkel Öl/Leinwand 36x40,5cm/*14x15in* Zürich 96
   $5 710 FF29 800 £3 450 Tête d'Evolenarde Pastel/papier 38x31cm/*14x12in* Zürich 96

RIBBANS Albert Charles 1903-? **[3]**
   $894 FF5 472 £550 The Jetty, Woodbridge, Suffolk Watercolour/paper 28x38cm/*11x14in* London 98

RIBBING Sofie 1835-1894 **[1]**
   $2 720 FF16 784 £1 710 Den lille hönsepigen Oil/canvas 117x90cm/*46x35in* Köbenhavn 97

RIBCOWSKY de Dey 1880-1936 **[22]**
   $900 FF5 376 £550 Venetian Scene Oil/canvas 76x101cm/*30x40in* Dedham, Mass. 98

RIBEIRO Alceu 1919 **[11]**
   $1 476 FF7 660 £977 Chacra Mendizábal Oleo/lienzo 66x80cm/*25x31in* Montevideo 96

RIBEIRO Edgardo XX **[5]**
☞ *$861 FF5 076 £509* Don Quijote y Sancho Panza Oleo/lienzo 61x46cm/*24x18in* Montevideo 97
RIBEMONT-DESSAIGNES Georges 1884-1974 **[9]**
☞ *$7 028 FF40 000 £4 348* Opportune Huile/toile 100x73cm/*39x28in* Paris 97
RIBERA CICERA Román 1849-1935 **[21]**
☞ *$10 339 FF64 182 £6 200* The Puppet Maker Oil/panel 54x38cm/*21x14in* London 98
☞ *$17 600 FF108 625 £10 450* Carnaval Oleo/tabla 28,5x18cm/*11x7in* Madrid 98
RIBERA de Jusepe (Attrib.) 1588-1656 **[13]**
☞ *$3 704 FF22 000 £2 244* Femme s'arrachant les cheveux Huile/toile 85x75cm/*33x29in* Paris 97
☞ *$35 700 FF182 800 £22 900* San Pietro Öl/Leinwand 7x59cm/*2x23in* Wien 96
☞ *$44 200 FF252 000 £27 140* Saint-Jacques Majeur Huile/toile 132x99cm/*51x38in* Paris 97
RIBERA de Jusepe lo Spagnoleto 1588-1656 **[49]**
☞ *$80 000 FF395 000 £51 700* Saint Bartholomew Oil/canvas 127x102cm/*50x40in* New-York 96
☞ *$80 000 FF441 992 £49 720* A Philosopher Oil/canvas 122x93,5cm/*48x36in* New-York 97
🪟 *$2 311 FF13 725 £1 400* Drunken Silenus Etching 27x35cm/*10x13in* London 97
✏ *$26 000 FF128 300 £16 800* A Mother carrying a Child and Kitchen Utensils Ink 18x12cm/*7x4in* New-York 96
RIBERA Pierre 1867-1932 **[38]**
☞ *$8 222 FF46 904 £5 000* Peking Oil/panel 37x100cm/*14x39in* London 97
☞ *$19 221 FF115 717 £11 500* Conversation au jardin du Luxembourg Oil/panel 31x40cm/*12x15in* London 98
✏ *$1 476 FF9 000 £885* Patio Fleuri dominant la Baie Pastel/papier 29x23cm/*11x9in* Calais 98
RIBOT Germain Th. 1830-1893 **[46]**
☞ *$2 776 FF14 500 £1 653* "Pensées" Huile/toile 24x32,5cm/*9x12in* Pontoise 96
☞ *$5 000 FF30 395 £3 079* Still Life with Cherries, Plums and Copper Bowl Oil/panel 37,5x46,5cm/*14x18in* New-York 98
RIBOT Théodule (Attrib.) 1823-1891 **[39]**
☞ *$2 350 FF12 000 £1 556* Nature morte aux huîtres Huile/panneau 3x46cm/*1x18in* Saint-Dié 96
☞ *$7 210 FF35 000 £4 650* Scènes galantes dans le goût du XVIIIe siècle Huile/toile 93x73cm/*36x28in* Vichy 95
RIBOT Théodule Augustin 1823-1891 **[30]**
☞ *$3 687 FF22 000 £2 259* "Portrait de jeune fille" Huile/toile 44x36cm/*17x14in* Paris 98
☞ *$28 000 FF159 726 £17 217* Cook eating his morning Meal Oil/canvas 45,5x37,5cm/*17x14in* New-York 97
✏ *$873 FF5 247 £521* Joseph of Arimathea with the Body of Christ Ink 12,4x9,4cm/*4x3in* London 98
RIBOUD Marc 1923 **[31]**
📷 *$700 FF4 125 £432* "Beijing Street Scene" Silver print 17x26cm/*7x10in* New-York 97
RIBTON Tony 1940 **[2]**
☞ *$10 003 FF60 084 £6 000* Young Bull Elephant Grazing Acrylic/canvas 101,5x86cm/*39x33in* London 98
RICARD Gustave 1823-1873 **[7]**
☞ *$1 256 FF7 697 £750* An Artist's Model Oil/panel 36x27,5cm/*14x10in* London 98
RICARD-CORDINGLEY Georges 1873-1939 **[66]**
☞ *$978 FF5 830 £600* Voilier le matin Oil/panel 23x27,5cm/*9x10in* London 98
☞ *$978 FF5 830 £600* Lever de lune romantique Oil/board 46,5x58cm/*18x22in* London 98
☞ *$4 892 FF29 154 £3 000* Crépuscule pleine mer Oil/board 114x195cm/*44x76in* London 98
RICCHI Pietro il Lucchese 1605-1675 **[7]**
☞ *$35 406 FF210 000 £21 441* Les joueurs de tric-trac Huile/toile 82x118cm/*32x46in* Paris 97
☞ *$110 000 FF572 000 £72 700* Diana and her handmaidens shooting bows and arrows at winged amores Oil/canvas 130x188cm/*51x74in* New-York 96
RICCI Arturo 1854-1919 **[15]**
☞ *$4 964 FF29 761 £3 000* A Jolly Cavalier Oil/canvas 38x29,5cm/*14x11in* London 98
☞ *$22 000 FF108 100 £13 940* The Art Class Oil/canvas 69x92cm/*27x36in* New-York 95
RICCI Dante 1899-1957 **[17]**
✏ *$1 364 FF6 860 £902* Nei pressi di Roma Acquarello/carta 40x50cm/*15x19in* Roma 95
RICCI Dante 1879-1957 **[5]**
✏ *$660 FF3 740 £330* Roma, Piazza del Popolo Acquarello/cartone 23x33,5cm/*9x13in* Roma 97
RICCI Guido 1836-1897 **[2]**

📷 *$4 200 FF23 800 £2 100 Paesaggio fluviale Olio/tela/cartone 21x34cm/*8x13in* Roma 97
📷 *$7 200 FF40 800 £3 600 Ritorno dai campi Olio/tela 70x52cm/*27x20in* Vercelli 98
RICCI Guido (Attrib.) 1836-1897 **[2]**
📷 *$5 400 FF30 600 £2 700 Paese sul Lago di Como Olio/tela 25x44,5cm/*9x17in* Milano 97
RICCI Marco 1676-1729 **[41]**
📷 *$25 000 FF123 400 £16 160 Wooded landscape with peasants killing a snake Tempera
31,3x45,5cm/*12x17in* New-York 96
📷 *$31 773 FF188 119 £19 000 Landscape with Figures at a Fountain beneath a Ruined Arch. Oil/canvas
63x82cm/*24x32in* London 97
🗂 *$1 482 FF8 867 £900 Figures in a Wooded Landscape Etching 25x36cm/*9x14in* London 97
✏ *$9 996 FF59 113 £6 000 A view of a River with Farm buildings in the Background Wash 22x29cm/*8x11in*
London 97
RICCI Marco (Attrib.) 1676-1729 **[11]**
📷 *$18 000 FF106 131 £11 037 View of San Giorgio Maggiore, Venise Oil/canvas 85x118cm/*33x46in* New-
York 98
RICCI Pio 1850-1919 **[18]**
📷 *$3 805 FF19 870 £2 300 La leçon de peinture Huile/toile 40x28cm/*15x11in* Genève 96
📷 *$9 500 FF57 927 £5 701 The Temptress Oil/canvas 52x38cm/*20x14in* Boston, Mass. 98
RICCI Regolo 1955 **[1]**
✏ *$1 004 FF5 917 £600 The Green amazon Pencil 31x21cm/*12x8in* Glasgow 97
RICCI Sebastiano 1659-1734 **[26]**
📷 *$33 446 FF198 020 £20 000 The Continence of Scipio Oil/canvas 71x93,4cm/*27x36in* London 97
📷 *$44 700 FF216 000 £28 000 Pan Oil/canvas 10x88cm/*3x34in* London 95
✏ *$3 332 FF19 704 £2 000 Full-length portrait of Titian Black chalk/paper 23x13,5cm/*9x5in* London 97
RICCI Sebastiano (Attrib.) 1659-1734 **[13]**
📷 *$11 340 FF59 200 £7 500 Battle scene Oil/canvas 36x71cm/*14x27in* Hadspen 96
RICCIARDELLI Gabriele XVIII **[9]**
📷 *$25 000 FF130 000 £16 530 A peasant Family and their flock resting beside a sphinx Oil/canvas
98x133cm/*38x52in* New-York 96
📷 *$102 480 FF580 720 £51 240 Il Vesuvio visto dal Molo di Napoli Olio/tela 65,5x182,5cm/*25x71in*
Milano 98
RICCIARDELLI Gabriele (Attrib.) XVIII **[2]**
📷 *$21 000 FF124 851 £13 009 View of Naples Oil/canvas 75,5x154cm/*29x60in* New-York 97
RICCIARDI Caesare A. 1892-? **[25]**
📷 *$150 FF900 £90 House by River in Autumn Oil/board 30x40cm/*12x16in* Philadelphia 98
RICCIARDI Oscar 1864-1935 **[157]**
📷 *$1 860 FF9 360 £1 230 Mercatino a Napoli Olio/tela 40x26cm/*15x10in* Roma 95
📷 *$2 394 FF11 740 £1 560 Marina Olio/tela 41,5x54,5cm/*16x21in* Milano 95
RICCIOLINI Niccoló 1687-c.1760 **[2]**
📷 *$38 000 FF231 564 £23 149 Family of Darius before Alexander/Marcus Curtius leaping into Chasm Oil/can-
vas 99x137cm/*38x53in* New-York 98
✏ *$994 FF5 934 £600 Saint Paul and Saint Barnabas at Lystra Wash 37,6x49,6cm/*14x19in* London 97
RICCOBALDI Giuseppe 1887-? **[3]**
🗂 *$831 FF4 320 £550 "Fiat 1500" Poster 140x99cm/*55x38in* London 96
RICE Anne Estelle 1879-1959 **[13]**
📷 *$10 763 FF63 461 £6 600 Still Life of Tulips Oil/panel 59,5x49cm/*23x19in* Billingshurst, West Sussex 98
RICE Marion XX **[4]**
📷 *$402 FF2 367 £248 Floral Still Life Oil/canvas 76x60cm/*30x24in* New-York 97
RICE William Seltzer 1873-1963 **[17]**
📷 *$2 100 FF11 979 £1 283 Crmel Pines Oil/panel 23x18cm/*9x7in* Boston, Mass. 97
🗂 *$800 FF4 725 £497 The Sheep Barn Linocut in colors 21x30cm/*8x12in* Lambertville, NJ 97
RICE-PEREIRA Irene 1901-1971 **[21]**
📷 *$2 500 FF13 030 £1 572 The Polar Light Oil/canvas 107x81cm/*42x31in* New-York 96
📷 *$5 000 FF29 673 £3 101 Untitled Mixed media 34,5x41,5cm/*13x16in* New-York 97
✏ *$1 400 FF8 454 £839 Study for "The Ship, 1935" Gouache 39,5x53cm/*15x20in* New-York 98
RICH Alfred William 1856-1921 **[19]**
✏ *$164 FF1 006 £100 Figures Beside a Horse and Cart in a Rural Setting Watercolour 2,5x30,5cm/*x12in*
London 98

RICH John Hubbard 1876-1955 **[13]**
- *$475 FF2 684 £289* Floral Bouquet in Blue Vase Oil/canvas/board 33x27cm/*13x11in* Altadena, CA 97
- *$2 000 FF11 607 £1 221* The Rose Shawl Oil/canvas 56x46cm/*22x18in* Los Angeles 97

RICH William Georg 1881-1889 **[3]**
- *$4 671 FF28 644 £2 800* Nearing Home Oil/canvas 43x91,5cm/*16x36in* London 98

RICHARD Durando Togo 1910 **[18]**
- *$567 FF2 956 £342* Jeune femme aux paniers de fruits Huile/toile 65x53,5cm/*25x21in* Bruxelles 96

RICHARD Fleury Fr. (Attrib.) 1777-1852 **[1]**
- *$7 181 FF43 000 £4 291* Tannegui du Chastel sauvant le Dauphin Huile/toile 104x56cm/*40x22in* Paris 98

RICHARD Fleury François 1777-1852 **[3]**
- *$13 371 FF80 499 £8 000* La mort du Prince de Talmont Oil/canvas 81,5x58,5cm/*32x23in* London 98

RICHARD Hervé XX **[8]**
- *$502 FF3 000 £303* Thonier trois-quart avant babord Aquarelle/papier 23,5x44cm/*9x17in* Troyes 97

RICHARD Hortense 1860-? **[3]**
- *$5 035 FF31 100 £3 026* Bethsabée Huile/panneau 40x25cm/*15x9in* Lille 98

RICHARD James C. XIX-XX **[11]**
- *$286 FF1 694 £170* "Chinon, La Touraine 1926" Affiche 104x71,5cm/*40x28in* London 97

RICHARD René Jean 1895-1982 **[159]**
- *$518 FF2 525 £329* Dans les Hautes Montagnes Oil/board 25x41cm/*9x16in* Calgary, Alberta 95
- *$1 790 FF9 100 £1 068* Voilier Baie St-Paul Huile/panneau 45x55cm/*17x21in* Montréal 96
- *$340 FF2 050 £205* "Paysage du Québec" Aquarelle/papier 14,5x20cm/*5x7in* Montréal 98

RICHARD Théodore Alex. L.M. 1782-1859 **[6]**
- *$4 264 FF26 000 £2 558* Berger et Bergère dans la clairière Huile/toile 75x100cm/*29x39in* Calais 98
- *$11 510 FF59 000 £7 000* Paysage boisé animé Huile/toile 150x200cm/*59x78in* Toulouse 96

RICHARDE Otto Ludvig 1862-1929 **[57]**
- *$360 FF2 185 £213* Elfsborg i Götaelv Oil/canvas 16x22cm/*6x8in* Malmö 98
- *$1 112 FF6 429 £686* Hemkomst från storjöfisket, Grundsund Oil/canvas 58x85cm/*22x33in* Stockholm 97

RICHARDS Ceri Garaldus 1907-1971 **[79]**
- *$1 764 FF10 223 £1 100* Leaves of Grass Oil/canvas 25x35,5cm/*9x13in* London 97
- *$2 360 FF14 542 £1 450* Arcaded Movement Oil/canvas 41x41cm/*16x16in* London 98
- *$647 FF3 190 £420* Picadilly Circus Color lithograph 48x64cm/*18x25in* London 95
- *$1 634 FF9 718 £1 000* Stage Set Design Gouache/paper 38x53cm/*14x20in* London 97

RICHARDS Charles 1906-1992 **[32]**
- *$500 FF2 983 £301* "Margie" Oil/canvas 68x54cm/*27x21in* New Orleans, Louisiana 97
- *$800 FF4 176 £484* Portrait of a man Oil/panel 38x30cm/*15x12in* New Orleans, Louisiana 96

RICHARDS DE BOURG Frederick 1822-1903 **[2]**
- *$8 000 FF47 789 £4 898* Renovo, Pennsylvania Oil/canvas 76x127cm/*29x50in* New-York 98

RICHARDS Frank XIX-XX **[33]**
- *$4 576 FF25 741 £2 782* The skirts of the village Oil/canvas 17,8x35,5cm/*7x13in* London 97
- *$229 FF1 408 £140* The Norfolk Broads Watercolour 30x37cm/*11x14in* London 98

RICHARDS John Inigo 1731-1810 **[12]**
- *$11 160 FF54 200 £7 000* Landscapes with figures on a path by cottages Oil/canvas 31,5x47cm/*12x18in* London 95
- *$1 272 FF6 580 £850* River scenes Gouache/papier 16x22cm/*6x8in* London 96

RICHARDS John Inigo (Attrib.) 1731-1810 **[2]**
- *$5 932 FF35 457 £3 500* A wooded River landscape, with a shepherd and shepherdess Oil/canvas 83x101,5cm/*32x39in* London 97

RICHARDS Lucy Currier XX **[2]**
- *$3 200 FF16 700 £1 934* Mother and child Bronze H22,2cm/*H8in* New-York 96

RICHARDS Richard Peter 1840-1877 **[10]**
- *$1 465 FF8 832 £900* An accidental Encounter Watercolour/paper 15x21,5cm/*5x8in* London 98

RICHARDS Thomas Addison 1820-1900 **[13]**
- *$2 800 FF13 356 £1 760* "Puzzle Mountain on the Androscoggin, Bethel, Maine" Oil/canvas 39x54cm/*15x21in* Portland, Maine 95
- *$3 000 FF18 393 £1 839* Cascading Falls Oil/canvas 43x35cm/*17x14in* Mystic, Connecticut 98

RICHARDS William Trost 1833-1905 **[176]**

$6 500 FF33 900 £3 930 After the Storm Oil/canvas/board 29x51cm/*11x20in* New-York 96
$26 000 FF151 691 £15 927 Breaking waves Oil/canvas 51x81cm/*20x31in* New-York 97
$3 250 FF18 614 £1 922 Breaking Waves Watercolour/paper 33x64cm/*13x25in* Milford, Conn. 97
RICHARDS William Trost(Attr.) 1833-1905 **[3]**
$1 816 FF9 470 £1 200 Breaking waves Oil/canvas 31x46cm/*12x18in* Hadspen 96
RICHARDS Wynn 1888-1960 **[3]**
$2 000 FF11 723 £1 231 Tacks Gelatin silver print 14,5x20,5cm/*5x8in* New-York 97
RICHARDSON Alexander XIX **[3]**
$2 951 FF17 257 £1 800 Study of a sheep in a landscape Oil/panel 23x32cm/*9x12in* Billingshurst, West Sussex 97
$6 558 FF38 350 £4 000 Prize Pen of Young Ewes Oil/canvas 46x61cm/*18x24in* Billingshurst, West Sussex 97
RICHARDSON Charles Douglas 1853-1932 **[4]**
$10 132 FF59 183 £5 995 Hillside, Bacchus Oil/canvas 60x90cm/*23x35in* Melbourne 97
RICHARDSON Charles James 1806-1871 **[3]**
$3 997 FF24 663 £2 400 "Lord Anson's House in St. James's Square" Watercolour 29x21,5cm/*11x8in* London 98
RICHARDSON Edward 1810-1874 **[33]**
$1 210 FF6 310 £800 Bamborough Castle Watercolour 21x74cm/*8x29in* Hadspen 96
RICHARDSON Frederick Stuart 1855-1934 **[51]**
$1 235 FF7 408 £750 "Evening on Loch Ard, Trossachs" Oil/canvas 70x101cm/*27x39in* Billingshurst, West Sussex 98
$1 626 FF9 276 £1 000 Coastal scene, Staithes, Yorkshire Oil/canvas 24,5x29,5cm/*9x11in* Billingshurst, West Sussex 97
$10 082 FF57 513 £6 200 "A rough welcome" Oil/canvas 100,5x151cm/*39x59in* Billingshurst, West Sussex 97
$106 FF633 £65 "A View" Watercolour/paper 26x34cm/*10x13in* Bristol, Avon 97
RICHARDSON Henry Burdon [4]
$724 FF4 343 £440 Castle Garth, Newcastle, Upon Tyne Watercolour/paper 33,5x23cm/*13x9in* Oakwellgate, Gateshead 98
RICHARDSON Jonathan I 1665-1745 **[21]**
$5 300 FF26 800 £3 480 Bildnis einer jungen dame in blauem Kleid Öl/Leinwand 7x63,5cm/*2x25in* Wien 96
$8 859 FF51 181 £5 200 Portrait of a Young Boy Oil/canvas 124,5x98cm/*49x38in* London 97
$1 603 FF9 495 £949 Portrait of Miss Betsey Richardson Pencil 15x12cm/*5x4in* London 97
RICHARDSON Louis H. 1853-1923 **[7]**
$300 FF1 631 £179 Dunes Oil/board 17x27cm/*7x11in* Portsmouth, NH. 97
RICHARDSON Mary Curtis 1843-1931 **[4]**
$9 000 FF53 412 £5 581 Mother and Child Oil/canvas 40,5x33cm/*15x12in* New-York 97
RICHARDSON Theodore J. 1855-1914 **[6]**
$3 000 FF17 585 £1 846 Muir Glacier Oil/canvas 38x68cm/*15x27in* Anchorage, AK 97
$1 500 FF8 792 £923 Coast of Alaska Watercolour/paper 25x30cm/*10x12in* Anchorage, AK 97
RICHARDSON Thomas M. II (Attr.) 1813-1890 **[8]**
$505 FF3 065 £300 Streatley, Berkshire Pencil 24,5x37cm/*9x14in* Glasgow 98
RICHARDSON Thomas Miles I 1784-1848 **[33]**
$982 FF5 714 £600 Figures in a ruined abbey Oil/canvas 49,5x31,5cm/*19x12in* Newcastle-upon-Tyne 97
$3 306 FF19 821 £2 000 Prior's Haven, Tynemouth, with the Priory and Lighthouse Oil/canvas 50x72cm/*19x28in* Newcastle-upon-Tyne 97
$1 224 FF6 966 £749 View of Tarbert, Argyllshire Watercolour 21x36cm/*8x14in* London 97
RICHARDSON Thomas Miles II 1813-1890 **[154]**
$279 FF1 434 £180 Glen Orchy Watercolour 13,5x22,5cm/*5x8in* London 96
RICHARDSON Volnay Allan 1880-? **[12]**
$3 000 FF17 921 £1 836 A Vase of Chrysanthemiums on a table Oil/canvas 76x63,5cm/*29x25in* New-York 98
RICHARDT Ferdinand Joachim 1819-1895 **[30]**
$3 855 FF22 125 £2 367 Winter landscape, Österbrogade Oil/canvas 40x62cm/*15x24in* Köbenhavn 97
RICHAUD Jules XIX **[3]**
$1 273 FF6 500 £838 Entrée d'une mosquée en Perse Aquarelle 48,5x35,5cm/*19x13in* Paris 96

RICHE Adèle 1791-1887 **[9]**
🖌 *$1 600 FF8 000 £1 036* Étude de roses Gouache/vélin 31x24cm/*12x9in* Paris 96
RICHÉ Louis 1877-1949 **[39]**
🛠 *$1,295 FF6 530 £850* An Alsation, seated Bronze H47cm/*H18in* London 96
RICHEBÉ Horace 1871-1964 **[19]**
👆 *$1 064 FF5 200 £673* Soir sur le Vieux Port Huile/panneau 24x33cm/*9x12in* Aix-en-Provence 95
RICHER Paul M.L. Pierre 1849-1933 **[3]**
🛠 *$8 704 FF52 000 £5 324* Les Trois Grâces, étude pour le monument de la mairie du 8e. Ardt. Plâtre H48cm/*H18in* Paris 98
RICHET Léon 1847-1907 **[226]**
👆 *$967 FF5 800 £582* "Veneux" Huile/papier/toile 25x35cm/*9x13in* Paris 98
👆 *$6 000 FF35 671 £3 613* Le Jour est Fini Oil/canvas 40,5x61cm/*15x24in* New-York 98
👆 *$40 000 FF207 700 £26 450* Point d'eau dans la clairière Oil/canvas 166x123cm/*65x48in* New-York 96
✏ *$200 FF1 200 £120* Forêt de Fontainebleau Aquarelle/papier 11x16cm/*4x6in* Paris 98
RICHIER Germaine 1904-1959 **[87]**
🖎 *$371 FF2 126 £232* Weiblicher Akt mit Kopf Etching, aquatint 25x19,5cm/*9x7in* München 97
🛠 *$16 403 FF94 162 £10 000* Guerrier No.4 Bronze 33x10x19,5cm/*12x3x7in* London 97
🛠 *$165 350 FF965 250 £100 000* Le coureur (moyen) Bronze 119,5x40x55cm/*47x15x21in* London 97
RICHIR Herman 1866-1942 **[43]**
👆 *$424 FF2 454 £259* L'Amazone Huile/toile 41x33cm/*16x12in* Bruxelles 97
👆 *$1 867 FF9 210 £1 214* Le miroir Huile/toile 80x60cm/*31x23in* Bruxelles 95
✏ *$1 081 FF5 330 £699* L'essayage Pastel/carton 78x58cm/*30x22in* Bruxelles 96
RICHLY Rudolf 1886-1975 **[16]**
👆 *$476 FF2 857 £289* Stilleben am Balkon Oil/canvas 46x55cm/*18x21in* Wien 98
✏ *$567 FF3 344 £350* Stilleben mit Obst, Blumen und Regenschirm Aquarell/Papier 33,5x37,5cm/*13x14in* Wien 97
RICHMOND Agnes Millen 1870-1964 **[4]**
👆 *$3 250 FF19 819 £1 950* Portrait of a Girl in a Blue Dress, Seated in a Landscape Oil/canvas 106,5x76cm/*41x29in* Boston, Mass. 98
RICHMOND George 1809-1896 **[63]**
👆 *$3 337 FF20 151 £2 000* Portrait of Miss Chalders, Seated with Her Dog Oil/panel 61x49,5cm/*24x19in* London 98
👆 *$8 915 FF51 740 £5 500* Contemplation Oil/panel 30x35,5cm/*11x13in* London 97
🖎 *$14 051 FF84 241 £8 500* Christ the Good Shepherd Engraving 18x11cm/*7x4in* London 97
✏ *$751 FF4 585 £450* A Sketchbook Drawing 16x24cm/*6x9in* London 98
RICHMOND George (Attrib.) 1809-1896 **[11]**
✏ *$563 FF3 367 £349* Portrait of an Elegant Lady seated in an interior holding a fan Bodycolour 54,5x45cm/*21x17in* London 97
RICHMOND Leonard 1889-1965 **[55]**
👆 *$1 470 FF8 845 £880* Farmstead Oil/board 35,5x46cm/*13x18in* Newbury, Berkshire 98
🖎 *$1 062 FF5 921 £649* "Canadian Pacific, Spans the World, Empress of Australia" Poster 100x62cm/*39x24in* London 97
✏ *$400 FF2 317 £249* The Yoho Valley, Canadian Rockies Watercolour/paper 44x57cm/*17x22in* Washington 97
RICHMOND William Blake 1842-1921 **[30]**
👆 *$790 FF4 050 £480* A Moor near Poole, Dorset Oil/board 19x27cm/*7x10in* London 96
👆 *$6 320 FF30 900 £4 000* Seascape Oil/canvas 61x51cm/*24x20in* London 95
✏ *$320 FF1 892 £192* Four Arm Studies and Leg Study Black chalk 37x28,5cm/*14x11in* New-York 97
RICHTER Adrian Ludwig. 1803-1868 **[40]**
👆 *$26 000 FF135 600 £15 200* Bergsee im Riesengebirge III Öl/Karton 13,5x18,5cm/*5x7in* München 96
🖎 *$146 FF842 £89* Blick auf Dresden Radierung 8x13cm/*3x5in* Dresden 97
✏ *$4 491 FF23 279 £2 917* Unterm Busch Ink 12,8x10,5cm/*5x4in* Luzern 96
RICHTER Albert 1845-1898 **[5]**
👆 *$2 079 FF12 738 £1 241* Hirsche in flucher Landschaft Oil/wood 21,5x33,5cm/*8x13in* Dresden 98
RICHTER Anton 1781-1850 **[2]**
✏ *$2 829 FF16 901 £1 732* Brigadegeneral Prinz Heinrich LXI und seines Vaters Fürst H. XLIII Pastell 50,5x60cm/*19x23in* Düsseldorf 98

RICHTER Aurel 1870-1957 **[71]**
- $454 FF2 653 £278 Jockeys Öl/Karton 35x45cm/*13x17in* Luzern 97
- $347 FF2 025 £214 Adam und Eva Gouache/paper 55x42cm/*21x16in* Köln 97

RICHTER Christian I ?-1667 **[3]**
- $1 133 FF6 693 £671 Die hl. Magdalena mit dem Lamm Ink 8,3x12,9cm/*3x5in* Berlin 97

RICHTER David I 1662-1735 **[1]**
- $3 840 FF18 940 £2 503 Self portrait Oil/canvas 75x60cm/*29x23in* Stockholm 95

RICHTER Edouard Frederic W. 1844-1913 **[32]**
- $4 747 FF29 000 £2 815 Orientale au plateau Huile/toile 67x45cm/*26x17in* Paris 98
- $56 000 FF332 343 £34 300 L'Offrande Oil/canvas 706,5x81,5cm/*278x32in* New-York 97

RICHTER Franz 1774-1863 **[3]**
- $5 410 FF27 300 £3 550 Zwei Ansichten von Brünn Gouache 47x62cm/*18x24in* Stuttgart 96

RICHTER Gerhard 1932 **[382]**
- $6 802 FF40 160 £4 028 Ohne Titel Öl/Papier 55,5x41,8cm/*21x16in* Berlin 97
- $160 014 FF949 610 £98 000 Kleiner Frauenkopf im Profil Oil/canvas 30x25cm/*11x9in* London 97
- $2 300 000 FF13 666 140 £1 403 460 Seestück Oil/canvas 200x200cm/*78x78in* New-York 98
- $122 FF737 £73 "Hund" Poster 84x59,5cm/*33x23in* Stuttgart 98
- $12 000 FF71 006 £7 321 Kugelobject I Assemblage 17,7x12,6x5cm/*6x4x1in* New-York 98
- $2 749 FF15 865 £1 684 Untitled Photograph 10x14,5cm/*3x5in* New-York 97
- $7 130 FF35 600 £4 660 "3. Oktober 1990" Aquarell 17x23,5cm/*6x9in* München 95

RICHTER Gustav Karl 1823-1884 **[14]**
- $1 427 FF8 395 £880 Bildnis eines orientalischen Gestandten Öl/Leinwand 65x51cm/*25x20in* Bremen 97

RICHTER Hans 1888-1975 **[65]**
- $1 300 FF7 566 £788 Boaccacio Mixed media/canvas 20x31cm/*8x12in* Mystic, Connecticut 97
- $1 998 FF11 631 £1 222 Moto - Ritmo 6 Öl/Leinwand 134,5x35,5cm/*52x13in* München 97
- $7 000 FF41 031 £4 308 Stills from the Film "Inflation" Gelatin silver print 3x4,5cm/*1x1in* New-York 97
- $1 080 FF6 120 £720 Composizione Collage/carta 36,5x24cm/*14x9in* Milano 98

RICHTER Hans 1920 **[4]**
- $1 688 FF8 800 £1 020 Postbote vor der Galerie Otto Wien Öl/Leinwand 40x30cm/*15x11in* Lindau 96

RICHTER Hans Theo 1902-1969 **[32]**
- $46 FF269 £28 Knabe über sitzendes Mädchen gebeugt Lithographie 5x4cm/*1x1in* Dresden 97
- $1 399 FF8 378 £859 Mädchen in Bewegung, nach Rechts gewandt Indian ink 35,5x29,4cm/*13x11in* München 98

RICHTER Heinrich 1920 **[4]**
- $453 FF2 700 £277 Arkadien Farblithographie 59,5x82cm/*23x32in* Berlin 98

RICHTER Helene XIX **[3]**
- $9 210 FF46 800 £5 500 A musical Interlude Oil/canvas 72x100cm/*28x39in* London 96

RICHTER Henry Constantine 1821-1902 **[47]**
- $277 FF1 703 £170 Eriocnemis Derbianus/Lampornis Aurulentus or Humming Birds Color lithograph 46x34cm/*18x13in* Lenton Lane, Nottingham 98
- $5 540 FF27 330 £3 600 Purple-winged Roller Watercolour 53x35,6cm/*20x14in* London 95

RICHTER Henry L. 1862-1950 **[5]**
- $1 100 FF6 586 £673 "Autumn Symphony" Oil/canvas/board 25x30cm/*10x12in* Altadena, CA 97

RICHTER Herbert Davis 1874-1955 **[78]**
- $262 FF1 523 £160 Still Life study of Flowers in a Bowl, Chinese Figures Oil/canvas 52x42cm/*20x16in* Billingshurst, West Sussex 97
- $294 FF1 761 £180 The Renovation Site Pastel/paper 51x38cm/*20x14in* London 97

RICHTER Johann Heinrich 1803-1845 **[1]**
- $150 000 FF780 000 £99 200 The Bacino Di San Marco, Venice Oil/canvas 113x162cm/*44x63in* New-York 96

RICHTER Ludwig Ad. (Attrib.) 1803-1884 **[6]**
- $600 FF3 685 £367 Portraitstudie Pencil/paper 29,5x43cm/*11x16in* Stuttgart 98

RICHTER Ludwig Adrian 1803-1884 **[61]**
- $131 FF678 £85 Landschaften mit Figuren Etching 16,5x24cm/*6x9in* Hamburg 96
- $1 346 FF8 032 £812 Der Lenz ist angekommen Pencil/paper 9,3x12cm/*3x4in* Köln 97

RICHTER Wilhelm 1824-1892 **[10]**
- $1 047 FF6 188 £633 Brauner im Stall Öl/Leinwand 53x67cm/*20x26in* Wien 97

RICHTERICH Marco 1929 **[17]**

📖 *$135 FF786 £83 Schweizer Städte Farblithographie 50,5x66cm/*19x25in* Zürich 97
RICKEY George 1907 **[94]**
📖 *$19 842 FF115 830 £12 000 Two open triangles up wall No. III Multiple 125x136cm/*49x53in* London 97
🔨 *$8 360 FF41 200 £5 390 2 Flügel Sculpture H55cm/*H21in* Berlin 95
🔨 *$19 000 FF110 401 £11 217 Divided Quadrilateral IV Sculpture 87,5x78,5x10cm/*34x30x3in* New-York 97
✏ *$1 300 FF6 800 £774 Ohne Titel Ink 25x32,5cm/*9x12in* Berlin 96
RICKHARD Leonard 1945 **[2]**
✏ *$11 328 FF65 736 £6 688 Militärbarack i vårsol Oil/canvas 100x80cm/*39x31in* Oslo 97
✏ *$42 867 FF260 667 £26 268 Modellflybygger i affekt Collage 195x160cm/*76x62in* Oslo 98
RICKMAN Philip 1891-1982 **[226]**
✏ *$57 FF352 £35 Mallard Alighting on a Pond Watercolour/paper 24x33,5cm/*9x13in* London 98
RICO Y ORTEGA Martín 1833-1908 **[80]**
👓 *$975 FF5 925 £600 Paisaje de Azañón Oleo/lienzo 30,5x55cm/*12x21in* Madrid 98
👓 *$1 650 FF9 925 £1 025 Paisaje Oleo/tabla 17x25cm/*6x9in* Madrid 97
✏ *$2 230 FF11 100 £1 420 Canal de Venecia Acuarela 40x30cm/*15x11in* Madrid 95
RICOEUR Nicolas c.1750-c.1800 **[4]**
👓 *$8 305 FF50 000 £4 970 Bouquet de fleurs dans un vase Huile/panneau 51x41cm/*20x16in* Paris 98
👓 *$16 250 FF82 000 £10 660 Bouquet de fleurs disposé sur un entablement Huile/toile 7x6cm/*2x2in* Paris 96
RICOIS François-Edmé 1795-1881 **[20]**
👓 *$5 793 FF34 000 £3 542 Le Château de Pierrefonds Huile/toile 46x71cm/*18x27in* Thonon-les-Bains 97
RICQUIER Louis 1792-1884 **[5]**
👓 *$14 020 FF67 900 £9 000 Figures resting on the shore of the Bay of Naples Oil/canvas 65x98cm/*25x38in* London 95
RIDDEL James Alick 1857-1928 **[9]**
👓 *$3 565 FF18 101 £2 300 Pastoral Oil/canvas 40,5x66cm/*15x25in* Auchterarder, Perthshire 96
RIDDELL Robert Andrew XVIII-XIX **[1]**
✏ *$1 136 FF6 536 £700 Figures and a donkey on a track Watercolour 16,5x23,5cm/*6x9in* London 97
RIDDET Michael James 1947 **[3]**
👓 *$10 837 FF65 091 £6 500 "North by Northwest, Blue Jay" Acrylic/board 95x75cm/*37x29in* London 98
RIDEL Louis 1866-1937 **[3]**
👓 *$19 000 FF108 015 £11 633 Feuilles d'automne Oil/canvas 172x209,5cm/*67x82in* New-York 97
RIDEOUT Phillip H. (Attrib.) c.1860-c.1920 **[10]**
👓 *$3 249 FF19 670 £1 939 The Steeplechase/Racing the Carriage Oil/board 18x28cm/*7x11in* New-York 97
RIDEOUT Phillip Henry c.1860-c.1920 **[51]**
👓 *$349 FF2 133 £220 A Mail Coach Fording a Stream/A Mail Coach at full Gallop Oil/board 16x36cm/*6x14in* London 97
✏ *$502 FF3 078 £300 Horsemen at a Cross-Roads and at a River Watercolour/paper 25,5x30,5cm/*10x12in* Newcastle-upon-Tyne 98
RIDER Arthur Grover 1885-1975 **[19]**
👓 *$1 100 FF6 586 £673 "Laughing Sea" Oil/canvas/board 27x35cm/*11x14in* Altadena, CA 97
👓 *$9 500 FF57 159 £5 686 Laguna Oil/canvas 56,5x64cm/*22x25in* Beverly Hills, Calif. 98
✏ *$4 749 FF28 389 £2 878 San Juan Capistrano Watercolour/paper 32,5x40cm/*12x15in* San Francisco-Los Angeles 97
RIDGE Hugh E. XX **[40]**
👓 *$260 FF1 523 £160 Hayle Estuary Oil/canvas 44x51cm/*17x20in* Par, Cornwall 97
RIDGEWELL John 1937 **[4]**
✏ *$993 FF5 888 £600 Teacup Landscape (series of six) Watercolour 20x25,5cm/*7x10in* London 97
RIDGWAY Daniel 1839-1924 **[1]**
👓 *$4 264 FF26 000 £2 558 Le sourire Huile/toile 30x29cm/*11x11in* Troyes 98
RIDINGER Johann Elias 1698-1767 **[123]**
👓 *$4 425 FF25 320 £2 762 Weisse Rehe auf einer Waldlichtung Öl/Leinwand 66,5x46,5cm/*26x18in* Stuttgart 97
📖 *$33 FF201 £21 Hirsch mit 32 Enden Print 47,5x38cm/*18x14in* Heidelberg 97
✏ *$912 FF5 222 £539 A roaring lion looking up by a rock Black chalk 21x25cm/*8x9in* Amsterdam 97
RIDINGER Johann Elias (Attr.) 1698-1767 **[10]**
👓 *$35 561 FF217 899 £21 235 Verschiedene Pferde Oil/paper 25,2x36cm/*9x14in* Dresden 98

R

$1 218 FF7 078 £749 Studies of a Camel Ink 29x18,5cm/*11x7in* London 97
RIDINGER Martin Elias 1730-1781 **[8]**
$66 FF402 £40 Türkisch Keyserliches Hand Pferd, nach Joh. E. Ridinger Kupferstich 28x34cm/*11x13in* Dresden 98
RIDLEY Matthew White 1837-1888 **[4]**
$2 899 FF17 291 £1 800 Portrait of the Artist's Wife Oil/canvas 50x72cm/*19x28in* London 97
$12 000 FF72 072 £7 279 Her Majesty Queen Victoria and the Members of the Royal Family Engraving 54x82cm/*21x32in* New-York 98
RIDOLA Mario 1890 **[1]**
$14 949 FF90 826 £9 000 Zingara Oil/canvas 145x130cm/*57x51in* London 98
RIDOLFI Claudio 1570-1644 **[3]**
$8 388 FF47 532 £5 592 Studio per tre santi Olio/tela 25,5x36,5cm/*10x14in* Milano 98
RIDOLFO DEL GHIRLANDAIO Michele (Attrib.) 1503-1577 **[2]**
$18 900 FF91 500 £12 000 Madonna con Bambino e San Giovannino Olio/tavola 66x1cm/*25xin* Roma 95
RIECKE George 1817-1898 **[7]**
$1 200 FF6 912 £705 Cows by the River Oil/canvas 55x86cm/*22x34in* Mystic, Connecticut 97
RIEDEL August 1799-1883 **[9]**
$4 090 FF20 240 £2 600 Die schlafende Frau Oil/canvas 65x75cm/*25x29in* London 95
RIEDEL Felix 1878-1950 **[4]**
$698 FF3 500 £441 Die Staatsoper in Wien Aquarell/Papier 24x32cm/*9x12in* Wien 95
RIEDER Marcel 1852-1925 **[24]**
$3 550 FF18 000 £2 310 Devant la cheminée, clair obscur Huile/toile 37x46cm/*14x18in* Saint-Dié 96
RIEDIGER Reimer 1942 **[10]**
$590 FF3 050 £381 "Christine" Mixed media/paper 23x27cm/*9x10in* Berlin 96
RIEDINGER Johann Elias 1698-1767 **[6]**
$529 FF2 600 £335 Palotaden rechts Engraving 53,5x38,5cm/*21x15in* Schloss Osterberg 95
RIEDL Alois 1935 **[19]**
$2 403 FF14 271 £1 428 Ohne Titel Öl/Leinwand 110x94,8cm/*43x37in* Wien 97
$1 860 FF9 630 £1 201 Ohne Titel Mischtechnik/Papier 60x80cm/*23x31in* Wien 96
RIEDMÜLLER von Franz Xaver 1829-1901 **[7]**
$1 875 FF11 077 £1 165 Angler bei Mondschein Öl/Leinwand 43,5x35cm/*17x13in* Stuttgart 97
RIEFSTAHL Wilhelm Ludwig Fr. 1827-1888 **[8]**
$17 508 FF104 659 £10 332 Personen in landesüblicher Tracht bei der Verabschneidung der Braut... Öl/Leinwand 56x80cm/*22x31in* Kempten 97
RIEGEN Nicolaas 1827-1889 **[55]**
$1 780 FF10 544 £1 065 Marine med fiskere ved deres både på stranden Oil/panel 20x26cm/*7x10in* Köbenhavn 97
$5 706 FF33 023 £3 487 A sailing Vessel in Choppy Water Oil/canvas 36x51cm/*14x20in* Amsterdam 97
RIEGER Albert 1834-1905 **[51]**
$2 140 FF10 680 £1 398 Landschaft bei Gerviller Oil/canvas 56x80cm/*22x31in* Stockholm 95
$2 390 FF12 230 £1 548 Wassermühle, Schweiz Öl/Leinwand 22,5x32,5cm/*8x12in* Wien 95
RIEGER August 1886-1942 **[11]**
$992 FF5 769 £606 Badende Oil/panel 95,5x96,5cm/*37x37in* Wien 97
$378 FF1 930 £249 Landschaft Aquarell/Papier 23,5x29cm/*9x11in* Wien 96
RIEGER Jakob 1754-1811 **[7]**
$285 FF1 679 £176 Bachlandschaft mit von Bäumen verdecktem Haus Indian ink 10x12,5cm/*3x4in* Heidelberg 97
RIELLAND Christophe 1932 **[202]**
$235 FF1 200 £155 Bord de mer Huile/toile 50x61cm/*19x24in* Grenoble 96
$367 FF1 850 £238 Chemin enneigé Huile/toile 27x35cm/*10x13in* Provins 96
RIEMERSCHMID Rudolph 1873-1953 **[5]**
$4 357 FF26 683 £2 600 Head of a Young Boy Tempera/panel 30x32cm/*11x12in* London 98
$25 443 FF147 492 £15 000 Badendes Weib Tempera/canvas 77,5x120,5cm/*30x47in* London 97
RIEMSDIJK van Josje 1915 **[6]**
$1 563 FF9 287 £929 Man Holding a Fish Bronze H40cm/*H15in* Amsterdam 97
RIENÄCKER Gustav 1861-? **[10]**
$16 055 FF93 781 £9 500 A beauty Oil/canvas 112x75cm/*44x29in* London 97

RIEPP Balthasar Riep 1703-1764 **[5]**

👌 *$7 440 FF38 500* £4 800 Heraklit, der weinende Philosoph Öl/Leinwand 100,5x81cm/*39x31in* Wien 96

RIERA Y ARAGO José María 1954 **[5]**

✏️ *$4 320 FF25 984* £2 592 Avio al mar Roig Technique mixte/papier 230x155cm/*90x61in* Antwerpen 98

RIESENBERG Johann Moritz 1673/77-1740 **[2]**

✏️ *$780 FF4 068* £456 Allegorie des Sommers/Allegorie des Herbstes Indian ink/paper 19,2x15,5cm/*7x6in* Berlin 96

RIESENER Henri Fr. (Attrib.) 1767-1828 **[7]**

👌 *$8 475 FF50 000* £5 190 Portrait de Mlles de Lihu, Bonnet chantant, et Mme Labadye à la harpe Huile/toile 29x97,5cm/*11x38in* Cheverny 98

👌 *$12 970 FF68 000* £7 800 Portrait de jeune femme Huile/toile 130,5x170cm/*51x66in* Paris 96

✏️ *$2 550 FF12 430* £1 600 Portrait of a lady Pastel 36x29cm/*14x11in* London 95

RIESENER Henri François 1767-1828 **[5]**

👌 *$8 000 FF45 584* £4 900 Portrait of a Lady, wearing a white dress Oil/canvas 116x89cm/*45x35in* New-York 97

👌 *$150 304 FF880 000* £92 928 Achille Gibert et sa petite fille/Ses deux filles Huile/toile 213x150cm/*83x59in* Paris 97

RIESER Michael 1828-1905 **[1]**

👌 *$23 430 FF142 860* £14 070 Porträt Kaiser Franz Josephs Öl/Leinwand 173x129cm/*68x50in* Wien 98

RIETER Heinrich 1751-1818 **[10]**

🎴 *$190 FF978* £119 "Cime de la Jungfrau, vue près d'Unterseewen" Eau-forte 35x27cm/*13x10in* Bern 96

RIETH Paul 1871-1925 **[6]**

👌 *$6 000 FF34 602* £3 574 Nude in an Impressionistic Landscape Oil/canvas 84x59cm/*33x23in* Cleveland, Ohio 97

RIETSCHOOF Hendrik 1687-1746 **[4]**

👌 *$10 407 FF60 019* £6 200 Ships foundering in rough Seas near a Harbour off a rocky Coast Oil/panel 37x48cm/*14x18in* London 97

RIETSCHOOF Jan Claesz. 1652-1719 **[3]**

👌 *$4 056 FF23 218* £2 396 Threemasters at Anchor in an Estuary with Bathers by a Moored Pink Oil/panel 24,5x33,5cm/*9x13in* Amsterdam 97

👌 *$17 540 FF84 900* £11 000 A Dutch flagship in choppys seas Oil/canvas 102x131cm/*40x51in* London 95

RIETTI Arturo 1863-1943 **[25]**

👌 *$1 200 FF6 800* £800 Ritratto di giovane donna con cappellino Tecnica mista/cartone 47,5x40,5cm/*18x15in* Milano 97

✏️ *$2 244 FF11 730* £1 326 Ritratto di giovane Pastelli/carta 80x60cm/*31x23in* Trieste 96

RIGAUD Hyacinthe 1659-1743 **[15]**

👌 *$57 200 FF300 000* £34 440 Portrait de la Princesse Palatine, duchesse d'Orléans (1652-1722) Huile/toile 144x112cm/*56x44in* Monaco 96

🎴 *$626 FF3 600* £384 Louis le Grand Gravure 93x68cm/*36x26in* Grenoble 97

✏️ *$9 000 FF49 724* £5 593 Portrait of Marchese Neri Maria Corsini (1659-1743) Black & white chalks 36,6x27,8cm/*14x10in* New-York 97

RIGAUD Hyacinthe (Attrib.) 1659-1743 **[11]**

👌 *$5 056 FF31 000* £3 031 Portrait d'homme Huile/toile 84x66cm/*33x25in* Orléans 98

✏️ *$6 444 FF40 000* £3 884 Portrait du Maréchal duc de Villars Pierre noire 36x27,5cm/*14x10in* Paris 98

RIGAUD Hyacinthe (Studio) 1659-1743 **[8]**

👌 *$3 689 FF21 500* £2 272 Portrait de gentilhomme Huile/toile 81x65cm/*31x25in* Compiègne 97

RIGAUD Jacques 1681-1754 **[14]**

🎴 *$1 903 FF11 000* £1 181 Vues de Versailles: le château, la chapelle, Trianon, les Dômes... Eau-forte 24x48cm/*9x18in* Paris 97

RIGAUD Jean 1912 **[53]**

👌 *$983 FF4 800* £618 "Le Palais des Doges, Venise" Huile/toile 33x46cm/*12x18in* Paris 95

👌 *$1 034 FF5 900* £631 Bateau au mouillage Huile/toile 65x54cm/*25x21in* Quimper 97

RIGAUD Jean-François 1742-1812 **[3]**

👌 *$9 273 FF55 512* £5 709 Moses i vassen Oil/canvas 127x102cm/*50x40in* Stockholm 98

RIGAUD John Francis 1742-1810 **[6]**

👌 *$800 FF4 851* £488 Duchess of C. Relieved from her Subterraneous Prison Oil/copper 31x39cm/*12x15in*

New-York 98
👆 *$13 960 FF71 800 £9 000* Captain William locker and family Oil/canvas 100x100cm/*39x39in* London 96
RIGG Ernest Higgins XIX-XX **[17]**
👆 *$616 FF3 130 £400* Cattle grazing in an extensive landscape Oil/canvas/board 25,5x34cm/*10x13in*
London 95
RIGGS Robert 1896-1972 **[30]**
🖐 *$1 600 FF9 512 £978* "Third Round" Lithograph 37x49cm/*14x19in* Shaker Heights, Ohio 97
✏ *$1 500 FF7 830 £909* The Interview Ink 26x34cm/*10x13in* Bolton, Mass. 96
RIGHETTI Francesco 1738-1819 **[5]**
🔨 *$23 538 FF139 860 £14 000* The Laocoon Bronze H37cm/*H14in* London 97
RIGHETTI Guido 1875-1958 **[163]**
🔨 *$737 FF4 200 £451* Ours debout Sculpture 34x15,5x13,5cm/*13x6x5in* Paris 97
RIGHETTI Luigi 1780-1852 **[2]**
🔨 *$23 538 FF139 860 £14 000* The Laocoon Bronze H37cm/*H14in* London 97
RIGHI Federico 1908-1986 **[10]**
👆 *$1 080 FF6 120 £540* "Natura morta con bricchi" Olio/tavola 70x95cm/*27x37in* Roma 98
RIGHINI Jean Philippe Leon XIX **[3]**
👆 *$70 000 FF429 709 £42 889* Tapir walking Through a Brazilian Forest Oil/canvas 53,5x86,5cm/*21x34in*
New-York 98
RIGHINI Sigismund 1870-1937 **[8]**
👆 *$1 769 FF10 301 £1 091* Bergsee Öl/Karton 19,5x25,5cm/*7x10in* Bern 97
RIGOLOT Albert-Gabriel 1862-1932 **[79]**
👆 *$369 FF1 800 £232* Automne: bord de lac Huile/panneau 11,5x17cm/*4x6in* Paris 95
👆 *$4 355 FF25 000 £2 655* Promenade dans la campagne Huile/toile 46x65cm/*18x25in* Barbizon 97
👆 *$25 000 FF142 125 £15 307* Autumn plowing Oil/canvas 146x98cm/*57x38in* New-York 97
✏ *$2 975 FF16 915 £1 785* Vista de Venecia Pastel 54x75cm/*21x29in* Madrid 97
RIGOT Georges L. Rapaire XX **[1]**
👆 *$3 500 FF18 627 £2 063* Lunch Time Oil/canvas 72x57cm/*28x22in* New-York 97
RIGOULOT XX **[1]**
👆 *$11 407 FF65 000 £6 987* Les Sports Huile/toile 240x110cm/*94x43in* Vichy 97
RIIS Bendik 1911-1988 **[3]**
👆 *$2 640 FF13 780 £1 595* Holmegaten i sol og sne Oil/panel 23x24cm/*9x9in* Oslo 96
👆 *$4 040 FF21 070 £2 440* Kirke bak traer Oil/panel 61x39cm/*24x15in* Oslo 96
RIIS CARSTENSEN Andreas Ch. 1844-1906 **[39]**
👆 *$1 236 FF7 098 £753* Fjordparti med grönlaendere der laver bål udenfor deres hytte Oil/canvas
39x57cm/*15x22in* Köbenhavn 97
RIJ-ROUSSEAU Jeanne 1870-1956 **[11]**
👆 *$9 000 FF46 900 £5 660* Le Château Oil/canvas 46x61cm/*18x24in* New-York 96
RIJKELIJKHUIJSEN Hermanus Jan Hendrik 1813-1883 **[22]**
👆 *$709 FF4 376 £446* Peasantwomen conversing by a Barn with an angler Oil/panel 27x36,5cm/*10x14in*
Amsterdam 97
👆 *$1 661 FF10 173 £994* A Summer Landscape with Anglers Along a River Oil/panel 34,5x49cm/*13x19in*
Amsterdam 98
RIJLAARSDAM Jan 1911 **[39]**
👆 *$1 165 FF7 138 £694* Boats in a canal Oil/canvas 50x60,5cm/*19x23in* Amsterdam 98
✏ *$395 FF2 253 £245* The Victoria Hotel, Amsterdam Watercolour 28,5x19cm/*11x7in* Amsterdam 97
RIJNENBURG Nicolaas 1716-1776 **[2]**
👆 *$1 715 FF8 840 £1 100* Portrait of an Artist in his studio with a portrait on an Easel behind Oil/panel
36x28cm/*14x11in* London 96
RIJSWIJCK van Edward 1871-? **[10]**
👆 *$2 525 FF13 200 £1 504* Nature morte aux ralsins et pêches Huile/toile 77x86cm/*30x33in* Antwerpen 96
RIJVERS Wim 1927 **[2]**
🔨 *$2 640 FF13 830 £1 587* Untitled Bronze H46cm/*H18in* Amsterdam 96
RIKET Léon 1876-1938 **[28]**
👆 *$756 FF4 547 £453* Beekje in een landschap Huile/toile 37x50cm/*14x19in* Antwerpen 98
👆 *$8 915 FF51 868 £5 461* Les premiers pas Oil/canvas 105,5x150,5cm/*41x59in* Amsterdam 97
RILEY Bridget 1931 **[71]**
👆 *$2 605 FF15 420 £1 600* Turquoise + red greys with twisted curves Tempera 22x30,5cm/*8x12in*

München 98
🎨 *$32 806 FF188 324 £20 000* Shêng-Tung Acrylic/canvas 96,5x229cm/*37x90in* London 97
🖼 *$300 FF1 731 £183* "Elapse" Screenprint in colors 101x63cm/*40x25in* Cleveland, Ohio 97
✏ *$2 899 FF16 759 £1 800* Interior Soft pencil/paper 54,5x18cm/*21x7in* London 97
RILEY Harold XX **[8]**
✏ *$557 FF3 420 £340* The Cycle Home Charcoal 45x30cm/*17x11in* West Sussex 98
RILEY Harry 1895-? **[4]**
🖼 *$646 FF3 275 £420* "Reignmouth, The Gem of South Devon" Poster 102x64cm/*40x25in* London 96
RILEY John 1646-1691 **[11]**
🎨 *$3 600 FF21 831 £2 196* Portraits of Martin Carter/Portrait of His Wife Eliza Oil/canvas 74,5x61,5cm/*29x24in* New-York 98
RILEY Kenneth 1919 **[15]**
🎨 *$3 300 FF19 760 £2 027* Apache Acrylic/canvas 18x14cm/*7x5in* Dallas, Texas 98
🎨 *$21 000 FF105 840 £13 549* Water Market Oil/canvas 38x76cm/*15x30in* Hayden 96
🎨 *$86 000 FF489 752 £53 036* In the Mandan Lodge of Four Bears Oil/canvas 137x91cm/*54x36in* Dallas, Texas 97
RILEY Richard XIX-XX **[1]**
📷 *$8 500 FF43 900 £5 440* Views of African-Americans/Landscapes Photograph 27x35cm/*11x14in* New-York 96
RIMBERT René 1896 **[6]**
🎨 *$3 277 FF19 000 £1 957* Église de Perpesaz-le-Noir en Corrèze Huile/carton 41x29cm/*16x11in* Paris 97
RIMBOECK Max 1890-? **[6]**
🎨 *$1 699 FF10 056 £1 022* Bunter Blütenstrauss in Birnkrug Oil/panel 66x72cm/*25x28in* Lindau 98
RIMINGTON Alexander Wallace 1854-1918 **[16]**
✏ *$461 FF2 764 £280* The Castle of Padonghe, Lago di Gardo, Italy Watercolour 24x35,5cm/*9x13in* Billingshurst, West Sussex 98
RIN Nicolas 1919 **[22]**
🎨 *$1 615 FF9 000 £1 004* Bouquet fond jaune Huile/toile 46x55cm/*18x21in* Vernon 97
RINALDI Claudio XIX **[6]**
🎨 *$3 500 FF17 050 £2 215* My Favorite Cat Oil/canvas 61x49cm/*24x19in* New-York 95
RINALDI Rinaldo 1793-1873 **[3]**
🗿 *$23 000 FF136 498 £14 087* Allegorical Lady at a Tree Marble H165cm/*H64in* New-York 97
RINCK Adolphe D. c.1810-c.1871 **[6]**
🎨 *$4 000 FF23 202 £2 364* "After the Ball" Oil/canvas 81x65cm/*31x25in* San Francisco 97
RINEHART Frank A. 1861-1928 **[46]**
📷 *$1 900 FF10 963 £1 164* "Shot in the Eye"/"Swift Dog" Platinum print 23x18cm/*9x7in* New-York 97
RING Lauritz Andersen 1854-1933 **[99]**
🎨 *$584 FF3 533 £368* En draeningsgröft Oil/canvas 57x45cm/*22x17in* Köbenhavn 97
🎨 *$2 610 FF12 850 £1 682* Coastal landscape Oil/canvas 32x24cm/*12x9in* Köbenhavn 95
RING Ole 1902-1972 **[109]**
🎨 *$1 062 FF6 168 £628* Hamnen i Nysted Oil/canvas 19x22,5cm/*7x8in* Malmö 97
🎨 *$2 720 FF14 200 £1 618* Gadescene, Köbenhavn Oil/canvas 48x60cm/*18x23in* Köbenhavn 96
RINGEL D'ILLZACH Jean Désiré 1847-1916 **[4]**
🗿 *$5 715 FF35 000 £3 409* "Au balcon, place Garnier" (période Blomet) Sculpture H35cm/*H13in* Paris 98
RINGEL Franz 1940 **[109]**
🎨 *$6 113 FF36 652 £3 649* "Porträt Rudolf Haller" Acrylic/canvas 100x80cm/*39x31in* Wien 98
🎨 *$39 840 FF196 000 £25 370* Der Täter Mischtechnik/Karton 195x130,5cm/*76x51in* Wien 95
🖼 *$338 FF1 705 £222* Radfahrer Etching 25x33cm/*9x12in* Wien 96
✏ *$1 476 FF8 600 £907* Bob Dylan Mischtechnik/Papier 56,5x42cm/*22x16in* Wien 97
RINGELNATZ Joachim, H.Bötticher 1883-1934 **[8]**
🎨 *$2 834 FF16 733 £1 678* Nachtmahl im Freien Oil/panel 39,5x63,7cm/*15x25in* Berlin 97
✏ *$981 FF5 080 £638* Der Liebesgarten Aquarell 35x51cm/*13x20in* München 96
RINGQVIST Bernt 1912-1966 **[14]**
🎨 *$486 FF2 496 £303* Tupp i fångenskap Oil/panel 41x66cm/*16x25in* Stockholm 96
RINK Paul, Paulus Philip. 1861-1903 **[10]**
✏ *$1 609 FF9 506 £972* Three volendam fishermen Watercolour/paper 50x68cm/*19x26in* Amsterdam 97

R

RINNE Felix XX **[1]**

    $1 500 FF7 770 £1 003 "Baden-Baden" Poster 122,5x80cm/*48x31in* New-York 96

RIOCREUX Alfred 1820-1912 **[7]**

    $1 293 FF6 300 £828 Hydrangea Paniculata (Grandiflora) Aquarelle/papier 28,5x21cm/*11x8in* Pontoise 95

RIOPELLE Jean-Paul 1923 **[530]**

    $17 640 FF90 700 £11 000 Guéret Oil/canvas 33x41cm/*12x16in* London 96

    $27 757 FF164 728 £17 000 Untitled Oil/canvas 59,5x81cm/*23x31in* London 97

    $67 500 FF350 000 £43 850 "Au pays de l'Héliante" Huile/toile 130x360cm/*51x141in* Versailles 96

    $217 FF1 319 £137 Les oies sauvages Lithographie 43x49,5cm/*16x19in* Montréal 97

    $846 FF5 200 £507 Composition abstraite Technique mixte/papier 66x87cm/*25x34in* Paris 98

RIORDON Eric John Benson 1906-1948 **[23]**

    $591 FF2 860 £380 Laurentians Oil/board 22x28cm/*8x11in* Toronto 95

RIOU Edouard 1833-1900 **[9]**

    $799 FF4 705 £493 Blick von Anhöhe mit Figurenstaffage auf abendliche Küstenlandschaft Oil/panel 12x21,5cm/*4x8in* Lindau 97

    $298 FF1 800 £183 Le Lavandou Lavis 19x29cm/*7x11in* Paris 98

RIOU Max XIX-XX **[1]**

    $2 610 FF13 000 £1 710 Bab el-Khemiss, Marrakech/Marché à Fès Huile/carton 14x17,5cm/*5x6in* Paris 95

RIOULT Louis Edouard 1790-1855 **[7]**

    $12 000 FF73 484 £7 182 Two Maidens Oil/canvas 138,5x175,5cm/*54x69in* New-York 98

RIP Willem Cornelis 1856-1922 **[58]**

    $1 609 FF9 506 £972 Figures in the dunes Oil/panel 14x21,5cm/*5x8in* Amsterdam 97

    $2 340 FF12 040 £1 460 A rainy day, Heusden Oil/canvas 44x70cm/*17x27in* Amsterdam 96

    $806 FF4 940 £482 A Poder Landscape with a Horseman Watercolour 14x22cm/*5x8in* Amsterdam 98

RIPAMONTI Riccardo 1849-1930 **[2]**

    $3 880 FF18 820 £2 500 L'acqua per il pane Bronze H58cm/*H22in* London 95

RIPARI Virgilio 1843-1902 **[6]**

    $7 840 FF38 000 £4 930 Portraits de jeunes filles, d'enfants Aquarelle 23x17cm/*9x6in* Monaco 95

RIPART Georges 1871-? **[8]**

    $328 FF1 883 £200 "Bière de Lachapelle" Poster 100x66cm/*39x25in* London 97

RIPLEY Aiden Lassell 1896-1969 **[66]**

    $4 000 FF20 880 £2 424 The Return Oil/canvas 76x91cm/*30x36in* Bolton, Mass. 96

    $300 FF1 716 £187 Grouse and Vine Etching 16,5x21cm/*6x8in* Boston, Mass. 97

    $4 000 FF23 108 £2 465 Woodcock Shooting, A Study Watercolour 24x38,5cm/*9x15in* New-York 97

RIPOLLES Juan G. 1932 **[45]**

    $251 FF1 300 £163 Repos du modèle Huile/toile 33x41cm/*12x16in* Paris 96

    $261 FF1 350 £169 Le peintre et son modèle Huile/toile 38x46cm/*14x18in* Paris 96

RIPPEL Morris 1931 **[4]**

    $850 FF5 185 £510 Berryman's Barn Watercolour 50x64cm/*19x25in* Washington 98

RIPPEL Wilhelm 1905-1962 **[8]**

    $5 090 FF26 450 £3 370 Am Balkon Öl/Leinwand 112x84cm/*44x33in* Wien 96

    $8 330 FF43 300 £5 510 Landschaft Öl/Leinwand 98x128cm/*38x50in* Wien 96

RIPPL-RONAI József 1861-1927 **[30]**

    $28 109 FF164 092 £17 000 Jeune femme à la cuisine avec un chat Oil/canvas 151x90,5cm/*59x35in* London 97

    $58 499 FF352 184 £35 000 Zora in a broad-brimmed Hat Oil/canvas 52x42cm/*20x16in* London 98

    $573 FF3 000 £345 Femme et lampe Lithographie couleurs 19,5x14,8cm/*7x5in* Paris 96

    $6 000 FF35 608 £3 675 Interior Gouache 47x31cm/*18x12in* Tel Aviv 97

RIQUER de Alejandro, Alexandre 1856-1920 **[11]**

    $3 950 FF20 240 £2 400 The Four Seasons Lithograph 54x114cm/*21x44in* London 96

RIQUET Paul 1860-? **[2]**

    $16 000 FF95 636 £9 793 Maternité Oil/canvas 206x139cm/*81x54in* New-York 97

RIS Günther Ferdinand 1928 **[18]**

    $837 FF4 120 £539 Jan van Weert Bronze H13cm/*H5in* Köln 95

RISCHGITZ Edouard 1828-1909 **[18]**

    $775 FF4 010 £500 The Plough Team Oil/board 36x47cm/*14x18in* London 96

    $852 FF4 410 £550 Summer Poppy Fields Oil/board 34x46cm/*13x18in* London 96

    $709 FF4 043 £434 Parkszene Aquarell/Papier 28x19cm/*11x7in* Köln 97

RISS François 1804-? **[3]**

  $8 040 FF50 000 £5 070 Monsieur et Madame Alfred Larsonneur Huile/toile 115x85cm/*45x33in* Biarritz 97

RISSANEN Juho 1873-1950 **[23]**

  $2 346 FF13 852 £1 388 Tygaffär Oil/panel 28x23cm/*11x9in* Helsinki 97

  $3 313 FF19 904 £1 987 I hamn Oil/canvas 65x50cm/*25x19in* Helsinki 98

  $11 262 FF66 492 £6 666 Havets Madonna Oil/canvas 135x100cm/*53x39in* Helsinki 97

RISSE Roland 1835-? **[3]**

  $3 200 FF18 223 £1 942 Before the Ball Oil/panel 28x23cm/*11x9in* New-York 97

  $10 000 FF52 200 £6 061 Blind gril of Pompeii Oil/canvas 87x127cm/*34x50in* New Orleans, Louisiana 96

RIST Alix 1922-1980 **[5]**

  $1 208 FF7 500 £728 Sculpture fiction Collage 81x100cm/*31x39in* Le Havre 98

RIST Luigi 1888-1959 **[11]**

  $850 FF4 887 £532 Three red roses Woodcut in colors 26x20cm/*10x8in* Hatfield, Pennsylvania 97

RISUEÑO José 1667-1721 **[4]**

  $4 290 FF22 060 £2 673 Santa María de Cervelló Oleo/lienzo 104x85cm/*40x33in* Madrid 96

  $9 100 FF52 000 £5 590 La Coronacion de la Virgen Oleo/lienzo 118x164cm/*46x64in* Madrid 97

RISUEÑO José (Attrib.) 1667-1721 **[2]**

  $4 950 FF29 625 £3 000 Virgen con Niño Oleo/tabla 34x28cm/*13x11in* Madrid 98

RITCHIE Alexander Handyside 1809-1870 **[2]**

  $800 FF4 905 £489 Washington and his Generals Engraving 72,5x101,5cm/*28x39in* New-York 98

RITCHIE Alexander Hay 1822-1895 **[2]**

  $600 FF3 623 £364 Sherman's March to the Sea Engraving 73x109cm/*29x43in* New Orleans, Louisiana 98

RITCHIE Alick P.F. 1869-? **[4]**

  $686 FF3 828 £420 "Canadian Pacific, Tourist Third Cabin to Canada and U.S.A." Poster 100x64cm/*39x25in* London 97

RITCHIE James Edward 1929 **[4]**

  $1 055 FF6 310 £640 Corps allongé Bronze H39,5cm/*H15in* Montréal 97

RITMAN Louis 1889-1963 **[53]**

  $6 000 FF30 340 £3 934 Le Verdon, France Oil/canvas 19,4x25cm/*7x9in* Chicago, Illinois 96

  $16 000 FF82 400 £10 230 The piano lesson Oil/canvas 91,5x91,5cm/*36x36in* New-York 96

RITSCHEL William P. 1864-1949 **[36]**

  $3 750 FF22 851 £2 239 "Paris, Christmess Eve" Oil/canvas 33x46cm/*13x18in* Pasadena, California 98

  $16 000 FF91 324 £9 891 La clair de lune Oil/canvas 51x61cm/*20x24in* New-York 97

  $700 FF4 009 £414 A View in Venice Watercolour/paper 27x43cm/*11x17in* Milford, Conn. 97

RITSCHL Otto 1885-1976 **[27]**

  $2 954 FF17 218 £1 820 Abstrakte Komposition Öl/Karton 30x38cm/*11x14in* Köln 97

  $3 186 FF18 568 £1 962 Komposition Oil/panel 46,5x38cm/*18x14in* Köln 97

  $1 505 FF7 800 £978 Sitzender weiblicher Akt Gouache/carton 35x28cm/*13x11in* München 96

RITSEMA Coba 1876-1961 **[17]**

  $1 450 FF8 727 £868 Portrait of a joffer Oil/panel 45x35,5cm/*17x13in* Amsterdam 98

  $4 353 FF26 193 £2 606 "Bloemen" Oil/canvas 72x53cm/*28x20in* Amsterdam 98

  $3 112 FF18 012 £1 902 A still Life with porcelain, a Gun and a peacock's feather Watercolour, gouache/paper 58x48cm/*22x18in* Amsterdam 97

RITSEMA Jacob 1869-1943 **[9]**

  $6 643 FF38 621 £3 958 Bloemstilleven met lelietjes-van-dalen en gladiolen Pastel/paper 70x61cm/*27x24in* Den Haag 97

RITTASE William M. 1894-1968 **[10]**

  $2 500 FF14 723 £1 543 Two Women jumping/High Wire Bicyclist/Steam Pipes, 1930s Gelatin silver print 25x20cm/*9x7in* New-York 97

RITTENBERG Henry R. 1879-1969 **[6]**

  $1 700 FF9 929 £1 005 The Fruit Basket Oil/canvas 51x61cm/*20x24in* Boston, Mass. 97

RITTER Caspar 1861-1923 **[11]**

  $1 802 FF11 073 £1 081 Schwäbische Klöpplerin Öl/Karton 34x26cm/*13x10in* Stuttgart 98

  $1 995 FF12 187 £1 200 Danseuse orientale Huile/carton 102x74cm/*40x29in* Bruxelles 98

RITTER Eduard 1808-1853 **[17]**

  $1 629 FF9 421 £1 004 Strickender Bauer im Tauernwirtshaus Öl/Leinwand 25x33cm/*9x12in* München 97

$3 365 FF20 080 £2 030 Ländliche Idylle Öl/Leinwand 64x50cm/*25x19in* Köln 97
RITTER Eduard (Attrib.) 1808-1853 **[2]**
$2 326 FF12 040 £1 502 Fröhliche Musikrrunde Oil/panel 29x36,5cm/*11x14in* Wien 96
RITTER Henry 1816-1853 **[4]**
$2 249 FF12 816 £1 410 Der gegenwärtige Status quo Pencil/paper 25x20cm/*9x7in* Düsseldorf 97
RITTER Lorenz 1832-1921 **[2]**
$1 162 FF5 977 £750 A Street Scene in Nuremburg Watercolour/paper 54x45,5cm/*21x17in* London 96
RITTER Wilhelm George 1850-1926 **[6]**
$848 FF5 200 £520 View of Chicago Watercolour/paper 27x33cm/*11x13in* Mystic, Connecticut 98
RITTS Herb 1951 **[97]**
$599 FF3 100 £400 Meg. Hollywood Silver print 50,7x40,4cm/*19x15in* London 96
RITZ Rafael 1829-1894 **[9]**
$26 500 FF129 000 £16 770 Archäologe in der Kirche von Valeria Öl/Leinwand 54x43,5cm/*21x17in* Bern 95
$2 046 FF12 437 £1 241 Walliser Bauernstube Pencil 21x23cm/*8x9in* Rorschach 98
RITZBERGER Albert 1853-1911 **[10]**
$1 582 FF9 532 £958 Gespräch in der Gartenlaube Öl/Karton 34,5x45cm/*13x17in* Wien 98
$5 037 FF30 160 £3 094 Das Orakel der Liebe Oil/canvas 120x97cm/*47x38in* Köln 98
RITZERT Diether 1927 **[5]**
$408 FF2 020 £260 Der Schwerhörige Linocut 40x58cm/*15x22in* Heidelberg 95
RIVA Giuseppe 1834-1916 **[5]**
$6 000 FF34 000 £3 000 Milano, la partenza del volontario Olio/tela 72x60cm/*28x23in* Milano 98
RIVALTA Augusto 1838-1925 **[8]**
$1 800 FF10 200 £900 Il cacciatore Bronzo H48cm/*H18in* Firenze 98
RIVALZ Antoine 1667-1735 **[7]**
$17 180 FF100 000 £10 510 Samson et Dalila Huile/toile 122x99cm/*48x38in* Paris 97
$4 030 FF21 000 £2 530 Les Huguenots chassés de la Ville de Toulouse Encre Chine 33x46cm/*12x18in* Paris 96
RIVALZ Antoine (Attrib.) 1667-1735 **[5]**
$5 028 FF30 000 £3 081 Autoportrait de l'artiste Huile/toile 86x64cm/*33x25in* Paris 98
$11 030 FF55 000 £7 230 David victorieux Huile/toile 136x101cm/*53x39in* Carcassonne 95
RIVAROLI Giuseppe 1865-1943 **[17]**
$660 FF3 740 £440 Nereidi e tritoni Olio/tavoletta 17,5x30cm/*6x11in* Firenze 98
RIVAS Antonio XIX **[20]**
$3 150 FF15 360 £2 000 Dance of the Seven Veils Oil/panel 26x58cm/*10x22in* London 95
$16 677 FF103 520 £10 000 At The Opera Oil/canvas 100x79cm/*39x31in* London 98
$623 FF3 801 £380 Nrth African Warrior at Rest Watercolour 48x26,5cm/*18x10in* London 98
RIVAS Francisco Paolo 1854-? **[1]**
$9 900 FF50 000 £6 460 Danseuse et musiciens au harem Huile/panneau 26x58cm/*10x22in* Paris 96
RIVE de la Pierre Louis 1735-1815 **[5]**
$5 329 FF31 311 £3 200 A Magician Performing to a Crowd Outside a Tavern Oil/panel 31,5x25,5cm/*12x10in* London 97
$21 043 FF130 134 £12 537 Dorfeingang mit heimkehrender Viehherde Öl/Leinwand 87,5x116cm/*34x45in* Zürich 98
RIVERA Diego 1886-1957 **[327]**
$46 032 FF280 000 £28 224 Nature morte cubiste Huile/carton 34x23,5cm/*13x9in* Paris 98
$520 000 FF2 523 000 £335 000 Naturaleza muerta con tulipanes Oil/canvas 68x54cm/*26x21in* New-York 95
$147 FF854 £86 Portrait of a Young Girl Color lithograph 49x39cm/*19x15in* Bloomfield Hills, Michigan 97
$14 000 FF80 367 £8 534 Mujer sentada Graphite 63,5x48cm/*25x18in* New-York 97
RIVERA Diego (Attrib.) 1886-1957 **[2]**
$500 FF3 103 £301 Temas de la Educacion Rural Lithograph 34x43cm/*13x17in* Miami, Florida 98
RIVERA HERNANDEZ Manuel 1927-1995 **[25]**
$10 627 FF64 582 £6 376 "Espejo para meditar II" Oleo/lienzo 100x81cm/*39x31in* Madrid 98
$13 210 FF82 000 £7 962 Métamorphosis Metal 81x116cm/*31x45in* Paris 98
$1 409 FF8 564 £845 Sin título Tinta 61x43,5cm/*24x17in* Madrid 98
RIVERA Y ARGONANIS de José Marcelino XVIII **[1]**
$36 000 FF188 000 £21 430 Coronación de la Virgen de Guadalupe Oil/canvas 82x61,5cm/*32x24in* New-York 96

RIVERS Larry 1923 **[221]**

🖋 *$11 340 FF58 900 £7 500* "Caporal" Oil/canvas 33x33cm/*12x12in* London 96

🖋 *$24 000 FF143 028 £14 716* Stephen's Broken Leg Oil/canvas 55x66cm/*21x25in* New-York 98

🖋 *$36 000 FF221 536 £21 855* Make Believe Ballroom, Rita's Red Dress Oil/canvas
143x129,5x11,5cm/*56x50x4in* New-York 98

💾 *$11 500 FF65 865 £6 803* Jack of Spades Lithographie couleurs 108x76cm/*42x29in* New-York 97

✏ *$4 000 FF20 900 £2 417* King and Queen Bronze H36cm/*H14in* Tarzana, CA 96

✏ *$3 000 FF18 115 £1 797* Double Portrait Coloured pencils 53x73,5cm/*20x28in* New-York 98

RIVERS Leopold 1852-1905 **[61]**

🖋 *$990 FF5 693 £620* A surrey Cottage Oil/board 25,5x35,5cm/*10x13in* London 97

🖋 *$1 486 FF8 814 £900* "At Critchmere Surrey" Oil/canvas 38x58cm/*15x23in* Oxford 97

✏ *$408 FF2 436 £250* The Goose Girl Watercolour/paper 11x17cm/*4x6in* Bristol, Avon 97

RIVEY Arsène Hippolyte 1838-1903 **[2]**

🖋 *$3 026 FF17 664 £1 800* Nu de dos Oil/canvas 99x80cm/*38x31in* London 97

RIVIER Louis 1885-1963 **[7]**

🖋 *$14 975 FF87 164 £9 231* Der Jüngste Tag Tempera/toile 200x321cm/*78x126in* Bern 97

✏ *$6 126 FF35 658 £3 776* "Le Prophète Ezechiel" Crayon 90x139cm/*35x54in* Bern 97

RIVIERE Briton 1840-1920 **[21]**

🖋 *$8 434 FF46 575 £5 100* Temptation Oil/canvas 58,5x58,5cm/*23x23in* London 97

✏ *$1 305 FF7 366 £800* Studies of Lions Charcoal 53x74cm/*20x29in* London 97

RIVIERE Charles 1848-1920 **[3]**

✏ *$2 134 FF11 000 £1 365* Quatre vues de Suisse Gouache 9,5x13cm/*3x5in* Versailles 96

RIVIERE Henri 1864-1951 **[244]**

🖋 *$2 805 FF17 000 £1 720* Pins dans la brume Huile/toile 39,5x61cm/*15x24in* Quimper 98

💾 *$8 420 FF50 000 £5 140* Le Pardon de Ste. Anne-la-Palud Gravure bois couleurs 36x124cm/*14x48in*
Brest 98

✏ *$970 FF5 000 £643* Rochers en bord de mer à Morgat Aquarelle 26x41cm/*10x16in* Brest 96

RIVIERE Théodore 1857-1912 **[28]**

✏ *$1 223 FF6 190 £800* An Arab mother and child Bronze H29cm/*H11in* London 96

RIVOIRE François 1842-1919 **[35]**

✏ *$3 500 FF19 931 £2 158* Elegant Still Life with Roses and Pansies Watercolour/paper 66x50cm/*25x19in*
Boston, Mass. 97

RIVOIRE Raymond L. 1884-1966 **[6]**

✏ *$6 766 FF42 000 £4 057* Femme au lévrier Bronze 56x59cm/*22x23in* Paris 98

RIX Julian Walbridge 1851-1903 **[39]**

🖋 *$4 750 FF24 800 £2 870* Headlands at Half Light Oil/canvas 77x101,5cm/*30x39in* San Francisco-Los
Angeles 96

RIX Kitty 1901-? **[5]**

✏ *$643 FF3 812 £392* Pferdegruppe Ceramic H15cm/*H5in* Wien 98

RIXENS Jean André 1846-1924 **[7]**

🖋 *$18 000 FF102 564 £11 025* Paris, le bal du Moulin-Rouge Oil/canvas 65x81cm/*25x31in* New-York 97

RIZEK Emil 1901-1985 **[29]**

🖋 *$8 370 FF41 550 £5 300* Warriors Oil/canvas 70x90cm/*27x35in* Singapore 95

🖋 *$10 475 FF62 727 £6 436* Balinese Woman Walking Oil/canvas 44,5x31,5cm/*17x12in* Singapore 98

✏ *$4 260 FF21 500 £2 796* A parrot Gouache 52x40cm/*20x15in* Singapore 96

RIZZI Antonio 1869-1940 **[6]**

🖋 *$2 790 FF14 040 £1 845* Luci del mattino Olio/tela 57x46cm/*22x18in* Roma 95

RIZZI Marco A. (Attrib.) 1648-1723 **[2]**

🖋 *$33 785 FF229 738 £20 271* Nature morte con fiori e frutti Olio/tela 92x160cm/*36x62in* Milano 98

RIZZO Pippo 1897-1964 **[2]**

🖋 *$2 200 FF13 110 £1 349* Venetian Canal Scene and View of the Accademia Oil/canvas 28x40cm/*11x16in*
New-York 98

RIZZONI Alexandre 1836-1902 **[10]**

🖋 *$2 349 FF13 402 £1 435* Bust portrait of a woman with dark hair Oil/canvas 28x22cm/*11x8in* Helsinki 97

✏ *$6 100 FF30 800 £4 000* Latvian dancers Watercolour 64x94cm/*25x37in* London 96

ROBB Elizabeth B. XIX-XX **[3]**

R

🎨 *$3 800 FF19 730 £2 514* The Busy Harbor Oil/canvas 76x64cm/*29x25in* New-York 96
ROBB William George 1872-1940 **[24]**
🎨 *$751 FF4 442 £449* The Wandering Minstrel Oil/canvas 60,5x70,5cm/*23x27in* London 97
ROBBE Gaston XX **[5]**
🎨 *$1 480 FF9 000 £898* Neige au couchant Huile/toile 27x46cm/*10x18in* Besançon 98
🎨 *$4 194 FF25 500 £2 544* Fonte des neiges Huile/toile 40x60cm/*15x23in* Besançon 98
ROBBE Henri 1807-1899 **[15]**
🎨 *$6 620 FF34 060 £4 000* Cattle and other Animals Grazing in an Extensive Landscape Oil/canvas
87x124cm/*34x48in* London 96
ROBBE Louis 1806-1887 **[99]**
🎨 *$1 843 FF9 210 £1 193* Bergère et moutons dans un paysage Huile/toile 35x34cm/*13x13in* Bruxelles 96
🎨 *$2 331 FF14 277 £1 389* A landscape Oil/canvas 33x49cm/*12x19in* Amsterdam 98
🎨 *$8 880 FF46 000 £5 680* Landschap met Schapenhoeder Huile/toile 100x160cm/*39x62in* Lokeren 96
ROBBE Manuel 1872-1936 **[178]**
$498 FF3 000 £298 La Femme au chien Eau-forte, aquatinte couleurs 48,5x37,6cm/*19x14in* Paris 98
✏️ *$3 199 FF19 000 £1 938* La lecture Fusain 57x38cm/*22x14in* Saint-Germain-en-Laye 97
ROBBINS Horace Walcott 1842-1904 **[3]**
🎨 *$5 500 FF28 560 £3 640* Early Morning, Meachem Lake, NY Oil/canvas 36x56cm/*14x22in* New-York 96
RÖBER Fritz 1851-1924 **[3]**
🎨 *$7 030 FF35 760 £4 200* Balthazar's Feat (Gastmahl) Oil/canvas 61,5x106cm/*24x41in* London 96
ROBERT Alexandre 1817-1890 **[4]**
🎨 *$1 730 FF8 800 £1 032* Starsse in Frascati bei Rom Öl/Leinwand 22,5x29cm/*8x11in* Köln 96
ROBERT Émile 1880-1948 **[5]**
$1 247 FF7 500 £746 Putto Marbre 26,2x45x26cm/*10x17x10in* Paris 98
ROBERT Henri M. 1881-1961 **[23]**
🎨 *$2 050 FF12 190 £1 254* Val d'Hérens Öl/Leinwand 46,5x38,5cm/*18x15in* Bern 97
ROBERT Hubert 1733-1808 **[311]**
🎨 *$2 596 FF15 000 £1 542* Cavalier à la fontaine Huile/panneau 11,5x9,5cm/*4x3in* Paris 97
🎨 *$85 000 FF440 000 £55 200* Lavandières dans un parc Huile/toile 47x57cm/*18x22in* Paris 96
🎨 *$241 000 FF1 200 000 £157 700* Lavandières sous un pont de pierre, près du Temple de Vesta Huile/toile
108x142,5cm/*42x56in* Paris 95
✏️ *$414 FF2 400 £255* Deux feuilles de croquis, personnages Lavis 22,5x8cm/*8x3in* Paris 97
ROBERT Hubert (Attrib.) 1733-1808 **[26]**
🎨 *$5 319 FF31 000 £3 276* Vue de la colonnade du Louvre, depuis le jardin de M. d'Angivilliers Miniature
37x51,5cm/*14x20in* Paris 97
✏️ *$630 FF3 200 £376* Ruines dans un paysage Sanguine/papier 32,5x46cm/*12x18in* Paris 96
ROBERT Hubert (Cercle) 1733-1808 **[2]**
🎨 *$8 500 FF41 950 £5 500* A River Landscape with a Washerwoman at work Oil/canvas 40x52cm/*15x20in*
New-York 96
✏️ *$2 600 FF12 830 £1 680* A ruined gothic Church with women washing and travellers Watercolour
23x29cm/*9x11in* New-York 96
ROBERT Hubert (Studio) 1733-1808 **[1]**
🎨 *$63 700 FF325 600 £42 000* An Artist leading his Model's Pony on a wooded Track Oil/canvas
139x160,5cm/*54x63in* London 96
ROBERT Léo Paul Samuel 1851-1923 **[6]**
✏️ *$1 900 FF9 770 £1 186* Vögel im Gebirge Aquarell 43x29,5cm/*16x11in* Bern 96
ROBERT Léopold 1794-1835 **[18]**
🎨 *$3 455 FF20 169 £2 122* Männerbildnis Öl/Leinwand 26x20,5cm/*10x8in* Zürich 97
🎨 *$10 830 FF65 397 £6 501* Italienische Schäferfamilie Öl/Leinwand 46x37cm/*18x14in* Luzern 98
ROBERT Léopold (Attrib.) 1794-1835 **[4]**
🎨 *$12 100 FF63 100 £8 000* Peasants dancing outside an inn in an Italianta landscape Oil/canvas
10x137cm/*3x53in* Hadspen 96
ROBERT Maurice 1909-1990 **[7]**
🎨 *$1 502 FF7 310 £950* Abstrakte Komposition Öl/Leinwand 61x46cm/*24x18in* Bern 95
ROBERT Nicolas 1614-1685 **[71]**
✏️ *$92 600 FF484 000 £56 000* Ostrich Watercolour, gouache/vellum 46,5x36cm/*18x14in* London 96
ROBERT Paul André 1901-1977 **[9]**

$1 361 FF7 924 £839 Bildnisse eines Knaben und eines Mädchens Öl/Karton 39x31,5cm/*15x12in* Bern 97
ROBERT Philippe 1881-1930 **[9]**
$1 647 FF9 574 £972 Pins et lavendes Öl/Karton 40x65cm/*15x25in* Luzern 97
ROBERT Steven Paul 1896 **[5]**
$2 791 FF16 535 £1 684 Rue du lac, Vevey Oil/panel 39x30cm/*15x11in* Zürich 97
ROBERT Théophile Paul 1879-1954 **[40]**
$1 959 FF11 637 £1 196 Stilleben mit Kanne, Büchern und Früchten Oil/canvas 37x43cm/*14x16in* Bern 98
$2 586 FF15 055 £1 594 Liegender weiblicher Akt vor Seelandschaft Huile/panneau 48x102cm/*18x40in* Bern 97
$751 FF4 469 £459 Flucht nach Ägypten Charcoal/paper 58,5x82cm/*23x32in* Bern 97
ROBERT-FLEURY Joseph-Nicolas 1797-1890 **[5]**
$3 500 FF20 000 £2 144 Le livre d'images Huile/toile 22x29cm/*8x11in* Paris 97
ROBERT-FLEURY Tony 1837-1912 **[8]**
$3 787 FF22 704 £2 300 Contemplation Oil/canvas 32x40,5cm/*12x15in* Billingshurst, West Sussex 98
ROBERTH Minna Elisabeth 1851-1920 **[3]**
$1 849 FF10 796 £1 118 Mädchenbildnis Öl/Leinwand 25x29,5cm/*9x11in* München 97
ROBERTI Domenico 1642-1707 **[1]**
$9 930 FF51 800 £6 000 Capriccio of a church and another building Oil/canvas 75x61cm/*29x24in* London 96
ROBERTO OF LEGHORN Luigi 1845-1910 **[8]**
$3 026 FF15 780 £2 000 The steam yacht "Giralda" in the Bay of Naples/.. in stormy sea Gouache 36x63cm/*14x24in* London 96
ROBERTS Arthur Spencer 1920 **[6]**
$488 FF2 782 £300 A Snow Lynx startled by a Mountain Hare Watercolour 53,5x73,5cm/*21x28in* London 97
ROBERTS Bonita XX **[2]**
$2 750 FF13 860 £1 774 Sings-In-The-Wind Pastel/paper 58x43cm/*23x17in* Hayden 96
ROBERTS David 1796-1864 **[184]**
$3 978 FF23 497 £2 471 Das Innere der Kathedrale von Burgos Oil/panel 40,5x31cm/*15x12in* Bielefeld 97
$39 500 FF202 400 £24 000 Saint Peters, looking back on Rome Oil/canvas 31x76cm/*12x29in* London 96
$450 846 FF2 709 477 £270 000 Ruins of the Temple of the Sun at Baalbec Oil/canvas 150x240cm/*59x94in* London 98
$45 000 FF268 978 £27 544 The Holy Land, Syria, Idumea, Arabia, Egypt and Nubial Lithograph 44,5x62,5cm/*17x24in* San Francisco-Los Angeles 97
$197 FF1 208 £120 Figures in a Cathedral Interior Watercolour 49,5x38,5cm/*19x15in* London 98
ROBERTS David (Attrib.) 1796-1864 **[9]**
$640 FF3 733 £393 Cathedral Interior Watercolour/paper 46x29cm/*18x11in* Sydney 97
ROBERTS Edwin Th. (Attrib.) 1840-1917 **[1]**
$4 941 FF30 410 £3 000 The Belle of Seville Oil/canvas 46x36cm/*18x14in* London 98
ROBERTS Edwin Thomas 1840-1917 **[38]**
$1 400 FF8 413 £846 A Tasty Treat Oil/canvas 34x29,5cm/*13x11in* New-York 98
$6 090 FF30 740 £4 000 The broken doll Oil/canvas 61x51cm/*24x20in* London 96
ROBERTS H. Larpont **[3]**
$5 414 FF31 403 £3 200 Hart the Lark Watercolour 54x46,5cm/*21x18in* London 97
ROBERTS Henry Benjamin 1832-1915 **[12]**
$3 000 FF17 064 £1 849 Letter to the Teacher Oil/canvas 53x43cm/*21x17in* Detroit, Michigan 97
ROBERTS James XIX **[4]**
$10 156 FF58 139 £6 000 The Queen's Birthday Table, Osborne House Watercolour 20,5x27,5cm/*8x10in* London 97
ROBERTS Joe Rader XX **[4]**
$11 500 FF65 490 £7 092 I'm Too Old For This Oil/canvas 50x91cm/*20x36in* Dallas, Texas 97
ROBERTS Lancelot 1950 **[1]**
$4 565 FF27 667 £2 800 Child by a pool Oil/canvas 51x61cm/*20x24in* London 98
ROBERTS Morton 1927-1964 **[1]**
$5 000 FF29 103 £3 082 At the Prizefight Oil/board 43x62cm/*17x24in* New-York 97
ROBERTS Ray 1954 **[8]**
$1 200 FF7 172 £727 "Bulldog Canyon" Oil/panel 30,5x40,5cm/*12x15in* San Francisco-Los Angeles 97

$1 800 FF10 759 £1 091 La Jolla Cove Oil/canvas/board 40,5x51cm/*15x20in* San Francisco-Los Angeles 97
ROBERTS Spencer XX [10]
$2 825 FF16 798 £1 700 Fox Hounds crossing a River Oil/canvas 82x112,5cm/*32x44in* London 97
$3 324 FF19 762 £2 000 Breaking Cover Oil/canvas 30,5x35,5cm/*12x13in* London 97
$1 079 FF6 418 £649 On the Scent Watercolour 53,5x69cm/*21x27in* London 97
ROBERTS Thomas c.1749-1778 [6]
$102 132 FF581 615 £62 000 A view of Rathfarnham Castle, Co. Dublin, from the road to Dublin... Oil/canvas 88x127cm/*34x50in* London 97
ROBERTS Thomas Edward 1820-1901 [3]
$10 654 FF64 612 £6 500 Interior with Mother and Baby and a Child Looking On Oil/canvas 75x62cm/*29x24in* Crewkerne, Somerset 98
ROBERTS Thomas Keith, Tom 1909-1998 [46]
$631 FF3 294 £376 Barry's Bay Station Oil/masonite 40,5x61cm/*15x24in* Toronto 96
$1 284 FF7 389 £758 Riverside Village Oil/board 30,5x41cm/*12x16in* Vancouver, BC. 97
ROBERTS Thomas William, Tom 1856-1931 [32]
$13 458 FF81 522 £8 339 Sunset Scene Oil/wood 30x43cm/*11x16in* Melbourne 97
$32 470 FF194 555 £19 370 Young "Tom Roberts" Oil/canvas 57x37cm/*22x14in* Melbourne 98
$6 689 FF40 177 £4 058 Portrait of a Woman Pastel/paper 53x42cm/*20x16in* Melbourne 98
ROBERTS Tony 1950 [3]
$915 FF5 294 £549 Mesklin Gouache 28,4x58,2cm/*11x22in* London 97
ROBERTS William 1895-1980 [93]
$9 370 FF48 600 £6 000 Parson's Pleasure, Oxford Oil/canvas 41x51cm/*16x20in* London 96
$28 422 FF167 983 £17 000 The Temptation of St. Anthony Oil/canvas 153x114cm/*60x44in* London 97
$5 602 FF34 143 £3 400 "The Drum" Watercolour 50,5x36cm/*19x14in* London 98
ROBERTS William Goodridge 1904-1974 [97]
$2 115 FF12 526 £1 256 Summer Landscape Oil/board 30,5x40,5cm/*12x15in* Toronto 97
$5 350 FF25 900 £3 440 The little blue pot Oil/board 51x61cm/*20x24in* Toronto 95
$846 FF5 010 £502 Summer Landscape Watercolour/paper 38x51cm/*14x20in* Toronto 97
ROBERTSON Charles 1844-1891 [15]
$2 270 FF11 830 £1 500 Picnic party by a windmill with a storm approaching Oil/canvas 23x31cm/*9x12in* Hadspen 96
$56 990 FF332 699 £35 000 The Wall of Wailing, Jerusalem Oil/canvas 81,5x56,5cm/*32x22in* London 97
$4 270 FF21 600 £2 800 An Arab standing in a doorway Watercolour 33,5x23,5cm/*13x9in* London 96
ROBERTSON Christina 1796-1854 [5]
$6 500 FF32 760 £4 200 Portrait of Tsarevna Maria Alexandrovna (1824-1887) Gouache 36x26cm/*14x10in* London 96
ROBERTSON David Thomas 1879-1952 [38]
$444 FF2 513 £280 Horses in a Field at Evening Watercolour/paper 36x49cm/*14x19in* Newcastle-upon-Tyne 97
ROBERTSON Eric H. Mac Beth 1887-1941 [2]
$1 173 FF7 077 £700 Reclining Nude Watercolour 25x49cm/*9x19in* West Lothian 98
ROBERTSON George 1748-1788 [2]
$7 260 FF37 900 £4 800 Views of the Island of Jamaica Black chalk 38x55cm/*14x21in* London 96
ROBERTSON George J. XIX [1]
$9 000 FF48 939 £5 388 Portrait of Frances Cecilia Bain (b. 1849) Oil/canvas 99x84cm/*38x33in* New-York 97
ROBERTSON Graham 1867-? [2]
$2 926 FF15 160 £1 900 Portrait of Sarah Bernhardt Ink 15x11,5cm/*5x4in* London 96
ROBERTSON H. XIX-XX [12]
$935 FF4 770 £620 Littlehampton Watercolour 18x26cm/*7x10in* Billingshurst, West Sussex 96
ROBERTSON Henry B. XX [2]
$1 800 FF9 400 £1 088 Theme Center Gelatin silver print 42x33cm/*16x13in* New-York 96
ROBERTSON Henry Robert 1839-1921 [4]
$3 562 FF20 992 £2 200 Portrait of a Little Girl with her Doll Oil/canvas 55x46cm/*21x18in* London 97
ROBERTSON James c.1831-c.1885 [21]
$1 405 FF7 000 £920 Base de l'obélisque, Constantinople Tirage papier salé 24,7x27,5cm/*9x10in* Paris 95
ROBERTSON James Downie 1931 [4]

$1 613 FF9 737 £1 000 Ophelia Mixed media/paper 51,5x61cm/*20x24in* Glasgow 97
ROBERTSON Sarah Margaret A. 1891-1948 **[12]**
$1 406 FF8 431 £850 Paysage d'été Huile/panneau 24x35cm/*9x13in* Montréal 97
$2 672 FF16 020 £1 616 Doves pf Peace Huile/toile 50,5x61cm/*19x24in* Montréal 97
ROBERTSON Tom 1850-1947 **[17]**
$879 FF5 014 £535 Reapers on the Scottish coast Oil/canvas 71,1x91,4cm/*27x35in* Calgary, Alberta 97
ROBERTSON Walford Graham 1866-1948 **[4]**
$3 392 FF19 665 £2 000 "The Tower of Turquoise" Watercolour/paper 26,5x14cm/*10x5in* London 97
ROBERTY André 1877-1963 **[39]**
$1 009 FF6 000 £619 Après le bain Huile/toile 54x66cm/*21x25in* Paris 97
ROBETTA Cristoforo di M. 1462-1522 **[9]**
$4 007 FF24 227 £2 400 Adoration of the Magi/The Allegory of Carnal Love Engraving 29,5x28cm/*11x11in* London 98
ROBIDA Albert 1848-1926 **[19]**
$130 FF762 £80 "Saumur" Affiche 105x75cm/*41x29in* London 97
ROBIE Jean-Baptiste 1821-1910 **[41]**
$4 387 FF22 575 £2 737 "Fleurs dans une niche" Oil/panel 38x30,5cm/*14x12in* Amsterdam 96
$12 000 FF73 484 £7 182 Blossom Oil/panel 67x72cm/*26x28in* New-York 98
ROBIN Georges Charles [5]
$4 000 FF23 668 £2 440 Sur la Dordogne Oil/canvas 64x53cm/*25x21in* Bloomfield Hills, Michigan 98
ROBINS Thomas Sew. (Attrib) 1814-1880 **[17]**
$3 000 FF16 313 £1 796 A Schooner and Cutter Yacht Rounding a Buoy Oil/canvas 30x40cm/*12x16in* Portsmouth, NH. 97
$816 FF4 190 £525 Holländskt kustlandskap Akvarell 20x35cm/*7x13in* Stockholm 96
ROBINS Thomas Sewell 1814-1880 **[59]**
$603 FF3 249 £360 Shipping in a Light Swell Watercolour/paper 18,5x32cm/*7x12in* London 97
ROBINS Thomas, Jun. 1745-1806 **[1]**
$4 740 FF23 200 £3 000 Botanical study Watercolour 34,5x23cm/*13x9in* London 95
ROBINSON Albert Henry 1881-1956 **[21]**
$3 655 FF19 000 £2 420 Quebec Harbour Oil/panel 29x33cm/*11x12in* Toronto 96
$23 126 FF139 400 £13 994 The Thames at Westminster Oil/canvas 45,5x59,5cm/*17x23in* Toronto 98
ROBINSON Alexander Charles 1867-1952 **[16]**
$1 400 FF7 308 £848 Parisian fish market Oil/canvas 63x73cm/*25x29in* New Orleans, Louisiana 96
$300 FF1 781 £181 Boats at Low Tide Watercolour/paper 38x54,5cm/*14x21in* Washington 97
ROBINSON Boardman 1876-1952 **[9]**
$500 FF2 918 £297 The Board Room Charcoal 26,5x36cm/*10x14in* New-York 97
ROBINSON Charles 1870-1937 **[15]**
$5 663 FF32 755 £3 400 There is a great ship that ever cometh Watercolour 24,4x28,3cm/*9x11in* London 97
ROBINSON Charles Dorman 1847-1933 **[32]**
$1 500 FF9 030 £897 Kolana Peak (Hetch Hetchy Valley) Oil/board 34,5x40,5cm/*13x15in* San Francisco 98
$2 000 FF11 750 £1 201 Yosemite Valley Oil/canvas 127x63cm/*50x25in* Altadena, CA 97
ROBINSON Clifford Feard 1916-1992 **[42]**
$156 FF900 £93 "Cottage, Exhaw, Alta" Print 17x21cm/*6x8in* Calgary, Alberta 97
ROBINSON Frederick Cayley 1862-1927 **[16]**
$14 000 FF82 644 £8 289 Tying a Ribbon to the Kitten Oil/canvas 69x89cm/*27x35in* Elgin, Illinois 97
$2 000 FF12 698 £1 249 London Underground Poster 99x124cm/*39x49in* New-York 97
$2 445 FF12 380 £1 600 Moving out Watercolour, gouache 47x35cm/*18x13in* London 96
ROBINSON George Gidley 1854-? **[1]**
$1 850 FF9 650 £1 100 Southwold beach Oil/board 28x37cm/*11x14in* London 96
ROBINSON Gregory 1876-1967 **[6]**
$514 FF2 623 £340 "Light Airs" Watercolour 19x27cm/*7x10in* London 96
ROBINSON Hal 1875-1933 **[21]**
$400 FF2 402 £242 Forest Interior Oil/canvas 39x30cm/*15x12in* Plainville, Conn. 98
$1 600 FF9 313 £986 Icy Waters Oil/canvas 78x63cm/*31x25in* Cincinnati, Ohio 97
ROBINSON Henry Peach 1830-1901 **[8]**

📷 $7 778 FF45 411 £4 800 "The Valentine"/"Who Could Have Sent It?" Albumen print 54x41cm/*21x16in* London 97
ROBINSON Ione 1910 **[3]**
🎨 $8 500 FF50 088 £5 078 The Family Oil/canvas 105,5x132cm/*41x51in* New-York 97
✏️ $3 250 FF19 616 £1 973 The Duchess of Windsor Watercolour 41,5x36cm/*16x14in* New-York 98
ROBINSON John Charles 1824-1913 **[4]**
✏️ $3 000 FF18 159 £1 790 Design for matthew Noble's Monument of Queen victoria Ink 126x71cm/*49x27in* New-York 97
ROBINSON Markey 1918 **[5]**
🎨 $7 348 FF43 352 £4 500 Shawlies, Cottages and Sea Acrylic/board 61x122cm/*24x48in* London 98
ROBINSON Robert XVII-XVIII **[4]**
🎨 $6 000 FF30 560 £3 600 Prospect of Northaw Place, Hertfordshire Oil/panel 93x127cm/*36x50in* London 96
🖼️ $1 446 FF8 329 £849 The Huntsman Mezzotint 13,5x16cm/*5x6in* London 97
ROBINSON Theodore 1852-1896 **[26]**
🎨 $24 000 FF125 300 £14 500 Two Boats Oil/canvas 21,5x47cm/*8x18in* New-York 96
🎨 $230 000 FF1 364 981 £140 875 A King's Daughter (Girl with Lilies) Oil/canvas 81,5x43cm/*32x16in* New-York 98
ROBINSON Thomas ?-1810 **[1]**
🎨 $8 969 FF52 884 £5 500 A Hermit and Young Couple Before a Tomb Oil/canvas 124x98cm/*48x38in* London 98
ROBINSON Thomas 1835-1896 **[3]**
🎨 $1 900 FF10 590 £1 161 Garden view Oil/panel 10x15cm/*4x6in* Boston, Mass. 97
ROBINSON William Heath 1872-1944 **[76]**
✏️ $2 652 FF15 825 £1 600 "Off the Land of Dreams Watercolour/paper 33x48cm/*13x19in* Aylsham, Norfolk 97
ROBINSON William S. 1861-1945 **[14]**
🎨 $2 800 FF17 157 £1 672 Spring Landscape, Old Lyme, CT Oil/canvas 30x40cm/*12x16in* New-York 98
ROBINSON William T. 1852-1934 **[12]**
🎨 $1 300 FF6 201 £817 The Barnyard Oil/canvas 17x25cm/*7x10in* Portland, Maine 95
ROBJENT Richard 1937 **[60]**
✏️ $1 773 FF10 526 £1 100 Osprey fishing on the River Test Watercolour 30x42cm/*11x16in* London 97
ROBSON George Fennel 1788-1833 **[22]**
✏️ $2 382 FF13 725 £1 400 View across a Valley with Sheep grazing Watercolour 22,5x35,5cm/*8x13in* London 97
ROBUS Hugo 1885-1964 **[14]**
🎨 $41 000 FF242 748 £24 345 Steam Shovel Oil/canvas 76x76cm/*29x29in* New-York 97
🗿 $5 000 FF26 100 £3 020 Woman Combing Her Hair Bronze poli H40,5cm/*H15in* New-York 96
🗿 $7 500 FF44 802 £4 592 Fountain Bronze H139,5cm/*H54in* New-York 98
ROBYS XIX-XX **[15]**
🖼️ $674 FF3 400 £443 "Bitter Secretat, Le plus ancien des apéritifs à la gentiane..." Affiche 126x196cm/*49x77in* Boulogne 96
✏️ $3 209 FF19 000 £1 919 Avant la Lettre "Mattei Bastia Corse" Gouache/papier 120x160cm/*47x62in* Paris 97
ROCA SASTRE José 1928 **[8]**
🎨 $5 200 FF31 600 £3 200 Limones y granadas Oleo/lienzo 81x100cm/*31x39in* Barcelona 98
ROCCA IL PARMIGIANINO Michele da Parma 1675-c.1751 **[17]**
🎨 $8 000 FF45 636 £4 919 Bacchus and Ariadne Oil/paper/canvas 25,5x48,5cm/*10x19in* New-York 97
🎨 $10 117 FF59 940 £6 000 Diana and Actaeon Oil/canvas 95,5x85cm/*37x33in* London 97
🎨 $21 250 FF108 500 £14 000 The Penitent Magdalen Oil/canvas 210x168cm/*82x66in* London 96
ROCCA Luigi 1950 **[6]**
🎨 $381 FF2 200 £233 Élégante au chapeau rouge Huile/panneau 18x24cm/*7x9in* Mulhouse 97
ROCCATAGLIATA Nicolo (Attrib.) XVI-XVII **[5]**
🗿 $14 207 FF83 920 £8 827 Allegorie der Poesie und der Musik Bronze H23cm/*H9in* Stuttgart 97
ROCCO Giovanni Luigi XVIII **[3]**
🎨 $10 003 FF60 084 £6 000 A Cavalry Battle Between Cristians and Turks Oil/canvas 37x103cm/*14x40in* London 98
🎨 $23 600 FF121 400 £14 720 A Cavalry Battle between Christians and turks Oil/canvas 79x158cm/*31x62in* Wien 96

ROCCO ZOPPO Giovanni Maria di B. c.1450-c.1510 **[2]**
$48 100 FF247 500 £30 000 The Virgin and Angels adoring the Christ Child Oil/panel 87x70cm/*34x27in* London 96
ROCHARD DE NANTES Simon J. (Attrib.) 1788-1872 **[2]**
$1 463 FF8 530 £900 Jessy Rolls, née Harcourt (1810-1842), facing right in black dress Miniature 2,5x2,2cm/*xin* London 97
ROCHARD DE NANTES Simon Jacques 1788-1872 **[4]**
$2 990 FF15 500 £2 000 A young Lady, facing right in black dress Miniature 9,7x7,7cm/*3x3in* London 96
ROCHARD François Théodore 1798-1858 **[6]**
$1 544 FF9 000 £949 A baby, facing right in white dress, whit bonnet Miniature 9,9x8cm/*3x3in* London 97
ROCHARD Irénée 1906-1984 **[47]**
$662 FF4 000 £394 Le canard Bronze H13,5cm/*H5in* Soissons 97
ROCHAT Alexandre 1895-1981 **[11]**
$1 351 FF8 025 £825 Stilleben mit Gedeck, Zitronen und Blumenstrauss Oil/canvas 91,5x73cm/*36x28in* Bern 98
$878 FF5 216 £536 "Grand quai. Genève" Gouache 42,5x60,5cm/*16x23in* Bern 98
ROCHAT Willy James 1920 **[74]**
$3 534 FF18 000 £2 120 Les Champs-Élysées Huile/toile 92x73cm/*36x28in* Paris 96
$2 356 FF12 000 £1 414 Rue Lepic Aquarelle 65x75cm/*25x29in* Paris 96
ROCHE Alexander Ignatius 1863-1921 **[15]**
$2 609 FF15 137 £1 600 Carnations and other Flowers in a Vase Oil/panel 35x27cm/*13x10in* Glasgow 97
$3 066 FF18 572 £1 900 Harbour Scene Oil/canvas 41x51cm/*16x20in* Perthshire 97
$25 400 FF129 000 £16 500 A Newhaven gishwive Oil/canvas 127x114cm/*50x44in* Auchterarder, Perthshire 95
ROCHE Odilon 1868-1947 **[58]**
$149 FF850 £93 La ronde Aquarelle/papier 21x28cm/*8x11in* Neuilly 97
ROCHE Pierre F. Massignon 1855-1922 **[10]**
$608 FF3 000 £397 La Salamandre Lithographie couleurs 34x19cm/*13x7in* Paris 95
ROCHE RABELL Arnaldo 1955 **[5]**
$10 000 FF48 500 £6 440 Autorretrato Oil/canvas 101x76cm/*39x29in* New-York 95
$20 000 FF116 754 £11 898 Here and Now Oil/canvas 211,5x302,5cm/*83x119in* New-York 97
ROCHE Suzanne XX **[1]**
$9 240 FF47 900 £6 000 La Seine à Paris Oil/canvas 60x81cm/*23x31in* London 96
ROCHEGROSSE Georges 1859-1938 **[253]**
$1 650 FF10 000 £1 012 La petite marchande de fleurs Huile/panneau 29,5x21,5cm/*11x8in* Paris 98
$4 510 FF23 500 £2 834 Allégorie à la vertue Huile/toile 165x100cm/*64x39in* Paris 96
$3 996 FF24 000 £2 397 Couple au clair de lune près de l'eau Huile/toile 73x55cm/*28x21in* Metz 98
$600 FF3 484 £366 Louise Poster 85x63cm/*33x24in* New-York 97
$584 FF3 500 £359 Jeune Fille et la Mort Aquarelle/papier 23x16cm/*9x6in* Paris 98
ROCHENSCHAUB Gerwald 1952 **[1]**
$2 400 FF11 620 £1 540 Untitled Acrylic/canvas 12x12cm/*4x4in* New-York 95
ROCHER Ernest 1871-1938 **[14]**
$509 FF3 000 £314 Coucher de soleil dans un estuaire Breton Huile/toile 36x54cm/*14x21in* Rennes 97
ROCHER Maurice 1918-1995 **[92]**
$1 544 FF8 000 £1 002 Personnage Huile/toile 100x65cm/*39x25in* Paris 96
$384 FF2 300 £236 Couple Gouache/papier 24x19cm/*9x7in* Douai 98
ROCHET Louis 1813-1877 **[2]**
$4 200 FF25 149 £2 585 Napoleon as First Consul Bronze H76cm/*H30in* New-York 98
RÖCHLING Carl 1855-1920 **[6]**
$1 579 FF9 665 £960 Soldat der står vagt Oil/canvas 68x47cm/*26x18in* København 98
$2 004 FF11 621 £1 197 Slacht an der Lisaine Chalks 86x150,5cm/*33x59in* Amsterdam 97
ROCHOLL Theodor Rudolf 1854-1933 **[18]**
$3 260 FF15 880 £2 065 Türkische Soldaten an der Karatschiumaquelle in Thessalien Öl/Leinwand 85x120cm/*33x47in* Köln 95
ROCHUSSEN Charles 1824-1894 **[51]**
$2 153 FF12 343 £1 335 An elegant beauty in an orchard Oil/panel 17x11,5cm/*6x4in* Amsterdam 97

✏ *$320 FF1 963 £191* A procession Watercolour/paper 17,5x15cm/*6x5in* Amsterdam 98
ROCKBURNE Dorothea 1934 **[25]**
👋 *$21 000 FF101 700 £13 480* Combination Series #15 Mixed media 109x84cm/*42x33in* New-York 95
👋 *$58 000 FF331 997 £34 260* Golden Section Painting: Parallelogram and Diamond Oil/panel 20x30cm/*7x11in* New-York 97
📖 *$456 FF2 705 £273* "Touchstone" Color lithograph 146x106,5cm/*57x41in* Toronto 97
✏ *$2 500 FF14 318 £1 479* Locus Series "S.P.1"/Small Torn Paper White #116 Pencil/paper 98x73,5cm/*38x28in* New-York 97
ROCKENSCHAUB Gerwald 1952 **[20]**
👋 *$2 820 FF14 430 £1 810* Ohne Titel Öl/Leinwand 35x45cm/*13x17in* Wien 96
ROCKLINE Véra 1896-1938 **[15]**
👋 *$1 619 FF10 000 £973* Portrait de femme Huile/toile 55x38cm/*21x14in* Paris 98
✏ *$3 740 FF19 000 £2 230* Bal masqué Aquarelle 35x28cm/*13x11in* Paris 96
ROCKMAN Alexis 1962 **[7]**
✏ *$3 307 FF19 305 £2 000* Mud Drawing Mixed media/paper 26x18cm/*10x7in* London 97
ROCKMORE Noel 1928-1995 **[50]**
👋 *$400 FF2 402 £239* Portrait of a Man Mixed media 40x30cm/*16x12in* New Orleans, Louisiana 98
👋 *$700 FF3 995 £432* Portraits of faith Dennis Oil/canvas 127x72,5cm/*50x28in* New-York 97
👋 *$2 750 FF16 430 £1 684* Interior with two Figures Oil/canvas 101,5x127cm/*39x50in* New-York 98
✏ *$325 FF1 769 £194* Head of Zeus Pastel/paper 96x63cm/*38x25in* New Orleans, Louisiana 97
ROCKWELL Augustus 1822-1882 **[5]**
👋 *$6 500 FF38 303 £4 014* Old Long Lake, New York Oil/canvas 54,5x87,5cm/*21x34in* New-York 97
ROCKWELL Cleveland 1837-1907 **[5]**
✏ *$4 750 FF27 568 £2 900* Mt. Hood From the Columbia River Watercolour/paper 30x58cm/*12x23in* Portland, OR 97
ROCKWELL Norman Perceval 1894-1978 **[198]**
👋 *$23 000 FF136 498 £14 087* Old Man and Boy: Fishing Boat Oil/canvas 39,5x33cm/*15x12in* New-York 98
👋 *$150 000 FF890 205 £91 875* Samson Tearing Down the Temple (Portrait of Victor Mature) Oil/canvas 170x125cm/*66x49in* New-York 98
👋 *$170 000 FF989 519 £104 788* "For Coughs and Colds" Oil/canvas 76x111cm/*30x44in* New-York 97
📖 *$700 FF3 635 £463* The Doctor and the Doll Color lithograph 71x58,5cm/*27x23in* New-York 96
✏ *$7 826 FF46 584 £4 858* A boy and Girl Ink/paper 12x17cm/*5x7in* Detroit, Michigan 97
ROCOURT Lambert 1946 **[1]**
🔨 *$13 350 FF70 000 £8 030* Totem Sculpture H240cm/*H94in* Monaco 96
RODA Leonardo 1868-1933 **[32]**
👋 *$806 FF4 030 £520* Paesaggio montano Olio/tela 34x48cm/*13x18in* Milano 95
👋 *$1 680 FF9 520 £840* Baita in montagna Olio/cartone 48x32cm/*18x12in* Milano 97
👋 *$11 400 FF64 600 £7 600* Catena del Monte Bianco con il Dente del Gigante Olio/tela 100x140cm/*39x55in* Vercelli 98
RODCHENKO Aleksandr Mikhailov. 1891-1956 **[120]**
📷 *$1 800 FF10 607 £1 111* Catching Worms for Bait Silver print 10x16cm/*4x6in* New-York 97
RODDE Michel 1913 **[36]**
👋 *$394 FF2 000 £235* Arbre Huile/toile 65x65cm/*25x25in* Paris 96
RODE Christian Bernhard 1725-1797 **[23]**
📖 *$115 FF675 £71* Jan Hus auf dem Scheiterhaufen Radierung 20,6x34,6cm/*8x13in* Berlin 97
✏ *$673 FF4 016 £406* Die Entdeckung der Kleopatra im Palast Caesars Red chalk 19,4x24,4cm/*7x9in* Köln 97
RODEN William Thomas 1817-1892 **[2]**
👋 *$3 003 FF18 414 £1 800* The First Bite Oil/canvas 61x51cm/*24x20in* London 98
RÖDER Elselina A. Cornelia 1820-1900 **[7]**
👋 *$3 030 FF18 560 £1 805* A still life of roses Oil/panel 32,5x40cm/*12x15in* Amsterdam 98
👋 *$5 000 FF25 900 £3 200* Rabbits with grapes, apples and corn Oil/canvas 88x114cm/*34x44in* London 96
RODGER George 1908-1995 **[12]**
📷 *$648 FF3 777 £400* Wrestlers of the Korongo Nuba Tribe, Kordofan Silver print 20x30cm/*7x11in* London 97
RODHE Lennart 1916 **[70]**
👋 *$1 834 FF9 150 £1 198* Läsande Tempera/panel 15,5x22cm/*6x8in* Stockholm 95
👋 *$5 168 FF30 936 £3 176* "Skuggor" Tempera/canvas 46x38cm/*18x14in* Stockholm 98
📖 *$300 FF1 805 £182* Sågverket Color lithograph 38x60cm/*14x23in* Stockholm 98

🖎 *$785 FF4 487 £481* Koppling Gouache/paper 13,5x19cm/*5x7in* Stockholm 97
RODIN Auguste 1840-1917 **[878]**
🖎 *$82 FF472 £51* Liegender weiblicher Akt Lithograph 23x23cm/*9x9in* München 97
🖎 *$380 000 FF2 171 434 £232 788* L'Homme qui marche Bronze H85cm/*H33in* New-York 97
🖎 *$1 251 375 FF7 556 700 £750 000* Eve après le péché (La Pudeur) Marble H79cm/*H31in* London 98
🖎 *$7 889 FF46 901 £4 887* Kniender Frauenakt Pencil/paper 27,5x21,4cm/*10x8in* München 97
RODO-BOULANGER Graciela 1935 **[32]**
🖎 *$3 000 FF17 261 £1 770* Reaching for the Sun Acrylic/canvas 73x91cm/*28x35in* New-York 97
🖎 *$371 FF1 938 £221* Bois de Vincennes (Children with Ballons) Etching, aquatint in colors 61,5x42,5cm/*24x16in* Toronto 96
🖎 *$5 680 FF28 350 £3 705* Fille et chat Pastel 65x49cm/*25x19in* Toronto 95
RODON Francisco 1934 **[8]**
🖎 *$19 000 FF108 820 £11 599* Retrato de Joven Oil/paper/board 125x89cm/*49x35in* New-York 97
RODRIGUEZ Arturo 1946 **[10]**
🖎 *$10 000 FF52 000 £6 610* Exterior-Interior Oil/canvas 142x112cm/*55x44in* New-York 96
RODRIGUEZ BAEZ Juan Guillermo 1916-1968 **[3]**
🖎 *$4 550 FF26 000 £2 795* Arlequín con gallo Oleo/lienzo 100x70cm/*39x27in* Madrid 97
RODRIGUEZ BRONCHU Salvador XX **[9]**
🖎 *$973 FF4 840 £620* Procesión del Corpus Oleo/tabla 25x37cm/*9x14in* Madrid 95
RODRIGUEZ CASTELAO Alfonso 1887-1950 **[2]**
🖎 *$1 452 FF7 620 £872* Ciego Tinta/papel 18x22cm/*7x8in* Madrid 96
RODRIGUEZ DE GUZMAN Manuel 1818-1867 **[6]**
🖎 *$3 325 FF18 857 £2 090* Tertulia Oleo/lienzo 30x45cm/*11x17in* Madrid 97
🖎 *$5 520 FF31 760 £3 280* Maja Oleo/lienzo 49,5x36cm/*19x14in* Madrid 97
RODRIGUEZ JUAREZ Juan 1675-1728 **[3]**
🖎 *$3 750 FF22 644 £2 278* Saint Sebastian Oil/canvas/board 109x82cm/*43x32in* Bethesda, Maryland 98
RODRIGUEZ LOZANO Manuel 1896-1971 **[11]**
🖎 *$9 500 FF56 715 £5 835* La Hija Pródiga Oil/canvas 96x70,5cm/*37x27in* New-York 98
🖎 *$60 000 FF291 000 £38 660* Amor Oil/canvas 177x124cm/*69x48in* New-York 95
🖎 *$1 600 FF9 184 £975* Sin titulo Ink/paper 32,5x25cm/*12x9in* New-York 97
RODRIGUEZ MARCOIDA Antonio 1941-1993 **[5]**
🖎 *$495 FF2 977 £307* Sin Titulo Aguafuerte 50x38cm/*19x14in* Madrid 97
RODRIGUEZ Mariano 1912-1990 **[56]**
🖎 *$27 500 FF133 400 £17 720* Desnudo con fruta Oil/canvas 61x51cm/*24x20in* New-York 95
🖎 *$27 000 FF154 993 £16 459* Cristo y los ladrones Oil/panel 125x160cm/*49x62in* New-York 97
🖎 *$2 400 FF13 929 £1 417* Saint of the Storm Watercolour/paper 50x64cm/*20x25in* Bethesda, Maryland 97
RODRIGUEZ MOREY Antonio 1874-1930 **[4]**
🖎 *$2 750 FF16 757 £1 700* Untitled Oil/canvas 35x70cm/*13x27in* Miami, Florida 98
🖎 *$3 300 FF20 109 £2 041* Atardecer con ganado Oil/canvas 24,5x35cm/*9x13in* Miami, Florida 98
RODRIGUEZ SAN CLEMENT Francisco 1861-1956 **[74]**
🖎 *$1 360 FF7 960 £820* Bailaora de rojo, bailando en el campamento Oleo/lienzo 81x65cm/*31x25in* Madrid 97
RODTSCHENKO Alexander 1891-1956 **[5]**
🖎 *$13 610 FF81 013 £8 319* Rabotschi, Arbeiter Gouache 30x23,5cm/*11x9in* Berlin 98
ROE Clarence H. 1850-1909 **[65]**
🖎 *$179 FF1 072 £110* The Tay Valley Oil/canvas 50x75,5cm/*19x29in* Bristol, Avon 97
ROE Colin Graeme XIX-XX **[14]**
🖎 *$3 500 FF21 186 £2 068* Two Welsh springer spaniels and a German shorthaired pointer Oil/canvas 45x61cm/*17x24in* New-York 98
ROE Robert Ernest XIX **[16]**
🖎 *$550 FF3 244 £340* Tugs and Other Shipping in Harbour a Sunset Oil/canvas 25,5x20,5cm/*10x8in* London 97
🖎 *$982 FF5 653 £580* Running into Port Oil/board 40,5x63,5cm/*15x25in* London 97
🖎 *$757 FF3 946 £500* Off Whitby Watercolour 14x25cm/*5x9in* London 96
ROECK de Lucien 1915 **[4]**
🖎 *$1 000 FF4 880 £635* "Antwerpen" Poster 100x62cm/*39x24in* New-York 95

R

ROED Jørgen 1808-1888 **[21]**

⌣ *$1 632 FF9 683* £997 Italiensk borgruin Oil/canvas 27x36cm/*10x14in* Köbenhavn 98

✐ *$603 FF3 690* £366 Moraspillere/To munke Watercolour 19x39cm/*7x15in* Köbenhavn 98

ROëDE Jan 1914 **[16]**

⌣ *$1 981 FF11 716* £1 189 Personnages dans un intérieur Oil/canvas 46,5x55cm/*18x21in* Amsterdam 97

ROEDEL 1859-1900 **[10]**

⊞ *$1 150 FF6 586* £680 La vache enragée Poster 85x122cm/*33x48in* New-York 97

ROEDER Emy 1890-1971 **[29]**

⊞ *$186 FF950* £123 Selbstbildnis en face Lithographie 30x16,5cm/*11x6in* Heidelberg 96

⬠ *$3 471 FF20 229* £2 122 Liegendes Ziegenpaar Bronze 18x27x10cm/*7x10x3in* München 97

✐ *$725 FF3 610* £475 Kopfstudie einer Italienerin Coloured chalks 31,5x26cm/*12x10in* München 95

ROEDER Max 1866-1947 **[5]**

⌣ *$19 215 FF109 489* £12 000 The Acropolis, Athens Oil/canvas 115,5x181cm/*45x71in* London 97

ROEDIG Johannes Christian 1750-1802 **[4]**

⌣ *$55 020 FF330 462* £33 000 Roses, Lilies, Carnation, Polyanthus and other Flowers Oil/panel 57,5x44,5cm/*22x17in* London 98

ROEGGE Wilhelm 1870-c.1934 **[8]**

⌣ *$2 239 FF13 409* £1 338 Der Dorfschullehrer Oil/panel 33x23cm/*12x9in* Köln 98

ROEHN Adolphe 1780-1867 **[5]**

⌣ *$3 500 FF20 783* £2 119 French Soldiers at Rest Oil/canvas 38x45,5cm/*14x17in* Washington 97

ROEHN Jean A. (Attrib.) 1799-1864 **[1]**

⌣ *$6 000 FF33 444* £3 669 Celebrations Oil/canvas 63x81cm/*24x31in* New-York 97

ROEKENS van Paulette 1896-? **[3]**

⊞ *$520 FF3 106* £322 "The Red Clown" Monotype 23x26cm/*9x10in* Hatfield, Pennsylvania 97

ROELAS de Juan c.1558-1625 **[3]**

⌣ *$29 600 FF152 700* £19 000 The Immaculate Conception Oil/canvas 176,5x112cm/*69x44in* London 96

ROELOFS Albert 1877-1920 **[13]**

✐ *$10 000 FF58 411* £5 917 Quiet Labors Watercolour, gouache/paper 23,5x18,5cm/*9x7in* Boston, Mass. 97

ROELOFS Willem 1822-1897 **[121]**

⌣ *$3 856 FF22 475* £2 376 Gezicht op Arnhem Oil/canvas 22x39cm/*8x15in* Den Haag 97

⌣ *$7 255 FF43 658* £4 343 A Shipyard Oil/canvas 56,5x43,5cm/*22x17in* Amsterdam 98

✐ *$252 FF1 543* £152 Barque au bord de la rivière Aquarelle/papier 12,5x17cm/*4x6in* Bruxelles 98

ROELOFS Willem Elisa 1874-1940 **[36]**

⌣ *$908 FF4 600* £591 Summer flowers in a glass Oil/canvas/board 35x25cm/*13x9in* Amsterdam 96

⌣ *$851 FF5 252* £535 Waterside Oil/canvas 46x46cm/*18x18in* Amsterdam 97

✐ *$1 627 FF9 504* £962 Een stilleven met witte rozen Watercolour/paper 24x25cm/*9x9in* Den Haag 97

ROENGOEN I Dewa Ketut 1917 **[1]**

✐ *$1 520 FF7 830* £1 006 View in Patangtegal, Bali Ink 38x67cm/*14x26in* Amsterdam 96

ROEPEL Coenraet 1678-1748 **[9]**

⌣ *$50 517 FF299 103* £30 000 Still life of flowers on a stone pedestral with a bird's nest and eggs Oil/canvas 84x65,5cm/*33x25in* London 97

ROERICH Nicolaj Konstantinov 1874-1947 **[28]**

⌣ *$11 600 FF58 500* £7 500 The Slavic Sooth Sayer Oil/board 47x33cm/*18x12in* London 96

⌣ *$41 800 FF210 600* £27 000 Tmutarakan, for Rimsky-Korsakov's opera "The Tale of the Tsar Saltan" Tempera/canvas 61x92cm/*24x36in* London 96

✐ *$6 840 FF34 200* £4 500 Stage design for Peer Gynt Gouache/paper 31x40cm/*12x15in* London 95

ROESCH Carl 1884-1979 **[32]**

⌣ *$1 930 FF9 750* £1 265 Arbeitende Öl/Leinwand 40x23cm/*15x9in* Zürich 96

⌣ *$3 950 FF20 350* £2 450 Heimkehr vom Feld Tempera 82x68,5cm/*32x26in* Zürich 96

✐ *$630 FF3 180* £413 Arbeiterrinen auf dem Felde Aquarell 27x35cm/*10x13in* Zürich 96

ROESELER August 1866-1934 **[15]**

⌣ *$1 046 FF5 420* £680 2 Porträts zechender Bauern Öl/Leinwand 43x38cm/*16x14in* Rudolstadt-Thüringen 96

ROESEN Severin 1810-1871 **[37]**

⌣ *$55 000 FF319 209* £33 583 Still Life with Flowers in a Glass Vase Oil/canvas 68,5x56cm/*26x22in* Los Angeles 97

ROESSING Henry de Buys 1899-? **[5]**

⌣ *$634 FF3 414* £380 A Still Life of Porcelain Figures Oil/canvas 46x35,5cm/*18x13in* Billingshurst, West Sussex 97

ROESSINGH Louis Albert 1873-1951 **[25]**
- *$1 904 FF11 382 £1 162* Ferme dans un paysage Huile/toile 46x65cm/*18x25in* Antwerpen 98
- *$3 084 FF18 864 £1 896* Winterfun, a Skater Pushing a Sledge on a Frozen River Oil/canvas 30x40,5cm/*11x15in* Amsterdam 98
- *$435 FF2 601 £265* Bruyère Fusain/papier 59x86cm/*23x33in* Antwerpen 98

ROESSLER Georg 1861-1925 **[24]**
- *$845 FF5 020 £502* Bauer Oil/panel 24x18cm/*9x7in* München 97

ROESSLER Jaroslav 1902-1990 **[17]**
- *$1 227 FF7 030 £726* Ohne Titel Gelatin silver print 24x18cm/*9x7in* Köln 97

ROESSLER Walter 1882-1916 **[33]**
- *$609 FF3 070 £400* Brustbild eines Bauern mit Weinglas Oil/panel 24x18cm/*9x7in* Stuttgart 96

ROESTRATEN van Pieter G. (Attrib.) 1630-1700 **[10]**
- *$37 200 FF194 500 £22 170* Vanistasstilleben Oil/canvas 65x102cm/*25x40in* Stockholm 96

ROESTRATEN van Pieter Gerritsz 1630-1700 **[18]**
- *$16 000 FF91 272 £9 838* Stili Life with a Glass of Wine, an overturned Caster, Oyster Oil/canvas 23x29cm/*9x11in* New-York 97
- *$20 633 FF122 086 £12 416* A pronk Still Life with a Gilt Dish, a Gilt Cup and Cover Oil/canvas 62,5x74cm/*24x29in* Amsterdam 98

ROETTIERS François Roettier 1685-1742 **[1]**
- *$4 550 FF23 260 £3 000* Caïn and Abel Oil/canvas 80,5x64,5cm/*31x25in* London 96

ROFFIAEN Jean François Xavier 1820-1898 **[36]**
- *$1 125 FF6 820 £684* "Bord de la Meuse à Wuulsort" Huile/toile 27x38cm/*10x14in* Bruxelles 98
- *$3 500 FF18 627 £2 063* A boat ride on the lake Oil/canvas 63,5x97,8cm/*25x38in* New-York 97

ROFS W. XIX **[4]**
- *$1 780 FF10 200 £1 087* Portraits de la princesse Blanche d'Orléans, du duc d'Alençon enfant Aquarelle 24x18,5cm/*9x7in* Paris 97

ROGANEAU François Maurice 1883-1974 **[13]**
- *$2 900 FF15 000 £1 880* Paysage à Fontarabie Huile/panneau 46x41cm/*18x16in* Bordeaux 96
- *$3 364 FF20 000 £2 058* Modèle assis Huile/toile 37x33cm/*14x12in* Biarritz 97
- *$1 040 FF5 200 £680* "Bal des Quat'z' Arts" Affiche 149x100cm/*58x39in* Boulogne 96

ROGER Adolphe 1800-1880 **[5]**
- *$4 580 FF24 000 £2 755* Le duc d'Orléans au siège de la Citadelle d'Anvers (Novembre 1832) Huile/toile 52x62cm/*20x24in* Monaco 96

ROGER Deodat 1726-1821 **[7]**
- *$383 FF2 346 £228* Felsenlandschaft und Hirte mit kleiner Herde Black chalk 12x18cm/*4x7in* Dresden 98

ROGER Guillaume G. 1867-1943 **[10]**
- *$1 422 FF8 500 £870* "P.L.M, l'Eté sur la Côte d'Azur" Affiche 108x78cm/*42x30in* Orléans 98

ROGER Suzanne 1899-1986 **[79]**
- *$734 FF4 500 £437* La cavalière au cochon Huile/carton 27x22cm/*10x8in* Paris 98
- *$1 340 FF6 500 £840* Détente Huile/toile 65x100cm/*25x39in* Paris 95
- *$295 FF1 500 £194* Eté Aquarelle 45x26cm/*17x10in* Paris 96

ROGER-GENERSH Arno 1929 **[2]**
- *$629 FF3 228 £402* Disrobed Pastel/paper 62x48cm/*24x18in* Melbourne 95

ROGERS Claude 1907-1979 **[20]**
- *$5 107 FF28 825 £3 130* Girl at the piano Oil/canvas 59x89,5cm/*23x35in* London 97
- *$5 015 FF29 644 £3 000* "The Promenade" Oil/board 21,5x26,5cm/*8x10in* London 97

ROGERS John 1829-1904 **[8]**
- *$24 000 FF125 300 £14 500* 'The Shaughraun and Tatters', A Bronze Groupe Marble H49cm/*H19in* New-York 96

ROGERS Phillip H. (Attrib.) c.1786-1853 **[2]**
- *$4 458 FF26 444 £2 700* A Farmyard with Thatched Buildings, Animals, Poultry and Figures Oil/canvas 34x50cm/*13x20in* Oxford 97

ROGERS Phillip Hutchins 1796-1853 **[9]**
- *$4 945 FF24 000 £3 100* Oyster boys discussing their morning's catch, Exmouth, Devon Oil/canvas 49x49,5cm/*19x19in* London 95

ROGERS Randolph John 1825-1892 **[10]**

R

🖎 *$9 070 FF47 300* £6 000 A pair of portrait busts Marble H78cm/*H30in* London 96

🖎 *$8 250 FF49 818* £5 011 Nydia, The Blind Girl of Pompei Marbre Carrare H93cm/*H37in* New Orleans, Louisiana 98

ROGERS Sydney XX **[2]**

👝 *$3 001 FF18 025* £1 800 Siesta, Lionesses Acrylic/board 78,5x99cm/*30x38in* London 98

ROGERS William Allen 1854-1931 **[4]**

👝 *$2 250 FF11 660* £1 462 Gold Mining, Cripple Creek Oil/panel 42x32,5cm/*16x12in* San Francisco-Los Angeles 96

ROGGE theodor 1854 **[1]**

✏ *$1 300 FF7 812* £786 "Sorrent, Capo di Monte" Watercolour, gouache 43x62cm/*16x24in* New-York 98

RÖGGE Wilhelm I 1829-1908 **[1]**

👝 *$8 450 FF49 358* £5 000 The death of a king Oil/canvas 130,2x171,4cm/*51x67in* London 97

ROGHMAN Roeland 1597-1686 **[11]**

✏ *$32 560 FF165 700* £19 520 View of Marquette Castle Wash 33,7x50,1cm/*13x19in* Amsterdam 96

ROGIER Camille 1810-1896 **[58]**

👝 *$660 FF4 000* £404 Le temple de Baalbeck Huile/toile 28x16,5cm/*11x6in* Paris 98

👝 *$4 932 FF30 000* £3 000 The Colossi of Thèbes Oil/canvas 47,5x62cm/*18x24in* London 98

🖐 *$5 796 FF35 000* £3 479 Turquie Grecs Arméniens Gravure 53x37cm/*20x14in* Paris 98

✏ *$635 FF3 800* £385 Famille juive dans les ruines du Palais de Constantin Crayon/papier 46x31cm/*18x12in* Paris 97

ROGISTER von Marie-Louise 1899-1991 **[7]**

👝 *$1 820 FF9 510* £1 084 Ohne Titel Oil/panel 38x46cm/*14x18in* Köln 96

ROGNONI Franco 1913 **[73]**

👝 *$1 139 FF6 458* £569 Ragazza Olio/tavoletta 36x25cm/*14x9in* Milano 98

👝 *$2 760 FF15 640* £1 840 La luna sulla citta' Olio/tela 50x40cm/*19x15in* Milano 97

✏ *$420 FF2 380* £210 Senza titolo Tempera/carta 13x33cm/*5x12in* Milano 97

ROGY Georges 1897-1981 **[21]**

👝 *$435 FF2 604* £267 Nature morte aux raisins Huile/toile 60x50cm/*23x19in* Bruxelles 98

ROH Franz 1890-1965 **[15]**

📷 *$3 800 FF22 392* £2 346 Nude with Turban Silver print 16x22cm/*6x9in* New-York 97

ROHBOCK Ludwig XIX **[3]**

✏ *$1 281 FF7 611* £761 Salzburg vom Kapuzinerberg Pencil/paper 16,2x24,7cm/*6x9in* Wien 97

ROHDE Carl 1806-1873 **[2]**

👝 *$7 000 FF42 865* £4 189 The Songs of Spring Oil/canvas 39x49cm/*15x19in* New-York 98

ROHDE Frederik N. 1816-1886 **[54]**

👝 *$837 FF4 254* £543 Amalfi Oil/canvas 22x27cm/*8x10in* Köbenhavn 95

👝 *$1 828 FF10 983* £1 092 Et vinterlandskab Oil/canvas 40x55cm/*15x21in* Köbenhavn 98

ROHDE Johan 1856-1935 **[51]**

👝 *$535 FF2 674* £347 Skov ved Jyderup Oil/canvas 30,5x37cm/*12x14in* Köbenhavn 96

👝 *$816 FF4 837* £485 Både på stranden Oil/canvas 37x46cm/*14x18in* Köbenhavn 97

ROHDE Werner 1906-1990 **[28]**

📷 *$1 784 FF10 387* £1 100 In Party Dress Silver print 29,5x24cm/*11x9in* London 97

ROHDEN von Franz 1817-1903 **[3]**

👝 *$35 000 FF207 714* £21 437 The Nativity Oil/canvas 263x189cm/*103x74in* New-York 97

ROHDEN von Johann Martin 1778-1868 **[2]**

👝 *$8 640 FF44 000* £5 160 Landschaft in der Umgebung von Rom Öl/Leinwand 11x161cm/*4x63in* Köln 96

ROHEN Adolphe Eug. G. 1780-1867 **[1]**

👝 *$7 020 FF35 000* £4 600 Portrait de trois enfants Huile/toile 80x65cm/*31x25in* Paris 95

RÖHL Maria Roehl 1801-1875 **[4]**

✏ *$2 755 FF16 079* £1 638 Hängande domherre mot furuplankor, trompe l'oeil Watercolour/paper 33x25cm/*12x9in* Stockholm 97

RÖHL Peter Karl 1890-1975 **[49]**

🖐 *$291 FF1 737* £178 Figuren vor Flusslandschaft Woodcut 30,5x58,5cm/*12x23in* Berlin 98

✏ *$623 FF3 681* £369 Mädchen mit Schleife im Haar Chalks 37,3x27,8cm/*14x10in* Berlin 97

RÖHL-KIERRMAN Maria Cristina 1801-1875 **[1]**

✏ *$1 208 FF6 140* £722 A large urn of assorted flowers Akvarell 54,5x42cm/*21x16in* Stockholm 96

ROHLFS Christian 1849-1938 **[401]**

👝 *$9 257 FF54 072* £5 683 Alte frau vor Heugarbe Öl/Leinwand 41,7x31cm/*16x12in* Köln 97

$27 772 FF161 832 £16 977 Sonnenblumen Tempera 56x39,5cm/*22x15in* München 97
$566 FF3 346 £335 Liegender Woodcut 5,5x23cm/*2x9in* Berlin 97
$1 133 FF6 704 £691 Boxer Black chalk 15,5x11cm/*6x4in* Köln 98

ROHMAN Eric 1891-1949 **[1]**
$2 200 FF11 400 £1 470 "Natten Tillhör Oss." Poster 100x70cm/*39x27in* New-York 96

ROHNER Georges 1913 **[120]**
$1 336 FF7 000 £804 L'allée d'arbres Huile/toile 33x41cm/*12x16in* Calais 96
$2 400 FF14 277 £1 467 Nature morte au paysage Oil/canvas 54,5x81,5cm/*21x32in* New-York 98
$27 863 FF170 000 £16 694 La moisson Huile/toile 97x131cm/*38x51in* Paris 98
$402 FF2 000 £263 Saint-Jean-Cap-Ferrat Aquarelle 36x75cm/*14x29in* Paris 95

ROHRBACH Charlotte 1902-1981 **[6]**
$381 FF2 224 £234 Ferien am Grunewaldsee Gelatin silver print 20x30cm/*7x11in* Hamburg 97

ROHRHIRSCH Karl 1875-1954 **[28]**
$438 FF2 510 £259 Ankunft der Postkutsche in alpenländischer Landschaft Oil/panel 8x10cm/*3x3in* Kempten 97

RÖHRICHT Wolf, Walter 1886-1953 **[38]**
$1 495 FF7 810 £890 Zinnien in Vase Oil/paper/panel 48x37,5cm/*18x14in* München 96
$400 FF2 020 £262 Bandol Aquarell/Papier 51x70cm/*20x27in* München 96

ROIDOT Henri 1877-1960 **[48]**
$459 FF2 614 £281 Paysage fluvial Huile/carton 16x22cm/*6x8in* Bruxelles 97
$1 750 FF9 050 £1 130 L'Abbaye du bois de la Cambre Huile/toile 70x101cm/*27x39in* Bruxelles 96

ROIG I SOLER Joan 1852-1909 **[11]**
$16 500 FF98 750 £10 000 Acequia en un paisaje Oleo/lienzo/tabla 62x50cm/*24x19in* Madrid 98

ROIG Pablo 1879-1955 **[7]**
$1 140 FF5 930 £754 Nature morte au vase de fleurs Huile/panneau 31x37cm/*12x14in* Bruxelles 96

ROILOS George 1867-1928 **[4]**
$4 070 FF19 900 £2 577 The Greek Parliament Oil/canvas/panel 19x26cm/*7x10in* Athens 95
$8 200 FF42 400 £5 470 The Farm Oil/canvas 80x110cm/*31x43in* Athens 96

ROJAC Roger XX **[4]**
$838 FF4 240 £550 "Fric-frac, de Maurice Lehmann" Poster 160x119cm/*62x46in* London 96

ROJAS Carlos 1933 **[1]**
$6 000 FF34 443 £3 657 De la Serie América-Urabá Oil/canvas 80x80cm/*31x31in* New-York 97

ROJAS Elmar 1937 **[21]**
$22 000 FF126 291 £13 411 El paseo (serie espantapájaros en taboga) Acrylic 107x98,5cm/*42x38in* New-York 97
$22 000 FF131 421 £13 457 El metro de Paris Acrylic/canvas 141x157,5cm/*55x62in* New-York 98

ROJAS Josep 1897-? **[1]**
$906 FF4 710 £600 "Exposicion International, Barcelona" Poster 98x70cm/*38x27in* London 96

ROJKA Friedrich, Fritz 1878-1939 **[19]**
$2 052 FF11 985 £1 252 "Mädchen im Grünen" Öl/Leinwand 66,5x53cm/*26x20in* Wien 97
$3 490 FF17 140 £2 220 Stilleben mit Büchern und Federkiel Oil/panel 22,4x29cm/*8x11in* Wien 95

ROJKOVA Ekaterina 1969 **[4]**
$3 800 FF23 156 £2 315 Old Cupboard Mixed media/board 70x70cm/*27x27in* Tel Aviv 98
$2 600 FF15 843 £1 583 Boxes Watercolour 60x120cm/*23x47in* Tel Aviv 98

ROKUSHU Mizufume 1912 **[1]**
$550 FF3 363 £326 White Beach Woodcut in colors 27x60cm/*11x24in* Washington 98

ROL Cornelis 1877-1963 **[3]**
$780 FF3 978 £507 Entos Eerste Nederlandsche Tentoonstelling op Scheepvaartgebied Poster 66x106cm/*25x41in* Oostwoud 96

ROLAND DE LA PORTE Henri Horace 1724-1793 **[7]**
$6 000 FF35 671 £3 717 Still Life of a Cup and Saucer, a Picher, a Bread Roll Oil/canvas 37,5x45cm/*14x17in* New-York 97
$55 000 FF335 159 £33 506 Grapes in a wicker Basket, Peaches on a wicker Tray, Pears, Grapes Oil/canvas 32,5x40,5cm/*12x15in* New-York 98

ROLANDO Charles 1844-1893 **[13]**
$3 766 FF22 568 £2 246 The Bush Camp Oil/canvas/board 90,5x60cm/*35x23in* Melbourne 98

ROLDAN Enrique XIX-XX **[17]**
- *$4 830 FF23 730 £3 060* Alcazar, Sevilla Huile/toile 40x50cm/*15x19in* Zürich 95
- *$4 016 FF24 765 £2 400* A Moorish Courtyard Oil/panel 32x23,5cm/*12x9in* London 97

ROLFE Alexander F. 1815-1907 **[5]**
- *$3 749 FF21 389 £2 280* Quiet river landscape with cows in a pasture Oil/canvas 30,5x46cm/*12x18in* San Francisco 97

ROLFE Henry Leonidas c.1820-c.1890 **[38]**
- *$2 700 FF15 570 £1 608* Trout on a River Bank Oil/canvas 35x60cm/*14x24in* Cleveland, Ohio 97
- *$4 879 FF28 436 £3 000* The Day's Catch Oil/canvas 30,5x46cm/*12x18in* West Lothian 97

RÖLING Gérard, Gé 1904-1954 **[8]**
- *$4 449 FF26 754 £2 661* Still life Oil/board 25x30cm/*9x11in* Amsterdam 98

RÖLING Marte 1940 **[9]**
- *$2 407 FF14 052 £1 478* A Table Sculpture, wood 74x145cm/*29x57in* Amsterdam 97
- *$1 504 FF8 781 £924* Untitled Gouache 160x96cm/*62x37in* Amsterdam 97

ROLL Alfred 1846-1919 **[32]**
- *$856 FF5 000 £506* Vaches sous les pommiers Huile/toile 94x120cm/*37x47in* Barbizon 97
- *$349 FF2 000 £218* Etude de femme apparaissant au milieu des nuées Sanguine 42,5x31cm/*16x12in* Pontoise 97

ROLL Jean 1921 **[7]**
- *$1 340 FF7 831 £793* Nature morte blanche Huile/toile 65x93cm/*25x36in* Genève 97

ROLLAN Jordi 1940 **[28]**
- *$476 FF2 800 £294* Joven peinándose Oleo/lienzo 73x60cm/*28x23in* Madrid 97

ROLLAND Auguste 1797-1859 **[8]**
- *$6 500 FF37 079 £3 971* Ostriches Oil/canvas 44x95,5cm/*17x37in* New-York 97
- *$1 037 FF6 200 £635* Paysage aux pêcheurs le Marais aux hérons Pastel/papier 39,5x54,5cm/*15x21in* Paris 98

ROLLAND Henri Paul 1891-1923 **[7]**
- *$663 FF3 900 £398* Jeune femme au chapeau de paille Huile/panneau 33x24,5cm/*12x9in* Dax 97
- *$3 220 FF19 000 £1 972* Scène orientaliste Huile/panneau 54x80cm/*21x31in* Marseille 98

ROLLER Alfred 1864-1935 **[5]**
- *$1 927 FF9 740 £1 265* Die Frau ohne Schatten Lithograph 46x30cm/*18x11in* Wien 96

ROLLIER Eugène XX **[3]**
- *$587 FF3 461 £360* "Dinard, Bretagne" Poster 147x95cm/*57x37in* London 98

ROLLINS & K.O.S. Tim 1955 **[28]**
- *$2 869 FF16 348 £1 800* The red Badge of courage, Chapter Sixteen Mixed media/canvas 36x46cm/*14x18in* London 97
- *$5 000 FF30 769 £3 035* Through The Looking Glass Acrylic/paper 183x320cm/*72x125in* New-York 98
- *$1 200 FF6 845 £733* The Temptation of Saint Antony I-XIV Etching, aquatint 56,5x38cm/*22x14in* New-York 97
- *$4 800 FF24 860 £3 210* The Journal of the Plague Year Watercolour 17x134,5cm/*6x52in* New-York 96

ROLLINS Warren Eliphalet 1861-1962 **[30]**
- *$2 545 FF12 141 £1 600* Road to Taos Oil/canvas 14x25cm/*5x9in* Hayden 95
- *$7 500 FF44 829 £4 545* The Drummer Oil/canvas 47x76,2cm/*18x29in* San Francisco-Los Angeles 97
- *$8 000 FF48 308 £4 802* The Prayer Stone Oil/canvas 213,5x107cm/*84x42in* New-York 98
- *$400 FF2 291 £236* Adobe House Crayon/papier 30x41cm/*12x16in* Santa Fe, New Mexico 97

ROLSHOVEN Julius C. 1858-1930 **[24]**
- *$4 249 FF25 219 £2 635* Odalisque Oil/panel 76x99cm/*29x38in* New-York 97
- *$325 FF1 929 £196* Portrait of a Lady Pastel/paper 79x64cm/*31x25in* Bethesda, Maryland 97

ROMA José (Attrib.) 1784-1847 **[1]**
- *$41 250 FF215 750 £25 000* Flowers in a vase/Flowers in a glass vase Oil/canvas 63x76cm/*24x29in* London 96

ROMAGNOLI Angelo XIX **[7]**
- *$480 FF2 720 £320* Fanciulla Olio/cartone 22x27cm/*8x10in* Firenze 97

ROMAGNOLI Giovanni 1893-1976 **[4]**
- *$2 772 FF16 520 £1 700* Bartering Watercolour 39x56cm/*15x22in* London 98

ROMAGNOLI Giuseppe 1872-? **[1]**
- *$1 673 FF9 861 £1 000* The disputed Bargain Watercolour 36,5x53cm/*14x20in* Glasgow 97

ROMAGNONI Bepi 1930-1964 **[29]**

$2 441 FF13 836 £1 220 Metropolitana Olio/tela 80x100cm/*31x39in* Milano 97
$2 760 FF15 640 £1 380 Racconto Tecnica mista/carta 50x70cm/*19x27in* Milano 98
ROMAKO Anton 1832-1899 **[31]**
$15 005 FF92 175 £9 000 Off to Market Oil/canvas 63x50,5cm/*24x19in* London 98
$66 100 FF338 000 £43 550 Luise, die Tochter des Künstlers Öl/Leinwand 130x100cm/*51x39in* Wien 96
$5 213 FF30 998 £3 139 Luna und Endymion (Vorzeichnung zu dem Ölbild) Ink 21x24,8cm/*8x9in* Wien 98
ROMAN Dominique XIX **[2]**
$9 416 FF55 000 £5 571 Maquette d'une locomotive du P.L.M., Arles Photo 31,3x48,2cm/*12x18in* Paris 97
ROMAN Max W. 1849-1910 **[8]**
$2 784 FF16 150 £1 713 Südliche Stadt am Meer Öl/Leinwand 34,5x57cm/*13x22in* Heidelberg 97
ROMAN Victor 1937-1995 **[5]**
$1 676 FF10 000 £1 004 Déesse Sculpture 45x33x19cm/*17x12x7in* Paris 98
ROMAN-FOERSTERLING Käthe 1871-? **[2]**
$1 420 FF8 724 £852 Blumenstilleben mit Herbstastern Oil/canvas 50x30cm/*19x11in* Köln 98
ROMAÑACH Leopoldo 1862-1951 **[25]**
$2 750 FF16 757 £1 700 Paisaje Oil/canvas 38,5x45,5cm/*15x17in* Miami, Florida 98
$3 300 FF20 109 £2 041 Cayo frances Oil/canvas 29x45,5cm/*11x17in* Miami, Florida 98
ROMANELLI Francesco XIX-XX **[2]**
$5 250 FF27 100 £3 400 Buste de femme Albâtre H52,5cm/*H20in* Liège 96
ROMANELLI IL VITERBESE Giovanni F. (Attrib) 1610-1662 **[6]**
$11 671 FF70 098 £7 000 The Madonna and Child with The Infant Saint John The Baptist Oil/canvas 73,5x57cm/*28x22in* London 98
$27 000 FF153 000 £13 500 Episodio della storia antica Olio/tela 137x100cm/*53x39in* Venezia 97
$849 FF5 000 £524 Prise de Rome Lavis 20x14,5cm/*7x5in* Paris 97
ROMANELLI IL VITERBESE Giovanni Francesco 1610-1662 **[13]**
$79 400 FF396 000 £52 000 Hagar and Ishmael in the Desert Oil/canvas 51x68,5cm/*20x26in* London 95
$7 000 FF38 802 £4 319 Design for a ceiling decoration with an Allegory of Dawn dancing... Wash 33,1x25,4cm/*13x10in* New-York 97
ROMANELLI Pasquale 1812-1887 **[10]**
$7 500 FF45 927 £4 488 Cupid's Touch Marble H65cm/*H25in* New-York 98
$15 960 FF83 300 £9 500 Esmeralda Marble H101cm/*H39in* London 96
ROMANELLI Raffaelo 1856-1928 **[7]**
$8 808 FF51 181 £5 200 Two Sea Nymphs in an Oyster Shell Alabaster H181cm/*H71in* London 97
ROMANI Juana 1869-1924 **[7]**
$2 609 FF15 549 £1 600 Portrait of a Lady Oil/panel 41x32cm/*16x12in* London 98
ROMANIDIS Constantinos 1884-1972 **[14]**
$2 460 FF12 720 £1 643 Sailing in Choppy Seas Oil/panel 23x34cm/*9x13in* Athens 96
$7 346 FF43 859 £4 500 Pine Trees Near the Sea Oil/canvas 52x65cm/*20x25in* London 97
$66 400 FF325 000 £42 000 La Bataille de Navarin, le 20 Octobre 1827 Oil/canvas 108x185cm/*42x72in* Athens 95
ROMANO Giulio Pippi 1499-1546 **[16]**
$9 000 FF54 479 £5 481 A Standing Male Nude Ink 28,5x16cm/*11x6in* New-York 98
ROMANO Giuseppe 1905-? **[3]**
$1 630 FF9 615 £1 000 "Fiat" Poster 185x132cm/*72x51in* London 98
ROMANO Umberto 1905-1984 **[24]**
$350 FF2 083 £217 Untitled 1920s Oil/canvas 23x27cm/*9x11in* Provincetown, MA. 97
ROMANOVSKY Dimitri XIX-XX **[5]**
$5 000 FF28 474 £3 083 Water Lily Oil/canvas 51x61cm/*20x24in* Boston, Mass. 97
ROMANY Adèle Romanée 1769-1846 **[7]**
$20 106 FF121 407 £12 069 Bildnis einer jungen Frau mit ihrem Sohn Öl/Leinwand 81x65cm/*31x25in* Luzern 98
ROMATHIER Georges 1927 **[38]**
$242 FF1 400 £144 Sans titre Huile/toile 81x100cm/*31x39in* Paris 97
ROMBAUER Janos, Johann, Job 1782-1849 **[2]**
$6 960 FF35 100 £4 500 A Russian girl wearing a red sarafan and kokoshnik Oil/canvas 69x51cm/*27x20in* London 96

ROMBERG DE VAUCORBEIL Maurice 1862-1943 **[40]**
- *$4 290 FF26 000 £2 631* Cavaliers marocains Huile/panneau 20x35,5cm/*7x13in* Paris 98
- *$10 230 FF62 000 £6 274* Place animée à Marrakech Huile/toile 52x85cm/*20x33in* Paris 98
- *$275 FF1 400 £181* "Cie. Algérienne, Souscrivez..." Affiche 120x80cm/*47x31in* Neuilly 96
- *$1 730 FF10 000 £1 066* Arrivée d'un Chérif à Meknès Gouache/papier 39x27,5cm/*15x10in* Paris 97

ROMBOUTS Adriaen XVII **[4]**
- *$12 629 FF74 775 £7 500* A Family eating in a Kitchen Oil/canvas 57x75,5cm/*22x29in* London 97

ROMBOUTS Gillis 1630-c.1672 **[7]**
- *$8 860 FF52 000 £5 418* La foire au village Huile/panneau 41x35,5cm/*16x13in* Paris 97
- *$23 311 FF137 450 £13 800* A market scene in a town with an apple vendor and figures seated Oil/canvas 52x46cm/*20x18in* London 97

ROMBOUTS Salomon c.1650-c.1705 **[1]**
- *$18 194 FF105 776 £11 110* Winterlandschaft mit Pferdeschlitten Oil/wood 31x35cm/*12x13in* Wien 97

ROMBOUTS Salomon 1650-1702 **[17]**
- *$4 164 FF24 084 £2 500* Barn Interior with a Cobbler and a Maid Collecting Water Oil/panel 43x34,5cm/*16x13in* London 97
- *$8 125 FF47 214 £5 000* Wooded landscape with a man and his dog walking beside a river Oil/panel 48x62cm/*18x24in* London 97

ROMBOUTS Salomon (Attrib.) 1650-1702 **[3]**
- *$1 582 FF9 295 £950* A Woodland Path Oil/panel 30,5x23,5cm/*12x9in* London 97

ROMBOUTS Theodor 1597-1637 **[5]**
- *$299 833 FF1 767 935 £177 500* Figures eating and drinking around a table Oil/canvas 96x141cm/*37x55in* London 97

ROMBOUTS Theodor (Attrib.) 1597-1637 **[1]**
- *$9 270 FF45 400 £5 870* La partie de cartes Huile/panneau 28,5x35cm/*11x13in* Bruxelles 95

ROMEO Giuseppe 1958 **[4]**
- *$1 102 FF5 649 £703* Flying Objects Series Ink 22x34cm/*8x13in* Brisbane 96

ROMERO DE TORRES Julio 1880-1930 **[20]**
- *$4 950 FF29 625 £3 075* Retrato de caballero Oleo/lienzo 98x119cm/*38x46in* Madrid 97
- *$14 224 FF85 129 £8 405* Gitana Oleo/lienzo 40x36cm/*15x14in* Madrid 98
- *$56 800 FF282 400 £36 100* Dama con mantilla española Oleo/lienzo 176x114cm/*69x44in* Madrid 95
- *$3 900 FF23 700 £2 340* Soñando Carbón/papel 42x30cm/*16x11in* Madrid 98

ROMERO Frank XX **[8]**
- *$200 FF1 195 £122* Car Silkscreen in colors 50x65cm/*19x25in* San Francisco-Los Angeles 97

ROMERO Juan Bautista 1756-c.1805 **[1]**
- *$6 420 FF33 000 £4 000* Flowers in a vase on a stone ledge Oil/panel 45x32cm/*17x12in* London 96

ROMERO RESSEND! Baldomero 1924-1977 **[43]**
- *$1 235 FF7 505 £760* Máscara Oleo/tablex 41x33cm/*16x12in* Madrid 98
- *$3 220 FF16 300 £2 112* Autorretrato Oleo/tabla 46x38cm/*18x14in* Madrid 96
- *$429 FF2 580 £266* Goyescos Dibujo 34x22cm/*13x8in* Madrid 97

ROMERO Vincent 1956 **[26]**
- *$2 327 FF12 000 £1 540* "Reflet" Pastel/papier 61x50cm/*24x19in* Arles 96

ROMERO Y BARROS Rafael 1833-1895 **[3]**
- *$2 013 FF10 180 £1 320* La Noria di agua Oleo/tabla 15,5x25cm/*6x9in* Madrid 96
- *$6 600 FF39 500 £4 000* Niño cazador Oleo/lienzo 113x78cm/*44x30in* Madrid 98

ROMERO Y LOPES José María c.1815-1880 **[5]**
- *$8 320 FF51 350 £4 940* Jesús curando a los ciegos Oleo/lienzo 104x183,5cm/*40x72in* Madrid 98

ROMEYN Willem 1624-c.1694 **[11]**
- *$6 000 FF34 227 £3 689* Cattle and Sheep with a Shepherd at rest in a Landscape Oil/panel 31x41,5cm/*12x16in* New-York 97
- *$15 137 FF87 912 £9 247* Shepherds with goats, sheep and cattle resting on a river bank Oil/canvas 68x77,5cm/*26x30in* Amsterdam 97

ROMIJN Gust 1922 **[20]**
- *$950 FF5 817 £568* Abstract Composition Oil/canvas 90x110cm/*35x43in* Amsterdam 98
- *$3 455 FF20 839 £2 061* Figure with Cat Gouache/board 49x63cm/*19x24in* Amsterdam 98

ROMITA John 1930 **[2]**
- *$3 200 FF19 025 £1 925* Spider-Man, No. 40 Oil/board 48x33cm/*19x13in* New-York 97

ROMITI Gino 1881-1967 **[65]**

👆 *$1 560 FF8 840 £780* Paesaggio lacustre con salice piangente Olio/masonite 30x40cm/*11x15in* Milano 97
👆 *$1 890 FF9 270 £1 230* Marina toscana Olio/tela 50,5x60cm/*19x23in* Milano 95
ROMITI Sergio 1928 **[26]**
👆 *$12 400 FF60 400 £7 800* Sul cielo Olio/tela 70x65cm/*27x25in* Milano 95
✏ *$1 020 FF5 780 £510* I Due Grigi Tempera/carta 51,5x36,5cm/*20x14in* Prato 97
ROMNEY George 1734-1802 **[135]**
👆 *$5 310 FF27 050 £3 500* Portrait of a Lady Oil/canvas 42x35cm/*16x13in* London 96
👆 *$10 000 FF57 045 £6 149* Portrait of Thomas Robinson, 2nd Baron Grantham Oil/canvas 75x61,5cm/*29x24in* New-York 97
👆 *$50 000 FF285 225 £30 745* Portrait of George Morewood of Alfreton Park, Derbyshire Oil/canvas 203x127cm/*79x50in* New-York 97
✏ *$1 391 FF7 220 £920* Portrait of a seated pensive Lady Ink 31x23cm/*12x9in* Bristol, Avon 96
ROMNEY George (Attrib.) 1734-1802 **[11]**
✏ *$1 167 FF6 000 £728* Portrait d'un jeune homme au chapeau à plumes Crayon 20x13cm/*7x5in* Paris 96
ROMNEY John 1786-1863 **[1]**
▥ *$651 FF3 370 £420* Napoléon/Thye Prince Regent/The Duke of Wellington/Military figures Etching in colors 21x31cm/*8x12in* London 96
ROMULO Teódulo 1943 **[6]**
▥ *$650 FF3 897 £388* Untitled Print 69x83,5cm/*27x32in* Los Angeles 98
RONAI József Rippl 1861-1927 **[4]**
👆 *$31 000 FF160 500 £20 720* Femmes à Riga Oil/canvas 59x72cm/*23x28in* New-York 96
▥ *$4 595 FF24 000 £2 735* Sous la tonnelle ou Famille d'artisans Lithographie couleurs 49,5x38cm/*19x14in* Paris 96
✏ *$3 596 FF21 380 £2 200* Tête de femme allongée Pastel/paper 24x30cm/*9x11in* London 97
RONALD William 1927 **[21]**
👆 *$2 726 FF15 916 £1 674* Untitled Oil/canvas 61x91,5cm/*24x36in* Toronto 97
👆 *$7 271 FF42 445 £4 465* Karma Oil/canvas 127x127cm/*50x50in* Toronto 97
✏ *$399 FF2 334 £245* Untitled Watercolour/paper 45,5x61cm/*17x24in* Toronto 97
RONALD William Smith 1926-1998 **[22]**
✏ *$510 FF3 075 £308* Abstract composition Collage/paper 54,5x58,5cm/*21x23in* Toronto 98
RONCALLI IL POMARANCIO Cristofano 1552-1626 **[15]**
👆 *$6 363 FF38 217 £3 800* A Seated Figure of a Prisoner with Trophies in the Background Oil/paper 40,5x28cm/*15x11in* London 98
✏ *$6 000 FF29 600 £3 880* The Madonna and Child on clouds Coloured chalks 17,5x20cm/*6x7in* New-York 96
RONCALLI IL POMARANCIO Cristofano (Attrib.) 1552-1626 **[5]**
✏ *$2 000 FF12 106 £1 218* Cupid Red chalk/paper 16,5x8cm/*6x3in* New-York 98
RONCELLI Giuseppe c.1669-1729 **[3]**
👆 *$37 635 FF213 268 £18 817* Veduta di Porto con barche Olio/tela 118,5x158,5cm/*46x62in* Milano 97
RONDEL Frederick 1826-1892 **[18]**
👆 *$20 000 FF118 414 £11 876* Ausable Falls Oil/canvas 101,5x87cm/*39x34in* New-York 97
RONDEL Henri 1857-1919 **[22]**
👆 *$1 700 FF10 094 £1 037* The Rose, A Portrait Oil/canvas 61x51cm/*24x20in* Boston, Mass. 98
RONGIER Jeanne 1867-1900 **[6]**
👆 *$585 FF3 060 £349* Barockes junges Paar Oil/paper/panel 27x21cm/*10x8in* Rudolstadt-Thüringen 96
👆 *$3 220 FF19 275 £1 982* Sommarlandskap med liggande akt Oil/canvas 47x61cm/*18x24in* Stockholm 98
RONIS Willy 1910 **[22]**
📷 *$500 FF3 092 £297* "Vincent Aeromodeliste, Gordes" Gelatin silver print 34,5x25,5cm/*13x10in* San Francisco 98
RONMY Guillaume Frédéric 1786-1854 **[9]**
👆 *$1 880 FF11 500 £1 155* Cavalier Huile/toile 31,5x27cm/*12x10in* Paris 98
👆 *$4 520 FF22 000 £2 890* Paysage d'Italie avec un viaduc Huile/toile 34x66cm/*13x25in* Orléans 95
RÖNNBERG Hanna 1862-1946 **[4]**
✏ *$661 FF3 927 £405* Bonde Watercolour/paper 47x30cm/*18x11in* Helsinki 97
RONNEBECK Arnold H. 1885-1947 **[6]**
▥ *$2 200 FF13 142 £1 348* "Skyline" Lithograph 23x35cm/*9x13in* New-York 98
RONNER Alice 1857-1906 **[8]**

R

◷ *$4 914 FF29 268 £3 006* Nature morte Huile/panneau 60x48cm/*23x18in* Bruxelles 98
RONNER-KNIP Henriette 1821-1909 **[263]**
◷ *$384 FF2 344 £237* In Freundschaft - Katze und Hund Oil/wood 15x20cm/*5x7in* Kempten 98
◷ *$14 625 FF75 250 £9 125* The Intruder Oil/canvas 90x72cm/*35x28in* Amsterdam 96
◷ *$200 000 FF974 000 £127 000* Jeux dangereux Huile/toile 127x100cm/*50x39in* Bruxelles 95
✎ *$1 253 FF7 264 £748* Study of Various Bird-Species Pencil 37,5x54,5cm/*14x21in* Amsterdam 97
RONTINI Alessandro 1854-? **[2]**
◷ *$9 879 FF59 230 £6 000* A Reclining Woman Surrounded by Cherubs Oil/canvas 60x100cm/*23x39in* Billingshurst, West Sussex 98
RONTINI Ferruccio 1893-1964 **[35]**
◷ *$960 FF5 440 £640* Focolare rustico in mugello Olio/tavoletta 26,5x43cm/*10x16in* Firenze 98
◷ *$1 800 FF10 200 £900* Casolare rustico Olio/tela 50x70cm/*19x27in* Prato 98
RONZONI Pietro 1780-1862 **[3]**
◷ *$26 400 FF149 600 £13 200* Strada del Monte San Leonardo presso Verona Olio/tela 54x72cm/*21x28in* Milano 97
ROOK Edward Francis 1870-1960 **[4]**
◷ *$1 600 FF8 272 £1 073* Garden fountain pool, Mexico Oil/canvas 64x91cm/*25x36in* New-York 96
RÖÖK von Lars Jacob 1778-1867 **[1]**
✎ *$2 457 FF12 840 £1 464* Stockholms Slott Akvarell 27x43cm/*10x16in* Stockholm 96
ROOKE Herbert Kerr 1872-? **[7]**
▥ *$850 FF4 740 £520* "Orient Line to Australia" Poster 102x64cm/*40x25in* London 97
ROOKE Thomas Matthew 1842-1942 **[29]**
◷ *$143 981 FF836 612 £85 000* "The Day is done, the Song is ended" Oil/canvas 69x43cm/*27x16in* London 97
✎ *$1 057 FF5 400 £697* Place du marché, Noyon Aquarelle 55x34cm/*21x13in* La Varenne Saint-Hilaire 96
ROOKER Michael Angelo 1743-1801 **[19]**
✎ *$550 FF3 213 £327* Battle Abby Pencil 16x19cm/*6x7in* New-York 97
ROONEY Mick 1944 **[14]**
◷ *$850 FF4 990 £520* At the Windowbox Oil/canvas/board 21,5x14,5cm/*8x5in* London 97
◷ *$6 262 FF38 160 £3 800* The Coming of Spring Tempera 99x85cm/*38x33in* London 98
◷ *$21 400 FF108 300 £14 000* Seaside café Oil/canvas 184x122cm/*72x48in* London 96
✎ *$2 470 FF12 650 £1 500* Homage to Catalonia Gouache 35,5x57,5cm/*13x22in* London 96
ROORE de Jacques Ig. (Attrib) 1686-1747 **[3]**
◷ *$7 526 FF42 649 £3 763* Venere con due amorini in un paesaggio Olio/tela 51x62cm/*20x24in* Milano 97
ROOS Alexander 1895-1973 **[8]**
◷ *$648 FF3 885 £387* Stilleben med blomster och fotografi Oil/panel 41x33cm/*16x12in* Stockholm 98
◷ *$6 050 FF30 000 £3 850* Södermannagatan Oil/canvas 47x66cm/*18x25in* Stockholm 95
ROOS Cornelis François 1802-1884 **[5]**
◷ *$1 590 FF9 717 £1 003* Wooded river landscape Oil/canvas 50x62cm/*19x24in* København 97
ROOS Eva 1872-? **[1]**
◷ *$23 619 FF137 963 £14 500* An impromptu Ball Oil/canvas 81x66cm/*31x25in* London 97
ROOS Jan 1581-1638 **[2]**
◷ *$52 449 FF309 264 £31 050* The Triumph of Silenus Oil/canvas 170x245cm/*66x96in* London 97
ROOS Johan Hein. (Attrib) 1631-1685 **[9]**
◷ *$1 103 FF5 750 £667* Ruhende Viehherde Öl/Leinwand 23,5x34cm/*9x13in* Stuttgart 96
ROOS Johan Heinrich 1631-1685 **[29]**
◷ *$6 559 FF40 214 £3 931* Rastende Viehherde mit ihren Hirten in Ruinenlandschaft Oil/canvas 80x65cm/*31x25in* München 98
◷ *$11 000 FF57 000 £7 040* A boar hunt Oil/canvas 190,5x251,5cm/*75x99in* New-York 96
✎ *$2 027 FF10 450 £1 300* Peasants travelling on a cart with cattle and sheep behind Ink 19,8x31,8cm/*7x12in* London 96
ROOS Johan Melchior 1659-1731 **[13]**
◷ *$3 749 FF20 900 £2 292* Mountainous landscape with two figures and various animals Oil/canvas 69,8x86,4cm/*27x34in* New-York 97
◷ *$3 890 FF23 830 £2 350* Landschaft mit Ruinen und einer Herde Oil/panel 38x23cm/*14x9in* Wien 98
◷ *$9 570 FF46 300 £6 000* Mountainous landscape with cattle and goats Oil/canvas 94x131cm/*37x51in* London 95

ROOS Joseph Rosa 1726-1805 **[8]**

☞ *$8 125 FF47 214 £5 000* A shepherd and shepherdess with their flock at a pool Oil/canvas 63,5x84cm/*25x33in* London 97

☞ *$11 220 FF57 900 £7 200* A capriccio of a ruin by a waterfall, with peasants and gentlefolk Oil/canvas 101,5x152cm/*39x59in* London 96

ROOS Joseph Rosa (Attrib) 1726-1805 **[1]**

☞ *$3 596 FF18 400 £2 330* La fontaine Huile/toile 73x103cm/*28x40in* Bruxelles 95

ROOS Peter Rosa (Attrib.) 1655/57-1706 **[34]**

☞ *$1 900 FF11 750 £1 141* Steer in a Landscape Oil/canvas 25x30cm/*10x12in* Bethesda, Maryland 97

☞ *$3 028 FF17 691 £1 792* Hirtenszene Öl/Leinwand 74x98cm/*29x38in* Luzern 97

☞ *$10 560 FF55 200 £6 240* Pastorella col suo cane a guardia di armenti Olio/tela 265x300cm/*104x118in* Roma 96

✑ *$1 550 FF8 642 £948* Shepherds and their animals Red chalk 19,5x27cm/*7x10in* New-York 97

ROOS Peter Rosa da Tivoli 1655/57-1706 **[87]**

☞ *$4 563 FF26 120 £2 695* Shepherd, Sheep and Goats, in an Italianate Landscape Oil/canvas 71x89,5cm/*27x35in* Amsterdam 97

☞ *$5 520 FF31 280 £3 680* Pastore con un cane e armenti presso rovine antiche Olio/tela 21x34,5cm/*8x13in* Roma 98

☞ *$13 029 FF77 102 £7 840* Ruhende Herde mit Kühen, Schafen und Ziegen Öl/Leinwand 150x230cm/*59x90in* Lindau 98

ROOSDORP Frederik 1839-1865 **[7]**

☞ *$3 796 FF23 218 £2 333* Townsfolk on a Sunlit Quay in a Town Oil/canvas 39,5x51,5cm/*15x20in* Amsterdam 98

ROOSE van Charles 1883-1960 **[36]**

☞ *$1 897 FF11 382 £1 141* Jeune femme au miroir Huile/toile 66x54cm/*25x21in* Bruxelles 98

✑ *$459 FF2 616 £288* La sortie du bain Gouache/papier 46x30cm/*18x11in* Bruxelles 97

ROOSENBOOM Albert 1845-1875 **[23]**

☞ *$2 900 FF16 939 £1 715* Red Riding Hood Oil/canvas 35,5x25cm/*13x9in* Boston, Mass. 97

☞ *$5 500 FF31 645 £3 246* Une Belle à sa toilette Oil/canvas 66x53cm/*25x20in* New-York 97

ROOSENBOOM Margaretha 1843-1896 **[19]**

☞ *$4 595 FF27 652 £2 751* Still Life with Pionies Oil/canvas 29,5x42,5cm/*11x16in* Amsterdam 98

✑ *$7 522 FF43 530 £4 596* A swag of white Roses Watercolour/paper 28,5x24,5cm/*11x9in* Amsterdam 97

ROOSENBOOM Nicolaas Johannes 1805-1880 **[65]**

☞ *$4 729 FF28 332 £2 826* Ijsgezicht met figuren en een steiger Oil/panel 25,5x34cm/*10x13in* Den Haag 98

☞ *$11 810 FF57 600 £7 500* Extensive winter landscape Oil/canvas 80x106cm/*31x41in* London 95

ROOSKENS Anton 1906-1976 **[215]**

☞ *$499 FF2 972 £296* Landscape Oil/panel 47x37,5cm/*18x14in* Amsterdam 97

☞ *$4 510 FF22 200 £2 873* Komposition Acrylic/panel 26x48cm/*10x18in* København 95

☞ *$28 148 FF168 646 £16 789* "Vlinderspel" Oil/canvas 130x100cm/*51x39in* Amsterdam 98

▭ *$526 FF2 623 £344* Animals Color lithograph 64,5x47cm/*25x18in* Amsterdam 95

✑ *$3 160 FF16 540 £1 898* Untitled Gouache 47,5x63,5cm/*18x25in* Amsterdam 96

ROOSVAL-KALLSTENIUS Gerda 1864-1939 **[4]**

☞ *$4 188 FF23 932 £2 566* Lillan målar, interiör Oil/panel 35x28cm/*13x11in* Stockholm 97

☞ *$10 392 FF61 488 £6 384* Sjösättningen Oil/canvas 35x50cm/*13x19in* Stockholm 98

ROOTIUS Jacob 1644-c.1681 **[6]**

☞ *$18 120 FF95 000 £10 900* Nature morte aux raisins, pêches et oranges dans une niche Huile/panneau 6,5x46cm/*2x18in* Paris 96

☞ *$66 200 FF345 600 £40 000* Still life of lobsters, lemon, oysters, fruit Oil/canvas 57x66cm/*22x25in* London 96

ROOTIUS Jan Albertsz. 1615-1674 **[5]**

☞ *$26 536 FF155 000 £16 290* Nature morte aux fruits Huile/toile 62x90cm/*24x35in* Lyon 97

ROOTIUS Jan Albertsz. (Attr) 1615-1674 **[4]**

☞ *$8 329 FF50 297 £5 000* Portrait of a Girl Oil/panel 70,5x59,5cm/*27x23in* London 98

ROOVER de Carlo 1900-1986 **[14]**

☞ *$9 756 FF58 428 £5 832* Nus aux cygnes Huile/toile 125x185cm/*49x72in* Antwerpen 98

ROOWY Yves XIX-XX **[5]**

*$803 FF4 600 £490 "Ford, The Universal Car" Affiche 120x160cm/*47x62in* Nice 97

ROPER Richard c.1730-c.1780 **[5]**
*$11 925 FF68 897 £7 000 Aaron, a Bay Racehorse Exercising with Jockey Up Oil/canvas 47x64cm/*18x25in* London 97

ROPS Félicien 1833-1898 **[534]**
*$8 370 FF42 600 £5 020 Paysage hollandais Huile/toile 29,5x37cm/*11x14in* Bruxelles 96
*$253 FF1 500 £151 Frontispice des oeuvres inutiles ou nuisibles Eau-forte 27x16,5cm/*10x6in* Paris 97
*$2 850 FF14 480 £1 700 Old woman spinning wool under a parasol by bee-hives Black chalk 31x22,5cm/*12x8in* London 96

ROQUEMONT Augusto 1804-1852 **[1]**
*$8 495 FF48 327 £5 200 Portrait of Graf Athanasius Raczynski Oil/canvas 96x78cm/*37x30in* London 97

ROQUEPLAN Camille 1803-1855 **[40]**
*$2 275 FF13 825 £1 365 Jardín de Las Tullerías de París Oleo/tabla 20x25cm/*7x9in* Madrid 98
*$2 622 FF16 107 £1 573 Fischer mit Pferdewagen an der normannischen Küste Oil/canvas 38x51cm/*14x20in* Köln 98
*$652 FF3 400 £394 Scène champêtre Aquarelle/papier 22x17,5cm/*8x6in* Paris 96

RØRBYE Martinus 1803-1848 **[36]**
*$27 170 FF142 000 £16 180 Neapolitan fisherfolk Oil/canvas 51x73cm/*20x28in* Köbenhavn 96
*$44 550 FF222 700 £28 850 "Parti i Pompeji" Oil/canvas 30,5x43cm/*12x16in* Köbenhavn 96
*$388 700 FF2 270 491 £230 000 A Turkish Notary drawing up a marriage contract, Constantinople Oil/canvas 95x130cm/*37x51in* London 97
*$1 613 FF8 420 £960 Italian girl Pencil 31x21cm/*12x8in* Köbenhavn 96

RÖRBYE Martinus (Attrib.) 1803-1848 **[1]**
*$3 036 FF18 551 £1 915 A cleric in a room, reading a book Oil/canvas 36x28cm/*14x11in* Köbenhavn 97

RØRUP Viggo 1903-1971 **[13]**
*$341 FF1 947 £212 Udsigt over bakket landskab Oil/canvas 60x73cm/*23x28in* Vejle 97

ROSA de Francesco Pacecco c.1600-1654 **[9]**
*$9 500 FF56 480 £5 885 Young Woman Holding a Basket of Fruit Oil/canvas 63,5x48cm/*25x18in* New-York 97
*$19 320 FF109 480 £12 880 Allegoria della Carità Olio/tela 126x155cm/*49x61in* Roma 98

ROSA de Gaetano 1690-1770 **[2]**
*$9 000 FF46 350 £5 960 Study of bull's head Red chalk/paper 20x16,5cm/*7x6in* New-York 96

ROSA de la Manuel 1860-1924 **[1]**
*$3 787 FF22 704 £2 300 At the Balcony Oil/canvas 114x69cm/*44x27in* Billingshurst, West Sussex 98

ROSA de Pacecco 1607-1656 **[2]**
*$9 660 FF54 740 £6 440 Madonna con Bambino Olio/tela 61,5x75cm/*24x29in* Roma 97

ROSA Ercole 1846-1893 **[4]**
*$4 340 FF21 840 £2 870 Teresina Bronze H30cm/*H11in* Roma 95
*$22 804 FF129 869 £14 000 Group of a female Satyr and Putto Marble H97cm/*H38in* London 97

ROSA Francesco ?-1687 **[1]**
*$32 039 FF189 810 £19 000 The Death of Medusa Black chalk 184x221cm/*72x87in* London 97

ROSA Salvator 1615-1673 **[115]**
*$3 540 FF20 256 £2 209 Drei Bauernburschen sitzen am Rande einer Felsenschlucht Öl/Leinwand 73,5x60cm/*28x23in* Stuttgart 97
*$19 850 FF99 000 £13 000 Judah giving Thamar his Signet Ring Oil/canvas 6x50cm/*2x19in* London 95
*$62 910 FF356 490 £41 940 L'angelo lascia la casa di Tobia Olio/tela 135x98cm/*53x38in* Milano 98
*$9 092 FF54 509 £5 500 The Etched Work Etching 59x44cm/*23x17in* London 97
*$5 000 FF24 700 £3 230 Study for the Martyrdom of Saints Cosmas and Damian Ink 27x18,5cm/*10x7in* New-York 96

ROSA Salvator (Attrib.) 1615-1673 **[18]**
*$5 760 FF30 150 £3 780 Bagnanti in un paesaggio roccioso Olio/tela 49x39cm/*19x15in* Roma 96
*$6 760 FF35 000 £4 390 Choc de cavalerie Huile/cuivre 27,5x41cm/*10x16in* Paris 96
*$25 384 FF152 000 £15 595 Apollon et la Sybille de Cumes Encre 32x21cm/*12x8in* Montpellier 98

ROSADO DEL VALLE Julio 1922 **[3]**
*$70 000 FF401 835 £42 672 Flores 3 Oil/masonite 122x122cm/*48x48in* New-York 97
*$100 000 FF583 770 £59 490 Vejigante Oil/panel 75x75,5cm/*29x29in* New-York 97

ROSAI Ottone 1895-1957 **[241]**
*$8 400 FF47 600 £5 600 Contadino Olio/tela 35,5x25cm/*13x9in* Milano 98

$90 000 FF510 000 £45 000 La famiglia Olio/tavola 180x125cm/*70x49in* Prato 98
$126 000 FF714 000 £63 000 Il pratino Olio/cartone 70x97cm/*27x38in* Prato 97
$1 620 FF9 180 £1 080 Strada Matita/carta 50x35cm/*19x13in* Prato 97

ROSALES MARTINEZ Eduardo 1836-1873 **[8]**
$3 241 FF19 696 £1 944 Lazarillo Acuarela/papel 25x18cm/*9x7in* Madrid 98

ROSANOVA Olga 1866-1918 **[1]**
$5 500 FF32 855 £3 370 Composition with Fish Collage/paper 22x33cm/*8x12in* New-York 98

ROSATI Alberto XIX **[7]**
$1 466 FF8 348 £900 The Fruit Seller Watercolour 36x52cm/*14x20in* London 97

ROSATI Giulio 1858-1917 **[49]**
$26 000 FF159 216 £15 561 The Wedding Oil/canvas 61x110,5cm/*24x43in* New-York 98
$8 500 FF52 051 £5 087 Mounted Arab Warrior Watercolour/board 48,5x35,5cm/*19x13in* New-York 98

ROSATI James 1912-1988 **[7]**
$1 500 FF8 542 £931 Bull Sculpture 16,5x40x10,2cm/*6x15x4in* New-York 97

ROSATIS Waldemar 1898-1964 **[1]**
$2 731 FF16 778 £1 638 Interieur eines Lübecker Wohnzimmers aus dem St. Annen-Museum Öl/Leinwand 167x58cm/*65x22in* Bremen 98

ROSCH Ludwig 1865-1936 **[36]**
$505 FF2 875 £309 Kircheninneres mit gotischer Kanzel und einer Nonne Pastell/Papier 65x52cm/*25x20in* Wien 97

ROSCOE S.G. William 1852-c.1922 **[8]**
$968 FF5 211 £580 Peaceful Waters Watercolour/paper 35x53cm/*13x20in* Billingshurst, West Sussex 97

ROSE Antonio 1848-1918 **[3]**
$1 200 FF6 800 £800 Barca a vela sotto costa Olio/tela 30x51cm/*11x20in* Trieste 98

ROSE Chris 1959 **[2]**
$3 330 FF17 360 £2 200 A peregrine on a branch Oil/board 68x100cm/*26x39in* London 96

ROSE David 1936 **[16]**
$78 FF403 £50 Radical Screenprint in colors 66,5x48cm/*26x18in* Melbourne 95

ROSE David 1871-1964 **[6]**
$1 706 FF8 500 £1 117 Porte à Tunis Aquarelle 26,5x38cm/*10x14in* Paris 95

ROSE Francis 1909-1979 **[19]**
$1 144 FF6 802 £700 Summer Flower in an Urn Oil/board 61x45cm/*24x17in* London 97
$411 FF2 010 £260 Study of sailor's heads Indian ink/paper 41x27,5cm/*16x10in* London 95

ROSE Georges 1895-? **[59]**
$3 307 FF19 305 £2 000 Place de l'Opéra, Paris Oil/canvas 54x65cm/*21x25in* London 97
$641 FF3 200 £419 Marché normand Aquarelle 24x34cm/*9x13in* Le Havre 95

ROSÉ Giovanni Luigi XIX **[7]**
$4 620 FF24 150 £2 730 Pescatori sul molo Olio/tela 71x106cm/*27x41in* Trieste 96

ROSE Guy 1867-1925 **[17]**
$70 000 FF364 700 £44 023 Woman in White Dress Oil/panel 34x25cm/*13x10in* Altadena, CA 96
$250 000 FF1 460 275 £153 475 Girl in a Wickford Garden, New England Oil/canvas 53x61cm/*20x24in* New-York 97

ROSE Ivor 1899-1972 **[15]**
$650 FF3 869 £397 Clowns at the Circus Pastel/paper 35x75cm/*14x29in* New Orleans, Louisiana 98

ROSE Jack XX **[1]**
$1 600 FF8 200 £972 Sousaphone player on football field, cover for Judge, October 24 Gouache 43x33cm/*17x13in* New-York 96

ROSE Karl Julius 1828-1911 **[26]**
$1 000 FF5 820 £606 Alpine Scene Oil/canvas 40x58cm/*16x23in* Mystic, Connecticut 97

ROSÉ Manuel 1887-1961 **[14]**
$2 250 FF11 632 £1 461 El fogón Oleo/tabla 75x90cm/*29x35in* Montevideo 96
$2 800 FF14 507 £1 818 Paisaje con luna Oleo/cartón 41x33cm/*16x12in* Montevideo 96
$41 999 FF249 999 £26 275 El Entrevero Oleo/lienzo 206x140cm/*81x55in* Montevideo 97

ROSE William 1929 **[11]**
$206 FF1 241 £126 Untitled Construction Color lithograph 76x58,5cm/*29x23in* Sydney 98

ROSE-INNES Alexander 1915-1996 **[10]**

$2 932 FF17 562 £1 802 District six II Oil/canvas 50x60cm/*19x23in* Johannesburg 98
$1 037 FF6 325 £632 District Six Pastel/paper 48,5x64,5cm/*19x25in* Cape Town 98
ROSEBEE XX **[2]**
$5 000 FF29 976 £3 009 Harbor View II, Safe Haven Oil/board 50x58,5cm/*19x23in* New-York 98
ROSEBRAY A. Erlington [5]
$4 749 FF26 110 £2 916 Three Cockatoos on a Branch Oil/canvas 40,5x61cm/*15x24in* New-York 97
ROSELAND Harry Herman 1867-1950 **[69]**
$3 250 FF16 867 £2 152 Reading Her Palm Oil/canvas 27x33cm/*11x13in* Cincinnati, Ohio 96
$6 000 FF36 585 £3 600 A Smoke by the Fire Oil/canvas 45,5x61cm/*17x24in* Boston, Mass. 98
$5 500 FF28 700 £3 324 Crabing Watercolour/paper 20,5x28cm/*8x11in* New-York 96
ROSELL Alexander 1859-1922 **[34]**
$688 FF3 483 £450 The young flower picker Oil/board 36x23,5cm/*14x9in* London 96
$1 694 FF9 746 £1 000 A fond Farewell Oil/canvas/board 68,5x50cm/*26x19in* London 97
ROSELLI Carlo 1939 **[8]**
$780 FF4 420 £390 Partita a poker Olio/tela 30x30cm/*11x11in* Vercelli 98
ROSEMILES Thomas actif 1869-1888 **[2]**
$2 710 FF15 594 £1 600 Morning after a Gale, Hasting Oil/canvas 59,5x90cm/*23x35in* London 97
ROSEN Charles 1878-1950 **[11]**
$1 100 FF6 528 £682 Riverboat Oil/canvas 81,5x101,5cm/*32x39in* New-York 97
ROSEN Ernest T. 1877-1926 **[3]**
$21 629 FF123 739 £13 500 The Rose Oil/canvas 185,5x90cm/*73x35in* London 97
ROSEN Jan 1854-1936 **[10]**
$8 500 FF51 671 £5 234 The Courrier Oil/canvas 65x49cm/*25x19in* New-York 98
$1 168 FF6 070 £766 Soldier on horseback at night Watercolour, gouache/paper 24,5x19,4cm/*9x7in* Warszawa 96
ROSEN von Georg 1843-1923 **[9]**
$587 FF3 506 £360 Brudafärd Watercolour/paper 22x14,5cm/*8x5in* Stockholm 98
ROSENBAUM Richard 1864-? **[6]**
$9 500 FF47 300 £6 220 A ride through the park Oil/canvas 61x91cm/*24x35in* San Francisco-Los Angeles 95
$2 200 FF11 480 £1 330 The Metropolitan Handicap Watercolour 56,5x79cm/*22x31in* New-York 96
ROSENBERG Charles XIX **[3]**
$791 FF3 920 £500 Chances of the Steeple Chase, after James Pollard Aquatint 37x52cm/*14x20in* London 95
ROSENBERG Edvard Axel 1858-1934 **[16]**
$789 FF4 055 £492 Solnedgång över vinterlandskap Oil/canvas 38x60cm/*14x23in* Stockholm 96
ROSENBERG Henry M. 1858-1947 **[5]**
$3 808 FF22 547 £2 261 "Gathering Fuel" Oil/canvas 51x61cm/*20x24in* Toronto 97
ROSENBERG Johann Georg 1739-1808 **[5]**
$5 446 FF31 793 £3 239 "Vue du marché de l'hôpital et de la petite Église Ste. Gertrude" Copper engraving in colors 47,5x68cm/*18x26in* Berlin 97
ROSENBERG Louis Conrad 1890-1983 **[13]**
$130 FF788 £79 Cut South of Central Avenue, July Etching 20x30cm/*8x12in* Portland, OR 98
ROSENBOOM Nicolaas Johannes 1805-1880 **[2]**
$5 552 FF32 336 £3 392 Aufbruch einer Jagdgesellschaft vor einer Stadt Huile/panneau 19x23cm/*7x9in* Zürich 97
ROSENBORG Ralph 1913 **[9]**
$1 000 FF5 050 £657 Abstract Oil/canvas 60x81cm/*24x32in* Mystic, Connecticut 96
$900 FF5 341 £558 Landscape with Clouds Watercolour/paper 22x37,5cm/*8x14in* New-York 97
ROSENGREN Jean 1894-1965 **[63]**
$239 FF1 387 £141 Höns vid höstack Oil/panel 12x19cm/*4x7in* Malmö 97
$278 FF1 619 £164 Rosor i kruka Oil/canvas 34x50cm/*13x19in* Malmö 97
ROSENHAGEN Johannes c.1640-1668 **[1]**
$14 540 FF71 000 £9 210 Nature morte de fruits Huile/toile 73x96cm/*28x37in* Bayeux 95
ROSENHAUER Theodor 1901 **[8]**
$14 210 FF80 971 £8 875 Pilze mit Tongefäss Öl/Leinwand 40x61cm/*15x24in* Dresden 97
$846 FF5 038 £525 Steinhalde am Meer Aquarell/Papier 48,5x65,5cm/*19x25in* Dresden 97

ROSENKRANTZ Anna XIX-XX **[6]**
$712 FF4 221 £423 Interiör fra et klunkehjem Oil/canvas 35x42cm/*13x16in* Köbenhavn 97
ROSENKRANTZ Arild 1870-1964 **[21]**
$534 FF3 091 £329 Religiöst landskab Pastel/paper 37x46cm/*14x18in* Köbenhavn 97
ROSENQUIST James 1933-1991 **[348]**
$31 416 FF183 397 £19 000 Untitled Oil/canvas 76x76cm/*29x29in* London 97
$95 000 FF552 007 £56 088 Cactus Oil/canvas/panel 152,5x152,5cm/*60x60in* New-York 97
$1 069 FF6 058 £534 "Rainbow" Litografia 64x78cm/*25x30in* Milano 98
$8 679 FF50 692 £5 328 Ohne Titel Installation 24x39x20cm/*9x15x7in* Köln 97
$6 000 FF34 285 £3 675 Where the Water Goes, from Welcome to the Water Planet Collage 61x147cm/*24x57in* New-York 97
ROSENSOHN Lennart 1918-1994 **[40]**
$1 564 FF7 980 £1 034 Tre vise män Oil/canvas 55x70cm/*21x27in* Malmö 96
ROSENSTAND Emil Christian 1859-1932 **[7]**
$3 682 FF21 987 £2 262 Ung pige hvisker en hemmelighed til bedstemor Oil/canvas 78x71cm/*30x27in* Köbenhavn 98
ROSENSTAND Vilhelm J. 1838-1915 **[31]**
$531 FF3 099 £321 Peter Wessel rekognoscering ved Torchs Oil/canvas 40x27cm/*15x10in* Viby J, Århus 97
$10 000 FF60 533 £5 967 The Young Recruit Oil/canvas 79,5x55,5cm/*31x21in* New-York 97
ROSENSTOCK Isidore 1880-1956 **[58]**
$656 FF4 000 £393 Fontaine du parc du château de Versailles Gouache/papier 75x56cm/*29x22in* Orléans 98
ROSENTALIS Moshe 1922 **[14]**
$520 FF2 791 £311 Figures Oil/board 16,5x24cm/*6x9in* Tel Aviv 97
$1 200 FF7 130 £732 Women in the Room Oil/canvas 50,5x60cm/*19x23in* Tel Aviv 98
ROSENTHAL Doris 1895-1971 **[7]**
$4 000 FF22 831 £2 472 Sacred music Oil/canvas 81x103cm/*31x40in* New-York 97
ROSENTHAL Joe 1921 **[16]**
$1 100 FF6 347 £674 Flag Raising on Iwo Jima Silver print 31x24cm/*12x9in* New-York 97
ROSENVINGE Odin XIX-XX **[13]**
$1 549 FF9 134 £950 "Cunard Canadian Service" Poster 72x45cm/*28x17in* London 98
ROSI Alessandro c.1627-1697 **[2]**
$11 290 FF63 977 £5 645 Santa Lucia Olio/tela 83x70,5cm/*32x27in* Milano 97
ROSI Alessandro (Attrib.) c.1627-1697 **[3]**
$3 182 FF19 000 £1 949 La Madeleine repentante Huile/toile 66,5x72cm/*26x28in* Angers 97
ROSIER Amédée 1831-1898 **[60]**
$1 579 FF9 000 £986 Venise, quai animé Huile/panneau 23x15cm/*9x5in* Calais 97
$3 630 FF22 000 £2 226 Kiosque au bord de l'eau Huile/panneau 32,5x57cm/*12x22in* Paris 98
$15 532 FF95 000 £9 215 Venise Huile/toile 90x147cm/*35x57in* Le Havre 98
$516 FF2 700 £310 Paysage Gouache 44x31cm/*17x12in* Deauville 96
ROSIERSE Johannes 1818-1901 **[27]**
$1 336 FF7 791 £823 Kaarslicht interieur met figuren rond een kruiwagen Oil/panel 31x26cm/*12x10in* Den Haag 97
$3 362 FF19 627 £2 000 Young Women in a Candlelit Interior Oil/panel 48,5x38,5cm/*19x15in* London 97
ROSIN Harry 1897-1973 **[5]**
$1 500 FF7 830 £906 Painted Plaster Torso of a Woman Sculpture H63,5cm/*H25in* New-York 96
ROSLIN Alexander 1718-1793 **[45]**
$35 140 FF175 500 £22 950 Portrait de Martin Pierre Foache (1728-1816) Oil/canvas 65x55cm/*25x21in* Stockholm 95
ROSLIN Alexander (Attrib.) 1718-1793 **[3]**
$2 866 FF17 000 £1 752 Portrait d'homme à la veste Huile/toile 52,5x43,5cm/*20x17in* Paris 97
ROSLIN Alexander (Studio) 1718-1793 **[3]**
$15 200 FF76 000 £10 000 Grand Duke, Tsarevich and Heir, Pavel Petrovich (Paul I) (1796-1801) Oil/canvas 81x72cm/*31x28in* London 95
ROSLIN Marie Suz. Giroust 1734-1772 **[2]**
$20 260 FF104 400 £13 000 Portrait of Jacques Dumont, called Dumont le Romain Pastel

57,8x49cm/*22x19in* London 96
ROSOFSKY Seymour 1924-1981 **[12]**
    $120 FF724 £74 Fragment Ink/paper 35x25cm/*14x10in* Chicago, Illinois 97
ROSOMAN Leonard H. 1913-? **[27]**
    $8 197 FF47 938 £5 000 The Balcony Oil/canvas 61x51cm/*24x20in* London 97
    $643 FF3 732 £380 Lobster Barbeque Bodycolour 30,5x43cm/*12x16in* London 97
ROSS Alex 1918 **[5]**
    $2 420 FF14 801 £1 436 The Colonies Break with England Watercolour/paper 55x71cm/*22x28in* Houston, Texas 98
ROSS Christian Meyer 1843-1904 **[3]**
    $3 570 FF18 280 £2 290 Was nun ? Oil/panel 23x18,5cm/*9x7in* Wien 96
ROSS Christina Paterson 1843-1906 **[6]**
    $1 173 FF7 077 £700 "Fairytales" Watercolour 68x49,5cm/*26x19in* West Lothian 98
ROSS Cyril 1963 **[24]**
    $1 170 FF7 275 £700 The Schooner "Westward" Oil/canvas 31x40,5cm/*12x15in* London 98
    $3 334 FF16 980 £2 000 "Endeavour" versus "Yankee" off Cowes (1935) Oil/panel 61x92cm/*24x36in* London 96
ROSS H.P. XVIII-XIX **[1]**
    $4 994 FF28 440 £3 100 Summer flowers in Classical urns Oil/canvas 71x58cm/*27x22in* London 97
ROSS Harry Leith 1886-1975 **[3]**
    $14 000 FF73 100 £8 460 Boats in a Harbor Oil/canvas 81,5x86,5cm/*32x34in* San Francisco-Los Angeles 96
    $1 500 FF8 918 £929 Grazing Horses Gouache/board 18x30cm/*7x12in* Philadelphia 97
ROSS Horatio 1801-1886 **[16]**
    $6 280 FF32 540 £4 200 Dunnottar Castle Photograph 27,9x35,2cm/*10x13in* London 96
ROSS James c.1700-c.1760 **[3]**
    $250 000 FF1 273 000 £150 000 The Duke of Beaufort's Hunt: The Meet/Full Cry/The Fault/The Death Oil/canvas 91,5x145cm/*36x57in* London 96
ROSS John 1777-1856 **[3]**
    $1 560 FF7 980 £1 000 Iceberg Watercolour 12x20cm/*4x7in* London 96
ROSS Joseph Halford 1866-? **[28]**
    $355 FF2 180 £212 Landscape of a Flowered Pathway with Cottage Watercolour/paper 27x38cm/*11x15in* St. Petersburg, Florida 98
ROSS Judith Joy 1946 **[2]**
    $2 700 FF16 473 £1 618 Untitled from "Eurana Park, Weatherly, PA" Gelatin silver print 25x20cm/*9x7in* New-York 98
ROSS Robert Thorburn 1816-1876 **[6]**
    $5 890 FF29 906 £3 800 The Little Explorer Oil/canvas 72x47cm/*28x18in* Auchterarder, Perthshire 96
ROSS Stuart XX **[3]**
    $3 500 FF17 675 £2 272 Marsh Study, Sunset Oil/canvas 121x96cm/*48x38in* Portland, Maine 96
ROSS William Charles 1794-1860 **[15]**
    $2 830 FF14 080 £1 800 Marie-Amélie, Queen of the French (1782-1866) Miniature 12,5x9,8cm/*4x3in* London 95
ROSSANO Federico 1835-1912 **[17]**
    $4 830 FF27 370 £2 415 Paesaggio con figure Olio/tavola 10x19cm/*3x7in* Roma 98
    $11 690 FF70 000 £7 182 La lavandière Huile/toile 46x60cm/*18x23in* La Rochelle 98
    $4 947 FF28 000 £3 021 Bords de la Seine Pastel 70x104cm/*27x40in* Lyon 97
ROSSE Susan P., née Gibson 1652-1700 **[3]**
    $28 060 FF144 700 £18 000 His Excellency Hamet Ben Hamet Ben Hadii, Ambassador from Morocco Bodycolour 22x17,5cm/*8x6in* London 96
ROSSEAU Percival Leonard 1859-1937 **[24]**
    $1 800 FF10 440 £1 107 Impressionnist Landscape with Pine Trees Oil/board 25x35cm/*10x14in* Asheville, NC 97
    $52 000 FF307 876 £30 877 Homere and Neige, A Belgian Griffon and an English Setter Oil/canvas 78x112cm/*30x44in* New-York 97
    $1 500 FF7 300 £950 Setters/Pointers Print 35x55cm/*14x22in* Boston, Mass. 95
ROSSEELS Jacques 1828-1912 **[14]**
    $1 810 FF9 150 £1 188 Eglise dans un paysage Huile/toile 52x93cm/*20x36in* Antwerpen 96

ROSSELLI Bernardo di Stefano 1450-1526 **[6]**
$75 870 FF450 000 £46 395 L'Adoration de l'Enfant Jésus Huile/panneau 74x41,5cm/*29x16in* Paris 97
ROSSELLI Cosimo 1439-1507 **[3]**
$40 000 FF235 988 £24 496 Portrait of a Gentleman, said to be Francesco Datini Tempera/panel
45,5x30,5cm/*17x12in* New-York 98
ROSSELLI Matteo 1578-1651 **[11]**
$63 800 FF309 000 £40 000 Rebecca and Eliezer Oil/canvas 161x133cm/*63x52in* London 95
$15 000 FF74 000 £9 700 Two studies for the head of a Madonna Chalks 21x15,5cm/*8x6in* New-York 96
ROSSELLI Matteo (Attrib.) 1578-1651 **[7]**
$1 026 FF6 000 £626 Sainte catherine d'Alexandrie Pierre noire 39x26,5cm/*15x10in* Paris 97
ROSSELLI Rina 1908 **[5]**
$9 000 FF54 315 £5 463 Eggs in a Straw-Filled Crate Oil/board 33x40,5cm/*12x15in* New-York 98
ROSSEM van Ru 1925 **[9]**
$260 FF1 498 £162 Thamar y amnou Etching in colors 76x57cm/*29x22in* Den Haag 97
ROSSERT Paul 1841-1910 **[16]**
$3 695 FF19 000 £2 303 Femme à l'ombrelle rouge sur la plage Huile/toile 26,5x35cm/*10x13in* Paris 96
$7 866 FF45 000 £4 909 Scène parisienne, passants sur le Pont-Neuf Huile/toile 38x46cm/*14x18in* Brive-la-
Gaillarde 97
$3 108 FF18 500 £1 899 Élégantes à la plage Aquarelle, gouache/papier 29x23cm/*11x9in* Pontoise 98
ROSSERT Paul (Attrib.) 1841-1910 **[1]**
$1 808 FF11 000 £1 100 La parisienne Oil/panel 24x16cm/*9x6in* London 98
ROSSET Claude Antoine 1749-1818 **[3]**
$5 678 FF34 500 £3 418 Petit buste représentant une femme Albâtre H27cm/*H10in* Monte-Carlo 98
ROSSET Joseph du Pont 1703/06-1786 **[3]**
$5 678 FF34 500 £3 418 Petit buste représentant une femme Albâtre H27cm/*H10in* Monte-Carlo 98
ROSSET-GRANGER Édouard 1853-? **[6]**
$1 925 FF11 179 £1 138 Lättklädd kvinna på tigerfäll Oil/canvas 70x44cm/*27x17in* Malmö 97
$13 000 FF74 158 £7 993 La somnambule Oil/canvas 158x107,5cm/*62x42in* New-York 97
ROSSETTI Antonio G. 1819-? **[4]**
$3 864 FF20 200 £2 300 A seated naked boy Marble H67cm/*H26in* London 96
$16 289 FF92 764 £10 000 "Amor Secreto" Marble H93cm/*H36in* London 97
ROSSETTI Dante Gabriel 1828-1882 **[36]**
$34 760 FF170 000 £22 000 Found Oil/canvas 99x81cm/*38x31in* London 95
$41 800 FF216 500 £27 000 Miss Burton Oil/canvas 16x22,5cm/*6x8in* London 96
$44 600 FF217 500 £28 000 Mrs. William Morris Ink 23x17cm/*9x6in* London 95
ROSSI Alberto 1858-1936 **[16]**
$3 930 FF20 500 £2 600 Fountain at Doge's Palace in Venice Oil/canvas 44,5x69cm/*17x27in* Toronto 96
$13 784 FF80 000 £8 136 "Corteo nuziale in Cairo" Huile/carton 29x44cm/*11x17in* Paris 97
$1 626 FF9 276 £1 000 Arab Girls Pastel/paper 73,5x53,5cm/*28x21in* Billingshurst, West Sussex 97
ROSSI Alexander M. XIX-XX **[35]**
$8 391 FF48 449 £5 000 Daydreams Oil/panel 39x26,5cm/*15x10in* London 97
$25 635 FF146 654 £16 000 The Children's Party Oil/canvas 76x126,5cm/*29x49in* London 97
$8 230 FF42 200 £5 000 The Fisherman's Admirer Watercolour 49,5x62cm/*19x24in* London 96
ROSSI Giacomo 1748-1817 **[4]**
$1 492 FF8 902 £900 Two draped figures standing among vases Ink 21,1x31,2cm/*8x12in* London 97
ROSSI Gino 1884-1947 **[15]**
$30 600 FF173 400 £15 300 Studio di testa Acquarello 21,5x17cm/*8x6in* Prato 98
ROSSI Giovanni Battista c.1730-1782 **[1]**
$70 723 FF418 744 £42 000 Hunters resting with ladies and Children on a wooded Bank Oil/canvas
167x234cm/*65x92in* London 97
ROSSI Giuseppe 1820-1899 **[1]**
$5 967 FF34 000 £3 655 Vue de Venise Huile/toile 36x56cm/*14x22in* Paris 97
ROSSI Lucius 1846-1913 **[26]**
$12 000 FF73 125 £7 444 Portside Cafe Oil/panel 37,5x46,5cm/*14x18in* New-York 98
$15 000 FF90 964 £9 151 Elegant Company on a Beach Oil/canvas 41,5x32,5cm/*16x12in* New-York 98
$742 FF4 393 £444 Interiör med tre unge piger i rococodragter Watercolour/paper 47x62cm/*18x24in*

Köbenhavn 97
ROSSI Luigi 1853-1923 **[28]**
- *$5 040 FF24 700 £3 280* La raccolta delle telline Olio/tela 29x53cm/*11x20in* Milano 95
- *$6 610 FF32 250 £4 200* The harvester Oil/canvas 55x40cm/*21x15in* London 95

ROSSI Nicola Maria 1647/99-1702/55 **[2]**
- *$10 047 FF60 343 £6 000* Juno in Glory, Formely a "Portantina" Decoration Oil/panel 63x60,5cm/*24x23in* London 98

ROSSI Nicola Maria (Attr.) 1647/99-1702/55 **[4]**
- *$2 664 FF15 655 £1 600* The Head and Shoulders of a Bearded Man Oil/canvas 52x42,5cm/*20x16in* London 97

ROSSI Nunzio 1626-1651 **[1]**
- *$3 960 FF20 700 £2 340* Santo a mesa figura (San Paolo?) Olio/tela 75x61cm/*29x24in* Roma 96

ROSSI Pasqualino 1641-1725 **[4]**
- *$9 488 FF58 000 £5 805* Ange au taureau/Ange à la couronne aux deux Amours Huile/toile 116x100cm/*45x39in* Marseille 98

ROSSI Vanni 1894-1973 **[8]**
- *$1 118 FF6 337 £559* Costiera Olio/tavola 19,5x27,5cm/*7x10in* Milano 98
- *$4 499 FF25 498 £2 999* Madonna con Bambino e Angeli Olio/tela 69x90cm/*27x35in* Milano 97

ROSSIGLIANI Giuseppe Nicola c.1510-? **[4]**
- *$716 FF4 083 £449* The Adoration of the Magi Woodcut 6x23,5cm/*2x9in* London 97

ROSSINE Solomon 1937 **[52]**
- *$5 028 FF30 000 £3 081* L'invitée Huile/toile 100x80cm/*39x31in* Paris 98
- *$117 FF600 £77* Le lac Ladoga Aquarelle 42x54cm/*16x21in* Paris 96

RÖSSING Karl 1897-1987 **[54]**
- *$134 FF804 £82* "Freundliche Gaben" Color lithograph 65x26cm/*25x10in* Hamburg 98

ROSSINI Luigi 1790-1857 **[62]**
- *$10 853 FF65 616 £6 500* Le Antichita Romane Etching 41,5x65,5cm/*16x25in* London 98

ROSSINI Romano 1886-1951 **[5]**
- *$2 880 FF16 320 £1 440* "Penombra" Olio/tela 49x55cm/*19x21in* Trieste 97

ROSSITER Charles 1827-1890 **[8]**
- *$2 305 FF11 800 £1 400* Dressing up Kitty Oil/canvas 20,5x26cm/*8x10in* London 96
- *$11 450 FF66 730 £7 000* "The Choice" Oil/canvas 81,5x112cm/*32x44in* London 97

ROSSMANN Augusta 1863-1945 **[5]**
- *$8 840 FF44 400 £5 600* Intérieur Huile/toile 126,5x97cm/*49x38in* Lokeren 95

ROSSO Menardo 1858-1928 **[35]**
- *$4 500 FF23 460 £2 830* Il Biricchino Bronze H30,5cm/*H12in* New-York 96
- *$1 850 FF9 430 £1 120* Ritratto Carboncino 45x35cm/*17x13in* Prato 96

ROSSOTTI Matteola Angelo 1865-1934 **[2]**
- *$105 FF600 £65* "Oude Genever Ons Stoopke J. Frijns & Cie." Poster 42,5x24cm/*16x9in* Oostwoud 97

ROSSUM DU CHATTEL van Fredericus Jacobus 1856-1917 **[29]**
- *$2 223 FF11 430 £1 387* A canal with a drawbridge, a peasant in a rowing boat Oil/canvas 37x27,5cm/*14x10in* Amsterdam 96
- *$4 527 FF26 738 £2 735* A polder landscape with a mill Oil/canvas 63x87cm/*24x34in* Amsterdam 97
- *$4 680 FF24 100 £2 920* A village by a lake in cloudy weather Watercolour 49x65,5cm/*19x25in* Amsterdam 96

ROSSUM van Jacob 1881-1963 **[8]**
- *$2 902 FF17 466 £1 737* The Entertainer Watercolour 52x26,5cm/*20x10in* Amsterdam 98

ROST Ernest C. **[3]**
- *$180 FF1 117 £112* Landscape with Stone Bridge Etching 45x68cm/*18x27in* Portland, OR 97

ROSTRUP BØYESEN Peter 1882-1952 **[30]**
- *$438 FF2 210 £288* Figurer ved Fjordbred Oil/canvas 61x82cm/*24x32in* Köbenhavn 96

ROSZAK Theodore 1907-1981 **[8]**
- *$1 900 FF11 599 £1 135* Two Wine Glasses and the Number Five Pochoir 9x11,5cm/*3x4in* New-York 98
- *$6 000 FF31 100 £3 840* Photogram Gelatin silver print 24x20cm/*9x8in* New-York 96

ROSZEZEWSKI Henri Dominique XIX-XX **[4]**
- *$2 180 FF11 000 £1 432* Nature morte au vase d'agathe du XVIe siècle Huile/panneau 35x26,5cm/*13x10in* Paris 96

ROTA Antonio XIX **[1]**

🔨 *$65 264 FF389 864 £40 000* "Il Trovatello" Marble H184cm/*H72in* London 98
ROTA Martino c.1520-1583 **[5]**
📜 *$277 FF1 679 £169* Der Zinsgroschen Copper engraving 27,5x23cm/*10x9in* Berlin 98
ROTACH Johannes 1892-1981 **[4]**
🖼 *$2 130 FF11 120 £1 288* Alpfahrt mit Säntis Öl/Karton 33x41cm/*12x16in* Zürich 96
ROTAN Thurman 1903-1991 **[5]**
📷 *$3 250 FF16 780 £2 080* "Skyscrapers" Silver print 21x41,6cm/*8x16in* New-York 96
ROTARI Pietro Ant. (Attrib) 1707-1762 **[4]**
🖼 *$4 500 FF27 422 £2 791* Lady in Blue, Wearing Pearl Drop Earings and a Black Lace Choker Oil/canvas 39,5x32cm/*15x12in* New-York 98
🖼 *$6 970 FF35 900 £4 350* A Young Woman asleep, half-length Oil/canvas 50,5x38cm/*19x14in* Wien 96
ROTARI Pietro Antonio 1707-1762 **[23]**
🖼 *$18 480 FF96 600 £10 920* Dopo la lettura Olio/tela 100x80cm/*39x31in* Roma 96
🖼 *$30 000 FF182 814 £18 276* Russian Girl in pink Cap and blue Dress/Boy in an ochre Jacket Oil/canvas 45x34,5cm/*17x13in* New-York 98
✏ *$29 000 FF151 000 £19 180* Portrait of a Russian Lady with a Fan Pastel/paper 45x34cm/*17x13in* New-York 96
ROTELLA Mimmo 1918 **[285]**
🖼 *$1 800 FF10 200 £1 200* Senza titolo, 1960 Decollage 25,6x40,3cm/*10x15in* Prato 97
🖼 *$4 485 FF25 415 £2 242* Senza titolo Decollage 49x38cm/*19x14in* Milano 98
🖼 *$6 000 FF34 000 £4 000* Walker Spleet, 1980 Decollage 99x140cm/*38x55in* Prato 97
📜 *$402 FF2 500 £242* Sophia Loren Sérigraphie couleurs 75x105cm/*29x41in* Saint-Germain-en-Laye 98
✏ *$1 200 FF6 800 £600* Senza titolo Collage 65x50cm/*25x19in* Prato 97
ROTGE Prosper 1895-1969 **[6]**
🖼 *$3 250 FF18 864 £2 005* At the Dinner Theater Oil/panel 17x50cm/*7x20in* New-York 97
ROTH Andreas XX **[7]**
🖼 *$600 FF3 110 £384* Carmel by the sea Oil/canvas 60x71cm/*24x28in* Mystic, Connecticut 96
ROTH Dieter 1930-1998 **[232]**
🖼 *$2 939 FF17 441 £1 800* Untitled Mixed media 50,5x60,5cm/*19x23in* London 97
📜 *$1 408 FF8 375 £872* Mittlerer Sonnenuntergang Multiple 70,3x50cm/*27x19in* München 97
🔨 *$2 400 FF14 201 £1 464* Poemetrie Object 25x17x12cm/*9x6x4in* New-York 98
🔨 *$35 000 FF207 102 £21 353* Zwerge Construction 102x33x33cm/*40x12x12in* New-York 98
✏ *$1 634 FF9 718 £1 000* Widerlicher Widersinn in Braun/Gold/Hinkel Hänger Mixed media/paper 41,5x29,5cm/*16x11in* London 97
ROTH Ernest David 1879-1964 **[27]**
🖼 *$840 FF4 740 £514* Boats at the Pier Oil/board 30x40cm/*12x16in* Mystic, Connecticut 97
📜 *$168 FF872 £99* Reflections, Venice/Assisi Etching 14x23cm/*5x9in* Mystic, Connecticut 97
ROTH George Andries 1809-1887 **[8]**
🖼 *$6 227 FF38 255 £3 735* Landschaft bei Arnheim Oil/panel 31x39,5cm/*12x15in* Bad Vilbel 98
ROTH Leo 1914 **[17]**
🖼 *$1 100 FF6 074 £686* Mother and Child Oil/board 29,5x66,5cm/*11x26in* Tel Aviv 97
RÖTH Philipp 1841-1921 **[69]**
🖼 *$732 FF4 368 £454* Moorlandschaft mit Bäumen Oil/canvas/panel 23,5x37,5cm/*9x14in* Dresden 97
🖼 *$3 078 FF18 437 £1 839* Angler am Fluss, im Hintergrund Holzbrücke und Anwesen Oil/canvas 54x44cm/*21x17in* Bad Vilbel 98
✏ *$780 FF4 080 £465* "Bruck" Pencil 29x41cm/*11x16in* München 96
RÖTH Philipp (Attrib.) 1841-1921 **[3]**
🖼 *$1 529 FF9 396 £917* Holländische Dünenlandschaft in altmeisterlicher Manier Oil/panel 25x22cm/*9x8in* Stuttgart 98
ROTHAUG Alexander 1870-1946 **[60]**
🖼 *$465 FF2 859 £284* "Weisse Nächte" Mischtechnik 45x35cm/*17x13in* Wien 98
🖼 *$3 970 FF23 800 £2 370* Mythologische Szene Öl/Leinwand 44x65cm/*17x25in* Wien 98
📜 *$578 FF3 365 £353* "Waldlied" Drypoint 27,5x19cm/*10x7in* Wien 97
✏ *$94 FF481 £60* Stürzender Gouache/papier 13,5x18cm/*5x7in* Wien 96
ROTHAUG Leopold 1870-1959 **[31]**
🖼 *$1 463 FF7 580 £950* In the Amhaustal Valley near Gastein Oil/board 47x32cm/*18x12in* London 96

👌 *$15 800 FF77 600 £10 000* Temple des Muses avec offrandes Huile/toile 80x120cm/*31x47in* Zürich 95
✎ *$1 592 FF9 514 £964* Im Schlossgarten Aquarell, Gouache/Papier 39x56cm/*15x22in* Wien 97

ROTHBORT Samuel 1882-1971 **[18]**
$700 FF3 626 £448 River view Oil/board 66x86cm/*26x34in* Mystic, Connecticut 96

ROTHE Gatja H. 1935 **[13]**
$450 FF2 315 £281 Dance Bejant Mezzotint 86x58cm/*34x23in* Chicago, Illinois 96

ROTHENBERG Susan 1945 **[102]**
$130 000 FF776 581 £79 677 Three plus One Acrylic/canvas 89x95cm/*35x37in* New-York 98
$300 000 FF1 742 160 £183 270 Red Blush Oil/canvas 244x185,5cm/*96x73in* New-York 97
$2 000 FF11 919 £1 199 Untitled Etching 35x29,5cm/*13x11in* New-York 98
$4 750 FF23 000 £3 050 Untitled Charcoal/paper 61x46cm/*24x18in* New-York 95

ROTHENSTEIN Michael 1908 **[34]**
$145 FF867 £90 The Crowing Cock Color lithograph 45x72cm/*17x28in* London 97
$935 FF5 647 £580 Black Skirts Ink 35x54,5cm/*13x21in* London 97

ROTHENSTEIN William 1872-1945 **[43]**
$1 065 FF6 232 £650 Portrait of Rachel, the artist's daughter Oil/canvas 51x41cm/*20x16in* London 97
$397 FF1 980 £260 Portrait of A.C.1 J.W. Shepherd at Pembroke Dock Drawing 53x33cm/*20x12in*
London 95

ROTHKO Mark 1903-1970 **[65]**
$21 000 FF129 229 £12 749 Untitled Oil/canvas 35x40,5cm/*13x15in* New-York 98
$270 000 FF1 375 000 £162 000 Untitled Oil/paper 96x63cm/*37x24in* New-York 96
$1 700 000 FF9 855 070 £1 002 320 Untitled Oil/canvas 236x203cm/*92x79in* New-York 97
$105 000 FF625 747 £64 386 Entombment II Watercolour, gouache 56x76cm/*22x29in* New-York 98

RÖTHLISBERGER William 1862-1943 **[18]**
$663 FF3 230 £420 Abendstimmung über dem Neuenburgersee Öl/Leinwand 28x45cm/*11x17in* Bern 95

ROTHSTEIN Arthur 1915-1985 **[28]**
$2 250 FF13 882 £1 350 Dust Storm, Cimarron County, Oklahoma Photograph 48,5x48cm/*19x18in* New-York 98

ROTHSTÉN Carl Abraham 1826-1877 **[37]**
$711 FF4 324 £439 Slottlandskap Oil/canvas 22x30cm/*8x11in* Stockholm 97
$1 932 FF11 565 £1 189 Fjordlandskap med segelbåt Oil/canvas 83x117cm/*32x46in* Stockholm 98

RÖTIG Georges Frédéric 1873-1961 **[411]**
$855 FF5 200 £527 Jeunes geais autour d'un nid Huile/toile 36,5x44,5cm/*14x17in* Deauville 97
$1 396 FF6 800 £884 Cerf frottant ses bois Huile/toile 25x31cm/*9x12in* Paris 95
$7 000 FF40 603 £4 307 Fighting stags by moonlight Oil/canvas 125x161cm/*49x63in* New-York 97
$148 FF900 £89 Harde de cerfs Lithographie couleurs 49x65cm/*19x25in* Paris 98
$434 FF2 500 £255 Elan et sa harde dans la forêt Gouache/papier 10,5x16,5cm/*4x6in* Paris 97

R

ROTKY Carl 1891 **[5]**
$315 FF1 906 £188 Weinbauernhaus mit Klapotetz Woodcut in colors 19x15,5cm/*7x6in* Wien 98

ROTTA Antonio 1828-1903 **[13]**
$9 440 FF48 200 £6 220 Eine alter Frau mit ihrer Katze Öl/Leinwand 71x58cm/*27x22in* Wien 96
$14 245 FF87 233 £8 500 Feeding The Birds Oil/canvas 42,5x31cm/*16x12in* London 98

ROTTENHAMMER Hans I (Attrib.) 1564-1625 **[12]**
$7 108 FF41 254 £4 200 Anbetung der Hirten Oil/copper 8x28,5cm/*3x11in* Bern 97
$1 507 FF9 051 £900 A Bacchic Procession Ink 10x40cm/*3x15in* London 98

ROTTENHAMMER Hans I, Johann 1564-1625 **[24]**
$29 219 FF174 540 £18 117 Diana und Castillo mit Nymphen Oil/copper 31,4x38,3cm/*12x15in* Zürich 97
$78 000 FF407 000 £46 400 Landscape with Pomona Oil/canvas 53x72cm/*20x28in* København 96
$114 021 FF672 313 £67 500 The banquet of the Gods Oil/canvas 169x224,5cm/*66x88in* London 97
$10 204 FF60 240 £6 042 Maria mit Kind und Johannesknaben Ink 19,5x13,6cm/*7x5in* Berlin 97

RÖTTER Paul XIX **[1]**
$4 144 FF23 615 £2 600 The Valley of Hasli Oil/canvas 50x65cm/*19x25in* London 97

ROTTERDAM Paul 1939 **[6]**
$1 082 FF6 500 £649 "Attempt VIII" Mine plomb 120x80cm/*47x31in* Versailles 98

ROTTMANN Carl 1798-1850 **[13]**
$1 948 FF11 733 £1 166 Landschaft mit Wanderer Oil/panel 11x23,5cm/*4x9in* München 98
$136 575 FF838 925 £81 925 Der Golf von Poros mit Troizen, dem Ortholitos, Artemisios... Öl/Leinwand
95x126cm/*37x49in* Stuttgart 98

ROTTMANN Karl (Attrib.) 1797-1850 **[2]**
 $2 138 FF13 136 £1 282 Blick auf die Volsberge bei velletri und das Kap Circeo Oil/paper/panel 26x37,5cm/*10x14in* Zürich 98
ROTTMANN Leopold 1812-1881 **[10]**
 $1 555 FF9 084 £920 Linderhof Drawing 28,8x50,9cm/*11x20in* Luzern 97
ROTTMANN Mozart 1874-? **[26]**
 $1 020 FF5 780 £680 La buttacarte Olio/tela 60x50cm/*23x19in* Trieste 97
ROTTMAYR Johann M. (Attrib.) 1654-1730 **[3]**
 $14 992 FF90 534 £9 000 Charity Oil/canvas 112x173,5cm/*44x68in* London 98
ROTTONARA Franz Angelo 1848-1938 **[4]**
 $1 100 FF6 351 £655 Festive Courtyard Watercolour, gouache/paper 40x55cm/*16x22in* New-York 97
ROUAN François 1943 **[22]**
 $9 273 FF55 000 £5 665 "Mirotopos, No.XXXXI-Laversine" Huile/papier 72x52cm/*28x20in* Paris 98
 $3 254 FF19 000 £1 968 Sans titre Gouache 54,5x40cm/*21x15in* Paris 97
ROUARGUE Adolphe 1810-? **[2]**
 $5 280 FF31 600 £3 200 Susana y los viejos Oleo/lienzo 80x58cm/*31x22in* Madrid 98
ROUART Ernest 1874-1942 **[9]**
 $28 000 FF145 400 £18 520 Boulevard de Paris, le soir Oil/canvas 61x74cm/*24x29in* New-York 96
ROUART Henri S. 1833-1912 **[8]**
 $528 FF3 200 £323 Oloron, maison ancienne près d'un pont Huile/toile 46,5x38cm/*18x14in* Orléans 98
 $1 800 FF10 268 £1 099 The Country Side Oil/canvas 28x40cm/*11x16in* New Orleans, Louisiana 97
ROUAULT Georges 1871-1958 **[767]**
 $20 000 FF119 190 £12 264 Les baigneurs, la leçon de natation Oil/paper/canvas 37x46cm/*14x18in* New-York 98
 $37 000 FF181 000 £23 400 Deux juges Oil/board 19x17cm/*7x6in* New-York 95
 $1 500 FF7 340 £950 Autoportrait III Color lithograph 35x25cm/*13x9in* New-York 95
 $26 100 FF128 700 £17 000 Arlequin masqué Gouache 32x22,5cm/*12x8in* London 95
ROUAULT Georges-Dominique 1904 **[177]**
 $90 000 FF535 392 £55 035 Têtes de femmes/Deux filles Oil/board 61,5x54cm/*24x21in* New-York 98
 $342 FF2 000 £210 Paris, la Seine au Vert-Galant Aquarelle, gouache/papier 32x45cm/*12x17in* Paris 97
ROUBAUD Benjamin, Benjaim 1811-1847 **[7]**
 $5 169 FF30 000 £3 156 Scène de bataille en Algérie Huile/toile 27x35cm/*10x13in* Paris 97
 $1 125 FF6 500 £688 "Grand chemin de la Postérité": écrivains de la période romantique Lithographie 143x30cm/*56x11in* Paris 97
ROUBAUD Franz, François 1856-1928 **[50]**
 $2 544 FF14 749 £1 500 A Halt in the Desert Oil/panel 23x36cm/*9x14in* London 97
 $5 800 FF30 000 £3 760 Samarkande: devant le medressah Chir-Dor Huile/panneau 58,5x42,5cm/*23x16in* Paris 96
 $685 FF4 055 £405 Tscherkessenreiter Aquarell/Papier 67x38cm/*26x14in* München 97
ROUBILLAC Louis François 1702/05-1762 **[2]**
 $369 886 FF2 197 800 £220 000 Bust of Henry Herbert, 9th Earl of Pembroke Marble H82cm/*H32in* London 97
ROUBILLE Auguste 1872-1955 **[19]**
 $168 FF1 000 £102 "Eldorado, Cassons du sucre" Affiche 79x54cm/*31x21in* Paris 98
ROUBTZOFF Alexandre 1884-1949 **[52]**
 $4 060 FF21 000 £2 620 Mahdia Huile/toile 21,5x29cm/*8x11in* Paris 96
 $28 500 FF145 000 £17 030 Deux femmes tunisiennes assises Huile/toile 65x75cm/*25x29in* Sciez-sur-Léman 96
 $1 337 FF8 000 £812 Femme nue allongée Aquarelle 18,6x25cm/*7x9in* Paris 97
ROUBY Alfred 1849-1909 **[29]**
 $2 962 FF17 500 £1 841 Le bouquet aux fleurs Huile/toile 101x55,5cm/*39x21in* Soissons 97
ROUFFIO Paul 1855-1911 **[2]**
 $42 000 FF206 400 £26 600 Trio a capella Oil/canvas 121x156cm/*47x61in* New-York 95
ROUGE Frédéric 1867-1950 **[5]**
 $4 392 FF26 083 £2 681 Weiblicher Halbakt Oil/canvas 62,5x48,5cm/*24x19in* Bern 98
ROUGELET Benedict, Benoît 1834-1894 **[10]**

$3 723 FF23 000 £2 237 Amours vendangeurs Terracotta 59x50cm/23x19in Paris 98
ROUGEMONT de Guy 1935 **[18]**
$11 793 FF72 000 £7 070 Table sculpture Sculpture 40x140x120cm/15x55x47in Paris 98
ROUGEMONT de Philippe 1891-1965 **[22]**
$566 FF2 783 £358 Two bathers Oil/panel 56x46cm/22x18in Stockholm 95
ROUGERON Jules James 1841-1880 **[12]**
$2 347 FF14 063 £1 400 An Amorous Proposal Oil/panel 26,5x21,5cm/10x8in London 98
ROUGERON Marcel Jules 1875-? **[2]**
$2 536 FF15 000 £1 522 Le couple espagnol Huile/panneau 42x30cm/16x11in Paris 97
$5 280 FF26 000 £3 400 L'Écrivain public Huile/toile 92x73cm/36x28in Lille 95
ROUGET Georges 1784-1869 **[4]**
$6 000 FF29 600 £3 880 Portrait of a man, half length, wearing a black jacket Oil/canvas 62x51cm/24x20in New-York 96
ROULET Henry 1915 **[9]**
$1 871 FF11 249 £1 121 Portrait einer Frau mit Katze an einem Tisch Öl/Leinwand 33x46cm/12x18in Zürich 98
$1 505 FF7 740 £940 L'élégante Gouache 28x22,5cm/11x8in Bern 96
ROULIN Félix 1931 **[5]**
$983 FF4 800 £622 Visage Sculpture H31cm/H12in Antwerpen 95
ROULIN François Désiré 1796-1874 **[1]**
$10 060 FF52 100 £6 500 Carnival scene, Bogota, Colombia Watercolour 20x27cm/7x10in London 96
ROULLAND Jean 1931 **[29]**
$3 031 FF18 000 £1 836 "Masque" Bronze H41cm/H16in Saint-Omer 97
$320 FF1 900 £192 Composition Pastel 18x35cm/7x13in Lille 97
ROULLET Gaston 1847-1925 **[100]**
$1 912 FF10 899 £1 200 Bassin de Fécamp Oil/canvas 38x54,5cm/14x21in London 97
$3 190 FF16 000 £2 020 Dordrecht Huile/toile 33x46cm/12x18in Paris 95
$551 FF2 800 £329 Crécy en Brie Aquarelle 30x46cm/11x18in Barbizon 96
ROURA JUANOLA Lluis 1943 **[3]**
$1 787 FF10 862 £1 100 Paisaje con amapolas Oleo/lienzo 81x81cm/31x31in Madrid 98
ROUSSAUX Franz Jakob 1757-1826 **[1]**
$2 250 FF11 450 £1 350 Elegant company by two tables Ink 19,6x55,4cm/7x21in Amsterdam 96
ROUSSE Charles XIX-XX **[12]**
$225 FF1 351 £135 English Street Scenes Watercolour/paper 15x20cm/6x8in North Berwick, Maine 98
ROUSSE Frank XIX-XX **[38]**
$81 FF470 £50 Boats at Whitby Watercolour 25x35cm/10x14in Aylsham, Norfolk 97
ROUSSE Georges 1947 **[25]**
$2 053 FF12 000 £1 252 Lieux Cibachrome print 125x121cm/49x47in Paris 97
ROUSSEAU Alain 1926 **[13]**
$1 043 FF6 203 £646 Young Lady Seated Oil/canvas 59x72cm/23x28in Detroit, Michigan 97
ROUSSEAU Albert 1908-1982 **[106]**
$513 FF2 623 £332 Chalet Huile/isorel 31x41cm/12x16in Montréal 95
$945 FF5 392 £574 "Saint-Adolphe" Huile/toile 40,5x51cm/15x20in Montréal 97
ROUSSEAU Helen Hoffman 1898-1992 **[13]**
$4 000 FF19 930 £2 620 Building the Amphitheatre, Southern California Oil/board 71x81cm/27x31in San Francisco-Los Angeles 95
$2 000 FF10 360 £1 300 Start of the Regatta Gouache/paper 65x75cm/25x29in San Francisco-Los Angeles 96
ROUSSEAU Henri Émil. (Attrib) 1875-1933 **[3]**
$15 584 FF92 000 £9 227 Cavaliers arabes Huile/toile 49,5x65cm/19x25in Versailles 97
ROUSSEAU Henri Emilien 1875-1933 **[126]**
$881 FF4 500 £581 Les Jockeys Huile/panneau 15x11,5cm/5x4in Paris 96
$17 830 FF90 000 £11 640 Caïd à cheval et son serviteur Huile/toile 65x54cm/25x21in Paris 96
$8 700 FF45 000 £5 640 Le Pacha et son porte-étendard Aquarelle, gouache 63x48cm/24x18in Paris 96
ROUSSEAU Henri, le Douanier 1844-1910 **[41]**
$25 100 FF130 000 £16 300 Vue d'un château Huile/bois 36x49cm/14x19in Paris 96
$41 875 FF250 000 £25 650 Le pêcheur Huile/toile 35x18,5cm/13x7in Paris 97
$2 000 FF11 409 £1 222 La guerre Lithograph 21,5x32cm/8x12in New-York 97

✏ *$11 243 FF65 637 £6 800* Branche de chêne Ink 15,5x10cm/*6x3in* London 97
ROUSSEAU Jean Jacques 1861-1911 **[12]**
📄 *$204 FF1 176 £120* "Paris à Londres par Rouen, Dieppe et Newhaven" Affiche 103,5x74cm/*40x29in* London 97
ROUSSEAU Léon 1829-1881 **[2]**
ℒ *$32 500 FF168 800 £21 500* Vase de fleurs Oil/canvas 115x90cm/*45x35in* New-York 96
ROUSSEAU Margarita 1888-1948 **[7]**
ℒ *$990 FF5 868 £615* A la plage Huile/toile/panneau 38x46cm/*14x18in* Bruxelles 97
ℒ *$3 500 FF20 045 £2 070* "De Galante Heer" Oil/panel 33x45cm/*13x18in* Milford, Conn. 97
ROUSSEAU Percival Léonard 1869-1937 **[3]**
ℒ *$22 000 FF111 200 £14 140* Two Setters at point Oil/canvas 66x82cm/*26x32in* Bloomfield Hills, Michigan 96
ROUSSEAU Philippe 1816-1887 **[39]**
ℒ *$6 493 FF38 602 £3 971* Stilleben mit Rosen und Arnika in Einmachglas Öl/Leinwand 61,5x42,5cm/*24x16in* Bern 97
ℒ *$13 400 FF68 100 £8 000* Roses, poppies and peonies in vases Oil/canvas 130x98cm/*51x38in* London 96
✏ *$3 275 FF19 011 £2 000* The Fox and the Stork, from the Fables of La Fontaine Watercolour/paper 20x28cm/*7x11in* London 97
ROUSSEAU Théodore 1812-1867 **[221]**
ℒ *$680 FF4 100 £417* Plage aux environs du Mont St Michel Huile/panneau 5,7x10,7cm/*2x4in* Paris 98
ℒ *$30 000 FF171 135 £18 447* Château de Chambord Oil/paper/canvas 38,5x47cm/*15x18in* New-York 97
📄 *$344 FF2 000 £210* Le Cerisier de la Plante à Biau Estampe 21,7x27,5cm/*8x10in* Paris 97
✏ *$1 843 FF11 000 £1 112* Femme assise Crayon 23x16cm/*9x6in* Paris 97
ROUSSEAU Théodore (Attrib.) 1812-1867 **[9]**
ℒ *$1 642 FF8 500 £1 060* Etude de grotte Huile/toile/panneau 21x26cm/*8x10in* Versailles 96
ℒ *$6 000 FF35 608 £3 675* A Pastoral Scene with Cattle in a Clearing Oil/panel 49x76cm/*19x29in* San Francisco 98
✏ *$993 FF6 000 £603* Estuaire Vendéen Aquarelle/papier 23x32,5cm/*9x12in* Saint-Dié 98
ROUSSEAU Victor 1865-1954 **[52]**
🗿 *$2 010 FF10 050 £1 300* La récitante Bronze H36,5cm/*H14in* Bruxelles 96
✏ *$737 FF3 685 £477* Nymphe Pastel 18,5x14cm/*7x5in* Bruxelles 96
ROUSSEAUX des Jacques c.1600-1638 **[6]**
ℒ *$9 994 FF60 356 £6 000* Saint Paul Oil/canvas 100x80cm/*39x31in* London 98
ℒ *$50 000 FF276 245 £31 075* Men and Women Making Music Oil/canvas 118x104cm/*46x40in* New-York 97
ROUSSEL (Académie de St-Luc) XVIII **[1]**
ℒ *$24 444 FF140 000 £14 462* Le concert familial Huile/toile 100x132cm/*39x51in* Paris 97
ROUSSEL Charles 1861-1936 **[28]**
ℒ *$171 FF1 000 £101* Bateau sur la plage de Berck Huile/panneau 8,5x14cm/*3x5in* Paris 97
ℒ *$5 160 FF25 000 £3 240* Pêcheurs à marée-basse Huile/toile 38x55cm/*14x21in* Tourcoing 95
ℒ *$11 700 FF60 000 £7 110* Les ramasseuses de crevettes Huile/toile 122x166cm/*48x65in* Le Touquet 96
ROUSSEL Ker Xavier 1867-1944 **[130]**
ℒ *$5 756 FF34 000 £3 478* Baigneuses Huile/carton 30x48cm/*11x18in* Paris 97
ℒ *$10 520 FF55 000 £6 270* Paysage printanier Huile/toile 51x67cm/*20x26in* Paris 96
ℒ *$35 321 FF205 000 £20 869* Nymphe et enfants dans un paysage Huile/toile 100x175,5cm/*39x69in* Paris 97
📄 *$413 FF2 500 £253* Illustrations pour "Le Satyre et la bacchante" de Maurice de Guérin Lithographie 20x15cm/*7x5in* Paris 98
✏ *$1 558 FF9 500 £946* Maisons au bord du lac Pastel/papier 32,5x38,5cm/*12x15in* Paris 98
ROUSSEL Pierre 1927-1995 **[13]**
ℒ *$1 700 FF9 924 £1 011* Paysage avec femme Oil/board 65x80,5cm/*25x31in* New-York 97
ROUSSEL René [6]
📄 *$252 FF1 300 £162* "Cheverny" Affiche 100x64,5cm/*39x25in* Boulogne 96
ROUSSEL Théodore 1847-1926 **[23]**
✏ *$8 170 FF50 276 £5 000* Pierrot; "Ma Fonction est d'être blanc" Pastel/paper 72,5x58,5cm/*28x23in* London 98
ROUSSELOT Ernest XIX **[1]**

$3 026 FF17 664 £1 800 Fruits exotiques sur un tissu cashmere Oil/canvas 56x46cm/*22x18in* London 97
ROUSSELOT Lucien 1900-1992 **[66]**
$678 FF4 000 £405 Le général Lasalle chargeant à la tête de la Brigade infernale Aquarelle/papier 29x21cm/*11x8in* Paris 97
ROUSSET Jules 1840-? **[2]**
$4 318 FF26 238 £2 600 Figures in the Gardens of the Villa Medici, Rome Oil/canvas 35x63cm/*13x24in* London 98
ROUSSOFF Alexandre Nicolaiev. 1844-1928 **[6]**
$2 470 FF14 071 £1 500 A Street Scene in Cairo Watercolour/paper 31,5x58,5cm/*12x23in* London 97
ROUSSY Toussaint 1847-1931 **[4]**
$700 FF4 006 £413 "Cette: Bains de Mer" Poster 105,5x73,5cm/*41x28in* New-York 97
ROUX Antoine Joseph Ange 1765-1835 **[57]**
$883 FF5 252 £540 The Trusty Watercolour 21x27cm/*8x10in* London 98
ROUX Antoine, fils aîné 1799-1872 **[15]**
$6 904 FF41 000 £4 182 Bateau trois mâts Aquarelle, gouache/papier 44,5x57cm/*17x22in* Paris 97
ROUX Carl 1826-1894 **[9]**
$1 900 FF11 282 £1 150 Holstein Calf Oil/canvas 33x46,5cm/*12x18in* Washington 97
$3 340 FF20 113 £1 999 Kühe am Wasser Öl/Leinwand 40x90cm/*15x35in* München 98
ROUX Constant 1865-1929 **[16]**
$1 048 FF6 000 £639 Buste d'homme Bronze H33cm/*H12in* Paris 97
ROUX DE ROYAT Antoine 1821-1887 **[2]**
$2 584 FF15 000 £1 578 Trois mâts au mouillage Aquarelle 32x49cm/*12x19in* Bordeaux 97
ROUX Emile D. 1822-1915 **[11]**
$858 FF5 000 £528 Gallipoli Aquarelle/papier 17,5x25,5cm/*6x10in* Paris 97
ROUX Fernand 1906-1994 **[7]**
$256 FF1 512 £158 Landschaft im Lubéron Aquarell/Papier 34x44cm/*13x17in* Lindau 97
ROUX François 1811-1882 **[22]**
$8 230 FF42 600 £5 500 "Nemesis", Cap.ne A. Rammal Watercolour 41x56cm/*16x22in* London 96
ROUX Frédéric 1805-1874 **[27]**
$2 693 FF13 950 £1 800 A frigate at anchor in a bay Watercolour 20x32cm/*7x12in* London 96
ROUX Gaston Louis 1904-1988 **[33]**
$2 226 FF12 692 £1 400 Oiseau et fleurs Oil/board 25x36cm/*9x14in* London 97
$119 FF693 £70 Nature morte Pastel/paper 47x62cm/*18x24in* Malmö 97
ROUX Georges **[8]**
$5 500 FF33 232 £3 276 Retour de pêche près de marseille Oil/canvas 69,5x81cm/*27x31in* New-York 97
ROUX Gérard 1946 **[13]**
$452 FF2 800 £271 Quai au crépuscule Huile/toile 22x28cm/*8x11in* Brest 97
ROUX Johann F.W. Theodor 1806-1880 **[2]**
$2 387 FF12 160 £1 433 Mother and child Pastel 46x37cm/*18x14in* Frankfurt 96
ROUX Louis XIX **[1]**
$2 107 FF10 500 £1 380 Femme alanguie, en noir, assise dans un intérieur Huile/toile 40x32cm/*15x12in* Paris 95
ROUX Louis François Fr. 1817-1903 **[10]**
$4 330 FF22 000 £2 584 Le trois-mâts au commerce "Marguerite", Capt. Brognaschi Aquarelle 46x62cm/*18x24in* Paris 96
ROUX Oswald 1880-1960 **[13]**
$1 734 FF8 770 £1 138 Zirkuspferd in der Manege Öl/Leinwand 63,5x78cm/*25x30in* Wien 96
ROUX Paul c.1845-1918 **[15]**
$228 FF1 100 £143 La Rade de Brest Aquarelle 17x26,5cm/*6x10in* Paris 95
ROUX-CHAMPION Joseph-Victor 1871-1953 **[52]**
$528 FF3 200 £323 Marche à Quimperle Aquatinte 24x31cm/*9x12in* Quimper 98
$496 FF2 600 £299 Paysan de Moëlan Aquarelle 32x24cm/*12x9in* Brest 96
ROVERE della Giovanni B. (Attrib) 1575-1640 **[6]**
$1 454 FF8 500 £887 L'ivresse de Noé Lavis 21x18cm/*8x7in* Paris 97
ROVERE della Giovanni Batista 1575-1640 **[15]**
$2 310 FF12 082 £1 400 Portrait of the Artist, in black costume and a white Ruff Oil/panel 41,5x31,5cm/*16x12in* London 96

✎ $1 600 FF8 839 £994 The Birth of the Virgin: Design for a Lunette Ink 23,4x40,1cm/*9x15in* New-York 97
ROVERS Joseph, Jos 1893-1970 **[7]**
▭ $177 FF1 042 £109 Waterlooplein Etching 44,5x60cm/*17x23in* Den Haag 97
ROW Fred 1865-1947 **[1]**
👁 $40 250 FF237 744 £25 011 Beating the Bounds, Tower of London Oil/canvas 117x147cm/*46x58in* Elgin, Illinois 97
ROWAN Marian Ellis Ryan 1858-1922 **[36]**
✎ $1 853 FF11 291 £1 150 Native Wildflowers Watercolour, gouache/paper 50,5x36,5cm/*19x14in* Melbourne 97
ROWBOTHAM Charles 1877-? **[18]**
✎ $1 139 FF6 869 £700 Castel Gandolfo, Lago Albano Watercolour 12,5x19cm/*4x7in* London 98
ROWBOTHAM Charles 1858-1921 **[28]**
✎ $1 272 FF7 500 £780 A Wayside Rest Watercolour 13x23,5cm/*5x9in* Billingshurst, West Sussex 98
ROWBOTHAM Charles XIX-XX **[39]**
✎ $882 FF4 540 £550 A family picnic on the Italian Coast Watercolour 13x19cm/*5x7in* London 96
ROWBOTHAM Claude XIX-XX **[34]**
✎ $368 FF1 840 £240 A woodland cottage covered in Virginia creeper Watercolour 14x28cm/*5x11in* London 96
ROWBOTHAM Thomas Charles Lees. 1823-1875 **[80]**
✎ $741 FF4 433 £449 Figures before a Chapel in the Bay of Naples, Italy Watercolour 17x38,5cm/*6x15in* London 97
ROWBOTHAM Thomas Leeson 1783-1853 **[23]**
✎ $1 060 FF6 321 £650 Lake Como Watercolour 32x70cm/*12x27in* London 98
ROWDEN Thomas 1842-1926 **[55]**
✎ $630 FF3 758 £380 Moorland Scene with Ponies Watercolour/paper 18x34cm/*7x13in* Birmingham 97
ROWE Ernest Arthur c.1860-1922 **[69]**
✎ $1 706 FF8 800 £1 100 A view of Mount Etna from the Garden of St Dominico Taomina, Sicily Watercolour 25,5x21,5cm/*10x8in* London 96
ROWE George James ?-1883 **[3]**
✎ $2 936 FF17 543 £1 800 Free Town, Sierra Leone Pencil 31,5x57cm/*12x22in* London 98
ROWE Nellie Mae 1900-1982 **[1]**
✎ $3 750 FF22 994 £2 294 Black Horse Felt pen/paper 48x60cm/*18x23in* New-York 98
ROWE Tom Trythall 1856-? **[3]**
👁 $8 236 FF50 684 £5 000 Overtures Oil/canvas 56x39cm/*22x15in* London 98
ROWLANDSON George Derville 1861-1928 **[35]**
👁 $4 699 FF27 131 £2 800 Jumping a Brook, leading the Field Oil/canvas 51x76cm/*20x29in* London 97
👁 $7 000 FF36 540 £4 230 Away from Cover/Refreshment Oil/panel 28x38cm/*11x14in* New-York 96
ROWLANDSON Thomas 1756-1827 **[412]**
▭ $30 FF177 £18 "Doctor Syntax" Etching, aquatint 12x19cm/*4x7in* New-York 97
✎ $2 200 FF12 596 £1 300 Figures tumbling from a Boat Watercolour 10x21cm/*3x8in* London 97
ROWLANDSON Thomas (Attrib.) 1756-1827 **[19]**
✎ $1 163 FF5 980 £750 A Highland musician with a beggar Watercolour 17x11,5cm/*6x4in* London 96
ROWLETT George 1941 **[5]**
👁 $1 121 FF6 438 £691 Autumnal View across Sumner Road Oil/board 51x61cm/*20x24in* Johannesburg 97
ROWNTREE Harry 1878-1950 **[10]**
✎ $357 FF2 189 £220 Stylised Oriental Figure Gouache/paper 26,5x19cm/*10x7in* London 98
ROWNTREE Kenneth 1915 **[13]**
👁 $2 412 FF13 612 £1 478 Essex garden Oil/board 43x60cm/*16x23in* London 97
👁 $653 FF3 913 £400 The Old Railway, Station at Thaxted Watercolour 30,5x47,5cm/*12x18in* London 97
ROWORTH Edward 1880-1964 **[52]**
👁 $366 FF2 213 £220 A Cape Farmhouse Oil/board 38x27cm/*14x10in* Leyburn, North Yorkshire 98
👁 $607 FF3 603 £371 A breezy day, Achterpaarl Oil/board 48,5x74cm/*19x29in* Cape Town 98
ROY Charles **[2]**
👁 $841 FF5 000 £514 Chiens de chasse dans les marais Huile/toile 92x73cm/*36x28in* Soissons 97
ROY de Jean-Baptiste 1759-1839 **[18]**
👁 $6 100 FF30 900 £3 965 Troupeau à la mare Huile/panneau 38,5x48,5cm/*15x19in* Bruxelles 96
✎ $2 094 FF11 966 £1 283 Pastoralt landskap Watercolour 50x80cm/*19x31in* Stockholm 97

ROY Jamini 1887-1972 **[31]**
- *$3 605 FF21 526 £2 200* Woman Gouache/board 39,5x29cm/*15x11in* London 98

ROY le Guillaume 1938 **[6]**
- *$2 850 FF16 360 £1 740* Jeux de chatons Huile/panneau 37x25cm/*14x9in* Bruxelles 97

ROY Louis 1862-1907 **[17]**
- *$4 100 FF20 000 £2 600* Roses dans un vase Huile/carton 30,5x22cm/*12x8in* Paris 95
- *$9 750 FF47 000 £6 120* Labour, champs roses Huile/toile 38x45cm/*14x17in* Douarnenez 95
- *$3 670 FF18 500 £2 366* Ferme sous les arbres Gouache 9x14cm/*3x5in* Douarnenez 96

ROY Marius 1833-? **[9]**
- *$61 000 FF308 000 £40 000* Au Quartier, huit heures et demie Oil/canvas 150x200cm/*59x78in* London 96

ROY Pierre 1880-1950 **[36]**
- *$3 510 FF20 000 £2 150* Andromède enchaîné, version III Huile/toile 24x16cm/*9x6in* Paris 97
- *$4 030 FF21 000 £2 530* Nature morte aux coquillages et au ruban Huile/toile 38x61cm/*14x24in* Paris 96
- *$856 FF5 000 £506* Tricoteuse sur l'arbre Crayons couleurs 40,5x48cm/*15x18in* Paris 97

ROY Rob 1909 **[10]**
- *$291 FF1 600 £178* Enzo Ferrari Pilotant une Alfa Roméo Lithographie 48x65cm/*18x25in* Versailles 97
- *$260 FF1 500 £160* Course de Jaguar type D à Fort Worth Aquarelle/papier 21x31cm/*8x12in* Paris 97

ROY van Dolf 1858-1943 **[10]**
- *$2 140 FF13 325 £1 279* Femme au miroir Huile/toile 85x71cm/*33x27in* Bruxelles 98

ROYBET Ferdinand 1840-1920 **[125]**
- *$561 FF2 800 £367* Un mousquetaire Huile/panneau 81x64cm/*31x25in* Paris 95
- *$2 107 FF12 000 £1 299* Mousquetaires Huile/panneau 32x40cm/*12x15in* Arles 97
- *$70 000 FF342 000 £44 300* Musical party: a group of five cavaliers in 17th C. bvrocade costumes Oil/canvas 145x120cm/*57x47in* Detroit, Michigan 95
- *$269 FF1 600 £164* Groupe de Vénitiens Aquarelle/papier 13x21,5cm/*5x8in* Paris 97

ROYDS Charles Rawson, Lt. XIX-XX **[2]**
- *$3 430 FF17 550 £2 200* The Antaric expedition Pencil 13x18cm/*5x7in* London 96

ROYDS Mabel A. Lumsden 1874-1941 **[9]**
- *$313 FF1 810 £186* "Ghosts" Print 22x16cm/*8x6in* Calgary, Alberta 97
- *$297 FF1 775 £180* Margorie at the Table Chalks 18x14cm/*7x5in* Glasgow 97

ROYEN van Willem c.1695-1738/42 **[2]**
- *$4 200 FF21 750 £2 690* Birds in a park landscape among classical ruins Oil/canvas 91,5x72,5cm/*36x28in* New-York 96

ROYER Henri 1869-1938 **[21]**
- *$1 640 FF8 500 £1 082* Le goûter Huile/toile 70x92cm/*27x36in* Saint-Dié 96
- *$323 FF2 000 £192* Étude de femme Fusain 55x45cm/*21x17in* Tours 98

ROYER Lionel N. 1852-1926 **[14]**
- *$11 699 FF66 298 £5 849* Battaglia coloniale in Estremo Oriente Olio/tela 125x200cm/*49x78in* Roma 97
- *$14 000 FF83 682 £8 569* Portrait de Robert Oil/canvas 130,5x70cm/*51x27in* New-York 97

ROYER Louis 1793-1868 **[2]**
- *$3 878 FF23 253 £2 334* Prince William I of Orange and His Dog Bronze H47,5cm/*H18in* Amsterdam 98

ROYLE Herbert 1870-1958 **[57]**
- *$1 972 FF12 000 £1 200* Hebridean Sunset Oil/canvas 10x12cm/*4x5in* Ilkley, West Yorkshire 98
- *$3 271 FF19 065 £2 000* "Autumn, Loch Torridor" Oil/canvas 51x61,5cm/*20x24in* London 97

ROYLE Stanley 1888-1961 **[30]**
- *$5 230 FF31 098 £3 200* Blue Bell Wood Oil/canvas 51x61cm/*20x24in* London 97
- *$5 287 FF31 304 £3 130* A Traveller on a Bridge on a Winters Day Oil/board 30,5x41cm/*12x16in* London 97
- *$1 486 FF8 265 £920* A wooded landscape with a cottage Watercolour, gouache/paper 95x62,5cm/*37x24in* Billingshurst, West Sussex 97

ROZ André 1897-1946 **[23]**
- *$2 093 FF12 200 £1 289* Venise Huile/toile 60x49cm/*23x19in* Paris 97
- *$2 467 FF15 000 £1 497* Avant printemps à Pontarlier Huile/toile 20x10cm/*7x3in* Besançon 98

ROZANOVA Olga Vladimirovna 1886-1918 **[4]**
- *$1 385 FF8 395 £849* Kopf (2)/Akt/Vzorval (Explodity) Lithograph 18x13,3cm/*7x5in* Hamburg 98

ROZET Fany 1881-? **[3]**
- *$1 019 FF6 000 £629* La femme aux oiseaux Bronze 46x35,5cm/*18x13in* Rennes 97

ROZIER Dominique 1840-1901 **[17]**

$2 042 FF12 500 £1 241 Nature morte aux fruits Huile/toile 54x65cm/*21x25in* Paris 98
ROZIER Jules 1821-1882 **[51]**
$400 FF2 378 £244 Moonlit Harbor Scene Oil/panel 23x30cm/*9x12in* Asheville, NC 97
$8 500 FF50 807 £5 202 Les petits pêcheurs Oil/panel 35,5x57cm/*13x22in* New-York 97
ROZSYPAL Ivo 1942 **[1]**
$4 470 FF22 040 £2 904 "Wolkenkratzer" Sculpture H36,5cm/*H14in* Wien 95
ROZWADOWSKI Zygmunt 1870-1936 **[17]**
$1 790 FF9 180 £1 151 Soldat de la Grande Armée près de son cheval Huile/panneau 27x37cm/*10x14in* Warszawa 96
$3 786 FF23 263 £2 271 Szwolezerowie popas przed karczma (soldiers with horses) Oil/panel 50x70cm/*19x27in* Warszawa 98
$965 FF5 750 £604 Ulan przy koniu Watercolour/paper 33,5x48,5cm/*13x19in* Warszawa 97
RU de Huib 1902-1980 **[6]**
$299 FF1 783 £178 Standing Nude Pencil/paper 56x26cm/*22x10in* Amsterdam 97
RUAN YUAN 1764-1849 **[1]**
$7 000 FF39 547 £4 405 Landscapes Ink/paper 18,5x10,5cm/*7x4in* New-York 97
RUANO LLOPIS Carlos 1879-1950 **[46]**
$850 FF6 485 £552 Bull Fight Oil/canvas 35x45cm/*14x18in* Pompano Beach, FL. 96
$303 FF1 794 £180 "Plaza de Toros Monumental, Domingo 3 de mayo, el Gran Torero.." Affiche 131,5x115cm/*51x45in* London 97
RUBBO Anthony Dattilo 1870-1955 **[12]**
$501 FF3 013 £304 Portrait of a Girl Oil/board 36x25,5cm/*14x10in* Melbourne 98
$226 FF1 386 £134 Joan Watercolour/paper 43x33cm/*16x12in* Sydney 98
RUBCZAK Jan 1884-1949 **[21]**
$4 276 FF25 151 £2 639 Paysage de Bretagne, bord de mer Oil/cardboard 46x55,5cm/*18x21in* Warszawa 97
$22 535 FF131 335 £13 880 Kanal sw. Sebastiana kolo Marsylii Oil/canvas 101x146cm/*39x57in* Warszawa 97
$274 FF1 670 £170 "Ulica Florianska" Lithograph 30x38cm/*11x14in* Warszawa 97
$2 140 FF11 120 £1 405 Snowy winter landscape Watercolour/board 37x50cm/*14x19in* Warszawa 96
RUBELLI da Egidio XIX **[4]**
$4 398 FF25 515 £2 600 Ville Arabe au bord de l'eau Oil/canvas 63x133cm/*24x52in* London 97
RUBEN Franz Leo 1842-1920 **[16]**
$3 055 FF18 129 £1 896 "Römische Campagna" Oil/panel 33x47cm/*12x18in* Wien 97
$5 789 FF33 474 £3 570 Weidelandschaft Öl/Leinwand 40x75cm/*15x29in* Wien 97
RUBENS Arnold Francesco c.1687-1719 **[4]**
$23 342 FF140 196 £14 000 River Landscapes with Travellers in Villages Oil/panel 21,5x33cm/*8x12in* London 98
RUBENS Peter Paul 1577-1640 **[59]**
$77 900 FF406 000 £47 000 Reiterbild des Infanten Don Ferdinand von Spanien Öl/Leinwand 278x220cm/*109x86in* Stuttgart 96
$185 229 FF1 096 711 £110 000 Portrait of Isabella of Bourbon, Queen of Spain wearing a white ruff Oil/panel 63,5x49cm/*25x19in* London 97
$188 832 FF1 120 000 £115 472 Allégorie de l'Honneur Militaire et de la Vertu sur fond de paysage Huile/panneau 14x17cm/*5x6in* Paris 97
$957 FF5 846 £586 Série de 6 gravures Gravure 31x38cm/*12x14in* Bruxelles 98
$19 718 FF112 860 £11 647 The Castration of Uranus, after Polidoro Ink 27,5x41cm/*10x16in* Amsterdam 97
RUBENS Peter Paul (Studio) 1577-1640 **[4]**
$15 882 FF90 500 £9 918 Portrait de l'Archiduc Albert Huile/panneau 58x48cm/*22x18in* Saint-Dié 97
RUBIN Reuven 1893-1974 **[304]**
$17 000 FF86 700 £11 250 Rabbi with Torah Oil/canvas 27x36cm/*10x14in* Tel Aviv 96
$44 000 FF224 600 £29 100 Mimosas Oil/canvas 81x65cm/*31x25in* Tel Aviv 96
$108 000 FF551 000 £71 500 Safed in Galilee Oil/canvas 97x159cm/*38x62in* Tel Aviv 96
$1 000 FF5 720 £624 Neger Aglow Color lithograph 54,5x69cm/*21x27in* Boston, Mass. 97
$1 400 FF6 850 £886 Arturo Toscanini Indian ink 23x37cm/*9x14in* New-York 95

RUBIN-BEAUFILS Olga Marie XIX-XX **[1]**

    $1 400 FF8 000 £857 Arturo Toscanini Indian ink 23x37cm/*9x14in* New-York 97

RUBIO CAMIN Joaquin 1929 **[1]**

    $2 310 FF13 895 £1 435 Torre Bronze H44,5cm/*H17in* Madrid 97

RUBIO Louis, Luigi 1795-1882 **[6]**

    $15 260 FF80 000 £9 180 Jeune garçon et son chien sur un canapé Huile/toile 110x127cm/*43x50in* Paris 96

RUBOVICS Mark 1867 **[7]**

    $1 020 FF5 780 £510 Bordeggiando sotto costa Olio/tela 60x80cm/*23x31in* Trieste 98

RUBSZAK de Jan 1884-? **[2]**

    $3 825 FF23 500 £2 293 Bateaux au Port Huile/toile 60x73cm/*23x28in* Paris 98

RÜCKER Johann Peter 1757-c.1807 **[1]**

    $948 FF4 910 £606 "Gegend v. Schönen Busch zu Aschaffenburg", nach Franz Kobell Etching 24x32cm/*9x12in* Heidelberg 96

RUCKER Robert M. 1932 **[10]**

    $500 FF2 760 £312 Country Church in Springtime Watercolour/paper 34x44cm/*13x17in* New Orleans, Louisiana 97

RÜCKRIEM Ulrich 1938 **[18]**

    $11 000 FF65 089 £6 711 Untitled Metal 2x42,5x56cm/*x16x22in* New-York 98

    $13 000 FF75 406 £7 684 Untitled Stone 223,5x84,5x122cm/*87x33x48in* New-York 97

RUDAKOV Konstantin Ivanovich 1891-1949 **[11]**

    $922 FF5 258 £580 Danseuse au chapeau et cigarette Ink 28x21,5cm/*11x8in* London 97

RUDBERG Gustav 1915-1994 **[152]**

    $1 369 FF8 183 £837 Motiv från Hven Oil/canvas 54,5x67cm/*21x26in* Stockholm 97

    $2 519 FF15 081 £1 548 Bord med vit träskiva i form av en palett med målning Painting 133x93cm/*52x36in* Stockholm 98

RUDE François 1784-1855 **[15]**

    $5 030 FF26 000 £3 260 Tête de Gaulois Plâtre H63cm/*H24in* Paris 96

    $9 876 FF60 000 £5 946 Chevaux et cavaliers Encre 22,5x53cm/*8x20in* Paris 98

RUDE Olaf 1886-1957 **[165]**

    $1 141 FF6 596 £670 Sommerdag i haven, Allinge Oil/canvas 54x65cm/*21x25in* København 97

    $1 517 FF8 803 £896 Ravnebro skovfogedhus i Almindingen, Bornholm Oil/canvas 37x42cm/*14x16in* København 97

    $394 FF2 294 £243 Landscape Watercolour/paper 48x65cm/*18x25in* København 97

RUDE Sophie, née Frémiet 1797-1867 **[2]**

    $11 000 FF62 535 £6 735 La Sainte-Famille Oil/canvas 68x85,5cm/*26x33in* New-York 97

RUDEL J.A. XX **[31]**

    $389 FF2 200 £240 Femme à la plage Huile/carton 35,5x12,5cm/*13x4in* Vendôme 97

    $5 310 FF30 000 £3 273 Scène de plage Huile/toile 46x64,5cm/*18x25in* Vendôme 97

RÜDELL Carl 1855-1939 **[40]**

    $2 243 FF13 386 £1 353 Am Leystapel Aquarell/Papier 17x26,2cm/*6x10in* Köln 97

RUDGE Bradford 1805-1885 **[3]**

    $4 740 FF23 200 £3 000 The Avenue at Ampthill Bodycolour 55x42cm/*21x16in* London 95

RÜDISÜHLI Eduard 1875-1938 **[17]**

    $771 FF4 554 £456 Selbstbildnis Öl/Karton 57x42cm/*22x16in* Zofingen 97

    $1 032 FF6 031 £633 Schweizer Landschaft Öl/Leinwand 85x150cm/*33x59in* Zofingen 97

RÜDISÜHLI Hermann Traugott 1864-1945 **[29]**

    $824 FF5 023 £509 Vorgebirgslandschaft mit Bäumen und blick auf Weiher Oil/wood 21x28cm/*8x11in* Kempten 98

    $1 352 FF6 850 £886 Herbstliche Parkanlage mit Tempel Oil/panel 51x79cm/*20x31in* Frankfurt 96

    $10 077 FF60 337 £6 190 Felsige Insel mit Zypressen Oil/canvas 106x208cm/*41x81in* Bern 98

RÜDISÜHLI Jakob Lorenz 1835-1918 **[14]**

    $2 027 FF12 038 £1 237 "Aus dem Jura (Roche pleureuse) Oil/canvas 110x90,5cm/*43x35in* Bern 98

    $651 FF3 710 £400 View on the Rhine, Biebrich/Rheinstein, Bingen/Coln, Die Griechische Etching, aquatint 21x27cm/*8x10in* London 97

RUDNICKI Marek 1927 **[26]**

    $1 131 FF6 577 £674 Fille Renaissance Oil/canvas 71x59cm/*27x23in* Johannesburg 97

RUDOLPH Charlotte XIX-XX **[8]**

[📷] *$777 FF4 629 £475* Die Tänzerin Guri Thorsteinsson Gelatin silver print 24x17,5cm/*9x6in* Berlin 98
RUDOLPH Wilhelm 1889-1982 **[39]**
[☞] *$2 834 FF16 733 £1 678* Hügellandschaft bei Dresden Öl/Leinwand 97,5x114,5cm/*38x45in* Berlin 97
[🖎] *$292 FF1 685 £178* Landschaft mit Reiter Woodcut 36x50cm/*14x19in* Dresden 97
[✎] *$467 FF2 696 £286* Landschaft mit alten Bäumen Pencil/paper 25x36cm/*9x14in* Dresden 97
RUDOMINE Albert 1892-1975 **[18]**
[📷] *$856 FF5 000 £506* Le danseur Benglia Tirage argentique 23,5x17,5cm/*9x6in* Paris 97
RUDYERD Reginald, Captain 1848-c.1900 **[3]**
[✎] *$2 635 FF15 009 £1 600* View of Happy Valley, Hong Kong Watercolour 22x26,5cm/*8x10in* London 97
RUDZKA-CYBISOWA Hanna 1897-1988 **[8]**
[☞] *$3 220 FF16 530 £2 070* Nature morte Oil/canvas 37x45cm/*14x17in* Warszawa 96
[✎] *$2 380 FF13 873 £1 466* Landscape Gouache/board 48x33cm/*18x12in* Warszawa 97
RUEDA Gerardo 1926 **[35]**
[☞] *$3 685 FF21 725 £2 255* "Casas de Cuenca" Técnica mixta/tabla 45x25cm/*17x9in* Madrid 98
[☞] *$7 920 FF47 400 £4 800* Brihuega Oleo/lienzo 50x61cm/*19x24in* Madrid 98
[🖎] *$280 FF1 600 £172* Composición Serigrafia 21x29cm/*8x11in* Madrid 97
[✎] *$2 080 FF12 640 £1 280* Sin título Collage 34,5x27cm/*13x10in* Madrid 98
RÜEGG Aibert 1902-1986 **[8]**
[🖎] *$124 FF743 £76* "Ingenieur und industriebauten" Poster 91x68cm/*35x26in* Oostwoud 98
RÜEGG Ernst Georg 1883-1948 **[15]**
[☞] *$2 681 FF16 077 £1 614* Spätsommer auf der Breite, Schaffhausen Öl/Leinwand 65,5x81cm/*25x31in* Zürich 98
RUEL Pierre Léon H. XIX-XX **[4]**
[☞] *$4 200 FF22 000 £2 526* La fête villageoise Huile/toile 74x59cm/*29x23in* Calais 96
RUETER Georg 1875-1966 **[19]**
[☞] *$445 FF2 634 £267* A still life with pears, grapes and a reeded basket Oil/canvas 33,5x45cm/*13x17in* Amsterdam 97
[☞] *$1 865 FF11 421 £1 111* Still life with fruit Oil/canvas 42x52cm/*16x20in* Amsterdam 98
RUFALO Carlos Roberto XX **[6]**
[☞] *$1 300 FF6 620 £783* Playa Pocitos Oleo/tabla 20,5x30cm/*8x11in* Montevideo 96
[☞] *$3 000 FF15 270 £1 807* Paisaje con caserío y arboles Oleo/tabla 59x78cm/*23x30in* Montevideo 96
RUFF Thomas 1958 **[43]**
[☞] *$14 233 FF85 487 £8 500* Portrait Mixed media 120x165cm/*47x64in* London 98
[📷] *$236 FF1 350 £147* Porträt eines jungen Mannes Photograph in colour 28x22cm/*11x8in* München 97
RUFFIO Lucien XX **[23]**
[☞] *$250 FF1 500 £149* Le cabanon de la brebis Huile/toile 27x35cm/*10x13in* Saint-Dié 98
RUFFNER Ginny Martin 1952 **[2]**
[🖎] *$5 200 FF27 140 £3 140* "Roy G. Biv's Palace Burn Down" Sculpture H39,7cm/*H15in* New-York 96
RUFS F. XIX-XX **[2]**
[☞] *$3 249 FF18 537 £1 976* Portrait of a lady with a plumed bonnet and fan holding a rose Oil/canvas 68,5x55cm/*26x21in* San Francisco 97
RUGENDAS Georg P. I (Attrib.) 1666-1742 **[15]**
[☞] *$2 718 FF16 666 £1 629* Reiterschlacht Oil/canvas/panel 27x32cm/*10x12in* Zürich 98
[☞] *$6 500 FF34 000 £3 870* Pferde und Reiter in hügeliger Landschaft Öl/Leinwand 37x47cm/*14x18in* Hamburg 96
[✎] *$2 025 FF11 915 £1 250* Reiterschlacht zwischen Saiserlichen und Türken Gouache/papier 16,5x22cm/*6x8in* Wien 97
RUGENDAS Georg Philipp I 1666-1742 **[34]**
[☞] *$4 920 FF28 668 £3 024* Schlachtenszene Oil/panel 30,3x47cm/*11x18in* Wien 97
[☞] *$14 551 FF89 000 £8 633* Scènes de batailles Huile/toile 79,5x100cm/*31x39in* Chartres 98
[🖎] *$618 FF3 597 £378* Verfolgt der Feind und nath an einem breiten Graben... Print 52x69cm/*20x27in* Wien 97
[✎] *$934 FF5 392 £572* Vielfigurige Szene mit Reitern, Soldaten und Marketenderinnen Indian ink 29x59cm/*11x23in* Stuttgart 97
RUGENDAS Georg Phillip II 1701-1774 **[7]**
[✎] *$848 FF5 030 £518* Reitergefecht Indian ink/paper 17x28,5cm/*6x11in* Hamburg 98

R

RUGENDAS Johann Lorenz 1775-1826 **[9]**
$1 366 FF7 000 £830 Scènes de batailles Aquatinte couleurs 48x59cm/*18x23in* Paris 96
RUGENDAS Johann Moritz 1802-1858 **[22]**
$85 000 FF412 400 £54 800 Mercado en México Oil/canvas 45x38cm/*17x14in* New-York 95
$2 805 FF14 360 £1 800 "Voyage Pittoreque dans le Brésil" Lithograph 35x28,6cm/*13x11in* London 96
$558 FF2 890 £360 A valley in the Andes Pencil 20,5x28cm/*8x11in* London 96
RUGENDAS Johann Moritz (Attr) 1802-1858 **[1]**
$11 940 FF58 300 £7 500 A Gaucho hunting a bull Oil/canvas 63x76cm/*24x29in* London 95
RUGGERI Ferdinando 1831-? **[2]**
$11 550 FF59 800 £7 500 Dispeto/Scherzo amoroso Oil/board 40x54cm/*15x21in* London 96
$590 FF3 560 £350 Palazzo del Giacomini/Grotta in fondo & other architectural details Engraving
40,5x28,5cm/*15x11in* London 98
RUGGERI Piero 1930 **[26]**
$2 340 FF13 260 £1 170 Generale Olio/masonite 84,5x74,5cm/*33x29in* Vercelli 98
$5 270 FF25 670 £3 315 Autoritratto Olio/tavola 182x73cm/*71x28in* Milano 95
$360 FF2 040 £240 Giardino Pastelli/carta 70x50cm/*27x19in* Vercelli 97
RUGGIERO Pasquale 1851-1916 **[6]**
$3 107 FF18 014 £1 855 Flowergirl and Cavaliers Oil/canvas 47x33cm/*18x12in* Amsterdam 97
RÜHLE Clara 1885-1947 **[16]**
$619 FF3 685 £384 Iris und Scheeballen, Blumenstilleben Öl/Leinwand 60x45cm/*23x17in* Stuttgart 97
RÜHM Gerhard 1930 **[21]**
$4 422 FF26 240 £2 744 "Abendstimmung" Photograph 29,5x39,5cm/*11x15in* Wien 97
$925 FF4 830 £551 "Toter Schmetterling" Mischtechnik/Papier 32x44cm/*12x17in* Wien 96
RÜHNEN Pieter Lodewyk 1817-1877 **[1]**
$4 410 FF23 000 £2 663 Chaumière dans un paysage Huile/panneau 37,5x34cm/*14x13in* Paris 96
RUIJVEN van Pieter Jansz 1651-1716 **[4]**
$16 479 FF95 748 £9 727 Venus und Adonis Öl/Leinwand 79x103cm/*31x40in* Luzern 97
RUILLE de Geoffroy 1842-1922 **[31]**
$1 210 FF7 257 £728 "L'entrainement des jockeys" Metal 65x95x48cm/*25x37x18in* Amsterdam 98
RUIN Ingrid 1881-1956 **[12]**
$364 FF2 114 £224 Hundporträtt Oil/canvas 55x49cm/*21x19in* Malmö 97
RUISCHER Johannes c.1625-c.1675 **[6]**
$199 FF1 208 £122 Ansicht von Rhenen Radierung 12x21cm/*4x8in* Berlin 98
RUISDAEL Jacob Is. (Attrib.) 1628/29-1682 **[3]**
$91 600 FF456 500 £60 000 Woodland landscape with a cloister Oil/canvas 76x95cm/*29x37in* London 95
RUISDAEL Jacob Isaakszoon 1628/29-1682 **[59]**
$7 372 FF44 515 £4 425 Landschaft mit Burgruine und Jäger Öl/Leinwand 60x68,5cm/*23x26in* Luzern 98
$143 131 FF847 458 £85 000 A Wooded Hilly Landscape with Figures on a Path near Water Oil/canvas
107x128,5cm/*42x50in* London 97
$218 907 FF1 296 113 £130 000 A Dune Landscape with Two Figures by a Fence Oil/panel
32,5x44cm/*12x17in* London 97
$1 059 FF6 081 £645 Das Bauernhaus auf der Anhöhe Radierung 19,1x27,4cm/*7x10in* Berlin 97
$12 720 FF61 700 £8 200 Fishermen in a boat and on a jetty Black chalk 1,9x15,6cm/*x6in* Amsterdam 95
RUISDAEL Jacob Salom. (Attr.) c.1630-1681 **[4]**
$1 059 FF6 081 £645 Bäume an einem Teich Chalks/paper 16,3x21,6cm/*6x8in* Berlin 97
RUISDAEL Jacob Salomonsz c.1630-1681 **[7]**
$17 150 FF88 400 £11 000 A wooded landscape with a shepherd sleeping by a track Oil/panel
68x90cm/*26x35in* London 96
RUISDAEL van Salomon 1600/03-1670 **[59]**
$150 000 FF884 955 £91 860 River Landscape with Figures on a Jetty and Sailsboats beyond Oil/panel
26x49,2cm/*10x19in* New-York 98
$183 200 FF913 000 £120 000 River landscape with peasants and cattle on a ferry Oil/canvas
80x110,5cm/*31x43in* London 95
RUITER DE WITT de Maria 1947 **[4]**
$2 840 FF14 330 £1 864 Tigers Pastel/canvas 100x70cm/*39x27in* Singapore 96
RUITH van Horace 1839-1923 **[20]**
$1 849 FF10 794 £1 100 An Indian Sunset Oil/panel 20x43,5cm/*7x17in* London 97
$2 447 FF14 619 £1 500 View of Goa/Indian Encampment, Baroda Watercolour 29,5x47cm/*11x18in*

London 98
RUIZ Antonio 1897-1964 **[5]**
✏ *$4 750 FF27 269 £2 895* Anteproyecto de la estacion del Puerto Central Aéro, México Graphite 24x30cm/*9x11in* New-York 97
RUIZ DE VALDIVIA Nicolas 1880 **[2]**
✎ *$4 620 FF27 650 £2 800* Entrando a matar Oleo/tabla 26x35cm/*10x13in* Madrid 98
RUIZ GUERRERO Manuel XIX **[3]**
✎ *$6 800 FF35 500 £4 110* Chants et danses devant l'auberge espagnole Huile/toile 40x69cm/*15x27in* Nice 96
RUIZ LUNA Justo 1860-1926 **[3]**
✎ *$5 500 FF31 285 £3 366* An arab Guard Oil/canvas 69x46,5cm/*27x18in* New-York 97
RUIZ MORALES Manuel 1853-1922 **[8]**
✏ *$665 FF3 800 £408* Personajes en la playa Acuarela/papel 32x46cm/*12x18in* Madrid 97
RUIZ PIPO Manolo 1929 **[152]**
✎ *$1 125 FF6 500 £668* Enfants dans la plage, Antibes Huile/toile 46,5x55cm/*18x21in* Paris 97
✎ *$1 548 FF8 000 £988* Nature morte Huile/panneau 23x34cm/*9x13in* Paris 96
✎ *$11 210 FF58 000 £7 160* "Trois amies" Huile/toile 97x130cm/*38x51in* Paris 96
⚒ *$3 230 FF16 500 £2 140* La Liberté Bronze H34,5cm/*H13in* Versailles 96
✏ *$1 548 FF8 000 £988* Couple andalou Gouache/papier 35,5x24cm/*13x9in* Paris 96
RUIZ Tommaso XVIII **[4]**
✎ *$58 289 FF342 464 £35 000* A View of The Bay of Naples From The Bay of Chiaia Oil/canvas 53x144cm/*20x56in* London 97
RUIZ Tommaso (Attrib.) XVIII **[4]**
✎ *$1 759 FF10 500 £1 061* Navires dans un port méditerranéen Huile/toile 34x45cm/*13x17in* Saint-Germain-en-Laye 97
✎ *$28 344 FF170 238 £17 000* A Panoramic View of Naples From the North with Vesuvius Oil/canvas 59,5x136cm/*23x53in* London 98
RUL Henry 1862-1942 **[40]**
✎ *$316 FF1 650 £188* Saules en été Huile/toile 15x23cm/*5x9in* Antwerpen 96
✎ *$765 FF3 940 £477* Bruyère à Kalmthout Huile/toile 50x70cm/*19x27in* Antwerpen 96
RULLMAN Ludwig 1765-1822 **[6]**
✏ *$1 388 FF8 500 £844* Scène biblique Gouache/papier 20,5x28cm/*8x11in* Paris 98
RUMLER-SIUCHNINSKi Friedrich 1884-? **[1]**
✎ *$1 625 FF8 500 £968* Birkenallee Oil/paper/panel 30x36cm/*11x14in* München 96
RUMMELL Richard 1848-1924 **[3]**
▥ *$1 500 FF7 690 £911* S.S. "France", French Line Poster 67x105,5cm/*26x41in* New-York 96
RUMMELSPACHER Joseph 1852-1921 **[12]**
✎ *$1 042 FF6 369 £618* Im Zillertal Öl/Leinwand 50x60cm/*19x23in* Dresden 98
RUMOHR von Carl Friedrich 1785-1843 **[6]**
▥ *$510 FF3 012 £302* Skizzenblatt Radierung 8x10cm/*3x3in* Berlin 97
RUMP Charles Frederick XIX-XX **[20]**
✏ *$113 FF645 £70* Drover with Cattle in Lane by Church Watercolour 20x33cm/*8x13in* Aylsham, Norfolk 97
RUMP Godfred Ch. 1816-1880 **[18]**
✎ *$697 FF4 129 £417* Älöb ved skovbryn Oil/canvas 62,5x92cm/*24x36in* Köbenhavn 97
RUMPF Fritz C. 1888-? **[5]**
▥ *$2 530 FF14 490 £1 496* "Prince of Wales" Poster 93x70,5cm/*36x27in* New-York 97
RUMPF Peter Philip 1821-1896 **[16]**
✏ *$1 125 FF6 412 £691* Mutter an der Kinderwiege Aquarell/Papier 10x11,5cm/*3x4in* Frankfurt 97
RUMPLER Franz 1848-1922 **[25]**
✎ *$2 403 FF14 328 £1 491* Selbstportrait Oil/panel 38,5x31cm/*15x12in* Wien 97
RUMSEY Charles Cary 1879-1922 **[3]**
⚒ *$8 500 FF48 405 £5 160* Polo Player Up Bronze 47x51cm/*18x20in* New-York 97
RUNACRES Frank 1904-1974 **[10]**
✎ *$1 066 FF6 358 £660* Sun on the Street Oil/canvas 46x26cm/*18x10in* London 97
RUNDU I Gusti Made 1916 **[2]**
✏ *$4 095 FF21 070 £2 555* Tigers Ink 24x31,5cm/*9x12in* Amsterdam 96

RUNGE Ludwig Julius 1843-1922 **[9]**

👁 *$1 469 FF8 906* £901 Heimkehrende Fischer mit ihren Segelbooten Oil/canvas 36x56cm/*14x22in* Zofingen 98

RUNGIUS Carl Clemens Moritz 1869-1959 **[94]**

👁 *$17 162 FF99 788* £10 477 Untitled, Bugling Elk Oil/canvas/board 23x30cm/*9x11in* Calgary, Alberta 97

👁 *$45 000 FF230 500* £27 300 Rocky Mountain Sheep Oil/canvas 41x51cm/*16x20in* Calgary, Alberta 96

👁 *$150 000 FF888 105* £89 070 The End of the Roundup Oil/canvas 132x157,5cm/*51x62in* New-York 97

🖎 *$145 000 FF730 800* £93 554 The Challenge/Lord of the Canyon/An Old Fighter/The Answer/... Etching 17x25cm/*7x10in* Hayden 96

🖎 *$70 000 FF352 800* £45 164 Bighorn Ram Bronze 43x40cm/*17x16in* Hayden 96

🖎 *$6 500 FF32 760* £4 193 Caribou Gouache/paper 12x17cm/*5x7in* Hayden 96

RUNWAY George [2]

🖎 *$427 FF2 200* £274 "American Export Lines, En hiver choisissez la route du soleil" Affiche 99,5x61,5cm/*39x24in* Boulogne 96

RUOFF Fritz 1906-1988 **[26]**

👁 *$1 504 FF8 786* £923 Emblem Rot WII/67 Acryl/Karton 80x70cm/*31x27in* Köln 97

🖎 *$147 FF844* £92 Sitzender Woodcut 52x36cm/*20x14in* München 97

🖎 *$845 FF5 025* £523 Lineare Komposition Red chalk/paper 23x32cm/*9x12in* Stuttgart 97

RUOKOKOSKI Jalmari 1886-1936 **[66]**

👁 *$1 664 FF9 493* £1 016 Landscape Oil/canvas 51x61cm/*20x24in* Helsinki 97

🖎 *$142 FF883* £85 Untitled Etching in colors 22x29cm/*8x11in* Helsinki 98

🖎 *$736 FF4 423* £441 Brunhårig flicka Watercolour/paper 40x34cm/*15x13in* Helsinki 98

RUOPPOLO Giovan Batt.(Attrib) 1629-1693 **[5]**

👁 *$47 850 FF231 500* £30 000 Mixed fruit/Mixed fruit Oil/canvas 82x73cm/*32x28in* London 95

👁 *$53 469 FF303 642* £33 462 Früchtestilleben mit Papagei Öl/Leinwand 123x173cm/*48x68in* München 97

RUOPPOLO Giovan Battista 1629-1693 **[9]**

👁 *$10 000 FF60 976* £6 001 Orante Fruit Still Life a Plein Air Oil/canvas 73,5x96,5cm/*28x37in* Boston, Mass. 98

👁 *$228 452 FF1 318 268* £140 000 Watermelons, pomegranates and figs with grapes hanging from vines Oil/canvas 126x176cm/*49x69in* London 97

RUPERT OF THE RHINE Prince 1619-1682 **[2]**

🖎 *$3 755 FF19 420* £2 435 The little Executioner, after J. De Ribera Mezzotint 13x16cm/*5x6in* London 96

RUPPERSBERG Allen 1944 **[5]**

🖎 *$16 000 FF81 500* £9 600 Untitled Pencil/paper 58x381cm/*22x150in* New-York 96

RUPPERT von Otto 1841-? **[11]**

👁 *$1 429 FF8 707* £883 Heuernte vor den Oberstdorfer Bergen Öl/Karton 28,5x45cm/*11x17in* Kempten 98

👁 *$8 847 FF52 382* £5 239 Blick auf den Canale Grande in Venedig Öl/Leinwand 56x69cm/*22x27in* München 97

RUPRECHT Ernst 1891-1954 **[7]**

🖎 *$1 610 FF9 221* £952 "Grosser Preis der Schweiz" Poster 49x67,5cm/*19x26in* New-York 97

RUSCA Carlo Francesco 1696-1769 **[1]**

👁 *$8 878 FF52 782* £5 500 Portrait of a Turkish Man Oil/panel 23x17cm/*9x6in* London 97

RUSCHA Edward 1937 **[285]**

👁 *$20 000 FF123 076* £12 142 "Carrots" Acrylic/canvas 56,5x127cm/*22x50in* New-York 98

👁 *$27 000 FF130 700* £17 330 Metropolitain Oil/paper 22x18,5cm/*8x7in* New-York 95

👁 *$38 000 FF220 802* £22 435 Victory Acrylic/canvas 162,5x162,5cm/*63x63in* New-York 97

🖎 *$22 000 FF132 132* £13 138 Standard Station Silkscreen in colors 50x94cm/*19x37in* Los Angeles 98

🖎 *$13 000 FF75 406* £7 684 Oh-Oh Ink 58,5x73,5cm/*23x28in* New-York 97

RUSCHÉ Moritz 1888-1969 **[4]**

👁 *$4 070 FF21 050* £2 624 Still life with musical instruments Oil/canvas 55x78cm/*21x30in* København 96

RUSCHEWEYH Ferdinand 1785-1846 **[3]**

🖎 *$4 508 FF27 256* £2 700 Bilder zu Goethe's Faust, after Peter Cornelius Engraving 73,5x58cm/*28x22in* London 98

RUSCHI Francesco c.1605-1661 **[4]**

👁 *$8 100 FF47 660* £5 000 Die Heilige Magdalena mit dem Jesusknaben Öl/Leinwand 69x56cm/*27x22in* Wien 97

👁 *$12 211 FF69 199* £6 105 Rebecca ed Eleazaro Olio/tela 113x160cm/*44x62in* Roma 97

RUSHBURY Henry George 1889-1968 **[42]**

🖎 *$185 FF936* £120 London Bridge from the Thames Drypoint 22x27,5cm/*8x10in* London 96

🖎 *$911 FF4 650* £600 Riva degli Schiavoni Venice Watercolour 26,5x48cm/*10x18in* London 96

RUSHTON George R. XIX-XX [9]

  $553 FF3 383 £340 View of Dedham in Suffolk Watercolour/paper 28,5x14cm/*11x5in* London 98

RUSIÑOL Y PRATS Santiago 1861-1931 [7]

  $22 000 FF130 796 £13 250 A Summer Estate Oil/canvas 48x67cm/*18x26in* New-York 98

  $106 354 FF646 309 £63 812 Otoño sobre el Tajo Oleo/lienzo 102,5x129cm/*40x50in* Madrid 98

RUSKIN John 1819-1900 [54]

  $7 617 FF43 604 £4 500 Study of a classical marble Head Pencil 14,5x14,5cm/*5x5in* London 97

RUSLI HALIM 1936 [4]

  $9 153 FF54 096 £5 664 Bali Oil/canvas 98x130cm/*38x51in* Singapore 97

  $16 998 FF100 464 £10 519 A Town in Bali Oil/canvas 117x89cm/*46x35in* Singapore 97

  $1 699 FF10 046 £1 052 Moored Boats Watercolour/paper 21x31cm/*8x12in* Singapore 97

RUSS C.B. XIX-XX [1]

  $4 250 FF25 775 £2 593 "Going Down From Mansfiel Mt" Oil/board 21x31cm/*8x12in* Boston, Mass. 98

RUSS Franz, Jnr. 1844-1906 [9]

  $5 000 FF29 673 £3 062 "The Bejewelled Beauty" Oil/canvas 110,5x73,5cm/*43x28in* San Francisco 98

RUSS Leander 1809-1864 [3]

  $3 266 FF16 800 £2 036 Ein verliebter Jäger Aquarell/Papier 20x15cm/*7x5in* Wien 96

RUSS Robert 1847-1922 [46]

  $2 187 FF13 002 £1 337 Mühle mit Wasserrad Oil/panel 14,5x18,5cm/*5x7in* Bern 97

  $27 900 FF137 000 £17 750 Sommermorgen in Italien Mischtechnik/Karton 73x92cm/*28x36in* Wien 95

  $1 495 FF7 490 £945 Hausflur beim Kantioler in Klausen (Südtirol) Mischtechnik/Papier 28x39,5cm/*11x15in* Wien 95

RUSSELL Andrew Joseph 1830-1902 [17]

  $950 FF4 760 £601 Dale Creek Bridge/High Bluff, Black Buttes Albumen print 21x28cm/*8x11in* New-York 95

RUSSELL Charles 1852-1910 [4]

  $2 800 FF17 021 £1 724 Posing in the Garden Oil/canvas 46x35,5cm/*18x13in* New-York 98

RUSSELL Charles Marion 1864-1926 [100]

  $140 000 FF825 468 £85 848 Buffalo Herd Oil/canvas/board 18x30,5cm/*7x12in* New-York 98

  $632 500 FF3 911 569 £379 942 Approach of the White Men Oil/canvas 60x86cm/*24x34in* Hayden 97

  $10 000 FF52 200 £6 040 "Te Noses that Read a Smell that Spells Man", A Group Bronze H11,5cm/*H4in* New-York 96

  $3 250 FF16 380 £2 096 Elk Pencil/paper 15x21cm/*6x8in* Hayden 96

RUSSELL George Horne 1861-1933 [34]

  $562 FF3 423 £342 Blue Rocks, N.S. Oil/panel 23,5x33cm/*9x12in* Toronto 98

  $16 329 FF96 339 £10 000 Gathering Flowers Oil/canvas 45,5x56cm/*17x22in* London 98

RUSSELL George William, A.E. 1867-1935 [23]

  $2 800 FF15 947 £1 700 View of the beach, Marble Hill, Co. Donegal Oil/canvas/board 24x35cm/*9x13in* London 97

  $9 000 FF51 340 £5 499 Nymphs Oil/canvas 53x81cm/*21x32in* Bethesda, Maryland 97

RUSSELL Gyrth 1892-1970 [56]

  $575 FF2 990 £380 Boats and figures by a boathouse Oil/masonite 26x38cm/*10x14in* London 96

  $4 027 FF23 277 £2 500 The Old Quay, Newlyn Oil/canvas 38x53,5cm/*14x21in* London 97

RUSSELL John 1745-1806 [60]

  $7 045 FF44 733 £4 400 Four sea trout with a creel, brass reel and a rod Oil/canvas 45x91,5cm/*17x36in* London 97

  $5 839 FF35 627 £3 500 Portrait of George de Ligne Gregory Pastel/paper 75x62cm/*29x24in* London 98

RUSSELL John XIX [21]

  $4 034 FF24 438 £2 500 Salmon Oil/canvas 50x78cm/*19x30in* Perthshire 97

RUSSELL John (Attrib.) 1745-1806 [14]

  $2 394 FF14 326 £1 500 Portrait of Sarah King, three-quarter-length, in a white dress Oil/canvas 91x71,5cm/*35x28in* London 97

  $1 305 FF7 819 £780 Self Portrait of the Artist Pastel/paper 59x44cm/*23x17in* Bath 98

RUSSELL John Bucknell 1819-1893 [9]

  $1 986 FF10 360 £1 200 Salmon Oil/canvas 61x116cm/*24x45in* Glasgow 96

RUSSELL John Peter 1858-1930 [23]

  $50 683 FF315 000 £30 303 Belle Ile-en-Mer Huile/toile 46x55cm/*18x21in* Paris 98
  $2 238 FF12 976 £1 319 Village, France Watercolour/paper 26,5x37cm/*10x14in* Sydney 97
RUSSELL John Wentworth 1879-1959 **[13]**
  $1 057 FF6 263 £628 A Theatrical Scene Oil/canvas 53x65cm/*20x25in* Toronto 97
RUSSELL Mary 1947 **[3]**
  $4 800 FF27 335 £2 960 All That Glitters Oil/panel 60x73cm/*24x29in* Dallas, Texas 97
RUSSELL Morgan 1886-1953 **[23]**
  $1 199 FF7 000 £725 Danaé Huile/toile 92x65cm/*36x25in* Paris 97
  $14 000 FF84 287 £8 376 Synchrony Oil/board 27,5x22cm/*10x8in* San Francisco 98
RUSSELL Theodore 1614-1689 **[4]**
  $4 170 FF21 220 £2 500 Portrait of a Lady Oil/panel 39x31cm/*15x12in* London 96
RUSSELL Walter Westley 1867-1949 **[19]**
  $6 925 FF40 307 £4 200 A Yacht Race, Shoreham Oil/canvas 40,5x61cm/*15x24in* London 97
RUSSELL William, Captain XIX **[5]**
  $2 965 FF16 885 £1 800 "Defences of Hong Kong, Belchers Point from the North" Watercolour 25,5x35,5cm/*10x13in* London 97
RUSSOLO Luigi 1885-1947 **[7]**
  $7 200 FF40 800 £3 600 Studio per autoritratto Acquarello/carta 34x25cm/*13x9in* Roma 97
RUST Johan Adolph 1828-1915 **[29]**
  $3 112 FF18 012 £1 902 A Summer landscape with Figures on a Path Oil/canvas 40x58,5cm/*15x23in* Amsterdam 97
  $4 000 FF23 202 £2 364 A View of a Bay with Fishing Smacks at Anchor Oil/panel 21,5x33cm/*8x12in* San Francisco 97
RUSTAMADJI 1921 **[2]**
  $10 460 FF61 824 £6 473 Two women, making Satay Oil/canvas/panel 134x87cm/*52x34in* Singapore 97
RUSTICI Francesco Rustichino 1575-1626 **[3]**
  $150 689 FF853 907 £75 344 Olindo e Sofronia Olio/tela 197x163,4cm/*77x64in* Roma 97
  $2 800 FF15 469 £1 740 The Death of Lucretia Ink 19,7x26,2cm/*7x10in* New-York 97
RUSTIGE von Heinrich Gaudenz 1810-1900 **[13]**
  $4 400 FF25 389 £2 696 The Bold Cavalier Oil/panel 66x46cm/*26x18in* Cleveland, Ohio 97
RUSTIN Jean 1928 **[21]**
  $2 300 FF13 500 £1 406 Portrait Huile/toile 35x27cm/*13x10in* Douai 97
  $2 344 FF13 931 £1 394 Abstract Composition in Pink Acrylic/canvas 73x92cm/*28x36in* Amsterdam 97
RUSZCZYC Ferdynand 1870-1936 **[16]**
  $6 487 FF38 161 £4 004 Obloki odbite w wodzie Oil/canvas 33x24cm/*12x9in* Warszawa 97
  $13 718 FF84 417 £8 395 Zakret rzeki Oil/panel 35x51,5cm/*13x20in* Warszawa 98
RUSZKOWSKI Zdzislaw 1907-1990 **[58]**
  $4 555 FF27 860 £2 800 Boats in the Harbour Phaphos, Cyprus Oil/canvas 40,5x56cm/*15x22in* London 98
RUTA Clemente (Attrib.) 1685-1767 **[1]**
  $5 520 FF31 760 £3 280 Dama peinada por sus sirvientes Oleo/lienzo 75,5x102cm/*29x40in* Madrid 97
RUTELLI Mario 1858-1941 **[3]**
  $5 099 FF28 898 £3 399 Leda e il cigno Bronzo 54x56x24cm/*21x22x9in* Milano 97
RUTGERS Abraham I 1632-1699 **[9]**
  $1 303 FF6 630 £781 Extensive landscape with a farm Black chalk 14,3x19cm/*5x7in* Amsterdam 96
RUTHART Carl B. A. (Attrib.) 1630-1703 **[6]**
  $14 000 FF79 600 £8 400 Jauría de perros atacando a un oso Oleo/lienzo 161x201cm/*63x79in* Madrid 97
RUTHART Carl Borromäus A. 1630-1703 **[20]**
  $12 960 FF76 256 £8 000 Kampf zwischen einem Leoparden und einem Zebra Öl/Leinwand 52x66cm/*20x25in* Wien 97
  $22 900 FF114 100 £15 000 Two hunting dogs, a glossy ibis, three bats and two swallows Oil/canvas 17,2x44,5cm/*6x17in* London 95
  $123 750 FF647 250 £75 000 Stags resting in a Clearing with Dusks, a Rabbit, a Beaver, a Stoat Oil/canvas 96,5x133cm/*37x52in* London 96
RUTHENBECK Reiner 1937 **[9]**
  $8 679 FF50 692 £5 328 Ohne Titel Metal 36x47x26cm/*14x18x10in* Köln 97
RUTHERFURD Lewis Morris 1816-1892 **[2]**
  $15 000 FF88 339 £9 258 "Views of the Moon taken on January 8 and 18, and March 4 and 6" Albumen print 56,5x43cm/*22x16in* New-York 97

RUTHERSTON Albert 1881-1953 **[18]**

⬯ *$6 720 FF35 100 £4 000* Saint-Seine l'Abbaye Oil/canvas 64x76cm/*25x29in* London 96

✎ *$252 FF1 278 £150* Costume design Watercolour 40,7x25,7cm/*16x10in* London 96

RUTHS Amelie 1871-1956 **[10]**

⬯ *$1 912 FF11 745 £1 146* "Diele in Ostfriesland" Oil/canvas 53x70cm/*20x27in* Bremen 98

RUTHVEN John XX **[1]**

✎ *$9 500 FF47 880 £6 129* Snow Leopard Watercolour/paper 71x76cm/*28x30in* Hayden 96

RUTTEN Johannes, Jan 1809-1884 **[5]**

⬯ *$11 292 FF65 697 £6 917* A view of the Wijnstraat with the Wijnkoperskapel, Dordrecht Oil/panel 56x46,5cm/*22x18in* Amsterdam 97

RÜTTIMANN Hans 1940 **[25]**

▥ *$594 FF3 056 £371* Katze in Grün Eau-forte 20,6x24,5cm/*8x9in* Bern 96

✎ *$615 FF3 657 £376* "Eigentlich gefällst du mir" Mischtechnik/Papier 28x40cm/*11x15in* Bern 97

RUTZ Viktor 1913 **[5]**

▥ *$324 FF2 059 £202* "Zimmerli Tricots" Poster 127x89cm/*50x35in* New-York 97

RUXTHIEL Henri Joseph 1775-1837 **[3]**

⬳ *$550 FF3 200 £336* Le Roi de Rome Bronze H23cm/*H9in* Paris 97

RUYSCH Anna Eliz. (Attrib.) ?-1714 **[2]**

⬯ *$13 632 FF80 000 £8 336* Bouquet de fleurs à l'escargot et au papillon Huile/toile 48x36cm/*18x14in* Paris 97

RUYSCH Rachel 1664-1750 **[13]**

⬯ *$296 000 FF1 527 000 £190 000* Fruit, bird's nest with eggs, Chinese lantern, lizards and insects Oil/canvas 87x69,5cm/*34x27in* London 96

⬯ *$303 102 FF1 794 618 £180 000* A Nosegay of Roses, Marigolds and Larkspur with a Red Admiral Oil/canvas 34x29cm/*13x11in* London 97

RUYSDAEL Jacob S. (Attrib.) c.1628-1682 **[12]**

⬯ *$5 900 FF30 000 £3 524* Paysage Huile/toile 71x99cm/*27x38in* Lyon 96

RUYSDAEL van Jacob Salomonsz. c.1628-1682 **[10]**

⬯ *$18 800 FF96 200 £12 060* Waldlandschaft mit Herde Oil/panel 56x83cm/*22x32in* Wien 96

✎ *$193 300 FF1 000 000 £125 300* Vue du Hooge Sluis prise des berges d'Amstel River Crayon 14,5x21cm/*5x8in* Paris 96

RUYTEN Jan Michiel 1813-1881 **[20]**

⬯ *$8 580 FF48 930 £5 220* Place animée Huile/toile 53,5x44cm/*21x17in* Bruxelles 97

✎ *$1 233 FF6 430 £745* Markttag Aquareil/Papier 25x26cm/*9x11in* Stuttgart 96

RUYTENBACH E. XVII **[1]**

⬯ *$14 030 FF72 300 £9 000* River landscape with figures in numerous rowing boats before the banks Oil/canvas 63,5x86cm/*25x33in* London 96

RUYTINX Alfred 1871-? **[15]**

⬯ *$5 048 FF30 120 £3 045* Blumenstilleben Öl/Leinwand 65x55cm/*25x21in* Köln 97

⬯ *$17 000 FF104 102 £10 174* The Swans Oil/canvas 150x250cm/*59x98in* New-York 98

RUZICKA Drahomir Josef 1870-1960 **[15]**

▣ *$3 000 FF15 470 £1 987* Pennsylvania Station, New York Gelatin silver print 34x26cm/*13x10in* New-York 96

RUZICKA Othmar 1877-1962 **[9]**

✐ *$5 839 FF35 264 £3 500* A Seated Lady Pastel/canvas 128x128cm/*50x50in* London 98

RUZICKA Rudolph 1883-? **[8]**

▥ *$100 FF607 £60* City Corner Woodcut 23x18cm/*9x7in* Shaker Heights, Ohio 98

RUZICKA-LAUTENSCHLÄGER Anton 1894-1947 **[2]**

⬯ *$1 746 FF10 472 £1 042* Stadtplatz Öl/Leinwand 40x51cm/*15x20in* Wien 98

RUZICKA-LAUTENSCHLÄGER Hans 1862-1933 **[14]**

⬯ *$838 FF4 335 £541* "Gässchen in Trient" Öl/Leinwand 52,5x42cm/*20x16in* Wien 96

⬯ *$2 301 FF13 417 £1 408* Ein Festtag auf dem Land Öl/Karton 28,5x39cm/*11x15in* Wien 97

RYAN Adrian 1920 **[41]**

⬯ *$325 FF1 990 £200* Red Mullet Oil/canvas 30,5x40,5cm/*12x15in* London 98

⬯ *$813 FF4 975 £500* Skate Oil/canvas 61x91,5cm/*24x36in* London 98

▥ *$488 FF2 985 £300* Several Aspects of Love Etching 10x12,5cm/*3x4in* London 98

✎ *$292 FF1 791 £180* Female Nude Wash 14x21,5cm/*5x8in* London 98

RYAN Anne 1899-1954 **[13]**

  $4 750 FF28 377 £2 908 Table Oil/board 30,5x42cm/*12x16in* New-York 98

  $550 FF3 311 £329 "Three Figures" Woodcut in colors 29x38cm/*11x14in* New-York 98

  $2 518 FF15 080 £1 547 Ohne Titel Collage 24x17cm/*9x6in* Köln 98

RYAN Tom 1922 **[7]**

  $17 050 FF104 281 £10 117 April Cowboy Oil/canvas 40x60cm/*16x24in* Houston, Texas 98

  $12 000 FF68 337 £7 400 Big Enough Charcoal/paper 50x76cm/*20x30in* Dallas, Texas 97

RYBACK Issachar 1897-1935 **[75]**

  $5 980 FF34 848 £3 683 The Bride Oil/canvas 33x24cm/*12x9in* Tel Aviv 97

  $7 200 FF37 300 £4 650 Drei Männer beim Thorastudium in einer Feldhütte Oil/cardboard 51x74cm/*20x29in* Köln 96

  $600 FF3 502 £362 The Violonist Bronze H25,5cm/*H10in* Tel Aviv 97

  $1 200 FF7 130 £732 Figures on a Bench Charcoal/paper 33x26cm/*12x10in* Tel Aviv 98

RYBKOVSKI Tadeusz 1848-1926 **[18]**

  $2 291 FF13 346 £1 400 Winter landscape with peasants and troika Oil/panel 11,5x15cm/*4x5in* London 97

  $6 782 FF39 895 £4 186 Hunter on horseback Oil/canvas 50,5x39,5cm/*19x15in* Warszawa 97

  $630 FF3 738 £381 La chasse Watercolour/paper 31x47cm/*12x18in* Warszawa 97

RYCHTER Józef 1780-1837 **[1]**

  $1 909 FF11 047 £1 174 Palac w Jablonnie pod Warszawa Pencil/paper 31x39cm/*12x15in* Warszawa 97

RYCHTER-JANOWSKA Bronislawa 1868-1953 **[20]**

  $841 FF4 875 £524 Woman reading in the salon Oil/cardboard 17,5x25cm/*6x9in* Warszawa 97

  $1 910 FF11 473 £1 140 Dworek Oil/panel 33,5x48cm/*13x18in* Warszawa 98

RYCKAERT David II 1586-1642 **[2]**

  $191 000 FF951 000 £125 000 Cups, a tazza, a nautilus cup, an over-turned dish Oil/canvas 103,5x136cm/*40x53in* London 95

RYCKAERT David III 1612-1661 **[14]**

  $16 550 FF86 400 £10 000 A kitchen interior with a falconer Oil/canvas 126x156cm/*49x61in* London 96

  $22 638 FF140 000 £13 482 La première pipe Huile/panneau 50x65,5cm/*19x25in* Paris 98

RYCKAERT Maerten 1587-1631 **[27]**

  $28 900 FF148 500 £18 000 Extensive mountainous river landscape Oil/canvas 89x130cm/*35x51in* London 96

  $29 600 FF152 700 £19 000 Landscape with travellers resting beside a path/River landscape Oil/copper 20x29cm/*7x11in* London 96

RYCKAERT Maerten (Attrib.) 1587-1631 **[7]**

  $4 390 FF24 877 £2 195 San Gerolamo Eremita Olio/tela 42x49,5cm/*16x19in* Milano 97

  $8 910 FF46 100 £5 750 Castle in a mountainous landscape Oil/copper 3x40cm/*1x15in* Stockholm 96

RYCKHALS Franz, François c.1600-1647 **[8]**

  $4 175 FF24 705 £2 512 Cabbages, a Copper Bucket, an Earthenware Strainer and Other Ustensils Oil/canvas 32x38cm/*12x14in* Amsterdam 98

  $6 714 FF38 722 £4 000 Fish and Shellfish on a Ledge Oil/panel 58,5x83cm/*23x32in* London 97

RYCKX Nicolaes 1637-c.1675 **[1]**

  $59 900 FF310 000 £38 900 Procession de Turcs Huile/toile 72x100cm/*28x39in* Paris 96

RYD Carl 1883-1958 **[19]**

  $1 811 FF11 223 £1 081 Barvinter Oil/canvas 73x60cm/*28x23in* Stockholm 98

RYDBERG Gustaf 1835-1933 **[56]**

  $2 058 FF11 950 £1 216 Insjölandskap med brasa vid gård samt roende man, månskensstämning Oil/canvas 27x44cm/*10x17in* Malmö 97

  $4 067 FF23 736 £2 418 Skånskt sommarlandskap Oil/canvas 44x72cm/*17x28in* Stockholm 97

RYDELIUS Rune 1946 **[3]**

  $197 FF1 172 £122 Head of a man Plaster H18cm/*H7in* Stockholm 97

RYDENG Leif 1913-1975 **[5]**

  $204 FF1 230 £122 Svaner ved strandsö Watercolour/paper 47x55cm/*18x21in* Köbenhavn 98

RYDER Chauncey Foster 1868-1949 **[77]**

  $2 000 FF12 262 £1 226 Promontory Oil/canvas 30x40cm/*12x16in* Mystic, Connecticut 98

  $8 000 FF40 450 £5 250 Windy Hill Oil/canvas 82x101cm/*32x39in* New-York 96

  $100 FF477 £62 "Boston Farm" Lithograph 17x22cm/*7x9in* Portland, Maine 95

  $1 700 FF8 109 £1 069 The Bridge Watercolour/paper 45x53cm/*18x21in* Portland, Maine 95

RYDER Platt Powell 1821-1896 **[7]**

☞ *$3 018 FF19 027* £1 902 Exteriör med italiensk kvinde og lille barn der betrager... Oil/canvas 58x50cm/*22x19in* Vejle 97
RYDER Sophie 1963 **[3]**
☜ *$6 350 FF33 000* £4 200 Hare Bronze H79,5cm/*H31in* London 96
RYDINGSVARD von Ursula XX **[3]**
☞ *$3 200 FF18 550* £1 886 Untitled Acrylic/wood 183x53x14cm/*72x20x5in* New-York 97
RYERSON Mary M. 1886-? **[9]**
☞ *$3 750 FF18 800* £2 372 Writing Lesson Oil/canvas 66x81cm/*26x32in* Philadelphia 95
RYLAND Henry 1856-1924 **[40]**
✏ *$8 959 FF52 330* £5 500 Reflections Watercolour 51,5x37,5cm/*20x14in* London 97
RYLAND Robert Knight 1873-1951 **[4]**
☞ *$1 600 FF9 557* £979 View of Manhattan from across the River Oil/board 40x32cm/*15x12in* New-York 98
RYMAN Robert 1930 **[39]**
☞ *$53 300 FF280 000* £32 000 Untitled Oil/panel 47x47cm/*18x18in* London 96
☞ *$160 000 FF955 792* £98 064 Untitled Oil/canvas 28,5x28cm/*11x11in* New-York 98
☞ *$260 000 FF1 544 868* £158 652 Classico 5 Acrylic 236x225cm/*92x88in* New-York 98
▥ *$1 465 FF8 722* £895 Ohne Titel Farbserigraphie 65x65cm/*25x25in* Köln 98
✏ *$30 000 FF145 300* £19 250 Spectrum Ink 21x21cm/*8x8in* New-York 95
RYMSDYK Andrew ?-1786 **[1]**
✏ *$1 334 FF6 800* £800 Portrait of a young boy Watercolour 29x18,5cm/*11x7in* London 96
RYNENBURG Nicolaes 1713-1785 **[1]**
☞ *$9 000 FF51 253* £5 463 Couple with Bird Cage Oil/board 44x35cm/*17x14in* Chicago, Illinois 97
RYOTT J.R. c.1810-1860 **[2]**
☞ *$11 925 FF68 897* £7 000 Finding the Scent/Gone to Ground/Full Cry/The Kill Oil/canvas 46x61cm/*18x24in* London 97
RYSBRACK Jacob Cornill 1685-1765 **[1]**
☞ *$12 800 FF66 900* £7 630 Classical landscape Oil/canvas 64x80cm/*25x31in* Stockholm 96
RYSBRACK John Michael 1693-1770 **[12]**
☜ *$60 843 FF345 505* £38 077 Sitzende Figur Terracotta 52x35cm/*20x13in* Zürich 97
☜ *$199 848 FF1 174 164* £120 000 Half-length figure of the God Sunna Stone H88cm/*H34in* London 97
RYSBRACK Peter Andreas 1690-1748 **[8]**
☞ *$28 000 FF172 519* £17 203 View of Urless Farm near Corscombe, Dorset Oil/canvas 118x118cm/*46x46in* New-York 98
☞ *$58 900 FF303 000* £38 000 View of Chiswick Gardens, Richmond Oil/canvas 63x107cm/*24x42in* London 96
RYSBRACK Pieter 1655-1729 **[10]**
☞ *$24 896 FF152 512* £15 040 Bewaldete Flusslandschaft mit der Auffindung des Mosesknaben Öl/Leinwand 118x161,5cm/*46x63in* Wien 98
RYSEN van Warnard 1625-c.1665 **[4]**
☞ *$2 790 FF14 450* £1 802 Die Himmelfahrt Mariens Oil/copper 38x29cm/*14x11in* Wien 96
RYSSEL van Louis Paul Gachet 1873-1962 **[54]**
✏ *$501 FF3 000* £307 Vase au plumes de paons Aquarelle/papier 65x49,5cm/*25x19in* Auvers sur Oise 98
RYSSEL van Paul Gachet 1828-1909 **[17]**
▥ *$201 FF1 200* £123 La fileuse, d'après J.F. Millet Linogravure couleurs 13,5x7,5cm/*5x2in* Pontoise 98
RYSSELBERGHE van Théo 1862-1926 **[161]**
☞ *$2 259 FF13 504* £1 333 Südländische Flusslandschaft Oil/panel 46x48cm/*18x18in* Kempten 97
☞ *$6 340 FF32 000* £4 140 Portrait de Madame Eugène Boch Huile/carton 3x27cm/*1x10in* Paris 96
▥ *$618 FF3 200* £399 Émile Verhaeren marchant sur la plage Eau-forte 47x20cm/*18x7in* Paris 96
✏ *$2 397 FF13 611* £1 500 Maternité Charcoal/paper 29x20,5cm/*11x8in* London 97

S

SAABYE August Wilhelm 1823-1916 **[1]**
☜ *$3 939 FF23 028* £2 405 Klassik nögenmodel Bronze H53cm/*H20in* Vejle 97
SAAL Georg-Eduard Otto 1818-1870 **[11]**
☞ *$1 883 FF11 000* £1 114 Sous-bois à Barbizon Huile/panneau 55,5x44,3cm/*21x17in* Barbizon 97

SAALBORN Louis 1890-1957 **[33]**
- *$1 465 FF8 706 £871* Mountain Lake, Switzerland Oil/board 90x121cm/*35x47in* Amsterdam 97

SAAR von Karl 1797-1853 **[14]**
- *$1 482 FF7 700 £980* Herrenportrait Miniature 12,5x9,5cm/*4x3in* Wien 96
- *$1 488 FF8 654 £909* Pflanzenstudien Aquarell/Papier 31x23cm/*12x9in* Wien 97

SAARBYE Eveline XIX **[1]**
- *$2 550 FF13 300 £1 517* Bouquet of flowers Oil/canvas 25x35cm/*9x13in* København 96

SAARINEN Eliel 1873-1950 **[2]**
- *$750 FF4 432 £444* Hvitträsk Lithograph 47x38cm/*18x14in* Helsinki 97

SAARINEN Yrjö 1899-1958 **[21]**
- *$2 090 FF12 715 £1 271* Bäcken Oil/canvas 53x64cm/*20x25in* Helsinki 98

SABATELLI Luigi I 1772-1850 **[17]**
- *$1 680 FF9 520 £1 120* La Visione di San Giovanni Evangelista in Patmos Olio/carta/tela 24x43cm/*9x16in* Prato 98
- *$1 800 FF10 200 £900* Studio di foresta con indigeni e leoni Inchiostro 18x21cm/*7x8in* Milano 98

SABATELLI Luigi I (Attrib.) 1772-1850 **[2]**
- *$1 545 FF8 000 £997* La Traversée du Styx Encre 44x62cm/*17x24in* Lyon 96

SABATER Y SALABERT Daniel 1888-1951 **[53]**
- *$788 FF4 010 £473* Ahora la tierra es atomica Oleo/tablex 27x34cm/*10x13in* Madrid 96
- *$1 045 FF6 500 £625* Fleurs et oiseau Huile/toile 50x65cm/*19x25in* Paris 98

SABATIER Daniel 1888-1951 **[3]**
- *$1 075 FF5 531 £662* Paseo Royal Oleo/lienzo 42x54cm/*16x21in* Madrid 96

SABATIER Léon Jean-Bapt. ?-1887 **[6]**
- *$2 824 FF16 932 £1 700* Panoramic View of Bombay, Taken From Malabar Hill, after Carpendale Color lithograph 42x231,5cm/*16x91in* London 98

SABATIER Roland 1942 **[14]**
- *$620 FF3 800 £369* Composition lettriste Gouache/papier 71x53cm/*27x20in* Paris 98

SABATINI DA BOLOGNA Lorenzo c.1530-1576 **[4]**
- *$32 000 FF167 500 £21 000* Sacra Famiglia con San Giovannino Olio/tavola 10x71cm/*3x27in* Roma 96

SABATINI DA SALERNO Andreas 1485-1530/31 **[2]**
- *$60 000 FF312 000 £39 700* Madonna and Chil appearing to Saints Sebastian and Roch Oil/canvas 178x121cm/*70x47in* New-York 96

SABATINI Luigi XIX **[3]**
- *$18 590 FF108 588 £11 000* A musical afternoon Oil/canvas 70x50cm/*27x19in* London 97

SABAVALA Jehangir 1922 **[7]**
- *$3 910 FF20 230 £2 500* Montenegran Gypsy Oil/canvas 46x38cm/*18x14in* London 96
- *$7 540 FF37 500 £4 800* Kumaon Sky Oil/canvas 152x112cm/*59x44in* London 95

SABBAGH Georges-Hanna 1887-1951 **[64]**
- *$438 FF2 500 £267* "Nature morte aux crevettes roses et citrons" Huile/carton 17x40,5cm/*6x15in* Paris 97
- *$1 205 FF7 200 £737* "Moulin à Ploumanach" Huile/toile 45x55cm/*17x21in* Provins 98
- *$3 570 FF18 000 £2 316* Le pont de la Creuse à Crozant Huile/toile 97x130cm/*38x51in* Paris 96
- *$265 FF1 600 £159* Le jardin de l'artiste au Caire Aquarelle/papier 25x32,5cm/*9x12in* Paris 98

SABI Sandro Bidasio Imb. XX **[1]**
- *$2 200 FF13 110 £1 318* "Dolomiti" Poster 98x69,5cm/*38x27in* New-York 98

SABLET Jacques (Attrib.) 1749-1803 **[5]**
- *$8 559 FF52 000 £5 153* Autoportrait d'artiste à la palette Huile/toile 39x33cm/*15x12in* Paris 98
- *$206 886 FF1 230 000 £128 166* La sérénade sur fond de paysage Huile/toile 62x73cm/*24x28in* Lyon 97

SABLET LE ROMAIN Jean François 1745-1819 **[11]**
- *$4 069 FF24 295 £2 500* Portrait of a Woman, seated besides a basket of Violets Oil/canvas 24x20cm/*9x7in* London 98
- *$12 438 FF72 610 £7 639* Nature morte au gibier et au griffon Öl/Leinwand 54,5x66cm/*21x25in* Zürich 97
- *$1 260 FF6 200 £811* Jardins de la Villa Borghese à Florence Aquarelle 43x63cm/*16x24in* Paris 95

SABOURAUD Emile 1900-1996 **[134]**
- *$503 FF2 600 £324* Femme au chapeau Huile/papier 41x32cm/*16x12in* Paris 96
- *$953 FF4 800 £623* Nature morte aux livres et au vase de fleurs Huile/toile 61x50cm/*24x19in* Paris 96

SABY Bernard 1925-1975 **[35]**
- *$1 405 FF7 000 £920* Composition Huile/toile 50x61cm/*19x24in* Paris 95
- *$309 FF1 500 £199* Sans titre Gouache 62,5x43cm/*24x16in* Paris 95

SACCAGI Cesare 1868-1934 **[8]**
 $4 543 FF25 744 £2 271 Artisti randagi Olio/tavola 27,5x25cm/*10x9in* Milano 98
SACCARO John 1913-1981 **[8]**
 $10 000 FF59 347 £6 125 Fallout: Ash Wednesday Finals Oil 180,5x170cm/*71x66in* San Francisco-Los Angeles 97
SACCHI Andrea 1599-1661 **[4]**
 $14 800 FF76 300 £9 500 A young boy holding a plumed hat/A kneeling priest Red chalk 25,2x33,4cm/*9x13in* London 96
SACCHI Andrea (Attrib.) 1599-1661 **[6]**
 $5 592 FF31 688 £3 728 Battesimo di Cristo/Sacra Famiglia con Sant'Anna Olio/tela 46,5x26,5cm/*18x10in* Milano 98
SACCHI Piero Fr. (Attrib.) c.1485-1528 **[1]**
 $5 920 FF30 540 £3 800 Saint Jerome Oil/panel 86x66,5cm/*33x26in* London 96
SACHAROFF Olga 1889-1969 **[6]**
 $6 500 FF39 500 £4 000 Encajera Oleo/lienzo 73x54,5cm/*28x21in* Barcelona 98
SACHÉ John Edward c.1840-c.1890 **[6]**
 $1 162 FF6 020 £750 Views around Delhi, Agra, Fatehpur Sikri Albumen print 22x28cm/*9x11in* London 96
SACK Alexander 1807-1885 **[1]**
 $13 730 FF72 000 £8 260 Vue d'intérieur: un petit cabinet a Schönbrunn Aquarelle/papier 30,7x26cm/*12x10in* Monaco 96
SACKLARIAN Stephen 1899 **[1]**
 $15 000 FF89 179 £9 292 Genesis Green Acrylic/canvas 109x141cm/*43x55in* Bethesda, Maryland 97
SACRÉ Émile 1844-1882 **[2]**
 $11 440 FF58 500 £7 400 Élégante à l'ombrelle et au lévrier Huile/toile 115x72cm/*45x28in* Bruxelles 95
SACRE Joseph 1837-? **[2]**
 $2 010 FF10 210 £1 200 Feeding the nestlings Oil/panel 34x25cm/*13x9in* London 96
SACRISTAN ARRIETA Ricardo 1921-1981 **[19]**
 $363 FF2 172 £225 Ría Acuarela 47,5x67cm/*18x26in* Madrid 97
SADAHIDE Gountei 1807-1873 **[2]**
 $8 500 FF48 433 £5 308 Western Trader at Yokohama Transporting Merchandise Woodcut 36x124,5cm/*14x49in* New-York 97
SADALI Ahmad 1924-1987 **[9]**
 $11 360 FF57 300 £7 450 Self-portait, New York Oil/canvas 80,5x61cm/*31x24in* Singapore 96
 $5 680 FF28 650 £3 730 Abstract II Mixed media/paper 39x43cm/*15x16in* Singapore 96
SADÉE Philippe L.J.F. 1837-1904 **[47]**
 $3 399 FF20 113 £2 045 Arbeiter einer Ziegelei im dunstigen Morgenlicht Oil/panel 28x55cm/*11x21in* Lindau 98
 $5 348 FF31 118 £3 276 Dragging fishing vessels on the beach, Scheveningen Oil/paper/panel 35x50cm/*13x19in* Amsterdam 97
 $7 020 FF36 120 £4 380 Mother and Child waiting for the Return of the Fishingboat Watercolour/paper 34x48cm/*13x18in* Amsterdam 96
SADELER Aegidius c.1570-1629 **[51]**
 $28 FF167 £16 Damenbildnis mit kleinem Jungen Radierung 29x24cm/*11x9in* Köln 98
SADELER Johannes I, Jan 1550-c.1600 **[23]**
 $325 FF1 695 £190 Allegorie mit Prinz Maximilian als Herkules, nach F. Sustris Engraving 42,5x30,7cm/*16x12in* Berlin 96
SADKOWSKY Alex 1934 **[33]**
 $346 FF1 704 £223 Fünf Leute auf Landstrich Öl/Leinwand 16x31cm/*6x12in* Zürich 95
 $1 237 FF6 410 £804 Mutter mit Kind Huile/papier 69x49cm/*27x19in* Zürich 96
SADLER Kate XIX-XX **[4]**
 $1 592 FF8 090 £950 White azaleas Watercolour/paper 37x15,5cm/*14x6in* London 96
SADLER Walter Dendy 1854-1923 **[24]**
 $623 FF3 110 £407 A Glass of Toddy Oil/canvas 33x23cm/*12x9in* Toronto 95
 $5 580 FF28 900 £3 600 Temptation Oil/canvas 62x81cm/*24x31in* London 96
 $39 093 FF228 352 £24 000 A Meeting of Creditors Oil/canvas 98x128cm/*38x50in* London 97
SADLER William I ?-1788 **[9]**

$1 966 FF10 220 £1 300 Mounted figures in a river landscape Oil/panel 4x61cm/*1x24in* London 96
SADLER William II c.1782-1839 **[21]**
$2 780 FF16 205 £1 700 Shipping Entering Dublin Harbour, Passing The Pigeon House Oil/panel 20,5x27cm/*8x10in* London 97
$6 543 FF38 131 £4 000 A Riverside Town, with Figures Unloading a Rowing Boat Oil/panel 51x81,5cm/*20x32in* London 97
SADOVNIKOV Vasilii Semenovich 1800-1879 **[1]**
$4 256 FF21 280 £2 800 View of the Winter Palace, St. Petersburg Gouache 15x22,5cm/*5x8in* London 95
SADUN Piero 1919-1974 **[10]**
$1 242 FF7 038 £621 Senza titolo Olio/tela 60x50cm/*23x19in* Milano 98
SADURNI Antoni M. 1927 **[12]**
$247 FF1 501 £148 Pueblo catalán Oleo/lienzo 36x44,5cm/*14x17in* Madrid 98
SAEDELEER de Valerius 1867-1942 **[39]**
$45 200 FF226 000 £29 260 Paysage d'été à Etikhove Huile/toile 58x69cm/*22x27in* Bruxelles 96
SAEGHER de Rodolphe 1871-1941 **[10]**
$753 FF3 933 £458 Riviergezicht Pastel 28,5x41cm/*11x16in* Lokeren 96
SAENE van Mauritz 1919 **[14]**
$4 018 FF22 890 £2 520 De Italiaanse reis Huile/toile 90x48cm/*35x18in* Antwerpen 97
$11 480 FF65 400 £7 200 Léda et le cygne Huile/toile 120x103cm/*47x40in* Antwerpen 97
$406 FF2 434 £243 Marine Crayons couleurs/papier 50x64cm/*19x25in* Antwerpen 98
SAENREDAM Jan 1565-1607 **[33]**
$624 FF3 800 £380 Salomé danse devant Hérode, d'après Karel Van Mander Burin 27x41cm/*10x16in* Paris 98
SAENZ DE TEJADA Carlos 1897-1957 **[15]**
$74 FF440 £46 Puente de Alcántara Litografía 46x37cm/*18x14in* Madrid 97
SAETTI Bruno 1902-1984 **[72]**
$2 904 FF14 830 £1 760 Natura morta Olio/tela 18x25cm/*7x9in* Prato 96
$13 110 FF74 290 £6 555 "Vaporino della Giudecca" Olio/tela 50x60cm/*19x23in* Milano 98
$1 056 FF5 520 £624 Madre con bambino China/carta 23x24cm/*9x9in* Venezia 96
SAEYS Jacob Ferd. (Attrib) 1658-1725 **[6]**
$12 493 FF75 445 £7 500 Capriccio Views of Villas with Figures Oil/canvas 86x69cm/*33x27in* London 98
SAEYS Jacob Ferdinand 1658-1725 **[14]**
$10 130 FF52 200 £6 500 A Palace Courtyard with an elegant couple and a page Oil/canvas 20x24cm/*7x9in* London 96
$15 000 FF71 550 £9 433 The Visit of the Queen of Sheba to King Solomon Oil/canvas 58x83cm/*23x33in* Fairfield, ME. 95
$28 626 FF169 491 £17 000 The Courtyard of a baroque Palace with an Oriental Queen Oil/canvas 105x147,5cm/*41x58in* London 97
SAEZ Carlos Federico XX **[3]**
$3 800 FF19 907 £2 285 Paisaje Lacustre Oleo/tabla 17,5x28cm/*6x11in* Montevideo 96
SAEZ Fernando 1921 **[8]**
$330 FF1 975 £205 Figura Tinta/papel 50x35cm/*19x13in* Madrid 97
SÄFLUND Martin 1894-1976 **[21]**
$177 FF922 £107 Uppsala slott, vinter Akvarell 20x28cm/*7x11in* Uppsala 96
SAFTLEVEN Cornelius 1607-1681 **[38]**
$650 FF3 878 £389 Interior with figures Oil/panel 25x33cm/*10x13in* Stonington, Connecticut 97
$16 524 FF96 067 £10 086 Noah and the Animals with the Ark Oil/panel 42,5x53,5cm/*16x21in* Amsterdam 97
$3 000 FF18 416 £1 838 Woman helping a Blind Pilgrim Black chalk 23,5x16cm/*9x6in* New-York 98
SAFTLEVEN Cornelius (Attrib.) 1607-1681 **[7]**
$3 547 FF21 194 £2 200 Wooded landscape with Herders and their Flocks Oil/panel 43,5x69,5cm/*17x27in* London 97
SAFTLEVEN Herman 1609-1685 **[98]**
$15 444 FF93 672 £9 168 Rhenlandskap med byggnader och figurer Oil/panel 23x31cm/*9x12in* Malmö 98
$20 759 FF127 516 £12 452 Ideale Rheinlandschaft Oil/wood 37,5x47,5cm/*14x18in* Köln 98
$2 080 FF10 848 £1 216 Das Haus am Fuss des Felsens Radierung 12,6x10,3cm/*4x4in* Berlin 96
$2 853 FF16 335 £1 685 A Mountainous Landscape with a River Valley Black chalk 17,5x18,5cm/*6x7in*

Amsterdam 97
SAFTLEVEN Herman (Attrib.) 1609-1685 **[12]**
🎨 *$14 580 FF75 500 £9 750* Peasants returning from Market on a Mountain Path Oil/canvas 51x62cm/*20x24in* Amsterdam 96
🎨 *$19 000 FF115 854 £11 401* The Bustling Harbor Town Oil/panel 28x38cm/*11x14in* Boston, Mass. 98
✏️ *$3 663 FF21 526 £2 200* A Couple crossing a Trestle Bridge over a Stream Black chalk 14,5x21,5cm/*5x8in* London 97
SAGASTA Cruz López 1951 **[10]**
🎨 *$292 FF1 777 £180* Elegantes y coche de punto Oleo/lienzo 40x80cm/*15x31in* Barcelona 98
SAGE Henry James 1868-1953 **[5]**
✏️ *$486 FF2 801 £300* Farm Scene with Five Children on Track, Buildings, Horse, Trees Beyond Watercolour/paper 23x33cm/*9x13in* Guilford, Surrey 97
SAGE Kay, Mme Yves Tanguy 1898-1961 **[2]**
🎨 *$40 000 FF232 964 £24 436* Three Thousand Miles to the Point of Beginning Oil/canvas 91,5x71cm/*36x27in* New-York 97
SAGENDORF Bud 1915 **[2]**
✏️ *$1 700 FF10 119 £1 039* "Swee'Pea in Emperor Size" Ink 47x32,5cm/*18x12in* New-York 98
SAGER-NELSON Olof 1868-1896 **[11]**
🎨 *$177 120 FF1 033 695 £105 300* Skulptören Pierre Fix-Masseau som Christus Oil/canvas 61x40cm/*24x15in* Stockholm 97
✏️ *$1 352 FF8 095 £832* Studie av kvinna Watercolour 13,5x9,5cm/*5x3in* Stockholm 98
SAGEWKA Ernst 1883-1959 **[2]**
🎨 *$5 032 FF28 677 £3 143* Frühling Öl/Leinwand 88x74cm/*34x29in* Bielefeld 97
SAGGEE Guy 1968 **[3]**
🗂️ *$550 FF3 351 £335* You Don't Me Etching in colors 31x41cm/*12x16in* Tel Aviv 98
SAGRESTANI Giovanni Camillo 1660-1731 **[9]**
🎨 *$5 740 FF35 000 £3 500* Washerwomen in a Laundry Oil/canvas 43x64,5cm/*16x25in* London 98
SAHUT Marcel 1906-1990 **[37]**
✏️ *$183 FF900 £119* Mas provençal Fusain 26,5x42,5cm/*10x16in* Grenoble 95
SAILMAKER Isaac c.1633-1721 **[6]**
🎨 *$9 176 FF55 985 £5 500* A Ketch rigged Royal Yacht off Greenwich/Men of War by the Eddystone Oil/panel 29,5x40,5cm/*11x15in* London 98
🎨 *$14 000 FF79 863 £8 608* An English three-decker firts rate and a Ketch Rigged Royal Yacht Oil/canvas 87,5x145,5cm/*34x57in* New-York 97
SAILMAKER Isaac (Attrib.) c.1633-1721 **[3]**
🎨 *$20 328 FF116 959 £12 000* The Fleet as its Anchorage, probably the Nore Oil/canvas 91,5x166,5cm/*36x65in* London 97
SAILORS Howard R. XX **[1]**
📷 *$4 000 FF20 430 £2 635* Cal Lilies Photograph 49x39,4cm/*19x15in* New-York 96
SAIN Edouard Alexandre 1830-1910 **[21]**
🎨 *$1 186 FF7 000 £726* Jeune femme rousse en buste, de profil Huile/toile 46x55cm/*18x21in* Fontainebleau 98
🎨 *$14 000 FF83 682 £8 569* La pause des paysans napolitains Oil/canvas 136,5x89cm/*53x35in* New-York 97
SAIN Paul 1853-1908 **[37]**
🎨 *$1 130 FF5 600 £714* Soleil couchant Huile/panneau 31x32cm/*12x12in* Paris 95
🎨 *$1 694 FF9 900 £1 002* Clairière animé de personnages et de chèvres Huile/toile 47x68cm/*18x26in* Dieppe 97
🎨 *$47 500 FF280 900 £28 818* Waterlillies Oil/canvas 128,5x199cm/*50x78in* New-York 98
SAINSBURY Jonathan 1951 **[6]**
🎨 *$1 270 FF6 140 £800* A fox and other game in Winter Oil/canvas 85x125cm/*33x49in* London 95
SAINT Daniel 1778-1847 **[9]**
🎨 *$996 FF5 850 £609* Portrait d'homme Miniature 8x6,3cm/*3x2in* Saint-Brieuc 97
SAINT-ANDRÉ de Simon Bernard 1613-1677 **[1]**
🎨 *$60 526 FF359 640 £36 000* A vanitas still life with an hour glass, a candle, a lira da braccia.. Oil/canvas 60,5x51,5cm/*23x20in* London 97
SAINT-AUBIN de Augustin 1736-1807 **[30]**

▥ $171 FF1 000 £101 La fontaine enchantée de la Vérité d'amour, d'après Ch.-N. Cochin Gravure 33x40cm/*12x15in* Paris 97

✐ $4 825 FF25 000 £3 130 Portrait en buste de Condorcet, de profil à droite Mine plomb 16,5x10,2cm/*6x4in* Paris 96

SAINT-AUBIN de Gabriel 1724-1780 **[33]**
▥ $26 226 FF155 000 £15 686 Vue du Salon du Louvre en l'année 1753 Eau-forte 13,5x17,5cm/*5x6in* Paris 97

✐ $3 764 FF19 000 £2 457 Académie d'homme assis Crayon 22x32,2cm/*8x12in* Paris 96

SAINT-AUBIN de Gabriel (Attrib.) 1724-1780 **[5]**
✐ $1 000 FF5 913 £600 A Serpent Struck by Lightning Before Ruined Buildings Watercolour 22x33,5cm/*8x13in* New-York 97

SAINT-AUBIN de Germain 1721-1786 **[3]**
✐ $3 500 FF19 401 £2 159 Pailloneries Watercolour 25x16,5cm/*9x6in* New-York 97

SAINT-CHARLES Joseph 1868-1945 **[29]**
◔ $328 FF1 943 £203 "D'après Rembrand" Huile/toile 73,5x60cm/*28x23in* Montréal 97

SAINT-CLAIR Norman 1863-1912 **[2]**
◔ $1 800 FF10 849 £1 089 Old oak tree in landscape Oil/board 30x49cm/*12x19in* Pasadena, California 98
✐ $1 200 FF7 050 £720 Coastal Landscape Watercolour/paper 38x22cm/*15x9in* Altadena, CA 97

SAINT-CYR GIRIER Jean Aimé 1837-1911 **[17]**
◔ $773 FF4 500 £473 Le village dans les arbres Huile/toile 25x38cm/*9x14in* Paris 97

SAINT-DELIS de Henri Liénard 1878-1949 **[161]**
◔ $5 074 FF31 000 £3 149 Honfleur, la sortie des voiliers Huile/carton 27x38cm/*10x14in* Deauville 97
◔ $9 966 FF60 000 £6 066 La marché Huile/toile 46x38cm/*18x14in* Honfleur 98
▥ $287 FF1 700 £172 Honfleur, le bassin et Sainte-Catherine Gravure bois 25x32cm/*9x12in* Neuilly-sur-Seine 97
✐ $664 FF4 000 £404 Barque échouée Aquarelle/papier 23,5x35cm/*9x13in* Honfleur 98

SAINT-DELIS de René Liénard 1877-1958 **[64]**
◔ $451 FF2 800 £271 Le grenier Huile/toile 41x27cm/*16x10in* Le Havre 98
◔ $740 FF4 400 £458 Le débarras Huile/carton 75x60cm/*29x23in* Paris 97
✐ $445 FF2 600 £263 Bateaux à quai Crayon/papier 30x47cm/*11x18in* Le Havre 97

SAINT-ELME Gautier **[4]**
◔ $2 835 FF17 000 £1 706 Jeune femme alanguie Huile/panneau 30x40,5cm/*11x15in* Paris 98

SAINT-EVRE Gillot 1791-1858 **[1]**
◔ $3 490 FF18 070 £2 255 Juana de Arco en prisión Oleo/lienzo 47x43cm/*18x16in* Madrid 96

SAINT-EXUPÉRY de Antoine 1900-1944 **[14]**
✐ $1 236 FF7 500 £748 Autoportrait Lavis/papier 21,5x23,5cm/*8x9in* Paris 98

SAINT-GAUDENS Augustus 1848-1907 **[40]**
⬢ $7 000 FF41 542 £4 287 Portrait Bust of Samuel Johnson Plaster H74cm/*H29in* New-York 98
⬢ $80 000 FF490 496 £48 944 "The Puritan" Bronze H81,5cm/*H32in* New-York 98

SAINT-GERMIER Joseph 1860-1925 **[16]**
◔ $1 843 FF11 000 £1 112 Dans l'atelier Huile/panneau 35,5x27,5cm/*13x10in* Paris 97
◔ $2 335 FF14 000 £1 405 Mères et enfants en Algérie Huile/toile 46,5x56cm/*18x22in* Paris 98

SAINT-JEAN Paul 1842-1875 **[1]**
◔ $23 600 FF119 400 £15 500 A Spanish beauty Oil/canvas 100x81cm/*39x31in* London 96

SAINT-JEAN Paul (Attrib.) 1842-1875 **[1]**
◔ $18 000 FF106 824 £11 025 La marchande de victuailles Oil/canvas 120x93cm/*47x36in* New-York 97

SAINT-JEAN Simon 1808-1860 **[20]**
◔ $1 489 FF9 000 £894 Buste de femme décoré d'une guirlande de fleurs Huile/papier 40x32cm/*15x12in* Neuilly-sur-Seine 98
◔ $60 200 FF306 000 £39 000 Nature morte de fleurs et fruits sur un entablement Oil/canvas 104x84cm/*40x33in* Viby J, Århus 95
✐ $402 FF2 500 £242 Bouquet de fleurs posé sur un guéridon Crayon/papier 22x16,5cm/*8x6in* Paris 98

SAINT-JOHN Edwin XIX **[31]**
✐ $510 FF3 024 £320 Durham Cathedral Watercolour/paper 40,5x30cm/*15x11in* Newcastle-upon-Tyne 97

SAINT-LAURENT Yves 1936 **[5]**
✐ $2 749 FF15 658 £1 706 Costume designs for "Maldoror, ballet de Roland Petit" Gouache/paper 50,2x64,8cm/*19x25in* New-York 97

SAINT-MARCEAUX René Charles 1845-1915 [30]
- $1 456 FF8 500 £894 Génie gardien du secret Bronze H30,5cm/*H12in* Paris 97
- $5 500 FF28 340 £3 550 Harlequin Bronze H88cm/*H34in* New-York 96

SAINT-MÉMIN de Charles B. J. Févret 1770-1852 [4]
- $1 700 FF10 423 £1 040 Portrait of a Man/Portrait of a Woman Woodcut 7x7cm/*3x3in* New-York 98
- $4 800 FF29 429 £2 936 Portrait of Sarah Johnson Livingston Pastel 46x34cm/*18x13in* New-York 98

SAINT-NON de Jean Claude, Abbé 1727-1791 [12]
- $184 FF950 £119 Der Serapis Tempel in Rom, nach Hubert Robert Etching, aquatint 24x30,5cm/*9x12in* Hamburg 96
- $1 425 FF8 542 £850 Hercules and Antaeus, after Guercino Black chalk 17x13cm/*6x5in* London 98

SAINT-OURS Jean-Pierre P. 1752-1809 [15]
- $10 726 FF65 843 £6 545 Scène mythologique Huile/bois 36x40cm/*14x15in* Genève 98
- $1 980 FF10 330 £1 196 Saint-Laurent-Hors-les-Murs/ Monument antique, Rome Encre/papier 31x45,5cm/*12x17in* Zürich 96

SAINT-PHALLE de Niki 1930 [431]
- $5 500 FF33 845 £3 339 Dog Acrylic/canvas 9,5x23,5cm/*3x9in* New-York 98
- $24 492 FF145 348 £15 000 La Tête II Mixed media 89x89cm/*35x35in* London 98
- $492 FF2 845 £289 Spielende Kinder mit Luftballons Farblithographie 75x55,5cm/*29x21in* Köln 97
- $1 767 FF10 563 £1 081 Panneau Sculpture, wood 54x27cm/*21x10in* Köbenhavn 97
- $39 367 FF225 988 £24 000 T.V on the brain Sculpture 80x42x30cm/*31x16x11in* London 97
- $2 900 FF16 728 £1 728 Merci pour les beau bas Collage/paper 25,5x34cm/*10x13in* München 97

SAINT-PIERRE Gaston-Casimir 1833-1916 [7]
- $1 500 FF8 542 £920 Exotic Beauty Oil/panel 23x18cm/*9x7in* Bethesda, Maryland 97
- $3 322 FF20 183 £2 000 "L'Odorat-Femme à la rose" Oil/canvas 60x45cm/*23x17in* London 98

SAINT-SAENS Marc 1903 [9]
- $5 936 FF36 000 £3 524 Sans titre Tapisserie 200x227cm/*78x89in* Clermont-Ferrand 98

SAINT-VIL Murat 1955 [16]
- $491 FF2 500 £324 Le chenal Huile/isorel 20x20cm/*7x7in* Paris 96

SAINTHILL Loudon 1918-1969 [21]
- $769 FF4 569 £469 Surrealist Image Watercolour, gouache 37x50cm/*14x19in* Woollahra, Sydney 98

SAINTIN Henri 1846-1899 [28]
- $686 FF4 000 £422 Exposition universelle Huile/panneau 20x24cm/*7x9in* Saint-Dié 97
- $843 FF5 000 £515 La plage de Trestraou, Perros-Guirec Huile/toile 46x61cm/*18x24in* Rennes 98

SAINTIN Jules Émile 1829-1894 [11]
- $1 684 FF8 500 £1 106 Vénus et l'Amour Huile/toile 27x22cm/*10x8in* Saint-Dié 96
- $2 185 FF12 757 £1 300 Portrait of Mlle. Breulion Pencil 39x28,5cm/*15x11in* London 97

SAINTON Charles Prosper 1861-1914 [8]
- $590 FF3 578 £360 Female Nude at the Entrance to a Cave Watercolour/paper 33x61cm/*12x24in* London 98

SAINZ Y SAINZ Casimiro 1853-1898 [9]
- $2 048 FF12 640 £1 216 Paisaje con lobo Oleo/lienzo 21x16cm/*8x6in* Madrid 98

SAITO Kiyoshi 1907-1992 [71]
- $150 FF772 £96 Haniwa Woodcut in colors 20x34cm/*8x13in* Bolton, Mass. 96

SAITO Yoshishige 1905 [3]
- $1 600 FF9 501 £982 Untitled Collage 73x60cm/*28x23in* New-York 97

SAITO YOSHISHIGE 1904 [4]
- $20 000 FF97 400 £12 660 Work (red) Oil/panel 33x23,5cm/*12x9in* New-York 95
- $90 000 FF438 000 £57 000 Work (red) Oil/panel 138x121cm/*54x47in* New-York 95

SAIVE de Jean-Bapt. (Attrib.) c.1540-1624 [4]
- $4 894 FF29 970 £3 000 The Butcher's Stall Oil/canvas 117x87,5cm/*46x34in* London 98

SAIVE de Jean-Baptiste c.1540-1624 [5]
- $151 183 FF891 437 £89 500 March and april Oil/canvas 220x113cm/*86x44in* London 97
- $1 543 FF8 966 £949 A landscape with Shepherds and Cows near a Farm Ink 20x30cm/*7x11in* London 97

SAKAI Sanryoshi 1897-1969 [1]
- $16 000 FF82 000 £9 720 River in snow Ink 46x59cm/*18x23in* New-York 96

SALA de Eugène 1899-1987 [44]

☞ *$531 FF3 089* £327 Nature morte Oil/panel 61x44cm/*24x17in* Köbenhavn 97

☞ *$684 FF3 516* £416 Portraet af kvinde med abnorm naese efter byzantinsk forbillede Oil/canvas 39x39cm/*15x15in* Köbenhavn 96

SALA Gerard 1942 **[4]**

✎ *$214 FF1 264* £131 Composición Técnica mixta/papel 76x56,5cm/*29x22in* Barcelona 98

SALA Jean 1867-1918 **[16]**

☞ *$3 368 FF20 000* £2 040 Saltimbanque assise de profil Huile/toile 100x71cm/*39x27in* Paris 97

SALA Paolo 1859-1929 **[98]**

☞ *$2 618 FF14 958* £1 604 "Sull Oceana" Oil/panel 13,5x24,5cm/*5x9in* Stockholm 97

☞ *$11 210 FF54 300* £7 200 Fiori e Murano Oil/canvas 71x94cm/*27x37in* London 95

✎ *$2 537 FF14 822* £1 501 Kinder am Strand Aquarell/Papier 44x31cm/*17x12in* Luzern 97

SALA Raimondi XVIII **[1]**

☞ *$4 050 FF20 900* £2 600 Tobias and the Angel Oil/canvas 27x20cm/*10x7in* London 96

SALA Y FRANCÉS Emilio 1850-1910 **[52]**

☞ *$1 787 FF10 862* £1 100 Retrato Oleo/lienzo 45x33cm/*17x12in* Madrid 98

☞ *$2 535 FF13 030* £1 580 Mujer joven arropada con manta y pañuelo Oleo/lienzo 68x50,5cm/*26x19in* Madrid 96

☞ *$9 900 FF59 550* £6 150 De pasec Oleo/lienzo 183,5x115cm/*72x45in* Madrid 97

✎ *$208 FF1 264* £124 Figura de mujer Tinta/papel 22x9cm/*8x3in* Madrid 98

SALABET Jean XX **[14]**

☞ *$575 FF3 126* £344 Paris Oil/canvas 26x34cm/*10x13in* Bethesda, Maryland 97

☞ *$800 FF4 621* £493 Place Vendôme Oil/canvas 45x55cm/*18x22in* New-York 97

SALAS Jorge 1954 **[1]**

⚒ *$6 000 FF35 842* £3 670 Naturaleza muerta Sculpture H64cm/*H25in* New-York 98

SALAS Osvaldo 1914-1992 **[4]**

▣ *$850 FF4 390* £544 Che with his cigar Silver print 41x30cm/*16x12in* New-York 96

SALASSA Guy 1943 **[7]**

☞ *$519 FF3 000* £318 Dans le métro Huile/toile 54x65cm/*21x25in* Mulhouse 97

SALASSA Simone 1863-1930 **[1]**

☞ *$10 800 FF61 200* £5 400 Figura femminile sul terrazzo con veduta di Ivrea Olio/tela 110x140cm/*43x55in* Milano 97

SALATHÉ Friedrich 1793-1858 **[23]**

▥ *$115 FF675* £71 Im Wald/Waldweg Radierung 8,1x12,1cm/*3x4in* Berlin 97

✎ *$595 FF3 527* £353 Gebirgslandschaft Pencil 20,7x30,7cm/*8x12in* Zürich 97

SALCES Y GUTIERREZ Manuel 1861-1932 **[31]**

☞ *$884 FF5 200* £533 Vista de Santa Lucia, Santander Oleo/tabla 5x19,5cm/*1x7in* Madrid 97

SALDIVAR Jaime 1926-1974 **[2]**

☞ *$4 000 FF23 571* £2 390 Ciénaga de Talpa Oil/canvas 35x45,5cm/*13x17in* New-York 97

☞ *$26 000 FF149 253* £15 849 Charreada Oil/canvas 110,5x160cm/*43x62in* New-York 97

SALEH Raden S. Bastaman 1807/14-1880 **[15]**

☞ *$55 328 FF312 256* £33 912 The Water-Mill Oil/panel 51,5x65,5cm/*20x25in* Singapore 97

☞ *$1 244 880 FF7 025 760* £763 020 Lions and a Snake fighting outside a Grotto in a Tropical Landscape Oil/canvas 121x175,5cm/*47x69in* Singapore 97

SALEMBIER Henri 1753-1820 **[1]**

✎ *$1 300 FF7 554* £800 A Landscape with a Traveller Red chalk 92x15,5cm/*36x6in* London 97

SALEMME Attilio 1911-1955 **[15]**

▥ *$500 FF3 088* £300 One Against Many Serigraph 33x45cm/*13x18in* Plainville, Conn. 98

SALENTIN Hubert 1822-1910 **[19]**

☞ *$983 FF6 040* £589 Portrait des Pfeifenrauchers J. T. Stute aus Barkhausen Oil/canvas 21x17cm/*8x6in* Bremen 98

☞ *$19 066 FF107 720* £12 000 Sunday morning Oil/canvas 71x88,5cm/*27x34in* London 97

SALES Francesco 1904-1977 **[13]**

☞ *$1 950 FF10 020* £1 215 Composición Oleo/lienzo 73x54cm/*28x21in* Madrid 96

SALES von Carl 1791-1870 **[4]**

☞ *$27 800 FF137 000* £18 060 Prinzessin Elisabeth von Bayern Öl/Leinwand 72,5x60cm/*28x23in* Wien 95

☞ *$31 830 FF159 000* £20 800 Eine junge Dame sitzt in einem Wiener Biedermeiersalon Öl/Leinwand 31x40cm/*12x15in* Stuttgart 95

SALGADO Hervé 1962 [13]

$1 027 FF6 000 £621 J'ai gardé au fond de moi des souvenirs d'Ange heureux Bronze 55,5x41x10cm/*21x16x3in* Paris 97

SALGADO Sebastiao 1944 [52]

$1 800 FF9 280 £1 192 Ecuador Gelatin silver print 30x43cm/*12x17in* New-York 96

SALIBA da Antonio 1466/67-c.1540 [3]

$506 FF3 000 £300 La Toison d'Or Pointe sèche couleurs 67,5x51cm/*26x20in* Paris 97

SALIETTI Alberto 1892-1961 [21]

$2 880 FF16 320 £1 440 Strada in collina Olio/tavola 29x32cm/*11x12in* Vercelli 98

$4 784 FF28 443 £2 926 Frau aus Paestum Oil/panel 90x75cm/*35x29in* Bern 97

SALIGER Ivo 1894-1987 [26]

$667 FF3 833 £415 Mädchenakt in Landschaft Oil/panel 55x90cm/*21x35in* Wien 97

$124 FF762 £74 Der Tod zur Seite Farbradierung 57x47cm/*22x18in* Wien 98

SALIGO Charles Louis 1804-? [2]

$2 060 FF10 600 £1 285 Cour de ferme Huile/toile 24x33cm/*9x12in* Bern 96

SALIMBENI BEVILACQUA Ventura di A.(Attr.) 1568-1613 [8]

$600 FF3 325 £370 Study of a kneeling priest Black chalk/paper 25,8x17,6cm/*10x6in* New-York 97

SALIMBENI BEVILACQUA Ventura di Arcangelo 1568-1613 [19]

$5 720 FF30 000 £3 444 La Sainte Famille Huile/toile 80x60,5cm/*31x23in* Paris 96

$2 499 FF14 778 £1 500 God the Father with the seven Angels of the Apocalypse Wash 38,5x26,5cm/*15x10in* London 97

SALINAS Baruj 1935 [7]

$7 000 FF40 863 £4 164 Ixtacihuatl Oil/canvas 122x152,5cm/*48x60in* New-York 97

SALINAS Pablo 1871-1946 [21]

$9 899 FF56 098 £6 599 Nudo femminile Olio/tavola 40x24cm/*15x9in* Milano 97

$24 347 FF144 755 £15 083 The Matadore and His Beloved Oil/canvas 40x66cm/*16x26in* Detroit, Michigan 97

SALINAS Porfirio 1910-1973 [13]

$2 500 FF15 518 £1 507 Texas Bluebonnets Oil/board 26x34cm/*10x13in* New Orleans, Louisiana 98

$5 000 FF29 603 £2 990 A Bend in the River Oil/canvas 63x76cm/*25x30in* New-York 97

$28 000 FF165 779 £16 744 Blue Bonnets Oil/canvas 102x138cm/*40x54in* New-York 97

SALINAS Y TERUEL Pablo 1871-1946 [28]

$7 920 FF47 400 £4 800 "El brindis" Oleo/tabla 26x20cm/*10x7in* Madrid 97

SALING Paul 1876-1936 [3]

$2 016 FF11 376 £1 235 In Port, Lyme, Conn. Oil/board 30x40cm/*12x16in* Mystic, Connecticut 97

SALINI Tommaso Mao 1575-1625 [8]

$54 000 FF306 000 £36 000 Natura morta con cesto di ortaggi Olio/tela 123x172cm/*48x67in* Roma 97

SALIOLA Antonio 1939 [4]

$8 832 FF46 230 £5 796 "Quella incredibile domenica che non dimenticheremo mai" Olio/tela 150x200cm/*59x78in* Milano 96

SALIS CAMINO José 1863-1926 [3]

$2 625 FF14 887 £1 650 El huerto Oleo/lienzo 55x90cm/*21x35in* Madrid 97

SALISBURY Frank Owen 1874-1962 [31]

$1 629 FF9 861 £1 000 Lilium, Delphinium and Boccania Oil/canvas 91,5x71cm/*36x27in* London 98

SALISBURY Paul 1903/04-1973 [1]

$5 500 FF31 500 £3 253 Untitled (Navajo Shepherdess) Oil/canvas 71x91cm/*28x36in* Santa Fe, New Mexico 97

SALKIN Émile 1900-1977 [10]

$2 070 FF10 080 £1 313 Trafic Gouache/papier 65x73cm/*25x28in* Bruxelles 95

SALLAERT Antonius (Attrib.) c.1590-c.1657/8 [1]

$3 054 FF15 220 £2 000 Officers plying dice Oil/copper 16x23cm/*6x9in* London 95

SALLBERG Harald 1895-1963 [41]

$176 FF993 £107 Stockholmstak i snö Etching 25x28,5cm/*9x11in* Stockholm 97

SALLE David 1952 [108]

$8 000 FF41 000 £4 860 Untitled Oil/canvas 86x127cm/*33x50in* New-York 96

$36 051 FF204 291 £18 025 Mike The Bite Acrilico/tela 261x230cm/*102x90in* Milano 97

S

⊞ *$800 FF4 767 £479* Low and Narrow Color lithograph 93x124cm/*36x48in* New-York 98

✐ *$3 000 FF17 182 £1 774* Untitled Watercolour 50x70cm/*19x27in* New-York 97

SALLES Francis 1924 **[24]**

◔ *$521 FF3 200 £312* Esquisse pour Sodome détruite Huile/toile 100x80cm/*39x31in* Paris 98

SALLES-WAGNER Adelaïde c.1824-1890 **[3]**

◔ *$9 600 FF49 500 £6 160* Le baiser Huile/toile 73x92cm/*28x36in* Paris 96

SALLES-WAGNER Jules 1814-1898 **[7]**

◔ *$11 323 FF65 000 £7 111* Roméo et Juliette de Shakespeare Huile/toile 135x106cm/*53x41in* Paris 97

◔ *$18 000 FF106 824 £11 025* La jeune mère Oil/canvas 114,5x91,5cm/*45x36in* New-York 97

SALLI Aares 1914 **[5]**

◔ *$545 FF3 317 £331* Vinterskog Oil/canvas 116x65cm/*45x25in* Helsinki 98

SALLINEN Tycho 1879-1955 **[40]**

◔ *$2 064 FF12 190 £1 222* River landscape Oil/canvas 50x60cm/*19x23in* Helsinki 97

✐ *$649 FF3 975 £385* Den stora stenen Akvarell/papper 28x41cm/*11x16in* Helsinki 98

SALM Abram 1801-1876 **[2]**

◔ *$42 050 FF217 000 £27 860* In het Buitenzorgsche agter het logement, Java Oil/panel 41x31cm/*16x12in* Amsterdam 96

SALM van Abraham c.1660-1720 **[4]**

◔ *$42 736 FF251 993 £25 300* Shipping in choppy seas Oil/panel 18x25cm/*7x9in* London 97

✐ *$100 000 FF613 870 £61 270* Whaling Ships in Arctic Waters Ink 54x80cm/*21x31in* New-York 98

SALMI Max 1931 **[19]**

◔ *$938 FF5 741 £556* Kirke Oil/panel 40x70cm/*15x27in* Helsinki 98

◔ *$1 929 FF11 244 £1 188* Komposition Oil/board 41x39cm/*16x15in* Helsinki 97

SALMON François XIX **[1]**

◔ *$2 874 FF15 000 £1 737* Boeuf dans un pré Huile/panneau 17,5x24cm/*6x9in* Paris 96

SALMON Gabriel c.1485-1535/39 **[1]**

⊞ *$1 565 FF8 200 £941* Hercule aux Noces de Pitithoüs Gravure bois 19,5x14,6cm/*7x5in* Paris 96

SALMON J.M. Balliol 1868-1953 **[1]**

✐ *$3 656 FF18 440 £2 400* The Love Letter Watercolour 19x16,5cm/*7x6in* London 96

SALMON John Cuthbert 1844-1917 **[30]**

✐ *$745 FF3 830 £480* View of Stirling Castle Watercolour 51x76cm/*20x29in* London 96

SALMON John Francis 1808-1886 **[7]**

✐ *$4 191 FF25 113 £2 500* Fishing Boats at Anchor, Gillingham Watercolour 52x75cm/*20x29in* London 98

SALMON Robert 1775-1842 **[32]**

◔ *$11 440 FF60 000 £6 890* Paysage côtier avec bateau échoué Huile/panneau 20x26,5cm/*7x10in* Paris 96

◔ *$65 000 FF398 528 £39 767* Cutter Going into Port Oil/panel 42x61,5cm/*16x24in* New-York 98

SALMON Robert (Attrib.) 1775-1842 **[5]**

◔ *$2 173 FF13 510 £1 300* View of Lancaster Castle From The River Oil/copper 27x40cm/*10x15in* London 98

◔ *$7 114 FF40 935 £4 200* An armed Merchantman hove-to in the Clyde with a Revenue Cutter beyond Oil/canvas 44,5x68,5cm/*17x26in* London 97

SALMON Théodore Frédéric 1811-1876 **[4]**

◔ *$9 761 FF58 000 £5 956* Scène de rue devant les Invalides Huile/toile 49x60cm/*19x23in* Paris 98

SALMONES Victor 1937 **[3]**

⚒ *$3 000 FF17 921 £1 860* Figure of a Nude Woman in Ballet Stance Bronze 17x60x121cm/*7x24x48in* Hatfield, Pennsylvania 97

SALMSON Hugo 1843-1894 **[32]**

◔ *$1 033 FF6 092 £617* Nyponrosor Oil/canvas/panel 21x31cm/*8x12in* Stockholm 97

◔ *$1 500 FF8 640 £881* Mother and Child at the Well Oil/canvas 59x44cm/*23x17in* Mystic, Connecticut 97

◔ *$7 674 FF45 834 £4 698* Kvinna med ämbar Oil/canvas 216x196cm/*85x77in* Stockholm 98

SALMSON Jean Jules B. 1823-1902 **[29]**

⚒ *$1 283 FF6 600 £800* A painter with a pallet in his hand Bronze H57cm/*H22in* London 96

SALOKIVI Santeri 1886-1940 **[62]**

◔ *$1 818 FF11 057 £1 106* Flodlandskap Oil/canvas 32x41cm/*12x16in* Helsinki 98

◔ *$5 707 FF34 279 £3 422* Väderkvarn Oil/canvas 46,5x55cm/*18x21in* Helsinki 98

◔ *$46 925 FF277 050 £27 775* Bathers on the beach, "Livsgläde" Oil/panel 95x152cm/*37x59in* Helsinki 97

SALOMAN Geskel 1821-1902 **[7]**

◔ *$7 470 FF44 718 £4 599* Flicka vid brevlåda Oil/canvas 59x41cm/*23x16in* Stockholm 98

SALOMÉ Wolfgang L. Cihlarz 1954 **[46]**
$4 060 FF23 419 £2 419 Jeansboys Acrylic/canvas 94x75cm/*37x29in* München 97
$9 160 FF48 100 £5 500 Der Nackte Lebensweg (Naked Way of Life) Acrylic/canvas 240x200cm/*94x78in* London 96
$557 FF2 880 £360 "Schlaglicht" Drypoint in colors 127,5x91,5cm/*50x36in* Berlin 96
$1 108 FF6 716 £679 "Black Cerlies" Coloured chalks/paper 70x100cm/*27x39in* Hamburg 98
SALOMON Joseph c.1800-c.1850 **[1]**
$7 630 FF38 040 £5 000 The Choice of Hercules Oil/canvas 73x57cm/*28x22in* London 95
SALOMON LE TROPEZIEN A. XX **[17]**
$483 FF2 500 £314 Scène de marché Huile/panneau 55x46cm/*21x18in* Troyes 96
SALOSMAA Aarno 1941 **[4]**
$2 485 FF14 928 £1 490 Komposition Oil/panel 100x88cm/*39x34in* Helsinki 98
SALT Henry 1780-1827 **[6]**
$24 921 FF149 403 £15 000 Views in St. Helena, the Cape, India, Ceylon, the Red Sea, Abyssinia.. Color lithograph 56x76cm/*22x29in* London 98
SALT James XIX **[37]**
$848 FF4 916 £500 Venetian Scenes Oil/canvas 33,5x45cm/*13x17in* London 97
$1 863 FF10 721 £1 100 A Venetian backwater Oil/canvas 46x81cm/*18x31in* London 97
SALTER William 1804-1875 **[5]**
$2 443 FF14 272 £1 500 Anty's Cove, Babbacombe, Devon Watercolour 38x54cm/*14x21in* London 97
SALTI Giulio 1899-1984 **[7]**
$840 FF4 760 £560 Al mare Olio/masonite 19x28,5cm/*7x11in* Firenze 97
SALTMER Florence A. XIX-XX **[6]**
$7 000 FF39 931 £4 304 Ready for carting Oil/canvas 61x91,5cm/*24x36in* New-York 97
SALTO Axel 1889-1960 **[52]**
$684 FF3 516 £416 Krukke med blomster Oil/canvas 61x46cm/*24x18in* Köbenhavn 96
$629 FF3 703 £388 "Eva ved Paradiset trae" Ceramic H61cm/*H24in* Köbenhavn 97
SALTOFT Edvard Anders 1883-1939 **[15]**
$534 FF3 094 £331 Julestjerner Pastel/paper 133x92cm/*52x36in* Köbenhavn 97
SALUCCI Alessandro 1590-c.1660 **[7]**
$24 375 FF150 000 £14 925 Ruines antiques animées de nombreux personnages près du rivage Huile/toile 124,5x151,5cm/*49x59in* Lyon 98
SALVA Y SIMBOR Gonzalo 1845-1923 **[1]**
$1 552 FF9 000 £945 Valencianos Oleo/cartón 39x34cm/*15x13in* Madrid 97
SALVANA John 1873-1956 **[36]**
$259 FF1 556 £155 The Blue Gum, Yarramalong Oil/board 24x33cm/*9x12in* Sydney 98
SALVESTRINI Bartolomeo 1600-1630 **[1]**
$54 000 FF306 000 £36 000 Rebecca veste Giacobbe Olio/tela 147x117,5cm/*57x46in* Prato 98
SALVI IL SASSOFERRATO Giovanni B. (Attr.) 1609-1685 **[6]**
$2 249 FF12 832 £1 368 Head of the Virgin Oil/paper 11,5x9cm/*4x3in* New-York 97
$3 831 FF22 660 £2 300 Two studies of a young Boy, lying down and seated Black chalk 21,5x28cm/*8x11in* London 97
SALVI IL SASSOFERRATO Giovanni Battista 1609-1685 **[35]**
$24 940 FF128 600 £16 000 The Madonna in Prayer Oil/canvas 48,5x38,5cm/*19x15in* London 96
$27 500 FF151 934 £17 091 Saint-Barbara Oil/panel 28x18cm/*11x7in* New-York 97
$11 200 FF54 100 £7 000 Saint Joseph holding the Christ child Black & white chalks 18,4x15,3cm/*7x6in* London 95
SALVIATI Francesco (Attrib.) 1510-1563 **[11]**
$5 649 FF35 000 £3 374 Amasa assassiné par Job Encre 26x38cm/*10x14in* Paris 98
SALVIATI Francesco de' Rossi 1510-1563 **[11]**
$46 240 FF239 292 £29 478 Bildnis eines Mannes Oil/wood 59x41cm/*23x16in* Zürich 96
$44 000 FF259 432 £26 980 Portrait of a Young man in green Oil/panel 47,5x32cm/*18x12in* New-York 98
$11 000 FF65 050 £6 602 Diana and Nymphs Bathing Red chalk/paper 26x21cm/*10x8in* New-York 97
SALVIATI Giovanni 1881-1951 **[6]**
$2 335 FF14 322 £1 400 A Venetian Lagoon Oil/canvas 38x61cm/*14x24in* London 98
$3 000 FF17 000 £2 000 La Giudecca Olio/cartone 27x46cm/*10x18in* Milano 97

S

SALVO Salvatore Mangione 1947 **[75]**

$1 859 FF10 538 £1 239 Montagne Olio/tela 40x30cm/*15x11in* Milano 97

$5 100 FF28 900 £2 550 "Mattina a punta del Hidalgo" Olio/tela 60x80cm/*23x31in* Vercelli 98

$33 120 FF187 680 £16 560 "48 poeti" Olio/tavola 150x110cm/*59x43in* Milano 98

$7 360 FF38 525 £4 830 "Salvo tricolore" Marble 40,5x50cm/*15x19in* Milano 96

$1 080 FF6 120 £540 Palazzo orientale Inchiostro 30x40cm/*11x15in* Prato 97

SALWOWSKI Mark 1953 **[10]**

$670 FF3 406 £400 A man and a woman in an pen carriage beside the Bosphorus Coloured inks 52x73cm/*20x28in* London 96

SALZMANN Auguste 1824-1872 **[12]**

$803 FF4 000 £526 Jérusalem: enceinte du Temple Tirage papier salé 23x32,5cm/*9x12in* Paris 95

SALZMANN Gottfried 1943 **[31]**

$3 027 FF16 786 £1 869 Verneuil Öl/Leinwand 65x46cm/*25x18in* Wien 97

$1 656 FF9 616 £1 012 Waldlandschaft Aquarell/Papier 33x48cm/*12x18in* Wien 97

SALZMANN Louis Henry 1887-1955 **[3]**

$6 180 FF30 100 £3 910 Winterlicher Jahrmarkt mit Karusell Öl/Karton 55,5x72,5cm/*21x28in* Bern 95

SAMA XX **[1]**

$5 082 FF30 000 £3 009 Le chemin des songes Technique mixte/panneau 45x48cm/*17x18in* Marseille 97

SAMACCHINI Orazio 1532-1577 **[9]**

$34 020 FF200 172 £21 000 Lo sposalizio mistico di Santa Caterina Oil/panel 95x76cm/*37x29in* Wien 97

$9 350 FF48 200 £6 000 A standing Putto holding the Papal Keys (study for a lunette) Ink 26,2x19,3cm/*10x7in* London 96

SAMARAS Lucas 1936 **[85]**

$2 938 FF17 543 £1 800 Untitled Oil/canvas 35,5x45,5cm/*13x17in* London 97

$10 000 FF50 900 £6 000 The Art Critics Acrylic/canvas 91,5x305cm/*36x120in* New-York 96

$14 340 FF74 200 £9 580 Box #71 Acrylic/wood 35x42x20,5cm/*13x16x8in* Athens 96

$32 000 FF190 704 £19 622 Box #58 Construction 45,5x40,5x68,5cm/*17x15x26in* New-York 98

$2 834 FF14 870 £1 700 Photo-transformation Polaroid 7,6x7,6cm/*2x2in* London 96

$4 200 FF21 750 £2 810 "July 8, 1962" Coloured chalks/paper 31x23cm/*12x9in* New-York 96

SAMBACH Christian 1761-1797 **[1]**

$1 405 FF6 900 £890 Nymphe debout Aquarelle/papier 23,5x18cm/*9x7in* Zürich 95

SAMBO Edgardo 1882-1966 **[12]**

$7 200 FF40 800 £3 600 In laguna Olio/tela 64x78cm/*25x30in* Trieste 97

SAMBROOK Russell XX **[7]**

$2 400 FF12 430 £1 605 Man plays trombone as young boys looks on (magazine cover) Oil/canvas 51x47cm/*20x18in* New-York 96

SAMIOS Paulos 1948 **[3]**

$9 010 FF46 650 £6 020 Having a Break Oil 120x105cm/*47x41in* Athens 96

SAMMACCHINI Orazio (Attrib.) 1532-1577 **[1]**

$10 961 FF64 935 £6 500 Saint Catherine of Alexandria with Cherubs Oil/panel 98,5x67,5cm/*38x26in* London 97

SAMMARTI Jean-Pierre 1945 **[1]**

$3 090 FF16 000 £1 995 Lagon Huile/toile 47x65cm/*18x25in* Paris 96

SAMMONS Carl 1886-1968 **[48]**

$1 000 FF6 027 £605 "Yuccas, Palm Springs Desert" Oil/canvas/board 30x40cm/*12x16in* Pasadena, California 98

$2 600 FF15 393 £1 554 Desert View Oil/canvas 60x76cm/*24x30in* New-York 97

$600 FF3 656 £358 Wooded Landscape Pastel/paper 34x59cm/*13x23in* Pasadena, California 98

SAMOKHVALOV Alexandre 1894-1971 **[8]**

$1 640 FF10 000 £1 000 The Devil Mixed media/canvas 30x21cm/*11x8in* London 98

SAMOKISH Nikolai Semenovich 1860-1944 **[11]**

$3 116 FF19 000 £1 900 Portrait of a Cossack Officer Oil/board 50x33cm/*19x12in* London 98

$774 FF3 900 £500 Horses Ink/paper 16x18cm/*6x7in* London 96

SAMPLE Paul Starrett 1896-1974 **[39]**

$9 500 FF49 200 £6 170 Boats in a Harbor Oil/canvas 40,5x51cm/*15x20in* San Francisco-Los Angeles 96

$1 000 FF5 220 £605 The Morning News Watercolour/paper 30x22cm/*11x8in* San Francisco-Los Angeles 96

SAMPSON Alden 1853-? **[3]**

$1 000 FF6 027 £605 Landscape with a lake and snow-capped mountains Oil/canvas 50x40cm/*20x16in*

Pasadena, California 98
SAMSON Jeanne XIX **[2]**
 $7 870 FF38 400 £5 000 Overheard ! Oil/canvas 81x58cm/*31x22in* London 95
SAMSONOV Evgeny 1926 **[11]**
 $674 FF3 490 £450 Children building tree-houses Oil/canvas 52x49cm/*20x19in* London 96
SAMUEL Lyson XVIII-XIX **[1]**
 $948 FF4 640 £600 Mosaic pavements discovered at Horkstow in Lincolnshire Etching 61x43,5cm/*24x17in* London 95
SAMUELSON Ulrik 1935 **[9]**
 $581 FF3 480 £357 "Panzar dubbla" Construction H65cm/*H25in* Stockholm 98
SAN JOSE GONZALEZ Francisco 1919-1981 **[39]**
 $1 950 FF10 050 £1 250 Niños ante un paisaje Oleo/lienzo 25x34cm/*9x13in* Madrid 96
 $2 310 FF13 895 £1 435 Litoral, Caracas Oleo/lienzo 46x61cm/*18x24in* Madrid 97
 $429 FF2 206 £268 Labrando la tierra Acuarela 10x17,5cm/*3x6in* Madrid 96
SAN LEOCADIO da Paolo (Attrib.) c1460-c.1515 **[1]**
 $131 849 FF754 661 £77 880 The Annunciation Oil/panel 110x86cm/*43x33in* Amsterdam 97
SAN PIETRO di Cagnaccio 1897-1946 **[16]**
 $4 800 FF27 200 £3 200 Autoritratto Olio/tavola 34,5x24,7cm/*13x9in* Prato 97
SAN QUIRICO Alessandro 1777-1849 **[1]**
 $2 180 FF11 000 £1 416 Vue d'un temple égyptien Aquarelle 50x34cm/*19x13in* Paris 96
SAN YU Chang Yu 1901-1966 **[153]**
 $19 670 FF97 800 £12 500 Chrysanthemum in a vase Oil/canvas 41x32,5cm/*16x12in* Taipei, Taiwan 95
 $116 160 FF673 280 £71 360 Les chardons argentés (The silver thistles) Oil/canvas 81x45cm/*31x17in* Taipei, Taiwan 97
 $431 000 FF2 145 000 £274 300 White Lotus Oil/canvas 195x97cm/*76x38in* Taipei, Taiwan 95
 $3 967 FF23 575 £2 461 Zebra Etching 13,5x17,5cm/*5x6in* Taipei, Taiwan 97
 $29 100 FF151 000 £18 300 Willow by the river bank Watercolour/paper 90x75cm/*35x29in* Taipei, Taiwan 96
SANCHEZ BARBUDO Salvador 1857-1917 **[49]**
 $4 500 FF22 500 £2 913 The Concert Oil/panel 25x40cm/*9x15in* New-York 96
 $10 500 FF60 000 £6 450 Paisaje Oleo/lienzo 59x75cm/*23x29in* Madrid 97
 $9 380 FF55 300 £5 740 La bella campesina Acuarela/papel 96,5x61cm/*37x24in* Madrid 98
SANCHEZ COELLO Alonso c.1531-c.1590 **[4]**
 $75 000 FF460 402 £45 952 Portrait of Isabelle de Valois, daughter of King Henry II Oil/panel 47x40,5cm/*18x15in* New-York 98
SANCHEZ Edgar 1940 **[9]**
 $10 000 FF52 200 £5 950 Rostro, Imagen 30032 Acrylic/canvas 120x120cm/*47x47in* New-York 96
SANCHEZ Emilio 1921 **[13]**
 $4 749 FF27 988 £2 837 Custom House, Haïti Oil/canvas 122x122cm/*48x48in* New-York 97
 $6 665 FF38 000 £4 191 Villa dans son jardin fleuri Huile/toile 92x73cm/*36x28in* Vendôme 97
 $2 100 FF10 180 £1 353 Sin título Watercolour 56x76cm/*22x29in* New-York 95
SANCHEZ Enrique 1938 **[5]**
 $1 100 FF6 642 £659 "Nursery Song" Oil/canvas 61x51cm/*24x20in* New-York 98
SANCHEZ MORALES Manuel Luis 1853-1922 **[2]**
 $9 900 FF59 250 £6 150 Mercado en las afueras Oleo/tabla 23x39cm/*9x15in* Madrid 98
SANCHEZ Pepi 1930 **[13]**
 $507 FF2 610 £316 Niña con vestido rosa Oleo/tabla 41x33cm/*16x12in* Madrid 96
SANCHEZ PERRIER Emilio 1855-1907 **[58]**
 $2 636 FF13 110 £1 677 Paisaje de Alcalá de Guadaira Oleo/tabla 38x20cm/*14x7in* Madrid 95
 $16 500 FF98 750 £10 250 Paisaje andaluz Oleo/lienzo 32x53cm/*12x20in* Madrid 98
SANCHEZ SOLA Eduardo 1869-1949 **[10]**
 $1 815 FF10 862 £1 100 Gatitos Oleo/tabla 12x48cm/*4x18in* Madrid 98
SANCHEZ Tomás 1948 **[81]**
 $6 270 FF37 525 £3 895 Paisaje Oleo/lienzo 109x79cm/*42x31in* Madrid 97
 $24 000 FF140 104 £14 277 Antes de la Tormenta Acrylic/canvas 25,5x38cm/*10x14in* New-York 97
 $93 500 FF569 770 £57 829 Paisaje aereo Acrylic/canvas 150x100cm/*59x39in* Miami, Florida 98

*$1 300 FF7 445 £769 Inundacion Color lithograph 45x59cm/*18x23in* Miami, Florida 97
*$18 000 FF107 461 £11 057 "Isla Bajo Nubes" Mixed media/paper 74x54,5cm/*29x21in* New-York 98

SANCHEZ Trino 1968 **[3]**
*$8 000 FF47 789 £4 893 "Pasado y presente" Oil/canvas 30x160cm/*11x62in* New-York 98
*$8 500 FF50 745 £5 221 "Tiempos Presentes" Oil/canvas 150x199,5cm/*59x78in* New-York 98

SANCHEZ-SOLA L. XX **[2]**
*$1 260 FF7 146 £792 Pelando la pava Acuarela/papel 57x44cm/*22x17in* Madrid 97

SANCHO José 1935 **[1]**
*$6 000 FF35 026 £3 569 Hachas Marble 47,5x63,5x61cm/*18x25x24in* New-York 97

SANCTIS de Giuseppe 1858-1924 **[7]**
*$5 160 FF25 000 £3 240 Profil de jeune femme Pastel 57x46cm/*22x18in* Monaco 95

SAND de Paul XIX-XX **[3]**
*$3 267 FF18 555 £2 044 Rastender Reiter mit Pferden und Hund Öl/Leinwand 74x91cm/*29x35in*
München 97

SAND George 1804-1876 **[10]**
*$1 651 FF9 500 £974 Paysage de lac et de monragnes Aquarelle/papier 15,5x23,5cm/*6x9in* Paris 97

SAND Lennart 1946 **[24]**
*$1 061 FF5 460 £662 Smygande räv på åker Oil/canvas 59x71cm/*23x27in* Stockholm 96
*$2 980 FF15 560 £1 774 Sparvhök Oil/canvas 125x100cm/*49x39in* Stockholm 96
*$114 FF553 £72 Rovfågel Color lithograph 36x51cm/*14x20in* Uppsala 95

SANDBACK Fred, Frederick Lane 1943 **[23]**
*$384 FF2 190 £235 Ohne Titel Lithographie 26x27cm/*10x10in* Hamburg 97

SANDBERG Johan Gustav 1782-1854 **[9]**
*$1 574 FF9 188 £936 Porträtt av Gustav Vasa Oil/panel 38x30cm/*14x11in* Stockholm 97
*$10 758 FF62 787 £6 396 Ryttarporträtt av Karl XIV Johan Oil/canvas 86x75cm/*33x29in* Stockholm 97

SANDBERG Ragnar 1902-1972 **[228]**
*$7 370 FF36 400 £4 810 Mobilisering Oil/canvas 30x37cm/*11x14in* Stockholm 95
*$16 212 FF97 125 £9 687 "Skugga" Oil/canvas 42x53cm/*16x20in* Stockholm 98
*$440 FF2 439 £271 Landskap med mur Pastel/paper 27x34cm/*10x13in* Stockholm 97

SANDBY Paul 1725-1809 **[130]**
*$10 010 FF61 075 £6 000 The Upper Gate, Conway Oil/metal 27x38,5cm/*10x15in* London 98
*$468 FF2 394 £300 Six Guineas Entrance and a Guinea a Lesson Aquatint 36,5x32,5cm/*14x12in* London 96
*$6 756 FF40 000 £4 000 Nursery tea Watercolour 7,5x9,5cm/*2x3in* London 97

SANDBY Paul (Attrib.) 1725-1809 **[7]**
*$1 260 FF6 580 £750 The Halway House to Depford Watercolour 19x23,5cm/*7x9in* London 96

SANDELIN Börje 1926-1970 **[20]**
*$169 FF981 £104 Harlekin med kvinna Etching 19x13cm/*7x5in* Göteborg 97

SANDELS Gösta 1887-1919 **[44]**
*$2 870 FF14 600 £1 714 Vårdopp Oil/canvas 42x20cm/*16x7in* Stockholm 96
*$11 600 FF60 500 £7 820 Höstbild Oil/canvas 73x52cm/*28x20in* Stockholm 96
*$646 FF3 808 £386 "Hemliga märket, Sandhamn" Pastel 36x53cm/*14x20in* Stockholm 97

SANDER August 1876-1964 **[94]**
*$1 700 FF10 487 £1 020 Steinpilze Photograph 23x17,5cm/*9x6in* New-York 98

SANDERS Har 1929 **[3]**
*$1 461 FF8 726 £893 Strijkplank tegen druckmachine Oil/panel 179x59,5cm/*70x23in* Amsterdam 98

SANDERSON Charles Wesley 1835-1905 **[3]**
*$3 591 FF21 447 £2 200 Schafe auf der Weide Öl/Leinwand 70x100cm/*27x39in* Wien 98

SANDERSON-WELLS John 1872-1955 **[23]**
*$2 277 FF11 630 £1 500 A heavy load and behind time Oil/panel 21x39cm/*8x15in* London 96
*$4 907 FF29 211 £3 000 A Welcome Detour Oil/canvas 61x46,5cm/*24x18in* London 98
*$969 FF5 934 £580 Full Cry Watercolour/paper 35x30,5cm/*13x12in* London 98

SANDFORD Edward Field 1867-1951 **[2]**
*$2 600 FF15 873 £1 554 "Inspiration" Bronze H49,5cm/*H19in* New-York 98

SANDHAM John Henry 1841-1910 **[17]**
*$2 075 FF12 067 £1 267 Under the mistletoe Oil/board 30x23cm/*11x9in* Calgary, Alberta 97
*$2 500 FF15 873 £1 561 Promenade at the Old Wall Oil/board 35x50cm/*14x20in* Portland, Maine 97
*$349 FF2 038 £207 Woman before a Hearth Watercolour/paper 24x33,5cm/*9x13in* Calgary, Alberta 97

SANDIG Armin 1929 **[27]**

$28 FF167 £16 Irdische Paradise Etching, aquatint in colors 30,8x41,8cm/*12x16in* Köln 97

$433 FF2 185 £284 Janus Mischtechnik/Papier 70x49,5cm/*27x19in* Hamburg 96

SANDLE Michael 1936 **[6]**

$477 FF2 893 £300 Mickey mouse Machine Gun Monument Ink 58,5x79cm/*23x31in* London 97

SANDORFI Istvan 1948 **[45]**

$1 316 FF8 000 £792 Lancelot du lac Acrylique/toile 65x92cm/*25x36in* Versailles 98

$3 155 FF18 000 £1 922 Nu devant le chevalet ou autoportrait en Saint Etienne Acrylique/toile 240x170cm/*94x66in* Paris 97

SANDOZ Auguste 1901-1964 **[7]**

$4 760 FF24 660 £3 090 Transparence Huile/panneau 65x48,5cm/*25x19in* Zürich 96

SANDOZ Claude 1946 **[11]**

$212 FF1 033 £134 Gesichter in der Nacht Sérigraphie couleurs 51,4x68cm/*20x26in* Bern 95

SANDOZ Edouard Marcel 1881-1971 **[134]**

$30 780 FF180 000 £18 774 Deux poisson dressés Sculpture bois H97,5cm/*H38in* Angers 97

$52 500 FF313 246 £31 668 Deux Poissons Bronze 62,2x127cm/*24x50in* New-York 97

$343 FF2 000 £211 Nus féminin assis Sanguine/papier 62x41cm/*24x16in* Entzheim 97

SANDRART von Jakob 1630-1708 **[3]**

$601 FF3 514 £366 Portrait of Johann Falckner (1606-1668) Engraving 22,5x15cm/*8x5in* Amsterdam 97

SANDRART von Joachim I 1605-1688 **[10]**

$7 725 FF46 258 £4 746 Alte Bäuerin mit Huhn Oil/canvas 96x81cm/*37x31in* Bern 98

SANDREUTER Hans 1850-1901 **[12]**

$6 450 FF32 860 £3 870 An Arcadian Idyll Oil/canvas 71x115,5cm/*27x45in* London 96

SANDROCK Leonhard 1867-1945 **[7]**

$3 856 FF18 950 £2 453 Ships in harbour Oil/canvas 33x49cm/*12x19in* Bremen 95

SANDS Ethel 1873-1962 **[5]**

$3 586 FF21 739 £2 200 Man in a Doorway Oil/canvas 61x51cm/*24x20in* London 98

$1 720 FF8 900 £1 100 Interior Coloured chalks 49x38cm/*19x14in* London 96

SANDS Frederick XX **[28]**

$488 FF2 425 £310 Still life, jugs, tribal head Oil/canvas/board 30x37,5cm/*11x14in* St. Helier, Jersey 95

$1 837 FF11 254 £1 100 Rocky Shorescape Oil/canvas 50x75cm/*19x29in* St. Helier, Jersey 98

$1 810 FF9 000 £1 150 Beach scene Watercolour 44x64cm/*17x25in* St. Helier, Jersey 95

SANDY-HOOK Georges Taboureau 1879-1960 **[44]**

$7 200 FF37 000 £4 485 Elégantes de la Belle-Epoque Huile/panneau 99x39cm/*38x15in* Paris 96

$490 FF2 734 £300 "Cie. Gle. Transatlantique, Ville d'Alger" Poster 99x64cm/*38x25in* London 97

$921 FF5 500 £556 Le cargo et les dauphins Gouache/papier 18x27cm/*7x10in* Paris 97

SANDYS Anthony Frederick A. 1829-1904 **[15]**

$65 156 FF380 588 £40 000 Portrait of Julia Smith Cadwell Oil/canvas 112x75cm/*44x29in* London 97

$97 341 FF562 014 £58 000 "Judith" Oil/board 40x30cm/*15x11in* London 97

$13 372 FF78 846 £8 200 Portrait of a Young Girl Coloured chalks/paper 37x28,5cm/*14x11in* Billingshurst, West Sussex 98

SANDYS Emma 1834-1877 **[5]**

$2 590 FF13 060 £1 700 A Saxon Princess Oil/canvas 25x20cm/*9x7in* London 96

SANDYS Frederick Anthony A. 1832-1904 **[6]**

$168 FF1 021 £100 "Dolphin Bath House", (Norwich) Watercolour/paper 15x20cm/*6x8in* Aylsham, Norfolk 98

SANDZÉN Sven Birger 1871-1954 **[30]**

$12 500 FF63 800 £8 230 Smokey River Oil/canvas 40x50cm/*16x20in* Dedham, Mass. 96

$12 000 FF73 125 £7 165 "Rocky Shore, Colo" Oil/canvas 30x40cm/*12x16in* Pasadena, California 98

$200 FF1 223 £118 The Arch Drypoint 15x20cm/*6x8in* Washington 98

$350 FF1 755 £222 Coastal scene Watercolour 21x28cm/*8x11in* Philadelphia 95

SANÉ Jean François c.1732-1779 **[1]**

$11 386 FF68 389 £6 800 The Death of Socrates Oil/canvas 80,5x99,5cm/*31x39in* London 98

SANFILIPPO Antonio 1923-1980 **[20]**

$3 600 FF20 400 £1 809 Senza titolo Olio/tela 75x100cm/*29x39in* Roma 97

$2 160 FF12 240 £1 440 Senza titolo, 1959 Tempera/carta 38,7x47,7cm/*15x18in* Prato 97

S

SANFORD S. Ellen XIX-XX **[1]**
 ✏ *$2 513 FF12 770 £1 500* Dominus Regit Me Watercolour/paper 49x55cm/*19x21in* London 96
SANG Frederick Richard XIX-XX **[1]**
 ☞ *$9 370 FF48 600 £6 000* Views of Hampstead Oil/board 25x17cm/*9x6in* London 96
SANGAR Thomas L. XIX **[1]**
 ▥ *$834 FF4 250 £500* Punchestown, 1868 (The Royal Visit), after Henry Barraud Engraving
64x112cm/*25x44in* London 96
SANI Alessandro XIX-XX **[30]**
 ☞ *$1 500 FF8 581 £936* Counting his coins Oil/canvas 21x16,5cm/*8x6in* Boston, Mass. 97
 ☞ *$4 874 FF28 571 £3 000* A Point in the Story Oil/canvas/panel 61x49,5cm/*24x19in* London 97
SANNOM Charlotte 1846-1923 **[3]**
 ☞ *$292 FF1 757 £174* Parti fra Sorgenfri med Mölleåen Oil/canvas 27x36cm/*10x14in* Köbenhavn 98
SANQUIRICO Alessandro 1777-1849 **[13]**
 ✏ *$2 839 FF17 000 £1 696* Projet de décor: intérieur de basilique Pierre noire 36x39cm/*14x15in* Paris 98
SANSALVADORE Pietro 1892-1955 **[13]**
 ☞ *$252 FF1 251 £160* Trafalgar Square Oil/panel 31x41cm/*12x16in* London 95
SANSON Justin Chrysostome 1833-1910 **[6]**
 ⬟ *$1 313 FF8 000 £801* Jeune homme au tambourin Bronze H60cm/*H23in* Lille 98
SANT James 1820-1916 **[29]**
 ☞ *$7 110 FF34 800 £4 500* Children in the wood Oil/canvas 68x114cm/*26x44in* London 95
SANT James (Attrib.) 1820-1916 **[6]**
 ☞ *$2 000 FF12 106 £1 193* Portrait of a boy in a Sailor suit Oil/panel 53,5x42,5cm/*21x16in* New-York 97
SANT van Hans (Attrib.) XVII **[1]**
 ☞ *$45 395 FF269 730 £27 000* Still life of a Roemer, a glass, an up-turned silver Tazza... Oil/panel
37,5x49,5cm/*14x19in* London 97
SANTA COLOMA de Emmanuel 1829-1886 **[5]**
 ⬟ *$5 430 FF26 500 £3 440* Cheval au repos Bronze H23,5cm/*H9in* Paris 95
SANTA CROCE Girolamo da c.1490-1556 **[3]**
 ☞ *$27 300 FF139 600 £18 000* The Agony in the Garden Oil/panel 4x40cm/*1x15in* London 96
SANTA MARIA SEDANO Marceliano 1866-1952 **[9]**
 ☞ *$2 584 FF15 200 £1 558* Vista rural Oleo/tabla 36x21,5cm/*14x8in* Madrid 97
 ☞ *$7 700 FF43 670 £4 840* El puente Oleo/lienzo 44x54cm/*17x21in* Madrid 97
SANTACROCE da Girolamo Galizzi 1480/85-1556 **[4]**
 ☞ *$100 000 FF589 970 £61 240* King David playing a Psaltery Oil/canvas 148x100,5cm/*58x39in* New-
York 98
SANTAMARIA Marceliano 1866-1952 **[3]**
 ☞ *$2 430 FF12 100 £1 590* Cabeza de soldado Oleo/tabla 21x14cm/*8x5in* Madrid 95
 ☞ *$14 040 FF72 400 £9 000* "Arroyuelo" Oleo/lienzo 60x54cm/*23x21in* Madrid 96
SANTASUSAGNA Ernest 1900-1964 **[3]**
 ☞ *$11 200 FF63 680 £6 880* Grupo de figuras sentadas Oleo/tabla 137x238cm/*53x93in* Barcelona 97
SANTERRE Jean-Bapt. (Attrib.) 1651-1717 **[7]**
 ☞ *$15 000 FF91 407 £9 138* Woman sealing a Letter by Candlelight, assisted by a Child Oil/canvas
71x95,5cm/*27x37in* New-York 98
 ☞ *$29 085 FF175 000 £17 412* Portrait présumé du Régent et de Madame de Parabère Huile/toile
181x140cm/*71x55in* Paris 98
SANTERRE Jean-Baptiste 1651-1717 **[9]**
 ☞ *$17 060 FF85 000 £11 170* Portrait d'homme en chasseur Huile/toile 146x113cm/*57x44in* Paris 95
SANTIAGO de Carlos **[3]**
 ☞ *$4 000 FF20 202 £2 581* Paisaje con Iglesia, Chile Oleo/cartón 80x90cm/*31x35in* Montevideo 96
SANTOMASO Giuseppe 1907-1990 **[215]**
 ☞ *$6 000 FF34 000 £4 000* Composizione Olio/tela 35x27cm/*13x10in* Vercelli 97
 ☞ *$13 630 FF77 237 £9 086* Senza titolo Olio/tela 51x38,5cm/*20x15in* Roma 97
 ☞ *$33 300 FF173 700 £21 840* Tensione Olio/tela 162x131cm/*63x51in* Venezia 96
 ▥ *$332 FF1 677 £218* Komposition Color lithograph 55x44,5cm/*21x17in* München 96
 ✏ *$4 290 FF22 420 £2 535* Composizione Tecnica mista/carta 48x33cm/*18x12in* Venezia 96
SANTORO Francesco R. (Attr.) 1844-1927 **[5]**
 ☞ *$3 630 FF18 700 £2 310* L'arco di Tito Olio/tavola 30x20,5cm/*11x8in* Venezia 96
SANTORO Francesco Raffaello 1844-1927 **[9]**

$8 038 FF45 549 £4 019 Gita in barca Olio/tela 79x145cm/*31x57in* Milano 98
SANTORO Rubens 1859-1942 **[81]**
$16 055 FF93 781 £9 500 Le Traghetto, Venice Oil/canvas 40x29,8cm/*15x11in* London 97
$38 100 FF192 600 £25 000 Scorgio Veneziano with the Campanile of San Genemia Oil/canvas 50x36cm/*19x14in* London 96
SANTRY Terence John 1910-1990 **[19]**
$316 FF1 937 £188 Dockyard Charcoal/paper 36x53cm/*14x20in* Sydney 98
SANTVOORT van Dirck Bontepaert 1610-1680 **[7]**
$24 940 FF128 600 £16 000 Portrait of a couple with their daughter in a landscape setting Oil/panel 61x70cm/*24x27in* London 96
SANTWOORT Pieter Dircksz. c.1604-1635 **[3]**
$6 224 FF38 128 £3 760 Bauernhäuser am Waldrand Oil/panel 47x64cm/*18x25in* Wien 98
SANVISENS MERFULL Ramón 1917-1987 **[19]**
$1 188 FF7 110 £702 Paisaje con costa rocosa Oleo/lienzo 22x33cm/*8x12in* Barcelona 98
$2 600 FF13 630 £1 560 En el ultramarinos Oleo/lienzo 73x92cm/*28x36in* Madrid 96
$15 410 FF90 850 £9 430 Sardana en el campo Oleo/lienzo 130,5x162cm/*51x63in* Barcelona 98
SAOLI Winston 1950-1995 **[16]**
$2 490 FF14 480 £1 484 A Kneeling Woman Bronze H56cm/*H22in* Johannesburg 97
$275 FF1 649 £169 Drummer with bird Charcoal/paper 63x48cm/*24x18in* Johannesburg 98
SAPIA Mariano 1964 **[6]**
$6 000 FF35 026 £3 569 Paraison Oil/canvas 100x120cm/*39x47in* New-York 97
SAPORETTI Adolfo 1910-? **[2]**
$1 140 FF6 460 £570 Bellaria Olio/cartone 16,5x31cm/*6x12in* Firenze 97
SAPORETTI Edgardo 1865-1909 **[4]**
$3 006 FF18 431 £1 801 Fischerjunge mit seinem Boot am Strand Oil/canvas 19x30cm/*7x11in* München 98
$3 566 FF20 746 £2 184 Portrait of an elegant lady wearing pearl ear-pendants Watercolour/paper 61x45,5cm/*24x17in* Amsterdam 97
SAPP Allen 1920 **[59]**
$439 FF2 552 £268 Untitled, preparing dinner Acrylic/canvas 13x18cm/*5x7in* Calgary, Alberta 97
$1 488 FF8 600 £884 "Just Brought His Mother Home" Acrylic/canvas 41x51cm/*16x20in* Calgary, Alberta 97
SARAKTSIANOS Christos 1937 **[2]**
$6 160 FF32 150 £3 720 Untitled Acrylic/canvas 162x130cm/*63x51in* Athens 96
SARAZIN DE BELMONT Louise Joséphine 1790-1870 **[28]**
$2 430 FF12 000 £1 585 Bagnères-de-Luchon Huile/toile 29x48,5cm/*11x19in* Paris 95
$3 506 FF19 981 £2 200 Classical river landscape Oil/canvas 61x74cm/*24x29in* London 97
$376 FF2 200 £224 Paysage de San Lorenzo Encre 20,4x31,4cm/*8x12in* Paris 97
SARDI Jean 1947 **[75]**
$2 770 FF14 000 £1 815 Dans le Lubéron Huile/toile 65x81cm/*25x31in* Arles 96
SARENCO Isaia Mabellini 1945 **[6]**
$3 300 FF18 700 £1 650 The Poet Sculpture bois 37,5x36x68,5cm/*14x14x26in* Prato 97
$1 980 FF10 350 £1 170 Bella e assassina, come la poesia Collage 56x36,5x3cm/*22x14x1in* Prato 96
SÄRESTÖNIEMI Reidar 1925-1981 **[20]**
$17 361 FF101 196 £10 692 Vintersol Oil/canvas 130x130cm/*51x51in* Helsinki 97
$18 410 FF110 580 £11 040 Getpors Oil/canvas 90x120cm/*35x47in* Helsinki 98
$2 301 FF13 822 £1 380 Två renar Pastel/paper 50x64cm/*19x25in* Helsinki 98
SARET Alan 1944 **[23]**
$500 FF2 563 £304 Stun Bax Ensoulement Coloured pencils/paper 80x91cm/*31x35in* New-York 96
SARGENT Frederick (Attrib.) ?-1899 **[2]**
$2 775 FF16 190 £1 700 Portrait of Charles Dickens, head and shoulders Oil/canvas 35,5x30,5cm/*13x12in* London 97
SARGENT John Singer 1856-1925 **[119]**
$42 500 FF248 246 £26 090 Study of a Young Man Oil/canvas 46x25,5cm/*18x10in* New-York 97
$475 000 FF2 817 320 £290 462 Two figures resting beneath trees Oil/canvas 77x94cm/*30x37in* Los Angeles 97
$1 800 000 FF10 657 260 £1 068 840 Portrait of Pauline Astor Oil/canvas 249x127cm/*98x50in* New-York 97

$8 500 FF52 307 £5 202 Albert Belleroche Lithograph 50,5x41cm/*19x16in* New-York 98

$36 960 FF191 500 £24 000 Portrait of Lady Elsie Meyer Charcoal 61,5x48,5cm/*24x19in* London 96

SARGENT Paul Turner 1880-1946 **[10]**

$1 008 FF5 236 £597 Autumn Scenes Oil/board 27x38cm/*11x15in* Mystic, Connecticut 97

$1 400 FF8 531 £835 Mountain Landscape Oil/canvas 50x60cm/*20x24in* Pasadena, California 98

SARGENT Walter 1868-1927 **[2]**

$7 500 FF45 344 £4 643 "October" Oil/board 55x60cm/*22x24in* Mystic, Connecticut 97

SARJENT G.R. XIX **[1]**

$3 750 FF19 420 £2 400 View of Constantinople Oil/canvas 25x36cm/*9x14in* London 96

SARKA Charles Nicolas 1879-1960 **[6]**

$10 000 FF51 500 £6 623 Bot in a landscape Watercolour/paper 22x7cm/*8x2in* New-York 96

SARKIS Zabunyan 1938 **[6]**

$966 FF6 000 £582 Sans titre Huile/papier 52,5x75cm/*20x29in* Paris 98

$843 FF5 000 £515 Sans titre Aquarelle/papier 35,5x26cm/*13x10in* Paris 98

SARLUIS Léonard 1874-1949 **[28]**

$4 005 FF20 000 £2 616 Le Songe d'Esther Huile/toile 24x292cm/*9x114in* Paris 95

$4 081 FF23 321 £2 500 A Battle Scene Oil/canvas 259x155cm/*101x61in* London 97

SARMENTO Juliao 1948 **[11]**

$4 900 FF25 400 £3 165 "Acima de Núvens" Mixed media/canvas 256x189cm/*100x74in* Stockholm 96

SARNOFF Arthur 1912-? **[11]**

$500 FF2 920 £295 House and Dock, Peggy's Cove/Study of a House at Peggy's Cove Gouache/paper 38,5x49,5cm/*15x19in* Boston, Mass. 97

SARONY Napoléon 1821-1896 **[5]**

$3 625 FF21 442 £2 200 Oscar Wilde, New York Albumen print 14,5x10,5cm/*5x4in* London 98

SARPANEVA Timo 1926 **[3]**

$1 467 FF8 746 £900 Vase Sculpture, glass H17cm/*H6in* London 98

SARRI Egisto 1837-1901 **[7]**

$775 FF4 000 £496 La vision Huile/toile 58x38,5cm/*22x15in* Soissons 96

SARRUT Paul XIX-XX **[13]**

$396 FF2 300 £234 Le carroussel Aquarelle, gouache/papier 22x35,5cm/*8x13in* Pontoise 97

SARTAIN John 1808-1897 **[10]**

$475 FF2 706 £298 Battle of Gettysburg, after P.F. Rothermel Mezzotint 51x90cm/*20x35in* Philadelphia 97

SARTAIN William 1843-1924 **[6]**

$2 700 FF16 033 £1 635 "Arab Girl" Oil/canvas 50x40cm/*20x16in* Philadelphia 97

SARTEEL Leon 1882-1942 **[18]**

$1 848 FF11 375 £1 134 Jonge vrouw Marbre Carrare 41x31cm/*16x12in* Lokeren 98

SARTHOU Maurice Élie 1911 **[28]**

$1 127 FF6 500 £671 Le départ des régates Huile/toile 73x92cm/*28x36in* Paris 97

SARTO del Andrea d'A. (Attrib) 1486-1530 **[2]**

$953 530 FF5 689 390 £575 280 Madonna mit Kind und dem Johannesknaben Oil/panel 75,5x57,5cm/*29x22in* Köln 97

SARTO del Andrea d'Agnolo 1486-1530 **[4]**

$75 000 FF414 135 £46 800 The Madonna and Child with the Infant Saint-John the Baptist Oil/panel 87,5x68,5cm/*34x26in* New-York 97

SARTORELLI Francesco 1856-1939 **[11]**

$5 040 FF24 700 £3 280 Autunno Olio/tela 53,5x80cm/*21x31in* Milano 95

SARTORI Benedetto (Attrib.) XVIII **[1]**

$18 920 FF98 000 £12 220 Trompe-l'oeil au vase de fleurs Huile/toile 49x38cm/*19x14in* Neuilly 96

SARTORI Enrico 1831-1889 **[1]**

$11 160 FF54 400 £7 020 Accampamento di cavalleria Olio/tela 39x69cm/*15x27in* Milano 95

SARTORI Giuseppe Antonio 1712-1792 **[1]**

$5 210 FF26 000 £3 400 Reclining Putto Marble H12,7cm/*H5in* London 95

SARTORIO Giulio Aristide 1860-1932 **[43]**

$1 800 FF10 200 £1 200 Paesaggio montano Olio/tela 43x29,5cm/*16x11in* Milano 97

$10 800 FF61 200 £7 200 Diana di Efeso Olio/tela 98x92cm/*38x36in* Milano 97

$33 600 FF190 400 £16 800 Bambini sulla riva del mare Olio/tela 200x92cm/*78x36in* Milano 98

SARTORIUS de Virginie 1828-? **[3]**

👆 *$19 000 FF112 759* £11 637 Arranging the Bouquet Oil/canvas 80x60cm/*31x23in* New-York 97
SARTORIUS Francis I 1734-1804 **[45]**
👆 *$1 800 FF10 033* £1 100 Horse and hound Oil/canvas 22,9x29,8cm/*9x11in* New-York 97
👆 *$23 260 FF119 600* £15 000 A favourite dog in a landscape with a butterfly Oil/canvas 63,5x99cm/*25x38in* London 96
👆 *$81 777 FF472 440* £48 000 Training at Newmarket Oil/canvas 106x142cm/*41x55in* London 97
SARTORIUS Francis I (Attrib.) 1734-1804 **[4]**
👆 *$22 700 FF118 300* £15 000 Hunting party in a landsdcape with a view of a country house Oil/canvas 93x137cm/*36x53in* Hadspen 96
SARTORIUS Francis II 1782-1808 **[4]**
👆 *$12 730 FF75 050* £7 600 "El joven" Oleo/tabla 25,5x56cm/*10x22in* Madrid 97
👆 *$13 868 FF82 846* £8 500 H.M.S. Leander retaking the Cleopatra along with the Ville de Milan.. Oil/panel 42x65cm/*16x25in* London 98
SARTORIUS John Francis 1775-1831 **[9]**
👆 *$2 116 FF12 757* £1 300 In Full Cry Oil/canvas 35,5x44,5cm/*13x17in* London 98
👆 *$3 592 FF21 890* £2 200 Letting the Hounds Loose Oil/canvas 51x63cm/*20x24in* Newbury, Berkshire 98
SARTORIUS John Nost 1759-1828 **[92]**
👆 *$5 963 FF34 448* £3 500 Lurcher Exercising with Jockey Up Oil/canvas 23x35,5cm/*9x13in* London 97
👆 *$17 000 FF98 608* £10 461 A bay hunter in a landscape Oil/canvas 63,5x76cm/*25x29in* New-York 97
SARTORIUS John Nost (Attrib.) 1759-1828 **[4]**
👆 *$8 000 FF48 426* £4 728 Setting off Oil/canvas 72x94cm/*28x37in* New-York 98
SARTORIUS Malte 1933 **[9]**
🖼 *$127 FF627* £81 Feldblumenstrauss in Glasvase Etching 34x28cm/*13x11in* Heidelberg 95
SARTORIUS William XVIII **[16]**
👆 *$12 530 FF63 500* £8 200 A Sord of Mallard by a reeded bank Oil/canvas 46x119,5cm/*18x47in* London 96
SARTORIUS William (Attrib.) XVIII **[5]**
👆 *$1 966 FF10 200* £1 300 A larder still life Oil/canvas 6x83cm/*2x32in* Edinburgh 96
SARYAN Martiros Sergeevich 1880-1972 **[3]**
👆 *$8 330 FF43 700* £5 000 Armenian landscape Oil/board 35x50cm/*13x19in* London 96
SASMAYOUX François 1944 **[1]**
✏ *$3 016 FF18 000* £1 807 Prophète Pastel/papier 92x92cm/*36x36in* L'Isle-Adam 98
SASSENBROUCK van Achilie 1886-1979 **[67]**
👆 *$652 FF3 895* £393 Mijn werkplaats Huile/toile 90x80cm/*35x31in* Lokeren 97
👆 *$4 440 FF23 000* £2 840 Winter te Sint-Martens-Latem Huile/toile 105x120cm/*41x47in* Lokeren 96
SASSO Antonio XIX **[3]**
👆 *$10 885 FF64 102* £6 718 The Madonna della Sedia Oil/canvas 74x75cm/*29x29in* Amsterdam 97
SASSU Aligi 1912 **[188]**
👆 *$1 320 FF6 740* £800 Cavallo al pascolo Tecnica mista 22,5x32,2cm/*8x12in* Vercelli 96
👆 *$1 300 FF7 411* £805 Cavalli sulla spiaggia Oil/canvas 72x89cm/*28x35in* Elgin, Illinois 97
🖼 *$480 FF2 720* £320 Da l'Orlando furioso Acquaforte a colori 71x50cm/*27x19in* Milano 97
🗿 *$2 400 FF13 600* £1 600 Cavallino Bronzo H33cm/*H12in* Prato 97
🖍 *$2 699 FF15 298* £1 349 Sughereto Pastelli/carta 34x49cm/*13x19in* Milano 98
SATIE Alain 1944 **[19]**
✏ *$594 FF3 000* £389 Sans titre Technique mixte/papier 56,5x75,5cm/*22x29in* Toulouse 96
SATO Key 1906-1978 **[47]**
👆 *$1 883 FF11 000* £1 114 Fossil de brouillard Huile/toile 46x55cm/*18x21in* Paris 97
SATOMI Munetsugu 1900-1995 **[8]**
🖼 *$268 FF1 600* £161 "P.L.M, Côte d'Azur" Affiche 99x62cm/*38x24in* Orléans 97
SATTERLEE Walter 1844-1908 **[3]**
👆 *$1 900 FF11 692* £1 153 Grandma's Home Remedy Oil/canvas 43x35cm/*17x14in* New-York 98
SATTLER Herrmann 1892-1955 **[8]**
👆 *$2 600 FF15 426* £1 588 Vierspänniges Holzfuhrwerk Öl/Leinwand 60x80cm/*23x31in* München 98
SATTLER Hubert 1817-1904 **[146]**
👆 *$967 FF5 712* £584 Blick auf Luzern Öl/Karton 15x21cm/*5x8in* Wien 97
👆 *$112 500 FF583 000* £72 000 Blick auf Salzburg Oil/canvas 103x134,5cm/*40x52in* London 96
SATTLER Hubert (Attrib.) 1817-1904 **[4]**

☙ *$710 FF4 287 £431* Ansicht von Berchtesgaden Oil/panel 9x12,5cm/*3x4in* Wien 98
☙ *$4 145 FF23 970 £2 565* Blick auf den Domplatz in Nürnberg Öl/Leinwand 75x65cm/*29x25in* Wien 97
SATUR de Edward Byrne XIX **[1]**
✐ *$999 FF6 165 £600* A Garden at Highgate Watercolour 22x36cm/*8x14in* London 98
SAUBER Robert 1868-1936 **[8]**
☙ *$1 499 FF9 248 £900* Portrait of a Woman wearing a green Headdress Oil/canvas 72,5x60cm/*28x23in* London 98
SAUCE Jean-Louis 1760-1788 **[1]**
✐ *$6 800 FF33 560 £4 400* A Sacrifice to Priapus/A Bacchanal near a temple Ink 29x47cm/*11x18in* New-York 96
SAUDEK Jan 1935 **[83]**
📷 *$287 FF1 500 £171* Clown Photo couleur 27x27cm/*10x10in* Paris 96
SAUER Walter 1889-1927 **[73]**
✐ *$315 FF1 798 £192* La lecture Crayon/papier 47x34cm/*18x13in* Bruxelles 97
SAUER Wilhelm 1888-1955 **[3]**
⚒ *$3 180 FF16 600 £2 000* A Greyhound Bronze H33cm/*H12in* London 96
SAUERBRUCH Hans 1910-? **[7]**
▥ *$573 FF3 350 £339* Konstanz Farbserigraphie 30x40cm/*11x15in* Konstanz 97
✐ *$2 064 FF12 060 £1 221* Ansicht von Rom Mischtechnik/Papier 45x65cm/*17x25in* Konstanz 97
SAUERLAND Philipp 1677-1762 **[1]**
☙ *$4 570 FF22 440 £2 890* Vanitas Öl/Leinwand 73x60cm/*28x23in* Zürich 95
SAUERWEID Alexandre Ivanovitch 1783-1844 **[4]**
☙ *$16 670 FF87 400 £10 000* Emperor Alexander I and his coachman Ilya in a drozhki Oil/canvas 50x78cm/*19x30in* London 96
SAUERWEIN Frank Peters 1871-1910 **[9]**
☙ *$5 000 FF28 637 £2 958* Untitled (Lone Rider) Oil/board 21x29cm/*8x11in* Santa Fe, New Mexico 97
SAUL Peter 1934 **[16]**
✐ *$950 FF5 698 £574* Superman Watercolour 67x76cm/*26x30in* Chicago, Illinois 97
SAULO George Ernest 1865-? **[6]**
⚒ *$1 577 FF9 413 £951* De muze erato Marbre Carrare 64x18cm/*25x7in* Lokeren 97
SAUNDERS Raymond 1934 **[2]**
✐ *$3 000 FF14 660 £1 898* Untitled Mixed media/paper 81x101cm/*31x39in* San Francisco-Los Angeles 95
SAURA Antonio 1930-1998 **[234]**
☙ *$6 900 FF34 800 £4 500* Retrato imaginario de Velasquez Oil/canvas 29,5x19,5cm/*11x7in* London 96
☙ *$9 900 FF59 250 £5 850* Retrato imaginario de Txaikovsky Oleo/papel 52x36cm/*20x14in* Madrid 98
☙ *$60 691 FF348 399 £37 000* Nicolasa Oil/canvas 162x130cm/*63x51in* London 97
▥ *$292 FF1 737 £178* Crucifixion Farbserigraphie 25,5x49,5cm/*10x19in* München 98
✐ *$1 608 FF10 000 £1 014* Figure Encre Chine/papier 32x24cm/*12x9in* Biarritz 97
SAURFELT Léonard c.1840-? **[24]**
☙ *$982 FF5 797 £581* Fête champêtre Öl/Leinwand 30x44cm/*11x17in* Zofingen 97
☙ *$2 687 FF16 090 £1 650* Marktstände in einer französischen Stadt Oil/canvas 73x57cm/*28x22in* Bern 98
SAUTIN René 1881-1968 **[72]**
☙ *$685 FF4 000 £414* La Chaumière Huile/toile 38x57cm/*14x22in* Deauville 97
SAUTTER Walter 1911-1991 **[9]**
☙ *$2 073 FF12 101 £1 273* New York II Öl/Leinwand 60x73cm/*23x28in* Zürich 97
SAUVAGE Arsène Symphorien XIX **[6]**
☙ *$4 128 FF24 100 £2 496* Trompe l'oeil au trophée de chasse, oiseaux/Trophée de chasse, lapins Huile/panneau 45x33cm/*17x12in* Paris 97
SAUVAGE Georges XIX-XX **[2]**
☙ *$17 000 FF88 200 £11 240* An Arab guard smoking a pipe Oil/canvas 46x36cm/*18x14in* New-York 96
☙ *$60 849 FF346 715 £38 000* An Arab Guard smoking a Pipe Oil/canvas 46x34cm/*18x13in* London 97
SAUVAGE Henri 1873-1932 **[2]**
⚒ *$4 703 FF28 800 £2 805* Ginkgo biloba Relief 45x34cm/*17x13in* Paris 98
SAUVAGE Philippe François XIX **[4]**
☙ *$1 787 FF10 476 £1 100* A Mother and Child in a kitchen Interior Oil/panel 28,5x22cm/*11x8in* London 97
SAUVAGE Piat-Jos. (Attrib.) 1744-1818 **[10]**
☙ *$9 684 FF60 000 £5 784* Les Amours vendangeurs/Allégorie du commerce Huile/toile 35x87cm/*13x34in*

Paris 98
SAUVAGE Piat-Joseph 1744-1818 **[17]**
  $20 000 FF117 924 £12 264 Sacrifice to Love Oil/panel 17x35cm/*6x13in* New-York 98
  $24 000 FF143 712 £14 688 A Trompe l'Oeil: The Triumph of Bacchus Oil/panel 31,5x81cm/*12x31in* New-York 97
SAUVAGEOT Charles 1826-1883 **[12]**
  $1 340 FF7 000 £798 Chez le maréchal-ferrant Aquarelle 36x24cm/*14x9in* Pontoise 96
SAUZAY Adrien 1841-1928 **[50]**
  $2 106 FF11 000 £1 254 La chaumière Huile/panneau 23x37cm/*9x14in* Pontoise 96
  $3 685 FF18 730 £2 200 River landscape Oil/canvas 33x61cm/*12x24in* London 96
SAUZET Claude XX **[7]**
  $954 FF5 000 £574 Trois nus Huile/toile 92x73cm/*36x28in* La Varenne Saint-Hilaire 96
SAVAGE Anne Douglas 1896-1971 **[10]**
  $2 560 FF13 270 £1 663 Laurentian cottage in winter Oil/panel 29x34cm/*11x13in* Montréal 96
SAVARY Robert 1920 **[75]**
  $814 FF5 000 £488 Paris, le Sacré-Coeur Huile/toile 72x60cm/*28x23in* Paris 98
  $205 FF1 200 £124 Plage à Juan-les-Pins Gouache/papier 48x63cm/*18x24in* Paris 97
SAVERIJ Salomon 1594-c.1678 **[5]**
  $680 FF4 016 £402 Blyde Inkomst der allerdoorluchighste Koninginne Maria de Medicis... Radierung 30x38,5cm/*11x15in* Berlin 97
SAVERY Jacob I 1545-1602 **[5]**
  $39 700 FF198 000 £26 000 Extensive landcape with a bull hunt Oil/panel 36x55cm/*14x21in* London 95
  $77 835 FF445 500 £45 975 View of Mountainous River Valley with a Small Castle Ink 23x33cm/*9x12in* Amsterdam 97
SAVERY Roelant 1576-1639 **[29]**
  $53 700 FF260 000 £33 700 Paysage avec chasseurs et gibier Huile/toile 6x7,5cm/*2x2in* Paris 95
  $68 720 FF400 000 £42 040 Chasse au sanglier Huile/toile 115x152,5cm/*45x60in* Toulouse 97
  $84 065 FF499 500 £50 000 An extensive wooded landscape with numerous animals Oil/panel 46x62,5cm/*18x24in* London 97
  $13 491 FF77 220 £7 969 Sudy of the Church of Our Lady Under the Chain, Prague Black chalk 11,5x17cm/*4x6in* Amsterdam 97
SAVERY Roelant (Attrib.) 1576-1639 **[8]**
  $12 773 FF75 580 £7 686 Ducks, Swans, a Guinea-Fowl, a Heron, Ostriches, a Parrot and Others Oil/canvas 66x82cm/*25x32in* Amsterdam 98
  $75 000 FF457 035 £45 690 Tulips, Rose, Poppies, Lilies, Narcissi, other Flowers in Roemer Oil/panel 30,5x25cm/*12x9in* New-York 98
  $2 960 FF15 070 £1 775 The outskirts of a walled town Ink 17,6x27,5cm/*6x10in* Amsterdam 96
SAVERYS Albert 1886-1964 **[170]**
  $4 780 FF24 600 £2 980 Vue de port Huile/panneau 33x40cm/*12x15in* Antwerpen 96
  $7 046 FF42 250 £4 342 Vallée en Flandre (fresque) Huile/panneau 300x500cm/*118x196in* Bruxelles 98
  $9 724 FF55 454 £5 916 Nature morte à la raie Huile/toile 95x111cm/*37x43in* Bruxelles 97
  $280 FF1 417 £183 Leiegezicht in de winter Aquatinte couleurs 49,5x63,5cm/*19x25in* Lokeren 96
  $3 588 FF21 138 £2 223 Village du midi Aquarelle/papier 48x68cm/*18x26in* Antwerpen 97
SAVIGNAC Raymond 1907 **[90]**
  $420 FF2 500 £256 "Omo, Bucato piu bianco" Affiche 95x66cm/*37x25in* Paris 98
SAVIGNY Jean Paul 1933 **[14]**
  $421 FF2 400 £259 Barques de pêche au sec Huile/toile 46x61cm/*18x24in* Brest 97
SAVIN Maurice 1894-1973 **[115]**
  $910 FF5 500 £553 Paysage Huile/toile 55x73,5cm/*21x28in* Senlis 98
  $196 FF1 000 £129 Paysage Aquarelle 22,5x30,5cm/*8x12in* Paris 96
SAVINI Alfonso 1836-1908 **[7]**
  $12 000 FF68 000 £8 000 Fanciulla con fiori in mano in un bosco Olio/tela 100x72cm/*39x28in* Milano 97
SAVINIO Alberto 1891-1952 **[55]**
  $40 800 FF231 200 £27 200 Penelope Olio/cartone 22x16cm/*8x6in* Milano 98
  $224 000 FF1 130 500 £147 000 Composizione con statua e manichino Olio/tela 55x46cm/*21x18in* Milano 96

✏ *$5 699* FF32 298 £2 849 Disegno preparatorio per Psiche Matita/carta 20,5x14cm/*8x5in* Milano 97
SAVINIO Ruggero 1934 **[18]**
👝 *$1 607* FF9 108 £803 "Alberi" Olio/tela 50x40cm/*19x15in* Roma 98
👝 *$5 004* FF26 197 £3 284 "Figura alla finestra" Olio/tela 160x130cm/*62x51in* Milano 96
SAVIO John 1902-1938 **[10]**
▥ *$1 447* FF8 578 £867 Miljö I Woodcut 23x29cm/*9x11in* Oslo 97
✏ *$1 792* FF10 621 £1 073 Same Pastel 29x32cm/*11x12in* Oslo 97
SAVITRY Émile XX **[3]**
👝 *$5 300* FF27 000 £3 490 "Le Clair du jour" Huile/toile 73x60cm/*28x23in* Paris 96
SAVITSKY John, Jack 1910-1991 **[16]**
👝 *$525* FF3 138 £325 "Adam and Eva" Oil/board 50x60cm/*20x24in* Hatfield, Pennsylvania 97
SAVITSKY Konstantin Apollonov 1844-1905 **[1]**
👝 *$4 330* FF21 840 £2 800 Paysage d'Auvergne Oil/board 22,5x34cm/*8x13in* London 96
SAVITT Sam XX **[3]**
👝 *$4 500* FF23 355 £2 980 Swaps Oil/masonite 91x101cm/*36x40in* New Orleans, Louisiana 96
SAVOY van Carel c.1621-1665 **[3]**
👝 *$13 119* FF78 000 £8 127 Scène allégorique Huile/toile 102x172cm/*40x67in* Marseille 97
SAVRASOV Alexeï Kondratievich 1830-1897 **[7]**
👝 *$32 710* FF200 060 £20 000 Winter Snow Oil/canvas 52,5x35cm/*20x13in* London 98
SAVREUX Maurice 1884-1971 **[27]**
👝 *$607* FF3 600 £364 Les oliviers Huile/toile 27x35cm/*10x13in* Paris 97
👝 *$1 100* FF6 800 £674 Paysage de neige Huile/toile 50x65cm/*19x25in* Quimper 97
✏ *$1 369* FF8 000 £840 Bouquet au vase bleu Aquarelle/papier 63x47cm/*24x18in* Paris 97
SAVRY Hendrick 1823-1907 **[19]**
👝 *$3 000* FF15 540 £1 920 Cows watering Oil/canvas 60x99cm/*24x39in* New Orleans, Louisiana 96
SAVRY Henri M. 1871-1942 **[8]**
👝 *$2 999* FF18 047 £1 795 Cows in a Sunlit Polder Landscape Oil/canvas 50,5x80cm/*19x31in* Amsterdam 93
SAVVIDES Simeon XIX-XX **[2]**
👝 *$11 101* FF66 276 £6 800 A Still Life with a Bottle of Wine and Summer Fruits Oil/canvas 46x61,5cm/*18x24in* London 97
SAVY Max 1918 **[14]**
👝 *$783* FF4 000 £516 Les oiseaux Huile/toile 46x38cm/*18x14in* Paris 96
SAWAII Noburu 1931 **[22]**
▥ *$150* FF769 £91 Doll and her mate, after Hokusai Etching in colors 12x17cm/*4x6in* Calgary, Alberta 96
SAWREY Hugh David 1923 **[85]**
👝 *$1 366* FF7 963 £840 The Boundary Riders Breakfast Oil/canvas 30x35cm/*11x13in* Sydney 97
👝 *$2 966* FF16 979 £1 752 Swy Game, Izzey's Lane Redfern Oil/canvas 50x60cm/*19x23in* Sydney 97
SAWYER Helen Alton 1900-? **[11]**
👝 *$2 000* FF11 806 £1 184 Flowers in a Blue Vase Oil/canvas 76x63cm/*30x25in* North Berwick, Maine 97
SAWYIER Paul 1865-1917 **[9]**
👝 *$7 000* FF42 270 £4 202 Kentucky Autumn Oil/canvas 35,5x43cm/*13x16in* New-York 98
👝 *$29 120* FF164 332 £17 847 "Kentucky River Near Gilberts Creek" Oil/canvas 50x60cm/*20x24in* Mystic, Connecticut 97
✏ *$4 000* FF23 894 £2 449 Along the Hudson Watercolour/paper 28,5x44cm/*11x17in* New-York 98
SAX Sarah 1896-1931 **[3]**
🔨 *$4 250* FF22 057 £2 814 Landscape of Black Trees Porcelain 22x17cm/*9x7in* Cincinnati, Ohio 96
SAXE Adrian 1943 **[2]**
🔨 *$4 500* FF27 439 £2 700 Hi - Fibre 1 - 900 Menehune Magic Lampe Sculpture H16cm/*H6in* New-York 98
SAXTON Christopher XVI-XVII **[6]**
▥ *$1 111* FF6 766 £680 Eboracensis (Map of Yorkshire) Engraving 54x74cm/*21x29in* Bath 98
SAY Frederick Richard c.1827-1860 **[6]**
👝 *$9 725* FF56 443 £6 000 Portrait of the Hon, Mrs. Langston and her Daughter Julia Oil/canvas 140x109cm/*55x42in* London 97
SAYER Robert **[2]**
▥ *$3 233* FF18 627 £1 900 Firetail Mezzotint 46x56cm/*18x22in* London 97
SAYERS Reuben T.W. 1815-1888 **[3]**
👝 *$3 594* FF20 446 £2 200 The pet deer Oil/canvas 77x77cm/*30x30in* London 97

SAYRE Fred Grayson 1879-1938 **[24]**
  $2 500 FF14 881 £1 552 California Landscape Oil/canvas 24x30cm/*9x11in* North Berwick, Maine 97
  $2 750 FF16 467 £1 683 "Mountain Cottage" Oil/canvas 40x50cm/*16x20in* Altadena, CA 97
  $1 000 FF5 966 £603 Indian Encampment Gouache/paper 25x38cm/*10x15in* Cedar Falls, Iowa 97
SCACCIATI Andrea I 1642-1710 **[14]**
  $23 315 FF136 985 £14 000 A Still Life of Roses, Carnations, Sunflowers, Convolvulus and Others Oil/canvas 128x97cm/*50x38in* London 97
  $27 230 FF166 810 £16 450 Grosser dekorativer Blumenstrauss von Rosen Nelken und Tulpen Öl/Leinwand 97x74,5cm/*38x29in* Wien 98
SCACCIATI Andrea I (Attrib.) 1642-1710 **[5]**
  $11 000 FF64 858 £6 745 Floral Still Lifes Oil/canvas 70,5x56,5cm/*27x22in* New-York 98
SCACCIATI Pietro Nieri ?-1749 **[2]**
  $10 606 FF61 205 £6 500 Three crested fowl Oil/canvas 60x78cm/*23x30in* London 97
  $16 000 FF82 000 £9 720 A Cassowary by a fruit tree with a parrot Oil/canvas 214,5x172,5cm/*84x67in* New-York 96
SCAFFAI Luigi 1837-? **[4]**
  $1 918 FF10 020 £1 142 Der Flirt Oil/panel 44x32cm/*17x12in* Hamburg 96
SCALA Vincenzo XIX **[7]**
  $2 796 FF15 844 £1 398 Giovane raccoglitrice d'erba Olio/tela 50x35,5cm/*19x13in* Milano 98
SCALBERT Jules 1851-? **[10]**
  $8 000 FF42 576 £4 717 Baigneuses à la plage Oil/canvas 45,7x55,9cm/*17x22in* New-York 97
  $1 594 FF9 000 £971 Femme nue allongée Pastel 37x59cm/*14x23in* Paris 97
SCALCO Giorgio 1929 **[3]**
  $1 680 FF9 520 £1 120 Ritrattino di Gimmy Olio/tavola 32,2x30,3cm/*12x11in* Prato 97
  $3 900 FF22 100 £2 600 Maria sul letto Olio/tela 80x60cm/*31x23in* Roma 97
SCANAVINO Emilio 1922-1986 **[191]**
  $2 166 FF12 274 £1 444 Tramatura Olio/tavola 26,5x26,5cm/*10x10in* Vercelli 97
  $3 600 FF20 400 £2 400 Ombra legata, 1972 Acrilico/cartone 49,8x50cm/*19x19in* Prato 97
  $15 300 FF86 700 £7 650 "Le porte" Olio/tela/tavola 200x200cm/*78x78in* Prato 98
  $659 FF3 738 £439 Senza titolo Litografia a colori 40,5x51cm/*15x20in* Milano 97
  $840 FF4 760 £560 Senza titolo Ceramic H28cm/*H11in* Milano 98
  $1 800 FF10 200 £900 Senza titolo Tecnica mista/carta 51x35cm/*20x13in* Milano 98
SCANGA Italo 1932 **[13]**
  $2 600 FF16 159 £1 554 Untitled Mixed media/board 101,5x76cm/*39x29in* New-York 98
SCANLAN Robert Richard c.1810-c.1880 **[21]**
  $1 947 FF11 204 £1 200 Tales of the Road Oil/board 35,5x28cm/*13x11in* London 97
  $1 957 FF11 538 £1 200 The Competing Coachmen Oil/canvas 35,5x53,5cm/*13x21in* London 98
  $923 FF4 510 £580 A cockfight at Crabtree, near Plymouth Ink 41x53,5cm/*16x21in* London 95
SCARBOROUGH Frederick William c.1860-1939 **[13]**
  $3 334 FF16 980 £2 000 The Tower Bridge/The Lower Pool Watercolour 17x24cm/*6x9in* London 96
SCARBROUGH Frank William XIX-XX **[41]**
  $2 606 FF15 779 £1 600 Off Limehouse, London Watercolour/paper 34x24cm/*13x9in* Chester 98
SCARLETT Rolph 1889-1984 **[22]**
  $4 250 FF21 165 £2 796 Abstract Oil/board 76x60cm/*30x24in* Baton Rouge, Louisiana 95
  $15 000 FF86 805 £9 228 "Fan Fare in Black" Oil/canvas 172,5x126,5cm/*67x49in* Los Angeles 97
  $3 200 FF15 760 £2 062 Geometric Abstractions Gouache 58x43cm/*22x16in* New-York 95
SCARPITTA Salvatore 1919 **[10]**
  $3 300 FF16 800 £1 950 Senza titolo Olio/tela 71x89cm/*27x35in* Milano 96
  $28 800 FF163 200 £19 200 Senza titolo, 1958 Tecnica mista/tela 171,5x145cm/*67x57in* Prato 97
SCARSELLA SCARSELLINO Ippolito c.1550-1620 **[11]**
  $3 000 FF17 000 £1 500 Pentecoste Olio/tela 37x34cm/*14x13in* Milano 97
  $18 765 FF108 286 £11 500 The Holy Family with angels holding the instruments of the Passion Oil/canvas 53x40cm/*20x15in* London 97
  $1 412 FF8 108 £861 Studien zu einer Madonna mit Kind Indian ink/paper 24x15,4cm/*9x6in* Berlin 97
SCARSELLA SCARSELLINO Ippolito (Attrib.) c.1550-1620 **[4]**
  $16 019 FF94 905 £9 500 The Rest on the Flight into Egypt with Infant Saint John the Baptist Oil/panel

S

39,5x32,5cm/*15x12in* London 97

  $31 800 FF180 200 £21 200 Madonna col Bambino e San Giovannino in un paesaggio Olio/tela/tavola 110x90cm/*43x35in* Prato 97

SCARVELLI Spyridon 1868-1942 **[56]**

  $1 468 FF8 771 £900 Felucas on the Nile Watercolour 21,5x35cm/*8x13in* London 98

SCATIZZI Sergio 1918 **[57]**

  $480 FF2 720 £240 Paesaggio Pintura 35x31,5cm/*13x12in* Firenze 97

  $663 FF3 760 £331 "Natura morta con uva e frutti" Olio/cartone 49x73cm/*19x28in* Roma 98

  $420 FF2 380 £280 Natura morta Acquarello/carta 50x34,7cm/*19x13in* Prato 97

SCATTOLA Ferruccio 1873-1950 **[11]**

  $1 170 FF6 010 £697 Canale a Venezia/Barche nel canale Olio/cartone 38x28cm/*14x11in* Roma 96

  $6 000 FF34 000 £4 000 Mattino a Venezia Olio/cartone 53x68cm/*20x26in* Milano 97

SCAUFLAIRE Edgar 1893-1960 **[164]**

  $861 FF4 902 £528 Couple Huile/panneau 32x22cm/*12x8in* Liège 97

  $1 430 FF7 400 £928 La marchande de poissons Huile/carton 45x70cm/*17x27in* Liège 96

  $1 142 FF5 690 £748 Tête de jeune fille Mine plomb 35x26cm/*13x10in* Liège 95

SCHAAN Paul XIX-XX **[13]**

  $6 174 FF36 190 £3 800 "A tasty Delicacy" Oil/panel 40,5x32cm/*15x12in* London 97

  $11 000 FF56 540 £6 875 Cardinaux jouant aux cartes Oil/panel 54x65cm/*21x25in* New-York 96

SCHAAP Hendrik 1878-1955 **[5]**

  $3 178 FF19 041 £1 895 Gezicht op de markte te Deventer Oil/canvas 75x95cm/*29x37in* Rotterdam 98

  $2 146 FF12 477 £1 278 Bedrijvigheid op de kade Watercolour/paper 47x70cm/*18x27in* Den Haag 97

SCHABBON Willi 1890-1962 **[2]**

  $1 125 FF6 410 £702 Dorfstrasse Aquarell/Papier 49x60,5cm/*19x23in* Bielefeld 97

SCHABELITZ R.F. 1884-1959 **[2]**

  $1 870 FF11 104 £1 141 Seated woman on rooftop Oil/canvas 55x60cm/*22x24in* New-York 98

SCHACHNER Calanit 1972 **[3]**

  $400 FF2 437 £243 Untitled 2 Engraving 30x41cm/*11x16in* Tel Aviv 98

SCHACHNER Therese 1869-1950 **[14]**

  $2 780 FF14 430 £1 837 "Oktober" (Grosses Herbststilleben) Öl/Leinwand 110x90cm/*43x35in* Wien 96

  $5 130 FF26 400 £3 200 Flowers and fruit Mischtechnik/Karton 29x40cm/*11x15in* Wien 96

SCHACHT Rudolf 1900-1974 **[7]**

  $1 890 FF9 600 £1 207 Landsknechte mit Hund vor dem Wirtshaus Öl/Leinwand 90x115cm/*35x45in* Frankfurt 96

SCHACHT Wilhelm S. 1872-? **[22]**

  $69 FF403 £42 Blühende Apfelbäume Farblithographie 29,9x41,2cm/*11x16in* Heidelberg 97

SCHACK Sophus 1811-1864 **[5]**

  $659 FF4 049 £395 Kristus velsinger maengden Oil/canvas 64x49cm/*25x19in* Vejle 98

SCHAD Christian 1894-1982 **[71]**

  $5 850 FF30 600 £3 483 Wiesenstück Oil/cardboard 37,4x27cm/*14x10in* Köln 96

  $336 FF2 008 £203 Die neue Uniform Etching 35x23,5cm/*13x9in* Berlin 97

  $1 169 FF6 695 £691 Schadographie 24 b Photograph 15,5x11,5cm/*6x4in* Köln 97

  $13 000 FF68 000 £7 740 "Dora" Pastel 85x57cm/*33x22in* Berlin 96

SCHAD Robert 1953 **[6]**

  $648 FF4 024 £391 Ohne Titel Black chalk 63,5x78cm/*25x30in* Heidelberg 98

SCHAD-ROSSA Paul 1862-1916 **[4]**

  $4 727 FF27 072 £2 885 Zwei Kinder eine Katze streichelnd Öl/Leinwand 51x42cm/*20x16in* Hamburg 97

SCHADE Karl Martin 1862-1954 **[10]**

  $1 213 FF6 240 £756 Sommerlandschaft Öl/Leinwand 56x79,5cm/*22x31in* Wien 96

SCHADOW Felix 1819-1861 **[1]**

  $5 100 FF26 430 £3 315 Junge Italienerin Öl/Leinwand 63x53cm/*24x20in* München 96

SCHADOW Johan Gottfried 1764-1850 **[14]**

  $500 FF2 871 £305 Interieur mit Paar Radierung 4,8x6,5cm/*1x2in* Berlin 97

  $3 144 FF16 270 £2 030 Tänzerin Bronze H35cm/*H13in* Berlin 96

SCHADOW von Wilhelm Friedrich 1788-1862 **[7]**

  $1 856 FF10 767 £1 142 Künstlerbildnis mit weisser Kutte Öl/Leinwand 41x38cm/*16x14in* Heidelberg 97

  $28 345 FF167 335 £16 785 Bildnis Friedrich Parthey Öl/Leinwand 96,5x75,5cm/*37x29in* Berlin 97

SCHAEFELS Hendrick Franz 1827-1904 **[15]**

☞ *$5 315 FF32 293 £3 200* The Recital Oil/canvas 78x66,5cm/*30x26in* London 98
☞ *$6 314 FF35 970 £3 894* La rade d'Anvers Huile/panneau 30x42cm/*11x16in* Antwerpen 97
SCHAEFELS Hendrik Raphael 1785-1857 **[7]**
☞ *$14 960 FF89 430 £9 130* Le quai au charbon Huile/toile 78x62cm/*30x24in* Antwerpen 98
▭ *$1 580 FF8 200 £993* Hélène Fourment à la Maison Rubens Gravure bois 30x25cm/*11x9in* Antwerpen 96
SCHAEFELS Lucas 1824-1885 **[6]**
☞ *$32 026 FF182 482 £20 000* Azaleas, Peonies, Lilac, Iris, Blossom and other Flowers in a Vase Oil/canvas
90x120cm/*35x47in* London 97
SCHAEFER Carl Fellman 1903-1995 **[21]**
☞ *$5 040 FF30 311 £3 022* Winter Trees, York-Mills, Toronto Oil/board 30,5x35,5cm/*12x13in* Toronto 98
▭ *$364 FF1 900 £241* Winter Cabin Linocut 7,5x7,5cm/*2x2in* Toronto 96
✎ *$600 FF3 074 £364* Oatfield from Pinnacle Hill, Waterloo Country Watercolour/paper 27x37cm/*10x14in*
Calgary, Alberta 96
SCHAEFER David XX **[1]**
⚒ *$3 334 FF20 028 £2 000* Bull Elephant Bronze H73,5cm/*H28in* London 98
SCHAEFFER Carl Fellman 1903 **[3]**
✎ *$1 195 FF6 090 £717* Near Ancarta Watercolour/paper 28x38cm/*11x14in* Calgary, Alberta 96
SCHAEFFER Hendrik XIX-XX **[1]**
☞ *$5 000 FF25 950 £3 311* "Les Filles de Rubens", after Rubens Oil/canvas 71x96cm/*28x38in* Downington,
PA 96
SCHAEFFER Mead 1898-1980 **[16]**
☞ *$6 000 FF34 924 £3 698* Couple in the Mountains Oil/canvas 56x127cm/*22x50in* New-York 97
SCHAEFFER VON WIENWALD August 1833-1916 **[6]**
☞ *$845 FF5 040 £524* Südliche Küstenlandschaft Öl/Karton 21,5x26,5cm/*8x10in* Dresden 97
☞ *$21 745 FF133 333 £13 034* Die Bucht von Neapel Öl/Leinwand 79x119cm/*31x46in* Zürich 98
SCHAEFLER Fritz 1888-1954 **[34]**
▭ *$780 FF4 550 £477* Expressionistische Landschaften (4)/"Schusterwerkstatt" Drypoint 23,5x20cm/*9x7in*
München 97
✎ *$5 537 FF32 768 £3 401* Im Wald Watercolour 56,5x41cm/*22x16in* München 98
SCHAEP Henri Adolphe 1826-1870 **[15]**
☞ *$2 200 FF13 040 £1 368* Le naufrage Huile/panneau 21x28cm/*8x11in* Bruxelles 97
☞ *$6 504 FF38 928 £3 936* Bateau de pêche dans la tempête Huile/toile 57x80cm/*22x31in* Antwerpen 97
SCHAETTE Karl 1824-1884 **[2]**
☞ *$3 300 FF19 750 £2 050* Paisaje con río Oleo/lienzo 80x80cm/*31x31in* Madrid 98
SCHAFER Frederick 1839-1927 **[21]**
☞ *$1 800 FF10 849 £1 089* John Muir's Valley Oil/canvas 76x127cm/*30x50in* Pasadena, California 98
SCHAFER Frederick Ferdinand 1841-1917 **[12]**
☞ *$5 000 FF29 551 £3 097* Mt. Hood Oil/canvas 81x109cm/*32x43in* New Orleans, Louisiana 97
SCHAFER Henri ?-c.1900 **[1]**
✎ *$1 000 FF6 009 £604* The Cathedral, "Evreux Normandy" Watercolour 46x35,5cm/*18x13in* New-York 98
SCHAFER Henry c.1833-1916 **[69]**
☞ *$1 465 FF9 064 £900* A Religious Procession Leaving St. Vincent's Church, Rouen Oil/canvas
48x74,5cm/*18x29in* Billingshurst, West Sussex 97
☞ *$2 300 FF13 434 £1 360* Fécamp, Normandy Oil/canvas 41x31cm/*16x12in* Boston, Mass. 97
✎ *$711 FF4 069 £420* Evreux, Normandy Watercolour/paper 46x34,5cm/*18x13in* London 97
SCHAFER Henry **[24]**
☞ *$3 670 FF22 506 £2 200* In the Steen, Antwerp, Belgium Oil/canvas 46x35,5cm/*18x13in* London 98
✎ *$279 FF1 444 £180* Abbeville, Normandy Watercolour 43x34cm/*16x13in* London 96
SCHÄFER Henry Thomas 1854-? **[24]**
☞ *$2 264 FF11 804 £1 363* Innenansicht des Mailänder Doms während einer Messe Öl/Leinwand
67,5x49,5cm/*26x19in* Heidelberg 96
✎ *$375 FF2 242 £232* "Seville Cathedral, Spain" Watercolour/paper 46x33cm/*18x13in* Hatfield,
Pennsylvania 97
SCHÄFER Joseph XVIII-XIX **[1]**
▭ *$10 730 FF55 200 £6 690* View of the Narrthurm Etching 43x55cm/*16x21in* Wien 96
SCHÄFER Rudolf 1952 **[1]**

📷 *$4 155 FF25 185 £2 548* Der Erwige Schlaf: Visages de Morts Photograph 43,5x32cm/*17x12in* Hamburg 98
SCHÄFFER VON WIENWALD August 1833-1916 **[9]**
🎨 *$698 FF3 610 £451* Gosauschmiede Öl/Papier 24x48cm/*9x18in* Wien 96
SCHAGEN van Gerbrand Frederik 1880-1968 **[24]**
🎨 *$943 FF5 389 £577* Landschap met boerderij bij Reeuwijk Oil/canvas 60x79cm/*23x31in* Den Haag 97
SCHALCH Johann Jacob 1723-1789 **[8]**
🎨 *$3 260 FF16 860 £2 102* Vogelnest, Vögel und Eidechse im Waldgrund Oil/panel 28x19cm/*11x7in* Wien 96
✏️ *$1 170 FF6 120 £697* Bäume in Flusslandschaft Black chalk 24,5x39,5cm/*9x15in* Hamburg 96
SCHALCKE van der Cornelis (Attrib.) 1611-1661 **[3]**
🎨 *$4 905 FF28 519 £2 994* A Wooded Landscape with Figures Oil/panel 67x54,5cm/*26x21in* Amsterdam 97
SCHALCKE van der Cornelis Symonsz. 1611-1671 **[5]**
🎨 *$5 071 FF29 025 £2 995* Bandits around a Fire on a River bank beneath a City Fortification Oil/panel 25x32,5cm/*9x12in* Amsterdam 97
✏️ *$1 059 FF6 081 £645* Flusslandschaft mit Fischern und Windmühle Ink/paper 17,8x27,7cm/*7x10in* Berlin 97
SCHALCKEN Godfried 1643-1706 **[30]**
🎨 *$13 490 FF79 920 £8 000* Self-portrait of the Artist, bust-length, in a black costume Oil/canvas 68,5x56,5cm/*26x22in* London 97
🎨 *$54 392 FF320 718 £32 200* Venus and cupid Oil/copper 20x15cm/*7x5in* London 97
SCHALCKEN Godfried (Attrib.) 1643-1706 **[4]**
🎨 *$7 290 FF42 894 £4 500* Bildnis eines Malers Öl/Leinwand 91,5x71,5cm/*36x28in* Wien 97
SCHALIN Greta 1897-1993 **[6]**
🎨 *$1 464 FF8 842 £889* Sommarblommor i vas Oil/canvas 30x35cm/*11x13in* Helsinki 98
SCHALKEN Godfried 1643-1706 **[5]**
🎨 *$27 900 FF139 800 £17 640* Bildnis einer alten Frau Öl/Leinwand 81,5x70cm/*32x27in* Wien 95
SCHALL Jean-Fred. (Attrib.) 1752-1825 **[6]**
🎨 *$3 359 FF20 112 £2 063* Lesende junge frau Oil/canvas 27x21cm/*10x8in* Bern 98
SCHALL Jean-Frédéric 1752-1825 **[30]**
🎨 *$10 510 FF65 000 £6 259* Une jeune danseuse devant un parc avec une cascade Huile/panneau 31,5x24cm/*12x9in* Paris 98
🎨 *$45 690 FF263 653 £28 000* Louis XIV of France and Loise de la Vallière Oil/canvas 35,5x49cm/*13x19in* London 97
SCHALL Lothar 1924 **[8]**
✏️ *$1 109 FF6 403 £680* Ohne Titel Collage 99x69cm/*38x27in* Stuttgart 97
SCHALLHAS Carl Philipp 1767-1797 **[3]**
🎨 *$4 005 FF23 785 £2 380* Landschaft mit Staffage Öl/Metall 28x39,6cm/*11x15in* Wien 97
SCHALLHAS Carl Philipp (Attr.) 1767-1797 **[1]**
🗚 *$940 FF4 810 £603* "Steyerek unter Linz an der Donau" Engraving 31x41cm/*12x16in* Wien 96
SCHAMPHELEER de Edmond 1824-1899 **[26]**
🎨 *$792 FF4 875 £486* Landschap Huile/toile 22,5x38cm/*8x14in* Lokeren 98
🎨 *$2 990 FF14 800 £1 900* Cattle in a water meadow Oil/canvas 61x99cm/*24x38in* London 95
SCHAMS Franz 1823-1883 **[3]**
🎨 *$7 000 FF42 373 £4 176* "We want to Marry each other" Oil/panel 52x42cm/*20x16in* New-York 97
SCHAMSCHULA Erich 1925 **[4]**
🗿 *$1 003 FF6 000 £608* Triangle blanc Sculpture 23,5x61x11,5cm/*9x24x4in* Paris 97
SCHANKER Louis 1903-1981 **[29]**
🎨 *$4 000 FF23 894 £2 449* Football Oil/canvas 72,5x91cm/*28x35in* New-York 98
🗚 *$700 FF4 161 £428* "Cops and Pickets" Woodcut 23x30cm/*9x12in* Shaker Heights, Ohio 97
✏️ *$800 FF4 747 £496* Abstraction in Green and Yellow Watercolour 23x18cm/*9x7in* New-York 97
SCHANTZ von Philip 1928 **[102]**
🎨 *$5 330 FF25 860 £3 434* Still life Oil/canvas 89x116cm/*35x45in* Göteborg 95
🎨 *$14 996 FF89 631 £9 177* "Svarta Vinbär" Oil/canvas 120x160cm/*47x62in* Stockholm 97
🗚 *$382 FF1 940 £247* Stilleben med avocados Color lithograph 34,5x51cm/*13x20in* Stockholm 95
✏️ *$2 265 FF11 510 £1 353* "Vera Margarin" Akvarell 41x48cm/*16x18in* Stockholm 96
SCHANZ Heinz 1927 **[43]**
🎨 *$11 082 FF67 160 £6 796* Ohne Titel Tempera 115,5x150,5cm/*45x59in* Hamburg 98
🎨 *$12 190 FF73 876 £7 475* Zwei Spielzeugfiguren Tempera/canvas 45x60cm/*17x23in* Hamburg 98
SCHAPER Friedrich 1869-1956 **[17]**

$650 FF3 400 £387 Portrait eines Mannes Oil/panel 47,5x38,5cm/*18x15in* Hamburg 96
SCHÄRER Hans 1927 **[62]**
$1 834 FF10 717 £1 085 Ausstellung Schärer Schibig Mai-Juni 1982 Mixed media 29,5x21cm/*11x8in* Luzern 97
$2 340 FF13 671 £1 436 Ohne Titel Mixed media 98x65cm/*38x25in* Luzern 97
$126 FF745 £74 Buffet-Cis 4 Radierung 53x38cm/*20x14in* Zofingen 97
$599 FF3 503 £355 Ohne Titel Aquarell/Papier 23,5x27,5cm/*9x10in* Luzern 97
SCHARF George 1788-1860 **[3]**
$2 142 FF13 054 £1 300 Stanford Hill Turnpike Watercolour/paper 22x42cm/*8x16in* Exeter, Devon 98
SCHARF Kenny 1958 **[60]**
$3 800 FF18 400 £2 440 Ghost of Judy Acrylic/canvas 122x90cm/*48x35in* New-York 95
$6 012 FF37 000 £3 651 "Why" Acrylique/toile 141x110cm/*55x43in* Paris 98
$247 FF1 442 £146 Artists united for nature E.V. Farbserigraphie 76x58cm/*29x22in* Luzern 97
SCHARF Viktor 1872-1943 **[3]**
$1 467 FF8 746 £900 A Drawing Room Oil/canvas 71x57cm/*27x22in* London 98
SCHARFF Edwin 1887-1955 **[35]**
$174 FF1 070 £104 "Reiter" Etching 11,8x8,7cm/*4x3in* Amsterdam 98
$4 535 FF26 773 £2 685 Sitzende Bronze H20,8cm/*H8in* Berlin 97
SCHARFF William 1886-1959 **[82]**
$852 FF5 277 £508 På stranden Oil/canvas 70x88cm/*27x34in* København 98
$2 313 FF14 134 £1 459 Interieur med kvindefigur Oil/canvas 182x109cm/*71x42in* København 97
$333 FF1 936 £197 Stående model Watercolour/paper 90x55cm/*35x21in* København 97
SCHARL Josef 1896-1954 **[63]**
$3 450 FF17 200 £2 260 The Rhône, Genève Tempera 29x41,5cm/*11x16in* München 95
$33 990 FF201 138 £20 880 Landschaft Oil/canvas 41x60cm/*16x23in* München 98
$638 FF3 701 £392 Selbstbilnis Woodcut 39,5x28cm/*15x11in* Heidelberg 97
$2 267 FF13 386 £1 342 Kopf eines bärtigen Mannes Tempera/paper 43,1x31,2cm/*16x12in* Berlin 97
SCHAROLD Carl 1811-1865 **[3]**
$1 854 FF9 600 £1 240 "Parthie von Lindau am Bodensee" Aquarell/Papier 19x25cm/*7x9in* Wien 96
SCHASCHL Reni 1895-1979 **[6]**
$2 055 FF11 945 £1 265 Frauenfigur Ceramic H45,7cm/*H17in* Wien 97
SCHATT Roy 1909 **[28]**
$1 100 FF6 347 £674 James Dean Silver print 56x39cm/*22x15in* New-York 97
SCHATZ Boris 1866-1932 **[3]**
$22 000 FF130 719 £13 085 "The Marriage Broker" Oil/panel 34x25cm/*13x10in* Boston, Mass. 97
$5 750 FF34 328 £3 508 "Matchmaker" Bronze relief 45x22,5cm/*17x8in* Tel Aviv 98
SCHATZ Otto Rudolf 1900-1961 **[110]**
$1 746 FF10 476 £1 060 Neapel Öl/Papier 34x42cm/*13x16in* Wien 98
$7 440 FF36 700 £4 840 Drei weibliche Akte Öl/Leinwand 65x80cm/*25x31in* Wien 95
$201 FF1 190 £121 Strasse in Venedig Woodcut 20x15cm/*7x5in* Wien 97
$1 395 FF6 860 £888 Drei erotische Darstellungen Mischtechnik/Papier 29x25,5cm/*11x10in* Wien 95
SCHAUENBERG Walter 1884-1943 **[30]**
$280 FF1 656 £166 Rosen in Glasvase Öl/Karton 35x25cm/*13x9in* Zofingen 97
SCHAUER Otto 1923 **[4]**
$3 600 FF18 000 £2 330 "Le Coeur de Linas" Huile/toile 46x55cm/*18x21in* Paris 96
SCHÄUFFELIN Hans Leonhard c.1480-1538/40 **[12]**
$629 FF3 676 £380 Man of Sorrows in a frame Woodcut 26,1x18cm/*10x7in* London 97
SCHAUMAN Sigrid 1877-1979 **[19]**
$4 436 FF25 861 £2 732 Motiv från tölo Oil/board 35x30cm/*13x11in* Helsinki 97
$7 508 FF44 328 £4 444 Linden Oil/canvas 62x41,5cm/*24x16in* Helsinki 97
SCHAUMANN Wilhelm Heinrich 1841-1893 **[4]**
$4 210 FF23 960 £2 580 Flirt im Stall Oil/wood 29,5x36,5cm/*11x14in* Wien 97
SCHAUSS Ferdinand 1832-1916 **[5]**
$5 481 FF32 000 £3 347 Méditation Huile/toile 35x25,5cm/*13x10in* Paris 97
SCHAWINSKY Xanti Alexander 1904-1979 **[42]**
$585 FF3 060 £349 Komposition Öl/Papier 56x39cm/*22x15in* München 96

S

SCHEDONI Bartolomeo 1578-1615 **[5]**

  $134 712 FF797 608 £80 000 Saint John the Baptist in the Desert Oil/canvas 136x93cm/*53x36in* London 97

  $1 300 000 FF7 182 370 £807 950 The Holy Family with an Angel Oil/panel 51x40,5cm/*20x15in* New-York 97

SCHEDONI Bartolomeo (Attrib.) 1578-1615 **[5]**

  $10 400 FF50 200 £6 500 The Penitent Magdalen Oil/copper 43x34cm/*16x13in* London 95

SCHEEL Ernst 1861-? **[5]**

  $10 545 FF61 378 £6 500 Ship's Funnel Silver print 50,5x40,5cm/*19x15in* London 97

SCHEERBOOM Andries 1832-c.1885 **[10]**

  $29 354 FF173 077 £18 000 A Continental Market Square with a Church Beyond Oil/canvas 59x89,5cm/*23x35in* Billingshurst, West Sussex 98

SCHEÉRES Hendricus Johannes 1829-1864 **[10]**

  $332 FF2 031 £204 The Blacksmith Oil/panel 22,5x17cm/*8x6in* Amsterdam 98

  $5 560 FF28 600 £3 470 A game of cards Oil/panel 43x55cm/*16x21in* Amsterdam 96

SCHEFFEL Johan Henrik 1690-1781 **[15]**

  $2 234 FF11 670 £1 330 Porträtt Johan Schwede, borgmästare i Arboga Oil/canvas 80x65cm/*31x25in* Stockholm 96

  $2 756 FF13 560 £1 775 Bust portrait of a Lady Oil/canvas 8x6cm/*3x2in* Stockholm 95

SCHEFFEL Johan Henrik (Attr.) 1690-1781 **[9]**

  $3 876 FF22 848 £2 316 Porträtt av Karl Gustav Wennerstedt & hans maka Ebba Magdalena Hierta Oil/canvas 76x63cm/*29x24in* Stockholm 97

SCHEFFER Ary 1795-1858 **[43]**

  $3 034 FF18 000 £1 855 La veuve du soldat Huile/toile 41,5x32,5cm/*16x12in* Paris 97

  $7 250 FF38 000 £4 360 Portrait de S.A.R. Mgr. le duc d'Orléans, fait de souvenir Huile/toile 128,5x83cm/*50x32in* Monaco 96

  $1 113 FF5 762 £709 Portrait du Duc de Morny, in Uniform auf einem Schimmel Gouache 23,3x28,8cm/*9x11in* Zürich 96

SCHEFFER Henry 1798-1862 **[13]**

  $4 715 FF28 000 £2 856 Portrait de jeune femme à la robe bleue Huile/toile 73x46cm/*28x18in* Paris 97

  $3 275 FF19 011 £2 000 Poverty Watercolour 37x29cm/*14x11in* London 97

SCHEFFER Robert 1859-1934 **[36]**

  $1 245 FF6 350 £825 Mädchen am Spinett Öl/Leinwand 77x63cm/*30x24in* Wien 96

SCHEFFER VON LEONHARDSHOFF Johann Baptist 1795-1822 **[6]**

  $549 FF3 201 £335 Die Hl. Cäcilia Pencil/paper 24x15cm/*9x5in* München 97

SCHEFFLER Christoph Thomas 1699-1756 **[3]**

  $3 393 FF20 086 £2 014 Christus am Kreuz, umgeben von adorierenden Engeln und Putten Öl/Leinwand 67x55,5cm/*26x21in* Dresden 97

  $2 341 FF13 859 £1 390 Vermählung Mariens Indian ink/paper 23,5x19cm/*9x7in* München 97

SCHEFFLER Rudolph 1884-1973 **[8]**

  $1 700 FF9 929 £1 005 Garden Flowers Oil/canvas/board 81x76cm/*32x30in* Boston, Mass. 97

SCHEGGI Paolo 1940-1971 **[10]**

  $1 600 FF8 375 £1 050 "Per una situazione" Olio/tela 60x40cm/*23x15in* Milano 96

SCHEIBE Emil Jürgen 1914 **[7]**

  $1 218 FF6 993 £742 Porträt eines alten Hauses Watercolour 73x51cm/*28x20in* Berlin 97

SCHEIBE Richard 1879-1964 **[11]**

  $2 620 FF13 560 £1 692 Windspiel Bronze H14cm/*H5in* Berlin 96

SCHEIBER Hugo 1873-1950 **[219]**

  $1 988 FF12 313 £1 187 To kvinder på landsbygade Oil/canvas 50x70cm/*19x27in* København 98

  $288 FF1 500 £181 Homme à la toque Gouache 40,5x32,5cm/*15x12in* Paris 96

SCHEIBL Hubert 1951 **[32]**

  $2 890 FF14 620 £1 897 Ohne Titel Oil/panel 60x90cm/*23x35in* Wien 96

  $6 007 FF35 677 £3 570 Ohne Titel Öl/Leinwand 180x130cm/*70x51in* Wien 97

SCHEIDEL von Franz Anton 1731-1801 **[13]**

  $2 244 FF11 620 £1 500 A Reindeer "Groenlandicus" Watercolour 33x51cm/*12x20in* London 96

SCHEIDL Roman 1949 **[42]**

  $1 804 FF10 511 £1 108 Tempel im Ohr (Nadabrama) Öl/Leinwand 45x59,5cm/*17x23in* Wien 97

  $224 FF1 336 £139 Hoch droben Farbradierung 39x26cm/*15x10in* Wien 97

SCHEIMBERG Daniel 1975 **[1]**
 $15 000 FF87 565 £8 923 Torres Visito a Mondrian en Habana Acrylic/canvas 280,5x280,5cm/*110x110in* New-York 97
SCHEINS Ludwig 1808-1879 **[10]**
 $2 706 FF16 091 £1 656 Weite bewaldete Landschaft mit Fluss im Vordergrund Öl/Leinwand 45x66cm/*17x25in* Köln 97
SCHEIRING Leopold 1884-1927 **[7]**
 $2 307 FF13 328 £1 369 Sellrainer und Arzler Scharre Öl/Karton 50x69cm/*19x27in* Wien 97
SCHEITZ Matthias 1625/30-1700 **[5]**
 $716 FF4 358 £439 Das Opfer des Manoah Ink 28,8x21cm/*11x8in* Hamburg 98
SCHELCK Maurice 1906-1978 **[55]**
 $2 040 FF12 172 £1 230 Bloemenboeket Huile/toile/panneau 50x40cm/*19x15in* Lokeren 97
SCHELFHOUT Andreas 1787-1870 **[147]**
 $3 084 FF18 406 £1 861 Sturmgepeitschte Nordseeküste Oil/panel 23,5x34cm/*9x13in* Stuttgart 97
 $77 820 FF450 315 £47 550 A Winter with Skaters on a Frozen River/Summer with a Shepherd.. Oil/panel 42x54cm/*16x21in* Amsterdam 97
 $1 267 FF7 256 £748 Woodsmen tying a log to a sledge in a winter landscape Black chalk 16x23cm/*6x9in* Amsterdam 97
SCHELFHOUT Andreas (Attrib.) 1787-1870 **[7]**
 $5 550 FF28 960 £3 300 Winterlandschaft Öl/Leinwand 65x96,5cm/*25x37in* Wien 96
SCHELFHOUT Lodewijk 1881-1943 **[24]**
 $275 FF1 609 £169 View on the Isle Marken Etching 14x20cm/*5x7in* Amsterdam 97
SCHELLBACK Karl Hermann 1850-1921 **[3]**
 $2 055 FF12 500 £1 250 Young Girl with Puppies Oil/board 48x36cm/*19x14in* Ilkley, West Yorkshire 98
SCHELLINKS Daniel (Attrib.) c.1627-1701 **[1]**
 $10 180 FF53 200 £6 070 River landscape with a barge Oil/canvas 47x63cm/*18x24in* Köbenhavn 96
SCHELLINKS Willem 1627-1678 **[8]**
 $2 600 FF13 460 £1 664 Travellers resting on a path in a mountainous river landscape Oil/panel 35,5x49cm/*13x19in* New-York 96
 $28 000 FF171 883 £17 155 View of the Cathedra of Saint Pierre, Nantes Ink 16,5x24cm/*6x9in* New-York 98
SCHELS Walter 1936 **[6]**
 $1 000 FF5 889 £617 Alfred Eisenstaedt Photograph 49x46cm/*19x18in* New-York 97
SCHELTEMA Jan Hendrik 1861-1938 **[40]**
 $1 477 FF9 002 £900 Winter Landscape with Cattle at River Oil/canvas 39x26cm/*15x10in* Leamington Spa, Warwickshire 98
 $4 724 FF24 211 £3 015 Cattle in Summer Heat Oil/canvas 39,5x65cm/*15x25in* Melbourne 95
SCHEMS Eddine Sahraoui 1948 **[5]**
 $1 320 FF8 000 £809 "Préparation de couscous, Tunisie" Huile/toile 81x100cm/*31x39in* Paris 98
SCHENAU Johann El. (Studio) 1737-1807 **[1]**
 $11 485 FF65 000 £7 013 Le couple surpris/Les jeunes mariés Huile/panneau 82x64cm/*32x25in* Paris 97
SCHENAU Johann Eleazar 1737-1807 **[23]**
 $5 058 FF30 000 £3 093 Le repos de la Sultane Huile/toile 34,5x26cm/*13x10in* Paris 97
 $1 544 FF9 000 £951 L'Atelier du peintre Crayon 35x38,5cm/*13x15in* Paris 97
SCHENCK August Friedrich 1828-1901 **[27]**
 $820 FF5 000 £492 Moutons sous la neige Huile/toile 27x35cm/*10x13in* Calais 98
 $1 600 FF8 270 £1 038 Frightened sheep Oil/canvas 53x63cm/*21x25in* Mystic, Connecticut 96
 $11 000 FF55 000 £7 120 Sheep in from the cold Oil/canvas 150x253cm/*59x99in* New-York 96
SCHENCK Martinus Christian 1833-1911 **[3]**
 $2 004 FF11 621 £1 197 Elegant ladies conversing in a park Oil/panel 47,5x38cm/*18x14in* Amsterdam 97
SCHENCK Pieter I 1660-1718/19 **[9]**
 $600 FF3 584 £367 Eine Junge Frau, welche den Nachttopf zum Fenster hinaus ausleert Mezzotint 34x25cm/*13x9in* New-York 98
SCHENCK Pieter I (Attrib.) 1660-1718/19 **[2]**
 $2 437 FF14 390 £1 443 Porträt einer jungen dunkelhaarigen Frau in rotem Kleid Radierung 28x21,5cm/*11x8in* Berlin 97

SCHENDEL Mira 1919-1988 **[1]**

 $6 500   FF38 829 £3 976 Linear Object Mixed media/paper 145x23cm/*57x9in* New-York 98
SCHENDEL van Bernardus 1649-1709 **[13]**

 $3 341   FF20 525 £2 004 Sternensinger am Dreikönigsabend Öl/Leinwand 40,5x47,5cm/*15x18in* Zürich 98

 $8 000   FF39 500 £5 170 A village Square with Peasants gathered around travelling Salesmen Oil/panel 28x35,5cm/*11x13in* New-York 96
SCHENDEL van Bernardus (Attrib.) 1649-1709 **[1]**

 $5 960   FF31 100 £3 550 Interior scene with numerous figures Oil/panel 38x49cm/*14x19in* Stockholm 96
SCHENDEL van Gillis c.1635-1678/79 **[2]**

 $35 000   FF182 000 £23 150 Brazilian landscape with a man carrying a spear Oil/canvas 68x61cm/*26x24in* New-York 96
SCHENDEL van Petrus 1807-1870 **[92]**

 $10 698   FF62 239 £6 553 The poultry seller Oil/panel 54x40cm/*21x15in* Amsterdam 97

 $19 000   FF113 568 £11 629 A Candlelit Street Market Oil/panel 46x33cm/*18x12in* New-York 97

 $130 000   FF777 049 £79 573 Night Market in Antwerp Oil/canvas 124x102cm/*48x40in* New-York 97
SCHENK August Friedrich 1828-1901 **[1]**

 $3 059   FF18 791 £1 835 Schäfer mit Herde auf verlorenem Weg im Schneesturm Öl/Leinwand 65x82cm/*25x32in* Köln 98
SCHENK Karl 1905-1973 **[41]**

 $3 144   FF18 691 £1 923 Junge am Frühstückstisch mit Brotlaib und Krug Oil/panel 67x98cm/*26x38in* Bern 97

 $3 622   FF21 536 £2 215 Mädchen mit Puppe Oil/panel 36x30cm/*14x11in* Bern 97
SCHENKEL Jan Jacob (Attrib.) 1829-1900 **[2]**

 $1 887   FF9 600 £1 206 A church interior with children Oil/panel 40x35cm/*15x13in* Amsterdam 96
SCHENKER Jacques Matthias 1854-1927 **[17]**

 $1 103   FF5 510 £714 Hafen von Mavagassy I Öl/Karton 39,5x61,5cm/*15x24in* Düsseldorf 96
SCHENNIS van Hans Fred. Emanuel 1852-1918 **[5]**

 $1 948   FF11 665 £1 196 Waldlandschaft mit Badender Oil/canvas 90x72cm/*35x28in* Bern 98
SCHEONONE PUIG Dolcey 1896-1952 **[3]**

 $10 000   FF48 500 £6 440 Glicina de la Quinta de Castro Oil/canvas 59x59cm/*23x23in* New-York 95
SCHEPENS J. c.1750-c.1790 **[2]**

 $5 641   FF32 330 £3 498 View of the Leydsche Poort on the Singlegracht, Amsterdam with .... Oil/panel 37,5x48,9cm/*14x19in* Amsterdam 97
SCHERBAN Alexander 1886-1964 **[5]**

 $2 595   FF15 289 £1 603 Fabrik Öl/Leinwand 70x100cm/*27x39in* Wien 97
SCHERER Hermann 1893-1927 **[60]**

 $7 460   FF36 700 £4 730 Landschaft Öl/Karton 55x61cm/*21x24in* Zürich 95

 $124 944   FF772 673 £74 442 Herbstlandschaft Öl/Leinwand 120x110cm/*47x43in* Zürich 98

 $206   FF1 060 £129 Badende Gravure bois 43x46,5cm/*16x18in* Bern 96

 $3 664   FF20 965 £2 287 Gebirgslandschaft Chalks/paper 34x45cm/*13x17in* München 97
SCHERER Josef 1814-1891 **[4]**

 $1 700   FF10 107 £1 040 Reward for a Good Performance Gouache/paper 24x20cm/*9x7in* New-York 97
SCHERFIG Hans 1905-1979 **[65]**

 $2 223   FF11 427 £1 352 Naesehorn i urskoven Tempera/panel 28x43cm/*11x16in* Köbenhavn 96

 $4 820   FF23 570 £30 500 Lions and flute player in the savanne Oil/canvas 100x104cm/*39x40in* Köbenhavn 95

 $424   FF2 638 £253 Lövepar i gult Color lithograph 55x75cm/*21x29in* Köbenhavn 98
SCHERL Franz XIX-XX **[2]**

 $7 780   FF40 000 £4 850 Cléôpatre Huile/panneau 95,5x67cm/*37x26in* Paris 96
SCHERMAN Tony 1950 **[11]**

 $6 778   FF38 998 £4 001 Study for Location of Fruit Huile/toile 76x61cm/*29x24in* Vancouver, BC. 97

 $10 702   FF61 576 £6 318 Untitled, Dining Oil/canvas 122x152,5cm/*48x60in* Vancouver, BC. 97
SCHERMER Cornelis Albertus J. 1824-1915 **[10]**

 $806   FF4 933 £495 A Peasant with Horses on a Riverbank Oil/panel 19x24,5cm/*7x9in* Amsterdam 98
SCHERRES Carl 1833-1923 **[4]**

 $1 954   FF11 344 £1 155 Abend am Tegelersee Oil/panel 14,5x23,5cm/*5x9in* Bern 97

 $3 780   FF18 430 £2 400 After the storm Oil/canvas 75x123cm/*29x48in* London 95
SCHERREWITZ Johan Frederik Corn. 1868-1951 **[91]**

$3 891 FF22 515 £2 377 Milking Time Oil/panel 25,5x46cm/*10x18in* Amsterdam 97
$7 000 FF36 000 £4 364 Unloading the Catch Oil/canvas 60x81cm/*24x32in* Chicago, Illinois 96
$901 FF5 522 £539 Milking Time Watercolour/paper 30x49,5cm/*11x19in* Amsterdam 98

SCHERTEL Josef 1810-1869 **[1]**
$3 700 FF19 300 £2 200 Bayrische Aulandschaft Öl/Leinwand 76x116cm/*29x45in* Wien 96

SCHETKY John Chris. (Attr.) 1778-1874 **[2]**
$7 480 FF38 740 £5 000 Cutters racing round the Channel buoy Oil/canvas 4x61cm/*1x24in* London 96

SCHETKY John Christian 1778-1874 **[29]**
$19 677 FF112 570 £12 000 Royal Naval Two Deckers of the 1660s, Running Off the Dutch Coast Oil/canvas 61x91,5cm/*24x36in* Glasgow 97
$172 788 FF994 153 £102 000 Lord Anson's Arrival at Spithead with his Prizes Oil/canvas 122x168cm/*48x66in* London 97
$1 610 FF9 263 £950 Ships of the Black Battle Fleet exercising Offshore Watercolour 21x52cm/*8x20in* London 97

SCHEU Leo 1886-1958 **[3]**
$2 257 FF11 700 £1 467 Stilleben mit Flieder und Orangen Oil/panel 87x68cm/*34x26in* München 96

SCHEUCHZER Wilhelm Rudolf 1803-1866 **[12]**
$1 730 FF8 800 £1 032 Der St. Petersfriedhof in Salzburg Aquarell/Papier 25x32,5cm/*9x12in* Köln 96

SCHEUERER Julius 1859-1913 **[51]**
$2 493 FF12 070 £1 600 Poultry by a pond Oil/panel 16x39,5cm/*6x15in* London 95
$3 050 FF15 400 £2 000 Defending the ducklings Oil/canvas 43x51cm/*16x20in* London 96

SCHEUERER Otto 1862-1934 **[48]**
$1 069 FF6 072 £669 Hahn, Hühner und Kühen vor dem Stallgebäude Öl/Leinwand 39,5x31,5cm/*15x12in* München 97
$4 750 FF24 800 £2 825 Geflügelhof Öl/Leinwand 38,5x54cm/*15x21in* Hamburg 96

SCHEUERMANN Carl Georg 1803-1859 **[2]**
$40 535 FF242 082 £24 805 En dampende mose ved Terkel Skov Oil/canvas 47x69cm/*18x27in* Köbenhavn 98

SCHEUERMANN Ludwig 1859-1911 **[2]**
$2 922 FF16 739 £1 729 Laub kehrendes Mädchen in Parklandschaft Öl/Leinwand 119x70cm/*46x27in* Kempten 97

SCHEUREN Caspar 1781-1841 **[3]**
$7 102 FF40 472 £4 455 Romantische Rheinlandschaft mit Wanderern Öl/Leinwand 33x49cm/*12x19in* Düsseldorf 97

SCHEUREN Caspar Johan Nepomuk 1810-1887 **[40]**
$2 467 FF12 860 £1 490 Mountainous landscape with goats Oil/canvas 22,5x31cm/*8x12in* Stuttgart 96
$4 910 FF24 100 £3 120 Rheinlandschaft mit Klosterkirche Öl/Leinwand 37,5x45cm/*14x17in* Bremen 95
$466 FF2 370 £278 Initiale Z Pencil 23,5x10cm/*9x3in* Köln 96

SCHEURICH Paul 1883-1945 **[20]**
$1 322 FF6 750 £871 Spanierin Ceramic H27,2cm/*H10in* Wien 96

SCHEURITZEL Anton 1874-1954 **[9]**
$131 FF678 £84 Baumgruppe Etching 32x39,5cm/*12x15in* Heidelberg 96

SCHEYNDEL van Gillis (Attrib.) 1635-1678 **[4]**
$19 100 FF95 100 £12 500 Winter landscape with a frozen river Oil/panel 25,5x35cm/*10x13in* London 95
$396 FF2 342 £235 Ein sitzender junger Mann, Pfeife rauchend Chalks/paper 31x21cm/*12x8in* Berlin 97

SCHGOER Julius 1847-1885 **[7]**
$2 142 FF11 170 £1 294 Parforcejagd Öl/Leinwand 33x46cm/*12x18in* Stuttgart 96

SCHIANCHI Federico 1858-1919 **[14]**
$2 400 FF13 600 £1 200 Piazza San Pietro Olio/legno 23x38cm/*9x14in* Roma 97
$450 FF2 243 £295 Spring on the Spanish Steps Watercolour 14x7cm/*5x2in* Philadelphia 95

SCHIAVONE Giorgio Chiulinovich c.1433/36-1504 **[1]**
$105 000 FF644 563 £64 333 "Imago Pietatis" Tempera/panel 59x35,6cm/*23x14in* New-York 98

SCHIAVONI Felice 1803-1883 **[3]**
$14 034 FF81 365 £8 381 Portrait of Three Daughters of Tsar Nicholas I, as a Host of Angels Oil/canvas 60x70cm/*23x27in* Amsterdam 97
$56 400 FF282 000 £36 400 Venere e Cupido Olio/tela 198x150cm/*77x59in* Milano 95

SCHIAVONI Giovanni 1804-1848 **[2]**

$3 660 FF18 500 £2 403 Schlafende Christusknabe Öl/Leinwand 78,5x101,5cm/*30x39in* Wien 96

SCHIAVONI Natale 1777-1858 **[10]**

$17 833 FF103 500 £10 888 Ritratto della famiglia del Comte Giovanni Battista della Torre Olio/tela 110x135cm/*43x53in* Paris-Trieste 97

$24 465 FF138 635 £12 232 Venere e Amore Olio/tela 83x68cm/*32x26in* Milano 98

$3 712 FF21 582 £2 268 Portrait der Kaiserin Maria Anna (1803-1884) Watercolour 12x9,5cm/*4x3in* Wien 97

SCHIBIG Philippe 1940 **[16]**

$1 834 FF10 717 £1 085 Ausstellung Schärer Schibig Mai-Juni 1982 Mixed media 29,5x21cm/*11x8in* Luzern 97

$1 270 FF7 419 £751 Die drei Bäume des Raben Coloured pencils/paper 30x26,5cm/*11x10in* Luzern 97

SCHICK Grete 1906-? **[16]**

$623 FF3 681 £369 Mutter und Kind Sculpture H44,5cm/*H17in* Köln 97

SCHICKHARDT Karl 1866-1933 **[25]**

$1 009 FF6 024 £609 "Abendstimmung" in einem schwäbischen Städtchen Öl/Leinwand/Karton 38x49cm/*14x19in* Stuttgart 97

SCHIEDELBERGER Johann Nepomuk 1779-1853 **[1]**

$23 700 FF116 500 £15 000 A la fontaine Huile/toile 95x75cm/*37x29in* Zürich 95

SCHIEDGES Petrus Paulus 1813-1876 **[32]**

$2 400 FF14 251 £1 465 The Moonlit Cove Oil/panel 23,5x34,5cm/*9x13in* Boston, Mass. 98

SCHIEDGES Petrus Paulus II 1860-1922 **[19]**

$1 008 FF5 888 £600 A Lake Admist the Woods Oil/canvas 43x58,5cm/*16x23in* London 97

$648 FF3 290 £414 Gathering wood Watercolour 35x50cm/*13x19in* Amsterdam 96

SCHIELE Egon 1890-1918 **[348]**

$110 000 FF545 000 £70 000 Berg am Fluss Oil/paper 31x45cm/*12x17in* London 95

$3 100 000 FF17 714 330 £1 899 060 Bekehrung (Conversion) Oil/canvas 71,1x81cm/*27x31in* New-York 97

$3 399 FF20 113 £2 073 Kauernde Etching 66x49,5cm/*25x19in* Köln 98

$13 870 FF72 400 £8 250 Totenmaske Plaster H19cm/*H7in* Wien 96

$66 930 FF400 800 £39 990 Zwei junge dame Crayon 31,3x47,8cm/*12x18in* Bern 98

SCHIELIN Robert 1860-1942 **[2]**

$1 688 FF8 800 £1 020 Blick auf die Inselstadt Lindau Aquarell/Papier 30x56,5cm/*11x22in* Lindau 96

SCHIERHOLZ Caroline 1831-? **[1]**

$1 684 FF9 584 £1 032 Vor der Staffelei Öl/Leinwand 36x23cm/*14x9in* Wien 97

SCHIERL Josef c.1835-? **[1]**

$2 437 FF12 300 £1 600 The Music Lesson Oil/panel 25,5x32cm/*10x12in* London 96

SCHiESS Ernst Traugott 1872-1919 **[24]**

$956 FF5 688 £585 Arabische Landschaft Öl/Karton 32x48cm/*12x18in* Bern 97

$1 080 FF6 707 £651 Sizilianische Gassenszene Öl/Karton 49x66cm/*19x25in* St.Gallen 98

SCHIESS Hans Rudolf 1904-1978 **[10]**

$4 603 FF28 466 £2 742 Mendrisiotto/Zwei Schiffe Öl/Leinwand 91,5x120,5cm/*36x47in* Zürich 98

SCHIESS Tobias, Gustav 1925 **[7]**

$396 FF2 037 £247 "Scharnachtalallmend" Aquarell 28x41cm/*11x16in* Bern 96

SCHIESS Traugott 1834-1869 **[18]**

$1 827 FF9 530 £1 104 Auf der Alpe Richisau, Glarus Öl/Leinwand 43x35,5cm/*16x13in* Zürich 96

$286 FF1 675 £169 Rheintal Pencil/paper 22x35cm/*8x13in* St.Gallen 97

SCHIESTL Matthäus 1869-1939 **[20]**

$3 829 FF23 466 £2 286 Zaunkönig, auf dem Gatter thronend, davor sein Schwesterchen Oil/wood 32,5x36,5cm/*12x14in* Dresden 98

$4 650 FF28 494 £2 776 Ein Bauernmädchen mit Enzianstrauss, auf einer Wiese sitzend Oil/wood 61,5x68cm/*24x26in* Dresden 98

SCHIESTL Rudolf 1878-1931 **[27]**

$242 FF1 237 £160 Hopfenlandschaft II Etching 19,5x39,5cm/*7x15in* Pforzheim 96

SCHIETZOLD Robert August Rudolf 1842-1908 **[5]**

$3 460 FF17 300 £2 260 Mondschein über einem bayrischen See Oil/panel 31x45cm/*12x17in* Stuttgart 95

SCHIFANO Mario 1934-1998 **[489]**

$1 766 FF9 246 £1 159 Paesaggio Smalto/tela 100x100cm/*39x39in* Milano 96

$5 040 FF28 560 £2 520 Ruderi Smalto/tela 114x114cm/*44x44in* Vercelli 98
$1 792 FF9 380 £1 204 True Love Number Two Acquarello 70x100cm/*27x39in* Milano 96
SCHIFF Robert 1869-1935 **[3]**
$2 894 FF16 737 £1 785 Im Stadtpark Öl 17,8x7cm/*7x2in* Wien 97
SCHIFFER Anton 1811-1876 **[21]**
$2 306 FF13 698 £1 397 Reiter mit Pferd sich an einem Gebirgsbach ausruhend Öl/Leinwand 45x61cm/*17x24in* Zürich 97
$5 161 FF30 940 £3 081 Am Weg von Heiligenblut zur Pasterze Öl/Leinwand 29,5x44,5cm/*11x17in* Wien 98
$31 100 FF160 000 £19 400 Berchtesgaden with the Watzmann Mountain in the distance Oil/canvas 96,5x126cm/*37x49in* Wien 96
SCHIFFERLE Klaudia 1955 **[12]**
$1 284 FF7 624 £783 Abstrakte Komposition mit schwarzköpfiger Figur Gouache 42,5x35cm/*16x13in* Bern 98
SCHIFFMANN Jost Joseph Nikolaus 1822-1883 **[6]**
$1 790 FF8 930 £1 168 Seelandschaft Öl/Leinwand 22x44cm/*8x17in* Zofingen 95
SCHIFRIN Nisson Abramovich 1892-1961 **[1]**
$3 648 FF18 240 £2 400 Three decor design with landscapes Gouache/board 21,5x44cm/*8x17in* London 95
SCHIKANEDER Jacob 1855-1924 **[4]**
$12 180 FF59 600 £7 710 Prag bei Nacht Öl/Leinwand 100x85,5cm/*39x33in* Praha 95
SCHILDER Andrei Nicolajevitch 1861-1919 **[2]**
$22 897 FF140 042 £14 000 Woodland Valley Under Snow Oil/canvas 81x116cm/*31x45in* London 98
SCHILDT Gary XX **[3]**
$700 FF4 191 £418 Cowboy on Horseback Bronze 29x27cm/*11x11in* Bethesda, Maryland 98
SCHILDT Martin 1867-1921 **[5]**
$1 904 FF11 042 £1 137 Preparing a Pipe Oil/canvas 51x40cm/*20x15in* Amsterdam 97
SCHILKIN Michael 1900 **[6]**
$2 252 FF13 298 £1 333 Giraff Sculpture H56cm/*H22in* Helsinki 97
SCHILL Adolf 1848-1911 **[3]**
$1 243 FF6 430 £794 Ruine des Kastors- und Pollux-Tempels, Agrigent Aquarell/Papier 26,5x18cm/*10x7in* Heidelberg 96
SCHILLE Alice 1869-1955 **[5]**
$3 000 FF15 580 £1 984 Evening, Étaples Watercolour 53,5x63,5cm/*21x25in* New-York 96
SCHILLER Lawrence XX **[15]**
$494 FF2 924 £300 Marilyn Monroe Silver print 25x20,5cm/*9x8in* London 98
SCHILLING Alfons 1934 **[3]**
$1 035 FF6 216 £618 Abstract Form/Reclining Nude Pastel/paper 35,5x43cm/*13x16in* San Francisco 98
SCHILT Leendert Adriaan 1873-1935 **[3]**
$1 690 FF10 350 £1 007 A portrait of Corrie van Veldhoven playing the harp Pastel/paper 100x67cm/*39x26in* Amsterdam 98
SCHILTER Hans 1918 **[6]**
$1 202 FF7 287 £737 Im Hafen von Collioure Watercolour 37x55cm/*14x21in* Zofingen 98
SCHIMMELPENNINCK Gerrit 1759-1818 **[4]**
$6 790 FF40 107 £4 102 An allegory of the virtues Oil/canvas 47x53cm/*18x20in* Amsterdam 97
SCHIMON Ferdinand 1797-1852 **[1]**
$13 950 FF71 700 £8 700 The Lute-Player Oil/canvas 73,5x76cm/*28x29in* Wien 96
SCHINAGEL Emil 1899-1934 **[6]**
$5 010 FF25 700 £3 220 Cityscape: "Jatka" Oil/cardboard 92x67cm/*36x26in* Warszawa 96
SCHINDLER Carl 1821-1842 **[8]**
$4 506 FF26 773 £2 680 Ausbildung der Rekruten Pencil/paper 17x22,5cm/*6x8in* München 97
SCHINDLER Jakob Emil 1842-1892 **[34]**
$9 612 FF57 084 £5 712 Aumotiv Oil/panel 21,5x12,5cm/*8x4in* Wien 97
$39 938 FF241 452 £23 918 Perchtoldsdorf Öl/Leinwand 46x55,5cm/*18x21in* München 98
SCHINDLER Johan Joseph 1777-1836 **[10]**
$602 FF3 126 £398 Hallstätter See mit dem Rudolphsgrund und dem Traunfall Aquarell/Papier 18x19,5cm/*7x7in* Wien 96

SCHINKEL Karl Friedrich 1781-1841 **[36]**

  $312 FF1 848 £193 Ohne Titel Radierung 33,5x42,5cm/*13x16in* Stuttgart 97

  $1 065 FF6 077 £649 Steinbrücke über einem Fluss in Norditalien Pencil/paper 11,5x22cm/*4x8in* Hamburg 97

SCHINNAGL Maximilian 1697-1762 **[7]**

  $2 956 FF18 110 £1 786 Gebirgige Flusslandschaft mit rastenden Reitern Oil/panel 21,5x29cm/*8x11in* Wien 98

SCHINNAGL Maximilian (Attrib.) 1697-1762 **[6]**

  $12 400 FF61 200 £8 010 Travellers on hillside wooded Paths Oil/panel 12x17cm/*4x6in* New-York 96

SCHINNERER Adolf 1876-1949 **[36]**

  $3 552 FF21 782 £2 129 Stilleben mit Dahlien Oil/canvas 62x74cm/*24x29in* München 98

  $127 FF743 £78 Nymphenburg Radierung 17,8x23,4cm/*7x9in* Berlin 97

SCHINZEL Erwin A. 1919 **[2]**

  $1 374 FF7 120 £893 Nach dem Bade Bronze H58cm/*H22in* München 96

SCHIÖDTE Harald Valdemar I. 1852-1924 **[5]**

  $5 892 FF35 180 £3 620 "De Forlovede gjöre Visit" Oil/canvas 67x78cm/*26x30in* Köbenhavn 98

SCHIÖLER Inge 1908-1971 **[294]**

  $1 564 FF8 961 £955 "Träd" Oil/panel 24x19cm/*9x7in* Göteborg 97

  $59 662 FF357 420 £35 650 "Fiskebåtår och sjöbodar Kostersundet" Oil/canvas 53x66cm/*20x25in* Stockholm 98

  $466 FF2 797 £279 Landskap med hav och berg Color lithograph 45,5x45,5cm/*17x17in* Stockholm 98

  $151 FF934 £90 Studie av liggande kvinna Pencil/paper 24x39cm/*9x15in* Stockholm 98

SCHIØTT August 1823-1895 **[28]**

  $2 920 FF14 820 £1 900 Portrait, half-lengh, of a young boy Oil/canvas 80x56cm/*31x22in* London 96

SCHIØTTZ-JENSEN Niels Frederik 1855-1941 **[77]**

  $578 FF3 533 £364 Italienerinde med gris på en bjergvej Oil/canvas 25x20cm/*9x7in* Köbenhavn 97

  $1 504 FF9 243 £903 Parti fra italiensk bjergby med bönder traekkende med et aesel Oil/canvas 49x70cm/*19x27in* Vejle 98

SCHIPPERS Joseph 1868-1950 **[25]**

  $8 190 FF48 690 £4 860 A l'auberge Huile/panneau 25x30cm/*9x11in* Antwerpen 97

  $10 610 FF54 000 £6 780 Monkeys making music Oil/canvas 62x83cm/*24x32in* Amsterdam 96

SCHIPPERS Wim T. 1942 **[4]**

  $3 760 FF19 600 £2 270 Tamelijk veel bloemen Collage/paper 35x35cm/*13x13in* Amsterdam 96

SCHIPPERUS Pieter Adriaan C. 1840-1929 **[38]**

  $1 733 FF10 252 £1 040 Vee in het bosch Oil/canvas 73x62cm/*28x24in* Amsterdam 97

  $18 658 FF108 160 £11 000 Haymaking Oil/canvas 106x159cm/*41x62in* London 97

  $397 FF2 380 £237 Houthakkers aan de bosrand Watercolour/paper 33x49cm/*12x19in* Rotterdam 98

SCHIRM Carl Cowen 1852-1928 **[7]**

  $1 362 FF8 029 £814 Herbst im Moor Öl/Leinwand 60x80cm/*23x31in* München 97

S

SCHIRMER Johann Wilh. (Attr.) 1807-1863 **[7]**

  $4 890 FF25 300 £3 270 Südliche Landschaft Öl/Leinwand 69x88cm/*27x34in* Lindau 96

SCHIRMER Johann Wilhelm 1807-1863 **[81]**

  $1 234 FF7 362 £744 Berglandschaft mit Regenbogen Oil/panel 17x23cm/*6x9in* Stuttgart 97

  $4 224 FF24 761 £2 600 Travellers in a rocky wooded Landscape Oil/canvas 95,5x68,5cm/*37x26in* London 97

  $142 FF870 £88 Gewitterstimmung in bewaldeter Landschaft mit Burgruine Etching 17x27cm/*6x10in* Kempten 98

  $1 690 FF8 830 £1 006 Flusslandschaft mit Mühle und Steinbrücke Ink 36,5x45,5cm/*14x17in* München 96

SCHIRMER Wilhelm August 1802-1866 **[3]**

  $15 020 FF77 200 £9 360 A Castle on a Hillside/A Castle in a Forest Oil/board 19x15cm/*7x5in* Wien 96

SCHIRREN Ferdinand 1872-1944 **[70]**

  $10 600 FF65 000 £6 320 Portrait de femme nue Huile/toile 120x93cm/*47x36in* Bruxelles 98

  $287 FF1 634 £176 Paysage Dessin 21x24cm/*8x9in* Bruxelles 97

SCHISCHKIN Ivan Hanovitch 1831-1898 **[6]**

  $5 037 FF30 160 £3 094 Waldlichtung Öl/Leinwand 26x18cm/*10x7in* Bremen 98

SCHITZ Jules Nicolas 1817-1871 **[3]**

  $4 132 FF24 777 £2 500 Merz 8 the Cathedral Lithograph 22,5x14,5cm/*8x5in* London 97

SCHIVERT Viktor 1863-? **[16]**

$1 145 FF5 980 £773 Wein, weib und Gesang Oil/canvas 93x76cm/*36x29in* Stockholm 96
SCHJELDERUP Lejs, Georgia Elise 1856-1933 **[10]**
$325 FF1 590 £208 Lyserøde roser i et vindue Oil/canvas 33x42cm/*12x16in* Viby J, Århus 95
SCHJERFBECK Helene 1862-1946 **[102]**
$79 600 FF392 000 £51 300 Vårblommor Oil/canvas 59,5x42cm/*23x16in* Stockholm 95
$87 200 FF429 500 £56 200 Vase of roses Oil/canvas 40x33cm/*15x12in* Stockholm 95
$2 125 FF12 689 £1 305 Bagarens dotter Color lithograph 66x50cm/*25x19in* Helsinki 98
$19 860 FF99 200 £12 970 Tree Watercolour 24x30cm/*9x11in* Stockholm 95
SCHLABITZ Adolf Gustav 1854-1943 **[5]**
$4 511 FF26 371 £2 752 The red curtain Oil/canvas 69,5x90,5cm/*27x35in* Amsterdam 97
SCHLAGETER Karl 1894-1978 **[36]**
$491 FF2 868 £290 Hausansicht Öl/Leinwand 34,5x29,5cm/*13x11in* Luzern 97
$865 FF4 260 £557 Am Hafen Huile/panneau 57x99cm/*22x38in* Zürich 95
$1 054 FF6 260 £638 Frau auf dem Balkon Gouache/Karton 54x43cm/*21x16in* Zürich 97
SCHLAIKJER Jes William 1897-1982 **[2]**
$4 000 FF19 570 £2 530 Story illustration: man at Dutch door with candle Oil/canvas 96x76cm/*38x30in* New-York 95
SCHLATTER Ernst Emil 1883-1954 **[38]**
$688 FF4 020 £407 Verschneite Berglandschaft bei Arosa Öl/Leinwand 53x62cm/*20x24in* St.Gallen 97
$864 FF5 365 £521 Gewittersturm über Sommerlandschaft Öl/Karton 40x27cm/*15x10in* St.Gallen 98
$109 FF671 £65 Konstanz/Schloss Gottlieben/Partie Gottlieben/Ermatingen Print 14x9cm/*5x3in* Konstanz 98
SCHLEGEL August Friedrich 1828-1895 **[17]**
$4 200 FF21 000 £2 720 Still life with mask and artifacts Oil/canvas 52x45cm/*20x17in* New-York 96
$157 FF813 £100 Elblandschaft mit Segelboot Aquarell/Papier 14x23cm/*5x9in* Heidelberg 96
SCHLEGEL Eva 1960 **[6]**
$202 FF1 194 £125 O.T. Serigraph 69x45cm/*27x17in* Wien 97
SCHLEGEL Friedrich 1865-1935 **[6]**
$1 526 FF9 039 £906 Schleiertänzerin Öl/Leinwand 106x70cm/*41x27in* Dresden 97
SCHLEGEL Herbert Rolf 1889-1972 **[12]**
$378 FF2 023 £225 Im Golf von Neapel Öl/Leinwand 60x70cm/*23x27in* Kempten 97
SCHLEGEL Julius c.1830-c.1880 **[4]**
$8 500 FF41 400 £5 390 Die Ruinen des alten Antium bei Porto d'Anzio Öl/Leinwand 59x93cm/*23x36in* Köln 95
SCHLEICH August 1814-1865 **[9]**
$186 FF1 108 £114 Rebhühner im Wald Oil/wood 21x27cm/*8x10in* Dresden 97
SCHLEICH Eduard I 1812-1874 **[35]**
$2 427 FF14 170 £1 467 Altwasser Öl/Karton 21x37cm/*8x14in* Stuttgart 97
$12 800 FF65 900 £8 190 Sonnenuntergang über dem Dachauer Moor Öl/Leinwand 57x108cm/*22x42in* Stuttgart 96
SCHLEICH Eduard II 1853-1893 **[12]**
$1 826 FF10 814 £1 081 Baumlandschaft mit See Öl/Karton 11x20cm/*4x7in* München 97
$21 460 FF110 300 £13 380 An Angler by Moonlight Oil/panel 35,5x84,5cm/*13x33in* Wien 96
SCHLEICH Robert 1845-1934 **[54]**
$4 652 FF26 764 £2 746 Einspänner vor einem Gasthaus Öl/Papier 6x6cm/*2x2in* München 97
$19 300 FF99 300 £12 040 Fishermen retrieving their nets at Sunset Oil/canvas 41,5x88cm/*16x34in* Wien 96
$589 FF3 050 £383 Viehmarkt in einer Voralpenlandschaft Pencil 10x13cm/*3x5in* München 96
SCHLEISNER Christian Andreas 1810-1882 **[72]**
$292 FF1 757 £174 Portraet af gammel kone Oil/canvas 21x28cm/*8x11in* København 98
$1 105 FF6 602 £676 Mand og kone på en skovvej. Vinter Oil/canvas 40x53cm/*15x20in* København 98
SCHLEISS-SIMANDL Emilie 1880-1962 **[7]**
$1 133 FF5 790 £747 Dame mit Muff Ceramic H31cm/*H12in* Wien 96
SCHLEMM Betty Lou 1934 **[5]**
$225 FF1 282 £139 Rockport/Seascape/Trees/Trawmer Watercolour/paper 33x50cm/*13x20in* Morris Plains 97

S

SCHLEMMER Oskar 1888-1943 **[58]**
  $227 472 FF1 333 332 £140 000 Schwarzbezopfe von hinten, Kleinbild I Oil/canvas/board 31,5x15cm/*12x5in* London 97
  $1 350 000 FF8 045 325 £827 820 Idealistische Begegnung Oil/canvas 90x60,5cm/*35x23in* New-York 98
  $4 200 FF21 940 £2 500 Kopf im Profil Lithograph 19,8x14cm/*7x5in* London 96
  $45 000 FF268 816 £27 580 Ornamentale Plastik Relief H47cm/*H18in* New-York 98
  $24 000 FF142 771 £14 676 Kopfe Ubereinander Pencil/paper 24x12,5cm/*9x4in* New-York 98
SCHLESINGER Carl 1825-1893 **[5]**
  $3 755 FF19 340 £2 420 Tabakstand am Jahrmarkt Öl/Leinwand 34x26cm/*13x10in* Wien 96
SCHLESINGER Felix 1833-1910 **[34]**
  $2 000 FF9 760 £1 257 Morning Ritual Oil/panel 44x33cm/*17x13in* Delray Beach, Florida 95
  $33 924 FF202 646 £21 034 Die Kaninchenfütterung Oil/panel 36,5x44,5cm/*14x17in* Zürich 97
SCHLESINGER Henry G. (Attrib.) 1814-1893 **[2]**
  $6 800 FF35 050 £4 500 Little Mischief Oil/panel 22x18cm/*8x7in* London 96
  $29 260 FF150 000 £17 780 Le Renard et les raisins Huile/toile 74x93cm/*29x36in* Paris 96
SCHLESINGER Henry Guillaume 1814-1893 **[19]**
  $13 338 FF81 933 £8 000 The Young Artist Oil/canvas 94,5x75cm/*37x29in* London 98
  $3 196 FF18 148 £2 000 The flower Girl Watercolour/paper 56,5x42cm/*22x16in* London 97
SCHLESINGER Johann Jacob 1792-1855 **[1]**
  $2 616 FF13 540 £1 672 Bildnis eines älteren Herrn im schwarzem Frack Öl/Metall 32x26cm/*12x10in* Heidelberg 96
SCHLICHTER Rudolf 1890-1955 **[95]**
  $4 886 FF28 913 £3 001 Surreale Landschaft mit Blumen Oil/canvas 50x60cm/*19x23in* München 98
  $466 FF2 855 £277 "Raufende Frau" Lithograph 30,8x41cm/*12x16in* Amsterdam 98
  $224 FF1 338 £135 Jankee und Mexicaner Chalks/paper 35x32cm/*13x12in* Berlin 97
SCHLICHTING Waldemar 1896-1970 **[12]**
  $559 FF3 352 £334 Dünen am Nordseestrand Öl/Leinwand 60x80cm/*23x31in* Köln 98
SCHLICHTING Wilhelmine c.1810-1888 **[1]**
  $3 088 FF19 048 £1 852 Hamburg-bei Kehrwieder Öl/Leinwand 70,5x100,5cm/*27x39in* Wien 98
SCHLIECKER August Eduard 1833-1911 **[4]**
  $3 600 FF22 072 £2 207 Cold Winter Oil/board 35x45cm/*14x18in* Mystic, Connecticut 98
SCHLIEKER Hans-Jürgen 1924 **[2]**
  $2 295 FF12 000 £1 366 Ohne Titel Mischtechnik/Papier 64x76cm/*25x29in* Hamburg 96
SCHLIEPSTEIN Gerhard 1886-1963 **[7]**
  $397 FF1 960 £258 Frauenakt Sculpture H22,5cm/*H8in* Wien 95
SCHLIMARSKI Hans 1859-1913 **[10]**
  $8 342 FF50 378 £5 000 A Lady in a Parlour Oil/canvas 67x41cm/*26x16in* London 98
  $3 247 FF19 215 £1 995 Kvinna i ateljen Pastel/paper 100x73cm/*39x28in* Stockholm 98
SCHLITT Heinrich 1849-1923 **[12]**
  $788 FF4 704 £489 Der Naturaliensammler Öl/Leinwand 31x27,5cm/*12x10in* Dresden 97
  $6 500 FF33 900 £3 800 Scherenschleifer Öl/Leinwand 59,5x45cm/*23x17in* München 96
SCHLITTGEN Hermann 1859-1930 **[4]**
  $414 FF2 127 £258 Im Foyer II Ink/paper 43x51cm/*16x20in* Hamburg 96
SCHLOBACH Willy 1865-1951 **[8]**
  $2 583 FF14 706 £1 584 Paysage sablonneux Huile/toile 32x52cm/*12x20in* Bruxelles 97
SCHLÖGL von Josef 1851-? **[6]**
  $3 328 FF20 121 £1 993 Obersee Oil/panel 48,5x37,5cm/*19x14in* München 98
SCHLÖSSER Carl 1832-c.1915 **[2]**
  $5 199 FF30 476 £3 200 The New Arrival Oil/canvas 58,5x67,5cm/*23x26in* London 97
SCHLOSSER Gérard 1931 **[78]**
  $3 300 FF17 000 £2 115 "A cause du feu rouge" Acrylique/toile 100x100cm/*39x39in* Paris 96
  $5 319 FF31 000 £3 276 C'était bien à 17h23 Acrylique/toile 130x97cm/*51x38in* Versailles 97
  $580 FF3 000 £374 Nus Crayon 27x27cm/*10x10in* Paris 96
SCHLÖSSER Hermann Julius 1832-1894 **[1]**
  $60 300 FF300 000 £38 400 La Naissance de Vénus Huile/toile 259x202cm/*101x79in* Paris 95
SCHLÖTH Lukas Ferdinand 1818-1891 **[1]**
  $21 160 FF110 000 £14 000 Leda and the Swan Marble H32cm/*H12in* London 96
SCHLOTTER Eberhard 1921 **[56]**

⊞ *$137 FF711 £88* Halbakt am Tisch Etching, aquatint 26,4x19,8cm/*10x7in* Heidelberg 96
✏ *$415 FF2 518 £254* Stilleben mit Flasche Watercolour/paper 20x24cm/*7x9in* Hamburg 98
SCHLOTTHAUER Karl 1803-? **[1]**
👁 *$3 381 FF20 161 £2 098* Gebirgslandschaft mit einem See Öl/Leinwand 43,5x55cm/*17x21in* Dresden 97
SCHLUMBERGER Jean XX **[1]**
✏ *$1 580 FF7 720 £1 000* Maquette de bijoux, "...ce que la mer a de plus secret" Ink 11x12cm/*4x4in* London 95
SCHMAEDEL von Max 1856-? **[3]**
👁 *$9 295 FF54 294 £5 500* The grapes of wrath Oil/canvas 85x159,5cm/*33x62in* London 97
SCHMALIX Hubert 1952 **[144]**
👁 *$1 594 FF7 990 £1 008* Laufender Acrylic/paper 69x49cm/*27x19in* Wien 95
👁 *$6 570 FF33 700 £4 220* Ohne Titel Öl/Leinwand 138x120cm/*54x47in* Wien 96
✏ *$1 133 FF5 790 £747* Drei grüne Figuren Gouache/paper 41x59cm/*16x23in* Wien 96
SCHMALZ Herbert Gustave 1857-1935 **[14]**
👁 *$2 900 FF16 514 £1 780* Awakening of Galatea Oil/canvas 137x68cm/*54x27in* Bethesda, Maryland 97
👁 *$7 605 FF43 562 £4 500* When the World is Full of Wonder Oil/canvas 42x38cm/*16x14in* London 97
⊞ *$328 FF2 000 £200* Jairus Daughter Print 43x32cm/*17x12in* Ilkley, West Yorkshire 98
SCHMALZIGAUG Jules 1882-1917 **[53]**
👁 *$7 250 FF36 760 £4 715* Vue à Wechelderzande Huile/toile 50x60cm/*19x23in* Bruxelles 96
✏ *$492 FF2 400 £311* Tête Sanguine 26x21cm/*10x8in* Antwerpen 95
SCHMELTZ Bruno 1943 **[4]**
✏ *$1 147 FF7 000 £687* Sometimes People get me over Heated en frustated Technique mixte/papier 147,5x120cm/*58x47in* Paris 98
SCHMID Carl Friedrich 1799-c.1860 **[2]**
👁 *$3 268 FF20 113 £2 000* Portrait des Stephan Feist-Belmont und der Elisabeth Belmont Öl/Leinwand 119x91cm/*46x35in* Frankfurt 98
SCHMID David Alois 1791-1861 **[17]**
⊞ *$405 FF2 410 £247* Panoram oder Zirkelansicht vom Rigi Kuhn Aquatint 53,5x53,5cm/*21x21in* Bern 98
SCHMID Franz 1796-1851 **[9]**
⊞ *$222 FF1 325 £136* "Vue de Schwytz" Aquatint 11,5x16,8cm/*4x6in* Bern 98
SCHMID Henri 1924 **[20]**
👁 *$1 737 FF10 673 £1 042* Vor dem Café Oil/canvas 50x65cm/*19x25in* Zürich 98
SCHMID Hermann 1870-? **[2]**
✏ *$1 764 FF8 820 £1 142* Die Rotenturmstrasse Aquarell/Papier 53x37cm/*20x14in* Wien 96
SCHMID Julius 1854-1935 **[3]**
👁 *$7 500 FF45 927 £4 488* Beethoven in Quiet Comtemplation Oil/canvas 91,5x142cm/*36x55in* New-York 98
SCHMID Mathias 1835-1923 **[12]**
👁 *$3 824 FF19 570 £2 477* Der zerbrochene Krug Öl/Leinwand 29x23cm/*11x9in* Wien 95
👁 *$27 570 FF167 505 £16 600* Ein Franziskanermönch ermahnt ein junges Dirndl zur Sittsamkeit Öl/Leinwand 100x75cm/*39x29in* Stuttgart 98
SCHMID Mathias (Attrib.) 1835-1923 **[2]**
👁 *$2 750 FF15 687 £1 680* Junges Madchen Oil/panel 20x16cm/*8x6in* Bethesda, Maryland 97
SCHMID Richard 1934 **[12]**
👁 *$7 500 FF43 503 £4 615* Farmhouse in Winter, Gaylordsville, Connecticut Oil/canvas 35x76cm/*14x30in* New-York 97
👁 *$15 000 FF75 600 £9 678* Houndswood Farmhouse Oil/canvas 30x40cm/*12x16in* Hayden 96
SCHMID Wilhelm 1892-1971 **[32]**
👁 *$1 224 FF7 047 £754* Landhaus in Bré Huile 31x40,5cm/*12x15in* Zürich 97
👁 *$5 190 FF26 900 £3 350* "Disteln" Huile/panneau 62x50,5cm/*24x19in* Zofingen 96
👁 *$26 850 FF135 800 £17 600* Ansicht von Siena Huile/panneau 101x126cm/*39x49in* Zürich 96
⊞ *$159 FF822 £103* Orchester Eau-forte 31,7x45cm/*12x17in* Zürich 96
✏ *$605 FF3 510 £357* Ochsengespann Watercolour 33x47cm/*12x18in* Zürich 97
SCHMIDBAUER Ludwig Gottfried 1890-1974 **[9]**
👁 *$263 FF1 506 £155* Südliche Hügellandschaft mit Häusergruppe Öl/Leinwand 42x46cm/*16x18in* St.Gallen 97
SCHMIDT Albert 1883-1970 **[39]**

$3 090 FF15 900 £1 927 Sitzende Frau in weissem Gewand Öl/Leinwand 102x102cm/*40x40in* Bern 96

$5 260 FF32 533 £3 134 Die Wolke Öl/Karton 28x38cm/*11x14in* Zürich 98

SCHMIDT Alfred 1867-? **[8]**

$530 FF3 184 £318 Portrait der Gattin des Künstlers Oil/canvas 81,5x61,5cm/*32x24in* Stuttgart 98

SCHMIDT Carl 1885-1969 **[15]**

$2 500 FF12 460 £1 638 Near Carmel Oil/board 76x91cm/*29x35in* San Francisco-Los Angeles 95

SCHMIDT E. Allan XIX **[3]**

$3 749 FF22 697 £2 237 The Artis's Studio Oil/panel 15x11,5cm/*5x4in* New-York 97

SCHMIDT G. Ferdinand 1840-1909 **[2]**

$1 474 FF8 754 £900 Market View/Rooftops/Nürnberg Albumen print 38x45cm/*15x18in* London 98

SCHMIDT Georg Friedrich 1712-1775 **[24]**

$166 FF1 007 £101 Brustbildnis Melchior Dinglinger, nach Antoine Pesne Radierung 15,5x10,8cm/*6x4in* Berlin 98

SCHMIDT George Adam 1791-1844 **[2]**

$7 697 FF43 859 £4 807 Der Brief Oil/wood 72x57cm/*28x22in* Bremen 97

SCHMIDT Hans 1877-? **[9]**

$494 FF2 982 £300 A Golden Eagle Oil/canvas 81x60,5cm/*31x23in* Billingshurst, West Sussex 98

SCHMIDT Hans W. 1859-1950 **[17]**

$9 810 FF50 800 £6 370 Die Armbrustschützengellschaft zu Weimar Öl/Leinwand 123x188cm/*48x74in* Rudolstadt-Thüringen 96

SCHMIDT Izaak 1740-1818 **[2]**

$385 FF1 960 £231 Portrait of Otto Georg Veltman (d.1742) Pastel 24x19cm/*9x7in* Amsterdam 96

SCHMIDT Joost 1893-1948 **[7]**

$3 740 FF19 370 £2 500 Geometric still life, 1920s Gelatin silver print 8x6cm/*3x2in* London 96

SCHMIDT Kurt 1901-1991 **[7]**

$742 FF4 365 £458 Komposition mit schmalen Rechtecken Indian ink 8,5x23cm/*3x9in* Heidelberg 97

SCHMIDT Martin Johann 1718-1801 **[32]**

$15 940 FF79 900 £10 080 Das Rosenwunder Öl/Leinwand 30x24cm/*11x9in* Wien 95

$492 FF2 856 £291 Die Erziehung von Satyrkindern Radierung 18x12cm/*7x4in* Wien 97

$3 000 FF18 416 £1 838 Saint Anthony of Padua with the Christ Child Ink 22,5x17cm/*8x6in* New-York 98

SCHMIDT Martin Johann (Att.) 1718-1801 **[7]**

$5 500 FF33 293 £3 281 The Peepshow Oil/panel 22,5x16cm/*8x6in* New-York 97

$7 443 FF43 272 £4 545 Der heilige Georg Öl/Leinwand 102x84cm/*40x33in* Wien 97

SCHMIDT Max 1818-1901 **[11]**

$1 999 FF10 339 £1 298 Paisaje del norte alemán Oleo/lienzo 85x117cm/*33x46in* Montevideo 96

$10 060 FF50 800 £6 570 Italienische Landschaft mit Schafherde und Hirten Öl/Leinwand 108x155cm/*42x61in* Zürich 96

SCHMIDT Peter 1829-1866 **[2]**

$10 000 FF57 045 £6 110 Three Little Girls of the Crescent City Oil/canvas 86x72cm/*34x28in* New Orleans, Louisiana 97

SCHMIDT Rudolf 1873-1963 **[13]**

$2 053 FF10 550 £1 280 Das Grinzinger Platzel Aquarell/Papier 25x35cm/*9x13in* Wien 96

SCHMIDT von Harold 1893-1982 **[31]**

$3 000 FF14 310 £1 886 Mexican Girl Oil/canvas 8x33cm/*3x12in* Hayden 95

$4 250 FF22 000 £2 756 Wing Walkers Oil/canvas 71x127cm/*28x50in* Mystic, Connecticut 96

SCHMIDT Willem H. 1809-1849 **[6]**

$4 000 FF22 779 £2 462 Shipping off the Coast Oil/canvas 69x96,5cm/*27x37in* New-York 97

$1 402 FF6 890 £892 Ein alter Schullehrer versucht Ordnung in seine Jungenklasse zu bringe Aquarell 27x33cm/*10x12in* Stuttgart 95

SCHMIDT-KESTNER Erich 1877-? **[12]**

$1 443 FF8 568 £873 Gruppe "Ihr bester Freund" Bronze H26,5cm/*H10in* Wien 97

SCHMIDT-KIRSTEIN Helmut 1909-1985 **[28]**

$157 FF814 £102 Komposition Woodcut in colors 32x24cm/*12x9in* Hamburg 96

$520 FF2 712 £304 Sommerstrauss Watercolour 51x36,5cm/*20x14in* Berlin 96

SCHMIDT-ROTTLUFF Karl 1884-1976 **[495]**

$4 737 FF27 196 £2 888 Rosa Schapire:Karl Schmidt-Rottluffs graphisches Werk bis 1923 Mixed media 30,1x22,5cm/*11x8in* Berlin 97

$260 427 FF1 578 260 £159 706 "Einsames Haus" Oil/canvas 64x60,4cm/*25x23in* Hamburg 98

$144 FF871 £86 Lesender Mann Woodcut 28x20cm/*11x7in* München 98

$19 500 FF102 000 £11 600 Mittelgebirgslandschaft Watercolour 50x69,8cm/*19x27in* München 96

SCHMIDT-WEHRLIN XIX-XX **[3]**

$13 029 FF77 102 £7 948 Emmaus Woodcut 43x58cm/*16x22in* Köln 98

SCHMIED François-Louis 1873-1941 **[37]**

$2 491 FF15 137 £1 500 The Game of Chess Oil/panel 24x17,5cm/*9x6in* London 98

$61 FF350 £37 La chevauchée Gravure bois couleurs 35x25cm/*13x9in* Paris 97

$229 FF1 300 £140 Pénélope et ses chambrières/Télémaque aux lévriers Gouache/papier 28,5x2,5cm/*11xin* Paris 97

SCHMITSON Teutward 1830-1863 **[5]**

$1 704 FF10 070 £1 059 Bauernwagen mit rastenden Kühen Öl/Leinwand 30,5x51cm/*12x20in* Stuttgart 97

$4 510 FF23 200 £2 810 An Artillery Manoeuvre Oil/canvas 56x97,5cm/*22x38in* Wien 96

SCHMITT Franz 1816-1891 **[2]**

$3 924 FF20 300 £2 510 Früchtestilleben Oil/panel 16x21,5cm/*6x8in* Heidelberg 96

SCHMITT Guido 1834-1922 **[6]**

$2 480 FF12 830 £1 600 A young girl with her doll Oil/canvas 46x36cm/*18x14in* London 96

$979 FF5 524 £600 Portrait of Lady Ilchester, half length in a wooden Landscape Black chalk 70x51cm/*27x20in* London 97

SCHMITT Nathanael 1847-1918 **[3]**

$1 962 FF10 150 £1 254 Das Dorf am Bach Öl/Leinwand 16x26cm/*6x10in* Heidelberg 96

SCHMITZ Antoine Guillaume 1788-? **[3]**

$3 816 FF20 000 £2 296 Louis-Philippe sauvant la vie d'un cocher en lui faisant une siagnée Huile/toile 79x111,5cm/*31x43in* Monaco 96

SCHMITZ George 1851-? **[8]**

$3 866 FF23 054 £2 400 A Figure in a Winter Landscape Oil/panel 31x48,5cm/*12x19in* London 97

SCHMITZ Hans 1896-1977 **[13]**

$112 FF669 £67 Mutter und Kind Linocut 18x14cm/*7x5in* Berlin 97

SCHMITZ Philipp 1824-1887 **[2]**

$3 006 FF18 431 £1 801 "Der Losverkäufer" Öil/canvas 80x75cm/*31x29in* München 98

SCHMITZBERGER Josef 1851-? **[20]**

$1 960 FF11 133 £1 226 Fuchs in Winterlandschaft Öl/Leinwand 40x48cm/*15x18in* München 97

$7 605 FF44 422 £4 500 Chamois in a mountainous winter landscape Oil/canvas 106,4x140,3cm/*41x55in* London 97

SCHMÖGNER Walter 1943 **[26]**

$476 FF2 856 £284 Heisse Spuren/Viele schöne Kinderspiele/Was es mit einem Wort auf.../ Pencil/paper 21x15cm/*8x5in* Wien 98

SCHMOLL VON EISENWERTH Karl 1879-1948 **[24]**

$3 240 FF16 900 £2 035 Reifes Knabenportrait vor Frühlingslandschaft Öl/Leinwand 59,5x44cm/*23x17in* Lindau 96

$159 FF940 £98 Im Garten Woodcut in colors 15x13cm/*5x5in* Heidelberg 97

SCHMÖLZ Hugo 1897-1938 **[11]**

$1 096 FF6 365 £647 Neue Rheinbrücke Köln-Deutz Gelatin silver print 22x17cm/*8x6in* Köln 97

SCHMURR Wilhelm 1878-1959 **[12]**

$10 260 FF50 100 £6 510 Zwei Bäuerinnen bei der Kohlernte am Niederrhein Öl/Leinwand 80x567cm/*31x223in* Köln 95

SCHMUTZER Ferdinand 1870-1928 **[61]**

$176 FF1 050 £109 Josef Joachim, geigend Radierung 27,5x23cm/*10x9in* Wien 97

SCHMUTZER Jakob Matthias II 1733-1811 **[8]**

$850 FF5 020 £503 Christian Wilhelm Ernst Dietricy als Maler und Radierer Radierung 38,5x26cm/*15x10in* Berlin 97

$392 FF2 342 £236 Der barmherziger Samariter Pencil/paper 10x15,2cm/*3x5in* Köln 97

SCHMUTZLER Leopold 1864-1941 **[50]**

$4 250 FF25 177 £2 565 Interior Scene tea party Oil/canvas 53x63cm/*21x25in* Bloomfield Hills, Michigan 97

$16 378 FF95 057 £10 000 The Flamenco dancer Oil/canvas 179x107cm/*70x42in* London 97

SCHNABEL Julian 1951 **[123]**

  $3 660 FF22 000 £2 193 Sans titre Huile/toile 30x28cm/*11x11in* Paris 98

  $8 500 FF50 296 £5 185 Untitled Oil/board 101,5x99cm/*39x38in* New-York 98

  $45 000 FF261 324 £27 490 Malabaristas Mixed media/canvas 221x180cm/*87x70in* New-York 97

  $2 500 FF14 318 £1 479 For Anna Magnani Etching 188,5x136cm/*74x53in* New-York 97

  $140 000 FF812 070 £82 754 What Once Was Chaos Construction 228,5x218,5x25cm/*89x86x9in* New-York 97

  $10 000 FF59 172 £6 101 "Jacqueline in a Blue Hat" Watercolour/paper 185,5x199,5cm/*73x78in* New-York 98

SCHNACKENBERG Walter 1880-1961 **[16]**

  $9 500 FF46 300 £6 030 "Deutsche Theater" Poster 121x89cm/*47x35in* New-York 95

  $2 070 FF10 320 £1 356 Frau mit Geiger Aquarell/Papier 75x57cm/*29x22in* Bremen 95

SCHNARRENBERGER Wilhelm 1892-1966 **[25]**

  $1 682 FF10 040 £1 015 Winterlandschaft Öl/Leinwand 60x80cm/*23x31in* München 97

  $204 FF1 179 £125 Brand Woodcut 34x28,5cm/*13x11in* Stuttgart 97

  $1 141 FF6 716 £704 Rosenstilleben Aquarell/Papier 31x24,5cm/*12x9in* Heidelberg 97

SCHNARS-ALQUIST Hugo 1855-1939 **[4]**

  $4 916 FF30 201 £2 949 Schlepper in stürmischer See Oil/canvas 42x67cm/*16x26in* Bremen 98

  $50 000 FF284 740 £30 780 Santa Maria, the Carawel of Colombus Oil/canvas 104x155cm/*40x61in* New-York 97

SCHNAUDER Reinhard 1856-1923 **[5]**

  $2 278 FF14 040 £1 400 A Nude Woman on a Horseback Bronze H70cm/*H27in* Billingshurst, West Sussex 98

SCHNEBBELIE Robert Blemmell c.1785-1849 **[7]**

  $2 969 FF17 751 £1 800 The East India House, Headquarters of the East India Company Watercolour 9x16cm/*3x6in* London 97

SCHNEE Hermann 1840-1926 **[7]**

  $1 802 FF11 073 £1 081 Köhlerhütte im Harz Oil/canvas 80x62cm/*31x24in* Köln 98

SCHNEIDAU von Christian 1893-1976 **[47]**

  $1 200 FF7 224 £718 Musical Interlude Oil/canvas 78,5x55cm/*30x21in* San Francisco 98

SCHNEIDER Christian 1917-1997 **[108]**

  $320 FF1 900 £193 La plage de Ploumanach Huile/carton 24,5x32,5cm/*9x12in* Pontoise 97

  $3 368 FF20 000 £2 040 Plage à Ouistreham Huile/toile 55x46cm/*21x18in* Pontoise 97

SCHNEIDER Gérard 1896-1986 **[499]**

  $1 060 FF6 000 £647 Composition abstraite Acrylique/papier/toile 23x32cm/*9x12in* Saint-Germain-en-Laye 97

  $3 366 FF19 000 £2 050 Sans titre Acrylique/toile 60x73cm/*23x28in* Paris 97

  $10 458 FF65 000 £6 253 Opus 7K Huile/toile 130x97cm/*51x38in* Paris 98

  $143 FF740 £93 Composition Lithographie couleurs 60x80cm/*23x31in* Zürich 96

  $328 FF2 000 £199 Composition Aquarelle 10x15cm/*3x5in* Paris 98

SCHNEIDER Herbert 1924-1983 **[35]**

  $137 FF711 £88 Strandtag Color lithograph 43x60,5cm/*16x23in* Heidelberg 96

SCHNEIDER Hermann 1847-1918 **[2]**

  $45 027 FF279 504 £27 000 Eine thuzhunde in Dionysus-Temple Oil/canvas 93x163cm/*36x64in* London 98

SCHNEIDER Walter 1903-1968 **[9]**

  $1 191 FF7 054 £707 Die Mittlere Rheinbrücke in Basel bei Regen Öl/Leinwand 50x61,5cm/*19x24in* Zürich 97

SCHNEIDER Wilhelm Heinrich 1821-1900 **[3]**

  $2 549 FF15 085 £1 534 Abendliche Alpenlandschaft mit malerischem Haus und Personenstaffage Öl/Leinwand 52x73cm/*20x28in* Lindau 98

SCHNEIDER-MANZELL Toni 1911 **[2]**

  $3 240 FF18 925 £1 989 Sinnende Bronze 46,3x13x14,5cm/*18x5x5in* Köln 97

SCHNEIDERS Toni 1920 **[3]**

  $1 519 FF8 704 £899 Schienen und Rauch, Mestre bei Venedig Gelatin silver print 26x39cm/*10x15in* Köln 97

SCHNETZ Victor 1787-1870 **[13]**

  $8 765 FF50 000 £5 340 Franciscain en prière Huile/toile 102x75cm/*40x29in* Toulouse 97

  $14 024 FF80 000 £8 544 Le Capucin médecin Huile/toile 175x130cm/*68x51in* Toulouse 97

  $345 FF2 100 £208 Bergers italiens Lavis 22x15,5cm/*8x6in* Paris 98

SCHNEUER David 1905 **[10]**
- *$175 FF1 047 £104* Boulevard St. Michel Screenprint in colors 56x66cm/*22x26in* Bethesda, Maryland 98
- *$2 121 FF12 738 £1 272* Boulevard St. Germain Gouache 50x65cm/*19x25in* Stuttgart 98

SCHNIDER Adolf 1890-1961 **[1]**
- *$2 185 FF12 514 £1 292* "Grand Prix, Zurich 1939" Poster 90x127,5cm/*35x50in* New-York 97

SCHNITZ Johann Joseph 1784-? **[1]**
- *$4 330 FF22 000 £2 584* Paysage de rivière animé de personnages Huile/toile 38x48cm/*14x18in* Paris 96

SCHNITZLER Fritz 1851-1920 **[8]**
- *$231 FF1 349 £139* Alter Schäfer auf Schemel vor Landschaft sitzend Mischtechnik/Papier 47x31cm/*18x12in* Köln 97

SCHNORER Hans Friedrich c.1600-1640 **[1]**
- *$1 170 FF6 120 £697* Soldat mit Hellebarde Ink 21,5x15,5cm/*8x6in* München 96

SCHNORR Franz Adam 1794-1859 **[1]**
- *$9 535 FF56 893 £5 752* Uhrenbild Öl/Leinwand 63,5x78cm/*25x30in* Köln 97

SCHNORR VON CAROLSFELD Hans Veit Friedrich 1764-1841 **[5]**
- *$171 FF1 007 £105* Die Familie des Künstlers Indian ink 12x15,5cm/*4x6in* Heidelberg 97

SCHNORR VON CAROLSFELD Julius 1794-1872 **[23]**
- *$1 340 FF8 093 £804* Stehender Mann in weitem Gewand im Profil Indian ink/paper 26,5x19,5cm/*10x7in* Luzern 98

SCHNORR VON CAROLSFELD Ludwig Ferdinand 1788-1853 **[10]**
- *$12 960 FF76 256 £8 000* Tobias gibt seinem blinden Vater das Augenblick zurück Oil/panel 82x107cm/*32x42in* Wien 97
- *$1 256 FF7 387 £775* Bischof mit zwei Kardinälen und einem Heiligen im Hintergrund Watercolour 27,5x16cm/*10x6in* Heidelberg 97

SCHNYDER Albert 1898-1989 **[59]**
- *$11 104 FF64 672 £6 784* "Village adossé à la fôret" Öl/Leinwand 51x100cm/*20x39in* Zürich 97
- *$119 FF611 £74* Spazierende Frau mit Kind und Kinderwagen Lithographie 59,5x47,5cm/*23x18in* Bern 96

SCHOBER Helmut 1947 **[1]**
- *$12 617 FF73 702 £7 466* "Kosmisches Bild der König" Acryl/Leinwand 150x150cm/*59x59in* Köln 97

SCHOBER Peter Jakob 1897-1983 **[22]**
- *$1 837 FF9 450 £1 145* Porträt Öl/Leinwand 61x50cm/*24x19in* Stuttgart 96

SCHÖDL Max 1834-1921 **[25]**
- *$1 819 FF10 520 £1 122* Antiquitätenstilleben Öl 19,5x10,5cm/*7x4in* Wien 97

SCHÖDLBERGER Johann Nepomuk 1779-1853 **[15]**
- *$3 796 FF21 907 £2 326* Idealisierte Waldlandschaft mit Bauernfamilie im Vordergrund Öl/Leinwand 43x34cm/*16x13in* Stuttgart 97
- *$4 050 FF23 830 £2 500* Abendliches Gebet Öl/Leinwand 64,5x51cm/*25x20in* Wien 97
- *$791 FF4 060 £482* Gebirgslandschaft Wash 21x32cm/*8x12in* München 96

SCHOEFF Johannes (Attrib.) 1608-1666 **[4]**
- *$2 204 FF11 230 £1 300* Two smalschips offshore in a calm Oil/panel 14x20cm/*5x7in* London 96

SCHOEFF Johannes Pietersz. 1608-1666 **[8]**
- *$3 146 FF17 941 £1 914* Paysage maritime Huile/panneau 23,5x30,5cm/*9x12in* Bruxelles 97
- *$10 892 FF66 724 £6 580* Weite holländische Flusslandschaft mit einem Herdenzug Öl/Leinwand 60x96cm/*23x37in* Wien 98

SCHOELLER Johann Christian 1782-1851 **[6]**
- *$1 815 FF10 551 £1 108* Bildnis eines jungen Mädchens in rosa Kleid Watercolour 9x6,5cm/*3x2in* Wien 97

SCHOENEWERK Pierre Alexandre 1820-1885 **[8]**
- *$5 737 FF33 947 £3 500* A Nymph Drinking From a Fountain Terracotta H76cm/*H29in* London 98

SCHOENFELD Johann Heinrich 1609-1683 **[1]**
- *$12 512 FF65 492 £8 211* Crocifissione Olio/tela 137x89cm/*53x35in* Milano 96

SCHOENHOLTZ Michael 1937 **[11]**
- *$810 FF5 030 £488* Auf einem Stuhl Charcoal 84,5x61cm/*33x24in* Heidelberg 98

SCHOEVAERDTS Mathys c.1665-1710 **[35]**
- *$13 000 FF76 650 £7 971* A Village Feast Oil/canvas 36x59,5cm/*14x23in* New-York 98
- *$20 400 FF105 600 £13 650* Coastal Landscape with Merchants gathered around a fishmonger Oil/canvas 28x41cm/*11x16in* Amsterdam 96

SCHOEVAERDTS Mathys (Attrib.) c.1665-1710 **[11]**
- *$6 330 FF37 318 £3 782* Handel vid kuststad Oil/panel 24x34cm/*9x13in* Stockholm 97
- *$12 160 FF62 700 £7 800* River landscape with riders and covered waggons leaving a town Oil/canvas 85x119cm/*33x46in* London 96

SCHOFF Otto 1888-1938 **[21]**
- *$363 FF2 160 £221* Zwei liegende Mädchen Ink 19,5x26,5cm/*7x10in* Berlin 98

SCHÖFFER Nicolas 1912-1992 **[14]**
- *$5 690 FF29 000 £3 750* Composition spatio-dynamique Huile/panneau 62x51cm/*24x20in* Paris 96
- *$4 280 FF25 000 £2 532* Lux 11E.1.5.No. 11 Sculpture 60x72x62cm/*23x28x24in* Paris 97

SCHOFIELD Kershaw c.1880-c.1940 **[20]**
- *$1 216 FF7 029 £750* Still Life with Flowers Oil/board 31x43cm/*12x17in* Ilkley, West Yorkshire 97
- *$1 437 FF8 264 £900* Windmills, Dordrecht Oil/canvas 79x129,5cm/*31x50in* London 97

SCHOFIELD Walter Elmer 1867-1944 **[40]**
- *$1 071 FF6 186 £638* "Cabins Near The Trees In Winter" Oil/canvas 30x40cm/*12x16in* Florida 97
- *$8 000 FF48 308 £4 802* Clodgy Point Oil/canvas 66x76cm/*25x29in* New-York 98

SCHOLANDER Fredrik Wilhelm 1816-1881 **[5]**
- *$453 FF2 297 £292* Kurtis Akvarell 73x97cm/*28x38in* Stockholm 96

SCHOLDER Fritz 1937 **[42]**
- *$5 500 FF26 640 £3 530* Portrait study #2 Acrylic/canvas 51x41cm/*20x16in* New-York 95
- *$8 000 FF47 477 £4 900* Indian in Hollywood with Woman Acrylic/canvas 172,5x132cm/*67x51in* San Francisco-Los Angeles 97
- *$454 FF3 580 £700* Indian in Paris Color lithograph 76x53cm/*29x20in* Denver, Colorado 95

SCHOLDERER Otto 1834-1902 **[15]**
- *$871 FF5 363 £533* Der Telegrammbote im Atelier Öl/Leinwand 41x27cm/*16x10in* Frankfurt 98
- *$26 364 FF156 549 £15 968* Blondes Mädchen mit Katze Öl/Leinwand 93x67cm/*36x26in* Zürich 97

SCHÖLLHORN Hans 1892-1982 **[10]**
- *$640 FF3 824 £392* Artisten Gouache/paper 21,5x29,5cm/*8x11in* Zürich 98

SCHOLTE Rob 1958 **[47]**
- *$1 103 FF6 441 £677* Tartuffe/Tartufo Silkscreen/canvas 67x50cm/*26x19in* Amsterdam 97
- *$8 230 FF47 961 £5 030* Zaak III A, III B, III C Acrylic/canvas 34,3x33,6cm/*13x13in* Amsterdam 97
- *$10 030 FF58 555 £6 160* De Gulden Snede Oil/canvas 200x200cm/*78x78in* Amsterdam 97
- *$289 FF1 510 £175* Tartufo No. 32 Screenprint in colors 65x50cm/*25x19in* Amsterdam 96

SCHOLTEN Hendrik Jacobus 1824-1907 **[11]**
- *$4 095 FF21 070 £2 555* Motherly advice Oil/panel 39x32cm/*15x12in* Amsterdam 96
- *$10 000 FF60 938 £6 204* A Musical Interlude Oil/canvas 66x86,5cm/*25x34in* New-York 98

SCHOLTZ Heinz 1925 **[5]**
- *$525 FF3 170 £318* Hambourg Harbor Oil/copper 19x39cm/*7x15in* St. Louis, Miss. 98

SCHOLZ Georg 1890-1945 **[14]**
- *$38 300 FF188 700 £24 700* Kakteen und Semaphore II Öl/Leinwand 65x47cm/*25x18in* Berlin 95
- *$81 FF503 £48* Hans von Straschiripka Woodcut 31x24cm/*12x9in* Heidelberg 98

SCHOLZ Heinrich Karl 1880-? **[4]**
- *$2 300 FF13 341 £1 415* Nude and Deer Bronze 69x71cm/*27x28in* Bethesda, Maryland 97

SCHOLZ Max 1855-1906 **[10]**
- *$2 450 FF12 250 £1 586* Der Kellermeister Oil/panel 33x26,5cm/*12x10in* Wien 96
- *$3 200 FF18 202 £1 958* Monks and Clergyman around a Table Oil/canvas 74x87,5cm/*29x34in* New-York 97

SCHOLZ Werner 1898-1982 **[52]**
- *$10 828 FF62 162 £6 601* Amsterdam II Öl/Karton 79,6x65,4cm/*31x25in* Berlin 97
- *$820 FF4 876 £501* Roter und weisser Schmetterling Pastell/Papier 47x63cm/*18x24in* Bern 97

SCHOMBURG Alex 1908 **[2]**
- *$2 300 FF11 910 £1 538* Plane sky at the 1939 World's Fair, probably for Model Airplane News Watercolour, gouache/board 50x38cm/*20x15in* New-York 96

SCHOMBURG August XX **[1]**
- *$1 200 FF6 150 £730* Couple at beach with umbrella Watercolour, gouache 50x43cm/*20x17in* New-York 96

SCHOMMER François 1850-1935 **[7]**
- *$4 249 FF25 677 £2 531* Femme au ouistiti Oil/canvas 82,5x67cm/*32x26in* New-York 97

SCHÖN Andreas 1955 **[7]**
- *$1 720 FF10 050 £1 018* Ohne Titel Öl/Leinwand 80x100cm/*31x39in* Köln 97

*$16 040 FF82 500 £10 000 Dover II Oil/canvas 200x300cm/*78x118in* London 96*
SCHÖNBERGER Armand 1885-1974 **[16]**
*$3 017 FF18 088 £1 801 Stadtspaziergang Aquarell/Papier 32,5x42cm/*12x16in* Wien 98*
SCHÖNBERGER von Alfred Karl 1845-? **[11]**
*$5 520 FF28 900 £3 290 Alpenlandschaft mit Königssee Öl/Leinwand 65x95cm/*25x37in* Hamburg 96*
SCHÖNBRUNNER Ignaz 1835-1921 **[10]**
*$1 773 FF8 860 £1 147 Vase of flowers and book Oil/canvas 70x90cm/*27x35in* Stockholm 96*
SCHÖNFELD Johann H. (Attrib.) 1609-1682 **[6]**
*$3 894 FF20 300 £2 352 Enthauptung eines Möchsheiligen unter dem Beifall römischer Reiter Oil/panel 22x29,8cm/*8x11in* Stuttgart 96*
SCHÖNFELD Johann Heinrich 1609-1682 **[14]**
*$2 841 FF16 784 £1 765 David beobachtet vom Balkon seines Palastes die schöne Bathseba Öl/Leinwand 70,5x92,5cm/*27x36in* Stuttgart 97*
*$13 800 FF78 200 £6 900 Il trionfo di Alessandro dopo avere Conquistato Alessandria d'Egitto Olio/tela 96,5x131cm/*37x51in* Milano 98*
*$1 647 FF9 459 £1 004 Gideon prüft sein Herr am Jordan Print 25,7x34,3cm/*10x13in* Berlin 97*
SCHONGAUER Martin 1430-1491 **[57]**
*$198 FF1 020 £124 Jesus vor Pilatus Gravure bois 16x11,5cm/*6x4in* Bern 96*
SCHÖNIAN Alfred 1856-1936 **[26]**
*$670 FF4 104 £399 Peasants on a country road Oil/canvas 18,5x27,5cm/*7x10in* Amsterdam 98*
SCHÖNLEBER Gustav 1851-1917 **[70]**
*$3 894 FF20 300 £2 352 Windmühle Öl/Leinwand 50x40cm/*19x15in* Stuttgart 96*
*$3 889 FF24 145 £2 345 Fisherboote Öl/Leinwand 26x36cm/*10x14in* Heidelberg 98*
*$43 000 FF244 455 £26 328 Stiff Breezes along a Coastal town (Quinto al Mare, Riviera) Oil/canvas 180x261,5cm/*70x102in* New-York 97*
*$167 FF1 005 £100 "Wasserburg am Inn" Radierung 5,5x12cm/*2x4in* Köln 98*
*$8 563 FF50 370 £5 284 San Fruttuoso Chalks 100x145cm/*39x57in* Heidelberg 97*
SCHÖNLEBER Hans Otto 1889-1930 **[8]**
*$233 FF1 348 £143 Landschaften Woodcut 29,5x57cm/*11x22in* Stuttgart 97*
SCHÖNN Aloïs 1826-1897 **[15]**
*$2 326 FF12 040 £1 502 Besuch des Grabes Öl/Leinwand 65x91cm/*25x35in* Wien 96*
*$256 208 FF1 459 856 £160 000 The Return from the Vineyard Oil/canvas 135x227cm/*53x89in* London 97*
SCHÖNPFLUG Fritz 1873-1951 **[24]**
*$996 FF4 990 £630 Militär Aquarell 22x35cm/*8x13in* Wien 95*
SCHÖNSTEDT Aegidius 1812-1881 **[1]**
*$2 340 FF12 040 £1 460 A Coastal Scene with Beached Sailing-Vessels and Fisherfolk Oil/canvas 32x43cm/*12x16in* Amsterdam 96*
SCHÖNWALD Rudolf 1928 **[4]**
*$771 FF3 900 £506 "Meine Tiere" Etching 56x42cm/*22x16in* Wien 96*
SCHOOCK Hendrick 1630-1707 **[2]**
*$24 129 FF142 771 £14 520 Still Life of Flowers in a Glass Vase on a stone Ledge Oil/canvas 64x43cm/*25x16in* Amsterdam 98*
SCHOOFS Henri 1815-1862 **[3]**
*$1 784 FF10 733 £1 070 A River Landscape Oil/panel 26x36cm/*10x14in* Amsterdam 98*
SCHOOFS Rudolf 1932 **[17]**
*$140 FF690 £89 Kreisform in Landschaft Etching 32x52cm/*12x20in* Hamburg 95*
*$2 925 FF15 300 £1 742 Stehender männlicher Akt Bronze H55,5cm/*H21in* München 96*
SCHOONHOVEN Johannes, Jan 1914-1994 **[75]**
*$17 554 FF102 471 £10 781 Three Rows of small slanting Planes Mixed media 30x21cm/*11x8in* Amsterdam 97*
*$26 748 FF155 875 £16 348 R 72-33 Oil/canvas 43x43cm/*16x16in* Amsterdam 97*
*$402 FF2 006 £263 Composition Lithograph 127x90,5cm/*50x35in* Amsterdam 95*
*$3 760 FF19 600 £2 270 R60-10 Relief 65x14cm/*25x5in* Amsterdam 96*
*$2 410 FF12 630 £1 450 T79-112 Ink/paper 98x63cm/*38x24in* Amsterdam 96*
SCHOONOVER Frank Earl 1877-1972 **[24]**
*$5 500 FF33 992 £3 371 Cowboys and Indians Oil/canvas 24,4x37,4cm/*9x14in* Amesbury,*

Massachusetts 97

  $8 500 FF51 829 £5 100 The Scout Oil/canvas 45,5x53cm/*17x20in* Boston, Mass. 98

SCHOOR van Nicolas (Attrib.) c.1666-1726 **[1]**

  $10 071 FF58 083 £6 000 Wooded River Landscape with Elegant Company at a Picnic Oil/panel 46x70cm/*18x27in* London 97

SCHOOTEN van Floris G. (Attrib.) c.1590-c.1660 **[2]**

  $22 900 FF117 000 £14 800 Composition aux fruits avec personnages Huile/panneau 91x83cm/*35x32in* Bruxelles 95

SCHOOTEN van Floris Gerritz. c.1590-c.1660 **[21]**

  $14 399 FF82 269 £8 822 Frukt och grönsaksförsäljerska Oil/panel 52x83cm/*20x32in* Stockholm 97

SCHÖPFER Hans I 1520-1567 **[4]**

  $12 000 FF73 664 £7 352 Portrait of a Gentleman, said to be Wolfgang Freiherr von Maxlrain Oil/panel 65x49,5cm/*25x19in* New-York 98

SCHOPIN Henri 1804-1880 **[12]**

  $95 700 FF500 000 £57 900 Le Bûcher de Sardanapale Huile/toile 60x91cm/*23x35in* Paris 96

SCHÖPKE Philipp 1921 **[1]**

  $3 786 FF18 600 £2 410 "Frau 59 J" Coloured chalks 125x89cm/*49x35in* Wien 95

SCHOR Giovanni P. (Attrib) 1615-1674 **[1]**

  $3 036 FF15 500 £2 000 A design for carriage wheel decorated with acanthus Ink 14,6x14,3cm/*5x5in* London 96

SCHOR Giovanni Paolo 1615-1674 **[5]**

  $28 000 FF171 883 £17 155 Design for the Chariot for the Entry of Don Gaspar Méndez de Haro Wash 29x20cm/*11x7in* New-York 98

SCHORER Hans Friedrich c.1585-1655 **[5]**

  $2 267 FF13 386 £1 342 Der Triumph der Kybele Ink 20,5x29,2cm/*8x11in* Berlin 97

SCHÖRK Hans 1849-? **[3]**

  $1 578 FF9 386 £966 Junge Bäuerin beim Säen Bronze 79x38x40cm/*31x14x15in* Köln 97

SCHORN Theobald 1865-? **[1]**

  $1 200 FF7 151 £719 "Excelsior-Pneumatic" Poster 69x89cm/*27x35in* New-York 98

SCHORNBÖCK Alois 1863-1926 **[1]**

  $2 150 FF11 140 £1 440 Portrait des Erzherzogin Henriette von Habsburg Pastell 108x75cm/*42x29in* Lindau 96

SCHOTANUS Petrus 1601-c.1675 **[6]**

  $16 673 FF100 140 £10 000 A Vanitas Still Life with Celestial Globe, a Banner, a Peach Oil/panel 56x44cm/*22x17in* London 98

SCHOTEL Anthonie Pieter 1890-1958 **[34]**

  $1 234 FF7 194 £754 Akkerlandschap in het Gooi Oil/canvas/panel 41x31cm/*16x12in* Amsterdam 97

  $1 827 FF10 406 £1 134 Wheatered wall Oil/canvas 50x60cm/*19x23in* Amsterdam 97

  $2 340 FF12 040 £1 460 Sardiniers Bretagne Gouache/papier 37x48cm/*14x18in* Amsterdam 96

SCHOTEL Jan Christianus 1787-1838 **[35]**

  $14 630 FF74 400 £8 730 Fischerboote und Segelschiffe auf bewegter See Oil/panel 37,5x52cm/*14x20in* Köln 96

  $32 150 FF158 200 £20 700 Choppy waters Oil/panel 27x38,5cm/*10x15in* Stockholm 95

  $1 458 FF7 540 £933 River craft off the coast Pencil 20,5x33,5cm/*8x13in* Amsterdam 96

SCHOTEL Petrus J. (Attrib.) 1808-1865 **[2]**

  $1 204 FF6 653 £748 Man of War and Other Shipping Off the Coast Oil/board 18,5x23,5cm/*7x9in* Johannesburg 97

SCHOTEL Petrus Johannes 1808-1865 **[16]**

  $27 916 FF161 922 £16 500 Boats and Frigates in an Estuary Oil/canvas 69x87cm/*27x34in* London 97

  $2 370 FF12 050 £1 420 Shipping on a choppy sea Ink 26,5x35,2cm/*10x13in* Amsterdam 96

SCHOTH A. 1859-1906 **[5]**

  $1 272 FF7 374 £750 Unloading The Catch by Moonlight Oil/canvas 25,5x45,5cm/*10x17in* London 97

SCHOTT August L. 1811-1843 **[1]**

  $15 180 FF78 600 £9 800 A Cairo street scene Oil/canvas 85x122cm/*33x48in* London 96

SCHOTT Ferdinand 1887-1964 **[4]**

  $1 000 FF5 180 £669 "Hunde-Ausstellung, Basel" Poster 128x90cm/*50x35in* New-York 96

SCHOTT Walter 1861-1938 **[12]**

  $1 433 FF8 710 £863 Kugelspielerin Bronze H27cm/*H10in* München 98

SCHOTZ Benno 1891-1984 **[147]**

$1 759 FF10 489 £1 092 Processional Cross Bronze H164cm/*H64in* Glasgow 97

$5 558 FF33 141 £3 450 Hugh MacDiarmid, Christopher Murray Grieve 1892-1978 Plaster H40,5cm/*H15in* Glasgow 97

SCHOU Karl 1870-1938 **[52]**

$85 FF439 £52 Landskab med gårde og höstakke Oil/canvas 35x55cm/*13x21in* Köbenhavn 96

$307 FF1 582 £187 Parti fra italiensk landsby Oil/canvas 31x42cm/*12x16in* Köbenhavn 96

SCHOU Ludvig Abelin 1838-1867 **[7]**

$1 110 FF5 780 £734 Portraet af siddende kvinde, Elna Glad, f. Collon Oil/canvas 30x25cm/*11x9in* Köbenhavn 96

SCHOU Sigurd Solver 1875-1944 **[19]**

$475 FF2 456 £306 Kunak i sne Oil/canvas 61x76cm/*24x29in* Köbenhavn 96

SCHOU Sven 1877-1949 **[11]**

$265 FF1 587 £163 Galoperende plage og kreaturer, Havnö Oil/canvas 54x75cm/*21x29in* Vejle 98

SCHOUBROECK Pieter c.1570-1607 **[6]**

$9 100 FF47 500 £5 500 The Burning of Troy Oil/copper 185x26cm/*72x10in* London 96

$17 000 FF93 870 £10 608 A mountainous Landscape with Travellers conversing on a path Oil/copper 17,5x26,5cm/*6x10in* New-York 97

SCHOUBROECK Pieter (Attrib.) c.1570-1607 **[1]**

$10 003 FF60 084 £6 000 Aeneas Rescuing His Father From The Burning City of Troy Oil/copper 26x18,5cm/*10x7in* London 98

SCHOUMAN Aert 1710-1792 **[71]**

$4 770 FF23 130 £3 075 A bench on a landing stage near the village Groote Lindt Watercolour 13,7x22,3cm/*5x8in* Amsterdam 95

SCHOUMAN Aert (Attrib.) 1710-1792 **[4]**

$3 430 FF17 700 £2 200 Two birds in a tropical landscape Watercolour 35,5x23,5cm/*13x9in* London 96

SCHOUMANN Martinus 1770-1848 **[20]**

$2 141 FF12 880 £1 284 A Dutch Tall Ship on a Choppy Sea Oil/panel 35x44,5cm/*13x17in* Amsterdam 98

$622 FF3 564 £367 Schepen bij windstilte Ink 15,5x22cm/*6x8in* Den Haag 97

SCHOUTEN Gerrit Jan 1815-? **[1]**

$8 915 FF51 868 £5 461 Shepherds and flock in a valley Oil/canvas 56,5x82cm/*22x32in* Amsterdam 97

SCHOUTEN Henri 1864-1927 **[261]**

$560 FF3 412 £333 Coq et poules Huile/panneau 35x24cm/*13x9in* Bruxelles 98

$1 736 FF9 070 £1 033 Bergère et moutons Huile/toile 56x47cm/*22x18in* Antwerpen 96

$6 552 FF39 024 £4 008 Moutons dans un paysage Huile/toile 101x150cm/*39x59in* Bruxelles 98

SCHOUTEN Hermanus Petrus 1747-1822 **[5]**

$2 434 FF13 931 £1 437 A view of the Waag on the Dam, Amsterdam. Bodycolour 21x31,5cm/*8x12in* Amsterdam 97

SCHOUTEN Paul Henri 1860-1922 **[36]**

$325 FF1 962 £200 Hens in a Farmyard Oil/panel 31,5x22,5cm/*12x8in* London 98

$637 FF3 180 £412 Coq et poules Huile/toile 50x75cm/*19x29in* Bruxelles 96

SCHOVAERTS Mathys c.1665-? **[11]**

$22 796 FF139 000 £13 677 Paysages animés Huile/toile 33x42cm/*12x16in* Dijon 98

SCHOVAERTS Mathys (Attrib.) c.1665-? **[2]**

$5 150 FF27 000 £3 100 Forteresse dominant un paysage de rivière animé Huile/toile 27,5x37cm/*10x14in* Paris 96

SCHOVELIN Axel Thorsen 1827-1893 **[52]**

$170 FF880 £110 Efterårsskov Oil/canvas 42x53cm/*16x20in* Aalborg 96

$314 FF1 596 £204 South German landscape Oil/canvas 25x34cm/*9x13in* Köbenhavn 95

SCHÖYEN Carl 1848-1875 **[1]**

$8 212 FF47 658 £4 848 Fra Asker (coastal landscape) Oil/canvas 25x37cm/*9x14in* Oslo 97

SCHOYERER Joseph 1844-1923 **[40]**

$1 177 FF6 756 £717 Apenninlandschaft mit Häusern am Bach Öl/Leinwand 63x53cm/*24x20in* Düsseldorf 97

$2 905 FF16 869 £1 774 Bei Bad Schachen Bodensee Öl/Karton 28,5x37cm/*11x14in* Lindau 97

SCHRADER Julius Friedrich A. 1815-1900 **[5]**

$12 880 FF66 200 £8 020 A condemned Man's Farewell Oil/canvas 212,5x158,5cm/*83x62in* Wien 96
SCHRADER-VELGEN Carl Hans 1876-1945 **[8]**
$3 536 FF20 208 £2 166 Flusslandschaft Öl/Leinwand 60x77cm/*23x30in* München 97
SCHRAG Karl 1912 **[10]**
$350 FF2 095 £209 "Treetops and Autumn Moon" Etching, aquatint in colors 59x44cm/*23x17in* Bethesda, Maryland 98
SCHRAIVOGEL Ralph 1960 **[1]**
$1 500 FF7 770 £1 003 "Cinema Africa, Filpodium" Poster 128x90,5cm/*50x35in* New-York 96
SCHRAM Alois Hans 1864-1919 **[25]**
$3 627 FF21 420 £2 191 Erntezeit Oil/panel 50x44cm/*19x17in* Wien 97
$14 412 FF83 650 £8 800 Scène champêtre Oil/canvas 108x125cm/*42x49in* London 97
$1 315 FF7 662 £809 "Ausstellung zum 50jährigen Regierungsjulibäum v. Kaiser Franz Joseph" Poster 125x95cm/*49x37in* Wien 97
SCHRAM DE JONG Synco 1910 **[3]**
$878 FF4 520 £548 A peasant driving an ox-drawn cart a sawah Black chalk 30,5x21cm/*12x8in* Amsterdam 96
SCHRAMM-ZITTAU Rudolf 1874-1950 **[26]**
$1 740 FF10 094 £1 071 Hühner unterm Wagen Öl/Leinwand 49x68,5cm/*19x26in* Heidelberg 97
SCHRANZ Anton 1769-1839 **[20]**
$19 140 FF114 550 £11 600 El castillo de San Felipe en Mahón, Menorca Oleo/lienzo 44x89cm/*17x35in* Madrid 98
$253 FF1 472 £150 The Roman Gateway at Aydin, S.W Turkey Watercolour/paper 25,5x36cm/*10x14in* London 97
SCHRANZ Anton (Attrib.) 1769-1839 **[3]**
$7 245 FF43 435 £4 400 A Maltese Harbour Oil/panel 19x28,5cm/*7x11in* Billingshurst, West Sussex 98
$3 177 FF17 953 £2 000 Shipping in a harbour, Malta Pencil 15x22cm/*5x8in* London 97
SCHRANZ Johan, Giovanni 1794-1882 **[4]**
$35 050 FF177 200 £23 000 H.M.S. Howe in Grand Harbour, Valetta, Malta Oil/canvas 46,5x72cm/*18x28in* London 96
SCHRANZ Joseph 1803-c.1865 **[21]**
$14 213 FF88 338 £8 500 Harbour of Puerto Mahön, Minorca Oil/canvas 35,5x54,5cm/*13x21in* London 98
$2 810 FF14 000 £1 840 Mouillage des flottes anglo-françaises dans le Bosphore Lithographie 85x125cm/*33x49in* Paris 95
$2 260 FF11 800 £1 365 View of Zakynthos Watercolour/paper 12x18cm/*4x7in* Athens 96
SCHRANZ Joseph (Attrib.) 1803-c.1840 **[3]**
$1 020 FF6 193 £620 Greek Landscapes, Cottages above a Lake/Mountainous River Landscape Watercolour 34x44cm/*13x17in* London 98
SCHRAUDOLPH Robert 1887-? **[12]**
$1 793 FF9 280 £1 200 Blick aus das morgendlich beleuchtete Meersburg Gouache 60x80cm/*23x31in* Lindau 96
SCHRAUDOLPH von Johann 1808-1879 **[2]**
$5 430 FF28 400 £3 235 Jomfru Maria kroning Oil/canvas 120x72cm/*47x28in* Köbenhavn 96
SCHRECKHAASE Paul XIX-XX **[70]**
$264 FF1 310 £167 Nächtliche Dampferfahrt mit Nereiden Öl/Leinwand 35x46cm/*13x18in* Lindau 95
$306 FF1 518 £194 Felsige Küstenlandschaft im sonnigen Licht Öl/Leinwand 32,5x49cm/*12x19in* Lindau 95
SCHREIBER Charles Bapt. 1845-1903 **[15]**
$2 754 FF14 000 £1 645 Jeune fille à la colombe Huile/panneau 27x20cm/*10x7in* Saint-Dié 96
SCHREIBER George L. 1904-1977 **[32]**
$125 FF742 £75 Clampoint Lithograph 25x35cm/*10x14in* Bethesda, Maryland 97
$2 749 FF16 317 £1 705 Boy in a Cornfield Watercolour, gouache/board 32x44,5cm/*12x17in* New-York 97
SCHREIBER Hugo 1873-1950 **[5]**
$3 604 FF21 406 £2 142 Mädchen mit Masche im Haar Öl/Karton 45,5x34cm/*17x13in* Wien 97
SCHREIBER Peter Conrad 1816-1894 **[8]**
$43 414 FF260 912 £26 000 The Nile with the Pyramids beyond Oil/canvas 65x143,5cm/*25x56in* London 98
SCHREINER Friedrich Wilhelm 1836-? **[7]**
$2 084 FF12 432 £1 294 Hirsche am stillen Waldweiher Öl/Leinwand 120x91cm/*47x35in* Dresden 97

SCHRETTER Zygmunt Szreter 1896-1977 **[13]**
- *$890 FF4 500 £584* Portrait d'Yvette Moch Huile/toile 50x40cm/*19x15in* Paris 96

SCHREUER Wilhelm 1866-1933 **[88]**
- *$2 200 FF11 380 £1 428* Reiterappell Öl/Leinwand 29,5x29,5cm/*11x11in* München 96
- *$2 343 FF11 710 £1 517* Im Gasthaus Öl/Papier 58x52cm/*22x20in* Düsseldorf 96
- *$2 069 FF11 792 £1 267* Ein junges Paar Mischtechnik/Papier 60x45cm/*23x17in* Köln 97

SCHREYER Adolf 1828-1899 **[113]**
- *$888 FF5 060 £554* Der Tod des alten Soldaten Mixed media 42x66cm/*16x25in* Konstanz 97
- *$3 000 FF17 814 £1 817* Arab on Horseback Oil/panel 21,5x16,5cm/*8x6in* Washington 97
- *$49 FF301 £29* "Auf Vorposten" Etching 10x12cm/*3x4in* Rudolstadt-Thüringen 98
- *$547 FF3 352 £326* Fünfergespann in wilder Fahrt Pencil/paper 12x23cm/*4x9in* Dresden 98

SCHREYER Lothar 1886-1966 **[34]**
- *$1 121 FF6 693 £676* Farbform 1 Lithographie 29,8x26,2cm/*11x10in* Hamburg 97

SCHREYERER Franz 1770-1839 **[1]**
- *$5 450 FF27 900 £3 530* Gebirgsbach Öl/Leinwand 73x58cm/*28x22in* Wien 95

SCHREYVOGEL Charles 1861-1912 **[20]**
- *$7 000 FF42 143 £4 188* Profile Portrait of a Native American/West Kill, Caskill Mountains Oil/board 25,5x20,5cm/*10x8in* San Francisco 98
- *$17 000 FF88 230 £11 259* "Takes Wrinkles, Crow Agency" Oil/board 43x40cm/*17x16in* Cincinnati, Ohio 96
- *$1 150 000 FF6 824 905 £704 375* The Silenced War Whoop Oil/canvas 122x167,5cm/*48x65in* New-York 98
- *$36 000 FF177 600 £23 470* The Last Drop Bronze H30,5cm/*H12in* New-York 95

SCHRIECK van Otto M. (Attrib.) 1619-1678 **[6]**
- *$15 000 FF85 000 £7 500* Sottobosco Olio/tela 54x42cm/*21x16in* Milano 97

SCHRIECK van Otto Marseus Snuff. 1619-1678 **[16]**
- *$16 000 FF91 272 £9 838* Landscape with Ruins with Shepherds and a Cavalier on Horseback Oil/panel 40,5x64cm/*15x25in* New-York 97
- *$90 300 FF450 000 £59 100* Natures mortes de sous-bois avec champignons Huile/toile 32,5x41cm/*12x16in* Paris 95

SCHRIJNDER Jo 1894-1968 **[20]**
- *$1 180 FF6 000 £754* Water birds near the sea Oil/canvas 50x60cm/*19x23in* Amsterdam 96

SCHRIKKEL Louis 1902-1978 **[15]**
- *$1 467 FF8 383 £898* Circuspaard met vrouw Oil/board 39x19cm/*15x7in* Den Haag 97

SCHRIMPF Georg 1889-1938 **[107]**
- *$26 449 FF158 572 £16 000* Girl with Sheep Oil/canvas 45x56cm/*17x22in* London 97
- *$69 FF403 £42* Zwei Frauen mit Kind Lithographie 18,9x16,5cm/*7x6in* Heidelberg 97
- *$2 803 FF16 177 £1 717* Voralpenlandschaft Coloured chalks 18x28cm/*7x11in* Stuttgart 97

SCHRÖDER Albert Friedrich 1854-1939 **[23]**
- *$958 FF5 712 £594* Frölicher, junger Zecher Oil/panel 25x19cm/*9x7in* Dresden 97
- *$9 440 FF47 800 £6 200* Relating his Adventures Oil/panel 46x53cm/*18x20in* London 96

SCHRÖDER Carl Julius Hermann 1802-1867 **[3]**
- *$3 894 FF19 000 £2 470* Elbelandschaft mit einem rastendem Musikanten & einem kleinen Mädchen Öl/Leinwand 23x33cm/*9x12in* Köln 95

SCHRÖDER Georg Engelhard 1684-1750 **[6]**
- *$13 090 FF74 790 £8 020* Turchinna med sin sohn i spatzer drägt Oil/canvas 34x25cm/*13x9in* Stockholm 97

SCHRÖDER Heinrich 1881-1941 **[11]**
- *$10 413 FF61 841 £6 188* Eichstätt Öl/Leinwand 70x70cm/*27x27in* Wien 97

SCHRÖDER Johann H. (Attrib.) 1757-1812 **[2]**
- *$1 679 FF10 053 £1 031* Bildnis einer jungen Dame Pastel/paper 30,5x23cm/*12x9in* Köln 98

SCHRODER Povl 1894-1957 **[36]**
- *$444 FF2 638 £264* Skovparti med traeer og sten ved vandlöb Oil/canvas 90x116cm/*35x45in* Köbenhavn 97

SCHRÖDER Sierk 1903 **[15]**
- *$3 992 FF23 781 £2 373* A Woman Reading Oil/board 24x20,5cm/*9x8in* Amsterdam 97
- *$1 996 FF11 890 £1 186* Reclining Nude Watercolour/paper 33,5x46cm/*13x18in* Amsterdam 97

SCHRÖDER Theodor XIX **[4]**
 $7 360 FF38 000 £4 740 Portrait de Franz Liszt de profil Huile/toile 65x52cm/*25x20in* Paris 96
SCHRODER Walter G. XIX-XX **[8]**
 $309 FF1 837 £190 Harbour Scene with buildings and Figures in foreground Watercolour/paper
25x36cm/*9x14in* Leamington Spa, Warwickshire 97
SCHRÖDER-SONNENSTERN Emil Friedrich 1892-1982 **[109]**
 $177 FF1 015 £108 Lebensnarrenläufer/Mondmoralische Verkehrtheit Farblithographie 55,5x79cm/*21x31in*
Hamburg 97
 $1 625 FF8 475 £950 Die unbeugsame (?) Damsau Pencil 47,4x69,6cm/*18x27in* Berlin 96
SCHRÖDL Anton 1823-1906 **[44]**
 $707 FF3 660 £459 Milchmagd Öl/Karton 14x25,5cm/*5x10in* München 96
 $3 721 FF21 519 £2 295 Im Stall Öl/Leinwand 50x64cm/*19x25in* Wien 97
 $514 FF2 640 £320 Adler Pencil/paper 14,5x22,5cm/*5x8in* Wien 96
SCHRÖDL Norbert 1842-1912 **[5]**
 $2 360 FF13 504 £1 473 Porträt der Anna Scheuch Öl/Leinwand 50x34cm/*19x13in* Bad Vilbel 97
SCHRÖDTER Adolf 1805-1875 **[7]**
 $5 598 FF33 523 £3 345 Disput auf der Landstrasse Öl/Leinwand 38x31cm/*14x12in* Köln 98
SCHROM Ernst 1902-1969 **[17]**
 $3 017 FF18 088 £1 801 "Spaziergang" Oil/hardboard 46x62,5cm/*18x24in* Wien 98
 $700 FF3 600 £437 Die Michaelerkirche, Wien Aquarell/Papier 38,5x29cm/*15x11in* Wien 96
SCHROTZBERG Franz 1811-1889 **[13]**
 $4 030 FF23 800 £2 435 Portrait Anna Eders, geb. Manner/Portrait Anton Eders Öl/Leinwand
65x53cm/*25x20in* Wien 97
 $19 525 FF119 050 £11 725 Kaiser Franz Joseph I. von Österreich und Kaiserin Elisabeth Öl/Karton
25x30cm/*9x11in* Wien 98
SCHROTZBERG Franz (Attrib.) 1811-1889 **[1]**
 $2 502 FF14 376 £1 563 Erzhezog Ferdinand Max (1832-1867) Pastel/paper 35x43cm/*13x16in* Wien 97
SCHRYVER de Louis 1863-1942 **[25]**
 $1 200 FF6 170 £748 A young woman with a red turban Oil/panel 32x24cm/*12x9in* New-York 96
 $40 000 FF200 000 £25 900 The flower seller, Paris Oil/canvas 51x61,5cm/*20x24in* New-York 96
SCHUBERT Carl 1795-1855 **[1]**
 $3 910 FF20 250 £2 616 Sommerliche Lichtung mit Waldteich Öl/Leinwand 47,5x60cm/*18x23in* Lindau 96
SCHUBERT Carl (Attrib.) 1795-1855 **[1]**
 $3 910 FF20 250 £2 616 Sommerliche, Hügelige Landschaft Öl/Leinwand 49x66cm/*19x25in* Lindau 96
SCHUBERT Franz August 1806-1893 **[2]**
 $20 000 FF102 800 £12 500 Jacob and Rachel at the well Oil/canvas/panel 99x137cm/*38x53in* New-
York 96
SCHUBERT Heinrich Carl 1827-1897 **[10]**
 $4 620 FF24 140 £2 750 Stilleben mit Wiesenblumen Öl/Karton 65x47cm/*25x18in* Wien 96
 $1 320 FF8 053 £805 Gebirgsblumen vor Landschaftshintergrund Aquarell/Papier 37,5x27cm/*14x10in*
Dresden 98
SCHUBERT Otto 1892-1970 **[24]**
 $1 363 FF8 056 £847 Feldblumen in Vase Öl/Leinwand 100x70cm/*39x27in* Konstanz 97
SCHUCH Carl 1846-1903 **[7]**
 $20 400 FF104 800 £12 700 A sunlit Forest Oil/paper/board 32x40cm/*12x15in* Wien 96
 $32 040 FF190 760 £19 600 "Die Wirthaustochter aus Olevano" Oil/canvas 57,5x46,5cm/*22x18in* Wien 98
 $1 805 FF11 062 £1 078 Salzburg vom Mönchsberg aus gesehen Watercolour 16x13,5cm/*6x5in* Dresden 98
SCHUCH Werner Wilhelm 1843-1918 **[6]**
 $6 500 FF37 703 £3 842 "Defending the Flag" Oil/canvas 61x52cm/*24x20in* San Francisco 97
SCHUFFENECKER Claude Ém. (Attrib.) 1851-1934 **[6]**
 $5 350 FF27 000 £3 474 Femme nue en buste, de trois-quarts Huile/toile 64x53cm/*25x20in* Paris 96
 $9 900 FF50 000 £6 430 La fille de l'artiste Huile/toile 40x32cm/*15x12in* Paris 96
 $976 FF5 000 £593 Portrait de jeune fille Dessin 54x95cm/*21x37in* Quimper 96
SCHUFFENECKER Claude Emile 1851-1934 **[135]**
 $4 967 FF29 500 £3 032 Paysage et chemin animé Huile/toile 27x35cm/*10x13in* Brest 98
 $19 932 FF120 000 £11 928 Côte rocheuse en Bretagne Huile/toile 50x61cm/*19x24in* Paris 98
 $751 FF3 600 £468 Portrait de la tante Cornu Mine plomb 21x14cm/*8x5in* Morlaix 95
SCHUFRIED Dominik 1810-c.1890 **[7]**

$2 803 FF16 716 £1 739 Landstrasse mit querendem Rotwild Öl/Leinwand 60x84cm/*23x33in* Wien 97
SCHUHMACHER Wim 1894-1986 **[29]**
$42 364 FF251 694 £25 194 A Portrait of Melitta Oil/canvas 30x23cm/*11x9in* Amsterdam 97
$140 432 FF819 772 £86 251 Stilleven met Trappans en End Oil/canvas 81x100cm/*31x39in* Amsterdam 97
$4 020 FF20 050 £2 626 Female nude Ink/paper 160x115cm/*62x45in* Amsterdam 95
SCHUITEMA Paul 1897-1973 **[3]**
$165 FF1 000 £100 "Rembrandt au Stedelijk Museum, Amsterdam" Affiche 64x95cm/*25x37in* Paris 98
$11 031 FF64 211 £6 800 Grammophon, Late 1920s Silver print 17,5x23,5cm/*6x9in* London 97
SCHUITEN François 1956 **[2]**
$4 124 FF23 500 £2 575 "Le Guide de la Cité" Encre Chine/papier 60x44cm/*23x17in* Paris 97
SCHÜLDT Fritiof Johannes 1891-1978 **[7]**
$1 498 FF8 949 £899 Ung kvinna med blommor Oil/canvas 74x93cm/*29x36in* Stockholm 98
SCHULER Hans 1874-? **[4]**
$4 210 FF25 000 £2 570 Nu allongé et pensif Bronze 36x72cm/*14x28in* Le Touquet 98
SCHULER Jules Théophile 1821-1878 **[3]**
$6 012 FF36 000 £3 693 Chevaux en liberté surpris par les "chevaux-vapeurs" Huile/toile 72x58cm/*28x22in* Paris 98
SCHULMAN David 1881-1966 **[75]**
$1 090 FF5 520 £710 Winterochtend, Blaricum Oil/canvas 36,5x60cm/*14x23in* Amsterdam 96
$1 141 FF6 604 £697 "De Montelbaanstoren" Oil/panel 25x34,5cm/*9x13in* Amsterdam 97
$354 FF2 187 £222 Harbour in Volendam Watercolour/paper 24,5x30cm/*9x11in* Amsterdam 97
SCHULMAN Léon 1851-1943 **[15]**
$248 FF1 487 £148 Personen bij een huis in boomrijk landschap Oil/canvas 24,5x34,5cm/*9x13in* Rotterdam 98
SCHULT H.A., Hans Jürgen 1939 **[16]**
$100 FF603 £60 The End/Coke Farbserigraphie 50x65cm/*19x25in* München 98
SCHULTZ Alexander 1901-1981 **[22]**
$3 115 FF18 077 £1 839 Uthus i vinterlandskap Oil/canvas 65x81cm/*25x31in* Oslo 97
SCHULTZ Carl Frederick 1796-1866 **[4]**
$4 144 FF23 616 £2 588 Anlandende Fischer mit ihrem Familien Oil/panel 43,5x50,5cm/*17x19in* Köln 97
SCHULTZ George F. 1879-? **[12]**
$770 FF4 718 £464 The American Teacher Oil/board 76x55cm/*30x22in* Hatfield, Pennsylvania 98
SCHULTZ Johann Karl 1801-1873 **[2]**
$1 150 FF7 000 £700 Coastal Landscape Watercolour 31,5x47cm/*12x18in* London 98
SCHULTZ-RIGA Emil 1872-? **[1]**
$3 600 FF18 620 £2 300 Bauernhaus in der Eifel Öl/Leinwand 70x100cm/*27x39in* Düsseldorf 96
SCHULTZ-WETTEL Ferdinand 1872-? **[4]**
$145 FF900 £86 "Riquewihr" Affiche 100x62cm/*39x24in* Paris 98
SCHULTZBERG Anshelm 1862-1945 **[200]**
$1 573 FF9 705 £988 Blomsterprakt, Italien Oil/canvas 94x74cm/*37x29in* Stockholm 97
$3 390 FF19 416 £2 069 "En solig vinterdag" Oil/canvas 33x47cm/*12x18in* Stockholm 97
$6 870 FF34 340 £4 490 Snowvy landscape Oil/canvas 110x152cm/*43x59in* Stockholm 95
SCHULTZE Bernhard 1915 **[240]**
$1 950 FF10 170 £1 140 Stün 3 Öl/Karton 24x18cm/*9x7in* Köln 96
$5 735 FF33 501 £3 394 Wuchernde Migof-Anatomie Öl/Leinwand 80x100cm/*31x39in* Köln 97
$12 471 FF73 627 £7 385 Labyrinth Öl/Leinwand 145x110cm/*57x43in* Berlin 97
$200 FF1 187 £119 "Bernard Schultze (...)/Zimmergalerie Franck (...)" Lithograph 55x73,5cm/*21x28in* Haarlem 97
$2 202 FF12 721 £1 292 Staatsempfang Pencil 64x45,5cm/*25x17in* Köln 97
SCHULTZE Carl 1856-1935 **[19]**
$1 969 FF11 694 £1 192 Mountainoous river landscape Oil/canvas 45x60,5cm/*17x23in* Warszawa 97
$9 245 FF54 964 £5 726 Rocky mountainous landscape with stream, Switzerland Oil/canvas 112x153cm/*44x60in* Warszawa 97
SCHULTZE Robert 1828-1910 **[13]**
$1 352 FF6 850 £886 Gebirgssee mit Gehöft Öl/Leinwand 66x96cm/*25x37in* Frankfurt 96
$9 640 FF57 312 £5 800 Fishermen on a Lake in an Alpine Landscape Oil/canvas 97x148cm/*38x58in*

London 97
SCHULZ Adrien 1851-1931 **[19]**
  $753 FF4 400 £445 Petite mare en forêt de Fontainbleau Huile/panneau 22x27cm/*8x10in* Barbizon 97
  $1 820 FF9 200 £1 193 Lavandière près de la rivière Huile/toile 38x55cm/*14x21in* Calais 96
SCHULZ Bruno 1892-1942 **[4]**
  $2 037 FF11 692 £1 241 Autoportret Print 13x17,5cm/*5x6in* Warszawa 97
  $4 251 FF25 125 £2 633 Au bordel Pencil/paper 21x23cm/*8x9in* Warszawa 97
SCHULZ Carl Friedrich 1796-1866 **[6]**
  $3 277 FF20 134 £1 966 Norddeutscher Hafen im Abendlicht Oil/wood 30x41cm/*11x16in* Köln 98
SCHULZ Charles M. 1923 **[20]**
  $2 090 FF12 410 £1 275 Peanuts daily comic Ink 16x68cm/*6x27in* New-York 98
SCHULZ Julius Carl XIX **[2]**
  $2 993 FF15 220 £1 787 Soldaten vor einer französischen Taverne Oil/panel 42x37cm/*16x14in* Köln 96
SCHULZ Robert E. 1928-1978 **[3]**
  $2 000 FF10 350 £1 337 Standing men, horses and riders, for "The Light of Western Stars" Acrylic/panel 52x72cm/*20x28in* New-York 96
SCHULZ-IHLEFELDT Günter 1912 **[5]**
  $1 107 FF6 553 £680 Ohne Titel Oil 25,1x40,2cm/*9x15in* München 98
  $3 387 FF20 046 £2 081 Komposition Mixed media 69,5x96cm/*27x37in* München 98
SCHULZ-MATHAM Walter 1889-1965 **[1]**
  $5 520 FF28 900 £3 290 Stilleben mit Topfplanze Öl/Leinwand 80x70cm/*31x27in* Hamburg 96
SCHULZ-RUMPOLD Volkmar 1956 **[10]**
  $1 989 FF11 748 £1 235 Der Klebeversuch Mixed media/canvas 119x89cm/*46x35in* Pforzheim 97
  $2 246 FF11 550 £1 400 Vogelkopfe Gouache 100x69,5cm/*39x27in* London 96
SCHULZ-STRATHMANN Otto 1892-1960 **[27]**
  $1 113 FF6 704 £666 Winter an der Würm Öl/Leinwand 60x80cm/*23x31in* München 98
SCHULZE Bernard 1915 **[8]**
  $1 800 FF10 356 £1 062 Freizeit um den Wilden Mann Ink/paper 45x62,5cm/*17x24in* New-York 97
SCHULZE Hans Rud. XIX-XX **[1]**
  $6 000 FF29 500 £3 800 Garden scene Oil/canvas 130x65cm/*51x25in* New-York 95
SCHUMACHER Emil 1912 **[342]**
  $7 560 FF39 260 £5 000 Untitled - G.31 Oil/paper 44,5x52,5cm/*17x20in* London 96
  $21 656 FF124 325 £13 203 Flattervogel Öl/Leinwand 30x40cm/*11x15in* Berlin 97
  $141 240 FF810 816 £86 112 Mines Acrylic/paper 138x222cm/*54x87in* Berlin 97
  $588 FF3 378 £358 Komposition Etching, aquatint 28x49,5cm/*11x19in* Berlin 97
  $617 FF3 174 £385 Abstrakte Komposition Coloured crayons/paper 15,4x21,5cm/*6x8in* Hamburg 96
SCHUMACHER Harald Peter W. 1836-1912 **[30]**
  $698 FF3 546 £452 Cosatal landscape, Sønderstrand Oil/canvas 38x58cm/*14x22in* Köbenhavn 95
SCHUMACHER Matthias ?-c.1760 **[1]**
  $7 080 FF34 500 £4 490 Das jüngste Gericht Oil/canvas/panel 94x80cm/*37x31in* Köln 95
SCHUMACHER William E. 1870-1930 **[3]**
  $3 303 FF20 254 £2 025 Field of Flowers Oil/board 30x40cm/*12x16in* Mystic, Connecticut 98
SCHUMACHER-SALIG Ernst 1905-1963 **[10]**
  $1 984 FF11 713 £1 174 Kanallandschaft Gouache/Karton 53x77,5cm/*20x30in* Berlin 97
SCHÜNEMAN Gregorius XVII **[1]**
  $5 821 FF33 818 £3 436 Bust portrait of a young Lady in blue dress Oil/canvas 74x61,5cm/*29x24in* Stockholm 97
SCHUPPEN van Jacob van Souppen 1670-1751 **[2]**
  $11 900 FF60 000 £7 800 Enfants jouant devant la Fontaine de Neptune Huile/panneau 59x44cm/*23x17in* Paris 96
SCHUPPNER Robert 1896-1966 **[21]**
  $434 FF2 532 £267 Abstrakte Komposition in Schwarz-Braun Mischtechnik/Papier 61x43cm/*24x16in* Köln 97
SCHÜRCH Johann Robert 1895-1941 **[106]**
  $2 073 FF12 101 £1 273 Der Kranke Öl/Karton 32,5x43,5cm/*12x17in* Zürich 97
  $2 138 FF13 136 £1 282 Arbeithäuser Öl/Leinwand 55,5x46cm/*21x18in* Zürich 98
  $123 FF723 £76 Selbstbildnis mit Pfeife Radierung 36x25cm/*14x9in* Zofingen 97
  $697 FF4 133 £421 Der Philosoph Indian ink/paper 21,5x15cm/*8x5in* Zürich 97

SCHÜRCH Paul 1886-1939 **[20]**

☞ *$811 FF4 815 £495* Gegend bei Lungern mit Blick auf die Alpen Oil/canvas 46x61cm/*18x24in* Bern 98

SCHURR Claude 1921 **[65]**

☞ *$616 FF3 000 £391* Le port de Cannes Huile/toile 27x35cm/*10x13in* Le Touquet 95

☞ *$1 752 FF8 500 £1 130* Echancrure à Audierne, Bretagne Huile/toile 92x73cm/*36x28in* Paris 95

SCHUSSELE Christian 1824-1879 **[2]**

✐ *$10 500 FF62 723 £6 429* American Men on Progress Watercolour/paper 34,5x52,5cm/*13x20in* New-York 98

SCHUSTER Donna 1883-1953 **[24]**

☞ *$1 300 FF7 784 £795* Woman in Red Oil/canvas 101x76cm/*40x30in* Altadena, CA 97

☞ *$4 000 FF23 909 £2 424* Garden in Autumn Oil/canvas/board 30,5x40,5cm/*12x15in* San Francisco-Los Angeles 97

✐ *$800 FF4 816 £478* Construction Site Watercolour/paper 35,5x43cm/*13x16in* San Francisco 98

SCHUSTER Josef 1812-1890 **[17]**

☞ *$2 112 FF12 380 £1 300* Tea Time/The Herring Supper Oil/panel 13x10cm/*5x3in* London 97

☞ *$4 900 FF24 500 £3 170* Früchestilleben mit Ziergegenständen Öl/Leinwand 38,5x48cm/*15x18in* Wien 96

SCHUSTER Karl Maria 1871-1953 **[33]**

☞ *$1 410 FF7 210 £904* "Dürnkrut" Öl/Leinwand 72x98cm/*28x38in* Wien 96

☞ *$1 270 FF7 381 £750* The Flower Garden Oil/canvas 45x35,5cm/*17x13in* London 97

SCHUSTER Rudolf Heinrich 1848-1902 **[8]**

☞ *$6 323 FF38 229 £3 787* Rodelpartie Öl/Leinwand 69,5x58cm/*27x22in* München 98

SCHUSTER-WOLDAN Raffael 1870-1951 **[7]**

☞ *$3 720 FF22 795 £2 221* Weiblicher Akt Oil/canvas 117x95,5cm/*46x37in* Dresden 98

SCHUT Cornelis I 1597-1655 **[20]**

☞ *$4 576 FF26 098 £2 784* Susanna and the Elders, a sketch Oil/panel 34,5x24,5cm/*13x9in* Rumbeke (Kortrijk) 97

☞ *$6 400 FF30 900 £4 000* Allegory of the Baptism of a Saint Oil/panel 59x41cm/*23x16in* London 95

☞ *$5 996 FF36 213 £3 600* The Holy Trinity Appearing to a Kneeling Saint Oil/canvas 193,5x134cm/*76x52in* London 98

SCHUT Cornelis III 1629-1685 **[2]**

✐ *$1 081 FF6 355 £649* Saint Andrew in a Landscape Wash 16x11cm/*6x4in* London 97

SCHUT Pieter Hendricksz c.1619-c.1665 **[1]**

▥ *$522 FF3 036 £319* Augsburg Gesamtansicht Estampe 22x28cm/*8x11in* Lindau 97

SCHÜTT Gustav 1890-1968 **[13]**

☞ *$2 644 FF13 500 £1 742* Blühende Bäume Öl/Leinwand 54x61cm/*21x24in* Wien 96

SCHUTTE Louis Hermanus Hend. 1904-? **[2]**

☞ *$14 182 FF85 642 £8 500* The Tea Garden Oil/canvas 127x150cm/*50x59in* London 98

SCHUTTER de Jan 1910-1986 **[4]**

✐ *$1 270 FF6 570 £848* Clown Pastel 80x60cm/*31x23in* Antwerpen 96

SCHUTZ A. XIX **[1]**

✐ *$3 003 FF18 322 £1 800* Mexico City with two Volcanoes beyond Wash 26,5x34,5cm/*10x13in* London 98

SCHUTZ Anton 1894-1955 **[24]**

▥ *$250 FF1 428 £153* "Baltimore Financial Center"/"Philadelphia Broad Street"/"Spirit of.." Etching 30x20cm/*11x7in* Washington 97

SCHÜTZ Franz 1751-1781 **[3]**

☞ *$3 796 FF22 680 £2 354* Wasserfall in Felslandschaft Oil/panel 24x29,8cm/*9x11in* Zürich 97

SCHUTZ Jan Frederik 1817-1888 **[12]**

☞ *$2 925 FF15 050 £1 825* A Shipwreck Oil/canvas 71x89cm/*27x35in* Amsterdam 96

SCHÜTZ Johann Georg 1755-1813 **[11]**

☞ *$3 926 FF23 426 £2 368* Rheinlandschaft Oil/panel 26,8x40cm/*10x15in* Köln 97

☞ *$4 517 FF27 000 £2 764* Paysage fluvial au moulin Huile/toile 39x52,5cm/*15x20in* Paris 97

SCHÜTZ Johann Georg(Attrib) 1755-1813 **[6]**

☞ *$3 654 FF22 000 £2 186* Paysage de rivière avec des ruines romaines et une scène pastorale Huile/toile 74x95cm/*29x37in* Paris 98

SCHÜTZ Karl 1745-1800 **[7]**

▥ *$2 011 FF12 057 £1 210* Aussicht vom Prater gegen die Stadt Radierung 31,8x41,5cm/*12x16in* Bern 98

Calendar & auction results: Internet www.artprice.com   Minitel 3617 ARTPRICE

SCHÜTZE Wilhelm 1840-1898 **[9]**

 $9 300 FF56 989 £5 553 Apfelernte Oil/canvas 57x33cm/*22x12in* Dresden 98

SCHUTZENBERGER Paul René 1860-1916 **[2]**

 $6 556 FF40 000 £3 928 Nu à la coiffure Huile/toile 121x91cm/*47x35in* Paris 98

SCHUYFF Peter 1956 **[63]**

 $2 994 FF17 836 £1 780 Michael Acrylic/canvas 289x61cm/*113x24in* Amsterdam 97

 $3 600 FF20 400 £1 800 Senza titolo Acrilico/tela 62x62cm/*24x24in* Prato 98

SCHUYLER Remington 1884-1955 **[3]**

 $4 950 FF28 546 £2 948 Cowboy Pulling Reins of Collapsing Horse Oil/canvas 69x72cm/*27x28in* New-York 97

SCHÜZ Christian G. (Attr.) 1718-1791 **[6]**

 $6 930 FF36 246 £4 200 Mountainous river landscape/River landscape with men unloading timber Oil/panel 21x28cm/*8x11in* London 96

SCHÜZ Christian G.II(Attr) 1758-1823 **[10]**

 $5 154 FF26 715 £3 347 Flusslandschaft Öl/Leinwand 40,5x52cm/*15x20in* Luzern 96

 $5 660 FF27 600 £3 590 Rheinlandschaft mit einem Dorf Öl/Leinwand 3x4,5cm/*1x1in* Köln 95

SCHÜZ Christian Georg I 1718-1791 **[86]**

 $11 375 FF66 100 £7 000 A rhenish river landscape with boats and figures Oil/panel 19,5x25,5cm/*7x10in* London 97

 $14 191 FF80 863 £8 692 Flusslandschaft Öl/Leinwand 36x51cm/*14x20in* Köln 97

 $109 436 FF671 019 £65 596 Grosse Landschaft mit Reiter/Grosse Landschaft mit Hirten Öl/Leinwand 122x157cm/*48x61in* Zürich 98

SCHÜZ Christian Georg II 1758-1823 **[34]**

 $6 663 FF40 237 £4 000 River Landscape with a Lady Bathing Near a Bridge a Some Buildings Oil/panel 20x27,5cm/*7x10in* London 98

 $29 925 FF175 000 £18 252 Vue panoramique de la vallée du Rhin Huile/toile 124,5x163cm/*49x64in* Paris 97

 $64 503 FF384 870 £38 916 Weite Taunuslandschaft Öl/Leinwand 70x90cm/*27x35in* Köln 97

 $1 641 FF10 056 £980 Die Festung Ehrenbreitstein nach ihrer Zerstörung 1801 Watercolour 64x94cm/*25x37in* Dresden 98

SCHÜZ Friedrich 1874-1954 **[6]**

 $1 851 FF11 044 £1 116 Parklandschaft mit Bogenbrücke Öl/Karton 40x56cm/*15x22in* Stuttgart 97

SCHÜZ Theodor Christoph 1830-1900 **[12]**

 $4 262 FF25 176 £2 648 Kalter Winterabend Öl/Leinwand 43,5x83cm/*17x32in* Stuttgart 97

 $3 779 FF21 746 £2 231 Kindergottesdienst Aquarell/Papier 31,5x26cm/*12x10in* München 97

SCHWABE August 1842-1916 **[2]**

 $3 500 FF20 313 £2 137 The Mandolin Player Oil/canvas 25,5x20,5cm/*10x8in* Los Angeles 97

SCHWABE Carlos, Charles 1866-1926 **[33]**

 $26 057 FF148 561 £16 000 Homer in the Elysian Fields Oil/canvas 130x160cm/*51x62in* London 97

 $839 FF4 803 £524 "Salon Rose-Croix, Duran-Ruel" Poster 193,5x78,5cm/*76x30in* Oostwoud 97

 $1 223 FF6 992 £749 An Angel with a Harp Watercolour 28,5x20,5cm/*11x8in* London 97

SCHWABE Randolph 1885-1945 **[14]**

 $3 260 FF19 762 £2 000 Milly Oil/canvas 61x51cm/*24x20in* London 98

 $352 FF2 189 £220 The Harbour, Fowey Ink 26x46cm/*10x18in* London 97

SCHWAGER Johann Richard 1822-1880 **[4]**

 $1 793 FF8 990 £1 134 En Face Bild einer jungen Frau in weissem Kleid Miniature 7x6cm/*2x2in* Wien 95

SCHWAIGER Rudolf 1924-1979 **[20]**

 $952 FF5 714 £578 "Eva" Bronze H11cm/*H4in* Wien 98

SCHWALB Marie 1865-? **[1]**

 $1 972 FF11 760 £1 224 Ein gedeckter Kaffeetisch in einem Zimmer mit Biedermeiermöbeln Öl/Karton 44,5x26,5cm/*17x10in* Dresden 97

SCHWALBE Ole 1929-1990 **[45]**

 $965 FF4 880 £633 "Steccato" Oil/canvas 64x65cm/*25x25in* Köbenhavn 96

SCHWANFELDER Charles Henry 1773-1837 **[21]**

 $782 FF4 000 £520 Mr. W. Farrar's favourite terrier Oil/panel 20x26cm/*7x10in* London 96

 $27 623 FF160 226 £17 000 Springer spaniels and a Pointer in the Grounds of a Country House Oil/canvas 45x60,5cm/*17x23in* London 97

SCHWANTHALER Ludwig Michael 1802-1848 **[8]**

$147 518 FF873 448 £87 610 Quellennymphe Marble H152cm/*H59in* Zürich 97
$4 056 FF23 218 £2 396 The Artist's travelling sketchbook: landscapes in France, Germany... Ink 17,5x21cm/*6x8in* Amsterdam 97
SCHWAR Wilhelm 1860-1943 **[5]**
$4 100 FF23 536 £2 499 Kittens playing in an artists box Oil/panel 23x33cm/*9x13in* Pittsburgh, PA 97
$15 291 FF90 908 £9 200 Best of Friends Oil/canvas 40,5x51cm/*15x20in* London 97
SCHWARTZ Albert Gustav 1833-? **[4]**
$3 946 FF22 514 £2 400 The German Colony of'Bluemenau', Brazil Watercolour/paper 27x38cm/*10x14in* London 97
SCHWARTZ Andrew Thomas 1867-1942 **[17]**
$2 000 FF11 682 £1 183 Pensive Oil/canvas/board 50x58cm/*20x23in* Cincinnati, Ohio 97
SCHWARTZ Chr. Carl A. 1777-1845 **[1]**
$1 950 FF10 200 £1 161 Senator Johann Gabe/Seine Frau, geb. Hitchkok Pastel/paper 42x33cm/*16x12in* Hamburg 96
SCHWARTZ David 1879-1969 **[5]**
$2 500 FF14 881 £1 552 California Landscape Oil/canvas 32x48cm/*12x18in* North Berwick, Maine 97
SCHWARTZ Frans 1850-1917 **[27]**
$3 026 FF17 664 £1 800 Portrait of a Young Woman Oil/canvas 69x37,5cm/*27x14in* London 97
SCHWARTZ William Samuel 1896-1977 **[56]**
$400 FF2 280 £245 The Cabins Oil/canvas/board 55x71cm/*22x28in* Chicago, Illinois 97
$2 600 FF15 439 £1 587 Approaching the storm Oil/canvas 40x30cm/*16x12in* Chicago, Illinois 98
$150 FF931 £89 Distressed Face Lithograph 46x34cm/*18x13in* Bloomfield Hills, Michigan 98
SCHWARTZE Johann Georg 1814-1874 **[3]**
$9 103 FF54 482 £5 379 Campesina con sombrero Oleo/lienzo 77x62cm/*30x24in* Madrid 98
SCHWARTZE VAN DUYL Theresa 1852-1918 **[15]**
$876 FF4 540 £569 Portrait of a young girl Bodycolour 55x44cm/*21x17in* Amsterdam 96
SCHWARZ Adolf 1869-1926 **[11]**
$357 FF1 918 £212 Herbstallee Öl/Leinwand 47,5x31,5cm/*18x12in* Wien 97
$1 127 FF5 770 £724 Friedhof Öl/Leinwand 51x71cm/*20x27in* Wien 96
SCHWARZ Christoph c.1545-1592 **[4]**
$2 494 FF14 725 £1 477 Maria mit Kind auf Wolken thronend, von Engeln umgeben Ink 16,5x13,3cm/*6x5in* Berlin 97
SCHWARZ Gustave 1800-? **[2]**
$3 547 FF20 215 £2 173 Die Parade der bayerischen Truppen Öl/Papier 55,5x73cm/*21x28in* Köln 97
$9 813 FF60 018 £6 000 Regimental Manoeuvres at Krasnoe Selo Oil/canvas 27,5x36cm/*10x14in* London 98
SCHWARZ Mommie 1876-1942 **[17]**
$16 945 FF100 678 £10 078 Fruit Still Life Oil/canvas 45x55cm/*17x21in* Amsterdam 97
$463 FF2 697 £283 Seraing Ink 42,5x49,5cm/*16x19in* Amsterdam 97
SCHWARZENBACH Hans Rudolph 1911-1983 **[11]**
$1 284 FF7 624 £783 Stilleben mit Früchten, Pfeife und Photo Öl/Karton 54,5x45,5cm/*21x17in* Bern 98
SCHWARZER Bernd 1954 **[3]**
$14 226 FF84 729 £8 455 Europäische Blumen Oil/panel 110x76,5cm/*43x30in* München 97
SCHWARZER Ludwig 1912-1989 **[6]**
$3 288 FF19 168 £2 012 "O3Y" Oil/panel 42,5x58cm/*16x22in* Wien 97
$4 620 FF24 140 £2 750 "Flora" Oil/panel 38x30cm/*14x11in* Wien 96
SCHWARZER Max 1882-1955 **[2]**
$860 FF4 992 £525 "Künstler Theater, Mikado" Poster 108x73cm/*42x28in* Amsterdam 97
SCHWARZKOGLER Rudolf 1940-1969 **[16]**
$562 FF3 329 £333 Ohne Titel Farbserigraphie 30x62cm/*11x24in* Wien 97
SCHWARZSCHILD Alfred 1874-1948 **[11]**
$5 000 FF30 618 £2 992 The Sweetest Nectar Oil/canvas 70,5x121cm/*27x47in* New-York 98
$12 000 FF73 125 £7 444 Putti with Flowers and Fruit Oil/canvas 98x128,5cm/*38x50in* New-York 98
SCHWEBEL Ivan 1932 **[19]**
$300 FF1 536 £194 "And someone in the City cried out: Schwebel, don'y leave us" Mixed media/paper 39x37cm/*15x14in* Tel Aviv 95

SCHWEGLER Xaver 1832-1902 [5]
 $1 183 FF7 146 £718 Aus dem Salkammergut Öl/Karton 24,5x31,5cm/*9x12in* Wien 98
SCHWEICKARDT Hendrik W. (Attrib.) 1746-1797 [9]
 $14 000 FF81 823 £8 542 Wooded Road along a River with a Couple and a Dog Seated Oil/canvas 228,5x180,5cm/*89x71in* San Francisco 97
 $1 647 FF9 459 £1 004 Studienblatt mit einem Hund Chalks 32,7x44cm/*12x17in* Berlin 97
SCHWEICKARDT Hendrik Willem 1746-1797 [38]
 $10 000 FF58 548 £6 183 A Moonlit River Landscape with Figures conversing on the Shore Oil/panel 33x44,5cm/*12x17in* New-York 97
 $15 050 FF89 109 £9 000 A Pastoral scene with cows and peasants by a stream Oil/panel 43x61cm/*16x24in* London 97
SCHWEIKART Karl Gottlieb 1772-1855 [4]
 $11 120 FF55 200 £7 040 Portrait eines Kindes in weissem Kleid Öl/Leinwand 62,5x48cm/*24x18in* Lindau 95
SCHWEINFURT Ernst 1818-1877 [6]
 $2 790 FF14 250 £1 840 Der Brunnen am Fluss Öl/Karton 31x40cm/*12x15in* Heidelberg 96
 $26 000 FF153 756 £15 774 Harvest in the Campagna/Roman Festivities Oil/canvas 54x84cm/*21x33in* New-York 98
SCHWEIZER Albert 1886-1948 [30]
 $575 FF3 395 £340 Mümlinswil Oil/panel 31x40cm/*12x15in* Zofingen 97
 $758 FF3 930 £490 Venedig Öl/Leinwand 47x46cm/*18x18in* Zofingen 96
SCHWEMMINGER Josef 1804-1895 [5]
 $1 684 FF9 584 £1 032 Flusstal Oil/wood 10x20cm/*3x7in* Wien 97
SCHWENDY Albert 1820-1902 [7]
 $2 283 FF13 432 £1 409 Kircheninterieur Öl/Karton 36,5x29cm/*14x11in* Bremen 97
 $7 136 FF41 975 £4 403 Markttag in Rouen Öl/Leinwand 43x54cm/*16x21in* Bremen 97
SCHWENINGER Carl I 1818-1887 [29]
 $1 922 FF11 382 £1 141 Hirten mit Kühen am Seeufer Öl/Leinwand 42x58cm/*16x22in* Dresden 97
SCHWENINGER Carl II 1854-1903 [18]
 $13 520 FF78 973 £8 000 A fair likeness Oil/canvas 51x68cm/*20x26in* London 97
SCHIWERIN von Amelia Ulrika 1819-1897 [12]
 $1 705 FF8 850 £1 127 Alplandskap Oil/canvas 92x130cm/*36x51in* Stockholm 96
SCHWESIG Karl 1898-1955 [6]
 $891 FF5 533 £537 St. Jakobskirche Rothenburg o.T. Etching 20x20cm/*7x7in* Heidelberg 98
 $654 FF3 390 £425 Flusslandschaft Aquarell/Papier 36x44cm/*14x17in* München 96
SCHWETZ Karl 1888-1965 [5]
 $455 FF2 699 £278 Slowakisches Bauernhaus Linocut in colors 30,5x29,5cm/*12x11in* München 98
SCHWICHTENBERG Martel 1896-1945 [14]
 $113 FF558 £72 Nachtphantasia Lithographie 23x18cm/*9x7in* Heidelberg 95
SCHWIERING O. Conrad 1916-1986 [2]
 $5 000 FF25 200 £3 226 Bridge of the Friar Oil/canvas 76x101cm/*30x40in* Hayden 96
SCHWIMMER Max 1895-1960 [68]
 $282 FF1 458 £182 Paar im Ochsenkarren/Männer in Stadtlandschaft/Paar mit Vogelkäfig Etching 19,5x14,5cm/*7x5in* Hamburg 96
 $696 FF3 580 £434 Auf einem Schiff Aquarell/Papier 47x39cm/*18x15in* Hamburg 96
SCHWIND von Moritz 1804-1871 [41]
 $3 276 FF19 047 £2 000 The Wood Nymph Oil/canvas 56,5x40,5cm/*22x15in* London 97
 $910 FF4 740 £549 Studien Ink 21x36cm/*8x14in* Stuttgart 96
SCHWIND von Moritz (Attrib.) 1804-1871 [7]
 $383 FF1 897 £242 Kleinkind im Kinderstuhl Pencil 23x18,5cm/*9x7in* Lindau 95
SCHWITTERS Kurt 1887-1948 [154]
 $3 429 FF19 541 £2 100 Stilleben mit Teegeschirr Öl/Papier 47x69,5cm/*18x27in* Hamburg 97
 $18 560 FF96 100 £11 980 "Red Spots" Collage/board 17x13,5cm/*6x5in* Stockholm 96
 $7 291 FF42 561 £4 409 Die Kathedrale Lithographie 22x14cm/*8x5in* Bern 97
 $43 295 FF252 019 £26 483 Hässliches Mädchen (Ugly Girl) Bronze 27x30,5x24,5cm/*10x12x9in* München 97
 $5 845 FF33 478 £3 458 Ohne Titel Collage 27,5x21cm/*10x8in* Kempten 97
SCHYL Jules 1893-1977 [109]

🅞 *$304 FF1 560 £189* Procession Mixed media 35x51cm/*13x20in* Stockholm 96
🅞 *$469 FF2 286 £297* Spanjorska Oil/canvas 29x24cm/*11x9in* Uppsala 95
🖉 *$164 FF836 £108* Modeller Pastel 53x37cm/*20x14in* Malmö 96
SCIALOJA Toti 1914-1998 **[69]**
🅞 *$1 980 FF11 220 £990* "Gazometro sul Tevere" Olio/tela 65x50cm/*25x19in* Vercelli 98
🅞 *$9 000 FF51 000 £4 500* "Il presente" Olio/tela 90x135,5cm/*35x53in* Prato 98
🖉 *$419 FF2 378 £279* Senza titolo Tecnica mista/carta 49x35cm/*19x13in* Milano 97
SCILTIAN Gregorio 1900-1985 **[38]**
🅞 *$12 600 FF61 800 £8 000* Libri i compasso Olio/tela 65x75cm/*25x29in* Prato 95
SCIPIONE Gino Bonichi 1904-1933 **[10]**
🖉 *$4 485 FF25 415 £2 242* Achille pose fine ai suoi giorni Inchiostro/carta 22x19cm/*8x7in* Milano 98
SCIUTI Giuseppe 1834-1911 **[6]**
🅞 *$66 000 FF394 264 £40 372* "Frederick Barbarosa's Triumphant Entrance into Palermo" Oil/canvas 228x279cm/*90x110in* Albany, NY 98
SCKELL Ludwig 1869-1950 **[16]**
🅞 *$1 648 FF10 047 £1 019* Hirsche in winterlicher Berglandschaft Öl/Leinwand 100x81cm/*39x31in* Kempten 98
🅞 *$5 233 FF30 110 £3 089* Gebirgsschlucht mit Bach und einem Hirten mit seinen Ziegen Oil/panel 40x32cm/*15x12in* München 97
SCKELL von Ludwig, Louis 1833-1912 **[41]**
🅞 *$3 720 FF18 770 £2 442* Herbstliche Alpenlandschaft mit Sennhütte an einem Wildbach gelegen Oil/panel 28x21cm/*11x8in* Stuttgart 96
🅞 *$4 742 FF27 559 £2 800* A Mill in Vorgl, Tyrol Oil/canvas 52x42,5cm/*20x16in* London 97
🖉 *$325 FF1 904 £200* An extensive River landscape Watercolour/paper 33x42cm/*12x16in* London 97
SCOGNAMIGLIO E. XIX **[4]**
🅞 *$1 700 FF10 041 £1 056* Still Life with Fruit Oil/canvas 38x43cm/*14x16in* Boston, Mass. 97
SCOGNAMILIO Antonio, cavaliero XIX-XX **[6]**
🅞 *$11 610 FF60 100 £7 500* The Fortune teller Oil/canvas 105x155cm/*41x61in* London 96
SCOGNAMILIO Giovanni XVIII **[1]**
🅞 *$10 780 FF56 140 £7 000* La Zingarella, after Correggio Oil/canvas 48x40cm/*18x15in* London 96
SCOPPA Giuseppe XIX **[7]**
🖉 *$3 960 FF22 440 £2 640* Veduta di Messina Gouache/carta 48x68cm/*18x26in* Firenze 98
SCOPPA Raimondo 1820-? **[6]**
🅞 *$8 280 FF46 920 £4 140* Napoli, Castel dell'Ovo dalla spiaggia del Chiatamone Olio/tela 46x66cm/*18x25in* Roma 98
SCOPPETTA Pietro 1863-1920 **[49]**
🅞 *$4 610 FF24 100 £3 024* Place des Pyramides, Paris Olio/tela/cartone 14x21cm/*5x8in* Roma 96
🅞 *$5 980 FF29 350 £3 895* Donna sorridente con cappello Olio/tela 60x50cm/*23x19in* Milano 95
🖉 *$7 700 FF39 900 £5 000* La joie de vivre Watercolour 46x38cm/*18x14in* London 96
SCORDIA Antonio 1918 **[24]**
🅞 *$600 FF3 400 £300* "Roma Ostiense, Il gazometro" Olio/tela 43x68cm/*16x26in* Vercelli 98
🅞 *$1 259 FF7 138 £629* "Sul rosso" Olio/tela 105x130cm/*41x51in* Roma 97
SCORIEL Jean-Baptiste 1883-1956 **[25]**
🅞 *$4 690 FF23 450 £3 035* Vue portuaire Huile/toile 80x110cm/*31x43in* Bruxelles 96
SCORZA Sinibaldo 1589-1631 **[5]**
🅞 *$8 960 FF44 950 £5 670* Il Paradiso Öl/Leinwand 72x90cm/*28x35in* Wien 95
🖉 *$8 330 FF49 261 £5 000* Study of a saddled Horse, grazing Ink 15x11cm/*5x4in* London 97
SCORZELLI Eugenio 1890-1958 **[13]**
🅞 *$2 160 FF12 240 £1 080* Campagna in altopiano Olio/tavola 33x23,5cm/*12x9in* Roma 97
SCOTT Adam Sherriff 1887-1980 **[22]**
🅞 *$778 FF4 446 £476* Inuit fishing Oil/canvas 61x50,8cm/*24x20in* Toronto 97
SCOTT Alexander c.1872-c.1932 **[4]**
🅞 *$2 621 FF15 238 £1 600* The western gate of the Purana Qila, Delhi Oil/board 30x44,5cm/*11x17in* London 97
SCOTT Caroline Lucy 1784-1857 **[3]**
🖉 *$1 046 FF6 239 £649* Strathendry House, Fife/Ham Lane Watercolour 18x21,5cm/*7x8in* London 97

S

SCOTT David 1806-1849 **[2]**
👆 *$5 330 FF30 828 £3 200* Oberon and Puck listenning to the Mermaid's song Oil/canvas 91x70,5cm/*35x27in* London 97

SCOTT DE PLAGNOLLES Georges Bertin 1873-1942 **[61]**
👆 *$5 074 FF31 000 £3 010* Les Fauconniers Huile/carton 81x65cm/*31x25in* Paris 98
👆 *$25 000 FF128 600 £15 600* Charging Arab warriors Oil/canvas 120,5x201,5cm/*47x79in* New-York 96
🖼 *$151 FF897 £90* "Emprunt de la Libération, Souscrivez" Affiche 120,5x78,5cm/*47x30in* London 97
✏ *$589 FF3 000 £388* Trois pêcheurs à Wollendam Aquarelle 37x27cm/*14x10in* Paris 96

SCOTT Emily Mary Spafard 1832-1915 **[6]**
✏ *$804 FF4 869 £480* A Portrait of the Children of James Goodson, seated beneath a Tree Bodycolour 41x35,5cm/*16x13in* London 97

SCOTT George Gilbert [3]
✏ *$1 180 FF7 000 £698* Croupade/Courbette/Portrait Aquarelle/papier 28x22cm/*11x8in* Paris 97

SCOTT Henry 1911 **[24]**
👆 *$3 670 FF18 680 £2 200* American Clipper "Dreadnought"/"Loch Garry" Oil/canvas 36x51cm/*14x20in* London 96

SCOTT James Fraser 1878-1932 **[2]**
👆 *$3 134 FF19 231 £1 951* Dance to the Pipes of Pan Oil/canvas 60x48cm/*23x18in* Melbourne 97

SCOTT Johan 1953 **[10]**
👆 *$498 FF3 091 £298* Komposition Oil/canvas 62x85cm/*24x33in* Helsinki 98

SCOTT John 1802-1885 **[8]**
👆 *$8 680 FF42 700 £5 500* The three-masted ship "Concordia" off Tynemouth Oil/canvas 66x107cm/*25x42in* London 95

SCOTT John 1850-1919 **[6]**
👆 *$2 939 FF17 910 £1 800* A Welcome Visitor Oil/canvas 36,5x53,5cm/*14x21in* London 98
✏ *$1 170 FF6 679 £720* The Tender Rose Watercolour 38x27cm/*14x10in* Billingshurst, West Sussex 97

SCOTT John White Allen 1815-1907 **[7]**
👆 *$1 800 FF10 274 £1 112* Landscape with haystacks Oil/canvas 31x46cm/*12x18in* New-York 97

SCOTT Jonathan 1914 **[2]**
👆 *$2 500 FF15 069 £1 513* Long Beach Pier Oil/canvas 60x76cm/*24x30in* Pasadena, California 98

SCOTT Julian 1846-1901 **[10]**
👆 *$4 000 FF23 571 £2 470* American Battle Scene Oil/panel 30,5x51cm/*12x20in* New-York 97
👆 *$70 000 FF415 429 £42 875* At a Moqui Navajo Horse Race Oil/canvas 56x96,5cm/*22x37in* New-York 98

SCOTT Lindsay B. 1955 **[6]**
👆 *$4 901 FF27 881 £3 000* Across the flood plains Oil/canvas 45,5x96,5cm/*17x37in* London 97
👆 *$4 941 FF29 821 £3 000* Shaded Rest Oil/canvas 20x45,5cm/*7x17in* Billingshurst, West Sussex 98

SCOTT Marian Dale 1906 **[10]**
👆 *$423 FF2 505 £251* Abstract Composition Oil/board 45,5x39,5cm/*17x15in* Toronto 97

SCOTT Nigel 1956 **[2]**
📷 *$1 465 FF8 555 £904* "Maillot noir et blanc" Gelatin silver print 29x29cm/*11x11in* London 97

SCOTT Peter Markham 1909-1989 **[99]**
👆 *$931 FF4 520 £600* Canada geese Oil/board 24x19cm/*9x7in* London 95
👆 *$1 400 FF8 453 £850* "Morning Flight, Gley Marsh" Oil/canvas 37x50cm/*14x19in* Billingshurst, West Sussex 98
🖼 *$316 FF1 952 £190* Geese Coming in to Land Color lithograph 31x53cm/*12x20in* London 98
✏ *$1 071 FF6 465 £650* Geese in Flight Watercolour 35x50cm/*13x19in* Billingshurst, West Sussex 98

SCOTT Samuel c.1702-1772 **[13]**
👆 *$45 000 FF274 221 £27 414* View of Pope's Villa, Twickenham, on the Banks of the Thames Oil/canvas 51x78,5cm/*20x30in* New-York 98
👆 *$70 100 FF362 000 £45 000* The Engagement between "The Lion" and the "Elizabeth" off the Lizard Oil/canvas 103x152cm/*40x59in* London 96

SCOTT Septimus Edwin 1879-1962 **[15]**
👆 *$770 FF4 461 £480* Loading the Haycart - Shipham, Wiltshire, 1918 Oil/canvas/board 23x30cm/*9x11in* London 97
🖼 *$2 200 FF11 400 £1 470* "Bridlington" Poster 101x126cm/*39x49in* New-York 96

SCOTT Thomas, Tom 1854-1927 **[41]**
✏ *$2 582 FF15 640 £1 600* Coastal View Watercolour 36,5x54,5cm/*14x21in* Perthshire 97

SCOTT William 1913-1989 **[108]**

$35 868 FF217 390 £22 000 Composition with Jug and Vase Oil/canvas 81x91,5cm/*31x36in* London 98
$72 200 FF371 000 £45 000 Still life muted Oil/canvas 122x198cm/*48x77in* London 96
$67 244 FF392 540 £40 000 On Pale Grey Oil/canvas 34x44cm/*13x17in* London 97
$790 FF4 729 £480 Busbies, Plate 7 Lithograph 43,5x30,5cm/*17x12in* London 97
$3 644 FF21 589 £2 200 Seated Nude Charcoal/paper 63,5x48cm/*25x18in* London 97

SCOTT William Bell 1811-1890 **[41]**
$6 320 FF30 900 £4 000 Chaucer reading his Poem of The Flower and the Leaf Oil/canvas 66x90cm/*25x35in* London 95
$7 496 FF46 243 £4 500 Three Rabbits/Two Young Monkeys/A Fox/A Watchful Dog/A Cat with Mice Mixed media/paper 14x14cm/*5x5in* London 98

SCOTT William Ed. 1884-1964 **[10]**
$19 000 FF96 140 £12 500 Southern Landscape Oil/canvas 91x121cm/*36x48in* Cincinnati, Ohio 96
$3 500 FF21 752 £2 093 Blue, Yellow and Red Gouache 36x60cm/*14x23in* New-York 98

SCOULER James Scouler 1741-1787 **[14]**
$1 999 FF12 331 £1 200 Portrait of Miss Clarissa Rush, wearing white Dress and holding a Doll Oil/canvas 34x26,5cm/*13x10in* London 98
$1 777 FF10 174 £1 050 Portrait of Mrs. Rush, mother of Sir William Rush Pastel/paper 30x22,5cm/*11x8in* London 97

SCRIVER Robert Macfie, Bob 1914 **[20]**
$2 100 FF11 959 £1 295 Lone Cowboy Bronze H30cm/*H12in* Dallas, Texas 97

SCROSATI Luigi 1814-1869 **[6]**
$19 200 FF108 800 £12 800 Natura morta con fiori, limoni e mappamondo Olio/tela 54x72cm/*21x28in* Milano 97

SCROTS William c.1510-c.1560 **[2]**
$13 960 FF71 800 £9 000 Portrait of sir Anthony Wingfield Oil/panel 89x72,5cm/*35x28in* London 96

SCUDDER Janet 1873-1940 **[9]**
$13 000 FF75 101 £8 013 Tortoise Fountain Bronze H43cm/*H16in* New-York 97

SCULLY Sean 1945 **[117]**
$3 830 FF19 330 £2 500 Change-37 Acrylic/paper 21,6x64,7cm/*8x25in* London 96
$9 000 FF43 600 £5 780 Horizontals: Brown Oil/canvas 91x91cm/*35x35in* New-York 95
$68 000 FF394 434 £40 194 Crossing Oil/canvas 228,5x305cm/*89x120in* New-York 97
$2 500 FF12 950 £1 670 The Stranger Woodcut in colors 85x123cm/*33x48in* New-York 96
$110 000 FF560 000 £66 000 Mirror Construction 244,5x183x14,5cm/*96x72x5in* New-York 96
$10 000 FF50 900 £6 000 Untitled Coloured crayons 61,5x77,5cm/*24x30in* New-York 96

SCURI Enrico 1805-1884 **[1]**
$2 356 FF11 780 £1 520 Ritratto di Simone Mayr Olio/carta/tela 34,5x26,5cm/*13x10in* Milano 95

SEABROOKE Elliott 1886-1950 **[30]**
$770 FF3 990 £500 Landscape with a lake in the foreground Oil/board 56x56cm/*22x22in* London 96
$244 FF1 492 £150 Wooded Landscape Watercolour 36x49cm/*14x19in* London 98

SEABY Allen William 1867-1953 **[28]**
$258 FF1 477 £160 Cockerel Woodcut in colors 14,5x20cm/*5x7in* London 97

SEADE Felipe 1912 **[3]**
$2 611 FF13 551 £1 729 Lavanderas Oleo/lienzo 64x45cm/*25x17in* Montevideo 96

SEAFORTH Charles H. (Attrib.) 1801-c.1855 **[3]**
$6 019 FF37 414 £3 600 The Battle of The Nile Oil/canvas 76x107cm/*29x42in* London 98

SEAGER Edward 1809-1886 **[20]**
$150 FF931 £89 Medieval Ruin Pencil/paper 27x38cm/*10x15in* Bloomfield Hills, Michigan 98

SEAGO Edward Brian 1910-1974 **[483]**
$5 133 FF29 739 £3 200 Gypsies and Pony Oil/board 16,5x28cm/*6x11in* London 97
$14 225 FF83 826 £8 500 Thames Barges drying Sails Oil/board 50x75cm/*19x29in* London 97
$252 FF1 495 £150 Queen Elisabeth and Warspite in Absolute Anchorage, Spithead Watercolour/paper 12,5x22cm/*4x8in* Salisbury, Wiltshire 97

SEALE Barney 1896-1957 **[3]**
$846 FF5 215 £520 Bust of Judas Bronze H42cm/*H16in* Billingshurst, West Sussex 98

SEALY Allen Culpepper 1850-1927 **[14]**
$9 814 FF58 422 £6 000 Bay Racehorse with Jockey-up, on a Racecourse Oil/canvas 60,5x74cm/*23x29in*

London 98
SEALY Colin 1891-1964 **[22]**
$701 FF4 221 £420 A Harbour at Dusk Gouache/paper 24x48,5cm/*9x19in* London 98
SEARLE Ronald W. Fordham 1920 **[124]**
$3 750 FF22 743 £2 288 "Stowe, Vermont" Mixed media 36x48cm/*14x19in* Boston, Mass. 98
$217 FF1 351 £130 "He's Very Highly Strung..." Color lithograph 65x49,5cm/*25x19in* London 98
$1 145 FF6 614 £680 The Lefthanded Violinist Ink 30x23,5cm/*11x9in* London 97
SEARS Philip Shelton 1867-1953 **[2]**
$15 000 FF89 020 £9 187 Piping Boy Bronze H101,5cm/*H39in* New-York 98
SEBAH J. Pascal ?-1890 **[6]**
$1 133 FF7 000 £681 Turquie Tirage albuminé 42x31cm/*16x12in* Paris 98
SEBEN van Henri 1825-1913 **[44]**
$1 325 FF8 125 £815 L'estuaire Huile/panneau 45x88cm/*17x34in* Bruxelles 98
$1 550 FF9 309 £929 The Bird Trap Oil/panel 18x23cm/*7x9in* Philadelphia 98
SEBES Pieter Willem 1827-1906 **[9]**
$3 042 FF15 652 £1 898 An Interior with a Happy Child Oil/panel 33x45,5cm/*12x17in* Amsterdam 96
$3 018 FF17 825 £1 823 Good friends Oil/canvas 52,5x67cm/*20x26in* Amsterdam 97
SÉBILLE Albert 1874-1954 **[44]**
$1 296 FF6 500 £820 Le paquebot "Paris" navigant Huile/toile 27x45cm/*10x17in* Paris 95
$427 FF2 550 £257 S/S Ile de France Offset 45x62cm/*17x24in* Paris 97
$3 200 FF16 400 £1 944 View of the S.S. "Normandie" underway Pencil 18x31cm/*7x12in* New-York 96
SEBIRE Gaston 1920 **[189]**
$449 FF2 692 £276 Bouquet aux deux roses Oil/canvas 46x38cm/*18x15in* Elgin, Illinois 98
$800 FF4 519 £503 Marine A Villers Oil/canvas 33x40cm/*13x16in* Florida 97
$1 900 FF11 329 £1 179 Fleurs Oil/canvas 144x96cm/*57x38in* New-York 97
SEBOROVSKI Carole 1960 **[2]**
$2 500 FF14 518 £1 527 Untitled Charcoal 96,5x49cm/*37x19in* New-York 97
SEBREE Charles XX **[2]**
$1 100 FF6 425 £650 Ravinia Madonna Mixed media/paper 16x12cm/*6x5in* Cincinnati, Ohio 97
SEBRIGHT George XIX **[2]**
$5 100 FF24 770 £3 200 A prize pig in a stable Oil/canvas 32x37cm/*12x14in* London 95
SEBRON Hippolyte 1801-1879 **[9]**
$7 500 FF45 927 £4 488 The Baptism of Albert D'Orléans on May 2, 1841, Paris Oil/canvas 40,5x32,5cm/*15x12in* New-York 98
$2 025 FF11 927 £1 250 The Rialto Bridge, Venice Watercolour/paper 22x31cm/*9x12in* Ilkley, West Yorkshire 97
SÉCHAUD Paul 1906-1982 **[20]**
$1 227 FF7 246 £726 Mimosen und Fliederzauber Öl/Leinwand 81x65cm/*31x25in* Zofingen 97
SECKENDORF von Götz 1889-1914 **[1]**
$8 050 FF41 400 £5 020 View of Pegli Oil/panel 49x64cm/*19x25in* Wien 96
SECOLA A. XIX-XX **[1]**
$38 545 FF236 042 £23 000 Elegant Connoisseurs Oil/canvas 56x68,5cm/*22x26in* London 98
SECRETI Janet XX **[1]**
$2 000 FF12 150 £1 204 Studies of the Empress of Blandings Oil/canvas 15x15cm/*5x5in* New-York 98
SEDANO de Alonso 1486-1512 **[1]**
$19 500 FF100 400 £12 500 The Ascension of Christ Tempera/panel 81x61,5cm/*31x24in* London 96
SEDDON Thomas B. 1821-1856 **[1]**
$4 487 FF24 778 £2 800 Jerusalem Watercolour/paper 29x43cm/*11x16in* London 97
SEDLACEK Franz 1891-1944 **[22]**
$13 000 FF74 798 £7 673 Landscape with Saint Sebastian Oil/panel 58x70cm/*22x27in* New-York 97
$873 FF5 238 £530 "Der Berggeist" Lithograph 35x31cm/*13x12in* Wien 98
$4 250 FF22 150 £2 670 Vogel und Alterbaum Ink/paper 43x30cm/*16x11in* New-York 96
SEDLACEK J. XIX-XX **[1]**
$60 192 FF360 000 £36 540 Séduction au harem Huile/toile 180x84cm/*70x33in* Paris 97
SEDLACEK Stephan XIX-XX **[22]**
$1 332 FF7 915 £792 Orientalisk interiör med ung pige, des spiller for en skeagget mand Oil/canvas 79x62cm/*31x24in* København 97
SEDOV Grigori Semenovich 1836-1884 **[1]**

☞ *$22 800 FF114 000* £15 000 Ivan the Terrible receiving counsel from his favourite Skuratov Oil/canvas 143x107cm/*56x42in* London 95

SEE Mathilde ?-1935 **[1]**
✐ *$1 061 FF6 200* £628 Bouquet de roses Aquarelle/papier 43x50cm/*16x19in* Toulouse 97

SEEBACH von Clara XIX-XX **[1]**
☞ *$32 000 FF164 480* £20 000 Nature morte aux pivoines Oil/canvas 100x130cm/*39x51in* New-York 96

SEEBACH von Lothar 1853-1930 **[18]**
☞ *$1 273 FF7 400* £751 Paysage de rivière Huile/panneau 37x45cm/*14x17in* Entzheim 97

SEEGER Herman 1857-1920 **[21]**
☞ *$10 200 FF52 900* £6 630 Zwei Mädchen in den Dünen Öl/Leinwand 85x121cm/*33x47in* München 96

SEEGERS Hendrik XIX-XX **[2]**
☞ *$3 091 FF18 504* £1 903 Strand med gitarrspelande kvinna Oil/canvas 90x72cm/*35x28in* Stockholm 98

SEEHAUS Paul Adolf 1891-1919 **[12]**
▥ *$343 FF1 954* £210 Wallfahrt/Russische Stadt Radierung 29,5x39,5cm/*11x15in* Hamburg 97

SEEKATZ Johann K. (Attrib.) 1719-1768 **[7]**
☞ *$3 501 FF21 447* £2 115 Sitzendes Paar am Waldrand Oil/panel 23x19cm/*9x7in* Wien 98

SEEKATZ Johann Konrad 1719-1768 **[36]**
☞ *$5 500 FF32 699* £3 407 An Extensive Landscape with Peasants Fishing in a Stream Oil/canvas 36x56cm/*14x22in* New-York 97
☞ *$7 407 FF45 000* £4 459 Le départ d'Agar et Ismaël Huile/bois 25,5x31,5cm/*10x12in* Paris 98

SEEL Adolf 1829-1907 **[10]**
☞ *$6 000 FF35 671* £3 613 A Colonnade in the Alhambra Oil/canvas 74x48cm/*29x18in* New-York 98
☞ *$18 590 FF108 588* £11 000 In the Courtyard Oil/canvas 114,2x153,8cm/*44x60in* London 97
✐ *$8 185 FF50 000* £4 855 La Prière dans une Mosquée du Caire Aquarelle/papier 102x71cm/*40x27in* Paris 98

SEEL Louis 1881-1958 **[2]**
☞ *$3 110 FF15 760* £2 040 Strasse in Sevilla mit Lastesel Öl/Leinwand 41x33cm/*16x12in* Frankfurt 96

SEELE Johann Baptist 1774-1814 **[8]**
☞ *$3 978 FF23 497* £2 471 Portrait der Fürstin Elisabeth von Fürstenberg Öl/Leinwand 77x76cm/*30x29in* Stuttgart 97
▥ *$844 FF4 180* £537 La Retirade des Français Etching 33x48cm/*12x18in* Heidelberg 95
✐ *$1 800 FF8 980* £1 175 "La Retirade des François" Gouache 32x47cm/*12x18in* Stuttgart 95

SEELEY George H. 1880-1955 **[26]**
▣ *$950 FF4 900* £630 Still life Photograph 8x10cm/*3x4in* New-York 96

SEELOS Gottfried 1829-1900 **[15]**
☞ *$3 863 FF22 500* £2 360 Veduta del Castello di Duino Olio/cartone 31x57cm/*12x22in* Paris-Trieste 97
✐ *$336 FF2 008* £203 An der dalmatinischen Küste Aquarell/Papier 29,5x43,5cm/*11x17in* Köln 97

SEELOS Ignaz 1827-1902 **[3]**
☞ *$3 720 FF19 260* £2 403 Eine Orchidee, "Odontoglossum grande Humeanum" Öl/Karton 42,5x33cm/*16x12in* Wien 96

SEEMAN Enoch c.1694-1745 **[22]**
☞ *$19 660 FF102 500* £13 000 Portrait of a young boy with a pug Oil/canvas 93x76cm/*36x29in* Hadspen 96
☞ *$22 148 FF127 952* £13 000 Portrait of Catherine Baldwyn and Ann Woodruffe Oil/canvas 115x147cm/*45x57in* London 97
☞ *$22 748 FF131 951* £14 000 Portrait of a Lady in a blue dress... Oil/canvas 30x21cm/*11x8in* London 97

SEEMAN Enoch (Attrib.) c.1694-1745 **[5]**
☞ *$66 892 FF396 040* £40 000 Portrait of three Ladies of the Bissett family with a Blackamoor Oil/canvas 240x204,4cm/*94x80in* London 97

SEEREY-LESTER John Vernon 1945 **[24]**
☞ *$2 500 FF15 021* £1 500 "Preliminary Study of Squirrel Monkey" Acrylic/board 23x30cm/*9x11in* London 98
☞ *$6 669 FF40 056* £4 000 Time to Go, Lioness Carrying Cub Oil/canvas 61x40cm/*24x15in* London 98
✐ *$2 540 FF12 270* £1 600 A leopard on a rock Pastel 38x53cm/*14x20in* London 95

SEEVAGEN Lucien 1887-1959 **[156]**
☞ *$282 FF1 700* £171 Vue d'un château Huile/carton 27x22cm/*10x8in* Paris 98
☞ *$687 FF3 500* £413 Bréhat, la croix de Modez Huile/toile 38x55cm/*14x21in* Paris 96
✐ *$218 FF1 100* £142 Château d'eau à Bréhat Encre Chine 19x27cm/*7x10in* Paris 96

S

SEEWALD Richard 1889-1976 **[114]**

⌣ *$1 300 FF7 713 £794* Gebirgslandschaft mit Hütten Oil/panel 46x60cm/*18x23in* München 98

▥ *$56 FF335 £34* Der Hirte Woodcut in colors 23x17,8cm/*9x7in* Bremen 98

✎ *$635 FF3 709 £375* Tessiner Landschaft Indian ink/paper 24x32cm/*9x12in* Luzern 97

SEGAL Arthur 1875-1944 **[53]**

⌣ *$6 380 FF33 350 £3 800* Figure in an interior Oil/board 79x60,5cm/*31x23in* London 96

⌣ *$14 172 FF83 667 £8 392* Kaffeekanne und Krug Öl/Leinwand 35,6x31cm/*14x12in* Berlin 97

▥ *$255 FF1 506 £151* Bärtiger Männerkopf Woodcut 14x9,9cm/*5x3in* Berlin 97

✎ *$3 249 FF19 047 £2 000* Vor dem Hotel Watercolour 32x48,5cm/*12x19in* London 97

SEGAL George 1925 **[94]**

▥ *$174 FF1 037 £105* Untitled Nude Brushing Her Hair Screenprint in colors 56x43cm/*22x16in* Washington 97

⬟ *$5 331 FF30 209 £3 554* Roman Café Table Still Life Plâtre 40x40x10cm/*15x15x3in* Milano 97

⬟ *$56 900 FF278 000 £36 000* Girl with Clock Plaster 89x61,5x59cm/*35x24x23in* London 95

✎ *$1 681 FF9 958 £998* Frau sich bückend Pastell/Papier 45,5x30,5cm/*17x12in* Zürich 97

SEGAL Simon 1898-1969 **[35]**

✎ *$371 FF1 800 £233* La place Saint-Marc Gouache 20x26cm/*7x10in* Paris 95

SEGALL Lasar 1891-1957 **[23]**

⌣ *$32 000 FF186 806 £19 036* Four Cows Oil/board 31x40cm/*12x15in* New-York 97

⌣ *$84 900 FF440 000 £55 100* Femmes et enfants Huile/toile 73x92cm/*28x36in* Paris 96

▥ *$455 FF2 373 £266* Drei Badende am Strand Woodcut 20x24,8cm/*7x9in* Berlin 96

✎ *$48 000 FF275 544 £29 260* Dos Figuras Pastel 51x40cm/*20x15in* New-York 97

SEGALMAN Richard 1934 **[3]**

✎ *$1 500 FF7 380 £967* Lucy Pastel/paper 76x56cm/*29x22in* New-York 95

SEGANTINI Giovanni 1858-1899 **[38]**

⌣ *$21 452 FF128 617 £12 912* Interno di Stalla con Cavallo Öl/Leinwand 32,5x41,5cm/*12x16in* Zürich 98

⌣ *$43 576 FF261 254 £26 227* Paesaggio di neve Öl/Leinwand 40x52cm/*15x20in* Zürich 98

⌣ *$130 369 FF784 867 £78 000* Nudo femminile Oil/canvas 176,5x87,5cm/*69x34in* London 98

✎ *$13 281 FF75 259 £6 640* Figura di santo Inchiostro 33,5x28,5cm/*13x11in* Milano 98

SEGANTINI Giovanni (Attrib.) 1858-1899 **[1]**

⌣ *$22 800 FF129 200 £11 400* Dopo la preghiera Olio/tela 61x76cm/*24x29in* Milano 97

SEGANTINI Gottardo Guido 1882-1974 **[60]**

⌣ *$15 940 FF80 600 £10 450* Rispecchio Huile/panneau 35x24cm/*13x9in* Zürich 96

⌣ *$23 760 FF122 200 £14 820* Die katholische Kirche von Maloja mit Piz Lagrev Öl/Leinwand 75x61cm/*29x24in* Bern 96

⌣ *$47 700 FF248 000 £31 500* Herbstlandschaft bei Maloja Öl/Leinwand 107x160,5cm/*42x63in* Bern 96

✎ *$1 927 FF11 258 £1 183* Frauenakt in Boudoir liegend Crayons couleurs/papier 43x64cm/*16x25in* Zofingen 97

SEGANTINI Mario 1885-1958 **[9]**

▥ *$1 193 FF5 950 £779* Morgenstunden Eau-forte, aquatinte couleurs 53,5x38cm/*21x14in* Zofingen 95

SEGAR Elzie Crisler 1894-1938 **[7]**

✎ *$3 250 FF19 347 £1 987* Art for Thimble Theater for Popeye Sunday Page Ink 54,5x52cm/*21x20in* New-York 98

SEGAR William (Attrib.) XVI-XVII **[3]**

⌣ *$32 418 FF188 146 £20 000* Portrait of a Lady, said to be Anne of Hardwick, "Aetatis Suae 22" Oil/panel 90x74cm/*35x29in* London 97

SÉGÉ Alexandre 1818-1885 **[12]**

⌣ *$710 FF4 200 £426* Tentes dans la campagne Huile/panneau 13x22cm/*5x8in* Paris 97

⌣ *$1 755 FF10 000 £1 075* Paysage de montagne Huile/toile 45x84cm/*17x33in* Paris 97

⌣ *$90 000 FF532 233 £54 603* The Valley of Courtry, Seine-et-Marne Oil/canvas 131,5x201cm/*51x79in* New-York 98

SEGER Ernst 1868-1939 **[15]**

⬟ *$3 861 FF21 929 £2 416* Stehender weiblicher Akt Bronze 70x20x17cm/*27x7x6in* Köln 97

SEGER Heinrich XIX-XX **[1]**

⌣ *$5 880 FF28 450 £3 840* 2 Mädchen in den Dünen im sonnigen Licht Öl/Leinwand 85x120cm/*33x47in* Lindau 95

SEGERS Adrien 1876-1950 **[33]**

⌣ *$492 FF2 500 £294* Bouquet de fleurs Huile/panneau 34x41cm/*13x16in* Le Havre 96

⌣ *$3 081 FF18 000 £1 823* Giverny Huile/toile 65x54cm/*25x21in* Le Havre 97

SEGERSTRÅLE Lennart 1892-1975 **[84]**

$2 797 FF16 303 £1 722 Fiskare Oil/canvas 92x130cm/*36x51in* Helsinki 97

$771 FF4 497 £475 Skogslandskap Akvarell/papper 47x63cm/*18x24in* Helsinki 97

SEGHERS Daniel 1590-1661 **[13]**

$5 148 FF29 358 £3 132 La Vierge et l'Enfant dans un entourage de fleurs Huile/toile 53x64cm/*20x25in* Bruxelles 97

$29 700 FF155 340 £18 000 Swags of Roses, Tulips, Carnations, Narcissi, Irises, Cornflowers Oil/canvas 131,5x98cm/*51x38in* London 96

SEGHERS Gérard 1591-1651 **[6]**

$75 000 FF414 135 £46 800 The Ecstasy of Saint-Francis Oil/canvas 183x137,5cm/*72x54in* New-York 97

$1 177 FF6 756 £717 Die Verleugnung des hl. Petrus Indian ink/paper 31x23,7cm/*12x9in* Berlin 97

SEGHERS Henri 1823-1905 **[7]**

$315 FF1 642 £190 Paysage à la chèvre et aux ruches Aquarelle/papier 36x27cm/*14x10in* Antwerpen 96

SEGNA DI BONAVENTURA c.1270-c.1330 **[5]**

$70 000 FF386 526 £43 680 The Madonna and Child Tempera 66,5x45,5cm/*26x17in* New-York 97

SÉGOFFIN Victor Jean Ambroise 1867-1925 **[18]**

$4 470 FF25 500 £2 731 Satyre Bronze H64cm/*H25in* Paris 97

$18 900 FF98 600 £12 500 "La Danse guerrière", or "La Danse sacrée" Marble H122cm/*H48in* London 96

SEGONI Alcide 1847-1894 **[4]**

$7 613 FF44 160 £4 500 The Chess Players Oil/canvas 42x56cm/*16x22in* London 97

SEGOVIA Andrès 1929 **[29]**

$500 FF2 490 £329 Still life Oil/canvas 100x81cm/*39x32in* Baton Rouge, Louisiana 95

SEGRELLES ALBERT José 1886-1969 **[13]**

$1 380 FF7 903 £816 "Real Aero Club de Cataluña" Poster 52x73,5cm/*20x28in* New-York 97

$1 560 FF8 040 £1 000 Caballo volando al atardecer Acuarela 29x22cm/*11x8in* Madrid 96

SEGRELLES Eustaquio 1936 **[51]**

$414 FF2 382 £240 Paisaje de Alberca Oleo/tablex 24x16cm/*9x6in* Madrid 97

$2 475 FF14 812 £1 537 Tornando el sol Oleo/lienzo 50x81cm/*19x31in* Madrid 98

SEGUI Antonio 1934 **[168]**

$3 320 FF17 200 £2 155 Composition au personnage Huile/toile 33x46cm/*12x18in* Saint-Germain-en-Laye 96

$7 000 FF40 183 £4 267 De paseo Oil/canvas 38x46cm/*14x18in* New-York 97

$20 000 FF119 474 £12 234 Gente Oil/canvas 113,5x146cm/*44x57in* New-York 98

$2 600 FF15 321 £1 553 Buena Noticia Charcoal 50x65cm/*19x25in* New-York 97

SÉGUIN Armand 1869-1903 **[34]**

$85 000 FF440 000 £56 800 La gardienne d'oies à Pont-Aven Oil/canvas 119x60cm/*46x23in* New-York 96

$462 FF2 800 £283 Nu, les mains derrière la tête Eau-forte, aquatinte 16,5x6cm/*6x2in* Quimper 98

$18 964 FF110 000 £11 671 Bretonne devant la mer Aquarelle 32x24,8cm/*12x9in* Paris 97

SEGUNDO PEREZ Mario 1960 **[4]**

$8 000 FF47 789 £4 893 "Ensayo" Oil/canvas 91x70cm/*35x27in* New-York 98

$9 000 FF52 539 £5 354 Serie Carnaval: Máscaras Oil/canvas 122x100cm/*48x39in* New-York 97

SEIBELS Carl 1844-1877 **[4]**

$10 257 FF61 932 £6 227 Weideszene vor Gehöft Öl/Leinwand 63x94cm/*24x37in* Wien 98

SEIBEZZI Fioravante 1906 **[4]**

$2 560 FF13 400 £1 680 Venezia Olio/tela 35x45cm/*13x17in* Prato 96

SEIBOLD Alois Leopold 1879-1951 **[7]**

$197 FF1 194 £124 Der Hohe Markt/Bombenmine bei der Wien/Gebirgslandschaft Mischtechnik/Papier 35x43cm/*13x16in* Wien 97

SEIDEL August 1820-1904 **[49]**

$1 392 FF8 380 £833 Baumlandschaft mit Bach Öl/Karton 28x32cm/*11x12in* München 98

$3 534 FF20 193 £2 165 Kustvy Oil/canvas 63x89cm/*24x35in* Stockholm 97

$324 FF2 012 £195 Mönchsberg 1847/Dorfteich mit Figuren/Holzhütte mit Zug/Felspartie Pencil 31x42cm/*12x16in* Heidelberg 98

SEIDENBEUTLOWIE Efraim 1902-1945 **[2]**

$9 402 FF53 967 £5 730 Bathers by a river Oil/cardboard 37x46cm/*14x18in* Warszawa 97

$1 557 FF8 090 £1 022 A young girl reading Charcoal/paper 45x33cm/*17x12in* Warszawa 96

SEIDNER David 1957 **[5]**
📷 *$2 000 FF10 995* £1 228 Torso Study/Torso Study/Untitled Nude Photograph 59,5x49,5cm/*23x19in* New-York 97

SEIFERT Alfred 1850-1901 **[22]**
$1 542 FF9 043 £949 Portrait of a young Girl, head and shoulders, wearing costume Oil/panel 26,5x20,5cm/*10x8in* London 97
$3 101 FF17 724 £1 900 A Young beauty Oil/panel 49x36cm/*19x14in* London 97

SEIFERT Franz 1866-1951 **[8]**
$819 FF5 033 £491 Sinnender Beethoven Bronze 8x13x21cm/*3x5x8in* Köln 98

SEIFERT Victor Heinrich 1870-1953 **[43]**
$1 063 FF6 369 £635 Trinkende Junge Frau Bronze H36cm/*H14in* Köln 98

SEIGNAC Guillaume 1870-1924 **[79]**
$6 000 FF31 150 £3 970 The Kiss Oil/canvas 33x24cm/*12x9in* New-York 96
$17 000 FF96 866 £10 412 La balançoire Oil/canvas 99,5x73cm/*39x28in* New-York 97
$50 000 FF257 000 £31 200 The awakening of Psyche Oil/canvas 183x91,5cm/*72x36in* New-York 96

SEIGNAC Paul 1826-1904 **[26]**
$8 243 FF49 344 £5 075 Interiör med syskon Oil/canvas 54x45cm/*21x17in* Stockholm 98
$14 027 FF79 927 £8 800 The New Dress Oil/board 35,5x27cm/*13x10in* London 97

SEIGNEMARTIN Jean 1848-1875 **[5]**
$1 546 FF9 000 £945 Baigneuses dans une clairière Huile/toile 39x31cm/*15x12in* Paris 97

SEIJO RUBIO José 1881-1970 **[1]**
$17 730 FF90 300 £10 640 El Crucero Oleo/lienzo 87x114cm/*34x44in* Madrid 96

SEIKE Tomio XX **[6]**
📷 *$519 FF3 015* £306 Ohne Titel Gelatin silver print 40x30cm/*15x11in* Köln 97

SEILER Carl Wilhelm Anton 1846-1921 **[69]**
$1 604 FF9 109 £1 003 Blick auf einen Werkstattisch am Fenster Oil/panel 31x25,5cm/*12x10in* München 97
$26 000 FF135 600 £15 200 Hirschgarten in München Öl/Leinwand 51x90cm/*20x35in* München 96
$116 FF672 £71 Sitzender Mann mit Dreispitz Indian ink/paper 25,3x17cm/*9x6in* Heidelberg 97

SEILER Hans 1907-1986 **[36]**
$3 047 FF18 000 £1 841 La petite grange Huile/toile 54x65cm/*21x25in* Toulouse 97

SEILLIERES Frédéric XIX-XX **[1]**
$1 476 FF7 500 £881 Diane chasseresse et les chiens Aquarelle/papier 40x28cm/*15x11in* Soissons 96

SEITER Daniel (Attrib.) 1649-1705 **[3]**
$17 940 FF101 660 £11 960 Cristo e l'adultera Olio/tela 104,5x134cm/*41x52in* Roma 98

SEITER Daniel, il Cavaliere 1649-1705 **[6]**
$15 120 FF73 200 £9 600 Diana ed Endimione Olio/tela 96,5x133cm/*37x52in* Roma 95
$1 700 FF10 040 £1 007 Die Schindung des Marsyas Ink 11,8x14,8cm/*4x5in* Berlin 97

SEITZ Alexander 1811-1888 **[5]**
$11 981 FF72 435 £7 175 Die Rückkehr des verlorenen Sohnes Öl/Leinwand 59,5x80cm/*23x31in* München 98
$105 000 FF540 000 £65 400 Joseph being sold into Slavery Oil/canvas 125x177cm/*49x69in* Wien 96

SEITZ Anton 1829-1900 **[14]**
$3 662 FF21 841 £2 273 Geistliche Musik Oil/panel 18x14cm/*7x5in* Dresden 97

SEITZ Gustav 1906-1969 **[71]**
$112 FF670 £69 Weiblicher Akt Lithographie 43,2x30,5cm/*17x12in* München 97
$325 FF1 861 £198 Liegende schwangere Frau Terrakotta 17x17,5cm/*6x6in* Hamburg 97
$746 FF4 270 £465 Liegender Akt Indian ink 28x55cm/*11x21in* München 97

SEITZ Johann Georg 1810-1870 **[28]**
$3 119 FF18 217 £1 903 Früchtestilleben mit Trauben und Granatäpfeln Öl/Leinwand 30x44,5cm/*11x17in* Wien 97
$4 900 FF24 500 £3 170 Früchtestilleben mit Elfenbeinpokal und Karaffe Öl/Leinwand 55x68cm/*21x26in* Wien 96

SEITZ Otto 1846-1912 **[11]**
$1 484 FF8 730 £916 Mädchenkopf mit grünem Haarband Öl/Leinwand 27,5x22cm/*10x8in* Heidelberg 97

SEIWERT Franz Wilhelm 1894-1933 **[25]**
$39 655 FF234 661 £24 192 "Masse" Oil/panel 58x28,5cm/*22x11in* Köln 98
$566 FF3 346 £335 Kopf Woodcut 13,2x9,1cm/*5x3in* Berlin 97

🖌 *$2 881 FF17 461 £1 767* Christuskopf Coloured chalks/paper 27,5x20cm/*10x7in* Hamburg 98
SEJOURNE Bernard 1945-1994 **[11]**
🖌 *$4 089 FF24 000 £2 500* Jeune fille aux nattes Acrylique/panneau 35x28cm/*13x11in* Paris 97
🖌 *$5 964 FF35 000 £3 647* Corps doré aux coquillages Acrylique/panneau 55x30cm/*21x11in* Paris 97
SEKINE Nubuo 1942 **[6]**
🗿 *$3 056 FF17 668 £1 884* "Phase of Nothingness - Cone" Stone H30cm/*H11in* Köbenhavn 97
SEKINO Junichiro 1914-1988 **[21]**
▥ *$49 FF306 £30* Boy and Chicken Woodcut in colors 62x48cm/*24x19in* New-York 97
SEKOTO Gerard 1913-1993 **[28]**
🖌 *$25 553 FF153 032 £15 706* Dawn Oil/canvas 118x96cm/*46x37in* Johannesburg 98
✏ *$4 261 FF24 466 £2 625* Two Figures in an Interior, Sophiatown Watercolour/paper 22,5x30cm/*8x11in* Johannesburg 97
SEKRET Valéry 1930 **[14]**
🖌 *$923 FF5 174 £572* Barcos de pesca en el muelle Oleo/lienzo 49x59cm/*19x23in* Madrid 97
SEKULA Sonja 1918-1963 **[32]**
🖌 *$1 681 FF9 958 £998* Ohne Titel Öl/Papier 33,5x25cm/*13x9in* Zürich 97
🖌 *$7 409 FF43 281 £4 384* Ohne Tiel Öl/Leinwand 54x81cm/*21x31in* Luzern 97
✏ *$1 557 FF7 670 £1 003* Ohne Titel Technique mixte/papier 60,5x39cm/*23x15in* Zürich 95
SEKULIC Sava 1902-1989 **[5]**
🖌 *$2 730 FF14 020 £1 700* The Family without a Father Mixed media 72x102cm/*28x40in* London 96
✏ *$1 444 FF7 420 £900* Fox Gouache 36x51cm/*14x20in* London 96
SELBY Prideaux John 1788-1867 **[13]**
▥ *$400 FF2 448 £243* Tawny Owl. Plate XXV Etching in colors 53,5x41,5cm/*21x16in* New-York 98
SELBY Prideaux John (Attr) 1768-1867 **[1]**
🖌 *$6 674 FF40 302 £4 000* An Owl with It's Prey in a Landscape Oil/panel 70x89cm/*27x35in* West Wycombe, Buckinghamshire 98
SELDEN Dixie 1871-1936 **[4]**
🖌 *$2 100 FF10 479 £1 372* In the Square Oil/board 17x12cm/*7x5in* Cincinnati, Ohio 95
🖌 *$16 000 FF93 457 £9 822* Dutch scene Oil/canvas 61x76cm/*24x29in* New-York 97
SELF Colin 1941 **[8]**
▥ *$688 FF3 940 £420* Stadium I Print 76x57cm/*29x22in* London 97
SELIGMANN Georg Sophus 1866-1924 **[8]**
🖌 *$385 FF1 953 £251* Ung kvinde set fra ryggen Oil/canvas 40x33cm/*15x12in* Köbenhavn 96
SELIGMANN Kurt 1900-1962 **[84]**
🖌 *$20 000 FF118 976 £12 230* Sorceresse Oil/canvas 76x102cm/*29x40in* New-York 98
▥ *$1 200 FF6 868 £708* Edipe a Colonus Etching 45x32,5cm/*17x12in* New-York 97
✏ *$950 FF5 795 £570* Untitled Ink 51x33,5cm/*20x13in* Washington 98
SELKIRK Neil 1947 **[2]**
📷 *$1 500 FF8 839 £926* "Madame Gres" Silver print 36x36cm/*14x14in* New-York 97
SELL Christian 1831-1883 **[35]**
🖌 *$984 FF6 034 £588* Szene aus dem deutsch-französischen Krieg von 1870/71 Oil/wood 26,5x36cm/*10x14in* Dresden 98
🖌 *$2 420 FF12 530 £1 547* Schlachtenszene Öl/Leinwand 46,5x69cm/*18x27in* Düsseldorf 96
SELL Christian XIX-XX [3]
🖌 *$1 203 FF7 375 £718* Krieg v. 1870/71 : Ulanen begleiten einen Zug französischer Gefangener Oil/wood 16x20cm/*6x7in* Dresden 98
SELL Christian II 1854-1925 **[11]**
🖌 *$1 530 FF8 783 £932* Gefangene Marokkaner im Winter Oil/panel 14x18cm/*5x7in* Düsseldorf 97
SELLAER Vincent Geldersmann c.1539-? **[4]**
🖌 *$16 700 FF85 300 £11 000* Venus with Putti Oil/panel 96x118cm/*37x46in* London 96
🖌 *$20 108 FF118 976 £12 100* The Holy Kinship Oil/panel 105x135,5cm/*41x53in* Amsterdam 98
SELLAJO del Jacopo c.1441-1493 **[2]**
🖌 *$109 609 FF649 350 £65 000* The Madonna and Child with the infant Saint John the Baptist Tempera/panel 87x56,5cm/*34x22in* London 97
SELLAR Charles A. ?-1926 **[5]**
🖌 *$1 508 FF9 099 £900* The Necklace Oil/canvas 30,5x20cm/*12x7in* West Lothian 98

SELLIER Charles Fr. 1830-1882 **[9]**
    $2 739 FF16 000 £1 681 Italienne aux pendants d'oreille Huile/toile 104x77cm/*40x30in* Troyes 97
SELMERSHEIM-DESGRANGE Jeanne 1877-1958 **[15]**
    $811 FF4 200 £527 Notre-Dame et le pont Sully vus du quai Henri IV Aquarelle/papier 20,5x30cm/*8x11in* Paris 96
SELMY Eugène Benjamin 1874-? **[3]**
    $4 084 FF23 234 £2 500 A lady sewing Oil/canvas 47x54cm/*18x21in* London 97
SELMYHR Conrad 1877-1944 **[28]**
    $678 FF3 933 £400 Boating on Lÿngenfjord et Jmomsö Oil/canvas 61x81,5cm/*24x32in* London 97
SELOUS Henry Courtney 1811-1890 **[8]**
    $3 644 FF18 600 £2 400 Flower market, Venice Oil/canvas 66x46cm/*25x18in* London 96
SELTENHAMMER Paul XX **[3]**
    $3 450 FF19 759 £2 041 "Folies en Folie, Minstinguett" Poster 119x314,5cm/*46x123in* New-York 97
SELTZER Olaf Carl 1877-1957 **[49]**
    $35 000 FF166 950 £22 011 Crow Scout Oil/board 11x16cm/*4x6in* Hayden 95
    $75 000 FF444 052 £44 850 Horse thieves Oil/canvas 50,8x76,2cm/*20x29in* New-York 97
    $13 000 FF65 700 £8 530 Indians on the Warpath Watercolour, gouache 36x25cm/*14x9in* New-York 96
SELTZER William S. XIX-XX **[1]**
    $3 500 FF16 695 £2 201 Fresh Flowers Oil/canvas 24x24cm/*9x9in* Hayden 95
SELVATICO Lino 1872-1924 **[1]**
    $2 400 FF13 600 £1 600 Primi passi Olio/tavola 33x26cm/*12x10in* Milano 97
SEM Georges Goursat 1863-1934 **[65]**
    $219 FF1 298 £132 Scènes caricaturales de la vie mondaine parisienne Lithographie couleurs 49x68cm/*19x26in* Bruxelles 97
    $150 FF893 £93 Temptation Watercolour/paper 48x38cm/*19x15in* New Orleans, Louisiana 97
SEMEGHINI Pio 1878-1964 **[62]**
    $4 019 FF22 778 £2 009 Natura morta Olio/tavola 43,5x51,5cm/*17x20in* Roma 97
    $4 500 FF25 500 £3 000 Ritratto di gianna Olio/tavola 38,2x29cm/*15x11in* Prato 97
    $480 FF2 720 £320 Figura Sanguina/carta 16x11cm/*6x4in* Milano 97
SEMENTI Giovanni Giacomo 1583-1640 **[1]**
    $31 200 FF176 800 £15 600 Nozze mistiche di Santa Caterina Olio/tela 72x88cm/*28x34in* Roma 97
SEMENTZEFF Michel 1933 **[10]**
    $878 FF5 000 £539 Paysage aux deux arbres Huile/toile 45,5x55,5cm/*17x21in* La Varenne Saint-Hilaire 97
SEMERTZIDES Valias 1911-1983 **[3]**
    $1 714 FF8 380 £1 085 Tree trunk Oil/canvas 30x35cm/*11x13in* Athens 95
    $4 710 FF23 060 £2 983 Portrait of the dancer Agapi Evangelidis Oil/board 150x66cm/*59x25in* Athens 95
SEMPERE JUAN Eusebio 1923-1985 **[31]**
    $113 FF681 £70 Sin título Serigrafia 47,5x31,5cm/*18x12in* Madrid 98
SEMPLE Joseph XIX **[5]**
    $5 500 FF32 973 £3 326 American Clipper Oil/canvas 58x99cm/*23x39in* Chicago, Illinois 97
SENABRE Ramon XIX-XX **[3]**
    $1 341 FF7 000 £810 Musicienne arabe Aquarelle, gouache 46x45cm/*18x17in* Paris 96
SENAPE Antonio ?-1842 **[41]**
    $1 326 FF7 913 £800 The Forum from Montecello, Rome/View of the temple of Sybil, Tivoli Ink 26x36,5cm/*10x14in* London 97
SENAT Prosper Louis 1852-1925 **[15]**
    $2 600 FF15 186 £1 538 "Bermuda" Watercolour/paper 30x46cm/*12x18in* Boston, Mass. 97
SENATUS Jean-Louis 1949 **[7]**
    $1 228 FF7 000 £752 Dans les nuages Huile/toile 20x25cm/*7x9in* Paris 97
SENAVE Jacques A. (Attrib.) 1758-1823 **[5]**
    $2 788 FF17 000 £1 672 Un intérieur de cuisine Huile/panneau 31x35cm/*12x13in* Troyes 98
SENAVE Jacques Albert 1758-1823 **[19]**
    $7 542 FF45 000 £4 549 Tournai, la cathédrale/Lavandières dans les faubourgs Huile/toile 23x32cm/*9x12in* Saint-Germain-en-Laye 97
    $16 200 FF95 320 £10 000 Volksfest am Ufer der Seine Öl/Leinwand 69x94cm/*27x37in* Wien 97
SENDOWSKI Moshe 1931 **[1]**
    $2 600 FF14 356 £1 622 Nude Bronze H54cm/*H21in* Tel Aviv 97
SENÉ Henry Ch. 1889-1961 **[8]**

⊡ *$990 FF6 000 £607* Devant Fès/La porte de la ville Huile/*panneau* 14,5x20cm/*5x7in* Paris 98
⊡ *$5 016 FF30 000 £3 045* Cavaliers marocains Huile/toile 65x92cm/*25x36in* Paris 97
SÉNEQUE Clement 1896-1930 **[11]**
⊡ *$1 654 FF9 617 £985* Mont Blanc Oil/canvas 78x99cm/*30x38in* Johannesburg 97
SENET Y PÉREZ Rafael 1856-1926 **[39]**
⊡ *$11 430 FF57 800 £7 500* Squero di San Trovaso, Venice Oil/panel 31x44,5cm/*12x17in* London 96
⊡ *$14 000 FF68 800 £8 870* Along the Grand Canal Oil/canvas 75x45cm/*29x17in* New-York 95
✎ *$1 625 FF9 875 £1 000* Canal veneciano Acuarela/papel 31x52,5cm/*12x20in* Madrid 98
SENG Ong Kim 1945 **[7]**
✎ *$784 FF4 636 £485* Temple street, Singapore Watercolour/paper 27x36,5cm/*10x14in* Singapore 97
SENGER von Ludwig 1873-1973 **[12]**
▤ *$805 FF4 685 £496* "Weisser Rabe" Poster 58x84,5cm/*22x33in* New-York 97
SENGL Peter 1945 **[52]**
✎ *$977 FF5 782 £600* Kopf von Kainz Gouache 107x119cm/*42x46in* München 98
SENIOR Mark 1864-1927 **[10]**
⊡ *$1 764 FF10 223 £1 100* Gathering the Flock Oil/canvas 71x91,5cm/*27x36in* London 97
⊡ *$6 288 FF37 698 £3 800* Extensive Coastal Landscape/Extensive Landscape Oil/panel 21,5x26,5cm/*8x10in* London 98
SENISE Daniel 1955 **[4]**
⊡ *$8 500 FF50 745 £5 221* "Perdidos no Espa/cco" Oil/canvas 182x110cm/*71x43in* New-York 98
SENKIN Sergej Yakovlevich 1894-1963 **[3]**
⊡ *$19 620 FF101 600 £12 750* Abstraktion, Lichtstrahl mit Kubus und Kreis Oil/panel 30x42,5cm/*11x16in* München 96
SENNHAUSER John 1907-1978 **[13]**
⊡ *$1 500 FF8 907 £908* Eastside City Landscape Oil/canvas 58x73cm/*23x29in* Detroit, Michigan 97
✎ *$950 FF4 670 £602* Untitled Watercolour/paper 41x63cm/*16x24in* New-York 95
SENNO Pietro 1831-1904 **[2]**
⊡ *$3 600 FF20 400 £2 400* Paesaggio con carro e contadini Olio/tela 57x75cm/*22x29in* Milano 97
SENTIES Pierre 1801-? **[6]**
⊡ *$2 597 FF15 500 £1 556* Personnages de l'Antiquitée dans une prison Huile/toile 320x420cm/*125x165in* Podensac 98
SENYO Ogawa Sen'yo 1882-1971 **[1]**
✎ *$2 000 FF10 250 £1 215* Yoro waterfall Ink 137x34,6cm/*53x13in* New-York 96
SEOANE Luis 1910-1979 **[57]**
⊡ *$3 744 FF19 640 £2 250* Tres mujeres Oleo/lienzo 27x35cm/*10x13in* Madrid 96
⊡ *$4 430 FF22 400 £2 904* Bodegón de jarra y cebollas Oleo/lienzo 46x55cm/*18x21in* Madrid 96
▤ *$429 FF2 567 £253* El circo Serigrafia 51x40cm/*20x15in* Madrid 98
✎ *$650 FF3 950 £390* Los piratas Tinta/papel 33x21cm/*12x8in* Madrid 98
SEPESHY Zoltan 1898-1974 **[16]**
⊡ *$1 500 FF7 580 £964* "Helen" Oil/canvas 87x61cm/*34x24in* Bloomfield Hills, Michigan 96
SEPO Severo Pozzatti 1895-1983 **[16]**
▤ *$692 FF3 510 £450* "Cigarettes Extra-douces Anic, bout filtrant" Poster 147x97cm/*57x38in* London 96
SEPP Jan Christ. (Attrib) 1739-1811 **[2]**
✎ *$1 014 FF5 804 £599* A falcon standing on a branch Ink 32x32cm/*12x12in* Amsterdam 97
SEQUEIRA de Domingos A. (Attrib) 1768-1837 **[3]**
✎ *$1 028 FF6 142 £637* Ruhe auf der Flucht Ink/paper 18x23cm/*7x9in* Zürich 97
SEQUEIRA Julio 1950-1992 **[1]**
⊡ *$5 000 FF28 490 £3 062* La montana Oil/board 49x76cm/*19x30in* Bethesda, Maryland 97
SÉQUIN Otto Friedrich Emil 1892-1959 **[3]**
⊡ *$3 206 FF19 331 £1 941* Mann und Frau in Interieur mit grosser Blumenvase Öl/Leinwand 85x92cm/*33x36in* Zürich 98
SER GIOVANNI DI SIMONE Giovanni Lo Scheggia 1406-1486 **[7]**
⊡ *$163 180 FF941 620 £100 000* A roman triumph - a cassone front Tempera/panel 40x135cm/*15x53in* London 97
SÉRADOUR Guy 1922 **[81]**
⊡ *$2 676 FF13 500 £1 737* Jeune fille au chien blanc Huile/toile 45x26cm/*17x10in* Nancy 96

S

⊕ *$3 810 FF20 000 £2 287* Jeunes filles au chien blanc Huile/toile 65x50cm/*25x19in* Cannes 96
✎ *$1 646 FF10 000 £991* "Bouquet de fleurs printanières" Pastel/papier 55x45cm/*21x17in* Provins 98
SEREBRIAKOV Aleksandr 1907-1994 **[29]**
✎ *$26 000 FF159 021 £15 896* Gold Room, 24 Boulevard Suchet, Paris Watercolour, gouache
40x53cm/*15x20in* New-York 98
SEREBRIAKOVA Zinaida Yevgenievna 1884-1967 **[21]**
⊕ *$7 730 FF39 000 £5 000* Still life with a wicker basket Oil/canvas 60x73cm/*23x28in* London 96
✎ *$7 904 FF39 520 £5 200* Ploughing Tempera/paper 56x46cm/*22x18in* London 95
SERENA Luigi 1855-1911 **[2]**
✎ *$1 559 FF9 386 £933* Ansicht einer italienische Kleinstadt Öl/Karton 45x29cm/*17x11in* München 98
SERGEANT Emma 1959 **[2]**
✎ *$2 566 FF14 869 £1 600* Portrait of Saeed Mohammad Charcoal/paper 147,5x94cm/*58x37in* London 97
SERGEL Johan Tobias 1740-1814 **[27]**
✎ *$7 216 FF42 113 £4 290* "Allegori över sonen Gustavs studieväg" Indian ink 21x33cm/*8x12in* Stockholm 97
SERGENT Lucien Pierre 1849-1904 **[7]**
✎ *$1 140 FF5 820 £750* Paris from the Pont-Neuf with the Pont des Arts, The Louvre... Ink 21x30cm/*8x11in*
London 96
SERGEYEV Nicolai 1908-1989 **[14]**
⊕ *$410 FF2 436 £250* Figures in the Conversatory Oil/board 43,5x53,5cm/*17x21in* London 98
SERIENT Hermann 1935 **[4]**
⊕ *$2 223 FF13 328 £1 327* Magier Triptychon Oil/panel 17x9cm/*6x3in* Wien 98
SERISAWA Sueo 1910 **[10]**
⊕ *$1 500 FF8 966 £909* Old Gold Coast Oil/canvas 40,5x51cm/*15x20in* San Francisco-Los Angeles 97
SERITELLI Giovanni XIX **[2]**
⊕ *$15 080 FF76 600 £9 000* Sorrento Oil/canvas 77x102cm/*30x40in* London 96
SERNÉ Adrianus 1773-1847 **[9]**
⊕ *$1 609 FF9 506 £972* Figures near a farm in a hilly landscape Oil/panel 20,5x30,5cm/*8x12in*
Amsterdam 97
⊕ *$1 981 FF11 716 £1 189* A village road Oil/canvas 44x57cm/*17x22in* Amsterdam 97
SERNEELS Clement 1912-1991 **[24]**
⊕ *$504 FF2 941 £307* Vue du Tower Bridge Huile/toile 70x80cm/*27x31in* Bruxelles 97
SEROV Valentin A. (Attrib) 1865-1911 **[2]**
⊕ *$4 256 FF21 280 £2 800* Stormy sea off the Russian North Oil/board 10x18,5cm/*3x7in* London 95
SEROV Valentin Alexandrov. 1865-1911 **[20]**
⊕ *$10 000 FF52 500 £6 000* Study for a portrait of young woman Oil/canvas 28x21cm/*11x8in* London 96
⊕ *$40 200 FF203 000 £26 000* Village landscape Oil/canvas 50x65cm/*19x25in* London 96
✎ *$4 580 FF22 830 £3 000* A lynx gnawing a bone Pencil 29x40cm/*11x15in* London 95
SERPAN Iaroslav Sossountzov 1922-1976 **[38]**
✎ *$1 562 FF9 124 £959* Abstrakte Komposition KL51 Gouache/board 57x42cm/*22x16in* Köln 97
SERRA Antoine 1908 **[13]**
⊕ *$1 011 FF6 200 £618* Bouquet champêtre Huile/toile 61x38cm/*24x14in* Arles 98
SERRA CASTELLET Francesc 1912-1976 **[8]**
⊕ *$1 876 FF11 060 £1 148* Niña rubia Oleo/lienzo 41x33cm/*16x12in* Barcelona 98
⊕ *$4 550 FF27 650 £2 730* Pensativa Oleo/lienzo 60x73cm/*23x28in* Madrid 98
SERRA MELGOSA Joan 1899-1970 **[4]**
⊕ *$3 850 FF21 890 £2 365* Calle barcelonesa, Ciutat Vella Oleo/lienzo 100x73cm/*39x28in* Barcelona 97
SERRA Richard 1939 **[100]**
⊕ *$9 000 FF52 295 £5 313* Untitled Oil/paper 57x76cm/*22x29in* New-York 97
⊕ *$22 000 FF130 178 £13 422* "Salo" Oil/paper 121,5x178cm/*47x70in* New-York 98
✉ *$2 400 FF13 690 £1 466* Back to Black Lithographic 132,5x155,5cm/*52x61in* New-York 97
⛏ *$8 500 FF50 296 £5 185* Lead Rolled Piece Metal 7,5x6,5x9cm/*2x2x3in* New-York 98
⛏ *$57 400 FF298 300 £38 000* Model for sight Point Sculpture H125cm/*H49in* London 96
✎ *$22 000 FF131 736 £13 516* "T.W.U. #11" Mixed media/paper 127x96,5cm/*50x37in* New-York 98
SERRA Rosa 1944 **[10]**
⛏ *$3 896 FF23 274 £2 383* A seated nude Bronze H40,5cm/*H15in* Amsterdam 98
SERRA Y AUQUE Enrique 1859-1918 **[63]**
⊕ *$1 403 FF8 134 £837* A Lake at Sunset Oil/canvas 37x29cm/*14x11in* Amsterdam 97

☞ *$2 400 FF13 600 £1 600* Strada romana a Pompei Olio/tela 72x121cm/*28x47in* Roma 97
SERRA Y PORSON José 1828-1910 **[8]**
☞ *$1 503 FF8 716 £897* The Dashing Cavalier Oil/cardboard 25,5x19cm/*10x7in* Amsterdam 97
SERRANO Andrès 1950 **[53]**
📷 *$6 363 FF38 217 £3 800* Klansman Knight Hawk of Georgia of the invisible Empire II Cibachrome print 144x119cm/*56x46in* London 98
SERRANO Manuel 1814-1883 **[4]**
☞ *$50 000 FF291 885 £29 745* El Baile Oil/canvas 44,5x55,5cm/*17x21in* New-York 97
SERRANO Pablo 1910-1985 **[13]**
🖎 *$396 FF2 382 £246* Gaucho Bronze H22cm/*H8in* Madrid 97
SERRANTA Josep Serra Santa 1916 **[16]**
☞ *$2 508 FF15 010 £1 520* Barcas en un puerto Oleo/lienzo 60x73cm/*23x28in* Barcelona 98
SERRAZ Michel 1925 **[4]**
🖎 *$8 304 FF48 000 £5 116* Le Sphinx accroupi Bronze H54cm/*H21in* Lille 97
SERRES Antony 1828-1898 **[8]**
☞ *$1 968 FF11 500 £1 208* Conversation galante dans un parc Huile/panneau 35x27cm/*13x10in* Troyes 97
☞ *$3 440 FF17 800 £2 200* Elegant company gaming in an interior Oil/canvas 35x53cm/*13x20in* London 96
☞ *$31 006 FF185 000 £18 703* Jeune fille à sa toilette Huile/toile 142x114cm/*55x44in* Caen 97
SERRES Dominic M. I 1722-1793 **[27]**
☞ *$13 000 FF64 200 £8 400* A Shipwreck off a Coast with Survivors and Rescuers on a Beach Oil/canvas 63,5x102,5cm/*25x40in* New-York 96
☞ *$18 940 FF92 500 £12 000* The Battle of Quiberon Bay, 20 November 1759 Oil/canvas 152,5x241,5cm/*60x95in* London 95
✏ *$2 800 FF15 945 £1 723* British Man-o'-War, Returning to the Fleet Watercolour 17,5x23,5cm/*6x9in* New-York 97
SERRES John Thomas 1759-1825 **[40]**
☞ *$2 930 FF17 492 £1 800* Winter Time on the River Thames Oil/panel 22x33cm/*8x12in* London 98
☞ *$20 000 FF98 700 £12 930* View of Florence from the Arno Oil/canvas 50x65cm/*19x25in* New-York 96
▥ *$2 508 FF15 589 £1 500* View of Liverpool/View of Liverpool from The Fort/View of Liverpool/.. Etching in colors 42x54cm/*16x21in* London 98
✏ *$2 271 FF13 071 £1 400* Figures on Windermere Lake, Lancashire Watercolour 35x48cm/*13x18in* London 97
SERRI Alfredo 1897-1972 **[4]**
☞ *$6 000 FF31 300 £3 770* Still life with mandolin Oil/canvas 61x51cm/*24x20in* New-York 96
SERRIER Georges 1852-1949 **[14]**
☞ *$366 FF2 200 £219* Le haut de Villiers sur Morin Huile/toile 38x46cm/*14x18in* Paris 98
SERRITELLI Giovanni 1810-1860 **[7]**
☞ *$6 703 FF41 050 £4 000* Cattle Watering at a Pool Before The Temples at Paestum Oil/canvas 76x101,5cm/*29x39in* London 98
SERRUR Auguste Henry 1794-1865 **[6]**
☞ *$6 020 FF31 000 £3 880* Portrait debout du comte Charles-Denis de Peyronnet, Garde des Sceaux Huile/toile 90x72cm/*35x28in* Fécamp 96
☞ *$25 000 FF142 125 £15 307* La leçon de géographie (Portrait de la famille Rivière) Oil/canvas 98x129,5cm/*38x50in* New-York 97
SERRURE Auguste 1825-1903 **[30]**
☞ *$4 110 FF24 735 £2 461* Rendez-vous Oil/panel 54x39,5cm/*21x15in* Amsterdam 98
SERRURE Berthe 1891-1985 **[8]**
✏ *$307 FF1 536 £194* Nature morte aux fruits Pastel/toile 68x55cm/*26x21in* Lokeren 95
SERRUYS Yvonne, Mme Mille 1874-1953 **[7]**
🖎 *$5 054 FF29 000 £3 103* La femme à la coupe Bronze H57cm/*H22in* Paris 97
SERT Y BADIA José Maria 1876-1945 **[10]**
☞ *$3 950 FF19 300 £2 500* Projet pour un panneau décoratif Oil/paper/canvas 40x18cm/*15x7in* London 95
☞ *$8 660 FF42 200 £5 500* The Victory parade, sketch for "Camino de la Victoria" Oil/paper/board 104x118cm/*40x46in* London 95
SERUSIER Marguerite Gabrielle 1879-1950 **[158]**
✏ *$495 FF3 000 £303* Paysage aux arbres Fusain/papier 32,5x25cm/*12x9in* Quimper 98

SÉRUSIER Paul 1863-1927 **[221]**
- *$8 300 FF40 000 £5 210* Coupe de fruits et citron Huile/carton 25x35cm/*9x13in* Douarnenez 95
- *$31 996 FF190 000 £19 532* Composition aux pommes sur fond de tentures rouges Huile/toile 49x71cm/*19x27in* Brest 98
- *$660 FF4 000 £405* Femmes dans un bois Lithographie 14,4x10cm/*5x3in* Paris 98
- *$3 789 FF22 500 £2 313* Jeune bretonne Crayons couleurs/papier 16x11cm/*6x4in* Brest 98

SERVAES Albert 1883-1966 **[79]**
- *$106 FF649 £63* Intérieur d'église Huile/toile 50x40cm/*19x15in* Bruxelles 98
- *$4 862 FF27 744 £2 975* Bosgezicht te latem Oil/canvas 35x44,5cm/*13x17in* Lokeren 97
- *$2 216 FF13 016 £1 368* Vlamms meisje Gravure bois 62x48,5cm/*24x19in* Lokeren 97
- *$3 276 FF19 512 £2 004* L'Assomption Fusain/papier 51x67cm/*20x26in* Bruxelles 98

SERVANDONI Giovanni Nic. (Attr) 1695-1766 **[6]**
- *$26 500 FF136 600 £17 000* A capriccio of Roman Ruins with the Colosseum Oil/canvas 107,5x127cm/*42x50in* London 96

SERVANDONI Giovanni Nic., Jean 1695-1766 **[6]**
- *$8 700 FF45 000 £5 640* Tempête près d'une côte rocheuse/Navire près de la côte méditerranéenn Huile/toile 57x132cm/*22x51in* Paris 96
- *$74 250 FF388 350 £45 000* A Capriccio of a ruined Ionic Temple and an Obelisk with Peasants Oil/canvas 132x98cm/*51x38in* London 96
- *$3 017 FF18 081 £1 800* Allegory of the Education of a young Prince: Minerva and Prudence Black chalk 42x76cm/*16x29in* London 98

SERVIN Amédée Elie 1829-1885/86 **[8]**
- *$2 750 FF14 953 £1 646* "Le tir à Villier-sur-Morin" Oil/canvas 26x46cm/*10x18in* Morris Plains 97
- *$3 257 FF18 886 £1 945* Ferme et moulin Oil/panel 38x45,5cm/*14x17in* Amsterdam 97

SERVRANCKX Victor 1897-1965 **[50]**
- *$4 505 FF27 625 £2 686* Le mouvement de la faux, série "Les Blés" Huile/panneau 23x29cm/*9x11in* Bruxelles 98
- *$429 FF2 448 £262* Compositie Drawing 25,5x34cm/*10x13in* Lokeren 97

SESSA Aldo 1939 **[6]**
- *$1 800 FF10 600 £1 111* Life and Death of a Rose Photograph 58x49,5cm/*22x19in* New-York 97

SESSHIN Kakimoto 1777-1839 **[1]**
- *$20 000 FF115 740 £12 304* Retired Emperor Kokaku's visit to Shugakuin Ink 122x252cm/*48x99in* New-York 97

SESSHO Sugitani 1827-1895 **[1]**
- *$1 500 FF8 547 £936* Landscapes Ink 176x71cm/*69x27in* New-York 97

SESSIONS James Milton 1882-1962 **[39]**
- *$1 200 FF6 932 £739* Morning, Gloucester Harbor Watercolour 34,5x44,5cm/*13x17in* New-York 97

SETCHEL Sarah 1803-1894 **[1]**
- *$2 831 FF17 469 £1 700* A Landscape with Bluebells Watercolour 29x36cm/*11x14in* London 98

SETELIK Jaroslav 1881-1955 **[5]**
- *$4 570 FF22 360 £2 893* Blick auf den Hradschin Öl/Leinwand 65x75cm/*25x29in* Praha 95
- *$694 FF4 285 £416* Fassade eines Palais Aquarell/Papier 40x34cm/*15x13in* Wien 98

SETKOWICZ Adam 1875-1946 **[12]**
- *$2 762 FF15 802 £1 723* Snowy winter landscape with a sledge Oil/canvas 56x86cm/*22x33in* Warszawa 97
- *$404 FF2 461 £250* Scena z Goralami Watercolour/paper 16,5x31,5cm/*6x12in* Warszawa 97

SETON Ernest Thompson 1860-1946 **[1]**
- *$3 750 FF18 900 £2 419* Bison in a Western Landscape Watercolour/paper 27x36cm/*11x14in* Hayden 96

SETON John Thomas c.1740-c.1810 **[7]**
- *$10 850 FF55 800 £7 000* Portrait of Christopher Fawcett, his wife Winifred and son, John Oil/canvas 95,5x116,5cm/*37x45in* London 96

SETTANNI Luigi **[2]**
- *$1 750 FF10 510 £1 049* Pont Aveu Model Oil/board 36x29cm/*14x11in* Philadelphia 98
- *$3 300 FF19 819 £1 979* Quay at Audierne Oil/canvas 45x73cm/*18x29in* Philadelphia 98

SETTI Ercole 1530-1617 **[2]**
- *$1 127 FF7 000 £679* Scène de martyr Encre 18,5x26cm/*7x10in* Paris 98

SETTLE William Frederick 1821-1897 **[15]**
- *$2 670 FF13 580 £1 600* The Evolution of the Royal Navy Watercolour 31x23cm/*12x9in* London 96

SEUPHOR Michel F.Berckelaers 1901 **[49]**

$297 FF1 500 £195 Mythologies imaginaires Sérigraphie 53x69cm/*20x27in* Paris 96
$846 FF5 000 £524 Ouverture à rideau Encre Chine/papier 67x50cm/*26x19in* Paris 97
SEURAT Georges Pierre 1859-1891 **[43]**
$940 000 FF4 820 000 £571 000 Le tas de pierres (Casseurs de pierres) Oil/canvas 33x41,5cm/*12x16in* New-York 96
$59 511 FF356 788 £36 000 L'Estacade de Port-en-Bessin Charcoal/paper 21,5x29cm/*8x11in* London 97
SEURAT Jean-Pierre 1952 **[7]**
$921 FF5 500 £552 Diablotins Sculpture H30cm/*H11in* Paris 98
SEVAL G. XX **[1]**
$685 FF3 500 £451 "2ème Salon du Métropolitain, rue Tronchet..." Affiche 118,5x78,5cm/*46x30in* Neuilly 96
SEVELLEC Jim E. 1897-1971 **[43]**
$673 FF4 000 £411 Morgat, Côte rocheuse Huile/carton 32x40cm/*12x15in* Brest 98
$1 452 FF7 100 £933 Rue du port au Conquet Huile/toile 46x38cm/*18x14in* Brest 95
$545 FF2 750 £356 Débarquement des Anglais à Brest Gouache 44x33cm/*17x12in* Rennes 96
SEVERDONCK van Franz 1809-1889 **[118]**
$2 403 FF14 765 £1 441 Hühnervolk vor einem Gehöft Oil/wood 13x17cm/*5x6in* Köln 98
$3 556 FF21 789 £2 123 Schafe auf der Weide am Gatter Oil/canvas 51x68cm/*20x26in* Dresden 98
SEVERDONCK van Joseph 1819-1905 **[7]**
$2 100 FF11 176 £1 238 A meeting of the minds Oil/panel 17,8x24,1cm/*7x9in* New-York 97
SEVEREN van Dan 1927 **[23]**
$6 970 FF36 200 £4 610 Composition Huile/toile 130x90cm/*51x35in* Lokeren 96
$633 FF3 900 £388 Triptiek Eau-forte 24,5x19cm/*9x7in* Lokeren 98
SEVERIN Mark 1906 **[2]**
$1 900 FF9 260 £1 207 "London Underfround, Why go home ?" Poster 101x68cm/*39x26in* New-York 95
SEVERINI Gino 1883-1966 **[349]**
$24 000 FF136 000 £16 000 Maternità Olio/tavola 41x32,5cm/*16x12in* Roma 97
$130 450 FF664 111 £77 084 "Hommage à Casella" Olio/tela 73,5x91,5cm/*28x36in* Milano 96
$150 000 FF893 925 £91 980 L'Europe malade Oil/canvas 222x212cm/*87x83in* New-York 98
$1 666 FF9 500 £1 023 Les musiciens Lithographie couleurs 65x49,6cm/*25x19in* Paris 97
$6 561 FF37 664 £4 000 Pulcinella e Arlecchino Indian ink 29,5x23cm/*11x9in* London 97
SEVERN Arthur 1842-1931 **[13]**
$8 336 FF51 208 £5 000 "Moonlight from Vauxhall Bridge" Oil/canvas 72,5x98cm/*28x38in* London 98
$653 FF3 717 £400 A rainbow over Lake Coniston, Cumbria Watercolour 44,5x66,5cm/*17x26in* London 97
SEVERN Walter 1830-1904 **[5]**
$164 FF1 006 £100 "The Alhambra" Watercolour 24x34cm/*9x13in* London 98
SEVESI Fabrizio 1773-1837 **[2]**
$2 040 FF11 560 £1 020 Ingresso di villa Tempera/carta 30x40,5cm/*11x15in* Roma 98
SEVESTRE Jules 1834-1901 **[1]**
$2 414 FF13 757 £1 514 Paysage boisé au lac Huile/toile 27,5x40,5cm/*10x15in* Zürich 97
SEVILLANO ESTREMERA Angel 1942 **[18]**
$264 FF1 580 £160 Ave Tinta/papel 13x17,5cm/*5x6in* Madrid 97
SEVIN Pierre Paul 1650-1710/20 **[5]**
$10 500 FF58 011 £6 525 Marriage at Cana, after Paolo Caliari, called Veronese (1528-1588) Gouache/vellum 34x51cm/*13x20in* New-York 97
SEWELL Amos 1901-1983 **[11]**
$5 000 FF25 900 £3 340 Steamboat pulling barge, for "River Singer" (Pete Martin) Mixed media 38x97cm/*15x38in* New-York 96
$2 750 FF16 330 £1 678 Four figures amidst rocky outcroppings, ill; for the Sat. Evening Post Watercolour/paper 80x57cm/*31x22in* New-York 98
SEWELL Lydia Aman. Brewster 1860-1924 **[2]**
$12 000 FF72 463 £7 203 Arcadian Melody Oil/canvas 76x129,5cm/*29x50in* New-York 98
$27 000 FF154 110 £16 691 Bacchanal Oil/canvas 151,5x325cm/*59x127in* New-York 97
SEWELL Robert van Vorst 1860-1924 **[5]**
$2 200 FF12 850 £1 301 Figures on a Wooded Cliff Overlooking the Sea Oil/canvas 63,5x89cm/*25x35in* Boston, Mass. 97

SEXTON Frederick Lester 1889-? **[17]**
 $2 000 FF11 947 £1 224 Stone Towers Oil/canvas 66x73,5cm/*25x28in* New-York 98
SEYBOLD Christian 1697/1703-1768 **[6]**
 $19 330 FF100 000 £12 530 Portrait de l'épouse de l'artiste Huile/métal 43,5x33,5cm/*17x13in* Paris 96
 $21 000 FF123 820 £12 877 Self Portrait Oil/canvas 70x59cm/*27x23in* New-York 98
SEYBOLD Christian (Attrib.) 1697/1703-1768 **[3]**
 $6 632 FF38 352 £4 104 Mädchen mit Papagei Öl/Leinwand 62x51cm/*24x20in* Wien 97
SEYDEL Eduard Gustav 1822-1881 **[9]**
 $3 249 FF20 171 £1 980 Village Activities Oil/canvas 67x56cm/*26x22in* Boston, Mass. 97
SEYFFERT Leopold Gould 1887-1956 **[6]**
 $1 600 FF9 557 £979 Portrait of Myself Oil/canvas 92x76,5cm/*36x30in* New-York 98
SEYLBERGH van den Jaak 1884-1960 **[22]**
 $611 FF3 735 £372 Vue de dunes au coucher du soleil Pastel/papier 59x70cm/*23x27in* Bruxelles 98
SEYLER Julius 1873-1955 **[192]**
 $1 093 FF6 501 £669 Zwei Kühe mit Hirte auf einem Waldweg Öl/Leinwand 17,5x24cm/*6x9in* Bern 97
 $2 249 FF12 816 £1 410 Die Eisenbahn im Wilden Westen Öl/Karton 42x56cm/*16x22in* Düsseldorf 97
 $676 FF4 022 £414 Porträt einer Dame Pastell/Karton 62x43cm/*24x16in* Köln 97
SEYMOUR David Szymin Chim 1911-1956 **[3]**
 $982 FF5 836 £600 Shoes for Elefteria/Orphans of the Greek War Gelatin silver print 23x20cm/*9x8in* London 98
SEYMOUR George L. XIX **[8]**
 $4 690 FF23 840 £2 800 Dressed for the ball Oil/panel 41x26cm/*16x10in* London 96
SEYMOUR James c.1702-1752 **[48]**
 $4 500 FF23 140 £2 806 Huntsman with hounds Oil/canvas 3x50cm/*1x19in* New-York 96
 $78 695 FF484 875 £48 350 Lord Craven coursing at Ashdown Park Oil/canvas 67x75cm/*26x29in* New-York 98
 $546 000 FF2 783 000 £360 000 Flying Childers, a bay racehorse held by a groom on newmarket heath Oil/canvas 98,5x124cm/*38x48in* London 96
 $4 170 FF21 220 £2 500 Horse passing between two posts Ink/paper 13x13cm/*5x5in* London 96
SEYMOUR James (Attrib.) c.1702-1752 **[6]**
 $8 000 FF40 750 £4 800 Mr. Lamego's "Little driver" with jockey up Oil/canvas 29x35cm/*11x13in* London 96
 $12 967 FF75 258 £8 000 Huntsman with his hounds in a landscape Oil/canvas 34x49cm/*13x19in* London 97
SEYMOUR John, Colonel c.1680-c.1740 **[3]**
 $838 FF5 022 £500 The Head of a Woman looking down to the right Black chalk 81x76cm/*31x29in* London 98
SEYMOUR Maurice XIX-XX **[1]**
 $652 FF3 846 £400 "Edith Piaf" Poster 120x76cm/*47x29in* London 98
SEYMOUR Thomas, Tom XIX **[21]**
 $751 FF4 604 £450 A View of a Town on the Far Bank of an Estuary Oil/canvas 29x59,5cm/*11x23in* London 98
SEYMOUR-HADEN Francis 1818-1910 **[6]**
 $1 100 FF6 264 £677 Group of four Etchings Etching 14x21cm/*5x8in* New-York 97
SEYSSAUD René 1867-1952 **[151]**
 $2 047 FF10 000 £1 295 Paysage aux collines bleues Huile/toile 11x16cm/*4x6in* Aix-en-Provence 95
 $5 628 FF35 000 £3 549 Les arbres verts Huile/toile 55x46cm/*21x18in* Cabrières-D'Avignon 97
 $1 663 FF10 200 £1 018 Berger et son troupeau sous les châtaignier Sanguine 42x59cm/*16x23in* Arles 98
SEZANNE Augusto 1856-1935 **[3]**
 $3 970 FF20 700 £2 604 Interno di San Marco Olio/tela 80x91cm/*31x35in* Trieste 96
SEZILLE DES ESSARTS Auguste Fred Pierre 1867-? **[4]**
 $12 110 FF70 000 £7 462 La Favorite du Sultan Huile/toile/panneau 81x65cm/*31x25in* Paris 97
SHA HUAISHI 1927 **[1]**
 $2 249 FF13 559 £1 403 Calligraphy Ink/paper 137x34cm/*53x13in* New-York 97
SHACKLETON Keith 1923 **[25]**
 $2 570 FF13 370 £1 700 The Seekers, little terns in flight over the sea Oil/board 60x13cm/*23x5in* London 96
 $2 573 FF13 410 £1 700 Gannets of Lundy Island/Barnacle Gesse, Caerlaverock Oil/board

39x48cm/*15x18in* London 96
SHACKLETON William 1872-1933 **[8]**
  $2 775 FF16 915 £1 700 Burdens of the Sea Bodycolour 42x48cm/*16x18in* London 98
SHADBOLT Jack Leonard 1909 **[45]**
  $998 FF5 747 £589 Temple Garden Rose Mixed media 34x25cm/*13x9in* Vancouver, BC. 97
  $10 360 FF50 820 £6 580 Black Forms on Violet, Abstract Premonitions of Autumn Oil/canvas 68,5x112cm/*26x44in* Vancouver, BC. 95
  $15 340 FF88 259 £9 055 Field Voices Oil/canvas 76x188,5cm/*29x74in* Vancouver, BC. 97
  $559 FF3 191 £340 "December birds" Serigraph in colors 45,7x76,2cm/*17x29in* Calgary, Alberta 97
  $4 292 FF21 054 £2 726 Cement Mill, False Creek Pencil/paper 48,5x39,5cm/*19x15in* Vancouver, BC. 95
SHAFFER Mary XX **[1]**
  $7 000 FF36 540 £4 230 "Column-Edge" Sculpture H55cm/*H21in* New-York 96
SHAHN Ben 1898-1969 **[102]**
  $100 000 FF583 430 £61 260 The physicist Tempera/canvas 132x79cm/*51x31in* New-York 97
  $749 FF4 317 £440 Martin Luther King/Futility Engraving 47x39cm/*18x15in* New-York 97
  $1 800 FF10 386 £1 103 "We don't Buy..." 1930s Photograph 16x24cm/*6x9in* New-York 97
  $4 500 FF25 685 £2 781 On the first day of Christmas my true love gave to me Watercolour 35,5x48,5cm/*13x19in* New-York 97
SHAHZADA Laila 1926-1994 **[1]**
  $4 153 FF24 900 £2 500 Rapture Oil/canvas 87,5x61cm/*34x24in* London 98
SHAIKHET Arkady Samoylovich 1898-1959 **[10]**
  $1 800 FF9 320 £1 152 Stairwell, 1930s Gelatin silver print 21x16cm/*8x6in* New-York 96
SHALDERS George 1826-1873 **[46]**
  $2 874 FF16 528 £1 800 Returning Home at Dusk Oil/canvas 61x94,5cm/*24x37in* London 97
  $4 234 FF24 606 £2 500 Cattle in a highland landscape Oil/board 14x19cm/*5x7in* London 97
  $3 984 FF23 629 £2 500 Shepherd and his Flock Moving to Summer Pasture Watercolour/paper 21,5x52cm/*8x20in* Newcastle-upon-Tyne 97
SHALOM DE SAFED Shalom Moskowitz 1892-1980 **[7]**
  $4 500 FF25 891 £2 656 Pharaoh's Daugther/Jonah and the Whale Acrylic/board 45,5x60,5cm/*17x23in* New-York 97
  $2 500 FF13 030 £1 572 The Garden og Eden Gouache 50x34cm/*19x13in* New-York 96
SHAN Ben 1898-1969 **[7]**
  $400 FF2 425 £244 Gandhi Screenprint 88x58cm/*35x23in* Boston, Mass. 98
  $1 000 FF6 097 £600 Bird Gouache/paper 48x61cm/*18x24in* Boston, Mass. 98
SHANKS William Somerville 1864-1951 **[16]**
  $1 775 FF10 752 £1 100 Still Life with Roses, Grapes, Pear and Vase Oil/canvas 51x41cm/*20x16in* Perthshire 97
SHANNON Charles Haslewood 1863-1937 **[36]**
  $249 FF1 511 £152 Nude (The tyrant) Lithograph 28,4x18,5cm/*11x7in* Berlin 98
  $435 FF2 240 £280 Two male nude studies Coloured chalks 41x28cm/*16x11in* London 96
SHANNON David Michael 1927-1993 **[27]**
  $909 FF5 447 £542 Portrait of Stephen Oil/canvas 91x63cm/*35x24in* Sydney 98
  $3 092 FF18 939 £1 847 Malbourne Oil/canvas 151x122cm/*59x48in* Sydney 97
SHANNON James Jebusa 1862-1923 **[21]**
  $3 800 FF23 199 £2 271 Girl with Flowers Oil/canvas 44,5x33cm/*17x12in* New-York 98
  $4 500 FF27 355 £2 771 Portrait of a Lady in a Pink and White Dress Oil/canvas 91,5x71cm/*36x27in* New-York 98
  $14 501 FF88 371 £8 800 Mrs Andrew Lawson and Miss Butler Oil/canvas 231x136cm/*90x53in* London 98
SHAO FEI 1954 **[20]**
  $5 296 FF31 504 £3 248 The Happy Family Oil/canvas 84,5x108cm/*33x42in* Taipei, Taiwan 97
  $1 936 FF11 286 £1 192 Modern dance Ink 59,4x90,8cm/*23x35in* Hong Kong 97
SHAO GAO 1594-1642 **[1]**
  $3 000 FF16 949 £1 888 Landscape Ink 18x53cm/*7x20in* New-York 97
SHAO MI c.1596-1642 **[2]**
  $22 000 FF124 293 £13 846 Scholar crossing a bridge Ink/paper 100x38,1cm/*39x14in* New-York 97
SHAPIRO Joel 1941 **[92]**

S

---

*$850 FF4 859 £521 Untitled Pochoir 88,5x84cm/*34x33in* New-York 97
*$37 500 FF191 000 £22 500 Untitled Bronze H39cm/*H15in* New-York 96
*$105 000 FF538 000 £63 800 Untitled Bronze 119,5x125x116cm/*47x49x45in* New-York 96
*$8 000 FF49 230 £4 856 Untitled Coloured chalks/paper 54x46cm/*21x18in* New-York 98

SHAPIRO Shmuel 1924-1983 **[27]**
*$277 FF1 426 £173 Komposition Acrylic/cardboard 24x30cm/*9x11in* Bern 96
*$139 FF692 £90 Gelage Etching 22,5x20,5cm/*8x8in* Stuttgart 95
*$552 FF2 760 £357 Untitled Watercolour/paper 30,5x41,5cm/*12x16in* Lindau 96

SHAPLAND John 1865-1929 **[84]**
*$322 FF1 919 £200 Moorland Brook Gouache 25x33cm/*10x13in* Aylsham, Norfolk 97

SHAPLEIGH Frank Henry 1842-1906 **[43]**
*$2 400 FF12 834 £1 427 "The Crawford Notch" Oil/canvas 55x91cm/*22x36in* Boston, Mass. 97
*$2 520 FF14 221 £1 544 Thorn Hill Rd. Jackson NH Oil/canvas 25x40cm/*10x16in* Mystic, Connecticut 97
*$400 FF2 381 £248 Chickens by a Farmhouse Watercolour/paper 14x10cm/*5x3in* North Berwick, Maine 97

SHARAFF Irene XX **[1]**
*$2 523 FF13 000 £1 627 Projet de costume de palais pour le Roi de Siam dans "Le Roi et moi" Gouache 49x32cm/*19x12in* Paris 96

SHARK LEWITT Vivienne 1956 **[2]**
*$2 865 FF16 734 £1 695 "A Dance to the Music of Time" Oil/wood 29x47cm/*11x18in* Melbourne 97

SHARLAND Edward W. XIX-XX **[17]**
*$83 FF519 £50 "Toledo Cathedral" Etching 45x27cm/*17x10in* Bristol, Avon 98

SHARP Dorothea 1874-1955 **[168]**
*$6 521 FF39 525 £4 000 Mother and Child, The Tuilleries, Paris Oil/panel 30,5x40cm/*12x15in* London 98
*$14 740 FF71 500 £9 500 Hill Flowers Oil/canvas 64x76cm/*25x29in* London 95

SHARP John T. XX **[2]**
*$7 500 FF37 800 £4 839 Plovers in Surf Sculpture, wood 27x78cm/*11x31in* Hayden 96

SHARP Joseph Henry 1859-1934 **[95]**
*$2 864 FF14 930 £1 800 Hounds in a kennel in winter Oil/canvas 73x91,5cm/*28x36in* London 96
*$11 500 FF65 865 £6 803 Rio Grande Oil/canvas 30x45cm/*12x18in* Santa Fe, New Mexico 97
*$8 000 FF48 840 £4 781 Portrait of an Indian Pastel/board 25,5x18cm/*10x7in* New-York 98

SHARP Martin 1942 **[11]**
*$198 FF1 230 £118 Nimrod 10 Silkscreen 100x75cm/*39x29in* Sydney 98

SHARP Michael William ?-1840 **[2]**
*$3 130 FF16 030 £1 900 A Chelsea Pensioner/A General Pensioner Oil/canvas 38x30,5cm/*14x12in* London 96

SHARPLES James I 1751-1811 **[2]**
*$2 100 FF12 844 £1 246 Portraits of Mr. Thomas Walpole and Mrs. Elizabeth Walpole Pastel/paper 25x20cm/*10x8in* Washington 98

SHARROCK Joan 1946 **[3]**
*$1 417 FF8 516 £850 Tiger, "Leap of Faith" Oil/canvas 61x46cm/*24x18in* London 98

SHARROCK John 1946 **[3]**
*$1 906 FF9 200 £1 200 Sand Jewel, an Indian Red Jungle Fowl Oil/canvas 20x25cm/*7x9in* London 95

SHART XX **[4]**
*$3 924 FF23 500 £2 345 Le marché Huile/toile 80x115cm/*31x45in* Laval 98

SHATTER Susan 1943 **[5]**
*$649 FF3 836 £403 Canyon Panorama Watercolour 27x62cm/*10x24in* Boston, Mass. 97

SHATTUCK Aaron Draper 1832-1928 **[18]**
*$2 800 FF16 980 £1 708 Sheep Grazing in a Field Oil/board 37x55cm/*14x21in* Boston, Mass. 98
*$5 500 FF31 920 £3 358 Cows Watering Oil/canvas 30,5x51cm/*12x20in* Los Angeles 97

SHAW Byam John Liston 1872-1919 **[40]**
*$6 320 FF30 900 £4 000 Who knoweth the Spirit of man... (Ecclesiastes, III, 21) Oil/panel 36x25cm/*14x9in* London 95
*$8 391 FF48 449 £5 000 The New Toy Oil/canvas 56x73,5cm/*22x28in* London 97
*$1 600 FF9 792 £972 Tannhauser & the Flying Dutchman Watercolour/paper 1x8cm/*x3in* Milford, Conn. 98

SHAW Charles Green 1892-1974 **[35]**
*$1 900 FF9 785 £1 225 Untitled Oil/canvas/board 50x40cm/*20x16in* Bolton, Mass. 96
*$5 200 FF26 600 £3 366 Abstraction Oil/board 31x23cm/*12x9in* New-York 95

SHAW George Bernard 1856-1950 **[1]**
📷 *$4 500 FF26 102 £2 758* A Self-Portrait Platinum print 14x8cm/*5x3in* New-York 97
SHAW Hugh George XIX-XX **[2]**
👝 *$21 167 FF123 574 £13 000* A Small Terrier Singing a Song to Jack Russell Oil/canvas 34x51cm/*13x20in* Newbury, Berkshire 97
SHAW Jim 1952 **[6]**
✏ *$2 500 FF12 810 £1 520* Billy Goes to a Love-In Gouache 43x36cm/*16x14in* New-York 96
SHAW Lalu Prasad 1937 **[1]**
✏ *$1 577 FF9 457 £949* Untitled/Untitled Ink 35,5x24,5cm/*13x9in* London 98
SHAW William ?-1773 **[4]**
👝 *$49 074 FF292 113 £30 000* "Brilliant", William Croft'd dun Stallion, being led Towards a mare Oil/canvas 99x124,5cm/*38x49in* London 98
SHAYER Charles Waller 1826-1914 **[19]**
👝 *$9 130 FF46 100 £6 000* The New Team Oil/canvas 71x91cm/*27x35in* London 96
SHAYER Henry Thring 1825-1864 **[15]**
👝 *$9 130 FF46 100 £6 000* The New Team Oil/canvas 71x91cm/*27x35in* London 96
SHAYER William XIX **[20]**
👝 *$2 350 FF11 400 £1 515* Weitläufige Gebirgslandschaft mit See Oil/panel 23x31,5cm/*9x12in* Frankfurt 95
👝 *$7 381 FF42 372 £4 500* Cattle resting at a Pool Oil/canvas 61x51cm/*24x20in* London 97
SHAYER William (Attrib.) XIX **[9]**
👝 *$1 879 FF10 975 £1 153* Rural Scene with Figures and Cattle at a Stream Oil/canvas 71x91,5cm/*27x36in* Toronto 97
👝 *$2 310 FF11 970 £1 500* Figures filling water barrow by a stream Oil/canvas 7x96cm/*3x38in* Aylsham, Norfolk 96
SHAYER William Joseph 1829-1885 **[23]**
🎞 *$684 FF3 896 £420* Coaching, the First Change Up/The Last Change Down/The Right Sort Aquatint in colors 34x44,5cm/*13x17in* London 97
SHAYER William, Jnr. 1811-1892 **[28]**
👝 *$5 000 FF25 500 £3 310* A Southerly Wind and a cloudy Sky proclaim it a Hunting Morning Oil/board 8,5x12cm/*3x4in* New-York 96
👝 *$6 000 FF30 000 £3 884* The hay wagon outside the inn Oil/canvas 46x61cm/*18x24in* New-York 96
SHAYER William, Jnr. (Attr) 1811-1892 **[3]**
👝 *$4 740 FF23 200 £3 000* Leaping the stream Oil/canvas 41x51,5cm/*16x20in* London 95
SHAYER William, Snr. 1788-1879 **[141]**
👝 *$1 460 FF8 326 £918* Campement Huile/toile 63,5x76cm/*25x29in* Montréal 97
👝 *$3 810 FF19 260 £2 500* The road to the farm Oil/board 43x35,5cm/*16x13in* London 96
SHAYER William, Snr. (Attr) 1788-1879 **[13]**
👝 *$4 765 FF28 527 £2 934* Kustvy med fiskare och fiskeskutor Oil/canvas 76x101cm/*29x39in* Stockholm 98
SHCHEKOTIKHNA-POTOTSKAIA Aleksandra XIX-XX **[6]**
✏ *$2 132 FF13 000 £1 300* "Cairo" Watercolour, gouache/paper 61,5x46,5cm/*24x18in* London 98
SHEAD Garry 1942 **[28]**
👝 *$488 FF2 990 £291* Wild Thing Oil/canvas 90x65cm/*35x25in* Sydney 97
SHEARD Thomas Fred. Mason 1866-1921 **[6]**
👝 *$2 879 FF16 732 £1 700* A sunlit river Oil/board 27,2x35cm/*10x13in* London 97
SHEARER Christopher H. 1840-1926 **[22]**
👝 *$1 500 FF8 960 £930* Autumn Landscape Oil/canvas 38x56cm/*15x22in* Hatfield, Pennsylvania 97
👝 *$4 000 FF24 829 £2 398* Rugged Terrain Oil/canvas 91x137cm/*36x54in* Mystic, Connecticut 98
SHEE Martin Archer 1769-1850 **[24]**
👝 *$10 270 FF50 300 £6 500* The Rabbi Oil/canvas 91x70cm/*35x27in* London 95
👝 *$33 400 FF170 000 £22 000* The upset cart Oil/canvas 125x99,5cm/*49x39in* London 96
SHEE Martin Archer (Attr) 1769-1850 **[11]**
👝 *$5 000 FF29 222 £3 051* Portrait of a Young Boy, thought to be Master Thornhill Oil/canvas 61x51cm/*24x20in* San Francisco 97
👝 *$11 000 FF65 359 £6 712* Portrait of Lady Burdett, Standing Full Length in a Portico Oil/canvas 199,5x129cm/*78x50in* New-York 98
SHEE Peter c.1720-c.1770 **[2]**

S

$9 784 FF57 692 £6 000 Coastal Scene with Fishermen Oil/canvas 76x109cm/*29x42in* London 98

SHEELER Charles 1883-1965 **[27]**
$2 500 FF14 602 £1 534 The Greet Tree Tempera/panel 11,5x16,5cm/*4x6in* New-York 97
$5 000 FF28 637 £2 958 Architectural Cadence Silkscreen in colors 19,5x25,5cm/*7x10in* New-York 97
$500 FF3 092 £297 The Midwest Refining Co. Casper Wyo., the View Looking North 1930s Gelatin silver print 34,5x17cm/*13x6in* San Francisco 98
$24 000 FF142 096 £14 352 Meta Mold II Gouache 20,4x25,3cm/*8x9in* New-York 97

SHEERBOOM Andrew 1832-1880 **[8]**
$3 500 FF20 883 £2 096 Presentation to the Queen Oil/canvas 43x54cm/*17x21in* Houston, Texas 98

SHEETS Millard Oward 1907-1989 **[68]**
$7 500 FF39 150 £4 530 Verdant Hills Oil/canvas 40,5x51cm/*15x20in* San Francisco-Los Angeles 96
$200 FF984 £127 Mountain horses (two impressions) Lithograph 19,5x27cm/*7x10in* New-York 95
$4 250 FF22 200 £2 570 Skiing in big Pine Watercolour/paper 37x56cm/*14x22in* San Francisco-Los Angeles 96

SHEFFIELD George 1839-1892 **[28]**
$540 FF3 204 £320 In the Harbour Black chalk/paper 66x26cm/*25x10in* Billingshurst, West Sussex 97

SHEFFIELD Isaac (Attrib.) 1798-1845 **[2]**
$10 500 FF51 300 £6 640 Portrait of Captain Peter Coffin Oil/canvas 76x62cm/*30x24in* New-York 95

SHEIKH Gulam Mohammed 1937 **[3]**
$25 751 FF154 383 £15 500 How can You sleep Tonight? Oil/canvas 213,5x213,5cm/*84x84in* London 98
$2 516 FF12 500 £1 600 Untitled Charcoal 118x180cm/*46x70in* London 95

SHELTON Margaret D. 1915-1984 **[154]**
$470 FF2 716 £279 Mountain Landscape Oil/paper/board 30x40cm/*11x15in* Calgary, Alberta 97
$243 FF1 237 £146 A Foothills ranch Linocut in colors 11,5x15cm/*4x5in* Calgary, Alberta 96
$78 FF450 £46 "Windblown Poplar" Ink/paper 23x28cm/*9x11in* Calgary, Alberta 97

SHELTON Peter T. 1951 **[2]**
$18 000 FF103 687 £11 104 Redshirt Sculpture 89x110,5x9cm/*35x43x3in* New-York 97

SHELTON Sidney XIX **[4]**
$1 008 FF5 190 £650 Cottage garden in full bloom Watercolour 34x51cm/*13x20in* London 96

SHEMI Menachem 1896-1951 **[24]**
$16 000 FF95 124 £9 788 Safed Oil/canvas 38x53,5cm/*14x21in* Tel Aviv 97
$15 000 FF114 500 £9 700 Figures on Donkeys Oil/canvas 40,5x26cm/*15x10in* Tel Aviv 96
$4 200 FF23 191 £2 620 Figures in Arab Village Watercolour 32x47cm/*12x18in* Tel Aviv 97

SHEMI Yehiel 1922 **[15]**
$1 050 FF6 241 £641 Composition Iron H26cm/*H10in* Tel Aviv 98
$25 000 FF129 500 £16 000 Bird Iron H85cm/*H33in* Tel Aviv 96

SHEN QUAN c.1725-1780 **[4]**
$10 328 FF60 192 £6 360 Twin Phoenixes under a wutong tree Ink 198x94,5cm/*77x37in* Hong Kong 97

SHEN YAOCHU 1908-1990 **[2]**
$2 000 FF11 862 £1 221 Frog Unde Rock Ink 134,5x42,5cm/*52x16in* San Francisco 98

SHEN YINMO 1887-1971 **[4]**
$4 157 FF24 903 £2 482 Calligraphy in xing Shu Ink/paper 29x72,5cm/*11x28in* Hong Kong 98

SHEN ZENGZHI 1850-1922 **[3]**
$2 068 FF12 030 £1 233 Running Script Couplet Ink/paper 135x26cm/*53x10in* Hong Kong 97

SHEN ZHEZAI 1924 **[2]**
$11 630 FF59 500 £7 530 Before the performance Oil/canvas 53x46cm/*20x18in* Taipei, Taiwan 95

SHEN ZHOU 1427-1509 **[5]**
$9 000 FF53 571 £5 587 Running Script Calligraphy Indian ink/paper 83x39cm/*33x15in* New-York 97

SHENG SHANSHAN 1957 **[3]**
$10 340 FF53 000 £6 290 Ancient Writing Mixed media/canvas 120x180cm/*47x70in* Hong Kong 96

SHEP Charles Shepherd 1892-? **[4]**
$529 FF2 750 £350 "South and East Africa" Poster 102x64cm/*40x25in* London 96

SHEPARD Ernest Howard 1879-1976 **[115]**
$81 FF485 £49 The Awakening Pencil/paper 20x13cm/*7x5in* London 97

SHEPHEARD George 1770-1842 **[4]**
$98 FF603 £60 Netley Abbey Watercolour 12x20cm/*4x7in* London 98

SHEPHERD David 1931 **[133]**

$9 000 FF54 479 £5 319 Zebra on the alert Oil/canvas 58x55cm/*22x21in* New-York 98
$9 170 FF55 077 £5 500 Buffalo Oil/canvas 18x25,5cm/*7x10in* London 98
$85 000 FF428 400 £54 842 Dusty Jumbos Oil/canvas 86x157cm/*34x62in* Hayden 96
$413 FF2 495 £260 Indian siesta Print 51x83cm/*20x32in* West Midlands 97
$1 747 FF8 440 £1 100 Study for a wachtful warrior Pencil 13x18,5cm/*5x7in* London 95
SHEPHERD Ernest Howard 1879-? **[1]**
$1 202 FF6 966 £749 Miss Angelina removes her shoes and stockings Watercolour 17x28cm/*6x11in* London 97
SHEPHERD George 1784-1862 **[7]**
$998 FF5 070 £596 Isle of Ely Watercolour/paper 19,5x35cm/*7x13in* Köln 96
SHEPHERD George (Attrib.) 1784-1862 **[2]**
$4 550 FF23 200 £3 000 View of the Thames at Wandsworth Oil/canvas 60x3cm/*23x1in* London 96
SHEPHERD George Sidney 1784-1862 **[32]**
$1 241 FF6 400 £800 Sunset at Tamerton Foliot, near Plymouth Watercolour 20x27cm/*7x10in* London 96
SHEPHERD Thomas Hosmer 1793-1864 **[10]**
$813 FF4 859 £500 Carisbrooke Church, Isle of White Watercolour 16x25cm/*6x9in* London 98
SHEPHERD William Colonel XIX **[1]**
$3 336 FF20 358 £2 000 Busheer, Lingah, Bunder Abbas, Muscat (1869), Kurrachee Harbour Watercolour/paper 13x21,5cm/*5x8in* London 98
SHEPHERDSON Gordon 1934 **[5]**
$2 204 FF11 298 £1 407 "The Fifth Plate" Etching 44x51,5cm/*17x20in* Brisbane 96
SHEPPARD Clive 1930 **[5]**
$2 156 FF11 170 £1 400 Gate Bronze H67,5cm/*H26in* London 96
SHEPPARD Warren W. 1858-1937 **[45]**
$1 300 FF7 069 £778 Venice Oil/canvas 43x35cm/*17x14in* Portsmouth, NH. 97
$2 000 FF11 554 £1 232 Gondolas in Venice Oil/canvas 51x71cm/*20x27in* New-York 97
SHEPPERSON Claude Allin 1867-1921 **[13]**
$2 778 FF16 634 £1 700 Harvest Time Oil/canvas 45,5x30cm/*17x11in* Billingshurst, West Sussex 97
SHERBURNE Robert XVIII **[2]**
$25 500 FF123 800 £16 000 The Ruins of Sherborne Castle/A Bridge in Sherborne Park Oil/canvas 47x58cm/*18x22in* London 95
SHERINGHAM George 1884-1937 **[17]**
$524 FF3 041 £320 A Design for a Backdrop for "Isaac's Lodgings'" Watercolour 34x25,5cm/*13x10in* London 97
SHERMAN Albert John 1882-1971 **[51]**
$427 FF2 488 £262 The Old Road Oil/canvas/board 45x52cm/*17x20in* Sydney 97
$977 FF5 873 £584 Bowral, New South Wales Oil/board 35x40,5cm/*13x15in* Melbourne 98
SHERMAN Beatrix XX **[3]**
$3 000 FF18 105 £1 821 The Duchess of Windsor Mixed media/panel 27x20,5cm/*10x8in* New-York 98
$7 500 FF45 262 £4 553 H.R.H. The Duke of Windsor and the Duchess of Windsor, Palm Beach Mixed media/paper 38x30,5cm/*14x12in* New-York 98
SHERMAN Cindy 1954 **[216]**
$14 500 FF70 200 £9 300 Untitled #98 Photograph 114x76cm/*44x29in* New-York 95
SHERMUND Barbara 1910-1978 **[3]**
$1 400 FF7 170 £851 Women observing striding man with pipe, probably for New Yorker, 1930s Watercolour, gouache 41x34cm/*16x13in* New-York 96
SHERRIFF-SCOTT Adam 1887-1980 **[33]**
$586 FF3 070 £353 The Deacon in Scotland Huile/isorel 41x51cm/*16x20in* Montréal 96
SHERRIFFS Robert Stewart XIX-XX **[1]**
$2 498 FF14 450 £1 500 The Death of Don Juan Watercolour 37x25cm/*14x9in* London 97
SHERRIN Daniel, Dan 1868-1940 **[176]**
$240 FF1 401 £142 Trimming the Sails Oil/canvas 61x101,5cm/*24x39in* New-York 97
$668 FF4 092 £400 Figures on a Path at Sunset Oil/canvas 40,5x30,5cm/*15x12in* London 98
$457 FF2 723 £280 A Moorland Scene with Distant Views of Rising Hills Bodycolour 47,5x65,5cm/*18x25in* London 98
SHERRIN John 1819-1896 **[29]**

$2 420 FF12 340 £1 600 Bird's nest with eggs, brambles, wild flowers Watercolour 33x46cm/*12x18in* London 96
SHERRIN Reginald Daniel 1891-1971 **[25]**
$241 FF1 440 £149 Poundsgate Dartmoor/Great Hound Toor, Dartmoor Bodycolour 25,5x35,5cm/*10x13in* London 97
SHERWOOD Maude **[2]**
$1 482 FF8 652 £914 Still life with mixed arrangement Watercolour/paper 39x31cm/*15x12in* Melbourne 97
SHERWOOD Rosina Emmett 1854-1948 **[4]**
$4 250 FF24 205 £2 621 Head of a Child Watercolour, gouache 30,5x26cm/*12x10in* Boston, Mass. 97
SHEU DONG-J 1947 **[1]**
$8 860 FF45 400 £5 380 View of Tapei Oil/canvas 145,5x112cm/*57x44in* Hong Kong 96
SHI BENMING 1958 **[1]**
$4 920 FF25 300 £3 036 Roses Oil/canvas 100x80,5cm/*39x31in* Hong Kong 95
SHI HU 1942 **[14]**
$11 065 FF62 451 £6 782 Reflections Oil/canvas 74x64cm/*29x25in* Singapore 97
$8 790 FF43 500 £5 440 Chess Ink 89x86cm/*35x33in* Hong Kong 96
SHI LIANG 1963 **[1]**
$4 920 FF25 300 £3 036 Green Leaves Oil/canvas 80x54cm/*31x21in* Hong Kong 95
SHI LU 1919-1982 **[27]**
$17 450 FF86 300 £10 800 Orchid Ink 130x65cm/*51x25in* Hong Kong 96
SHI TAO 1642-1707 **[1]**
$51 600 FF265 000 £31 430 Plum blossom Ink/paper 50,5x31cm/*19x12in* Hong Kong 96
SHIBUYA Ryukichi 1904-1995 **[3]**
$3 800 FF22 183 £2 298 Lait Powder Still Life Gelatin silver print 30x25cm/*11x9in* Beverly Hills, Calif. 97
SHICHINOHE Masaru 1959 **[4]**
$1 700 FF10 359 £1 035 Psychology Acrylic/panel 91x45cm/*35x17in* Tel Aviv 98
SHIELDS Frederick James 1833-1911 **[13]**
$1 343 FF6 570 £850 Ave, Cain and Abel Black chalk 135x47cm/*53x18in* London 95
SHIELS William 1785-1857 **[4]**
$10 076 FF61 031 £6 243 Young Painter Oil/canvas 63,5x76cm/*25x29in* Perthshire 97
SHIGEMASA Kitao 1739-1820 **[4]**
$3 498 FF20 231 £2 100 Two Geisha rehearsing a song Print 37x25,4cm/*14x10in* London 97
SHIKLER Aaron 1922 **[22]**
$20 000 FF103 000 £13 246 Portrait study of Caroline Kennedy Oil/paper 22x16cm/*8x6in* New-York 96
$47 500 FF244 625 £31 459 Shikler Charcoal 25,5x32cm/*10x12in* New-York 96
SHIKO Munakata 1903-1975 **[37]**
$9 500 FF48 700 £5 770 Murasaki moto no saku Woodcut 42,7x29,5cm/*16x11in* New-York 96
$2 300 FF13 426 £1 391 A sumizuri-e of a nude goddess Indian ink/paper 35x24cm/*14x9in* Boston, Mass. 97
SHILDER Andreij Nikolaevitch 1861-1919 **[2]**
$2 736 FF13 680 £1 800 Mountain clouds Oil/panel 32x46cm/*12x18in* London 95
SHILES William 1785-1857 **[1]**
$6 650 FF33 700 £4 325 Kitchen interior Oil/panel 54x70cm/*21x27in* Köbenhavn 96
SHILLING Alexander 1859-? **[1]**
$2 200 FF11 374 £1 476 Road to Middlebury, late twilight Oil/panel 6x39cm/*2x15in* New-York 96
SHILLING Arthur 1941-1986 **[34]**
$2 814 FF17 116 £1 711 Portrait of a Youth Oil/masonite 61x45,5cm/*24x17in* Toronto 98
SHILLINGOVSKY Pavel Alexandrovich 1881-1942 **[1]**
$1 675 FF8 670 £1 081 Badende Watercolour 17x28cm/*6x11in* Wien 96
SHILOV Alexander XX **[1]**
$7 000 FF39 931 £4 256 Portrait of Pamela C. Harriman Pencil/paper 71x53cm/*27x20in* New-York 97
SHIMIZU Takashi 1897-? **[1]**
$2 306 FF13 793 £1 400 Nude seated Bronze H39cm/*H15in* London 97
SHINGLETON Anne XX **[3]**
$4 053 FF24 000 £2 400 Black ans white Tom Cats fighting Oil/canvas 89x109cm/*35x42in* London 97
SHINN Everett 1876-1953 **[109]**
$14 260 FF74 400 £8 610 Reclining Nude Oil/board 25,5x31,5cm/*10x12in* New-York 96

  $16 000 FF82 400 £10 230 French Maiden Oil/canvas/board 38,5x48,5cm/*15x19in* New-York 96
  $11 000 FF56 600 £7 030 View of New York: Washington Square Charcoal 24x32cm/*9x12in* New-York 96

SHINODA Toko 1913 [8]
  $330 FF1 963 £201 "Reminiscence" Lithograph 132x177cm/*52x70in* Amsterdam 98
  $1 300 FF6 420 £840 Source Ink 40x30cm/*16x12in* Mystic, Connecticut 96

SHINOHARA Ushio 1932 [1]
  $2 500 FF14 467 £1 538 Onna no matsuri Silkscreen 71x145cm/*27x57in* New-York 97

SHINSUI Ito 1898-1972 [15]
  $2 005 FF10 380 £1 295 Ökvinna Woodcut in colors 41x24cm/*16x9in* Stockholm 96
  $8 000 FF45 584 £4 996 Spring Ink 134x31cm/*52x12in* New-York 97

SHIPMAN Benjamin 1806-1872 [2]
  $4 245 FF25 870 £2 600 "Stepping Stones on the Rivers Derwent, Derbyshire" Oil/canvas 61,5x92cm/*24x36in* London 98

SHIRAGA Kazuo 1924 [2]
  $26 220 FF148 580 £13 110 Senza titolo Tecnica mista/tela 90x118cm/*35x46in* Milano 98

SHIREY Sally 1939 [6]
  $173 FF1 012 £107 Beach scene with children playing at the shore Pastel/paper 39x49cm/*15x19in* St. Louis, Miss. 97

SHIRLAW Walter 1838-1909 [24]
  $1 900 FF11 027 £1 160 The Plougman Oil/canvas 35,5x52cm/*13x20in* Los Angeles 97
  $10 500 FF62 314 £6 512 Eager for the Fray Oil/canvas 168x83cm/*66x32in* New-York 97
  $649 FF3 855 £402 In the Park Watercolour 27,5x17cm/*10x6in* New-York 97

SHIRLEY Valerie XX [3]
  $522 FF2 974 £320 A pair of woodcock Watercolour/paper 22,5x30cm/*8x11in* London 97

SHISHKIN Ivan Ivanovitch 1832-1898 [41]
  $14 440 FF72 200 £9 500 Forest glade Oil/canvas 33x21cm/*12x8in* London 95
  $23 496 FF134 028 £14 352 Green foliage Oil/canvas 50x61cm/*19x24in* Helsinki 97
  $147 195 FF900 270 £90 000 Thicket in the Forest Oil/canvas 137x94cm/*53x37in* London 98
  $8 177 FF50 015 £5 000 Studies From Nature Etching 31x43cm/*12x16in* London 98
  $3 000 FF15 740 £1 800 Woodland pond Pencil 41x53cm/*16x20in* London 96

SHISTER Anatole XX [4]
  $6 326 FF37 453 £3 782 Young Balinese Man with Rosster Oil/canvas 75,5x57cm/*29x22in* Toronto 97

SHITAO 1642-1707 [10]
  $190 000 FF1 073 443 £119 586 Bamboo, Orchids, and Rocks Ink/paper 26,5x324cm/*10x127in* New-York 97

SHLESNYAK Henry 1938-1980 [1]
  $6 500 FF39 322 £3 858 Untitled Gouache 81,5x64cm/*32x25in* Tel Aviv 98

SHOESMITH Kenneth Denton 1890-1939 [30]
  $4 260 FF25 316 £2 600 The Departure Oil/canvas 102x38cm/*40x14in* London 98
  $11 471 FF68 159 £7 000 The Pirate, Thomas Fleming, Hastens to Plymouth with the News Oil/canvas 102x297cm/*40x116in* London 98
  $1 552 FF8 656 £949 "Ellerman's Wilson Line, City of Paris" Poster 125x102cm/*49x40in* London 97
  $424 FF2 600 £260 A British Warship moving through the Suez Canal Watercolour/paper 52x73,5cm/*20x28in* London 98

SHOKLER Harry 1896-1978 [21]
  $5 500 FF34 140 £3 297 Picking Apples Oil/canvas 66x81cm/*26x32in* Mystic, Connecticut 98
  $169 FF1 008 £103 "Island Harbor" Silkscreen in colors 36x47cm/*14x18in* Shaker Heights, Ohio 97

SHONBORN John-Lewis 1852-1931 [21]
  $3 173 FF19 000 £1 896 Le retour des foins Huile/toile 61x91cm/*24x35in* Soissons 98

SHÖNN Alois 1826-1897 [1]
  $30 000 FF171 039 £18 420 Goose Market in Cracow Oil/canvas 98,5x85cm/*38x33in* Herzelia Pituah 97

SHOOSMITH Thurston Laidlaw XIX-XX [6]
  $1 008 FF5 270 £600 The Harbour Bar Pencil 27x38cm/*10x14in* London 96

SHOR Zvi 1898-1979 [39]
  $600 FF3 647 £369 Vase and Flowers Oil/canvas/panel 30x18,5cm/*11x7in* Tel Aviv 98
  $900 FF5 253 £544 Moshava Oil/canvas 45x60cm/*17x23in* Tel Aviv 97

SHORE Arnold Joseph Victor 1897-1963 **[4]**
- *$912 FF5 481 £545* Pastorale Oil/board 30x41,5cm/*11x16in* Melbourne 98
- *$3 120 FF18 903 £1 933* "Come into the Garden, Maude", Mt. Macedon Oil/board 60x44cm/*23x17in* Melbourne 97

SHORE Henrietta 1880-1963 **[3]**
- *$8 000 FF39 900 £5 240* Flowers Oil/canvas/board 28x39cm/*11x15in* San Francisco-Los Angeles 95

SHORT Frank, Francis Job 1857-1945 **[32]**
- *$168 FF1 004 £101* Via Mala Etching 21x29cm/*8x11in* Berlin 97

SHORT Frederick Golden 1863-1936 **[63]**
- *$97 FF571 £60* Evening on the Coast Oil/board 22x30cm/*9x12in* Par, Cornwall 97

SHOSON Ohara Matao 1877-1945 **[18]**
- *$336 FF2 008 £203* Reiher am Wasser Woodcut in colors 35x19cm/*13x7in* Berlin 97

SHRADY Henry Merwin 1871-1922 **[13]**
- *$20 000 FF103 800 £13 230* Bull Moose, A Bronze Figure Bronze H52cm/*H20in* New-York 96

SHTERENBERG Abram 1894-1979 **[3]**
- *$3 000 FF15 470 £1 987* Worker, 1920s Silver print 47x52cm/*18x20in* New-York 96

SHULZ Adolph Robert 1869-1963 **[6]**
- *$5 000 FF29 205 £2 958* The Lake Cove Oil/board 60x76cm/*24x30in* Cincinnati, Ohio 97

SHUNCHO Yushido c.1750-c.1800 **[6]**
- *$5 996 FF34 682 £3 600* On the bank of the Sumidagawa Print in colors 39x26,4cm/*15x10in* London 97

SHUNEI Katsukawa c.1750-c.1820 **[7]**
- *$5 330 FF30 828 £3 200* Nakamura Nakazo in privaye life Print 32,8x22cm/*12x8in* London 97

SHUNKO Katsukawa 1743-1812 **[4]**
- *$1 665 FF9 633 £1 000* Nakamura Tomijuro as a dancer in a Kabuki play Print 31x14,5cm/*12x5in* London 97

SHUNSEN Natori 1886-1960 **[2]**
- *$2 500 FF14 245 £1 561* In Front of a Mirror Woodcut 41,5x27cm/*16x10in* New-York 97

SHUNSHO Katsukawa 1726-1793 **[23]**
- *$5 500 FF33 701 £3 284* The Actor Ishikawa Danjuro IV, in the Shibaraku Role Woodcut 27,5x25cm/*10x9in* New-York 98
- *$24 000 FF138 888 £14 764* Iwai Hanshiro IV perfoming as a puppeteer Ink 99x37,5cm/*38x14in* New-York 97

SHUNZAN Katsukawa XVIII-XIX **[2]**
- *$9 161 FF52 986 £5 500* The Pilgrimage to Ise Print in colors 35x25cm/*13x9in* London 97

SHURIGIN Arseny Nicolaevich 1841-1873 **[2]**
- *$750 FF4 432 £444* Interiör från bonåstuga Oil/paper 13x19,5cm/*5x7in* Helsinki 97

SIAN Omra 1967 **[4]**
- *$35 013 FF210 294 £21 000* Mogul of India Acrylic/canvas 45x16cm/*18x6in* London 98

SIBBONS Gudrun **[18]**
- *$795 FF4 747 £480* Dutch River Landscape with Barges and a Windmill Oil/board 27x38cm/*11x15in* Isle of Man 97

SIBERECHTS Jan 1627-c.1703 **[15]**
- *$18 522 FF109 671 £11 000* Women Bathing in a Wooded Landscape Oil/canvas 59x43cm/*23x16in* London 97
- *$29 982 FF173 410 £18 000* Wooded River Landscape with Huntsmen and their Hounds, Mountains Oil/copper 31x40,5cm/*12x15in* London 97
- *$55 000 FF303 699 £34 320* Cows watering by a pond near a rocky Outcrop on the edge of a Wood Oil/canvas 120x108cm/*47x42in* New-York 97

SIBLEY Andrew 1933 **[7]**
- *$779 FF4 669 £464* The Family of Man Oil/board 121x95cm/*47x37in* Melbourne 98
- *$1 298 FF7 782 £774* Mother and Child Mixed media/paper 121x182cm/*47x71in* Melbourne 98

SIBRA Paul 1889-1951 **[16]**
- *$856 FF5 000 £506* Etude pour les contes de ma mère l'Oye Huile/toile 54,5x46cm/*21x18in* Toulouse 97
- *$13 867 FF81 000 £8 205* Pomone Huile/toile 186x100cm/*73x39in* Toulouse 97

SIBUET Claude 1834-1879 **[3]**
- *$1 427 FF8 200 £888* Fleurs dans un panier Huile/toile 37x54cm/*14x21in* Lyon 97

SICARD François Léon 1862-1934 **[15]**
- *$7 000 FF36 350 £4 630* Oedipe et le Sphynx Bronze H2,5cm/*Hin* New-York 96

SICARD Pierre 1900-1980 **[20]**
  $1 384 FF6 910 £904 La Seine au Pont-Royal Huile/toile 54x73cm/*21x28in* München 95
SICARDI Louis-M., Luc Sicard 1746-1825 **[20]**
  $7 398 FF45 000 £4 536 Portrait de Marie-Thérèse-Charlotte de France Miniature 6,5x5cm/*2x1in* Paris 98
  $10 688 FF62 000 £6 317 Portrait du Lieutenant de Dragon Landry de Saint-Aubin Huile/toile
61x50cm/*24x19in* Paris 97
SICCIOLANTE DA SERMONETA Girolamo 1521-c.1580 **[1]**
  $20 000 FF98 700 £12 930 Study of Saint Elizabeth, for a "Visitation" Black chalk 25x18cm/*9x7in* New-
York 96
SICHEL Ernest Leopold 1862-1941 **[4]**
  $5 350 FF31 620 £3 200 Waiting for the Day's Catch Oil/canvas 82x123cm/*32x48in* London 97
SICHEL Nathaniel 1843-1907 **[21]**
  $3 894 FF20 300 £2 574 Römerin mit Amphore Oil/panel 40,5x26cm/*15x10in* Düsseldorf 96
  $6 200 FF32 100 £4 000 Portrait of an Oriental girl Oil/canvas 61x51cm/*24x20in* London 96
  $20 000 FF102 800 £12 500 Love's Messenger Oil/canvas 136,5x88,5cm/*53x34in* New-York 96
SICHULSKI Kazimierz 1879-1942 **[22]**
  $3 310 FF17 200 £2 170 Spring blossom Oil/cardboard 57,5x87,5cm/*22x34in* Warszawa 96
  $4 295 FF22 040 £2 760 Portrait of a man Pastel 62x48cm/*24x18in* Warszawa 96
SICILIA José María 1954 **[61]**
  $2 191 FF13 000 £1 339 "La Luz que se apaga" Technique mixte 37x46cm/*14x18in* Paris 98
  $2 767 FF17 000 £1 659 Sans titre Technique mixte 30x43cm/*11x16in* Paris 98
  $15 000 FF76 400 £9 000 Red Bunch Flower Oil/canvas 162,5x81cm/*63x31in* New-York 96
  $603 FF3 555 £369 Sín titulo Litografía 60x60cm/*23x23in* Madrid 98
  $2 379 FF14 500 £1 444 Composition Sculpture cire 49x35cm/*19x13in* Paris 98
  $33 340 FF175 000 £20 000 Tulipan 10 Mixed media/paper 170x221cm/*66x87in* London 96
SICIOLANTE DA SERMONETA Girolamo 1521-c.1580 **[4]**
  $7 000 FF42 373 £4 263 Study of an Apostle Black chalk 21,5x20,5cm/*8x8in* New-York 98
SICKERT Walter Richard 1860-1942 **[232]**
  $14 211 FF83 991 £8 500 A Street in Dieppe Oil/panel 24x19cm/*9x7in* London 97
  $24 456 FF148 221 £15 000 The Nurse Oil/canvas 35,5x45,5cm/*13x17in* London 98
  $1 308 FF7 930 £780 Dieppe from the Harbour Drypoint 13x19cm/*5x7in* Bath 97
  $362 FF1 856 £220 Tents on Hampstead Pencil 16,5x25,5cm/*6x10in* London 96
SIDNEY Herbert 1855-1923 **[5]**
  $9 444 FF55 133 £5 800 Portrait of Mrs. Bacher Oil/canvas 96,5x50,5cm/*37x19in* London 97
SIDNEY Thomas XIX-XX **[28]**
  $286 FF1 615 £180 Natural arch, Torquay Watercolour/paper 19,1x44,4cm/*7x17in* London 97
SIDOLI Francesco XIX-XX **[1]**
  $2 225 FF13 000 £1 316 "Rome" Tirage albuminé 32x38cm/*12x14in* Paris 97
SIDOLI Pacifico 1868-1963 **[1]**
  $1 817 FF10 298 £908 Testa di giovane zingara Olio/cartone 36x29cm/*14x11in* Milano 98
SIDOROV Vitaly 1922 **[17]**
  $892 FF5 247 £550 Strawberries on a Plate Oil/board 16,5x21,5cm/*6x8in* London 97
SIDWALL Amanda 1844-1892 **[3]**
  $2 879 FF16 640 £1 775 Blomsterflicka Oil/canvas 37x30cm/*14x11in* Stockholm 97
  $9 180 FF45 200 £5 920 "La Première leçon" Oil/canvas 108x140cm/*42x55in* Stockholm 95
SIEBEN Gottfried 1856-1918 **[2]**
  $2 190 FF10 980 £1 386 Die vier Jahreszeiten Aquarell/Papier 47x28cm/*18x11in* Wien 95
SIEBER Hans Ruedi 1926 **[27]**
  $111 FF576 £72 Italienisches Dorf Lithographie couleurs 87x69cm/*34x27in* Zürich 96
SIEBERT H. c.1847-1879 **[2]**
  $1 333 FF7 641 £826 Portrait of a young lady, said to be Ernestine van de Velde, wearing.. Pastel/paper
44,5x35cm/*17x13in* Amsterdam 97
SIECK Rudolf 1877-1957 **[36]**
  $173 FF882 £114 Blick auf den Chiemsee Color lithograph 19,6x30,5cm/*7x12in* Heidelberg 96
  $364 FF2 175 £220 Winterlandschaft an der Prien Pastell/Papier 57x41cm/*22x16in* München 97
SIEFF Jeanloup 1933 **[47]**

[◉] *$650 FF3 240 £423* Back is Beautiful Gelatin silver print 28,5x28,5cm/*11x11in* San Francisco-Los Angeles 95

SIEFFERT Paul 1874-1957 **[52]**
[◎] *$1 803 FF10 934 £1 100* Seated Female Nude Oil/panel 23x18cm/*9x7in* London 98
[◎] *$3 114 FF18 886 £1 900* Female Nude Seated Before a Mirror Oil/canvas 45x37cm/*17x14in* London 98

SIEGÅRD Pär 1877-1961 **[32]**
[◎] *$451 FF2 621 £266* Blomma i kruka Oil/panel 37x44cm/*14x17in* Malmö 97

SIEGEL Arthur Sidney 1913-1978 **[10]**
[◉] *$2 800 FF14 460 £1 792* Right of Assembly (Labor meeting) Silver print 18x23cm/*7x9in* New-York 96

SIEGEN von August XIX **[58]**
[◎] *$1 100 FF6 516 £664* Moorish Street Scenes Huile/panneau 18x31cm/*7x12in* Bloomfield Hills, Michigan 97
[◎] *$2 971 FF17 289 £1 820* The Piazzetta, Venice Oil/canvas 50x82cm/*19x32in* Amsterdam 97
[◎] *$13 500 FF66 500 £8 700* A Middle Eastern town Oil/canvas 100x140cm/*39x55in* København 95

SIEGERT August 1786-1869 **[3]**
[◎] *$2 900 FF17 683 £1 740* A Middle Eastern Market Scene Oil/canvas 80,5x137cm/*31x53in* Boston, Mass. 98

SIEGERT August Friedrich 1820-1883 **[11]**
[◎] *$11 000 FF56 540 £6 875* The Homecoming Oil/canvas 56x46cm/*22x18in* New-York 96

SIEGFRIED Heinrich 1814-1889 **[6]**
[▭] *$142 FF824 £83* Zürick, Blick von der Waid Aquatinte couleurs 13,5x19,5cm/*5x7in* Bern 97

SIEGRIEST Louis 1899-1989 **[9]**
[✎] *$1 600 FF9 563 £969* "Potrero Hill" Gouache/paper 32x48cm/*12x18in* San Francisco-Los Angeles 97

SIEGRIEST Lundy 1925-1985 **[18]**
[◎] *$3 000 FF17 804 £1 837* Red Plateau Tempera 91,5x122cm/*36x48in* San Francisco-Los Angeles 97

SIEGUMFELDT Hermann Carl 1833-1912 **[12]**
[◎] *$445 FF2 636 £266* Sommerdag ved Möens Klint Oil/canvas 24x48cm/*9x18in* København 97

SIEHL-FREYSTETT Georg 1868-1919 **[7]**
[◎] *$769 FF4 385 £480* "Klosterkirche und Klosterkirchhof zu Kiel" Oil/canvas 34x46,5cm/*13x18in* Bremen 97

SIELSKI Roman 1903-1990 **[2]**
[◎] *$2 608 FF15 616 £1 557* Architektura fantastyczna Oil/canvas 53x64cm/*20x25in* Warszawa 98

SIEM van der Marel 1944 **[1]**
[⚒] *$5 428 FF32 718 £3 284* A unique Leerdam glass tulip Sculpture, glass H30cm/*H11in* Amsterdam 98

SIEMER Christian 1874-1940 **[1]**
[◎] *$20 000 FF119 760 £12 240* Automobile Club of So Calif and St. Vincent Church/West Adams Blvd Oil/canvas 121x182cm/*48x72in* Altadena, CA 97

SIEMIRADZKI Henryk 1843-1902 **[20]**
[◎] *$10 610 FF55 000 £6 850* A young maiden at the well with flowers Oil/canvas 30x21cm/*11x8in* Warszawa 96
[◎] *$13 104 FF76 190 £8 000* Diana Reclining in a Landscape Oil/canvas 90x160,5cm/*35x63in* London 97
[◎] *$20 863 FF128 385 £12 767* Motyw jerozolimy Oil/canvas 52x38,5cm/*20x15in* Warszawa 98
[✎] *$10 926 FF67 114 £6 554* Die verführung der schönen Sklavin im Palast Watercolour 39x52cm/*15x20in* Bremen 98

SIEPMAN VAN DEN BERG E.J.A. 1943 **[3]**
[⚒] *$4 629 FF26 978 £2 829* Girl Marble H64cm/*H25in* Amsterdam 97

SIEPMANN Heinrich 1904 **[9]**
[◎] *$8 450 FF44 200 £5 030* B.14 Öl/Leinwand 175x125cm/*68x49in* Köln 96
[◎] *$9 060 FF44 600 £5 840* Komposition B-19 Öl/Leinwand 100x75cm/*39x29in* Köln 95

SIERHUIS Jan 1928 **[76]**
[◎] *$1 286 FF7 494 £786* Untitled Oil/canvas 68x48cm/*26x18in* Amsterdam 97
[◎] *$2 163 FF10 800 £1 414* Hommage au Greco Oil/canvas 123x100cm/*48x39in* Amsterdam 95
[✎] *$494 FF2 972 £295* Untitled Pastel/paper 87,3x65,7cm/*34x25in* Amsterdam 98

SIERICH Ferdinand Carl 1839-1905 **[3]**
[◎] *$3 558 FF21 384 £2 151* Vissersboten op het strand Oil/panel 15,5x23cm/*6x9in* Den Haag 98

SIERICH Louis Ludwig Casimir 1834-1919 **[11]**
[◎] *$2 106 FF10 836 £1 314* A Winter Landscape with Figures Skating on a Frozen River Oil/panel 20x27,5cm/*7x10in* Amsterdam 96

SIERON Maurice XIX-XX **[6]**
[◎] *$573 FF3 414 £350* Paysage d'été Huile/toile 68x48cm/*26x18in* Bruxelles 98

SIERRA Paul 1944 **[2]**
$14 000 FF80 367 £8 534 Frank Duvanek Visits my Studio Oil/canvas 158x262cm/*62x103in* New-York 97
SIEW HOCK MENG 1942 **[4]**
$7 810 FF39 400 £5 130 Dreaming Pastel/paper 48,5x65cm/*19x25in* Singapore 96
SIEWERT Ciano 1942 **[6]**
$582 FF3 569 £347 "Molen bij workum" Watercolour/paper 45x64,5cm/*17x25in* Amsterdam 98
SIGALON Xavier 1787-1837 **[7]**
$1 661 FF10 000 £994 Intérieur de palais animé de femmes et soldats Lavis 35x45,5cm/*13x17in* Paris 98
SIGG Hermann Alfred 1924 **[21]**
$1 353 FF7 848 £798 Ziegenherde Öl/Leinwand 92x111cm/*36x43in* Zürich 97
SIGMUND Benjamin D. c.1879-1903 **[38]**
$804 FF4 444 £500 Cattle at Pasture before Blossom Trees Pencil 18x25,5cm/*7x10in* London 97
SIGNAC Paul 1863-1935 **[611]**
$65 760 FF400 000 £40 320 La grue l'Union (verso : esquisse des péniches amarées sous un pont) Huile/toile 33x46cm/*12x18in* Paris 98
$400 000 FF1 957 000 £253 000 Juan-les-Pins Oil/canvas 73x92cm/*28x36in* New-York 95
$1 191 FF7 000 £715 Le soir Lithographie couleurs 20x26cm/*7x10in* Paris 97
$11 821 FF61 000 £7 570 Les voiliers à Port-Louis, Morbihan Aquarelle/papier 24,5x40cm/*9x15in* Soissons 96
SIGNORET-LEDIEU Lucie 1858-1904 **[11]**
$5 136 FF30 000 £3 039 Diane cueillant une fleur Bronze H81cm/*H31in* Langres 97
SIGNORI Carlo Sergio 1906 **[7]**
$846 FF5 000 £524 Sans titre Sculpture H36,5cm/*H14in* Paris 97
SIGNORINI Giovanni 1808-1864 **[1]**
$5 470 FF28 330 £3 500 A peasant family resting on a track, a view of Florence beyond Oil/canvas 35x41cm/*13x16in* London 96
SIGNORINI Giuseppe 1857-1932 **[40]**
$3 197 FF19 000 £1 951 Elégante au piano Aquarelle/papier 44x34cm/*17x13in* Paris 98
SIGNORINI Telemaco 1835-1901 **[54]**
$7 200 FF40 800 £4 800 Olivi a Settignano Olio/tela/tavola 13x21cm/*5x8in* Roma 97
$55 000 FF283 000 £34 300 Il Ponte d'Affrico in Piagentina Oil/canvas 73,5x57,5cm/*28x22in* New-York 96
$2 699 FF15 298 £1 349 Mercato Vecchio Via Calimala/Mercato Vecchio Via del Fuoco/Il Ghetto Acquaforte 37x23,5cm/*14x9in* Roma 98
$2 574 FF13 140 £1 560 Il banco degli imputati Matita/carta 16,5x37,4cm/*6x14in* Prato 96
SIGNOVERT Jean 1919-1981 **[203]**
$182 FF1 100 £112 Composition abstraite Pastel/papier 27x18,5cm/*10x7in* Paris 98
SIGON Giuseppe 1864-1922 **[2]**
$1 604 FF9 109 £1 003 Veduta degli Scavi di Pompeij Gouache/paper 38,5x54cm/*15x21in* München 97
SIGRIST Franz I, François 1727-1803 **[7]**
$4 250 FF25 729 £2 588 The Angel Appearing to St. Peter in Prison Oil/paper 16,5x12,5cm/*6x4in* New-York 98
SIGRIST John XVIII-XIX **[1]**
$3 740 FF19 370 £2 500 Portrait of Francis Buchan (1791-1876) when a child Watercolour 24x19cm/*9x7in* London 96
SIGRISTE Guido 1864-1915 **[13]**
$2 018 FF12 000 £1 250 Officiers napoléoniens à cheval Huile/panneau 24x18cm/*9x7in* Paris 97
$12 068 FF70 000 £7 133 Cuirassiers rendant les honneurs à l'Empereur Napoléon 1er Huile/toile 49x72cm/*19x28in* Paris 97
SIJS Maurice 1880-1972 **[46]**
$4 065 FF24 375 £2 505 Gezicht te colendam Tempera/carton 33x38cm/*12x14in* Lokeren 98
$15 450 FF77 100 £10 100 A bend in the River Leie Oil/canvas 57x70cm/*22x27in* Amsterdam 95
$7 020 FF36 120 £4 380 Volendammer eenden Pastel 31,5x35,5cm/*12x13in* Den Haag 96
SIJTHOFF Gijsbertus Jan 1867-1949 **[24]**
$449 FF2 771 £282 White and Yellow roses Oil/canvas 50x40cm/*19x15in* Amsterdam 97
SIJTHOFF VAN RIJSWIJK Johanna Bastiana 1873-1956 **[4]**
$1 340 FF8 209 £798 A still life of roses Oil/canvas 41x50cm/*16x19in* Amsterdam 98

SIKELIOTIS Giorgos 1917-1984 **[1]**
   $7 800 FF40 700 £4 720 A Couple Tempera/paper 70x40cm/*27x15in* Athens 96
SIKKER-HANSEN Aage 1897-1955 **[12]**
   $1 000 FF5 090 £600 "Cirkel Kaffe" Poster 62x85cm/*24x33in* New-York 96
SILBERBAUER Fritz 1883-1974 **[5]**
   $1 240 FF7 212 £757 Mann und Frau an einem Waldteich Drypoint 97,5x107cm/*38x42in* Wien 97
SILBERT José 1862-1939 **[11]**
   $496 FF2 900 £300 Académie d'homme Huile/toile 80x54cm/*31x21in* Aix-en-Provence 97
   $3 135 FF19 000 £1 922 Portrait d'homme souriant Huile/panneau 33x24cm/*12x9in* Paris 98
SILBERT Max 1871-? **[23]**
   $513 FF3 000 £303 Les dentellières Huile/toile 60x74cm/*23x29in* Paris 97
   $11 607 FF69 849 £6 949 Funeral Procession in Zoutelande Oil/canvas 171,5x249,5cm/*67x98in*
Amsterdam 98
SILLEM Charles XIX-XX **[3]**
   $3 253 FF19 900 £2 000 Waiting for Master Oil/canvas 68,5x84cm/*26x33in* London 98
SILLÉN af Herman 1857-1908 **[36]**
   $1 680 FF8 700 £1 124 Marine Oil/panel 26x19cm/*10x7in* Göteborg 96
   $4 546 FF26 901 £2 793 Kristiana fjorden Oil/canvas 35x54cm/*13x21in* Stockholm 98
   $10 496 FF61 256 £6 240 Marin med fullriggare på upprört hav Oil/canvas 128x115cm/*50x45in*
Stockholm 97
   $2 748 FF15 705 £1 684 Marin med segelfartyg Akvarell/papper 30x60cm/*11x23in* Stockholm 97
SILLETT James 1764-1840 **[9]**
   $5 835 FF33 866 £3 600 Exotic Fowl in a Landscape Oil/canvas 45x60cm/*17x23in* London 97
   $46 700 FF237 700 £28 000 Study of an auricula Oil/panel 35x26cm/*13x10in* London 96
   $2 170 FF11 170 £1 400 Norwich cathedral Wash 24,5x18cm/*9x7in* London 96
SILO Adam 1674-1760 **[5]**
   $94 400 FF460 000 £60 400 Un port/Voiliers dans un port/Voiliers près de la côte/Combat naval Huile/toile
127x104cm/*50x40in* Saint-Brieuc 95
SILO Adam (Attrib.) 1674-1760 **[2]**
   $5 905 FF33 898 £3 600 A Shipping Scene Oil/canvas 33x39cm/*12x15in* London 97
SILVA Francis Augustus 1835-1886 **[47]**
   $7 000 FF40 439 £4 314 Holding her Course Oil/canvas 41x30,5cm/*16x12in* New-York 97
   $18 000 FF93 400 £11 900 Dunes Oil/canvas 27x76cm/*10x29in* New-York 96
   $8 000 FF39 400 £5 150 Lakeside, Branchport NY Gouache/paper 16,5x34,5cm/*6x13in* New-York 95
SILVA William Posey 1859-1948 **[34]**
   $800 FF4 875 £477 "Salt Marsh, Charleston" Oil/canvas/board 22x30cm/*9x12in* Pasadena, California 98
   $4 249 FF24 255 £2 627 Sunrise in the fog, point lobas California Oil/canvas 51x61cm/*20x24in* New-
York 97
SILVA-BRUHNS Ivan da 1881-1980 **[110]**
   $583 FF3 500 £351 Trois motifs stylisés Gouache/papier 25x35cm/*9x13in* Paris 98
SILVAIN Christian 1950 **[21]**
   $605 FF3 010 £396 La Nuit étoilée Multiple 75,5x56cm/*29x22in* Lokeren 95
SILVANI Ferdinando 1823-1899 **[3]**
   $800 FF4 965 £479 Venetian Scene Oil/panel 30x17cm/*12x7in* Mystic, Connecticut 98
SILVÉN Jacob Johan 1851-1924 **[22]**
   $921 FF4 550 £601 Vinterlandskap med varg Oil/canvas 17x24cm/*6x9in* Stockholm 95
   $1 309 FF7 564 £807 Insjölandskap i månsken Oil/canvas 64x99cm/*25x38in* Stockholm 97
SILVESTRE de Nicolas Ch. (Attrib) 1669-1767 **[3]**
   $1 484 FF8 500 £878 Groupe d'arbres dressés sur un monticule Sanguine 32,4x22,4cm/*12x8in* Paris 97
SILVESTRE Israël 1621-1691 **[17]**
   $800 FF4 854 £485 Vue et perspective de Mommedy/Profile de la ville et Citadelle/... Etching
33x49cm/*13x19in* New-York 98
SILVESTRE Paul 1884-? **[13]**
   $992 FF5 764 £585 Deux faunes Bronze H30cm/*H11in* Stockholm 97
SILVESTRI Tullio 1880-1963 **[8]**
   $720 FF4 080 £360 Donne in preghiera Monotype 39x35cm/*15x13in* Trieste 97
SILVIN Silvin Bronckart 1915-1970 **[2]**
   $1 810 FF9 150 £1 188 Composition abstraite Gouache 65x50cm/*25x19in* Liège 96

SIMA Josef 1891-1971 **[63]**
  🖐 *$3 680 FF18 560 £2 400* Untitled Oil/canvas 15,5x22cm/*6x8in* London 96
  🖐 *$15 850 FF80 000 £10 300* Composition Huile/toile 121x58cm/*47x22in* Lyon 96
  ✏ *$2 032 FF12 000 £1 203* Ruelle aux ouvertures mystérieuses Crayons couleurs/papier 34x25cm/*13x9in*
Paris 97
SIMAKOV I.V. 1877-1925 **[1]**
  ✏ *$1 672 FF8 360 £1 100* Burzhui constrained by bolshevik Officials to do Community Service Gouache/paper
48x62cm/*18x24in* London 95
SIMARD Claude A. 1943 **[16]**
  🖐 *$897 FF4 570 £538* Late Spring Oil/canvas 61x76cm/*24x29in* Calgary, Alberta 96
SIMBARI Nicola 1927 **[158]**
  🖐 *$589 FF3 000 £388* Monokinis Huile/toile 97x130cm/*38x51in* Paris 96
  🖐 *$768 FF4 355 £384* Periferia Olio/tela 30x71cm/*11x27in* Roma 98
  🖐 *$1 000 FF6 075 £597* Gaeta Oil/canvas 25x50cm/*10x19in* Florida 97
  🖌 *$950 FF5 416 £583* Trotting Gouache 81x64cm/*32x25in* Chicago, Illinois 97
SIMBERG Hugo 1873-1917 **[61]**
  🖐 *$920 FF5 529 £552* Farmor Acrylique/masonite 16x20cm/*6x7in* Helsinki 98
  🖐 *$13 503 FF78 708 £8 316* Stranden vid lavansaari Oil/canvas 49x75cm/*19x29in* Helsinki 97
  ▥ *$1 032 FF6 095 £611* Midsommareldar Etching 15x13cm/*5x5in* Helsinki 97
  🖌 *$3 003 FF17 731 £1 777* Den fångna svanen Akvarell/papper 22x22cm/*8x8in* Helsinki 97
SIMÉON Charles Alfred XIX **[1]**
  🖐 *$3 307 FF19 215 £1 952* Dernier regard dans le miroir avant le départ pour le bal Oil/canvas
73x60cm/*28x23in* Stockholm 97
SIMI Filadelfo 1849-1923 **[3]**
  🖐 *$6 900 FF39 100 £3 450* Crepuscolo sull'Arno Olio/tavola 16,5x42cm/*6x16in* Milano 98
SIMIL Emilcar 1947 **[3]**
  🖐 *$4 710 FF24 000 £3 105* Portrait de femme Huile/panneau 36x36cm/*14x14in* Paris 96
  🖐 *$5 690 FF29 000 £3 750* Femme bijoux et fleurs Huile/isorel 91x77cm/*35x30in* Paris 96
SIMKHOVITCH Simka 1893-1949 **[9]**
  🖐 *$1 000 FF5 995 £601* On the Road to the Village Oil/canvas 53x63cm/*21x25in* New-York 98
SIMKIN Richard 1840-1926 **[63]**
  ✏ *$16 045 FF95 000 £9 500* A Group of Watercolours illustrating Military Uniforms Watercolour/paper
25,5x21cm/*10x8in* London 97
SIMM Franz Xaver 1853-1918 **[7]**
  🖐 *$12 110 FF70 000 £7 462* Bachi-bouzouk et ses compagnes Huile/toile 175x132cm/*68x51in* Paris 97
  ✏ *$2 473 FF12 040 £1 566* Orientalisches Liebespar Aquarell 46x30cm/*18x11in* Bern 95
SIMMLER Friedrich Karl 1801-1872 **[3]**
  🖐 *$2 750 FF14 220 £1 756* Die Windmühle hinter den Bäumen Öl/Leinwand 32,5x32,5cm/*12x12in*
Heidelberg 96
SIMMONS Edward Emerson 1852-1931 **[11]**
  🖐 *$21 000 FF106 050 £13 637* Fisherman, Concarneau Oil/canvas 63x44cm/*25x17in* Portland, Maine 96
SIMMONS Eyres XIX-XX **[32]**
  ✏ *$264 FF1 364 £170* St. Anthony-in-Meneage Watercolour 22x36cm/*9x14in* Penzance, Cornwall 96
SIMMONS Franklin 1839-1913 **[3]**
  ⬧ *$45 000 FF250 276 £27 855* Valley Forge Bronze H71cm/*H27in* New-York 97
SIMMONS Freeman Willis ?-1926 **[2]**
  🖐 *$4 000 FF23 068 £2 382* In Front of the Richfield Inn Oil/canvas 40x50cm/*16x20in* Cleveland, Ohio 97
SIMMONS Graham XX **[2]**
  ▥ *$1 495 FF8 562 £884* "Filey, for the family" Poster 62x101cm/*24x39in* New-York 97
SIMMONS J. Deane XIX-XX **[8]**
  ✏ *$1 736 FF8 530 £1 100* Sunlit stream Watercolour 35x68cm/*13x26in* London 95
SIMMONS John c.1715-1780 **[1]**
  🖐 *$6 370 FF32 460 £4 200* Portrait of Mr. and Mrs Woodforde Oil/canvas 74x62cm/*29x24in* London 96
SIMMONS Laurie 1949 **[17]**
  📷 *$2 800 FF14 350 £1 700* Walking Commodes Photograph 213x122cm/*83x48in* New-York 96
SIMOES DE FONSECA Gaston 1874-? **[10]**

$5 750 FF32 932 £3 401 "12E Salon de l'Automobile" Poster 118x158,5cm/*46x62in* New-York 97

SIMON André 1899-1959 **[1]**
$920 FF5 269 £544 "Fiat, immer ein Welterfolg" Poster 90x127,5cm/*35x50in* New-York 97

SIMON Armand 1906-1981 **[42]**
$273 FF1 626 £167 Sans titre Encre Chine 35x27cm/*13x10in* Bruxelles 98

SIMON Émile Joseph Jules 1890-1976 **[78]**
$1 031 FF5 200 £665 Marin et barques au mouillage Huile/toile 32x40cm/*12x15in* Douarnenez 96
$1 015 FF6 100 £616 Bretonnes devant la chapelle Huile/toile 55x38cm/*21x14in* Morlaix 98
$420 FF2 600 £252 Chaumières et côtes rocheuses Aquarelle/papier 27x38cm/*10x14in* Brest 97

SIMON Erich M. 1892-? **[1]**
$1 600 FF8 150 £960 "Das Werkhaus" Poster 71x95cm/*27x37in* New-York 96

SIMON Ernest ?-1895 **[12]**
$602 FF3 700 £369 Le marché aux grains à Tanger Aquarelle/papier 38x54cm/*14x21in* Avranches 98

SIMON Hermann Gustave 1846-1895 **[3]**
$4 250 FF25 390 £2 602 Factory Falls, Dingsman's Creek, Pike Co, Pa Oil/canvas 51x40,5cm/*20x15in* New-York 98

SIMON Jacques 1875-1965 **[134]**
$391 FF2 400 £239 Fenêtre ouverte sur le jardin Huile/carton 24x18cm/*9x7in* Avranches 98
$488 FF3 000 £299 La table aux fleurs Huile/toile 55x38cm/*21x14in* Avranches 98
$977 FF6 000 £598 Le salon Aquarelle/papier 44x40cm/*17x15in* Avranches 98

SIMON Jean (Attrib.) 1743-1811 **[1]**
$6 500 FF38 644 £4 026 Toilet of Venus Oil/canvas 51,5x83,5cm/*20x32in* New-York 97

SIMON Kati 1952 **[15]**
$404 FF2 300 £249 Bouquet au panier en osier Huile/panneau 24x30cm/*9x11in* Vannes 97

SIMON Lucien 1861-1945 **[135]**
$717 FF3 500 £454 Cérémonie officielle Huile/toile 35x48,5cm/*13x19in* Morlaix 95
$1 332 FF7 600 £814 L'évêque de Quimper et son bénédictin pendant l'office Huile/panneau 23,5x33cm/*9x12in* Quimper 97
$10 104 FF60 000 £6 120 Jour de Pardon au Pays Bigouden Huile/toile 106x135cm/*41x53in* Brest 97
$276 FF1 350 £175 Chevaux dans la campagne bretonne Eau-forte 30x37cm/*11x14in* Quimper 95
$1 650 FF10 000 £1 012 Nu aux bras levés Aquarelle/papier 92x47cm/*36x18in* Quimper 98

SIMON Pierre II, Jean-P. c.1740-c.1810 **[2]**
$1 275 FF7 348 £749 "Tempest", after Henry Fuseli Engraving 49,5x62,5cm/*19x24in* London 97

SIMON Tavik Franktisék 1877-1942 **[34]**
$1 958 FF11 729 £1 203 London, Themse mit Towerbridge Öl/Leinwand 29,5x47,5cm/*11x18in* München 98
$3 680 FF18 240 £2 340 Wooded landscape, Sazawa Oil/canvas 54x65cm/*21x25in* Stuttgart 95
$300 FF1 783 £183 "Place de la Madeleine" Aquatint in colors 30x34cm/*12x13in* Shaker Heights, Ohio 97

SIMON Yochanan 1905-1976 **[108]**
$6 200 FF31 650 £4 100 Les trois vases Oil/canvas 35x27cm/*13x10in* Tel Aviv 96
$6 900 FF41 193 £4 209 Interior, Figure and Vase of Flowers Oil/canvas 41x51cm/*16x20in* Tel Aviv 98
$16 000 FF82 800 £10 230 The Six Day War Oil/canvas 196x116cm/*77x45in* Tel Aviv 96
$1 500 FF8 912 £915 Landscapes and Figures Watercolour 24x48,5cm/*9x19in* Tel Aviv 98

SIMON-AUGUSTE Simon 1909 **[59]**
$422 FF2 500 £252 "Nature morte au pichet bleu" Huile/toile 14x42cm/*5x16in* Paris 97
$701 FF3 500 £458 Nature morte au panier Huile/toile 59x73cm/*23x28in* Rouen 95

SIMONDS George 1843-? **[2]**
$6 350 FF33 140 £4 200 Angel bearing a flaming torch/Youth with winged helmet Marble 40,5x54,5cm/*15x21in* London 96

SIMONE de Antonio c.1840-c.1915 **[44]**
$2 724 FF14 200 £1 800 Men of war at anchor Oil/canvas 46x65cm/*18x25in* London 96
$2 710 FF15 594 £1 600 S.Y. "Rosabelle" in Neapolitan Waters Oil/canvas 28x46cm/*11x18in* London 97
$3 590 FF18 600 £2 400 S.Y. "Rosabelle" Bodycolour 41,5x64cm/*16x25in* London 96

SIMONE de Tomaso XIX-XX **[42]**
$3 491 FF21 696 £2 200 The Barquentine "Sparking Foam", in the Bay of Naples Oil/canvas 45x65,5cm/*17x25in* London 97
$1 745 FF10 848 £1 100 The Steam Yacht Isa in a Heavy Swell Gouache/paper 46x63,5cm/*18x25in* London 97

SIMONE de Tomaso (Attrib.) XIX-XX **[3]**
$2 879 FF16 569 £1 700 An Ironcad at Anchor in Neapolitan Waters Oil/canvas 37x63cm/*14x24in* London 97

SIMONE DEI CROCIFISSI Simone di Filippo c.1310-1399 **[4]**
$26 976 FF160 000 £16 336 Le Christ et les instruments de la Passion Tempera/panneau 57x30cm/*22x11in* Paris 97

SIMONEAU G.A. 1810-1870 **[1]**
$1 029 FF5 948 £611 Vissers tafereel op de kade Watercolour/paper 29x47cm/*11x18in* Rotterdam 97

SIMONELLI Giuseppe da Giordano c.1650-1710 **[5]**
$18 480 FF96 600 £10 920 Mosè ritrovato sulle acque del Nilo Olio/tela 124x152cm/*48x59in* Roma 96

SIMONET LOMBARDO Enrique 1864-1927 **[7]**
$737 FF4 345 £451 Cabeza de hombre Oleo/lienzo 38x30cm/*14x11in* Madrid 98

SIMONETTI Attillio 1843-1925 **[12]**
$2 400 FF13 600 £1 600 Scena galante Olio/tavola 25x18,5cm/*9x7in* Roma 97
$4 884 FF30 000 £2 928 Femmes et enfant jouant dans un parc Aquarelle/papier 62x45cm/*24x17in* Besançon 98

SIMONETTI Ettore XIX **[21]**
$3 104 FF17 658 £1 900 The recital Oil/panel 38x29cm/*14x11in* London 97
$4 262 FF25 176 £2 648 Interieur von St. Peter in Rom Öl/Leinwand 74x100cm/*29x39in* Stuttgart 97
$15 899 FF93 688 £9 500 The Soirée Watercolour 77x54cm/*30x21in* Glasgow 97

SIMONI Gustavo 1845-1926 **[39]**
$19 000 FF98 600 £12 560 Waiting for an audience Oil/canvas 51x111cm/*20x43in* New-York 96
$20 000 FF113 960 £12 250 Arab village scenes Oil/panel 23x36cm/*9x14in* New-York 97
$23 620 FF115 200 £15 000 Fêtes galantes Oil/canvas 160x99cm/*62x38in* London 95
$4 415 FF22 000 £2 890 Garde du palais inspectant un sabre Aquarelle 46,5x34,5cm/*18x13in* Paris 95

SIMONI Mario 1885-? **[2]**
$2 160 FF12 240 £1 080 Natura morta orientale Olio/tavola 60x80cm/*23x31in* Roma 97

SIMONI Scipione 1853-1918 **[13]**
$3 404 FF19 607 £2 000 Peasants before an Architectural Ruin/Figures in an Italian Street Watercolour 40,5x29cm/*15x11in* London 97

SIMONIN Victor 1877-1946 **[86]**
$353 FF2 113 £215 Fleurs rouges Huile/carton 18x24cm/*7x9in* Antwerpen 98
$944 FF4 930 £570 La table du petit déjeuner Huile/panneau 40x60cm/*15x23in* Bruxelles 96

SIMONINI Francesco 1686-1753 **[50]**
$30 000 FF148 000 £19 400 A Mediterranean Port with Fisherfolk and Travellers on a Quay Oil/canvas 61x121cm/*24x47in* New-York 96
$31 944 FF189 810 £19 000 A cavalry skirmish before a bridge/A cavalry skirmish, a town beyond Oil/canvas 27x38cm/*10x14in* London 97
$96 993 FF574 258 £58 000 A Cavalry Column Halted by a Town, an Aqueduct & Mountains beyond. Oil/canvas 114,5x162cm/*45x63in* London 97
$804 FF4 856 £482 Schlachtszene Indian ink/paper 19x18,5cm/*7x7in* Luzern 98

SIMONINI Francesco (Attrib.) 1686-1753 **[18]**
$2 061 FF12 500 £1 223 Charge de cavalerie Huile/toile 25x35cm/*9x13in* Bar-le-Duc 98
$7 200 FF40 800 £4 800 Scena di battaglia Olio/tela 50x70cm/*19x27in* Firenze 97

SIMONNET Lucien 1849-1926 **[7]**
$3 442 FF20 104 £2 113 Sonntag im Park Öl/Leinwand 41x33cm/*16x12in* Zofingen 97

SIMONS Amory Coffin 1869-1959 **[3]**
$5 200 FF25 600 £3 350 A horse Bronze H55cm/*H21in* New-York 95

SIMONS Frans 1855-1919 **[15]**
$1 573 FF8 210 £950 L'épieur Huile/panneau 31x40cm/*12x15in* Antwerpen 96
$2 520 FF14 706 £1 539 Rêverie Huile/toile 80x100cm/*31x39in* Antwerpen 97

SIMONS Léopold 1901-1979 **[248]**
$599 FF3 500 £362 Nu assis au bouquet de fleurs Huile/toile 26x19cm/*10x7in* Lille 97
$822 FF4 800 £497 Paysage de la Drôme Huile/toile 44x53cm/*17x20in* Lille 97
$411 FF2 400 £248 Vierge à l'Enfant assise Terracotta H25cm/*H9in* Lille 97
$218 FF1 300 £132 Jeune femme au miroir Gouache/carton 19x24cm/*7x9in* Marcq-en-Baroeul 97

SIMONS Michiels 1620-1673 **[8]**
 $25 258 FF149 551 £15 000 Grapes, Peaches, Plums and Apricots in a Wanli Oil/canvas 56,5x72cm/*22x28in* London 97
SIMONS Michiels (Attrib.) 1620-1673 **[1]**
 $4 820 FF24 360 £3 160 Blumenstilleben auf einem Tisch Öl/Leinwand 48x55,5cm/*18x21in* Wien 96
SIMONSEN Niels 1807-1885 **[51]**
 $361 FF2 112 £214 Hesteportraet Oil/canvas 32x25cm/*12x9in* Vejle 97
 $5 624 FF33 421 £3 344 "Fra Sporvognsstalden" Oil/canvas 95x145cm/*37x57in* København 97
 $9 924 FF57 384 £6 120 Angriff der Piraten Öl/Leinwand 70x83cm/*27x32in* Wien 97
SIMONSEN Simon 1841-1928 **[98]**
 $913 FF5 467 £562 "Linka", portraet af siddende Grand Danois hvalp Oil/canvas 28x36cm/*11x14in* Vejle 98
 $3 036 FF18 551 £1 915 Haymaking in the Roman Campagna Oil/canvas 40x62cm/*15x24in* København 97
SIMONSSON Birger 1883-1938 **[34]**
 $1 643 FF8 380 £1 081 Motiv från Kungälv Oil/canvas 38x46cm/*14x18in* Stockholm 96
SIMONSSON Karl Konrad 1843-1901 **[24]**
 $381 FF1 848 £245 Snömotiv med hus Oil/panel 15x20cm/*5x7in* Göteborg 95
 $3 100 FF18 278 £1 852 Mor och dotter på kyrkbacken Oil/canvas 100x80cm/*39x31in* Stockholm 97
SIMONY Stefan 1860-1950 **[18]**
 $3 184 FF19 028 £1 928 Motiv aus Hall in Tirol Öl/Karton 36x27cm/*14x10in* Wien 97
 $14 418 FF85 842 £8 820 Das Lusthaus im Prater Oil/canvas 72x100cm/*28x39in* Wien 98
SIMPSON Alex. Brantingham XIX-XX **[7]**
 $4 000 FF23 738 £2 450 "In he Dark Forest" Oil/panel 20x30,5cm/*7x12in* San Francisco 98
SIMPSON Charles 1885-1938 **[24]**
 $1 273 FF6 630 £800 Over the Fence, Aintree Oil/canvas 44,5x71,5cm/*17x28in* London 96
 $1 472 FF8 763 £900 "Double Chance" going to the Paddock before the Race, Grand National Gouache/paper 35,5x53,5cm/*13x21in* London 98
SIMPSON Charles Walter 1885-1971 **[93]**
 $123 FF737 £74 Knowlton Huile/panneau 10x15,5cm/*3x6in* Montréal 97
 $1 189 FF7 214 £720 Wild Bird Series No.53 : Common Gull Oil/cardboard 53,5x75,5cm/*21x29in* London 98
 $7 363 FF43 392 £4 400 Ducks on a Woodland Pool Oil/canvas 117x157cm/*46x61in* London 97
 $756 FF3 860 £500 Cream Gorde, the Quorn Bodycolour 26x37cm/*10x14in* London 96
SIMPSON Henry 1853-1921 **[38]**
 $456 FF2 578 £280 The Flower Market Watercolour 12x31cm/*4x12in* London 97
SIMPSON Jackson XIX-XX **[9]**
 $1 241 FF6 480 £750 Salmon fishing Watercolour 25x31cm/*9x12in* Glasgow 96
SIMPSON Joseph 1879-1939 **[13]**
 $162 FF847 £95 The shawl Etching 30x21,6cm/*11x8in* Berlin 96
SIMPSON Lorna 1960 **[9]**
 $4 500 FF23 300 £3 010 Landscape-Body Parts II Polaroid 125,5x52cm/*49x20in* New-York 96
SIMPSON William Crimean 1823-1899 **[43]**
 $901 FF5 596 £549 The Seat of War in the East Lithograph 34x48cm/*13x18in* London 97
 $3 724 FF21 317 £2 200 The Church of Ecce Homo, Convent fo the Soeurs de Sion, Jerusalem Watercolour 45,5x35,5cm/*17x13in* London 97
SIMROCK-MICHAEL Margarethe 1870-? **[5]**
 $771 FF3 790 £491 Junges Mädchen mit einem Bastkorb Aquarell 27x18cm/*10x7in* Stuttgart 95
SIMS Charles 1873-1926 **[37]**
 $997 FF5 928 £600 The Muse of Spring Mixed media/canvas 43x53,5cm/*16x21in* London 97
 $3 730 FF18 830 £2 450 Fantasy Watercolour 54x74cm/*21x29in* London 96
SIMSON William 1800-1847 **[10]**
 $14 525 FF87 976 £9 000 The Chateau of Rubens Oil/panel 50x61cm/*19x24in* Perthshire 97
SINCLAIR Alexander Garden 1859-1930 **[2]**
 $9 108 FF53 080 £5 600 The Road to the Isles looking towards Loch Rannoch from Strath Tummel Oil/canvas 153,5x213,5cm/*60x84in* West Lothian 97
SINCLAIR Max XIX-XX **[21]**
 $1 001 FF5 190 £650 Entwristle Vale Oil/canvas 51x76cm/*20x29in* London 96
SINDING Elisabeth 1846-1930 **[2]**
 $15 500 FF80 200 £10 000 Three dogs Oil/canvas 92x115cm/*36x45in* London 96

SINDING Knud 1875-1946 **[44]**

   $339 FF2 022 £203 Unge mennesker der sidder på et gaerde Oil/canvas 79x111cm/*31x43in* Vejle 98

SINDING Otto Ludvig 1842-1909 **[29]**

   $2 275 FF11 540 £1 480 Norsk bjerglandskab Oil/canvas 71x111cm/*27x43in* København 96

   $8 550 FF42 800 £5 540 Fisher families on the beach during a shipwreck Oil/canvas 120x225cm/*47x88in* København 96

   $4 137 FF24 510 £2 478 Badende småegutter Pastel 43x48cm/*16x18in* Oslo 97

SINDING Paul 1882-1964 **[8]**

   $279 FF1 598 £170 Kongeskibet "Dannebrog" står ind in Randers Oil/canvas 62x82cm/*24x32in* København 97

SINDING Stephen Abel 1846-1922 **[26]**

   $1 179 FF7 036 £706 To mennesker Bronze 24,5x30cm/*9x11in* Vejle 98

SINÉ Maurice Sinet, dit 1928 **[15]**

   $165 FF850 £106 L'opticien Dessin 28x40cm/*11x15in* Paris 96

SINEMUS Wilhelmus Friedrich 1903-1987 **[9]**

   $2 135 FF12 474 £1 263 Abstracte compositie Oil/cardboard 48x63,5cm/*18x25in* Den Haag 97

   $813 FF4 752 £481 Meisje in roze jas Pastel/paper 53,5x33cm/*21x12in* Den Haag 97

SINET André 1867-? **[3]**

   $695 FF4 200 £422 "Yvette Guibert, tous les soirs à 10h" Affiche 248,5x92,5cm/*97x36in* Paris 98

SINGDAHLSEN Andreas 1855-1947 **[14]**

   $3 585 FF21 242 £2 147 Fra Asker Oil/canvas 75x97cm/*29x38in* Oslo 97

SINGER Albert 1869-1922 **[2]**

   $2 851 FF16 194 £1 784 Gemse im verschneiten Hochgebirge Öl/Leinwand 120x90cm/*47x35in* München 97

SINGER Burr 1912 **[8]**

   $2 000 FF10 420 £1 257 Street Scene Oil/canvas 45x60cm/*18x24in* Altadena, CA 96

SINGER Clyde J. 1908 **[14]**

   $6 500 FF39 682 £3 885 "Hotel Back Door" Oil/canvas 45,5x101,5cm/*17x39in* New-York 98

SINGER Franz 1896-1953 **[1]**

   $1 138 FF5 950 £678 Entwurf für ein Studio Gouache 28,5x25,5cm/*11x10in* München 96

SINGER Johann Georg c.1740-c.1790 **[1]**

   $4 000 FF22 296 £2 446 Mountainous river landscape with figures Oil/canvas 39x28cm/*15x11in* New-York 97

SINGER Susi, Selma 1891-1965 **[16]**

   $1 201 FF7 164 £744 Gruppe Ceramic H15cm/*H5in* Wien 97

SINGER William Henry, Jnr. 1868-1943 **[18]**

   $1 949 FF11 101 £1 210 A view on the dunes Oil/board 33x41cm/*12x16in* Amsterdam 97

   $2 400 FF12 300 £1 556 Oldae Fjord, Norway Oil/canvas 46x55cm/*18x21in* Amsterdam 95

   $701 FF3 630 £455 Spring Pastel/paper 45x52cm/*17x20in* Amsterdam 96

SINGH Arpita 1937 **[8]**

   $5 970 FF29 700 £3 800 My Mother Oil/canvas 137x183cm/*53x72in* London 95

   $5 572 FF33 268 £3 400 Disappearing Words and Disappearing Forms Oil/canvas 150x77cm/*59x30in* London 98

   $1 730 FF8 600 £1 100 Untitled Watercolour/paper 29x41cm/*11x16in* London 95

SINGH Paramjit 1935 **[4]**

   $6 560 FF34 000 £4 200 Thunder Storm Oil/canvas 135x113cm/*53x44in* London 96

SINGIER Gustave 1909-1984 **[326]**

   $4 306 FF25 515 £2 600 Gare maritime Oil/canvas 19x32,5cm/*7x12in* London 97

   $8 450 FF41 000 £5 440 Composition Huile/toile 55x38cm/*21x14in* Paris 95

   $18 660 FF96 000 £11 630 "Hommage à Mallarmé de l'éternel azur la sereine ironie" Huile/toile 130x195cm/*51x76in* Toulouse 96

   $2 264 FF13 182 £1 385 Werkübersicht Serigraph in colors 118x81cm/*46x31in* München 97

   $190 FF1 100 £113 Composition Encre Chine/papier 31,5x23,2cm/*12x9in* Paris 97

SINGLETON Henry 1766-1839 **[14]**

   $2 326 FF13 944 £1 400 The Assault and Taking of Seringapatam Oil/canvas 43x53cm/*16x20in* London 98

   $3 104 FF15 060 £2 000 A Lady swooning on a landing/A Lady exclaiming on a bed Oil/canvas

36x44cm/*14x17in* London 95
SINIBALDI Paul Jean 1857-1909 **[21]**
  $12 000 FF68 337 £7 285 Elegant Figures in Park Oil/canvas 45x72cm/*17x28in* New-York 97
  $12 000 FF70 964 £7 280 A Winter's Afternoon on the Boulevards Oil/panel 30,5x28cm/*12x11in* New-York 98
  $1 400 FF8 459 £834 Les bijoux de la mariée Gouache/paper 51,5x74,5cm/*20x29in* New-York 97
SINIBALDO Toroi XIX **[3]**
  $4 171 FF25 575 £2 500 At the Concert Oil/board 30x43cm/*11x16in* London 98
SINICKI René 1910 **[22]**
  $325 FF1 698 £197 Interior scene Oil/canvas 18x33cm/*7x13in* New Orleuns, Louisiana 96
SINSABAUGH Art 1924-1983 **[13]**
  $3 000 FF14 880 £1 898 Chi. La #318 Gelatin silver print 10x48cm/*4x19in* New-York 95
SINTENIS Renée 1888-1965 **[255]**
  $2 268 FF13 502 £1 386 Junge Tiere Radierung 49x35cm/*19x13in* Berlin 98
  $6 900 FF34 400 £4 520 Ziegenböckchen Bronze H9,5cm/*H3in* München 95
  $75 559 FF452 412 £46 413 Grosses Vollblutfohlen Bronze H109cm/*H42in* Köln 98
  $907 FF5 400 £554 Stehender Esel Ink 23x16cm/*9x6in* Berlin 98
SIPILÄ Sulho 1895-1949 **[3]**
  $17 831 FF105 279 £10 554 Flicka och katt Oil/canvas 66x50cm/*25x19in* Helsinki 97
SIQUEIROS David Alfaro 1896-1974 **[167]**
  $3 000 FF17 678 £1 792 El Baile Acrylic/paper/panel 33x25cm/*12x9in* New-York 97
  $55 000 FF267 000 £35 440 Estudio de Detalle para mi Mural de Chapultepec Mixed media 81x61cm/*31x24in* New-York 95
  $550 FF3 137 £336 "Zapata" Lithograph 50x38cm/*20x15in* New Orleans, Louisiana 97
  $5 000 FF29 762 £3 104 Composition Ink/paper 64x49cm/*25x19in* Houston, Texas 97
SIRANI Elisabetta 1638-1665 **[14]**
  $2 400 FF13 600 £1 200 Autoritratto Matita 23x15,5cm/*9x6in* Milano 98
SIRANI Elisabetta (Attrib.) 1638-1665 **[14]**
  $15 193 FF93 500 £9 303 Saint Jean-Baptiste Huile/toile 65x95cm/*25x37in* Bourges 98
  $720 FF4 080 £360 Sposalizio della Vergine Matita 32,5x23cm/*12x9in* Milano 98
SIRANI Giovanni A. (Attrib) 1610-1670 **[6]**
  $5 300 FF27 330 £3 400 The Madonna at prayer Oil/canvas 81x65cm/*31x25in* London 96
  $684 FF4 000 £405 Latone et les paysans Sanguine 21,5x29cm/*8x11in* Paris 97
SIRIES CERRUOTI Violante B. (Attrib) 1710-1783 **[2]**
  $8 400 FF47 600 £5 600 Dama con orologio Olio/tela 85x71cm/*33x27in* Prato 98
SIRONI Mario 1885-1961 **[481]**
  $1 440 FF8 160 £720 Paesaggio Tecnica mista/cartone 14,5x20cm/*5x7in* Roma 97
  $22 800 FF129 200 £11 400 Composizione con figura Olio/tela 50x65cm/*19x25in* Milano 98
  $87 000 FF493 000 £43 500 Grande composizione Olio/tela 120x110cm/*47x43in* Milano 97
  $3 419 FF19 378 £1 709 Ritratto maschile Tecnica mista/carta 32x19cm/*12x7in* Milano 97
SIRTAINE Albert 1869-1959 **[36]**
  $362 FF1 832 £238 Le brise-lame Huile/toile 30x40cm/*11x15in* Liège 96
  $477 FF2 466 £309 Porche de ferme Huile/toile 53,5x65,5cm/*21x25in* Liège 96
SISKA Guyla XX **[13]**
  $1 404 FF8 000 £866 Composition épanouie Huile/panneau 50x61cm/*19x24in* La Bresse 97
SISKIND Aaron 1903-1991 **[89]**
  $1 154 FF6 700 £682 Irapuato, Mexico Gelatin silver print 40x50,5cm/*15x19in* Köln 97
SISLEY Alfred 1839-1899 **[153]**
  $195 960 FF1 200 000 £116 880 Huit oies au bord du Loing Huile/toile 24x46cm/*9x18in* Paris 98
  $554 000 FF2 873 000 £360 000 Le Canal du Loing Oil/canvas 37x54cm/*14x21in* London 96
  $1 487 FF7 500 £965 Bords du Loing, la charrette Eau-forte 14,8x22,7cm/*5x8in* Paris 96
  $22 000 FF107 600 £13 920 Vue de Saint-Mammès, bord de l'eau Pastel/paper 29x38cm/*11x14in* New-York 95
SISQUELLA Alfredo XIX-XX **[1]**
  $3 850 FF21 890 £2 365 Niño com maqueta de velero Oleo/lienzo 73x60cm/*28x23in* Barcelona 97
SISSON Lawrence P. 1928 **[11]**
  $3 000 FF18 621 £1 828 Breaking Waves Oil/masonite 106x182cm/*42x72in* Boston, Mass. 97
SITE delle Mino 1914 **[2]**

✏️ *$1 200 FF6 800 £600* Danza spagnola Tempera/carta 70x50cm/*27x19in* Roma 98
SITTE Willi 1921 **[12]**
✏️ *$975 FF5 100 £581* "Unsere Jugend" (Studie) Ink 54,6x86cm/*21x33in* Berlin 96
SITTIG Georg H. 1863-? **[4]**
✏️ *$325 FF1 692 £215* Ostersonne Pastel/paper 65x48cm/*25x18in* Düsseldorf 96
SIUDMAK Wojtek 1942 **[4]**
🎟 *$563 FF3 430 £344* Dziwny sen Lithograph 75x59cm/*29x23in* Warszawa 98
✏️ *$1 322 FF7 943 £789* Andromeda Drawing 30x20,5cm/*11x8in* Warszawa 98
SIVERS von Clara 1854-1924 **[13]**
👝 *$11 350 FF58 000 £7 480* Tulipes dans un vase en cuivre Huile/toile 75x90cm/*29x35in* Chaumont 96
SIVERTSEN Jan 1979-1951 **[23]**
👝 *$525 FF2 655 £336* Komposition Oil/canvas 65x50cm/*25x19in* Köbenhavn 96
SIXE de Louis Antoine 1704-1780 **[5]**
👝 *$10 000 FF59 880 £6 120* Chinoiserie with an elegant Lady in Chinese Costume holding a Parrot Oil/canvas 56x70cm/*22x27in* New-York 97
SJAMAAR Pieter Gerardus 1819-1876 **[33]**
👝 *$1 287 FF7 615 £773* A night market on a town square Oil/panel 28x41cm/*11x16in* Amsterdam 97
👝 *$4 707 FF27 477 £2 800* A Tavern Scene Oil/panel 36x48,5cm/*14x19in* London 97
SJÖBERG Axel 1866-1950 **[35]**
👝 *$4 470 FF23 340 £2 660* "Solen dalar" (coastal landscape at sunset) Oil/canvas 95x130cm/*37x51in* Stockholm 96
✏️ *$417 FF2 490 £250* Hamnmotiv Akvarell/papper 27x29cm/*10x11in* Stockholm 98
SJÖBERG Henri 1910-? **[3]**
🎟 *$209 FF1 250 £126* "Faites du ski en France, Prenez le train" Affiche 100,5x62,5cm/*39x24in* Paris 97
SJÖLANDER Waldemar 1906-1989 **[44]**
👝 *$912 FF5 227 £557* Hamnmotiv med fabrik Oil/canvas 48x68cm/*18x26in* Göteborg 97
SJOLLEMA Johan Sybo, Joop 1900-1991 **[9]**
🎟 *$164 FF981 £100* "Fika" Poster 63x42cm/*24x16in* Oostwoud 98
SJÖSTRÖM Ina **[14]**
👝 *$361 FF2 208 £214* Strandboden Oil/canvas 44x34cm/*17x13in* Helsinki 98
SJÖSTRÖM Wilho 1873-1944 **[18]**
👝 *$2 721 FF16 068 £1 610* Pojke på garden Oil/canvas 56x40cm/*22x15in* Helsinki 97
👝 *$4 234 FF25 433 £2 539* Lugn vik Oil/panel 33x41cm/*12x16in* Helsinki 98
SJÖSVÄRD John 1890-1958 **[4]**
🎟 *$2 152 FF10 910 £1 400* "XVI Olympiadens Ryttartävlingar" Poster 100x64cm/*39x25in* London 96
SKADE Friedrich 1898-? **[1]**
✏️ *$2 110 FF10 440 £1 341* Rosen in Glasvase Aquarell/Papier 49x36cm/*19x14in* Heidelberg 95
SKAGA Anker 1858-1911 **[1]**
👝 *$11 200 FF57 500 £6 820* Kinder beim Reigentanz am Chiemsee Öl/Karton 32x40cm/*12x15in* Kempten 96
SKAGERFORS Olle 1920 **[31]**
👝 *$1 251 FF7 482 £766* Landskap Oil/canvas 46x56cm/*18x22in* Stockholm 97
✏️ *$391 FF2 240 £238* Coastal landscape Pencil/paper 55x45cm/*21x17in* Göteborg 97
SKÅNBERG Carl 1850-1883 **[33]**
👝 *$793 FF4 611 £468* Coastal landscape Oil/panel 22x41cm/*8x16in* Stockholm 97
👝 *$2 046 FF12 222 £1 252* Gata i Honfleur Oil/canvas 60x44cm/*23x17in* Stockholm 98
SKARBINA Franz 1849-1910 **[59]**
👝 *$2 799 FF16 761 £1 672* "Parkmauer" Öl/Karton 49x33cm/*19x12in* Köln 98
👝 *$17 655 FF101 352 £10 764* Passanten und eine Pferdedroschke in der Potsdamer Strasse Öl/Papier 37,5x31,5cm/*14x12in* Berlin 97
✏️ *$1 115 FF5 490 £719* Hausfront im Laternenlicht Charcoal 26x16cm/*10x6in* Berlin 95
SKARI Edvard 1839-1903 **[20]**
👝 *$880 FF5 272 £532* Havneparti Oil/panel 34x52cm/*13x20in* Viby J, Århus 97
👝 *$15 885 FF98 731 £9 500* Oresund Oil/canvas 118x201cm/*46x79in* London 98
SKEAPING John Rattenbury 1901-1980 **[101]**
👝 *$1 938 FF11 560 £1 200* At the Start Oil/board 46x61cm/*18x24in* London 97
🗿 *$4 170 FF21 220 £2 500* Over the Hedge Bronze H25cm/*H9in* London 96

S

✏ *$464 FF2 370* £300 Gazelles Pencil 26x30cm/*10x11in* London 95
SKEELE Hannah 1829-1901 **[1]**
👐 *$58 000 FF368 253* £36 221 Fruit Oil/canvas 50x60cm/*20x24in* Portland, Maine 97
SKELL Fritz 1886-1961 **[10]**
👐 *$2 779 FF16 660* £1 659 Du tust was ich will oder der dressierte Tanzbär Öl/Leinwand 79x79cm/*31x31in* Wien 98
SKELTON John 1735-1759 **[4]**
✏ *$6 673 FF40 716* £4 000 View of Ariccia Watercolour 33,5x38cm/*13x14in* London 98
SKELTON Leslie James 1848-1929 **[11]**
👐 *$1 100 FF6 497* £683 "Evening on the Lagoon, Venice" Oil/board 14x23cm/*5x9in* Boston, Mass. 97
SKILL Frederick John 1824-1881 **[6]**
✏ *$385 FF1 950* £250 The Rest Watercolour 18x25cm/*7x9in* Billingshurst, West Sussex 96
SKILLETT S.D. c.1810-c.1860 **[1]**
👐 *$8 330 FF42 450* £5 000 Paddlesteamer "Limerick", thought to be the Irish Packet, off Wicklow Oil/canvas 59x80cm/*23x31in* London 96
SKINNER Charlotte B. 1879-? **[3]**
👐 *$2 750 FF16 467* £1 683 "Lone Pine, Calif" Oil/canvas 60x71cm/*24x28in* Altadena, CA 97
SKIPWORTH Frank Markham 1854-1929 **[10]**
👐 *$3 620 FF18 560* £2 200 A Moment's Pause Oil/canvas 53x69cm/*20x27in* London 96
SKJÖLDEBRAND Anders Fredrik 1757-1834 **[4]**
✏ *$1 191 FF6 220* £710 Utsikt över Lilla Sickla Akvarell 29x42cm/*11x16in* Stockholm 96
SKLAR Dorothy XX **[7]**
✏ *$400 FF2 411* £242 Victorian house in landscape with figures Watercolour/panel 34x48cm/*13x19in* Pasadena, California 98
SKLAVOS Yerassimos 1927-1967 **[13]**
🗿 *$4 205 FF25 000* £2 605 Plante Spatiale Bronze 43,5x27x22cm/*17x10x8in* Paris 97
SKOGLUND Sandy 1946 **[25]**
📷 *$3 000 FF15 320* £1 976 A Breeze at Work Cibachrome print 99x142cm/*38x55in* New-York 96
SKÖLD Otte 1894-1958 **[39]**
👐 *$1 085 FF6 496* £667 Insjölandskap Oil/panel 17x52,5cm/*6x20in* Stockholm 98
👐 *$4 630 FF26 901* £2 733 Nature morte med korgar och frugter Oil/canvas 76x156cm/*29x61in* Stockholm 97
✏ *$88 FF543* £55 Flicka Pencil/paper 28x21cm/*11x8in* Stockholm 97
SKOTNES Cecil 1926 **[43]**
▥ *$243 FF1 485* £148 Twelve Woodcuts Woodcut in colors 65x48,5cm/*25x19in* Cape Town 98
SKOTTE OLSEN William 1945 **[197]**
👐 *$222 FF1 320* £136 "Tilskuerne" Oil/canvas 37x39cm/*14x15in* København 97
👐 *$274 FF1 595* £167 Drömmen Oil/canvas 60x73cm/*23x28in* København 97
SKOU Sigurd 1878-1929 **[8]**
👐 *$2 000 FF12 091* £1 238 Woman Feeding Parrot Oil/board 91x91cm/*36x36in* Mystic, Connecticut 97
SKOULIARI Mikhail 1905-1985 **[3]**
✏ *$798 FF4 000* £505 Nature morte Aquarelle 64x43cm/*25x16in* Paris 95
SKOV Marius A. Hansen 1885-1964 **[10]**
👐 *$3 156 FF19 174* £1 900 A Coastal Landscape with a Young Boy on Horseback Oil/canvas 67,5x97,5cm/*26x38in* London 98
SKOVGAARD Joachim 1856-1933 **[43]**
👐 *$271 FF1 584* £160 Krysantemum Oil/canvas 39x49cm/*15x19in* Vejle 97
SKOVGAARD Niels 1858-1938 **[28]**
👐 *$667 FF3 954* £399 Italiensk sommerlandskab Oil/canvas 47x67cm/*18x26in* København 97
SKOVGAARD Peter Christian T. 1817-1875 **[69]**
👐 *$1 180 FF7 048* £720 Kystparti med traebevoksning Oil/canvas 26x34cm/*10x13in* København 98
👐 *$2 948 FF17 606* £1 804 Möns Klint i morgenlys Oil/canvas 40x60cm/*15x23in* København 98
👐 *$28 350 FF175 984* £17 000 An August Morning Oil/canvas 128x186cm/*50x73in* London 98
✏ *$378 FF1 935* £230 En hønsegård Watercolour/paper 26x50cm/*10x19in* Viby J, Arhus 96
SKRAMLIK Jan 1860-? **[2]**
👐 *$3 595 FF18 620* £2 300 The First Toast Oil/canvas 88x110cm/*34x43in* London 96
SKRAMSTAD Ludvig 1855-1912 **[47]**

*$1 426 FF7 130 £923 A village in winter Oil/canvas 27x35cm/*10x13in* Köbenhavn 96
*$3 003 FF18 414 £1 800 A Frozen Lake Landscape Oil/canvas 37,5x57,5cm/*14x22in* London 98
SKREDSVIG Christian Eriksen 1854-1924 **[24]**
*$2 964 FF15 400 £1 960 Korna vattnas Oil/panel 23,5x31,5cm/*9x12in* Stockholm 96
*$6 690 FF34 300 £4 070 Fjordparti Oil/canvas 58x89cm/*22x35in* Viby J, Arhus 96
SKRETA Karel 1610-1674 **[2]**
*$2 058 FF10 669 £1 336 Glorifizierung Mariae durch weltliche Herrscher Ink 25x34,5cm/*9x13in* Luzern 96
SKULASON Thorvaldur 1906-1984 **[11]**
*$2 396 FF14 121 £1 480 Komposition Oil/canvas 100x75,5cm/*39x29in* Köbenhavn 97
SKUM Nils Nilsson 1872-1951 **[55]**
*$3 775 FF19 200 £2 255 Sameviste bland fjällbjörk Oil/panel 47x82cm/*18x32in* Stockholm 96
*$2 574 FF15 612 £1 528 Brunbjörn Skulpterat Sculpture, wood 42x91cm/*16x35in* Malmö 98
*$1 178 FF6 731 £721 Fjällandskap med renhjord Pencil 31x33cm/*12x12in* Stockholm 97
SKUTEZKY Dominic, Döme, Dan. 1850-1921 **[8]**
*$1 720 FF8 900 £1 100 Pretty in pink Oil/panel 27x21,5cm/*10x8in* London 96
SLABBINCK Rik 1914-1991 **[111]**
*$1 590 FF8 230 £1 026 Paysage ensoleillé Huile/toile 27x41cm/*10x16in* Bruxelles 96
*$3 116 FF18 664 £1 897 Nature morte Huile/toile 60x73cm/*23x28in* Bruxelles 97
*$9 972 FF58 572 £6 156 Stilleven Huile/toile 130x97cm/*51x38in* Lokeren 97
*$409 FF2 030 £260 Nu assis Encre/papier 40x27cm/*15x10in* Antwerpen 95
SLADE Cora ?-1938 **[6]**
*$3 300 FF19 760 £2 027 Still Life of Oranges Oil/canvas 21x27cm/*8x11in* Plainville, Conn. 98
SLAGER Frans 1876-1953 **[3]**
*$2 467 FF15 091 £1 516 A Girl with Braids Oil/canvas 47x36cm/*18x14in* Amsterdam 98
SLAGER Jeannette 1881-1945 **[3]**
*$2 621 FF15 238 £1 600 Marguerites in a Copper Bowl Oil/canvas 80x100,5cm/*31x39in* London 97
SLAGER Piet, Jnr. 1871-1938 **[2]**
*$2 610 FF15 986 £1 562 Pollard Willows Along a Ditch Oil/canvas 36,5x47cm/*14x18in* Amsterdam 98
SLAMA Victor T. 1890-1973 **[8]**
*$268 FF1 370 £174 Venezia Gouache 26x62cm/*10x24in* Wien 95
SLATER Charles Henry c.1820-c.1890 **[34]**
*$801 FF4 424 £500 Apple Blossom and a Bird's nest on a Mossy Bank/Grape and Plums Watercolour 35x27cm/*13x10in* London 97
SLATER John Falconar 1857-1937 **[184]**
*$531 FF3 158 £320 Outside the Cottage, a Winter Scene Oil/canvas 30x45cm/*11x17in* Billingshurst, West Sussex 98
*$734 FF4 477 £450 "Loch Iorsa, Arran" Oil/canvas 63,5x76cm/*25x29in* London 98
*$402 FF2 463 £240 Sheep on a Path by a Lake Watercolour/paper 49,5x75cm/*19x29in* Newcastle-upon-Tyne 98
SLEIGH Bernard 1872-1954 **[4]**
*$5 480 FF27 670 £3 600 The Annunciation Tempera/panel 23x23cm/*9x9in* London 96
*$1 499 FF8 670 £900 Young Fawn Running with a Naked Youth and two Girls Pencil 13,5x20cm/*5x7in* London 97
SLENDZINSKI Ludomir 1889-1980 **[3]**
*$7 430 FF43 406 £4 562 Portret Pani z Nutami Oil/panel 76x55cm/*29x21in* Warszawa 97
SLEVOGT Max 1868-1932 **[288]**
*$6 156 FF36 863 £3 781 Selbstbildnis Öl/Karton 36x30cm/*14x11in* München 98
*$20 700 FF103 200 £13 560 Sitzender Halbakt mit Apfel- "Eva" Öl/Karton 85x67cm/*33x26in* Pforzheim 95
*$174 FF1 009 £107 Somali Radierung 9,5x6,6cm/*3x2in* Heidelberg 97
*$983 FF5 090 £635 Die jüngste Tochter und ihr schlafender Mann Ink/paper 8x21cm/*3x8in* Berlin 96
SLEWINSKI Ladislas, Wladyslaw 1854-1918 **[9]**
*$6 080 FF31 200 £3 910 Dunes in Brittany Pastel 32,5x25cm/*12x9in* Warszawa 96
SLINGELAND Pieter Cornelisz 1640-1691 **[12]**
*$4 046 FF24 000 £2 450 Portrait d'un ecclésiastique Huile/cuivre 12x10cm/*4x3in* Paris 97
*$16 658 FF100 594 £10 000 Interior of a House with a Family Group Oil/panel 63,5x52cm/*25x20in* London 98

SLINGENEYER Ernest 1820-1894 **[7]**
- *$10 020 FF60 000 £6 156* Jeune femme au drapé Belge Huile/toile 110x80,5cm/*43x31in* Paris 98

SLIVKA David XX **[7]**
- *$500 FF2 824 £308* Machu Picchu IV, V Ink/paper 127x96cm/*50x38in* Morris Plains 97

SLOAN John 1871-1951 **[263]**
- *$2 750 FF16 233 £1 628* Western Landscape Oil/canvas 40x50cm/*16x20in* North Berwick, Maine 97
- *$1 700 FF9 697 £1 045* Fifth Avenue critics Etching 12,6x17,7cm/*4x6in* New-York 97
- *$1 000 FF5 945 £619* Standing Female Nude Pencil/paper 41x23cm/*16x9in* Philadelphia 97

SLOANE Eric 1910-1985 **[85]**
- *$500 FF3 103 £304* Flight Pattern, An Airplane in the Clouds Oil/canvas/board 50x35cm/*20x14in* Boston, Mass. 97
- *$2 800 FF14 620 £1 692* Old Connecticut Barn Oil/masonite 26x33cm/*10x12in* New-York 96
- *$11 000 FF64 820 £6 793* Storm over the Barn Oil/masonite 89,5x183cm/*35x72in* New-York 97

SLOANE George XIX-XX **[8]**
- *$1 600 FF9 523 £993* Tavern Scene Oil/panel 26x21cm/*10x8in* Miami, Florida 97

SLOCOMBE Edward ?-1915 **[4]**
- *$17 266 FF103 126 £10 570* Drottningen av saba Oil/canvas 153x102cm/*60x40in* Stockholm 98

SLOCOMBE Frederick Albert 1847-1920 **[11]**
- *$2 965 FF18 246 £1 800* "Do You Like Fish?" Oil/canvas 45,5x30,5cm/*17x12in* London 98

SLODTZ René, Michel-Ange 1705-1764 **[3]**
- *$1 134 FF6 500 £671* Projet pour une urne funéraire avec deux lions enchaînés Encre 21,5x14,2cm/*8x5in* Paris 97

SLOM Olga Slomszynska 1881-1940 **[1]**
- *$3 316 FF20 000 £1 978* Vues du port de Marseille Huile/toile 32x54cm/*12x21in* Toulouse 98

SLOOVERE de Georges 1873-1970 **[10]**
- *$447 FF2 333 £270* A sunlit woodland path Oil/canvas 81x81cm/*31x31in* Bristol, Avon 96

SLOTT-MØLLER Agnes Ranbusch 1862-1937 **[30]**
- *$280 FF1 770 £177* Udsigt over bakket landskab Oil/canvas 32x46cm/*12x18in* Vejle 97
- *$542 FF2 650 £347* Der sad to kvinder og karted guld Oil/canvas 33x50cm/*12x19in* Viby J, Århus 95
- *$7 111 FF40 815 £4 333* "Elverpigen synger" Oil/canvas 153x106cm/*60x41in* Köbenhavn 97

SLOTT-MØLLER Georg Harald 1864-1937 **[46]**
- *$602 FF3 521 £356* Ved kongens hof Oil/canvas 50x53cm/*19x20in* Vejle 97
- *$20 034 FF118 840 £12 244* Fra en paladsgård med to unge piger ... Oil/panel 112x137cm/*44x53in* Köbenhavn 98
- *$1 150 FF6 693 £708* "Melddigind" Poster 51x67,5cm/*20x26in* New-York 97

SLOUN van Frank J. 1878-1938 **[7]**
- *$4 000 FF24 082 £2 393* Autumn Landscape (No.156) Oil/panel 71x96,5cm/*27x37in* San Francisco 98
- *$5 500 FF33 112 £3 290* Return from the Fields (No.66) Oil/board 12,5x15cm/*4x5in* San Francisco 98

SLOVAK Milos 1885-1951 **[4]**
- *$2 174 FF13 073 £1 300* The Water Carrier Oil/canvas 150x75,5cm/*59x29in* London 98

SLUIJTERS Jan Schilder 1881-1957 **[301]**
- *$709 FF4 376 £446* A Portrait of a Gentleman Oil/canvas 120x95cm/*47x37in* Amsterdam 97
- *$12 177 FF72 737 £7 449* A farm Oil/board 35x30cm/*13x11in* Amsterdam 98
- *$33 891 FF201 355 £20 155* Two Nudes Oil/canvas 176x140cm/*69x55in* Amsterdam 97
- *$2 126 FF12 511 £1 312* Staand naakt Color lithograph 62x35cm/*24x13in* Den Haag 97
- *$2 507 FF14 638 £1 540* A Nude Taking a Bath Pencil 30,5x21cm/*12x8in* Amsterdam 97

SLUIJTERS Jan, Jnr. 1914 **[8]**
- *$1 419 FF8 755 £892* Flowers in a glass vase and a Delft blue bowl Oil/canvas 45x35cm/*17x13in* Amsterdam 97
- *$4 764 FF27 812 £2 926* Rokin, Amsterdam Oil/canvas 70x90cm/*27x35in* Amsterdam 97

SLUYS van Theo XIX-XX **[3]**
- *$6 000 FF35 671 £3 670* Resting Sheep in a Barn Oil/canvas 40,5x61cm/*15x24in* New-York 97

SLUYTERS Willy 1873-1949 **[82]**
- *$941 FF5 565 £565* A worker on a horse-drawn wagon Oil/canvas 20x27cm/*7x10in* Amsterdam 97
- *$2 315 FF13 182 £1 436* The clown Buziau Oil/canvas/panel 60x50cm/*23x19in* Amsterdam 97
- *$840 FF4 284 £546* Reist naar het zeestrand per HYSM over Amersfoort-Amsterdam Poster 70x100cm/*27x39in* Oostwoud 96
- *$709 FF4 376 £446* Portrait of a Girl from Volendam, wearing a Coral necklace Pastel/paper

48x36cm/*18x14in* Amsterdam 97
SMADJA Alex 1897-1977 **[36]**
  $1 002 FF6 000 £615 Série des emblèmes de la matière Huile/toile 65x50cm/*25x19in* Douai 98
SMALL David 1846-1927 **[5]**
  $586 FF3 625 £360 A Grey Morning on the Forth Watercolour 20x38,5cm/*7x15in* Billingshurst, West Sussex 97
SMALL William 1843-1929 **[4]**
  $20 540 FF100 500 £13 000 After the storm Oil/canvas 96x158cm/*37x62in* London 95
  $3 685 FF18 730 £2 200 The kitchen garden Watercolour/paper 27x41cm/*10x16in* London 96
SMALLFIELD Frederick 1829-1915 **[10]**
  $400 FF2 175 £239 Genoese flower girl Watercolour/board 44x28cm/*17x11in* Bethesda, Maryland 97
SMARGIASSI Gabriele 1798-1882 **[9]**
  $3 170 FF19 143 £1 900 Classical Ruins in a Landscape Oil/paper/canvas 26,5x38cm/*10x14in* London 98
SMART Frank Jeffrey Edson 1921 **[28]**
  $5 511 FF28 246 £3 517 Porto Da Napoli Mixed media 33,5x45,5cm/*13x17in* Melbourne 95
  $22 389 FF137 364 £13 941 Variations on Theme by Ian Bent Oil/canvas 60x70cm/*23x27in* Melbourne 97
  $1 250 FF7 272 £765 The directors Color lithograph 20x75cm/*7x29in* Melbourne 97
  $5 845 FF34 123 £3 477 "Study for the Boat House" Watercolour/paper 16x36cm/*6x14in* Melbourne 97
SMART John I 1741/43-1811 **[39]**
  $7 571 FF43 790 £4 545 Portrait of a Lady Miniature 4,5x4cm/*1x1in* Leamington Spa, Warwickshire 97
SMART John IV 1838-1899 **[11]**
  $6 500 FF37 016 £4 001 Waving to the Fleet Oil/canvas 127x68,5cm/*50x26in* New-York 97
  $156 FF810 £100 Mountain tops Watercolour 64x39cm/*25x15in* Penzance, Cornwall 96
SMEDLEY William Thomas 1858-1920 **[11]**
  $14 000 FF69 100 £9 120 The White Dress: portrait of a young woman in a park Oil/canvas 127x66cm/*50x25in* New-York 95
  $1 760 FF10 451 £1 074 Story illustration : people relaxing at lakeside. "Outdoor picnic" Watercolour, gouache/puper 39x31cm/*15x12in* New-York 98
SMEERDIJK Anton 1885-1965 **[8]**
  $21 000 FF105 000 £13 740 Sunny day at the beach Oil/canvas 96x157cm/*37x61in* Amsterdam 95
SMEERS Frans 1873-1960 **[89]**
  $522 FF3 250 £312 Vue des dunes Huile/toile/carton 20x30,5cm/*7x12in* Liège 98
  $3 962 FF22 904 £2 422 Quai à Ostende Huile/toile 50x61cm/*19x24in* Antwerpen 97
  $364 FF2 126 £222 Venise Encre Chine 29x38cm/*11x14in* Bruxelles 97
SMELLIE John ?-1925 **[5]**
  $674 FF4 087 £400 The Harbour, Pittenweem Pencil 24x34cm/*9x13in* Glasgow 98
SMET de Gustave 1877-1943 **[108]**
  $1 977 FF11 890 £1 182 Landschap met dreef Oil/canvas 65,5x50cm/*25x19in* Amsterdam 98
  $3 510 FF18 060 £2 190 Dorpje bij een korenveld Oil/canvas 29x41cm/*11x16in* Den Haag 96
  $11 680 FF57 100 £7 390 Le pêcheur d'anguilles Huile/toile 122x180cm/*48x70in* Bruxelles 95
  $686 FF3 916 £420 Zittende vrouw Gravure bois 20x17cm/*7x6in* Lokeren 97
  $2 922 FF17 456 £1 787 Landschap bij Blaricum Charcoal/paper 48,5x55,5cm/*19x21in* Amsterdam 98
SMET de Léon 1881-1966 **[123]**
  $16 945 FF100 678 £10 078 Paysage Méditerranée Oil/canvas 74x61cm/*29x24in* Amsterdam 97
  $34 540 FF180 290 £21 010 Intérieur Huile/toile 100x120cm/*39x47in* Lokeren 96
SMETANA Léopold 1867-1948 **[5]**
  $1 340 FF8 000 £808 Pêcheur en bord de Seine Huile/toile 38x62cm/*14x24in* Troyes 97
SMETHAM James 1821-1889 **[18]**
  $2 443 FF14 272 £1 500 Hard at work Oil/panel 18,5x12,5cm/*7x4in* London 97
SMETS Louis XIX **[6]**
  $4 110 FF24 735 £2 461 Figures Skating on a Frozen Waterway Oil/canvas 33x47cm/*12x18in* Amsterdam 98
  $5 850 FF30 100 £3 650 A frozen riverlandscape with skaters taking refreshments by a ship Oil/canvas/board 48x63,5cm/*18x25in* Amsterdam 96
SMIBERT John (Attrib.) 1688-1751 **[2]**
  $2 249 FF13 446 £1 363 Portrait of a Lady Oil/canvas 76,2x63,5cm/*29x25in* San Francisco-Los Angeles 97

SMIDTH Hans Ludvig 1839-1917 **[143]**

$650 FF3 975 £410 Gammelt bondehus med en vogn på gårdspladsen Oil/canvas 31x36cm/*12x14in* København 97

$1 176 FF6 130 £778 "Gaes ved Hedegaard" Oil/canvas 32x51cm/*12x20in* København 96

$535 FF2 674 £347 Et kreaturmarked Ink 23x42cm/*9x16in* Viby J, Arhus 96

SMILER Isa 1921-1986 **[7]**

$272 FF1 591 £167 Inuit Figures Sculpture H7,5cm/*H2in* Toronto 97

SMILLIE George Henry 1840-1921 **[29]**

$1 800 FF10 268 £1 099 Crossing the Footbridge Oil/canvas/board 18x15cm/*7x6in* Bethesda, Maryland 97

$9 000 FF46 050 £5 820 Vermont meadows Oil/canvas 39x61cm/*15x24in* New-York 95

$600 FF3 724 £365 Coastal View Watercolour/paper 42x59cm/*16x23in* Boston, Mass. 97

SMILLIE James David 1833-1909 **[15]**

$3 500 FF18 181 £2 074 Hudson River Landscape Oil/canvas 15x25cm/*6x10in* Asheville, NC 97

$4 500 FF22 750 £2 953 Home of William Smillie, Hudson River Watercolour 38x55cm/*14x21in* New-York 96

SMIRKE Robert, Jr. 1781-1867 **[5]**

$3 720 FF19 140 £2 400 The Lady of the Glass Case Oil/panel 4x32cm/*1x12in* London 96

SMIRNOFF Boris 1926-1982 **[17]**

$656 FF3 200 £416 Joséphine Crayons couleurs 53x44cm/*20x17in* Paris 95

SMISSEN van der Dominicus 1704-1760 **[2]**

$13 226 FF80 455 £8 109 Stilleben mit Früchten Oil/wood 37,5x50,3cm/*14x19in* Hamburg 98

SMIT Adrianus W., Arie 1916 **[20]**

$2 095 FF12 545 £1 287 Temple at Sunset Oil/board 25x25cm/*9x9in* Singapore 98

$5 800 FF28 350 £3 670 Trees at Tjimbuluwit Oil/board 47x59cm/*18x23in* Amsterdam 95

$2 074 FF11 709 £1 271 Portrait of a Boy Watercolour/paper 32x30cm/*12x11in* Singapore 97

SMIT Aernout 1641-1710 **[6]**

$12 470 FF64 300 £8 000 A Mediterranean harbour at sunset with a man-o-war firing a salute Oil/canvas 64,5x85cm/*25x33in* London 96

$15 600 FF80 400 £10 000 Naval engagement with figures leaving a burning man o'war Oil/canvas 105x154cm/*41x60in* London 96

SMIT Philippe 1887-1948 **[5]**

$2 472 FF14 863 £1 478 "Place de la Concorde" Oil/board 50x72cm/*19x28in* Amsterdam 98

SMITH Alexis 1949 **[4]**

$6 000 FF34 722 £3 691 If Looks Could Kill Mixed media 38,5x32,5cm/*15x12in* Los Angeles 97

SMITH Alfred 1853-1946 **[14]**

$1 300 FF6 580 £851 La Porte de Courcelles, Paris Oil/canvas 34x46cm/*13x18in* New Orleans, Louisiana 96

SMITH Alice Ravenel Huger 1876-1945 **[11]**

$9 500 FF55 490 £5 621 A Scene in Carolina Watercolour/paper 29x21,5cm/*11x8in* Boston, Mass. 97

SMITH Arthur Reginald 1871-1934 **[11]**

$534 FF3 211 £320 Thorpe Fells Evening Watercolour/paper 15x30cm/*6x12in* Ilkley, West Yorkshire 98

SMITH Bob, R.H. 1906-? **[1]**

$649 FF4 124 £405 "Los Angeles Fly TWA" Poster 101x63cm/*40x25in* New-York 97

SMITH Carlton Alfred 1853-1946 **[83]**

$2 963 FF15 200 £1 800 News from Home Oil/panel 34x21cm/*13x8in* London 96

$14 819 FF88 845 £9 000 Pot Luck Oil/canvas 44,5x65cm/*17x25in* Billingshurst, West Sussex 98

$4 000 FF24 480 £2 431 Tea by the Fireside Watercolour/paper 41x31cm/*16x12in* Milford, Conn. 98

SMITH Charles Hamilton 1776-1859 **[1]**

$21 689 FF132 329 £13 000 Views in Northern Africa: album of 206 Views, North and Central East Watercolour 41,5x34,5cm/*16x13in* London 98

SMITH Charles L.A. 1871-1937 **[9]**

$2 750 FF15 527 £1 672 The Golden Gleam Watercolour/paper 48x63cm/*19x25in* Altadena, CA 97

SMITH Colvin (Attrib.) 1795-1875 **[6]**

$1 161 FF6 936 £720 Portrait of a Gentleman/His Wife Oil/canvas 75x62cm/*29x24in* London 97

SMITH Dan 1864-1934 **[4]**

$800 FF4 419 £497 "The Sesquicentennial International Exposition" Poster 68x43cm/*27x17in* New-York 97

$1 500 FF7 690 £911 Woman playing piano (illustration) Watercolour, gouache 64x44cm/*25x17in* New-York 96

SMITH David 1906-1965 **[71]**

$5 500   FF31 500   £3 253 Untitled Oil/paper 51x66,5cm/*20x26in* New-York 97
$19 389   FF115 000   £11 845 Untitled Email 44,5x29,2cm/*17x11in* Paris 98
$50 000   FF288 020   £30 845 To Be A Golden Harbour Oil/canvas 232x131,5cm/*91x51in* New-York 97
$90 000   FF522 648   £54 981 Bouquet of Concaves II Sculpture 55x57x24cm/*21x22x9in* New-York 97
$370 000   FF2 148 664   £226 033 Family Totem Sculpture 81,5x56x15cm/*32x22x5in* New-York 97
$10 000   FF61 538   £6 071 Composition Tempera/paper 44,5x57cm/*17x22in* New-York 98

SMITH David Murray 1865-1952 **[9]**
$3 255   FF16 527   £2 100 Close of Day Oil/canvas 61x91,5cm/*24x36in* Auchterarder, Perthshire 96

SMITH De Cost 1864-1939 **[4]**
$9 500   FF56 784   £5 758 Sioux on the Missouri Oil/canvas 157,5x111,8cm/*62x44in* San Francisco-Los Angeles 97

SMITH Dee 1939 **[3]**
$1 747   FF8 440   £1 100 Prince of Tides, Great Blue Heron Oil/canvas 76x101cm/*29x39in* London 95

SMITH Denzil XX **[10]**
$1 804   FF10 357   £1 100 Walers in the Ice Oil/canvas 40,5x61cm/*15x24in* London 97

SMITH Edwin Dalton 1800-? **[9]**
$401   FF2 063   £250 Portrait of a young child, seated Watercolour 28x35cm/*11x13in* London 96

SMITH Elmer Boyd 1860-1943 **[8]**
$1 800   FF10 817   £1 088 "Haystacks in a Wide Field" Oil/canvas 30x45cm/*11x17in* New-York 98

SMITH F. Denner XIX-XX **[9]**
$326   FF1 949   £200 "Saints Bay" Watercolour/paper 19,5x24,5cm/*7x9in* Bristol, Avon 97

SMITH Francis 1881-1961 **[70]**
$3 426   FF19 500   £2 119 Notre-Dame Huile/papier 26,7x21,5cm/*10x8in* Paris 97
$12 124   FF72 000   £7 344 Maison en bord de mer Huile/toile 50x65cm/*19x25in* Calais 97
$3 399   FF21 000   £2 043 Paysage au Portugal Gouache 25x20cm/*9x7in* Paris 98

SMITH Francis Hopkinson 1838-1915 **[44]**
$2 400   FF13 683   £1 486 On the Way to the Doctor's House Watercolour, gouache/paper 55x76cm/*22x30in* Elgin, Illinois 97

SMITH Frank Vining 1879-1967 **[19]**
$1 200   FF6 772   £735 Coastal Landscape with Schooner in Distance Oil/canvas 50x111cm/*20x44in* East Dennis, Mass. 97

SMITH Frederick Carl 1868-1955 **[19]**
$600   FF3 504   £355 Landscape with Figures Oil/board 38x48cm/*15x19in* Cincinnati, Ohio 97
$1 000   FF5 966   £603 "Mt. Humphries" Oil/board 30x40cm/*12x16in* Cedar Falls, Iowa 97

SMITH Gary E. 1942 **[3]**
$10 000   FF52 100   £6 289 Checking Melons Oil/canvas 101x91cm/*40x36in* Scottsdale, Arizona 96

SMITH George 1829-1901 **[20]**
$3 034   FF17 447   £1 900 An Old Tale Oil/panel 15x19cm/*5x7in* London 97
$14 800   FF71 700   £9 500 Morning letters Oil/canvas 60x49,5cm/*23x19in* London 95

SMITH George 1870-1934 **[24]**
$893   FF4 630   £580 Highland lake landscape Oil/canvas 43x78cm/*16x30in* London 96
$1 662   FF8 480   £1 100 Work horses Oil/canvas/board 30x40,5cm/*11x15in* Glasgow 96

SMITH Gordon Appelby 1919 **[37]**
$1 692   FF10 021   £1 005 "Still Life with Red and Black" Oil/canvas 74,5x84,5cm/*29x33in* Toronto 97
$4 440   FF21 780   £2 820 Fundy Acrylic/canvas 165x203cm/*64x79in* Vancouver, BC. 95
$133   FF769   £79 "Winter Sea, Saltdean" Silkscreen 39x54cm/*15x21in* Calgary, Alberta 97
$666   FF3 267   £423 West Coast Landscape Watercolour/paper 56,5x44cm/*22x17in* Vancouver, BC. 95

SMITH Grace Cossington 1892-1984 **[27]**
$4 688   FF27 273   £2 871 'Trees by the way" Oil/board 31,6x38,5cm/*12x15in* Melbourne 97
$23 926   FF144 928   £14 825 Sunflowers Oil/board 55x43cm/*21x16in* Melbourne 97

SMITH Graham 1870-? **[8]**
$4 800   FF23 630   £3 093 The Beaufort Hunt, Above Sodbury Vale Oil/canvas 61x92cm/*24x36in* New-York 95

SMITH Hassel 1915 **[4]**
$7 000   FF40 509   £4 306 "Go to the Bow Wow Dog House" Acrylic/canvas 171x171cm/*67x67in* Los Angeles 97

SMITH Henry Pember 1854-1907 **[66]**
- *$3 400 FF17 200 £2 230* Venice Oil/canvas 20x28cm/*7x11in* Chicago, Illinois 96
- *$4 000 FF22 909 £2 366* Landscape Oil/canvas 50x71cm/*20x28in* Milford, Conn. 97
- *$1 700 FF10 290 £1 067* Venice Watercolour/paper 74x54cm/*29x21in* Bethesda, Maryland 97

SMITH Hobbe 1862-1942 **[36]**
- *$3 143 FF18 912 £1 881* A Beauty Oil/canvas 56,5x45cm/*22x17in* Amsterdam 98
- *$333 FF1 690 £217* A river vessel on the Ij, Amsterdam Watercolour 41x27,5cm/*16x10in* Amsterdam 96

SMITH Howard Everett 1885-1970 **[7]**
- *$274 FF1 644 £168* "Mammoth Crest, Mammoth Lakes, Inyo Country Cal" Oil/canvas/board 40x30cm/*16x12in* Altadena, CA 97
- *$1 600 FF7 970 £1 048* Cowboy leading a pack mule in the Sierras Oil/canvas 63x76cm/*24x29in* San Francisco-Los Angeles 95

SMITH Jack 1928 **[6]**
- *$2 460 FF14 124 £1 500* Within Blue, Outside Yellow Oil/board 89x119,5cm/*35x47in* London 97

SMITH Jack Carrington 1908-1972 **[6]**
- *$2 340 FF13 661 £1 443* (1) "The ballet school"/(2) Untitled Oil/board 40x31cm/*15x12in* Melbourne 97

SMITH Jack Wilkinson 1873-1949 **[27]**
- *$2 000 FF10 440 £1 210* Babbling Brook Oil/canvas/board 30,5x40,5cm/*12x15in* San Francisco-Los Angeles 96
- *$8 000 FF48 134 £4 788* Mystic Shore Oil/canvas 51,5x62cm/*20x24in* Beverly Hills, Calif. 98

SMITH James Agrell 1913-1988 **[5]**
- *$391 FF2 263 £232* "Horses, Wind and Dust" 1960s Print 15x20cm/*5x7in* Calgary, Alberta 97

SMITH James Burrell 1822-1897 **[61]**
- *$770 FF4 471 £455* Figurer vid flodstrand Oil/canvas 36x31cm/*14x12in* Malmö 97
- *$700 FF4 088 £414* Picnicking Across The River, a Manor View Watercolour, gouache 25,5x38cm/*10x14in* Boston, Mass. 97

SMITH James Calvert XX **[4]**
- *$5 800 FF35 868 £3 484* "The Blue Bouquet" Oil/canvas 40x30cm/*16x12in* East Dennis, Mass. 97

SMITH Jessie Willcox 1863-1935 **[12]**
- *$9 350 FF55 522 £5 708* Colonial man fastening woman's necklace, she in sling Oil/canvas 45x27cm/*18x11in* New-York 98
- *$1 200 FF7 151 £719* "American Radiator Heating" Poster 74x50,5cm/*29x19in* New-York 98
- *$31 000 FF185 296 £18 789* "Watering the Hollyhocks" Watercolour, gouache 52,1x48,3cm/*20x19in* San Francisco-Los Angeles 97

SMITH John Brandon 1848-1884 **[60]**
- *$965 FF5 287 £580* Fishermen by a Rocky River Oil/canvas 35,5x46cm/*13x18in* London 97
- *$3 687 FF22 242 £2 200* Fishermen Along a River Oil/canvas 35x30,5cm/*13x12in* West Lothian 98

SMITH John Firth 1943 **[18]**
- *$5 460 FF31 818 £3 363* Blue Senary Oil/canvas 60x60cm/*23x23in* Melbourne 97
- *$7 874 FF40 352 £5 025* "Ilimo" Mixed media/canvas 183x183cm/*72x72in* Brisbane 96
- *$425 FF2 429 £258* Sprung Mixed media/paper 69,5x101,5cm/*27x39in* Sydney 97

SMITH John Raphael 1752-1812 **[53]**
- *$2 200 FF13 341 £1 342* Portrait of Christopher Anstey (1724-1805) Oil/canvas 35,5x28,5cm/*13x11in* New-York 98
- *$9 820 FF51 000 £6 500* The Moralist Oil/canvas 61x50cm/*24x19in* Edinburgh 96
- *$1 172 FF7 182 £700* The promenade at Carlisle House Mezzotint 32x39cm/*12x15in* London 98
- *$1 980 FF10 140 £1 202* Portrait of the 4th Earl of Albemarle, holding a book Pastel/paper 60x44,5cm/*23x17in* London 96

SMITH John Warwick 1749-1831 **[51]**
- *$417 FF2 145 £260* Lake Perugia Watercolour 24x38,6cm/*9x15in* London 96

SMITH Jori 1907 **[30]**
- *$280 FF1 428 £168* Charlevoix Cattle Sale Oil/board 26x30cm/*10x11in* Calgary, Alberta 96

SMITH Joseph Lindon 1863-1950 **[21]**
- *$2 750 FF16 430 £1 682* Seated Woman with Broad Collar Breathing Lotus Oil/canvas 119x99cm/*47x39in* Dedham, Mass. 98

SMITH Judson De Jonge 1880-1962 **[2]**
- *$3 500 FF18 270 £2 115* Along Old Saginaw Turnpike Tempera/paper 47,5x112,5cm/*18x44in* New-York 96

SMITH Kiki 1954 **[18]**

*$5 500 FF28 500 £3 680 Untitled Oil/panel 3x51cm/*1x20in* New-York 96
*$275 FF1 402 £182 My Secret Business Color lithograph 76x56cm/*30x22in* Tarzana, CA 96
*$42 000 FF248 522 £25 624 Virgin Mary Sculpture 89x43x61cm/*35x16x24in* New-York 98
*$50 000 FF254 700 £30 000 Untitled Construction 49x26,5x26,5cm/*19x10x10in* New-York 96
*$6 500 FF39 999 £3 946 Untitled Watercolour 96,5x60cm/*37x23in* New-York 98

SMITH Kimber 1922-1981 [8]
*$630 FF3 685 £373 Komposition gelb-blau Gouache/papier 54x50cm/*21x19in* St.Gallen 97

SMITH Lawrence Beall 1909 [19]
*$3 800 FF19 730 £2 514 Spring Oil/masonite 21x35cm/*8x13in* New-York 96
*$120 FF713 £74 Jig Lithograph 33x23cm/*13x9in* Chicago, Illinois 97

SMITH Leon Polk 1906 [17]
*$2 875 FF17 267 £1 716 Stretch of White Oil/canvas 63,5x40,5cm/*25x15in* San Francisco 98
*$5 714 FF33 914 £3 500 Black-Red Full Up Oil/masonite 35,5x25cm/*13x9in* London 97
*$10 000 FF48 400 £6 420 Correspondence Orange-Red Acrylic/canvas 216x167cm/*85x65in* New-York 95

SMITH Leonard John 1885-? [1]
*$692 FF3 510 £450 The Tired Model/Reverie/A Hazy Morning/High Tide/Dawn Etching 32x23cm/*12x9in* London 96

SMITH Marius 1868-1938 [2]
*$1 200 FF7 233 £726 Eucalyptus river landscape Watercolour/panel 54x74cm/*21x29in* Pasadena, California 98

SMITH Marshall Joseph, Jr. 1854-1923 [10]
*$6 500 FF38 416 £4 026 The Sultan's Tomb Oil/canvas 21x38cm/*8x15in* New Orleans, Louisiana 97
*$15 500 FF91 608 £9 600 Continental Landscape with castle and Figures Oil/canvas 33x64cm/*13x25in* New Orleans, Louisiana 97
*$6 500 FF38 145 £3 974 Still Life of Fruit Watercolour/paper 19x28cm/*7x11in* New Orleans, Louisiana 97

SMITH Matthew 1879-1959 [78]
*$620 FF3 781 £380 Reclining Female Nude Oil/canvas/board 50x35cm/*19x13in* London 98
*$9 240 FF47 900 £6 000 Still life with apples and jug Oil/canvas 31x36cm/*12x14in* London 96
*$2 750 FF13 930 £1 800 Still life with fruit in a bowl Pastel/paper 37x49cm/*14x19in* London 96

SMITH Miller XIX-XX [13]
*$392 FF2 334 £240 Figures of a Jetty by a Lake Watercolour 33x17cm/*12x6in* London 98

SMITH Noel XIX-XX [4]
*$787 FF4 801 £480 Figures punting on the River, Chirstchurch Watercolour 37,5x62cm/*14x24in* London 98

SMITH OF CHICHESTER George 1714-1776 [21]
*$1 800 FF10 778 £1 101 Extensive Landscape with Cattle and Figures in a Boat Oil/canvas 99x139cm/*39x55in* Chicago, Illinois 97
*$9 390 FF47 700 £6 000 Still life of cheese, beer and bread Oil/canvas 63x77cm/*24x30in* London 96

SMITH Percy John D. ?-1948 [6]
*$316 FF1 952 £190 The Three Witches/The Path to Wuthering Heights/The Threshold/... Etching 25x20cm/*9x7in* London 98

SMITH Ray 1959 [21]
*$12 000 FF58 200 £7 730 Joie de Vivre Oil/panel 244x487cm/*96x191in* New-York 95
*$697 FF3 430 £449 Viaje Universal Aquarell 21,3x29cm/*8x11in* Köln 95

SMITH Reginald 1870-1925 [8]
*$1 846 FF8 840 £1 150 Calm seas at dusk Oil/canvas 49x107cm/*19x42in* London 95

SMITH Richard 1931 [36]
*$6 698 FF40 229 £4 000 Pitfall Oil/canvas 180x275,5x37cm/*70x108x14in* London 98
*$274 FF1 637 £170 Grey Square Aquatint 61x61cm/*24x24in* London 97

SMITH Richard XIX-XX [2]
*$1 550 FF7 980 £1 000 Harvest Day Watercolour 48x76cm/*18x29in* London 96

SMITH Richard J. 1955 [15]
*$3 104 FF17 658 £1 900 Arctic loon and grayling Oil/board 66x82cm/*25x32in* London 97

SMITH Robert, Colonel 1787-1873 [1]
*$27 900 FF144 400 £18 000 A Procession into the Fort at Bharatpur Oil/canvas 66x107cm/*25x42in* London 96

SMITH Russel 1812-1896 [17]

$1 500 FF8 960 £918 Saco River Oil/paper 21x30,5cm/*8x12in* New-York 98
$14 000 FF72 700 £9 260 River Landscape Oil/canvas 86x33cm/*33x12in* New-York 96
SMITH Samuel Mountjoy XIX **[1]**
$9 176 FF55 985 £5 500 The Landale Pikes Overlooking Elterwater, with Elterwater Hall Oil/canvas 82,5x143cm/*32x56in* London 98
SMITH Thomas **[3]**
$1 322 FF7 722 £800 Four Views of the Lake District Etching 39x55,5cm/*15x21in* London 97
SMITH Thomas XVIII-XIX **[1]**
$1 622 FF9 337 £1 000 Florence from the banks of the Arno, a mile from the Porta S. Niccolo Watercolour 24,5x35cm/*9x13in* London 97
SMITH Tim XX **[3]**
$1 141 FF6 700 £698 Points d'attache Aquarelle/papier 76x55cm/*29x21in* Paris 97
SMITH Tony 1912-1980 **[34]**
$164 FF907 £102 Cape Landscape in Autumn Oil/canvas 43x58cm/*16x22in* Johannesburg 97
$19 500 FF113 109 £11 526 Spitball Sculpture 31x37x38cm/*12x14x14in* New-York 97
$75 000 FF432 030 £46 267 Gracehoper Bronze 85x162x109cm/*33x63x42in* New-York 97
SMITH Vivian Norman, Capt. XIX-XX **[1]**
$1 610 FF9 311 £1 000 The Old Barn, Brympton Watercolour/paper 105x74,5cm/*41x29in* Exeter, Devon 97
SMITH Wallace Hendon 1901-? **[7]**
$1 400 FF7 168 £933 Venetian Palazzo Oil/masonite 76x101cm/*30x40in* St. Louis, Miss. 96
SMITH Walter Granville 1870-1938 **[35]**
$1 000 FF4 920 £645 Autumn/Spring/Summer Oil/panel 31x41cm/*12x16in* New-York 95
$2 750 FF14 350 £1 662 Yachting on a Bright Summer Day Oil/canvas 51x61cm/*20x24in* San Francisco-Los Angeles 96
$600 FF3 692 £364 In the Sitting Room Watercolour 35x38cm/*14x15in* New-York 98
SMITH Wilhelm 1867-1949 **[5]**
$3 534 FF20 193 £2 165 Landskap med ung flicka vid vägkant Oil/canvas 66x101cm/*25x39in* Stockholm 97
SMITH William Boase XIX-XX **[5]**
$1 163 FF6 000 £750 Port Navas Creek, Helford River, Cornwall Watercolour 20x32cm/*7x12in* London 96
SMITH William Collingwood 1815-1887 **[36]**
$1 134 FF5 900 £750 Morning/Noon/Evening/Night Watercolour/paper 12,5x20cm/*4x7in* London 96
SMITH William E. 1913-? **[2]**
$225 FF1 324 £135 "Payday" Linocut 20x15cm/*8x6in* Altadena, CA 97
SMITH William Eugene 1918-1978 **[138]**
$4 600 FF24 000 £2 780 Iwo Jima Gelatin silver print 20x33cm/*8x13in* New-York 96
SMITH William H. XIX **[4]**
$1 276 FF7 640 £800 Grapes, plums and apple and a bird's nest on a mossy bank Oil/canvas 25x36cm/*9x14in* London 97

SMITH William St. Thomas 1862-1947 **[22]**
$545 FF3 179 £333 Fishing Boat in rough Seas Watercolour/paper 51x74cm/*20x29in* Toronto 97
SMITH Xanthus Russell 1838-1929 **[44]**
$1 900 FF11 098 £1 124 Feeding the Chickens Oil/canvas 22x30cm/*9x12in* Cincinnati, Ohio 97
$900 FF5 714 £562 Setting Sail Watercolour/paper 16x24cm/*6x9in* Portland, Maine 97
SMITH-HALD Björn 1883-1964 **[17]**
$4 389 FF25 472 £2 591 Litten gutt Oil/canvas 99x70cm/*38x27in* Oslo 97
SMITH-HALD Frithjof 1846-1903 **[25]**
$916 FF5 294 £564 Coastal landscape Oil/panel 26,5x35cm/*10x13in* Stockholm 97
$3 795 FF18 920 £2 486 Abendliche Fjordlandschaft mit Booten Öl/Leinwand 42,5x61cm/*16x24in* Bremen 95
$11 673 FF72 464 £7 000 Waiting for the Ferry Oil/canvas 88x144cm/*34x56in* London 98
$1 320 FF6 890 £798 Mor og barn på strand Watercolour/paper 34x48cm/*13x18in* Oslo 96
SMITHEMAN S. Francis XIX-XX **[3]**
$7 000 FF35 660 £4 200 The Tea Ship "Falcon" passing Portsmouth Oil/canvas 61x92cm/*24x36in* London 96
SMITHSON Robert 1938-1973 **[45]**
$30 000 FF177 516 £18 303 Untitled Metal 48,5x48,5x38cm/*19x19x14in* New-York 98
$13 000 FF75 406 £7 684 Island of Buried Pipes Graphite 48x59cm/*18x23in* New-York 97

SMITS Eugène 1826-1912 **[21]**

🎨 *$1 288 FF6 560 £773* Jeune femme à la cruche Huile/toile/panneau 51x39cm/*20x15in* Bruxelles 96

🎨 *$2 448 FF14 607 £1 476* Sur la plage Huile/toile 25x46,5cm/*9x18in* Lokeren 97

SMITS Jakob 1856-1928 **[257]**

🎨 *$4 390 FF21 670 £2 840* Portrait de Kobe Huile/panneau 31,5x24cm/*12x9in* Bruxelles 96

🎨 *$32 660 FF163 300 £21 130* Paysage en Campine Huile/toile 55,5x61,5cm/*21x24in* Bruxelles 96

🎨 *$59 892 FF356 724 £35 604* L'Adoration des Rois Mages Oil/canvas 130x145cm/*51x57in* Amsterdam 97

✏️ *$12 285 FF73 170 £7 515* La tricoteuse à la lanterne Pastel/papier 47x33,5cm/*18x13in* Bruxelles 98

SMITS Johan Gerard 1823-1910 **[26]**

🎨 *$1 090 FF5 520 £710* A wooded landscape with a traveller on a sandy path along a windmill Oil/panel 13,5x22,5cm/*5x8in* Amsterdam 96

🎨 *$4 541 FF26 887 £2 715* Holländische Landschaft mit Kindern Öl/Leinwand 50x69cm/*19x27in* Zürich 97

✏️ *$823 FF4 759 £489* Kerkgang Watercolour/paper 14,5x27cm/*5x10in* Rotterdam 97

SMONT Lucas 1671-1713 **[2]**

🎨 *$3 731 FF21 255 £2 340* Combat naval Huile/toile 40x59cm/*15x23in* Bruxelles 97

SMORENBERG Dirk 1883-1960 **[52]**

🎨 *$2 314 FF13 489 £1 414* Forest Oil/canvas 46x73cm/*18x28in* Amsterdam 97

SMUGLEWICZ Francizek 1745-1807 **[1]**

✏️ *$1 100 FF6 658 £656* Goddess of War Watercolour, gouache/paper 10,5x14,5cm/*4x5in* New-York 97

SMYTH Dorothy Carleton 1880-1933 **[3]**

✏️ *$366 FF2 119 £220* King Arthur's Tomb Watercolour 20,3x12cm/*7x4in* London 97

SMYTH Montague 1863-1965 **[14]**

✏️ *$623 FF3 801 £380* Shepherdess and Sheep in a Windswept Landscape Watercolour 22x28,5cm/*8x11in* London 98

SMYTHE Edward R. (Attrib.) 1810-1899 **[9]**

🎨 *$1 044 FF6 334 £620* A Spaniel Dog in Landscape Oil/canvas 55x73cm/*22x29in* Aylsham, Norfolk 98

🎨 *$1 800 FF9 579 £1 061* Fisher folk Oil/panel 36,8x31,8cm/*14x12in* New-York 97

SMYTHE Edward Robert 1810-1899 **[76]**

🎨 *$1 307 FF7 435 £800* A riverside encampment Oil/canvas 40,5x35,5cm/*15x13in* London 97

🎨 *$3 886 FF22 900 £2 400* Figures with a Horse and Cart Before a Cottage Oil/canvas 56x68,5cm/*22x26in* London 97

✏️ *$750 FF4 331 £460* A Scene on the Norfolk Broads at Sunset Pastel 30x38cm/*12x15in* Aylsham, Norfolk 97

SMYTHE Eugene Leslie 1857-1932 **[8]**

🎨 *$1 500 FF9 057 £911* Summer Time Oil/canvas 33x48cm/*13x19in* Bethesda, Maryland 98

SMYTHE Lionel Percy 1839-1918 **[30]**

🎨 *$2 458 FF15 100 £1 474* Englische Fischerfamilie beim Verladen des Fangs am Strand Oil/wood 25x37cm/*9x14in* Bremen 98

🎨 *$26 355 FF162 188 £16 000* The Coming of Spring Oil/canvas 117x76cm/*46x29in* London 98

✏️ *$1 674 FF10 206 £1 000* Tempting Pussy Watercolour/paper 18x15,5cm/*7x6in* London 98

SMYTHE Minnie c.1875-c.1940 **[6]**

✏️ *$2 530 FF15 422 £1 550* "The Cats Play" Watercolour/paper 35x25cm/*13x9in* London 98

SMYTHE Richard 1863-? **[7]**

▥ *$303 FF1 570 £200* Seated lady in a yellow gown Mezzotint 51x31cm/*20x12in* London 96

SMYTHE Thomas 1825-1907 **[82]**

🎨 *$3 800 FF19 000 £2 460* Horse Fair Oil/canvas 61x92cm/*24x36in* New-York 96

🎨 *$3 268 FF19 980 £2 000* A Traveller with Dog Enjoying a Mid-day Rest Oil/canvas 30x25cm/*12x10in* Aylsham, Norfolk 98

✏️ *$879 FF5 299 £540* Busy Quayside, Estuary Scene Beyond Watercolour 30,5x47cm/*12x18in* Suffolk 98

SMYTHE Thomas (Attrib.) 1825-1907 **[6]**

🎨 *$1 600 FF9 702 £976* Landscapes with Cattle Oil/canvas 18x23cm/*7x9in* New-York 98

SMYTHE Willard Grayson 1906-? **[1]**

🎨 *$4 250 FF24 824 £2 514* Composition Oil/canvas 96x68cm/*38x27in* Cincinnati, Ohio 97

SNAFFLES Charles J. Payne 1884-1967 **[64]**

▥ *$467 FF2 850 £280* "A Heilan' Lad" Print in colors 43x33,5cm/*16x13in* Glasgow 98

✏️ *$1 383 FF8 556 £849* The Lord Watercolour 27x12cm/*10x4in* Billingshurst, West Sussex 97

SNAPE Martin XIX-XX **[12]**

$1 084 FF5 520 £650 Gosport Watercolour 29x44,5cm/*11x17in* London 96
SNAPE William H. XIX **[4]**
$1 421 FF7 906 £880 A young boy with his pet dog Oil/canvas 35,5x30,5cm/*13x12in* Billingshurst, West Sussex 97
SNAYERS Pieter 1592-1667 **[21]**
$6 720 FF40 000 £4 108 Bataille sur fond de paysage Huile/toile 108x100cm/*42x39in* Tourcoing 98
SNAYERS Pieter (Attrib.) 1592-1667 **[3]**
$45 800 FF228 200 £30 000 Spanish troops raising the Siege of Grolle Oil/canvas 125x169cm/*49x66in* London 95
SNEL Han 1925 **[9]**
$2 336 FF12 050 £1 550 Portrait of Njoman Losim Oil/canvas 50x40cm/*19x15in* Amsterdam 96
$2 095 FF12 545 £1 287 Wanita Crayon 57,5x38cm/*22x14in* Singapore 98
SNELL Henry Bayley 1858-1943 **[15]**
$2 600 FF13 000 £1 683 Winter Storm Oil/canvas/board 49x60cm/*19x24in* Delray Beach, Florida 96
$3 000 FF14 770 £1 933 The Inlet/The Quarry Oil/canvas/board 29x34cm/*11x13in* New-York 95
SNELL James Herbert 1861-1935 **[47]**
$403 FF2 434 £250 "The Old Jetty, Walberswick" Oil/board 24,5x34cm/*9x13in* London 97
$735 FF4 481 £450 Arundel Castle, Sussex Oil/canvas 61x91,5cm/*24x36in* London 98
$253 FF1 517 £155 Great Marlow on Thames from Winter Hill, Lelant, Cornwall Watercolour/paper 24x34cm/*9x13in* Cape Town 97
SNELLINCK Andries 1587-1653 **[1]**
$11 600 FF60 000 £7 520 Réunion galante dans le parc d'un château Huile/cuivre 67x93cm/*26x36in* Paris 96
SNELLINCK Cornelis ?-1669 **[2]**
$21 370 FF106 500 £14 000 Wooded landscape with shepherd and flock Oil/panel 13x100cm/*5x39in* London 95
SNELLINCK Jan I 1544-1638 **[5]**
$18 238 FF105 468 £11 286 Triptychon: Die Kreuzigung, stifter, Stifterin Oil/wood 107x68cm/*42x26in* Wien 97
SNELLINCK Jan I (Attrib.) 1544-1638 **[2]**
$4 680 FF24 100 £3 000 The Crucifixion Oil/panel 63x49cm/*24x19in* London 96
SNELLINCK Jan III 1640-c.1690 **[4]**
$4 563 FF26 120 £2 695 Peasants returning from Market in an Italinate Wooded Landscape Oil/panel 35,5x49cm/*13x19in* Amsterdam 97
SNELLING Henry Hunt (Attrib.) 1817-1917 **[1]**
$6 500 FF33 560 £4 160 Union Square, NYC Salt print 29x41cm/*11x16in* New-York 96
SNELLMAN Eero Juhani 1890-1951 **[6]**
$2 037 FF12 139 £1 249 Talvipäivä tampereella Oil/board 45x55cm/*17x21in* Helsinki 98
SNELSON Kenneth D. 1927 **[13]**
$3 259 FF19 028 £2 002 Construction Sculpture H33cm/*H12in* Amsterdam 97
SNIDOW Gordon 1936 **[7]**
$9 000 FF45 360 £5 806 Counting His Money Gouache/paper 50x76cm/*20x30in* Hayden 96
SNIJDERS Ben 1943 **[2]**
$4 640 FF23 140 £3 030 Still life Oil/board 19x24cm/*7x9in* Amsterdam 95
SNOW John Harold Thomas 1911 **[61]**
$188 FF961 £114 Lily Pond Silkscreen 36x40cm/*14x15in* Calgary, Alberta 96
SNYDER A. XIX **[3]**
$5 000 FF30 902 £3 065 Still life of apples and nuts Oil/board 9x23,6cm/*3x9in* Amesbury, Massachusetts 97
SNYDER William McKinley XIX-XX **[3]**
$4 000 FF23 909 £2 424 Wooded Country Lane Oil/canvas 55,9x91,4cm/*22x35in* San Francisco-Los Angeles 97
SNYDERS Franz 1579-1657 **[25]**
$33 100 FF172 800 £20 000 Pomona encircled by a garland of fruit Oil/canvas 202x157cm/*79x61in* London 96
$116 208 FF720 000 £69 408 Nature morte à la coupe de raisins, écrevisses et trophées de chasse Huile/panneau 57,5x85,5cm/*22x33in* Paris 98

$271 000 FF1 312 000 £170 000 Still life of mixed fruit with a tazza, an open walnut, all on a table Oil/copper 3x50cm/1x19in London 95

$6 360 FF30 840 £4 100 Three monkeys with a basket of fruit, a dish and glasses by a window Ink 17x26,7cm/6x10in Amsterdam 95

SNYDERS Franz (Attrib.) 1579-1657 [14]
$17 992 FF104 529 £10 621 Still life with fruit and dead game on a draped table Oil/canvas 103x129cm/40x50in Stockholm 97

SNYDERS Franz (Studio) 1579-1657 [4]
$15 000 FF78 000 £9 920 Peacock and Swan, other game, Fowl and Fruit, Vegetables and Flowers Oil/canvas 153x190,5cm/60x75in New-York 96

$35 000 FF181 000 £23 400 Grapes, Quinces, Peaches, Apricots, an Appel, Figs and a Melon Oil/canvas 82x102cm/32x40in Amsterdam 96

SNYERS Pieter 1681-1752 [22]
$12 274 FF72 352 £7 334 Jaktstilleben Oil/panel 33,5x24,5cm/13x9in Stockholm 97

$18 000 FF102 681 £11 068 Young Artist drawing a Still Life of Fruits and Vegetables in Garden Oil/canvas 80x65cm/31x25in New-York 97

SNYERS Pieter (Attrib.) 1681-1752 [3]
$20 232 FF120 000 £12 252 Nature morte aux légumes et petit chien sur fond de paysage Huile/toile 87x109cm/34x42in Paris 97

SOAN Hazel XX [2]
$1 071 FF6 465 £650 "Close Encounter" Watercolour 55,5x46cm/21x18in Billingshurst, West Sussex 98

SOARE William F. 1896-1940 [3]
$3 750 FF18 350 £2 374 Lewis and Clark discovering the Rocky Mountains Oil/canvas 81x60cm/32x24in New-York 95

SOBRADO Pedro 1936 [83]
$429 FF2 567 £253 En la calle Oleo/lienzo 61x73cm/24x28in Madrid 98
$315 FF1 786 £198 Mujeres Serigrafia 61x91cm/24x35in Madrid 97
$248 FF1 440 £151 Charanga Tinta/papel 49x64cm/19x25in Madrid 97

SOBRAT Anak Agung Gede 1911-1992 [9]
$4 888 FF29 273 £3 003 Market Acrylic/canvas 50x60cm/19x23in Singapore 98

SOBRE Hyacinthe Philéas 1826-1902 [1]
$8 765 FF50 000 £5 355 "L'Ecrin" Marbre 160x72cm/62x28in Auxerre 97

SOBRERO Emilio 1890-1964 [20]
$720 FF4 080 £480 "Personnaggi" Olio/tavola 32x23cm/12x9in Trieste 98
$2 760 FF15 640 £1 840 Donna bionda Olio/tavola 49,8x44,5cm/19x17in Prato 97

SOBRILE Giuseppe 1879-1956 [3]
$1 800 FF10 200 £900 "Borgo, Forno, Alpi Graie" Olio/tavola 30x40cm/11x15in Vercelli 98

SOBRINO BUHIGAS Carlos 1885-1978 [6]
$2 430 FF12 100 £1 590 Melón, Orense Acuarela 18x29,5cm/7x11in Madrid 95

SOBRINO Carmelo 1948 [2]
$6 500 FF38 805 £3 992 Homenaje a Van Gogh Oil/canvas 112x91,5cm/44x36in New-York 98

SOCRATE Carlo 1889-1967 [22]
$1 980 FF10 200 £1 260 Figura di donna Olio/tela 40,5x30cm/15x11in Venezia 96
$3 888 FF22 033 £2 592 Casa a Roma Olio/tela 40x50cm/15x19in Milano 97
$15 600 FF88 400 £10 400 Pittrice Olio/tela 180x168cm/70x66in Roma 97
$4 500 FF25 500 £3 000 Natura morta Acquarello/cartone 44,5x35,7cm/17x14in Prato 97

SÖDERBERG Gustaf 1799-1875 [1]
$4 433 FF25 391 £2 706 Utsikt från Stockholms Slott Oil/canvas/panel 21,5x28cm/8x11in Stockholm 97

SÖDERGREN Sophia Johanna 1847-1923 [2]
$7 162 FF42 778 £4 384 Salongsinteriör Oil/panel 52x36cm/20x14in Stockholm 98

SÖDERHOLM David 1883-1961 [2]
$716 FF3 963 £441 Stadsmotiv med kanal Akvarell 53x75cm/20x29in Stockholm 97

SODERINI Francesco 1673-1735 [1]
$9 920 FF49 000 £6 240 Allegoria della Giustizia/.. della Contrizione Olio/tela 116,5x86,5cm/45x34in Firenze 95

SØDRING Frederik 1809-1862 [22]

S

$2 466 FF15 031 £1 531 En hestevogn ved en bondegård Oil/canvas 21x32cm/*8x12in* Viby J, Århus 97
$21 100 FF119 367 £12 933 Landscape of Telemarken Oil/canvas 61x93cm/*24x36in* København 97
$2 485 FF15 017 £1 564 Vandringsmand udfor kapel, "Taunus" Watercolour/paper 32,5x48cm/*12x18in* København 97

SOELEN van Theodore 1890-1964 **[3]**
$1 900 FF9 590 £1 248 New Mexico landscape Oil/board 25x26cm/*10x10in* Mystic, Connecticut 96

SOENS Jan c.1547-c.1611 **[6]**
$9 661 FF58 344 £5 800 The Flight into Egypt Oil/canvas 72x96cm/*28x37in* London 98

SOER Chris 1882-1962 **[21]**
$709 FF4 376 £446 An extensive moonlight landscape with Poplars and Shrubbery Oil/canvas 25,5x45cm/*10x17in* Amsterdam 97

SOEST Gerard c.1637-1681 **[6]**
$3 108 FF18 112 £1 900 Portrait of Edward Chester (1643-1718) Oil/canvas 76,5x63,5cm/*30x25in* London 97

SOEST van Louis Willem 1867-1948 **[19]**
$804 FF4 961 £505 A Winter landscape with a Village/study of a wooded winter landscape Oil/panel 20,5x24,5cm/*8x9in* Amsterdam 97
$1 218 FF6 937 £756 Draught-horses at rest in a snowy street Oil/canvas 75x120,5cm/*29x47in* Amsterdam 97

SOEST van Peter Cornelisz. 1640-1667 **[2]**
$24 060 FF123 700 £15 000 The Four Day Flight in 1666 Oil/panel 48x65cm/*18x25in* London 96

SOEST van Pierre 1930 **[6]**
$2 096 FF11 976 £1 284 Compositie Oil/canvas 59x101cm/*23x39in* Den Haag 97

SOETE de Pierre 1886-1948 **[9]**
$585 FF3 575 £352 Allégorie de la mort Bronze H39,5cm/*H15in* Bruxelles 98

SOETERIK Theodor 1810-1883 **[11]**
$2 135 FF13 060 £1 312 A Wooded Landscape with a Boy and His Dog on a Raft Oil/canvas 80x57,5cm/*31x22in* Amsterdam 98

SOFFICI Ardengo 1879-1964 **[75]**
$15 440 FF75 700 £9 800 Casolari al Poggio Olio/cartone 32x24cm/*12x9in* Prato 95
$35 400 FF200 600 £17 700 Sera d'estate Olio/tela 69,5x59,5cm/*27x23in* Prato 97
$1 200 FF6 800 £800 Marina Puntasecca 14,5x22cm/*5x8in* Milano 97
$7 200 FF40 800 £4 800 Barca in secco Acquarello/carta 33x50cm/*12x19in* Milano 98

SOFIANOPULO Cesare 1889-1968 **[7]**
$1 800 FF10 200 £1 200 Ellenica Olio/cartone 19,5x19,5cm/*7x7in* Trieste 98
$7 125 FF41 500 £4 353 Trieste, veduta della citta Olio/tela 95x74cm/*37x29in* Paris-Trieste 97

SOGLIANI di Giovanni Antonio 1492-1544 **[4]**
$31 941 FF182 000 £19 947 Sainte Famille avec saint François Huile/panneau 77x57cm/*30x22in* Lille 97

SOGNI Giuseppe 1795-1874 **[2]**
$121 816 FF706 572 £72 000 The Banishment of Adam and Eve from the Garden of Eden Oil/canvas 208x158cm/*81x62in* London 97

SOHL Willy 1906-1969 **[36]**
$1 352 FF8 040 £837 Herbststrauss Öl/Leinwand 56x70,5cm/*22x27in* Stuttgart 97
$845 FF5 025 £523 Schloss Neuburg Aquarell/Papier 48x63cm/*18x24in* Stuttgart 97

SOHLBERG Harald 1869-1935 **[14]**
$180 180 FF1 092 840 £106 960 Andante Oil/canvas/panel 41x49cm/*16x19in* Malmö 98
$1 630 FF8 510 £985 Fiskerens hus Etching 25x20cm/*9x7in* Oslo 96
$2 879 FF16 453 £1 764 Pan och piken Charcoal/paper 25x34cm/*9x13in* Stockholm 97

SOHN Carl Ferdinand 1805-1867 **[2]**
$81 000 FF392 400 £52 000 Die beiden Leonoren Oil/canvas 174x133cm/*68x52in* London 95

SOHN Hermann 1895-1971 **[19]**
$2 254 FF13 400 £1 396 Obststilleben Oil/panel 39x53cm/*15x20in* Stuttgart 97
$525 FF2 700 £328 Badendes Mädchen Drawing 38x28cm/*14x11in* Stuttgart 96

SOIRON François David 1764-? **[9]**
$2 324 FF12 030 £1 500 St. James's Park/A Tea Garden, after George Morland Engraving 47x54cm/*18x21in* London 96

SOIRON Jean François 1756-1813 **[3]**

☞ *$15 420 FF80 000* £10 180 Offrande à l'autel de l'Amour Miniature 18,5x14,4cm/*7x5in* Paris 96
SOKOLOFF Anatolio 1891-1971 **[3]**
☞ *$2 000 FF10 000* £1 295 An afternoon lunch break from the fields Oil/canvas 70x100cm/*27x39in* New-York 96
SOKOLOV Andrei 1931 **[2]**
☞ *$4 140 FF20 161* £2 620 Voskhod II- EVA Acrylic/canvas 48x68cm/*19x27in* Beverly Hills, Calif. 95
SOKOLOV Petr Efimovich 1882-1964 **[1]**
✐ *$2 590 FF13 500* £1 630 Suprematische Komposition Mischtechnik/Papier 49x33cm/*19x12in* Lindau 96
SOKOLOV Petr Petrovich 1821-1899 **[9]**
☞ *$5 830 FF30 600* £3 500 Mounted huntsmen with Borzois Oil/canvas 67x54cm/*26x21in* London 96
✐ *$1 064 FF6 064* £652 Ein Jäger mit Hunden Gouache 59,5x46cm/*23x18in* Köln 97
SOKOLOV Piotr Fedorovich 1791-1848 **[7]**
✐ *$3 054 FF15 220* £2 000 A young Officer Watercolour/paper 22x17cm/*8x6in* London 95
SOKOV Leonid 1941 **[1]**
🖎 *$16 500 FF86 200* £9 750 Lenin and Giacometti Bronze H125cm/*H49in* Prato 96
SOLANA José Gutiérrez-S. 1886-1945 **[37]**
▥ *$612 FF3 383* £374 Máscaras de la escoba/Máscara hablándose al oído/Máscaras bailando... Grabado 65x50cm/*25x19in* Madrid 97
✐ *$24 150 FF138 950* £14 350 Cabezas y carretas Acuarela 27,5x21,5cm/*10x8in* Madrid 97
SOLANO Susana 1946 **[11]**
🖎 *$2 722 FF16 500* £1 669 Retallable 6 Métal 16x82x74cm/*6x32x29in* Paris 98
SOLARI Achille 1835-? **[10]**
☞ *$2 285 FF13 059* £1 400 A View of Sorrento Oil/panel 18x32cm/*7x12in* London 97
☞ *$19 944 FF120 000* £11 940 Vue de la Baie de Naples, une jeune femme en costume Huile/toile 77x122,5cm/*30x48in* Paris 98
SOLARI Luis Alberto XX **[5]**
☞ *$2 400 FF14 287* £1 501 El Rapto de Europa Oleo/cartón 25x31cm/*9x12in* Montevideo 97
☞ *$3 790 FF21 620* £2 308 Personajes de Carnaval Oleo/lienzo 40x50cm/*15x19in* Montevideo 97
✐ *$1 800 FF10 717* £1 126 Novios y Lobos Collage 28x35,5cm/*11x13in* Montevideo 97
SOLDAN-BROFELT Venny 1863-1945 **[27]**
☞ *$1 736 FF10 119* £1 069 Blommor Oil/canvas 22,5x17cm/*8x6in* Helsinki 97
☞ *$3 754 FF22 164* £2 222 "Observatören": nude boy on a rock Oil/canvas 47x46cm/*18x18in* Helsinki 97
✐ *$555 FF3 310* £340 Kukkia Pastel/paper 23x16cm/*9x6in* Helsinki 98
SOLDANI Massimiliano (Attr.) 1658-1740 **[3]**
🖎 *$60 000 FF296 000* £38 800 Hercules and Iolaus with the Hydra Bronze H32,5cm/*H12in* New-York 96
SOLDANI Massimiliano Benzi 1658-1740 **[5]**
🖎 *$74 500 FF389 000* £45 000 Cupid Bronze H43,5cm/*H17in* London 96
SOLDATI Agostino 1792-1831 **[4]**
✐ *$2 160 FF12 240* £1 440 Studi di natura morta Acquarello 27,9x22,1cm/*10x8in* Prato 97
SOLDATI Atanasio 1896-1953 **[72]**
☞ *$17 400 FF98 600* £8 700 "Pensosa la luna" Olio/masonite 46x33cm/*18x12in* Prato 98
☞ *$19 200 FF108 800* £9 600 Composizione Olio/tela 56x66cm/*22x25in* Milano 98
✐ *$1 240 FF6 040* £780 Composizione China/carta 32x23cm/*12x9in* Milano 95
SOLDENHOFF von Alexander 1849-1902 **[6]**
☞ *$10 000 FF60 533* £5 967 Le Rendez-vous Oil/canvas 47x57cm/*18x22in* New-York 97
SOLDENHOFF von Alexander Leo 1882-1951 **[26]**
☞ *$2 449 FF14 095* £1 509 Jakob's Zug Öl/Leinwand 151x100cm/*59x39in* Zürich 97
SOLDI Andrea c.1703-c.1771 **[5]**
☞ *$9 176 FF55 985* £5 500 Portrait of Francis Hastings, 10th Earl of Huntingdon (1729-1789) Oil/canvas 76x63,5cm/*29x25in* London 98
SOLDI Andrea (Attrib.) c.1703-c.1771 **[1]**
☞ *$5 000 FF28 522* £3 074 Portrait of an Artist at his easel, possibly a self-portrait Oil/canvas 72x54cm/*28x21in* New-York 97
SOLDI Raul 1903-? **[9]**
☞ *$1 678 FF8 676* £1 126 Dama encinta Técnica mixta 30x21cm/*11x8in* Montevideo 96
SOLDINI Luigi D. 1715-c.1780 **[1]**

$8 580 FF45 000 £5 170 Portrait de Monsieur de Gennes de Lambert Huile/toile 100,5x80,5cm/*39x31in* Paris 96

SOLE dal Giovan G. (Attrib.) 1654-1719 **[5]**
$13 326 FF80 475 £8 000 Ulysses and Circe Oil/canvas 182x140cm/*71x55in* London 98

SOLE dal Giovan Gioseffo 1654-1719 **[11]**
$3 820 FF19 020 £2 500 Saint Cecilia Oil/canvas 48,6x41cm/*19x16in* London 95
$23 920 FF115 700 £15 000 The Penitent Magdalene Oil/canvas 11x98cm/*4x38in* London 95

SOLENGHI Giuseppe 1879-1944 **[22]**
$740 FF3 825 £496 Paisaje urbano nevado Oleo/tabla 28x17cm/*11x6in* Montevideo 96
$1 950 FF10 010 £1 161 Vita veneziana Olio/tavola 50x72cm/*19x28in* Roma 96

SOLER Domingo XX **[7]**
$595 FF3 383 £357 Almendro en flor Oleo/lienzo 50x41cm/*19x16in* Madrid 97

SOLER Juan XX **[20]**
$467 FF2 380 £280 L'Arc de Triomphe Oil/canvas 26,5x21,5cm/*10x8in* London 96

SOLERO Pio 1881-? **[2]**
$3 120 FF17 680 £1 560 Ovile in alta montagna Olio/tela 56x66cm/*22x25in* Trieste 97

SOLIMENA Angelo 1629-1716 **[2]**
$9 450 FF45 750 £6 000 Maddalena penitente Olio/tela 125x101cm/*49x39in* Roma 95
$17 483 FF103 088 £10 350 The Madonna and Child with St.Catherine, Rosa Da Lima ... Oil/canvas 73,5x101cm/*28x39in* London 97

SOLIMENA Francesco (Attrib.) 1657-1747 **[9]**
$479 FF2 800 £283 Le Festin d'Hérode Lavis 16x28cm/*6x11in* Paris 97

SOLIMENA Francesco Ciccio 1657-1747 **[41]**
$24 000 FF136 752 £14 700 The Virgin with Saints Anne and Joachim Oil/copper 32x25cm/*12x9in* New-York 97
$41 400 FF216 000 £25 000 The Flight into Egypt Oil/canvas 76x67cm/*29x26in* London 96
$594 000 FF3 106 800 £360 000 Deborah and Barak Oil/canvas 128x102cm/*50x40in* London 96
$1 141 FF6 622 £700 An allegorical composition Ink 31x25,5cm/*12x10in* London 97

SOLIMENA Giulio (Attrib.) c.1667-1722 **[1]**
$3 115 FF15 200 £1 976 Madonna mit Kind vor einer Mauer Red chalk 41,2x27,5cm/*16x10in* Köln 95

SOLIN Timo 1947 **[26]**
$1 178 FF6 731 £721 Kvinna med rött hår Plastic H40cm/*H15in* Stockholm 97

SOLIS Virgil 1514-1562 **[19]**
$221 FF1 343 £135 Acht Phantasiewappen mit Helmen und Helmzieren Copper engraving 8,5x6,5cm/*3x2in* Berlin 98
$2 596 FF13 540 £1 570 Das Mannalesen Drawing 18,4x13,9cm/*7x5in* Stuttgart 96

SOLLMANN Paul 1886-? **[6]**
$2 720 FF16 787 £1 615 Carrera del Darro Acuarela 54x63cm/*21x24in* Madrid 98

SOLMAN Joseph 1909 **[13]**
$1 100 FF6 275 £672 Portrait of a Sixties Woman Oil/canvas 51x30,5cm/*20x12in* Washington 97
$4 249 FF25 219 £2 635 The Milk Wagon Oil/canvas 61x81,5cm/*24x32in* New-York 97
$700 FF4 032 £411 Venus of 23rd Street Engraving 25,5x12cm/*10x4in* New-York 97
$800 FF4 608 £470 Woman in a Blue Skirt Waiting on a Subway Platform/Seated Woman Gouache 34x20cm/*13x7in* New-York 97

SOLOMAN Abraham 1824-1862 **[14]**
$4 380 FF22 270 £2 800 The Vicar of Wakefield Oil/canvas 79x104cm/*31x40in* London 96
$4 514 FF26 679 £2 700 The Wedding Dress Oil/board 34x30cm/*13x11in* London 97
$1 317 FF7 992 £800 The Artist With His Critics Watercolour 49,5x39cm/*19x15in* London 98

SOLOMATKIN Leonid Ivanovich 1837-1883 **[3]**
$13 330 FF70 000 £8 000 Welcoming the official Oil/canvas 20x28,5cm/*7x11in* London 96

SOLOMBRE Jean 1948 **[14]**
$89 FF534 £54 Homage to Fellini Aquatint 26x26cm/*10x10in* Chicago, Illinois 97

SOLOMON Lance Vaiben 1913-1989 **[46]**
$610 FF3 738 £364 Boating on a Quiet Bend Oil/board 30x25cm/*11x9in* Sydney 97
$2 143 FF10 997 £1 413 The Timbergetters Camp Oil/board 39x44cm/*15x17in* Sydney 96

SOLOMON Rebecca 1832-1886 **[2]**
$10 895 FF62 328 £6 800 The Friend in Need Oil/canvas 97x79,5cm/*38x31in* London 97

SOLOMON Simeon 1840-1905 **[65]**
- *$17 300 FF88 500 £10 500* Marguerite Oil/canvas 40,5x35,5cm/*15x13in* London 96
- *$3 277 FF19 474 £2 000* Three Heads Red chalk/paper 37x60,5cm/*14x23in* London 98

SOLOMON Solomon Joseph 1860-1927 **[11]**
- *$2 369 FF13 565 £1 400* Study of a Nude Pastel/paper 72x39cm/*28x15in* London 97

SOLON Albert 1897-1973 **[4]**
- *$679 FF4 200 £404* "Lignes Farman, les grands express aériens" Affiche 100x63cm/*39x24in* Paris 98

SOLTAU Hermann Wilhelm 1812-1861 **[1]**
- *$16 100 FF82 800 £10 030* A little Distraction Oil/canvas 136x181cm/*53x71in* Wien 96

SOLVYNS Balthazar 1760-1824 **[7]**
- *$90 095 FF523 809 £55 000* The Country Residence of William Farquharson Esq., at Garden Reach Oil/panel 48x76cm/*18x29in* London 97
- *$1 183 FF6 700 £722* Deux indigènes Denommes Oorni et Kurtaul Gravure 37x25cm/*14x9in* Paris 97

SOMAINI Francesco 1926 **[8]**
- *$5 200 FF31 999 £3 156* Primavera d'Altoforno Bronze 47x80x42cm/*18x31x16in* New-York 98

SOMER van Hendrick Z.(Attrib.) 1615-1684/85 **[2]**
- *$10 104 FF60 000 £6 120* Saint-Jérôme dans son atelier Huile/toile 79x101cm/*31x39in* Paris 97

SOMER van Paul II c.1649-c.1694 **[2]**
- *$2 925 FF15 255 £1 710* Hirten in einer Campagnalandschaft/Hirten in einer weiten Landschaft Red chalk 19,5x28,8cm/*7x11in* Berlin 96

SOMERSCALES Thomas Jacques 1842-1927 **[32]**
- *$18 600 FF96 200 £12 000* Shipping cargo at Valparaíso Oil/canvas 30x46cm/*11x18in* London 96
- *$44 044 FF253 411 £26 000* Royal Navy Frigate under full Sail, probably in South American Waters Oil/canvas 39,5x59,5cm/*15x23in* London 97
- *$127 300 FF621 000 £80 000* The Flying Squadron of the Old School Oil/canvas 122x183,5cm/*48x72in* London 95

SOMERSET Richard Gay 1848-1928 **[10]**
- *$764 FF3 805 £500* Temple of Tarmal Oil/canvas/board 33x25cm/*12x9in* London 95

SOMERVILLE Edith 1858-1949 **[4]**
- *$531 FF3 162 £320* Haystacks Oil/canvas 35,5x51cm/*13x20in* London 97

SOMERVILLE Stuart Scott 1908-1983 **[43]**
- *$492 FF3 055 £300* Primroses in a yellow Vase Oil/board 24,5x34,5cm/*9x13in* London 97
- *$581 FF2 890 £380* Roses Pastel 19x15cm/*7x5in* London 95

SOMM Henry 1844-1907 **[103]**
- *$167 FF1 020 £100* Portrait of a Girl Etching 39,5x29cm/*15x11in* London 97
- *$387 FF2 381 £232* Portrait d'une élégante Aquarell/Papier 20,5x16cm/*8x6in* Zürich 98

SØMME Jacob 1862-1940 **[6]**
- *$2 174 FF11 340 £1 314* Mann og hester Oil/canvas 38x48cm/*14x18in* Oslo 96

SOMME Théophile François 1871-? **[18]**
- *$2 000 FF12 158 £1 213* Inspiration Gilded bronze 45x27cm/*18x11in* Elgin, Illinois 98

SOMMER Ferdinand 1822-1901 **[27]**
- *$925 FF4 830 £551* Vierwaldstätter See mit Uristock Öl/Leinwand 32,5x40,5cm/*12x15in* Wien 96
- *$1 193 FF6 200 £788* Uferlandschaft mit zwei Fischern I Öl/Leinwand 65,5x82cm/*25x32in* Bern 96

SOMMER Frederick 1905 **[22]**
- *$8 500 FF51 861 £5 094* Found Negative Gelatin silver print 20x24,5cm/*7x9in* New-York 98

SOMMER Giorgio 1834-1914 **[10]**
- *$376 FF2 196 £230* Casa di Salustio, Pompei/Strada della Abbondanza, Pompei Albumen print 20x25cm/*7x9in* Berlin 97

SOMMER Harald 1930 **[7]**
- *$4 055 FF21 000 £2 590* Blick auf Bad Homburg Öl/Leinwand 40x60cm/*15x23in* Heidelberg 96
- *$1 355 FF8 102 £799* Rittersporn in Landschaft Aquarell/Papier 76x57cm/*29x22in* Kempten 97

SOMMER Otto XIX **[9]**
- *$12 000 FF61 800 £7 670* Along the Mountain Edge Oil/canvas 71x100,5cm/*27x39in* New-York 96

SOMMER William 1867-1949 **[51]**
- *$5 000 FF30 030 £2 999* Portrait of a Boy Oil/panel 54x41cm/*21x16in* Cleveland, Ohio 98
- *$150 FF900 £90* John Graphite 27x18cm/*11x7in* Cleveland, Ohio 98

S

SOMOGYI Daniel 1837-1892 **[1]**
$4 001 FF24 621 £2 448 Nad königsee Oil/canvas 54,5x87cm/*21x34in* Warszawa 98
SOMOV Constantin Andrevich 1869-1939 **[32]**
$12 210 FF60 900 £8 000 La Sylphide Watercolour, gouache/paper 21x32cm/*8x12in* London 95
SOMVILLE Roger 1923 **[162]**
$6 340 FF32 900 £4 190 Tête d'homme Huile/toile 92x73,5cm/*36x28in* Lokeren 96
$8 430 FF48 870 £4 980 Hommage à Rubens Acrylique/toile 196x163cm/*77x64in* Bruxelles 97
$318 FF1 644 £206 La Manifestante (variante) Lithographie 73x53,5cm/*28x21in* Liège 96
$1 101 FF5 750 £665 Tête d'homme Pastel 71,5x53,5cm/*28x21in* Liège 96
SON Joannès 1859-1942 **[9]**
$2 233 FF13 000 £1 366 Port de Cassis le matin Huile/toile 38x55cm/*14x21in* Paris 97
SON van Joris 1623-1667 **[23]**
$55 000 FF319 027 £32 510 A Still Life with Peaches and Grapes in a Basket Oil/canvas 56x72cm/*22x28in* San Francisco 97
SONDERBORG Kurt R. Hoffmann 1923 **[137]**
$13 252 FF78 508 £8 000 Ascona Oil/paper/canvas 108x70,5cm/*42x27in* London 97
$338 FF1 942 £206 Ohne Titel Farblithographie 60x45cm/*23x17in* Berlin 97
$877 FF4 434 £576 Komposition Ink 36x26cm/*14x10in* København 96
SØNDERGAARD Jens 1895-1957 **[167]**
$478 FF2 461 £291 Model Oil/paper 36x30cm/*14x11in* København 96
$3 034 FF17 606 £1 792 Sommerlandskab, Thy Oil/canvas 85x90cm/*33x35in* København 97
$4 690 FF23 070 £2 990 Staaende og siddende kvinde Oil/canvas 148x110cm/*58x43in* København 95
$371 FF1 813 £2 346 Figurer på vej gennem landskab Watercolour 32x45cm/*12x17in* København 95
SONDERLAND Fritz 1836-1896 **[9]**
$2 213 FF12 840 £1 361 Konstkonnässören (The connoisseur) Oil/canvas 7x35cm/*2x13in* Malmö 97
$3 101 FF18 437 £1 897 Der Connaisseur Öl/Leinwand 46x35cm/*18x13in* Köln 97
SONG DI 1945 **[1]**
$8 133 FF48 724 £4 857 Spring Forest Coloured inks/paper 89,5x97cm/*35x38in* Hong Kong 98
SONG JUE 1576-1632 **[1]**
$32 275 FF188 100 £19 875 Cursive script calligraphy Ink 38x874cm/*14x344in* Hong Kong 97
SONG WENZHI 1918 **[12]**
$5 938 FF35 576 £3 546 Landscape Coloured inks 15,5x46cm/*6x18in* Hong Kong 98
SONG YULIN 1947 **[6]**
$3 235 FF18 657 £1 927 Scenery of the Four Seasons Coloured inks 30x39,5cm/*11x15in* Hong Kong 97
SONJE Jan Gab. (Attrib.) c.1625-1707 **[7]**
$1 430 FF7 500 £861 Paysan et sa carriole dans un paysage de rivière Huile/toile 61x83cm/*24x32in* Paris 96
SONJE Jan Gabrielsz. c.1625-1707 **[19]**
$3 120 FF16 150 £2 014 Landskap med figurer Oil/panel 35x27,5cm/*13x10in* Stockholm 96
$4 566 FF26 490 £2 800 An Italianate landscape with a Ferry and Peasants on a Track Oil/panel 79x64cm/*31x25in* London 97
SONNE Jørgen Valentin 1801-1890 **[34]**
$1 186 FF6 140 £765 Mand der rider over heden Oil/canvas 26x36cm/*10x14in* København 96
$4 245 FF22 170 £2 530 Fra Vestkysten af Jylland Oil/canvas 70x100cm/*27x39in* København 96
$877 FF5 300 £552 "Sjaellandsk Höstscene" Pencil/paper 22x35,5cm/*8x13in* København 97
SONNEGA Auke Cornelis 1910-1963 **[18]**
$2 912 FF17 450 £1 737 Balinese Woman Oil/board 30x24cm/*11x9in* Amsterdam 98
$7 012 FF41 617 £4 295 A Balinese Girl with a Lotus in her Hand Oil/canvas 65x54cm/*25x21in* Den Haag 97
$4 095 FF21 070 £2 555 Bali dancers Coloured chalks 46x35cm/*18x13in* Amsterdam 96
SONNTAG William Louis I 1822-1900 **[55]**
$600 FF3 621 £371 "Piedmont, West Virgina" Oil/canvas 38x49cm/*15x19in* Chicago, Illinois 97
$7 500 FF44 829 £4 545 Ruins at Sunset Oil/canvas 25,4x30,5cm/*10x12in* San Francisco-Los Angeles 97
$28 000 FF165 779 £16 744 Fishing at dawn Oil/canvas 90,2x141,6cm/*35x55in* New-York 97
$1 200 FF5 910 £773 Cabins in Woods Watercolour/paper 25x33cm/*9x12in* New-York 95
SONNTAG William Louis II 1869-1898 **[12]**
$800 FF4 180 £484 The Beached Boat Watercolour, gouache/paper 52x35cm/*20x13in* New-York 96
SONREL Elisabeth 1874-1953 **[35]**

⌓ *$3 781 FF23 000 £2 300* Portrait of a Young Girl Oil/canvas 51x38cm/*20x14in* London 98
⌓ *$11 000 FF57 100 £7 270* Fillette en rose dans un jardin de lys Oil/panel 50x15cm/*19x5in* New-York 96
✎ *$4 134 FF20 670 £2 700* Picking apples Watercolour 93x43cm/*36x16in* Billingshurst, West Sussex 96

SOOLMAKER Jan Franz 1635-1685 [10]
⌓ *$3 425 FF20 979 £2 100* An italianate Landscape with a Herdsman and his Livestock Oil/panel 28x30cm/*11x11in* London 98
⌓ *$12 364 FF71 676 £7 304* Entrevue de Rebecca et Eliezer à la fontaine Huile/toile 82,5x68cm/*32x26in* Bruxelles 97

SOONIUS Louis 1883-1956 [38]
⌓ *$699 FF4 283 £416* The caravan camp Oil/cardboard 22x27cm/*8x10in* Amsterdam 98
⌓ *$2 044 FF10 580 £1 327* A mother an children in an interior Oil/canvas 76x63cm/*29x24in* Amsterdam 96
✎ *$5 310 FF27 000 £3 390* Summer fun, Scheveningen Holland Pastel/paper 35x46cm/*13x18in* Amsterdam 96

SOPER Eileen Alice 1905-1990 [85]
▦ *$175 FF1 042 £104* Bedtime Etching 10x15cm/*4x6in* Bethesda, Maryland 98
✎ *$642 FF3 250 £420* His Laughter Rippled Out Like the Sound of Warter Running Over Stones Watercolour 25,5x21cm/*10x8in* London 96

SOPER George 1870-1942 [65]
▦ *$167 FF875 £100* Toiling the Soil Etching 13x18cm/*5x7in* London 96

SOPER Thomes James 1836-1890 [15]
✎ *$621 FF3 718 £380* Coastal Cottages Watercolour 35x51,5cm/*13x20in* Billingshurst, West Sussex 97

SOPHIANOPULO Cesare Ch. 1889-1968 [1]
⌓ *$4 800 FF27 200 £3 200* L'Alloro Olio/tavola 78x50cm/*30x19in* Milano 97

SORBI Raffaello 1844-1931 [55]
⌓ *$2 566 FF13 266 £1 722* Preparando para la salida Oleo/tabla 7,5x13cm/*2x5in* Montevideo 96
⌓ *$158 431 FF983 440 £95 000* La Serenata Oil/panel 69x43,5cm/*27x17in* London 98

SOREAU Isaak 1604-c.1640 [5]
⌓ *$265 000 FF1 382 000 £160 000* Still life of fruit and flowers on a ledge Oil/panel 50x65cm/*19x25in* London 96

SOREAU Isaak (Attrib.) 1604-c.1640 [2]
⌓ *$6 663 FF40 237 £4 000* Still Life of Tulips, Marigolds, Roses, Bluebells Oil/panel 53x43cm/*20x16in* London 98

SORELLA Thérèsia Ansingh 1883-1968 [14]
⌓ *$1 233 FF7 545 £758* Flowers Oil/board 49x65cm/*19x25in* Amsterdam 98

SØRENSEN Arne Haugen XX [9]
⌓ *$9 646 FF57 219 £5 895* Kysset Acrylic/canvas 96x145cm/*37x57in* København 98
✎ *$742 FF4 401 £453* Figurkomposition Watercolour/paper 53x73cm/*20x28in* København 98

SØRENSEN Carl Frederick 1818-1879 [121]
⌓ *$106 FF620 £64* Soldnedgang over havet Oil/canvas 26x33cm/*10x12in* Viby J, Århus 97
⌓ *$4 286 FF24 780 £2 651* Fiskerbåde ud for Kronborg Oil/canvas 68x100cm/*26x39in* København 97
⌓ *$10 110 FF51 400 £6 550* Fregatten "Skiold" Oil/canvas 100x142cm/*39x55in* København 95

SORENSEN David 1937 [12]
⌓ *$6 485 FF37 526 £3 962* Figures by the schreierstoren, Amsterdam Oil/canvas 65x95cm/*25x37in* Amsterdam 97

SØRENSEN Eiler Carl 1869-1963 [29]
⌓ *$667 FF3 954 £399* Køkkeninteriör frz Draggör Oil/panel 50x57cm/*19x22in* København 97

SÖRENSEN Henrik 1882-1962 [33]
⌓ *$1 241 FF7 353 £743* Koie i skogslandskap (Fra Skafsa ?) Oil/panel 32x41cm/*12x16in* Oslo 97
⌓ *$2 137 FF12 663 £1 280* Woman with a cat Oil/canvas 77x68cm/*30x26in* Oslo 97
▦ *$827 FF4 902 £495* Kristus Lithograph 85x59cm/*33x23in* Oslo 97

SÖRENSEN Jacobus Lorenz 1812-1857 [7]
⌓ *$5 012 FF29 059 £2 993* Summer, Cows Watering in a Wooded River Landscape Oil/canvas 68x99cm/*26x38in* Amsterdam 97

SØRENSEN Jens 1887-1953 [66]
⌓ *$191 FF1 142 £117* Pjerrot Oil/masonite 32x23cm/*12x9in* København 98
⌓ *$336 FF1 950 £207* Pjerrot Oil/canvas 48x40cm/*18x15in* Viby J, Århus 97

SØRENSEN Jens-Flemming 1933 **[25]**
$890 FF5 281 £544 Ansigter Bronze 37x29x29cm/*14x11x11in* Köbenhavn 98
SØRENSEN Jorgen Haugen 1934 **[45]**
$120 FF706 £74 No Title Plaster H27cm/*H10in* Köbenhavn 97
$10 830 FF53 200 £6 900 Figure Sculpture H200cm/*H78in* Köbenhavn 95
$472 FF2 748 £288 Komposition Watercolour/paper 67x100cm/*26x39in* Köbenhavn 97
SØRENSEN Poul 1896-1959 **[23]**
$264 FF1 365 £171 Landskab med huse, Bangsbro Strand Oil/canvas 55x65cm/*21x25in* Aalborg 96
SÖRENSEN-RINGI Kjell 1939 **[14]**
$312 FF1 812 £192 Komposition Color lithograph 83x59cm/*32x23in* Göteborg 97
SORENSON Carl Frederick S. 1818-1879 **[6]**
$1 344 FF7 850 £800 A Ship at Sea Oil/paper/canvas 32x54cm/*12x21in* London 97
SORGH Hendrik Maertensz c.1611-1670 **[30]**
$6 000 FF30 750 £3 646 A boor asleep in a tavern, topers beyond Oil/panel 28x36,5cm/*11x14in* New-York 96
$23 340 FF142 980 £14 100 Kartenspieler in einem Wirtshaus Oil/panel 56x78cm/*22x30in* Wien 98
SORIA AEDO Francisco 1898-1965 **[8]**
$12 540 FF75 430 £7 790 Tres majas, al fondo el Sacromonte Oleo/lienzo 130x180cm/*51x70in* Madrid 97
SORIA Eduardo 1890-1945 **[10]**
$612 FF3 582 £378 Paisaje junto al hogar Oleo/tabla 23x29cm/*9x11in* Madrid 97
$1 295 FF7 633 £800 Portrait of a Lady Oil/canvas 71,5x57cm/*28x22in* Billingshurst, West Sussex 97
SORIANO Juan 1920 **[38]**
$30 000 FF145 600 £19 330 Retrato de Lupe Marin Oil/canvas 235x68,5cm/*92x26in* New-York 95
$28 000 FF145 700 £18 520 Mujer Dormida Oil/canvas 66x155cm/*25x61in* New-York 96
$18 000 FF105 139 £10 650 Pájaro sobre la ola Bronze 82x24x52cm/*32x9x20in* New-York 97
$12 000 FF68 886 £7 315 El caballo en el mar (Lola a caballo y diego en la playa) Gouache/paper 50x65cm/*19x25in* New-York 97
SORIANO Rafael 1920 **[13]**
$2 100 FF11 965 £1 311 Nave Cosmica Oil/canvas 85x113cm/*33x44in* Bethesda, Maryland 97
$7 500 FF42 735 £4 683 Levitando Hacia El Sur Oil/canvas 125x128cm/*49x50in* Bethesda, Maryland 97
$2 200 FF12 535 £1 373 Untitled Pastel/paper 76x56cm/*30x22in* Bethesda, Maryland 97
SORIO AEDO Francisco 1898-? **[2]**
$5 950 FF34 000 £3 655 Granadina Oleo/lienzo 100x90cm/*39x35in* Madrid 97
SORKAU Albert 1874-? **[23]**
$1 987 FF12 000 £1 207 Scène d'intérieur Huile/toile 65x81cm/*25x31in* Saint-Dié 98
SORLAIN Jean, Paul Denarié 1859-1942 **[15]**
$513 FF3 000 £315 Remorqueur à Pontoise Huile/panneau 23,5x34cm/*9x13in* Paris 97
$4 910 FF25 400 £3 135 Grande fête dans le parc Huile/toile 47,5x80cm/*18x31in* Düsseldorf 96
SORLIER Charles XX **[66]**
$1 400 FF8 615 £856 The Magic Flute, After March Chagall Color lithograph 101x65,5cm/*39x25in* New-York 98
SORMAN Steven 1948 **[11]**
$850 FF4 390 £544 Turnabout/When, from "The Long Year Series" Etching 72,5x63,5cm/*28x25in* New-York 96
$1 680 FF8 400 £1 098 Out in Front Mixed media/paper 192x60cm/*75x23in* Stockholm 95
SOROGAS Sotiris 1936 **[2]**
$3 700 FF19 300 £2 234 Stones Acrylic/canvas 114x130cm/*44x51in* Athens 96
SOROLLA Y BASTIDA Joaquín 1863-1923 **[167]**
$12 160 FF60 500 £7 740 Oleaje en el mar Oleo/cartón 14x22,5cm/*5x8in* Madrid 95
$61 000 FF308 000 £40 000 The Geese Oil/canvas 35,5x58,5cm/*13x23in* London 96
$183 678 FF1 103 861 £110 000 La Odalisca Oil/canvas 139x99,5cm/*54x39in* London 98
$2 625 FF14 925 £1 650 Desnudo femenino Dibujo 36x26cm/*14x10in* Madrid 97
SORRELL Adrian 1932 **[1]**
$2 389 FF14 417 £1 450 Long Tailed Duck Bronze H26cm/*H10in* Billingshurst, West Sussex 98
SØRVIG Frederik 1823-1892 **[3]**
$8 330 FF42 450 £5 000 S.S. "Dagmar" with Bergen beyond Bodycolour 51x78cm/*20x30in* London 96
SOSEN Mori (Attrib.) 1747-1821 **[1]**
$2 000 FF11 396 £1 249 Monkey Ink 35x50cm/*13x19in* New-York 97

SOSEN Mori Shusho, dit 1747-1821 **[4]**

🖊 *$1 500 FF9 276 £901* Two Gibbons Watercolour 128x54cm/*50x21in* Bethesda, Maryland 97

SOSNO Sacha 1937 **[12]**

🖐 *$1 290 FF6 500 £833* Point subjectif rouge Technique mixte/toile 79x54cm/*31x21in* Versailles 96

🖐 *$11 426 FF69 000 £6 941* Il faut en toute chose préférer l'intérieur à l'extérieur Bronze 49x26x20cm/*19x10x7in* Lyon 98

SOSSON Louis XIX-XX **[13]**

🖐 *$1 071 FF5 500 £685* Jeanne d'Arc Ivory, bronze H44cm/*H17in* Paris 96

SOTERAS Georges 1917-1990 **[56]**

🖐 *$2 754 FF16 200 £1 699* Paysage Huile/toile 54x73cm/*21x28in* Saint-Germain-en-Laye 97

SOTO Jesús Rafael 1923 **[121]**

🖐 *$22 042 FF130 813 £13 500* Tes Finas Oil/wood 89,5x89,5cm/*35x35in* London 97

🖐 *$52 912 FF308 880 £32 000* Vibracion Negra Oil/panel 156x106x35cm/*61x41x13in* London 97

🖐 *$315 FF1 876 £195* Konkrete Kompositionen Farbserigraphie 46x40cm/*18x15in* München 97

🖐 *$4 000 FF23 571 £2 390* Vibrations Metalliques Construction 27,5x30x12,5cm/*10x11x4in* New-York 97

🖐 *$25 000 FF121 300 £16 100* Grand Rond Jaune Construction 152x152cm/*59x59in* New-York 95

🖊 *$1 950 FF10 200 £1 161* Ohne Titel Gouache 46x29cm/*18x11in* Köln 96

SOTOMAYOR Y ZARAGOZA Fernando Alvarez 1875-1960 **[30]**

🖐 *$17 200 FF90 200 £10 350* Paisanos gallegos hacia la misa Oleo/cartón 24x33cm/*9x12in* Madrid 96

🖐 *$30 400 FF151 300 £19 870* Dama leyendo junto a una ventana Oleo/tabla 101x79cm/*39x31in* Madrid 95

SOTTER George William 1879-1953 **[9]**

🖐 *$9 000 FF45 100 £5 690* Moonlit Bucks County Farmhouse Oil/board 25x30cm/*10x12in* Philadelphia 95

🖐 *$11 000 FF67 155 £6 574* The Outer Harbor Oil/masonite 56,5x66cm/*22x25in* New-York 98

SOTTOCORNOLA Giovanni 1855-1917 **[9]**

🖐 *$4 200 FF20 450 £2 660* Still life of pears Oil/canvas 55x67cm/*21x26in* New-York 95

🖊 *$5 331 FF30 209 £2 665* Madonna Pastelli/carta 53x38cm/*20x14in* Milano 97

SOUBIE Roger 1898-1984 **[68]**

🖐 *$402 FF2 500 £242* "Ben Hur" Affiche 160x120cm/*62x47in* Paris 98

SOUBIRAN Eugène XIX-XX **[2]**

🖐 *$11 900 FF62 000 £7 850* Danée recevant la pluie d'or Huile/toile 130,5x192cm/*51x75in* Paris 96

SOUBRE Charles 1821-1895 **[20]**

🖐 *$8 036 FF45 780 £4 900* Jeune femme au pigeon et lévrier Huile/toile 185x68cm/*72x26in* Antwerpen 97

SOUCHON Augustin 1841-1915 **[1]**

🖊 *$9 610 FF48 000 £6 280* Les arènes de Nîmes/Les arènes à l'époque romaine Aquarelle 63x100cm/*24x39in* Paris 95

SOUGEZ Emmanuel 1889-1972 **[19]**

📷 *$2 400 FF14 824 £1 442* "Rosée" Silver print 35,5x29cm/*13x11in* New-York 98

SOUILLET Jules XIX-XX **[2]**

🖐 *$1 580 FF9 000 £970* Fruits sur un entablement Huile/toile 34x46cm/*13x18in* Dijon 97

SOUKOP Willi 1907-1995 **[28]**

🖐 *$914 FF4 610 £600* Head of a donkey Bronze H29cm/*H11in* London 96

🖊 *$312 FF1 875 £190* Two Women Watercolour/paper 35x31cm/*14x12in* London 98

SOULACROIX Joseph Frédéric Ch. 1825-1879 **[47]**

🖐 *$3 504 FF20 747 £2 081* Interieur mit Dame beim Tee Öl/Leinwand 28x21cm/*11x8in* Zürich 97

🖐 *$90 000 FF450 000 £58 200* Elegant Lady in an interior Oil/canvas 77x46cm/*30x18in* New-York 96

🖐 *$120 000 FF590 000 £76 000* The Recital Oil/canvas 108x180,5cm/*42x71in* New-York 95

SOULAGES Pierre 1919 **[374]**

🖐 *$8 210 FF40 000 £5 200* Peinture, 5 Novembre Huile/toile 27x35cm/*10x13in* Paris 95

🖐 *$34 100 FF170 000 £22 340* Peinture: 27 Novembre 1990 Huile/toile 130x130cm/*51x51in* Paris 95

🖐 *$57 155 FF350 000 £34 090* "Peinture 4 mai 88" Huile/toile 72x102cm/*28x40in* Paris 98

🖐 *$3 029 FF18 000 £1 848* Eau-forte XXII Eau-forte 95,6x94,4cm/*37x37in* Paris 98

🖊 *$23 550 FF120 000 £15 520* Composition Gouache/papier 64x49cm/*25x19in* Paris 96

SOULANGE-TEISSIER Louis Emmanuel 1814-1898 **[3]**

🖊 *$3 260 FF19 000 £2 008* Bouquet de fleurs sur un entablement Gouache/vélin 63x52cm/*24x20in* Reims 97

SOULAS Louis Joseph 1905-1954 **[51]**

🖐 *$72 FF450 £44* Paysage au champ de blé Gravure 28x42,5cm/*11x16in* Quimper 97

SOULEN Henry James 1888-1965 **[13]**
> $2 000 FF11 954 £1 212 A Cover For Ladies Home Journal Pastel/paper 86,4x68,6cm/*34x27in* San Francisco-Los Angeles 97
SOULES Eugène Edouard 1811-1876 **[9]**
> $525 FF3 201 £320 French Chateau and Ornamental Garden Watercolour 18,5x28cm/*7x11in* London 98
SOULIE Léon 1807-1862 **[13]**
> $6 435 FF39 000 £3 946 "Vue d'Italie" Huile/toile 72x90,8cm/*28x35in* Paris 98
SOULIES Paul XIX **[1]**
> $2 500 FF15 413 £1 493 "Schooner Clara of Dennis, Planier Island" Oil/canvas 18x60cm/*7x24in* East Dennis, Mass. 97
SOURY G. XIX-XX **[8]**
> $605 FF3 600 £375 "Médrano, La Superbe Cavalerie des Frères Carré..." Affiche 120x160cm/*47x62in* Paris 97
SOUTER Camille 1929 **[5]**
> $1 604 FF9 293 £1 000 Matasha's Marrows Oil/board 20x76cm/*7x29in* London 97
> $9 905 FF59 171 £6 064 Town Creeping Out Oil/board 46x38cm/*18x15in* Dublin 98
SOUTER David Henry 1862-1935 **[3]**
> $909 FF5 447 £542 The Dancer Gouache/paper 34,5x18cm/*13x7in* Sydney 98
SOUTER John Bullock 1890-1972 **[29]**
> $1 291 FF7 820 £800 Still Life with Dry Flowers, Vase and Sea Shell Oil/board 41x31cm/*16x12in* Perthshire 97
> $2 153 FF10 940 £1 400 Studio still life Oil/board 51x61cm/*20x24in* Auchterarder, Perthshire 95
SOUTEYRAND Francine XX **[15]**
> $658 FF3 800 £403 La barque jaune Huile/toile 55x46cm/*21x18in* Provins 97
SOUTHALL Joseph Edward 1861-1944 **[63]**
> $9 013 FF53 554 £5 500 Portrait of edward Martin Baker Mixed media/panel 20,5x15,5cm/*8x6in* London 98
> $280 000 FF1 591 800 £171 444 "The Daughter of Herodias" Tempera/canvas 102x91,5cm/*40x36in* New-York 97
> $981 FF5 842 £600 "The Harbour of La Rochelle" Watercolour/paper 15x21cm/*6x8in* Birmingham 98
SOUTHGATE Frank 1872-1916 **[81]**
> $3 054 FF15 220 £2 000 Mallard duck on a coastal inlet Oil/canvas 45x60cm/*18x24in* Aylsham, Norfolk 95
> $1 047 FF6 215 £649 Oystercatchers at low Tide Watercolour 24x35cm/*9x13in* London 97
SOUTINE Chaïm 1894-1943 **[90]**
> $75 000 FF446 962 £45 990 Femme de profile Oil/canvas 54x22,5cm/*21x8in* New-York 98
> $100 000 FF577 700 £58 690 Le viaduc rouge Oil/canvas 100x130cm/*39x51in* New-York 97
> $2 314 340 FF13 875 120 £1 400 000 L'homme au foulard rouge Oil/canvas 100x70cm/*39x27in* London 97
SOUTO FEIJOO Arturo 1901-1964 **[41]**
> $9 900 FF59 550 £6 150 Máscaras de carnaval Oleo/lienzo 101x61cm/*39x24in* Madrid 97
> $1 430 FF8 690 £880 "El ayuntamiento de Rouen" Acuarela 30x45cm/*11x17in* Madrid 98
SOUTTER Louis 1871-1942 **[57]**
> $3 610 FF21 078 £2 183 Roses et tapis Crayon 25,5x34cm/*10x13in* Bern 97
SOUVERBIE Jean 1891-1981 **[136]**
> $2 840 FF13 900 £1 800 Nu allongé à la cruche Huile/toile 27x44cm/*10x17in* Paris 95
> $7 370 FF36 000 £4 670 Femme à la coupe de raisin Huile/toile 73x60cm/*28x23in* Paris 95
> $82 400 FF420 000 £49 500 La Terre Huile/toile 210x350,5cm/*82x137in* Paris 96
> $353 FF1 950 £220 Scène antique Gouache/papier 6x14cm/*2x5in* Paris 97
SOUZA Francis Newton 1924 **[68]**
> $545 FF3 173 £325 The Houses of Parliament, London Oil/canvas 113x103cm/*44x40in* Johannesburg 97
> $556 FF3 262 £340 Still Life with yellow Jug Oil/canvas 30,5x40,5cm/*12x15in* London 97
> $62 FF322 £40 reclining nude Pencil 38x49,5cm/*14x19in* London 96
SOUZA-PINTO José Júlio de 1856-1939 **[11]**
> $3 362 FF19 627 £2 000 The Carnival Oil/panel 30x50cm/*11x19in* London 97
> $80 000 FF456 360 £49 192 A boy fishing along a quiet stream Oil/canvas 93x66cm/*36x25in* New-York 97
SOVAK Pravoslav 1926 **[10]**
> $112 FF643 £68 Komposition Farbradierung 40x33cm/*15x12in* Hamburg 97
SOWDEN John 1838-1936 **[11]**

✏ *$421 FF2 436 £260* Lynmouth Watercolour/paper 12x16cm/*5x6in* Ilkley, West Yorkshire 97
SOWERBY John George XIX-XX **[10]**
✏ *$7 098 FF40 658 £4 200* Meadowsweet in an Orchad Watercolour/paper 21x46,5cm/*8x18in* London 97
SOWERBY Millicent 1878-1967 **[7]**
✏ *$6 555 FF38 948 £4 000* The Rose Maiden Watercolour 21,5x16,5cm/*8x6in* London 98
SOYA-JENSEN Carl Martin 1860-1912 **[33]**
☞ *$795 FF3 970 £519* Fiskande pojke vid Åbro Oil/canvas 27x46cm/*10x18in* Stockholm 95
☞ *$884 FF5 281 £541* Flyv fugl flyv. Oil/canvas 52x79cm/*20x31in* Köbenhavn 98
SOYER Isaac 1907-1981 **[13]**
☞ *$20 000 FF117 856 £12 352* Nickel a Shine Oil/canvas 92x84cm/*36x33in* New-York 97
SOYER Moses 1898-1974 **[122]**
☞ *$1 300 FF7 407 £796* Bust of a Young Woman Oil/canvas 30x22cm/*12x9in* Bethesda, Maryland 97
☞ *$2 500 FF15 234 £1 546* Portrait, possibly Diane DiPrima Oil/canvas 63x50cm/*25x20in* Oakland, Ca 98
✏ *$349 FF2 043 £213* Study of a female nude, front and rear Pencil 47,5x57cm/*18x22in* San Francisco 97
SOYER Paul C. 1823-1903 **[8]**
☞ *$1 428 FF8 610 £864* The Happy Mother Huile/panneau 22x16,5cm/*8x6in* Montréal 98
☞ *$11 251 FF67 454 £6 806* Le premier essai Huile/toile 86,5x56cm/*34x22in* Montréal 97
SOYER Raphael 1899-1987 **[296]**
☞ *$2 000 FF10 380 £1 324* Head of Girl Oil/canvas 41x33cm/*16x13in* Cincinnati, Ohio 96
☞ *$9 500 FF57 997 £5 678* Partially Draped Nude Oil/canvas 81x45,5cm/*31x17in* New-York 98
▥ *$424 FF2 553 £254* Self Portrait with Model/Self Portrait with Lithographic Stone Lithograph 28x37cm/*11x14in* New-York 98
✏ *$420 FF2 495 £256* Nudes Watercolour 40x51cm/*15x20in* Tel Aviv 98
SPACAL Luigi 1907 **[12]**
☞ *$1 920 FF10 880 £960* Il ballatoio rosso Tecnica mista/tavola 37x50cm/*14x19in* Trieste 97
▥ *$360 FF2 040 £240* Case Gravure bois couleurs 42x53cm/*16x20in* Trieste 98
✏ *$1 800 FF10 200 £1 200* "Notturno in città" Tecnica mista/carta 52,5x40cm/*20x15in* Trieste 98
SPADA Leonello 1576-1622 **[2]**
☞ *$30 222 FF180 000 £17 964* La mort de Cléopatre Huile/toile 82x122,5cm/*32x48in* Paris 97
SPADARO Micco 1612-1679 **[2]**
☞ *$140 040 FF857 880 £84 600* Il martirio di Santo Stefano Öl/Leinwand 177x231cm/*69x90in* Wien 98
SPADINI Andrea 1912-1983 **[5]**
▱ *$2 040 FF11 560 £1 020* Obelisco con elefantino e figura Ceramic H39,5cm/*H15in* Roma 97
SPADINI Armando 1883-1925 **[19]**
☞ *$6 000 FF34 000 £4 000* Due donne nel parco Olio/tavola 20x14,5cm/*7x5in* Milano 97
☞ *$19 030 FF98 600 £12 360* Mutter und Kind im Park Öl/Leinwand 40x60,5cm/*15x23in* Zürich 96
SPAENDONCK van Cornelis 1756-1840 **[8]**
☞ *$130 780 FF772 434 £79 014* A still life of tulips, peonies, roses and other flowers on a ledge. Oil/canvas 84x67cm/*33x26in* Amsterdam 97
SPAENDONCK van Gerardus 1746-1822 **[11]**
☞ *$13 490 FF79 920 £8 000* Study of an Auricula Oil/paper/canvas 24,5x20,5cm/*9x8in* London 97
✏ *$6 700 FF33 000 £4 320* Bouquet de fleurs et nid sur un entablement Aquarelle, gouache 21,5x16,5cm/*8x6in* Paris 95
SPAENDONCK van Gerardus (Attrib.) 1746-1822 **[4]**
☞ *$9 160 FF45 700 £6 000* Red carnations and a sprig of berries in a glass Oil/panel 21x16,5cm/*8x6in* London 95
SPAGNA Giovanni di Pietro c.1450-1528 **[2]**
☞ *$95 000 FF469 000 £61 400* The Madonna and Child Oil/panel 33x29cm/*12x11in* New-York 96
SPAGNULO Giuseppe 1936 **[14]**
▱ *$5 400 FF30 600 £3 600* Guerriero, 1985 Bronzo 53x63x107cm/*20x24x42in* Prato 97
▱ *$13 440 FF76 160 £6 720* Ascesa diagonale Fer H220cm/*H86in* Milano 98
✏ *$2 524 FF15 060 £1 522* Composition Mischtechnik/Papier 100x78,5cm/*39x30in* Hamburg 97
SPAHN Victor 1949 **[44]**
☞ *$1 518 FF9 500 £954* Régate Huile/toile 64,5x50cm/*25x19in* Cherbourg 97
▥ *$235 FF1 300 £146* Chevauchée des quatre saisons Lithographie 27x36cm/*10x14in* Pornic 97
SPALA Václav 1885-1946 **[20]**

$2 397 FF13 611 £1 500 Zanda Oil/canvas/board 38x31,5cm/*14x12in* London 97
$9 883 FF59 113 £6 000 Still Life of Flowers in a Vase Oil/canvas 101x74cm/*39x29in* London 97
$1 517 FF8 616 £949 Self-Portrait Linocut 158x113cm/*62x44in* London 97
SPALLART von Lydia 1898-1961 **[1]**
$3 985 FF19 600 £2 537 "Das Jahr am Teich III" Öl/Leinwand 52x58cm/*20x22in* Wien 95
SPANGENBERG Louis 1825-1893 **[3]**
$2 564 FF12 430 £1 653 Südländische Küste mit Hafen Oil/panel 26,5x50cm/*10x19in* Frankfurt 95
$15 580 FF75 400 £10 000 Vesuvius from Pompei Oil/canvas 66x95cm/*25x37in* London 95
SPANJAERT Jan 1632-1665 **[2]**
$4 092 FF24 444 £2 505 Värdshusscen Oil/panel 40x52cm/*15x20in* Stockholm 98
$5 300 FF26 800 £3 480 Bauern in der Scheune Oil/panel 27x41cm/*10x16in* Wien 96
SPANYI von Bela 1852-1914 **[25]**
$1 387 FF7 240 £825 Am Waldbach Oil/pgnel 25,5x31cm/*10x12in* Wien 96
$3 980 FF23 785 £2 410 Moorlandschaft Öl/Leinwand 65,5x120cm/*25x47in* Wien 97
SPARE Austin Osman 1888-1956 **[156]**
$230 FF1 364 £140 Druidesque Pastel 32x50,5cm/*12x19in* London 98
SPARER Max 1886-1968 **[11]**
$2 310 FF12 070 £1 376 Motiv aus Südtirol Öl/Karton 35,5x50cm/*13x19in* Wien 96
$389 FF2 158 £240 Seiser Alm Woodcut in colors 24x23cm/*9x9in* Wien 97
SPARKE Edward Bowyer 1832-1910 **[11]**
$473 FF2 304 £300 Mont St. Michel Watercolour 18x19,5cm/*7x7in* London 95
SPARKS Herbert Blande XIX-XX **[12]**
$987 FF5 040 £650 Overheard Watercolour 53x72cm/*20x28in* London 96
SPARKS William 1862-1937 **[30]**
$1 600 FF9 644 £968 Nocturnal Adobe Scenes Oil/board 13x18cm/*5x7in* Pasadena, California 98
$2 249 FF13 350 £1 395 House in a Clearing Oil/canvas 40,5x51cm/*15x20in* New-York 97
SPARRE Axel (Attrib.) 1652-1728 **[1]**
$5 070 FF26 500 £3 423 "Carolus XII Rex Suecia" Oil/canvas/panel 94x67cm/*37x26in* Stockholm 96
SPARRE Louis 1863-1964 **[37]**
$2 040 FF10 360 £1 218 London Harbour Oil/canvas 16x81cm/*6x31in* Stockholm 96
$1 850 FF11 050 £1 110 Kvinna i rosa klänning Oil/canvas 110x85cm/*43x33in* Stockholm 98
$500 FF2 979 £306 Satamaelämää Watercolour/paper 44x59cm/*17x23in* Helsinki 98
SPARROW Robert XVIII-XIX **[1]**
$2 733 FF13 960 £1 800 View of Belvoir Castle Oil/panel 20x29cm/*7x11in* London 96
SPAT Gabriel 1890-1967 **[38]**
$1 100 FF6 391 £676 Reclining Nude Oil/canvas/board 16x26cm/*6x10in* Florida 97
$3 750 FF19 540 £2 357 At the beach Oil/canvas 46x86cm/*18x33in* New-York 96
SPATHARIS Eugenios 1924 **[2]**
$3 290 FF17 150 £1 985 Koutalianos Oil/paper 50x70cm/*19x27in* Athens 96
SPAZZAPAN Luigi 1889-1958 **[35]**
$3 000 FF17 000 £1 500 Astratto Tecnica mista/cartone 38x50,5cm/*14x19in* Vercelli 98
$1 980 FF11 220 £1 320 Virginia e Reaglie Tecnica mista/carta 65x50cm/*25x19in* Vercelli 97
SPEAR Ruskin 1911-1990 **[106]**
$2 800 FF14 340 £1 700 Pavement Artist Oil/board 51x30,5cm/*20x12in* London 96
$5 273 FF32 135 £3 200 Hammersmith Grove from the Artist's Flct at No.4 Adie Road Oil/canvas 50x60cm/*19x23in* London 98
$12 539 FF74 110 £7 500 Mrs. Tallis Oil/canvas 152,5x119,5cm/*60x47in* London 97
$725 FF3 530 £460 The Queen's Arms Gouache 38x51cm/*14x20in* London 95
SPEARS Ethel 1903-? **[1]**
$1 900 FF11 793 £1 145 Winter in the Park Gouache/paper 56x77cm/*22x30in* New Orleans, Louisiana 98
SPECK Loran 1944 **[7]**
$4 400 FF26 812 £2 694 Pears and Jar Oil/canvas 33x22cm/*13x9in* Houston, Texas 98
SPECKTER Otto 1807-1871 **[15]**
$3 383 FF20 113 £2 070 Schwannen-Studien 1849 Öl/Leinwand 68x100cm/*26x39in* Köln 97
$115 FF674 £70 Bildnis Salomon Heine, auf der Elbterrasse sitzend Lithographie 36x28cm/*14x11in* München 97
$688 FF4 190 £422 Mädchen einen Apfel pflückend Ink 15,5x5,4cm/*6x2in* Hamburg 98

SPEECHLY William c.1740-1780 **[1]**
✏ *$3 120 FF16 080 £2 000* Album of watercolours of birds and plants Watercolour 37x27cm/*14x10in* London 96
SPEECKAERT Michel Joseph 1748-1838 **[4]**
☞ *$12 504 FF75 105 £7 500* Parrot Tulips in a Jug on a Stone Ledge in an Alcove Oil/panel 50x40,5cm/*19x15in* London 98
SPEED Grant, Ulysses 1930 **[14]**
⊿ *$3 300 FF19 760 £2 027* Fighting his Way out of an Ambush Bronze H48cm/*H19in* Dallas, Texas 98
⊿ *$13 000 FF74 032 £8 017* In the Wake of the Mountain Man Bronze H81cm/*H32in* Dallas, Texas 97
SPEED Harold 1872-1957 **[22]**
☞ *$3 000 FF17 113 £1 824* Un Cortile Veneziano Oil/panel 35x27cm/*13x10in* San Francisco 97
☞ *$4 540 FF25 622 £2 782* Ornamental garden Oil/canvas 113x60,3cm/*44x23in* London 97
SPEED Ulysses Grant 1930 **[4]**
⊿ *$2 500 FF13 025 £1 572* When Two Are Too Many Bronze H50cm/*H20in* Scottsdale, Arizona 96
SPEEDE John XVII **[16]**
▥ *$243 FF1 417 £149* Map of Northamptonshire Engraving 39,5x55cm/*15x21in* Billingshurst, West Sussex 97
SPEICHER Eugene E. 1883-1962 **[54]**
☞ *$1 500 FF8 839 £926* Still life with White Lilies Oil/canvas 43x35,5cm/*16x13in* New-York 97
☞ *$1 800 FF10 882 £1 114* Grain Building Oil/canvas 45x55cm/*18x22in* Mystic, Connecticut 97
✏ *$300 FF1 530 £198* Portrait of a Girl Charcoal/paper 35x27cm/*14x11in* Woodstock, NY. 96
SPEIGEL Jonathan 1973 **[3]**
☞ *$2 800 FF17 062 £1 705* Untitled Oil/canvas 171,5x143cm/*67x56in* Tel Aviv 98
SPEIGHT Francis 1896-1989 **[5]**
☞ *$1 700 FF8 520 £1 075* Manayunk rooftops Oil/canvas 25x40cm/*10x16in* Philadelphia 95
☞ *$4 180 FF25 612 £2 523* Tohickon Church, Bucks County PA Oil/board 35x45cm/*14x18in* Hatfield, Pennsylvania 98
SPELMAN John A. 1880-? **[14]**
☞ *$863 FF5 091 £528* Impressionistic Spring Landscape Oil/canvas 76x60cm/*30x24in* Cedar Falls, Iowa 98
SPELT van der Adriaen 1630-1673 **[2]**
☞ *$13 644 FF80 450 £8 366* Vase de fleurs posé sur un entablement orné de fraises Huile/toile 33,5x28cm/*13x11in* Genève 98
SPENCE Benjamin Edward 1822-1866 **[8]**
⊿ *$3 500 FF18 627 £2 063* Highland mary Marble H50,8cm/*H20in* New-York 97
⊿ *$20 000 FF122 474 £11 970* At the Well Marble H147,5cm/*H58in* New-York 98
SPENCE Ernest XIX-XX **[2]**
☞ *$7 700 FF39 200 £4 600* Portrait of Miss Betty Neville, full length Oil/canvas 142x58cm/*55x22in* London 96
SPENCE Harry XIX-XX **[4]**
☞ *$2 840 FF16 250 £1 680* La sortie de l'Opéra à Vienne Huile/toile 51x61cm/*20x24in* Bruxelles 97
SPENCE Percy Fred. Seaton 1868-1933 **[17]**
✏ *$3 160 FF16 300 £2 092* Dancer Gouache/paper 58x38cm/*22x14in* Melbourne 96
SPENCE Thomas Ralph 1855-1916 **[5]**
☞ *$13 000 FF71 467 £7 983* The Disciples of Sappho Oil/canvas 62x150,5cm/*24x59in* New-York 97
☞ *$23 610 FF137 832 £14 500* The First invasion of Rome by the Gauls, insult to Papirius Oil/canvas 68,5x206cm/*26x81in* London 97
SPENCELAYH Charles 1865-1958 **[101]**
☞ *$408 FF2 433 £250* The Old Folks at Home Oil/board 13x11,5cm/*5x4in* London 98
☞ *$20 139 FF116 278 £12 000* Perplexed Oil/canvas 65,5x102cm/*25x40in* London 97
✏ *$3 277 FF19 474 £2 000* Portrait of the First Mrs. Charles Spencelayh Watercolour/panel 6x4,5cm/*2x1in* London 98
SPENCER Frederick Randolph 1806-1875 **[8]**
☞ *$3 110 FF16 000 £1 940* Portrait de jeune femme Huile/toile 85x68,5cm/*33x26in* La Rochelle 96
SPENCER Frederick, Fred XIX-XX **[8]**
☞ *$1 835 FF11 253 £1 100* Fruit and Wine Oil/canvas 20,5x51cm/*8x20in* London 98
✏ *$1 765 FF10 304 £1 050* Grapes and two Apples Watercolour 24x29,5cm/*9x11in* London 97
SPENCER Gilbert 1892-1979 **[47]**

---

*$2 132 FF10 760 £1 400 "Spring" Oil/canvas 60x43cm/*24x17in* Leamington Spa, Warwickshire 96*
*$9 014 FF52 681 £5 500 Tube shelter Oil/board 31x41cm/*12x16in* London 97*
*$481 FF2 788 £300 Portrait of D.W. West (to Repton, 1951) Pencil 28,5x21,5cm/*11x8in* London 97*
SPENCER Lilly Martin 1822-1902 **[10]**
*$16 000 FF94 284 £9 881 Still life with Peaches Oil/board 27x35,5cm/*10x13in* New-York 97*
SPENCER Niles 1893-1952 **[7]**
*$11 000 FF64 252 £6 752 Study for "Building" Oil/canvas 30,5x40,5cm/*12x15in* New-York 97*
*$16 000 FF93 457 £9 822 Trees and Farmhouse Oil/board 46x56cm/*18x22in* New-York 97*
*$1 200 FF7 317 £720 Houses in a Landscape Watercolour/paper 36x47,5cm/*14x18in* Boston, Mass. 98*
SPENCER Pamela XX **[1]**
*$4 690 FF24 300 £3 000 Mending the nets Oil/canvas 76x97cm/*29x38in* London 96*
SPENCER Richard B. (Attrib.) XIX **[4]**
$1 117 FF5 690 £670 The barque "Cornwall" calling for a pilot off Dover Oil/canvas/board
*51x76cm/*20x29in* London 96*
SPENCER Richard Barnett XIX **[16]**
*$4 016 FF23 668 £2 400 Breaking the Line at Trafalgar Oil/canvas 61x86,5cm/*24x34in* Glasgow 97*
SPENCER Robert 1879-1931 **[18]**
*$1 600 FF7 970 £1 048 Clouds Oil/canvas 31x36cm/*12x14in* San Francisco-Los Angeles 95*
*$115 000 FF680 880 £68 287 Mills Oil/canvas 76x91,5cm/*29x36in* New-York 97*
SPENCER Stanley 1891-1959 **[146]**
*$2 794 FF13 550 £1 800 Study for a resurrection Oil/canvas/board 25x35,5cm/*9x13in* London 95*
*$326 080 FF1 976 280 £200 000 Turkeys Oil/canvas 76x51cm/*29x20in* London 98*
*$56 983 FF343 472 £35 000 Hilda with Beads Pencil/paper 70x55cm/*27x21in* London 98*
SPENCER Thomas 1700-1763 **[10]**
$30 666 FF177 165 £18 000 Flying Childers, Bay Racehorse held by a Groom in the Livery Oil/canvas
*58x68,5cm/*22x26in* London 97*
*$75 000 FF391 500 £45 300 Sir Edouard O'brien and Horses Oil/canvas 102x126,5cm/*40x49in* New-York 96*
SPENCER Thomas (Attrib.) 1700-1763 **[3]**
*$7 000 FF36 540 £4 230 A Race Horse with Jockey up Oil/canvas 28x35,5cm/*11x13in* New-York 96*
*$11 485 FF68 000 £6 800 "Mol Ro" Oil/canvas 61x118cm/*24x46in* London 97*
SPENDER Humphrey 1910 **[18]**
*$1 004 FF6 156 £600 In Lavenham Mixed media/board 29x38cm/*11x14in* London 98*
SPENLOVE Frank Spenlove 1864-1933 **[17]**
*$328 FF1 876 £200 A Port at Twilight Oil/canvas 14x21,5cm/*5x8in* London 97*
*$4 800 FF24 192 £3 097 Weary ends the day Oleo/lienzo 76x127cm/*29x50in* Buenos Aires 96*
SPERANTZAS Vassili 1938 **[1]**
*$2 466 FF12 860 £1 490 Untitled Oil/canvas 5x71cm/*1x27in* Athens 96*
SPERL Johann 1840-1914 **[16]**
*$2 970 FF16 869 £1 859 Zwei Jäger, Ganzfiguren leicht nach rechts gewendet Öl/Karton 56x38cm/*22x14in* München 97*
*$10 238 FF61 895 £6 131 Bauernbub mit Flöte Öl/Leinwand/Karton 18x14cm/*7x5in* München 98*
*$2 066 FF12 340 £1 264 Altes Stadttor Aquarell/Karton 30,5x22,5cm/*12x8in* München 98*
SPERLI Johann Jakob 1770-1841 **[12]**
*$148 FF883 £90 "Oensingen. Canton Solothurn" Aquatint 6,8x10,2cm/*2x4in* Bern 98*
*$1 600 FF8 230 £998 Idyllic landscape Watercolour, gouache/paper 40x56cm/*15x22in* New-York 96*
SPERLING Diana 1791-1862 **[18]**
*$4 095 FF19 960 £2 600 Views from the drawing room, Norbury Park Watercolour 20,5x16cm/*8x6in* London 95*
SPERLING Heinrich 1844-1924 **[15]**
*$1 017 FF6 026 £604 Dackel vor einer Holztür, durch die Bretterritze schauend Öl/Karton 16,5x12cm/*6x4in* Dresden 97*
*$2 977 FF16 438 £1 800 A Maltese with a Ball Oil/canvas 45,5x66cm/*17x25in* London 97*
SPERLING Hieronymus 1695-1777 **[5]**
*$336 FF2 008 £203 Allegorie auf Landwirtschaft und Fruchtbarkeit Red chalk/paper 25x18,5cm/*9x7in* Köln 97*
SPERO Claude XIX-XX **[6]**

✏ *$272 FF1 507 £169* Monte Carlo from Roquebrune Pencil 23,5x34,5cm/*9x13in* London 97

SPERO Nancy 1926 **[9]**
▭ *$171 FF979 £106* Figürliche Kompositionen Farbserigraphie 28,5x22cm/*11x8in* München 97

SPESCHA Matias 1925 **[9]**
▭ *$173 FF852 £112* Komposition Lithographie couleurs 47x65,5cm/*18x25in* Zürich 95

SPETHMANN Albert 1894-1986 **[5]**
◷ *$3 198 FF18 400 £1 888* Oberbayerische Landschaft bei Föhn Öl/Leinwand 84x120cm/*33x47in* München 97

SPICKETT Ronald John 1926 **[11]**
◷ *$7 051 FF40 740 £4 187* 'The Last Posse" Mixed media 122x213cm/*48x83in* Calgary, Alberta 97

SPICUZZA Francesco J. 1883-1962 **[21]**
◷ *$400 FF2 381 £248* Skiing in Milwaukee after a Snowstorm of 1947 Oil/board 20x24cm/*8x9in* Milwaukee, Wisconsin 97
◷ *$1 000 FF5 800 £615* Harbor Scene Oil/panel 59x90cm/*23x35in* Milwaukee, Wisconsin 97
✏ *$400 FF2 320 £246* Seascape with Cargo Ship Pastel/paper 66x86cm/*26x34in* Milwaukee, Wisconsin 97

SPIELMANN Oscar 1902-1974 **[27]**
◷ *$6 548 FF40 000 £3 884* Odalisque au vase fleuri Huile/toile 63x82cm/*24x32in* Paris 98
✏ *$567 FF3 200 £345* Nu Aquarelle 49x63cm/*19x24in* Paris 97

SPIELTER Carl Johann 1851-1922 **[9]**
◷ *$1 642 FF9 588 £1 002* Junges Mädchen in altdeutscher Tracht Öl/Leinwand 34x27cm/*13x10in* Wien 97

SPIERS Benjamin Walter c.1860-c.1920 **[12]**
✏ *$21 655 FF133 593 £13 000* "Art and Letters" Watercolour 46x69cm/*18x27in* London 98

SPIERS Harry 1869-1934 **[24]**
✏ *$275 FF1 671 £168* Mellow Autumn Gouache/paper 53x74cm/*21x29in* Boston, Mass. 98

SPIES Walter 1895-1942 **[7]**
◷ *$518 700 FF2 927 400 £317 925* Tiger and Snake in Combat in a Primeval Forest Oil/canvas 81x65cm/*31x25in* Singapore 97
✏ *$873 FF5 232 £520* Balinese Figures - a sketch Pencil/paper 26,5x21cm/*10x8in* Amsterdam 98

SPILHACZEK Max 1876-1961 **[14]**
◷ *$1 949 FF11 428 £1 200* Roses in a vase and a clock Oil/panel 39x66cm/*15x25in* London 97
◷ *$2 326 FF12 040 £1 502* Blumenpflückende Mutter und Tochter Öl/Karton 32x47,5cm/*12x18in* Wien 96
✏ *$517 FF2 646 £332* Damenbildnis Pastel/paper 59x41cm/*23x16in* Wien 96

SPILHAUS Nita 1878-1967 **[18]**
◷ *$672 FF3 863 £414* House with Vine Trellis Oil/canvas/board 33x38cm/*12x14in* Johannesburg 97

SPILIMBERGO Adriano 1908-1975 **[34]**
◷ *$3 663 FF20 757 £1 831* Paesaggio invernale Olio/tela 35x45cm/*13x17in* Milano 97
◷ *$5 400 FF30 600 £2 700* Veduta di città Olio/tela 50x60cm/*19x23in* Firenze 98

SPILLIAERT Arthur 1939 **[1]**
✏ *$57 800 FF302 000 £34 900* Hangar et Dirigeable Watercolour 65x50cm/*25x19in* Amsterdam 96

SPILLIAERT Léon 1881-1946 **[312]**
◷ *$37 900 FF196 800 £23 830* Femme de pêcheur sur le quai Technique mixte 65x50cm/*25x19in* Antwerpen 96
▭ *$1 716 FF9 792 £1 050* Plaisirs d'hiver Color lithograph 33x24cm/*12x9in* Lokeren 97
✏ *$4 460 FF22 960 £2 780* "Le cavalier de Poë" Aquarelle/papier 35x52cm/*13x20in* Antwerpen 96

SPILMAN Hendrik 1721-1784 **[6]**
✏ *$592 FF3 013 £355* A Dutch town Ink 15,2x20,8cm/*5x8in* Amsterdam 96

SPILSBURY Maria 1777-1820 **[6]**
◷ *$4 907 FF28 598 £3 000* Elizabeth Julia Angerstein Attented by Guardian Angels Oil/canvas 35,5x45cm/*13x17in* London 97
◷ *$6 523 FF38 461 £4 000* Portrait of a Cleric Oil/canvas 72x60cm/*28x23in* London 98

SPIN Jacob 1806-1875 **[11]**
✏ *$1 263 FF6 210 £800* The Dutch barque "Lusiparni" Watercolour 51x66cm/*20x25in* London 95

SPINDLER Charles 1865-1938 **[12]**
◷ *$1 420 FF7 000 £922* Ergesheim Technique mixte 50x35cm/*19x13in* Saint-Dié 95
▭ *$541 FF3 200 £336* Alsaciennes Lithographie 111x168cm/*43x66in* Nancy 97

SPINDLER Louis Pierre 1800-1889 **[3]**
◷ *$6 490 FF33 850 £3 920* Junge Dame Öl/Leinwand 36x37,5cm/*14x14in* Stuttgart 96

SPINDLER Walter E. XIX-XX **[2]**
✎ *$4 500 FF26 000 £2 774* "Sarah Bernhardt" Aquarelle/papier 23x18cm/*9x7in* Paris 97
SPINELLI Giovan B. (Attrib.) c.1630-c.1660 **[3]**
☞ *$3 426 FF20 000 £2 072* La mort de Lucrèce Huile/toile 117x97cm/*46x38in* Paris 97
SPINELLI Giovan Battista c.1630-c.1660 **[2]**
☞ *$28 060 FF144 700 £18 000* The Holy Family with the Infant Saint John the Baptist Oil/canvas
73x58cm/*29x23in* London 96
SPINELLI, SPINELLO ARENTINO Luca c.1350-1410 **[1]**
☞ *$40 000 FF220 996 £24 860* Head of Herod Antipas Painting 42x36cm/*16x14in* New-York 97
SPINETTI Mario XIX-XX **[5]**
☞ *$6 491 FF39 446 £3 894* La vendimia Oleo/lienzo 138x64cm/*54x25in* Madrid 98
SPINKS Thomas XIX-XX **[45]**
☞ *$836 FF5 028 £500* A peaceful Stretch of the River Oil/canvas 30,5x51cm/*12x20in* London 98
☞ *$1 054 FF6 271 £626* "The wye, Monmouth", figure resting on the river bank Oil/paper 50x75cm/*19x29in*
West Midlands 97
SPINNY de Guillaume Jean Jos. 1721-1785 **[6]**
☞ *$6 559 FF38 093 £4 006* Trompe l'oeil: Framed painted small half length portrait Oil/panel 21x15cm/*8x5in*
Amsterdam 97
SPINSKI Victor 1942 **[1]**
🖌 *$6 500 FF39 634 £3 900* Box W/Tools Ceramic 20x37x21,5cm/*7x14x8in* New-York 98
SPIRIDON Ignace XIX-XX **[12]**
☞ *$5 928 FF34 448 £3 500* A young Beauty reclining on a Bed Oil/canvas 62x46,5cm/*24x18in* London 97
☞ *$6 090 FF35 328 £3 600* The Afternoon reading Oil/panel 31,5x41cm/*12x16in* London 97
SPIRO Eugen 1874-1972 **[69]**
☞ *$775 FF3 950 £513* Head portrait of a woman Oil/canvas 25,5x20,5cm/*10x8in* Malmö 96
☞ *$3 072 FF17 597 £1 875* Vermont - Landschaft mit Telegraphenmast Öl/Leinwand 36x45,5cm/*14x17in*
Hamburg 97
▭ *$135 FF776 £84* Grunewaldvilla Lithograph 23x30,5cm/*9x12in* München 97
✎ *$483 FF2 410 £317* Aktstudie eines knienden Mannes Charcoal/paper 24x18cm/*9x7in* Pforzheim 95
SPIRO Georges 1909-1994 **[74]**
☞ *$351 FF2 000 £220* Composition surréaliste Huile/toile 52x60cm/*20x23in* Neuilly 97
☞ *$1 175 FF5 940 £770* Trompe-l'oeil Huile/toile 33x24cm/*12x9in* Zürich 96
SPITZER Emanuel 1844-1919 **[7]**
☞ *$3 062 FF18 088 £1 850* Portrait eines Herrn mit Melone Oil/panel 37x28cm/*14x11in* Wien 97
SPITZER Marthe 1877-1956 **[46]**
🖌 *$499 FF2 600 £330* Buste du fils de l'artiste Plâtre H34cm/*H13in* Ourville-en-Caux 96
SPITZER Walter 1927 **[118]**
☞ *$670 FF4 000 £401* Carnaval à Venise Huile/toile 24x33cm/*9x12in* L'Isle-Adam 98
☞ *$2 217 FF10 800 £1 420* Les peintres et les Muses Huile/toile 48x55cm/*18x21in* Saint-Germain-en-Laye 95
✎ *$479 FF2 460 £298* Déclaration d'amour Technique mixte/papier 25x34cm/*9x13in* Antwerpen 96
SPITZWEG Carl 1808-1885 **[198]**
☞ *$47 676 FF284 469 £28 764* Die Schlucht Öl/Papier 32x20cm/*12x7in* Köln 97
☞ *$242 616 FF1 474 044 £146 080* Junges Mädchen vor der Waldkapelle Öl/Leinwand 51x32cm/*20x12in*
Stuttgart 98
✎ *$1 475 FF9 060 £884* Gebirgslandschaft Pencil/paper 30,5x20,5cm/*12x8in* Stuttgart 98
SPLITGERBER August Karl Martin 1844-1918 **[38]**
☞ *$1 225 FF7 375 £733* Heimkehrender Bauer mit seiner Schafherde Öl/Leinwand 23x35cm/*9x13in*
München 98
SPLITGERBER Fritz 1876-1914 **[13]**
✎ *$144 FF871 £86* Flusslandschaft Aquarell/Papier 9x14cm/*3x5in* München 98
SPODE Samuel 1825-1858 **[30]**
☞ *$3 444 FF19 774 £2 100* A Bay Racehorse in a Stable Oil/canvas 70x90cm/*27x35in* London 97
SPODE Samuel (Attrib.) 1825-1858 **[3]**
☞ *$1 129 FF6 469 £700* The Chase Oil/canvas 38,5x49cm/*15x19in* London 97
SPOEDE Jean-Jacques 1680-1757 **[3]**
☞ *$2 255 FF13 409 £1 380* Jagdstilleben in Landschaft Öl/Leinwand 79x111cm/*31x43in* Köln 97
SPOEL Jacob 1820-1868 **[1]**
☞ *$2 800 FF17 021 £1 724* "De Zusters Zuurmond" Oil/canvas 91,5x75,5cm/*36x29in* New-York 98

SPOERER Eduard 1841-1898 **[6]**

  $3 170 FF15 600 £2 007 Troupeau à la mare Huile/toile 57x101cm/*22x39in* Soissons 95

SPOERRI Daniel 1930 **[130]**

  $582 FF3 000 £374 Attention, oeuvre d'art Collage/panneau 50x50cm/*19x19in* Paris 96

  $1 843 FF9 500 £1 182 Le critique (d'après Jasper Johns) Technique mixte 21x27x6cm/*8x10x2in* Paris 96

  $16 200 FF94 626 £9 945 Fallenbild im Quadrat Mixed media/panel 100x200x28cm/*39x78x11in* Köln 97

  $317 FF1 904 £189 "Eine völlig verweste Leiche..." Serigraph in colors 60x80cm/*23x31in* Wien 98

  $3 511 FF19 900 £2 341 "Aktion Rest Spoerri" Assemblage 70x70x34cm/*27x27x13in* Milano 97

  $5 698 FF35 000 £3 416 Table villeglé Sculpture 84x118x12cm/*33x46x4in* Paris 98

  $582 FF3 000 £374 Il vaut mieux se laver les dents... Crayons couleurs 32x25cm/*12x9in* Paris 96

SPOERRI Pierre XX **[2]**

  $11 192 FF68 000 £6 738 L'enlèvement au Sérail Technique mixte 304x419x76cm/*120x165x30in* Versailles 98

SPOHLER Jacob Jan C. (Attr.) 1837-1923 **[4]**

  $3 392 FF19 665 £2 000 Figures in a Dutch Street Oil/panel 19x15cm/*7x5in* London 97

SPOHLER Jacob Jan Coenraad 1837-1923 **[81]**

  $410 FF2 399 £250 Ijsvermaak met links een huis met daarbij een scheepje Oil/canvas 24,5x35cm/*9x13in* Den Haag 97

  $10 100 FF52 100 £6 520 Scène de patinage Huile/toile 44x67cm/*17x26in* Bruxelles 96

SPOHLER Jan Jacob 1811-1879 **[55]**

  $6 007 FF34 827 £3 587 A Ferry on a River at Dusk Oil/panel 19x27cm/*7x10in* Amsterdam 97

  $26 000 FF127 800 £16 480 Skaters in a frozen landscape Oil/canvas 50x67cm/*19x26in* New-York 95

SPOHLER Jan Jacob (Attrib.) 1811-1879 **[6]**

  $3 026 FF17 664 £1 800 View of the Amstel River at Amsterdam Oil/panel 20,5x15cm/*8x5in* London 97

SPOHLER Johannes Franciscus 1853-1894 **[48]**

  $5 249 FF31 777 £3 132 A Busy Morning in a Dutch Town Oil/panel 46x36cm/*18x14in* New-York 97

  $11 000 FF55 500 £7 220 Busy canal scene Oil/canvas 35x43cm/*14x17in* Mystic, Connecticut 96

SPOLVERINI Ilario M. (Attrib.) 1657-1734 **[2]**

  $13 740 FF68 500 £9 000 Cavalry skirmishes Oil/canvas 50x60cm/*19x23in* London 95

SPONG Walter Brookes 1851-1929 **[15]**

  $1 172 FF6 818 £717 Untitled Watercolour/paper 45x30cm/*17x11in* Melbourne 97

SPOONER Arthur 1873-1962 **[33]**

  $467 FF2 814 £280 A Woodland Scene Oil/canvas 33x38cm/*12x14in* London 98

  $1 811 FF10 989 £1 100 Cattle on a Path Oil/canvas 51x68,5cm/*20x26in* London 98

SPÖRRI Eduard 1901-1995 **[24]**

  $797 FF4 030 £523 Tanz um den Maibaum Relief 67x94cm/*26x37in* Zürich 96

SPRAGUE Howard Freeman 1871-1899 **[1]**

  $5 000 FF25 700 £3 120 The Great lakes ore carier, "Glasdtone" Oil/canvas 43x76cm/*17x30in* Bloomfield Hills, Michigan 96

SPRANGER Bartholomeus (Attr.) 1546-1611 **[7]**

  $6 629 FF41 000 £3 948 La tentation d'Adam et Eve Lavis 17x12,8cm/*6x5in* Paris 98

SPREAFICO Eugenio 1856-1919 **[4]**

  $17 360 FF85 300 £11 060 Gardienne de dindons sur le chemin enneigé Huile/toile 80x129cm/*31x50in* Zürich 95

SPRETER Roy 1899-1967 **[2]**

  $1 700 FF9 895 £1 047 Smiling Woman's Head Pastel/paper 35x28cm/*14x11in* New-York 97

SPREUWEN van Jacob (Attrib.) 1611-c.1665 **[3]**

  $10 071 FF58 083 £6 000 Portrait of an old Man, in a lined coat and blue turban Oil/panel 15x12cm/*5x4in* London 97

SPREUWEN van Jacob van Sprenwen 1611-c.1665 **[7]**

  $1 632 FF9 994 £972 A woman in a kitchen peeling potatoes Oil/panel 33,7x29,6cm/*13x11in* Amsterdam 98

  $15 000 FF74 000 £9 700 A Surgery, with Peasants watching a Doctor remove a Stone Oil/panel 48,5x52cm/*19x20in* New-York 96

SPRINCHORN Carl 1887-1971 **[21]**

  $2 800 FF17 777 £1 748 Spring, Shin Brook Falls Oil/canvas 30x40cm/*12x16in* Portland, Maine 97

✏ *$549 FF3 489 £343* Lady with Parasol Watercolour/paper 22x17cm/*9x7in* Portland, Maine 97
SPRING Alphons 1843-1908 **[20]**
👆 *$5 460 FF26 940 £3 550* Lesender Bauer Oil/panel 20x29cm/*7x11in* Wien 95
👆 *$5 633 FF33 467 £3 350* Gespräch mit dem Dorfschulzen Öl/Leinwand 48x73cm/*18x28in* München 97
SPRINGER Cornelis 1817-1891 **[61]**
👆 *$109 700 FF555 000 £72 000* A Dutch Town with Figures by a Canal Oil/panel 41,5x34,5cm/*16x13in* London 96
👆 *$130 824 FF767 752 £80 000* The Town Hall, Kampen Oil/panel 62x52cm/*24x20in* London 97
✏ *$5 706 FF33 023 £3 487* A market on a Square in a Germain Town Watercolour/paper 21,5x26,5cm/*8x10in* Amsterdam 97
SPRINGER Ferdinand 1907 **[27]**
🎨 *$135 FF776 £84* Abstrakte Komposition Etching, aquatint in colors 30x39,5cm/*11x15in* München 97
✏ *$2 486 FF12 870 £1 590* "Ville du Nord" Gouache/papier 55x74,5cm/*21x29in* Heidelberg 96
SPRINKMANN Carl XIX **[1]**
👆 *$4 200 FF20 450 £2 660* The Love Leter Oil/panel 22x18cm/*8x7in* New-York 95
SPRONKEN Arthur 1930 **[4]**
🗿 *$3 896 FF23 274 £2 383* Man and horse Bronze 20x28cm/*7x11in* Amsterdam 98
SPROTTE Siegward 1913 **[38]**
👆 *$1 773 FF10 107 £1 086* Iris Oil/panel 26,5x22cm/*10x8in* Hamburg 97
👆 *$4 730 FF26 954 £2 897* Hommage à Hagemeister Öl/Leinwand 100x73cm/*39x28in* Hamburg 97
✏ *$867 FF5 069 £532* Weidenkätzchen Watercolour 45x64cm/*17x25in* Köln 97
SPROULE Robert Auchmaty 1799-1845 **[1]**
🎨 *$594 FF3 100 £372* St. James Street, Montreal Engraving 23x36cm/*9x14in* Toronto 96
SPRUANCE Benton Murdoch 1904-1967 **[83]**
🎨 *$249 FF1 549 £152* Ridge Valley Churches Lithograph 31x46cm/*12x18in* Boston, Mass. 97
✏ *$1 232 FF7 484 £741* Christ and Disciples with Fishing Nets Watercolour/paper 83x53cm/*33x21in* Philadelphia 98
SPRÜNGLIN Niklaus 1725-1802 **[9]**
🎨 *$2 981 FF17 305 £1 759* Vue du Château et de la ville de Cerlier et de Neuville, Berne Farbradierung 42,5x56,5cm/*16x22in* Bern 97
✏ *$6 760 FF35 100 £4 460* Vue de la Vallée d'Urselen Aquarelle 47x63,5cm/*18x25in* Bern 96
SPRUYT Charles 1769-1851 **[2]**
👆 *$1 421 FF8 766 £849* A visit to the Convent Oil/panel 31,5x29cm/*12x11in* London 97
SPURLING Jack 1871-1933 **[5]**
👆 *$7 500 FF44 510 £4 593* "The Falls of Halladale" on the High Seas Oil/canvas/board 86,5x106,5cm/*34x41in* San Francisco 98
SPURRIER Steven 1878-1961 **[14]**
👆 *$3 596 FF21 484 £2 200* Ballet Rehearsal Oil/canvas 66x92cm/*25x36in* London 98
✏ *$1 003 FF6 235 £600* Running Through The Storm Watercolour 28x32,5cm/*11x12in* London 98
SPY Leslie Matthew Ward 1851-1922 **[16]**
✏ *$1 926 FF9 800 £1 150* Portrait of J.M. Paulton standing hands on hip Watercolour/paper 35x25cm/*13x9in* London 96
SPYROPOULOS Yannis 1912-1990 **[16]**
👆 *$4 800 FF27 826 £2 830* Greek Fishing Village Oil/canvas 70x90cm/*27x35in* New-York 97
👆 *$10 270 FF53 600 £6 200* Andros Oil/hardboard 45,5x35cm/*17x13in* Athens 96
👆 *$24 600 FF127 200 £16 420* Diotima No.3 Oil/canvas 113x146cm/*44x57in* Athens 96
✏ *$7 280 FF35 640 £4 610* Composition Gouache/paper 31,5x46,5cm/*12x18in* Athens 95
SQUILLANTINI Remo 1920-1996 **[51]**
👆 *$2 160 FF12 240 £1 080* Nello studio Tecnica mista/cartone 35x50cm/*13x19in* Prato 98
👆 *$4 500 FF25 500 £3 000* Figure Ollo/masonite 40x30cm/*15x11in* Prato 97
🎨 *$240 FF1 360 £160* Jazzband Litografia 70x50cm/*27x19in* Vercelli 97
✏ *$1 440 FF8 160 £960* Profilo di donna Pastelli/cartone 20x20cm/*7x7in* Vercelli 97
SQUIRE Alice 1840-1936 **[4]**
✏ *$2 309 FF13 806 £1 400* Mother and Child and a Lamb in a Wooded Landscape Bodycolour 16x24,5cm/*6x9in* London 97
SQUIRRELL Leonard Russel 1893-1979 **[51]**
🎨 *$189 FF935 £120* Figures by Medieval ruins Aquatint 27x37cm/*10x14in* Honiton, Devon 95

✏ $459 FF2 800 £280 The Market Hall, Wymondham, Norfolk Watercolour/paper 23x16,5cm/*9x6in* London 98
STAACKMANN Heinz Maria 1852-1940 [6]
🖎 $2 226 FF13 096 £1 374 Orientalisches Strassenbild Oil/panel 20x30,5cm/*7x12in* Heidelberg 97
STAAL Gustave P. 1817-1882 [3]
🖎 $8 000 FF48 632 £4 926 Faust and Marguerite Oil/canvas 92x80,5cm/*36x31in* New-York 98
STAATEN van Louis XIX-XX [83]
✏ $802 FF4 125 £500 Dordrecht/Near Leyden Watercolour/paper 65x29cm/*25x11in* London 96
STAATS Gertrud 1859-1938 [7]
🖎 $585 FF3 060 £349 Felsige Anhöhe mit Gebirgsblick Öl/Leinwand 55x77cm/*21x30in* München 96
STABELL Harald Krohg 1874-1963 [1]
✏ $3 681 FF21 364 £2 173 St. Hans natt på Store Stamdal (mountainous landscape) Watercolour, gouache/paper 57x79cm/*22x31in* Oslo 97
STÄBLI Adolf 1842-1901 [20]
🖎 $2 480 FF12 240 £1 613 Ruderboote am Seeufer Öl/Leinwand 27,5x50cm/*10x19in* Wien 95
🖎 $4 321 FF26 828 £2 606 Gewitterstimmung über einem kleinen Aare-Dorf Öl/Leinwand 64x42cm/*25x16in* Heidelberg 98
STABROWSKI Kazimierz 1869-1929 [2]
✏ $1 325 FF6 800 £852 Ships in harbour Pastel 49,5x67,5cm/*19x26in* Warszawa 96
STACEY Anna Lee 1865-1943 [9]
🖎 $2 750 FF14 250 £1 786 A Bouquet of Phlox Oil/board 61x51cm/*24x20in* San Francisco-Los Angeles 96
🖎 $4 500 FF26 706 £2 790 Woman in a Garden Oil/board 34,5x40,5cm/*13x15in* New-York 97
STACEY John F. 1859-1941 [6]
🖎 $6 000 FF31 150 £3 970 Landscape with pond Oil/canvas 76x63cm/*30x25in* Chicago, Illinois 96
STACHE Adolphe 1823-1862 [4]
🖎 $9 570 FF50 000 £5 790 "Vue de la place de Valenciennes" Huile/toile 78x118cm/*30x46in* Valenciennes 96
STACHIEWICZ Piotr 1858-1938 [12]
🖎 $2 801 FF16 478 £1 729 Allegory Oil/panel 36,5x52,5cm/*14x20in* Warszawa 97
✏ $1 118 FF5 790 £722 Profil portrait of a woman Red chalk/paper 46x62cm/*18x24in* Warszawa 96
STÄCK Josef Magnus 1812-1868 [39]
🖎 $1 192 FF5 950 £779 Vinterfiskande familj Oil/canvas 29x39cm/*11x15in* Stockholm 95
🖎 $3 520 FF17 330 £2 270 Coastal landscape Oil/canvas 41x62cm/*16x24in* Stockholm 95
STÄCK Josef Magnus (Attr.) 1812-1868 [1]
🖎 $1 695 FF9 708 £1 034 Sällskap i vinterlandskap Oil/canvas 30x41cm/*11x16in* Stockholm 97
STACK Michael 1947 [6]
🖎 $4 290 FF26 142 £2 627 Quiet Morning Oil/canvas 45x60cm/*18x24in* Houston, Texas 98
STACKHOUSE Robert 1942 [7]
✏ $6 000 FF31 100 £4 010 Views Inside "Ruby Birth" Mixed media/paper 227x365cm/*89x143in* New-York 96
STACKPOLE Peter 1913-1997 [18]
📷 $1 500 FF9 276 £893 Bay Bridge Tower/Building of Bay Bridge/American Bridge Company Gelatin silver print 20x25cm/*7x9in* San Francisco 98
STACQUET Henri 1838-1906 [19]
✏ $408 FF2 439 £249 Le peintre Aquarelle/papier 34x23cm/*13x9in* Antwerpen 98
STADEMANN Adolf 1824-1895 [122]
🖎 $2 749 FF16 755 £1 705 Skaters near a Village Oil/panel 15x30cm/*5x11in* New-York 98
🖎 $6 000 FF30 840 £3 750 A Village Fire by a Moonlight Oil/canvas 48,5x75,5cm/*19x29in* New-York 96
🖎 $17 170 FF88 300 £10 700 Skaters on a frozen Lake by Moonlight Oil/canvas 91x152cm/*35x59in* Wien 96
STADEMANN Adolf (Attrib.) 1824-1895 [6]
🖎 $699 FF3 961 £349 Paesaggio fluviale con efetto di luna Olio/tavola 14,5x25cm/*5x9in* Milano 98
STADLER Franz XIX [1]
🖎 $1 850 FF9 650 £1 100 Grappes and a glass of wine Oil/canvas 29x34cm/*11x13in* Wien 96
STADLER Joseph Constantine XVIII-XIX [11]
▥ $175 FF1 039 £106 Upper Part of the Pyran Cascade/Cascade Above the Mossy Seat Aquatint in colors 39x53cm/*15x21in* Bethesda, Maryland 97
STADLER Toni 1888-1982 [25]
◣ $4 212 FF25 075 £2 575 Jünglingstorso Bronze 42x15,5x9cm/*16x6x3in* Berlin 98

✏ *$1 532 FF8 917 £937* Liegender weiblicher Akt Watercolour 25,5x36,5cm/*10x14in* München 97
STADLER von Toni, Anton 1850-1917 **[7]**
👆 *$2 524 FF15 060 £1 522* Im Erdinger Moor Öl/Leinwand 60x150cm/*23x59in* München 97
STAEBLER de Stephen 1933 **[3]**
🔨 *$3 000 FF18 292 £1 800* Wall Torso XI Sculpture 66x27cm/*25x10in* New-York 98
🔨 *$15 000 FF77 700 £10 020* Figura Bronze 211x52x65cm/*83x20x25in* New-York 96
STAECK Klaus 1938 **[11]**
🖽 *$99 FF488 £63* "Test" Sérigraphie 45x30cm/*17x11in* Heidelberg 95
STAEGER Ferdinand 1880-1976 **[67]**
👆 *$7 770 FF40 500 £4 880* "Greift nicht nach Seifenblasen" Öl/Leinwand 80,5x90cm/*31x35in* Lindau 96
🖽 *$35 FF202 £21* Wanderer am Wegrand Etching 29x32,5cm/*11x12in* Dresden 97
STAEHR-NIELSEN Erik 1890-1921 **[27]**
✏ *$1 217 FF7 230 £747* Mytologisk sceneri med havfokl og flyvende hest Watercolour/paper
62x85cm/*24x33in* Vejle 97
STAEHR-OLSEN Fritz 1858-1922 **[32]**
👆 *$337 FF2 124 £212* Kystparti fra Tisvildeleje Oil/canvas 53x70cm/*20x27in* Vejle 97
✏ *$589 FF3 518 £353* Havnparti fra Toldboden i Köbenhavn Watercolour/paper 32x52cm/*12x20in* Vejle 98
STAëL de Nicolas 1914-1955 **[144]**
👆 *$92 456 FF549 018 £56 000* Composition Oil/canvas 33x19cm/*12x7in* London 97
👆 *$120 000 FF630 000 £72 000* Composition Oil/canvas 130x96,5cm/*51x37in* London 96
👆 *$142 428 FF830 000 £87 731* Composition Huile/toile 100x65cm/*39x25in* Paris 97
🖽 *$1 430 FF7 470 £852* Méditerrannée Serigraph in colors 35,5x45,7cm/*13x17in* München 96
✏ *$114 FF700 £68* Vieille femme Pierre noire/papier 31,5x22,5cm/*12x8in* Paris 98
STAEL Pieter (Attrib.) 1575-1622 **[3]**
👆 *$12 210 FF60 900 £8 000* Rocky river landscape with a bridge Oil/canvas 80x100cm/*31x39in* London 95
STAEMPFLI 1937 **[1]**
✏ *$1 498 FF9 300 £903* Rallye MS Mine plomb 112x123cm/*44x48in* Saint-Germain-en-Laye 98
STÄGER Balthasar, Balz 1861-1937 **[17]**
👆 *$2 307 FF13 404 £1 361* Schiffsumschlag im Hafen von Weesen/Walensee Öl/Leinwand
66x86,5cm/*25x34in* Luzern 97
STAGURA Albert 1866-1947 **[55]**
👆 *$1 141 FF6 716 £704* "Aprilwolken überm Moor" Öl/Karton 33x39cm/*12x15in* Heidelberg 97
👆 *$1 318 FF7 616 £782* Gebirgsbach nach dem Regen Öl/Leinwand 60x47,5cm/*23x18in* Wien 97
✏ *$1 809 FF10 713 £1 074* Der Chiemsee mit Blick auf die Fraueninsel Pastell 58,5x67,5cm/*23x26in*
Dresden 97
STAHL Émile 1847-1938 **[8]**
👆 *$892 FF5 200 £549* Coin de forêt Huile/toile 61x46cm/*24x18in* Saint-Dié 97
👆 *$1 308 FF6 770 £836* Nature morte Öl/Leinwand 30x42cm/*11x16in* Heidelberg 96
STAHL Friedrich 1863-1940 **[27]**
👆 *$3 475 FF17 140 £2 260* In Café Öl/Karton 22x17,5cm/*8x6in* Wien 95
👆 *$30 040 FF154 500 £18 730* The night Train Oil/board 57x77,5cm/*22x30in* Wien 96
STAHLY François 1911 **[12]**
🔨 *$975 FF6 000 £597* Sphynx Bronze 43x12x5cm/*16x4x1in* Versailles 98
STAHR Paul C. 1883-1953 **[8]**
👆 *$2 860 FF16 493 £1 703* Cowboy Spooked by Rock Formation Oil/canvas 86x58cm/*34x23in* New-York 97
STAIGER Otto 1894-1967 **[10]**
🖽 *$144 FF844 £88* Tessiner Landschaft Gravure bois 50x69cm/*19x27in* Zofingen 97
✏ *$1 202 FF7 287 £737* Nachtlandschaft Watercolour 25,5x34,5cm/*10x13in* Zofingen 98
STAIGG Richard Morrell 1817-1881 **[6]**
👆 *$3 415 FF19 905 £2 100* A Gentleman/A Lady Miniature 11x8,1cm/*4x3in* London 97
STAINTON George XIX **[32]**
👆 *$1 352 FF8 051 £826* Schiffe bei der Hafenausfahrt Öl/Leinwand 28x48,5cm/*11x19in* Frankfurt 98
👆 *$2 727 FF15 942 £1 665* Marine med talrige Oil/canvas 61,5x91cm/*24x35in* Vejle 97
✏ *$2 663 FF15 834 £1 650* Hay Barges off Orford Ness/Hay Barges Entering Harbour Watercolour
27x43cm/*11x17in* Aylsham, Norfolk 97
STALBEMT van Adriaen 1580-1662 **[23]**
👆 *$18 722 FF115 000 £11 224* Deux religieux devant une famille Royale et sa suite Huile/cuivre

34x43,5cm/*13x17in* Lille 98

    $41 050 FF200 000 £26 270 Paysans revenant du marché dans un paysage boisé Huile/panneau 52x85cm/*20x33in* Paris 95

    $1 300 FF6 780 £760 Waldlandschaft mit rastenden Hirten und Kühen Ink/paper 15,3x21,8cm/*6x8in* Berlin 96

STALBEMT van Adriaen (Attrib.) 1580-1662 **[20]**

    $2 189 FF13 000 £1 326 Mercure devant Jupiter/Mercure conduisant Psyché à l'Olympe Huile/panneau 46,5x28,5cm/*18x11in* Paris 97

    $8 000 FF42 000 £4 800 Chasseurs dans un grand paysage flamand Huile/panneau 48,5x76,5cm/*19x30in* Paris 96

STALDER Anselm 1956 **[9]**

    $1 089 FF6 316 £671 Anatomischer Versuch beim Mann Aquarell/Papier 35x100cm/*13x39in* Zürich 97

STALLAERT Joseph 1823-1903 **[8]**

    $4 050 FF19 620 £2 600 Reclining female nude in a landscape Oil/canvas 92x123cm/*36x48in* London 95

STALLER Gerard Johan 1880-1956 **[24]**

    $1 500 FF8 939 £931 A Busy Intersection in Cologne Oil/canvas 54x73cm/*21x29in* New Orleans, Louisiana 97

    $666 FF3 376 £434 He's in the army now Watercolour 80x75cm/*31x29in* Amsterdam 96

STAMMBACH Eugen 1875-1966 **[38]**

    $1 433 FF8 710 £863 Stubeninterieur mit Kachelofen Oil/panel 31x39cm/*12x15in* Stuttgart 98

    $4 135 FF25 125 £2 490 Schwäbische Streuobstwiese im Frühling Öl/Karton 33,5x49cm/*13x19in* Stuttgart 98

STAMMHAMMER Ferdinand 1901-1973 **[20]**

    $555 FF2 900 £330 Weibliche Akte Gouache/papier 26x41cm/*10x16in* Wien 96

STAMOS Theodoros 1922 **[131]**

    $4 500 FF25 921 £2 644 Abstract Oil/board 76x60cm/*30x24in* Mystic, Connecticut 97

    $6 000 FF34 364 £3 549 Infinity Field, Ift Series 120 Acrylic/canvas 167,5x152,5cm/*65x60in* New-York 97

    $250 FF1 412 £154 West Side Artists Poster 96x60cm/*38x24in* Morris Plains 97

    $1 000 FF5 724 £590 Untitled (Head) Gouache/paper 35,5x25cm/*13x9in* New-York 97

STAMP Ernest 1869-1942 **[7]**

    $114 FF680 £70 Gentleman Wearing 18th Century Costume and a French Gentleman Working Mezzotint 21,5x29cm/*8x11in* Carlisle,Cumbria 98

STAMPART van Frans 1675-1750 **[1]**

    $1 907 FF9 500 £1 250 Jeune femme tenant un chat Huile/toile 6,5x50,5cm/*2x19in* Paris 95

STÄMPFLI Peter 1937 **[19]**

    $14 960 FF75 000 £9 460 Chaussure de luxe Huile/toile 184x193cm/*72x75in* Paris 95

    $1 742 FF9 100 £1 037 Anteo Pastel/papier 150x110cm/*59x43in* Paris 96

STAN Vladimir 1948 **[40]**

    $100 FF600 £61 Personnage Pastel gras/papier 80x60cm/*31x23in* Paris 98

STANCHI Angelo (Attrib.) 1626-1673 **[1]**

    $10 379 FF63 758 £6 226 Stilleben mit Rosen Öl/Leinwand 73x58cm/*28x22in* Köln 98

STANCHI DEI FIORI Giovanni 1608-1672 **[2]**

    $8 070 FF50 000 £4 820 Vase de roses, fleurs d'oranger, jonquilles et oeillet dans un vase Huile/toile 65x49cm/*25x19in* Paris 98

STANCHI DEI FIORI Giovanni (Attrib.) 1608-1672 **[5]**

    $7 447 FF45 000 £4 437 Bouquet de fleurs Huile/toile 72x64cm/*28x25in* Versailles 97

    $8 910 FF45 000 £5 850 Putti jouant avec des fleurs dans un paysage Huile/toile 140x94cm/*55x37in* Paris 96

STANCLIFF J.W. 1814-1891 **[5]**

    $1 904 FF9 890 £1 128 Morning at Nahant Oil/panel 27x38cm/*11x15in* Mystic, Connecticut 97

STANDING Henry Wiliam XIX-XX **[18]**

    $244 FF1 492 £150 Hackney and Racing Trap Watercolour/paper 35,5x53cm/*13x20in* London 98

STANFIELD George Clarkson 1828-1878 **[44]**

    $3 034 FF17 447 £1 900 Lake Maggiore, Italy Oil/panel 30,5x22,5cm/*12x8in* London 97

    $6 500 FF38 644 £3 914 A Town by the River Oil/canvas 51x76cm/*20x29in* New-York 98

STANFIELD William C. (Attrib.) 1793-1867 **[4]**

☞ *$800 FF4 830 £486* Shipping off the Shore Oil/canvas 40x60cm/*16x24in* Bethesda, Maryland 98
STANFIELD William Clarkson 1793-1867 **[54]**
☞ *$1 845 FF9 350 £1 200* Shipping off the coast Oil/canvas 25x30cm/*10x12in* Aylsham, Norfolk 96
☞ *$4 264 FF24 482 £2 600* Texel Island, North Holland Oil/canvas 41x61,5cm/*16x24in* London 97
☞ *$121 400 FF620 000 £80 000* Four Venetian views Oil/canvas 160x82cm/*62x32in* London 96
✐ *$1 957 FF11 695 £1 200* The Fishing Fleet returning in a Storm Watercolour 30x48,5cm/*11x19in* London 98
STANGE Bernhard 1807-1880 **[6]**
☞ *$3 282 FF20 113 £1 960* Morgenglocke (Am Seil schwingende Glocke) Oil/canvas 98x76,5cm/*38x30in* Dresden 98
STANGL Heinz 1942 **[35]**
✐ *$238 FF1 428 £144* Die Doppelgängerin Aquarell/Papier 36,5x26,5cm/*14x10in* Wien 98
STANHOPE John Roddam Spencer 1829-1908 **[5]**
☞ *$100 600 FF521 000 £65 000* Flora Oil/panel 129x53cm/*50x20in* London 96
☞ *$1 075 074 FF6 279 702 £660 000* Love and the Maiden Tempera 138x202cm/*54x79in* London 97
STANILAND Charles Joseph 1838-1916 **[6]**
☞ *$14 480 FF74 200 £8 800* The Dutch envoys offering the crown of Poland to Henry III of France Oil/canvas 106,5x183cm/*41x72in* London 96
✐ *$907 FF5 364 £550* "Norfolk Nooks, a Trip on a Tandem by the Skipper and his Boy" Ink/paper 46,7x32,8cm/*18x12in* London 98
STANIMIROVITCH Douchan XX **[3]**
▥ *$772 FF4 000 £502* Portrait de Jean Genet Affiche 30x40cm/*11x15in* Paris 96
STANISLAS Barthélémy 1961 **[2]**
✐ *$6 469 FF38 423 £3 919* Lilie Pastel/board 49x31,5cm/*19x12in* Warszawa 97
STANISLAWSKI Jan 1860-1907 **[30]**
☞ *$3 808 FF22 197 £2 346* Landscape Oil/cardboard 23x33cm/*9x12in* Warszawa 97
✐ *$1 182 FF7 204 £724* Park Watercolour/paper 15x21cm/*5x8in* Warszawa 98
STANKARD Paul XX **[2]**
▱ *$7 500 FF39 150 £4 530* Desert Plant Sculpture H15,6cm/*H6in* New-York 96
STANKIEWICZ Richard 1922 **[11]**
▱ *$4 000 FF23 296 £2 443* The Kid Sculpture H27cm/*H10in* New-York 97
▱ *$30 000 FF155 400 £20 050* Untitled Sculpture 234x165x66cm/*92x64x25in* New-York 96
STANKOWSKI Anton 1906-1980 **[23]**
▥ *$184 FF1 106 £110* Geometrie Serigraph in colors 50x50cm/*19x19in* Stuttgart 98
▣ *$692 FF4 020 £409* Band Gelatin silver print 30x23,5cm/*11x9in* Köln 97
✐ *$191 FF1 127 £117* Ohne Titel Collage 27,5x11,5cm/*10x4in* Luzern 98
STANLEY Caleb Robert 1795-1868 **[13]**
☞ *$3 790 FF18 620 £2 400* Low tide with the White Cliffs beyond Oil/canvas 89x125cm/*35x49in* London 95
✐ *$669 FF3 944 £400* "Near Tunbridge Wells" Watercolour/paper 32x54,5cm/*12x21in* Glasgow 97
STANLEY John Mix 1814-1872 **[11]**
☞ *$28 000 FF146 200 £16 920* Jim Shaw, Delaware Oil/cardboard 16x16cm/*6x6in* New-York 96
☞ *$1 500 000 FF8 902 050 £918 750* Blackfeet Card Players Oil/canvas 70,5x106cm/*27x41in* New-York 98
STANLEY Robert XX **[3]**
☞ *$3 500 FF20 372 £2 157* Fighting Cowboys Spilling Onto Bed Oil/canvas 53x51cm/*21x20in* New-York 97
STANLEY-CREEK Braida 1910 **[5]**
☞ *$1 900 FF11 523 £1 150* The Garden Oil/board 61x51cm/*24x20in* London 98
☞ *$1 982 FF12 024 £1 200* Equator Oil/board 32,5x25cm/*12x9in* London 98
STANNARD Alexander Molyneux 1885-1975 **[38]**
✐ *$680 FF3 921 £400* Young Girls skipping before a thatched Cottage Watercolour 24x33,5cm/*9x13in* London 97
STANNARD Alfred 1806-1889 **[9]**
☞ *$581 FF3 453 £355* Segelschiffe vor der Küste Öl/Leinwand 50,5x68,5cm/*19x26in* Bern 97
☞ *$1 795 FF10 476 £1 100* A Figure by a Farm in a wooded Landscape Oil/canvas 26,5x31cm/*10x12in* London 97
STANNARD Alfred (Attrib.) 1806-1889 **[4]**
☞ *$2 713 FF16 236 £1 700* Fishermen mending their Nets on the Yar Oil/canvas 45x61cm/*17x24in* London 97
STANNARD Alfred George 1828-1885 **[5]**
☞ *$2 879 FF16 569 £1 700* Crossing the Bridge Oil/canvas 38x49cm/*14x19in* London 97

STANNARD Eloise Harriet 1828-1915 **[81]**
 $2 319 FF14 210 £1 400 Pears, a Basket and a Willow-Pattern Plate on a Ledge Oil/canvas
30,5x51cm/*12x20in* London 98
 $51 270 FF293 308 £32 000 By the Old Garden Wall Oil/canvas 76x63cm/*29x24in* London 97
STANNARD Emily, née Coppin 1803-1885 **[16]**
 $1 852 FF11 318 £1 150 Still Life Study of Grapes and other Fruit on a Marble Oil/canvas
25x33cm/*10x13in* Aylsham, Norfolk 97
 $8 812 FF50 412 £5 500 Plums on a Silver Dish, Grapes, Peaches, Raspberries, Redcurrants Oil/canvas
54,5x61,5cm/*21x24in* London 97
STANNARD Henry 1844-1920 **[34]**
 $466 FF2 360 £300 An avenue of trees Watercolour 35x22cm/*14x9in* Aylsham, Norfolk 96
STANNARD Henry J. Sylvester 1870-1951 **[283]**
 $1 951 FF11 131 £1 200 The shepherd boy Watercolour/paper 36x25cm/*14x9in* Billingshurst, West
Sussex 97
STANNARD Joan Molyneux 1903-1942 **[5]**
 $1 086 FF5 510 £700 Corn stooks/Road through a bluebell wood Watercolour 27x38cm/*10x14in* London 96
STANNARD Joseph 1797-1830 **[11]**
 $20 160 FF103 700 £13 000 A fisherman with his nets and dogs in a coastal landscape Oil/panel
28x37,5cm/*11x14in* London 96
STANNARD Lilian 1884-1944 **[52]**
 $2 114 FF12 059 £1 300 The garden path Watercolour/paper 49,5x34cm/*19x13in* Billingshurst, West
Sussex 97
STANNARD Theresa Sylvester 1898-1947 **[35]**
 $2 645 FF15 857 £1 600 Summer Garden with Path and Tiled roofed Cottage Watercolour 35x25cm/*14x10in*
Guilford, Surrey 97
STANNUS Anthony Carey XIX-XX **[7]**
 $3 980 FF19 420 £2 500 Mexican landscape Watercolour 17,5x48cm/*6x18in* London 95
STANTON George Clark 1832-1894 **[13]**
 $284 FF1 720 £169 The Vintage Watercolour 16x30,5cm/*6x12in* London 97
STANTON Gideon Townsend 1885-1964 **[4]**
 $4 000 FF23 866 £2 412 Gulf Coast Beach Scene Oil/canvas 65x53cm/*25x21in* New Orleans, Louisiana 97
STANTON John 1857-1962 **[3]**
 $1 900 FF11 439 £1 136 Lady on a Bridge Oil/canvas/board 29x23cm/*11x9in* San Francisco 98
STANWOOD Franklin 1856-1888 **[6]**
 $2 200 FF12 600 £1 301 N.Y Harbor Oil/board 18x26cm/*7x10in* Milford, Conn. 97
 $5 000 FF31 746 £3 122 Pink Clouds Over Casco Bay, Maine Oil/canvas 45x76cm/*18x30in* Portland,
Maine 97
STANZANI Emilio 1906-1977 **[13]**
 $182 FF1 076 £108 Trainsoldat mit Packpferd Bronze 30x32cm/*11x12in* Zofingen 97
STANZIONE Massimo c.1585-c.1656 **[11]**
 $40 000 FF220 872 £24 960 Saint-Mary Magdalen in Penitence Oil/canvas 203x151cm/*79x59in* New-
York 97
STANZIONE Massimo (Cercle) **[2]**
 $5 500 FF27 150 £3 556 The Madonna and Child Oil/canvas 71x54cm/*27x21in* New-York 96
STAP Jan Woutersz. 1599-1663 **[1]**
 $38 000 FF224 055 £23 301 A Scholar in his Study Oil/panel 80x62cm/*31x24in* New-York 98
STAP Jan Woutersz. (Attr) 1599-1663 **[1]**
 $13 756 FF81 395 £8 278 The Entombment Oil/canvas 109x143cm/*42x56in* Amsterdam 98
STAPLES Owen P. 1866-1949 **[16]**
 $122 FF734 £73 Artists Summer House and Garden Watercolour/paper 19,5x24,5cm/*7x9in* Toronto 98
STAPLES Robert Ponsonby 1853-1943 **[77]**
 $6 523 FF38 461 £4 000 Girl on a Beach, The Strand, Portstewart Oil/canvas 51x77cm/*20x30in* London 98
 $22 344 FF133 715 £14 000 Beach on the south Coast Oil/canvas 30,5x40,5cm/*12x15in* London 97
 $3 380 FF19 361 £2 000 Portrait of a Lady, possibly Miss Saunders Pastel/paper 57,5x47cm/*22x18in*
London 97
STAPPERS Julien 1875-1960 **[31]**

S

*$328 FF1 952 £206 Hiver à Boisfort Huile/toile 33x41cm/*12x16in* Bruxelles 97*
*$1 573 FF8 976 £962 La Rade de Villefranche Huile/toile 60x75cm/*23x29in* Bruxelles 97*

STARCK Gaspard Joseph Jules 1814-1888 [4]
*$7 220 FF36 000 £4 730 Fumeur de chibouk/L'écrivain public Huile/panneau 25,5x36cm/*10x14in* Paris 95*
*$53 100 FF275 000 £34 000 Turkish cafe scene Oil/canvas 44x54cm/*17x21in* London 96*

STARK Arthur James 1831-1902 [23]
*$798 FF4 775 £500 Resting Calf Oil/paper/panel 21,5x32cm/*8x12in* London 97*
*$6 500 FF38 598 £3 937 English Countryside Oil/board 76x61cm/*30x24in* Detroit, Michigan 97*

STÄRK Bruno 1894-1979 [5]
*$1 352 FF8 040 £837 Komposition mit 2 Pyramiden, Nr.21/70 Pastell/Papier 16,5x20,7cm/*6x8in*
Stuttgart 97*

STARK Elias 1849-1933 [3]
*$1 981 FF11 716 £1 189 A view of the Amstel, Amsterdam Oil/canvas 43,5x66cm/*17x25in* Amsterdam 97*

STARK James 1794-1859 [57]
*$3 313 FF20 300 £2 000 Anglers on a Tranquil River, a Wier Beyond Oil/panel 24x34,5cm/*9x13in*
London 98*
*$4 500 FF27 239 £2 659 Landscape near Norwich Oil/panel 41x55cm/*16x21in* New-York 98*

STARK James (Attrib.) 1794-1859 [9]
*$1 800 FF10 701 £1 101 On the Farm Oil/canvas 30,5x40,5cm/*12x15in* New-York 97*

STARK Karl 1921 [40]
*$1 075 FF6 250 £656 Kleine Landschaft mit Haus Mixed media 28,5x20cm/*11x7in* Wien 97*
*$5 480 FF26 940 £3 490 Landschaft im Abendlich Oil/panel 40x50cm/*15x19in* Wien 95*
*$1 819 FF10 577 £1 111 Blick auf die Wiener Innenstadt Aquarell/Papier 49x62,5cm/*19x24in* Wien 97*

STARKER Erwin 1872-1938 [77]
*$1 458 FF8 701 £879 Blick von einem Weinberg auf ein schwäbisches Städtchen Oil/panel 27x21cm/*10x8in*
Stuttgart 97*
*$2 360 FF13 504 £1 473 Frühling am Neckar Öl/Leinwand 99x84cm/*38x33in* Stuttgart 97*
*$1 246 FF6 220 £814 "Septemberabend" Pastel/canvas 76x102cm/*29x40in* Stuttgart 95*

STARN Mike & Doug 1961/1961 [56]
*$2 000 FF11 454 £1 183 Die Jungen Frauen Mixed media 54x40,5cm/*21x15in* New-York 97*
*$10 000 FF57 274 £5 916 Hands Detail Print 115,5x115,5cm/*45x45in* New-York 97*
*$3 800 FF22 485 £2 318 Sanjusangendo Assemblage 67,5x47x12cm/*26x18x4in* New-York 98*
*$2 000 FF11 834 £1 220 Untitled Gelatin silver print 38x28cm/*14x11in* New-York 98*
*$17 500 FF90 600 £11 700 Christ with bar Collage 105x170cm/*41x66in* New-York 96*

STARNINA Gherardo di Jacopo c.1365-1409/13 [1]
*$23 000 FF127 072 £14 294 Head of an Angel Tempera/panel 14,5x29cm/*5x11in* New-York 97*

STARR Georgina 1968 [1]
*$2 645 FF15 444 £1 600 Crying Photograph in colour 40x60cm/*15x23in* London 97*

STASEWSKI Henrik XX [1]
*$3 004 FF15 000 £1 962 Composition Assemblage 56,5x78cm/*22x30in* Versailles 95*

STASIAK Ludwik 1858-1924 [7]
*$1 735 FF10 332 £1 061 Studnia w Parku Przed dworem Oil/panel 48x60,5cm/*18x23in* Warszawa 98*

STASIO di Stefano 1948 [5]
*$1 680 FF9 520 £1 120 "Lieto ritorno" Olio/tela 45x35cm/*17x13in* Roma 97*
*$9 900 FF56 100 £6 600 Uomini con strumenti di martirio, 1984 Olio/tela 150x200cm/*59x78in* Prato 97*

STASSEN Franz 1869-? [6]
*$1 258 FF6 230 £800 Parsifal Lithograph 48x32cm/*18x12in* London 95*
*$216 FF1 276 £133 Nebelfrau Indian ink 26x11cm/*10x4in* Heidelberg 97*

STATTLER Stanislas 1836-1871(?) [1]
*$2 996 FF18 437 £1 833 Lesender Gelehrter in einer Eckbank vor einem gotischen Fenster Öl/Leinwand
54,5x45cm/*21x17in* Hildrizhausen 98*

STATTLER Wojcieh Korneli 1800-1875 [1]
*$3 349 FF18 409 £2 056 Bust portrait of a woman Oil/canvas 65x53cm/*25x20in* Warszawa 97*

STAUB Erich 1942 [9]
*$1 002 FF6 026 £600 Alpaufzug Gouache/Karton 26x42cm/*10x16in* Zürich 98*

STAUDACHER Hans 1923 [215]
*$1 588 FF9 520 £948 Moi de Lgomi Mischtechnik 69,5x49cm/*27x19in* Wien 98*

$14 300 FF74 700 £8 510 Seelenraum Oil/canvas 145,5x110cm/*57x43in* München 96
$519 FF3 095 £311 Ohne titel Color lithograph 37x26cm/*14x10in* Wien 98
$2 023 FF10 230 £1 328 Ohne Titel Mischtechnik/Papier 64,5x47,5cm/*25x18in* Wien 96

STAUDACHER Vitus 1850-1925 **[4]**
$2 614 FF13 440 £1 630 Bauern beim Einfahren von Heu Öl/Karton 25,5x35,5cm/*10x13in* Bern 96

STAUDT Klaus 1932 **[11]**
$3 900 FF20 400 £2 322 Gegenläufig Mixed media 100x100x6cm/*39x39x2in* Köln 96

STAUFFACHER Johannes 1850-1916 **[1]**
$19 800 FF103 300 £11 960 Alpaufzug Aquarelle 13x256cm/*5x100in* Zürich 96

STAUFFER Bodo 1942-1993 **[11]**
$140 FF828 £83 Dorfpartie in Balsthal Farblithographie 32x32cm/*12x12in* Zofingen 97
$1 419 FF8 426 £866 "Le Cernil" Watercolour 69x69cm/*27x27in* Bern 98

STAUFFER Fred 1892-1980 **[154]**
$1 563 FF9 075 £924 Heutristen bei Lauenen Öl/Papier 42x54,5cm/*16x21in* Bern 97
$34 FF202 £20 Im Saanenland Lithographie 21,5x29cm/*8x11in* Bern 97
$615 FF3 657 £376 Beatenbergbahn mit Niesen Aquarell/Papier 40,5x47cm/*15x18in* Bern 97

STAUFFER-BERN Karl 1857-1891 **[83]**
$223 FF1 100 £145 Bildnis Menzel mit Zylinder Etching 36,5x27cm/*14x10in* Hamburg 95

STAUNTON Madonna 1938 **[3]**
$2 204 FF11 298 £1 407 Intervals Mixed media/paper 53x28,5cm/*20x11in* Brisbane 96

STAVELEY William XVIII-XIX **[1]**
$6 000 FF36 720 £3 646 Portraits of Mr. & Mrs. Robins Oil/canvas 76x63cm/*30x25in* Milford, Conn. 98

STAVEREN van Jan Adriensz c.1625-1668 **[12]**
$7 000 FF36 200 £4 680 View of a fortified village by a moat with peasants Oil/panel 35x47,5cm/*13x18in* Amsterdam 96
$99 948 FF603 564 £60 000 An Astronomer in His Study Oil/panel 32x25cm/*12x9in* London 98

STAVROWSKY Oleg 1927 **[8]**
$11 000 FF53 790 £6 961 Bad guys in white dusters Oil/canvas 96x127cm/*38x50in* Santa Fe, New Mexico 95
$9 500 FF54 410 £5 620 The Only Choice Oil/canvas 90x54cm/*35x21in* Santa Fe, New Mexico 97

STAYNES Percy Angelo 1875-? **[1]**
$686 FF3 828 £420 "Canadian Pacific, Duchess Steamships" Poster 100x62cm/*39x24in* London 97

STAZEWSKI Henryk 1894-1988 **[25]**
$1 909 FF11 152 £1 172 Relief Nr. 41 Acrylic 60x60cm/*23x23in* Köln 97
$1 253 FF7 195 £764 Composition Mixed media/paper 13x20cm/*5x7in* Warszawa 97

STEAD Frederick 1863-1940 **[16]**
$2 055 FF12 500 £1 250 Haymaking, Yorkshire Dales Oil/canvas 49x59cm/*19x23in* Ilkley, West Yorkshire 98
$2 754 FF16 221 £1 700 Picking Bluebells Oil/canvas 33x39cm/*13x15in* Ilkley, West Yorkshire 97

STEADMAN Ralph 1936 **[8]**
$527 FF3 118 £320 Two men in armchairs in front of a fire Ink/paper 38,8x58,8cm/*15x23in* London 98

STEARNS Junius Brutus 1810-1885 **[5]**
$18 000 FF92 700 £11 921 Disbrow cottage in Mamaroneck Oil/panel 56x70cm/*22x27in* New-York 96

STECK Leo 1883-1960 **[11]**
$724 FF3 615 £473 Frauenakt am Bassinrand Öl/Leinwand 57x40cm/*22x15in* Zofingen 95

STECK Paul ?-1924 **[7]**
$2 469 FF15 000 £1 486 Femme à l'ombrelle dans un jardin en fleurs Huile/toile 48x27cm/*18x10in* Paris 98

STEEL George Hammond 1900-1960 **[14]**
$489 FF2 924 £300 Torridon, Wester Ross Oil/board 23,5x28,5cm/*9x11in* London 98

STEELE Christopher (Attrib) 1733-1767 **[4]**
$4 470 FF21 670 £2 800 Portrait of Master Maddox, half length Oil/canvas 75x62cm/*29x24in* London 95

STEELE Edwin 1850-? **[37]**
$445 FF2 764 £280 Geraniums and Lilies on a Ledge/Lilies and Roses on a Ledge Oil/paper/board 25,5x30,5cm/*10x12in* London 97
$588 FF3 515 £360 Still Life of Mixed Fruit on a Ledge Oil/canvas 50x39,5cm/*19x15in* Billingshurst, West

S

Sussex 98
STEELE Elvic 1920-1997 **[51]**
   $907 FF5 527 £550 Floral Fantasy Tempera 61x89cm/*24x35in* London 98
STEELE Theodore Clement 1847-1926 **[8]**
   $17 000 FF86 020 £11 184 Walking throught the Hoosier Forest Oil/canvas 49x62cm/*19x24in* Cincinnati, Ohio 96
STEELINK Willem II 1856-1926 **[25]**
   $879 FF4 550 £570 Green pastures Huile/panneau 23x34cm/*9x13in* Montréal 96
   $1 405 FF8 323 £840 Shepherd with Flock Watercolour 42,5x61cm/*16x24in* Toronto 97
STEELL Gourlay 1819-1894 **[15]**
   $4 960 FF25 184 £3 200 Master Bradford on his Shetland Pony Oil/canvas 91x71cm/*35x27in* Auchterarder, Perthshire 96
   $32 500 FF188 516 £20 000 The master's best friend Oil/canvas 135x160cm/*53x62in* New-York 97
   $3 253 FF19 900 £2 000 The Elder Collie Gouache/paper 51x46cm/*20x18in* London 98
STEEN Jan H. (Attrib.) 1623/26-1679 **[6]**
   $1 587 FF9 370 £940 Der Lautenspieler Oil/panel 31x24cm/*12x9in* Staufen 97
STEEN Jan Havicksz. 1623/26-1679 **[28]**
   $52 200 FF309 073 £31 000 A Doctor taking a Lady's Pulse in an Interior Oil/canvas 40x36cm/*15x14in* London 97
   $130 000 FF766 961 £79 612 Landscape with Peasants resting by an Inn Oil/canvas 48,5x66,5cm/*19x26in* New-York 98
   $305 400 FF1 522 000 £200 000 The itinerant Quack doctor Oil/canvas 108x139cm/*42x54in* London 95
STEENE William 1888-1965 **[2]**
   $3 000 FF17 103 £1 842 Girl Asleep at the Table Oil/canvas 49x59cm/*19x23in* Chicago, Illinois 97
STEENHOUWER P.C. ?-1972 **[6]**
   $782 FF4 542 £462 "Delft Street" Oil/canvas 50x40cm/*20x16in* Detroit, Michigan 97
STEENKS Gerard L. 1847-1926 **[5]**
   $3 750 FF18 700 £2 456 Porcelain, copper coffee holder and lemon Oil/canvas 31x38cm/*12x14in* San Francisco-Los Angeles 95
STEENWIJCK Pieter c.1615-c.1660 **[4]**
   $11 882 FF67 476 £7 436 Vanitas, Stilleben Öl/Leinwand 48,5x65,5cm/*19x25in* München 97
STEENWIJK van Harmen 1612-c.1660 **[10]**
   $40 000 FF197 400 £25 860 A Vanitas Still Life with a Skull on a Book Oil/panel 28x32cm/*11x12in* New-York 96
STEENWIJK van Hendrik ! c.1550-1603 **[5]**
   $11 670 FF71 490 £7 050 Der heilige Hieronymus im Gehäuse Oil/panel 31x44,5cm/*12x17in* Wien 98
STEENWIJK van Hendrik I (Attrib.) c.1550-1603 **[2]**
   $6 254 FF38 000 £3 765 Scène d'intérieur d'église Huile/toile 82x112cm/*32x44in* Paris 98
STEENWIJK van Hendrik II 1580-1649 **[17]**
   $26 000 FF153 392 £15 922 The Liberation of Saint Peter, in a trompe l'oeil surround Oil/copper 11x10cm/*4x3in* New-York 98
   $50 200 FF250 000 £32 850 Intérieur d'église Huile/cuivre 57,5x38cm/*22x14in* Paris 95
STEENWIJK van Hendrik II (Attrib) 1580-1649 **[2]**
   $30 000 FF184 161 £18 381 Saint Jerome in his study Oil/panel 30,5x45cm/*12x17in* New-York 98
STEEPLE John 1823-1887 **[17]**
   $385 FF2 175 £234 Mother and Child on a Moorland track with Sheep grazing Nearby Watercolour 49,5x74cm/*19x29in* West Midlands 97
STEER Henry Reynolds 1858-1928 **[15]**
   $30 209 FF174 418 £18 000 Christmas Eve, Highcross Market, Leicester, 16th century Oil/canvas 147,5x101,5cm/*58x39in* London 97
   $900 FF4 570 £580 An Indulgent Audience Watercolour 23x18cm/*9x7in* London 96
STEER Philip Wilson 1860-1942 **[128]**
   $898 FF5 364 £550 Landscape with Trees Oil/canvas 30x35,5cm/*11x13in* London 98
   $4 076 FF24 703 £2 500 Woodland Oil/canvas 35,5x45,5cm/*13x17in* London 98
   $637 FF3 817 £380 Hawes Watercolour/paper 26x37,5cm/*10x14in* London 98
STEFAN Ross 1934 **[24]**
   $600 FF3 562 £363 Morning Sun Oil/canvas 30x40cm/*12x16in* St. Ignatius, Montana 97
   $2 500 FF13 025 £1 572 Awaiting the Drummer Oil/canvas 71x91cm/*28x36in* Scottsdale, Arizona 96

STEFANI de Vincenzo 1859-1937 **[1]**
  $4 500 FF23 949 £2 653 Still life of white roses Oil/canvas 60,3x45,1cm/*23x17in* New-York 97
STEFANI Pierre 1938 **[72]**
  $1 043 FF6 000 £640 Plages animées Huile/panneau 22x27cm/*8x10in* Cherbourg 97
STEFANO de Armando 1926 **[6]**
  $6 325 FF37 987 £3 777 Portfolio Oil/canvas 107x107cm/*42x42in* San Francisco 98
STEFANO ROSELLI di Bernardo 1450-1526 **[1]**
  $45 000 FF248 481 £28 080 The Escape of Camilla Oil/panel 39x36cm/*15x14in* New-York 97
STEFANONI Tino 1937 **[26]**
  $1 386 FF7 077 £840 Souvenir per Cristoforo colombo Olio/tela 25x30cm/*9x11in* Vercelli 96
STEFANSSON Jón 1881-1962 **[14]**
  $7 100 FF43 975 £4 240 Tingvallasletten Oil/canvas 65x80cm/*25x31in* Köbenhavn 98
STEFFAN Arnold 1848-1882 **[2]**
  $5 970 FF35 677 £3 615 Motiv aus der Schweiz Öl/Leinwand 53x70cm/*20x27in* Wien 97
STEFFAN Johann Gottfried 1815-1905 **[67]**
  $1 474 FF8 842 £887 "Ammerland" Öl/Leinwand 21x30cm/*8x11in* Zürich 98
  $10 042 FF61 576 £6 019 Kühe an einer Furt Oil/panel 34x49,5cm/*13x19in* Zürich 98
  $16 760 FF100 482 £10 087 Seelandschaft Huile/toile/panneau 100x127cm/*39x50in* Zürich 98
STEFFANI Luigi 1827-1898 **[12]**
  $5 592 FF31 688 £2 796 Laguna veneta Olio/tela 40x26cm/*15x10in* Milano 98
  $9 000 FF51 000 £6 000 Figure in riva al mare Olio/tela 35x57,5cm/*13x22in* Milano 97
STEFFECK Carl Constantin 1818-1890 **[10]**
  $4 778 FF28 374 £2 894 Reiter auf einem Schimmel in einer Landschaft Öl/Leinwand 26x39cm/*10x15in* Zürich 97
STEFFEN Bernard Joseph 1907 **[3]**
  $525 FF3 178 £329 Haying Lithograph 21x32cm/*8x12in* Bethesda, Maryland 97
STEFFEN Eduard XIX-XX **[3]**
  $4 433 FF26 180 £2 678 Der Blick aus dem Fenster Öl/Leinwand 84,5x69cm/*33x27in* Wien 97
STEFFEN Walter Arnold 1924-1982 **[16]**
  $545 FF3 316 £331 Aus : "32 irländische Akte" Oil/panel 87,5x61cm/*34x24in* Rorschach 98
STEFFENS Hans Hermann 1911 **[8]**
  $384 FF2 300 £236 Composition Tempera/papier 20x14,5cm/*7x5in* Paris 98
STEFFENSEN Poul 1866-1923 **[51]**
  $1 456 FF8 803 £872 En vogterdreng med tre koer Oil/canvas 51x81cm/*20x31in* Viby J, Århus 98
STEFFERL Bartholomäus II 1890-1966 **[8]**
  $3 700 FF19 300 £2 200 "Olivenhain" Öl/Leinwand 50x61cm/*19x24in* Wien 96
STEFULA Gyorgy 1913 **[4]**
  $11 572 FF67 430 £7 074 Die Verwandlung des Aktäon in einen Hirschen Öl/Leinwand 98x131cm/*38x51in* München 97
STEGEMANN Heinrich 1888-1945 **[24]**
  $269 FF1 609 £165 Flusslandschaft Woodcut 34x46cm/*13x18in* Hamburg 98
STEGEMEYER Elfriede 1908-? **[2]**
  $3 200 FF16 500 £2 120 Tennisbälle im Raum Gelatin silver print 5x17cm/*2x7in* New-York 96
STEGER Milly 1881-1948 **[6]**
  $3 154 FF18 425 £1 866 Bogenschütze Bronze H69,4cm/*H27in* Köln 97
STEGMANN Franz 1831-1892 **[5]**
  $1 458 FF8 701 £879 Kircheninneres Oil/panel 33x24cm/*12x9in* München 97
  $5 040 FF24 600 £3 200 A town in winter Oil/canvas 47x63cm/*18x24in* London 95
STEHLIN Caroline 1879-1954 **[4]**
  $3 000 FF17 804 £1 860 Azaleas in a Pot Oil/canvas 58,5x71cm/*23x27in* New-York 97
STEIB Josef 1898-1957 **[25]**
  $682 FF4 194 £409 Im Hafen von Dordrecht Oil/canvas 60x70cm/*23x27in* Köln 98
STEICHEN Edward 1879-1973 **[124]**
  $3 000 FF17 667 £1 851 Portrait of Mary Steichen Platinum print 24x24cm/*9x9in* New-York 97
STEIDL Melchior 1657-1727 **[1]**
  $1 690 FF10 009 £1 004 Christus erscheint Maria vor dem geöffneten Grab Ink/paper 27,5x26cm/*10x10in*

München 97
STEIGER de Isabel XIX **[3]**
⌣ *$3 825 FF21 798 £2 400* The Dancing Queen Oil/panel 62x31,5cm/*24x12in* London 97
STEIGER Dominik 1940 **[11]**
✎ *$797 FF3 920 £508* "Warntafel für das Leben" Mischtechnik/Papier 29x20cm/*11x7in* Wien 95
STEIN Georges c.1870-? **[136]**
⌣ *$3 250 FF19 804 £1 990* Parisian Night Scene Oil/panel 18x23cm/*7x9in* New-York 98
⌣ *$6 500 FF39 609 £4 032* Champs de l'Elysée Oil/canvas 38x54,5cm/*14x21in* New-York 98
✎ *$2 866 FF17 500 £1 718* Elégante sur le quai aux fleurs Aquarelle, gouache/papier 31x24cm/*12x9in*
Paris 98
STEIN Peter 1922 **[34]**
▥ *$109 FF551 £71* Abstrakte Komposition Kupferstich 29,5x26cm/*11x10in* Bern 96
STEIN von J.A.W. 1886-1965 **[2]**
▥ *$839 FF4 803 £524* "Sumatra-Java Rotterdamsche Lloyd" Poster 72,5x45cm/*28x17in* Oostwoud 97
STEIN von Johann W. 1896-1965 **[1]**
▥ *$1 549 FF9 134 £950* "Rotterdam Lloyd, Royal Mail Line, Balderan" Poster 72x45cm/*28x17in* London 98
STEINACKER Alfred 1838-1914 **[36]**
⌣ *$1 202 FF6 280 £716* Parforcejagd Oil/panel 15,5x26cm/*6x10in* Wien 96
STEINBACH Anton Victor Alex. 1819-1891 **[1]**
⌣ *$1 477 FF9 051 £882* Wanderer im verschneiten Alpental Oil/canvas 34x46,5cm/*13x18in* Dresden 98
STEINBACH Haim 1944 **[21]**
⏚ *$8 000 FF40 750 £4 800* Supremely Black Sculpture 79x168x33cm/*31x66x12in* New-York 96
STEINBERG Saül 1914 **[158]**
⌣ *$21 000 FF122 022 £12 398* Postcards Acrylic/paper 76x101,5cm/*29x39in* New-York 97
▥ *$461 FF2 758 £280* Still Life with a Sketch Book Color lithograph 76x60cm/*29x23in* London 97
⏚ *$20 000 FF119 760 £12 288* "Nose #6" Construction 176,5x70,5x34,5cm/*69x27x13in* New-York 98
✎ *$500 FF2 420 £321* Woman looking up at a clock Ink/paper 34x26cm/*13x10in* New-York 95
STEINBRÜCK Edouard 1802-1882 **[2]**
⌣ *$4 750 FF24 600 £3 070* Gosse hjälpande flicka över bäck Oil/canvas 73x53cm/*28x20in* Stockholm 96
STEINER Anton XVIII-XIX **[1]**
⌣ *$24 000 FF142 432 £14 700* Blumen in einer Vase Oil/metal 62x47cm/*24x18in* New-York 97
STEINER Clément Léopold 1853-1899 **[11]**
⏚ *$5 750 FF30 000 £3 800* Cupid Marble H72cm/*H28in* London 96
STEINER Emmanuel 1778-1831 **[1]**
⌣ *$10 240 FF50 000 £6 480* Bouquets de fleurs sur un entablement Huile/toile 41x31cm/*16x12in* Paris 95
STEINER Ernst 1864-1934 **[5]**
⏚ *$4 235 FF24 738 £2 600* Two Alpines Scenes of a Courting Couple Relief 25x21cm/*9x8in* London 97
STEINER Heinz 1905-1974 **[3]**
✎ *$1 690 FF8 650 £1 085* Frau mit Gans Mischtechnik/Papier 63x45,5cm/*24x17in* Wien 96
STEINER Hermann 1878-? **[2]**
⏚ *$400 FF2 429 £245* Das Alter Sculpture bois 12x16cm/*4x6in* Zofingen 98
STEINER Josef Kamenitzky 1910-1981 **[21]**
⌣ *$1 156 FF5 850 £759* Kleines Blumensück Oil/panel 18x13cm/*7x5in* Wien 96
⌣ *$2 410 FF12 180 £1 580* Grosses Blumstilleben Oil/panel 59x50cm/*23x19in* Wien 96
STEINER Lilly 1884-1961 **[10]**
⌣ *$1 410 FF7 210 £904* "Marronniers" Öl/Leinwand 64x54cm/*25x21in* Wien 96
STEINER Ralph 1899-1986 **[53]**
▣ *$3 200 FF18 465 £1 961* Saratoga Coal Compagny Silver print 15x20cm/*6x8in* New-York 97
STEINER-PRAG Hugo 1880-1945 **[21]**
▥ *$504 FF3 012 £304* "Der Golem" Lithographie 19x12cm/*7x4in* Berlin 97
✎ *$185 FF1 104 £111* "Cintra" Aquarell/Papier 28x37cm/*11x14in* Berlin 97
STEINERT Otto 1915-1978 **[9]**
▣ *$1 269 FF7 370 £750* Norwegische Impressionen Gelatin silver print 39x30cm/*15x11in* Köln 97
STEINFELD Franz II 1787-1868 **[19]**
⌣ *$3 970 FF19 600 £2 580* Rocky river landscape Oil/canvas 28x23,5cm/*11x9in* Wien 95
⌣ *$13 710 FF68 600 £8 880* Aufziehendes Gewitter über einem Salzkammergutsee Öl/Leinwand
38,5x47cm/*15x18in* Wien 96
✎ *$742 FF4 316 £453* Wildbach Aquarell/Papier 16x22cm/*6x8in* Wien 97

STEINFELD Wilhelm 1816-1854 **[15]**

🖐 *$3 970 FF19 600 £2 580* Nussberg auf die Donau Öl/Leinwand 29x38cm/*11x14in* Wien 95
🖐 *$5 739 FF35 187 £3 439* Gebirgslandschaft mit Wildbach Oil/wood 82x73cm/*32x28in* München 98

STEINHAMMER Friedrich Christoph XVII **[2]**

🖐 *$6 620 FF34 560 £4 000* The Conversion of Saint Paul Oil/copper 30x37cm/*11x14in* London 96

STEINHARDT Jakob 1887-1968 **[153]**

🖐 *$1 261 FF7 370 £746* Strasse in Eilat Öl/Leinwand 37,5x27,7cm/*14x10in* Köln 97
🖐 *$1 500 FF8 282 £936* Landscape in Israel Oil/board 50x70cm/*19x27in* Tel Aviv 97
🖐 *$320 FF1 945 £197* The Meeting of Esau and Jacob Woodcut 41x30,5cm/*16x12in* Tel Aviv 98
✏ *$440 FF2 250 £285* Funeral Pencil 16x13,5cm/*6x5in* Tel Aviv 95

STEINHART Anton 1889-1964 **[10]**

🖐 *$5 090 FF26 550 £3 026* Landschaft Öl/Leinwand 50x65cm/*19x25in* Wien 96
✏ *$397 FF2 380 £237* Fischerhafen in Chioggia Red chalk/paper 30,5x38cm/*12x14in* Wien 98

STEINHÄUSER Carl Johan 1813-1879 **[2]**

🗿 *$13 170 FF67 500 £8 000* A young fisherboy wearing shorts and crouching on a tree-stump Marble H99cm/*H38in* London 96

STEINHEIL Adolphe 1850-1908 **[1]**

🖐 *$2 507 FF13 000 £1 655* Nature morte aux fleurs et écheveaux de laine Huile/panneau 33x24cm/*12x9in* Saint-Dié 96

STEINKE Bettina 1913 **[1]**

🖐 *$11 000 FF62 642 £6 783* Pueblo Patriarchs Oil/canvas 55x71cm/*22x28in* Dallas, Texas 97

STEINLE von Eduard Jakob 1810-1886 **[19]**

🖐 *$40 800 FF209 700 £25 400* Adam and Eve after the Fall Oil/canvas 130x107cm/*51x42in* Wien 96
✏ *$480 FF2 654 £300* On The Mount of Olives Watercolour 37x54cm/*14x21in* London 97

STEINLEN Théo. Christian Got. 1779-1847 **[6]**

🖐 *$17 620 FF89 100 £11 550* Innerschweizer Bergsee Öl/Leinwand 98x134cm/*38x52in* Zürich 96
✏ *$1 599 FF9 500 £969* Paysage boisé au château Aquarelle/papier 31x45cm/*12x17in* Bourges 97

STEINLEN Théophile-Alexandre 1859-1923 **[886]**

🖐 *$6 210 FF35 190 £3 105* Nudo di schiena sul divano Olio/cartone 27x41cm/*10x16in* Milano 98
🖐 *$11 100 FF56 000 £7 200* Baigneuse endormie Huile/toile 60x119cm/*23x46in* Lyon 96
🖐 *$805 FF4 000 £513* Fleurette Lithographie 25,5x21,5cm/*10x8in* Paris 95
🗿 *$2 592 FF15 431 £1 584* Sitzende Katze Bronze 11x7x5cm/*4x2x1in* Berlin 98
✏ *$1 106 FF5 500 £704* Tête de femme dans la nuit Fusain 59,5x47cm/*23x18in* Paris 95

STEINMETZ-NORIS Fritz 1860-1937 **[3]**

🖐 *$2 000 FF10 280 £1 247* Contemplating the Next Sentence Oil/panel 21x16cm/*8x6in* New-York 96

STEINTHAL Traute Tomine 1868-1906 **[1]**

🖐 *$4 400 FF22 250 £2 885* The Actress Oil/canvas 72x50cm/*28x19in* Chicago, Illinois 96

STEIR Pat 1938 **[30]**

🖐 *$22 000 FF127 611 £13 004* Chicago Curtain Waterfall Oil/canvas 213,5x152,5cm/*84x60in* New-York 97
🖐 *$2 200 FF11 400 £1 470* "Drawing Lesson Part I, Line", Sans Francisco, Crown Point Press Etching 40,6x40,6cm/*15x15in* New-York 96
✏ *$2 000 FF11 594 £1 179* Untitled #4 Coloured crayons 66x48cm/*25x18in* New-York 97

STEKENLENBURG Jan 1922-1977 **[5]**

🖐 *$3 908 FF23 218 £2 324* Race-auto Oil/canvas 65x120cm/*25x47in* Amsterdam 97

STELLA Frank 1936 **[528]**

🖐 *$50 000 FF288 020 £30 845* Newell's Hawaiian Shearwater Mixed media 52x71x13cm/*20x27x5in* New-York 97
🖐 *$95 000 FF492 000 £63 500* Untitled Oil/masonite 30,5x30,5cm/*12x12in* New-York 96
🖐 *$3 600 000 FF20 606 760 £2 126 520* Turkish Mambo Enamel/canvas 230,5x337cm/*90x132in* New-York 97
🖐 *$5 500 FF28 500 £3 680* River of Ponds Color lithograph 96,5x96,5cm/*37x37in* New-York 96
🗿 *$75 000 FF375 000 £48 500* Shards II Relief 101,5x114x15,2cm/*39x44x5in* New-York 96
✏ *$9 500 FF55 200 £5 608* Corona del Mar (Sketch) Gouache/paper 71x104cm/*27x40in* New-York 97

STELLA Jacques 1596-1657 **[19]**

🖐 *$4 500 FF23 300 £2 880* The Rest on the Flight into Egypt Oil/canvas 28,5x37,5cm/*11x14in* New-York 96
🖐 *$30 000 FF179 640 £18 360* Madonna and Child with Saints Francis and John the Baptist Oil/panel

38x42,5cm/*14x16in* New-York 97
✏ *$5 828 FF34 246 £3 500* The rape of the Sabines Wash 35x54cm/*13x21in* London 97
STELLA Jacques (Attrib.) 1596-1657 [15]
✏ *$2 332 FF13 487 £1 400* The Flight into Egypt Oil/panel 18,5x23cm/*7x9in* London 97
✏ *$12 320 FF64 160 £8 000* The Holy Family with the Infant Saint John the Baptist Oil/panel
47x47cm/*18x18in* London 96
✏ *$2 210 FF11 000 £1 446* Jésus au Temple Encre 24,7x17,7cm/*9x6in* Paris 95
STELLA Joseph 1879-1946 [98]
✏ *$3 000 FF18 115 £1 797* Still Life with Irises Oil/canvas 28x34cm/*11x13in* New-York 98
✏ *$32 500 FF189 835 £19 951* Tropical Plant; Croton Oil/canvas 71x53cm/*27x20in* New-York 97
✏ *$4 200 FF24 263 £2 588* Fantasy Flower Coloured pencils 40x30,5cm/*15x12in* New-York 97
STELLMACHER Edouard 1868-? [2]
✏ *$3 951 FF23 976 £2 400* A Shackled Slave Walking Free Terracotta H79,5cm/*H31in* London 98
STEMATSKY Avigdor 1908-1989 [114]
✏ *$11 000 FF56 800 £7 040* Composition Oil/canvas 100x81,5cm/*39x32in* Tel Aviv 96
✏ *$1 350 FF8 024 £824* 1949 Watercolour/paper 49x32,5cm/*19x12in* Tel Aviv 98
STEMBERGER Elisabeth 1906-? [3]
✏ *$964 FF5 725 £598* "Adam und Eva"/"Gestalten" Woodcut 25x29cm/*9x11in* Wien 97
STEN John 1879-1922 [42]
✏ *$3 670 FF18 300 £2 396* Frukskörd Oil/canvas 90x125cm/*35x49in* Stockholm 95
✏ *$23 152 FF134 505 £13 667* Three nude bathers Oil/canvas 129x162cm/*50x63in* Stockholm 97
✏ *$1 057 FF5 370 £632* Self-portrait Pencil/paper 34x25cm/*13x9in* Stockholm 96
STEN-KNUDSEN Nina 1957 [18]
✏ *$335 FF1 950 £204* Landskab Gouache 38x78cm/*14x30in* København 97
STENBERG Georgii Avgusto. 1900-1933 [11]
✏ *$3 587 FF21 153 £2 200* By the Destroyed Hearth Poster 112x76cm/*44x29in* London 98
STENBERG Vladimir Avgusto. 1899-1982 [13]
✏ *$3 000 FF15 540 £2 005* My Love Poster 87x60cm/*34x23in* New-York 96
STENGEL George J. 1872-1937 [1]
✏ *$3 200 FF16 700 £1 934* The Voice of Spring Oil/canvas 51,5x61cm/*20x24in* New-York 96
STENIUS Per 1922 [24]
✏ *$1 060 FF6 184 £653* Ljus komposition Oil/canvas 65x50cm/*25x19in* Helsinki 97
STENN Henri 1903-1993 [61]
✏ *$1 793 FF10 200 £1 105* Chemin enneigé Huile/panneau 16x24cm/*6x9in* Paris 97
✏ *$2 303 FF13 600 £1 364* Bord de canal animé à Moret-sur-Loing Huile/toile 46x55cm/*18x21in* Provins 97
STENNER Hermann 1891-1914 [7]
✏ *$19 322 FF114 131 £12 005* Ammersee Öl/Papier 58,5x79cm/*23x31in* Bielefeld 97
✏ *$446 FF2 681 £267* Selbstbildnis Ink 16,5x10,5cm/*6x4in* Stuttgart 98
STENVERT Curt 1920 [16]
✏ *$2 656 FF15 340 £1 638* Die Zaubergeige Assemblage 70x40cm/*27x15in* Wien 97
✏ *$650 FF3 400 £387* Helfen sie Bitte mit ! Collage 27x28cm/*10x11in* Köln 96
STEPANOV Vadim 1933 [1]
✏ *$6 900 FF41 193 £4 209* "Mascarade" Mixed media/panel 105x94cm/*41x37in* Tel Aviv 98
STEPHAN Joseph 1709-1786 [4]
✏ *$19 774 FF114 898 £11 673* Markttreiben vor einer Stadt Öl/Leinwand 38,3x50,5cm/*15x19in* Luzern 97
STEPHANOFF Francis Ph. (Attrib) 1790-1860 [2]
✏ *$2 000 FF12 106 £1 193* The Reconciliation Oil/canvas 35,5x29cm/*13x11in* New-York 97
STEPHANOFF Francis Phillip 1790-1860 [3]
✏ *$1 317 FF7 811 £780* Ophelia returning the Presents Watercolour 18x23cm/*7x9in* London 97
STEPHANOFF James 1788-1874 [11]
✏ *$12 696 FF72 674 £7 500* The Queen's Dressing Room, Osborne House Watercolour 20,5x29,5cm/*8x11in*
London 97
STEPHANOFF James (Attrib.) 1788-1874 [2]
✏ *$786 FF4 828 £480* Figures in a Sixteenth Century Interior Watercolour/paper 23x29cm/*9x11in* London 98
STEPHENS Christopher 1974 [3]
✏ *$1 167 FF7 009 £700* Indian Hornbill, Female Mixed media/paper 42x67cm/*16x26in* London 98
STEPHENS Frederick George 1828-1907 [1]
✏ *$1 740 FF8 500 £1 100* Portrait of a girl Watercolour 39,5x34cm/*15x13in* London 95

STEPHENSON Lionel MacDonald 1854-1907 **[14]**

 $816 FF4 920 £493 View of Fort Garry Oil/board 31x47cm/*12x18in* Toronto 98

STEPHENSON Philippa Anna Fred. XIX-XX **[8]**

 $2 300 FF13 310 £1 415 Hezekiah's Pool, Jerusalem Watercolour/paper 37x52,5cm/*14x20in* Tel Aviv 97

STEPHENSON Willie XIX-XX **[8]**

 $482 FF2 475 £300 Rowing boats moored on Sand Dunes Watercolour 55x39cm/*21x15in* London 96

STEPPE Romain 1859-1927 **[152]**

 $747 FF4 550 £459 "La fenaison au pays flamand" Huile/panneau 23x32cm/*9x12in* Antwerpen 98

 $5 400 FF27 800 £3 370 Bords de l'Escant Oil/canvas 93x134cm/*37x53in* Chicago, Illinois 96

 $5 420 FF32 500 £3 320 Bateaux de pêche sur l'Escaut Huile/toile 90x120cm/*35x47in* Antwerpen 97

STERER Richard 1874-1930 **[2]**

 $1 201 FF7 000 £734 Vista di giardino a Duino Olio/cartone 13x16,5cm/*5x6in* Paris-Trieste 97

STERIS Gerasimos 1895-1985 **[2]**

 $7 170 FF37 100 £4 790 The Poet's Dream Oil/canvas/board 61x47cm/*24x18in* Athens 96

STERKENBURG Peter XX **[4]**

 $3 970 FF23 992 £2 500 Racing Home Oil/canvas 58x82,5cm/*22x32in* Bristol, Avon 97

STERL Robert Hermann 1867-1932 **[35]**

 $6 150 FF31 800 £3 970 Mother and children in the garden Oil/canvas 55x78cm/*21x30in* Warszawa 96

 $166 FF1 007 £101 Feldarbeiter bei der Rast Lithograph 20,1x24,8cm/*7x9in* Berlin 98

 $701 FF3 446 £446 Schäferskizzen Pencil 24x32cm/*9x12in* Bielefeld 95

STERLING Marc 1895-1976 **[18]**

 $3 570 FF18 000 £2 316 Composition cubiste au bouquet Huile/toile 74x54cm/*29x21in* Soissons 96

STERN Bert 1930 **[59]**

 $335 FF2 000 £205 Elizabeth Taylor et Richard Burton pendant le tournage de "Cléopâtre" Tirage argentique 23,8x34,2cm/*9x13in* Saint-Germain-en-Laye 98

STERN Ignaz Stella 1680-1748 **[8]**

 $9 500 FF46 900 £6 140 The Madonna and Child Oil/copper 25,5x19cm/*10x7in* New-York 96

 $16 000 FF83 200 £10 580 Two Amors, on shooting his bow and arrow Oil/canvas 81x65cm/*31x25in* New-York 96

STERN Irma 1894-1966 **[68]**

 $2 699 FF15 696 £1 608 Moored Boats Mixed media/canvas 28x40cm/*11x15in* Johannesburg 97

 $15 955 FF95 546 £9 768 Malay Women and Children Oil/canvas 91x60cm/*35x23in* Cape Town 97

 $867 FF5 193 £533 The ballet dancer Monotype 25x22cm/*9x8in* Johannesburg 98

 $4 111 FF23 452 £2 500 Saint Gouache/board 41x32,5cm/*16x12in* London 97

STERN Ludovico, Ludwig 1709-1778 **[5]**

 $11 600 FF60 000 £7 520 Bouquet de fleurs dans un vase en pierre sculptée, coings et figues Huile/toile 73x62,5cm/*28x24in* Paris 96

STERN Max 1872-1940 **[20]**

 $2 616 FF13 540 £1 672 Flusslandschaft mit Angler Oil/canvas/panel 28x37,5cm/*11x14in* Düsseldorf 96

 $6 000 FF31 100 £3 840 River Landscape Oil/panel 70x57cm/*27x22in* Tel Aviv 96

STERNBERG Frank 1858-? **[1]**

 $507 FF3 072 £300 The Four Seasons Mezzotint 35x29cm/*14x11in* Whitby, Yorks 98

STERNBERG Harry 1904 **[19]**

 $600 FF3 456 £352 Seelworkers Screenprint in colors 55x28cm/*21x11in* New-York 97

STERNE Maurice 1878-1957 **[37]**

 $528 FF2 715 £330 Study of a Balinese gril Pencil/paper 45x28cm/*17x11in* Amsterdam 96

STERNER Albert Edward 1863-1946 **[35]**

 $3 500 FF18 270 £2 115 Nude with Fishbbowl Oil/canvas 86,5x73,5cm/*34x28in* New-York 96

STERNER Harold 1895-? **[5]**

 $4 000 FF19 700 £2 580 Icarus II Oil/masonite 55x67cm/*21x26in* New-York 95

STERRE DE JONG Jacobus Frederik 1866-1920 **[14]**

 $1 165 FF7 138 £694 By the cradle Oil/canvas 41x33cm/*16x12in* Amsterdam 98

 $4 000 FF20 570 £2 494 An Afternoon of Sewing Oil/canvas 49x38cm/*19x14in* New-York 96

STERREN van der John 1938 **[3]**

 $1 830 FF10 819 £1 132 Palmtrees in front of a white palace Oil/canvas 58x69cm/*22x27in* Singapore 97

STERRER Emma XIX **[1]**

$7 030 FF36 400 £4 500 The bear keeper in Turkey Oil/canvas 90x70cm/*35x27in* London 96
STERRER Karl 1885-1972 **[33]**
$1 436 FF8 571 £882 Himmel und Meer Öl/Karton 33x48,5cm/*12x19in* Wien 98
$123 FF718 £75 "Bilder vom Isonzo und aus Friaul" Poster 60x90cm/*23x35in* Wien 97
STETSON Charles Walter 1858-1911 **[15]**
$800 FF4 725 £497 A Ride in the Mountains Oil/canvas 20,5x12,5cm/*8x4in* Boston, Mass. 97
STETTEN von Karl 1857-? **[7]**
$21 680 FF134 576 £13 000 The Knitting Lesson Oil/canvas 79,5x92,5cm/*31x36in* London 98
STETTHEIMER Florine 1871-1944 **[5]**
$130 000 FF759 343 £79 807 Fourth of July, No. 2 Oil/canvas 71x46cm/*27x18in* New-York 97
STETTLER Adelheid Fanny M. 1870-1945 **[7]**
$6 752 FF39 191 £3 990 Jardin de Luxembourg Öl/Leinwand 65x81cm/*25x31in* Bern 97
STETTLER Martha 1870-1945 **[1]**
$6 680 FF40 486 £4 097 Kinder im Jardin de Luxembourg Öl/Leinwand 81x100cm/*31x39in* Zofingen 98
STETTNER Louis 1922 **[24]**
$400 FF2 421 £245 "Underneath the El, New York City" Silver print 15x22cm/*6x9in* New-York 98
STEUBEN von Carl Aug. (Attrib.) 1788-1856 **[2]**
$5 750 FF30 000 £3 470 Napoléon passant en revue les grenadiers de sa Garde Huile/toile
77x105cm/*30x41in* Paris 96
STEUERWALDT Willem 1815-1871 **[3]**
$4 576 FF28 159 £2 800 Klosterruine im Schnee Öl/Leinwand 45x52cm/*17x20in* Hildrizhausen 98
STEVEN Jean 1896-1962 **[29]**
$336 FF1 960 £207 L'église du village Huile/panneau 40x35cm/*15x13in* Antwerpen 97
STEVENS Agapit 1849-1917 **[26]**
$4 095 FF24 390 £2 505 Danseuse au tambourin et joueuse de mandoline Huile/toile 100x82cm/*39x32in*
Bruxelles 98
$2 767 FF16 682 £1 700 Reclining Nude Female holding a Fan Pastel/paper 68,5x109,5cm/*26x43in*
London 98
STEVENS Aimé 1879-? **[6]**
$5 100 FF28 900 £2 550 Signora in vestaglia Olio/tela 76,5x46,5cm/*30x18in* Milano 97
STEVENS Albert G. XIX-XX **[17]**
$4 095 FF23 809 £2 500 The young rabbit Oil/canvas 22,5x33cm/*8x12in* Newcastle-upon-Tyne 97
$1 570 FF9 415 £950 A Staithes cottage interior with a small girl watching a fish wife Watercolour/paper
32x23cm/*12x9in* Newcastle-upon-Tyne 97
STEVENS Alfred 1823-1906 **[189]**
$9 768 FF60 125 £5 994 Clair de Lune sur la Mer Huile/toile 81x65cm/*31x25in* Lokeren 98
$45 000 FF266 274 £27 081 Une promenade au clair de lune Oil/panel 31x21,5cm/*12x8in* New-York 98
$65 000 FF370 370 £39 812 Sur le balcon Oil/canvas 126x100cm/*49x39in* New-York 97
$1 205 FF6 800 £733 Elégante au manchon Encre Chine/papier 28x17cm/*11x6in* Paris 97
STEVENS Alfred Georges 1817-1873 **[8]**
$4 030 FF21 060 £2 400 A door knocker Bronze H27cm/*H10in* London 96
STEVENS Charles XIX-XX **[1]**
$12 060 FF61 300 £7 200 The Casino, Monte Carlo Oil/canvas 65x100cm/*25x39in* London 96
STEVENS Colleen Newport 1951 **[2]**
$606 FF3 160 £400 Toucan Watercolour/paper 41x51cm/*16x20in* London 96
STEVENS Dorothy Austin 1888-1966 **[13]**
$382 FF2 301 £229 British Forgings Etching 30x34,5cm/*11x13in* Toronto 98
STEVENS George c.1790-c.1865 **[6]**
$2 370 FF11 560 £1 500 Still life Oil/canvas 31x36cm/*12x14in* London 95
STEVENS Gustave Max 1871-1946 **[16]**
$7 007 FF42 966 £4 200 Reading at Tea-Time Oil/canvas 50x70,5cm/*19x27in* London 98
$1 415 FF8 180 £865 Elégante en 1913 Pastel/papier 80x50cm/*31x19in* Bruxelles 97
STEVENS John Calvin 1855-1940 **[7]**
$1 800 FF11 428 £1 124 "Path Through Delano Park" Oil/canvas 34x44cm/*13x17in* Portland, Maine 97
$2 600 FF16 507 £1 623 Winter Day, Delano Park Oil/canvas 35x45cm/*14x18in* Portland, Maine 97
STEVENS Joseph Edouard 1816-1892 **[10]**
$1 291 FF7 357 £810 Paysage boisé aux bergers Huile/panneau 22,5x17,5cm/*8x6in* Antwerpen 97

STEVENS Mary XIX-XX **[7]**

✏ *$3 100 FF15 960 £2 000* Palm trees and irises Watercolour 65x107cm/*25x42in* London 96

STEVENS Pieter II c.1567-1624 **[12]**

👋 *$36 400 FF190 000 £22 000* Rocky woodland landscape overlooking an extensive river valley Oil/panel 3x43cm/*1x16in* London 96

STEVENS Pieter II (Attrib.) c.1567-1624 **[9]**

👋 *$8 680 FF45 000 £5 640* La kermesse flamande Huile/panneau 35x50,5cm/*13x19in* Paris 96

👋 *$17 661 FF105 000 £10 804* Ecole de Prague, Paysage fantastique Huile/cuivre 20x30cm/*7x11in* L'Isle-Adam 97

STEVENS Will Henry 1881-1949 **[14]**

👋 *$9 000 FF51 311 £5 572* View of Lake Pontchartrain Through Oaks Oil/board 30x40cm/*12x16in* New Orleans, Louisiana 97

👋 *$11 000 FF65 710 £6 735* Abstraction: Mountains and Planes Oil/masonite 71x86,5cm/*27x34in* New-York 98

✏ *$3 200 FF18 465 £1 961* French Quarter Facade Pastel/paper 28x18cm/*11x7in* New Orleans, Louisiana 97

STEVENS William Dodge 1870-? **[3]**

🖼 *$1 800 FF9 944 £1 118* "Teamwork Builds Ships" Poster 91x126cm/*36x49in* New-York 97

STEVENS William Lester 1888-1969 **[102]**

👋 *$1 500 FF8 928 £931* Apple Blossom Time Oil/canvas 20x24cm/*7x9in* North Berwick, Maine 97

👋 *$2 100 FF12 013 £1 310* Our apple tree on cricket hill Oil/masonite 76x91,5cm/*29x36in* Boston, Mass. 97

✏ *$517 FF3 082 £320* Unloading the Day's Catch Watercolour/paper 40x53cm/*16x21in* New-York 97

STEVENSON James ?-1844 **[1]**

✏ *$2 172 FF13 300 £1 300* The River North Esk at Habbies Howe, near New Hall. The Pentland Watercolour/paper 40,5x55,5cm/*15x21in* London 98

STEVENSON William Lewy Leroy 1905-1966 **[22]**

👋 *$661 FF3 410 £438* Still life with sweet potato Oil/masonite 40x50cm/*15x19in* Calgary, Alberta 96

STEVER Jorge B. 1940 **[21]**

👋 *$517 FF3 081 £307* Stempel III Mischtechnik/Karton 89x70cm/*35x27in* München 97

STEWARDSON Thomas 1781-1859 **[3]**

👋 *$45 000 FF233 000 £28 800* Portrait of Lieutenant-Colonel Sir William Robert Clayton Bt. standing Oil/canvas 127,5x102,5cm/*50x40in* New-York 96

STEWART Charles Edward XIX-XX **[8]**

👋 *$3 250 FF18 017 £2 005* An Afternoon Hunt Oil/canvas 38x53cm/*15x21in* New-York 97

STEWART Frank Algernon 1877-1945 **[16]**

✏ *$1 513 FF8 832 £900* Bolted Him from a Drain below paper Hill Cover, Cattistock Watercolour 20,5x31cm/*8x12in* London 97

STEWART James Lawson XIX-XX **[40]**

✏ *$357 FF2 189 £220* Old House at Rochester Watercolour/paper 35x25cm/*13x9in* London 98

STEWART Janet Agnes Cumbrae 1883-1960 **[8]**

👋 *$7 143 FF42 802 £4 261* Sandy Bay, Tasmania Oil/canvas 37x58cm/*14x22in* Melbourne 98

✏ *$3 003 FF18 136 £1 800* Young Leander Pastel/paper 71x51cm/*27x20in* London 98

STEWART John 1919 **[13]**

📷 *$1 800 FF8 930 £1 140* Thyme, Tuscany Photograph 44x44cm/*17x17in* New-York 95

STEWART John XIX-XX **[4]**

👋 *$1 665 FF8 680 £1 100* H.M.Y "Victoria and Albert" coaling at the tail of the bank Oil/board 30x46cm/*11x18in* London 96

✏ *$524 FF2 710 £350* The "Enzo Grimaldo" and the "Neleus" Watercolour 52x78cm/*20x30in* London 96

STEWART John 1941 **[5]**

✏ *$4 065 FF23 391 £2 400* The Maiden Arrival of the "Normandie" in Manhattan Bodycolour 72x113cm/*28x44in* London 97

STEWART Julius L. (Attrib.) 1855-1919 **[1]**

👋 *$6 247 FF38 000 £3 800* The Jewellery Box Oil/canvas 81x65cm/*31x25in* London 98

STEWART Julius LeBlanc 1855-1919 **[27]**

👋 *$15 948 FF90 000 £9 711* Portrait de la vicomtesse de Gouÿ d'Arcy Huile/toile 55,5x37cm/*21x14in* Paris 97

👋 *$21 000 FF126 810 £12 606* Femme mi-nue Oil/panel 31x14,5cm/*12x5in* New-York 98

STEWART Kerry 1965 **[1]**
 〰 *S2 149 FF12 548* £1 300 Untitled Screenprint 82x87cm/*32x34in* London 97
STEWART Ron 1941 **[3]**
 ✐ *S504 FF2 944* £300 Crow Scout Watercolour/paper 37x26,5cm/*14x10in* Calgary, Alberta 97
STEYN Stella 1907 **[18]**
 ☞ *S1 144 FF6 717* £700 Still life with Flowers and Apples Oil/canvas 61x91,5cm/*24x36in* London 97
 ☞ *S1 957 FF11 538* £1 200 Self-Portrait Standing with Palette Oil/canvas 51x30cm/*20x11in* London 98
STICKS George Blackie 1843-1938 **[44]**
 ☞ *S917 FF4 937* £549 Mountainous Landscape, Glencoe Oil/canvas 34x44cm/*13x17in* Billingshurst, West Sussex 97
 ☞ *S1 604 FF7 990* £1 050 Northumberland coastal scene Oil/canvas 66x86cm/*26x34in* Aylsham, Norfolk 96
 ✐ *S972 FF5 952* £580 "Foyers" a Highland Croft Watercolour/paper 45x35cm/*17x13in* Newcastle-upon-Tyne 98
STICKS Harry James 1867-1938 **[34]**
 ✐ *S356 FF1 833* £230 The river Allen at Catton Watercolour/paper 17,5x28,5cm/*6x11in* Newcastle-upon-Tyne 96
STIEFEL Edward 1875-1968 **[15]**
 ☞ *S1 007 FF5 090* £660 Badende Öl/Leinwand 81x62cm/*31x24in* Zürich 96
 〰 *S139 FF690* £88 Sitzender Frauenakt Lithographie 21,5x16,3cm/*8x6in* Lindau 95
STIEGEL Eduard Elias 1818-1879 **[8]**
 ✐ *S1 392 FF6 870* £908 Schloss Wilhelmshöhe mit Herkules Aquarell 28x25cm/*11x9in* Hamburg 95
STIEGLITZ Alfred 1864-1946 **[106]**
 📷 *S850 FF5 276* £509 Nearing Land Photogravure 19x16cm/*7x6in* Mystic, Connecticut 98
STIELER Josef Karl 1781-1858 **[9]**
 ☞ *S1 746 FF10 416* £1 084 König Otto bon Griechenland Oil/panel 29,5x23cm/*11x9in* Dresden 97
STIELER Robert Friedrich 1847-1908 **[8]**
 ✐ *S774 FF3 830* £492 Schwäbisches Städtchen Aquarell 36,5x26,5cm/*14x10in* Heidelberg 95
STIENON DU PRE Caroline 1883-1979 **[7]**
 ☞ *S488 FF3 000* £292 Entrée du Château des Beaumettes Huile/carton 24x16cm/*9x6in* Paris 98
STIEPEVICH Vincent G. 1841-1910 **[21]**
 ☞ *S7 463 FF45 398* £4 576 Interior of a Harem Oil/canvas 69x38,5cm/*27x15in* Toronto 98
STIERHOF Ernst 1918 **[15]**
 ☞ *S1 402 FF7 090* £920 Portrait of Topers Oil/canvas 24x19cm/*9x7in* London 96
 ☞ *S1 912 FF11 745* £1 146 Zwei Bauern am Stamtisch Öl/Leinwand 61x50cm/*24x19in* Stuttgart 98
STIFTER Adalbert 1806-1868 **[1]**
 ☞ *S2 188 FF13 409* £1 306 Junge Familie in einem romanischen Stiegenhaus Oil/canvas 43x34,5cm/*16x13in* Dresden 98
STIFTER Moritz 1857-1905 **[24]**
 ☞ *S2 002 FF11 892* £1 190 Haremsdame Oil/panel 47,2x26,2cm/*18x10in* Wien 97
STILIANUDI Alexander Michajlow. 1868-1948 **[2]**
 ☞ *S2 345 FF12 140* £1 500 Daisies, cowslips and other wild flowers Oil/canvas 33x22cm/*12x8in* London 96
STILL Clyfford 1904-1980 **[10]**
 ☞ *S75 000 FF382 000* £45 000 Untitled Oil/canvas 90x88cm/*35x34in* New-York 96
 ☞ *S600 000 FF3 110 000* £401 000 Untitled Oil/canvas 128x117cm/*50x46in* New-York 96
STILLER Vic **[4]**
 ☞ *S773 FF4 000* £499 Fruits, pichet et coupes Huile/panneau 42x55cm/*16x21in* Lyon 96
STILLFRIED von Baron 1839-1911 **[7]**
 📷 *S2 293 FF13 618* £1 400 Japanese landscapes and portrait studies Albumen print 19x23cm/*7x9in* London 98
STILLMAN Marie, née Spartali 1844-1927 **[7]**
 ✐ *S444 FF2 710* £280 A Still Life with Spring Flowers Watercolour 43x34cm/*16x13in* Billingshurst, West Sussex 97
STIMM Thomas 1948 **[15]**
 ⚒ *S993 FF4 900* £646 "Kleine Blume I" Terracotta H41cm/*H16in* Wien 95
STINGEL Rudolf 1956 **[6]**
 ☞ *S10 000 FF58 005* £5 911 Untitled Oil/canvas 250x180cm/*98x70in* New-York 97
 ⚒ *S11 000 FF63 916* £6 494 Untitled (Radiator) Construction 42x150x21,5cm/*16x59x8in* New-York 97
STINTON James 1870-1961 **[23]**

    $635 FF3 808 £379 Blick auf einen verschneiten Beserlpark Öl/Karton 50x37cm/*19x14in* Wien 98
STORCH Arthur 1870-? **[2]**
    $2 386 FF14 098 £1 483 Adler mit Schlange Ceramic H65cm/*H25in* Stuttgart 97
STORCH Frederik Ludwig 1805-1883 **[27]**
    $764 FF3 990 £455 A man dreaming in a forest landscape Oil/canvas 64x53cm/*25x20in* København 96
    $1 986 FF11 494 £1 231 Fire maend under et skyggefuldt trae ved kysten Oil/canvas 27x35cm/*10x13in* København 97
STORCK Abraham (Attrib.) c.1635-1710 **[9]**
    $27 740 FF160 075 £17 000 A panoramic view of Amsterdam Oil/canvas 16,5x94cm/*6x37in* London 97
STORCK Abraham Jansz. c.1635-1710 **[63]**
    $400 FF2 383 £248 A Pilgrim Ship Leaving Venice Oil/canvas 76x91cm/*30x36in* New Orleans, Louisiana 97
    $34 000 FF207 189 £20 712 Mediterranean Harbor with Passengers being ferried Oil/canvas/panel 79,5x8cm/*31x3in* New-York 98
    $7 400 FF37 700 £4 440 A Mediterranean harbour with workmen Ink 18,5x14,3cm/*7x5in* Amsterdam 96
STORCK Jacobus 1641-1687 **[31]**
    $32 100 FF160 000 £21 020 Marine hollandaise Huile/toile 57x81,5cm/*22x32in* Paris 95
STORCK Jacobus (Attrib.) 1641-1687 **[2]**
    $11 000 FF64 214 £6 652 Shipping in a Dutch Harbor Oil/canvas 64x83cm/*25x33in* Chicago, Illinois 97
STORELLI Felice, Félix 1778-1854 **[8]**
    $19 000 FF112 960 £11 770 View of the Mississippi with Indians in Boats and along the Shore Oil/canvas 54x74cm/*21x29in* New-York 97
    $2 640 FF13 808 £1 600 A Château seen from the Front, with a Canal in the Foreground Watercolour 23,5x32cm/*9x12in* London 96
STOREY Terence Lionel 1923 **[1]**
    $8 201 FF47 081 £5 000 "Georgstage" Oil/canvas 61x91,5cm/*24x36in* London 97
STORM Alfreda Anna 1896-? **[1]**
    $2 100 FF10 460 £1 376 Side keelers Oil/canvas 24x36cm/*9x14in* Philadelphia 95
STORM Juan 1927 **[20]**
    $3 300 FF17 061 £2 143 "Ismael" Oleo/lienzo 100x80cm/*39x31in* Montevideo 96
STORM Per Palle 1910-1994 **[3]**
    $4 389 FF25 472 £2 591 Kneeling nude Bronze H42cm/*H16in* Oslo 97
STORM PETERSEN Robert 1882-1949 **[182]**
    $391 FF2 294 £241 Lommetörklaedefabrikanten/"Hans Hustru skal jo vaere en meget Dame" Oil/canvas 32x22cm/*12x8in* København 97
    $430 FF2 636 £261 Psykoteknik Indian ink/paper 38x27cm/*14x10in* København 98
STORM VAN S'GRAVENSANDE Charles 1841-1924 **[11]**
    $3 143 FF18 912 £1 881 The Artist's Watercolour Unstensils Oil/canvas/board 38x55cm/*14x21in* Amsterdam 98
STORMONT Howard Gull XIX-XX **[10]**
    $535 FF3 218 £320 Misty Morning, Bruges Watercolour/paper 48x68cm/*18x26in* St. Helier, Jersey 98
STORRIER Timothy Austin, Tim 1949 **[52]**
    $3 900 FF22 727 £2 402 Rules and Palettes Mixed media/panel 56x81cm/*22x31in* Melbourne 97
    $5 157 FF30 108 £3 068 "Still Life (political)" Mixed media 273x111,5cm/*107x43in* Melbourne 97
    $617 FF3 724 £379 Blaze Line Color lithograph 56x77cm/*22x30in* Sydney 98
STORRS John Henry Bradley 1885-1956 **[7]**
    $4 249 FF24 822 £2 514 Young Man/Young Woman Marble H25cm/*H9in* Boston, Mass. 97
    $120 000 FF626 000 £72 500 "Cock of the Morning", Sculpture H90,2cm/*H35in* New-York 96
STORSTEIN Aage 1900-1983 **[17]**
    $1 753 FF10 663 £1 074 Kvellsol over Runsholmen Justöy Oil/panel 38x46cm/*14x18in* Oslo 98
STORTENBEKER Cornelis 1838-1935 **[1]**
    $1 315 FF8 000 £800 Cows in a Water Meadow Watercolour, gouache/paper 38x63cm/*14x24in* London 98
STORY Waldo 1855-1915 **[2]**
    $187 323 FF1 094 190 £115 000 The Fallen Angel Marble 76x188cm/*29x74in* London 97
STORY William Wetmore 1819-1895 **[3]**
    $120 000 FF727 716 £73 212 Jerusalem in her Desolation (Jerusalem in Sorrow) Marble H167,5cm/*H65in* New-York 98

STOSKOPF Gustave Jacques 1869-1944 **[4]**
  $15 820 FF82 000 £10 270 Paysan dans un intérieur Huile/panneau 79x59cm/*31x23in* Entzheim 96
STOSKOPF Sebastian 1597-1657 **[8]**
  $55 000 FF303 699 £34 320 A Vanitas Still Life a roemer, a guttering Candle, Pies on a pewter Oil/canvas
42,5x58cm/*16x22in* New-York 97
STÖSSEL Oscar 1879-1964 **[1]**
  $1 515 FF9 051 £928 Porträt einer jungen Dame Watercolour 65,5x46,5cm/*25x18in* München 98
STOTHARD Thomas 1755-1834 **[31]**
  $2 650 FF16 240 £1 600 Rescued from the Tower Oil/board 25x19,5cm/*9x7in* London 98
  $3 900 FF20 100 £2 500 The Procession of the Flitch of Bacon at Dunmow, Essex Olio/tela/cartone
30,5x77cm/*12x30in* London 96
  $595 FF3 567 £360 The Lost Apple Lithograph 32x23cm/*12x9in* London 97
  $2 650 FF13 660 £1 700 Street scene, Southall Watercolour 13x9cm/*5x3in* London 96
STOTHARD Thomas (Attrib.) 1755-1834 **[4]**
  $825 FF5 031 £495 Gentleman Serenading Ladies in Front of a Garden Statue Oil/panel 24x32cm/*9x12in*
Washington 98
STOTT Edward William 1859-1918 **[35]**
  $2 451 FF14 677 £1 500 Ploughing in Early Spring Oil/canvas 30x38,5cm/*11x15in* Billingshurst, West
Sussex 97
  $8 190 FF42 800 £4 880 På väg hem Oil/canvas 71x92cm/*27x36in* Stockholm 96
  $35 000 FF181 700 £23 150 In the fields Oil/canvas 165x104cm/*64x40in* New-York 96
  $1 707 FF8 280 £1 100 The Fold Pastel 13x19cm/*5x7in* London 95
STOTZ Otto 1805-1873 **[8]**
  $1 944 FF10 130 £1 221 Rassige Araber auf besonnter Wiese Öl/Leinwand 26x21cm/*10x8in* Lindau 96
  $3 568 FF21 397 £2 160 Pferde und Zureiter in der Puszta Öl/Leinwand 93x128cm/*36x50in* Wien 97
STOUFFS Louise XIX-XX **[1]**
  $1 967 FF11 505 £1 200 The Stray Cat Pastel 18x20cm/*7x7in* London 97
STOUMEN Lou 1917-1991 **[13]**
  $1 300 FF7 660 £802 Times Square in the Rain Silver print 46x34cm/*18x13in* New-York 97
STOUT Myron 1908-1987 **[9]**
  $24 000 FF122 200 £14 400 Untitled Oil/canvas 91,5x76,5cm/*36x30in* New-York 96
  $30 000 FF178 785 £18 396 Untitled Charcoal/paper 63,5x48cm/*25x18in* New-York 98
STOVER Allan James 1887-? **[3]**
  $3 600 FF20 893 £2 126 Footbridge over the Ouchita River, Louisiana Oil/canvas 71x111cm/*28x44in* New
Orleans, Louisiana 97
STÖWER Willy 1864-1931 **[17]**
  $1 170 FF6 835 £718 Auslafende Torpedoboote zu einer Nachtübung Gouache/papier 44x62cm/*17x24in*
Zofingen 97
STOY Werner 1911 **[3]**
  $1 800 FF10 386 £1 103 "Six Fifteen" Photograph 26,5x34cm/*10x13in* New-York 97
STRAATEN van Bruno II 1812-1887 **[4]**
  $2 156 FF13 206 £1 284 A winter landscape with figures by a horse-drawn cart Oil/panel 18,5x23cm/*7x9in*
Amsterdam 98
STRACHAN Arthur Claude 1865-1929 **[79]**
  $448 FF2 164 £280 A boy lauching his toy yacht in a pond Watercolour 19,5x15,5cm/*7x6in* Bristol, Avon 95
STRACHAN David Edgar 1919-1970 **[15]**
  $3 418 FF20 933 £2 042 Head of a Girl Oil/board 42x42cm/*16x16in* Sydney 97
  $1 790 FF10 965 £1 069 The Family Charcoal/paper 30x24cm/*11x9in* Sydney 97
STRADONE Giovanni 1911-1981 **[47]**
  $1 677 FF9 506 £838 Naufraghi Olio/tavola 22,5x33,5cm/*8x13in* Roma 98
  $3 240 FF18 360 £2 160 Preghiera Olio/tela 50x70cm/*19x27in* Milano 97
STRAET van der Jan Stradanus 1523-1605 **[16]**
  $4 566 FF26 490 £2 800 A king riding at the head of a procession,... Ink 25x34cm/*9x13in* London 97
STRAETEN van der Georges 1856-1928 **[56]**
  $821 FF5 034 £489 Jeune femme au chapeau Bronze H41cm/*H16in* Antwerpen 98
STRAETEN van der Jan Baptist c.1670-1729 **[3]**
  $5 000 FF30 321 £3 050 Architectural Capricci with Palace Facades and Garden Vistas Oil/canvas
33x46cm/*12x18in* New-York 98

STRAHAN Geoffrey ?-1916 **[5]**

  ✎ *$305 FF1 538 £200* Figures by the Thames Watercolour 55x77cm/*21x30in* London 96

STRAHN Peter Josef, Jo 1904-? **[19]**

  ☺ *$676 FF4 022 £414* Bauern mit zweispännigen Pferdewagen bei der Getreideernte... Öl/Karton 25x30cm/*9x11in* Köln 97

  ☺ *$1 271 FF7 422 £768* Markttag in Pollagia Öl/Leinwand 70x80cm/*27x31in* Köln 97

STRAIN Daniel 1847-1925 **[1]**

  ☺ *$3 000 FF18 315 £1 793* Searching for the well Oil/canvas 118x68cm/*46x26in* New-York 98

STRAIN John Paul 1955 **[11]**

  ✎ *$4 950 FF29 640 £3 041* Sunset after a Snowfall Gouache/paper 76x50cm/*30x20in* Dallas, Texas 98

STRAKA Josef 1864-1946 **[7]**

  ☺ *$1 206 FF7 156 £748* Interieur einer Bauernstube mit Blick ins Freie Oil/panel 20,5x28cm/*8x11in* Wien 97

  ☺ *$3 142 FF18 270 £1 919* "Abend" Öl/Leinwand 55x81cm/*21x31in* Wien 97

STRAND Paul 1890-1976 **[60]**

  📷 *$11 000 FF67 859 £6 603* Afe Negble, Asenela, Ghana Photograph 25x19,5cm/*9x7in* New-York 98

STRANG William 1859-1921 **[69]**

  ☺ *$3 818 FF22 608 £2 260* The Dancers Oil/canvas 66x76cm/*25x29in* London 97

  ▥ *$167 FF1 020 £100* Piggy-Back Etching 18x23cm/*7x9in* London 97

  ✎ *$2 530 FF12 550 £1 600* Nude study Black chalk 37x25cm/*14x9in* London 95

STRANKMüLLER Franz Karl **[6]**

  ⬳ *$915 FF4 794 £550* Rattenfänger von Hameln Sculpture H16,5cm/*H6in* Wien 96

STRANOVIUS Tobias S. (Attrib.) 1684-c.1735 **[4]**

  ☺ *$15 348 FF91 668 £9 396* Stilleben med frukt och apa Oil/canvas 92x137cm/*36x53in* Stockholm 98

STRANOVIUS Tobias S. (Studio) 1684-c.1735 **[2]**

  ☺ *$20 000 FF104 000 £13 230* Still life of a basket of flowers on a stone ledge Oil/canvas 88x132cm/*34x51in* New-York 96

STRANOVIUS Tobias Stranover 1684-c.1735 **[23]**

  ☺ *$11 250 FF58 000 £7 250* Früchtestilleben Öl/Leinwand 70x59cm/*27x23in* Zürich 96

  ☺ *$48 000 FF273 504 £29 400* Melons, Apples, Pears, Grapes and Plums in a Basket Oil/canvas 106x173cm/*41x68in* New-York 97

STRANSKY Ferdinand 1904-1982 **[54]**

  ☺ *$5 628 FF33 397 £3 493* Allee Öl/Leinwand 53,5x71cm/*21x27in* Wien 97

  ✎ *$747 FF4 314 £460* Prateallee Aquarell/Papier 28x40,5cm/*11x15in* Wien 97

STRANTZ Carl Friedrich W. XVIII-XIX **[1]**

  ☺ *$1 586 FF9 386 £954* Portrait eines Herren im blauen Uniformrock mit roter Blende Öl/Leinwand 28x24cm/*11x9in* Lindau 98

STRASSER Arthur 1854-1927 **[13]**

  ⬳ *$2 032 FF12 165 £1 230* Buste d'Arabe Terre cuite H42cm/*H16in* Bruxelles 97

STRASSER Roland 1895-1974 **[100]**

  ☺ *$11 600 FF56 700 £7 340* A Japanese girl Oil/canvas 100x52,5cm/*39x20in* Amsterdam 95

  ⬳ *$5 230 FF25 970 £3 310* Balinese beauty Terracotta H28cm/*H11in* Singapore 95

  ✎ *$892 FF5 175 £547* A balinese beauty Charcoal 35x21cm/*13x8in* Amsterdam 97

STRATEN van Henri 1892-1944 **[35]**

  ☺ *$986 FF5 562 £618* Jeune femme Huile/toile 100x70cm/*39x27in* Antwerpen 97

  ✎ *$336 FF1 673 £220* Prostituée Pierre noire 22x15cm/*8x5in* Lokeren 95

STRATHMANN Carl 1866-1939 **[7]**

  ☺ *$4 165 FF24 274 £2 546* Schottische Vase Öl/Karton 48,5x32cm/*19x12in* München 97

  ✎ *$3 328 FF20 121 £1 993* Dantes Tod Mischtechnik/Papier 58,5x94,5cm/*23x37in* München 98

STRATMANN Robert 1877-1950 **[6]**

  ☺ *$3 387 FF20 805 £2 031* Sommertag in der Campagna Oil/canvas 37x49cm/*14x19in* Köln 98

STRAUB Georg 1805-1877 **[1]**

  ▥ *$1 743 FF8 960 £1 087* "Berne" Aquatinte 45x46,5cm/*17x18in* Bern 96

STRAUCH Ludwig Karl 1875-1959 **[12]**

  ☺ *$1 588 FF9 520 £948* Bisamberg Öl/Leinwand 26,5x59,5cm/*10x23in* Wien 98

STRAUS Meyer 1831-1905 **[10]**

  ☺ *$2 200 FF13 110 £1 366* Morning in the Swamp, Bayou Teche, Louisiana Oil/canvas 76x152cm/*30x60in*

New Orleans, Louisiana 97
STRAUSFELD Peter 1910-1980 **[7]**
  $427 FF2 160 £280 "Akira Kurosawa's Seven Samurai" Poster 76x101cm/*29x39in* London 96
STRAUSS André 1885-1971 **[31]**
  $753 FF3 800 £489 Rue de village Huile/toile 61x50cm/*24x19in* Paris 96
  $400 FF2 412 £240 "Evisa La Corse" Poster 108x79cm/*42x31in* London 98
STRAUSS Malcolm A. 1883-1936 **[6]**
  $1 200 FF6 629 £745 "Third Annual Automobile Show" Poster 99x75cm/*39x29in* New-York 97
STRAWALDE Jürgen Böttcher 1931 **[14]**
  $15 330 FF75 500 £9 870 Schwarze Collage Mixed media/panel 80x60cm/*31x23in* Berlin 95
  $97 FF603 £58 Brief Farblithographie 37,5x31cm/*14x12in* Heidelberg 98
  $3 945 FF23 482 £2 411 Fenster Mixed media drawing 73x97,5cm/*28x38in* Köln 98
STRAWINSKY Théodore 1907-1989 **[4]**
  $1 541 FF9 128 £915 Landschaft Pastell/Papier 48x64cm/*18x25in* Zürich 97
STREBELLE Jean-Marie 1916-1989 **[13]**
  $1 090 FF6 658 £668 Bord de mer Huile/toile 89x116cm/*35x45in* Bruxelles 98
  $163 FF975 £100 Vue à Eusaria Gouache/papier 98x64cm/*38x25in* Antwerpen 98
STREBELLE Olivier 1927 **[9]**
  $11 440 FF65 240 £6 960 Couple Bronze H168cm/*H66in* Bruxelles 97
STREBELLE Rodolphe 1880-1959 **[22]**
  $854 FF5 230 £511 A Still Life with Apples and Pears Oil/board 58,5x65,5cm/*23x25in* Amsterdam 98
STRECHENBACH Max Theodor 1865-1916 **[1]**
  $2 602 FF15 901 £1 641 Hvide roser Oil/canvas 62x45cm/*24x17in* Köbenhavn 97
STRECHINE von Stephanie 1858-? **[8]**
  $1 530 FF9 383 £917 Biergarten im Herbst Oil/canvas 48x32cm/*18x12in* München 98
STRECKENBACH Max Theodor 1865-1936 **[13]**
  $3 084 FF17 700 £1 894 Flowers Oil/canvas 30x70cm/*11x27in* Köbenhavn 97
STRECKER Emil 1841-1925 **[7]**
  $1 158 FF7 143 £694 "Der Schwalbenbach bei Spitz in der Wachau" Öl/Leinwand 60x45cm/*23x17in* Wien 98
STRECKER Johann Ludwig 1721-1799 **[2]**
  $4 250 FF22 000 £2 720 Bildnissse des Ehepaares Brandt Öl/Leinwand 91x76cm/*35x29in* Heidelberg 96
STRECKER Paul 1900-1950 **[15]**
  $2 040 FF12 048 £1 208 Blick in einen Obstgarten Oil/panel 38x50cm/*14x19in* Berlin 97
STRECKFUSS Wilhelm 1817-1896 **[6]**
  $1 978 FF11 737 £1 208 Rügen/Crampaser Ufer Watercolour 29x44,5cm/*11x17in* Hamburg 98
STREECK van Hendrick 1659-1719 **[4]**
  $5 803 FF33 558 £3 591 Inneres einer gotischen Kirche Oil/canvas 44x34cm/*17x13in* Wien 97
STREECK van Juriaen 1632-1687 **[11]**
  $5 700 FF34 153 £3 400 A Still Life of a Glass Cup, a Peach, a Pear and Oranges on a Table Oil/panel 34x25cm/*13x9in* London 98
  $18 568 FF110 000 £11 121 Nature morte à l'aiguière et à la coupe en faïence Huile/toile 58,5x46cm/*23x18in* Lille 97
STREECK van Juriaen (Attrib.) 1632-1687 **[2]**
  $14 988 FF88 062 £9 000 A Still Lfe of a Roemer, a Flute Glass, a Facon de Venise Goblet Oil/canvas 60x48cm/*23x18in* London 97
STREET Robert 1796-1865 **[14]**
  $3 700 FF22 102 £2 294 Portrait of Mother and Daughter Oil/canvas 76x63cm/*30x25in* Hatfield, Pennsylvania 97
STREET Robert (Attrib.) 1796-1865 **[2]**
  $3 750 FF22 484 £2 257 Portrait of a Brown-Haired Boy Wearing a Green Dress Oil/canvas 77x63,5cm/*30x25in* New-York 98
STREETON Arthur Ernest 1867-1943 **[104]**
  $5 501 FF32 116 £3 272 Solitude Oil/canvas 61x73cm/*24x28in* Melbourne 97
  $14 616 FF88 855 £8 781 Harbour Scene Oil/panel 18x58cm/*7x22in* Sydney 98
  $3 092 FF18 939 £1 847 Cold Harbour, Surrey Watercolour/paper 29x59cm/*11x23in* Sydney 97
STREICHMAN Yehezkel 1906-1993 **[85]**
  $8 000 FF41 000 £4 860 The Road to Estaol Oil/canvas 24,2x28,7cm/*9x11in* Delray Beach, Florida 96

☞ *$12 500 FF76 172 £7 731* Reclining Woman Oil/paper 68x90cm/*26x35in* Tel Aviv 98
☞ *$55 000 FF313 929 £34 001* Giora Playing the Flute Oil/canvas 153x100cm/*60x39in* Herzelia Pituah 97
✎ *$2 200 FF11 764 £1 308* Untitled Mixed media/paper 64x99,5cm/*25x39in* Tel Aviv 97
STREITT Franciszek 1839-1890 **[13]**
☞ *$8 820 FF51 130 £5 200* The Midday Rest Oil/panel 21x41,5cm/*8x16in* London 97
STREMPEL Horst 1904-1975 **[12]**
☞ *$926 FF5 401 £571* Mädchenporträt Öl/Leinwand 48x39,5cm/*18x15in* Köln 97
☞ *$1 622 FF9 453 £999* Stilleben Öl/Leinwand 28,5x52,5cm/*11x20in* Köln 97
STRENS George XX **[8]**
☞ *$450 FF2 315 £290* Paysage boisé à l'aqueduc Huile/toile 70x75cm/*27x29in* Bruxelles 96
STRETTON Philip Eustace c.1870-c.1920 **[33]**
☞ *$4 986 FF29 644 £3 000* A Dandie Dinmont Oil/canvas 49,5x75cm/*19x29in* London 97
STREVENS John 1902 **[48]**
☞ *$811 FF4 180 £520* Une petite chienne Oil/canvas 61x99cm/*24x38in* London 96
STRICH-CHAPELL Walter 1877-1960 **[42]**
☞ *$2 536 FF15 410 £1 527* Dolomiten im Winter Oil/panel 76x90cm/*29x35in* Stuttgart 98
STRICKLAND William 1788-1854 **[2]**
☞ *$18 043 FF110 628 £11 039* View of a Bridge over the Schuykill River Oil/canvas 36x61cm/*14x24in* New-York 98
STRICKLER Jacob 1770-1842 **[1]**
✎ *$9 000 FF55 180 £5 506* Green, Orange, Blue and Yellow Paired Mermaids Watercolour 15,5x18,5cm/*6x7in* New-York 98
STRIEFFLER Heinrich 1872-1949 **[9]**
▥ *$156 FF972 £94* Blick auf Bad Dürkheim und die Ruine des Benediktinerklosters Limburg Lithographie 25,5x37cm/*10x14in* Heidelberg 98
STRIEP Christiaan J. (Attr) 1634-1673 **[1]**
☞ *$13 491 FF77 220 £7 969* Still life "ith grapes, cherries, a melon, two glasses, a salt cellar Oil/panel 46x35cm/*18x13in* Amsterdam 97
STRIGEL Bernhard 1406-1528 **[3]**
☞ *$118 041 FF699 300 £70 000* Portrait of Emperor Maximilian I, half-length Oil/panel 55x38cm/*21x14in* London 97
STRIJ van Jacob (Attrib.) 1756-1815 **[6]**
☞ *$3 084 FF18 890 £1 846* Head of a Bull Oil/panel 27x22cm/*10x8in* Amsterdam 98
STRIJBOSCH Wim 1928-1968 **[3]**
☞ *$4 629 FF26 978 £2 829* Le mouvement perpétuel, attrapé à la main Oil/canvas 60,5x120,5cm/*23x47in* Amsterdam 97
STRINDBERG August 1849-1912 **[21]**
☞ *$49 588 FF296 835 £30 530* "Efter solnedgång under oväder på hafvet" Oil/canvas 12x25cm/*4x9in* Stockholm 98
☞ *$552 075 FF3 266 550 £339 150* Barnets första vagga Oil/paper 45x38cm/*17x14in* Stockholm 98
STRINDBERG Tore 1882-1968 **[14]**
⬋ *$906 FF4 610 £542* "Krokus" Bronze H37cm/*H14in* Stockholm 96
STRISIK Paul 1918 **[12]**
☞ *$950 FF5 896 £569* Morgan's Bridge Oil/board 30x40cm/*12x16in* Mystic, Connecticut 98
☞ *$2 803 FF17 189 £1 718* Gloucester Oil/canvas 60x76cm/*24x30in* Mystic, Connecticut 98
✎ *$650 FF3 210 £421* Winter Patterns Watercolour/paper 25x35cm/*10x14in* Mystic, Connecticut 96
STRØBEK Niels XX **[3]**
☞ *$4 811 FF29 903 £2 876* Rosenborg Oil/panel 56x35cm/*22x13in* Köbenhavn 98
STROBEL Christian 1855-1899 **[1]**
☞ *$2 889 FF16 869 £1 747* Trompe l'oeil mit toten Vögeln Oil/panel 44x31cm/*17x12in* München 97
STROBENZ von Fritz, Frigyes 1856-1929 **[3]**
☞ *$11 580 FF59 600 £7 000* An evening promenade Oil/canvas 102x125cm/*40x49in* London 96
STROBL Hans 1913-1974 **[3]**
☞ *$8 183 FF46 869 £4 841* Gemsen in winterlicher Berglandschaft Oil/panel 69x84cm/*27x33in* St.Gallen 97
STROEBEL Johannes A.B. (Att.) 1821-1905 **[4]**
☞ *$4 164 FF25 044 £2 497* The Courtship Oil/canvas 65x53cm/*25x20in* Amsterdam 98

STROEBEL Johannes Anthonie B. 1821-1905 **[48]**
  $2 506 FF14 529 £1 496 Jacob Van Campen revealing the Sketches for the City Hall of Amsterdam Oil/panel 26,5x39cm/*10x15in* Amsterdam 97
  $4 800 FF24 700 £2 900 The auction viewing Oil/panel 52x40cm/*20x15in* London 96
  $47 399 FF285 219 £28 378 Spoils of the Chase Oil/canvas 100x120cm/*39x47in* Amsterdam 98
STRÖHLING Peter Eduard 1768-1826 **[11]**
  $7 040 FF43 450 £4 180 Retrato del Rey de Prusia a caballo ordenando sobre una ciudad Oleo/lienzo 83x70cm/*32x27in* Madrid 98
STROIFFI Ermano 1616-1693 **[1]**
  $14 720 FF77 050 £9 660 La cena in Emmaus Olio/tela 134x193cm/*52x75in* Milano 96
STRÖMBERG Julia 1851-1920 **[13]**
  $1 049 FF6 125 £624 Insjölandskap Oil/panel 54x80cm/*21x31in* Stockholm 97
STRONG Ray 1905 **[9]**
  $4 000 FF24 082 £2 393 San Francisco Suburb Oil/canvas/board 40,5x51cm/*15x20in* San Francisco 98
STROOBANT François 1819-1916 **[20]**
  $1 450 FF8 727 £868 The Citywalls of Brugge Oil/canvas 40x50cm/*15x19in* Amsterdam 98
  $3 060 FF17 567 £1 865 Winter am Burggraben Öl/Karton 32x40cm/*12x15in* Düsseldorf 97
  $298 FF1 785 £181 Vue de ville Aquarelle, gouache/papier 24,5x16cm/*9x6in* Bruxelles 97
STROUDLEY James 1906-1988 **[14]**
  $3 596 FF21 380 £2 200 Still Life with Apples and Baguette Oil/canvas 52x61cm/*20x24in* London 97
STROZZI IL CAPPUCCINO Bernardo 1581-1644 **[15]**
  $23 400 FF132 600 £11 700 Apostolo (?) Olio/tela 64,5x50cm/*25x19in* Milano 97
  $43 650 FF225 000 £28 000 Portrait of Ottaviano of Cremona, Papal Cameriera... Oil/canvas 133,5x101,5cm/*52x39in* London 96
  $7 000 FF42 373 £4 263 A Female Martyr Saint Red chalk/paper 20x16,5cm/*7x6in* New-York 98
STROZZI IL CAPPUCCINO Bernardo (Attrib.) 1581-1644 **[4]**
  $841 FF5 028 £515 Die Anbetung durch die Hirten Ink 34,5x24,7cm/*13x9in* München 98
STRÜBIN Robert 1897-1965 **[13]**
  $3 754 FF22 150 £2 299 Marche du régiment de TUrenne Tempera/Karton 41,5x70cm/*16x27in* Luzern 98
  $6 710 FF33 940 £4 400 Musikbild J. Brahms, Requiem Allemand pag. 57/10 Gouache 61,7x66,2cm/*24x26in* Zürich 96
STRUCK Hermann 1876-1944 **[181]**
  $1 647 FF9 459 £1 004 Stilleben mit Amaryllis Öl/Leinwand 52x42cm/*20x16in* Berlin 97
  $3 000 FF18 094 £1 781 Portrait of a Jewish Woman From Kovno Oil/board 28x24cm/*11x9in* Tel Aviv 98
  $2 300 FF13 403 £1 416 Portrait of Albert Einstein Lithograph 26x19,5cm/*10x7in* Tel Aviv 97
  $900 FF5 137 £556 "Jerusalem" Watercolour/paper 24x16cm/*9x6in* Herzelia Pituah 97
STRUDWICK John Melh. (Attrib.) 1849-1937 **[1]**
  $12 800 FF64 600 £8 400 Figura femminile con strumento musicale Olio/tavola 114x100cm/*44x39in* Roma 96
STRUMPFF Johann Heinrich c.1720-c.1770 **[1]**
  $5 529 FF32 718 £3 327 A family portrait Oil/canvas 57x67cm/*22x26in* Amsterdam 98
STRUPLER Hans Rudolf 1935 **[14]**
  $923 FF4 670 £605 Versunkene Kultur Gouache 25,5x40cm/*10x15in* Zürich 96
STRUSS Karl 1886-1981 **[52]**
  $25 000 FF154 225 £15 007 Sundown, Hudson River Photograph 31x24cm/*12x9in* New-York 98
STRUTH Thomas 1954 **[20]**
  $2 149 FF12 548 £1 300 Gelbe Lilie, Yellow Lily Color lithograph 58x40cm/*22x15in* London 97
  $2 600 FF15 116 £1 587 "Veddeler Brückenstrasse, Hamburg" Photograph 43,5x60cm/*17x23in* New-York 97
STRUTT Alfred William 1856-1924 **[28]**
  $6 200 FF32 100 £4 000 The Fisherman's Break Oil/canvas 71x56cm/*27x22in* London 96
  $1 558 FF9 338 £929 A Bit of Old England Watercolour/paper 54x75,5cm/*21x29in* Melbourne 98
STRUTT Arthur John 1819-1888 **[11]**
  $4 004 FF24 181 £2 400 View of the Claudian Aqueduct in the Roman Campagna Oil/canvas 30,5x64,5cm/*12x25in* London 98
STRUTT Jacob George 1790-1864 **[18]**
  $1 428 FF8 729 £900 The Banks of the Tiber, North of Rome Oil/board 16,5x22cm/*6x8in* London 97
  $381 FF1 987 £230 Forêt de chênezs près d'une clairière Sanguine 29x23cm/*11x9in* Genève 96

STRUTT William 1826-1915 **[25]**

⬭ *$1 492 FF9 157 £929* A Bad Omen Oil/paper 44x30cm/*17x11in* Melbourne 97

✐ *$542 FF2 770 £360* Molodetz and Moscow, Russian Wolfhounds or Borzois Watercolour 21x24cm/*8x9in* London 96

STRÜTZEL Otto 1855-1930 **[72]**

⬭ *$2 226 FF13 096 £1 374* Küke unter Bäumen Öl/Leinwand 25,5x36,5cm/*10x14in* Heidelberg 97

⬭ *$5 648 FF33 761 £3 333* Blick über den Chiemsee mit Bootsanleger Öl/Leinwand 50x64cm/*19x25in* Kempten 97

⬭ *$11 705 FF69 299 £6 951* Skandinavische Küstenlandschaft Öl/Leinwand 94,5x149cm/*37x58in* München 97

STRÜWER Ardy 1939 **[37]**

⬭ *$854 FF5 070 £521* Sunsetbirdbeauty Oil/canvas 38x46cm/*14x18in* Malmö 98

▥ *$209 FF1 022 £132* Komposition Color lithograph 56x76cm/*22x29in* Göteborg 95

✐ *$537 FF2 736 £355* Komposition Gouache 25x18,5cm/*9x7in* Malmö 96

STRUYCKEN Peter 1939 **[21]**

⬭ *$4 115 FF23 980 £2 515* Structuur XXIII - '67 Oil/panel 100x100cm/*39x39in* Amsterdam 97

⬭ *$8 472 FF50 339 £5 039* Cluster 7 Acrylic/panel 200x133cm/*78x52in* Amsterdam 97

▥ *$636 FF3 320 £384* Untitled Screenprint 49,3x49,3cm/*19x19in* Amsterdam 96

✐ *$1 253 FF7 319 £770* Verflenste voorstudie structuur III Gouache/paper 51x49cm/*20x19in* Amsterdam 97

STRUYK Nicolas XVII-XVIII **[4]**

✐ *$1 267 FF7 256 £748* Six butterflies Watercolour 28,5x44,5cm/*11x17in* Amsterdam 97

STRY van Abraham II 1790-1840 **[2]**

⬭ *$4 782 FF27 248 £3 000* Goast in a Courtyard Oil/panel 29x33cm/*11x12in* London 97

STRY van Jacob 1756-1815 **[38]**

⬭ *$2 692 FF16 064 £1 624* Winterlandschaft mit Reisigsammlern im Abendsturm Oil/panel 56x72,5x3cm/*22x28x1in* Bremen 97

⬭ *$11 910 FF62 200 £7 100* Sällskap vid värdshus Oil/canvas 182x152cm/*71x59in* Stockholm 96

✐ *$2 250 FF11 450 £1 350* The Castle Laan-eck on the River Lahn/A valley with two canals Ink 33,4x43cm/*13x16in* Amsterdam 96

STRY van Jacob (Attrib.) 1756-1815 **[3]**

⬭ *$2 047 FF12 195 £1 252* Paysage animé Huile/panneau 49x40cm/*19x15in* Bruxelles 98

STRYDONCK van Guillaume 1861-1937 **[42]**

⬭ *$616 FF3 599 £376* Clair de lune sur l'escaut Huile/panneau 14,5x22cm/*5x8in* Bruxelles 97

⬭ *$1 578 FF9 273 £974* Zonnig erf Oil/canvas 50x60cm/*19x23in* Lokeren 97

⬭ *$2 077 FF12 202 £1 282* Terug van de Opera Oil/canvas 98x148cm/*38x58in* Lokeren 97

✐ *$5 000 FF25 960 £3 310* Fillette jouant avec des cubes Pastel 62x48cm/*24x18in* New-York 96

STRYJENSKA Zofia, née Lubanska 1894-1976 **[12]**

⬭ *$3 190 FF16 600 £2 094* Cztery Pory Roku Oil/panel 77x76cm/*30x29in* Warszawa 96

✐ *$1 024 FF6 098 £640* "Wianki" Gouache 39,5x49cm/*15x19in* Warszawa 97

STRZEMINSKI Wladyslaw 1893-1952 **[3]**

✐ *$2 150 FF11 020 £1 381* Niwiarki Gouache 65x33cm/*25x12in* Warszawa 96

STUART Alexander Charles 1831-1898 **[1]**

✐ *$1 300 FF6 720 £843* The Sidesheeler: USS Octorara Watercolour/paper 33x48cm/*13x19in* Mystic, Connecticut 96

STUART Charles XIX-XX **[35]**

⬭ *$2 236 FF13 061 £1 323* On the Moors. The Bee is in the Heather and the Heather's on the Hill Oil/canvas 51x76cm/*20x29in* Melbourne 97

STUART Ernest XIX-XX **[27]**

✐ *$357 FF2 069 £220* Breaking Waves Watercolour 33x100,5cm/*12x39in* London 97

STUART Gilbert 1755-1828 **[31]**

⬭ *$10 620 FF54 100 £7 000* Portrait of Alexander William Walker Oil/canvas 71,5x59,5cm/*28x23in* London 96

STUART Gilbert (Attrib.) 1755-1828 **[8]**

⬭ *$6 500 FF32 500 £4 210* Portrait of Sir Henry Murray Pulteney in red uniform Oil/canvas 76x63cm/*30x25in* Detroit, Michigan 96

STUART James 1779-1849 **[2]**

✐ *$2 244 FF11 620 £1 500* Views of Italy and Switzerland Watercolour 17x26cm/*6x10in* London 96

S

Calendar & auction results: Internet www.artprice.com   Minitel 3617 ARTPRICE

STUART James Everett 1852-1941 **[22]**
- $450 FF2 712 £272 Red roofs in landscape-"Near Lodi, California" Oil/board 25x38cm/*10x15in* Pasadena, California 98

STUART Robert Easton XIX-XX **[6]**
- $2 460 FF12 500 £1 600 In the harvest field Oil/canvas 31x46cm/*12x18in* Auchterarder, Perthshire 95
- $2 682 FF16 176 £1 600 "Warriston Close, Edinburg" Oil/board 75x44,5cm/*29x17in* West Lothian 98

STUART William XIX **[2]**
- $11 670 FF59 400 £7 000 Howe's action, The Glorious 1st of June Oil/canvas 69x90cm/*27x35in* London 96

STUART-HILL A. XIX-XX **[2]**
- $1 495 FF8 701 £921 "Wherever you go, you can be sure of Shell" Poster 114x76cm/*44x29in* New-York 97

STUBBS George 1724-1806 **[38]**
- $125 000 FF637 000 £75 000 The Lion and Stag Enamel 14,5x16,5cm/*5x6in* London 96
- $450 000 FF2 664 315 £267 210 A Bay Arab in a Coastal Landscape Oil/panel 82,5x101,5cm/*32x39in* New-York 97
- $618 FF3 160 £400 Game Keepers, the Labourers Mezzotint 38,5x65cm/*15x25in* London 95

STUBBS George (Attrib.) 1724-1806 **[1]**
- $18 330 FF93 400 £11 000 Phaeton and the Chariot of the Sun Oil/canvas 96x132cm/*37x51in* London 96

STUBBS George Townley 1756-1815 **[18]**
- $3 500 FF17 830 £2 100 "Eclipse", after George Stubbs Engraving 20x25,5cm/*7x10in* London 96

STUBBS William Pierce 1842-1909 **[16]**
- $6 000 FF35 170 £3 693 Martinique Oil/canvas 56,5x91,5cm/*22x36in* New-York 97

STUBER Dedrick Brandes 1878-1954 **[25]**
- $2 500 FF14 970 £1 530 "Near Laguna" Oil/board 40x50cm/*16x20in* Altadena, CA 97

STUCK von Franz 1863-1928 **[214]**
- $16 250 FF84 750 £9 500 Pan mit Syrinx Oil/panel 28,5x29,5cm/*11x11in* München 96
- $19 736 FF117 330 £12 075 Frühling, Mädchenbildnis im Profil vor Landschaftshintergrund Oil/canvas/panel 60x48,5cm/*23x19in* Köln 97
- $324 960 FF1 904 760 £200 000 Inferno Oil/canvas 128x209,5cm/*50x82in* London 97
- $59 FF337 £37 "Richard Wagner" (Viertelportrait nach links blickend) Print 23x21cm/*9x8in* Konstanz 97
- $199 FF1 200 £119 Le centaure mourant Bronze H63cm/*H24in* Saint-Dié 98
- $4 676 FF26 782 £2 766 Liegender weiblicher Akt Charcoal/paper 36x26cm/*14x10in* Kempten 97

STÜCKELBERG Ernst 1831-1903 **[22]**
- $238 FF1 222 £148 Bei Agay Huile/panneau 12,5x22cm/*4x8in* Bern 96
- $4 146 FF24 203 £2 546 Auf dem Kirchenhof Öl/Leinwand 102,5x82cm/*40x32in* Zürich 97
- $7 518 FF44 697 £4 599 Die Marionetten Öl/Leinwand 95x150cm/*37x59in* Bern 97

STUDD Arthur Haythorne 1863-1919 **[7]**
- $2 631 FF15 009 £1 600 The Samoan Taupo Black chalk 30x21cm/*11x8in* London 97

STUDDY George Ernest 1878-1925 **[14]**
- $153 FF766 £100 "Awfully sorry but I must paint on this page too !" Watercolour, gouache 16x19cm/*6x7in* Billingshurst, West Sussex 96

STUEMPFIG Walter 1914-1970 **[21]**
- $1 900 FF10 882 £1 124 Colorful circus scene Tempera/canvas 40x48cm/*16x19in* Delaware, Ohio 97

STUHLMÜLLER Karl 1859-1930 **[49]**
- $12 060 FF61 300 £7 200 In the farmyard Oil/canvas 14,5x31cm/*5x12in* London 96
- $10 942 FF67 046 £6 534 Magd und Mädchen beim Füttern von Kühen und Hühnern Oil/canvas 45,5x66,5cm/*17x26in* Dresden 98

STULL Henry 1852-1913 **[31]**
- $1 700 FF10 290 £1 004 A racehorse with jockey up Oil/canvas 30x38cm/*11x14in* New-York 98
- $7 500 FF36 900 £4 830 The Race Horses Henry of Navarre, Monitor and Dominoe Oil/canvas 41x61cm/*16x24in* New-York 95

STULTUS Dyalma 1901-1977 **[21]**
- $1 200 FF6 800 £600 Paesaggio a Duino Olio 35x44cm/*13x17in* Trieste 97
- $1 980 FF11 220 £1 320 Cannaregio, Venezia Olio/cartone 54,8x45cm/*21x17in* Prato 97

STUMP Samuel John 1785-1863 **[10]**
- $1 958 FF11 428 £1 200 Children fishing in a mountainous Landscape/Figures running Oil/canvas 21x30,5cm/*8x12in* London 97

STUNDL Theodor 1875-1934 **[4]**
- $1 323 FF7 651 £816 Posierender Frauenakt Bronze H26,4cm/*H10in* Wien 97

STUNTZ Johann Baptist 1753-1836 **[5]**
  $134 FF742 £83 "La Fontaine merveilleuse" Lithographie 32x22,5cm/*12x8in* Pforzheim 97
STURGES Jock 1947 **[36]**
  $1 200 FF7 421 £715 "Marine, The Last Day of Summer #1 at Montalivet, France" Gelatin silver print 25,5x20cm/*10x7in* San Francisco 98
STURGESS John c.1840-c.1910 **[13]**
  $2 002 FF10 370 £1 300 Over the Fence/Over the brook Oil/board 29x25,5cm/*11x10in* London 96
  $7 000 FF35 700 £4 630 The Favourite Down Oil/canvas 38x74cm/*14x29in* New-York 96
STURGESS Reginald Ward 1892-1932 **[9]**
  $936 FF5 624 £568 Landscape with Cattle Watercolour/paper 21x24,5cm/*8x9in* Melbourne 98
STURLA Michel XIX-XX **[3]**
  $1 916 FF10 000 £1 158 La Villa Suzini, Alger Huile/toile 19x26cm/*7x10in* Paris 96
STURM Fritz Ludwig Ch. 1834-1906 **[2]**
  $6 500 FF34 000 £3 870 Segelschiffe und Boote im Öresund Öl/Leinwand 37x62cm/*14x24in* Hamburg 96
STURM Helmut 1932 **[57]**
  $2 800 FF16 725 £1 713 Composition Mixed media/panel 53x34cm/*20x13in* København 98
  $6 154 FF36 562 £3 659 Informelle Komposition Oil/panel 110x130cm/*43x51in* München 97
  $1 365 FF7 130 £813 Rot-schwarzes Gitter Gouache 36x46,5cm/*14x18in* München 96
STURM-LINDNER Elsa 1916 **[24]**
  $293 FF1 530 £174 Elegante june Dame in blauer Jacke Öl/Leinwand 120x80cm/*47x31in* Rudolstadt-Thüringen 96
STURM-SKRALA Egge, Eugen 1894-1943 **[10]**
  $1 986 FF9 800 £1 290 Reclining female nude Oil/canvas 54,5x62,5cm/*21x24in* Wien 95
STÜRMER Heinrich 1774/75-1855 **[1]**
  $1 458 FF8 701 £879 Südliche Flusslandschaft mit einer Ruine und Figurenstaffage Öl/Leinwand 26,5x32cm/*10x12in* Köln 97
STURSA Jan 1880-1925 **[20]**
  $1 177 FF7 028 £710 Verwundeter Bronze H50cm/*H19in* München 97
STURTEVANT Elaine 1926 **[12]**
  $3 200 FF18 935 £1 952 "Study for Warhol Flowers" Synthetic polymer silkscreened/canvas 28x28cm/*11x11in* New-York 98
  $3 644 FF21 589 £2 200 Peinture à Haute Tension (after Martial Raysse) Acrylic/canvas 161x96cm/*63x38in* London 97
  $17 731 FF107 456 £10 873 Duchamp fountain Ceramic 32,3x40,5x45,6cm/*12x15x17in* Hamburg 98
STUTTERHEIM Louis, Lodewijk Ph. 1873-1943 **[29]**
  $564 FF3 299 £344 Melkende boer Oil/canvas 40x60cm/*15x23in* Den Haag 97
  $633 FF3 822 £380 Polder Landscape with Figure in a Punt Oil/canvas 25x36cm/*9x14in* Leyburn, North Yorkshire 98
STUVEN Ernst 1657-1712 **[21]**
  $65 500 FF337 600 £42 000 Still life of a grapes, peaches, apricots, pears, walnuts, chestnuts Oil/canvas 88x66cm/*34x25in* London 96
STUVEN Ernst (Attrib.) 1657-1712 **[3]**
  $11 380 FF59 000 £7 400 Bouquet de fleurs et grappe de raisin sur un entablement Huile/toile 53,5x45cm/*21x17in* Paris 96
STYKA Adam 1890-1959 **[71]**
  $2 252 FF13 722 £1 379 U wodopoju Oil/canvas 40x34,5cm/*15x13in* Warszawa 98
  $10 270 FF61 134 £6 280 Arabes à l'âne à l'oasis Oil/canvas 65x54,5cm/*25x21in* Warszawa 98
STYKA Jan 1858-1925 **[13]**
  $471 FF2 800 £291 Etude d'heaumes Huile/toile/carton 57x40cm/*22x15in* Paris 97
  $10 911 FF64 180 £6 734 Landscape near the Pyramids, Cairo Oil/canvas 145x253cm/*57x99in* Warszawa 97
STYKA Tadé 1889-1954 **[14]**
  $4 400 FF21 800 £2 800 A young beauty with a dog Oil/board 80x60cm/*31x23in* London 95
STYLES William B. XIX-XX **[2]**
  $1 700 FF10 210 £1 015 Still Life of Peaches on a Plate Oil/canvas 30x45cm/*12x18in* New-York 98
SU LIUPENG 1814-1860 **[2]**

$6 000 FF33 898 £3 776 Liu Bei's third visit to Kong Ming at the thatched hut Ink/paper 50x237,5cm/*19x93in* New-York 97

SU MANSHU 1884-1918 **[1]**
$1 941 FF11 194 £1 156 Calligraphy in Xing Shu Ink/paper 30x59,5cm/*11x23in* Hong Kong 97

SU RENSHAN 1814-1849 **[5]**
$10 973 FF63 954 £6 757 Sunset at Changjiang Ink/paper 32x246,4cm/*12x97in* Hong Kong 97

SUAN YUNTAI 1913 **[3]**
$12 940 FF66 600 £7 990 Sunset in grassland Oil/canvas 51x71cm/*20x27in* Hong Kong 95

SUAREZ Antonio Martínez 1923 **[30]**
$660 FF3 970 £410 Joven Oleo/lienzo 41x33cm/*16x12in* Madrid 97
$2 827 FF17 182 £1 696 Sin título Oleo/lienzo 89x115cm/*35x45in* Madrid 98
$330 FF1 985 £205 Frutas Técnica mixta/papel 25x17cm/*9x6in* Madrid 97

SUBES Raymond 1893-1970 **[4]**
$4 000 FF24 242 £2 453 A Wrought Iron Mirror Iron 44,5x110,5cm/*17x43in* New-York 98
$40 000 FF242 132 £24 552 Pair of Wrought Lights Iron H211,5cm/*H83in* New-York 98

SUBIRACHS Josep Maria 1927 **[22]**
$4 290 FF25 675 £2 665 Mujer sentada Bronze 61x35,5x29cm/*24x13x11in* Madrid 97
$11 880 FF71 460 £7 380 "Amnón" Sculpture H200cm/*H78in* Madrid 97
$726 FF4 367 £451 Figura Tinta/papel 34x48cm/*13x18in* Madrid 97

SUBLEYRAS Pierre H. (Attrib.) 1699-1749 **[7]**
$14 022 FF83 667 £8 460 Ein gefesselter Jüngling Öl/Leinwand 88x66cm/*34x25in* Köln 97
$4 500 FF27 239 £2 740 A Peasant Boy in Conversation with a Young Gentleman Red chalk/paper 17x11cm/*6x4in* New-York 98

SUBLEYRAS Pierre Hubert 1699-1749 **[15]**
$10 130 FF50 000 £6 580 Portrait du sculpteur Guillaume II Coustou (1716-1777) Huile/toile 57x43cm/*22x16in* Paris 95
$134 904 FF799 200 £80 000 Portrait of Pope Benedict XIV, seated three-quarter-length Oil/canvas 132,5x102cm/*52x40in* London 97

SUBLEYRAS-TIBALDI Maria Fel. (Attrib.) 1707-1770 **[1]**
$2 690 FF14 070 £1 764 Cristo in casa del Fariseo Olio/tela 24x62cm/*9x24in* Roma 96

SUBUIRA PUIG José 1926 **[3]**
$2 839 FF17 000 £1 744 Personnage Sculpture bois 68x25x30cm/*26x9x11in* Douai 98

SUCASAS Alfonso 1910 **[7]**
$2 925 FF15 040 £1 823 Dos figuras Oleo/tabla 93x115cm/*36x45in* Madrid 96

SUCH William Thomas 1820-1893 **[4]**
$2 944 FF17 159 £1 800 A Winter Landscape Oil/canvas 51x76cm/*20x29in* London 97

SUCHET Joseph 1824-1896 **[10]**
$2 134 FF11 000 £1 370 Marine Huile/toile 40x58cm/*15x22in* Marseille 96

SUCHODOLSKI January 1797-1875 **[9]**
$17 180 FF86 000 £10 860 Napoleonic troops in Italy Oil/canvas 75x61cm/*29x24in* Warszawa 95

SUCHODOLSKI von Siegmund 1875-1935 **[1]**
$758 FF4 404 £463 "Mister Wu" Poster 95x72cm/*37x28in* Amsterdam 97

SUCHY Adalbert c.1773-1849 **[5]**
$2 298 FF13 328 £1 358 Bildnis der Maria Anna, Erzherzogin von Österreich Watercolour 6x5cm/*2x1in* Wien 97

SUCRE DE GRAU José María 1886-1969 **[2]**
$1 273 FF7 505 £779 Pintura Técnica mixta/papel 100x70cm/*39x27in* Barcelona 98

SUDARSONO Srihadi 1931 **[8]**
$11 114 FF65 688 £6 878 Kuta Beach Oil/canvas 65x120cm/*25x47in* Singapore 97
$14 383 FF85 008 £8 901 Sanur Beach at night Oil/canvas 137x108cm/*53x42in* Singapore 97

SUDDABY Rowland 1912-1973 **[95]**
$733 FF4 442 £450 Summer Landscape Oil/canvas 40,5x51cm/*15x20in* London 98
$2 780 FF15 496 £1 700 "Cargoes of Empire" Poster 102x153cm/*40x60in* London 97
$54 FF271 £35 The church gate Watercolour 24x29cm/*9x11in* London 96

SUDEIKIN Sergei Iurevich 1882-1946 **[28]**
$9 280 FF46 800 £6 000 Nightclub scene, Paris Oil/canvas 58x72cm/*22x28in* London 96
$249 FF1 288 £161 Bühnenszene mit Hintergrundsansicht von St. Petersburg Watercolour, gouache

14x24cm/*5x9in* Hamburg 96
SUDEK Josef 1896-1978 **[191]**
　📷 *$2 800 FF14 620 £1 692* On St. Joseph's Day Gelatin silver print 16x11cm/*6x4in* New-York 96
SUDJOJONO Sindutomo 1913-1986 **[12]**
　 $17 459 FF104 546 £10 726 Landscape Oil/canvas/board 83x98cm/*32x38in* Singapore 98
SUDRE Raymond 1870-1962 **[10]**
　 $622 FF3 599 £380 Arachné Bronze H28cm/*H11in* Bruxelles 97
　 $13 000 FF65 800 £8 500 Mercury, the winged Messenger Bronze H202cm/*H79in* London 96
SUE & MAREl c.1919-1928 **[1]**
　 $6 202 FF35 000 £3 801 Corbeille de fruits et fleurs Albâtre H28,5cm/*H11in* Paris 97
SÜE Louis 1875-1968 **[20]**
　 $330 FF2 000 £202 Chapeau et canne Huile/panneau 33,5x41cm/*13x16in* Quimper 98
　 $1 500 FF8 902 £918 La toilette au peignoir bleu Oil/canvas 81x59,5cm/*31x23in* San Francisco-Los Angeles 97
　 $33 620 FF200 000 £20 560 Tapis du Salon Gontrat Delompré Tapisserie 490x261cm/*192x102in* Paris 98
SUETIN Nikolai 1897-1954 **[14]**
　 $8 120 FF42 500 £4 840 Suprematistische Komposition Oil/cardboard 19,3x16,6cm/*7x6in* München 96
　 $2 970 FF15 500 £1 794 Composition Gouache/papier 19x12cm/*7x4in* Biarritz 96
SUGAï Kumi 1919 **[180]**
　 $3 637 FF21 235 £2 200 Grand Large Oil/canvas 22,5x16cm/*8x6in* London 97
　 $12 500 FF63 700 £7 500 Karasu Oil/canvas 73x50cm/*28x19in* New-York 96
　 $19 680 FF112 781 £12 202 Nagare Oil/canvas 129,5x98cm/*50x38in* New-York 97
　 $709 FF4 043 £434 Auto-Route Farblithographie 68x47cm/*26x18in* Hamburg 97
　 $1 905 FF11 125 £1 170 Rouge - Noir Sculpture H14,5cm/*H5in* Amsterdam 97
　 $1 160 FF6 691 £691 Balle rouge Gouache/board 20x18,5cm/*7x7in* München 97
SUGHI Alberto 1928 **[68]**
　 $899 FF5 098 £599 Volto femminile Tecnica mista/cartone 69x50cm/*27x19in* Milano 97
　 $3 000 FF17 000 £2 000 "Il Caffè" Olio/tela 30x40cm/*11x15in* Milano 98
　 $3 868 FF21 923 £1 934 "Il sogno" Olio/tela 100x121cm/*39x47in* Roma 97
　 $1 920 FF10 880 £960 Ritratto di Walter Tempera/carta 100x70cm/*39x27in* Prato 98
SUGIMOTO Hiroshi 1948 **[13]**
　📷 *$4 170 FF21 860 £2 500* Dead Sea Photograph 42x54cm/*16x21in* London 96
SUHARA Tochiro 1905-1996 **[1]**
　📷 *$3 100 FF18 096 £1 874* Nude, Multiple Exposure Gelatin silver print 38x31cm/*14x12in* Beverly Hills, Calif. 97
SUHONEN Jorma 1911-? **[2]**
　 $1 495 FF8 701 £921 "Visit Finland, Helsinki" Poster 61,5x101,5cm/*24x39in* New-York 97
SUHR Christoph 1771-1842 **[1]**
　 $5 200 FF27 200 £3 096 Dildnis Maria Elisabeth Schröder, geb. Gabe Öl/Leinwand 73x59cm/*28x23in* Hamburg 96
SUISSE Gaston 1896-1988 **[73]**
　 $3 830 FF20 000 £2 315 Ecureuils de Malaisie dans les branches Technique mixte 79,5x52cm/*31x20in* Paris 96
　 $420 FF2 500 £257 Ecureuil de Malaisie Crayons couleurs/papier 46,5x38,5cm/*18x15in* Soissons 97
SUKENOBU Nishikawa 1671-1751 **[5]**
　 $7 000 FF40 509 £4 306 Beauty reading a poem slip Ink 40,5x26,5cm/*15x10in* New-York 97
SUKER Arthur 1857-? **[57]**
　 $326 FF1 990 £200 On the Lizard, Cornwall Watercolour/paper 35x55,5cm/*13x21in* Bristol, Avon 98
SUKKERT Adolf c.1830-c.1870 **[3]**
　 $9 136 FF52 992 £5 400 View of the Grand Canal, Venice Oil/canvas 59x72cm/*23x28in* London 97
SULLIVAN William Holmes ?-1908 **[13]**
　 $2 094 FF12 487 £1 300 Pygmalion and Galatea Oil/canvas 51x35,5cm/*20x13in* London 97
　 $4 495 FF23 113 £2 900 Tender chord Oil/canvas 44,5x29cm/*17x11in* Newcastle-upon-Tyne 96
　 $4 250 FF21 700 £2 800 The temple attendant Watercolour 103x69cm/*40x27in* London 96
SULLIVANT Thomas Starling 1854-1926 **[6]**
　 $2 200 FF13 064 £1 343 "Lacking a loudspeaker, the jungle Radio Club...", gag cartoon Ink/paper

31x51cm/*12x20in* New-York 98
SULLY Thomas 1783-1872 **[48]**
   $8 500 FF51 081 £5 090 Portrait of a Young Girl in a Picture Hat Oil/paper/canvas 28x23cm/*11x9in* New-York 98
   $12 000 FF71 727 £7 273 Portrait of a Gentleman thought to be the Ambassador to Argentina Oil/canvas 76,2x63,5cm/*29x25in* San Francisco-Los Angeles 97
   $5 500 FF28 300 £3 520 Portait of Colonel Jonathan Williams (1750-1815) Watercolour 24,5x16,5cm/*9x6in* New-York 96
SULLY Thomas (Attrib.) 1783-1872 **[5]**
   $1 300 FF6 710 £832 Portrait of a seated gentleman/Portrait of a woman in a black dress Oil/canvas 76x63,5cm/*29x25in* New-York 96
SULTAN Donald 1951 **[178]**
   $10 000 FF57 604 £6 169 Four Stacks July 3 1983 Oil/panel 122x122cm/*48x48in* New-York 97
   $13 000 FF77 844 £7 987 Yellow Peppers Jan 11 Mixed media/panel 34,5x34,5x4cm/*13x13x1in* New-York 98
   $1 600 FF9 101 £986 Four Oranges Silkscreen in colors 65x76,5cm/*25x30in* New-York 97
   $2 200 FF11 270 £1 337 Wall Flower April 14 Tempera/paper 29x21cm/*11x8in* New-York 96
SULZBACHNER Max 1904-1985 **[11]**
   $115 FF560 £73 Olympia-Laterne Lithographie couleurs 42,5x33cm/*16x12in* Bern 95
   $275 FF1 608 £169 Basler Bänkersänger-Quartett Crayon/papier 23x30cm/*9x11in* Zofingen 97
SULZBERGER Konrad 1771-1822 **[3]**
   $379 FF2 176 £224 Das Landgut Weinstein Print 10x21cm/*3x8in* St.Gallen 97
SULZER David 1784-1864 **[1]**
   $13 700 FF71 500 £8 280 Drei Mädchen in Luzerner Trachten Huile/toile 183x119cm/*72x46in* Zürich 96
SUMMERS Carol 1925 **[32]**
   $400 FF2 381 £248 Rajasthau Woodcut in colors 68x71cm/*27x28in* Chicago, Illinois 97
SUMMERS Robert 1940 **[9]**
   $9 900 FF59 281 £6 082 Front Line Command Oil/canvas 60x91cm/*24x36in* Dallas, Texas 98
   $18 500 FF105 353 £11 409 Before the Hunt Oil/canvas 91x152cm/*36x60in* Dallas, Texas 97
   $3 850 FF23 547 £2 284 Spirit of the West Bronze H40cm/*H16in* Houston, Texas 98
SUMNER Maud Eyston 1902-1985 **[64]**
   $2 539 FF15 206 £1 560 View onto a wooded landscape through a window Oil/canvas 50x60cm/*19x23in* Johannesburg 98
   $965 FF5 782 £593 River landscape Watercolour/paper 45x60cm/*17x23in* Johannesburg 98
SUN JILIN 1954 **[1]**
   $8 400 FF43 100 £5 110 Golden Dream Oil/canvas 140x120cm/*55x47in* Hong Kong 96
SUN WEIMIN 1946 **[6]**
   $15 530 FF80 000 £9 580 Resting under the tree Oil/canvas 120x120cm/*47x47in* Hong Kong 95
SUN XIANGYANG 1956 **[6]**
   $5 823 FF28 800 £3 600 Wedding Parade Oil/canvas 70x162cm/*27x63in* Hong Kong 96
SUN YUNTAI 1913 **[1]**
   $7 430 FF37 000 £4 730 Spring landscape Oil/canvas 49x65cm/*19x25in* Taipei, Taiwan 95
SUNDBERG Alan XX **[3]**
   $1 239 FF7 370 £768 Komposition Watercolour 24,5x35cm/*9x13in* München 97
SUNDBERG Fanny 1861-1926 **[1]**
   $4 580 FF22 900 £2 994 Coastal landscape with sailing boat Oil/canvas 80x149cm/*31x58in* Stockholm 95
SUNDBLOM Haddon Hubbard 1899-1976 **[13]**
   $4 000 FF23 282 £2 465 Kids and Chickens in Farmyard Oil/canvas 71x58cm/*28x23in* New-York 97
SUNDELL Thure 1864-1924 **[2]**
   $10 511 FF62 059 £6 221 Rocky coastal landscape Oil/canvas 68x156cm/*26x61in* Helsinki 97
SUNDERLAND Thomas 1744-1828 **[12]**
   $1 088 FF6 518 £650 Lowther Castle, Near Penrith, Cumbria Pencil 19,5x28,5cm/*7x11in* London 98
SUNDERLAND Thomas (Attrib.) 1744-1828 **[1]**
   $1 046 FF6 368 £640 Extensive Estuary Landscape with Figures in the Foreground Watercolour 33x46cm/*12x18in* Bath 98
SUNDT-HANSEN Carl Frederik 1841-1907 **[3]**
   $4 983 FF30 275 £3 000 La Flagellation Oil/canvas 85x72cm/*33x28in* London 98
SUÑER Francisco 1925 **[4]**

☞ *$1 182 FF6 020 £710* Dos figuras femeninas Oleo/lienzo 73x60cm/*28x23in* Madrid 96
SUNESSON Stina 1925 **[7]**
✍ *$1 432 FF8 289 £881* "Om Våren" Aquarelle/vélin 19,5x23,5cm/*7x9in* Stockholm 97
SUÑOL MUÑOZ RAMOS Alvar 1935 **[65]**
☞ *$2 340 FF12 030 £1 458* El Verano Técnica mixta/cartón 57x66cm/*22x25in* Madrid 96
🗀 *$300 FF1 518 £197* Human nature III Color lithograph 67x50cm/*26x20in* Tarzana, CA 96
✍ *$990 FF5 925 £600* Composición con cabezas femeninas Ceramic 65x50x11cm/*25x19x4in* Barcelona 97
SUNTACH Antonio 1744-1828 **[1]**
🗀 *$1 500 FF7 660 £988* The angler's repast/A party angling, after G. Morland Engraving 31x39cm/*12x15in* Dedham, Mass. 96
SUNYER DE MIRO Joaquín 1875-1956 **[60]**
☞ *$4 833 FF30 000 £2 898* Paris le Louvre, place des Pyramides Huile/carton 24x33cm/*9x12in* Paris 98
☞ *$16 600 FF82 700 £10 860* Muchacha dormida Oleo/lienzo 60x72cm/*23x28in* Madrid 95
✍ *$1 632 FF9 528 £960* Dos muchachas Carboncillo 64x49cm/*25x19in* Barcelona 97
SUPONO O.H. 1937 **[1]**
☞ *$5 230 FF25 970 £3 310* Istirahat: resting (Indonesia) Oil/canvas 100x90,5cm/*39x35in* Singapore 95
SUPPANTSCHITSCH Max 1865-1953 **[25]**
☞ *$2 572 FF15 267 £1 596* Ruine Dürnstein, Wachau Mischtechnik/Karton 55x46,5cm/*21x18in* Wien 97
☞ *$5 586 FF33 362 £3 423* Blick in einen Wachauer Innenhof Öl/Karton 37x32cm/*14x12in* Wien 98
✍ *$2 190 FF10 980 £1 386* Dürnstein Watercolour 19,5x13,5cm/*7x5in* Wien 95
SUPPARO Ange 1870-? **[1]**
✍ *$1 744 FF10 596 £1 050* A Woman smoking Watercolour/paper 52x40cm/*20x15in* London 98
SURAND Gustave 1860-1937 **[26]**
☞ *$11 707 FF71 000 £6 950* Tigre couché Huile/toile 59x79cm/*23x31in* Moulins 98
SURAUD Roger 1938 **[7]**
☞ *$5 722 FF35 000 £3 395* Violon Huile/toile 61x50cm/*24x19in* Dijon 98
SURBEK Victor 1885-1975 **[77]**
☞ *$753 FF3 870 £470* Stilleben mit Äpfeln, Nüssen, Kastanien Huile/panneau 24x38,5cm/*9x15in* Bern 96
☞ *$1 216 FF7 223 £742* Berner Landschaft Oil/canvas 61x72cm/*24x28in* Bern 98
🗀 *$119 FF611 £74* Die Allee Estampe 48x62cm/*18x24in* Bern 96
✍ *$355 FF2 062 £210* Baumstämme vor Schreinerei Indian ink/paper 47x61cm/*18x24in* Bern 97
SURDI Luigi 1897-1959 **[24]**
☞ *$1 320 FF7 480 £660* Foro romano, il tempio di Giove Olio/tavola 56x35,5cm/*22x13in* Roma 97
SUREAU XIX-XX **[8]**
☞ *$2 809 FF16 000 £1 724* Nature morte aux fruits et aux oiseau reposant sur un entablement Huile/toile 37x46cm/*14x18in* Saint-Germain-en-Laye 97
SURÉDA André 1872-1930 **[77]**
☞ *$2 860 FF14 000 £1 810* Jeune femme Huile/papier/toile 48x61cm/*18x24in* Paris 95
✍ *$1 437 FF7 500 £868* Deux jeunes femmes arabes Pastel 56x38cm/*22x14in* Paris 96
SURIE Jacoba 1879-1970 **[33]**
☞ *$408 FF2 498 £243* A dead canary Oil/cardboard 26x21cm/*10x8in* Amsterdam 98
☞ *$1 803 FF11 031 £1 108* A Still Life Oil/canvas 60x45cm/*23x17in* Amsterdam 98
✍ *$1 035 FF5 896 £642* A Japonese girl wearing a kimono Watercolour/paper 20x14cm/*7x5in* Amsterdam 97
SURIKOV Vasilii Ivanovich 1848-1916 **[9]**
☞ *$22 800 FF114 000 £15 000* A fisherman asleep in his boat Oil/canvas 28,5x50cm/*11x19in* London 95
☞ *$41 700 FF218 600 £25 000* Study for "Yermak's Conquest of Siberia" Oil/paper/canvas 36x63cm/*14x24in* London 96
SURREY Phillip Henry Howard 1910-1990 **[25]**
☞ *$1 405 FF9 220 £904* Tarrapin Tavern Huile/isorel 40x31cm/*15x12in* Montréal 95
☞ *$2 214 FF11 460 £1 416* Scène de ville Huile/panneau 41x51cm/*16x20in* Montréal 96
✍ *$665 FF3 220 £427* Le kiosque Pastel 20x25cm/*7x9in* Toronto 95
SURTEL Paul 1893-1985 **[43]**
☞ *$810 FF4 700 £478* Place à orange Huile/isorel 31x39cm/*12x15in* Paris 97
☞ *$1 762 FF9 000 £1 160* Maison en Provence Huile/toile 46x55cm/*18x21in* Grenoble 96
SURUGUE de Pierre Louis 1710-1772 **[4]**
🗀 *$345 FF1 800 £205* L'Antiquaire, d'après Chardin Eau-forte 30,3x23,3cm/*11x9in* Paris 96

S

SURUGUE DE SURGIS de Louis 1686-1762 **[2]**
  $1 014 FF5 210 £632 Escenas de batalla de la Escalera de Versalles Grabado 51x37cm/*20x14in* Madrid 96
SURVAGE Léopold 1879-1968 **[592]**
  $656 FF4 000 £398 Portrait de Pauline Huile/toile 55x46cm/*21x18in* Paris 98
  $1 772 FF10 000 £1 086 Composition aux personnages et aux mains Huile/panneau 34x41,5cm/*13x16in* Paris 97
  $16 440 FF100 000 £10 080 Adoration au soleil Huile/toile 150x174cm/*59x68in* Paris 98
  $117 FF600 £71 Composition aux poissons Lithographie couleurs 33x25cm/*12x9in* Quimper 96
  $488 FF3 000 £292 Femme assise Crayon/papier 19x24,5cm/*7x9in* Paris 98
SÜS Gustav 1823-1881 **[12]**
  $1 748 FF10 738 £1 048 Stehende Küken mit Eierschale/Stehendes und liegendes Küken Oil/wood 24x19cm/*9x7in* Köln 98
  $212 FF1 212 £130 Illustration zu einem Kindergedicht Ink 20x14,5cm/*7x5in* Köln 97
SUSENIER Abraham c.1620-c.1670 **[3]**
  $28 316 FF163 776 £17 000 Still Live with Roemer, Grapes, Pelled Lemon on a Pewter plate Oil/panel 33,5x52cm/*13x20in* London 97
SUSINI Antonio c.1550-1624 **[2]**
  $140 000 FF691 000 £90 500 Portrait bust of Giambologna Bronze H9,2cm/*H3in* New-York 96
SÜSS Josef Johann 1857-1937 **[14]**
  $894 FF4 410 £581 Lesende Bäuerin Öl/Karton 23x18,5cm/*9x7in* Wien 95
  $1 986 FF9 800 £1 290 Reclining female nude Oil/canvas 50x100cm/*19x39in* Wien 95
SUSTERMANS Justus 1597-1681 **[5]**
  $7 734 FF45 954 £4 600 Portrait of a young gentleman wearing a black doublet Oil/canvas 101x79,5cm/*39x31in* London 97
SUSTERMANS Justus (Attrib.) 1597-1681 **[9]**
  $3 116 FF15 960 £2 000 Portrait of a Lady, bust-length, in a red embroidered dress Oil/canvas 6x55cm/*2x21in* London 96
  $4 035 FF25 000 £2 410 Une mère et sa famille regardant un portrait en miniature Huile/toile 80x95cm/*31x37in* Paris 98
SUSTRIS Friedrich c.1540-1599 **[8]**
  $650 FF3 390 £380 Ein römischer Krieger mit Bogen Ink/paper 17,4x10,3cm/*6x4in* Berlin 96
SUSTRIS Lambert (Attrib.) 1515/16-c.1595 **[3]**
  $21 084 FF120 000 £13 044 Femme allongée dans un paysage Huile/toile 110x138,5cm/*43x54in* Paris 97
SUTCLIFFE Frank Meadow 1853-1941 **[45]**
  $1 200 FF6 200 £768 water rats, Whitby, England Albumen print 15x20cm/*6x8in* New-York 96
SUTCLIFFE John E. ?-1923 **[4]**
  $1 840 FF11 234 £1 100 Finishing Touches Watercolour 33x26,5cm/*12x10in* London 98
SUTCLIFFE Lester XIX-XX **[15]**
  $252 FF1 532 £150 Dock Scene by Moonlight Charcoal/paper 48x27cm/*19x11in* Aylsham, Norfolk 98
SUTER Ernst 1904-1987 **[2]**
  $3 650 FF18 900 £2 370 Stehende Bronze H73cm/*H28in* Zürich 96
SUTER Jakob 1805-1874 **[13]**
  $2 723 FF15 686 £1 600 Figures Reaping in a Bavarian Landscape Watercolour 35x52,5cm/*13x20in* London 97
SUTHERLAND Graham Vivian 1903-1980 **[395]**
  $9 620 FF49 500 £6 000 Daturas I Oil/canvas 26,5x22,5cm/*10x8in* London 96
  $30 240 FF157 000 £20 000 Palm Tree Oil/canvas 65x55cm/*25x21in* London 96
  $336 FF2 062 £209 Floral Still Life Lithograph 65x50cm/*25x19in* Melbourne 97
  $3 975 FF23 552 £2 400 Machine Form Mixed media/paper 44,5x29cm/*17x11in* London 97
SUTHERLAND Thomas c.1785-? **[9]**
  $370 FF1 916 £240 Preparing to Start, Ascot Heath, after Henry Alken Etching 26x71cm/*10x27in* London 96
SUTHERS Leghe 1856-1924 **[6]**
  $20 130 FF104 200 £13 000 Musicians outside an Inn Oil/canvas 107x191cm/*42x75in* London 96
SUTKOVSKI Rufin Gaurilovitch 1850-1885 **[1]**
  $7 048 FF40 208 £4 305 Approaching storm Oil/canvas 80x120cm/*31x47in* Helsinki 97
SUTNAR Ladislaw 1897-1969 **[2]**
  $9 200 FF53 550 £5 670 "Vystava Moderniho Obchodu" Poster 62,5x47,5cm/*24x18in* New-York 97

STOITZNER Walter 1889-1921 **[4]**

  $4 440 FF25 160 £2 960 Grande natura morta con uva e melagrani Olio/tela 73x100cm/*28x39in* Trieste 97

STOJANOW C. Pjotr 1887-? **[9]**

  $3 947 FF23 466 £2 415 Brautfahrt im Schnee Öl/Leinwand 89x124cm/*35x48in* Köln 97

STOK van der Jacobus 1794-1864 **[9]**

  $18 000 FF102 330 £11 021 View of Utrech Oil/panel 49,5x40,5cm/*19x15in* New-York 97

  $18 511 FF107 881 £11 404 Ijsgezicht met figuren rond een koek-en-zopie Oil/panel 24,5x31,5cm/*9x12in* Den Haag 97

STOKELD James 1827-1877 **[5]**

  $3 447 FF20 579 £2 114 When the boat comes in - interiör med fiolspelande man Oil/canvas 74x90cm/*29x35in* Stockholm 98

STOKES Adrian 1902-1972 **[13]**

  $393 FF2 427 £242 River Landscape, Pyranees Oil/panel 22x17,5cm/*8x6in* London 98

STOKES Adrian Scott 1854-1935 **[16]**

  $570 FF3 456 £350 Moored Punts on a River Oil/canvas/board 25,5x35,5cm/*10x13in* London 98

  $4 477 FF27 472 £2 788 Small Structures, Sanary Oil/canvas 72x59,5cm/*28x23in* Melbourne 97

STOKES Constance 1906 **[3]**

  $5 590 FF32 652 £3 308 Portrait of a Woman Oil/board 95x60cm/*37x23in* Melbourne 97

STOKES George Vernon 1873-1954 **[24]**

  $1 082 FF5 540 £720 Airedale Terriers Oil/canvas/board 28x38cm/*11x14in* London 96

  $256 FF1 310 £170 The Irish Setter Etching 23,5x28,5cm/*9x11in* London 96

  $302 FF1 827 £190 The Windmill Watercolour/paper 22x32cm/*8x12in* Glasgow 97

STOLIZA Ewgenij Iwanowitsch 1870-1929 **[3]**

  $5 450 FF28 300 £3 576 On the beach Oil/canvas/panel 32,5x49cm/*12x19in* Warszawa 96

STOLKER Jan 1724-1785 **[12]**

  $10 114 FF61 958 £6 110 Eisläufer vor den Mauern einer Stadt Oil/panel 23x31cm/*9x12in* Wien 98

  $3 042 FF17 414 £1 797 A young woman holding a candle and leaning out of a window at night Watercolour 34,5x30cm/*13x11in* Amsterdam 97

STOLL Fredy B. XIX-XX **[2]**

  $2 900 FF15 000 £1 870 Homme accompagné de deux femmes Bronze H63cm/*H24in* Paris 96

  $9 950 FF52 000 £5 920 Le rapt Bronze H100cm/*H39in* Paris 96

STOLL van Leopold c.1810-1874 **[17]**

  $745 FF3 850 £481 Still life with grapes Oil/canvas 40x31,5cm/*15x12in* Wien 96

  $5 237 FF30 505 £3 200 Mixed summer flowers in a vase on a ledge with fruit Oil/canvas 68x55,2cm/*26x21in* London 97

STOLTZ Heinrich **[4]**

  $498 FF2 964 £300 The Empty Bowl Pastel/paper 35,5x26cm/*13x10in* London 97

STOLZ Albert 1875-? **[5]**

  $750 FF3 790 £485 "Rathauskeller der Stadt Dozen Sudtirol" Poster 108x80cm/*42x31in* New-York 96

STOLZ Erwin 1896-1987 **[25]**

  $824 FF4 760 £489 Die Blüte Indian ink/paper 39,5x29,5cm/*15x11in* Wien 97

STOLZ Viktor O. 1874-1955 **[2]**

  $2 530 FF14 726 £1 559 "Winterfahrt, Garmisch, Partenkirchen" Poster 58,5x88cm/*23x34in* New-York 97

STOM Antonio (Attrib.) c.1688-1734 **[2]**

  $3 330 FF20 000 £2 020 Cavaliers Turcs prenant une position d'artillerie Huile/toile 50x66cm/*19x25in* Paris 98

STOM Antonio, Tonino c.1688-1734 **[2]**

  $31 006 FF185 000 £18 703 Vue imaginaire de la lagune à Venise Huile/toile 85x118,5cm/*33x46in* Troyes 97

  $66 000 FF374 000 £44 000 Battaglia Olio/tela 150x200cm/*59x78in* Roma 97

STOMER Mathäus I c.1600-c.1660 **[21]**

  $60 128 FF349 387 £37 000 Christ Captured Oil/canvas 72x84cm/*28x33in* London 97

STOMER Mathäus II 1649-1702 **[2]**

  $46 642 FF281 663 £28 000 The Siege of Vienna with Turks Fighting Christian Forces Oil/canvas 132x182cm/*51x71in* London 98

STOMME de Maërten Boelema c.1620-c.1670 **[4]**

⊂ঐ $65 000 FF386 444 £40 267 A Breakfast still Life of a Fish on a Pewter Dish Oil/panel 48x64cm/*18x25in* New-York 97
STOMPS Louise, Inge 1900-1988 **[5]**
✎ $578 FF3 308 £360 "Empfängnis" Felt pen 29,5x21cm/*11x8in* München 97
STONE Cami 1892-1975 **[6]**
📷 $363 FF2 179 £217 Blechspielzeug Tankstelle Photograph 14x20cm/*5x7in* München 98
STONE Marcus C. 1840-1921 **[39]**
⊂ঐ $4 800 FF24 930 £3 175 Flirting in the courtyar Oil/panel 51x58cm/*20x23in* Chicago, Illinois 96
⊂ঐ $4 732 FF27 105 £2 800 James Watt discovering the Condensation of Stream, a finished Study Oil/panel 28x23cm/*11x9in* London 97
⊂ঐ $20 000 FF113 700 £12 246 Edward II and his Favorite, Piers Gaveston Oil/canvas 122x213cm/*48x83in* New-York 97
✎ $820 FF5 036 £511 Freedom Watercolour/paper 25x20,5cm/*9x8in* Melbourne 97
STONE Robert XIX-XX **[15]**
⊂ঐ $8 500 FF44 400 £5 140 The Meet/Tally-ho/Full Cry/The Kill Oil/panel 16x31,5cm/*6x12in* New-York 96
STONE Rudolph XIX-XX **[30]**
⊂ঐ $3 970 FF20 120 £2 600 Over the Ditch/Over the Fence/In Full Cry/Tally Ho! Oil/panel 11x25,5cm/*4x10in* London 96
STONE Sasha, S. Steinsapir 1895-1940 **[28]**
📷 $381 FF2 224 £234 René Sintenis mit Skulptur Gelatin silver print 14,5x15,5cm/*5x6in* Hamburg 97
STONE Thomas Albert, Tom 1894-1978 **[15]**
⊂ঐ $375 FF1 920 £228 Artist and wife Oil/paper 25x30cm/*9x11in* Calgary, Alberta 96
STONES Elsie Margaret 1920 **[6]**
✎ $847 FF5 090 £506 Botanical Study Watercolour/paper 17,5x12cm/*6x4in* Melbourne 98
STONES Emily R. XIX-XX **[2]**
✎ $999 FF6 165 £600 Reflections Watercolour/paper 22,5x38,5cm/*8x15in* Salisbury, Wiltshire 98
STOOP Dirck 1610-1686 **[22]**
⊂ঐ $9 530 FF49 400 £6 380 A Page watering a Grey outside a Tavern Oil/panel 33,5x47,5cm/*13x18in* Amsterdam 96
⊂ঐ $11 415 FF65 340 £6 743 An Italianate Landscape with a Rider passing Peasants and Animals Oil/panel 46,5x64cm/*18x25in* Amsterdam 97
▥ $479 FF2 800 £283 Suite de "Douze chevaux" Eau-forte 14,5x19cm/*5x7in* Paris 97
✐ $451 FF2 699 £276 Skizzenblatt mit rastenden Bauern Chalks 20x28,5cm/*7x11in* München 98
STOOP Dirck (Attrib.) 1610-1686 **[7]**
⊂ঐ $3 091 FF17 919 £1 826 Scène de Camp Huile/panneau 47x64cm/*18x25in* Bruxelles 97
⊂ঐ $3 369 FF19 568 £2 058 Elegante Gesellschaft mit Falknerin in südlicher Landschaft Oil/panel 33,2x44cm/*13x17in* Lindau 97
STOOPENDAAL Georg 1866-1953 **[25]**
⊂ঐ $1 256 FF7 301 £742 Flygande änder Oil/canvas 29x38cm/*11x14in* Stockholm 97
STOOPENDAAL Mosse 1901-1948 **[344]**
⊂ঐ $731 FF3 780 £489 "Kaja" Oil/canvas 42x36cm/*16x14in* Göteborg 96
⊂ঐ $1 531 FF8 914 £944 Lyftande änder Oil/canvas 36x50cm/*14x19in* Malmö 97
⊂ঐ $4 320 FF22 560 £2 573 Havstrutar Oil/canvas 96x151cm/*37x59in* Stockholm 96
✐ $834 FF4 981 £509 Fällande gräsänder Watercolour/paper 27x43cm/*10x16in* Stockholm 98
STOOPENDAEL Daniel 1672-1726 **[3]**
▥ $816 FF4 225 £523 Afbeeldinge van de wydvermaarde... Etching 51,5x60cm/*20x23in* Amsterdam 96
STOOPS Herbert Morton 1887-1948 **[23]**
⊂ঐ $2 000 FF10 350 £1 337 Standing cowboy amidst horses in corral Oil/masonite 49x28cm/*19x11in* New-York 96
⊂ঐ $3 250 FF16 830 £2 173 Crowd on riverbank as paddle-wheeler passes, for "American Legion" Oil/canvas 91x101cm/*36x40in* New-York 96
STOOTER Cornelis L. (Attrib) c.1600-1655 **[1]**
⊂ঐ $8 450 FF43 300 £5 430 Fischerboote auf bewegter See Öl/Leinwand 47x74,5cm/*18x29in* Wien 96
STOOTER Cornelis Leonardsz c.1600-1655 **[3]**
⊂ঐ $36 845 FF218 010 £22 172 A Smalship Running Before the Wind Offshore Oil/panel 39x49,5cm/*15x19in* Amsterdam 98
STORCH Anton 1892-1979 **[11]**

*$686 FF4 101 £420 Pheasants in a Woodland Watercolour/paper 24x15cm/*9x5in* Billingshurst, West Sussex 98
STIRLING Glen XX **[6]**
*$2 500 FF14 442 £1 484 Saint Émilion Oleo/lienzo 4,5x5,5cm/*1x2in* Buenos Aires 97
STIRNBRAND Franz Seraph 1788-1882 **[13]**
*$2 841 FF16 784 £1 765 Halbfigurenportrait der Königin Charlotte Mathilde von Württemberg Öl/Leinwand 84x67cm/*33x26in* Stuttgart 97
STIRNER Karl 1882-1943 **[22]**
*$1 504 FF8 786 £923 Biskra, Aurosgebirge/Wüste mit Gebirgskette/Florenz Sta. Ma. Novella Tempera 7,3x23,6cm/*2x9in* Köln 97
*$221 FF1 128 £141 Bei der Arbeit Woodcut 11x15cm/*4x5in* Radolfzell 96
STIVERS Don 1926 **[4]**
*$4 500 FF23 445 £2 830 Free Trapper Oil/canvas 58x63cm/*23x25in* Scottsdale, Arizona 96
STOBART John XX **[9]**
*$33 326 FF203 210 £20 000 Thames Scene with Tower Bridge Oil/canvas 49x74cm/*19x29in* Dorking, Surrey 98
*$450 FF2 681 £279 George Town Engraving 53x71cm/*21x28in* San Rafael, CA 97
STOBBAERTS Jan 1838-1914 **[25]**
*$640 FF3 900 £393 Vue d'une fermette Huile/panneau 26x37cm/*10x14in* Antwerpen 98
*$2 730 FF16 260 £1 670 Intérieur d'étable à Nosseghem Huile/panneau 45x58cm/*17x22in* Bruxelles 98
STOBBAERTS Pieter 1865-1948 **[49]**
*$272 FF1 340 £177 Maisons près du lac Huile/panneau 26x34cm/*10x13in* Bruxelles 95
STÖBE Erhard 1943 **[5]**
*$271 FF1 668 £165 "Syrische Landschaft" Aquarell/Papier 42,5x56,5cm/*16x22in* Wien 98
STOBWASSER Gustav 1816-1898 **[3]**
*$737 FF4 350 £436 Ein junge Mutter betrachtet ihre beiden Kinder beim Spiel Watercolour 16,5x18cm/*6x7in* Berlin 97
STOCK Edith A. XIX-XX **[8]**
*$480 FF2 985 £290 Coastal Scene with Castle in Background and Fisher Folk to the Fore Watercolour/paper 23x33cm/*9x13in* Birmingham 98
STOCK Henry John 1853-1931 **[15]**
*$1 500 FF8 705 £925 In the Night Watercolour 37x43cm/*14x17in* New-York 97
STOCK Henry W. 1825-1909 **[6]**
*$420 FF2 462 £260 Windermere rectory Watercolour 28x28cm/*11x11in* London 97
STOCK Joseph Whiting 1815-1855 **[9]**
*$32 000 FF185 616 £18 915 John and Albert Pardee Oil/canvas 119x104cm/*47x41in* New-York 97
STOCK Joseph Whiting (Att) 1815-1855 **[3]**
*$15 000 FF91 968 £9 177 Portrait of a Child Wearing a Blue Dress Oil/canvas 54,5x67cm/*21x26in* New-York 98
STOCK van der Pieter Willemsz. c.1610-c.1660 **[3]**
*$13 000 FF64 200 £8 400 Elegant figures playing backgammon at a table in the hall of a mansion Oil/panel 33x43cm/*12x16in* New-York 96
*$24 000 FF132 523 £14 976 A king greeting a young Gentleman and his companions in the loggia Oil/canvas 77x125,5cm/*30x49in* New-York 97
STOCKER Hans 1896-1983 **[23]**
*$91 FF538 £54 Barke 488 Woodcut 61x46cm/*24x18in* Zofingen 97
STOCKHOLDER Jessica 1958 **[4]**
*$6 500 FF37 768 £3 837 Madonna and Child Construction 124,5x56x51cm/*49x22x20in* New-York 97
STÖCKLER von Emanuel Ritter 1819-1893 **[3]**
*$9 007 FF52 281 £5 500 La chambre du Roi à Versailles Watercolour/paper 45x59,5cm/*17x23in* London 97
STÖCKLI Paul 1906-1992 **[56]**
*$2 866 FF16 915 £1 755 Tagebuchblatt Mischtechnik/Karton 100,5x70,5cm/*39x27in* Luzern 98
*$208 FF1 075 £134 Beim Fischverkäufer Eau-forte 29x23cm/*11x9in* Zofingen 96
*$367 FF1 902 £237 Im Hafen Aquarell 36x54cm/*14x21in* Zofingen 96
STÖCKLIN Christian 1741-1795 **[19]**
*$11 270 FF57 700 £7 230 Church interior Oil/panel 25x27,5cm/*9x10in* Wien 96

STÖCKLIN Christian (Attrib.) 1741-1795 [4]
  $3 358 FF20 107 £2 062 Kircheninterieur Oil/wood 28,6x38cm/*11x14in* Köln 98
STÖCKLIN Niklaus. 1896-1983 [2]
  $5 154 FF26 715 £3 347 "Am Lindenberg" Watercolour 29x41cm/*11x16in* Luzern 96
STOCKMANN Hermann 1867-1938 [13]
  $2 714 FF16 069 £1 611 Nach dem Regen Öl/Karton 37,5x52cm/*14x20in* Dresden 97
STOCKS Arthur 1846-1889 [4]
  $4 580 FF22 830 £3 000 Waking up baby Oil/panel 51x62cm/*20x24in* London 95
STOCKS Walter Fryer 1842-1915 [36]
  $394 FF1 920 £250 Warwick Castle Watercolour 21x33cm/*8x12in* London 95
STOCQUART Ildephonse 1819-1899 [16]
  $3 947 FF23 466 £2 415 Ländliche Idylle Oil/panel 40x52cm/*15x20in* Köln 97
STODDARD Alice Kent 1885/93-1976 [7]
  $2 800 FF16 726 £1 712 Portrait of a Girl in Red Oil/canvas 76x63cm/*30x25in* Dedham, Mass. 98
STOëBEL Edgar 1909 [45]
  $417 FF2 500 £249 Le moulin de la Galette Huile/toile 55x46cm/*21x18in* Troyes 98
  $357 FF2 189 £220 A Nude Carrying a Spray of Berries Pastel/paper 45,5x38cm/*17x14in* London 98
STOECKLIN Niklaus 1896-1982 [158]
  $5 947 FF30 825 £3 862 Stilleben mit Erdbeeren, Wasserglas und Buch Oil/panel 24,4x21,6cm/*9x8in*
Luzern 96
  $12 737 FF76 366 £7 666 Smaragdeideschsen Öl/Karton 40x57,5cm/*15x22in* Zürich 98
  $270 FF1 572 £167 Schmetterling Farblithographie 24,5x35cm/*9x13in* Zürich 97
  $1 315 FF8 133 £783 Pyramide Aquarelle 24,5x33,5cm/*9x13in* Zürich 98
STOFFE van der Jan Jansz. 1611-1682 [18]
  $1 991 FF12 197 £1 192 A Hunting Party in a Landscape Oil/copper 29,5x24cm/*11x9in* Amsterdam 98
  $5 305 FF31 651 £3 200 A Cavalry Skirmish Oil/panel 31,5x54cm/*12x21in* London 97
STOFFERS Elizabeth 1881-1971 [4]
  $746 FF3 910 £449 Untitled/Untitled Pastel/paper 17x26cm/*6x10in* Amsterdam 96
STOHL Michael 1813-1881 [17]
  $2 968 FF17 482 £1 832 The Immaculate Conception, after Bartolomé Esteban Murillo Watercolour
64x47cm/*25x18in* Amsterdam 97
STOHNER Karl 1894-1957 [10]
  $766 FF4 378 £469 Kiste mit Osbt Öl/Leinwand 67x56cm/*26x22in* München 97
STÖHR Ernst 1860-1917 [21]
  $2 254 FF13 400 £1 396 Spaziergänger Öl/Leinwand 100x65cm/*39x25in* Stuttgart 97
  $2 460 FF14 334 £1 512 Dorflandschaft Oil/panel 16x26cm/*6x10in* Wien 97
STÖHRER Walter 1937 [115]
  $1 743 FF8 580 £1 123 Ohne Titel Oil 34,5x24,5cm/*13x9in* Köln 95
  $2 475 FF14 649 £1 520 Komposition Oil 44,3x62,3cm/*17x24in* München 98
  $27 071 FF155 406 £16 504 Schattenfresser No. III Mixed media/canvas 200x250cm/*78x98in* Berlin 97
  $255 FF1 506 £151 Ohne Titel Etching, aquatint in colors 48,9x39,5cm/*19x15in* Berlin 97
  $7 860 FF40 700 £5 080 Blut und Staub, ein Würfel Milch, ein Würfel Reinen Wassers Gouache
75x112cm/*29x44in* Berlin 96
STOITZNER Constantin c.1890-1921 [7]
  $1 600 FF9 506 £976 For Body and Soul Oil/canvas 48x30cm/*19x12in* New-York 98
  $2 948 FF17 142 £1 800 The Winning Hand Oil/canvas 52,5x42cm/*20x16in* London 97
STOITZNER Egon 1903-1977 [8]
  $1 992 FF9 980 £1 260 Mountainous landscape Oil/canvas 85x109cm/*33x42in* Wien 95
STOITZNER Josef 1884-1951 [76]
  $13 312 FF80 484 £7 972 Blumenstilleben Öl/Karton 60x37cm/*23x14in* München 98
  $29 600 FF154 500 £17 600 Herbstabend auf Thomasberg bei Edlitz Öl/Leinwand 145x124cm/*57x48in*
Wien 96
  $319 FF1 904 £191 Baum im Winter Woodcut in colors 30x34cm/*11x13in* Wien 98
  $1 764 FF10 491 £1 062 "Altes Wacht-Haus in Weikartsschlag" Aquarell 23x18cm/*9x7in* Wien 98
STOITZNER Konstantin 1863-1934 [66]
  $1 250 FF7 221 £742 For Body and Soul Oil/canvas 47x31cm/*18x12in* Florida 97
  $1 654 FF9 616 £1 010 Flusslandschaft Öl/Karton 46x63,5cm/*18x25in* Wien 97
  $7 800 FF40 680 £4 560 Panoramaansicht von Wien Oil/Leinwand 87x325cm/*34x127in* München 96

SUTTER Conrad 1856-1926 **[1]**

✐ *$1 591 FF9 399 £988* Vielfigürliche Darstellung in mittelalterlichen Gewändern Ink 16x57cm/*6x22in* Stuttgart 97

SUTTER de Jules 1895-1970 **[36]**

◠ *$1 662 FF9 762 £1 026* Kar en paard op het veld Oil/canvas 33x47cm/*12x18in* Lokeren 97

◠ *$2 312 FF13 795 £1 394* Besneewde hoeve Huile/toile 40x50cm/*15x19in* Lokeren 97

✐ *$433 FF2 596 £259* Modèle debout Pastel/papier 35x25cm/*13x9in* Antwerpen 98

SUTTERBY Rod 1955 **[4]**

✐ *$1 286 FF6 710 £850* Rainbow trout, Kamloops Lake, British Columbia Watercolour/paper 22x46cm/*8x18in* London 96

SUTTON John 1935 **[29]**

✐ *$368 FF1 840 £240* Morecombe Bay Watercolour 36x54cm/*14x21in* Billingshurst, West Sussex 96

SUTTON Philip 1928 **[50]**

◠ *$2 055 FF10 040 £1 300* The Starr House, Manorbier Oil/canvas 101x101cm/*39x39in* London 95

◠ *$3 131 FF19 080 £1 900* Yellow and Orange Wood Oil/canvas 127x101,5cm/*50x39in* London 98

SUVÉE Joseph Benoît 1743-1807 **[14]**

✐ *$2 400 FF14 732 £1 470* Seated Oriental, turned to the Left Black & white chalks/paper 44x33cm/*17x12in* New-York 98

SUVOROVA Anna 1925 **[8]**

◠ *$524 FF2 710 £350* In the classroom Oil/board 24x22cm/*9x8in* London 96

◠ *$3 590 FF18 600 £2 400* Girlfriends Oil/canvas 110x89cm/*43x35in* London 96

SUWEYNS Antoni XVIII **[2]**

◠ *$2 943 FF18 005 £1 800* A Fox with a Chicken Snarling at a Cat Oil/panel 70,5x98cm/*27x38in* London 98

SUYCKER Reyer Clae. (Attrib) XVII **[3]**

◠ *$5 256 FF31 120 £3 121* Flusslandschaft mit Bauergehöft und Fischern Oil/panel 30x44cm/*11x17in* Zürich 97

◠ *$25 186 FF151 000 £15 220* Paysage fluvial avec cavalier et gentilhomme sur un chemin creux Huile/panneau 43,5x56,5cm/*17x22in* Paris 98

SUYCKER Reyer Claesz. XVII **[5]**

◠ *$9 250 FF54 000 £5 680* Personnage et cavalier dans un paysage fluvial Huile/panneau 43,5x57cm/*17x22in* Paris 97

SUYDERHOEF Jonas c.1613-1686 **[3]**

▥ *$1 190 FF6 949 £720* The Ratification of the Treaty of Munster Engraving 47x58,5cm/*18x23in* London 97

SUZOR-COTÉ Marc-Aurèle de Foy 1869-1937 **[156]**

◠ *$2 040 FF12 300 £1 234* Etude dans le parc du château de La Motte, France Oil/panel 27,5x20,5cm/*10x8in* Toronto 98

◠ *$14 840 FF77 500 £9 300* Marine, Little Métis, Québec Oil/canvas 74x93cm/*29x36in* Toronto 96

⚒ *$363 FF2 073 £221* "Notable d'Arthabaska" Bronze H15,3cm/*H6in* Montréal 97

✐ *$533 FF3 100 £317* Paysage Fusain/papier 9x11,5cm/*3x4in* Montréal 97

SVANBERG Max Walter 1912-1994 **[94]**

◠ *$2 325 FF13 921 £1 429* Imaginärt porträtt Mixed media 45,5x18,5cm/*17x7in* Stockholm 98

◠ *$2 325 FF13 921 £1 429* "Den besatta stjärnbildens lekande älsklingar" Mixed media 45,5x37cm/*17x14in* Stockholm 98

▥ *$169 FF1 011 £101* Imaginär blomning Color lithograph 15x20,5cm/*5x8in* Stockholm 98

✐ *$2 102 FF12 480 £1 283* Imaginistisk komposition Watercolour, gouache/paper 40x51cm/*15x20in* Malmö 98

SVEDBERG Lena 1946-1972 **[5]**

✐ *$1 108 FF6 624 £678* Variationer Pencil/paper 48x95cm/*18x37in* Stockholm 97

SVEDLUND Pelle 1865-1947 **[9]**

◠ *$1 771 FF10 337 £1 053* Promenad i parken Oil/canvas 97x80cm/*38x31in* Stockholm 97

SVEINSDOTTIR Juliana 1889-1966 **[12]**

◠ *$3 196 FF18 551 £1 971* Opstilling med skål med frugt og flaske Oil/canvas 56x65cm/*22x25in* København 97

SVENDSEN Svend 1864-1915 **[54]**

◠ *$900 FF4 671 £596* Evening im winter Oil/canvas 60x76cm/*24x30in* Cincinnati, Ohio 96

SVENSSON Christian Fredrik 1834-1909 **[5]**

S

   $2 300 FF11 920 £1 487 Marine with sailing ships Oil/canvas 82x127cm/*32x50in* Stockholm 96
SVENSSON Gunnar 1892-1977 **[36]**
   $646 FF3 867 £397 Gula tulpaner Oil/canvas 46x27cm/*18x10in* Stockholm 98
   $865 FF5 181 £532 Stilleben med kruxväxt och äpplen Oil/canvas 73x60cm/*28x23in* Stockholm 98
SVENSSON Roland 1910 **[66]**
   $1 692 FF8 610 £1 015 "Johns bod, Gillöga" Mixed media 28x28cm/*11x11in* Stockholm 96
   $18 032 FF107 940 £11 102 Januaridag Oil/panel 27,5x95cm/*10x37in* Stockholm 98
   $156 FF906 £96 Vinter i skärgården Color lithograph 53x41cm/*20x16in* Malmö 97
   $538 FF3 044 £329 Flaskskepp vid fönster Pastel/paper 10x16cm/*3x6in* Stockholm 97
SVENSSON Wiking 1915-1979 **[33]**
   $782 FF4 480 £477 Komposition Oil/canvas 61x50cm/*24x19in* Göteborg 97
SVERCHKOV Nikolai Egorovich 1817-1898 **[16]**
   $25 840 FF129 200 £17 000 The Coachman Oil/canvas 61x102cm/*24x40in* London 95
   $31 700 FF166 000 £19 000 The Race Oil/canvas 109x165cm/*42x64in* London 96
   $1 558 FF9 504 £950 The Weary Travellers Watercolour 32,5x49cm/*12x19in* London 98
SVERTSCHKOFF Nicolaj Gregorovitch 1817-1898 **[9]**
   $8 910 FF46 100 £5 750 Village in a winter landscape Oil/canvas 96x120cm/*37x47in* Stockholm 96
SWAGEMAKERS Theo 1898-1994 **[16]**
   $521 FF3 191 £320 A Pink and Orange Flower Bouquet Oil/canvas 50x40cm/*19x15in* Amsterdam 98
SWAGERS Frans 1756-1836 **[27]**
   $9 440 FF47 000 £6 010 Paysages avec troupeaux Huile/toile 61x80cm/*24x31in* Paris 95
SWAGERS Frans (Attrib.) 1756-1836 **[1]**
   $7 407 FF45 000 £4 459 Le repos des paysans à l'orée du bois Huile/toile 60x73cm/*23x28in* Paris 98
SWAINE Francis 1735-1782 **[43]**
   $6 250 FF32 400 £4 000 The Evening Gun/Vessels in a Calm Oil/panel 19x22cm/*7x8in* London 96
   $8 695 FF54 042 £5 200 British Men of War in Open Seas Oil/canvas 51x122,5cm/*20x48in* London 98
   $25 800 FF131 800 £17 000 A smack-rigged Yacht, a ketch-rigged yacht and rowing boats Oil/canvas 141x127cm/*55x50in* London 96
   $501 FF2 550 £300 Shipwrecked Ink 21x35cm/*8x13in* London 96
SWAMINATHAN Jagdish 1928 **[6]**
   $10 160 FF52 600 £6 500 Untitled Oil/canvas 124x124cm/*48x48in* London 96
   $12 291 FF73 385 £7 500 Mountain, Tree and Bird Oil/canvas 80x110cm/*31x43in* London 98
SWAN Cuthbert Edmund 1870-1931 **[35]**
   $500 FF3 003 £299 Leopard on a Branch Oil/canvas 35x25cm/*14x10in* Philadelphia 98
   $2 857 FF17 120 £1 704 Tigress & her Cubs Oil/canvas 38x56,5cm/*14x22in* Sydney 98
   $782 FF4 641 £463 Tiger resting Watercolour/paper 23x36,5cm/*9x14in* New-York 97
SWAN Douglas 1930 **[20]**
   $586 FF3 469 £360 Air bread Acrylic/canvas 40,5x40,5cm/*15x15in* München 98
   $388 FF2 267 £229 Ohne Titel Indian ink 66x48cm/*25x18in* Luzern 97

S

SWAN John Macallan 1847-1910 **[17]**
   $2 305 FF13 916 £1 400 Tigers Watercolour 27x38cm/*10x14in* Billingshurst, West Sussex 98
SWANE Christine 1876-1960 **[66]**
   $1 031 FF6 156 £618 Landskab fra Farum Oil/canvas 64x84cm/*25x33in* Vejle 98
   $176 FF1 054 £108 To kompositioner Ink/paper 23x17cm/*9x6in* København 98
SWANE Lars 1913 **[44]**
   $301 FF1 760 £178 Landsckab med udsigt over fjorden/Niels Th. Mortensen Oil/canvas 65x75cm/*25x29in* Vejle 97
SWANE Sigurd 1879-1973 **[173]**
   $263 FF1 327 £173 Portrait of Gudrun Oil/canvas 45x55cm/*17x21in* København 96
   $513 FF2 640 £328 "Kullen" Oil/canvas 29x49cm/*11x19in* København 96
   $1 800 FF10 600 £1 111 Landevej gennem sommerlandskab Oil/canvas 120x133cm/*47x52in* Köbonhavn 97
   $182 FF1 056 £107 Hvilende model Pencil/paper 29x22cm/*11x8in* København 97
SWANENBURGH Willem Isaaksz. I 1581/82-1612 **[7]**
   $236 FF1 412 £145 Saulux Rex Engraving 27x17cm/*10x6in* Haarlem 98
SWANEVELT van Hermann (Attrib.) 1600-1655 **[11]**
   $1 684 FF8 410 £1 100 Christ on the Road to Emmaus Oil/copper 18x26cm/*7x10in* London 95

$11 298 FF70 000 £6 748 Paysage boisé avec Diane et ses Nymphes Huile/toile 74x88cm/*29x34in* Paris 98
$966 FF6 000 £582 Moines sauvant un homme tombé sous un arbre Lavis 17x23,5cm/*6x9in* Paris 98
SWANEVELT van Hermann il Eremita 1600-1655 **[32]**
$9 287 FF57 046 £5 570 Italienische Flusslandschaft mit rastenden Wandern und zwei Packeseln Oil/canvas 67x77cm/*26x30in* Köln 98
$22 800 FF129 200 £15 200 Paesaggio con viandanti in sosta e pastore con gregge Olio/tela 103x135cm/*40x53in* Milano 97
$122 FF737 £74 Die Flucht aus Ägypten/Maria mit dem Kind Radierung 20x27cm/*7x10in* Pforzheim 98
$1 456 FF8 500 £880 Ruines animées Encre 18,5x30cm/*7x11in* Paris 97
SWANN James 1905-1985 **[11]**
$100 FF607 £60 Winter Etching 10x7cm/*4x3in* Shaker Heights, Ohio 98
SWANSON Mark 1969 **[3]**
$5 500 FF32 934 £3 379 Branding a Helfer Oil/canvas 10x76cm/*4x30in* Dallas, Texas 98
SWANSON Ray 1937 **[15]**
$550 FF3 293 £337 Pumpkins and Haystacks Acrylic/board 20x25cm/*8x10in* Summit, NJ 98
$10 500 FF59 795 £6 475 Watching the Young Ones Oil/canvas 101x76cm/*40x30in* Dallas, Texas 97
$3 800 FF21 640 £2 343 Cameron Goat Herder Watercolour/paper 50x25cm/*20x10in* Dallas, Texas 97
SWANWICK Betty 1915-1989 **[118]**
$916 FF4 570 £600 "Arcanum" Pencil 44x43cm/*17x16in* London 95
SWANWICK Harold 1866-1929 **[24]**
$638 FF3 797 £390 "On the Cliffs" Oil/board 30x39cm/*12x15in* Birmingham 98
$825 FF5 128 £520 A Jetty at Sunset Oil/canvas 41x45,5cm/*16x17in* London 97
$1 031 FF6 410 £650 Building the White Star 45 000 ton Leviathan Titanic at Belfast Gouache 27x37cm/*10x14in* London 97
SWANWICK Joseph Harold 1886-1929 **[5]**
$3 015 FF15 330 £1 800 Springtime Watercolour/paper 75x126cm/*29x49in* London 96
SWANZY Mary 1882-1978 **[28]**
$4 408 FF26 011 £2 700 Mountain and Sea Oil/canvas/board 33,5x42cm/*13x16in* London 98
$16 643 FF95 320 £10 160 Cubist Landscape with White Pillars Oil/canvas 41x64cm/*16x25in* Dublin 97
SWANZY Mary (Attrib.) 1882-1978 **[1]**
$9 740 FF50 900 £5 800 The String of Pearls Oil/canvas 54x46cm/*21x18in* London 96
SWARBRECK Samuel Dukinfield XIX **[6]**
$2 951 FF16 885 £1 800 The North Bridge and Part of the New and Old Towns, Edinburgh Lithograph 29,5x40,5cm/*11x15in* Glasgow 97
SWART VAN GRONINGEN Jan (Attrib.) 1469/95-1535 **[1]**
$1 895 FF9 640 £1 136 Mythological scene Ink 12x31cm/*4x12in* Amsterdam 96
SWARTZ Johan David 1678-1729 **[2]**
$140 717 FF803 992 £86 215 Porträtt av Karl XII Oil/canvas 84x66cm/*33x25in* Stockholm 97
SWATSLEY John 1937 **[2]**
$4 001 FF24 033 £2 400 Two Sulphur-Crested Cockatoos on a Branch Oil/canvas 51x61cm/*20x24in* London 98
SWEBACH Édouard B. 1800-1870 **[33]**
$4 264 FF24 752 £2 520 Die Rast Öl/Leinwand 32,5x40,5cm/*12x15in* Bern 97
$791 FF4 000 £519 Repos des soldats Aquarelle 20x28,5cm/*7x11in* Paris 96
SWEBACH Édouard B. (Attrib.) 1800-1870 **[4]**
$4 916 FF30 201 £2 949 Hirte mit Vieh vor einer Ruine Oil/canvas 45x34cm/*17x13in* Köln 98
SWEBACH-DESFONTAINES Jacques F.J(Attrib.) 1769-1823 **[13]**
$9 312 FF53 000 £5 761 Soldats traversant la campagne/La halte à l'abreuvoir Huile/panneau 16,5x20cm/*6x7in* Paris 97
$9 600 FF54 400 £4 800 Il ritorno dalla caccia Olio/tavola 38x55cm/*14x21in* Milano 98
SWEBACH-DESFONTAINES Jacques François J. 1769-1823 **[59]**
$3 816 FF20 000 £2 296 Dragons et fantassins/Dragons et villageoises Huile/panneau 16x22cm/*6x8in* Paris 96
$9 780 FF51 000 £6 460 Allégorie de la Peinture Huile/toile 96x114cm/*37x44in* Paris 96
$114 FF665 £70 Watering Horses after Hunting Wash 6x7cm/*2x2in* Newbury, Berkshire 97
SWEELINCK Gerrit Pietersz. 1566-c.1610 **[1]**

S

$32 675 FF193 336 £19 662 Judith showing the head of Holophernes to the people of Bethulia Oil/canvas 122,5x107,5cm/*48x42in* Amsterdam 98

SWEENEY Jan 1939 **[9]**
$1 430 FF6 900 £900 Running ostrich Bronze 41x48cm/*16x18in* London 95

SWEERTS Michele 1624-1664 **[12]**
$132 602 FF781 875 £78 500 Heraclitus Oil/canvas 79x65cm/*31x25in* London 97
$310 000 FF1 889 078 £188 852 Head of a Boy Oil/canvas 32x27,5cm/*12x10in* New-York 98
$3 500 000 FF19 337 150 £2 175 250 Plague in an Ancient City Oil/canvas 119x171cm/*46x67in* New-York 97

SWEERTS Michele (Attrib.) 1624-1664 **[7]**
$2 956 FF16 846 £1 811 Brustbild einer jungen Frau mit gelöstem Haar Öl/Leinwand 66x54cm/*25x21in* Köln 97

SWEET Walter Henry c.1860-c.1930 **[39]**
$471 FF2 460 £280 Buldleigh Salterton, Devon Watercolour 18x27,5cm/*7x10in* London 96

SWENSSON Christian Fredrik 1834-1909 **[25]**
$1 818 FF10 760 £1 117 Marin med ång-och segelfartyg Oil/canvas 38x68cm/*14x26in* Stockholm 98
$2 360 FF11 710 £1 503 Kustlandskap med segelfartyg Oil/canvas 44x33cm/*17x12in* Stockholm 95
$4 680 FF23 800 £2 796 Fishermen on the beach Oil/canvas 90x135cm/*35x53in* Stockholm 96

SWERTS de Jos 1890-1939 **[5]**
$235 FF1 171 £154 Nature morte Huile/toile 55x55cm/*21x21in* Bruxelles 95

SWETE John c.1752-1821 **[2]**
$1 614 FF9 841 £980 Mount Pleasant, Dawlish/Roman Arches, Teinbridge-Dawlish Church/.. Watercolour/paper 16,5x22cm/*6x8in* Exeter, Devon 98

SWIDDE Willem 1660-1697 **[1]**
$670 FF3 500 £400 "Stok-Holmia, Orientem Versus" Engraving 24,2x79cm/*9x31in* Stockholm 96

SWIE-THJING Siauw 1931 **[2]**
$6 980 FF34 600 £4 415 Houses on a hilly Sawah Oil/canvas/board 48x60cm/*18x23in* Singapore 95

SWIESZEWSKI Aleksander 1839-1895 **[18]**
$2 789 FF16 672 £1 707 Alpine landscape Oil/panel 15,5x32cm/*6x12in* Warszawa 97
$6 897 FF41 005 £4 272 Krajobraz Wiejski z Wiatrakiem Oil/canvas 55x101cm/*21x39in* Warszawa 97

SWIETEN van Joris c.1625-1661 **[1]**
$13 747 FF82 370 £8 200 A Self Portrait Showing the Artist Seated in a Studio Oil/panel 49x38,5cm/*19x15in* London 98

SWIFT Garth 1961 **[2]**
$1 747 FF8 440 £1 100 Heat and Dust Watercolour 51x71cm/*20x27in* London 95

SWIFT John Warkup 1815-1869 **[12]**
$4 568 FF27 290 £2 800 Running Inshore Oil/canvas 30x46cm/*11x18in* London 98
$2 765 FF16 933 £1 650 Shipping Off the North East Coast Watercolour/paper 30x45cm/*11x17in* Newcastle-upon-Tyne 98

SWIGGETT Jean Donald 1910 **[1]**
$2 500 FF14 943 £1 515 "Daybreak Ranch" Watercolour 53x91,5cm/*20x36in* San Francisco-Los Angeles 97

SWINDEN Albert 1901-1961 **[1]**
$2 500 FF14 836 £1 550 Untitled abstraction Gouache 43x35,5cm/*16x13in* New-York 97

SWING David 1864-1945 **[4]**
$3 300 FF19 689 £1 976 Hopi Land Oil/canvas 76x101cm/*30x40in* Vestal, NY 98

SWINNERTON James Guilford 1875-1974 **[26]**
$650 FF3 670 £395 Eucalyptus Landscape Oil/canvas/board 40x30cm/*16x12in* Altadena, CA 97
$3 749 FF22 412 £2 272 Smoke Trees in the Desert Oil/canvas 71x86,5cm/*27x34in* San Francisco-Los Angeles 97

SWINSTEAD George Hillyard 1860-1926 **[15]**
$763 FF4 424 £450 Portrait of a Seated Elderly Lady Oil/canvas 94x76cm/*37x29in* London 97

SWOBODA Edward 1814-1902 **[10]**
$4 734 FF28 584 £2 874 Der nachdenkliche Jäger Öl/Leinwand 78,5x63cm/*30x24in* Wien 98
$9 296 FF53 980 £5 678 Portrait zweier reizender junger Damen an einem Waldsteg Öl/Leinwand 147,5x117cm/*58x46in* Lindau 97

SWOBODA Rudolf 1819-1859 **[11]**
$2 790 FF14 450 £1 802 Weg am Bachufer mit figürlicher Staffage Öl/Leinwand 24x29cm/*9x11in* Wien 96

    $3 990 FF23 830 £2 445 Blick auf Neapel im Hintergrund der Vesuv Öl/Leinwand 39,5x96cm/*15x37in* Wien 98

SWOBODA Rudolf II 1859-1914 [8]
    $4 259 FF24 761 £2 600 An indian man wearing a Striped shawl and a turban Oil/panel 28x21,5cm/*11x8in* London 97

SWOBODA VON WIKINGEN Alexius Emmerich 1849-1920 [4]
    $76 300 FF390 000 £50 300 La favorite et sa servante Huile/toile 112x87cm/*44x34in* Paris 96

SWORD James Brade 1839-1915 [15]
    $1 016 FF6 060 £620 Portrait of a Terrier Oil/board 28x23cm/*11x9in* Chiddingfold, Surrey 98
    $8 500 FF49 304 £5 230 After the Hunt Oil/canvas 60x91cm/*24x36in* New-York 97

SWYNCOP Charles 1895-1970 [44]
    $948 FF5 677 £574 Le petit noeud bleu Huile/toile 45x37cm/*17x14in* Bruxelles 97

SWYNCOP Philippe 1878-1949 [44]
    $1 081 FF5 330 £699 Gitane Huile/toile 100x80cm/*39x31in* Bruxelles 96

SYBERG Anna L., née Hansen 1870-1914 [3]
    $4 723 FF28 195 £2 880 Blomstrende tulipaner Watercolour/paper 47x54,5cm/*18x21in* København 98

SYBERG Ernst 1906-1981 [78]
    $386 FF1 945 £253 Sommerlandskab Oil/canvas 32x48cm/*12x18in* København 96
    $396 FF2 296 £242 Villa Morris Vigne, Italien Oil/canvas 49x68cm/*19x26in* København 97

SYBERG Fritz 1862-1939 [123]
    $524 FF3 169 £313 Stille gråvejrsdag på Fynshoved Oil/canvas 33x48cm/*12x18in* Viby J, Århus 98
    $1 118 FF6 372 £694 Strandeng med fisker der böder garn Oil/canvas 40x53cm/*15x20in* Vejle 97
    $2 587 FF15 017 £1 596 "Roemark" Oil/canvas 137x184cm/*53x72in* København 97
    $614 FF3 095 £403 "Dagligstue" Ink 24x23cm/*9x9in* København 96

SYCHKOV Feodor Vasilievich 1870-1958 [3]
    $5 330 FF28 000 £3 200 Young woman on her wedding day Oil/canvas/board 38x24cm/*14x9in* London 96
    $31 077 FF180 168 £18 559 Winter Fun Oil/canvas 85x107cm/*33x42in* Amsterdam 97

SYER John, Jnr. c.1846-1913 [20]
    $2 573 FF13 410 £1 700 After the storm Oil/canvas 85x136cm/*33x53in* London 96
    $530 FF2 753 £350 The watermill Watercolour 34x51cm/*13x20in* London 96

SYER John, Snr. 1815-1885 [60]
    $1 276 FF7 640 £800 In the Llanberris Pass Oil/canvas 25,5x40,5cm/*10x15in* London 97
    $3 950 FF20 160 £2 600 Drover with cattle and sheep/Figure angling before a bridge Oil/canvas 35,5x46cm/*13x18in* London 96
    $8 132 FF47 393 £5 000 A Rocky Stream Oil/canvas 104x132,5cm/*40x52in* West Lothian 97
    $408 FF2 308 £250 Robin Hood's Bay - Near Whitby Watercolour 25x48cm/*10x19in* Guilford, Surrey 97

SYKES Aubrey F. XX [9]
    $488 FF2 985 £300 Leicester Square by Night Pastel/paper 51x71cm/*20x27in* London 98

SYKES Charles 1875-1950 [15]
    $3 000 FF15 430 £1 870 Spirit of Ecstasy Bronze H66cm/*H26in* Chicago, Illinois 96

SYKES Henry 1855-1921 [10]
    $334 FF2 012 £200 "Near Hopes Nose, Torquay" Watercolour/paper 25x43cm/*10x17in* Leominster, Herefordshire 98

SYKES John Gutteridge 1866-1941 [46]
    $308 FF1 560 £200 Cornish fisherwoman Watercolour 25x17cm/*10x7in* Penzance, Cornwall 96

SYLVESTER Frederick Oakes 1869-1915 [4]
    $18 000 FF105 139 £10 650 The Song of the Mississippi Oil/canvas 139x81cm/*55x32in* Cincinnati, Ohio 97

SYLVESTRE Joseph Noël 1847-1926 [4]
    $48 000 FF273 816 £29 515 François Rude working on L'Arc de Triomphe Oil/canvas 168x97cm/*66x38in* New-York 97

SYME Eveline W. 1888-1961 [8]
    $651 FF3 915 £389 The Yarra at Warrandyte Linocut in colors 21,5x15cm/*8x5in* Melbourne 98
    $2 992 FF15 333 £1 909 The Tram Line Watercolour/paper 32,5x22,5cm/*12x8in* Melbourne 95

SYME John 1795-1861 [2]
    $8 859 FF51 181 £5 200 Portrait of Hugh Stewart Oil/canvas 144x108cm/*56x42in* London 97

SYMONS George Gardner 1863-1930 [109]

S

Calendar & auction results: Internet www.artprice.com   Minitel 3617 ARTPRICE

*$1 100 FF6 622 £658 River in Winter Oil/board 10x15,5cm/*3x6in* San Francisco 98*

*$7 500 FF36 900 £4 830 Early Snow Oil/canvas 64x76cm/*25x29in* New-York 95*

*$20 000 FF116 822 £12 278 Lone Oak (From my Studio Window) Oil/canvas 102x127,5cm/*40x50in* New-York 97*

SYMONS William Christian 1845-1911 **[6]**

*$653 FF3 980 £400 Still Life with Roses Oil/cardboard 28x38cm/*11x14in* London 98*

SYNAVE Tancrède 1860-? **[34]**

*$4 793 FF28 000 £2 836 Nu au sofa Huile/toile 62x81cm/*24x31in* Paris 97*

*$186 FF900 £120 Arlequin, ou le désir Aquarelle 18,5x12,5cm/*7x4in* Paris 95*

SYPKRENS Ferdinand Hendrik 1813-1860 **[6]**

*$1 641 FF10 073 £1 022 Dutch Landscape Oil/wood 21,5x26,5cm/*8x10in* Melbourne 97*

SYSIMETSÄ Ilmari 1912-1955 **[8]**

*$949 FF5 246 £590 "Xvth Olympic Games" Poster 99x61cm/*39x24in* New-York 97*

SYTSKOV Fedor Vasilievich 1870-1958 **[4]**

*$10 600 FF55 300 £6 410 The morning tea Oil/panel 65x57cm/*25x22in* Stockholm 96*

SZAFRAN Sam 1930 **[76]**

*$3 713 FF22 000 £2 224 La bête à bon dieu Huile/toile 89x116cm/*35x45in* Versailles 97*

*$335 FF2 000 £202 La charpente Eau-forte 43x34cm/*16x13in* Paris 97*

*$2 526 FF15 000 £1 530 Plantes Fusain/papier 73x47cm/*28x18in* Paris 97*

SZANKOWSKY Boleslaw 1873-1953 **[7]**

*$4 000 FF23 014 £2 361 Young Child Oil/canvas 48x46cm/*18x18in* New-York 97*

SZANTHO Mária 1898-1984 **[115]**

*$5 420 FF31 496 £3 200 A reclining female Nude Oil/board 70,5x99cm/*27x38in* London 97*

SZCZEBLEWSKI Victor, Waclaw B. 1888-? **[14]**

*$563 FF3 352 £345 Pfeifender Schiffsjunge Bronze 40x15x9cm/*15x5x3in* Köln 97*

SZCZESNY Stefan 1951 **[22]**

*$4 930 FF28 437 £2 937 Submarine I Mischtechnik 116,7x146,7cm/*45x57in* München 97*

SZCZYRBULA Marian 1899-1942 **[1]**

*$2 456 FF12 810 £1 462 Ulica Augustianska w Krakowie Oil/cardboard 47x34cm/*18x13in* Warszawa 96*

SZÉKESSY Karin 1939 **[12]**

*$277 FF1 617 £170 Weibliche Akte Heliogravure 56,5x51cm/*22x20in* Hamburg 97*

SZENES Arpad 1897-1985 **[39]**

*$4 796 FF28 000 £2 900 Les Cimes Huile/carton 21,5x27cm/*8x10in* Paris 97*

*$30 798 FF180 000 £18 792 Composition Huile/toile 50x147cm/*19x57in* Paris 97*

*$269 FF1 600 £163 Composition Lithographie couleurs 45,5x33cm/*17x12in* Paris 97*

*$1 723 FF8 500 £1 120 Personnages Aquarelle 24,5x34cm/*9x13in* Paris 95*

SZERBAKOW Fedor 1911 **[13]**

*$1 302 FF7 422 £813 Strasse mit Brücke in Worpswede Oil/panel 60x50cm/*23x19in* Bremen 97*

SZERMENTOWSKI Józef 1833-1876 **[9]**

*$5 626 FF33 574 £3 394 Wooded landscape Oil/canvas 23x32cm/*9x12in* Warszawa 97*

*$19 691 FF117 509 £11 879 Cattle watering in a wooded landscape Oil/panel 64,5x97,5cm/*25x38in* Warszawa 97*

*$1 446 FF8 610 £884 Wiesniaczka z Dzieckiem Watercolour/paper 17x25cm/*6x9in* Warszawa 98*

SZERNER Wladyslaw 1836-1915 **[9]**

*$7 924 FF47 112 £4 908 Targ w Malym Miasteczku Oil/canvas 47,5x78cm/*18x30in* Warszawa 97*

*$10 859 FF64 561 £6 726 Cossack on horseback in a village, winter Oil/canvas 43,5x35,5cm/*17x13in* Warszawa 97*

SZERT Karoly 1955 **[16]**

*$423 FF2 300 £253 La ville le soir Huile/panneau 18x24cm/*7x9in* Sceaux 97*

SZPIGEL Natan 1890-c.1943 **[1]**

*$2 257 FF11 730 £1 482 "Zaulek" Pastel/papier 61x44cm/*24x17in* Warszawa 96*

SZPINGER von Alexander 1889-1969 **[4]**

*$1 587 FF8 170 £1 022 Herbstlandschaft Oil/panel 27,5x34,5cm/*10x13in* Rudolstadt-Thüringen 96*

*$1 820 FF9 510 £1 084 Kopfweiden im Frühling Öl/Karton 37x48cm/*14x18in* Rudolstadt-Thüringen 96*

SZUKALSKI Stanislaw 1895-1987 **[2]**

*$7 317 FF43 562 £4 577 Walka Ludzi z Czlowiekiem, Ilosci z Jakoscia Sculpture H50cm/*H19in* Warszawa 97*

SZYGELL Stanislaw 1881-1941 **[1]**

*$2 925 FF16 731 £1 825 Stary i nowy swiat (interior scene) Oil/canvas 67x84cm/*26x33in* Warszawa 97*

$7 000 FF40 626 £4 274 Repose Oil/panel 28x38cm/*11x14in* Los Angeles 97
$18 000 FF88 600 £11 600 Mr. Day's Celebrated Trotting Horse Oil/canvas 56x77cm/*22x30in* New-York 95
$3 500 FF21 160 £2 166 Hunting Pheasants Watercolour/paper 28x39cm/*11x15in* Mystic, Connecticut 97
TAIT John R. 1834-1909 **[3]**
$2 000 FF11 869 £1 240 Fishing by the Mill Oil/canvas 30,5x40,5cm/*12x15in* New-York 97
TAJAR Ziona 1900-1988 **[29]**
$6 000 FF34 246 £3 709 Orchestra in Paris Oil/canvas 51x65cm/*20x25in* Herzelia Pituah 97
$1 400 FF7 990 £865 Lovers by the Yarkon Watercolour, gouache/paper 63x48cm/*24x18in* Herzelia Pituah 97
TAJIRI Shinkichi 1923 **[38]**
$5 426 FF30 090 £3 349 Composition Bronze H27cm/*H10in* Köbenhavn 97
$13 588 FF81 414 £8 105 "4 x 2" Bronze 140x92x40cm/*55x36x15in* Amsterdam 98
$462 FF2 377 £295 Komposition Ink/paper 46x55cm/*18x21in* Köbenhavn 96
TAKADA Minayoshi 1889-1982 **[1]**
$5 000 FF29 188 £3 024 Kimono Gelatin silver print 45,5x56cm/*17x22in* Beverly Hills, Calif. 97
TAKAEZU Toshiko 1929 **[1]**
$2 700 FF16 463 £1 620 Closed form: Sakura Porcelain 17x14,5cm/*6x5in* New-York 98
TAKAHASHI Yoshi 1943 **[16]**
$199 FF1 018 £132 Mädchen mit Blumen Etching, aquatint in colors 19,5x25,4cm/*7x10in* Heidelberg 96
TAKAMORI Akio 1950 **[2]**
$9 000 FF54 878 £5 400 Lovers Porcelain 84x56x33cm/*33x22x12in* New-York 98
TAKEUCHI Seiho 1864-1942 **[6]**
$8 000 FF41 000 £4 860 Splashed-ink landscape Ink 36,7x43cm/*14x16in* New-York 96
TAKIS Vassiliakis 1925 **[93]**
$1 340 FF7 000 £798 Electromagnétique miroir Métal 50x50cm/*19x19in* Paris 96
$1 890 FF11 368 £1 134 Phare Assemblage H206cm/*H81in* Antwerpen 98
TAL COAT Pierre 1905-1985 **[303]**
$484 FF2 500 £314 Danse au clair de lune Huile/panneau 10x22cm/*3x8in* Paris 96
$5 491 FF32 000 £3 382 Durance Huile/toile 60x73cm/*23x28in* Paris 97
$25 575 FF155 000 £15 686 Enseveli II Huile/toile 130x195cm/*51x76in* Paris 98
$32 FF200 £19 Composition Lithographie 61,5x48,5cm/*24x19in* Paris 98
$156 FF900 £93 Les danseuses Crayon/papier 24x31cm/*9x12in* Paris 97
TALBOT Grace Helen 1901 **[7]**
$3 200 FF19 536 £1 912 Female Figure Bronze H43cm/*H16in* New-York 98
$9 000 FF47 000 £5 440 "Oyster Girl", A Wall Fountain Bronze H89cm/*H35in* New-York 96
TALBOT Henry S. XIX-XX **[1]**
$2 300 FF14 024 £1 380 View of Nantasket Beach, a Massachussetts Coastal Scene Oil/board 17x30,5cm/*6x12in* Boston, Mass. 98
TALBOT Jesse 1806-1879 **[3]**
$14 000 FF84 134 £8 384 The Last Brave Oil/canvas 50,5x50,5cm/*19x19in* New-York 98
TALBOT William Henry Fox 1800-1877 **[46]**
$2 500 FF15 422 £1 500 Selected Images of Loch Katrine Calotype 8,5x11cm/*3x4in* New-York 98
TALBOYS Agnes Augusta XIX-XX **[8]**
$1 828 FF10 869 £1 100 Persian blues before a Fan Oil/canvas 39x52cm/*15x20in* London 97
TALCOTT Allen Butler 1867-1908 **[5]**
$3 000 FF18 315 £1 840 Resting by the River Oil/panel 45x60cm/*18x24in* New-York 98
TALIAFERRO Alfred Charles 1905-1969 **[5]**
$1 300 FF7 728 £782 Donald Duck Ink/paper 12x53cm/*5x21in* New-York 97
TALLONE Cesare 1853-1919 **[4]**
$4 818 FF26 615 £2 994 La Contadina Oil/canvas 84x60cm/*33x23in* Johannesburg 97
TALLONE Guido 1894-1967 **[17]**
$2 400 FF13 600 £1 600 Servizio da tè e caffè con orologio Olio/tela 70x90cm/*27x35in* Milano 97
TALMAGE Algernon 1871-1939 **[31]**
$1 906 FF9 200 £1 200 The waining moon Oil/canvas 61x81,5cm/*24x32in* London 96
TALPINO Enea Salmeggia c.1565-1626 **[1]**
$23 608 FF139 860 £14 000 The Madona (?) and Attendants in Procession Oil/canvas 98x134,5cm/*38x52in*

London 97
TALWINSKI Igor 1907 **[26]**
  $847 FF4 390 £550 Portrait of a seated young girl Oil/canvas 62x50cm/*24x19in* London 96
TAMADA-GROENEVELD Thamine 1871-? **[2]**
  $1 606 FF9 660 £963 A Cart on the Beach in Katwijk Oil/canvas 28x38cm/*11x14in* Amsterdam 98
TAMAGNI Vincenzo (Attrib.) 1492-c.1530 **[2]**
  $1 713 FF10 000 £1 036 Le Couronnement de la Vierge Lavis 9x10cm/*3x3in* Paris 97
TAMAGNO Francisco 1851-? **[53]**
  $1 230 FF6 240 £800 "La Framboisette" Poster 158x113cm/*62x44in* London 96
TAMAYO Rufino 1899-1991 **[440]**
  $1 147 FF6 803 £701 Mano blanca Técnica mixta 41x60cm/*16x23in* México 98
  $55 000 FF328 553 £33 643 Paisaje Nocturno Mixed media/canvas 24x44,5cm/*9x17in* New-York 98
  $390 000 FF2 278 029 £230 763 Mujer con Sandía Oil/canvas 130x96,5cm/*51x37in* New-York 97
  $29 000 FF173 132 £17 814 Dos personajes atacados por perros Color lithograph 151x241cm/*59x94in* New-York 98
  $240 000 FF1 432 824 £147 432 Ancestro Metal 208x89x6cm/*81x35x2in* New-York 98
  $20 000 FF114 548 £12 210 Lavanderas Tempera/paper 20,5x28cm/*8x11in* New-York 97
TAMBURI Orfeo 1906-1994 **[195]**
  $270 FF1 575 £180 Parigi Serigrafia/tela 70x50cm/*27x19in* Vercelli 97
  $300 FF1 700 £200 Porto, scenografia Teatrale Tecnica mista/tela 21x19cm/*8x7in* Firenze 97
  $360 FF2 040 £240 Omaggio a Montecatini Terme Acquaforte 50x35cm/*19x13in* Vercelli 97
  $480 FF2 720 £320 Coppia di Bozzetti Scenografici Acquarello/carta 14x20cm/*5x7in* Firenze 97
TAMBURINI Arnaldo 1843-1908 **[34]**
  $2 200 FF10 710 £1 393 A Little Wordly Oil/canvas 32x26cm/*12x10in* New-York 95
  $3 000 FF17 814 £1 831 A Good Story Oil/canvas 46x57cm/*18x22in* Boston, Mass. 98
TAMBURINI Giovanni Maria c.1600-1660 **[3]**
  $3 498 FF20 689 £2 100 The Trades of Bologna Ink 14x23,5cm/*5x9in* London 97
TAMBURINI Y DALMAU José María 1856-1932 **[6]**
  $8 710 FF51 350 £5 330 Candidez Oleo/lienzo 68x65,5cm/*26x25in* Madrid 98
TAMBURO Antonio 1948 **[1]**
  $6 000 FF34 000 £4 000 Marina di Pontaillac Olio/tela 32x41cm/*12x16in* Vercelli 97
TAMM von Frans Werner 1658-1724 **[42]**
  $12 060 FF71 565 £7 485 Früchtestilleben Öl/Leinwand 46x66cm/*18x25in* Wien 97
  $21 600 FF122 400 £10 800 Natura morta di fiori con dama Olio/tavola 170x118cm/*66x46in* Milano 98
TAMM von Franz Werner (Attr.) 1658-1724 **[7]**
  $4 282 FF25 000 £2 590 Bouquet de fleurs dans un vase en pierre sculpté Huile/toile 97,5x72cm/*38x28in* Paris 97
TAN TEE CHIE 1928 **[1]**
  $3 490 FF17 300 £2 210 Family Oil/canvas 76x61cm/*29x24in* Singapore 95
TAN TEO KWANG 1941 **[2]**
  $2 648 FF15 752 £1 624 Memory of the East Acrylic/canvas 59x120cm/*23x47in* Taipei, Taiwan 97
TANABE Takao 1926 **[22]**
  $606 FF3 489 £358 The Land, Sketch W Acrylic/canvas 41x52cm/*16x20in* Vancouver, BC. 97
  $502 FF3 009 £315 "Landscape of Interior Land Containing a Red Birdnest" Drawing 33,5x26cm/*13x10in* Toronto 97
TANAKA Akira 1918 **[25]**
  $2 500 FF12 230 £1 583 femme à la fleur Oil/canvas 41x33cm/*16x12in* New-York 95
  $3 000 FF17 084 £1 862 Femme au bouquet Oil/canvas 50,8x61cm/*20x24in* New-York 97
TANAKA Yasushi 1886-1941 **[16]**
  $3 597 FF21 000 £2 175 Portrait de femme assise, en col de fourrure Huile/toile 65x53cm/*25x20in* Bergerac 97
TANCONVILLE Henri Garnier, dit 1846-1936 **[37]**
  $91 FF550 £55 "P.L.M Railway, Jura" Lithographie 78x112,5cm/*30x44in* Paris 98
TANCREDI Parmeggiani 1927-1964 **[115]**
  $9 600 FF54 400 £4 800 Senza titolo Tecnica mista 128x93cm/*50x36in* Milano 98
  $12 600 FF71 400 £6 300 Giocatore di biliardo Olio/faesite 29,5x21cm/*11x8in* Prato 98
  $26 859 FF136 737 £15 871 Senza titolo Tempera/tela 140x140cm/*55x55in* Milano 96
  $2 219 FF12 578 £1 109 Matti Gouache/carta 46x33,5cm/*18x13in* Milano 97

TANG DAI 1673-c.1755 **[1]**
 $4 800 FF27 118 £3 021 Landscapes Ink/paper 19x58cm/*7x22in* New-York 97
TANG HAIWEN T'ang Thien Phuoc H. 1929-1991 **[21]**
 $3 939 FF23 881 £2 340 Lily Pond Acrylic/paper 29,5x42cm/*11x16in* Taipei, Taiwan 98
 $6 335 FF37 645 £3 929 Flowers in a vase Oil/masonite 46x38cm/*18x14in* Taipei, Taiwan 97
 $1 674 FF8 325 £1 066 Expressions Watercolour/paper 11x11cm/*4x4in* Taipei, Taiwan 96
TANG JIAWEI 1958 **[1]**
 $3 234 FF16 570 £1 965 Rosy clouds Ink 70x96cm/*27x37in* Hong Kong 96
TANG YIN 1470-1523 **[6]**
 $200 000 FF1 205 540 £124 780 Thatched hut under the wutong tree Ink/paper 25x105cm/*9x41in* New-York 97
TANG YINGSHAN 1957 **[2]**
 $4 917 FF24 320 £3 040 Morning Flute Oil/canvas 72x91,5cm/*28x36in* Hong Kong 96
TANG YUN 1910-1993 **[15]**
 $3 000 FF16 949 £1 888 Crane Among Pines Ink 137x49,5cm/*53x19in* New-York 97
TANGUY Yves 1900-1955 **[129]**
 $115 000 FF563 000 £72 800 Le Prodigue Oil/canvas 28x23cm/*11x9in* New-York 95
 $393 300 FF2 300 000 £239 890 Le Fond de la Tour Huile/toile 65x54cm/*25x21in* Paris 97
 $1 900 FF10 838 £1 168 La Mythe de la Roche Percée Etching 17,5x12,5cm/*6x4in* New-York 97
 $6 535 FF39 062 £4 000 Les cinq sens Ink/paper 27x40cm/*10x15in* London 97
TANK Angela **[1]**
 $6 650 FF33 700 £4 325 Fisher family on the beach, Ålsgårde Oil/canvas 27x39cm/*10x15in* København 96
TANK Heinrich Fr. Tanck 1808-1872 **[7]**
 $1 963 FF11 713 £1 184 Winterliche Stadt am Meer Öl/Leinwand 19x26cm/*7x10in* München 97
TANNAES Marie 1854-1939 **[8]**
 $9 684 FF58 017 £5 788 Fra Vöienvolden Oil/canvas 59x86cm/*23x33in* Oslo 98
TANNER Benjamin 1775-1848 **[3]**
 $1 500 FF7 635 £903 United States and Macedonia, after T. Birch Engraving 50x56cm/*20x22in* Middletown, RI 96
TANNER Edwin Russell 1920-1980 **[2]**
 $10 715 FF54 989 £7 068 City Divers Oil/canvas 95x109,5cm/*37x43in* Sydney 96
TANNER Henry Ossawa 1859-1937 **[8]**
 $46 000 FF268 377 £28 179 Street scene in Tangiers Oil/canvas 66x53,5cm/*25x21in* New-York 97
 $1 000 FF5 973 £612 Fishing Boats at Shore, Britanny Etching, aquatint 14,5x19,5cm/*5x7in* New-York 98
TANNER James L. 1941 **[1]**
 $4 500 FF27 439 £2 700 Face card shield Sculpture 63,5x44,5x14cm/*25x17x5in* New-York 98
TANNER Robin 1904-1988 **[2]**
 $1 115 FF6 357 £700 The Memorial Portfolio Etching 49,5x41cm/*19x16in* London 97
TANNERT Volker 1955 **[18]**
 $1 239 FF7 380 £757 "Madonna mit Puschen" Charcoal/paper 50x35cm/*19x13in* Köln 98
TANNING Dorothea 1912 **[68]**
 $1 236 FF7 159 £761 "Hallucinata" Oil/canvas 14,5x18,5cm/*5x7in* Stockholm 97
 $7 340 FF38 000 £4 760 Composition Technique mixte/panneau 51x74cm/*20x29in* Paris 96
 $14 000 FF87 010 £8 372 Majestically Oil/canvas 191x165cm/*75x64in* New-York 98
 $200 FF1 144 £118 Untitled Color lithograph 47,5x38cm/*18x14in* New-York 97
 $1 460 FF7 500 £910 "Echantillonage No. 2" Aquarelle 12x9,5cm/*4x3in* Toulouse 96
TANOUX Adrien 1865-1923 **[61]**
 $8 380 FF42 400 £5 500 An Odalisque Oil/canvas 39,5x55cm/*15x21in* London 96
 $3 066 FF15 000 £1 940 Deux femmes au harem Pastel 86x60cm/*33x23in* Paris 95
TANTARDINI Antonio 1829-1879 **[2]**
 $40 800 FF231 200 £27 200 Faust e Margherita Marbre H227cm/*H89in* Milano 97
TANZI Léon Louis Antoine 1846-1913 **[9]**
 $1 419 FF8 500 £868 Le chemin dans les vugnes Huile/toile 45x81cm/*17x31in* Lyon 97
TANZIO DA VARALLO Antonio d'Enrico 1575-1635 **[1]**
 $61 800 FF320 000 £39 900 Étude pour un ange, avec croquis de bras et de jambe Sanguine/papier 35,5x25,5cm/*13x10in* Paris 96

TAO LENGYUE 1895-1985 **[11]**
- $5 170 FF26 500 £3 144 Waterfall in moonlight Oil/canvas 60x90cm/*23x35in* Hong Kong 96
- $4 917 FF28 359 £2 929 Plum, Pine and Glossy Ganoderma Coloured inks/paper 133,5x66cm/*52x25in* Hong Kong 97

TAO ZHAOYUAN 1814-1865 **[1]**
- $7 126 FF42 691 £4 255 Mountain Hermitage Coloured inks/paper 22x30,5cm/*8x12in* Hong Kong 98

TAPIES Antoni 1923 **[965]**
- $6 957 FF41 216 £4 200 Tijeras Gofradas Mixed media 31,5x45,5cm/*12x17in* London 97
- $38 340 FF201 000 £23 000 Gray with buckle form Oil/canvas 38,5x46cm/*15x18in* London 96
- $44 732 FF265 000 £26 791 Effet de canne en relief Technique mixte/toile 139,5x112cm/*54x44in* Versailles 97
- $682 FF4 086 £424 Sin título Litografía 70x53,5cm/*27x21in* Madrid 98
- $49 000 FF239 500 £31 000 Armoire Ceramic H113cm/*H44in* London 95
- $68 000 FF398 000 £42 000 "1,2,4" Técnica mixta/papel 73x54cm/*28x21in* Madrid 97

TAPIRO Y BARO Josep 1830-1913 **[21]**
- $4 670 FF22 640 £3 000 An Arab chieftain Watercolour 44,5x31cm/*17x12in* London 95

TAPLIN Guy 1939 **[3]**
- $10 198 FF60 276 £6 100 Displaying Egrets Bronze H81cm/*H31in* London 97
- $10 198 FF60 276 £6 100 Preening Curlew Bronze H60cm/*H23in* London 97

TAPPERT Georg 1880-1957 **[138]**
- $3 140 FF15 440 £2 020 Sommernachmittag an den Havelwiesen Öl/Leinwand 68,5x98cm/*26x38in* Berlin 95
- $21 900 FF113 300 £14 000 Sitzender Rückenakt Oil/board 35,5x27,5cm/*13x10in* London 96
- $125 700 FF623 000 £80 000 Variété Oil/canvas 121x110cm/*47x43in* London 95
- $35 FF200 £20 Chansonette Woodcut 24,5x17cm/*9x6in* Dresden 97
- $328 FF1 695 £212 Zirkus (geköpfter) Chalks 36x26,7cm/*14x10in* Berlin 96

TAQUOY Maurice 1878-1952 **[26]**
- $304 FF1 500 £198 Combat de cerfs, ou Le Rut Eau-forte, aquatinte couleurs 30x40cm/*11x15in* Paris 95
- $1 218 FF7 000 £744 Avant les courses Aquarelle/papier 33x22cm/*12x8in* Paris 97

TARAKANOVA Xenia 1972 **[3]**
- $1 500 FF9 140 £913 Poppies Oil/board 49x69cm/*19x27in* Tel Aviv 98

TARANCZEWSKI Waclaw 1903-1987 **[10]**
- $3 890 FF20 220 £2 554 Artist and model Oil/canvas 11x145cm/*4x57in* Warszawa 96

TARAVAL Guillaume (Attrib.) 1701-1750 **[4]**
- $7 674 FF45 834 £4 698 Självporträtt Oil/canvas 75x62cm/*29x24in* Stockholm 98

TARAVAL Guillaume Thomas R. 1701-1750 **[5]**
- $4 511 FF26 818 £2 760 Zwei Amouretten unter einem Baum mit kleinen Vögeln spielend Öl/Leinwand 81x65cm/*31x25in* Köln 97

TARAVAL Gustave, L.G. (Attr) 1738-1794 **[1]**
- $3 174 FF20 000 £2 000 Allégorie des Beaux-Arts/Allégorie de l'Astronomie Encre 24x36cm/*9x14in* Cannes 97

TARAVAL Hugues, J. (Attrib.) 1729-1785 **[6]**
- $11 000 FF57 000 £7 040 Angelica and Medoro Oil/panel 26x31,5cm/*10x12in* New-York 96

TARAVAL Hugues, Jean Hugues 1729-1785 **[12]**
- $5 223 FF30 000 £3 252 Le peintre et son modèle Huile/toile 40x32cm/*15x12in* Paris 97

TARBELL Edmund Charles 1862-1938 **[17]**
- $4 200 FF24 263 £2 588 Pull and Be Damned Point, New Castle, New Hampshire Oil/canvas 28x23cm/*11x9in* New-York 97
- $45 000 FF267 061 £27 562 Racehorce Oil/canvas 61x63,5cm/*24x25in* New-York 98
- $280 000 FF1 382 000 £182 500 Mary Reading Oil/canvas 127,5x102cm/*50x40in* New-York 95
- $2 500 FF13 050 £1 510 The Steeplechase Pastel/paper 15x33cm/*5x12in* San Francisco-Los Angeles 96

TARDI Jacques 1946 **[4]**
- $1 190 FF6 000 £776 "Boulevard... ossements" Encres couleurs 19,5x13cm/*7x5in* Paris 96

TARDIEU Nicolas Henri 1674-1749 **[1]**
- $719 FF4 200 £425 Le Plaisir pastoral, "Gaudium Pastorale", d'après Antoine Watteau Burin 36x44,5cm/*14x17in* Paris 97

TARDIEU Pierre Alexandre 1756-1844 **[1]**
- $1 507 FF9 051 £900 Hendrik van Balen and Jan Snellincx, after engrevings of Van Dyck Red chalk/paper

24,5x31,5cm/*9x12in* London 98
TARDIEU Victor 1870-1937 **[4]**
  $2 280 FF13 000 £1 411 Le port de Liverpool Huile/toile 58x68cm/*22x26in* Paris 97
  $12 440 FF62 000 £8 150 Le modèle alanguie Huile/toile 94,5x184cm/*37x72in* Paris 95
TARDIEU-COCHIN Jean Charles 1765-1830 **[4]**
  $12 000 FF71 856 £7 344 Joseph recognized by his Brothers Oil/canvas 113,5x146cm/*44x57in* New-York 97
TARENGHI Enrico 1848-? **[28]**
  $2 103 FF12 188 £1 311 Oriental market scene Watercolour/paper 53x36cm/*20x14in* Warszawa 97
TARKAY Isaac 1935 **[18]**
  $2 400 FF14 268 £1 486 Afternoon Tea Acrylic/cardboard 60x76cm/*24x30in* Bethesda, Maryland 97
  $575 FF3 337 £339 Lounging Woman Color lithograph 119x43cm/*47x17in* Philadelphia 97
TARKHOFF Nicolas 1871-1930 **[108]**
  $4 064 FF24 066 £2 414 Landschaft in der Gegend der Ile de France Öl/Karton 19,5x57cm/*7x22in* Zürich 97
  $5 028 FF30 000 £3 081 "Iris devant la fenêtre" Huile/toile 100x81cm/*39x31in* Toulouse 98
  $387 FF2 000 £250 Maternité Mine plomb 48x30cm/*18x11in* Paris 96
TARRANT Percy XIX-XX **[12]**
  $1 896 FF9 270 £1 200 9 illustrations for A Discontented Schoolgirl Oil/cardboard 22x14cm/*8x5in* London 95
  $6 588 FF40 547 £4 000 A Frosty Morning Bringing Home the Bargain Oil/canvas 69x51cm/*27x20in* London 98
TARRASSO Casimir Martínez T. 1900-1980 **[2]**
  $11 550 FF65 670 £7 095 "Mi jardín, Sarriá" Oleo/lienzo 90x100cm/*35x39in* Barcelona 97
TARRIT Jean 1866-1950 **[4]**
  $2 259 FF13 685 £1 400 Setter flushing Game Bronze 23,8x37,5cm/*9x14in* Perthshire 97
TASCHNER Ignatius 1871-1913 **[6]**
  $5 081 FF29 527 £3 000 St Martin and the Beggar Bronze H76cm/*H29in* London 97
TASKINEN Matti 1895-1972 **[3]**
  $1 288 FF7 740 £772 Viborg brinner Oil/canvas 50x60cm/*19x23in* Helsinki 98
TASSAERT Octave 1800-1874 **[30]**
  $1 843 FF11 000 £1 104 Les Amours Huile/toile 41x33cm/*16x12in* L'Isle-Adam 98
  $3 000 FF18 281 £1 861 Le rêve de la jeune fille Oil/canvas 45,5x38cm/*17x14in* New-York 98
  $304 FF1 500 £198 L'appel de l'amour Mine plomb 19x15,6cm/*7x6in* Grenoble 95
TASSI Agostino B. (Attrib) 1565-1644 **[5]**
  $3 762 FF21 322 £1 881 Fanciulle che danzano intorno alla statua di Apollo Olio/tela 107x83cm/*42x32in* Milano 97
TASSI Agostino Buonamico 1565-1644 **[8]**
  $1 870 FF9 640 £1 200 A Mediterranean seaport with figures in the foreground Oil/canvas 21,5x32cm/*8x12in* London 96
  $16 834 FF95 000 £10 250 Scène de port méditerranéen Huile/toile 73x90,5cm/*28x35in* Paris 97
  $3 000 FF18 416 £1 838 A Wooded Landscape with Figures Ink 15,5x22cm/*6x8in* New-York 98
TATAFIORE Ernesto 1943 **[21]**
  $700 FF4 227 £419 "Errore Marat" Mixed media/paper 151x114cm/*59x44in* New-York 98
TATE Gayle Blair 1944 **[12]**
  $3 000 FF17 401 £1 846 A Straitght Flush Oil/panel 26x34cm/*10x13in* New-York 97
  $5 000 FF28 885 £3 082 Ballad of Joe-Bob McCray Oil/masonite 40,5x51cm/*15x20in* New-York 97
TATE William 1748-1806 **[6]**
  $367 FF2 178 £220 A beggar man by a cottage window Oil/canvas 76,2x63,5cm/*29x25in* London 97
TATIN Robert 1902-1983 **[66]**
  $2 925 FF18 000 £1 791 Les géants Huile/toile 130x160cm/*51x62in* Mayenne 98
  $3 087 FF19 000 £1 890 "Le Jour" Huile/toile 73x60cm/*28x23in* Mayenne 98
  $650 FF4 000 £398 Le Mirontoneur Encre Chine/papier 21x26,5cm/*8x10in* Mayenne 98
TATISCHTSCHEW Dimitrij Pawlovitsch 1767-1845 **[1]**
  $1 854 FF9 600 £1 240 Die Wasserfälle von Tivoli Aquarell/Papier 55x42cm/*21x16in* Wien 96
TATO Guglielmo Sansoni 1896-1974 **[26]**

⌣ *$3 357 FF19 027 £1 678* Spiaggia vela mare Olio/tavola 40x26cm/*15x10in* Milano 97
⌣ *$9 000 FF51 000 £4 500* Dinamica di un paesaggio Olio/tavola 51,5x60cm/*20x23in* Prato 98
⌣ *$7 500 FF44 169 £4 629* Untitled Photograph 27x21cm/*10x8in* New-York 97
TATOSSIAN Armand 1948 **[47]**
⌣ *$366 FF1 873 £237* Fleurs Huile/toile 75x61cm/*29x24in* Montréal 95
TATTEGRAIN Francis 1852-1915 **[9]**
⌣ *$2 795 FF16 000 £1 651* Le Veilleur Huile/toile 164x100cm/*64x39in* Bayeux 97
⌣ *$9 185 FF55 000 £5 489* L'atelier du peintre Huile/toile 63x44,5cm/*24x17in* Soissons 98
TAUBE Eugen 1860-1913 **[24]**
⌣ *$3 190 FF18 839 £1 888* Mänsken Oil/canvas 86x68cm/*33x26in* Helsinki 97
⌣ *$5 255 FF31 029 £3 110* Promenad i höstskogen Oil/canvas 41x31,5cm/*16x12in* Helsinki 97
TAUBE Evert 1890-1976 **[4]**
⌣ *$1 906 FF11 583 £1 176* "Över Soten" Mixed media/canvas 35x28cm/*13x11in* Stockholm 97
⌣ *$7 872 FF45 942 £4 680* Självporträtt Oil/paper/panel 76x51cm/*29x20in* Stockholm 97
TAUBES Frederic 1900-1981 **[21]**
⌣ *$1 200 FF7 168 £734* Flowers and Figures Oil/canvas 81,5x63,5cm/*32x25in* New-York 98
TAULER Carlos 1911-1988 **[17]**
⌣ *$504 FF2 786 £308* La carta Oleo/lienzo 55x46cm/*21x18in* Madrid 97
TAUNAY Nicolas A. (Attrib.) 1755-1830 **[14]**
✎ *$1 975 FF12 000 £1 189* L'entrée d'une armée dans une ville Technique mixte/papier 39,5x50cm/*15x19in* Paris 98
TAUNAY Nicolas Antoine 1755-1830 **[35]**
⌣ *$9 260 FF48 000 £6 010* Le Chanteur de Complaintes Huile/toile 33,2x41,5cm/*13x16in* Monaco 96
⌣ *$30 000 FF165 654 £18 720* A quay with stevedores and peasants conversing, a fortress beyond Oil/canvas 54x65cm/*21x25in* New-York 97
✎ *$637 FF3 830 £380* Christ on the Road to Emmaus/Classical or Biblical Scene Black chalk 12,5x17,5cm/*4x6in* London 98
TAUPIN Jules 1863-1932 **[10]**
⌣ *$3 230 FF16 500 £2 140* La fileuse, scène d'Afrique du Nord Huile/toile 81x65cm/*31x25in* Saint-Étienne 96
TAUREL Jean-Jacques Fr. 1757-1832 **[3]**
⌣ *$198 000 FF1 035 600 £120 000* A Capriccio of a Mediterranean Harbour/A Capriccio of the Neapolitan Oil/canvas 98x136cm/*38x53in* London 96
TAUSZKY David Anthony 1878-1972 **[6]**
⌣ *$3 000 FF15 630 £1 886* Cantoneese Oil/canvas 101x76cm/*40x30in* Altadena, CA 96
TAUZIN Louis c.1845-1914 **[38]**
⌣ *$5 385 FF32 000 £3 286* Le Bas Meudon Huile/toile 56x38cm/*22x14in* Paris 98
▭ *$707 FF3 600 £466* "Evians-les-Bains, Trains rapides jour et nuit..." Affiche 108x76,5cm/*42x30in* Neuilly 96
TAVARO Pedro XIX-XX **[1]**
⌣ *$1 900 FF10 907 £1 158* Tlachiquero Oil/canvas 35,5x26,5cm/*13x10in* New-York 97
TAVARONE Lazzaro 1556-1641 **[5]**
✎ *$669 FF4 022 £400* A kneeling Monk Black chalk/paper 36x21,5cm/*14x8in* London 98
TAVAU Pierre 1753-? **[1]**
⛏ *$4 205 FF21 000 £2 747* Buste d'un homme de qualité coiffé d'un bonnet "à la turque" Plâtre H73cm/*H28in* Paris 95
TAVELLA IL SOLFAROLA Carlo Antonio 1668-1738 **[10]**
⌣ *$5 699 FF32 298 £2 849* Paesaggio con figure e architetture Olio/tela 98x73cm/*38x28in* Milano 98
⌣ *$47 532 FF269 348 £31 688* Paesaggio Olio/tela 96,5x144cm/*37x56in* Milano 98
TAVENRAAT Johannes 1809-1881 **[10]**
⌣ *$13 075 FF76 071 £8 009* Amusement à hiver Oil/canvas 17,5x19,5cm/*6x7in* Amsterdam 97
⌣ *$19 346 FF116 412 £11 582* A Panoramic River Landscape with Sportsmen and Peasantwomen Oil/canvas 74x87cm/*29x34in* Amsterdam 98
TAVERNIER Andrea 1858-1932 **[12]**
⌣ *$7 499 FF42 498 £3 749* Pascolo alpino Olio/tela 24x33,5cm/*9x13in* Milano 97
⌣ *$13 200 FF74 800 £6 600* La donna dell'Espada Olio/tela 100x73cm/*39x28in* Roma 97
TAVERNIER Armand 1899-1991 **[9]**
⌣ *$1 768 FF10 549 £1 066* Pajottenland Huile/toile 29,5x24cm/*11x9in* Lokeren 97
⌣ *$12 672 FF78 000 £7 776* Winterlandschap Huile/toile 80x100cm/*31x39in* Lokeren 98

TAVERNIER Jules 1844-1889 **[10]**
- *$2 000 FF11 954 £1 212* An Even Tide Oil/canvas 68,6x101,6cm/*27x40in* San Francisco-Los Angeles 97
- *$2 500 FF12 340 £1 616* Top of the volcano Oil/board 30x25cm/*12x10in* Mystic, Connecticut 96

TAVERNIER Julien 1879-? **[18]**
- *$3 442 FF20 104 £2 113* Femme au miroir Öl/Leinwand 54x65cm/*21x25in* Zofingen 97

TAVERNIER Paul 1852-? **[27]**
- *$1 220 FF6 000 £772* Chevaux au haras Huile/toile 66x55cm/*25x21in* Arles 95
- *$625 FF3 800 £385* Le sonneur avec son cheval et ses chiens Pastel/papier 51,5x35cm/*20x13in* Deauville 97

TAVERNIERS Armand 1899-1991 **[15]**
- *$2 040 FF10 150 £1 300* Hiver en Flandres Huile/toile 23x28cm/*9x11in* Antwerpen 95
- *$2 710 FF16 220 £1 640* Paysage d'hiver Huile/toile 45x40cm/*17x15in* Antwerpen 97

TAYLER Albert Chevallier 1862-1926 **[20]**
- *$43 469 FF256 916 £26 000* The Grey Drawing Room Oil/canvas 128x105cm/*50x41in* London 97
- *$110 800 FF575 000 £72 000* Awaiting the boats Oil/canvas 76x51cm/*29x20in* London 96
- *$3 277 FF19 157 £2 000* Victor Trumper, study for "The Empire's Cricketers" Coloured chalks 46,5x29cm/*18x11in* London 97

TAYLER Edward 1828-1906 **[15]**
- *$884 FF4 470 £580* Portrait of a girl wearing a blue dress Watercolour 34x24cm/*13x9in* London 96

TAYLER John Frederick, Fred 1802-1889 **[25]**
- *$1 358 FF6 930 £900* The Hawking Party Watercolour 38x52cm/*14x20in* Billingshurst, West Sussex 96

TAYLER Norman 1843-1915 **[1]**
- *$1 100 FF6 298 £650* Una Festa, The Morning of a festival, Rome Watercolour 40x60cm/*15x23in* London 97

TAYLOR Anna Heyward 1879-1956 **[3]**
- *$2 900 FF17 129 £1 802* "Naked Ladies" Woodcut 30x23cm/*11x9in* Boston, Mass. 97

TAYLOR Charles, Jnr. 1841-1883 **[31]**
- *$825 FF5 128 £520* A Gaff Riogged Sloop/A Paddle Watercolour 50,5x58cm/*19x22in* London 97

TAYLOR Charles, Snr. c.1810-c.1875 **[2]**
- *$5 450 FF28 400 £3 600* Cutter yachts racing in the Thames estuary Oil/panel 28,5x46cm/*11x18in* London 96
- *$1 240 FF6 470 £820* Prison Hulks/Paddle steamer off the coast Watercolour 36x54cm/*14x21in* London 96

TAYLOR Cora Bliss 1895-? **[1]**
- *$2 760 FF16 302 £1 715* Portrait in an Interior with Blue and White China, Apples and Ivy" Oil/canvas 86x76cm/*34x30in* Elgin, Illinois 97

TAYLOR David K. 1941 **[6]**
- *$391 FF2 349 £233* Autumn Southerly Watercolour/paper 34x52cm/*13x20in* Melbourne 98

TAYLOR Edward R. 1838-1911 **[11]**
- *$6 330 FF32 340 £4 200* The Flower Pickers Oil/canvas 68x112cm/*26x44in* London 96

TAYLOR Fred, Frederick 1875-1963 **[20]**
- *$450 FF2 295 £292* "York" Poster 17x101,5cm/*6x39in* Oostwoud 96
- *$400 FF2 156 £240* A soldier feeding his skewbald mare Watercolour/paper 29,2x36,8cm/*11x14in* London 97

TAYLOR Henry King XIX **[11]**
- *$1 955 FF11 547 £1 214* Landscapes Oil/canvas 23x33cm/*9x13in* Elgin, Illinois 97
- *$5 082 FF29 239 £3 000* Fishermen hauling in their Nets off Tennyson Down Oil/canvas 42x54cm/*16x21in* London 97
- *$5 195 FF31 814 £3 100* A Fishing Boat and a Trading Smack at a Harbour Mouth Watercolour/paper 50x75,5cm/*19x29in* Newcastle-upon-Tyne 98

TAYLOR Horace 1881-1934 **[7]**
- *$915 FF5 104 £560* "The Royal Mail Line to New York" Poster 102x65cm/*40x25in* London 97

TAYLOR John Frederick 1802-1889 **[3]**
- *$1 038 FF5 898 £650* The Plough team, Hampstead Watercolour 21,5x33cm/*8x12in* London 97

TAYLOR Josiah XIX **[2]**
- *$1 190 FF7 396 £750* Fiona, a Gaff rigged Racing Cutter at Sea Watercolour/paper 66x51cm/*25x20in* London 97

TAYLOR Leonard Campbell 1874-1969 **[26]**

✋ $150 FF894 £91 Vue d'une ville Huile/panneau 26x33cm/*10x12in* Antwerpen 98
✋ $1 630 FF9 615 £1 000 Study of Cacti Oil/canvas 45x40cm/*17x15in* Billingshurst, West Sussex 98
✋ $735 FF4 098 £449 "The Peak District" Poster 94x120cm/*37x47in* London 97

TAYLOR Philip Meadow 1808-1876 **[2]**
✋ $1 007 FF5 210 £650 Sketches in the Deccan Color lithograph 48x36cm/*18x14in* London 96

TAYLOR Rolla 1874-? **[2]**
✋ $7 500 FF45 344 £4 643 San Antonio River Oil/canvas 55x40cm/*22x16in* Mystic, Connecticut 97

TAYLOR Stephen XIX **[7]**
✏ $17 267 FF98 499 £10 500 View of Sydney in New South Wales (taken from Bell Mount) Watercolour/paper 34x52cm/*13x20in* London 97

TAYLOR Tom 1941 **[3]**
✏ $1 653 FF8 588 £980 Seated girl knitting Watercolour/paper 27x19cm/*11x7in* Birmingham 97

TAYLOR Weld XIX **[1]**
✋ $1 860 FF9 620 £1 200 Indians and Anglo Indians/The Young Lady's Toilet/The Breakfast/... Color lithograph 46x35cm/*18x13in* London 96

TAYLOR William Francis 1883-? **[3]**
✋ $1 800 FF11 173 £1 079 Lake Scenes Oil/board 8x20cm/*3x8in* Mystic, Connecticut 98

TAYLOR William Ladd 1854-1926 **[1]**
✏ $3 000 FF16 685 £1 857 I Followed Watercolour 49x35cm/*19x13in* New-York 97

TAYLOR-WOOD Sam 1967 **[1]**
✋ $5 291 FF30 888 £3 200 Cunt Print 47x61cm/*18x24in* London 97

TCHELITCHEW Pavel 1898-1957 **[161]**
✋ $11 060 FF54 100 £7 000 Interior landscape Oil/canvas 68x52cm/*26x20in* London 95
✏ $1 600 FF9 127 £983 Waterman (standing nude) Ink 17,6x11,6cm/*6x4in* New-York 97

TCHERNIAWSKY Charles 1900-1973 **[27]**
✋ $5 271 FF31 527 £3 200 Cornfields Oil/canvas 54x65cm/*21x25in* London 97

TCHETCHET Victor 1891-1974 **[2]**
✏ $1 600 FF8 280 £1 070 Woman with Afghan bound, probably magazine cover Pastel 55x46cm/*22x18in* New-York 96

TCHISTOVSKY Lev 1902-1969 **[9]**
✏ $2 726 FF16 000 £1 667 Les amants Aquarelle/papier 64x49cm/*25x19in* Soissons 97

TCHORZEWSKI Jerzy 1928 **[3]**
✏ $1 863 FF9 640 £1 203 Composition Mixed media/paper 66x46cm/*25x18in* Warszawa 96

TCHOUBANOV Boris 1946 **[74]**
✋ $1 541 FF9 000 £932 Une mer calme Huile/toile 33x41cm/*12x16in* Reims 97
✋ $2 576 FF12 500 £1 615 Jeux d'enfants Huile/toile 46x38cm/*18x14in* Les Baux-de-Provence 95

TCHOUMAKOFF Théodore 1823-1911 **[13]**
✋ $2 246 FF12 803 £1 376 Bildnis einer jungen Frau Oil/panel 40,5x32cm/*15x12in* Köln 97

TEAGUE Donald 1897-1991 **[16]**
✋ $3 750 FF21 766 £2 290 Off Duty Oil/canvas 61x117cm/*24x46in* Los Angeles 97
✏ $5 000 FF25 200 £3 226 Summer Ride Watercolour/paper 40x49cm/*16x19in* Hayden 96

TEALDI Ascanio 1880-1961 **[1]**
✋ $3 000 FF17 000 £2 000 Piazzia Torquato Tasso, Firenze Olio/tela 69x101,5cm/*27x39in* Milano 97

TEANA di Marino 1920 **[2]**
🫀 $7 326 FF45 000 £4 392 Les Dynamiques No.1 Sculpture 25x27x51cm/*9x10x20in* Paris 98

TEBBITT Henri 1852-1926 **[16]**
✏ $209 FF1 198 £123 Hawkesbury Steamer Watercolour/paper 27x52cm/*10x20in* Sydney 97

TED BENOIT 1947 **[10]**
✏ $842 FF4 800 £526 "Ray Banana", planche No. 43 de "Berceuse Électrique" Encre Chine/papier 50x27cm/*19x10in* Paris 97

TEED Douglas Arthur 1864-1929 **[54]**
✋ $1 000 FF5 837 £594 Arabian Bazaar Oil/canvas 31x46cm/*12x18in* New-York 97
✋ $2 500 FF12 640 £1 640 The merchant Oil/canvas 60x91cm/*24x36in* Detroit, Michigan 96

TEERLINK Abraham Alexander 1776-1857 **[9]**
✋ $9 120 FF46 900 £5 690 A Shepherd with his Flock by Lake Nemi Oil/canvas 59,5x74,5cm/*23x29in* Wien 96
✋ $19 300 FF99 300 £12 040 A Monk fetching Water in a Roman Landscape Oil/canvas 101x141cm/*39x55in*

Wien 96

   $2 515 FF14 854 £1 519 Figures in the snow Wash 21x31cm/*8x12in* Amsterdam 97

TEGEO Rafael 1798-1856 **[3]**

   $2 112 FF12 837 £1 267 Dama Oleo/lienzo 26,5x21,5cm/*10x8in* Madrid 98

TEGNER Rudolph Christopher 1873-1950 **[19]**

   $1 805 FF8 870 £1 150 Children Bronze H26cm/*H10in* Köbenhavn 95

   $18 330 FF92 800 £12 000 Two Gladiator, or "Victory" Bronze H88cm/*H34in* London 96

TEHELBTOVSKIJ Peter Ivanovitch 1860-? **[1]**

   $1 370 FF7 818 £837 By the church Mixed media/paper 27x39cm/*10x15in* Helsinki 97

TEIGE Karel 1900-1951 **[6]**

   $6 711 FF38 112 £4 200 Village Watercolour 37x25cm/*14x9in* London 97

TEJADA José Joaquin 1867-1943 **[1]**

   $1 600 FF9 259 £984 Paisaje Oil/panel 46,5x33cm/*18x12in* Los Angeles 97

TEJERINA Sebastian Pascual XX **[2]**

   $2 100 FF12 000 £1 290 Rincón asturiano Oleo/lienzo 50x61cm/*19x24in* Madrid 97

TELARIK Alois 1884-1961 **[4]**

   $4 171 FF25 575 £2 500 Music in the Mountains Oil/canvas 87x118cm/*34x46in* London 98

TELEMAQUE Hervé 1937 **[98]**

   $2 616 FF15 500 £1 567 Petite Vénus Huile/toile 36x37cm/*14x14in* Versailles 97

   $4 608 FF28 000 £2 774 1967 Technique mixte 115x63,5cm/*45x25in* Versailles 98

   $6 583 FF39 000 £3 942 Tellement poussière Technique mixte 110x225cm/*43x88in* Versailles 97

   $367 FF2 200 £225 "Pierre qui roule..." Sérigraphie 68,5x58,5cm/*26x23in* Paris 98

   $2 140 FF12 500 £1 266 Sans titre Gouache/papier 100x65cm/*39x25in* Douai 97

TELEPY Károly, Karl 1828-1906 **[5]**

   $3 800 FF19 540 £2 370 Landscape with Figures Oil/canvas 58x96cm/*23x38in* Chicago, Illinois 96

TELFNER Josef 1874-1948 **[2]**

   $1 668 FF9 584 £1 038 Wald Öl/Karton 31x46cm/*12x18in* Wien 97

TELKESSY Valeria 1870-1950 **[7]**

   $1 434 FF8 174 £900 The Artist's Model Oil/canvas 100,5x69cm/*39x27in* London 97

TELLA Garcia 1906-1983 **[60]**

   $2 253 FF11 000 £1 428 La pensée du Bateau Lavoir Huile/carton 91,5x125cm/*36x49in* Paris 95

   $1 628 FF10 000 £976 Couple Aquarelle/papier 66x51cm/*25x20in* Paris 98

TELLIER Raymond 1897-1985 **[44]**

   $487 FF2 900 £297 Nu Huile/toile 65x81cm/*25x31in* Douai 98

   $756 FF4 500 £462 "Aissata Dialo Bamako Haute Volta" Huile/panneau 42x34cm/*16x13in* Douai 98

TELTING Quintus Jan 1931 **[2]**

   $6 310 FF33 100 £3 795 Reflections: Burial of Martin Luther King Oil/canvas 77x97cm/*30x38in* Amsterdam 96

TEMPEL van den Abraham 1622-1672 **[8]**

   $21 298 FF121 905 £12 580 Portrait of a Family in the Guise of Volumnia and her Children Oil/canvas 158,5x194cm/*62x76in* Amsterdam 97

TEMPESTA Antonio 1555-1630 **[22]**

   $221 FF1 300 £132 Actéon changé en cerf Eau-forte 23,5x32,5cm/*9x12in* Paris 97

   $1 242 FF7 414 £749 Angels holding the Instruments of the Passion/Two angels Ink 17,7x26,2cm/*6x10in* London 97

TEMPESTA Antonio (Attrib.) 1555-1630 **[3]**

   $5 310 FF27 140 £3 500 A cavalry engagement Oil/panel 5x80cm/*1x31in* London 96

   $1 180 FF6 000 £705 Cavalier romain Encre 29x24cm/*11x9in* Paris 96

TEMPESTI Giovanni Battista 1729/32-1802/04 **[4]**

   $4 543 FF25 744 £3 028 Fanciulla che pensa Olio/tela 64x50cm/*25x19in* Milano 98

   $4 800 FF23 200 £3 000 The Deposition Red chalk 24,7x34,4cm/*9x13in* London 95

TEMPLE Hans 1857-1931 **[16]**

   $1 793 FF8 810 £1 142 Hof in der Wachau Öl/Leinwand 51x38cm/*20x14in* Wien 95

TEMPLIN Bernhard 1894-1971 **[6]**

   $972 FF5 719 £600 The Blue House Oil/cardboard 50x61cm/*19x24in* London 97

TEMPLIN Viktor 1920 **[18]**

   $1 462 FF8 482 £900 Violet sunset Oil/board 50x73cm/*19x28in* London 97

TEN CATE Hendrick Gerrit 1803-1856 **[26]**
   $1 392 FF8 380 £833 Mühle bei Monschein Oil/panel 22x28cm/*8x11in* München 98
   $4 076 FF24 295 £2 500 A Wooded Landscape Oil/board 65x82cm/*25x32in* London 98
   $280 FF1 673 £169 Landschaft Ink/paper 21x26,5cm/*8x10in* Köln 97

TEN CATE Johan Siebe 1858-1908 **[104]**
   $868 FF5 100 £521 Le port de Caen Huile/toile 40x24cm/*15x9in* Paris 97
   $5 010 FF25 000 £3 270 La Seine au Pont des Arts, soleil couchant Huile/toile 45,5x73cm/*17x28in* Paris 95
   $138 FF700 £82 Le port de Tromsje, Norvège Crayon/papier 22x35cm/*8x13in* Paris 96

TEN COMPE Jan 1713-1761 **[2]**
   $40 000 FF245 548 £24 508 View of the Hague from the North North-West Oil/panel 26,5x37cm/*10x14in* New-York 98

TEN HOLT Friso 1921 **[6]**
   $2 696 FF16 491 £1 600 Swimmer Oil/canvas 71x100,5cm/*27x39in* London 98

TEN KATE Herman F.C. (Attr.) 1822-1891 **[3]**
   $2 586 FF14 654 £1 293 Giocatori di carte Olio/tavola 15,5x23cm/*6x9in* Milano 98

TEN KATE Herman Fred. Carel 1822-1891 **[102]**
   $1 809 FF10 926 £1 086 Kunstkenner unter sich Oil/panel 51x70cm/*20x27in* Luzern 98
   $6 767 FF39 254 £4 000 The Trial Oil/canvas 20x30cm/*7x11in* London 97
   $1 795 FF10 261 £1 100 A Tavern Scene Watercolour/paper 19x28cm/*7x11in* London 97

TEN KATE Jan Jacob Lodewijk 1850-1929 **[7]**
   $322 FF1 664 £209 Het klokje Oil/panel 40x31cm/*15x12in* Amsterdam 96

TEN KATE Johan Mari 1831-1910 **[99]**
   $10 050 FF51 100 £6 000 After the hunt Oil/canvas 31x59cm/*12x23in* London 96
   $11 000 FF66 586 £6 563 Boys playing on a Frozen River Oil/panel 26x36cm/*10x14in* New-York 97
   $49 FF297 £30 Domestic Scene Pencil/paper 29,5x42,5cm/*11x16in* Haarlem 98

TEN KATE Johannes Marius 1859-1896 **[13]**
   $2 756 FF13 780 £1 784 Das Liebespaar Oil/panel 33,5x25,5cm/*13x10in* Düsseldorf 96
   $11 529 FF65 693 £7 200 Tea-time Oil/canvas 82x68,5cm/*32x26in* London 97

TENCALCA Carpoforo 1623-1685 **[2]**
   $1 234 FF7 375 £756 Allegorie der astronomie Chalks 17,8x85,5cm/*7x33in* München 98

TENER René, dit Renet 1846-1925 **[18]**
   $1 696 FF10 100 £1 037 Bord de mer animé Huile/toile 27,5x35cm/*10x13in* Barbizon 98
   $3 924 FF20 500 £2 336 Vaches à la mare aux environs de l'Isle-Adam Huile/toile 46,5x55cm/*18x21in* Pontoise 96

TENERANI Pietro 1789-1869 **[2]**
   $18 860 FF93 800 £12 000 Two Putti Marble H43cm/*H16in* London 95

TENGELER Johannes Willem 1746-1811 **[4]**
   $14 000 FF79 863 £8 608 Winter Landscape with Fishermen and Skaters on the Ice Oil/panel 49x70,5cm/*19x27in* New-York 97

TENGGREN Gustaf Adolf 1896-1970 **[11]**
   $1 160 FF6 050 £783 Fyra troll Akvarell 35x26cm/*13x10in* Stockholm 96

TENGNAGEL de Fabricius 1781-1849 **[16]**
   $1 709 FF9 726 £1 046 Sommerdag ved en sö, parti fra Sachsisk Schweiz Oil/canvas 35x46cm/*13x18in* Köbenhavn 97

TENIERS Abraham 1629-1670 **[16]**
   $15 000 FF85 470 £9 187 Peasants playing a game of skittles before a village Inn Oil/panel 24x33,5cm/*9x13in* New-York 97
   $21 800 FF110 000 £14 150 Paysans devant des maisons Huile/panneau 66x86cm/*25x33in* Paris 96

TENIERS David I 1582-1649 **[11]**
   $30 800 FF156 700 £18 460 Juno surprises Jupiter and Io Oil/panel 50x71cm/*19x27in* Amsterdam 96
   $30 760 FF160 000 £20 340 Saint Jérôme in a Forest by a Stream Oil/copper 36x44cm/*14x17in* New-York 96
   $62 880 FF389 520 £37 440 The Temptation of Christ/Extensive Rocky Landscape with Christ Oil/panel 85,5x162cm/*33x63in* Antwerpen 98

TENIERS David II 1610-1690 **[105]**
   $41 642 FF240 847 £25 000 Tavern Interior with a Peasant and an Old Woman at the Table Oil/panel

26,5x22,5cm/*10x8in* London 97

👆 *$114 800 FF573 000 £75 000* A tavern interior Oil/canvas 53x87cm/*20x34in* London 95

👆 *$135 000 FF828 724 £82 714* Winter Landscape with a Peasant Driving Pigs Through a Village Oil/canvas 105x170cm/*41x66in* New-York 98

▥ *$557 FF3 462 £340* Réjouissances Flamandes Etching 49,5x67cm/*19x26in* London 97

✎ *$1 794 FF10 406 £1 100* The temptation of ST. Anthony Graphite 14,5x19cm/*5x7in* London 97

TENIERS David II (Attrib.) 1610-1690 **[30]**

👆 *$7 229 FF42 029 £4 412* A mountainous landscape with figures standing near a Wooden cross Oil/canvas/panel 53x70cm/*20x27in* Amsterdam 97

👆 *$11 655 FF68 725 £6 900* A tavern interior with a man lighting his pipe and figures beyond Oil/canvas 24x30,5cm/*9x12in* London 97

TENIERS David III 1638-1685 **[2]**

👆 *$5 500 FF32 679 £3 356* Peasants Smoking and a Woman Drawing Water From a Well Oil/panel 24x30,5cm/*9x12in* New-York 98

TENNANT John F. 1796-1872 **[36]**

👆 *$4 500 FF21 900 £2 850* The rainbow Oil/canvas 52x80cm/*20x31in* New-York 95

TENNANT Stephen 1905-1987 **[17]**

✎ *$449 FF2 602 £280* The Return of the Travellers Watercolour 30,5x23cm/*12x9in* London 97

TENNESON Joyce 1945 **[11]**

📷 *$1 900 FF9 580 £1 225* Suzanne Cibachrome print 88x75cm/*34x29in* San Francisco-Los Angeles 96

TENNIEL John 1820-1914 **[15]**

✎ *$200 FF1 203 £120* Slender and Anne Page Watercolour 17x14cm/*6x5in* Bath 98

TENRÉ Henry Charles 1864-1926 **[11]**

👆 *$2 220 FF12 580 £1 480* Paesaggio Olio/tela 28x45cm/*11x17in* Firenze 98

✎ *$547 FF2 800 £332* Paysage d'Orient Aquarelle 17x26cm/*6x10in* Le Touquet 96

TEPLER Samuel 1918 **[22]**

👆 *$300 FF1 536 £194* Figure Oil/board 26x18cm/*10x7in* Tel Aviv 95

TEPPER Saul 1899-1987 **[12]**

👆 *$3 850 FF22 202 £2 293* Woman in Cobbler's Shop Oil/canvas 78x111cm/*31x44in* New-York 97

✎ *$900 FF4 610 £547* Couple seated, illustration for The River Road, by Hamlen Hunt Gouache 23x38cm/*9x15in* New-York 96

TER BRUGGHEN Hendrick 1588-1629 **[5]**

👆 *$290 000 FF1 780 223 £177 683* Singing Lute Player Oil/canvas 63x47cm/*24x18in* New-York 98

TER BRUGGHEN Hendrick (Attrib.) 1588-1629 **[2]**

👆 *$13 630 FF70 100 £8 500* Saint Peter in penitence Oil/panel 69x54cm/*27x21in* London 96

TER MEULEN Frans Pieter 1843-1927 **[23]**

👆 *$471 FF2 394 £301* Sheep near a tree trunk Oil/canvas 41x60cm/*16x23in* Amsterdam 96

TERÄ Teppo 1935 **[2]**

👆 *$6 995 FF42 020 £4 195* Höken anfaller Oil/canvas 50x70cm/*19x27in* Helsinki 98

TERAOKA Masami 1936 **[5]**

▥ *$1 100 FF6 354 £678* Aids Series Etching 38,5x27cm/*15x10in* San Francisco 97

✎ *$5 000 FF28 490 £3 122* Catfish Zen Monk Watercolour 96,5x32,5cm/*37x12in* New-York 97

TERBORCH Gerard II (Attrib.) 1617-1681 **[3]**

✎ *$3 090 FF16 000 £2 005* Étude de cavalier Crayon 22x13,5cm/*8x5in* Paris 96

TERECHKOVITCH Kostia, Constantin 1902-1978 **[224]**

👆 *$2 400 FF13 714 £1 470* Petite fille avec la jardinière Oil/board 56x24,5cm/*22x9in* New-York 97

👆 *$19 605 FF117 187 £12 000* La fille du peintre Oil/canvas 148x63,5cm/*58x25in* London 97

▥ *$119 FF700 £71* Affiche pour l'exposition Galerie Bernier Lithographie couleurs 54x46cm/*21x18in* Paris 97

🖌 *$2 660 FF15 800 £1 611* Le cheval Terre cuite 40x35x23cm/*15x13x9in* Saint-Germain-en-Laye 97

✎ *$351 FF1 800 £232* Portrait de jeune femme Crayon 41x31cm/*16x12in* Paris 96

TERESZCZUK Peter XIX-XX **[21]**

🖌 *$426 FF2 550 £261* Kalender med Pjerrot Bronze H16cm/*H6in* Vejle 98

TERHELL Adriaan Christian W. 1863-1949 **[6]**

✎ *$307 FF1 895 £193* Bomschuiten on the Beach Watercolour, gouache/paper 28x37cm/*11x14in* Amsterdam 97

TERLIKOWSKI de Vladimir 1873-1951 **[99]**

  $1 619 FF10 000 £973 Bouquet de fleurs sur fond jaune Huile/toile 54x65cm/*21x25in* Paris 98
  $2 534 FF15 500 £1 503 La Seine vers Bercy Huile/panneau 27x35cm/*10x13in* Paris 98
  $3 378 FF20 583 £2 068 Pejzaz miejski z rzeka Acrylique/isorel 254x73cm/*100x28in* Warszawa 98
  $582 FF3 000 £374 La lecture des enfants Aquarelle, gouache 27x18cm/*10x7in* Calais 96

TERLOUW Kees 1890-1948 **[69]**
  $952 FF5 500 £565 Marine Huile/toile 50x80cm/*19x31in* Paris 97

TERNI A.L. XIX-XX **[10]**
  $1 071 FF6 359 £648 Haus an der neapolitanischen Küste Öl/Leinwand 55x68cm/*21x26in* Zürich 97

TERPENING Sonya 1953 **[3]**
  $3 245 FF19 431 £1 993 Back to Work Watercolour/paper 53x72cm/*21x28in* Dallas, Texas 98

TERPNING Howard A. 1927 **[20]**
  $47 000 FF224 190 £29 558 Blood Brothers Oil/canvas 24x30cm/*9x11in* Hayden 95
  $50 000 FF252 000 £32 260 Wolves Mixed media 66x91cm/*26x36in* Hayden 96
  $357 500 FF2 210 887 £214 750 Thunder Pipe and the Holy Man Oil/canvas 137x101cm/*54x40in* Hayden 97
  $38 000 FF185 820 £24 050 Spectators Charcoal/paper 53x93cm/*21x37in* Santa Fe, New Mexico 95

TERRAIRE Clovis Frédérick 1858-1931 **[30]**
  $859 FF5 000 £525 Bergère et son troupeau près de l'étang Huile/toile 46x65cm/*18x25in* Paris 97

TERRENI Giuseppe Maria 1739-1811 **[3]**
  $14 362 FF86 000 £8 823 View of the Port of Constantinople with the Grand Signor's Seraglio Gouache/paper 39x62,5cm/*15x24in* Évreux 98

TERRIER Jean-Claude 1949 **[7]**
  $599 FF3 080 £383 Komposition Oil/canvas 162x129cm/*63x50in* Köbenhavn 96

TERRIS Adolphe 1820-1900 **[7]**
  $1 071 FF5 200 £672 Rénovation rue des Grands Carmes Tirage albuminé 25x19cm/*9x7in* Arles 95

TERRIS John 1864-1914 **[14]**
  $941 FF5 415 £580 Shepherd watching his Flock Graze by Moonlight Watercolour 49,5x74,5cm/*19x29in* London 97

TERRUELLA MATILLA Joaquín 1891-1957 **[24]**
  $1 320 FF7 900 £820 Cala Canyellas, Costa Brava Oleo/lienzo 59,5x73cm/*23x28in* Madrid 98
  $1 280 FF7 900 £760 Paisaje costero Oleo/cartón 31x35cm/*12x13in* Madrid 98

TERRUSO Saverio 1939 **[57]**
  $720 FF4 080 £360 Al tavolo Olio/tela 40x30cm/*15x11in* Prato 98
  $1 680 FF9 520 £840 Processione Olio/tela 50x70cm/*19x27in* Milano 97

TERRY Frederick Casemero 1827-1869 **[3]**
  $2 338 FF13 649 £1 390 Darling Point Watercolour/paper 18,5x28,5cm/*7x11in* Melbourne 97

TERRY Henry XIX-XX **[9]**
  $429 FF2 144 £280 A Bright Autumn Day, Dinton, Buckinghamshire Watercolour 42x55cm/*16x21in* London 96

TERRY Henry John 1818-1880 **[5]**
  $2 758 FF15 947 £1 700 View of a canal at Chiogga, near Venice Watercolour 33,5x45,5cm/*13x17in* London 97

TERRY Joseph Alfred 1872-1939 **[13]**
  $9 195 FF54 347 £5 500 The Field Worker, Early Evening Oil/canvas 81x66,5cm/*31x26in* London 97

TERUZ Orlando 1902-1984 **[4]**
  $3 500 FF20 895 £2 150 Landscape Oil/canvas 73x91,5cm/*28x36in* New-York 98

TERWESTEN Augustinus II (Attr 1711-1781 **[1]**
  $13 240 FF69 100 £8 000 Allegory of Peace and Abundance Oil/canvas 126,5x164,5cm/*49x64in* London 96

TERWESTEN IL PARODIJSVOGEL Augustinus I 1649-1711 **[4]**
  $10 020 FF60 000 £5 988 Portrait d'une Princesse d'Orange-Nassau Huile/toile 113x95cm/*44x37in* Laval 98

TERWESTEN Matheus 1670-1757 **[14]**
  $3 200 FF19 013 £1 952 Zephyr and Flora Oil/canvas 87x69cm/*34x27in* New-York 98
  $5 071 FF29 025 £2 995 Self portrait of the Artist wearing blue silk Jacket, red silk Cape Oil/canvas 37,5x30cm/*14x11in* Amsterdam 97

TERZI Aleardo 1870-1943 **[4]**

*$2 600 FF15 494 £1 558 "Rom - 1911" Poster 90x59,5cm/*35x23in* New-York 98*
*$1 188 FF6 210 £702 La lettera d'amore Tempera/carta 36x22cm/*14x8in* Trieste 96*

TESCHENDORFF Emil 1833-1894 [2]
*$10 480 FF54 300 £7 000 En ung kvinde i en have Oil/canvas 127x96cm/*50x37in* Viby J, Århus 96*

TESCHNER Richard 1879-1948 [33]
*$5 657 FF34 205 £3 388 Aloëblüte Öl/Leinwand 95x85cm/*37x33in* München 98*

TESDORPF-EDENS Ilse 1892-1966 [8]
*$655 FF3 390 £423 Paulikirche in Soest Öl/Karton 38x29,5cm/*14x11in* Hamburg 96*
*$901 FF5 360 £558 Winterlandschaft Aquarell/Papier 54x49cm/*21x19in* München 97*

TESI Mauro Antonio 1730-1766 [4]
*$850 FF5 147 £517 A Cartouche with Grotesque Masks/Sketch of a Landscape Ink 28x20cm/*11x7in* New-York 98*

TESSARI Vittorio 1860-? [10]
*$550 FF3 293 £328 Portrait of a Lady Watercolour/paper 48x34cm/*19x13in* Bethesda, Maryland 98*

TESSIER Florent XIX [2]
*$2 912 FF17 000 £1 761 La soupe au choux dans un intérieur de chaumière Huile/toile 72x58cm/*28x22in* Paris 97*

TESSIER Louis Adolphe XIX-XX [10]
*$4 005 FF20 000 £2 616 Le peintre et son modèle Huile/toile 41x33cm/*16x12in* Paris 95*
*$8 459 FF49 067 £5 000 La petite violoniste Oil/canvas 96x79cm/*37x31in* London 97*
*$9 570 FF58 000 £5 869 Rassemblement au Maroc Huile/toile 99x200cm/*38x78in* Paris 98*

TESSON Louis 1820-1870 [25]
*$2 018 FF11 500 £1 260 Le lavoir Huile/toile 32x24cm/*12x9in* Calais 97*
*$1 635 FF8 000 £1 035 Marchand de tissu Gouache 31x21cm/*12x8in* Paris 95*

TESTA Armando 1917-? [6]
*$500 FF3 174 £312 Games Of the XVII Olympiad Poster 97x68cm/*38x27in* New-York 97*

TESTA IL LUCCHESINO Pietro 1607-1650 [26]
*$318 FF1 858 £195 Der Tod des Sinorix Radierung 29,3x41,7cm/*11x16in* Berlin 97*
*$837 FF5 028 £500 A Male Figure bending over Red chalk/paper 28,5x20cm/*11x7in* London 98*

TESTA IL LUCCHESINO Pietro (Attrib.) 1607-1650 [7]
*$1 712 FF10 000 £1 013 Etude de vieille femme tenant un baquet Pierre noire 24x18cm/*9x7in* Paris 97*

TESTELIN Henri le Jeune 1616-1695 [2]
*$44 800 FF234 000 £29 400 Ritratto di Luigi XIV Olio/tela 127x95cm/*50x37in* Prato 96*

TESTU Pierre XIX-XX [27]
*$857 FF5 200 £519 Pêche à pied Huile/panneau 41x32,5cm/*16x12in* Rennes 98*
*$1 598 FF9 100 £989 Couple de pêcheurs bretons Huile/toile 65x93cm/*25x36in* Paris 97*

TETAR VAN ELVEN Jean Baptist 1805-1889 [17]
*$1 986 FF11 901 £1 184 Kerkinterieur met personen Oil/panel 19,5x13,5cm/*7x5in* Rotterdam 98*
*$4 084 FF23 234 £2 500 After mass Oil/panel 49x39cm/*19x15in* London 97*
*$649 FF3 361 £414 Winterlandschaft mit Kutsche vor einem haus Ink 6,8x10,5cm/*2x4in* Zürich 96*

TETAR VAN ELVEN Pierre Henri Theod. 1831-1908 [12]
*$2 410 FF11 800 £1 527 Jeune Orientale au puits Huile/toile 40x33,5cm/*15x13in* Aubagne 95*
*$43 075 FF250 000 £26 300 Scène de rue, Beyrouth Huile/toile 83x50cm/*32x19in* Paris 97*

TETE Maurice Louis 1881-1948 [3]
*$5 438 FF31 767 £3 338 Nature morte à la coupe de fruits, bouteille et livres Öl/Leinwand 81x130,5cm/*31x51in* Köln 97*

TETMAJER Wlodzimierz 1862-1923 [15]
*$5 727 FF33 143 £3 522 "Opdoczynek" Oil/canvas 80x50cm/*31x19in* Warszawa 97*
*$6 188 FF36 753 £3 748 Peasant girl feeding poultry Oil/cardboard 36x30,5cm/*14x12in* Warszawa 97*
*$23 423 FF137 484 £14 326 A procession Oil/canvas 91x149,5cm/*35x58in* Warszawa 97*

TETRODE van Willem Danielsz. c.1530-1588 [1]
*$414 000 FF2 160 000 £250 000 Hercules Pomarius Bronze H39,5cm/*H15in* London 96*

TETSU Katsuda 1896-1980 [1]
*$3 200 FF18 518 £1 968 Beauty with a fan Ink 126x41cm/*49x16in* New-York 97*

TEUBER Hermann 1894-1985 [50]
*$57 FF337 £35 Schildkröten Radierung 20x25cm/*7x9in* Köln 97*

✐ *$1 040 FF5 440 £620* Schiffe im Hafen Aquarell/Papier 33x48,5cm/*12x19in* München 96
TEXCIER Jean 1888-1957 **[26]**
✐ *$217 FF1 300 £131* Porte de Châtillon Aquarelle 23x31,5cm/*9x12in* Paris 97
TEXIER Richard 1955 **[51]**
☞ *$744 FF4 200 £456* Composition Huile 40x40cm/*15x15in* Paris 97
☞ *$2 790 FF16 500 £1 674* "Lune rousse" Huile 161,5x130cm/*63x51in* Paris 97
▭ *$336 FF2 000 £204* Le 3eme. jour Eau-forte, aquatinte couleurs 76x57cm/*29x22in* Paris 97
TEYE Theresa Cuellar 1934 **[2]**
☞ *$10 000 FF52 000 £6 610* Bodegón con Pan y Puerro Oil/canvas 104x150cm/*40x59in* New-York 96
TEYNARD Felix 1817-1892 **[11]**
📷 *$800 FF4 130 £530* Edfou, vue générale du temple Salt print 23x30cm/*9x12in* New-York 96
THAKE Eric Prentice Anchor 1904-1982 **[30]**
▭ *$619 FF3 719 £369* An Opera House in Every Home Linocut 13,5x20,5cm/*5x8in* Melbourne 98
THALBITZER Ella 1883-? **[18]**
☞ *$152 FF789 £102* Markblomster i en kande Oil/canvas 51x38cm/*20x14in* Viby J, Århus 96
THALEMANN Elsa 1901-1984 **[6]**
📷 *$2 000 FF10 310 £1 325* Eiffel Tower, Paris, 1920s Gelatin silver print 11x16cm/*4x6in* New-York 96
THALINGER E. Oscar 1885-? **[7]**
☞ *$850 FF4 377 £548* Windblown Trees Oil/board 45x60cm/*18x24in* Bolton, Mass. 96
THALMANN Peter 1926 **[18]**
✐ *$267 FF1 619 £163* Pont-Aven Watercolour 13x18cm/*5x7in* Zofingen 98
THAMM Gustav Adolf 1859-1925 **[16]**
☞ *$664 FF3 855 £392* Skördearbete Oil/panel 15,5x25cm/*6x9in* Malmö 97
☞ *$1 094 FF6 704 £653* Fachwerkhäuser am Dorfbach Oil/canvas 57x74,5cm/*22x29in* Dresden 98
THARRATS VIDAL Joan Josep 1918 **[38]**
☞ *$1 120 FF6 368 £672* Composición Tecnica mista 65x54cm/*25x21in* Madrid 97
✐ *$1 428 FF8 358 £882* Paisaje Técnica mixta/papel 92x73cm/*36x28in* Madrid 97
THAULOW Fritz 1847-1906 **[248]**
☞ *$3 127 FF19 000 £1 882* Bord de rivière Huile/toile 40,5x51cm/*15x20in* Paris 98
☞ *$5 510 FF28 800 £3 280* Disig vinterhamn Oil/canvas 27,5x41cm/*10x16in* Stockholm 96
▭ *$114 FF704 £68* Vinterlandskab med braenesamler Etching 44x59cm/*17x23in* Vejle 98
✐ *$19 306 FF114 380 £11 564* Vinter, roende mann på elv (snowy river landscape) Pastel 50x79cm/*19x31in* Oslo 97
THAXTER Celia 1835-1894 **[1]**
⬦ *$3 750 FF22 152 £2 330* Vase Decorated with Olive Branches Ceramic H16,5cm/*H6in* Boston, Mass. 97
THAXTER Edward R. 1857-1881 **[2]**
⬦ *$52 500 FF311 571 £32 156* Angel Over Innocence Marble H105,5cm/*H41in* New-York 98
THAYAT Ernesto Michahelles 1893-1959 **[9]**
☞ *$3 795 FF21 505 £1 897* Piantaragno Olio/tavola 44,5x55cm/*17x21in* Milano 98
📷 *$5 500 FF33 557 £3 296* Cubismo Applicato Gelatin silver print 23,5x18cm/*9x7in* New-York 98
THAYER Abbott Handerson 1849-1921 **[13]**
☞ *$8 500 FF51 081 £5 139* "The Three Graces" Oil/canvas 65,5x41cm/*25x16in* New-York 98
✐ *$1 250 FF6 137 £796* Roses Watercolour/paper 22x38cm/*9x15in* North Berwick, Maine 95
THEAKER Harry George 1873-1954 **[11]**
✐ *$311 FF1 575 £200* Extensive wooded landsdcape Watercolour 34x53cm/*13x20in* London 96
THEAULON Étienne (Attrib.) 1739-1780 **[2]**
☞ *$1 622 FF8 000 £1 054* Scène de l'Histoire de Paul et Virginie Huile/toile 3x47,5cm/*1x18in* Paris 95
THEED William the Younger 1804-1891 **[3]**
⬦ *$48 700 FF254 500 £29 000* The Return of the Prodigal Son: "Father I Have Sinned..." Marble H183cm/*H72in* London 96
THEER Adolf 1811-1868 **[2]**
☞ *$7 965 FF47 756 £4 818* Marie Françoise, Gräfin Esterhazy de Galantha Miniature 9,7x7,8cm/*3x3in* Zürich 97
THEER Robert 1808-1863 **[10]**
☞ *$2 317 FF12 000 £1 550* Bildnis eines Mädchens in weissem Kleid Miniature 11x8,5cm/*4x3in* Wien 96
✐ *$11 270 FF57 700 £7 230* Erzherzog Franz Joseph Watercolour 12x9,5cm/*4x3in* Wien 96
THEGERSTRÖM Robert 1857-1919 **[38]**

$1 490 FF7 780 £887 Solbelyst vinterlandskap Oil/canvas 45x30cm/*17x11in* Stockholm 96
$1 761 FF9 938 £1 079 Stående naken kvinna Oil/canvas 75x50cm/*29x19in* Stockholm 97
$11 130 FF57 700 £7 200 Siesta, North Africa Oil/canvas 100x150cm/*39x59in* Stockholm 96
$20 000 FF118 274 £12 134 The Recital Pastel/paper 78x99cm/*30x38in* New-York 98
THEIMER Ivan 1944 **[8]**
$12 270 FF64 000 £8 110 La Grande tortue Bronze 86x62x42cm/*33x24x16in* Cannes 96
THEK Paul 1933 **[5]**
$1 700 FF8 800 £1 137 Bread and Buttocks Oil/canvas 23x31cm/*9x12in* New-York 96
THELANDER Pär Gunnar 1936 **[62]**
$3 030 FF15 600 £1 890 Från Hennes Sökande 9 Mixed media/panel 55x64cm/*21x25in* Stockholm 96
$10 330 FF51 300 £6 570 Från stol till balja Oil/canvas 130x145cm/*51x57in* Stockholm 95
$766 FF4 475 £453 Potatis Print 58x72cm/*22x28in* Stockholm 97
$1 556 FF9 324 £930 "Ungdomar som hämtar stoff..." Akvarell 59x79cm/*23x31in* Stockholm 98
THELEM Ernest B. Lem 1869-1930 **[1]**
$1 800 FF9 170 £1 080 "Cycles Peugeot, Valentigney (Doubs)" Poster 148x109,5cm/*58x43in* New-York 96
THELWELL Norman 1923 **[13]**
$428 FF2 167 £280 You're getting a tricycle, a jig-saw puzzle... Watercolour 37,5x30cm/*14x11in* Billingshurst, West Sussex 96
THEMMEN Charles XIX-XX **[3]**
$4 000 FF23 738 £2 480 Mountainous Landscapes Oil/canvas 91,5x127cm/*36x50in* New-York 97
THEODON Jean-Baptiste 1646-1713 **[1]**
$2 347 FF14 063 £1 400 Design for a Statue of Phaetusa Red chalk 41x25cm/*16x9in* London 98
THEOFILOS Hadjimichail 1867-1934 **[4]**
$12 320 FF64 300 £7 440 Saint Anthony and Saint Kyriaki Tempera/panel 29,5x25,5cm/*11x10in* Athens 96
$111 000 FF579 000 £67 000 The Volcano of Cantagna Mixed media 104x156cm/*40x61in* Athens 96
THÉPOT François 1925 **[3]**
$3 860 FF20 000 £2 494 Composition Gouache 67,5x52,5cm/*26x20in* Douai 96
THERIAT Charles James 1860-1937 **[35]**
$292 FF1 482 £190 Full length study of male nude Charcoal 62x47cm/*24x18in* London 96
THERKILDSEN Michael 1850-1925 **[48]**
$980 FF4 900 £635 Grazing cows Oil/canvas 47x63cm/*18x24in* Köbenhavn 96
THERRIEN Robert 1947 **[30]**
$20 000 FF96 800 £12 840 Untitled Oil/canvas/panel 244x160cm/*96x62in* New-York 95
$18 000 FF107 271 £10 791 No Title Silkscreen 25,5x19cm/*10x7in* New-York 98
$3 737 FF22 444 £2 231 Chapel/Keystone Bronze H13cm/*H5in* San Francisco 98
$25 000 FF147 930 £15 252 No Title Bronze 86,5x44,5x5cm/*34x17x1in* New-York 98
THESLEFF Ellen 1869-1954 **[29]**
$3 864 FF23 130 £2 379 Porträtt av soldat Oil/canvas 42,5x32,5cm/*16x12in* Stockholm 98
$9 205 FF55 290 £5 520 Gumma i sjal Oil/canvas 52x41cm/*20x16in* Helsinki 98
$1 288 FF7 740 £772 La Rossa Woodcut in colors 38x31cm/*14x12in* Helsinki 98
$1 472 FF8 846 £883 Studie Charcoal/paper 30x22cm/*11x8in* Helsinki 98
THEUNIS Pierre 1883-1950 **[7]**
$2 354 FF13 846 £1 453 Nu féminin debout Bronze H57,5cm/*H22in* Liège 97
THEVENET Jacques 1891-1989 **[140]**
$234 FF1 400 £142 Agadir Huile/panneau 33x41cm/*12x16in* Paris 97
$418 FF2 500 £253 Atelier de la rue A. Comte Huile/toile 49x65cm/*19x25in* Paris 97
$158 FF950 £96 L'hiver en Berry Gouache 22x16cm/*8x6in* Paris 97
THEVENET Louis 1874-1930 **[45]**
$914 FF5 200 £559 Intérieur avec chaise Huile/panneau 42x34cm/*16x13in* Paris 97
$4 120 FF21 360 £2 640 Le confessionnal Huile/toile 70x60cm/*27x23in* Lokeren 96
THEVENET Pierre 1870-1937 **[22]**
$1 843 FF11 000 £1 112 Paris, le chevet de Notre-Dame Huile/toile 89x130cm/*35x51in* Paris 97
THEVENIN Louis 1870-? **[2]**
$6 182 FF35 970 £3 784 Intérieur de ferme Huile/toile 60x70cm/*23x27in* Antwerpen 97
THEYS Ivan 1936 **[39]**
$1 597 FF9 512 £949 Vaaje rozen in intérieur Oil/canvas 91x72cm/*35x28in* Amsterdam 97

☞ *$3 593 FF21 403 £2 136* Het groot gevoel Oil/canvas 180x116cm/*70x45in* Amsterdam 97
THEZELOUP Jean 1885-1968 **[3]**
▱ *$1 160 FF6 000 £748* "Course de cote internationale, La Turbie" Affiche 65x100cm/*25x39in* Nice 96
THIBAULT Aimée 1780-1868 **[4]**
☞ *$3 230 FF16 500 £2 130* Le duc de Montmenrency en tenue de pair de France Miniature 22x15cm/*8x5in* Versailles 96
THIBESART Raymond 1874-1968 **[19]**
☞ *$1 015 FF6 200 £608* Matin à Vaux-sur-Seine, cerisiers en fleur Huile/toile 54x65cm/*21x25in* Paris 98
THIEBAUD Wayne 1920 **[192]**
☞ *$1 700 FF9 736 £1 005* Chocolates Acrylique/toile 22,5x26,5cm/*8x10in* New-York 97
☞ *$100 000 FF595 950 £61 320* Trucker's Supper Oil/canvas 50,5x61cm/*19x24in* New-York 98
☞ *$1 550 000 FF9 001 160 £946 895* Bakery Counter Oil/canvas 139,5x182,5cm/*54x71in* New-York 97
▱ *$2 500 FF14 261 £1 527* Neighborhood Ridge Etching, aquatint 35,5x25,5cm/*13x10in* New-York 97
✎ *$40 000 FF232 020 £23 644* Gum Ball Machine Coloured chalks/paper 20x20cm/*7x7in* New-York 97
THIEL Carl 1835-1900 **[2]**
☞ *$4 229 FF25 142 £2 587* Variastilleben mit erlegtem Goldfasan, Schnepfe und Rebhuhn Öl/Leinwand 93x70cm/*36x27in* Köln 97
THIELE Alexander 1924 **[57]**
☞ *$694 FF3 426 £449* Bergbauernhof Öl/Leinwand 80x70cm/*31x27in* Kempten 96
THIELE Anton 1838-1902 **[17]**
☞ *$1 418 FF8 710 £869* Rehe auf einer Waldlichtung im ersten Morgenlicht Öl/Leinwand 69x108cm/*27x42in* Stuttgart 98
THIELE Arthur 1841-1919 **[7]**
☞ *$524 FF2 710 £339* Rehe in winterlicher Landschaft Oil/canvas/board 19x26cm/*7x10in* Hamburg 96
THIELE Hans 1850-1925 **[3]**
☞ *$5 789 FF33 656 £3 535* Grosses Blumenstück Oil/panel 98x72,5cm/*38x28in* Wien 97
THIELE Johann Alexander 1685-1752 **[12]**
☞ *$4 215 FF25 000 £2 577* Paysages animés de la campagne italienne Huile/panneau 9,5x13,5cm/*3x5in* Paris 97
☞ *$6 220 FF36 825 £3 693* Phantastische Gebirgslandschaft mit einem Flusstal Oil/wood 54,5x77cm/*21x30in* Dresden 97
THIELE Julius Arthur 1841-1919 **[4]**
☞ *$16 055 FF93 781 £9 500* Deer in a winter landscape Oil/canvas 99,5x149cm/*39x58in* London 97
THIELE Otto 1870-? **[9]**
☞ *$7 030 FF35 760 £4 200* The Flower Market, Berlin Oil/panel 35x30cm/*13x11in* London 96
THIELE Rudolf 1856-1930 **[3]**
⚒ *$3 114 FF18 000 £1 918* Nubienne Terre cuite H55cm/*H21in* Paris 97
THIELEN van Jan Philips (Attrib) 1618-1667 **[15]**
☞ *$1 420 FF8 392 £882* Medaillon mit Maria und dem Jesuskind in einem Blumenkranz Oil/copper 20,5x17cm/*8x6in* Stuttgart 97
☞ *$4 000 FF23 041 £2 350* Tulips, Roses, Poppies, Snowdrops, Narcissi, Hollyhock, Sweetpeas Oil/canvas 73x55,5cm/*28x21in* New-York 97
THIELEN van Jan Philips Rigoults 1618-1667 **[15]**
☞ *$24 100 FF121 800 £15 800* Ein Strauss von Rosen, Tumpen, Orangenblüten in einer Glasvase Öl/Leinwand 5x41cm/*1x16in* Wien 96
☞ *$32 400 FF190 640 £20 000* Maria mit dem Kind und musizierenden Engeln Öl/Leinwand 97,5x75cm/*38x29in* Wien 97
☞ *$36 813 FF210 000 £22 491* La Sainte Famille avec Saint-Jean-Basptiste et Sainte-Anne . Huile/toile 145x106cm/*57x41in* Paris 97
THIELER Fred 1916 **[143]**
☞ *$4 737 FF27 196 £2 888* Ohne Titel Mischtechnik/Karton 48,8x64,9cm/*19x25in* Berlin 97
☞ *$17 670 FF87 700 £11 250* Ohne Titel Acrylic/panel 135x200cm/*53x78in* Stuttgart 95
▱ *$106 FF543 £70* Composition Lithographie 41x32,5cm/*16x12in* Heidelberg 96
✎ *$2 893 FF16 897 £1 776* Ohne Titel Mischtechnik/Papier 49,5x69,5cm/*19x27in* Köln 97
THIELMANN Wilhelm 1868-1924 **[14]**
▱ *$227 FF1 342 £141* Alte Frau in Schwälmer-Tracht am Spinnrad Radierung 16,7x22,7cm/*6x8in* Bielefeld 97
THIEM Paul 1858-1922 **[13]**

$3 099 FF18 481 £1 923 Der Karlsplatz in München Öl/Leinwand 94x76cm/*37x29in* Dresden 97
THIEMANN Carl Theodor 1881-1966 **[128]**
$393 FF2 033 £255 "Schwäne" (in Nymphenburg) Woodcut in colors 33x23cm/*12x9in* München 96
THIEME Anthony 1888-1954 **[129]**
$2 200 FF10 830 £1 418 Docked boats Oil/canvas/board 29x38cm/*11x14in* New-York 95
$75 000 FF442 215 £45 990 "Bahama Islands" Oil/canvas 76x91,5cm/*29x36in* New-York 98
THIENON Louis 1812-? **[9]**
$4 640 FF23 170 £3 000 The Thames from Hungerford Market Watercolour 27x39cm/*10x15in* London 96
THIER Barent Hendrik 1751-1814 **[12]**
$4 950 FF25 000 £3 233 Le gardien de troupeau Huile/panneau 39x50cm/*15x19in* Paris 96
$665 FF4 075 £398 A Farmer and His Son by a Bridge in a Field with Cattle Wash 20x27cm/*7x10in*
Amsterdam 98
THIERFELDER Vivian 1929 **[3]**
$834 FF4 958 £502 Penbina Baroque Watercolour/paper 46x46cm/*18x18in* Calgary, Alberta 98
THIERRIAT Augustin Alexandre 1789-1870 **[6]**
$3 287 FF19 500 £1 946 Bouquet de roses Crayon 50x40cm/*19x15in* Paris 97
THIERSCH Ludwig 1829-1909 **[7]**
$24 000 FF142 432 £14 700 Das Ritual Oil/canvas 100,5x150cm/*39x59in* New-York 97
THIÉRY DE SAINTE-COLOMBE Luc Vincent 1734-1811 **[2]**
$1 508 FF9 040 £900 The Courtyard of the Abbey of San Vito at Polignano Ink 16x26cm/*6x10in* London 98
THIESSON Gaston 1882-1920 **[3]**
$4 600 FF22 700 £3 000 Lavandière près du village Oil/canvas 60x73cm/*23x28in* London 95
THIEULIN Jean 1894-1960 **[14]**
$4 535 FF22 000 £2 920 Marché aux fleurs Huile/toile 54x65cm/*21x25in* Paris 95
THIEVAERT Daniel Jansz c.1600-c.1655 **[1]**
$7 720 FF40 000 £5 010 Jeune femme assise sur un lit dans une alcôve Huile/panneau
34,5x26cm/*13x10in* Paris 96
THIL Jeanne 1887-1968 **[21]**
$1 343 FF7 000 £887 Vaqueros Huile/toile 54x65cm/*21x25in* Paris 96
$488 FF2 800 £302 "Algérie-Tunisie-Maroc par la Transatlantique" Affiche 103x74cm/*40x29in* Paris 97
$1 263 FF7 500 £765 Le départ de la caravanne Gouache 15,5x22cm/*6x8in* Neuilly-sur-Seine 97
THILÉN Ada 1852-1933 **[2]**
$1 552 FF9 496 £921 Tupp och höna Oil/canvas 39x31cm/*15x12in* Helsinki 98
THIM Cornelis 1754-1813 **[5]**
$3 434 FF17 470 £2 060 Shipping in a calm Ink 20x30,7cm/*7x12in* Amsterdam 96
THIOLLET Alexandre 1824-1895 **[10]**
$1 774 FF10 900 £1 063 Paysage de montagne animé Huile/panneau 41x33cm/*16x12in* Besançon 98
THIRION Charles Victor 1833-1978 **[7]**
$5 000 FF25 700 £3 120 The Little Mishap Oil/canvas 36x27cm/*14x10in* New-York 96
THIRIOT Pierre 1904-? **[7]**
$400 FF2 289 £236 "Colette Andris" Poster 117x75,5cm/*46x29in* New-York 97
THIRTLE John 1777-1839 **[11]**
$611 FF3 044 £400 Windsor Park Watercolour 17x27cm/*7x11in* Aylsham, Norfolk 96
THISEBART Raymond 1874-1968 **[12]**
$1 465 FF9 000 £878 Pommier en fleur Huile/toile 60x81cm/*23x31in* Paris 98
THIVET Antoine Auguste 1822-? **[9]**
$2 286 FF11 560 £1 500 Portrait of a young woman Oil/panel 22x16cm/*8x6in* London 96
$3 114 FF18 000 £1 918 Sérénité dans les blés Huile/toile 75x50cm/*29x19in* Paris 97
THIVET Yvonne 1888-1972 **[33]**
$2 495 FF14 500 £1 473 Les Souks à Tunis Huile/toile 81x54cm/*31x21in* Paris 97
$1 430 FF7 000 £906 "Oujda" Gouache 37x28cm/*14x11in* Paris 95
THOLEN Willem Bastiaan 1860-1931 **[95]**
$1 320 FF6 760 £856 Afgraving bij de witte brug Oil/canvas/panel 31x41cm/*12x16in* Amsterdam 95
$10 950 FF55 600 £6 990 Barges on a canal Huile/toile 38x57cm/*14x22in* Montréal 96
$1 320 FF6 760 £856 A little girl in a swing in a barn Watercolour 56x41cm/*22x16in* Amsterdam 95
THOLER Raymond 1859-? **[3]**

☞ *$2 716 FF17 000 £1 708* Nature morte au homard Huile/toile 32x46cm/*12x18in* Cherbourg 97
THOM James Crawford 1838-1898 **[31]**
☞ *$1 300 FF6 400 £838* Playing by the stream Oil/panel 18x23cm/*7x9in* New-York 95
☞ *$2 400 FF12 460 £1 588* Gathering apples, Leonards Orchard, Atlantic Highlands, New Jersey Oil/panel 29x61cm/*11x24in* New-York 96
✐ *$900 FF5 341 £558* The Pet Bird's Dinner Watercolour/board 30x23cm/*11x9in* New-York 97
THOMA Emil 1869-1948 **[23]**
☞ *$381 FF2 346 £233* Waldweg Öl/Karton 50x40cm/*19x15in* Hildrizhausen 98
▱ *$203 FF1 164 £127* Feierabend Radierung 35x48,5cm/*13x19in* München 97
THOMA Hans 1839-1924 **[499]**
☞ *$570 FF3 358 £352* Versuchung Christi Mischtechnik 54x37cm/*21x14in* Bremen 97
☞ *$16 791 FF100 536 £10 314* Bergwiese mit Felsen Oil/cardboard 30,5x45cm/*12x17in* Köln 98
☞ *$29 435 FF172 744 £18 000* Oberitalienische Frühlingslandschaft Oil/canvas 151x131cm/*59x51in* London 97
▱ *$180 FF1 105 £107* Flora und Jüngling am Quell, dahinter Putten Print 47x35cm/*18x13in* Staufen 98
✐ *$713 FF4 197 £440* Blick in einen Waldweg Indian ink 31,5x24cm/*12x9in* Heidelberg 97
THOMA Joseph 1828-1899 **[86]**
☞ *$1 992 FF9 800 £1 270* Schweizer Bergsee Oil/panel 15,6x31,7cm/*6x12in* Wien 95
☞ *$3 250 FF16 950 £1 900* Rast am Gebirgsweg Öl/Leinwand 62,5x46cm/*24x18in* München 96
THOMANN Heinrich 1748-1794 **[2]**
▱ *$2 207 FF12 820 £1 348* Gesamtansicht von Lindau mit Umgebung und Staffage Farbradierung 30x43cm/*11x16in* Lindau 97
THOMAS Alma 1891-1978 **[3]**
☞ *$55 000 FF316 822 £33 929* Babbling Brook and Whistling Poplar Trees Symphony Acrylic/canvas 183x132cm/*72x51in* New-York 97
✐ *$1 000 FF5 704 £611* Blue Abstraction Watercolour/paper 52x73cm/*20x28in* Washington 97
THOMAS Barry 1961 **[5]**
☞ *$4 500 FF25 626 £2 775* Mother's Love Oil/canvas 101x76cm/*40x30in* Dallas, Texas 97
THOMAS Bert 1883-1966 **[7]**
▱ *$500 FF2 762 £310* "You Buy War Bonds We Do The Rest" Poster 76x50cm/*30x20in* New-York 97
THOMAS Charles 1827-1892 **[4]**
☞ *$1 970 FF10 100 £1 197* Roses dans un vase Huile/toile 41x33cm/*16x12in* Rouen 96
THOMAS George Housman 1824-1868 **[6]**
☞ *$14 181 FF86 523 £8 500* Orlando, a Bay Racehorse held by his Groom, John Ransom in a Landscape Oil/canvas 42x52cm/*16x20in* London 98
THOMAS Gérard 1663-1720 **[6]**
☞ *$5 940 FF31 000 £3 590* L'intérieur du cabinet du médecin Huile/toile 67,5x83,5cm/*26x32in* Paris 96
THOMAS Gérard (Attrib.) 1663-1720 **[5]**
☞ *$3 560 FF21 803 £2 131* A Boor and Merchant Agreeing a Sale in a Stable Oil/canvas 50,5x78cm/*19x30in* Amsterdam 98
THOMAS Henri 1878-1972 **[79]**
☞ *$2 726 FF15 523 £1 672* Vase de fleurs Huile/toile 100x84cm/*39x33in* Bruxelles 97
▱ *$381 FF1 972 £255* Femme au chapeau en buste Pointe sèche 34x23,5cm/*13x9in* Bruxelles 96
THOMAS John 1813-1862 **[2]**
⚒ *$12 570 FF62 500 £8 000* Veiled figure emblematic of Night Marble H46cm/*H18in* London 95
THOMAS Margaret 1916 **[8]**
☞ *$556 FF2 686 £350* The buttonhole Oil/board 18,5x24cm/*7x9in* London 96
THOMAS Marjorie Helen 1885-? **[3]**
☞ *$1 000 FF6 097 £600* An Early Breakfast in the Desert/Desert Blooms Oil/board 18x25,5cm/*7x10in* Boston, Mass. 98
THOMAS Paul 1868-1910 **[37]**
☞ *$1 513 FF9 000 £937* Cour du moulin, effet du soir Huile/toile 60x74cm/*23x29in* Paris 97
THOMAS Pieter Hendrik 1814-1866 **[4]**
☞ *$11 304 FF67 978 £6 778* Shipping in a Calm, with Fishermen in the Foreground Oil/canvas 41,5x62cm/*16x24in* Amsterdam 98
THOMAS Richard D. 1935 **[4]**
☞ *$2 400 FF12 504 £1 509* Tall in the Saddle Oil/canvas 40x30cm/*16x12in* Scottsdale, Arizona 96

THOMAS Robert Strickland 1787-1853 **[8]**
  $10 830 FF55 200 £6 500 A large First rate heeling over as she emerges out of Portsmouth Oil/canvas 23,5x32cm/*9x12in* London 96
THOMAS Rover, Joolama 1926 **[6]**
  $9 627 FF56 203 £5 727 Gundimulul, Wolf Creek Crater Mixed media/board 60,5x121,5cm/*23x47in* Melbourne 97
  $22 387 FF132 929 £13 664 "Wingiginy" Country Mixed media/canvas 80x160cm/*31x62in* Woollahra, Sydney 98
THOMAS Stephen Seymour 1868-1956 **[14]**
  $949 FF5 293 £580 Impression of the Sea at Carmel Oil/panel 26x34cm/*10x13in* Boston, Mass. 97
THOMAS Walter 1894-1971 **[7]**
  $603 FF3 600 £364 "Holidays on the Continent, all the year round" Affiche 103x127cm/*40x50in* Orléans 97
THOMAS William Cave 1820-? **[5]**
  $4 690 FF24 300 £3 000 Laura at Avignon Oil/canvas 28x37,5cm/*11x14in* London 96
  $2 370 FF11 600 £1 500 The Argument Watercolour 60x47cm/*23x18in* London 95
THOMASSE Adolphe 1850-1930 **[4]**
  $1 245 FF7 406 £749 An English Setter with the Day's Bag Oil/panel 33x40,5cm/*12x15in* London 97
THOMASSIN-RENARDT Désiré 1858-1933 **[86]**
  $698 FF4 037 £430 Rosenstilleben Öl/Papier 48x35cm/*18x13in* München 97
  $2 328 FF13 458 £1 434 Holl. Landschaft Oil/panel 9x13cm/*3x5in* München 97
  $2 614 FF15 182 £1 597 Pflügender Bauer an einem Herbsttage mit Erntefeld Aquarell/Papier 20x38cm/*7x14in* Lindau 97
THOMASSIN-RENARDT Désiré (Attrib.) 1858-1933 **[3]**
  $3 200 FF16 000 £2 070 Fishing village at sunset Oil/panel 16,5x28cm/*6x11in* New-York 96
  $3 829 FF23 466 £2 286 Moor in Voralpenlandschaft Oil/canvas 81x100cm/*31x39in* Dresden 98
THOMÉ Verner 1878-1953 **[28]**
  $740 FF4 414 £454 Vene rannalla Oil/board 33x41cm/*12x16in* Helsinki 98
  $945 FF5 749 £575 Gatuvy Oil/canvas 50x40cm/*19x15in* Helsinki 98
  $920 FF5 529 £552 Pojkar Akvarell/papper 30x42cm/*11x16in* Helsinki 98
THOMEZ Menotti XIX-XX **[1]**
  $3 870 FF19 500 £2 500 The Boyar's reluctant bride Oil/canvas 64x92cm/*25x36in* London 96
THÖMING Friedrich Ferd. Ch. 1802-1873 **[3]**
  $1 976 FF11 257 £1 200 Mediterranean coastal scene with figures on a beach Oil/canvas 30,5x49,5cm/*12x19in* Lymington 97
THOMIRE Pierre Phil. (Attr.) 1751-1843 **[4]**
  $6 909 FF40 913 £4 103 Schreitender Löwe Bronze 40x53x23cm/*15x20x9in* Zürich 97
  $122 107 FF736 012 £75 000 Osiris & Iris in classical drapery Bronze H107cm/*H42in* London 98
THOMIRE Pierre Philippe 1751-1843 **[4]**
  $6 250 FF32 050 £3 800 Two wrestling Putti Marble H61cm/*H24in* London 96
THOMKINS André 1930-1985 **[47]**
  $3 190 FF16 120 £2 090 Noasee Acrylique/papier 18,5x19,5cm/*7x7in* Zürich 96
  $194 FF946 £123 Das Landregen Lithographie 19,5x35cm/*7x13in* Bern 95
  $1 239 FF7 237 £760 Ohne Titel Indian ink/paper 29,5x21cm/*11x8in* Luzern 97
THOMMESEN Erik 1916 **[15]**
  $4 046 FF24 648 £2 478 Hoved Sculpture H46cm/*H18in* København 98
THOMON de Thomas 1754-1813 **[10]**
  $599 FF3 500 £354 Paysage avec ruines romaines Sanguine/papier 24x18cm/*9x7in* Paris 97
THOMON de Thomas (Attrib.) 1754-1813 **[2]**
  $1 140 FF6 830 £680 Staircase in the Garden of the Villa d'Este, Tivoli Black chalk 42x27,5cm/*16x10in* London 98
THOMOPOULOS Epaminondas 1878-1974 **[26]**
  $3 253 FF16 840 £2 100 Cottage in the mountains Oil/panel 28x40cm/*11x15in* London 96
  $4 138 FF24 783 £2 547 Printemps en Attique Huile/toile 59x118cm/*23x46in* Montréal 98
  $22 000 FF113 100 £13 710 A grandfather with his grandaughter Oil/canvas 90x150,5cm/*35x59in* New-York 96
THOMPSON Alfred Reginald 1894-? **[1]**

▭ *$769 FF3 900 £500* "The Flying Scotsman, Then and Now, LNER" Poster 102x64cm/*40x25in* London 96
THOMPSON Alfred Wordsworth 1840-1896 **[10]**
  $1 400 FF8 454 £850 Scene in London Oil/board 22x13cm/*9x5in* Bethesda, Maryland 98
  $13 521 FF77 444 £8 000 A Revolt in Japan Oil/canvas 114x76cm/*44x29in* London 97
THOMPSON Bob 1937-1966 **[12]**
  $6 500 FF33 900 £4 090 Three figures Oil/canvas 124x89,5cm/*48x35in* New-York 96
  $11 000 FF57 000 £7 350 Judgement of Paris (Cranach) Oil/canvas 25x20cm/*9x7in* New-York 96
  $13 000 FF65 000 £8 410 Europa Oil/canvas 103x127cm/*40x50in* New-York 96
THOMPSON Edward H. 1891-1971 **[50]**
  $1 186 FF5 880 £750 Quiet Afternoon, Buttermere Watercolour 23,5x44cm/*9x17in* London 95
THOMPSON Frederic Louis 1868-? **[5]**
  $5 250 FF27 300 £3 477 Haying Oil/canvas 69x116cm/*27x46in* Middletown, RI 96
THOMPSON George Albert 1868-1938 **[5]**
  $800 FF4 836 £495 "Breezy Afternoon" Oil/board 30x40cm/*12x16in* Mystic, Connecticut 97
  $5 500 FF33 112 £3 290 Portrait of A.M. Hooey, Giverny Oil/canvas 45,5x38cm/*17x14in* San Francisco 98
  $1 631 FF9 746 £1 000 Shipping off a Town Watercolour/paper 54,5x74cm/*21x29in* London 98
THOMPSON Isa 1850-1926 **[8]**
  $287 FF1 723 £173 Landscape Oil/canvas/board 25x33cm/*9x12in* London 97
  $2 262 FF13 854 £1 350 "On the Tees near Gainford" Watercolour/paper 24x32cm/*9x12in* Newcastle-upon-Tyne 98
THOMPSON Kim 1963 **[1]**
  $4 168 FF25 035 £2 500 Six Owl Studies Mixed media/paper 59,5x49,5cm/*23x19in* London 98
THOMPSON Stanley 1876-? **[14]**
  $302 FF1 795 £190 Still Life Study of a Doll Seated on a Bentwood Chair Watercolour/board 35x23cm/*13x9in* Newcastle-upon-Tyne 97
THOMPSON Sydney Lough 1877-1973 **[13]**
  $2 270 FF11 830 £1 500 Landscape with cypress trees Oil/panel 21x27cm/*8x10in* London 96
  $5 300 FF27 600 £3 500 View of a village Oil/canvas 46x65cm/*18x25in* London 96
THOMPSON Thomas Clement c.1780-1857 **[5]**
  $3 134 FF18 737 £1 900 Portrait of Major Thomas Lamont 1789-1829 Oil/canvas 76x63,5cm/*29x25in* Glasgow 97
THOMPSON Timothy, Tim 1951 **[17]**
  $7 623 FF43 859 £4 500 Ships of the White Squadron making Sail off Dover Oil/canvas 39,5x90cm/*15x35in* London 97
  $8 973 FF53 606 £5 500 The "Yankee" off the Needles Oil/canvas 21x30,5cm/*8x12in* London 98
  $634 FF3 944 £400 Vessels out from Cowes Watercolour 16,5x24cm/*6x9in* London 97
THOMS Ernst 1896-1983 **[4]**
  $828 FF4 723 £517 Fabrik am fluss Watercolour 29x36cm/*11x14in* Bremen 97
THOMSEN Carl Christian 1847-1912 **[25]**
  $638 FF3 778 £384 Interiör med tre personer Oil 40x26cm/*15x10in* Viby J, Århus 98
  $1 426 FF7 130 £923 Interiør fra Finderup kirke Oil/canvas 50x64cm/*19x25in* København 96
THOMSEN Emma 1822-1897 **[22]**
  $3 616 FF21 127 £2 140 Opstilling med vindruer på et sölvfad og glas med blomster på et bord Oil/canvas 36x44cm/*14x17in* Vejle 97
  $5 274 FF30 810 £3 122 Sommerlandskab med blomster, sommerfugl og snegl Oil/canvas 56x45cm/*22x17in* Vejle 97
THOMSEN René 1897-1976 **[19]**
  $457 FF2 687 £280 Maison au paysage Oil/canvas 56x45,5cm/*22x17in* London 97
THOMSON Adam Bruce 1885-1976 **[6]**
  $3 687 FF22 242 £2 200 "The Pond" Oil/board 56x76cm/*22x29in* West Lothian 98
THOMSON George 1868-1965 **[43]**
  $154 FF941 £94 A Lakeside Road Oil/board 25,5x30,5cm/*10x12in* Toronto 98
  $477 FF2 380 £311 A breezy day Oil/canvas 46x61cm/*18x24in* Toronto 95
THOMSON Henry 1773-1843 **[3]**
  $9 070 FF47 300 £6 000 The Booroom Slave Oil/canvas 127x93cm/*50x36in* Hadspen 96
  $49 600 FF255 300 £32 000 Master Roger Mainwaring, full lengthy, seated on a balustrade Oil/canvas 190,5x108,5cm/*75x42in* London 96

THOMSON Horatio XIX [2]

🖾 *$5 140 FF26 830 £3 400* Venice Oil/canvas 59x114cm/*23x44in* London 96

THOMSON Hugh 1860-1920 [10]

✏ *$742 FF4 390 £450* Walking away from William Larkins Ink/paper 31x23,5cm/*12x9in* London 98

THOMSON John 1837-1921 [11]

📷 *$2 244 FF11 620 £1 500* State barge of the King of Siam Albumen print 17x39cm/*7x15in* London 96

THOMSON John Murray 1885-1974 [20]

🖾 *$807 FF4 887 £500* Kids Oil/canvas 45,5x61cm/*17x24in* Perthshire 97

THOMSON OF DUDDINGSTON John, Rev. 1778-1840 [6]

🖾 *$28 906 FF177 339 £18 000* Fast Castle with the Bass Rock and the Isle of May in the distance Oil/canvas 149x239cm/*58x94in* Glasgow 97

THOMSON Tom, Thomas John 1877-1917 [15]

🖾 *$31 734 FF187 893 £18 846* "Sunset, Canoe Lake" Oil/canvas/board 17x25cm/*6x9in* Toronto 97

THOMSON William Hill 1882-? [2]

🖾 *$4 546 FF27 045 £2 700* Portrait of a young girl, seated Oil/canvas 131x81cm/*51x31in* Billingshurst, West Sussex 97

THÖNDEL Carl XIX [2]

🖾 *$4 670 FF24 000 £2 910* Blick auf Schöndel in Mähren Öl/Leinwand 69x91cm/*27x35in* Wien 96

THONET Victor 1885-1952 [10]

🖾 *$474 FF2 474 £282* Le chasseur Huile/toile 50x70cm/*19x27in* Antwerpen 96

THÖNY Eduard 1866-1950 [30]

🖾 *$2 145 FF11 210 £1 277* Der Leiber und sein Schatz Mischtechnik/Karton 43x26cm/*16x10in* München 96

🖾 *$3 805 FF19 600 £2 436* Ein Herrenreiter mit Jagdhunden im herbstlichen Park Oil/panel 62x62cm/*24x24in* Stuttgart 96

✏ *$1 731 FF10 050 £1 023* "Protektion" Indian ink/paper 18,5x27cm/*7x10in* Dresden 97

THÖNY Wilhelm 1888-1949 [97]

🖾 *$27 800 FF137 000 £18 060* Strasse Öl/Leinwand 25x24cm/*9x9in* Wien 95

🖾 *$72 360 FF429 390 £44 910* Bunter Strauss mit Gladiolen Öl/Leinwand 50x39cm/*19x15in* Wien 97

▥ *$253 FF1 441 £156* "Variete" Radierung 12x11cm/*4x4in* Wien 97

✏ *$330 FF1 923 £202* Herrenbildnis Pencil/paper 27x21cm/*10x8in* Wien 97

THOPAS Joan 1630-1700 [3]

✏ *$6 592 FF37 731 £3 893* Portrait of a man, half-length. Wash 16x13cm/*6x5in* Amsterdam 97

THOR Walter 1870-1929 [17]

▥ *$580 FF3 461 £350* "Orel, Automobiles Argenteuil" Affiche 47x63cm/*18x24in* London 97

THORAIN Pierre Émile 1904-1983 [4]

✏ *$169 FF1 000 £100* Canards sur un étang Aquarelle, gouache/papier 32x42cm/*12x16in* Orléans 97

THORAK Josef 1889-1952 [8]

⬖ *$1 044 FF6 056 £642* Liebespaar Bronze H28cm/*H11in* München 97

THORBURN Archibald 1860-1935 [593]

🖾 *$19 629 FF116 845 £12 000* Blackgame on a Rocky Outcrop beneath a Tree, a Lake beyond Oil/canvas 56,5x78cm/*22x30in* London 98

▥ *$176 FF1 024 £104* Kingfisher on a Riverbank Print in colors 43x33cm/*16x12in* West Midlands 97

✏ *$1 049 FF6 007 £620* The quiet Nook on the sunny Bank Grisaille 23,5x40cm/*9x15in* London 97

THOREK Max 1880-1960 [14]

📷 *$1 200 FF7 034 £738* Clay Gelatin silver print 34x26,5cm/*13x10in* New-York 97

THORELLE J.J. c.1800-c.1860 [1]

🖾 *$1 960 FF10 000 £1 290* Vues de rues à Tivoli Huile/toile 32x24cm/*12x9in* Reims 96

THOREMANS Jan Joseph 1682-1759 [1]

🖾 *$13 991 FF85 000 £8 423* La danse villageoise Huile/toile 56x47,5cm/*22x18in* Paris 98

THOREN Esaias 1901-1981 [209]

🖾 *$1 421 FF8 249 £840* Surrealistisk strand Oil/panel 29x39cm/*11x15in* Malmö 97

🖾 *$1 853 FF9 620 £1 225* "Ballonger" Oil/panel 38x46cm/*14x18in* Stockholm 96

⬖ *$1 299 FF7 686 £798* Maskin Bronze 33x23,5cm/*12x9in* Stockholm 98

✏ *$2 723 FF16 317 £1 627* Damen på stranden Gouache/paper 48x67cm/*18x26in* Stockholm 98

THOREN von Otto Karl Kasimir 1828-1889 [27]

🖾 *$2 350 FF12 020 £1 508* Pferde auf der Weide Oil/panel 24x32cm/*9x12in* Wien 96

☝ _$3 260 FF16 860 £2 102_ Kühe auf der Weide Oil/panel 54x76cm/_21x29in_ Wien 96

THORENFELD Anton Erik Ch. 1839-1907 **[32]**
☝ _$220 FF1 322 £136_ Udsigt over Vejle Fjord mod Munkebjerg Oil/canvas 18x31,5cm/_7x12in_ Vejle 98
☝ _$850 FF4 434 £506_ Krudtvaerksallén i Frederiksvaerk Oil/canvas 66x52cm/_25x20in_ København 96

THORN PRIKKER Johan 1868-1932 **[11]**
☝ _$7 523 FF43 916 £4 620_ Steenbakkerij bij Krefeld - Theissens Zeigelei Oil/canvas 100x210cm/_39x82in_ Amsterdam 97
▧ _$14 729 FF87 159 £8 985_ Die drei Eisheiligen Tapestry 116x173cm/_45x68in_ Köln 98
✏ _$27 800 FF139 000 £18 180_ Toode kool: Red cabbage Pastel 46x58cm/_18x22in_ Amsterdam 95

THORNAM Emmy 1852-1935 **[47]**
☝ _$678 FF3 510 £438_ Roses in a glass vase Oil/canvas 32x40cm/_12x15in_ København 96
☝ _$766 FF4 573 £459_ Blomster Oil/canvas 41x62cm/_16x24in_ Vejle 98

THORNBERY William Anslow XIX-XX **[15]**
☝ _$2 544 FF13 170 £1 700_ Whitstable in Kent by moonlight Oil/canvas 30x49,5cm/_11x19in_ London 96

THORNBORG Andreas 1730-1780 **[2]**
☝ _$24 412 FF149 379 £14 841_ Den Oldenborgske kongeraekke Miniature 7x6cm/_2x2in_ København 98

THÖRNE Alfred 1850-1916 **[56]**
☝ _$2 114 FF10 740 £1 370_ Kustbilder Oil/canvas 48x28cm/_18x11in_ Stockholm 95
☝ _$2 230 FF11 530 £1 440_ Skogsglänta med vattendrag Oil/canvas 62x38,5cm/_24x15in_ Stockholm 96

THORNHILL James 1675-1734 **[17]**
✏ _$4 280 FF21 930 £2 600_ Art and Commerce/Justice/Prudence/Temperance/Fortitude Pencil 20,5x18cm/_8x7in_ London 96

THORNHILL Philip John 1875-1903 **[1]**
☝ _$13 521 FF77 444 £8 000_ Ophelia Oil/canvas 61x46cm/_24x18in_ London 97

THORNLEY Charles c.1840-1898 **[9]**
☝ _$3 389 FF20 153 £2 100_ Bamborough Castle, Low Tide Oil/canvas 22x38cm/_9x15in_ Aylsham, Norfolk 97

THORNLEY Hubert XIX **[15]**
☝ _$3 192 FF19 102 £2 000_ Sunset over a Harbour/Unloading the Catch Oil/canvas 25,5x40,5cm/_10x15in_ London 97

THORNLEY William 1857-1935 **[208]**
☝ _$2 032 FF11 695 £1 200_ Morning, Mouth of the Thames Oil/canvas 20x40cm/_7x15in_ London 97
☝ _$3 026 FF15 780 £2 000_ Harbour scene/Whitby by moonlight Oil/canvas 41x61cm/_16x24in_ London 96
✏ _$1 065 FF5 500 £682_ Les environs de Rotterdam Aquarelle/papier 21,5x32,5cm/_8x12in_ Soissons 96

THORNLEY William Anslow XIX-XX **[21]**
☝ _$2 300 FF11 937 £1 523_ "Rye Sussex" Oil/canvas 49x39cm/_19x15in_ Downington, PA 96
☝ _$2 006 FF12 471 £1 200_ "Sunset, Fishing Boats Outward Bound" Oil/canvas 30,5x40,5cm/_12x15in_ London 98

THORNTON Mildred Valley 1896-1967 **[14]**
☝ _$4 281 FF24 630 £2 527_ B.C Coast Indian Long House, lumberman's Arch, Stanley Park Oil/board 76x101,5cm/_29x39in_ Vancouver, BC. 97

THORNYCROFT Hamo William 1850-1925 **[15]**
⛽ _$6 250 FF32 050 £3 800_ "Girl tying her sandal", or "The Sandal" Bronze H43,5cm/_H17in_ London 96

THORNYCROFT Helen XIX-XX **[5]**
✏ _$222 FF1 256 £140_ Honeysuckle in a glass vase Watercolour/paper 34,9x17,1cm/_13x6in_ London 97

THORNYCROFT Thomas 1815-1885 **[3]**
⛽ _$3 250 FF16 600 £2 150_ Equestrian Portrait of Queen Victoria Bronze H56cm/_H22in_ New-York 96

THORPE John Hall 1873-1947 **[52]**
▧ _$176 FF1 064 £108_ Crocus and Snowdrops Woodcut 16,5x15cm/_6x5in_ Sydney 98

THØRRESTRUP Christian 1823-1892 **[13]**
☝ _$262 FF1 330 £170_ Seated man Oil/canvas 39x30cm/_15x11in_ København 95
☝ _$986 FF5 757 £596_ Bonde interiör med to börn Oil/canvas 46x43cm/_18x16in_ Viby J, Århus 97

THORS Joseph 1843-1898 **[168]**
☝ _$2 800 FF16 617 £1 715_ Going Home/Return from the Market Oil/canvas 20,5x30,5cm/_8x12in_ New-York 98
☝ _$3 233 FF19 704 £2 000_ Woodland Scene with Figure Oil/canvas 91x71cm/_36x28in_ Birmingham 98
✏ _$2 064 FF12 476 £1 300_ Horse and rider on a rural track beside a stream and farm buildings... Watercolour 23,5x34cm/_9x13in_ West Midlands 97

THORS Joseph (Attrib.) 1843-1898 **[12]**
- *$467 FF2 864 £280* Fishing on a Country Stream Oil/panel 15x20cm/*5x7in* London 98

THORVALDSEN Bertel 1770-1844 **[18]**
- *$9 070 FF47 100 £6 000* Venus Rising from the Foam Marble H68cm/*H26in* London 96
- *$12 354 FF70 356 £7 500* A shepherd boy and his dog Stone H150cm/*H59in* Billingshurst, West Sussex 97
- *$920 FF4 490 £584* Weinkelter mit Amoretten (Entwurf für ein Relief) Pencil/paper 12,9x17,4cm/*5x6in* Köln 95

THOS Yves XX **[3]**
- *$483 FF3 000 £291* "La douceur de vivre" Affiche couleur 160x120cm/*62x47in* Paris 98

THRASHER Leslie 1889-1936 **[7]**
- *$2 200 FF12 687 £1 310* Couple at New Year's Eve Party Oil/canvas 49x39cm/*19x15in* New-York 97

THROSSEL Richard 1882-1933 **[5]**
- *$4 250 FF26 220 £2 551* Selected Native American Studies Platinum print 16,5x24cm/*6x9in* New-York 98

THU YA 1967 **[3]**
- *$719 FF4 250 £445* Puppets Watercolour/paper 56x76cm/*22x29in* Singapore 97

THUAR Hans 1887-1945 **[5]**
- *$13 029 FF77 102 £7 948* Grete vor Heuhaufen Öl/Leinwand 46x51cm/*18x20in* Köln 98

THULDEN van Theodor 1606-1669 **[13]**
- *$42 500 FF234 808 £26 413* Susanna and the Elders Oil/canvas 167,5x126cm/*65x49in* New-York 97
- *$2 802 FF16 038 £1 655* Christ Receiving the Virgin into Heaven Ink 25,5x16cm/*10x6in* Amsterdam 97

THULDEN van Theodor (Attrib.) 1606-1669 **[12]**
- *$2 129 FF12 189 £1 257* Venus surrounded by gods, Angels and Putti Black chalk 21,5x31,5cm/*8x12in* Amsterdam 97

THULSTRUP Thure, Bror Thure 1848-1930 **[12]**
- *$2 300 FF11 350 £1 487* Standing ovation Gouache/paper 50x39cm/*20x15in* Mystic, Connecticut 96

THULSTRUP William August XIX **[2]**
- *$6 250 FF32 700 £3 726* Vyer över S:t Thomas Akvarell 30x23cm/*11x9in* Stockholm 96

THUNMAN Olof 1879-1944 **[39]**
- *$303 FF1 475 £192* Björken Ink/paper 36x25cm/*14x9in* Uppsala 95

THURBER James Grover 1894-1961 **[7]**
- *$5 500 FF28 200 £3 340* Group of dogs and pups running towards family at cookout Ink 18x32cm/*7x12in* New-York 96

THURMAN Peder Cappelen 1839-1919 **[7]**
- *$5 420 FF28 060 £3 500* Landscape, Kristania Oil/canvas 56x95cm/*22x37in* Köbenhavn 96

THURN UND TAXIS von Margareta 1870-1955 **[2]**
- *$4 040 FF20 930 £2 703* Blühender Rittersporn auf freiem Feld Öl/Karton 96x71cm/*37x27in* Lindau 96

THURN UND TAXIS von Maria 1855-1914 **[4]**
- *$1 295 FF7 600 £791* Rose bianche Acquarello 35x52cm/*13x20in* Paris-Trieste 97

THURNER Gabriel Edouard 1840-1907 **[13]**
- *$3 340 FF20 000 £1 996* Intérieur lorrain Huile/toile 62x50cm/*24x19in* Saint-Dié 98
- *$15 000 FF77 100 £9 375* Chats dans un pré Oil/canvas 100,5x136cm/*39x53in* New-York 96

THURNHERR Ferdinand 1875-? **[3]**
- *$6 576 FF40 000 £4 000* Hirtenknabe, after Franz Von Lenbach Oil/canvas 101,5x150,5cm/*39x59in* London 98

THYGESEN Rudolph 1880-1953 **[16]**
- *$1 039 FF6 319 £636* Fra Villebou Oil/canvas 40x31cm/*15x12in* Oslo 98

THYS Pieter I 1624-1677 **[3]**
- *$5 434 FF30 989 £3 306* Descente de croix Huile/panneau 58x38cm/*22x14in* Bruxelles 97

THYSEBAERT Emile 1871-1962 **[47]**
- *$804 FF4 872 £489* Le pêcheur de crevette Huile/toile 50x60cm/*19x23in* Bruxelles 98
- *$6 624 FF39 024 £4 104* Salle de danse Huile/toile 114x156cm/*44x61in* Antwerpen 97

TIARINI Alessandro 1577-1668 **[8]**
- *$6 285 FF38 538 £3 767* Königin Seramis mit dem assyrischen König Oil/canvas 116x93cm/*45x36in* München 98
- *$6 664 FF39 408 £4 000* The Adoration of the Shepherds Wash 22x18cm/*8x7in* London 97

TIARINI Alessandro (Attrib.) 1577-1668 **[7]**

◯ *$13 800 FF78 200 £6 900* Porzia e Catone Olio/tela 87,5x144cm/*34x56in* Milano 97
✎ *$2 000 FF12 106 £1 218* A Young Man Seated on a Ledge Holding a Staff/A Male Nude Chalks 42x29cm/*16x11in* New-York 98
TIBALDI DA BOLOGNA Pellegrino (Attrib.) 1527-1596 **[6]**
✎ *$4 521 FF27 154 £2 700* Minerva and Telemacus Pencil 21,5x14,5cm/*8x5in* London 98
TIBALDI DA BOLOGNA Pellegrino Pelegrini 1527-1596 **[4]**
✎ *$24 000 FF147 328 £14 704* A Kneeling Woman and Child Seen from Behind Black chalk/paper 40,5x25,5cm/*15x10in* New-York 98
TIBALDI Domenico Pellegrini 1541-1583 **[2]**
▥ *$680 FF4 016 £402* Allegorie auf den Frieden Kupferstich 39,5x26,5cm/*15x10in* Berlin 97
TIBBETTS William 1837-1906 **[4]**
✎ *$2 542 FF15 398 £1 575* Junction lodge, The Property of Henry Chalk Esq., Carisbrook Watercolour, gouache/paper 38x60,5cm/*14x23in* Melbourne 97
TIBBLE Geoffrey 1909-1952 **[16]**
◯ *$4 350 FF21 100 £2 800* Seated lady in an interior Oil/canvas 61x46cm/*24x18in* London 95
TIBET Gilbert Gascard, dit 1931 **[3]**
✎ *$2 047 FF12 195 £1 252* "Le marchand de baudruches vous a pris pour une poire..." Dessin 100x100cm/*39x39in* Bruxelles 98
TICE George A. 1938 **[30]**
▣ *$1 700 FF8 870 £1 027* Petit's Mobil Station and Watertower, Cherry Hill, N.J. Gelatin silver print 25x33cm/*10x13in* New-York 96
TICHO Anna 1894-1980 **[69]**
✎ *$3 300 FF19 264 £1 995* Abstract Floral Watercolour/paper 46x60cm/*18x24in* Miami, Florida 97
TICHON Charles XIX-XX **[27]**
▥ *$1 228 FF7 000 £752* "Grands Magasins Jumel & Champigny, Nantes" Affiche 159x117cm/*62x46in* Orléans 97
TICHY Hans 1861-1925 **[5]**
◯ *$2 184 FF10 770 £1 420* "Mädchen aus Concarneau" Oil/canvas 35x28,5cm/*13x11in* Wien 95
TIDEMAND Adolph 1814-1876 **[16]**
◯ *$41 990 FF247 520 £25 090* Fisknäten lagas Oil/canvas 34x43cm/*13x16in* Stockholm 97
◯ *$113 280 FF657 360 £66 880* Håkon Jarls död Oil/canvas 151x138cm/*59x54in* Oslo 97
◯ *$416 950 FF2 497 980 £249 240* Besök hos besteforeldrene Oil/canvas 94x79cm/*37x31in* Oslo 98
TIDMARSH H.E. XIX-XX **[8]**
✎ *$572 FF3 404 £350* A Busy Day on Fleet Street Watercolour/paper 38x27cm/*14x10in* London 98
TIE BAO 1752-1824 **[1]**
✎ *$2 800 FF13 770 £1 772* Couplet of Running Script Calligraphy (xing shu) Ink 167x32,4cm/*65x12in* New-York 95
TIECHE Adolphe 1877-1957 **[32]**
◯ *$1 492 FF8 663 £882* Ansicht von Bern Öl/Leinwand 59x73cm/*23x28in* Bern 97
▥ *$1 250 FF6 480 £800* "Zürich" Poster 72x100cm/*28x39in* London 96
✎ *$476 FF2 445 £297* "Alter Hof an der Brunngasse" Aquarell 32,5x25cm/*12x9in* Bern 96
TIEDEMANN Friedrich 1865-1893 **[2]**
◯ *$3 174 FF15 820 £2 080* Mondnacht am See Oil/panel 21,5x27cm/*8x10in* Bremen 95
TIEDJEN Willi 1881-1950 **[35]**
◯ *$1 207 FF7 375 £715* Schlittengespann in winterlicher Gebirgslandschaft Öl/Leinwand 75x98cm/*29x38in* Dresden 98
TIEFENBRONN Carl 1831-c.1870 **[2]**
✎ *$873 FF5 247 £521* A Triumphal Entry into a City Ink 16,9x20,8cm/*6x8in* London 98
TIEL van Quirijn 1900-1967 **[18]**
◯ *$7 306 FF43 642 £4 469* Haan en bloemen Oil/canvas 80x95cm/*31x37in* Amsterdam 98
TIELE Jan 1884-1956 **[7]**
◯ *$379 FF2 320 £233* A North African Village Street Oil/canvas 54x22,5cm/*21x8in* Amsterdam 98
TIELEMANS Louis 1826-1856 **[6]**
◯ *$10 177 FF58 996 £6 000* Figures Conversing Outside an Inn Oil/canvas 66x79cm/*25x31in* London 97
TIELENS Alexandre 1868-1959 **[50]**
◯ *$285 FF1 482 £189* Entrée de la Rue de la Cigogne à Bruxelles Huile/panneau 18x14,5cm/*7x5in* Bruxelles 96

*$546 FF3 252 £334 Scène de ville dans le Midi Huile/panneau 54x37cm/*21x14in* Bruxelles 98*
*$730 FF4 238 £449 Cour de ferme Gravure bois 45x38cm/*17x14in* Bruxelles 97*

TIELIUS Johannes 1660-1719 **[4]**
*$14 572 FF88 000 £8 738 Portrait d'homme à la perruque en armure Huile/panneau 36,5x30cm/*14x11in* Paris 98*

TIEPOLO Giovanni B. (Attrib) 1696-1770 **[7]**
*$6 500 FF37 989 £3 966 Celestial Scene with Saint Matthew Oil/canvas 40,5x33cm/*15x12in* San Francisco 97*
*$9 600 FF54 400 £6 400 Madonna e Bambino con Santi Caterina e Antonio Tecnica mista/carta 32x26cm/*12x10in* Vercelli 98*

TIEPOLO Giovanni Battista 1696-1770 **[170]**
*$60 000 FF353 982 £36 744 Apollo Musagetes Painting 136x104cm/*53x40in* New-York 98*
*$75 000 FF370 000 £48 500 Diana and Acteon Oil/canvas 47x33cm/*18x12in* New-York 96*
*$120 000 FF707 964 £73 488 An Allegorical Female Figure/An allegory of Music Painting 74,5x55,5cm/*29x21in* New-York 98*
*$4 040 FF20 500 £2 650 Soldats et femmes/Femme anchaînée/La Mort donnant audience/L'Horoscope Gravure 14x17cm/*5x6in* Paris 96*
*$3 500 FF19 337 £2 175 Studies of three Cartouches with Bows and Tassels Ink 20,3x24,7cm/*7x9in* New-York 97*

TIEPOLO Giovanni Domenico 1727-1804 **[179]**
*$639 882 FF3 788 638 £380 000 Angelica and Medoro Oil/canvas 139x83cm/*54x32in* London 97*
*$412 FF2 408 £249 Saint Vincent Ferrer preaching in the Counrtyside Etching 22x14cm/*8x5in* London 97*
*$966 FF6 000 £582 Projet de vase Lavis 10,5x6cm/*4x2in* Paris 98*

TIEPOLO Lorenzo 1736-1776 **[31]**
*$65 000 FF358 917 £40 560 A Young Woman, bust lenght, Wearing a Blue dress Oil 59x50cm/*23x19in* New-York 97*
*$1 979 FF11 218 £989 Rinaldo abbandona Armida Acquaforte 19,5x27,5cm/*7x10in* Milano 98*
*$265 000 FF1 366 000 £170 000 A Gentleman holding a cane, an other with a phrygian bonnet, a woman Pastel/paper 56x48cm/*22x18in* London 96*

TIEPOLO Lorenzo (Attrib.) 1736-1776 **[2]**
*$3 520 FF17 000 £2 200 A sleeping cat/A man struggling with a snake Black & white chalks 29x19,7cm/*11x7in* London 95*

TIERCE Jean-Baptiste 1737-1790 **[27]**
*$11 340 FF66 724 £7 000 Landschaft mit Turmruine und einem Steg mit Reisenden Öl/Leinwand 46x62cm/*18x24in* Wien 97*
*$1 533 FF8 800 £934 Tombeau de Cestius Lavis 49x64,5cm/*19x25in* Vendôme 97*

TIERCELIN René, dit Queuxdame ?-1752 **[1]**
*$4 341 FF27 000 £2 737 Jeune femme au parchemin Huile/toile 88,5x72cm/*34x28in* Cabrières-D'Avignon 97*

TIERSONNIER Louis Simon 1713/18-1773 **[1]**
*$4 130 FF20 000 £2 594 Portrait d'un saint Huile/toile 63x36cm/*24x14in* Monaco 95*

TIESENHAUSEN von Paul 1837-1876 **[2]**
*$2 570 FF12 760 £1 630 "Hafenmotiv aus Estland" Öl/Leinwand 18,5x38,5cm/*7x15in* Lindau 95*

TIFFANY Louis Comfort 1848-1933 **[42]**
*$14 000 FF83 631 £8 572 The Desert Encampment Oil/canvas 15x26,5cm/*5x10in* New-York 98*
*$35 000 FF213 675 £20 919 Potters Oil/canvas 51,5x65cm/*20x25in* New-York 98*
*$1 200 FF7 277 £732 Canal Byway Near San Piazza San Marco, Venice Watercolour 48x39cm/*19x15in* Boston, Mass. 98*

TIHANYI Lajos, Ludwig 1885-1938 **[4]**
*$1 300 FF7 784 £798 Spring Landscape Oil/canvas 80,5x60,5cm/*31x23in* Washington 98*

TIJGAT Edgard 1879-1957 **[6]**
*$25 720 FF149 880 £15 720 Peintre pêcheur Oil/canvas 100x100,5cm/*39x39in* Amsterdam 97*

TIKHMENOV E. XIX **[2]**
*$5 568 FF32 319 £3 400 A mounted huntsman with borzois Oil/canvas 57x88cm/*22x34in* London 97*

TIKHOV Vitali Gavrilovitch 1876-1939 **[2]**
*$4 330 FF21 840 £2 800 Rowing champions Oil/canvas 89x67,5cm/*35x26in* London 96*

TILBURG van Gillis II 1625-1678 **[24]**
   $14 233 FF85 487 £8 500 A Woman Reading a Letter at a Table with a Mandolin Player Oil/panel 26,5x22cm/*10x8in* London 98
   $20 184 FF120 000 £12 504 Scène de taverne Huile/toile 60x75cm/*23x29in* Orléans 97
   $73 300 FF355 000 £46 000 Portrait of a Patrician family with a prospect of their chateau Oil/canvas 164x224cm/*64x88in* London 95
TILBURG van Gillis II (Attrib.) 1625-1678 **[4]**
   $11 160 FF54 000 £7 000 The card players Oil/canvas 85x116cm/*33x45in* London 95
TILEMANN-PETERSEN Christian 1874-1926 **[30]**
   $542 FF3 108 £331 A veranda Oil/canvas 47x38cm/*18x14in* Köbenhavn 97
   $1 134 FF5 760 £735 Frederik IV's vaerelse p Rosenborg Oil/canvas 43x31cm/*16x12in* Köbenhavn 95
TILENS Jan 1589-1630 **[3]**
   $18 000 FF102 681 £11 068 Extensive Mountainous landscape with Figures Oil/canvas 73x103,5cm/*28x40in* New-York 97
TILENS Jan (Attrib.) 1589-1630 **[2]**
   $4 962 FF28 848 £3 030 Gebirgige Flusslandschaft mit Christus und den Jungen auf dem Weg... Oil/wood 38,5x77,5cm/*15x30in* Wien 97
TILKE Karl Max 1869-1943 **[12]**
   $336 FF2 000 £208 La toilette de l'âne Huile/toile/carton 30x39cm/*11x15in* Paris 97
   $1 250 FF7 431 £774 Saint-Paul Cathedral Oil/canvas 51x75cm/*20x29in* Philadelphia 97
TILL Johann II 1827-1894 **[15]**
   $1 316 FF8 000 £792 Portrait d'une jeune femme avec son fils Huile/toile 31x23cm/*12x9in* Paris 98
   $17 988 FF105 565 £11 000 Contemplation Oil/canvas 94,5x69cm/*37x27in* London 97
   $53 823 FF304 997 £26 911 Bottino di guerra Olio/tela 108,5x183cm/*42x72in* Milano 98
TILL Leopold 1830-1893 **[8]**
   $1 819 FF10 520 £1 122 Der Spähtrupp Öl/Leinwand 26x53cm/*10x20in* Wien 97
   $1 822 FF10 788 £1 082 Winterliche Seelandschaft mit Burg und Figurenstaffage Öl/Leinwand 37,5x47cm/*14x18in* Zürich 97
TILLARD Zénaïde XIX **[1]**
   $3 680 FF18 000 £2 330 Ali Pacha et Vassiliki Huile/toile 55x45cm/*21x17in* Paris 95
TILLEMANS Peter 1684-1734 **[13]**
   $18 000 FF88 600 £11 600 Hunting scene Oil/canvas 17x109cm/*6x42in* New-York 95
   $1 217 FF7 002 £750 The Castle Bridge Watercolour 12,5x17cm/*4x6in* London 97
TILLEMANS Peter (Attrib.) 1684-1734 **[1]**
   $7 129 FF40 485 £4 461 Nach der Jagd Öl/Leinwand 64x71,5cm/*25x28in* München 97
TILLEUX Jozef 1896-1978 **[62]**
   $141 FF817 £87 L'église St. Paul à Anvers Huile/panneau 35x26cm/*13x10in* Antwerpen 97
   $395 FF2 000 £259 Le béguinage de Lierre Huile/toile 80x90cm/*31x35in* Antwerpen 96
TILLEY Laurence E. XX **[2]**
   $7 000 FF43 183 £4 202 Selected Vegetable and Handtool Studies Photograph 51x40cm/*20x15in* New-York 98
TILLIER Paul Prosper 1843-? **[7]**
   $3 645 FF21 447 £2 250 Nymphen und eien Amorette an einem Brunnen Öl/Leinwand 120x84cm/*47x33in* Wien 97
TILLIEUX Maurice 1922-1978 **[8]**
   $2 139 FF13 000 £1 288 "Le Géant à trois doigts" de la série Gil Jourdan, planche No.25 Encre Chine/papier 50x40cm/*19x15in* Paris 98
TILLMANS Wolfgang 1968 **[1]**
   $5 291 FF30 888 £3 200 Lutz Wanking Photograph 61x51cm/*24x20in* London 97
TILLOT Charles 1825-? **[3]**
   $2 168 FF13 000 £1 310 Paysage animé Huile/toile 32,5x41cm/*12x16in* Paris 98
TILLYER William 1938 **[16]**
   $2 464 FF14 763 £1 472 Komposition med grönt Mixed media/canvas 78x92cm/*30x36in* Stockholm 98
TILSON Joe 1928 **[109]**
   $1 831 FF10 376 £915 "Asterios Maze" Acrilico/legno 46x36cm/*18x14in* Milano 97
   $13 388 FF78 895 £8 000 San Quirico D'Orcia Oil/canvas 213,5x160cm/*84x62in* London 97
   $271 FF1 553 £169 Letter from Che/Ho Chi Mihn Color lithograph 100x60cm/*39x23in* München 97
   $1 628 FF9 637 £1 000 "M B Chthonic Box" Object 38x32x4,7cm/*14x12x1in* München 98

   $633 FF3 140 £400 For Demeter II Coloured chalks 92x33cm/*36x12in* London 95

TILYARD Philip 1785-1830 [1]
   $4 500 FF24 469 £2 694 John Pillsbury Howard Oil/canvas 76x63cm/*30x25in* Bethesda, Maryland 97

TIMLIN William Mitcheson 1893-1943 [23]
   $1 600 FF9 751 £980 The Princess' Dragon Watercolour 25x35cm/*9x13in* Billingshurst, West Sussex 98

TIMM Vasili Fiedorovivh 1820-1895 [2]
   $500 FF2 965 £302 "Coronation of Alexander II" Lithograph 50x64cm/*20x25in* New-York 97
   $2 948 FF17 110 £1 800 Landscape with a naval base Watercolour/paper 29x43cm/*11x16in* London 97

TIMMEL Vittorio Thümmel 1886-1948 [12]
   $7 800 FF44 200 £5 200 Al caffè Olio/tavola 54x48cm/*21x18in* Trieste 98
   $840 FF4 760 £560 Signora con cagnolino Gravure bois 40x34cm/*15x13in* Trieste 98
   $1 200 FF6 800 £800 Gran Serata Tempera/carta 38x18cm/*14x7in* Trieste 98

TIMMERMANS Félix 1886-1947 [11]
   $1 130 FF5 900 £687 Rijnlandschap Huile/panneau 25x29,5cm/*9x11in* Lokeren 96

TIMMERMANS Henri 1858-1942 [23]
   $967 FF5 822 £579 Teatime Oil/panel 35x25cm/*13x9in* Amsterdam 98
   $2 218 FF13 812 £1 326 Femmes de pêcheurs conversant Huile/toile 98x80cm/*38x31in* Bruxelles 98
   $8 060 FF40 150 £5 280 Couple d'amoureux Huile/toile 204x160cm/*80x62in* Antwerpen 95

TIMMERMANS Jean 1899-1986 [32]
   $1 180 FF6 000 £754 A view of a harbour Oil/canvas 79x99,5cm/*31x39in* Amsterdam 96
   $486 FF2 774 £297 Village en Ardennes/Village en Ardennes Watercolour/paper 52,5x71,5cm/*20x28in*
Lokeren 97

TIMMERMANS Louis Étienne 1846-1910 [82]
   $2 055 FF12 000 £1 243 Barques et voiliers au crépuscule Huile/toile 37x55cm/*14x21in* Paris 97
   $2 984 FF15 200 £1 790 Le bassin à Honfleur Huile/panneau 27x37cm/*10x14in* Paris 96
   $670 FF4 000 £404 Gros temps, sortie de port Aquarelle/papier 15,5x24,5cm/*6x9in* Paris 97

TIMMERS Kees 1903-1978 [2]
   $3 510 FF20 493 £2 156 Beer Oil/canvas 130x90cm/*51x35in* Amsterdam 97

TIMMONS Edward J. Finley 1882-1960 [12]
   $800 FF4 890 £489 Coastline Scene Oil/canvas 40x50cm/*16x20in* Cincinnati, Ohio 98

TIMMYN William ?-1993 [3]
   $953 FF4 600 £600 Lioness Bronze H18,5cm/*H7in* London 95

TINAYRE Louis J.-P. 1861-c.1920 [1]
   $614 FF3 000 £389 "Madagascar, Dioramas sur l'expédition..." Affiche 129x95,5cm/*50x37in* Boulogne 95

TINDLE David 1932 [66]
   $1 652 FF10 020 £1 000 Snow, Clipstone Tempera/board 24x30cm/*9x11in* London 98
   $2 442 FF14 720 £1 500 The Small Window Tempera/canvas 51x41cm/*20x16in* London 98
   $288 FF1 492 £190 The blue coat Watercolour 19,5x14cm/*7x5in* Bristol, Avon 96

TINELLI Tiberio (Attrib.) 1586-1636 [1]
   $9 920 FF49 000 £6 240 Ritratto di gentiluomo Olio/tela 117,5x93cm/*46x36in* Firenze 95

TING Walasse 1929 [240]
   $1 931 FF11 000 £1 185 Bouquet et pastèque Acrylique/papier/toile 43x65cm/*16x25in* Paris 97
   $3 930 FF20 240 £2 514 You Like Flower, You Like Butterfly Oil/canvas 106,5x133cm/*41x52in*
Köbenhavn 96
   $40 FF233 £24 Untitled Color lithograph 55x76cm/*21x30in* Chicago, Illinois 97
   $158 FF820 £99 Composition Dessin 21x25cm/*8x9in* Antwerpen 96

TINGUELY Jean 1925-1991 [449]
   $5 563 FF33 000 £3 399 Sans Titre Technique mixte 29,5x20,7cm/*11x8in* Paris 98
   $19 030 FF98 600 £12 360 Sans titre Technique mixte/carton 39x71cm/*15x27in* Zürich 96
   $750 FF3 884 £502 "Le Rotozaza, de Tinguely chez Alexandre Iolas" Offset 64x49cm/*25x19in* New-York 96
   $21 495 FF125 482 £13 000 Variation pour courbe No. 7 Accumulation 28x50x22,3cm/*11x19x8in*
London 97
   $62 833 FF366 795 £38 000 An Affair of the Heart Sculpture 89x33x38cm/*35x12x14in* London 97
   $474 FF2 817 £290 Komposition Ink/paper 21x16cm/*8x6in* Köbenhavn 98

TINTORE del Simone (Attrib.) 1630-1708 [2]
   $14 000 FF83 234 £8 673 Still Life of Grapes, Funghi, Quinces, Pears, Melons, and other fruits Oil/canvas

---

65x91,5cm/*25x36in* New-York 97
TINTORETTO Domenico R. (Attrib) 1560-1635 **[11]**
   $6 745 FF39 960 £4 000 Portrait of a Venetian Senator, bust-length Oil/canvas 44x34cm/*17x13in*
London 97
   $17 920 FF93 800 £11 760 Ritratto del Doge Girolamo Priuli Olio/tela 107x85cm/*42x33in* Roma 96
   $23 777 FF138 000 £14 517 Ritratto di un procuratore veneziano Olio/tela 119,5x105cm/*47x41in* Paris-
Trieste 97
TINTORETTO Domenico Robusti 1560-1635 **[23]**
   $12 000 FF68 454 £7 378 Portrait of a young Man standing by a Window Oil/canvas 134,5x98cm/*52x38in*
New-York 97
   $45 500 FF232 600 £30 000 Christ in the House of Simon the Pharisee Oil/canvas 7x94cm/*2x37in*
London 96
   $57 500 FF341 854 £35 621 Portrait of a Venetian Senator, said to be Marcantonio Correr Oil/canvas
112,5x78,5cm/*44x30in* New-York 97
TINTORETTO Jacopo R. (Attrib.) 1518-1594 **[10]**
   $26 336 FF160 000 £15 856 Portrait d'un procurateur de Venise Huile/toile 115x98cm/*45x38in* Paris 98
   $70 000 FF426 566 £42 644 Portrait of a Gentleman, standing three-quarter length Oil/canvas
122x100cm/*48x39in* New-York 98
TINTORETTO Jacopo Robusti 1518-1594 **[33]**
   $28 200 FF144 300 £18 100 Ritratto di letterato Öl/Leinwand 12x92cm/*4x36in* Wien 96
   $65 500 FF337 600 £42 000 Portrait of a Gentleman, holding a document Oil/canvas
101,5x82,5cm/*39x32in* London 96
   $13 328 FF78 817 £8 000 Study of Male Nude lying on the Ground Black chalk 24x20cm/*9x7in* London 97
TIRADO Y CARDONA Fernando 1862-1907 **[6]**
   $3 630 FF21 835 £2 255 Descansando de la faena Oleo/tabla 55,5x37,5cm/*21x14in* Madrid 97
   $5 500 FF28 560 £3 640 Before the masked ball Oil/panel 33x23cm/*12x9in* New-York 96
TIRATELLI Aurelio 1842-1900 **[14]**
   $4 140 FF23 460 £2 070 Pastore per la via a Cecilia Metella/Acquedotto sullo sfondo di Roma Olio/tela
29x21cm/*11x8in* Roma 98
   $40 000 FF236 548 £24 268 Cattle Fair at Ostia Oil/canvas 63,5x136cm/*25x53in* New-York 98
TIRATELLI Cesare 1861-1933 **[10]**
   $69 000 FF391 000 £34 500 Sagra paesana nella campagna romana Olio/tela 62x136cm/*24x53in*
Milano 98
   $828 FF4 692 £414 Scorcio a Subiaco Acquarello/cartone 20x30cm/*7x11in* Roma 98
TIRELLI Marco 1956 **[9]**
   $1 740 FF9 860 £870 Senza titolo Tecnica mista 70x50cm/*27x19in* Prato 97
TIRÉN Gerda Maria Rydberg 1858-1928 **[9]**
   $1 133 FF5 820 £730 Flicka som håller utkik Oil/panel 21,5x27cm/*8x10in* Stockholm 96
TIRÉN Johan 1853-1911 **[34]**
   $3 710 FF19 220 £2 400 Sommarlandskap, Dörsvalen Oil/canvas 40x70cm/*15x27in* Stockholm 96
   $3 852 FF22 989 £2 349 Piska slant Oil/canvas 33x44cm/*12x17in* Stockholm 98
   $13 750 FF68 700 £8 980 Lappojke spanar på ripor Oil/canvas 156x114cm/*61x44in* Stockholm 95
   $4 985 FF29 096 £2 964 Skidande same efter ren, soligt vinterlandskap Watercolour/paper
51x75cm/*20x29in* Stockholm 97
TIRET-BOGNET Georges 1855-? **[9]**
   $256 FF1 500 £157 Vieille fontaine à Ribeauvillé Aquarelle/papier 43x31cm/*16x12in* Paris 97
TIRINNANZI Nino Giovanni 1923 **[28]**
   $1 080 FF6 120 £720 Paesaggio Olio/tela/cartone 21,5x30cm/*8x11in* Prato 97
   $1 800 FF10 200 £900 Natura morta Olio/tela 50x70cm/*19x27in* Firenze 97
   $180 FF1 020 £120 Figura Disegno 16x12cm/*6x4in* Firenze 97
TIRODE Léon 1873-1956 **[11]**
   $1 078 FF6 300 £662 Bords du Doubs Huile/toile 39x57cm/*15x22in* Saint-Dié 97
TIRONI Francesco ?-1800 **[21]**
   $20 235 FF119 880 £12 000 A Tower, a Boathouse and other Buildings by a River, fortified bridge Oil/canvas
40x32cm/*15x12in* London 97
   $49 200 FF256 500 £30 900 Venise, l'entrée du Grand Canal et le palais des Doges Huile/toile
65x90cm/*25x35in* Toulouse 96
TIRONI Francesco (Attrib.) ?-1800 **[16]**

$30 728 FF185 000 £18 389 Vue de l'église de la Salute depuis le grand canal Huile/toile 45x71cm/*17x27in* Paris 98

TISCHBEIN Anton Wilhelm 1730-1804 **[3]**
$8 190 FF42 800 £4 880 Allegory Oil/canvas 64x85cm/*25x33in* Stockholm 96

TISCHBEIN August Anton 1805-1867 **[4]**
$11 774 FF69 097 £7 200 Trieste Oil/canvas 45x78,5cm/*17x30in* London 97

TISCHBEIN Johann Anton 1720-1784 **[1]**
$15 912 FF93 990 £9 886 Der Zinsgroschen Oil/panel 55,5x69cm/*21x27in* Stuttgart 97

TISCHBEIN Johann Fried. (Att.) 1750-1812 **[3]**
$1 586 FF9 386 £954 Portrait des Dichters Christian Friedrich Daniel Schubart Öl/Leinwand 56,5x44cm/*22x17in* Lindau 98

TISCHBEIN Johann Friedrich A. 1750-1812 **[8]**
$4 273 FF25 282 £2 571 Hieronimus de Bosch, Head and Shoulders Oil/canvas 26,5x21cm/*10x8in* Amsterdam 98
$27 900 FF143 600 £18 000 Portait of Henrietta Cozens, wife of the Rev. T.B. Percival Oil/canvas 62,5x51,5cm/*24x20in* London 96

TISCHBEIN Johann H.W. (Attrib) 1751-1829 **[6]**
$7 715 FF46 932 £4 730 Meeresküste mit Felsentoren Ink 20,4x29,8cm/*8x11in* Hamburg 98

TISCHBEIN Johann Heinrich I 1722-1789 **[25]**
$24 583 FF151 006 £14 746 Porträt der Philippine Engelhard geb. Getterer Öl/Leinwand 35x42cm/*13x16in* Stuttgart 98
$39 621 FF235 000 £23 993 Portrait de la baronne de Vomrath, assise Huile/toile 156x112cm/*61x44in* Paris 97
$86 939 FF518 738 £52 452 Bildnis der Gräfin Marianne Schall von Bell Öl/Leinwand 100x86cm/*39x33in* Köln 97

TISCHBEIN Johann Heinrich Wil. 1751-1829 **[9]**
$1 009 FF6 024 £609 Beim Fischfang in einem Weiher Pencil/paper 41,6x54,3cm/*16x21in* Köln 97

TISCHLER Heinrich 1892-? **[5]**
$208 FF1 216 £127 Zwei Männer im Gespräch Etching, aquatint 19,3x26,3cm/*7x10in* Berlin 97

TISCHLER Victor 1890-1951 **[10]**
$1 436 FF8 571 £882 Die Ankunft Öl/Leinwand/Karton 28,5x48,5cm/*11x19in* Wien 98
$2 630 FF15 334 £1 609 Dame und Papagei Öl/Leinwand 74x55cm/*29x21in* Wien 97

TISI IL GAROFALO Benvenuto 1481-1559 **[13]**
$27 300 FF139 600 £18 000 Madonna and Child Oil/panel 107x158cm/*42x62in* London 96
$51 600 FF263 600 £34 000 The Holy Family on a Porch, a rocky Landscape with a town beyond Oil/panel 32x40cm/*12x15in* London 96
$85 000 FF484 882 £52 266 The Adoration of the Shepherds Oil/panel 52x34,5cm/*20x13in* New-York 97

TISI IL GAROFALO Benvenuto (Attrib) 1481-1559 **[2]**
$1 404 FF7 230 £900 A sheet of figure studies Pencil 11x17,5cm/*4x6in* London 96

TISSANDIER Albert 1839-1906 **[10]**
$1 065 FF6 072 £665 Intérieur de l'usine à gaz de la vilette Pencil 30x43cm/*11x16in* Bielefeld 97

TISSOT James Jacques Joseph 1836-1902 **[403]**
$12 319 FF72 000 £7 516 Portrait de Madame Tissot, mère de l'artiste dans un intérieur Huile/toile 29,5x25,5cm/*11x10in* Paris 97
$300 000 FF1 774 110 £182 010 Awaiting the Departure Oil/panel 37,5x46,5cm/*14x18in* New-York 98
$2 800 FF15 972 £1 710 Le banc de jardin Mezzotint 41,5x56cm/*16x22in* New-York 97
$4 940 FF25 300 £3 000 Study for a portrait of La Vicomtesse de Montmorand Watercolour 39x21cm/*15x8in* London 96

TITCOMB Mary Bradish 1858-1927 **[6]**
$17 000 FF84 700 £11 130 Sedona Hill, Marblehead Oil/canvas 76x64cm/*29x25in* San Francisco-Los Angeles 95

TITEL Wilhelm 1784-1862 **[1]**
$11 400 FF57 900 £6 800 Head studies of children Oil/board 28x20,5cm/*11x8in* London 96

TITI Tiberio 1573-1627 **[3]**
$16 308 FF92 413 £8 154 Ritratto di bambino in abito francescano con cane e stemma Olio/tavola 86,5x63,5cm/*34x25in* Milano 97

TITI Tiberio (Attrib.) 1573-1627 **[3]**

   $22 900 FF120 000 £13 770 Portrait de jeune garçon en costume brodé, debout Huile/toile 111x70,5cm/*43x27in* Paris 96

TITO di Santi 1536-1603 **[10]**

   $36 600 FF207 400 £18 300 Sacra Famiglia con San Giovannino Olio/tela 118,5x94,5cm/*46x37in* Milano 98

   $2 807 FF14 549 £1 823 Studien zu einer männlichen Figur nach rechts Black chalk 33,8x25,5cm/*13x10in* Luzern 96

TITO di Santi (Attrib.) 1536-1603 **[3]**

   $33 000 FF163 700 £20 870 The Rest on the Flight into Egypt Oil/canvas 118,5x90,5cm/*46x35in* New-York 95

   $695 FF4 105 £420 Vision of a Bishop Saint Before an Altar Ink 22,5x34cm/*8x13in* London 97

TITO Ettore 1859-1941 **[29]**

   $2 760 FF15 640 £1 840 Ritratto di donna Olio/tavola 34,5x21,6cm/*13x8in* Prato 97

   $5 010 FF30 000 £3 078 Moments complices Huile/toile 45x76cm/*17x29in* Paris 98

TITOV Petr Savelevich ?-1874 **[1]**

   $4 280 FF21 300 £2 800 Still life Oil/canvas 67x54cm/*26x21in* London 95

TITTENSOR Harry T. 1887-1942 **[7]**

   $1 147 FF6 958 £700 The Smithy, Rouen Watercolour/paper 34x39cm/*13x15in* Par, Cornwall 98

TITTLE Walter Ernest 1883-1969 **[12]**

   $2 530 FF15 086 £1 566 Portrait of Lord Duveen Pastel/paper 72x51cm/*28x20in* New-York 97

TITUS-CARMEL Gérard 1942 **[57]**

   $1 410 FF7 200 £928 Démontage IV Technique mixte/carton 105x75cm/*41x29in* Paris 96

   $96 FF550 £59 Navette Eau-forte, aquatinte 72x56cm/*28x22in* Paris 97

   $576 FF3 500 £346 "L'usage du nécessaire III" Mine plomb 75x105cm/*29x41in* Versailles 98

TIVOLI da Serafino 1826-1892 **[8]**

   $26 000 FF147 810 £15 919 A Bougival Oil/canvas 61x50cm/*24x19in* New-York 97

TIXIER Daniel XIX-XX **[3]**

   $21 309 FF129 225 £13 000 Seated Female Nude from Behind Oil/canvas 152x130cm/*59x51in* London 98

TIXIER Louis Léonard 1839-1881 **[1]**

   $3 116 FF19 000 £1 869 La chevrière Huile/toile 121x80,5cm/*47x31in* Pau 98

TIZIANO VECELLIO 1485/89-1576 **[6]**

   $2 046 465 FF12 066 780 £1 211 500 Portrait of a venetian admiral dressed in armour Oil/canvas 87x73cm/*34x28in* London 97

   $585 FF3 051 £342 Der hl. Franciscus empfängt die Stigmata Woodcut 29x43,2cm/*11x17in* Berlin 96

TIZIANO VECELLIO (Studio) 1485/89-1576 **[3]**

   $125 000 FF650 000 £82 600 Venus, Adonis and Cupid Oil/canvas 88x86cm/*34x33in* New-York 96

TJAKAMARRA Anatjari 1930-1992 **[1]**

   $36 230 FF212 860 £21 753 Bush Tucker Story Mixed media/board 71x30cm/*27x11in* Melbourne 97

TJAKAMARRA Long Jack Phillipus 1932 **[1]**

   $14 341 FF84 257 £8 610 Bush Rucker Story Mixed media/board 72x77cm/*28x30in* Melbourne 97

TJANGALA Uta Uta 1935 **[2]**

   $3 950 FF20 360 £2 615 Snake Dreaming Acrylic/canvas 98,5x61cm/*38x24in* Melbourne 96

TJAPALTJARRI Billy Stockman 1925 **[11]**

   $334 FF2 003 £202 Untitled Acrylic/canvas 122x76cm/*48x29in* Sydney 97

TJAPALTJARRI Clifford Possum 1934 **[14]**

   $2 223 FF13 550 £1 380 Possum Dreaming Synthetic polymer silkscreened/canvas 132x53,5cm/*51x21in* Melbourne 97

TJAPALTJARRI Old Mick Namarari 1926 **[5]**

   $3 706 FF22 583 £2 301 Tingari Synthetic polymer silkscreened/canvas 165,5x124cm/*65x48in* Melbourne 97

TJARDA VAN STARCKENBORGH Jacobus Nicolas 1822-1895 **[9]**

   $3 250 FF19 290 £1 990 "Stacking Hay" Oil/canvas 32x39,5cm/*12x15in* San Francisco 98

   $6 522 FF38 872 £4 000 Harvest scene Oil/canvas 61x92cm/*24x36in* London 98

   $44 000 FF260 202 £26 694 Harvesting in Holland Oil/canvas 94x135,5cm/*37x53in* New-York 98

TJUNGURRAYI Charlie Tjaruru 1920 **[3]**

   $15 096 FF88 692 £9 064 Emu Dreaming Mixed media/board 65x46cm/*25x18in* Melbourne 97

TJUPURRULA Johnny Warrangkula 1932 **[4]**

⌫ $7 277 FF41 682 £4 306 Pangalanga Story Mixed media/board 64x51cm/*25x20in* Sydney 97
⌫ $11 089 FF63 516 £6 561 Tjikarri Mixed media/canvas 173x200cm/*68x78in* Sydney 97
TKACHEN Georgi 1920 **[1]**
⌫ $3 678 FF22 864 £2 200 Riding a Donkey Through the Dandelions Oil/canvas 104x91,5cm/*40x36in* London 98
TOBEEN Félix 1880-1938 **[25]**
⌫ $1 982 FF10 000 £1 287 Fleurs dans un vase Huile/panneau 47x39,5cm/*18x15in* Paris 96
⌫ $1 805 FF10 538 £1 108 A Flower Still Life Oil/canvas 40x32,5cm/*15x12in* Amsterdam 97
TOBEY Mark 1890-1976 **[364]**
⌫ $5 400 FF27 900 £3 500 Untitled Oil 19x19cm/*7x7in* London 96
⌫ $18 480 FF94 640 £10 920 Composition Tempera 99,5x49,5cm/*39x19in* Hamburg 96
⌫ $2 344 FF14 364 £1 400 Composition Monotype 16x15cm/*6x5in* London 98
⌫ $4 250 FF22 030 £2 763 Northwest Landscape Watercolour, gouache 45x60cm/*17x23in* München 96
TOBIASSE Théo 1927 **[450]**
⌫ $2 249 FF12 943 £1 327 Le Pont du Rialto Acrylic/canvas 27x35cm/*10x13in* New-York 97
⌫ $7 206 FF43 000 £4 347 "J'apporte la musique qui guérit l'absence" Huile/toile 89x116cm/*35x45in* Paris 97
⌫ $15 740 FF80 000 £9 400 "Les Jardins de la Reine Balkis" Acrylique/toile 97x130cm/*38x51in* Paris 96
⌫ $385 FF2 298 £234 "Le prits de Jacob" Color lithograph 108x75cm/*42x29in* Stockholm 98
⌫ $841 FF5 200 £506 Le chat Bronze 21,5x40x10cm/*8x15x3in* Paris 98
⌫ $13 000 FF78 408 £7 718 Le Mariage Collage 89,5x116cm/*35x45in* Tel Aviv 98
TOBLER Verena 1939 **[6]**
⌫ $3 110 FF16 130 £2 010 Kornfeld bei Regensberg Huile/panneau 33x41cm/*12x16in* Zofingen 96
TOCHÉ Charles 1851-1916 **[8]**
⌫ $805 FF5 000 £485 "La delanos de piqu'avant vexin" Aquarelle/papier 134x68,5cm/*52x26in* Soissons 98
TOCQUÉ Jean-Louis 1696-1772 **[14]**
⌫ $7 948 FF48 000 £4 828 Portrait présumé de Madame Ory, épouse du contrôleur des finances Huile/toile 31x23,5cm/*12x9in* Lyon 98
⌫ $23 400 FF120 500 £15 000 Portrait of a young lady Oil/canvas 79x63cm/*31x24in* London 96
⌫ $71 208 FF430 000 £42 699 Portrait de Madame Mirey et sa fille Huile/toile 134x104cm/*52x40in* Paris 98
TOCQUÉ Jean-Louis (Attrib.) 1696-1772 **[2]**
⌫ $8 785 FF50 000 £5 435 Portrait de Louis-Philippe Phelypaux, comte de Saint Florentin Huile/toile 142,5x111cm/*56x43in* Paris 97
TOCQUÉ Jean-Louis (Cercle) 1696-1772 **[2]**
⌫ $5 770 FF29 460 £3 800 Portrait of a Lady, bust length Oil/canvas 61,5x50cm/*24x19in* London 96
TODD Henry Georges 1847-1898 **[30]**
⌫ $973 FF5 602 £600 Grapes and Plums on a Mossy Bank/Grapes, Plums and Apple on a Mossy Oil/canvas 17,5x23cm/*6x9in* London 97
⌫ $5 684 FF33 596 £3 400 Grapes, Pears, and Apples in a Bowl Oil/canvas 45,5x38cm/*17x14in* London 97
TODD Ralph 1856-1932 **[22]**
⌫ $654 FF3 813 £400 Woman in a Pink Hat Oil/panel 36x26cm/*14x10in* Par, Cornwall 97
⌫ $2 297 FF11 160 £1 450 Daydreams Watercolour 27x25cm/*10x9in* Honiton, Devon 95
TODE Waldemar Knut Gustaf 1859-1900 **[2]**
⌫ $3 675 FF18 100 £2 367 Ökenjakt till häst Oil/canvas 40x88cm/*15x34in* Stockholm 95
TODESCHINI Giovanni Battista 1857-1938 **[5]**
⌫ $5 017 FF28 431 £2 508 Santa Maria delle Grazie Olio/tela 96x70cm/*37x27in* Milano 97
TODESCHINI Lucio 1892-1969 **[9]**
⌫ $1 386 FF6 800 £902 Piazza Fontana, Milano Olio/tela 46x61cm/*18x24in* Milano 95
TODHUNTER Francis Augustus 1884-1963 **[42]**
⌫ $3 250 FF16 200 £2 130 By the Bay Oil/canvas 61x76cm/*24x29in* San Francisco-Los Angeles 95
⌫ $2 750 FF14 350 £1 662 Working on the Farm Watercolour/paper 45,5x49,5cm/*17x19in* San Francisco-Los Angeles 96
TODJIWA I Wayan 1916 **[1]**
⌫ $1 602 FF9 512 £981 A Woman taking a Bath in a Brook Watercolour/paper 46x29cm/*18x11in* Den Haag 97
TODO Francisco 1922 **[7]**

*$278 FF1 731 £170 Apples and Grapes Oil/canvas 46x58cm/*18x22in* London 97

TODT Max 1847-1890 **[2]**
*$4 630 FF23 840 £2 800 An engaging tale Oil/panel 32x40cm/*12x15in* London 96

TOEPFFER Adam 1766-1847 **[6]**
*$3 510 FF17 260 £2 224 Rocky landscape Oil/cardboard 21x29,5cm/*8x11in* Zürich 95

TOEPFFER Rodolphe 1799-1846 **[4]**
*$334 FF2 008 £200 Drei Jäger mit Hund Ink/paper 11,5x12,5cm/*4x4in* Zürich 98

TOEPUT Lodewyk (Attrib.) c.1550-1603/05 **[8]**
*$9 000 FF51 194 £5 508 An imaginary Alpine river Landscape with Hermit Monks by a Monastery Oil/canvas 172x126,5cm/*67x49in* New-York 97
*$1 530 FF9 500 £922 Paysage ensoleillé/Paysage à l'Arc de Triomphe Encre 19,5x28cm/*7x11in* Paris 98

TOEPUT Lodewyk Pozzoserrato c.1550-1603/05 **[18]**
*$22 000 FF125 499 £13 527 The flight into Egypt Oil/canvas 58x73,5cm/*22x28in* New-York 97
*$3 113 FF17 820 £1 839 Female Figure seated in a Formal Garden/Scenes from the Life of Christ Ink 26,5x33,5cm/*10x13in* Amsterdam 97

TOFANARI Sirio 1866-? **[6]**
*$25 252 FF150 405 £15 447 Babouin et son jeune Bronze 58x69x26cm/*22x27x10in* Bruxelles 98

TOFANO Edoardo 1838-1920 **[20]**
*$1 320 FF7 480 £660 Giovane donna Olio/tavola 22x13cm/*8x5in* Roma 97
*$10 640 FF64 027 £6 370 La Bellezza Oil/canvas 61,5x46,5cm/*24x18in* Amsterdam 98
*$2 208 FF12 512 £1 104 Il Chiostro del Duomo di Montreale Acquarello/carta 24x19cm/*9x7in* Roma 98

TOFFOLI Louis 1907 **[362]**
*$1 048 FF6 200 £629 La pesée Huile/toile 27x19cm/*10x7in* Paris 97
*$8 600 FF42 000 £5 450 Les Hameçons Huile/toile 74x50cm/*29x19in* Enghien 95
*$15 255 FF90 000 £9 342 Les bûcherons Huile/toile 98x130cm/*38x51in* Fontainebleau 98
*$58 FF350 £36 Sans titre Lithographie couleurs 72x54cm/*28x21in* Versailles 97
*$273 FF1 600 £168 La place du village Fusain 30,5x21,5cm/*12x8in* Paris 97

TOFT Albert 1862-1949 **[12]**
*$2 148 FF12 336 £1 349 Sir Henry Irving Bronze H25,5cm/*H10in* London 97

TOFT Alfonso 1866-1964 **[57]**
*$445 FF2 150 £280 Buchan's Rock, Newfoundland Oil/board 29x38cm/*11x14in* London 96
*$509 FF2 456 £320 Weald of Kent Oil/cardboard 35,5x46cm/*13x18in* London 96

TOFT Peter Petersen 1825-1901 **[16]**
*$200 FF1 190 £124 Wsluice Mining in the Mist" Watercolour/paper 33x44cm/*13x17in* Milwaukee, Wisconsin 97

TOGNARELLI Marius XIX-XX **[1]**
*$900 FF5 363 £539 "La Micheline" Poster 141x105,5cm/*55x41in* New-York 98

TOGOG Ida Bagus 1913-1989 **[11]**
*$10 115 FF58 676 £6 202 Bali life Tempera 47,5x62cm/*18x24in* Amsterdam 97
*$9 940 FF51 200 £6 200 Farmer's life, Bali Ink 45x20cm/*17x7in* Amsterdam 96

TOGORES de Josep 1893-1970 **[28]**
*$6 640 FF33 600 £4 360 "L'Éclairage" (composición surrealista) Oleo/lienzo 81x100cm/*31x39in* Madrid 96

TOJETTI Virgilio 1851-1901 **[11]**
*$9 930 FF51 100 £6 000 Angels Oil/canvas 28x137cm/*11x53in* London 96

TOL Nicolaes Jacobsz. c.1600-c.1650 **[1]**
*$3 120 FF16 080 £2 000 Nymphs bathing in a woodland pool Oil/copper 13x16,5cm/*5x6in* London 96

TOL van Dominicus c.1635-1676 **[4]**
*$10 130 FF52 200 £6 500 A bearded old man in red Oil/panel 18,5x16cm/*7x6in* London 96

TOLEDO Francisco 1940 **[283]**
*$12 000 FF71 684 £7 340 Sin título Mixed media/canvas 61x50,5cm/*24x19in* New-York 98
*$38 500 FF234 611 £23 812 Grenuille MIxed media/canvas 24x33cm/*9x12in* Miami, Florida 98
*$260 000 FF1 518 686 £153 842 Sin Título Oil/canvas 157x236cm/*61x92in* New-York 97
*$1 000 FF5 991 £596 Dos Iguanos Etching 54,5x39cm/*21x15in* Los Angeles 98
*$13 000 FF77 611 £7 985 Torre de Cangrejos Ceramic 26,5x21cm/*10x8in* New-York 98
*$573 FF3 401 £350 Comensales Lápiz/papel 21,5x27,5cm/*8x10in* México 98

TÖLGYÖSSY Arthur 1853-1920 **[2]**
*$3 346 FF17 130 £2 167 Am Seeufer (Washerwomen) Oil/panel 27x35cm/*10x13in* Wien 95

TOLL Emma 1847-1917 **[9]**

 $14 069 FF84 029 £8 613 Konstnparinna vid staffli Oil/canvas 74x59cm/*29x23in* Stockholm 98

 $2 150 FF10 600 £1 402 En rolig tidning Pastel 69x50cm/*27x19in* Stockholm 95

TOLLET Tony, Jean Antoine 1857-1953 **[11]**

 $2 854 FF17 500 £1 746 Deux enfants Huile/toile 55x68cm/*21x26in* Arles 98

 $1 767 FF10 000 £1 079 Jeune femme assise tricotant Aquarelle 66x50cm/*25x19in* Lyon 97

TOLLMAN Günter 1926-1990 **[8]**

 $2 925 FF15 300 £1 742 Ankunft Acrylic/paper 75x100cm/*29x39in* Hamburg 96

TOLOSA Y ALSINA Aurelio 1861-1938 **[2]**

 $2 475 FF14 887 £1 537 Composición floral Oleo/lienzo 70x100cm/*27x39in* Madrid 97

TOLSON Edgar 1904-1986 **[3]**

 $3 025 FF18 445 £1 815 Black Man Sculpture H33cm/*H13in* Atlanta, Georgia 98

TOLSTOY Alexander 1895-1969 **[20]**

 $645 FF3 825 £394 Kvinna i röd väst Oil/canvas 51x61cm/*20x24in* Stockholm 97

TOM Jan Bedys 1813-1894 **[18]**

 $2 228 FF13 319 £1 349 Ziegenböckchen auf der Weide Oil/panel 12x16,7cm/*4x6in* Wien 97

 $2 770 FF14 370 £1 800 Bulls fighting in a meadow Oil/panel 53x74cm/*20x29in* London 96

 $497 FF2 982 £297 Kudde vee in een dorp Watercolour 20,5x25,5cm/*8x10in* Den Haag 98

TOM-PETERSEN Peter 1861-1926 **[37]**

 $766 FF4 573 £459 Udsigt mod kronborg Oil/canvas 66x92cm/*25x36in* Vejle 98

 $1 217 FF7 508 £765 Ovrigshedsperson og Trommeslager Oil/canvas 34x21cm/*13x8in* Köbenhavn 97

TOMA Matthias Rudolf 1792-1869 **[9]**

 $3 236 FF16 900 £1 926 "Bei Türnitz" Öl/Karton 22x29cm/*8x11in* Wien 96

 $5 046 FF28 776 £3 072 Landschaftsstück mit figürlicher Staffage Öl/Leinwand 55,5x69cm/*21x27in* Wien 97

TOMANEK Joseph 1889-1974 **[16]**

 $250 FF1 488 £152 Nude in Landscape Oil/board 28x23cm/*11x9in* New Orleans, Louisiana 98

 $3 749 FF22 252 £2 325 The Garden Party Oil/canvas 71x92cm/*27x36in* New-York 97

TOMASELLO Luis 1915 **[16]**

 $540 FF3 220 £331 Atmosphère chromoplastique Multiple 50x50cm/*19x19in* Zürich 98

 $1 032 FF6 031 £633 Atmosphere chromoplastique blanche Relief 36,5x36,5cm/*14x14in* Luzern 97

TOMASO Rico 1898-1985 **[9]**

 $660 FF3 806 £393 Woman Playing Violin, Men Enthralled Oil/canvas 71x106cm/*28x42in* New-York 97

TOMBA ALDINI Casimiro 1857-1929 **[14]**

 $4 200 FF25 531 £2 586 A Final Touch Oil/panel 35x26,5cm/*13x10in* New-York 98

 $4 198 FF24 502 £2 496 Orientalisk skönhet Watercolour/paper 53x34cm/*20x13in* Stockholm 97

TOMEA Fiorenzo 1910-1960 **[77]**

 $5 280 FF29 920 £2 640 Paese umbro Olio/cartone/tela 30x40cm/*11x15in* Roma 97

 $8 280 FF46 920 £4 140 "Rose nel vaso" Olio/tela 50x40cm/*19x15in* Milano 98

 $899 FF5 098 £449 Paesaggio sotto la neve Tecnica mista/carta 16x23cm/*6x9in* Roma 97

TOMEC Heinrich, Jindrich 1863-1928 **[19]**

 $4 515 FF23 200 £2 816 Flusslandschaft in der Wachau Öl/Leinwand 57x80cm/*22x31in* Bern 96

 $4 960 FF24 500 £3 226 Blick auf Dürnstein Oil/paper 16x32cm/*6x12in* Wien 95

 $883 FF5 238 £540 Motiv aus Weissenkirche Mischtechnik/Papier 34x21cm/*13x8in* Wien 97

TOMINETTI Achille 1848-1917 **[2]**

 $5 731 FF32 480 £2 865 La casa del pittore a Miazzina Olio/tela 24x39cm/*9x15in* Milano 98

TOMINZ Alfredo 1854-1936 **[19]**

 $2 244 FF11 730 £1 326 In dirittura d'arrivo Olio/cartone 36x21cm/*14x8in* Trieste 96

 $3 000 FF17 000 £1 500 Tallone arabo Olio/tela 86x70cm/*33x27in* Trieste 97

TOMINZ Giuseppe 1790-1866 **[3]**

 $3 300 FF18 700 £1 650 Ritratto di V. Sambo Olio/tela 76x63cm/*29x24in* Trieste 97

TOMKIN William Stephen XIX-XX **[6]**

 $412 FF2 448 £250 On the Thames, Sailing and Steam Vessels Watercolour/paper 13x24cm/*5x9in* Oxford 97

TOMKINS Charles 1757-1823 **[3]**

 $1 334 FF8 143 £800 Elegant Compagny outside a Country House with an Aviary Watercolour

15x29,5cm/*5x11in* London 98
TOMKINS Peltro William 1760-1840 **[7]**
  $1 101 FF6 488 £680 Life and Death Pencil 62x48,5cm/*24x19in* Billingshurst, West Sussex 97
TOMKINS William 1732-1792 **[9]**
  $8 530 FF43 900 £5 500 Barn owls and their chicks at a nest Oil/copper 20,5x25,5cm/*8x10in* London 96
  $27 300 FF139 100 £18 000 Landscape with mounted figure crossing a bridge in a park Oil/canvas 92x121cm/*36x47in* London 96
  $80 083 FF488 601 £48 000 A panoramic View of Totnes, Devon Oil/canvas 120x166cm/*47x65in* London 98
TOMLIN Bradley Walker 1899-1953 **[12]**
  $22 000 FF127 611 £13 004 Number 10 Oil/canvas 56x86,5cm/*22x34in* New-York 97
  $3 500 FF20 771 £2 170 Still life with Pitcher of Flowers on a Tray Gouache 71x53cm/*27x20in* New-York 97
TOMLIN Stephen 1901-1937 **[2]**
  $6 770 FF35 100 £4 400 Portrait of Lytton Strachey Bronze H46cm/*H18in* London 96
TOMMASI Adolfo 1851-1933 **[23]**
  $4 030 FF19 630 £2 535 Giardino della Villa Reale di Pioggio a Caiano Olio/cartone 19,5x25cm/*7x9in* Milano 95
  $7 200 FF40 800 £3 600 Paesaggio con casa colonica Olio/cartone/tela 43x66cm/*16x25in* Roma 97
  $125 700 FF646 000 £74 800 Petriolo, presso Firenze Olio/tela 100x201,5cm/*39x79in* Roma 96
TOMMASI Angiolo 1858-1923 **[12]**
  $3 888 FF22 033 £1 944 Giovane contadinella Olio/tavola 21x13,5cm/*8x5in* Milano 97
  $13 171 FF74 640 £6 586 Piccola casa al sole Olio/tavola 37x45cm/*14x17in* Milano 97
TOMMASI de Publio 1848-1914 **[22]**
  $30 867 FF186 398 £18 500 Flirtation at the Feast Oil/canvas 52,5x92,5cm/*20x36in* London 98
  $1 837 FF11 254 £1 100 The Banquet Watercolour/paper 45x62,5cm/*17x24in* London 98
TOMMASI Ludovico 1866-1941 **[49]**
  $3 704 FF20 991 £1 852 Marina con figure Olio/cartone 22,5x28,5cm/*8x11in* Milano 98
  $4 500 FF25 500 £2 250 Figura tra gli alberi Olio/cartone 45,5x37cm/*17x14in* Milano 98
  $840 FF4 760 £560 Pagliaio Pastelli/cartone 29x38cm/*11x14in* Prato 97
TOMMASI Marcello 1928 **[12]**
  $1 603 FF9 300 £983 David Bronze 40x15x11cm/*15x5x4in* Paris 97
TOMOO Inagaki 1902-1980 **[3]**
  $560 FF3 160 £343 Cats at Night Print in colors 51x40cm/*20x16in* Mystic, Connecticut 97
TOMSON Clifton 1775-1828 **[15]**
  $3 994 FF21 877 £2 400 The London, Bedfont Stagecoach Oil/canvas 75,5x112cm/*29x44in* London 97
  $130 000 FF662 000 £78 000 The Race for the St. Leger Stakes of 1812 on Doncaster Course Oil/canvas 74x223cm/*29x87in* London 96
TOMSON Clifton (Attrib.) 1775-1828 **[2]**
  $26 000 FF133 900 £17 219 Two bays and a grey in a landscape Oil/canvas 86,5x112cm/*34x44in* New-York 96
TONDU André 1903-1980 **[33]**
  $11 900 FF67 490 £7 480 Bañistas Oleo/lienzo 198x253cm/*77x99in* Madrid 97
TONG KAI XVII **[1]**
  $6 500 FF38 690 £4 035 Flowers and Rocks Ink 57x27cm/*22x11in* New-York 97
TONGE Robert 1823-1856 **[3]**
  $682 FF4 146 £420 The Severn Oil/canvas/board 30,5x55cm/*12x21in* Billingshurst, West Sussex 98
TONGE van de Lammert Louis 1871-1937 **[22]**
  $3 824 FF21 855 £2 343 Mother and child Oil/canvas 45x53cm/*17x20in* Toronto 97
  $1 200 FF7 100 £732 The Young Mariner Watercolour/paper 43x53cm/*17x21in* Bloomfield Hills, Michigan 98
TONGEREN van Jan 1897-1991 **[22]**
  $3 730 FF19 540 £2 243 Still life Oil/canvas 60x80cm/*23x31in* Amsterdam 96
TONKS Henry 1862-1937 **[28]**
  $410 FF2 545 £250 View of Scarborough Watercolour/paper 23x34cm/*9x13in* London 97
TONNANCOUR de Jacques Godefroy 1917 **[13]**
  $2 380 FF14 350 £1 440 "Sur trois ronds" Oil/canvas 91,5x91,5cm/*36x36in* Toronto 98
TONNY Kristians 1907-1977 **[6]**
  $514 FF3 000 £315 Nef des Fous Encre Chine/papier 49x63cm/*19x24in* Paris 97

SZYK Arthur 1894-1951 **[29]**

✎ *$2 800 FF16 129 £1 645* Study of Hitler Holding an Olive Branch Watercolour, gouache 29x37,5cm/*11x14in* New-York 97

SZYKIER Fiekierz XIX-XX **[1]**

◔ *$5 058 FF29 548 £3 105* A Gallant Gesture Oil/panel 32x24cm/*12x9in* Toronto 97

SZYKIER Stanislaw Ksawery 1860-1895 **[1]**

◔ *$8 805 FF52 347 £5 454* Kozak i Dziewczyna Oil/panel 32,5x24,5cm/*12x9in* Warszawa 97

SZYMANSKI Rolf 1928 **[20]**

⬙ *$1 940 FF9 680 £1 266* Galionsfigur (Nil) Bronze H23cm/*H9in* München 95

SZYSZKOWITZ Rudolf 1905-1976 **[9]**

✎ *$794 FF4 762 £482* "Mutter mit Kind" Soft pencil/paper 28,5x40,5cm/*11x15in* Wien 98

SZYSZLO de Fernando 1925 **[68]**

◔ *$10 000 FF52 000 £6 610* Casa 8 (Imagen) Oil/canvas 101x82cm/*39x32in* New-York 96

◔ *$17 000 FF97 588 £10 363* El innombrable XVI Acrylic/canvas 120x119cm/*47x46in* New-York 97

✎ *$5 000 FF29 188 £2 974* Untitled Gouache/paper 56,5x76,5cm/*22x30in* New-York 97

T

T'ANG HAYWEN 1927-1991 **[4]**

✎ *$2 733 FF13 600 £1 740* Buddha Watercolour/paper 17,5x17,5cm/*6x6in* Taipei, Taiwan 95

TAAFFE Philip 1955 **[36]**

◔ *$2 000 FF10 350 £1 337* Untitled Oil/paper 33x25cm/*12x9in* New-York 96

◔ *$90 000 FF466 000 £60 200* Ginostra Flowers Oil/canvas 155x211cm/*61x83in* New-York 96

✎ *$2 000 FF11 454 £1 183* Untitled Mixed media/paper 48,5x68,5cm/*19x26in* New-York 97

TAANMAN Jacob 1836-1923 **[9]**

◔ *$1 064 FF6 405 £637* Interior with a Woman Knitting by a Window Oil/panel 30x23,5cm/*11x9in* Amsterdam 98

TABACCHI Odoardo 1831-1905 **[6]**

⬙ *$4 360 FF22 000 £2 860* La Nageuse Bronze H79cm/*H31in* Pau 96

TABARD Maurice 1897-1984 **[39]**

▣ *$4 500 FF23 000 £2 964* Photomontage with hand and ruler, 1930s Silver print 23,5x17cm/*9x6in* New-York 96

TABER Isaac Walton 1830-1916 **[4]**

▣ *$1 700 FF10 513 £1 012* Untitled Albumen print 53,5x43cm/*21x16in* San Francisco 98

✎ *$2 000 FF11 675 £1 189* Civil War Scenes Ink/paper 37x46,5cm/*14x18in* New-York 97

TABOR Lewis P. 1900-1974 **[1]**

▣ *$10 000 FF51 100 £6 590* Star Field in Southern Orion Photograph 59,4x49,2cm/*23x19in* New-York 96

TABOURET Emile ?-1927 **[6]**

▭ *$209 FF1 200 £129* "La patinoire Mourey, 40km. de Nice" Affiche 50x30cm/*19x11in* Paris 97

TABUCHI Yasse 1921 **[49]**

◔ *$1 340 FF6 500 £863* "Aux îles d'If, rivage noir" Huile/toile 81x54cm/*31x21in* Paris 95

◔ *$2 734 FF15 825 £1 682* Les Quatre Saisons Oil/canvas 145x300cm/*57x118in* Stockholm 97

TABUENA Romeo 1921 **[8]**

◔ *$2 500 FF14 501 £1 538* Fruits and Blue Bottle Acrylic/masonite 61x71cm/*24x27in* New-York 97

TABUSSO Francesco 1930 **[9]**

◔ *$4 320 FF24 480 £2 160* Natura morta con zucca ornamentale Tecnica mista/tela 70x100cm/*27x39in* Roma 97

✎ *$900 FF5 100 £450* "Odalisca" Tempera/carta 50x55cm/*19x21in* Vercelli 98

TACCA Ferdinando 1619-1686 **[2]**

⬙ *$337 000 FF1 682 000 £220 000* Hercules and the Erymanthian Boar Bronze H73,7cm/*H29in* London 95

TACCA Ferdinando (Attrib.) 1619-1686 **[4]**

⬙ *$11 500 FF63 500 £7 176* Nude Women Wrestling Bronze H36cm/*H14in* New-York 97

TACCA Pietro 1577-1640 **[3]**

⬙ *$91 600 FF481 000 £55 000* Equestrian portrait of Tsar Peter the Great Bronze H69cm/*H27in* London 96

TACK Augustus Vincent 1870-1949 **[23]**

◔ *$800 FF4 725 £497* The Adirondacks Oil/canvas 63,5x76cm/*25x29in* Boston, Mass. 97

TADASHI Nakayama 1927 **[12]**
$700 FF4 060 £430 Two Butterflies Woodcut in colors 23x22cm/*9x8in* Bethesda, Maryland 97
TADEUSZ Norbert 1940 **[15]**
$5 200 FF27 200 £3 096 Höhensonne Öl/Leinwand 135x100cm/*53x39in* Köln 96
$9 550 FF47 700 £6 240 Weiblicher Akt Öl/Leinwand 110x102cm/*43x40in* München 95
TADINI Emilio 1927 **[77]**
$840 FF4 760 £420 "Testa" Olio/cartone/tela 30x20cm/*11x7in* Vercelli 98
$2 280 FF12 920 £1 140 "Oltremare" Olio/tela 56x46cm/*22x18in* Roma 98
$7 937 FF44 978 £3 968 L'Occhio della Pittura Acrilico/tela 130x195cm/*51x76in* Milano 97
$310 FF1 510 £195 Senza titolo Litografia a colori 71x100cm/*27x39in* Milano 95
$300 FF1 700 £200 Figura con cane Tecnica mista/carta 10,5x15cm/*4x5in* Vercelli 97
TADOLINI Adamo 1788-1868 **[1]**
$6 290 FF32 800 £3 800 Aeneas, Anchises and Ascanius Terracotta H26,7cm/*H10in* London 96
TADOLINI Amadeo (Attrib.) 1788-1868 **[1]**
$19 359 FF109 933 £12 115 Amor als junger Jäger und Reh Marbre H110cm/*H43in* Zürich 97
TADOLINI Giulio 1849-1918 **[4]**
$9 000 FF51 165 £5 510 Bust of an arab Bronze H73,7cm/*H29in* New-York 97
$23 000 FF131 054 £14 087 Vergine Egizia Marble H106,5cm/*H41in* New-York 97
TADOLINI Scipione 1822-1892 **[7]**
$25 000 FF128 800 £16 120 Eve Marble H181,6cm/*H71in* New-York 96
TAELEMANS Jean-François 1851-1931 **[15]**
$650 FF3 902 £391 Les quais sous la neige Huile/toile 31x44cm/*12x17in* Bruxelles 98
TAEUBER-ARP Sophie 1889-1943 **[9]**
$8 954 FF55 000 £5 368 Coquille Technique mixte 29x23cm/*11x9in* Paris 98
$75 500 FF382 000 £49 500 Composition schématique Gouache/papier 27,5x36,5cm/*10x14in* Zürich 96
TAFURI Raffaele 1857-1929 **[8]**
$21 953 FF124 404 £10 976 Una sera a Venezia Olio/tela 104,5x182cm/*41x71in* Milano 97
TAG Willy 1886-? **[7]**
$592 FF3 373 £369 Pferde und Kälber auf der Koppel am Triebenberg bei Dresden Öl/Leinwand
60x90cm/*23x35in* Dresden 97
TAGGER Siona 1900-1988 **[15]**
$2 760 FF16 477 £1 683 "Flowers and Television in my Room" Oil/canvas 51x66cm/*20x25in* Tel Aviv 98
$320 FF1 901 £195 Truck in Galilee Charcoal/paper 33,5x48cm/*13x18in* Tel Aviv 98
TAGLIABUE Carlo Costantino 1880-1968 **[10]**
$2 436 FF14 181 £1 477 Il Po a Torino Oil/wood 70x50cm/*27x19in* Luzern 97
TAGLIOLINI Filippo (Attrib.) 1745-1809 **[1]**
$6 000 FF34 000 £4 000 Ferdinando IV di Borbone Bronze H26cm/*H10in* Roma 97
TAGORE Gaganendranath 1867-1938 **[7]**
$4 588 FF27 397 £2 800 Political Seascape Watercolour 8,5x7,5cm/*3x2in* London 98
TAGORE Rabindranath 1861-1941 **[3]**
$25 000 FF129 500 £16 000 Untitled Gouache 68x48cm/*26x18in* London 96
TAIKAN Yokoyama 1868-1958 **[8]**
$160 000 FF925 920 £98 432 Shinshu seiki (Mount Fuji) Ink 44x56cm/*17x22in* New-York 97
TAILFEATHERS Gerald T. 1925-1975 **[22]**
$456 FF2 231 £293 Calf Roping Watercolour/paper 22x30cm/*9x12in* Calgary, Alberta 95
TAILHARDAT Vincent 1970 **[9]**
$3 865 FF23 500 £2 345 Coin d'atelier Huile/toile 65x81cm/*25x31in* Le Mans 98
TAILLANDIER Yvon 1926 **[100]**
$168 FF1 000 £104 Aéroplane anthropomorphe à quatre ailes Acrylique/bois 22x40cm/*8x15in* Paris 97
$576 FF3 400 £341 Vallée de Chaudefour animée de 3 vaches Huile/toile 54x80cm/*21x31in* Clermont-
Ferrand 97
$182 FF1 100 £109 Personnages Feutre/papier 45x23cm/*17x9in* Paris 98
TAILLASSON Jean-Joseph 1746-1809 **[8]**
$2 694 FF16 200 £1 611 Jeune femme endormie Huile/toile 55x46cm/*21x18in* Paris 98
TAIT Agnes 1894-1981 **[3]**
$7 500 FF45 153 £4 487 Woman with Flowers by the Sea Oil/canvas 91,5x48,5cm/*36x19in* San
Francisco 98
TAIT Arthur Fitzwilliam 1819-1905 **[114]**

TONO FEI di Giovanni XIV-XV **[1]**
☞ *$45 000 FF276 241 £27 571* Madonna and Child Oil/panel 55x29cm/*21x11in* New-York 98
TOOBY Raymond XX **[1]**
▥ *$1 062 FF5 921 £649* "Toucans in their nests agree Guinness is good for you..." Poster 49x75cm/*19x29in* London 97
TOOKER George 1920 **[26]**
☞ *$100 000 FF592 070 £59 800* Laundress Oil/masonite 59,7x61cm/*23x24in* New-York 97
▥ *$1 000 FF5 220 £605* Lovers Lithograph 77x102cm/*30x40in* Bloomfield Hills, Michigan 96
✎ *$1 100 FF6 384 £649* El Aguilla Sublime Pencil 38x28cm/*15x11in* Bethesda, Maryland 97
TOORENVLIET Jacob 1641-1719 **[31]**
☞ *$11 600 FF60 000 £7 520* La lecture indiscrète Huile/cuivre 26x21,5cm/*10x8in* Paris 96
☞ *$35 000 FF214 854 £21 444* Two Turkish Merchants Conversing Oil/panel 49x36cm/*19x14in* New-York 98
✎ *$6 000 FF33 149 £3 729* Portrait of a boy, aged, seated by a table Black chalk 21,5x18,2cm/*8x7in* New-York 97
TOORENVLIET Jacob (Attrib.) 1641-1719 **[7]**
☞ *$5 500 FF26 900 £3 480* La marchande de poissons Huile/panneau 39x26,5cm/*15x10in* Bruxelles 95
TOOROP Charley 1891-1955 **[26]**
☞ *$37 100 FF185 000 £24 240* Stilleven met klompen Oil/panel 64x77cm/*25x30in* Amsterdam 95
✎ *$742 FF3 700 £485* Marseille Ink/paper 30x36cm/*11x14in* Amsterdam 95
TOOROP Jan 1858-1928 **[270]**
☞ *$21 960 FF114 600 £13 260* A girl from Walcheren in an interior Oil/canvas/panel 31x40cm/*12x15in* Amsterdam 96
☞ *$121 770 FF727 371 £74 493* Dame en blanche Oil/canvas 100x73cm/*39x28in* Amsterdam 98
▥ *$628 FF3 592 £385* Zeeuwse boerin bij een boerderij Drypoint 16,5x14,5cm/*6x5in* Den Haag 97
✎ *$2 163 FF10 800 £1 414* Opgang van een atleet Pencil/paper 31x39cm/*12x15in* Amsterdam 95
TOOVEY Edwin 1826-1906 **[4]**
✎ *$545 FF3 104 £334* Le moulin à eau Aquarelle/papier 33x44cm/*12x17in* Bruxelles 97
TÖPFFER Wolfgang A. (Attrib) 1766-1847 **[3]**
☞ *$2 843 FF16 501 £1 680* Landschaft in Savoyen Öl/Leinwand 19x24,5cm/*7x9in* Bern 97
✎ *$1 827 FF9 530 £1 104* Vue d'Esery, près de Genève Encre 46x57,5cm/*18x22in* Zürich 96
TÖPFFER Wolfgang Adam 1766-1847 **[59]**
☞ *$9 640 FF48 800 £6 320* Karikatur: Fontaine de la Sagesse Öl/Karton 14,6x17,5cm/*5x6in* Zürich 96
☞ *$46 928 FF281 351 £28 245* Herbstlandschaft mit Holzfällern Öl/Leinwand 57,5x76cm/*22x29in* Zürich 98
✎ *$990 FF5 170 £598* Jeune femme assise Crayon/papier 17x23cm/*6x9in* Genève 96
TOPHAM Francis William 1808-1877 **[27]**
✎ *$704 FF4 270 £420* A Gypsy Encampment on the Edge of a Village Watercolour/paper 22,5x31cm/*8x12in* Bath 97
TOPHAM Frank W. Warwick 1838-1924 **[29]**
☞ *$12 700 FF74 144 £7 800* Leisure Hour Oil/canvas 50x78cm/*19x30in* London 97
☞ *$19 300 FF111 433 £11 500* The Morning of the Festival, Central Italy Oil/canvas 109x154cm/*42x60in* London 97
✎ *$1 713 FF10 100 £1 050* The Young Flower Seller Watercolour 34x26cm/*13x10in* Billingshurst, West Sussex 98
TOPINO-LEBRUN Francois J. (Attrib) 1769-1801 **[1]**
☞ *$30 000 FF182 814 £18 276* Portrait of two Gentlemen, bust length Oil/canvas 60x48,5cm/*23x19in* New-York 98
TOPLIS William A. XIX-XX **[2]**
✎ *$3 341 FF20 462 £2 000* Port du Moulin, Sark Watercolour/paper 25x17cm/*9x6in* St. Helier, Jersey 98
TOPOLSKI Feliks 1907-1990 **[112]**
☞ *$1 632 FF9 950 £1 000* Opening Session of the United Nations Oil/canvas 76x104cm/*29x40in* London 98
✎ *$330 FF1 960 £200* A dandy in full attire Watercolour, gouache 22x11cm/*8x4in* London 97
TOPOR Roland 1938 **[71]**
▥ *$146 FF850 £89* Le baiser/Course/Scène de rue Lithographie 65x50cm/*25x19in* Paris 97
✎ *$676 FF4 000 £404* Souris Encre Chine 21,5x14cm/*8x5in* Paris 97
TOPP Arnold 1887-1960 **[6]**
✎ *$44 726 FF256 758 £27 268* Rote Sonne mit Häusern Watercolour 35,9x26,8cm/*14x10in* Berlin 97

TOPPELIUS Woldemar 1858-1933 **[33]**

  $2 700 FF15 741 £1 663 Strandlandskap Oil/canvas 36x49cm/*14x19in* Helsinki 97

  $3 148 FF18 376 £1 872 Sommarlandskap med boskap vid vattendrag Oil/canvas 33x43cm/*12x16in* Stockholm 97

TOPPI Mario 1934 **[3]**

  $1 000 FF6 112 £610 Nativity Watercolour/paper 18x31,5cm/*7x12in* New-York 98

TOPPING James 1879-1949 **[7]**

  $1 380 FF8 151 £857 Dawn in Virginia Oil/board 50x50cm/*20x20in* Elgin, Illinois 97

TORAJI Ishikawa 1875-1964 **[5]**

  $1 200 FF7 353 £716 Ten Types of Female Nudes: Reading a Book Woodcut in colors 43,5x34,5cm/*17x13in* New-York 98

TORAL Cristóbal 1938 **[29]**

  $1 904 FF11 144 £1 176 Busto femenino y cisne Oleo/lienzo 60x73cm/*23x28in* Madrid 97

  $5 950 FF34 000 £3 655 Muchacha con embalajes Oleo/lienzo 33x38cm/*12x14in* Madrid 97

  $975 FF5 925 £600 Desnudo Dibujo 42x29cm/*16x11in* Madrid 98

TORBIDO IL MORO Francesco (Attrib.) 1482/83-1562 **[2]**

  $12 470 FF64 300 £8 000 Portrait of Alessandro Amaphi, half length, in black robes Oil/canvas 111x89cm/*43x35in* London 96

TORBIDO IL MORO Francesco di Marco 1482/83-1562 **[1]**

  $26 942 FF159 521 £16 000 Portrait of a young Man, in a Coat Oil/canvas 43x35cm/*16x13in* London 97

TORDI Sinibaldo 1876-1955 **[17]**

  $2 297 FF13 103 £1 399 Reunión en el Palacio Oleo/cartón 30x43cm/*11x16in* Montevideo 97

  $7 200 FF40 800 £4 800 Corteggiamento Olio/tela 42x63cm/*16x24in* Vercelli 98

TORDOIR Narcisse XX **[2]**

  $792 FF4 875 £486 Zonder Titel Sérigraphie couleurs 124x124cm/*48x48in* Lokeren 98

TORETTI P. XX **[6]**

  $1 020 FF5 780 £510 Costiera amalfitana Olio/tela 40x60cm/*15x23in* Trieste 98

TORGERSEN Thorvald Hagbart 1862-1943 **[8]**

  $2 824 FF16 921 £1 688 Kvinne og barn ved syrinbusk Oil/canvas 56x67cm/*22x26in* Oslo 98

TORHAMN Gunnar 1894-1965 **[54]**

  $503 FF3 115 £300 Afton Oil/panel 40x47cm/*15x18in* Stockholm 98

TÖRMER Benno Friedrich 1804-1859 **[4]**

  $4 607 FF26 032 £2 900 The introduction Oil/panel 36,5x29,5cm/*14x11in* London 97

TÖRNÅ Oscar 1842-1894 **[57]**

  $2 216 FF12 695 £1 353 Strängnäs med domkyrkan Oil/panel 31x48cm/*12x18in* Stockholm 97

  $3 130 FF16 340 £1 863 Landscape, Ljusterö Oil/canvas 76x110cm/*29x43in* Stockholm 96

TORNABUONI Lorenzo 1934 **[10]**

  $2 099 FF11 898 £1 049 Efflorenscenza Olio/tela 65x50cm/*25x19in* Roma 97

  $1 800 FF10 200 £900 La morta amorosa Pastelli/carta 100x160cm/*39x62in* Roma 97

TORNAY Gyulas, Jules 1861-1928 **[28]**

  $2 224 FF12 567 £1 400 The market vendor Oil/canvas 93x105cm/*36x41in* London 97

  $14 000 FF79 636 £8 569 A Woman Bathing Oil/panel 128x152cm/*50x59in* New-York 97

TÖRNEMAN Axel 1880-1925 **[35]**

  $2 857 FF16 909 £1 755 Efter åsksuren Oil/canvas 48x38cm/*18x14in* Stockholm 98

TORNØE Wenzel Ulrik 1844-1907 **[52]**

  $357 FF2 035 £221 Portraet af en ung italiensk kvinde Oil/canvas 34x27cm/*13x10in* Vejle 97

  $2 297 FF14 059 £1 396 En køkkenscene Oil/canvas 64x52cm/*25x20in* København 98

  $11 600 FF70 360 £7 024 Fra et romersk Oil/canvas 105x127cm/*41x50in* København 98

TORNQUIST Jorrit 1938 **[9]**

  $2 779 FF16 660 £1 659 "U.P. 224" Öl/Leinwand 70x70cm/*27x27in* Wien 98

TORO Attilio 1892-? **[7]**

  $1 690 FF8 680 £1 006 Giovanne donna in interno Olio/tavola 40x30cm/*15x11in* Roma 96

  $4 671 FF28 644 £2 800 The Rendez-Vous Oil/canvas 106x73cm/*41x28in* London 98

TORONI Niele 1937 **[11]**

  $5 800 FF30 000 £3 710 Empreinte de pinceau No. 50 répétée à intervalles réguliers de 30cm Huile/papier 108x76cm/*42x29in* Paris 96

TORR Helen 1886-1967 **[7]**

  $7 500 FF43 808 £4 604 Drapery Charcoal/paper 24x35cm/*9x13in* New-York 97

TORRE André 1929 **[35]**
 ☞ *$530 FF3 000 £323* La couturière Huile/toile 41x33cm/*16x12in* Metz 97
 ☞ *$809 FF4 400 £484* Chantier naval Huile/toile 46x55cm/*18x21in* Paris 97
TORRE Flaminio 1621-1661 **[6]**
 ✏ *$3 000 FF18 416 £1 838* The Holy Family with the Infant Baptist Red chalk/paper 17x24,5cm/*6x9in* New-York 98
TORREGIANI Bartolomeo 1590-c.1675 **[5]**
 ☞ *$15 005 FF90 126 £9 000* A Gorge with Peasants Fishing and Banditti Oil/canvas 52x73cm/*20x28in* London 98
TORRENTS LLADO Joaquín 1946 **[2]**
 ☞ *$2 219 FF13 280 £1 378* "Reflejos en el agua" Oleo/lienzo 41,5x34cm/*16x13in* Madrid 98
TORRES Augusto 1913-1992 **[28]**
 ☞ *$1 600 FF8 291 £1 039* Puerto Oleo/cartón 20x29cm/*7x11in* Montevideo 96
 ☞ *$4 500 FF26 787 £2 815* Paisaje Urbano Oleo/cartón 43x53cm/*16x20in* Montevideo 97
 ☞ *$30 000 FF145 600 £19 330* Composición Universal-Razón Oil/canvas 97x203cm/*38x79in* New-York 95
 ✏ *$444 FF2 297 £298* Constructivo (paisaje de Montevideo) Tinta 40x50cm/*15x19in* Montevideo 96
TORRES Horacio 1924-1976 **[9]**
 ☞ *$2 000 FF10 363 £1 299* Botello y libro Oleo/cartón 23x28cm/*9x11in* Montevideo 96
 ☞ *$3 199 FF16 542 £2 077* Santa María dall monte Oleo/lienzo 60x48cm/*23x18in* Montevideo 96
TORRES Manuel 1901-1995 **[5]**
 ☞ *$3 240 FF16 140 £2 120* Pescadora con cesto Oleo/lienzo 65x51cm/*25x20in* Madrid 95
 ✏ *$3 120 FF15 530 £2 040* La Feria Acuarela 82x70cm/*32x27in* Madrid 95
TORRES-GARCIA Joaquín 1874-1949 **[244]**
 ☞ *$25 000 FF149 342 £15 292* Tres Figuras Oil/canvas 41x33cm/*16x12in* New-York 98
 ☞ *$94 050 FF550 000 £57 365* Composition Huile/panneau 57x38cm/*22x14in* Paris 97
 ▥ *$3 000 FF15 543 £1 948* Constructivo Tapisserie 140x93cm/*55x36in* Montevideo 96
 ✎ *$85 000 FF507 764 £51 994* Abstracción con maderas superpuestas Construction 31x14cm/*12x5in* New-York 98
 ✏ *$7 000 FF41 790 £4 300* Épicerie Ink 11,5x13cm/*4x5in* New-York 98
TORREY Elliot Bouton 1867-1949 **[9]**
 ☞ *$1 800 FF8 970 £1 180* California landscape Oil/canvas/board 38x46cm/*14x18in* San Francisco-Los Angeles 95
TORRI Flaminio 1621-1661 **[8]**
 ☞ *$13 340 FF70 000 £8 000* Déposition du Christ Huile/toile 12x200cm/*4x78in* Paris 96
 ▥ *$844 FF4 164 £550* The Virgin in Glory and the Patron Saints of Bologna Etching 62,7x37,7cm/*24x14in* London 95
 ✏ *$4 800 FF27 200 £2 400* Studi di gatto che dorme/Studio di angeli musicanti Sanguina/carta 9x14,5cm/*3x5in* Milano 98
TORRIGLIA Giovanni Battista 1858-1937 **[18]**
 ☞ *$80 000 FF400 000 £51 800* At the spinning wheel Oil/canvas 75x111cm/*29x43in* New-York 96
TORRILHON Amy 1926 **[11]**
 ☞ *$428 FF2 500 £262* "L'Ile enchantée" Huile/toile 60x73cm/*23x28in* Paris 97
TORRINI E. XIX **[5]**
 ☞ *$4 445 FF26 653 £2 700* The Seduction Oil/canvas 101x72cm/*39x28in* Billingshurst, West Sussex 98
TORRINI Pietro 1852-1920 **[10]**
 ☞ *$4 250 FF20 800 £2 690* Awaiting the Rendezvous Oil/canvas 37x28cm/*14x11in* San Francisco-Los Angeles 95
TORROELLA Ezequiel 1921 **[9]**
 ☞ *$396 FF2 370 £240* Puerto con barcas de pesca Oleo/lienzo 63x50cm/*24x19in* Barcelona 97
TORROME Francisco J. XIX-XX **[6]**
 ✏ *$424 FF2 597 £260* Trading Boats Off the South American Coast Watercolour/paper 20x25cm/*8x10in* Aylsham, Norfolk 98
TORSCHENKO Igor 1965 **[16]**
 ☞ *$766 FF3 910 £508* Ohne Titel Öl/Leinwand 62,5x67,5cm/*24x26in* Wien 96
 ☞ *$1 664 FF8 690 £990* Kirchen Öl/Leinwand 106x153cm/*41x60in* Wien 96
TORSSLOW Einar 1867-1932 **[3]**

🎨 *$3 656 FF17 730 £2 355* Interior Oil/canvas 53x46cm/*20x18in* Göteborg 95
TORSTENSSON Torsten 1901-1974 **[13]**
🎨 *$283 FF1 717 £168* Stugor, Käringön Oil/panel 51x61cm/*20x24in* Malmö 98
TORTES Dominique 1938 **[56]**
🎨 *$542 FF2 900 £322* Sur le quai, au printemps Huile/panneau 13x18cm/*5x7in* Doullens 97
🎨 *$775 FF4 000 £499* Montmartre Huile/toile 50x60cm/*19x23in* Cherbourg 96
TORTEZ Victor ?-1890 **[2]**
🎨 *$14 000 FF83 085 £8 575* La jeune mère Oil/canvas 131x86cm/*51x33in* New-York 97
TOSA Mitsuada 1738-1806 **[1]**
✏️ *$5 500 FF32 660 £3 377* Scenes of the Tale of Genji Ink 113x290cm/*44x114in* New-York 97
TOSCANI Giov. di Francesco c.1370/80-1430 **[4]**
🎨 *$40 900 FF203 300 £26 000* Head of a Saint, possibly Saint Joseph Tempera/panel 18x17cm/*7x6in* London 95
TOSCHI Paolo 1788-1854 **[4]**
🗔 *$524 FF3 563 £314* Lo Spasimo di Sicilia Gravure 97x59cm/*38x23in* Milano 98
TOSHIKATA 1866-1908 **[1]**
🗔 *$1 200 FF7 005 £725* "The Wedding Preparation" Print 22x33cm/*8x12in* Bloomfield Hills, Michigan 97
TOSHUSAI SHARAKU XVIII **[12]**
🗔 *$99 942 FF578 034 £60 000* Sakata Hangoro III as Fujikawa Mizuemon, from Hana-ayame Bunroku Soga Print in colors 34,5x23cm/*13x9in* London 97
TOSI Arturo 1871-1956 **[112]**
🎨 *$5 400 FF30 600 £3 600* Mattino a Monte Gleno Olio/tela 45x55cm/*17x21in* Milano 97
🎨 *$7 040 FF36 850 £4 620* Paesaggio Olio/tela 32x40cm/*12x15in* Prato 96
🎨 *$23 400 FF132 600 £11 700* Paesaggio, La Mandonnina Olio/tela 100x120cm/*39x47in* Roma 97
🗔 *$1 320 FF7 480 £880* Sei paesaggi Litografia 40x50cm/*15x19in* Milano 97
✏️ *$2 040 FF11 560 £1 020* Paesaggio di lago Acquarello/carta 33x49cm/*12x19in* Prato 97
TOSINI DI RIDOLFO GHIRLANDAIO Michele 1503-1577 **[16]**
🎨 *$42 000 FF238 000 £28 000* Ritratto di gentiluomo Olio/tavola 117x86,5cm/*46x34in* Milano 97
🎨 *$80 000 FF491 096 £49 016* Madonna with the Sleeping Christ Child, Saint Joseph Oil/panel 128,5x101,5cm/*50x39in* New-York 98
TOSINI DI RIDOLFO GHIRLANDAIO Michele (Attrib.) 1503-1577 **[4]**
🎨 *$24 000 FF136 000 £16 000* Santa Caterina d'Alessandria Olio/tavola 52x40cm/*20x15in* Prato 98
TOTT Alois 1870-1939 **[15]**
✏️ *$466 FF2 410 £301* Frühling auf dem Lande Gouache/paper 37x49cm/*14x19in* Wien 96
TOTT de Sophie XVIII-XIX **[1]**
🎨 *$4 870 FF25 000 £3 220* Portrait de jeune homme Huile/toile 69x49cm/*27x19in* Paris 96
TOUBLANC Daniel 1936 **[16]**
🎨 *$229 FF1 400 £140* Frontières du réel Huile/toile 41x33cm/*16x12in* Paris 98
TOUCHAGUES Louis 1893-1974 **[66]**
🗔 *$735 FF4 098 £449* "Paris je t'aime..." Poster 161x117cm/*63x46in* London 97
✏️ *$308 FF1 800 £186* Modèle à la cigarette Encre/papier 29x23,5cm/*11x9in* Paris 97
TOUCHEMOLIN Alfred Charley 1829-1907 **[2]**
✏️ *$506 FF2 900 £316* Episode du siège de Strasbourg en 1870 Pastel 65x33cm/*25x12in* Paris 97
TOUDOUZE Edouard 1848-1907 **[10]**
🎨 *$6 875 FF39 330 £4 290* Firing the Canon Oil/canvas 38x66cm/*15x26in* Chester, NY 97
TOUDOUZE Édouard (Attrib.) 1848-1907 **[1]**
🎨 *$4 570 FF23 100 £3 000* La Surprise Oil/canvas 92x65cm/*36x25in* London 96
TOULMOUCHE Auguste 1829-1890 **[32]**
🎨 *$4 000 FF24 316 £2 463* The Loved One Oil/canvas 19x24cm/*7x9in* New-York 98
🎨 *$20 000 FF102 800 £12 500* Watering Flowers Oil/canvas 65,5x54,5cm/*25x21in* New-York 96
TOULON de Michel (Attrib.) XVIII **[2]**
✏️ *$7 270 FF38 000 £4 330* Vue de la Corderie Royale de Rochefort Gouache 36,5x61,5cm/*14x24in* Paris 96
TOULOUSE Roger 1918-1994 **[23]**
🎨 *$6 140 FF31 000 £4 030* Le violon Huile/isorel 80x60cm/*31x23in* Orléans 96
TOULOUSE-LAUTREC de Henri 1864-1901 **[1166]**
🎨 *$37 500 FF224 013 £22 983* Vieil homme Oil/panel 32x27cm/*12x10in* New-York 98
🎨 *$430 000 FF2 104 000 £272 000* Buveuse d'absinthe, à Grenelle Oil/canvas 56x49cm/*22x19in* New-

✐ *$1 046 FF6 200* £631 Berglandschaft Aquarell/Papier 25x35cm/*9x13in* Zürich 97
TRACHSLER Hermann c.1800-1850 **[10]**
▥ *$124 FF603* £78 "Berne, capitale du Canton du même nom" Aquatinte 10x13cm/*3x5in* Bern 95
TRACY John Martin 1844-1893 **[19]**
☞ *$1 900 FF10 844* £1 174 Portrait of a springer spanial Oil/canvas/board 25,5x38cm/*10x14in* New-York 97
☞ *$3 700 FF22 023* £2 297 Cows Watering by a Pond with Distant Hayfield Oil/canvas 66x127cm/*26x50in* St. Louis, Miss. 97
TRAFFELET Friedrich Eduard 1897-1954 **[53]**
☞ *$911 FF5 394* £541 Frauen beim Bade Öl/Karton 68,5x44cm/*26x17in* Zürich 97
✐ *$751 FF3 660* £476 Infanteristen und Kinder mit Apfelkorb Encre 25,5x19cm/*10x7in* Bern 95
TRÄGÅRDH Carl 1861-1899 **[37]**
☞ *$502 FF3 021* £304 "Landsväg" Oil/canvas 35x28cm/*13x11in* Stockholm 98
☞ *$2 347 FF13 442* £1 432 Ko i hage Oil/canvas 60x43cm/*23x16in* Stockholm 97
TRAIES William 1789-1872 **[10]**
☞ *$5 992 FF32 816* £3 600 Figures with Cattle at a Stream in a wooded landscape at sundown Oil/canvas 94x71,5cm/*37x28in* London 97
☞ *$7 851 FF45 757* £4 800 Estuary of the Teig/Estuary of the Exe Oil/panel 27,5x37,5cm/*10x14in* London 97
☞ *$14 682 FF88 665* £8 800 A capriccio Landscape with Figures and a distant Lake Oil/canvas 94x134cm/*37x52in* Exeter, Devon 98
TRAIES William (Attrib.) 1789-1872 **[2]**
☞ *$4 750 FF26 332* £2 931 Figures in a Landscape Oil/canvas 71x91cm/*28x36in* New-York 97
TRAILL Jessie Constance A. 1881-1967 **[16]**
☞ *$391 FF2 349* £233 Figure by a Silo Oil/canvas/board 39x27cm/*15x10in* Melbourne 98
✐ *$157 FF807* £100 Seascape Watercolour/paper 12x27cm/*4x10in* Melbourne 95
TRAIN Edward XIX **[23]**
☞ *$1 400 FF8 395* £850 By the Loch Gate Oil/canvas 44,5x59,5cm/*17x23in* Billingshurst, West Sussex 98
TRAMPEDACH Kurt 1943 **[72]**
☞ *$2 735 FF14 100* £1 750 Walking figure Oil/paper 123x85cm/*48x33in* Köbenhavn 96
☞ *$7 001 FF40 636* £4 319 Selvportraet i rödt og sort Oil/canvas 140x180cm/*55x70in* Köbenhavn 97
▥ *$599 FF3 080* £383 Kvindeportraet Lithograph 100x68cm/*39x26in* Köbenhavn 96
✐ *$1 198 FF7 060* £740 Anette med blomst i håret Pencil 70x70cm/*27x27in* Köbenhavn 97
TRAMPOTA Jan 1889-1942 **[4]**
☞ *$27 166 FF154 264* £17 000 Woman in a Blue Dress Oil/board 45,5x32,5cm/*17x12in* London 97
✐ *$4 794 FF27 223* £3 000 In the Cafe Watercolour 23,5x21,5cm/*9x8in* London 97
TRAN DONG LUONG 1925-1993 **[6]**
☞ *$1 798 FF10 148* £1 102 A Vietnamese Beauty Seated Oil 77x51cm/*30x20in* Singapore 97
✐ *$600 FF3 600* £358 Jeune femme nue Fusain/papier 48,5x47cm/*19x18in* Paris 98
TRAN LOC XX **[1]**
✐ *$2 019 FF12 091* £1 240 Boy Playing a Lute Pastel 58x77,5cm/*22x30in* Singapore 98
TRAPP Willy 1905-1984 **[4]**
▥ *$1 235 FF7 459* £750 "Mürren Palace" Poster 127x90cm/*50x35in* London 98
TRAPPENIERS Luce XX **[4]**
▥ *$154 FF900* £95 San Marco, Venezia Gravure 16x14cm/*6x5in* Paris 97
TRAUB Gustav 1885-1955 **[13]**
☞ *$883 FF4 300* £560 Bauer mit Ferkel und Hasen im Garten Öl/Leinwand 44x33cm/*17x12in* Bern 95
TRAUNFELLNER Franz 1913 **[7]**
▥ *$326 FF1 686* £210 "Mondengel" Woodcut 25x30cm/*9x11in* Wien 96
TRAUT Wilhelm ?-1662 **[2]**
▥ *$1 700 FF10 040* £1 007 Büste des segnenden Heilandes/Büste der Maria mit gekreuzten Händen Woodcut 41x31cm/*16x12in* Berlin 97
TRAUT Wolf c.1485-1520 **[3]**
▥ *$277 FF1 679* £169 Der hl. Augustinus Woodcut 29,2x20,4cm/*11x8in* Berlin 98
TRAUTMANN Johann Georg 1713-1769 **[20]**
☞ *$2 130 FF10 820* £1 270 Ein bärtiger Greis mit Hut Oil/panel 34x24cm/*13x9in* Köln 96
☞ *$6 020 FF29 340* £3 820 Charakterköpfe zweier bärtiger Orientalen Oil/panel 64x51cm/*25x20in* Köln 95
TRAUTMANN Johann Georg (Attr.) 1713-1769 **[8]**

$1 201 FF7 382 £720 Bildnis eines alten Rabbiners Oil/canvas/panel 22,5x18cm/*8x7in* Köln 98
TRAUTSCHOLD Wilhelm Carl F. 1815-1877 [7]
$2 460 FF12 500 £1 468 Le chemin sus la neige dans les Alpes Pastel/papier 114x90cm/*44x35in* Barbizon 96
TRAUTTWEILLER von Stefanie 1888-? [16]
$766 FF3 910 £508 Pfingstrosen Öl/Leinwand 69x97cm/*27x38in* Wien 96
TRAVER Marion Gray 1892-? [5]
$1 300 FF7 946 £793 "Winter Sunlight" Oil/board 71x55cm/*28x22in* St. Petersburg, Florida 98
TRAVERS Willem Karel Fred. 1826-1869 [1]
$1 892 FF11 674 £1 189 The Muse of Music/The Muse of Painting Oil/canvas 41x34cm/*16x13in* Amsterdam 97
TRAVERSE Pierre 1892-1979 [11]
$5 310 FF27 000 £3 170 Baigneuse Sculpture H31cm/*H12in* Paris 96
$10 599 FF63 168 £6 500 Kneeling nude with a bunch of grapes held to her cheek Marble H89cm/*H35in* London 98
TRAVERSI Gaspare c.1722-1769 [5]
$26 942 FF159 521 £16 000 Saint-Jerome Oil/canvas 97,5x133,5cm/*38x52in* London 97
$36 300 FF189 700 £21 450 Rissa tra giocatori di carte Olio/tela 7x100cm/*2x39in* Roma 96
TRAVERSIER Jacques 1875-1935 [65]
$184 FF900 £117 Village d'Alsace Aquarelle 12x11cm/*4x4in* Grenoble 95
TRAVI IL SORDO DI SESTRI Antonio 1608-1665 [2]
$6 600 FF37 400 £4 400 Paesaggio Olio/tela 71,5x95cm/*28x37in* Milano 98
TRAVIÈS DE VILLIERS Charles Joseph 1804-1859 [10]
$706 FF4 054 £430 Un Enfant d'Israel Farblithographie 29,5x16cm/*11x6in* Berlin 97
TRAVIES Edouard 1809-c.1870 [53]
$619 FF3 000 £399 Bouvreuil, martin-pêcheur et bécasse Lithographie couleurs 49,5x33,5cm/*19x13in* Paris 95
$825 FF4 000 £532 Moineau Aquarelle 12,5x22,5cm/*4x8in* Paris 95
TRAVIS Paul B. 1891-1975 [7]
$500 FF2 883 £297 African River Landscape Watercolour/paper 28x18cm/*11x7in* Cleveland, Ohio 97
TRAYER Jules 1824-1908/09 [40]
$10 000 FF51 400 £6 230 The writing lesson Oil/panel 46x38cm/*18x14in* New-York 96
$5 801 FF34 781 £3 509 Quai de conti Aquarelle/papier 37x53cm/*14x20in* Montréal 97
TRAYLOR Bill 1854-1947 [32]
$22 000 FF130 255 £13 063 Black Mule Gouache 33,5x38cm/*13x14in* New-York 97
TREACY Liam 1934 [4]
$1 273 FF7 607 £779 School House Lane, Dublin Oil/canvas/board 30x25cm/*12x10in* Dublin 98
TREBACZ Maurycy 1861-1941 [5]
$7 172 FF42 845 £4 387 Castle Scene Oil/canvas 79x108,5cm/*31x42in* Warszawa 98
TRECCANI Ernesto 1920-1996 [159]
$124 FF703 £82 Figure Tecnica mista/tela 10x15cm/*3x5in* Milano 97
$858 FF4 381 £520 Tre volti Olio/tela 53x38cm/*20x14in* Vercelli 96
$237 FF1 236 £156 Figura China 28x23cm/*11x9in* Venezia 96
TRECHSLIN Anne Marie 1927 [13]
$267 FF1 642 £160 "Rosa Centifolia L. var. Muscosa" Watercolour 24x17cm/*9x6in* Zürich 98
TREIBER Hans 1869-? [6]
$521 FF3 124 £320 "August Wölfl" Poster 109x80,5cm/*42x31in* Oostwoud 98
TREIDLER Adolf 1843-1905 [5]
$550 FF2 780 £355 "Furness Cruises to Bermuda and the West Indies" Poster 101x152cm/*40x60in* New-York 96
$1 600 FF9 750 £974 "See New York" Gouache/paper 18x13cm/*7x5in* New-York 98
TREIMAN Joyce Wahl 1922-1991 [2]
$1 700 FF10 089 £1 041 Drawing for Big Sargent Pencil/paper 51x51cm/*20x20in* San Francisco-Los Angeles 97
TRELLES Rafael 1957 [4]
$11 000 FF57 500 £6 550 Don Juan de la Fronda Oil/panel 107x76cm/*42x29in* New-York 96
TREMBACZ Maurycy 1861-1940 [1]

TROY de François (Attrib.) 1645-1730 **[23]**
- *$3 514 FF20 000 £2 174* Portrait d'homme à la lavallière brodée Huile/toile 74x60cm/*29x23in* Paris 97
- *$11 100 FF56 000 £7 280* Portrait de femme et d'un enfant, accompagné d'un chien noir Huile/toile 17x92cm/*6x36in* Paris 96
- *$1 456 FF8 500 £880* Portrait de femme en Flore Crayon 28,5x22,5cm/*11x8in* Paris 97

TROY de Jean François 1679-1752 **[24]**
- *$18 000 FF102 564 £11 025* The Holy Family Oil/panel 26,5x25,5cm/*10x10in* New-York 97
- *$30 780 FF180 000 £18 774* Portrait du musicien Boucon Huile/toile 92x73cm/*36x28in* Paris 97

TROY de Jean François (Attr) 1679-1752 **[4]**
- *$1 467 FF8 514 £900* Diana bathing Red chalk/paper 17x17cm/*6x6in* London 97

TROYA Rafael XIX **[1]**
- *$4 568 FF27 290 £2 800* The Imbabura Mountain with the Lake of San Pablo/Cotopaxi Volcano Gouache/paper 51x76cm/*20x29in* London 98

TROYE Edward 1808-1874 **[4]**
- *$7 500 FF44 802 £4 592* Belmont Oil/canvas 63,5x76cm/*25x29in* New-York 98

TROYEN van Rombout 1605-1650 **[21]**
- *$7 588 FF44 955 £4 500* A Hermit succoured by Priest and numerous Figures in a Grotto Oil/panel 33x61,5cm/*12x24in* London 97
- *$11 750 FF67 763 £7 000* The Sacrifice of Polyxena, Troy burning beyong Oil/canvas 98,5x126cm/*38x49in* London 97

TROYER de Prosper 1880-1961 **[85]**
- *$998 FF5 945 £593* Roses Oil/panel 56,5x48cm/*22x18in* Amsterdam 97
- *$6 340 FF32 860 £4 060* Salome Huile/panneau 120x180,5cm/*47x71in* Lokeren 96
- *$243 FF1 460 £148* Mère et son enfant Lavis/papier 22x27cm/*8x10in* Liège 97

TROYON Constant 1810-1865 **[159]**
- *$1 596 FF9 500 £975* Hameau à l'orée de la forêt Huile/toile 40,5x32cm/*15x12in* Barbizon 98
- *$7 000 FF40 863 £4 233* Panoramic Landscape Oil/canvas 39x78cm/*15x31in* Bloomfield Hills, Michigan 97
- *$48 000 FF250 600 £29 000* Hounds in a Lanscape Oil/canvas 97,5x190cm/*38x74in* New-York 96
- *$336 FF2 000 £205* Pâturage Eau-forte 17x25cm/*6x9in* Barbizon 98
- *$680 FF3 300 £439* Charrette/Pêcheur en barque Encre Chine 11,3x7,4cm/*4x2in* Pontoise 95

TRÜBNER Alice 1875-1916 **[2]**
- *$4 220 FF20 900 £2 680* Aussicht am Starnberger See mit Hotel Schloss Berg Öl/Leinwand 40x50cm/*15x19in* Heidelberg 95

TRÜBNER Wilhelm 1851-1917 **[70]**
- *$3 984 FF20 350 £2 630* Bildnis eines jungen Mädchen in grünem Kleid Öl/Leinwand 43x37cm/*16x14in* Heidelberg 96
- *$5 200 FF27 200 £3 096* Weiblicher Akt im Schaum einer Welle: "Oceanide" Öl/Leinwand 65,5x41cm/*25x16in* Berlin 96
- *$358 FF2 090 £219* Zwei Damen beim Zeichenunterricht Chalks 27x16cm/*10x6in* München 97

TRUDEL Hans 1881-1958 **[4]**
- *$1 534 FF7 650 £1 001* Die Glückselige Bronze H35cm/*H13in* Zofingen 95

TRUFFAUT Fernand Fortuné 1866-1955 **[46]**
- *$166 FF976 £102* Rue de l'Abreuvoir à Montmartre Mine plomb 20x15cm/*7x5in* Luxembourg 97

TRUJILLO Guillermo 1927 **[2]**
- *$4 400 FF26 812 £2 721* "El baño purificador" Oil/canvas 76x61,5cm/*29x24in* Miami, Florida 98

TRULSON Anders 1874-1911 **[5]**
- *$1 093 FF6 635 £649* Köpingeåns utlopp Oil/canvas 56x130cm/*22x51in* Malmö 98

TRUMAN Herbert XIX-XX **[12]**
- *$620 FF3 210 £400* Bathing pool, Penzance Oil/canvas/panel 30x41cm/*12x16in* Penzance, Cornwall 96

TRUMBULL John 1756-1843 **[7]**
- *$14 000 FF71 700 £9 310* Portrait of Elizabeth Ball Hughes (1804-1868) Oil/board 70x56cm/*27x22in* New-York 96

TRUPHEMUS Jacques 1922 **[34]**
- *$1 456 FF7 600 £880* Bord de mer, Étretat Huile/panneau 19x22cm/*7x8in* Saint-Étienne 96
- *$3 494 FF18 000 £2 253* "Petit port Philippe" Huile/toile 37x60cm/*14x23in* Mayenne 96
- *$1 864 FF9 500 £1 230* Fleurs de pêcher Gouache 53x48cm/*20x18in* Paris 96

TRUPPE Karl 1887-1959 **[18]**
 $7 512 FF43 859 £4 543 Eitelkeit Öl/Karton 60x72,5cm/*23x28in* München 97
TRUSS Jonathan 1960 **[4]**
 $4 335 FF26 036 £2 600 Leopard in a Tree Oil/canvas 76x51cm/*29x20in* London 98
TRUSZ Iwan 1869-1941 **[19]**
 $1 096 FF6 296 £668 Landscape Oil/cardboard 16,5x21cm/*6x8in* Warszawa 97
 $3 518 FF20 793 £2 179 Landscape Oil/cardboard 55x45cm/*21x17in* Warszawa 97
TRUTH Dan XX **[5]**
 $896 FF4 654 £531 Mother and Child on the Ocean House Porch Oil/canvas 22x27cm/*9x11in* Mystic, Connecticut 97
TRUTOVSKII Konstantin Aleksand. 1826-1893 **[3]**
 $31 074 FF190 057 £19 000 A Ukrainian Family Oil/canvas 73x100cm/*28x39in* London 98
TRYGGELIN Erik 1878-1962 **[24]**
 $797 FF4 160 £538 La Rue Lafitte, Paris, avec N.-D. de Lorette et le Sacré-Coeur Oil/panel 36x27cm/*14x10in* Stockholm 96
 $1 984 FF11 529 £1 171 Läsande kvinna Oil/panel 56x42cm/*22x16in* Stockholm 97
 $26 724 FF155 257 £15 776 Elegant woman in white dress, seated by a window Oil/canvas 200x108cm/*78x42in* Stockholm 97
TRYON Dwight William 1849-1925 **[19]**
 $3 500 FF17 900 £2 266 Marsh landscape Oil/canvas 27x54cm/*10x21in* New-York 95
 $400 FF2 389 £248 Countryside with Windmill and Figure Watercolour/paper 40x50cm/*16x20in* Hatfield, Pennsylvania 97
TSAROUCHIS Yannis 1910-1989 **[22]**
 $2 055 FF10 040 £1 300 Head of a woman Oil/panel 22x32cm/*8x12in* London 95
 $132 300 FF690 000 £79 900 Zeimbekiko dancer Oil/canvas 189x69,5cm/*74x27in* Athens 96
 $6 850 FF33 540 £4 340 Portrait of a young man Gouache/paper 28x18cm/*11x7in* Athens 95
TSCHAGGENY Edmond Jean-Baptiste 1818-1873 **[8]**
 $3 276 FF19 047 £2 000 Bull and Two Frogs in a Landscape Oil/canvas 94,5x106,5cm/*37x41in* London 97
TSCHARNER von Johann Wilhelm 1886-1946 **[31]**
 $841 FF4 979 £499 Stilleben mit Apfel, Birnen und Trauben Öl/Leinwand 33,5x40,5cm/*13x15in* Zürich 97
 $2 102 FF12 448 £1 248 Stilleben Öl/Leinwand 65x81cm/*25x31in* Zürich 97
TSCHELAN Hans 1873-1964 **[13]**
 $1 826 FF10 546 £1 126 Kirtag Öl 36x46cm/*14x18in* Wien 97
 $2 324 FF13 423 £1 433 Kinder beim Kartoffelbraten Öl 15x20,8cm/*5x8in* Wien 97
TSCHERNEZOFF Nikanor Grigorievich 1804-1879 **[1]**
 $81 890 FF475 285 £50 000 Extensive View of Rome Oil/canvas 94x142cm/*37x55in* London 97
TSCHERNING Sara 1855-1916 **[1]**
 $4 455 FF22 300 £2 885 Assorted flowers in a basket on a stone ledge Oil/canvas 60x56cm/*23x22in* Köbenhavn 96
TSCHEWALKOWA Inna 1938 **[14]**
 $330 FF1 690 £201 Interieur mit Kerze Öl/Karton 24,5x34,5cm/*9x13in* Kempten 96
 $654 FF3 706 £399 Portrait eines Mädchens mit rotem Kleid Öl/Leinwand 70x49cm/*27x19in* Kempten 97
TSCHICHOLD Jan 1902-1974 **[3]**
 $3 220 FF18 442 £1 905 "Prinz Louis Ferdinand" Poster 84x118,5cm/*33x46in* New-York 97
 $1 300 FF6 780 £760 Komposition, nach El Litssitzky Gouache/Karton 15x14cm/*5x5in* Berlin 96
TSCHINKEL Augustin 1905-1983 **[7]**
 $426 FF2 517 £264 Aktive Graphik 1927-1937 Linocut in colors 43,5x32,5cm/*17x12in* Bielefeld 97
TSCHIRTNER Oswald 1920 **[6]**
 $493 FF2 875 £301 Incisione in rame, 9, Lukas van Leyden 1494-1533 Leiden Engraving 21x14,7cm/*8x5in* Wien 97
 $1 985 FF11 900 £1 185 Mein heissgeliebtes Wien/Schwingende Menschen/Mëhnen im Schnee Indian ink/paper 21x15cm/*8x5in* Wien 98
TSCHUDI Lill 1901 **[21]**
 $286 FF1 675 £169 Kiosk in Paris Linocut in colors 22x26cm/*8x10in* St.Gallen 97
TSCHUMI Otto 1904-1985 **[43]**
 $191 FF986 £124 Badende Lithographie couleurs 65x50,5cm/*25x19in* Zürich 96
 $2 838 FF16 853 £1 732 "Astrales Dickicht" Mixed media/paper 46x30,5cm/*18x12in* Bern 98
TSENG YUHO 1925 **[2]**

✐ *$8 606 FF51 194 £5 278* The Lawn Drawing 61x61cm/*24x24in* Taipei, Taiwan 97
TSINGOS Thanos 1914-1965 **[166]**
☺ *$237 FF1 350 £146* Personnages et cheval Huile/papier 46x55cm/*18x21in* Paris 97
☺ *$1 860 FF11 000 £1 116* Chèvre blanche Huile/panneau 33x41cm/*12x16in* Paris 97
☺ *$3 378 FF20 000 £2 006* Sans titre Huile/toile 97x130cm/*38x51in* Paris 97
TSOCLIS Costas 1930 **[19]**
☺ *$3 290 FF17 150 £1 985* Untitled Mixed media/board 100x75cm/*39x29in* Athens 96
☺ *$16 400 FF84 800 £10 940* Untitled Oil/canvas 213x168cm/*83x66in* Athens 96
✐ *$2 810 FF13 720 £1 776* Conserves et journaux Collage 97x97cm/*38x38in* Antwerpen 95
TSOUCHLOS Vrasidas 1904-1981 **[2]**
☺ *$9 420 FF46 100 £5 970* Landscape Oil/canvas 97x146cm/*38x57in* Athens 95
TSUCHIYA Tilsa 1932-1984 **[3]**
☺ *$70 000 FF408 639 £41 643* Indian Quartet Oil/canvas 89x116cm/*35x45in* New-York 97
✐ *$17 000 FF101 552 £10 398* Sin título Mixed media/paper 74x53,5cm/*29x21in* New-York 98
TSUI TINYUN Xu Tianrun 1945 **[2]**
☺ *$23 300 FF120 000 £14 380* Nude #3: Tattooed Woman with Dragon Robe Oil/canvas 100x137cm/*39x53in* Hong Kong 95
TSURUKAI Shinsuke 1963 **[2]**
☺ *$3 200 FF19 500 £1 949* "Hot and Humid Night" Mixed media 44x36cm/*17x14in* Tel Aviv 98
TUAILLON Louis 1862-1919 **[13]**
🐎 *$3 182 FF18 587 £1 953* Amazone Bronze 56,5x48,5x17cm/*22x19x6in* Köln 97
TÜBBECKE Paul Wilhelm 1848-1924 **[24]**
☺ *$498 FF3 022 £305* Marburg an der Lahn im Morgenlicht Öl/Leinwand 16x24,1cm/*6x9in* Berlin 98
☺ *$1 308 FF6 780 £850* Landschaft bei Buchfart Oil/panel 54x40cm/*21x15in* Rudolstadt-Thüringen 96
☺ *$38 600 FF198 600 £24 100* Cutting Ice on a frozen River with a Town beyond Oil/canvas 112,5x181cm/*44x71in* Wien 96
✐ *$249 FF1 511 £152* Der Hafen von Neustadt Pencil/paper 29,4x45,1cm/*11x17in* Berlin 98
TÜBKE Werner 1929 **[52]**
☺ *$10 480 FF54 200 £6 770* Portrait Gisela Schulz Mixed media/canvas 75x45cm/*29x17in* Berlin 96
🗔 *$195 FF1 017 £114* T. im kapitolinischen Museum Rom Lithographie 26,7x37,4cm/*10x14in* Berlin 96
✐ *$1 247 FF7 362 £738* Babylonische Hure Pencil/paper 36,4x39,1cm/*14x15in* Berlin 97
TUCK Albert XIX-XX **[1]**
✐ *$1 704 FF8 820 £1 100* Children fishing from a quay Watercolour 44,5x59cm/*17x23in* London 96
TUCK Horace W., Harry XIX-XX **[14]**
✐ *$301 FF1 705 £190* A mother and her children walking among Corn Stooks Watercolour/paper 43,2x58,5cm/*17x23in* London 97
TUCKER Ada Elizabeth XIX-XX **[5]**
☺ *$2 255 FF11 540 £1 500* At the Chemists Oil/canvas 38x28cm/*14x11in* London 96
TUCKER Albert Lee 1914 **[27]**
☺ *$5 224 FF32 051 £3 252* Portrait of Pauline Mc. Carthy Oil/board 33x23cm/*12x9in* Melbourne 97
☺ *$11 690 FF68 246 £6 954* Parrots in Flight Oil/board 60x74,5cm/*23x29in* Melbourne 97
🗔 *$521 FF3 132 £311* Gippsland Explorer Color lithograph 50x72cm/*19x28in* Melbourne 98
✐ *$1 482 FF9 033 £920* Man, Woman and Parrot Mixed media/paper 14,5x19,5cm/*5x7in* Melbourne 97
TUCKER Allen 1866-1939 **[36]**
☺ *$4 000 FF22 831 £2 472* Winter landscape Oil/canvas/board 76x91,5cm/*29x36in* New-York 97
☺ *$9 500 FF57 997 £5 678* The Flying Dutchman Oil/canvas 101,5x127cm/*39x50in* New-York 98
TUCKER Arthur 1864-1929 **[29]**
✐ *$466 FF2 400 £300* Gorbio, Alpes-Maritimes Watercolour 35x25cm/*13x9in* London 96
TUCKER Edward c.1847-1910 **[99]**
✐ *$103 FF614 £65* View in the Lake District Watercolour/paper 20x24,5cm/*7x9in* Newcastle-upon-Tyne 97
TUCKER Frederick XIX-XX **[16]**
✐ *$514 FF2 952 £320* Seagulls flying over an estuary Watercolour/paper 55x90cm/*21x35in* London 97
TUCKER John Wallace 1808-1869 **[16]**
☺ *$661 FF3 861 £400* "Near Exeter" Oil/panel 23x30,5cm/*9x12in* Exeter, Devon 97
TUCKER Raymond c.1882-1903 **[2]**
✐ *$2 100 FF12 110 £1 251* By the Sea Watercolour 55x38cm/*22x15in* Cleveland, Ohio 97

TUCKER William 1935 [6]
☞ *$2 000 FF11 648 £1 221* Study for Victory Charcoal/paper 102x76cm/*40x29in* New-York 97
TUCKSON John Anthony, Tony 1921-1973 [33]
☞ *$6 630 FF38 636 £4 084* Abstract on cardboard No. 1 Oil/canvas/board 72,5x38cm/*28x14in* Melbourne 97
☞ *$429 FF2 502 £264* Figure/Dancing Female Pencil/paper 20x9cm/*7x3in* Melbourne 97
TUDGAY Francis J. XIX [4]
☞ *$8 340 FF40 000 £5 200* The Reaper, in two positions off the Bass Rock Oil/canvas 49x74cm/*19x29in* London 95
TUDGAY Frederick XIX [4]
☞ *$12 000 FF73 125 £7 444* Ships at Sea Oil/canvas 61x91,5cm/*24x36in* New-York 98
TUDGAY J.K.E. XIX [4]
☞ *$19 440 FF100 700 £13 000* The "Great Western" passing the Bishop's Rock Lighthouse Oil/canvas 68x96cm/*26x37in* London 96
TUDOR Tasha XX [8]
☞ *$750 FF4 443 £448* "When Out On the Lawn...", for The Night Before Christmas Watercolour 23x17cm/*9x7in* Bethesda, Maryland 97
TUERENHOUT van Jef 1926 [63]
☞ *$9 830 FF50 900 £6 290* De Spiegel Huile/toile 90x80cm/*35x31in* Lokeren 96
☞ *$571 FF2 960 £366* Vrouw met zwarte kat Lithographie couleurs 78x54cm/*30x21in* Lokeren 96
☞ *$1 780 FF9 020 £1 157* Buste de femme Bronze H40cm/*H15in* Bruxelles 96
☞ *$1 372 FF7 833 £840* Vrouw met blomenhoed Watercolour/paper 28,5x25cm/*11x9in* Lokeren 97
TUFIÑO Rafael 1922 [3]
☞ *$18 000 FF107 526 £11 021* Retrato de Carlos Raquel Rivera Oil/panel 77x57cm/*30x22in* New-York 98
TUFNELL Eric Erskine C. 1888-1978 [17]
☞ *$373 FF2 163 £220* H.M.S Scarborough and a French Destroyer on patrol Watercolour/paper 25,5x37cm/*10x14in* London 97
TUFTS Warren 1925-1982 [2]
☞ *$1 396 FF8 300 £854* La Panthère Rose, pour "Pink Archer" (Pl. 14) Encre Chine 45x31cm/*17x12in* Rouen 97
TUGEL Tetjus Otto 1892-1972 [7]
☞ *$4 070 FF20 000 £2 587* "Tod der jungen Moormädchen" Oil/panel 61x48cm/*24x18in* Bremen 95
☞ *$6 260 FF30 900 £4 090* Die Künstler in Worpswede Pencil/paper 28,5x22,5cm/*11x8in* Hamburg 95
TUKE Henry Scott 1858-1929 [130]
☞ *$4 000 FF20 570 £2 494* The Message Oil/panel 27x21cm/*10x8in* New-York 96
☞ *$13 200 FF64 000 £8 500* Nude boy standing Oil/canvas 75x26,5cm/*29x10in* London 95
☞ *$60 458 FF372 046 £37 000* The Watcher Bronze H32cm/*H12in* London 98
☞ *$211 FF1 238 £130* Shipping on the Fal Watercolour/paper 10x16cm/*4x6in* Par, Cornwall 97
TULLY Sydney Stricklan 1860-1911 [16]
☞ *$1 624 FF7 860 £1 043* Sitting by the country cottage Oil/canvas 23x36cm/*9x14in* Toronto 95
TUMARKIN Igael 1933 [56]
☞ *$1 402 FF7 000 £916* Sans titre Technique mixte/toile 81x100cm/*31x39in* Versailles 95
☞ *$21 000 FF122 377 £12 936* Trouser Panic Mixed media/canvas 135,5x135cm/*53x53in* Tel Aviv 97
☞ *$4 000 FF23 148 £2 460* Untitled Iron H55,6cm/*H21in* Tel Aviv 97
☞ *$450 FF2 738 £277* Head Mixed media/paper 46x29cm/*18x11in* Tel Aviv 98
TUNGA 1952 [2]
☞ *$22 000 FF131 342 £13 514* Peine Bronze 91,5x39,5cm/*36x15in* New-York 98
TUNICA Hermann Aug. Theodor 1826-1907 [5]
☞ *$2 124 FF13 000 £1 290* L'orée de la forêt Huile/toile 65x93cm/*25x36in* Paris 98
TUNNARD John 1900-1971 [67]
☞ *$1 897 FF9 410 £1 200* Ray Oil 32x41cm/*12x16in* London 95
☞ *$9 820 FF51 000 £6 500* Abstraction Oil/board 44,5x61cm/*17x24in* London 96
☞ *$17 974 FF110 608 £11 000* In many Moons Tempera 152x127cm/*59x50in* London 98
☞ *$1 792 FF10 848 £1 100* Composition Watercolour 43x34cm/*16x13in* London 98
TUNNICLIFFE Charles Frederick 1901-1979 [188]
☞ *$4 668 FF28 039 £2 800* Gyr Falcon Oil/board 56x76cm/*22x29in* London 98
☞ *$341 FF1 765 £220* The Porketts Etching 15x20cm/*5x7in* London 96
☞ *$2 123 FF12 081 £1 300* A ringed plover Watercolour/paper 17,5x27,5cm/*6x10in* London 97
TÜPKE-GRANDE Helene 1876-? [5]

$21 000 FF126 659 £12 467 Portrait of a Rabbi Hilding a Silver Etrog Box and a Lulav Oil/panel 98x77,5cm/*38x30in* Tel Aviv 98
TREML Friedrich Johann 1816-1852 **[9]**
$1 495 FF7 340 £951 Wachposten vor der Kapelle Aquarell/Papier 23x17cm/*9x6in* Wien 95
TREMLETT David 1945 **[9]**
$1 796 FF10 658 £1 100 Drawing for a Floor I Pastel 59x84cm/*23x33in* London 97
TRÉMOIS Pierre-Yves 1921 **[103]**
$192 FF1 000 £114 Singe peignant et modèle Lithographie 55x63,5cm/*21x25in* Paris 96
$820 FF5 000 £492 "Ganymède" Lavis 28x35cm/*11x13in* Calais 98
TRÉMONT Auguste 1893-? **[10]**
$3 410 FF17 000 £2 234 Panthère Bronze H17,5cm/*H6in* Paris 95
TRENTANOVE Raimondo 1792-1832 **[2]**
$9 500 FF58 246 £5 812 Bust Portrait of George Washington Marble H30,5cm/*H12in* New-York 98
TRESHAM Henry 1750/51-1814 **[5]**
$3 180 FF19 041 £1 900 Mythological Figure subject Oil/canvas 62x75cm/*24x29in* London 98
$13 291 FF79 681 £8 000 Tradesmen Offering their Wares to an Anchored East Indiaman Watercolour 41x76,5cm/*16x30in* London 98
TREU Nicolaus 1734-1786 **[2]**
$29 000 FF164 960 £17 750 Trompe l'oeil's of a Young Girl at a Window/Young boy at a Window Oil/canvas 67x51cm/*26x20in* New-York 97
TREU Philipp Jakob 1761-1825 **[1]**
$4 500 FF23 500 £2 720 Petit buste du Roi de Rome "d'après nature à Meudon au printemps 1812" Bronze H9,5cm/*H3in* Paris 96
TREUMANN Otto 1919 **[4]**
$204 FF1 189 £121 "50ste Jaarbeurs Utrecht" Poster 32,5x47cm/*12x18in* Oostwoud 97
TREVELYAN Julian 1910-1988 **[113]**
$1 390 FF7 110 £900 Boats moored by the town path Oil/panel 39x32cm/*15x12in* London 95
$1 308 FF7 677 £800 Unganda Oil/canvas 51x76cm/*20x29in* London 97
$244 FF1 462 £150 Greenwich Aquatint in colors 57x97cm/*22x38in* London 97
$1 225 FF7 193 £749 The Boathouse Watercolour/paper 40,5x33cm/*15x12in* London 97
TREVISANI Angelo 1669-1753/55 **[2]**
$6 000 FF36 832 £3 676 A Man Lifting a Barrel/A Draped Nude Red chalk/paper 20,5x27cm/*8x10in* New-York 98
TREVISANI Francesco 1656-1746 **[26]**
$12 798 FF76 000 £7 676 La Vierge et l'Enfant Huile/cuivre 23x17cm/*9x6in* Rouen 97
$13 800 FF78 200 £6 900 Martirio di Santa Lucia Olio/tela 48,5x37,5cm/*19x14in* Milano 97
$75 000 FF460 402 £45 952 The Resurrection Oil/canvas 202x151cm/*79x59in* New-York 98
$2 400 FF11 840 £1 552 Studies of heads, hands and a putto Black & white chalks 27x20cm/*10x7in* New-York 96
TREVOUX Joseph 1831-1909 **[75]**
$98 FF600 £58 Bords de l'Aléva Huile/papier 17x26cm/*6x10in* Paris 98
$772 FF4 000 £502 Paysage animé Huile/toile 40x65cm/*15x25in* Lyon 96
$81 FF500 £49 Le bosquet Aquarelle/papier 20,5x13,5cm/*8x5in* Paris 98
TREZZINI Angelo 1827-1904 **[3]**
$6 900 FF39 100 £3 450 Dopo la battaglia di Magenta Olio/tela 42x32cm/*16x12in* Milano 97
TRIANDAFYLLIDIS Theofrastos 1881-1955 **[6]**
$7 400 FF38 600 £4 470 The dancers Oil/panel 28x21cm/*11x8in* Athens 96
TRICCOLI Giuseppe 1823-1900 **[1]**
$2 743 FF13 720 £1 776 Rosenstilleben Öl/Leinwand 19,5x27,5cm/*7x10in* Wien 96
TRICHTL Alexander 1802-1884 **[4]**
$2 774 FF14 480 £1 650 Das alte Pfarrkirchlein in Hallstatt Oil/panel 24,5x33cm/*9x12in* Wien 96
TRIEB Anton 1883-1954 **[3]**
$1 000 FF5 959 £599 "Gran Bodega Española" Poster 98x65,5cm/*38x25in* New-York 98
TRIEBEL Carl 1823-1885 **[5]**
$2 800 FF14 400 £1 745 Wintervergnügen Oil/panel 23,5x31cm/*9x12in* Wien 96
$3 500 FF17 050 £2 215 Cows resting in an Alpine landscape Oil/canvas 117x96cm/*46x37in* New-York 95

T

TRIER Hann 1915 **[106]**

   $1 170 FF6 120 £697 Lappalien Oil/canvas/panel 32x37cm/*12x14in* Köln 96

   $14 000 FF80 000 £8 600 "Kreisel 1954" Tempera 65x130cm/*25x51in* Madrid 97

   $15 043 FF87 867 £9 235 Leo Tempera/canvas 158x139,5cm/*62x54in* Köln 97

   $289 FF1 654 £180 Komposition Etching, aquatint in colors 32x68cm/*12x26in* München 97

   $1 274 FF7 427 £785 Ohne titel Indian ink 62x49cm/*24x19in* Köln 97

TRINDADE Antonio Xavier 1870-1935 **[7]**

   $5 316 FF31 872 £3 200 Portrait of an old Man Oil/board 51x38cm/*20x14in* London 98

TRINDALL Gordon Lyall 1886-1965 **[6]**

   $1 302 FF7 974 £777 Nude Study Pastel/paper 56x42cm/*22x16in* Sydney 97

TRINER Franz Xaver 1767-1824 **[8]**

   $540 FF3 214 £330 Muthathal/Schloss Grynau/Redingische Burg in Steinen/Redingische Burg Lithograph 9,5x14cm/*3x5in* Bern 98

   $922 FF5 356 £544 Glettscher am Schlossberg im Erstfelderthal Canton Urÿ Aquarelle 22,5x15cm/*8x5in* Bern 97

TRINER Heinrich 1796-1873 **[4]**

   $2 161 FF12 856 £1 321 "Das untere Stadtthor in Lenzburg..." Lithograph 36,8x44cm/*14x17in* Bern 98

TRINQUESSE Louis 1746-1800 **[21]**

   $58 277 FF343 626 £34 500 "Le Feu aux poudres" Oil/canvas 60x73cm/*23x28in* London 97

   $5 871 FF34 058 £3 600 Study of a seated lady, leaning to the left Red chalk/paper 33x21cm/*12x8in* London 97

TRINQUIER-TRIANON L. XIX-XX **[14]**

   $313 FF1 600 £206 "Vernet-les-Bains, Paradis des Pyrénées..." Affiche 101x74cm/*39x29in* Neuilly 96

TRIONFI Emanuele 1832-1900 **[2]**

   $924 FF4 720 £560 Suonatore di mandolino Olio/tela 31x21cm/*12x8in* Prato 96

TRIPE Linneaus 1822-1902 **[33]**

   $10 840 FF56 100 £7 000 Aisle on the South side of the Puthu Mundapum Albumen print 33x28cm/*13x11in* London 96

TRIPP Herbert Alker 1883-1954 **[1]**

   $1 690 FF8 570 £1 100 "Southsea and Portsmouth, British Railways" Poster 100x117cm/*39x46in* London 96

TRIPP Jan Peter 1945 **[8]**

   $1 939 FF11 554 £1 153 Perlzwiebeln Acryl/Karton 22,5x40cm/*8x15in* München 97

   $732 FF4 355 £453 Pflaumen Gouache/papier 13x28cm/*5x11in* Stuttgart 97

TRIPPEL Albert (Attrib.) 1813-1854 **[1]**

   $3 926 FF23 426 £2 368 Blick über die Godesburg auf das Siebengebirge Öl/Leinwand 35x47cm/*13x18in* Köln 97

TRIRUM van Johannes Wouterus 1924 **[13]**

   $566 FF3 270 £337 Poezenfamilie Oil/canvas 79x59cm/*31x23in* Rotterdam 97

TRISCOTT Samuel Peter Rolf 1846-1925 **[14]**

   $4 750 FF28 192 £2 909 Mount Kathedine, Moosehead Lake, Maine Oil/canvas 43x88cm/*17x35in* New-York 98

   $400 FF2 328 £242 Figure on a Bridge Watercolour/paper 35x44cm/*14x17in* Mystic, Connecticut 97

TRISTAM John William 1872-1938 **[6]**

   $629 FF3 228 £402 Double Bay Watercolour/paper 15,5x31,5cm/*6x12in* Melbourne 95

TRISTRAM John William 1872-1938 **[14]**

   $649 FF3 891 £387 Hilltop Trees Watercolour/paper 22x28cm/*8x11in* Melbourne 98

TRITTEN Wolfgang 1913-1983 **[1]**

   $1 255 FF6 180 £808 Unter den Linden Watercolour, gouache 32x52cm/*12x20in* Berlin 95

TRIVA Antonio Domenico 1626-1699 **[1]**

   $14 900 FF77 700 £9 000 Abundance Oil/canvas 83x69cm/*32x27in* London 96

TRIVIGNO Pat 1922 **[2]**

   $2 500 FF14 671 £1 528 Escape to Nowhere Oil/masonite 101x71cm/*40x28in* New Orleans, Louisiana 97

TROCKEL Rosemarie 1952 **[55]**

   $10 000 FF58 140 £6 105 Untitled Mixed media/canvas 101x81cm/*39x31in* New-York 97

   $15 000 FF76 400 £9 000 Untitled Mixed media 250x140cm/*98x55in* New-York 96

   $14 170 FF74 300 £8 500 Untitled Tapestry 196x150cm/*77x59in* London 96

   $9 094 FF53 088 £5 500 Was ist das Violett? Das Kommt auf die Farbe an Assemblage 105x50x50cm/*41x19x19in* London 97

✏ *$3 500 FF20 325 £2 138* Untitled Ink 17,5x10,8cm/*6x4in* New-York 97
TRODOUX Henri Emile Adrien XIX **[8]**
🖎 *$563 FF3 500 £339* Le chien à la souris Bronze H17,5cm/*H6in* Soissons 98
TROFIMENKO Boris 1919 **[57]**
☞ *$668 FF4 157 £400* Playing the Violin Oil/canvas/board 23x33cm/*9x12in* London 98
TROFIMOFF Pierre 1925-1996 **[83]**
✏ *$266 FF1 300 £168* Fleur de Printemps Gouache 58x43cm/*22x16in* Arles 95
TROGER Paul 1698-1762 **[18]**
☞ *$7 730 FF40 000 £5 010* Pietà Huile/cuivre 40x25cm/*15x9in* Paris 96
☞ *$24 870 FF143 820 £15 390* Der heilige Kassian stürzt eine Statue des Pluto auf Säben Öl/Leinwand 40,5x50cm/*15x19in* Wien 97
▥ *$588 FF3 378 £358* Landschaft mit zwei Schafen und einem Hirtenknaben Radierung 9,1x12,2cm/*3x4in* Berlin 97
✏ *$2 354 FF13 513 £1 435* Engel und Putto auf einer Wolke Indian ink/paper 22,9x17,3cm/*9x6in* Berlin 97
TROILI Gustaf Uno 1815-1875 **[3]**
☞ *$2 099 FF12 251 £1 248* Porträtt av Augusta Ekman Oil/canvas 72x60cm/*28x23in* Stockholm 97
TROIVAUX Jean-Baptiste 1788-1860 **[5]**
☞ *$2 614 FF15 655 £1 600* A Young Lady called Mademoiselle de L. Miniature 9,5x7,5cm/*3x2in* London 97
TROJANOWSKI Edward 1873-1930 **[3]**
▥ *$378 FF2 326 £227* Wawel (winter landscape) Lithograph 42,5x58cm/*16x22in* Warszawa 98
TROKES Heinz 1913-1997 **[117]**
☞ *$7 777 FF46 293 £4 754* Vor der versunkenen Stadt Öl/Leinwand 50,5x60cm/*19x23in* Berlin 98
☞ *$14 907 FF88 729 £9 112* Wald Öl/Leinwand 123x103cm/*48x40in* Berlin 98
▥ *$108 FF670 £65* Ohne Titel Farbserigraphie 39x49cm/*15x19in* Heidelberg 98
✏ *$1 504 FF8 786 £923* Liberation Gouache 50x65cm/*19x25in* Köln 97
TROMBADORI Francesco 1886-1961 **[24]**
☞ *$2 099 FF11 898 £1 399* Veduta d'una chiesa nel paesaggio Olio/tela 21x26cm/*8x10in* Milano 97
☞ *$7 040 FF36 850 £4 730* Porta del Popolo Olio/tela 41x45cm/*16x17in* Milano 96
TROMETTA Niccolo (Attrib.) c.1540-1610/15 **[1]**
✏ *$6 338 FF37 000 £3 833* Moïse et les Hébreux Mine plomb 40,2x29cm/*15x11in* Paris 97
TRONCET Antony 1879-1939 **[3]**
✏ *$7 801 FF46 597 £4 776* Kvinna vid frukostbord Pastel/paper 79x63cm/*31x24in* Stockholm 98
TRONCY Émile 1859-1943 **[6]**
▥ *$197 FF1 000 £128* "Chemin de fer de l'État, Les Sables d'Olonne" Affiche 134x89cm/*52x35in* Paris 96
TROOD William H. Hamilton 1848-1899 **[20]**
☞ *$8 269 FF45 662 £5 000* "Scrambling for Dinner" Oil/canvas 30,5x40,5cm/*12x15in* London 97
TROOST Cornelis 1697-1750 **[19]**
☞ *$2 535 FF14 512 £1 497* Study of the head of a man Oil/paper 10,5x9cm/*4x3in* Amsterdam 97
☞ *$12 236 FF73 245 £7 533* Paulus på ön Malta Oil/canvas 91x114cm/*35x44in* Stockholm 98
TROOST Cornelis (Attrib.) 1697-1750 **[4]**
✏ *$1 297 FF7 425 £766* Study of a Young Man seated with his Arm resting Black chalk/paper 10,5x13cm/*4x5in* Amsterdam 97
TROOST Odulf Ornulf 1820-1854 **[1]**
☞ *$4 833 FF28 818 £3 000* A Family Gathering Oil/panel 59x69cm/*23x27in* London 97
TROPININ Vasilii Andreevich 1776-1857 **[3]**
☞ *$22 500 FF118 000 £13 500* The guitar player Oil/canvas 85x67cm/*33x26in* London 96
TROPPA Girolamo c.1636-c.1706 **[6]**
☞ *$3 903 FF22 748 £2 400* Apollo and Marsyas Oil/canvas 28,5x42cm/*11x16in* London 97
TROPPA Girolamo (Attrib.) c.1636-c.1706 **[2]**
☞ *$3 460 FF17 200 £2 200* The Penitent Magdalen Oil/panel 48x47cm/*18x18in* London 95
TROSCHEL Hans 1585-1628 **[1]**
✏ *$9 070 FF53 547 £5 371* Junger Mann, den Kopf in die linke Hand gestützt Black chalk/paper 40x29cm/*15x11in* Berlin 97
TROSHIN Nikolai 1897-1990 **[1]**
☞ *$3 290 FF17 040 £2 200* Yellow tea set on black background Oil/canvas 100x84,5cm/*39x33in* London 96
TROTH B.S. XIX **[1]**

🎨 *$10 000 FF59 952 £6 019* The Tate Farm, Woodberry New Jersey Oil/canvas 61x68,5cm/*24x26in* New-York 98

TROTIN Hector 1894-1966 **[11]**
🎨 *$775 FF4 701 £475* Le Cerf Volant Oil/paper 29,8x17,3cm/*11x6in* Hamburg 98
🎨 *$1 119 FF6 702 £687* Am Seineufer Oil/hardboard 38x46cm/*14x18in* München 98

TROTTER Hugh Newbold 1827-1898 **[12]**
🎨 *$2 900 FF16 801 £1 807* Nearing The Game Oil/canvas 45,5x61cm/*17x24in* Washington 97

TROTTER John c.1735-c.1800 **[1]**
🎨 *$39 900 FF193 500 £25 000* Portrait of Captain John Alston, full length Oil/canvas 12x102cm/*4x40in* London 95

TROTTI IL MALOSSO Giovanni B. (Attrib) 1555-1619 **[8]**
✏️ *$4 277 FF25 000 £2 610* Vierge à l'Enfant apparaissant à saint François et d'autres Saints Lavis 32,5x27cm/*12x10in* Paris 97

TROTTI IL MALOSSO Giovanni B. (Cercle) 1555-1619 **[3]**
✏️ *$1 160 FF6 923 £700* God-the-Father with Putti Ink/paper 272x41,7cm/*107x16in* London 97

TROTTI IL MALOSSO Giovanni Battista 1555-1619 **[9]**
✏️ *$4 800 FF29 465 £2 941* A Draped Figure Holding a Book and a Scroll Wash 27x17cm/*10x6in* New-York 98

TROTZIER Jean Bernard XX **[97]**
🎨 *$301 FF1 800 £180* Les pêcheurs Huile/toile 12x18cm/*4x7in* Provins 98
🎨 *$1 034 FF6 000 £636* Venise Huile/toile 30x60cm/*11x23in* Paris 97

TROTZIG Ulf 1925 **[32]**
🎨 *$735 FF4 368 £449* Snäckans insida Oil/canvas 65x92cm/*25x36in* Malmö 98

TROUBETZKOY Paul (Attrib.) 1866-1938 **[1]**
🗿 *$3 263 FF19 493 £2 000* Portrait Study of Robert Louis Stevenson Bronze 21,5x21,5x16,5cm/*8x8x6in* London 98

TROUBETZKOY Paul, Pavel, Paolo 1866-1938 **[86]**
🗿 *$2 565 FF15 500 £1 528* Cavalier à cheval Bronze 36x27x20cm/*14x10x7in* Saint-Dié 97
🗿 *$7 500 FF45 317 £4 467* Grace Cookson Stair, a Portrait relief Bronze 81,5x147cm/*32x57in* New-York 97

TROUILLARD Henri 1892-1972 **[1]**
🎨 *$3 988 FF24 500 £2 391* La Caravane Huile/toile 92x73cm/*36x28in* Laval 98

TROUILLE Clovis 1889-1975 **[8]**
🎨 *$2 334 FF12 000 £1 455* La Centauresse Huile/toile 48x33cm/*18x12in* Montauban 96
✏️ *$2 302 FF12 000 £1 447* La centauresse et le garde noir Gouache 48x33cm/*18x12in* Montauban 96

TROUILLEBERT Paul Désiré 1829-1900 **[265]**
🎨 *$892 FF5 233 £549* A Country House Oil/panel 32x32,5cm/*12x12in* London 97
🎨 *$18 000 FF102 681 £11 068* Landscape Oil/canvas 39x56cm/*15x22in* New-York 97
✏️ *$733 FF3 800 £484* Retour vers le hameau Encre 14,5x18cm/*5x7in* Pontoise 96

TROUPEAU Ferdinand XIX-XX **[5]**
🎨 *$1 930 FF10 000 £1 247* Composition aux raisins Huile/toile 55,5x46cm/*21x18in* Barbizon 96

TROUSSELLE Gabriel 1885-1977 **[188]**
🎨 *$76 FF450 £45* Poisson rouge Huile/panneau 22,5x16cm/*8x6in* Saint-Omer 97

TROUVILLE Henri Charles XIX **[2]**
🎨 *$5 058 FF30 000 £2 994* Scène de jardinage familial dans un potager Huile/toile 41x62cm/*16x24in* Paris 97

TROUVILLE Louis François J. 1817-? **[3]**
🎨 *$3 024 FF15 500 £1 838* Marine, scène de contrebandiers Huile/toile 81x119cm/*31x46in* Paris 96

TROVA Ernest 1927 **[84]**
🖼 *$425 FF2 568 £267* "Falling Man Variant" Serigraph 89x89cm/*35x35in* Bloomfield Hills, Michigan 97
🗿 *$1 000 FF5 777 £616* "Profile Canto #IV" Bronze 35x21x31cm/*14x8x12in* Bloomfield Hills, Michigan 97
🗿 *$4 800 FF29 538 £2 914* Table Piece FM Study #165 Bronze 100x33cm/*39x12in* New-York 98

TROWER Walter John, bishop c.1805-1877 **[5]**
✏️ *$831 FF4 718 £520* The Acropolis, Athens Wash 26x37cm/*10x14in* London 97

TROXLER Jost Vital 1827-1893 **[1]**
🎨 *$3 288 FF20 333 £1 959* Unterwaldner Trachtenbild Öl/Leinwand 45x56cm/*17x22in* Zürich 98

TROY de François 1645-1730 **[21]**
🎨 *$12 951 FF77 000 £7 923* Portrait du comte de Toulouse Huile/toile 184x130cm/*72x51in* Marseille 97
🎨 *$13 288 FF80 000 £7 952* Portrait d'un homme de loi Huile/toile 92x73,5cm/*36x28in* Paris 98

York 95

   $3 796 FF22 100 £2 322 Mademoiselle Marcelle Lender, en buste Farblithographie 33x24,5cm/12x9in München 97

   $41 352 FF240 000 £25 248 La Goulue dansant avec Valentin le désossé Céramique 18,3x11,2cm/7x4in Paris 97

   $260 000 FF1 538 472 £156 468 Portrait de M. Georges-Henri Manuel Pastel/paper 46,5x50cm/18x19in New-York 98

TOULZA Jean Étienne c.1780-c.1840 **[5]**
   $6 670 FF33 960 £4 000 "Vaisseau L'Adèle, Capne. Louis Pinatel" Watercolour 41x54cm/16x21in London 96
TOURGUENEFF Pierre Nicolas 1854-1912 **[15]**
   $1 034 FF5 937 £649 Seated alstation Bronze 19,5x39,5cm/7x15in London 97
TOURNAY Lily XX **[9]**
   $137 FF800 £84 Paulette, les mains sur les hanches Monotype 15x14cm/5x5in Paris 97
TOURNEMINE de Charles Émile Vacher 1812-1872 **[10]**
   $26 340 FF135 000 £16 000 Maison et café au bord de l'eau en Asie Mineure Huile/panneau 55x100cm/21x39in Paris 96
TOURNES Étienne 1857-1931 **[6]**
   $456 FF2 300 £294 Vase de fleurs devant le miroir Huile/panneau 19x17,5cm/7x6in Cherbourg 96
TOURNIER Nicolas 1590-c.1657 **[6]**
   $15 840 FF82 800 £9 360 Tobi e Anna si congedano da Tobia e dall'angelo Olio/tela 92x130cm/36x51in Roma 96
   $95 000 FF524 571 £59 280 The Denial of saint Peter Oil/canvas 100x134cm/39x52in New-York 97
TOURNIER Nicolas (Attrib.) 1590-ap.1657 **[1]**
   $15 560 FF95 320 £9 400 Elegante Gesellschaft bei einem Gastmahl Öl/Leinwand 124x170cm/48x66in Wien 98
TOURNON Raymond XIX-XX **[5]**
   $1 799 FF10 486 £1 100 "Exposition de hanoï" Affiche 107x73cm/42x28in London 97
TOURSKY de G. XIX-XX **[5]**
   $3 962 FF23 000 £2 339 Famille en déplacement Huile/toile 80x140cm/31x55in Paris 97
TOURTE Suzanne 1904-1979 **[122]**
   $656 FF3 900 £401 Femme au voile Huile/toile 46x58cm/18x22in Troyes 97
   $133 FF800 £79 Jeune fille au bouquet Gouache/papier 45x28cm/17x11in Saint-Dié 98
TOUSSAINT Armand 1806-1862 **[7]**
   $2 500 FF15 518 £1 507 Roman Slave Bronze H72cm/H28in New Orleans, Louisiana 98
TOUSSAINT Fernand 1873-1955 **[214]**
   $816 FF4 869 £492 Jongetje Huile/toile/panneau 54x44cm/21x17in Lokeren 97
   $1 943 FF10 634 £1 170 Elégante assise Huile/panneau 21x18cm/8x7in Bruxelles 97
   $8 019 FF46 495 £4 789 Double Portrait of a Lady and her Daughter Oil/canvas 157x110cm/61x43in Amsterdam 97
   $2 000 FF11 919 £1 199 "Exposition Universelle" Poster 101,5x73cm/39x28in New-York 98
   $1 081 FF5 330 £699 Départ du transatlantique en Bretagne Aquarelle/papier 40x50cm/15x19in Bruxelles 96
TOUSSAINT Henri 1849-1911 **[8]**
   $291 FF1 600 £178 "Nancy" Affiche 101,5x73cm/39x28in Versailles 97
TOUSSAINT Louis 1826-1879 **[7]**
   $2 824 FF16 880 £1 666 Beim Schuster Öl/Leinwand 29,5x24cm/11x9in Kempten 97
TOUSSAINT Maurice XIX-XX **[45]**
   $4 188 FF26 000 £2 524 "La Marseillaise, un film de Jean Renoir" Affiche couleur 160x240cm/62x94in Paris 98
   $378 FF2 300 £233 Cavaliers Gouache/papier 88x63cm/34x24in Deauville 97
TOUSSAINT Pierre Joseph 1822-1888 **[6]**
   $4 500 FF26 580 £2 796 The Fresh Cherry Oil/canvas 61x51cm/24x20in Boston, Mass. 97
TOVAR Ivan 1942 **[13]**
   $7 000 FF41 815 £4 281 Sin título Acrylic/canvas 65x54cm/25x21in New-York 98
TOWERS Samuel 1862-1943 **[15]**
   $349 FF2 169 £213 Cottage Beside a Stream Watercolour/paper 23x16cm/9x6in Boston, Mass. 97

TOWN Harold Barling 1924-1991 **[58]**
  $1 870 FF11 275 £1 131 Silent - Light #16 Oil/canvas 61x60,5cm/*24x23in* Toronto 98
  $255 FF1 330 £169 Blind Boy with Rifle Monotype 40,6x40,6cm/*15x15in* Toronto 96
  $619 FF3 230 £409 Enigma No. 2 Ink 48,5x66cm/*19x25in* Toronto 96
TOWNE Charles Town 1763-1840 **[50]**
  $4 110 FF20 100 £2 600 The cat at bay Oil/canvas 22x27,5cm/*8x10in* London 95
  $16 700 FF85 300 £11 000 A startled Horse and Dog in a wooded Landscape Oil/panel
40,5x53,5cm/*15x21in* London 96
  $80 000 FF394 000 £51 500 A hunter and a groom in a landscape Oil/canvas 103x128cm/*40x50in* New-
York 95
TOWNE Charles Town (Attr.) 1763-1840 **[3]**
  $754 FF4 572 £460 Figures Within a Classical Landscape Oil/canvas 38x51cm/*14x20in* Sevenoaks, Kent 98
TOWNE Francis 1739/40-1816 **[33]**
  $19 467 FF111 433 £11 500 Going to Vicovarro, Italy Pencil 23x32cm/*9x12in* London 97
TOWNSEND Alfred Oliver 1846-1917 **[12]**
  $166 FF963 £100 Shipping on the River of an Industrial City Watercolour 23x33cm/*9x12in* Glasgow 97
TOWNSEND H. William 1940 **[11]**
  $258 FF1 481 £158 "Hike near haine's junction, the Yukon" Oil/board 28,6x33,7cm/*11x13in* Calgary,
Alberta 97
TOWNSEND Lee 1895-1965 **[1]**
  $7 500 FF43 503 £4 615 In the saddling enclosure Oil/canvas 61x76cm/*24x29in* New-York 97
TOWNSHEND Geoffrey Keith 1888-1973 **[23]**
  $292 FF1 751 £174 In the Rain, Beachside Watercolour/paper 34x44cm/*13x17in* Sydney 98
TOWNSHEND James ?-1949 **[12]**
  $1 614 FF8 190 £1 050 An Essex Haven Oil/canvas 38x60cm/*15x24in* Aylsham, Norfolk 96
TOWNSLEY Channel Pickering 1867-1921 **[4]**
  $2 000 FF11 607 £1 221 Freight Boats in Venice Oil/canvas 40x50cm/*15x19in* Los Angeles 97
  $1 300 FF7 770 £787 An Afternoon in the Park Pastel/paper 44,5x59,5cm/*17x23in* San Francisco-Los
Angeles 97
TOYEN Marie Cernínová 1902-1980 **[23]**
  $1 091 FF6 000 £670 Visage de femme vu de dos face à un décor surréaliste Encre Chine/papier
18,5x12cm/*7x4in* Paris 97
TOYOKUNI I Utagawa 1769-1825 **[33]**
  $1 700 FF10 820 £1 153 Actor Sawamura Sojuro III as Gengonbei Print in colors 36x23cm/*14x9in* Chicago,
Illinois 97
TOYOKUNI III 1786-1865 **[27]**
  $250 FF1 423 £151 Surimono Woodcut in colors 20x26cm/*8x10in* Chicago, Illinois 97
TOZELLI Francesco XVIII-XIX **[2]**
  $1 303 FF6 630 £781 Portrait of a lady, seated half-length, wearing a green silk dress Pastel
18,5x24cm/*7x9in* Amsterdam 96
TOZER Henry Spernon c.1870-1940 **[26]**
  $1 475 FF8 729 £900 Mending the Nets Oil/canvas 45,5x30,5cm/*17x12in* London 98
  $1 660 FF8 110 £1 050 The Patchwork Quilt Watercolour 23x33cm/*9x12in* London 95
TOZZI Mario 1895-1979 **[125]**
  $5 680 FF34 893 £3 406 Ohne Titel (Zwei Frauenakte mit Spielball) Mixed media/board 43x34cm/*16x13in*
Zürich 98
  $27 400 FF143 200 £16 200 Figura Olio/tela 66x54cm/*25x21in* Venezia 96
  $96 000 FF544 000 £48 000 Davide Olio/tela 196x115cm/*77x45in* Prato 98
  $300 FF1 700 £200 Volti Litografia 70x50cm/*27x19in* Vercelli 97
  $3 600 FF20 400 £2 400 Colloquio Pastelli/cartone 52,5x52,5cm/*20x20in* Vercelli 97
TRACEY Andrée 1948 **[1]**
  $8 000 FF39 700 £5 060 34th and Chambers Polaroid 61x51cm/*24x20in* New-York 95
TRACHEL Domenico 1830-1897 **[5]**
  $1 967 FF10 000 £1 175 Portrait de Jean-François Millet Huile/panneau 30x25,5cm/*11x10in* Barbizon 96
TRACHEL Ercole, Hercule 1820-1872 **[14]**
  $1 566 FF9 300 £961 Dentelière Huile/carton 40,5x32,5cm/*15x12in* Nice 97
  $909 FF5 200 £567 Ruines animées dans la campagne romaine Aquarelle 22,5x48,5cm/*8x19in* Pontoise 97
TRACHSEL Albert 1863-1929 **[36]**

TURNEY Winthrop Duthie 1884-1965 [4]
- *$21 000 FF124 334 £12 469* Pigeon Hill Oil/canvas 51x61cm/*20x24in* New-York 97

TURPIN DE CRISSÉ Lancelot Th. (Attr.) 1782-1859 [6]
- *$2 363 FF12 000 £1 552* Les cascatelles de Tivoli Huile/toile 37,5x29,5cm/*14x11in* Lille 96

TURPIN DE CRISSÉ Lancelot Théodore 1782-1859 [20]
- *$58 237 FF338 000 £35 557* Gli addi di René a sua sorella Olio/tela 88x120cm/*34x47in* Paris-Trieste 97
- *$101 400 FF530 000 £60 400* Vue de la colonne de Dioclétien devant les remparts d'Alexandrie Huile/toile 112x165cm/*44x64in* Lille 96
- *$2 899 FF18 000 £1 738* Église italienne Lavis 45,5x61,5cm/*17x24in* Paris 98

TURQUIN Jean-Éric 1950 [23]
- *$296 FF1 700 £180* Eté dans la Drôme Huile/panneau 14x18cm/*5x7in* Valence 97

TURRELL James 1943 [17]
- *$1 200 FF7 384 £734* "Squat"/"Juke"/"Car"/"Alta" Aquatint 19x15cm/*7x5in* New-York 98
- *$5 000 FF25 470 £3 000* Second Overall Topo Survey Ink 106x173cm/*41x68in* New-York 96

TURZAK Charles 1899-1985 [6]
- *$175 FF901 £112* Dancers Woodcut 25x16cm/*10x6in* Bolton, Mass. 96

TUSQUETS MAIGON Ramón 1838-1904 [16]
- *$5 250 FF29 850 £3 225* Recogiendo leña en el bosque Oleo/lienzo 70x100cm/*27x39in* Barcelona 97
- *$7 396 FF44 267 £4 370* El sacrificio de Isaac Oleo/lienzo 195x156cm/*76x61in* Madrid 98
- *$12 000 FF62 300 £7 930* Fishermen along the Riber River, Rome Oil/panel 33x26cm/*12x10in* New-York 96
- *$3 400 FF20 668 £2 093* Flirtation by the Well Watercolour/paper 51x68cm/*20x26in* New-York 98

TUSZYNSKI Devi XX [1]
- *$1 640 FF8 300 £1 076* Vue d'une ville imaginaire Encre 36x22cm/*14x8in* Paris 96

TUTTLE Richard 1941 [72]
- *$75 000 FF429 307 £44 302* Ten Sided Pale Orange Canvas Mixed media 120,5x159cm/*47x62in* New-York 97
- *$240 000 FF1 373 784 £141 768* Blue Pole Oil/panel 144x42x4cm/*56x16x1in* New-York 97
- *$1 700 FF9 820 £1 009* "Print" Screenprint 80x114cm/*31x44in* New-York 97
- *$4 432 FF26 864 £2 718* "The Baroque and Color, I" Assemblage 70,5x74,9x7cm/*27x29x2in* Hamburg 98
- *$8 311 FF50 370 £5 097* "The Baroque and Color, V" Assemblage 156,7x75,8x9,5cm/*61x29x3in* Hamburg 98
- *$2 750 FF17 094 £1 644* Untitled Watercolour/paper 35x42,5cm/*13x16in* New-York 98

TUTUNDJIAN Léon-Arthur 1906-1968 [127]
- *$2 876 FF17 000 £1 781* Composition cellulaire Huile/carton 22x27cm/*8x10in* Paris 97
- *$45 FF265 £28* Komposition Indian ink/paper 24x17cm/*9x6in* Köbenhavn 97

TUXEN Laurits 1853-1927 [146]
- *$210 FF1 063 £135* Marine Oil/canvas 83x118cm/*32x46in* Aalborg 96
- *$1 116 FF5 720 £678* Mountainous landscape Oil/paper 20x27cm/*7x10in* Viby J, Århus 96
- *$85 000 FF484 330 £52 062* The Anniversary Dinner at "Adelaide" Oil/canvas 143,5x211cm/*56x83in* New-York 97

TVOROZHNIKOV Ivan Ivanovich 1848-1919 [2]
- *$20 830 FF109 300 £12 500* Country boy reading a pamphlet Oil/canvas 58x86cm/*22x33in* London 96

TWACHTMAN John Henry 1853-1902 [25]
- *$4 500 FF27 338 £2 709* "Sailboats" Oil/panel 35x25cm/*14x10in* Elgin, Illinois 98

TWOMBLY Cy 1929 [216]
- *$60 580 FF311 269 £36 068* Senza titolo Tecnica mista/tela 30x24cm/*11x9in* Roma 96
- *$145 000 FF702 000 £93 000* Untitled Mixed media/canvas 41x52cm/*16x20in* New-York 95
- *$520 000 FF2 520 000 £334 000* Untitled (Roma) Mixed media/canvas 96,5x126,5cm/*37x49in* New-York 95
- *$43 FF260 £26* Sans titre Affiche 77x58cm/*30x22in* Paris 98
- *$240 000 FF1 427 712 £146 760* Untitled Bronze H114cm/*H44in* New-York 98
- *$400 000 FF2 325 600 £244 200* Untitled Iron 57x9,5x9,5cm/*22x3x3in* New-York 97
- *$58 200 FF301 400 £38 900* "Roma" Gouache 50x69,5cm/*19x27in* New-York 96

TWORKOV Jack 1900-1982 [27]
- *$2 749 FF15 658 £1 706* "Lp #14" Oil/paper 33x25,4cm/*12x10in* New-York 97

T

⌬ *$13 000 FF79 999 £7 892* Male Figure Oil/paper/board 66,5x51cm/*26x20in* New-York 98
✍ *$1 400 FF7 963 £856* Seated Woman in an Interior Mixed media/paper 41x34cm/*16x13in* New-York 97

TYCK Edward 1847-? **[5]**
⌬ *$3 146 FF17 941 £1 914* La toile blanche Huile/toile 61,5x47,5cm/*24x18in* Bruxelles 97

TYLER Bayard Henry 1855-1931 **[11]**
⌬ *$6 500 FF39 682 £3 885* Woman Looking Out Over the Palisades Oil/canvas 63,5x76cm/*25x29in* New-York 98

TYLER James Gale 1855-1931 **[45]**
⌬ *$1 098 FF6 733 £673* Ship at Sail Oil/canvas 40x30cm/*16x12in* Mystic, Connecticut 98
⌬ *$1 700 FF8 600 £1 116* Two sailboats sailing off the coast Oil/canvas 45x60cm/*18x24in* St. Petersburg, Florida 96

TYNDALE F.H. [8]
✍ *$382 FF1 990 £240* Pastoral river scene Watercolour 25x33cm/*10x13in* Aylsham, Norfolk 96

TYNDALE Thomas Nicholson XIX-XX **[27]**
✍ *$520 FF2 968 £320* Tending the cottage garden Watercolour/paper 23x33cm/*9x12in* Billingshurst, West Sussex 97

TYNDALE Walter Fred. Roofe 1855-1943 **[44]**
⌬ *$1 524 FF8 771 £900* A Tunisian Backstreet Oil/panel 31x23cm/*12x9in* London 97
✍ *$1 670 FF8 500 £1 100* Feluccas on the Nile Watercolour 20x32,5cm/*7x12in* London 96

TYROL Hans Josef Weber 1874-1957 **[1]**
✍ *$2 877 FF16 772 £1 760* Zwei Clowns Watercolour 22,3x18,8cm/*8x7in* Wien 97

TYSON Dorsey Potter XX **[7]**
⌭ *$250 FF1 528 £153* Gathering Blossoms Etching in colors 17x13cm/*7x5in* Cincinnati, Ohio 98

TYSON John H. XIX-XX **[5]**
✍ *$1 110 FF6 546 £680* A Woman Feeding Hens in a Cottage Garden Watercolour 21x36,5cm/*8x14in* Billingshurst, West Sussex 98

TYSON Keith 1969 **[1]**
⌬ *$2 810 FF16 409 £1 700* Amchii. Dii , Old, New, borrowed, Blue Mixed media/panel 40x40cm/*15x15in* London 97

TYSSENS Jan Baptiste XVII **[3]**
⌬ *$9 861 FF57 000 £6 121* Le porte-étendard Huile/toile 58x83cm/*22x32in* Paris 97

TYTGADT Louis 1841-1918 **[6]**
⌬ *$5 610 FF29 000 £3 636* Jeune femme grecque aux bijoux Huile/panneau 68x42cm/*26x16in* Paris 96

TYTGAT Edgard 1879-1957 **[160]**
⌬ *$6 330 FF32 900 £4 190* Prologue d'une Nativité Huile/toile 65x54cm/*25x21in* Bruxelles 96
⌭ *$514 FF2 937 £315* De geliefden Pointe sèche 26x20cm/*10x7in* Lokeren 97
✍ *$1 723 FF8 400 £1 094* "...et du Saint Esprit" Crayons couleurs 39x27cm/*15x10in* Bruxelles 95

TZARA Tristan 1896-1963 **[4]**
✍ *$11 704 FF70 000 £7 105* Cadavre exquis Crayons couleurs 24x31,5cm/*9x12in* Paris 97

U

UBAC Raoul 1910-1984 **[137]**
⌬ *$3 696 FF18 000 £2 340* Sans titre Technique mixte 63x58cm/*24x22in* Paris 95
⌭ *$162 FF800 £103* Tête Aquatinte 41x31cm/*16x12in* Paris 95
⌫ *$3 370 FF20 614 £2 000* Stèle Sculpture H38,5cm/*H15in* London 98
📷 *$4 320 FF22 000 £2 590* Composition surréaliste Photo 10,4x16,9cm/*4x6in* Paris 96
✍ *$1 790 FF11 000 £1 073* Fruit Pastel/papier 41x24cm/*16x9in* Lille 98

UBALDINI IL PULIGO Domenico Bartolomeo 1492-1527 **[11]**
⌬ *$30 000 FF170 940 £18 375* The Madonna and Child with the Infant Saint John the Baptist Oil/panel 94x70cm/*37x27in* New-York 97

UBBELOHDE Otto 1867-1922 **[83]**
⌬ *$5 131 FF31 858 £3 095* Oberhessische Landschaft Öl/Leinwand 48x60cm/*18x23in* Heidelberg 98
⌭ *$324 FF2 012 £195* Heimkehr Radierung 17x33cm/*6x12in* Heidelberg 98
✍ *$1 998 FF11 753 £1 233* Serenade Indian ink 24x16cm/*9x6in* Heidelberg 97

UBEDA Agustín 1925 **[103]**
⌬ *$1 100 FF5 560 £722* Figure with fan Oil/canvas 25,4x32cm/*10x12in* Chicago, Illinois 96
⌬ *$2 000 FF11 389 £1 241* Composition à l'oiseau Oil/canvas 54x65,1cm/*21x25in* New-York 97

UBELESKI Alexandre (Attrib.) 1649-1718 **[2]**
 ✍ *$5 020 FF26 000* £3 240 Portrait d'une jeune femme en allégorie de l'automne Huile/toile 72,5x93cm/*28x36in* Paris 96

UBERTINI BACCIACCA Francesco 1494/95-1557 **[3]**
 ✍ *$42 157 FF249 750* £25 000 Portrait of a Lady, seated three-quarter-length, holding a glove Oil/canvas 96,5x68,5cm/*37x26in* London 97

UBERTINI BACCIACCA Francesco (Attrib.) 1494/95-1557 **[2]**
 ✍ *$28 800 FF163 200* £19 200 Madonna con il Bambino e San Giovannino Olio/tavola 87x69,5cm/*34x27in* Prato 98

UCHERMANN Karl 1855-1940 **[13]**
 ✍ *$9 912 FF57 519* £5 852 Still life Oil/canvas 110x87cm/*43x34in* Oslo 97

UDALTSOVA Nadezhda A. 1886-1961 **[4]**
 ✍ *$12 700 FF65 700* £8 240 Komposition Gouache 27x20cm/*10x7in* Zürich 96

UDEN van Lucas 1595-1672 **[58]**
 ✍ *$3 409 FF20 140* £2 118 Blick von erhöhter Warte auf ein Flusstal Oil/panel 29,5x35,5cm/*11x13in* Stuttgart 97
 ✍ *$11 316 FF65 000* £7 046 Chasseur dans un paysage d'hiver Huile/panneau 47x68cm/*18x26in* Paris 97
 ✍ *$243 FF1 439* £144 Landschaft mit Häusern und Kirche, vor einer Mauer umgeben Radierung 9x13cm/*3x5in* Berlin 97
 ✍ *$3 723 FF22 800* £2 220 Maison ombragée dominant le cours d'une rivière Aquarelle 21x33,5cm/*8x13in* Paris 98

UDEN van Lucas (Attrib.) 1595-1672 **[10]**
 ✍ *$5 022 FF30 000* £3 072 Paysage animé Huile/panneau 51x78cm/*20x30in* Fontainebleau 98
 ✍ *$8 352 FF43 221* £5 324 Flusslandschaft mit Figuren und einem kleinen Dorf Oil/wood 20x24cm/*7x9in* Zürich 96
 ✍ *$4 140 FF25 060* £2 521 Town View Ink 12x20cm/*5x8in* New-York 98

UDERZO Albert 1927 **[7]**
 ✍ *$1 379 FF8 200* £843 Astérix, Obélix et Idéfix Encre Chine/papier 28x41cm/*11x16in* Rouen 97

UDINE da Giovanni N. (Attrib) 1487-1561 **[3]**
 ✍ *$10 000 FF61 387* £6 127 The Ceiling of a Room in the Domus Aurea, Rome/The Ground Plan Ink 34x23,5cm/*13x9in* New-York 98

UECKER Günther 1930 **[154]**
 ✍ *$4 356 FF26 812* £2 673 Nagelbild Technique mixte 22x22cm/*8x8in* Lokeren 98
 ✍ *$17 340 FF90 500* £10 470 Ton Laut Laut laut Mixed media/board 50x50cm/*19x19in* Amsterdam 96
 ✍ *$44 600 FF230 500* £28 900 Hommage à Lothar Wolleh Oil 109x218cm/*42x85in* London 96
 ✍ *$260 FF1 354* £172 Ohne Titel Woodcut 39x29cm/*15x11in* Düsseldorf 96
 ✍ *$1 624 FF9 367* £967 Nagel Plaster 17,5x12,5cm/*6x4in* München 97
 ✍ *$9 939 FF58 881* £6 000 Baum Sculpture 119x41x41cm/*46x16x16in* London 97
 ✍ *$1 042 FF6 168* £640 Feld Pencil 50x50cm/*19x19in* München 98

UELSMANN Jerry N. 1934 **[47]**
 ▣ *$300 FF1 513* £194 Gull, Rock, Ocean Gelatin silver print 34x22cm/*13x8in* San Francisco-Los Angeles 96

UFER Walter 1876-1936 **[19]**
 ✍ *$21 000 FF124 334* £12 558 Cloudy Weather, Isleta, New-Mexico Oil/canvas/board 32x26cm/*12x10in* New-York 97
 ✍ *$90 000 FF532 863* £53 442 Two Mares Oil/canvas 76x91,5cm/*29x36in* New-York 97
 ✍ *$650 000 FF3 857 555* £398 125 Autumn Oil/canvas 114,5x122cm/*45x48in* New-York 98
 ✍ *$800 FF4 581* £473 Untitled (Standing Male Model in Profile) Charcoal/paper 61x46cm/*24x18in* Santa Fe, New Mexico 97

UFERT Oskar 1876-? **[4]**
 ✍ *$2 932 FF17 126* £1 800 A sea Nymph Bronze H56,5cm/*H22in* London 97

UGHI Ludovico XVIII **[2]**
 ✍ *$9 900 FF51 000* £6 300 Veduta di venezia Print 147,5x263cm/*58x103in* Venezia 96

UGLOW Euan 1932 **[6]**
 ✍ *$3 933 FF22 988* £2 400 Bluetit Oil/board 13,5x16cm/*5x6in* London 97
 ✍ *$18 603 FF106 186* £11 500 Leaves in a delft jar Oil/canvas 57x47cm/*22x18in* London 97

UGOLINO DI NERIO c.1300-1339/49 **[3]**

$68 000 FF335 600 £44 000 The Madonna and Child enthroned Tempera/panel 58x24,6cm/*22x9in* New-York 96
UHDE von Fritz 1848-1911 **[20]**
  $7 512 FF43 859 £4 543 Schwerer Gang Oil/panel 24x12cm/*9x4in* Köln 97
  $10 160 FF52 600 £6 500 Die Bergpredikt Oil/canvas 75,5x60,5cm/*29x23in* London 96
UHDEN Maria 1892-1918 **[18]**
  $301 FF1 749 £185 Rastende Zigeuner Woodcut 25,7x20cm/*10x7in* Heidelberg 97
UHL Louis 1860-1909 **[2]**
  $11 910 FF58 800 £7 740 Die schöne Fischerin Oil/canvas/panel 38x51cm/*14x20in* Wien 95
UHLICH Fritz 1893-1973 **[1]**
  $607 FF3 522 £370 "Wank Bahn, Partenkirchen" Poster 120x84cm/*47x33in* Amsterdam 97
UHLIG Max 1937 **[76]**
  $4 526 FF26 959 £2 690 Georgshöhe Öl/Leinwand 71,5x150,5cm/*28x59in* München 97
  $7 200 FF37 300 £4 650 Bildnis R.L. Öl/Leinwand 190,5x130,5cm/*75x51in* Berlin 96
  $203 FF1 165 £123 "Uferböschung mit Büschen" Etching, aquatint 23,5x35,5cm/*9x13in* Berlin 97
  $1 247 FF7 362 £738 Landschaft Aquarell, Gouache/Papier 34,8x82,1cm/*13x32in* Berlin 97
UHLMAN Fred 1901 **[58]**
  $454 FF2 644 £280 Mediterranean Sunset Oil/board 40,5x51cm/*15x20in* London 97
  $563 FF3 254 £349 Hilltop Village, Andalucia Oil/canvas/board 20x30cm/*7x11in* London 97
UHLMANN Hans 1900-1975 **[40]**
  $6 220 FF32 200 £4 020 Stehendes Mädchen Sculpture H21,7cm/*H8in* Berlin 96
  $1 740 FF10 036 £1 036 Rhythmische Komposition Indian ink 23,5x59cm/*9x23in* München 97
UHRDIN Sam 1886-1964 **[64]**
  $1 042 FF6 332 £642 Dalkulla Oil/canvas 79x63cm/*31x24in* Stockholm 97
UHTHOFF Ina D.D. 1889-1971 **[9]**
  $318 FF1 618 £191 Wharf St. Scene Pencil/paper 21,5x30cm/*8x11in* Calgary, Alberta 96
UJHAZY Ferenc 1827-1921 **[5]**
  $4 485 FF27 247 £2 700 Peaches, Melons and Figs on a Ledge in a Landscape Oil/canvas 104,5x73cm/*41x28in* London 98
UJVARY Ignac 1880-1927 **[1]**
  $5 642 FF33 320 £3 409 Im Bauerngarten Öl/Leinwand 81x121,5cm/*31x47in* Wien 97
ULBRICH A. XIX **[1]**
  $9 220 FF47 400 £5 950 Kreuzweg (14 Stationen) Öl/Leinwand 148x104cm/*58x40in* Kempten 96
ULFIG Willy 1910-1983 **[6]**
  $972 FF6 036 £586 Blühende Landschaft Aquarell 52x70cm/*20x27in* Heidelberg 98
ULFT van der Jacob 1627-1689 **[30]**
  $2 027 FF10 450 £1 300 A view of roman ruins Pencil 20x29,5cm/*7x11in* London 96
ULFT van der Jacob (Attrib.) 1627-1689 **[4]**
  $669 FF4 022 £400 Italian Landscape with a Monastery and the Ruins of a Roman Theatre Ink 11,5x20cm/*4x7in* London 98
ULLBERG Kent 1945 **[13]**
  $1 200 FF6 674 £742 Gladiator Bronze 45,5x64cm/*17x25in* New-York 97
  $10 320 FF49 900 £6 500 Ring of Bright Water Bronze H100,4cm/*H39in* London 95
ULLIK Hugo 1838-1881 **[5]**
  $1 903 FF9 200 £1 243 Alpenländische Gebirgslandschaft, Sommertag Öl/Leinwand 53x81cm/*20x31in* Lindau 95
ULLMAN Micha 1939-? **[1]**
  $5 200 FF31 457 £3 086 Composition Graphite 70x102cm/*27x40in* Tel Aviv 98
ULLMAN Sigfrid 1886-1960 **[8]**
  $395 FF2 043 £264 Bermotiv från Orust Oil/canvas 47x56cm/*18x22in* Göteborg 96
ULLMANN Robert 1903-1966 **[9]**
  $1 045 FF6 195 £638 "Susanna im Bade" Porcelain H45,3cm/*H17in* Wien 98
ULLRICH Heinrich c.1572-1621 **[2]**
  $680 FF4 016 £402 Tritonenkämpfe Kupferstich 17,5x14cm/*6x5in* Berlin 97
ULMANN Benjamin 1829-1884 **[1]**
  $7 250 FF42 056 £4 461 Return of Tobia Oil/canvas 114,5x145cm/*45x57in* New-York 97
ULMANN Charles XIX **[3]**
  $2 500 FF14 602 £1 479 A Walk in an Autumn Wood Oil/canvas 72,5x59,5cm/*28x23in* Boston, Mass. 97

ULMANN Doris 1882-1934 **[38]**
📷 *$2 000 FF10 210 £1 318* Selected images, 1930s Photograph 20x16cm/*7x6in* New-York 96
ULNITZ Emil C. 1856-1933 **[20]**
👌 *$795 FF4 846 £482* Buket af gule roser på et bord Oil/canvas 31x24cm/*12x9in* København 98
👌 *$3 827 FF22 125 £2 367* Roser i en kinesisk vase med tyrkis fond på et bord, hvorpå en vifte Oil/canvas 44x37cm/*17x14in* København 97
ULRICH Charles Frederic 1858-1908 **[3]**
👌 *$350 FF2 088 £211* "The Smithy" Oil/canvas 28x23cm/*11x9in* South Deerfield, Mass. 97
ULRICH Johann Jakob 1798-1877 **[16]**
👌 *$2 303 FF13 000 £1 411* Paysage Huile/panneau 24x32cm/*9x12in* Paris 97
👌 *$3 975 FF20 660 £2 625* Fischerboot am Strand bei bewegter See Oil/panel 36x45,5cm/*14x17in* Bern 96
ULRICH Kjeld 1942 **[22]**
🗔 *$91 FF531 £56* Komposition med liggende nögen kvinde Lithograph 34x42cm/*13x16in* Viby J, Århus 97
ULRICH Wilhelm 1905-1977 **[11]**
✏ *$821 FF4 760 £485* Blick über den Karlsplatz Aquarell/Papier 67x97cm/*26x38in* Wien 97
ULRICHS Timm 1940 **[12]**
🗔 *$650 FF3 400 £387* Selbstjustierbares Wasserwaagen und Lotbild Multiple 40x40cm/*15x15in* Köln 96
ULTVEDT Per Olof 1927 **[17]**
🖌 *$615 FF3 589 £379* Mobil skulptur med elmotor Mobile 47,5x47,5cm/*18x18in* Stockholm 97
🖌 *$2 487 FF14 371 £1 533* Blå rigg Mobile 205x110cm/*80x43in* Stockholm 97
ULVING Even 1869-1943 **[63]**
👌 *$2 758 FF16 340 £1 652* Gutt henter vann i en elv Oil/canvas 40x61cm/*15x24in* Oslo 97
👌 *$21 600 FF112 800 £12 860* Fiskeläge, Nordnorge Oil/canvas 108x163cm/*42x64in* Stockholm 96
UMBACH Jonas 1624-1693 **[23]**
🗔 *$119 FF705 £74* Ein Hirte mit seiner Herde bei den Ruinen/Neptun auf dem Meere/Der Zug Radierung 8x12cm/*3x4in* Heidelberg 97
✏ *$1 349 FF7 722 £796* An Italianate Landscape Black chalk 16,5x23,5cm/*6x9in* Amsterdam 97
UMBEHR Otto 1902-1980 **[17]**
📷 *$5 840 FF33 994 £3 600* Woman with Veil Silver print 29x23,5cm/*11x9in* London 97
UMBERG Günter 1942 **[4]**
👌 *$3 485 FF17 160 £2 245* Ohne Titel Mixed media 35,5x31cm/*13x12in* Köln 95
👌 *$3 471 FF20 277 £2 131* Ohne Titel Mixed media 40x40cm/*15x15in* Köln 97
UMBRICHT Honoré Louis 1860-1943 **[4]**
👌 *$11 350 FF69 000 £6 886* Les deux frères Huile/toile 68x54cm/*26x21in* Paris 98
UMGELTER Hermann Ludwig 1891-1962 **[49]**
👌 *$1 005 FF5 733 £632* Blumen in einer Vase Öl/Leinwand 25,5x31,5cm/*10x12in* Stuttgart 97
👌 *$1 444 FF7 430 £900* Bosendesse-Ansicht von der Höhe Öl/Leinwand 59x76cm/*23x29in* Stuttgart 96
UMLAUF Ignaz 1821-1851 **[2]**
👌 *$5 960 FF29 400 £3 870* Zigeunermädchen am wegrand Öl/Metall 24x28cm/*9x11in* Wien 95
UNBEREIT Paul 1884-1937 **[29]**
👌 *$2 015 FF11 900 £1 217* Idyllische Dorfstiege Öl/Karton 33,5x23,5cm/*13x9in* Wien 97
👌 *$4 960 FF24 500 £3 226* Wachauer Hof Öl/Karton 48,5x38cm/*19x14in* Wien 95
UNCETA Y LOPEZ Marcelino 1836-1905 **[20]**
👌 *$1 564 FF9 364 £972* Soldado en la nieve Oleo/tabla 32x15cm/*12x5in* Madrid 98
✏ *$552 FF3 200 £336* Soldado Carbón/papel 40x26,5cm/*15x10in* Madrid 97
UNCINI Giuseppe 1929 **[12]**
👌 *$7 200 FF40 800 £3 600* Senza titolo Pintura 65x110,5cm/*25x43in* Prato 97
✏ *$780 FF4 420 £390* Senza titolo Acquarello 43x69cm/*16x27in* Prato 98
UNDERHILL Frederick Charles XIX **[8]**
👌 *$1 812 FF10 721 £1 100* Landscape with Harvesters in foreground Oil/canvas 71x91cm/*28x36in* Bristol, Avon 98
UNDERHILL William XIX **[9]**
👌 *$5 033 FF30 503 £3 000* Feeding Time, a small Girl Throwing Corn to the Chikens Oil/canvas 70x90cm/*27x35in* Bath 97
👌 *$15 230 FF76 800 £10 000* The Day's Bag Oil/canvas 127x102cm/*50x40in* London 96
UNDERWOOD Leon 1890-1975 **[41]**

$421 FF2 597 £259 Still Life Oil/canvas 20,5x25,5cm/*8x10in* London 98
$13 000 FF65 800 £8 500 The Fisherman's Rosy Love, Iceland Oil/canvas 63x76cm/*24x29in* London 96
$294 FF1 704 £180 Pike fishing Linocut in colors 38x43cm/*14x16in* London 97
$2 842 FF16 798 £1 700 Tribal Head Sculpture H7,5cm/*H2in* London 97

UNG Per 1933 **[4]**
$4 310 FF22 300 £2 780 A couple Bronze H56cm/*H22in* Stockholm 96

UNGER Hans 1872-1936 **[21]**
$2 821 FF16 795 £1 752 Flora Öl/Leinwand 87x72cm/*34x28in* Dresden 97
$187 FF1 071 £110 Landschaft Farbradierung 18,8x30,4cm/*7x11in* Dresden 97
$799 FF4 554 £499 Ragusabucht Aquarell/Papier 42x32cm/*16x12in* Dresden 97

UNGER Laurent XX **[1]**
$9 680 FF47 000 £6 240 Nirvana Huile/toile 100x100cm/*39x39in* Paris 95

UNGERER Tomi, Jean-Thomas 1931 **[15]**
$333 FF1 697 £220 "Stanley Kubrick's Dr. Strangelove" Poster 104x69cm/*40x27in* London 96

UNGERN Ragnar 1885-1955 **[21]**
$1 736 FF10 119 £1 069 Kvinna Oil/board 21,5x25cm/*8x9in* Helsinki 97
$3 405 FF20 457 £2 042 Regnig dag Oil/panel 42x42cm/*16x16in* Helsinki 98

UNGEWITTER Hugo 1869-c.1944 **[14]**
$2 336 FF13 481 £1 431 Reiter mit Jagdhunden Öl/Leinwand 85x130cm/*33x51in* Stuttgart 97
$150 000 FF890 205 £91 875 Siberischer Tiger in Einer Schneelandschaft Oil/canvas
101,5x165,5cm/*39x65in* New-York 97

UNKER d' Carl 1828-1866 **[10]**
$1 932 FF11 565 £1 189 Äldre man med snusdosa Oil/canvas 110x85cm/*43x33in* Stockholm 98

UNKOKU TOHAN 1635-1724 **[1]**
$10 000 FF57 870 £6 152 Portrait of a Zen monk (Chinso) Ink 94,5x41cm/*37x16in* New-York 97

UNOLD Max 1885-1964 **[68]**
$1 943 FF9 600 £1 257 Birnen auf rotem Tuch Öl/Karton 28x42cm/*11x16in* Kempten 96
$2 290 FF11 860 £1 488 In der Allee (Holzen) Oil/hardboard 50x60cm/*19x23in* München 96
$136 FF808 £83 Männer in einem Gartencafé Woodcut 18,2x13,9cm/*7x5in* Bern 97
$998 FF5 090 £660 Frühling im Voralpenland Aquarell 37x57cm/*14x22in* Kempten 96

UNTERBERGER Franz R. (Attrib.) 1838-1902 **[3]**
$4 500 FF26 706 £2 756 A Fjord Scene with Figures by a Hut Oil/canvas 51x65cm/*20x25in* San
Francisco 98

UNTERBERGER Franz Richard 1838-1902 **[106]**
$1 782 FF10 554 £1 058 Bjergomkranset sö Oil/canvas 44x60cm/*17x23in* Köbenhavn 97
$10 920 FF65 040 £6 680 Promenade en gondole à Venise Huile/panneau 17,5x31cm/*6x12in* Bruxelles 98
$20 100 FF102 100 £12 000 An Alpine village Oil/canvas 95x132cm/*37x51in* London 96

UNTERBERGER Michelangelo 1695-1758 **[3]**
$37 305 FF215 730 £23 085 Selbstportrait des Künstlers Öl/Leinwand 68,5x61,5cm/*26x24in* Wien 97

UNTRAUER Guy 1948 **[2]**
$549 FF3 145 £324 1985 Lithograph 75x58,5cm/*29x23in* New-York 97

UOTILA Aukusti 1858-1886 **[3]**
$8 240 FF43 000 £4 980 A street in Paris Oil/panel 24x14cm/*9x5in* Stockholm 96

UPHOFF Carl Emil 1885-1971 **[9]**
$841 FF5 020 £507 Worpsweder Bauernhäuser unter schweren Wolken Gouache/paper 45x55cm/*17x21in*
Bremen 97

UPHUES Joseph Johannes J. 1850-1911 **[8]**
$754 FF4 500 £455 L'archer Bronze H39cm/*H15in* Paris 97

UPJOHN Anna Milo ?-1951 **[7]**
$175 FF1 049 £107 From Gobi Charcoal/paper 50x74cm/*20x29in* Dedham, Mass. 98

UPTON Florence K. 1873-1922 **[2]**
$43 308 FF250 481 £26 000 The Golliwogg's Air-Ship Ink 20,5x27cm/*8x10in* London 97

URACH von Albert F. (Attrib.) 1903-1969 **[1]**
$3 590 FF18 330 £2 365 Sonnenblumen Öl/Leinwand 13x75cm/*5x29in* Wien 96

URBAN Albert 1909-1959 **[12]**
$140 FF855 £85 Dream Serigraph in colors 43x30cm/*17x12in* Cincinnati, Ohio 98

URBAN Hermann 1866-1946 **[15]**
$620 FF3 687 £379 Am Nemissee Öl/Leinwand 64x89cm/*25x35in* Köln 97

URBANI Andrea (Attrib.) 1711-1798 **[1]**

👆 *$13 720 FF70 700 £8 800* Hilly landscapes with sportmen and fishermen Oil/canvas 36x48cm/*14x18in* London 96

URBIETA Jesús 1959 **[8]**

👆 *$6 500 FF38 805 £3 992* Bodegóni Mixed media/canvas 100x85cm/*39x33in* New-York 98

URBINO Carlo 1553-1585 **[8]**

✏ *$1 600 FF7 720 £1 000* A woman seated on steps with three children Black chalk 11,4x9,4cm/*4x3in* London 95

URCULO FERNANDEZ Eduardo 1938 **[24]**

👆 *$4 760 FF23 460 £3 090* My Obsession Huile/toile 110x100cm/*43x39in* Bruxelles 95

✏ *$446 FF2 220 £292* El desplante Gouache 33x25cm/*12x9in* Madrid 95

URE SMITH Sydney 1887-1949 **[9]**

▥ *$117 FF709 £72* Musgrave St Mosman From Cremorne Etching 22,5x17,5cm/*8x6in* Sydney 98

UREN John Clarkson Isaac 1845-1932 **[45]**

✏ *$457 FF2 723 £280* A Storm at Kynance Cove, Lizard Watercolour 23,5x58cm/*9x22in* London 98

URGELL Y INGLADA Modest 1839-1919 **[14]**

👆 *$14 700 FF83 580 £9 030* Atardecer en la llanura Oleo/lienzo 58x117cm/*22x46in* Barcelona 97

✏ *$924 FF5 530 £546* Casa rústica Tinta china 18,5x27,5cm/*7x10in* Barcelona 98

URGELLES DE TOVAR Félix 1845-1919 **[5]**

👆 *$3 574 FF20 355 £2 219* Bjerglandskab med birketraeer og ungt par siddende ved en skovsti Oil/canvas 140x92cm/*55x36in* Vejle 97

URI Aviva 1927-1989 **[74]**

👆 *$1 600 FF8 290 £1 040* Painting Mixed media/canvas 60x73cm/*23x28in* Tel Aviv 96

👆 *$11 000 FF65 398 £6 729* Composition Acrylic/canvas 130x130cm/*51x51in* Tel Aviv 97

✏ *$1 300 FF7 589 £786* Graves Charcoal 56x77cm/*22x30in* Tel Aviv 97

URIA Y URIA José Maria 1861-1937 **[3]**

👆 *$12 540 FF75 430 £7 790* La pastorcilla Oleo/lienzo 184x101cm/*72x39in* Madrid 97

URLAUB Anton Georg 1713-1759 **[2]**

✏ *$3 358 FF20 107 £2 062* Allegorische Darstellung der Keuschheit Ink 14x19cm/*5x7in* Köln 98

URLAUB Georg Anton 1744-1788 **[2]**

✏ *$2 690 FF13 410 £1 763* Die Verherrlichung Christi Ink/paper 23x18cm/*9x7in* München 95

URMSTON Henry Brabazon XIX **[1]**

✏ *$4 586 FF26 666 £2 800* A collection of views of Hill Stations, India Watercolour/paper 25x35cm/*9x13in* London 97

URRUTIA OLARAN Jenaro 1895-1965 **[2]**

👆 *$2 145 FF12 837 £1 300* Muchacho vasco Oleo/lienzo 32,5x41cm/*12x16in* Madrid 98

👆 *$6 435 FF38 512 £3 900* Puerto de Motrico Oleo/tabla 55,5x48cm/*21x18in* Madrid 98

URSELINCX Johannes c.1598-1664 **[4]**

👆 *$16 750 FF86 700 £10 800* Rebecca und Isaak Oil/panel 93x145cm/*36x57in* Wien 96

URSELLA Enrico 1887-1955 **[15]**

👆 *$1 792 FF9 350 £1 176* In campagna Olio/tavola 30x22cm/*11x8in* Trieste 96

👆 *$3 300 FF18 700 £2 200* La raccolta del fieno Olio/tavola 40x53cm/*15x20in* Trieste 98

URSULA U. Schultze-Bluhm 1921 **[16]**

👆 *$845 FF4 420 £504* Ohne Titel Oil/canvas 18x24cm/*7x9in* Köln 96

URTEIL Andreas 1933-1963 **[12]**

🔨 *$2 980 FF14 700 £1 936* Figur gedreht Bronze H45cm/*H17in* Wien 95

✏ *$5 960 FF29 400 £3 870* Grosse Figur Wash/paper 63x45cm/*24x17in* Wien 95

URTIN Paul Francois Marie 1874-1962 **[4]**

👆 *$3 348 FF20 000 £2 048* Soir sur Montmartre Huile/toile 41x33cm/*16x12in* Paris 98

URUETA Cordelia 1908-1994 **[12]**

👆 *$12 000 FF70 713 £7 170* Paisajes Oil/canvas 80x94cm/*31x37in* New-York 97

👆 *$13 000 FF74 626 £7 924* Nave Oil/canvas 120x150cm/*47x59in* New-York 97

URWICK Walter C. 1864-1943 **[3]**

👆 *$1 510 FF7 740 £917* Portrait of Victoria Oil/canvas 42x32cm/*16x12in* Malmö 96

👆 *$21 413 FF131 778 £13 000* A Worcestershire Hop-Harden Oil/canvas 109x216cm/*42x85in* London 98

URY Lesser 1861-1931 **[408]**

$16 000 FF96 793 £9 497 Woman in Field Oil/canvas/board 30x38cm/*11x14in* Tel Aviv 98
$46 200 FF239 400 £30 000 Schwerin, rote hausdächer Oil/canvas 36x51,5cm/*14x20in* London 96
$990 FF5 070 £585 Dame im Café Etching 20x14cm/*7x5in* Hamburg 96
$3 512 FF20 784 £2 142 Spaziergänger am Landwehrkanal Relief 35,5x27,5cm/*13x10in* Köln 98
$200 FF1 190 £124 Landscape Charcoal/paper 38x35cm/*15x14in* Chicago, Illinois 97

USADEL Max XIX-XX **[10]**
$938 FF4 860 £600 The Faraglioni Rocks, capri Oil/canvas 64x83cm/*25x32in* London 96

USELLINI Gian Filippo 1903-1971 **[15]**
$6 899 FF39 098 £4 599 "La dannazione" Olio/tela 50x100cm/*19x39in* Milano 97

USHER DE VOLL F. 1873-1941 **[1]**
$1 200 FF7 357 £735 Washington Square Pastel/paper 31x25cm/*12x10in* Mystic, Connecticut 98

USLÉ Juan 1954 **[5]**
$10 000 FF51 800 £6 680 Last Letter Oil/canvas 198x118cm/*77x46in* New-York 96

USSI Stefano 1822-1901 **[13]**
$1 755 FF9 948 £877 Serpe Olio/tela/tavola 26x16cm/*10x6in* Milano 97
$10 200 FF57 800 £6 800 Donna orientale Olio/tela 108x64cm/*42x25in* Firenze 98
$2 160 FF12 240 £1 440 Studio per una Madonna col Bambino Matita 120x65cm/*47x25in* Prato 98

USSI Stefano (Attrib.) 1822-1901 **[1]**
$2 080 FF10 200 £1 353 Scorcio di paese orientale Olio/tavola 15x9cm/*5x3in* Milano 95

USTINOV Igor 1956 **[2]**
$8 080 FF47 755 £5 000 "Gravity" Bronze 40x37cm/*15x14in* London 97

UTAMARO Kitagawa 1753-1806 **[74]**
$9 161 FF52 986 £5 500 Two Courtesan dancing, from "Seiro Niwaka Kashima Odori Tsuzuli" Print in colors 37,2x24,9cm/*14x9in* London 97

UTH Max 1863-1914 **[11]**
$1 765 FF10 135 £1 076 Windmühle bei Ahrenshoop Öl/Karton 50x60cm/*19x23in* Berlin 97
$1 647 FF9 459 £1 004 Stubeninterieur Gouache 57x43cm/*22x16in* Düsseldorf 97

UTRECHT van Adriaen 1599-1652 **[21]**
$33 100 FF172 800 £20 000 Still life of grapes, plums, an overturned basket and a monkey Oil/canvas 81,5x116cm/*32x45in* London 96
$40 000 FF234 192 £24 732 Turkeys, Peacocks, Ducks with their Chicks and Chickens Oil/canvas 117x166cm/*46x65in* New-York 97

UTRECHT van Jacob Claessens 1480-c.1535 **[2]**
$167 500 FF810 000 £105 000 The Annunciation Oil/panel 146x100cm/*57x39in* London 95

UTRECHT van Jacob Claesz. (Attr) 1480-c.1535 **[1]**
$14 739 FF87 210 £8 869 Portrait of a Gentleman Standing Small Half Length Oil/panel 31,5x22cm/*12x8in* Amsterdam 98

UTRILLO Maurice 1883-1955 **[895]**
$45 150 FF225 000 £29 600 "Montmartre", Juillet Huile/toile 22x29cm/*8x11in* Paris 95
$102 000 FF515 000 £66 600 Personnages à Montmartre Huile/toile 61x540cm/*24x212in* Paris 96
$89 424 FF540 000 £53 622 "Eglise Saint-Pierre à Montmartre" Huile/panneau 37x56cm/*14x22in* Paris 98
$925 FF5 407 £568 Pont Neuf à Paris Farblithographie 32,2x41,1cm/*12x16in* Köln 97
$4 900 FF29 100 £2 968 Peintre et promeneurs dans une rue de Montmartre Crayons couleurs/papier 20x23cm/*7x9in* Calais 97

UTRILLO MORLIUS Miguel 1862-1934 **[5]**
$7 800 FF47 400 £4 800 Paisaje Oleo/lienzo 61x46cm/*24x18in* Madrid 98
$635 FF3 300 £420 "Ferros d'Art, Barcelona" Poster 86x47cm/*33x18in* London 96

UTTER André 1886-1948 **[42]**
$487 FF3 000 £298 Nature morte auviolon Huile/toile 24x41cm/*9x16in* Versailles 98
$1 501 FF9 000 £903 Nu Huile/toile 74x54cm/*29x21in* Paris 98

UTZON-FRANK Einar 1888-1955 **[30]**
$1 590 FF9 299 £971 Vasepige Bronze 40x60cm/*15x23in* Vejle 97
$7 010 FF36 100 £4 480 Salome med Johannes Døberens afhuggede hover Bronze H172cm/*H67in* København 96

UVA Cesare XIX **[13]**
$3 900 FF22 100 £1 950 Ritorno dai campi con paesaggio del Golfo di Napoli Tempera/cartone 53x41cm/*20x16in* Vercelli 98
$1 500 FF8 500 £1 000 Ritratto di Popolana Acquarello/carta 53x36cm/*20x14in* Firenze 97

UYTTENBROECK van Moses c.1590-1648 **[17]**
$6 716 FF40 214 £4 125 Mythologische Szene Oil/wood 43x59cm/*16x23in* Köln 98
$520 FF2 712 £304 Die Wäscherin Radierung 14,1x12,3cm/*5x4in* Berlin 96
UYTTERSCHAUT Victor 1847-1917 **[24]**
$243 FF1 387 £148 Knotwilgen Watercolour/paper 17x11,5cm/*6x4in* Lokeren 97
UZELAC Milivoy 1897-? **[15]**
$3 385 FF20 154 £2 102 Szene mit sieben Jungfrauen - Amazonenlager Öl/Leinwand 83x134cm/*32x52in* Dresden 97

V

VAARBERG Joannes Christoffel 1825-1871 **[10]**
$2 372 FF14 512 £1 458 Trying on the New Armour Oil/panel 55x72cm/*21x28in* Amsterdam 98
$2 974 FF17 889 £1 783 At the Blacksmith's Oil/panel 35x29cm/*13x11in* Amsterdam 98
VAARZON MOREL Willem 1868-1955 **[16]**
$772 FF4 461 £458 Gevarieerd stilleven Oil/canvas 70x84cm/*27x33in* Rotterdam 97
$900 FF4 590 £585 Ijpes & Posthumus Sigarenfabrikanten Utrecht Poster 56x77cm/*22x30in* Oostwoud 96
VACCARI Wainer 1949 **[5]**
$1 625 FF8 500 £968 Festine Acrylic/panel 35x50cm/*13x19in* München 96
VACCARO Andrea c.1598-1670 **[12]**
$9 500 FF57 610 £5 796 Prometheus Bound to the Rock Oil/canvas 165x203,5cm/*64x80in* New-York 98
$15 875 FF89 960 £7 937 La Vergine e Santa Maria Maddalena Olio/tela 74x95cm/*29x37in* Roma 97
VACCARO Domenico Antonio 1678-1745 **[5]**
$54 600 FF281 300 £35 000 The Presentation in the Temple Oil/canvas 63x80cm/*24x31in* London 96
$4 550 FF23 260 £3 000 An Allegorical Figure in a Niche, set between two arched windows Ink 24,5x32,5cm/*9x12in* London 96
VACCARO Nicola 1634/37-1709/17 **[6]**
$24 424 FF138 403 £12 212 Mosè difende le figlie di Ietro Olio/tela 200x256cm/*78x100in* Roma 97
VACCARO Nicola (Attrib.) 1634/37-1709/17 **[2]**
$5 175 FF29 325 £3 450 Fuga in Egitto Olio/rame 19x19cm/*7x7in* Roma 98
VACCHI Sergio 1925 **[31]**
$2 160 FF12 240 £1 080 "Aquila e catafalco" Olio/carta/tavola 70x50cm/*27x19in* Milano 98
$3 029 FF15 563 £1 803 Case di notte Olio/tela 35,5x40cm/*13x15in* Roma 96
$768 FF4 355 £384 Giardino Litografia 70x90cm/*27x35in* Roma 98
$449 FF2 547 £224 Nudo lunare Tecnica mista/carta 49,5x70,5cm/*19x27in* Roma 97
VACHER Charles 1818-1883 **[16]**
$931 FF4 720 £600 The banks of the Nile Watercolour 30x60cm/*11x23in* London 96
VACHER Roger XX **[3]**
$1 449 FF9 000 £873 "Le mystère de la chambre jaune" Affiche 160x240cm/*62x94in* Paris 98
VACHEROT Ernest Fr. 1811-? **[6]**
$40 468 FF255 000 £25 500 Les marchands d'esclaves au Faubourg Babazoun à Alger Huile/toile 164x232cm/*64x91in* Cannes 97
VACHON John XX **[5]**
$3 000 FF17 310 £1 838 Group of 15 F.S.A Photographs Silver print 17x22cm/*7x9in* New-York 97
VACOSSIN Georges, Géo 1870-1942 **[7]**
$548 FF3 200 £326 Les trois chiots Bronze 13x20cm/*5x7in* Lyon 97
VADASZ Andre 1901 **[2]**
$3 613 FF22 129 £2 153 Wedding Scenes, on occasion of the Fifth Wedding Anniversary Watercolour/paper 39x29cm/*15x11in* Amsterdam 98
VADDER de Lodewyck 1605-1655 **[15]**
$2 735 FF16 761 £1 633 Waldlandschaft mit Hirten und Vieh Oil/canvas 38x33cm/*14x12in* Dresden 98
$10 750 FF55 500 £6 900 A goathers watching a man fell a tree above a sandy path Oil/canvas 56x77cm/*22x30in* London 96
VAES Walter 1882-1958 **[121]**
$2 810 FF13 720 £1 776 Pêches et fraises Huile/toile 22x27cm/*8x10in* Antwerpen 95
$4 372 FF25 479 £2 672 Peren op Spiegel Oil/canvas 40x45cm/*15x17in* Amsterdam 97

$176 FF858 £111 Horloge de clocher Technique mixte/papier 25x18cm/*9x7in* Antwerpen 95
VAFFLARD Pierre Antoine A. 1779-1838 **[2]**
$43 360 FF269 152 £26 000 Ulysse demandant des secours à Nausicaa, fille du roi Alcinous Oil/canvas 114x145cm/*44x57in* London 98
VAGA del Perin Buonaccorsi 1501-1547 **[6]**
$2 475 FF12 945 £1 500 Studies of a Torso, a Nereid and a Dolphin/Studies of a Leg Black chalk 16,5x20,5cm/*6x8in* London 96
VAGA del Perino (Studio) 1501-1547 **[2]**
$2 600 FF12 830 £1 680 Studies of two Caryatids flanking a Harp/Figure Studies Ink 15,5x13cm/*6x5in* New-York 96
VAGH-WEINMANN Elemer 1906 **[77]**
$325 FF2 000 £195 "Moi-Même" Huile/toile 61x50cm/*24x19in* Paris 98
VAGH-WEINMANN Maurice 1899-1966 **[54]**
$346 FF2 100 £205 Le village Huile/panneau 65x81cm/*25x31in* Arles 98
VAGH-WEINMANN Nandor 1897 **[39]**
$671 FF3 500 £422 Paysage Huile/toile 81x101cm/*31x39in* Montauban 96
VAGLIERI Tino 1929 **[38]**
$899 FF5 098 £599 "Figura orizzontale" Olio/tela 50x70cm/*19x27in* Milano 97
VAGNETTI Gianni 1898-1956 **[38]**
$360 FF2 040 £240 Dalla finestra Olio/carta 22,2x16,2cm/*8x6in* Prato 97
$1 560 FF8 840 £780 Natura morta con pesce Olio/tela 45x61,5cm/*17x24in* Roma 98
$288 FF1 632 £144 La cartomante Inchiostro 43x33cm/*16x12in* Prato 98
VAHLE Fritz 1913-1991 **[13]**
$266 FF1 518 £166 Meeresbrandung Watercolour 48,5x67,5cm/*19x26in* Bremen 97
VAHLE Inge 1915-1989 **[4]**
$373 FF2 125 £233 Sitzendes Mädchen vor rotem Grund Gouache/paper 51x35cm/*20x13in* Bremen 97
VAIL Eugene Lawrence 1857-1934 **[6]**
$38 000 FF190 000 £24 600 On the Thames Oil/canvas 176x209,5cm/*69x82in* New-York 96
VAILLANT Wallerand 1623-1677 **[19]**
$7 500 FF38 400 £4 560 Portrait of a Gentleman, in a dressing gown Oil/canvas/panel 28x25,5cm/*11x10in* New-York 96
$18 238 FF105 468 £11 286 Selbstbildnis des Künstlers im Harnisch Öl/Leinwand 65x54cm/*25x21in* Wien 97
$500 FF2 871 £305 Schenke mit sich umarmendem Paar Print 33,5x27,4cm/*13x10in* Berlin 97
$2 090 FF13 000 £1 318 Tête d'homme Pierre noire/papier 44,5x34,5cm/*17x13in* Biarritz 97
VAINS de H.R. XX **[3]**
$7 342 FF43 500 £4 354 Jockey à cheval Bronze H43cm/*H16in* Limoges 97
VAISMAN Meyer 1960 **[19]**
$17 500 FF89 100 £10 500 The Crusaders Mixed media 194,5x221cm/*76x87in* New-York 96
$11 000 FF56 000 £6 600 Untitled Turkey XXIV (black feathers) Construction 48x114,5x66cm/*18x45x25in* New-York 96
$15 000 FF87 159 £8 856 Filler Ink 183x183x27cm/*72x72x10in* New-York 97
VAïTO Agathe 1928-1973 **[32]**
$213 FF1 100 £137 Les ruines de Rome Huile/papier/toile 9x30cm/*3x11in* Paris 96
VAJDA Zsigmond 1860-1931 **[8]**
$2 660 FF13 760 £1 700 The Party Girl Oil/canvas 95x79cm/*37x31in* London 96
$4 200 FF23 800 £2 100 La bellezza Olio/tela 157x165cm/*61x64in* Trieste 98
VALADE Jean 1709-1787 **[10]**
$70 000 FF429 709 £42 889 Pastoral Scene with a Young Man presenting a Basket of Fruit Oil/canvas 104x96cm/*40x37in* New-York 98
$13 778 FF80 059 £8 478 Portrait of Madame Pinson de Menerville, half-length Pastel/papier 76x59,5cm/*29x23in* London 97
VALADE Jean (Attrib.) 1709-1787 **[3]**
$629 FF3 800 £377 Portrait d'homme en veste rouge Pastel/papier 62x54cm/*24x21in* Paris 98
VALADIE Jean-Baptiste 1933 **[65]**
$1 630 FF8 500 £1 077 Nu Huile/papier 33x43cm/*12x16in* Arles 96
$2 460 FF15 000 £1 476 Jeune fille pensive Huile/toile 46x55cm/*18x21in* Calais 98

VALADON Jules Emmanuel 1826-1900 [5]

 $1 446 FF8 610 £884 Nature morte au violon, au vase et aux livres Oil/canvas/panel 34,5x42cm/*13x16in* Warszawa 98

VALADON Suzanne 1865-1938 [164]

 $12 750 FF65 000 £8 410 Vase de roses Huile/toile 42x33cm/*16x12in* Paris 96

 $19 205 FF115 000 £11 477 Nature morte à la théière Huile/carton 46x55cm/*18x21in* Paris 98

 $170 000 FF979 268 £99 892 Les deux baigneuses Oil/canvas 162x130cm/*63x51in* New-York 97

 $1 360 FF6 600 £877 Nu au tub Vernis mou 46,5x37cm/*18x14in* Paris 95

 $2 747 FF16 500 £1 648 Nu debout Mine plomb 87x47cm/*34x18in* Paris 98

VALAPERTA Francesco 1836-1908 [2]

 $10 011 FF60 453 £6 000 The Joy of the Soldier Oil/canvas 100x110cm/*39x43in* London 98

VALCIN Gérard 1927-1988 [17]

 $1 178 FF6 000 £776 Couple sous la cascade Huile/toile 40x30cm/*15x11in* Paris 96

 $2 550 FF13 000 £1 682 Cérémonie Agoué Huile/isorel 51x61cm/*20x24in* Paris 96

VALCIN Pierre Joseph XX [4]

 $666 FF3 800 £408 Adam et Eve Acrylique/toile 62x77cm/*24x30in* Paris 97

VALCK Gerard 1650-1720 [6]

 $143 FF879 £86 Maurice, Prince d'Orange Engraving 31x18cm/*12x7in* Amsterdam 98

VALCKENBORCH van Frederick 1570-1623 [8]

 $15 400 FF78 000 £10 110 Phantatische Landschaft mit Jägern Öl/Leinwand 85x115cm/*33x45in* Wien 96

 $20 660 FF105 800 £13 260 Die Brandlegung von Persepolis Öl/Kupfer 19,5x34cm/*7x13in* Wien 96

 $19 581 FF112 994 £12 000 An extensive wooded landscape with a hunting party, a town beyond Oil/canvas 113x149cm/*44x58in* London 97

 $1 425 FF8 542 £850 Extensive mountainous Landscape with Forts Ink 19x27,5cm/*7x10in* London 98

VALCKENBORCH van Frederick (Attrib.) 1570-1623 [4]

 $3 484 FF20 000 £2 124 Paysage de cascade avec saint Jérome Huile/panneau 28x37,5cm/*11x14in* Vendôme 97

VALCKENBORCH van Gillis c.1570-1622 [2]

 $3 721 FF21 636 £2 272 Der Brand von Persepolis Oil/copper 20x28,5cm/*7x11in* Wien 97

VALCKENBORCH van Gillis (Attrib.) c.1570-1622 [3]

 $3 134 FF16 000 £2 074 Pélerinage au calvaire Lavis 15x15,5cm/*5x6in* Paris 96

VALCKENBORCH van Lucas c.1535-1597 [5]

 $50 000 FF294 985 £30 620 Extensive mountainous river Landscape with an Iron Foundry and Barges Oil/panel 27,5x41,5cm/*10x16in* New-York 98

VALCKENBORCH van Martin 1535-1612 [3]

 $260 800 FF1 493 600 £159 200 Townscene in winter Oil/panel 57x72cm/*22x28in* Stockholm 97

 $274 495 FF1 683 091 £164 533 Heuernte bei Schloss Heverlee Oil/panel 21x29cm/*8x11in* Zürich 98

VALCKENBORCH van Martin (Attrib.) 1535-1612 [3]

 $18 546 FF110 000 £11 231 Paysage de la Vallée du Rhin avec la Fuite en Égypte Huile/panneau 48,5x64cm/*19x25in* Paris 97

VALDAMBRINO Francesco (Attrib.) 1401-1435 [1]

 $45 266 FF260 000 £28 184 Vierge dite de l'Annonciation Sculpture bois H147cm/*H57in* Paris 97

VALDÉS LEAL Juan de Nisa 1622-1690 [13]

 $11 220 FF67 150 £6 800 San Francisco Oleo/lienzo 55,5x42cm/*21x16in* Madrid 98

VALDÉS Manolo 1942 [10]

 $34 340 FF180 000 £20 660 El Conde Duque de Olivares I Technique mixte/toile 145x116cm/*57x45in* Monaco 96

 $1 260 FF7 200 £774 Homenaje a Kandinsky Collage 60x51cm/*23x20in* Madrid 97

VALDIVIESO Antonio 1918 [5]

 $748 FF4 378 £451 Mujer de azul Gouache 31x24cm/*12x9in* Madrid 97

VALENCIA Alizandro 1930 [3]

 $1 200 FF6 000 £777 Woman with balloons Oil/canvas 104x69cm/*41x27in* Delray Beach, Florida 96

VALENCIA Manuel 1856-1935 [26]

 $400 FF2 000 £259 Figure in Wooded Clearing Oil/canvas 38x50cm/*15x20in* Altadena, CA 96

 $1 400 FF8 510 £849 Coastal Landscape Oil/canvas 30x45cm/*12x18in* San Rafael, CA 98

VALENCIENNES Pierre Henri 1750-1819 [12]

$2 899 FF18 000 £1 747 Soleil couchant près de Rennes Huile/panneau 7,5x10cm/*2x3in* Paris 98
$104 720 FF598 320 £64 160 Klassiskt landskap med figurer Oil/canvas 54x81cm/*21x31in* Stockholm 97
VALENCIENNES Pierre Henri (Attr.) 1750-1819 **[8]**
$47 500 FF280 069 £29 127 Unfinished Study of the Pyramid of Caius Cestius and the walls, Rome Oil/paper 44x59cm/*17x23in* New-York 98
$11 464 FF66 539 £7 000 Classical landscape with figures in the background Watercolour, gouache 96,5x134cm/*37x52in* London 97
VALENKAMPH Theodor Victor Carl 1868-1924 **[12]**
$900 FF5 714 £562 Ocean Swells Oil/canvas 25x43cm/*10x17in* Portland, Maine 97
$3 200 FF20 317 £1 998 Marine Oil/canvas 60x91cm/*24x36in* Portland, Maine 97
VALENSI Henri 1883-1960 **[33]**
$1 056 FF6 102 £620 "Coastal Scene, St. Enogat" Oil/panel 17,5x23cm/*6x9in* London 97
$39 684 FF231 660 £24 000 "Expression de la locomotive" Oil/canvas 113,5x195cm/*44x76in* London 97
$1 317 FF7 881 £800 Le retour Watercolour/paper 27,5x35,5cm/*10x13in* London 97
VALENTA Ludwig 1882-1943 **[4]**
$1 986 FF9 800 £1 290 Zwei kleine Ministranten Oil/panel 27x21cm/*10x8in* Wien 95
VALENTE Alfredo 1899-1973 **[13]**
$1 200 FF6 200 £768 Nude study Gelatin silver print 34x26cm/*13x10in* New-York 96
VALENTI Italo 1912-1995 **[30]**
$1 619 FF9 178 £809 Natura morta con pere Olio/tela 29,5x29,5cm/*11x11in* Milano 98
$3 299 FF18 698 £1 649 "Paesaggio" Olio/tela 55x65cm/*21x25in* Milano 98
$130 FF640 £84 Komposition Sérigraphie couleurs 65,5x46,5cm/*25x18in* Zürich 95
$4 053 FF24 154 £2 485 L'oiseau Collage 35x31cm/*13x12in* Zürich 98
VALENTIN Emile XIX **[4]**
$4 006 FF23 768 £2 448 Marine fra Konstantinopel Oil/canvas 52x78cm/*20x30in* Köbenhavn 98
VALENTINE Albert R. 1862-1925 **[2]**
$1 800 FF9 108 £1 184 Landscape of pasture with tall grass of tan Watercolour/board 33x22cm/*13x9in* Cincinnati, Ohio 96
VALENTINE James 1815-1880 **[6]**
$929 FF5 393 £549 Norfolk Broads Albumen print 13x20cm/*5x8in* London 97
VALENTINI Walter 1928 **[22]**
$1 680 FF9 520 £840 La porta del tempo Tecnica mista/tavola 60x60cm/*23x23in* Milano 98
VALENTINO Gian Dom. (Attrib.) XVII **[4]**
$30 000 FF182 814 £18 276 Kitchen Iteriors with a Maid plucking Poultry and a Manservant Oil/canvas 72x96cm/*28x37in* New-York 98
VALENTINO Gian Domenico G.D.V. XVII **[19]**
$16 200 FF91 800 £10 800 Interno di Cucina con Due Vivandiere Olio/tela 86x135cm/*33x53in* Firenze 97
VALENZUELA LLANOS Alberto 1869-1925 **[1]**
$5 740 FF30 000 £3 420 La place Saint Marc à Venise Huile/toile 60x68cm/*23x26in* Paris 96
VALÉRIO de Roger 1886-1951 **[16]**
$367 FF1 900 £237 "Comment deviendrez-vous pilotes..." Affiche 57x79cm/*22x31in* Nice 96
VALERIO James R. 1938 **[2]**
$1 500 FF7 790 £992 Reclining nude Graphite 56x76cm/*22x30in* Chicago, Illinois 96
VALERIO Théodore 1819-1879 **[22]**
$1 200 FF6 386 £707 Academic study Sanguine 32,4x25,1cm/*12x9in* New-York 97
V
VALÉRY Paul 1871-1945 **[11]**
$973 FF4 800 £633 Etude d'une main tenant un porte-plume Encre/papier 12x8,5cm/*4x3in* Paris 95
VALETTE Adolphe Pierre 1876-1942 **[47]**
$814 FF4 931 £500 French Landscape with Buildings Oil/canvas/board 25x34cm/*9x13in* Chester 98
$1 466 FF8 875 £900 Anemones in a Green Vase Oil/canvas/board 46x54cm/*18x21in* Chester 98
VALETTE René XIX-XX **[7]**
$1 127 FF7 000 £679 Chiens rapportant un canard Aquarelle/papier 25x35cm/*9x13in* Soissons 98
VALETTE-FALGORES Jean (Attrib.) 1710-1777 **[1]**
$3 400 FF20 618 £2 074 Still Life of Cherries nd Apricots in a Basket, all on a Ledge Oil/canvas 32,5x41,5cm/*12x16in* New-York 98
VALFORT Charles XIX **[5]**
$1 466 FF9 000 £898 Constantine Huile/panneau 35x27cm/*13x10in* Avranches 98

VALINDER Knut 1909 [15]
$635 FF3 210 £416 Sjöfågel vid klippig kust Oil/canvas 40x85cm/*15x33in* Stockholm 96
VALK de Hendrik XVII [5]
$3 027 FF17 581 £1 849 Man seated by a barrel, dressed in fancy costume, playing flute Oil/panel 24,5x19,5cm/*9x7in* Amsterdam 97
VALK Hendrik 1897-1986 [31]
$1 318 FF7 835 £784 Water-Lily - Waterlelie Oil/wood 21x18cm/*8x7in* Amsterdam 97
VALK van der Maurits 1857-1935 [6]
$6 287 FF37 835 £3 764 A Still Life with Shells and a Chinese Lacquer Box Tempera/canvas 51x60cm/*20x23in* Amsterdam 98
VALKENBORCH van Frederik c.1570-1623 [4]
$63 375 FF390 000 £38 805 Le Carnaval des Doges Huile/toile 131x255cm/*51x100in* Paris 98
VALKENBORCH van Frederik (Attrib.) c.1570-1623 [2]
$50 000 FF294 810 £30 660 Fruit and Vegetable Sellers in the Marketplace Oil/canvas 92x114cm/*36x44in* New-York 98
VALKENBURG Dirk 1675-1721 [4]
$63 800 FF309 000 £40 000 A hound with game birds and a musket in the ground of a Villa Oil/canvas 101x126cm/*39x49in* London 95
$61 200 FF319 600 £37 000 Still life with a hare, a jay, a partridge, and a musket Oil/canvas 99x78cm/*38x30in* London 96
VALKENBURG Hendrik 1826-1896 [30]
$5 513 FF31 965 £3 292 Lost in Thought Oil/canvas 77,5x103,5cm/*30x40in* Amsterdam 97
$2 004 FF11 621 £1 197 A Caring Mother Watercolour/paper 51,5x42cm/*20x16in* Amsterdam 97
VALLAT Aimé XX [840]
$87 FF520 £53 Petite cascade en campagne Huile/isorel 41x33cm/*16x12in* Limoges 97
$111 FF680 £66 Bosquet d'arbres Huile/carton 60x73cm/*23x28in* Limoges 98
VALLAYER-COSTER Anne 1744-1818 [26]
$3 550 FF17 500 £2 310 Nature morte aux instruments de musique Huile/panneau 24x38cm/*9x14in* Paris 95
$86 872 FF495 000 £54 252 Bouquet de fleurs dans un vase en albâtre Huile/toile 37,5x45cm/*14x17in* Lille 97
$640 000 FF3 533 952 £399 360 Flowers in a celadon porcelain Vase and a Bust of Flora, with Raisins Oil/canvas 154x130cm/*60x51in* New-York 97
$10 143 FF62 000 £6 088 Lilas et tulipes Aquarelle, gouache/papier 31x24,5cm/*12x9in* Bayeux 98
VALLAYER-COSTER Anne (Attrib.) 1744-1818 [4]
$1 348 FF8 000 £824 Bouquet de fleurs dans une coupe Aquarelle 26,5x20,5cm/*10x8in* Grenoble 97
VALLAYER-MOUTET Pauline XIX-XX [6]
$1 185 FF7 000 £736 Les servantes Huile/toile 46x33cm/*18x12in* Paris 97
$2 835 FF16 000 £1 737 Les repasseuses Huile/toile 61x51cm/*24x20in* Dieppe 97
VALLAZZA Markus 1936 [10]
$906 FF5 236 £537 "Nanetta und Bettina" Indian ink/paper 22,5x29,5cm/*8x11in* Wien 97
VALLE Evaristo 1873-1951 [6]
$26 896 FF138 275 £16 551 Feria asturiana Oleo/lienzo 50x65cm/*19x25in* Madrid 96
VALLÉE Etienne Maxime XIX-XX [33]
$1 092 FF6 500 £667 Lavandière au bord de l'eau Huile/panneau 24x32,5cm/*9x12in* Barbizon 98
$2 152 FF12 738 £1 295 "Hafen von Pourville nahe Dieppe" Öl/Leinwand 92x75cm/*36x29in* Lindau 98
VALLEJO Boris 1941 [11]
$2 400 FF14 268 £1 444 Psylocke, for Marvel Comics Oil/board 36x26cm/*14x10in* New-York 97
$5 000 FF25 600 £3 040 Tarzan and the Golden Lion Oil/board 55x40cm/*22x16in* New-York 96
VALLES Lorenzo 1830-1910 [7]
$56 688 FF348 217 £34 000 The Latest News Oil/panel 32x45cm/*12x17in* London 98
VALLET Edouard 1876-1929 [110]
$5 686 FF33 003 £3 360 Petit feuillage Öl/Leinwand 46,5x33cm/*18x12in* Bern 97
$6 012 FF36 246 £3 639 Drei Walliserinnen, Studie zur Radierung "Autour d'une tombe" Öl/Karton 46x37cm/*18x14in* Zürich 98
$447 FF2 613 £274 Berger et vaches Aquatinta 36x43cm/*14x16in* Zofingen 97

✐ *$1 021 FF6 063 £625* Les scieurs de long Indian ink/paper 10,6x9,2cm/*4x3in* Bern 97
VALLET Louis 1856-? **[14]**
▤ *$646 FF3 275 £420* "Maurin-Quina, Vin exquis et fortifiant" Poster 160x120cm/*62x47in* London 96
VALLET Pierre 1884-1971 **[20]**
✐ *$155 FF800 £100* Modèle/Nu Aquarelle, gouache 31,5x47,5cm/*12x18in* Paris 96
VALLET-BISSON Frédérique 1865-? **[14]**
◕ *$15 000 FF73 700 £9 500* Self-portrait Oil/canvas 223x154cm/*87x60in* New-York 95
✐ *$844 FF5 000 £505* Portrait d'enfant Pastel/papier 61x51cm/*24x20in* Paris 97
VALLGREN Ville 1855-1940 **[42]**
⚘ *$277 FF1 655 £170* Kalevalas 100 årsminne Plaster H32cm/*H12in* Helsinki 98
VALLHONRAT Javier 1953 **[2]**
📷 *$1 100 FF5 740 £665* Animal-Vegetal, Madrid Gelatin silver print 45x33cm/*18x13in* New-York 96
VALLIEN Bertil 1938 **[4]**
⚘ *$6 500 FF39 634 £3 900* Secret Mission Sculpture 21,5x49,5cm/*8x19in* New-York 98
VALLIN Hugo Golli XIX-XX **[2]**
◕ *$4 309 FF25 808 £2 648* A Venetian canal scene Oil/canvas 60x90cm/*23x35in* Johannesburg 98
VALLIN Jacques A. (Attrib.) c.1760-1831 **[12]**
◕ *$2 650 FF15 000 £1 618* Conversation dans le parc Huile/panneau 27x22cm/*10x8in* Lyon 97
◕ *$4 050 FF20 900 £2 600* A Bacchante with the blindfolded Cupid in a landscape Oil/panel
36x46cm/*14x18in* London 96
VALLIN Jacques Antoine c.1760-1831 **[35]**
◕ *$995 FF5 800 £613* Vénus et l'Amour Huile/toile 32x24cm/*12x9in* Saint-Dié 97
◕ *$6 744 FF40 000 £4 124* Antiochus et Stratonice Huile/panneau 42,5x47cm/*16x18in* Paris 97
VALLMAN Uno 1913 **[109]**
◕ *$333 FF1 680 £218* Vase of flowers Oil/canvas 41x33cm/*16x12in* Stockholm 96
◕ *$1 815 FF10 878 £1 085* Stadion Oil/canvas 60x74cm/*23x29in* Stockholm 98
VALLMITJANA Y BARBANY Venancio 1830-1919 **[6]**
⚘ *$1 610 FF8 140 £1 056* Figura de maja goyesca Bronze H48cm/*H18in* Madrid 96
VALLOIS Paul Félix 1845-1906 **[10]**
◕ *$885 FF4 500 £529* péniches sur la seine à Saint-Mammès Huile/toile 33,5x46,5cm/*13x18in* Barbizon 96
VALLORZ Paolo 1931 **[8]**
◕ *$10 647 FF65 000 £6 383* La petite Turque Huile/toile 125x124cm/*49x48in* Paris 98
VALLOTTON Félix 1865-1925 **[346]**
◕ *$8 548 FF52 867 £5 093* Petit torse de femme nue Öl/Leinwand 14x9cm/*5x3in* Zürich 98
◕ *$53 300 FF278 000 £32 200* Paysage au Mourillon (Toulon) Huile/toile 53,5x80cm/*21x31in* Zürich 96
▤ *$1 930 FF10 000 £1 247* "Paris intense" Estampe 32,5x50cm/*12x19in* Paris 96
✐ *$2 597 FF15 440 £1 588* Nu debout Red chalk/paper 28,6x14,7cm/*11x5in* Bern 97
VALLOU DE VILLENEUVE Julien 1795-1866 **[15]**
◕ *$3 368 FF20 000 £2 040* Petit blanc que j'aime Huile/toile 47x57cm/*18x22in* Montauban 97
📷 *$2 281 FF13 000 £1 424* Étude, femme au torse nu, bras levés Tirage papier salé 16x11,8cm/*6x4in*
Chartres 97
VALLS Ernesto 1891-1941 **[7]**
◕ *$10 000 FF61 237 £5 985* The Young Fishermen Oil/canvas 221x141cm/*87x55in* New-York 98
VALLS Xavier 1923 **[16]**
✐ *$910 FF5 530 £560* "Organos de Montoro" Lápiz/papel 50x64cm/*19x25in* Madrid 98
V VALMIER Georges 1885-1937 **[142]**
◕ *$33 403 FF195 000 £20 202* Les boeufs dans la montagne Huile/toile 50x73cm/*19x28in* Paris 97
✐ *$5 690 FF29 000 £3 416* Le temps Gouache 19x30cm/*7x11in* Paris 96
VALTAT Louis 1869-1952 **[956]**
◕ *$8 000 FF45 558 £4 965* Nature morte : plateau de fruits Oil/board 29,9x40cm/*11x15in* New-York 97
◕ *$28 270 FF144 000 £16 960* Le salon d'essayage Huile/toile 45x62cm/*17x24in* Paris 96
◕ *$270 000 FF1 612 899 £165 483* Trois femmes au balcon Oil/canvas 130x195,5cm/*51x76in* New-York 98
▤ *$247 FF1 292 £147* Voiliers à Collioure Color lithograph 27,5x37,5cm/*10x14in* Hamburg 96
⚘ *$2 892 FF16 500 £1 767* Tête d'enfant Bronze H17cm/*H6in* Calais 97
✐ *$32 000 FF184 864 £18 780* Au Cabaret Pastel/paper 25x19cm/*9x7in* New-York 97
VALTER Florence E. XX **[2]**
✐ *$2 469 FF14 807 £1 500* Best of Friends Watercolour 20x31,5cm/*7x12in* Billingshurst, West Sussex 98

VALTER Frederick E. c.1850-c.1930 **[28]**
  $409 FF2 316 £250 Cow and Sheep Watercolour/paper 36x26cm/*14x10in* Birmingham 97
VALTIER Gérard 1950 **[31]**
  $3 510 FF20 000 £2 150 Fête au bois fleuri Huile/toile 60x73cm/*23x28in* Bourg-en-Bresse 97
VALTON Charles 1851-1918 **[72]**
  $147 FF869 £90 Perro Bronze 10x8x14cm/*3x3x5in* Madrid 98
VAN DYKE Willard Ames 1906-1986 **[7]**
  $3 800 FF22 392 £2 346 Ventilators Silver print 23x15cm/*9x6in* New-York 97
VAN ZANDT Thomas Kirby 1814-1886 **[2]**
  $10 000 FF58 005 £6 154 Black Star Oil/canvas 69x105cm/*27x41in* New-York 97
VANAISE Gustave 1854-1902 **[18]**
  $1 017 FF5 260 £660 Cavalier au faucon Huile/toile 76,5x31cm/*30x12in* Liège 96
VANCE Joseph 1943 **[6]**
  $1 105 FF6 300 £690 "Pour Maria", "XIII" Mine plomb 40x30cm/*15x11in* Paris 97
VANCE Robert H. ?-1876 **[2]**
  $5 000 FF25 540 £3 294 Portrait of Horatio G. Finch Daguerreotype 31x26cm/*12x10in* New-York 96
VANCE William van Custen 1935 **[12]**
  $265 FF1 300 £168 "Les Sortilèges de L'Ombre jaune", pour la série "Bob Morane" Encre Chine 43x35cm/*16x13in* Paris 95
VANCELLS Y VIETA Joaquín 1866-1942 **[7]**
  $1 070 FF5 610 £643 Paisaje Oleo/cartón 35x38cm/*13x14in* Madrid 96
  $3 315 FF17 050 £2 066 Caldetas y Mataró Oleo/lienzo 78x95cm/*30x37in* Madrid 96
VANDENBRANDEN Guy 1926 **[72]**
  $566 FF3 270 £348 Composition Huile/panneau 74x62cm/*29x24in* Antwerpen 97
  $189 FF1 136 £113 Composition Gouache/papier 71x54cm/*27x21in* Antwerpen 98
VANDERBANK John 1694-1739 **[23]**
  $2 018 FF12 024 £1 200 Portrait of John Williams, Esq. Oil/canvas 76x63cm/*30x25in* London 97
  $3 000 FF18 192 £1 830 Portrait of a Gentleman Oil/canvas 124,5x99cm/*49x38in* New-York 98
  $4 420 FF21 600 £2 800 Portrait of a gentleman, possibly William Kent Oil/canvas 15x102cm/*5x40in* London 95
  $2 500 FF12 730 £1 500 A gentleman on a horse Ink/paper 16,5x14cm/*6x5in* London 96
VANDERCAM Serge 1924 **[33]**
  $1 415 FF8 180 £865 "L'homme de Tollund" Huile/toile 130x97cm/*51x38in* Antwerpen 97
  $311 FF1 799 £190 Deux figures Gouache 30x23cm/*11x9in* Antwerpen 97
VANDERCAMMEN Edmond 1901-1980 **[14]**
  $2 500 FF14 836 £1 531 Horse and Figure Oil/canvas 67,5x91,5cm/*26x36in* San Francisco-Los Angeles 97
VANDERHOOF Charles A. 1853-1918 **[4]**
  $2 000 FF11 675 £1 189 Civil War Scenes Ink/paper 37x46,5cm/*14x18in* New-York 97
VANDERLICK Armand 1897-1985 **[51]**
  $3 672 FF21 910 £2 214 Aan de piano Huile/toile 50x55cm/*19x21in* Lokeren 97
  $1 185 FF6 000 £775 De fruitschaal Gouache 35x53cm/*13x20in* Lokeren 96
VANDEVERDONCK Franz, François XIX **[8]**
  $1 484 FF8 739 £916 Mutterschaf mit 2 Lämmern und Widder Oil/panel 16,5x25cm/*6x9in* Lindau 97
VANGI Giuliano 1931 **[10]**
  $2 820 FF15 980 £1 880 Figura femminile seduta Tecnica mista/cartone 69,5x50cm/*27x19in* Firenze 98
  $8 832 FF46 230 £5 796 Figura maschile Olio/tela 195x135cm/*76x53in* Milano 96
  $7 444 FF42 736 £4 538 Uomo seduto (sitzender) Bronze H34cm/*H13in* Berlin 97
  $3 299 FF18 698 £1 649 Studio per Gostino con la Tecla Matita 151x120cm/*59x47in* Milano 98
VANNI Francesco 1563/65-1610 **[29]**
  $3 800 FF21 064 £2 344 The Virgin Mary as the Immaculate Conception appearing to Saints Ink 20,7x15cm/*8x5in* New-York 97
VANNI Francesco (Attrib.) 1563/65-1610 **[15]**
  $4 663 FF27 397 £2 800 St. Ursula Oil/canvas 94,5x85,5cm/*37x33in* London 97
  $637 FF3 830 £380 St. Anthony Abbot Black & white chalks/paper 22x14cm/*8x5in* London 98
VANNI Giovanni Battista 1599-1660 **[5]**
  $1 260 FF7 140 £630 Particolari degli affreschi di correggio nel duomo di Parma Gravure

V

52x165cm/*20x64in* Firenze 98
VANNI Raffaello 1587-1673 **[2]**
  ☞ *$27 700 FF134 200 £17 600* Allegoria dello Studio e della Vigilanza Olio/tela 96x130cm/*37x51in* Roma 95
VANNI Sam 1906-1992 **[13]**
  ☞ *$4 050 FF24 327 £2 428* Kvinna med hatt Oil/canvas 81x61cm/*31x24in* Helsinki 98
  ▥ *$195 FF1 214 £117* Untitled Lithograph 57x38cm/*22x14in* Helsinki 98
  ✐ *$2 301 FF13 822 £1 380* Koposition Gouache/paper 39x29cm/*15x11in* Helsinki 98
VANNI Turino 1348-1438 **[2]**
  ☞ *$95 000 FF524 571 £59 280* The Madonna and Child enthroned with Saints Lucy, Augustine, Peter Tempera
70,5x44,5cm/*27x17in* New-York 97
VANNINI Ottavio 1585-1643 **[8]**
  ☞ *$54 000 FF306 000 £36 000* Estasi di Santa Maria Egiziaca Olio/tela 174,5x89cm/*68x35in* Prato 97
VANNUTELLI Scipione 1834-1894 **[14]**
  ☞ *$2 400 FF13 600 £1 200* Scena galante Olio/tela 28x22cm/*11x8in* Roma 97
  ☞ *$15 000 FF85 000 £7 500* Processione a Genazzano Olio/tela 136x112cm/*53x44in* Roma 98
  ✐ *$672 FF3 490 £398* Mandolin Player Watercolour/paper 44x28cm/*17x11in* Mystic, Connecticut 97
VANPAEMEL Jules 1896-1968 **[7]**
  ▥ *$921 FF5 525 £567* Les chimères Eau-forte 55x70,5cm/*21x27in* Lokeren 98
VANRIET Jan 1948 **[16]**
  ✐ *$214 FF1 223 £130* "Droeve tijden, Sad times" Technique mixte/papier 57x76cm/*22x29in* Bruxelles 97
VANTONGERLOO Georges 1886-1965 **[10]**
  ☞ *$5 740 FF28 000 £3 630* Paysage Huile/panneau 35x26cm/*13x10in* Paris 95
VANTORE Mogens 1895-1977 **[146]**
  ☞ *$334 FF1 943 £206* Opstilling med blomst og plante Oil/canvas 62x77cm/*24x30in* København 97
VANVITELLI Luigi 1700-1773 **[1]**
  ✐ *$3 332 FF19 704 £2 000* Design for a Temporary Ceremonial Arch Wash 35x53cm/*13x20in* London 97
VARADY Frederick 1908 **[2]**
  ✐ *$900 FF5 238 £554* Woman, Walking Irish Setter, Attracts Admirers Gouache/paper 53x79cm/*21x31in* New-
York 97
VARDY John 1718-1765 **[1]**
  ✐ *$1 425 FF8 542 £850* Plan and Elevation of the Lodge at Mr. Foxe's, near Holland House Pencil
21,5x15cm/*8x5in* London 98
VAREJAO Adriana 1964 **[1]**
  ☞ *$9 000 FF53 763 £5 510* "Autoretrato em preto" Mixed media/canvas 119x70cm/*46x27in* New-York 98
VARELA Abigail 1948 **[25]**
  ⚒ *$14 000 FF67 900 £9 020* Caminadora Apurada Bronze H79cm/*H31in* New-York 95
  ⚒ *$24 000 FF140 104 £14 277* Todos Estamos Colgados III Bronze 146x58,5x29cm/*57x23x11in* New-York 97
VARELA Emilio XIX-XX **[2]**
  ☞ *$1 054 FF5 250 £671* Paisaje alicantino Oleo/lienzo 19x25,5cm/*7x10in* Madrid 95
VARELA Y SARTORIO Eulogio XIX-XX **[2]**
  ✐ *$1 247 FF6 500 £824* "Clarisa" Acuarela/papel 27x44cm/*10x17in* Madrid 96
VARENNE Louise Élisa c.1810-c.1870 **[1]**
  ✐ *$6 160 FF32 160 £3 724* Madonna mit Kind Pastel 89x117cm/*35x46in* Lindau 96
VARGAS Alberto 1896-1982 **[13]**
  ▥ *$364 FF2 211 £219* Broadway Showgirl Color lithograph 84x61cm/*33x24in* Philadelphia 98
  ✐ *$14 000 FF70 600 £9 020* Brunette with blue flowers Watercolour 68x49cm/*27x19in* Detroit, Michigan 96
VARGAS Ismael 1945 **[3]**
  ☞ *$9 000 FF53 035 £5 377* Rio Langostas Oil/canvas 86,5x132cm/*34x51in* New-York 97
VARGAS MACHUCA Martinez XIX-XX **[2]**
  ☞ *$3 450 FF17 150 £2 193* El Pardo a caballo de SS.MM. Ma. Eugenia de Battenberg y Alfonso XIII Oleo/lienzo
60x100cm/*23x39in* Madrid 95
VARGAS Maria 1935 **[14]**
  ☞ *$181 FF1 050 £113* Composition à la pomme rouge Huile/panneau 13x18cm/*5x7in* Flize 97
VARIAN George Edmond 1865-1923 **[3]**
  ✐ *$1 300 FF6 660 £790* Prince seated at swampside, illustration for The Prince's Vision Watercolour
28x21cm/*11x8in* New-York 96
VARIN R. XX **[6]**
  ▥ *$375 FF2 275 £227* Broadway, New York 1834 from the Corner of Canal Street Aquatint 35x52cm/*14x20in*

New-York 98
VARIN Raoul XIX-XX **[12]**
  $50 FF257 £31 Rush Street Bridge Color lithograph 22x30cm/*9x12in* Chicago, Illinois 96
VARLA Félix 1903 **[26]**
  $298 FF1 500 £193 Les bûcherons Huile/toile 33x41cm/*12x16in* La Varenne Saint-Hilaire 96
  $1 228 FF7 000 £767 Les rameurs Technique mixte/papier 23,5x30cm/*9x11in* Paris 97
VARLEY Cornelius 1781-1873 **[26]**
  $458 FF2 682 £280 The Harlech Meadows Bodycolour 33,5x49,5cm/*13x19in* London 97
VARLEY Edgar John 1839-1889 **[7]**
  $1 223 FF6 992 £749 Fetching Water Watercolour 16,5x24cm/*6x9in* London 97
VARLEY Frederick H. (Attr.) 1881-1969 **[2]**
  $2 970 FF15 500 £1 860 Lynn Valley Oil/panel 31x38cm/*12x14in* Toronto 96
VARLEY Frederick Horsman 1881-1969 **[32]**
  $3 145 FF15 427 £1 997 Pinnacle Hill, Woods Near Doon Oil/board 30,5x38cm/*12x14in* Vancouver, BC. 95
  $102 030 FF615 000 £61 740 Lake Shore with figure (also known as Rocky Shore)/Two Children Oil/canvas 100,5x70cm/*39x27in* Toronto 98
  $528 FF3 053 £313 "Summertime" Etching 14x17cm/*5x6in* Calgary, Alberta 97
  $1 020 FF6 150 £617 "Hôtel de rapide" Pencil/paper 23x30,5cm/*9x12in* Toronto 98
VARLEY John XIX **[26]**
  $454 FF2 626 £280 Study of a cottage and trees Wash/paper 11x13cm/*4x5in* London 97
VARLEY John I 1778-1842 **[197]**
  $8 233 FF49 358 £5 000 A view of Windsor From the Thames Oil/canvas 59,5x44,5cm/*23x17in* Billingshurst, West Sussex 98
  $31 699 FF193 404 £19 000 Conway Castle, North Wales Watercolour 43x73,5cm/*16x28in* London 98
VARLEY John I (Attrib.) 1778-1842 **[6]**
  $502 FF3 043 £300 Landscape with a view of Warwick Castle Bodycolour 14x19cm/*5x7in* London 97
VARLEY John II 1850-1933 **[59]**
  $1 420 FF8 724 £852 Sonnenuntergang an der Themse Oil/canvas 31x51cm/*12x20in* Köln 98
  $7 920 FF40 000 £5 200 A Courtyard of a Mosque, Cairo Oil/canvas 68,5x52cm/*26x20in* London 96
  $632 FF3 745 £378 View Taken from Below the Wals of the English Residency, Cairo Watercolour 26,5x37cm/*10x14in* Toronto 97
VARLEY William Fleetwood 1785-1858 **[5]**
  $550 FF3 375 £329 River Landscape with Figures and Goats Watercolour/paper 20x25,5cm/*7x10in* Castlecomer 98
VARLIN Willy Guggenheim 1900-1977 **[46]**
  $31 401 FF186 025 £18 954 Sperviertochter im Bistro Öl/Leinwand 43,5x46cm/*17x18in* Zürich 97
  $47 670 FF276 353 £29 379 Patentanwalt Blum Huile 200,5x150cm/*78x59in* Zürich 97
  $1 325 FF7 854 £800 New York Lithographie 90x64cm/*35x25in* Zürich 97
  $1 298 FF7 720 £794 Zur Feier des Tages Watercolour 18,5x18cm/*7x7in* Bern 97
VARO Remedios Lizarraga 1908-1963 **[27]**
  $200 000 FF1 194 020 £122 860 Mi Generalito Oil/masonite 45,5x29cm/*17x11in* New-York 98
  $12 000 FF58 200 £7 730 El Piloto Explorador, portrait of Jean Nicolle Graphite 28x21,5cm/*11x8in* New-York 95
VAROTARI IL PADOVANINO Alessandro 1588-1648 **[9]**
  $27 300 FF139 600 £18 000 Venus at her toilet with two Cupids Oil/canvas 19x111cm/*7x43in* London 96
  $33 600 FF190 400 £22 400 La salita al Calvario Olio/tela 118x178cm/*46x70in* Milano 97
VAROTARI IL PADOVANINO Alessandro (Attrib.) 1588-1648 **[5]**
  $10 000 FF61 387 £6 127 Venus sleeping Oil/canvas 100x155cm/*39x61in* New-York 98
  $1 155 FF6 041 £700 The Virgin and Child with Saints Ink 28x20cm/*11x7in* London 96
VAROTTI Giuseppe (Attrib.) 1715-1780 **[1]**
  $6 745 FF39 960 £4 000 Saint Jerome Oil/canvas 33x51cm/*12x20in* London 97
VASARELY Victor 1908-1997 **[1060]**
  $2 816 FF16 682 £1 700 Kanta Zett-I-Yellow Green Mixed media 100,5x100,5cm/*39x39in* London 97
  $3 265 FF19 379 £2 000 Quami Oil/panel 25x24cm/*9x9in* London 98
  $19 000 FF116 922 £11 534 Calois Acrylic/canvas 162x129,5cm/*63x50in* New-York 98
  $9 200 FF55 255 £5 494 O.N.D. Tapestry 264x249cm/*103x98in* San Francisco 98

V

~~ $780 FF4 068 £456 Image-miroir Construction 46x40x40cm/*18x15x15in* Köln 96
~~ $2 160 FF11 180 £1 396 "Xico III" Collage 39x26cm/*15x10in* Berlin 96
VASARI Andrea [16]
~~ $595 FF3 427 £349 A Figure on a Path in a Continental Landscape/Figures before a Lake Watercolour 36x26,5cm/*14x10in* London 97
VASARI Giorgio 1511-1574 **[17]**
~~ $132 500 FF683 000 £85 000 Portrait of Knight of Malta, holding a helmet on a table Oil/panel 71,5x57cm/*28x22in* London 96
~~ $11 000 FF67 525 £6 739 A Vision of Saint Romuald Wash 14,5x26cm/*5x10in* New-York 98
VASARRI Emilio XIX **[6]**
~~ $26 871 FF153 204 £16 500 The Roman Wedding Oil/canvas 85x151cm/*33x59in* London 97
~~ $30 107 FF179 000 £18 651 Danse bachique au Capitole Huile/toile 75x130cm/*29x51in* Marseille 97
VASI Giuseppe 1710-1782 **[30]**
~~ $897 FF5 454 £539 Views of Rome Etching 20,5x29,5cm/*8x11in* London 98
VASLET Lewis 1742-1808 **[7]**
~~ $15 333 FF88 582 £9 000 Portrait of the Danvers Family of Bath Oil/canvas 76x92cm/*29x36in* London 97
VASNETSOV Apollinari Mikhailov 1856-1933 **[11]**
~~ $38 700 FF195 000 £25 000 View of the Kremlin in the Middle Ages Oil/canvas 78x97cm/*30x38in* London 96
~~ $13 901 FF85 025 £8 500 Bogatyrs on Horseback Watercolour 23x31,5cm/*9x12in* London 98
VASNETSOV Victor Mihailovich 1848-1926 **[5]**
~~ $31 074 FF190 057 £19 000 Young Russian Bride Oil/canvas 97,5x67,5cm/*38x26in* London 98
VASNIER Charles XIX **[6]**
~~ $1 316 FF8 054 £800 The Letter Pastel/paper 53x44,5cm/*20x17in* London 98
VASQUEZ Carlos 1869-1944 **[5]**
~~ $3 082 FF18 170 £1 886 Patio árabe Oleo/lienzo 63x46cm/*24x18in* Barcelona 98
VASQUEZ SAEZ Raúl 1954 **[5]**
~~ $8 000 FF38 800 £5 150 La Frontera de las cuatro flores del Jaguar-Hombre Oil/canvas 120x130cm/*47x51in* New-York 95
VASSALLO Antonio Maria 1615/20-1664/67 **[6]**
~~ $9 948 FF57 528 £6 156 L'Incontro di Isacco e Rebecca Öl/Leinwand 99x160cm/*38x62in* Wien 97
VASSE Antoine-François 1681-1736 **[1]**
~~ $8 000 FF44 199 £4 972 Design for a Clock Ink 71,4x19,1cm/*28x7in* New-York 97
VASSILIEFF Danila Ivanovich 1897-1958 **[30]**
~~ $13 458 FF81 522 £8 339 Children Watching Me Painting, Fitzroy Oil/board 44,5x41cm/*17x16in* Melbourne 97
~~ $15 628 FF90 910 £9 572 "Fitzroy street scene" Oil/board 33x41cm/*12x16in* Melbourne 97
~~ $2 093 FF12 681 £1 297 Two Men Gouache/paper 49x40cm/*19x15in* Melbourne 97
VASSILIEFF Marie 1884-1957 **[84]**
~~ $1 516 FF7 800 £945 Portrait d'un Américain Oil/panel 41x33cm/*16x12in* Stockholm 96
~~ $4 718 FF28 860 £2 800 "Femme à la rose" Oil/canvas 46,5x38cm/*18x14in* London 98
~~ $4 400 FF26 221 £2 637 "2me A.A.A.A Bal" Poster 116,5x75cm/*45x29in* New-York 98
~~ $3 870 FF20 000 £2 510 Tête de Paul Poiret Sculpture bois H36cm/*H14in* Paris 96
~~ $136 FF700 £87 Portrait de femme Gouache 21x25,5cm/*8x10in* Paris 96
VASSILIEFF Nicolai 1892-1970 **[5]**
~~ $2 250 FF13 443 £1 377 Girl with Parrot Oil/canvas 91,5x76cm/*36x29in* New-York 98
VASSILIEV Ivan 1930 **[64]**
~~ $1 037 FF5 200 £656 Beau jour Huile/toile 46x61cm/*18x24in* Paris 95
VASSILIOU Spyros 1902-1984 **[21]**
~~ $6 530 FF38 986 £4 000 Walking on the Beach under the Full Moon Oil/canvas 25x35cm/*9x13in* London 97
~~ $12 300 FF63 600 £8 210 White Tower, Thessaloniki Oil/canvas 46x55cm/*18x21in* Athens 96
VASSILKOVSKY Sergei I. 1854-1917 **[5]**
~~ $6 542 FF40 012 £4 000 Duck Shooting Oil/canvas 34x46,5cm/*13x18in* London 98
VASSINE Viktor 1919 **[129]**
~~ $224 FF1 300 £132 Les voiles Huile/carton 23x17cm/*9x6in* Auxerre 97
~~ $482 FF2 900 £289 Quai à Yalta Huile/carton 53x71cm/*21x28in* Le Havre 98

✏ *$191 FF1 000 £120* Vendeur de parapluies Technique mixte/papier 28x29cm/*11x11in* Montauban 96
VASTAGH Géza 1866-1919 **[23]**
 $2 790 FF13 710 £1 776 Ducks Oil/canvas 37x60cm/*14x23in* Wien 95
VASZARY János 1867-1934 **[12]**
✏ *$752 FF4 393 £461* Casino de Paris Ink/paper 25x34cm/*9x13in* Köln 97
VAUCLEROY de Pierre 1892-1969 **[20]**
✏ *$362 FF1 834 £237* Paysage Aquarelle 32x24cm/*12x9in* Lokeren 96
VAUDECHAMP Joseph Jean 1790-1866 **[4]**
 $5 000 FF30 618 £2 992 Portrait of a Young Boy Oil/canvas 61x50cm/*24x19in* New-York 98
VAUGHAN Doris **[8]**
✏ *$1 061 FF6 312 £649* Seagulls on a Harbour, Fishing Boat Watercolour/paper 35x49cm/*13x19in* London 97
VAUGHAN Keith 1912-1977 **[271]**
 $3 304 FF20 040 £2 000 Bather by a Green Pool Oil/panel 35,5x26,5cm/*13x10in* London 98
 $7 565 FF44 160 £4 500 "Figure Beneath a Tree Branch" Oil/canvas/board 61x46,5cm/*24x18in* London 97
 $18 970 FF92 700 £12 000 Cortez in Mexico Oil/canvas 114x152cm/*44x59in* London 95
 $1 070 FF6 403 £650 Figure with a Boat Color lithograph 31x41cm/*12x16in* London 97
✏ *$1 107 FF6 397 £650* "Standing Figure with Bowed Head" Charcoal/paper 50,5x32,5cm/*19x12in* London 97
VAUGHAN Patricia 1922 **[8]**
✏ *$917 FF5 512 £550* Zebras Watercolour 40,5x51cm/*15x20in* London 98
VAUMOUSSE Maurice 1876-1961 **[47]**
 $503 FF2 850 £307 Fleurs Huile/panneau 32x23cm/*12x9in* Évreux 97
VAUQUELIN René XIX-XX **[11]**
 $1 097 FF5 500 £694 Jeune femme adossée à un arbre effeuillant une marguerite Huile/toile 27x20cm/*10x7in* La Varenne Saint-Hilaire 95
 $3 277 FF19 000 £1 932 Le port de Monaco en été Huile/toile 46x63cm/*18x24in* Nice 97
VAUTHIER Pierre 1845-1916 **[26]**
 $1 914 FF10 000 £1 140 Bord de Seine à Paris Huile/panneau 24x36cm/*9x14in* Pontoise 96
 $2 297 FF14 000 £1 394 Bords de l'Oise en Hiver Huile/toile 32x55cm/*12x21in* Paris 98
VAUTHRIN Ernest 1900 **[56]**
 $421 FF2 400 £259 Moulin en bordure de mer Huile/panneau 17x22cm/*6x8in* Brest 97
 $1 931 FF11 000 £1 191 Goelette islandaise au mouillage et thonier sous voiles Huile/toile 53x65cm/*20x25in* Brest 97
✏ *$161 FF1 000 £97* Les moulins Dessin 7x17cm/*2x6in* Brest 97
VAUTIER Benjamin 1895-1974 **[33]**
 $458 FF2 679 £271 Lac immobile Huile/toile 41x45,5cm/*16x17in* Genève 97
VAUTIER Benjamin I 1829-1898 **[42]**
 $6 576 FF40 667 £3 918 Sinnendes Mädchen Huile/panneau 31x23cm/*12x9in* Zürich 98
 $40 860 FF236 874 £25 182 Kleinkind im Waschzuber Öl/Leinwand 46,5x60cm/*18x23in* Zürich 97
✏ *$468 FF2 873 £280* Zwei Veteranen auf dem Parkbank Pencil/paper 27,5x21cm/*10x8in* Zürich 98
VAUTIER Mireille 1962 **[7]**
 $285 FF1 450 £171 Sans titre Acrylique 30x26,5cm/*11x10in* Paris 96
VAUTIER Otto 1863-1919 **[47]**
 $3 356 FF16 970 £2 200 Femme pensive Huile/toile 93x64,5cm/*36x25in* Zürich 96
✏ *$954 FF5 804 £579* Sitzender Mädchenakt Chalks 57x37cm/*22x14in* Rorschach 98
VAUZELLE Jean-Lubin 1776-1837 **[13]**
 $78 000 FF381 000 £49 300 Interior of Bordeaux Synagogue Oil/canvas 99x109cm/*38x42in* Tel Aviv 95
✏ *$9 500 FF58 317 £5 820* The Cloister, of the Musée des Monuments Français, Paris Watercolour 32,5x42,5cm/*12x16in* New-York 98
VAVASSEUR Eugène 1863-1949 **[16]**
 $900 FF4 585 £540 "Hammond, machine à écriture visible..." Poster 159x115cm/*62x45in* New-York 96
VAVRINA Charles Laurel 1929 **[10]**
 $5 500 FF27 040 £3 500 Village Entrance Oil/canvas 55x86cm/*22x34in* Houston, Texas 95
VAYANA Nunzio 1887-? **[5]**
 $1 600 FF9 523 £993 New England Winter Oil/board 12x16cm/*4x6in* North Berwick, Maine 97
VAYREDA Y VILA Joaquin 1843-1894 **[7]**
 $2 400 FF14 812 £1 425 Almendro Oleo/cartón 16,5x24cm/*6x9in* Madrid 98

V

✏ *$792 FF4 740 £480* Casas de campo Lápiz/papel 13x20,5cm/*5x8in* Madrid 98
VAYSON Paul 1842-1911 **[9]**
🎨 *$1 504 FF9 000 £913* Dans l'étable Huile/panneau 24x35cm/*9x13in* Paris 97
🎨 *$6 688 FF40 000 £4 060* Berger et bergère et leur troupeau Huile/toile 100x138cm/*39x54in* Paris 97
VAZQUEZ Antonio c.1485-c.1563 **[4]**
🎨 *$227 800 FF1 343 000 £139 400* San Bartolome Oleo/tabla 123,5x67,5cm/*48x26in* Madrid 98
VAZQUEZ DIAZ Daniel 1882-1969 **[44]**
🎨 *$7 000 FF40 000 £4 300* Banco en el parque Oleo/papel 23x19cm/*9x7in* Madrid 97
🎨 *$49 000 FF277 900 £30 800* Retrato de Domingo Ortega Oleo/lienzo 120x88cm/*47x34in* Madrid 97
✏ *$910 FF5 530 £546* Escorzos Dibujo 39x27cm/*15x10in* Madrid 98
VAZQUEZ UBEDA Carlos 1869-1944 **[13]**
✏ *$195 FF1 185 £120* Desnudo Dibujo 26x20,5cm/*10x8in* Madrid 98
VEAL Hayward 1913-1978 **[19]**
🎨 *$779 FF4 669 £464* Moored Boat Oil/board 29x39cm/*11x15in* Melbourne 98
VEBELL Edward T. 1921 **[2]**
🎨 *$2 117 FF12 500 £1 253* Nature morte à la cafetière Huile/toile 75x75cm/*29x29in* Clermont-Ferrand 97
VECCHI de' Giovanni c.1537-1615 **[4]**
✏ *$1 089 FF6 541 £650* The Madonna and Child adores by five Saints Black chalk 15x11cm/*5x4in* London 98
VECCHIA della Pietro Muttoni 1605-1678 **[13]**
🎨 *$10 000 FF52 000 £6 610* A Youth Bargaining with an old man for a Young Woman Oil/canvas 89x119cm/*35x46in* New-York 96
🎨 *$12 000 FF68 376 £7 350* A Man, holding a book Oil/canvas 160x149cm/*62x58in* New-York 97
VECELLIO Marco 1545-1611 **[1]**
🎨 *$25 400 FF131 500 £16 400* Holy Family Oil/canvas 62x95cm/*24x37in* Köbenhavn 96
VECENAJ Yvan 1920 **[6]**
🎨 *$2 523 FF13 000 £1 627* Vieille femme au chapelet Technique mixte 40,5x48cm/*15x18in* Paris 96
VECHTEN van Carl 1880-1964 **[53]**
📷 *$1 483 FF8 771 £900* Portrait of Man Ray, Paris Silver print 23,5x16,5cm/*9x6in* London 98
VEDANI Michele 1874-? **[3]**
🗿 *$2 446 FF13 861 £1 223* La tennista Bronzo H44cm/*H17in* Milano 98
VEDDER Elihu 1836-1923 **[41]**
🎨 *$6 000 FF36 630 £3 586* Study for "The Ninth Hour, Return From Calvary" Oil/canvas 35x50cm/*13x19in* New-York 98
🎨 *$9 000 FF53 763 £5 510* Lonely Spring Oil/canvas 26,5x35,5cm/*10x13in* New-York 98
🗿 *$12 000 FF70 093 £7 366* Faces in the Fire Bronze relief 113x89,5cm/*44x35in* New-York 97
✏ *$1 800 FF10 752 £1 102* Cover for "Century Illustrated Monthly Magazine", Summer Issue Pencil/paper 26x19cm/*10x7in* New-York 98
VEDEL Herman A. 1875-1948 **[44]**
🎨 *$938 FF4 860 £600* The Artist's studio Oil/panel 49,5x41cm/*19x16in* London 96
VEDER Hendrik 1841-1894 **[1]**
🎨 *$3 915 FF23 391 £2 400* The Scheveningen Fishing Fleet sorting the Catch Oil/canvas 49x69,5cm/*19x27in* London 98
VEDOVA Emilio 1919-1995 **[129]**
🎨 *$9 600 FF54 400 £6 400* Ai dischi studio Olio/carta/tela 32,5x48cm/*12x18in* Milano 97
🎨 *$19 539 FF110 721 £9 769* "Studio per Spazio Inquieto" Olio/tela 70x49,5cm/*27x19in* Milano 97
🎨 *$60 000 FF340 000 £30 000* "Da dove..." Idropittura/tela 235x235cm/*92x92in* Prato 98
📜 *$371 FF2 126 £232* N. 6 - "dal ciclo della protesta" Lithographie 36,5x54cm/*14x21in* München 97
✏ *$4 200 FF23 800 £2 100* Senza titolo Inchiostro/carta 30x42cm/*11x16in* Prato 98
VEEN van Balthasar (Attrib.) 1596-c.1660 **[2]**
🎨 *$9 500 FF47 400 £6 200* A boy watering horse/A woodsman beside a river Oil/canvas 52x61cm/*20x24in* London 95
VEEN van Karel 1898-1988 **[3]**
🎨 *$1 583 FF9 019 £983* Clowns of the Commedia dell'Arte Oil/panel 54x28,5cm/*21x11in* Amsterdam 97
VEEN van Otto, Venius 1556-1629 **[14]**
🎨 *$861 FF4 902 £528* Cheval et militaires Huile/panneau 22x40cm/*8x15in* Bruxelles 97
🎨 *$3 330 FF20 000 £2 020* La Crucifixion Huile/panneau 52x42,5cm/*20x16in* Paris 98
VEEN van Otto, Venius (Attr.) 1556-1629 **[7]**

$48 100 FF235 300 £30 430 Charles V combattant les Sarasins/Jugement dernier/Scènes de la vie Huile/panneau 174x46cm/*68x18in* Bruxelles 95
VEEN van Pieter XVII-XVIII **[1]**
$6 000 FF36 832 £3 676 Susannah and the Elders Oil/panel 46,5x40,5cm/*18x15in* New-York 98
VEEN van Rochus c.1640-1709 **[6]**
$9 500 FF48 925 £6 291 Study of a dormhouse Watercolour/paper 10x15cm/*3x5in* New-York 96
VEERENDAEL van Nicolaes c.1640-1691 **[5]**
$18 700 FF96 400 £12 000 Flowers in a sculpted vase with geraniums and a rose on a ledge Oil/canvas 80x61,5cm/*31x24in* London 96
VEERENDAEL van Nicolaes (Attrib.) c.1640-1691 **[2]**
$22 680 FF133 448 £14 000 Blumenstrauss Oil/panel 37,5x48cm/*14x18in* Wien 97
VEGA Y MUNOZ Pedro c.1840-1868 **[4]**
$3 392 FF19 665 £2 000 Figures in a Market before a Church Oil/panel 23,5x32cm/*9x12in* London 97
VEGIAS Dionysios 1819-1884 **[1]**
$4 920 FF25 440 £3 285 Portrait of Marinos Vegias Oil/canvas 99x75cm/*38x29in* Athens 96
VEILLON Auguste Louis 1834-1890 **[23]**
$1 665 FF9 700 £1 017 Orientalische Landschaft mit Mosche Öl/Leinwand 15x25,5cm/*5x10in* Zürich 97
$8 351 FF50 342 £5 055 Ansicht vom Genfersee und Savoyenalpen mit Segelboot und Fischer Öl/Leinwand 65x108cm/*25x42in* Zürich 98
VEIT Philipp 1793-1877 **[3]**
$29 246 FF171 428 £18 000 Kopf der "Religion" Oil/canvas 53,5x43cm/*21x16in* London 97
$2 530 FF12 540 £1 610 Maria Immaculata Pencil/paper 41x26cm/*16x10in* Heidelberg 95
VEIT Rudolf 1892 **[4]**
$140 FF835 £84 Schlaub Teifert/Nurnberg Etching 24x33cm/*9x13in* Portland, OR 98
VEITH Eduard 1856-1925 **[27]**
$3 042 FF15 652 £1 898 A Portrait of a Young Girl Oil/panel 27x20cm/*10x7in* Amsterdam 96
$3 236 FF16 900 £1 926 Mädchen beim Blumengiessen Öl/Karton 82x66,6cm/*32x26in* Wien 96
VELA Lorenzo 1812-1897 **[1]**
$27 000 FF153 846 £16 537 Fanciulla con fiori Marble H119cm/*H46in* New-York 97
VELA Vincenzo 1820-1891 **[5]**
$3 000 FF15 966 £1 769 The last days of Napoleon Bronze H27,9cm/*H10in* New-York 97
VELA ZANETTI José 1913 **[29]**
$3 182 FF19 000 £1 900 Bebiendo del botijo Oleo/tabla 70x70cm/*27x27in* Madrid 97
$1 191 FF6 080 £791 Retrato de hombre Acuarela, gouache 66x51cm/*25x20in* Madrid 96
VELASCO José María 1840-1912 **[34]**
$45 000 FF262 849 £26 626 Paisaje Oil/board 15x20,5cm/*5x8in* New-York 97
$900 FF5 303 £537 Descripcion, Metamorfosis y Costumbres de une Especie Nueva de Siredon Lithographie couleurs 19x26,5cm/*7x10in* New-York 97
$5 000 FF29 850 £3 071 Tepotzlán Graphite 25x32cm/*9x12in* New-York 98
VELASQUEZ José Antonio 1906-1985 **[22]**
$5 500 FF31 572 £3 352 San Antonio Oriente Oil/canvas 55x75,5cm/*21x29in* New-York 97
$14 000 FF80 367 £8 534 Catedral de Comayagua Oil/canvas 144x110cm/*56x43in* New-York 97
VELASQUEZ Juan Ramón 1950 **[1]**
$2 100 FF12 055 £1 280 Retrato de un desconocido Coloured pencils 76x56cm/*29x22in* New-York 97
VELDE van Bram 1895-1981 **[298]**
$86 100 FF450 000 £51 300 Sans titre Huile/toile 92x73cm/*36x28in* Paris 96
$216 700 FF1 136 000 £130 000 Untitled Oil/canvas 130x162cm/*51x63in* London 96
$342 FF2 100 £204 Composition Lithographie 64x79cm/*25x31in* Paris 98
$13 878 FF82 364 £8 500 Untitled Watercolour, gouache/paper 71x50cm/*27x19in* London 97
VELDE van de Adrian 1636-1672 **[39]**
$148 000 FF763 000 £95 000 An Italianate landscape with a man and woman on a white horse ... Oil/panel 28x23cm/*11x9in* London 96
$151 551 FF897 309 £90 000 The Beach at Scheveningen with Fishing Pinks Oil/canvas 76,5x104,5cm/*30x41in* London 97
$1 040 FF5 424 £608 Eine grasende Kuh mit zwei Schafen unter einem Baum Radierung 12,5x17,5cm/*4x6in* Berlin 96

✏ *$2 594 FF14 850 £1 532* Landscape with Resting Shepperds and their Flocks Wash 12x18cm/*4x7in* Amsterdam 97

VELDE van de Adrian (Attrib.) 1636-1672 **[14]**

🎨 *$4 542 FF26 241 £2 800* Figures with Cattle and Sheep Before a Woodland Cottage Oil/canvas 35x44cm/*14x17in* Ilkley, West Yorkshire 97

🎨 *$11 800 FF60 700 £7 360* A Peasant Woman milking a Cow with Cattle, Sheep and Goats by a Pool.. Oil/canvas 37x47cm/*14x18in* Wien 96

✏ *$963 FF5 514 £569* A wooded landscape with a mounted Huntsman Black chalk 17x22cm/*6x8in* Amsterdam 97

VELDE van de Cornelis c.1685-c.1750 **[2]**

🎨 *$7 072 FF42 071 £4 200* British Shipping at Sea with a storm approaching Oil/canvas 75,5x138,5cm/*29x54in* London 97

VELDE van de Esaias 1591-1630 **[38]**

🎨 *$37 400 FF193 000 £24 000* A commander ordering Infantry to advance, Infantry engaged beyond Oil/panel 28x39,5cm/*11x15in* London 96

🎨 *$40 000 FF220 996 £24 860* Infantry fighting a Cavalry at the Ledge of a Wood Oil/panel 65x107cm/*25x42in* New-York 97

✏ *$1 655 FF9 434 £1 014* Dorfstrasse mit Ziehbrunnen und Figuren Chalks/paper 11,5x16cm/*4x6in* Köln 97

VELDE van de Esaias (Attrib.) 1591-1630 **[5]**

🎨 *$8 520 FF50 000 £5 210* L'attaque du convoi Huile/panneau 24,5x35,5cm/*9x13in* Paris 97

VELDE van de Henry 1863-1957 **[27]**

🎨 *$3 146 FF17 952 £1 925* Bosgezicht Oil/canvas 44x70cm/*17x27in* Lokeren 97

🖼 *$409 FF2 095 £241* Tropon (Plakat) Color lithograph 31x20cm/*12x7in* Hamburg 96

🔨 *$1 959 FF12 000 £1 168* Draperies et tiges végétales en volutes, 11 plaques Grès 19x15cm/*7x5in* Paris 98

VELDE van de Jan I c.1568-1623 **[2]**

🖼 *$1 488 FF8 687 £900* Landscape Etching 12x18,5cm/*4x7in* London 97

VELDE van de Jan II c.1593-1641 **[37]**

🖼 *$86 FF500 £53* Moulin à gauche de ruines Eau-forte 12,1x18,7cm/*4x7in* Paris 97

✏ *$23 700 FF120 500 £14 200* View of a village Ink 14x40,4cm/*5x15in* Amsterdam 96

VELDE van de Jan Jansz. III c.1620-1662 **[3]**

🎨 *$101 300 FF522 000 £65 000* Still life of a Roemer, a silver dish containing olives... Oil/panel 42x31cm/*16x12in* London 96

🎨 *$249 870 FF1 508 910 £150 000* Still Life of a Measuring Glass Filled with Beer Oil/canvas 64x57cm/*25x22in* London 98

VELDE van de Pieter 1634-c.1705 **[29]**

🎨 *$5 519 FF31 446 £3 462* Kriegesschiffe und Fischerboote vor einer Hafenstadt Huile/cuivre 72x97cm/*28x38in* Zürich 97

🎨 *$9 270 FF46 350 £6 000* Shipping in a breeze with a storm approaching Oil/copper 15x19,5cm/*5x7in* London 96

VELDE van de Willem I 1611-1693 **[17]**

🎨 *$427 500 FF2 130 000 £280 000* The English and Dutch Fleets exchanging Salutes at sea Oil/canvas 160x214cm/*62x84in* London 95

🎨 *$980 265 FF5 800 080 £589 875* Dutch Harbour in a calm, with small Vessels inshore, a kaag at anchor Oil/canvas 48x64,5cm/*18x25in* Amsterdam 98

✏ *$4 111 FF24 000 £2 445* Vaisseaux hollandais amarrés Lavis 29,5x27,5cm/*11x10in* Paris 97

VELDE van de Willem II 1633-1707 **[66]**

🎨 *$65 272 FF376 648 £40 000* French warships in calm waters Oil/canvas 81x115cm/*31x45in* London 97

🎨 *$114 800 FF556 000 £72 000* An inshore scene in a calm Oil/canvas 28x33cm/*11x12in* London 95

✏ *$1 215 FF6 200 £800* Boats approaching a rocky outcrop with a fortress Ink 17,5x24,7cm/*6x9in* London 96

VELDE van de Willem II (Attrib.) 1633-1707 **[10]**

✏ *$2 370 FF12 050 £1 420* Ships and sailing boats on a blustery sea Black chalk 16,2x32,6cm/*6x12in* Amsterdam 96

VELDE van den Pieter 1634-1687 **[5]**

🎨 *$3 560 FF21 803 £2 131* Dutch Shipping on a River, a Town beyond Oil/canvas 41x58cm/*16x22in* Amsterdam 98

🎨 *$10 130 FF52 200 £6 500* A Dutch royal yacht and barges in choppy seas Oil/canvas 6x85cm/*2x33in* London 96

VELDE van Geer 1898-1978 **[134]**
- *$16 070 FF80 200 £10 500* Self portrait Oil/canvas 92x73cm/*36x28in* Amsterdam 95
- *$52 447 FF315 000 £31 468* Composition Huile/toile 130x161cm/*51x63in* Versailles 98
- *$2 717 FF15 504 £1 662* Stilleven Gouache/paper 20,5x26,5cm/*8x10in* Lokeren 97

VELDEN van der Petrus 1837-1915 **[3]**
- *$2 513 FF15 394 £1 500* The Winning Piece Watercolour/paper 50x59,5cm/*19x23in* London 98

VELDHOEN Arie Johannes, Aat 1934 **[10]**
- *$908 FF4 600 £591* Kaboel Acrylic 70x49,5cm/*27x19in* Amsterdam 96

VELICKOVIC Vladimir 1935 **[189]**
- *$668 FF4 000 £410* Le Saut Huile/carton 40x30cm/*15x11in* Paris 98
- *$1 963 FF12 000 £1 201* Tête Huile/toile 60x81cm/*23x31in* Arles 98
- *$7 077 FF43 000 £4 261* Exit, Fig.XXX Huile/toile 209x150cm/*82x59in* Versailles 98
- *$202 FF1 200 £121* "Eléments et documents utilisés" Lithographie 71x117,5cm/*27x46in* Paris 97
- *$1 095 FF6 500 £670* Le saut Encre 37x26cm/*14x10in* Paris 97

VELLAN Felice 1889-1976 **[15]**
- *$480 FF2 720 £320* Paesaggio Olio/cartone 18x24cm/*7x9in* Vercelli 98
- *$780 FF4 420 £390* "Val Vigezzo" Tecnica mista/cartone 40x50cm/*15x19in* Vercelli 98

VELLANI MARCHI Mario 1895-1979 **[7]**
- *$3 300 FF18 700 £2 200* "Autunno a Burano" Olio/tavola 38,5x50cm/*15x19in* Milano 98

VELLER Theodore Leopold 1802-1880 **[1]**
- *$3 670 FF19 000 £2 370* Jeune femme à la robe bleue Huile/toile 35x27cm/*13x10in* Barbizon 96

VELLERT Dirck Jacobsz. c.1490-c.1555 **[8]**
- *$4 622 FF27 450 £2 800* The Calling of St. Peter and St. Andrew Engraving 15x11cm/*5x4in* London 97

VELSEN van Cor 1921 **[6]**
- *$238 FF1 428 £146* "Red Band Top Drop" Poster 116x83cm/*45x32in* Oostwoud 98

VELSEN van Jacob ?-1656 **[1]**
- *$5 695 FF34 000 £3 488* La réunion musicale Huile/panneau 37,5x49cm/*14x19in* Paris 97

VELTEN Wilhelm 1847-1929 **[106]**
- *$4 144 FF23 615 £2 600* The Messenger Oil/panel 32x24cm/*12x9in* London 97
- *$1 069 FF6 504 £650* A Pleasant Afternoon Watercolour/paper 11x14cm/*4x5in* London 98

VELTENS Johan Diderik Corn. 1814-1894 **[2]**
- *$3 569 FF21 466 £2 140* Shipping in a Calm/A Boat in a Polder Landscape Oil/panel 16,5x24cm/*6x9in* Amsterdam 98

VELTHOVEN van Hendrik 1728-1770 **[2]**
- *$1 419 FF8 124 £838* Portrait of Carel Wouter Visscher, seated at a table Black chalk 53x47,5cm/*20x18in* Amsterdam 97

VELTHUYSEN van Henry 1891-1954 **[6]**
- *$1 287 FF6 620 £803* A mountainous Sawah-landscape with Indonesians on a track Oil 47x60cm/*18x23in* Amsterdam 96

VELTZ Ivan Avgustovich 1866-1926 **[2]**
- *$13 680 FF68 400 £9 000* A forest path Oil/canvas 97x135cm/*38x53in* London 95

VELY Anatole 1838-1882 **[3]**
- *$6 000 FF30 850 £3 740* Dante et Béatrice Oil/canvas 124x73cm/*48x28in* New-York 96

VELZEN van Johannes Petrus 1816-1853 **[12]**
- *$2 464 FF12 770 £1 600* Winter landscape with figures on a frozen river Oil/panel 16,5x24cm/*6x9in* London 96
- *$9 230 FF46 000 £6 050* Paysage d'hiver à la rivière gelée Huile/toile 50x61cm/*19x24in* Lokeren 95

VEN van der Walter 1884-1923 **[4]**
- *$2 444 FF14 000 £1 492* "Viie Olympiade, Antwerpen, België" Affiche 60x84cm/*23x33in* Nice 97

VÉNARD Claude 1913 **[674]**
- *$773 FF4 000 £499* Port en Bretagne Huile/toile 33x41cm/*12x16in* Lille 96
- *$1 508 FF9 000 £909* Nature morte au pichet Huile/toile 93x65cm/*36x25in* Paris 97
- *$3 157 FF18 000 £1 954* Nature morte à la lampe à pétrole Huile/toile 97x130cm/*38x51in* Paris 97
- *$688 FF4 200 £411* Les barques Aquarelle 44,5x65cm/*17x25in* Honfleur 98

VENDRAMINI Giovanni, John 1769-1839 **[2]**
- *$4 586 FF26 666 £2 800* The Storming of Seringapatam/The Glorious Conquest/The Last Effort... Engraving

V

64x94cm/*25x37in* London 97
VENET Bernar 1941 **[119]**
  $2 876 FF17 000 £1 781 Peinture industrielle Huile/carton 93x55cm/*36x21in* Paris 97
  $308 FF1 800 £190 Undetermined ligne Lithographie 78x57cm/*30x22in* Paris 97
  $8 150 FF41 500 £4 870 Undetermined line Metal H37cm/*H14in* Stockholm 96
  $7 560 FF45 000 £4 621 Position of an indeterminated ligne Sculpture 168x135cm/*66x53in* Paris 98
  $619 FF3 000 £399 Intprétation graphique Crayon 31x37cm/*12x14in* Paris 95
VENEZIANO Agostino 1490-1540 **[19]**
  $997 FF4 920 £650 Angelica and Medor, after Raimondi Engraving 25,6x19,1cm/*10x7in* London 95
VENNA Lucio 1897-1974 **[4]**
  $10 800 FF61 200 £7 200 Natura morta Olio/cartone 43,5x31,5cm/*17x12in* Prato 97
VENNE van de Adriaen Pietersz 1589-1662 **[28]**
  $11 790 FF69 764 £7 095 An Old Couple Begging He Holding an Upturned bowl Oil/panel
36x29cm/*14x11in* Amsterdam 98
  $25 800 FF131 800 £17 000 Two Princes of Nassau Oil/canvas 97x114cm/*38x44in* London 96
VENNE van der Adolf 1828-1911 **[27]**
  $1 684 FF9 584 £1 032 Ungarischer Jagdschlitten Öl/Leinwand 28x45cm/*11x17in* Wien 97
  $1 964 FF11 439 £1 200 Returning from the hunt Oil/canvas 42x60cm/*16x23in* London 97
VENNE van der Fritz 1843-? **[20]**
  $1 410 FF7 210 £904 Reise im Pferdefuhrwerk Oil/panel 16x21,5cm/*6x8in* Wien 96
  $1 311 FF8 053 £786 Nächtliche Kutschenfahrt durch eine verschneite Winterlandschaft Öl/Leinwand
41x60cm/*16x23in* Stuttgart 98
VENNE van der Jan Pietersz. 1625-? **[1]**
  $3 308 FF19 232 £2 020 Gebirgslandschaft mit einem flötespielenden Hirten Öl/Leinwand
60x76cm/*23x29in* Wien 97
VENNEMAN Charles Karel F. 1802-1875 **[20]**
  $6 500 FF34 593 £3 833 Villagers playing boules Oil/panel 41,3x34,9cm/*16x13in* New-York 97
  $16 073 FF93 228 £9 500 In the Farmyard Oil/panel 41,5x50cm/*16x19in* London 97
VENNEMAN Rosa ?-1884 **[6]**
  $2 063 FF10 000 £1 297 Vaches au pré Huile/toile 61x72cm/*24x28in* Saumur 95
VENSELAAR Cary 1941 **[3]**
  $1 189 FF6 902 £729 The artist Wijland Nieuwenkamp, sketching on Bali Watercolour 67x49cm/*26x19in*
Amsterdam 97
VENTO RUIZ José 1925 **[9]**
  $2 100 FF11 940 £1 320 Número 962cantante Galva Oleo/tablex 122x91cm/*48x35in* Madrid 97
VENTOSA DOMENECH José 1897-1982 **[9]**
  $3 381 FF19 600 £2 058 "Tarradellas Babñ" Oleo/lienzo 60x81cm/*23x31in* Madrid 97
VENTRONE Luciano 1942 **[2]**
  $6 000 FF34 000 £3 000 Fanciulla Olio/tela 70x50cm/*27x19in* Vercelli 98
VENTURI Osvaldo 1900-1989 **[2]**
  $1 677 FF8 470 £1 100 "Scarface" Poster 109x74cm/*42x29in* London 96
VENUS Albert Franz 1842-1871 **[6]**
  $793 FF4 685 £470 Hirten in der römischen Campagna bei Albano Pencil/paper 17x22,5cm/*6x8in* Berlin 97
VERA BLASCO Alejo 1834-1923 **[7]**
  $9 100 FF51 610 £5 720 Una tienda de joyas en Pompeya Oleo/lienzo 77x63cm/*30x24in* Madrid 97
VERA de Cristino 1931 **[15]**
  $3 135 FF18 857 £1 947 Cesto y paisaje con sol Oleo/lienzo 50x65cm/*19x25in* Madrid 97
VERA Enrique XX **[15]**
  $1 072 FF6 320 £640 Pueblo manchego Oleo/lienzo 23x30cm/*9x11in* Madrid 97
VERA Paul 1882-1957 **[18]**
  $209 FF1 300 £126 Bateaux amarrés Aquarelle/papier 21x27cm/*8x10in* Paris 98
VERA SALÉS Enrique 1886-1956 **[12]**
  $1 136 FF5 650 £723 calle dc Toledo Oleo/lienzo 30x14cm/*11x5in* Madrid 95
VERBAERE Herman 1906-1993 **[17]**
  $327 FF1 906 £200 "Saint Raphaël, Côte d'Azur" Affiche 99,5x62,5cm/*39x24in* London 97
VERBANCK Geo 1881-1961 **[20]**
  $2 904 FF17 875 £1 782 Eva Sculpture bois 28,5x8,5cm/*11x3in* Lokeren 98
VERBEECK Cornelisz c.1590-1631/35 **[10]**

☞ *$10 074 FF60 321 £6 188* Schiffbruch an felsiger Küste Oil/wood 34,5x48cm/*13x18in* Köln 98
☞ *$48 954 FF282 486 £30 000* A dutch merchant man about to flounder in rough seas offshore Oil/panel 15x29cm/*5x11in* London 97
VERBEECK Franz Xaver H.(Attr) 1686-1755 [2]
☞ *$2 813 FF16 805 £1 722* Galant sällskap Oil/canvas 56x46cm/*22x18in* Stockholm 98
VERBEECK Franz Xaver Hendrik 1686-1755 [10]
☞ *$9 247 FF54 945 £5 500* A huntsman with his catch and other elegant figures Oil/canvas 86x71cm/*33x27in* London 97
☞ *$13 200 FF69 040 £8 000* Elegant Company merrymaking Oil/panel 35,5x33cm/*13x12in* London 96
VERBEECK Pieter Cornelisz c.1610-1654 [8]
☞ *$50 169 FF297 030 £30 000* A man doing up lacing his shoe beside his white horse and dog Oil/panel 29x33cm/*11x12in* London 97
VERBOECKHOVEN Eugène Jos. (Attr.) 1799-1881 [11]
☞ *$954 FF5 846 £568* Ezels Huile/panneau 25x19cm/*9x7in* Antwerpen 98
VERBOECKHOVEN Eugène Joseph 1799-1881 [328]
☞ *$783 FF4 526 £465* Three Sheep Oil/canvas 18x28cm/*7x11in* Calgary, Alberta 97
☞ *$3 091 FF17 919 £1 826* Barger, vaches, moutons et brebis dans un paysage Huile/toile 82,5x100,5cm/*32x39in* Bruxelles 97
☞ *$64 052 FF364 964 £40 000* Moutons à la côte Oil/canvas 143x181cm/*56x71in* London 97
✐ *$609 FF3 488 £360* Rams Watercolour/paper 11,5x17cm/*4x6in* London 97
VERBOECKHOVEN Louis 1870-? [14]
☞ *$1 655 FF10 075 £1 016* Marine par temps calme Huile/panneau 11,5x17,5cm/*4x6in* Bruxelles 98
☞ *$9 975 FF57 225 £6 160* Marine par gros temps Huile/panneau 35x50cm/*13x19in* Bruxelles 97
VERBOECKHOVEN Louis I Charles 1802-1889 [90]
☞ *$4 387 FF22 575 £2 737* Zeilschepen op zee Oil/canvas 26x34cm/*10x13in* Den Haag 96
☞ *$5 690 FF29 500 £3 575* Marine Huile/toile 40x55cm/*15x21in* Antwerpen 96
VERBOECKHOVEN Louis II 1827-1884 [11]
☞ *$5 962 FF35 706 £3 630* Marine Huile/carton 37,5x52,5cm/*14x20in* Bruxelles 97
☞ *$11 680 FF57 100 £7 390* Bateau hollandais et bateau anglais dans les vagues Huile/panneau 16x24,5cm/*6x9in* Bruxelles 95
VERBON Willem A. 1921 [1]
🖝 *$27 700 FF143 700 £18 000* Sir Winston Churchill Bronze H74cm/*H29in* London 96
VERBOOM Adriaen H. (Attrib.) c.1628-c.1670 [7]
✐ *$1 969 FF11 500 £1 191* Le bac Encre 18,5x30,5cm/*7x12in* Paris 97
VERBOOM Adriaen Hendricksz. c.1628-c.1670 [11]
☞ *$5 659 FF35 000 £3 370* Paysage de campagne flamande animé d'un promeneur Huile/panneau 29,5x26cm/*11x10in* Paris 98
☞ *$20 104 FF114 556 £12 314* Abendliche Landschaft Öl/Leinwand 65x80cm/*25x31in* Köln 97
VERBRUGGE Emile 1856-1936 [21]
☞ *$379 FF1 850 £241* La préparation Huile/toile/panneau 30,5x26,5cm/*12x10in* Bruxelles 95
VERBRUGGEN Gaspar I P. (Attrib) 1635-1681 [6]
☞ *$15 120 FF78 800 £10 000* Guirland of flowers Oil/canvas 90x70cm/*35x27in* Köbenhavn 96
VERBRUGGEN Gaspar I Pieter 1635-1681 [15]
☞ *$19 950 FF101 400 £11 900* Blumenstilleben Öl/Leinwand 86x65cm/*33x25in* Köln 96
☞ *$26 000 FF135 200 £17 200* Still life with fruit, flowers and a stone cartouche Oil/canvas 155x129cm/*61x50in* New-York 96
☞ *$34 483 FF197 371 £20 368* Swag of Carnations, Jasmine, Poppy and other Flowers Oil/panel 42,5x32cm/*16x12in* Amsterdam 97
VERBRUGGEN Gaspar II P.(Attrib) 1664-1730 [15]
☞ *$64 000 FF377 356 £39 244* Flowers in an urn, a distant landscape beyond, two hares, a tortoise Oil/canvas 124,5x176,5cm/*49x69in* New-York 98
VERBRUGGEN Gaspar II Pieter 1664-1730 [41]
☞ *$16 020 FF84 000 £9 640* Compositions florales dans des vases de bronze Huile/toile 37x27cm/*14x10in* Troyes 96
☞ *$16 745 FF100 573 £10 000* A Swag of Grapes, Pomegranates and Plums with a Rose, Peonies, Lilies Oil/canvas 113x93cm/*44x36in* London 98

◔ *$20 000 FF103 500 £12 800* Flowers in a terracotta urn Oil/canvas 134,5x112cm/*52x44in* New-York 96
VERBRUGGHE Charles 1877-1974 **[36]**
◔ *$806 FF4 015 £528* Les Martigues Huile/panneau 24,5x30,5cm/*9x12in* Lokeren 95
VERBURGH Cornelis Gerrit 1802-1879 **[10]**
◔ *$5 537 FF31 569 £3 400* A Coastal Scene Oil/panel 40,5x65,5cm/*15x25in* London 97
VERBURGH Dionys 1655-1722 **[30]**
◔ *$3 064 FF17 560 £1 900* Wooded River Landscape with Travellers on a Path Oil/canvas 61x53cm/*24x20in* London 97
✎ *$10 296 FF60 000 £6 342* Plantation en Afrique Lavis 20,5x38,5cm/*8x15in* Paris 97
VERBURGH Dionys (Attrib.) 1655-1722 **[2]**
◔ *$2 915 FF15 100 £1 950* Elegant couple on a path by a river Oil/canvas 65x3cm/*25x1in* Amsterdam 96
VERBURGH Médard 1886-1957 **[49]**
◔ *$867 FF5 193 £518* Village provençal Huile/panneau 18,5x24,5cm/*7x9in* Bruxelles 98
◔ *$5 840 FF28 600 £3 696* Bouquet de fleurs Huile/toile 78x65cm/*30x25in* Bruxelles 95
◔ *$29 200 FF143 000 £18 480* Les masques Huile/toile 125x100cm/*49x39in* Bruxelles 95
✎ *$296 FF1 500 £194* Nu Dessin 33,5x24,5cm/*13x9in* Lokeren 96
VERBURGH Rutger 1678-c.1746 **[12]**
◔ *$22 070 FF110 000 £14 460* Le charlatan Huile/panneau 34x26,5cm/*13x10in* Paris 95
◔ *$23 600 FF121 400 £14 720* A Village Kermesse Oil/canvas 74x110cm/*29x43in* Wien 96
◔ *$21 654 FF125 240 £13 000* Village Kermesse Oil/canvas 97x125,5cm/*38x49in* London 97
VERBURGH Rutger (Attrib.) 1678-c.1746 **[1]**
◔ *$3 873 FF24 000 £2 313* Halte des Cavaliers près de l'auberge Huile/panneau 32,5x40cm/*12x15in* Paris 98
VERCELLI Giulio Romano 1879-1951 **[7]**
◔ *$3 780 FF18 540 £2 460* Peschi in fiore Olio/tela 69x80cm/*27x31in* Milano 95
VERCRUYSSE Jan 1948 **[6]**
⚒ *$10 000 FF59 172 £6 101* Untitled Installation 319x330,5x15cm/*125x130x5in* New-York 98
VERDEGEM Joseph 1897-1957 **[31]**
◔ *$3 601 FF21 151 £2 223* Vrouw Huile/toile 65x50cm/*25x19in* Lokeren 97
✎ *$2 376 FF14 625 £1 458* Accident au cirque Aquarelle 40x48,5cm/*15x19in* Lokeren 98
VERDES José Luis 1933 **[4]**
◔ *$3 960 FF23 820 £2 460* "Vincent 8" Técnica mixta 69x61cm/*27x24in* Madrid 97
VERDIER Francois 1651-1730 **[86]**
✎ *$590 FF3 000 £353* Hercule et Antée Sanguine 31,7x45,5cm/*12x17in* Paris 96
VERDIER Jean, Jean-Baptiste 1889-1976 **[4]**
◔ *$3 845 FF23 000 £2 334* Le marchand de beignets à Tunis Huile/panneau 40x65cm/*15x25in* Paris 97
VERDIER Maurice 1919 **[34]**
◔ *$386 FF2 200 £236* Rougets et pot bleu Huile/toile 41x92cm/*16x36in* Paris 97
VERDILHAN André 1881-1963 **[28]**
◔ *$1 016 FF6 000 £601* Le Canet près de Marseille Huile/toile 54x65cm/*21x25in* Provins 97
◔ *$7 905 FF47 000 £4 836* Marin de retour d'Orient, importante composition Huile/toile 200x148cm/*78x58in* Paris 97
VERDILHAN Louis Mathieu 1875-1928 **[102]**
◔ *$1 676 FF10 000 £1 011* Bouquets de fleurs Huile/toile/panneau 38x50cm/*14x19in* Paris 97
✎ *$1 310 FF6 400 £829* Cheval attelé Fusain 20x30cm/*7x11in* Aix-en-Provence 95
VERDOEL Adriaen c.1620-1695 **[4]**
◔ *$4 800 FF27 200 £3 200* La Ricerca degli Idoli Olio/tavola 54x80cm/*21x31in* Milano 97
VERDUGO LANDI Ricardo 1871-1930 **[26]**
◔ *$1 070 FF5 610 £643* Vista costera Oleo/tabla 10,5x25cm/*4x9in* Madrid 96
VERDUN Raymond Jean 1873-1954 **[106]**
◔ *$234 FF1 200 £142* Soleil couchant sur la mer Huile/carton 14x18cm/*5x7in* Quimper 96
VERDURA de Fulco 1898-1978 **[4]**
✎ *$4 249 FF24 241 £2 584* Temptation of Saint Anthony Watercolour, gouache/paper 13x14cm/*5x5in* New-York 97
VERDUSSEN Jan Peeter c.1700-1763 **[39]**
◔ *$8 083 FF48 000 £4 896* Scène de cabaret Huile/toile 33x42cm/*12x16in* Paris 97
◔ *$17 000 FF103 594 £10 356* Calvary Skirmish on a Hilltop above a Town Oil/canvas 71x91cm/*27x35in* New-York 98

⟋ *$308 FF1 600 £204* Notre-Dame de la Garde, Marseille Encre 20x31,5cm/*7x12in* Paris 96
VERDYEN Eugène 1836-1903 **[21]**
☞ *$1 185 FF6 000 £775* Paysage de neige Huile/toile 60x42cm/*23x16in* Lokeren 96
⟋ *$876 FF5 206 £550* Les baigneuses Aquarelle/papier 66x45cm/*25x17in* Bruxelles 97
VEREECKE Achiel 1899-1933 **[5]**
⟋ *$408 FF2 130 £248* De Sint-Michielskerk te Gent Aquarelle/papier 74,5x54cm/*29x21in* Lokeren 96
VEREJAO Adriana 1964 **[1]**
☞ *$26 000 FF155 222 £15 971* "Cristo" Oil/canvas 180x220cm/*70x86in* New-York 98
VERELST John c.1670-1740 **[5]**
☞ *$8 342 FF50 896 £5 000* Portrait of a Lady, said to be Jean, Duchess of Perth (c.1680-1773) Oil/canvas 124x100cm/*48x39in* London 98
VERELST Pieter H. (Attrib.) c.1618-c.1678 **[5]**
☞ *$1 957 FF11 352 £1 200* A Peasant with a pipe at a table Oil/canvas/panel 17x15,5cm/*6x6in* London 97
VERELST Pieter Harmensz c.1618-c.1678 **[16]**
☞ *$6 994 FF41 095 £4 200* A Boar Seated, Holding a Pewter Tankard Oil/canvas/board 14,5x11cm/*5x4in* London 97
☞ *$11 659 FF67 437 £7 000* An Old Woman seated on a Red Chair Counting Coins Oil/panel 68x57cm/*26x22in* London 97
VERELST Simon P. (Attrib.) 1644-1721 **[11]**
☞ *$12 696 FF80 000 £8 000* Bouquet de fleurs Huile/toile 63x50cm/*24x19in* Cannes 97
VERELST Simon Pietersz. 1644-1721 **[19]**
☞ *$28 200 FF144 300 £18 100* Assorted flowers Oil/canvas 17x93,5cm/*6x36in* Wien 96
☞ *$38 851 FF229 084 £23 000* Still life of poppies, roses, convolvuli and other flowers Oil/canvas 51x42cm/*20x16in* London 97
VERENDAEL Nicholas 1640-1691 **[4]**
☞ *$30 101 FF178 218 £18 000* Still life of tulips, morning glory and other flowers Oil/copper 40,5x33,5cm/*15x13in* London 97
VERESHAGIN Piotr Petrovich 1834/36-1886 **[15]**
☞ *$42 560 FF212 800 £28 000* View of Pskov from the river Oil/canvas 38x76cm/*14x29in* London 95
☞ *$65 420 FF400 120 £40 000* View of the Dnieper Oil/canvas 26x39cm/*10x15in* London 98
VERESHAGIN Vasilii Vasilievich 1842-1904 **[13]**
☞ *$10 000 FF52 500 £6 000* Portrait of a peasant girl Oil/canvas 38x34cm/*14x13in* London 96
☞ *$53 300 FF280 000 £32 000* Study for "Surprise Attack" Oil/canvas 28x76cm/*11x29in* London 96
☞ *$65 420 FF400 120 £40 000* View of a Baltic Port, Probably Tallin Oil/canvas 91,5x141,5cm/*36x55in* London 98
VERGE Adèle XX **[10]**
🖎 *$1 229 FF7 000 £754* "Caryatide" Bronze H19cm/*H7in* La Varenne Saint-Hilaire 97
VERGE-SARRAT Henri 1880-1966 **[42]**
☞ *$298 FF1 800 £181* "Port Joinville" Huile/toile 80,5x73cm/*31x28in* Senlis 98
VERGOS Pablo ?-1495 **[2]**
☞ *$17 000 FF88 000 £10 870* An Augustine monk reading an Anthiphonary Oil/panel 106x45,5cm/*41x17in* New-York 96
VERHAECHT Tobias 1561-1631 **[36]**
☞ *$24 060 FF123 700 £15 000* Panoramic river landscape with Jacob and Laban Oil/panel 49x70cm/*19x27in* London 96
⟋ *$1 776 FF9 040 £1 065* Wooded river landscape Ink 21,6x34cm/*8x13in* Amsterdam 96
VERHAECHT Tobias (Attrib.) 1561-1631 **[12]**
☞ *$5 412 FF33 000 £3 247* Promeneurs dans un paysage fantastique Huile/panneau 36x57cm/*14x22in* Versailles 98
⟋ *$1 004 FF6 034 £600* Rugged Landsape with classical Ruins and a grotesque Fountain Ink 19,5x27cm/*7x10in* London 98
VERHAEGEN Fernand 1884-1976 **[38]**
☞ *$1 264 FF7 500 £773* L'allée des marronniers Huile/toile 55x44cm/*21x17in* Paris 97
☞ *$1 610 FF8 040 £1 041* Les Gilles Huile/panneau 22x26cm/*8x10in* Bruxelles 96
▥ *$840 FF4 872 £495* Des gilles dansant Gravure 50x60cm/*19x23in* Liège 97
⟋ *$351 FF2 111 £209* Landschap Pastel/papier 24x32cm/*9x12in* Antwerpen 93

V

VERHAERT Dirck c.1610-c.1665 **[11]**
- $8 974 FF51 789 £5 500 Hilltop ruins in a river landscape Oil/panel 46,5x65cm/*18x25in* London 97
- $12 780 FF65 900 £8 200 Extensive river landscape with a village and castles amid mountains Oil/canvas 151x123cm/*59x48in* London 96

VERHAERT Dirck (Attrib.) c.1610-c.1665 **[2]**
- $4 100 FF24 550 £2 519 A Mediterranean Port with Travelers Beside a Classical Ruin Oil/panel 65x54cm/*25x21in* Washington 98

VERHAERT Pieter 1852-1908 **[27]**
- $487 FF2 921 £291 Chats Huile/bois 12x18cm/*4x7in* Antwerpen 98

VERHAS Frans 1827-1897 **[8]**
- $15 000 FF73 700 £9 500 A standing nude Oil/panel 88x60cm/*34x23in* New-York 95

VERHAS Jan 1834-1896 **[8]**
- $2 414 FF14 260 £1 458 Bouquet de fleurs Oil/canvas 91x61cm/*35x24in* Amsterdam 97

VERHAS Theodor 1811-1872 **[26]**
- $774 FF3 830 £492 2 Wanderer in einer vom Vollmond erleuchteten gotischen Kirchenruine Aquarelle, gouache 28x19,6cm/*11x7in* Heidelberg 95

VERHEVICK Firmin 1874-1962 **[59]**
- $168 FF980 £102 Cour de ferme Aquarelle 27x37cm/*10x14in* Bruxelles 97

VERHEYDEN Francois, Frans 1806-1890 **[22]**
- $1 616 FF8 250 £1 065 L'orée Huile/toile 23,5x29cm/*9x11in* Bruxelles 96
- $5 500 FF28 060 £3 620 Le saut de la clotûre Huile/toile 73x63cm/*28x24in* Bruxelles 96
- $803 FF4 578 £504 Ruelle Bruxelloise Aquarelle/papier 75x58,5cm/*29x23in* Bruxelles 97

VERHEYDEN Isidore 1846-1905 **[81]**
- $276 FF1 626 £171 Le charbonnier Huile/panneau 40x58cm/*15x22in* Bruxelles 97
- $952 FF4 930 £636 Glaneuse sur un champ Huile/toile 20x30cm/*7x11in* Antwerpen 96
- $55 000 FF283 000 £34 300 Elegant women on a beach Oil/canvas 228,5x156cm/*89x61in* New-York 96

VERHEYDEN Mattheus 1700-1777 **[6]**
- $20 183 FF117 215 £12 329 Portrait of Sara Philippine Hoeufft Oil/canvas 51,5x43,5cm/*20x17in* Amsterdam 97
- $22 994 FF132 000 £14 018 Allégorie des quatre saisons Huile/toile 146x95cm/*57x37in* Paris 97

VERHEYEN Bart 1963 **[12]**
- $272 FF1 354 £173 Impressions Technique mixte/papier 58x41cm/*22x16in* Antwerpen 95

VERHEYEN Jan Hendrik 1778-1846 **[28]**
- $3 018 FF17 825 £1 823 The commercial traveller Oil/panel 34x24,5cm/*13x9in* Amsterdam 97
- $10 640 FF64 027 £6 370 Villagers Playing Cards on a Field with a Town beyond Oil/canvas/panel 45x57,5cm/*17x22in* Amsterdam 98
- $1 521 FF7 826 £949 Figures by "Het Aschgat in de Oude Wal", Utrecht Watercolour/paper 31,5x25,5cm/*12x10in* Amsterdam 96

VERHEYEN Jef 1932-1984 **[70]**
- $1 826 FF10 627 £1 118 Paysage Flamand Huile/papier/toile 15x68cm/*5x26in* Antwerpen 97
- $2 107 FF12 262 £1 290 Abstraction rouge Huile/toile 60x70cm/*23x27in* Antwerpen 97
- $7 436 FF42 406 £4 524 Composition, "l'air est plane..." Huile/toile 180x180cm/*70x70in* Bruxelles 97
- $406 FF2 434 £243 Compositions Multiple 21x21x6cm/*8x8x2in* Antwerpen 98
- $772 FF4 552 £478 Paysage Encre/papier 36x54cm/*14x21in* Antwerpen 97

VERHOEF Toon 1946 **[1]**
- $2 296 FF12 030 £1 380 Z.T. Coloured chalks/paper 111,5x67,5cm/*43x26in* Amsterdam 96

VERHOESEN Albertus 1806-1881 **[127]**
- $492 FF2 913 £294 Cattle Resting in a Pasture Oil/panel 13x16,5cm/*5x6in* Toronto 97
- $5 265 FF27 090 £3 285 Cattle in a Summer Landscape Oil/canvas 63x81cm/*24x31in* Amsterdam 96

VERHOEVEN-BALL Adrien Joseph 1824-1882 **[20]**
- $3 606 FF21 868 £2 200 A Girl at Her Toilet Oil/canvas 71x56cm/*27x22in* Crewkerne, Somerset 98

VERHULST Charles Pierre 1775-1820 **[3]**
- $4 306 FF26 812 £2 574 Le graveur M.J. Ch. Hunin et son épouse Huile/toile 97x82cm/*38x32in* Liège 98

VERKADE Kees 1941 **[30]**
- $853 FF5 222 £524 A Standing Woman Bronze H18,5cm/*H7in* Amsterdam 98
- $22 569 FF131 749 £13 861 Dancer Bronze H170cm/*H66in* Amsterdam 97

VERKEK Emo 1955 **[2]**
- $752 FF3 920 £454 Composition Color lithograph 28x21cm/*11x8in* Amsterdam 96

VERKOLJE Jan I 1650-1693 **[12]**
- *$3 210 FF16 500 £2 000* Portrait of a young man Oil/canvas 42x42cm/*16x16in* London 96
- *$10 116 FF60 000 £6 126* Portrait de Cornelius van Aeker, pasteur à Delft Huile/cuivre 32x25,5cm/*12x10in* Paris 97
- *$1 452 FF8 316 £858* An Elegant Couple About to go Riding Ink 21,5x21,5cm/*8x8in* Amsterdam 97

VERKOLJE Nicholas 1673-1746 **[11]**
- *$1 963 FF11 713 £1 184* Die nackte Diana Oil/panel 29x27cm/*11x10in* Köln 97
- *$8 125 FF47 214 £5 000* A patrician interior with a Gentleman offering a pearl to a Lady Oil/canvas 98x81cm/*38x31in* London 97
- *$1 774 FF10 158 £1 048* Group portrait of the amsterdam Civic Guard. Wash/paper 26x46,5cm/*10x18in* Amsterdam 97

VERLAINE Paul 1844-1896 **[11]**
- *$5 157 FF30 000 £3 159* Expulsion de Verlaine de Belgique: "Merci messieurs..." Encre/papier 13x20,5cm/*5x8in* Paris 97

VERLAT Charles Michel Maria 1824-1890 **[43]**
- *$1 817 FF9 000 £1 156* Renard et canards Huile/panneau 37x45cm/*14x17in* Paris 95
- *$1 722 FF9 810 £1 050* Tigre assis Huile/panneau 17x27cm/*6x10in* Antwerpen 97
- *$10 151 FF58 881 £6 000* La première neige Oil/canvas 124x214cm/*48x84in* London 97

VERLET Raoul Charles 1857-1923 **[15]**
- *$4 540 FF23 700 £2 700* Orpheus and Cerberus Bronze H83cm/*H32in* London 96

VERLINDE Claude 1927 **[46]**
- *$3 169 FF18 500 £1 916* La foule Huile/toile 50x64,5cm/*19x25in* Tarbes 97

VERLON André 1917-1993 **[17]**
- *$965 FF4 825 £625* "Situation humaine III" Mixed media/panel 116x66cm/*45x25in* Lindau 96

VERMEER VAN HAARLEM Jan, Johannes I 1628-1691 **[5]**
- *$6 386 FF37 790 £3 843* Sportsmen in a Wood in the Dunes Oil/panel 36,5x31,5cm/*14x12in* Amsterdam 98
- *$13 184 FF75 465 £7 788* Travellers resting on a Track by a Farm, an extensive View of a Valley Oil/panel 46,5x62cm/*18x24in* Amsterdam 97

VERMEERSCH Ambros Ivo 1810-1852 **[1]**
- *$1 413 FF7 320 £918* Brunnen in Reutligen Aquarell 24x19,5cm/*9x7in* München 96

VERMEERSCH José 1922 **[19]**
- *$913 FF4 460 £578* Figure Terracotta H25cm/*H9in* Antwerpen 95

VERMEHREN Frits Johann Freder. 1823-1910 **[10]**
- *$763 FF4 421 £475* En lille dreng i stribet vest Oil/canvas 20x19cm/*7x7in* København 97
- *$3 620 FF17 660 £2 300* The Singing Lesson Oil/canvas 49x41cm/*19x16in* London 95

VERMEHREN Gustav 1863-1931 **[38]**
- *$623 FF3 690 £375* Interiör med en kvinde Oil 34x23cm/*13x9in* Viby J, Århus 98
- *$1 510 FF7 680 £902* Interior scene Oil/canvas 47x56cm/*18x22in* Stockholm 96

VERMEHREN Sophus 1866-1950 **[57]**
- *$152 FF884 £94* Piberygende mand Oil/canvas 34x31cm/*13x12in* København 97
- *$957 FF5 731 £589* Natur morte med due, citron, fad og kobberkedel Oil/canvas 45x54cm/*17x21in* Vejle 98

VERMEHREN Yelva 1880-1978 **[70]**
- *$339 FF1 693 £219* Vase of flowers Oil/canvas 33x29cm/*12x11in* Viby J, Århus 96
- *$376 FF2 286 £228* En buket markblomster Oil/canvas 40x48cm/*15x18in* Viby J, Århus 98

VERMEIR Alphons 1905-1994 **[139]**
- *$397 FF2 436 £237* Vue de village Huile/toile 60x70cm/*23x27in* Antwerpen 98

VERMEIRE Géo 1920 **[8]**
- *$623 FF3 732 £379* Parc de Bruxelles Huile/toile/panneau 25,5x34,5cm/*10x13in* Liège 97

VERMEIRE Jules 1885-1977 **[5]**
- *$1 847 FF11 062 £1 137* Stylized Female Head Bronze H42cm/*H16in* Amsterdam 98

VERMERRSCH Ambros 1810-1852 **[2]**
- *$7 620 FF38 500 £5 000* A punch and judy show near the Church of St. Pierre Lorraine Oil/panel 45x38cm/*17x14in* London 96

VERMEULEN Andreas Franciscus 1821-1884 **[9]**

    $1 660 FF9 606 £1 014 A Kitchen maid by Candle light Oil/panel 40x33cm/*15x12in* Amsterdam 97
    $10 361 FF59 037 £6 500 Market Stalls at Night Oil/panel 70x53,5cm/*27x21in* London 97

VERMEULEN Andries 1763-1814 **[27]**
    $4 680 FF24 100 £3 000 Winter landscape with groups of figures on sledge and horses Oil/panel 25x33cm/*9x12in* London 96
    $13 250 FF68 300 £8 500 Winter scene with figures skating n a lake Oil/canvas 60x81cm/*23x31in* London 96

VERMEULEN Marinus Cornelis Th. 1868-1941 **[1]**
    $5 890 FF30 500 £3 800 Skaters on a frozen river Oil/panel 18x23cm/*7x9in* London 96

VERMIGLIO Giuseppe 1585-c.1635 **[1]**
    $8 372 FF50 286 £5 000 Head of a bearded Man looking up Red chalk/paper 23x17,5cm/*9x6in* London 98

VERMOELEN Jacob Xavier 1714-1784 **[3]**
    $41 400 FF216 000 £25 000 Hounds guarding game/Game with hunting horns in a wooded landscape Oil/canvas 160x198cm/*62x77in* London 96

VERNA Germaine 1908-1975 **[10]**
    $1 200 FF7 458 £717 "Promenade à Muralto" Oil/board 51x84cm/*20x33in* New-York 98

VERNAY François F.Miel, dit 1821-1896 **[36]**
    $2 302 FF12 000 £1 447 La fagotière Huile/toile 40x53cm/*15x20in* Lyon 96
    $4 034 FF23 000 £2 477 Nature morte aux cerises Huile/panneau 35x27cm/*13x10in* Lyon 97
    $914 FF5 400 £541 Paysage animé Fusain 41x51,5cm/*16x20in* Lyon 97

VERNER Elizabeth O'Neill 1883-1979 **[37]**
    $20 000 FF118 204 £12 388 Plantation Road Oil/board 58x71cm/*23x28in* New Orleans, Louisiana 97
    $700 FF4 039 £429 Ravenel Doorway, Charleston Etching 17x12cm/*7x5in* New Orleans, Louisiana 97
    $13 000 FF80 694 £7 839 Flower Vendor Pastel 46x33cm/*18x13in* New Orleans, Louisiana 98

VERNER Frederick Arthur 1836-1928 **[85]**
    $11 070 FF53 600 £7 110 Bison, Spring Morning Oil/canvas 61x107cm/*24x42in* Toronto 95
    $13 350 FF69 700 £8 370 Bison, morning Oil/canvas 96x142cm/*37x55in* Toronto 96
    $2 193 FF11 400 £1 452 Rocky Portage, Nipigon River Watercolour 22x52cm/*8x20in* Toronto 96

VERNET Carle 1758-1836 **[93]**
    $89 000 FF460 000 £57 700 Départ des cavaliers pour une course Huile/toile 113,5x145,5cm/*44x57in* Paris 96
    $414 000 FF2 130 000 £250 000 The Arab Stallion Gazal Oil/canvas 59,5x73,5cm/*23x28in* London 96
    $146 FF893 £89 Le départ pour la chasse Lithographie 62x93cm/*24x36in* Bruxelles 98
    $176 998 FF1 063 720 £106 000 Retraite du Mamelouk Watercolour 52x67cm/*20x26in* London 98

VERNET Carle (Attrib.) 1758-1836 **[16]**
    $964 FF5 000 £622 Jeune chasseur assis jouant de la trompe Aquarelle, gouache 23x18,5cm/*9x7in* Paris 96

VERNET Horace 1789-1863 **[115]**
    $9 630 FF48 000 £6 310 Le Maréchal Gérard à cheval, au siège d'Anvers Huile/toile 32,5x38,5cm/*12x15in* Paris 95
    $15 813 FF90 000 £9 783 Portrait de Napoléon Huile/toile 45x37cm/*17x14in* Paris 97
    $100 090 FF570 968 £61 545 Portrait of the Général Marquis de Talhouët-Roy (1788-1842) Oil/canvas 97x130cm/*38x51in* New-York 97
    $1 159 FF6 600 £711 Le Général Moncey à la barrière de Clichy Gravure 103x129cm/*40x50in* Paris 97
    $13 102 FF76 045 £8 000 Arabs trading Pencil 28x43cm/*11x16in* London 97

VERNET Horace (Attrib.) 1789-1863 **[21]**
    $7 500 FF45 317 £4 467 Portrait d'un Hussard, after Girodet, la bataille du Caire Oil/canvas 63,5x53,5cm/*25x21in* New-York 97
    $664 FF4 000 £398 Portrait d'enfant Crayon 15,5x12cm/*6x4in* Paris 98

VERNET Joseph 1714-1789 **[92]**
    $65 000 FF383 480 £39 806 A Mediterranean coastal Landscape with a Fisherman hauling in his Nets Oil/copper 15x26,5cm/*5x10in* New-York 98
    $146 500 FF730 000 £96 000 Vue d'un port de la Méditerranée Huile/toile 51x96cm/*20x37in* Paris 95
    $1 100 000 FF6 752 570 £673 970 Morning Landscape with Fishermen/Calm Sea in Moonlight Oil/canvas 303,5x260cm/*119x102in* New-York 98
    $693 FF4 200 £425 "Vue de la Ville et du Port de Bayonne prise de l'allée de Boufflers" Eau-forte 53,5x74,5cm/*21x29in* Paris 98
    $7 200 FF34 800 £4 500 View of Solfatara Red chalk 35x46,3cm/*13x18in* London 95

VERNET Joseph (Attrib.) 1714-1789 **[15]**
- $2 000 FF11 389 £1 233 Ships Floundering Heavy Seas Oil/canvas 83x119cm/*33x47in* San Rafael, CA 97
- $7 000 FF36 400 £4 630 Woman bathing in a Grotto by the Sea Oil/canvas 43x33cm/*16x12in* New-York 96
- $271 FF1 400 £175 Barque de pêcheurs Lavis 13x27cm/*5x10in* Paris 96

VERNET-LECOMTE Émile 1821-1900 **[5]**
- $14 330 FF69 400 £9 200 Portrait of Minnehaha Oil/canvas 113x80cm/*44x31in* London 95

VERNEUIL Maurice Pillard, dit 1869-1942 **[6]**
- $423 FF2 422 £250 "Laurénol No.2, Désinfectant" Affiche 153,5x53cm/*60x20in* London 97

VERNIER Émile Louis 1829-1887 **[29]**
- $1 197 FF7 000 £730 Retour de pêche, sur la plage Huile/toile 25x38cm/*9x14in* Angers 97
- $4 500 FF22 000 £2 890 Marine Huile/toile 78x128cm/*30x50in* Nantes 95

VERNIER Jules 1862-? **[9]**
- $822 FF4 800 £502 Bateaux dans la tourmente Huile/toile 54x65cm/*21x25in* Paris 97

VERNON Arthur Langley XIX-XX **[15]**
- $1 306 FF7 960 £800 Seated Woman Oil/board 35,5x25,5cm/*13x10in* London 98
- $4 640 FF23 700 £3 000 The Courtship/A friendly Encounter Oil/canvas 86x55cm/*33x21in* London 95

VERNON Émile XIX-XX **[58]**
- $1 643 FF8 000 £1 042 L'Amour Huile/toile 43x61cm/*16x24in* Paris 95
- $16 550 FF85 100 £10 000 A Garland of Morning Glories Oil/canvas 12,5x49,5cm/*4x19in* London 96

VERNON Paul 1796-1875 **[24]**
- $2 577 FF12 500 £1 660 Chênes près de la mare, Dagneau Huile/panneau 27,5x35,5cm/*10x13in* Pontoise 95
- $2 600 FF12 660 £1 646 Peasants by a wooded pool Oil/panel 37x46cm/*14x18in* New-York 95

VÉRON Alexandre R. 1826-1897 **[111]**
- $3 620 FF19 000 £2 173 Ramasseuse de bois en forêt Huile/panneau 34x26cm/*13x10in* Provins 96
- $5 344 FF32 000 £3 283 La plaine à Auvers Huile/toile 29,5x54,8cm/*11x21in* Auvers sur Oise 98

VERON Antoine XIX **[2]**
- $5 940 FF31 000 £3 590 Le baiser galant Huile/toile 19x24,5cm/*7x9in* Paris 96

VERON BELLECOURT Alexandre-Paul-Jos. 1773-? **[7]**
- $4 640 FF24 000 £2 990 Roland et le mariage d'Angélique Huile/panneau 44,5x61,5cm/*17x24in* Paris 96
- $30 276 FF180 000 £18 756 Kermesses paysannes Huile/panneau 19x25cm/*7x9in* Lyon 97

VERON-FARÉ Jules XIX-XX **[3]**
- $3 480 FF20 259 £2 111 La partie de pêche Oil/canvas 26x45cm/*10x17in* Luzern 97

VERONA Maffeo c.1576-1618 **[1]**
- $34 840 FF200 000 £21 240 Le bain des nymphes Huile/toile 120x171cm/*47x67in* Vannes 97

VERONESE Paolo C. (Studio) 1528-1588 **[1]**
- $28 000 FF171 883 £17 155 Venus and Mars Oil/canvas 212x167cm/*83x65in* New-York 98

VERONESE Paolo Caliari 1528-1588 **[25]**
- $170 000 FF939 233 £105 655 The Adoration of the Shepherds Oil/panel 47x29,5cm/*18x11in* New-York 97
- $650 000 FF3 960 970 £395 980 Christ and the Widow of Nain (Luke 7:11-17) Oil/canvas 97,5x164cm/*38x64in* New-York 98
- $12 000 FF59 200 £7 750 The head of a man in profile Black & white chalks 13,2x14cm/*5x5in* New-York 96

VERONESE Paolo Caliari(Attr.) 1528-1588 **[3]**
- $30 000 FF184 161 £18 381 The Presentation of Christ in the Temple Oil/panel 77x96cm/*30x37in* New-York 98

VERONESI Luigi 1908-1998 **[97]**
- $2 160 FF12 240 £1 080 Senza titolo Olio/cartone 30x30cm/*11x11in* Vercelli 98
- $7 360 FF37 145 £4 830 "Composizione P2" Tecnica mista/tela 80x60cm/*31x23in* Milano 96
- $1 440 FF8 160 £720 Composizione Gravure bois couleurs 34x22,5cm/*13x8in* Prato 98
- $1 139 FF6 458 £569 Composizione Acquarello/carta 53x38cm/*20x14in* Milano 97

VERPOORTEN Oscar 1895-1948 **[13]**
- $817 FF4 741 £510 De O.L. Vrouw-Kathedral te antwerpen Huile/toile 68x51cm/*26x20in* Lokeren 97

VERREES Jozef Paul 1889-1942 **[4]**
- $1 700 FF10 793 £1 061 "Join The Air Service" Poster 92x61cm/*36x24in* New-York 97

VERRIER Maurice 1917 **[9]**

V

$750 FF3 746 £490 Race Track Oil/board 38x111cm/*14x43in* New-York 95
VERRIJK Dirk 1734-1786 **[17]**
$2 487 FF12 650 £1 491 The village of Koudekerk on the River Rhine Ink 23,6x31,7cm/*9x12in* Amsterdam 96
VERROCHI Agostino c.1600-c.1650 **[3]**
$11 960 FF57 900 £7 500 Still life of grapes in a basket Oil/canvas 50,5x68cm/*19x26in* London 95
VERSCHAEREN Theodore J. 1874-1937 **[9]**
$952 FF4 930 £610 Broodsnijdster Oil/canvas 111x73cm/*43x28in* Lokeren 96
$6 660 FF40 000 £3 996 Les trois amis Huile/toile 117x117cm/*46x46in* Paris 98
VERSCHAFFELT Edouard 1874-1955 **[55]**
$164 FF975 £100 Paysage valloné Huile/toile 60x100cm/*23x39in* Antwerpen 98
$5 530 FF27 000 £3 500 Jeune fille arabe Huile/toile 33x28cm/*12x11in* Marseille 95
$2 466 FF15 000 £1 500 Jeune femme au voile safran Pastel 34x25cm/*13x9in* London 98
VERSCHAFFELT von Peter Anton 1710-1793 **[8]**
$412 FF2 133 £264 Allegorie auf den Frühling Ink 18x10,5cm/*7x4in* Heidelberg 96
VERSCHOOTEN Bernard Verschooft 1728-1783 **[1]**
$1 560 FF8 040 £1 000 Studies of head Ink 24x34,4cm/*9x13in* London 96
VERSCHUIER Lieve Pietersz. c.1630-1686 **[8]**
$10 087 FF59 940 £6 000 A mediterranean landscape at sunset with a gallot & a fishing boat Oil/panel 28x35cm/*11x13in* London 97
$48 902 FF289 710 £29 000 A Mediterranean Coast at Dawn with a Galliot Oil/panel 36x47,5cm/*14x18in* London 97
VERSCHURING Hendrick I 1627-1690 **[26]**
$7 000 FF36 200 £4 680 Travellers in a Mountain Village Oil/panel 41,5x49cm/*16x19in* Amsterdam 96
$25 900 FF129 000 £16 960 Soldiers dividing booty in a guardroom Oil/canvas 6x73,5cm/*2x28in* London 95
$2 335 FF13 365 £1 379 An Italian Capriccio with Soldiers and Other Figures Ink 30x41cm/*11x16in* Amsterdam 97
VERSCHURING Hendrick I (Attrib.) 1627-1690 **[9]**
$4 018 FF24 137 £2 400 Horsemen Taking Refreshment Outside an Inn Oil/panel 30x24cm/*11x9in* London 98
VERSCHUUR Wouterus 1812-1874 **[68]**
$24 183 FF145 520 £14 478 A Plough Horse and a Dog Oil/panel 25,5x19,5cm/*10x7in* Amsterdam 98
$30 783 FF184 316 £18 909 Pferde im Park eines Schlosses Oil/canvas 62x82cm/*24x32in* Köln 98
$1 899 FF11 630 £1 136 Horses Watering Watercolour 13,5x18cm/*5x7in* Amsterdam 98
VERSCHUUR Wouterus (Attrib.) 1812-1874 **[3]**
$11 292 FF65 697 £6 917 Horsemen taking refreshments outside a taven Watercolour 29,5x38,5cm/*11x15in* Amsterdam 97
VERSCHUUR Wouterus II 1841-1936 **[10]**
$2 672 FF16 000 £1 641 Pur sang et chien Huile/panneau 40x50cm/*15x19in* Paris 98
VERSPECHT Denis 1919 **[64]**
$421 FF2 400 £263 Honfleur Aquarelle 32x42cm/*12x16in* Le Havre 97
VERSPRONCK Johannes C. (Attrib) 1597-1662 **[2]**
$3 644 FF19 000 £2 410 Portrait d'homme au col de dentelle Huile/panneau 54,5x40,5cm/*21x15in* Paris 96
VERSPRONCK Johannes Cornelisz. 1597-1662 **[5]**
$52 980 FF307 691 £32 364 Portrait of François Dermout/Portrait of Cornelia Dermout Oil/canvas 82x66cm/*32x25in* Amsterdam 97
VERSTAPPEN Martin 1773-1853 **[4]**
$11 700 FF67 981 £6 906 Italienische Wegelagerer in einer Waldlichtung Öl/Leinwand 68,5x92cm/*26x36in* Luzern 97
VERSTEEGH Michiel 1756-1843 **[4]**
$8 770 FF45 150 £5 480 Night market Oil/panel 55,5x44,5cm/*21x17in* Amsterdam 96
$2 129 FF12 189 £1 257 Astronomers at a table by candlelight Pencil 22,5x30,5cm/*8x12in* Amsterdam 97
VERSTER Floris 1861-1927 **[18]**
$4 940 FF24 700 £3 230 Flower still life Oil/panel 24x32cm/*9x12in* Amsterdam 95
$325 FF1 929 £194 Two dead Chicken Etching 12,5x24cm/*4x9in* Haarlem 97

VERSTOCKT Marc 1930 **[15]**
  $160 FF820 £99 Kompositie Nr. 4 Encre 22x57cm/*8x22in* Antwerpen 96
VERSTRAETE Theodoor 1851-1907 **[10]**
  $2 032 FF10 520 £1 300 Faggot gatherers in a wooded landscape Oil/canvas 77x124cm/*30x48in* London 96
VERSTRAETEN Edmond 1870-1956 **[46]**
  $888 FF4 600 £569 Landweg en Hooioppers te Sombeke Huile/panneau 16x24cm/*6x9in* Lokeren 96
  $1 702 FF8 530 £1 076 Ploegende boer Huile/toile 65,5x125cm/*25x49in* Lokeren 95
VERSTRALEN Anthonie 1593-1641 **[12]**
  $148 183 FF877 368 £88 000 A Winter Landscape with Kolf Players and Skaters on a frozen River Oil/panel 20x25cm/*7x9in* London 97
VERTANGEN Daniel c.1598-1681/84 **[26]**
  $5 830 FF33 718 £3 500 Diana and her Nymphs resting in a Landscape with a Waterfall Beyond Oil/panel 25,5x33,5cm/*10x13in* London 97
  $9 000 FF46 600 £5 760 The finding of Moses Oil/panel 39,5x50cm/*15x19in* New-York 96
VERTANGEN Daniel (Attrib.) c.1598-1681/84 **[8]**
  $2 067 FF12 185 £1 235 Badande Oil/panel 25x32cm/*9x12in* Stockholm 97
  $6 506 FF37 914 £4 000 Apollo Driving his Golden Chariot Across the Sky Oil/panel 38,5x61,5cm/*15x24in* London 97
VERTES Marcel 1895-1961 **[165]**
  $1 320 FF8 000 £809 La même chair Huile/toile 60x70cm/*23x27in* Saint-Germain-en-Laye 98
  $309 FF1 842 £189 Le Cirque Color lithograph 43x57cm/*16x22in* London 97
  $262 FF1 300 £166 Jeune fille Crayon 27x21cm/*10x8in* Paris 95
VERTIN Petrus Gerardus 1819-1893 **[94]**
  $4 778 FF28 223 £2 887 Figures on a townsquare in the snow Oil/panel 19,5x15,5cm/*7x6in* Amsterdam 97
  $12 000 FF72 771 £7 321 Dutch Street Scene Oil/canvas 36,5x58,5cm/*14x23in* New-York 98
  $1 185 FF7 259 £709 View of a Town with Townsfolk on the Street Watercolour 22,5x16cm/*8x6in* Amsterdam 98
VERTUE George 1684-1756 **[13]**
  $6 209 FF37 181 £3 800 William Augustus, Duke of Cumberland Miniature 22x16cm/*8x6in* London 97
  $150 FF905 £91 Portrait of Mary Queen of Scots Engraving 38x23cm/*15x9in* New Orleans, Louisiana 98
  $11 630 FF59 800 £7 500 Sir Kenelm Digby with his wife and children, after Van Dyck Gouache 36x54cm/*14x21in* London 96
VERTUNNI Achille 1826-1897 **[29]**
  $2 356 FF11 850 £1 560 Costa laziale Olio/tela 21x39cm/*8x15in* Roma 95
  $4 960 FF24 160 £3 120 Sentiero tra le rocce Olio/tela 47x93cm/*18x36in* Milano 95
VERTUNNI Achille (Attrib.) 1826-1897 **[3]**
  $1 134 FF5 560 £738 Campagna romana Olio/tela 13x40cm/*5x15in* Roma 95
VERVEER Elchanon 1826-1900 **[16]**
  $2 489 FF14 912 £1 487 Visser met hond bij huisje in de duinen Oil/panel 27x41,5cm/*10x16in* Den Haag 98
  $3 476 FF17 880 £2 100 A Wayside Conversation Oil/canvas 47x51cm/*18x20in* London 96
VERVEER Salomon Leonardus 1813-1876 **[48]**
  $7 726 FF44 950 £4 732 A river landscape with figures in a boat, an angler in the foreground Oil/panel 26,5x34,5cm/*10x13in* Amsterdam 97
  $9 338 FF54 037 £5 706 The Inn on the Waterfront Oil/canvas 64,5x78cm/*25x30in* Amsterdam 97
  $643 FF3 330 £417 The old castle Ink 38x59cm/*14x23in* Amsterdam 96
VERVISCH Jean 1896-1977 **[45]**
  $184 FF921 £119 Nature morte aux fruits Huile/panneau 17x32,5cm/*6x12in* Bruxelles 96
  $771 FF4 712 £464 Jeune femme et sa fille sur fond de vue portuaire Huile/panneau 60x51cm/*23x20in* Bruxelles 98
VERVLOET Augustine 1806-? **[4]**
  $9 530 FF50 000 £5 740 Bouquet de fleurs dans un vase de verre sur un entablement Huile/cuivre 405x30cm/*159x11in* Paris 96
  $15 552 FF98 000 £9 800 Bouquet de fleurs et insectes Huile/cuivre 41x30cm/*16x11in* Cannes 97
VERVLOET Frans 1795-1872 **[16]**

☞ *$2 804 FF16 000* £1 713 Vue de l'intérieur de l'église Saint-Paul-Hors-les-Murs, Rome Huile/toile 35x26,5cm/*13x10in* Mayenne 97
☞ *$14 657 FF83 565* £9 000 View of castel Gandolfon Italy Oil/canvas 94x135cm/*37x53in* London 97
☞ *$18 750 FF97 100* £12 000 In the barber shop, Constantinople Oil/canvas 37x57cm/*14x22in* London 96
✐ *$2 310 FF11 970* £1 500 The waterfront at Naples Gouache 35x45cm/*13x17in* London 96
VERVLOET Frans (Attrib.) 1795-1872 **[1]**
☞ *$4 282 FF25 000* £2 590 Scène d'intérieur d'église Huile/panneau 33,5x28cm/*13x11in* Paris 97
VERVOU Pierre 1822-1913 **[3]**
☞ *$4 018 FF22 876* £2 464 En attendant le bac Huile/panneau 31,5x44,5cm/*12x17in* Bruxelles 97
VERWEE Alfred Jacques 1838-1895 **[21]**
☞ *$7 000 FF42 656* £4 342 Departure to the Fields Oil/canvas 81,5x115,5cm/*32x45in* New-York 98
VERWEE Louis Charles ?-1882 **[8]**
☞ *$4 090 FF20 240* £2 600 Vanity Oil/canvas 39x26cm/*15x10in* London 95
☞ *$4 752 FF29 250* £2 916 Dame op een terras Huile/toile 53,5x33cm/*21x12in* Lokeren 98
VERWEE Louis Pierre 1807-1877 **[45]**
☞ *$2 393 FF14 375* £1 435 Vilande får Oil/panel 34x44cm/*13x17in* Helsinki 98
☞ *$5 533 FF32 679* £3 342 A wharf near a river Oil/canvas 60x79cm/*23x31in* Amsterdam 97
VERWER de Abraham c.1580-1650 **[11]**
☞ *$19 000 FF112 027* £11 650 View of Paris from the Seine Oil/panel 27,5x35,5cm/*10x13in* New-York 98
✐ *$1 910 FF9 250* £1 230 Shipping near Arnemuiden, Zeeland, at low tide Ink 17,6x30,4cm/*6x11in* Amsterdam 95
VERWER de Justus 1626-1688 **[5]**
☞ *$7 610 FF39 740* £4 600 Shipping on choppy seas Oil/panel 20x31cm/*7x12in* London 96
☞ *$8 910 FF46 100* £5 750 Marine Oil/panel 40,5x53cm/*15x20in* Stockholm 96
VERWEY Kees 1900-1995 **[61]**
☞ *$1 525 FF8 910* £902 Studie voor portret van actrice Elizabeth Andersen Oil/cardboard 172x155cm/*67x61in* Den Haag 97
☞ *$1 730 FF10 404* £1 034 Beach Oil/panel 16x22cm/*6x8in* Amsterdam 98
☞ *$3 467 FF20 505* £2 081 Hoorn Oil/canvas 50x70cm/*19x27in* Amsterdam 97
✐ *$473 FF2 918* £297 Zelfportret voor de heer veldkamp Charcoal/paper 36x29cm/*14x11in* Amsterdam 97
VERWILT François 1618-1691 **[3]**
☞ *$1 674 FF10 057* £1 000 A Mother and Child Oil/panel 19x16cm/*7x6in* London 98
VESHILOV Konstantin Aleks. 1877-c.1937 **[2]**
☞ *$3 334 FF17 500* £2 000 Capri Oil/canvas 61x50cm/*24x19in* London 96
VESIN Jaroslav Fr. Julius 1859-1915 **[11]**
☞ *$8 270 FF42 600* £5 000 At The Horsemarket Oil/canvas 68x118cm/*26x46in* London 96
VESPIGNANI Renzo 1924 **[67]**
☞ *$4 200 FF21 240* £2 754 Ponte di Ferro Oil/paper/canvas 26x39cm/*10x15in* Chicago, Illinois 96
☞ *$5 500 FF28 700* £3 610 Foglie Olio/tela 48x37cm/*18x14in* Venezia 96
▥ *$360 FF2 040* £180 Periferia Acquaforte, acquatinta 26,5x40,5cm/*10x15in* Firenze 97
✐ *$1 342 FF7 608* £671 La sedia Acquarello 76x51,5cm/*29x20in* Milano 97
VESTER Willem 1824-1895 **[28]**
☞ *$12 200 FF61 600* £8 000 Horse and Cart on a Track and Skaters on a Frozen River Oil/canvas 82,5x126cm/*32x49in* London 96
☞ *$12 280 FF63 200* £7 660 A wooded river landscape with travellers on a track Oil/panel 30x41cm/*11x16in* Amsterdam 96

VESTIER Antoine 1740-1824 **[22]**
☞ *$7 378 FF43 000* £4 545 Le duo: deux jeunes femmes vêtues de blanc Huile/panneau 21,5x16cm/*8x6in* Paris 97
☞ *$16 800 FF88 000* £10 100 Le jurisconsulte Anselme d'Outremont des Minières à son bureau Huile/toile 91x72cm/*35x28in* Paris 96
☞ *$249 000 FF1 300 000* £150 500 Portrait de la famille Chabanel Huile/toile 162x230cm/*63x90in* Paris 96
VESTIER Antoine (Attrib.) 1740-1824 **[15]**
☞ *$3 532 FF21 000* £2 125 Portrait d'une mère et de ses deux filles Oil/canvas 64x82cm/*25x32in* Paris 97
VESTIER Antoine (Cercle) 1740-1824 **[2]**
☞ *$4 000 FF19 740* £2 586 Portrait of a Lady, half length Oil/canvas 58,5x49,5cm/*23x19in* New-York 96
VETCOUR Fernand 1908 **[20]**

$522 FF3 250 £312 Paysage de Provence Huile/panneau 39x46cm/15x18in Liège 98
VETH Bas 1861-1944 **[4]**
$904 FF5 365 £567 Gezicht op Dordrecht Oil/panel 28x37,5cm/11x14in Den Haag 97
VETTEN Johannes 1827-1866 **[3]**
$5 733 FF29 498 £3 577 Children on a Frozen Pond Oil/canvas 47x58cm/18x22in Amsterdam 96
VETTER Charles 1858-1936 **[16]**
$5 586 FF33 362 £3 423 Blumenmarkt in München Öl/Leinwand 25x33cm/9x12in Wien 98
$14 336 FF87 102 £8 632 Fronleichnamprozession in München Öl/Leinwand 63x53cm/24x20in Stuttgart 98
VEVER Ernest 1823-1884 **[1]**
$6 930 FF35 000 £4 500 Saint Louis se recueillant devant la Couronne d'épines du Christ Métal H39cm/H15in Paris 96
VEYRASSAT Jules 1828-1893 **[200]**
$208 FF1 260 £124 Deux scènes paysannes Huile/panneau 10x14cm/3x5in Saint-Dié 97
$825 FF5 015 £508 Child on Haywagon Oil/canvas 47x74cm/18x29in Plainville, Conn. 98
$15 000 FF89 073 £9 157 Reading le Petit Journal Oil/canvas 99x129cm/38x50in New-York 98
$249 FF1 300 £148 Un Maréchal à Moret Eau-forte 24x31,5cm/9x12in Pontoise 96
$838 FF5 000 £505 La rencontre de Don Quichotte et de Sancho Pança Fusain/papier 29x38cm/11x14in Caen 97
VEYRASSAT Jules (Attrib.) 1828-1893 **[3]**
$600 FF3 724 £361 After the Storm, Fisherman with Boats Along the Shore Oil/canvas 30x53cm/12x21in Miami, Florida 98
VEYRIN Philippe 1899 **[5]**
$2 176 FF12 800 £1 342 Village basque Huile/carton 33x41cm/12x16in Anglet 97
$2 380 FF14 000 £1 468 "Bidarray" Huile/isorel 38x48cm/14x18in Anglet 97
VEZIN Charles 1858-1942 **[6]**
$3 500 FF18 270 £2 115 After the Storm, New York Harbor Oil/canvas 101,5x101,5cm/39x39in New-York 96
$3 250 FF18 614 £1 922 The Palisades in Winter Oil/board 30x40cm/12x16in Milford, Conn. 97
VIAL Nicolas 1955 **[6]**
$603 FF3 500 £356 Le monde en carton-pâte Technique mixte/papier 48x58cm/18x22in Le Havre 97
VIALET Laurent 1967 **[70]**
$675 FF3 300 £434 Ciel sombre en Bretagne Huile/toile 35x27cm/13x10in Brest 95
VIALLAT Claude 1936 **[99]**
$994 FF6 100 £608 Composition Huile/toile 101x81cm/39x31in Arles 98
$5 282 FF31 000 £3 230 Empreintes Huile/toile 140x100cm/55x39in Douai 97
VIALOV Konstantin Alex. 1900-1976 **[2]**
$5 016 FF25 080 £3 300 Myasnitskaya Street in Moscow at dusk during the Twenties Oil/canvas 81x66cm/31x25in London 95
VIANELLI Achille 1803-1894 **[39]**
$2 547 FF13 000 £1 686 Personnages au bord d'un lac/Paysans cheminant Huile/papier 14x20cm/5x7in Paris 96
$700 FF4 231 £420 The Bay of Naples Pencil/paper 29x38,5cm/11x15in London 98
VIANELLI Achille (Attrib.) 1803-1894 **[1]**
$2 880 FF15 080 £1 890 Castellamarre di Stabia Olio/tela 27x35cm/10x13in Roma 96
VIANELLO Cesare XIX-XX **[5]**
$9 828 FF57 142 £6 000 After The Ball Oil/canvas 68,5x103cm/26x40in London 97
VIANI Domenico Maria 1668-1711 **[3]**
$6 512 FF33 752 £4 229 Madonna mit Kind in Landschaft Oil/panel 35,5x26,5cm/13x10in Luzern 96
VIANI Giovanni Maria 1636-1700 **[3]**
$2 486 FF14 836 £1 500 The Adoration of the Shepherds Black chalk 23,9x31,9cm/9x12in London 97
VIANI Lorenzo 1882-1936 **[86]**
$10 560 FF55 100 £6 930 La famiglia dei Borboni Olio/tavola 31x35,2cm/12x13in Venezia 96
$19 200 FF108 800 £9 600 Benedizione dei morti del mare Olio/tavola 77,5x91cm/30x35in Milano 97
$840 FF4 760 £420 Familia di contadini/Volto Gravure bois 50x35cm/19x13in Firenze 97
$1 088 FF5 695 £714 Vitello Sanguina/carta 29,8x42cm/11x16in Milano 96
VIANO XIX-XX **[13]**

V

⬜ *$274 FF1 572 £162* "Manon" Poster 120x80,5cm/*47x31in* New-York 97
VIARDOT Léon 1805-1900 **[2]**
$4 410 FF22 000 £2 880 Portrait d'un Officier de la Guerre de Crimée Huile/toile 116x89cm/*45x35in* Paris 95
VIAVANT George Louis 1872-1925 **[14]**
$1 400 FF8 343 £869 Nature morte, Green Winged Teal Watercolour 60x35cm/*24x14in* New Orleans, Louisiana 97
VIAZZI Alessandro 1872-1956 **[1]**
$2 280 FF12 920 £1 140 Il lavoro nei campi Olio/cartone 48x32cm/*18x12in* Roma 97
VIBERT Alexandre ?-1909 **[4]**
$817 FF4 863 £500 Figure of a Girl Bronze H25,5cm/*H10in* Billingshurst, West Sussex 98
VIBERT Jean Georges 1840-1902 **[55]**
$3 500 FF21 432 £2 094 The Lutte Player Oil/panel 13x11,5cm/*5x4in* New-York 98
$20 000 FF113 960 £12 250 "L'éducation d'Azor" Oil/panel 37,5x45,5cm/*14x17in* New-York 97
$1 173 FF7 000 £702 Marchand oriental Aquarelle, gouache/papier 20,5x15cm/*8x5in* L'Isle-Adam 98
VIBERT Jules L. 1815-1879 **[2]**
$3 465 FF21 000 £2 125 L'arrestation Huile/panneau 63x93cm/*24x36in* La Varenne Saint-Hilaire 98
VICAIRE Marcel 1893-? **[4]**
⬜ *$1 021 FF5 882 £600* "Syndicat d'Initiative de Fez" Affiche 99x61cm/*38x24in* London 97
VICATOS Spyros 1878-1960 **[4]**
$2 050 FF10 600 £1 370 Female portrait Oil/canvas 44x34cm/*17x13in* Athens 96
$14 380 FF75 000 £8 680 A man from Ethiopia Oil/canvas 60x45cm/*23x17in* Athens 96
$39 840 FF195 000 £25 200 The Thread of Life Oil/canvas 115x160cm/*45x62in* Athens 95
VICCHI Ferdinando XIX-XX **[23]**
$2 820 FF16 701 £1 675 Italian Nobleman Marble H61,5cm/*H24in* Toronto 97
$23 500 FF122 800 £14 000 Judith with a cutlass Marble H143cm/*H56in* London 96
VICENTE Eduardo 1909-1968 **[56]**
$1 462 FF8 887 £900 Estudio de Arganda Oleo/tablex 37x87cm/*14x34in* Madrid 98
$234 FF1 216 £155 Foto de recuerdo en el parque Lápiz 48x34,5cm/*18x13in* Madrid 96
VICENTE Esteban 1904 **[10]**
$9 200 FF55 255 £5 494 Untitled Oil/paper/board 42x32cm/*16x12in* San Francisco 98
VICENTINI Antonio 1688-1782 **[1]**
$10 880 FF67 150 £6 460 Paisaje con pescadores Oleo/lienzo 39,5x31cm/*15x12in* Madrid 98
VICENZINO Giuseppe XVII-XVIII **[6]**
$23 200 FF120 000 £15 040 Nature morte aux fleurs, fruits et assiettes de fraises Huile/toile 94,5x131,5cm/*37x51in* Paris 96
VICENZINO Giuseppe (Attrib.) XVII-XVIII **[4]**
$4 830 FF27 370 £3 220 Garofani, rose, narcisi ed altri fiori in un vaso d'argento Olio/tela 65x80cm/*25x31in* Roma 97
VICKERS Alfred **[52]**
$838 FF4 260 £500 Wooded river landscape Oil/canvas 25,5x36cm/*10x14in* London 96
$6 500 FF39 513 £4 002 Return from the Fields Oil/canvas 50x76cm/*19x29in* New-York 98
VICKERS Alfred Gomersal 1810-1837 **[24]**
$4 983 FF30 275 £3 000 Cattle and Sheep resting in a Wooded Landscape Oil/canvas 28x38cm/*11x14in* London 98
$4 016 FF24 052 £2 400 Street-sellers beside a Mosque at Constantinople Watercolour 16x23cm/*6x9in* London 98
VICKERS Alfred H. XIX-XX **[72]**
$957 FF5 730 £600 Sunlit Valley with a Fisherman in the foreground Oil/canvas 20,5x30,5cm/*8x12in* London 97
$1 300 FF7 784 £798 "Hyde Lane, Edmonton" Oil/canvas 45x35cm/*18x14in* Cincinnati, Ohio 98
$238 FF1 452 £150 The Lagoon, Venice/Another Similar Watercolour 18x37cm/*7x14in* London 97
VICKERS Alfred, Snr. 1786-1868 **[61]**
$2 000 FF12 187 £1 240 Evening on the Heath Oil/panel 26,5x35,5cm/*10x13in* New-York 98
$3 000 FF18 192 £1 830 River Landscape with a Ruined Abbey Oil/canvas 49x74cm/*19x29in* New-York 98
$16 902 FF96 805 £10 000 View Near Conway, North Wales Oil/canvas 99x122cm/*38x48in* London 97
VICKERS Alfred, Snr.(Attrib) 1786-1868 **[5]**

$694 FF4 054 £420 Figures and Cattle before a Lake with a Country House beyond Oil/panel 12x17cm/4x6in London 97
VICKERS Charles XIX **[9]**
$1 004 FF5 140 £650 Farmyard scene Oil/canvas 76x129,5cm/29x50in London 95
$1 278 FF7 846 £780 Village Street Scenes Oil/canvas 30x40,5cm/11x15in West Sussex 98
VICKERS Henry Harold 1851-1919 **[10]**
$562 FF3 372 £340 On the Avon at Hampton, Warwickshire/Sheep in the Barn Huile/panneau 15x21,5cm/5x8in Montréal 97
VICKERS Russ 1923 **[3]**
$5 000 FF23 850 £3 144 Splitting the Herd Oil/canvas 20x30cm/7x11in Hayden 95
VICKERS V.C. XIX-XX **[1]**
$1 365 FF7 899 £820 Mythical Bird Coloured inks/paper 24x16cm/9x6in London 97
VICKERY Charles 1913 **[12]**
$4 000 FF23 952 £2 457 Smooth Sailing Oil/canvas 40x50cm/16x20in Elgin, Illinois 98
VICKERY Robert 1926 **[7]**
$4 200 FF21 800 £2 780 Clown in green and gold Oil/board 41x31cm/16x12in New-York 96
$5 600 FF28 800 £3 490 Trough the Window Tempera 55x78cm/22x31in Chicago, Illinois 96
$1 500 FF9 146 £900 The Nun's Habit Gouache 16x21cm/6x8in Boston, Mass. 98
VICKREY Robert 1926 **[18]**
$3 000 FF17 482 £1 848 "Chagall Contempling Turner" Tempera/panel 21x28cm/8x11in Bloomfield Hills, Michigan 97
$4 500 FF25 685 £2 781 The Stove Tempera/panel 46x61cm/18x24in New-York 97
$13 000 FF78 501 £7 803 Mannequin and reflections Tempera 132x117cm/51x46in New-York 98
$4 000 FF24 082 £2 393 Spring Thaw Watercolour/paper 53,5x73,5cm/21x28in San Francisco 98
VICO Enea Vicus 1523-1567 **[21]**
$474 FF2 708 £291 Tarquinius and Lucretia Engraving 28,5x42,5cm/11x16in New-York 97
VICTOR IV 1929-1986 **[6]**
$1 620 FF8 440 £977 Untitled Oil/wood 77x9x5,5cm/30x3x2in Amsterdam 96
$2 051 FF12 189 £1 220 Boompje Verwisselen Oil/panel 104x60cm/40x23in Amsterdam 97
VICTOR Jacobus 1640-1705 **[5]**
$9 900 FF51 780 £6 000 A Goose, a Duck, a Drake and two Pigeons on a Bank Oil/canvas 102,5x128,5cm/40x50in London 96
VICTOR Jacobus (Attrib.) 1640-1705 **[3]**
$15 870 FF89 930 £10 580 Un civetta, una lepre, piccioni in una cesta, una tartaruga Olio/tela 73x69cm/28x27in Roma 98
VICTOR Thomas Herbert 1894-1980 **[35]**
$97 FF571 £60 Mousehole Watercolour/paper 18x23cm/7x9in Par, Cornwall 97
VICTORIA Empress of Prussia 1840-1901 **[4]**
$3 112 FF19 064 £1 880 Maria mit dem Kind, der heilige Agnes und dem Johannesknaben Aquarell/Papier 53x55,5cm/20x21in Wien 98
VICTORIA H.M. the Queen 1819-1901 **[3]**
$5 630 FF28 440 £3 700 The Glassalt Shiel Watercolour 27x43cm/10x16in London 96
VICTORIA Salvador 1929 **[10]**
$536 FF3 160 £320 "Toro" Técnica mixta 64x45cm/25x17in Madrid 97
$198 FF1 185 £120 Composición Acuarela/papel 16x21cm/6x8in Madrid 97
VICTORICA Miguel Carlos 1884-1955 **[3]**
$2 800 FF16 175 £1 662 Interior, Iglesia de San Roque-Cordoba Oleo/lienzo 6x5cm/2x1in Buenos Aires 97
VICTORS Jan 1619/20-c.1676 **[13]**
$19 425 FF114 542 £11 500 Portrait of a family in oriental dress Oil/canvas 99x133,5cm/38x52in London 97
$39 621 FF235 000 £23 993 Scène villageoise Huile/toile 73x94cm/28x37in Paris 97
VICTORS Jan (Attrib.) 1619/20-c.1676 **[3]**
$6 288 FF38 952 £3 744 Seated Peasants in a Farm Interior Oil/canvas 35x31cm/13x12in Antwerpen 98
VICTORYNS Anthonie c.1620-1656 **[13]**
$4 671 FF26 605 £2 900 A Foot Surgeaon operating in an Interior Oil/panel 23x32cm/9x12in London 97
VICTORYNS Anthonie (Attrib.) c.1620-1656 **[4]**

V

⌒ *$3 780 FF18 500 £2 393* Le chirurgien à l'auberge Huile/panneau 23x29cm/*9x11in* Paris 95
VIDAL André XIX-XX **[1]**
⌒ *$3 450 FF18 000 £2 084* Procession macédonienne à Buf, près de Florina Huile/toile 50x61,5cm/*19x24in* Paris 96
VIDAL Emeric Essex 1791-1861 **[7]**
▨ *$700 FF4 179 £430* Beggar on Horseback/Guachos of Tucuman/Water Cart Aquatint 31,5x39,5cm/*12x15in* New-York 98
✏ *$6 500 FF33 700 £4 200* Caminho Velho, Rio de Janeiro Watercolour 19x29cm/*7x11in* London 96
VIDAL Eugène V. 1850-1908 **[9]**
⌒ *$1 500 FF9 063 £893* A Plate of Oranges Oil/canvas 40,5x27,5cm/*15x10in* New-York 97
⌒ *$6 121 FF38 000 £3 670* Femme au chapeau Huile/toile 64x43cm/*25x16in* Paris 98
VIDAL Gustave 1895-1966 **[50]**
⌒ *$492 FF2 800 £303* Bord de mer Huile/toile 45x92cm/*17x36in* Avignon 97
VIDAL Louis c.1754-c.1810 **[10]**
⌒ *$3 650 FF18 000 £2 370* Allégorie de la Paix et de la Victoire Huile/panneau 33x49cm/*12x19in* Paris 95
VIDAL NAVATEL Louis l'Aveugle 1831-1892 **[14]**
⬟ *$3 190 FF16 670 £1 900* A striding lion Bronze 36x64cm/*14x25in* London 96
VIDAL QUADRAS Alejo 1891-1977 **[3]**
✏ *$13 000 FF79 027 £7 888* Portraits of the Duchess of Windsor Charcoal/paper 61,5x46cm/*24x18in* New-York 98
VIDAL Vincent 1811-1877 **[6]**
✏ *$1 107 FF6 500 £677* Jeune femme en robe du soir Aquarelle/papier 59,6x44,5cm/*23x17in* Paris 97
VIEGENER Eberhard 1890-1967 **[55]**
⌒ *$1 699 FF10 056 £1 036* Die Platoniker Oil/panel 27,5x53cm/*10x20in* Köln 98
⌒ *$1 699 FF10 056 £1 036* "Waldarbeiter" (Portrait Eberhard Viegener) Oil/panel 63x51cm/*24x20in* Köln 98
▨ *$375 FF2 215 £233* Haus mit Bauer Woodcut 10,6x13,2cm/*4x5in* Bielefeld 97
✏ *$666 FF3 274 £424* Zürichsee Charcoal/paper 49x73cm/*19x28in* Bielefeld 95
VIEGERS Bernard, Ben 1886-1947 **[51]**
⌒ *$165 FF1 015 £99* A Forest Track in Autumn Oil/canvas 60x45,5cm/*23x17in* Amsterdam 98
⌒ *$1 090 FF5 520 £710* A peasantwoman feeding chickens Oil/canvas 30,5x41cm/*12x16in* Amsterdam 96
⌒ *$10 698 FF62 239 £6 553* A panoramic view of Nijmegen along the Waal Oil/canvas 62x237cm/*24x93in* Amsterdam 97
VIEILLEVOYE Barthelemy Josef 1798-1855 **[4]**
⌒ *$8 110 FF42 000 £5 240* La cancatrice Huile/toile 120x105cm/*47x41in* Lyon 96
⌒ *$10 151 FF58 881 £6 000* Two Girls in Local Costume Oil/canvas 91x74,5cm/*35x29in* London 97
VIEIRA DA SILVA Maria-Eléna 1908-1992 **[274]**
⌒ *$35 075 FF205 000 £21 402* Composition Huile/panneau 35x27cm/*13x10in* Paris 97
⌒ *$60 000 FF315 000 £36 000* Untitled Oil/board 61x46cm/*24x18in* London 96
⌒ *$127 764 FF780 000 £76 596* La Ville fermée Huile/toile 97x130cm/*38x51in* Paris 98
▨ *$498 FF2 899 £304* La bibliothèque Serigraph in colors 35x45cm/*13x17in* München 97
✏ *$2 526 FF15 000 £1 530* Composition Encre Chine 14x9,5cm/*5x3in* Paris 97
VIEN Joseph-Marie 1716-1809 **[24]**
⌒ *$14 020 FF68 900 £8 920* Portrait einer Dame als Hebe Öl/Leinwand 65x54,5cm/*25x21in* Göttingen 95
✏ *$2 800 FF17 188 £1 715* View of Tivoli/Nude with his Hand resting on his Head Black & white chalks/paper 25,5x32,5cm/*10x12in* New-York 98
VIEN Joseph-Marie (Attr.) 1716-1809 **[19]**
⌒ *$2 314 FF12 000 £1 493* Saint Philippe Néri devant la Vierge à l'Enfant Huile/toile 39x29cm/*15x11in* Paris 96
⌒ *$14 000 FF85 941 £8 577* Still Life of Hollyhocks, Sun-Flowers, Figs and Hazelnuts Oil/canvas 80x56cm/*31x22in* New-York 98
✏ *$951 FF4 800 £621* Sacrifice à Bacchus Encre 36x47,5cm/*14x18in* Paris 96
VIEN Joseph-Marie II 1762-1848 **[3]**
⌒ *$12 530 FF65 000 £8 080* Léda et le cygne Huile/toile 89x119cm/*35x16in* Paris 96
VIENOT Edouard 1804-? **[2]**
⌒ *$4 041 FF23 000 £2 500* Portrait de jeune femme à la coiffe tressée Huile/toile 74x59,5cm/*29x23in* Paris 97
VIERGE URRABIETA ORTIZ Daniel 1851-1904 **[9]**

✎ *$312 FF1 840 £188* Pareja en un jardín modernista Aguada/papel 22,5x27,5cm/*8x10in* Madrid 97
VIERIN Emmanuel 1869-1954 **[10]**
🎨 *$1 490 FF8 937 £913* Vue de canal à la tombée de la nuit Huile/toile 95x120cm/*37x47in* Antwerpen 97
VIERO Teodoro 1740-1795 **[9]**
▥ *$260 FF1 580 £156* Indovino di Tongosa Grabado 38x24cm/*14x9in* Madrid 98
VIGAS Oswaldo 1926 **[3]**
🎨 *$11 000 FF64 214 £6 543* Objeto (paisaje) Oil/canvas 65,1x92,1cm/*25x36in* New-York 97
VIGEE Louis 1715-1767 **[11]**
✎ *$5 799 FF36 000 £3 495* Portrait d'homme/Portrait de femme Pastel/papier 59x48cm/*23x18in* Paris 98
VIGEE Louis (Attrib.) 1715-1767 **[6]**
✎ *$3 960 FF23 700 £2 460* Jean y Marie Dupuy, Marqueses D'Aligne Pastel 62x51cm/*24x20in* Madrid 98
VIGÉE-LEBRUN Elisabeth 1755-1842 **[31]**
🎨 *$90 000 FF444 000 £58 200* Portrait of the Louise Marie Joséphine, Comtesse de Provence Oil/canvas 81x65cm/*31x25in* New-York 96
🎨 *$110 000 FF658 680 £67 320* Portrait of the Artist, wearing a red Jacket and Lace Collar Oil/canvas 41,5x33cm/*16x12in* New-York 97
🎨 *$130 000 FF798 031 £79 651* Countess Maria Theresia Czernin, née Schönborn-Heussenstam (1758-1838) Oil/canvas 137x99cm/*53x38in* New-York 98
✎ *$39 864 FF240 000 £23 856* Portrait de jeune femme en buste Pastel/papier 45,5x38cm/*17x14in* Paris 98
VIGÉE-LEBRUN Elisabeth (Attrib.) 1755-1842 **[6]**
✎ *$2 560 FF13 000 £1 527* Portrait de Madame Elisabeth Pierre noire 13,8x11cm/*5x4in* Paris 96
VIGH Bartholomeüs 1890-? **[10]**
🎨 *$1 680 FF9 520 £1 120* Piazza orientale Olio/tela 68x55cm/*26x21in* Trieste 97
VIGHI Coreolano 1846-1905 **[2]**
🎨 *$2 070 FF11 730 £1 035* Pescatori nel paesaggio/Paesaggio lacustre Olio/tavola 43x30cm/*16x11in* Roma 98
VIGNAL Pierre 1855-1925 **[4]**
✎ *$323 FF2 000 £194* La terrasse Aquarelle/papier 27x37cm/*10x14in* Paris 98
VIGNALI Jacopo 1592-1664 **[7]**
🎨 *$15 840 FF89 760 £10 560* L'incontro di san Francesco con san Domenico Olio/tela 107x81,5cm/*42x32in* Firenze 97
🎨 *$80 000 FF441 744 £49 920* The Madonna and Child appearing to Saints Bartholomew and Francis Oil/canvas 230x144cm/*90x56in* New-York 97
✎ *$2 176 FF13 074 £1 300* Study of a Young Man lifting a wooden Plank Red chalk/paper 34x24cm/*13x9in* London 98
VIGNALI Jacopo (Attrib.) 1592-1664 **[3]**
🎨 *$41 050 FF205 000 £26 800* Portrait d'un noble florentine Huile/toile 129x96cm/*50x37in* Paris 95
VIGNÉ Suzanne 1913-1983 **[41]**
✎ *$309 FF1 600 £200* Composition Gouache/papier 47x62cm/*18x24in* Paris 96
VIGNEAU André XX **[4]**
📷 *$425 FF2 625 £255* Self Portrait Silver print 30x24cm/*11x9in* New-York 98
VIGNERON Marc 1956 **[8]**
🎨 *$680 FF4 000 £419* Les grands pins Huile/toile 54x65cm/*21x25in* Saint-Avold 97
VIGNERON Pierre Roch 1789-1872 **[8]**
🎨 *$4 830 FF25 000 £3 090* Portrait en buste du général Foy à la Légion d'Honneur Huile/toile 50x61cm/*19x24in* Versailles 96
VIGNES Louis 1831-1896 **[7]**
📷 *$1 394 FF8 500 £836* Italie, Palerme, Midi de la France, région de Toulouse Tirage albuminé 19,5x23cm/*7x9in* Paris 98
VIGNET Henri 1857-1920 **[17]**
🎨 *$1 968 FF11 500 £1 208* Rue à Rouen Huile/toile 46x26,5cm/*18x10in* Pontoise 97
VIGNOLES André 1920 **[42]**
🎨 *$689 FF3 500 £411* "Paysage" Huile/toile 60x73cm/*23x28in* Le Havre 96
VIGNON Claude 1593-1670 **[23]**
🎨 *$11 550 FF59 400 £7 200* A male Saint Oil/canvas 99x75cm/*38x29in* London 96
🎨 *$12 800 FF67 000 £8 400* Diogene cerca l'uomo Olio/tela 100x155cm/*39x61in* Roma 96

V

💿 *$18 000 FF106 131 £11 037* Christ on the Road to Calvary Oil/copper 20,5x29cm/*8x11in* New-York 98
✏ *$2 694 FF15 952 £1 600* A Young Man Wearing a Turban Red chalk/paper 19x12,5cm/*7x4in* London 97
VIGNON Claude (Attrib.) 1593-1670 **[5]**
💿 *$23 311 FF137 450 £13 800* Portrait of a Man Oil/canvas 80x65cm/*31x25in* London 97
VIGNON Victor 1847-1909 **[82]**
💿 *$504 FF2 500 £319* Village dominant une rivière Huile/toile 21x29cm/*8x11in* Orléans 95
💿 *$4 529 FF26 439 £2 739* Bâtiments de ferme au bord d'une clairière Oil/canvas 56x73,5cm/*22x28in*
London 97
VIGNOZZI Piero 1934 **[4]**
💿 *$600 FF3 400 £300* Campo di granoturco Olio/tela 90x75cm/*35x29in* Roma 98
✏ *$1 320 FF7 480 £880* Sedia in giardino Tecnica mista/carta 68,5x48,8cm/*26x19in* Prato 97
VIGNY de Alfred 1797-1863 **[2]**
✏ *$1 832 FF11 200 £1 099* Château en ruines Lavis/papier 26,5x46,5cm/*10x18in* Bayeux 98
VIGNY Sylvain 1902-1970 **[276]**
💿 *$397 FF2 000 £258* Terrasse à Montmartre Huile/panneau 45x35cm/*17x13in* Paris 96
💿 *$2 085 FF11 980 £1 297* Im Atelier Öl/Leinwand 50x61cm/*19x24in* Wien 97
✏ *$220 FF1 300 £133* Portrait d'enfant Pastel/papier 31,5x34,5cm/*12x13in* Paris 97
VIGON Louis Jacques 1897-1985 **[54]**
💿 *$800 FF3 984 £526* Bridge over a river in winter Oil/canvas 50x60cm/*20x24in* Baton Rouge, Louisiana 95
VIGOT Jacques 1948 **[32]**
💿 *$216 FF1 100 £130* L'échelle du miroir Huile/bois 25x28cm/*9x11in* Paris 96
VIGYAZO Lazlo 1945 **[19]**
💿 *$1 577 FF9 000 £963* Villageois sur la rivière gelée Huile/toile 62x99cm/*24x38in* Deauville 97
VIJLBRIEF Ernst 1934 **[19]**
💿 *$732 FF4 351 £435* Snake in Wonderland II Oil/canvas 40x40cm/*15x15in* Amsterdam 97
✏ *$365 FF2 078 £226* Untitled Gouache/paper 54x77cm/*21x30in* Amsterdam 97
VIKATOS Spyros 1878-1960 **[5]**
💿 *$4 510 FF23 320 £3 010* Boy in Sailor Suit Oil/canvas 70x54cm/*27x21in* Athens 96
VIKE Harold 1906-1987 **[9]**
💿 *$948 FF4 890 £628* The TRain Traveller Oil/canvas/board 27x21cm/*10x8in* Melbourne 96
VIKSTEN Hans 1926-1987 **[39]**
💿 *$486 FF2 496 £303* Vikingahägring Oil/canvas 50x80cm/*19x31in* Stockholm 96
VILA ARRUFAT Antoni 1896-1989 **[3]**
💿 *$8 040 FF47 400 £4 920* Estudi de figura Oleo/lienzo 81x65cm/*31x25in* Barcelona 98
VILA Emilio 1887-1967 **[5]**
🖼 *$1 840 FF10 710 £1 134* "Bal Hispano Americain" Poster 112x154,5cm/*44x60in* New-York 97
VILA PUIG Joan 1892-1963 **[6]**
💿 *$4 020 FF23 700 £2 460* "Paisaje de Santiga" Oleo/lienzo 65x82cm/*25x32in* Madrid 98
💿 *$9 800 FF55 720 £6 020* "Alrededores de mi estudio" Oleo/lienzo 121x152cm/*47x59in* Barcelona 97
VILA Y PRADES Julio 1873-1930 **[44]**
💿 *$2 310 FF13 101 £1 452* Rebaño de cabras Oleo/tabla 19,5x28cm/*7x11in* Madrid 97
💿 *$3 500 FF19 900 £2 150* Reflejos en un puerto Oleo/lienzo 61x51cm/*24x20in* Barcelona 97
VILADECANS Joan-Pere 1948 **[6]**
✏ *$660 FF3 950 £390* Composición Técnica mixta/papel 80x66cm/*31x25in* Barcelona 98
VILADOMAT José 1899-? **[1]**
🖿 *$6 270 FF37 525 £3 800* Sagrada familia Bronze H46cm/*H18in* Madrid 98
VILATO Javier 1921 **[66]**
💿 *$651 FF3 800 £399* Nu allongé Huile/toile 19x24cm/*7x9in* Paris 97
💿 *$3 282 FF20 000 £1 992* Buste de femme Huile/toile 92x72cm/*36x28in* Paris 98
🖼 *$253 FF1 500 £150* Jeune fille Eau-forte 63x45,5cm/*24x17in* Paris 97
VILLA Aleardo 1865-1906 **[11]**
💿 *$31 500 FF153 600 £20 000* Portrait of Eleonora Duse, seated Oil/canvas 140x86cm/*55x33in* London 95
🖼 *$5 000 FF25 900 £3 340* "Cigarillos Paris" Poster 123x92cm/*48x36in* New-York 96
VILLA BASSOLS Miguel 1901-1989 **[15]**
💿 *$3 200 FF19 750 £1 900* "Paisaje de Pobla de Segur" Oleo/lienzo 23x27cm/*9x10in* Madrid 98
💿 *$5 865 FF33 745 £3 400* Ribera de Cardos Oleo/lienzo 55x46cm/*21x18in* Madrid 97
VILLA Georges 1883-1965 **[13]**

✏ *$155 FF800 £100* Scène galante Crayon 29x23cm/*11x9in* Paris 96
VILLA Hernando 1881-1952 **[17]**
👆 *$850 FF4 352 £518* Mexican with Burro Oil/board 30x40cm/*12x16in* Altadena, CA 96
👆 *$1 100 FF6 384 £671* Extensive Landscape with Cows and Calves Watering Oil/canvas/board 56x71cm/*22x27in* Los Angeles 97
▭ *$3 220 FF18 742 £1 984* "Olympic Games, Los Angeles, California, Santa Fe 1932" Poster 50x69cm/*19x27in* New-York 97
VILLA Louis Émile 1836-? **[4]**
👆 *$14 000 FF83 682 £8 569* Le coup de vent Oil/canvas 65,5x50cm/*25x19in* New-York 97
VILLA Manuel 1901-1988 **[1]**
👆 *$2 337 FF12 160 £1 545* Calle de pueblo Oleo/lienzo 27x22,5cm/*10x8in* Madrid 96
VILLAIN Georges René 1854-1930 **[11]**
👆 *$1 002 FF6 157 £601* Sommerliche Landschaft mit Kühen Oil/canvas 33x46cm/*12x18in* Zürich 98
VILLALBA Dario 1939 **[12]**
👆 *$1 248 FF6 420 £778* Compisición Técnica mixta/lienzo 73x54cm/*28x21in* Madrid 96
👆 *$5 525 FF33 575 £3 315* Otra vida Técnica mixta 171x130,5cm/*67x51in* Madrid 98
VILLALOBOS José Antonio 1935 **[5]**
👆 *$1 000 FF5 000 £648* Girl's torso Oil/canvas 60x40cm/*24x16in* Delray Beach, Florida 96
🔨 *$3 500 FF17 500 £2 266* Sea Maiden Bronze H78cm/*H31in* Delray Beach, Florida 96
VILLANI Gennaro 1885-1948 **[8]**
👆 *$1 920 FF10 880 £1 280* Gita in barca Olio/tavola 36x25cm/*14x9in* Roma 97
VILLANIS Emanuele 1880-1920 **[109]**
🔨 *$475 FF2 952 £286* "Bohémienne" Bronze H26cm/*H10in* Boston, Mass. 98
🔨 *$3 913 FF22 385 £2 442* "Judith" Bronze H128cm/*H50in* Detroit, Michigan 97
VILLAR Jésus 1930 **[9]**
👆 *$1 120 FF6 368 £672* Campesinos bebiendo en el pozo Oleo/lienzo 81x100cm/*31x39in* Madrid 97
VILLARD Abel 1871-1969 **[8]**
✏ *$384 FF2 200 £227* Jeune Quimpéroise Pastel/papier 47x31cm/*18x12in* Quimper 97
VILLASEÑOR Manuel L. 1924 **[2]**
👆 *$6 258 FF37 457 £3 698* La Plaza de Italia Oleo/lienzo 60x67cm/*23x26in* Madrid 98
VILLEBOIS Pierre XVIII **[1]**
👆 *$11 000 FF64 896 £6 736* Portrait of a Family gathered around a Backgammon Table Oil/canvas 59,5x50,5cm/*23x19in* New-York 98
VILLEERS de Jacob 1616-1667 **[6]**
👆 *$10 730 FF55 200 £6 690* A Mountainous Landscape with an Artist sketching and a Peasant Woman.. Oil/canvas 52x67cm/*20x26in* Wien 96
👆 *$11 160 FF57 800 £7 200* Weite bewaldete Landschaft mit einer Burg Oil/panel 6x8cm/*2x3in* Wien 96
VILLEFROY E. XIX-XX **[7]**
▭ *$1 160 FF5 800 £758* "Le Miroir, plus de brosses, plus de paille de fer..." Affiche 139x100cm/*54x39in* Boulogne 96
VILLEGAS Armando 1928 **[2]**
👆 *$10 000 FF58 928 £5 975* Orange Light Oil/canvas 160,5x160cm/*63x62in* New-York 97
VILLEGAS Y CORDERO José 1848-1922 **[83]**
👆 *$6 290 FF32 350 £3 800* By the river Oil/panel 16x36cm/*6x14in* London 96
👆 *$10 097 FF62 443 £6 200* Gondoliers on a Venetian Canal Oil/panel 41,5x63cm/*16x24in* Billingshurst, West Sussex 97
👆 *$32 500 FF192 195 £19 717* Portrait of Manuel Ramos Villegas Oil/canvas 160x90cm/*62x35in* New-York 98
✏ *$1 320 FF7 940 £820* Bandolero con guitarra Acuarela/papel 35,5x26cm/*13x10in* Madrid 97
VILLEMOT Bernard 1911-1989 **[117]**
▭ *$2 469 FF14 910 £1 500* "Sports d'hiver, France" Poster 99x62cm/*38x24in* London 98
✏ *$342 FF2 000 £207* Affiche pour M. Chasse Gouache/papier 60x40cm/*23x15in* Paris 97
VILLEMOT Jean 1880-1958 **[2]**
▭ *$586 FF3 500 £353* "Imbecile! L'Automatique Ducasble est le seul pneumatique..." Affiche 120x160cm/*47x62in* Paris 97
VILLENEUVE Arthur 1910-1990 **[41]**

$727 FF4 147 £442 "Le vernissage de l'artiste de Chicoutimi" Huile/toile 40,5x52cm/*15x20in* Montréal 97

VILLERET Francois E. (Attrib) 1800-1866 **[2]**
$2 709 FF15 500 £1 691 Vue de la porte Saint-Denis à Paris animée de personnages Aquarelle 11,2x14,8cm/*4x5in* Pontoise 97

VILLERET Francois Etienne 1800-1866 **[25]**
$1 283 FF7 800 £773 Vue de Gand Aquarelle, gouache/papier 14,5x20cm/*5x7in* Paris 98

VILLERS André 1930 **[38]**
$484 FF2 900 £289 Picasso et Jacques Prévert Tirage argentique 40x30cm/*15x11in* Paris 98

VILLERS de Adolphe 1872-1930/34 **[5]**
$2 505 FF15 000 £1 539 La charette de foin Huile/panneau 21x40cm/*8x15in* Auvers sur Oise 98
$3 949 FF22 000 £2 455 Barque sur la rivière Huile/toile 46x64cm/*18x25in* Senlis 97

VILLEVALDE Bogdan Pavlov.(Attr) 1818-1903 **[3]**
$45 600 FF228 000 £30 000 Regimental manoevres Oil/canvas 52x81cm/*20x31in* London 95

VILLEVALDE Bogdan Pavlovich 1818-1903 **[6]**
$7 296 FF36 480 £4 800 Soldiers resting and socialising at an inn Oil/canvas 32x24cm/*12x9in* London 95
$8 419 FF48 026 £5 142 The Vanguard Oil/canvas 38x48cm/*14x18in* Helsinki 97

VILLEVIELLE Léon 1826-1863 **[4]**
$1 098 FF6 410 £664 Les grands arbres près de la mare Oil/panel 26x41cm/*10x16in* Köln 97

VILLIERS de Henri Charles 1848-1868 **[1]**
$25 000 FF128 500 £15 625 La Source Oil/canvas 100x73cm/*39x28in* New-York 96

VILLINGER Dieter 1947 **[3]**
$5 850 FF30 510 £3 420 "Rotviolett II" Acrylic 196x213cm/*77x83in* Köln 96

VILLODAS Y DE LA TORRE Ricardo 1846-1904 **[24]**
$126 FF716 £75 Retrato de cuerpo entero de hombre con capa y sombrero Dibujo 11,5x8cm/*4x3in* Madrid 97

VILLON Eugène 1879-? **[16]**
$926 FF4 800 £602 "L'Ile Barbe" Aquarelle 35x53cm/*13x20in* Lyon 96

VILLON Jacques 1875-1963 **[828]**
$4 460 FF23 000 £2 953 Paysage Huile/panneau 23x33cm/*9x12in* Vernon 96
$18 400 FF90 800 £12 000 Réflexion Oil/canvas 92,5x65cm/*36x25in* London 95
$1 176 FF6 140 £700 La Baie du petit salon Etching 27x22cm/*10x8in* London 96
$6 733 FF38 000 £4 100 Petites baigneuses ou les mignonettes Ceramic 30x40cm/*11x15in* Paris 97
$22 000 FF132 770 £13 356 "Ecoutez les Ancêtres qui parlent" Watercolour 20,5x16cm/*8x6in* New-York 98

VILLORESI Franco 1920-1975 **[27]**
$1 680 FF9 520 £1 120 La mela Olio/tavola 40x50cm/*15x19in* Milano 97

VILMORIN de Louise 1902-1969 **[3]**
$2 047 FF12 000 £1 260 "Bonjour lunette, Adieu fillette", ainsi vois mes yeux Crayon 26,5x19,5cm/*10x7in* Paris 97

VIMAR Auguste 1851-1916 **[7]**
$1 298 FF6 800 £781 Deux singes et un cheval Bronze H31cm/*H12in* Paris 96

VIMARD Jacques 1942 **[4]**
$60 FF360 £37 Autoportrait Crayon/papier 11x18cm/*4x7in* Versailles 97

VIMERCATI Carlo c.1660-c.1715 **[2]**
$12 490 FF73 385 £7 500 Study of the Body of Christ, turned to the Left Red chalk/paper 41,5x28cm/*16x11in* London 97

VIN van der Paul 1823-1887 **[11]**
$1 044 FF5 889 £655 Cheval au repos sur fond de paysage Huile/panneau 21x27cm/*8x10in* Bruxelles 97
$1 660 FF8 560 £1 100 The Woodman's Rest Oil/canvas 48x68cm/*18x26in* London 96

VINACHE Jean Joseph 1696-1754 **[2]**
$12 262 FF75 000 £7 275 Hercule enchaîné par l'Amour Plâtre 60x45x78cm/*23x17x30in* Paris 98

VINAY Jean 1907-1978 **[32]**
$525 FF3 100 £310 Rue Gabriel à Montmartre Huile/toile 27x36cm/*10x14in* Clermont-Ferrand 97

VINCELETTE Roméo 1902-1979 **[25]**
$344 FF2 065 £212 Paysage d'hiver Pastel/papier 36x41cm/*14x16in* Montréal 98

VINCENT Francois A. (Attrib) 1746-1816 **[23]**
$1 884 FF11 000 £1 139 Portrait d'homme à la veste verte Huile/toile/panneau 24,5x20cm/*9x7in* Paris 97
$39 912 FF240 000 £23 880 Tancrède soigné par Herminie Huile/toile 50x67,5cm/*19x26in* Paris 98

✏️ $759 FF4 500 £450 Portrait de jeune femme Pierre noire 44,5x31,5cm/*17x12in* Paris 97
VINCENT François André 1746-1816 **[21]**
✏️ $13 000 FF71 823 £8 079 Portrait of Marie-Gabrielle Capet holding a glass Black & white chalks 46,4x43,8cm/*18x17in* New-York 97
VINCENT George 1796-1831 **[31]**
🖿 $5 849 FF33 930 £3 600 Pevensey Bay, Sussex, with a shepherd in the foreground Oil/canvas 65x79cm/*25x31in* London 97
VINCENT George (Attrib.) 1796-1831 **[2]**
🖿 $5 020 FF29 585 £3 000 The Ford Oil/canvas/board 76x102cm/*29x40in* Glasgow 97
VINCENT Harry Aiken 1864-1931 **[18]**
🖿 $5 909 FF35 257 £3 539 Gloucester Street Oil/canvas 45x60cm/*18x24in* Stonington, Connecticut 97
✏️ $1 500 FF8 854 £888 Gloucester Harbor Pastel/paper 25x35cm/*10x14in* North Berwick, Maine 97
VINCENT René 1879-1936 **[66]**
▥ $966 FF5 000 £624 "Au Bon Marché, Gants, Dentelles..." Affiche 64,5x51cm/*25x20in* Nice 96
VINCENT-ANGLADE Henri 1876-1956 **[8]**
✏️ $121 FF713 £74 A Close Finish/The Race Charcoal 28x45cm/*11x17in* Billingshurst, West Sussex 97
VINCENZINA Giuseppe XVIII **[5]**
🖿 $20 566 FF122 850 £12 751 Stilleben mit Früchten, Gemüse und Blumen Öl/Leinwand 88x118cm/*34x46in* Zürich 97
VINCENZINO Giuseppe XVII-XVIII **[3]**
🖿 $46 170 FF270 000 £28 161 Natura morte aux vases de fleurs sur des entablements de pierre Huile/toile 102x82cm/*40x32in* Paris 97
VINCENZINO Giuseppe (Attrib.) XVII-XVIII **[2]**
🖿 $7 089 FF42 000 £4 204 Guirlande de fleurs entourant un médaillon avec Tobie Huile/toile 90x73cm/*35x28in* Marseille 97
🖿 $22 000 FF108 600 £14 220 Vase of assorted flowers in landscapes Oil/canvas 89,5x145cm/*35x57in* New-York 96
VINCHE Lionel 1936 **[25]**
✏️ $261 FF1 625 £156 "Pendant le repos du marin son fils patine dans le salon" Encre/papier 50x64cm/*19x25in* Bruxelles 98
VINCK Frans 1827-1903 **[20]**
🖿 $2 860 FF15 000 £1 716 Préparation au duel Huile/toile 56,5x82,5cm/*22x32in* Paris 96
🖿 $16 370 FF100 000 £9 710 Le blé et l'eau en terre d'Orient Huile/toile 180x100cm/*70x39in* Paris 98
VINCK J. XVII **[2]**
🖿 $4 842 FF30 000 £2 892 Paysage de rivière avec deux bandits attaquant un cavalier Huile/panneau 67,5x92cm/*26x36in* Paris 98
VINCKBOONS David 1576-1629 **[33]**
🖿 $27 560 FF140 000 £18 100 Danse paysanne devant l'auberge Huile/panneau 26x36,5cm/*10x14in* Lille 96
🖿 $24 870 FF143 820 £15 390 Flämische Bauernkirmes Oil/wood 40,5x70cm/*15x27in* Wien 97
✏️ $80 000 FF407 000 £47 900 A frontispiece design: "The Light of Navigation" Ink 24,6x27,5cm/*9x10in* Amsterdam 96
VINCKBOONS David (Attrib.) 1576-1629 **[11]**
🖿 $5 375 FF33 000 £3 293 Tonte des moutons Huile/carton 21,5x30cm/*8x11in* Troyes 98
🖿 $71 485 FF425 000 £43 732 Le fête de Saint-Georges Huile/panneau 54x76cm/*21x29in* Lille 97
✏️ $3 674 FF22 000 £2 257 Architecte ou géographe Encre 17x10cm/*6x3in* Montpellier 98
VINDEVOGEL-GELEEDTS Flore 1866-1938 **[5]**
🖿 $10 380 FF52 800 £6 200 Pink roses in a basket Oil/canvas 909x117cm/*357x46in* London 96
VINE OF COLCHESTER John 1808/09-1867 **[13]**
🖿 $6 022 FF35 957 £3 700 A Prize Bull in a River Landscape Oil/canvas 47x60cm/*18x23in* London 98
VINEA Francesco 1845-1902 **[28]**
🖿 $2 500 FF15 133 £1 491 The Cavalier Oil/panel 26x20,5cm/*10x8in* New-York 97
🖿 $8 910 FF46 100 £5 750 Tavern interior, Spain Oil/canvas 29x61cm/*11x24in* Stockholm 96
🖿 $16 200 FF95 320 £10 000 Kavalier in Schwarz mit einer eleganten Dame und Windhund Öl/Leinwand 222x176cm/*87x69in* Wien 97
VINEL Christophe XX **[4]**
🖿 $3 930 FF20 000 £2 356 "Le Chat ours" Huile/toile 60x73cm/*23x28in* Aubagne 96

V

VIÑES SOTO Hernando 1904-1993 **[57]**
 $1 377 FF6 860 £901 Paisaje agrícola Oleo/tabla 25,5x30cm/*10x11in* Madrid 95
 $14 020 FF73 000 £9 270 Desnido de mujer Oleo/lienzo 81x65cm/*31x25in* Madrid 96
 $20 400 FF104 000 £12 250 Femme rousse à la fenêtre Huile/toile 130x96,5cm/*51x37in* Paris 96
 $1 849 FF9 506 £1 114 Paisaje Gouache 48x38cm/*18x14in* Madrid 96
VINH PHOI 1938 **[1]**
 $1 396 FF8 363 £858 Seated Nude Watercolour/paper 47,5x32,5cm/*18x12in* Singapore 98
VINIEGRA Y LASSO Salvador 1862-1915 **[4]**
 $13 200 FF79 400 £8 200 De guardia Oleo/lienzo 110x65cm/*43x25in* Madrid 97
VINK Vink Khoa, dit 1950 **[3]**
 $694 FF3 500 £453 "Le Brouillard pourpre", planche No. 30 de la série "Le Moine fou" Mine plomb
40x30cm/*15x11in* Paris 96
VINKELES Reinier 1741-1816 **[8]**
 $819 FF4 970 £500 Willem de V, Prins van Orange en Nassau/Frederica Sophia Wilhelmina Etching
42x29cm/*16x11in* London 98
VINKENOOG Simon 1928 **[8]**
 $1 698 FF10 176 £1 013 New Babylon Lithograph 40x38cm/*15x14in* Amsterdam 98
 $499 FF2 972 £296 De Betweter Pencil/paper 33x30cm/*12x11in* Amsterdam 97
VINNE van der Jan Vincentz 1663-1721 **[3]**
 $5 554 FF35 000 £3 500 Scène de bataille Huile/toile 45x65cm/*17x25in* Cannes 97
VINNE van der Vincent Laurensz I 1629-1702 **[6]**
 $83 365 FF500 700 £50 000 A Vanitas Still Life with the Artist Oil/canvas 90x66,5cm/*35x26in* London 98
VINNEN Carl 1863-1922 **[17]**
 $3 078 FF17 543 £1 923 Feldweg mit Bäumen Oil/canvas 33x42cm/*12x16in* Bremen 97
 $3 645 FF21 753 £2 199 Reetgedeckte Bauernkate im Schnee Öl/Leinwand 45x53cm/*17x20in* Bremen 97
VINOGRADOV Sergei Arsenievich 1869-1938 **[14]**
 $4 455 FF26 385 £2 646 Ung pige ved et led, sommer Oil/canvas 70x90cm/*27x35in* København 97
VINTER John Alfred 1828-1905 **[2]**
 $21 320 FF107 600 £14 000 The pet Oil/canvas 84x112cm/*33x44in* London 96
VINTON Frederick Porter 1876-1911 **[8]**
 $950 FF5 510 £584 North African Village Scene Oil/canvas 40x60cm/*16x24in* Bethesda, Maryland 97
 $9 000 FF47 000 £5 440 Portrait of a Young Boy Oil/panel 42x28cm/*16x11in* New-York 96
VINZIO Giulio Cesare 1881-1940 **[7]**
 $600 FF3 400 £300 Testa di pecora Olio/tavola 34,5x29,5cm/*13x11in* Milano 97
VIOLA Giov. B. (Attrib.) 1576-1662 **[4]**
 $10 278 FF60 000 £6 216 Diane et Endymion/Bacchus et Ariane/Apollon et Daphnée/Jupiter.. Huile/pan-
neau 21x33cm/*8x12in* Paris 97
VIOLA Giovanni Battista 1576-1662 **[4]**
 $32 000 FF188 790 £19 596 An extensive River Landscape with Atalanta and Meleage Oil/panel
98,5x77,5cm/*38x30in* New-York 98
VIOLA Manuel 1916-1987 **[101]**
 $335 FF1 675 £217 Composition Huile/panneau 65x50cm/*25x19in* Bruxelles 96
 $780 FF4 740 £468 Composición abstracta Oleo/papel 13x18cm/*5x7in* Madrid 98
 $2 145 FF12 232 £1 305 "Intérieur éclaté II" Huile/toile 97x162cm/*38x63in* Bruxelles 97
 $154 FF875 £92 Composición Litografia 45x33cm/*17x12in* Madrid 97
VIOLLET-LE-DUC Adolphe Étienne 1817-1878 **[7]**
 $5 450 FF26 400 £3 500 River landscape Oil/canvas 60x81cm/*23x31in* London 95
VIOLLET-LE-DUC Victor 1848-1901 **[8]**
 $1 305 FF7 500 £816 Paysage de bord de mer Huile/toile 55x80cm/*21x31in* Paris 97
VION Raoul XIX-XX **[9]**
 $579 FF2 995 £370 "Bicyclette La Triomphante" Poster 116x79cm/*45x31in* London 96
VIONOJA Veikko 1909 **[28]**
 $1 877 FF11 082 £1 111 Flowers Oil/canvas 35x30cm/*13x11in* Helsinki 97
 $4 050 FF24 327 £2 428 Ria Oil/canvas 65x80cm/*25x31in* Helsinki 98
 $218 FF1 326 £132 Untitled Lithograph 39x54cm/*15x21in* Helsinki 98
VIRGIN Gottfrid 1831-1876 **[11]**
 $789 FF4 055 £492 Stuginteriör Oil/canvas 27x34cm/*10x13in* Stockholm 96
 $2 680 FF14 000 £1 597 Sameflicka Oil/canvas 99x84cm/*38x33in* Stockholm 96

VIRIO 1901-1995 **[3]**

🖌 $5 100 FF28 900 £3 400 Signore in giardino Olio/tela 50x60cm/*19x23in* Prato 97

VIRNICH Thomas 1957 **[10]**

▥ $780 FF4 080 £465 Mäander Multiple 21x21cm/*8x8in* Köln 96

🗜 $845 FF5 031 £516 Bassfuteral Object 30x29x2,5cm/*11x11xin* Köln 98

VIRULY Willem IV c.1604-1677 **[1]**

🖌 $3 420 FF19 632 £2 088 Paysage animé Huile/toile 37x45cm/*14x17in* Bruxelles 97

VIRY Paul Alphonse XIX **[7]**

🖌 $40 000 FF244 948 £23 940 The Letter and the Locket Oil/panel 49,5x61cm/*19x24in* New-York 98

VISENTINI Antonio 1688-1782 **[18]**

🖌 $5 876 FF35 000 £3 493 Paysage au cavalier et aux pêcheurs Huile/toile 40x31cm/*15x12in* Paris 97

▥ $404 FF2 361 £244 Venedig-Canale Grande Radierung 25x42,5cm/*9x16in* Köln 97

✏ $703 FF4 209 £420 Facciata delle Prigioni, L'Architectrura si crede di Balduino Ink 48x71cm/*18x27in* London 98

VISEUX Claude 1927 **[98]**

🖌 $335 FF2 000 £202 Composition abstraite Technique mixte/toile 88x115cm/*34x45in* Paris 97

✏ $222 FF1 300 £131 Composition Pastel gras/papier 62x41cm/*24x16in* Douai 97

VISHNIAC Roman 1897-1990 **[52]**

📷 $2 250 FF13 882 £1 350 Heder in Podcarpatsco Russ Photograph 27x27cm/*10x10in* New-York 98

VISKI János, Johann 1891-? **[29]**

🖌 $489 FF2 825 £290 Ruiters met paarden op de poesta Oil/canvas 59x79,5cm/*23x31in* Rotterdam 97

VISO Nicola XVIII **[6]**

🖌 $13 200 FF69 040 £8 000 A Port with Merchants, Beggars and Travellers and stevedores Oil/canvas 29x41cm/*11x16in* London 96

🖌 $14 000 FF77 305 £8 736 A Mediterranean Port with Peasants by a Fountain Oil/canvas 75x102cm/*29x40in* New-York 97

VISO Nicola (Attrib.) XVIII **[3]**

🖌 $9 159 FF53 815 £5 500 A Classical Architectural Scene with Christ Healing The Sick Oil/canvas 61x93,5cm/*24x36in* London 97

🖌 $19 200 FF108 800 £12 800 Strage degli innocenti/Adorazione dei Magi Olio/tavola 20x30cm/*7x11in* Prato 98

VISONE Giuseppe, Joseph c.1800-c.1870 **[4]**

🖌 $3 120 FF17 680 £1 560 Madonna del latte Olio/tela 26,5x26cm/*10x10in* Firenze 98

VISPRÉ François Xavier 1730-1790 **[4]**

🖌 $9 966 FF60 000 £5 964 Nature morte au plat de pêches et pommes sur un entablement Peinture 39x42cm/*15x16in* Paris 98

VISSCHER Claes Jansz I Nicola c.1550-c.1612 **[6]**

▥ $220 FF1 278 £135 Das Wirtshaus zum Schwanen Radierung 10,5x15cm/*4x5in* Heidelberg 97

VISSCHER Claes Jansz II 1586-1652 **[3]**

▥ $2 838 FF16 728 £1 696 "Amaeniores Aliquot Regiunculae..." Radierung 13x19,5cm/*5x7in* München 97

✏ $38 500 FF196 000 £23 070 The Manor Kostverloren on the River Amstel/Farm building Ink/paper 14,4x19cm/*5x7in* Amsterdam 96

VISSCHER Cornelis II c.1629-1662 **[17]**

▥ $332 FF2 014 £203 Die Zigeunerin Copper engraving 37,4x31,7cm/*14x12in* Berlin 98

✏ $60 000 FF368 322 £36 762 Head of a Boy asleep/Study of an Eye Black chalk 22,5x17,5cm/*8x6in* New-York 98

VISSCHER Cornelis II (Attrib) c.1629-1662 **[1]**

✏ $5 020 FF26 000 £3 240 Tête de femme Pierre noire 15x15cm/*5x5in* Paris 96

VISSCHER de Chantal 1948 **[2]**

🖌 $1 731 FF10 000 £1 028 Personnages Huile/papier 48x63cm/*18x24in* Paris 97

VISSCHER de Odile 1933 **[2]**

🖌 $1 673 FF10 000 £1 014 Vase aux roses bleues Huile/papier 63x48cm/*24x18in* Paris 97

VISSER Carel 1928 **[45]**

🖌 $3 400 FF16 970 £2 222 Collage Mixed media/board 61x83cm/*24x32in* Amsterdam 95

🗜 $9 240 FF48 300 £5 580 Big Four Sculpture H72,5cm/*H28in* Amsterdam 96

✏ $1 098 FF5 730 £663 Untitled Pencil/paper 24x28cm/*9x11in* Amsterdam 96

VISSER Jan 1856-1938 **[3]**
$2 271 FF14 010 £1 427 Chrysanthemums Oil/panel 50x40cm/*19x15in* Amsterdam 97
VISSON Philippe 1942 **[20]**
$6 240 FF30 500 £3 950 "La Force au vent" Acrylique/panneau 60x73cm/*23x28in* Montauban 95
VITAL Not 1948 **[11]**
$1 050 FF5 500 £632 Le sei Sorelle Gravure 65x12,5cm/*25x4in* Paris 96
$8 983 FF52 440 £5 517 Ohne Titel Sculpture H274cm/*H107in* Zürich 97
$2 130 FF11 120 £1 288 Komposition Mischtechnik/Papier 72x51cm/*28x20in* Zürich 96
VITAL-CORNU Charles 1851/53-1927 **[6]**
$3 000 FF18 621 £1 809 Liberty Conquers Tyranny Bronze H74cm/*H29in* New Orleans, Louisiana 98
VITALE Carlo 1902 **[4]**
$2 280 FF12 920 £1 140 Milano, Piazzetta Bossi Olio/tavola 50x39cm/*19x15in* Milano 97
VITALE Filippo c.1585-1650 **[6]**
$37 800 FF183 000 £24 000 Giacobbe benedice Isacco Olio/tela 96x125cm/*37x49in* Roma 95
VITALI Candido 1680-1753 **[9]**
$10 777 FF62 322 £6 669 Jagdstilleben mit einem Hund Öl/Leinwand 94x73,5cm/*37x28in* Wien 97
VITHAL B. 1933-1992 **[4]**
$4 984 FF29 880 £3 000 Boy with Horse Oil/canvas 152x76cm/*59x29in* London 98
VITI Guisto XIX **[1]**
$3 630 FF18 840 £2 400 Mother and child Alabaster H60cm/*H23in* London 96
VITO de Camillo XVIII-XIX **[16]**
$2 002 FF10 370 £1 300 Porto e Golfo di Napoli Bodycolour 30x42cm/*11x16in* London 96
VITO de Camillo (Attrib.) XVIII-XIX **[3]**
$4 622 FF27 000 £2 735 Éruption du Vésuve dans la terre Gouache/papier 40x61,5cm/*15x24in* Paris 97
VITO de Michele XIX **[14]**
$1 142 FF6 445 £700 Venditore e mangia Maccheroni/I Zampognari che ballane, e suonano Watercolour 33x40cm/*12x15in* London 97
VITRINGA Wigerius 1657-1721 **[10]**
$3 253 FF18 957 £2 000 Merchants Resting on a Quayside with a Lighthouse Oil/panel 27x32cm/*10x12in* London 97
$20 656 FF120 084 £12 608 Shipping in a Squall Oil/canvas 52,5x73cm/*20x28in* Amsterdam 97
$1 764 FF10 098 £1 042 Boats approaching the Shore Red chalk 14,5x22cm/*5x8in* Amsterdam 97
VITRINGA Wigerius (Attrib.) 1657-1721 **[2]**
$18 800 FF96 200 £12 060 Holländsiche Schiffe auf bewegter See Öl/Leinwand 32x42cm/*12x16in* Wien 96
VITTORIA Alessandro (Attrib.) 1525-1608 **[3]**
$2 437 FF14 000 £1 517 Hercule Bronze H15cm/*H5in* Paris 97
$39 600 FF224 400 £26 400 San Paolo Terracotta H125cm/*H49in* Prato 97
VITTORINI Umberto 1890-1979 **[5]**
$2 219 FF12 578 £1 479 Pastori Tecnica mista/tavola 54x73cm/*21x28in* Milano 97
VIVANCOS Miguel-Garcia 1895-1972 **[32]**
$615 FF3 000 £390 Vieilles maisons sur la Voulzie, Provins Huile/toile 41x27cm/*16x10in* Paris 95
$641 FF3 900 £385 Collioure Huile/toile 65x46cm/*25x18in* Nice 98
VIVANT-DENON Dominique 1747-1826 **[12]**
$922 FF5 529 £550 Ten portraits in Medaillon Ink 5,5x12,5cm/*2x4in* London 98
VIVARES Francois 1709-1780 **[11]**
$141 FF812 £86 A View near Naples Radierung 45x58cm/*17x22in* Hamburg 97
VIVARINI Alvise (Attrib.) c.1445-c.1505 **[1]**
$36 300 FF189 860 £22 000 Salvator Mundi Oil/panel 53x37cm/*20x14in* London 96
VIVARINI Bartolomeo c.1430-c.1490 **[1]**
$25 000 FF130 000 £16 530 The Madonna and Child Oil/canvas 61x46cm/*24x18in* New-York 96
VIVES ATSARA José 1919-1988 **[2]**
$5 000 FF28 474 £3 083 La Bahia Oil/canvas 76x111cm/*30x44in* Dallas, Texas 97
VIVES FIERRO Antoni 1940 **[4]**
$396 FF2 370 £234 "Boulangerie, Paris" Gouache 39,5x48cm/*15x18in* Barcelona 98
VIVIAN George 1798-1873 **[5]**
$8 011 FF45 829 £5 000 The Piazzetta looking towards the Redentore, the Dogana and the Salute Oil/canvas 71x132cm/*27x51in* London 97
VIVIAN J. XIX **[8]**

🦪 $4 638 FF28 420 £2 800 The Bacino di San Marco, Venice Oil/canvas 46x81,5cm/*18x32in* London 98
VIVIANI Giuseppe 1898-1965 **[39]**
🦪 $9 600 FF54 400 £4 800 Fantasia veneziana Olio/tela 41,5x58cm/*16x22in* Prato 97
▥ $1 680 FF9 520 £840 Siepe fiorita Acquaforte 24,5x36cm/*9x14in* Roma 97
✏ $1 140 FF6 460 £570 Natura morta a Bocca d'Arno China/carta 20x19cm/*7x7in* Prato 98
VIVIEN Joseph (Attrib.) 1657-1734 **[2]**
🦪 $1 754 FF10 000 £1 086 Portrait de peintre Huile/toile 81x55cm/*31x21in* Versailles 97
VIVIN Louis 1861-1936 **[24]**
🦪 $4 920 FF25 000 £2 936 Fermiers au travail Huile/toile 60x73cm/*23x28in* Paris 96
VIVO de Tommaso 1790-1884 **[5]**
🦪 $8 060 FF40 600 £5 330 L'apprendista musico Olio/tela 62x50cm/*24x19in* Roma 95
VIVOT Lea 1952 **[3]**
🗿 $5 190 FF27 100 £3 255 Loves Changes Everything Bronze H42cm/*H16in* Toronto 96
🗿 $29 240 FF152 000 £19 360 The Lover's Bench Bronze H174cm/*H68in* Toronto 96
VIVREL André 1886-1976 **[130]**
🦪 $139 FF700 £90 Paysage aux arbres Huile/panneau 32x40cm/*12x15in* Paris 96
🦪 $1 070 FF5 500 £690 "Ondes et ondines" Huile/toile 54x73cm/*21x28in* Provins 96
VIZZOTTO ALBERTI Giuseppe 1862-1931 **[17]**
✏ $1 088 FF6 589 £649 Venetian Fisherfolk after the Fleet's Return Watercolour 40,5x25,5cm/*15x10in* London 97
VLADIMIROV Ivan Alexeievitch 1869-1947 **[11]**
🦪 $2 618 FF15 128 £1 614 Efter herrgårdsplundringen Oil/canvas 40x58cm/*15x22in* Stockholm 97
✏ $1 292 FF6 463 £850 Russian soldiers repulsing German uhlans Gouache/paper 31x48cm/*12x18in* London 95
VLADIMIROV Sergeï 1962 **[9]**
✏ $201 FF1 200 £123 Fruits sur la table Gouache/papier 40x42cm/*15x16in* Enghien 97
VLADIRMIRSKY Boris Eremeievich 1878-1950 **[4]**
🦪 $4 088 FF25 007 £2 500 Goats in the Forest Oil/board 28,5x41cm/*11x16in* London 98
✏ $1 962 FF12 003 £1 200 Young Girl with Red Ribbon on Beach Watercolour 28x41cm/*11x16in* London 98
VLAMINCK de Maurice 1876-1958 **[1272]**
🦪 $26 000 FF134 600 £17 380 Maison Blanche Oil/canvas 27x35cm/*10x13in* New-York 96
🦪 $4 200 000 FF24 193 680 £2 467 920 La danseuse du "Rat Mort" Oil/canvas 73x54cm/*28x21in* New-York 97
▥ $800 FF4 781 £489 Nelle-la-Vallée, Maisons rustiques Lithograph 28x37cm/*11x14in* San Francisco-Los Angeles 97
🗿 $10 707 FF64 039 £6 500 Vase bleu Glazed ceramic H28cm/*H11in* London 97
✏ $15 000 FF89 392 £9 198 Route de village Watercolour, gouache 45x55cm/*17x21in* New-York 98
VLAMYNCK de Geo 1897-1980 **[3]**
🦪 $30 312 FF180 000 £18 360 Les grands arbres près des maisons Huile/toile 50x61cm/*19x24in* Paris 97
VLASSELAER van Julien 1907-1982 **[10]**
▥ $1 932 FF11 382 £1 197 Jardin féerique Tapisserie 214x160cm/*84x62in* Antwerpen 97
VLEUGHELS Nicolas 1668-1737 **[12]**
🦪 $15 000 FF89 820 £9 180 Telemachus on the Island of Calypso Oil/panel 29x38,5cm/*11x15in* New-York 97
✏ $1 183 FF5 840 £772 Frauen beim Fischen Ink 12x11cm/*4x4in* Hamburg 95
VLEUGHELS Nicolas (Attrib.) 1668-1737 **[9]**
🦪 $1 463 FF8 530 £900 Diana Bathing with her Nymphs Oil/canvas 19x25cm/*7x9in* London 97
VLIEGER de Simon Jacobsz. 1601-1653 **[23]**
🦪 $176 536 FF1 048 950 £105 000 A calm estuary scene at dawn with a Dutch kaag Oil/panel 38,5x59cm/*15x23in* London 97
✏ $1 800 FF11 049 £1 102 River Landscape with Trees on a Hill Black chalk 19,5x31cm/*7x12in* New-York 98
VLIET van der Hendrick Cornelisz 1611-1675 **[19]**
🦪 $17 150 FF88 400 £11 000 The interior of the nieuwe kerk, delft, with the tomb of William... Oil/panel 59x45,5cm/*23x17in* London 96
VLIET van der Jan Joris, Georg c.1600-c.1650 **[16]**
▥ $740 FF3 830 £480 Lot and his Daughters, after Rembrandt Etching 9x6,5cm/*3x2in* London 96
VLIET van der Willem 1583/84-1642 **[2]**

☞ *$8 570 FF44 200 £5 500* Portrait of a young man, wearing a tan coat decorated with braid Oil/panel 68x54,5cm/*26x21in* London 96
VLIST van der Leendert 1894-1962 **[17]**
☞ *$327 FF2 013 £196* Mädchen mit rotem Kopftuch Oil/wood 25,5x11cm/*10x4in* Bielefeld 98
☞ *$1 252 FF7 192 £779* Kasteel Endegeest Oil/canvas 65,5x90,5cm/*25x35in* Den Haag 97
VLOORS Emil 1871-1952 **[2]**
☞ *$10 000 FF61 237 £5 985* Cabbage Roses on a Table Oil/canvas 78x108cm/*30x42in* New-York 98
VOBECKY Frantisek 1902-1990 **[1]**
☞ *$7 350 FF41 742 £4 600* Still life with Bouquet of Flowers and Grapes Oil/canvas 47x62,5cm/*18x24in* London 97
VOERMAN Jan, Jnr. 1890-1976 **[25]**
☞ *$1 165 FF7 138 £694* A winter landscape Oil/canvas 28x50cm/*11x19in* Amsterdam 98
☞ *$28 480 FF174 410 £17 045* A Summer Bouquet with Poppies, Rhodondendron Flowers Oil/canvas 50x65cm/*19x25in* Amsterdam 98
VOERMAN Jan, Snr. 1857-1941 **[34]**
☞ *$818 FF4 235 £531* Cows in a meadow Oil/panel 17x28cm/*6x11in* Amsterdam 96
☞ *$1 936 FF9 820 £1 261* A view of the river Ijssel Oil/canvas 52x68cm/*20x26in* Amsterdam 96
✐ *$4 680 FF24 080 £2 920* Koeien aan de Ijssel Watercolour/paper 53,5x39,5cm/*21x15in* Den Haag 96
VOET Jakob Ferd. (Attrib) c.1639-c.1700 **[5]**
☞ *$2 248 FF13 032 £1 328* Portrait de Dame Noble Huile/toile 44x37cm/*17x14in* Bruxelles 97
☞ *$10 928 FF64 935 £6 500* Portrait of Marie Mancini Oil/copper 17x13cm/*6x5in* London 97
VOET Jakob Ferdinand c.1639-c.1700 **[17]**
☞ *$1 963 FF10 000 £1 178* Portrait de jeune femme Huile/cuivre 13x10,5cm/*5x4in* Paris 96
☞ *$11 690 FF70 000 £6 986* Portrait d'une Dame en buste portant une robe bleue Huile/toile 51,5x39,5cm/*20x15in* Monte-Carlo 98
VOGEL Bernhard 1961 **[2]**
✐ *$1 552 FF9 532 £948* "Rom" Aquarell/Papier 39x49cm/*15x19in* Wien 98
VOGEL Bernhard 1683-1737 **[5]**
▥ *$248 FF1 453 £152* Bildnis eines vornehmen Herrn mit Allongeperücke Etching 35,4x25,7cm/*13x10in* Berlin 97
✐ *$1 663 FF8 450 £993* Bildnis des Professors Eucharius Gottlieb Rink (1670-1746) Drawing 35,7x25,6cm/*14x10in* Köln 96
VOGEL Christian Lebrecht 1759-1816 **[2]**
☞ *$4 960 FF24 160 £3 143* Die Söhne des Künstlers Öl/Leinwand 73x91cm/*28x35in* Köln 95
VOGEL de Cornelis Johannes 1824-1887 **[16]**
☞ *$3 143 FF18 912 £1 881* Crossing a sream in a Forest Cleaning Oil/panel 43,5x54cm/*17x21in* Amsterdam 98
☞ *$3 621 FF21 390 £2 188* A country road Oil/panel 27x38,5cm/*10x15in* Amsterdam 97
VOGEL Ernest 1909-1993 **[8]**
✐ *$156 FF939 £93* Settlers Hut, Gippsland Watercolour/paper 28x33,5cm/*11x13in* Melbourne 98
VOGEL Hugo 1855-1934 **[2]**
☞ *$9 060 FF44 600 £5 840* Wannseegarten Oil/cardboard 70,5x50cm/*27x19in* Berlin 95
VOGEL Johannes Gijsbert 1828-1915 **[11]**
☞ *$1 638 FF9 523 £1 000* A Mountainous Wooded Landscape Oil/canvas 73,5x109cm/*28x42in* London 97
VOGEL VON VOGELSTEIN Carl Chr. 1788-1868 **[10]**
☞ *$3 894 FF20 300 £2 352* "Geschenk Ihrer Hoheit der Frau Herzogin zu Anhalt-Bernburg" Öl/Leinwand 34x29cm/*13x11in* Lindau 96
☞ *$79 300 FF408 000 £49 400* Portrait of Friedrich von Amerling Oil/canvas 46x39cm/*18x15in* Wien 96
✐ *$423 FF2 504 £251* Die Märtyrerin Perpetua Pencil/paper 24x19,5cm/*9x7in* München 97
VOGELAER Pieter 1641-1720 **[1]**
☞ *$9 274 FF54 945 £5 500* A Dutch Flute and other Shipping going about in light Airs Oil/panel 69,5x45cm/*27x17in* London 97
VOGELAER van Karel (Attrib.) 1653-1695 **[8]**
☞ *$21 250 FF108 500 £14 000* Flowers in a vase Oil/canvas 94x74cm/*37x29in* London 96
VOGELAER van Karel Distelbloom 1653-1695 **[12]**
☞ *$8 850 FF43 150 £5 610* Blumen- und Früchtestilleben mit Nelken, Trauben und Pfirsichen Oil/canvas/panel 56x39cm/*22x15in* Köln 95

☞ *$80 000 FF491 096 £49 016* Still Lifes of Flowers in a Vases Oil/canvas 130,5x96cm/*51x37in* New-York 98
VOGELER Heinrich 1872-1942 [254]
☞ *$41 447 FF236 166 £25 886* Drei Mädchenakte im Garten des Barkenhoffs Oil/canvas
100x80,5cm/*39x31in* Bremen 97
▥ *$682 FF4 194 £409* "Frühlingsblumen" Etching 15,8x15,4cm/*6x6in* Bremen 98
✐ *$810 FF4 731 £497* Marktfrauen Pencil 16,7x19,2cm/*6x7in* Köln 97
VOGELER-WORPSWEDE Heinrich 1872-1942 [8]
▥ *$568 FF3 356 £353* Tod bricht Rosen Etching 10,8x15cm/*4x5in* Pforzheim 97
VOGELS Guillaume 1836-1896 [45]
☞ *$1 420 FF8 125 £840* Forêt sous la neige Huile/panneau 30x39,5cm/*11x15in* Bruxelles 97
☞ *$3 692 FF21 125 £2 184* Oostduinkerke Huile/toile 40x55cm/*15x21in* Bruxelles 97
✐ *$966 FF4 920 £580* Marine Aquarelle, gouache/papier 20,5x28,5cm/*8x11in* Bruxelles 96
VOGLER Hermann 1859-? [3]
☞ *$40 000 FF230 680 £23 828* Love's Whisperings Oil/canvas 256x144cm/*101x57in* Cleveland, Ohio 97
VOGLER Paul 1852-1904 [58]
☞ *$2 460 FF12 200 £1 565* Schneelandschaft in Bougival Öl/Leinwand 65x81,5cm/*25x32in* Heidelberg 95
☞ *$3 835 FF20 000 £2 535* La sortie du Théâtre des Variétés Huile/panneau 26,5x41cm/*10x16in* Provins 96
✐ *$244 FF1 450 £146* Le village sous la neige Pastel 21x33cm/*8x12in* Provins 97
VOGT Hélène 1902-1994 [27]
☞ *$393 FF2 000 £259* Marché marocain Huile/isorel 38x54cm/*14x21in* Paris 96
✐ *$97 FF600 £59* La maison de campagne Aquarelle/papier 53x36cm/*20x14in* Pontivy 98
VOGT Louis Charles 1864-1938 [8]
✐ *$700 FF4 284 £425* Doksside, NY Harbor Watercolour/paper 23x33cm/*9x13in* Milford, Conn. 98
VOGUET Léon 1879-? [3]
☞ *$3 960 FF20 000 £2 587* Nature morte à la plante verte Huile/toile 81x65cm/*31x25in* Paris 96
VOIGHT Leigh 1943 [5]
✐ *$1 834 FF11 015 £1 100* Cheetah in Long Grass Watercolour/paper 76,5x56,5cm/*30x22in* London 98
VOIGT Bruno 1912-1989 [22]
▥ *$144 FF844 £88* Nebenstrasse Etching 27,6x27,6cm/*10x10in* Berlin 97
✐ *$462 FF2 703 £284* Die graue Riesin Indian ink/paper 49x31,2cm/*19x12in* Berlin 97
VOIGT STEFFENSEN Hans 1941 [32]
☞ *$608 FF3 533 £375* "Ungarsk dans" Oil/canvas 38x46cm/*14x18in* København 97
✐ *$427 FF2 473 £263* Erotiske kvindekompositioner Watercolour/paper 25x20cm/*9x7in* København 97
VOIGTLANDER von Rudolf 1854-? [1]
☞ *$8 000 FF45 480 £4 898* Faithful friends Oil/panel 61x53cm/*24x20in* New-York 97
VOILLE Jean L. 1744-c.1796 [5]
☞ *$9 381 FF53 000 £5 782* Anne-Victorienne de Rochechouart de Mortemart Huile/toile 64x53cm/*25x20in* Rouen 97
VOILLEMOT Charles 1823-1893 [17]
☞ *$906 FF4 670 £600* The Infant Bacchus Oil/panel 25x18cm/*9x7in* London 96
☞ *$3 350 FF16 950 £2 200* Spring Oil/canvas 109x76cm/*42x29in* London 96
☞ *$7 114 FF41 338 £4 200* Flora Oil/canvas 206x213cm/*81x83in* London 97
✐ *$3 506 FF19 981 £2 200* The Cumaean Sibyl Watercolour 129,5x61,5cm/*50x24in* London 97
VOIRIN Jules Antoine 1833-1898 [15]
☞ *$10 803 FF64 229 £6 500* Sur le Champ de Courses Oil/canvas 49,5x74,5cm/*19x29in* London 97
VOIRIN Léon Joseph 1833-1887 [17]
☞ *$5 799 FF36 000 £3 477* "Aux Folies Bergères" Huile/toile 46x38cm/*18x14in* Paris 98
VOIRIOT Guillaume 1713-1799 [8]
☞ *$7 000 FF39 886 £4 287* Portrait of a Gentleman, wearing armor Oil/canvas 81x65,5cm/*31x25in* New-York 97
☞ *$16 000 FF91 272 £9 838* Portrait of a Lady in a white Dress seated at her Dressing table Oil/canvas 127x96,5cm/*50x37in* New-York 97
VOIRIOT Guillaume (Attrib.) 1713-1799 [5]
☞ *$6 890 FF34 000 £4 480* Portrait d'homme Huile/toile 85x67,5cm/*33x26in* Paris 95
✐ *$7 000 FF34 550 £4 525* M. Jardin as the Persian Ambassador/M. Hazon as the Grand Mufti Black & white chalks 54x41,5cm/*21x16in* New-York 96

VOIS de Arie 1631-1680 **[7]**

 $56 100 FF293 420 £34 000 A young Woman in a white Dress with a blue Scarf, holding up a rose Oil/copper 16,5x13,5cm/*6x5in* London 96

VOIS de Arie (Attrib.) 1631-1680 **[1]**

 $4 911 FF29 060 £2 955 Venus and Adonis Oil/panel 27x22,5cm/*10x8in* Amsterdam 98

VOISARD-MARGERIE Adrien Gabriel 1867-1954 **[11]**

 $15 000 FF90 634 £8 935 Troupeau s'abreuvant Oil/canvas 121x161cm/*47x63in* New-York 97

VOISIN Frédéric 1957 **[22]**

 $260 FF1 600 £159 Piano, piano Acrylique/toile 70x55cm/*27x21in* Versailles 98

VOLAIRE IL CAVALIER Jacques A. (Attr.) 1729-1802 **[13]**

 $2 054 FF12 000 £1 215 Éruption nocturne du Vésuve Huile/papier/toile 20x29,5cm/*7x11in* Paris 97

 $15 615 FF91 000 £9 618 Pêcheurs dans un port méditerranéen/Le déchargement de la cargaison Huile/toile 57x110cm/*22x43in* Paris 97

 $132 FF782 £80 Standing Figure Study, Study of a Mother and Child/Seated Peasant Black chalk/paper 21,5x15,5cm/*8x6in* London 97

VOLAIRE IL CAVALIER Jacques Antoine 1729-1802 **[35]**

 $11 200 FF54 100 £7 000 Turbulent seascape with figures seeking refuge behind rocks Oil/canvas 46x69,5cm/*18x27in* London 95

 $82 080 FF480 000 £50 064 Paysage de rivière au pont avec pêcheurs Huile/toile 100x137,5cm/*39x54in* Paris 97

 $828 FF4 945 £500 A man, seated on the ground, seen from behind Black & white chalks 17,7x21,3cm/*6x8in* London 97

VOLANAKIS Constantinos 1837-1907 **[6]**

 $22 040 FF131 579 £13 500 A Steamboat at the Port of Spetses Oil/panel 19x36cm/*7x14in* London 97

 $50 610 FF302 144 £31 000 A Sailing Vessel Oil/canvas 73x50,5cm/*28x19in* London 97

VOLANEK Raimund 1857-1924 **[5]**

 $1 434 FF7 340 £930 Grütli am Wierwaldstätter See Oil/panel 18,5x31,5cm/*7x12in* Wien 95

 $1 943 FF9 460 £1 230 Ansicht von Kufstein Öl/Leinwand 47,5x68,5cm/*18x26in* Bern 95

VOLCKAERT Piet 1902-1973 **[101]**

 $95 FF585 £57 Chemin en forêt de Soignes Huile/toile 60x50cm/*23x19in* Bruxelles 98

 $364 FF2 124 £222 La Porte de Hal, Bruxelles Huile/toile 23x18cm/*9x7in* Bruxelles 97

VÖLCKER Gottfried Wilhelm 1755-1849 **[3]**

 $7 870 FF40 600 £5 040 Früchtestilleben Öl/Metall 40x35cm/*15x13in* Stuttgart 96

VÖLCKER Robert 1854-1924 **[18]**

 $1 262 FF7 622 £766 Im Gars sitzendes Mädchen Öl/Leinwand 36x31cm/*14x12in* Wien 98

 $10 140 FF59 230 £6 000 The welcome visitor Oil/canvas 94,2x138,7cm/*37x54in* London 97

VOLDER de Joost c.1600-c.1660 **[2]**

 $14 250 FF85 384 £8 500 Two Peasants Resting on a Sandy Path Before Cottages Oil/panel 39,5x53cm/*15x20in* London 98

VOLKERS Emil 1831-1905 **[31]**

 $1 826 FF10 745 £1 127 Dame zu Pferd Oil/board/canvas 37,5x42,5cm/*14x16in* Heidelberg 97

VOLKERS Karl 1868-1944 **[7]**

 $2 000 FF11 554 £1 187 Polar star, por Pionner y Go On Oleo/lienzo 6,5x7,5cm/*2x2in* Buenos Aires 97

VOLKERT Edward Charles 1871-1935 **[16]**

 $3 248 FF18 329 £1 990 Spring Pasture Oil/board 22x30cm/*9x12in* Mystic, Connecticut 97

VOLKHART Max 1848-1935 **[9]**

 $9 500 FF55 104 £5 615 "The Serenade" Oil/canvas 46,5x70,5cm/*18x27in* San Francisco 97

VOLKMANN von Hans Richard 1860-1927 **[167]**

 $1 313 FF7 723 £810 Wald- und Wiesenlandschaft mit grossem Heustadel Öl/Leinwand 24x35cm/*9x13in* Heidelberg 97

 $1 996 FF12 072 £1 195 Birkenwald Öl/Leinwand 55,5x75,5cm/*21x29in* München 98

 $3 505 FF18 280 £2 117 Blumenwiese mit einzeln stehenden tannen Öl/Leinwand 100x130cm/*39x51in* Stuttgart 96

 $118 FF737 £71 Verwachsener Steg/Althessischer Schäferkarren/Kleine Landschaft... Radierung 16x16cm/*6x6in* Heidelberg 98

 $207 FF1 180 £129 Sich ausruhender Soldat Aquarell 34,5x25cm/*13x9in* Bielefeld 97

VOLKMAR Antonie 1827-? **[3]**

 $12 000 FF62 300 £7 930 The Punishment Oil/canvas 78x69cm/*30x27in* New-York 96

VOLKMAR Charles 1841-1914 **[4]**
$4 300 FF24 543 £2 658 Morning on the cheat river Oil/canvas 56x91,5cm/*22x36in* New-York 97
VOLKOV Aleksandr Nikolaev. 1886-1957 **[3]**
$1 222 FF6 090 £800 Gathering Central Asia Indian ink 25x33cm/*9x12in* London 95
VOLKOV Efim Efimovich 1844-1920 **[9]**
$4 602 FF27 645 £2 760 Höst Oil/canvas 32x21cm/*12x8in* Helsinki 98
$5 830 FF30 600 £3 500 Road through the forest Oil/canvas 63x101cm/*24x39in* London 96
$13 920 FF70 200 £9 000 Alley of trees Oil/canvas 140x106cm/*55x41in* London 96
VOLL Christoph 1897-1939 **[18]**
$610 FF3 494 £381 Blinder Radierung 29,5x25cm/*11x9in* München 97
$1 300 FF6 800 £774 Brentagruppe in Trentino Pastel/paper 70x51cm/*27x20in* Köln 96
VOLLBEHR Ernst 1876-c.1940 **[8]**
$1 472 FF7 620 £950 Singapore Harbor/The Island of Penang Gouache 35x50cm/*13x19in* London 96
VOLLENHOVE Bernart 1633-1694 **[1]**
$4 660 FF24 150 £3 120 Portrait of a gentleman, aged 51, seated Oil/canvas 78x61,5cm/*30x24in* Amsterdam 96
VOLLERDT Johann Ch. (Attrib.) 1708-1769 **[17]**
$2 830 FF14 080 £1 800 Wooded river valley Oil/canvas 31x37cm/*12x14in* London 95
$4 204 FF26 000 £2 503 Les patineurs dans un paysage Hollandais Huile/toile 38x42,5cm/*14x16in* Paris 98
VOLLERDT Johann Christian 1708-1769 **[52]**
$8 178 FF48 560 £4 953 Bettler in idealisierter Landschaft Öl/Leinwand 36x47,5cm/*14x18in* Heidelberg 97
$9 097 FF52 888 £5 555 Rheinlandschaft mit Frauen Oil/wood 23x31cm/*9x12in* Wien 97
$37 796 FF220 000 £23 122 Paysage de neige de la Vallée du Rhin Huile/toile 102x124cm/*40x48in* Toulouse 97
VOLLET Henry 1850-1945 **[33]**
$382 FF2 000 £230 Sur la mer, le soir Huile/panneau 35x30cm/*13x11in* Brest 96
$499 FF3 000 £303 Voilier à Nevez, Finistère Huile/toile 38x46cm/*14x18in* Morlaix 98
VOLLMAR Ludwig 1842-1884 **[9]**
$25 900 FF131 000 £17 000 Winding Wool Oil/canvas 89x66cm/*35x25in* London 96
VOLLMER Adolph Friedrich 1806-1875 **[4]**
$4 190 FF21 670 £2 703 Segelschiffe im Hafen Öl/Leinwand 41,5x59cm/*16x23in* Wien 96
VOLLMER Johann Michael XVIII **[2]**
$9 064 FF53 636 £5 454 Hl. Wolfang von Regensburg als reich bekleideter Leichnam Öl/Leinwand 83x151cm/*32x59in* Lindau 98
VOLLON Alexis 1865-1945 **[75]**
$991 FF5 000 £651 Nature morte aux poivrons rouges Huile/toile 17,5x58cm/*6x22in* Paris 96
$4 000 FF24 464 £2 458 Interior Scene with Children Eating Oil/canvas 54x46cm/*21x18in* Florida 98
$208 FF1 200 £130 Maisons en montagne Crayon 12x18cm/*4x7in* Paris 97
VOLLON Antoine 1833-1900 **[124]**
$2 490 FF13 000 £1 505 Nature morte aux cerises Huile/panneau 14x20cm/*5x7in* Lyon 96
$5 976 FF33 000 £3 729 Nature morte aux poissons Huile/toile 180x130cm/*70x51in* Saint-Dié 97
$6 967 FF42 000 £4 279 Nature morte à la soupière et au hanap Huile/toile 46,5x38cm/*18x14in* Paris 98
$676 FF3 500 £439 Jardin de banlieue Fusain 23x35cm/*9x13in* Saint-Dié 96
VOLLWEIDER Johann Jacob 1834-1891 **[10]**
$2 000 FF10 000 £1 295 The Return Home to the Village Oil/board 38x54cm/*14x21in* New-York 96
VOLMAR Johann Georg 1770-1831 **[10]**
$780 FF4 532 £460 Soldaten und flanierende Bürger vor dem Rathaus in Bern Radierung 39x30,5cm/*15x12in* Bern 97
$1 683 FF9 970 £1 000 Gessler Confronted by William Tell Wash 42x66,5cm/*16x26in* London 97
VOLMAR Joseph Simon 1796-1865 **[5]**
$4 342 FF26 178 £2 628 Schimmel und Rappen vor Brunnentrog mit Reitknecht Öl/Leinwand 25x31cm/*9x12in* Zürich 98
VOLMAR Rudolf 1804-1846 **[2]**
$2 723 FF16 681 £1 645 Bewaldete Schweizer Landschaft Öl/Leinwand 36,5x45cm/*14x17in* Wien 98
VOLOVICK Lazare 1902-1977 **[34]**
$1 780 FF9 000 £1 167 Village au bord de l'eau Huile/toile 65x81cm/*25x31in* Paris 96

VOLPATO Giovanni 1733-1803 **[30]**
- *$520 FF2 712 £304* La donna dalla latte, nach Maggiotto Engraving 38x29,3cm/*14x11in* Berlin 96
- *$8 500 FF41 950 £5 500* "Vue de la Villa Borghese à Rome" Watercolour 51x74cm/*20x29in* New-York 96

VOLPI Alessandro 1909 **[2]**
- *$2 820 FF15 980 £1 880* Suonatore ebbro Olio/tela 62x42cm/*24x16in* Firenze 98

VOLPI Alfredo 1896-1988 **[1]**
- *$26 000 FF135 800 £15 480* Descobrimento da America Gouache 44,5x66cm/*17x25in* New-York 96

VOLSCHENK Jan Ernst Abraham 1853-1936 **[28]**
- *$650 FF3 320 £420* Storm Clouds Oil/canvas 36x41cm/*14x16in* London 95

VOLTI Antoniucci 1915-1989 **[368]**
- *$195 FF1 200 £119* Sans titre Bronze 14,5x14x2,5cm/*5x5xin* Versailles 98
- *$19 300 FF100 000 £12 530* Monique Bronze H80cm/*H31in* Saint-Germain-en-Laye 96
- *$205 FF1 200 £121* Femme nue assise Fusain 24x31,8cm/*9x12in* Paris 97

VOLTZ Friedrich J. (Attr.) 1817-1886 **[9]**
- *$753 FF3 900 £487* Bäume Oil/paper/panel 19x29cm/*7x11in* Hamburg 96
- *$6 565 FF40 227 £3 920* Ein Hirte mit seiner Kuhherde bei aufkommendem Gewitter Oil/wood 37x88cm/*14x34in* Dresden 98

VOLTZ Friedrich Johann 1817-1886 **[168]**
- *$2 311 FF13 495 £1 398* Junger Bauernbursche in bayrischer Tracht Öl/Leinwand 37x26,5cm/*14x10in* Stuttgart 97
- *$23 440 FF121 400 £15 000* Hirte und Hirtin mit ihrem Vieh Oil/canvas 59x117,5cm/*23x46in* London 96
- *$25 960 FF135 400 £15 680* Bayrisches Hochgebirge Öl/Leinwand 106x143cm/*41x56in* Stuttgart 96
- *$359 FF1 832 £237* Junge Kuh im Stall Pencil/paper 16,5x21,5cm/*6x8in* Heidelberg 96

VOLTZ Johann Michael 1784-1858 **[5]**
- *$1 623 FF8 460 £980* Bauer mit Pferden auf dem abgepflügten Feld Öl/Karton 16,5x25cm/*6x9in* Stuttgart 96

VOLTZ Ludwig Gustav 1825-1911 **[29]**
- *$742 FF4 365 £458* Steinbrücke in den Feldern Oil/panel 11,5x23,5cm/*4x9in* Bremen 97
- *$930 FF5 353 £549* In Erwartung Öl/Leinwand 58x76cm/*22x29in* München 97

VOLZ Herman 1904-1990 **[6]**
- *$109 FF651 £67* Berkeley Woodcut 28x42cm/*11x16in* Shaker Heights, Ohio 97

VOLZ Hermann 1814-1894 **[10]**
- *$2 817 FF16 801 £1 749* Erster Flötenunterricht Öl/Leinwand 37x30cm/*14x11in* Dresden 97

VOLZ Wilhelm 1855-1901 **[13]**
- *$1 529 FF9 396 £917* Wirtshaus in Daxlanden Öl/Leinwand 75x61cm/*29x24in* Konstanz 98

VONCK Elias c.1605-1652 **[4]**
- *$11 300 FF57 500 £6 750* Still life Oil/panel 106x74,6cm/*41x29in* Köln 96

VONCK Elias (Attrib.) c.1605-1652 **[4]**
- *$6 750 FF35 000 £4 390* Trophée de chasse Huile/toile 101x81cm/*39x31in* Paris 96

VONCK Jan c.1630-c.1710 **[11]**
- *$2 400 FF11 600 £1 500* Still life of a duck and a hare beside a basket Oil/panel 71x5cm/*27x1in* London 95
- *$4 950 FF25 890 £3 000* A dead Partridge hanging from a Nail with dead Birds on a Ledge Oil/panel 62x48cm/*24x18in* London 96

VONNOH Bessie Potter 1872-1955 **[40]**
- *$7 700 FF47 268 £4 717* The Grecian Gown Bronze H28cm/*H11in* Thomaston, ME 98
- *$70 000 FF414 449 £41 566* Water Nymph-Fountain Bronze H129,5cm/*H50in* New-York 97

VONNOH Robert William 1858-1933 **[17]**
- *$777 FF6 140 £1 200* Portrait of Charles Milton Carter Oil/canvas 53x43cm/*20x16in* Denver, Colorado 95
- *$1 600 FF9 661 £972* Summer Landscape by the Sea Oil/canvas 20x25cm/*8x10in* Downington, PA 98

VONNOT-VIOLLET Yvonne 1883-1936 **[19]**
- *$208 FF1 264 £124* La vieja mansión Oleo/cartón 40x30cm/*15x11in* Madrid 98

VONTILLIUS Jeppe 1915 **[73]**
- *$138 FF704 £91* Efterårsdag ved kirke Oil/canvas 28x23cm/*11x9in* København 96
- *$608 FF3 518 £357* Seated model Oil/canvas 52x32cm/*20x12in* København 97

VOOGD Hendrik 1768-1839 **[13]**
- *$3 867 FF23 273 £2 315* A Bull in a Panoramic Mountain Landscape/A Cow in a Summer Landscape Oil/canvas 38x49cm/*14x19in* Amsterdam 98

✏ *$2 028 FF11 608 £1 197* The Castel San Pietro seen on a hill top with a track in the foregroud Pencil/paper 45,5x60,5cm/*17x23in* Amsterdam 97
VOORDECKER Henri 1779-1861 **[1]**
☞ *$7 734 FF46 511 £4 637* Animaux de Basse Cour Oil/panel 31x39cm/*12x15in* Amsterdam 98
VOORDECKER Louise XIX **[2]**
☞ *$1 696 FF10 562 £1 014* Oiseaux morts Huile/panneau 41x30cm/*16x11in* Bruxelles 98
VOORDEN van August Willem 1881-1921 **[18]**
☞ *$1 993 FF12 207 £1 193* Landing Stage on the Maas Near Rotterdam Oil/panel 25x34,5cm/*9x13in* Amsterdam 98
☞ *$5 740 FF29 700 £3 674* Shipping near a bridge in a village Oil/canvas 56x72cm/*22x28in* Amsterdam 96
VOORHOUT Johannes I 1647-1723 **[9]**
☞ *$15 600 FF80 400 £10 000* The Banishment of Hagar and Ishmael Oil/canvas 154x165cm/*60x64in* London 96
☞ *$14 410 FF89 265 £8 580* The Liberation of Saint Peter Oil/canvas 116,5x96,5cm/*45x37in* Antwerpen 98
✏ *$1 425 FF8 542 £850* The Supper at Emmaus Black chalk 26x32cm/*10x12in* London 98
VOORN BOERS Sebastiaan Theodorus 1828-1893 **[9]**
☞ *$3 333 FF19 102 £2 066* Skaters on a frozen waterway Oil/panel 26,5x35,5cm/*10x13in* Amsterdam 97
VOORT van der Cornelis c.1576-1624 **[3]**
☞ *$32 000 FF188 790 £19 596* Portrait of Lady wearing a black dress with lace mill ruff and bonnet Oil/panel 63x54cm/*24x21in* New-York 98
☞ *$79 700 FF386 000 £50 000* Portraits of a gentleman and his wife Oil/canvas 200x127cm/*78x50in* London 95
VOORT van der Cornelis (Attrib.) c.1576-1624 **[2]**
☞ *$6 070 FF31 000 £4 000* Portrait of a gentleman, three-quarter length Oil/panel 16x86cm/*6x33in* London 96
VOORT van der Maria XIX-XX **[1]**
☞ *$6 200 FF31 900 £3 865* Still life with peonies Oil/canvas 79x65cm/*31x25in* New-York 96
VOORZAAT Theo 1938 **[6]**
☞ *$1 284 FF7 722 £776* Vervallen huis Oil/canvas 24x18,5cm/*9x7in* Den Haag 98
VORAUER Anton, Toni 1905-? **[3]**
☞ *$3 176 FF19 040 £1 896* Stilleben am Fenster Öl/Karton 56x68cm/*22x26in* Wien 98
VORDEMBERGE Friedrich 1897-1980 **[44]**
☞ *$1 969 FF11 478 £1 213* Blumenstilleben Öl/Leinwand 71,5x55cm/*28x21in* Köln 97
▭ *$376 FF2 176 £221* Verschiedene Motive Lithograph 40x55cm/*15x21in* Köln 97
VORDEMBERGE-GILDEWART Friedrich 1899-1962 **[7]**
▭ *$2 407 FF14 052 £1 478* Composition Pochoir 39,1x31,5cm/*15x12in* Amsterdam 97
VORDERMAYER Ludwig 1868-? **[4]**
⬧ *$882 FF5 360 £531* Sitzender Frauenakt Bronze H33cm/*H12in* Stuttgart 98
VORGANG Paul 1860-1927 **[9]**
☞ *$1 007 FF5 020 £660* Près du lac Huile/toile 63x104cm/*24x40in* Antwerpen 95
VOROBIEV Sergei 1965 **[2]**
▭ *$800 FF4 875 £487* Reconstruction Profile Etching 37x23cm/*14x9in* Tel Aviv 98
VOROS Gyorgy XX **[9]**
☞ *$438 FF2 500 £274* Composition aux oeufs Huile/panneau 20x25cm/*7x9in* Carquefou 97
VORSTER Gordon 1924-1988 **[21]**
☞ *$376 FF2 253 £231* Migrating herd Oil/board 70x85cm/*27x33in* Johannesburg 98
✏ *$446 FF2 667 £273* Zebra, Wildebeest and Impala Watercolour/paper 67x96cm/*26x37in* Cape Town 97
VORSTERMAN Lucas I Emil 1595-1675 **[5]**
▭ *$311 FF1 840 £184* Aurora, nach Adam Elsheimer Kupferstich 12x17cm/*4x6in* Berlin 97
VOS de Cornelis 1585-1651 **[10]**
☞ *$2 191 FF13 000 £1 340* Sainte Geneviève recevant une médaille de Saint Germain l'Auxerrois Huile/cuivre 24,5x18,5cm/*9x7in* Paris 97
☞ *$48 564 FF286 355 £28 750* Saint Catherine of Siena Oil/canvas 225x205cm/*88x80in* London 97
☞ *$60 000 FF312 000 £39 700* Portrait of a Lady in Elegant Dress Oil/panel 106x73cm/*41x28in* New-York 96
VOS de Cornelis c.1796-1816 **[2]**
☞ *$8 200 FF50 000 £4 920* Portrait de Jean de Nassau Huile/toile 117x90cm/*46x35in* Dijon 98

V

VOS de Cornelis (Attrib.) 1585-1651 **[8]**
$11 155 FF64 000 £6 848 Portrait d'une Dame de cour Huile/toile 115x65cm/*45x25in* Cannes 97
VOS de Daniel 1568-1605 **[1]**
$28 060 FF144 700 £18 000 Saint Eustace/Saint Arsenius Oil/canvas 147,5x190,5cm/*58x75in* London 96
VOS de Jan I c.1593-1649 **[2]**
$20 566 FF122 850 £12 751 Weiter Ausblick auf eine Stadt und ein Schloss Öl/Leinwand
72x140,5cm/*28x55in* Zürich 97
VOS de Marten 1532-1603 **[31]**
$36 500 FF180 000 £23 770 Le Triomphe de David Huile/panneau 51,5x77cm/*20x30in* Paris 95
$1 318 FF7 545 £778 Jupiter and Europa and her attendants in a garden Black chalk 13x22cm/*5x8in*
Amsterdam 97
VOS de Marten (Attrib.) 1532-1603 **[16]**
$12 441 FF73 926 £7 400 St John the Baptist/Noli me Tangere/St John the Evangelist/Noli... Oil/panel
86x37cm/*33x14in* London 97
$815 FF4 995 £500 Two Boys brought before a King Mixed media/paper 28,5x31cm/*11x12in* London 98
VOS de Paul 1596-1678 **[13]**
$5 500 FF31 339 £3 368 Lions attacking a rearing Horse, a sketch Oil/panel 25x29cm/*9x11in* New-York 97
$27 626 FF160 529 £17 000 Hounds guarding a dead hare Oil/canvas 122x190cm/*48x74in* London 97
VOS de Paul (Attrib.) 1596-1678 **[6]**
$7 436 FF42 409 £4 524 Hounds fighting over a skinned oxhead and hooves Oil/canvas
132,5x206,5cm/*52x81in* Rumbeke (Kortrijk) 97
VOS de Simon 1603-1676 **[15]**
$7 280 FF34 340 £4 800 Christ in the House of Martha and Mary Oil/panel 5x8cm/*1x3in* London 96
$23 538 FF139 860 £14 000 Elegant company dining at richly laden table in a garden Oil/copper
49x65,5cm/*19x25in* London 97
VOS de Simon (Attrib.) 1603-1676 **[12]**
$5 750 FF30 000 £3 470 Le Jardin d'Amour Huile/panneau 51x69cm/*20x27in* Bordeaux 96
$8 000 FF38 600 £5 000 The Adoration of the Shepherds Oil/copper 6x83cm/*2x32in* London 95
$15 648 FF89 616 £9 552 Utdrivandet ur Paradiset Oil/canvas 114x166cm/*44x65in* Stockholm 97
VOS de Vincent 1829-1875 **[44]**
$384 FF1 967 £233 Singe savant Huile/panneau 17x25cm/*6x9in* Bruxelles 96
$6 700 FF35 000 £3 990 Singes et chiens en concert Huile/panneau 52x74cm/*20x29in* Lille 96
VOS de Vincent (Attrib.) 1829-1875 **[5]**
$9 790 FF56 876 £5 779 Les trois amis Oil/canvas 66x85cm/*25x33in* Stockholm 97
VOS Hubert 1855-1935 **[5]**
$15 500 FF80 200 £10 000 Portrait of a Khattack, bust-length Oil/canvas 77x61,5cm/*30x24in* London 96
VOS Jan XVIII-XIX **[2]**
$9 410 FF48 100 £6 200 Flowers in a glass vase Oil/panel 44x37cm/*17x14in* London 96
VOS Maria 1824-1906 **[15]**
$2 340 FF12 040 £1 460 Groentenverkoopster Oil/panel 25,5x21,5cm/*10x8in* Den Haag 96
VOS Maria (Attrib.) 1824-1906 **[1]**
$1 602 FF9 552 £994 Eisvergnügen vor dem Dorf Oil/panel 31x41cm/*12x16in* Wien 97
VOSBERG Heinrich 1833-1891 **[5]**
$2 075 FF12 382 £1 252 Bei Übersee Öl/Leinwand/Karton 45x67cm/*17x26in* Bremen 97
VOSKUIL Johan Jacob 1897-? **[36]**
$406 FF2 376 £240 Gebergte Oil/canvas 81x94cm/*31x37in* Den Haag 97
$187 FF1 128 £113 Mannen en paard Ink/paper 38,5x52cm/*15x20in* Den Haag 98
VOSMAER Jan Wouterz. 1584-1641 **[1]**
$213 700 FF1 065 000 £140 000 Flowers in a glass vase Oil/panel 76x61cm/*29x24in* London 95
VOSS Carl Leopold 1856-1821 **[13]**
$601 FF3 687 £359 Sonnige Stube mit Geranientöpfen auf dem Fenstersims Oil/canvas 43x53cm/*16x20in*
Dresden 98
VOSS Frank Brook 1880-1953 **[15]**
$2 800 FF13 800 £1 804 Horses in landscape Oil/canvas 41x56cm/*16x22in* New-York 95
$6 500 FF39 227 £3 946 The Prince of Wales Oil/board 24x17cm/*9x6in* New-York 98
VOSS Jan 1936 **[144]**
$969 FF5 800 £595 Utan titel Mixed media 28x38cm/*11x14in* Stockholm 98
$5 260 FF26 600 £3 453 Komposition Acrylic/canvas 89x130cm/*35x51in* Köbenhavn 96

VROOM Cornelis H. (Attrib) c.1591-1661 **[1]**
  $7 587 FF45 000 £4 639 Couple de promeneurs sur un chemin dans la campagne hollandaise Huile/toile 66x83cm/*25x32in* Paris 97
VROOM Cornelis Hendricksz. c.1591-1661 **[11]**
  $14 848 FF76 838 £9 465 Bewaldete Landschaft mit Jagdgesellschaft Oil/wood 45x75,5cm/*17x29in* Zürich 96
  $7 000 FF38 674 £4 350 A Fleet of Men-o'War with Figures on the Shore Ink 9,8x26cm/*3x10in* New-York 97
VROOM Hendrick Cornelisz 1566-1640 **[1]**
  $1 764 FF10 098 £1 042 Ships approaching the Shore Ink 9x12cm/*3x4in* Amsterdam 97
VROOM Hendrik (Attrib.) 1566-1640 **[2]**
  $2 067 FF12 185 £1 235 Bergigt flodlandskap med vandrare Oil/panel 17x25,5cm/*6x10in* Stockholm 97
VROOMANS Isaak c.1655-1719 **[2]**
  $20 232 FF120 000 £12 252 Nature morte de sous-bois aux chardons et papillons Huile/toile 73x59,5cm/*28x23in* Paris 97
VRYZAKIS Theodoros 1814/19-1878 **[2]**
  $72 800 FF356 400 £46 100 Rosa Botsaris Oil/canvas 40x50cm/*15x19in* Athens 95
VU CAO DAM 1908 **[11]**
  $1 500 FF8 923 £917 "Rendez-vous" Oil/canvas 54x46cm/*21x18in* Delray Beach, Florida 98
  $5 376 FF27 927 £3 186 Figure by Doorway Oil/board 40x30cm/*16x12in* Mystic, Connecticut 97
  $6 928 FF40 000 £4 236 Jeune femme agenouillée Terracotta H27,5cm/*H10in* Paris 97
VUCHT van der Jan 1603-1637 **[8]**
  $346 FF2 050 £208 Potato lifters at work in a field Oil/canvas 56x86cm/*22x33in* Amsterdam 97
  $3 000 FF17 825 £1 830 The Interior of a Cathedral with Soldiers Oil/panel 18,5x23,5cm/*7x9in* New-York 98
VUCHT van der Jan (Attrib.) 1603-1637 **[1]**
  $2 337 FF11 960 £1 500 Interior of a Gothic church Oil/panel 20x23cm/*7x9in* London 96
VUCHT van Gerrit 1610-1697 **[15]**
  $5 174 FF29 481 £3 246 Stilleben mit Büchern und Flöte Huile/panneau 13x17,5cm/*5x6in* Zürich 97
VUILLARD Edouard 1868-1940 **[628]**
  $44 441 FF259 424 £26 873 La balustre au square de la Trinité Öl/Karton 30x30cm/*11x11in* Bern 97
  $97 202 FF595 236 £58 000 Les meules au jardin des étincelles à Criqueboeuf Oil/board 36x52,5cm/*14x20in* London 98
  $650 000 FF3 744 260 £381 940 Portrait d'Yvonne Printemps Oil/canvas 129,5x97cm/*50x38in* New-York 97
  $58 FF331 £35 Conversation dans un salon Eau-forte 9,6x14,8cm/*3x5in* Montréal 97
  $5 881 FF35 156 £3 600 Portrait d'homme au binocle Pencil/paper 13x9cm/*5x3in* London 97
VUILLERMET Charles 1849-1917 **[4]**
  $387 FF2 381 £232 Portrait einer jungen Klosterfrau Oil/canvas 47x38cm/*18x14in* Zürich 98
VUILLIAMY Gérard 1909 **[9]**
  $776 FF4 000 £498 Composition abstraite Huile/toile 46x38cm/*18x14in* Paris 96
VUKMANOVIC Stefan 1924 **[11]**
  $491 FF2 937 £290 Französische Dorfansicht Oil/panel 50x65cm/*19x25in* Kempten 97
VULLIAMY Gérard 1909 **[41]**
  $572 FF3 500 £351 Composition Huile/toile 100x73cm/*39x28in* Paris 98
  $821 FF4 800 £486 Composition surréaliste Fusain/papier 23,5x32cm/*9x12in* Paris 97
VUUREN van Jan 1871-1941 **[18]**
  $1 340 FF7 632 £831 Figures in a street Oil/canvas 50x40cm/*19x15in* Amsterdam 97
VYNCK Jan Harmensz. c.1617-c.1650 **[1]**
  $17 620 FF89 000 £11 500 Dünenlandschaft Oil/panel 42x54cm/*16x21in* Zürich 96
VYSEKAL Edouard Antonin 1890-1939 **[23]**
  $2 250 FF13 061 £1 374 Luvena in Mandarin Costume Oil/board 30,5x21,5cm/*12x8in* Los Angeles 97
  $5 500 FF31 920 £3 249 Springtime Oil/canvas/board 76x144cm/*30x57in* San Rafael, CA 97
VYSOTSKY Konstantin Semionov. 1864-1938 **[2]**
  $1 702 FF8 580 £1 100 Capercailles in the forest Oil/canvas 66x75cm/*25x29in* London 96
VYTALIL Valclav 1892-1984 **[2]**

$5 000 FF29 673 £3 101 New York Street Oil/canvas 61x38cm/*24x14in* New-York 97
VYTLACIL Vaclav 1892-1984 **[23]**
$5 500 FF32 855 £3 367 Still Life with Pitcher Mixed media/canvas 61x50cm/*24x19in* New-York 98
$1 700 FF10 155 £1 040 Abstraction Gouache/board 44,5x59,5cm/*17x23in* New-York 98

W

WA-SIN Lim XX **[3]**
$6 538 FF38 640 £4 046 Village scene Oil/canvas 27x84cm/*10x33in* Singapore 97
WAAGEN Adalbert 1833-1898 **[19]**
$2 357 FF13 417 £1 444 Gebirgslandschaft Öl/Leinwand 23,5x32cm/*9x12in* Wien 97
WAAGEN Arthur 1833-1898 **[19]**
$3 968 FF23 166 £2 400 A whippet Bronze H40,5cm/*H15in* London 97
$8 500 FF52 051 £5 087 Kabyle au retour de la chasse Bronze H90cm/*H35in* New-York 98
WAALS van der Noach 1852-1924 **[1]**
$13 000 FF74 074 £7 962 At the Fancy-Fair Watercolour/paper 77,5x47cm/*30x18in* New-York 97
WAANO-GANO Joe 1906-? **[7]**
$950 FF5 549 £562 Desert Radiance Pastel/paper 27x35cm/*11x14in* Cincinnati, Ohio 97
WAARDEN van der Jan 1811-1872 **[6]**
$7 397 FF42 201 £4 507 Früchtestilleben Oil/panel 38,5x30cm/*15x11in* Hamburg 97
WAAY van der Nicolas 1855-1936 **[38]**
$3 940 FF20 000 £2 586 Femme de pêcheur Huile/toile 134x57cm/*52x22in* Lille 96
$2 223 FF11 430 £1 387 An elegant lady reading by lamp-light Watercolour/paper 38,5x22cm/*15x8in* Amsterdam 96
WABBE Jakob c.1580-c.1640 **[3]**
$12 109 FF70 327 £7 397 Jephtah welcomed home from the battlefield by his daughter Oil/canvas 103,5x164cm/*40x64in* Amsterdam 97
$22 960 FF114 700 £15 000 Portrait of Eva Ment, wife of Governor Jan Pietersz. Coen of Hoorn Oil/panel 122x94,5cm/*48x37in* London 95
WABEL Henry 1889-1981 **[11]**
$1 384 FF6 810 £891 Grüner Kaffeekrug Öl/Leinwand 65x50cm/*25x19in* Zürich 95
WACH Aloys Ludwig 1872-1940 **[44]**
$174 FF1 070 £104 "Blick auf eine Strasse" Etching 22,6x19,7cm/*8x7in* Amsterdam 98
$822 FF4 792 £503 Auf der Parkbank Pencil/paper 19,2x30,7cm/*7x12in* Wien 97
WACH Karl Wilhelm 1787-1845 **[2]**
$35 310 FF202 704 £21 528 Die Schöne Velletrinerin Öl/Leinwand 67x55cm/*26x21in* Berlin 97
WACHLMAYR Marion 1892-1990 **[2]**
$952 FF5 712 £568 "Das Träumen" Indian ink 23x29cm/*9x11in* Wien 98
WACHSMANN Aloise XIX-XX **[1]**
$5 433 FF30 853 £3 400 Female nude Pastel 65x48cm/*25x18in* London 97
WACHSMUTH Maximilian 1859-1912 **[12]**
$1 782 FF10 121 £1 115 Ein Ständchen spielt der Bursche Oil/panel 33,5x26,5cm/*13x10in* München 97
$5 190 FF27 100 £3 136 Vier Bauernburschen besuchen eine junge Sennerin auf der Hochalm Öl/Leinwand 71x88cm/*27x34in* Stuttgart 96
WACHTEL Elmer 1864-1929 **[26]**
$7 000 FF42 683 £4 200 California Coastal Scene Oil/canvas 28,5x48cm/*11x18in* Washington 98
$9 521 FF57 325 £5 696 After the Rains Oil/canvas 40,5x52cm/*15x20in* San Francisco 98
WACHTEL Marion Kavanaugh 1876-1954 **[38]**
$950 FF4 949 £597 Landscape Oil/canvas/board 27x30cm/*11x12in* Altadena, CA 96
$6 500 FF39 180 £3 933 Convict Lake Oil/canvas 35x45cm/*14x18in* Pasadena, California 98
$900 FF5 081 £547 The Oaks Print 45x69cm/*18x27in* Altadena, CA 97
$4 500 FF23 300 £2 920 Guy Rose Painting Outdoors Watercolour/paper 27x39cm/*10x15in* San Francisco-Los Angeles 96
WACHTEL Wilhelm 1875-1942 **[9]**
$2 109 FF12 590 £1 272 A village street Oil/panel 41x33cm/*16x12in* Warszawa 97
$2 351 FF14 121 £1 404 Kobieta w kapeluszu (portrait) Pastel/paper 70x50cm/*27x19in* Warszawa 98
WACHTER Emil 1921 **[13]**
$3 280 FF16 880 £2 045 Porträtt Öl/Karton 34,5x9cm/*13x3in* Stuttgart 96

$4 590 FF23 630 £2 863 Frau am Tisch Oil/paper/panel 74x37cm/29x14in Stuttgart 96
$366 FF2 177 £226 Genesis Farblithographie 33x24cm/12x9in Stuttgart 97
$1 115 FF5 740 £696 Porträt Watercolour 21x8cm/8x3in Stuttgart 96

WACIK Franz 1883-1938 **[18]**
$714 FF4 285 £433 "Der Staatsanwalt" Ink 25,5x23cm/10x9in Wien 98

WACKER Rudolf 1893-1939 **[27]**
$44 220 FF261 635 £26 235 Am breiten Tor Öl/Karton 65x49,2cm/25x19in Wien 97
$2 774 FF14 480 £1 650 Weiblicher Akt Black chalk/paper 39x27,5cm/15x10in Wien 96

WACKER-ELSEN Hans 1868-1958 **[9]**
$1 399 FF8 378 £859 Der zurückgekehrte Heringsfänger/Nach dem Fischverkauf Öl/Karton 34x41cm/13x16in Köln 98
$1 750 FF10 465 £1 033 Segelboote auf bewegter See Öl/Leinwand 58x85cm/22x33in Kempten 97

WACKERMANN Hubert 1945 **[2]**
$1 600 FF8 336 £1 006 Chiricahua Apaches Oil/canvas 50x76cm/20x30in Scottsdale, Arizona 96

WACKLIN Isaac 1720-1758 **[2]**
$64 435 FF387 030 £38 640 Porträtt av Johan Ludwig von Schantz Oil/canvas 74x60cm/29x23in Helsinki 98

WADERE Heinrich 1865-1950 **[5]**
$7 004 FF42 892 £4 192 Das Rosenmädchen nach dem Modell von 1928 Bronze 116x85cm/45x33in Zürich 98

WADHAM Sarah XIX-XX **[1]**
$3 176 FF18 950 £1 950 Janet in Pink Bonnet/Winifred in White Bonnet Watercolour/paper 38x33cm/15x13in Cranbrook, Kent 98

WADSWORTH Edward 1889-1949 **[26]**
$1 317 FF7 881 £800 Riponelli, a Village in Lemnos Woodcut 10x7,5cm/3x2in London 97
$2 294 FF13 409 £1 400 Rue de l'Araignée, Marseille Pencil/paper 48x21,5cm/18x8in London 97

WAEL de Cornelis 1592-1667 **[27]**
$3 017 FF18 081 £1 800 A Hawking Party Conversing with a HuntsmanCarrying a Gun Oil/canvas 34x44cm/13x17in London 98
$15 870 FF89 930 £10 580 Mosè fa scaturire l'acqua dalla rupe Olio/tela 66x98cm/25x38in Roma 98
$1 338 FF7 800 £824 Course hippique en Italie Lavis 19,5x31,5cm/7x12in Paris 97

WAEL de Cornelis (Attrib.) 1592-1667 **[19]**
$2 805 FF14 360 £1 800 A Villain being punished on a donkey Oil/canvas 32x45cm/12x17in London 96
$12 070 FF63 000 £7 300 Scène de mariage turc Huile/toile 75x114,5cm/29x45in Paris 96
$778 FF4 455 £459 An Oriental Port Scene Ink 22,5x35,5cm/8x13in Amsterdam 97

WAEL de Lucas 1591-1661 **[4]**
$10 725 FF56 095 £6 500 Three Sailing Ships moored by a Beach Oil/canvas 99x134cm/38x52in London 96

WAENERBERG Thorsten 1846-1917 **[19]**
$2 815 FF16 623 £1 666 Strand Oil/paper 24x31cm/9x12in Helsinki 97
$12 575 FF74 249 £7 443 Strandliv Oil/canvas 76x136cm/29x53in Helsinki 97

WAERHERT de Arthur XIX-XX **[12]**
$445 FF2 600 £273 Chèvre et son petit Huile/panneau 18x24cm/7x9in Paris 97

WAGEMAEKERS Victor 1876-1953 **[67]**
$798 FF4 872 £489 Vallée de la Meuse Huile/toile 80x101cm/31x39in Bruxelles 98
$255 FF1 312 £159 Dunes Gouache/papier 44x90cm/17x35in Antwerpen 96

WAGEMAKER Jaap 1906-1972 **[40]**
$6 360 FF33 200 £3 840 Abstract collage with slate Mixed media/board 50x60cm/19x23in Amsterdam 96
$1 445 FF7 540 £873 Untitled Gouache 65x61cm/25x24in Amsterdam 96

WAGEMANS Maurice 1877-1927 **[27]**
$1 163 FF6 833 £718 La réparation des filets Huile/toile 51x81cm/20x31in Bruxelles 97

WAGENBAUER Max Joseph 1775-1829 **[20]**
$32 886 FF191 084 £19 413 Beim Kühehüten auf einer grossen Waldlichtung Öl/Leinwand 49,5x55cm/19x21in Luzern 97
$165 FF911 £103 Wasserfall im Werdenfelsischen Lithographie 25,7x20cm/10x7in Pforzheim 97
$1 730 FF8 640 £1 130 Ein Hüterjunge bewacht seine Kühe und Ziegen Aquarell 30x29cm/11x11in

W

Stuttgart 95
WAGENBRETH Henning 1962 **[1]**
▭ *$1 200 FF6 210 £802* Collection of 20 hand-signed posters Poster 85x60cm/*33x23in* New-York 96
WAGENER Fritz 1896-1939 **[1]**
✎ *$2 930 FF14 950 £1 930* Woman in white dress with flowers Watercolour 88x72cm/*34x28in* Köbenhavn 96
WAGNER Babette 1893-1965 **[3]**
◯ *$2 433 FF12 070 £1 540* Frühlingsstrauss mit Schneeglöckchen Öl/Karton 23x20,5cm/*9x8in* Lindau 95
WAGNER Carl 1796-1867 **[30]**
▭ *$117 FF612 £70* Bey Bauerbach ohnweit Meiningen u. Masfeld Print 19x21cm/*7x8in* Rudolstadt-Thüringen 96
✎ *$460 FF2 700 £281* Blick auf die Stadtkirche in Meiningen von der unteren... Aquarell/Papier 24x22cm/*9x8in* Dresden 97
WAGNER Carl Richard 1882-1945 **[2]**
◯ *$1 444 FF8 434 £873* "Markt Wolfratshausen" Öl/Karton 19,5x26,5cm/*7x10in* Lindau 97
WAGNER Cornelius 1870-1956 **[14]**
◯ *$961 FF5 701 £587* Der Rhein bei Wittlaer Öl/Leinwand 33x48cm/*12x18in* Hamburg 98
WAGNER Dorothea Maria 1719-1792 **[2]**
✎ *$2 130 FF10 840 £1 278* Landscapes: Summer/Winter Gouache 16x23cm/*6x9in* Amsterdam 96
WAGNER Ferdinand I 1819-1881 **[5]**
◯ *$9 500 FF50 559 £5 602* Freshly picked strawberries Oil/canvas 55,9x40,6cm/*22x15in* New-York 97
WAGNER Ferdinand II 1847-1927 **[14]**
◯ *$3 603 FF20 500 £2 222* Le départ du chasseur Huile/toile 73x92cm/*28x36in* Lyon 97
WAGNER Fred 1864-1940 **[25]**
◯ *$2 000 FF10 030 £1 265* Winter, Valley Forge Oil/canvas 40x54cm/*16x21in* Philadelphia 95
✎ *$300 FF1 505 £190* Snow covered landscape Pastel/paper 58x69cm/*23x27in* Philadelphia 95
WAGNER Fritz 1902-1976 **[12]**
◯ *$2 142 FF11 170 £1 294* Ein Mönch freut sich auf die wohl verdiente Mass Bier Öl/Leinwand 30x35cm/*11x13in* Stuttgart 96
◯ *$4 590 FF23 660 £2 940* Hoher Besuch im Klosterkeller Öl/Leinwand 60,5x75,5cm/*23x29in* Stuttgart 96
WAGNER Fritz 1896-1939 **[31]**
◯ *$2 475 FF14 701 £1 499* Two elderly peasantmen drinking Oil/panel 32,5x40cm/*12x15in* Warszawa 97
◯ *$6 196 FF36 929 £3 800* The Story of the Campaign Oil/canvas 51x61cm/*20x24in* London 98
WAGNER Fritz 1872-? **[6]**
◯ *$2 946 FF17 159 £1 800* The musician Oil/canvas 76x71cm/*29x27in* London 97
WAGNER Hans Johann 1866-1940 **[8]**
◯ *$925 FF4 830 £551* Holländische Küstenstadt Oil/panel 35x56cm/*13x22in* Wien 96
WAGNER Jacob 1852-1898 **[8]**
◯ *$2 700 FF15 771 £1 597* Quiet Harbor Oil/canvas 33x40,5cm/*12x15in* Boston, Mass. 97
WAGNER Joseph 1706-1780 **[4]**
◯ *$22 000 FF128 805 £13 602* Roses, a Tulip, Carnations, Hollyhocks and other Flowers Oil/panel 85,5x67cm/*33x26in* New-York 97
WAGNER Karl 1877-? **[10]**
◯ *$1 066 FF6 075 £654* Sommerliche Hügellandschaft Öl/Leinwand 59x78cm/*23x30in* Frankfurt 97
WAGNER Karl 1856-1921 **[14]**
◯ *$1 156 FF5 850 £759* Auerhahn Öl/Leinwand 64x51cm/*25x20in* Wien 96
WAGNER Maria Dorothea 1719-1792 **[4]**
✎ *$481 FF2 861 £289* Landschaft mit figürlicher Staffage Drawing 18x18cm/*7x7in* Wien 98
WAGNER Otto Erich 1895-1979 **[3]**
✎ *$643 FF3 805 £381* Ohne Titel Charcoal/paper 49,5x14,3cm/*19x5in* Wien 97
WAGNER Paul 1864-? **[2]**
◯ *$8 600 FF44 500 £5 500* Young girls watching a jay in a forest Oil/panel 75x55cm/*29x21in* London 96
WAGNER Paul Hermann 1852-? **[15]**
◯ *$9 110 FF44 800 £5 800* Junge Frau Öl/Leinwand 100x70cm/*39x27in* Bremen 95
WAGNER Pierre 1897-1943 **[27]**
◯ *$835 FF4 000 £521* Remparts de Concarneau Huile/panneau 38x46cm/*14x18in* Morlaix 95
WAGNER von Alexander 1838-1919 **[4]**
◯ *$4 210 FF23 960 £2 580* Markttag Oil/wood 21x33cm/*8x12in* Wien 97
WAGNER Wilhelm 1887-1968 **[11]**

$185 FF1 081 £113 Schlafende, halb entblösst Etching 19,5x34,3cm/*7x13in* Berlin 97
WAGNER-HOHENBERG Josef 1870-1939 **[21]**
$3 014 FF14 820 £1 920 Herrenrunde Öl/Leinwand 70x94cm/*27x37in* Stuttgart 95
WAGONER Harry B. 1889-1950 **[6]**
$1 400 FF7 000 £909 "Thunderthreads" Oil/board 20x25cm/*8x10in* Altadena, CA 96
WAGONER Robert 1928 **[3]**
$3 700 FF21 070 £2 281 Stagecoach in Storm Oil/canvas 76x101cm/*30x40in* Dallas, Texas 97
WAGREZ Edmond Louis Marie 1815-1882 **[4]**
$5 790 FF29 800 £3 500 Stringing the cello Oil/panel 22x14,5cm/*8x5in* London 96
WAGULA Hans 1894-1964 **[15]**
$82 FF478 £50 "Weisse Schicht-Hirsch-Seife" Poster 27x26cm/*10x10in* Wien 97
WAHL Irene XX **[9]**
$182 FF950 £120 Pals Watercolour/paper 33x45,5cm/*12x17in* Calgary, Alberta 96
WAHL Johann Salomon 1689-1765 **[3]**
$5 430 FF28 400 £3 235 Portrait of Else Bartholin, b. 24 may 1701 Oil/canvas 80x62cm/*31x24in* København 96
WAHLBERG Alfred 1834-1906 **[114]**
$770 FF4 597 £469 Flodlandskap Oil/panel 39x47cm/*15x18in* Stockholm 98
$1 557 FF8 080 £1 030 "Kullen" Oil/canvas/panel 29x47cm/*11x18in* Stockholm 96
$16 237 FF96 075 £9 975 Fjällbacka i månsken Oil/canvas 104x163cm/*40x64in* Stockholm 98
$574 FF2 800 £364 Pershyttan Akvarell 21x29cm/*8x11in* Stockholm 95
WAHLBERG Ulf 1938 **[32]**
$2 240 FF11 430 £1 475 Interiör Oil/canvas 82x100cm/*32x39in* Stockholm 96
WAHLBOHM Carl 1810-1858 **[5]**
$5 340 FF27 700 £3 530 Ridsällskapet Oil/canvas 38x46cm/*14x18in* Stockholm 96
WAHLE Friedrich 1863-1927 **[6]**
$1 197 FF6 090 £715 Sie wünschen ? Öl/Karton 42,5x33cm/*16x12in* Köln 96
WAHLGREN Anders 1861-1928 **[4]**
$7 011 FF40 735 £4 139 Orrar om hösten Oil/canvas 60x40cm/*23x15in* Stockholm 97
WAHLQUIST Ernfried 1815-1895 **[34]**
$745 FF3 800 £493 Figurer Oil/canvas 31x41cm/*12x16in* Malmö 96
$1 787 FF9 330 £1 064 Vilande jägare med hund Oil/canvas 54x65cm/*21x25in* Stockholm 96
WAHLSTRÖM Charlotte 1849-1924 **[27]**
$917 FF4 580 £599 Skogslandskap Oil/canvas 35x24cm/*13x9in* Stockholm 95
$1 968 FF11 485 £1 170 Landskap med väg samt träd i höstfärger Oil/canvas 78x60cm/*30x23in* Stockholm 97
WAILAND Friedrich Josef 1821-1904 **[10]**
$1 773 FF10 472 £1 071 Die beiden Schwestern Watercolour 12x9cm/*4x3in* Wien 97
WAILLY de Charles 1729-1798 **[8]**
$26 646 FF156 555 £16 000 Design for a Monument to a General with Solomonic Columns Wash 48,5x36,5cm/*19x14in* London 97
WAIM Toni 1923 **[1]**
$1 300 FF6 800 £774 Ikone (Figurengruppe) Mischtechnik/Papier 48x69cm/*18x27in* München 96
WAIN Louis William 1860-1939 **[181]**
$24 808 FF136 986 £15 000 The Cat's Chorus Oil/canvas 54,5x115,5cm/*21x45in* London 97
$1 061 FF6 467 £650 The Drive/The Putt Lithograph 37x55cm/*14x21in* Newbury, Berkshire 98
$1 142 FF6 822 £700 A man walking in a wooded mountain ravine Watercolour/paper 28,7x22cm/*11x8in* London 97
WAINEWRIGHT Thomas Francis c.1830-c.1900 **[27]**
$4 151 FF23 875 £2 600 A Shady Glen Oil/canvas 61x50,5cm/*24x19in* London 97
$2 077 FF11 796 £1 300 Cattel by Thirmere, Cumbria Watercolour/paper 21,5x42cm/*8x16in* London 97
WAINWRIGHT John XIX **[22]**
$1 495 FF8 893 £900 Figures before a Cottage in a wooded Landscape/Figures by a River Oil/canvas 30,5x51cm/*12x20in* London 97
$12 513 FF76 726 £7 500 Apple Blossom, Pelagoniums, Laburnum, Auricula, Rhododendron Oil/canvas 63,5x53,5cm/*25x21in* London 98

W

WAINWRIGHT Thomas Francis XIX-XX **[10]**

$886 FF5 294 £549 Sheep grazing in a wooded Landscape Watercolour/paper 34x58,5cm/*13x23in* London 97

WAINWRIGHT William John 1855-1931 **[18]**

$4 806 FF27 497 £3 000 The Troubadour Oil/canvas 91,5x61cm/*36x24in* London 97

$1 313 FF7 414 £800 The Violinist Watercolour 28x19cm/*11x7in* West Midlands 97

WAIS Alfred 1905-1988 **[19]**

$1 070 FF6 365 £663 Blumenstilleben Aquarell/Papier 71x49cm/*27x19in* Stuttgart 97

WAITE Ann Lucretia 1820-1868 **[1]**

$7 000 FF42 918 £4 282 The Old Notch Farm House Oil/canvas 30,5x51cm/*12x20in* New-York 98

WAITE Edward Wilkins 1854-1924 **[42]**

$11 783 FF67 641 £7 400 Near Godalming Oil/canvas 51x76cm/*20x29in* London 97

$12 695 FF76 389 £7 600 West Mills, Newbury Oil/canvas 31x46cm/*12x18in* Newbury, Berkshire 98

$26 860 FF131 400 £17 000 The Fall of the Leaf Oil/canvas 103x154cm/*40x60in* London 95

WAITE Harold XIX-XX **[6]**

$3 918 FF23 391 £2 400 Reflections Oil/canvas 51x76,5cm/*20x30in* London 97

WAITE James Clarke 1832-1921 **[7]**

$3 612 FF21 695 £2 191 The Sailors Return Oil/canvas 60x50cm/*23x19in* Melbourne 98

$3 290 FF16 870 £2 000 Pussy's first lesson Watercolour 32x39,5cm/*12x15in* London 96

WAITE Robert Thorn-Waite 1842-1935 **[70]**

$5 440 FF26 750 £3 450 Haymakingnte Oil/canvas 28,5x47,5cm/*11x18in* Zürich 95

$21 413 FF131 778 £13 000 Maymaking in Sussex Oil/canvas 51x76cm/*20x29in* London 98

$37 885 FF233 146 £23 000 Make Haste to Save the Hay for Rain will Shortly Come Oil/canvas 96x161cm/*37x63in* London 98

$440 FF2 519 £260 A Sussex Village Watercolour/paper 27x43cm/*10x16in* London 97

WAITT Richard XVII-XVIII **[3]**

$1 100 FF6 257 £673 Portrait of a man, said to be Sir Kenneth MacKenzie, Bt. of Scatwell Oil/canvas 74x61cm/*29x24in* New-York 97

WAKEFORD Edward 1914-1973 **[29]**

$211 FF1 243 £129 Danscing Girl, Cairo Ink 23x11cm/*9x4in* London 97

WAKELIN Roland Shakespeare 1887-1971 **[80]**

$1 558 FF9 338 £929 Above Sydney Harbour Oil/board 21x31cm/*8x12in* Sydney 98

$4 290 FF25 000 £2 642 Winter Sunshine Oil/board 43x56cm/*16x22in* Melbourne 97

$299 FF1 742 £183 "North Ryde" Watercolour/paper 19x25cm/*7x9in* Sydney 97

WAKHEVITCH Georges 1907-1984 **[24]**

$218 FF1 300 £131 Les sorcières (Macbeth) Encre 36x46cm/*14x18in* Paris 97

WAKIDI 1889-? **[12]**

$1 520 FF7 830 £1 006 The Merapi, Sumatra, seen from Fort de Hock Oil/canvas 29x38cm/*11x14in* Amsterdam 96

$3 504 FF18 100 £2 322 The plain of Solok, Sumatra, with lake Singkaran and the Merapi Oil/board 37x63cm/*14x24in* Amsterdam 96

$1 106 FF6 245 £678 Sumatran Fishing Village Watercolour/paper 19x13cm/*7x5in* Singapore 97

WALBOURN Ernest Ch. 1871-1927 **[88]**

$629 FF3 130 £400 A Farm Cottage Oil/canvas/board 24x35cm/*9x13in* London 95

$4 650 FF24 060 £3 000 Near Dorchester Oil/canvas 41x61cm/*16x24in* London 96

$9 870 FF50 600 £6 000 By the River Oil/canvas 73x709cm/*28x279in* London 96

WALCH Charles 1898-1948 **[76]**

$1 650 FF8 220 £1 080 Figures and flowers Oil/board 7,7x27,7cm/*3x10in* Philadelphia 95

$1 900 FF9 800 £1 220 "Enrasement" Huile/toile 46x38cm/*18x14in* Paris 96

$2 651 FF16 000 £1 643 Nature morte au pichet Gouache/papier 45,5x37,5cm/*17x14in* Toulouse 97

WALCH Paul Johann 1881-1958 **[28]**

$460 FF2 366 £294 Voralpenlandschaft im Herbst Öl/Leinwand 70x90cm/*27x35in* Stuttgart 96

WALCH Thomas 1867-1943 **[9]**

$1 708 FF10 158 £1 045 Bäuerin mit Schaffner an der Tramhaltestelle Oil/panel 24x17,5cm/*9x6in* Bern 97

$5 201 FF30 364 £3 145 Tiroler Mädchen Öl/Leinwand 77,5x47cm/*30x18in* München 97

WALCKIERS Gustaaf 1813-1891 **[4]**

$2 405 FF14 000 £1 482 Vue de Bruxelles Huile/toile 83,5x143cm/*32x56in* Tourcoing 97

$13 008 FF77 904 £7 920 Rue Royale Sainte-Marie sous la neige Huile/toile 84x145cm/*33x57in*

Bruxelles 97
WALCOT William 1874-1943 **[123]**

$1 600 FF9 655 £950 View of Venice from the Canal/Classical Views Drypoint 47x55cm/*18x21in* London 98

$2 750 FF13 930 £1 800 Le Palais de Justice, Paris Watercolour 51x41cm/*20x16in* London 96

WALCOTT Harry Mills 1870-1944 **[10]**

$2 600 FF15 853 £1 560 Portraits, Landscapes and Still Life Oil/canvas 53,5x43cm/*21x16in* Boston, Mass. 98

$9 500 FF57 927 £5 701 "Waiting for the Show" Oil/canvas 27x35cm/*10x13in* Boston, Mass. 98

$1 900 FF11 585 £1 140 The Bear Rug/Mother and Child/The Picnic Pastel/paper 19,5x23cm/*7x9in* Boston, Mass. 98

WALDBERG Isabelle 1911-1990 **[5]**

$6 399 FF38 000 £3 876 Portrait de Michel Waldberg Bronze 50x50x37,5cm/*19x19x14in* Paris 97

WALDE Alfons 1891-1958 **[122]**

$29 900 FF147 000 £19 020 "Erotik" Öl/Karton 33x23,5cm/*12x9in* Wien 95

$76 045 FF451 804 £45 225 Spätwinter Öl/Karton 42,5x59,5cm/*16x23in* München 97

$1 178 FF6 736 £722 Weiblicher Akt Pencil/paper 29,5x22,5cm/*11x8in* München 97

WALDE Martin 1957 **[11]**

$436 FF2 618 £260 Ohne Titel Pencil/paper 28x21cm/*11x8in* Wien 98

WALDEN Lionel 1861-1933 **[4]**

$3 400 FF18 774 £2 121 The Crashing Wave Oil/canvas 46x69cm/*18x27in* New Orleans, Louisiana 97

WALDMAN Max 1919-1981 **[6]**

$350 FF2 148 £210 Natalia Lakarova and Ivan Nagy Photograph 48x36cm/*19x14in* New-York 98

WALDMÜLLER Ferdinand 1816-1885 **[3]**

$519 FF2 703 £326 Hölzernes Wehr und Büsche Pencil 21,5x28,5cm/*8x11in* Lindau 96

WALDMÜLLER Ferdinand G. (Ecole) 1793-1865 **[2]**

$79 600 FF475 700 £48 200 Kinderzärtichkeit Oil/panel 42x33,5cm/*16x13in* Wien 97

WALDMÜLLER Ferdinand Georg 1793-1865 **[46]**

$12 060 FF71 565 £7 485 Bildnis eines jungen Mannes in bayrischer Artillerieuniform Öl/Karton 18x14cm/*7x5in* Wien 97

$32 940 FF192 306 £19 921 Ein Tiroler Schütze Oil/panel 79x57,5cm/*31x22in* München 97

$16 020 FF95 380 £9 800 Rudolf Wenzel Markowsky vor einem PapageiKäfig Watercolour/paper 27,2x21,3cm/*10x8in* Wien 98

WALDO J. Frank 1832-c.1914 **[5]**

$5 400 FF28 040 £3 570 Chicago River from Clark Street Bridge Oil/canvas 67x120cm/*26x47in* Chicago, Illinois 96

WALDO Samuel Lovett 1783-1861 **[3]**

$5 500 FF33 721 £3 364 Portraits of Francis and Phebe Perrin Burritt Oil/panel 85x66cm/*33x25in* New-York 98

WALDORP Anthonie 1803-1866 **[49]**

$3 978 FF20 468 £2 482 Shipping in Rough Water Oil/canvas 31x47,5cm/*12x18in* Amsterdam 96

$4 212 FF21 672 £2 628 A Rocky Coast with Figures by a Fishing-Boat Oil/canvas 42x63,5cm/*16x25in* Amsterdam 96

$22 000 FF125 499 £13 527 The capture of Den Breuil Oil/canvas 92x171cm/*36x67in* New-York 97

$1 110 FF5 750 £720 Moored sailing boats in a harbour Watercolour 20,5x27cm/*8x10in* Amsterdam 96

WALDORP Anthonie (Attrib.) 1803-1866 **[5]**

$10 199 FF62 462 £6 077 Officials bowing towards a Dutch tall ship Oil/panel 54,5x68cm/*21x26in* Amsterdam 98

WALDRON James M.K. 1909-1974 **[4]**

$450 FF2 566 £275 Eight-Sided House in Winter Landscape Watercolour/paper 35,5x53cm/*13x20in* Kutztown, Penn. 97

WALDRUM Harold Joe 1934 **[10]**

$5 500 FF31 500 £3 253 La Iglesia de Medanales Acrylic/canvas 102x102cm/*40x40in* Santa Fe, New Mexico 97

$14 000 FF80 183 £8 282 La Iglesia en Cordova con Cielo Rojo Acrylic/canvas 182x182cm/*72x72in* Santa Fe, New Mexico 97

$650 FF3 722 £384 Ocasio del sol en Estio Linocut 59x60cm/*23x23in* Santa Fe, New Mexico 97

WALFORD Howard c.1860-1940 **[6]**

✐ *$513 FF3 066 £310* A Summery Cottage Garden Scene with Well in Foreground Watercolour/paper 26x38cm/*10x15in* Birmingham 97

WALISZEWSKI Zygmunt 1897-1936 **[13]**

⌣ *$4 314 FF26 224 £2 617* Martwa natura z butella i pomaranczami Oil/panel 25,5x22cm/*10x8in* Warszawa 98

⌣ *$6 024 FF35 989 £3 685* Still Life with Fruits and Bottle Oil/canvas 64,7x47,2cm/*25x18in* Warszawa 98

✐ *$3 163 FF19 231 £1 919* Scena milosna Gouache/panel 34x42,5cm/*13x16in* Warszawa 98

WALKER Anthony 1726-1765 **[2]**

✐ *$1 076 FF6 425 £649* The Right Honourable Arthur Onslow, Speaker, St. Margaret's Church Ink 19,9x18,2cm/*7x7in* London 97

WALKER Bernard Fleetwood 1893-1965 **[17]**

✐ *$444 FF2 658 £269* A Study of a Young Girl Bodycolour 36x54cm/*14x21in* London 97

WALKER Edmund c.1820-c.1890 **[2]**

✐ *$1 050 FF6 367 £623* At Fordingbridge, Hants Watercolour/paper 33x60cm/*13x24in* San Rafael, CA 98

WALKER Ethel 1867-1951 **[60]**

⌣ *$275 FF1 394 £180* Mixed flowers in pot and knife Oil/canvas 53x70cm/*20x27in* London 96

⌣ *$700 FF4 086 £416* An Allegorical Scene Oil/canvas 152,5x111,5cm/*60x43in* New-York 97

⌣ *$1 241 FF6 400 £800* Girl with pitgails Oil/panel 36x28cm/*14x11in* London 96

✐ *$477 FF2 893 £300* Female Nude kneeling with Scarf Watercolour/paper 22x26,5cm/*8x10in* London 97

WALKER Frederick 1840-1875 **[11]**

✐ *$3 780 FF18 430 £2 400* Ladies in an English drawing room Watercolour 13x19cm/*5x7in* London 95

WALKER Horatio 1858-1938 **[26]**

⌣ *$1 435 FF8 984 £903* "Cows" Huile/toile 17x20,5cm/*6x8in* Montréal 97

⌣ *$3 000 FF17 123 £1 854* The sand pit Oil/canvas/panel 52,5x79cm/*20x31in* New-York 97

✐ *$157 FF937 £94* At the London Zoo Graphite 19x14cm/*7x5in* Calgary, Alberta 98

WALKER James Alexander 1841-1898 **[12]**

⌣ *$8 775 FF45 150 £5 475* Militairen te paard Oil/canvas 79x59cm/*31x23in* Den Haag 96

WALKER John 1939 **[11]**

⌣ *$4 564 FF27 279 £2 793* Forms & Flower Oil/canvas 112x179cm/*44x70in* Stockholm 97

▭ *$450 FF2 629 £268* Untitled/Untitled Screenprint in colors 99x99cm/*38x38in* New-York 97

✐ *$1 500 FF8 591 £887* Untitled Charcoal 152,5x122cm/*60x48in* New-York 97

WALKER John Eaton c.1820-c.1880 **[4]**

⌣ *$957 FF5 730 £600* "Medora awaiting the return of the Corsair" Oil/canvas 35,5x30,5cm/*13x12in* London 97

⌣ *$4 855 FF28 160 £2 869* O'Keefe the Irish Outlaw Discovering The Perfidy Of His Mistress Oil/canvas 121x90cm/*47x35in* West Midlands 97

WALKER John Hanson 1844-1933 **[9]**

⌣ *$1 441 FF8 357 £850* Portrait of a Lady Wearing a Yellow Lace Dress Oil/canvas 56x45,5cm/*22x17in* London 97

WALKER John Rawson 1796-1873 **[3]**

✐ *$1 070 FF6 185 £660* Harbour Scene at Sunset Watercolour/paper 17x25cm/*7x10in* Ilkley, West Yorkshire 97

WALKER Joseph Francis actif 1857-1889 **[1]**

⌣ *$5 005 FF30 537 £3 000* A Prize Bull in a Meadow Oil/canvas 63,5x76cm/*25x29in* London 98

WALKER Robert Hollands XIX-XX **[24]**

✐ *$606 FF2 940 £380* A Surrey cornfield/Return from the market Watercolour 20x32cm/*8x12in* London 95

WALKER W.H. XIX-XX **[2]**

✐ *$3 997 FF23 121 £2 400* Pirates caught in the act Watercolour 25x35,5cm/*9x13in* London 97

WALKER William A. (Attrib.) 1839-1921 **[1]**

⌣ *$6 537 FF37 000 £3 992* Paysage de campagne Huile/toile 15x31cm/*5x12in* Vitry-le-François 97

WALKER William Aiken 1839-1921 **[153]**

⌣ *$8 000 FF48 308 £4 802* Wash Day Oil/board 14,5x30,5cm/*5x12in* New-York 98

⌣ *$13 200 FF81 030 £8 087* "Florida Beach Scene" Oil/canvas 30x53cm/*12x21in* New Orleans, Louisiana 98

✐ *$350 FF1 770 £225* Black girl with braids Pencil 13x11cm/*5x4in* Wolfeboro, NH 96

WALKLEY David Birdsey 1849-1934 **[2]**

⌣ *$2 750 FF14 250 £1 786* Barnyard scene Oil/canvas 33x43cm/*12x16in* San Francisco-Los Angeles 96

WALKOWITZ Abraham 1880-1965 **[137]**

👁 *$2 700 FF16 225 £1 632* Blue Vase with Mixed Flowers Oil/paper 44,5x36,5cm/*17x14in* New-York 98
🖐 *$849 FF4 933 £519* Family composition Monotype 25x20cm/*9x7in* New-York 97
✏ *$500 FF3 008 £299* Circus Juggler Mixed media/paper 41x30cm/*16x11in* New-York 98

WALL A. Bryan 1872-1937 **[12]**
👁 *$1 500 FF8 532 £924* Sheep at Sunset Oil/canvas 50x71cm/*20x28in* Pittsburgh, PA 97

WALL Brian 1931 **[5]**
📐 *$1 386 FF7 180 £900* Star Form Bronze H41,5cm/*H16in* London 96

WALL Josef 1754-1798 **[1]**
👁 *$4 000 FF19 840 £2 530* The Doves of Pliny Oil/canvas 58x73cm/*22x28in* New-York 95

WALL William Coventry 1810-1886 **[5]**
👁 *$8 000 FF48 076 £4 791* Trompe l'Oeil Still Life with Letter and Landscape Oil/board 18,5x30,5cm/*7x12in* New-York 98
👁 *$12 000 FF70 093 £7 100* Cottage beside a stream, Autumn Oil/canvas 76x127cm/*29x50in* Boston, Mass. 97

WALLA August 1936 **[14]**
👁 *$11 429 FF67 829 £7 000* Ewigkeitendegott, Sein Engel Acrylic/canvas 200x160cm/*78x62in* London 97
✏ *$1 604 FF8 250 £1 000* Walla Schwimt im Weltallwaser Coloured pencils 30x40cm/*11x15in* London 96

WALLACE Harold Frank 1881-1962 **[15]**
✏ *$1 462 FF7 420 £950* The Evening Star Watercolour 49x34,5cm/*19x13in* Auchterarder, Perthshire 95

WALLACE-CRABBE Robin 1938 **[10]**
🖐 *$2 047 FF10 491 £1 306* "Daughter and Mother Series" Etching 36,5x27,5cm/*14x10in* Brisbane 96

WALLAERT Pierre Joseph 1753-1812 **[5]**
👁 *$4 453 FF26 000 £2 693* Navire Hollandaid dans un port méditerranéen par beau temps Huile/panneau 32x40cm/*12x15in* Paris 97
👁 *$19 156 FF115 683 £11 500* A Mediterranean Harbour Scene at Sunset Oil/canvas 33,5x51cm/*13x20in* London 98

WALLANDER Alf, Alfred 1862-1914 **[14]**
👁 *$2 618 FF15 128 £1 614* Ateljéinteriör Oil/canvas 40x31cm/*15x12in* Stockholm 97
✏ *$3 056 FF15 260 £1 996* Fiskörsäljare Pastel 100x61cm/*39x24in* Stockholm 95

WALLANDER Josef Wilhelm 1821-1898 **[15]**
👁 *$2 450 FF12 060 £1 578* Dansande man och kvinna Oil/canvas 34,5x27,5cm/*13x10in* Stockholm 95
👁 *$3 989 FF24 198 £2 368* Konstnär i atelje Oil/canvas 50x58cm/*19x22in* Malmö 98

WALLBURG Egon XX **[5]**
✏ *$360 FF2 040 £180* Carica degli artiglieri Acquarello/carta 50x70cm/*19x27in* Trieste 98

WALLEN Gustaf Theodor 1868-1948 **[5]**
👁 *$8 377 FF47 865 £5 132* Concarneau hamn i ebb och motsol, Bretagne Oil/canvas 116x148cm/*45x58in* Stockholm 97

WALLER Christian née Waller 1895-1956 **[4]**
🖐 *$521 FF3 132 £311* Folio of Seven Lino Cuts Linocut 32x13,5cm/*12x5in* Melbourne 98

WALLER Frank 1842-1923 **[8]**
👁 *$550 FF3 372 £337* Church among the Trees Oil/canvas 40x30cm/*16x12in* Mystic, Connecticut 98

WALLER Mary Lemon c.1850-1931 **[4]**
👁 *$32 900 FF168 700 £20 000* Portrait of Robert Berks Timmis (1880-1948), half-length Oil/canvas 59x50cm/*23x19in* London 96

WALLER Mervyn Napier 1894-1972 **[1]**
✏ *$2 765 FF14 260 £1 830* Preparing the Grapejuice for Ulysses Gouache 37x35cm/*14x13in* Melbourne 96

WALLERT Axel 1890-1962 **[13]**
👁 *$483 FF2 360 £307* Fiskeläge Oil/panel 60x73,5cm/*23x28in* Stockholm 95

WALLET Taf 1902 **[42]**
👁 *$1 960 FF10 030 £1 270* Thoniers à Concarneau Huile/toile 48x64cm/*18x25in* Bruxelles 95

WALLIN David 1876-1957 **[57]**
👁 *$365 FF2 091 £222* Landskap med bäck Oil/panel 32x40cm/*12x15in* Göteborg 97
👁 *$419 FF2 388 £258* Kvinna som går upp ur badet Oil/canvas/panel 48x38cm/*18x14in* Uppsala 97

WALLIS Alfred 1855-1942 **[68]**
👁 *$300 FF1 796 £184* River landscape Oil/panel 20,5x30,5cm/*8x12in* Washington 98
👁 *$38 640 FF202 000 £23 000* The 7 Stones Lightship, St. Ives Oil/board 35x48cm/*13x18in* London 96

W

Calendar & auction results: Internet www.artprice.com   Minitel 3617 ARTPRICE

✏ $3 368 FF19 516 £2 100 Sailing Ship Gouache 10x22cm/*3x8in* London 97
WALLIS George Augustus 1768-1847 **[5]**
✏ $1 825 FF9 000 £1 186 Payage antique Crayon 70,5x100cm/*27x39in* Paris 95
WALLIS Henry 1830-1916 **[6]**
☞ $13 170 FF67 500 £8 000 The Conversation Oil/canvas 66x91,5cm/*25x36in* London 96
✏ $8 925 FF51 354 £5 500 A Street Scene in Suez, Egypt Watercolour 63,5x44cm/*25x17in* London 97
WALLIS Jean 1928 **[10]**
☞ $2 023 FF10 200 £1 305 Montmartre, rue de l'Abreuvoir Huile/toile 73x60cm/*28x23in* Montauban 96
WALLIS Joshua 1789-1862 **[7]**
✏ $1 095 FF6 532 £680 A Mountain Landscape with a Cascade and Cottages Watercolour/paper
64x92cm/*25x36in* London 97
WALLIS Rosa 1857-? **[6]**
✏ $308 FF1 560 £200 "Venice from my window..." Watercolour 13x18cm/*5x7in* London 96
WALLNER Thure 1888-1965 **[197]**
☞ $1 705 FF9 954 £1 014 Tjädrar i trädtopp Oil/panel 35x27cm/*13x10in* Stockholm 97
☞ $2 618 FF14 958 £1 604 Berguv på tallgren Oil/canvas 47x64cm/*18x25in* Stockholm 97
☞ $5 476 FF31 365 £3 343 Fiskgjuse vid Oil/canvas 120x100cm/*47x39in* Stockholm 97
WALLS William 1860-1942 **[24]**
☞ $373 FF2 312 £229 Head Study of a Horse Oil/board 24x18cm/*9x7in* Billingshurst, West Sussex 97
☞ $1 653 FF9 910 £1 000 Leopard and Cubs Oil/canvas 45,5x61cm/*17x24in* Glasgow 97
✏ $1 540 FF7 810 £1 000 Maternal cares Watercolour 46x61cm/*18x24in* Auchterarder, Perthshire 95
WALMSLEY Thomas 1763-1806 **[18]**
▥ $1 210 FF6 310 £800 Views of Wales Aquatint in colors 35x44cm/*13x17in* Hadspen 96
✏ $1 570 FF8 130 £1 050 Figures by a Mill Watercolour 29,5x42,5cm/*11x16in* London 96
WALRAVEN Jan 1827-1863 **[15]**
☞ $3 088 FF19 048 £1 852 Köstliche Kräuter Oil/panel 38x31cm/*14x12in* Wien 98
WALRAVENS Daniel 1944 **[1]**
☞ $3 580 FF18 350 £2 176 La composition des bouquets Huile/toile 46x36cm/*18x14in* Bruxelles 96
WALS Goffredo, Gottfried c.1600-1638/40 **[4]**
☞ $57 900 FF302 300 £35 000 River landscape with herders and their flocks Oil/copper 20,5x26cm/*8x10in*
London 96
WALSCAPELLE van Jacob 1644-1727 **[7]**
☞ $1 150 000 FF6 784 655 £704 260 A Sunflower, Daisies, Marigolds, Honeysuckle, Lilies, Morning Glory
Oil/canvas 78,5x66cm/*30x25in* New-York 98
WALSER Karl 1877-1943 **[13]**
☞ $6 970 FF34 300 £4 490 Junge Frau, an einem Altan gelehnt Öl/Leinwand 65x45cm/*25x17in* Berlin 95
▥ $82 FF472 £51 Ein Sommernachtstraum Lithographie 23x16cm/*9x6in* Bielefeld 97
WALSETH Niels 1914 **[49]**
☞ $189 FF1 144 £113 Bjerglandskab med gård Oil/canvas 66x55cm/*25x21in* Viby J, Århus 98
WALT DISNEY STUDIO **[5]**
✏ $2 200 FF13 079 £1 323 Pinocchio Graphite 25x30cm/*10x12in* New-York 97
WALTENSPERGER Charles E. 1871-1931 **[33]**
☞ $750 FF4 370 £462 Seated Nude Woman Oil/canvas 34x41cm/*13x16in* Bloomfield Hills, Michigan 97
☞ $1 500 FF8 741 £924 Flower Garden Oil/canvas 43x49cm/*17x19in* Bloomfield Hills, Michigan 97
WALTER Amalric 1859-1942 **[4]**
⚒ $6 840 FF35 500 £4 420 "Sorbier" Sculpture verre H22cm/*H8in* Saint-Étienne 96
WALTER Christian 1872-1938 **[4]**
☞ $22 000 FF130 563 £13 475 Moonlight on the Catskills Oil/canvas 81,5x101,5cm/*32x39in* New-York 98
WALTER Emma XIX-XX **[11]**
✏ $632 FF3 103 £400 Flowers on a mossy bank Watercolour 25x38cm/*9x14in* London 95
WALTER Martha 1880-1976 **[41]**
☞ $13 000 FF75 101 £8 013 In the Park Oil/board 21,5x26,5cm/*8x10in* New-York 97
☞ $25 650 FF151 240 £15 728 Coney Island Oil/canvas/board 35,5x45,5cm/*13x17in* New-York 98
☞ $26 000 FF154 302 £15 925 A day at the Beach Oil/board 416x49cm/*164x19in* New-York 98
✏ $800 FF4 050 £524 The Docks Watercolour/paper 29x34cm/*11x13in* New-York 96
WALTER OF BRISTOL Joseph 1783-1856 **[12]**
☞ $3 934 FF20 500 £2 600 Busy shipping lane Oil/canvas 33x46cm/*12x18in* London 96

$15 333 FF88 582 £9 000 Dutch Vessels in open Seas Oil/canvas 34,5x49,5cm/*13x19in* London 97
WALTER Valerie Harrisse 1892-? [6]
$3 575 FF21 945 £2 190 Bathing baby fountain Bronze H18cm/*H7in* Thomaston, ME 98
WALTER-KURAU Johann 1869-1932 [1]
$31 784 FF185 559 £19 222 Rückenansicht eines Frauenaktes Oil/panel 36,5x30,5cm/*14x12in* München 97
WALTERS Curt 1950 [2]
$8 500 FF48 405 £5 242 Spring in the Wind Oil/canvas 101x76cm/*40x30in* Dallas, Texas 97
WALTERS George Stanfield 1838-1924 [103]
$2 769 FF16 520 £1 700 Estuary Scene, Hoockers at Anchor on calm Seas Oil/canvas 21x34cm/*8x13in* Cranbrook, Kent 98
$3 049 FF17 543 £1 800 Wind Against Tide, on the Thames Oil/canvas 49x75cm/*19x29in* London 97
$612 FF3 538 £380 Fishing Boats Off Dover, a Three Masted Naval Ship Watercolour/paper 24x34cm/*9x13in* Newbury, Berkshire 97
WALTERS Miles 1773-1855 [8]
$3 936 FF22 598 £2 400 The Barque "Sarah Eliza" Oil/canvas 29,5x40,5cm/*11x15in* London 97
$4 960 FF25 530 £3 200 The snow "Mary" of Teighmouth running past Dover up the Channel Oil/canvas 36x56cm/*14x22in* London 96
WALTERS Samuel 1811-1882 [27]
$13 000 FF66 300 £8 600 Pilot Boat No.2 Oil/canvas 69x10,5cm/*27x4in* New-York 96
$16 670 FF84 900 £10 000 The Snow 1 May picking up the Liverpool pilot off the Great Orme Oil/canvas 61x92cm/*24x36in* London 96
WALTERS Samuel (Attrib.) 1811-1882 [5]
$6 000 FF35 046 £3 683 In the Shipping Lane, an Animated Coastal View Oil/canvas 61x89cm/*24x35in* Boston, Mass. 97
WALTHER Franz Erhard 1939 [23]
$952 FF5 712 £568 Ohne Titel Mischtechnik/Papier 29,5x21cm/*11x8in* Wien 98
WALTHER Jean XX [4]
$1 840 FF10 538 £1 088 "Vacantie Kaarten" Poster 60x100,5cm/*23x39in* New-York 97
WALTHER Paul, Louis Clemens 1876-? [5]
$983 FF6 040 £589 Sitzender Pavian Porcelain H16,5cm/*H6in* Stuttgart 98
WALTHÉRY François 1942 [8]
$169 FF850 £110 Natacha Mine plomb 29,7x21cm/*11x8in* Paris 96
WALTON Constance 1866-1960 [8]
$2 267 FF11 570 £1 500 Roses Watercolour 75x52cm/*29x20in* Glasgow 96
WALTON Edward Arthur 1860-1922 [16]
$10 760 FF54 700 £7 000 Eileen, daughter of Sir Hugh Smiley Oil/canvas 158x114cm/*62x44in* Auchterarder, Perthshire 95
$23 070 FF117 200 £15 000 Cottage on a hillside Oil/canvas 68x84cm/*26x33in* Auchterarder, Perthshire 95
$7 130 FF36 202 £4 600 An Ayrshire Pastoral or the Bull Rock Watercolour/paper 54x74,5cm/*21x29in* Auchterarder, Perthshire 96
WALTON Elijah 1832-1880 [11]
$555 FF3 383 £340 Near Grindelwald Watercolour 17x11,5cm/*6x4in* London 98
WALTON Frank 1840-1928 [18]
$5 810 FF30 100 £3 750 On the Poole Road to Laine Hille, Holmbury St Mary, Dorking Oil/canvas 41x51cm/*16x20in* London 96
$754 FF4 597 £450 Springtime Watercolour 26x41,5cm/*10x16in* London 98
WALTON Henry c.1746-1813 [7]
$76 500 FF371 500 £48 000 Portrait of the Rev. Charles Tyrell of Thurlow, Suffolk Oil/canvas 75x61,5cm/*29x24in* London 95
WALTON William XX [4]
$12 000 FF61 800 £7 947 Political rally Oil/board 56x71cm/*22x27in* New-York 96
$1 400 FF7 972 £849 View of Manhattan Gouache/paper 56x74cm/*22x29in* New-York 97
WAN SHOUQI 1603-1652 [1]
$34 000 FF202 381 £21 107 Fishing Net on a River Bank Ink/paper 79x32cm/*31x12in* New-York 97
WANDEL Sigurd 1875-1947 [1]

  $3 698 FF21 589 £2 200 A Quiet Evening Oil/panel 60,5x75,5cm/*23x29in* London 97
WANDESFORDE Juan Buckingham 1817-1902 **[8]**
  $2 950 FF15 160 £1 900 Portrait of a gentleman Watercolour 62x46cm/*24x18in* London 96
WANDS Alfred J. 1902-1980 **[7]**
  $454 FF3 580 £700 Rabbit hunters Oil/canvas 76x92cm/*29x36in* Denver, Colorado 95
WANDSCHEER Marie 1856-1936 **[8]**
  $2 664 FF16 061 £1 612 Cream and yellow tulips in a vase Oil/canvas 50x39cm/*19x15in* Amsterdam 98
WANE Richard 1852-1904 **[16]**
  $818 FF4 752 £500 A spring Day Oil/canvas 65x35cm/*25x13in* London 97
WANG CHEN 1720-1797 **[3]**
  $5 200 FF29 378 £3 272 Lanscapes Ink/paper 25,5x31cm/*10x12in* New-York 97
WANG DUO 1592-1652 **[7]**
  $15 000 FF84 745 £9 441 Calligraphy in Xing Shu Ink/paper 179x58cm/*70x22in* New-York 97
WANG FU'AN 1880-1960 **[1]**
  $5 196 FF31 129 £3 103 Calligraphy in jin wen Ink/paper 142x77cm/*55x30in* Hong Kong 98
WANG GAI c.1677-1705 **[2]**
  $10 328 FF60 192 £6 360 Stories of merits and virtues Ink 28,5x27,5cm/*11x10in* Hong Kong 97
WANG GUXIANG 1501-1568 **[1]**
  $2 582 FF15 048 £1 590 Three friends of Winter Ink 65x51cm/*25x20in* Hong Kong 97
WANG HUAIQING 1944 **[10]**
  $18 000 FF108 498 £11 230 Landscape in the style of Ni Zan Ink/paper 96,5x41cm/*37x16in* New-York 97
WANG HUI 1632-1717 **[20]**
  $13 000 FF63 900 £8 230 Landscape after Li Cheng (919-967) Ink 105x55cm/*41x21in* New-York 95
WANG JIAN 1960 **[2]**
  $7 117 FF35 200 £4 400 Double Purity Oil/canvas 100x80cm/*39x31in* Hong Kong 96
  $9 050 FF46 400 £5 500 Remembrance of the Past Oil/canvas 129,5x96,5cm/*50x37in* Hong Kong 96
WANG JIAN 1598-1677 **[1]**
  $13 000 FF73 446 £8 182 Misty Village in the Distant Mountains Ink/paper 128x46cm/*50x18in* New-York 97
WANG JIANGZHANG (Attrib.) c.1600-c.1650 **[1]**
  $4 500 FF22 760 £2 950 Old tree and withered vine Ink 155x47cm/*61x18in* New-York 96
WANG JIQIAN 1907 **[10]**
  $5 500 FF27 050 £3 480 Pine cliff/Snow mountains Ink/paper 40x49,5cm/*15x19in* New-York 95
WANG JIU c.1740-c.1800 **[2]**
  $6 500 FF38 690 £4 035 Discussing Daoism in the Pine Studio Ink 38x316cm/*15x124in* New-York 97
WANG JIYUAN Wang Chi-yung 1893-1975 **[2]**
  $13 635 FF82 665 £8 100 Spring Parade Oil/canvas 46x61cm/*18x24in* Taipei, Taiwan 98
  $969 FF5 878 £576 Sunset at the West Lake Watercolour/paper 28,5x38,5cm/*11x15in* Taipei, Taiwan 98
WANG MIAO 1966 **[2]**
  $2 845 FF14 580 £1 730 Tranquility/Landscape Pastel/paper 46x37cm/*18x14in* Hong Kong 96
WANG MINGMING 1952 **[2]**
  $5 170 FF25 600 £3 200 Scholars in a Bamboo Grove Ink 131x68,5cm/*51x26in* Hong Kong 96
WANG P'AN-YÜAN 1912 **[6]**
  $3 640 FF18 870 £2 287 Sunset Watercolour/paper 36x26cm/*14x10in* Taipei, Taiwan 96
WANG QI 1957 **[2]**
  $5 820 FF30 000 £3 596 Girl with stuffed animal Oil/canvas 90x120cm/*35x47in* Hong Kong 95
WANG SHEN 1866-1938 **[1]**
  $2 456 FF14 286 £1 464 Peaches Ink 146,5x34,5cm/*57x13in* Hong Kong 97
WANG SHIMIN 1592-1680 **[9]**
  $6 500 FF32 900 £4 260 Landscape Ink/paper 83x40,6cm/*32x15in* New-York 96
WANG SHISHEN 1686-1759 **[4]**
  $8 000 FF48 221 £4 991 Plum blossom Ink/paper 39x27cm/*15x10in* New-York 97
WANG SHUGU 1649-c.1733 **[2]**
  $9 000 FF45 500 £5 900 Historical figures Ink 20,6x32,4cm/*8x12in* New-York 96
WANG SU 1794-1877 **[6]**
  $2 800 FF16 617 £1 715 Bottle Gourd, Quince and Little Dog Ink/paper 122x30cm/*48x11in* Beverly Hills, Calif. 98

WANG WENSHAN Paul Wang 1929 **[2]**
$1 500 FF7 580 £984 River landscape, after Shitao (c.1641-1707) Ink/paper 56x33cm/*22x12in* New-York 96
WANG WENZHI 1730-1802 **[3]**
$2 000 FF10 110 £1 312 Running Script Calligraphy (xing shu) Ink 23,5x27,5cm/*9x10in* New-York 96
WANG WU 1632-1690 **[3]**
$4 200 FF25 000 £2 607 Magical Butterflies Ink 30x31cm/*12x12in* New-York 97
WANG XIAOGUANG 1957 **[3]**
$7 760 FF39 800 £4 720 Green field Oil/canvas 97x130cm/*38x51in* Hong Kong 96
$9 158 FF52 877 £5 616 Harvest Oil/canvas 89,5x130,5cm/*35x51in* Taipei, Taiwan 97
WANG XUETAO 1903-1982 **[1]**
$2 500 FF15 309 £1 489 Flowers, Crab and Wine Ink/paper 95x46,5cm/*37x18in* New-York 98
WANG YIDONG 1955 **[10]**
$19 410 FF96 000 £12 000 Calm After the Wind Oil/canvas 79,5x99,5cm/*31x39in* Hong Kong 96
WANG YIQUIANG 1961 **[1]**
$4 530 FF23 200 £2 750 Water Village Oil/canvas 102x74cm/*40x29in* Hong Kong 96
WANG YU c.1710-1750 **[2]**
$20 720 FF106 544 £12 784 Snowy Woods Ink/paper 71x89cm/*27x35in* Hong Kong 96
WANG YUANQI 1642-1715 **[9]**
$26 000 FF146 892 £16 364 Landscape in the style of Juran Ink/paper 87x45cm/*34x17in* New-York 97
WANG YUE c.1573-1627 **[1]**
$8 000 FF40 500 £5 250 Figures in landscapes Ink 27,5x20,5cm/*10x8in* New-York 96
WANG YUN 1652-c.1735 **[1]**
$10 000 FF56 497 £6 294 Literary Gathering Ink 208x129,5cm/*81x50in* New-York 97
WANG ZHAOMING 1883-1944 **[1]**
$3 882 FF22 389 £2 313 Calligraphy in Xing Shu Ink/paper 127x67cm/*50x26in* Hong Kong 97
WANG ZHEN 1866-1938 **[23]**
$3 364 FF19 403 £2 004 Goddess of Mercy Coloured inks/paper 128x62cm/*50x24in* Hong Kong 97
WANING van Kees 1861-1929 **[12]**
$2 135 FF13 079 £1 278 A Polder Landscape with a River Craft Oil/canvas 81x110cm/*31x43in* Amsterdam 98
WANING van Martin 1889-1972 **[23]**
$520 FF3 209 £327 The Harbour of Veere Oil/canvas 60,5x40,5cm/*23x15in* Amsterdam 97
$4 216 FF24 572 £2 597 Polderlandschap met sloot Oil/canvas 117x158cm/*46x62in* Den Haag 97
WANKIE Wladyslaw Wanke 1860-1925 **[6]**
$1 941 FF11 250 £1 210 Za Dyrektoriatu Oil/canvas 35,5x45,5cm/*13x17in* Warszawa 97
WANSLEBEN Arthur 1861-1917 **[5]**
$1 765 FF10 135 £1 076 Arbeitspause im Grünen Oil/canvas 25x33cm/*9x12in* Düsseldorf 97
WANUM van Ary c.1735-c.1780 **[6]**
$4 260 FF21 700 £2 556 View of Dordrecht Oil/canvas 34x37cm/*13x14in* Amsterdam 96
WAPPERS Gustaaf 1803-1874 **[19]**
$1 740 FF9 050 £1 151 Portrait du duc de Bassano Huile/toile 70x59cm/*27x23in* Bruxelles 96
WARB Nicolaas 1906-1957 **[10]**
$363 FF2 100 £224 Composition verticale Gouache/papier 10x4,8cm/*3x1in* Paris 97
WARD Charles Daniel 1872-? **[11]**
$34 150 FF194 804 £21 000 The fender stool Oil/canvas 74x61,5cm/*29x24in* Billingshurst, West Sussex 97
WARD Cyril 1863-1935 **[9]**
$1 019 FF5 756 £620 Foot bridge and watersplash, Hampshire/Winter, a bend.../Willows... Watercolour/paper 29,2x45,1cm/*11x17in* London 97
WARD Edmund Franklin 1892-1991 **[39]**
$963 FF4 960 £621 Sous-bois ensoleillé Huile/toile/panneau 50x60cm/*19x23in* Bruxelles 96
WARD Edward Matthew 1816-1879 **[15]**
$45 900 FF238 000 £29 800 Highgate fields during the great fire of London in 1666 Oil/canvas 123x194,5cm/*48x76in* London 96
$408 FF2 080 £270 Marie-Antoinette in her cell Watercolour 32x27cm/*12x10in* Billingshurst, West Sussex 96
WARD Edwin Arthur 1859-? **[3]**

W

$9 800 FF47 900 £6 200 Lord Randolph Churchill (1849-1895) Oil/canvas 33x48cm/*12x18in* London 95
WARD Francis Swain c.1720-c.1795 **[1]**
$93 038 FF557 771 £56 000 The Old Court House, Tank Square and old Fort William, Calcutta Oil/canvas 94,5x186cm/*37x73in* London 98
WARD Herbert 1863-1919 **[4]**
$1 291 FF7 724 £783 African Woman Bronze H51cm/*H20in* Amsterdam 97
WARD Hilda 1878-1950 **[2]**
$4 250 FF26 010 £2 583 Women on the Staten Island Ferry Oil/canvas 30x40cm/*12x16in* Milford, Conn. 98
WARD Jacob C. 1809-1891 **[1]**
$2 200 FF13 025 £1 315 The Tongue Mountain Rance from Bolton's Landing, Lake George Oil/panel 24x35cm/*9x14in* New-York 97
WARD James 1769-1859 **[84]**
$2 372 FF14 183 £1 400 View of Bolton Castle, Yorkshire, with countryfolk in the Foreground Oil/panel 11x38cm/*4x14in* London 97
$31 000 FF182 782 £19 009 A Livery Stable Oil/canvas 70,5x90cm/*27x35in* New-York 98
$1 185 FF5 800 £750 Study of the Devil's Bridge Pencil 50,3x33,2cm/*19x13in* London 95
WARD James 1800-1884 **[1]**
$3 360 FF16 740 £2 200 Still life with flowers and a bird's nest Oil/canvas 60,5x46cm/*23x18in* London 95
WARD James Charles c.1815-c.1880 **[10]**
$2 500 FF15 160 £1 525 Wooded Lane, Warwickshire Oil/canvas 70x90,5cm/*27x35in* New-York 98
WARD John 1917 **[25]**
$1 304 FF7 692 £800 The Leas Parade, Folkestone Oil/canvas/board 27,5x40cm/*10x15in* Billingshurst, West Sussex 98
$6 130 FF30 930 £4 000 Portrait of a Girl Oil/canvas 76,5x63,5cm/*30x25in* London 96
$523 FF3 109 £320 Poetry Illustration I'the Three Graces Watercolour 26,5x17cm/*10x6in* London 97
WARD John E. ?-1955 **[1]**
$1 482 FF8 442 £900 Birds of Paradise Watercolour/paper 27,5x24cm/*10x9in* London 97
WARD Lynd Kendall 1905-1985 **[14]**
$149 FF889 £91 "Mars, Venus and Snare" Woodcut 46x30cm/*18x12in* Shaker Heights, Ohio 97
WARD Martin Theodore 1799-1874 **[20]**
$3 130 FF15 900 £2 000 A black and white terrier in a woodland Oil/canvas 37x43cm/*14x16in* London 96
WARD Norman 1960 **[2]**
$1 667 FF10 014 £1 000 Black Rhino and Calf in the Masai Mara Oil/canvas 46x61cm/*18x24in* London 98
WARD OF HULL John 1798-1849 **[19]**
$7 000 FF35 660 £4 200 Shipping lying in the Humber Oil/panel 15x23cm/*5x9in* London 96
$16 290 FF93 458 £10 000 Two indiamen at anchor Oil/canvas 49x71,5cm/*19x28in* London 97
WARD Vernon de Beauvoir 1905-? **[71]**
$778 FF4 532 £480 The Forest Pool Oil/canvas/board 35,5x30,5cm/*13x12in* London 97
$1 647 FF9 940 £1 000 "Common Terns, Spring Colony" Oil/canvas 39x54cm/*15x21in* Billingshurst, West Sussex 98
WARD William H. XIX **[5]**
$10 122 FF60 428 £6 200 The Knife Grinder, Anne Hathaway's Cottage Oil/canvas 51x61,5cm/*20x24in* London 97
WARD William I 1766-1826 **[17]**
$434 FF2 246 £280 Rosette, after Amicus R. Frankland Mezzotint 46,5x58cm/*18x22in* London 96
WARDI Rafael 1928 **[30]**
$750 FF4 432 £444 Hästar Oil/canvas 32x44cm/*12x17in* Helsinki 97
$1 350 FF7 870 £831 Stilleben i gult Oil/canvas 50x41cm/*19x16in* Helsinki 97
WARDLE Arthur 1864-1949 **[236]**
$832 FF4 892 £500 Portrait, Three-Quarter Length of a Lady Wearing a Cream Dress Oil/canvas 127x76cm/*50x29in* London 97
$1 166 FF7 193 £700 "Caught" Oil/board 27,5x35,5cm/*10x13in* London 98
$105 300 FF545 000 £68 000 The Flute of Pan Oil/canvas 108,5x155cm/*42x61in* London 96
$1 273 FF6 630 £800 A study of a Manchester Terrier Pastel/paper 23x25,5cm/*9x10in* London 96
WARE Thomas (Attrib.) 1803-c.1827 **[1]**
$3 000 FF18 393 £1 835 A Dark-Haired Young Woman Wearing a White Lace Bonnet with Ribbons Oil/canvas 75x63,5cm/*29x25in* New-York 98

WARHOL Andy, Andrew Warhola 1928-1987 **[1972]**
  $16 000 FF92 808 £9 457 Flowers Synthetic polymer silkscreened/canvas 12,5x12,5cm/*4x4in* New-York 97
  $2 200 000 FF13 087 360 £1 345 300 Self-Portrait Synthetic polymer silkscreened/canvas 201x178cm/*79x70in* New-York 98
  $15 750 000 FF94 085 780 £9 653 175 Orange Marilyn Synthetic polymer silkscreened/canvas 101,5x101,5cm/*39x39in* New-York 98
  $4 000 FF22 818 £2 444 Golda Meir from Portrait of Jews of the Twentieh Century Silkscreen in colors 101x81,5cm/*39x32in* New-York 97
  $1 147 FF6 700 £678 Kiss Installation 31,5x20x13cm/*12x7x5in* Köln 97
  $4 800 FF24 860 £3 070 Edie Sedgewick Gelatin silver print 19x3cm/*7x1in* New-York 96
  $6 000 FF34 168 £3 724 Untitled Soft pencil 45,7x35,6cm/*17x14in* New-York 97
WARLAND Charles XX **[8]**
  $2 061 FF12 000 £1 270 Paysage animé Huile/toile/carton 51x70cm/*20x27in* Limoges 97
WARLING Elisabeth 1858-1915 **[18]**
  $1 842 FF9 100 £1 201 L'atelier à Paris Oil/canvas 37x27cm/*14x10in* Stockholm 95
  $11 170 FF56 800 £6 670 Maisons à Barbizon Oil/canvas 55x45cm/*21x17in* Stockholm 96
WARLOW Herbert Gordon 1885-? **[9]**
  $343 FF2 089 £210 Street of the Camel, Algiers Drypoint 17x11cm/*6x4in* Bath 98
WARMINGTON E.A. XIX **[12]**
  $739 FF3 645 £480 The Harvester's Break Watercolour 24x33cm/*9x12in* London 95
WARNECKE Harry 1900-1984 **[19]**
  $1 300 FF7 501 £796 Franklin Delano Roosvelt at His Inauguration Carbro-color print 43x54cm/*17x21in* New-York 97
WARNER Albert Edward 1879-1960 **[10]**
  $174 FF995 £106 Carting Hay, Victoria Etching 18x23cm/*7x9in* Sydney 97
WARNER BROTHERS STUDIO **[83]**
  $621 FF3 708 £380 Daffy Duck Wearing a Headscarf Gouache 19x8cm/*7x3in* London 98
WARNER E. 1879-1960 **[3]**
  $130 FF783 £77 A Full Load Etching 13x24,5cm/*5x9in* Melbourne 98
WARNER Everett Longley 1877-1963 **[16]**
  $100 FF569 £61 The Summit Oil/panel 31x40cm/*12x16in* Chester, NY 97
  $651 FF3 996 £399 Winter Snow Scene Oil/canvas 50x40cm/*20x16in* Mystic, Connecticut 98
  $900 FF5 166 £548 "Seville" Watercolour/paper 51x33cm/*20x13in* Pittsburgh, PA 97
WARNER Nell Walker 1891-1970 **[28]**
  $800 FF4 893 £474 Floral Oil/canvas 30x22cm/*12x9in* Felton, CA 98
  $2 000 FF12 232 £1 186 Autumn Landscape Oil/canvas 66x76cm/*26x30in* Felton, CA 98
  $1 000 FF5 646 £608 Lakeside with Boats and Figures Watercolour/paper 18x23cm/*7x9in* Altadena, CA 97
WAROQUIER de Henry 1881-1970 **[246]**
  $1 994 FF10 000 £1 262 Sainte-Marie-des-Anges, Assise Huile/toile 33x55cm/*12x21in* Paris 95
  $7 062 FF39 000 £4 407 Paysage minéral, Espagne Huile/toile 130x97cm/*51x38in* Saint-Dié 97
  $119 FF600 £78 Vénération Sérigraphie 36,5x25,5cm/*14x10in* Rennes 96
  $1 650 FF10 000 £1 012 "Tête d'homme, l'otage, 1948" Bronze H39cm/*H15in* Saint-Germain-en-Laye 98
  $496 FF2 500 £325 Visage de femme Encre 42x27,5cm/*16x10in* Paris 96
WARREN Bonomi Edward XIX-XX **[6]**
  $4 097 FF24 342 £2 500 Harvest Watercolour/paper 50,5x73,5cm/*19x28in* London 98
WARREN C.W. XIX-XX **[3]**
  $3 031 FF18 000 £1 861 Un cavalier sur un cheval cabré Bronze 53x36cm/*20x14in* Paris 97
WARREN Edmund George 1834-1909 **[29]**
  $19 650 FF102 200 £13 000 View of Dublin Bay Oil/canvas 31x50cm/*12x19in* London 96
  $3 128 FF18 756 £1 900 The Young Haymakers Watercolour, gouache/paper 35x50cm/*13x19in* Billingshurst, West Sussex 98
WARREN Henry 1794-1879 **[9]**
  $944 FF5 719 £580 Indian Woman Selling Fruit Before a Gateway Watercolour 48x61cm/*18x24in* Chester 98
WARREN Melvin C. 1920-1995 **[12]**
  $20 000 FF97 800 £12 658 The pinon trail Oil/canvas 71x101cm/*28x40in* Santa Fe, New Mexico 95
  $2 310 FF13 832 £1 419 Texas Rangers on Patrol Bronze 30x55cm/*12x22in* Dallas, Texas 98

W

WARREN Michael 1938 [3]
- *$530 FF2 760 £350* Spanish Sparrows Watercolour 23x33cm/*9x12in* London 96

WARSHAWSKY Abel George 1883-1959 [30]
- *$3 500 FF18 170 £2 315* Venice Oil/canvas 65x81cm/*25x31in* New-York 96

WARSHAWSKY Alexander 1887-1945 [8]
- *$672 FF3 490 £398* Toiling Earth Oil/board 60x76cm/*24x30in* Mystic, Connecticut 97

WARWICK R.W. XIX [4]
- *$3 644 FF22 330 £2 200* Grapes, Plums and Peaches Oil/panel 30,5x25cm/*12x9in* London 98

WASHINGTON Georges 1827-1910 [100]
- *$4 645 FF28 000 £2 853* Chasse à tir orientale Huile/panneau 23,5x32cm/*9x12in* Paris 98
- *$10 177 FF58 996 £6 000* Arabs at an Oasis Oil/canvas 47,5x61,5cm/*18x24in* London 97
- *$1 656 FF10 000 £994* Fantasia Aquarelle, gouache 17,2x29cm/*6x11in* Paris 98

WASHINGTON William 1885-1956 [6]
- *$229 FF1 325 £140* Clocks to mend Engraving 27,5x23cm/*10x9in* London 97

WASILEWSKI Czeslaw c.1875-1946/47 [19]
- *$2 621 FF16 105 £1 572* Zima w malym miasteczku (winter landscape with peasants) Oil/canvas 51,5x71,5cm/*20x28in* Warszawa 98

WASLEY Frank 1848-1934 [71]
- *$3 400 FF20 038 £2 100* Shipping Off Peel, Isle of Man/St. Michael's Mount Oil/canvas 61x91,5cm/*24x36in* London 97
- *$336 FF1 755 £200* A Rowing Boat on a Lake in a Wooded Landscape Watercolour 11x22cm/*4x8in* London 96

WASMANN Friedrich Rudolf 1805-1886 [7]
- *$5 372 FF31 804 £3 190* Papst Gregor XVI (1765 Belluno-1846-Rom) Oil/wood 15x12,5cm/*5x4in* Dresden 97

WASSEL Ange XIX [1]
- *$1 466 FF8 100 £915* Clématites Aquarelle 25x19,5cm/*9x7in* Paris 97

WASSENBERG Jan Abel 1689-1750 [3]
- *$5 697 FF34 013 £3 500* The Continence of Scipio Oil/canvas 93,5x90cm/*36x35in* London 98

WASSMER Erich 1915-1972 [5]
- *$2 597 FF15 440 £1 588* Fechtszene vor einem Haus Öl/Leinwand 55x46cm/*21x18in* Bern 97

WATANABE Sadao 1913-? [17]
- *$300 FF1 746 £181* Holy Family Print in colors 56x68cm/*22x27in* Mystic, Connecticut 97

WATANABE Seiti Shotei 1851-1918 [3]
- *$1 473 FF8 701 £872* Meise auf einem Bambuszweig Indian ink 117,7x49,7cm/*46x19in* Köln 97

WATCHEL Elmer 1864-1929 [4]
- *$8 500 FF44 400 £5 140* The Last Glow, Balwin Ranch Oil/canvas 35,5x56cm/*13x22in* San Francisco-Los Angeles 96

WATCHEL Marion Kavanaugh 1876-1954 [8]
- *$4 750 FF24 800 £2 870* California Mountain Range Oil/canvas/board 40,5x51cm/*15x20in* San Francisco-Los Angeles 96

WATELET Charles Joseph 1867-1954 [66]
- *$1 177 FF6 020 £762* Elégante au chapeau fleuri Huile/toile 42x32cm/*16x12in* Bruxelles 95
- *$1 516 FF7 680 £986* Elégante à la rose Huile/toile 86x62cm/*33x24in* Bruxelles 96
- *$2 720 FF14 020 £1 800* Portrait of a Lady Oil/canvas 137x99cm/*53x38in* London 96
- *$6 340 FF38 874 £3 800* "En face de la terrasse ou Café Riche" Pastel 40,5x27cm/*15x10in* London 98

WATELET Claude-Henri 1718-1786 [23]
- *$770 FF4 500 £455* Vue d'un canal et d'un moulin en Hollande Lavis 19,5x30,5cm/*7x12in* Paris 97

WATELET Louis Étienne 1780-1866 [10]
- *$1 776 FF10 500 £1 100* Chasse et pêche dans un torrent, près d'une tannerie Huile/toile 29,5x41cm/*11x16in* Enghien 97
- *$15 020 FF75 000 £9 800* Paysage Huile/toile 81x108cm/*31x42in* Versailles 95

WATELIN Louis-François-V. 1030-1907 [20]
- *$1 134 FF6 500 £692* Paysages aux arbres et maisons Huile/carton 40x30cm/*15x11in* Paris 97
- *$5 124 FF30 500 £3 132* Chaumière près de la mare, effet de lumière Huile/panneau 55x39,4cm/*21x15in* Barbizon 98

WATENPHUL Max Peiffer 1896-1976 [54]
- *$24 087 FF140 704 £14 254* Haus Gilles auf Ischia Öl/Leinwand 68,5x99cm/*26x38in* Köln 97

⊞ *$573 FF3 350* £339 Venezianische Palastfassade Farblithographie 76,1x55cm/*29x21in* Köln 97
✏ *$260 FF1 520* £159 Der Gabentisch Ink/paper 17,5x15cm/*6x5in* Köln 97
WATERFORD of Louise, Marchioness 1818-1891 **[14]**
✏ *$1 086 FF5 580* £700 William Cobbetts as a child Watercolour 26,5x15cm/*10x5in* London 96
WATERHOUSE John William 1849-1917 **[60]**
👆 *$35 000 FF199 430* £21 437 Dante and Beatrice Oil/canvas/panel 49,5x62cm/*19x24in* New-York 97
👆 *$35 965 FF214 843* £22 000 Vanity Oil/board 38,5x29,5cm/*15x11in* London 98
👆 *$346 000 FF1 770 000* £210 000 Flora and the Zephyrs, a sketch Oil/canvas 104x204cm/*40x80in* London 96
✏ *$5 890 FF30 500* £3 800 Study of the head of a model Red chalk 26x22cm/*10x8in* London 96
WATERLOO Anthonie c.1610-1690 **[107]**
👆 *$5 064 FF30 000* £3 033 Paysage à la chaumière et au chasseur Huile/toile 32,5x24,5cm/*12x9in* Lille 97
👆 *$16 318 FF94 162* £10 000 A wooded landscape with a swineherd on a track Oil/canvas 57x65cm/*22x25in* London 97
⊞ *$206 FF1 182* £125 Das Gehöft auf der Anhöhe Radierung 12,3x20,5cm/*4x8in* Berlin 97
✏ *$3 060 FF19 000* £1 844 Paysage Pierre noire 35,5x47cm/*13x18in* Paris 98
WATERLOO Anthonie (Attrib.) c.1610-1690 **[9]**
👆 *$3 014 FF18 103* £1 800 A Wooded River Landscape with Elegant Figures by a Gateway Oil/canvas 71x89,5cm/*27x35in* London 98
WATERLOO-CLARK John Heaviside c.1770-1863 **[3]**
✏ *$2 000 FF10 180* £1 200 Mackerel fishing Watercolour 13,5x18cm/*5x7in* London 96
WATERLOW Ernest Albert 1850-1919 **[38]**
👆 *$1 197 FF6 883* £749 The Riverside Path Oil/canvas 70x53,5cm/*27x21in* London 97
👆 *$3 350 FF16 950* £2 200 The cliff path Oil/canvas/board 19x29cm/*7x11in* London 96
👆 *$20 699 FF118 830* £13 000 Sand Digging, North Cornwall Oil/canvas 89x152cm/*35x59in* London 97
✏ *$78 FF394* £50 Wooded pastoral scene Watercolour 25x36cm/*10x14in* Aylsham, Norfolk 96
WATERMAN Marcus A. 1834-1914 **[24]**
👆 *$750 FF3 700* £485 Shipps off the coast Oil/canvas 60x91cm/*24x36in* Mystic, Connecticut 96
WATERS Billie 1896-1979 **[25]**
👆 *$3 026 FF17 664* £1 800 The Four Horsemen of the Apocalypse Oil/canvas 86x112cm/*33x44in* London 97
WATERS Maynard 1936 **[36]**
👆 *$1 428 FF7 331* £942 Murwillumbah from Hospital Hill Oil/board 75x90cm/*29x35in* Sydney 96
WATERS Owen XIX-XX **[32]**
👆 *$304 FF1 761* £189 Shadingfield, Suffolk Oil/board 30,5x41cm/*12x16in* London 97
WATERS Susan C. 1823-1900 **[7]**
👆 *$6 500 FF38 829* £3 979 Hanging Game Oil/canvas 63,5x51cm/*25x20in* New-York 98
WATERSCHOOT van Heinrich ?-1748 **[4]**
👆 *$5 446 FF33 362* £3 290 Südliche bewaldete Landschaft mit Figuren und eineù Wasserfall Öl/Leinwand 78,5x115,5cm/*30x45in* Wien 98
WATKINS Bartholomew Colles 1833-1891 **[9]**
👆 *$2 141 FF12 195* £1 300 From Rosshill, Lough Mask/Grasmere Lake, Loughrigg Fell Oil/panel 18x28cm/*7x11in* London 97
WATKINS C.H. Kennett 1847-1933 **[1]**
👆 *$19 100 FF93 200* £12 000 A Maori family in a canoe Oil/canvas 61x137cm/*24x53in* London 95
WATKINS Carleton E. 1829-1916 **[67]**
📷 *$3 000 FF18 507* £1 800 Down the Valley, Cathedral Rocks, El Capitan Albumen print 39,5x52cm/*15x20in* New-York 98
WATKINS Franklin Chenault 1894-1972 **[13]**
👆 *$950 FF5 677* £582 Apples in a Basket Oil/canvas 61,5x66,5cm/*24x26in* New-York 98
WATKINS John Samuel 1866-1942 **[19]**
👆 *$1 189 FF6 893* £701 Sunlight Oil/canvas/board 25x28cm/*9x11in* Sydney 97
WATKINS Richard John 1937 **[9]**
👆 *$3 494 FF20 408* £2 067 "What the Butler Saw, or the foundatins of Empirical Knowledge" Oil/canvas 178x181,5cm/*70x71in* Melbourne 97
👆 *$4 290 FF25 000* £2 642 Woman IV Oil/canvas 122x68cm/*48x26in* Melbourne 97
WATMOUGH Amos XIX-XX **[4]**

W

🖌 *$4 070 FF23 764 £2 500* New pastures Oil/canvas 71x101,5cm/*27x39in* London 97

WATROUS Harry Wilson 1857-1940 **[22]**
🖌 *$1 900 FF11 350 £1 163* Spanish Lady Oil/canvas 55,5x46,5cm/*21x18in* New-York 98

WATSON Adele 1873-1947 **[1]**
🖌 *$3 500 FF21 071 £2 094* Landscape with Figures Oil/canvas 51x61cm/*20x24in* San Francisco 98

WATSON Alfred Sale XIX-XX **[18]**
✎ *$333 FF1 956 £200* Richmond Bridge Watercolour/paper 25,5x35cm/*10x13in* London 97

WATSON Caroline 1761-1814 **[2]**
📄 *$2 723 FF15 686 £1 600* Garrick Engraving 62x45cm/*24x17in* London 97

WATSON Charles John 1846-1927 **[15]**
✎ *$600 FF3 627 £360* Rimini Watercolour/paper 18x25cm/*7x9in* Exeter, Devon 98

WATSON Dawson 1864-1939 **[9]**
🖌 *$1 000 FF5 210 £628* Seascape Oil/board 20x25cm/*8x10in* Altadena, CA 96
🖌 *$10 000 FF58 207 £6 164* Spring in the Grand Canyon Oil/canvas 74x59cm/*29x23in* Cincinnati, Ohio 97

WATSON George 1767-1837 **[5]**
🖌 *$2 074 FF12 416 £1 300* Portrait of a Gentleman, three-quarter-length, in a brown jacket Oil/canvas 91,5x70cm/*36x27in* London 97

WATSON George Spencer 1869-1934 **[20]**
🖌 *$2 370 FF11 580 £1 500* Peter and the Bear Tempera/canvas 71x92cm/*27x36in* London 95

WATSON Homer Ransford 1855-1936 **[31]**
🖌 *$1 339 FF7 933 £795* Landscape with Figures Oil/panel 16x24cm/*6x9in* Toronto 97
🖌 *$1 587 FF9 072 £972* Mill on the grand river Oil/canvas 31,7x55,2cm/*12x21in* Toronto 97

WATSON John Dawson 1832-1892 **[32]**
🖌 *$2 305 FF11 800 £1 400* The Reader Oil/panel 40,5x20,5cm/*15x8in* London 96
🖌 *$5 270 FF27 000 £3 200* Summons to the War Oil/canvas 112x87cm/*44x34in* London 96
✎ *$1 003 FF6 128 £600* Lost in Thought Watercolour 40,5x30cm/*15x11in* London 98

WATSON Musgrave Lewthwaite 1804-1847 **[1]**
🖿 *$11 402 FF64 934 £7 000* Sir David Wilkie, holding palette in one hand Marble H70cm/*H27in* London 97

WATSON Raymond 1935 **[22]**
✎ *$904 FF4 660 £580* Cock pheasant Watercolour 34x52cm/*13x20in* St. Helier, Jersey 96

WATSON Robert 1865-1917 **[17]**
🖌 *$2 870 FF14 660 £1 900* Sheep resting in the Highlands Oil/canvas 51x76cm/*20x29in* Glasgow 96

WATSON Robert XIX-XX **[11]**
🖌 *$5 003 FF30 303 £3 100* Sheep resting/Cattle in a Burn Oil/canvas 17,5x25,5cm/*6x10in* Perthshire 97
🖌 *$6 000 FF35 671 £3 613* Highland Flock in the Mountains Oil/canvas 51x76cm/*20x29in* New-York 98

WATSON Sidney A. XIX **[2]**
🖌 *$5 630 FF29 400 £3 400* Near Loch Fyne, Argyllshire Oil/canvas 51x76cm/*20x29in* Glasgow 96

WATSON Sydney Robert 1892-? **[4]**
🖌 *$2 100 FF10 860 £1 362* Highland goats Oil/canvas 33x48cm/*13x19in* Mystic, Connecticut 96
🖌 *$3 712 FF22 483 £2 300* Highland Cattle Oil/canvas 36x46,5cm/*14x18in* Perthshire 97

WATSON Thomas 1743-1781 **[7]**
📄 *$6 467 FF37 254 £3 800* Miss Kitty Dressing Mezzotint 45,5x33cm/*17x12in* London 97

WATSON Walter J. 1879-? **[11]**
🖌 *$12 684 FF72 355 £7 800* "Glen croe, Argyleshire" Oil/canvas 51x76cm/*20x29in* Billingshurst, West Sussex 97

WATSON William ?-1921 **[21]**
🖌 *$5 750 FF33 946 £3 404* Highland Sheep in a Landscape Oil/canvas 60x91cm/*24x36in* Elgin, Illinois 97

WATSON William ?-1765 **[3]**
✎ *$2 420 FF12 580 £1 600* Portrait of Miss Jones Pastel 55x43cm/*21x16in* London 96

WATSON William R.C. XIX-XX **[5]**
🖌 *$1 479 FF8 635 £880* Sheep on a Hillside Oil/board 15,5x23cm/*6x9in* London 97
🖌 *$2 353 FF13 738 £1 400* Morning near Lamorna Cove, Cornwall Oil/canvas 35,5x46cm/*13x18in* London 97

WATSON William, Jnr. ?-1921 **[13]**
🖌 *$4 750 FF28 192 £2 909* "Highland Cattle in Glen Goil, Morning" Oil/canvas 51x76cm/*20x29in* San Francisco 98
🖌 *$10 878 FF64 102 £6 500* Loch Fyne, Argyllshire/Glengoyle, Argyllshire Oil/board 21x31cm/*8x12in* Glasgow 97

WATSON-GORDON John 1788-1864 **[2]**
  $6 955 FF42 000 £4 170 Portrait d'un officier de marine Huile/toile 125x97cm/*49x38in* Paris 98
WATSON-SCHÜTZE Eva 1867-1935 **[9]**
  $2 000 FF12 202 £1 198 Studies of Children Platinum print 15x20cm/*5x7in* New-York 98
WATT Alison [2]
  $3 780 FF19 630 £2 500 Self-Portrait with Binoculars Oil/canvas 101,5x46cm/*39x18in* London 96
WATT Elizabeth Mary 1886-1954 **[9]**
  $1 464 FF8 771 £900 "The Greedies" Watercolour 31x24,5cm/*12x9in* Edinburgh 98
WATT Victor Robert 1886-1970 **[39]**
  $256 FF1 493 £157 Sheep Grazing Watercolour/paper 27x37cm/*10x14in* Sydney 97
WATTEAU DE LILLE François L. Joseph 1758-1823 **[19]**
  $15 450 FF80 000 £9 970 Le marchand de légumes Huile/toile 52,5x46cm/*20x18in* Lille 96
  $540 FF2 800 £357 Personnage Sanguine 25x15cm/*9x5in* Paris 96
WATTEAU DE LILLE Louis J. (Attrib.) 1731-1798 **[11]**
  $8 430 FF42 000 £5 520 Les Réjouissances militaires Huile/toile 98x106cm/*38x41in* Avignon 95
  $528 FF3 000 £330 Scène galante dans un camp militaire Aquarelle 14,5x24,7cm/*5x9in* Paris 97
WATTEAU DE LILLE Louis Joseph, dit 1731-1798 **[31]**
  $15 450 FF80 000 £9 970 Réunion de militaires et de vendangeurs/Réjouissances près d'une ... Huile/panneau 26x32cm/*10x12in* Lille 96
  $28 594 FF170 000 £17 493 La famille du grand Gayant de Douai Huile/toile 67x82cm/*26x32in* Lille 97
  $807 FF4 100 £482 Portrait de jeune femme en pied Crayon/papier 20x12,7cm/*7x5in* Paris 96
WATTEAU Jean Antoine 1684-1721 **[30]**
  $430 000 FF2 574 840 £263 160 Fête Champêtre: "La Musette" Oil/canvas 44x55cm/*17x21in* New-York 97
  $16 273 FF95 000 £9 680 Etude d'un peintre debout, tenant sa palette de la main gauche Sanguine 24,9x19cm/*9x7in* Paris 97
WATTENWYL von Peter 1942 **[8]**
  $546 FF3 250 £334 Erinnerungen an Bern Mischtechnik/Papier 55,5x42cm/*21x16in* Bern 97
WATTIER Émile Charles 1800-1868 **[9]**
  $2 078 FF12 297 £1 276 Pastoralt landskap med älskande par Oil/canvas 26x35cm/*10x13in* Stockholm 98
  $2 491 FF15 137 £1 500 A Young Woman playing the Mandolin Pencil 19x20cm/*7x7in* London 98
WATTS Frederick W. (Attr.) 1800-1862 **[8]**
  $5 500 FF31 321 £3 339 Church, Land and Figures Oil/canvas 53x81cm/*21x32in* Chicago, Illinois 97
WATTS Frederick Waters 1800-1862 **[77]**
  $2 195 FF13 000 £1 300 On the River Dart, Devon/A Horseman on a Country Bridge, Church beyond Oil 11,5x17cm/*4x6in* London 97
  $5 370 FF31 007 £3 200 Boy Fishing Oil/canvas 100,5x149cm/*39x58in* London 97
  $7 280 FF37 200 £4 800 River landscape, fishermen with eelbuts, a village beyond Oil/canvas 46,5x62,5cm/*18x24in* London 96
WATTS George Frederick 1817-1904 **[62]**
  $4 720 FF23 830 £3 100 Perseus Oil/panel 46,5x28cm/*18x11in* London 96
  $23 700 FF116 000 £15 000 Portrait of Katie Oil/canvas 142x79cm/*55x31in* London 95
  $116 795 FF705 292 £70 000 Olympus on Ida Oil/canvas 147x102cm/*57x40in* London 98
  $2 294 FF13 409 £1 400 The Cut Lithograph 30,5x24,5cm/*12x9in* London 97
  $3 184 FF15 540 £2 000 Album of mounted drawings, primarily copies after old masters Drawing 37,5x53cm/*14x20in* London 95
WATTS James Thomas 1853-1930 **[13]**
  $657 FF3 700 £400 A Rocky Welsh Stream Watercolour 26,5x35,5cm/*10x13in* London 97
WATTS Nicholas XX **[1]**
  $2 028 FF12 242 £1 200 "Moss Leads Fangio, British Grand Prix, 1955" Gouache/board 74x51cm/*29x20in* London 97
WATTS William Clothier 1869-1961 **[3]**
  $1 500 FF7 725 £967 Grazing Sheep-Temple of Luxor, Egypt Watercolour/paper 56x72cm/*22x28in* Bolton, Mass. 96
WATZELHAN Carl 1867-1942 **[3]**
  $16 000 FF82 300 £9 970 Blowing Bubbles Oil/canvas 81x61cm/*31x24in* New-York 96
WAUER William 1866-1962 **[25]**

$5 661 FF32 956 £3 463 Orng-Utang im Käfig Öl/Leinwand 107,5x65cm/*42x25in* München 97
$4 918 FF28 725 £3 019 Im Gleichschritt Bronze 33,5x28x13,5cm/*13x11x5in* Köln 97
WAUGH Fred. Judd (Attrib.) 1861-1940 [3]
$3 000 FF17 921 £1 836 Crashing Waves Oil/canvas 61x94,5cm/*24x37in* New-York 98
WAUGH Frederick, Judd 1861-1940 [104]
$1 100 FF5 690 £714 Riverboat Oil/board 74x44cm/*29x17in* Mystic, Connecticut 96
$1 600 FF7 970 £1 048 By the fountain Oil/canvas 16,1x30,2cm/*6x11in* Philadelphia 95
$30 000 FF176 784 £18 528 Sunset at Sea Oil/masonite 121x146cm/*47x57in* New-York 97
$840 FF4 740 £514 Winter Scene Watercolour/paper 23x34cm/*9x13in* Mystic, Connecticut 97
WAUGH Ida ?-1919 [5]
$1 500 FF8 907 £915 Character Illustrations Oil/board 28x21,5cm/*11x8in* Boston, Mass. 98
$6 500 FF38 829 £3 979 Playing a Game Oil/canvas 55,5x85cm/*21x33in* New-York 98
WAUTERS Alex 1899-1965 [29]
$308 FF1 797 £190 Maraîchère vantant la marchandise Aquarelle/papier 48x44cm/*18x17in* Antwerpen 97
WAUTERS Camille 1856-1919 [28]
$691 FF4 225 £416 Travail au champ Huile/panneau 25x34cm/*9x13in* Bruxelles 98
$1 072 FF6 496 £652 Vue de l'Escaut Huile/toile 32x50cm/*12x19in* Bruxelles 98
WAUTERS Charles Augustin 1811-1869 [2]
$3 542 FF20 673 £2 106 Ung kvinna med blomsterkorg, utsikt över Florens Oil/canvas 62x48cm/*24x18in* Stockholm 97
WAUTERS Emile 1846-1933 [15]
$672 FF3 346 £440 Chapelle à Venise Huile/panneau 52x48cm/*20x18in* Antwerpen 95
WAXSCHLUNGER Johann Georg (Attr.) XVIII [2]
$3 365 FF20 080 £2 030 Jagdstilleben Öl/Leinwand 49x66cm/*19x25in* Köln 97
$4 670 FF23 930 £3 000 River landscape with a castle Oil/canvas/panel 36x44cm/*14x17in* London 96
WAY Andrew John (Attrib) 1826-1888 [2]
$4 250 FF25 237 £2 574 Still Life with Fowl, Fruit and Vase Oil/canvas 55x45cm/*22x18in* Towson, Maryland 97
WAY Andrew John Henry 1826-1888 [21]
$6 500 FF38 575 £4 031 Still life with Apples and blue Jug on a Table Oil/canvas 26x61cm/*10x24in* New-York 97
$27 500 FF163 300 £16 656 Purity Oil/canvas 60x50cm/*24x20in* Towson, Maryland 97
$35 000 FF207 837 £21 199 Flora and Pomona Oil/canvas 124x101cm/*49x40in* Towson, Maryland 97
WAY Charles Jones 1834-1919 [67]
$417 FF2 479 £251 Sandwich Watercolour/paper 24x35cm/*9x13in* Calgary, Alberta 98
WAYEN PIETERSZEN van der Abraham 1817-1880 [3]
$29 260 FF151 600 £19 000 Villagers on a frozen river in winter Oil/panel 49x66cm/*19x25in* London 96
WEATHERHEAD William Harris 1843-1903 [14]
$4 470 FF23 340 £2 660 A fishergirl Oil/canvas 92x61cm/*36x24in* Stockholm 96
$1 862 FF10 658 £1 100 Lacemakers Watercolour 40x55cm/*15x21in* London 97
WEATHERILL George 1810-1890 [48]
$3 564 FF20 992 £2 200 Shipping off Whitby Watercolour/paper 11x7cm/*4x2in* Newbury, Berkshire 97
WEATHERILL Richard 1844-1913 [5]
$2 586 FF15 856 £1 550 A Boatyard, Whitby Oil/board 23x38cm/*9x14in* London 98
$3 341 FF20 462 £2 000 Ships Moored, a Castle beyond Oil/board 40,5x45,5cm/*15x17in* London 98
WEATHERLEY Richard 1947 [1]
$1 694 FF10 180 £1 012 Flight of Ducks Watercolour/paper 47x64cm/*18x25in* Melbourne 98
W **WEATHERSTONE Alfred C. XIX-XX [7]**
$3 171 FF17 070 £1 900 Spring flower Watercolour/paper 48,3x33,7cm/*19x13in* London 97
WEAVER Thomas 1774-1843 [18]
$8 987 FF53 815 £5 500 Two Hunters, a Groom and a Manchester Terrier in a Loose Box Oil/canvas 67x87cm/*26x34in* Billingshurst, West Sussex 97
$12 711 FF75 980 £7 500 A Hound with a dead Hare, Pheasant and other Game Birds Oil/canvas 110x140cm/*43x55in* London 97
WEAVER W.H. XIX-XX [2]
$2 173 FF13 247 £1 344 Battle of Lake Erie Oil/canvas 68x88cm/*27x35in* Detroit, Michigan 98
WEBB Boyd 1947 [8]

📷 *$5 000 FF25 800* £3 310 Clenched Cibachrome print 121x152cm/*48x60in* New-York 96
WEBB Byron XIX **[2]**
🖎 *$3 271 FF19 474* £2 000 A Saddled bay Hunter, with Dogs outside a Stable Oil/canvas 61,5x82cm/*24x32in* London 98
WEBB Charles Meer 1830-1895 **[23]**
🖎 *$3 290 FF16 870* £2 000 The bibliophile Oil/canvas 48x55,5cm/*18x21in* London 96
🖎 *$4 510 FF26 151* £2 693 A Fortified Mansion in Winter, Antwerp Beyond Oil/panel 26,5x34,5cm/*10x13in* Amsterdam 97
WEBB Edward Walter 1810-1851 **[4]**
🖎 *$31 900 FF154 800* £20 000 Barnet Fair Oil/canvas 66x91cm/*25x35in* London 95
WEBB James c.1825-1895 **[143]**
🖎 *$1 484 FF8 875* £900 A Gypsy Encampment Oil/panel 20x25,5cm/*7x10in* Glasgow 97
🖎 *$6 694 FF39 447* £4 000 Hauling Timber Oil/canvas 38x61cm/*14x24in* Glasgow 97
🖎 *$12 497 FF71 494* £7 800 A Sea Port Oil/canvas 91x152,5cm/*35x60in* London 97
✏ *$1 533 FF9 345* £915 Dutch Boats Putting To Sea Watercolour 34x49,5cm/*13x19in* London 98
WEBB James (Attrib.) c.1825-1895 **[9]**
🖎 *$651 FF3 868* £400 A harbour at sunrise Oil/board 21,5x18cm/*8x7in* London 97
🖎 *$5 000 FF25 850* £3 355 River view near hammersmith Oil/canvas 72x122cm/*28x48in* New-York 96
WEBB John Cother ?-1927 **[12]**
🎴 *$56 FF323* £35 The Sea Battle Mezzotint 32x44,5cm/*12x17in* London 97
WEBB Kenneth XX **[7]**
🖎 *$2 971 FF17 751* £1 819 Dingle, Co. Kerry Oil/board 35x91cm/*14x36in* Dublin 98
WEBB Tod, Charles Clayton 1905 **[23]**
📷 *$2 400 FF12 380* £1 590 Views of New York City Silver print 25x20cm/*10x8in* New-York 96
WEBB William 1780-1846 **[8]**
🖎 *$4 500 FF22 160* £2 900 A bay hunter in a landscape Oil/canvas 64x76cm/*25x29in* New-York 95
WEBB William Edw. (Attr.) 1862-1903 **[3]**
🖎 *$2 244 FF11 620* £1 500 A Falmouth lugger and other shipping offshore Oil/canvas 56x96cm/*22x37in* London 96
WEBB William Edward 1862-1903 **[99]**
🖎 *$2 122 FF12 935* £1 300 Low Tide Oil/canvas 35,5x25,5cm/*13x10in* London 98
🖎 *$7 378 FF39 711* £4 400 Port St. Mary, Isle of Man Oil/canvas 56x91,5cm/*22x36in* London 97
✏ *$2 708 FF15 503* £1 600 The Mouth of the Tyne, South Shields in the Distance Watercolour 40,5x61cm/*15x24in* London 97
WEBBE William J. 1882-? **[10]**
🖎 *$2 285 FF11 530* £1 500 A camel driver Oil/panel 33x25,5cm/*12x10in* London 96
🖎 *$11 398 FF66 539* £7 000 A Shepherd Piping Oil/canvas 79,5x64cm/*31x25in* London 97
WEBBER John 1750-1793 **[11]**
✏ *$7 180 FF37 200* £4 800 View of the town of Dolgelly, North Wales Watercolour 33x47,5cm/*12x18in* London 96
WEBBER Wesley 1839-1914 **[41]**
🖎 *$500 FF2 951* £296 Woodland Clearing Oil/canvas 30x45cm/*12x18in* North Berwick, Maine 97
🖎 *$1 700 FF10 334* £1 031 Cows in the Distance by a Farm at the end of a Long Road Oil/canvas 55x74cm/*22x29in* Pittsburgh, PA 98
WEBBER William J. Seward 1843-? **[1]**
🗿 *$16 000 FF99 316* £9 648 Warrior and Wounded Youth Marble H102cm/*H40in* Miami, Florida 98
WEBER Alfred Charles 1862-1922 **[37]**
🖎 *$5 250 FF31 159* £3 215 A Sip of White Wine Oil/panel 33x23,5cm/*12x9in* New-York 98
✏ *$547 FF3 300* £331 Le cardinal et les chats Aquarelle/papier 35x27cm/*13x10in* Angers 98
WEBER Andreas Paul 1893-1980 **[367]**
🎴 *$205 FF1 274* £123 Des Königes Mantel Lithographie 37,5x32,5cm/*14x12in* Heidelberg 98
✏ *$2 189 FF13 078* £1 340 "Die kriegstromme!" Watercolour 41x34cm/*16x13in* Hamburg 98
WEBER August 1817-1873 **[10]**
🖎 *$1 530 FF8 783* £932 Bewaldete Seenlandschaft Öl/Leinwand 22x29cm/*8x11in* Düsseldorf 97
✏ *$260 FF1 360* £155 Baumgruppe in Landschaft Black chalk 14x20cm/*5x7in* Hamburg 96
WEBER Bruce 1946 **[34]**

W

📷 *$1 200* *FF7 071* £741 "Little Bear, Adirondack Park, New York" Silver print 33x26cm/*13x10in* New-York 97
WEBER Carl 1855-1935 **[12]**
✏ *$449* *FF2 701* £271 "Hillside in October" Watercolour, gouache/paper 30x48cm/*11x18in* New-York 98
WEBER Carl Phillip 1849-1921 **[40]**
🎨 *$2 000* *FF9 870* £1 293 Cascading falls Oil/canvas 60x83cm/*24x33in* Mystic, Connecticut 96
✏ *$625* *FF3 454* £383 Split Rock Light House Watercolour/paper 50x30cm/*20x12in* Concorville, Penn. 97
WEBER Emil 1872-1945 **[10]**
🎨 *$690* *FF3 446* £446 Seelandschaft mit Boot Öl/Karton 41x35cm/*16x13in* Düsseldorf 96
WEBER Evarist Adam 1887-? **[26]**
🎨 *$6 396* *FF36 801* £3 776 Frauenakte am Meer Öl/Papier 38x47cm/*14x18in* München 97
🎞 *$224* *FF1 338* £135 Ohne Titel Woodcut 16x12cm/*6x4in* Berlin 97
WEBER Friedrich 1765-1811 **[2]**
🎞 *$1 136* *FF6 713* £706 Die Karusell nebst dem oberen See, Ludwigsburg Etching 29,8x44,6cm/*11x17in* Stuttgart 97
WEBER Henrich 1892 **[1]**
🎨 *$3 822* *FF22 274* £2 336 A Good Drink Oil/panel 32x44cm/*12x17in* Toronto 97
WEBER Henrich A. 1843-1913 **[9]**
🎨 *$4 574* *FF26 022* £2 800 The young geographers Oil/canvas 76x102cm/*29x40in* London 97
WEBER Hugo 1918-1971 **[33]**
🎨 *$2 047* *FF12 082* £1 254 Between two Huile/panneau 23x30cm/*9x11in* Luzern 98
🎨 *$4 778* *FF28 191* £2 926 Untitled Technique mixte 61x76cm/*24x29in* Luzern 98
🎨 *$22 220* *FF129 712* £13 436 Brook blue Angle Öl/Leinwand 73,5x164cm/*28x64in* Zürich 97
✏ *$1 766* *FF8 600* £1 118 Abstrakte Komposition Mischtechnik/Papier 29x37,5cm/*11x14in* Bern 95
WEBER Ilse 1908-1984 **[2]**
✏ *$1 905* *FF11 129* £1 127 Blatt Coloured pencils 55x42cm/*21x16in* Luzern 97
WEBER Johannes 1871-1949 **[21]**
🎞 *$742* *FF4 419* £454 "Dampfschifffahrt Vierwaldstättersee" Color lithograph 106x65cm/*41x25in* Bern 98
WEBER Jürgen 1928 **[6]**
🗿 *$729* *FF4 300* £450 Die Tochter des Ziegenbartes Bronze H24cm/*H9in* Wien 97
WEBER Kurt 1893-1964 **[14]**
🎨 *$1 690* *FF8 650* £1 085 "Personnages" Acrylic/canvas 92x73cm/*36x28in* Wien 96
✏ *$233* *FF1 429* £139 Blumenstilleben Aquarell/Papier 31x23,5cm/*12x9in* Wien 98
WEBER Marie Philips XIX-XX **[2]**
🎨 *$1 611* *FF9 606* £1 000 Trois Femmes au Parc Oil/panel 24,5x36cm/*9x14in* London 97
WEBER Max 1881-1961 **[81]**
🎨 *$24 000* *FF140 023* £14 702 Rehearsal Oil/canvas/panel 51x76cm/*20x29in* New-York 97
🎨 *$27 000* *FF159 858* £16 032 Still Life Oil/board 28x38,5cm/*11x15in* New-York 97
🎞 *$1 000* *FF5 180* £669 New York Lithograph 23,5x17,8cm/*9x7in* New-York 96
✏ *$3 200* *FF16 700* £1 934 "Abstract" Watercolour, gouache/board 22x14cm/*8x5in* New-York 96
WEBER Mili 1891-1978 **[13]**
✏ *$801* *FF4 858* £491 Wiehnachtsrösli Watercolour 20x20cm/*7x7in* Zofingen 98
WEBER Otis S. XIX-XX **[13]**
🎨 *$3 248* *FF16 872* £1 925 Sailing at Sunset Oil/canvas 40x60cm/*16x24in* Mystic, Connecticut 97
WEBER Otto Aloys Xavier 1895-1967 **[10]**
🎨 *$2 300* *FF11 480* £1 502 5 Frauenakte nach dem Bade Öl/Leinwand 84x97cm/*33x38in* Zofingen 95
WEBER Paul Gottlieb 1823-1916 **[91]**
🎨 *$1 365* *FF8 389* £819 Landschaft mit Kühen und Hirten im Abendlicht Oil/canvas/panel 15x25,5cm/*5x10in* Bielefeld 98
🎨 *$3 268* *FF20 113* £2 000 Schäfer mit Herde in hügeliger Landschaft Öl/Leinwand 67,5x58,5cm/*26x23in* Frankfurt 98
✏ *$291* *FF1 682* £179 Landschaft mit Fluss Pencil/paper 42x58cm/*16x22in* München 97
WEBER Rudolf 1872-1949 **[30]**
🎨 *$3 104* *FF19 064* £1 896 "St. Michael bei Spitz" Öl/Leinwand 51x55cm/*20x21in* Wien 98
🎨 *$4 135* *FF23 910* £2 550 Motiv aus der Toskana Öl/Leinwand 91x139cm/*35x54in* Wien 97
✏ *$2 873* *FF16 660* £1 697 Befestigte Kirche St.Michael/Donau Aquarell/Papier 22x31cm/*8x12in* Wien 97
WEBER Theodore 1838-1907 **[82]**
🎨 *$555* *FF2 800* £364 Pêcheurs sur la jetée Huile/toile 45x100cm/*17x39in* Paris 96

⊙ *$2 570 FF13 000 £1 666* Marine Huile/toile 28,5x20,5cm/*11x8in* Morlaix 96
WEBER von E.L. XIX-XX **[1]**
⬟ *$122 200 FF619 000 £80 000* A seated mother and her two children Marble H143cm/*H56in* London 96
WEBER Werner 1892-1977 **[13]**
⊙ *$1 353 FF7 848 £798* Rosa Pfingstrosen in Glas Öl/Leinwand 33x27cm/*12x10in* Zürich 97
⊙ *$2 430 FF14 187 £1 469* Drei Birnen mit Steinkrug Öl/Leinwand 50x38cm/*19x14in* Zürich 97
WEBER Willy 1895-1959 **[11]**
⊙ *$702 FF4 359 £423* Chiemsee Öl/Karton 24x30cm/*9x11in* Heidelberg 98
✎ *$713 FF4 197 £440* Sennerin mit ihrer Kuh bei der Tränke Watercolour 47x36cm/*18x14in* Heidelberg 97
WEBER Wolfgang 1936 **[8]**
✎ *$826 FF3 990 £520* Galapagos penguins Watercolour 53x66cm/*20x25in* London 95
WEBER-TYROL Hans Josef 1874-1957 **[21]**
⊙ *$8 960 FF44 100 £5 710* Mountainous forest landscape Oil/canvas/panel 32x41,5cm/*12x16in* Wien 95
✎ *$2 481 FF14 424 £1 515* Interieur mit Blumenstilleben Aquarell/Papier 29x39cm/*11x15in* Wien 97
WEBSTER Edwin Ambrose 1869-1935 **[4]**
⊙ *$10 000 FF61 050 £5 977* "Wild Grape, Bermuda" Oil/canvas 63,5x86,5cm/*25x34in* New-York 98
WEBSTER George 1797-1832 **[10]**
⊙ *$3 388 FF19 493 £2 000* A Dutch Three-master amongst Barges at Sea Oil/cardboard 29x38cm/*11x14in* London 97
⊙ *$6 688 FF41 571 £4 000* "Ville France" Oil/canvas 43,5x54cm/*17x21in* London 98
WEBSTER Meg 1945 **[2]**
⬟ *$8 000 FF47 904 £4 915* Contained Water Sculpture 132x71x61,5cm/*51x27x24in* New-York 98
WEBSTER R. Wellesley XIX-XX **[5]**
⊙ *$2 963 FF17 769 £1 800* A Fishing Village with Figures on Boats Beside a Quay Oil/canvas 76,5x127cm/*30x50in* Oakwellgate, Gateshead 98
✎ *$1 215 FF7 156 £750* The Lagoon, Venice Watercolour/paper 27x37cm/*10x14in* Newbury, Berkshire 97
WEBSTER Stokely 1912 **[3]**
⊙ *$9 000 FF53 763 £5 510* An Afternoon at the Park, Paris Oil/canvas 51x61cm/*20x24in* New-York 98
WEBSTER Thomas 1800-1886 **[21]**
⊙ *$2 028 FF11 846 £1 200* Retribution Oil/panel 20x15cm/*7x5in* Torquay, Devon 97
⊙ *$6 529 FF38 095 £4 000* Caught in the Act Oil/panel 51x66cm/*20x25in* London 97
WEBSTER Thomas (Attrib.) 1800-1886 **[5]**
⊙ *$1 001 FF5 150 £624* Interior Oil/panel 2x36cm/*x14in* Stockholm 96
WEBSTER Walter Ernest 1878-1959 **[36]**
⊙ *$3 405 FF19 216 £2 087* Cherie and wong Oil/canvas 55,8x68,5cm/*21x26in* London 97
WECHLEN van Hans c.1537-? **[2]**
⊙ *$55 000 FF324 483 £33 682* Flooded Landscape with a Cottage, Rowboats, and a Village beyond Oil/panel 24,5x45cm/*9x17in* New-York 98
WECKSTRÖM Björn 1935 **[3]**
⬟ *$3 710 FF19 220 £2 400* Utan baktande Marble H74cm/*H29in* Stockholm 96
WEDEL Nils 1897-1967 **[33]**
⊙ *$6 283 FF35 899 £3 849* Stilleben med kanna och frukter Oil/canvas 70x100cm/*27x39in* Stockholm 97
⊙ *$13 300 FF67 500 £7 940* Komposition Oil/canvas 109x153cm/*42x60in* Stockholm 96
WEDEPOHL Gerhard 1893-1930 **[11]**
▦ *$108 FF637 £67* Exlibris für Carl Rehling Radierung 7,7x7,7cm/*3x3in* Bielefeld 97
WEDER Jakob 1906-1990 **[3]**
✎ *$4 060 FF19 800 £2 570* "Die Urspannung Gelb-Blau kommt zum Ausgleich" Gouache/panneau 58x41cm/*22x16in* Bern 95
WEDIG von Gottfried 1583-1641 **[8]**
⊙ *$10 150 FF60 341 £6 210* Stilleben mit auf Zinntellern platziertem Hummer und Hähnchen... Oil/panel 47x65cm/*18x25in* Köln 97
⊙ *$55 000 FF335 159 £33 506* Langoustine on a pewter Plate, Knife, Roemer, Bred Roll, Lemon Oil/canvas 42,5x35,5cm/*16x13in* New-York 98
WEDIG von Gottfried (Attrib.) 1583-1641 **[2]**
⊙ *$35 000 FF214 854 £21 444* Still life of apples and a pear on pewter plates, bread, glass of wine Oil/panel 42x60cm/*16x23in* New-York 98

WEED Charles L. XIX **[2]**
 $12 964 FF75 685 £8 000 The Valley from the Mariposa Albumen print 42x52cm/*16x20in* London 97
WEEDON Augustus Walford 1838-1908 **[16]**
 $620 FF3 499 £380 A Horse and Cart on a Country Lane Watercolour 21x39,4cm/*8x15in* London 97
WEEGEE Arthur Fellig 1899-1966 **[304]**
 $1 600 FF9 378 £984 Fans Touching Jimmy Durante's Nose Gelatin silver print 25x27cm/*9x10in* New-York 97
WEEKES Frederick XIX-XX **[5]**
 $1 557 FF9 214 £950 A Greek Gentleman smoking a Hookah Oil/board 14x18cm/*5x7in* London 98
 $5 500 FF32 699 £3 364 Blue Bonnet Oil/canvas 57x47cm/*22x18in* New-York 97
WEEKES Henry 1807-1877 **[8]**
 $1 484 FF8 787 £888 Får og aesel der har søgt skygge Oil/canvas 23x18cm/*9x7in* København 97
 $12 720 FF61 700 £8 200 A Mother's Kiss Marble H98cm/*H38in* London 95
WEEKES Henry II c.1849-1888 **[7]**
 $10 767 FF65 976 £6 500 The Gipsie' Halt Oil/canvas 61x91,5cm/*24x36in* London 98
WEEKES Herbert William 1864-1904 **[26]**
 $7 080 FF36 700 £4 600 The march past Oil/panel 30,5x45,5cm/*12x17in* London 96
 $10 500 FF60 905 £6 461 The Gamekeeper Oil/canvas 114x87cm/*45x34in* Bethesda, Maryland 97
WEEKES William XIX-XX **[27]**
 $1 750 FF9 120 £1 100 Donkeys worried by a Smooth Fox Terrier Oil/canvas 49,5x74,5cm/*19x29in* London 96
 $2 714 FF15 610 £1 700 The passing Place Oil/panel 19,5x29,5cm/*7x11in* London 97
WEEKS Edwin Lord 1849-1903 **[84]**
 $5 500 FF27 800 £3 535 North African wooded landscape Oil/canvas 34x46cm/*13x18in* Bloomfield Hills, Michigan 96
 $18 000 FF105 633 £11 007 Moroccan Caravan Oil/canvas 40x76cm/*16x30in* New Orleans, Louisiana 97
 $1 050 000 FF6 209 385 £637 035 The Arrival of Prince Humbert, The Rajah, at Palace of Amber Oil/canvas 99x132cm/*38x51in* New-York 98
WEEKS James 1928 **[9]**
 $5 000 FF25 960 £3 310 Seated man Tempera 28x18,5cm/*11x7in* San Francisco-Los Angeles 96
 $9 775 FF58 708 £5 837 Duet Oil/canvas/board 57x46cm/*22x18in* San Francisco 98
 $9 775 FF58 708 £5 837 Road and Trees Oil/canvas 112x170cm/*44x66in* San Francisco 98
WEELE van der Herman Johannes 1852-1930 **[34]**
 $757 FF4 640 £451 A figure near a farm Oil/canvas/panel 36x24,5cm/*14x9in* Amsterdam 98
 $1 700 FF10 094 £1 029 Sheep grazing a Meadow Oil/canvas 56x84cm/*22x33in* Detroit, Michigan 97
 $1 202 FF6 972 £718 A Goat Watercolour/paper 26x43cm/*10x16in* Amsterdam 97
WEENIX Jan 1640-1719 **[36]**
 $25 258 FF149 551 £15 000 A Peasant Family resting by a Plinth supporting an Um Oil/panel 48,5x64cm/*19x25in* London 97
 $139 968 FF725 433 £90 899 Jagdstilleben Öl/Leinwand 95x154cm/*37x60in* Luzern 96
 $1 862 FF9 470 £1 112 Jäger mit Hunden und eine Jägerin Ink 48,6x38cm/*19x14in* Köln 96
WEENIX Jan Baptist 1621-c.1665 **[21]**
 $2 650 FF13 820 £1 600 Ornamental garden with a duck pond Oil/canvas 28x37cm/*11x14in* London 96
 $30 300 FF146 600 £19 000 Italianate landscape with figures Oil/canvas 87x125cm/*34x49in* London 95
 $1 658 FF8 430 £994 A ruined stone and wooden bridge Red chalk 17,6x25cm/*6x9in* Amsterdam 96
WEENIX Jan Baptist (Attrib) 1621-c.1665 **[7]**
 $16 819 FF96 500 £10 325 Joueurs de cartes Huile/panneau 41x31cm/*16x12in* Cannes 97
 $30 360 FF155 000 £20 000 Travellers resting near ruins Oil/canvas 58x64cm/*22x25in* London 96
WEERT de Anna 1867-1950 **[21]**
 $4 082 FF21 307 £2 483 Forum Romanum Huile/toile/panneau 29,5x40cm/*11x15in* Lokeren 96
 $32 760 FF195 120 £20 040 Verger à Afsnee Huile/toile 61x80cm/*24x31in* Bruxelles 98
WEERTS Coenraad Alexander 1782-1846 **[1]**
 $3 929 FF22 941 £2 376 Spätsommerabend vor kleinem Wasserschloss Oil/panel 22,5x30cm/*8x11in* Köln 97
WEERTS Jean Joseph 1847-1927 **[11]**
 $3 270 FF20 000 £2 010 La famille de l'artiste Huile/panneau 97x72cm/*38x28in* Paris 98
WEGE Dieter XX **[19]**
 $894 FF5 195 £546 Bauernfamilie rastet unter einem Baum Oil/panel 10x16,5cm/*3x6in* Lindau 97

WEGELIN Émile 1875-1962 **[390]**
  $296 FF1 800 £176 Transparence jurassienne Gouache/papier 32x44cm/*12x17in* Paris 97
WEGENER Gerda 1885-1940 **[132]**
  $5 810 FF29 930 £3 720 Portrait of a woman with a fan Oil/canvas 81x65cm/*31x25in* Köbenhavn 96
  $600 FF3 533 £370 Siddende kvindemodel med pels Oil chalks/paper 53x41cm/*20x16in* Köbenhavn 97
WEGERER Julius 1886-1960 **[11]**
  $1 815 FF11 073 £1 107 Kiefern auf der Almwiese Öl/Karton 58x66,5cm/*22x26in* Dresden 98
WEGMAN Bertha 1847-1936 **[13]**
  $1 360 FF7 100 £810 Woman reading in an interior Oil/canvas 58x39cm/*22x15in* Köbenhavn 96
WEGMAN William 1943 **[70]**
  $1 000 FF5 120 £609 Fairy Godmother Color lithograph 52,5x43,5cm/*20x17in* New-York 96
  $540 FF3 220 £331 Ohne Titel Photograph 50x41cm/*19x16in* Zürich 98
WEGMAYR Sebastian 1776-1857 **[18]**
  $2 826 FF16 584 £1 728 "Parrot" Oil/panel 38x30cm/*15x12in* Detroit, Michigan 97
  $57 868 FF340 000 £34 748 Bouquet de fleurs sur un entablement avec des papillons Huile/toile 108x87cm/*42x34in* Paris 97
  $23 212 FF134 232 £14 364 Ein Paar Stilleben, Gegenstücke... Gouache/paper 74,5x57cm/*29x22in* Wien 97
WEGNER Erich 1899-1982 **[4]**
  $1 400 FF8 172 £832 Piccolo Transloco Watercolour, gouache 42x34cm/*16x13in* New-York 97
WEGUELIN John Reinhard 1849-1927 **[14]**
  $10 837 FF66 571 £6 500 Bacchus Triumphant Oil/canvas 45,5x31cm/*17x12in* London 98
  $59 157 FF338 817 £35 000 The Vintage Oil/canvas 115x76cm/*45x29in* London 97
  $1 207 FF7 200 £749 Maidens Watercolour 72x51cm/*28x20in* London 97
WEHNERT Edward Henry 1813-1868 **[6]**
  $6 683 FF40 924 £4 000 Fishing Boats, Carts and Figures on St. Aubin's Beach Watercolour/paper 39x57,5cm/*15x22in* St. Helier, Jersey 98
WEHRINGER Herbert 1926 **[68]**
  $379 FF2 176 £224 Bayerische Landschaft mit Bachlauf und Personen Oil/panel 6x21cm/*2x8in* Kempten 97
WEI EMILY 1927 **[3]**
  $5 180 FF26 640 £3 196 Table and Chair #45 Acrylic/canvas 101x127cm/*39x50in* Hong Kong 95
WEI RONG 1963 **[9]**
  $5 430 FF27 840 £3 300 Holiday Oil/canvas 41x61cm/*16x24in* Hong Kong 96
  $5 176 FF25 600 £3 200 Two Views of Wang Fu Jing Avenue Pencil/paper 37x45,5cm/*14x17in* Hong Kong 96
WEIBEL Jakob Samuel 1771-1846 **[43]**
  $270 FF1 607 £165 "Rossinière" Aquatint 9,8x16,4cm/*3x6in* Bern 98
WEIBEL-COMTESSE Karl Rudolf 1786-1856 **[13]**
  $121 FF723 £74 "Brieg" Lithograph 13,2x18,2cm/*5x7in* Bern 98
WEICHBERGER Eduard 1843-1913 **[16]**
  $1 940 FF9 680 £1 266 Olivenbäume am Meer Öl/Leinwand 51x43,5cm/*20x17in* Dresden 95
  $274 FF1 675 £164 Sonnige Waldlichtung mit Bach Watercolour 28x38cm/*11x14in* Rudolstadt-Thüringen 98
WEIDEMANN Jakob 1923 **[40]**
  $4 137 FF24 510 £2 478 Cellospiller Oil/panel 46x55cm/*18x21in* Oslo 97
  $42 480 FF246 510 £25 080 The Tree and the Light Oil/canvas 180x300cm/*70x118in* Oslo 97
WEIDENAAR Reynold H. 1915-1985 **[23]**
  $300 FF1 839 £183 Rêverie Mezzotint 33x26cm/*13x10in* Chicago, Illinois 98
WEIDENMANN Johann Caspar 1805-1850 **[3]**
  $4 005 FF20 000 £2 616 Enfant et hibou Huile/toile 44x37cm/*17x14in* Lyon 95
WEIDINGER Franz Xaver 1890-1972 **[16]**
  $1 195 FF5 990 £756 Aulandschaft Aquarell/Papier 13,5x17,5cm/*5x6in* Wien 95
WEIDITZ Hans XVI **[1]**
  $568 FF3 356 £353 Fortuna mit verbundenen Augen und einem Handsegel Woodcut 10x5,2cm/*3x2in* Bielefeld 97
WEIDL Seff 1915-1972 **[18]**
  $646 FF3 851 £384 Konzertflügel Bronze 10x12,5x6cm/*3x4x2in* München 97

✏ *$266 FF1 550 £163* Zwei hockende Figuren Indian ink 37x46,5cm/*14x18in* München 97
WEIDNER Josef 1801-1871 **[5]**
🎨 *$3 204 FF19 104 £1 988* Porträt eines Herren auf einem Holzbalkon sitzend... Öl/Leinwand 38x32cm/*14x12in* Wien 97
WEIE Edvard 1879-1943 **[83]**
🎨 *$1 826 FF10 600 £1 126* Christianshavns vold Oil/masonite 31x39cm/*12x15in* Köbenhavn 97
🎨 *$3 949 FF22 947 £2 431* Interiör med siddende kvinde ved bord Oil/canvas 44x39cm/*17x15in* Köbenhavn 97
✏ *$770 FF4 577 £470* Udsigt over havet, Glaenö Akvarell/papper 44x30cm/*17x11in* Köbenhavn 98
WEIGALL Arthur Howes c.1840-c.1895 **[3]**
🎨 *$9 500 FF54 100 £5 767* The Pedlar's Visit Oil/canvas 74x91,5cm/*29x36in* New-York 97
WEIGALL Henry 1800-1883 **[26]**
🗿 *$4 700 FF24 570 £2 800* Bust of the Duke of Wellington Bronze H75cm/*H29in* London 96
WEIGAND Gustave 1870-1957 **[3]**
🎨 *$2 000 FF11 675 £1 228* Still River Oil/canvas 30x40cm/*12x16in* New-York 97
WEIGELE Henri 1858-1927 **[7]**
🗿 *$9 773 FF55 658 £6 000* Eve, sat naked on a rocky base Marble H47cm/*H18in* London 97
🗿 *$60 500 FF316 000 £36 000* Diana Marble H84cm/*H33in* London 96
WEIGHT Carel 1908-1997 **[185]**
🎨 *$2 031 FF11 787 £1 200* Two Figures in a Lane Oil/board 36,5x31,5cm/*14x12in* London 97
🎨 *$4 353 FF26 677 £2 600* The Wall Oil/canvas 61x51cm/*24x20in* London 98
🎨 *$8 359 FF49 407 £5 000* Bid for Freedom Oil/canvas 167x183cm/*65x72in* London 97
✏ *$1 122 FF6 505 £700* Battera Park Charcoal 37x56cm/*14x22in* London 97
WEIGL Robert 1851-1902 **[4]**
🗿 *$834 FF4 792 £521* Kaiserin Elisabeth von Österreich, im Profil Plaster H35cm/*H13in* Wien 97
WEIL Lucien 1902-1963 **[6]**
🎨 *$3 190 FF16 100 £2 095* Mauresque endormie Huile/toile 89x116cm/*35x45in* Angers 96
WEILAND Johannes 1856-1909 **[27]**
🎨 *$1 755 FF9 030 £1 095* A Woman on a Path near a windmill Oil/panel 12,5x25cm/*4x9in* Amsterdam 96
🎨 *$6 470 FF33 500 £4 200* The Lesson Oil/canvas 66x55cm/*25x21in* London 96
WEILER Max 1910 **[55]**
🎨 *$3 055 FF18 076 £1 812* Ohne Titel Tempera/panel 26x23cm/*10x9in* Wien 97
🎨 *$22 512 FF133 196 £13 356* Sonnenkraft Tempera 112x70cm/*44x27in* Wien 97
🎨 *$109 500 FF539 000 £69 700* "Wie eine Landschaft, die grauen Berge" Tempera/canvas 96x196cm/*37x77in* Wien 95
🎫 *$241 FF1 218 £158* Landschaftsbild Etching 22x22cm/*8x8in* Wien 96
✏ *$3 176 FF19 040 £1 896* "Aus der Höhle" Tempera/paper 60x80cm/*23x31in* Wien 98
WEILUC Lucien Henri Weil 1873-1947 **[5]**
🎫 *$2 070 FF11 855 £1 224* "Bayard, A. Clément Constructeur" Poster 155x118,5cm/*61x46in* New-York 97
WEIMANN Paul 1867-1945 **[4]**
🎨 *$1 262 FF6 200 £803* Winter am Bach Öl/Leinwand 70x100cm/*27x39in* Bremen 95
WEINBERG Justus Fredrik 1770-1832 **[2]**
✏ *$6 283 FF35 899 £3 849* Lilla torget, Göteborg med folkliv Akvarell/papper 48x70cm/*18x27in* Stockholm 97
WEINBERGER Anton 1843-1912 **[9]**
🎨 *$1 420 FF8 575 £862* Spätherbst Huile/toile/panneau 40,5x29cm/*15x11in* Wien 98
🎨 *$1 743 FF8 960 £1 087* Jaghund in einer Feldlandschaft Öl/Leinwand 47,5x72cm/*18x28in* Bern 96
W WEINER Hans XVI-XVII **[2]**
🎫 *$2 500 FF15 033 £1 495* The Fall of the Rebel Angels Etching 35,4x23,6cm/*13x9in* New-York 98
WEINER Lawrence 1942 **[20]**
🗿 *$15 000 FF72 600 £9 620* Coals and Stones + A Large Wooden Box to Contain Them Installation 61x91,5cm/*24x36in* New-York 95
✏ *$3 500 FF20 325 £2 138* Shards Collage 25,4x19,7cm/*10x7in* New-York 97
WEINGART Joachim 1895-1942 **[75]**
🎨 *$257 FF1 500 £155* Jeune femme au collier de perles Huile/papier 65x49cm/*25x19in* Paris 97
✏ *$308 FF1 800 £186* Nature morte à la carafe et aux raisins Gouache 50,5x65cm/*19x25in* Paris 97
WEINGARTNER Joseph 1810-1894 **[1]**

$5 210 FF26 000 £3 400 Fille bédouine Huile/toile 78x62cm/*30x24in* Lyon 95
WEINHOLD Kurt 1896-1965 **[19]**
$162 FF1 006 £97 Am Rhein bei Rüdesheim Watercolour 40x49cm/*15x19in* Heidelberg 98
WEININGER Andor 1899 **[3]**
$1 560 FF8 150 £930 Red-Blue-Violet Oil/canvas/panel 50,5x50,5cm/*19x19in* Köln 96
WEINMAN Adolph Alexander 1870-1952 **[10]**
$16 000 FF96 328 £9 572 Descending Night Bronze H65cm/*H25in* San Francisco 98
WEINMANN Johann Wilhelm [14]
$1 077 FF5 470 £700 Phytanthoza Iconographia: various plates Etching 32x20cm/*12x7in* London 95
WEINMANN R. 1810-1878 **[5]**
$3 712 FF23 000 £2 217 Rigi Kulm vers les Mythen Gouache/papier 50x71,5cm/*19x28in* Paris 98
WEINRICH Agnes 1873-1946 **[33]**
$2 000 FF11 441 £1 219 Grapes and peaches Woodcut in colors 27x24cm/*10x9in* New-York 97
WEIR Harrison William 1824-1906 **[10]**
$8 370 FF42 300 £5 500 A Daschund on an Armchair Oil/canvas 51x61cm/*20x24in* London 96
$980 FF5 010 £650 A Spring morning Watercolour 34x51cm/*13x20in* Billingshurst, West Sussex 96
WEIR John Ferguson 1841-1926 **[14]**
$2 749 FF15 694 £1 699 Countryside sunset Oil/canvas 40,5x72cm/*15x28in* New-York 97
$3 249 FF19 296 £1 983 Sundown at the Alhambra Oil/canvas 25,5x35,5cm/*10x13in* Boston, Mass. 98
WEIR Julian Alden 1852-1919 **[27]**
$1 500 FF7 790 £992 Autumn landscape with stream Oil/paper/board 29x20,5cm/*11x8in* New-York 96
$38 000 FF224 055 £23 301 Harvest-The Weir Farm at Branchville, Connecticut Oil/canvas
56,5x77cm/*22x30in* New-York 98
WEIR Robert W. (Attrib.). 1803-1889 **[1]**
$13 000 FF74 032 £7 892 The Artist's view from West Point Oil/canvas 68x96cm/*26x37in* New-York 97
WEIROTTER Franz Edmund 1730-1771 **[45]**
$118 FF737 £71 Anbetung der Heiligen Mutter Gottes/Ruine eines Aquäduktes/... Radierung 6x13cm/*2x5in*
Heidelberg 98
$1 134 FF7 042 £684 Alter Tempel bei Frascati Pencil/paper 20x33cm/*7x12in* Heidelberg 98
WEISBUCH Claude 1927 **[381]**
$1 052 FF6 000 £651 Trois personnages Huile/toile 38x55cm/*14x21in* Paris 97
$2 570 FF13 000 £1 686 Le violoniste Huile/toile 35x27cm/*13x10in* Arles 96
$6 880 FF35 000 £4 110 "Le pouvoir d'un tailleur" Huile/toile 162x130cm/*63x51in* Paris 96
$35 FF200 £21 Musiciens Lithographie 57x75cm/*22x29in* Versailles 97
$1 029 FF6 000 £634 Cavalier au cheval cabré Encre 25x32,5cm/*9x12in* Paris 97
WEISE Alexander 1883-? **[17]**
$513 FF3 041 £304 Winterliches Dorf im Grbirge Öl/Leinwand 60x75cm/*23x29in* München 97
WEISE Robert 1870-1923 **[7]**
$3 675 FF21 797 £2 245 Bildnis der Frau des Künstlers mit Strohhut Öl/Leinwand 61x69cm/*24x27in*
Hamburg 98
WEISENBORN Rudolph 1881-? **[12]**
$2 400 FF14 388 £1 451 Chicago Skyline Oil/board 91x91cm/*36x36in* Chicago, Illinois 97
WEISGERBER Albert 1878-1915 **[15]**
$15 580 FF76 000 £9 870 Blick auf die Plassenburg bei Kulmbach, Oberfranken Öl/Leinwand
29x42,5cm/*11x16in* Köln 95
$33 100 FF165 000 £21 700 Einslauf Öl/Karton 44,5x51cm/*17x20in* München 95
$981 FF5 080 £638 Amazonenrast, Studie Ink 10x13cm/*3x5in* München 96
WEISGERBER Carl 1891-1968 **[17]**
$710 FF4 047 £445 Wintertag Oil 50x61cm/*19x24in* Düsseldorf 97
$1 127 FF6 704 £690 Blick ins Ahrtal Gouache/paper 48x68cm/*18x26in* Köln 97
WEISHAUPT Viktor 1848-1905 **[11]**
$966 FF4 820 £633 Stier auf der Wiese Öl/Karton 26x35cm/*10x13in* München 95
$3 944 FF23 521 £2 448 Bauer mit Ochsengespann beim Pflügen Öl/Leinwand 50x62cm/*19x24in*
Dresden 97
WEISMANN Jacques 1878-? **[8]**
$726 FF4 350 £434 Vues de Nancy, Metz, Toul Dessin 30x20cm/*11x7in* Troyes 98

W

WEISS Anton 1801-1851 **[2]**
  $7 868 FF45 444 £4 620 Nature morte de fruits Huile/panneau 53x43,5cm/*20x17in* Bruxelles 97
WEISS Bartholomäus Ignaz c.1740-1814 **[14]**
  $144 FF873 £88 Bärtiger alter Mann mit Kapuze Radierung 18x13,5cm/*7x5in* Berlin 98
  $785 FF4 685 £473 Christi Einzug in Jerusalem Ink/paper 18,7x26cm/*7x10in* Köln 97
WEISS Carl 1860-1931 **[38]**
  $992 FF5 738 £612 Das alte Landhaus in Brünn Aquarell/Papier 20x30cm/*7x11in* Wien 97
WEISS David 1946 **[2]**
  $3 750 FF19 150 £2 470 Selected images Photograph 23x30,5cm/*9x12in* New-York 96
WEISS Emil Rudolf 1875-1942 **[26]**
  $2 863 FF17 773 £1 726 Rosablühende Pfingstrosen in einem Glaskrug Öl/Leinwand 69,5x74,5cm/*27x29in* Heidelberg 98
  $144 FF745 £92 Landschaft in der Provence Lithographie 22x25,5cm/*8x10in* Heidelberg 96
WEISS Georges E. 1861-? **[11]**
  $1 700 FF10 089 £1 041 Still Life with Flowers in a Copper Urn Oil/canvas 89x62cm/*35x24in* San Francisco 98
WEISS Johann Baptist 1812-1879 **[10]**
  $1 012 FF6 183 £638 Shipwreck on a rocky coast Oil/canvas 50x68cm/*19x26in* Köbenhavn 97
WEISS José 1859-1929 **[84]**
  $740 FF4 178 £450 Hamlet Oil/board 17,8x27cm/*7x10in* London 97
  $1 307 FF7 435 £800 On the Arun Oil/panel 40x61cm/*15x24in* London 97
WEISS Joseph Andreas 1814-1887 **[1]**
  $23 200 FF117 000 £15 000 View of the Moscow Kremlin Watercolour 28x20,5cm/*11x8in* London 96
WEISS Ludwig Caspar 1793-1867 **[2]**
  $1 318 FF6 760 £802 Halbportrait eines Mädchens mit Hut Pencil 47x37cm/*18x14in* Kempten 96
WEISS Nikolaus 1760-1809 **[3]**
  $923 FF4 740 £595 Amazonenschlacht, nach Rubens Ink/paper 32x45cm/*12x17in* Kempten 96
WEISS Peter 1916-1983 **[15]**
  $1 956 FF11 691 £1 197 Hamnmotiv Oil/canvas 48x63cm/*18x24in* Stockholm 97
  $1 956 FF11 691 £1 197 Järnvägsövergäng Oil/panel 19,5x25cm/*7x9in* Stockholm 97
  $4 172 FF24 940 £2 553 "Livet Kring ett Palazzo" Watercolour 57x159cm/*22x62in* Stockholm 97
WEISS Rudolph, Rodolphe 1869-? **[1]**
  $21 000 FF124 702 £12 820 Still Life of Fruits and Vegetables Oil/canvas 85x110cm/*33x43in* New-York 98
WEISS Wojcieh 1875-1950 **[26]**
  $3 232 FF19 417 £1 930 Jastrzebia Gora (landscape) Oil/canvas 33x47cm/*12x18in* Warszawa 98
  $4 628 FF27 553 £2 830 Wiosna Oil/canvas 71x58,5cm/*27x23in* Warszawa 98
WEISS Wojcieh (Attrib.) 1875-1950 **[1]**
  $3 260 FF16 860 £2 102 Three children reading Oil/cardboard 4x60cm/*1x23in* Wien 96
WEISSE Rudolph 1869-? **[5]**
  $77 400 FF450 000 £47 250 Le collectionneur Huile/panneau 46x33,4cm/*18x13in* Paris 97
WEISSENBRUCH Johan Hendrik 1824-1903 **[103]**
  $3 968 FF22 680 £2 431 Interior of a Barn Oil/panel 21,5x31,5cm/*8x12in* Toronto 97
  $18 000 FF107 015 £10 841 A Woman Knitting by the Window Oil/canvas 72,5x102cm/*28x40in* New-York 98
  $205 FF1 060 £133 Bomschuiten Charcoal/paper 40x25cm/*15x9in* Amsterdam 96
WEISSENBRUCH Johannes 1822-1880 **[19]**
  $15 475 FF93 123 £9 265 The Koppelpoort, Amersfoort Oil/panel 12,5x17cm/*4x6in* Amsterdam 98
  $7 796 FF46 048 £4 710 Market day in boxtel Watercolour/paper 18x26,5cm/*7x10in* Amsterdam 97
WEISSENBRUCH Willem Johannes 1864-1941 **[42]**
  $974 FF5 550 £605 Twilight over a polder landscape Oil/panel 15x20cm/*5x7in* Amsterdam 97
  $3 270 FF19 013 £1 948 Rivierlandschap Oil/canvas 35,5x61cm/*13x24in* Den Haag 97
  $1 272 FF7 374 £750 Washing by a River Watercolour 23x36,5cm/*9x14in* London 97
WEISSENKIRCHER Hans Adam 1646-1695 **[2]**
  $17 340 FF87 700 £11 380 Allegorische Darstellung Öl/Leinwand 130x166,5cm/*51x65in* Wien 96
WEISSGERBER Karl 1891-? **[3]**
  $41 865 FF251 422 £25 110 Weiblicher Akt auf rotem Diwan Oil/canvas 122x78cm/*48x30in* Stuttgart 98
WEISSKÖNIG Werner 1907-1982 **[4]**
  $330 FF2 000 £202 Sans titre Affiche 90x127cm/*35x50in* Paris 98

WEISZ Adolphe 1868-? **[4]**
   $150 447 FF882 914 £92 000 L'odalisque Oil/canvas 63,5x96,5cm/*25x37in* London 97
WEITSCH Friedrich Georg 1758-1828 **[2]**
   $5 490 FF28 460 £3 570 Selbstbildnis Öl/Leinwand 57x43cm/*22x16in* München 96
WEITSCH Johann Friedrich 1723-1802 **[4]**
   $4 960 FF24 160 £3 143 Flusslandschaft mit einer Viehherde und einer Ruine Oil/panel 24x31cm/*9x12in* Köln 95
WEITZ Helmut 1918-1966 **[5]**
   $1 112 FF5 760 £711 Vor der Bar Aquarell/Papier 48,5x70cm/*19x27in* Düsseldorf 96
WELCH Denton 1915-1948 **[16]**
   $993 FF5 030 £650 Harlequin Coloured chalks 36x25cm/*14x9in* London 96
WELCH Lucy Kemp 1869-1958 **[16]**
   $6 680 FF34 840 £4 200 "Ben", a Lurcher Oil/canvas 70x90cm/*27x35in* London 96
   $1 006 FF6 189 £600 "Forward to Victory, Enlist Now" Poster 99x152cm/*38x59in* London 97
WELCH Ludmilla P. 1867-1925 **[7]**
   $1 000 FF5 803 £610 View of Mount Tamalpais from the Highlands Oil/canvas 26x46cm/*10x18in* Los Angeles 97
WELCH Thaddeus 1844-1919 **[29]**
   $6 000 FF29 900 £3 930 Marin Hills Oil/canvas 51x91cm/*20x35in* San Francisco-Los Angeles 95
   $6 000 FF36 123 £3 589 Tamalpais Hillside Oil/canvas 25,5x45,5cm/*10x17in* San Francisco 98
WELDEN von Leo 1899-1967 **[15]**
   $205 FF1 274 £123 Stilleben mit Äpfeln Watercolour 23x29,5cm/*9x11in* Heidelberg 98
WELIE van Antoon 1866-1956 **[9]**
   $530 FF2 694 £339 A portrait of an elegant lady Pencil 73,5x52,5cm/*28x20in* Amsterdam 96
WELLENS Charles 1889-1959 **[26]**
   $953 FF4 740 £606 La ferme Huile/toile 33x46cm/*12x18in* Antwerpen 95
   $1 765 FF9 030 £1 143 Vue de Campine Huile/toile 85x120cm/*33x47in* Bruxelles 95
WELLENSTEIN Walter 1889-1970 **[6]**
   $2 600 FF13 600 £1 550 St. Moritzerer See Öl/Leinwand 64x90,5cm/*25x35in* Berlin 96
WELLER Theodor Leopold 1802-1880 **[8]**
   $3 824 FF23 489 £2 293 Viehherde in der römischen Campagna Oil/panel 48x42,5cm/*18x16in* Stuttgart 98
WELLING James 1951 **[26]**
   $4 000 FF20 630 £2 650 Untitled (GIVE) Photograph 60x49cm/*24x19in* New-York 96
WELLIVER Neil 1929 **[26]**
   $3 800 FF18 126 £2 389 Fall Foliage Oil/canvas 35x30cm/*14x12in* Portland, Maine 95
   $4 000 FF19 080 £2 515 Forest Scene Oil/canvas 50x50cm/*19x19in* Portland, Maine 95
   $32 000 FF152 640 £20 124 Approaching Storm Oil/canvas 182x182cm/*72x72in* Portland, Maine 95
   $650 FF3 906 £388 Smelts Etching 40x45,5cm/*15x17in* Los Angeles 98
   $2 000 FF11 454 £1 183 Study for Deer Watercolour 56x66cm/*22x25in* New-York 97
WELLS Denys George 1881-1973 **[10]**
   $2 837 FF16 014 £1 739 An interesting story Oil/canvas 71x59,7cm/*27x23in* London 97
WELLS Ernest G. XIX-XX **[2]**
   $1 500 FF8 756 £892 A Quiet Spot Oil/canvas 26x25,5cm/*10x10in* New-York 97
WELLS George XIX **[4]**
   $2 801 FF16 569 £1 700 Portrait of a Young Lady in a Church Oil/canvas 45x35cm/*18x14in* Bristol, Avon 98
WELLS John 1907 **[46]**
   $2 382 FF11 500 £1 500 Cornwall landscape Oil/canvas/board 33x39,5cm/*12x15in* London 96
   $4 402 FF26 679 £2 700 Composition Oil/canvas 45,5x71cm/*17x27in* London 98
   $731 FF4 285 £450 Print Composition Print 10x18cm/*4x7in* Par, Cornwall 97
   $620 FF3 703 £380 Squares and Circles Watercolour/paper 16x19cm/*6x7in* London 98
WELLS John S. Sanderson 1872-1955 **[37]**
   $4 200 FF21 000 £2 720 Setting out Oil/canvas 41x61cm/*16x24in* New-York 96
   $23 230 FF120 300 £15 000 Rushing the Hill, Derby Day Oil/canvas 97x160cm/*38x62in* London 96
   $2 003 FF10 781 £1 200 On the Campden Rd, Glos/Well away Watercolour/paper 38,1x54cm/*14x21in* London 97

W

WELLS William P. Atkinson 1872-1923 **[36]**
- $1 284 FF7 881 £800 Cattle in a Pasture Oil/canvas 25,5x35,5cm/*10x13in* Glasgow 97
- $5 857 FF34 516 £3 500 Waiting for the Ferry Oil/canvas/panel 46x35cm/*18x13in* Glasgow 97

WELSCH Karl Friedrich Ch. 1828-1904 **[1]**
- $2 541 FF14 619 £1 500 Fishing Craft off an Italian Port Oil/canvas 25,5x54cm/*10x21in* London 97

WELSKI Alf 1926 **[23]**
- $71 FF404 £44 "Weisse Möwe" Etching in colors 32x24,5cm/*12x9in* Bielefeld 97

WELTÉ Gottlieb 1745-c.1790 **[1]**
- $10 950 FF54 900 £6 930 Blinde-Kuh-Spiel auf einer Waldlichtung Oil/panel 23,5x34cm/*9x13in* Wien 95

WELTI Albert 1862-1912 **[55]**
- $5 448 FF31 583 £3 357 Bacchantenzug Öl/Leinwand 64,5x38,5cm/*25x15in* Zürich 97
- $119 FF609 £72 Liebeswage Etching 18x13cm/*7x5in* München 96
- $2 301 FF14 233 £1 371 Abenstimmung Pastell/Papier 19x21cm/*7x8in* Zürich 98

WELVAERT Ernest 1880-1946 **[10]**
- $12 040 FF62 500 £7 960 Kinderen op het Veld Huile/toile 61x80cm/*24x31in* Lokeren 96
- $45 120 FF261 600 £28 160 Moeder en kinderen in de bloeiende boomgaard Huile/toile 100x130cm/*39x51in* Lokeren 97

WELY Jacques c.1873-1910 **[6]**
- $1 002 FF6 000 £615 L'Élégante Pastel/papier 43x30cm/*16x11in* Paris 98

WELZ Jean 1900-1975 **[40]**
- $2 908 FF16 911 £1 733 White River Near Ceres Oil/panel 29x39cm/*11x15in* Johannesburg 97
- $5 366 FF30 784 £3 295 Child with spoon Oil/canvas 49x39cm/*19x15in* Cape Town 97
- $400 FF2 325 £238 Seated Nude From the Back Charcoal/paper 75x55cm/*29x21in* Johannesburg 97

WEMAëRE Pierre 1913 **[56]**
- $2 620 FF12 870 £1 666 "On s'y retrouve tous" Oil/canvas 92x73cm/*36x28in* Köbenhavn 95
- $107 FF620 £65 Komposition Color lithograph 60x76cm/*23x29in* Viby J, Arhus 97
- $381 FF2 216 £232 Figurkomposition Watercolour/paper 23x30cm/*9x11in* Köbenhavn 97

WEN BOREN 1502-1575 **[6]**
- $16 000 FF90 395 £10 070 Mountain forest by a stream Ink 131,5x34cm/*51x13in* New-York 97

WEN CONGJIAN 1574-1648 **[1]**
- $4 000 FF23 809 £2 483 A Scholar Awaiting New Books Ink 89x40cm/*35x16in* New-York 97

WEN DAN 1766-1852 **[1]**
- $5 170 FF26 500 £3 144 Visiting a friend Ink 99x33cm/*38x12in* Hong Kong 96

WEN JIA 1501-1583 **[5]**
- $10 000 FF51 500 £6 450 The stone Hall Amid Cold Trees Ink 25x214,5cm/*9x84in* New-York 96

WEN ZHENGMING 1470-1559 **[17]**
- $30 000 FF154 600 £19 340 Boating by the Red Cliff Ink 24x136cm/*9x53in* New-York 96

WENBAN Sion Longley 1848-1897 **[18]**
- $133 FF679 £88 Die Isarbrücke mit den beschatteten Pylonen Etching 15x24cm/*5x9in* Heidelberg 96

WENCK Ernst 1865-1929 **[7]**
- $2 010 FF11 915 £1 227 Frauenakt mit Schleier Porcelain H30,2cm/*H11in* Wien 98

WENCKE Sophie 1874-1963 **[13]**
- $1 656 FF8 250 £1 085 Moorkanal Öl/Leinwand 56x70cm/*22x27in* Bremen 95

WENCKEBACH Ludwig Willem R. 1860-1937 **[9]**
- $811 FF4 110 £532 Sommerlicher Flusslauf Öl/Leinwand 43x58cm/*16x22in* Frankfurt 96

WENDEL Theodore 1859-1932 **[12]**
- $3 284 FF16 000 £2 102 Le Hameau de la Reine, Versailles Huile/panneau 30,5x41cm/*12x16in* Pontoise 95
- $15 000 FF87 057 £8 862 Hillside Autumn Oil/canvas 63x76cm/*25x30in* San Rafael, CA 97

WENDLBERGER Wenzel Hermann 1882-? **[10]**
- $395 FF2 341 £236 Pfingstrosenstrauss Öl/Karton 54x39cm/*21x15in* Dresden 97

WENDLING Carl 1851-1914 **[1]**
- $3 978 FF23 197 £2 471 Hoher Besuch in der Gutstube Öl/Leinwand 90x130cm/*35x51in* Konstanz 97

WENDT William 1865-1946 **[88]**
- $3 000 FF17 931 £1 818 End of the Day Oil/canvas 30,5x45,5cm/*12x17in* San Francisco-Los Angeles 97
- $18 000 FF93 780 £11 320 The Arroyo Sunland Oil/canvas 63x76cm/*25x30in* Altadena, CA 96

WENG TONGHE 1830-1904 **[2]**
- $4 750 FF28 461 £2 837 Calligraphy in Xing Shu Ink/paper 86x45cm/*33x17in* Hong Kong 98

WENGENROTH Stow 1906-1978 **[56]**
$400 FF2 378 £244 "Monhegan" Lithograph 28x38cm/*11x15in* Shaker Heights, Ohio 97
WENGER Rolf 1951 **[2]**
$1 000 FF4 880 £635 "Annabelle" Poster 128x90,5cm/*50x35in* New-York 95
WENGEROTH Stow 1906-1978 **[19]**
$400 FF1 967 £253 Owls Lithograph 40x32,5cm/*15x12in* New-York 95
WENGHART Rudolf 1887-1965 **[6]**
$877 FF4 515 £547 A Portrait of an Indonesian Girl Oil/board 27,5x25cm/*10x9in* Amsterdam 96
$1 870 FF9 640 £1 240 Portrait of a Javanese lady Coloured chalks/paper 50x31cm/*19x12in* Amsterdam 96
WENGLEIN Josef 1845-1919 **[86]**
$2 817 FF16 801 £1 749 Moorlandschaft Öl/Leinwand 27,5x43,5cm/*10x17in* Dresden 97
$9 650 FF49 700 £6 020 A Farmstead near Dachau Oil/canvas/panel 39x71,5cm/*15x28in* Wien 96
$20 400 FF104 800 £12 700 At the river Bank Oil/canvas 100,5x128,5cm/*39x50in* Wien 96
$408 FF2 349 £251 Im Isarwinkel Crayon/papier 13,5x21,5cm/*5x8in* Zürich 97
WENGLER Johann Baptist 1815-1899 **[2]**
$3 730 FF19 200 £2 327 Weideidyll am Traunseeufer Öl/Leinwand 54,5x75,5cm/*21x29in* Wien 96
WENING Michael 1645-1718 **[21]**
$174 FF1 009 £107 Ansicht vom Marienplatz in München Engraving 25x35cm/*9x13in* München 97
WENK-WOLFF Uwe 1929 **[12]**
$93 FF475 £61 Norwegische Küste Woodcut in colors 33x50cm/*12x19in* Heidelberg 96
WENNERBERG Brynolf 1866-1950 **[10]**
$2 784 FF16 150 £1 713 Ballettszene Öl/Karton 37x53cm/*14x20in* Heidelberg 97
$1 062 FF5 921 £649 "Elite" Poster 114x82cm/*44x32in* London 97
WENNERWALD Emil Aug. Th. 1859-1934 **[99]**
$381 FF2 210 £237 Snepudrede traeer omkring huse Oil/canvas 25x34cm/*9x13in* Köbenhavn 97
$590 FF3 363 £366 Fra mit vindue på Capri Oil/canvas 71x61cm/*27x24in* Vejle 97
WENNING Pieter 1873-1921 **[26]**
$9 817 FF58 792 £6 034 Naby Faure, Kaap Oil/canvas 27x37cm/*10x14in* Johannesburg 98
$18 800 FF109 312 £11 202 Farm, Wellligton Oil/canvas 37x47cm/*14x18in* Johannesburg 97
WENNING Ype Heerke 1879-1959 **[22]**
$600 FF3 070 £389 A village Oil/canvas 30x40cm/*11x15in* Amsterdam 95
$994 FF5 117 £620 Rustende koeinen bij boerenhof Oil/canvas 44x69cm/*17x27in* Den Haag 96
WENSEL Johannes Louis 1825-1899 **[3]**
$4 681 FF28 118 £2 796 Bomuldspinderi ved Huglifloden, Bengalen Oil/canvas 51x68cm/*20x26in* Köbenhavn 98
WENTORF Carl 1863-1914 **[19]**
$522 FF3 183 £324 Portraet af en kvinde Oil/canvas 48x42cm/*18x16in* Viby J, Århus 97
WENTWORTH Richard 1947 **[7]**
$3 000 FF15 380 £1 823 Shrink Metal H43cm/*H16in* New-York 96
WENTZEL Niels Gustav 1859-1927 **[30]**
$3 033 FF17 974 £1 817 Vinterlandskap med dyrespor Oil/canvas 80x110cm/*31x43in* Oslo 97
WENZELL Albert Beck 1864-1917 **[7]**
$21 000 FF126 810 £12 606 At the ball Oil/canvas 65,5x82cm/*25x32in* New-York 98
$1 700 FF8 710 £1 033 Two seated woman in ornate interior Gouache 72x51cm/*28x20in* New-York 96
WERBEL Adolf 1848-c.1925 **[2]**
$3 286 FF16 930 £2 120 Rast der Zigeuner Öl/Leinwand 52x64cm/*20x25in* Wien 96
WEREFKIN von Marianne 1860-1938 **[28]**
$5 012 FF30 788 £3 006 Theaterinterieur Mixed media 50x66cm/*19x25in* Zürich 98
$3 530 FF20 549 £2 159 Blick auf München Indian ink 11x18cm/*4x7in* München 97
WERENSKIOLD Erik 1855-1938 **[36]**
$3 359 FF19 801 £2 007 Skolbestyrer Simon Wright Hofgaard Oil/canvas 77x70cm/*30x27in* Stockholm 97
$10 420 FF54 500 £6 210 Porträtt på sittande ung pojke Oil/panel 45x30cm/*17x11in* Göteborg 96
$275 FF1 634 £165 Landskap Lithograph 45x60cm/*17x23in* Oslo 97
WERFF van der Adrian 1659-1722 **[11]**
$4 267 FF25 538 £2 521 Retrato de una dama Oleo/cobre 11x9cm/*4x3in* Madrid 98

W

☞ *$16 700 FF85 300 £11 000* Portrait of a family by a Classical fountain in a park setting Oil/canvas 76x60cm/*29x23in* London 96
WERFF van der Adrian (Attrib.) 1659-1722 **[6]**
☞ *$6 217 FF35 955 £3 847* Die Anbetung der Hirten Oil/wood 45x34cm/*17x13in* Wien 97
WERFF van der Pieter 1665-1722 **[17]**
☞ *$4 686 FF28 475 £2 822* Der junge Herkules tötet die Schlangen Oil/panel 21,5x36cm/*8x14in* Heidelberg 98
WERFF van der Pieter (Attrib.) 1665-1722 **[5]**
☞ *$8 270 FF43 200 £5 000* The Adoration of the Shepherds Oil/panel 4x34cm/*1x13in* London 96
WERKMAN Henrik Nicolaas 1882-1945 **[22]**
☞ *$69 300 FF362 000 £41 900* The Farm Pollux at Zuurdijk, Groningen Oil/canvas 70x125cm/*27x49in* Amsterdam 96
▭ *$1 174 FF5 860 £768* Prière Print 20x14,8cm/*7x5in* Amsterdam 95
✐ *$752 FF3 920 £454* A street in Groningen Ink/paper 11x9cm/*4x3in* Amsterdam 96
WERKMÄSTER Jerk 1896-? **[2]**
▭ *$1 100 FF6 555 £659* "Ilis-Flyg" Poster 89x59,5cm/*35x23in* New-York 98
WERKMEISTER Wolfgang 1941 **[50]**
▭ *$92 FF538 £57* Strandgut Etching, aquatint 21,3x28,3cm/*8x11in* Heidelberg 97
WERL Hans c.1570-1608 **[2]**
✐ *$5 102 FF30 120 £3 021* Die Madonna mit dem Kind auf Wolken thronend Ink 29,2x18,9cm/*11x7in* Berlin 97
WERLEN Ludwig 1884-1928 **[3]**
☞ *$34 195 FF211 468 £20 373* Kleines Mahl Öl/Leinwand 75x120cm/*29x47in* Zürich 98
WERNER Alexander Friedrich 1827-1908 **[9]**
☞ *$5 640 FF28 860 £3 620* The Artist's studio Oil/panel 45x58cm/*17x22in* Wien 96
WERNER Bernd XIX-XX **[2]**
☞ *$4 670 FF24 000 £2 910* Streitgespräch Öl/Leinwand 26,5x32cm/*10x12in* Wien 96
WERNER Carl Friedrich H. 1808-1894 **[59]**
✐ *$4 560 FF25 998 £2 800* Among Egyptian Ruins Watercolour 27x45cm/*10x17in* London 97
WERNER Gösta 1909-1989 **[48]**
☞ *$858 FF5 015 £508* "Ragnarök" Oil/canvas 100x90cm/*39x35in* Stockholm 97
▭ *$224 FF1 393 £134* "Glorie aux femmes" Color lithograph 65x50cm/*25x19in* Stockholm 98
WERNER Hermann 1816-1905 **[8]**
☞ *$11 880 FF61 100 £7 410* Junge Küchenmagd mit Tauben Öl/Leinwand 53x65cm/*20x25in* Bern 96
☞ *$17 170 FF100 767 £10 500* The young Harvester Oil/panel 27,5x24cm/*10x9in* London 97
WERNER Joseph II 1637-1710 **[5]**
☞ *$20 352 FF121 000 £12 608* Le bain de Diane Miniature 10,5x8,5cm/*4x3in* Paris 97
✐ *$793 FF4 685 £470* Merkur im Haus von Herse Ink 13x10cm/*5x3in* Berlin 97
WERNER Joseph II (Attrib.) 1637-1710 **[3]**
☞ *$14 216 FF82 508 £8 400* "Circe" Öl/Leinwand 47,5x93,5cm/*18x36in* Bern 97
WERNER Lambert 1900-1983 **[25]**
☞ *$454 FF2 719 £271* Surrealistisk komposition Oil/panel 54x45cm/*21x17in* Stockholm 98
WERNER Nat 1910 **[4]**
⬙ *$5 500 FF32 640 £3 368* Dancing Figures Sculpture, wood H58,5cm/*H23in* San Francisco-Los Angeles 97
WERNER Richard Martin 1903-1949 **[1]**
⬙ *$2 785 FF14 200 £1 672* Jünglingstorso Bronze H75cm/*H29in* Frankfurt 96
WERNER Theodor 1886-1969 **[103]**
☞ *$1 984 FF11 713 £1 174* Koposition Mischtechnik/Karton 34x24cm/*13x9in* Berlin 97
☞ *$6 210 FF30 960 £4 070* Komposition "N.16/54" Tempera 48x65,5cm/*18x25in* München 95
✐ *$1 820 FF9 510 £1 084* Linien und Formen vor Rotbraun II Drawing 47x34cm/*18x13in* Hamburg 96
WERNER von Anton Alexander 1843-1915 **[26]**
☞ *$1 963 FF9 640 £1 250* Antike Strasse auf den Vatikan in Rom Oil/paper/panel 76x53cm/*29x20in* Stuttgart 95
✐ *$420 FF2 510 £253* Der Herbst Pencil 31x45,2cm/*12x17in* Köln 97
WERNER Woty 1903-1971 **[3]**
▭ *$15 082 FF86 985 £8 985* Landschaft Tapestry 43x47cm/*16x18in* München 97
WERTHEIM von Heinrich 1875-1945 **[13]**

✐ *$467 FF2 400 £291* Piazza in Pieve di Cadore (Südtirol) Aquarell/Papier 30x19cm/*11x7in* Wien 96
WERTHEIMER Gustav 1847-1904 **[20]**
☞ *$3 000 FF15 430 £1 870* Tales of the Sea Oil/canvas 109x39cm/*42x15in* New-York 96
☞ *$5 680 FF32 500 £3 360* Lune blanche à Luxor Huile/toile 112x152cm/*44x59in* Bruxelles 97
WERTMÜLLER Adolf Ul. (Attrib.) 1751-1811 **[3]**
☞ *$2 755 FF16 079 £1 638* Porträtt av ung dam iklädd randig klänning samt vid huvudbonad... Oil/canvas 69x58cm/*27x22in* Stockholm 97
WERTMÜLLER Adolf Ulrik 1751-1811 **[14]**
☞ *$7 133 FF40 953 £4 350* Portrait of Mr Pierre Nicolas Grassot Oil/canvas 67x54cm/*26x21in* Stockholm 97
☞ *$18 400 FF96 000 £11 120* Marie-Antoinette, Reine de France Oil/panel 16x13cm/*6x5in* Stockholm 96
WERY Fernand 1886-1969 **[26]**
☞ *$1 010 FF6 167 £615* Vase fleuri de roses Huile/panneau 46x38cm/*18x14in* Bruxelles 98
WES Ferdinandus c.1600-c.1660 **[1]**
☞ *$9 152 FF52 196 £5 568* Group Portrait of Alexander van der Capellen (1599-1656), Heer van Oil/canvas 137,5x171cm/*54x67in* Rumbeke (Kortrijk) 97
WESSEL Erich 1906-1983 **[10]**
✐ *$225 FF1 340 £139* Landschaft bei St.Peter (Eiderstedt) Aquarell/Papier 45,2x60cm/*17x23in* München 97
WESSEL Wilhelm 1904-1971 **[12]**
☞ *$6 660 FF38 772 £4 074* Genèse Mixed media 130x89cm/*51x35in* München 97
WESSEL-ZUMLOH Irmgard 1907-1980 **[12]**
☞ *$1 446 FF8 448 £888* Ohne Titel Oil/panel 32x42,5cm/*12x16in* Köln 97
☞ *$1 735 FF10 138 £1 065* Stilleben mit drei Glasgefässen Oil/panel 49,5x65cm/*19x25in* Köln 97
WESSELMAN Tom 1931 **[446]**
☞ *$12 211 FF69 199 £6 105* Study for Bedroom Painting N.24 Olio/tela 20x23cm/*7x9in* Milano 97
☞ *$16 000 FF92 166 £9 870* Dropped Bra No.4 Enamel 71x140x81cm/*27x55x31in* New-York 97
☞ *$45 000 FF233 000 £30 100* Bedroom Face with Green Wallpaper Oil/canvas 133x152cm/*52x59in* New-York 96
▥ *$1 750 FF9 000 £1 091* Monica in robe with Motherwell Sérigraphie couleurs 101,5x148cm/*39x58in* Paris 96
◤ *$4 000 FF23 188 £2 358* Tiny Shoe and Tulip Construction 12,5x15x7,5cm/*4x5x2in* New-York 97
◤ *$70 000 FF430 766 £42 497* Bedroom Blonde with Necklace Sculpture 200,5x213,5x33cm/*78x84x12in* New-York 98
✐ *$65 000 FF387 367 £39 858* "Nude Drawing with Still Life" Charcoal 178x200,5cm/*70x78in* New-York 98
WESSELOW Eric 1911 **[4]**
▥ *$2 366 FF14 070 £1 466* Nude Farblithographie 34,2x59,6cm/*13x23in* Stuttgart 97
✐ *$3 500 FF20 349 £2 136* Drawing from small smoker #3 Graphite 12,7x18cm/*5x7in* New-York 97
WESSELS Glenn 1895-1982 **[4]**
✐ *$700 FF4 191 £428* "Mendocino" Gouache/paper 35x50cm/*14x20in* Altadena, CA 97
WESSMAN Björn 1949 **[23]**
☞ *$2 426 FF12 470 £1 512* Skarva Oil/canvas 132x115cm/*51x45in* Stockholm 96
WESSON Edward 1910 **[46]**
☞ *$368 FF1 985 £220* Roses, Lupins, Stocks and other mixed flowers in a glass vase Oil/board 61x50,8cm/*24x20in* London 97
☞ *$359 FF2 031 £220* The Village Church Oil/canvas 24x30cm/*9x11in* London 97
✐ *$318 FF1 535 £200* The Long Barn, East Clandon Watercolour 32x50cm/*12x19in* London 95
WEST Alexander Randall XIX-XX **[13]**
☞ *$5 000 FF29 673 £3 062* View of Jerusalem Oil/canvas 32x75cm/*12x29in* Tel Aviv 97
WEST Benjamin 1738-1820 **[55]**
☞ *$22 000 FF114 800 £13 300* Two Groups of Eight Sketches Oil/board 5x7,5cm/*1x2in* New-York 96
☞ *$62 038 FF370 370 £38 000* Portrait of the Artist's Sons, Raphael West and Benjamin West Jnr Oil/canvas 104x80cm/*40x31in* London 97
▥ *$4 200 FF24 193 £2 467* Angel of the Resurrection Lithographie 31,5x22,5cm/*12x8in* New-York 97
✐ *$1 191 FF6 862 £700* Raphael Lamar West and Bejamin West Black & white chalks/paper 24x18,5cm/*9x7in* London 97
WEST Benjamin (Attrib.) 1738-1820 **[7]**
✐ *$700 FF4 171 £429* Tree Trunk/Figural Study Ink 21x26cm/*8x10in* New-York 98

Calendar & auction results: Internet www.artprice.com   Minitel 3617 ARTPRICE

W

WEST Charles c.1750-? **[2]**

$6 808 FF39 215 £4 000 View of the Cast Iron Bridge over the Severn, Coalbrookdale Aquatint 36x48,5cm/*14x19in* London 97

WEST David 1868-1936 **[17]**

$2 420 FF12 340 £1 600 Covesea bay, near Lossieouth Watercolour 50x76cm/*19x29in* Glasgow 96

WEST Edgar E. 1830-1900 **[16]**

$1 000 FF5 080 £650 Children on a coastal path/Waves crashing against a rocky coastline Watercolour 26,2x19,2cm/*10x7in* London 95

WEST Franz 1947 **[100]**

$2 027 FF11 945 £1 252 "The Sunglasspipers" Mixed media/board 26x39cm/*10x15in* Wien 97

$8 330 FF43 300 £5 510 Wandstück (diverse Materialen) Mixed media 33x65x25cm/*12x25x9in* Wien 96

$7 757 FF47 012 £4 757 Ohne Titel Sculpture 23x58x55cm/*9x22x21in* Hamburg 98

$16 623 FF100 740 £10 194 Ohne Titel Sculpture 92x143x47cm/*36x56x18in* Hamburg 98

$328 FF1 916 £201 Ohne Titel Mischtechnik/Papier 15x21cm/*5x8in* Wien 97

WEST Levin 1900-1968 **[13]**

$250 FF1 527 £150 Horse and Rider on a Windy Day Etching 23x34,5cm/*9x13in* Boston, Mass. 98

$2 600 FF13 500 £1 720 Horse and Rider in Mountain Snow Watercolour 37x57,8cm/*14x22in* New-York 96

WEST Raphael Lamar 1769-1850 **[10]**

$3 000 FF18 416 £1 838 Lovers under a Tree in an extensive Landscape Ink 22,5x28cm/*8x11in* New-York 98

WEST Reginald XIX-XX **[3]**

$1 163 FF6 000 £750 A Peacock before an arched Privet Hedge Watercolour 26,5x17,5cm/*10x6in* London 96

WEST William 1801-1861 **[11]**

$7 970 FF45 413 £5 000 The Valley of Happiness Oil/canvas 81x122cm/*31x48in* London 97

WEST William (Attrib.) 1801-1861 **[1]**

$5 067 FF29 921 £2 999 Vattenfall Oil/canvas 112x97cm/*44x38in* Helsinki 97

WESTALL Richard 1766-1836 **[30]**

$5 338 FF32 573 £3 200 Portrait of a Young Girl Oil/canvas 61,5x52cm/*24x20in* London 98

$417 FF2 557 £250 Falstaff and his Companions Watercolour 9x10cm/*3x3in* London 98

WESTALL William 1781-1850 **[18]**

$4 800 FF24 192 £3 097 Cottages and figures by a lac Oleo/lienzo 61x91,5cm/*24x36in* Buenos Aires 96

$12 900 FF65 700 £8 500 Old Richmond from the meadows beside the Thames Oil/panel 29,5x50cm/*11x19in* London 96

$2 116 FF10 800 £1 400 An Aboriginal Ambush Watercolour 49x59cm/*19x23in* London 96

WESTCHILOFF Constantin Alexandr. 1877-1945 **[24]**

$914 FF4 625 £600 Moonlight on the Ocean Oil/canvas 66,5x81cm/*26x31in* London 96

$13 102 FF76 045 £8 000 Stenka Razin and a Persian beauty Oil/canvas 102x168cm/*40x66in* London 97

WESTENDORP-OSIECK Betsy 1880-1968 **[19]**

$3 800 FF19 560 £2 373 Portrait of Lizzy Ansingh Oil/panel 59x49cm/*23x19in* Amsterdam 96

$355 FF2 174 £218 The Entrance of a Church Watercolour/paper 29x23cm/*11x9in* Amsterdam 98

WESTERBAEN Jan Jansz XVII **[1]**

$3 846 FF22 044 £2 385 Portrait of a young lady, small half length, wearing a black dress... Oil/panel 29,5x23cm/*11x9in* Amsterdam 97

WESTERBEEK Cornelis, Snr. 1844-1903 **[43]**

$197 FF1 147 £120 Vache à l'abreuvoir Huile/toile/panneau 40x50cm/*15x19in* Antwerpen 97

$990 FF5 858 £594 Cows at a fence at sunset Oil/panel 42,3x36,5cm/*16x14in* Amsterdam 97

WESTERFRÖLKE Paul 1886-1975 **[10]**

$1 006 FF5 735 £628 Westfälische Wiesenlandschaft mit Kühen Öl/Leinwand 38x52cm/*14x20in* Bielefeld 97

WESTERHOLM Victor 1860-1919 **[33]**

$3 148 FF18 376 £1 872 Ackes atelje Oil/canvas 28,5x19cm/*11x7in* Stockholm 97

$13 117 FF76 459 £8 078 Sommardag i kyrkslätt Oil/canvas 89x135cm/*35x53in* Helsinki 97

$16 300 FF93 350 £9 950 Frän Rckerö, Aland Oil/panel 42x59cm/*16x23in* Stockholm 97

WESTERHOUT Arnold 1651-1725 **[3]**

$650 FF3 390 £380 Scenographia Machinae Engraving 46,2x98,5cm/*18x38in* Berlin 96

WESTERIK Co 1924 **[48]**

$16 945 FF100 678 £10 078 Landschapstudie Oil/board 85x90cm/*33x35in* Amsterdam 97

$247 FF1 235 £162 Polikliniek Color lithograph 54x57,5cm/*21x22in* Amsterdam 95

✏ *$426 FF2 613 £255* A Male Nude Ink 34x15cm/*13x5in* Amsterdam 98
WESTERMANN Gerard 1880-? **[9]**
🖌 *$1 518 FF9 301 £909* Het Oranjefeest Oil/board 28x22cm/*11x8in* Amsterdam 98
WESTERMANN Horace Clifford 1922-1981 **[22]**
🖌 *$16 000 FF93 024 £9 768* Where Angels fear to tread Sculpture 47x81x23cm/*18x31x9in* New-York 97
WESTEROP Wilhelm **[6]**
🖌 *$983 FF6 040 £589* Pferdeporträt "Prinzee Sonsfeld" Oil/canvas 35,5x45cm/*13x17in* Köln 98
WESTERVELT Robert D. 1876-1947 **[1]**
✏ *$1 200 FF7 233 £726* Cowboy and Horse on vista Gouache/paper 61x39cm/*24x15in* Pasadena,
California 98
WESTFELT-EGGERTZ Ingeborg 1855-1936 **[10]**
🖌 *$1 450 FF7 560 £978* Segelskutor vid Skagens strand Oil/canvas 39x56cm/*15x22in* Stockholm 96
WESTHUIZEN van der Pieter 1931 **[2]**
✏ *$1 131 FF6 577 £674* Family Scenes Watercolour 52x69cm/*20x27in* Johannesburg 97
WESTIN Fredrik 1782-1862 **[8]**
🖌 *$3 270 FF16 920 £2 110* Porträtt av konsthandlaren J. Axel Skoge Oil/canvas 74x57cm/*29x22in*
Stockholm 96
WESTMACOTT Richard I 1775-1856 **[4]**
🖌 *$3 222 FF19 212 £2 000* A Nymph and Zephyr Bronze H40cm/*H15in* London 97
WESTMACOTT Richard I (Attrib.) 1775-1856 **[2]**
🖌 *$3 049 FF17 716 £1 800* A Bust of a Gentleman Marble H69cm/*H27in* London 97
WESTMACOTT Robert Marsh, Capt. c.1801-1870 **[1]**
✏ *$2 253 FF13 308 £1 400* Cape Town from the Old Jetty/the Klein River/Signal Station, Wynberg Watercolour
20x29cm/*7x11in* London 97
WESTON Brett 1911-1993 **[187]**
📷 *$350 FF1 975 £214* Reeds Oregon Gelatin silver print 23x19cm/*9x7in* Chicago, Illinois 97
WESTON Cole 1919 **[2]**
📷 *$2 250 FF13 917 £1 340* Pepper No.30 Gelatin silver print 23,5x19cm/*9x7in* San Francisco 98
WESTON Edward 1886-1956 **[270]**
📷 *$5 500 FF33 929 £3 301* Santa fe Chief Photograph 19x24cm/*7x9in* New-York 98
WESTON Henry John, Harry 1874-? **[9]**
✏ *$1 337 FF8 035 £811* Girl at the Window Watercolour/paper 34x24,5cm/*13x9in* Melbourne 98
WESTON William Percival 1879-1967 **[20]**
🖌 *$2 140 FF12 315 £1 263* Gravel Pit, Victoria Oil/panel 30,5x38cm/*12x14in* Vancouver, BC. 97
🖌 *$11 416 FF65 681 £6 739* Howe Sound Oil/canvas 56x61cm/*22x24in* Vancouver, BC. 97
🖌 *$19 240 FF94 380 £12 220* Mount Shuskan Oil/canvas 107x122cm/*42x48in* Vancouver, BC. 95
✏ *$666 FF3 267 £423* Metchouin Charcoal/paper 28,5x41,5cm/*11x16in* Vancouver, BC. 95
WESTPHAL Anna 1858-1950 **[5]**
🖌 *$724 FF4 397 £440* Buket med bögegrene og anemoner Oil/canvas 71x50cm/*27x19in* Viby J, Århus 98
WESTPHAL Conrad 1891-1976 **[33]**
✏ *$975 FF5 784 £595* Komposition Mischtechnik/Papier 37x53cm/*14x20in* München 98
WESTPHAL Fritz 1804-1844 **[3]**
🖌 *$7 740 FF40 100 £5 000* The huntsmen at rest Oil/canvas 87x117cm/*34x46in* London 96
WESTWOOD Bryan Wyndham 1930 **[29]**
🖌 *$401 FF2 403 £242* Bluff, West of Alice Oil/canvas/board 62x62cm/*24x24in* Sydney 97
WET de Jacob Jacobsz 1640-1697 **[5]**
🖌 *$4 855 FF24 700 £2 910* The Baptism of the Ethopian Eunuch Oil/panel 61x79cm/*24x31in* Amsterdam 96
WET de Jakob W. (Attrib.) 1610-1671 **[8]**
🖌 *$3 617 FF21 324 £2 161* Josef mottager sin fader Jakob och sina bröder Oil/panel 72x106cm/*28x41in*
Stockholm 97
WET de Jakob Willemsz 1610-1671 **[32]**
🖌 *$5 154 FF30 000 £3 153* Une reine jugeant un prisonnier Huile/panneau 86x111cm/*33x43in* Toulouse 97
✏ *$826 FF5 028 £506* Christus heilt die blutflüssige Frau Ink 15,2x22,1cm/*5x8in* Hamburg 98
WETERING DE ROOY Johannes Embrosius 1877-1922 **[15]**
🖌 *$875 FF5 056 £519* Molens bij Kinderdijk Oil/canvas 58x88cm/*22x34in* Rotterdam 97
WETHERBEE George Faulkner 1851-1920 **[6]**

W

$6 320 FF30 900 £4 000 The Wing of the Morning Oil/canvas 79x128cm/*31x50in* London 95
$982 FF5 714 £600 "Young bathers, a sketch" Watercolour/paper 22,5x35,5cm/*8x13in* Billingshurst, West Sussex 97

WETHERILL Elisha Kent Kane 1874-1929 **[4]**
$4 250 FF24 205 £2 621 The Red Sail/The Brick Facade Oil/board 13x16,5cm/*5x6in* Boston, Mass. 97

WETLI Hugo 1916-1972 **[44]**
$160 FF827 £103 Mondscheinlandschaft mit Emmentaler Spycher Lithographie 55x127cm/*21x50in* Zofingen 96
$950 FF4 890 £593 Pommiers Aquarelle, gouache 36,7x46cm/*14x18in* Bern 96

WETZEL Johann Jakob 1781-1834 **[25]**
$318 FF1 612 £209 Le Wetter-Horn, Well-Horn et le Glacier du Rosen-Laui Aquatinta 21,5x27,5cm/*8x10in* Bern 96
$1 340 FF8 093 £804 Palazzo al Ulmo vers Torno Watercolour 19x27cm/*7x10in* Luzern 98

WEURLANDER Fridolf 1851-1900 **[3]**
$1 595 FF9 419 £944 Strandbjörk Oil/canvas 16x22cm/*6x8in* Helsinki 97

WEVER de Auguste 1836-1884 **[13]**
$328 FF1 953 £205 Méphisto Bronze H26,5cm/*H10in* Bruxelles 97

WEWERKA Stefan 1928 **[31]**
$129 FF769 £77 Kathedralisches Radierung 34x49,5cm/*13x19in* München 97
$4 800 FF28 402 £2 928 Class Room (Chair) Sculpture, wood 70x63,5x40cm/*27x25x15in* New-York 98

WEX Adalbert 1867-1932 **[24]**
$847 FF5 018 £506 Abendstimmung im Moor Öl/Leinwand 78,5x110,5cm/*30x43in* Dresden 97
$1 836 FF11 401 £1 107 Abend am Weiher Öl/Leinwand 30,5x45cm/*12x17in* Heidelberg 98

WEX Willibald 1831-1892 **[18]**
$1 963 FF11 713 £1 184 "Partie bei Salzburg" Oil/panel 18,5x46cm/*7x18in* Stuttgart 97
$2 500 FF14 766 £1 553 The Alpine Farm Oil/canvas 86,5x114,5cm/*34x45in* Boston, Mass. 97

WEXLER Yaacov 1912-1995 **[29]**
$850 FF5 169 £523 Street Corner in Paris Oil/canvas/board 39x32,5cm/*15x12in* Tel Aviv 98
$950 FF5 245 £592 Seated Woman Oil/canvas 61x45cm/*24x17in* Tel Aviv 97

WEY Alois 1894-1985 **[7]**
$1 354 FF7 861 £835 Ohne Titel Mischtechnik/Papier 60x43cm/*23x16in* Zürich 97

WEYDEN van der Harry 1868-? **[14]**
$741 FF4 446 £450 A Tree-Lined Pond Oil/canvas/board 26x34cm/*10x13in* Billingshurst, West Sussex 98

WEYER Brigitta XX **[1]**
$3 400 FF18 909 £2 104 "Superviking 300A" Oil/masonite 22x22cm/*8x8in* New-York 97

WEYER Gabriel 1580-1632 **[1]**
$1 700 FF10 040 £1 007 Diana und Aktäon Ink/paper 30,9x32,8cm/*12x12in* Berlin 97

WEYER Jacob Matthias 1620-1670 **[7]**
$18 970 FF97 100 £12 180 Reitergefecht um eine Brücke Oil/panel 59x87cm/*23x34in* Wien 96

WEYERMAN Jacob Campo 1677-1747 **[1]**
$7 020 FF35 000 £4 600 Bouquet de fleurs dans un vase sur un enrablement Huile/toile 54x41,5cm/*21x16in* Paris 95

WEYL Max 1837-1914 **[27]**
$1 300 FF7 437 £811 Cattle in a water meadow Oil/canvas 61x91,5cm/*24x36in* Boston, Mass. 97
$1 900 FF11 216 £1 125 Pond, Early Autumn Oil/canvas 30x45cm/*12x18in* North Berwick, Maine 97

WEYMAR Bettina XX **[1]**
$4 866 FF28 328 £3 000 Portrait Renger-Patzsch Silver print 28,6x21,1cm/*11x8in* London 97

W
WEYNS Jan Harm 1864-1945 **[15]**
$512 FF2 999 £312 Gezicht op een dorpje Oil/panel 23,5x39cm/*9x15in* Den Haag 97

WEYSSER Karl 1833-1904 **[5]**
$3 496 FF20 784 £2 139 Schwäbische Dorfidylle Öl/Leinwand 28x21,5cm/*11x8in* Köln 97

WEYTS Petrus Cornelius 1799-1855 **[4]**
$9 210 FF46 600 £6 040 Feu pris à bord du Marine Kent, Mars 1825, venant des Indes Orientales Huile/panneau 55x70cm/*21x27in* Antwerpen 96

WEZELAAR Han 1901-1984 **[3]**
$1 328 FF8 136 £795 A Seated Lady Bronze H12cm/*H4in* Amsterdam 98

WHAITE Henry Clarence 1828-1912 **[8]**

$260 FF1 547 £160 Landscapes entitled "Snow on Llanberis Pass" Watercolour/paper 32x50cm/*12x19in* Leamington Spa, Warwickshire 97
WHAITE James XIX-XX [18]
$411 FF2 461 £249 Cattle Resting before a Farmhouse Watercolour 30,5x45cm/*12x17in* London 97
WHALE Robert Heard 1857-1906 [4]
$1 466 FF7 310 £956 Portrait of a young girl Oil/canvas 92x71cm/*36x27in* Toronto 95
WHARF John XX [1]
$1 300 FF6 750 £860 Autumn Gale, Gloucester Watercolour 38x57cm/*14x22in* New-York 96
WHARTON Carol Forbes 1907-1958 [1]
$13 208 FF78 431 £8 000 Fish Synthetic polymer silkscreened/canvas 520,5x25,5cm/*204x10in* London 97
WHATLEY Henry 1842-1901 [14]
$2 097 FF12 709 £1 250 Mother and Children picking Flowers on a Coastal Footpath Watercolour 33x47cm/*12x18in* Bath 97
WHEATLEY E. Grace, née Wolfe 1888-1970 [14]
$3 130 FF16 030 £1 900 The Circus Oil/canvas 68,5x51cm/*26x20in* London 96
$387 FF2 336 £240 Saturday afternoon Pencil 43x36cm/*16x14in* London 97
WHEATLEY Francis 1747-1801 [43]
$2 064 FF12 190 £1 222 Mother and child Oil/panel 24x21cm/*9x8in* Helsinki 97
$4 400 FF26 347 £2 629 Herdsman Crossing Stream with Rocks and Trees in Background Oil/wood 102x82cm/*40x32in* Delaware, Ohio 98
$20 000 FF103 500 £12 800 "King Alfred in the house of the Neatherd" Oil/canvas 206x150cm/*81x59in* New-York 96
$1 362 FF7 522 £850 Girl By a Fence in a Pastoral Landscape Watercolour/paper 28x20cm/*11x7in* London 97
WHEATLEY Francis (Attrib.) 1747-1801 [6]
$3 790 FF18 500 £2 400 Leaving Home/The Father's Meal Oil/canvas 34x27cm/*13x10in* London 95
$9 570 FF46 450 £6 000 Portrait of George De La Poer Beresford, 1st Marquis of Waterford Oil/canvas 91x71cm/*35x27in* London 95
WHEATLEY John Laviers 1892-1955 [19]
$825 FF4 230 £501 Nudes on a Beach Oil/board 48x61cm/*18x24in* London 96
$362 FF1 856 £220 Mother and Child Ink 23x28cm/*9x11in* London 96
WHEATON Francis 1849-? [8]
$800 FF4 616 £490 Feeding Time Oil/canvas/panel 22x28cm/*9x11in* Cleveland, Ohio 97
WHEATON Frederic XX [1]
$2 400 FF14 670 £1 465 Hying Point Felt pen 71x56cm/*27x22in* New-York 98
WHEELER Charles Arthur 1881-1977 [19]
$529 FF3 239 £316 The River Murray Oil/canvas 45x60cm/*17x23in* Sydney 97
$936 FF5 464 £577 A view of Lorne, Victoria Oil/board 29,3x39,4cm/*11x15in* Melbourne 97
WHEELER Charles Thomas 1892-1974 [9]
$686 FF4 081 £420 Portrait of the Artist's Wife Marble 40,5x31cm/*15x12in* London 97
$62 046 FF368 216 £38 000 A Pair of Fountains Bronze H140cm/*H55in* Billingshurst, West Sussex 98
WHEELER Dorothy Muriel 1891-1966 [9]
$983 FF5 964 £600 The Nursery Watercolour 28x21,5cm/*11x8in* London 98
WHEELER James Thomas 1849-1888 [9]
$1 241 FF7 608 £749 Outside the Stable Oil/canvas 74,5x125cm/*29x49in* London 98
WHEELER John Alfred 1821-1903 [36]
$1 232 FF6 380 £800 A bulldog Oil/board 30,5x35,5cm/*12x13in* London 96
$10 000 FF50 900 £6 000 "Miss Jummy" with jockey up Oil/canvas 86x111cm/*33x43in* London 96
WHEELER John Alfred, Jnr. 1852-1932 [34]
$1 662 FF9 881 £1 000 The Best of Friends Oil/board 31x47cm/*12x18in* London 97
$5 330 FF27 170 £3 200 Neck and neck Oil/canvas 51x76cm/*20x29in* London 96
WHEELER John Arnold 1821-1877 [54]
$1 974 FF9 630 £1 250 Head studies of three Jack Russells Oil/canvas 24x40cm/*9x15in* London 95
$2 187 FF12 881 £1 350 Huntsman on a Dappled Grey in Wooded Landscape Oil/canvas 42x53cm/*16x20in* Newbury, Berkshire 97
WHEELER Walter Herbert 1878-1960 [9]

☞ *$456 FF2 740 £272* Silver Birches, Bristol Oil/canvas 44x28,5cm/*17x11in* Melbourne 98
WHEELWRIGHT Rowland 1870-1955 **[19]**
☞ *$2 660 FF13 760 £1 700* Bather Oil/board 43x31cm/*16x12in* London 96
☞ *$64 000 FF323 000 £42 000* Joan of Arc taken Prisoner Oil/canvas 138x229cm/*54x90in* London 96
WHEELWRIGHT W.H. XIX **[9]**
☞ *$6 785 FF37 735 £4 200* A three folding oak screen Oil/panel 54x39cm/*21x15in* Billingshurst, West Sussex 97
WHESSELL John 1760-1824 **[4]**
▭ *$950 FF5 500 £580* "The Durham Ox", after James Boultbee Engraving 52x61cm/*20x24in* London 97
WHICHELO C. John Mayle 1784-1865 **[11]**
☞ *$20 160 FF103 700 £13 000* The bay of Naples with Vesuvius erupting by moonlight Oil/canvas 62x74cm/*24x29in* London 96
✎ *$1 268 FF7 263 £749* Figures before a military Encampment Watercolour 28x39,5cm/*11x15in* London 97
WHIPPLE John XIX-XX **[10]**
☞ *$1 700 FF9 860 £1 004* "Rolling Clouds" Oil/canvas 61x91,5cm/*24x36in* San Francisco 97
WHISSON Kenneth Ronald, Ken 1927 **[13]**
☞ *$6 988 FF40 816 £4 135* "Flag of my Disposition #9" Oil/canvas 90x120cm/*35x47in* Melbourne 97
☞ *$10 482 FF61 224 £6 202* Figure, Houses, Chimney and Rooves Oil/canvas 100x120cm/*39x47in* Melbourne 97
✎ *$511 FF2 622 £326* Yinnar South Landscape Ink/paper 50x63cm/*19x24in* Brisbane 96
WHISTLER James Abbot Mc Neill 1834-1903 **[487]**
☞ *$85 000 FF503 259 £50 830* Petite bonne à la porte d'une auberge Oil/panel 21,5x12,6cm/*8x4in* New-York 97
▭ *$1 100 FF6 336 £646* Billingsgate Etching 15,5x23cm/*6x9in* New-York 97
✎ *$110 000 FF611 787 £68 090* Rosy Silver, The Pink Porch Watercolour/paper 21x13cm/*8x5in* New-York 97
WHISTLER Rex John 1905-1944 **[23]**
☞ *$5 077 FF29 469 £3 000* Portrait of Miss Juliet Henley at Breccles Hall Oil/canvas 40,5x30,5cm/*15x12in* London 97
✎ *$3 000 FF17 084 £1 821* Study for the Tate gallery murals Ink 30,5x32cm/*12x12in* New-York 97
WHITAKER George William 1841-1916 **[34]**
☞ *$504 FF2 844 £308* Autumn Grove Oil/canvas 22x30cm/*9x12in* Mystic, Connecticut 97
☞ *$2 600 FF14 460 £1 609* Still Life with Vase, Orange and Grapes Oil/canvas 81x60,5cm/*31x23in* New-York 97
WHITAKER William 1943 **[10]**
☞ *$3 000 FF17 084 £1 850* The Bather Oil/canvas 30x22cm/*12x9in* Dallas, Texas 97
☞ *$3 600 FF18 756 £2 264* Treasure Oil/canvas 60x91cm/*24x36in* Scottsdale, Arizona 96
✎ *$2 200 FF13 455 £1 305* Awakening Pastel/paper 58x43cm/*23x17in* Houston, Texas 98
WHITCOMB Jon 1906-1988 **[16]**
✎ *$2 200 FF13 064 £1 343* Country Girl fantasizes about life in the big city Mixed media/paper 39x36cm/*15x14in* New-York 98
WHITCOMBE Thomas 1763-1824 **[46]**
☞ *$4 534 FF26 717 £2 800* Men of War in Heavy Seas Oil/canvas 30,5x43cm/*12x16in* London 97
☞ *$12 860 FF67 100 £8 500* Frigate of the East India Company in 2 positions off the Indian coast Oil/canvas 91x147cm/*35x57in* London 96
☞ *$13 471 FF80 136 £8 000* A Merchant ship in two positions off Beachy Head Oil/canvas 76,5x112cm/*30x44in* London 97
WHITCOMBE Thomas (Attrib.) 1763-1824 **[4]**
☞ *$19 609 FF117 416 £12 000* A Naval Engagement/Frigates of the Royal Navy Oil/canvas 19,5x27cm/*7x10in* Billingshurst, West Sussex 97
WHITE Arthur 1865-1953 **[51]**
☞ *$6 918 FF42 574 £4 200* Packing Herrings Oil/canvas 65,5x101cm/*25x39in* London 98
✎ *$555 FF3 159 £340* A Cornish harbour Watercolour/paper 52x34,5cm/*20x13in* London 97
WHITE Clarence Hudson 1871-1925 **[23]**
▣ *$2 000 FF10 310 £1 325* The arbor Photograph 20x15cm/*8x6in* New-York 96
WHITE Daniel Thomas XIX-XX **[2]**
☞ *$2 400 FF12 460 £1 588* Music and dancing Oil/canvas 36x31cm/*14x12in* New-York 96
WHITE Edith 1855-1946 **[12]**

$225 FF1 273 £137 Brook in Summer Landscape Oil/canvas/board 9x14cm/*3x5in* Altadena, CA 97
$1 400 FF8 438 £847 Floral bouquet in yellow case Oil/canvas 35x45cm/*14x18in* Pasadena, California 98
WHITE Ethelbert 1891-1972 **[112]**
$1 265 FF6 270 £800 An Autumn Morning Oil/canvas 45x54cm/*17x21in* London 95
$320 FF1 858 £200 Path in Woodland Watercolour 27x39cm/*10x15in* London 97
WHITE Fritz 1930 **[5]**
$3 500 FF18 235 £2 201 And Finally Crockett Fell Bronze H63cm/*H25in* Scottsdale, Arizona 96
WHITE George Francis 1808-1898 **[6]**
$646 FF3 593 £400 Figures by a temple/Figures by the water's edge Watercolour/paper 18x29,5cm/*7x11in* Billingshurst, West Sussex 97
WHITE George Harlow 1817-1888 **[11]**
$257 FF1 280 £167 Gothland, North wales Watercolour 23x49cm/*9x19in* Toronto 95
WHITE Henry Cooke 1861-1952 **[6]**
$1 900 FF9 590 £1 248 Spring Oil/board 30x40cm/*12x16in* Mystic, Connecticut 96
WHITE John 1851-1933 **[51]**
$976 FF5 888 £600 The Dream Boat, Turf, Topsham Oil/board 25,5x34,5cm/*10x13in* London 98
$1 810 FF9 240 £1 200 The Brook and the Sea Oil/canvas 44x75cm/*17x29in* Billingshurst, West Sussex 96
$139 FF836 £83 Sheep Herding Past Cottage Watercolour/paper 18x25,5cm/*7x10in* Toronto 98
WHITE John Claude XIX-XX **[3]**
$6 158 FF35 950 £3 800 "Tibet" Photograph 18x176cm/*7x69in* London 97
WHITE Minor 1908-1976 **[86]**
$650 FF3 937 £399 "Sandblaster, San Francisco" Silver print 16x20cm/*6x8in* New-York 98
WHITE Nelson 1900 **[4]**
$1 600 FF9 216 £940 Docks at Greenport Oil/board 25x35cm/*10x14in* Mystic, Connecticut 97
WHITE Orrin Augustine 1883-1969 **[46]**
$800 FF4 168 £503 California Coast Oil/masonite 30x40cm/*12x16in* Altadena, CA 96
$2 500 FF12 500 £1 623 "Sycamores" (Atmospheric Landscape) Oil/canvas 58x58cm/*23x23in* Altadena, CA 96
WHITE Valentino 1909-1985 **[3]**
$480 FF2 720 £240 Tetti a Roma Olio/legno 14x19cm/*5x7in* Roma 97
WHITEHAND Michael J. 1941 **[48]**
$1 894 FF9 310 £1 200 "Shamrock" racing "Britannia" Oil/canvas 23x36cm/*9x14in* London 95
$3 934 FF20 500 £2 600 "Westward" racing "Adela" Oil/board 81x109cm/*31x42in* London 96
$9 021 FF51 789 £5 500 The big Class Yachts "Britannia" Racing "Whiteheather" off Coves.. Oil/canvas 96,5x132,5cm/*37x52in* London 97
WHITEHEAD Buell XIX-XX **[7]**
$89 FF532 £54 "Cane Cutters" Color lithograph 25x31cm/*10x12in* Shaker Heights, Ohio 97
WHITEHEAD Elizabeth XIX-XX **[21]**
$135 FF693 £90 Coastal view of sand dunes, possibly Poole Lambourn Watercolour 17x27cm/*7x11in* Leamington Spa, Warwickshire 96
WHITEHEAD Frederick William N. 1853-1938 **[38]**
$1 145 FF5 710 £750 Village scene, "Beggarly Broom" Oil/canvas 27x43cm/*11x17in* Leamington Spa, Warwickshire 95
$1 921 FF11 199 £1 181 "Wasperton Rectory, Warwick" Oil/canvas 55x81cm/*21x31in* Sydney 97
WHITELEY Brett 1939-1992 **[134]**
$14 600 FF75 300 £9 670 Portrait of John Singleton as a surfie Oil/canvas 31x31cm/*12x12in* Melbourne 96
$24 757 FF144 522 £14 727 "Just One of Those Mornings, Camp Cove, Sydney" Mixed media/canvas 72x72,5cm/*28x28in* Melbourne 97
$101 326 FF591 832 £59 957 Little Orange (Sunset) Mixed media/panel 205x76,5cm/*80x30in* Melbourne 97
$618 FF3 613 £368 Hullo (Cockatoo) Etching 24,5x20cm/*9x7in* Melbourne 97
$3 494 FF20 408 £2 067 Vase Glazed ceramic H21,5cm/*H8in* Melbourne 97
$394 FF2 264 £246 Gallery Invitation Ink 30x17cm/*11x6in* Sydney 97
WHITEREAD Rachel 1963 **[8]**
$33 340 FF175 000 £20 000 Untitled (Floor, Small) Plaster 24x91,5x86cm/*9x36x33in* London 96

W

✏ *$150 000 FF872 100 £91 575* Untitled (Double Amber Bed) Sculpture 119,4x137,2x104,1cm/*47x54x40in* New-York 97
WHITESIDE Frank Reed 1866-1929 **[3]**
✏ *$3 250 FF18 614 £1 922* Doubling Up Oil/canvas 35x50cm/*14x20in* Santa Fe, New Mexico 97
WHITFORD Richard c.1854-c.1887 **[12]**
✏ *$9 710 FF56 321 £5 739* Portrait of Michael Russel, Bedford of Pye Corner, Brodway Oil/canvas 102x127cm/*40x50in* West Midlands 97
WHITING Frederic 1874-1962 **[22]**
✏ *$3 800 FF22 183 £2 344* Muriel Compton hall and her brother Oil/canvas 35,6x40,7cm/*14x16in* New-York 97
✏ *$1 709 FF10 570 £1 049* Coursing in Full Swing in February, Waterloo Cup Watercolour 37x60cm/*14x23in* Billingshurst, West Sussex 97
WHITMORE Coby 1913-1988 **[7]**
✏ *$1 540 FF8 881 £917* Couple in Interior, She Holding Decanter Oil/panel 39x38cm/*15x15in* New-York 97
✏ *$2 860 FF16 983 £1 746* "At the sight of the young girl's gaily dotted veil, Mrs. Loomis..." Gouache 31x23cm/*12x9in* New-York 98
WHITNEY Alexandra 1927 **[1]**
✏ *$5 000 FF28 522 £3 055* Portrait bust of Governor Harriman Bronze H30,5cm/*H12in* New-York 97
WHITNEY Emma XIX-XX **[1]**
✏ *$7 495 FF43 352 £4 500* Titania Oil/board 32,5x45cm/*12x17in* London 97
WHITNEY Gertrude Vanderbilt 1875-1942 **[5]**
✏ *$6 500 FF38 829 £3 979* Found Bronze H44,5cm/*H17in* New-York 98
WHITTAKER John Barnard 1836-1926 **[3]**
✏ *$1 800 FF8 860 £1 160* Peeling apples Oil/canvas 31x26cm/*12x10in* New-York 95
WHITTAKER Mark 1964 **[3]**
✏ *$1 730 FF10 441 £1 050* African Elephant Oil/canvas 50x75cm/*19x29in* Billingshurst, West Sussex 98
WHITTINGTON William G. XIX-XX **[13]**
✏ *$304 FF1 754 £180* S.S. "Medina" at Spithead Watercolour 18,5x26cm/*7x10in* London 97
WHITTLE Thomas, Jnr. c.1840-c.1895 **[24]**
✏ *$749 FF4 102 £450* Distant view of the Crystal Palace Oil/board 23,5x31cm/*9x12in* London 97
✏ *$1 000 FF6 184 £600* Thirlmere Lake Oil/canvas 71x91cm/*28x36in* Bethesda, Maryland 97
WHITTLE Thomas, Snr. c.1820-c.1870 **[5]**
✏ *$2 448 FF13 992 £1 500* Still Life with Fruit and Bird's nest Oil/canvas 49,5x76cm/*19x29in* London 97
WHITTOCK Nathaniel XIX **[1]**
✏ *$621 FF3 692 £380* A Birds-eye View of the University and City of Oxford Aquatint 35,5x56cm/*13x22in* London 97
WHITTREDGE Thomas W. (Attrib.) 1820-1910 **[3]**
✏ *$1 800 FF10 250 £1 110* Overlooking The Falls Oil/canvas 25,5x20cm/*10x7in* Boston, Mass. 97
✏ *$8 000 FF46 430 £4 884* Mountain Stream Oil/canvas 112,5x77,5cm/*44x30in* Los Angeles 97
WHITTREDGE Thomas Worthington 1820-1910 **[43]**
✏ *$8 000 FF47 562 £4 956* Western Mountain Valley Oil/canvas 23x38cm/*9x15in* Bethesda, Maryland 97
✏ *$32 000 FF164 800 £20 460* Autumn on the Delaware Oil/canvas 68,5x89cm/*26x35in* New-York 96
WHOOD Isaac 1688/89-1752 **[6]**
✏ *$9 176 FF55 985 £5 500* Portrait of George II Oil/canvas 126x99cm/*49x38in* London 98
WHORF John 1903-1959 **[112]**
✏ *$4 000 FF20 600 £2 580* Ship at Sea Oil/canvas 60x76cm/*24x30in* Provincetown, MA. 96
✏ *$350 FF1 764 £230* Riverbank Watercolour/paper 38x56cm/*15x22in* Baton Rouge, Louisiana 96
WHYDALE Ernest Herbert 1886-1952 **[28]**
✏ *$577 FF3 459 £350* A Hunting We Will go Watercolour 38x50cm/*14x19in* Billingshurst, West Sussex 98
WHYMPER Charles 1853-1941 **[31]**
✏ *$547 FF3 165 £340* A Hoopoe Watercolour/paper 20x14cm/*7x5in* Newbury, Berkshire 97
WHYMPER Josiah Wood 1813-1903 **[12]**
✏ *$1 809 FF10 175 £1 100* View of Oxford from Headington Hill Watercolour 25x38,5cm/*9x15in* London 97
WHYTE Duncan McGregor 1866-1953 **[10]**
✏ *$6 638 FF38 775 £3 928* Perth Beach Oil/canvas 37,5x52,5cm/*14x20in* Melbourne 97
WIBERG Harald 1908-1986 **[111]**
✏ *$1 828 FF8 860 £1 177* Vårvintermotiv med hare Oil/panel 41x32cm/*16x12in* Göteborg 95

☜ *$2 060 FF12 336 £1 268* Skogslandskap med flygande tjäder Oil/panel 54x65cm/*21x25in* Stockholm 98
✐ *$440 FF2 260 £274* Älg Ink/paper 16x17cm/*6x6in* Stockholm 96
WICAR Jean-Baptiste Jos. 1762-1834 **[8]**
☜ *$24 324 FF142 000 £14 711* Portrait d'homme à la veste de velours Huile/toile 28x21cm/*11x8in* Paris 97
✐ *$3 088 FF18 000 £1 902* Paysan conduisant ses vaches sur un chemin/Paysan et son troupeau Dessin 36x44,5cm/*14x17in* Paris 97
WICART Nicolas 1748-1818 **[40]**
✐ *$594 FF3 513 £356* Figures in a wooded hilly river landscape Watercolour 29x42,5cm/*11x16in* Amsterdam 97
WICHERS Hal, Hendrick A.L. 1893-1968 **[13]**
☜ *$2 220 FF11 450 £1 470* In het Tangerachse, Gunung Salak Oil/panel 40x60cm/*15x23in* Amsterdam 96
WICHERS Wierdsma 1891-? **[6]**
▦ *$188 FF1 113 £112* Paalhoofd Domburg Etching 19x27cm/*7x10in* Haarlem 97
WICHMANN Peder 1706-1769 **[5]**
☜ *$1 148 FF7 029 £698* Portraet af en adelsmand i rustning Oil/canvas 76x59cm/*29x23in* København 98
☜ *$2 908 FF16 815 £1 799* Christian VII som barn i röd kjole og hvid ves höjre hånd... Oil/canvas 26x21cm/*10x8in* København 97
WICHT von John 1888-1970 **[9]**
☜ *$1 000 FF6 038 £599* "Red's Moving" Oil/canvas 61x81cm/*24x31in* New-York 98
WICKENBERG Per 1812-1846 **[13]**
☜ *$2 720 FF13 820 £1 624* Skånskt landskap Oil/canvas 19x24,5cm/*7x9in* Stockholm 96
☜ *$20 400 FF103 600 £12 170* Vinterlandskap Oil/canvas 130x195cm/*51x76in* Stockholm 96
WICKENBURG Alfred 1885-1978 **[12]**
☜ *$60 100 FF314 000 £35 760* "Märchen" Öl/Leinwand 109x135cm/*42x53in* Wien 96
☜ *$55 860 FF333 340 £34 300* Medea Öl/Leinwand 125x78,5cm/*49x30in* Wien 98
✐ *$1 390 FF6 860 £903* Das Kamel unterm Dach Charcoal/paper 30x46,5cm/*11x18in* Wien 95
WICKEY Harry 1892-1968 **[3]**
▦ *$250 FF1 506 £149* Storm Sweeping the Hudson Etching 22,5x27,5cm/*8x10in* New-York 98
WIDAYAT H. 1923 **[9]**
☜ *$2 793 FF16 727 £1 716* Phoenix Oil/board 49,5x68,5cm/*19x26in* Singapore 98
☜ *$3 840 FF19 040 £2 430* Green-faced girl Oil/panel 36x26,5cm/*14x10in* Singapore 95
☜ *$13 832 FF78 064 £8 478* Flora and Fauna Oil/canvas 95x152,5cm/*37x60in* Singapore 97
✐ *$2 420 FF13 661 £1 483* Travelling to Europe, Self-Portrait With Wife Watercolour/paper 70x49,5cm/*27x19in* Singapore 97
WIDDAS Richard Dodd 1826-1885 **[7]**
☜ *$3 250 FF16 600 £2 150* A Racehorse with Jockey up Oil/canvas 71x91,5cm/*27x36in* New-York 96
WIDER Wilhelm 1818-1884 **[3]**
☜ *$18 000 FF93 400 £11 900* Tombolaspieler in Trastevere Oil/canvas 80x114cm/*31x44in* New-York 96
WIDERBÄCK Gusten 1879-1970 **[47]**
☜ *$497 FF2 835 £307* Lagga kvarn, vårvinter Oil/canvas 54x74cm/*21x29in* Uppsala 97
WIDERBERG Frans 1934 **[7]**
☜ *$3 891 FF23 310 £2 325* "Lysende i regn" Oil/canvas 68x85cm/*26x33in* Stockholm 98
WIDFORSS Gunnar M. 1879-1934 **[41]**
☜ *$19 000 FF94 600 £12 440* View across the Grand Canyon Oil/canvas/board 58x47cm/*22x18in* San Francisco-Los Angeles 95
✐ *$3 000 FF15 550 £1 950* San Juan Capistrano Mission Watercolour/paper 43x35cm/*16x13in* San Francisco-Los Angeles 96
WIDGERY Frederick John 1861-1942 **[158]**
☜ *$1 420 FF8 696 £850* Devon Estuary View Oil/board 18x47cm/*7x18in* London 98
✐ *$171 FF988 £105* A View in Dartmoor Gouache 25x33cm/*10x13in* Aylsham, Norfolk 97
WIDGERY William 1822-1893 **[54]**
☜ *$315 FF1 984 £200* A Moorland Landscape Oil/canvas 21,5x44,5cm/*8x17in* Billingshurst, West Sussex 97
☜ *$2 196 FF13 065 £1 304* On the Dart, near Ashburton, Devon, cattle on the banks Oil/paper 75x151cm/*29x59in* West Midlands 97
✐ *$599 FF3 100 £400* Moorland near Exeter Watercolour 42x68cm/*16x26in* London 96
WIDHOLM Gunnar 1882-1953 **[5]**

W

ꟷ *$1 000 FF6 093* £609 "Nothern Games" Poster 99x61cm/*39x24in* New-York 98
WIDHOPFF D.O. 1867-1933 **[11]**
ꟷ *$670 FF4 000* £404 "1Re Exposition annuelle des Élèves de L'Académie Julian" Affiche 108x74cm/*42x29in* Paris 97
WIECHERT Friedrich 1820-? **[1]**
☜ *$1 932 FF9 630* £1 266 Am Dorfrand Öl/Leinwand 31x43,5cm/*12x17in* Bremen 95
WIECZOREK Max 1863-1955 **[2]**
☜ *$2 500 FF15 051* £1 495 Summer Landscape Oil/canvas 51x66cm/*20x25in* San Francisco 98
WIEDENHOFER Oskar 1889-? **[2]**
☜ *$3 006 FF18 431* £1 801 Porträt einers Bauernmädchens Oil/canvas 37x30cm/*14x11in* München 98
WIEDENMANN Ludwig 1934 **[15]**
☜ *$535 FF3 032* £327 Blick über den Chiemsee mit Fraueninsel, im Vordergrund Gänsemagd Öl/Leinwand 30x40cm/*11x15in* Kempten 97
WIEGAND Gustave Adolph 1870-1957 **[39]**
☜ *$849 FF5 087* £522 Landscape with Shepherd, Sheep and Distant Moon Oil/canvas 30x40cm/*12x16in* Elgin, Illinois 98
☜ *$1 600 FF7 880* £1 031 Autumn afternoon Oil/canvas 65x76cm/*25x29in* New-York 95
WIEGAND von Charmion 1899-1983 **[6]**
✎ *$8 500 FF50 776* £5 204 White, Red and Blue Planes Gouache 33x33cm/*12x12in* New-York 98
WIEGANDT Bernhard 1851-1918 **[15]**
✎ *$7 400 FF42 214* £4 500 Street in Rio de Janeiro Watercolour/paper 23,5x18,5cm/*9x7in* London 97
WIEGELE Franz 1887-1944 **[6]**
✎ *$2 716 FF16 681* £1 659 Zwei Akte vor einem Spiegel Pencil/paper 52,5x30cm/*20x11in* Wien 98
WIEGERS Jan 1893-1959 **[97]**
☜ *$4 236 FF25 169* £2 519 Roses in a vase Oil/canvas 55x45cm/*21x17in* Amsterdam 97
ꟷ *$238 FF1 409* £142 Landscape Color lithograph 44x33,5cm/*17x13in* Haarlem 97
✎ *$474 FF2 902* £291 A Mountainous Landscape Ink 17x22cm/*6x8in* Amsterdam 98
WIEGERSMA Henk 1891-1969 **[4]**
☜ *$2 678 FF16 000* £1 638 Jaap alskind Oil/canvas 40x0,5x30,5cm/*15xx12in* Amsterdam 98
WIEGHORST Olaf 1899-1988 **[113]**
☜ *$4 250 FF22 142* £2 672 Indian Scout Mixed media 27x22cm/*11x9in* Scottsdale, Arizona 96
☜ *$15 000 FF77 200* £9 600 Navajo Corral Oil/canvas 61x76cm/*24x29in* New-York 96
ꟷ *$470 FF2 716* £279 "Bareback Bronk" Etching 20x15cm/*7x5in* Calgary, Alberta 97
✎ *$2 500 FF12 225* £1 582 Head of an Indian Gouache/paper 23x18cm/*9x7in* Santa Fe, New Mexico 95
WIEGMAN Matthieu 1886-1971 **[69]**
☜ *$2 712 FF15 582* £1 689 Stilleven met rode bloemen Oil/canvas 44x34,5cm/*17x13in* Den Haag 97
☜ *$4 140 FF24 730* £2 532 A Summer bouquet Oil/canvas 65x54cm/*25x21in* Amsterdam 98
✎ *$346 FF2 050* £208 Villa Adriana Ink 58x69cm/*22x27in* Amsterdam 97
WIEGMAN Piet 1885-1963 **[4]**
☜ *$6 238 FF37 158* £3 708 Guitar Player Oil/canvas 71,5x99cm/*28x38in* Amsterdam 97
WIEHL Hermann 1900-1978 **[13]**
☜ *$2 336 FF13 481* £1 431 Baurenhaus im Schwarzwald Oil/panel 50x65cm/*19x25in* Stuttgart 97
WIELAND Hans Beat 1867-1945 **[53]**
☜ *$2 681 FF16 077* £1 614 Abendsonne, Herbst, Bergell Öl/Leinwand 87x73,5cm/*34x28in* Zürich 98
☜ *$9 130 FF47 700* £5 520 Vorfrühling in den Alpen Öl/Leinwand 120x151cm/*47x59in* Zürich 96
ꟷ *$600 FF3 656* £365 "Svizzera" Poster 99x61cm/*39x24in* New-York 98
✎ *$1 002 FF6 041* £606 Das Kristalbächlein im Schnee Aquarell/Papier 66x45cm/*25x17in* Zürich 98
WIELANDT Manuel 1863-1922 **[7]**
☜ *$5 985 FF35 745* £3 667 Felsige Meeresküste vor Capri Öl/Leinwand 128x97cm/*50x38in* Wien 98
WIELHORSKI Alain 1950 **[106]**
✎ *$445 FF2 600* £263 Deauville, fin d'après-midi Pastel/papier 50x65cm/*19x25in* Le Havre 97
WIEMKEN Walter Kurt 1907-1940 **[16]**
☜ *$8 029 FF46 901* £4 751 Blumen Öl/Leinwand 32x40cm/*12x15in* St.Gallen 97
☜ *$8 781 FF52 335* £5 385 Kapelle St. Jakob bei Basel Öl/Leinwand 39x46cm/*15x18in* Zürich 98
✎ *$2 294 FF13 400* £1 357 Garten und Häuser, Collioure Pencil/paper 33x36cm/*12x14in* St.Gallen 97
WIENE Robert XIX-XX **[1]**
📷 *$6 500 FF39 658* £3 896 Film Stills from "The Cabinet of Dr. Caligari", Berlin Gelatin silver print

26x32,5cm/*10x12in* New-York 98
WIERINGEN van Cornelis Claesz. c.1580-1633 **[10]**
$26 496 FF160 000 £15 888 Vaisseau sur une mer agitée près du rivage Huile/panneau 48x103cm/*18x40in* Paris 98
$28 400 FF144 600 £17 040 Shipping on an estuary Ink 14,7x19,4cm/*5x7in* Amsterdam 96
WIERIX Hieronymus, Jérôme 1553-1624 **[18]**
$588 FF3 378 £358 Tyrannorum proemia Print 13,6x10cm/*5x3in* Berlin 97
WIERIX Johannes, Jan Wierx c.1549-c.1615 **[7]**
$2 544 FF12 330 £1 640 Portrait of a woman, full-length, holding gloves Ink 24,4x16,9cm/*9x6in* Amsterdam 95
WIERTZ Antoine 1806-1865 **[27]**
$2 860 FF16 310 £1 740 La mort du canari Huile/panneau 16,4x10cm/*6x3in* Bruxelles 97
$4 576 FF26 096 £2 784 La sorcière en prière Huile/toile 46x35cm/*18x13in* Bruxelles 97
$2 860 FF16 310 £1 740 (1) Le dernier canon/(2) L'éducation de la Vierge Fusain/papier 6x10cm/*2x3in* Bruxelles 97
WIERTZ Jupp 1888-1939 **[10]**
$670 FF4 016 £412 "Half a century of Motor-car production" Poster 114x79cm/*44x31in* Oostwoud 98
WIERUSZ-KOWALSKI Czeslaw 1882-1984 **[3]**
$38 868 FF239 183 £23 786 Jezdzcy marokansky Oil/canvas 41x36cm/*16x14in* Warszawa 98
$87 372 FF506 277 £54 486 Wyjazd na Polowanie o Swicie (avillage at sunset) Oil/canvas 46x66,5cm/*18x26in* Warszawa 97
WIERUSZ-KOWALSKI von Alfred 1849-1915 **[57]**
$11 680 FF60 900 £7 050 Bauernfamilie mit Pferdekarren Oil/panel 26x20,5cm/*10x8in* Stuttgart 96
$31 225 FF177 920 £19 500 Ploughing the Field Oil/canvas 94,5x124cm/*37x48in* London 97
$35 087 FF203 417 £20 954 Cossacks in a Horse-Drawn-Cart on a Muddy Road Oil/canvas 84x164cm/*33x64in* Amsterdam 97
WIERUSZ-KOWALSKI von Karol 1869-1953 **[3]**
$4 295 FF22 040 £2 760 Landscape Oil/canvas 36,5x48,5cm/*14x19in* Warszawa 96
WIESCHEBRINK Franz 1818-1884 **[2]**
$3 824 FF23 489 £2 293 Der Genesende Oil/wood 53,5x66cm/*21x25in* Köln 98
WIESELTHIER Vally 1895-1945 **[19]**
$1 406 FF6 880 £890 Kakteenträger Ceramic H16,8cm/*H6in* Wien 95
WIESENTHAL Franz 1856-1902 **[8]**
$2 524 FF15 244 £1 532 Der kleine Volksmusikant Öl/Karton 35x27,5cm/*13x10in* Wien 98
WIESIOLOWSKI Ludwik 1854-1892 **[3]**
$2 660 FF13 320 £1 682 Young peasant boy Oil/cardboard 39x31cm/*15x12in* Warszawa 95
$12 575 FF77 382 £7 695 W kraine marzén, wyspa szczescia Oil/canvas 55,5x130cm/*21x51in* Warszawa 98
WIETHASE Edgard 1881-1965 **[63]**
$1 007 FF5 020 £660 Chat sur une chaise Huile/panneau 80x90cm/*31x35in* Antwerpen 95
WIGAND Balthasar 1770-1846 **[35]**
$1 646 FF9 702 £983 Erzherzog Carl in der Schlacht bei Aspern Aquarell/Papier 14x19cm/*5x7in* München 97
WIGAND Balthasar (Attrib.) 1770-1846 **[4]**
$5 980 FF29 400 £3 805 Revue der K.K. Cavallerie am Glacis in Wien Aquarelle, gouache/papier 7,5x11cm/*2x4in* Wien 95
WIGERT Hans 1932 **[27]**
$1 880 FF11 266 £1 123 "Vinterbild, fiskebron" Oil/canvas 60x89cm/*23x35in* Stockholm 98
WIGG Charles Mayes XIX-XX **[35]**
$65 FF398 £40 A Norfolk Sark Pencil/paper 22,5x25cm/*8x9in* Bristol, Avon 98
WIGGERS Derk 1866-1933 **[22]**
$1 533 FF8 912 £913 Havengezicht Oil/canvas 38,5x55cm/*15x21in* Den Haag 97
WIGGINS Guy Carleton 1883-1962 **[139]**
$375 FF2 245 £230 Portrait of Woman in White dress Oil/canvas 59x49cm/*23x19in* Plainville, Conn. 98
$1 300 FF7 738 £807 Valley Farm Oil/board 15x19cm/*5x7in* North Berwick, Maine 97
$30 000 FF170 844 £18 501 Plaza and the Park Oil/canvas 571x76cm/*225x30in* Dallas, Texas 97

W

✏ *$1 200 FF6 845 £737* New York, Fifth Avenue in the snow Gouache 18,5x12cm/*7x4in* New-York 97
WIGGINS John Carleton 1848-1932 **[23]**
👁 *$1 600 FF7 900 £1 034* Sheep grazing Oil/board 30x40cm/*12x16in* Mystic, Connecticut 96
👁 *$2 500 FF14 551 £1 516* Plowing The Fields Oil/canvas 40x50cm/*16x20in* Mystic, Connecticut 97
WIGGINS Kim Douglas 1960 **[15]**
👁 *$6 600 FF40 366 £3 916* Santa Fe Morning Oil/canvas 91x121cm/*36x48in* Houston, Texas 98
WIGGLI Oscar 1927 **[18]**
🔨 *$4 884 FF28 937 £2 948* Sculpture 27 H Iron H36cm/*H14in* Zürich 97
✏ *$1 336 FF8 054 £808* Ohne Titel Charcoal/paper 102x73cm/*40x28in* Zürich 98
WIGLEY James Vernon 1918 **[12]**
👁 *$391 FF2 349 £233* Robe Street, St. Kilda Oil/canvas 76x59cm/*29x23in* Melbourne 98
✏ *$260 FF1 566 £155* Soldier Studies Ink/paper 18,5x12,5cm/*7x4in* Melbourne 98
WIGMANA Gérard 1637-1741 **[4]**
👁 *$8 003 FF48 067 £4 800* A Girl Holding a Candle Oil/panel 30x25cm/*11x9in* London 98
WIGSTEAD Henry c.1745-1800 **[4]**
✏ *$168 FF837 £110* Numerous figures on a bridge Watercolour 12x20cm/*5x8in* Aylsham, Norfolk 96
WIHLBORG Gerhard 1897-1982 **[26]**
👁 *$1 106 FF6 420 £680* Skördearbete Oil/panel 44x52cm/*17x20in* Malmö 97
WIIG HANSEN Svend 1922 **[72]**
👁 *$3 845 FF19 800 £2 460* Ansigtet III Oil/canvas 100x80cm/*39x31in* København 96
🔨 *$2 287 FF13 285 £1 398* Hoved på höj hals Plaster H21cm/*H8in* København 97
✏ *$612 FF3 097 £392* Figurkomposition Soft pencil/paper 50x64cm/*19x25in* København 96
WIIK Maria 1853-1928 **[24]**
👁 *$2 252 FF13 298 £1 333* Portrait of a woman in blue dress, seated Oil/canvas 47x37cm/*18x14in* Helsinki 97
👁 *$5 631 FF33 246 £3 333* Flowers Oil/panel 44x36cm/*17x14in* Helsinki 97
✏ *$4 234 FF25 433 £2 539* Marjoja Gouache/paper 43,5x34cm/*17x13in* Helsinki 98
WIINBLAD Bjorn 1918 **[8]**
✏ *$524 FF3 089 £323* "Venus 2. akt" Gouache 100x68cm/*39x26in* København 97
WIIRALT Eduard 1898-1954 **[5]**
🎞 *$577 FF3 533 £342* Virve Etching 39x36cm/*15x14in* Helsinki 98
WIJCK Thomas c.1616-1677 **[11]**
👁 *$6 085 FF34 829 £3 594* An Alchemist Oil/panel 30,5x27cm/*12x10in* Amsterdam 97
👁 *$19 425 FF114 542 £11 500* Peasants in an archway, an italianate landscape beyond Oil/panel 43,5x38cm/*17x14in* London 97
WIJDEVELD Hendrikus T. 1885-1987 **[3]**
🎞 *$7 000 FF34 100 £4 445* "Architectuur, Frank Lloyd Wright" Poster 77x49cm/*30x19in* New-York 95
✏ *$1 186 FF7 256 £729* First Prize Double Harnes and Tandem driven by E.W Scholten Watercolour 56x80cm/*22x31in* Amsterdam 98
WIJDOOGEN N.M. 1814-1888 **[15]**
👁 *$3 270 FF16 930 £2 090* Aufkommender Sturm Oil/panel 20x33cm/*7x12in* Düsseldorf 96
👁 *$4 164 FF25 044 £2 497* A Dutch Sailing Vessel near the Shore Oil/canvas 40x51cm/*15x20in* Amsterdam 98
WIJGA Jan 1902-1978 **[4]**
🎞 *$646 FF3 867 £396* "Koninklijke Luchtvaart Maatschappij" Poster 102x65cm/*40x25in* Oostwoud 98
WIJK van Charles 1875-1917 **[12]**
🔨 *$2 682 FF16 042 £1 628* Peasant Bronze H51cm/*H20in* Amsterdam 97
WIJNANTS Ernest 1878-1964 **[20]**
🔨 *$1 716 FF9 786 £1 044* Jeune fille Bronze H63cm/*H24in* Bruxelles 97
🔨 *$16 500 FF85 400 £11 020* La baigneuse Bronze H165cm/*H64in* Antwerpen 96
WIJNBERG Nicolaas 1918 **[12]**
👁 *$594 FF3 513 £356* Héél krap Oil/board 23x32cm/*9x12in* Amsterdam 97
WIJNGAARDEN van Ysbrandt 1933 **[3]**
👁 *$2 915 FF17 875 £1 738* "Twee Meisjes" Huile/toile 92x124cm/*36x48in* Bruxelles 98
✏ *$2 252 FF13 812 £1 343* Composition dans un cadre Technique mixte/papier 120x95cm/*47x37in* Bruxelles 98
WIJNGAERDT van Anthonie Jacobus 1808-1887 **[34]**

*$4 880 FF24 660 £3 200 Figures and Cattle in a Landscape before a Cottage Oil/panel 18x30cm/*7x11in* London 96
*$21 766 FF130 974 £13 031 An Angler in a Summer Landscape Oil/panel 42x65cm/*16x25in* Amsterdam 98
WIJNGAERDT van Piet 1873-1964 **[181]**
*$304 FF1 732 £188 A still life with shoes Oil/canvas 84,5x102cm/*33x40in* Amsterdam 97
*$706 FF3 590 £452 Roode rozen Oil/canvas 26,5x28,5cm/*10x11in* Amsterdam 96
*$5 245 FF32 123 £3 125 "Bosch in Haarlemmerhout" Oil/canvas 120,5x112cm/*47x44in* Amsterdam 98
*$334 FF1 907 £207 A farmer Pastel/paper 63x52cm/*24x20in* Amsterdam 97
WIJNVELD Barend 1820-1902 **[2]**
*$12 000 FF62 300 £7 930 Sit up and beg Oil/canvas 118x90cm/*46x35in* New-York 96
WIJSMULLER Jan Hillebrand 1855-1925 **[55]**
*$1 949 FF11 101 £1 210 A village street Oil/canvas 32,5x52,5cm/*12x20in* Amsterdam 97
*$2 436 FF13 874 £1 512 Houses along a canal winter Oil/canvas/panel 34x24cm/*13x9in* Amsterdam 97
*$525 FF2 716 £336 The Oosterdok harbour, Amsterdam, with moored shipping Black chalk 32x51cm/*12x20in* Amsterdam 96
WIK van Henri 1833-? **[1]**
*$3 270 FF16 000 £2 070 Les chasseurs en Afrique du Nord Huile/toile 35x95cm/*13x37in* Paris 95
WIKSTROM Bror Anders 1839-1909 **[9]**
*$2 000 FF11 954 £1 212 Rocky Coast Oil/canvas 63,5x76,2cm/*25x29in* San Francisco-Los Angeles 97
WIKSTRÖM Titus 1887 **[6]**
*$3 861 FF23 418 £2 292 "Kungsholm" i Göteborgs hamn, i bakgrunden Oil/canvas 85x120cm/*33x47in* Malmö 98
WILBAULT Henri (Attrib.) 1686-1763 **[1]**
*$21 978 FF132 000 £13 332 Portrait d'un jeune garçon et de son père/Portrait d'une Jeune fille Huile/toile 99x81cm/*38x31in* Paris 98
WILBERT Robert 1929 **[3]**
*$9 000 FF54 578 £5 490 Bouquet with Tin Horn Oil/canvas 101x116cm/*40x46in* Bloomfield Hills, Michigan 98
WILBUR Lawrence N. 1897-? **[8]**
*$1 980 FF11 757 £1 208 Advertisement: Wife With fresh loaf of bread as farmer washes up Oil/canvas/board 46x39cm/*18x15in* New-York 98
WILCKINGSHOFF Ernst 1885-? **[4]**
*$1 045 FF6 072 £638 Prachtvoller Frühlingstag am Bodensee Öl/Leinwand 70x80cm/*27x31in* Lindau 97
WILCOX Leslie Arthur 1904 **[10]**
*$3 049 FF17 543 £1 800 H.M.S. "Anson" at Sea Oil/canvas 59,5x91,5cm/*23x36in* London 97
*$677 FF3 898 £400 Running before the Wind Bodycolour 37x51cm/*14x20in* London 97
WILCOX Urquhart 1876-1941 **[2]**
*$1 300 FF7 589 £773 America's Bow of Promise Coloured inks 46x98cm/*18x38in* New-York 97
WILD Frank Percy 1861-1950 **[8]**
*$1 307 FF7 827 £800 Portrait of Lady, said to be Edith Hodgetts, in a Pink Dress Oil/canvas 44x34cm/*17x13in* Billingshurst, West Sussex 97
*$76 059 FF435 622 £45 000 Learning to Punt Oil/canvas 86,5x112cm/*34x44in* London 97
WILD William 1806-1889 **[6]**
*$16 170 FF98 000 £9 917 Le grand Canal à Venise Huile/toile 70x102cm/*27x40in* Quimper 98
WILDA Charles 1854-1907 **[15]**
*$32 146 FF186 456 £19 000 Traders in Cairo Oil/canvas 64x92cm/*25x36in* London 97
WILDA Hans Gottfried 1862-1911 **[14]**
*$2 062 FF11 990 £1 260 Kaiserliche Ausfahrt im Prater Aquarell/Papier 20x46cm/*7x18in* Wien 97
WILDE de August 1819-1886 **[2]**
*$6 967 FF42 000 £4 216 Jeune femme au ruisseau Huile/toile 48x38,5cm/*18x15in* Argenteuil 98
WILDE de Christoffel 1784-1860 **[1]**
*$10 676 FF63 968 £6 368 An Indonesian river Landscape with a Kampong Oil/canvas/panel 65,5x83cm/*25x32in* Amsterdam 98
WILDE de Samuel 1747-1832 **[9]**
*$3 200 FF19 452 £1 970 Portrait of a Shephard Oil/canvas 67,5x57cm/*26x22in* New-York 98
*$9 825 FF56 530 £5 800 Portrait of John, 5th Baron Farnham P.C, colonel of the Canvan Militia Oil/canvas

W

46x31,5cm/*18x12in* London 97
WILDE John 1919 **[4]**
 ☞ *$2 300 FF13 341* £1 415 "August" Oil/canvas 33x27cm/*13x11in* Milwaukee, Wisconsin 97
WILDEMANN Heinrich 1904-1964 **[4]**
 ☞ *$1 674 FF10 056* £1 004 Ohne Titel Mixed media 31x44cm/*12x17in* Stuttgart 98
WILDENS Jan 1586-1653 **[29]**
 ☞ *$21 126 FF122 757* £13 000 A wooded landscape with Diana and her nymph sleeping Oil/panel
70x105cm/*27x41in* London 97
WILDENS Jan (Attrib.) 1586-1653 **[12]**
 ☞ *$3 595 FF21 000* £2 127 Bergers et leur troupeau dans la campagne Flamande Huile/toile
77,5x119cm/*30x46in* Douai 97
 ☞ *$5 847 FF33 000* £3 560 Jacob et Rachel Huile/cuivre 32x39cm/*12x15in* Paris 97
WILDER André 1871-1965 **[54]**
 ☞ *$885 FF4 500* £529 Chemin de halage Huile/carton 24x33cm/*9x12in* Paris 96
 ☞ *$3 003 FF17 500* £1 835 Les roches roses Huile/toile 60x73cm/*23x28in* Rennes 97
 ✏ *$438 FF2 500* £274 Le port d'Antibes Pastel 23x29cm/*9x11in* Le Havre 97
WILDING Alison 1948 **[3]**
 🗝 *$3 014 FF18 103* £1 800 Shady 1 Metal 22x51,5x9cm/*8x20x3in* London 98
WILDING Dorothy 1893-1976 **[20]**
 ☞ *$2 000 FF12 165* £1 216 Portrait of the Duke of Windsor, New York Mixed media 19x23,5cm/*7x9in* New-York 98
 📷 *$1 700 FF10 334* £1 031 Portrait of the Duchess of Windsor, New York, June 2 Silver print
25,5x30,5cm/*10x12in* New-York 98
WILDING Ludwig 1927 **[17]**
 ▨ *$167 FF1 026* £100 "R.28" Multiple 50x50x7cm/*19x19x2in* Zürich 98
 ✏ *$1 153 FF6 600* £720 Überlagerung Weiss/Weiss/Variation Drawing 35x35cm/*13x13in* München 97
WILDING R.T. XIX-XX **[12]**
 ✏ *$372 FF2 253* £220 Sailing vessel by Coastal Dwellings Watercolour/paper 20x13cm/*8x5in* Whitby, Yorks 98
WILDMAN John Robert XIX **[6]**
 ☞ *$489 FF2 924* £300 Portrait of a Lady/Portrait of a Gentleman Oil/canvas 74x62cm/*29x24in* Billingshurst,
West Sussex 97
WILDT Adolfo 1868-1931 **[4]**
 ✏ *$3 500 FF21 328* £2 171 "Ladro d'anime" Ink 19x23cm/*7x9in* New-York 98
WILES Gladys XX **[3]**
 ☞ *$2 000 FF11 376* £1 224 Interior with Bust of Mozart Oil/canvas 71x60cm/*28x24in* New-York 97
WILES Irving Ramsay 1861-1948 **[37]**
 ☞ *$4 750 FF28 206* £2 877 Peconic, Long Island Oil/canvas/board 22x30cm/*9x12in* Bethesda, Maryland 97
 ☞ *$18 000 FF88 800* £11 730 Magnolias in a vase Oil/canvas 76x64cm/*29x25in* New-York 95
 ✏ *$13 000 FF76 606* £8 028 Seated Woman in green Pastel/board 35x28cm/*13x11in* New-York 97
WILES Lemuel Maynard 1826-1905 **[17]**
 ☞ *$1 500 FF7 365* £955 Landscape Oil/canvas 22x38cm/*9x15in* Windsor, CT 95
 ☞ *$13 000 FF67 000* £8 310 Cove near West Point Oil/canvas 55,5x91,5cm/*21x36in* New-York 96
WILEY William T. 1937 **[32]**
 ☞ *$7 000 FF41 542* £4 287 Modern as Hell and Pure as Hell as Well Acrylic 114x86,5cm/*44x34in* San
Francisco-Los Angeles 97
 ☞ *$27 000 FF138 400* £16 400 Studio Space Oil/canvas 211x205cm/*83x80in* New-York 96
 ▨ *$500 FF2 533* £328 Eerie Grotto? Okini Woodcut in colors 57,5x75cm/*22x29in* New-York 96
 🗝 *$1 495 FF8 979* £892 What the Racoon Said Sculpture 52x48cm/*20x18in* San Francisco 98
 ✏ *$300 FF1 853* £180 Untitled Ink/paper 45x38cm/*18x15in* Plainville, Conn. 98
WILHELM Paul 1886-1965 **[5]**
 ✏ *$817 FF4 718* £501 Südliche Landschaft Watercolour 48x31cm/*18x12in* Dresden 97
WILHELMI Heinrich 1816-1902 **[2]**
 ☞ *$29 148 FF169 764* £17 808 Mädchen mit einer Katze spielend Öl/Leinwand 69x51,5cm/*27x20in* Zürich 97
WILHELMSON Carl 1866-1928 **[106]**
 ☞ *$719 FF4 405* £428 Bât/Brygga Oil/canvas 35x25cm/*13x9in* Stockholm 98
 ☞ *$14 850 FF76 900* £9 600 "Afton", solnedgång vid Fiskebäcksil Oil/canvas 44x76cm/*17x29in* Stockholm 96
 ☞ *$59 700 FF294 000* £38 450 Tre flickor Oil/canvas 105x122cm/*41x48in* Stockholm 95
 ▨ *$302 FF1 528* £198 Portrait of a woman Etching 25x21cm/*9x8in* Stockholm 96

$908 FF5 564 £541 Fiskebäckskil/Bretagne Akvarell/papper 11x9,5cm/*4x3in* Stockholm 98
WILHJELM Johannes M. Fasting 1868-1938 [56]
$590 FF3 524 £360 Fiskerbåde under kysten Oil/canvas 45x62cm/*17x24in* Köbenhavn 98
WILKE Paul Ernest 1894-1972 [39]
$1 776 FF10 121 £1 109 "Landschaft bei Wremen" Oil/canvas 40,5x60cm/*15x23in* Bremen 97
WILKENS Frans XVIII-XIX [1]
$3 400 FF17 000 £2 200 Coastal landscape with a family on a road near a gabled house Oil/canvas 75x93cm/*29x36in* London 96
WILKENS Theodoor c.1675-1748 [2]
$2 417 FF11 720 £1 560 The River Tiber near the Fountain of the Acqua Acetosa Ink 41,3x29,5cm/*16x11in* Amsterdam 95
WILKIE David 1785-1841 [41]
$12 320 FF63 800 £8 000 Wooded landscape with a wayside shrine Oil/panel 20x15cm/*7x5in* London 96
$339 500 FF1 657 000 £215 000 The Errand Boy Oil/panel 38x51cm/*14x20in* London 95
$603 FF3 065 £360 Portrait study of a gentleman Ink 27x20cm/*10x7in* London 96
WILKINSON Arthur XIX-XX [24]
$631 FF3 968 £400 Picking Flowers from the Cottage Garden Watercolour/paper 38x27cm/*14x10in* London 97
WILKINSON Arthur Stanley c.1860-1930 [11]
$848 FF5 000 £520 Cattle Resting in a Meadow Watercolour 28x38cm/*11x14in* Billingshurst, West Sussex 98
WILKINSON Henry R. XIX-XX [13]
$212 FF1 200 £129 L'envol des perdrix Eau-forte couleurs 20x23cm/*7x9in* Soissons 97
WILKINSON John B. 1865-1907 [6]
$1 427 FF8 210 £842 Voyageur Canoes Carrying Passengers Watercolour/paper 27x37cm/*10x14in* Vancouver, BC. 97
WILKINSON Norman 1878-1971 [138]
$154 FF923 £94 Fleet Action at Port Arthur, 9th February, 1904/Battle of the Sea Oil/canvas 35,5x58cm/*13x22in* Billingshurst, West Sussex 97
$464 FF2 764 £280 "Bayonnaise Taking Ambuscade, December 1798" Oil/panel 25,5x39,5cm/*10x15in* Billingshurst, West Sussex 98
$324 FF1 908 £200 The Line Drypoint 22,5x30cm/*8x11in* Newbury, Berkshire 97
$474 FF2 713 £280 West Bay Gouache/paper 27x38cm/*10x14in* London 97
WILKINSON Winifred H. XIX-XX [4]
$7 840 FF40 040 £5 200 View of the Tower of London Oil/canvas 75x100cm/*29x39in* Billingshurst, West Sussex 96
WILKON Józef 1930 [2]
$1 087 FF5 670 £647 Zielony nosorozec Gouache 38x29cm/*14x11in* Warszawa 96
WILKS Maurice Canning 1911-1983 [138]
$2 609 FF15 384 £1 600 The Mourne Mountains from Minerstown, Co. Down Oil/canvas/board 30,5x40cm/*12x15in* London 98
$4 077 FF24 038 £2 500 In the Maam Valley, Connemara, Co. Galway Oil/canvas 45,5x91cm/*17x35in* London 98
$1 167 FF7 009 £700 Fair Head Co Antram Watercolour 26x38cm/*10x15in* Dorking, Surrey 98
WILL Willy Maltaire, dit 1927 [10]
$684 FF3 900 £427 "Tif et Tondu" Encre Chine/papier 40x30cm/*15x11in* Paris 97
WILLAERT Ferdinand 1861-1938 [155]
$516 FF2 520 £326 Le batelier Huile/toile 24x41cm/*9x16in* Bruxelles 95
$1 090 FF5 460 £689 Gezicht in Zeeland Huile/toile 37x46cm/*14x18in* Lokeren 95
WILLAERTS Abraham 1603-1666 [7]
$8 230 FF50 000 £4 955 Tempête près d'une côte rocheuse Huile/toile 67x111cm/*26x43in* Paris 98
WILLAERTS Abraham (Attrib.) 1603-1666 [2]
$6 388 FF37 962 £3 800 A shipwreck off a coast Oil/panel 34x41,5cm/*13x16in* London 97
WILLAERTS Adam 1577-1664 [17]
$14 975 FF87 060 £9 140 Ships foundering off a Rocky coast Oil/canvas 96x134,5cm/*37x52in* Amsterdam 97
$30 550 FF157 400 £19 700 Küstenlandschaft Oil/panel 56x77cm/*22x30in* Zürich 96

$52 000 FF269 000 £33 560 Coastal landscape Oil/panel 17,5x27cm/*6x10in* Stockholm 96
WILLAERTS Adam (Attrib.) 1577-1664 **[1]**
$8 000 FF48 426 £4 773 A Rocky Coastal, Scene with Bathers, A Hunting Party on Shore Oil/canvas 82,5x124,5cm/*32x49in* New-York 97
WILLAERTS Cornelis c.1600-c.1675 **[3]**
$3 210 FF16 500 £2 000 The Rape of Europa Oil/panel 56x91cm/*22x35in* London 96
WILLAERTS Isaac 1620-1693 **[6]**
$2 500 FF12 810 £1 520 Fishermen unloading their Catch with a Galley, other shipping offshore Oil/panel 28,5x41,5cm/*11x16in* New-York 96
$8 380 FF50 000 £5 055 Marine près d'un rivage Hollandais Huile/panneau 34x50cm/*13x19in* Neuilly-sur-Seine 97
WILLAME Fernand 1870-1953 **[2]**
$7 310 FF37 000 £4 800 Summer flowers Oil/canvas 65x50cm/*25x19in* London 96
WILLCOCK George Burrell 1811-1852 **[14]**
$1 000 FF6 053 £596 Landscape with Thatched House Oil/panel 25x35,5cm/*9x13in* New-York 97
$6 335 FF38 918 £3 800 On the Thames, Berkshire Oil/board 36x54cm/*14x21in* London 98
WILLE Johan Georg 1715-1808 **[38]**
$151 FF939 £91 La cuisinière Hollandoise, nach G. Metzu Radierung 40x28,5cm/*15x11in* Heidelberg 98
$2 834 FF16 733 £1 678 Schlafendes Mädchen neben einer Heudieme Ink/paper 18x26,5cm/*7x10in* Berlin 97
WILLE Johan Georg (Attrib) 1715-1808 **[5]**
$783 FF4 500 £478 Tête de vieille femme, la tête couverte d'un bonnet Sanguine/papier 13,5x11cm/*5x4in* Paris 97
WILLE Pierre Alexandre 1748-1821 **[23]**
$5 890 FF30 000 £3 880 Portrait de jeune femme à la rose Huile/toile 35x29,5cm/*13x11in* Paris 96
$503 FF3 013 £300 Portrait of a Girl bust lenght Black chalk 20,5x16,5cm/*8x6in* London 98
WILLE von August 1829-1887 **[8]**
$3 552 FF20 242 £2 218 Mondnacht an der Loreley Öl/Leinwand 30,5x45,5cm/*12x17in* Köln 97
WILLE von Fritz 1860-1941 **[89]**
$1 529 FF9 396 £917 Bildnis der Ehefrau Fritz von Willes Oil/canvas/panel 40x43cm/*15x16in* Köln 98
$3 000 FF17 964 £1 843 Portrait of a Princess Combing Her Hair Oil/panel 18x23cm/*7x9in* Elgin, Illinois 98
$21 300 FF108 200 £12 700 Ein klarer Tag Öl/Leinwand 126x101cm/*49x39in* Köln 96
$190 FF958 £124 Das einsame Haus Color lithograph 18,5x25cm/*7x9in* Rudolstadt-Thüringen 96
WILLEBEECK Peter c.1600-c.1660 **[1]**
$177 540 FF1 100 000 £106 040 Nature morte à la corbeille de fruits, huîtres et citron Huile/panneau 48x63cm/*18x24in* Paris 98
WILLEM Bernard 1941 **[19]**
$118 FF600 £71 L'Armée réduite d'un tiers (Libération) Feutre/papier 15,5x21,5cm/*6x8in* Paris 96
WILLEMS Florent 1823-1905 **[44]**
$2 242 FF13 650 £1 335 La conversation galante Huile/panneau 32x23,5cm/*12x9in* Bruxelles 98
$6 500 FF37 016 £3 946 The Olden Times Oil/canvas 105,5x54,5cm/*41x21in* New-York 97
$55 000 FF325 253 £33 368 Setting out of the Falconers Oil/panel 161,5x105,5cm/*63x41in* New-York 98
WILLEMSENS Abraham c.1627-1672 **[11]**
$4 299 FF25 500 £2 544 La Résurrection de Lazare Huile/cuivre 30x45cm/*11x17in* Paris 97
$15 000 FF82 827 £9 360 Peasants resting by a Well with a Shepherd Boy piping Oil/canvas 51,5x61cm/*20x24in* New-York 97
WILLEMSENS Abraham (Attrib.) c.1627-1672 **[1]**
$4 862 FF27 729 £2 958 The Holy Spirit appearing to the infant Mary among Joachim and Anna Oil/copper 80,5x101cm/*31x39in* Rumbeke (Kortrijk) 97
WILLEMSENS Louis (Attrib.) 1630-1702 **[1]**
$9 010 FF45 900 £5 760 Relief emblematic of Summer, as a Putto holding corn Terracotta 46,5x24cm/*18x9in* Amsterdam 96
WILLETT Arthur 1868-c.1940 **[40]**
$520 FF3 033 £320 View of Windson from the River Watercolour 27x39,5cm/*10x15in* Billingshurst, West Sussex 97
WILLETTE Adolphe 1857-1926 **[95]**
$507 FF3 000 £315 Pierrot et la Lune Huile/toile 58x73cm/*22x28in* Soissons 97

$1 345 FF8 000 £833 La raison humaine Huile/toile 158x124cm/*62x48in* Provins 97
$181 FF1 000 £112 "Le Courrier Français illustré, Dans tous les kiosques" Affiche 83x58,5cm/*32x23in* Boulogne-sur-Seine 97
$174 FF900 £112 Étude de personnages Crayon 23,5x16,5cm/*9x6in* Paris 96
WILLIAMS A. Sheldon 1840-1881 **[6]**
$4 788 FF28 653 £3 000 Brake and Four going to the Meet Oil/board 21,5x46cm/*8x18in* London 97
WILLIAMS Albert 1922 **[12]**
$1 186 FF5 800 £750 Spring still life Oil/canvas 51x41cm/*20x16in* London 95
$2 031 FF11 787 £1 200 Christmas Still life Oil/board 35,5x38cm/*13x14in* London 97
WILLIAMS Alexander 1846-1930 **[36]**
$1 010 FF5 982 £600 Fisherfolk on a Beach Oil/board 19,5x37cm/*7x14in* Salisbury, Wiltshire 97
$2 449 FF14 450 £1 500 "An Inlet of the Sea, Killybegs, Donegal" Oil/canvas/panel 35,5x61cm/*13x24in* London 98
$757 FF4 641 £452 "Kenmare Bay, Co. Kerry" Watercolour/paper 28x46cm/*11x18in* Castlecomer 98
WILLIAMS Alfred Walter 1824-1905 **[23]**
$1 400 FF8 454 £850 Near Coniston, The Lake District Oil/canvas 27x40cm/*10x16in* Bethesda, Maryland 98
$2 935 FF17 492 £1 800 The Peaceful River Oil/canvas 30,5x61cm/*12x24in* London 98
WILLIAMS Benjamin ?-1920 **[1]**
$6 513 FF38 022 £4 000 The outskirts of a farm, evening Oil/canvas 30,5x46cm/*12x18in* London 97
WILLIAMS Edward 1782-1855 **[22]**
$6 159 FF35 747 £3 800 Landscape with Figures returning from Market Oil/canvas 42x52cm/*16x20in* London 97
WILLIAMS Edward (Attrib.) 1782-1855 **[7]**
$1 600 FF9 726 £985 The Watering Hole Oil/panel 30x41cm/*11x16in* New-York 98
WILLIAMS Edward Charles 1807-1881 **[58]**
$437 FF2 280 £289 Rural scene with family and sheep Oil/canvas 51x61cm/*20x24in* Toronto 96
$1 666 FF8 553 £1 099 The Coming Storm Oil/board 29,5x39,5cm/*11x15in* Sydney 96
WILLIAMS Emmet 1925 **[7]**
$520 FF3 041 £319 21 Proposals for the Stained-Glass windows of the Fluxus Cathedral Farbserigraphie 52x37,5cm/*20x14in* Köln 97
WILLIAMS Esther 1901 **[4]**
$1 400 FF8 495 £850 Children Playing in Central Park Oil/canvas 38x45cm/*15x18in* New-York 98
WILLIAMS Frederick Ballard 1871-1956 **[42]**
$949 FF5 605 £562 The Happy Retreat Oil/board 40x30cm/*16x12in* Elgin, Illinois 97
$1 780 FF9 300 £1 061 Elegant Women in Forest Glade Oil/canvas 63,5x77cm/*25x30in* Toronto 96
$7 000 FF41 841 £4 242 The Arcadian Domaine Oil/canvas 127x152,4cm/*50x59in* San Francisco-Los Angeles 97
WILLIAMS Frederick Dickinson 1829-1915 **[13]**
$1 670 FF10 000 £998 Vaches au patûrage Huile/toile 36x25,5cm/*14x10in* Saint-Dié 98
$4 250 FF24 205 £2 621 Near the Oxbow, Connecticut River Oil/canvas 51x76cm/*20x29in* Boston, Mass. 97
WILLIAMS Frederick Ronald 1927-1982 **[60]**
$23 622 FF121 056 £15 075 Landscape Oil/board 80x90cm/*31x35in* Melbourne 95
$70 200 FF409 095 £43 245 Murray River, Loxton, S.A. Oil/canvas 265x76cm/*104x29in* Melbourne 97
$185 FF1 148 £110 Papageno Silkscreen 77x57cm/*30x22in* Sydney 98
$10 841 FF65 670 £6 717 Saplings Gouache/paper 37x54cm/*14x21in* Melbourne 97
WILLIAMS George Aug. (Attrib) 1814-1901 **[2]**
$1 668 FF10 075 £1 000 The Haunt of the Heron Oil/canvas 46x58,5cm/*18x23in* London 98
WILLIAMS George Augustus 1814-1901 **[42]**
$5 060 FF24 740 £3 200 Winter Afternoon, on the Thames, Bucks Oil/canvas 53x92cm/*20x36in* London 95
$4 244 FF24 761 £2 600 A Farmyard in the Snow Oil/canvas 15,5x23cm/*6x9in* London 97
WILLIAMS Glynn 1939 **[7]**
$8 169 FF48 828 £5 000 Mother and Child Bronze H24cm/*H9in* London 97
$11 763 FF70 312 £7 200 Portrait with Flowers Bronze H101,5cm/*H39in* London 97
WILLIAMS Harry c.1820-c.1880 **[6]**
$1 800 FF10 309 £1 064 Coastal Scenes with Fishermen Oil/canvas 40x58cm/*16x23in* Milford, Conn. 97
WILLIAMS Henry XIX **[3]**

---

*$3 165 FF19 525 £1 900 A Village Kermesse before the Royal Oak Oil/canvas 66x101,5cm/*25x39in* London 98
WILLIAMS Hugh William Grecian 1773-1829 **[44]**
*$826 FF5 033 £520 Kenmore on Loch Tay/Castle Campbell/Glencoe/On the Clyde Aquatint 50x64cm/*19x25in* Billingshurst, West Sussex 97
*$1 775 FF10 752 £1 100 Scottish Loch Watercolour 35x50cm/*13x19in* Perthshire 97
WILLIAMS James 1887-1931 **[1]**
*$19 546 FF114 176 £12 000 A scene from Chaucer's The Knight's Tale Plaster 96,5x318cm/*37x125in* London 97
WILLIAMS James Francis c.1785-1846 **[3]**
*$6 231 FF35 647 £3 800 A View of Stirling from the Royal Gardens Looking North Oil/canvas 63,5x91,5cm/*25x36in* Glasgow 97
WILLIAMS James Francis (Attr) c.1785-1846 **[2]**
*$3 000 FF17 835 £1 835 Fishing by the Pond Oil/canvas 63,5x76cm/*25x29in* New-York 97
WILLIAMS John Haynes 1836-1908 **[19]**
*$2 446 FF14 423 £1 500 Spanish Courtship Oil/canvas 55,5x38cm/*21x14in* Billingshurst, West Sussex 98
WILLIAMS Juliet Nora XIX-XX **[6]**
*$178 FF1 027 £110 Gathering Wild Flowers, Whitby Watercolour 22x33cm/*8x12in* London 97
WILLIAMS Kyffin 1918 **[27]**
*$3 584 FF21 696 £2 200 "No.3, October, Nantmor" Oil/canvas 61x61cm/*24x24in* Chester 98
*$4 943 FF30 126 £3 000 Caesarea 2 Oil/board 30,5x38cm/*12x14in* London 98
*$997 FF5 939 £610 Welsh Valley with Cottages Watercolour/paper 34x47cm/*13x18in* Dorking, Surrey 98
WILLIAMS Lucy Gwendolen XIX-XX **[2]**
*$4 836 FF28 182 £2 979 The Queeen of Dreams Bronze H26,5cm/*H10in* Melbourne 97
WILLIAMS Micah 1782/83-1837 **[5]**
*$8 000 FF49 049 £4 894 Portrait of a Lady Pastel/paper 49x61cm/*19x24in* New-York 98
WILLIAMS OF PLYMOUTH William 1808-1895 **[23]**
*$1 885 FF11 431 £1 150 On the Teign, Chagford, Devon/On the Exe Near Topsham Oil/board 25x35cm/*10x14in* Par, Cornwall 98
*$6 326 FF37 453 £3 782 Extensive View of Bay with Sailing Craft and Figures Oil/canvas 60,5x91cm/*23x35in* Toronto 97
WILLIAMS Owen XX **[4]**
*$1 400 FF7 090 £916 A woodcock in flight/Grouse watering Watercolour/paper 25x36cm/*9x14in* New-York 96
WILLIAMS Penry 1798-1885 **[28]**
*$2 348 FF14 040 £1 437 River landscape in the Roman Campagna Oil/canvas 30,5x44,5cm/*12x17in* Warszawa 97
*$2 866 FF17 606 £1 720 Folkelivsseneri fra Rom, med musikanter Oil/canvas 51x40cm/*20x15in* Vejle 98
WILLIAMS Richard James 1876-1964 **[3]**
*$1 365 FF7 899 £820 Goblin will o'the Wisp Watercolour 36,5x25,5cm/*14x10in* London 97
WILLIAMS Sheldon Inglis 1870-1940 **[1]**
*$3 322 FF19 920 £2 000 The Procession of the Maharaja of Alwar Watercolour 34,5x50cm/*13x19in* London 98
WILLIAMS Sue 1954 **[9]**
*$8 000 FF41 000 £4 860 In Denial of the Shady Boner Motel Acrylic/canvas 10x122cm/*3x48in* New-York 96
*$9 000 FF52 264 £5 498 After the Revolution Oil/canvas 137x163cm/*53x64in* New-York 97
WILLIAMS Terrick John 1860-1937 **[76]**
*$3 955 FF24 101 £2 400 The Market, Tangiers Oil/canvas 26x40,5cm/*10x15in* London 98
*$7 027 FF42 105 £4 200 "Wet Sands, Dieppe" Oil/canvas 38x53cm/*14x20in* Bath 98
*$569 FF3 242 £349 "Chiavenna" Pastel/paper 21,5x26,5cm/*8x10in* London 97
WILLIAMS Virgil 1830-1886 **[7]**
*$9 500 FF55 522 £5 796 Yosemite Valley Oil/canvas 75,5x126,5cm/*29x49in* San Francisco 97
WILLIAMS Wade L. XX **[2]**
*$8 154 FF48 077 £5 000 Haymakers in a Landscape Oil/canvas 47x73cm/*18x28in* Billingshurst, West Sussex 98
WILLIAMS Walter 1835-1906 **[55]**

☞ *$2 446 FF15 001 £1 500* Figures by a River with an Abbey Ruin beyond Oil/canvas 40,5x69,5cm/*15x27in* London 98
☞ *$3 970 FF20 120 £2 600* A washerwoman by a river with a Gypsy encampment/A punt on a river Oil/canvas 20x36cm/*7x14in* London 96
WILLIAMS Walter (Attrib.) 1835-1906 [6]
☞ *$2 360 FF14 019 £1 449* River Scenes Oil/canvas/board 25x20cm/*9x7in* Billingshurst, West Sussex 97
WILLIAMS Walter Heath 1835-1906 [33]
☞ *$3 644 FF22 330 £2 200* Harvesters in a Summer Landscape Oil/canvas 46x66cm/*18x25in* London 98
☞ *$4 065 FF23 391 £2 400* Children fishing in a Wooded Landscape/A Shepherd with his Flock Oil/canvas 30,5x51cm/*12x20in* London 97
WILLIAMS Walter Heath (Attr.) 1835-1906 [3]
☞ *$4 380 FF22 270 £2 800* A Summer's Day Oil/canvas 61x92cm/*24x36in* London 96
WILLIAMS Warren 1863-1918 [53]
✐ *$1 384 FF7 020 £900* Cottages by the beach Watercolour 43x63cm/*17x25in* Penzance, Cornwall 96
WILLIAMS Wheeler 1897-1972 [9]
⬿ *$5 250 FF32 051 £3 137* "Neptune" Sculpture H83cm/*H33in* Bloomfield Hills, Michigan 96
WILLIAMS William 1727-1791 [5]
☞ *$7 630 FF38 040 £5 000* A portrait of Roger Pocklington of Westhorpe Hall, Nottinghamshire Oil/canvas 76x62cm/*29x24in* London 95
WILLIAMS William 1808-1895 [6]
☞ *$6 836 FF40 816 £4 200* An Italianate View of a Lake/An Italianate view with Goatherds Oil/canvas 75x62,5cm/*29x24in* London 98
WILLIAMS Wilton XX [4]
✐ *$464 FF2 764 £280* Nothing to Wear Watercolour, gouache/paper 59x43cm/*23x16in* Billingshurst, West Sussex 98
WILLIAMSON Frederick c.1835-1900 [20]
✐ *$1 392 FF8 137 £849* Cattle at Pasture Bodycolour 17,5x28,5cm/*6x11in* London 97
WILLIAMSON Harold Sandys 1892-? [5]
▥ *$1 141 FF6 730 £700* "Imperial Airways, Croydon 1934" Poster 102x127cm/*40x50in* London 98
WILLIAMSON John 1826-1885 [15]
☞ *$584 FF3 454 £349* A Thoughful Moment Oil/canvas 61x45,5cm/*24x17in* London 97
☞ *$750 FF4 534 £464* A Bend in the River Oil/canvas 20x27cm/*8x11in* Mystic, Connecticut 97
WILLIAMSON Samuel 1792-1840 [2]
☞ *$10 010 FF61 075 £6 000* Fisherfolk and Cattle on the Seashore/A Mountainous Landscape Oil/board 33x46,5cm/*12x18in* London 98
WILLIAMSON Thomas XVIII-XIX [2]
▥ *$18 600 FF96 200 £12 000* Oriental Field Sports, Description of the Wild Sports of the East Aquatint 46x58,5cm/*18x23in* London 96
WILLIAMSON William Harry 1820-1883 [47]
☞ *$194 FF1 120 £120* Fishing Boats off Dieppe Oil/board 15x23cm/*5x9in* London 97
☞ *$1 700 FF10 083 £1 029* Rough Seas Oil/canvas 51x60cm/*20x24in* New-York 97
WILLIGEN van der Pieter 1635-1694 [1]
☞ *$8 960 FF44 950 £5 670* Vanitas Oil/panel 30x39cm/*11x15in* Wien 95
WILLIKENS Ben 1939 [18]
✐ *$144 FF743 £90* "Raum mit Rundbogen" Mischtechnik/Papier 35,5x47,5cm/*13x18in* Stuttgart 96
WILLING Victor 1928 [3]
☞ *$3 849 FF22 304 £2 400* Nude, Back View Oil/canvas 117x117cm/*46x46in* London 97
WILLINGER Laszlo 1906-1989 [14]
📷 *$650 FF3 826 £401* Marilyn Monroe Photograph 35x27cm/*14x11in* Los Angeles 97
WILLINK Albert Carel 1900-1983 [60]
☞ *$1 089 FF6 444 £654* A farmer in the field Oil/canvas 36x27cm/*14x10in* Amsterdam 97
☞ *$66 500 FF347 000 £40 100* Composition Oil/canvas 70x73cm/*27x28in* Amsterdam 96
☞ *$109 802 FF653 994 £65 274* Fuga Monialium, ontvluchte monnen Oil/canvas 150x110cm/*59x43in* Amsterdam 97
▥ *$338 FF2 013 £201* Untitled Screenprint 27,5x27,5cm/*10x10in* Amsterdam 97
✐ *$3 259 FF19 028 £2 002* A View of a Town with Statuettes Charcoal 63,8x92,5cm/*25x36in* Amsterdam 97

WILLIS A.V. XIX [4]
  $4 200 FF21 700 £2 690 Stopping for a rest Oil/canvas 56x91cm/*22x35in* New-York 96
WILLIS Fritz XX [3]
  $5 000 FF25 900 £3 340 Seated woman with oranges shoes, for "Artist's Sketch Book Calendar" Oil/canvas 86x60cm/*34x24in* New-York 96
  $1 500 FF7 690 £911 Reclining nude with stocking Pencil 46x71cm/*18x28in* New-York 96
WILLIS Henry Brittan 1810-1884 [24]
  $1 481 FF8 815 £880 Cattle watering Oil/panel 20x30cm/*7x11in* Billingshurst, West Sussex 97
  $3 113 FF18 500 £1 900 Folding Time Oil/board 37,5x53,5cm/*14x21in* London 98
  $26 000 FF153 938 £15 438 Shetland Ponies and Cattle by the Shore Oil/canvas 132x211cm/*51x83in* New-York 97
  $678 FF4 127 £416 Sunset near Newhaven, Sussex Watercolour/paper 15x37cm/*5x14in* Toronto 98
WILLIS Ian 1944 [3]
  $7 560 FF39 450 £5 000 Birds of the Middle East and North Africa Watercolour 34x21,5cm/*13x8in* London 96
WILLIS Michael XX [7]
  $400 FF2 020 £259 Still Life Oil/canvas 71x50cm/*28x20in* Portland, Maine 96
WILLIS Thomas 1850-1912 [8]
  $3 800 FF23 298 £2 324 A Pilot Boat Mixed media/canvas 40x58cm/*16x23in* New-York 98
WILLISON George (Attrib.) 1741-1797 [1]
  $9 300 FF47 900 £6 000 Portrait of an Officer, three-quarter length, in uniform Oil/canvas 127x99cm/*50x38in* London 96
WILLMANN Michael L. (Attrib.) 1630-1706 [1]
  $5 331 FF31 527 £3 200 The Penitent Magdalen Oil/panel 91,5x74cm/*36x29in* London 97
WILLMANN Michael Lukas Leo. 1630-1706 [5]
  $1 430 FF7 458 £836 Stammbaum Christi Radierung 33,8x19,9cm/*13x7in* Berlin 96
  $4 251 FF25 100 £2 517 Die Aufnahme Mariens in den Himmel Ink 40,8x26,6cm/*16x10in* Berlin 97
WILLMORE James Tilbitts 1800-1863 [3]
  $97 FF508 £59 italien, nach W. Turner Engraving 40x66cm/*15x25in* Stuttgart 96
WILLMS Arnold c.1860-c.1900 [3]
  $3 500 FF20 808 £2 141 Eastern Beauty Oil/canvas 69x52cm/*27x20in* New-York 97
  $1 812 FF10 319 £1 100 In the Harem Watercolour 32x48cm/*12x18in* London 97
WILLOUGHBY OF HULL Robert 1768-1843 [4]
  $6 776 FF38 986 £4 000 The "John" and the Hull whaling Fleet in the Arctic with a Polar Beart Oil/canvas 68,5x99cm/*26x38in* London 97
WILLROIDER Josef 1838-1915 [55]
  $2 262 FF13 391 £1 343 Gebirgssee Oil/wood 19,5x30,5cm/*7x12in* Dresden 97
  $9 970 FF50 700 £5 950 Seenlandschaft in Kärnten Öl/Leinwand 46x76cm/*18x29in* Köln 96
  $585 FF3 046 £386 Sommerliche Landschaft Pencil/paper 27,2x34,7cm/*10x13in* Düsseldorf 96
WILLROIDER Ludwig 1845-1910 [81]
  $3 582 FF21 406 £2 169 Blick auf eine Burgruine Öl/Karton 34,5x25,5cm/*13x10in* Wien 97
  $4 566 FF27 036 £2 704 Partie am Starnberger See Öl/Leinwand 45x64cm/*17x25in* München 97
  $24 000 FF136 908 £14 757 Cows in a wooded landscape Oil/canvas 151x87,5cm/*59x34in* New-York 97
  $394 FF2 352 £244 Baumgruppe Ink 21x34cm/*8x13in* Dresden 97
WILLUMSEN Jens-Ferdinand 1863-1958 [88]
  $5 327 FF30 919 £3 286 To gondoler ved Markuspladsen, Venedig Oil/canvas 57x46cm/*22x18in* Köbenhavn 97
  $143 FF878 £87 Kone, der skaerer sten Etching 13x18cm/*5x7in* Köbenhavn 98
  $2 710 FF15 886 £1 668 Portraetbuste af kunstnerens hustru Edith Plaster H70cm/*H27in* Köbenhavn 97
  $758 FF3 730 £483 Portrait of a man Ink 16x12cm/*6x4in* Köbenhavn 95
WILMARTH Christopher 1943-1987 [26]
  $42 000 FF210 000 £27 200 Stray Mixed media 107x107x7,8cm/*42x42x3in* New-York 96
  $52 500 FF304 878 £32 072 Fourth Stray Mixed media 1007x107x11cm/*396x42x4in* New-York 97
  $25 000 FF121 000 £16 050 Black Blue Sculpture 62x70x18cm/*24x27x7in* New-York 95
  $36 000 FF174 300 £23 100 Stray Square Sculpture 122x198x30,5cm/*48x77x12in* New-York 95
  $4 500 FF26 086 £2 653 Untitled Graphite 25,5x25,5cm/*10x10in* New-York 97
WILMER Joseph Riley 1883-1941 [11]
  $7 664 FF44 000 £4 813 Le rêve d'Omar Khayyâm Huile/toile 123,5x192cm/*48x75in* Paris 97

✐ *$4 740 FF23 200 £3 000* Painter's Vision: Angela Dorothea Watercolour 16x44cm/*6x17in* London 95
WILMS Joseph 1814-1892 **[1]**
◯ *$15 000 FF77 100 £9 375* Still life with fruit, wine glass, nuts and birds on a marble ledge Oil/canvas 67x55cm/*26x21in* New-York 96
WILMSEN Anna-Maria 1937 **[1]**
⚒ *$44 220 FF262 405 £27 445* Grosse Steinzeitung Marbre Carrare 303x118x62cm/*119x46x24in* Wien 97
WILQUIN André 1899-? **[6]**
▥ *$416 FF2 300 £258* "Chocolat Menier", Jiolta au lait Affiche 159x119cm/*62x46in* Boulogne-sur-Seine 97
WILS Wilhelm 1880-1960 **[65]**
◯ *$353 FF1 722 £2 230* Skovparti Oil/canvas 58x72cm/*22x28in* Köbenhavn 95
WILSON Alexander 1766-1813 **[9]**
▥ *$16 000 FF98 099 £9 788* American Ornithology/The Natural History of the Birds of the U.S.A. Engraving 35x27,5cm/*13x10in* New-York 98
✐ *$20 000 FF100 300 £12 650* "Cedar Bird" Watercolour 25x20cm/*10x8in* Philadelphia 95
WILSON Andrew 1780-1848 **[4]**
✐ *$7 500 FF38 200 £4 500* An Italian town by the sea Watercolour 34x46cm/*13x18in* London 96
WILSON Charles Edward 1854-1941 **[56]**
✐ *$588 FF3 070 £350* Feeding the Calves Watercolour 26,5x21,5cm/*10x8in* London 96
WILSON David Forrester 1873-1950 **[8]**
◯ *$5 028 FF30 330 £3 000* Harmony Oil/board 63x75,5cm/*24x29in* West Lothian 98
WILSON Donald Roller 1938 **[6]**
◯ *$7 000 FF43 076 £4 249* Libra Oil/canvas 168x183cm/*66x72in* New-York 98
◯ *$8 500 FF50 296 £5 185* Helen's thoughts Oil/canvas/board 40,5x35,5cm/*15x13in* New-York 98
◯ *$10 000 FF59 172 £6 101* "I..I'm sorry" Oil/canvas/board 48x43cm/*18x16in* New-York 98
WILSON Dora Lynnell 1883-1946 **[24]**
◯ *$629 FF3 228 £402* Flinders Street Railway Yards Oil/board 31x38,5cm/*12x15in* Melbourne 95
✐ *$1 298 FF7 782 £774* Nude Pastel/paper 50x33,5cm/*19x13in* Melbourne 98
WILSON Edward Adrian 1872-1912 **[3]**
✐ *$12 513 FF76 344 £7 500* "Discovery" Expedition Watercolour/paper 19x27cm/*7x10in* London 98
WILSON Eric 1911-1946 **[17]**
◯ *$5 530 FF28 500 £3 660* Melons 4d. each Oil/canvas/panel 15x29,5cm/*5x11in* Melbourne 96
◯ *$44 778 FF274 728 £27 882* Rue de l'Hôtel de Ville, Paris Oil/board 51x40,5cm/*20x15in* Melbourne 97
WILSON Eric 1960 **[3]**
◯ *$4 168 FF25 035 £2 500* Leopard in a Tree at Kiabab National Forest Oil/canvas 56x91,5cm/*22x36in* London 98
WILSON John XIX **[7]**
◯ *$1 589 FF9 877 £950* Portland Oil/canvas 25,5x45,5cm/*10x17in* London 98
WILSON John H. 1774-1855 **[9]**
◯ *$695 FF4 121 £420* Cattle Boat Beached, Figures in foreground Oil/canvas 36x47cm/*14x18in* Leamington Spa, Warwickshire 97
◯ *$3 140 FF18 830 £1 900* Portobello Sands Oil/panel 30x45cm/*11x17in* Glasgow 97
◯ *$13 000 FF75 406 £7 684* French and American Frigates Off the Rock of Gibraltar Oil/canvas 91,5x142cm/*36x55in* San Francisco 97
WILSON John H. (Attrib.) 1774-1855 **[1]**
◯ *$3 352 FF20 220 £2 000* View From Leith Harbour Oil/canvas 54,5x91cm/*21x35in* West Lothian 98
WILSON John James 1818-1875 **[35]**
◯ *$1 959 FF11 080 £1 200* Putting out to Sea/Unloading the Catch Oil/canvas 25x33cm/*10x13in* Guilford, Surrey 97
◯ *$3 945 FF19 400 £2 500* A blustery day off the coast Oil/board 32x52cm/*12x20in* London 95
WILSON John Snr., Jock 1774-1855 **[8]**
◯ *$1 857 FF10 328 £1 149* Off the coast Oil/canvas 29x54,5cm/*11x21in* Billingshurst, West Sussex 97
◯ *$3 547 FF21 194 £2 200* Shipping in a Well off the Coast Oil/canvas 52x69cm/*20x27in* London 97
WILSON Laurence William 1859-c.1920 **[8]**
◯ *$2 794 FF17 165 £1 677* New Zeeland landskab Oil/canvas 41x61cm/*16x24in* Vejle 98
✐ *$2 220 FF12 941 £1 365* Lake Reke, Wakatipu Watercolour/paper 47x74cm/*18x29in* Sydney 97
WILSON Margaret Elizabeth 1864-1912 **[9]**

$910 FF5 530 £546 Jarrón con flores silvestres Oleo/lienzo 35x39,5cm/*13x15in* Madrid 98
WILSON Mary Georgina Wade 1856-1939 **[3]**
$1 494 FF8 761 £920 Red Hot Pokers Pastel/paper 50x61cm/*20x24in* Par, Cornwall 97
WILSON Mary Loomis 1898-1954 **[4]**
$1 400 FF8 428 £837 The Reheasal Mixed media/board 30,5x40,5cm/*12x15in* San Francisco 98
WILSON Mortimer 1906 **[2]**
$8 250 FF48 990 £5 036 Pausing artist and nude model Oil/canvas 86x86cm/*34x34in* New-York 98
WILSON Pat XIX-XX **[3]**
$3 331 FF19 267 £2 000 "Deceit" Watercolour/paper 37x27cm/*14x10in* London 97
WILSON Peter MacGregor ?-1928 **[17]**
$11 530 FF58 600 £7 500 The Promanade Oil/canvas 92x128cm/*36x50in* Auchterarder, Perthshire 95
$330 FF1 972 £200 "Doreen at Crinan"/"Doreen on the Loch" Watercolour 29x49,5cm/*11x19in* Glasgow 97
WILSON Richard 1714-1782 **[44]**
$11 074 FF63 976 £6 500 Lake Avernus Oil/canvas 62x74,5cm/*24x29in* London 97
$13 960 FF71 800 £9 000 Landscape with a castle, a lake and figures in the foreground Oil/canvas 31x25,5cm/*12x10in* London 96
$15 000 FF91 407 £9 138 Storm at Daybreak with Ceyx, Alcione, Ovid and Metam Oil/canvas 101x127cm/*39x50in* New-York 98
$1 167 FF7 125 £700 Study of Burdock Leaves/Study of a Woman Black & white chalks/paper 18,5x22cm/*7x8in* London 98
WILSON Richard (Attrib.) 1714-1782 **[10]**
$4 161 FF22 789 £2 500 Figures in an Italianate wooded River landscape Oil/canvas 71,5x91,5cm/*28x36in* London 97
WILSON Robert 1941 **[3]**
$3 034 FF18 000 £1 854 Pelléas et Mélisande Fusain/papier 71x100cm/*27x39in* Paris 98
WILSON Scottie 1888-1972 **[146]**
$1 604 FF8 250 £1 000 Untitled Mixed media 30x24,5cm/*11x9in* London 96
$878 FF5 233 £538 Fountain with fishes and swans Mischtechnik/Papier 49x30cm/*19x11in* Zürich 98
WILSON Sidney Ernest 1869-? **[8]**
$89 FF547 £55 Lady in Victorian Costume Set in a Landscape Mezzotint 66x53cm/*26x21in* London 98
WILSON Solomon, Sol 1894-1974 **[23]**
$500 FF2 976 £310 Fishermen's Holiday Oil/canvas 50x40cm/*20x16in* Provincetown, MA. 97
WILSON Thomas Walter 1851-1912 **[6]**
$27 500 FF162 626 £16 684 Mischief Afloat Oil/canvas 113x183cm/*44x72in* New-York 98
WILSON William 1905-1972 **[6]**
$1 964 FF10 020 £1 300 Menton Watercolour 40x51,5cm/*15x20in* Glasgow 96
WILSON William Hardy 1881-1955 **[2]**
$813 FF4 984 £486 Doorway in the Generalife Gardens at Grenada Pencil/paper 43x32,5cm/*16x12in* Sydney 97
WILSON William Heath 1849-1927 **[5]**
$735 FF4 359 £449 Fischer am Strand Öl/Leinwand 45x30cm/*17x11in* Hamburg 98
WILT Hans 1867-1917 **[24]**
$1 819 FF10 577 £1 111 "Abendsonne Vlissingen" Öl/Leinwand 60x76cm/*23x29in* Wien 97
$700 FF4 237 £439 "Campagna in Siracusa" Watercolour/paper 38x69cm/*15x27in* Asheville, NC 97
WILT van der Thomas 1659-1733 **[3]**
$4 433 FF25 280 £2 697 Portrait d'homme Huile/panneau 27,5x22cm/*10x8in* Bruxelles 97
WILTON Joseph 1722-1803 **[2]**
$83 270 FF489 235 £50 000 Bust of the Venus de' Medici, after the Antique Marble H51,5cm/*H20in* London 97
WIMBUSH Henry B. c.1860-c.1910 **[38]**
$615 FF3 658 £365 Knaresborough, Yorkshire, looking towards the bridge with the church Watercolour/paper 44,5x53cm/*17x20in* West Midlands 97
WIMBUSH John L. ?-1914 **[5]**
$3 522 FF21 096 £2 165 The music lesson Oil/canvas 60x45cm/*23x17in* Johannesburg 98
WIMMER Conrad 1844-1905 **[21]**
$1 810 FF8 930 £1 180 Winterlandschaft Öl/Leinwand 41x66cm/*16x25in* Hamburg 95
$6 384 FF38 128 £3 912 Der Jäger beim Holzgespann am Rande eines Birkenwäldchens Öl/Leinwand

40x38cm/*15x14in* Wien 98
WIMMER Fritz 1879-1960 **[31]**
  $471 FF2 694 £288 Drei weibliche Akte Indian ink 59x42cm/*23x16in* München 97
WIMMER Hans 1907-1993 **[10]**
  $977 FF5 782 £600 Der perlenhändler Bronze 12,5x14,9cm/*4x5in* München 98
  $265 FF1 515 £162 Stehender Akt mit Spiegel Indian ink/paper 21x14,5cm/*8x5in* München 97
WIMMER Rudolf 1849-1915 **[5]**
  $8 778 FF52 426 £5 379 Hase Öl/Leinwand 51x40cm/*20x15in* Wien 98
WIMMER-WISGRILL Edward Josef 1882-1961 **[9]**
  $329 FF1 904 £195 Modeentwürfe Watercolour 25,5x17,5cm/*10x6in* Wien 97
WIMPERIS Edmund Morison 1835-1900 **[100]**
  $4 151 FF23 875 £2 600 A Windmill in an extensive Landscape Oil/canvas 61x91,5cm/*24x36in* London 97
  $84 FF518 £50 Cattle in a Landscape Watercolour/paper 17x27cm/*6x10in* Billingshurst, West Sussex 98
WIMPERIS John T. ?-1904 **[1]**
  $5 408 FF30 977 £3 200 A Scheme for remodelling the Seafront at Ramsgate Watercolour/paper
62x100cm/*24x39in* London 97
WINANS Fonville 1911-1992 **[4]**
  $1 200 FF6 964 £709 Jig Dancers Silver print 50x40cm/*20x16in* New Orleans, Louisiana 97
WINANS Walter 1852-1920 **[11]**
  $5 500 FF33 577 £3 287 Buffalo Bill on Charlie Bronze H40cm/*H15in* New-York 98
  $30 000 FF180 504 £17 958 Sioux Indian Chief on Horseback Bronze 187,5x228,5x90cm/*73x89x35in*
Beverly Hills, Calif. 98
WINCH John 1944 **[8]**
  $580 FF3 312 £353 Relics Etching 28x22cm/*11x8in* Sydney 97
WINCHESTER G. c.1820-c.1870 **[1]**
  $3 870 FF20 050 £2 500 Waiting for the artist Oil/canvas 41x30cm/*16x11in* London 96
WINCK Johann Amandus c.1748-1817 **[20]**
  $8 482 FF50 217 £5 037 Blumenstilleben Öl/Leinwand 49x38,5cm/*19x15in* Dresden 97
  $15 000 FF92 080 £9 190 Still Life of a Rose, Morning Glories and other Flowers in a Vase Oil/canvas
33,5x26cm/*13x10in* New-York 98
WINCK Johann Chr. (Attrib) 1738-1797 **[2]**
  $1 575 FF9 400 £950 The Angel appearing to Hagar/Saint Francis receiving the Stigmata Ink
18,5x15,5cm/*7x6in* London 97
WINCK Johann Christian Th. 1738-1797 **[11]**
  $10 892 FF66 724 £6 580 Die Himmelfahrt Mariens Öl/Leinwand 49x30cm/*19x11in* Wien 98
WIND Josef 1864-? **[4]**
  $1 378 FF8 000 £813 La charmeuse de serpent Bronze H56cm/*H22in* Paris 97
WINDHAGER Franz 1879-1959 **[30]**
  $638 FF3 809 £392 Landschaft mit Pferden Oil/panel 15,5x21cm/*6x8in* Wien 98
  $2 890 FF14 620 £1 897 Haremsszene Oil/panel 63,5x82cm/*25x32in* Wien 96
  $1 230 FF7 167 £756 Kutschenfahrt zur Weihnachtszeit Gouache/papier 40,5x69cm/*15x27in* Wien 97
WINDISCH-GRAETZ von Prince Fritz XX **[2]**
  $5 500 FF33 618 £3 358 Edward VIII, accompanied by His Secretary Watercolour, gouache 22x18,5cm/*8x7in*
New-York 98
WINDMAIER Anton 1840-1896 **[24]**
  $2 153 FF12 449 £1 327 Moorlandschaft am Frühabend mit äsendem Reh Öl/Leinwand 49x77cm/*19x30in*
München 97
WINDSTOSSER Ludwig 1921 **[9]**
  $1 169 FF6 695 £691 Industriepanoramen mit Karger Landschaft Gelatin silver print 18x24cm/*7x9in*
Köln 97
WINDT van der Chris 1877-1952 **[38]**
  $512 FF2 999 £312 Stalinterieur Oil/panel 19x25,5cm/*7x10in* Den Haag 97
  $2 902 FF17 466 £1 737 A Peasant Woman Knitting in a Farmyard Watercolour/paper 28x44cm/*11x17in*
Amsterdam 98
WINDUS William Lindsay 1822-1907 **[1]**
  $6 580 FF33 740 £4 000 Study for "Too Late" Oil/board 12x9,5cm/*4x3in* London 96

WINGATE James Lawton 1846-1924 **[36]**
- *$530 FF2 765 £320* Sunset, Farley Oil/canvas 26x36cm/*10x14in* Glasgow 96
- *$1 180 FF6 020 £780* On the shore, Fairlie, Firth of Clyde Oil/canvas 46x61cm/*18x24in* Glasgow 96

WINGE Sigurd 1909-1970 **[7]**
- *$4 936 FF30 016 £3 024* Oppstandelsen Etching 57x122cm/*22x48in* Oslo 98

WINGFIELD James Digman c.1832-c.1872 **[13]**
- *$1 317 FF7 992 £800* An Eastern Beauty Oil/canvas 29,5x23cm/*11x9in* London 98
- *$3 268 FF19 569 £2 000* Choosing the Jewels Oil/canvas 58x70,5cm/*22x27in* Billingshurst, West Sussex 97

WINGHEN van Jeremias 1578-1645 **[7]**
- *$35 240 FF178 000 £23 000* Stilleben Öl/Leinwand 42,5x56cm/*16x22in* Zürich 96

WINK Johann Am. 1748-1817 **[3]**
- *$14 470 FF73 000 £9 500* A red an white Toy Spaniel with an Apple in a Landscape Oil/canvas 41,5x58cm/*16x22in* London 96

WINKFIELD Frederick A. XIX-XX **[17]**
- *$947 FF4 630 £600* A Fine Day in Winter Oil/canvas 41x31cm/*16x12in* London 95
- *$2 000 FF10 130 £1 300* The wharf, Chiswick/Hastings/The Thames at low tide Watercolour 21x32cm/*8x12in* London 96

WINKLER Fritz 1894-1964 **[9]**
- *$409 FF2 343 £242* Teichlandschaft Aquarell/Karton 30x45cm/*11x17in* Dresden 97

WINKLER Konrad 1882-1962 **[1]**
- *$3 451 FF20 979 £2 094* Nad potokiem Oil/canvas 61x81,5cm/*24x32in* Warszawa 98

WINN Jack 1954 **[10]**
- *$184 FF947 £122* Clearing to the Ausable River Oil/masonite 20x25cm/*7x9in* Calgary, Alberta 96

WINOGRAND Garry 1928-1984 **[70]**
- *$2 500 FF12 900 £1 656* Burlesque Dancers Backstage Gelatin silver print 26x31cm/*10x12in* New-York 96

WINT de Peter 1784-1849 **[168]**
- *$15 000 FF73 400 £9 500* Harvesters by a stook Oil/panel 12,2x33,5cm/*4x13in* London 95
- *$31 600 FF154 600 £20 000* Lincoln Cathedral from the River Witham at dusk Oil/canvas 35,6x54,9cm/*14x21in* London 95
- *$3 950 FF19 320 £2 500* Gypsy encampment Watercolour 28,6x42,3cm/*11x16in* London 95

WINT de Peter (Attrib.) 1784-1849 **[11]**
- *$1 287 FF7 472 £760* Windsor Castle from the River/Bolton Abbey Oil/panel 11,5x16cm/*4x6in* London 97
- *$398 FF2 362 £250* Sailing Barges on a River Watercolour/paper 23x33cm/*9x12in* Newcastle-upon-Tyne 97

WINT van de Rudi 1942 **[4]**
- *$2 023 FF10 560 £1 222* That's strong Oil/canvas 38x41cm/*14x16in* Amsterdam 96

WINTER Abraham Hendrik 1800-1861 **[5]**
- *$2 321 FF13 968 £1 389* An Officer and Amazone Oil/panel 53x70cm/*20x27in* Amsterdam 98

WINTER Alice Beach 1877-1970 **[9]**
- *$300 FF1 518 £197* The Introduction Black chalk 63x48cm/*25x19in* Cincinnati, Ohio 96

WINTER Andrew 1892-1958 **[15]**
- *$618 FF3 781 £380* On Lake Monegan Oil/board 30,5x40,5cm/*12x15in* London 98
- *$1 600 FF8 310 £1 058* Maine Coast Oil/canvas 51x76cm/*20x29in* New-York 96

WINTER Charles Allan 1869-1942 **[11]**
- *$2 300 FF13 387 £1 417* Woman on Rock Amidst Roiling Sea Oil/canvas 51x60cm/*20x24in* New-York 97

WINTER de Janus 1885-1951 **[4]**
- *$308 FF1 885 £189* Trees at Sundown Pastel 34,5x49cm/*13x19in* Amsterdam 98

WINTER Fritz 1905-1976 **[300]**
- *$13 940 FF68 600 £8 980* Ohne Titel Mischtechnik/Karton 70x104cm/*27x40in* Berlin 95
- *$43 200 FF223 300 £28 000* Linear vor Grau Oil/canvas 115,5x146,5cm/*45x57in* London 96
- *$51 823 FF307 896 £30 820* Triebkräfte der Erde Öl/Papier 29,5x21cm/*11x8in* München 97
- *$141 FF812 £86* Abstrakte Komposition Offset 48x35cm/*18x13in* Hamburg 97
- *$9 250 FF47 900 £6 000* Gleichgewicht Sculpture, wax 50x70cm/*19x27in* London 96
- *$3 233 FF19 256 £1 921* Komposition Felt pen/paper 20x18,3cm/*7x7in* München 97

WINTER Hans 1853-1944 **[3]**
- *$2 002 FF11 892 £1 190* Weinverkostung Oil/panel 31,5x26cm/*12x10in* Wien 97

WINTER Joseph Georg 1751-1789 **[5]**
- *$5 059 FF28 000 £3 116* Lièvre, cerf, élan, biche et oiseaux Huile/toile 79x65,5cm/*31x25in* Paris 97
- *$841 FF5 020 £507* Die Bärenhatz Indian ink/paper 26,2x36,4cm/*10x14in* Köln 97

WINTER Louis 1819-1900 **[2]**
 $10 200 FF52 400 £6 350 A beached Shipwreck by Moonlight Oil/canvas 76x106cm/*29x41in* Wien 96
WINTER Lumen Martin 1908 **[4]**
 $28 175 FF137 212 £17 832 Steeds of Apollo Oil/canvas 25x50cm/*10x20in* Beverly Hills, Calif. 95
WINTER Robert XIX-XX **[7]**
 $1 531 FF8 823 £900 On the Yare, Norfolk Watercolour 24x54cm/*9x21in* London 97
WINTER William Arthur 1909-1996 **[90]**
 $93 FF485 £55 Tim Huile/panneau 25,5x20cm/*10x7in* Montréal 96
 $581 FF3 391 £356 Shopping Oil/board 46x61cm/*18x24in* Toronto 97
 $146 FF760 £96 Untitled, Fishing from the dock/Three fishing from a boat Pencil/paper
20,5x26,5cm/*8x10in* Calgary, Alberta 96
WINTER William Tatton 1855-1928 **[78]**
 $1 036 FF5 903 £650 Returning Home Oil/canvas 25,5x40,5cm/*10x15in* London 97
 $130 FF775 £80 Harnham Bridge Salisbury Etching 26x28cm/*10x11in* Salisbury, Wiltshire 98
 $479 FF2 722 £300 A Shepherd and Floch Watercolour/paper 22x35cm/*8x13in* London 97
WINTERBURN Stephen John 1959 **[5]**
 $3 623 FF21 868 £2 200 True Wisdom Bronze H41cm/*H16in* Billingshurst, West Sussex 98
WINTERFELDT von Friedrich Wilhelm 1830-1893 **[3]**
 $2 376 FF13 495 £1 487 Fischerboote am Seeufer rechts Öl/Leinwand 29,5x46,5cm/*11x18in* München 97
WINTERGERST Joseph 1783-1867 **[4]**
 $6 555 FF40 268 £3 932 Die Begegnung von Jakob und Rahel in arkadischer Landschaft Öl/Leinwand
50,5x55,5cm/*19x21in* Stuttgart 98
WINTERHALTER (Studio) XIX **[15]**
 $8 520 FF44 100 £5 500 Portrait of Victoire, duchesse de Nemours Oil/canvas 95x77cm/*37x30in* London 96
 $15 500 FF80 200 £10 000 Portrait of Antoine Balthazard Singler de Welle Oil/canvas 173x125cm/*68x49in*
London 96
WINTERHALTER Franz Xaver 1806-1873 **[47]**
 $7 370 FF38 200 £4 760 Retrato de la princesa Victoria Adelaida (1777-1847) Oleo/tabla 9x7,3cm/*3x2in*
Madrid 96
 $26 700 FF140 000 £16 070 Portrait en buste du prince de Joinville (1818-1900) Huile/toile
90x70cm/*35x27in* Monaco 96
 $88 440 FF550 000 £55 770 L'Empereur Napoléon III/L'Impératrice Eugénie Huile/toile
242x158,5cm/*95x62in* Biarritz 97
 $4 640 FF23 000 £2 954 Portrait de femme Aquarelle 44x32cm/*17x12in* Paris 95
WINTERHALTER Franz Xaver (Attrib) 1805-1873 **[4]**
 $8 430 FF44 000 £5 100 Drei badische Prinzessinnen Öl/Leinwand 103x82cm/*40x32in* Stuttgart 96
WINTERHALTER Hermann 1808-1891 **[8]**
 $7 856 FF46 000 £4 857 Portrait du Prince Pierre de Berghes Huile/toile 60x70cm/*23x27in* Paris 97
 $12 561 FF73 371 £7 433 Portrait de la Baronne Elisabeth "Betsy" Morin de Malsabrier Huile/toile
130x97cm/*51x38in* Genève 97
WINTERHALTER Joseph I (Attrib.) 1702-1769 **[1]**
 $1 330 FF6 760 £794 Die Kreuzigung Christi mit Maria und Johannes Ink/paper 31x25cm/*12x9in* Köln 96
WINTERLIN Anton 1805-1894 **[21]**
 $6 312 FF37 267 £3 737 Am Sarnersee Öl/Leinwand 60x88cm/*23x34in* Zofingen 97
WINTEROWSKY Leonard 1886-1927 **[10]**
 $2 876 FF17 483 £1 745 Widok nadmorski Oil/canvas 90x125cm/*35x49in* Warszawa 98
 $1 456 FF8 947 £873 Bitwa pod krechowcami (soldiers) Watercolour/paper 39x56,5cm/*15x22in*
Warszawa 98
WINTERS Robin 1950 **[11]**
 $1 900 FF11 692 £1 153 "Control Tower Basketcase" Mixed media/canvas 183x157,5x11,5cm/*72x62x4in*
New-York 98
 $400 FF2 461 £242 Untitled Pencil 30x22,5cm/*11x8in* New-York 98
WINTERS Terry 1949 **[57]**
 $3 000 FF15 540 £2 005 "Furrows", New York, Peter Blum Edition Woodcut 68,6x55,2cm/*27x21in* New-
York 96
 $10 000 FF59 880 £6 144 Untitled Charcoal 106x75cm/*41x29in* New-York 98

W

WINTERSBERGER Lambert Maria 1941 **[28]**
  $3 330 FF19 386 £2 037 "Verletzung" Acryl/Leinwand 90x80,5cm/*35x31in* München 97
  $195 FF1 173 £117 Weiblicher Akt Lithograph 117x68cm/*46x26in* Stuttgart 98
WINTHER Arnold 1855-1883 **[3]**
  $267 FF1 584 £163 Opstilling med appelsiner og bojan på bord Oil/canvas 48x66cm/*18x25in*
København 98
WINTHER Frederik 1853-1916 **[28]**
  $1 224 FF7 080 £760 Parti fra Ulvedalene Oil/canvas 98x67cm/*38x26in* København 97
WINTOUR John Crawford 1825-1882 **[15]**
  $1 755 FF10 506 £1 100 Children resting on a wooded sunit Path, near Melrose Oil/panel
30,5x47cm/*12x18in* London 97
  $9 360 FF56 696 £5 800 Hawthornden, near Roslin Oil/canvas 51x53cm/*20x20in* Perthshire 97
  $710 FF4 301 £440 Sluice Watercolour 32,5x47,5cm/*12x18in* Perthshire 97
WINTZ Raymond 1884-1956 **[42]**
  $926 FF5 500 £561 Le port de Camaret Huile/toile 30x41cm/*11x16in* Calais 97
  $1 235 FF7 200 £761 Port de pêche Huile/toile 65x81cm/*25x31in* Amiens 97
WIPPLINGER Franz 1805-1847 **[1]**
  $1 477 FF8 629 £901 Motiv aus dem Salzkammergut Öl/Karton 26x32cm/*10x12in* Wien 97
WIRBEL Véronique 1950-1990 **[13]**
  $2 548 FF15 500 £1 562 "Rumba" Acrylique/toile 162x114cm/*63x44in* Paris 98
WIRGMAN Charles A., Jnr. 1864-1922 **[2]**
  $1 300 FF6 695 £838 "Zenkoji, Shinaro" Watercolour/paper 30x45cm/*12x18in* Bolton, Mass. 96
WIRGMAN Charles A., Snr. 1832-1891 **[28]**
  $2 131 FF12 609 £1 300 A japanese Geisha combing her Hair Watercolour/paper 25,5x18cm/*10x7in*
London 98
WIRTH Anna Marie 1846-? **[2]**
  $4 500 FF21 900 £2 850 The Scholar Oil/panel 51x40cm/*20x15in* New-York 95
WIRZ Johann Jakob 1694-1773 **[2]**
  $1 343 FF6 780 £877 Bildnis des Johann Heinrich Hirzel Ink/paper 19,8x15,2cm/*7x5in* Zürich 96
WISBY Jack 1870-1940 **[12]**
  $3 000 FF14 950 £1 965 Landscape with cows Oil/canvas 56x92cm/*22x36in* San Francisco-Los Angeles 95
WISELBERG Rose 1908-1992 **[12]**
  $451 FF2 685 £272 Montreal East Oil/paper/board 18x20cm/*7x7in* Calgary, Alberta 98
  $1 241 FF7 248 £738 Clock Tower, Montreal Harbour Oil/board 40x51cm/*15x20in* Calgary, Alberta 97
  $399 FF2 377 £240 Untitled, Interior View Watercolour 29x23cm/*11x9in* Calgary, Alberta 98
WISINGER-FLORIAN Olga 1844-1926 **[44]**
  $15 876 FF92 232 £9 372 Stilleben med påfågelsfjädrar, snäckor, dryckeshorn Oil/canvas
80x56cm/*31x22in* Stockholm 97
  $17 512 FF104 654 £10 604 Hirsch im Waldinneren Öl/Leinwand 30x45cm/*11x17in* Wien 97
WISLICENUS Lili H. 1872-1939 **[1]**
  $2 473 FF15 080 £1 484 Stehender weiblicher Akt Bronze H67,5cm/*H26in* Köln 98
WISLICENUS Max 1861-1957 **[9]**
  $936 FF5 520 £559 Sitzender weiblicher Rückenakt Öl/Leinwand 100x80cm/*39x31in* München 97
WISSEL van der Abraham 1865-1926 **[3]**
  $8 074 FF46 357 £4 975 Woodcutters in a Forest Oil/canvas 83x138cm/*32x54in* Johannesburg 97
WISSING Benno 1923 **[1]**
  $1 200 FF6 110 £720 "Frank Lloyd Wright" Poster 112x84cm/*44x33in* New-York 96
WISSING Willem 1653-1687 **[12]**
  $16 000 FF94 395 £9 798 Lady, seated, in a red dress, holding a blue wrap in a garden Oil/canvas
127x101,5cm/*50x39in* New-York 98
  $31 900 FF154 800 £20 000 Portrait of Madame Henrietta de Keroualle (c.1650-1728) Oil/canvas
121x99cm/*47x38in* London 95
WISSING Willem (Attrib.) 1653-1687 **[4]**
  $4 960 FF25 530 £3 200 Portrait of Frances, Countess of Scarbrough Oil/canvas 119x95cm/*46x37in*
London 96
WISZNIEWSKI Adrian 1958 **[6]**
  $3 280 FF18 832 £2 000 Self-Portrait Oil/canvas 61x46cm/*24x18in* London 97
  $229 FF1 342 £140 "The sculptors nightmare" Etching 60,3x91,4cm/*23x35in* London 97

 $2 168 FF13 233 £1 300 The Teapot Gouache/paper 58x58cm/*22x22in* Glasgow 98
WIT de Frederick 1610-1698 **[4]**
 $565 FF3 271 £350 Regni Daniae/Braun & Hogenberg Copper engraving in colors 34x47cm/*13x18in* København 97
WIT de Jacob 1695-1754 **[56]**
 $9 493 FF58 136 £5 682 An Allegory of Autumn Oil/canvas 135x76,5cm/*53x30in* Amsterdam 98
 $32 600 FF170 000 £19 670 Allégorie de la Géographie Huile/toile 102x163,5cm/*40x64in* Paris 96
 $1 227 FF7 172 £726 Putten Ink/paper 18,9x25,3cm/*7x9in* Luzern 97
WIT de Jacob (Attrib.) 1695-1754 **[12]**
 $8 525 FF52 332 £5 223 Cupid and Putti Oil/canvas 88x149cm/*35x59in* New Orleans, Louisiana 98
 $486 FF2 480 £320 Head of a veiled woman Black, red & white chalks 28,6x23,5cm/*11x9in* London 96
WIT de Prosper 1860-1947 **[59]**
 $157 FF821 £95 Tête d'homme Huile/toile 35x27cm/*13x10in* Antwerpen 96
 $1 120 FF6 536 £684 Paysanne et vaches dans un paysage Huile/toile 40x60cm/*15x23in* Antwerpen 97
WITDOECK Jan c.1604/15-? **[3]**
 $1 965 FF12 172 £1 170 Saint Justus, after Pieter-Paul Rubens Copper engraving 440x455cm/*173x179in* Antwerpen 98
WITH de Pieter XVII **[2]**
 $11 240 FF57 200 £6 740 An upland landscape with a castle on a hill Wash 14,2x19,3cm/*5x7in* Amsterdam 96
WITHERINGTON William Fred. (Attr) 1785-1865 **[4]**
 $2 500 FF12 730 £1 500 The woodcutters Oil/canvas 30,5x41cm/*12x16in* London 96
 $4 907 FF28 598 £3 000 Man and Donkeys Resting in a Wide Panoramic Landscape Oil/canvas 84x126cm/*33x49in* London 97
 $10 960 FF55 300 £7 200 Reading the News Oil/canvas 132x157,5cm/*51x62in* London 96
WITHERINGTON William Frederick 1785-1865 **[20]**
 $1 963 FF11 218 £1 203 The Hop garden Oil/panel 15,5x19cm/*6x7in* Stockholm 97
 $10 611 FF63 352 £6 500 Going to Market Oil/canvas 69x90cm/*27x35in* London 97
WITHERS Augusta Innes c.1793-1860 **[13]**
 $1 852 FF10 967 £1 100 A Still Life with a Vase of Flowers Watercolour 30,5x25cm/*12x9in* Salisbury, Wiltshire 97
WITHERS Rod 1946-1988 **[11]**
 $157 FF807 £100 The Folded Flag Pastel/paper 47x113cm/*18x44in* Brisbane 96
WITHERS Walter 1854-1914 **[31]**
 $17 164 FF105 312 £10 688 Eltham Pastures Oil/canvas 39,5x50cm/*15x19in* Melbourne 97
 $30 946 FF180 652 £18 409 Crentin's Cottage, Greensborough Lane Oil/canvas 30,5x50,5cm/*12x19in* Melbourne 97
 $1 574 FF8 070 £1 005 Reflections Watercolour/paper 17x23cm/*6x9in* Melbourne 95
WITHERS Walter (Attrib.) 1854-1914 **[1]**
 $2 362 FF12 105 £1 507 Ploughed Paddock Oil/board 14x23cm/*5x9in* Melbourne 95
WITHERSPOON Henry Robert XIX-XX **[10]**
 $450 FF2 154 £280 Wooded river landscape Oil/canvas 30x45cm/*12x18in* Aylsham, Norfolk 95
WITHERSTINE Donald 1896-1961 **[19]**
 $2 800 FF17 073 £1 680 Southern City Street Oil/canvas 25x30cm/*9x11in* Vestal, NY 98
 $225 FF1 138 £148 Rooftops of Provincetown Woodcut 22x23cm/*8x9in* Bolton, Mass. 96
WITHOOS Alida 1659-1715 **[8]**
 $16 511 FF97 361 £9 775 Forest floor still life with a thistle, a lizard, various flowers Oil/canvas 77x67cm/*30x26in* London 97
WITHOOS Mathias (Attrib.) 1627-1703 **[7]**
 $2 338 FF14 079 £1 399 Disteln und Schlange in felsiger Landschaft Oil/panel 25x34cm/*9x13in* München 98
 $13 704 FF80 000 £8 288 Chardons, insectes et animaux Huile/toile 100x187,5cm/*39x73in* Paris 97
WITHOOS Mathias Calzetti 1627-1703 **[15]**
 $8 431 FF48 511 £4 977 Parklandschaft Öl/Leinwand 66x89cm/*25x35in* München 97
 $90 000 FF513 405 £55 341 Landscape with Drugged Birds in the Flowers an Underbrush of a Wood Oil/canvas 146,5x155cm/*57x61in* New-York 97

WITHOOS Pieter 1654-1693 **[12]**
  $3 685 FF21 000 £2 301 Nature morte aux papillons et aux chardons Huile/toile 37x32cm/*14x12in* Troyes 97
  $7 630 FF37 000 £4 920 Five butterflies and three flies Watercolour 24,2x35cm/*9x13in* Amsterdam 95
WITJENS Willem 1884-1962 **[25]**
  $506 FF2 978 £312 Bootje langs de oever Oil/canvas 64x74cm/*25x29in* Den Haag 97
  $85 FF504 £51 Manor in the snow Etching 40x49,5cm/*15x19in* Haarlem 97
WITKAMP Ernst Sigismund 1854-1897 **[7]**
  $4 210 FF24 900 £2 527 Sober maal Oil/panel 50,5x40cm/*19x15in* Amsterdam 97
WITKIEWICZ-WITKACY Stanislaw Ignacy 1885-1939 **[78]**
  $67 000 FF347 000 £43 300 Portret Leona Chwistka (1884-1944) Oil/canvas 81x65cm/*31x25in* Warszawa 96
  $5 693 FF31 295 £3 495 Bust portrait of a young woman (Dunin ?) Pastel/paper 64x50cm/*25x19in* Warszawa 97
WITKIN Joel-Peter 1939 **[121]**
  $38 000 FF222 744 £23 389 The Kiss, New mexico Gelatin silver print 34,5x33cm/*13x12in* New-York 97
WITKOWSKI Karl 1860-1910 **[13]**
  $8 000 FF49 049 £4 904 Brother & Sister with new Kitten Oil/canvas 76x50cm/*30x20in* Mystic, Connecticut 98
WITSEN Willem 1860-1923 **[57]**
  $3 467 FF20 505 £2 081 Phloxes in a vase Oil/canvas 69x52cm/*27x20in* Amsterdam 97
  $5 560 FF28 600 £3 470 Portrait of a lady with a feathered hat Oil/panel 29,5x22cm/*11x8in* Amsterdam 96
  $99 FF594 £59 Portrait of Willem Kloos Etching 17,5x14,5cm/*6x5in* Amsterdam 97
  $74 967 FF451 109 £44 883 A View of the OUde Schans in Winter Watercolour/paper 64x89cm/*25x35in* Amsterdam 98
WITT de Jacob 1695-1754 **[8]**
  $725 FF4 500 £437 Jeux de Putti dans une niche Encre 23x12cm/*9x4in* Paris 98
WITT Franz 1864-? **[3]**
  $1 604 FF9 538 £966 Praterkorso : ums Lusthaus Aquarell 31x56cm/*12x22in* Wien 98
WITT Hans 1891-1966 **[4]**
  $1 680 FF8 770 £1 000 Tram im Witzel Oil/canvas 40x33cm/*15x12in* London 96
WITT Johann 1834-1886 **[1]**
  $1 505 FF7 740 £940 Plakat zur Volksabstimmung vom 19. April 1874 Lithographie couleurs 84x64,5cm/*33x25in* Bern 96
WITTE de Adrien 1850-1935 **[19]**
  $1 195 FF6 240 £722 Coucher de soleil Huile/toile 18x24,5cm/*7x9in* Liège 96
  $459 FF2 614 £281 Inquiétude Mine plomb 9x14cm/*3x5in* Liège 97
WITTE de Emmanuel 1617-1692 **[4]**
  $325 000 FF1 995 077 £199 127 Interior of the Oude Kerk, Amsterdam, with Townfolk Gathered Oil/canvas 65,5x73cm/*25x28in* New-York 98
WITTE de Emmanuel (Attrib.) 1617-1692 **[3]**
  $51 000 FF247 000 £32 000 Dutch harbour scene in a calm Oil/panel 24x34cm/*9x13in* London 95
WITTE de Gaspar, Jasper 1624-1681 **[4]**
  $2 765 FF16 113 £1 700 A Wooded Landscape with Shepherds and Drovers and their Livestock Oil/copper 16x22cm/*6x8in* London 97
  $23 200 FF120 000 £15 040 Retour des chasseurs dans un paysage valloné Huile/panneau 51,5x73cm/*20x28in* Paris 96
WITTE de Peter C. (Attrib.) 1548-1628 **[2]**
  $6 480 FF38 128 £4 000 Bildnis der Herzogin Magdalena von Bayern Öl/Leinwand 34x25cm/*13x9in* Wien 97
  $1 852 FF10 967 £1 100 A Workman Digging Red chalk 21x11cm/*8x4in* London 97
WITTE de Peter Candido 1548-1628 **[2]**
  $4 668 FF28 596 £2 820 Die Verkündigung an Maria Oil/panel 19x28,5cm/*7x11in* Wien 98
WITTEL van Kaspar V. (Attrib.) 1653-1736 **[6]**
  $849 FF5 063 £521 The Loggia of St. Peter's, The Vatican, Rome/Architectural Sketch Ink 20x15cm/*8x6in* New-York 98
WITTEL van Kaspar Vanvitelli 1653-1736 **[42]**

$143 276 FF847 289 £86 000 View of the Tower of Chiai, Naples, with Mergellina and Posillipo Tempera/panel 29x50cm/*11x19in* London 97

$319 941 FF1 894 319 £190 000 Naples, a view of the Grotto at Pozzuoli with the tomb of Virgil Oil/canvas 72,5x124,5cm/*28x49in* London 97

$1 500 000 FF9 208 050 £919 050 La Piazza del Popolo, Roma Oil/canvas 17158x109cm/*6755x42in* New-York 98

$5 460 FF28 130 £3 500 Classical landscape/Standing figure leaning Ink 31,6x22,3cm/*12x8in* London 96

WITTENBERG Jan Hendrik W. 1886-1963 **[4]**

$4 218 FF24 580 £2 578 Cactus in Wit Potje Oil/canvas/panel 17x15,5cm/*6x6in* Amsterdam 97

WITTERVULGHE Joseph 1883-1967 **[20]**

$761 FF4 544 £459 De omhelzing Terre cuite 47x22cm/*18x8in* Lokeren 97

WITTIG Werner 1930 **[15]**

$81 FF471 £50 Gehöft im Schnee Lithographie 38x45cm/*14x17in* Dresden 97

WITTING Walter Günther J. 1864-1940 **[12]**

$514 FF3 122 £305 Modell Oil/canvas 33x24cm/*12x9in* Malmö 98

WITTKE Carl 1849-1927 **[1]**

$2 250 FF13 789 £1 344 Nagasaki landscape Oil/canvas 18,5x25,5cm/*7x10in* New-York 98

WITTLER Heinz H., Arigo 1918 **[16]**

$584 FF3 347 £345 Obstgarten im Winter mit Personen Gouache/papier 46x66cm/*18x25in* Kempten 97

WITTLICH Josef 1903-1982 **[12]**

$901 FF5 360 £558 Zwei Soldaten Gouache/papier 31,5x44cm/*12x17in* München 97

WITTMANN Charles 1876-1953 **[12]**

$11 000 FF66 465 £6 552 Soirée au Casino de Vichy Oil/canvas 64x79cm/*25x31in* New-York 97

WITTMER Johann Michael 1802-1880 **[8]**

$2 990 FF14 800 £1 900 A Turkish coffee house Watercolour 27x43cm/*11x17in* London 95

WITTREDGE T. Worth. (Attrib.) 1820-1910 **[1]**

$2 000 FF12 195 £1 200 Overlooking the Falls Oil/canvas 25,5x20cm/*10x7in* Boston, Mass. 98

WITZEL Josef Rudolf 1867-1924 **[8]**

$3 320 FF16 600 £2 170 Vorgebirgslandschaft im Spätherbst Öl/Leinwand 80x110cm/*31x43in* München 95

$3 261 FF19 230 £2 000 "Audi" Poster 86x122cm/*33x48in* London 98

WIWEL Niels 1855-1914 **[12]**

$1 426 FF7 130 £923 Højtliggende borg Oil/canvas 48x38cm/*18x14in* Köbenhavn 96

WIZANI Johann Friedrich 1770-1835 **[3]**

$935 FF5 356 £553 Lustschloss Pillniz mit seinen Umgebungen Farbradierung 57x76,5cm/*22x30in* Dresden 97

WLERICK Robert 1882-1944 **[35]**

$575 FF3 444 £349 Meditation Terracotta H49cm/*H19in* London 97

$1 058 FF5 800 £637 Jeune fille de profil Sanguine/papier 39,5x25,5cm/*15x10in* Paris 97

WLODARSKY Marek 1903-1960 **[9]**

$1 950 FF11 154 £1 216 "Muzykanci przy zoltym plocie" Oil/canvas 72,5x91,5cm/*28x36in* Warszawa 97

$1 128 FF6 476 £687 "Czlowiek w masce" Watercolour, gouache/paper 21x34cm/*8x13in* Warszawa 97

WOBRING Franz 1862-? **[1]**

$4 932 FF30 000 £3 000 Putti Oil/canvas 68,5x165cm/*26x64in* London 98

WOCHER Marquard Fidel Dom. 1760-1830 **[11]**

$541 FF3 144 £334 Siméon au temple Gouache 30x35cm/*11x13in* Zürich 97

WOCHER Tiberius Domenikus 1728-1799 **[6]**

$280 FF1 673 £169 Ein stehender alter Orientaler Indian ink/paper 16,3x11,5cm/*6x4in* Köln 97

WODZINOWSKI Wincenty 1866-1940 **[4]**

$3 220 FF16 530 £2 070 Three young peasant girls Oil/panel 68,5x99,5cm/*26x39in* Warszawa 96

WOELFFER Emerson 1914-? **[12]**

$1 000 FF5 190 £662 Forio d'Ischia, Napoli Oil/canvas 49,5x40cm/*19x15in* San Francisco-Los Angeles 96

WOENSEL van Petronella 1785-1839 **[8]**

$4 600 FF22 440 £2 920 Früchtestilleben mit Trauben und Zitronen Oil/panel 35,5x41cm/*13x16in* Köln 95

WOERFFEL Fabr. C.F. XIX-XX **[5]**

$2 346 FF14 000 £1 415 Cavaliers orientaux Bronze 48x50cm/*18x19in* Troyes 97

WOERMANN Hedwig 1879-? **[3]**

W

$6 850 FF40 296 £4 227 Kreislauf des Lebens II Öl/Karton 104,5x126,5cm/*41x49in* Bremen 97

WOESTIJNE van de Gustave 1881-1947 **[39]**
$28 540 FF142 200 £18 700 L'aveugle Technique mixte 33x24cm/*12x9in* Lokeren 95
$248 400 FF1 463 400 £153 900 La tentation Huile/toile 174x124cm/*68x48in* Antwerpen 97
$371 FF2 121 £227 Zicht op het meer vanuit het venster Lithograph 47,5x35,5cm/*18x13in* Lokeren 97
$13 600 FF67 900 £8 880 Head of a farmer Drawing 32x29cm/*12x11in* Amsterdam 95

WOGENSKY Robert 1919 **[9]**
$2 123 FF11 000 £1 380 Oiseaux marins Tapisserie 185x300cm/*72x118in* Paris 96

WOHLGEMUTH Daniel 1876-1967 **[5]**
$205 FF1 274 £123 Bäuerin in Tracht Pencil 49,5x39,5cm/*19x15in* Heidelberg 98

WOHLWILL Gretchen 1878-1962 **[9]**
$11 800 FF61 000 £7 610 Hamburger Dom Aquarell 37,5x51cm/*14x20in* Hamburg 96

WÖHNER Louis 1888-1958 **[17]**
$384 FF2 346 £227 Frauenakt vor dem Spiegel Öl/Leinwand 73x51,5cm/*28x20in* Dresden 98

WOJNAROWICZ David 1954-1992 **[13]**
$2 400 FF14 201 £1 464 An Altar for the People of the Villa Miseria Construction 54x47x20,5cm/*21x18x8in* New-York 98

WOJTKIEWICZ Witold 1879-1911 **[7]**
$66 200 FF340 000 £42 600 Garden-party Oil/cardboard 43x54,5cm/*16x21in* Warszawa 96
$368 FF2 025 £226 Jadwiga Mrozowska i Andrzej Mielewski, jako Klara i Albin "Slubach..." Lithographie 30x42cm/*11x16in* Warszawa 97
$2 050 FF10 600 £1 323 Pierwsza Gwiazdka Watercolour/paper 13x9cm/*5x3in* Warszawa 96

WOLBERS Hermanus Gerhardus 1856-1926 **[11]**
$497 FF2 558 £310 Two Elegant Women Resting in the Woods Oil/paper/panel 26,5x37cm/*10x14in* Amsterdam 96

WOLBERT H.B. 1894-? **[1]**
$3 294 FF19 619 £1 958 Portrait of Elsa van Warmelo Oil/panel 132x50,5cm/*51x19in* Amsterdam 97

WOLCHONOK Louis 1898-1973 **[5]**
$450 FF2 685 £271 Fishing Boats, Bay of Naples Watercolour/paper 34x44cm/*13x17in* New Orleans, Louisiana 97

WOLCK Preben 1925 **[65]**
$206 FF1 056 £125 Improvisation Oil/canvas 55x46cm/*21x18in* Viby J, Århus 96

WOLCOTT Frank XIX-XX **[4]**
$1 500 FF8 761 £887 Profile of a Woman Oil/canvas 45x30cm/*18x12in* Cincinnati, Ohio 97

WOLCOTT Harold C. XX **[7]**
$400 FF2 482 £243 A Village in Winter Oil/board 63x76cm/*25x30in* Boston, Mass. 97

WOLCOTT Marion Post 1910-1990 **[27]**
$1 200 FF6 924 £735 Group of 4 photographs Silver print 21x30cm/*8x12in* New-York 97

WOLF August 1842-1915 **[3]**
$1 750 FF10 324 £1 071 Breman Harbor Scene on the Wesser River in Germany Oil/canvas 64x93cm/*25x37in* Pittsburgh, PA 98

WOLF Caspar 1735-1798 **[20]**
$11 396 FF68 000 £6 983 Le Paysan et les loups Huile/toile 20x29cm/*7x11in* Paris 98

WOLF Franz Xaver 1896-1967 **[50]**
$589 FF3 571 £349 The Cardinal's Study Oil/board 42x33,5cm/*16x13in* Glasgow 98
$4 091 FF23 434 £2 420 Aufmarsch der Tiroler Freiheitskämpfer Oil/panel 86x66,5cm/*33x26in* Kempten 97

W **WOLF Georg** 1882-1962 **[49]**
$1 352 FF6 850 £886 Weidende Kühe Öl/Leinwand 26,5x31cm/*10x12in* Frankfurt 96
$1 240 FF7 375 £759 Heimkehr vom Feld Öl/Karton 40x53cm/*15x20in* Köln 97

WOLF Joseph 1820-1899 **[57]**
$1 557 FF9 669 £949 Anthus Spinolotta Lithograph 56x38cm/*22x14in* London 97
$4 150 FF21 100 £2 700 A bear Bronze H30cm/*H11in* Auchterarder, Perthshire 95
$2 257 FF13 397 £1 400 Pair of Doves amongst Honeysuckle/Groupe of Pheasant Chicks Watercolour 31,5x23cm/*12x9in* London 97

WOLF Karl Anton 1908 **[2]**
$3 854 FF19 500 £2 530 Ohne Titel Öl/Leinwand 65x71cm/*25x27in* Wien 96

WOLF Reinhart 1930 [6]
[◉] *$492 FF2 530 £307* Madrid/Valencia de Don Juan/Marietta, Nevada/Wien, Hofburg Photograph 24x30cm/*9x11in* Hamburg 96
WOLF Victoria Fontana XX [20]
🖉 *$357 FF2 140 £213* Nude Model Pastel/paper 62x47,5cm/*24x18in* Melbourne 98
WOLFE Byron B. XX [1]
🖉 *$1 700 FF8 313 £1 075* When fast horses mean res meat Watercolour/paper 27x39cm/*11x15in* Santa Fe, New Mexico 95
WOLFE Edward 1897-1982 [140]
☁ *$4 690 FF24 300 £3 000* In the sitting room Oil/canvas 46x31cm/*18x12in* London 96
☁ *$4 853 FF27 700 £3 000* Magnolias Oil/canvas 75,5x61cm/*29x24in* London 97
🖉 *$523 FF3 109 £320* Two Studies of Doit Pencil 18x14,5cm/*7x5in* London 97
WOLFE George 1834-1890 [15]
🖉 *$1 304 FF7 692 £800* "Waterwynch, Tenby" Watercolour 35x54,5cm/*13x21in* Billingshurst, West Sussex 98
WOLFE-MURRAY David Knightley c.1890-1950 [5]
🖉 *$196 FF1 207 £120* The Grey Lags Watercolour 26,5x37cm/*10x14in* London 98
WOLFERS Philippe 1858-1929 [8]
⬟ *$6 040 FF36 500 £3 598* Nu pensif Sculpture H33,5cm/*H13in* Enghien 97
WOLFF Caspar 1735-1798 [9]
▥ *$1 505 FF7 740 £940* "Une partie des Glaciers de la Montagne de Gelten" Eau-forte 23x32,4cm/*9x12in* Bern 96
WOLFF Emil 1802-1879 [2]
⬟ *$16 289 FF95 147 £10 000* A Young Girl with a lamb and Tambourine Marble H138cm/*H54in* London 97
WOLFF Gustav Heinrich 1886-1934 [16]
▥ *$277 FF1 419 £163* Europa Woodcut 15x19,5cm/*5x7in* Hamburg 96
WOLFF Gustave 1863-1935 [4]
☁ *$700 FF3 493 £457* Snow Scene Oil/canvas 30x40cm/*12x16in* Cincinnati, Ohio 95
WOLFF José 1884-1964 [99]
☁ *$211 FF1 030 £133* L'église/Sous-bois Huile/panneau 35x27cm/*13x10in* Antwerpen 95
☁ *$277 FF1 629 £171* Port de pêche Huile/toile 50x39cm/*19x15in* Liège 97
WOLFF Károly 1869-? [8]
☁ *$1 500 FF9 063 £944* Sunset Reverie Oil/canvas 74x97cm/*29x38in* New-York 97
WOLFF Louise 1798-1859 [1]
🖉 *$1 206 FF7 284 £724* Zwei Frauen in einer Landschaft Aquarell/Papier 30x37cm/*11x14in* Luzern 98
WOLFF Paul 1887-1951 [19]
[◉] *$1 072 FF6 339 £650* Trichterlilies Silver print 23x17cm/*9x6in* London 98
WOLFF Robert Jay 1905 [5]
☁ *$2 400 FF14 018 £1 420* Abstract Composition Oil/board 35x50cm/*14x20in* Cincinnati, Ohio 97
🖉 *$2 500 FF12 475 £1 634* Abstraction Mixed media/paper 55x71cm/*22x28in* Cincinnati, Ohio 95
WOLFF SCHOEMAKER Charles Prosper 1882-1949 [3]
☁ *$3 272 FF18 982 £2 006* Balinese dancers Oil/canvas/board 50x40cm/*19x15in* Amsterdam 97
☁ *$3 970 FF20 500 £2 630* A Balinese beauty Oil/board 39,5x27cm/*15x10in* Amsterdam 96
WOLFF Willy 1905-1985 [2]
▥ *$231 FF1 351 £142* Ohne Titel Monotype 31,7x27,5cm/*12x10in* Berlin 97
WÖLFLE Franz Xaver 1887-1972 [25]
☁ *$1 693 FF9 842 £1 000* The pipe smokers Oil/board 18x22,5cm/*7x8in* London 97
☁ *$7 000 FF36 000 £4 364* Alpine flowers Oil/panel 65x56cm/*25x22in* New-York 96
WÖLFLI Adolf 1864-1930 [38]
🖉 *$7 985 FF46 615 £4 828* Uhaja von Indien Crayons couleurs 34x25,5cm/*13x10in* Bern 97
WOLFRAM Joseph XIX [10]
☁ *$1 690 FF8 700 £1 090* Fahrt zur Jagd Oil/panel 15,5x31,5cm/*6x12in* Wien 96
☁ *$4 041 FF24 000 £2 448* Cerfs et biches dans une forêt enneigée Huile/toile 68x55cm/*26x21in* Saint-Dié 97
WOLFSEN Aleijda 1648-1690 [3]
☁ *$10 097 FF58 000 £6 287* Hommage de la fillette à l'Amour Huile/toile 46x38,5cm/*18x15in* Paris 97
WOLFSEN Aleijda (Attrib.) 1648-1690 [2]
☁ *$6 691 FF38 000 £4 187* Portrait de jeune femme/Portrait d'homme Huile/toile 55x45cm/*21x17in* Paris 97

W

WOLFSFELD Erich 1884-1956 **[21]**
$127 FF743 £78 Selbstporträt, Horizontale Platte Etching, aquatint 16,9x24,4cm/*6x9in* Berlin 97
$1 126 FF6 222 £700 Studies of Central European modes of transport.../Spalato Watercolour/paper 38x46cm/*14x18in* Leamington Spa, Warwickshire 97
WOLLASTON John c.1700-c.1775 **[8]**
$22 000 FF132 211 £13 175 Portrait of Margaret Schuyler/Portrait of Brandt Schuyler Oil/canvas 71x54cm/*28x21in* New-York 98
WOLLEN William Barnes 1857-1936 **[19]**
$2 750 FF13 930 £1 800 Way we have in the Army Oil/canvas 43x53cm/*16x20in* London 96
WOLLHEIM Gert Heinrich 1894-1974 **[19]**
$2 308 FF13 400 £1 364 Waldstück mit weiher vor steilen Felsen Oil/hardboard 50,5x76cm/*19x29in* Dresden 97
$17 358 FF101 385 £10 656 Selbstbildnis, deklamierend Öl/Leinwand 129,7x100cm/*51x39in* Köln 97
$15 280 FF79 800 £9 100 Ohne Titel Watercolour 34x26cm/*13x10in* Köln 96
WOLMARK Alfred Aaron 1877-1961 **[120]**
$966 FF5 586 £600 Still life with Pears Oil/board 18x24cm/*7x9in* London 97
$3 432 FF20 408 £2 100 Michelmass Daisies Oil/canvas 65x49,5cm/*25x19in* London 97
WOLS Otto W. Schulze 1913-1951 **[115]**
$138 800 FF718 000 £90 000 Untitled Oil/canvas 35x27cm/*13x10in* London 96
$879 FF5 050 £536 Die Stadt - Quer, zu: Sartre, nourritures Drypoint 6x10cm/*2x3in* Berlin 97
$9 650 FF47 500 £6 120 Komposition mit C, Figuren-Pflanzen Aquarelle 12,7x16,3cm/*5x6in* Zürich 95
WOLSELEY Garnet Ruskin 1884-1967 **[17]**
$468 FF2 410 £300 Porcelain bowl of pansies Oil/canvas 25x30cm/*9x11in* London 96
WOLSKA Zofia 1934 **[1]**
$4 050 FF24 109 £2 476 Tors I Bronze H40cm/*H15in* Warszawa 98
WOLSKI Stanislaw Polian 1859-1894 **[4]**
$20 760 FF106 500 £13 350 "Wypadek" Oil/canvas 90x117cm/*35x46in* Warszawa 96
WOLSTENHOLME Dean I 1757-1837 **[20]**
$13 479 FF81 740 £8 000 The Meet in a Village/Finding in Woodland/I Full Cry/The End of Run Oil/canvas 25x35cm/*10x14in* Leicester 98
$21 890 FF130 221 £13 000 Twelve hounds in a Landscape, Mersham Church and Mill in a Distance Oil/canvas 51,5x72cm/*20x28in* London 97
WOLSTENHOLME Dean II 1798-1882 **[17]**
$1 963 FF11 439 £1 200 Highgate Village From North Hill Oil/canvas 25,5x58,5cm/*10x23in* London 97
$23 269 FF138 339 £14 000 "Warwick", a Shire Horse in a Landscape, with Basingstoke beyond Oil/canvas 63,5x76cm/*25x29in* London 97
$625 FF3 786 £380 Stag Hunting/Full Cry/At Bay/Going Out in the Morning Lithograph 19x33cm/*7x12in* London 98
WOLTER Hendrik Jan 1873-1952 **[64]**
$3 508 FF20 340 £2 095 The Harbour of Camogli, Italy Oil/board 23x27,5cm/*9x10in* Amsterdam 97
$4 164 FF25 044 £2 497 Feeding the Baby Oil/canvas 55x67cm/*21x26in* Amsterdam 98
WOLTZE Berthold 1829-1896 **[13]**
$6 530 FF33 600 £4 070 Spielender Knabe Öl/Leinwand 50x39cm/*19x15in* Wien 96
WOLVECAMP Theo 1925-1992 **[167]**
$2 221 FF13 397 £1 325 Untitled Oil/canvas 30x35cm/*11x13in* Amsterdam 98
$4 910 FF25 640 £2 967 Untitled Oil/canvas 100x110cm/*39x43in* Amsterdam 96
$5 429 FF32 748 £3 239 Untitled Oil/canvas 200x130cm/*78x51in* Amsterdam 98
$291 FF1 712 £179 Zonder titel Serigraph 50x65cm/*19x25in* Den Haag 97
$732 FF4 351 £435 Abstract Composition/Abstract Compsotion Ink 34x45cm/*13x17in* Amsterdam 97
WOLVENS Henri Victor 1896-1977 **[94]**
$739 FF4 550 £453 Marine Huile/carton 26x36cm/*10x14in* Lokeren 98
$6 006 FF35 772 £3 674 Le marché aux poissons, Bruges Huile/toile 50x60cm/*19x23in* Bruxelles 98
$518 FF3 089 £317 Jardin de plaisance Encre 25,5x35cm/*10x13in* Bruxelles 98
WONDER Pieter Christoffel 1780-1852 **[5]**
$2 600 FF15 182 £1 572 Der Hl. Hieronymus in der Stube Oil/panel 37,5x31,5cm/*14x12in* Köln 97
WONG DANXIAN 1954 **[1]**
$7 110 FF36 460 £4 320 Morning Wind Oil/canvas 92x73cm/*36x28in* Hong Kong 96
WONNACOTT John XX **[1]**

$9 470 FF48 000 £6 200 Estuary Window: Nightfall Oil/canvas 1x130cm/x51in London 96
WONNER Paul 1920 **[35]**
$4 887 FF29 351 £2 918 Study of Red and Yellow Tulip Acrylic/paper 25x20cm/9x7in San Francisco 98
$9 200 FF55 255 £5 494 Iris in Milk Carton on a Step Ladder Acrylic 112x75cm/44x29in San Francisco 98
$20 000 FF116 144 £12 218 Dutch still life with roses and coloured pencils Acrylic/canvas 178x122cm/70x48in New-York 97
$550 FF3 179 £339 Tulips in a Milk Carton Color lithograph 63,5x47cm/25x18in San Francisco 97
$6 500 FF38 575 £3 981 The Model Dressing Watercolour 45,5x30,5cm/17x12in San Francisco-Los Angeles 97
WONTNER William Clarke 1857-1930 **[11]**
$7 920 FF40 100 £5 200 Portrait of Mrs. Kenneth Mac Kenzie Oil/canvas 178x115,5cm/70x45in London 96
$30 056 FF180 631 £18 000 The Lutte Player Oil/canvas 87,5x70cm/34x27in London 98
WOOD Alan 1935 **[3]**
$3 330 FF16 335 £2 115 Ranch Vista, Bird, Gate & Tree Acrylic/canvas 48x108cm/18x42in Vancouver, BC. 95
WOOD Albert Victor Ormsby 1904-1977 **[12]**
$633 FF3 090 £400 New Hats Ink 48x35cm/18x13in London 95
WOOD Carlos C. 1792-1856 **[3]**
$10 844 FF66 164 £6 500 View of H.B.M Ship "Collingood" Watercolour 31x46cm/12x18in London 98
WOOD Catherine Mary 1880-1938 **[14]**
$2 124 FF12 720 £1 300 A Still Life of Raspberries, Gooseberries, redcurrants Oil/canvas/board 23,5x31,5cm/9x12in Billingshurst, West Sussex 97
WOOD Charles Haigh 1854-1927 **[7]**
$4 570 FF26 666 £2 800 The Proposal Oil/canvas 46x30,5cm/18x12in London 97
$9 342 FF54 003 £5 800 Portrait of an Elegant Lady Oil/canvas 210x122cm/82x48in Newbury, Berkshire 97
$21 496 FF123 400 £13 500 "Love will Triumph" Oil/canvas 90,5x125cm/35x49in London 97
WOOD Charles King XIX-XX **[4]**
$290 FF1 722 £180 Mediterranean Courtyard Watercolour/paper 34x54cm/13x21in London 97
WOOD Christopher 1901-1930 **[111]**
$8 707 FF53 355 £5 200 Pier Pavillon Oil/canvas 44,5x59,5cm/17x23in London 98
$12 788 FF74 784 £7 800 Standing nude Oil/board 46x33cm/18x12in London 97
$1 680 FF8 370 £1 100 The Boulevard at Passy, near Paris Watercolour 23x29cm/9x11in London 95
WOOD Clarence Lawson 1878-1957 **[18]**
$940 FF5 415 £580 Caught Red Handed Watercolour 28,5x21cm/11x8in London 97
WOOD Eleanor Stewart XIX-XX **[8]**
$595 FF3 427 £349 Mixed Roses in a Ceramic Jug on a Ledge Watercolour 43x32,5cm/16x12in London 97
WOOD Francis Derwent 1871-1926 **[12]**
$3 104 FF15 060 £2 000 A boy spearing fish Bronze H62cm/H24in London 95
WOOD Frank Watson 1862-1953 **[70]**
$1 003 FF6 235 £600 Drying Nets Watercolour/paper 35,5x53cm/13x20in London 98
WOOD Grant 1892-1942 **[195]**
$5 000 FF24 600 £3 220 By the cathedral Oil/board 39x32cm/15x12in New-York 95
$8 000 FF47 789 £4 903 February Lithograph 22,5x30cm/8x11in New-York 98
$12 000 FF62 600 £7 250 Rabbit Coloured pencils/paper 16x17cm/6x6in New-York 96
WOOD Harold 1918 **[11]**
$743 FF4 133 £460 Duel/Girl at a table Oil/canvas 91x72cm/35x28in London 97
WOOD John 1801-1870 **[12]**
$1 334 FF7 968 £820 Eve Oil/board 30x24cm/11x9in London 98
WOOD John XIX **[1]**
$9 176 FF55 985 £5 500 A Sylph Oil/canvas 73x60cm/28x23in London 98
WOOD John Barlow XIX-XX **[8]**
$489 FF2 985 £300 Harvest Landscape/Approach to the Farm/Portrait of a young Lady Watercolour/paper 41x27,5cm/16x10in Billingshurst, West Sussex 98
WOOD John Warrington 1839-1886 **[4]**
$5 723 FF34 046 £3 500 Lavinia/Spring Marble H58,5cm/H23in Billingshurst, West Sussex 98

W

WOOD Lawson 1878-1957 **[16]**

  ✎ *$1 530 FF8 845 £950* "Sad Times, I Know I'm Ugly But I'm a Long Way from Home" Watercolour/paper 32,5x21,5cm/*12x8in* Exeter, Devon 97

WOOD Lewis John 1813-1901 **[26]**

  ◉ *$2 103 FF10 180 £1 350* Saint-Étienne, Rouen/Cathedral at Abbevile Oil/board 25x18cm/*9x7in* London 95

  ◉ *$2 782 FF16 205 £1 700* The old church of St. Laurent, Rouen Oil/canvas 47x34,5cm/*18x13in* London 97

WOOD Lewis Pinhorn 1870-1913 **[14]**

  ✎ *$360 FF2 186 £220* The Millpool Watercolour/paper 30x46cm/*12x18in* Par, Cornwall 98

WOOD Marshall ?-1882 **[2]**

  ⬱ *$15 130 FF78 900 £10 000* Daphne Marble H169cm/*H66in* London 96

WOOD Robert E. 1889-1979 **[83]**

  ◉ *$3 000 FF14 310 £1 886* Golden Days Oil/canvas 24x30cm/*9x11in* Hayden 95

  ◉ *$3 500 FF18 270 £2 115* Desert Landscape Oil/canvas 76x91,5cm/*29x36in* San Francisco-Los Angeles 96

WOOD Ron 1947 **[2]**

  ✎ *$1 590 FF7 670 £1 000* Florida Panther Watercolour 30x20,5cm/*11x8in* London 95

WOOD Shakespeare ?-1886 **[1]**

  ⬱ *$55 382 FF323 499 £34 000* A female water carrier/A blacksmith Marble H122cm/*H48in* London 97

WOOD Thomas Waterman 1823-1903 **[29]**

  ◉ *$6 000 FF31 300 £3 626* buckwheat Cakes Oil/canvas 33x44,5cm/*12x17in* New-York 96

  ◉ *$40 000 FF233 372 £24 504* Not an egg Oil/canvas 76x51cm/*29x20in* New-York 97

WOOD Ursula 1868-c.1925 **[3]**

  ◉ *$16 800 FF87 700 £10 000* The butcher's shop Oil/canvas 61x47cm/*24x18in* London 96

WOOD William 1769-1810 **[11]**

  ◉ *$3 372 FF19 372 £2 100* Portrait of two young boy, probably brothers Miniature 24x20cm/*9x8in* London 97

WOOD William 1768-1809 **[5]**

  ✎ *$1 809 FF10 175 £1 100* Portrait of Gentleman Ink 29x20cm/*11x7in* London 97

WOODBURY Charles Herbert 1864-1940 **[104]**

  ◉ *$1 500 FF7 570 £985* Fishing along the shore Oil/board 30x40cm/*12x16in* Mystic, Connecticut 96

  ◉ *$3 250 FF19 299 £1 968* "Morning After Storm" Oil/canvas 43x53cm/*17x21in* Bethesda, Maryland 97

  ▥ *$150 FF864 £88* Fisherman and World Fliers Etching 22x27cm/*9x11in* Mystic, Connecticut 97

  ✎ *$600 FF3 344 £366* Water study Watercolour/paper 48x58cm/*19x23in* Boston, Mass. 97

WOODCOCK Percy Franklin 1855-1936 **[5]**

  ◉ *$861 FF4 979 £511* "Sketch Near" Oil/board 16x24cm/*6x9in* Calgary, Alberta 97

WOODFORD George XX **[1]**

  ◉ *$1 584 FF9 517 £950* Pheasant Dusting Mixed media/board 30,5x48cm/*12x18in* London 98

WOODHOUSE Frederick, Jr. 1848-1927 **[4]**

  ◉ *$2 052 FF12 091 £1 226* Thoroughbred in a Stable with View Through a Stable Door Oil/canvas 50,5x68,5cm/*19x26in* Melbourne 97

WOODHOUSE Frederick, Snr. 1820-1909 **[4]**

  ◉ *$3 283 FF19 346 £1 961* Thoroughbred in Stable Oil/canvas 46x61cm/*18x24in* Melbourne 97

WOODHOUSE William A. 1857-1939 **[37]**

  ◉ *$1 465 FF9 064 £900* Study of Harnessed Oxen Oil/canvas 24,5x34,5cm/*9x13in* Billingshurst, West Sussex 97

  ◉ *$4 340 FF22 036 £2 800* Waiting for Master Oil/canvas 35,5x45,5cm/*13x17in* Auchterarder, Perthshire 96

  ✎ *$1 564 FF9 378 £950* A Beach Scene with Figures Loading the Catch into Horse Drawn Carts Watercolour/paper 25x35cm/*9x13in* Oakwellgate, Gateshead 98

WOODLEY-BROWN Robert, Reverend XIX **[12]**

  ◉ *$693 FF3 590 £450* An extensive landscape Oil/canvas 28,5x39cm/*11x15in* London 96

WOODLOCK David 1842-1929 **[116]**

  ✎ *$25 635 FF146 654 £16 000* An old Cottage at Tatchbrook, near Warwick Watercolour 75x57cm/*29x22in* London 97

WOODMAN Betty 1930 **[3]**

  ⬱ *$7 500 FF45 732 £4 500* Pillow Pitcher Glazed ceramic 49,5x53x38cm/*19x20x14in* New-York 98

WOODMAN Charles Horwell 1823-1888 **[2]**

  ✎ *$1 200 FF6 080 £780* English rural landscape Watercolour 38x53cm/*15x21in* Aylsham, Norfolk 96

WOODROW Bill 1948 **[18]**

  ⬱ *$2 673 FF13 840 £1 726* Half Life, Half Life Metal H230cm/*H90in* Stockholm 96

WOODRUFF Leonard XIX-XX **[2]**

🖋 *$1 800 FF10 514* £1 065 Still Life with Red Grapes Oil/canvas 35,5x28cm/*13x11in* Boston, Mass. 97
WOODRUFF Samuel XIX **[1]**
🖋 *$5 000 FF30 656* £3 059 A Still Life with Fruit and a Glass of Wine Oil/canvas 40,5x49,5cm/*15x19in* New-York 98
WOODS Henry 1846-1921 **[20]**
🖋 *$5 589 FF32 139* £3 500 Laundry Girls, Venice Oil/canvas 65,5x42,5cm/*25x16in* London 97
WOODVILLE Richard Caton I 1825-1857 **[3]**
🖋 *$5 000 FF28 968* £3 117 Portrait of a Militiaman Oil/canvas 31,5x27,5cm/*12x10in* Washington 97
WOODVILLE Richard Caton II 1856-1927 **[10]**
🖋 *$55 383 FF319 766* £33 000 Bonaparte and the Survivors of the Forlorn Hope at St. Jean d'Acre Oil/canvas 125,5x92cm/*49x36in* London 97
🖋 *$76 695 FF471 118* £46 000 Napoleon Conferring the Crox d'Honneur on a French Trooper Oil/canvas 1222x91,5cm/*481x36in* London 98
WOODWARD Ellsworth 1861-1939 **[26]**
🖋 *$5 750 FF34 307* £3 468 St. Tammany Pines Oil/canvas 34x24cm/*13x9in* New Orleans, Louisiana 97
🖋 *$475 FF2 709* £296 Black Woman in a Tignon Etching 23x18cm/*9x7in* New Orleans, Louisiana 97
✏ *$2 400 FF13 929* £1 417 Deep in the Bayou Watercolour/paper 36x25cm/*14x10in* New Orleans, Louisiana 97
WOODWARD George Moutard 1760-1809 **[8]**
✏ *$1 241 FF6 380* £800 The patient/The courting couple Ink 22x17,5cm/*8x6in* London 96
WOODWARD John D. 1848-1924 **[4]**
✏ *$150 FF909* £91 Mountainous Landscapes/Wildflowers Watercolour/paper 20x27cm/*8x11in* Bloomfield Hills, Michigan 98
WOODWARD Joseph Janvier XIX **[1]**
📷 *$5 000 FF25 540* £3 294 "Photographs of Microscopic Test Objects" Photograph 16,5x15,6cm/*6x6in* New-York 96
WOODWARD Louise 1862-1937 **[2]**
✏ *$1 300 FF7 850* £789 Louisiana Swamp Scape Watercolour/paper 31x50cm/*12x20in* New Orleans, Louisiana 98
WOODWARD Mabel May 1877-1945 **[39]**
🖋 *$2 750 FF16 006* £1 667 Figure on a Country Road Oil/board 25x33cm/*10x13in* Mystic, Connecticut 97
🖋 *$37 500 FF222 026* £22 267 At the Ocean Front Oil/canvas 39,5x49cm/*15x19in* New-York 97
✏ *$2 400 FF11 952* £1 579 Beach scene Watercolour 40x48cm/*16x19in* Baton Rouge, Louisiana 95
WOODWARD Robert Strong 1885-1960 **[6]**
🖋 *$2 400 FF12 430* £1 536 Winter window Oil/canvas 76x63cm/*30x25in* Mystic, Connecticut 96
WOODWARD Stanley Wingate 1890-1970 **[19]**
🖋 *$850 FF4 848* £519 Crashing Surf Oil/canvas 63x76cm/*25x30in* Bethesda, Maryland 97
WOODWARD Thomas 1801-1852 **[12]**
🖋 *$2 600 FF14 789* £1 591 The Honorable James MacDonald on a Pony Oil/panel 39,5x29cm/*15x11in* New-York 97
🖋 *$8 000 FF39 400* £5 150 A Stallion in a landscape Oil/canvas 70x88cm/*27x34in* New-York 95
WOODWARD William 1859-1935 **[18]**
🖋 *$3 500 FF21 725* £2 098 Carmel Oil/canvas 55x71cm/*22x28in* Mystic, Connecticut 98
🖋 *$4 100 FF24 404* £2 506 Mississippi Gulf Coast Oil/board 25x35cm/*10x14in* New Orleans, Louisiana 98
🖋 *$900 FF5 134* £549 "Lewis and Bernard Antiques, Chartres Street, New Orleans" Etching 25x19cm/*10x7in* New Orleans, Louisiana 97
✏ *$4 950 FF30 783* £3 121 New Orleans Art Pottery Club Vessel with Foliate Motif Watercolour 44x33cm/*17x13in* New Orleans, Louisiana 97
WOOG J. XIX-XX **[3]**
🖋 *$2 200 FF12 842* £1 308 Racing Scenes Oil/panel 18x33,5cm/*7x13in* New-York 97
WOOL Christopher 1955 **[49]**
🖋 *$6 250 FF31 830* £3 750 Untitled (Dot Drawing) Mixed media 101x66cm/*39x25in* New-York 96
🖋 *$15 000 FF76 400* £9 000 Untitled #S128 Enamel 137x102cm/*53x40in* New-York 96
🖋 *$3 800 FF23 384* £2 307 One Monotype in Black on Suzuki Monotype 188x94cm/*74x37in* New-York 98
✏ *$2 400 FF14 201* £1 464 Untitled Ink 94x62,5cm/*37x24in* New-York 98
WOOLF Samuel Johnson 1880-1948 **[19]**

W

$100 FF593 £60 The Fish Market/Immigrants Etching 15x20cm/*5x7in* Washington 97

WOOLLETT Henry A. c.1840-c.1890 **[7]**
$18 000 FF91 800 £11 910 The Straw Yard Oil/canvas 112x175,5cm/*44x69in* New-York 96

WOOLMER Alfred Joseph 1805-1892 **[29]**
$3 130 FF15 900 £2 000 Pyramise and Thisbe Oil/canvas 36x30cm/*14x11in* London 96
$3 863 FF22 000 £2 382 La jeune endormie Huile/carton 59x69cm/*23x27in* Soissons 97

WOOLNOTH Charles Nicholls 1815-1906 **[27]**
$393 FF2 414 £240 The River Severn at Bridgnorth, Shropshire Watercolour 15x25,5cm/*5x10in* London 98

WOOLRYCH F. Humphry 1868-? **[8]**
$225 FF1 328 £133 Seated Woman Watercolour/paper 53x38cm/*21x15in* North Berwick, Maine 97

WOOTTON Frank 1911 **[29]**
$2 000 FF10 180 £1 200 "Mill Reef" Oil/canvas 52x66cm/*20x25in* London 96
$420 975 FF2 504 250 £250 000 The Great Stallion, the Byerley Turk, Held by a Groom Oil/canvas 226x208,5cm/*88x82in* London 97
$451 FF2 301 £270 Avro Anson I Watercolour/paper 40,5x29cm/*15x11in* Billingshurst, West Sussex 96

WOOTTON John 1686-1765 **[35]**
$35 917 FF214 425 £22 000 Study of a Dog Beside a Classical Urn with Flower Oil/canvas 76,5x64,5cm/*30x25in* London 97
$120 000 FF726 396 £70 932 A chestnut racemare with her groom and jockey at Newmarket Oil/canvas 104x130cm/*40x51in* New-York 98

WOPFNER Josef 1843-1927 **[77]**
$5 071 FF30 241 £3 148 Heuboote auf dem Chiemsee Öl/Leinwand 30x40cm/*11x15in* Dresden 97
$12 880 FF66 200 £8 020 The Siege of Strasbourg, September 1870 Oil/canvas 60,5x109,5cm/*23x43in* Wien 96
$756 FF4 374 £466 Fraueninsel im Chiemsee Pencil/paper 17x25cm/*6x9in* München 97

WORES Theodore 1860-1939 **[24]**
$7 000 FF34 900 £4 585 Half Dome, Yosemite Oil/canvas/board 31x41cm/*12x16in* San Francisco-Los Angeles 95
$7 500 FF37 400 £4 910 Ocean shore off San Francisco Oil/canvas 41x51cm/*16x20in* San Francisco-Los Angeles 95

WORKMAN Harold 1897-1975 **[11]**
$681 FF3 540 £450 Lane in Essex Oil/board 32x43cm/*12x16in* London 96

WORKS Katherine 1904-? **[7]**
$2 250 FF11 210 £1 474 Communication Watercolour 23x91,5cm/*9x36in* San Francisco-Los Angeles 95

WORLIDGE Thomas 1700-1766 **[8]**
$605 FF3 086 £400 Portrait of a gentleman Pencil 10x8cm/*3x3in* London 96

WORMS Jules 1832-1924 **[41]**
$2 665 FF15 847 £1 630 Gegenseitige Bewunderung Oil/panel 36x26,5cm/*14x10in* Bern 97
$7 920 FF47 400 £4 920 La venta de fruta en un interior Oleo/lienzo 46,5x56cm/*18x22in* Madrid 98
$655 FF3 700 £399 Conversation devant le puits Aquarelle/papier 44x33cm/*17x12in* Angers 97

WORMS Roger 1907-1980 **[47]**
$206 FF1 050 £137 Corbeille de pêches Huile/toile 33x41cm/*12x16in* Paris 96
$747 FF4 486 £446 Bouquet d'été Oil/canvas 81x65,5cm/*31x25in* San Francisco 98

WÖRN Walter 1901-1963 **[26]**
$378 FF2 347 £228 Gatrenszene Woodcut in colors 26,5x23cm/*10x9in* Heidelberg 98

WORP van der Willem 1803-1878 **[2]**
$1 784 FF10 733 £1 070 A Winter Landscape with Figures on a frozen River Oil/canvas 28x37cm/*11x14in* Amsterdam 98

WORRALL Joseph E. 1829-1913 **[3]**
$6 335 FF38 918 £3 800 In the Boudoir Oil/panel 24x30,5cm/*9x12in* London 98

WORRELL van Abraham Bruining 1787-1832 **[7]**
$1 600 FF9 501 £969 Playing Cards in a Tavern Intorior Oil/pancl 28x35,5cm/*11x13in* Washington 97
$6 490 FF33 110 £3 850 Fishermen and Cattle on a Riverbank, a Village behind Oil/panel 36x48cm/*14x18in* Amsterdam 96

WÖRSEL Troels 1950 **[28]**
$237 FF1 409 £145 Komposition Watercolour/paper 56x78cm/*22x30in* København 97

WORSEY Thomas 1829-1875 **[33]**

✏ *$1 197 FF6 883 £749* Lilies and a Bird's Nest on a mossy Bank Oil/canvas 30,5x25,5cm/*12x10in* London 97

✏ *$5 830 FF35 967 £3 500* A Robin Feeding Her Young Amongst Primroses and Bluebells Watercolour 34x46cm/*13x18in* London 98

WORSLEY Charles Nathaniel XIX-XX **[4]**

✏ *$237 FF1 356 £140* Kleine Scheidegg Watercolour/paper 28x25cm/*11x9in* London 97

WORTEL Ans 1929 **[36]**

✏ *$593 FF3 564 £358* Twee figuren Indian ink 53,5x25cm/*21x9in* Den Haag 98

WORTH Leslie 1923 **[12]**

✏ *$230 FF1 313 £140* The Gathering Storm Watercolour 25x36cm/*9x14in* London 97

WORTH Thomas B. 1834-1917 **[11]**

☞ *$2 740 FF14 000 £1 806* Le maître d'hôtel Huile/carton 29,5x22cm/*11x8in* Paris 96

WOSTRY Carlo 1865-1943 **[14]**

☞ *$640 FF3 340 £420* "Le crociere del Thalia, Lloyd Austriaco" Tecnica mista/tela 18x18cm/*7x7in* Trieste 96

☞ *$2 700 FF15 300 £1 350* Ragazza in pelliccia Olio 45x46cm/*17x18in* Trieste 97

☞ *$50 000 FF257 000 £31 200* The Steeplechase Oil/canvas 131x98cm/*51x38in* New-York 96

WOTRUBA Fritz 1907-1975 **[178]**

▥ *$386 FF1 950 £253* Ohne Titel Etching 33x46cm/*12x18in* Wien 96

⬧ *$5 090 FF26 550 £3 026* Hl. Georg Plaster H50cm/*H19in* Wien 96

⬧ *$20 275 FF119 450 £12 525* Weiblicher Torso Sculpture H122cm/*H48in* Wien 97

✎ *$280 FF1 656 £166* Heilige Familie bei der Rast Indian ink/paper 22x28cm/*8x11in* Zofingen 97

WOTSMUSH Arush 1967 **[4]**

✏ *$2 000 FF12 187 £1 218* Singing and Penetrating Watercolour/paper 56x76cm/*22x29in* Tel Aviv 98

WOU Claes Cl. (Attrib.) c.1592-1665 **[3]**

☞ *$6 710 FF32 450 £4 200* A pink floudering in rough seas Oil/panel 28x46cm/*11x18in* London 95

WOU Claes Claesz. c.1592-1665 **[10]**

☞ *$3 698 FF21 592 £2 236* Dreimast-Handelsfregatte in stürmischer See Oil/panel 24x34cm/*9x13in* Köln 97

☞ *$11 220 FF58 100 £7 500* The Battle of the Downs Oil/panel 63x124cm/*24x48in* London 96

WOUTERMAERTENS Constant 1823-1867 **[3]**

☞ *$3 100 FF18 278 £1 852* Stilleben med fåglar och frukter Oil/canvas 98x72cm/*38x28in* Stockholm 97

WOUTERMAERTENS Edouard 1819-1897 **[9]**

☞ *$2 225 FF11 530 £1 445* Moutons et poules dans un paysage Huile/panneau 47x86cm/*18x33in* Antwerpen 96

WOUTERS Frans c.1612/14-1659 **[22]**

☞ *$5 371 FF30 977 £3 200* A landscape with Goatherds at rest on a Track, a village beyond Oil/panel 27x42cm/*10x16in* London 97

☞ *$16 000 FF88 348 £9 984* Venus and Adonis with an attendant Putto and Hounds on the edge Oil/panel 40x56cm/*15x22in* New-York 97

WOUTERS Frans (Attrib.) c.1612/14-1659 **[8]**

☞ *$5 847 FF33 000 £3 560* Jacob et Rachel Huile/cuivre 32x39cm/*12x15in* Paris 97

WOUTERS Rik 1882-1916 **[117]**

☞ *$15 220 FF79 000 £10 060* Stalinterieur Huile/toile 100x76cm/*39x29in* Lokeren 96

▥ *$349 FF1 807 £224* Nel en twee honden Eau-forte 18x16cm/*7x6in* Lokeren 96

⬧ *$952 FF4 930 £610* Le rayon de soleil Relief 29x25cm/*11x9in* Lokeren 96

✎ *$1 016 FF6 200 £620* Portrait de femme Mine plomb 18x18cm/*7x7in* Bordeaux 98

WOUW van Anton 1862-1945 **[39]**

⬧ *$1 026 FF5 969 £611* Bust of President Kruger Bronze H34,5cm/*H13in* Johannesburg 97

WOUWERMAN Jan 1629-1666 **[2]**

☞ *$22 148 FF132 300 £13 732* Landschaft mit Reiter und Pferd an einer Furt Öl/Leinwand 48x53cm/*18x20in* Zürich 97

WOUWERMAN Philips 1619-1668 **[56]**

☞ *$65 594 FF380 951 £40 070* Travellers at a blacksmith's on a mountain pass Oil/panel 40x32cm/*15x12in* Amsterdam 97

☞ *$84 414 FF504 174 £51 678* Rastande falkenerare vid en färja Oil/canvas 69x81cm/*27x31in* Stockholm 98

WOUWERMAN Philips (Attrib.) 1619-1668 **[15]**

☞ *$4 206 FF25 100 £2 538* Zeltlager mit Reitern und Bettlerin Oil/panel 24x32,5cm/*9x12in* Bremen 97

Calendar & auction results: Internet www.artprice.com   Minitel 3617 ARTPRICE

W

$42 100 FF217 000 £27 000 A hawking party halted at a stream Oil/panel 38,5x56cm/*15x22in* London 96

WOUWERMAN Pieter 1623-1682 **[32]**
$10 378 FF59 400 £6 130 A Lady on a Horse and Huntsmen with their Dogs Oil/panel 33,5x44cm/*13x17in* Amsterdam 97
$12 264 FF72 614 £7 283 Aufbruch der Reiter vor dem Marketenderzelt Öl/Leinwand 86x110cm/*33x43in* Zürich 97

WOUWERMAN Pieter (Attrib.) 1623-1682 **[10]**
$20 060 FF100 000 £13 140 Départ pour la chasse au faucon Huile/panneau 215x18,5cm/*84x7in* Paris 95

WRABETZ Anton 1876-1946 **[12]**
$1 197 FF7 143 £735 Lilien in chinesischer Vase Oil/panel 104x67cm/*40x26in* Wien 98

WRAGE Klaus 1891-1984 **[11]**
$141 FF812 £86 Ehemaliger Mönch/In der Eisenbahn/Jazzband Etching 26x21cm/*10x8in* Hamburg 97

WRBA Georg 1872-1939 **[9]**
$1 006 FF5 733 £631 Zwei Relieffiguren Relief 50x20cm/*19x7in* Köln 97

WRIGHT Bert 1930 **[6]**
$2 296 FF13 182 £1 400 The New bedford Whaler "Charles W. Morgan" at Mystic Seaport Oil/canvas 45,5x60,5cm/*17x23in* London 97

WRIGHT David XX **[5]**
$2 200 FF13 455 £1 305 Rendez-Vous Over Oil/canvas 22x30cm/*9x12in* Houston, Texas 98

WRIGHT F.E. 1824-? **[2]**
$65 000 FF328 900 £42 763 Important architectural Rendering of a play resort and sprot club... Print 154x78cm/*61x31in* Cincinnati, Ohio 96

WRIGHT Frank Lloyd 1869-1959 **[29]**
$1 467 FF8 746 £900 Panel of Fabric Print 116x213,5cm/*45x84in* London 98
$2 000 FF10 380 £1 324 Huntington Hartford resort project in Hollywood Hills Drawing 76x132cm/*30x52in* Cincinnati, Ohio 96

WRIGHT George 1860-1942 **[125]**
$1 800 FF10 727 £1 117 The Fox Hunt Oil/canvas 35,5x51cm/*13x20in* Washington 97
$3 910 FF20 230 £2 500 The Final Furlong Oil/canvas 16x31cm/*6x12in* London 96

WRIGHT George XIX-XX **[9]**
$3 845 FF19 540 £2 500 Waiting for the Mail Oil/canvas 40x30cm/*15x11in* Auchterarder, Perthshire 95

WRIGHT George Hand 1873-1951 **[18]**
$10 000 FF60 386 £6 003 Fresh Rolls Oil/canvas 40,5x81cm/*15x31in* New-York 98
$672 FF3 490 £398 The Hunting Party Pastel/paper 36x45cm/*14x18in* Mystic, Connecticut 97

WRIGHT Gilbert Scott 1880-1958 **[28]**
$4 575 FF27 397 £2 800 One for the Road Oil/canvas 58x48,5cm/*22x19in* Billingshurst, West Sussex 97

WRIGHT James Couper 1906-1969 **[6]**
$325 FF1 912 £195 Coastal Crashing Waves Watercolour/paper 55x73cm/*22x29in* Altadena, CA 97

WRIGHT John c.1745-1820 **[11]**
$483 FF2 881 £300 George Augustus, Prince of Wales Watercolour 21,5x17cm/*8x6in* London 97

WRIGHT John Buckland 1897-? **[5]**
$250 FF1 551 £149 Forest pool Engraving 15x18cm/*6x7in* Mystic, Connecticut 98

WRIGHT John Masey 1777-1866 **[10]**
$423 FF2 587 £260 The Discussion Watercolour/paper 29x44cm/*11x17in* London 98

WRIGHT John Michael (Attr.) 1617-1694 **[1]**
$13 000 FF74 158 £7 905 Portrait of a Lady with a golden Dress Holding a Rose Oil/canvas 127x101,5cm/*50x39in* San Francisco 97

WRIGHT Louise W. 1875-? **[1]**
$9 000 FF53 507 £5 575 Turkish Lady Oil/canvas 42x49cm/*16x19in* Philadelphia 97

WRIGHT Margaret Isobel 1884-1957 **[4]**
$1 160 FF6 050 £700 Picnic by a bay, Mcholays Point Watercolour/paper 27x38cm/*10x14in* Glasgow 96

WRIGHT OF DERBY Joseph 1734-1797 **[32]**
$28 700 FF139 300 £18 000 Portrait of Miss Theodora Fortune Oil/canvas 99x86cm/*38x33in* London 95
$52 000 FF256 700 £33 600 Portrait of the Rev. Thomas Wilson D.D. and his adopted daughter Oil/canvas 128x102cm/*50x40in* New-York 96

WRIGHT OF LIVERPOOL Richard 1735-c.1774 **[1]**
$2 394 FF12 400 £1 600 A Squadron of the Red beating up the coast Oil/panel 16,5x21,5cm/*6x8in*

London 96
WRIGHT Richard Henry 1857-1930 **[32]**
✎ *$1 080 FF6 120 £540* Veduta di Boboli Acquarello/carta 26,5x18,5cm/*10x7in* Firenze 97
WRIGHT Robert Murdoch XIX-XX **[10]**
✎ *$320 FF1 668 £190* Cairo/The ship of the Desert Watercolour 25x53cm/*9x20in* London 96
WRIGHT Robert W. XIX **[25]**
⬬ *$2 935 FF17 142 £1 736* The Violin Lesson Oil/wood 25x20cm/*9x7in* Melbourne 97
WRIGHT Stanton MacDonald 1890-1973 **[5]**
⬬ *$2 500 FF15 873 £1 561* Moorays Oil/canvas/board 26x27cm/*10x11in* Portland, Maine 97
▥ *$1 200 FF7 312 £716* "Syncronistic Landscape" Woodcut 40x50cm/*16x20in* Pasadena, California 98
WRIGHT Thomas c.1740-1812 **[2]**
✎ *$4 460 FF21 750 £2 800* North West view of the Harbour of Louisbourg, Cape Breton Ink 38x55cm/*14x21in* London 95
WRIGHT Tom XX **[7]**
⬬ *$11 414 FF68 559 £6 844* Domherrar på duk Oil/canvas 37x31cm/*14x12in* Helsinki 98
⬬ *$74 560 FF447 849 £44 712* Tjädrar Oil/canvas 62x72cm/*24x28in* Helsinki 98
WRIGHT von Ferdinand 1822-1906 **[35]**
⬬ *$19 380 FF114 240 £11 580* Tupp och höna Oil/canvas 38x50cm/*14x19in* Stockholm 97
WRIGHT von Magnus 1805-1868 **[18]**
▥ *$567 FF3 426 £344* Varg-lo i vinter- och sommardräkt Lithograph 17x26cm/*6x10in* Helsinki 98
WRIGHTSON Bernard, Berni 1948 **[2]**
✎ *$2 000 FF11 890 £1 203* Chamber Of Darkness Ink/paper 38x25cm/*15x10in* New-York 97
WRINCH Mary Evelyn 1877-1969 **[22]**
⬬ *$1 023 FF5 320 £678* Garden Walkway Oil/board 24x19cm/*9x7in* Toronto 96
▥ *$330 FF1 646 £215* Village by the St. Lawrence Woodcut in colors 19x24cm/*7x9in* Toronto 95
WROBLEWSKY Konstantin Haritonov 1868-1939 **[3]**
⬬ *$3 174 FF18 498 £1 955* River landscape Oil/cardboard 33x43,5cm/*12x17in* Warszawa 97
⬬ *$3 500 FF20 808 £2 168* Moonlit Landscape Oil/canvas 97x110cm/*38x43in* Philadelphia 97
WSSEL DE GUIMBARDA Manuel 1833-? **[2]**
⬬ *$26 570 FF130 000 £16 800* Les Gardiens du palais Huile/toile 43x28cm/*16x11in* Paris 95
WTEWAEL Joachim Anthonisz. 1566-1638 **[9]**
⬬ *$2 350 000 FF12 983 520 £1 460 525* Diana and Actaeon Oil/copper 16x21,5cm/*6x8in* New-York 97
✎ *$19 080 FF92 500 £12 300* Mars and Venus surprised by Vulcan Ink 20,3x15,4cm/*7x6in* Amsterdam 95
WTEWAEL Peter 1596-1660 **[7]**
⬬ *$6 000 FF30 750 £3 646* The Entombment Oil/panel 58,5x85cm/*23x33in* New-York 96
⬬ *$92 746 FF549 450 £55 000* A Shepherd piping on a Knoll/A Shepherdess recling with a Rabbit Oil/canvas 406,5x139,5cm/*160x54in* London 97
WTEWAEL Peter (Attrib.) 1596-1660 **[1]**
⬬ *$9 930 FF51 800 £6 000* A shepherd piper Oil/canvas 84x76cm/*33x29in* London 96
WU BUYUN 1904 **[3]**
⬬ *$20 000 FF102 300 £12 950* Village by the sea Oil/canvas 81x65cm/*31x25in* Taipei, Taiwan 95
WU CHANGSHUO 1844-1927 **[64]**
⬬ *$28 697 FF170 522 £17 800* Paddy fields Oil/cardboard 25,8x35,5cm/*10x13in* Taipei, Taiwan 97
⬬ *$73 861 FF438 886 £45 815* Under the great wall Oil/board 45,5x61cm/*17x24in* Taipei, Taiwan 97
⬬ *$5 938 FF35 576 £3 546* A Honggaoshan Stone Seal Stone H5cm/*H1in* Hong Kong 98
✎ *$7 117 FF41 046 £4 240* Chrysanthemum Coloured inks/paper 98x46cm/*38x18in* Hong Kong 97
WU DACHENG 1835-1902 **[8]**
✎ *$7 000 FF39 547 £4 405* Landscape after Dai Xi Ink/paper 29x277cm/*11x109in* New-York 97
WU DAYU 1903-1988 **[5]**
⬬ *$47 300 FF245 300 £29 700* Abstract figures Oil/paper/board 63x44cm/*24x17in* Taipei, Taiwan 96
WU GUANZHONG 1919 **[104]**
⬬ *$47 508 FF284 611 £28 372* Ducks on Lotus Pond Oil/canvas 39x30,5cm/*15x12in* Hong Kong 98
⬬ *$77 311 FF459 386 £47 955* Xiao Xing Oil/board 46x60cm/*18x23in* Taipei, Taiwan 97
✎ *$20 041 FF116 544 £11 950* Scene in Jiangnan Watercolour/paper 28x37cm/*11x14in* Hong Kong 97
WU HAO 1931 **[12]**
⬬ *$9 930 FF59 070 £6 090* Musician Oil/canvas 71x52cm/*27x20in* Taipei, Taiwan 97

〰 $5 411 FF31 245 £3 318 Musicians Print 46,5x96,5cm/*18x37in* Taipei, Taiwan 97
WU HUFAN 1894-1968 **[37]**
✐ $7 505 FF43 285 £4 471 Landscape After Master Tung Ink/paper 59,5x22cm/*23x8in* Hong Kong 97
WU JIAN 1942 **[7]**
✐ $4 529 FF22 400 £2 800 Sisters on the Stage Oil/canvas 61x76cm/*24x29in* Hong Kong 96
WU LI 1632-1718 **[3]**
✐ $45 185 FF263 340 £27 825 Landscapes Ink/paper 28x28cm/*11x11in* Hong Kong 97
WU LU 1740-1801 **[1]**
✐ $4 905 FF28 591 £3 021 Plum blossom with Lingzhi Ink/paper 190x51cm/*74x20in* Hong Kong 97
WU PEIRONG 1904-1979 **[1]**
✐ $1 552 FF7 950 £943 Bridge Ink 127x46cm/*50x18in* Hong Kong 96
WU PING 1920 **[3]**
✐ $5 450 FF27 900 £3 530 Flowers Ink 97x8,5cm/*38x3in* Taipei, Taiwan 95
WU QINMU 1894-1953 **[3]**
✐ $2 969 FF17 788 £1 773 Blue and Green Landscape Coloured inks/paper 19x49,5cm/*7x19in* Hong Kong 98
WU RANGZHI 1799-1870 **[1]**
✐ $4 529 FF26 120 £2 698 Calligraphy in Zhuan Shu Ink/paper 166x38cm/*65x14in* Hong Kong 97
WU SHIXIAN ?-1916 **[6]**
✐ $3 620 FF21 053 £2 158 Raining Landscape Ink 131,5x66cm/*51x25in* Hong Kong 97
WU TAI 1962 **[6]**
✐ $5 430 FF27 840 £3 300 Album of landscapes Ink/paper 26x34,5cm/*10x13in* Hong Kong 96
WU TAO 1840-1895 **[1]**
✐ $4 750 FF28 461 £2 837 Twin Pines Coloured inks/paper 145,5x69cm/*57x27in* Hong Kong 98
WU XIAO XVII **[1]**
✐ $8 000 FF47 619 £4 966 Carrying a Scholar up a Mountein Path Ink 90x75cm/*35x29in* New-York 97
WU XIZAI 1799-1870 **[4]**
✐ $2 000 FF12 247 £1 191 Calligraphy in Zuhan Shu Ink/paper 91,5x19cm/*36x7in* New-York 98
WU XUANSAN Wu A-sun 1942 **[4]**
✐ $8 000 FF40 940 £5 180 The Square of Venice Oil/canvas 65x53cm/*25x20in* Taipei, Taiwan 95
WU ZHEN 1280-1354 **[2]**
✐ $80 000 FF476 192 £49 664 Solitary Fisherman Indian ink 109x54cm/*43x21in* New-York 97
WU ZHENG 1878-1949 **[5]**
✐ $3 367 FF17 313 £2 077 Lofty Peaks Towering to the Skies Ink 149x55cm/*58x21in* Hong Kong 96
WU ZUOREN 1908-1997 **[29]**
✐ $7 720 FF46 249 £4 610 Three Camels Ink/paper 36,5x58cm/*14x22in* Hong Kong 98
WUCHERER Fritz 1873-1948 **[20]**
✐ $2 748 FF16 756 £1 649 "Birkenwäldchen im Frühjahr" Oil/canvas 46x33cm/*18x12in* Rudolstadt-Thüringen 98
✐ $3 004 FF18 456 £1 802 Schäfer mit Herde auf einer Strasse vor Wirtschaftsgebäuden Oil/canvas 46,5x60cm/*18x23in* Köln 98
WUERMER Carl 1900-1981 **[18]**
✐ $3 600 FF21 214 £2 223 Valley in Spring Oil/canvas 49x49cm/*19x19in* New-York 97
WUERPEL Edmund Henri 1866-1958 **[9]**
✐ $1 400 FF8 149 £863 Crepliscule Meadowbrook Oil/canvas 91x55cm/*36x22in* Cincinnati, Ohio 97
WÜEST Johann Heinrich 1741-1821 **[4]**
〰 $2 093 FF12 454 £1 280 "Orbe. Bain célèbre dans le Pays de Vaud" Aquatint 28x40cm/*11x15in* Bern 98
WUGER Eduard, Sen. c.1830-c.1880 **[5]**
✐ $6 547 FF38 131 £4 000 Summer flowers, pears, grapes, plums and a beetle on a woodland floor Oil/canvas 73x100,3cm/*28x39in* London 97
WUIDAR Léon 1938 **[5]**
✐ $530 FF3 250 £316 Abordage Huile/toile 100x80cm/*39x31in* Bruxelles 98
WUKOUNIG Reimo Sergon 1943 **[11]**
✐ $4 405 FF26 163 £2 618 Die Vernarbung Öl/Leinwand 146x116cm/*57x45in* Wien 97
✐ $1 995 FF11 905 £1 225 Ohne Titel Black chalk 50x37,5cm/*19x14in* Wien 98
WUNDERLICH Maximilian Julius 1878-1966 **[4]**
〰 $1 720 FF8 900 £1 100 "Gstaad, XII. Grosses Skirennen der Schweiz" Poster 99x69cm/*38x27in* London 96
WUNDERLICH Paul 1927 **[509]**

⌣ *$383 FF2 288 £234* Landschaft Mixed media 5530x5540cm/*2177x2181in* København 97
⌣ *$3 024 FF15 800 £1 800* Buste de femme Acrylic/canvas 40x30cm/*15x11in* London 96
⌣ *$3 250 FF16 950 £1 900* Ohne Titel Öl/Papier 35,5x47,5cm/*13x18in* Köln 96
▦ *$3 365 FF20 080 £2 030* Bei Brusberg Lithographie 68,3x52,5cm/*26x20in* Hamburg 97
◊ *$1 148 FF5 910 £716* Minotaurus Bronze H78,5cm/*H30in* Hamburg 96
✎ *$2 355 FF14 056 £1 421* Situation 263 Indian ink/paper 49,8x65,2cm/*19x25in* Hamburg 97
WUNDERWALD Gustav 1882-1945 **[17]**
⌣ *$5 200 FF27 200 £3 096* Norddeutsche Marshlandschaft Oil/canvas/panel 26x39cm/*10x15in* Berlin 96
⌣ *$24 629 FF146 596 £15 054* Nächtliche Allee im Regen Öl/Leinwand 91x81cm/*35x31in* Berlin 98
✎ *$813 FF4 250 £484* Landschaft mit Dorf Pencil/paper 27x37cm/*10x14in* Hamburg 96
WÜNNENBERG Carl 1850-1929 **[5]**
⌣ *$3 500 FF19 931 £2 124* Feeding the Pigeons Oil/canvas 69x46,5cm/*27x18in* New-York 97
WÜNNENBERG Walther 1818-c.1900 **[9]**
⌣ *$437 FF2 684 £262* Jäger an einem Waldbach in den Alpen Oil/canvas 47x64cm/*18x25in* Köln 98
WUNSCH Marie, Mizzi 1862-1898 **[4]**
⌣ *$2 382 FF14 280 £1 422* Das Geheimnis Oil/panel 47,5x29cm/*18x11in* Wien 98
WÜNSCHE Emil 1864-1938 **[2]**
⌣ *$1 773 FF10 472 £1 071* Die kleine Blumenpflückerin Oil/panel 21x16cm/*8x6in* Wien 97
WÜRBEL Frantz 1896-? **[6]**
▦ *$2 400 FF12 220 £1 440* "Olympic Games, Berlin" Poster 100x63cm/*39x24in* New-York 96
WURBEL Franz Theodor 1858-? **[3]**
▦ *$960 FF4 896 £624* Duitsland Berlijn 1936 1-16 Augustus Olympische Spelen Poster 63,5x101,5cm/*25x39in* Oostwoud 96
WÜRFFEL Hans 1884-? **[10]**
⌣ *$465 FF2 676 £274* Pferdefuhrwerk Öl/Leinwand 69x98cm/*27x38in* München 97
WURM Erwin 1954 **[13]**
◊ *$7 209 FF42 813 £4 284* Ohne Titel Metal 174x90x87cm/*68x35x34in* Wien 97
WURTH Xavier 1869-1933 **[48]**
⌣ *$408 FF2 010 £265* Chaumière (Ardenne) Huile/panneau 17x23cm/*6x9in* Bruxelles 95
⌣ *$1 246 FF7 465 £759* Paysage avec ruisseau Huile/toile 39x55cm/*15x21in* Liège 97
WÜSTEN Johannes 1896-1943 **[9]**
▦ *$135 FF804 £83* Venus im Dreck Woodcut 23,5x16,5cm/*9x6in* München 97
WUTKY Michael 1739-1822 **[5]**
⌣ *$24 840 FF140 760 £16 560* Osservatori e curiosi presso un'area di eruzione vulcanica vesuviana Olio/tela 52x62cm/*20x24in* Roma 98
WUTTKE Carl 1849-1927 **[45]**
⌣ *$1 107 FF5 530 £723* Blick auf das Forum Romanum mit der Kirche San Giorgio Oil/panel 21x14cm/*8x5in* Stuttgart 95
⌣ *$19 800 FF102 800 £13 080* Vue de la baie de Naples Huile/toile 100x140cm/*39x55in* Bruxelles 96
⌣ *$21 800 FF105 600 £14 000* Piazza della Bocca della Verità, Roma Oil/canvas 66x100,5cm/*25x39in* London 95
✎ *$1 271 FF7 422 £768* Blick auf die Kirche von Palalocastrizza auf Korfu Aquarell/Papier 31x24cm/*12x9in* Köln 97
WYANT Alexander Helwig 1836-1892 **[63]**
⌣ *$2 400 FF12 530 £1 450* Woodland Scene Oil/canvas 43x35,5cm/*16x13in* New-York 96
⌣ *$3 100 FF16 040 £2 010* Landscape with stream Oil/canvas 45x60cm/*18x24in* Mystic, Connecticut 96
✎ *$1 400 FF7 060 £903* "Jones Wood" Watercolour 40x60cm/*16x24in* Delray Beach, Florida 96
WYATT Henry 1794-1840 **[10]**
⌣ *$3 245 FF16 600 £2 100* Portrait of a young girl holding a cat Oil/board 30x26cm/*11x10in* London 95
WYATT Thomas XVIII-XIX **[1]**
⌣ *$11 340 FF58 900 £7 500* Portrait of Thomas Stock as a young boy, standing in a landscape Oil/canvas 127x92cm/*50x36in* Edinburgh 96
WYATVILLE Jeffry 1766-1840 **[4]**
✎ *$23 000 FF139 817 £13 956* The Belvedere Converted into a Fort Mixed media/paper 30,5x40,5cm/*12x15in* New-York 98
WYBURD Francis John 1826-1893 **[11]**

W

  $9 246 FF53 974 £5 500 Parted Oil/canvas 39x31cm/*15x12in* Nottingham 97
  $21 400 FF109 600 £13 000 Reflection Oil/canvas 91,5x71,5cm/*36x28in* London 96
WYCK Jan 1640-1702 **[17]**
  $11 657 FF68 492 £7 000 Elegant Figures on Horseback Preparing a Hunt Beside a Stream Oil/panel 44,5x56cm/*17x22in* London 97
  $36 400 FF186 000 £24 000 King William III and his troops preparing for a battle Oil/canvas 152x215cm/*60x85in* London 96
WYCK Jan (Attrib.) 1640-1702 **[3]**
  $7 782 FF44 676 £4 746 Turkisch cavaliers Oil/canvas 30x25,5cm/*11x10in* Stockholm 97
WYCK van Thomas c.1616-1677 **[31]**
  $8 320 FF43 550 £5 460 Porto con una tartana e galeoni Olio/tela 61x50,5cm/*24x19in* Roma 96
  $9 000 FF54 844 £5 482 Banditti playing Cards amongst Ruins Oil/panel 40,5x31cm/*15x12in* New-York 98
  $2 226 FF10 800 £1 435 Italianate landscape Black chalk 14,2x19,5cm/*5x7in* Amsterdam 95
WYCK van Thomas (Attrib.) c.1616-1677 **[9]**
  $5 248 FF30 628 £3 120 Hamnvy med båtar och figurer Oil/canvas 50x58cm/*19x22in* Stockholm 97
  $2 250 FF11 450 £1 350 Eight marine scenes Ink/paper 5,2x8,7cm/*2x3in* Amsterdam 96
WYCKAERT Maurice 1923-1996 **[99]**
  $2 925 FF17 354 £1 787 "Is morgens" Öl/Leinwand 49x65,5cm/*19x25in* München 98
  $8 480 FF52 000 £5 056 Composition abstraite Huile/toile 100x120cm/*39x47in* Bruxelles 98
  $132 FF812 £81 Landschap Lithographie couleurs 50,5x60,5cm/*19x23in* Lokeren 98
  $1 440 FF8 393 £880 Untitled Tempera/paper 61,6x54,7cm/*24x21in* Amsterdam 97
WYCZOLKOWSKI Leon 1852-1936 **[72]**
  $3 160 FF16 470 £1 880 A street in Cracow Oil/cardboard 14x10cm/*5x3in* Warszawa 96
  $9 288 FF54 258 £5 703 Vase of begonias Oil/canvas 58,5x88cm/*23x34in* Warszawa 97
  $124 614 FF763 207 £74 605 Autoportret na koniu Mixed media/canvas 174x260cm/*68x102in* Warszawa 98
  $587 FF3 530 £351 Teatr na wyspie w Lazienkach Krolewskich (ruins in landscape) Lithograph 38x45cm/*14x17in* Warszawa 98
  $1 146 FF5 740 £725 Landscape Watercolour/paper 14,5x31,5cm/*5x12in* Warszawa 96
WYDEVELD Arnoud XIX **[12]**
  $1 120 FF6 320 £686 Tabletop Still Life Oil/board 25x25cm/*10x10in* Mystic, Connecticut 97
  $1 500 FF7 500 £971 Fresh Catch Oil/canvas 56x91cm/*22x36in* St. Petersburg, Florida 96
WYDRA Jan 1902-1937 **[1]**
  $1 723 FF9 894 £1 050 Pejzaz z Kazimizrza nad Wisla (Landscape) Oil/panel 39,5x39,5cm/*15x15in* Warszawa 97
WYETH Andrew 1917 **[88]**
  $220 000 FF1 112 000 £144 400 Washington and La Fayette Tempera/panel 42x31cm/*16x12in* New-York 96
  $700 000 FF4 088 770 £429 730 The Huntress Tempera/panel 78x40,5cm/*30x15in* New-York 97
  $7 500 FF44 510 £4 593 Study for Cider Barrel Pencil/paper 32x41,5cm/*12x16in* New-York 98
WYETH Henriette 1907-1994 **[3]**
  $20 000 FF119 546 £12 122 Two Girls in a Garden Oil/canvas 81,3x81,3cm/*32x32in* San Francisco-Los Angeles 97
WYETH James 1946 **[12]**
  $34 500 FF179 055 £22 849 Portrait of Thomas Jefferson Mixed media/board 37x32cm/*14x12in* New-York 96
  $43 125 FF223 818 £28 561 Martin Mixed media/board 57x72,5cm/*22x28in* New-York 96
  $38 000 FF198 300 £22 960 Morning Monhegan Watercolour/paper 56x76,5cm/*22x30in* New-York 96
WYETH Jamie 1946 **[18]**
  $55 000 FF321 260 £33 764 Bean Boots Oil/board 93x127cm/*36x50in* New-York 97
  $200 FF1 044 £121 La Bohème Color lithograph 191x135cm/*75x53in* Bloomfield Hills, Michigan 96
  $15 000 FF88 392 £9 264 Portrait of Lincoln Kirstein Pencil/paper 42x19cm/*16x7in* New-York 97
WYETH Newell Convers 1882-1945 **[42]**
  $80 000 FF467 288 £49 112 The King's Henchman Oil/canvas 107x122cm/*42x48in* New-York 97
  $83 478 FF514 343 £51 289 "Prestongrange - At this He rose from his Chair, lit a second Candle Oil/canvas 99x61cm/*38x24in* New-York 98
  $2 400 FF11 700 £1 524 'The Spirit of '46" Poster 11x69,5cm/*4x27in* New-York 95

WYGANT Bob 1927 **[9]**
- *$4 950 FF30 164 £3 031* Hidden Springs Acrylic 40x50cm/*16x20in* Houston, Texas 98

WYGRZYWALSKI Feliks Michal 1875-1944 **[27]**
- *$1 238 FF7 234 £760* The miners Oil/canvas 55x65,5cm/*21x25in* Warszawa 97
- *$2 250 FF13 364 £1 363* Wiejscy Politycy Black chalk 46x37,5cm/*18x14in* Warszawa 97

WYHEN van der Jacques c.1588-c.1640 **[1]**
- *$6 510 FF33 700 £4 200* Bewaldete Flusslandschaft mit Tieren Oil/panel 18x19cm/*7x7in* Wien 96

WYK van Henri 1833-? **[21]**
- *$1 570 FF8 100 £1 008* Scènes de pêche Huile/panneau 22x41cm/*8x16in* Paris 96
- *$1 643 FF9 600 £972* Intérieur de forêt Huile/toile 49x65cm/*19x25in* Barbizon 97

WYLD William 1806-1889 **[77]**
- *$6 060 FF29 400 £3 800* Florence from san Miniato Oil/panel 39,5x43cm/*15x16in* London 95
- *$11 160 FF54 200 £7 000* Venice from the Lagoon Oil/panel 29x43cm/*11x16in* London 95
- *$734 FF4 331 £450* Figures before a Monument in a wooded Landscape Watercolour 12,5x21,5cm/*4x8in* London 98

WYLE Florence 1881-1968 **[4]**
- *$11 700 FF60 800 £7 740* Child with Flute Bronze H152,5cm/*H60in* Toronto 96

WYLER Otto 1887-1965 **[28]**
- *$1 025 FF6 095 £627* Wiesenhang mit kahlen Bäumen und Reisigsammlerin Öl/Leinwand 60x73cm/*23x28in* Bern 97
- *$6 591 FF38 299 £3 891* Garten mit Schwertlilien Öl/Leinwand 146x96cm/*57x37in* Luzern 97

WYLIE Kate 1877-1941 **[16]**
- *$2 246 FF11 408 £1 449* Still Life with Marigolds Oil/canvas 51x40,5cm/*20x15in* Auchterarder, Perthshire 96

WYLIE Robert 1839-1877 **[2]**
- *$6 250 FF31 140 £4 090* Portrait of a Roman girl Oil/canvas 32x25,5cm/*12x10in* Philadelphia 95

WYLLIE Charles William 1853-1923 **[21]**
- *$484 FF2 695 £300* A lock at topham Oil/canvas/board 30x25,5cm/*11x10in* Billingshurst, West Sussex 97
- *$4 449 FF27 113 £2 700* French Wsherwomen at the Water's Edge Oil/canvas 63x126cm/*24x49in* Exeter, Devon 98

WYLLIE Harold William, Lt.C 1880-1975 **[20]**
- *$261 FF1 565 £160* "Ships on the Medway" Etching 9x30,5cm/*3x12in* London 97

WYLLIE William Lionel 1851-1931 **[444]**
- *$1 873 FF11 175 £1 150* Fishing Fleet Moored on Calm Seas Oil/canvas 22x27cm/*9x11in* Cranbrook, Kent 98
- *$3 915 FF23 391 £2 400* Thames Barges racing off Chatham Dickyard Oil/canvas 44,5x75cm/*17x29in* London 98
- *$66 888 FF415 712 £40 000* The End of The Day Oil/canvas 87x178cm/*34x70in* London 98
- *$538 FF3 197 £330* St Paul's from Across the Thames Etching 35x24,5cm/*13x9in* Bristol, Avon 98
- *$1 524 FF8 771 £900* The Lower Hope Wash/paper 19x32cm/*7x12in* London 97

WYLLIE William Morison c.1830-c.1890 **[4]**
- *$2 605 FF16 114 £1 600* Landing the fish Oil/canvas 25x17,5cm/*9x6in* Billingshurst, West Sussex 97
- *$6 025 FF36 079 £3 600* The fruit Market, Boulogne, France Oil/canvas 38x61cm/*14x24in* London 98

WYNANTS Jan 1631/32-1684 **[42]**
- *$8 400 FF41 850 £5 500* A sportman by a clump of trees Oil/canvas 40x33cm/*15x12in* London 95
- *$20 000 FF98 700 £12 930* Extensive Landscape with figures on a path in the foreground Oil/canvas 111x81cm/*43x31in* New-York 96

WYNANTS Jan (Attrib.) 1631/32-1684 **[3]**
- *$1 593 FF9 252 £942* Landskap med boskap och herde Oil/panel 26x31,5cm/*10x12in* Malmö 97
- *$10 000 FF55 249 £6 215* Landscape with peasants ans animals along a dirt path Oil/panel 41x51cm/*16x20in* New-York 97

WYNANTZ Augustus 1795-1848 **[2]**
- *$4 076 FF24 295 £2 500* Possibly St. Michel Cathedral, Brussels Oil/panel 31x39,5cm/*12x15in* London 98

WYNDHAM-LEWIS Percy 1882-1957 **[1]**
- *$1 062 FF6 233 £649* Tray with Cups Pencil 35x48,5cm/*13x19in* London 97

WYNGAARDEN van D. XIX **[2]**

W

☞ *$3 432 FF20 000* £2 114 Paysage animé Huile/toile 39,5x53cm/*15x20in* Reims 97
WYNGAERDE van Anthonie J. 1808-1887 **[6]**
☞ *$4 212 FF21 672* £2 628 Two Country Scenes Oil/panel 13,5x18cm/*5x7in* Amsterdam 96
WYNGAERDT van Petrus Theodorus 1816-1893 **[10]**
☞ *$2 568 FF15 000* £1 519 La Lettre Huile/panneau 18x14cm/*7x5in* Barbizon 97
WYNNE David 1926 **[10]**
⚖ *$3 913 FF23 715* £2 400 Head of a Girl Bronze H24cm/*H9in* London 98
⚖ *$10 200 FF52 200* £6 600 Girl and Dolphin Bronze H102cm/*H40in* London 95
WYNTER Bryan 1915-1975 **[32]**
☞ *$3 004 FF14 680* £1 900 Ambush Oil/canvas 76x64cm/*29x25in* London 95
☞ *$8 152 FF49 407* £5 000 "Tumult" Oil/canvas 137x91,5cm/*53x36in* London 98
✎ *$1 393 FF7 999* £849 Carn, Zennor Watercolour 23x33,5cm/*9x13in* London 97
WYNTRACK Dirck 1625-1678 **[6]**
☞ *$14 470 FF75 000* £9 400 Canards près d'un étang Huile/panneau 73x59,5cm/*28x23in* Paris 96
WYON Leonard Charles 1826-1891 **[1]**
✎ *$7 900 FF40 500* £4 800 A collection of 76 portraits Black, red & white chalks/paper 28x28cm/*11x11in* London 96
WYRSCH Johann Melchior J. 1732-1798 **[3]**
☞ *$7 100 FF35 000* £4 610 Portrait de Jean Troette de Toulouse, secrétaire Huile/toile 82x67cm/*32x26in* Nice 95
WYSMULLER Jan Hillebrand 1855-1925 **[2]**
☞ *$3 427 FF20 500* £2 080 Lavandière près d'un canal en Hollande Huile/toile 41x29cm/*16x11in* Paris 97
WYSOCKI Charles 1928 **[5]**
☞ *$9 000 FF48 939* £5 388 Barn Dance Oil/canvas 76x91,5cm/*29x36in* New-York 97
WYSPIANSKI Stanislaw 1869-1907 **[25]**
☞ *$36 500 FF187 300* £23 470 Flowers Oil/cardboard 100x154,5cm/*39x60in* Warszawa 96
✎ *$3 930 FF20 420* £2 580 Portret Zony Pencil/paper 20,5x16,8cm/*8x6in* Warszawa 96
WYSS Caspar Leontius 1762-1798 **[6]**
▥ *$506 FF3 013* £309 "Vue du fameux Pont du Diable sur la Reuss, au Mont St. Gothard..." Etching 31,8x24,5cm/*12x9in* Bern 98
WYSS Franz Anatol 1940 **[40]**
▥ *$555 FF3 233* £339 Triptychon, Programm I/II/III Radierung 70x100cm/*27x39in* Zürich 97
WYSS Johann Jakob 1876-1936 **[20]**
☞ *$810 FF4 040* £529 Schneelandschaft im Gebirge Öl/Leinwand 60x60cm/*23x23in* Zofingen 95
WYSS Robert 1925 **[25]**
▥ *$88 FF431* £56 Gare St. Hippolyte Gravure bois 50x70cm/*19x27in* Bern 95
WYTMANS Mattheus c.1650-c.1689 **[1]**
☞ *$9 100 FF46 500* £6 000 Portrait of a Lady Oil/canvas 55x44cm/*21x17in* London 96
WYTSMAN Juliette 1866-1925 **[26]**
☞ *$4 249 FF24 649* £2 511 An Autumnal Wooded Landscape Oil/canvas 89x115,5cm/*35x45in* San Francisco 97
☞ *$4 794 FF27 795* £2 992 Bloemenstilleven Huile/toile 33x44cm/*12x17in* Lokeren 97
WYTSMAN Rudolph 1860-1927 **[49]**
☞ *$10 010 FF57 120* £6 125 Printemps à la hulpe Oil/canvas 60,5x70cm/*23x27in* Lokeren 97
☞ *$16 320 FF97 380* £9 840 Soir d'été Huile/toile 96x135cm/*37x53in* Lokeren 97
WYWIORSKI Michael Gorstkin 1861-1926 **[26]**
☞ *$7 655 FF44 250* £4 750 En vinterdag i landsbyen, pottemageren kommer forbi Oil/canvas 77x130cm/*30x51in* Köbenhavn 97
☞ *$13 641 FF77 721* £8 517 Two sledges in a snowy landscape Oil/canvas 100x160cm/*39x62in* Warszawa 97

W

X

XAVERY Jacob 1736-1769 **[4]**
☞ *$24 255 FF150 000* £14 445 Bouquet de fleurs dans un vase sculpté sur un entablement de marbre Huile/toile 59,5x46cm/*23x18in* Paris 98
XCERON John 1890-1967 **[8]**
✎ *$550 FF3 192* £338 Untitled Watercolour, gouache/paper 29x22cm/*11x9in* New-York 97

XENAKIS Constantin 1931 **[85]**
- *$263 FF1 500 £164* Bus Acrylique/toile 23,5x14cm/*9x5in* Douai 97
- *$162 FF1 000 £99* Diagonales À Gouache/papier 67x51cm/*26x20in* Versailles 98

XENAKIS Cosma 1925 **[2]**
- *$1 500 FF7 340 £950* Memories Gouache/board 27,5x25cm/*10x9in* Athens 95

XI DEJIN Hsi Te-chin 1923-1981 **[40]**
- *$58 080 FF336 640 £35 680* Aborigines of Sun Moon Lake Oil/canvas 60,5x45cm/*23x17in* Taipei, Taiwan 97
- *$5 082 FF29 456 £3 122* Portrait of Wu Hao Pastel/paper 36x25cm/*14x9in* Taipei, Taiwan 97

XI GANG 1746-1803 **[2]**
- *$3 000 FF16 949 £1 888* Boating Alone on a Autumn River Ink/paper 119,5x52cm/*47x20in* New-York 97

XI SONG Shi Song 1947 **[1]**
- *$10 164 FF58 912 £6 244* Camellia, 12th. of the "Time" Series Oil/canvas 100x80cm/*39x31in* Taipei, Taiwan 97

XI YU XVI-XVII **[1]**
- *$9 000 FF45 500 £5 900* Nine Tortures of the Wu Yi Mountains Ink 25,5x512cm/*10x201in* New-York 96

XIA GUI XIII **[1]**
- *$38 000 FF192 200 £24 900* Watching a waterfall in Spring Ink 20,5x22cm/*8x8in* New-York 96

XIANG SHENGMO 1597-1658 **[3]**
- *$4 131 FF24 076 £2 544* Landscape Ink 17x53,5cm/*6x21in* Hong Kong 97

XIAO HAICHUN 1944 **[5]**
- *$7 746 FF45 144 £4 770* Automn mountains Ink 138x68cm/*54x26in* Hong Kong 97

XIAO MINGHSIEN 1935 **[1]**
- *$10 592 FF63 008 £6 496* Series #620 Oil/canvas 116x54cm/*45x21in* Taipei, Taiwan 97

XIAO RUSONG 1922-1992 **[36]**
- *$3 939 FF23 881 £2 340* Views of Campus Watercolour/paper 27x37cm/*10x14in* Taipei, Taiwan 98

XIAO SUN 1883-1944 **[5]**
- *$3 235 FF18 657 £1 927* Paintings of a Scholar's Studio Coloured inks/paper 59x33cm/*23x12in* Hong Kong 97

XIAO YUNCONG 1596-1673 **[4]**
- *$110 000 FF567 000 £70 900* Landscape Ink 28,5x254,5cm/*11x100in* New-York 96

XIE JIN 1396-1415 **[1]**
- *$9 000 FF50 847 £5 664* Cursive Script Calligraphy Ink/paper 140x37cm/*55x14in* New-York 97

XIE LANSHENG 1760-1831 **[2]**
- *$4 000 FF19 670 £2 530* Lanscapes Ink 35,5x37cm/*13x14in* New-York 95

XIE SHICHEN 1488-c.1570 **[4]**
- *$12 900 FF66 300 £7 860* Tuning the lute in a wintry forest Ink 17,5x75cm/*6x29in* Hong Kong 96

XIE XIAODE Hsieh Hsiao-teh 1940 **[1]**
- *$31 600 FF157 200 £20 100* Sunflower Oil/canvas 61x61cm/*24x24in* Taipei, Taiwan 95

XIE ZHIGUANG 1900-1976 **[2]**
- *$1 810 FF10 526 £1 079* Landscape Ink 95x58cm/*37x22in* Hong Kong 97

XIE ZHILIU 1910-1997 **[31]**
- *$6 191 FF37 319 £3 862* Flower and rock Ink 89x49,5cm/*35x19in* New-York 97

XIMENES Ettore, Elio 1855-1926 **[9]**
- *$541 FF2 800 £349* "Lago Maggiore" Affiche 70x99cm/*27x38in* Nice 96
- *$1 200 FF6 800 £800* Ritratto di donna con fiori Pastelli/cartone 71,5x51cm/*28x20in* Milano 97

XING BAOZHUANG Ying Pochong 1940 **[9]**
- *$6 210 FF31 800 £3 770* Scholars gathering at a poolside pavilion Ink 70x136cm/*27x53in* Hong Kong 96

XING TONG 1551-1612 **[3]**
- *$4 200 FF23 728 £2 643* Running Script Calligraphy Ink/paper 160,5x23cm/*63x9in* New-York 97

XIONG HAI 1957 **[4]**
- *$5 176 FF29 852 £3 084* Blue and Green Landscape Coloured inks/paper 70x139,5cm/*27x54in* Hong Kong 97

XU BEIHONG 1895-1953 **[56]**
- *$10 990 FF63 911 £6 553* Rooster Ink 79,5x46cm/*31x18in* Hong Kong 97

XU CAO 1899-1961 **[6]**

X

✏ *$6 211 FF35 822 £3 700* Lady in a Pavilion Coloured inks/paper 23x54cm/*9x21in* Hong Kong 97
XU FANG 1622-1694 **[3]**
✏ *$5 000 FF25 760 £3 224* Landscapes Ink 25,5x20,5cm/*10x8in* New-York 96
XU GU 1824-1896 **[23]**
✏ *$38 850 FF199 770 £23 970* Birds Perching on Plum Blossoms Ink 142x39cm/*55x15in* Hong Kong 96
XU JIACHANG 1933 **[1]**
☺ *$3 273 FF16 750 £2 120* Lady with fan Oil/canvas 63x78cm/*24x30in* Taipei, Taiwan 95
XU LI 1728-c.1805 **[1]**
✏ *$3 800 FF18 700 £2 405* Landscapes with figures Ink 26x20,5cm/*10x8in* New-York 95
XU SHIPING 1952 **[4]**
✏ *$5 000 FF30 138 £3 119* Lanscape Ink/paper 185x94cm/*72x37in* New-York 97
XU XI 1940 **[15]**
✏ *$2 452 FF14 295 £1 510* Breeze from the lake Ink 66,5x134cm/*26x52in* Hong Kong 97
XU YANSUN XX **[1]**
✏ *$8 404 FF48 873 £5 011* Hundred of Sons Ink 102,5x52cm/*40x20in* Hong Kong 97
XU ZHIWEN 1942 **[3]**
✏ *$4 200 FF23 728 £2 643* Landscape Ink/paper 134,6x67,3cm/*52x26in* New-York 97
XUL SOLAR Alejandro 1887-1963 **[18]**
✏ *$14 000 FF80 367 £8 534* Como flabel Watercolour/paper 14x18cm/*5x7in* New-York 97
XYLANDER Wilhelm Ferdinand 1840-1913 **[12]**
☺ *$873 FF5 281 £523* Parti fra Skagen Oil/panel 23x39cm/*9x15in* Viby J, Århus 98

Y

YAGAKI Shikanosuke 1897-1966 **[2]**
📷 *$8 200 FF47 869 £4 959* The Blowfish Lantern Gelatin silver print 29x24cm/*11x9in* Beverly Hills, Calif. 97
YAKOBI Valerii Ivanovich 1836-1902 **[2]**
☺ *$25 027 FF151 134 £15 000* An oriental Beauty Oil/canvas 46x30,5cm/*18x12in* London 98
YAKOVLEV Alexander Evgeniev. 1887-1938 **[17]**
☺ *$4 920 FF30 000 £3 000* A Female Nude Mixed media/canvas 73,5x51cm/*28x20in* London 98
☺ *$18 330 FF96 100 £11 000* Nyx, personification of Night, over a landscape Oil/canvas 240x171cm/*94x67in* London 96
✏ *$2 460 FF15 000 £1 500* A Chinaman Sanguine 69x50cm/*27x19in* London 98
YAMAGATA Hiro 1948 **[2]**
▭ *$82 FF500 £50* Atlanta 1996 Affiche 46x61cm/*18x24in* Paris 98
YAMAMURA Koka 1885-1942 **[2]**
▭ *$2 000 FF12 255 £1 194* New Ukiyo-e Beauties compared: February, Winter Sky Woodcut in colors 45x28,5cm/*17x11in* New-York 98
YAMAWAKI Iwao 1898-1987 **[4]**
📷 *$3 500 FF20 431 £2 116* Russia Gelatin silver print 23x17cm/*9x6in* Beverly Hills, Calif. 97
YAN BOLONG 1898-1954 **[2]**
✏ *$3 378 FF17 371 £2 084* Magpies on Cypress Ink 40x50x30cm/*15x19x11in* Hong Kong 96
YAN GUOJI 1944 **[1]**
☺ *$45 300 FF232 000 £27 500* Boatmen's Song of the Yellow River Oil/canvas 139,5x297cm/*54x116in* Hong Kong 96
YAN Robert 1901-1994 **[171]**
☺ *$561 FF3 200 £347* Le cap de la Chèvre Huile/isorel 22x27cm/*8x10in* Paris 97
☺ *$877 FF5 000 £543* La maison de Steir Huile/toile 46,5x61,5cm/*18x24in* Paris 97
▭ *$192 FF1 100 £119* Bateaux à quai Lithographie 25,5x19cm/*10x7in* Paris 97
✏ *$140 FF800 £86* Port à marée basse Crayon/papier 32x40cm/*12x15in* Paris 97
YAN SHENGSUN 1623-1702 **[1]**
✏ *$3 500 FF10 030 £2 257* Jiangnan river landscape Ink/paper 87x29,5cm/*34x11in* New York 96
YAN WENLIANG 1893-1990 **[7]**
☺ *$9 060 FF46 600 £5 590* Sun Rising in Snowscape Oil/board 31x40cm/*12x15in* Hong Kong 95
☺ *$15 900 FF81 500 £9 660* Spring Morning Oil/canvas 39,5x63,5cm/*15x25in* Hong Kong 96
YAÑEZ DE ALMEDINA Ferrando, Ferdinando c.1480-c.1560 **[3]**
☺ *$52 900 FF270 000 £34 800* Le Rencontre de Saint Antoine et de Saint Paul Huile/panneau 57,5x37cm/*22x14in* Mayenne 96

YANG BORUN 1837-1911 **[1]**
✐ $4 000 FF19 670 £2 530 One Hundred Flowers Ink 32x563,5cm/*12x221in* New-York 95
YANG CHIHONG Yang Chi-Hung 1947 **[3]**
✑ $5 450 FF27 900 £3 530 Yellow Lemon Acrylic/paper 75x55cm/*29x21in* Taipei, Taiwan 95
YANG FEIYUN 1954 **[11]**
✑ $51 800 FF266 400 £31 950 Lonely Girl Oil/canvas 146x97cm/*57x38in* Hong Kong 95
YANG JIN 1644-1728 **[3]**
✐ $12 910 FF75 240 £7 950 Shi Yizhi reading in an pavilion Ink 45x214cm/*17x84in* Hong Kong 97
YANG KESHAN 1944 **[1]**
✑ $7 120 FF36 640 £4 394 Nude Reflection Oil/canvas 88x54cm/*34x21in* Hong Kong 95
YANG MINGYI 1943 **[5]**
✐ $6 470 FF33 300 £3 995 Hometown by River in Memory Ink 67,5x138cm/*26x54in* Hong Kong 95
YANG QIANZHONG Yang Chien-chung 1925 **[1]**
✑ $6 180 FF31 640 £4 000 Sunset of Tamsui Oil/board 60x50cm/*23x19in* Taipei, Taiwan 95
YANG QIUREN 1907-1983 **[3]**
✑ $11 498 FF57 181 £7 325 Crossing the River Oil/canvas 37,5x55,5cm/*14x21in* Taipei, Taiwan 96
YANG SAN-LANG 1907-1995 **[15]**
✑ $15 270 FF78 100 £9 880 Harbour of Nice (Nizza) Oil/canvas 35x27cm/*13x10in* Taipei, Taiwan 95
✑ $22 506 FF130 448 £13 826 Morning Guanyin Shan Oil/canvas 37,5x45,5cm/*14x17in* Taipei, Taiwan 97
YANG SHANSHEN 1913 **[34]**
✐ $5 818 FF33 835 £3 469 Lion Ink/paper 134x48cm/*52x18in* Hong Kong 97
YANG SISHENG Jong Sesin 1941 **[3]**
✐ $5 749 FF34 656 £3 587 Landscape Ink/paper 67x46cm/*26x18in* New-York 97
YANG XINGSHENG Yang Hsing-Shen 1938 **[6]**
✑ $3 273 FF16 750 £2 120 Landscape No. 8 Oil/canvas 53x45cm/*20x17in* Taipei, Taiwan 95
YANG YANPING 1934 **[1]**
✐ $1 144 FF6 610 £700 Lotus Pod Ink 68x19cm/*26x7in* London 97
YANG YISHENG 1941 **[1]**
✐ $3 800 FF19 600 £2 450 Renegade Monk Ink 151x74cm/*59x29in* New-York 96
YANG YISUN 1812-1881 **[3]**
✐ $3 873 FF22 572 £2 385 Seal script calligraphy Ink/paper 177x45cm/*69x17in* Hong Kong 97
YANKEL Jacq., Jacob Kikoïne 1920 **[100]**
✑ $578 FF2 800 £372 Village Huile/panneau 41x26cm/*16x10in* Paris 95
✑ $1 009 FF6 000 £625 Paysage Huile/toile 49,5x60,5cm/*19x23in* Paris 97
✐ $345 FF2 100 £208 Composition Gouache/papier 27x20cm/*10x7in* Versailles 98
YAO NAI 1731-1815 **[1]**
✐ $1 700 FF8 360 £1 076 Couplet of Running Scripts Calligraphy (xing shu) Ink/paper 121,8x19cm/*47x7in* New-York 95
YAO SHOU 1422-1495 **[1]**
✐ $40 000 FF225 988 £25 176 River Landscape with Fishing Boat and Geese Ink 117,5x31cm/*46x12in* New-York 97
YAO SHOU 1423-1495 **[1]**
✐ $15 492 FF90 288 £9 540 Crane in snow Ink 143x63cm/*56x24in* Hong Kong 97
YAO YUANZHI 1773-1852 **[1]**
✐ $5 170 FF26 500 £3 144 Album of flowers and fruits Ink 38x42cm/*14x16in* Hong Kong 96
YAO YUNZAI c.1590-c.1650 **[1]**
✐ $5 200 FF26 800 £3 350 A scholar meditating Ink 17x54,5cm/*6x21in* New-York 96
YARD Sydney Jones 1855-1909 **[7]**
✐ $1 500 FF7 470 £982 Monterey Dunes Watercolour/paper 27x39cm/*10x15in* San Francisco-Los Angeles 95
YAROCHENKO Nicolay A. (Attrib.) 1846-1898 **[1]**
✑ $5 410 FF27 300 £3 500 The wanderer Oil/canvas 58x47cm/*22x18in* London 96
YAROTSKY Vladislav 1876-1965 **[1]**
✑ $5 240 FF27 100 £3 500 Peasant Oil/canvas 81x81cm/*31x31in* London 96
YARROW William Henry Kemble 1891-1941 **[2]**
✑ $6 000 FF34 227 £3 666 Afternoon Stroll Oil/canvas 63,5x76cm/*25x29in* Washington 97
YARZ Edmond 1846-1921 **[7]**

Y

$7 000 FF41 841 £4 284 La lectrice pensive Oil/canvas 40x33cm/*15x12in* New-York 97
YASUDA Yukihiko 1884-1978 **[5]**
$22 000 FF112 700 £13 360 Plum blossoms in small vase Ink 45x60cm/*17x23in* New-York 96
YASUSHI Sugiyama 1909-1993 **[1]**
$38 000 FF216 524 £23 731 Persimmons Ink 40x55,5cm/*15x21in* New-York 97
YATES Cullen 1866-1945 **[9]**
$3 100 FF16 050 £1 983 Off the coast Oil/canvas 30x40cm/*12x16in* Mystic, Connecticut 96
YATES Fred 1922 **[30]**
$621 FF3 646 £380 The Town Hall Oil/board 58x46cm/*22x18in* London 97
YATES G. XIX **[3]**
$3 331 FF20 552 £2 000 View of Old London Bridge from the north Bank Watercolour 35x51cm/*13x20in* London 98
YATES Gideon c.1780-c.1850 **[19]**
$2 544 FF13 170 £1 700 Westminster Abbey and Bridge from the South Bank Watercolour 33x61cm/*12x24in* London 96
YATES William Henry 1848-1934 **[4]**
$324 FF1 881 £191 Peach Preserves Oil/canvas 30x20cm/*12x8in* New-York 97
YATRIDES Georges 1931 **[11]**
$1 825 FF9 000 £1 186 "Et la Mort ne sera plus" Lithographie couleurs 54x75cm/*21x29in* Grenoble 95
YAVNO Max 1921-1985 **[44]**
$350 FF1 765 £226 Journey to Mecca Gelatin silver print 19x35cm/*7x13in* San Francisco-Los Angeles 96
YDEMA Egnatius 1876-1937 **[20]**
$1 521 FF7 826 £949 A Farm in a Polder Landscape Oil/canvas 30,5x46cm/*12x18in* Amsterdam 96
$3 510 FF18 060 £2 190 Tjalken Oil/canvas 40x60cm/*15x23in* Den Haag 96
YE QIANYU 1907-1996 **[3]**
$13 361 FF80 046 £7 979 Recent View of Fuchun Ink/paper 33x731,5cm/*12x287in* Hong Kong 98
YE ZIQI Yeh Tzu-ch'i 1957 **[1]**
$9 075 FF52 600 £5 575 Taipei, Landscape with Wind Tempera 89x127cm/*35x50in* Taipei, Taiwan 97
YEAMES William Frederick 1835-1918 **[8]**
$1 694 FF9 746 £1 000 The Latest Scandal Oil/board 21,5x45cm/*8x17in* London 97
$11 880 FF61 500 £7 670 Meditation Oil/canvas 72x90cm/*28x35in* Stockholm 96
YEATS Jack Butler 1871-1957 **[152]**
$108 800 FF566 000 £72 000 The Bog Road Oil/panel 23x36cm/*9x14in* London 96
$151 300 FF866 550 £92 370 The Soldier's Son Oil/canvas 45x60cm/*18x24in* Dublin 97
$907 000 FF4 720 000 £600 000 Leaving the Raft Oil/canvas 102x152cm/*40x59in* London 96
$2 612 FF15 414 £1 600 "A Broadside" Woodcut in colors 28x19cm/*11x7in* London 98
$8 970 FF46 500 £6 000 The Circus Wagon Watercolour 17,8x25,4cm/*7x10in* London 96
YEATS John Butler 1839-1922 **[19]**
$132 000 FF640 000 £85 000 The Boat Builder Oil/panel 36x24cm/*14x9in* London 95
$2 770 FF14 370 £1 800 A Lady holding Mistletoe Watercolour 35,5x25,5cm/*13x10in* London 96
YEFIMENKO Viktor 1952 **[14]**
$690 FF3 970 £430 Niña en el corral de las gallinas Oleo/lienzo 33x41cm/*12x16in* Madrid 97
$1 704 FF8 820 £1 100 On the veranda Oil/canvas/board 53x38cm/*20x14in* St. Helier, Jersey 96
YEGOROV Andrei Afanasievich 1878-1954 **[4]**
$1 520 FF7 600 £1 000 Harbour Gouache/paper 31x46cm/*12x18in* London 95
YEH CHI WEI 1915-1981 **[3]**
$7 060 FF35 140 £4 490 balo coach Oil/canvas 57,5x140cm/*22x55in* Taipei, Taiwan 95
YELIZAROV Gennady 1950 **[5]**
$1 003 FF6 235 £600 Set of Tea Oil/canvas 64,5x54,5cm/*25x21in* London 98
YELLAND Raymond Dabb 1848-1900 **[8]**
$40 000 FF232 152 £24 424 Golden Gate Oil/canvas/panel 71x122cm/*27x48in* Los Angeles 97
YEN WENLIANG 1893-1990 **[18]**
$3 636 FF22 044 £2 160 Scenery of Hangzgou Oil/canvas/board 26x38cm/*10x14in* Taipei, Taiwan 98
$13 100 FF68 000 £8 230 Sceneries in a park Oil/board 38x49cm/*14x19in* Taipei, Taiwan 96
YENS Karl H. 1868-1929 **[22]**
$750 FF4 491 £459 Still Life Oil/canvas/board 25x35cm/*10x14in* Altadena, CA 97
YEO Thomas 1936 **[5]**
$10 475 FF62 727 £6 436 Flight Acrylic/canvas 100x151cm/*39x59in* Singapore 98

✏ *$16 750 FF83 100 £10 600* Abstract Mixed media/paper 105x151cm/*41x59in* Singapore 95
YEPES Thomas ?-1674 **[3]**
🎨 *$24 870 FF143 820 £15 390* Blumenstrauss in einer verzierten Tonvase Öl/Leinwand 84x50cm/*33x19in* Wien 97
YEROS Dimitris 1948 **[2]**
🎨 *$5 730 FF29 700 £3 830* Behold Oil/canvas 50x70cm/*19x27in* Athens 96
YEWELL George Henry 1830-1923 **[3]**
🎨 *$4 500 FF22 750 £2 953* Mischevious boy Oil/canvas 45x54cm/*18x21in* Detroit, Michigan 96
YI BINGSHOU 1754-1815 **[7]**
✏ *$3 000 FF16 949 £1 888* Running script calligraphy Ink/paper 137,2x51,5cm/*54x20in* New-York 97
YI RU 1874-1941 **[1]**
✏ *$2 587 FF13 260 £1 572* Lofty Mountains Ink 146x80cm/*57x31in* Hong Kong 96
YING PO-CHONG 1940 **[1]**
✏ *$2 790 FF13 850 £1 766* Market place Indian ink 45x101,5cm/*17x39in* Singapore 95
YIP Richard 1919-1981 **[2]**
✏ *$1 300 FF6 780 £786* Laguna Beach Cliffs Watercolour/paper 37x52cm/*14x20in* San Francisco-Los Angeles 96
YKENS Catherina 1659-c.1690 **[1]**
🎨 *$13 000 FF66 600 £7 900* A Lady playing a lute, set in a cartouche decorated with fruit flowers Oil/panel 40x28cm/*15x11in* New-York 96
YKENS Frans 1601-1693 **[15]**
🎨 *$24 128 FF124 862 £15 381* Rosa, weisse und rote Rosen in einer Glasvase Oil/copper 22x18cm/*8x7in* Zürich 96
🎨 *$49 700 FF259 000 £30 000* The Angel, the Virgin annunciate set within cartouches Oil/canvas 112x90,5cm/*44x35in* London 96
🎨 *$49 129 FF290 689 £29 563* A Kitchen with a Dead Snipe, a Leg of Ham and a Dead Hare Oil/canvas 162x243cm/*63x95in* Amsterdam 98
YOAKUM Joseph Elmer 1886/88-1976 **[6]**
✏ *$1 500 FF8 792 £923* Mt. Monterosa Coloured pencils 30,5x48,5cm/*12x19in* New-York 97
YOHN Frederick Coffay 1875-1933 **[6]**
🎨 *$3 850 FF22 862 £2 350* Yanks Cleaning Up" Oil/board 80x114cm/*31x45in* New-York 98
YOKOI Teruko 1924 **[12]**
🎨 *$2 566 FF15 298 £1 574* Kimura Shigenari, der junge Samurai Öl/Leinwand 138x83cm/*54x32in* Zürich 98
🖼 *$258 FF1 507 £152* New Year Farblithographie 65x50cm/*25x19in* St.Gallen 97
✏ *$581 FF3 453 £355* Komposition mit Landschaft Mischtechnik/Papier 28x27,5cm/*11x10in* Bern 97
YOKOI Tomoe 1943 **[14]**
🖼 *$140 FF851 £85* Strawberries and Apple Mezzotint 34x29cm/*13x11in* Shaker Heights, Ohio 98
YOKOO Tadanori 1936 **[6]**
🖼 *$1 955 FF11 379 £1 205* "Word Image Word Image Word Image" Poster 43,5x124cm/*17x48in* New-York 97
YOKOYAMA Misao 1920-1973 **[2]**
🎨 *$80 000 FF410 000 £48 600* Red Fuji Mixed media 60x40cm/*23x15in* New-York 96
YOKOYAMA Taikan 1868-1958 **[1]**
✏ *$45 000 FF267 219 £27 630* After the rain Ink 53x71cm/*20x27in* New-York 97
YOLDJOGLOU Georges 1933 **[11]**
🎨 *$2 400 FF14 625 £1 469* Plage Oil/canvas 73x91cm/*29x36in* New-York 98
YON Edmond 1836-1897 **[46]**
🎨 *$3 252 FF19 000 £1 996* Lavandière au bord de l'Oise Huile/toile 29x44,5cm/*11x17in* Pontoise 97
YONG MUN SENG 1896-1962 **[5]**
🎨 *$5 580 FF27 700 £3 530* River scene in a Kampong Oil/canvas 44x60,5cm/*17x23in* Singapore 95
✏ *$2 443 FF12 120 £1 546* Ploughing the fields Watercolour/paper 27,5x38cm/*10x14in* Singapore 95
YONG XING 1752-1823 **[2]**
✏ *$3 200 FF19 047 £1 986* Running Script Calligraphy Ink/paper 109x66cm/*43x26in* New-York 97
YORK Judy XX **[1]**
🎨 *$8 000 FF45 558 £4 933* The Idyll Oil/canvas 81x101cm/*32x40in* Dallas, Texas 97
YORKE Thomas Spencer XIX **[1]**
🎨 *$3 750 FF19 430 £2 436* Mary Doane Oil/canvas 59x73cm/*23x28in* San Francisco-Los Angeles 96

YORKE William Gay 1817-1908 **[3]**
  $6 000 FF34 822 £3 663 The Puritan vs. the Geneste Oil/canvas/board 61x86cm/*24x33in* Los Angeles 97
YORKE William Howard 1847-1921 **[39]**
  $6 944 FF41 003 £4 110 Tjerimai Oil/canvas 50x76cm/*19x29in* Helsinki 97
YOSHIDA Hiroshi 1876-1950 **[88]**
  $3 000 FF17 094 £1 873 Morning on Tsurugisan Woodcut 40,5x28cm/*15x11in* New-York 97
  $1 500 FF8 547 £936 Untitled Watercolour/paper 34x49cm/*13x19in* New-York 97
YOSHIDA Toshi 1911 **[17]**
  $95 FF493 £56 Urayasu/Sea Horses Print in colors 35x23cm/*14x9in* Mystic, Connecticut 97
YOSHIHARA Jiro 1905-1972 **[3]**
  $136 380 FF772 820 £68 190 Senza titolo Tecnica mista/tela 162x131cm/*63x51in* Milano 98
YOSHIIKU Utagawa 1833-1904 **[1]**
  $2 500 FF14 245 £1 561 Prosperity of an English Trading Firm in Yokohama Woodcut 35,5x73cm/*13x28in* New-York 97
YOSHIKAWA Shizuko 1934 **[8]**
  $2 615 FF15 279 £1 605 M 402 Energien aus der Leere Acryl/Leinwand 71x71cm/*27x27in* Luzern 97
YOSHIOKA Toshinao 1972 **[4]**
  $500 FF3 046 £304 Imitation SY Silkscreen 121x82,5cm/*47x32in* Tel Aviv 98
YOSHITOSHI Tsukiota Kinzaburo 1839-1892 **[87]**
  $275 FF1 675 £167 Kiyomori and the Ghost of Fukuhara and the Famous Warrior Vesugi Woodcut in colors 31x20cm/*12x8in* Chicago, Illinois 98
YOUNG Alexander 1865-1923 **[38]**
  $900 FF5 464 £534 Hamnmotiv med fiskebåtar och fiskare Oil/canvas 40x61cm/*15x24in* Malmö 98
  $1 508 FF9 099 £900 "A Beach, Hastings" Oil/canvas 30,5x46cm/*12x18in* West Lothian 98
YOUNG Blamire [2]
  $7 490 FF43 025 £4 681 City square, Edinbourgh Watercolour/paper 75x120cm/*29x47in* Sydney 97
YOUNG Harvey Otis 1840-1901 **[18]**
  $2 000 FF10 440 £1 210 View through the Trees in Tucson, Arizona Oil/board 40,5x61cm/*15x24in* San Francisco-Los Angeles 96
  $3 293 FF19 683 £1 995 Picturesque Shanties, Near Pueblo, Colorado Oil/canvas/board 27,9x48,3cm/*10x19in* San Francisco-Los Angeles 97
YOUNG Henry, Reverend XVIII-XIX **[3]**
  $5 750 FF30 949 £3 429 Lady wearing a flounced Navy blue jacket and a Gentleman Watercolour 27x20cm/*10x7in* New-York 97
YOUNG Mahonri Mackintoch 1877-1957 **[14]**
  $106 950 FF631 721 £66 458 Boxers Bronze 69x47cm/*27x18in* Elgin, Illinois 97
YOUNG Tobias P. (Attrib.) ?-1824 **[1]**
  $3 193 FF18 365 £2 000 Resting by the wayside Oil/canvas 55x75cm/*21x29in* London 97
YOUNG William Blamire 1862-1935 **[38]**
  $830 FF4 878 £498 Autumn landscape Watercolour/paper 44x41cm/*17x16in* Sydney 97
YOUNG William S. c.1830-c.1880 **[2]**
  $4 000 FF23 626 £2 485 "View on Glen Ellis Creek, N.H" Oil/canvas 76x127cm/*29x50in* Boston, Mass. 97
YOUNGERMAN Jack 1926 **[29]**
  $200 FF1 140 £123 Composition Lithograph 79x80cm/*31x31in* Morris Plains 97
  $750 FF4 453 £459 Abstraction Tempera/paper 73,5x58,5cm/*28x23in* San Francisco-Los Angeles 97
YOURIEVITCH Serge 1876-1969 **[31]**
  $885 FF4 500 £529 Buste de jeune Américaine Plâtre H48cm/*H18in* Paris 96
  $1 377 FF7 000 £822 La danseuse Nattova Plâtre H152cm/*H59in* Paris 96
YPEREN van Jan Thomas 1617-1678 **[3]**
  $7 390 FF36 800 £4 840 Diane et Callisto Huile/panneau 6x86cm/*2x33in* Liège 95
YRRAB Géo XX **[3]**
  $3 600 FF18 340 £2 160 "Grand Prix de Nîmes" Poster 79x118cm/*31x16in* New-York 96
YSENDYCK van Antoon 1801-1875 **[5]**
  $40 000 FF227 920 £24 500 Raisins, papillons, pommes, poires et citrouilles Oil/canvas 134x180cm/*52x70in* New-York 97
YSLAIRE Bernard Hislaire,dit 1952 **[4]**
  $1 228 FF7 000 £767 Planche No. 33 de "Sambre": "Je sais que tu viendras" Encre Chine/papier 50x30cm/*19x11in* Paris 97

YTHJALL Terje 1943 [2]
    $3 540 FF20 542 £2 090 Den ensomme leken (Kjaeledyret, eller...) Oil/canvas 85x50cm/*33x19in* Oslo 97
YU BEN Yee Bon 1905-1995 [16]
    $2 904 FF16 832 £1 784 Night pearl, Hong Kong Oil/board 30,5x40,5cm/*12x15in* Taipei, Taiwan 97
    $23 170 FF137 830 £14 210 Mountainous Town Oil/canvas 79x54cm/*31x21in* Taipei, Taiwan 97
YU CH'ENG-YAO 1898-1993 [19]
    $15 520 FF79 500 £9 430 Landscape Ink/paper 118,5x58,5cm/*46x23in* Hong Kong 96
YU CHENGYO 1903 [2]
    $54 450 FF315 600 £33 450 Springview of Yangming Shan Ink 69x133,5cm/*27x52in* Taipei, Taiwan 97
YU CHIAN Chia 1936-1991 [2]
    $8 370 FF41 550 £5 300 By the river Oil/canvas/panel 65x80cm/*25x31in* Singapore 95
YU FEI'AN 1888-1959 [24]
    $6 680 FF40 023 £3 989 Peony and Bee Coloured inks/paper 67,5x31,5cm/*26x12in* Hong Kong 98
YU JI 1738-1823 [1]
    $6 500 FF38 690 £4 035 Portrait of the Qianlong Emperor's Mother Ink 89x70cm/*35x27in* New-York 97
YU MING 1884-1935 [8]
    $3 880 FF20 000 £2 397 Figures after Chen Hongshou Ink 122x59cm/*48x23in* Hong Kong 95
YU PENG 1955 [7]
    $3 310 FF19 690 £2 030 Living Room of a Married Life Pastel/paper 110x79cm/*43x31in* Taipei, Taiwan 97
YU SHICHAO 1953 [4]
    $5 820 FF29 800 £3 540 Dance studio Oil/canvas 61x66cm/*24x25in* Hong Kong 96
YU XIAOFU 1950 [2]
    $20 700 FF106 000 £12 570 Red Morning Tea Oil/canvas 135x120cm/*53x47in* Hong Kong 96
YU YOUREN 1879-1964 [5]
    $1 700 FF10 119 £1 055 Bamboo and Rock Ink/paper 137x34cm/*54x13in* New-York 97
YU ZHONGBAO 1962 [1]
    $9 050 FF46 400 £5 500 Brilliant Light of Budha Oil/canvas 150x175cm/*59x68in* Hong Kong 96
YUAN JIANG 1690-1730 [3]
    $12 000 FF71 428 £7 449 Spring Dawn in the Palalce Ink 104x160cm/*41x63in* New-York 97
YUAN JINTA Yuan Chin-t'a 1949 [10]
    $3 273 FF16 750 £2 120 Wedding scene Ink 109x25cm/*42x9in* Taipei, Taiwan 95
YUAN Si Chen 1912-1974 [6]
    $2 750 FF14 350 £1 662 Sunday Afternoon by the Beach Oil/board 20,5x25,5cm/*8x10in* San Francisco-Los Angeles 96
YUAN SONGNIAN 1895-1966 [4]
    $2 588 FF14 926 £1 542 Landscape Coloured inks/paper 113,5x52cm/*44x20in* Hong Kong 97
YUAN YAO c.1720-1780 [2]
    $20 000 FF112 994 £12 588 Landscape Ink 170x45,5cm/*66x17in* New-York 97
YUAN YUNFU 1933 [3]
    $3 000 FF18 371 £1 787 Lotus Ink/paper 101,5x104cm/*39x40in* New-York 98
YUDIN Lev Alexandrovich 1903-1941 [3]
    $1 154 FF6 700 £682 Konstruktivistische Komposition Öl/Leinwand 35x26cm/*13x10in* Dresden 97
YULE William James 1868-1900 [2]
    $3 855 FF23 253 £2 300 "Summer Moonrise" Oil/canvas 50,5x61cm/*19x24in* West Lothian 98
YUN SHOUPING 1633-1690 [7]
    $30 000 FF169 491 £18 882 Landscapes Ink/paper 25,5x31,5cm/*10x12in* New-York 97
YUN XIANG 1586-1655 [2]
    $17 000 FF104 102 £10 126 Landscapes and Calligraphy Ink/paper 24x32,5cm/*9x12in* New-York 98
YUNKERS Adja 1900-1983 [17]
    $300 FF1 717 £177 "Composition" Woodcut in colors 53x35cm/*20x13in* New-York 97
YUZBASIYAN Arto 1948 [29]
    $783 FF4 526 £465 "Queen St. E. Near Broadview Avenue Toronto" Oil/panel 20x25cm/*7x9in* Calgary, Alberta 97
    $828 FF4 733 £507 "Backs of houses seen from a lane" Oil/board 45,7x61cm/*17x24in* Toronto 97
YVA Else Neuländer-Simon 1900-1942 [7]
    $635 FF3 707 £390 Frau mit Hut, Schauspielerin Hilda Ludwig Gelatin silver print 22,5x16,5cm/*8x6in*

Y

Hamburg 97
YVARAL Jean-Pierre 1934 **[25]**
  $1 030 FF5 000 £664 Structure rayonnante - BV Acrylic/canvas 100x100cm/*39x39in* Paris 95
  $154 FF912 £91 Ohne Titel Farbserigraphie 62x62cm/*24x24in* Zürich 97
YVON Adolphe 1817-1893 **[23]**
  $1 800 FF10 486 £1 100 La comtesse de Breda, née Marie-Eugénie de Monchy de Gillocourt Oil/canvas
24x20cm/*9x7in* London 97
  $11 447 FF67 178 £7 000 The Tale-teller Oil/canvas 46x38cm/*18x14in* London 97
  $140 700 FF728 000 £90 000 Une Rue à Constantinople Oil/canvas 97x136cm/*38x53in* London 96
  $790 FF4 700 £489 Portrai de femme Dessin 55x38cm/*21x14in* Saint-Dié 97

Z

ZAALBERG Hester Adriana Corn. 1836-1909 **[3]**
  $1 993 FF12 192 £1 225 Peasants on a Frozen River with a Village beyond Oil/panel 20x26cm/*7x10in*
Amsterdam 98
ZABALETA FUENTES Rafael 1907-1960 **[15]**
  $2 275 FF12 935 £1 365 La cueva del agua Oleo/tabla 18,5x24,5cm/*7x9in* Madrid 97
  $33 120 FF190 560 £19 200 Mujeres Españolas Oleo/lienzo 81x65cm/*31x25in* Madrid 97
  $739 FF4 426 £459 París Tinta china/papel 26x34cm/*10x13in* Madrid 98
ZABEHLICKY Alois 1883-1962 **[26]**
  $1 490 FF7 340 £968 Feldblumenstrauss Öl/Leinwand 70x100cm/*27x39in* Wien 95
ZABEL Larry XX **[2]**
  $4 000 FF19 080 £2 515 The New Ranch Hands Acrylic/paper 15x30cm/*5x11in* Hayden 95
  $9 000 FF45 360 £5 806 Conference on Cougar Creek Acrylic/canvas 60x121cm/*24x48in* Hayden 96
ZABELITZKY Alois **[2]**
  $6 219 FF36 225 £3 800 Grapes, apples, pears, plums, raspberries and a vase of roses on a ... Oil/canvas
69,8x100,3cm/*27x39in* London 97
ZABIN Marius 1956 **[34]**
  $233 FF1 400 £141 Deux voiliers Huile/toile 19x27cm/*7x10in* Rennes 97
ZABOROV Boris 1937 **[10]**
  $6 674 FF41 000 £4 001 Jeune fille en blanc Technique mixte/toile 192x130cm/*75x51in* Paris 98
  $9 767 FF58 000 £5 916 Femme assiste et portrait Technique mixte 88x114cm/*34x44in* Saint-Germain-en-
Laye 97
  $1 360 FF7 700 £830 Portrait de petite fille Technique mixte/papier 18x19cm/*7x7in* Saint-Germain-en-
Laye 97
ZABOTIN Wladimir Lukianovich 1884-1967 **[2]**
  $4 852 FF28 543 £2 994 Winterlandschaft Öl/Leinwand 54x73cm/*21x28in* Heidelberg 97
ZACH Bruno XIX-XX **[76]**
  $1 755 FF10 412 £1 072 Stehender weiblicher Akt mit Umhang Bronze 43x16x9,5cm/*16x6x3in*
München 98
ZACH Ferdinand 1868-1956 **[22]**
  $825 FF4 796 £504 Die Hofburg in Wien mit der heutigen Präsidentschaftskanzlei Aquarell/Papier
29x26cm/*11x10in* Wien 97
ZACH Franziska 1900-1930 **[1]**
  $7 236 FF42 813 £4 293 Zwei Brücken über den Fluss Öl/Leinwand 47x55cm/*18x21in* Wien 97
ZACH Karl XIX-XX **[13]**
  $2 816 FF16 733 £1 675 Stephansdom vom Graben aus gesehen, Wien Aquarell, Gouache/Papier
37,5x26,5cm/*14x10in* München 97
ZACH Vilem 1946 **[8]**
  $2 880 FF14 400 £1 800 Evening Smoke Bronze 45x22x12cm/*18x9x5in* Calgary, Alberta 95
ZACHMANN Max 1892-1917 **[6]**
  $522 FF3 092 £310 Mädchen unter Bäumen Woodcut 35,5x25cm/*13x9in* Wien 97
ZACHO Christian 1843-1913 **[160]**
  $108 FF618 £66 Köer ved et ålöb Oil/canvas 18x24cm/*7x9in* Viby J, Århus 97
  $884 FF5 277 £529 Sti gennem bögeskov Oil/canvas 41x64cm/*16x25in* Vejle 98
  $1 735 FF10 600 £1 094 Landscape Oil/canvas 118x172cm/*46x67in* Köbenhavn 97
ZACK Léon 1892-1980 **[235]**

$784 FF4 000 £520 Cendrillon pour "Les Ballets Romantiques" de Romanoff Huile/toile 27,5x40,5cm/*10x15in* Paris 96
$2 402 FF14 000 £1 479 Composition abstraite Huile/toile 54x65cm/*21x25in* Paris 97
$3 696 FF22 000 £2 259 Sans titre (Bleu) Huile/toile 97x146cm/*38x57in* Paris 98
$411 FF2 500 £247 Personnages Lavis 31x46cm/*12x18in* Paris 98

ZADKINE Ossip 1890-1967 **[442]**
$270 FF1 600 £161 Fête paysanne Lithographie couleurs 63x42cm/*24x16in* Paris 97
$3 762 FF23 000 £2 258 Femme nue allongée, Baigneuse Bronze 22x40x17cm/*8x15x6in* Honfleur 98
$30 000 FF173 310 £17 607 Jeu de grâces Bronze H85,5cm/*H33in* New-York 97
$998 FF6 000 £598 Deux personnages Encre/papier 28x19cm/*11x7in* Paris 98

ZADOUNAISKY XX **[1]**
$4 761 FF29 500 £2 843 Poisson Bronze H61cm/*H24in* Saint-Étienne 98

ZADRAZIL Franz 1942 **[35]**
$279 FF1 666 £167 "L'ami Pierre" Etching in colors 64x49cm/*25x19in* Wien 98

ZAGANELLI Francesco c.1470-1532 **[6]**
$48 200 FF243 600 £31 600 Madonna con Bambino e San Giovanni Oil/panel 60x46cm/*23x18in* Wien 96

ZAGO Erma 1880-1942 **[32]**
$1 800 FF10 200 £1 200 Figure in giardino Olio/tavola 29x45cm/*11x17in* Trieste 98

ZAGO Luigi 1894-1952 **[4]**
$2 275 FF11 700 £1 355 Scorcio di Venezia con pescatori Olio/tela 70x100cm/*27x39in* Roma 96

ZAHND Johann 1854-1934 **[11]**
$4 086 FF24 471 £2 441 Campagnalandschaft Öl/Leinwand 63x112cm/*24x44in* Köln 98
$7 766 FF47 619 £4 655 Bauern auf einem Weg bei Subiacco in den Albaner Bergen Öl/Leinwand 141x104cm/*55x40in* Zürich 98

ZAHRADNICEK Joseph XIX **[1]**
$11 800 FF60 700 £7 360 Dachstein on the Gosausee Oil/paper/canvas 27,5x37cm/*10x14in* Wien 96

ZAHRTMANN Kristian 1843-1917 **[70]**
$840 FF4 906 £500 A Beauty with a Fan Oil/canvas 17x14cm/*6x5in* London 97
$2 493 FF14 937 £1 507 Indgangen til Casa d'Antino Oil/canvas 55x69cm/*21x27in* Viby J, Århus 97

ZAI TAO 1887-1970 **[1]**
$6 235 FF37 355 £3 723 Standing Horse Coloured inks 100x53cm/*39x20in* Hong Kong 98

ZAINI 1926-1987 **[2]**
$4 249 FF25 116 £2 629 Seascape Oil/canvas 50x66cm/*19x25in* Singapore 97

ZAIS Giuseppe 1709-1784 **[39]**
$20 400 FF115 600 £10 200 Battaglia Olio/tela 60x80cm/*23x31in* Milano 97
$50 169 FF297 030 £30 000 Rural Landscapes with a Milkmaid, Washerwomen, and Herdsmen. Oil/canvas 34,5x45,5cm/*13x17in* London 97
$2 280 FF12 920 £1 140 Interno di cucina Inchiostro 17,5x23,5cm/*6x9in* Milano 98

ZAIS Giuseppe (Attrib.) 1709-1784 **[16]**
$15 200 FF73 400 £9 500 Italianate landscape Oil/canvas 100x126cm/*39x49in* London 95
$26 400 FF138 080 £16 000 A wooded Landscape with two peasant Women and a Child near a Waterfall Oil/canvas 81x110cm/*31x43in* London 96
$2 887 FF16 786 £1 764 Ländliche Idylle Indian ink 29x44cm/*11x17in* Wien 97

ZAJAC Jack 1929 **[2]**
$4 025 FF24 174 £2 403 Untitled, from the Metamorphosis Series Bronze H18cm/*H7in* San Francisco 98

ZAJICEK Karl Wenzel 1860-1923 **[45]**
$745 FF3 850 £481 Das Backhaus in der Neustiftgasse Aquarell/Papier 23x26cm/*9x10in* Wien 96

ZAK Eugène, Eugeniusz 1884-1926 **[37]**
$7 313 FF43 646 £4 412 Idylla Oil/panel 24x18cm/*9x7in* Warszawa 97
$27 000 FF139 800 £17 270 Self-Portrait Oil/canvas 100,5x80cm/*39x31in* Tel Aviv 96
$683 FF4 088 £424 Pareja de figuras Lápiz/papel 28,5x22,5cm/*11x8in* Madrid 98

ZAKANITCH Robert 1935 **[20]**
$2 000 FF10 250 £1 215 Montrose Mixed media/canvas 213,5x226cm/*84x88in* New-York 96
$2 500 FF14 318 £1 479 How I Love Ya, How I Love Ya Lithographie 106,5x305cm/*41x120in* New-York 97

ZALCE Alfredo 1908 **[30]**
$18 000 FF87 300 £11 600 Puente en el Trópico Oil/canvas 54x78cm/*21x30in* New-York 95

$225 FF1 158 £145 The Cane Workers Lithograph 27x34cm/*11x13in* Bolton, Mass. 96
ZALOPANY Michele 1955 **[3]**
$1 200 FF5 810 £770 Untitled (Tavolini 1/3) Pastel 76x56,5cm/*29x22in* New-York 95
ZAMACOIS Y ZABALA Eduardo 1842-1871 **[19]**
$2 600 FF14 806 £1 578 The New Order Oil/panel 24,5x18,5cm/*9x7in* New-York 97
$50 000 FF296 735 £30 625 Taming the Donkey Oil/canvas 55,5x101cm/*21x39in* New-York 97
ZAMEK Brenda XX **[1]**
$4 001 FF24 033 £2 400 Wild Dog in Bush Grass Oil/canvas 71x54,5cm/*27x21in* London 98
ZAMORA de José 1889-1971 **[36]**
$1 000 FF4 880 £635 "Casino de Paris, Exciting Paris" Poster 151x98,5cm/*59x38in* New-York 95
ZAMOZ Em. XIX-XX **[2]**
$4 119 FF23 500 £2 516 Intérieur oriental Gouache/papier 44x61cm/*17x24in* Paris 97
ZAMPIERI IL DOMENICHINO Domenico 1581-1641 **[7]**
$4 600 FF27 845 £2 801 Study of a Flying Putty Holding a Salver Black chalk 15,5x18,5cm/*6x7in* New-York 98
ZAMPIERI IL DOMENICHINO Domenico (Attrib.) 1581-1641 **[5]**
$1 200 FF5 920 £776 Wooded landscape Red chalk 17,9x30,5cm/*7x12in* New-York 96
ZAMPIGHI Eugenio 1859-1944 **[134]**
$9 600 FF54 400 £4 800 Il compito Olio/tela 25x36cm/*9x14in* Milano 98
$17 100 FF97 493 £10 500 The First Lesson Oil/canvas 49,5x74cm/*19x29in* London 97
$2 000 FF11 890 £1 204 A Drink from the Jug Watercolour/paper 53x37,5cm/*20x14in* New-York 98
ZAMPIS Anton 1820-1883 **[4]**
$2 403 FF14 328 £1 491 "Barikadenkampf in Wien, bei der Nussdorfer Linie" Öl/Leinwand 29,5x36cm/*11x14in* Wien 97
ZANCHI Antonio 1631-1722 **[7]**
$21 530 FF104 100 £13 500 A Classical Philosopher Oil/canvas 103x88cm/*40x34in* London 95
$42 200 FF220 400 £27 700 La clemenza di Scipione l'Africano Olio/tela 236x268cm/*92x105in* Prato 96
ZANDLEVEN Jan Adam 1868-1923 **[71]**
$1 353 FF8 275 £831 Dunes Oil/canvas 37x52,5cm/*14x20in* Amsterdam 98
$1 850 FF11 000 £1 113 Bouquet au vase bleu Huile/toile 40x31cm/*15x12in* Paris 97
ZANDOMENEGHI Federico 1841-1917 **[39]**
$42 500 FF252 373 £25 946 Lady in Red Oil/panel 46x25,5cm/*18x10in* New-York 98
$75 000 FF427 350 £45 937 Portrait of Arturo Toscanini (1867-1957), the Italian conductor Oil/board 34x49cm/*13x19in* New-York 97
$4 543 FF25 744 £2 271 Giovane donna in schiena Carboncino/carta 55x34cm/*21x13in* Milano 98
ZANDT van William XIX-XX **[4]**
$2 000 FF11 890 £1 223 Portrait of a Bay Horse Standing in a Pasture Oil/canvas 45x63cm/*18x25in* Boston, Mass. 97
ZANETTI Claire XX **[1]**
$7 722 FF45 000 £4 756 La fenêtre Huile/toile 92x66cm/*36x25in* Entzheim 97
ZANETTI Girolamo Antonio Ma. 1680-1757 **[11]**
$566 FF3 346 £335 Maria mit dem Kinde, nach Parmigianino Woodcut 17x9,5cm/*6x3in* Berlin 97
ZANETTI ZILLA Vittore 1864-1946 **[16]**
$4 200 FF23 800 £2 800 Paesaggio fluviale Olio/tela 86x94cm/*33x37in* Roma 97
$16 800 FF95 200 £8 400 Venezia Olio/tavola 140x120cm/*55x47in* Milano 97
$5 583 FF32 384 £3 300 Verrochio's Monument to Colleoni, Venice Watercolour 102x64cm/*40x25in* London 97
ZANG John J. XIX **[6]**
$1 700 FF8 800 £1 088 View of the Yosemite Oil/canvas 40x66cm/*16x26in* Mystic, Connecticut 96
ZANGRANDO Giovanni 1869-1941 **[29]**
$544 FF2 840 £357 Modella Olio/tavola 39x29cm/*15x11in* Trieste 96
$2 640 FF13 800 £1 560 Pomeriggio nel roseto Olio/tavola 40x40cm/*15x15in* Trieste 96
$9 600 FF54 400 £6 400 Domenica, liston sulle Rive Olio/tela 100x160cm/*39x62in* Trieste 98
$2 690 FF14 030 £1 764 Nudo di donna Pastelli/carta 101x72cm/*39x28in* Trieste 96
ZANGS Herbert 1924 **[78]**
$378 FF1 843 £240 Abstract Mixed media 124x92cm/*48x36in* London 95
$1 319 FF7 705 £780 Ohne Titel Mixed media 35x23cm/*13x9in* Köln 97

$158 FF937 £94 Ohne Titel Radierung 39,2x39,5cm/*15x15in* Berlin 97
$1 820 FF9 492 £1 064 Ohne Titel Construction 70x58cm/*27x22in* Köln 96
$1 040 FF5 440 £620 Scheibenwischer (Rot) Gouache/papier 66x48,5cm/*25x19in* Köln 96
ZANGUIDI IL BERTOIA Jacopo 1544-1574 **[7]**
$1 998 FF11 741 £1 200 Cupid and Spyche Wash 16,5x13cm/*6x5in* London 97
ZANIERI Arturo 1870-? **[5]**
$5 960 FF30 650 £3 600 The Shepherdess Oil/canvas 66x106cm/*25x41in* London 96
ZANIEWSKI Iwo XX **[1]**
$5 380 FF28 000 £3 560 Jeune femme couchée devant la fenêtre Huile/toile 92x110cm/*36x43in* Bruxelles 96
ZANIN Francesco XIX **[12]**
$16 940 FF87 800 £11 000 Il rientro dell Bucintoro nel giono dell'Ascensione Oil/canvas 61x113,5cm/*24x44in* London 96
ZANNONI Giuseppe 1849-1903 **[1]**
$3 600 FF20 400 £2 400 Contadina nel pollaio Olio/tela 45,5x35,5cm/*17x13in* Milano 97
ZANTEN van Ek 1933 **[2]**
$1 367 FF8 124 £813 Pauw - Peacock Bronze H21cm/*H8in* Amsterdam 97
ZANTEN van Hank 1940 **[1]**
$5 835 FF35 049 £3 500 Four Zebras Drinking Oil/canvas 63,5x91,5cm/*25x36in* London 98
ZAO WOU-KI 1921 **[508]**
$4 540 FF23 560 £3 000 "Loin de la Mer" Oil/board 66x53cm/*25x20in* London 96
$10 056 FF60 000 £6 066 Abstraction Huile/toile 22x27cm/*8x10in* Paris 97
$103 912 FF620 000 £62 682 Compositon Huile/toile 130x97cm/*51x38in* Paris 97
$381 FF2 200 £227 Sans titre Lithographie couleurs 66x46,5cm/*25x18in* Paris 97
$1 310 FF7 600 £806 Composition à la bouteille Encre Chine 23x30cm/*9x11in* Paris 97
ZAOZERSKY Boris 1934 **[19]**
$513 FF3 000 £303 Le soir Huile/toile 70x63cm/*27x24in* Brest 97
ZARATE Luis XX **[2]**
$16 000 FF93 457 £9 467 Carnaval Oil/canvas 200x234cm/*78x92in* New-York 97
ZARDO Alberto 1876-1959 **[16]**
$1 260 FF7 140 £840 Bosco Olio/cartone 30x40cm/*11x15in* Firenze 98
$1 474 FF8 571 £900 Oxen in a Landscape Oil/canvas/board 43x57,5cm/*16x22in* London 97
ZARITSKY Yosef 1891-1985 **[110]**
$18 000 FF93 000 £11 510 Portrait of Mrs. Ayala Zacks Oil/canvas 116x91cm/*45x35in* Tel Aviv 96
$38 000 FF194 000 £25 150 Composition Oil/canvas 120x205,5cm/*47x80in* Tel Aviv 96
$6 440 FF38 447 £3 929 "Flowers on the Window-Sill" Watercolour/paper 47x65,5cm/*18x25in* Tel Aviv 98
ZARRAGA DE ARGUELLES Angel 1886-1946 **[81]**
$7 150 FF43 450 £4 290 Rapto de Europa Oleo/cartón 32,5x36cm/*12x14in* Madrid 98
$22 000 FF129 641 £13 145 Landscape Oil/canvas 46x55cm/*18x21in* New-York 97
$40 000 FF229 096 £24 420 Le Jeune Footbaleur Oil/canvas 147x97cm/*57x38in* New-York 97
$3 000 FF18 115 £1 797 Woman with a Hat Pastel/paper 45,5x36cm/*17x14in* New-York 98
ZARUBA Natalia Ivanovna 1915 **[9]**
$486 FF2 859 £300 White Lilac Oil/canvas 41x29,5cm/*16x11in* London 97
$574 FF3 408 £350 Still Life with Apples, Grapes and Pears Oil/canvas 49,5x74cm/*19x29in* London 98
ZASCHE Josef 1821-1881 **[2]**
$2 062 FF11 990 £1 260 Bildnis einer Dame in blauem Seidenkleid und Rose im Haar Watercolour 7,5x6cm/*2x2in* Wien 97
ZASCHE Theodor 1862-1922 **[17]**
$3 800 FF18 530 £2 413 "Ninon de Beauval" Poster 94x124,5cm/*37x49in* New-York 95
ZATZKA Hans 1859-1945 **[107]**
$1 167 FF6 708 £729 .Brustbildnis der Erzherzogin mit Collier und Krone Oil/panel 40x53cm/*15x20in* Wien 97
$8 000 FF48 602 £4 816 "Springtime" Oil/canvas 58x25cm/*23x10in* Elgin, Illinois 98
ZAWADO Jean Zawadowski 1891-1982 **[4]**
$13 000 FF74 364 £8 112 Widok posiadlosci artysty w Orcel Oil/canvas 60x81cm/*23x31in* Warszawa 97
ZAWADZINSKI Czeslaw 1878-1936 **[2]**

⌣ *$1 970 FF10 100* £1 266 Bust of a nude woman: "Nu de rousse" Oil/canvas/panel 26x21cm/*10x8in* Warszawa 96
ZAWADZKI Stanislaw 1878-1960 **[2]**
⌣ *$1 714 FF10 552* £1 049 Dziewczynka w berecie Oil/canvas 41x32cm/*16x12in* Warszawa 98
ZAYN AL-DIN XVIII **[5]**
✐ *$37 500 FF193 125* £24 836 Study of a Milk Stork Watercolour/paper 54x75,5cm/*21x29in* New-York 96
ZBINDEN Emil 1908-1991 **[244]**
▥ *$177 FF1 050* £108 Riegelhaus im Emmental Woodcut 13x10,5cm/*5x4in* Bern 97
ZBUKVIC Joseph 1952 **[2]**
✐ *$1 298 FF7 782* £774 Twilight Rhapsody Watercolour/paper 48,5x69cm/*19x27in* Melbourne 98
ZBYNOVSKY Vladimir XX **[3]**
⬟ *$2 342 FF14 000* £1 419 Aura de la pierre Sculpture 41x40cm/*16x15in* Paris 97
ZECHYR Othmar 1938 **[19]**
✐ *$2 820 FF14 430* £1 810 Ohne Titel Ink/paper 37x35cm/*14x13in* Wien 96
ZEE van der James 1885-1983 **[23]**
▣ *$1 200 FF5 980* £780 Positively No Trust Gelatin silver print 16x7cm/*6x2in* San Francisco-Los Angeles 95
ZEE van der Jan 1898-1988 **[6]**
⌣ *$4 960 FF25 170* £3 230 A landscape Oil/canvas 60x80cm/*23x31in* Amsterdam 96
✐ *$2 442 FF14 512* £1 452 Abstract composition Gouache/paper 56x76cm/*22x29in* Amsterdam 97
ZEEMAN Regnier N. (Attrib.) c.1623-1667 **[3]**
⌣ *$5 680 FF33 023* £3 467 Shipping in a calm sea Oil/panel 20x28cm/*7x11in* Amsterdam 97
ZEEMAN Regnier Nooms c.1623-1667 **[20]**
⌣ *$12 405 FF72 120* £7 575 Gebirgige Flusslandschaft mit Reisenden Öl/Leinwand 29x50cm/*11x19in* Wien 97
⌣ *$17 570 FF100 000* £10 870 Vue de Paris entre la tour de Charles V et le Louvre Huile/toile 106x204cm/*41x80in* Paris 97
▥ *$1 400 FF8 368* £856 From Twelve Marine Views Etching 20x30cm/*7x11in* San Francisco-Los Angeles 97
✐ *$8 060 FF41 000* £4 820 Scène de combat naval Encre 18,8x30,5cm/*7x12in* Paris 96
ZEEUW VAN DEN LAAN Jan 1832-1892 **[2]**
⌣ *$9 030 FF45 000* £5 910 Paysage en Hollande/Paysage Huile/toile 30x41cm/*11x16in* Paris 95
ZEGELAAR Gerrit 1719-1794 **[7]**
⌣ *$8 290 FF42 200* £4 970 A kitchen maid skinning a hare/A hunter drinking from a flagon Oil/panel 27x22cm/*10x8in* Amsterdam 96
ZEGRAY Lucienne Boucher XX **[11]**
✐ *$411 FF2 374* £244 "Mac Gill Ghetto, Milton Street Montreal" Pastel/paper 30x38cm/*11x14in* Calgary, Alberta 97
ZEHENDER Carl Ludwig 1751-1814 **[5]**
▥ *$792 FF4 074* £494 "La Soirée Villageoise" Eau-forte 28,5x38cm/*11x14in* Bern 96
ZEHNDER Johann Caspar 1742-1805 **[3]**
⌣ *$18 000 FF92 200* £10 930 Panoramic view of Frankfurt am Main, with peasants bleaching linen Oil/canvas 53x151,5cm/*20x59in* New-York 96
ZEID Fahr-el-Nissa 1901-1991 **[12]**
⌣ *$3 070 FF15 140* £2 000 Tea party Oil/board 4x51cm/*1x20in* London 95
⌣ *$3 835 FF18 920* £2 500 Portrait of a woman Oil/canvas 66x56cm/*25x22in* London 95
ZEILEISSEN von Rudolf 1897-1970 **[7]**
⌣ *$1 785 FF9 140* £1 146 Blick auf Wien vom Oberen Belvedere Öl/Leinwand 61x81cm/*24x31in* Wien 96
ZEILLER Franz Anton 1716-1793 **[3]**
⌣ *$4 734 FF27 008* £2 884 Dem Heiligen Johannes von Nepomuck erscheint die Jungfrau im Gefängnis Oil/copper 29x23cm/*11x9in* Hamburg 97
ZEISING Walter Ernst 1876-1933 **[16]**
▥ *$84 FF502* £50 Stehender weiblicher Rückenakt Woodcut in colors 17x12,5cm/*6x4in* Berlin 97
ZELDIS Malcah 1931 **[6]**
⌣ *$2 500 FF15 328* £1 529 "Marilyn Monroe" Oil/masonite 81x61cm/*31x24in* New-York 98
ZELENKA Rodney 1953 **[2]**
⌣ *$7 500 FF44 196* £4 481 El Bosque se Llevó un Conejo Acrylic/canvas 162x113cm/*63x44in* New-York 97
ZELENSKI B. Alexei E. 1903-1974 **[3]**
▥ *$6 900 FF39 519* £4 082 Dongostafabrica Poster 36x53cm/*14x20in* New-York 97
ZELEZNY Franz 1866-1932 **[25]**

🔨 *$933 FF4 800* £582 Klosterfrau Ivory, bronze H39cm/*H15in* Wien 96
ZELGER Arthur 1914 **[2]**
🎴 *$1 810 FF10 934* £1 100 "Seefeld, Tyrol" Poster 94x62cm/*37x24in* London 98
ZELGER Jakob Joseph 1812-1885 **[26]**
🎨 *$3 686 FF22 257* £2 212 Ansicht des Matterhorns Öl/Leinwand 98x74cm/*38x29in* Luzern 98
✏️ *$167 FF1 011* £100 Berglandschaft mit Burg Wash 26x21cm/*10x8in* Luzern 98
ZELIKSON Serge c.1890-? **[9]**
🔨 *$2 552 FF15 211* £1 565 Bust of three Stylised Male Heads Bronze H35cm/*H13in* London 98
ZELLENBERG von Franz Zeller 1805-1876 **[7]**
🎨 *$14 058 FF85 716* £8 442 Kaiser Franz Joseph I. und Kaiserin Elisabeth bei einem Ausritt Öl/Leinwand 42x45cm/*16x17in* Wien 98
ZELLER Eugen 1889-1974 **[9]**
🎴 *$161 FF966* £99 L'esprit nouveau Lithographie 46x59,5cm/*18x23in* Zürich 98
ZELLER Fred 1912 **[71]**
🎨 *$820 FF5 000* £492 "L'Union Sacrée" Huile/toile 46x56cm/*18x22in* Calais 98
ZELLER Hans Arnold 1897-? **[8]**
🎨 *$4 345 FF25 726* £2 580 Landschaft mit Blick mauf den Säntis Öl/Leinwand 42,5x35cm/*16x13in* Zürich 97
🎨 *$8 643 FF53 656* £5 212 Abendsonne, Blick auf den Alpstein Öl/Karton 47x56cm/*18x22in* St.Gallen 98
ZELLER Magnus Herbert 1888-1968 **[59]**
🎨 *$15 340 FF75 700* £10 000 Männerbildnis Oil/canvas 92x75cm/*36x29in* London 95
🎴 *$260 FF1 360* £155 Die kranke Maschine Etching 29x24cm/*11x9in* Berlin 96
✏️ *$4 000 FF23 310* £2 464 Portrait of a Jewish Man Reading Watercolour/paper 31,5x23,5cm/*12x9in* Tel Aviv 97
ZELMA Georgi 1906-1984 **[10]**
📷 *$1 600 FF8 060* £1 032 Touchball Gelatin silver print 24x18cm/*9x7in* San Francisco-Los Angeles 96
ZELOTTI Giovanni Battista 1526-1578 **[1]**
🎨 *$58 765 FF350 000* £34 930 La Rhétorique et la Dialectique Technique mixte/toile 185x238cm/*72x93in* Paris 97
ZELTER Georges 1938 **[26]**
🎨 *$787 FF4 000* £470 Nature morte à la cafetière Huile/toile 54x64cm/*21x25in* Paris 96
ZELTNER Philipp 1865-1946 **[10]**
🎨 *$458 FF2 370* £293 Partie im Taubertal Öl/Karton 27,5x17,5cm/*10x6in* Heidelberg 96
ZENDEL Gabriel 1906 **[38]**
🎨 *$370 FF1 800* £237 Barques sur la grève Huile/toile 27x46cm/*10x18in* La Varenne Saint-Hilaire 95
🎨 *$541 FF3 200* £324 Nature morte à la pastèque Huile/toile 41x80cm/*16x31in* Paris 97
ZENDER Rudolf 1901-1988 **[65]**
🎨 *$670 FF4 019* £403 Asyl Huile/panneau 26,5x46cm/*10x18in* Zürich 98
🎨 *$1 046 FF6 200* £631 Landschaft mit Bäumen Öl/Leinwand 65x80,5cm/*25x31in* Zürich 97
ZENETSIS Vasilis 1935 **[1]**
🎨 *$2 668 FF16 563* £1 600 The Acropolis Oil/canvas 40x50cm/*15x19in* London 98
ZENG GONG 1019-1083 **[1]**
✏️ *$460 000 FF2 370 000* £296 500 Standard script calligraphy (kai shu) Ink 28,5x39cm/*11x15in* New-York 96
ZENG GUOFAN 1811-1872 **[3]**
✏️ *$2 500 FF14 124* £1 573 Calligraphy Couplet in Kai Shu Ink/paper 171,5x45,5cm/*67x17in* New-York 97
ZENG JINGWEN 1911 **[3]**
✏️ *$4 242 FF25 718* £2 520 Landscape with Trees Watercolour/paper 32,5x77cm/*12x30in* Taipei, Taiwan 98
ZENG XI 1861-1930 **[5]**
✏️ *$2 065 FF12 038* £1 272 Calligraphy couplet Ink/paper 205x43cm/*80x16in* Hong Kong 97
ZENNARO Felice 1833-1926 **[3]**
🎨 *$9 100 FF46 800* £5 500 The Distraction Oil/canvas 78x104cm/*30x40in* London 96
ZENO Jorge 1956 **[17]**
🎨 *$18 000 FF94 000* £10 710 Dama de la playa Oil/canvas 51x61cm/*20x24in* New-York 96
🎨 *$22 000 FF128 504* £13 017 Sombra de Caracol Oil/canvas 101,6x152,5cm/*40x60in* New-York 97
ZENONE Domenico Zenoi XVI **[3]**
🎴 *$4 000 FF24 052* £2 392 St. Christopher Engraving 43,7x33,5cm/*17x13in* New-York 98

Z

Calendar & auction results: Internet **www.artprice.com** Minitel **3617 ARTPRICE**

ZENS Herwig 1943 [24]
- $1 504 FF7 700 £965 "Lethe" Öl/Leinwand 105x75cm/*41x29in* Wien 96
- $144 FF859 £89 Theinkirche Radierung 34x40,5cm/*13x15in* Wien 97
- $564 FF2 886 £362 "Palermo" Watercolour 40x55cm/*15x21in* Wien 96

ZEPEDA Marco Antonio [2]
- $6 882 FF40 818 £4 206 Volcanes Oleo/lienzo 100x150cm/*39x59in* México 98

ZEPPEL-SPERL Robert 1944 [64]
- $853 FF5 242 £521 Göttin geblümt und Göttin gestreift Oil/wood 24,5x17cm/*9x6in* Wien 98
- $1 656 FF9 616 £1 012 Ohne Titel (Löwe) Mixed media 38x56cm/*14x22in* Wien 97
- $2 572 FF15 267 £1 596 Oben und Unten Öl/Leinwand 120x120cm/*47x47in* Wien 97
- $1 755 FF10 476 £1 078 Frauen und Tiere Linocut 39x30cm/*15x11in* Wien 98
- $623 FF3 180 £413 Fernöstliche Phantasie Aquarell/Papier 20,5x17,5cm/*8x6in* Wien 96

ZERGE Ove 1894-1983 [6]
- $2 356 FF13 462 £1 443 Narcissus Oil/canvas 73x92cm/*28x36in* Stockholm 97

ZERILLI Francesco 1793-1837 [25]
- $3 222 FF19 212 £2 000 A View of Palermo Gouache/paper 27x35,5cm/*10x13in* London 97

ZERMATI Jules XIX [12]
- $1 309 FF7 626 £800 The Centre of Attention Oil/canvas 57x68cm/*22x26in* London 97

ZERO Hans Schleger 1899-1976 [5]
- $3 624 FF18 840 £2 400 "You Can be Sure of Shell, Journalists" Poster 75x115cm/*29x45in* London 96

ZERRITSCH Fritz, Jnr. 1888-1985 [22]
- $709 FF3 620 £467 "Aus Kollnbrunn" Öl/Leinwand 15x21cm/*5x8in* Wien 96

ZESHIN Shibata 1807-1891 [13]
- $5 330 FF30 828 £3 200 Hatsuka Nezumi (Mice) Print 28,5x43,4cm/*11x17in* London 97
- $6 555 FF38 314 £4 000 Jurojin in conference with other gods Ink 153x81,5cm/*60x32in* London 97

ZETSCHE Eduard 1844-1927 [70]
- $1 047 FF6 051 £645 Sommarlandskap med gumma Oil/canvas 70x96,5cm/*27x37in* Stockholm 97
- $1 914 FF11 733 £1 143 Sommerlandschaft mit einer Kräutersammlerin am Wiesenhang Öl/Karton 32x24cm/*12x9in* Dresden 98
- $1 488 FF8 654 £909 Waldlandschaft Aquarell/Papier 25,5x36cm/*10x14in* Wien 97

ZETTERBERG Nils 1910-1986 [55]
- $648 FF3 380 £392 "Blå kopp och mussla" Acrylic/canvas/panel 30x38cm/*11x14in* Uppsala 96
- $643 FF3 748 £396 Flowers and fruit Oil/canvas 60x45cm/*23x17in* Göteborg 97

ZETTERSTRÖM Gunnar 1902-1965 [35]
- $292 FF1 696 £172 Sol över Riddarholmen, Stockholm Oil/panel 22x27cm/*8x10in* Malmö 97

ZETTERSTRÖM Wilhelmina, Mimmi 1843-1885 [1]
- $4 890 FF24 400 £3 194 Salonginteriör Oil/canvas 61,5x76cm/*24x29in* Stockholm 95

ZETTERWALL Eva H. 1941 [14]
- $776 FF4 664 £471 Kvinna med foster Mixed media/paper 152x102cm/*59x40in* Stockholm 98

ZETTL Baldwin 1943 [8]
- $75 FF438 £46 Ein Dezembertag Copper engraving 16,5x41cm/*6x16in* Dresden 97

ZEUTHEN Christian Olavius 1812-1890 [23]
- $680 FF3 550 £405 Skipper ved roret Oil/canvas 25x35cm/*9x13in* Köbenhavn 96
- $1 240 FF7 104 £757 Roskilde Domkirke Oil/canvas 61x60cm/*24x23in* Köbenhavn 97

ZEUTHEN Ernst 1880-1938 [31]
- $574 FF3 514 £349 Opstilling med blomsterbuket i blå vase Oil/canvas 50x62cm/*19x24in* Köbenhavn 98

ZEVENBERGHEN van Georges 1877-1968 [29]
- $507 FF2 950 £309 Baigneuse Huile/panneau 35x28cm/*13x11in* Antwerpen 97
- $1 626 FF9 750 £1 002 Liggend naakt Huile/toile 80x150cm/*31x59in* Lokeren 98
- $894 FF5 362 £551 La chambre Aquarelle/papier 34x42cm/*13x16in* Lokeren 98

ZEWY Carl 1855-1929 [13]
- $2 945 FF17 391 £1 744 Der verliebte Musiklehrer Öl/Leinwand 54x65cm/*21x25in* Zofingen 97
- $3 604 FF21 406 £2 142 Mädchen am Pianino Oil/panel 28,5x25,3cm/*11x9in* Wien 97

ZEZZOS Alessandro 1848-1914 [5]
- $2 640 FF13 600 £1 680 Ritratto del pittore H. Lomer Acquarello/carta 76x56cm/*29x22in* Venezia 96

ZHA SHIBIAO 1615-1698 [12]
- $5 000 FF25 300 £3 280 Landscapes Ink/paper 21x16cm/*8x6in* New-York 96

ZHAI DAKUN c.1730-1804 [2]

✏ *$3 000 FF17 857 £1 862* Landscpae Ink 104x45cm/*41x18in* New-York 97
ZHANG B! 1425-1487 **[1]**
✏ *$40 000 FF225 988 £25 176* Calligraphy in Cao Shu Ink/paper 28x757cm/*11x298in* New-York 97
ZHANG CHONG c.1628-1652 **[1]**
✏ *$4 000 FF22 598 £2 517* Two Goats Ink 72x33,5cm/*28x13in* New-York 97
ZHANG CHONGREN Chang Ch'un-jen 1907 **[1]**
☜ *$21 210 FF128 590 £12 600* Spring Herd Oil/masonite 96,5x152,5cm/*37x60in* Taipei, Taiwan 98
ZHANG DAQIAN Chang Dai-chien 1899-1983 **[309]**
✏ *$258 600 FF1 503 800 £154 200* Mountain Landscape Ink 68x138cm/*26x54in* Hong Kong 97
ZHANG DiNG 1917 **[6]**
✏ *$8 411 FF48 509 £5 011* River Scene Ink/paper 138x68,5cm/*54x26in* Hong Kong 97
ZHANG JINGYUAN XVII **[1]**
✏ *$6 000 FF35 714 £3 724* Essay on Ascending Eastern Mt. Tianmu, in Running Cursive Script Ink/paper 33x327cm/*13x129in* New-York 97
ZHANG NING 1427-1495 **[1]**
✏ *$14 201 FF82 764 £8 745* Appreciating garden view Ink 121x41,5cm/*47x16in* Hong Kong 97
ZHANG RUITU 1576-1641 **[3]**
✏ *$9 682 FF56 430 £5 962* Poem in cursive script calligraphy Ink 161x47,5cm/*63x18in* Hong Kong 97
ZHANG SHANZI 1882-1940 **[15]**
✏ *$4 525 FF26 316 £2 698* Tiger Ink 149x80cm/*58x31in* Hong Kong 97
ZHANG SHAOSHI 1913-1991 **[1]**
✏ *$2 672 FF16 009 £1 596* Narcissus Coloured inks/paper 46x46,5cm/*18x18in* Hong Kong 98
ZHANG WANCHUAN Chang Wan-Chuan 1909 **[8]**
☜ *$6 666 FF40 414 £3 960* At the Studio Oil/cardboard 24,5x33,5cm/*9x13in* Taipei, Taiwan 98
☜ *$46 340 FF275 660 £28 420* A Corner of the Studio Oil/canvas 65x53cm/*25x20in* Taipei, Taiwan 97
✏ *$5 210 FF25 900 £3 310* Fruits Watercolour/paper 27x39,5cm/*10x15in* Taipei, Taiwan 95
ZHANG WENTAO 1764-1714 **[1]**
✏ *$4 000 FF22 598 £2 517* The Kele Horse Ink 31x69cm/*12x27in* New-York 97
ZHANG WULI 1954 **[1]**
☜ *$3 880 FF20 000 £2 397* Narcissus and fruit Oil/canvas 65x55cm/*25x21in* Hong Kong 95
ZHANG XIONG 1803-1884 **[3]**
✏ *$3 000 FF18 371 £1 787* Peonies Ink 35,5x166,5cm/*13x65in* New-York 98
ZHANG YAN XVI-XVII **[1]**
✏ *$6 000 FF35 714 £3 724* Two Scholars Conversing Under Old Trees Ink 130x60cm/*51x24in* New-York 97
ZHANG YIN 1761-1829 **[8]**
✏ *$4 200 FF21 240 £2 754* Four landscapes Ink/paper 26x33cm/*10x12in* New-York 96
ZHANG YIXIONG Chang Yi-hsiung 1914 **[3]**
☜ *$12 360 FF64 200 £7 770* Venice Oil/canvas 46x53cm/*18x20in* Taipei, Taiwan 96
ZHANG ZHAO 1691-1745 **[1]**
✏ *$6 000 FF33 898 £3 776* Calligraphy in Xing Shu Ink/paper 45,5x35,5cm/*17x13in* New-York 97
ZHAO BEI c.1590-1620 **[1]**
✏ *$1 500 FF7 580 £984* Ink Bamboo Ink/paper 27x46cm/*10x18in* New-York 96
ZHAO CHUNXIANG Chao Chun-hsiang 1912-1991 **[17]**
☜ *$19 680 FF116 943 £12 207* Waiting for mother Oil/canvas 80,5x80,5cm/*31x31in* Taipei, Taiwan 97
☜ *$72 600 FF420 800 £44 600* Life giving Force Acrylic/paper 184,5x90cm/*72x35in* Taipei, Taiwan 97
✏ *$18 205 FF108 295 £11 165* Match made in Heaven Ink 132,5x59,5cm/*52x23in* Taipei, Taiwan 97
ZHAO HAO 1881-1949 **[2]**
✏ *$2 588 FF14 926 £1 542* Three Chickens Coloured inks 104,5x37cm/*41x14in* Hong Kong 97
ZHAO JI (Attrib.) 1082-1135 **[1]**
✏ *$70 000 FF361 000 £45 100* Vegetable, monkeys and Insects Ink 40x30,5cm/*15x12in* New-York 96
ZHAO KAILIN 1961 **[2]**
☜ *$3 761 FF21 718 £2 300* Quiet Morning Oil/canvas 74x78cm/*29x30in* London 97
ZHAO SHAO'ANG 1905 **[71]**
▥ *$10 990 FF63 911 £6 553* Cicada and Lizhi Carborandum in colors 28x54,5cm/*11x21in* Hong Kong 97
✏ *$8 391 FF48 906 £5 167* Fruit Ink 58,8x89,2cm/*23x35in* Hong Kong 97
ZHAO SHAO'ANG 1903-1998 **[1]**

Z

$12 930 FF75 190 £7 710 Morning Landscape after Raining Ink 108,5x39cm/*42x15in* Hong Kong 97
ZHAO ZHIMIN 1946 **[1]**
$1 358 FF7 836 £809 Goddess of the Moon Coloured inks/paper 109x38cm/*42x14in* Hong Kong 97
ZHAO ZHIQIAN 1829-1884 **[9]**
$38 600 FF231 246 £23 052 Grapes Ink/paper 30,5x114cm/*12x44in* Hong Kong 98
ZHAO ZUO c.1570-1633 **[3]**
$15 000 FF84 745 £9 441 Two scholars meeting on the river Ink/paper 128,2x40,6cm/*50x15in* New-York 97
ZHENG BAICHONG 1945 **[3]**
$10 344 FF60 152 £6 168 Landscape Ink 95,5x177,5cm/*37x69in* Hong Kong 97
ZHENG MUKANG 1901-1982 **[1]**
$2 588 FF14 926 £1 542 Lady in a pavilion Coloured inks/paper 19x43,5cm/*7x17in* Hong Kong 97
ZHENG WUCHANG 1894-1952 **[9]**
$2 458 FF14 179 £1 464 Sailing Along a River Coloured inks/paper 19x45cm/*7x17in* Hong Kong 97
ZHENG XIE 1693-1765 **[12]**
$15 492 FF90 288 £9 540 Bamboo Ink/paper 104x49,5cm/*40x19in* Hong Kong 97
ZHENG ZAIDONG Cheng Tsai-tung 1953 **[8]**
$5 820 FF30 200 £3 660 Tang horse Oil/paper/board 79x109cm/*31x42in* Taipei, Taiwan 96
$4 356 FF25 248 £2 676 Seated Figure Sculpture, wood H75cm/*H29in* Taipei, Taiwan 97
$2 904 FF16 832 £1 784 Misty Seascapes Mixed media/paper 19x24cm/*7x9in* Taipei, Taiwan 97
ZHENG ZHIMING 1963 **[1]**
$4 920 FF25 200 £2 986 Expectation Watercolour/paper 70x50cm/*27x19in* Hong Kong 96
ZHENG ZHIYUE 1957 **[3]**
$9 050 FF46 400 £5 500 Song of the Prairie Oil/canvas 86x112cm/*33x44in* Hong Kong 96
$10 352 FF51 200 £6 400 Stranger Oil/canvas 117x167,5cm/*46x65in* Hong Kong 96
$3 200 FF18 079 £2 014 Expectation Ink 53x73,5cm/*20x28in* New-York 97
ZHITOMIRSKY Alexander 1907-1993 **[8]**
$4 749 FF27 406 £2 910 "Whähle! Tod Oder Leben" Photograph 40x28cm/*15x11in* New-York 97
ZHOU CHEN c.1490-1536 **[2]**
$40 000 FF206 000 £25 800 Appreciating chrysanthemums Ink 26x126cm/*10x49in* New-York 96
ZHOU CHENG Chou Cheng 1941 **[3]**
$4 730 FF24 200 £3 060 Landscape Ink 131,5x16,5cm/*51x6in* Taipei, Taiwan 95
ZHOU JINXIN 1959 **[2]**
$31 060 FF160 000 £19 170 Conspiracy of the Empty City Ink 135x284cm/*53x111in* Hong Kong 95
ZHOU LÜYUN Irene Chou 1924 **[10]**
$7 764 FF44 778 £4 626 "4:30 A.M" Coloured inks/paper 69x137,5cm/*27x54in* Hong Kong 97
ZHOU XIANJI 1636-c.1705 **[1]**
$16 000 FF81 000 £10 500 Flowers Ink 27,5x25cm/*10x9in* New-York 96
ZHOU ZHIMIAN c.1550-1610 **[2]**
$8 000 FF40 500 £5 250 Birds and flowers Ink 137x58,4cm/*53x22in* New-York 96
ZHU DA 1626-1705 **[3]**
$60 000 FF361 662 £37 434 Myna bird on a rock Ink/paper 77x48cm/*30x18in* New-York 97
ZHU HENIAN 1760-1834 **[1]**
$3 200 FF19 047 £1 986 Seeking Poems by an Autumn Window Ink/paper 100x33cm/*39x13in* New-York 97
ZHU QIZHAN 1892-1996 **[44]**
$6 455 FF37 620 £3 975 "Misty autumn" Ink 78,5x48,2cm/*30x18in* Hong Kong 97
ZHU SHENG 1618-c.1690 **[1]**
$9 500 FF56 547 £5 897 Bamboo Ink 178x39cm/*70x15in* New-York 97
ZHU YUANZHI Yun Gee 1906-1963 **[15]**
$79 440 FF472 560 £48 720 Place Maubert Oil/canvas 73x60cm/*28x23in* Taipei, Taiwan 97
ZHU YUNMING 1460-1526 **[5]**
$24 000 FF142 857 £14 899 Cursive Scrpit Calligraphy Ink/paper 27x13cm/*11x5in* New-York 97
ZHU YUNMING (Attrib.) 1460-1526 **[1]**
$14 000 FF83 333 £8 691 Cursive Scrpit Calligraphy Ink/paper 251x86cm/*99x34in* New-York 97
ZHUANG ZHE 1934 **[4]**
$11 254 FF66 946 £6 902 The Rising Sun Oil/canvas 121,5x87cm/*47x34in* Taipei, Taiwan 97

ZHUKOVSKY Stanislav Iulianov. 1873-1944 **[8]**
 $14 740 FF85 551 £9 000 A morning in March Oil/canvas 56,5x66,5cm/*22x26in* London 97
ZHURAVLEV Firs Sergeyevich 1836-1901 **[3]**
 $15 016 FF88 656 £8 888 Före bröllopet Oil/canvas 75x100cm/*29x39in* Helsinki 97
 $1 288 FF7 740 £772 Barn Charcoal/paper 46x61cm/*18x24in* Helsinki 98
ZICHY Count Theodore 1908-? **[4]**
 $1 300 FF6 710 £832 Chiaroscuros Silver print 20x27cm/*8x11in* New-York 96
ZICHY von Mihaly 1827-1906 **[11]**
 $2 476 FF12 480 £1 600 Sylvanian surprise Oil/canvas/board 26x20cm/*10x7in* London 96
 $245 FF1 465 £150 Vor dem Kampf Pencil/paper 28x22cm/*11x8in* München 98
ZICK Januarius 1730-1797 **[42]**
 $10 074 FF60 321 £6 188 Jael und Sisera Oil/canvas 45x33,5cm/*17x13in* Köln 98
 $21 360 FF111 000 £14 130 Le sacrifice d'Isaac Huile/toile 91,5x122cm/*36x48in* Bruxelles 96
 $4 842 FF28 923 £2 964 Susanna im Bade Ink/paper 20,5x26cm/*8x10in* München 98
ZICK Januarius (Attrib.) 1730-1797 **[11]**
 $2 262 FF13 391 £1 343 Venus und Adonis Öl/Leinwand 57,5x38cm/*22x14in* Dresden 97
 $2 238 FF13 404 £1 375 Die Grablegung Christi Oil/wood 27x19cm/*10x7in* Köln 98
ZICK Johann 1702-1762 **[5]**
 $11 270 FF57 700 £7 230 Joseph deutet die Träumer der Gefangenen Öl/Leinwand 146x114cm/*57x44in*
Wien 96
ZIEGLER de Charles 1890-1972 **[8]**
 $846 FF4 946 £501 Le Pont de Carouge Gouache/papier 48x59cm/*18x23in* Genève 97
ZIEGLER Eustace (Attrib.) 1881-1969 **[1]**
 $13 500 FF79 133 £8 309 A Cache Oil/board 43x55cm/*17x22in* Seattle, WA 97
ZIEGLER Eustace Paul 1881-1969 **[51]**
 $1 000 FF4 980 £655 Old Russian Indian Oil/panel 25,5x20cm/*10x7in* San Francisco-Los Angeles 95
 $18 000 FF105 510 £11 079 Top of the World, Mt. Mc Kinley, Alaska Oil/panel 50x40cm/*20x16in*
Anchorage, AK 97
 $21 000 FF123 095 £12 925 A Dangerous Triangle Oil/canvas 165x153cm/*65x60in* Anchorage, AK 97
 $275 FF1 596 £167 Stuart Building Etching 13x20cm/*5x8in* Portland, OR 97
 $1 400 FF8 206 £861 Wayside Near Mt. Kinley Watercolour/paper 17x12cm/*7x5in* Seattle, WA 97
ZIEGLER Johann 1749-1812 **[13]**
 $2 011 FF12 057 £1 210 Aussicht vom Prater gegen die Stadt Radierung 31,8x41,5cm/*12x16in* Bern 98
ZIEGLER Richard 1891-1992 **[13]**
 $479 FF2 443 £316 Bei der Toilette Drawing 26,5x17,5cm/*10x6in* Heidelberg 96
ZIEGLER-SULZBERGER Jakob 1801-1875 **[14]**
 $3 352 FF20 096 £2 017 Am Klönthalersee Öl/Leinwand 64x88cm/*25x34in* Zürich 98
 $840 FF4 240 £548 "Hinter-Linthal auf der Uelealp Cton Glarus" Aquarell 47x57cm/*18x22in* Zürich 96
ZIELASCO Robert 1948 **[15]**
 $3 990 FF23 810 £2 450 Ohne Titel Mischtechnik/Papier 100x84cm/*39x33in* Wien 98
ZIELKE Julius 1826-1907 **[3]**
 $32 200 FF165 600 £20 060 The Palatine Hill, Rome Oil/canvas 75x135cm/*29x53in* Wien 96
ZIELKE Willy 1902 **[7]**
 $1 039 FF6 030 £613 Aktstudien einer Tanzerin Gelatin silver print 15,5x10,5cm/*6x4in* Köln 97
ZIEM Félix 1821-1911 **[458]**
 $4 619 FF27 000 £2 818 Bouquet de fleurs dans un vase Huile/carton 21x27,5cm/*8x10in* Paris 97
 $14 841 FF85 000 £8 780 Moulin au bord de l'Escaut Huile/toile 69x108cm/*27x42in* Calais 97
 $128 590 FF770 000 £79 002 Bateaux pavoisés un jour de fête à Venise Huile/toile 89x136cm/*35x53in*
Paris 98
 $1 008 FF6 000 £616 Le retour de la pêche Crayon/papier 19x32cm/*7x12in* Paris 98
ZIEM Félix (Attrib.) 1821-1911 **[16]**
 $2 372 FF13 000 £1 428 Le chariot valaque Huile/toile 46x34cm/*18x13in* Paris 97
 $5 267 FF32 000 £3 171 Barque sur le Nil Huile/panneau 44x75cm/*17x29in* Paris 98
ZIER Edouard Fr. 1856-1924 **[16]**
 $9 500 FF56 784 £5 815 La lettre Oil/canvas 91x60cm/*35x23in* New-York 97
ZIER Wolmer 1910-1990 **[27]**

Z

$232 FF1 414 £144 Religiös scene Oil/canvas 75x100cm/*29x39in* Viby J, Århus 97
ZIESENIS Johann Georg 1716-1776 **[5]**
$6 128 FF35 120 £3 800 Portrait of Sir William Fawcett (1728-1804) Oil/canvas 36x30cm/*14x11in* London 97
$7 351 FF43 521 £4 365 Ferdinand von Braunschweig (1721-1792) als Feldherr Öl/Leinwand 141x112cm/*55x44in* Dresden 97
$27 900 FF144 500 £18 000 Die schöne Gärtnerin Öl/Leinwand 84x68,5cm/*33x26in* Wien 96
ZIESENIS Johann Georg (Attr.) 1716-1776 **[5]**
$1 945 FF11 915 £1 175 Bildnis einer Fürstin in hermelingefütterten Mantel Öl/Leinwand 33,5x25,5cm/*13x10in* Wien 98
$8 640 FF42 540 £5 570 Portrait of Hertug Ferdinand af Braunsweig (1721-1792) Oil/canvas 78x65cm/*30x25in* København 95
ZIG Louis Gaudin ?-1936 **[30]**
$2 600 FF12 680 £1 650 "Earl Leslie" Poster 159x118cm/*62x46in* New-York 95
$172 FF1 000 £107 Cinéma rose: tenue légère à bandes roses et argents, gants noirs Aquarelle, gouache 30x44cm/*11x17in* Paris 97
ZIGAINA Giuseppe 1924 **[20]**
$9 120 FF51 680 £4 560 Figure nel paesaggio Olio/tavola 50x60cm/*19x23in* Roma 97
$1 706 FF10 068 £1 045 Sans titre Gouache 70x50cm/*27x19in* Luzern 98
ZILCKEN Philip 1857-1930 **[13]**
$771 FF4 495 £475 Waterpoort in Venetië Watercolour/paper 42x33,5cm/*16x13in* Den Haag 97
ZILLE Heinrich 1858-1929 **[396]**
$79 FF407 £50 Ex Libris Adolf Heilborn Print 10x7,5cm/*3x2in* Heidelberg 96
$3 206 FF15 800 £2 065 Frau mit Kind Watercolour, gouache 15x11cm/*5x4in* Berlin 95
ZILLEN Wilhelm 1824-1870 **[34]**
$319 FF1 934 £193 Marklandsckab med köer og får Oil/canvas 26x36cm/*10x14in* København 98
$1 188 FF7 036 £705 Arbejdere i faerd med at baere planker til byggeriet Oil/canvas 110x70cm/*43x27in* København 97
ZILLER W. XIX **[6]**
$3 974 FF24 000 £2 383 Vues de Venise Huile/toile 24x35cm/*9x13in* Neuilly-sur-Seine 98
$5 750 FF28 500 £3 660 Venise Huile/toile 54x84cm/*21x33in* Paris 95
ZILOTTI Domenico Bernardo 1730-1780 **[6]**
$910 FF4 746 £532 Waldstück mit einer knorrigen Eiche Ink/paper 28,5x19,9cm/*11x7in* Berlin 96
ZIMBEL George 1929 **[10]**
$542 FF3 149 £320 "Marilyn Monroe in NYC" Gelatin silver print 28x20cm/*11x8in* London 97
ZIMMER Berndt 1948 **[44]**
$2 025 FF11 828 £1 243 Baum Acryl/Papier 86x61cm/*33x24in* Köln 97
$8 602 FF50 251 £5 091 "Höhenflug" Oil/panel 204x299cm/*80x117in* Köln 97
$1 805 FF10 539 £1 091 Komposition Mischtechnik/Papier 77x109cm/*30x42in* Zürich 97
ZIMMER Franz Xaver 1821-1883 **[3]**
$3 560 FF18 470 £2 352 Interior with two seated women Oil/canvas 55x45cm/*21x17in* Stockholm 96
ZIMMER Hans Peter 1936-1992 **[41]**
$1 719 FF10 554 £1 048 Komposition Acrylic 42x31cm/*16x12in* København 98
$4 452 FF26 409 £2 721 Komposition Oil/canvas 61x51cm/*24x20in* København 98
$2 275 FF11 900 £1 355 "Studie zum Schloss" Mixed media/paper 38x33cm/*14x12in* München 96
ZIMMERMAN Theodore XIX-XX **[23]**
$1 086 FF6 650 £650 "A Lovely Summer Day with Mme Zimmerman and Louise..." Pastel/paper 18x14cm/*7x5in* St. Helier, Jersey 98
ZIMMERMANN Albert August 1808-1888 **[40]**
$2 324 FF11 870 £1 533 Wildbach im Tauerngebirge Oil/panel 29x23,5cm/*11x9in* Heidelberg 96
$5 370 FF27 600 £3 345 A summer Meadow Oil/canvas 96,5x81,5cm/*37x32in* Wien 96
$15 000 FF91 185 £9 237 An Extensive Mountainous Landscape Oil/canvas 130x156cm/*51x61in* New-York 98
ZIMMERMANN Carl 1863-1930 **[5]**
$7 255 FF43 658 £4 343 Rabbits Leaving Their Nest, a Fox Holding a Rabbit Oil/metal 29x132cm/*11x51in* Amsterdam 98
ZIMMERMANN Ernst Karl Georg 1852-1901 **[19]**

$1 567 FF9 383 £962 Die Versuchung Oil/wood 40x32cm/*15x12in* Köln 98
$1 800 FF9 579 £1 061 Peasants making merry in a tavern Oil/panel 49,5x64,1cm/*19x25in* New-York 97
ZIMMERMANN Ernst Reinhard 1881-1939 **[7]**
$784 FF4 646 £464 Winter am Starnberger See Öl/Leinwand 74x65cm/*29x25in* München 97
ZIMMERMANN Kurt 1910-1961 **[6]**
$781 FF4 626 £480 Aufblickender Knabe Bronze 30x11x7,5cm/*11x4x2in* München 98
ZIMMERMANN Mac 1912-1995 **[71]**
$1 690 FF10 050 £1 047 Impressionen Oil/panel 29,5x42,5cm/*11x16in* Stuttgart 97
$2 610 FF15 055 £1 555 Zwischen Lanzarote und Formentera Oil/board 39,5x54,5cm/*15x21in* München 97
$50 FF301 £31 Ohne Titel Lithographie 17x20cm/*6x7in* Stuttgart 97
$483 FF2 410 £317 Entwurf zu einem Bühnenbild Gouache 36x50cm/*14x19in* München 95
ZIMMERMANN Maximilian August 1811-1878 **[6]**
$7 508 FF46 035 £4 500 Shepherds Resting in the Isar-Auen Oil/canvas 127x185,5cm/*50x73in* London 98
ZIMMERMANN Reinhard Sebastian 1815-1893 **[19]**
$16 100 FF82 800 £10 030 The Day's Takings Oil/canvas 70x82cm/*27x32in* Wien 96
ZIMMERMANN René 1904-1991 **[44]**
$512 FF2 600 £306 Le Pont-Neuf Huile/panneau 31x40cm/*12x15in* Paris 96
ZIMMERMANN Richard 1820-1875 **[3]**
$3 249 FF18 849 £1 920 A Winter Landscape with Peasants Oil/canvas 23x29cm/*9x11in* San Francisco 97
ZIMMERMANN Theodor Franz 1808-1880 **[2]**
$6 202 FF36 060 £3 787 Hasenjagd Öl/Leinwand 87,5x111cm/*34x43in* Wien 97
ZINGG Adrian 1734-1816 **[64]**
$136 FF838 £81 Mainlandschaft Radierung 24x26,5cm/*9x10in* Bad Vilbel 98
$1 420 FF8 392 £882 Landschaft mit rastendem Wanderer Indian ink/paper 16x22cm/*6x8in* Bielefeld 97
ZINGG Jean-Pierre 1925 **[2]**
$8 528 FF52 000 £5 116 Paysage de neige Huile/toile 59x80cm/*23x31in* Besançon 98
ZINGG Jules 1882-1942 **[235]**
$165 FF1 000 £99 Bord de rivière Huile/panneau 12x20cm/*4x7in* Paris 98
$5 131 FF31 500 £3 143 Gorges du Doubs, près Fournet Blanche Roche Huile/panneau 46x64,5cm/*18x25in* Avranches 98
$53 FF320 £32 L'arrestation Gravure bois 9,5x13cm/*3x5in* Besançon 97
$368 FF2 200 £225 Vue de Bretagne Lavis/papier 32x47,5cm/*12x18in* Paris 98
ZINGONI Aurelio 1853-1922 **[14]**
$9 445 FF53 853 £5 800 The Billet-doux Oil/canvas 57x77,5cm/*22x30in* London 97
ZINKEISEN Anna Katrina 1901-1976 **[44]**
$93 FF464 £60 A Medieval dance Oil/board 56x43cm/*22x16in* London 96
$1 963 FF10 200 £1 300 "Cup Final, Wembley" Poster 2x32cm/*x12in* London 96
ZINKEISEN Doris Clare 1898-1991 **[111]**
$1 423 FF8 721 £850 Dancer Oil/canvas 46x40,5cm/*18x15in* London 98
$1 503 FF9 046 £900 "The Bather" Oil/canvas 40,5x30,5cm/*15x12in* London 98
$2 000 FF10 350 £1 337 "The Coronation, King's Cross-Edinburgh in 6 Hours" Poster 100x126cm/*39x49in* New-York 96
$571 FF3 482 £350 The Prince of Aragon Watercolour 38,5x28cm/*15x11in* London 98
ZINNÖGGER Leopold 1811-1872 **[17]**
$2 463 FF14 280 £1 455 Stilleben mit Trauben und Melone Aquarell/Papier 43x33cm/*16x12in* Wien 97
ZINOV Victor 1908 **[6]**
$30 000 FF175 131 £17 847 Portrait of Diego Rivera Oil/canvas 194x127cm/*76x50in* New-York 97
ZITMAN Cornelius 1926 **[9]**
$13 679 FF81 269 £8 135 Dina Bronze H56cm/*H22in* Amsterdam 97
ZITTEL Andrea 1965 **[1]**
$2 149 FF12 548 £1 300 Study for Carpet, Furniture Gouache 28x35,5cm/*11x13in* London 97
ZIVERI Alberto 1908-1990 **[25]**
$3 145 FF17 822 £2 096 Natura morta con uva e peperone Olio/tela 18x30cm/*7x11in* Roma 97
$3 355 FF19 012 £1 677 Paesaggio montano Olio/tela 45x50cm/*17x19in* Roma 98
ZIX Benjamin 1772-1811 **[8]**
$2 525 FF14 955 £1 500 The Interior of a Hospital Ward Watercolour 37x52cm/*14x20in* London 97

Z

ZMIGRODZKI Ludwik 1856-1906 **[2]**

▁ *$8 180 FF41 000 £5 180* In the church Oil/canvas 63x75cm/*24x29in* Warszawa 96

ZMURKO Franciszek 1859-1910 **[15]**

▁ *$6 500 FF37 182 £4 056* Portrait of Aleksandry Lüde, an actress Oil/canvas 86x108cm/*33x42in* Warszawa 97

▁ *$6 653 FF39 608 £4 068* Portrait de dame en chapeau Oil/panel 41x33cm/*16x12in* Warszawa 98

✏ *$7 313 FF43 435 £4 430* Hetera Pastel/paper 46x57cm/*18x22in* Warszawa 97

ZO Achille J.-B. 1826-1901 **[9]**

▁ *$3 762 FF23 000 £2 297* Scène de corrida Huile/toile 40x50cm/*15x19in* Bergerac 98

✏ *$2 121 FF12 670 £1 300* Sleva Market, Cairo Watercolour 29x39cm/*11x15in* London 98

ZO Henri A. 1873-1933 **[49]**

▁ *$944 FF5 500 £582* Tolède, le pont de l'Alcantara Huile/toile 45,5x30,5cm/*17x12in* Biarritz 97

▁ *$4 600 FF24 000 £3 040* Vargas (Province de Tolède) Huile/toile 67x81cm/*26x31in* Paris 96

ZOBEL DE AYALA Fernando 1924-1984 **[34]**

▁ *$5 900 FF35 855 £3 540* "Academia gris II" Oleo/lienzo 80x80cm/*31x31in* Madrid 98

▁ *$12 600 FF72 000 £7 740* "Circe" Oleo/lienzo 120x150cm/*47x59in* Madrid 97

▌ *$345 FF1 804 £207* Composición Grabado 26,5x33cm/*10x12in* Madrid 96

✏ *$910 FF5 174 £546* El cuarto blanco de Pilares Tinta 30x44,5cm/*11x17in* Madrid 97

ZOBELL Benjamin 1762-1831 **[3]**

▁ *$4 579 FF28 008 £2 800* A Chesnut Pony Tetherered To a Fence Oil/canvas 64x76cm/*25x29in* London 98

ZOBERNIG Heimo 1958 **[9]**

▁ *$2 770 FF16 790 £1 699* Ohne Titel Oil 54,9x54,8cm/*21x21in* Hamburg 98

ZOBOLI Giacomo 1681-1767 **[6]**

▁ *$6 600 FF37 400 £3 300* I tre martiri gesuiti del Giappone Olio/tela 95,5x72cm/*37x28in* Firenze 98

✏ *$1 700 FF10 053 £1 020* The Madonna and St. John The Baptist Black chalk 39,5x26,5cm/*15x10in* New-York 97

ZOCCHI Emilio 1835-1913 **[2]**

⚒ *$12 660 FF75 000 £7 582* Femme à la peau de panthère Marbre Carrare H75cm/*H29in* Lille 97

⚒ *$47 238 FF275 926 £29 000* The Young Michelangelo Sculpting a Grotesque Mask Marble H104,5cm/*H41in* London 97

ZOCCHI Giuseppe 1711-1767 **[12]**

✏ *$2 832 FF16 748 £1 700* View of the Church of Santo Stefano Rotondo, Rome, with the Ruins.. Black chalk 16x22cm/*6x8in* London 97

ZOCCHI Gugliemo 1874-? **[19]**

▁ *$6 500 FF38 575 £3 981* A Young Girl Seated on an Tiger Skin Rug Oil/canvas 51x41cm/*20x16in* San Francisco 98

ZOCCHI P.J.C. XIX-XX **[1]**

⚒ *$3 950 FF20 000 £2 584* Donatello Sculpture H79cm/*H31in* Lokeren 96

ZOELLY Paul 1896-1971 **[4]**

▁ *$5 260 FF32 533 £3 134* Ruhe Öl/Karton 60x48cm/*23x18in* Zürich 98

ZOETELIEF TROMP Jan 1872-1947 **[68]**

▁ *$3 599 FF20 976 £2 217* Vissersvrouwen langs de zee Oil/canvas 25x35,5cm/*9x13in* Den Haag 97

▁ *$14 034 FF81 365 £8 381* Shelfishing Oil/canvas 46x71cm/*18x27in* Amsterdam 97

✏ *$8 222 FF49 480 £4 923* Feeding The Calf Watercolour 18,5x29cm/*7x11in* Amsterdam 98

ZOFF Alfred 1852-1927 **[35]**

▁ *$8 040 FF47 710 £4 990* Bauernhaus bei Stainz Öl/Leinwand/Karton 35x42,5cm/*13x16in* Wien 97

▁ *$11 910 FF71 400 £7 110* Motiv aus der Westeteiermark Öl/Leinwand 58x45,5cm/*22x17in* Wien 98

ZOFFANY John 1733-1810 **[20]**

▁ *$18 600 FF96 200 £12 000* Coastal Landscape in Southern India Oil/canvas 66x84cm/*25x33in* London 96

▁ *$1 438 624 FF8 593 728 £880 000* Portrait of George Fitzgerald with His Sons George and Charles Oil/canvas 100x125cm/*39x49in* London 98

✏ *$8 782 FF52 000 £5 200* Self-Portrait Black chalk/paper 15x13cm/*5x5in* London 97

ZOFFANY John (Attrib.) 1733-1810 **[5]**

▁ *$5 000 FF30 469 £3 102* Portrait of a Man, said to be George, First Earl Macartney Oil/canvas 72,5x59cm/*28x23in* New-York 98

▁ *$11 550 FF60 150 £7 500* Portrait of a Lady, probably Mary Fitzgerald (d.1815) Oil/canvas 43x36cm/*16x14in* London 96

▁ *$33 374 FF203 748 £20 000* Portrait of a Lady Said to be Mrs Hester Thrale Oil/canvas

125x101cm/*49x39in* Leicester 98
ZOFFOLI Giacomo (Attrib.) 1731-1785 **[1]**
🛠 *$14 202 FF82 000 £8 462* Deux Centaures, d'après l'Antique Bronze H44cm/*H17in* Paris 97
ZOFFOLI Giovanni 1745-1805 **[3]**
🛠 *$6 725 FF39 960 £4 000* The Farnese Flora Bronze H33cm/*H12in* London 97
ZOFFOLI Giovanni (Attrib.) 1745-1805 **[1]**
🛠 *$41 250 FF215 750 £25 000* A pacing panther Bronze H19cm/*H7in* London 96
ZOFFOLY Andrea XIX **[4]**
👝 *$7 800 FF44 200 £5 200* Il salotto del cardinale Olio/tela 62x46cm/*24x18in* Milano 97
ZOFREA Salvatore 1946 **[57]**
👝 *$314 FF1 824 £185* Reclining nude Oil/board 30x37cm/*11x14in* Sydney 97
👝 *$542 FF3 091 £329* Still Life with Melon Oil/canvas 45x55,5cm/*17x21in* Sydney 97
ZOGBAUM Rufus Fairchild 1849-1925 **[5]**
✏ *$6 000 FF34 364 £3 549* Down! Watercolour/paper 52x39cm/*20x15in* Santa Fe, New Mexico 97
ZOI D. XIX-XX **[5]**
🛠 *$1 975 FF11 988 £1 200* A Bust of a Woman Alabaster H58cm/*H22in* London 98
🛠 *$17 947 FF107 212 £11 000* A French Ormolu-Mounted Polychrome Alabaster Torchere Figure Alabaster H227cm/*H89in* London 98
ZOIA Krukowskaja 1903 **[37]**
👝 *$807 FF3 920 £520* Två vattanbärerskor Oil/panel 37x16cm/*14x6in* Göteborg 95
👝 *$1 782 FF9 220 £1 151* Orkidé och fågel Oil/panel 45x37cm/*17x14in* Stockholm 96
ZOLL Kilian 1818-1860 **[20]**
👝 *$387 FF2 284 £231* Flickportätt Oil/canvas/panel 12x10cm/*4x3in* Stockholm 97
👝 *$2 144 FF10 550 £1 380* Räv i Sax Oil/canvas 44x52,5cm/*17x20in* Stockholm 95
ZOLLA Venanzio 1880-1961 **[19]**
👝 *$1 440 FF8 160 £720* Ritratto di donna con rosa rossa Olio/cartone 43x34cm/*16x13in* Vercelli 98
👝 *$1 980 FF11 220 £1 320* Londra Olio/cartone 40x50cm/*15x19in* Vercelli 98
ZOMMER Richard Karlovich 1866-1939 **[17]**
👝 *$2 210 FF11 000 £1 446* Porche d'entrée d'une mosquée Huile/panneau 45x32cm/*17x12in* Paris 95
👝 *$11 430 FF57 800 £7 500* Shakhsei-Vakhsei, Religious Procession of Muslins Oil/canvas 128x211cm/*50x83in* London 96
ZOMPINI Gaetano 1700-1778 **[4]**
🎞 *$4 090 FF20 240 £2 600* Le Arti che vanno per via nella Città di Venezia Etching 27x18cm/*10x7in* London 95
✏ *$1 377 FF7 000 £822* Le coupeur de bois Encre 26x28,5cm/*10x11in* Paris 96
ZON Jacques 1872-1932 **[14]**
👝 *$2 135 FF13 060 £1 312* Feeding the Cat Oil/canvas 66x49,5cm/*25x19in* Amsterdam 98
ZONARO Fausto 1854-1929 **[53]**
👝 *$4 910 FF24 100 £3 200* Sul Bosforo Olio/cartone 19x33cm/*7x12in* Milano 95
👝 *$19 173 FF117 779 £11 500* Concerto in famiglia Oil/canvas 60x80,5cm/*23x31in* London 98
✏ *$2 905 FF17 274 £1 800* Turkish Women walking beside a Road Watercolour 18x12cm/*7x4in* London 97
ZOPF Julius 1838-1897 **[15]**
👝 *$1 571 FF9 085 £969* Stiller Tag in Berglandschaft Öl/Leinwand 66x102cm/*25x40in* Wien 97
ZOPPI Antonio 1860-1926 **[8]**
👝 *$1 500 FF8 944 £931* Old Boors Oil/canvas 38x27cm/*15x11in* New-York 97
👝 *$11 400 FF57 900 £6 800* Spinning Oil/canvas 54x43cm/*21x16in* London 96
ZORACH Marguerite Thompson 1887-1968 **[19]**
👝 *$4 500 FF26 706 £2 756* Back River, Georgetown in Island, Maine Oil/canvas 50x60cm/*20x24in* New-York 98
🎞 *$650 FF3 668 £398* Merry Christmas Print 31x23cm/*12x9in* Chicago, Illinois 97
✏ *$7 000 FF35 350 £4 545* "The Old House, Provincetown" Watercolour 35x27cm/*14x11in* Portland, Maine 96
ZORACH William 1887-1966 **[122]**
👝 *$3 300 FF20 060 £2 002* Village Street Scene Oil/canvas/board 38x30cm/*15x12in* Shaker Heights, Ohio 98
👝 *$50 000 FF256 000 £32 360* Springtime Oil/canvas 88x71cm/*34x27in* New-York 95
👝 *$140 000 FF828 898 £83 132* Yosemite Falls Oil/canvas 183x76cm/*72x29in* New-York 97
🎞 *$650 FF3 668 £398* Merry Christmas Print 31x23cm/*12x9in* Chicago, Illinois 97

Z

Calendar & auction results: Internet www.artprice.com   Minitel 3617 ARTPRICE

*$4 500 FF25 685 £2 781 Child with cat Stone H35,5cm/*H13in* New-York 97*
*$42 500 FF251 629 £25 236 Affection Bronze H80cm/*H31in* New-York 97*
*$2 249 FF13 319 £1 345 Autumn Landscape, Maine Watercolour/paper 39x56cm/*15x22in* New-York 97*

ZORILLA DE SAN MARTIN Alfredo XX **[4]**
*$1 999 FF10 179 £1 204 La familia Oleo/lienzo 38x49cm/*14x19in* Montevideo 96*

ZORIO Gilberto 1944 **[21]**
*$4 000 FF20 700 £2 674 "ODIO" Mixed media 57x67cm/*22x26in* New-York 96*
*$1 139 FF6 458 £759 Senza titolo Tecnica mista/carta 56x94cm/*22x37in* Milano 97*

ZORITCHAK Yan 1944 **[11]**
*$3 764 FF22 500 £2 281 Signal cosmique Sculpture 10x13x6cm/*3x5x2in* Paris 97*

ZORKOCZY Gyula, Julius 1873-1932 **[20]**
*$1 020 FF5 780 £510 Esplosione di primavera Olio/tela 82x130cm/*32x51in* Trieste 98*

ZORN Anders 1860-1920 **[817]**
*$8 310 FF43 100 £5 370 På stranden vid Noret mot Utmelands by, Mora Oil/panel 9,8x16,7cm/*3x6in* Stockholm 96*
*$117 810 FF680 760 £72 630 Vriden Oil/canvas 87,5x58cm/*34x22in* Stockholm 97*
*$777 FF3 965 £512 Sappo Etching 20,6x18cm/*8x7in* Stockholm 96*
*$6 910 FF34 100 £4 505 Gryveln (Kneeling nude) Bronze H7,5cm/*H2in* Stockholm 95*
*$6 911 FF39 580 £4 218 Flicka med hatt Watercolour 46x30cm/*18x11in* Stockholm 97*

ZORNES James Milford 1908 **[51]**
*$1 800 FF10 759 £1 091 Brea Canyon Oil/canvas 40,5x63,5cm/*15x25in* San Francisco-Los Angeles 97*
*$850 FF4 352 £518 Evening Sea Watercolour 55x76cm/*22x30in* Altadena, CA 96*

ZÖTL Aloys 1831-1887 **[7]**
*$20 487 FF125 000 £12 500 L'Amphisbène noir Aquarelle/papier 30x50cm/*11x19in* Paris 98*

ZOU ZHILIN XVII-XVIII **[2]**
*$5 164 FF30 096 £3 180 Banana flower in an ewer Ink/paper 100,5x46,5cm/*39x18in* Hong Kong 97*

ZSCHOKKE Alexander 1894-1981 **[19]**
*$2 498 FF15 453 £1 488 Der junge Nietzsche Plâtre H34cm/*H13in* Zürich 98*

ZUBER Ceszlav 1948 **[9]**
*$4 370 FF22 000 £2 850 Composition Sculpture H28cm/*H11in* Paris 96*

ZUBER Henri 1844-1909 **[24]**
*$1 586 FF9 500 £974 Canards sur le ruisseau Huile/toile 52x64cm/*20x25in* Paris 98*
*$393 FF2 300 £233 L'étang dans le vallon Aquarelle/papier 28,5x43,5cm/*11x17in* Barbizon 97*

ZUBER Julius 1861-? **[4]**
*$1 500 FF8 944 £931 The Young Kitchen Maid Oil/canvas 36x29cm/*14x11in* New-York 97*

ZUBER Manufacture-Rixheim [1]
*$13 734 FF84 000 £8 148 "Les Zones Terrestres" Multiple 257x1500cm/*101x590in* Senlis 98*

ZUBER René 1902-1979 **[11]**
*$600 FF3 706 £360 Greek Scenes Silver print 29,5x24cm/*11x9in* New-York 98*

ZUBER-BÜHLER Fritz 1822-1896 **[32]**
*$4 620 FF22 500 £2 956 Homme et femme dans un torrent furieux Huile/toile 25x32cm/*9x12in* Paris 95*
*$11 000 FF66 586 £6 563 La source Oil/canvas 100,5x73cm/*39x28in* New-York 97*
*$736 FF4 511 £439 Junges Mädchen mit einer Schüssel Black chalk/paper 76x55cm/*29x21in* Zürich 98*

ZUBIAURRE de Ramón 1882-1969 **[19]**
*$1 560 FF8 120 £1 030 Bodegón Oleo/tabla 23,5x34cm/*9x13in* Madrid 96*
*$10 400 FF63 200 £6 240 Mujeres de Extremadura Oleo/lienzo 50x50cm/*19x19in* Madrid 98*

ZUBIAURRE Y AGUIRREZABAL de Valentín 1879-1963 **[39]**
*$5 800 FF30 382 £3 488 Procesión Oleo/lienzo 61x83cm/*24x32in* Montevideo 96*
*$9 660 FF48 900 £6 340 Costa vasca al atardecer Oleo/lienzo 34x44cm/*13x17in* Madrid 96*
*$77 000 FF436 700 £48 400 Procesión en Castilla Oleo/lienzo 100x135cm/*39x53in* Madrid 97*

ZUBRICZKY Lorand 1869-? **[4]**
*$2 187 FF12 778 £1 294 Femme à l'ombrelle Huile/bois 33,5x45,5cm/*13x17in* Genève 97*

ZUCCARELLI Francesco 1702-1788 **[68]**
*$11 040 FF62 560 £7 360 San Girolamo Emiliani intercede per gli orfani presso la Vergine Olio/tela 36x27cm/*14x10in* Roma 97*
*$30 600 FF173 400 £15 300 Grande paesaggio con case a sinistra, lago a destra e figure Olio/tela 104x190cm/*40x74in* Venezia 97*

$57 900 FF302 300 £35 000 Pasroral landscape with shepherdesses and a fisherman by a pool Oil/canvas 81x93cm/*31x36in* London 96

$6 661 FF39 138 £4 000 An River Landscape with Shepherds resting under a Tree Wash 29,5x47cm/*11x18in* London 97

ZUCCARI Taddeo 1540/41-1609 **[3]**

$15 600 FF80 400 £10 000 The Entombment Ink 19,7x13,3cm/*7x5in* London 96

ZUCCARO Federico 1540/43-1609 **[35]**

$7 500 FF41 436 £4 661 Portrait of a Man wearing a Hat Red chalk 11x7,6cm/*4x2in* New-York 97

ZUCCARO Federico (Attrib.) 1540/43-1609 **[13]**

$770 FF4 500 £469 Saint Paul et Saint Barnabé à Lystre Lavis 13,5x27cm/*5x10in* Paris 97

ZUCCARO Taddeo 1529-1566 **[20]**

$1 097 FF6 556 £671 Zwei Meereswesen in einer Nische Ink/paper 10x10,5cm/*3x4in* München 98

ZUCCARO Taddeo (Attrib.) 1529-1566 **[3]**

$770 FF4 500 £469 Saint Jean-Baptiste décapité Pierre noire 27x15cm/*10x5in* Paris 97

ZUCCARO Taddeo (Cercle) 1529-1566 **[2]**

$2 600 FF12 830 £1 680 Horsemen crossing a stream and fleeing infantrymen Ink 13,5x20cm/*5x7in* New-York 96

ZUCCHERI Luigi 1904-1974 **[6]**

$1 680 FF9 520 £840 Donne nude dietro cespuglio e rane Olio 30x35cm/*11x13in* Prato 97

ZUCCHI Antonio P. (Attrib.) 1726-1795 **[13]**

$2 899 FF16 513 £1 800 Classical Figure Studies Oil/board 40x28,5cm/*15x11in* London 97

$7 000 FF42 970 £4 288 Two Stage Designs, The Interior of a Palace/A View of Courtyard Wash 24,5x34,5cm/*9x13in* New-York 98

ZUCCHI Antonio Pietro 1726-1795 **[14]**

$33 000 FF188 248 £20 291 Harbor Scenes with classical Ruins Oil/canvas 74x100cm/*29x39in* New-York 97

$2 266 FF11 040 £1 437 Drei Frauen in Parklandschaft Ink 18,2x26,8cm/*7x10in* Köln 95

ZUCCHI Francesco 1692-1764 **[1]**

$1 367 FF6 980 £900 A Birds-eye view of the City of Messina/Almhouse in Palermo Ink 10,5x16,5cm/*4x6in* London 96

ZUCCHI Jacopo 1542-1590 **[4]**

$19 992 FF118 226 £12 000 The Descent from the Cross Wash 33x24cm/*12x9in* London 97

ZUCCHI Jacopo (Attrib.) 1542-1590 **[4]**

$1 112 FF6 500 £678 Guerrier et femme Lavis 20x23cm/*7x9in* Paris 97

ZUCCOLI Luigi 1815-1876 **[4]**

$6 271 FF35 540 £3 136 Coreggiamento alla finestra Olio/tela 74x56cm/*29x22in* Milano 97

ZUCCOLI Oreste 1889-1980 **[7]**

$900 FF5 100 £450 Paesaggio toscano Olio/tela 75x90cm/*29x35in* Firenze 97

ZUCKER Jacques 1900-1981 **[4]**

$4 303 FF25 707 £2 632 Child looking at a Picture Oil/canvas 50x60,7cm/*19x23in* Warszawa 98

ZUCKER Joseph, Joe 1941 **[20]**

$620 FF3 186 £387 Les lampions-jour de fête-Honfleur Oleo/lienzo 40x100cm/*15x39in* Buenos Aires 96

ZÜGEL von Heinrich Johann 1850-1941 **[76]**

$15 671 FF93 833 £9 626 Schafe vor dem Stall Oil/canvas 49x70cm/*19x27in* Köln 98

$37 563 FF219 297 £22 717 Heimkehr der Schafherde im Abendlicht... Oil/canvas/panel 107x190cm/*42x74in* Stuttgart 97

$358 FF1 870 £213 Kühe auf der Weide Lithographie 26x57cm/*10x22in* Berlin 96

ZUGNO Francesco 1708-1787 **[12]**

$20 400 FF115 600 £13 600 Madonna col Bambino Olio/tela 36,5x32,5cm/*14x12in* Prato 97

$23 574 FF139 581 £14 000 The Annunciation Oil/canvas 64x81,5cm/*25x32in* London 97

$2 500 FF12 340 £1 616 Allegory of Rhetoric Black chalk 25x18cm/*9x7in* New-York 96

ZUGNO Francesco (Attrib.) 1708-1787 **[6]**

$10 130 FF50 000 £6 580 L'Adoration des Mages Huile/toile 75x93cm/*29x36in* Paris 95

ZUHR Hugo 1895-1971 **[90]**

$1 695 FF10 132 £1 037 Morgondis Oil/canvas 54x65cm/*21x25in* Stockholm 97

ZUIDEMA BROOS Jan Jacob 1833-1882 **[16]**

Z

$1 935 FF11 644 £1 158 Just Another Wedding Speech Watercolour/paper 30x39cm/11x15in Amsterdam 98

ZUKOWSKI Stanislaw 1873-1944 **[12]**

$2 180 FF11 320 £1 430 River landscape (Bialowieska) Oil/canvas 62,5x74,5cm/24x29in Warszawa 96

ZULIANI Giovanni 1836-1892 **[1]**

$16 460 FF100 000 £9 910 L'audience du Cardinal de Mazarin aux baladins Huile/toile 71x136cm/27x53in Paris 98

ZÜLLE Johannes 1841-1938 **[8]**

$7 233 FF44 733 £4 309 Alpfahrt Öl/Karton 31,5x37cm/12x14in Zürich 98

$3 489 FF20 669 £2 106 Sennen beim Schellenschütten Tempera/paper 20,5x28cm/8x11in Zürich 97

ZULOAGA Y ZABALETA Ignacio 1870-1945 **[26]**

$57 600 FF355 500 £34 200 La Prima Cándida Oleo/lienzo 93x73cm/36x28in Madrid 98

$975 000 FF4 787 250 £620 977 Corrida de toros en Eibar Oil/canvas 150x200cm/59x78in New-York 95

$1 485 FF8 887 £900 Retrato del Doctorgregorio Marañón Litografía a color 51,5x51,5cm/20x20in Madrid 98

$1 622 FF8 070 £1 032 Anciano pensativo Acuarela, gouache 13x11cm/5x4in Madrid 95

ZÜLOW von Franz 1883-1963 **[210]**

$4 824 FF28 542 £2 862 Häuser und Hühner Öl/Karton 27,5x29cm/10x11in Wien 97

$16 020 FF95 380 £9 800 Pferde Öl/Karton 69,5x49,5cm/27x19in Wien 98

$27 282 FF159 266 £16 500 Hilltop Village Oil/canvas 110,5x110cm/43x43in London 97

$992 FF5 769 £606 "Dorf hinter Feldern und Bäumen" Print 20x15cm/7x5in Wien 97

$3 180 FF15 670 £2 065 Flowers Watercolour 28x38,5cm/11x15in Wien 95

ZUMBUSCH von Ludwig 1861-1927 **[16]**

$1 700 FF10 040 £1 007 Portrait eines Mädchen mit rotem Schal Oil/panel 27x35cm/10x13in Frankfurt 97

$4 134 FF20 670 £2 676 Halbporträt eines Mädchens in rotem Kleid Öl/Leinwand 60,5x60cm/23x23in Düsseldorf 96

ZÜND Robert 1827-1909 **[68]**

$6 752 FF39 191 £3 990 Rigifluh Öl/Karton 13x17cm/5x6in Bern 97

$61 476 FF357 200 £36 290 Sommertag am Vierwaldstättersee Öl/Leinwand 61x81,5cm/24x32in Luzern 97

$720 FF3 736 £468 "Die Mühle von Rathausen" Pencil/paper 37,5x42,7cm/14x16in Luzern 96

ZÜNDT Mathis 1498-1572 **[6]**

$529 FF3 040 £322 Die Verfahrung des Nürnberger Patriziers Hieronymus Baumgärtner Radierung 17,1x26,1cm/6x10in Berlin 97

ZUNIGA Francisco 1913 **[411]**

$400 FF2 288 £243 Mujer con Olla Color lithograph 57x75,5cm/22x29in New-York 97

$4 750 FF24 430 £2 960 Delores desnudo Bronze H24cm/H9in San Francisco-Los Angeles 96

$80 000 FF388 000 £51 500 La Serena Bronze H176,5cm/H69in New-York 95

$6 000 FF35 842 £3 670 Desnudo Reclinado Crayon 50x65cm/19x25in New-York 98

ZUO YIGUI 1686-1772 **[1]**

$14 000 FF79 095 £8 811 Cooling by the Lotus Pond Ink 122x46,5cm/48x18in New-York 97

ZUPPINGER Ernst Theodor 1875-1948 **[22]**

$259 FF1 532 £153 Tessiner Grotto Öl/Karton 25x20cm/9x7in Zofingen 97

ZURBARAN de Francisco 1598-1664 **[11]**

$1 900 000 FF11 578 220 £1 157 480 Saint Dorothea Oil/canvas 180x101,5cm/70x39in New-York 98

ZURBARAN de Juan 1620-1649 **[2]**

$2 600 000 FF14 356 680 £1 622 400 Apples in a wicker Basket with Pomegranates on a silver Plate Oil/canvas 81,5x109cm/32x42in New-York 97

ZÜRCHER Frederick Willem 1835-1894 **[16]**

$1 872 FF9 630 £1 168 The toad race Oil/panel 24,5x28cm/9x11in Amsterdam 96

$3 007 FF17 435 £1 796 Young Shepherds Oil/canvas 76x109cm/29x42in Amsterdam 97

ZURKINDEN Irene 1909-1987 **[101]**

$2 805 FF16 563 £1 661 Selbstportrait Öl/Karton 38x36,5cm/14x14in Zofingen 97

$6 807 FF39 620 £4 196 "Aubervillier" Öl/Leinwand 38x55cm/14x21in Bern 97

$128 FF662 £82 Ballschönheiten Lithographie 38x28cm/14x11in Zofingen 96

$367 FF2 226 £225 Selbstbildnis der Künstlerin im Bett Pencil 29x19cm/11x7in Zofingen 98

ZÜRN Unica 1916-1970 **[16]**

$353 FF2 027 £215 Anagrammes Radierung 25x16cm/*9x6in* Berlin 97
$1 560 FF8 000 £948 Composition Aquarelle 50x33,5cm/*19x13in* Paris 96
ZUSH Alberto Porta 1946 **[13]**
$1 320 FF6 580 £861 Figure Mixed media/paper 76x51cm/*29x20in* Toronto 95
ZUSMAN Leonid Pavlovich 1906-1983 **[2]**
$3 079 FF18 112 £1 900 Tidying Up Oil/canvas 80x105,5cm/*31x41in* London 97
ZUSTERS Reinis 1918 **[31]**
$454 FF2 635 £268 The Shearing Shed Oil/board 60x70cm/*23x27in* Sydney 97
$558 FF3 196 £329 Rhytm of Suburban Oil/board 30x45cm/*11x17in* Sydney 97
ZWAAN Cornelis Christiaan 1882-1964 **[17]**
$3 000 FF17 523 £1 775 Happy Hours Oil/canvas 60x73cm/*24x29in* Cincinnati, Ohio 97
ZWACK Michael 1949 **[9]**
$2 200 FF11 270 £1 337 Untitled Coloured chalks 181,5x168cm/*71x66in* New-York 96
ZWAERDECROON Bernardus 1617-1654 **[1]**
$20 700 FF105 600 £13 620 Portrait de famille Huile/toile 124x165cm/*48x64in* Bruxelles 96
ZWART Arie, Adrianus Joh. 1903-1981 **[62]**
$465 FF2 766 £280 Shipping Vessels off a Coast Oil/panel 30,5x40,5cm/*12x15in* London 97
$564 FF3 299 £344 Gezicht op Tuil bij hoogwater Oil/canvas 40,5x60,5cm/*15x23in* Den Haag 97
$201 FF1 192 £126 Olijfboom op Ibiza Gouache/paper 35,5x45,5cm/*13x17in* Den Haag 97
ZWART de Willem 1862-1931 **[111]**
$135 FF813 £81 Nature morte de fruit Huile/panneau 30x39,5cm/*11x15in* Bruxelles 98
$11 880 FF61 100 £7 410 Spielende Kinder im Park Öl/Leinwand 39x52,5cm/*15x20in* Bern 96
$136 FF804 £84 Houtwagens - na de regen Etching 18,5x28,5cm/*7x11in* Den Haag 97
$771 FF4 495 £475 Pauwen Pastel/paper 65x57cm/*25x22in* Den Haag 97
ZWART Piet 1885-1977 **[31]**
$1 620 FF9 644 £990 Cshaum am Tellerrand Gelatin silver print 17x12cm/*6x4in* Berlin 98
ZWEEP van der Douwe 1890-1975 **[34]**
$1 028 FF5 995 £628 Images of Japan Oil/canvas 70x49,5cm/*27x19in* Amsterdam 97
ZWICK Lis 1942 **[20]**
$591 FF3 090 £357 Min drömmefugl Oil/canvas 50x50cm/*19x19in* Köbenhavn 96
ZWILLER Augustin 1850-1939 **[71]**
$1 544 FF8 000 £1 002 Nu allongé Huile/panneau 16x33cm/*6x12in* Saint-Dié 96
$2 617 FF16 000 £1 601 La musicienne Huile/toile 66x55cm/*25x21in* Soissons 98
$3 159 FF19 000 £1 888 "La vérité assassinée" Huile/toile 114x162cm/*44x63in* Neuilly-sur-Seine 98
ZWINTSCHER Oscar 1870-1916 **[4]**
$7 335 FF43 668 £4 555 In schwerer Stunde Öl/Leinwand 123x172cm/*48x67in* Dresden 97
ZYL van Gerard Pieter c.1607-1665 **[4]**
$7 194 FF42 000 £4 351 Le concert Huile/toile 47x39cm/*18x15in* Paris 97
ZYLVELT van Antony 1643-c.1690 **[2]**
$706 FF4 054 £430 Genuesische Hafenansichten Radierung 23,3x37,3cm/*9x14in* Berlin 97
ZYNSKY Toots, Mary Ann 1951 **[5]**
$3 680 FF22 000 £2 230 Sweet Summer Chaos Sculpture 17x32x21cm/*6x12x8in* Paris 97
ZYWUSZKO Kasimierz L. 1924 **[2]**
$3 900 FF20 400 £2 322 Kosmogonia Metal H54cm/*H21in* Hamburg 96

Z